D :
MON CODE DANS WORD© *

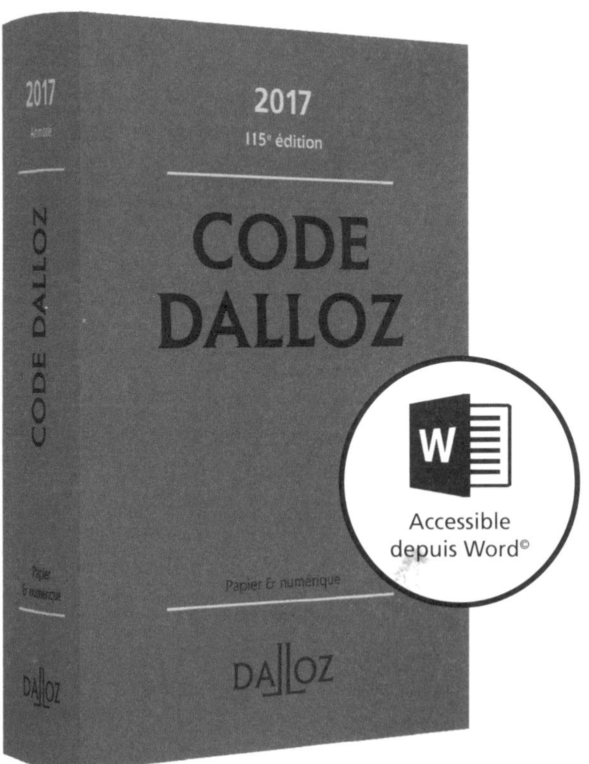

* Dalloz connect est un service inclus gratuitement
dans les Codes Edition classique.
Compatible avec Windows© uniquement

Avec Dalloz Connect, j'accède à toute la richesse de mon Code Dalloz, sans quitter Word©

Mise à jour en continu

Liens de jurisprudence

Accessible depuis Word©

Comment en profiter ?

1. J'active mon Code sur activation-dalloz.fr à l'aide de ma clé d'activation (voir l'étiquette argentée sur la couverture)

Les avantages de Dalloz Connect

- ✓ **Accès simple et pratique**
  Je sélectionne le ou les Codes avec lesquels je souhaite travailler

- ✓ **Recherches plus rapides**
  Je saisis directement dans Word© les termes que je recherche

- ✓ **Mise à jour hebdomadaire**
  Je travaille avec la version la plus à jour de mon Code

2. Je télécharge gratuitement Dalloz Connect sur www.dalloz.fr
3. Je me connecte depuis Word© grâce à mes identifiants.

Avant-propos à l'édition 2017

Le Code du travail présenté dans cet ouvrage constitue la troisième version du corpus originel. Après une première codification des lois ouvrières engagée par vagues successives à partir de la loi du 28 décembre 1910 et une deuxième intervenue le 22 janvier 1973, le Code du travail a fait de nouveau peau neuve en 2007 (ordonnance n° 2007-329 du 12 mars 2007) et 2008 (loi de ratification n° 2008-67 et décrets n° 2008-243 et n° 2008-244) et s'applique depuis le 1er mai 2008.

Compte tenu de la persistance de contentieux mettant en cause l'application des anciennes dispositions du Code du travail, et pour favoriser l'appropriation de la nouvelle numérotation, il a été décidé de maintenir, sous chaque texte, la référence aux anciens articles lorsque ceux-ci n'ont subi aucune modification depuis 2008. L'utilisation des anciennes éditions du Code du travail, ou des bases de données, permettra aux usagers du Code de retrouver les textes dans leurs versions antérieures lorsqu'ils souhaiteront vérifier si la recodification a pu se traduire par la réécriture de telle ou telle disposition, le principe étant que, sauf en de très rares hypothèses, la recodification de 2008 s'est opérée à droit constant.

Cette troisième version a toutefois été sensiblement modifiée par la loi n° 2016-1088 du 8 août 2016 relative au travail, à la modernisation du dialogue social et à la sécurisation des parcours professionnels qui a souhaité, dans le prolongement du rapport Combrexelle de 2016, « une nouvelle architecture des règles en matière de durée du travail et de congés » qui fasse apparaître de manière plus claire ce qui relève de l'ordre public, du champ ouvert à la négociation collective et des dispositions supplétives.

Dalloz a choisi, comme il l'a d'ailleurs toujours fait dans les éditions précédentes, de présenter séparément les parties législative et réglementaire. La construction en miroir des plans de ces deux parties facilite en effet l'accès à l'ensemble des dispositions applicables à une même question puisque la concordance des numérotations, dans les deux parties, a été assurée par la Commission de recodification du Code du travail pour les quatre premiers chiffres des numéros d'articles. Le Code comporte également de très nombreuses annexes reprenant certaines dispositions codifiées par ailleurs, mais aussi d'autres dispositions réglementaires ou conventionnelles.

De nombreuses décisions (de la Cour de cassation, du Conseil d'État, des juridictions du fond, mais aussi du Conseil constitutionnel ou des cours européennes), sont présentées sous les articles du Code correspondant dans une forme aussi proche que possible du texte original, et accompagnées des références aux principaux commentaires. D'importantes références bibliographiques sont par ailleurs proposées pour permettre au lecteur d'approfondir ses connaissances.

L'ajout de ces très nombreux éléments explique le volume de l'ouvrage, l'ambition affichée étant de favoriser l'accès à la norme mais aussi de fournir un outil de travail complet et fiable pour les professionnels du droit, les étudiants et plus largement tous ceux qui souhaitent disposer d'une vision complète et à jour du droit du travail.

Une version enrichie de très nombreux commentaires pratiques et doctrinaux est également disponible sur le site Dalloz.fr.

Nul ne peut dire aujourd'hui si cette édition 2017 sera l'une des dernières du Code que nous connaissons sous sa forme actuelle. La « nouvelle architecture » mise en œuvre pour la durée du travail et les congés après la loi du 8 août 2016 a en effet vocation à être généralisée. L'article 1er de cette loi a programmé, à échéance de deux ans, une « refondation du code du travail » confiée à une « commission d'experts et de praticiens des relations sociales » associant à ses travaux les syndicats de salariés et les organisations professionnelles d'employeurs. Cette commission devra proposer « au Gouvernement une refondation de la partie législative du Code du travail » attribuant « une place centrale à la négociation collective ».

L'Histoire dira si cette commission, à la veille d'une échéance présidentielle et législative cruciale, mènera sa mission à terme et si le Code du travail, aujourd'hui sur la sellette, sera remplacé par une version plus légère composée de principes impératifs, adoptés par le Législateur, de quelques décrets d'application pour en préciser les modalités et maintenir un socle supplétif, le reste étant renvoyé à la négociation collective.

En attendant que la révolution qu'on nous promet, et à laquelle de nombreux juristes travaillent aujourd'hui, bouleverse la physionomie du Code du travail, ce nouveau millésime s'inscrit dans la continuité des éditions précédentes.

Christophe Radé,
Professeur à la Faculté de droit de Bordeaux,

Liste des abréviations

Hyperlien vers la décision intégrale accessible sur les portails et sur les applications mobiles Dalloz

Hyperlien vers l'article de revue accessible sur les portails et sur les applications mobiles Dalloz

Hyperlien vers un texte complémentaire accessible sur les portails et sur les applications mobiles Dalloz

AJ Actualité jurisprudentielle du Recueil Dalloz
AJDA Actualité juridique de droit administratif (Dalloz)
Al. Alinéa
ALD Actualité législative Dalloz (années 1983-1995)
Arr. Arrêté
Art. Article
Ass. Assemblée
Ass. plén. Assemblée plénière de la Cour de cassation

BIBL. Bibliographie
BIBL. GÉN. Bibliographie générale
BLD Bulletin législatif Dalloz (jusqu'à 1982)
BOMT Bulletin officiel du ministère du Travail
BS Lefebvre Bulletin social Francis Lefebvre
Bull. civ. Bulletin des arrêts des chambres civiles de la Cour de cassation
Bull. crim. Bulletin des arrêts de la chambre criminelle de la Cour de cassation
BICC Bulletin d'information de la Cour de cassation
Bull. Joly Bulletin mensuel Joly d'information des sociétés

C. Code
c/ Contre
CAA Cour administrative d'appel
C. adm. Code administratif Dalloz
Cah. dr. entr. Cahiers de droit de l'entreprise
Cah. prud'h. Cahiers prud'homaux
CASF Code de l'action sociale et des familles Dalloz
Cass. Cour de cassation
C. assur. Code des assurances Dalloz
C. civ. Code civil Dalloz
C. com. Code de commerce Dalloz
CCH Code de la construction et de l'habitation Dalloz
CE Conseil d'État
CEDH Cour européenne des droits de l'homme
C. envir. Code de l'environnement Dalloz

CESEDA	Code de l'entrée et du séjour des étrangers et du droit d'asile Dalloz
C. fonct. publ.	Code de la fonction publique Dalloz
CGCT	Code général des collectivités territoriales Dalloz
CGI	Code général des impôts Dalloz
ch.	Chambre
chap.	Chapitre
Ch. mixte	Chambre mixte de la Cour de cassation
Ch. réun.	Chambres réunies de la Cour de cassation
Chron.	Chronique
Circ.	Circulaire
Civ.	Chambre civile de la Cour de cassation
CJA	Code de justice administrative
CJCE	Cour de justice des Communautés européennes
CJUE	Cour de justice de l'Union européenne
COJ	Code de l'organisation judiciaire
Com.	Chambre commerciale de la Cour de cassation
Comm.	Commentaire
Comp.	Comparer
concl.	Conclusions
conf.	Solution conforme
Cons. const.	Conseil constitutionnel
Cons. prud'h.	Conseil de prud'hommes
Const.	Constitution
Contra	Solution contraire
Conv. EDH	Convention européenne de sauvegarde des droits de l'homme et des libertés fondamentales
C. pén.	Code pénal Dalloz
CPI	Code de la propriété intellectuelle Dalloz
C. pr. civ.	Code de procédure civile Dalloz
C. pr. pén.	Code de procédure pénale Dalloz
Crim.	Chambre criminelle de la Cour de cassation
CRPA	Code des relations entre le public et l'administration
C. rur.	Code rural et de la pêche maritime Dalloz
C. rur. et for.	Code rural et Code forestier
CSB	Cahiers sociaux du Barreau de Paris
CSP	Code de la santé publique Dalloz
C. sociétés	Code des sociétés Dalloz
CSS	Code de la sécurité sociale Dalloz
C. tourisme	Code du tourisme Dalloz
C. transp.	Code des transports Dalloz
C. trav.	Code du travail Dalloz
C. urb.	Code de l'urbanisme Dalloz

D.	Recueil Dalloz
D. Affaires	Dalloz Affaires
Décis.	Décision
Décr.	Décret
Décr.-L.	Décret-loi
Defrénois	Répertoire du notariat Defrénois
Dir.	Directive

Doctr. Doctrine
DP Recueil périodique et critique mensuel Dalloz *(années antérieures à 1941)*
Dr. ouvrier Le droit ouvrier
Dr. soc. Droit social (Dalloz)
Dr. trav. Droit du travail et de la sécurité sociale

---

eod. loc. Au même endroit
eod. v°, eisd. vis Même(s) mot(s) que celui (ceux) qui vient (viennent) d'être cité(s)
esp. Espèce

Gaz. Pal. Gazette du Palais
GADT Grands arrêts du droit du travail Dalloz

---

ibid. Au même endroit
Inf. chef d'entrepr. Informateur du chef d'entreprise
Instr. Instruction
IR Informations rapides du Recueil Dalloz

J. Jurisprudence
JCP Juris-classeur périodique (Semaine juridique)
JCP CI Juris-classeur périodique, édition Commerce et industrie (années antérieures à 1984)
JCP E Juris-classeur périodique, édition Entreprise
JCP N Juris-classeur périodique, édition notariale
JCP S Juris-classeur périodique, édition sociale
JDI Journal de droit international (Clunet)
JO Journal officiel
JOCE Journal officiel des Communautés européennes
JOUE Journal officiel de l'Union européenne
JS Lamy Jurisprudence sociale Lamy
JS UIMM Jurisprudence sociale de l'Union des industries métallurgiques et minières

---

L. Loi
Lebon Recueil Lebon des arrêts du Conseil d'État (Dalloz)
Liaisons soc. Liaisons sociales
Liv. Livre
loc. cit. A l'endroit précité
LPA Les petites affiches

Mod. Modifié

---

n° Numéro
NCPC Nouveau code de procédure civile (devenu Code de procédure civile - L. n° 2007-1787 du 20 déc. 2007, art. 26-III)
Nouv. Nouveau

---

obs.	Observations
Ord.	Ordonnance
P	Arrêt publié au *Bulletin civil ou au Bulletin criminel de la Cour de cassation*
p.	Page
Pan.	Panorama
pén.	Pénalités
préc.	Précité
Quest. prud'h.	Questions prud'homales
Quot. jur.	Quotidien juridique
rapp.	Rapport
Rappr.	Rapprocher
RCA	Responsabilité civile et assurances
RDC	Revue des contrats
RD publ.	Revue de droit public et de la science politique
RDT	Revue de droit du travail (Dalloz)
RDSS	Revue de droit sanitaire et social (Dalloz)
Rect.	Rectificatif
réf.	Référé
Règl.	Règlement
RÉP. PR. CIV.	Répertoire de procédure civile Dalloz
RÉP. TRAV.	Répertoire de droit du travail Dalloz
réquis.	Réquisitions
Rev. adm.	Revue administrative
Rev. arb.	Revue de l'arbitrage
Rev. crit. DIP	Revue critique de droit international privé (Dalloz)
Rev. huiss.	Revue des huissiers de justice
Rev. proc. coll.	Revue des procédures collectives
Rev. sociétés	Revue des sociétés (Dalloz)
RF aff. soc.	Revue française des affaires sociales
RF compt.	Revue française de comptabilité
RFDA	Revue française de droit administratif (Dalloz)
RJ com.	Revue de jurisprudence commerciale
RJS	Revue de jurisprudence sociale
RPDS	Revue pratique de droit social
RRJ	Revue de recherche juridique et de droit prospectif
RSC	Revue de science criminelle et de droit pénal comparé (Dalloz)
RTD civ.	Revue trimestrielle de droit civil (Dalloz)
RTD com.	Revue trimestrielle de droit commercial (Dalloz)
RTD eur.	Revue trimestrielle de droit européen (Dalloz)
S.	Recueil Sirey
s.	Et suivants
Sect.	Section
Sem. soc. Lamy	Semaine sociale Lamy
Soc.	Chambre sociale de la Cour de cassation

sol. impl. Solution implicite
Somm. Sommaires
ss. Sous
suppl. Supplément

---

t. Tome
T. Tables
TA Tribunal administratif
T. civ. Tribunal, chambre civile
T. com. Tribunal de commerce
T. confl. Tribunal des conflits
T. corr. Tribunal, chambre correctionnelle
TGI Tribunal de grande instance
TI Tribunal d'instance
Tit. Titre
TPICE Tribunal de première instance des Communautés européennes
TPS Travail et protection sociale
Trib. UE Tribunal de l'Union européenne

UES Unité économique et sociale

V. Voir
v°, v^is Mot, mots

TABLE DES MATIÈRES

CODE DU TRAVAIL

LIVRE DEUXIÈME
LE CONTRAT DE TRAVAIL

LIVRE TROISIÈME

LE RÈGLEMENT INTÉRIEUR ET LE DROIT DISCIPLINAIRE

L. 1311-1 – L. 1334-1
R. 1321-1 – R. 1332-4

LIVRE QUATRIÈME

LA RÉSOLUTION DES LITIGES – LE CONSEIL DE PRUD'HOMMES

L. 1411-1 – L. 1471-2
R. 1412-1 – R. 1471-2

LIVRE CINQUIÈME

DISPOSITIONS RELATIVES À L'OUTRE-MER

LIVRE DEUXIÈME

LA NÉGOCIATION COLLECTIVE — LES CONVENTIONS ET ACCORDS COLLECTIFS DE TRAVAIL

LIVRE TROISIÈME

LES INSTITUTIONS REPRÉSENTATIVES DU PERSONNEL

LIVRE CINQUIÈME
LES CONFLITS COLLECTIFS

L. 2511-1 – L. 2525-2
R. 2521-1 – R. 2525-2

LIVRE SIXIÈME

DISPOSITIONS RELATIVES À L'OUTRE-MER

TROISIÈME PARTIE

DURÉE DU TRAVAIL, SALAIRE, INTÉRESSEMENT, PARTICIPATION ET ÉPARGNE SALARIALE

LIVRE PREMIER

DURÉE DU TRAVAIL, REPOS ET CONGÉS

LIVRE DEUXIÈME

SALAIRE ET AVANTAGES DIVERS

LIVRE TROISIÈME

DIVIDENDE DU TRAVAIL, INTÉRESSEMENT, PARTICIPATION ET ÉPARGNE SALARIALE

L. 3311-1 – L. 3346-1
R. 3311-1 – D. 3346-7

QUATRIÈME PARTIE

SANTÉ ET SÉCURITÉ AU TRAVAIL

L. 4111-1 – L. 4831-1
R. 4121-1 – R. 4822-1

LIVRE PREMIER

DISPOSITIONS GÉNÉRALES

L. 4111-1 – L. 4163-4
R. 4121-1 – D. 4154-6

LIVRE DEUXIÈME

DISPOSITIONS APPLICABLES AUX LIEUX DE TRAVAIL

L. 4211-1 – L. 4231-1
R. 4211-1 – R. 4228-37

LIVRE TROISIÈME

ÉQUIPEMENTS DE TRAVAIL ET MOYENS DE PROTECTION

LIVRE QUATRIÈME

PRÉVENTION DE CERTAINS RISQUES D'EXPOSITION

LIVRE CINQUIÈME

PRÉVENTION DES RISQUES LIÉS À CERTAINES ACTIVITÉS OU OPÉRATIONS

LIVRE SIXIÈME

INSTITUTIONS ET ORGANISMES DE PRÉVENTION

L. 4611-1 – L. 4644-1
R. 4612-1 – D. 4644-11

LIVRE SEPTIÈME

CONTRÔLE

LIVRE HUITIÈME

DISPOSITIONS RELATIVES À L'OUTRE-MER

CINQUIÈME PARTIE
L'EMPLOI

L. 5111-1 – L. 5531-1
R. 5111-1 – R. 5531-1

LIVRE PREMIER
LES DISPOSITIFS EN FAVEUR DE L'EMPLOI

L. 5111-1 – L. 5151-12
R. 5111-1 – R. 5151-10

LIVRE DEUXIÈME

DISPOSITIONS APPLICABLES À CERTAINES CATÉGORIES DE TRAVAILLEURS

LIVRE TROISIÈME

SERVICE PUBLIC DE L'EMPLOI ET PLACEMENT

LIVRE QUATRIÈME

LE DEMANDEUR D'EMPLOI

LIVRE CINQUIÈME

DISPOSITIONS RELATIVES À L'OUTRE-MER

SIXIÈME PARTIE

LA FORMATION PROFESSIONNELLE TOUT AU LONG DE LA VIE

L. 6111-1 – L. 6524-1
D. 6112-1 – R. 6523-14

LIVRE PREMIER

PRINCIPES GÉNÉRAUX ET ORGANISATION INSTITUTIONNELLE DE LA FORMATION ET DE L'ORIENTATION PROFESSIONNELLES

L. 6111-1 – L. 6123-5
R. 6111-1 – R. 6123-6

LIVRE DEUXIÈME

L'APPRENTISSAGE

LIVRE TROISIÈME

LA FORMATION PROFESSIONNELLE CONTINUE

LIVRE PREMIER

JOURNALISTES PROFESSIONNELS, PROFESSIONS DU SPECTACLE, DE LA PUBLICITÉ ET DE LA MODE

LIVRE TROISIÈME

VOYAGEURS, REPRÉSENTANTS OU PLACIERS, GÉRANTS DE SUCCURSALES, ENTREPRENEURS SALARIÉS ASSOCIÉS D'UNE COOPÉRATIVE D'ACTIVITÉ ET D'EMPLOI ET TRAVAILLEURS UTILISANT UNE PLATEFORME DE MISE EN RELATION PAR VOIE ÉLECTRONIQUE

LIVRE CINQUIÈME

DISPOSITIONS RELATIVES À L'OUTRE-MER

L. 7511-1 – L. 7521-1
D. 7522-1

HUITIÈME PARTIE
CONTRÔLE DE L'APPLICATION DE LA LÉGISLATION DU TRAVAIL

L. 8112-1 – L. 8331-1
R. 8111-1 – R. 8323-1

LIVRE PREMIER
INSPECTION DU TRAVAIL

L. 8112-1 – L. 8123-6
R. 8111-1 – R. 8123-9

LIVRE DEUXIÈME

LUTTE CONTRE LE TRAVAIL ILLÉGAL

LIVRE TROISIÈME

DISPOSITIONS RELATIVES À L'OUTRE-MER

APPENDICE

CODE DU TRAVAIL

PREMIÈRE PARTIE : LÉGISLATIVE

(Ord. n° 2007-329 du 12 mars 2007 ; ratifiée par L. n° 2008-67 du 21 janv. 2008)

Entrée en vigueur le 1er mai 2008 (L. n° 2008-67 du 21 janv. 2008, art. 2-X).

BIBL. GÉN. ▶ Recodification (2008) : BARTHÉLÉMY, *Sem. soc. Lamy 2008, n° 1336, p. 7* (recodification du code du travail vue de l'intérieur). – BERNAUD, *Dr. soc. 2008. 424* ⊘. – CASAUX-LABRUNÉE et JEAMMAUD, *RDT 2009. Controverse 421* ⊘ (évaluer le code du travail ? Évaluer le droit du travail ?). – COMBREXELLE, *RDT 2007. 356* ⊘ (une réponse adaptée à un besoin manifeste). – COMBREXELLE et LANOUZIÈRE, *Dr. soc. 2007. 517* ⊘ (enjeux de la recodification). – DOCKÈS, *Dr. soc. 2007. 388* ⊘ (décodification du droit du travail). – FABRE et GRÉVY, *RDT 2006. 362* ⊘ (réflexions sur la recodification du droit du travail). – FLAMENT et SACHS, *RDT. 2010. Controverse. 489* ⊘ (simplifier le droit du travail ?). – GRUMBACH, *Dr. ouvrier 2009. 165* (le nouveau code du travail dans le contexte de la contre-réforme). – JEAMMAUD et LYON-CAEN, *RDT 2007. 358* ⊘ (ni indignité, ni excès d'honneur). – RADÉ, *Dr. soc. 2006. 362* ⊘ (recodifier le code du travail) ; *ibid. 2007. 513* ⊘ (le nouveau code du travail et la doctrine : l'art et la manière) ; *ibid. 2009. 776* ⊘ (principe d'interprétation constante du nouveau code du travail). – ROBIN-OLIVIER, *RDT 2007. 89* ⊘. – VALDÈS DAL RÉ, *RDT 2007. 72* ⊘.

Numéro spécial Nouveau code du travail, *JCP S 2008. 1265.*

Numéro spécial Nouveau code du travail, Évaluation par les usagers et bilan des deux premières années d'application, *Sem. soc. Lamy 2010, suppl. n° 1472.*

▶ Livre vert : GAUDU, *RDT 2007. 75* ⊘.

▶ Projet de réforme du code du travail (2015) : BARTHÉLÉMY, *RJS 2/2016, p. 104* (hiérarchie des normes, fonction protectrice du droit du travail et sécurisation de l'emploi). – BOUBLI, *Sem. soc. Lamy 2015, n° 1699, p. 6* (Dérégulation ou simplification ? une ambiguïté à lever). – DUMORTIER et PÉCAUT-RIVOLIER, *RDT 2016. 79* ⊘ (naissance des principes essentiels du droit du travail). – MASSE-DESSEN et BÉLIER, *RDT 2015. 653* ⊘ (quelle architecture normative dans le rapport « Combrexelle »). – TOURNAUX, *Dr. soc. 2016. 680* ⊘ (le code du travail et ses mues). – VÉRICEL, *Dr. soc. 2015. 833* ⊘ (que faut-il entendre par simplification du droit du travail ?).

▶ Dossier : *Dr. soc. 2016. 392* ⊘ (première partie : Trois rapports portant sur la réforme du droit du travail, projet portant sur un autre droit du temps de travail) ; *ibid. 488* ⊘ (propositions des juristes). – *Sem. soc. Lamy 2015, n° 1691* (Rapport Combrexelle) ; *ibid. 2016, n° 1708* (rapports Badinter et Césaro) ; *ibid. 2016, n° 1714* (avant-projet de loi travail).

▶ Loi Travail (Loi n° 2016-1088 du 8 août 2016). Numéro spécial, *RDT 2016. 742 s.* ⊘ ; Dossier, *Dr. soc. 2016. 880 s.* ⊘

▶ Principes de droit du travail : DUPRÉ, *RDT 2016. 670* ⊘ (le respect de la dignité humaine : principe essentiel du droit du travail). – JEAMMAUD, *Sem. soc. Lamy 2016, n° 1701, p. 9* (des principes de droit du travail ?). – RAPPORT BADINTER, *Sem. soc. Lamy 2016, n° 1708 ; ibid. 2016, n° 1703.*

▶ Question prioritaire de constitutionnalité : Sur la question prioritaire de constitutionnalité applicable lorsqu'une disposition législative porte atteinte aux droits et libertés garantis par la Constitution, V. Ord. n° 58-1067 du 7 nov. 1958, art. 23-1 s. – ***C. pr. adm., C. pr. civ.*** – AKANDJI-KOMBÉ et MAZARS, *RDT 2010. 622* ⊘ (la Cour de cassation filtre-t-elle trop ?). – AKANDJI-KOMBÉ, *RDT 2010. 628* ⊘ (QPC et droit social). – BERNAUD, *Dr. soc. 2011. 141* ⊘ ; *ibid. 1011* ⊘ (vers un renouvellement du droit constitutionnel du travail par les « décisions QPC » ?) ; *ibid. 2012. 458* ⊘ (faut-il (encore) soulever des QPC en droit du travail ?) ; *ibid. 2014. 317* ⊘ (la QPC a-t-elle changé le visage du droit constitutionnel du travail ?). – BUGADA, *JCP S 2011. 1265* (la QPC et le droit constitutionnel du contrat de travail). – CESARO, *JCP S 2011. 1266.* – DUTHEILLET DE LAMOTHE, *JCP S 2012. 1050* (existe-t-il un droit constitutionnel du travail ?) ; *Dr. soc. 2015. 480* ⊘. – FLORES, *Dr. soc. 2014. 308* ⊘ (la chambre sociale et la QPC : de la distorsion entre l'image doctrinale et la réalité juridictionnelle). – FLORES et VIALETTE, *Dr. soc. 2016. 486* (QPC, nouvelles sources, nouvelles ruptures). – JOLIVET, *JCP S 2010. 1353* (les relations de travail à l'épreuve de la question prioritaire de constitutionnalité). – Pariente, *Dr. ouvrier 2011. 297* (retour sur une superproduction juridique). – Petit, *JCP S 2010. 1352* (la constitutionnalisation du droit du travail). – Radé, *Dr. soc. 2010. 873* (la question prioritaire de constitutionnalité et le droit du travail : a-t-on ouvert la boîte de Pandore ?) ; *ibid. 2015. 497* (QPC et droit du travail : l'occasion manquée). – Teissier, *JCP S 2011. 1267*.

V. Sem. soc. Lamy 2016, n° 1724, Dossier « Le droit constitutionnel ».

▸ **Jurisprudence** : Akandji-Kombé, *Dr. soc. 2012. 1014* (de l'invocabilité des sources européennes et internationales du droit social devant le juge interne). – Radé, *Dr. soc. 2010. 1150* (la chambre sociale et la modulation dans le temps des effets de revirement de jurisprudence). – Struillou, *RDT 2013. 26* (le nouveau visage de la justice).

COMMENTAIRE

V. Dalloz.fr et applications mobiles Dalloz.

CHAPITRE PRÉLIMINAIRE **DIALOGUE SOCIAL**

BIBL. ▸ Aubry, *Dr. soc. 2010. 517* (dialogue social et démocratie politique). – Barthélémy, *Dr. soc. 2013. 673* (concept de garantie sociale et art. L. 1 C. trav.). – Bonnin, *Dr. soc. 2014. 428* (la « démocratie sociale » constitutionnalisée ?). – Combrexelle, *Dr. soc. 2010. 504* (loi du 31 janv. 2007 : acte premier). – Dord, *ibid. 507* (avantages et inconvénients du point de vue du Parlement). – Grignard, *ibid. 515* (démocratie sociale et démocratie politique). – Moreau, *ibid 2010. 511* (les avis du Conseil d'État). – Petit, *Dr. soc. 2015. 850* (loi du 17 août 2015 relative au dialogue social et à l'emploi). – Radé, *Dr. ouvrier 2010. 319* (la loi négociée : simple marketing politique ou véritable produit de la démocratie sociale ?). – Ray, *Dr. soc. 2010. 496* (sources de la loi du 31 janv. 2007). – Verkindt, *ibid. 519* (l'art. L. 1 au miroir des exigences de la démocratie sociale).

COMMENTAIRE

V. Dalloz.fr et applications mobiles Dalloz.

Art. L. 1 Tout projet de réforme envisagé par le Gouvernement qui porte sur les relations individuelles et collectives du travail, l'emploi et la formation professionnelle et qui relève du champ de la négociation nationale et interprofessionnelle fait l'objet d'une concertation préalable avec les organisations syndicales de salariés et d'employeurs représentatives au niveau national et interprofessionnel en vue de l'ouverture éventuelle d'une telle négociation.

A cet effet, le Gouvernement leur communique un document d'orientation présentant des éléments de diagnostic, les objectifs poursuivis et les principales options.

Lorsqu'elles font connaître leur intention d'engager une telle négociation, les organisations indiquent également au Gouvernement le délai qu'elles estiment nécessaire pour conduire la négociation.

Le présent article n'est pas applicable en cas d'urgence. Lorsque le Gouvernement décide de mettre en œuvre un projet de réforme en l'absence de procédure de concertation, il fait connaître cette décision aux organisations mentionnées au premier alinéa en la motivant dans un document qu'il transmet à ces organisations avant de prendre toute mesure nécessitée par l'urgence.

COMMENTAIRE

V. Dalloz.fr et applications mobiles Dalloz.

Art. L. 2 Le Gouvernement soumet les projets de textes législatifs et réglementaires élaborés dans le champ défini par l'article L. 1, au vu des résultats de la procédure de concertation et de négociation, selon le cas, à la Commission nationale de la négociation collective *(L. n° 2014-288 du 5 mars 2014, art. 24-II)* **« ou au Conseil national de l'emploi, de la formation et de l'orientation professionnelles », dans les conditions prévues respectivement aux articles L. 2271-1** *(Abrogé par L. n° 2014-288 du 5 mars 2014, art. 24-II)* **« , L. 5112-1 » et L. 6123-1.**

Art. L. 3 Chaque année, les orientations de la politique du Gouvernement dans les domaines des relations individuelles et collectives du travail, de l'emploi et de la formation professionnelle, ainsi que le calendrier envisagé pour leur mise en œuvre sont

présentés pour l'année à venir devant la Commission nationale de la négociation collective. Les organisations mentionnées à l'article L. 1 présentent, pour leur part, l'état d'avancement des négociations interprofessionnelles en cours ainsi que le calendrier de celles qu'elles entendent mener ou engager dans l'année à venir. Le compte rendu des débats est publié.

Chaque année, le Gouvernement remet au Parlement un rapport faisant état de toutes les procédures de concertation et de consultation mises en œuvre pendant l'année écoulée en application des articles L. 1 et L. 2, des différents domaines dans lesquels ces procédures sont intervenues et des différentes phases de ces procédures.

PREMIÈRE PARTIE **LES RELATIONS INDIVIDUELLES DE TRAVAIL**

LIVRE PREMIER **DISPOSITIONS PRÉLIMINAIRES**

TITRE PREMIER **CHAMP D'APPLICATION ET CALCUL DES SEUILS D'EFFECTIFS**

COMMENTAIRE

V. Dalloz.fr et applications mobiles Dalloz.

CHAPITRE UNIQUE

Art. L. 1111-1 Les dispositions du présent livre sont applicables aux employeurs de droit privé ainsi qu'à leurs salariés.

Elles sont également applicables au personnel des personnes publiques employé dans les conditions du droit privé, sous réserve des dispositions particulières ayant le même objet résultant du statut qui régit ce personnel. – *[Anc. art. L. 120-1.]*

*Sur les notaires salariés, V. Décr. n° 93-82 du 15 janv. 1993, mod. par Décr. n° 2006-1299 du 24 oct. 2006 (JO 25 oct.), Décr. n° 2009-452 du 22 avr. 2009 (JO 23 avr.), Décr. n° 2011-1173 du 23 sept. 2011 (JO 26 sept.). — Sur les avocats salariés, V. L. n° 71-1130 du 31 déc. 1971, art. 7, mod. par L. n° 2009-526 du 12 mai 2009, art. 71, L. n° 2011-94 du 25 janv. 2011, L. n° 2011-331 du 28 mars 2011 (JO 29 mars), L. n° 2013-1278 du 29 déc. 2013 (JO 30 déc.) ; Décr. n° 91-1197 du 27 nov. 1991, art. 136 s., mod. par Décr. n° 2004-1386 du 21 déc. 2004 (JO 23 déc.), Décr. n° 2011-1985 (JO 28 déc.). — **C. pr. civ.** — Sur les huissiers de justice salariés, V. Ord. n° 45-2592 du 2 nov. 1945, art. 3 ter, et Décr. n° 2011-875 du 25 juill. 2011. — **C. pr. civ.***

*Sur le travail en prison, V. C. pr. pén., art. 718. — **C. pr. pén.***

COMMENTAIRE

V. Dalloz.fr et applications mobiles Dalloz.

Art. L. 1111-2 Pour la mise en œuvre des dispositions du présent code, les effectifs de l'entreprise sont calculés conformément aux dispositions suivantes :

1° Les salariés titulaires d'un contrat de travail à durée indéterminée à temps plein et les travailleurs à domicile sont pris intégralement en compte dans l'effectif de l'entreprise ;

2° Les salariés titulaires d'un contrat de travail à durée déterminée, les salariés titulaires d'un contrat de travail intermittent, les salariés mis à la disposition de l'entreprise par une entreprise extérieure *(L. n° 2008-789 du 20 août 2008, art. 3)* « qui sont présents dans les locaux de l'entreprise utilisatrice et y travaillent depuis au moins un an, ainsi que » les salariés temporaires, sont pris en compte dans l'effectif de l'entreprise à due proportion de leur temps de présence au cours des douze mois précédents. Toutefois, les salariés titulaires d'un contrat de travail à durée déterminée et les salariés mis à disposition par une entreprise extérieure, y compris les salariés temporaires, sont exclus du décompte des effectifs lorsqu'ils remplacent un salarié absent ou dont le contrat de travail est suspendu, notamment du fait d'un congé de maternité, d'un congé d'adoption ou d'un congé parental d'éducation ;

3° Les salariés à temps partiel, quelle que soit la nature de leur contrat de travail, sont pris en compte en divisant la somme totale des horaires inscrits dans leurs contrats de travail par la durée légale ou la durée conventionnelle du travail. – *[Anc. art. L. 620-10, al. 1er à 4.]*

V. Circ. DGT n° 20 du 13 nov. 2008 relative à la loi portant rénovation de la démocratie sociale et du temps de travail, Fiche n° 7.

COMMENTAIRE

V. Dalloz.fr et applications mobiles Dalloz.

BIBL. Pagnerre et Saincaize, *JCP S 2009. 1368* (l'intégration des salariés mis à disposition : nouvelles conditions, nouveaux effets). – Sincaize, *ibid. 2009. 1369* (l'intégration des salariés mis à disposition : éléments de méthodologie).

1. Critère général. L'intégration étroite et permanente à la communauté de travail est le critère commun de la prise en compte dans le calcul de l'effectif et de l'inscription sur la liste électorale, sous réserve que les salariés concernés remplissent les conditions de l'électorat. • Soc. 28 févr. 2007 : *RDT 2007. 229, note Morin ; D. 2007. AJ 946 ; D. 2007. Pan. 2270, note Pélissier ; RJS 2007. 469, n° 636.*

2. Salariés mis à disposition (jurisprudence antérieure à la loi du 20 août 2008). Sont intégrés de façon étroite et permanente à la communauté de travail, pour l'application des art. L. 1111-2, L. 2314-5 et L. 2324-14, les salariés mis à disposition par une entreprise extérieure qui abstraction faite du lien de subordination qui subsiste avec leur employeur, sont présents dans les locaux de l'entreprise utilisatrice et y travaillent depuis une certaine durée partageant ainsi des conditions de travail au moins en partie communes susceptibles de générer des intérêts communs. • Soc. 13 nov. 2008 : *D. 2008. AJ 2945 ; RJS 2009. 66, n° 57 ; Sem. soc. Lamy 2008, n° 1375, p. 10, note A. Lyon-Caen ; JS Lamy 2008, n° 245-4.* ♦ Les salariés mis à disposition pris en compte au prorata de leur temps de présence dans le calcul de l'effectif de l'entreprise pour les élections professionnelles, sont ceux qui participent aux activités nécessaires au fonctionnement de l'entreprise utilisatrice. • Soc. 26 mai 2004, n° 03-60.358 P : *D. 2004. IR 1862 ; RJS 2004. 633, n° 935 ; JS Lamy 2004, n° 148-2.* ♦ Tel n'est pas le cas des salariés d'un sous-traitant qui, hors toute intégration à la communauté des travailleurs ou participation au fonctionnement de l'entreprise qui a cédé un marché déterminé au sous-traitant, exécutent ce marché. • Soc. 12 juill. 2006 : *RJS 2006. 802, n° 1080 ; JS Lamy 2006, n° 198-6.* ♦ L'art. L. 421-2 [L. 2312-8 nouv.] ne subordonne pas la prise en compte des salariés mis à disposition à la condition qu'ils soient sous la subordination de l'entreprise utilisatrice. • Soc. 28 mars 2000, n° 05-60.384 P : *D. 2000. IR 125 ; Dr. soc. 2000. 797, obs. Roy-Loustaunau ; RJS 2000. 377, n° 545 ; JS Lamy 2000, n° 58-11.* ♦ Dès lors qu'ils participent au processus de travail de l'entreprise qui les occupe, les travailleurs mis à la disposition de celle-ci entrent dans le calcul de son effectif en vue de l'élection des représentants du personnel. • Soc. 27 nov. 2001, n° 00-60.252 P : *RJS 2002. 154, n° 192 ; JS Lamy 2002, n° 93-2* • 22 mai 2002, n° 01-60.606 P : *RJS 2002. 759, n° 994.* ♦ L'intégration étroite et permanente à la communauté de travail est le critère commun de la prise en compte dans le calcul de l'effectif et de l'inscription sur la liste électorale, sous réserve que les salariés concernés remplissent les conditions de l'électorat. • Soc. 28 févr. 2007 : *préc. note 1.*

3. Salariés mis à disposition (jurisprudence postérieure à la loi du 20 août 2008). Sont intégrés de façon étroite et permanente à la communauté de travail, les travailleurs mis à disposition par une entreprise extérieure qui, abstraction faite du lien de subordination qui subsiste avec leur employeur, sont présents dans les locaux de l'entreprise utilisatrice depuis au moins un an, partageant ainsi des conditions de travail en partie communes susceptibles de générer des intérêts communs. Ne doivent donc pas être pris en compte dans l'effectif de l'entreprise utilisatrice, les salariés des entreprises de transport qui n'étaient pas mis à la disposition exclusive de la société, mais travaillaient indifféremment pour plusieurs transporteurs et ne se rendaient que ponctuellement dans les locaux de cette société où se trouvaient les marchandises et les documents administratifs nécessaires à l'accomplissement de leur transport. • Soc. 14 avr. 2010 : *D. 2010. Actu. 1222 ; Dr. soc. 2010. 720, obs. Pécaut-Rivolier ; Dr. ouvrier 2010. 341, obs. Boussard-Verrechia ; JCP S 2010. 1313, obs. Leborgne-Ingelaere ; RJS 6/2010, n° 526 ; JS Lamy 2010, n° 279-5* • Soc. 23 sept. 2015, n° 14-26.262 P : *Dalloz actualité, 22 oct. 2015, obs. Fraisse.* ♦ Il appartient à l'employeur responsable de l'organisation de l'élection de fournir aux organisations syndicales les éléments nécessaires au contrôle des effectifs et de l'électorat ; s'agissant des salariés mis à disposition, il doit, sans se borner à interroger les entreprises extérieures, fournir aux organisations syndicales les éléments dont il dispose ou dont il peut demander judiciairement la production par ces entreprises. • Soc. 26 mai 2010 : *D. 2010. Actu. 1422 ; Dalloz actualité, 9 juin 2010, obs. Ines ;*

RJS 2010. 616, n° 689 ; Dr. soc. 2010. 826, note Petit ; JCP S 2010. 1346, obs. Kerbouc'h. ♦ Les salariés mis à disposition décomptés dans les effectifs et qui remplissent les conditions de présence doivent choisir s'ils exercent leur droit de vote dans l'entreprise qui les emploie ou dans l'entreprise utilisatrice ; ces conditions devant être appréciées lors de l'organisation des élections dans l'entreprise utilisatrice, c'est à cette date que les salariés mis à disposition doivent être mis en mesure d'exercer leur droit d'option. • Même arrêt.

4. Journalistes pigistes. Compte tenu de la très grande diversité des rémunérations, la détermination d'un salaire de référence pour le calcul des effectifs peut se faire par référence au salaire minimum de croissance. • Soc. 10 mai 2006 : *D. 2006. IR 1632 ; RJS 2006. 735, n° 735 ; Dr. soc. 2006. 877, note Verkindt ; JCP S 2006. 1617, obs. Lahalle.*

5. Agents publics. Un agent public, mis à la disposition d'un organisme de droit privé pour accomplir un travail pour le compte de celui-ci et sous sa direction, est lié à cet organisme par un contrat de travail, sauf dispositions législatives contraires, et ne relève donc pas des dispositions spécifiques relatives à l'électorat et à l'éligibilité des salariés mis à disposition. • Soc. 17 avr. 2013 : *D. 2013. Actu. 1072 ; Dr. soc. 2013. 562, obs. Petit ; JCP S 2013. 1282, obs. Barège.*

Art. L. 1111-3 **Ne sont pas pris en compte dans le calcul des effectifs de l'entreprise :**

1° Les apprentis ;

2° Les titulaires d'un contrat initiative-emploi, pendant la durée *(L. n° 2012-1189 du 26 oct. 2012, art. 7)* **« d'attribution de l'aide financière mentionnée à l'article L. 5134-72 »** *(Abrogé par Ord. n° 2015-1578 du 3 déc. 2015, art. 1er, à compter du 1er janv. 2016)* ***« ainsi que les titulaires d'un contrat d'accès à l'emploi pendant la durée d'attribution de l'aide financière mentionnée à l'article L. 5522-17 »*** **;**

(Abrogé par L. n° 2008-1249 du 1er déc. 2008, art. 18 et 28) ***« 3° Les titulaires d'un contrat insertion-revenu minimum d'activité, pendant la durée de la convention prévue à l'article L. 5134-75 ; »***

4° Les titulaires d'un contrat d'accompagnement dans l'emploi *(L. n° 2008-1249 du 1er déc. 2008, art. 18 et 28)* **« pendant la durée »** *(L. n° 2012-1189 du 26 oct. 2012, art. 7)* **« d'attribution de l'aide financière mentionnée à l'article L. 5134-30 » ;**

(Abrogé par L. n° 2008-1249 du 1er déc. 2008, art. 18 et 28) ***« 5° Les titulaires d'un contrat d'avenir ; »***

6° Les titulaires d'un contrat de professionnalisation jusqu'au terme prévu par le contrat lorsque celui-ci est à durée déterminée ou jusqu'à la fin de l'action de professionnalisation lorsque le contrat est à durée indéterminée.

Toutefois, ces salariés sont pris en compte pour l'application des dispositions légales relatives à la tarification des risques d'accidents du travail et de maladies professionnelles. — *[Anc. art. L. 117-11-1, L. 322-4-8, IV, L. 322-4-9, L. 981-8, L. 322-4-15-1, al. 6.]*

BIBL. ▶ DIRRINGER, *Dr. soc. 2013. 37* (computation des effectifs et dialogue des juges).

COMMENTAIRE

V. Dalloz.fr et applications mobiles Dalloz.

1. Conformité à la Constitution. Le législateur peut, en vue d'améliorer l'emploi des jeunes et des personnes en difficulté et de leur faire acquérir une qualification professionnelle, autoriser des mesures propres à ces catégories de travailleurs et notamment les exclure des effectifs de l'entreprise ; les différences de traitement qui peuvent en résulter entre catégories de travailleurs ou catégories d'entreprises répondent à ces fins d'intérêt général et ne sont pas, dès lors, contraires au principe d'égalité. • Cons. const., QPC, 29 avr. 2011 : *RJS 2011. 559, n° 618 ; Sem. soc. Lamy 2011, n° 1491, p. 5.*

2. Contrariété au droit de l'Union européenne. L'art. 27 de la Charte des droits fondamentaux de l'Union européenne ne peut être invoqué dans un litige entre particuliers afin de laisser inappliqué l'art. L. 1111-3 C. trav., contraire au droit de l'Union en ce qu'il exclut du calcul des effectifs de l'entreprise des catégories de travailleurs. • CJUE 15 janv. 2014, *Assoc. de médiation sociale c/ Union locale des synd. CGT et a.*, aff. C-176/12 : *Dalloz actualité, 21 févr. 2014, obs. Ines ; D. 2014. Actu. 216 ; RDT 2014. 312, note Carpano ; RJS 2014. 309, obs. Tissandier ; JS Lamy 2014, n° 361-6.* ♦ L'application de l'art. L. 1111-3, quoique incompatible avec le droit de l'Union européenne, ne peut pas être écartée par le juge judicaire dans un litige entre particuliers au titre de l'art. 27 de la Charte des droits fondamentaux de l'Union européenne et des art. 2 et 3, § 1, de la Dir. 2002/14/CE du 11 mars 2002 ; il appartient donc au juge de vérifier si l'effectif de l'entreprise permet la désignation d'un représentant de la section syndicale en tenant compte des exclusions prévues par ce texte. • Soc. 9 juill. 2014 : *RJS 2014. 599, n° 700.*

TITRE DEUXIÈME **DROITS ET LIBERTÉS DANS L'ENTREPRISE**

COMMENTAIRE

V. Dalloz.fr et applications mobiles Dalloz.

CHAPITRE UNIQUE

Art. L. 1121-1 Nul ne peut apporter aux droits des personnes et aux libertés individuelles et collectives de restrictions qui ne seraient pas justifiées par la nature de la tâche à accomplir ni proportionnées au but recherché. – *[Anc. art. L. 120-2.]*

V. Circ. DRT nº 93-10 du 15 mars 1993 relative à l'application des dispositions relatives au recrutement et aux libertés individuelles (titre V de la loi du 31 déc. 1992) (BOMT nº 93/10, texte nº 412).

BIBL. ▸ *CSB 2002, nº spécial* (libertés du salarié) ; *Dr. soc. 2002. 5*, *nº spécial* (droit du travail et nouvelles technologies de l'information et de la communication) ; *Dr. soc. 2010. 3*, *nº spécial* (vie professionnelle et vie privée du salarié) ; *Dr. soc. 2015. 660*, *nº spécial* (communautarisme et faits religieux dans les relations de travail). – ADAM, *RDT 2014. 168* et *244* (la dignité du salarié). – ADAM, LE FRIANT, PÉCAUT-RIVOLIER, TARASEWICZ, *RDT 2016. 532* (la religion dans l'entreprise). – ALIX, *JS Lamy 2006, nº 189-1* (accès par l'employeur aux fichiers personnels du salarié). – ANTONMATTÉI, *Dr. soc. 2012. 10* (licenciement pour trouble objectif) ; *RDT 2014. 391* (à propos de la liberté religieuse dans l'entreprise). – AYACHE-REVAH et AYADI, *JS Lamy 2013, nº 342-1* (vie privée, vie publique : droit du travail et libertés individuelles). – BELLO, *JCP S 2012. 1280* (le licenciement pour un motif tiré de Facebook). – BERRA, *Sem. soc. Lamy 1988, suppl. nº 416* (SIDA et relations de travail). – BERTHOU, *RDT 2008. 238* (liberté religieuse au travail). – BOSSU, *Dr. soc. 1995. 978* (délégué du personnel et vidéosurveillance). – BOUAZIZ, *Dr. ouvrier 1991. 201* (vie privée, cause de licenciement). – BOUCHET, *Dr. ouvrier 2004. 410* (cybersurveillance sur les lieux de travail). – BRAUN et JEZ, *CSB 2001. 241* (courrier électronique et vie privée du salarié). – BRICE-DELAJOUX, *Dr. ouvrier 2011. 58* (liberté religieuse sur les lieux du travail). – BRISSEAU, *Dr. soc. 2008. 969* (la religion du salarié). – CASAUX-LABRUNÉE, *Dr. soc. 2008. 1032* ; *ibid 2012. 331* (vie privée des salariés et vie de l'entreprise). – COIRET, *RTD civ. 1985. 63* (liberté matrimoniale). – DABOSVILLE, *RDT 2012. 275* (contours de l'abus d'expression du salarié). – DESBARATS, *JCP S 2011. 1307* (entre exigence professionnelle et liberté religieuse) ; *Dr. soc. 2015. 660*, *nº spécial* (communautarisme et faits religieux dans les relations de travail). – DOCKÈS, *Dr. ouvrier 2011. 53* (liberté d'expression au travail). – DE QUENAUDON, *RDT 2011. 643* (expression religieuse et laïcité en entreprise). – FAVENNEC-HÉRY, *RJS 2001. Chron. 941* (vie privée dans l'entreprise et à domicile). – FÉNOLL-TROUSSEAU, *JCP E 2007. 1878* (nouveaux enjeux de la cybersurveillance). – FIORENTINO, *RDT 2013. 649* (liberté religieuse sur les lieux de travail : approche comparative des systèmes américain et britannique). – FOUCHER, *RDT 2016. 621* (le respect des prescriptions alimentaires au sein de l'entreprise privée ordinaire). – FRAISSINIER-AMIOT, *JS Lamy 2010, nº 277-1* (liberté et droit d'expression des salariés : affirmation, notion et limites). – GARDIN, *RJS 2013. 699* (laïcité et religion dans l'entreprise). – GAUDU, *Dr. soc. 2008. 959* (droit du travail et religion) ; *ibid. 2010. 65* ; *ibid. 2011. 1186*. – GAVALDA, *JCP S 2010. 1194* (liberté de la correspondance ou l'intrusion de la vie privée dans l'entreprise). – GRATTON, *RDT 2014. 321* (Protection contre les mesures de rétorsion prises par l'employeur à la suite de l'exercice, par le salarié, de droits protégés par l'art. 6 de la Conv. EDH). – GRÉVY, *Dr. soc. 1995. 329* (vidéosurveillance). – GULPHE, *JCP E 1990. II. 15736* (protection de la vie privée). – HASNAOUI, *RDT 2012. 545* (correspondances du salarié). – JOSEPH, *Dr. soc. 1990. 378* (état de santé). – KERNALEGUEN, *Mélanges H. Blaise, Economica 1995, p. 269*. – KUHNMUNCH, *Dr. soc. 1988. 384*. – LACABARATS, *RDT 2014. 409* (à propos de quelques libertés en entreprise : propos conclusifs). – LE MÉNESTREL, *JS Lamy 2010, nº 279-1* (le domaine personnel du salarié dans l'entreprise). – LENOIR et WALLON, *Dr. soc. 1988. 213* (informatique). – LEPAGE, *AJ pénal 2005. 9* (vie privée du salarié et droit pénal) ; *Dr. soc. 2006. 364* (vie privée du salarié, notion civiliste). – LYON-CAEN, *RDT 2014. 386* (les libertés dans l'entreprise 20 ans après). – MATHIEU, *RDT 2012. 17* (respect de la liberté religieuse dans l'entreprise). – MORIN-GALVIN, *RJS 2014. 232* (contrôle patronal de l'usage par le salarié d'un matériel personnel). – PIZZIO-DELAPORTE, *Dr. soc. 2001. 404* (libertés fondamentales et droits du salarié : rôle du juge). – RAY, *Dr. soc. 2007. 140* (droit du travail et TIC) ; *ibid. 2008. 1072*. – RADÉ, *ibid. 2010. 35* (amour et travail). – RAY et BOUCHET, *ibid. 44* (vie professionnelle, vie personnelle et TIC). – RICHEVAUX, *Dr. ouvrier 1980. 391* (vie privée et refus d'embauche). – SAVATIER, *Dr. soc. 1992. 329* (protection de la vie privée). – SCIBERRAS, *ibid. 2010. 72* (travail et religion). – TEYSSIÉ, *ibid. 1988. 374*. – VERDIER, *Gaz. Pal. 22-23 nov. 1996* (vie personnelle et vie professionnelle). – VOIRIN, *D. 1963. Chron. 247* (liberté matrimoniale). – DE TISSOT, *Dr. soc. 1995. 222* ; *Gaz. Pal. 22-23 nov. 1996* (droits fondamentaux du salarié). – WAQUET, *CSB 1994. 289 ; Gaz. Pal. 22-23 nov. 1996* (loyauté du salarié dans les entreprises de tendance) ; *Dr. soc. 2004. 23* (vie personnelle du salarié) ; *RDT 2006. 304* (notion de « trouble objectif dans l'entreprise »). – WAQUET et WOLMARK, *RDT 2009. Controverse. 485* (faut-il interdire le port de signes religieux dans l'entreprise ?).

V. aussi dossier spéc. *Sem. soc. Lamy 2016, n° 1733* (le fait religieux dans l'entreprise).

COMMENTAIRE

V. Dalloz.fr et applications mobiles Dalloz.

I. DROITS ET LIBERTÉS PROTÉGÉS

A. VIE PRIVÉE, VIE PERSONNELLE ET FAMILIALE

1° VIE PERSONNELLE ET VIE FAMILIALE

a. Liberté matrimoniale

1. Clause de non-convol. A moins de raisons impérieuses évidentes, une clause de non-convol doit être déclarée nulle comme attentatoire à un droit fondamental de la personnalité. • Paris, 30 avr. 1963 : *D. 1963. 428, note Rouast.* – V. aussi • Soc. 27 avr. 1964 : *Dr. soc. 1964. 574, obs. Savatier ; D. 1965. 213, note Rouast* • 7 févr. 1968 : *D. 1968. 429.*

2. Mariage. Bien que la salariée se trouve en période d'essai, l'employeur ne peut sans abus rompre le contrat de travail au seul motif que l'intéressée lui annonce son prochain mariage, circonstance sans rapport avec l'exécution du travail. • Soc. 17 mars 1971 : *Bull. civ. V, n° 216 ; GADT, 4e éd., n° 42.*

b. Vie privée

3. Vidéosurveillance. Un employeur ne peut mettre en place un système de vidéosurveillance que si ce dispositif est justifié par la nature de la tâche à accomplir et proportionné au but recherché. • Soc. 20 nov. 1991, n° 88-43.120 P : *D. 1992. 73, concl. Chauvy ; Dr. soc. 1992. 28, rapp. Waquet ; RJS 1992. 25, n° 1.* ♦ V. aussi • Délib. CNIL n° 2009-201, 16 avr. 2009 : *Dr. ouvrier 2010. 81, note Grévy ; Sem. soc. Lamy 2009, n° 1416, p. 3.* ♦ Face à la gravité des manquements constatés et la mise en œuvre persistante d'un dispositif ne répondant pas aux engagements pris par la société, la CNIL peut contraindre l'employeur à cesser d'utiliser un système de vidéosurveillance. • Délib. CNIL 18 mars 2010 : *Sem. soc. Lamy 2010, n° 1450, p. 2.* ♦ Une société ne peut invoquer la finalité de sécurité des personnes et des biens et la confidentialité de ses missions pour justifier du caractère proportionné de la vidéosurveillance du poste de travail d'un salarié alors que ces préoccupations de sécurité ne sont étayées par aucun élément hormis sa volonté de lutter contre des vols de ses propres salariés. • CE 18 nov. 2015, n° 371196 : *RJS 2/2016, p. 11, obs. Wolton, ibid. 2/2016, n° 94 ; JCPS 2016. 1023, obs. Pagnerre.*

4. Surveillance clandestine. L'utilisation de lettres piégées à l'insu du personnel constitue un stratagème rendant illicite le moyen de preuve obtenu. • Soc. 4 juill. 2012 : *Dalloz actualité, 26 juill. 2012, obs. Astaix ; D. 2012. Actu. 1894 ; ibid. 2826, obs. Delebecque, Bretzner et Darret-Courgeon ; Dr. soc. 2012. 1027, obs. Ray.* ♦ Mais le contrôle de l'activité d'un salarié, au temps et au lieu de travail, par un service interne à l'entreprise chargé de cette mission ne constitue pas, en soi, même en l'absence d'information préalable du salarié, un mode de preuve illicite. • Soc. 5 nov. 2014 : *Dalloz actualité, 20 nov. 2014, obs. Fraisse ; D. 2014. Actu. 2308 ; Dr. soc. 2015. 81, note Boulmier ; RJS 1/2015, n° 11.* ♦ En revanche, une surveillance des salariés au moyen d'un stratagème impliquant de faux clients est illicite. • Soc. 19 nov. 2014, n° 13-18.749 : *D. 2015. Pan. 834, obs. Porta ; Dr. soc. 2015. 83, note Boulmier ; RJS 2/2015, n° 77.*

5. Géolocalisation. Un système de géolocalisation ne peut être utilisé pour contrôler la durée du temps de travail d'un salarié que lorsque aucun autre moyen n'est possible ; si le salarié dispose d'une liberté d'organisation dans son travail, un tel usage est, de surcroît, prohibé. • Soc. 3 nov. 2011 : *Dalloz actualité, 14 nov. 2011, obs. Astaix ; D. 2011. Actu. 2803 ; RDT 2012. 156, obs. Bossu et Morgenroth ; Dr. soc. 2012. 61, note Ray ; RJS 2012. 22, n° 4 ; Sem. soc. Lamy 2011, n° 1518, p. 7, note Flores ; JS Lamy 2011, n° 311-312-4, obs. Hautefort ; JCP S 2012. 1054, obs. Loiseau.*

6. Fouille des sacs. L'employeur concerné par des alertes à la bombe peut valablement exiger l'ouverture des sacs devant les agents de sécurité ; cette mesure justifiée par des circonstances exceptionnelles et des exigences de sécurité est proportionnée au but recherché puisqu'elle exclut la fouille des sacs. • Soc. 3 avr. 2001 : *D. 2001. IR 151 ; Dr. soc. 2001. 675, obs. Gauriau ; RJS 2001. 501, n° 720.* ♦ Le contrôle du contenu du sac d'un salarié est une atteinte à sa liberté individuelle, l'employeur ne peut y procéder qu'avec son accord et après l'avoir informé de son droit de s'y opposer ; si cette information n'a pas eu lieu, l'employeur ne peut se prévaloir du résultat de la fouille pour sanctionner le salarié. • Soc. 11 févr. 2009 : *R., p. 327 ; D. 2009. AJ 570, obs. Ines ; RJS 2009. 276, n° 313 ; JCP S 2009. 1212, obs. Barège ; JS Lamy 2009, n° 251-2.*

7. Fouille des armoires. Il n'est autorisé à procéder à l'ouverture de l'armoire individuelle d'un salarié que dans les cas et aux conditions prévus par le règlement intérieur et en présence de l'intéressé ou si celui-ci a été prévenu. • Soc. 11 déc. 2001, n° 99-43.030 P : *D. 2002. IR 136 ; Dr. soc. 2002. 352, obs. Savatier ; RJS 2002. 222, n° 256 ; CSBP 2002, A. 10, obs. Pansier ; JS Lamy 2002, n° 94-2.* ♦ A partir du moment où l'employeur a affiché sur une armoire individuelle non identifiée que celle-ci sera ouverte à une date précise, l'employeur qui donne suite à sa menace en présence d'un représentant du personnel et d'un agent de sécurité ne commet pas de faute. • Soc. 15 avr. 2008 : *D. 2008. AJ 1487, obs. Ines ; RDT 2008. 668, obs. Olszak ; RJS 2008. 515, n° 635 ; JCP S 2008. 1453, obs. Bossu ; JS Lamy 2008, n° 234-2.* ♦ Dès lors qu'un coffre mis à la disposition d'un salarié est affecté à un usage exclusivement professionnel, l'entreprise est en droit de vérifier le contenu. • Soc. 21 oct. 2008 : *D. 2008. AJ 2874, obs. Perrin ; RJS 2008. 962, n° 1151 ; JCP S 2009. 1043, obs. Drai.*

8. Correspondances privées. L'employeur ne peut, sans violer la liberté fondamentale du respect de l'intimité de la vie privée du salarié, prendre connaissance des messages personnels émis par le salarié et reçus par lui grâce à un outil informatique mis à sa disposition pour son travail, et ceci même au cas où l'utilisation non professionnelle de l'ordinateur aurait été interdite. • Soc. 2 oct. 2001 : *D. 2001. IR 2944 ; Dr. soc. 2001. 920, obs. Ray ; JCP E 2001. 1918, note Puigelier ; RJS 2001. 948, n° 1394 ; CSB 2001, A. 40, obs. Jez ; JS Lamy 2001, n° 88-2 ; Sem. soc. Lamy 2001, n° 1045, p. 6, concl. Kehrig.* ♦ Doivent être écartés des débats, en ce que leur production en justice portait atteinte au secret des correspondances, les messages électroniques provenant de la messagerie personnelle d'un salarié et distincte de la messagerie professionnelle dont celui-ci dispose pour les besoins de son activité. • Soc. 26 janv. 2016, n° 14-15.360 P : *Dalloz actualité, 9 févr. 2016, obs. Kébir ; D. 2016. Actu. 320 ; ibid. Pan. 811, obs. Porta ; RDT 2016. 421, obs. Michel ; RJS 4/2016, n° 227 ; JS Lamy 2016, n° 405-2, obs. Lhernould ; JCP S 2016. 1087, note Bossu.* ♦ Lorsque, pour des raisons de sécurité, l'employeur a demandé des mesures de vérification sur tous les courriels émis et reçus, le juge peut valablement lui ordonner d'ouvrir une enquête avec les délégués du personnel pour voir dans quelles conditions les messages qualifiés de personnels ont pu être consultés et exploités. • Soc. 17 juin 2009 : *D. 2009. AJ 1832, obs. Maillard ; RDT 2009. 591, obs. Marino ; RJS 2009. 652, n° 743 ; JS Lamy 2009, n° 259-2 ; Dr. ouvrier 2010. 90, obs. Brousse ; JCP S 2009. 1362, obs. Jeansen.*

9. La réception par le salarié d'une revue qu'il s'est fait adresser sur le lieu de travail ne constitue pas un manquement aux obligations résultant de son contrat ; l'employeur ne pouvait sans méconnaître le respect dû à la vie privée du salarié se fonder sur le contenu d'une correspondance privée pour sanctionner son destinataire et le trouble objectif dans le fonctionnement de l'entreprise ne permettant pas en lui-même de prononcer une sanction disciplinaire. • Cass., ch. mixte, 18 mai 2007 : *D. 2007. AJ 1503 ; RDT 2007. 527, obs. Aubert-Montpeyssen ; RJS 2007. 615, n° 810 ; JS Lamy 2007, n° 213-2 ; JCP 2007. 1844, note Puigelier ; JCP S 2007. 1538, note Barège et Bossu.*

10. Dossiers et fichiers. Les dossiers et fichiers créés par un salarié grâce à l'outil informatique mis à sa disposition par son employeur pour l'exécution de son travail sont présumés avoir un caractère professionnel de sorte que l'employeur peut y avoir accès hors sa présence. • Soc. 18 oct. 2006 : *RDT 2006. 395, obs. de Quenaudon ; D. 2007. Pan. 691, obs. F. Guiomard ; RJS 2006. 32, n° 7 ; Sem. soc. Lamy 2006, n° 1279, p. 10.* ♦ Les courriels et fichiers intégrés dans le disque dur de l'ordinateur mis à disposition du salarié par l'employeur ne sont pas identifiés comme personnels du seul fait qu'ils émanent initialement de la messagerie électronique personnelle du salarié. • Soc. 19 juin 2013 : *D. 2013. Actu. 1629 ; RDT 2013. 708, note Nord-Wagner ; RJS 10/2013, n° 650 ; JCP S 2013. 1360, note Bossu.*

11. SMS du salarié. Les SMS envoyés ou reçus par le salarié au moyen du téléphone mis à sa disposition par l'employeur peuvent être consultés par ce dernier en dehors de la présence de l'intéressé, sauf s'ils sont identifiés comme étant personnels. • Com. 10 févr. 2015, n° 13-14.779 : *RDT 2015. 1914, obs. Adam ; JS Lamy 2015, n° 385-2, obs. Lhernould ; RJS 4/2015, n° 232.*

12. Sites internet. Les connexions établies par un salarié sur des sites internet pendant son temps de travail grâce à l'outil informatique mis à sa disposition par son employeur pour l'exécution de son travail sont présumées avoir un caractère professionnel de sorte que l'employeur peut les rechercher aux fins de les identifier, hors de sa présence. • Soc. 9 juill. 2008 : *D. 2008. 2228, obs. Ines ; RJS 2008. 893, n° 1071 ; Dr. soc. 2008. 1072, note Ray ; JCP S 2008. 1638, note Boubli* • 18 mars 2009 : *D. 2009. AJ 1093, obs. Dechristé .*

13. Personnalisation. La seule dénomination « Mes documents » donnée à un fichier créé par le salarié à l'aide de l'outil informatique mis à sa disposition par l'employeur pour les besoins de son travail ne lui confère pas un caractère personnel, de sorte que l'employeur est en droit de l'ouvrir hors la présence de l'intéressé. • Soc. 10 mai 2012 : *Dalloz actualité, 22 mai 2012, obs. Siro ; D. 2012. Actu. 1342 ; D. 2013. Pan. 1026, obs. Porta ; RDT 2012. 428, obs. Keim-Bagot ; Dr. soc. 2012. 1027, obs. Ray ; RJS 2012. 533, n° 611 ; Sem. soc. Lamy 2012, n° 1543, p. 11, obs. Guyader ; JCP S 2012. 1331,* *obs. Bossu.* ♦ Dès lors qu'une clé USB est connectée à l'outil informatique fourni par l'employeur, elle est présumée être utilisée à des fins professionnelles, autorisant ainsi l'employeur à avoir accès aux fichiers non identifiés comme personnels qui y sont contenus. • Soc. 12 févr. 2013 : *Dalloz actualité, 6 mars 2013, obs. Ines ; D. 2013. Pan. 1026, obs. Porta ; ibid. 1776, obs. Contamine ; RDT 2013. 339, obs. Nord-Wagner ; Dr. ouvrier 2013. 275 ; JS Lamy 2013, n° 340-3 ; JCP S 2013. 1217, obs. Bossu.*

14. Information du salarié. Sauf risque ou événement particulier, l'employeur ne peut ouvrir les fichiers identifiés par le salarié comme personnels contenus sur le disque dur de l'ordinateur mis à sa disposition qu'en présence de ce dernier ou celui-ci dûment appelé. • Soc. 17 mai 2005 : *D. 2005. IR 1448, obs. Chevrier ; D. 2006. Pan. 30, obs. Escande-Varniol ; RJS 2005. 589, n° 799 ; Dr. soc. 2005. 789, obs. Ray ; JCP S 2005. 1031, note Favennec-Héry ; JS Lamy 2005, n° 170-5.* ♦ Un constat d'huissier non contradictoire portant sur des fichiers non expressément identifiés comme personnels par le salarié peut donc être utilisé valablement par un employeur pour justifier un licenciement. • Soc. 21 oct. 2009 : *D. 2009. AJ 2614 ; RJS 2010. 11, n° 2 ; JS Lamy 2009, n° 266-6 ; Dr. ouvrier 2010. 92, obs. Brousse.*

15. Surveillance de la messagerie du salarié et CEDH. La CEDH reconnaît à l'employeur le droit de consulter la messagerie professionnelle d'un salarié dès lors que le règlement intérieur interdit l'usage à titre privé des instruments mis à sa disposition pour exercer son activité professionnelle. • CEDH 12 janv. 2016, n° 61496/08 : *RJS 5/2016, n° 387 ; D. 2015. Pan. 811, obs. Porta ; JS Lamy 2016, n° 407-4, obs. Hautefort.*

16. Renforcement des garanties. Le règlement intérieur peut toutefois contenir des dispositions restreignant le pouvoir de consultation de l'employeur, en le soumettant à d'autres conditions. • Soc. 26 juin 2012 : *Dalloz actualité, 6 sept. 2012, obs. Perrin ; D. 2012. Actu. 1829 ; D. 2013. Pan. 1026, obs. Porta ; RDT 2012. 562, obs. de Quenaudon ; Dr. soc. 2012. 1027, obs. Ray ; JS Lamy 2012, n° 329-4, obs. Boucheret ; JCP S 2012. 1465, obs. Bossu.*

17. Dictaphone du salarié. L'employeur ne peut procéder à l'écoute d'enregistrements réalisés sur le lieu de travail par un salarié, à l'aide d'un dictaphone personnel, en l'absence de l'intéressé ou sans qu'il ait été dûment appelé. • Soc. 23 mai 2012 : *Dalloz actualité, 1er juin 2012, obs. Astaix ; D. 2012. Actu. 1486 ; D. 2013. Pan. 1026, obs. Porta ; Dr. soc. 2012. 1027, obs. Ray ; RJS 2012. 591, n° 673 ; JS Lamy 2012, n° 326-5, obs. Tourreil ; JCP S 2012. 1371, obs. Bossu.*

18. Rôle du juge des référés. Le respect de la vie personnelle du salarié ne constitue pas en lui-même un obstacle à l'application des dispositions de l'art. 145 C. pr. civ. dès lors que le juge constate que les mesures qu'il ordonne procèdent d'un motif légitime et sont nécessaires à la protection des droits de la partie qui les a sollicitées. • Soc. 23 mai 2007 : *D. 2007. AJ 1590 ; RDT 2007. 590, obs. Quenaudon ; RJS 2007. 705, n° 909 ; JS Lamy 2007, n° 214-2 ; JCP S 2007. 1537, note Béal et Ferreira.* ♦ Ainsi, l'employeur, qui avait des raisons légitimes et sérieuses de craindre que l'ordinateur mis à la disposition de la salariée avait été utilisé pour favoriser des actes de concurrence déloyale, a pu confier à un huissier de justice autorisé par ordonnance de référé la mission de prendre copie en présence de la salariée ou celle-ci dûment appelée des messages échangés entre personnes identifiées comme étant susceptibles d'être concernées par les faits de concurrence soupçonnés. • Soc. 10 juin 2008 : *D. 2008. AJ 1834 ; RDT 2008. 602, obs. Varnek ; RJS 2008. 697, n° 866 ; Dr. soc. 2008. 1072, note Ray ; JS Lamy 2008, n° 240-4 ; JCP S 2008. 1582, note Bossu.*

19. Situation pénale. Lors de l'embauche le salarié n'a pas l'obligation de faire mention d'antécédents judiciaires ; la dissimulation d'une condamnation pénale n'a pas un caractère dolosif et le licenciement du salarié pour ce fait est dépourvu de cause réelle et sérieuse. • Soc. 25 avr. 1990, n° 86-44.148 P : *D. 1991. 507, note Mouly ; Dr. ouvrier 1990. 393, note Richevaux.* ♦ La dissimulation par le salarié d'un fait en rapport avec ses activités professionnelles et les obligations qui en résultent peut constituer un manquement à la loyauté à laquelle il est tenu envers son employeur, dès lors qu'il est de nature à avoir une incidence sur l'exercice des fonctions ; ainsi s'agissant d'une mise en examen du salarié pour des faits en rapport avec ses activités professionnelles. • Soc. 29 sept. 2014 : *Dalloz actualité, 20 oct. 2014, obs. Peyronnet ; D. 2014. Actu. 2002 ; RDT 2014. 762, obs. Moizard ; Dr. soc. 2014. 957, obs. Mouly ; RJS 2014. 725, n° 838 ; JS Lamy 2014, n° 376-4, obs. Pacote et Renucci.*

20. Consommation. Dans sa vie privée, le salarié est libre d'acheter les biens, produits ou marchandises de son choix. • Soc. 22 janv. 1992, n° 90-42.517 P : *D. 1992. IR 60 ; Dr. soc. 1992. 329, note Savatier ; RJS 1992. 156, n° 245* (possibilité pour le salarié d'un concessionnaire automobile d'acheter un véhicule d'une autre marque). ♦ Chacun a droit au respect de sa vie privée, il en résulte qu'il ne peut être procédé à un licenciement pour une cause tirée de la vie privée du salarié que si le comportement de celui-ci a créé un trouble objectif caractérisé au sein de l'entreprise. • Soc. 30 nov. 2005 : *RJS 2006. 109, n° 167 ; Dr. soc. 2006. 466, obs. Lanquetin.*

21. Vêtements. La liberté de se vêtir à sa guise au temps et au lieu de travail n'entre pas dans la catégorie des libertés fondamentales. • Soc. 28 mai 2003, n° 02-40.273 P : *Dr. soc. 809, note Waquet ; D. 2003. 2718, note Guiomard ; ibid. 2004. Somm. 176, obs. Pousson ; GADT, 4e éd., n° 69 ; RJS 2003. 664, n° 975* (port d'un bermuda au bureau). ♦ L'employeur ne peut imposer le port d'un uniforme aux salariés sans contact avec la clientèle. • Soc. 3 juin 2009 : *D. 2010. Pan. 342, obs. Khodri ; RDT 2009. 656, obs. Robin ; RJS 2009. 619, n° 683.*

22. Alcool et stupéfiants. L'obligation pour les membres d'équipage d'un ferry de fournir des échantillons d'urine afin de détecter l'usage d'alcool ou de drogue constitue une ingérence d'une autorité publique au sens de l'art. 8 Conv. EDH justifiée par un objectif légitime, assurer la sécurité du ferry, et proportionnée à cet objectif. • CEDH 7 nov. 2002 : *D. 2005. 36, note Mouly et Marguénaud.* ♦ L'obligation pour les personnels d'entretien d'une centrale nucléaire de fournir des échantillons d'urine afin de détecter l'usage d'alcool ou de drogue constitue une ingérence au sens de l'art. 8 Conv. EDH justifiée par un objectif légitime et proportionnée à cet objectif, en raison notamment du caractère discret et confidentiel des contrôles et de l'impossibilité de distinguer entre les différents membres du personnel en vue d'assurer la sécurité dans ce type d'établissement. • CEDH 9 mars 2004 : *D. 2005. 36, note Mouly et Marguénaud.* ♦ Le règlement intérieur peut prévoir des contrôles aléatoires de consommation de substances stupéfiantes pour les seuls postes dits « hypersensibles drogue et alcool » et pour lesquels l'emprise de la drogue constitue un danger particulièrement élevé pour le salarié ou pour les tiers ; ce contrôle peut être effectué par le supérieur hiérarchique qui doit respecter le secret professionnel sur ses résultats. • CE 5 déc. 2016, n° 394178 : *Sem. soc. Lamy 2016, n° 1750, p. 5, obs. Champeaux et Fantoni Quinton.*

c. Vie personnelle et familiale

23. Clause de mobilité. Il appartient aux juges du fond de rechercher concrètement, d'une part, si la mise en œuvre de la clause de mobilité ne porte pas une atteinte au droit du salarié à une vie personnelle et familiale et si cette atteinte peut être justifiée par la tâche à accomplir et proportionnée au but recherché et, d'autre part, si la modification des horaires journaliers est compatible avec des obligations familiales impérieuses. • Soc. 13 janv. 2009 : *D. 2009. 1799, note Escande-Varniol ; RDT 2009. 300, obs. Dumery ; Dr. soc. 2009. 614, obs. Radé ; RJS 2009. 206, n° 228 ; JCP S 2009. 1162, obs. Bossu.*

24. Changement des horaires de travail. Sauf atteinte excessive au droit du salarié au respect de sa vie personnelle et familiale ou à son droit au repos, l'instauration d'une nouvelle répartition du travail sur la journée relève du pouvoir de direction de l'employeur. • Soc. 3 nov. 2011 : *RDT 2012. 31, obs. Tournaux ; Dr. soc. 2012. 147, note Dockès ; RJS 2012. 27, n° 10 ; Sem. soc. Lamy 2011, n° 1518, p. 11, obs. Fabre ; JS Lamy 2011, n° 311-312-5, obs. Lhernould.*

d. Domicile

25. Principe. Toute personne dispose de la liberté de choisir son domicile ; nul ne peut apporter aux droits des personnes et aux libertés individuelles et collectives des restrictions qui ne seraient pas justifiées par la nature de la tâche à accomplir et proportionnées au but recherché. • Soc. 28 févr. 2012 : *Dalloz actualité, 2 avr. 2012, obs. Perrin ; D. 2012. Actu. 744 ; RDT 2012. 225, obs. Varin ; RJS 2012. 359, n° 415 ; Dr. ouvrier 2012. 502, note Gardin ; JS Lamy 2012, n° 320-3, obs. Lhernould ; JCP S 2012. 1244, obs. Loiseau.*

26. Clauses de résidence. Doit être annulée la clause de résidence imposée à des salariés dès lors qu'ils pouvaient exécuter les tâches qui leur étaient confiées tout en résidant à l'extérieur de l'entreprise. • Soc. 13 avr. 2005, n° 03-42.965 P : *D. 2005. IR 1248 ; Dr. soc. 2005. 809, obs. Savatier.* ♦ La clause faisant obligation à un avocat de fixer son domicile au lieu d'implantation du cabinet, fondée sur la seule nécessité d'une « bonne intégration de l'avocat dans l'environnement local », ne poursuit pas un objectif pouvant justifier l'atteinte portée à la liberté individuelle de l'avocat salarié. • Soc. 12 juill. 2005 : *D. 2006. Pan. 30, obs. Escande-Varniol ; Dr. soc. 2005. 1037, obs. Barthélémy ; RJS 2005. 738, n° 1048.*

27. Clause de mobilité. Une clause de mobilité ne peut contraindre le salarié à un changement de résidence, si ses attributions n'exigent pas une présence permanente au lieu de la nouvelle affectation ; cela constituerait une atteinte au libre choix du domicile personnel et une telle restriction à la liberté de choix du domicile doit être indispensable à la protection des intérêts légitimes de l'entreprise et proportionnée au but recherché. • Soc. 12 janv. 1999, n° 96-40.755 P : *D. 1999. IR 47 ; Dr. soc. 1999. 287, obs. Ray ; RJS 1999. 103, n° 151 ; CSB 1999. 159, A. 25.* ♦ La mise en œuvre d'une clause de mobilité sur l'ensemble de la France ne permet pas d'imposer au salarié l'obligation de fixer sa résidence dans un département précis. • Soc. 15 mai 2007 : *D. 2007. AJ 1600 ; RDT 2007. 449, obs. Bonnin ; RJS 2007. 617, n° 811 ; JCP S 2007. 1642, note Bossu.*

28. Utilisation du domicile. Un salarié n'est tenu ni d'accepter de travailler à son domicile, ni d'y installer ses dossiers et ses instruments de travail. • Soc. 2 oct. 2001 : *D. 2002. 768, obs. Mercat-Bruns ; JCP 2002. II. 10035, note Corrignan-Carsin ; Dr. soc. 2001. 920, obs. Ray ; GADT, 4e éd., n° 70.* ♦ L'occupation à la demande de l'employeur, du domicile du salarié à des fins professionnelles constitue une immixtion dans la vie privée de celui-ci et n'entre pas dans l'économie générale du contrat de travail ; si le salarié accède à la demande de son employeur, ce dernier doit l'indemniser de cette sujétion particulière ainsi que des frais engendrés par l'occupation à titre professionnel du domicile. • Soc. 7 avr. 2010 : *D. 2010. AJ 1084 ; Dalloz actualité, 18 mai 2010, obs. Maillard ; RDT 2010. 517, obs. Bossu ; JS Lamy 2010, n° 278-2, obs. Hautefort ; JCP S 2010. 1218, obs. Loiseau.* ♦ Mais le salarié ne peut prétendre à une indemnité au titre de l'occupation de son domicile à des fins professionnelles dès lors qu'un local professionnel est mis effectivement à sa disposition. • Soc. 4 déc. 2013 : *D. 2013. Actu. 2020 ; RJS 2014. 103, n° 133 ; JS Lamy 2014, n° 359-2, obs. Lhernould.* ♦ L'employeur ne peut contraindre un salarié à déménager sous prétexte que son assureur refuse de l'assurer s'il ne déménage pas. • Soc. 23 sept. 2009 : *D. 2009. AJ 2431 ; RDT 2010. 37, obs. Gardin ; JS Lamy 2009 n° 265-5 ; Dr. soc. 2010. 114, obs. Loiseau.*

29. S'agissant d'un établissement spécialisé dans l'accueil des mineurs en difficulté, l'interdiction faite aux membres du personnel éducatif de recevoir à leur domicile des mineurs placés dans l'établissement est une sujétion professionnelle pouvant figurer dans le règlement intérieur ; cette restriction à la liberté du salarié, justifiée par la nature du travail à accomplir et proportionnée au but recherché, est légitime. • Soc. 13 janv. 2009 : *R., p. 326 ; D. 2009. AJ 375, obs. Perrin ; ibid. 1316, note Mouly ; RJS 2009. 203, n° 225 ; JS Lamy 2009, n° 249-2 ; Sem. soc. Lamy 2009, n° 1386, p. 12 ; JCP S 2009. 1122, obs. Bossu.*

30. Sur les conditions obligeant éventuellement un employeur à communiquer l'adresse de l'un de ses salariés à un créancier de ce dernier, V. • Civ. 1re, 19 mars 1991 : *D. 1991. 568, note Velardocchio .* ♦ Sur le délit d'atteinte à la vie privée caractérisé par l'installation d'un dispositif permettant d'intercepter les communications téléphoniques, V. • Paris, 7 mai 1997 : *JCP E 1997. Pan. 1139.* ♦ Sur le licenciement du salarié pour des faits tirés de sa vie personnelle, V. notes 2 à 14 ss. art. L. 1232-1.

2° LIBERTÉ D'EXPRESSION – LIBERTÉ RELIGIEUSE

31. Principe. Sauf abus, le salarié jouit, dans l'entreprise et à l'extérieur de celle-ci, de sa liberté d'expression, à laquelle seules des restrictions justifiées par la nature de la tâche à accomplir et proportionnées au but recherché peuvent être apportées. • Soc. 28 avr. 1988 : *D. 1988. 437, note Wagner ; Dr. soc. 1988. 428, concl. Écoutin, obs. Couturier ; Dr. ouvrier 1988. 250, concl. Écoutin, note Jeammaud et Le Friant ; RPDS 1988. 184, note G. Lyon-Caen ; ibid. 1988. 218, note Cohen* • Soc. 28 avr. 2011 : *D. 2011. Actu. 1228, obs. Astaix ; RJS 2011. 533, n° 577 ; JCP S 2011. 1374, obs. Bossu.* • Soc. 27 mars 2013 : *D. 2013. Actu. 925 ; RDT 2013. 491, obs. Pontif ; Dr. soc. 2013. 453, obs. Dabosville ; JS Lamy 2013, n° 343-3, obs. Hautefort.* ♦ Des restrictions peuvent être apportées à la liberté d'expression pour assurer la protection de la réputation et des droits d'autrui dès lors que ces restrictions sont proportionnées au but recherché. • Soc. 14 janv. 2014 : *Dalloz actualité, 28 janv. 2014, obs. Peyronnet ; D. 2014. Actu. 215 ; RDT 2014. 179, obs. Mathieu ; RJS 2014. 160, rapp. Béraud ; ibid. n° 222 ; JS Lamy 2014, n° 361-3, obs. Hautefort.* ♦ Ne manque pas à son obligation de loyauté le délégué qui dénonce l'un des adhérents de l'association sans abuser de l'exercice de la liberté d'expression, caractérisé par l'emploi de termes injurieux, diffamatoires ou excessifs. • Soc. 23 sept. 2015, n° 14-14.021 P : *Dr. soc. 2016. 5, note Gratton ; JCP S 2015, n° 1429, p. 21, note Bossu.*

32. Liberté religieuse. Le principe de laïcité instauré par l'art. 1er de la Constitution n'est pas applicable aux salariés des employeurs de droit privé qui ne gèrent pas un service public ; il ne peut dès lors être invoqué pour les priver de la protection que leur assurent les dispositions du code du travail ; les restrictions à la liberté religieuse doivent être justifiées par la nature de la tâche à accomplir, répondre à une exigence professionnelle essentielle et déterminante et proportionnées au but recherché, et ne peuvent provenir de la clause d'un règlement intérieur d'une crèche instaurant une restriction générale et imprécise. • Soc. 19 mars 2013, *Baby Loup,* n° 11-28.845 P : *D. 2013. Actu. 777 ; D. 2013. 962, concl. Aldigé, note Mouly ; D. 2013. Pan. 1026, obs. Porta ; RDT 2013. 385, note Adam ; ibid. 94, note Calvès (lecture européenne de la décision) ; Dr. soc. 2013. 388, note Dockès ; RJS 5/2013, n° 346 ; Dr. soc. 2013. 388, obs. Dockès ; Dr. ouvrier 2013. 580, note Akandji-Kombé ; JS Lamy 2013, n° 342-2, obs. Lhernould ; JCP S 2013. 1146, note Bossu ; ibid. 1297, note Desbarats ; ibid. 1298, note Dieu ; ibid. 1299, note Chicheportiche et Kantorowicz.* ♦ Cassation de • Versailles, 27 oct. 2011 : *Sem. soc. Lamy 2011, n° 1515, p. 10.* ♦ Arrêt de renvoi : une personne morale de droit privé, qui assure une mission d'intérêt général, peut dans certaines circonstances constituer une entreprise de conviction au sens de la jurisprudence de la Cour européenne des droits de l'homme et se doter de statuts et d'un règlement intérieur prévoyant une obligation de neutralité du personnel dans l'exercice de ses tâches ; une telle obligation emporte notamment l'interdiction de porter tout signe ostentatoire de religion. • Paris, 27 nov. 2013 : *D. 2014. 65, note Mouly ; Dr. soc. 2014. 4 ; JCP S 2013. 1474, obs. Bossu.*

♦ Ce principe s'applique à l'ensemble des services publics, y compris lorsque ceux-ci sont assurés par des organismes de droit privé ; si les dispositions du code du travail ont vocation à s'appliquer aux agents des caisses primaires d'assurance maladie, ces derniers sont toutefois soumis à des contraintes spécifiques résultant du fait qu'ils participent à une mission de service public, lesquelles leur interdisent notamment de manifester leurs croyances religieuses par des signes extérieurs, en particulier vestimentaires, peu important que la salariée soit ou non directement en contact avec le public. • Soc. 19 mars 2013, n° 12-11.690 P : *D. 2013. Actu. 777 ; D. 2013. Pan. 1026, obs. Porta ; RJS 5/13, n° 346 ; Dr. soc. 2013. 388, obs. Dockès ; JS Lamy 2013, n° 342-2, obs. Lhernould ; JCP S 2013 n° 1146 (2e esp.) note B. Bossu.* ♦ Les dispositions de l'art. 4, § 1, de la Dir. 78/2000/CE doivent-elles être interprétées en ce sens que constitue une exigence professionnelle essentielle et déterminante, en raison de la nature d'une activité professionnelle ou des conditions de son exercice, le souhait d'un client d'une société de conseils informatiques de ne plus voir les prestations de services informatiques de cette société assurées par une salariée, ingénieur d'études, portant un foulard islamique ? • Soc. 9 avr. 2015 : *Dalloz actualité, 22 avr. 2015, obs. Peyronnet ; D. 2015. Actu. 870 ; RDT 2015. 405, obs. Miné ; Dr. soc. 2015. 648, note Wolmark ; JS Lamy 2015, n° 388-2, obs. Tissandier ; RJS 6/2015, n° 386.*

B. LIBERTÉS PROFESSIONNELLES

33. Liberté syndicale. Un accord collectif peut établir des règles de répartition inégalitaire d'une contribution au financement du dialogue social entre les organisations syndicales représentatives mais l'inégalité doit être justifiée par des raisons objectives matériellement vérifiables liées à l'influence de chaque syndicat dans le champ de l'accord. • Soc. 10 oct. 2007 : *D. 2007. AJ 2673 ; RJS 2007. 1043, n° 1305 ; Dr. soc. 2008. 106, note Borenfreund.*

34. Clauses du contrat de travail. La clause par laquelle un salarié à temps partiel se voit interdire toute autre activité professionnelle, soit pour son compte, soit pour le compte d'un tiers, porte atteinte au principe fondamental de libre exercice d'une activité professionnelle et n'est dès lors valable que si elle est indispensable à la protection des intérêts légitimes de l'entreprise et si elle est justifiée par la nature de la tâche à accomplir et proportionnée au but recherché. • Soc. 25 févr. 2004, n° 01-43.392 P : *D. 2004. IR 923 ; RJS 2004. 353, n° 504.*

35. Choix de l'employeur. L'art. 23 de la charte du football professionnel qui impose au joueur espoir, à l'expiration de son contrat de joueur, l'obligation de conclure un contrat de joueur professionnel avec le club qui a pris en charge sa formation, en lui interdisant de travailler avec tout autre club, peut être considéré comme ayant pour effet d'empêcher ou de dissuader un jeune joueur de se rendre dans un club d'un autre État membre dans la mesure où la violation de cette obligation est susceptible d'entraîner le versement d'une indemnité ou de dommages-intérêts ; toutefois, s'agissant d'un premier engagement à titre professionnel d'un jeune joueur qui vient de terminer sa période de formation, la clause pourrait se trouver justifiée par l'objectif légitime de son club formateur de conserver le joueur qu'il vient de former. • Soc. 9 juill. 2008 : *RDT 2008. 729, obs. Jacotot ; RJS 2008. 826, n° 1015 ; JCP S 2008. 1534, obs. Buy.*

36. Liberté de la concurrence. L'art. 6.1 du Pacte international relatif aux droits économiques, sociaux et culturels du 16 déc. 1966, directement applicable en droit interne, qui garantit le droit qu'a toute personne d'obtenir la possibilité de gagner sa vie par un travail librement choisi et accepté, s'oppose à ce qu'un salarié tenu au respect d'une obligation de non-concurrence soit privé de toute contrepartie financière au motif qu'il a été licencié pour faute grave. • Soc. 16 déc. 2008 : *D. 2009. AJ 233 ; RDT 2009. 239, obs. de Quénaudon ; RJS 2009. 246, n° 285 ; Dr. soc. 2009. 236, obs. Mouly ; JCP S 2009. 1114, obs. Beyneix.*

C. LIBERTÉS PUBLIQUES

37. Liberté de manifestation. Est dénué de cause réelle et sérieuse le licenciement d'un salarié pour participation à une manifestation publique sans que soit caractérisé en quoi, compte tenu de la fonction du salarié et de la nature de l'entreprise, la seule relation de travail pouvait justifier l'interdiction par l'employeur d'exercer une liberté collective en dehors du temps de travail. • Soc. 23 mai 2007 : *RDT 2007. 586, obs. Aubert-Monpeyssen.*

38. Informatique et libertés. Il résulte de la combinaison des art. 16, 27 et 34 de la loi n° 78-17 du 6 janv. 1978 relative à l'informatique, aux fichiers et aux libertés, 226-16 C. pén., L. 121-8 et L. 432-2-1 C. trav. [L. 1221-9 et L. 2323-3, nouv.], qu'à défaut de déclaration à la CNIL d'un traitement automatisé d'informations nominatives concernant un salarié, son refus de déférer à une exigence de son employeur impliquant la mise en œuvre d'un tel traitement ne peut lui être reproché. • Soc. 6 avr. 2004, n° 01-45.227 P : *D. 2004. 2736, note de Quenaudon ; Dr. ouvrier 2004. 378, note Adam.* ♦ Le système de pointage par empreintes digitales, constitutif d'un traitement automatisé de données personnelles, porte atteinte aux droits et libertés individuels des salariés de l'entreprise et n'est ni adéquat, ni pertinent, ni justifié au regard de l'objectif de l'établissement des bulletins de paie. • TGI Paris, 1re ch. sect. soc., 19 avr. 2005 : *JS Lamy 2005, n° 169-2.* ♦ Les informations collectées par la messagerie électronique professionnelle avant sa déclaration à la CNIL sont illicites. • Soc. 8 oct. 2014 : *D. 2014. Actu. 2055 ; RJS 2014. 717, n° 826 ; JS Lamy 2014, n° 377-378-4, obs. Hautefort.* ♦ Mais l'employeur peut se prévaloir à l'égard du salarié des informations fournies par un chronotachygraphe, dont il ne pouvait ignorer l'existence, et ce même si son existence n'a pas été déclarée à la CNIL, l'obligation de mettre en place et d'utiliser, sous peine de sanctions pénales, ce matériel de contrôle résultant du Règl. CEE n° 3821/85 du 20 déc. 1985, d'application directe. • Soc. 14 janv. 2014 : *Dalloz actualité, 30 janv. 2014, obs. Fraisse ; D. 2014. Actu. 215* .

II. NULLITÉ DES MESURES ATTENTATOIRES

39. Principe. Est nul le licenciement qui sanctionne la liberté d'expression du salarié en dehors de l'entreprise. • Soc. 28 avr. 1988 : *D. 1988. 437, note Wagner ; Dr. soc. 1988. 428, concl. Écoutin, obs. Couturier ; Dr. ouvrier 1988. 250, concl. Écoutin, note Jeammaud et Le Friant ; RPDS 1988. 184, note G. Lyon-Caen ; ibid. 1988. 218, note Cohen.*

40. Nullité écartée. Ne constitue pas une liberté fondamentale, au sens du présent texte : le principe selon lequel le criminel tient le civil en l'état. • Soc. 31 mars 2004, n° 01-46.960 P : *D. 2004. IR 1213 ; Dr. soc. 2004. 666, obs. Radé* . ♦ ... Ni sur la liberté de se vêtir à sa guise dans l'entreprise. • Soc. 28 mai 2003 : *préc. note 21.*

41. Liberté d'expression. Est nul le licenciement qui sanctionne la liberté d'expression du salarié en dehors de l'entreprise. • Soc. 28 avr. 1988 : *D. 1988. 437, note Wagner ; Dr. soc. 1988. 428, concl. Écoutin, obs. Couturier ; Dr. ouvrier 1988. 250, concl. Écoutin, note Jeammaud et Le Friant ; RPDS 1988. 184, note G. Lyon-Caen ; ibid. 1988. 218, note Cohen.*

42. Droit au juge. Sauf mauvaise foi, le dépôt d'une plainte, qui constitue l'exercice d'un droit, ne peut être constitutif d'une faute justifiant la rupture du contrat de travail. • Soc. 28 avr. 2011 : *JCP S 2011. 1374, obs. Bossu.* ♦ Lorsque la rupture illicite d'un contrat à durée déterminée avant l'échéance du terme fait suite à l'action en justice engagée par le salarié contre son employeur, il appartient à ce dernier d'établir que sa décision est justifiée par des éléments étrangers à toute volonté de sanctionner l'exercice, par le salarié, de son droit d'agir en justice ; s'il n'y parvient pas, la violation d'une liberté fondamentale est caractérisée, ce qui autorise le juge des référés à ordonner la poursuite de la relation contractuelle. • Soc. 6 févr. 2013 : *Dalloz actualité, 27 mars 2013, obs. Ines ; D. 2013. Actu. 440 ; RDT 2013. 630, obs. Adam ; Dr. soc. 2013. 415, note Mouly ; Dr. ouvrier 2013. 549, obs. Mazières ; JS Lamy 2013, n° 340-4 ; JCP S 2013. 1385, obs. Bousez.* ♦ La saisine de la juridiction prud'homale en résiliation judiciaire du contrat de travail ne peut servir de fondement à une mesure de licenciement ; dès lors que la lettre de licenciement fait référence, même parmi d'autres griefs, à la saisine du juge par le salarié, ce grief constitue une atteinte à la liberté fondamentale d'ester en justice entraînant la nullité du licenciement. • Soc. 3 févr. 2016, n° 14-18.600 P : *Dalloz actualité, 16 févr. 2016, obs. Cortot ; D. 2016. Actu. 383 ; RDT 2016. 433, obs. Enjolras ; RJS 4/2016, n° 246 ; JCP S 2016. 1140, obs. Bugada* • 16 mars 2016, n° 14-23.589 P : *Dalloz actualité, 29 juin 2016, obs. Peyronnet ; D. 2016. Actu. 719 ; RJS 5/2016, n° 311 ; JCP S 2016. 1173, obs. Bugada ; JS Lamy 2016, n° 408-1, obs. Jaglin et Dumortier.* ♦ Comp. antérieurement le refus d'annuler le licenciement d'un salarié qui avait agi pour la violation du principe « à travail égal, salaire égal ». • Soc. 20 févr. 2008, n° 06-40.085 P : *Dr. soc. 2008. 530, note Radé ; Dr. ouvrier 2008. 519, note Poirier.*

43. Égalité des armes. Le principe de l'égalité des armes s'oppose à ce que l'employeur utilise son pouvoir disciplinaire pour imposer au salarié les conditions de règlement du procès qui les oppose ; le licenciement prononcé dans ces conditions doit être annulé : • Soc. 9 oct. 2013 : *D. 2013. Actu. 2404 ; ibid. 302, obs. Mériette ; RDT 2014. 58, obs. Orif ; RJS 12/2013, n° 788 ; Sem. soc. Lamy 2013, n° 1603, p. 12, obs. Florès ; JCP S 2013. 1456, obs. Bugada.*

44. Liberté de témoigner. Est nul le licenciement prononcé en violation de la liberté fondamentale de la défense. • Soc. 28 mars 2006 : *D. 2006. IR 1128 ; RJS 2006. 474, n° 474.*

TITRE TROISIÈME **DISCRIMINATIONS**

BIBL. ► ACTON et DELESSEUX, *LPA 21 août 1996* (harcèlement psychologique). – AKANDJI-KOMBE, *Dr. soc. 2014. 68* (en amont du débat sur les recours collectifs en matière professionnelle : éliminer les causes conventionnelles de discrimination). – BAILLY et LHERNOULD, *Dr. soc. 2012. 223* (discrimination en raison de l'âge : sources européennes et mise en œuvre du droit interne). – BILON, *CSB 2003, numéro spécial juill.-août, p. 55* (l'absence au travail pour motif religieux). – BONNARD-PLANCKE et VERKINDT, *Dr. soc. 2006. 393* (discrimination syndicale) ; *ibid. 2006. 968* (égalité et diversité). – BOUAZIZ, *Dr. ouvrier 1991. 201* (vie privée). – CALVÈS et ROMAN, *RDT 2016. Controverse. 526* (la discrimination à raison de la précarité sociale : progrès ou confusion ?). – CORDIER, *JCP S 2005. 1027* (jurisprudence en matière de discrimination). – COU-

TURIER, *ibid. 1988. 133* (réintégration). – DANIEL et MINÉ, *Dr. ouvrier 1997. 365* (Sida et discrimination). – FROMONT et PLET, *RDT 2012. Controverse. 463* (Discriminations : mise en œuvre devant les juges du fond). – GAURIAU, *Dr. soc. 1993. 738* (nullité du licenciement et personne du salarié). – GARDIN et ZABEL, *RJS 2003. 87* (discriminations raciales au travail). – GUERDER, *ibid. 1995. 447* (répression pénale). – GUYOT, *JCP S 2012. 1174* (diversité dans l'entreprise). – HENRY, *Dr. ouvrier 1995. 371* (réintégration) ; *Dr. ouvrier 2001. 194* (régime probatoire). – JOURDAN, *Sem. soc. Lamy 2013, suppl. n° 1611* (numéro spécial religion et laïcité). – KERNALEGUEN, *Mélanges H. Blaise, 1995, p. 269* (vie privée). – LABORDE, *Dr. soc. 1991. 615* (discrimination, état de santé et handicap). – LANGLOIS, *Dr. soc. 2006. 155* (discrimination selon l'âge). – LANQUETIN, *ibid. 1995. 435* (preuve de la discrimination, droit communautaire) ; *Dr. ouvrier 2001. 186* (principe de non-discrimination) ; *ibid. 475* (maternité et discrimination dans la carrière). – LAULOM, *RDT 2015. 91* (recours judiciaires et extra-judiciaires contre les discriminations). – LEROY, *RJS 2002. 887* (égalité professionnelle) ; *ibid. 2010. 79* (discrimination fondée sur l'âge). – LHERNOULD, *RJS 2012. 731* (discriminations indirectes fondées sur le sexe). – G. LYON-CAEN, *Dr. soc. 2003. 1047* (discrimination selon l'âge). – MAGGI-GERMAIN, *Dr. soc. 2015. 660* (dossier : communautarisme et fait religieux dans les relations de travail). – MASSE-DESSEN, *ibid. 1995. 442* (résolution contentieuse des discriminations). – MATHIEU, *Dr. soc. 2004. 257* (tests génétiques) ; *RDT 2012. 17* (respect de la liberté religieuse dans l'entreprise). – MERCAT-BRUNS, *RDT 2007. 360* (discrimination fondée sur l'âge) ; *D. 2013. 2475* (la personne au prisme des discriminations indirectes) ; *RDT 2015. 28* (discriminations multiples et identité au travail). – MERCAT-BRUNS et BOUSSAR-VERECCHIA, *RDT 2015. 660* (recconnaissance de la discrimination systémique ?). – MEYER, *Dr. ouvrier 2011. 350* (discrimination en fonction de l'âge en droit communautaire). – MICHAUD, *JCP S 2012. 1481* (preuve des discriminations). – MINÉ, *RDT 2008. 532* (transposition du droit communautaire). – MOIZARD, *RDT 2015. 616* (négociation sur l'égalité professionnelle et sur la lutte contre les discriminations après la loi Rebsamen du 17 août 2015 relative au dialogue social et à l'emploi). – MOREAU, *Dr. soc. 2002. 1112* . – OTTAN, *CSB 2003, numéro spécial juill.-août, p. 49* (discrimination religieuse à l'embauche). – PÉCAUT-RIVOLIER, *RDT 2014. 101* (Discriminations collectives en entreprise : pour une action collective spécifique). – PÉLISSIER, *Dr. soc. 1988. 650* (grève et sanctions patronales). – PÉRU-PIROTTE, *JCP S 2008. 1314* (loi n° 2008-496 du 27 mai 2008). – PORTA, *RDT 2011. 290* (égalité, discrimination et égalité de traitement). – RAY, *ibid. 1989. 349* (réintégration du gréviste irrégulièrement licencié). – RIOT, *JCP E 2002, suppl. n° 2, p. 5* (loi n° 2001-1006 du 16 nov. 2001). – SAVATIER, *JCP E 1991. 485* (licenciement d'un sacristain en raison de ses mœurs). – SWEENEY, *RDT 2012. 87* (les actions positives à l'épreuve des règles de non-discrimination). – DE TISSOT, *Gaz. Pal. 22-23 nov. 1996* (droits fondamentaux du salarié). – VERDIER, *eod. loc.* (vie personnelle et vie professionnelle). – VERKINDT, *JS Lamy 2005, n° 173-1* (discrimination syndicale). – VERKINDT et WACONGNE, *Dr. soc. 1993. 932* (travailleur vieillissant). – WAQUET, *Gaz. Pal. 22-23 nov. 1996* (loyauté du salarié dans les entreprises de tendance) ; *RDT 2006. 304* (notion de « trouble objectif »). – V. aussi : numéro spécial, *Dr. ouvrier 2001. 186 s.*

▸ **Loi du 27 mai 2008** : MINÉ, *RDT 2008. 741* (une transposition laborieuse).

▸ **Discriminations collectives :** PÉCAUT-RIVOLIER, *Dr. soc. 2014. 106* (rapport Pécaut-Rivolier sur les discriminations collectives).

COMMENTAIRE

V. Dalloz.fr et applications mobiles Dalloz .

CHAPITRE PREMIER **CHAMP D'APPLICATION**

Art. L. 1131-1 **Les dispositions du présent titre sont applicables aux employeurs de droit privé ainsi qu'à leurs salariés.**

Elles sont également applicables au personnel des personnes publiques employé dans les conditions du droit privé.

Art. L. 1131-2 *V. Addendum.*

CHAPITRE II **PRINCIPE DE NON-DISCRIMINATION**

Art. L. 1132-1 **Aucune personne ne peut être écartée d'une procédure de recrutement ou de l'accès à un stage ou à une période de formation en entreprise, aucun salarié ne peut être sanctionné, licencié ou faire l'objet d'une mesure discriminatoire, directe ou indirecte,** *(L. n° 2008-496 du 27 mai 2008, art. 6)* **« telle que définie à l'article 1er de la loi n° 2008-496 du 27 mai 2008 portant diverses dispositions d'adaptation au droit communautaire dans le domaine de la lutte contre les discriminations, »**

notamment en matière de rémunération, au sens de l'article L. 3221-3, de mesures d'intéressement ou de distribution d'actions, de formation, de reclassement, d'affectation, de qualification, de classification, de promotion professionnelle, de mutation ou de renouvellement de contrat en raison de *(L. n° 2016-1547 du 18 nov. 2016, art. 87-II)* **« l'un des motifs énoncés à l'article 1er de la loi n° 2008-496 du 27 mai 2008 précitée. »**

V. L. n° 2008-496 du 27 mai 2008, App. I. B.

COMMENTAIRE

V. Dalloz.fr et applications mobiles Dalloz.

I. COMPORTEMENTS VISÉS

1. Charge de la preuve. Il appartient au salarié qui se prétend lésé par une mesure discriminatoire de soumettre au juge les éléments de fait susceptibles de caractériser une atteinte au principe d'égalité de traitement et il incombe à l'employeur qui conteste le caractère discriminatoire d'établir que la disparité de situation constatée est justifiée par des éléments objectifs étrangers à toute discrimination. • Soc. 28 mars 2000, n° 97-45.258 P : *RJS 2000. 350, n° 498 (2e esp.) ; Dr. soc. 2000. 589, obs. Lanquetin* • 26 avr. 2000, n° 98-42.643 P : *D. 2000. IR 160 ; RJS 2000. 468, n° 985* • 28 sept. 2004 : *Dr. soc. 2004. 1147, obs. Radé*. ♦ Le délit de discrimination syndicale ne peut être établi – s'agissant d'une évolution de carrière défavorable – sans procéder à une étude comparative des salaires et coefficients des représentants du personnel et des autres salariés de l'entreprise, à diplôme équivalent et même ancienneté. • Crim. 9 nov. 2004 : *Bull. crim. n° 279 ; RJS 2005. 288, n° 405.* ♦ L'art. L. 2141-5 n'institue aucune dérogation à la charge de la preuve en matière pénale, laquelle incombe à la partie poursuivante en vertu de l'article préliminaire du code de procédure pénale et de l'art. 6, § 2, de la Conv. EDH relatifs à la présomption d'innocence ; il appartient à la juridiction de jugement de rechercher l'existence d'une relation de causalité entre les mesures jugées discriminatoires et l'appartenance ou l'activité syndicale de la partie poursuivante. • Crim. 11 avr. 2012 : *D. 2012. Actu. 1410 ; RDT 2012. 426, obs. Duquesne ; RJS 2012. 696, n° 818 ; JCP S 2012. 1324, obs. Brissy.* ♦ Sur le pouvoir discrétionnaire des juges du fond pour ordonner la production forcée de pièces détenues par l'employeur. • Soc. 3 déc. 2008 : *RDT 2009. 105, obs. Keim-Bagot et Varnek*. ♦ La mention, sur des fiches d'évaluation, des activités prud'homales et syndicales d'un salarié laisse supposer l'existence d'une discrimination. • Soc. 1er juill. 2009 : *JS Lamy 2009, n° 263-2.*

2. Contrôle de la justification. Lorsque l'employeur justifie une absence de promotion, présumée discriminatoire, par des critères objectifs de compétence, il appartient au juge de vérifier si, en application de ces critères et des évaluations antérieures des candidats à la promotion, le salarié, qui invoque une discrimination à son encontre, aurait ou non dû être promu. • Soc. 24 sept. 2014 : *pourvoi n° 13-10.233.*

3. Période d'essai. Les dispositions légales sont applicables à la rupture de la période d'essai. • Soc. 16 févr. 2005 : *Sem. soc. Lamy 2005, n° 1205, p. 10.*

4. Existence d'un motif discriminatoire. Les dispositions en matière de discrimination ne sont pas applicables lorsque le licenciement a été prononcé en raison du trouble objectif causé, selon l'employeur, par le comportement du salarié. • Soc. 14 nov. 2000, n° 98-41.012 P : *Dr. soc. 2001. 100, obs. Couturier*. ♦ L'employeur peut, dans l'intérêt de l'entreprise et dans l'exercice de son pouvoir d'individualisation des mesures disciplinaires, sanctionner différemment des salariés qui ont participé à une même faute. • Soc. 15 mai 1991, n° 89-42.270 P : *D. 1991. IR 156 ; Dr. soc. 1991. 619, rapp. Waquet, concl. Franck* • 29 janv. 1992, n° 89-44.501 P : *RJS 1992. 173, n° 283* • 1er févr. 1995, n° 91-44.908 P : *D. 1995. IR 62 ; Dr. soc. 1995. 276, obs. Ray ; RJS 1995. 169, n° 233 ; CSB 1995. 130, S. 63* • 14 mai 1998, n° 96-41.755 P : *D. 1998. IR 145 ; RJS 1998. 467, n° 735.* ♦ Mais commet une discrimination l'employeur qui sanctionne, pour des faits identiques, plus sévèrement les salariés en raison de leur activité syndicale, V. • Crim. 7 févr. 1989 : *D. 1989. IR 127 ; Dr. soc. 1989. 504, note Savatier.*

5. Discrimination et comparaison. La recherche de l'existence d'une discrimination directe ou indirecte n'implique pas nécessairement de procéder à une comparaison avec la situation d'autres salariés. • Soc. 10 nov. 2009 : *D. 2010. Pan. 672, obs. Porta ; RJS 2010. 14, n° 6 ; Dr. soc. 2010. 111, obs. Radé ; Dr. ouvrier 2010. 208, obs. Ferrer.* ♦ Le fait que l'employeur n'ait pas fourni de travail pendant de longues périodes au salarié titulaire de divers mandats représentatifs est un élément de nature à laisser supposer l'existence d'une discrimination syndicale. • Soc. 29 juin 2011 : *D. 2011. 1908 ; JS Lamy 2011, n° 370-3 ; RJS 2011, n° 746 ; Dr. ouvrier 2011. 670 ; JCP S 2011. 1457, note Rozec et Manigot.*

6. Discrimination indirecte. Constitue une discrimination indirecte le fait de refuser une promotion à un salarié à temps partiel en raison de l'insuffisance de son temps de pratique professionnelle, dès lors que l'employeur ne justifie pas la mesure par des facteurs objectifs tenant notamment à la relation entre la nature de la fonction exercée et l'expérience que l'exercice de cette fonction apporte après un certain nombre d'heures de travail effectuées. • Soc. 9 avr. 1996, ⚖ n° 92-41.103 P : *Dr. ouvrier 1998, n° 593, p. 1, note Miné.* ♦ Un accord collectif ou une décision unilatérale de l'employeur ne peuvent retenir, afin de régulariser la rémunération, indépendante des heures réellement effectuées chaque mois, du salarié en fin d'année, la durée hebdomadaire moyenne de la modulation comme mode de décompte des jours d'absence pour maladie pendant la période de haute activité, une telle modalité constituant, malgré son caractère apparemment neutre, une mesure discriminatoire indirecte en raison de l'état de santé du salarié. • Soc. 9 janv. 2007 : ⚖ *D. 2007. AJ 375, obs. Fabre ; RDT 2007. 245, obs. Miné ; ibid. 182, obs. Véricel ; RJS 2007. 250, n° 346 ; Dr. soc. 2007. 496, obs. Barthélémy .*

7. Discrimination par association. L'interdiction de discrimination directe n'est pas limitée aux seules personnes qui sont, elles-mêmes, handicapées mais concerne également le traitement moins favorable infligé à un salarié en raison du handicap de son enfant. • CJCE 17 juill. 2008, *S. Coleman c/ Attridge Law,* aff. C-191-03 : *RDT 2009. 41, note Schmitt .*

8. Discriminations multiples. Constitue une différence de traitement indirectement fondée sur le handicap le fait que le plan social prévoit, pour le calcul de l'indemnité de licenciement des salariés gravement handicapés, de tenir compte du fait qu'ils peuvent percevoir une pension de retraite anticipée. • CJUE 6 déc. 2012, ⚖ *Johann c/ Baxter Deutschland GmbH : RDT 2013. 254, note Mercat-Bruns ; JCP S 2013. 1086, obs. Cavallini.*

II. MOTIFS DISCRIMINATOIRES

A. DISCRIMINATION FONDÉE SUR LE SEXE

9. Recrutements. N'est pas établie la prétendue pratique de La Poste ayant pour objet de privilégier l'embauche précaire pour les femmes et l'embauche stable pour les hommes, dès lors que la comparaison de la proportion de salariés masculins et féminins, engagés d'une part par contrats à durée déterminée et d'autre part par contrats à durée indéterminée, en prenant en compte les seuls salariés de droit privé, démontre que le pourcentage de femmes employées par contrat à durée indéterminée est supérieur ou en tout cas équivalent à celui des femmes engagées par contrat précaire. • Soc. 22 oct. 2014 : ⚖ *Dalloz actualité, 18 nov. 2014, obs. Peyronnet ; RJS 1/2015, n° 3.*

10. Congés. Ne constituent pas une discrimination fondée sur le sexe : une règle d'un régime de congé de maladie qui prévoit, à l'égard des travailleurs féminins absents antérieurement à un congé de maternité en raison d'une maladie liée à leur état de grossesse, comme à l'égard des travailleurs masculins absents par suite de toute autre maladie, une réduction de la rémunération, lorsque l'absence excède une certaine durée, à condition que, d'une part, le travailleur féminin soit traité de la même façon que le travailleur masculin et que, d'autre part, le montant des prestations versées ne soit pas minime au point de mettre en cause l'objectif de protection des travailleuses enceintes. • CJCE 8 sept. 2005 : *D. 2006. 283, note Icard .* ♦ ... Ni une règle d'un régime de congé maladie qui prévoit l'imputation des absences pour cause de maladie sur un nombre total maximal de jours de congé maladie rémunérés auquel un travailleur a droit au cours d'une période déterminée, que la maladie soit ou non liée à un état de grossesse, à condition que l'imputation des absences pour cause de maladie liée à une grossesse n'ait pas pour effet que, pendant l'absence affectée par cette imputation postérieurement au congé de maternité, le travailleur féminin perçoive des prestations inférieures au montant minimal auquel il avait droit au cours de la maladie survenue pendant sa grossesse. • Même arrêt.

11. Retraite. La faculté offerte par la législation nationale de mettre à la retraite des salariés ayant acquis le droit à la pension de retraite, alors que ce droit est acquis pour les femmes à un âge inférieur de cinq années à l'âge auquel ce droit est constitué pour les hommes, constitue une discrimination directe fondée sur le sexe. • CJUE, 18 nov. 2010 : *Dalloz actualité, 15 déc. 2010, obs. Perrin ; JCP S 2011. 1104, obs. Cavallini.*

12. Orientation sexuelle. L'entrave dans le déroulement de la carrière du salarié et l'ambiance homophobe du lieu de travail sont de nature à laisser présumer une discrimination en raison de l'orientation sexuelle. • Soc. 24 avr. 2013 : ⚖ *Dalloz actualité, 17 mai 2013, obs. Peyronnet ; D. 2013. Actu. 1145 ; Sem. soc. Lamy 2013, n° 1585, p. 12, obs. Chandivert ; JCP S 2013. 1311, obs. Boulmier.* ♦ Les salariés qui concluaient un pacte civil de solidarité avec un partenaire de même sexe se trouvaient, avant l'entrée en vigueur de la L. n° 2013-404 du 17 mai 2013 ouvrant le mariage aux couples de personnes de même sexe, dans une situation identique au regard des avantages en cause à celle des salariés contractant un mariage ; les dispositions conventionnelles qui excluaient un travailleur salarié ayant conclu un PACS avec une personne de même sexe du droit d'obtenir des avantages, tels que des jours de congés spéciaux et une prime salariale, octroyés aux salariés à l'occasion de leur mariage, instauraient dès lors une discrimination directement fondée sur l'orientation sexuelle. • Soc. 9 juill. 2014 : ⚖ *RDT 2014. 627, obs.*

Gardin ; *Dr. soc. 2014. 854, obs. Mouly* ; *RJS 2014. 574, n° 666.*

13. Conversion sexuelle. Constitue une discrimination fondée sur le sexe le licenciement d'un salarié qui vient d'annoncer à son employeur sa transidentité. • CJCE 30 avr. 1996, aff. C-13/94, *P. c/ S. et Cornwall County Council : Cah. Dr. eur. 1999. 537, note Guiguet* • Montpellier, 3 juin 2009, *SARL Kaliop c/ M. Baptiste VERME : RG n° 08/06324.*

14. Apparence physique rapportée au sexe du salarié. Constitue une discrimination fondée sur l'apparence physique rapportée au sexe, le licenciement d'un serveur fondé sur le fait qu'il portait des boucles d'oreille présenté par l'employeur comme incompatible avec sa qualité d'homme ; la renommée du restaurant qui n'est pas en cause et les déclarations subjectives de clients portant un jugement de valeur sur le port de boucles d'oreille par un homme ne sont pas des justifications suffisantes pour constituer des éléments objectifs étrangers à toute discrimination. • Soc. 11 janv. 2012 : *D. 2012. Actu. 290* ; *RDT 2012. 159, obs. Moizard* ; *Dr. soc. 2012. 346, note Lhernould* ; *RJS 2012. 184, n° 214* ; *JS Lamy 2012, n° 316-3, obs. Hautefort* ; *JCP S 2012. 1164, obs. Barège.*

15. Discrimination et principe d'effectivité du droit de l'Union européenne. Sur le fondement du principe d'effectivité issu des dispositions du traité de l'Union européenne et du TFUE, il appartient au juge judiciaire de rechercher si la pratique d'une caisse de retraite ne crée pas de discrimination indirecte en désavantageant particulièrement des personnes d'un sexe au regard des personnes de l'autre sexe, quand bien même cet usage aurait été instauré avec le consentement de l'autorité administrative de tutelle. • Soc. 30 sept. 2013 : *Dalloz actualité, 17 oct. 2013, obs. Peyronnet* ; *RDT 2014. 45, obs. Mercat-Bruns* ; *JCP S 2013. 1466, obs. Rozec.*

B. DISCRIMINATION FONDÉE SUR L'ÂGE

16. Principe général du droit de l'Union européenne. L'interdiction des discriminations du fait de l'âge est un principe général du droit communautaire. Une réglementation nationale qui a pour objectif de favoriser l'insertion professionnelle des travailleurs âgés au chômage poursuit un objectif légitime, mais elle est disproportionnée si elle retient l'âge comme unique critère d'application en dehors de toute autre considération liée à la structure du marché du travail ou à la situation personnelle de l'intéressé. • CJCE 22 nov. 2005, n° C-144/04, *Mangold c/ Helm : AJDA 2006. 247, chron. Broussy, Donnat et Lambert* ; *D. 2006. 557, note Leclerc* ; *ibid. 2007. 465, obs. Meyer* ; *RDT 2006. 31, obs. Schmitt* ; *ibid. 133, obs. Robin-Olivier*. ♦ Le juge national doit au besoin laisser inappliquée toute disposition contraire de la réglementation nationale. • CJUE 19 janv. 2010, *Kücükdeveci : RDT 2010. 237, obs. Schmitt* ; *Sem. soc. Lamy 2010, n° 1432, p. 5, note Laulom.* ♦ Le juge national doit rechercher, s'agissant de la détermination d'un âge légal de départ à la retraite, si la mesure en cause se rattache à un objectif légitime de politique sociale ; la prise en compte des intérêts particuliers de l'employeur ne pouvant suffire. • CJCE 5 mars 2009 : *RDT 2009. 385, obs. Schmitt* ; *JS Lamy 2009, n° 254-3* ; *JCP S 2009. 1188, obs. Cavallini.*

17. Est jugée nulle la mise à la retraite d'office à l'âge de 60 ans d'une salariée employée en qualité de régisseuse de production, puis de chef du service patrimoine à l'Opéra de Paris sur le fondement d'un décret portant statut de la caisse de retraite des personnels de l'Opéra national de Paris. • Soc. 11 mai 2010 : *D. 2010. Actu. 1358* .

18. Une réglementation nationale peut fixer à 30 ans l'âge maximal pour le recrutement dans le cadre d'emploi du service technique intermédiaire des pompiers. • CJUE 12 janv. 2010 : *RDT 2010. 237, obs. Schmitt* ; *Sem. soc. Lamy 2010, n° 1432, p. 5, note Laulom* • Soc. 16 févr. 2011 : *RDT 2011.241, obs. Debord* ; *JS Lamy 2011, n° 297-3, obs. Lhernould* • Soc. 16 févr. 2011 : *ibid.* ♦ ... Ou à 68 ans l'âge limite d'exercice pour les dentistes conventionnés, limite justifiée par la compétence des dentistes et la préservation de l'équilibre financier du régime légal d'assurance maladie. • CJUE 12 janv. 2010 : *RDT 2010. 237, obs. Schmitt* ; *Sem. soc. Lamy 2010, n° 1432, p. 5, note Laulom.*

19. Discrimination fondée sur l'âge et pacte intergénérationnel. Constitue une discrimination la différence de traitement fondée sur l'âge lorsqu'elle n'est ni objectivement ni raisonnablement justifiée par un objectif légitime d'intérêt général ; la prise en compte d'un intérêt purement individuel et propre à la situation des écoles de ski désireuses de répondre à la demande de la clientèle ne peut être considérée comme légitime. • Soc. 17 mars 2015, n° 13-27.142 : *Dalloz actualité, 14 avr. 2015, obs. Peyronnet* ; *D. 2015. Actu. 737* ; *JCP S 2015. 1298, obs. Bossu.*

20. Mise en inactivité et préservation de la santé. La mise en inactivité d'office d'un salarié en raison de son âge n'échappe à la qualification de discrimination, s'agissant d'un salarié qui occupait depuis cinq ans un poste administratif et qui avait été déclaré par son médecin traitant en mesure de poursuivre une activité professionnelle, que s'il est établi que cette mise en inactivité anticipée était un moyen approprié et nécessaire pour réaliser l'objectif de préservation de la santé et de la sécurité des travailleurs occupant les fonctions physiquement les plus pénibles. • Soc. 9 mars 2016, n° 14-25.840 : *D. 2016. Actu. 657* ; *RJS 5/2016, n° 380.*

21. Pilote de ligne. Il appartient alors aux juges du fond de rechercher si la cessation des fonctions de pilote de ligne à l'âge de 60 ans est nécessaire à la réalisation de l'objectif politique de l'emploi avancé pour le justifier. • Soc. 11 mai 2010 : *D. 2010. Actu. 1357 ; RDT 2010. 587, obs. Mercat-Bruns .* ♦ La convention collective d'une compagnie aérienne, qui interdit à ses pilotes d'exercer leur activité après 60 ans pour des raisons de sécurité, n'est pas une mesure nécessaire à la sécurité publique et à la protection de la santé ; l'exigence est disproportionnée au regard des réglementations internationale et allemande. • CJUE 13 sept. 2011 : *Dalloz actualité, 10 oct. 2011, obs. Siro ; RJS 2011. 815, obs. Mercat-Bruns.* ♦ Le licenciement d'un pilote qui ne repose que sur le fait qu'il a atteint l'âge de 60 ans doit être jugé nul en application des dispositions combinées des articles L. 421-9 C. aviat. et de l'art. L. 1132-4 C. trav. • Soc. 4 avr. 2012 : *Dalloz actualité, 23 mai 2012, obs. Perrin ; D. 2012. Actu.1064 ; RDT 2012. 356, obs. Debord ; RJS 2012. 506, n° 598 ; JCP S 2012. 1316, obs. Carré.*

22. N'est pas approprié à l'objectif de politique d'emploi avancé la limitation à 60 ans à l'âge légal au-delà duquel les pilotes ne peuvent plus voler, à savoir l'embauche dans le transport aérien public permettait l'embauche de 130 à 150 pilotes en 1995 alors que le nombre de jeunes pilotes déjà formé et sans emploi était de 1 200. • Soc. 3 juill. 2012 : *Dalloz actualité, 20 sept. 2012, obs. Perrin ; JS Lamy 2012, n° 329-5, obs. Tourreil.*

23. L'employeur qui refuse à un pilote l'accès à une formation au motif qu'il atteindra l'âge de 60 ans avant la durée minimale d'amortissement du coût de la formation alors que la limite d'âge peut être repoussée, commet une discrimination. • Soc. 18 févr. 2014 : *Dalloz actualité, 11 mars 2014, obs. Peyronnet ; D. 2014. Actu. 548 ; RJS 2014. 358, n° 440.*

24. Discrimination et mise à la retraite. Le manque de loyauté lors de la procédure de mise à la retraite, caractérisé par un entretien précipité dont le salarié n'est pas informé préalablement de l'objet et d'un allongement de la durée de préavis dans le but d'éviter une loi modifiant la procédure de mise à la retraite, constitue une discrimination en raison de l'âge et, dès lors, un licenciement nul. • Soc. 15 janv. 2013 : *Dalloz actualité, 7 févr. 2013, obs. Peyronnet ; D. 2013. Actu. 256 ; JS Lamy 2013, n° 340-2.*

25. Discrimination indirecte en raison de l'âge. Le fait qu'un accord collectif plafonne l'indemnité de licenciement au montant alloué aux salariés ayant 12 ans d'ancienneté ne constitue pas une discrimination prohibée en raison de l'âge dès lors que cette indemnité est supérieure au montant légal. • Soc. 30 avr. 2009 : *D. 2009. AJ 1359, obs. Maillard ; ibid. Pan. 2128, obs. Amauger-Lattes ; RDT 2009. 519, obs. Berthou ; ibid. 441, obs. Mercat-Bruns ; Dr. soc. 2009. 1004, obs. Radé ; RJS 2009. 533, Rapp. Gosselin ; ibid. n° 600 ; JS Lamy 2009, n° 256-4 ; JCP S 2009. 1417, obs. Brissy.*

C. DISCRIMINATION FONDÉE SUR LA RELIGION

26. Convictions religieuses. Les convictions religieuses restant, sauf clause expresse, hors du contrat de travail, l'employeur ne commet pas de faute en demandant au salarié d'exécuter la tâche pour laquelle il a été embauché. • Soc. 24 mars 1998, n° 95-44.738 P : *Dr. soc. 1998. 614, obs. Savatier .* ♦ Dès lors que la lettre de rupture fait référence au refus d'une salariée de renoncer à la manifestation de ses convictions religieuses (port d'un foulard), il appartient à l'employeur de prouver que sa décision est fondée sur des éléments objectifs étrangers à toute discrimination. Tel n'est pas le cas pour un employeur qui a invoqué de nouveaux contacts avec la clientèle qui existaient déjà et en l'absence de tout problème avec les clients. • Paris, 19 juin 2003 : *D. 2004. Somm. 174, obs. Pousson ; RJS 2003. 767, n° 1116 ; JS Lamy 2003, n° 131-3.*

27. Interdiction du port de signes religieux. Est injustifiée l'interdiction faite à une salariée de porter une croix de manière visible sur son lieu de travail, d'autres salariés de l'entreprise ayant été, avant la requérante, autorisés à porter des vêtements religieux tels que le turban ou le hijab sans aucun effet négatif sur l'image de marque et la réputation de cette société. • CEDH 15 janv. 2013, req. n° 48420/10 : *D. 2013. Pan. 1026, obs. Porta ; RDT 2013. 337, note Laronze ; RJS 5/2013, n° 420.* ♦ En revanche l'interdiction du port de la croix pour une infirmière est fondée sur l'objectif légitime de protection de la santé et de la sécurité en milieu hospitalier. • CEDH 15 janv. 2013, req. nos 51671/10 et 36516/10 : *mêmes références.*

28. Entreprises dites de tendance. Sur le caractère justifié du licenciement d'un salarié en raison de la gravité de l'adultère commis aux yeux de l'Église mormone et de la position importante que le requérant y occupait et qui le soumettait à des obligations de loyauté accrues. • CEDH 23 sept. 2010, *Schuth c/ Allemagne : RDT 2011. 45 obs., Couard ; D. 2012. 904 concl. Porta .* ♦ Sur le caractère injustifié du licenciement du salarié d'une église pour cause d'adultère qui n'était pas soumis à des obligations de loyauté accrues, qui n'avait pu éviter la séparation d'avec son épouse pour des raisons strictement personnelles et qui faisait valoir qu'il ne lui était pas possible de vivre dans l'abstinence jusqu'à la fin de ses jours, comme l'exigerait le code canonique de l'Église catholique. • CEDH 23 sept. 2010, req. n° 1620/03, *Obst c/ Allemagne : RDT 2011. 45, obs. Couard ; D. 2012. 901, obs. Porta ; RJS 1/2011, n° 85.* ♦ Sur le refus de considérer une crèche associative comme une entreprise de convictions, V. • Ass. plén. 25 juin 2014 : *D. 2014. Actu. 1386 ; AJDA 2014. 1293 ; D. 2014. 1386 ; ibid. 1536 , entretien Radé ; RDT 2014. 607, note Adam ; AJCT 2014. 337 , tribune de la Morena ; JS Lamy 2014, n° 371-2, obs. Hautefort ; Dr. soc. 2014. 811, étude Mouly ; RDT 2014. 607, note Adam ; RTD civ. 2014. 620, obs. Hauser (affaire Baby Loup) ; RJS 2014. 576, n° 667.*

D. DISCRIMINATION FONDÉE SUR LA NATIONALITÉ

29. Avantage salarial discriminatoire. L'existence d'un régime salarial plus avantageux pour les salariés de nationalité allemande que celui prévu pour les salariés de nationalité française constitue, à l'égard de ces derniers, une discrimination prohibée en application de l'art. 12, Traité CE. • Soc. 10 déc. 2002, n° 00-42.158 P : *GADT, 4e éd., n° 73 ; RJS 2003. 207, note Lhernould ; CSB 2003. 127, A. 15 ; JS Lamy 2003, n° 116-5.* ♦ N'est pas discriminatoire l'attribution de droits d'option sur actions au seul bénéfice des salariés dont les contrats relèvent du droit italien, cet avantage étant la contrepartie de sacrifices qu'ils ont consentis dans le cadre d'un plan de restructuration : l'inégalité de traitement repose sur des raisons objectives étrangères à toute discrimination en raison de la nationalité. • Soc. 17 juin 2003, n° 01-41.522 P : *Dr. soc. 2004. 694, note Jeammaud ; D. 2003. IR 2209 ; RJS 2003. 662, n° 974.* ♦ N'est pas non plus discriminatoire, l'attribution d'une prime aux salariés de nationalité étrangère introduisant une différence de traitement entre les salariés français et les salariés étrangers dès lors que cette inégalité vise non seulement à compenser les inconvénients résultant de l'installation d'un individu en pays étranger, mais aussi à faciliter l'embauche de salariés afin de contribuer à la création d'un pôle scientifique international. • Soc. 9 nov. 2005 : *D. 2005. IR 2972 ; ibid. 2006. Pan. 419, obs. Guiomard ; RJS 2006. 127, n° 210 ; Dr. soc. 2006. 221, obs. Jeammaud ; JS Lamy 2006, n° 181-4.* ♦ L'attribution aux seuls salariés étrangers d'une prime d'expatriation ne constitue pas une discrimination prohibée dès lors qu'elle repose sur une raison objective, pertinente et proportionnée à l'objectif légitimement poursuivi ; le principe de non-discrimination en raison de la nationalité énoncé par le traité CE n'a vocation à s'appliquer que dans les situations régies par le droit communautaire et n'a pour objet en matière d'emploi que de garantir la libre circulation des travailleurs. • Soc. 17 avr. 2008 : *D. 2008. 1519, note Petit et Cohen ; ibid. Pan. 2309, obs. Reynès ; RJS 2008. 543, n° 675 ; JS Lamy 2008, n° 234-4.*

30. Constitutionnalité. Une différence de traitement fondée sur la nationalité entre les titulaires de pensions militaires d'invalidité et des retraites du combattant selon qu'ils sont ressortissants algériens ou ressortissants des autres pays ou territoires ayant appartenu à l'Union française ou à la Communauté ou ayant été placés sous le protectorat ou sous la tutelle de la France est injustifiée au regard de l'objet de la loi qui vise à rétablir l'égalité entre les prestations versées aux anciens combattants qu'ils soient français ou étrangers, et doit être déclarée contraire au principe constitutionnel d'égalité. • Cons. const. 28 mai 2010, n° 2010-1 QPC, *Consorts Labane : JCP G 2010. 634, note Mathieu.*

E. DISCRIMINATION FONDÉE SUR L'ORIGINE

31. Recrutement. Le fait pour un employeur de déclarer publiquement qu'il ne recrutera pas de salariés ayant une certaine origine ethnique ou raciale constitue une discrimination directe à l'embauche ; l'existence d'une telle discrimination directe ne suppose pas que soit identifiable un plaignant, victime d'une telle discrimination ; mais même lorsqu'il n'y a pas de victime identifiable, le régime des sanctions applicables aux violations des dispositions nationales adoptées pour transposer la directive n° 2000/43 doit être effectif, proportionné et dissuasif. • CJCE 10 juill. 2008, aff. C-54/07 : *RJS 2008. 935, n° 1136 ; JCP S 2008. 1520, obs. Cavallini.* ♦ Pour un exemple de refus discriminatoires de promotion, V. • Soc. 18 janv. 2012 : *Dalloz actualité, 26 janv. 2012, obs. Siro ; D. 2012. Actu. 367 ; RJS 2012. 351, n° 406 ; Dr. ouvrier 2012. 324, note Cohen ; JS Lamy 2012, n° 317-7, obs. Tourreil ; JCP S 2012. 1112, obs. François.*

32. Surnom. Le fait de demander au salarié de changer son prénom Mohammed pour celui de Laurent est de nature à constituer une discrimination à raison de son origine ; la circonstance que plusieurs salariés portaient le prénom Mohammed n'était pas de nature à caractériser l'existence d'un élément objectif susceptible de justifier la discrimination. • Soc. 10 nov. 2009 : *R., p. 345 ; D. 2009. AJ 2857, obs. Maillard ; ibid. 2010. Pan. 672, obs. Porta ; RDT 2010. 169, obs. Aubert-Monpeyssen ; RJS 2010. 14, n° 4 ; Sem. soc. Lamy 2009 n° 1422, p. 12.* ♦ L'employeur ne peut faire valoir l'expérience professionnelle et les diplômes du salarié recruté que si il y a eu, avant le recrutement, une définition préalable des exigences requises pour occuper le poste. • Soc. 15 déc. 2011 : *RDT 2012. 291, obs. Bouton ; Dr. ouvrier 2012. 559, obs. Pontif.* ♦ Caractérise une discrimination raciale l'information par la directrice adjointe de la salariée, laquelle était pourtant « chaudement recommandée » par la direction d'un autre établissement, qu'elle ne pouvait l'engager immédiatement car la directrice lui avait indiqué qu'elle « ne faisait pas confiance aux maghrébines », de sorte qu'elle n'a pu être recrutée que quinze jours plus tard à la faveur de l'absence de la directrice partie en vacances. • Soc.

18 janv. 2012 : ⌂ *Dalloz actualité, 26 janv. 2012, obs. Siro.*

F. DISCRIMINATION FONDÉE SUR LA SITUATION DE FAMILLE

33. Situation de famille. Constitue une sanction discriminatoire le fait d'imposer certaines interdictions à une salariée dont le conjoint avait créé une société concurrente. • Soc. 10 févr. 1999, ⌂ n° 96-42.998 P : *D. 1999. IR 68* ✎ ; *RJS 1999. 360, n° 363 ; Dr. soc. 1999. 410, obs. Bonnechère* ✎. ♦ Est discriminatoire le fait de demander de ne pas embaucher les enfants du personnel, V. • Chambéry, 21 mai 1996 : *Dr. ouvrier 1996. 413, note Darves-Bornoz.*

34. La loi ne distingue pas selon le lien matrimonial ou le lien familial et interdit le licenciement d'un salarié reposant sur le lien de filiation l'unissant à un autre salarié de l'entreprise. • Soc. 1er juin 1999, ⌂ n° 96-43.617 P : *Dr. soc. 1999. 838, obs. Roy-Loustaunau* ✎ ; *RJS 1999. 554, n° 898.* ♦ Mais le licenciement peut être prononcé à raison du trouble objectif causé par le comportement du salarié. • Soc. 14 nov. 2000 : ⌂ *RJS 2001. 18, n° 21.*

G. DISCRIMINATION FONDÉE SUR L'ÉTAT DE SANTÉ

35. État de santé et nullité du licenciement. Est discriminatoire le licenciement qui, même fondé sur une faute grave, est en rapport avec sa maladie. • Soc. 28 janv. 1998, ⌂ n° 95-41.491 P : *CSB 1998. 80, A. 19.* ♦ Est discriminatoire le licenciement reposant sur une déficience physique du salarié non constatée par le médecin du travail. • Soc. 13 janv. 1998, ⌂ n° 95-45.439 P : *D. 1998. IR 57* ✎. ♦ Caractérise un licenciement discriminatoire celui prononcé par l'employeur qui a substitué son avis à celui écrit du médecin du travail en raison de l'état de santé du salarié qu'il a estimé – de son propre chef – incompatible avec les exigences du métier. • Bordeaux, ch. soc., 15 juin 2010 : *RDT 2010. 578, obs. Lardy-Pélissier* ✎. ♦ Un licenciement prononcé en raison d'un comportement anormal d'excitation d'un salarié incompatible avec les fonctions attribuées repose sur l'état de santé du salarié et est nul de plein droit. • Soc. 28 janv. 1998 : ⌂ *JS Lamy 1998, n° 15, p. 4.* ♦ Le licenciement pour inaptitude en cas d'impossibilité de reclassement prononcé sans respecter la procédure réglementaire de déclaration d'inaptitude est nul. • Soc. 16 févr. 1999, ⌂ n° 96-45.394 P : *Dr. soc. 1999. 528, obs. Savatier* ✎ • 20 sept. 2006 : ⌂ *RJS 2006. 868, n° 1169.* • Soc. 16 mai 2000, ⌂ n° 97-42.410 P : *RJS 2000. 554, n° 789 ; Dr. soc. 2000. 781, obs. Savatier* ✎.

36. État de santé et indemnité conventionnelle de licenciement. Est nulle en raison de son caractère discriminatoire fondé sur l'état de santé du salarié la disposition d'une convention collective excluant les salariés licenciés pour cause d'inaptitude consécutive à une maladie ou à un accident non professionnel du bénéfice de l'indemnité de licenciement qu'elle institue, en l'absence d'élément objectif et pertinent la justifiant. • Soc. 8 oct. 2014 : ⌂ *Dalloz actualité, 28 oct. 2014, obs. Peyronnet ; RDT 2015. 119, obs. Mercat-Bruns* ✎ ; *RJS 2014. 735, n° 851.*

37. Le fait de quitter son poste en raison de son état de santé pour consulter un médecin ne constitue pas, en soi, une faute de nature à justifier un licenciement. • Soc. 3 juill. 2001 : ⌂ *D. 2001. IR 2359* ✎ ; *Dr. soc. 2001. 1045, obs. Savatier* ✎ ; *RJS 2001. 773, n° 1133.* ♦ Il appartient au juge des référés de rechercher si le licenciement d'un salarié malade qui a refusé d'accepter de nouvelles tâches constitue un trouble manifestement illicite. • Soc. 23 nov. 1999, ⌂ n° 97-42.940 P : *RJS 2000. 34, n° 33 ; D. 1999. IR 277* ✎. ♦ Est illégale la clause d'un contrat signé entre une ville et une entreprise de nettoiement stipulant que le personnel devra être valide et robuste. • TA Besançon, 11 juill. 1996 : *Dr. soc. 1996. 970, obs. Savatier.*

38. Obésité. Si aucun principe général du droit de l'Union n'interdit, en soi, les discriminations fondées sur l'obésité, cette dernière relève de la notion de « handicap » lorsque, dans certaines conditions, elle fait obstacle à la pleine et effective participation de la personne concernée à la vie professionnelle sur un pied d'égalité avec les autres travailleurs. • CJUE 18 déc. 2014, ⌂ *FO*, aff. C-354/13 : *JS Lamy 2015, n° 384-5, obs. Tissandier.*

39. État de santé et évolution de carrière. La justification d'un retard de carrière par les absences pour maladie se heurte à la prohibition de la discrimination à raison de l'état de santé du salarié. • Soc. 28 janv. 2010 : ⌂ *D. 2010. AJ 385* ✎ ; *ibid. 2010. 2029, obs. Aubert-Monpeyssen* ✎ ; *Dalloz actualité, 12 févr. 2010, obs. Maillard ; JCP S 2010. 1196, obs. Martinon.*

40. État de santé et non-renouvellement de contrat. Le non-renouvellement d'un contrat à durée déterminée d'un salarié, fondé sur un avis d'aptitude avec réserves émis par le médecin du travail, est discriminatoire. • Soc. 25 janv. 2011 : ⌂ *Dalloz actualité, 22 févr. 2011, obs. Perrin ; D. 2011. Actu. 453* ✎ ; *JS Lamy 2011, n° 296-6, obs. Tourreil.*

41. État de santé et changement d'affectation. Imposer à un salarié un changement d'affectation en raison de son état de santé constitue une mesure discriminatoire ; la bonne foi de l'employeur qui souhaitait affecter le salarié à un poste moins générateur des stress importe peu. • Soc. 30 mars 2011 : ⌂ *Dalloz actualité, 21 avr. 2011, obs. Perrin ; D. 2011. Actu. 1089* ✎ ; *JS Lamy 2011, n° 300-5, obs. Lhernould ; JCP S 2011. 1256, obs. Tricoit ; sem. Soc. Lamy 2011, n° 1490, p. 12,* *obs. Marcon et Champeaux.* ♦ Mais n'est pas discriminatoire le fait d'imposer à un agent de sécurité, victime d'une agression sur son lieu de travail et absent de l'entreprise pendant trois ans, un stage de formation imposé à tous les salariés revenant d'une longue absence et amenés à exercer des fonctions de terrain et en l'absence de contre-indication médicale. • Soc. 29 sept. 2014 : *D. 2014. Actu. 2003* ; *RJS 2014. 751, n° 877.*

42. Objectivation du motif. La loi n'interdit pas que le licenciement soit motivé non par l'état de santé du salarié mais par la situation objective de l'entreprise qui se trouve dans la nécessité de pourvoir au remplacement définitif d'un salarié dont l'absence prolongée ou les absences répétées perturbent le fonctionnement. • Soc. 16 juill. 1998, n° 97-43.484 P : *D. 1998. IR 200* ; *Dr. soc. 1998. 950, note A. Mazeaud* . ♦ V. égal. arrêts cités ss. art. L. 1232-1.

H. DISCRIMINATION FONDÉE SUR L'ACTIVITÉ SYNDICALE

43. Activité syndicale. Lorsque le coefficient d'un ouvrier n'a pas évolué depuis sa désignation comme délégué syndical, qu'il est le seul de sa catégorie à être dans cette situation, et qu'il résulte de ses fiches d'évaluation qu'il a été pénalisé en fonction des absences liées à son mandat, il faut considérer que le salarié a présenté des éléments laissant supposer une discrimination. • Soc. 30 avr. 2009 : *RJS 2009. 569, n° 640 ; JS Lamy 2009, n° 257-2.* ♦ La mention d'une disponibilité réduite du salarié liée à ses fonctions syndicales sur ses fiches d'évaluation constitue un élément laissant supposer l'existence d'une discrimination syndicale. • Soc. 11 janv. 2012 : *Dalloz actualité, 10 févr. 2012, obs. Perrin ; Dr. soc. 2012. 425, obs. Gauriau* ; *RJS 2012. 220, n° 266.* ♦ Sont des éléments laissant supposer l'existence d'une discrimination syndicale, l'absence de promotion individuelle depuis 1987 du salarié alors que ses fiches d'évaluation au titre des années 1990, 1996, 1998, 1999 et 2000, au vu desquelles la direction arrêtait ses choix de promotions, faisaient référence à ses activités prud'homales et syndicales et aux perturbations qu'elles entraînaient dans la gestion de son emploi du temps. • Soc. 1er juill. 2009 : *JS Lamy 2009, n° 263-2.* ♦ L'évocation de l'exercice d'un mandat représentatif lors de l'entretien d'évaluation peut caractériser une discrimination syndicale ; le fait que deux fiches d'entretiens individuels annuels fassent mention d'une disponibilité réduite compte tenu des fonctions syndicales est suffisant pour caractériser une discrimination syndicale. • Soc. 11 janv. 2012 : *Dalloz actualité, 10 févr. 2012, obs. Perrin ; D. 2012. Actu. 291* . ♦ Toutefois, les primes variables des représentants du personnel doivent être ajustées en fonction du temps qu'ils consacrent à leur activité professionnelle ; le montant de la prime doit donc être fixé en tenant compte, pour la partie de son activité correspondant aux mandats, du montant moyen de cette prime versée aux autres salariés pour un temps équivalent, pour la partie correspondant à son temps de production, elle doit être calculée sur la base d'objectifs réduits à la mesure de ce temps. • Soc. 6 juill. 2010 : *D. 2010. Actu. 1884* ; *RJS 2010. 709, n° 788 ; Dr. ouvrier 2010. 672, obs. Taraud ; JS Lamy 2010, n° 285-6, obs. Julien-Paturle ; JCP S 2010. 1461, obs. Bossu.*

44. Méconnaissance des attributions des représentants du personnel. La méconnaissance par l'employeur des attributions des institutions représentatives du personnel ne constitue pas en soi une discrimination syndicale. • Soc. 8 oct. 2014 : *D. 2014. Actu. 2055* .

45. Réintégration. Le licenciement d'un salarié en raison de ses activités syndicales étant nul de plein droit, le juge doit ordonner, si l'intéressé le demande, la poursuite de l'exécution du contrat de travail qui n'a pas été valablement rompu. • Soc. 17 mars 1999 : *D. 1999. IR 105* ; *Dr. soc. 1999. 535, obs. M. Grévy* ; *RJS 1999. 422, n° 694.* ♦ Doit être cassé l'arrêt qui refuse la réintégration d'un salarié licencié après avoir présenté les revendications des autres salariés sans rechercher si son action s'inscrivait dans le cadre d'une action syndicale et si celle-ci avait été le motif véritable du licenciement. • Soc. 4 mai 1994 : *Dr. soc. 1994. 720* . – V. aussi • Crim. 7 févr. 1989 : *préc. note 4.*

46. Salariés protégés. Le juge judiciaire ne peut se prononcer sur le caractère réel et sérieux du licenciement autorisé par l'autorité administrative mais reste compétent pour apprécier le caractère discriminatoire du comportement de l'employeur pendant la période antérieure au licenciement. • Versailles, 5 juin 2003 : *JS Lamy, n° 131-2.*

47. Financement syndical. La répartition inégalitaire entre les différentes organisations syndicales du budget de financement des frais de formation suivie dans le cadre du congé de formation économique, sociale et syndicale conduit à conditionner l'exercice d'un droit individuel réservé aux salariés à leur adhésion à un syndicat ; le comité d'entreprise a commis une discrimination syndicale et violé le principe de liberté syndicale. • Soc. 16 avr. 2008 : *D. 2008. AJ 1417, obs. Ines* ; *RDT 2008. 467, note Signoretto* ; *RJS 2008. 555, n° 691.*

48. Retards de carrières. L'existence d'une discrimination n'impliquant pas nécessairement une comparaison avec la situation d'autres salariés, le fait que l'employeur n'ait pas fourni de travail pendant de longues périodes au salarié titulaire de divers mandats représentatifs est un élément de nature à laisser supposer l'existence d'une discrimination syndicale. • Soc. 29 juin 2011 : *D. 2011. 1908* ; *JS Lamy 2011, n° 370-3 ; RJS 2011, n° 746 ; JCP S 2011. 1457, note Ro-*

zec et Manigot. ♦ La seule circonstance que des salariés exerçant des mandats syndicaux aient pu bénéficier de mesures favorables n'est pas de nature à exclure, en soi, l'existence de toute discrimination à l'égard d'autres salariés exerçant eux-même des fonctions représentatives. • Soc. 12 juin 2013 : *Dalloz actualité, 19 juill. 2013, obs. Ines ; D. 2013. Actu. 1557*.

49. Permanents syndicaux issus de catégories professionnelles différentes. L'accès à un mandat de permanent syndical est, sauf accord collectif en disposant autrement, sans incidence sur l'appartenance des salariés à la catégorie professionnelle dont ils sont issus et au sein de laquelle ils sont susceptibles de reprendre leur activité ; les modalités de progression salariale différentes appliquées entre les permanents syndicaux qui exerçaient, et sont susceptibles de reprendre, des fonctions commerciales et ceux qui exerçaient, et sont susceptibles de reprendre, des fonctions administratives, ne fait pas échec à la règle de l'égalité de traitement. • Soc. 24 sept. 2014 : *Dalloz actualité, 6 oct. 2014, obs. Peyronnet ; RJS 2014. 741, n° 863.*

III. SANCTIONS

50. Nullité de la période d'essai. Les dispositions légales sont applicables à la rupture de la période d'essai. • Soc. 16 févr. 2005 : *Sem. soc. Lamy 2005, n° 1205, p. 10.*

51. Nullité du licenciement et droit à réintégration. Compétence du juge des référés pour ordonner la réintégration sous astreinte d'un salarié licencié de manière discriminatoire. • Paris, 15 nov. 1995 : *Dr. ouvrier 1996. 173, note P. M.* ♦ La décision de référé ayant ordonné provisoirement la réintégration d'un salarié est dépourvue de l'autorité de chose jugée. • Soc. 1er avr. 2008 : *JCP S 2008. 1337, note Frai.*

52. Modalités de la réintégration. Lorsqu'un licenciement a été déclaré nul parce que prononcé en raison de l'état de santé du salarié, les solutions de réintégration doivent être recherchées dans l'entreprise et non pas au sein du groupe. • Soc. 9 juill. 2008 : *Dr. soc. 2008. 1146, obs. Couturier ; RJS 2008. 804, n° 980 ; JS Lamy 2008, n° 240-2 ; JCP S 2008. 1563, note Drai.*

53. Employeur faisant obstacle à la réintégration. Lorsque l'employeur fait obstacle à une décision de justice ordonnant la réintégration du salarié, il est tenu au paiement d'une indemnité égale au montant de la rémunération que le salarié aurait perçue jusqu'à ce qu'il prenne acte de la rupture du contrat de travail ou que le juge en prononce la résiliation ; dans ce cas, le salarié a droit aux indemnités de rupture de son contrat de travail ainsi qu'à une indemnité pour licenciement illicite. • Soc. 29 mai. 2013 : *Dalloz actualité, 26 juin. 2013, obs. Ines ; D. 2013. Actu. 1416 ; JS Lamy 2013, n° 348-6, obs. Lalanne.*

54. Impossibilité de réintégration. Le fait de confier à un prestataire extérieur l'activité de la salariée licenciée ne caractérise pas une impossibilité matérielle pour l'employeur de procéder à sa réintégration. • Soc. 14 sept. 2016, n° 15-15.944 P : *Dalloz actualité, 17 oct. 2016, obs. Fraisse.*

55. Indemnités de rupture et réintégration. Le salarié dont le licenciement est nul et qui demande sa réintégration ne peut prétendre au paiement d'indemnités de rupture. • Soc. 11 juill. 2012 : *Dalloz actualité, 13 sept. 2012, obs. Ines ; D. 2012. Actu. 1967 ; RJS 2012. 676, n° 785 ; JS Lamy 2012, n° 330-6, obs. Hautefort ; JCP S 2012. 1482, obs. Bossu ; Dr. ouvrier 2012. 802, obs. Bonnechère.*

56. Indemnisation. Dès lors qu'il caractérise une atteinte à la liberté, garantie par la Constitution, qu'a tout homme de pouvoir défendre ses droits et ses intérêts par l'action syndicale, le salarié qui demande sa réintégration a droit au paiement d'une indemnité égale au montant de la rémunération qu'il aurait dû percevoir entre son éviction de l'entreprise et sa réintégration, peu important qu'il ait ou non reçu des salaires ou un revenu de remplacement pendant cette période. • Soc. 2 juin 2010 : *RDT 2010. 592, obs. Grévy*.

57. Indemnisation spécifique pour harcèlement et discrimination. Des faits uniques, caractérisant simultanément une discrimination et un harcèlement moral, permettent au salarié subissant de tels agissements de prétendre à une double indemnisation en présence de préjudices distincts. • Soc. 3 mars 2015 : *Dalloz actualité, 17 mars 2015, obs. Peyronnet ; D. 2015. Actu. 633 ; JS Lamy 2015, n° 386-3, obs. Pacotte et Halimi ; RJS 5/2015, n° 314.*

Art. L. 1132-2 Aucun salarié ne peut être sanctionné, licencié ou faire l'objet d'une mesure discriminatoire mentionnée à l'article L. 1132-1 en raison de l'exercice normal du droit de grève. – *[Anc. art. L. 122-45, al. 2.]*

COMMENTAIRE

V. Dalloz.fr et applications mobiles Dalloz.

1. Point de départ de l'action en nullité du licenciement pour fait de grève. L'action des mineurs ayant participé aux grèves en 1948 tendant à voir prononcer la nullité de leur licenciement est prescrite ; le délai de prescription trentenaire n'est pas à nouveau ouvert par les lois de 1984 et de 2004. • Soc. 9 oct. 2012 : *D. 2012. Actu. 2456 ; RJS 2012. 830, n° 983 ; Dr. soc.*

2013. 176, obs. Radé ; *Sem. soc. Lamy 2012, n° 1556, p. 9, avis Aldigé* ; *JCP S 2012. 1522, obs. Duquesne.*

2. Faute lourde. Un salarié gréviste ne peut être licencié ou sanctionné à raison d'un fait commis au cours de la grève que si ce fait est constitutif d'une faute lourde. • Soc. 16 déc. 1992, n° 91-41.215 P : *GADT, 4e éd., n° 208* ; *Dr. soc. 1993. 291, note Savatier* ; *D. 1993. Somm. 265, obs. Dockès* ; *RJS 1993. 119, n° 174* ; *CSB 1993. 37, A. 8.* – V. Langlois, *D. 1997. Chron. 45 (III, A)*.

3. Retenues. Si l'employeur peut tenir compte des absences, même motivées par la grève, pour le paiement d'une prime, c'est à la condition que toutes les absences, hormis celles qui sont légalement assimilées à un temps de travail effectif, entraînent les mêmes conséquences sur son attribution. • Soc. 23 juin 2009 : *D. 2009. AJ 1901, obs. Maillard* ; *RJS 2009. 721, n° 827* • 11 janv. 2012 : *Dalloz actualité, 14 févr. 2012, obs. Perrin* ; *D. 2012. Actu. 226* ; *RJS 2012. 201, n° 241* ; *JCP S 2012. 1149, obs. Drai* (en l'espèce, il s'agissait d'absences pour maladie) • 26 mars 2014 : *Dalloz actualité, 15 avr. 2014, obs. Fleuriot* ; *D. 2014. Actu. 830* ; *RJS 2014. 414, n° 516.*

4. Règlement intérieur. L'employeur ne peut, sauf dispositions législatives contraires, se fonder sur le règlement intérieur pour réquisitionner des salariés grévistes, même pour un motif de sécurité ; il ne peut donc sanctionner un salarié refusant de déférer à une telle réquisition. • Soc. 15 déc. 2009 : *D. 2010. AJ 154, obs. Ines* ; *JS Lamy 2010, n° 270-6* ; *Dr. ouvrier 2010. 278.*

5. Discrimination indirecte. Une mesure prenant en compte le degré de mobilisation des salariés, selon les services, et ses conséquences sur le fonctionnement de l'entreprise institue une discrimination indirecte en raison de l'exercice normal du droit de grève et ne peut être justifiée par des éléments objectifs étrangers à toute discrimination en raison de la grève dès lors que la parution en retard des magazines résulte des conséquences inhérentes à la cessation collective du travail. • Soc. 9 juill. 2015, n° 14-12.779 P : *Dalloz actualité, 1er sept. 2015, obs. Peyronnet* ; *D. 2015. Actu. 1648* ; *RDT 2015. 698, obs. Odoul-Asorey* ; *JS Lamy 2015, n° 394-4, obs. Bonnet* ; *JCP S 2015. 1367, obs. Duquesne* ; *RJS 11/2015, n° 726.*

Art. L. 1132-3 Aucun salarié ne peut être sanctionné, licencié ou faire l'objet d'une mesure discriminatoire pour avoir témoigné des agissements définis aux articles L. 1132-1 et L. 1132-2 ou pour les avoir relatés. – *[Anc. art. L. 122-45, al. 3.]*

COMMENTAIRE

V. Dalloz.fr et applications mobiles Dalloz

1. Champ d'application. Le licenciement sans cause réelle et sérieuse d'un salarié intervenu en raison de l'action en justice qu'il a introduite sur le fondement d'une violation du principe à travail égal, salaire égal, n'encourt pas la nullité. • Soc. 20 févr. 2008, n° 06-40.085 P : *RDT 2008. 330, note Guiomard* ; *Dr. soc. 2008. 530, chron. Radé*.

2. Bonne foi. Le grief tiré de la relation des agissements de harcèlement moral par le salarié, dont la mauvaise foi n'est pas alléguée, emporte à lui seul la nullité de plein droit du licenciement. • Soc. 10 mars 2009 : *RDT 2009. 453, note Adam* ; *ibid. 376, obs. Lardy-Pélissier* ; *Dr. ouvrier 2009. 456, obs. Rennes* ; *JCP S 2009. 1225, obs. Leborgne-Ingelaere* ; *JS Lamy 2009, n° 254-2.* ♦ Dès lors qu'il ne rapporte pas la mauvaise foi du salarié, un employeur ne peut invoquer, à peine de nullité, la dénonciation de faits de harcèlement dans la lettre de licenciement. • Soc. 10 juin 2015, nos 13-25.554 P et 14-13.318 P : *D. 2015. Actu. 1323* ; *D. 2015. Pan. 813, obs. Porta* ; *JS Lamy 2015, n° 393-2, obs. Tissandier* ; *JCP S 2015. 1345, obs. Leborgne-Ingelaere* ; *RJS 8-9/2015, n° 539.*

Art. L. 1132-3-1 *(L. n° 2011-939 du 10 août 2011, art. 9)* Aucun salarié ne peut être sanctionné, licencié ou faire l'objet d'une mesure discriminatoire mentionnée à l'article L. 1132-1 en raison de l'exercice des fonctions de juré ou de citoyen assesseur.

Art. L. 1132-3-2 *(L. n° 2013-404 du 17 mai 2013, art. 19)* Aucun salarié ne peut être sanctionné, licencié ou faire l'objet d'une mesure discriminatoire mentionnée à l'article L. 1132-1 pour avoir refusé en raison de son orientation sexuelle une mutation géographique dans un État incriminant l'homosexualité.

Art. L. 1132-3-3 *(L. n° 2013-1117 du 6 déc. 2013, art. 35)* Aucune personne ne peut être écartée d'une procédure de recrutement ou de l'accès à un stage ou à une période de formation en entreprise, aucun salarié ne peut être sanctionné, licencié ou faire l'objet d'une mesure discriminatoire, directe ou indirecte, notamment en matière de rémunération, au sens de l'article L. 3221-3, de mesures d'intéressement ou de distri-

bution d'actions, de formation, de reclassement, d'affectation, de qualification, de classification, de promotion professionnelle, de mutation ou de renouvellement de contrat, pour avoir relaté ou témoigné, de bonne foi, de faits constitutifs d'un délit ou d'un crime dont il aurait eu connaissance dans l'exercice de ses fonctions.

(L. nº 2016-1691 du 9 déc. 2016, art. 10-I) **« Aucune personne ne peut être écartée d'une procédure de recrutement ou de l'accès à un stage ou à une période de formation professionnelle, aucun salarié ne peut être sanctionné, licencié ou faire l'objet d'une mesure discriminatoire, directe ou indirecte, notamment en matière de rémunération, au sens de l'article L. 3221-3, de mesures d'intéressement ou de distribution d'actions, de formation, de reclassement, d'affectation, de qualification, de classification, de promotion professionnelle, de mutation ou de renouvellement de contrat, pour avoir signalé une alerte dans le respect des articles 6 à 8 de la loi nº 2016-1691 du 9 décembre 2016 relative à la transparence, à la lutte contre la corruption et à la modernisation de la vie économique.**

« En cas de litige relatif à l'application des premier et deuxième alinéas, dès lors que la personne présente des éléments de fait qui permettent de présumer qu'elle a relaté ou témoigné de bonne foi de faits constitutifs d'un délit ou d'un crime, ou qu'elle a signalé une alerte dans le respect des articles 6 à 8 de la loi nº 2016-1691 du 9 décembre 2016 précitée, il incombe à la partie défenderesse, au vu des éléments, de prouver que sa décision est justifiée par des éléments objectifs étrangers à la déclaration ou au témoignage de l'intéressé. » Le juge forme sa conviction après avoir ordonné, en cas de besoin, toutes les mesures d'instruction qu'il estime utiles.

En cas de rupture du contrat de travail consécutive au signalement d'une alerte au sens de l'art. 6, le salarié peut saisir le conseil des prud'hommes dans les conditions prévues au chapitre V du titre V du livre IV de la première partie du code du travail (L. nº 2016-1691 du 9 déc. 2016, art. 12).

BIBL. ▶ Mathieu et Terryn, *RDT 2016. 159* (le statut du lanceur d'alerte en quête de cohérence).

Loi nº 2016-1691 du 9 décembre 2016,

Relative à la transparence, à la lutte contre la corruption et à la modernisation de la vie économique.

Art. 6 Un lanceur d'alerte est une personne physique qui révèle ou signale, de manière désintéressée et de bonne foi, un crime ou un délit, une violation grave et manifeste d'un engagement international régulièrement ratifié ou approuvé par la France, d'un acte unilatéral d'une organisation internationale pris sur le fondement d'un tel engagement, de la loi ou du règlement, ou une menace ou un préjudice graves pour l'intérêt général, dont elle a eu personnellement connaissance.

Les faits, informations ou documents, quel que soit leur forme ou leur support, couverts par le secret de la défense nationale, le secret médical ou le secret des relations entre un avocat et son client sont exclus du régime de l'alerte défini par le présent chapitre.

Jurisprudence rendue avant l'entrée en vigueur de la loi du 6 déc. 2013.

Nullité du licenciement du lanceur d'alerte. Le fait pour un salarié de porter à la connaissance du procureur de la République des faits concernant l'entreprise qui lui paraissent anormaux, qu'ils soient ou non susceptibles de qualification pénale, ne constitue pas en soi une faute ; en raison de l'atteinte qu'il porte à la liberté d'expression, en particulier au droit pour les salariés de signaler les conduites ou actes illicites constatés par eux sur leur lieu de travail, le licenciement d'un salarié prononcé pour avoir relaté ou témoigné, de bonne foi, de faits dont il a eu connaissance dans l'exercice de ses fonctions et qui, s'ils étaient établis, seraient de nature à caractériser des infractions pénales, est frappé de nullité. • Soc. 30 juin 2016, nº 15-10.557 P : *D. 2016. 1740, concl. Marguénaud et Mouly ; RDT 2016. 566, note Adam ; RJS 10/2016, nº 612 ; Sem. soc. Lamy 2016, nº 1730, p. 11, obs. Champeaux, interview Huglo ; JS Lamy 2016, nº 415-5, obs. Tissandier.*

Art. L. 1132-4 **Toute disposition ou tout acte pris à l'égard d'un salarié en méconnaissance des dispositions du présent chapitre est nul.** – *[Anc. art. L. 122-45, al. 5.]*

COMMENTAIRE

V. Dalloz.fr et applications mobiles Dalloz 🏛. ❑

CHAPITRE III **DIFFÉRENCES DE TRAITEMENT AUTORISÉES**

COMMENTAIRE

V. Dalloz.fr et applications mobiles Dalloz 🏛. ❑

Art. L. 1133-1 *(L. n° 2008-496 du 27 mai 2008, art. 6-3°)* **L'article L. 1132-1 ne fait pas obstacle aux différences de traitement, lorsqu'elles répondent à une exigence professionnelle essentielle et déterminante et pour autant que l'objectif soit légitime et l'exigence proportionnée.**

BIBL. ▶ Berthou, *Dr. soc. 2009. 410* ✐ (esquisse des exigences professionnelles essentielles après la loi du 27 mai 2008).

COMMENTAIRE

V. Dalloz.fr et applications mobiles Dalloz 🏛. ❑

Art. L. 1133-2 *(L. n° 2008-496 du 27 mai 2008, art. 6-4°)* **« Les différences de traitement fondées sur l'âge ne constituent pas une discrimination lorsqu'elles sont objectivement et raisonnablement justifiées par un but légitime, notamment par le souci de préserver la santé ou la sécurité des travailleurs, de favoriser leur insertion professionnelle, d'assurer leur emploi, leur reclassement ou leur indemnisation en cas de perte d'emploi, et lorsque les moyens de réaliser ce but sont nécessaires et appropriés. »**

Ces différences peuvent notamment consister en :

1° L'interdiction de l'accès à l'emploi ou la mise en place de conditions de travail spéciales en vue d'assurer la protection des jeunes et des travailleurs âgés ;

2° La fixation d'un âge maximum pour le recrutement, fondée sur la formation requise pour le poste concerné ou la nécessité d'une période d'emploi raisonnable avant la retraite.

RÉP. TRAV. v° *Âge du salarié,* par Leroy.

COMMENTAIRE

V. Dalloz.fr et applications mobiles Dalloz 🏛. ❑

V. notes 16 s. ss. art. L. 1132-1.

Art. L. 1133-3 Les différences de traitement fondées sur l'inaptitude constatée par le médecin du travail en raison de l'état de santé ou du handicap ne constituent pas une discrimination lorsqu'elles sont objectives, nécessaires et appropriées. – *[Anc. art. L. 122-45-4, al. 1er.]*

COMMENTAIRE

V. Dalloz.fr et applications mobiles Dalloz 🏛. ❑

1. Notion d'inaptitude. Le certificat d'aptitude avec réserves émis par le médecin du travail n'équivaut pas à une déclaration d'inaptitude ; en conséquence, l'art. L. 1133-3 n'est pas applicable et le salarié dont le contrat à durée déterminée n'a pas été renouvelé sur le fondement de cet avis d'aptitude avec réserve a fait l'objet d'une mesure discriminatoire. • Soc. 25 janv. 2011 : *Dalloz actualité, 22 févr. 2011, obs. Perrin ; D. 2011. Actu. 453* ✐ *; JS Lamy 2011, n° 296-6, obs. Tourreil.*

2. V. notes ss. art. L. 1226-2.

Art. L. 1133-4 Les mesures prises en faveur des personnes handicapées et visant à favoriser l'égalité de traitement, prévues à l'article L. 5213-6 ne constituent pas une discrimination. – *[Anc. art. L. 122-45-4, al. 2.]*

COMMENTAIRE

V. Dalloz.fr et applications mobiles Dalloz 🏛. ❑

Art. L. 1133-5 *(L. n° 2014-173 du 21 févr. 2014, art. 15-II)* **Les mesures prises en faveur des personnes résidant dans certaines zones géographiques et visant à favoriser l'égalité de traitement ne constituent pas une discrimination.**

COMMENTAIRE

V. Dalloz.fr et applications mobiles Dalloz.

Art. L. 1133-6 *(L. n° 2016-832 du 24 juin 2016)* **Les mesures prises en faveur des personnes vulnérables en raison de leur situation économique et visant à favoriser l'égalité de traitement ne constituent pas une discrimination.**

CHAPITRE IV **ACTIONS EN JUSTICE**

BIBL. ▶ CHISS, *JCP S 2010. 1339* (contentieux de la discrimination et de la rupture d'égalité).

SECTION PREMIÈRE **DISPOSITIONS COMMUNES** *(L. n° 2016-1547 du 18 nov. 2016, art. 87-I).*

Art. L. 1134-1 Lorsque survient un litige en raison d'une méconnaissance des dispositions du chapitre II, le candidat à un emploi, à un stage ou à une période de formation en entreprise ou le salarié présente des éléments de fait laissant supposer l'existence d'une discrimination directe ou indirecte, *(L. n° 2008-496 du 27 mai 2008, art. 6)* **« telle que définie à l'article 1er de la loi n° 2008-496 du 27 mai 2008 portant diverses dispositions d'adaptation au droit communautaire dans le domaine de la lutte contre les discriminations ».** — *[V. App. I. B.]*

Au vu de ces éléments, il incombe à la partie défenderesse de prouver que sa décision est justifiée par des éléments objectifs étrangers à toute discrimination.

Le juge forme sa conviction après avoir ordonné, en cas de besoin, toutes les mesures d'instruction qu'il estime utiles.

COMMENTAIRE

V. Dalloz.fr et applications mobiles Dalloz.

1. Garantie de l'effectivité du droit de la non-discrimination dérivant des traités européens. Le juge judiciaire doit pouvoir, en cas de difficulté d'interprétation des normes communautaires et lorsqu'il s'estime en état de le faire, appliquer le droit de l'Union, sans être tenu de saisir au préalable la juridiction administrative d'une question préjudicielle : les juges du fond doivent apprécier si une pratique d'une caisse de retraite fixant un âge d'ouverture d'un droit à pension plus précoce pour certains services de l'Opéra de Paris, majoritairement constitués d'hommes, ne crée pas une discrimination indirecte en fonction du sexe. • Soc. 30 sept. 2013 : *RDT 2014. 45, obs. Mercat-Bruns.*

2. Règle de preuve. L'aménagement légal des règles de preuve prévues par l'art. L. 1134-1 ne viole pas le principe de l'égalité des armes tel que résultant de l'art. 6 Conv. EDH. • Soc. 28 janv. 2010, n° 08-41.959 P : *RJS 4/2010, n° 309* • 7 févr. 2012 : *D. 2012. Actu. 559 ; RJS 2012. 272, n° 299 ; JCP S 2012. 1150, obs. Boulmier.*

3. Présomptions. Il appartient au salarié qui se prétend lésé par une mesure discriminatoire de soumettre au juge les éléments de fait susceptibles de caractériser une atteinte au principe d'égalité de traitement et il incombe à l'employeur qui conteste le caractère discriminatoire d'établir que la disparité de situation constatée est justifiée par des éléments objectifs étrangers à toute discrimination. • Soc. 23 nov. 1999, n° 97-42.940 P : *D. 2000. IR 46 ; RJS 2000. 350, n° 498 (1re esp.) ; Dr. soc. 2000. 589, obs. Lanquetin* (discrimination fondée sur le sexe) • 28 mars 2000, n° 97-45.258 P : *RJS 2000. 350, n° 498 (2e esp.) ; Dr. soc. 2000. 589, obs. Lanquetin* (discrimination syndicale) • 26 avr. 2000, n° 98-42.643 P : *D. 2000. IR 160 ; RJS 2000. 468, n° 985.* ♦ Le salarié suspectant l'existence d'une discrimination peut demander au juge des référés, en amont de tout procès, d'obliger l'employeur à communiquer des documents relatifs aux autres salariés de l'entreprise afin de pouvoir comparer sa situation et, ainsi, obtenir les éléments de faits nécessaires à l'introduction d'un recours pour discrimination. • Soc. 19 déc. 2012 : *Dalloz actualité, 18 janv. 2013, obs. Peyronnet ; D. 2013. Actu. 92 ; D. 2013. Pan. 1026, obs. Porta ; Dr. ouvrier 2013. 287, obs. Mazardo et Riandey ; JS Lamy 2013, n° 338-2.* ♦ Lorsque le salarié soutient que la preuve de tels faits se trouve entre les mains d'une autre partie, il lui appartient de demander au juge d'en ordonner la production ; ce dernier peut ensuite tirer toute conséquence de droit en cas d'abstention ou de refus de l'autre partie de déférer à une décision ordonnant la production de ces pièces. • Soc. 12 juin 2013 : *Dalloz actualité, 1er juill. 2013, obs. Peyronnet; D. 2013. Actu. 1555*.

4. *Appréciation de la réalité de la discrimination.* Le juge du fond apprécie souverainement l'opportunité de recourir à des mesures d'instruction portant aussi bien sur les éléments présentés par le salarié et laissant supposer l'existence d'une discrimination que ceux apportés par l'employeur pour prouver que sa décision est justifiée par des éléments objectifs étrangers à toute discrimination. • Soc. 4 févr. 2009 : *D. 2009. AJ 634, obs. Maillard ; RJS 2009. 277, n° 314; Dr. soc. 2009. 612, obs. Radé ; JCP S 2009. 1173, obs. Bugada.*

5. *Appréciation globale des éléments de fait.* Lorsque le salarié présente des éléments de fait constituant selon lui une discrimination directe ou indirecte, il appartient au juge d'apprécier si ces éléments dans leur ensemble laissent supposer l'existence d'une telle discrimination et, dans l'affirmative, il incombe à l'employeur de prouver que ses décisions sont justifiées par des éléments objectifs étrangers à toute discrimination. • Soc. 29 juin 2011 : *Dalloz actualité, 26 juill. 2011, obs. Perrin.* ♦ La seule circonstance que des salariés exerçant des mandats syndicaux aient pu bénéficier de mesures favorables n'est pas de nature à exclure, en soi, l'existence de toute discrimination à l'égard d'autres salariés exerçant eux-même des fonctions représentatives. • Soc. 12 juin 2013 : *Dalloz actualité, 19 juill. 2013, obs. Ines.*

6. *Contrôle de la Cour de cassation.* La Cour de cassation doit être en mesure d'exercer son contrôle sur les justifications apportées par l'employeur quant au retard de carrière que l'intéressé impute à sa non-appartenance à un syndicat. • Soc. 28 janv. 2010 : *D. 2010. AJ 385 ; ibid. Pan. 2029, obs. Aubert-Monpeyssen ; Dalloz actualité, 12 févr. 2010, obs. Maillard; JCP S 2010. 1196, obs. Martinon.*

7. *Discrimination et comparaison.* Justifie légalement sa décision de considérer la différence alléguée comme établie la cour d'appel, qui, hors toute dénaturation, a retenu que les tableaux comparatifs produits par la salariée étaient de nature à laisser supposer une inégalité de traitement tant en ce qui concerne l'avancement que la rémunération. • Soc. 24 sept. 2008 : *D. 2008. AJ 2423, obs. Perrin ; RDT 2008. 744, obs. Pignarre ; JCP S 2008. 1537, avis Allix, note Leborgne-Ingelaere ; Dr. ouvrier 2008. 545, note Adam; Dr. soc. 2009. 57, note Savatier .* ♦ L'existence d'une discrimination n'implique pas nécessairement une comparaison avec la situation d'autres salariés; les juges du fond auraient dû rechercher si le ralentissement de carrière de la salariée et les difficultés auxquelles elle a été confrontée, dès après sa participation à un mouvement de grève, ne laissaient pas supposer l'existence d'une discrimination directe ou indirecte. • Soc. 10 nov. 2009 : *Sem. soc. Lamy 2009, n° 1422, p. 12* • 12 juin 2013 : *Dalloz actualité, 19 juill. 2013, obs. Ines.* ♦ Sur le contrôle de la Cour de cassation, V. Serverin, *RDT 2012. 715.*

8. *Discriminations et rapport de l'inspection du travail.* Le salarié qui invoque une discrimination peut présenter, au titre des éléments de fait laissant supposer l'existence de cette discrimination, le rapport établi par l'inspection du travail; peu importe que l'inspection du travail soit intervenue à la demande du salarié. • Soc. 15 janv. 2014 : *Dalloz actualité, 31 janv. 2014, obs. Peyronnet; D. 2014. Actu. 216 ; RDT 2014. 188, obs. Miné ; RJS 2014. 239, Avis Weismann ; ibid 2014. 246, n° 295.*

Art. L. 1134-2 Les organisations syndicales représentatives au niveau national, au niveau départemental *(Ord. n° 2008-205 du 27 févr. 2008)* « ou de la collectivité » dans les départements d'outre-mer *(Ord. n° 2008-205 du 27 févr. 2008)* « , à Saint-Barthélemy et à Saint-Martin », ou dans l'entreprise peuvent exercer en justice toutes les actions résultant de l'application des dispositions du chapitre II.

Elles peuvent exercer ces actions en faveur d'un candidat à un emploi, à un stage ou une période de formation en entreprise, ou d'un salarié, dans les conditions prévues par l'article L. 1134-1.

L'organisation syndicale n'a pas à justifier d'un mandat de l'intéressé. Il suffit que celui-ci ait été averti par écrit de cette action et ne s'y soit pas opposé dans un délai de quinze jours à compter de la date à laquelle l'organisation syndicale lui a notifié son intention d'agir.

L'intéressé peut toujours intervenir à l'instance engagée par le syndicat. – *[Anc. art. L. 122-45-1, al. 1er.]*

Art. L. 1134-3 Les associations régulièrement constituées depuis cinq ans au moins pour la lutte contre les discriminations ou œuvrant dans le domaine du handicap peuvent exercer en justice toutes actions résultant de l'application des dispositions du chapitre II.

Elles peuvent exercer ces actions en faveur d'un candidat à un emploi, à un stage ou une période de formation en entreprise ou d'un salarié dans les conditions prévues à l'article L. 1134-1, sous réserve de justifier d'un accord écrit de l'intéressé.

L'intéressé peut toujours intervenir à l'instance engagée par l'association et y mettre un terme à tout moment. – *[Anc. art. L. 122-45-1, al. 2, et L. 122-45-5.]*

COMMENTAIRE

V. Dalloz.fr et applications mobiles Dalloz. ❑

Art. L. 1134-4 Est nul et de nul effet le licenciement d'un salarié faisant suite à une action en justice engagée par ce salarié ou en sa faveur, sur le fondement des dispositions du chapitre II, lorsqu'il est établi que le licenciement n'a pas de cause réelle et sérieuse et constitue en réalité une mesure prise par l'employeur en raison de cette action en justice. Dans ce cas, la réintégration est de droit et le salarié est regardé comme n'ayant jamais cessé d'occuper son emploi.

Lorsque le salarié refuse de poursuivre l'exécution du contrat de travail, le conseil de prud'hommes lui alloue :

1° Une indemnité ne pouvant être inférieure aux salaires des six derniers mois ;

2° Une indemnité correspondant à l'indemnité de licenciement prévue par l'article L. 1234-9 ou par la convention ou l'accord collectif applicable ou le contrat de travail.

*(Abrogé par L. n° 2016-1088 du 8 août 2016, art. 122) « **L'article L. 1235-4, relatif au remboursement** (L. n° 2008-126 du 13 févr. 2008) « **à l'institution mentionnée à l'article L. 5312-1, pour le compte de l'organisme mentionné à l'article L. 5427-1,** » **des indemnités de chômage payées au salarié en cas de licenciement fautif, est également applicable.** » – [Anc. art. L. 122-45-2.]*

COMMENTAIRE

V. Dalloz.fr et applications mobiles Dalloz. ❑

Art. L. 1134-5 *(L. n° 2008-561 du 17 juin 2008)* **L'action en réparation du préjudice résultant d'une discrimination se prescrit par cinq ans à compter de la révélation de la discrimination.**

Ce délai n'est pas susceptible d'aménagement conventionnel.

Les dommages et intérêts réparent l'entier préjudice résultant de la discrimination, pendant toute sa durée.

COMMENTAIRE

V. Dalloz.fr et applications mobiles Dalloz. ❑

1. Durée antérieure à la loi du 17 juin 2008. L'action en responsabilité civile dirigée contre l'employeur est soumise à la prescription trentenaire de droit commun. • Soc. 15 mars 2005 : *Dr. soc. 2005. 827, obs. Radé ; Sem. soc. Lamy 2005, n° 1225, p. 20, note Sargos.*

2. Portée de la prescription. Si la prescription trentenaire interdit la prise en compte de faits de discrimination couverts par elle, elle n'interdit pas au juge, pour apprécier la réalité de la discrimination subie au cours de la période non prescrite, de procéder à des comparaisons avec d'autres salariés engagés dans des conditions identiques de diplôme et de qualification à la même date que l'intéressé, celle-ci fût-elle antérieure à la période non prescrite. • Soc. 4 févr. 2009 : *D. 2009. AJ 634, obs. Maillard ; Dr. soc. 2009. 612, obs. Radé ; JCP S 2009. 1173, obs. Bugada.*

SECTION II **DISPOSITIONS SPÉCIFIQUES À L'ACTION DE GROUPE**

(L. n° 2016-1547 du 18 nov. 2016, art. 87-I)

Art. L. 1134-6 Sous réserve des articles L. 1134-7 à L. 1134-10, le chapitre Ier du titre V de la loi n° 2016-1547 du 18 novembre 2016 de modernisation de la justice du XXIe siècle s'applique à l'action de groupe prévue à la présente section.

Ces dispositions sont applicables aux seules actions dont le fait générateur de la responsabilité ou le manquement est postérieur au 19 nov. 2016 (L. n° 2016-1547 du 18 nov. 2016, art. 92-II).

BIBL. ► BEN ACHOUR, LEVANNIER-GOUËL et TARASEWICZ, Quel avenir pour l'action de groupe en droit du travail ?, *Sem. soc. Lamy 2016, n° 1741.*

Art. L. 1134-7 Une organisation syndicale de salariés représentative au sens des articles L. 2122-1, L. 2122-5 ou L. 2122-9 peut agir devant une juridiction civile afin

d'établir que plusieurs candidats à un emploi, à un stage ou à une période de formation en entreprise ou plusieurs salariés font l'objet d'une discrimination, directe ou indirecte, fondée sur un même motif figurant parmi ceux mentionnés à l'article L. 1132-1 et imputable à un même employeur.

Une association régulièrement déclarée depuis au moins cinq ans intervenant dans la lutte contre les discriminations ou œuvrant dans le domaine du handicap peut agir aux mêmes fins, pour la défense des intérêts de plusieurs candidats à un emploi ou à un stage en entreprise. – *V.* ***Addendum.***

V. note ss. art. L. 1134-6.

Art. L. 1134-8 L'action peut tendre à la cessation du manquement et, le cas échéant, en cas de manquement, à la réparation des préjudices subis.

Sauf en ce qui concerne les candidats à un emploi, à un stage ou à une période de formation, sont seuls indemnisables dans le cadre de l'action de groupe les préjudices nés après la réception de la demande mentionnée à l'article L. 1134-9.

V. note ss. art. L. 1134-6.

Art. L. 1134-9 Par dérogation à l'article 64 de la loi n° 2016-1547 du 18 novembre 2016 de modernisation de la justice du XXIe siècle, préalablement à l'engagement de l'action de groupe mentionnée à l'article L. 1134-7, les personnes mentionnées au même article L. 1134-7 demandent à l'employeur, par tout moyen conférant date certaine à cette demande, de faire cesser la situation de discrimination collective alléguée.

Dans un délai d'un mois à compter de la réception de cette demande, l'employeur en informe le comité d'entreprise ou, à défaut, les délégués du personnel, ainsi que les organisations syndicales représentatives dans l'entreprise. A la demande du comité d'entreprise ou, à défaut, des délégués du personnel, ou à la demande d'une organisation syndicale représentative, l'employeur engage une discussion sur les mesures permettant de faire cesser la situation de discrimination collective alléguée.

L'action de groupe engagée pour la défense des intérêts de plusieurs candidats à un emploi, à un stage ou à une période de formation en entreprise ou de plusieurs salariés peut être introduite à l'expiration d'un délai de six mois à compter de la demande tendant à faire cesser la situation de discrimination collective alléguée ou à compter de la notification par l'employeur du rejet de la demande.

V. note ss. art. L. 1134-6.

Art. L. 1134-10 Lorsque l'action tend à la réparation des préjudices subis, elle s'exerce dans le cadre de la procédure individuelle de réparation définie au chapitre Ier du titre V de la loi n° 2016-1547 du 18 novembre 2016 de modernisation de la justice du XXIe siècle.

Le tribunal de grande instance connaît des demandes en réparation des préjudices subis du fait de la discrimination auxquelles l'employeur n'a pas fait droit.

V. note ss. art. L. 1134-6.

TITRE QUATRIÈME **ÉGALITÉ PROFESSIONNELLE ENTRE LES FEMMES ET LES HOMMES**

BIBL. GÉN. ▶ ACTON et DELESSEUX, *LPA 21 août 1996* (harcèlement psychologique). – ARSÉGUEL et REYNES, *Ann. Univ. sc. soc. Toulouse, T. XXXIII, 1985, p. 173.* – AUBERT-MONPEYSSEN et MOIZARD, *RDT 2012. Controverse. 129* (égalité : des exigences trop fortes ?). – AUZERO, *Dr. soc. 2006. 822* ✐ (égalité de traitement dans l'entreprise). – BENEYTOUT, CÉSARO, *RJS 2011. 747* (Catégories professionnelles et sanction du principe jurisprudentiel d'égalité). – CESARO, *Dr. soc. 2008. 654* ✐ (un nouveau droit de l'égalité professionnelle). – CROMER, JACOB et LOUIS, *Sem. soc. Lamy n° 557, 3* (harcèlement sexuel au travail). – BONNECHÈRE, *Dr. ouvrier 1984. 207.* – DE RAINCOURT et DUCHANGE, *JCP S 2011. 1576.* – DEKEUWER-DÉFOSSEZ, *JCP 1993. I. 3662* (harcèlement sexuel). – GRÉSY, *Dr. soc. 2010. 135* ✐ (égalité professionnelle : la norme et l'image). – GROZELIER et LABOURIE-RACAPÉ, *Travail et Emploi 1985, n° 25, 55.* – M. HUET, *ibid. 1984, n° 21, 23.* – JEAMMAUD, *Dr. soc. 2004. 694* ✐. – JUNTER-LOISEAU, *Dr. soc. 1987. 143 ; ibid. 1990. 109* ✐ ; *RDT 2006. 72* ✐ (mesures proactives). – LAHERRE, *JS Lamy 2011, n° 294-1* (négociation collective et égalité de traitement). – LANQUETIN, *ibid. 1983. 238 ; ibid. 1988. 806 ; Ét. offertes à H. Sinay, 1994, p. 415* (discrimination indirecte) ; *ibid. 1995. 435* (preuve de la discrimination, droit communautaire) ; *ibid. 1996. 494* (égalité des chances ; à propos de CJCE 17 oct. 1995, *Kalanke*) ; *RDT 2006.*

73 ✎ (quotas). - LAUFER, *Dr. soc. 1984. 736.* - LESTER, *ibid. 1987. 791.* - LEGENDRE-GRANDPERRET, *Dr. ouvrier 2001. 213* (discriminations syndicales : carrière et rémunération). - LOSCHAK, *ibid. 1983. 131 ; ibid. 1987. 778.* - A. LYON-CAEN, *ibid. 1990. 68* ✎. - C. DE MARGUERYE, *ibid. 1983. 119.* - MOIZARD, *RDT 2015. 616* ✎ (négociation sur l'égalité professionnelle et sur la lutte contre les discriminations après la loi Rebsamen du 17 août 2015 relative au dialogue social et à l'emploi). - PH. MARTIN, *ibid. 1996. 562* ✎ (discriminations sexuelles générées par la loi) ; *ibid. 1996. 441* ✎ (égalité des sexes). - MARTIN-SERF, *Dr. soc. 2001. 610* ✎ (harcèlement sexuel). - MASSE-DESSEN, *Dr. soc. 1995. 442* ✎ (résolution contentieuse des discriminations). - MASSON, DUROY et MOIZARD, *Sem. soc. Lamy 2011, dossier spécial, n° 1517.* - A. MAZEAUD, *ibid. 1993. 345* (changement d'affectation et harcèlement sexuel). - MEYRAT, *RDT 2008. 648* ✎. - MINE, *Dr. ouvrier 2004. 352.* - MOREAU, *ibid. 1993. 115* (harcèlement sexuel). - MOREAU-BOURLÈS et SINEAU, *ibid. 1983. 694.* - POIRIER, *Dr. ouvrier 2009. 425.* - PORTA, *RDT 2011. 354* ✎ (égalité, discrimination et égalité de traitement). - PRALUS-DUPUY, *ALD 1993. 53* (harcèlement sexuel). - VAN RAEPENBUSCH, *RJS 1994. 3* (jurisprudence de la CJCE). - RAY, *Dr. soc. 1990. 83* ✎. - RONGÈRE, *ibid. 99.* - ROSSI, *ibid. 1987. 155.* - ROY-LOUSTAUNAU, *JCP E 1993. I. 237* ; *Dr. soc. 1995. 545* ✎ (harcèlement sexuel). - SAADA, *Dr. ouvrier 2001. 207* (non-discrimination hommes/femmes). - SAVATIER, *Dr. soc. 1984. 339.* - SOUSI-ROUBI, *ibid. 1980. 31 ; Gaz. Pal. 1984. 1. Doctr. 104.* - SUPIOT, *Dr. soc. 1992. 382* ✎ (principe d'égalité et limites du droit du travail). - SUTTER, *ibid. 1983. 684.* - WAQUET, *Dr. soc. 2003. 276* ✎ (principe d'égalité et droit du travail).

COMMENTAIRE

V. Dalloz.fr et applications mobiles Dalloz ☐

CHAPITRE PREMIER **CHAMP D'APPLICATION**

Art. L. 1141-1 Les dispositions du présent titre sont applicables aux employeurs de droit privé ainsi qu'à leurs salariés.

Elles sont également applicables au personnel des personnes publiques employé dans les conditions du droit privé.

Champ d'application. La Dir. 76/207/CE du 9 févr. 1976 peut être invoquée directement à l'appui d'une demande formée contre une entreprise qui, chargée d'accomplir un service d'intérêt public, dispose de prérogatives exorbitantes de droit commun. • CJCE 12 juill. 1990 : *RJS 1991. 58, n° 107.*

CHAPITRE II **DISPOSITIONS GÉNÉRALES**

Art. L. 1142-1 Sous réserve des dispositions particulières du présent code, nul ne peut :

1° Mentionner ou faire mentionner dans une offre d'emploi le sexe ou la situation de famille du candidat recherché. Cette interdiction est applicable pour toute forme de publicité relative à une embauche et quels que soient les caractères du contrat de travail envisagé ;

2° Refuser d'embaucher une personne, prononcer une mutation, résilier ou refuser de renouveler le contrat de travail d'un salarié en considération du sexe, de la situation de famille ou de la grossesse sur la base de critères de choix différents selon le sexe, la situation de famille ou la grossesse ;

3° Prendre en considération du sexe ou de la grossesse toute mesure, notamment en matière de rémunération, de formation, d'affectation, de qualification, de classification, de promotion professionnelle ou de mutation. — *[Anc. art. L. 123-1, al. 1er début, al. 2 à 4.] — V. art. L. 1146-1 (pén.).*

Sur l'infraction pénale de discrimination, V. C. pén., art. 225-1 s., App. I, B., v° Contrat de travail. — Sur l'exclusion du bénéfice de l'amnistie, V. L. n° 2002-1062 du 6 août 2002, art. 14, App. I, B., v° Contrat de travail.

BIBL. ▸ BERTHOU, *RDT 2010. 635* ✎ (preuve des discriminations à l'embauche en raison de l'origine).

COMMENTAIRE

V. Dalloz.fr et applications mobiles Dalloz ☐

1. Embauche. Lors de l'embauche, l'existence d'un questionnaire hommes et d'un questionnaire femmes suffit à caractériser le caractère discriminatoire de l'épreuve. • T. corr. Paris,

13 mars 1991 : *Dr. ouvrier 1993. 35, obs. Alvarez-Pujana.*

2. Un employeur viole directement le principe d'égalité de traitement énoncé par la directive 76/207/CE du 9 févr. 1976 s'il refuse de conclure un contrat de travail avec une candidate qu'il avait jugée apte, lorsque ce refus est fondé sur les éventuelles conséquences dommageables pour lui de l'engagement d'une femme enceinte, la circonstance qu'aucun candidat de sexe masculin ne se soit présenté étant indifférente. • CJCE 8 nov. 1990 : *D. 1992. Somm. 288, obs. Lanquetin ; Dr. ouvrier 1991. 105, note Kessler ; CSB 1991. 5, A. 2 ; RJS 1991. 58, n° 108.*

3. Promotion. Le principe d'égalité de traitement entre hommes et femmes s'oppose à une réglementation nationale qui prive une femme du droit d'être notée, et donc d'une promotion, parce qu'elle a été absente en raison d'un congé maternité. • Soc. 16 juill. 1998, n° 90-41.231 P : *Dr. soc. 1998. 947, note Lanquetin.* ♦ *Contra* : • Soc. 30 mars 1994 : *Dr. soc. 1994. 561, obs. crit. Moreau.* ♦ Une salariée, pour laquelle une promotion a été envisagée par l'employeur, ne peut se voir refuser celle-ci en raison de la survenance d'un congé de maternité ; l'employeur se rend coupable de discrimination illicite. • Soc. 16 déc. 2008 : *D. 2009. AJ 171, obs. Perrin ; RDT 2009. 382, obs. Miné ; RJS 2009. 205, n° 227 ; Dr. soc. 2009. 363, obs. Radé ; JS Lamy, n° 248-2 ; JCP S 2009. 1134, obs. Drai.*

4. Rupture du contrat de travail. Est contraire à la directive 76/207/CE du 9 févr. 1976 sur l'égalité de traitement la rupture de contrat d'une danseuse de l'Opéra pour survenance de l'âge conventionnel de la retraite, alors que cet âge est de quarante-cinq ans pour les hommes et de quarante ans pour les femmes. • Paris, 26 sept. 1996 : *Gaz. Pal. 1997. 1. 21, concl. Bonnet.*

5. La Dir. 76/207/CE du 9 févr. 1976 s'oppose au licenciement d'un transsexuel pour motif lié à sa conversion sexuelle. • CJCE 30 avr. 1996, *P. c/ S. et Cornwall County Council : D. 1997. Somm. 212, obs. Rideau ; RJS 1996. 547, n° 858.*

Art. L. 1142-2 *(L. n° 2008-496 du 27 mai 2008)* « Lorsque l'appartenance à l'un ou l'autre sexe répond à une exigence professionnelle essentielle et déterminante et pour autant que l'objectif soit légitime et l'exigence proportionnée, les interdictions prévues à l'article L. 1142-1 ne sont pas applicables. »

Un décret en Conseil d'État détermine, après avis des organisations d'employeurs et de salariés représentatives au niveau national, la liste des emplois et des activités professionnelles pour l'exercice desquels l'appartenance à l'un ou l'autre sexe constitue la condition déterminante. Cette liste est révisée périodiquement. — *[Anc. art. L. 123-1, al. 1er fin et al. 6.] — V. art. R. 1142-1 et L. 1146-1 (pén.).*

COMMENTAIRE

V. Dalloz.fr et applications mobiles Dalloz.

Art. L. 1142-2-1 *(L. n° 2015-994 du 17 août 2015, art. 20)* Nul ne doit subir d'agissement sexiste, défini comme tout agissement lié au sexe d'une personne, ayant pour objet ou pour effet de porter atteinte à sa dignité ou de créer un environnement intimidant, hostile, dégradant, humiliant ou offensant.

BIBL. ▶ ADAM, *RDT 2016. 818.* – BECKERS, *Sem. soc. Lamy 2016, n° 1743, p. 21.*

Art. L. 1142-3 Est nulle toute clause d'une convention ou d'un accord collectif de travail ou d'un contrat de travail qui réserve le bénéfice d'une mesure quelconque, à un ou des salariés, en considération du sexe.

Toutefois, ces dispositions ne sont pas applicables lorsque cette clause a pour objet l'application des dispositions relatives :

1° A la protection de la grossesse et de la maternité, prévues aux articles L. 1225-1 à L. 1225-28 ;

2° A l'interdiction d'emploi prénatal et postnatal, prévues à l'article L. 1225-29 ;

3° A l'allaitement, prévues aux articles L. 1225-30 à L. 1225-33 ;

4° A la démission de la salariée en état de grossesse médicalement constaté, prévues à l'article L. 1225-34 ;

5° Au congé de paternité *(L. n° 2012-1404 du 17 déc. 2012, art. 94)* « et d'accueil de l'enfant », prévues aux articles L. 1225-35 et L. 1225-36 ;

6° Au congé d'adoption, prévues aux articles L. 1225-37 à L. 1225-45. — *[Anc. art. L. 123-2.]*

Art. L. 1142-4 Les dispositions des articles L. 1142-1 et L. 1142-3 ne font pas obstacle à l'intervention de mesures temporaires prises au seul bénéfice des femmes visant

à établir l'égalité des chances entre les femmes et les hommes, en particulier en remédiant aux inégalités de fait qui affectent les chances des femmes.

Ces mesures résultent :

1° Soit de dispositions réglementaires prises dans les domaines du recrutement, de la formation, de la promotion, de l'organisation et des conditions de travail ;

2° Soit de stipulations de conventions de branches étendues ou d'accords collectifs étendus ;

3° Soit de l'application du plan pour l'égalité professionnelle entre les femmes et les hommes. – *[Anc. art. L. 123-3.]*

COMMENTAIRE

V. Dalloz.fr et applications mobiles Dalloz 🏛. ❑

1. Traitement privilégié. N'est pas conforme à la directive n° 76/207/CE du 9 févr. 1976 la disposition d'une réglementation nationale prévoyant qu'à compétences égales une priorité de recrutement ou de promotion est accordée aux candidates féminines dès lors que les femmes ne représentent pas au moins la moitié des effectifs dans les services considérés. • CJCE 17 oct. 1995, *Kalanke : D. 1996. 221, note Clergerie* ✎ *; Gaz. Pal. 1996. 1. 251, note Huglo ; RJS 1996. 206, n° 341 ; ibid. 490* (communication de la Commission CE). – Lanquetin, *Dr. soc. 1996. 494.* ♦ Comp. cependant : • CJCE 11 nov. 1997 : *TPS 1998, n° 27* (validité d'un système de priorité conditionnel).

2. Droit communautaire. La primauté du droit communautaire autorise la juridiction prud'homale à juger qu'une disposition du statut du personnel d'un établissement ne peut faire obstacle à l'application du principe d'égalité de traitement entre les hommes et les femmes résultant des textes communautaires. • Soc. 18 déc. 2007 : *RJS 2008. 251, n° 319 ; JS Lamy 2008, n° 226-5 ; Dr. soc. 2008. 246, obs. Radé* ✎.

Art. L. 1142-5 **Il incombe à l'employeur de prendre en compte les objectifs en matière d'égalité professionnelle entre les femmes et les hommes dans l'entreprise et les mesures permettant de les atteindre :**

1° Dans les entreprises dépourvues de délégué syndical ;

2° Dans les entreprises non soumises à l'obligation de négocier en application des articles *(L. n° 2008-789 du 20 août 2008, art. 9)* **« L. 2232-21 et L. 2232-24 » ;**

3° Dans les entreprises non couvertes par une convention ou un accord de branche étendu relatif à l'égalité salariale entre les femmes et les hommes. – *[Anc. art. L. 132-27, al. 12.]*

COMMENTAIRE

V. Dalloz.fr et applications mobiles Dalloz 🏛. ❑

Art. L. 1142-6 *(Ord. n° 2014-699 du 26 juin 2014, art. 1er)* **Dans les lieux de travail ainsi que dans les locaux ou à la porte des locaux où se fait l'embauche, les personnes mentionnées à l'article L. 1132-1 sont informées par tout moyen du texte des articles 225-1 à 225-4 du code pénal.**

CHAPITRE III PLAN ET CONTRAT POUR L'ÉGALITÉ PROFESSIONNELLE

SECTION UNIQUE PLAN POUR L'ÉGALITÉ PROFESSIONNELLE

Art. L. 1143-1 **Pour assurer l'égalité professionnelle entre les femmes et les hommes, les mesures visant à établir l'égalité des chances prévues à l'article L. 1142-4 peuvent faire l'objet d'un plan pour l'égalité professionnelle négocié dans l'entreprise.**

Ces mesures sont prises au vu notamment *(L. n° 2015-994 du 17 août 2015, art. 18-XIV, en vigueur le 1er janv. 2016)* **« des données mentionnées au 1° *bis* de l'article L. 2323-8 ».**

Art. L. 1143-2 **Si, au terme de la négociation, aucun accord n'est intervenu, l'employeur peut mettre en œuvre le plan pour l'égalité professionnelle, sous réserve d'avoir préalablement consulté et recueilli l'avis du comité d'entreprise, ou, à défaut, des délégués du personnel.** – *[Anc. art. L. 123-4, al. 2.]*

Art. L. 1143-3 Le plan pour l'égalité professionnelle s'applique, sauf si l'autorité administrative s'y oppose, dans des conditions déterminées par voie réglementaire. – *[Anc. art. L. 123-4, al. 3.] – V. art. D. 1143-7.*

CHAPITRE IV **ACTIONS EN JUSTICE**

BIBL. ▶ SUPIOT, *Dr. soc. 1985. 774* (la protection du droit d'agir en justice).

Art. L. 1144-1 Lorsque survient un litige relatif à l'application des dispositions des articles L. 1142-1 et L. 1142-2, le candidat à un emploi, à un stage ou à une période de formation ou le salarié présente des éléments de fait laissant supposer l'existence d'une discrimination, directe ou indirecte, fondée sur le sexe, la situation de famille ou la grossesse.

Au vu de ces éléments, il incombe à la partie défenderesse de prouver que sa décision est justifiée par des éléments objectifs étrangers à toute discrimination.

Le juge forme sa conviction après avoir ordonné, en cas de besoin, toutes les mesures d'instruction qu'il estime utiles. – *[Anc. art. L. 123-1, al. 5.]*

V. note ss. L. 1134-1.

COMMENTAIRE

V. Dalloz.fr et applications mobiles Dalloz 🏛 ☐

Art. L. 1144-2 Les organisations syndicales représentatives au niveau national ou dans l'entreprise peuvent exercer en justice toutes actions résultant de l'application des articles L. 3221-2 à L. 3221-7, relatifs à l'égalité de rémunération entre les femmes et les hommes.

Elles peuvent exercer ces actions en faveur d'un candidat à un emploi, à un stage ou à une période de formation ou d'un salarié.

L'organisation syndicale n'a pas à justifier d'un mandat de l'intéressé. Il suffit que celui-ci ait été averti par écrit de cette action et ne s'y soit pas opposé dans un délai de quinze jours à compter de la date à laquelle l'organisation syndicale lui a notifié son intention d'agir.

L'intéressé peut toujours intervenir à l'instance engagée par le syndicat. – *[Anc. art. L. 123-6.]*

Une confédération est irrecevable à introduire une action en contestation de la décision de désaffiliation d'un des syndicats affiliés, à moins que des dispositions statutaires le lui permettent. • Soc. 19 févr. 2014 : *Dalloz actualité, 20 mai 2014, obs. Ines ; RJS 2014. 343, n° 414.*

Art. L. 1144-3 Est nul et de nul effet le licenciement d'un salarié faisant suite à une action en justice engagée par ce salarié ou en sa faveur sur le fondement des dispositions relatives à l'égalité professionnelle entre les femmes et les hommes lorsqu'il est établi que le licenciement n'a pas de cause réelle et sérieuse et constitue en réalité une mesure prise par l'employeur en raison de cette action en justice. Dans ce cas, la réintégration est de droit et le salarié est considéré comme n'ayant jamais cessé d'occuper son emploi.

Lorsque le salarié refuse de poursuivre l'exécution du contrat de travail, le conseil des prud'hommes lui alloue :

1° Une indemnité ne pouvant être inférieure aux salaires des six derniers mois ;

2° Une indemnité correspondant à l'indemnité de licenciement prévue par l'article L. 1234-9 ou par la convention ou l'accord collectif applicable ou le contrat de travail.

*(Abrogé par L. n° 2016-1088 du 8 août 2016, art. 122) **« L'article L. 1235-4, relatif au remboursement** (L. n° 2008-126 du 13 févr. 2008) **« à l'institution mentionnée à l'article L. 5312-1, pour le compte de l'organisme mentionné à l'article L. 5427-1, »** des indemnités de chômage payées au salarié en cas de licenciement fautif est également applicable. »* – *[Anc. art. L. 123-5.]*

COMMENTAIRE

V. Dalloz.fr et applications mobiles Dalloz 🏛 ☐

La rupture d'un contrat de travail prononcée en violation de la liberté fondamentale d'agir en justice est nulle. • Soc. 6 févr. 2013 : *D. 2013. Actu. 440 ; ibid. 2014. 1115, obs. Lokiec et*

Porta ; *Dr. soc. 2013. 415, note Mouly* ; *RDT 2013. 630, obs. Adam* (revirement de • Soc. 20 févr. 2008, n° 06-40.085 P : *RDT 2008. 330, obs. Guiomard* ; *Dr. ouvrier 2008. 519, note Poirier* ; *RJS 2008. 427, n° 545* ; *JCP S 2008. 1616, note Cesaro*).

CHAPITRE V **INSTANCES CONCOURANT À L'ÉGALITÉ PROFESSIONNELLE**

Art. L. 1145-1 *(L. n° 2016-1088 du 8 août 2016, art. 19)* Le Conseil supérieur de l'égalité professionnelle entre les femmes et les hommes participe à la définition et à la mise en œuvre de la politique menée en matière d'égalité professionnelle entre les femmes et les hommes.

Un décret en Conseil d'État détermine les conditions d'application du présent article.

CHAPITRE VI **DISPOSITIONS PÉNALES**

Art. L. 1146-1 Le fait de méconnaître les dispositions relatives à l'égalité professionnelle entre les femmes et les hommes, prévues par les articles L. 1142-1 et L. 1142-2, est puni d'un emprisonnement d'un an et d'une amende de 3 750 €.

La juridiction peut également ordonner, à titre de peine complémentaire, l'affichage du jugement aux frais de la personne condamnée dans les conditions prévues à l'article 131-35 du code pénal et son insertion, intégrale ou par extraits, dans les journaux qu'elle désigne. Ces frais ne peuvent excéder le montant maximum de l'amende encourue. – *[Anc. art. L. 152-1-1.]*

COMMENTAIRE

V. Dalloz.fr et applications mobiles Dalloz. ❑

Art. L. 1146-2 Les dispositions des articles 132-58 à 132-62 du code pénal, relatives à l'ajournement du prononcé de la peine, sont applicables en cas de poursuites pour infraction aux dispositions des articles L. 1142-1 et L. 1142-2, sous réserve des mesures particulières suivantes :

1° L'ajournement comporte injonction à l'employeur de définir, après consultation du comité d'entreprise ou, à défaut, des délégués du personnel, et dans un délai déterminé, les mesures propres à assurer dans l'entreprise en cause le rétablissement de l'égalité professionnelle entre les femmes et les hommes ;

2° L'ajournement peut également comporter injonction à l'employeur d'exécuter dans le même délai les mesures définies.

La juridiction peut ordonner l'exécution provisoire de sa décision. – *[Anc. art. L. 152-1-2.]*

Art. L. 1146-3 A l'audience de renvoi et au vu des mesures définies et, le cas échéant, exécutées par l'employeur, la juridiction apprécie s'il y a lieu de prononcer une dispense de peine.

Toutefois, lorsque le délai prévu au 2° de l'article L. 1146-2 n'a pas été respecté, la juridiction peut prononcer un nouvel et dernier ajournement et donner un nouveau délai au prévenu pour exécuter l'injonction. – *[Anc. art. L. 152-1-3.]*

TITRE CINQUIÈME **HARCÈLEMENTS**

RÉP. TRAV. v[is] *Harcèlement moral*, par ADAM ; *Harcèlement sexuel*, par ADAM.

BIBL. ► COLSON et POITTEVIN, *RDT 2012. 80* (traitement juridique de la souffrance au travail). – DEKEUWER-DEFOSSEZ, *JCP 1993. I. 3662.* – A. MAZEAUD, *Dr. soc. 1993. 345* . – MCQUEEN, *JS Lamy 2009, n° 257-1* (appréciation du harcèlement). – LE MAGUERESSE, *Dr. soc. 1998. 437* . – LEROUGE, *Dr. soc. 2012. 483* (différences de traitement juridique du harcèlement moral dans le secteur privé et la fonction publique : des rapprochements possibles ?). – MOREAU, *Dr. soc. 1993. 115* . – PRALUS-DUPUY, *ALD 1993. 53.* – ROTKOPF, *TPS 2002. Chron. 15.* – ROY-LOUSTAUNAU, *JCP E 1993. I. 237* ; *Dr. soc. 1995. 545* ; *RPDS sept. 2003, p. 293 à 303.* – SACHS-DURAND, *RDT 2007. 527* (accord européen du 26 avr. 2007 sur le harcèlement et la violence au travail).

V. Circ. DGT 2012/14 du 12 nov. 2012 relative au harcèlement et à l'application de la loi n° 2012-954 du 6 août 2012.

COMMENTAIRE

V. Dalloz.fr et applications mobiles Dalloz 🏛. ☐

CHAPITRE PREMIER CHAMP D'APPLICATION

Art. L. 1151-1 **Les dispositions du présent titre sont applicables aux employeurs de droit privé ainsi qu'à leurs salariés.**

Elles sont également applicables au personnel des personnes publiques employé dans les conditions du droit privé.

CHAPITRE II HARCÈLEMENT MORAL

RÉP. TRAV. v° *Harcèlement moral,* par ADAM.

BIBL. ▸ ADAM, *RDT 2006. 10* ✎ ; *Sem. soc. Lamy 2009, n° 1404* (harcèlement moral : la place de l'intention malveillante). – ADAM, FORTIS, LEDOUX et EL BERRY, *Sem. soc. Lamy 2011, dossier spécial, n° 1482.* – AMAUGER-LATTES, *JCP E 2006. 1806* (répression contenue du harcèlement moral). – BOISSARD, *Dr. soc. 2003. 615* ✎. – BOUAZIZ, *Dr. ouvrier 2000. 192.* – BOUTY, *Dr. soc. 2002. 695* ✎ (harcèlement et droit de la responsabilité civile). – CHARBONNEAU, *CSB 2002. Doctr. 5.* – CHAUVET, *D. 2015. 174* ✎ (mérites ou démérites du délit général de harcèlement moral). – DABURON, *RJS 2002. 719.* – DELGA et RAJKUMAR, *Dr. ouvrier 2005. 161.* – DORANT, *JS Lamy 2006, n° 184-1.* – DUQUESNE, *Dr. soc. 2002. 313* ✎. – FERTÉ, *JS Lamy 2008, n° 239-3* (comment détecter, prévenir et gérer les situations de harcèlement moral) ; *ibid. 2011, n° 306-1* (harcèlement moral : de l'interdiction à la prévention). – GOSSELIN, *Sem. soc. Lamy 2015, n° 1707, p. 4* (harcèlement moral, état de santé et obligation de sécurité de résultat). – GUYOT, *JCP S 2011. 1280* (l'employeur face au harcèlement moral). – KATZ, *AJ pénal 2005, p. 13* ✎ (délit de harcèlement moral) ; *ibid. 2010. 527* (dénonciation et témoignages de faits de harcèlement moral). – LEBORGNE-INGELAERE, *JCP S 2010. 1125* (entre intention de nuire et obligation de sécurité de résultat). – LE SUEUR, *AJ pénal 2010. 529* ✎ (harcèlement moral : le positionnement pragmatique du parquet). – MALABAT, *Dr. soc. 2003. 491* ✎. – MASSE-DESSEN, *RDT 2006. 8* ✎. – MAZEAUD, *Dr. soc. 2002. 321* ✎. – MOUTET-KREBS, *Dr. ouvrier 2011. 18* (harcèlement moral et rôle du médecin du travail). – PARAGYIOS et BEFRE, *JS Lamy 2014, n° 374-1* (preuve du harcèlement moral). – RABBÉ, *JS Lamy 2013, n° 347-1* (méthodes de gestion et harcèlement moral). – TUAL, *JS Lamy 2012, n° 333-334-2* (jurisprudence de 2012).

Art. L. 1152-1 **Aucun salarié ne doit subir les agissements répétés de harcèlement moral qui ont pour objet ou pour effet une dégradation de ses conditions de travail susceptible de porter atteinte à ses droits et à sa dignité, d'altérer sa santé physique ou mentale ou de compromettre son avenir professionnel.** — *[Anc. art. L. 122-49, al. 1er.]* — *V. art. L. 1155-2 (pén.).*

COMMENTAIRE

V. Dalloz.fr et applications mobiles Dalloz 🏛. ☐

1. Constitutionnalité. La décision du Conseil constitutionnel n° 2012-240 DC du 4 mai 2012 déclarant contraire à la Constitution l'art. 222-33 C. pén. relatif au harcèlement sexuel ne constitue pas un changement de circonstances justifiant le réexamen de l'art. L. 1152-1 C. trav. dès lors que les textes en cause sont rédigés de manière différente. • Soc. 11 juill. 2012 : *Dalloz actualité, 31 juill. 2012, obs. Fleuriot ; D. 2012. Actu. 1967* ✎ *; RJS 2012. 665, n° 767 ; JCP S 2012. 1495, obs. Leborgne-Ingelaere.* ♦ L'art. 8 de la DDHC ne peut être invoqué à l'appui d'une question prioritaire de constitutionnalité relative à l'art. L. 1152-1 qui instaure des mesures de réparation civile en cas de harcèlement moral. • Soc., QPC, 11 oct. 2012 : *Dalloz actualité, 2 nov. 2012, obs. Ines ; Dr. soc. 2013. 365, obs. Dumortier, Florès, Lallet et Struillou* ✎.

2. Contrôle de la Cour de cassation. Les juges du fond doivent mettre la Cour de cassation en mesure d'exercer son contrôle sur le point de savoir si les faits établis ne sont pas de nature à faire présumer un harcèlement moral. • Soc. 24 sept. 2008 : *D. 2008. AJ 2423, obs. Perrin* ✎ *; ibid. 2009. Pan. 590* ✎*, obs Wolmark ; RJS 2008. 891, n° 1070 ; Dr. soc. 2009. 57, note Savatier* ✎ *; JCP S 2008. 1537, avis Allix, obs. Leborgne-Ingelaere ; JS Lamy 2008, n° 242-2.* ♦ Déjà antérieurement : • Soc. 23 nov. 2005 : *Dr. soc. 2006. 229, obs. Savatier* ✎ • 12 janv. 2011 : *Dalloz actualité, 3 févr. 2011, obs. Ines ; D. 2011. Actu. 310* ✎ *; JS Lamy 2011, n° 294-6, obs. Tourreil.*

3. Licenciement du salarié protégé accusé de harcèlement. Pour apprécier si des agissements sont constitutifs d'un harcèlement moral, l'inspecteur du travail doit, sous le contrôle du juge administratif, tenir compte des comportements respectifs du salarié auquel il est reproché d'avoir exercé de tels agissements et du salarié susceptible d'en être victime, indépendamment du comportement de l'employeur ; il appartient en revanche à l'inspecteur du travail, lorsqu'il estime qu'un comportement de harcèlement moral est caractérisé, de prendre en compte le comportement de l'employeur pour apprécier si la faute résultant d'un tel comportement est d'une gravité suffisante pour justifier un licenciement. • CE 10 déc. 2014, n° 362663 : *Dr. soc. 2015. 346, concl. Dumortier ; RJS 2/2015, n° 119.*

4. Éléments constitutifs. Peuvent constituer un harcèlement moral des agissements répétés ayant pour objet ou pour effet une dégradation des conditions de travail susceptible de porter atteinte aux droits et à la dignité du salarié, d'altérer sa santé physique ou mentale ou de compromettre sa vie professionnelle. • Soc. 24 sept. 2008 : *D. 2009. Pan. 590, obs. Wolmark ; RJS 2008. 890, n° 1070 ; Dr. soc. 2009. 57, note Savatier ; JCP S 2008. 1537, avis Allix, obs. Leborgne-Ingelaere.*

5. Le harcèlement moral ne suppose pas établie la preuve d'une quelconque intention de nuire. • Soc. 10 nov. 2009 : *R., p. 346 ; D. 2009. AJ 2866, obs. Maillard ; ibid. 2010. Pan. 672, obs. Pasquier ; RJS 2010. 16, n° 7 ; Dr. ouvrier 2010. 117, note Adam ; JCP S 2010. 1125, note Leborgne-Ingelaere ; Dr. soc. 2010. 111, obs. Radé ; JS Lamy 2010, n° 269-4, obs. Tourreil* • 15 nov. 2011 : *Dalloz actualité, 31 déc. 2011, obs. Perrin ; D. 2011. Actu. 2874 ; Dr. soc. 2012. 103, obs. Radé ; JS Lamy 2012, n° 313-3, obs. Tourreil ; JCP S 2012. 1061, obs. Leborgne-Ingelaere* • 15 nov. 2011 : *ibid.* • 15 nov. 2011 : *ibid.*

6. Le délit de harcèlement moral ne requiert ni que les conséquences de la dégradation des conditions de travail soient avérées ni qu'il existe un lien de subordination hiérarchique entre l'auteur et la victime. • Crim. 6 déc. 2011 : *D. Actu. 225, obs. Girault ; Dr. soc. 2012. 539, obs. Duquesne ; RJS 2012. 185, n° 216 ; JS Lamy 2012, n° 316-2, obs. Lhernould ; JCP S 2012. 1176, obs. Leborgne-Ingelaere.*

7. Harcèlement moral et exécution déloyale du contrat. Dès lors qu'une exécution fautive du contrat de travail réunit les éléments constitutifs du harcèlement moral, cette qualification doit être retenue. • Soc. 6 juin 2012 : *Dalloz actualité, 19 juin 2012, obs. Siro ; D. 2012. Actu. 1620 ; RJS 2012. 599, n° 681 ; JS Lamy 2012, n° 327-2, obs. Gaba ; JCP S 2012. 1463, obs. Chenu.*

8. Illustrations. Constituent des faits caractéristiques de harcèlement moral, de par leur conjonction et leur répétition, le retrait sans motif à une salariée de son téléphone portable à usage professionnel, l'instauration d'une obligation nouvelle et sans justification de se présenter tous les matins dans le bureau de sa supérieure hiérarchique et l'attribution de tâches sans rapport avec ses fonctions, faits générateurs d'un état dépressif médicalement constaté nécessitant des arrêts de travail. • Soc. 27 oct. 2004, n° 04-41.008 P : *Dr. soc. 2005. 100, obs. Roy-Loustaunau ; JS Lamy 2004, n° 156-2.*

9. Le harcèlement moral est caractérisé dès lors que l'employeur impose à un salarié de manière répétée, au mépris des prescriptions du médecin du travail, d'effectuer des tâches de manutention lourde qui avaient provoqué de nombreux arrêts de travail puis, au vu des avis médicaux successifs, lui avait proposé des postes d'un niveau inférieur. • Soc. 28 janv. 2010 : *D. 2010. AJ 447 ; RDT 2010. 239, obs. Pignarre .*

10. Agissements répétés. Ne peut s'analyser en agissements répétés constitutifs de harcèlement moral une décision de l'employeur de rétrograder un salarié, peu important que, répondant aux protestations réitérées de celui-ci, il ait maintenu par divers actes sa décision. • Soc. 9 déc. 2009 : *R., p. 348 ; D. 2010. AJ 95, obs. Perrin ; RJS 2010. 123, n° 148 ; JS Lamy 2010, n° 272-5.* ♦ Les faits constitutifs de harcèlement moral peuvent se dérouler sur une brève période. • Soc. 26 mai 2010 : *D. 2010. 1988, note Dedessus-Le Moustier ; Dalloz actualité, 15 juin 2010, obs. Dechristé ; RJS 2010. 580, n° 640 ; JCP S 2010. 1330, obs. Leborgne-Ingelaere ; JS Lamy 2010, n° 281-282-5, obs. Julien-Paturle ; Sem. soc. Lamy 2010, n° 1449, p. 8, obs. Pelletier.*

11. Harcèlement managérial. Les méthodes de gestion mises en œuvre par un supérieur hiérarchique ne peuvent caractériser un harcèlement moral que si elles se manifestent pour un salarié déterminé par des agissements répétés ayant pour objet ou pour effet d'entraîner une dégradation des conditions de travail susceptible de porter atteinte à ses droits et à sa dignité, d'altérer sa santé physique ou mentale ou de compromettre son avenir professionnel. • Soc. 22 oct. 2014 : *D. 2014. Actu. 2179 ; RJS 1/2015, n° 5 ; JS Lamy 2015, n° 379-5, obs. Lhernould ; Dr. soc. 2015. 85, note Antonmattéi .* ♦ V. également : • Soc. 10 nov. 2009 : *D. 2009. AJ 2857, obs. Maillard ; ibid. 2010. Pan. 672, obs. Pasquier ; RJS 2010. 17, n° 8 ; RDT 2009. 109, obs. Radé ; Dr. ouvrier 2010. 117, note Adam ; JCP S 2010. 1125, note Leborgne-Ingelaere ; JS Lamy 2009, n° 267-268-3* • 1er mars 2011 : *Dr. soc. 2011. 594, obs. Radé ; JS Lamy 2011, n° 297-6, obs. Tayefeh.*

12. Accident du travail et maladie professionnelle. Le juge ne peut rejeter la demande d'un salarié de reconnaissance de harcèlement moral au seul motif de l'absence de relation entre l'état de santé et la dégradation des conditions de travail. • Soc. 30 avr. 2009 : *D. 2009. AJ 1421, obs. Perrin ; RJS 2009. 557, n° 625 ; Dr.*

soc. 2009. 870, obs. Chaumette ; *JS Lamy 2009, n° 256-2.* ♦ Comp. : le harcèlement moral ne peut être constitutif d'un accident du travail si le salarié ne rapporte pas la preuve de ce que l'arrêt de travail qui lui avait été prescrit a été causé par une brutale altération de ses facultés mentales en relation avec les faits de harcèlement invoqués. • Civ. 2e, 24 mai 2005 : *JCP S 2005. 1019, note Prétôt.* ♦ La législation sur les accidents du travail et maladies professionnelles ne fait pas obstacle à l'attribution de dommages-intérêts au salarié en réparation du préjudice que lui a causé le harcèlement moral dont il a été victime antérieurement à la prise en charge de son affection par la sécurité sociale. • Soc. 15 nov. 2006 : *D. 2006. IR 2945* ; *JS Lamy 2006, n° 201-6.*

13. Obligation de sécurité de l'employeur et tiers à l'entreprise. L'employeur est tenu envers ses salariés d'une obligation de sécurité de résultat en matière de protection de la santé et de la sécurité des travailleurs, notamment en matière de harcèlement moral, et l'absence de faute de sa part ne peut l'exonérer de sa responsabilité ; il doit répondre des agissements des personnes qui exercent, de fait ou de droit, une autorité sur les salariés. • Soc. 19 oct. 2011 : *Dalloz actualité, 19 nov. 2011, obs. Perrin* ; *D. 2012. 901, obs. Lokiec et Porta* ; *RDT 2012. 44, obs. Véricel* ; *RJS 2012. 23, n° 5* ; *JS Lamy 2011, nos 311-312-6* ; *JCP S 2011. 1569, obs. Leborgne-Ingelaere* • 4 avr. 2012 : *Dalloz actualité, 25 avr. 2012, obs. Siro* ; *RDT 2012. 709, obs. Véricel* ; *RJS 2012. 448, n° 521* ; *JCP S 2012. 1330, obs. Boulmier.*

14. Indemnisation spécifique pour harcèlement et discrimination. Des faits uniques, caractérisant simultanément une discrimination et un harcèlement moral, permettent au salarié subissant de tels agissements de prétendre à une double indemnisation en présence de préjudices distincts. • Soc. 3 mars 2015 : *Dalloz actualité, 17 mars 2015, obs. Peyronnet* ; *JS Lamy 2015, n° 386-3, obs. Pacotte et Halimi.*

15. Sur la preuve, V. notes ss. art. L. 1154-1.

Art. L. 1152-2 **Aucun salarié** (*L. n° 2012-954 du 6 août 2012, art. 7-1°*) **« , aucune personne en formation ou en stage » ne peut être sanctionné, licencié ou faire l'objet d'une mesure discriminatoire, directe ou indirecte, notamment en matière de rémunération, de formation, de reclassement, d'affectation, de qualification, de classification, de promotion professionnelle, de mutation ou de renouvellement de contrat pour avoir subi ou refusé de subir des agissements répétés de harcèlement moral ou pour avoir témoigné de tels agissements ou les avoir relatés.** – *[Anc. art. L. 122-49, al. 2.]*

Sur le dispositif d'alerte professionnelle, V. Circ. DGT n° 2008-22 du 19 nov. 2008.

COMMENTAIRE

V. Dalloz.fr et applications mobiles Dalloz.

1. Absence prolongée. L'employeur ne peut licencier un salarié, victime d'un harcèlement moral, en raison de la perturbation que son absence prolongée cause au fonctionnement de l'entreprise. • Soc. 11 oct. 2006 : *D. 2006. IR 2624* ; *ibid. 2007. Pan. 692, obs. Wolmark* ; *RDT 2007. 30, obs. Dockès* ; *RJS 2006. 948, n° 1272* ; *JS Lamy 2006, n° 199-3.*

2. Immunité. Le salarié qui relate des faits de harcèlement moral ne peut être licencié pour ce motif, sauf mauvaise foi, laquelle ne peut résulter de la seule circonstance que les faits dénoncés ne sont pas établis ; le licenciement est nul de plein droit. • Soc. 10 mars 2009, n° 07-44.092 P : *R., p. 347* ; *RDT 2009. 453, obs. Adam* ; *ibid. 376, obs. Lardy-Pélissier* ; *RJS 2009. 448, n° 496* ; *JS Lamy 2009, n° 254-2* ; *JCP S 2009. 1225, obs. Leborgne-Ingelaere* ; *Dr. ouvrier 2009. 456, obs. Rennes* ; *Sem. soc. Lamy 2009, n° 1394, p. 11, avis Duplat* • 19 oct. 2011 : *Dalloz actualité, 9 nov. 2011, obs. Perrin* ; *D. 2011. Actu. 2661* ; *RJS 2012. 24, n° 6* ; *JCP S 2011. 1570, obs. Leborgne-Ingelaere.* ♦ La mauvaise foi ne peut résulter que de la connaissance par le salarié de la fausseté des faits qu'il dénonce. • Soc. 7 févr. 2012 : *Dalloz actualité, 21 févr. 2012, obs. Siro* ; *D. 2012. Actu. 507* ; *RJS 2012. 275, n° 302* ; *JS Lamy 2012, n° 318-2, obs. Hautefort* ; *Sem. soc. Lamy 2012, n° 1527, p. 12, obs. Adam* ; *JCP S 2012. 1195, obs. Corrignan-Carsin.* ♦ Le fait pour un salarié de dénoncer de façon mensongère des faits inexistants de harcèlement moral dans le but de déstabiliser l'entreprise et de se débarrasser du cadre responsable du département comptable caractérise sa mauvaise foi au moment de la dénonciation des faits de harcèlement. • Soc. 6 juin 2012 : *Dalloz actualité, 3 juill. 2012, obs. Perrin* ; *D. 2012. Actu. 1620* ; *RJS 2012. 599, n° 682* ; *JCP S 2012. 1431, obs. Leborgne-Ingelaere.* • 6 juin 2012 : *Dalloz actualité, 2 juill. 2012, obs. Perrin* ; *RJS 2012. 601, n° 684* ; *JS Lamy 2012, n° 327-2, obs. Gaba* ; *JCP S 2012. 1346, obs. Puigelier.*

3. Poursuites en diffamation. La dénonciation de faits de harcèlement moral par un salarié à son employeur ainsi qu'auprès d'organes chargés de veiller à l'application des dispositions du code du travail n'est pas susceptible de poursuites en diffamation. • Civ. 1re, 28 sept. 2016, n° 15-21.823 P : *D. 2016. Actu. 1930* ; *D. 2016.*

2447, note Pagnerre ; RJS 12/2016, n° 747 ; JS Lamy 2016, n° 419-1, obs. Bonnet.

4. Référé et appréciation de la mauvaise foi. Lorsqu'il est saisi d'une demande visant à faire constater la nullité du licenciement pour dénonciation de faits de harcèlement, le juge des référés doit se prononcer sur la mauvaise foi du salarié si elle est invoquée. • Soc. 25 nov. 2015, n° 14-17.551 P : *Dalloz actualité, 22 déc. 2015, obs. Peyronnet ; RJS 2/2016, n° 96.*

Art. L. 1152-3 **Toute rupture du contrat de travail intervenue en méconnaissance des dispositions des articles L. 1152-1 et L. 1152-2, toute disposition ou tout acte contraire est nul.** — *[Anc. art. L. 122-49, al. 3.]*

COMMENTAIRE

V. Dalloz.fr et applications mobiles Dalloz.

1. Droits du salarié. Dès lors que l'employeur a eu à l'égard du salarié une attitude « répétitive » constitutive de violences morales et psychologiques, le salarié était en droit de rompre son contrat de travail et d'en imputer la rupture à l'employeur. • Soc. 26 janv. 2005 : *RJS 2005. 253, n° 339 ; JS Lamy 2005, n° 163-4.*

2. Mesure provisoire mettant un terme au harcèlement moral et nullité de la rupture. L'obtention en référé d'une mesure provisoire mettant un terme au harcèlement subi par un salarié ne saurait interdire à celui-ci de justifier devant le juge du fond du fait qu'il a dû solliciter cette mesure en raison d'un harcèlement susceptible d'entraîner la nullité de la rupture effective du contrat de travail. • Soc. 9 déc. 2014, n° 13-16.045 : *Dalloz actualité, 8 janv. 2015, obs. Peyronnet ; D. 2015. Actu. 18 ; RJS 2/2015, n° 152 ; JS Lamy 2015, n° 381-4, obs. Pacotte et Renucci.*

3. Nullité de la rupture et indemnisation. Le salarié dont le licenciement est nul et qui demande sa réintégration a droit au paiement d'une somme correspondant à la réparation de la totalité du préjudice subi au cours de la période qui s'est écoulée entre son licenciement et sa réintégration, dans la limite du montant des salaires dont il a été privé, et déduction faite du revenu de remplacement perçu pendant la période considérée. • Soc. 14 déc. 2016, n° 14-21.325.

Art. L. 1152-4 **L'employeur prend toutes dispositions nécessaires en vue de prévenir les agissements de harcèlement moral.**

(Ord. n° 2014-699 du 26 juin 2014, art. 2) **« Les personnes mentionnées à l'article L. 1152-2 sont informées par tout moyen du texte de l'article 222-33-2 du code pénal. »**

COMMENTAIRE

V. Dalloz.fr et applications mobiles Dalloz.

1. Sort du salarié harceleur. L'obligation faite à l'employeur de prendre toutes les dispositions nécessaires en vue de prévenir ou de faire cesser les agissements de harcèlement moral n'implique pas par elle-même la rupture immédiate du contrat de travail d'un salarié à l'origine d'une situation susceptible de caractériser ou de dégénérer en harcèlement moral. • Soc. 22 oct. 2014 : *D. 2014. Actu. 2179 ; Dr. soc. 2015. 85, note Antonmattéi ; RJS 1/2015, n° 5.*

2. Responsabilité civile de l'employeur. L'employeur est tenu envers ses salariés d'une obligation de sécurité de résultat en matière de protection de la santé et de la sécurité des travailleurs dans l'entreprise, notamment en matière de harcèlement moral, et l'absence de faute de sa part ne peut l'exonérer de sa responsabilité. • Soc. 21 juin 2006 : *RDT 2006. 245, obs. Adam ; D. 2006. 832, note Miné ; ibid. 2007. Pan. 183, obs. Dockès ; RJS 2006. 679, n° 916 ; Dr. soc. 2006. 826, note Radé ; JS Lamy 2006, n° 193-2 ; JCP E 2006. 2315, note Prieur.* ♦ L'employeur qui justifie avoir pris toutes les mesures de prévention prévues par les art. L. 4121-1 et L. 4121-2 C. trav. et qui, informé de l'existence de faits susceptibles de constituer un harcèlement moral, a pris les mesures immédiates propres à le faire cesser, est exonéré de sa responsabilité en matière de harcèlement moral. • Soc. 1er juin 2016, n° 14-19.702 P : *Dalloz actualité, 14 juin 2016, obs. Peyronnet ; D. 2016. 1681, note Icard et Pagnerre ; RDT 2016. 709, obs. Géniaut ; Sem. soc. Lamy 2016, n° 1726, p. 11, obs. Verkindt ; JS Lamy 2016, n° 413-2, obs. Verkindt ; JCP S 2016. 1220, obs. Loiseau.* ♦ Comp. : L'employeur manque à cette obligation lorsqu'un salarié est victime sur le lieu de travail d'agissements de harcèlement moral ou sexuel exercés par l'un ou l'autre de ses salariés, quand bien même il aurait pris des mesures en vue de faire cesser ces agissements. • Soc. 3 févr. 2010 : *D. 2010. AJ 445, obs. Cortot ; RDT 2010. 303, obs. Véricel ; Dr. soc. 2010. 472, obs. Radé* • 29 juin 2011 : *Dalloz actualité, 21 juill. 2011, obs. Siro ; D. 2011. Actu. 1978 ; JS Lamy 2011, n° 306-6, obs. Gaba ; JCP S 2011. 1463, obs.*

Leborgne-Ingelaere • 1er mars 2011 : ♔ *Dr. soc. 2011. 594, obs. Radé* ✐ ; *JS Lamy 2011, n° 297-6, obs. Tayefeh.* ♦ L'employeur doit répondre des agissements des personnes qui exercent, de fait ou de droit, une autorité sur les salariés. • Soc. 10 mai 2001, ♔ n° 99-40.059 P : *Dr. soc. 2001. 921, obs. Gauriau* ✐ ; *RJS 2001. 681, n° 989* ; *JCP E 2001. 1679, note Puigelier.* ♦ La réaction de l'employeur face aux faits de harcèlement qui lui sont rapportés, aussi efficace soit-elle (licenciement pour faute grave du salarié à l'origine du harcèlement dès qu'il a eu connaissance des agissements de harcèlement), n'est pas de nature à effacer son manquement à l'obligation de sécurité de résultat. • Soc. 11 mars 2015, ♔ n° 13-18.603 P : *Dalloz actualité, 25 mars 2015, obs. Peyronnet* ; *D. 2015. Actu. 688* ✐ ; *Dr. soc. 2015. 384, obs. Mouly* ✐ ; *RJS 5/2015, n° 319* ; *JS Lamy 2015, n° 386-6, obs. Hautefort* ; *JCP G 2015. 375, obs. Dedessus-Le-Moustier.* ♦ Le salarié harcelé peut obtenir la résiliation judiciaire du contrat de travail aux torts de l'employeur. • Soc. 15 mars 2000 : ♔ *RJS 2000. 437, n° 626.*

3. Pouvoirs du juge. Il n'entre pas dans les pouvoirs du juge d'ordonner la modification ou la rupture du contrat de travail du salarié auquel sont imputés des agissements de harcèlement moral, à la demande d'autres salariés, tiers à ce contrat. • Soc. 1er juill. 2009 : ♔ *R., p. 349* ; *D. 2009. AJ 2041, obs. Perrin* ✐ ; *RDT 2009. 586, obs. Adam* ✐ ; *RJS 2009. 683, n° 762* ; *JS Lamy 2009, n° 262-2* ; *JCP S 2009. 1418, obs. Leborgne-Ingelaere* ; *Dr. soc. 2009. 1002, obs. Radé* ✐ ; *Sem. soc. Lamy 2009, n° 1410, p. 12, rapp. Béraud.*

4. Réparation. Les obligations résultant des art. L. 1152-4 et L. 1152-1 sont distinctes de sorte que la méconnaissance de chacun d'elles, lorsqu'elle entraîne des préjudices différents, peut ouvrir droit à des réparations spécifiques. • Soc. 6 juin 2012 : ♔ *Dalloz actualité, 19 juin 2012, obs. Siro* ; *RJS 2012. 598, n° 680* ; *JS Lamy 2012, n° 327-2, obs. Gaba* ; *JCP S 2012. 1418, obs. Leborgne-Ingelaere* • 19 nov. 2014 : ♔ *Dalloz actualité, 11 déc. 2014, obs. Peyronnet* ; *D. 2014. Actu. 2415* ✐ ; *JS Lamy 2015, n° 380-3, obs. Hautefort* ; *RJS 2/2015, n° 83.*

Art. L. 1152-5 Tout salarié ayant procédé à des agissements de harcèlement moral est passible d'une sanction disciplinaire. — *[Anc. art. L. 122-50.]*

COMMENTAIRE

V. Dalloz.fr et applications mobiles Dalloz 🏛. ☐

1. Responsabilité disciplinaire du salarié harceleur. Le harcèlement constitue nécessairement une faute grave. • Soc. 5 mars 2002 : ♔ *D. 2002. 2092, note Paulin* ✐. ♦ L'employeur qui attend la décision du juge condamnant le salarié pour des faits de harcèlement moral et sexuel sur une salariée avant de le licencier pour faute grave ne peut invoquer la faute grave dès lors qu'il avait eu connaissance de l'existence éventuelle des faits de harcèlement dès sa convocation devant le bureau de conciliation ; la procédure de licenciement est engagée tardivement. • Soc. 29 juin 2011 : ♔ *Dalloz actualité, 21 juill. 2011, obs. Siro* ; *D. 2011. Actu. 1978* ✐ ; *RDT 2011. 576, obs. Adam* ✐ ; *JS Lamy 2011, n° 307-4, obs. Tourreil* ; *JCP S 2011. 1463, obs. Leborgne-Ingelaere.* ♦ Le salarié qui fait subir intentionnellement à ses subordonnés des agissements répétés de harcèlement moral engage sa responsabilité personnelle à leur égard. • Soc. 21 juin 2006 : ♔ *D. 2006. IR 2831, obs. Dechristé* ✐ ; *Dr. soc. 2006. 826, chron. Radé* ✐.

2. Pouvoir disciplinaire de l'employeur. L'obligation faite à l'employeur de prendre toutes les dispositions nécessaires en vue de prévenir ou de faire cesser les agissements de harcèlement moral n'implique pas par elle-même la rupture immédiate du contrat de travail d'un salarié à l'origine d'une situation susceptible de caractériser ou de dégénérer en un harcèlement moral. • Soc. 22 oct. 2014 : ♔ *D. 2014. Actu. 2179* ✐ ; *Dr. soc. 2015. 85, note Antonmattéi* ✐ ; *RJS 1/2015, n° 5.*

3. Atteinte à une liberté fondamentale. La décision de refus par l'inspection du travail d'autoriser le licenciement d'un salarié protégé accusé de harcèlement moral est susceptible de porter atteinte à une liberté fondamentale et par conséquent de permettre l'exercice d'un référé-liberté. • CE 4 oct. 2004 : ♔ *Dr. soc. 2005. 608, note Reneaud* ✐.

Art. L. 1152-6 Une procédure de médiation peut être mise en œuvre par toute personne de l'entreprise s'estimant victime de harcèlement moral ou par la personne mise en cause.

Le choix du médiateur fait l'objet d'un accord entre les parties.

Le médiateur s'informe de l'état des relations entre les parties. Il tente de les concilier et leur soumet des propositions qu'il consigne par écrit en vue de mettre fin au harcèlement.

Lorsque la conciliation échoue, le médiateur informe les parties des éventuelles sanctions encourues et des garanties procédurales prévues en faveur de la victime. — *[Anc. art. L. 122-54.]* — *V. art. L. 1155-1 (pén.).*

CHAPITRE III **HARCÈLEMENT SEXUEL**

RÉP. TRAV. v° *Harcèlement sexuel*, par ADAM.

BIBL. ▶ LEBORGNE-INGELAERE, *JCP S 2012. 1403* (le harcèlement sexuel dans le code du travail depuis la loi du 6 août 2012). – MINÉ, *RDT 2013. 37* ✎. – PY et BALDECK, *RDT 2011. Controverse. 348* (la définition du harcèlement sexuel est-elle satisfaisante ?).

Art. L. 1153-1 *(L. n° 2012-954 du 6 août 2012, art. 7-2°)* **Aucun salarié ne doit subir des faits :**

1° Soit de harcèlement sexuel, constitué par des propos ou comportements à connotation sexuelle répétés qui soit portent atteinte à sa dignité en raison de leur caractère dégradant ou humiliant, soit créent à son encontre une situation intimidante, hostile ou offensante ;

2° Soit assimilés au harcèlement sexuel, consistant en toute forme de pression grave, même non répétée, exercée dans le but réel ou apparent d'obtenir un acte de nature sexuelle, que celui-ci soit recherché au profit de l'auteur des faits ou au profit d'un tiers. — *V. art. L. 1155-2 (pén.).*

COMMENTAIRE

V. Dalloz.fr et applications mobiles Dalloz ⌂.

1. Caractère répétitif des actes de harcèlement. Le harcèlement ne peut être caractérisé par un seul acte. • Soc. 14 nov. 2007 : ⌂ *06-45.263.* ♦ La répétition, inhérente à la notion même de harcèlement, peut intervenir sur un court laps de temps. • Soc. 26 mai 2010 : ⌂ *D. 2010. 1988, note Dedessus-Le-Moustier* ✎ *; Dalloz actualité, 15 juin 2010, obs. Dechristé ; RJS 2010. 580, n° 640 ; JCP S 2010. 1330, obs. Leborgne-Ingelaere ; JS Lamy 2010, n° 281-282-5, obs. Julien-Paturle ; Sem. soc. Lamy 2010, n° 1449, p. 8, obs. Pelletier.*

2. Intention de l'auteur. Se rend coupable de harcèlement sexuel le prévenu ayant, en connaissance de cause, même s'il a mésestimé la portée de ses agissements, imposé à des salariées, de façon répétée, des propos ou comportements à connotation sexuelle les ayant placées dans une situation intimidante, hostile ou offensante, objectivement constatée. • Crim. 18 nov. 2015, ⌂ n° 14-85.591 P : *D. 2015. Actu. 2444* ✎ *; Dr. pén. 2016. 21, obs. Conte ; RJS 2/2016, n° 98 ; JCP S 2016. 1068, obs. Leborgne-Ingelaere.*

3. Illustrations. Constituent des faits de harcèlement sexuel la tenue de propos à caractère sexuel à des collègues féminines, des réflexions déplacées à une autre sur son physique et le fait d'avoir suivi une troisième dans les toilettes ; peu importe que ce comportement ait eu lieu en dehors du temps et du lieu de travail dès lors que ces propos et attitudes déplacés s'adressent à des personnes en contact avec le salarié harceleur en raison de son travail. • Soc. 19 oct. 2011 : ⌂ *Dalloz actualité, 19 oct. 2011, obs. Perrin ; D. 2011. Actu. 2661* ✎ *; RJS 2012. 24, n° 7 ; JCP S 2012. 1042, obs. Bossu.* ♦ ... Ou physiques, • Paris, 18 janv. 1996 : *Dr. ouvrier 1997. 76.* ♦ ... Les insultes et dénigrements, • Paris, 18 janv. 1996 : *Dr. ouvrier 1997. 76.* ♦ ... Les propos déplacés ou obscènes, • Rennes, 26 juin 1997 : *Juris-Data, n° 046600.* ♦ ... Les gestes déplacés, • Chambéry, 18 janv. 2000 : *RJS 4/2000, n° 371.* ♦ ... Ou encore de faire des compliments à une salariée sur sa poitrine et ses jambes, de lui poser des questions intimes, de se livrer à des attouchements et de lui faire des propositions à caractère sexuel, • Paris, 11e ch. B, 25 avr. 2001 : *Juris-Data n° 144505.*

4. Caractérise un harcèlement sexuel le comportement d'un cadre, dénoncé par sa subordonnée mineure, consistant à tenter de l'embrasser contre son gré sur le lieu de travail, à l'emmener à son domicile en renouvelant à cette occasion des avances de nature sexuelle, et à l'appeler fréquemment par téléphone en dénigrant la relation affectueuse que celle-ci entretenait avec un tiers, provoquant par ces agissements, angoisse et même dépression. • Soc. 24 sept. 2008 : *JCP S 2008. 1537, obs. Leborgne-Ingeleare ; JS Lamy 2008, n° 242-2.*

5. Indifférence du lieu. Le fait pour un salarié d'abuser de son pouvoir hiérarchique dans le but d'obtenir des faveurs sexuelles constitue un harcèlement sexuel même si les agissements ont lieu en dehors du temps et du lieu de travail. • Soc. 11 janv. 2012 : ⌂ *D. 2012. Actu. 224* ✎ *; RJS 2012. 186, n° 218 ; JS Lamy 2012, n° 317-4, obs. Lhernould ; JCP S 2012. 1283, obs. Leborgne-Ingelaere.*

6. Preuve. Si l'enregistrement d'une conversation téléphonique privée, effectuée à l'insu de l'auteur des propos invoqués, est un procédé déloyal rendant irrecevable la preuve ainsi obtenue, il n'en est pas de même de l'utilisation par destinataire des messages écrits téléphoniquement adressés, dits SMS, dont l'auteur ne peut ignorer qu'ils sont enregistrés par l'appareil récepteur. • Soc. 23 mai 2007 : ⌂ *D. 2007. AJ 1598, obs. Fabre* ✎ *; D. 2007. 2284, note Castets-Renard* ✎ *; RDT 2007. 530, obs. Quenaudon* ✎ *; JS Lamy 2007, n° 214-4 ; SSL 2007, n° 1311, p. 12 ; JCP S 2007. 1601, note Bossu.*

Art. L. 1153-2 **Aucun salarié,** *(L. n° 2012-954 du 6 août 2012, art. 7-3°)* **« aucune personne en formation ou en stage, aucun candidat à un recrutement, à un stage ou à une formation » en entreprise ne peut être sanctionné, licencié ou faire l'objet d'une mesure discriminatoire, directe ou indirecte, notamment en matière de rémunération, de formation, de reclassement, d'affectation, de qualification, de classification, de promotion professionnelle, de mutation ou de renouvellement de contrat pour avoir subi ou refusé de subir** *(L. n° 2012-954 du 6 août 2012, art. 7-3°)* **« des faits de harcèlement sexuel tels que définis à l'article L. 1153-1, y compris, dans le cas mentionné au 1° du même article, si les propos ou comportements n'ont pas été répétés ».** – *[Anc. art. L. 122-46, al. 1er début.]*

COMMENTAIRE

V. Dalloz.fr et applications mobiles Dalloz. ❑

Art. L. 1153-3 **Aucun salarié** *(L. n° 2012-954 du 6 août 2012, art. 7-4°)* **« , aucune personne en formation ou en stage » ne peut être sanctionné, licencié ou faire l'objet d'une mesure discriminatoire pour avoir témoigné** *(L. n° 2012-954 du 6 août 2012, art. 7-4°)* **« de faits » de harcèlement sexuel ou pour les avoir relatés.** – *[Anc. art. L. 122-46, al. 2.]*

COMMENTAIRE

V. Dalloz.fr et applications mobiles Dalloz. ❑

Art. L. 1153-4 **Toute disposition ou tout acte contraire aux dispositions des articles L. 1153-1 à L. 1153-3 est nul.** – *[Anc. art. L. 122-46, al. 3.]*

COMMENTAIRE

V. Dalloz.fr et applications mobiles Dalloz. ❑

Art. L. 1153-5 **L'employeur prend toutes dispositions nécessaires en vue de prévenir les** *(L. n° 2012-954 du 6 août 2012, art. 7-7°)* **« faits » de harcèlement sexuel** *(L. n° 2014-873 du 4 août 2014, art. 42)* **« , d'y mettre un terme et de les sanctionner ».**

(Ord. n° 2014-699 du 26 juin 2014, art. 3) **« Dans les lieux de travail ainsi que dans les locaux ou à la porte des locaux où se fait l'embauche, les personnes mentionnées à l'article L. 1153-2 sont informées par tout moyen du texte de l'article 222-33 du code pénal. »**

V. Circ. DRT n° 5-83 du 15 mars 1983 (BOMT n° 83/16, texte n° 11997) sur le règlement intérieur et le droit disciplinaire ; Circ. DRT n° 93-10 du 15 mars 1993 relative à l'application des dispositions relatives au recrutement et aux libertés individuelles (titre V de la loi du 31 déc. 1992) (BOMT n° 93/10, texte n° 412) ; Circ. DRT n° 93-2 du 11 févr. 1993 sur l'application de la loi n° 92-1179 du 2 nov. 1992 relative à l'abus d'autorité en matière sexuelle dans les relations de travail (BOMT n° 93/15, texte n° 510).

BIBL. ▶ LAPÉROU-SCHNEIDER, *Dr. soc. 2002. 313.* – MAZEAUD, *ibid. 321.*

COMMENTAIRE

V. Dalloz.fr et applications mobiles Dalloz. ❑

V. notes ss. art. L. 1152-4.

Art. L. 1153-6 **Tout salarié ayant procédé à des** *(L. n° 2012-954 du 6 août 2012, art. 7-7°)* **« faits » de harcèlement sexuel est passible d'une sanction disciplinaire.** – *[Anc. art. L. 122-47.]*

Sur l'infraction pénale de harcèlement sexuel, V. C. pén., art. 222-33. – ***C. pén.***

COMMENTAIRE

V. Dalloz.fr et applications mobiles Dalloz. ❑

1. Faute grave. Dès lors que les faits de harcèlement sexuel sont établis à l'encontre d'une personne abusant de l'autorité que lui confèrent ses fonctions, ils rendent impossible son maintien dans l'entreprise pendant la durée du préavis et constituent nécessairement une faute grave. • Soc. 5 mars 2002, n° 00-40.717 P : *D. 2002. IR 1118 ; RJS 2002. 411, n° 528* • 19 avr. 2000 : *RJS 2000. 438, n° 628* • 3 mai 1990, n° 88-41.513 P.

2. Incidence des poursuites pénales. Le classement sans suite d'une plainte pour harcèlement sexuel est sans incidence sur l'appréciation du bien-fondé de la mise à pied et du licenciement pour faute grave du salarié responsable de ces agissements, le classement sans suite d'une plainte n'empêchant pas le juge civil d'apprécier les faits qui lui sont soumis. • Dijon, 26 nov. 1998 : *BICC 1999, n° 625.*

3. Obligations de l'employeur. L'employeur qui ne sanctionne pas le salarié auteur du harcèlement commet une faute qui autorise la victime à prendre acte de la rupture du contrat de travail et à réclamer des indemnités pour licenciement sans cause réelle et sérieuse. • Toulouse, 26 oct. 2000 : *RJS 2001. 304, n° 407.*

4. V. également notes ss. art. L. 1152-5.

CHAPITRE IV **ACTIONS EN JUSTICE**

Art. L. 1154-1 **Lorsque survient un litige relatif à l'application des articles L. 1152-1 à L. 1152-3 et L. 1153-1 à L. 1153-4, le candidat à un emploi, à un stage ou à une période de formation en entreprise ou le salarié** *(L. n° 2016-1088 du 8 août 2016, art. 3)* **« présente des éléments de fait laissant supposer » l'existence d'un harcèlement.**

Au vu de ces éléments, il incombe à la partie défenderesse de prouver que ces agissements ne sont pas constitutifs d'un tel harcèlement et que sa décision est justifiée par des éléments objectifs étrangers à tout harcèlement.

Le juge forme sa conviction après avoir ordonné, en cas de besoin, toutes les mesures d'instruction qu'il estime utiles. – *[Anc. art. L. 122-52.]*

COMMENTAIRE

V. Dalloz.fr et applications mobiles Dalloz.

1. Champ d'application. Les dispositions de l'art. L. 1154-1 C. trav. ne sont pas applicables dans le cadre d'un litige entre l'employeur et le salarié à qui sont reprochés des agissements de harcèlement moral ; pour prendre une sanction contre le salarié accusé de harcèlement, l'employeur ne peut se fonder sur de simples présomptions de l'existence d'un harcèlement. • Soc. 7 févr. 2012 : *Dalloz actualité, 21 févr. 2012, obs. Siro ; D. 2012. Actu. 506 ; RJS 2012. 273, n° 301 ; Dr. ouvrier 2012. 370, obs. Adam ; JS Lamy 2012, n° 319-4, obs. Tourreil.*

2. Illustrations. Sont suffisants pour laisser supposer l'existence d'un harcèlement : des échanges de courriers avec l'employeur et des certificats médicaux dans lesquels les praticiens reprenaient les dires de leur patiente sur les origines des troubles. • Soc. 24 sept. 2008 : *D. 2008. AJ 2423, obs. Perrin ; RDT 2008. 744, obs. Pignarre ; JCP S 2008. 1537, avis Allix, note Leborgne-Ingelaere ; Dr. ouvrier 2008. 545, note Adam ; Dr. soc. 2009. 57, note Savatier.* ♦ ... La lettre de licenciement de la supérieure hiérarchique d'une salariée qui relevait un comportement agressif et dévalorisant qui se traduisait par l'instauration d'une mauvaise ambiance de travail et la profération de propos vulgaires et humiliants. • Soc. 29 sept. 2011 : *Dalloz actualité, 12 oct. 2011, obs. Astaix ; D. 2011. Actu. 2407 ; RJS 2011. 829, n° 934 ; JS Lamy 2011, n° 310-4, obs. Tourreil ; JCP S 2011. 1532, obs. Drai.* ♦ ... Le fait qu'une salariée avait déposé une plainte pénale nominative contre deux collègues dénommées pour des dégradations commises sur son véhicule, qu'elle avait bénéficié d'un nombre de nuits travaillées inférieur à celui de ses collègues, qu'elle avait fait l'objet d'une rétrogradation unilatérale de ses fonctions, que deux témoins faisaient état du dénigrement observé à son égard, et que les certificats médicaux produits attestaient des répercussions sur son état de santé de cette situation ainsi que des problèmes relationnels rencontrés avec ses collègues. • Soc. 16 mai 2012 : *Dalloz actualité, 6 juin 2012, obs. Siro ; D. 2012. Actu. 1407 ; D. 2013. Pan. 1026, obs. Porta ; RJS 2012. 536, n° 621 ; Sem. soc. Lamy 2012, n° 1542, p. 13, obs. Champeaux ; JCP S 2012. 1332, obs. d'Ornano* • 16 mai 2012 : *ibid.*

3. La présomption de harcèlement moral n'est pas exclue même en l'absence de certificat médical ou d'attestations établissant un lien de causalité entre les agissements et les absences répétées du salarié. • Soc. 15 janv. 2014 : *Dalloz actualité, 6 févr. 2014, obs. Fraisse ; D. 2014. Actu. 216 ; RJS 2014. 166, n° 194.*

4. Appréciation des faits dans leur ensemble. Lorsque le salarié établit la matérialité de faits précis et concordants constituant selon lui un harcèlement, il appartient au juge d'apprécier si ces éléments pris dans leur ensemble permettent de présumer l'existence d'un harcèlement moral et, dans l'affirmative, il incombe à l'employeur de prouver que ces agissements ne sont pas constitutifs d'un tel harcèlement et que sa décision est justifiée par des éléments objectifs étrangers à tout harcèlement. • Soc. 16 mai 2012 : *Dalloz actualité, 7 juin 2012, obs. Siro.*

♦ Pour se prononcer sur l'existence d'un harcèlement moral, le juge doit examiner les éléments invoqués par le salarié, en prenant en compte les documents médicaux éventuellement produits, et apprécier si les faits matériellement établis, pris dans leur ensemble, permettent de présumer l'existence d'un tel harcèlement ; dans l'affirmative, il revient au juge d'apprécier souverainement si l'employeur prouve que les agissements invoqués sont étrangers à un harcèlement et si ses décisions sont justifiées par des éléments objectifs. • Soc. 8 juin 2016, n° 14-13.418 P : *Dalloz actualité, 21 juin 2016, obs. Roussel ; D. 2016. 1590, obs. Wurtz ; RJS 8-9/2016, n° 541 ; Sem. soc. Lamy 2016, n° 1727, p. 5, obs. Adam ; JS Lamy 2016, n° 415-2, obs. Pacotte et Halimi ; JCP S 2016. 1262, obs. Leborgne-Ingelaere.*

Art. L. 1154-2 Les organisations syndicales représentatives dans l'entreprise peuvent exercer en justice toutes les actions résultant des articles L. 1152-1 à L. 1152-3 et L. 1153-1 à L. 1153-4.

Elles peuvent exercer ces actions en faveur d'un salarié de l'entreprise dans les conditions prévues par l'article L. 1154-1, sous réserve de justifier d'un accord écrit de l'intéressé.

L'intéressé peut toujours intervenir à l'instance engagée par le syndicat et y mettre fin à tout moment. – *[Anc. art. L. 122-53.]*

COMMENTAIRE

V. Dalloz.fr et applications mobiles Dalloz. ❑

CHAPITRE V **DISPOSITIONS PÉNALES**

Art. L. 1155-1 Le fait de porter ou de tenter de porter atteinte à l'exercice régulier des fonctions de médiateur, prévu à l'article L. 1152-6, est puni d'un emprisonnement d'un an et d'une amende de 3 750 €. – *[Anc. art. L. 152-1.]*

RÉP. TRAV. v° *Entrave aux institutions représentatives des salariés et à l'exercice du droit syndical*, par AMAUGER-LATTES.

Art. L. 1155-2 *(L. n° 2012-954 du 6 août 2012)* « Sont punis d'un an d'emprisonnement et d'une amende de 3 750 € les faits de discriminations commis à la suite d'un harcèlement moral ou sexuel définis aux articles L. 1152-2, L. 1153-2 et L. 1153-3 du présent code. »

La juridiction peut également ordonner, à titre de peine complémentaire, l'affichage du jugement aux frais de la personne condamnée dans les conditions prévues à l'article 131-35 du code pénal et son insertion, intégrale ou par extraits, dans les journaux qu'elle désigne. Ces frais ne peuvent excéder le montant maximum de l'amende encourue.

BIBL. ► VIRIOT-BARRIAL, *AJ pénal 2016. 351* (dossier droit pénal social : Harcèlements au travail : récentes évolutions).

COMMENTAIRE

V. Dalloz.fr et applications mobiles Dalloz. ❑

Art. L. 1155-3 *Abrogé par L. n° 2012-954 du 6 août 2012.*

Art. L. 1155-4 *Abrogé par L. n° 2012-954 du 6 août 2012.*

TITRE SIXIÈME **CORRUPTION**

(L. n° 2007-1598 du 13 nov. 2007)

RÉP. TRAV. v° *Corruption*, par DEDESSUS-LE MOUSTIER.

CHAPITRE UNIQUE

Art. L. 1161-1 (Abrogé par L. n° 2016-1691 du 9 déc. 2016, art. 15-III) ***Aucune personne ne peut être écartée d'une procédure de recrutement ou de l'accès à un stage ou à une période de formation en entreprise, aucun salarié ne peut être sanctionné, licencié ou faire l'objet d'une mesure discriminatoire, directe ou indirecte, notamment en matière de rémunération, de formation, de reclassement, d'affectation, de qualification, de classification, de***

promotion professionnelle, de mutation ou de renouvellement de contrat pour avoir relaté ou témoigné, de bonne foi, soit à son employeur, soit aux autorités judiciaires ou administratives (L. n° 2016-1524 du 14 nov. 2016, art. 5) « ***, soit, en dernier ressort, à un journaliste, au sens de l'article 2 de la loi du 29 juillet 1881 sur la liberté de la presse*** », ***de faits de corruption dont il aurait eu connaissance dans l'exercice de ses fonctions.***

Toute rupture du contrat de travail qui en résulterait, toute disposition ou tout acte contraire est nul de plein droit.

En cas de litige relatif à l'application des deux premiers alinéas, dès lors que le salarié concerné ou le candidat à un recrutement, à un stage ou à une période de formation en entreprise établit des faits qui permettent de présumer qu'il a relaté ou témoigné de faits de corruption, il incombe à la partie défenderesse, au vu de ces éléments, de prouver que sa décision est justifiée par des éléments objectifs étrangers aux déclarations ou au témoignage du salarié. Le juge forme sa conviction après avoir ordonné, en cas de besoin, toutes les mesures d'instruction qu'il estime utiles.

BIBL. ► MONKAM, *JS Lamy 2015, n° 388-1* (*whistleblowing* : une protection en demi-teinte).

LIVRE DEUXIÈME **LE CONTRAT DE TRAVAIL**

BIBL. ► ANTONMATTÉI, *Dr. soc. 2006. 134* (l'odyssée du contrat de travail). – ASQUINAZI-BAILLEUX, *RJS 2002. 983.* – BARTHÉLÉMY, *JCP E 1995. I. 521* (contrat collectif d'entreprise). – BERNAUD, *Dr. soc. 2015. 4* (difficultés et solutions dans l'approche constitutionnelle de la liberté contractuelle en droit du travail). – BONNECHÈRE, *Dr. ouvrier 1988. 171* (ordre public) ; *ibid. 1994. 173* (place du corps humain dans le contrat de travail). – BRISSY, *Dr. soc. 2008. 434* (l'obligation pour l'employeur de donner du travail au salarié). – BUISSON, HAUTEFORT et MARTINEZ-RANDÉ, *Sem. soc. Lamy 1993, suppl. n° 655* (recrutement, embauche). – CORRIGNAN-CARSIN, *Mélanges H. Blaise, 1995, p. 125* (loyauté et droit du travail). – COUTURIER, *Dr. soc. 1988. 407* (responsabilité civile et relations individuelles de travail). – DAUGAREILH, *ibid. 1996. 128* (mobilité). – DE TISSOT, *ibid. 2000. 150* (internet et contrat de travail). – DOCKÈS, *ibid. 1997. 140* (objet du contrat de travail) ; *Ét. offertes à J. Pélissier, Dalloz 2004* (supériorité du contrat de travail sur le pouvoir de l'employeur). – DUPEYROUX, *ibid. 1986. 823* (déstabilisation du droit du travail) ; *ibid. 1988. 371* (droit civil et droit du travail). – DUPLAT, *RJS 2003. 104* (surveillance et vie privée des salariés). – ELBAUM, *ibid. 1988. 311* (petits boulots, précarité, insertion). – EYMARD-DUVERNAY, *ibid. 1988. 544* (emploi). – FABRE-MAGNAN, *Dr. ouvrier 2012. 459* (le forçage du consentement du salarié). – FREYSSINET, *ibid. 1989. 293* (nouvelles formes d'emploi). – GAUDU, *ibid. 1987. 414* (notion juridique d'emploi) ; *ibid. 1995. 535* (du statut de l'emploi au statut de l'actif) ; *ibid. 1996. 569* (notions d'emploi) ; *ibid. 1997. 119* (travail et activité). – GAURIAU, *ibid. 1996. 1016* (mobilité et obligation de résidence). – GÉNIAUT, *RDT 2013. 90* (le contrat de travail et la réalité). – GONIÉ, *Dr. soc. 2005. 273* (télétravail). – HÉAS, *Dr. ouvrier 2009. 405* (être ou ne pas être subordonné). – JAVILLIER, *ibid. 1986. 56* (ordre juridique, relations professionnelles et flexibilité) ; *D. 1995. 344* (déréglementation). – JEAMMAUD, *Ét. offertes à G. Lyon-Caen, 1989, p. 299* (polyvalences du contrat de travail) ; *Ét. offertes à J. Pélissier, Dalloz, 2004* (le contrat de travail, une moyenne puissance) ; *RDT 2007. 12* (contrat de travail unique). – JOUBERT, *Dr. ouvrier 2011. 47* (mobilité et respect de la vie privée et familiale). – LABORDE, *Dr. ouvrier 2011. 418* (contrat de travail et activité professionnelle). – LAGARDE, *RDT 2007. 8* (contrat de travail unique). – LAYDU, *Dr. soc. 1995. 146* (responsabilité civile du salarié). – LE GAC-PECH, *D. 2005. 2250* (figure contractuelle et droit du travail). – LOCHOUARN, *Rev. huissiers 1997. 1022* (professions libérales et contrat). – LOKIEC, *RDT 2006. 76* (modification du contrat de travail, leçons du droit anglais). – A. LYON-CAEN, *Dr. soc. 1988. 540* (actualité du contrat de travail). – FL. LYON-CAEN, *ibid. 1989. 96* (restructurations et relations individuelles du travail). – G. LYON-CAEN, *Arch. Philos. dr., T. XIII, 1968, p. 59* (défense et illustration du contrat de travail) ; *Dr. soc. 1988. 548* (nouvelle politique de l'emploi) ; *ibid. 1985. 801* (flexibilité). – L. MALLET et M.-L. MORIN, *ibid. 1996. 660* (détermination de l'emploi occupé). – MORACCHINI-ZEIDENBERG, *RRJ 2003-3. 1985* (existe-t-il une théorie générale du contrat de travail ?). – MOREAU-BOURLÈS, *ibid. 1989. 88* (restructurations et relations individuelles du travail). – MORVAN, *Dr. soc. 2006. 959* (la chimère du contrat de travail unique). – P.H. MOUSSERON, *ibid. 1989. 479* (fidélisation du personnel). – PÉANO, *ibid. 1995. 129* (intuitu personae). – PÉLISSIER, *ibid. 1985. 531* (relation de travail atypique) ; *ibid. 1988. 387* (droit civil et contrat de travail) ; *ibid. 1990. 19* (liberté du travail) ; *Dr. ouvrier 2005. 92.* – PÉRU-GIROTTE, *Dr. ouvrier 1996. 1* (mutations technologiques et contrat de travail) ; *Dr. ouvrier 2005. 92.* – PETIT, *Dr. soc. 1995. 589* (l'après-contrat de travail). – PICCA, *ibid. 1988. 426* (droit civil et droit du travail). – POULAIN, *ibid. 1981. 754* (inégalité et situation juridique du travailleur). – POUSSON, Contrat individuel de travail et droit commun des contrats – Influences croisées (1988-2003), *Regards critiques sur* *quelques (r)évolutions récentes du droit*, sous la dir. de Krynen et Hécquard-Thérond, *PU Toulouse, t. 1, 2005, p. 151-194*. – PRIESTLEY, *Dr. soc. 1995. 955* (le « contrat d'activité »). – RADÉ, La figure du contrat dans le rapport de travail, *Dr. soc. 2001. 802* . – RAY, *ibid. 1996. 121* (télétravail). – REVET, *ibid. 1992. 859* (l'objet du contrat de travail). – REYNES, *D. 2005. 2348* (contrat de travail unique). – ROBIN-OLIVIER, *Dr. soc. 2005. 495* (mobilité). – ROUDIL, *ibid. 1985. 84* (flexibilité). – SARAMITO, *Dr. ouvrier 1987. 77* (responsabilité délictuelle et contractuelle en droit du travail). – SCHMITT, *AJ Famille 2006. 132* (l'enfant et le travail). – SERVAIS, *Dr. soc. 1989. 136* (formes d'emploi et normes de l'OIT). – SUPIOT, *ibid. 2000. 131* (nouveaux visages de la subordination). – TOURNAUX, *Dr. ouvrier 2010. 293* (négociation des sujétions contractuelles). – TRENTIN, *ibid. 1999. 472* (un nouveau contrat de travail). – VÉRICEL, *ibid. 1993. 818* (formalisme dans le contrat de travail).

▶ Flexibilité du droit du travail, *Éd. lég. et adm., 1986*.

▶ Évolution des formes d'emploi, GOMÈS, *RDT 2016. 464* (le *crowdworking* : essai sur la qualification du travail par intermédiation numérique).

▶ Nouveau droit de la mobilité, *Dr. soc. 1989. 429*.

▶ Réforme des obligations : BENTO DE CARVALHO, *RDT 2016. 258* (incidence de la réforme du droit des contrats sur le contrat de travail : renouvellement ou *statu quo* ?).

COMMENTAIRE

V. Dalloz.fr et applications mobiles Dalloz .

TITRE PREMIER **CHAMP D'APPLICATION**

CHAPITRE UNIQUE

Art. L. 1211-1 Les dispositions du présent livre sont applicables aux employeurs de droit privé ainsi qu'à leurs salariés.

Elles sont également applicables au personnel des personnes publiques employé dans les conditions du droit privé, sous réserve des dispositions particulières ayant le même objet résultant du statut qui régit ce personnel. – *[Anc. art. L. 120-1.]*

TITRE DEUXIÈME **FORMATION ET EXÉCUTION DU CONTRAT DE TRAVAIL**

CHAPITRE PREMIER **FORMATION DU CONTRAT DE TRAVAIL**

SECTION PREMIÈRE **DISPOSITIONS GÉNÉRALES**

Sur la loi applicable au contrat individuel de travail, V. Convention de Rome du 19 juin 1980, art. 6, App. I, B. Contrat de travail.

RÉP. TRAV. v^is^ *Concurrence (Obligation de non-concurrence)*, par PICOD et ROBINNE ; *Contrat de travail (Clauses particulières)*, par AUBRÉE ; *Contrat de travail (Existence, formation)*, par AUBRÉE ; *Contrat de travail (Exécution)*, par A. MAZEAUD ; *Cumul d'un contrat de travail et d'un mandat social*, par AUZERO et FERRIER ; *Liberté du travail*, par SAVATIER ; *Maladie et inaptitude médicale*, par VERKINDT ; *Qualification professionnelle*, par LE BAYON ; *Travail (Droit du : sources)*, par KELLER et G. LYON-CAEN.

Art. L. 1221-1 Le contrat de travail est soumis aux règles du droit commun. Il peut être établi selon les formes que les parties contractantes décident d'adopter. – *[Anc. art. L. 121-1, al. 1er.]*

COMMENTAIRE

V. Dalloz.fr et applications mobiles Dalloz .

I. CRITÈRES DU CONTRAT DE TRAVAIL

BIBL. Arséguel et Isoux, *Dr. soc. 1992. 295* (notion de service organisé). – Barthélémy, *JCP 1990. I. 3450* (activité libérale) ; *Dr. soc. 1992. 302* (avocat salarié). – Bossu, *Dr. soc. 1995. 747* (droits de l'homme et pouvoirs du chef d'entreprise). – Casaux-Labrunée, *Dr. ouvrier 2012. 424*. – Cœuret, *Dr. soc. 1992. 902* (salariat dans l'entreprise libérale). – Despax, *Dr. soc. 1982. 11*. – Dole, *Dr. soc. 1987. 381* (activité religieuse). – Fieschi-Vivet, *RJS 1991. 414* (éléments constitutifs du contrat de travail). – Dockès, *Dr. soc. 2011. 546* . – Groutel, *Ét. offertes à G.H. Camerlynck, 1978, p. 49*. – Jeammaud, *Ét. offertes à H. Sinay, 1994, p. 347* (place du salarié individu). – Karaquillo, *Dr. soc. 1979. 22* (activités sportives). – Leclerc, Hernandez, Martelloni et Pasquier, *RDT 2010. 83 et 149* (la dépendance économique en droit du travail). – De Maillard, *Dr. soc. 1982. 20*. – Meyer et Sachs-Durand, *Ét. offertes à H. Sinay, 1994, p. 369* (évolution du rapport salarial). – Mialon, *Dr. soc. 1978. 288* (professions libérales). – Ngafaounain, *ibid. 1994. 767* (maîtres contractuels d'établissements d'enseignement privé). – Pierot, *ibid. 1985. 842* (statut des maîtres de l'enseignement privé). – Pigassou, *Dr. soc. 1982. 578*. – Ray, *Dr. soc. 1996. 121* (statut du télétravailleur). – Radé, *Dr. soc. 2013. 202* . – Savatier, *Dr. soc. 1987. 375* (situation des pasteurs de l'Église réformée) ; *Dr. soc. 1992. 439* (maîtres d'établissements d'enseignement privé). – Verkindt, *JCP S 2009. 41* (prendre le travail et le contrat de travail au sérieux).

A. LIEN DE SUBORDINATION

1° DÉFINITION

1. Principe. Le lien de subordination est caractérisé par l'exécution d'un travail sous l'autorité d'un employeur qui a le pouvoir de donner des ordres et des directives, d'en contrôler l'exécution et de sanctionner les manquements de son subordonné. • Soc. 13 nov. 1996 : *GADT, 4e éd., n° 2 ; Dr. soc. 1996. 1067, note Dupeyroux* ; *D. 1996. IR 268* ; *CSB 1997. 25, S. 15* (à propos d'une banque utilisant les services de conférenciers et intervenants extérieurs). ♦ Dans le même sens : • Soc. 1er juill. 1997, n° 95-40.401 P : *D. 1997. IR 175* (interne des hôpitaux) • 15 oct. 1998 : *RJS 1998. 813, n° 1343* (engagés volontaires dans une organisation humanitaire) • 18 juill. 2000 : *D. 2000. IR 229* ; *RJS 2000. 719, n° 1054* (gardiens assurant la surveillance d'un dépôt de carburant) • 29 janv. 2002, n° 99-42.697 P : *D. 2002. IR 938* ; *Dr. soc. 2002. 494, obs. Savatier* ; *RJS 2002. 315, n° 387 ; JCP E 2002. 52, note Boulmier ; JS Lamy 2002, n° 96-4* (contrat dit de bénévolat) • Civ. 2e, 25 mai 2004, n° 02-31.203 P : *RJS 2003. 654, n° 955* (intervenants dans un centre d'éducation permanente).

2. Autonomie de la volonté. La seule volonté des parties est impuissante à soustraire un salarié au statut social qui découle nécessairement des conditions d'accomplissement de son travail. • Cass., ass. plén., 4 mars 1983 : *D. 1983. 381, concl. Cabannes ; D. 1984. IR 164, obs. Béraud*. ♦ L'existence d'une relation de travail dépend des conditions de fait dans lesquelles est exercée l'activité du salarié. • Soc. 17 avr. 1991, n° 88-40.121 P.

3. Autorité de la chose jugée. La décision juridictionnelle, condamnant le dirigeant d'une société pour avoir exercé un travail clandestin, qui a autorité de la chose jugée à l'égard de tous implique l'existence d'un contrat de travail. • Soc. 27 mars 2001, n° 98-45.429 P : *D. 2002. 1170, note Puigelier* ; *Dr. soc. 2001, obs. Radé ; RJS 2001. 499, n° 714*. ♦ L'autorité de la chose jugée au pénal s'impose au juge civil relativement aux faits constatés qui constituent le soutien nécessaire de la condamnation pénale ; dès lors que le jugement du tribunal correctionnel a constaté l'existence du lien de subordination et, partant, le contrat de travail sur lequel repose l'abus de confiance dont l'intéressé a été déclaré coupable au préjudice de la société, cette condamnation s'impose au juge civil. • Soc. 27 sept. 2006 : *RDT 2006. 382, obs. Amauger-Lattes* ; *RJS 2006. 925, n° 1236*.

4. Qualités d'employeur et de salarié. Dispose d'une liberté d'action excédant l'indépendance technique du praticien le médecin anesthésiste qui embauche et rémunère seul les trois infirmières travaillant sous ses ordres, loue le matériel de la clinique et dont le contrat ne contient aucune référence à l'obligation de se soumettre à un règlement, à des horaires et aux instructions de la direction. • Soc. 7 mars 1979 : *Bull. civ. V, n° 205*.

5. Stagiaires. Il y a contrat de travail dans le cas d'un stage convenu sans rémunération mais où le stagiaire accomplit en fait des tâches normales d'un emploi dans l'entreprise sans bénéficier d'aucune formation. • Soc. 27 oct. 1993 : *Dr. soc. 1993. 960* • Bordeaux, 1er avr. 2003 : *RJS 2003. 953, n° 1355*. – Sur le statut des stagiaires, V. ss. art. L. 612-8 C. éduc.

6. Locataires taxis. Il y a contrat de travail dans le cas d'un contrat de location de taxi dans la mesure où l'accomplissement effectif du travail dans les conditions prévues par ledit contrat place en réalité le « locataire » dans un état de subordination à l'égard du loueur. • Soc. 19 déc. 2000 : *D. 2001. IR 355* ; *GADT, 4e éd., n° 3 ; RJS 2001. 203, n° 275 ; Dr. soc. 2001. 227, note Jeammaud* • 26 janv. 2005 : *Dr. soc. 2005. 567, obs. Jeammaud* . ♦ Ainsi, s'agissant d'un contrat de location d'un véhicule équipé taxi, le juge ne peut se borner à analyser certaines clauses du contrat sans rechercher si indépendamment des conditions d'exécution du travail imposées par les nécessités de police administrative, dans les faits, les sociétés avaient le pouvoir de donner des ordres et des directives relatifs non pas au seul véhicule mais à l'exercice du travail lui-même, d'en contrôler l'exécution et d'en sanctionner les manquements. • Soc. 1er déc. 2005 : *D. 2006. Pan. 411, obs. Peskine* ; *RJS 2006. 97, n° 147 ; JS Lamy 2006, n° 181-5*. ♦ V. pour un mandat de gestion : • Soc. 12 juill. 2005 : *D. 2006. 344, note Mouly* ; *Dr. soc. 2005. 1045, obs. Savatier* ; *JCP S 2005. 1333, note Adom ; JS Lamy 2005, n° 176-3*.

7. Participants à une émission de téléréalité. Les participants à une émission de téléréalité sont liés à la société de production par un contrat de travail ; l'analyse précise de l'activité des participants à « L'Île de la tentation » démontre l'existence d'une prestation de travail exécutée sous la subordination de la société de production. • Soc. 3 juin 2009 : *R., p. 322, 368 et 372 ; D. 2009. AJ 1530, obs. Serna ; ibid. 2116, note Cesaro et Gautier ; ibid. 2517, note Edelman ; RDT 2009. 507, obs. Auzero ; RJS 2009. 615, n° 678 ; Dr. soc. 2009. 780, avis Allix et obs. Dupeyroux ; ibid. 930, note Radé ; JCP E 2009. 1714, note Thouzellier ; JS Lamy 2009, n° 258-2 ; Sem. soc. Lamy, n° spécial 1403* (participant à l'émission de téléréalité « L'île de la tentation »). ♦ Doit être écartée la qualification de contrat de jeu, au profit de celle de contrat de travail, s'agissant d'un candidat à l'élection de « Mister France », qui ne consiste pas dans l'organisation d'un jeu ni d'une compétition ayant une existence propre, organisée de manière autonome, mais constitue un concept d'émission où la prestation des candidats sert à fabriquer un programme audiovisuel à valeur économique. • Soc. 25 juin 2013 : *Dalloz actualité, 10 juill. 2013, obs. Peyronnet ; D. 2013. Actu. 1692 ; RDT 2013. 622, obs. Gardes ; RJS 10/2013, n° 649 ; JS Lamy 2013, n° 350-5, obs.Lalanne ; JCP S 2013. 1386, obs. Lahalle.*

8. Joueur « amateur » de rugby. Le joueur de rugby tenu, sous peine de sanctions, conformément au règlement interne du club et à la charte des droits et des devoirs du joueur, de participer aux activités sportives, de suivre les consignes données lors des entraînements et de respecter le règlement du club est dans un état de subordination à l'égard du club ; en outre, les sommes perçues en contrepartie du temps passé dans les entraînements et les matches ne constituent pas de simples « défraiements », mais une rémunération. • Soc. 28 avr. 2011 : *Dalloz actualité, 19 mai 2011, obs. Perrin ; ibid. 2011. 2325, note Karaquillo ; RDT 2011. 370, obs. Auzero ; Dr. soc. 2011. 1119, obs. Barthélémy ; RJS 2011. 527, n° 571 ; JCP S 2011. 1362, obs. Puigelier.*

9. Fonctionnaires mis à disposition ou détachés. Le fonctionnaire mis à disposition d'un organisme de droit privé pour accomplir un travail pour le compte de celui-ci et sous sa direction est lié à cet organisme par un contrat de travail. • Soc. 15 juin 2010 : *D. 2010. Actu. 1722 ; Dalloz actualité, 2 juill. 2010, obs. Perrin ; RDT 2010. 510, obs. Debord ; RJS 2010. 631, n° 706 ; JCP S 2010. 1365, obs. Morand.* ♦ Comp. *ante* : le fonctionnaire mis à la disposition d'un organisme de droit privé et qui accomplit un travail pour le compte de celui-ci dans un rapport de subordination se trouve lié à cet organisme par un contrat de travail. • Cass., ass. plén., 20 déc. 1996, n° 92-40.641 P : *BICC 1er févr. 1997, concl. Monnet ; D. 1997. 275, note Saint-Jours ; Dr. soc. 1997. 710, note Lachaume ; AJDA 1997. 304, obs. Salon ; RJS 1997. 163, n° 244 (2e esp.) ; CSB 1997. 101, A. 20 ; LPA 7 févr. 1997, note Morand* (professeur mis à la disposition de l'Alliance française) • Soc. 23 avr. 1997 : *RJS 1997. 425, n° 647* • 1er juill. 1997, n° 95-40.401 P : *D. 1998. Somm. 247, obs. Vacarie ; Dr. soc. 1997. 970, obs. Savatier ; RJS 1997. 661, n° 1068 ; CSB 1997. 273, A. 49* • 13 mars 2001, n° 99-40.139 P : *RJS 2001. 547, n° 800 ; Dr. soc. 2001. 544, note Savatier.* ♦ Le fonctionnaire détaché auprès d'une personne morale de droit privé pour exercer des fonctions dans un rapport de subordination est lié à cette personne morale par un contrat de travail de droit privé. • Soc. 27 juin 2000, n° 97-43.536 P : *D. 2000. IR 203 ; RJS 2000. 678, n° 1016.* ♦ Le fonctionnaire ou l'agent public mis en disponibilité est, dans ses rapports avec l'organisme de droit privé au sein duquel il exerce son activité, régi par les dispositions générales applicables au contrat de travail. • Soc. 6 mai 2009 : *JCP S 2009. 1388, obs. Dumont.* ♦ Toutefois, les dispositions législatives peuvent déroger à la règle selon laquelle un agent public mis à la disposition d'un organisme privé pour accomplir un travail pour le compte de celui-ci et sous sa direction est lié à cet organisme par un contrat de travail. • Soc. 29 sept. 2014 : *Dalloz actualité, 5 nov. 2014, obs. Ines.*

10. Engagement religieux. Il n'y a pas de contrat de travail entre un établissement d'enseignement libre et les prêtres ou religieux mis à disposition par l'évêque pour accomplir une mission d'enseignement, moyennant une rémunération, faute d'un consentement personnel, les ordres de l'évêque s'imposant à eux en vertu de leurs vœux d'obéissance. • Civ. 13 mars 1964 : *D. 1964. 357, note Rouast.* ♦ Comp. : • Cass., ch. mixte, 26 mai 1972 : *D. 1972. 533, note Dupeyroux ; JCP 1972. II. 17221, concl. Lindon.* ♦ L'existence d'un contrat de travail est exclue entre une religieuse et sa congrégation. • Cass., ass. plén., 8 janv. 1993, n° 87-20.036 P : *Dr. soc. 1993. 391, rapp. Chartier.* ♦ L'engagement religieux d'une personne n'est susceptible d'exclure l'existence d'un contrat de travail que pour les activités qu'elle accomplit pour le compte et au bénéfice d'une congrégation ou d'une association cultuelle légalement établie. • Soc. 20 janv. 2010 : *D. 2010. AJ 377, obs. Ines ; RDT 2010. 162, obs. Couard ; Dr. soc. 2010. 623, note Savatier ; JS Lamy 2010, n° 272-6, obs. Tourreil.* ♦ La nature spirituelle de l'engagement des membres d'une communauté religieuse n'est pas exclusive de toute relation salariale ; aussi, un couple membre d'une communauté religieuse catholique, dont l'un est responsable de la gestion et de l'entretien du patrimoine et l'autre assurait des tâches de secrétariat, de lingerie et d'organisation de manifestations, travaillait pour le compte de l'association dans un rapport de subordination caractérisant un contrat de travail. • Soc. 29 oct. 2008 : *D. 2008. AJ 2947* ; *RJS 2009. 31, n° 1.*

11. Ministre du culte. Les pasteurs des églises et œuvres cultuelles relevant de la Fédération protestante de France ne concluent pas, relativement à l'exercice de leur ministère, un contrat de travail avec les associations culturelles légalement établies. • Soc. 12 juill. 2005 : *D. 2005. IR 2175* ; *Dr. soc. 2005. 1035, obs. Savatier*. ♦ Mais un professeur de théologie, intégré dans un service organisé par l'Église réformée et subordonné à l'égard de celle-ci, bénéficie d'un contrat de travail, l'indépendance des professeurs dans l'exercice de leurs fonctions n'étant pas incompatible avec l'existence d'un lien de subordination à l'égard de l'établissement, la consécration-ordination reçue avant la cessation de l'enseignement n'affectant pas l'existence d'un tel contrat. • Soc. 20 nov. 1986 (2 arrêts) : *Dr. soc. 1987. 379* ; *JCP 1987. II. 20798, note Revet.* – V. aussi : • Cass., ch. mixte, 26 mai 1972 : *D. 1972. 533, note Dupeyroux* ; *JCP 1972. II. 17221, concl. Lindon* • Soc. 20 déc. 1991 : *JCP 1992. II. 21844, note Pagnon.* ♦ Comp. : • Paris, 21 nov. 1996 : *D. 1997. IR 11* (existence d'un contrat de travail entre un rabbin et une association consistoriale israélite). ♦ Le juge, pour caractériser l'existence d'un contrat de travail entre un pasteur et son Église, ne peut s'attacher uniquement à la dénomination donnée par les parties à leurs rapports, sans rechercher si l'intéressé recevait des ordres et des directives de la Fédération des Églises adventistes du 7e jour. • Soc. 23 avr. 1997, n° 94-40.909 P : *D. 1997. IR 123* ; *JCP 1997. II. 22961, note Piquet-Cabrillac* ; *Dr. soc. 1997. 642, obs. Savatier* ; *Gaz. Pal. 12-14 oct. 1997, concl. Chauvy.* ♦ De la même manière, l'intégration à la communauté Emmaüs en qualité de compagnon emporte soumission aux règles de vie communautaire qui définissent un cadre d'accueil comprenant la participation à un travail destiné à l'insertion sociale des compagnons et qui est exclusive de tout lien de subordination. • Soc. 9 mai 2001, n° 98-46.158 P : *D. 2001. IR 1995* ; *Dr. soc. 2001. 798, note Savatier* ; *RJS 2001. 575, n° 825.*

12. Détenus. Les relations de travail des personnes incarcérées ne font pas l'objet d'un contrat de travail (art. 720 C. pr. pén.). • Soc. 17 déc. 1996 : *D. 1997. IR 18* ; *Dr. soc. 1997. 344, note Giudicelli-Delage et Massé* ; *CSB 1997. 83, S. 37.* ♦ V. C. pr. pén, art. 717-3, App., I. C. ♦ Sur la conformité de ces dispositions à la Constitution, V. • Cons. const., QPC, 14 juin 2013 : *AJDA 2013. 1252* ; *ibid. 2014. 142, étude Quinart* ; *D. 2013. 1477* ; *ibid. 2014. 1115, obs. Lokiec et Porta* ; *AJ pénal 2013. 556, obs. Céré* ; *Dr. soc. 2014. 11, chron. Tournaux* ; *RDT 2013. 565, obs. Wolmark* ; *RDSS 2013. 639, note Brimo* ; *Constitutions 2013. 408, chron. Ghévontian*.

13. Travailleurs des ESAT. La notion de « travailleur » au sens de l'art. 7 de la Dir. n° 2003/88/CE, du Parlement européen et du Conseil, du 4 nov. 2003, concernant certains aspects de l'aménagement du temps de travail et de l'art. 31, § 2, Charte UE, doit être interprétée en ce sens qu'elle peut englober une personne admise dans un centre d'aide par le travail. V. • CJUE 26 mars 2015, n° C-316/13 : *RDT 2015. 469, obs. Canut* ; *ibid. 2015. Controverse. 369.* ♦ Si les usagers d'un centre d'aide par le travail peuvent être regardés comme des travailleurs, au sens de l'art. 7 de la Dir. n° 2003/88/CE, ils ne peuvent se prévaloir d'un droit à congés qu'à compter de l'entrée en vigueur, le 1er janv. 2007, du Décr. n° 2006-703 du 16 juin 2006 réformant l'art. R. 243-11 CASF. • Soc. 16 déc. 2015, n° 11-22.376 P : *D. 2016. Actu. 16* ; *D. 2015. Pan. 808, obs. Porta* ; *RDT 2016. 167, obs. Joly* ; *RJS 3/2016, n° 217* ; *JCP S 2016. 1106, note Tricoit.*

14. Chômeurs. La participation de demandeurs d'emploi à des actions d'évaluation prescrites par l'ANPE constitue une situation légale exclusive de l'existence d'un contrat de travail. • Soc. 18 juill. 2001, n° 99-42.525 P : *Dr. soc. 2001. 1115, obs. Rousseau* ; *RJS 2001. 853, n° 1242* ; *TPS 2001, n° 356.*

15. Artistes. Sur l'existence d'un contrat de travail entre les artistes de l'orchestre et le chef d'orchestre. • Soc. 4 déc. 2013 : *Dalloz actualité, 6 janv. 2014, obs. Ines* ; *D. 2014. 1115, obs. Lokiec et Porta*.

2° CONTRAT DE TRAVAIL ET SITUATIONS JURIDIQUES VOISINES

a. Mandat

16. Compagnie d'assurances. Ne bénéficie pas d'un contrat de travail le mandataire d'une compagnie d'assurances à qui aucun horaire ni lieu de travail n'est imposé, qui choisit parfois seul ses objectifs, fixe ses méthodes de travail et a la charge d'autofinancer son agence. • Soc. 29 nov. 1989 : *RJS 1990. 9, n° 2.* ♦ V. aussi : • Civ. 2e, 31 janv. 1963 : *Bull. civ. II, n° 110* (courtier) • Soc. 26 févr. 1964 : *ibid. IV, n° 175* (expert en automobile) • 27 oct. 1978 : *ibid., n° 726* (encaisseur).

b. Mandats sociaux

BIBL. Armand, *JCP CI 1981. II. 13649.* – Arséguel et Isoux, *Bull. Joly 1994. 469* (loi du 11 févr. 1994). – Burgard, *Rev. jurispr. com. 1983. 1* ; *Cah. prud'h. 1991, n° 8.* – Daigre, *Rev. sociétés 1981. 497, n° 25.* – Deslandes, *D. 1982. Chron. 19.* – Fieschi-Vivet, *RJS 1994. 12* ; *ibid. 487* (loi du 11 févr. 1994). – G. Lyon-Caen, *D. 1977. Chron. 109.* – Mansuy, *Rev. sociétés 1987. 1.* – Petit, *RTD com. 1981. 29* ; *Dr. soc. 1991. 463* (directeurs généraux). – Puigelier, *JCP E 1992. I. 188* ; *ibid. 1994. I. 358* ; *Dr. soc. 1993. 837.* – Sayag, *Rev. sociétés 1981. 1.*

17. Critères. En constatant que l'intéressé

avait après sa nomination comme administrateur continué à exercer les mêmes fonctions de directeur commercial qui correspondaient à un emploi effectif, la cour d'appel a pu en déduire que ces fonctions techniques distinctes du mandat social avaient continué à être exercées sous la subordination du président du conseil d'administration. • Com. 22 nov. 1983 : *D. 1984. 392, note Jeantin.* ♦ La réalité d'un contrat de travail n'est pas établie lorsqu'il est démontré que l'intéressé a été remplacé dans son poste au lendemain de sa désignation comme administrateur. • Soc. 4 janv. 1979 : *D. 1979. IR 327, obs. Langlois ; Rev. sociétés 1979. 815, note Guilberteau.* ♦ C'est à celui qui soutient qu'il a été mis fin au contrat de travail par la nomination du salarié à des fonctions de mandataire social d'en rapporter la preuve. • Soc. 21 mars 1990, n° 87-14.848 P. • 10 avr. 1991 : *ibid., n° 177.* ♦ La production de bulletins de paie et la notification d'une lettre de licenciement sont à elles seules insuffisantes à créer l'apparence d'un contrat de travail. • Soc. 10 juin 2008 : *RDT 2008. 659, obs. Pagnucco ; RJS 2008. 849, n° 1045 ; JCP S 2008. 1409, note Puigelier.* ♦ La production d'un écrit ne suffit pas à créer une apparence de contrat de travail et il appartient à l'intéressé de rapporter la preuve du lien de subordination qu'il prétend avoir existé parallèlement à son mandat social. • Soc. 17 sept. 2008 : *Dr. soc. 2009. 210, note Chagny.*

18. Suspension du contrat de travail. Lorsqu'un salarié, devenu mandataire social, a cessé d'être uni à la société par un lien de subordination, une cour d'appel ne peut décider que son contrat de travail avait été absorbé par le mandat social, alors qu'en l'absence de convention contraire le contrat de travail était suspendu pendant le temps d'exercice du mandat, peu important qu'il ait été modifié dans l'un de ses éléments substantiels lors de la cessation du mandat. • Soc. 12 déc. 1990 : *Dr. soc. 1991. 463, note Petit.* ♦ Dans le même sens : • Soc. 19 mars 1991 : *RJS 1991. 403, n° 763* • 30 mai 1995 : *RJS 1995. 540, n° 833* (le juge prud'homal demeure compétent pour connaître du litige relatif aux conséquences de la révocation du mandat sur le contrat de travail) • 7 nov. 1995 : *Dr. soc. 1996. 193* • 8 oct. 2003 : *RJS 2003. 1007, n° 1447* • 14 juin 2005, n° 02-47.320 P : *RJS 2005. 652, n° 915.* ♦ V. aussi, pour un directeur général : • Soc. 21 juin 1994 : *JCP 1995. II. 22370, note Puigelier.* ♦ Comp. : • Cass., ass. plén., 4 juin 1993 : *cité note 24.*

19. Mandat social exercé dans une filiale. Une cour d'appel ne peut dénier l'existence d'un contrat de travail au profit d'un salarié engagé par une société mère pour exercer un mandat social dans l'une de ses filiales, dès lors que le salarié a exercé les fonctions pour lesquelles il a été engagé, qu'après avoir été rémunéré par la société mère, celle-ci lui a versé une prime, et qu'il avait été informé par le président de la société mère de la cessation de ses fonctions au sein de la filiale. • Soc. 6 oct. 1993, n° 90-44.561 P : *RJS 1993. 677, n° 1147.* – Dans le même sens : • Soc. 12 févr. 1991 : *RJS 1991. 438, n° 804 ; Dr. soc. 1991. 463, note Petit* • 2 oct. 1991 : *RJS 1991. 665, n° 1252.*

20. Une clause de réintégration dans la société mère à l'issue du mandat ne porte pas atteinte au principe de libre révocation du mandat social dès lors qu'elle a été souscrite avant la désignation de l'intéressé comme directeur général de la filiale. • Soc. 20 mars 1996 : *RJS 1996. 395, n° 620.*

21. Le refus du salarié de fournir à son employeur des explications sur des faits commis pendant son détachement en qualité de mandataire social auprès d'une autre société ne peut lui être imputé à faute dans l'exécution de son contrat de travail. • Soc. 9 déc. 1997, n° 95-42.619 P : *Dr. soc. 1998. 195, note Couturier.* ♦ De même, un licenciement disciplinaire ne peut être motivé par des faits qui se sont produits au cours de l'exercice d'un mandat social dans une filiale, pendant la suspension du contrat de travail. • Soc. 28 juin 2000 : *RJS 2000. 729, n° 1066.*

22. Administrateur devenant salarié. Le contrat de travail consenti à un administrateur en fonctions, intervenant en violation d'une disposition impérative de la loi, est nul de nullité absolue, peu important le caractère sérieux ou non des fonctions conférées à l'intéressé. • Soc. 7 juin 1974 : *Gaz. Pal. 1974. 2. 664, note A.P.S. ; Rev. sociétés 1975. 91, note Chartier ; RTD com. 1975. 117, obs. R. Houin* • Com. 7 mars 1989 : *Rev. sociétés 1989. 664.* ♦ ... Et même s'il s'agit du transfert d'un contrat de travail d'une société à une autre société du même groupe. • Soc. 6 oct. 1993, n° 92-40.077 P : *D. 1993. IR 235 ; JCP E 1994. II. 529, note Guyon ; RJS 1993. 676, n° 1146.* ♦ Nonobstant l'art. L. 122-12, al. 2, lors de la reprise d'un fonds de commerce mis en location-gérance, la société propriétaire du fonds ne peut valablement reprendre le contrat de travail consenti par la société exploitante à un administrateur de la société propriétaire, dès lors que ce contrat est postérieur à la nomination de l'intéressé comme administrateur. • Soc. 22 oct. 1996 : *RJS 1996. 852, n° 1331.*

23. Si l'acte nul de nullité absolue ne peut être rétroactivement confirmé, il est loisible aux parties de renouveler leur accord ou de maintenir leur commune volonté lorsque la cause de nullité a disparu. • Soc. 25 juin 1996, n° 94-19.992 P : *D. 1997. 341, note Puigelier ; RJS 1996. 707, n° 1114 ; JCP 1996. I. 3980, n° 12, obs. Viandier et Caussain ; CSB 1996. 239, A. 50* (nouveau contrat de travail conclu tacitement après démission de l'intéressé de son mandat social).

24. Membres du conseil de surveillance. Lorsque l'exécution du contrat de travail s'est poursuivie après la nomination du salarié au conseil de surveillance, il résulte de l'art. 142 de la loi du 24 juill. 1966 que, l'intéressé ne pouvant à la fois percevoir une rémunération de salarié et être membre du conseil de surveillance, sa nomination était frappée de nullité. • Cass., ass. plén., 4 juin 1993 : *D. 1993. 501, concl. Jéol, note Chartier ; JCP 1993. II. 22112, concl. Jéol, note Saint-Jours ; JCP E 1993. II. 475, note Petit ; RJS 1993. 470, n° 808, concl. Jéol, rapp. Grimaldi ; Dr. soc. 1993. 766.*

25. Président du directoire. Le mandat de président du directoire ou de membre du directoire d'une société anonyme n'est pas en lui-même incompatible avec les fonctions de salarié. • Soc. 17 nov. 1988 : *Bull. civ. V, n° 608 ; D. 1988. IR 287.*

26. Président du conseil d'administration. Il n'y a pas d'incompatibilité légale entre les fonctions de salarié et de président du conseil d'administration, celui-ci pouvant dans l'exercice effectif de tâches distinctes de la direction générale rester sous la subordination de la société, même si en fait il ne reçoit pas d'ordres. • Soc. 19 févr. 1986, n° 83-42.005 P : *Rev. sociétés 1986. 600, note J.G.* – Dans le même sens : • Soc. 16 oct. 1991, n° 88-40.188 P : *Dr. soc. 1991. 953 ; JCP E 1992. II. 271, note Chaput.* ♦ Sur la compatibilité entre un contrat de travail et les fonctions de directeur général, V. • Soc. 15 juin 1977 : *Bull. civ. V, n° 396.*

27. N'est pas nul le mandat de président du conseil d'administration qui, dans l'intention des parties, était exclusif de toute fonction salariée, l'art. 93 de la loi du 24 juill. 1966 ne faisant pas obstacle à ce qu'un salarié, quelle qu'ait été la durée de son contrat, y renonce pour être nommé administrateur. • Soc. 15 mars 1983 : *D. 1984. 99, note Guyénot ; D. 1984. IR 165, obs. Reinhard ; JCP 1983. II. 20002, note Viandier ; Rev. sociétés 1983. 353, note Chartier.* ♦ La clause prévoyant qu'un nouveau contrat de travail sera consenti à l'intéressé à l'issue de son mandat est nulle comme contraire au principe de la libre révocation des administrateurs. • Même arrêt. – Dans le même sens : • Com. 17 janv. 1984, n° 82-14.771 P : *D. 1985. IR 137, obs. Bousquet.* ♦ Rappr. : • Soc. 12 févr. 1991 : *préc. note 19.*

28. Constatent l'existence, en partie, d'un lien de subordination les juges qui relèvent que le directeur technique devenu président-directeur général a continué son activité précédente, étudiant et dirigeant les travaux confiés à la société. • Soc. 21 juill. 1986 : *D. 1988. Somm. 101, obs. Fieschi-Vivet.* ♦ Les juges doivent constater que les fonctions de directeur salarié ont un caractère technique tel qu'elles n'ont pas été absorbées par celles découlant du mandat social, les directives du conseil d'administration ne suffisant pas à créer un lien de subordination et les pouvoirs délégués aux directeurs généraux pouvant être limités sans que ces derniers perdent la qualité de mandataires sociaux. • Soc. 28 janv. 1988 : *Bull. civ. V, n° 83 ; GADT, 4e éd., n° 10.* ♦ En présence d'un protocole déterminant l'étendue des pouvoirs d'un directeur général, les juges doivent rechercher si, aux termes de cette convention, l'intéressé n'a pas exercé effectivement des fonctions techniques dans un lien de subordination. • Soc. 25 nov. 1997, n° 94-45.333 P : *RJS 1998. 142, n° 230.* ♦ Lorsqu'un ancien président-directeur général conserve une fonction de conseiller technique et accomplit des missions dépassant les attributions d'un simple administrateur, sa rémunération fixe mensuelle s'analyse en un salaire. • Soc. 12 oct. 1989 : *Bull. civ. V, n° 588.*

29. Le président du conseil d'administration et le directeur général sont des mandataires de la société, révocables à tout moment, et non des salariés, peu important qu'ils soient rémunérés par un salaire au sens des législations fiscale et de sécurité sociale, cette circonstance étant insuffisante à créer un lien de subordination. • Soc. 20 oct. 1976 : *Bull. civ. V, n° 503.* ♦ La révocation du mandat social n'ayant pas d'incidence sur le contrat de travail, le fait que l'assemblée générale d'une société ait mis un terme aux fonctions d'un directeur général ne constitue pas une modification de son contrat de travail, ses fonctions techniques exercées dans un lien de subordination n'ayant pas été modifiées. • Soc. 14 juin 2000, n° 97-45.852 P : *D. 2000. IR 190 ; RJS 2000. 683, n° 1022.*

30. Gérant de SARL. Le cumul entre les fonctions de gérant d'une SARL et celles de salarié n'existant réellement qu'à la condition que ces dernières correspondent à un emploi effectif, rémunéré comme tel, et que l'intéressé soit dans un état de subordination à l'égard de la société, viole l'art. L. 121-1 la cour d'appel qui omet de vérifier si l'intéressé remplissait ces conditions. • Soc. 21 juill. 1981 : *Bull. civ. V, n° 723.* – V. aussi • Soc. 14 mai 1998, n° 96-40.693 P : *JCP 1999. II. 10052, note Puigelier.*

31. Lorsqu'un gérant reçoit de véritables instructions de la part du président du GIE dont sa SARL fait partie et continue d'exercer les mêmes tâches techniques distinctes des fonctions de gérant, il cumule son contrat de travail et son mandat de gérant. • Soc. 16 déc. 1981 : *JCP 1983. II. 20048, note Fieschi-Vivet* • Com. 8 mars 1982 : *Bull. civ. IV, n° 90.*

32. Doit être cassé l'arrêt admettant l'existence d'un contrat de travail distinct du mandat social, alors qu'il s'agissait d'une personne qui à la date de sa nomination comme gérante possédait la majorité des parts de la SARL qu'elle administrait seule, et qu'elle ne pouvait donc plus se trouver, même dans l'exercice de ses fonctions techniques, dans un état de subordination. • Soc. 7 févr. 1979 : *D. 1979. IR 367, obs. Derrida ;*

Rev. sociétés 1980. 473, note Hémard • 8 oct. 1980 : *D. 1981. 257, note Reinhard.* ♦ Les fonctions salariales de directeur des ventes et des achats d'un gérant se confondent avec l'exercice du mandat social, dans une espèce où le contrôle exercé par les associés néerlandais, dont l'éloignement permettait à l'intéressé d'être la seule personne en mesure d'organiser l'activité de la société sans limitation de ses pouvoirs, ne vidait pas le mandat social de sa substance et avait pour effet de donner au gérant quitus de sa gestion, il en résulte que l'intéressé n'avait pas la qualité de salarié. • Soc. 21 oct. 1998 : *RJS 1998. 945, n° 1561.*

33. En relevant que la seule affirmation du maintien du contrat de travail par les associés et l'existence d'une double rémunération ne suffisaient pas à établir la poursuite de l'activité salariale et en constatant que le lien de subordination était incompatible avec le monopole des connaissances techniques que l'intéressé détenait dans une société de petite dimension, à l'activité restreinte et dont les statuts conféraient au gérant les pouvoirs les plus étendus, une cour d'appel a pu décider que la fonction de gérant avait absorbé celle de directeur de la production. • Soc. 11 juill. 1995 : *RJS 1995. 625, n° 966.* ♦ Comp. : • Soc. 4 déc. 1990 : *JCP 1991. IV. 41 ; RJS 1991. 52, n° 96* (arrêt affirmant que la qualité d'associé majoritaire d'une SARL n'est pas exclusive de celle de salarié, sous réserve que soit établi l'exercice d'une fonction dans un état de subordination).

34. Associé. La qualité de salarié n'est pas incompatible avec celle d'associé, même égalitaire, à condition que l'associé soit, dans l'exercice de ses fonctions salariales, placé sous la subordination du gérant. • Soc. 19 oct. 1978 : *Bull. civ. V, n° 695* • Com. 17 avr. 1980 : *ibid. IV, n° 150 (a contrario).* ♦ Lorsqu'une société a été mise en liquidation, un directeur commercial, associé minoritaire, licencié, peut réclamer des allocations de chômage, peu important que la gérante ait été son épouse, dès lors qu'il avait exercé ses fonctions avant et après sa nomination en tant qu'associé. • Soc. 1er févr. 1983 : *D. 1984. IR 164, obs. Reinhard.*

35. Associé d'une société en nom collectif. Un associé, d'une société en nom collectif, commerçant répondant indéfiniment et solidairement des dettes sociales, ne peut être lié à cette société par un contrat de travail. • Soc. 14 oct. 2015, n° 14-10.960 P : *Dalloz actualité, 19 nov. 2015, obs. Fraisse ; D. 2015 actu. 2127 ; RDT 2016. 94, obs. Ranc ; RJS 12/2015, n° 817 ; JCP S 2015. 1449, obs. Chenu ; Dr. sociétés 2016. 9, obs. Gallois-Cochet ; JS Lamy 2015, n° 399-400-8, obs. Taquet.*

36. Contrat de collaboration libérale. Si, en principe, la clientèle personnelle est exclusive du salariat, le traitement d'un nombre dérisoire de dossiers propres à l'avocat lié à un cabinet par un contrat de collaboration ne fait pas obstacle à la qualification de ce contrat en contrat de travail lorsqu'il est établi que cette situation n'est pas de son fait mais que les conditions d'exercice de son activité ne lui ont pas permis de développer effectivement une clientèle personnelle. • Civ. 1re, 14 mai 2009 : *D. 2009. AJ 1488, obs. Avena-Robardet ; RDT 2009. 505, obs. Lévy-Amsallem.* ♦ Dans le même sens : • Ch. mixte, 12 févr. 1999 : *D. 2000. 146, obs. Blanchard ; Dr. soc. 1999. 404, obs. Radé.* ♦ Pour une période antérieure au 31 déc. 1991, un avocat ne pouvant exercer sa profession dans le cadre d'un contrat de travail, le juge ne saurait, par l'effet d'une requalification des relations contractuelles, conclure à l'existence d'un tel contrat et pour la période postérieure au 1er janv. 1992, un avocat ne peut exercer dans le cadre d'un contrat de travail le liant à une personne physique ou morale autre qu'un avocat, une association ou une société d'avocats, le juge ne saurait, par l'effet d'une requalification des relations contractuelles, conclure en dehors de ces hypothèses à l'existence d'un contrat de travail. • Soc. 16 sept. 2015, n° 14-17.842 P : *Dalloz Actualité 21 sept. 2015, obs. Portmann ; D. 2015. Actu. 1901 ; RDT 2015. 682, obs. Bento de Carvalho ; Dr. soc. 2015. 937, obs. Mouly ; RJS 11/2015, n° 736 ; JCP S 2015. 1405, obs. Guyot.* ♦ *Contra* : Il appartenait à la cour d'appel de rechercher si l'intéressée apportait à la société éditrice une collaboration constante et régulière dont elle tirait l'essentiel de ses ressources, et si, par suite, elle était fondée à revendiquer le bénéfice des avantages prévus en faveur des journalistes professionnels permanents par la convention collective nationale des journalistes, peu important l'existence de règles déontologiques de la profession d'avocat interdisant une telle situation, lesquelles, ne concernant que les rapports de l'intéressée avec son ordre, étaient dépourvues d'incidence sur la question posée. • Soc. 19 déc. 2007, n° 07-40.384 P : *RJS 3/2008, n° 342 ; JCP G 2008. 140 (§ 6), obs. Pillet.*

c. Contrat d'entreprise

37. Critères. En faisant ressortir que l'intéressé recevait des directives ou instructions sur l'orientation générale de son travail et non des ordres pour son exécution, une cour d'appel a pu décider que le contrat litigieux était un contrat d'entreprise. • Soc. 20 juin 1947 : *JCP 1947. II. 3984, note Gauguier.* ♦ Il y a contrat d'entreprise lorsque les juges du fond constatent que les relations contractuelles s'inscrivent dans le cadre de la profession de chauffagiste, plombier, zingueur, pour laquelle l'intéressé avait été inscrit puis radié du répertoire des métiers, que le caractère lucratif des prestations est établi par l'importance des travaux effectués avec un matériel professionnel lui appartenant et que les prestations sont fournies avec du matériel que se procure l'intéressé, selon un emploi du temps qu'il organise librement. • Soc. 3 nov. 1998 : *CSB 1999. 53, A 11.*

38. La convention dans laquelle il est indiqué qu'un artisan maçon, inscrit au répertoire des métiers, conserverait sa responsabilité civile et serait assuré en qualité d'entrepreneur n'est pas un contrat de travail mais un contrat d'entreprise. • Soc. 1er déc. 1976 : *Bull. civ. V, n° 634.* ♦ Quelles que soient les initiatives qu'il pouvait prendre en raison de sa compétence technique, un bûcheron, propriétaire de sa tronçonneuse, s'est placé sous la subordination de l'utilisateur dès lors que ce dernier surveillait le rendement et la cadence et qu'il donnait des ordres en s'immisçant dans l'exécution et le déroulement des travaux. • Soc. 20 avr. 1972 : *Bull. civ. V, n° 274.* – *Adde* : • Crim. 29 oct. 1985 : *Bull. crim. n° 335* • Soc. 12 oct. 1989 : *Bull. civ. V, n° 587* • 2 avr. 1992 : *ibid., n° 241* (prestation de services apparente).

39. Franchisage. Le gérant d'un fonds de commerce qui a conclu un contrat de franchisage ne peut se voir reconnaître le bénéfice d'un contrat de travail. • Soc. 27 sept. 1989 : *Bull. civ. V, n° 548.*

d. Société. Association

BIBL. Dirigeants d'association : Blaise, *Dr. soc. 1988. 468.* – Brichet, *JCP E 1988. II. 15277.*

40. Société. Un metteur en scène doit se voir reconnaître la qualité de salarié dès lors qu'il n'est pas associé aux pertes, qu'il ne supporte pas le déficit éventuel sur son patrimoine et que les deux parties ne collaborent pas sur un pied d'égalité, la société de production intervenant dans la direction et l'exécution du travail du metteur en scène. • Soc. 20 nov. 1974 : *Bull. civ. V, n° 549.* ♦ Dans le même sens : • Soc. 17 avr. 1991 : *D. 1991. IR 139* ; *Dr. soc. 1991. 516* ; *RJS 1991. 338, n° 640* (absence de changement dans les conditions de travail de chauffeurs devenus prétendument des associés en participation). ♦ Justifient leur décision de refus d'une allocation spéciale de chômage les juges qui relèvent qu'en dépit des pouvoirs qu'ils détenaient en droit, les gérants d'une SARL ne disposaient ni de la compétence technique, ni de l'autorité morale nécessaires pour diriger et contrôler l'activité du fondateur et qui en ont déduit que les conditions d'exercice de l'activité de ce dernier étaient exclusives de la dépendance caractérisant l'existence d'un contrat de travail. • Soc. 20 mai 1985 : *Bull. civ. V, n° 298.* ♦ Doit être requalifié en un contrat de travail le contrat de « société en participation » conclu entre un particulier d'une part, et une société d'autre part, dès lors qu'il résultait de ce contrat que les parties n'étaient pas placées sur un pied d'égalité, la société contractante disposant de tous les pouvoirs pour assurer le fonctionnement de la société ce qui était de nature à établir qu'elle avait la maîtrise de l'organisation et de l'exécution du travail que le demandeur devait effectuer, exclusivement pour l'exploitation du fonds de commerce. • Soc. 25 oct. 2005, n° 01-45.147 P : *D. 2005. IR 2898* ; *ibid. 2006. Pan. 410, obs. Peskine* ; *RJS 2006. 88, n° 62* ; *Dr. soc. 2006. 94, obs. Savatier* • 29 nov. 1989 : *JS UIMM 1990. 48, n° 140* • 8 oct. 1996 : *CSB 1997. 21, S. 7.*

41. Association. Deux kinésithérapeutes sont liés par un contrat d'association et non un contrat de travail lorsqu'ils exercent leur activité en toute indépendance, la fixation en commun de leurs congés n'étant qu'une mesure assurant le bon fonctionnement du cabinet et la clause de non-concurrence un élément essentiel de leur association. • Soc. 21 nov. 1979 : *Bull. civ. V, n° 866* ; *D. 1981. IR 250, obs. Penneau.* ♦ En constatant que l'état de sa trésorerie ne permettait pas à une association d'embaucher son président en qualité de comédien, une cour d'appel a établi que ce dernier avait tenté de se faire attribuer frauduleusement les droits reconnus aux chômeurs. • Soc. 17 déc. 1987 : *Dr. soc. 1988. 468, note Blaise.* ♦ Ne donne pas de base légale à sa décision la cour d'appel qui, en présence d'un contrat de travail entre une association et son président, n'a pas recherché si l'intéressé exerçait en fait d'autres fonctions que celles découlant de son mandat de président. • Soc. 26 févr. 1986 : *Dr. soc. 1988. 468, note Blaise.*

e. Bénévolat

BIBL. Guichaoua, *Dr. ouvrier 2013. 229.* – Savatier, *Dr. soc. 2009. 73* (le travail non marchand).

42. Critères. La seule signature d'un contrat dit de bénévolat entre une association et une personne n'ayant pas la qualité de sociétaire n'exclut pas l'existence d'un contrat de travail si les conditions en sont remplies. • Soc. 29 janv. 2002, n° 99-42.697 P : *D. 2002. IR 938* ; *Dr. soc. 2002. 494, obs. Savatier* ; *RJS 2002. 315, n° 387* ; *JCP E 2002. 52, note Boulmier* ; *JS Lamy 2002, n° 96-4.*

f. Coïndivision

43. Critères. Le contrat de travail ne prend pas nécessairement fin lorsque le salarié devient, par l'effet d'une succession, coïndivisaire de l'entreprise à laquelle il appartient. • Soc. 12 févr. 1991, n° 87-44.671 P : *RJS 1991. 161, n° 307* • 30 nov. 1993, n° 90-40.945 P : *RJS 1994. 146, n° 194.*

g. Métayage

44. Critères. Ayant relevé l'absence de convention précaire révocable, de lien de subordination et l'existence d'un partage des récoltes et des dépenses, les juges ont pu constater la réalité d'un bail à métayage et non d'un contrat de travail.

• Civ. 3e, 13 juin 1969 : *Bull. civ. III, n° 476.* ♦ V. aussi, à propos d'un contrat de « tâcheronnage » : • Civ. 3e, 3 nov. 1971 : *Bull. civ. III, n° 532.*

h. Entraide

BIBL. Martin, *D. 1982. Chron. 293.* – Wagner, *D. 1985. Chron. 1.*

45. Critères. Une cour d'appel a pu décider que les parties étaient liées, non par un contrat d'entraide, mais par un contrat de travail en relevant notamment que le salarié était logé sur l'exploitation, qu'il commandait le personnel, qu'il recevait des ordres ou des directives du directeur de la société d'exploitation à qui il rendait compte régulièrement. • Soc. 2 mai 1979 : *Bull. civ. V, n° 367.*

46. Une personne chargée de surveiller une villa pendant les vacances et de prendre livraison des commandes faites par le propriétaire n'est pas titulaire d'un contrat de travail en l'absence d'accord des parties sur des modalités déterminées de tâche et de rémunération. • Soc. 7 janv. 1981 : *Bull. civ. V, n° 2.* ♦ Sur la novation d'un contrat de travail en service gratuit, V. • Soc. 18 mars 1992 : *Dr. soc. 1992. 661, note Savatier* ✐.

i. Intégration dans un service organisé

47. Critère. Lorsqu'il est établi que des distributeurs occasionnels d'hebdomadaires gratuits ne travaillent pas pour leur compte, mais pour celui d'une entreprise de presse qui les emploie dans le cadre d'un service organisé et selon des directives qu'elle impose, ils doivent être affiliés au régime général des assurances sociales. • Cass., ass. plén., 18 juin 1976 : *JCP CI 1977. 12497, note Saint-Jours.* – V. aussi : • Soc. 17 févr. 1977 : *Bull. civ. V, n° 128* • 27 sept. 1989 : *ibid., n° 547.* ♦ Le lien de subordination fait défaut lorsque le vendeur de journaux fixe lui-même le quota de sa vente et les secteurs de vente et qu'il dispose d'une complète liberté d'action, les horaires de vente n'étant imposés que par la nature de la marchandise et l'intérêt du vendeur. • Soc. 20 mai 1955 : *Dr. soc. 1955. 461.*

48. Indice. Le travail au sein d'un service organisé peut constituer un indice du lien de subordination lorsque l'employeur détermine unilatéralement les conditions d'exécution du travail. • Soc. 13 nov. 1996 : ⚖ *préc. note 1* (à propos d'une banque utilisant les services de conférenciers et intervenants extérieurs : absence de lien de subordination).

49. Professions médicales. Un médecin qui ne possède pas de cabinet, n'a pas le libre choix de ses malades, dispense ses soins aux clients de la clinique dans des locaux, avec un matériel et un personnel fournis par cet établissement, qui de plus est astreint à certaines sujétions d'horaires, de prestations et de gardes, soumis au règlement intérieur de la clinique et intégré dans le service médical organisé par ses dirigeants, se trouve vis-à-vis d'elle dans un état de subordination, peu important qu'il reçoive des honoraires reversés par la clinique. • Soc. 7 déc. 1983 : *Bull. civ. V, n° 592.* ♦ Sont également, dans un état de subordination, les médecins travaillant dans un centre de thalassothérapie soumis au règlement intérieur de l'établissement, n'exerçant leur profession pendant les horaires réservés aux consultations que pour les curistes et à l'intérieur du centre, leur rémunération étant, en outre, prélevée sur les honoraires perçus directement de ces curistes. • Soc. 13 janv. 2000, ⚖ n° 97-17.766 P : *RJS 2000. 394, n° 573.*

50. Les biologistes salariés à plein temps des CHU qui usent de la faculté les autorisant à pratiquer des examens à titre libéral exercent une activité non salariée entraînant leur affiliation à l'organisme d'allocation vieillesse dont ils relèvent même si cette activité est exercée à titre accessoire. • Cass., ass. plén., 15 févr. 1985 : *D. 1985. 249, concl. Cabannes.*

51. Se trouvent placés dans un état de subordination les kinésithérapeutes qui exercent leur activité dans les locaux d'un établissement thermal et qui sont soumis à des contraintes tenant notamment aux horaires de travail et à l'obligation d'obtenir une autorisation en cas d'absence. • Soc. 30 mars 1982 : *Bull. civ. V, n° 233.* ♦ Dans le même sens, pour un médecin anesthésiste soumis à des sujétions découlant des règles d'organisation déterminées unilatéralement par la direction de la clinique : • Soc. 29 mars 1994, ⚖ n° 90-40.832 P : *Dr. soc. 1994. 558 ; RJS 1994. 329, n° 517.*

52. Ne donne pas de base légale à sa décision la cour d'appel qui déclare la juridiction prud'homale incompétente pour connaître du litige opposant une psychanalyste à une association de sauvegarde de l'enfance, alors qu'il lui était reproché de ne pas respecter les horaires de travail et de ne pas reconnaître l'autorité du médecin directeur sur le plan des traitements dispensés, ce qui impliquait qu'elle était soumise à une discipline d'établissement et tenue de respecter des instructions dans le cadre d'un service organisé, peu important à cet égard qu'elle soit exclue du bénéfice d'une convention collective applicable dans l'établissement. • Soc. 7 oct. 1976 : *Bull. civ. V, n° 478.*

53. Bien que s'étant engagée à ne pas prendre d'autres malades que ceux adressés par un ophtalmologiste dans les locaux et avec le matériel duquel elle exerçait exclusivement son activité, une orthoptiste n'est pas liée par un contrat de travail, dès lors qu'elle ne reçoit aucune instruction, qu'elle perçoit directement ses honoraires, la fourniture par le médecin d'un prétendu certificat de travail étant sans influence. • Soc. 17 déc. 1987 : *Bull. civ. V, n° 740 ; D. 1988. IR 28.* ♦ Dans le même sens : • Soc. 7 juill. 1993,

🏛 n° 89-45.624 P. • 14 oct. 1993 : *D. 1994. Somm. 303, obs. Gau* ✐ ; *RJS 1993. 668, n° 1131* (psychologue prêtant son concours à des médecins en dehors de tout service organisé).

54. Auteur. Il n'y a pas de contrat de travail entre un éditeur et un professeur chargé de la mise à jour d'un ouvrage encyclopédique, et disposant pour ce faire de toute liberté pour organiser et réaliser son travail, avec la seule contrainte des délais contractuels. • Civ. 1re, 20 juin 1995, n° 91-45.433 P.

55. Chercheurs. Ni la liberté inhérente à la fonction de chercheur, ni la qualification d'honoraires donnée ultérieurement à la rémunération ne sont de nature à exclure l'existence d'un louage de services. • Soc. 14 mars 1991, 🏛 n° 88-42.793 P : *CSB 1991. 103, S. 54 ; RJS 1991. 330, n° 621.*

56. Interprète. Des interprètes de conférence ne sont pas placés dans un lien de subordination du seul fait du contrat signé avec une entreprise, alors que la seule contrainte était relative à la fixation du lieu et de la date des conférences, éléments imposés par la nature même de l'activité, et que l'entreprise avait mis à leur disposition le matériel permettant la traduction simultanée, ce qui était insuffisant pour caractériser l'existence d'un service organisé. • Soc. 14 janv. 1982 (2 arrêts) : *D. 1983. 242, note Saint-Jours ; ibid. IR 201, obs. Jeammaud.* ♦ V. aussi • Soc. 24 mars 1993 : 🏛 *D. 1994. Somm. 303, obs. Gau* ✐ ; *RJS 1993. 289, n° 479* (entraîneur sportif dont les juges du fond relèvent qu'il travaillait en toute indépendance).

57. Locataires-gérants. A légalement justifié la compétence du conseil de prud'hommes la cour d'appel qui relève que les locataires-gérants d'une station-service se trouvent en fait sous la « subordination économique » de la société pétrolière, dès lors que leurs ressources professionnelles proviennent de la vente de produits fournis presque exclusivement par cette société. • Soc. 18 nov. 1981 : *D. 1983. 242, note Saint-Jours.* – V. aussi • Crim. 29 oct. 1985 : *Bull. crim. n° 335.*

58. Attaché commercial. Un salarié attaché commercial ne peut faire juger que la rémunération perçue au titre de l'activité de démarchage a le caractère de salaire, alors qu'il s'agit d'une activité distincte pour laquelle la société ne fixait pas de chiffre minimum à réaliser, estimant qu'elle s'exerçait en dehors de son contrat de travail. • Soc. 19 mars 1987 : *D. 1988. Somm. 96, obs. Fieschi-Vivet.* ♦ V. aussi : • Soc. 17 juin 1982, 🏛 n° 80-40.976 P (salarié d'une agence immobilière ayant la qualité de mandataire pour la négociation d'appartements). ♦ En revanche, doit être considéré comme salarié l'agent commercial d'une agence immobilière qui, outre sa mission de prospection de la clientèle dans l'intérêt exclusif de l'agence et sa fonction de responsable commercial, était habilité à tenir le registre des mandats de vente, à rédiger des compromis, à préparer les supports publicitaires à publier, à répondre aux appels téléphoniques et disposait d'un pouvoir de contrôle sur les autres négociateurs, son activité étant intégrée dans un service organisé au seul profit de l'agence. • Soc. 21 oct. 1999, 🏛 n° 98-11.080 P. ♦ Sur l'exclusion du statut légal d'agent commercial en raison de son assujettissement à la loi du 2 janv. 1970, V. • Com. 7 juill. 2004, 🏛 n° 02-18.135 P : *RJS 2005. 165, n° 236.*

j. Rémunération

59. Sommes versées en contrepartie d'un travail subordonné. Un contrat de travail est exclu lorsque deux personnes exploitent en commun un fonds de commerce dont elles sont copropriétaires et que toutes deux participent aux bénéfices et aux pertes. • Soc. 26 févr. 1969 : *JCP 1969. II. 15996, note G.H.C.* ♦ La seule obligation faite à un médecin de donner, moyennant une rémunération forfaitaire, des soins aux adhérents d'une société de secours minière ne suffit pas à caractériser l'existence d'un lien de subordination. • Cass., ch. réun., 21 mai 1965 : *Dr. soc. 1965. 512, obs. Savatier.*

60. Salaire dérisoire. Le versement d'un salaire dérisoire fait obstacle à l'existence d'un contrat de travail. • Soc. 8 févr. 1972 : *Bull. civ. V, n° 109.* ♦ Ne sont pas incompatibles avec l'existence d'un contrat de travail : la rémunération à la tâche et le libre choix des heures de travail. • Civ. 9 mars 1938 : *DH 1938. 289.* ♦ ... Ni le fait qu'il n'ait été prévu en contrepartie de l'exécution de prestations que la fourniture d'un avantage en nature. • Soc. 7 avr. 1994 : 🏛 *Dr. soc. 1994. 560.*

61. Caractère commutatif. Le versement d'un salaire constitue la contrepartie nécessaire de la relation de travail et ne peut être aléatoire, ce qui exclut sa mise en participation. • Soc. 16 sept. 2009 : 🏛 *D. 2009. AJ 2350, obs. Maillard* ✐.

B. DÉTERMINATION DE L'EMPLOYEUR

BIBL. Auzero, *RDT 2016. 27* (coemploi : en finir avec les approximations). – Beauchard, *Ét. offertes à Savatier, 1992, p. 55* (héritiers de l'employeur). – Teyssié, *Act. dr. entreprise, t. XI, 1980, p. 69.* ♦ Détermination de l'employeur dans les groupes de sociétés : M. Henry, *CSB 1996. 263* (circulation des salariés). – G. Lyon-Caen, *Dr. soc. 1983. 287.* – Mazeaud, *Dr. soc. 2010. 738* (déploiement de la relation de travail dans les groupes de sociétés). – D'Ornano, *JCP S 2010. 1533* (le coemployeur). – Pagnerre, *JCP S 2011. 1423* (L'extension de la théorie des coemployeurs, source de destruction du droit du travail) ; *RDT 2016. 175* (de la fictivité comme critère du coemploi : « certes mais pas que... »). –

Savatier, *Études offertes à A. Brun, 1974, p. 530.* – Vacarie, *Dr. soc. 1975. 23.*

a. Généralités

62. Principes. Le traiteur qui recrute des extras et fixe leur rémunération a seul la qualité d'employeur et non les clients, alors même que ceux-ci paient directement les salariés, ce qui n'exclut pas qu'ils le fassent pour le compte et à la demande du traiteur. • Soc. 9 nov. 1978 : *Bull. civ. V, n° 760.* ♦ Le contrat de travail signé par le mandataire apparent d'une société, associé du gérant et chargé de l'exploitation de l'entreprise, n'encourt pas la nullité. • Soc. 15 juin 1999, n° 97-41.375 P : *RJS 1999. 645, n° 1018 ; Dr. soc. 1999. 835, obs. Gauriau.* ♦ Mais n'a pas la qualité d'employeur de gardes-malades l'association à but non lucratif d'aide aux personnes âgées dont le rôle se limite à l'accomplissement de tâches administratives pour le compte de ses membres, même si les contrats de travail ont été établis par elle. • Soc. 2 juin 1993 : *RJS 1993. 423, n° 710.*

63. Pluralité d'employeurs. Un salarié occupant les fonctions d'agent général ayant signé le même jour deux contrats, l'un avec la société dans laquelle il conservait ses attributions, l'autre avec une société nouvellement créée dans laquelle la première possédait une participation, la cour d'appel a pu estimer qu'il était lié à deux employeurs par des conventions différentes, les deux sociétés ayant conservé leur personnalité juridique propre et les fonctions attribuées au salarié, les rémunérations et les indemnités prévues en cas de rupture étant nettement distinctes et différentes. • Soc. 28 juin 1973 : *Bull. civ. V, n° 423.*

64. Coemployeurs. Hors l'existence d'un lien de subordination, une société faisant partie d'un groupe ne peut être considérée comme un coemployeur à l'égard du personnel employé par une autre, que s'il existe entre elles, au-delà de la nécessaire coordination des actions économiques entre les sociétés appartenant à un même groupe et de l'état de domination économique, que cette appartenance peut engendrer, une confusion d'intérêts, d'activités et de direction se manifestant par une immixtion dans la gestion économique et sociale de cette dernière, le fait que les dirigeants de la filiale proviennent du groupe et que la société mère ait pris dans le cadre de la politique du groupe des décisions affectant le devenir de la filiale et se soit engagée à fournir les moyens nécessaires au financement des mesures sociales liées à la fermeture du site et à la suppression des emplois ne pouvant suffire à caractériser une situation de coemploi. • Soc. 2 juill. 2014 : *D. 2014. 1502 ; ibid. 2147, obs. Le Corre et Lucas ; Rev. sociétés 2014. 709, note Couret et Schramm ; RDT 2014. 625, obs. Kocher ; RJS 2014. 571, n° 662* • 22 juin 2011 : *D. 2012. 901, obs. Lokiec et Porta ; RDT 2011. 634, obs. Auzero* • 10 déc. 2015, n° 14-19.316 P : *D. 2016. Actu. 16 ; RDT 2016. 27, note Auzero ; RJS 2/2016, n° 92 ; JS Lamy 2016, n° 403-4, obs. Tissandier.* ♦ Cette situation, lorsqu'elle est imputée au dirigeant social de la maison mère, doit être détachable du mandat social exercé dans cette société. • Soc. 24 juin 2014 : *Dalloz actualité, 24 juill. 2014, obs. Ines ; D. 2014. Actu. 1502 ; RJS 2014. 572, n° 663.*

65. Coemployeur et licenciement pour motif économique. V. notes 34 ss. art. L. 1233-3 et 7 ss. L. 1233-4.

b. Situations particulières

BIBL. Danti-Juan, *Dr. soc. 1985. 834.* – Gaudu, *D. 1988. Chron. 235* (responsabilité du prêteur de main-d'œuvre). – A. Lyon-Caen et de Maillard, *Dr. soc. 1981. 320* (mise à disposition). – Savatier, *Dr. soc. 1994. 542.* ♦ Salariés détachés et expatriés à l'étranger : *Dr. soc. 1991. 823 et 868.*

66. Groupe de sociétés. Doit être cassé l'arrêt qui, pour considérer sans cause réelle et sérieuse le licenciement d'un conducteur d'engins, successivement employé par trois sociétés d'un groupe, s'est fondé sur le fait qu'il aurait pu être reclassé dans une des sociétés du groupe, alors que la cause réelle et sérieuse ne s'apprécie que dans les rapports de l'employeur et du salarié et qu'il n'a été établi, ni que les sociétés du groupe, sans lien juridique entre elles, aient eu des activités confondues, ni que la communauté d'intérêts existant entre elles ait placé le personnel des unes sous la subordination des autres ou ait donné lieu à des mutations autoritaires de ce personnel des unes aux autres. • Soc. 22 nov. 1978 : *D. 1979. IR 228.* – V. aussi : • Soc. 14 mars 1979 : *Bull. civ. V, n° 233* • 5 mai 1986 : *ibid., n° 196.* ♦ Comp., en cas de licenciement économique : • Soc. 25 juin 1992 : *Dr. soc. 1992. 710.* ♦ Lorsque deux sociétés sont unies par des liens étroits, que l'activité de l'une prolonge celle de l'autre et que toutes deux s'inscrivent dans « une même finalité économique », le salarié muté de l'une à l'autre voit son contrat de travail se poursuivre. • Soc. 16 juin 1988 : *JS UIMM 1988. 502.* – Dans le même sens : • Soc. 24 nov. 1993, n° 90-41.751 P : *Dr. soc. 1994. 43.*

67. Sociétés mères et filiales. Un salarié muté par une société mère dans une de ses filiales dont il reçoit les ordres et sollicite les instructions se trouve placé sous la subordination de celle-ci, peu important que les liens avec la société mère n'aient pas été entièrement rompus et que la filiale n'ait pas été son seul employeur. • Soc. 21 janv. 1976 : *Bull. civ. V, n° 38.* ♦ Comp. • Soc. 23 févr. 1994 : *Dr. soc. 1994. 542, note Savatier* (absence de lien de subordination entre une société mère et des salariés mis à sa disposition par une filiale).

68. En interprétant les accords complexes passés par une société mère et ses filiales, un arrêt a pu notamment estimer que l'ensemble de la gestion était assuré par la société mère, que c'est elle qui assurait l'entière direction du personnel, que la filiale était dans une totale dépendance vis-à-vis de la société mère et en déduire que le salarié était resté au service de cette dernière malgré son détachement. • Soc. 22 nov. 1979 : *Bull. civ. V, n° 882 ; D. 1980. IR 351, obs. Langlois.* ♦ Un salarié mis par son employeur à la disposition d'une société pour une mission précise et temporaire, sans qu'un contrat ait été conclu entre lui et cette dernière, est resté sous la seule subordination de son employeur, peu important que son salaire ait été réglé par l'autre société. • Soc. 27 mars 1996, ⚖ n° 93-40.741 P. ♦ En interprétant les termes ambigus de la convention intervenue entre une société et un salarié, une cour d'appel a pu estimer que le contrat initial entre le salarié et la société mère avait subsisté après le détachement du salarié dans une filiale et que la décision de rupture prise par la filiale avait seulement eu pour effet de mettre fin au détachement du salarié, le refus de la société mère de le réintégrer constituant un licenciement sans cause réelle et sérieuse. • Soc. 25 févr. 1988, ⚖ n° 85-41.655 P : *D. 1988. Somm. 321, obs. A. Lyon-Caen ; Rev. sociétés 1988. 546, note Vacarie.* ♦ Sur le licenciement du salarié détaché à l'étranger, V. notes ss. art. L. 1231-5.

69. Un salarié recruté par une société mère pour exercer des fonctions de direction technique pour le compte d'une filiale, sous les ordres de la société mère, est indivisément le salarié des deux sociétés qui constituent à son égard un seul et même employeur. • Soc. 23 sept. 1992 : ⚖ *Dr. soc. 1992. 918.*

70. Lorsqu'il n'est pas possible de relever entre trois sociétés une communauté totale d'intérêts et de direction, que leurs activités respectives sont entièrement distinctes, que leurs relations ne sont pas suffisamment étroites et structurées pour faire échec à leur indépendance juridique, le salarié détaché dans l'une d'elles n'a pas de lien de droit avec les deux autres. • Soc. 22 mars 1982 : *Bull. civ. V, n° 193.*

71. Si la reconnaissance d'une UES permet l'expression collective de l'intérêt des travailleurs appartenant à cette collectivité, elle ne se substitue pas aux entités juridiques qui la composent, de sorte qu'elle n'a pas la personnalité morale et ne peut être l'employeur des salariés des entreprises qui la composent. • Soc. 16 déc. 2008 : ⚖ *D. 2009. AJ 233* ✎ *; RJS 2009. 219, n° 254 ; Dr. soc. 2009. 500, obs. Savatier* ✎ *; JCP S 2009. 1140, obs. Blanc-Jouvan.*

72. Convention d'expatriation. La lettre d'engagement fixant les éléments du contrat de travail à durée indéterminée lie le salarié à la société française ; le contrat de travail, qui a été exécuté, a été rompu à l'initiative de l'employeur, la société française. • Soc. 22 sept. 2010 : ⚖ *JCP S 2010. 1538, obs. Martinon.*

73. Mise à disposition de salariés à un comité d'entreprise. Un agent de la SNCF mis à la disposition d'un comité d'entreprise pour y accomplir un travail pour le compte de ce dernier et sous sa direction est lié par un contrat de travail à cet organisme, lequel a dès lors la qualité d'employeur ; la SNCF ne peut rompre le contrat par l'exercice de son pouvoir disciplinaire, il appartient au comité d'entreprise de prendre l'initiative de la rupture. • Soc. 23 mars 2016, ⚖ n° 14-14.811 P : *Dalloz actualité, 13 avr. 2016, obs. Peyronnet ; D. 2016. Actu. 789* ✎ *; RJS 6/2016, n° 430 ; JCP S 2016. 1186, obs. Mialhe.*

II. CONCLUSION DU CONTRAT DE TRAVAIL

A. FORMATION

BIBL. Beauchard, *Ét. offertes à Savatier, 1992, p. 55* (héritiers de l'employeur). – Cœuret, *Dr. ouvrier 1987. 447* (discrimination). – Hauser Costa, *RJS 1997. 331* (promesse d'embauche). – Péano, *Dr. soc. 1995. 129* (*intuitus personae*). – Revet, *Dr. soc. 1992. 853* (objet du contrat). – Savatier, *Dr. soc. 1994. 237* (contrats conclus avec un couple de travailleurs). – Sordimo, *LPA 31 juill. 1996* (contrat de travail avec un couple de salariés). ♦ Statut et responsabilité des conseils en recrutement : Dunes, *RJS 1989. 257.* – Rousseau, *Dr. soc. 1990. 545.* ♦ Validité des clauses pénales : Déprez, *BS Lefebvre 1985. 267.* – Paisant, *JCP 1986. I. 3238.*

1° CONDITIONS DE VALIDITÉ

a. Consentement

74. Erreur. Un employeur ayant imposé la signature d'un avenant conduisant à un changement de qualification et à une baisse importante de la rémunération, alors qu'il s'était engagé par lettre à garantir le maintien de la qualification, des avantages acquis et de l'ancienneté des salariés employés dans l'entreprise qu'il reprenait, cet avenant doit être annulé pour erreur sur les conditions substantielles du contrat. • Soc. 7 juill. 1980 : *Bull. civ. V, n° 608.* ♦ L'erreur de l'un des contractants ne peut créer un usage modifiant la convention liant les parties. • Soc. 25 mai 1989 : *Bull. civ. V, n° 397.*

75. N'est pas excusable l'erreur commise par une société qui ne s'est pas renseignée plus complètement sur le candidat, ancien président-directeur général, et n'a pas procédé à des investigations plus poussées qui lui auraient permis de découvrir que le candidat venait de déposer le bilan de sa société aussitôt mise en liquidation judiciaire. • Soc. 3 juill. 1990 : ⚖ *D. 1991. 507, note J. Mouly* ✎. – V. aussi • Soc. 23 janv. 1992, ⚖ n° 88-43.391 P : *RJS 1992. 154, n° 240.*

76. Dol. La fourniture de renseignements inexacts par le salarié lors de l'embauche n'est un manquement à l'obligation de loyauté susceptible d'entraîner la nullité du contrat de travail que si elle constitue un dol ; elle ne constitue une faute susceptible de justifier le licenciement que s'il est avéré que le salarié n'avait pas les compétences effectives pour exercer les fonctions pour lesquelles il a été recruté. • Soc. 30 mars 1999, n° 96-42.912 P : *D. 1999. IR 123 ; JCP 1999. II. 10195, note J.M. ; RJS 1999. 395, n° 626.* ♦ Est nul le contrat de travail conclu sur la base de fausses informations données par le salarié quant à sa formation et à ses diplômes dès lors qu'elles ont été déterminantes dans son recrutement. • Soc. 17 oct. 1995 : *JCP 1996. I. 3923, n° 3, obs. Rault.* ♦ Il appartient à l'entreprise, qui avait fait procéder à l'analyse graphologique de la lettre de demande d'embauche que le candidat avait fait rédiger par son conjoint, de démontrer qu'elle n'aurait pas contracté en l'absence des manœuvres invoquées. • Soc. 5 oct. 1994 : *Dr. soc. 1994. 973, obs. Ray.* ♦ En revanche, n'est pas constitutive de dol car ne résulte pas d'une volonté de tromper la mention au *curriculum vitæ* imprécise et susceptible d'interprétation erronée. • Soc. 16 févr. 1999, n° 96-45.565 P : *D. 2000. 97, note Aubert-Montpeyssen ; Dr. soc. 1999. 396, obs. Gauriau ; CSB 1999. 166, A. 27.*

b. Capacité

77. Mineur. L'art. 1305 C. civ. selon lequel la simple lésion donne lieu à la rescision en faveur du mineur non émancipé contre toutes sortes de conventions s'applique au contrat de travail, la question de savoir si le mineur est ou non lésé étant laissée à l'appréciation souveraine des juges du fond. • Soc. 4 oct. 1966 : *Dr. soc. 1967. 178, obs. Savatier.*

78. Majeur sous curatelle. S'agissant d'un acte engageant le patrimoine, le contrat de travail conclu par un majeur sous curatelle renforcée, en qualité d'employeur, constitue un acte pour lequel l'assistance du curateur est nécessaire ; en présence d'un refus du curateur de prêter son assistance, l'autorisation supplétive du juge des tutelles est nécessaire. • Civ. 1re, 3 oct. 2006 : *RJS 2006. 926, n° 1238.*

79. Personne morale. Lorsque le contrat de travail a été signé par le mandataire apparent de la société, associé du gérant et chargé de l'exploitation de l'entreprise, le contrat de travail ne peut être atteint de nullité. • Soc. 15 juin 1999, n° 97-41.375 P : *RJS 1999. 645, n° 1018 ; Dr. soc. 1999. 385, obs. Gauriau.*

c. Objet

80. Caractère déterminé. Le contrat de travail suppose un accord des parties sur les modalités déterminées de la tâche à accomplir et sur sa rémunération. • Soc. 7 janv. 1981 : *Bull. civ. V, n° 2.*

81. Accord sur les conditions de rémunération. N'est pas un contrat de travail mais un simple accord sur les conditions de rémunération susceptibles d'être appliquées une convention, qualifiée de contrat ouvert, n'impliquant à la charge de la société aucune obligation d'employer un assistant de réalisation, ni pour celui-ci l'engagement d'effectuer les tâches qui lui étaient offertes. • Soc. 25 janv. 1989 : *Bull. civ. V, n° 57.*

d. Cause

82. Cause illicite. Commet une faute l'employeur qui, après avoir inséré une clause d'indexation qu'il savait inopérante parce qu'illicite, ce qui avait amené le salarié à s'engager, a ensuite refusé toute augmentation. • Soc. 14 mai 1987 : *JS UIMM 1987. 445.* ♦ L'illégalité d'un stage de formation n'est pas exclusive d'une faute commise par l'employeur, génératrice d'un préjudice dont le salarié peut obtenir réparation. • Soc. 17 avr. 1986 : *Bull. civ. V, n° 154.*

83. Cause immorale (jurisprudence ancienne). Une femme de chambre, employée dans une maison de tolérance, ne peut se prévaloir de son contrat dont la cause est illicite et contraire aux bonnes mœurs pour agir en paiement de salaires. • Soc. 8 janv. 1964 : *D. 1964. 267 ; Dr. soc. 1964. 578, obs. Savatier.* ♦ Est nul le contrat conclu pour une durée de quinze ans entre deux personnes entretenant des relations adultères, la clause exorbitante et inhabituelle du contrat ne représentant pas la contrepartie de la prestation de travail et de la compétence professionnelle du salarié. • Soc. 4 oct. 1979 : *Bull. civ. V, n° 680 ; D. 1980. IR 267, obs. Ghestin.*

e. Annulation

84. Conditions. Est nul et de nul effet le contrat de travail prévoyant une indemnité de licenciement très supérieure à celle fixée par la convention collective et organisant les modalités de la rupture au préjudice des sociétés absorbantes pour les pénaliser et tenter de faire échec à une réorganisation. • Soc. 26 oct. 1976 : *Bull. civ. V, n° 522 ; D. 1976. IR 326.* ♦ Lorsque de prétendues attributions de directeur technique font déjà partie des obligations professionnelles d'un médecin, que le contrat qui ne correspond à aucun travail est fictif et n'a pour objet que de faire bénéficier l'intéressé d'avantages attachés à la qualité de salarié, c'est à bon droit que la nullité de ce prétendu contrat de travail est prononcée. • Soc. 3 déc. 1981 : *D. 1982. IR 131.*

2° OFFRE D'EMBAUCHE

85. Notion. La lettre qui ne mentionne ni l'emploi occupé, ni la rémunération, ni la date d'embauche, ni le temps de travail constitue une simple offre d'emploi. • Soc. 12 juill. 2006 : *RDT 2006. 311, obs. Auzero ; JS Lamy 2006, n° 196-5.* ♦ Aucun contrat de travail ne s'est formé lorsque la lettre d'envoi d'un projet d'engagement d'une danseuse à l'opéra, signé par l'employeur, n'a pu être produite et que, si le projet avait été envisagé, sa signature était soumise à la condition de l'accord du contrôle financier, condition non réalisée. • Soc. 17 oct. 1973 : *D. 1973. Somm. 142.* ♦ De même, une lettre de proposition d'emploi ne comportant ni l'emploi occupé, ni la rémunération, ni la date d'embauche ne constitue qu'une simple offre d'emploi et n'a pas valeur de promesse d'embauche. • Soc. 12 juill. 2006 : *préc.* ♦ Mais constitue un véritable contrat, et non un simple projet, la lettre confirmant une embauche, alors que l'apposition de sa signature par le salarié sur ce document ne constituait pas pour les parties un élément essentiel du contrat. • Soc. 2 mars 1993 : *JCP E 1993. II. 513, note Hochart ; CSB 1993. 113, S. 47.* ♦ De même, un contrat de travail est formé entre les parties s'agissant d'une lettre confirmant la proposition d'emploi faite au salarié et précisant le lieu de travail ainsi que la rémunération et constituant la confirmation écrite d'un engagement verbal n'appelant pas de réponse de la part du salarié. • Soc. 4 déc. 2001, n° 99-43.324 P : *D. 2002. IR 135 ; Dr. soc. 2002. 212, obs. Savatier ; RJS 2002. 126, n° 136.*

86. *Retrait de l'offre.* Le retrait d'une offre d'embauche après que le salarié l'a acceptée lui cause un préjudice dont l'employeur doit réparation. • Soc. 20 mai 1985 : *JS UIMM 1985. 383.* ♦ Un employeur s'étant engagé, par voie d'annonce, à payer à un gérant un salaire minimum, l'intéressé est fondé à refuser le contrat ne comportant pas l'indication du minimum garanti et à obtenir réparation du préjudice subi. • Soc. 17 nov. 1982 : *D. 1983. IR 115.*

3° PROMESSE D'EMBAUCHE

87. *Qualification.* Les juges du fond apprécient souverainement l'existence d'une promesse d'embauche. • Soc. 5 avr. 2005, n° 02-45.636 P. (« convention de stage d'accès à l'entreprise »). ♦ Constitue une promesse d'embauche valant contrat de travail l'écrit qui précise l'emploi proposé et la date d'entrée en fonction ; la rupture de cet engagement s'analyse en un licenciement sans cause réelle et sérieuse. • Soc. 15 déc. 2010 : *Dalloz actualité, 20 janv. 2011, obs. Siro ; D. 2011. Actu. 170 ; RDT 2011. 108, obs. Auzero ; JS Lamy 2011, n° 293-2, obs. Lhernould ; JCP S 2011. 1104, obs. Puigelier.*

88. *Rupture.* La rupture abusive d'une promesse d'embauche quatre jours après la confirmation de l'engagement oblige l'employeur à réparer le préjudice matériel et moral qui en résulte. • Soc. 5 déc. 1989 : *RJS 1990. 9, n° 1.* ♦ Le salarié dont le contrat est rompu avant tout commencement d'exécution peut néanmoins prétendre au paiement d'une indemnité de préavis et de dommages-intérêts. • Soc. 12 janv. 1989 : *Bull. civ. V, n° 18* • 2 mars 1993 : *préc. note 85.* ♦ Même si l'exécution du contrat de travail n'a pas commencé, la rupture à l'initiative de l'employeur caractérise un licenciement. • Soc. 2 févr. 1999, n° 95-45.331 P : *D. 1999. IR 68 ; Dr. soc. 1999. 487, note Favennec-Héry ; RJS 1999. 211, n° 349 ; JCP E 1999. 605* • 12 juill. 2006 : *RJS 2006. 773, n° 1036.* ♦ V. • Soc. 15 déc. 2010 : *Dalloz actualité, 20 janv. 2010, obs. Siro.*

4° RENCONTRE DES CONSENTEMENTS

89. *Contrat par correspondance.* Le contrat de travail conclu par correspondance se trouve formé au moment et au lieu de l'acceptation par le salarié. • Soc. 3 mars 1965, n° 62-40.026 P. ♦ Ainsi est un licenciement la renonciation de l'employeur à un contrat de travail, même si celui-ci n'a reçu aucun début d'exécution. • Soc. 2 févr. 1999 : *préc. note 88.*

B. FORME ET PREUVE

BIBL. Bombo-Laye, *JS Lamy 2008, n° 246-1* (la preuve en droit du travail). – Favennec-Héry, *Dr. soc. 1985. 172.* – Karaquillo, *D. 1995. Chron. 168* (formalisme dans les contrats de travail de sportifs professionnels). – Nayral de Puybusque, *Sem. soc. Lamy 1983, n° 174, D. 52.* – Véricel, *Dr. soc. 1993. 818* (formalisme dans le contrat de travail).

1° FORME

90. *Rédaction en français.* L'obligation de rédiger en français tout contrat de travail constaté par écrit et à exécuter sur le territoire français n'a pas pour sanction la nullité, mais permet au salarié d'obtenir de l'employeur la délivrance d'un contrat conforme aux exigences du texte. • Soc. 19 mars 1986 : *D. 1987. 359, note Légier.*

91. *Opposabilité.* Lorsque le contrat de travail n'est pas signé par le salarié, les clauses qui y sont intégrées ne lui sont pas opposables. • Soc. 2 avr. 1998, n° 95-43.541 P : *D. 1999. Somm. 33, obs. Escande-Varniol .*

92. *Pluralité de contrats de la même date.* En présence de deux contrats de travail signés à la même date par le salarié avec le même employeur, seul le plus favorable à l'intéressé doit recevoir application. • Soc. 12 juill. 2006 : *RJS 2006. 767, n° 1024.*

93. La non-remise ou la remise tardive au salarié de l'un des documents visés par la convention collective devant venir confirmer son embauchage définitif lui cause nécessairement un préjudice. • Soc. 27 mars 2001, n° 98-46.119 P : *RJS 2001. 500, n° 716.*

94. *Homologation du contrat.* S'il résulte des règlements de la Ligue nationale de rugby que les contrats conclus entre un joueur et un club professionnel doivent être impérativement soumis à la faculté d'homologation, aucun texte ne prévoit que le non-respect de ces règles est sanctionné par la nullité du contrat ; le joueur est tenu de respecter les engagements qu'il avait souscrits. • Soc. 17 mars 2010 : *Sem. soc. Lamy 2010, n° 1453, p. 13, obs. Florès.*

2° PREUVE

95. Charge de la preuve. C'est à celui qui se prévaut d'un contrat de travail d'en établir l'existence. • Soc. 21 juin 1984 : *D. 1984. IR 465.* ♦ Mais en présence d'un contrat de travail apparent, il incombe à celui qui invoque son caractère fictif d'en rapporter la preuve. • Soc. 24 mars 1993 : *RJS 1993. 290, n° 481* • 18 juin 1996, n° 92-44.296 P. (pour un contrat écrit) • 7 janv. 1997 : *Dr. soc. 1997. 310, obs. Couturier.*

96. Justifient l'application de l'art. 1348 C. civ. les juges qui admettent que le salarié était dans l'impossibilité morale de réclamer un écrit en raison du lien de subordination l'unissant à son employeur et des usages en vigueur dans le monde du travail. • Soc. 28 avr. 1955, n° 3.834 P.

C. NULLITÉS

BIBL. Buy, *Mélanges Béguet, 1985, p. 69* (enrichissement sans cause). – Choley, *ibid., p. 87* (sanction des vices du consentement). – Djoudi, *D. 1995. Chron. 192.* – Freyria, *Dr. soc. 1960. 619.*

97. Restitutions. Lorsqu'un contrat de travail est nul, les parties ne pouvant être remises dans le même état que si ce contrat n'avait jamais existé, celui qui a exécuté le travail promis est en droit de recevoir une rémunération en contrepartie ; il peut conserver à titre d'indemnités les salaires perçus. • Soc. 22 nov. 1979 : *Bull. civ. V, n° 885 ; D. 1980. IR 258.* ♦ Rappr. : • Soc. 1er avr. 1992 : *D. 1992. IR 153 ; CSB 1992. 147, S. 84.* • Soc. 7 mai 2003 : *RJS 2003. 567, n° 848.*

98. Enrichissement sans cause. La nullité d'ordre public d'un contrat de travail pour inobservation de l'art. L. 341-2 n'interdit pas au salarié d'agir contre l'employeur sur le fondement de l'enrichissement sans cause. • Soc. 15 févr. 1978, n° 76-41.142 P : *D. 1980. 30, note G. Lyon-Caen ; ibid. 1978. IR 387, obs. Pélissier ; ibid. 1979. IR 312, obs. Alaphilippe et Karaquillo.*

99. Faute de l'employeur. En cas de nullité d'un contrat à exécution successive, les parties doivent être indemnisées pour les prestations fournies ainsi que des fautes commises par l'une au préjudice de l'autre, telle celle commise par l'employeur qui a commis une infraction et a bénéficié du travail d'un étranger irrégulièrement embauché. • Soc. 3 oct. 1980 : *Bull. civ. V, n° 704 ; D. 1982. 68, note Agostini.* – Dans le même sens : • Soc. 9 févr. 1966 : *Dr. soc. 1966. 426, obs. Savatier.*

III. PRINCIPALES CLAUSES DU CONTRAT DE TRAVAIL

RÉP. TRAV. *Contrat de travail (clauses particulières)*, par Aubrée.

BIBL. Mekki, *RDT 2006. 292.*

A. CLAUSE D'EXCLUSIVITÉ

100. Qualification. Ne peut être qualifiée de clause d'exclusivité la clause par laquelle un salarié est tenu à une obligation de fidélité lui interdisant de s'intéresser directement ou indirectement à une entreprise concurrente ou de collaborer sous quelque forme que ce soit avec une telle entreprise, dès lors qu'elle ne lui interdit pas d'effectuer, pour le compte d'un tiers, des opérations autres que celles portant sur des produits susceptibles de concurrencer ses coemployeurs. • Soc. 8 juin 2011 : *D. 2011. 2961, obs. Centre de droit de la concurrence et Serra.*

101. Validité. La clause par laquelle un salarié s'engage à consacrer l'exclusivité de son activité à un employeur porte atteinte à la liberté du travail ; elle n'est valable que si elle est indispensable à la protection des intérêts légitimes de l'entreprise et si elle est justifiée par la nature de la tâche à accomplir et proportionnée au but recherché. • Soc. 11 juill. 2000 : *D. 2000. IR 228 ; RJS 2000. 767, n° 1154 ; Dr. soc. 2000. 1141, obs. Mouly* • 24 févr. 2004, n° 01-43.392 P. • 11 mai 2005 : *D. 2005. IR 1590 ; JCP S 2005. 1005, note Césaro ; RJS 2005. 565, n° 787.*

102. V. également notes ss. l'art. L. 3123-1.

B. CLAUSE DE DÉDIT-FORMATION

103. Validité. Les clauses de dédit-formation sont licites si elles constituent la contrepartie d'un engagement pris par l'employeur d'assurer une formation entraînant des frais réels au-delà des dépenses imposées par la loi ou la convention collective, si le montant de l'indemnité de dédit est proportionné aux frais de formation engagés et si elles n'ont pas pour effet de priver le salarié de la faculté de démissionner. • Soc. 21 mai 2002, n° 00-42.909 P : *GADT, 4e éd., n° 85 ; Dr. soc. 2002. 902, obs. Savatier.* ♦ Est nulle la clause de dédit-formation qui ne contient aucune information sur le coût réel de la formation pour l'employeur. • Soc. 16 mai 2007 : *RDT 2007. 450, obs. Auzero ; JCP S 2007. 1585, note Drai.* ♦ Sur la nullité de la clause de dédit-formation, stipulée dans le cadre de l'art. L. 6321-2 C. trav., qui prévoit le remboursement des salaires versés pendant la formation en cas de départ prématuré. V. • Soc. 23 oct. 2013 : *D. 2013. Actu. 2527 ; D. 2014. 302, obs. Ducloz ; Dr. soc. 2014. 77, obs. Canut ; RJS 1/2014, n° 65.*

104. L'engagement du salarié de suivre une formation à l'initiative de son employeur, et, en cas de démission, d'indemniser celui-ci des frais qu'il a assumés, doit, pour être valable, faire l'objet d'une convention particulière conclue avant le début de la formation et qui précise la date, la nature, la durée de la formation et son coût réel pour l'employeur, ainsi que le montant et les modalités du remboursement à la charge du salarié. • Soc. 4 févr. 2004 : ☎ *RDC 2004. 720, note Radé.*

105. Imputabilité de la rupture et clause de dédit-formation. Une clause de dédit-formation ne peut être mise en œuvre lorsque la rupture du contrat de travail est imputable à l'employeur ; tel est le cas lorsque la prise d'acte de la rupture produit les effets d'un licenciement sans cause réelle et sérieuse. • Soc. 11 janv. 2012 : ☎ *Dalloz actualité, 30 janv. 2012, obs. Siro ; D. 2012. Actu. 226* ✐ *; Dr. soc. 2012. 420, obs. Canut* ✐ *; RJS 2012. 192, n° 224 ; JCP S 2012. 1175, obs. Dumont.*

106. V. également note ss. l'art. L. 1237-1.

C. CLAUSES DE NON-CONCURRENCE

BIBL. Arséguel et Amauger-Lattes, *RF compt. 1994. 50.* – Castronovo, *RDT 2010. 507* (clause de clientèle et clause de non-concurrence). – Corrignan-Carsin, *Dr. soc. 1992. 967.* – N. Gavalda, *Dr. soc. 1999. 582* (critères de validité). – Gaudu, *Dr. soc. 1991. 419* (fidélité et rupture). – Gomy, *Mélanges offerts à Y. Serra Dalloz 2006* (autonomie de la clause de non-concurrence). – Guerrero, *JS Lamy 2012, n° 320-1* (variations sur la clause de non-concurrence). – Haller, *JS Lamy 1998, n° 19-3* (apport récent de la jurisprudence). – Kerbourc'h, *RJS 2003. 3.* – Lhernoud, *RJS 2012. 171* (un an de jurisprudence de la Cour de cassation). – G. Lyon-Caen, *Dr. soc. 1963. 88.* – Mousseron, *ibid. 1989. 479.* – Pélissier, *ibid. 1990. 19* – L. F. Pignarre, *RDT 2009. 151* ✐. – Pizzio-Delaporte, *Dr. soc. 1996. 145* (jurisprudence récente). – Quétant, *JS Lamy 2003, n° 132* (contrepartie pécuniaire). – Sautonie-Laguionie, Béraud, Gérard, Martinon et Picode, *JCP S 2013. 1445.* – Savatier, *Dr. soc. 1990. 50* – Serra, *D. 1996. Chron. 245* ✐. – Serret, *Dr. soc. 1994. 759.* – Tassel, *Dr. soc. 1977. 180.* – Vatinet, *Dr. soc. 1998. 534* (principes mis en œuvre par la jurisprudence). – Vincent, *Dr. soc. 1997. 152* (promesse du salarié d'être fidèle à l'employeur après son départ de l'entreprise).

107. Obligation de loyauté en l'absence de clause. Le salarié non soumis à une clause de non-rétablissement ne commet aucun acte de concurrence déloyale en créant après la rupture de son contrat une entreprise à un moment où il n'était plus tenu d'aucune obligation envers l'employeur. • Soc. 20 févr. 1975 : *Bull. civ. V, n° 84 ; D. 1975. IR 73.* ♦ Le salarié en congé sabbatique peut avoir une activité salariée mais reste tenu d'une obligation de loyauté et de non-concurrence. • Soc. 5 juin 1996, ☎ n° 93-42.588 P : *RJS 1996. 600, n° 937.*

108. Prohibitions particulières. Une clause dite « de respect de la clientèle » est contraire à l'art. 7 de la loi du 31 déc. 1971 interdisant toute stipulation limitant la liberté d'établissement ultérieure. • Civ. 1re, 14 oct. 1997 : ☎ *D. 1997. IR 233* ✐ *; TPS 1998, n° 1.* ♦ L'appréciation de la légalité de l'art. R. 242-65 C. rur., qui interdit à tout vétérinaire d'exercer à moins de vingt-cinq kilomètres du cabinet de son ancien employeur pendant deux ans après la rupture de la relation de travail, soulève une difficulté sérieuse. • Soc. 15 janv. 2014 : ☎ *Dalloz actualité, 30 janv. 2014, obs. Fleuriot ; RJS 3/2014, n° 224.*

1° OBLIGATION CONVENTIONNELLE DE NON-CONCURRENCE

109. Licéité. Un accord d'entreprise peut contenir une obligation de non-concurrence et même si l'accord de branche ne le prévoit pas. • Soc. 9 juill. 1976 : *D. 1977. 338, note Crionnet.*

110. Lorsque les dispositions d'une convention collective exigeant que toute clause de non-concurrence fasse l'objet d'un accord ne sont pas sanctionnées par la nullité, les juges du fond peuvent estimer que le comportement des parties démontrait suffisamment l'accord du salarié. • Soc. 6 mars 1986 : *D. 1986. IR 342, obs. Serra.*

111. Principe de faveur. Une clause de non-concurrence ne peut déroger à des dispositions conventionnelles dans un sens moins favorable pour le salarié. • Soc. 12 févr. 2002, ☎ n° 99-43.858 P : *RJS 2002. 325, n° 404 ; JS Lamy 2002, n° 96-5* • 12 nov. 1997 : ☎ *RJS 1997. 841, n° 1367.* ♦ La clause du contrat de travail qui impose une obligation de non-concurrence plus contraignante pour le salarié que celle admise par la convention collective applicable n'est valable que dans les limites fixées par celle-ci. • Soc. 22 oct. 2008 : ☎ *JCP S 2008. 1672, obs. Beyneix.* ♦ La convention collective des VRP ayant réglementé la clause de non-concurrence, le contrat de travail ne peut valablement contenir des dispositions plus contraignantes pour le salarié. • Soc. 12 oct. 2011 : ☎ *JCP S 2012. 1005, obs. Cesaro.*

112. Opposabilité. L'obligation de non-concurrence prévue par la convention collective est opposable au salarié, en l'absence de mention dans le contrat de travail, dès lors qu'il a été informé de l'existence d'une convention collective applicable et mis en mesure d'en prendre connaissance. • Soc. 8 janv. 1997, ☎ n° 93-44.009 P : *GADT, 4e éd., n° 165 ; D. 1997. 332, note Crionnet* ✐ *; Dr. soc. 1997. 323, obs. Couturier* ✐ *; RJS 1997. 123, n° 184.* ♦ Une convention collective intervenue postérieurement au contrat de travail ne peut avoir pour effet de couvrir la nullité qui affecte la clause de non-concurrence contenue dans le contrat de travail. • Soc. 28 sept. 2011 : ☎ *Dalloz actualité,*

26 nov. 2011, obs. Perrin ; D. 2011. Actu. 2480 ; Dr. soc. 2012. 92, obs. Mouly ; RJS 2011. 853, n° 970 ; JS Lamy 2011, n° 309-3, obs. Godey ; JCP S 2011. 1004, obs. Beyneix.

2° OBLIGATION CONTRACTUELLE DE NON-CONCURRENCE

a. Qualification

113. Qualification. La clause de clientèle qui contient une interdiction de contracter directement ou indirectement avec une ancienne salariée, y compris dans le cas où des clients de l'employeur l'envisageraient spontanément, en dehors de toute sollicitation ou démarchage, constitue une clause de non-concurrence illicite dès lors qu'elle est dépourvue de contrepartie financière et de limites dans le temps et dans l'espace. • Soc. 27 oct. 2009 : *RJS 2010, n° 36, p. 35 ; Dr. soc. 2010. 120, obs. Mouly .*

b. Conditions de validité

114. Moment d'appréciation de la validité de la clause de non-concurrence. La validité de la clause de non-concurrence doit être appréciée à la date de sa conclusion ; la convention collective intervenue postérieurement ne peut avoir pour effet de couvrir la nullité qui l'affecte. • Soc. 29 sept. 2011 : *Dalloz actualité, 26 nov. 2011, obs. Perrin ; D. 2011. Actu. 2480 ; Dr. soc. 2012. 92, obs. Mouly ; RJS 2011. 853, n° 970 ; JS Lamy 2011, n° 309-3, obs. Godey.*

115. Acceptation du salarié. L'adjonction d'une clause de non-concurrence à un contrat qui n'en prévoyait pas constitue une modification de ce contrat. • Soc. 7 juill. 1998, n° 96-40.256 P : *RJS 1998. 615, n° 958 ; JS Lamy 1998, n° 21-5, obs. Haller ; JCP 1998. II. 10196, note Puigelier* • 16 déc. 1998, n° 96-41.845 P : *D. 1999. IR 19 ; TPS 1999, n° 60 ; RJS 1999. 104, n° 154.* ♦ Les parties peuvent convenir d'une clause de non-concurrence dans le cadre d'une transaction : • Soc. 5 janv. 1994, n° 89-40.961 P : *D. 1994. 586, note Puigelier ; D. 1995. Somm. 250, obs. Serra ; JCP 1994. II. 22259, note Taquet ; CSB 1994. 43, A. 13 ; RJS 1994. 119, n° 148.*

116. Conciliation avec la liberté de l'activité professionnelle. Une clause de non-concurrence est en principe licite et ne doit être annulée que dans la mesure où elle porte atteinte à la liberté du travail. • Soc. 8 mai 1967 : *Bull. civ. IV, n° 373 ; GADT, 4e éd., n° 44 ; D. 1967. 230, note Lyon-Caen.*

117. Conditions cumulatives. Une clause de non-concurrence n'est licite que si elle est indispensable à la protection des intérêts légitimes de l'entreprise, limitée dans le temps et dans l'espace, qu'elle tient compte des spécificités de l'emploi du salarié et comporte l'obligation pour l'employeur de verser au salarié une contrepartie financière, ces conditions étant cumulatives. • Soc. 10 juill. 2002, n° 00-45.135 P : *GADT, 4e éd., n° 46 ; D. 2002. 2491, note Serra ; RJS 2002. 840, n° 1119 ; JS Lamy 2002, n° 108-2 ; Dr. ouvrier 2002. 533, note Taté ; CSB 2002. 446, A. 54 ; RDC 2003. 17, obs. Roschfeld ; RDC 2003. 142, obs. Radé.*

118. Application dans le temps. L'exigence d'une contrepartie financière à la clause de non-concurrence répond à l'impérieuse nécessité d'assurer la sauvegarde et l'effectivité de la liberté fondamentale d'exercer une activité professionnelle ; loin de violer les textes visés par le moyen et notamment l'art. 6 Conv. EDH, une cour d'appel en a au contraire fait une exacte application en décidant que cette exigence était d'application immédiate. • Soc. 17 déc. 2004, n° 03-40.008 P : *D. 2005. IR 110, note P. Guiomard ; Dr. soc. 2005. 334, obs. Gauriau ; Dr. soc. 2005. 123, chron. Sargos ; D. 2005. Chron. 988 ; RJS 2005. 205, n° 272 ; JS Lamy 2005, n° 160-3 ; Sem. soc. Lamy 2005, n° 1200* • 7 janv. 2003 : *RDC 2003. 145, obs. Radé.*

119. Clause potestative. Est nulle la clause dont l'employeur se réserve à son seul gré la faculté d'étendre la portée dans le temps et dans l'espace. • Soc. 28 avr. 1994, n° 91-42.180 P : *RJS 1994. 425, n° 697* • 12 avr. 1995 : *D. 1996. Somm. 246, obs. Serra ; Dr. soc. 1995. 668, obs. Savatier ; RJS 1995. 587, n° 892* • 12 févr. 2002, n° 00-41.765 P : *D. 2002. 2011, obs. Puigelier ; Dr. soc. 2002. 468, obs. Vatinet ; RJS 2002. 335, n° 431.* ♦ Est nulle dans son ensemble la clause de non-concurrence qui réserve à l'employeur la faculté de renoncer à tout moment, avant ou pendant la période d'interdiction, aux obligations qu'elle fait peser sur le salarié et laisse ce dernier dans l'incertitude quant à l'étendue de sa liberté de travailler. • Soc. 2 déc. 2015, n° 14-19.029 P : *D. 2015. Actu. 2568 ; Dr. soc. 2016. 187, note Mouly ; RJS 2/2016, n° 109 ; JCPS 2016, n° 1055, note Beyneix.*

120. Nécessité de la clause. En faisant ressortir qu'en raison des fonctions du salarié, laveur de vitres, la clause de non-concurrence n'était pas indispensable à la protection des intérêts légitimes de l'entreprise, la cour d'appel a pu décider que l'employeur ne pouvait se prévaloir de cette clause. • Soc. 14 mai 1992, n° 89-45.300 P : *GADT, 4e éd., n° 45 ; D. 1992. 350, note Serra ; Dr. soc. 1992. 967, note Corrignan-Carsin ; JCP E 1992. II. 341, note Amiel-Donat ; CSB 1992. 163, A. 29 ; RJS 1992. 404, n° 735* • 19 nov. 1996, n° 94-19.404 P : *Dr. soc. 1997. 95, obs. Couturier ; RJS 1996. 819, n° 1266 ; CSB 1997. 37, A. 7* (illicéité de la clause imposée par un concessionnaire automobile à son employé magasinier) • 18 déc. 1997, n° 95-43.409 P : *Dr. soc. 1998. 194, obs. J. Savatier ; RJS 1998. 110, n° 179.*

121. Illustrations. L'activité économique d'une association peut justifier l'existence d'une clause de non-concurrence. • Soc. 27 sept. 1989 :

D. 1990. Somm. 75, obs. Serra ✎. ♦ N'est pas indispensable à la protection des intérêts légitimes de l'entreprise la clause accompagnée d'une clause de rachat conférant au salarié la faculté d'être libéré de son obligation avec l'accord de l'employeur et moyennant le versement d'une somme forfaitaire. • Soc. 7 avr. 1998, n° 95-42.495 P : *D. 1999. Somm. 107, obs. Serra* ✎ ; *JCP 1999. II. 10164, note Raison-Rebufat.* ♦ Constitue une protection légitime des intérêts de l'entreprise la clause interdisant à un garçon de café d'exercer sa profession pour une durée limitée dans la seule ville où il travaillait. • Soc. 1er mars 1995 : *D. 1996. Somm. 245, 1re esp., obs. Serra* ✎ ; *CSB 1995. 111, A. 18 (2e esp.) ; RJS 1995. 257, n° 377* • 2 déc. 1997, 95-43.672 P : *RJS 1998. 29, n° 33.*

122. Proportionnalité de la clause. Est valable la clause d'une durée de deux ans et limitée au département de la Seine et aux départements dans lesquels la société était implantée au moment du départ, dans la mesure où il n'est pas établi qu'il en résultait une impossibilité absolue d'exercer dans les entreprises non concurrentes une activité normale conforme à la formation professionnelle du salarié. • Soc. 31 mars 1981 : *Bull. civ. V, n° 282 ; D. 1982. IR 202, obs. Serra.* ♦ Pour être valable la clause de non-concurrence ne doit pas avoir un champ professionnel tel qu'elle place le salarié dans l'impossibilité absolue d'exercer de façon normale une activité conforme à ses connaissances et à sa formation. • Soc. 31 mars 1981 : *Bull. civ. V, n° 283.*

123. Illicéité de la clause interdisant à un ingénieur commercial, pendant un an, toute activité sur le territoire national, la cour d'appel ayant constaté que cette clause par sa généralité et son étendue géographique faisait perdre au salarié, qui n'avait été employé que moins de deux ans, l'expérience professionnelle acquise. • Soc. 27 févr. 1996 : *RJS 1996. 242, n° 406.* ♦ ... Ayant pour résultat d'imposer à un salarié de s'expatrier pour retrouver un emploi conforme à sa formation et à son expérience. • Soc. 28 oct. 1997, 94-43.792 P : *Dr. soc. 1998. 78, obs. Couturier* ✎ ; *JCP 1998. II. 10092, note Sérinet ; CSB 1998. 5, A. 1 ; RJS 1997. 844, n° 1369.*

124. Est illicite la clause de non-concurrence qui interdit au salarié d'entrer au service, en France et pendant un an, d'une entreprise ayant pour activité principale ou secondaire la vente au détail de vêtements et matériels de sport, ne permettant pas au salarié de retrouver un emploi conforme à son expérience professionnelle. • Soc. 18 sept. 2002, n° 99-46.136 P : *RJS 2002. 1004, n° 1352 ; JS Lamy 2002, n° 111-10.* ♦ Sur la validité de la clause qui n'a pas pour effet d'empêcher un salarié d'exercer une activité conforme à sa formation et à son expérience d'ingénieur commercial,V. • Soc. 20 nov. 2013 : *D. 2013. Actu. 2782* ✎ ; *RDT 2014. 32, obs. Auzero* ✎ ; *RJS 2014. 98, n° 125 ; JS Lamy 2014, n° 358-6, obs. Chuilon ; JCP G 2013. 1312, obs. Lefranc-Hamoniaux.*

125. Existence d'une contrepartie financière. Une clause de non-concurrence doit comporter l'obligation pour l'employeur de verser au salarié une contrepartie financière. • Soc. 10 juill. 2002 : *préc. note 117.* ♦ Pour une contrepartie financière constituée d'actions, V. • Com. 15 mars 2011 : *RDT 2011. 306, obs. Auzero* ✎.

126. Caractère dérisoire. Lorsque le contrat de travail fixe un montant dérisoire par rapport au montant minimal prévu par la convention collective, la clause de non-concurrence insérée dans le contrat de travail peut valablement être annulée. • Soc. 13 janv. 1998, n° 95-41.480 P : *D. 1999. 159, note Bourrier et Bouche* ✎ ; *D. 1999. Somm. 104, obs. Auguet* ✎ ; *RJS 1998. 287, n° 460.* ♦ Une contrepartie financière dérisoire à la clause de non-concurrence équivaut à une absence de contrepartie. • Soc. 15 nov. 2006 : *D. 2006. IR 2946* ✎ ; *RDT 2007. 95, obs. Pélissier* ✎ ; *RJS 2006. 58, n° 50 ; Dr. soc. 2007. 241, obs. Mouly* ✎ ; *JS Lamy 2006, n° 201-3.*

127. Office du juge. Le juge prud'homal ne peut substituer son appréciation du montant de cette contrepartie à celle fixée par les parties et, après avoir décidé de l'annulation de la clause, accorder au salarié la contrepartie qu'il estime justifiée. • Soc. 16 mai 2012 : *D. 2012. Actu. 1409* ✎ ; *D. 2013. Pan. 1026, obs. Porta* ✎ ; *RDT 2012. 488, obs. Géniaut* ✎ ; *RJS 2012. 612, n° 701 ; JS Lamy 2012, n° 325-6, obs. Tourreil ; JCP S 2012. 1329, obs. Loiseau.*

128. Articulation avec les dispositions conventionnelles. Les parties peuvent valablement se référer à la convention collective applicable qui prévoit le bénéfice d'une contrepartie financière. • Soc. 10 mars 2004 : *Dr. soc. 2004. 563, obs. Mouly* ✎ ; *RDC 2004. 725, obs. Radé* (VRP). ♦ Le montant de la contrepartie financière de la clause de non-concurrence à laquelle est soumis un VRP doit être calculé conformément aux dispositions de l'ANI du 3 oct. 1975 et ne peut être réduit par le juge. • Soc. 7 mars 2007 : *D. 2007. Pan. 2263, obs. Desbarats* ✎ ; *Dr. soc. 2007. 775, obs. Mouly* ✎.

129. Situation particulière en Alsace-Moselle. Aux termes de l'art. 74, al. 2, du code de commerce d'Alsace-Moselle, la clause de non-concurrence ne s'impose aux « commis et apprentis commerciaux » que pour autant que l'employeur s'engage à payer pour la durée de la clause une indemnité annuelle de la moitié au moins des rémunérations dues en dernier lieu à l'intéressé. • Soc. 2 févr. 1966 : *Bull. civ. V, n° 134.* ♦ Cette disposition vise exclusivement les rapports des commis et apprentis commerciaux avec les commerçants ; elle est inapplicable au directeur d'une agence de travail temporaire exerçant les fonctions de cadre supérieur. • Soc. 16 juin 1999 : *JS Lamy 1999, n° 42-12.* ♦ Faute d'être assortie de la contrepartie prévue par les dispositions du droit local, la clause de non-concurrence imposée par un employeur ayant la qualité de commerçant est nulle. • Soc. 25 janv. 1989 : *CSB 1989. 58, B. 35.* ♦ L'art. 74 du code de commerce local prévoit que le commis doit laisser imputer sur l'indemnité échue les sommes qu'il acquiert ou néglige de mauvaise foi d'acquérir par l'emploi de son activité, si l'indemnité, en y ajoutant le montant de ces sommes, dépasse de plus d'un dixième les rémunérations conventionnelles perçues par lui en dernier lieu. Les indemnités versées par les ASSEDIC ne sont pas des sommes perçues en raison de l'activité du salarié ; elles ne peuvent, par conséquent, venir en déduction de l'indemnité de non-concurrence. • Soc. 9 déc. 1998, n° 96-42.457 P : *RJS 1999. 79, n° 120.*

130. Régime de la contrepartie financière. Est nulle la clause de non-concurrence qui ne prévoit de contrepartie pécuniaire qu'en cas de rupture du contrat de travail à l'initiative de l'employeur. • Soc. 31 mai 2006 : *D. 2007. Pan. 180, obs. Condemnine ; Dr. soc. 2006. 927, obs. Mouly ; JS Lamy 2006, n° 192-5 ; JCP 2006. 2380, note Béal ; RJS 2006. 787, n° 1060.* ♦ De même, est nulle la clause qui exclut le bénéfice de l'indemnité au cas où le salarié serait licencié pour faute grave, les conditions d'ouverture de l'obligation de non-concurrence et celles de son indemnisation ne pouvant être dissociées. • Soc. 28 juin 2006 : *D. 2006. IR 1989 ; RJS 2006. 854, n° 1144.* ♦ Une convention collective ne peut déroger à la loi pour interdire, en cas de faute grave, au salarié soumis à une clause de non-concurrence de bénéficier d'une contrepartie financière. • Soc. 4 juin 2008 : *Dr. soc. 2008. 1147, obs. Mouly ; RJS 2008. 716, n° 892 ; JS Lamy 2008, n° 236-5 ; JCP S 2008. 1565, note Letombe.*

131. L'art. 6.1 du Pacte international relatif aux droits économiques, sociaux et culturels du 16 déc. 1966, directement applicable en droit interne, qui garantit le droit qu'a toute personne d'obtenir la possibilité de gagner sa vie par un travail librement choisi et accepté, s'oppose à ce qu'un salarié tenu au respect d'une obligation de non-concurrence soit privé de toute contrepartie financière au motif qu'il a été licencié pour faute grave. • Soc. 16 déc. 2008 : *RDT 2009. 399, note Rémy ; RJS 2009. 246, n° 285 ; Dr. soc. 2009. 236, obs. Mouly ; JCP S 2009. 1114, obs. Beyneix.*

132. Est nulle la clause de non-concurrence qui ne prévoit le versement d'une contrepartie pécuniaire qu'en cas de rupture du contrat de travail à l'initiative du salarié. • Soc. 27 févr. 2007 : *D. 2007. AJ 869 ; D. 2007. Pan. 2262, obs. Desbarats ; RJS 2007. 438, n° 595 ; LPA 2007, n° 75, note Pierroux.*

133. Les parties ne peuvent dissocier les conditions d'ouverture de l'obligation de non-concurrence de celles de son indemnisation ; la stipulation minorant en cas de démission la contrepartie financière est réputée non écrite. • Soc. 25 janv. 2011 : *Dalloz actualité, 9 févr. 2012, obs. Siro ; D. 2012. Actu. 443 ; RDT 2012. 216, obs. Charbonneau ; RJS 2012. 294, n° 338 ; Sem. soc. Lamy 2012, n° 1531, p. 6, obs. Canut ; JCP S 2012. 1208, obs. Beyneix.* ♦ Le montant de cette contrepartie ne peut varier selon les circonstances de la rupture ; une telle clause n'est pas nulle mais doit être réputée non écrite en ses seules dispositions minorant la contrepartie en cas de faute. • Soc. 8 avr. 2010 : *D. 2010. Actu. 1085, obs. Perrin ; RJS 6/2010, n° 512 ; JS Lamy 2010, n° 277-5, obs. Julien-Paturle ; Dr. soc. 2010. 718, obs. Mouly ; JCP S 2010. 1288, obs. Beyneix.* ♦ Est réputée non écrite la minoration par les parties, dans le cas d'un mode déterminé de rupture du contrat de travail, de la contrepartie pécuniaire d'une clause de non-concurrence. • Soc. 9 avr. 2015, n° 13-25.847 : *Dalloz actualité, 6 mai 2015, obs. Ines ; D. 2015. Actu. 872 ; JS Lamy 2015, n° 388-4 ; RJS 6/2015, n° 409.* ♦ De même, est réputée non écrite une telle minoration prévue par la convention collective applicable. • Soc. 14 avr. 2016, n° 14-29.679 P : *Dalloz actualité, 3 mai 2016, obs. Roussel ; JS Lamy, n° 411-4, obs. Lhernould ; JCP S 2016. 1229, obs. Beyneix.*

134. Départ à la retraite. L'obligation au paiement de l'indemnité compensatrice de non-concurrence ne peut être affectée par les circonstances de la rupture du contrat de travail et la possibilité pour le salarié de reprendre ou non une activité concurrentielle ; le salarié qui part à la retraite a droit à la contrepartie financière. • Soc. 24 sept. 2008 : *RJS 2008. 987, n° 11191 ; Dr. soc. 2009. 365, obs. Mouly .*

135. Décès du salarié. La contrepartie financière de la clause de non-concurrence a pour objet d'indemniser le salarié qui, après rupture du contrat de travail, est tenu d'une obligation qui limite ses possibilités d'exercer un autre emploi ; la contrepartie n'est pas due en cas de rupture du contrat de travail par suite du décès du salarié. • Soc. 29 oct. 2008 : *D. 2008. AJ 2947 ; RJS 2009. 54, n° 38 ; Dr. soc. 2009. 367, obs. Mouly .*

136. Date d'exigibilité. Le paiement de l'indemnité de non-concurrence doit être effectué dès le départ effectif du salarié et non à l'expiration du préavis. • Soc. 15 juill. 1998, n° 96-40.866 P : *RJS 1998. 631, n° 986 ; TPS 1998, n° 352* • 22 juin 2011 : *Dalloz actualité, 18 juill. 2011, obs. Siro ; D. 2011. Actu. 1829 ; Dr. soc. 2011. 1122, obs. Mouly ; JS Lamy 2011, n° 306-2, obs. Lhernould ; JCP S 2011. 1480, obs. Dumont.*

137. Prise en compte des sommes versées avant la rupture. Le paiement de l'indemnité ne peut pas non plus intervenir avant la rupture. • Soc. 7 mars 2007 : *D. 2007. 1708, note*

Lefranc-Hamoniaux ; *RDT 2007. 308, obs. Auzero* ; *RJS 2007. 438, n° 596.* ♦ La contrepartie d'une clause de non-concurrence ne peut être payée qu'après la rupture du contrat de travail ; la clause prévoyant une contrepartie versée pendant la période d'excution du contrat de travail est nulle ; la contrepartie financière, versée en application d'une clause nulle, s'analyse en un complément de salaire qui ne peut donner lieu à restitution de la part du salarié. • Soc. 17 nov. 2010 : *D. 2010. AJ 2845, obs. Perrin* ; *RDT 2011. 110, obs. Bento de Carvalho* ; *Dr. soc. 2011. 335, obs. Mouly* ; *JS Lamy 2011, n° 291-3, obs. Lhernould* ; *JCP S 2010. 1551, obs. Dauxerre* • 15 janv. 2014 : *Dalloz actualité, 10 févr. 2014, obs. Fraisse* ; *D. 2014. Actu. 215* ; *RDT 2014. 177, obs. Bento de Carvalho* ; *Dr. soc. 2014. 288, obs. Mouly* ; *RJS 3/2014, n° 223* ; *JS Lamy 2014, n° 361-5, obs. Chuilon.* ♦ Le paiement de la contrepartie financière de la clause de non-concurrence ne pouvant intervenir avant la rupture du contrat de travail, seul doit être pris en considération pour juger du caractère dérisoire d'une telle somme le montant qui doit être versé après la rupture. • Soc. 22 juin 2011 : *Dalloz actualité, 18 juill. 2011, obs. Siro* ; *D. 2011. Actu. 1829* ; *Dr. soc. 2011. 1120, obs. Mouly* ; *JS Lamy 2011, n° 306-2, obs. Lhernould* ; *JCP S 2011. 1425, obs. Beyneix.*

138. Nature juridique de la contrepartie financière. Bien que versée après la cessation du contrat, l'indemnité compensatrice l'a été en raison et à l'occasion d'un travail antérieur et en contrepartie des obligations continuant à incomber au salarié ; elle doit donc être soumise aux cotisations de sécurité sociale. • Soc. 19 mars 1975 : *Bull. civ. V, n° 193* ; *JCP 1975. II. 18067, note Saint-Jours* • 19 oct. 2005 : *pourvoi n° 03-46.592.* ♦ ... Et, de ce fait, être calculée en tenant compte du salaire brut. • Soc. 12 oct. 1993 : *D. 1994. Somm. 221, obs. Serra* ; *RJS 1993. 650, n° 1098.* ♦ La contrepartie financière ayant la nature d'une indemnité compensatrice de salaires, elle ouvre droit à congés payés. • Soc. 17 mai 2006 : *JCP E 2006. 2678, note Vachet* • 23 juin 2010 : *Dalloz actualité, 9 juill. 2010, obs. Perrin* ; *D. 2010. AJ 1795* ; *RJS 2010. 689, n° 754* ; *Dr. soc. 2010. 1254, obs. Mouly* ; *JCP S 2010. 1540, obs. Beyneix.* ♦ La créance de la contrepartie pécuniaire entre dans les prévisions de l'art. 40 de la loi du 25 janv. 1985 et doit donc être payée à son échéance. • Soc. 23 sept. 1992 : *RJS 1993. 108, n° 154.*

139. Cumuls. Le salarié n'ayant pas à justifier de l'existence d'un préjudice pour prétendre à la contrepartie pécuniaire de la clause de non-concurrence et la convention d'allocation spéciale FNE n'ayant pour effet que d'interrompre à titre temporaire le versement des prestations du salarié en cas de reprise d'une activité professionnelle, le salarié peut prétendre au cumul de l'allocation spéciale FNE et de l'indemnité compensatrice de la clause de non-concurrence à laquelle l'employeur est tenu. • Soc. 19 oct. 2005 : *Dr. soc. 2006. 104, obs. Mouly*.

140. Prescription de l'action en paiement. La contrepartie financière a la nature d'une indemnité compensatrice de salaire dont l'action en paiement se prescrit conformément à la prescription des gains et salaires. • Soc. 26 sept. 2002, n° 00-40.461 P : *RJS 2002. 1025, n° 1388.*

141. Cas des VRP. L'indemnité compensatrice de la clause de non-concurrence prévue par l'accord interprofessionnel du 3 oct. 1975 a un caractère forfaitaire lié à la rémunération globale du représentant et ne peut être réduite en raison d'une limitation du champ d'interdiction de concurrence. • Soc. 17 janv. 1996 : *RJS 1996. 201, n° 338.* ♦ Son montant ne peut être modifié par le juge. • Soc. 7 mars 2007 : *JCP S 2007. 1299, note Cesaro.*

c. Sort de la clause invalide

142. Nullité. En présence d'une clause de non-concurrence insérée dans un contrat de travail, même indispensable à la protection des intérêts légitimes de l'entreprise, le juge peut, lorsque cette clause ne permet pas au salarié d'exercer une activité conforme à sa formation et à son expérience professionnelle, en restreindre l'application en en limitant l'effet dans le temps, l'espace ou ses autres modalités. • Soc. 18 sept. 2002 : *D. 2002. 3111, obs. Pélissier* ; *ibid. 3229, obs. Serra* ; *RJS 2002. 920, n° 1231* ; *CSB 2002. 434, D. 17, note Charbonneau* ; *JS Lamy 2002, n° 110-3.* ♦ Cette action ne peut être exercée que par le salarié. • Soc. 3 mai 1989, n° 86-41.452 P : *D. 1990. Somm. 82, obs. Serra* • 17 juill. 1997 : *Dr. soc. 1997. 972, obs. Roy-Loustaunau* • 25 janv. 2006 : *Dr. soc. 2006. 463, obs. Mouly*.

143. Révision. Le juge peut réduire le champ d'application géographique d'une clause lorsqu'elle constitue une atteinte à la liberté du travail du salarié. • Soc. 25 mars 1998, n° 95-41.543 P : *D. 1998. IR 132* ; *RJS 1998. 464, n° 730* ; *TPS 1998. 11, n° 231.* ♦ Le juge peut également en limiter les effets dans le temps, ou ses autres modalités. • Soc. 18 sept. 2002 : *Dr. soc. 2002. 1007, obs. Vatinet* ; *D. 2002. 3229, note Serra* ; *JCP 2003. I. 130, n° 2, obs. Morvan* ; *RDC 2003. 150, obs. Radé.*

144. Inopposabilité. La cour d'appel, qui constate que la clause de non-concurrence insérée au contrat de travail de l'intéressé n'était assortie d'aucune contrepartie financière en a exactement déduit que son exécution était de nature à caractériser un trouble manifestement illicite et a pu la déclarer inopposable au salarié. • Soc. 25 mai 2005 : *D. 2005. IR 1586, obs. Chevrier* ; *Dr. soc. 2005. 924, obs. Radé* ; *RJS 2005. 609, n° 841* ; *JS Lamy 2005, n° 171-3.*

145. Indemnisation du salarié. L'existence

d'un préjudice et l'évaluation de celui-ci relèvent du pouvoir souverain des juges du fond. • Soc. 25 mai 2016, n° 14-20.578 P : *Dalloz actualité, 15 juin 2016, obs. Roussel ; D. 2016. Actu. 1205 ; RDT 2016. 557, obs. Bento de Carvalho ; Dr. soc. 2016. 773, obs. Mouly ; RJS 8-9/2016, n° 557 ; JS Lamy 2016, n° 414-5, obs. Lhernould ; JCP S 2016. 1271, obs. Duchange.* ♦ Comp. antérieurement : la stipulation dans le contrat de travail d'une clause de non-concurrence nulle cause nécessairement un préjudice au salarié. • Soc. 12 janv. 2011, n° 08-45.280 P : *Dalloz actualité, 3 févr. 2011, obs. Inès ; D. 2011. 310 ; ibid. 2961, obs. Centre de droit de la concurrence Serra ; Dr. soc. 2011. 468, obs. Mouly.*

146. Respect par le salarié de son obligation. Mais le salarié ne peut prétendre au paiement de l'indemnité de non-concurrence que pour la période pendant laquelle il a respecté son obligation, et, le cas échéant, au versement de dommages-intérêts en réparation du préjudice que lui a causé l'inexécution par l'employeur de son obligation de verser la contrepartie financière à laquelle il était tenu. • Soc. 25 févr. 2003 : *JCP 2003. II. 10014, note Corrignan-Carsin* • 5 mai 2004 : *D. 2004. IR 1501 ; Dr. soc. 2004. 912, obs. Mouly ; RJS 2004. 554, n° 812.*

147. Évaluation du préjudice. L'indemnité allouée au salarié ayant respecté une clause de non-concurrence nulle pour défaut de contrepartie financière ne constitue pas cette contrepartie, non prévue par le contrat, et est évaluée souverainement par les juges du fond. • Soc. 22 mars 2006 : *D. 2006. IR 1063 ; Dr. soc. 2006. 688, obs. Mouly.* ♦ Le montant des dommages-intérêts relève de l'appréciation souveraine des juges du fond. • Soc. 29 avr. 2003 : *RJS 2003. 608, n° 918* (montant de la somme prévue au profit de l'employeur si le salarié n'avait pas respecté la clause). ♦ V. aussi : • Soc. 7 juill. 1988 : *Bull. civ. V, n° 423 ; D. 1989. Somm. 262, note Serra.*

148. Maintien d'une action en concurrence déloyale. La nullité de la clause de non-concurrence ne fait pas obstacle à l'action en responsabilité engagée par l'employeur contre son ancien salarié dès lors qu'il démontre que ce dernier s'est livré à des actes de concurrence déloyale illicite. • Soc. 14 déc. 2005 : *D. 2006. IR 98.* ♦ Ni la nullité de la clause de non-concurrence, ni l'action en concurrence déloyale engagée contre le nouvel employeur devant la juridiction commerciale ne font obstacle à l'action en responsabilité engagée par l'employeur contre son ancien salarié dès lors qu'il démontre que ce dernier s'est livré à des actes de concurrence déloyale à son égard. • Soc. 28 janv. 2005 : *Dr. soc. 2005. 583, obs. Gauriau ; RJS 2005. 274, n° 382 ; JCP E 2005. 1463, note Depincé ; CSBP 2005, A. 35, obs. Charbonneau ; JS Lamy 2005, n° 162-3.*

d. Maintien de la clause

149. Poursuite de l'exécution au-delà du terme du CDD. La clause de non-concurrence est maintenue en cas de poursuite d'un contrat de travail à durée déterminée après l'échéance du terme. • Soc. 5 janv. 1995, n° 90-45.732 P : *Dr. soc. 1995. 191 ; CSB 1995. 97, S. 40 ; RJS 1995. 100, n° 110 ; JCP E 1995. II. 670, note Corrignan-Carsin.*

150. Transfert d'entreprise. La clause de non-concurrence est maintenue en cas de modification dans la situation juridique de l'employeur. • Soc. 9 avr. 1962 : *D. 1962. Somm. 100.* ♦ L'obligation de non-concurrence ayant été transférée au nouvel employeur, l'ancien ne peut plus en demander l'exécution au salarié. • Soc. 15 oct. 1997, n° 95-42.454 P : *Dr. soc. 1997. 1095, obs. A. Mazeaud ; RJS 1997. 822, n° 1338.* ♦ Le cessionnaire peut opposer à un salarié le reçu pour solde de tout compte et être libéré du versement de l'indemnité compensant l'obligation de non-concurrence souscrite antérieurement à la cession. • Soc. 6 déc. 1994 : *RJS 1995. 16, n° 2 ; Dr. soc. 1995. 192.*

151. Suspension. Si la clause interdisant, avant l'expiration d'un certain délai, au salarié quittant une entreprise d'entrer dans une autre entreprise exerçant une activité similaire ne s'applique pas dès lors que les deux entreprises ne sont pas en situation réelle de concurrence mais appartiennent au même groupe économique, et que le passage du salarié de l'une à l'autre est le résultat d'une entente entre lui et ses deux employeurs successifs, elle reprend ses effets normaux à partir du jour où le contrat de travail avec le second employeur a été rompu. • Soc. 29 janv. 2014 : *D. 2014. Actu. 376 ; Dr. soc. 2014. 383, obs. Mouly ; ibid. 760, chron. Tournaux.*

e. Mention de la clause

152. Certificat de travail. Est illégale la mention sans l'accord de l'intéressé de l'existence d'une clause de non-concurrence sur le certificat de travail. • Soc. 4 mars 1992 : *D. 1992. IR 106 ; RJS 1992. 257, n° 442.*

f. Renonciation à la clause

153. Conditions. Si les dispositions conventionnelles ne prévoient pas la possibilité d'une renonciation partielle, l'employeur qui n'a pas renoncé à la clause dans le délai qui lui était imparti ne peut renoncer partiellement et reste tenu de verser l'indemnité mensuelle pendant toute la durée de l'interdiction de concurrence. • Soc. 13 juill. 1988 : *Bull. civ. V, n° 444 ; D. 1989. Somm. 266, obs. Serra.* ♦ L'employeur doit respecter les modalités déterminées dans la clause. • Soc. 25 nov. 2009 : *RJS 2010. 142, n° 180 ; JCP S 2010. 1231, obs. Bossu.*

154. Absence de droit à renonciation non prévu. Un employeur ne peut renoncer unilatéralement à l'exécution d'une clause de non-concurrence stipulée dans un contrat de travail dès lors que ce contrat ne prévoyait pas cette possibilité de renonciation et que cette clause était instituée aussi dans l'intérêt du salarié, créancier d'une contrepartie financière. • Soc. 17 févr. 1993, n° 89-43.658 P : *D. 1993. 347, note Serra ; D. 1993. Somm. 258, obs. Goineau ; RJS 1993. 237, n° 391 ; CSB 1993. 101, A. 24 ; Dr. soc. 1993. 383* • 4 juin 1998, n° 95-41.832 P : *D. 1999. Somm. 37, obs. Bouilloux ; RJS 1998. 554, n° 856.*

155. *Point de départ du délai de renonciation.* Si l'employeur entend renoncer à l'exécution de la clause de non-concurrence, il doit le faire au plus tard à la date du départ effectif de l'intéressé de l'entreprise, nonobstant toute stipulation ou disposition contraire. • Soc. 13 mars 2013 : *D. 2013. Actu. 778 ; RDT 2013. 326, obs. Charbonneau ; Dr. soc. 2013. 455, obs. Mouly ; JS Lamy 2013, n° 343-4 ; JCP S 2013. 1248, obs. Beyneix.* ♦ Lorsque le contrat de travail prévoit que l'employeur peut renoncer à la clause par envoi au salarié d'une lettre recommandée avec accusé de réception dans les 15 jours suivant la notification de la rupture du contrat de travail, c'est la date d'envoi de la renonciation qui détermine le moment de la renonciation. • Soc. 10 juill. 2013 : *Dr. soc. 2013. 857, obs. Mouly ; RJS 10/2013, n° 678 ; JS Lamy 2013, n° 351-5, obs. Lhernould ; JCP S 2013. 1430, note Beyneix* • 21 janv. 2015, n° 13-24.471 : *D. 2015. Actu. 271 ; ibid. Pan. 831, obs. Porta ; RJS 2015. 243, n° 253 ; JS Lamy 2015, n° 384-3, obs. Lhernould.* ♦ Est valable la renonciation de l'employeur à la clause de non-concurrence qui permet au salarié de connaître immédiatement l'étendue de sa liberté d'entreprendre, même si les dispositions conventionnelles prévoyaient une renonciation par lettre recommandée dans un délai de quinze jours. • Soc. 24 avr. 2013 : *D. 2013. Actu. 1145 ; RJS 7/2013, n° 537 ; D. 2013. Actu. 1145 ; Dr. soc. 2013. 550, obs. Mouly ; JCP S 2013. 1320, obs. Beyneix.*

156. *Rupture par l'employeur.* Le délai dont dispose l'employeur pour prévenir le salarié qu'il le dispense de l'exécution d'une clause de non-concurrence a pour point de départ la date d'envoi de la lettre mettant fin au contrat de travail ; le respect de ce délai s'apprécie à la date d'envoi de la lettre dispensant le salarié d'exécuter la clause de non-concurrence et s'impute de date à date. • Soc. 30 mars 2011 : *Dalloz actualité, 29 avr. 2011, obs. Siro ; D. 2011. Actu. 1086 ; RDT 2011. 390, obs. Serverin et Grumbach ; JCP S 2011. 1311, obs. Barège.*

157. *Renonciation en cours d'exécution du contrat de travail.* L'employeur ne peut, sauf stipulation contraire, renoncer unilatéralement à la clause de non-concurrence, au cours de l'exécution du contrat de travail. • Soc. 11 mars 2015 : *Dalloz actualité, 27 mars 2015, obs. Fraisse ; D. 2015. Actu. 689 ; Dr. soc. 2015. 465, note Mouly ; JS Lamy 2015, n° 386-4, obs. Lhernould ; RJS 5/2015, n° 332.*

158. *Dispense de préavis.* Lorsque le salarié est dispensé d'exécuter son préavis, la clause le lie dès son départ de l'entreprise ; la renonciation doit intervenir à ce moment pour permettre au salarié d'entrer éventuellement au service d'une entreprise concurrente pendant la durée du préavis. • Soc. 27 sept. 1989 : *Bull. civ. V, n° 545 ; D. 1990. 101, note Serra* • 4 déc. 1991, n° 90-40.309 P : *D. 1992. IR 8 ; RJS 1992. 106, n° 146* (la renonciation doit intervenir à la date à laquelle le préavis a cessé de s'exécuter, sauf dispositions contractuelles ou conventionnelles contraires). ♦ L'employeur qui dispense le salarié de l'exécution de son préavis doit, s'il entend renoncer à l'exécution de la clause de non-concurrence, le faire au plus tard à la date du départ effectif de l'intéressé de l'entreprise. • Soc. 13 mars 2013 : *Dalloz actualité, 3 avr. 2013, obs. Siro ; D. 2013. Actu. 778 .*

159. *Rupture de la période d'essai.* La rupture d'un contrat de travail se situant à la date où l'employeur a manifesté sa volonté d'y mettre fin, nonobstant le différé, par ce dernier, de sa prise d'effet, doit être considérée comme tardive la renonciation de l'employeur à la clause de non-concurrence au jour de la prise d'effet de la rupture de la période d'essai. • Soc. 14 oct. 2009 : *D. 2009. AJ 2555 ; Dr. soc. 2010. 122, obs. Mouly ; RJS 2009. 817, n° 929 ; JCP S 2009. 1597, obs. Drai.*

160. *Prise d'acte par le salarié.* En cas de rupture du contrat de travail par prise d'acte, le délai court à compter de la date à laquelle l'employeur a eu connaissance de celle-ci. • Soc. 13 juin 2007 : *D. 2007. AJ 1874 ; Dr. soc. 2007. 1052, obs. Mouly ; JCP S 2007. 1674, note Blanc-Jouvan.* ♦ Comp. : le délai court du jour où l'employeur a reçu la lettre par laquelle le salarié prend acte de la rupture du contrat de travail. • Soc. 8 juin 2005 : *Sem. soc. Lamy 2005, n° 1225 (suppl.), p. 63.*

161. *Résiliation judiciaire.* Lorsque est prononcée la résiliation judiciaire d'un contrat de travail, la rupture de ce dernier intervient à la date du jugement qui prononce la résiliation ; cette date constitue le point de départ du délai de renonciation de l'employeur à la clause de non-concurrence. • Soc. 6 mai 2009 : *RJS 2009. 560, n° 629 ; JCP S 2009. 1405, obs. Olivier.*

162. *Exercice du droit de renonciation en l'absence de délai d'exercice.* A défaut de délai, la renonciation doit intervenir au moment du licenciement. • Soc. 13 juill. 2010 : *D. 2010. Actu. 1885, obs. Perrin ; RJS 2010. 689, n° 755 ; Dr. soc. 2010. 1118, obs. Mouly ; JCP S 2010. 1410, obs. Brissy ; JS Lamy 2010, n° 284-3, obs. Tourreil.* ♦ Comp. antérieurement qui permettait la renonciation dans un délai raisonnable à compter de la prise d'acte. • Soc. 13 juin 2007 : *D. 2007. AJ 1874 ; RDT 2007. 579, obs. Pélissier ; Dr. soc. 2007. 1052, obs. Mouly ; JCP S 2007. 1674, note Blanc-Jouvan ; JCP E 2007. 2247, note Mel ; JS Lamy 2008, n° 216-3.*

163. Absence de renonciation collective. Faute d'avoir été notifié individuellement aux salariés intéressés, l'employeur ne peut se prévaloir à l'encontre de ces derniers de son engagement pris dans le cadre d'un plan de sauvegarde de l'emploi (PSE) de renoncer à faire application des clauses de non-concurrence insérées dans les contrats de travail des salariés licenciés. • Soc. 21 oct. 2009 : *D. 2009. AJ 2690 ; Dr. ouvrier 2010. 211, obs. Darves-Bornoz ; RJS 2010, n° 37, p. 36 ; Dr. soc. 2009. 122, obs. Mouly ; JS Lamy 2009 n° 267.268-4.*

164. Renonciation tardive. Si la dispense tardive de l'obligation de non-concurrence ne décharge pas l'employeur de son obligation d'en verser au salarié la contrepartie pécuniaire, celle-ci ne lui est due que pour la période pendant laquelle il a respecté la clause. • Soc. 13 sept. 2005 : *D. 2005. IR 2546 ; ibid. Pan. 414, obs. Leclerc.*

165. Preuve de la renonciation. La renonciation de l'employeur doit résulter d'une volonté claire et non équivoque. • Soc. 30 mai 1990 : *RJS 1990. 395, n° 571* • 17 déc. 1991, n° 87-41.522 P : *D. 1993. Somm. 159, obs. Serra* • 4 mars 1992, n° 90-43.452 P. ♦ Une telle volonté ne résulte pas de l'apposition de la mention « libre de tout engagement » dans le certificat de travail. • Soc. 25 oct. 1995 : *RJS 1996. 20, n° 22.*

166. Portée de la renonciation. Lorsqu'un employeur autorise son ancien salarié à travailler à titre exceptionnel pour un concurrent, cette renonciation ne vaut pas à l'égard des autres sociétés concurrentes. • Soc. 12 juill. 1989 : *Bull. civ. V, n° 519 ; D. 1990. Somm. 82, obs. Serra.*

167. Transaction. Les clauses contractuelles, destinées à trouver application postérieurement à la rupture du contrat de travail, ne sont pas affectées, sauf dispositions expresses contraires, par la transaction intervenue entre les parties pour régler les conséquences d'un licenciement. • Soc. 30 janv. 1996 : *RJS 1996. 164, n° 278* • 6 mai 1998, n° 96-40.234 P : *JCP E 1999. 78, obs. Coursier ; RJS 1998. 463, n° 729.*

g. Extinction de la clause

168. Cessation d'activité. La cessation volontaire d'activité de l'entreprise n'a pas pour effet de décharger de plein droit le salarié de son obligation de non concurrence. • Soc. 5 avr. 2005 : *RDC 2005. 765, obs. Radé ; RJS 2005. 450, n° 631.* ♦ La liquidation judiciaire de l'employeur n'a pas pour effet de le libérer de son obligation de verser l'indemnité de non-concurrence. • Soc. 21 janv. 2015, n° 13-26.374 : *D. 2015. Actu. 271 ; RDT 2015. 181, obs. Bento de Carvalho ; Dr. soc. 2015. 374, note Mouly ; JS Lamy 2015, n° 384-7, obs. Patin ; RJS 4/2015, n° 252.*

h. Mise en œuvre de la clause

169. Effet relatif. Une clause de non-concurrence n'engage que les parties au contrat ; elle ne peut porter atteinte à la liberté du travail d'un tiers, fût-il le conjoint du salarié ou uni à lui par un lien de parenté ou d'alliance. • Soc. 4 juin 1998, n° 95-43.133 P : *D. 1998. IR 160 ; RJS 1998. 553, n° 855 ; TPS 1998. 9, n° 267* (épouse d'un VRP prospectant pour le compte de leur activité commune le secteur interdit par la clause).

170. Groupe. L'obligation de non-concurrence contractée à l'égard d'une seule société ne peut jouer à l'égard de toutes les sociétés appartenant à un même groupe. • Soc. 22 mai 1995, n° 93-44.078 P : *D. 1996. 325, note Picod ; RJS 1995. 511, n° 77 ; JCP E 1995. II. 746, note Adom ; JCP 1996. I. 3899, n° 6, obs. Rault* • 3 juin 1997, n° 94-44.848 P : *D. 1997. IR 166 ; RJS 1997. 528, n° 815.*

171. Réseau de distribution. L'intégration dans un même réseau de distribution ne suffit pas en elle-même à exclure l'existence d'un état de concurrence entre les entreprises qui en font partie ; il appartient aux juges du fond de vérifier concrètement l'existence d'une situation de concurrence entre les deux magasins concernés. • Soc. 16 mai 2012 : *D. 2012. Actu. 1409 ; D. 2013. Pan. 1026, obs. Porta ; RDT 2012. 418, obs. Ferrier ; RJS 2012. 543, n° 631 ; JCP S 2012. 1295, obs. Beyneix.*

172. Période d'essai. L'application d'une clause de non-concurrence pendant la période d'essai n'est jamais automatique, il convient de se référer à la rédaction de la clause ou à l'intention des parties pour déterminer si elle s'applique ou non à la rupture du contrat pendant la période d'essai. • Soc. 25 févr. 1997, n° 94-45.381 P. ♦ Une cour d'appel a pu refuser le paiement de l'indemnité de non-concurrence à un salarié licencié avant l'expiration de la période d'essai, alors qu'elle a estimé, en interprétant l'intention des parties, que la clause de non-concurrence n'était pas encore en vigueur et que d'ailleurs il n'apparaissait pas, compte tenu de la brièveté du temps de passage du salarié dans la société, qu'il eût pu acquérir une connaissance suffisante des secrets de l'entreprise pouvant être divulgués à une entreprise concurrente. • Soc. 14 mars 1983, n° 80-41.699 P : *D. 1984. IR 137, obs. Serra ; D. 1984. IR 163, obs. Béraud.* ♦ V. aussi, excluant l'application de la clause de non-concurrence pendant la période d'essai : • Paris, 24 oct. 1995 : *D. 1996. Somm. 244, obs. Serra.*

173. VRP. Dans la mesure où l'accord national interprofessionnel des VRP prévoit que l'interdiction de non-concurrence ne peut avoir d'effet si le représentant est licencié durant ses trois premiers mois d'emploi, la clause est applicable à l'expiration de ce délai, même si la rupture intervient pendant la période d'essai fixée à une durée supérieure à trois mois. • Soc. 17 janv. 1990, n° 86-43.372 P. • 3 févr. 1993 : *D. 1993. Somm. 252, obs. Fieschi-Vivet ; RJS 1993. 167, n° 274.* ♦ Une cour d'appel peut souverainement décider que la clause, prévoyant que la clause de non-concurrence était applicable après la fin du préavis, ne peut être appliquée lorsque la rupture est intervenue en cours de période d'essai, aucun préavis n'étant prévu dans cette hypothèse. • Soc. 7 mai 1996 : *D. 1997. Somm. 102, obs. Serra .*

i. Violation de la clause

174. Interprétation de la clause. Doit être cassé l'arrêt qui, estimant qu'une clause de non-concurrence doit être interprétée restrictivement, admet que le salarié qui s'était engagé à ne pas accepter un emploi dans une entreprise similaire a pu créer une société concurrente, alors qu'une telle clause interdit d'occuper le même emploi dans une entreprise créée par lui, le mot emploi ayant le sens général de fonction et n'impliquant pas nécessairement l'embauchage par une tierce personne. • Soc. 5 janv. 1984 : *D. 1984. IR 443, obs. Serra.* ♦ En faveur d'une interprétation restrictive, V. • Soc. 2 avr. 1981 : *Bull. civ. V, n° 313 ; D. 1982. IR 200, obs. Serra.* ♦ La perception par un salarié d'indemnités à la fin de son contrat de travail ne fait pas obstacle au principe d'interprétation stricte de la clause de non-concurrence qu'il a souscrite ; les faits reprochés au salarié étant de simples actes préparatoires en vue d'une activité future non encore mise en œuvre, ils ne constituent pas une violation de l'engagement de non-concurrence souscrit par le salarié. • Soc. 17 janv. 2006 : *RJS 2006. 292, n° 435 ; Dr. soc. 2006. 563, obs. Mouly .*

175. Violation par l'employeur. Dès lors que l'employeur n'a pas versé l'indemnité mensuelle à laquelle il était contractuellement tenu, le salarié s'est trouvé lui-même libéré de l'interdiction de concurrence. • Soc. 3 oct. 1991, n° 89-43.375 P : *D. 1992. Somm. 350, obs. Serra ; CSB 1991. 237, A. 59 ; RJS 1991. 641, n° 1206.* ♦ Est dépourvue de caractère obligatoire la clause dont le contrat de travail prévoit qu'elle est compensée par les conditions pécuniaires faites au salarié, alors que celui-ci était rémunéré au SMIC. • Soc. 10 janv. 1991, n° 87-43.478 P : *D. 1991. IR 38 .*

176. Violation par le salarié. Il appartient à l'employeur qui prétend que la clause de non-concurrence a été violée d'en rapporter la preuve. • Soc. 13 mai 2003 : *RJS 2003. 684, n° 1009.* ♦ La clause contractuelle imposant la charge de preuve au salarié est inopérante. • Soc. 25 mars 2009 : *RJS 2009. 472, n° 533 ; Dr. soc. 2009. 740, obs. Mouly ; JS Lamy 2009, n° 255-3.* ♦ Le délai de quelques jours entre le départ de l'entreprise d'un salarié dispensé de préavis et le non-versement de la contrepartie financière, ne suffit pas à libérer le salarié de son obligation de non-concurrence. • Soc. 20 nov. 2013 : *Dalloz actualité, 6 déc. 2013, obs. Peyronnet.*

177. Activité concurrente. La portée de la clause de non-concurrence s'apprécie par rapport à l'activité réelle de l'entreprise et non par rapport à la définition statutaire de son objet. • Soc. 18 déc. 1997, n° 94-45.548 P : *RJS 1998. 109, n° 169* • 14 oct. 1998 : *RJS 1998. 824, n° 1362.*

178. Le fait de se porter candidat à un emploi similaire proposé par une entreprise concurrente ne caractérise pas une violation de la clause de non-concurrence. • Soc. 13 janv. 1998, n° 95-41.467 P : *RJS 1998. 111, n° 171 ; Dr. soc. 1998. 278, obs. J. Savatier* • 12 mai 2004, n° 02-40.490 P : *Dr. soc. 2004. 911, obs. Radé ; RJS 2004. 555, n° 813 ; JS Lamy 2004, n° 148-8.*

179. Existence d'un préjudice. Lorsqu'une clause de non-concurrence interdit à un salarié de s'intéresser directement ou d'entrer au service d'une maison vendant des produits concurrents, sa violation ne suppose, ni la réalisation d'une transaction incluant l'acte de vente et dont serait exclu tout ce qui est pollicitation, promesse ou publicité, ni l'existence d'un préjudice actuel et certain. • Soc. 27 juin 1984 : *D. 1985. IR 155, obs. Serra.*

180. Évaluation du préjudice. Les juges du fond apprécient souverainement le dommage occasionné à l'employeur par le non-respect d'une interdiction de concurrence. • Soc. 10 oct. 1984 : *D. 1985. IR 388, obs. Serra.*

181. Clause pénale. La clause contractuelle sanctionnant le non-respect d'une interdiction de non-concurrence est une clause pénale soumise à l'art. 1152 C. civ. • Soc. 3 mai 1989 : *Bull. civ. V, n° 325 ; D. 1990. Somm. 81, obs. Serra* (modération) • 5 juin 1996, n° 92-42.298 P : *D. 1997. Somm. 101, obs. Serra ; RJS 1996. 509, n° 791* (augmentation).

182. Cessation du versement de la contrepartie financière. La violation de la clause de non-concurrence ne permet plus au salarié de bénéficier de l'indemnité compensatrice, même après avoir été licencié par l'employeur concurrent. • Soc. 22 mai 1984 : *Bull. civ. V, n° 211 ; D. 1985. IR 155, obs. Serra.* ♦... Ou après que la violation a cessé. • Soc. 31 mars 1993, n° 88-43.820 P : *Dr. soc. 1993. 456.* ♦ Pour le cas où le salarié a travaillé pour une entreprise non concurrente avant de travailler pour une entreprise concurrente, V. • Soc. 27 mars 1996, n° 92-41.992 P : *D. 1997. Somm. 105, obs. Y. Picod ; RJS 1996. 345, n° 543.*

183. La violation de la clause de non-concurrence a pour conséquence l'absence d'obligation pour l'employeur de payer la contrepartie financière. • Soc. 5 mai 2004, n° 01-46.261 P : *D. 2004. IR 1501* ; *Dr. soc. 2004. 912, obs. Mouly* ; *RJS 2004. 554, n° 812.*

184. Cessation de l'activité concurrentielle. La violation d'une clause de non-concurrence licite constitue un trouble manifestement illicite auquel le juge des référés peut mettre fin. • Soc. 29 mai 1990 : *RJS 1990. 397, n° 573* • 9 déc. 1987 : *D. 1989. Somm. 267, obs. Serra.* ♦ Viole l'art. 1143 C. civ. la cour d'appel qui, en présence d'une demande tendant à obtenir la fermeture d'un commerce ouvert en violation d'un engagement de non-concurrence, se contente de condamner le salarié à verser des dommages-intérêts et refuse d'ordonner les mesures de fermeture demandées. • Soc. 24 janv. 1979 : *D. 1979. 619, note Serra.*

185. Limites aux pouvoirs du juge. Le juge des référés n'a pas le pouvoir d'ordonner la résiliation du contrat de travail d'un salarié. • Soc. 13 mai 2003 : *JS Lamy 2003, n° 126-4.* ♦ V. antérieurement : • Soc. 26 oct. 1993 : *RJS 1994. 44, n° 32.*

186. Responsabilité civile du nouvel employeur. Toute personne qui en connaissance de cause aide autrui à enfreindre les obligations contractuelles pesant sur lui commet une faute délictuelle à l'égard de la victime de l'infraction. • Com. 13 mars 1979 : *D. 1980. 1, note Serra.* ♦ La responsabilité de la société concurrente est engagée même si la clause est litigieuse. • Soc. 10 mai 1983, n° 81-41.844 P : *D. 1984. Somm. 140, obs. Serra.* – V. aussi : • Soc. 22 mai 1984 : *D. 1985. IR 156, obs. Serra* • 23 oct. 1984 : *ibid.*

187. Une société constituée par des salariés venant de démissionner de leur entreprise ne peut être déclarée coupable de débauchage, alors qu'elle n'avait aucune existence légale au moment du départ des salariés. • Soc. 7 mars 1995 : *RJS 1995. 426, n° 647* • Com. 23 févr. 1999 : *RJS 1999. 564, n° 919.*

188. Une société ne peut être condamnée pour débauchage fautif sans vérifier de façon concrète si le transfert des employés vers cette société avait entraîné une véritable désorganisation de la société de l'ancien employeur et non une simple perturbation. • Com. 20 sept. 2011 : *D. 2011. Actu. 2396, obs. Chevrier* ; *JCP E 2011 pan. n° 1719* ; *RJS 2012. 44, n° 37* ; *Rev. conc. consom. 2011 n° 256, p. 13, note M. Malaurie-Vignal.*

D. CLAUSE DE RÉSIDENCE

189. Validité. Est nulle la clause de résidence imposée à des salariés qui pouvaient exécuter les tâches qui leur étaient confiées, tout en résidant à l'extérieur des lieux de travail. • Soc. 13 avr. 2005, n° 03-42.965 P : *D. 2005. IR 1248* ; *Dr. soc. 2005. 809, obs. Savatier* ; *RJS 2005. 518, n° 708* ; *JS Lamy 2005, n° 169-3.* ♦ Est contraire aux art. 9 C. civ., L. 120-2 C. trav. [art. L. 1121-1 nouv.] et 7 de la L. du 31 déc. 1971 la clause insérée dans le contrat de travail d'un avocat l'obligeant à fixer son domicile au lieu d'implantation du cabinet sur la seule nécessité d'une « bonne intégration de l'avocat dans l'environnement local », un tel objectif ne pouvant justifier l'atteinte portée à la liberté individuelle de l'avocat salarié. • Soc. 12 juill. 2005 : *D. 2006. Pan. 30, obs. Escande-Varniol* ; *Dr. soc. 2005. 1037, obs. Barthélémy* .

E. CLAUSE RELATIVE AU LIEU DE TRAVAIL

190. Mention du lieu de travail. La mention du lieu de travail dans le contrat de travail a valeur d'information, à moins qu'il ne soit stipulé par une clause claire et précise que le salarié exécutera son travail exclusivement dans ce lieu. • Soc. 3 juin 2003 (2 arrêts), n° 01-40.376 P : *D. 2004. 89, note Puigelier* ; *Dr. soc. 2003. 884, obs. Savatier* ; *D. 2003. IR 1879* ; *RJS 2003. 66, n° 980* • 21 janv. 2004 : *D. 2004. IR 323* ; *RJS 2004. 210, n° 301* ; *Sem. soc. Lamy, n° 1154. 6, note G. Lyon-Caen* ; *JS Lamy 2004, n° 140-2.*

F. CLAUSE DE MOBILITÉ

BIBL. Loiseau, *JCP S 2009. 1013* (le paradigme de la clause de mobilité). – Lacoste-Mary, *Dr. ouvrier 2010. 301* (négociation de la mobilité du salarié).

191. Rédaction précise et interprétation restrictive. La clause de mobilité doit définir de façon précise sa zone géographique d'application ; elle ne peut conférer à l'employeur le pouvoir d'en étendre unilatéralement la portée. • Soc. 7 juin 2006, n° 04-45.846 P : *GADT, 4e éd., n° 52* ; *RDT 2006. 313, obs. Pélissier* ; *D. 2006. IR 1771* ; *ibid. 3041, note Escande-Varniol* ; *RJS 2006. 683, n° 920* ; *Dr. soc. 2006. 926, obs. Favennec-Héry* ; *JS Lamy 2006, n° 193-4* ; *JCP E 2006. 2443, note Béal* • 12 juill. 2006 : *RJS 2006. 768, n° 1028* ; *JS Lamy 2006, n° 197-2* • 14 oct. 2008 : *D. 2008. 2725, obs. Ines* ; *Dr. soc. 2009. 112, obs. Radé* ; *JS 2009. 1668, obs. Bossu* ; *RJS 2008. 965, n° 1160* ; *Sem. soc. Lamy 2008, n° 1373, p. 11.* ♦ Est licite la clause de mobilité qui couvre l'ensemble du territoire français, car elle définit de façon précise sa zone géographique d'application et ne confère pas à l'employeur le pouvoir d'en étendre unilatéralement la portée. • Soc. 9 juill. 2014 : *D. 2014. Actu. 1595* ; *Dr. soc. 2014. 857, obs. Mouly* ; *RJS 2014. 576, n° 667* ; *JS Lamy 2014, n° 373-2, obs. Lhernould.*

1° OBLIGATION CONVENTIONNELLE DE MOBILITÉ

192. Opposabilité au salarié. Même en l'absence de clause spécifique dans le contrat de travail, la disposition d'une convention collective instituant une obligation de mobilité est opposable au salarié sous réserve qu'elle se suffise à elle-même et que le salarié ait été informé de l'existence de cette dernière au moment de son engagement et mis en mesure d'en prendre connaissance ; toutefois, dès lors que l'engagement du salarié est antérieur à la convention collective, cette dernière ne peut, sans modifier le contrat de travail de l'intéressé, lui imposer une clause de mobilité qui n'y figurait pas. • Soc. 27 juin 2002, ♔ n° 00-42.646 P : *D. 2002. 3115, obs. Amauger-Lattes* ✎ *; JS Lamy 2002, n° 108-4.* ♦ Mais la clause de mobilité doit définir de façon précise sa zone géographique d'application ; aussi, la clause d'une convention collective qui se borne à énoncer que toute modification du lieu de travail comprenant un changement du lieu de résidence fixe, qui n'est pas accepté par le salarié, est considéré, à défaut de solution de compromis, comme un licenciement et réglé comme tel, ne saurait constituer une clause de mobilité licite directement applicable au salarié en l'absence de clause contractuelle de mobilité. • Soc. 24 janv. 2008 : ♔ *JCP S 2008. 1250, obs. Bossu.*

193. Les dispositions d'une convention collective qui subordonnent toute mutation non provoquée par de sérieuses difficultés de service à l'accord du salarié étant plus favorables que la clause de mobilité s'appliquent au contrat de travail. • Soc. 5 mai 1998, ♔ n° 95-42.545 P : *RJS 1998. 449, n° 705.*

2° OBLIGATION CONTRACTUELLE DE MOBILITÉ

194. Objet. Le contrat peut comporter une clause de mobilité ; la mutation n'opère pas dans ce cas modification du contrat. • Soc. 31 oct. 1996, ♔ n° 93-43.779 P : *D. 1996. IR 259* ✎ *; RJS 1996. 754, n° 1166* • 1er avr. 2003, ♔ n° 02-14.680 P. • 15 mars 2005 : ♔ *ibid., n° 88.*

195. Acceptation par le salarié. La clause contractuelle de mobilité doit avoir été acceptée ; le fait d'apposer sa signature lors de l'embauche sur un règlement intérieur contenant une clause de mobilité ne vaut pas acceptation claire et non équivoque, de la part du salarié, de l'insertion d'une telle clause dans son contrat. • Soc. 19 nov. 1997, ♔ n° 95-41.260 P : *JCP 1998. II. 10069, note Puigelier ; RJS 1998. 30, n° 35.* ♦ La clause de mobilité insérée dans un contrat de travail non signé n'est pas opposable au salarié. • Soc. 2 avr. 1998, ♔ n° 95-43.541 P : *D. 1999. Somm. 33* ✎ *(2e esp.), obs. Escande-Varniol ; RJS 1998. 367, n° 564.*

196. Une décision de mutation ne peut s'accompagner de l'insertion dans le contrat de travail d'une clause de mobilité, cette insertion constituant une modification du contrat de travail. • Soc. 24 nov. 1999, ♔ n° 97-45.202 P : *RJS 2000. 25, n° 14.*

197. Clause de mobilité intragroupe. La clause de mobilité par laquelle le salarié s'est engagé à accepter toute mutation dans une autre société, alors même que cette société appartiendrait au même groupe ou à la même unité économique et sociale, est nulle. • Soc. 23 sept. 2009 : ♔ *R., p. 325 ; D. 2009. AJ 2351, obs. Maillard* ✎ *; ibid. 2010. Pan. 672, obs. Camaji* ✎ *; RDT 2009. 647, obs. Auzero* ✎ *; RJS 2009. 795, n° 898 ; JS Lamy 2009 n° 265-3 ; Dr. ouvrier 2010. 17, note Chirez* • Soc. 19 mai 2016, ♔ n° 14-26.556 P : *RD trav. 2016, p. 482, obs. Reynès ; RJS 8-9/2016, n° 550 ; JCP S 2016. 1242, obs. Bousez.*

3° MISE EN ŒUVRE DE LA CLAUSE DE MOBILITÉ

198. Obligation de mobilité. Le refus, par le salarié dont le contrat de travail contient une clause de mobilité, de la modification de son lieu de travail constitue en principe un manquement à ses obligations contractuelles mais ne caractérise pas une faute grave. • Soc. 23 janv. 2008 : ♔ *D. 2008. Pan. 2307, note Desbarats* ✎ *; RDT 2008. 174, obs. Lardy-Pélissier* ✎ *; RJS 2008. 296, n° 371 ; Dr. soc. 2008. 498, obs. Savatier* ✎ *; JCP S 2008. 1322, obs. Bossu.* ♦ La violation par le salarié d'une clause de mobilité peut, en l'absence de justification légitime du refus de rejoindre une nouvelle affectation, caractériser une faute grave. • Soc. 12 janv. 2016, ♔ n° 14-23.290 P : *D. 2016. Actu. 261* ✎ *; RJS 3/2016, n° 163 ; JCP S 2016. 1107, obs. Dumont.*

199. Modification du contrat de travail. Lorsqu'elle s'accompagne d'un passage d'un horaire de nuit à un horaire de jour ou d'un horaire de jour à un horaire de nuit, la mise en œuvre de la clause de mobilité suppose l'acceptation du salarié. • Soc. 14 oct. 2008 : ♔ *D. 2009. 1427, note Lokiec* ✎ *; Dr. soc. 2009. 113, obs. Radé* ✎ *; JCP S 2009. 1668, obs. Bossu ; Sem. soc. Lamy 2008, n° 1373, p. 11.* ♦ La clause de mobilité ne peut permettre à l'employeur d'imposer à un salarié un partage de son temps de travail entre plusieurs établissements. • Soc. 20 déc. 2006 : ♔ *D. 2007. AJ 311* ✎ *; RDT 2007. 166, obs. Auzero* ✎ *; RJS 2006. 228, n° 309.* ♦ Lorsque la mutation du salarié en vertu d'une clause de mobilité internationale entraîne une diminution de salaire, le licenciement consécutif au refus de la mutation est illégitime. • Soc. 23 janv. 1996 : ♔ *RJS 1996. 54, n° 907.* ♦ Le refus du salarié d'une clause de mobilité qui a pour effet de donner à une partie de sa rémunération un caractère provisoire, à la discrétion de l'employeur ne peut constituer une faute grave. • Soc. 3 mai 2006 : ♔ *Dr. soc. 2006. 929, obs. Waquet* ✎. ♦ Solution inverse lorsque l'application de la clause de mobilité n'a d'effet que sur les conditions de travail. • Soc. 30 sept. 1997, ♔ n° 94-43.898 P : *D. 1997. IR 216* ✎ *; Dr. soc. 1997. 1094, obs. Ray* ✎ *; RJS 1997. 756, n° 1202.*

200. Abus. Le changement de lieu de travail mis en œuvre de bonne foi constitue un changement des conditions de travail. • Soc. 10 juin 1997, ⚖ n° 94-43.889 P : *RJS 1997. 515, n° 794 (1re esp).* ♦ L'utilisation de la clause de mobilité ne doit pas être abusive. • Soc. 9 mai 1990, ⚖ n° 87-40.261 P : *JCP E 1991. II. 126, note Taquet ; Dr. ouvrier 1991. 213 ; CSB 1990. 173, A. 41.*

201. Illustrations. L'employeur, tenu d'exécuter de bonne foi le contrat de travail, ne peut imposer à un salarié dans une situation familiale critique un déplacement immédiat dans un poste qui pouvait être pourvu par d'autres salariés. • Soc. 18 mai 1999, ⚖ n° 96-44.315 P : *D. 2000. Somm. 84, obs. Escande-Varniol* ✐ ; *Dr. soc. 1999. 734* ✐. ♦ L'exercice de la clause est abusif si l'employeur n'assure pas au salarié les moyens de se rendre sur son nouveau lieu de travail. • Soc. 10 janv. 2001 : ⚖ *D. 2001. IR 428* ✐ ; *JS Lamy 2001, n° 73, p. 10.* ♦ ... Ou si l'employeur agit avec précipitation en notifiant une mutation sans faire bénéficier le salarié ni du délai contractuel de réflexion de huit jours, ni d'un délai de prévenance suffisant. • Soc. 18 sept. 2002, ⚖ n° 99-46.136 P : *RJS 2002. 1004, n° 1352 ; JS Lamy 2002, n° 111-10.* ♦ ... Ou si, connaissant les difficultés matérielles du salarié et le mauvais état de son véhicule, il l'a muté à 150 kilomètres sans rechercher s'il existait d'autres possibilités d'emploi. • Soc. 2 juill. 2003 : ⚖ *RJS 2003. 769, n° 1120 ; JS Lamy 2003, n° 130-6.* ♦ En revanche ne suffit pas à caractériser l'abus de droit la mise en œuvre d'une clause de mobilité pour un motif qui n'est pas imputable au salarié. • Soc. 21 janv. 2004 : ⚖ *JCP E 2004. 525, note Castets-Renard ; RJS 2004. 269, n° 380.* ♦ La seule circonstance que l'employeur n'ait pas commis d'abus dans la mise en œuvre de la clause de mobilité ne caractérise pas la faute grave du salarié ayant refusé de s'y soumettre. • Soc. 4 févr. 2003, ⚖ n° 01-40.476 P : *RJS 2003. 289, n° 412 ; JS Lamy 2003, n° 119-6.*

202. Preuve de la mauvaise foi. La bonne foi contractuelle étant présumée, il incombe au salarié de démontrer que cette décision a été mise en œuvre dans des conditions exclusives de la bonne foi contractuelle. • Soc. 14 oct. 2008 : ⚖ *D. 2009. 1427, note Lokiec* ✐.

203. Clause de mobilité et sanction disciplinaire. La mise en œuvre de la clause de mobilité à titre de sanction disciplinaire n'est pas en soi abusive. • Soc. 11 juill. 2001 : ⚖ *Dr. soc. 2002. 955, chron. Mouly* ✐. ♦ Mais la décision de mutation, sous couvert de la mise en œuvre d'une clause de mobilité, qui s'analyse en une rétrogradation, autorise le salarié à refuser une telle proposition. • Soc. 16 déc. 2005 : ⚖ *D. 2006. 1945, note Boudias* ✐ ; *RJS 2006. 223, n° 350.*

204. Conformité à l'intérêt de l'entreprise. La mise en œuvre de la clause de mobilité ne doit pas être contraire à l'intérêt de l'entreprise. • Soc. 23 janv. 2002, ⚖ n° 99-44.845 P : *RJS 2002. 317, n° 392 ; JS Lamy 2002, n° 101-14.*

205. Preuve de la faute dans la mise en œuvre. La bonne foi contractuelle étant présumée, les juges n'ont pas à rechercher si la décision de l'employeur de faire jouer une clause de mobilité stipulée dans le contrat de travail est conforme à l'intérêt de l'entreprise ; il incombe au salarié de démontrer que cette décision a en réalité été prise pour des raisons étrangères à cet intérêt, ou bien qu'elle a été mise en œuvre dans des conditions exclusives de la bonne foi contractuelle. • Soc. 23 févr. 2005, ⚖ n° 04-45.463 P : *GADT, 4e éd., n° 53 ; Dr. soc. 2005. 576, obs. Mouly* ✐ ; *Dr. soc. 2005. 634, chron. Bouaziz et Goulet* ✐ ; *RDC 2005. 761, obs. Radé ; RJS 2005. 342, n° 477.*

206. Droit au respect du domicile. Une clause de mobilité ne peut contraindre le salarié à un changement de résidence, si ses attributions n'exigent pas une présence permanente au lieu de la nouvelle affectation ; ceci constituerait une atteinte au libre choix du domicile personnel et une telle restriction à la liberté de choix du domicile doit être indispensable à la protection des intérêts légitimes de l'entreprise et proportionnée au but recherché. • Soc. 12 janv. 1999, ⚖ n° 96-40.755 P : *D. 1999. IR 47 ; Dr. soc. 1999. 287, obs. Ray* ✐ ; *RJS 1999. 103, n° 151 ; CSB 1999. 159, A. 25.* ♦ Une mutation géographique ne constitue pas en elle-même une atteinte à la liberté fondamentale du salarié quant au libre choix de son domicile et, si elle peut priver de cause réelle et sérieuse le licenciement du salarié qui la refuse lorsque l'employeur la met en œuvre dans des conditions exclusives de la bonne foi contractuelle, elle ne justifie pas la nullité de ce licenciement. • Soc. 28 mars 2006 : ⚖ *D. 2006. IR 1063* ✐ ; *RJS 2006. 479, n° 690 ; JS Lamy 2006, n° 1885.* ♦ La mise en œuvre d'une clause de mobilité sur l'ensemble de la France ne permet pas d'imposer au salarié l'obligation de fixer sa résidence dans un département précis. • Soc. 15 mai 2007 : ⚖ *D. 2007. AJ 1600* ✐ ; *RDT 2007. 449, obs. Bonni* ✐ ; *RJS 2007. 617, n° 811 ; JCP S 2007. 1642, note Bossu.*

207. Droit au respect de sa vie personnelle et familiale. La mise en œuvre de la clause de mobilité ne doit pas porter atteinte au droit du salarié à une vie personnelle et familiale ; une telle atteinte doit pouvoir être justifiée par la tâche à accomplir et être proportionnelle au but recherché. • Soc. 14 oct. 2008 : ⚖ *D. 2009. Pan. 590, obs. Fabre* ✐ ; *RDT 2008. 731, obs. Auzero* ✐ ; *Sem. soc. Lamy 2008, n° 1373, p. 11 ; JS Lamy 2008, n° 245-5 ; RDC 2009. 175, note Radé.*

G. CLAUSES DE GARANTIE D'EMPLOI

BIBL. Béal et Terrenoire, *JCP S 2008. 1374* (clause de garantie d'emploi et les conséquences du licenciement au cours de la période d'emploi garanti). – Calvo, *LPA 4 déc. 1996* (clauses de stabilité d'emploi). – Guyader, *JS Lamy 2009, n° 263-1*. – Nicolas, *D. 1995. Chron. 278* (clauses de durée minimum ou maximum d'emploi). – Petit, *Dr. soc. 2000. 80* (clauses de garantie d'emploi). – Savatier, *Dr. soc. 1991. 413* (clauses de stabilité d'emploi).

208. Principe. Est valable la clause garantissant au salarié la stabilité de son emploi pendant une période de cinq ans, sauf en cas de faute grave ou de force majeure. • Soc. 16 mai 1990 : *RJS 1990. 385, n° 547*. – Dans le même sens : • Soc. 30 mars 1995 : *RJS 1995. 415, n° 623* • 13 févr. 1996 : *RJS 1996. 327, n° 512*. ♦ La clause de garantie d'emploi crée des droits individuels pour les salariés en cas de violation de cet engagement par l'employeur. • Soc. 7 févr. 2007 : *RDT 2007. 243, obs. Waquet*. ♦ Une promesse de stabilité d'emploi n'a pas de conséquence juridique sur la nature du contrat qui demeure à durée indéterminée. • Soc. 21 mars 1990 : *RJS 1990. 267, n° 350* • 30 mars 1995 : *RJS 1995. 415, n° 623*.

209. Clause de garantie d'emploi dans un plan de cession. La clause d'un plan de cession arrêté par jugement du tribunal de commerce et prévoyant que la société cessionnaire s'engage à ne pas licencier, pendant toute la durée du plan, sans autorisation du tribunal saisi par le commissaire à l'exécution du plan, ne peut concerner que les licenciements pour motif économique et ne prive pas l'employeur de son pouvoir disciplinaire exercé sous le contrôle du juge prud'homal. • Soc. 16 mai 2007 : *RDT 2007. 457, obs. Chagny ; JCP S 2007. 1673, note Frouin* • 17 mai 2011 : *D. 2011. 2249, note Lacroix-De Sousa ; RJS 2011. 540, n° 587 ; JCP S 2011. 1401, obs. Vincent*.

210. Clause de garantie d'emploi et PSE. Le plan de sauvegarde de l'emploi ne pouvant priver le salarié des droits qu'il tient d'une convention antérieurement conclue avec l'employeur, l'indemnité de garantie d'emploi prévue dans une telle convention s'ajoute à l'aide au reclassement externe prévue dans le PSE. • Soc. 9 oct. 2012 : *RDT 2012. 696, obs. Géa*.

211. Clause de garantie d'emploi et départ volontaire. Le salarié qui opte pour un départ volontaire, sans alléguer avoir procédé à ce choix sous la contrainte, renonce à se prévaloir de l'engagement souscrit par l'employeur de le maintenir dans l'emploi jusqu'à ses 60 ans. • Soc. 13 mai 2014 : *Dalloz actualité, 2 juin 2014, obs. Peyronnet ; RJS 2014. 445, n° 534*.

212. Sanctions. La violation d'une clause de garantie d'emploi oblige l'employeur à indemniser le salarié du solde des salaires restant dû jusqu'à l'expiration de la garantie. • Soc. 27 oct. 1998, n° 95-43.308 P : *D. 1999. 186, note Mouly ; D. 1999. Somm. 172, obs. Aubert-Monpeyssen ; Dr. soc. 1999. 293, obs. Roy-Loustaunau ; RJS 1998. 881, n° 1141* • 2 févr. 1999, n° 96-40.773 P : *RJS 1999. 309, n° 498*. ♦ Lorsqu'un contrat de travail prévoit la garantie d'emploi jusqu'à la retraite, l'employeur est tenu de réparer le dommage causé au salarié du fait de son licenciement en violation des dispositions conventionnelles plus favorables que les dispositions légales. • Soc. 7 nov. 1990 : *D. 1990. IR 282 ; Dr. soc. 1991. 413, note Savatier ; CSB 1991. 130, A. 31*. ♦ En faveur de l'exigence d'une faute grave pour justifier la rupture avant l'expiration de la période de garantie d'emploi, V. • Soc. 11 déc. 1990 : *RJS 1991. 95, n° 168* • 13 févr. 1996 : *RJS 1996. 327, n° 512*. ♦ Même solution lorsqu'un contrat à durée déterminée comporte une garantie d'emploi. • Soc. 6 mai 1997, n° 94-40.660 P : *D. 1997. IR 132 ; JCP 1997. II. 22972, note Mouly ; Dr. soc. 1997. 737, obs. Couturier ; RJS 1997. 428, n° 649*. ♦ La violation par l'employeur d'une clause de garantie d'emploi ne dispense pas le juge d'examiner la cause du licenciement et il lui appartient d'apprécier le caractère réel et sérieux des motifs invoqués par l'employeur dans la lettre de licenciement ; l'indemnité accordée au titre de la violation de la garantie d'emploi ne prive pas le salarié du bénéfice de l'indemnité de préavis lorsqu'il peut y prétendre. • Soc. 13 nov. 2008 : *D. 2008. AJ 3015, obs. Perrin ; ibid. 2009. 528, note Mouly ; ibid. Pan. obs. Fabre ; RDT 2009. 32, obs. Auzero ; RJS 2009. 31, n° 3 ; JS Lamy 2008, n° 245-3 ; JCP S 2009. 1056, obs. Dumont ; RJS 2009. 23, avis Duplat*. ♦ La violation de la clause de garantie d'emploi ne prive pas le licenciement de cause réelle et sérieuse. • Soc. 21 déc. 2006 : *RDT 2007. 172, obs. Waquet*. ♦ Comp. : le licenciement prononcé en violation d'une clause contractuelle de garantie d'emploi est dépourvu de cause réelle et sérieuse. • Soc. 30 sept. 1997 : *RJS 1997. 745, n° 1198* (remboursement des sommes versées par l'ASSEDIC en cas de licenciement économique).

213. Cumul avec les revenus de remplacement. Si les dommages-intérêts dus en cas de violation de la clause de garantie d'emploi ne se cumulent pas avec les indemnités de chômage servies par l'Assedic au titre de cette période, ce principe n'a vocation à s'appliquer que dans les rapports entre la salariée et l'organisme d'assurance chômage. • Soc. 31 mars 1993 : *JCP G 1993. II. 22130, note Taquet* • Cass., ass. plén., 13 déc. 2002 : *D. 2003. 178* • Soc. 23 oct. 2007 : *D. 2007. 3107, note Waquet ; ibid. 2008. Pan. 442, obs. Fabre ; RDT 2007. 719, obs. Auzero*.

214. Nature de l'indemnité forfaitaire. L'indemnité forfaitaire prévue en cas de violation de la clause peut être réduite dès lors qu'il n'est pas démontré qu'elle indemnise une perte de chance pour le salarié de retrouver une activité professionnelle. • Soc. 15 avr. 2015, n° 13-21.306 : *Dalloz actualité, 12 mai 2015, obs. Peyronnet ; D. 2015. Actu. 927 ; RDT 2015. 541, obs.*

Kocher ✎ ; *Dr. soc. 2015. 559, note Mouly* ✎ ; *JS Lamy 2015, n° 389-2, obs. Hautefort* ; *RJS 6/2015, n° 383.*

215. Pouvoirs du juge. Lorsque la clause de garantie d'emploi n'est pas assortie d'une clause pénale, le montant de l'indemnité de garantie d'emploi ne peut être réduit ni par le juge en raison de son caractère excessif ni par l'employeur en considération des indemnités de chômage déjà perçues par le salarié. • Soc. 23 oct. 2007 : *D. 2007. 3107, note Waquet* ✎ ; *RDT 2007. 719, obs. Auzero* ✎. ♦ Comp. : • Soc. 13 déc. 2002 : *D. 2003. IR 178* ✎ ; *Dr. soc. 2003. 439, obs. Willmann* ✎ ; *RJS 2003. 153, n° 227* ; *JCP E 2003. 215, note Taquet* ; *JS Lamy 2003, n° 115-2.* ♦ La clause contractuelle qui ne prévoit pas le versement d'une indemnité forfaitaire en cas de violation de la garantie d'emploi ne constitue pas une clause pénale. • Soc. 4 mars 2008 : *RDT 2008. 304, obs. Auzero* ✎ ; *RJS 2008. 455, n° 585* ; *Dr. soc. 2008. 704, note Gauriau* ✎ ; *JCP S 2008. 1319, obs. Fardoux.*

H. CLAUSE D'INDIVISIBILITÉ

216. Contrat de couple. Si les contrats de travail de deux salariés contiennent une clause d'indivisibilité, il appartient au juge d'apprécier si cette clause est justifiée par la nature de la tâche à accomplir et proportionnée au but poursuivi, et si la poursuite du second contrat de travail est rendue impossible par la rupture du premier. • Soc. 12 juill. 2005 : *D. 2005. 344, note Mouly* ✎ ; *Dr. soc. 2005. 1045, obs. Savatier* ✎ ; *JCP S 2005. 1333, note Adom* ; *RJS 2005. 677, n° 941* ; *JS Lamy 2005, n° 176-3.*

I. CLAUSE DE CONSCIENCE

217. La clause contractuelle, qui permet au salarié de rompre le contrat de travail, ladite rupture étant imputable à l'employeur, en cas de changement de direction, de contrôle, de fusion-absorption ou de changement significatif d'actionnariat entraînant une modification importante de l'équipe de direction, est licite dès lors qu'elle est justifiée par les fonctions du salarié au sein de l'entreprise et qu'elle ne fait pas échec à la faculté de résiliation unilatérale du contrat par l'une ou l'autre des parties. • Soc. 26 janv. 2011 : *Dalloz actualité, 21 févr. 2011, obs. Perrin* ; *D. 2011. 453* ✎ ; *ibid. 2012. 901, obs. Lokiec et Porta* ✎ ; *Dr. soc. 2011. 465, obs. Mazeaud* ✎ ; *RDT 2011. 175, obs. J. Pélissier* ✎ • Soc. 10 avr. 2013 : *Dalloz actualité, 14 mai 2013, obs. Siro* ; *D. 2013. Actu. 1009* ✎ ; *RDT 2013. 401, obs. Tournaux* ✎ ; *JS Lamy 2013, n° 344-3, obs. Hautefort* ; *JCP S 2013. 1302, obs. Dumont.*

J. CLAUSE DE CONFIDENTIALITÉ

218. Absence de contrepartie financière. N'ouvre pas droit à une contrepartie financière la clause qui ne porte pas atteinte au libre exercice par le salarié d'une activité professionnelle mais qui se borne à imposer la confidentialité des informations détenues par lui et concernant la société. • Soc. 15 oct. 2014 : *D. 2014. Actu. 2118* ✎ ; *RDT 2015. 39, obs. Gratton* ✎ ; *RJS 2014. 717, n° 825* ; *JS Lamy 2014, n° 377-378-5, obs. Tissandier.*

IV. MODIFICATION DU CONTRAT DE TRAVAIL

RÉP. TRAV. V° *Contrat de travail : modification*, par MAILLARD-PINON.

BIBL. Waquet, *Dr. soc. 1999. 566.* – Derue, *Sem. soc. Lamy 1998, n° 913.* – Lyon-Caen, *Dr. ouvrier 1996. 87.* – Moussy, *Dr. ouvrier 1996. 49.* – Savatier, *Dr. soc. 1995. 235.* – Blaise, *Dr. soc. 1994. 189.* – Moussy, *Dr. ouvrier 1994. 135.* – Morand, *JCP E 1993. I. 276* ; *Dr. soc. 1993. 148.* – Blaise, *RJS 1992. 729.* – Couturier, *Ét. offertes à J. Savatier, 1992, p. 143.* – Philbert, *CSB 1992. 205.* – Blaise, *RJS 1989. 67* ; *BS Lefebvre 1988. 225.* – Savatier, *Dr. soc. 1988. 135.* – Deprez, *BS Lefebvre 1987. 401.* – Lyon-Caen, *Juri-soc. 1987. 41, n° 10.* – A. Mazeaud, *Dr. soc. 2004. 77.* – Pélissier, *RJS 2004. 3.* – Savatier, *Dr. soc. 1986. 867.* – Blaise, *BS Lefebvre 1985. 179* ; *ibid. 1984. 453.* – Despax, *Mélanges Marty, 1978. 449.*

Modification du contrat et changement des conditions de travail : Favennec-Héry, *RJS 2003. 459* (de l'objectif vers le subjectif). – Escande-Varniol, *Dr. soc. 2002. 1064* (changements d'horaire ou de lieu de travail). – Antonmattéi, *Dr. soc. 1999. 333.* – Waquet, *RJS 1999. 383* ; *Dr. soc. 1999. 566.* – Couturier, *Dr. soc. 1998. 523* ; *Dr. soc. 1998. 878.* – Dockès, *RJS 1998. 168.* – Boubli, *Sem. soc. Lamy 1997, n° 835.* – Bousez et Moreau, *JCP E 1997. I. 705.* – Morand, *JCP E 1997. I. 643.* – Waquet, *RJS 1996. 791* ; *CSB 1993. 57.* – Boubli, *Dr. soc. 1990. 493.*

Modification du contrat et modification du statut collectif : Boubli, *Sem. soc. Lamy 1997, n° 849.* – Savatier, *Dr. soc. 1995. 235.* – Waquet, *RJS 1994. 399.* ▸ **... et mobilité :** Soulier, *TPS 1998. Chron. 10.* – Daugareilh, *Dr. soc. 1996. 128.* – Gauriau, *Dr. soc. 1996. 1016.* – Jourdan, *JCP E 2001. 743.* – Morand, *Sem. soc. Lamy 2001, n° 1025, p. 5.* ▸ **... et réduction du temps de travail :** Boubli, *Sem. soc. Lamy 1998. 2.* – Bélier et Favennec-Héry, *Dr. soc. 1998. 970.* – Frossard, *Dr. soc. 2006. 999.* – Langlois, *Dr. soc. 1998. 785.*

Modification du contrat de travail à temps partiel : Girault, *JCP E 1998. 885.* – Jourdan, *JCP E 1998. 1676.*

Modification du contrat résultant d'une sanction disciplinaire : Amauger-Lattès, *Dr. soc. 1998. 120.* – Deprez, *JCP E 1992. I. 148.* – Mazeaud, *Dr. soc. 1991. 16* ; *Dr. soc. 2003. 164.* – Pélissier, *D. 1992. Chron. 30.* – Waquet, *Dr. soc. 1998. 803.*

Novation du contrat de travail : Gaudin, *RDT 2008. 162* (la novation en droit du travail).

A. NOTION

219. Modification et contrat de travail. La modification du contrat de travail s'oppose au changement des conditions de travail décidé par l'employeur dans l'exercice de son pouvoir de direction. • Soc. 10 juill. 1996 (2 arrêts), n° 93-41.137 P : *GADT, 4e éd., n° 50 ; D. 1996. IR 199 ; Dr. soc. 1996. 976, obs. Blaise ; RJS 1996. 580, n° 900 ; JCP 1997. II. 22768, note Saint-Jours ; Dr. ouvrier 1996. 457, note Moussy* • 30 sept. 1997, n° 95-43.187 P : *Dr. soc. 1997. 1094, obs. Ray ; RJS 1997. 748, n° 1202.* ♦ La SNCF ne peut procéder unilatéralement et hors de toute procédure disciplinaire à la modification du contrat de travail d'un de ses agents dans le cas où il échoue à un examen professionnel et le ramener à un niveau et à une rémunération inférieurs à ceux stipulés dans le contrat de travail, en application d'une disposition du statut. • CE 29 juin 2001 : *RJS 2001. 920, n° 1369.*

220. Modification et statut collectif. La modification du contrat s'oppose à la modification du statut collectif ; la classification qui résulte d'une convention collective est opposable au salarié qui ne peut se prévaloir d'aucun droit au maintien de sa qualification antérieure. • Soc. 16 nov. 1993, n° 90-43.233 P : *D. 1994. Somm. 312, obs. A. Lyon-Caen .* ♦ De même une convention collective peut modifier les modalités de répartition des pourboires résultant d'un accord ayant fait l'objet d'une dénonciation, seul le niveau de rémunération devant être garanti au salarié. • Soc. 12 févr. 1991, n° 89-45.314 P : *D. 1991. IR 83 .* ♦ Mais le changement d'affectation qui prive un salarié du bénéfice d'une convention collective constitue une modification du contrat que le salarié peut refuser lorsque l'application à la relation de travail d'une convention collective est prévue par une disposition expresse du contrat de travail. • Soc. 2 déc. 1998, n° 96-45.187 P.

221. Intangibilité du contrat de travail et convention collective. Sauf disposition légale contraire, une convention collective ne peut permettre à un employeur de procéder à la modification du contrat de travail sans recueillir l'accord exprès du salarié. • Soc. 10 févr. 2016, n° 14-26.147 P : *D. 2016. Actu. 431 ; RJS 4/2016, n° 277 ; JS Lamy 2016, n° 407-6, obs. Gssime ; JCP G 2016. 574, obs. Tricoit ; JCP S 2016. 1135, obs. Jacotot.*

222. La dénonciation de l'usage ou de l'engagement unilatéral n'emporte aucune modification du contrat de travail. • Soc. 13 févr. 1996, n° 93-42.309 P : *D. 1996. IR 75 ; RJS 1996. 293, n° 481* • Soc. 6 juill. 2005 : *D. 2006. Pan. 38, obs. Berthier ; JS Lamy 2005, n° 174-4.* ♦ Mais l'employeur ne peut revenir sur un avantage qui, du fait de sa reprise dans le contrat de travail, s'est incorporé à celui-ci. • Soc. 3 févr. 1993 : *D. 1993. Somm. 264, obs. Dockès .*

1° MODIFICATION DES ÉLÉMENTS DU CONTRAT DE TRAVAIL

a. Durée du travail

223. Modification de la durée contractuelle. La durée du travail, telle qu'elle est mentionnée au contrat de travail, constitue, en principe, un élément du contrat de travail qui ne peut être modifié sans l'accord du salarié. • Soc. 20 oct. 1998, n° 96-40.614 P : *Dr. soc. 1998. 1045, obs. Waquet ; D. 1999. 174, obs. Desbarats ; RJS 1998. 883, n° 1445.* ♦ Constitue une modification du contrat de travail la suppression du second jour de repos hebdomadaire contrairement aux dispositions légales. • Soc. 20 juin 1984, n° 82-41.104 P.

224. Heures supplémentaires. En revanche, ne constituent pas une modification du contrat de travail les heures supplémentaires imposées par l'employeur dans la limite du contingent dont il dispose légalement et en raison des nécessités de l'entreprise. • Soc. 9 mars 1999, n° 96-43.718 P : *RJS 1999. 324, n° 524 ; Dr. soc. 1999. 630, obs. Antonmattéi .* ♦ De même, ne constitue pas une modification du contrat la réduction, la suppression ou l'obligation d'effectuer des heures supplémentaires par décision unilatérale de l'employeur. • Soc. 10 mars 1998, n° 95-44.842 P : *RJS 1998. 262, n° 416 ; Dr. soc. 1998. 492, obs. Barthélémy .*

225. Modification des horaires de travail. Le changement d'horaire consistant dans une nouvelle répartition de l'horaire au sein de la journée, alors que la durée du travail et la rémunération restent identiques, constitue un simple changement des conditions de travail relevant du pouvoir de direction du chef d'entreprise et non une modification du contrat de travail. • Soc. 22 févr. 2000, n° 97-44.339 P : *D. 2000. IR 82 ; JCP 2000. II. 10321, note Corrignan-Carsin ; RJS 2000. 270, n° 374 ; CSB 2000. 515, A. 19, obs. Charbonneau* • 9 avr. 2002, n° 99-45.155 P : *D. 2002. IR 1529 ; Dr. soc. 2002. 665, obs. Savatier .* ♦ En revanche, si les horaires sont expressément précisés dans le contrat de travail et, à la demande du salarié, acceptés par l'employeur, ils présentent un caractère contractuel. • Soc. 11 juill. 2001, n° 99-42.710 P : *RJS 2001. 762, n° 1111 ; TPS 2001, n° 358.*

Ainsi, à défaut de clause contractuelle, ne constitue pas une modification du contrat de travail la décision qui, sans remettre en cause la durée du travail, supprime le droit à congé du vendredi après-midi d'un cadre dirigeant d'entreprise. • Soc. 16 mai 2000, n° 97-45.256 P : *D. 2000. IR 168 ; Dr. soc. 2000. 776, obs. Ray ; RJS 2000. 539, n° 771.* ♦ De la même manière l'employeur en changeant l'horaire et en demandant aux salariés de travailler pendant l'heure du déjeuner fait usage de son pouvoir de direction. • Soc. 17 oct. 2000, n° 98-42.177 P :

RJS 2000. 839, n° 1206 ; Liaisons soc. 2000, jurispr. 688 • 17 oct. 2000, ⚖ n° 98-42.264 P : *RJS 2000. 796, n° 1222 ; Liaisons soc. 2000, jurispr. 688* (travail le samedi, jour ouvrable, à défaut de clause expresse dans le contrat de travail l'excluant) • 27 juin 2001, ⚖ n° 99-42.462 P : *RJS 2001. 762, n° 1111 ; JS Lamy 2001, n° 86-4.* ♦ Toutefois, l'instauration d'une nouvelle répartition du travail sur la journée relève du pouvoir de direction de l'employeur sauf atteinte excessive au droit du salarié au respect de sa vie personnelle et familiale ou à son droit au repos. • Soc. 3 nov. 2011 : ⚖ *Dalloz actualité, 28 nov. 2011, obs. Astaix ; D. 2011. Actu. 2804* ✎ *; ibid. 2012. 67, note Lokiec* ✎ *; RDT 2012. 31, obs. Tournaux* ✎ *; Dr. soc. 2012. 147, note Dockès* ✎ *; RJS 2012. 27, n° 8 ; Sem. soc. Lamy 2011, n° 1513, p. 10 ; ibid. n° 1518, p. 11, obs. Fabre ; JS Lamy 2011, n° 311-312-5, obs. Lhernould ; JCP S 2011. 1159, note Gaba.*

226. Modification de l'organisation de la répartition des horaires de travail. Constitue une modification du contrat de travail que le salarié est en droit de refuser le passage d'un horaire fixe à un horaire variable. • Soc. 31 oct. 2000 : ⚖ *RJS 2001. 13, n° 10* • 14 nov. 2000, ⚖ n° 98-43.218 P : *D. 2000. IR 303* ✎ *; RJS 2001. 13, n° 10.* ♦ Le passage d'un horaire de jour à un horaire de nuit caractérise une modification du contrat de travail que le salarié est en droit de refuser. • Soc. 22 mai 2001, ⚖ n° 99-41.146 P : *D. 2001. IR 2360* ✎ *; RJS 2001. 684, n° 992 ; Dr. soc. 2001. 766, obs. Radé* ✎. ♦ ... De même s'agissant du passage d'un horaire de nuit à un horaire de jour et ce, nonobstant la clause de variabilité des horaires prévue par le contrat de travail. • Soc. 18 déc. 2001, ⚖ n° 98-46.160 P : *RJS 2002. 131, n° 145.* ♦ ... Ou encore le passage d'un horaire continu à un horaire discontinu. • Soc. 3 nov. 2011 : ⚖ *Dalloz actualité, 28 nov. 2011, obs. Astaix ; D. 2011. Actu. 280* ✎ *; RJS 2012. 27, n° 10.* ♦ De même constitue une modification du contrat de travail nécessitant l'accord du salarié le changement de la répartition des horaires ayant pour effet de priver le salarié de repos dominical. • Soc. 2 mars 2011 : ⚖ *Dalloz actualité, 22 mars 2011, obs. Dechristé ; D. 2011. Actu. 761* ✎ *; JS Lamy 2011, n° 298-5, obs. Lhernould ; JCP S 2011. 1283, obs. d'Allende.* ♦ Pour les salariés à temps partiel, la répartition du temps de travail constitue un élément du contrat de travail qui ne peut être modifié sans l'accord de l'intéressé. • Soc. 7 juill. 1998, ⚖ n° 95-43.443 P : *D. 1999. Somm. 185, obs. Desbarats* ✎ • 14 oct. 1998, ⚖ n° 96-43.539 P : *D. 1998. IR 243* ✎ • 6 avr. 1999, ⚖ n° 96-45.790 P : *D. 1999. IR 132* ✎ *; RJS 1999. 463, n° 762.* ♦ Une clause du contrat de travail à temps partiel ne peut valablement permettre à l'employeur de modifier les horaires de travail convenus qu'à la double condition, d'une part, de la détermination par le contrat de la variation possible, d'autre part, de l'énonciation des cas dans lesquels cette modification peut intervenir. • Soc. 7 déc. 1999, ⚖ n° 97-42.333 P : *RJS 2000. 225, n° 346.*

227. Changement d'horaires impliquant la suppression d'une prime. La diminution de la rémunération résultant de la réduction des sujétions consécutive à un changement des horaires du cycle de travail ne constitue pas une modification du contrat de travail. • Soc. 9 avr. 2015, ⚖ n° 13-27.624 : *Dalloz actualité, 18 mai 2015, obs. Fraisse ; D. 2015. Actu. 871* ✎ *; RDT 2015. 396, obs. Bento de Carvalho* ✎ *; JS Lamy 2015, n° 389-6, obs. Tissandier ; RJS 6/2015, n° 387.*

228. Cadence de travail. En l'absence de répercussion d'une modification de la cadence de travail sur la rémunération ou le temps de travail des salariés, cette modification constitue un simple changement des conditions de travail et non pas une modification du contrat de travail. • Soc. 20 oct. 2010 : ⚖ *Dalloz actualité, 15 nov. 2010, obs. Siro ; RDT 2011. 119, obs. Canut* ✎ *; RJS 2011. 32, n° 14 ; Dr. soc. 2011. 333, obs. Miné* ✎ *; JCP S 2011. 1003, obs. Dedessus-Le-Moustier.*

229. Instauration d'une modulation du temps de travail. L'instauration d'une modulation du temps de travail est une modification du contrat de travail. • Soc. 22 sept. 2010 : *D. 2010. Actu 2370, obs. Dechristé ; D. 2011. 219, obs. Frossard* ✎ *; RDT 2010. 725, obs. Canut* ✎ *; Dr. soc. 2011. 151, note Barthélémy* ✎ *; RJS 2010. 841, n° 939 ; JS Lamy 2010, n° 287-2, obs. Hautefort ; Sem. soc. Lamy 2010, n° 1464, p. 10, obs. Favennec-Héry ; JCP S 2010. 1466, obs. Morand.*

230. Modification résultant de l'application de l'accord collectif. La seule modification de la structure de rémunération résultant d'un accord de réduction du temps de travail consistant, sans changer le taux horaire, à compenser la perte consécutive à la réduction du nombre d'heures travaillées par l'octroi d'une indemnité différentielle, dès lors que le montant de la rémunération est maintenu, ne constitue par une modification du contrat de travail. • Soc. 5 avr. 2006 : ⚖ *D. 2006. IR 1186* ✎ *; RDT 2006. 188, obs. Tissandier* ✎ *; RJS 2006. 510, n° 741.* ♦ Cette règle s'applique également aux salariés rémunérés en tout ou partie sous forme de commissions. • Soc. 13 juin 2007 : ⚖ *Dr. soc. 2007. 1174, obs. Jourdan et Barthélémy* ✎. ♦ Un salarié ne peut prétendre au maintien de la structure de sa rémunération lorsque celle-ci résulte exclusivement de l'accord collectif applicable. • Soc. 19 mars 2014 : ⚖ *RJS 2014. 408, n° 506.*

b. Rémunération

231. Généralités. La rémunération contractuelle du salarié constitue un élément du contrat de travail qui ne peut être modifié, même de manière minime, sans son accord ; il en va de même du mode de rémunération prévu par le contrat, peu important que l'employeur prétende que le nouveau mode serait plus avantageux. • Soc. 19 mai 1998, n° 96-41.573 P. ♦ Il n'y a pas modification du contrat lorsqu'elle résulte d'une clause claire et précise du contrat. • Soc. 17 déc. 1987, n° 84-45.382 P : *D. 1988. Somm. 320, obs. A. Lyon-Caen.*

232. Modification du montant de base de la rémunération. La rémunération contractuelle du salarié constitue un élément du contrat de travail qui ne peut être modifié sans son accord. • Soc. 3 mars 1998, n° 95-43.274 P : *RJS 1998. 263, n° 417 ; D. 1998. IR 85 ; CSB 1998. 111, A. 27.* ♦ Dans le même sens, la rémunération constitue un élément du contrat de travail qui ne peut être modifié, même en cours d'exécution du préavis, sans l'accord du salarié. • Soc. 9 déc. 1998, n° 96-44.789 P : *D. 1999. Somm. 182, obs. Desbarats ; RJS 1999. 40, n° 45.* ♦ Peu important que la modification ait été imposée par une décision de l'autorité de tutelle. • Soc. 1er févr. 1995, n° 91-40.794 P : *D. 1995. IR 72 ; Dr. soc. 1995. 386, obs. Favennec-Héry ; RJS 1995. 297, n° 316.* ♦ ... Ou que le comité d'entreprise ait donné son accord à la modification. • Soc. 5 janv. 1999, n° 96-44.194 P : *D. 1999. IR 41 ; RJS 1999. 107, n° 160.* ♦ Ainsi, le salarié qui a refusé que la prime d'ancienneté soit intégrée à son salaire de base peut prétendre à un rappel de prime dès lors que cette intégration diminue le taux de la rémunération. • Même arrêt.

233. Modification du mode de rémunération. Le mode de rémunération d'un salarié constitue un élément du contrat de travail qui ne peut être modifié sans son accord, peu important que l'employeur prétende que le nouveau mode serait plus avantageux. • Soc. 28 janv. 1998, n° 95-40.275 P : *RJS 1998. 172, n° 274 ; D. 1998. IR 65* • 5 mai 2010 : *D. 2010. Actu. 1290 ; ibid. 2011 . Pan. 840, obs. Julien ; RDT 2010. 435, obs. Tournaux ; Dalloz actualité, 26 mai 2010, obs. Ines ; JCP S 2010. 1298, obs. Corrignan-Carsin ; JS Lamy 2010, n° 280-4, obs. Ballouhey.*

234. Clauses de variation. Une clause du contrat de travail peut prévoir une variation de la rémunération du salarié dès lors qu'elle est fondée sur des éléments objectifs indépendants de la volonté de l'employeur, ne fait pas porter le risque d'entreprise sur le salarié et n'a pas pour effet de réduire la rémunération en-dessous des minima légaux et conventionnels. • Soc. 2 juill. 2002, n° 00-13.111 P : *GADT, 4e éd., n° 54 ; RJS 2002. 819, n° 1076 ; CSB 2002. 443, A. 53 ; JS Lamy 2002, n° 110-4 ; Dr. soc. 2002. 998, obs. Radé .* ♦ L'employeur ne peut utiliser la clause relative à la partie variable de la rémunération pour modifier la rémunération du salarié, même s'il prétend que le nouveau mode de rémunération est plus favorable. • Soc. 30 mai 2000, n° 97-45.068 P : *RJS 2000. 540, n° 772* • 16 juin 2004 : *RJS 2004. 693, n° 1000* (clause réservant à la société le droit de modifier le secteur de l'intéressé et la possibilité de consentir directement des fournitures aux nouvelles formes de distribution de masse) • 8 janv. 2002, n° 99-44.467 P : *Dr. soc. 358, obs. Radé* (clause prévoyant la modification du mode de calcul du taux de commission). ♦ Une prime de nature conventionnelle ne peut être intégrée, sans l'accord du salarié, dans la rémunération contractuelle. • Soc. 23 oct. 2001, n° 99-43.153 P : *D. 2002. 763, obs. Camaji ; Dr. soc. 2002. 112, obs. Radé ; RJS 2002. 47, n° 36.* ♦ Toutefois, la modification des modalités de rémunération, même si elle ne garantit pas le niveau du salaire antérieur, n'est pas jugée substantielle si elle résulte de l'application d'une clause contractuelle claire et précise. • Soc. 17 déc. 1987, n° 84-45.382 P : *D. 1988. Somm. 320, obs. A. Lyon-Caen.* ♦ Lorsque les objectifs sont définis unilatéralement par l'employeur dans le cadre de son pouvoir de direction, celui-ci peut les modifier dès lors qu'ils sont réalisables et qu'ils ont été portés à la connaissance du salarié en début d'exercice, peu importe l'incidence sur le montant de la rémunération variable du salarié. • Soc. 2 mars 2011 : *Dalloz actualité, 21 mars 2011, obs. Perrin ; D. 2011. Actu. 824 ; RDT 2013. 82, note Pasquier ; JCP S 2011. 1196, obs. Morvan.* ♦ En revanche, lorsque le droit à une rémunération variable résulte du contrat de travail et qu'aucun accord entre l'employeur et le salarié n'est intervenu sur le montant de cette rémunération, c'est au juge qu'il incombe de le déterminer en fonction des critères visés au contrat et des accords conclus les années précédentes et, à défaut, des données de la cause. • Soc. 15 déc. 2009 : *pourvoi n° 08-44.563.* ♦ Mais lorsque le contrat de travail prévoit expressément que le montant de la rémunération variable est fonction d'objectifs fixés annuellement, le défaut de fixation desdits objectifs par l'employeur constitue un manquement à son obligation d'exécuter le contrat de bonne foi et justifie donc la prise d'acte de la rupture par le salarié aux seuls torts de l'employeur. • Soc. 29 juin 2011 : *JS Lamy 2011, n° 306-5, obs. Tourreil ; JCP S 2011. 1465, obs. Everaert-Dumont.*

235. Le salarié doit pouvoir vérifier que le calcul de sa rémunération a été effectué conformément aux modalités prévues par le contrat de travail. • Soc. 18 juin 2008 : *D. 2008. AJ 1832, obs. Ines ; JS Lamy 2008, n° 237-2 ; RJS 2008. 705, n° 874 ; Dr. ouvrier 2008. 533, obs. Deby.*

236. Suppression de la prime d'astreinte. La perte des primes d'astreinte régulièrement perçues depuis neuf ans constitue une modification du contrat de travail. • Soc. 19 juin 2009 : *JCP S 2009. 1067, obs. Bossu.*

237. Modification de la rémunération et usage ou accord collectif. La rémunération, contrepartie du travail du salarié, résulte en principe du contrat de travail, sous réserve, d'une part, du SMIC, et, d'autre part, des avantages résultant des accords collectifs, des usages de l'entreprise ou des engagements unilatéraux de l'employeur ; dans le cas où la rémunération du salarié est déterminée exclusivement par l'usage ou par l'engagement unilatéral de l'employeur, la dénonciation régulière de cet usage ou de l'engagement unilatéral n'entraîne pas une modification du contrat de travail. • Soc. 13 févr. 1996, n° 93-42.309 P : *D. 1996. IR 75* ; *RJS 1996. 293, n° 481 ; CSB 1996. 113, A. 27, note Philbert* • 6 juill. 2005 : *RJS 2005. 745, n° 1058 ; JS Lamy 2005, n° 174-4.* ♦ Une telle dénonciation ne permet pas à l'employeur de fixer unilatéralement le salaire ; celui-ci doit résulter d'un accord contractuel à défaut duquel il incombe au juge de se prononcer. • Soc. 20 oct. 1998, n° 95-44.290 P : *D. 1998. IR 260 ; RJS 1998. 885, n° 1448.*

238. L'entrée en vigueur d'une nouvelle convention collective ne peut modifier le salaire contractuel du salarié ; un employeur ne peut supprimer unilatéralement un avantage consistant en un minimum garanti intégré dans le contrat de travail. • Soc. 20 oct. 1998, n° 95-44.290 P : *RJS 1998. 884, n° 1447* • 27 janv. 1999, n° 96-43.342 P : *Dr. soc. 1999. 308*. *obs. Radé.* ♦ De même un accord collectif, même s'il prévoit une prise en compte de toutes les heures travaillées et une garantie de maintien du salaire, ne permet pas à l'employeur de diminuer le salaire horaire contractuel. • Soc. 3 juill. 2001, n° 99-40.641 P : *Dr. soc. 2001. 1006, obs. Radé* ; *RJS 2001. 764, n° 1113 ; JS Lamy 2001, n° 86-5.* ♦ A l'inverse, la prime due en vertu d'un usage ou d'un engagement unilatéral de l'employeur n'étant pas incorporée au contrat de travail, sa dénonciation n'entraîne pas une modification du contrat. • Soc. 13 févr. 1996, n° 93-42.309 P : *D. 1996. IR 75* ; *RJS 1996. 293, n° 481 ; CSB 1996. 113, A. 272, note Philbert.*

239. Modification de la rémunération et réduction de la durée du travail. V. note ss. art. L. 1222-8.

240. Modification de la rémunération et maladie. L'employeur ne peut, au motif de la maladie du salarié, modifier unilatéralement le mode de fixation de la rémunération convenu entre les parties et doit lui assurer, à l'issue de son arrêt de travail, la reprise des mensualités antérieurement versées. • Soc. 28 sept. 2004 : *D. 2004. IR 2974* .

c. Lieu de travail

241. Lieu de travail et secteur géographique. A défaut de clause précise, le contrat de travail doit s'exécuter dans un même secteur géographique ; si l'entreprise reste dans ce secteur, les contrats de travail ne sont pas modifiés. • Soc. 20 oct. 1998, n° 96-40.757 P : *RJS 1999. 24, n° 8* (déplacement de l'entreprise à l'intérieur de la région parisienne). ♦ Ainsi, le fait d'affecter un salarié qui travaillait sur des chantiers à un atelier fixe, situé dans le même secteur géographique, n'entraîne pas modification du lieu de travail. • Soc. 16 déc. 1998, n° 96-40.227 P : *RJS 1999. 105, n° 157 ; Dr. soc. 1999. 566, note Waquet* .

242. Le changement de lieu de travail doit être apprécié de manière objective ; les juges du fond doivent rechercher si celui auquel est affecté le salarié est situé dans un secteur géographique différent de celui où il travaillait précédemment et si, dès lors, le déménagement constituait une modification du contrat de travail. • Soc. 4 mai 1999, n° 97-40.576 P : *GADT, 4e éd., n° 51 ; D. 2000. Somm. 85, obs. Frossard* ; *JCP 1999. II. 1026, note Lefranc-Harmoniaux ; Dr. soc. 1999. 737, obs. Ray* ; *RJS 1999. 485, n° 792.* ♦ ... Si l'emploi en cause implique par nature une certaine disponibilité géographique. • Soc. 4 janv. 2000, n° 97-41.154 P : *D. 2000. IR 27* ; *Dr. soc. 2000. 550, obs. Mouly* ; *RJS 2000. 103, n° 145 ; CSB 2000. 456, A. 12, obs. Pansier* (disponibilité géographique d'un chauffeur de car). ♦ Le contrat international, en revanche, s'exécute par nature en plusieurs lieux ; un salarié pouvant être muté dans l'ensemble des filiales et n'étant donc affecté à aucun lieu déterminé, ne peut prétendre que sa nomination à Bruxelles entraînait une modification du contrat de travail. • Soc. 20 oct. 1998, n° 96-40.692 P : *RJS 1999. 180, n° 307.* ♦ Le changement de lieu de travail doit s'apprécier en référence au dernier lieu de travail du salarié et non au lieu de travail initial lorsqu'il y a eu plusieurs affectations successives. • Soc. 3 mai 2006 : *JS Lamy 2006, n° 190-3.*

243. Déplacements occasionnels. Le déplacement occasionnel imposé à un salarié en dehors du secteur géographique où il travaille habituellement ne constitue pas une modification de son contrat de travail dès lors que la mission est justifiée par l'intérêt de l'entreprise et que la spécificité des fonctions exercées par le salarié implique de sa part une certaine mobilité géographique. • Soc. 22 janv. 2003, n° 00-43.826 P : *D. 2003. IR 400* ; *Dr. soc. 2003. 433, obs. Savatier* ; *JCP E 2003. 993, note Corrignan-Carsin ; JS Lamy 2003, n° 118-3.* ♦ Une clause contractuelle fixant un lieu de travail précis ne prive pas d'effet la clause dactylographiée du contrat qui, conformément à la nature même des fonctions exercées par le salarié, prévoyait sa participation à des travaux d'assistance technique chez différents clients tant en France qu'à l'étranger. • Soc. 22 janv. 2003, n° 00-42.637 P : *Dr. soc. 2003. 435, obs. Duquesne* ; *RJS 2003. 216, n° 316.*

244. Affectation exceptionnelle. Si l'affectation occasionnelle d'un salarié en dehors du secteur géographique où il travaille habituellement ou des limites prévues par une clause contractuelle de mobilité géographique peut ne pas constituer une modification de son contrat de travail, il n'en est ainsi que lorsque cette affectation est motivée par l'intérêt de l'entreprise, qu'elle est justifiée par des circonstances exceptionnelles, et que le salarié est informé préalablement dans un délai raisonnable du caractère temporaire de l'affectation et de sa durée prévisible. • Soc. 3 févr. 2010 : *D. 2010. AJ 446, obs. Ines ; RDT 2010. 226, obs. Frouin ; Dr. soc. 2010. 470, obs. Radé ; Dr. ouvrier 2010. 356, note Lardy-Pélissier ; JS Lamy 2010, n° 273-3.* ♦ Dès lors qu'un déplacement s'inscrit dans la cadre habituel de l'activité pour laquelle un salarié a été recruté, il s'impose à ce dernier sans qu'il y ait lieu de rechercher si le contrat de travail contenait une clause de mobilité. • Soc. 11 juill. 2012 : *D. 2012. Actu. 1969 ; D. 2013. Pan. 1026, obs. Porta ; RJS 2012. 667, n° 772 ; Dr. ouvrier 2012. 655, obs. Durand ; JCP S 2012. 1506, obs. Tricoit ; JS Lamy 2012, n° 329-7, obs. Lhernould.*

245. Fin du détachement. Dès lors que le salarié retrouve, à l'issue de son détachement, des fonctions correspondant à sa qualification originelle, la fin de ce dernier ne constitue pas une modification du contrat de travail, et le refus du salarié de réintégrer son lieu d'origine constitue une faute grave. • Soc. 24 juin 2015, n° 13-25.522 P : *Dalloz actualité, 30 juill. 2015, obs. Ines ; D. 2015. Actu. 1445 ; RJS 11/2015, n° 699 ; JCP S 2015. 1328, obs. Halard.*

246. Domicile personnel. Le fait de donner l'ordre à un salarié dont le bureau est supprimé d'installer à son domicile personnel un téléphone professionnel et ses dossiers constitue une modification unilatérale du contrat de travail autorisant le salarié à prendre acte de la rupture du contrat, rupture s'analysant en un licenciement. • Soc. 2 oct. 2001 : *D. 2001. IR 3020 ; RJS 2001. 950, n° 1399 ; JS Lamy 2001, n° 89-2.*

247. Le fait de supprimer la possibilité reconnue au salarié d'effectuer à son domicile ses tâches administratives constitue une modification du contrat de travail. • Soc. 13 avr. 2005, n° 02-47.621 P : *RJS 2005. 435, n° 600.*

d. Qualification professionnelle

BIBL. Despax, *JCP 1962. I. 1710.* – Milet, *RPDS 1989. 275.* – Sinay, *Dr. soc. 1982. 70* (statut des cadres). – Langlois, *Ét. offertes à G.H. Camerlynck, 1978, p. 185* (hiérarchie des salariés). – Santelmann, *Dr. soc. 1995. 1014* (reconnaissance de la qualification professionnelle). – Supiot, *Ét. offertes à Savatier, 1992, p. 409* (identité professionnelle). – *Travail et Emploi, 1988, n° 38.*

248. Définition. La qualification professionnelle se détermine par les fonctions réellement exercées, sauf accord non équivoque de surclassement du salarié. • Soc. 21 mars 1985 : *Bull. civ. V, n° 201* • 12 janv. 2010 : *RJS 2010. 205, n° 232.* – V. aussi • Soc. 6 juin 1976 : *D. 1978. 274, note Mouly* • 24 avr. 1980 : *Bull. civ. V, n° 348.* ♦ L'avenant au contrat de travail qui stipule que le salarié bénéficie du statut de cadre est suffisant pour que ce statut lui soit reconnu. • Soc. 21 nov. 2012 : *Dalloz actualité, 18 déc. 2012, obs. Siro ; D. 2012. Actu. 2809 ; D. 2013. Pan. 1026, obs. Porta ; RDT 2013. 29, obs. Auzero ; JCP S 2013. 1069, obs. Morand.* ♦ Pour un ex. de caractère équivoque, V. • Soc. 3 nov. 2011 : *D. 2011. Actu. 2803 ; Dalloz actualité, 25 nov. 2011, obs. Perrin ; RDT 2012. 42, obs. Véricel ; RJS 2012. 46, n° 42 ; JS Lamy 2011, n° 311-312-7, obs. Tourreil ; JCP S 2011. 1577, obs. Morand.* ♦ Elle ne résulte pas uniquement de l'adhésion à un régime de retraite des cadres. • Soc. 18 janv. 1995 : *RJS 1995. 152, n° 202.* ♦ ... Ni du niveau des diplômes. • Soc. 28 févr. 1996 : *RJS 1996. 225, n° 371.* ♦ ... Ni de la mention de la qualification dans le contrat de travail. • Soc. 7 mars 2012 : *RJS 2012. 352, n° 407.*

249. Nouvelle qualification. Le salarié, dont les fonctions n'ont subi aucune modification au cours de l'année, ne peut prétendre à bénéficier d'une classification supérieure sous prétexte qu'il a, pendant cette période, assumé des responsabilités nouvelles. • Soc. 18 janv. 2000, n° 97-42.429 P : *Dr. soc. 2000. 344, obs. Radé .*

250. Lorsqu'une nouvelle classification conventionnelle des emplois a été adoptée dans l'entreprise, un salarié ne peut prétendre à un droit acquis que pour le maintien de sa situation antérieure et doit recevoir le coefficient correspondant dans la nouvelle classification aux fonctions réellement exercées par lui. • Soc. 4 janv. 1979 : *D. 1979. IR 326, obs. Langlois.*

251. Viole l'art. 1134 C. civ. la cour d'appel qui rejette la demande de rappel de salaires fondée sur la qualification de cadre du demandeur, alors que l'employeur avait dans une lettre exprimé sa volonté de lui reconnaître cette qualification et que cette intention s'était manifestée dans le libellé des bulletins de paie. • Soc. 12 janv. 1989 : *Bull. civ. V, n° 16 ; D. 1989. 514, note Puigelier.* ♦ Comp. • Soc. 13 oct. 1992, n° 89-43.714 P. (insuffisance des mentions de la lettre d'engagement et du bulletin de paie lorsque le salarié n'a pas la qualification requise par la convention collective pour être classé dans la catégorie des cadres). – V. aussi • Soc. 13 mars 1990 : *RJS 1990. 265, n° 348* • 7 mai 1991, n° 87-44.037 P : *CSB 1991. 293, S. 166.*

252. Les avantages temporairement tirés par un salarié d'une qualification initiale supérieure à celle à laquelle il avait droit ne sauraient justifier le blocage d'un avancement à l'ancienneté qui est automatique. • Soc. 2 mai 2001 : *Dr. soc. 2001. 798, obs. Radé ; RJS 2001. 577, n° 828.*

253. Modification des tâches. L'appréciation de la modification de la qualification professionnelle se fait au regard des fonctions réellement exercées par le salarié. • Soc. 21 mars 1985, n° 82-43.833 P. ♦ L'employeur ne peut imposer au salarié un véritable changement de qualification entraînant l'exécution de tâches différentes. • Soc. 20 oct. 1976, n° 75-40.843 P : *D. 1976. IR 291.* ♦ ... Une diminution conséquente des responsabilités et prérogatives du salarié. • Soc. 6 avr. 2011 : *D. 2011. Actu. 1145* ; *JS Lamy 2011, n° 300-4, obs. Hautefort ; JCP S 2011. 1337, obs. d'Ornano ; Dr. soc. 2011. 803, note Gaba* ; *Sem. soc. Lamy 2011, n° 1489, p. 13, obs. Champeaux.* ♦ ... Un déclassement. • Soc. 26 mai 1998 : *Dr. soc. 1999. 566, note Waquet* . ♦ ... Une transformation de ses attributions. • Soc. 26 nov. 1987 : *D. 1988. Somm. 319, obs. A. Lyon-Caen.* ♦ ... Un changement d'affectation entraînant la suppression d'une prime variable liée à l'exécution d'une tâche annexe. • Soc. 16 mars 2011 : *JCP S 2011. 1326, obs. Barège ; Sem. soc. Lamy 2011, n° 1494, p. 9, obs. Hautefort.* ♦ ... Ou une perte d'indépendance. • Soc. 16 déc. 1981, n° 79-42.592 P : *D. 1982. IR 133* • 16 déc. 1998, n° 96-41.845 P : *RJS 1999. 104, n° 154 ; Dr. soc. 1999. 566, note Waquet* • 8 oct. 2003 : *RJS 2004. 28, n° 4.* ♦ L'employeur qui fait effectuer à une salariée des tâches ne relevant pas de sa qualification et étrangères à son activité ne peut lui reprocher les erreurs commises dans son travail. • Soc. 2 févr. 1999, n° 96-44.340 P : *Dr. soc. 1999. 566, note Waquet* ; *RJS 1999. 212, n° 350* • 5 mai 1999 : *Liaisons soc. 1999, Jurispr. 643.* ♦ La transformation des attributions et du niveau des responsabilités d'un salarié occupant des fonctions de direction ramenant ses responsabilités à un niveau très inférieur constitue une modification du contrat de travail, peu important l'absence de modification des conditions de rémunération des intéressés. • Soc. 28 janv. 2005 : *RJS 2005. 341, n° 475 ; CSB 2005, A. 31, obs. Charbonneau.* ♦ Mais lorsque les mesures prises par l'employeur ne touchent ni la qualification de l'intéressé, ni sa rémunération, elles ne portent pas atteinte à un élément du contrat. • Soc. 7 mai 1987, n° 84-40.810 P. ♦ Ainsi, l'ajout d'un échelon hiérarchique intermédiaire entre un salarié et le président de la société n'implique pas en soi une rétrogradation ou un déclassement, dès lors que les fonctions et les responsabilités du salarié ne sont pas modifiées. • Soc. 21 mars 2012 : *Dalloz actualité, 11 avr. 2012, obs. Siro ; D. 2012. Actu. 949* ; *RJS 2012. 451, n° 525 ; JS Lamy 2012, n° 322-6, obs. Tourreil ; JCP S 2012. 1260, obs. Puigelier.* ♦ L'employeur, dans le cadre de son pouvoir de direction, peut changer les conditions de travail d'un salarié ; la circonstance qu'une tâche donnée à un salarié soit différente de celle qu'il effectuait antérieurement, dès l'instant où elle correspond à sa qualification, ne caractérise pas une modification du contrat de travail. • Soc. 10 mai 1999, n° 96-45.673 P : *Dr. soc. 1999. 736, obs. Gauriau* ; *RJS 1999. 484, n° 791* • 24 avr. 2001, n° 98-44.873 P : *D. 2001. IR 1668* ; *RJS 2001. 581, n° 835 ; JCP E 2001. 1582, note Corrignan-Carsin* • 18 juill. 2001, n° 99-45.076 P : *RJS 2001. 923, n° 1374.*

254. Réduction des responsabilités. Constitue une modification du contrat de travail du salarié le retrait de la délégation générale de signature dont disposait le salarié. • Soc. 26 oct. 2011 : *Dalloz actualité, 15 nov. 2011, obs. Siro ; Dr. soc. 2012. 303, obs. Mouly* ; *RJS 2012. 27, n° 9 ; JCP S 2011.1572, obs. Puigelier.* ♦ L'appauvrissement des missions et des responsabilités d'un chargé de clientèle, dont le poste est vidé de sa substance, du fait de choix stratégiques de l'entreprise ayant entraîné la perte d'une partie de la clientèle, constitue une modification du contrat de travail imputable non aux clients, mais à l'employeur, et justifie la prise d'acte de la rupture du contrat. • Soc. 29 janv. 2014 : *D. 2014. Actu. 376* ; *RJS 2014. 247, n° 297 ; JS Lamy 2014, n° 362-4, obs. Pacotte et Daguerre.*

e. Organisation contractuelle du travail

255. Lorsque les parties sont convenues d'une exécution de tout ou partie de la prestation de travail par le salarié à son domicile, l'employeur ne peut modifier cette organisation contractuelle sans son accord. • Soc. 31 mai 2006 : *RDT 2006. 71, obs. Dechristé ; D. 2006. IR 1634* ; *Dr. soc. 2012. 303, obs. Mouly* ; *RJS 2006. 682, n° 919 ; Dr. soc. 2006. 924, obs. Savatier* ; *JS Lamy 2006, n° 192-2* • 12 févr. 2014 : *Dalloz actualité, 26 févr. 2014, obs. Peyronnet ; D. 2014. Actu. 488* ; *Dr. soc. 2014. 477, obs. Mouly* ; *RJS 2014. 248, n° 298 ; JS Lamy 2014, n° 363-4, obs. Hautefort.* ♦ La mention sur le contrat de travail que ce contrat s'exécutera au siège de la société n'exclut pas que les parties aient pu convenir d'un mode d'organisation du travail de la salariée en tout ou partie en télétravail. • Soc. 29 nov. 2007 : *RDC 2008. 852, obs. Radé.*

f. Modification des clauses contractuelles

256. Modification d'une clause contractuelle. La réduction de la durée du préavis fixée par le contrat de travail constitue une modification du contrat. • Soc. 15 juill. 1998, n° 97-43.985 P. ♦ Et ceci même si la réduction résulte d'un protocole d'accord rendant applicable dans l'entreprise une nouvelle convention collective. • Soc. 7 juill. 1998, n° 96-40.256 P : *D. 1999. Somm. 107, obs. Serra* ; *RJS 1998. 715, n° 1176.* ♦ Une clause du contrat de travail comportant un minimum garanti constitue un élément du contrat dont la suppression unilatérale s'analyse en un licenciement. • Soc. 28 oct. 1998, n° 96-43.282 P : *Dr. soc. 1999. 566, note Waquet* . ♦ Il en est de même d'un engagement de maintien d'emploi. • Soc. 7 avr. 1998 : *Dr. soc. 1999. 566, note Waquet* • 8 juill. 1998, n° 96-42.118 P : *Dr. soc. 1999. 566, note Waquet* . ♦ ... Ou d'un engagement de stabilité du lieu de l'emploi. • Soc. 18 nov. 1998, n° 97-43.072 P : *Dr. soc. 1999. 566, note Waquet*. ♦ La modification ou la suppression d'une clause du contrat de travail prévoyant l'application à la relation de travail d'une convention collective constitue une modification du contrat. • Soc. 1er juill. 1998 : *Dr. soc. 1999. 566* • 2 déc. 1998, n° 96-45.187 P : *RJS 1999. 22, n° 7 ; Dr. soc. 1999. 305, obs. J. Savatier*.

257. Insertion d'une clause contractuelle. L'insertion dans le contrat de travail d'une clause défavorable au salarié telle que la clause de non-concurrence est une modification du contrat de travail soumise, pour sa validité, à l'acceptation du salarié. • Soc. 7 juill. 1998, n° 96-40.256 P : *Dr. soc. 1999. 566, note Waquet ; D. 1998. IR 183 ; RJS 1998. 615, n° 958 ; JCP 1998. II. 10196, note Puigelier* • 16 déc. 1998, n° 96-41.845 P : *D. 1999. IR 19 ; RJS 1999. 104, n° 154.* ♦ Même solution pour l'introduction d'une clause d'exclusivité. • Soc. 7 juin 2005 : *D. 2005. IR 1803 ; RJS 2005. 591, n° 803.*

g. Véhicule de fonction

258. Constitue une modification du contrat de travail le retrait à un salarié pendant la suspension de son contrat de travail pour arrêt maladie et congé de maternité d'un véhicule de fonction dont le salarié conserve l'usage dans sa vie personnelle. • Soc. 24 mars 2010 : *D. 2010. Actu. 967 ; JCP S 2010. 1197, obs. Puigelier.*

h. Changement d'employeur

259. Principes. La mise à disposition d'un salarié n'entraîne pas en soi une modification de son contrat de travail. • Soc. 1er avr. 2003, n° 02-14.680 P : *D. 2003. IR 1136 ; Dr. soc. 2003. 663, obs. Savatier ; RJS 2003. 478, n° 708 ; JS Lamy 2003, n° 123-2* • 15 mars 2005, n° 03-41.371 P : *RJS 2005. 436, n° 601.* ♦ Mais le transfert du salarié d'une société à une autre constitue une modification du contrat de travail qui ne peut intervenir sans son accord, peu important que ces sociétés aient à leur tête le même dirigeant. • Soc. 5 mai 2004 : *D. 2004. IR 1561 ; Dr. soc. 2004. 793, obs. Mazeaud ; RJS 2004. 543, n° 794.*

2° MODIFICATION DES CONDITIONS DE TRAVAIL

260. Pouvoir de direction de l'employeur. La réorganisation faite par l'employeur pour améliorer la gestion d'un secteur constitue un changement des conditions de travail dans l'exercice de son pouvoir de direction ; le refus du salarié de continuer le travail ou de le reprendre caractérise, en principe, une faute grave qu'il appartient à l'employeur de sanctionner par un licenciement. • Soc. 10 juill. 1996, n° 93-41.137 P : *GADT, 4e éd., n° 50 ; D. 1996. IR 199 ; JCP 1997. II. 22768, note Saint-Jours ; RJS 1996. 580, n° 900 ; CSB 1996. 317, A. 62, note Philbert ; Dr. ouvrier 1996. 457, note Moussy* • 8 janv. 1997, n° 94-18.494 P : *RJS 1997. 89, n° 123* • 10 juin 1997, n° 94-43.889 P : *RJS 1997. 515, n° 794* • 30 sept. 1997, n° 95-43.187 P : *D. 1997. IR 216 ; Dr. soc. 1997. 1094, obs. Ray*. ♦ De même, l'exécution de bonne foi d'une clause de mobilité traduit l'exercice du pouvoir de direction. • Soc. 10 juin 1997 : *préc.* ♦ L'employeur dans le cadre de son pouvoir de direction peut apporter des changements à la fonction du salarié dès lors que la tâche demandée, bien que différente de celle exercée antérieurement, répond à la qualification de l'intéressé. • Soc. 10 mai 1999 : *préc. note 253.* ♦ La mise en chômage partiel du personnel, pendant la période d'indemnisation, ne constitue pas une modification du contrat de travail ; la fixation de nouveaux horaires de travail réduits relève du pouvoir de direction. • Soc. 18 juin 1996, n° 94-44.654 P : *GADT, 4e éd., n° 79* • 2 févr. 1999 : *ibid., n° 47 ; D. 1999. IR 69 ; Dr. soc. 1999. 419, obs. Mazeaud ; RJS 1999. 242, n° 407.* ♦ En l'absence de répercussion d'une modification de la cadence de travail sur la rémunération ou le temps de travail des salariés, cette modification constitue un simple changement des conditions de travail et non pas une modification du contrat de travail. • Soc. 20 oct. 2010 : *Dalloz actualité, 15 nov. 2010, obs. Siro ; RJS 2011. 32, n° 14.*

261. Modification temporaire contractuelle. Le salarié qui a expressément accepté, par un avenant à son contrat de travail, le caractère temporaire de la modification de ses attributions liée à l'absence d'un directeur a expressément accepté la réintégration dans son emploi antérieur en renonçant au maintien du complément de rémunération versé durant cette période ; il ne peut y avoir eu modification du contrat de travail. • Soc. 31 mai 2012 : *Dalloz actualité, 11 juin 2012, obs. Siro ; D. 2012. Actu. 1487 ; D. 2013. Pan. 1026, obs. Porta ; RDT 2012. 490, obs. Héas ; RJS 2012. 602, n° 685 ; JCP S 2012. 1356, obs. Dumont.*

B. APPRÉCIATION DE LA MODIFICATION

262. Pouvoirs des juges du fond. L'appréciation de l'existence d'une modification substantielle du contrat de travail relevait du pouvoir souverain des juges du fond. • Soc. 19 nov. 1987, n° 85-42.087*Dr. soc. 1988. 135, note J. Savatier.*

263. Contrôle de la Cour de cassation. La Cour de cassation contrôle la qualification de la modification du contrat. • Soc. 28 janv. 1998, n° 95-40.275 P : *RJS 1998. 172, n° 274 ; D. 1998. IR 65 ; JCP 1998. II. 10058, note Lefranc ; CSB 1998. 111, A. 27.*

264. Date d'appréciation. C'est à la date de la conclusion du contrat que doit être recherché si un des éléments du contrat a été une condition essentielle de l'accord des parties. • Soc. 18 oct. 1979, n° 78-41.136 P : *D. 1980. IR 352, obs. Langlois.*

C. EFFETS

1° PROPOSITION ET RETRAIT DE L'OFFRE DE MODIFICATION

265. Modification pour un motif personnel. Le salarié qui se voit imposer une modification unilatérale de son contrat de travail et ne choisit pas de faire constater que cette voie de fait s'analyse en un licenciement est fondé à exiger la poursuite du contrat aux conditions initiales et ne peut être tenu d'exécuter le contrat de travail aux conditions unilatéralement modifiées par l'employeur. • Soc. 26 juin 2001, n° 99-42.489 P : *D. 2001. IR 2177 ; RJS 2001. 766, n° 1117.* ♦ Les salariés, auxquels il avait été seulement proposé une modification de leurs contrats de travail, ne pouvaient du seul fait que l'employeur avait renoncé à ce projet se considérer comme licenciés ; en relevant qu'ils n'avaient pas repris leurs fonctions malgré une mise en demeure de l'employeur, une cour d'appel a pu décider que la rupture du contrat de travail n'incombait pas à ce dernier. • Soc. 5 mars 1997, n° 94-42.188 P : *Dr. soc. 1997. 531, obs. Couturier ; CSB 1997. 175, A. 35.* ♦ De même, ayant relevé que l'employeur s'était borné à proposer à la salariée soit de demeurer sur le même site avec un horaire réduit, soit d'être mutée avec un horaire différent, ce dont il résultait que la société n'avait donné aucun ordre et que la salariée pouvait refuser la proposition faite, la cour d'appel n'a pas tiré les conséquences légales de ses constatations en décidant que le licenciement de la salariée avait une cause réelle et sérieuse. • Soc. 14 oct. 1997 : *RJS 1997. 747, n° 1200.* ♦ En revanche, procède d'une légèreté blâmable le licenciement prononcé par l'employeur qui ne répond pas à une demande d'éclaircissements du salarié à la suite d'une proposition de modification imprécise. • Soc. 20 janv. 1998, n° 95-42.441 P : *RJS 1998. 173, n° 275.*

2° ACCEPTATION DE LA MODIFICATION

266. Nécessité d'un accord exprès. La modification du contrat de travail par l'employeur, pour quelque cause que ce soit, nécessite l'accord du salarié. • Soc. 14 nov. 2000 : *RJS 2001. 14, n° 11.* ♦ L'acceptation par le salarié d'une modification du contrat ne peut résulter de la poursuite du travail et c'est à l'employeur de prendre la responsabilité de la rupture. • Soc. 8 oct. 1987, *Raquin*, n° 84-41.902 P : *GADT, 4e éd., n° 49 ; D. 1988. 57, note Saint-Jours ; Dr. soc. 1988. 135, note J. Savatier.* ♦ Dans le même sens : • Soc. 17 déc. 1987, n° 85-41.556 P. • 21 janv. 1988 : *Bull. civ. V, n° 58* • 4 févr. 1988 : *Bull. civ. V, n° 96 ; RJS 1999. 296, n° 477.* ♦ L'acceptation par le salarié de la modification du contrat concernant la durée du travail ne peut résulter d'une signature sur un relevé d'horaires établi par l'employeur. • Soc. 16 févr. 1999, n° 96-45.594 P : *D. 1999. IR 84 ; Dr. soc. 1999. 415, obs. Radé ; RJS 1999. 296, n° 477.* ♦ V. également : • Soc. 3 juin 1999 : *RJS 1999. 555, n° 899 ; D. 1999. IR 206.* ♦ L'acceptation ne peut pas non plus se déduire de l'apposition de la signature du salarié sur le règlement intérieur prévoyant un changement de lieu de travail à l'étranger. • Soc. 2 oct. 1997 : *RJS 1997. 763, n° 1236.* ♦ ... Ni de la poursuite du travail par le salarié rémunéré avec un nouveau taux de commission unilatéralement diminué, taux dont le salarié s'est lui-même prévalu. • Soc. 18 avr. 2000, n° 97-43.706 P : *D. 2000. IR 141 ; RJS 2000. 439, n° 633.*

3° REFUS D'UNE MODIFICATION DU CONTRAT DE TRAVAIL

267. Droit de refuser. Le salarié est en droit de refuser la modification de son contrat de travail. • Soc. 7 juill. 1998, n° 95-45.209 P : *RJS 1998. 721, n° 1182* (réduction de la durée hebdomadaire de travail et de la rémunération d'un salarié à temps partiel). ♦ Le salarié qui a refusé l'intégration de sa prime d'ancienneté à son salaire de base peut prétendre à un rappel de prime dès lors que cette intégration diminue le taux de sa rémunération, peu important que le comité d'entreprise ait entériné la mesure. • Soc. 5 janv. 1999, n° 96-44.194 P : *D. 1999. IR 41 ; RJS 1999. 107, n° 160.* ♦ Puisque aucun fait fautif ne peut donner lieu à double sanction, l'employeur, en mettant en œuvre une rétrogradation sans l'accord du salarié, a épuisé son pouvoir disciplinaire en appliquant immédiatement la rétrogradation et ne peut prononcer ultérieurement un licenciement pour le même fait. • Soc. 17 juin 2009 : *RJS 2009. 638, n° 714 ; JS Lamy 2009, n° 259-4.*

268. Sort des clauses de variation. Le salarié ne peut renoncer par avance au droit de refuser une modification de son contrat de travail. • Soc. 30 mai 2000, n° 97-45.068 P : *RJS 2000. 540, n° 772.* ♦ La clause, par laquelle l'employeur se réserve le droit de modifier, en tout ou partie, le contrat de travail est nulle comme contraire aux dispositions de l'art. 1134, al. 2, C. civ., le salarié ne pouvant valablement renoncer aux droits qu'il tient de la loi. • Soc. 27 févr. 2001 : *Dr. soc. 2001. 514, chron. Radé* • 16 juin 2004, n° 01-43.124 P. (rémunération).

269. Toutefois, une clause du contrat de travail peut prévoir une variation de la rémunération du salarié dès lors qu'elle est fondée sur des éléments objectifs indépendants de la volonté de l'employeur, ne fait pas porter le risque d'entreprise sur le salarié et n'a pas pour effet de réduire la rémunération en dessous des minima légaux et conventionnels. • Soc. 8 janv. 2002, n° 99-44.467 P : *Dr. soc. 2002. 358, obs. Radé* (prime d'un VRP) • 2 juill. 2002 : *Dr. soc. 2002. 998, obs. Radé*.

270. Application en matière disciplinaire. Une modification du contrat de travail prononcée à titre de sanction disciplinaire contre un salarié ne peut lui être imposée ; cependant, en cas de refus du salarié, l'employeur peut, dans le cadre de son pouvoir disciplinaire, prononcer une autre sanction, au lieu et place de la sanction refusée. • Soc. 16 juin 1998, *Hôtel Le Berry,* n° 95-45.033 P : *GADT, 4e éd., n° 67 ; D. 1999. 125, note Puigelier ; RJS 1998. 555, n° 858 ; Dr. soc. 1998. 803, rapp. Waquet ; Dr. soc. 1999. 3, chron. Radé ; JCP E 1998. 2059, note Morand* • 10 juill. 2007 : *RDT 2008. 108, obs. de Quenaudon*. ♦ L'employeur peut alors prononcer une autre sanction, y compris un licenciement pour faute grave aux lieu et place de la sanction refusée. • Soc. 11 févr. 2009 : *D. 2009. AJ 569, obs. Maillard ; RJS 2009. 296, n° 343 ; JS Lamy 2009, n° 251-3 ; JCP E 2009. 1384, obs. Béal ; Sem. soc. Lamy 2009, n° 1388, p. 11.* ♦ Lorsque l'employeur notifie au salarié une sanction emportant une modification du contrat de travail, il doit informer l'intéressé de sa faculté d'accepter ou de refuser cette modification. • Soc. 28 avr. 2011 : *D. 2011. Actu. 1289, obs. Siro ; RJS 2011. 554, n° 610 ; JS Lamy 2011, n° 301-3, obs. Gaba ; JCP S 2011. 1284, obs. Corrignan-Carsin.*

271. Lorsque le salarié refuse la modification disciplinaire de son contrat de travail, le délai d'un mois court à compter du nouvel entretien préalable auquel l'employeur doit convoquer le salarié pour envisager une nouvelle sanction. • Soc. 27 mars 2007 : *D. 2007. AJ 1081 ; D. 2007. 2268, obs. Amauger-Lattès ; RDT 2007. 459, obs. Frossard ; RDC 2007. 828, note Radé ; RJS 2007. 546, n° 735 ; JCP 2007. 1807, note Jacotot ; JS Lamy 2007, n° 210-5.* ♦ Sur le respect des délais de prescription applicables aux sanctions disciplinaires, V. art. L. 1332-1 s.

272. Nature de la rupture. Il incombe à l'employeur, soit de maintenir les conditions contractuellement convenues, soit de tirer les conséquences du refus opposé par l'intéressé. • Soc. 4 févr. 1988, n° 85-45.000 P : *D. 1988. Somm. 319, obs. A. Lyon-Caen.* ♦ Lorsqu'un salarié, prétendant que son employeur a modifié l'un des éléments essentiels de son contrat, s'est borné à s'abstenir de travailler, il n'y a pas de sa part volonté claire et non équivoque de démissionner. • Soc. 10 avr. 1996, n° 93-43.661 P : *RJS 1996. 420, n° 656.* ♦ Devant le refus persistant de l'employeur de prendre la responsabilité de la rupture ou de rétablir le salarié dans ses droits, celui-ci a la faculté de former une demande en résiliation judiciaire du contrat en poursuivant son activité jusqu'à la décision, tout en maintenant une demande en paiement d'un complément de salaire en contrepartie du travail qu'il prétend avoir en réalité effectué. • Soc. 20 mars 1990, n° 87-43.563 P : *RJS 1990. 270, n° 355.* ♦ Lorsqu'un salarié refuse la modification de son contrat de travail, l'employeur ne peut, sans l'avoir rétabli dans son emploi, se prévaloir d'un comportement fautif postérieur au refus pour procéder à un licenciement disciplinaire. • Soc. 13 juill. 2004 : *Dr. soc. 2004. 935, note Radé ; ibid. 1038, obs. Mouly ; JS Lamy 2004, n° 153-5.*

273. Cause réelle et sérieuse. Le licenciement en soi n'est pas dépourvu de cause réelle et sérieuse ; il appartient aux juges de rechercher si le motif de la modification constitue une cause réelle et sérieuse. • Soc. 10 déc. 1996, n° 94-40.300 P : *D. 1997. 591, note Puigelier ; Dr. soc. 1997. 200, obs. Couturier ; RJS 1997. 18, n° 6* • 16 déc. 1998 : *D. 1999. IR 26* • 16 juill. 1987, n° 85-40.528 P : *Dr. soc. 1988. 135, note J. Savatier.* ♦ Le refus d'une modification ne peut justifier un licenciement pour cause réelle et sérieuse si l'employeur l'a imposée par malignité et non dans l'intérêt de l'entreprise. • Soc. 14 oct. 1998, n° 96-43.539 P : *D. 1998. IR 243* • 28 janv. 2005 : *RJS 2005. 341, n° 475 ; CSB 2005, A. 31, obs. Charbonneau.* ♦ En l'absence de lettre de l'employeur énonçant les motifs de la rupture, le licenciement du salarié résultant de son refus d'une modification de son contrat de travail est nécessairement sans cause réelle et sérieuse. • Soc. 20 janv. 1998, n° 95-41.575 P. ♦ Si le motif de la modification peut constituer une cause réelle et sérieuse de licenciement dans l'hypothèse où l'employeur décide de licencier le salarié qui refuse la modification proposée, ce refus, en revanche, ne peut constituer par lui-même une cause de licenciement. • Soc. 27 mai 1998, n° 96-40.929 P : *RJS 1998. 534, n° 826.*

274. Maintien du salaire. Lorsqu'un salarié refuse la modification de son contrat de travail, l'employeur doit, soit le rétablir dans son emploi, soit tirer les conséquences du refus en engageant la procédure de licenciement ; jusqu'au licenciement, le salarié a droit au maintien de son salaire. • Soc. 26 nov. 2002, n° 00-44.517 P : *Dr. soc. 2003. 233, obs. Mazeaud ; RJS 2003. 115, n° 158 ; JS Lamy 2003, n° 117-6.*

4° REFUS D'UN CHANGEMENT DES CONDITIONS DE TRAVAIL

275. Nature de la rupture. A défaut de démission non équivoque, le refus par un salarié de poursuivre l'exécution du contrat de travail qui n'a fait l'objet d'aucune modification de la part de l'employeur n'entraîne pas à lui seul la rupture du contrat de travail, même en cas de départ du salarié, mais constitue un manquement aux obligations contractuelles que l'employeur a la faculté de sanctionner, au besoin en procédant à un licenciement. • Soc. 24 juin 1992, n° 88-44.805 P. • 25 juin 1992 : *Bull. civ. V, n° 419 ; Dr. soc. 1992. 818, concl. Chauvy ; RJS 1992. 536, n° 960.*

276. Gravité de la faute. Si le refus d'une salariée de poursuivre l'exécution du contrat en raison d'un simple changement de conditions de travail est fautif et rend la salariée responsable de l'inexécution du préavis, le refus n'est pas constitutif d'une faute grave alors que le nouvel horaire imposait à la salariée d'être présente à l'heure du déjeuner dont elle pouvait disposer précédemment. • Soc. 17 oct. 2000, n° 98-42.177 P : *RJS 2000. 839, n° 1306.* ♦ Une cour d'appel peut décider que, malgré l'absence de modification du contrat de travail, la faute commise par le salarié en refusant d'obéir à son employeur ne rendait pas impossible le maintien du salarié dans l'entreprise et ne constituait pas une faute grave en raison des circonstances du changement des conditions de travail et notamment de l'obligation pour le salarié de suivre une formation de huit à douze mois. • Soc. 3 avr. 1997 : *RJS 1997. 343, n° 523.* ♦ Ainsi ne constitue pas une faute grave le fait de refuser un nouvel horaire de travail imposant à l'intéressée d'être présente à l'heure du déjeuner dont elle disposait précédemment ce qui lui permettait de s'occuper de ses enfants d'âge scolaire. • Soc. 17 oct. 2000, n° 98-42.177 P : *RJS 2000. 796, n° 1222 ; Liaisons soc. 2000, jurispr. 688.* ♦ ... Ni le refus d'une modification des horaires de travail d'une salariée à son retour de congé maternité qui invoque des obligations familiales impérieuses. • Soc. 14 déc. 2005 : *D. 2006. 1087, note Lefranc-Harmoniaux ; RJS 2006. 216, n° 334.* ♦ ... Ni le fait de refuser une modification des horaires impliquant de travailler un samedi matin sur deux par roulement dès lors que l'intéressée avait une ancienneté de 19 années pendant lesquelles elle avait disposé librement du samedi matin. • Soc. 17 oct. 2000 : *Liaisons soc. 2000, jurispr. 688 ; RJS 2000. 796, n° 1222* • Soc. 15 déc. 2004 : *Dr. soc. 2005. 343, obs. Lanquetin* (faute sérieuse) • 11 mai 2005 : *D. 2005. IR 1504 ; RJS 2005. 519, n° 710.* ♦ Comp., solution antérieure qui affirmait que ce refus constituait en principe une faute grave qu'il appartient à l'employeur de sanctionner par un licenciement : • Soc. 10 juill. 1996 (2 arrêts), n° 93-41.137 P : *GADT, 4e éd., n° 50* • 8 janv. 1997, n° 94-42.050 P : *RJS 1997. 89, n° 123* • 12 juin 1997 : *RJS 1997. 515, n° 794 (2e esp.)* • 30 sept. 1997, n° 95-43.187 P : *D. 1997. IR 216 ; Dr. soc. 1997. 1094, obs. Ray ; RJS 1997. 748, n° 1202.*

277. Préavis. L'employeur qui licencie un salarié à raison du refus par celui-ci d'un changement de ses conditions de travail, sans se prévaloir d'une faute grave, est fondé à lui imposer d'exécuter son préavis dans les conditions nouvellement prévues. • Soc. 25 nov. 1997, n° 95-44.053 P : *D. 1998. 398, note Puigelier ; Dr. soc. 1998. 82, obs. Favennec-Héry ; CSB 1998. 51, A. 13.* ♦ Le refus du salarié de poursuivre l'exécution du contrat en raison d'un simple changement des conditions de travail décidé par l'employeur dans l'exercice de son pouvoir de direction le rend responsable de l'inexécution du préavis qu'il refusait d'exécuter aux nouvelles conditions et décharge l'employeur du paiement de l'indemnité compensatrice de préavis. • Soc. 4 avr. 2006 : *RJS 2006. 478, n° 689 ; JCP S 2006. 1426, note Bossu ; JS Lamy 2006, n° 189-4* • Soc. 31 mars 2016, n° 14-19.711 P : *D. 2016. Actu. 790 ; Dr. soc. 2016. 572, obs. Mouly ; RJS 6/2016, n° 409 ; JS Lamy 2016, n° 409-6, obs. Pacotte et Leroy ; JCP S 2013. 1231, obs. Verkindt.*

5° MODIFICATION DUE AU SALARIÉ

278. Caractère fautif. Le salarié ne peut modifier unilatéralement son contrat de travail. • Paris, 18 juin 1996 : *RJS 1996. 586, n° 909.* ♦ Lorsque la modification a été décidée unilatéralement par le salarié qui a repris les fonctions exercées antérieurement à celles qu'il avait acceptées pendant plusieurs mois, doit être cassé l'arrêt imputant la rupture à l'employeur. • Soc. 28 févr. 1979, n° 77-41.194 P. • 15 nov. 1989 : *Bull. civ. V, n° 667.* ♦ Une simple demande de modification de son contrat de travail par un salarié ne peut constituer une cause de licenciement ; la cour d'appel qui a relevé que la salariée s'était bornée à demander à travailler à mi-temps, sans que cette demande soit accompagnée d'un refus d'exécuter le contrat aux conditions antérieures, a décidé à bon droit que le licenciement était dépourvu de cause réelle et sérieuse. • Soc. 9 juill. 1997, n° 95-43.407*RJS 1997. 597, n° 948 ; CSB 1997. 283, A. 52.* ♦ Abuse de son droit l'employeur qui refuse sans raison un changement d'horaire momentané sollicité par la salariée pour un motif légitime, alors qu'aucun préjudice n'en résultait pour lui. • Soc. 10 févr. 1993 : *D. 1993. Somm. 255, obs. Bouilloux ; CSB 1993. 75, A. 16.*

V. RESPONSABILITÉ CIVILE DU SALARIÉ

V. jurispr. ss. art. 1384 C. civ., App. I. B.

BIBL. Blaise, *RJS 1996. 68.* – Radé, *Dr. soc. 1995. 495.* – Bossu, *Dr. soc. 1995. 24.* – Déprez, *RJS 1992. 319 ; ibid. 1993. 3.*

279. Exigence d'une faute intentionnelle. La responsabilité du salarié envers son employeur n'est engagée qu'en cas de faute lourde. • Soc. 27 nov. 1958 : *GADT, 4e éd., n° 47 ; D. 1959. 20, note Lindon ; JCP 1959. II. 11143, note Brèthe de la Gressaye ; RTD civ. 1959. 753, note Carbonnier* • 31 mai 1990, n° 88-41.419 P : *D. 1990. IR 167 ; RJS 1990. 386, n° 548* • 23 janv. 1992, n° 88-43.391 P : *JCP 1993. II. 22000, note Delebecque ; Dr. soc. 1992. 267 ; RJS 1992. 332, n° 581* • 23 sept. 1992, n° 89-

43.035 P : *Dr. soc. 1992. 919 ; RJS 1993. 22, n° 4* • 16 juin 1993 : *CSB 1993. 207, A. 49* • 12 avr. 1995 : *RJS 1995. 329, n° 487* • 21 oct. 2008 : *RDT 2009. 112, note Pignarre*.

280. La faute lourde est exigée même en cas, de la part du salarié, d'abus de fonction. • Soc. 6 mai 1997, n° 94-43.057 P : *Dr. soc. 1997. 734, obs. Savatier ; RJS 1997. 432, n° 655.*

281. La lettre de licenciement qui invoque la faute lourde, sans énoncer aucun fait, a pour conséquences que le licenciement est dépourvu de cause réelle et sérieuse et que l'employeur doit être débouté de sa demande de dommages-intérêts. • Soc. 16 mars 1999 : *RJS 1999. 402, n° 649.*

282. La clause d'un contrat de travail relative à la responsabilité personnelle du salarié envers son employeur ne peut produire effet, quels qu'en soient les termes, qu'en cas de faute lourde du salarié. • Soc. 10 nov. 1992, n° 89-40.523 P : *Dr. soc. 1993. 55 ; RJS 1993. 22, n° 4 (1re esp.) ; CSB 1993. 45, A. 11.* ♦ Ni la convention collective, ni le règlement intérieur ne peuvent instituer un cas de responsabilité pécuniaire de plein droit du salarié. • Soc. 9 juin 1993, n° 89-41.476 P : *D. 1994. Somm. 307, obs. Vacarie ; RJS 1993. 428, n° 719 ; Dr. soc. 1993. 767.*

283. Responsabilité à l'égard des tiers. N'engage pas sa responsabilité à l'égard des tiers le préposé qui agit sans excéder les limites de la mission qui lui a été impartie par son commettant. • Cass., ass. plén., 25 févr. 2000, n° 97-17.378 P : *GADT, 4e éd., n° 48 ; JCP 2000. II. 10295, concl. Kessous, note Billiau ; D. 2000. 673, note Brun ; RTD civ. 2000. 582, obs. Jourdain ; RCA 2000. Chron. 22, par Radé.* ♦ Mais le préposé condamné pénalement pour avoir intentionnellement commis, fût-ce sur l'ordre du commettant, une infraction ayant porté préjudice à un tiers, engage sa responsabilité civile à l'égard de celui-ci. • Cass., ass. plén., 14 déc. 2001 : *D. 2002. 1230, note Julien ; RJS 2002. 129, n° 142.*

284. Dès lors qu'ils agissent sans excéder les limites de la mission qui leur avait été imposée par l'établissement de santé, le médecin salarié et la sage-femme salariée n'engagent pas leur responsabilité au regard des patients confiés à leur soin. • Civ. 1re, 9 nov. 2004 : *Dr. ouvrier 2005. 215.*

285. Responsabilité du donneur d'ordre. La responsabilité pénale du syndic, et non celle du syndicat, est engagée lorsque ce dernier a eu recours à une entreprise qui s'est rendue coupable de travail dissimulé en ce qu'il n'a pas procédé aux vérifications prévues à l'art. L. 324-14. • Crim. 24 mai 2005 : *JS Lamy 2005, n° 172-6.*

VI. CONTRAT INTERNATIONAL

BIBL. Charvin et Steichen-Dornier, *Dr. ouvrier 1991. 197* (salarié expatrié). – Déprez, *RJS 1990. 119 ; ibid. 1994. 235* (loi applicable) ; *ibid. 1998. 251 ; Dr. soc. 1995. 323* (art. 3, 6 et 7 de la convention de Rome du 19 juin 1980) ; *RJS 1996. 559* (licenciements des cadres dans les groupes multinationaux) ; *Mélanges H. Blaise, 1995, p. 165* (conflits de lois : évolutions récentes). – Fieschi-Vivet, *D. 1987. Chron. 255* (règles de conflits). – H. Gaudemet-Tallon, *RTD eur. 1981. 215* (convention CEE de Rome du 19 juin 1980) ; *Cah. dr. entr. 1986, nos 28/29, suppl. p. 2* (loi applicable). – Guedes Da Costa, *RDT 2007. 571* (mobilité internationale et loi applicable). – Lagarde, *Ét. offertes à G. Lyon-Caen, 1989, p. 83* (évolution du contrat de travail international). – A. Lyon-Caen, *Dr. soc. 1978. 197.* – Mathieu, *LPA 21 juin 1996* (expatriation et conflits de lois). – Moreau-Bourlès, *Dr. soc. 1986. 23* (expatriation des salariés). – Nivelles, *JS Lamy 2013, n° 341-1* (statut du salarié expatrié). – Pingel, *Dr. soc. 1986. 133* (protection de la partie faible). – Rodière, *Dr. soc. 1986. 118* (conflits de lois). – Sinay-Cytermann, *Ét. offertes à H. Sinay, 1994, p. 315* (protection du salarié en droit international). – Taquet, *Sem. soc. Lamy 1993, suppl. n° 651* (détachement, expatriation). – Vacarie, *Dr. soc. 1989. 462* (mobilité et groupes de sociétés).

A. LOI APPLICABLE

286. Intention des parties. En présence d'un contrat de travail conclu à Paris entre un pilote français et une société étrangère pour être exécuté à l'étranger, une cour d'appel a légalement justifié sa décision d'appliquer la loi française en relevant que le travail était effectué hors de tout établissement, en vertu d'une convention qui était intervenue à Paris, et à laquelle les parties n'avaient pas entendu déroger, et en interprétant la commune intention des parties de se référer à la loi française, ce qui était licite dans la mesure où elle était plus avantageuse que la loi étrangère normalement applicable. • Soc. 31 mars 1978 : *Bull. civ. V, n° 259 ; D. 1978. IR 358, obs. Pélissier.* ♦ Rappr. : • Soc. 31 mai 1972 : *Bull. civ. V, n° 388 ; GADT, 4e éd., n° 14 ; JCP 1973. II. 17317, note G. Lyon-Caen ; Rev. crit. DIP 1973. 683, note Lagarde* • 25 mai 1977 : *Bull. civ. V, n° 338 ; D. 1979. IR 385.* ♦ Une compagnie aérienne étrangère qui a demandé à l'administration française l'autorisation de licencier pour motif économique son personnel basé à Paris ne saurait critiquer l'application de la loi française relative aux licenciements économiques sous l'empire de laquelle elle s'est placée. • Cass., ass. plén., 10 juill. 1992, *Air Afrique c/ Joncheray, Maillard et a. : Dr. soc. 1993. 67, concl. Chauvy ; D. 1992. IR 214 ; RJS 1992. 604, n° 1078.* – Déprez, *RJS 1993. 279.* ♦ En relevant qu'un contrat de travail ne faisait pas référence à la loi applicable, qu'il avait été conclu en France, qu'il avait pris effet en France avant le départ du salarié français pour l'étranger et que la rémunération était stipulée en francs français, les juges peuvent décider qu'il résulte d'une façon certaine de ces éléments que les parties ont eu l'intention de soumettre leur relation à la loi française. • Soc. 28 oct. 1997, ♘ n° 94-42.340 P : *D. 1998. 57, concl. Chauvy* ✎ *; Dr. soc. 1998. 186, note Moreau* ✎. ♦ Le choix de la loi applicable au contrat de travail par les parties peut être exprès ou résulter de façon certaine des circonstances de la cause, peut porter sur l'ensemble du contrat ou sur une partie seulement et intervenir ou être modifié à tout moment de la vie du contrat. • Soc. 4 déc. 2012 : ♘ *Dalloz actualité, 19 déc. 2012, obs. Perrin ; D. 2013. 691, note Dammann et Thillaye* ✎.

287. En décidant que la loi suédoise devait, selon l'intention commune des parties, régir la durée et la rupture du contrat d'un salarié détaché en France, la cour d'appel n'a porté atteinte à aucune loi de police, ni à une loi d'application immédiate, dès lors que le salarié n'avait pas soutenu que la loi d'autonomie fût moins avantageuse pour lui que celle du lieu où il exerçait habituellement ses fonctions. • Soc. 29 mai 1991, ♘ n° 88-42.335 P : *RJS 1991. 427, n° 815.*

288. Lieu d'exécution du contrat. A défaut de choix par les parties de la loi applicable, le contrat de travail est régi, sauf s'il présente des liens plus étroits avec un autre pays, par la loi du pays où le salarié, en exécution du contrat, accomplit habituellement son travail, même s'il est détaché à titre temporaire dans un autre pays. • Soc. 9 oct. 2001, ♘ n° 00-41.452 P : *GADT, 4e éd., n° 15 ; D. 2002. 766, obs. Lafuma* ✎ *; Dr. soc. 2002. 121, obs. Moreau* ✎ *; RJS 2001. 952, n° 1404.* ♦ Dès lors qu'il est constaté que le litige oppose le salarié, de nationalité indienne, à la succursale parisienne d'une banque multinationale, succursale avec laquelle il a conclu un contrat de travail qui a été exécuté en France, l'application de la loi française est justifiée. • Soc. 23 janv. 1996 : ♘ *RJS 1996. 584, n° 907 ; ibid. 559, chron. Déprez ; Gaz. Pal. 10-11 janv. 1997, concl. Chauvy.* – Dans le même sens : • Soc. 13 janv. 1998, ♘ n° 93-44.339 P : *RJS 1998. 270, n° 427.* ♦ Après avoir relevé que le contrat de travail était régi lors de sa conclusion, en l'absence de tout élément d'extranéité, par la loi marocaine, la cour d'appel peut décider que la loi française est applicable en constatant que lors de la rupture du contrat le salarié exerçait son activité en France, où il avait fixé le centre de ses intérêts de manière stable et habituelle depuis 12 ans, et à défaut pour les parties d'avoir choisi, lors de la mutation du salarié en France, la loi applicable à leur contrat. • Soc. 17 déc. 1997 : ♘ *Dr. soc. 1998. 185, note Moreau* ✎. ♦ Dès lors que le lieu d'exécution du contrat de travail était fixé au Brésil, la cour d'appel, qui n'a pas relevé que les parties étaient convenues de rester soumises à la loi française, n'a pas donné de base légale à sa décision d'appliquer la loi française. • Soc. 30 juin 1993, ♘ n° 89-43.923 P : *D. 1994. 83, note E. Moreau* ✎ *; JCP E 1993. II. 523, note Coursier (1re esp.).* ♦ Lorsqu'un pilote français n'assume aucune fonction au sol sur le territoire français et ne dépend nullement de l'établissement situé à Paris et qu'aucune clause relative à la loi applicable n'est insérée dans le contrat, la cour d'appel qui a relevé que la prestation du pilote était exclusivement fournie à bord d'avions de nationalité ivoirienne, que l'acte final contenait la mention « fait à Abidjan », que la référence au code du travail ne pouvait viser que le code ivoirien a légalement justifié sa décision en déduisant de ces constatations que le contrat était exécuté en Côte-d'Ivoire et qu'il était régi par la loi ivoirienne. • Cass., ch. mixte, 28 févr. 1986 : *Bull. civ., n° 3 ; D. 1987. 173, concl. Franck ; JDI 1986. 699, note A. Lyon-Caen.* ♦ Mais est justifié l'arrêt faisant application des dispositions impératives de la loi française relatives au licenciement des salariés investis de fonctions représentatives, dès lors que la salariée concernée était protégée en sa qualité de déléguée du personnel à Paris d'une compagnie aérienne étrangère. • Cass., ass. plén., 10 juill. 1992, *Air Afrique c/ Coulon, Pallard et a. : Dr. soc. 1993. 67, concl. Chauvy* ✎ *; D. 1992. IR 214* ✎ *; RJS 1992. 604, n° 1078.* – V. : Déprez, *RJS 1993. 279.*

289. Le contrat litigieux, conclu avec une société étrangère pour être exécuté à l'étranger, étant un contrat de travail international, la clause prévoyant un préavis inférieur à celui prévu par la législation française est valable. • Soc. 6 nov. 1985 : *Bull. civ. V, n° 504.* ♦ Viole l'art. 1134 C. civ. l'arrêt qui condamne l'employeur au versement de diverses indemnités en application du code du travail français, alors que le contrat était exécuté au Niger, que l'employeur et le salarié étaient convenus que seraient applicables la loi instituant un code du travail au Niger ainsi que la convention collective interprofessionnelle et que le salarié ne prétendait pas que les dispositions légales et conventionnelles régissant ainsi le contrat du fait de sa localisation étaient contraires à l'ordre public social international. • Soc. 7 mai 1987, ♘ n° 84-42.986 P : *D. 1988. Somm. 314, obs. A. Lyon-Caen ; Rev. crit. DIP 1988. 78, note H. Gaudemet-Tallon.* ♦ Justifient leur décision d'appliquer la loi algérienne, loi d'exécution du contrat, les juges qui estiment qu'elle avait été choisie par les parties pour régir tant l'exécution que la résiliation du contrat. • Soc. 4 avr. 1990 : *RJS 1990. 271, n° 356.* – V. aussi • Soc. 25 janv. 1984 : *Bull. civ. V, n° 34 ; Rev. crit. DIP 1985. 327, note Moreau-Bourlès.*

290. Lorsqu'un contrat de travail prévoit que le salarié sera soumis aux dispositions législatives et réglementaires en vigueur en RDA, une cour d'appel, par une interprétation nécessaire des termes du contrat, a pu estimer que cette clause signifiait que le salarié devait se soumettre aux dispositions mettant notamment en cause l'ordre public du pays d'accueil, sans que pour autant le contrat soit régi par la législation de la RDA. • Soc. 3 mars 1988 : *RJS 1990. 136 ; JS UIMM 1989. 325.*

291. Donne une base légale à sa décision la cour d'appel qui refuse d'appliquer à un contrat de travail s'exécutant à l'étranger une convention collective ne régissant les rapports de travail entre employeurs et salariés que sur le territoire métropolitain. • Soc. 29 mai 1963 : *Bull. civ. V, n° 441 ; JCP 1964. II. 13525, note Simon-Depitre.* ♦ V. égal., sur le principe de territorialité des conventions collectives : • Soc. 22 nov. 1972 : *Bull. civ. V, n° 638 ; JCP 1973. II. 17404, note G. Lyon-Caen.*

292. Convention de Rome. En l'absence d'élection de loi par les parties au contrat de travail, il appartient au juge de désigner la législation applicable à la relation de travail en raison de l'existence de liens étroits avec un pays ; en l'espèce, la loi française a été appliquée à un litige concernant des CDD successifs effectués en Arabie saoudite mais conclus en France entre une personne morale de droit français et un Français, le salaire libellé en francs français et déterminé par référence à la convention collective Syntec, les bulletins de paie portant la mention de cette convention, le salarié bénéficiant de la couverture sociale française et l'employeur cotisant à la caisse de sécurité sociale des Français à l'étranger, au régime de retraite complémentaire des cadres et au régime de l'assurance chômage. • Soc. 14 mars 2006 : *JCP E 2006. 2081, note Del Sol.* ♦ Sur la détermination de la loi applicable, V. Convention de Rome du 19 juin 1980, entrée en vigueur le 1er avr. 1991. – V. cette Convention, art. 6, App. I, B. *Contrat de travail.*

293. Ordre public international. L'ordre public international s'oppose à ce qu'un employeur puisse se prévaloir des règles de conflit de juridictions et de lois pour décliner la compétence des juridictions nationales et évincer l'application de la loi française dans un différend qui présente un rattachement avec la France et qui a été élevé par un salarié placé à son service sans manifestation personnelle de sa volonté et employé dans des conditions ayant méconnu sa liberté individuelle. • Soc. 10 mai 2006 : *D. 2006. IR 1401, note P. Guiomard ; RDT 2006. 7, obs. F. Guiomard ; JS Lamy 2006, n° 192-4.*

294. Clauses attributives de compétence. Sur ces clauses, V. notes ss. art. R. 1412-1.

B. RÉGIME

295. Engagement de l'employeur. Lorsque, au terme d'une note de service claire et précise, l'employeur assurait le salarié détaché à l'étranger qu'il n'aurait pas à régler plus d'impôts qu'il n'en aurait payés en France, l'employeur est seulement tenu de la différence née de la comparaison entre deux systèmes fiscaux. • Soc. 21 mars 1984 : *Bull. civ. V, n° 102.*

296. Forfait. N'est pas illégal le forfait convenu compensant les différences éventuelles entre toutes les allocations servies en France et celles servies en Côte-d'Ivoire à un salarié détaché dans ce dernier pays. • Soc. 22 oct. 1981 : *Bull. civ. V, n° 818.*

297. Prime d'expatriation. La prime d'expatriation doit être incluse dans le calcul de l'indemnité de congés payés dans la mesure où elle est la contrepartie des désagréments de l'éloignement et qu'elle présente ainsi un caractère salarial. • Soc. 22 nov. 1979 : *Bull. civ. V, n° 897* • 30 nov. 1983 : *D. 1984. IR 159.* ♦ Les indemnités d'expatriation doivent être incluses dans l'assiette de calcul de l'indemnité de préavis, mais non celles constituant un complément de rémunération forfaitaire destiné à compenser des frais que le salarié, dispensé d'exécuter le préavis et qui se trouvait en France lors du licenciement, n'avait pas eu à exposer. • Soc. 10 oct. 1975 : *Bull. civ. V, n° 599* • 20 oct. 1989 : *JS UIMM 1989. 336.* ♦ Comp. : • Soc. 28 févr. 1973 : *D. 1973. IR 60.*

298. Rapatriement. Le salarié qui a accepté d'être rapatrié en France pour occuper un emploi compatible avec ses fonctions antérieures ne peut prétendre conserver le niveau de rémunération qui ne lui était garanti que pour ses missions à l'étranger. • Soc. 16 févr. 1989 : *JS UIMM 1989. 333.* ♦ L'indemnité de licenciement doit être calculée sur le salaire perçu à l'étranger. • Soc. 10 oct. 1975 : *préc. note 297.*

299. Responsabilité de l'employeur. Commet une faute l'employeur qui néglige de conclure avec le salarié l'accord écrit prévu par la convention collective applicable pour les déplacements de longue durée hors de France métropolitaine, ses prérogatives de direction l'obligeant à prévoir, et éventuellement à pallier, les risques particuliers auxquels il expose ainsi le salarié. • Soc. 11 oct. 1984 : *Bull. civ. V, n° 369 ; D. 1985. IR 442, obs. A. Lyon-Caen.* ♦ Lorsqu'un salarié engagé pour travailler sur un chantier en Algérie a dû quitter son emploi en raison de conditions de travail s'avérant impossibles, de la précarité de l'hébergement et de l'absence de sécurité, le conseil de prud'hommes en a exactement déduit que l'employeur devait réparer le préjudice causé par ses manquements. • Soc. 2 avr. 1987 : *D. 1988. Somm. 101, obs. Fieschi-Vivet.*

VII. USAGES

BIBL. Ahumada, *RPDS 1985. 113* (primes et usages). – Boubli, *Sem. soc. Lamy 1996, n° 802* (usage et convention ou accord collectif). – Déprez, *Dr. soc. 1986. 906* (incorporation des avantages acquis dans le contrat de travail) ; *ibid. 1987. 637* (interprétation de la volonté de l'employeur et constatation de l'usage) ; *Dr. soc. 1988. 57* (négociation et usages) ; *Dr. soc. 1990. 426* (révocation d'avantages acquis devant le comité d'entreprise) ; *JCP E 1992. I. 178* (consentement des salariés à la remise en cause d'un usage non régulièrement dénoncé) ; *RJS 1993. 143* (usages et changement d'employeur) ; *ibid. 1995. 639* (régime juridique des avantages collectifs de source informelle). – Dockès, *Dr. soc. 1994. 227* (engagement unilatéral de l'employeur) ; *ibid. 1995. 639* (régime juridique des avantages collectifs de source informelle). – Langlois, *Ét. offertes à G. Lyon-Caen, 1989, p. 285* (usages). – Morand, *JCP E 1986. I. 15372* (vie et mort de l'usage d'entreprise). – Morel, *Dr. soc. 1979. 279* (droit coutumier social). – Penneau, *ibid. 1989. 82* (dénonciation d'un avantage). – Peycina, *ibid. 1986. 916* (dénonciation de l'usage). – De Quenaudon, *Ét. offertes à H. Sinay, 1994, p. 263* (volonté patronale et actes atypiques). – Savatier, *Dr. soc. 1986. 890* (révocation des avantages issus d'un usage) ; *RJS 1995. 231* (usages d'entreprise). – Thuillier, *JCP CI 1975. II. 11619* (l'usage). – Vachet, *ibid. 1984. II. 14328* (usage d'entreprise). – Waquet, *RJS 1994. 399* (contrat de travail et statut collectif) ; *Sem. soc. Lamy 1996, n° 781* (dénonciation).

A. CARACTÈRES DE L'USAGE

1° CRITÈRES

300. Généralité. Dès lors qu'une disposition conventionnelle n'est plus appliquée depuis 27 ans qu'à une seule catégorie de salariés, les juges du fond ont pu en déduire que cette pratique était générale et créait pour le plus grand nombre un avantage établi. • Soc. 7 nov. 1985 : *Bull. civ. V, n° 523.* ♦ *Contra*, lorsqu'il n'est pas établi que la pratique invoquée à titre d'usage bénéficiait à l'ensemble des salariés concernés : • Soc. 14 janv. 1987 : *Bull. civ. V, n° 15.* ♦ Doit être cassé l'arrêt qui, pour condamner l'employeur à rembourser une retenue de salaire, constate l'existence d'un usage constant au niveau régional sans établir l'existence d'un usage général pratiqué dans l'ensemble de l'entreprise. • Soc. 21 mai 1986 : *Bull. civ. V, n° 235.* ♦ Ainsi sont caractérisées la généralité et la constance de l'usage lorsqu'il est relevé que le calcul des commissions avant escompte concernait l'ensemble des VRP et qu'il s'était toujours appliqué jusqu'en 1999. • Soc. 4 avr. 2007 : *RDT 2007. 595, obs. Pignarre* .

301. Constance. L'unique versement d'une prime est insuffisant pour qu'il en résulte un usage obligatoire. • Soc. 21 juin 1979, n° 78-40.046 P : ♦ Sur le caractère constant d'un usage en vigueur pendant quatre ans, V. • Soc. 19 juill. 1983 : *Bull. civ. V, n° 452.* ♦ V. aussi, à propos d'une pratique trentenaire : • Soc. 9 juill. 1986 : *D. 1987. Somm. 202, obs. Rotschild-Souriac ; Dr. soc. 1986. 890, note Savatier ; ibid. 1987. 637, note Déprez ; Dr. ouvrier 1987. 143, note F. S.*

302. Fixité. Est dépourvue de tout caractère obligatoire la prime variable dans son montant et déterminée sans référence à un critère fixe et précis. • Soc. 26 févr. 1976 : *D. 1976. IR 111.* ♦ Dans le même sens : • Soc. 7 juin 1979 : *Bull. civ. V, n° 489* (prime variable et dépendant du bon vouloir de l'employeur) • 22 janv. 1981 : *ibid., n° 56 ; D. 1981. IR 434, obs. Langlois* • 2 juill. 1987 : *Bull. civ. V, n° 442* • 16 juill. 1987 : *ibid., n° 499.* ♦ Ne peut être réduite la prime qui, loin d'avoir un caractère discrétionnaire, n'a jamais cessé de progresser pendant 15 années, a toujours été calculée, sinon suivant des règles arithmétiques précises, du moins selon une évolution sensiblement parallèle à celle des salaires et du coût de la vie. • Soc. 20 juill. 1978 : *Bull. civ. V, n° 611.* – Dans le même sens : • Soc. 21 janv. 1976 : *Bull. civ. V, n° 36* • 22 mars 1979 : *ibid., n° 265* • 9 déc. 1979 : *ibid., n° 1023.*

303. En relevant que l'employeur avait, chaque fois qu'il accordait des congés exceptionnels, introduit la réserve qu'ils pourraient être rapportés en tout ou partie selon les nécessités du service, la cour d'appel a pu déduire de cette expression de la volonté de l'employeur qu'un usage n'avait pas été instauré. • Soc. 7 mars 1990, n° 87-14.546 P.

2° PRATIQUES CONSTITUTIVES D'UN USAGE

304. Engagement unilatéral. La décision prise par l'employeur, à la suite de discussions avec les délégués du personnel, de diminuer la durée d'ancienneté d'échelon telle que prévue par la convention collective est constitutive d'un usage plus favorable. • Soc. 27 mars 1996, n° 92-41.584 P : *Dr. soc. 1996. 641, obs. Savatier* ; *RJS 1996. 367, n° 581.* ♦ Constitue un engagement unilatéral de l'employeur l'engagement pris devant le comité d'entreprise d'octroyer des jours de congés supplémentaires pour la garde d'un enfant malade ; l'ajout d'une condition supplémentaire qui s'analyse en une restriction de cet avantage nécessite une dénonciation régulière de la part de l'employeur. • Soc. 7 mai 1998, n° 96-41.020 P : *Dr. soc. 1998. 730, obs. Couturier* ; *RJS 1998. 746, n° 1254.* ♦ Dans le même sens : • Soc. 28 févr. 1996 : *RJS 1996. 259, n° 428.* ♦ Et le seul défaut d'énonciation dans le contrat de travail de l'engagement antérieurement pris par l'employeur ne peut remettre en cause ledit engagement. • Soc. 18 mai 1999, n° 91-40.650 P : *JCP E 2000. 274, note Puigelier ; RJS 1999. 553, n° 895.* ♦ Dès lors qu'elle est payée en vertu d'un engagement unilatéral de l'employeur, une prime constitue un élément du salaire et elle devient obligatoire dans les conditions fixées par cet engagement, peu important son caractère variable. • Soc. 5 juin 1996, n° 92-43.480 P : *GADT, 4e éd., n° 56 ; Dr. soc. 1996. 973, obs. Couturier* ; *RJS 1996. 666, n° 1047.* – Dans le même sens : • Soc. 28 oct. 1997 : *D. 1997. IR 251* ; *Dr. soc. 1998. 77, obs. Couturier* ; *RJS*

1997. 847, n° 1373 ; CSB 1998. 17, A. 6 (2e esp.). ♦ En revanche, ne constitue pas un engagement de l'employeur envers son salarié l'attestation destinée à un tiers, en l'espèce un établissement bancaire, indiquant le montant annuel brut du salaire que percevra le salarié. • Soc. 17 mars 1999, n° 97-40.515 P : *RJS 1999. 411, n° 666 ; Dr. soc. 1999. 503, note Couturier*.

305. Avenant non signé. Un avenant non signé ne peut être intégré à la convention collective, mais peut avoir acquis valeur d'usage de la profession. • Soc. 20 févr. 1991, n° 87-41.022 P : *D. 1991. IR 82 ; RJS 1991. 260, n° 493.*

3° PRATIQUES NON CONSTITUTIVES D'UN USAGE

306. Heures de délégation. Un usage relatif à l'utilisation des heures de délégation ne peut résulter de la seule abstention antérieure de l'employeur de contester cette utilisation. • Soc. 16 oct. 1980 : *Bull. civ. V, n° 752 ; D. 1981. IR 261, obs. Pélissier.* – V. aussi : • Crim. 1er févr. 1983 : *JS UIMM 1983. 310* • Soc. 21 janv. 1987 : *Bull. civ. V, n° 26 ; Dr. soc. 1987. 637, note Deprez.*

307. Réévaluation du salaire. L'usage consistant à réévaluer les salaires chaque année en fonction de l'évolution de l'indice INSEE du coût de la vie a un caractère illicite, en raison des dispositions de l'ordonnance du 30 déc. 1958, et ne peut servir de fondement à une demande en justice. • Soc. 22 juill. 1986 : *Dr. soc. 1986. 890, note Savatier.*

308. Erreurs. Une erreur même répétée ne peut être constitutive d'un droit acquis, ni d'un usage. • Soc. 10 mai 1979 : *Bull. civ. V, n° 408.*

B. RÉGIME JURIDIQUE

1° APPLICATION À L'USAGE

309. Régime sui generis. Un usage résultant d'une décision unilatérale de l'employeur ne peut être assimilé à un accord collectif. • Soc. 12 juin 1986 : *Dr. soc. 1986. 890, note Savatier ; Dr. ouvrier 1987. 143, note F. S.* • 10 févr. 1998, n° 95-42.543 P : *JCP 1998. I, note Darmaisin.* ♦ Les avantages résultant pour les salariés d'un usage d'entreprise ne sont pas incorporés aux contrats de travail. • Soc. 3 déc. 1996, n° 94-19.466 P : *GADT, 4e éd., n° 178 ; D. 1997. IR 11 ; Dr. soc. 1997. 102, obs. Waquet.* ♦ Dès lors que les modalités de la dénonciation sont respectées, l'employeur peut modifier un usage non incorporé au contrat. • Soc. 7 avr. 1998, n° 95-42.992 P : *D. 1998. Somm. 255, obs. Gau ; Dr. soc. 1998. 623, obs. Savatier.*

310. Un usage professionnel fixant les modalités d'application de dispositions conventionnelles ne peut servir de fondement à une action en justice. • Soc. 8 juin 1988 : *JCP 1989. II. 21227, 4e esp., note Vachet.*

311. La violation d'un usage ne peut entrer dans la catégorie des agissements pénalement sanctionnés par l'art. L. 153-1 C. pén. • Crim. 4 avr. 1991, *Moisan : D. 1991. IR 140 ; JCP E 1991. I. 213, note Godard ; CSB 1991. 155, A. 36 ; RJS 1991. 325, n° 614, 3e esp.*

312. Usage repris par un écrit de l'employeur. Lorsque l'usage ne correspond plus seulement à une pratique mais a fait l'objet d'une note de l'employeur prévoyant, notamment, l'accord des salariés à la remise en cause de l'avantage, l'avantage ne revêt plus la nature juridique d'un usage mais d'un engagement à caractère contractuel, les règles de dénonciation d'un usage, d'un accord atypique ou d'un engagement unilatéral ou la possibilité de remise en cause par un accord collectif ayant le même objet ne trouvent dès lors plus à s'appliquer. • Soc. 5 oct. 1999, n° 97-45.733 P/ *D. 1999. IR 242 ; Dr. soc. 2000. 112, obs. Laborde ; JCP 2000. II. 10283, note Dusquenne ; RJS 1999. 837, n° 1437.* ♦ En revanche, la remise lors de l'embauche d'un document résumant les usages et les engagements unilatéraux de l'employeur n'a pas pour effet de contractualiser les avantages qui y sont décrits, justifie alors sa décision le conseil de prud'hommes qui constate que le versement de la prime d'ancienneté litigieuse ne résulte pas du contrat de travail mais d'une brochure remise à tout nouveau salarié par l'employeur. • Soc. 11 janv. 2000 : *D. 2000. IR 49 ; RJS 2000. 106, n° 151* • 2 mai 2001, n° 99-41.264 P : *D. 2001. IR 1590 ; Dr. soc. 2001. 1002, obs. Gauriau ; RJS 2001. 581, n° 834 ; JS Lamy 2001, n° 81-3.*

313. Application du principe de faveur. Le fait que, dans les organismes de sécurité sociale, les conventions collectives soient soumises à l'agrément ministériel ne fait pas obstacle à l'existence, dans ces organismes, d'usages plus favorables aux salariés. • Soc. 22 janv. 1991, n° 87-40.113 P : *RJS 1991. 201, n° 378 ; RDSS 1991. 312, concl. contraires Chauvy* • 8 oct. 1996 : *Dr. soc. 1996. 1046, note Savatier ; RJS 1996. 775, n° 1202.*

2° TRANSMISSION DE L'USAGE

314. Principe. L'engagement unilatéral pris par un employeur est transmis en cas de transfert d'une entité économique, au nouvel employeur qui ne peut y mettre fin qu'à condition de prévenir individuellement les salariés et les institutions représentatives du personnel dans un délai permettant d'éventuelles négociations ; les conditions de l'offre de reprise dans le cadre d'un plan de cession d'une entreprise en redressement judiciaire ne peuvent faire obstacle au transfert de cet engagement unilatéral. • Soc. 12 mars 2008 : *JS Lamy 2008, n° 233-3 ; RJS 2008. 410, n° 519 ; JCP S 2008. 1320, note Dumont ; Dr. soc. 2008. 753, obs. Mazeaud.* ♦ V. • Soc. 16 déc. 1992, n° 88-43.834 P : *Dr. soc.*

1993. 156, note Savatier ; RJS 1993. 115, n° 167 • 4 févr. 1997, n° 95-41.468 P : *Dr. soc. 1997. 416, obs. Couturier ; RJS 1997. 171, n° 256.* ♦ Par le simple effet du transfert d'entreprise, la société absorbante est tenue des engagements unilatéraux pris par la société absorbée. • Soc. 19 janv. 1999, n° 96-44.688 P : *D. 1999. IR 40 ; RJS 1999. 244, n° 411 ; Dr. soc. 1999. 315, obs. Langlois .*

315. Le nouvel employeur n'est, cependant, tenu d'appliquer les usages et les engagements unilatéraux pris par l'ancien employeur qu'à l'égard des salariés dont le contrat de travail était en cours au jour du transfert. • Soc. 7 déc. 2005 : *D. 2006. 1868, note Loiseau ; ibid. 2006. Pan. 417, obs. Peskine ; RJS 2006. 107, n° 172 ; Dr. soc. 2006. 232, obs. Savatier ; JS Lamy 2006, n° 181-6* • 22 nov. 2006 : *RDT 2007. 102, obs. Waquet ; RJS 2006. 137, n° 205.* ♦ Selon l'art. 11 de la loi du 31 déc. 1989, aucun salarié ne peut être contraint de cotiser, contre son gré, à un système de garanties collectives contre différents risques, mis en place par une décision unilatérale de l'employeur, dès lors qu'il était employé dans l'entreprise antérieurement à la décision de l'employeur ; la généralité des termes de la loi ne permet pas d'exclure du champ d'application de ce texte les salariés dont l'ancienneté n'est pas contestée et dont les contrats de travail ont été repris par la société qui a absorbé leur entreprise. • Soc. 4 janv. 1996, n° 92-41.885 P : *D. 1996. IR 56 ; Dr. soc. 1996. 163, note Dupeyroux ; JCP 1996. II. 22693, note Saint-Jours ; RJS 1996. 279, n° 466.* ♦ En cas de transfert d'entreprise, l'employeur entrant ne peut pas subordonner le bénéfice dans l'entreprise d'accueil des avantages collectifs, qu'ils soient instaurés par voie d'accords collectifs, d'usages ou d'un engagement unilatéral de l'employeur, à la condition que les salariés transférés renoncent aux droits qu'ils tiennent d'un usage ou d'un engagement unilatéral en vigueur dans leur entreprise d'origine au jour du transfert ou qu'ils renoncent au maintien des avantages individuels acquis en cas de mise en cause d'un accord collectif. • Soc. 13 oct. 2016, n° 14-25.411 P : *D. 2016. Actu. 2220 ; RJS 12/2016, n° 777.*

3° DISPARITION DE L'USAGE

316. Dénonciation. Un usage demeure en vigueur jusqu'à une dénonciation régulière ou la conclusion d'un accord collectif ayant le même objet que l'usage. • Soc. 20 sept. 2006 : *Dr. soc. 2006. 1190 .* ♦ Un employeur ne peut revenir sur un engagement pris à l'égard de ses salariés en le dénonçant régulièrement que s'il est à exécution successive et qu'aucun terme n'a été prévu. • Soc. 16 déc. 1998, n° 96-41.627 P : *D. 1999. IR 26 ; RJS 1999. 151, n° 245 ; Dr. soc. 1999. 194, obs. Gaudu .* ♦ La dénonciation par l'employeur, responsable de l'organisation, de la gestion et de la marche générale de l'entreprise, d'un usage ou d'un autre accord collectif ne correspondant pas aux conditions de l'art. L. 132-19 C. trav. est opposable à l'ensemble des salariés concernés, qui ne peuvent prétendre à la poursuite du contrat de travail aux conditions antérieures, dès lors que cette décision a été précédée d'une information donnée, en plus des intéressés, aux institutions représentatives du personnel, dans un délai permettant d'éventuelles négociations. • Soc. 25 févr. 1988 : *Bull. civ. V, n° 139 ; D. 1988. Somm. 319, obs. A. Lyon-Caen ; JCP E 1988. II. 15229, n° 1, obs. Teyssié ; Dr. soc. 1989. 82, note Penneau* • 23 sept. 1992, n° 89-45.656 P : *JCP 1993. II. 22135, note Pochet.* – Dans le même sens : • Soc. 30 juin 1988 : *Bull. civ. V, n° 401* • 16 mars 1989 : *D. 1989. IR 126* • 2 juill. 1991 : *CSB 1991. 228, S. 143* • 22 janv. 1992, n° 89-42.841 P : *RJS 1992. 220, n° 373, 1re esp.* • 10 mai 1994 : *Dr. soc. 1994. 718, obs. Bélier* (usage portant sur l'application volontaire d'une convention collective) • 13 févr. 1996 : *RJS 1996. 293, n° 481 ; CSB 1996. 113, A. 27, 2e esp., note Philbert* • 22 oct. 1996 : *D. 1996. IR 246* • 3 déc. 1996 : *préc. note 309* • 10 févr. 1998 : *préc. note 309.* ♦ La dénonciation ne peut être effective qu'à une date postérieure aux formalités d'information et de préavis. • Soc. 20 juin 2000, n° 98-43.395 P : *D. 2000. IR 202 ; RJS 2000. 690, n° 1036.* ♦ Comp., à propos de l'obligation de négocier lorsque l'usage concerne les institutions représentatives du personnel : • Crim. 24 févr. 1977 : *Bull. crim. n° 10* • 22 mai 1979 : *ibid., n° 181* • 12 janv. 1982 : *ibid., n° 12 ; D. 1983. IR 167.*

317. La dénonciation n'étant pas soumise au délai de préavis prévu pour la dénonciation d'une convention collective, c'est au juge qu'il appartient dans chaque cas d'apprécier si le délai était « suffisant » pour permettre l'ouverture d'une négociation. • Soc. 12 févr. 1997, n° 96-40.972 P : *D. 1997. IR 62 ; Dr. soc. 1997. 430, obs. Savatier ; RJS 1997. 238, n° 349 ; CSB 1997. 120.* ♦ Sur la possibilité reconnue à l'employeur de limiter les effets de la dénonciation d'un usage aux salariés nouvellement embauchés, V. • Soc. 17 juin 1992, n° 89-40.326 P : *RJS 1992. 720, n° 1319.* ♦ Il appartient à l'employeur qui soutient que l'usage n'est plus en vigueur de rapporter la preuve de ce qu'il a observé un délai de prévenance suffisant. • Soc. 22 oct. 1996, n° 93-43.845 P : *D. 1996. IR 246 ; RJS 1996. 859, n° 1344.*

318. Mais dès lors que, par les contrats individuels de travail, l'employeur s'est engagé à payer une prime qui ne résultait que d'un usage, la dénonciation de cet usage est sans effet sur le droit des salariés concernés au paiement de cette prime. • Soc. 22 janv. 1992, n° 89-42.840 P : *RJS 1992. 221, n° 373 (2e esp.) ; JCP E 1993. II. 401,* *note Déprez (2e esp.).* – Dans le même sens : • Soc. 3 févr. 1993 : *D. 1993. Somm. 264, obs. Dockès ; RJS 1993. 179, n° 294.* ♦ Solution contraire, en l'absence de toute stipulation contractuelle : • Soc. 27 avr. 1994 : *Dr. soc. 1994. 568 ; D. 1994. Somm. 313, obs. Borenfreund* • 13 févr. 1996 : *préc. note 316.*

319. Information des institutions représentatives. Sur la faculté pour l'employeur de dénoncer un usage devant le comité d'entreprise, V. • Soc. 16 mars 1989 : *Dr. soc. 1990. 426, note Déprez* • 25 mai 1993 : *Dr. soc. 1993. 682 ; CSB 1993. 241, A. 55.* ♦ Mais la dénonciation d'un usage à l'occasion d'une réunion du personnel est insuffisante et inopposable aux salariés. • Soc. 4 juill. 1995 : *Dr. soc. 1995. 932.* ♦ L'absence de dénonciation aux délégués du personnel, faute d'organisation par l'employeur d'élections, rend la dénonciation de l'usage irrégulière. • Soc. 16 nov. 2005 : *Dr. soc. 2006. 233, obs. Savatier.*

320. Information des salariés. Pour être régulière, la dénonciation d'un usage par l'employeur doit être précédée d'un préavis suffisant pour permettre des négociations et être notifiée aux représentants du personnel et à tous les salariés individuellement s'il s'agit d'une disposition qui leur profite ; lorsque la dénonciation porte sur un usage dont le bénéfice est subordonné à une condition d'ancienneté dans l'entreprise, elle doit être notifiée à tout salarié susceptible un jour d'en profiter. • Soc. 13 oct. 2010 : *D. 2011. Pan. 1246, obs. Dockès ; RJS 2010. 881, n° 1001 ; JS Lamy 2010, n° 288-5, obs. Tourreil ; JCP S 2011. 1143, obs. Drai.*

321. Preuve de la dénonciation. La révocation d'un usage ne peut résulter du non-respect par l'employeur de ses engagements, ni de l'absence de réclamation des salariés. • Soc. 23 oct. 1991, n° 90-40.168 P : *Dr. soc. 1991. 959 ; CSB 1992. 32, S. 28 ; RJS 1991. 741, n° 1383.* ♦ ... Ni de la mise en conformité du règlement intérieur, celle-ci n'étant pas en elle-même de nature à modifier les engagements antérieurement pris par l'employeur. • Soc. 22 janv. 1992, n° 90-42.517 P : *D. 1992. 378, note Mathieu ; JCP E 1993. II. 393, note Déprez.* ♦ L'engagement pris par l'employeur résultant du règlement intérieur ne peut être rétracté qu'après information des instances représentatives du personnel et des salariés dans un délai suffisant pour permettre d'éventuelles négociations. • Soc. 10 janv. 1995, n° 91-40.573 P : *D. 1995. Somm. 357, obs. Dockès ; RJS 1995. 109, n° 130 ; CSB 1995. 91.* ♦ Dès lors que l'employeur met fin à un usage sans préavis et sans aucune justification, la rupture du contrat de travail s'analyse en un licenciement dont les juges ont pu décider qu'il ne procédait pas d'une cause réelle et sérieuse. • Soc. 6 avr. 1993 : *Dr. soc. 1994. 360, note Duquesne.*

322. Dénonciation abusive. S'il est exact que la dénonciation d'un usage n'a pas à être motivée, elle est néanmoins nulle s'il est établi que le motif de l'employeur est illicite (volonté de faire échec à l'exercice normal du droit de grève). • Soc. 13 févr. 1996 : *RJS 1996. 293, n° 480 ; CSB 1996. 113, A. 27, 1re esp., note Philbert ; JCP E 1996. I. 595, n° 4, obs. Coursier ; Dr. ouvrier 1996. 217, concl. Chauvy.* ♦ Dans le même sens : • Soc. 26 nov. 1996 : *RJS 1997. 75, n° 109 ; CSB 1997. 53, S. 35* (dénonciation abusive faite par mesure de rétorsion envers un membre du CHSCT).

323. Conséquences de la dénonciation régulière. Lorsque la rémunération du salarié résulte exclusivement de l'usage ou de l'engagement unilatéral de l'employeur, la dénonciation régulière de cet usage ou de cet engagement unilatéral ne permet pas à l'employeur de fixer unilatéralement le salaire ; celui-ci doit alors résulter d'un accord contractuel, à défaut duquel il incombe au juge de se prononcer. • Soc. 20 oct. 1998, n° 95-44.290 P : *Dr. soc. 1999. 125, obs. Langlois ; RJS 1998. 885, n° 1448.*

324. Conséquences de la dénonciation irrégulière. La dénonciation le 1er décembre d'une prime de treizième mois payable fin décembre est tardive et ne peut avoir effet pour l'exercice en cours. • Soc. 3 mars 1993 : *RJS 1993. 272, n° 451.* ♦ V. aussi : • Soc. 27 avr. 1994 : *D. 1994. Somm. 313, obs. Borenfreund* (primes devenues, en raison de leurs caractères de fixité, généralité et constance, un élément du salaire ne pouvant être modifié contre la volonté du salarié).

325. Contestation de la dénonciation. Le salarié qui ne justifie pas, à la date de la suppression de l'usage ou de l'engagement unilatéral, réunir les conditions de son bénéfice, ne peut contester la régularité de sa dénonciation. • Soc. 12 févr. 2008, n° 06-45.397 P : *RDT 2008. 321, obs. Tissandier.*

326. Remplacement de l'usage. Un usage local ne peut être remis en cause que par un accord collectif ayant le même objet et le même champ géographique ou un champ plus large ; s'il n'a été justifié de l'existence d'aucun accord collectif ayant le même objet que l'usage local de prime de vie chère, cette prime ne peut être remise en cause. • Soc. 8 avr. 2010 : *RDT 2010. 450, obs. Boulmier ; RJS 6/2010, n° 536 ; JCP S 2010. 1274, obs. Dumont.* ♦ L'usage étant par nature supplétif de la volonté des parties, il peut y être mis fin par une convention collective. • Soc. 19 déc. 1990 : *D. 1991. IR 36 ; RJS 1991. 121, n° 224* • 26 janv. 2005, n° 02-47.507 P : *RJS 2005. 294, n° 419* • Soc. 20 mai 2014 : *Dalloz actualité, 12 juin 2014, obs. Ines ; RDT 2014. 636, obs. Nicod ; Dr. soc. 2014. 685 ; RJS 2014. 478, n° 581 ; JS Lamy 2014, n° 370-5, obs. Lhernould.* ♦ Lorsqu'un accord collectif ayant le même objet qu'un usage d'entreprise est conclu dans l'entreprise, cet accord a pour effet de mettre fin à cet usage, sans qu'une dénonciation régulière soit nécessaire. • Soc. 9 juill. 1996, n° 93-40.865 P : *Dr. soc. 1996. 983, obs. Savatier* ; *RJS 1996. 611, n° 954* ; *CSB 1996. 325, A. 65* (1re esp.) • 28 janv. 1998, n° 95-45.220 P : *D. 1998. IR 75*. ♦ En faveur de la primauté de la convention collective sur un usage plus favorable, V. • Soc. 11 déc. 1985 : *Dr. soc. 1986. 906, note Déprez* • 14 avr. 1983 : *Bull. civ. V, n° 193* ; *D. 1984. IR 167, obs. Vachet* • 9 févr. 1978 : *Bull. civ. V, n° 96*. ♦ Mais lorsqu'une convention collective nouvelle ne contient aucune disposition sur l'objet de l'usage, elle ne met pas en cause l'existence de l'usage antérieur. • Soc. 9 juill. 1996 : *CSB 1996. 325, A. 65* (2e esp.). – V. déjà en ce sens : • Soc. 14 juin 1989 : *Bull. civ. V, n° 442* ; *D. 1990. Somm. 162, obs. Rotschild-Souriac*. ♦ Si l'employeur peut, par un engagement unilatéral, accorder des avantages supplémentaires à ceux résultant d'une convention ou d'un accord collectif de travail, il ne peut substituer à ces avantages conventionnels des avantages différents ; un employeur ne peut remplacer le paiement de l'indemnité conventionnelle de repas par celui d'indemnités de panier s'ajoutant aux tickets restaurants. • Soc. 4 févr. 2015, n° 13-28.034 P : *D. 2015. Actu. 380* ; *RJS 4/2015, n° 298* ; *JCP S 2015. 1146, note Lahalle.*

VIII. OBLIGATIONS ACCESSOIRES AU CONTRAT DE TRAVAIL

327. Protection juridique du salarié. Le salarié poursuivi pénalement par un client de son employeur pour des faits relatifs à l'exercice de ses fonctions est en droit de prétendre pouvoir bénéficier d'une protection juridique sous la forme de la prise en charge des frais engagés pour sa défense, de la part de son employeur (visa des art. 1135, C. civ. et L. 121-1, C. trav. [L. 1221-1 nouv.]). • Soc. 18 oct. 2006 : *RDT 2006. 282, obs. Moulinier* ; *D. 2006. IR 2690* ; *ibid. 2007. 695, note Mouly* ; *ibid. Pan. 691, obs. F. Guiomard* ; *RJS 2006. 921, obs. Mazars* ; *JCP E 2006. 2679, note Puigelier* ; *JS Lamy 2006, n° 200-2.*

328. Remboursement des frais professionnels. Il est de principe que les frais qu'un salarié justifie avoir exposés pour les besoins de son activité professionnelle et dans l'intérêt de l'employeur doivent lui être remboursés sans qu'ils ne puissent être imputés sur la rémunération qui lui est due, à moins qu'il n'ait été contractuellement prévu qu'il en conserverait la charge moyennant le versement d'une somme fixée à l'avance de manière forfaitaire et à la condition que la rémunération proprement dite du travail reste au moins égale au SMIC. • Soc. 25 févr. 1998, n° 95-44.096 P : ♦ Dans le même sens, consacrant l'existence d'une « règle » : • Soc. 9 janv. 2001 : *Dr. soc. 2001. 441, obs. Mouly* ; *RTD civ. 2001. 699, obs. Molfessis* • 10 nov. 2004, n° 02-41.881 P : *D. 2004. IR 3196* ; *Dr. soc. 2005. 216, obs. Radé* ; *RJS 2005. 206, n° 275* ; *Dr. ouvrier 2005. 76* • 21 mai 2008 : *RDC 2008. 1263, note Radé* • 25 mars 2010 : *D. 2010. Actu. 968* ; *Dalloz actualité, 25 mars 2010, obs. Ines* ; *RJS 6/2010, n° 568, p. 494* ; *JCP S 2010. 1329, obs. Bossu* • Soc. 7 mars 2012 : *D. 2012. Actu. 822* ; *RJS 2012. 380, n° 453* ; *JS Lamy 2012, n° 320-4, obs. Hautefort* ; *JCP S 2012. 1223, obs. Dumont* • Soc. 20 juin 2013 : *Dalloz actualité, 16 juill. 2013, obs. Fraisse* ; *D. 2013. Actu. 1628* ; *RDT 2014. 123, obs. Véricel* ; *RJS 10/2013, n° 679.* ♦ Est un remboursement de frais professionnels, exclu du calcul des indemnités de rupture du contrat de travail, la prise en charge par l'employeur du voyage annuel en France du salarié expatrié et des membres de sa famille pour leurs congés. • Soc. 31 janv. 2012 : *Dalloz actualité, 16 févr. 2012, obs. Siro* ; *D. 2012. Actu. 445* ; *RJS 2012. 332, n° 394.*

329. Indemnité d'occupation professionnelle. Un salarié peut prétendre à une indemnité pour l'occupation de son domicile à des fins professionnelles dès lors qu'un local professionnel n'est pas mis effectivement à sa disposition. • Soc. 12 déc. 2012 : *D. 2013. Actu. 21* ; *Dr. soc. 2013. 353, note Tournaux* ; *JCP S 2013. 1123, obs. Bossu.*

330. Entretien des tenues de travail. Les frais exposés par un salarié pour les besoins de son activité professionnelle et dans l'intérêt de l'employeur doivent être supportés par ce dernier ; l'employeur doit assumer la charge de l'entretien du vêtement de travail dont le port est obligatoire et inhérent à l'emploi des salariés concernés. • Soc. 21 mai 2008 : *RDT 2008. 536, obs. Frouin* ; *JS Lamy 2008, n° 238-5* ; *RJS 2008. 718, n° 896* ; *JCP S 2008. 1538, obs. Bossu* ; *Dr. ouvrier 2008. 533, obs. Taraud.* ♦ Il appartient à l'employeur de définir, dans l'exercice de son pouvoir de direction, les modalités de prise en charge de l'entretien des tenues de travail dont il impose le port au salarié. • Soc. 12 déc. 2012 : *Dalloz actualité, 23 janv. 2013, obs. Peyronnet* ; *D. 2013. Actu. 20* ; *JCP 2013. 1089, obs. Puigelier.* ♦ Comp. • CE, 1re et 6e sous-sect. réun., 17 juin 2014 : *AJDA 2014. 1295* ; *ibid. 1963, note Seurot* (l'employeur doit rembourser aux salariés les frais exposés pour les besoins de leur activité professionnelle et dans l'intérêt de l'employeur, dès lors qu'ils résultent d'une sujétion particulière et qu'ils excèdent les charges qui résulteraient de l'entretien et du nettoyage des vêtements ordinairement portés par les salariés).

331. Montant du remboursement. Lorsque le statut collectif octroie une indemnité forfaitaire de repas aux salariés qui se trouvent en déplacement pour raison de service au cours de la période méridienne, l'employeur ne peut subordonner son paiement à la preuve de la réalité des frais engagés. • Soc. 17 déc. 2004 : *Dr. soc. 2005. 325, obs. Radé* ✎. ♦ L'employeur ne peut fixer unilatéralement les conditions de prise en charge des frais professionnels en deçà de leur coût réel. • Soc. 23 sept. 2009 : *D. 2009. AJ 2431* ✎ ; *RDT 2009. 726, obs. Véricel* ✎ ; *RJS 2009. 818, n° 934 ; Dr. ouvrier 2010. 151.*

Art. L. 1221-2 *(L. n° 2008-596 du 25 juin 2008)* **« Le contrat de travail à durée indéterminée est la forme normale et générale de la relation de travail. »**

Toutefois, *(L. n° 2008-596 du 25 juin 2008)* **« le contrat de travail peut » comporter un terme fixé avec précision dès sa conclusion ou résultant de la réalisation de l'objet pour lequel il est conclu dans les cas et dans les conditions mentionnés au titre IV relatif au contrat de travail à durée déterminée.** – *[Anc. art. L. 121-5.]*

COMMENTAIRE

V. Dalloz.fr et applications mobiles Dalloz. ❑

Art. L. 1221-3 Le contrat de travail établi par écrit est rédigé en français.

Lorsque l'emploi qui fait l'objet du contrat ne peut être désigné que par un terme étranger sans correspondant en français, le contrat de travail comporte une explication en français du terme étranger.

Lorsque le salarié est étranger et le contrat constaté par écrit, une traduction du contrat est rédigée, à la demande du salarié, dans la langue de ce dernier. Les deux textes font également foi en justice. En cas de discordance entre les deux textes, seul le texte rédigé dans la langue du salarié étranger peut être invoqué contre ce dernier.

L'employeur ne peut se prévaloir à l'encontre du salarié auquel elles feraient grief des clauses d'un contrat de travail conclu en méconnaissance du présent article. – *[Anc. art. L. 121-1, al. 2 à 5.]*

BIBL. ► DUCAMP et MARTINEZ, *JCP S 2007. 13* (langue française dans les relations de travail).

COMMENTAIRE

V. Dalloz.fr et applications mobiles Dalloz. ❑

Objectifs professionnels. Les documents fixant les objectifs nécessaires à la détermination de la rémunération variable contractuelle rédigés en anglais sont inopposables au salarié. • Soc. 29 juin 2011 : *Dalloz actualité, 27 juill. 2011, obs. Siro ; RDT 2011. 663, obs. Lokiec ;* ✎ *JS Lamy 2011, n° 306-5, obs. Tourreil ; JCP S 2011. 1493, obs. Martinez.*

Art. L. 1221-4 Les procédures d'enchères électroniques inversées étant interdites en matière de fixation du salaire, tout contrat de travail stipulant un salaire fixé à l'issue d'une telle procédure est nul de plein droit. – *[Anc. art. L. 121-10.]*

Art. L. 1221-5 Toute clause attributive de juridiction incluse dans un contrat de travail est nulle et de nul effet. – *[Anc. art. L. 121-3.]*

COMMENTAIRE

V. Dalloz.fr et applications mobiles Dalloz. ❑

Sur les clauses attributives de compétence territoriale, V. notes ss. art. R. 1412-1.

SECTION II **RECRUTEMENT**

Art. L. 1221-6 Les informations demandées, sous quelque forme que ce soit, au candidat à un emploi ne peuvent avoir comme finalité que d'apprécier sa capacité à occuper l'emploi proposé ou ses aptitudes professionnelles.

Ces informations doivent présenter un lien direct et nécessaire avec l'emploi proposé ou avec l'évaluation des aptitudes professionnelles.

Le candidat est tenu de répondre de bonne foi à ces demandes d'informations. – *[Anc. art. L. 121-6, V1.]*

V. Recomm. relative à la collecte et au traitement d'informations nominatives lors d'opérations de recrutement (Délib. CNIL n° 2002-17 du 21 mars 2002, JO 16 juill.).

V. Circ. DRT n° 93-10 du 15 mars 1993 relative à l'application des dispositions relatives au recrutement et aux libertés individuelles (titre V de la loi du 31 déc. 1992) (BOMT n° 93/10, texte n° 412).

BIBL. ▶ ADAM, *Dr. soc. 1993. 333* ✎. – GRINSNIR, *Dr. ouvrier 1993. 237.* – MALLET et MORIN, *Dr. soc. 1996. 660* ✎ (détermination de l'emploi occupé). – RAY, *Dr. soc. 1993. 103* ✎.

COMMENTAIRE

V. Dalloz.fr et applications mobiles Dalloz ❑

1. Permis de conduire. La possession du permis de conduire présente un lien direct avec l'emploi à pourvoir de gérant d'un établissement commercial en zone rurale. • Bourges, 31 mai 1996 : *RJS 1996. 801, n° 1230.*

2. Prêtre-ouvrier. Les renseignements et pièces demandés lors de l'embauchage ont pour but de permettre à l'employeur d'apprécier les qualités du salarié pour l'emploi sollicité et ne sauraient concerner des domaines sans lien direct et nécessaire avec cette activité professionnelle ; par conséquent, le salarié est en droit de ne pas révéler son état de prêtre-ouvrier. • Soc. 17 oct. 1973 : *JCP 1974. II. 17698, note Saint-Jours.*

Art. L. 1221-7 *(L. n° 2015-994 du 17 août 2015, art. 48)* **« Les informations mentionnées à l'article L. 1221-6 et communiquées par écrit par le candidat à un emploi peuvent être examinées dans des conditions préservant son anonymat. »**

Les modalités d'application du présent article sont déterminées par décret en Conseil d'État.

COMMENTAIRE

V. Dalloz.fr et applications mobiles Dalloz ❑

L'intervention d'un décret est une condition nécessaire à l'application des dispositions de l'art. L. 1221-7 relatif au CV anonyme, la loi ne se suffisant pas ; le délai raisonnable pour l'adopter étant dépassé, il est enjoint au Gouvernement d'édicter le décret dans le délai de 6 mois. • CE 9 juill. 2014 : *RJS 2014. 571, n° 661.*

Art. L. 1221-8 **Le candidat à un emploi est expressément informé, préalablement à leur mise en œuvre, des méthodes et techniques d'aide au recrutement utilisées à son égard.**

Les résultats obtenus sont confidentiels.

Les méthodes et techniques d'aide au recrutement ou d'évaluation des candidats à un emploi doivent être pertinentes au regard de la finalité poursuivie. – *[Anc. art. L. 121-7.]*

COMMENTAIRE

V. Dalloz.fr et applications mobiles Dalloz ❑

Art. L. 1221-9 **Aucune information concernant personnellement un candidat à un emploi ne peut être collectée par un dispositif qui n'a pas été porté préalablement à sa connaissance.** – *[Anc. art. L. 121-8, V1.]*

SECTION III FORMALITÉS À L'EMBAUCHE ET À L'EMPLOI

BIBL. GÉN. ▶ AHUMADA, *RPDS 1985. 297 ; ibid. 1988. 405* (registres obligatoires). – RAVOUX et REBOUILLAT, *Dr. soc. 2011. 1190* ✎ (la déclaration préalable à l'embauche).

SOUS-SECTION 1 DÉCLARATION PRÉALABLE À L'EMBAUCHE

Art. L. 1221-10 **L'embauche d'un salarié ne peut intervenir qu'après déclaration nominative accomplie par l'employeur auprès des organismes de protection sociale désignés à cet effet.**

L'employeur accomplit cette déclaration dans tous les lieux de travail où sont employés des salariés. – *[Anc. art. L. 320, al. 1er début et L. 620-3, al. 4.]*

Sur la vérification par les organismes de sécurité sociale, lors de la déclaration nominative effectuée par l'employeur, de la régularité de la situation en France des assurés étrangers, V. CSS, art. L. 114-10-2, ajouté par L. n° 93-1027 du 24 août 1993, art. 36-I (JO 29 août). – **CSS.**

L'établissement par l'employeur d'une déclaration unique d'embauche implique l'existence d'un contrat de travail apparent. • Soc. 5 déc. 2012 : D. 2012. Actu. 2973 ; ibid. 2013. 114, chron. Ducloz, Flores, Pécaut-Rivolier, Bailly et Wurtz .

Art. L. 1221-11 Le non-respect de l'obligation de déclaration préalable à l'embauche, constaté par les agents mentionnés à l'article L. 8271-7, entraîne une pénalité dont le montant est égal à trois cents fois le taux horaire du minimum garanti prévu à l'article L. 3231-12. – *[Anc. art. L. 320, al. 3, phrase 1.]*

Art. L. 1221-12 Un décret en Conseil d'État détermine :

1° Les conditions dans lesquelles la déclaration préalable à l'embauche est réalisée ;

2° Les modalités de recouvrement de la pénalité prévue à l'article L. 1221-11. – *[Anc. art. L. 320, al. 1er fin et al. 4.] – V. art. R. 1221-1 s.*

Art. L. 1221-12-1 *(L. n° 2013-1203 du 23 déc. 2013, art. 27-II-B)* Sont tenus d'adresser les déclarations préalables à l'embauche par voie électronique :

1° Les employeurs dont le personnel relève du régime général de sécurité sociale, autres que les particuliers employant un salarié à leur service, et dont le nombre de déclarations préalables à l'embauche accomplies au cours de l'année civile précédente excède un seuil fixé par décret ;

2° Les employeurs dont le personnel relève du régime de protection sociale agricole et dont le nombre de déclarations préalables à l'embauche accomplies au cours de l'année civile précédente excède un seuil fixé par décret.

Le non-respect de cette obligation entraîne l'application d'une pénalité, fixée par décret, dans la limite de 0,5 % du plafond mensuel de la sécurité sociale par salarié, recouvrée et contrôlée selon les règles, garanties et sanctions relatives au recouvrement des cotisations de sécurité sociale. Les pénalités dues au titre d'une année civile sont versées au plus tard à la première date d'exigibilité des cotisations de sécurité sociale de l'année suivante.

SOUS-SECTION 2 REGISTRE UNIQUE DU PERSONNEL

COMMENTAIRE

V. Dalloz.fr et applications mobiles Dalloz .

Art. L. 1221-13 Un registre unique du personnel est tenu dans tout établissement où sont employés des salariés *(Abrogé par L. n° 2014-788 du 10 juill. 2014, art. 3) (L. n° 2011-893 du 28 juill. 2011, art. 27-II)* « ***, indépendamment du registre des conventions de stage mentionné à l'article L. 612-13 du code de l'éducation*** ».

Les noms et prénoms de tous les salariés sont inscrits dans l'ordre des embauches. Ces mentions sont portées sur le registre au moment de l'embauche et de façon indélébile.

(L. n° 2014-788 du 10 juill. 2014, art. 3) « Les nom et prénoms des stagiaires accueillis dans l'établissement sont inscrits dans l'ordre d'arrivée, dans une partie spécifique du registre unique du personnel. »

Les indications complémentaires à mentionner sur ce registre, soit pour l'ensemble des salariés, soit pour certaines catégories seulement, *(L. n° 2014-788 du 10 juill. 2014, art. 3)* « soit pour les stagiaires mentionnés au troisième alinéa, » sont définies par voie réglementaire. – *V. **Addendum**.*

Art. L. 1221-14 Il peut être dérogé à la tenue du registre unique du personnel, pour tenir compte du recours à d'autres moyens, notamment informatiques, dans les conditions prévues à l'article L. 8113-6.

Art. L. 1221-15 Le registre unique du personnel est tenu à la disposition des délégués du personnel et des fonctionnaires et agents chargés de veiller à l'application du présent code et du code de la sécurité sociale. – *[Anc. art. L. 620-3, al. 3.]*

Commet le délit d'entrave à l'exercice des fonctions de l'inspection du travail l'employeur qui fait valoir que les fonctionnaires qui contrôlaient un établissement, lieu exclusif d'emploi des salariés, avaient tout loisir de venir consulter le registre du personnel au siège de l'entreprise. • Soc. 31 janv. 2012 : *Dalloz actualité, 30 mars 2012, obs. Ines ; RJS 2012. 405, n° 490.*

Art. L. 1221-15-1 *(L. n° 2014-790 du 10 juill. 2014, art. 2)* **La déclaration mentionnée au I de l'article L. 1262-2-1 est annexée au registre unique du personnel de l'entreprise qui accueille les salariés détachés.**

SOUS-SECTION 3 **AUTRES FORMALITÉS**

Art. L. 1221-16 **Dans certains établissements ou professions, définis par voie réglementaire, l'employeur informe le service public de l'emploi de toute embauche ou rupture du contrat de travail.** – *[Anc. art. L. 320-1, al. 1er.] – V. art. D. 1221-28.*

> **Arrêté du 27 février 1987,** *relatif aux établissements assujettis à l'obligation de déclaration des mouvements de main-d'œuvre.* **Art. 1er** Sont soumis aux obligations prévues au premier alinéa de l'article L. 320-1 du code du travail *[L. 1221-16 s.]* dans les conditions fixées à l'article R. 320-1 *[R. 320-1-1]* du même code les établissements agricoles, industriels ou commerciaux publics ou privés, les offices publics et ministériels, les professions libérales, les sociétés civiles, les syndicats professionnels et les associations de quelque nature que ce soit, employant au moins cinquante salariés.
>
> **Art. 2** Les employeurs ne sont pas soumis aux obligations visées à l'article 1er du présent arrêté lorsque le contrat de travail est conclu pour une durée maximum d'un mois non susceptible d'être prorogée.
>
> Cette dérogation ne s'applique pas aux contrats conclus à titre d'essai.

Art. L. 1221-17 **Outre la déclaration préalable à l'embauche prévue à l'article L. 1221-10, une déclaration préalable est effectuée :**

1° Lorsqu'un établissement, ayant cessé d'employer du personnel pendant six mois au moins, se propose d'en employer à nouveau ;

2° Lorsqu'un établissement employant du personnel change d'exploitant ;

3° Lorsqu'un établissement employant du personnel est transféré dans un autre emplacement ou s'il fait l'objet d'extension ou de transformation entraînant une modification dans les activités industrielles et commerciales. – *[Anc. art. L. 620-1, al. 2 à 5.]*

Art. L. 1221-18 *(L. n° 2007-1786 du 19 déc. 2007, art. 16-V)* **Tout employeur de personnel salarié ou assimilé est tenu d'adresser à l'organisme chargé du recouvrement des cotisations et contributions sociales dont il relève, au plus tard le 31 janvier de chaque année, une déclaration indiquant le nombre de salariés partis en préretraite ou placés en cessation anticipée d'activité au cours de l'année civile précédente, leur âge et le montant de l'avantage qui leur est alloué. Cette déclaration indique également le nombre de mises à la retraite d'office à l'initiative de l'employeur intervenant dans les conditions des articles L. 1237-5 à L. 1237-10 et le nombre de salariés âgés de** *(L. n° 2008-1330 du 17 déc. 2008)* **« cinquante-cinq ans et plus licenciés ou ayant bénéficié de la rupture conventionnelle mentionnée à l'article L. 1237-11 » au cours de l'année civile précédant la déclaration.**

Le défaut de production, dans les délais prescrits, de cette déclaration entraîne une pénalité dont le montant est égal à six cents fois le taux horaire du salaire minimum de croissance. Cette pénalité est recouvrée par l'organisme chargé du recouvrement des cotisations et contributions sociales dont relève l'employeur. Son produit est affecté à la Caisse nationale d'assurance vieillesse des travailleurs salariés.

Le modèle de déclaration est fixé par arrêté conjoint du ministre chargé de la sécurité sociale et du ministre chargé de l'emploi.

L'obligation de déclaration mentionnée au premier alinéa ne s'applique qu'aux employeurs dont au moins un salarié ou assimilé est parti en préretraite ou a été placé en cessation anticipée d'activité *(L. n° 2008-1330 du 17 déc. 2008)* **« ou a été mis en retraite à l'initiative de l'employeur au cours de l'année civile précédente ainsi qu'aux employeurs dont au moins un salarié âgé de cinquante-cinq ans ou plus a été licencié ou a bénéficié de la rupture conventionnelle mentionnée à l'article L. 1237-11 au cours de l'année civile précédente ».**

SECTION IV **PÉRIODE D'ESSAI**

(L. n° 2008-596 du 25 juin 2008)

RÉP. TRAV. v° *Période d'essai*, par AUBRÉE.

BIBL. ▶ DIRRINGER, SWEENEY, CRÉPLET et SACHS ss. la dir. de PESKINE, *RDT 2008. 515*. – FROUIN, *RJS 2010. Chron. 419*. – NEISS, *RDT 2010. 348* (faut-il supprimer la période d'essai ?). – SAURET, *JCP S 2008. 1364*. – SCHMITT, *JS Lamy 2011, n° 305-3* (rupture de la période d'essai et non-respect du délai de prévenance).

COMMENTAIRE

V. Dalloz.fr et applications mobiles Dalloz.

Art. L. 1221-19 **Le contrat de travail à durée indéterminée peut comporter une période d'essai dont la durée maximale est :**

1° Pour les ouvriers et les employés, de deux mois ;

2° Pour les agents de maîtrise et les techniciens, de trois mois ;

3° Pour les cadres, de quatre mois.

COMMENTAIRE

V. Dalloz.fr et applications mobiles Dalloz.

[Jurisprudence postérieure à la loi du 25 juin 2008]

1. Durée conventionnelle plus courte antérieure au 25 juin 2008. Les durées maximales légales de la période d'essai se substituent aux durées plus courtes, renouvellement compris, résultant des conventions de branche conclues avant le 25 juin 2008. • Soc. 31 mars 2016, n° 14-29.184 P : *D. 2016. Actu. 789 ; RJS 6/2016, n° 390 ; JS Lamy 2016, n° 409-2, obs. Lhernould.*

[Jurisprudence antérieure à la loi du 25 juin 2008]

2. Articulation contrat de travail-convention collective. Le contrat de travail ne peut pas prévoir une période d'essai plus longue que celle prévue par la convention collective ; le salarié ne peut renoncer pendant la durée du contrat de travail aux droits qu'il tient de la convention collective. • Soc. 18 juin 1997, n° 94-43.985 P. ♦ En présence d'une convention collective prévoyant que, sauf accord contraire des parties, le salarié est soumis à une période d'essai de trois mois, le contrat de travail ne peut fixer une période supérieure à cette durée. • Soc. 18 mars 1992 : *RJS 1992. 327, n° 575.* ♦ Sur le respect des dispositions conventionnelles, V. aussi : • Soc. 7 janv. 1988 : *Bull. civ. V, n° 20* • 22 juin 1988 : *Dr. ouvrier 1990. 108, note J. G.* • 18 mars 1992 : *RJS 1992. 327, n° 574.* ♦ Le contrat de travail ne peut contenir une disposition moins favorable que celle de la convention collective et le renouvellement de la période d'essai, que le contrat de travail ne pouvait prévoir dès l'origine, ne peut résulter que d'un accord exprès des parties intervenu au cours de la période initiale et non d'une décision unilatérale de l'employeur. • Soc. 11 mars 2009 : *D. 2009. AJ 955 ; RJS 2009. 447, n° 494.*

3. La non-conformité du contrat aux dispositions de la convention collective a seulement pour effet de ramener la période d'essai à la durée fixée par ladite convention. • Soc. 4 avr. 1979 : *Bull. civ. V, n° 321 ; D. 1979. IR 435.* ♦ V. aussi : • Soc. 10 juin 1976 : *D. 1976. IR 216.* ♦ Les dispositions de la convention collective, postérieures à la conclusion du contrat de travail, se substituent de plein droit aux dispositions moins favorables de ce contrat prévoyant une période d'essai plus longue. • Soc. 19 nov. 1997, n° 95-40.280 P : *GADT, 4e éd., n° 166.* ♦ Lorsque la convention collective prévoit une période d'essai plus courte que son avenant local, elle s'applique eu égard à l'art. L. 132-13 C. trav. [L. 2252-1 nouv.]. • Soc. 8 juin 1999 : *Dr. soc. 1999. 852, obs. Savatier ; RJS 1999. 581, n° 946.*

4. Computation. Les dispositions de l'art. 642, al. 2, C. pr. civ., propres à la computation des délais, ne s'appliquent pas au calcul de la durée d'une période d'essai. • Soc. 21 janv. 1987 : *Bull. civ. V, n° 29* • 10 juin 1992 : *ibid., n° 378 ; D. 1992. IR 200 ; Dr. soc. 1992. 704* • 15 mars 2006 : *D. 2006. IR 1000 ; RJS 2006. 385, n° 516.* ♦ Toute période d'essai exprimée en jours se décompte en jours calendaires. • Soc. 29 juin 2005 : *D. 2005. IR 1959 ; Dr. soc. 2005. 1036, obs. Savatier ; JS Lamy 2005, n° 175-2 ; RJS 2005. 679, n° 944.*

5. Prorogation. En cas de suspension du contrat de travail, la période d'essai est prorogée d'une durée égale à celle de la suspension, notamment en cas de maladie. • Soc. 3 oct. 1957 : *D. 1957. 676.* ♦ ... De congés annuels. • Soc. 27 nov. 1985 : *Bull. civ. V, n° 560.* ♦ ... D'accident du travail. • Soc. 4 févr. 1988 : *Bull. civ. V, n° 94* • 12 janv. 1993 : *ibid., n° 3 ; D. 1993. IR 43 ; JCP E 1993. I. 259, n° 8, obs. Dubœuf ; RJS 1993. 93, n° 119 ; CSB 1993. 79, A. 18 ; Dr. soc. 1993. 180.* ♦ ... D'absence pour subir les épreuves de sélection du service national. • Soc. 26 oct. 1999 : *RJS 1999. 837, n° 1436.* ♦ Mais l'essai n'est valablement suspendu pendant les congés annuels de l'entreprise et ne peut être prolongé d'une durée correspondante qu'autant que le salarié est lui-même en congé. • Soc. 5 mars 1997, n° 94-40.042 P. • 17 juill. 1996 : *ibid., n° 288.* ♦ La période d'essai ne peut être prolongée d'une durée supérieure à l'absence du salarié. • Soc. 23 oct. 1991, n° 88-43.251 P. ♦ En l'absence de dispositions contractuelles ou conventionnelles contraires, la durée de la prolongation de l'essai ne peut être limitée aux seuls jours ouvrables inclus dans la période ayant justifié cette prolongation. • Soc. 14 nov. 1990, n° 87-42.795 P : *D. 1990. IR 282*. ♦ La désignation d'un salarié comme mandataire social, avec suspension du contrat de travail pendant la durée de ce mandat, en l'absence de fonctions techniques distinctes, ne met pas fin à la période d'essai en cours ; la période d'essai reprend son cours après la révocation du mandat social. • Soc. 24 avr. 2013 : *Dalloz actualité, 17 mai 2013, obs. Fleuriot ; D. 2013. Actu. 1145 ; RDT 2013. 483, obs. Payancé ; JS Lamy 2013, n° 345-2, obs. Lhernould.*

6. Conformité au droit international. Est déclaré non conforme aux exigences de la Convention n° 158 de l'OIT l'article d'une convention collective fixant à douze mois la période de stage probatoire de certains de ses agents engagés par contrat à durée indéterminée. • Soc. 4 juin 2009 : *R., p. 324 ; D. 2010. Pan. 342, obs. Mazuyer ; RDT 2009. 579, obs. Tournaux ; RJS 2009. 617, n° 679 ; JCP S 2009. 1335, note Mouly ; Dr. ouvrier 2009. 607, obs. Bizot ; Sem. soc. Lamy 2009, n° 1406, p. 11.* ♦ De même est déraisonnable, au regard de la finalité de la période d'essai et de l'exclusion des règles de licenciement durant cette période, une période d'essai dont la durée, renouvellement inclus, atteint un an. • Soc. 11 janv. 2012 : *Dalloz actualité, 3 févr. 2012, obs. Siro ; D. 2012. Actu. 226 ; D. 2013. Pan. 1026, obs. Porta ; RDT 2012. 150, obs. Tournaux ; Dr. soc. 2012. 321, obs. Mouly ; RJS 2012. 179, n° 207 ; JS Lamy 2012, n° 316-4, obs. Tourreil ; Dr. ouvrier 2012. 508, obs. Bod ; JCP S 2012. 1429, obs. Drai.* ♦ V. aussi : • Soc. 27 mars 2013 : *D. 2013. Actu. 926.* ♦ Une période d'essai dont la durée est de six mois. • Soc. 10 mai 2012 : *Dalloz actualité, 25 mai 2012, obs. Siro ; D. 2012. Actu. 1341 ; D. 2013. Pan. 1026, obs. Porta et Lokiec ; RJS 2012. 529, n° 608.*

Art. L. 1221-20 **La période d'essai permet à l'employeur d'évaluer les compétences du salarié dans son travail, notamment au regard de son expérience, et au salarié d'apprécier si les fonctions occupées lui conviennent.**

COMMENTAIRE

V. Dalloz.fr et applications mobiles Dalloz.

BIBL. Corrignan-Carsin, *JCP E 2005. 1241* (rupture de la période d'essai). – Mouly, *Dr. soc. 2005. 614* (résiliation de l'essai fondée sur un motif étranger à ses résultats). – Bataille-Nevejans, *Dr. soc. 2004. 335* (période d'essai au cours des relations contractuelles). – Jacotot et Bourrier, *D. 1996. Chron. 343* (usage abusif de l'essai). – Corrignan-Carsin, *RJS 1995. 551.* – Étiennot, *RJS 1999. 623.* – Frouin, *CSB 1995. 239.* – Mallard, *Dr. soc. 2006. 1157* (licenciement en période d'essai). – Pochet, *D. 1994. Chron. 77* (convention collective et essai). – Auvergnon, *Dr. soc. 1992. 796* (rupture). – Blaise, *RJS 1989. 215.* – Bares, *RPDS 1987. 205.* – Poulain, *Dr. soc. 1982. 155* (stages). – Alter, *RPDS 1981. 165.* – Poulain, *Dr. soc. 1980. 469* (liberté de rupture). – Gonidec, *D. 1958. Chron. 35* (métropole et outre-mer). – Ribettes-Tilhet et Wibault, *Dr. soc. 1968. 299.* – Sinay, *Dr. soc. 1963. 150.*

1. Principes. La période d'essai doit se situer au commencement de l'exécution du contrat de travail ; les parties ne peuvent en différer le début. • Soc. 25 févr. 1997, n° 93-44.923 P : *D. 1997. IR 80* (à l'ouverture du magasin dont le salarié avait la charge alors qu'il avait pris ses fonctions antérieurement) • 25 févr. 1997, n° 94-45.381 P. (après un séminaire de formation imposé par l'employeur, pendant lequel le salarié était soumis aux obligations de son contrat de travail) • 24 oct. 1997, n° 94-45.275 P : *D. 1997. IR 241 ; JCP 1998. II. 10004, note Corrignan-Carsin ; Dr. soc. 1997. 1092, note Roy-Loustaunau ; RJS 1997. 821, n° 1334 ; CSB 1997. 326, S. 183* (après une période de formation de 6 semaines pour un salarié en contrat de qualification). ♦ Lorsqu'une période d'essai est stipulée postérieurement au commencement de l'exécution du contrat, la durée ainsi exécutée est déduite de la durée de l'essai. • Soc. 28 juin 2000, n° 98-43.835 P : *D. 2000. IR 202 ; RJS 2000. 613, n° 892 ; Dr. soc. 2000. 1011, obs. Roy-Loustaunau.* ♦ Les juges doivent rechercher, notamment lorsque les circonstances n'ont pas permis au salarié de prendre ses fonctions à la date initialement prévue, si le contrat n'a pas reçu un début d'exécution. • Soc. 18 juin 1996, n° 94-42.997 P. (le défaut d'exécution de l'essai, justifiant le report de son point de départ, n'est pas établi en présence d'un certificat de travail indiquant que le salarié a été employé dès la date d'effet du contrat de travail).

2. Stage. En constatant que le stage initial effectué par le salarié se plaçait dans une phase probatoire, de sorte que les deux parties pouvaient mettre fin au contrat, les juges du fond ont pu estimer, par une interprétation de la volonté des parties, que le stage était assimilable à la période d'essai. • Soc. 29 nov. 1978 : *Bull. civ. V, n° 806.* ♦ V. aussi : • Soc. 4 mars 1970 : *Bull. civ. V, n° 157* • 8 janv. 1997 : *ibid., n° 9 ; RJS 1997. 87, n° 121.* ♦ *Contra* : • Soc. 13 déc. 1989 : *Bull. civ. V, n° 711* (stage prévu en vue de titularisation). ♦ V. également : • Soc. 5 mai 2004, n° 01-47.071 P : *Dr. soc. 2004. 787, obs. Roy-Loustaunau ; RJS 2004. 541, n° 790* (stage auquel s'applique les modes de rupture prévus par la convention collective).

3. Les dispositions d'une convention collective qui réservent aux parties une faculté réciproque de résiliation en cours de stage instituent une période d'essai. • Soc. 11 mai 2005 : *Dr. soc. 2005. 920, obs. Mouly ; RJS 2005. 528, n° 722.*

4. Test professionnel. Un test professionnel se distingue d'une période d'essai par le fait que l'intéressé n'est pas placé dans des conditions normales d'emploi. • Soc. 4 janv. 2000, n° 97-41.154 P : *D. 2000. IR 27 ; Dr. soc. 2000. 550, obs. Mouly ; RJS 2000. 103, n° 145 ; CSB 2000. 456, A. 12, obs. Pansier* (conduite d'un car vide de passagers, en présence du chauffeur habituel, pendant quelques heures seulement durant deux mois).

5. Changement de fonctions. Une période probatoire en vue d'une promotion professionnelle en cours d'exécution du contrat de travail ne constitue pas une période d'essai. • Soc. 25 avr. 2001 : *Dr. soc. 2001. 756, obs. Roy-Loustaunau .* ♦ Même si, d'un commun accord, de nouvelles fonctions ont été attribuées à un salarié, aucune période d'essai ne peut lui être imposée. • Soc. 26 mai 1998, n° 96-40.536 P : *RJS 1998. 533, n° 821.* ♦ *Contra* : • Soc. 17 mai 1982 : *Cah. prud'h. 1982. 168.* ♦ Comp. : • Bourges, 26 févr. 1988 : *D. 1989. 202, note Mouly.*

6. Période probatoire. Si l'employeur peut assortir sa décision d'affectation d'un salarié à un nouveau poste de travail emportant modification du contrat de travail d'une période probatoire, une telle condition requiert l'accord exprès du salarié. • Soc. 16 mai 2012 : *Dalloz actualité, 7 juin 2012, obs. Siro ; D. 2012. Actu. 1408 ; RJS 2012. 530, n° 609 ; JCP S 2012. 1309, obs. Cailloux-Meurice* • Soc. 16 mai 2012 : *ibid.* ♦ Si, en cours de contrat, les parties peuvent convenir, à l'occasion d'un changement d'emploi, d'une période probatoire, la rupture de celle-ci ne peut concerner le contrat de travail et a pour effet de replacer le salarié dans ses fonctions antérieures. • Soc. 30 mars 2005, n° 02-46.103 P : *D. 2005. IR 986, obs. Chevrier ; JCP S 2005. 1369, note Carsin ; Dr. soc. 2005. 810, obs. Mouly ; JS Lamy, n° 167-4.*

7. Période d'essai et période probatoire. En présence d'un avenant stipulant une période probatoire pour l'exercice de nouvelles fonctions, la période d'essai prévue au contrat initial prend nécessairement fin. • Soc. 20 oct. 2010 : *Dalloz actualité, 22 nov. 2010, obs. Ines ; D. 2011. Pan. 1246, obs. Peskine ; JCP S 2010. 1507, obs. Puigelier.*

8. Dès lors qu'un salarié a successivement bénéficié de deux contrats, le second comportant une période d'essai, la volonté claire et non équivoque de renoncer aux garanties légales attachées à l'existence du contrat initial ne peut être déduite de l'acceptation du second contrat. • Soc. 16 juill. 1987 : *Bull. civ. V, n° 484.* ♦ Lorsqu'un salarié a été embauché à plusieurs reprises en contrat à durée déterminée pour exercer les mêmes fonctions, les juges peuvent, pour décider que la clause prévoyant une période d'essai est abusive, tenir compte de l'ancienneté du salarié et considérer que l'employeur connaissait les aptitudes du salarié. • Soc. 7 mars 2000, n° 98-40.198 P : *Dr. soc. 2000. 552, obs. Mouly ; RJS 2000. 268, n° 370* (contrats successifs signés par une société agissant en qualité de mandataire de divers employeurs d'un même salarié). ♦ En relevant que les deux sociétés étaient coemployeurs du salarié qui était passé de l'une à l'autre sans qu'un changement soit apporté à ses fonctions, une cour d'appel a pu décider que c'est le même contrat de travail qui s'était poursuivi et qu'aucune période d'essai ne pouvait être opposée au salarié. • Soc. 22 janv. 1997, n° 93-43.742 P : *RJS 1997. 165, n° 247.*

9. En présence de deux contrats de travail successifs conclus entre les mêmes parties, ou en présence d'un avenant au premier contrat, la période d'essai stipulée dans le second contrat ou dans l'avenant ne peut être qu'une période probatoire dont la rupture a pour effet de replacer le salarié dans ses fonctions antérieures. • Soc. 30 mars 2005, n° 03-41.797 P. ♦ En revanche, lorsqu'un salarié a démissionné d'une société d'un groupe pour conclure un contrat de travail avec une autre société du même groupe, une période d'essai peut être prévue par le second contrat de travail puisqu'il s'agit de personnes morales distinctes. • Soc. 20 oct. 2010 : *D. 2010. AJ 2652 ; D. 2011. Pan. 1246, obs. Peskine ; JCP S 2011. 1041, obs. Barège.*

10. Un contrat de travail peut être assorti d'une période d'essai, alors même que le salarié vient de recevoir une formation dans la même entreprise dans le cadre d'un contrat d'apprentissage. • Soc. 4 mars 1992, n° 88-44.217 P : *D. 1992. Somm. 289, obs. A. Lyon-Caen ; RJS 1992. 237, n° 403.* ♦ Quelle que soit la nature des liens juridiques ayant existé entre les parties à la date de signature de l'engagement à durée indéterminée, il ne leur était pas légalement interdit de convenir d'une période d'essai dans le cadre d'une novation de leurs rapports contractuels. • Soc. 28 juin 1989 : *D. 1990. 297, note Mouly .* – V. aussi : • Soc. 29 mai 1991 : *RJS 1991. 425, n° 810* • 17 mars 1993 : *CSB 1993. 133, A. 30.* ♦ Mais une cour d'appel, qui fait ressortir que la conclusion d'un contrat à durée indéterminée avec une période d'essai n'a pour objet que d'éluder les conséquences légales de la situation née de la poursuite du contrat à durée déterminée, décide à bon droit que la rupture n'est pas intervenue au cours d'une période d'essai. • Soc. 12 avr. 1995 : *RJS 1995. 333, n° 495.*

11. Rétrogradation. L'employeur ne saurait imposer à un salarié rétrogradé dans un emploi différent une période d'essai pour cet emploi. • Soc. 17 févr. 1993, n° 88-45.539 P : *D. 1993. 618, note Mouly ; Dr. soc. 1993. 381 ; RJS 1993. 239, n° 394 ; CSB 1993. 105, A. 26.*

Art. L. 1221-21 La période d'essai peut être renouvelée une fois si un accord de branche étendu le prévoit. Cet accord fixe les conditions et les durées de renouvellement.

La durée de la période d'essai, renouvellement compris, ne peut pas dépasser :

1° Quatre mois pour les ouvriers et employés ;

2° Six mois pour les agents de maîtrise et techniciens ;

3° Huit mois pour les cadres.

COMMENTAIRE

V. Dalloz.fr et applications mobiles Dalloz.

[Jurisprudence antérieure à la loi du 25 juin 2008]

1. Disposition contractuelle ou conventionnelle. La possibilité de prolonger ou renouveler la période d'essai doit être expressément prévue par le contrat de travail ou la convention collective. • Soc. 10 nov. 1998, n° 96-41.579 P : *RJS 1998. 881, n° 1442.* ♦ Lorsque la convention collective ne prévoit pas la possibilité de renouveler la période d'essai, la clause du contrat de travail prévoyant son éventuel renouvellement est nulle quand bien même la durée totale de la période d'essai renouvelée n'excèderait pas la durée maximale prévue par la convention collective. • Soc. 25 févr. 2009 : *RJS 2009. 361, n° 410 ; JCP S 2009. 1158, obs. Mouly.*

2. Accord exprès. ♦ Le renouvellement de la période d'essai ne pouvant résulter que d'un accord exprès des parties, intervenu au cours de la période initiale, celles-ci ne sauraient convenir d'un renouvellement ou d'une reconduction tacite. • Soc. 10 janv. 2001 : *D. 2001. IR 428 ; RJS 2001. 206, n° 280.* ♦ La volonté de prolonger ou renouveler la période d'essai ne peut être déduite de la seule apposition par le salarié de sa signature sur un document établi par l'employeur. • Soc. 25 nov. 2009 : *D. 2009. AJ 2937 ; RJS 2010. 117, n° 142 ; JS Lamy 2010, n° 269-5.* ♦ Si le contrat de travail ne prévoit qu'un seul renouvellement, les parties ne peuvent convenir ultérieurement d'un second renouvellement. • Soc. 6 avr. 1999, n° 97-41.266 P : *D. 1999. IR 115 ; Dr. soc. 1999. 629, obs. Gauriau ; RJS 1999. 396, n° 627.* ♦ Comp., sur la validité d'un accord exprès des parties intervenu au cours de la période initiale. • Soc. 23 janv. 1997, n° 94-44.357 P : *D. 1998. 170, note Puigelier ; Dr. soc. 1997. 311, obs. C. R. ; RJS 1997. 166, n° 248.* ♦ L'acceptation par le salarié du renouvellement de l'essai postérieurement à ce renouvellement n'a pu faire obstacle à l'engagement définitif à l'issue de la période d'essai. • Soc. 28 févr. 1990 : *Liaisons soc. Lég. soc. n° 6361, 13.* ♦ Il n'est pas possible de prévoir dès la conclusion du contrat le renouvellement de la période d'essai lorsque la convention collective ne prévoit que la faculté de renouvellement en avertissant le salarié à l'expiration de la première période. • Soc. 31 oct. 1989 : *Bull. civ. V, n° 632* • 19 juill. 1994 : *RJS 1994. 573, n° 964* • 22 mai 1996 : *RJS 1996. 498, n° 767* • 17 juill. 1996 : *RJS 1996. 574, n° 889.* ♦ Est nulle la clause prévoyant le renouvellement de la période d'essai dans la mesure où elle est moins favorable que la convention collective qui ne prévoit pas une telle possibilité. • Soc. 30 mars 1995, n° 91-44.079 P : *D. 1995. IR 112 ; Dr. soc. 1995. 502 ; RJS 1995. 571, n° 863.* – Dans le même sens : • Soc. 7 nov. 1995 : *RJS 1995. 785, n° 1223.* • 2 juill. 2008 : *D. 2008. AJ 2084 ; RJS 2008. 789, n° 954* ♦ Est illicite la prorogation de la période d'essai pour une durée de trois mois, alors que la convention collective n'envisageait qu'une prorogation d'un mois. • Soc. 23 janv. 1992, n° 88-45.259 P : *D. 1992. IR 76 ; RJS 1992. 156, n° 245 ; CSB 1992. 81, S. 45.*

3. Sanctions. Si l'employeur ne respecte pas les modalités prévues pour le renouvellement de la période d'essai, il en résulte que l'engagement du salarié devient définitif à l'issue de la première période. • Soc. 31 janv. 1995, n° 91-42.862 P : *RJS 1995. 153, n° 203* (notification par écrit des motifs du renouvellement). ♦ Sur le respect des modalités prévues pour le renouvellement, V. aussi : • Soc. 19 janv. 1994, n° 90-42.994 P. (notification par l'employeur de la prolongation). • 23 janv. 1997, n° 94-44.357 P : *D. 1998. 170, note Puigelier* (accord exprès des parties). • 30 janv. 1991, n° 87-42.912 P : *D. 1992. IR 124* (justification de l'existence de circonstances exceptionnelles). ♦ L'acceptation de la prolongation de la période d'essai, qui doit être claire et non équivoque, ne peut résulter de l'absence de réserves du salarié sur le contenu de la lettre l'avisant de cette prorogation. • Soc. 5 mars 1996 : *RJS 1996. 225, n° 373.* ♦ Elle ne saurait non plus résulter de la seule poursuite du travail. • Soc. 23 mars 1989, n° 86-41.102 P.

• 7 févr. 1990 : *JS UIMM 1990. 174* • 22 oct. 1997 : *RJS 1997. 821, n° 1335.*

4. Règlement transactionnel. A l'expiration de la période d'essai, les parties se trouvant liées par un contrat à durée indéterminée, une transaction visant à rouvrir rétroactivement et artificiellement une nouvelle période d'essai est nulle pour objet illicite, comme visant à faire échec aux règles d'ordre public régissant le licenciement. • Soc. 18 juin 1996, n° 92-44.729 P : *RJS 1996. 665, n° 1045 ; CSB 1996. 262.*

5. Conformité au droit international. V. notes ss. art. L. 1221-19.

Art. L. 1221-22 **Les durées des périodes d'essai fixées par les articles L. 1221-19 et L. 1221-21 ont un caractère impératif, à l'exception :**

– de durées plus longues fixées par les accords de branche conclus avant la date de publication de la loi n° 2008-596 du 25 juin 2008 portant modernisation du marché du travail ;

– de durées plus courtes fixées par des accords collectifs conclus après la date de publication de la loi n° 2008-596 du 25 juin 2008 précitée ;

– de durées plus courtes fixées dans la lettre d'engagement ou le contrat de travail.

COMMENTAIRE

V. Dalloz.fr et applications mobiles Dalloz.

Durée conventionnelle supérieure. Est déclaré non conforme aux exigences de la convention n° 158 de l'OIT l'article d'une convention collective fixant à douze mois la période de stage probatoire de certains de ses agents engagés par contrat à durée indéterminée. • Soc. 4 juin 2009 : *R., p. 324 ; D. 2010. Pan. 342, obs. Mazuyer ; RDT 2009. 579, obs. Tournaux ; RJS 2009. 617, n° 679 ; JCP S 2009. 1335, note Mouly ; Dr. ouvrier 2009. 607, obs. Bizot ; Sem. soc. Lamy 2009, n° 1406, p. 11.* ♦ De même est déraisonnable, au regard de la finalité de la période d'essai et de l'exclusion des règles de licenciement durant cette période, une période d'essai dont la durée, renouvellement inclus, atteint un an. • Soc. 11 janv. 2012 : *Dalloz actualité, 3 févr. 2012, obs. Siro ; D. 2012. Actu. 226 ; D. 2013. Pan. 1026, obs. Porta ; RDT 2012. 150, obs. Tournaux ; Dr. soc. 2012. 321, obs. Mouly ; RJS 2012. 179, n° 207 ; JS Lamy 2012, n° 316-4, obs. Tourreil ; Dr. ouvrier 2012. 508, obs. Bod ; JCP S 2012. 1429, obs. Drai.* ♦ V. aussi : • Soc. 27 mars 2013 : *D. 2013. Actu. 926 .* ♦ Une période d'essai dont la durée est de six mois. • Soc. 10 mai 2012 : *Dalloz actualité, 25 mai 2012, obs. Siro ; D. 2012. Actu. 1341 ; D. 2013. Pan. 1026, obs. Porta et Lokiec ; RJS 2012. 529, n° 608.*

Art. L. 1221-23 **La période d'essai et la possibilité de la renouveler ne se présument pas. Elles sont expressément stipulées dans la lettre d'engagement ou le contrat de travail.**

COMMENTAIRE

V. Dalloz.fr et applications mobiles Dalloz.

[Jurisprudence antérieure à la loi du 25 juin 2008]

1. Clause contractuelle. Une période d'essai ne se présume pas et doit être fixée dans son principe et dans sa durée, dès l'engagement du salarié. • Soc. 19 févr. 1997, n° 93-44.053 P : *D. 1997. IR 70* (inopposabilité au salarié de la période d'essai mentionnée dans la lettre d'engagement adressée quinze jours après son recrutement).

2. Clause conventionnelle. Lorsque le contrat de travail ne fait pas mention de l'existence d'une période d'essai, l'employeur ne peut se prévaloir de la période d'essai instituée de manière obligatoire par la convention collective que si le salarié a été informé, au moment de son engagement, de l'existence d'une convention collective et mis en mesure d'en prendre connaissance. • Soc. 29 mars 1995, n° 91-44.562 P : *D. 1996. 127, note Pignarre ; Dr. soc. 1995. 454, rapp. Desjardins ; RJS 1995. 537, n° 538 ; JCP 1996. I. 3899, n° 4, obs. Cesaro* • 23 avr. 1997, n° 94-42.525 P : *Dr. soc. 1997. 641, obs. Couturier ; RJS 1997. 427, n° 648 (1re esp.)* • 15 sept. 2010 : *Dalloz actualité 28 sept. 2010, obs. Siro ; RJS 2010. 748, n° 828 ; JS Lamy 2010, n° 287-41, obs. Gardair-Rérolle.* ♦ En cas d'absence de contrat écrit, l'employeur ne peut se prévaloir de l'existence d'une période d'essai que si celle-ci est instituée de façon obligatoire par la convention collective, si la disposition conventionnelle se suffit à elle-même et si le salarié a été informé de l'existence de cette convention collective au moment de son engagement et mis en mesure d'en prendre connaissance. • Soc. 25 mars 1998, n° 96-40.496 P : *D. 1998. IR 107 ; RJS 1998. 366, n° 561* • 1er févr. 2000 : *RJS 2000. 172, n° 246.* ♦ Sont insuffisants à cet égard : la mention de la convention collective sur le bulletin de paie. • Soc. 29 mars 1995, n° 91-44.562 P : *D. 1995. 127, note Pignarre*. ♦ ... Le fait que la convention collective a été tenue en permanence à la disposition des salariés. • Paris, 6 juill. 1995 : *D. 1995. IR 210.*

3. Lorsque la convention collective prévoit que la période d'essai doit figurer dans la lettre d'engagement, elle ne peut être opposée au salarié en l'absence de contrat écrit entre les parties. • Soc. 27 oct. 1999, n° 97-44.017 P : *RJS 1999. 836, n° 1434* • 27 mars 1996 : *RJS 1996. 326, n° 510* • 11 déc. 1991, n° 88-41.638 P : *RJS 1992. 93, n° 117 (1re esp.).* ♦ Comp. • Soc. 30 oct. 1991, n° 88-43.158 P : *D. 1991. IR 273 ; RJS 1991. 696, n° 1285.* ♦ ... Ou lorsque le contrat se borne à mentionner la convention collective applicable. • Soc. 4 mars 1992, n° 88-45.049 P. • 18 mars 1992 : *Bull. civ. V, n° 190.*

4. La validité de la clause fixant la durée de l'essai doit s'apprécier à la date de sa conclusion et en se référant à la convention collective mentionnée dans le contrat de travail, peu important qu'il soit ultérieurement établi que cette convention n'était pas celle appliquée dans l'entreprise. • Soc. 16 mai 2012 : *Dalloz actualité, 20 juin 2012, obs. Ines ; Dr. soc. 2012. 745, obs. Mouly ; RJS 2012. 591, n° 671.*

5. Usage et document de l'entreprise. Une période d'essai ne peut être instituée par un usage, elle ne peut résulter que du contrat de travail ou de la convention collective. • Soc. 23 nov. 1999, n° 97-43.022 P : *D. 2000. IR 3 ; RJS 2000. 22, n° 7 ; Dr. soc. 2000. 204, obs. Mouly ; JCP E 2000. 709, note Puigelier.* ♦ Un document interne à l'entreprise, lequel n'a pas la valeur d'une convention collective, ne peut rendre une période d'essai de plein droit applicable en l'absence de contrat écrit. • Soc. 26 juin 2001 : *RJS 2001. 678, n° 981.*

Art. L. 1221-24 **En cas d'embauche dans l'entreprise** *(L. n° 2011-893 du 28 juill. 2011, art. 28)* **« dans les trois mois suivant l'issue » du stage intégré à un cursus pédagogique réalisé lors de la dernière année d'études, la durée de ce stage est déduite de la période d'essai, sans que cela ait pour effet de réduire cette dernière de plus de la moitié, sauf accord collectif prévoyant des stipulations plus favorables.** *(L. n° 2011-893 du 28 juill. 2011, art. 28)* **« Lorsque cette embauche est effectuée dans un emploi en correspondance avec les activités qui avaient été confiées au stagiaire, la durée du stage est déduite intégralement de la période d'essai.**

« Lorsque le stagiaire est embauché par l'entreprise à l'issue d'un stage d'une durée supérieure à deux mois, au sens de l'article *(L. n° 2014-788 du 10 juill. 2014, art. 4)* **« L. 124-6 » du code de l'éducation, la durée de ce stage est prise en compte pour l'ouverture et le calcul des droits liés à l'ancienneté. »**

Art. L. 1221-25 **Lorsqu'il est mis fin, par l'employeur, au contrat en cours ou au terme de la période d'essai définie aux articles L. 1221-19 à L. 1221-24 ou à l'article L. 1242-10 pour les contrats stipulant une période d'essai d'au moins une semaine, le salarié est prévenu dans un délai qui ne peut être inférieur à :**

1° Vingt-quatre heures en deçà de huit jours de présence ;

2° Quarante-huit heures entre huit jours et un mois de présence ;

3° Deux semaines après un mois de présence ;

4° Un mois après trois mois de présence.

La période d'essai, renouvellement inclus, ne peut être prolongée du fait de la durée du délai de prévenance.

(Ord. n° 2014-699 du 26 juin 2014, art. 19) **« Lorsque le délai de prévenance n'a pas été respecté, son inexécution ouvre droit pour le salarié, sauf s'il a commis une faute grave, à une indemnité compensatrice. Cette indemnité est égale au montant des salaires et avantages que le salarié aurait perçus s'il avait accompli son travail jusqu'à l'expiration du délai de prévenance, indemnité compensatrice de congés payés comprise. »**

COMMENTAIRE

V. Dalloz.fr et applications mobiles Dalloz. ❑

A. MODALITÉS

1. Forme de la rupture. Bien que l'essai ait été renouvelé par écrit, l'employeur peut notifier verbalement au salarié la rupture du contrat. • Soc. 25 mai 1989, n° 85-43.903 P : *D. 1989. IR 197.* ♦ Dans le même sens : • Soc. 25 oct. 1994 : *Dr. soc. 1995. 51*. ♦ La lettre par laquelle l'employeur notifie au salarié que le contrat sera rompu en cas de refus par celui-ci de prolonger l'essai ne vaut pas par elle-même notification de la rupture. • Soc. 5 juin 1996 : *RJS 1996. 498, n° 768.* ♦ En application du principe selon lequel nul ne peut se constituer de preuve à lui-même, la preuve que la période d'essai a été rompue avant son expiration ne peut résulter d'une attestation établie par un représentant légal de l'employeur. • Soc. 11 mai 1999 : *RJS 1999. 516, n° 845.* ♦ La rupture doit être explicite et il ne peut être convenu que le contrat prendra fin du seul fait de l'arrivée à son terme de l'essai. • Soc. 13 nov. 1996, n° 93-44.052 P : *D. 1996. IR 262 ; CSB 1997. 20, S. 4 ; RJS 1996. 802, n° 1232.* ♦ La procédure disciplinaire s'applique lorsque l'employeur met fin à la période d'essai, en invoquant un motif disciplinaire. • Soc. 10 mars 2004, n° 01-44.750 P : *D. 2004. 2189, obs. Géniaut ; Dr. soc. 2004. 733, note Dubertret ; JCP E 2004. 1064, note Corrignan-Carsin ; RJS 2004. 453, n° 646.*

2. Moment de la rupture. La rupture du contrat de travail avant l'échéance du terme de la période d'essai ne s'analyse pas en un licenciement, peu important le non-respect par l'employeur du délai de prévenance. • Soc. 23 janv. 2013 : *Dalloz actualité, 29 janv. 2013, obs. Perrin ; D. 2013. Actu. 313 ; D. 2013. Pan. 1026, obs. Porta ; Dr. soc. 2013. 275, note Mouly ; RJS 4/2013, n° 251 ; JS Lamy 2013, n° 339-2 ; JCP S 2013. 1108, obs. Corrignan-Carsin* • 26 mai 1983 : *Bull. civ. V, n° 280.* ♦ La date de la rupture est celle de la notification et non la date de la lettre annonçant la rupture. • Soc. 16 nov. 1993, n° 88-45.383 P : *Dr. soc. 1994. 41 ; RJS 1994. 107, n° 128.* ♦ V. aussi : • Soc. 5 juin 1996 : *RJS 1996. 498, n° 768* • 11 mai 2005 : *D. 2006. 701, note Reynès ; Dr. soc. 2005. 920, obs. Mouly ; Dr. ouvrier 2005. A. 65, obs. Pansier ; CSB 2005, A. 65, obs. Pansier ; JS Lamy 2005, n° 170-2* (jour de l'envoi de la lettre recommandée avec demande d'avis de réception notifiant la rupture) • 26 sept. 2006 : *D. 2007. Pan. 688, obs. Leclerc ; Dr. soc. 2006. 1193, obs. Savatier .* ♦ Comp. : • Soc. 17 oct. 2000, n° 98-42.581 P : *D. 2000. IR 304 ; RJS 2000. 804, n° 1240* (la date de la rupture est la date de la présentation de la lettre recommandée à son destinataire).

3. Délai de prévenance légal et délai de prévenance contractuel. Pour rompre la période d'essai, l'employeur doit respecter le délai de prévenance prévu au contrat si celui-ci est plus favorable. • Soc. 15 avr. 2016, n° 15-12.588 : *RJS 7/2016, n° 471.*

4. Dépassement du terme de l'essai. La poursuite de la relation de travail au-delà du terme de l'essai donne naissance à un nouveau contrat de travail à durée indéterminée qui ne peut être rompu à l'initiative de l'employeur que par un licenciement, même lorsque l'employeur a rompu l'essai avant son terme mais qu'il a laissé le salarié exécuter son préavis au-delà de la durée maximale. • Soc. 5 nov. 2014 : *D. 2014. Actu. 2308 ; Dr. soc. 2015. 181, note Mouly ; RJS 1/2015, n° 1.*

5. Dépassement du terme de l'essai et dispense de préavis. Dès lors que l'employeur rompt la période d'essai avant son terme en dispensant le salarié d'exécuter son préavis, peu importe que la fin de de ce préavis soit située après la date de fin de la période d'essai. • Soc. 16 sept. 2015, n° 14-16.713 P : *Dalloz actualité, 16 oct. 2015, obs. Fraisse ; RJS 11/2015, n° 693 ; JS Lamy 2015, n° 397-3, obs. Lhernould.*

6. Information du salarié. La volonté de rupture de l'employeur ne peut produire effet qu'à partir du moment où elle a été portée à la connaissance du salarié ; dès lors n'est pas régulière la rupture notifiée par lettre recommandée reçue par le salarié après l'expiration de la période d'essai. • Soc. 14 mars 1995, n° 91-43.658 P : *D. 1995. IR 86 ; RJS 1995. 501, n° 756.* ♦ Dans le même sens : • Soc. 27 mars 1996 : *RJS 1996. 327, n° 511* • 20 nov. 1996, n° 94-41.533 P : *Dr. soc. 1997. 193 ; RJS 1997. 17, n° 1* (lettre de rupture postée avant l'expiration de l'essai mais parvenue au salarié après cette date). ♦ Lorsqu'une convention collective prévoit un préavis pouvant être signifié jusqu'au dernier jour de la période d'essai, la durée de ce préavis ne doit pas nécessairement s'insérer dans la période d'essai et prendre fin avant le terme de celle-ci. • Soc. 31 oct. 1989 : *RJS 1990. 11, n° 4* • 15 mars 1995, n° 91-43.642 P : *RJS 1995. 243, n° 353.*

B. CONDITIONS

7. Caractère discrétionnaire. La décision de l'employeur a un caractère discrétionnaire. • Soc. 22 oct. 1981 : *Bull. civ. V, n° 814.* ♦ La rupture intervenant pendant une période d'essai, l'employeur, qui n'est pas tenu de se prévaloir d'une cause réelle et sérieuse, n'a pas à justifier de l'existence d'une incapacité professionnelle. • Soc. 13 nov. 1985 : *Bull. civ. V, n° 526.* ♦ Les règles du licenciement économique ne s'appliquent pas. • Soc. 2 juin 1981 : *D. 1982. 206, note Mouly.*

8. Abus. Si l'employeur peut discrétionnairement mettre fin aux relations contractuelles avant la fin de l'essai, ce n'est que sous réserve de ne pas faire dégénérer ce droit en abus. • Soc. 6 déc. 1995, n° 92-41.398 P : *D. 1996. IR 11 ; JCP 1996. II. 22671, note Puigelier ; RJS 1996. 575, n° 891.* ♦ La résiliation du contrat de travail intervenue au cours de la période d'essai pour un motif non inhérent à la personne du salarié est abusive. • Soc. 20 nov. 2007 : *RDT 2008. 29, obs. Pélissier .* ♦ Dès lors qu'il est dûment établi que la résiliation d'un contrat de travail est intervenue au cours de la période d'essai pour un motif sans rapport avec l'appréciation des qualités professionnelles du salarié, l'employeur commet un abus dans l'exercice de son droit de résiliation. • Soc. 10 déc. 2008 : *D. 2009. 1062, note Mouly ; RJS 2009. 113,* *n° 132 ; Dr. soc. 2009. 235, obs. Couturier* ; *JS Lamy 2009, n° 247-3 ; JCP S 2009. 1123, obs. Everaert-Dumont.* ♦ La rupture opérée par l'employeur peut avoir un caractère fautif lorsque l'intention de nuire ou la légèreté blâmable sont établies. • Soc. 29 mai 1979 : *D. 1980. IR 23, obs. Langlois* • 26 mai 1983 : *Bull. civ. V, n° 280* • 28 nov. 1985 : *ibid., n° 566* • 5 mars 1987 : *ibid., n° 111* • 18 juin 1996 : *ibid., n° 247 ; JCP 1996. II. 22739, note Puigelier ; RJS 1996. 575, n° 891* (rupture pendant une suspension de l'essai pour maladie et avant un renouvellement déjà décidé, en raison de la qualité du remplaçant). ♦ ... Ou le détournement d'objet. • Soc. 5 oct. 1993, n° 90-43.780 P : *D. 1994. Somm. 304, obs. A. Lyon-Caen* ; *RJS 1993. 637, n° 1068 ; CSB 1993. 311, S. 155* (intention établie de l'employeur dès l'origine de limiter l'emploi à la durée de l'essai). – V. aussi • Soc. 9 oct. 1996 : *Dr. soc. 1996. 1099, obs. Couturier* ; *RJS 1996. 745, n° 1148 ; CSB 1996. 328, S. 139.* ♦ Est abusive la rupture faisant suite à une demande d'explication du salarié. • Soc. 7 janv. 1988 : *Bull. civ. V, n° 13 ; D. 1989. Somm. 167, obs. Fieschi-Vivet.* ♦ ... Ou intervenue une semaine après le début des relations contractuelles alors que le salarié, âgé de 45 ans, venait de démissionner de son emploi précédent, effectuait un stage d'adaptation aux techniques de la société et n'avait pas encore été mis en mesure d'exercer les fonctions qui lui avaient été attribuées. • Soc. 5 mai 2004, n° 02-41.224 P : *D. 2004. IR 1641* ; *Dr. soc. 2004. 786, obs. Roy-Loustaunau* ; *RJS 2004. 543, n° 792.*

9. Est également fautive la rupture intervenue avant que le salarié n'entre en fonction, sous le prétexte d'une compression des effectifs. • Soc. 12 mars 1970 : *JCP 1970. II. 16548, note Groutel.* ♦ ... Ou pour des motifs étrangers aux résultats de l'essai. • Soc. 17 mars 1971 : *Bull. civ. V, n° 216 ; GADT, 4e éd., n° 42* (mariage du salarié). ♦ ... Ou pour des motifs connus antérieurement au début de la période d'essai (refus d'une clause du contrat de travail). • Soc. 6 déc. 1995, n° 92-41.398 P : *D. 1996. IR 11* • 27 nov. 1990, n° 87-41.749 P : *D. 1990. IR 297* (interdiction de chéquier). ♦ ... Ou lorsque l'employeur agit avec une précipitation inhabituelle et sans que le salarié, en raison des difficultés matérielles rencontrées, ait pu exercer normalement sa profession et ait été mis en situation de donner la preuve de sa capacité. • Soc. 2 févr. 1994 : *D. 1995. 550, note Przemyski-Zajac* • 6 déc. 1995 : *préc.* (brièveté du temps d'exécution de l'essai) • 17 juill. 1996, n° 93-46.494 P : *RJS 1996. 576, n° 892* (rupture 4 jours après avoir jugé le salarié apte à un emploi de qualification supérieure).

10. Le fait de ne pas avoir remplacé le salarié dont la période d'essai a été rompue ne caractérise pas, à lui seul, un abus du droit de tout employeur de mettre fin à l'essai. • Soc. 30 sept. 1992, n° 89-41.820 P : *D. 1992. IR 253 ; RJS 1992. 673, n° 1225.*

Sur le caractère fautif de la rupture à l'initiative du salarié, V. • Soc. 9 mai 1979 : *Bull. civ. V, n° 392 ; D. 1980. IR 30, obs. Langlois.*

11. Il appartient aux juges du fond d'indemniser le préjudice résultant de la rupture abusive de la période d'essai du fait de l'inexécution de ses obligations par l'employeur. • Soc. 7 févr. 2012 : *Dalloz actualité, 2 mars 2012, obs. Fleuriot ; D. 2013. Pan. 1026, obs. Porta* ; *RJS 2012. 269, n° 295 ; JCP S 2012. 1177, obs. Puigelier.*

12. *Femmes enceintes.* Les dispositions de l'art. L. 122-25-2 C. trav. [L. 1225-4 nouv.] relatives aux femmes en état de grossesse ne sont pas applicables pendant la période d'essai. • Soc. 2 févr. 1983 : *Bull. civ. V, n° 74 ; D. 1984. IR 168, obs. Béraud ; JCP 1984. II. 20176, note Montredon et Pansier.* ♦ Mais si la résiliation du contrat de travail d'une salariée enceinte est possible pendant la période d'essai, c'est à condition qu'elle ne soit pas motivée par son état, en violation des dispositions de l'art. L. 122-25-2 [L. 1225-4 nouv.] qui interdit à l'employeur de prendre en considération l'état de grossesse d'une femme pour résilier son contrat au cours de la période d'essai ; lorsque la salariée démontre que la rupture est intervenue en raison de sa grossesse pendant la période d'essai, elle a droit aux dommages-intérêts prévus à l'art. L. 122-30, al. 1er, [L. 1225-71 nouv.] mais elle ne peut prétendre au paiement des salaires prévus à l'art. L. 122-30, al. 2, [L. 1225-71 nouv.] qui ne sanctionne que la violation des dispositions de l'art. L. 122-25-3 [L. 1225-16 nouv.]. • Soc. 15 janv. 1997, n° 94-43.755 P : *RJS 1997. 97, n° 138 ; CSB 1997. 109, A. 23.*

13. *Accidentés du travail.* Même intervenue pendant la période d'essai, la résiliation du contrat, prononcée pendant la période de suspension provoquée par un accident, est nulle en raison de l'origine professionnelle de l'accident. • Soc. 19 avr. 1989, n° 86-44.656 P : *D. 1990. 8, note Puigelier* ; *JCP 1990. II. 21499, note Mouly.* – Dans le même sens : • Soc. 25 févr. 1997, n° 93-40.185 P : *D. 1997. IR 75* • 12 mai 2004, n° 02-44.325 P : *D. 2004. IR 1770* ; *RJS 2004. 552, n° 808 ; JS Lamy 2004, n° 147-3.*

14. *Procédure disciplinaire.* L'employeur qui rompt la période d'essai en raison des fautes commises par le salarié est tenu de respecter les dispositions des art. L. 122-42 s. [L. 1331-2 s. nouv.] • Soc. 10 mars 2004 : *Dr. soc. 2004. 739, obs. Dubertret.*

15. *Motif discriminatoire.* Les dispositions de l'art. L. 122-45 [L. 1333-1 s. nouv.] sont applicables pendant la période d'essai. • Soc. 16 févr. 2005, n° 02-43.402 P : *D. 2005. IR 668* ; *RJS 2005. 339, n° 469 ; JS Lamy 2005, n° 164-2.*

16. *Requalification.* La rupture du contrat de travail prononcée sans énonciation de motif au prétexte d'une période d'essai illicite s'analyse en un licenciement sans cause réelle et sérieuse. • Soc. 31 mars 1998, n° 95-44.889 P. ♦ La rupture requalifiée en licenciement peut être justifiée par une cause réelle et sérieuse si la lettre de rupture est suffisamment motivée par l'employeur. • Soc. 13 déc. 2000 : *RJS 2001. 205, n° 278.*

Art. L. 1221-26 Lorsqu'il est mis fin à la période d'essai par le salarié, celui-ci respecte un délai de prévenance de quarante-huit heures. Ce délai est ramené à vingt-quatre heures si la durée de présence du salarié dans l'entreprise est inférieure à huit jours.

CHAPITRE II **EXÉCUTION ET MODIFICATION DU CONTRAT DE TRAVAIL**

SECTION PREMIÈRE **EXÉCUTION DU CONTRAT DE TRAVAIL**

Art. L. 1222-1 Le contrat de travail est exécuté de bonne foi. – *[Anc. art. L. 120-4.]*

RÉP. TRAV. v° *Contrat de travail (exécution)* par A. MAZEAUD.

BIBL. ► DEL SOL et LEFRANC-HAMONIAUX, *JCP S 2009. 1666* (protection de l'information confidentielle acquise par les salariés et leurs représentants). – GUISLAIN, *JS Lamy 2014, n°s 358-1 et 358-2* (la bonne foi, notion cadre régulatrice des relations de travail). – PLET, *Dr. ouvrier 2005. 98.* – VIGNEAU, *Dr. soc. 2004. 706* (bonne foi et exécution du contrat de travail).

COMMENTAIRE

V. Dalloz.fr et applications mobiles Dalloz.

I. BONNE FOI DE L'EMPLOYEUR

1. Bonne foi et obligation de reclassement. L'employeur, tenu d'exécuter de bonne foi le contrat de travail, a le devoir d'assurer l'adaptation des salariés à l'évolution de leur emploi. • Soc. 25 févr. 1992, n° 89-41.634 P : *D. 1992. Somm. 294, obs. A. Lyon-Caen ; Dr. soc. 1992. 379* • 23 sept. 1992, n° 90-44.466 P : *JCP E 1993. II. 430, note Serret ; Dr. soc. 1992. 922.*

2. Bonne foi et mise en œuvre d'une clause du contrat de travail. • Soc. 23 févr. 2005, n° 04-45.463 P : *GADT, 4e éd., n° 53 ; Dr. soc. 2005. 576, obs. Mouly ; Dr. soc. 2005. 634, chron. Bouaziz et Goulet ; RDC 2005. 761, obs. Radé ; RJS 2005. 342, n° 477.* ♦ V. notes ss. L. 1221-1.

3. Bonne foi et mise à disposition des moyens nécessaires. Caractérise un manquement à l'exécution de bonne foi du contrat de travail l'employeur qui met un salarié dans l'impossibilité de travailler en cessant de le faire bénéficier d'un avantage lié à sa fonction consistant à le faire prendre depuis plus de 10 ans à son domicile par un véhicule de l'entreprise. • Soc. 10 mai 2006 : *D. 2007. Pan. 179, obs. Jeammeaud ; RDT 2006. 7, obs. F. Guiomard ; Dr. soc. 2006. 803, obs. Savatier ; JS Lamy 2006, n° 191-3.* ♦ Sur l'obligation de loyauté dans la conclusion du contrat de travail, V. • Soc. 13 oct. 1993 : *Dr. soc. 1993. 960.*

4. Bonne foi et atteinte à la dignité du salarié. Même ponctuel, et ne constituant donc pas un harcèlement moral, le comportement de l'employeur qui emploie des termes dégradants et humiliants à l'égard d'une salariée constitue une atteinte à sa dignité et justifie la résiliation judiciaire du contrat de travail. • Soc. 7 févr. 2012 : *Dalloz actualité, 1er mars 2012, obs. Astaix ; D. 2012. Actu. 507 ; RDT 2012. 282, obs. Gardes ; RJS 2012. 275, n° 303 ; JS Lamy 2012, n° 319-2, obs. Lhernould ; JCP S 2012. 1273, obs. Leborgne-Ingelaere.*

II. BONNE FOI DU SALARIÉ

5. Régime de l'obligation. L'obligation de bonne foi n'est pas suspendue pendant l'absence du salarié pour maladie. • Soc. 16 juin 1998, n° 96-41.558 P : *JCP 1998. II. 10145, note Corrignan-Carsin ; RJS 1998. 54, n° 843* (départ en vacances en Yougoslavie) • 27 juin 2000, n° 98-40.952 P : *D. 2000. IR 249 ; RJS 2000. 722, n° 1061* • 4 juin 2002, n° 00-40.894 P : *D. 2002. IR 2027 ; RJS 2002. 742, n° 963 ; CSB 2002. 388, A. 52.*

6. Licenciement. Le seul risque d'un conflit d'intérêts ne peut constituer une cause réelle et sérieuse de licenciement dès lors qu'aucun manquement du salarié à l'obligation contractuelle de bonne foi n'était caractérisé. • Soc. 21 sept. 2006, n° 05-41.155 P : *RTD civ. 2007. 272, obs. Mestre et Fages ; RDT 2006. 314, obs. Dockès ; D. 2006. 2901, obs. Gaba ; ibid. 2007. Pan., obs. Mathieu-Géniaut ; RJS 2006. 855, n° 1148 ; JS Lamy 2006, n° 198-3.*

7. Les renseignements relatifs à l'état de santé du salarié ne peuvent être confiés qu'au médecin du travail ; aussi, le salarié ne commet aucune faute en ne révélant pas sa qualité de travailleur handicapé avant la notification de son licenciement. • Soc. 7 nov. 2006 : *D. 2006. IR 2873 ; RDT 2007. 116, obs. Véricel ; RJS 2006. 96, n° 119.*

8. Ne commet pas de faute la salariée qui, compte tenu de la mission dont elle était chargée, signale de bonne foi à sa hiérarchie des faits en rapport avec ses attributions. • Soc. 8 nov. 2006, n° 05-41.504 P : *D. 2007. Pan. 686, obs. Leclerc ; RDT 2007. 98, obs. Lévy-Amsallen ; RJS 2006. 41, n° 27 ; Sem. soc. Lamy 2006, n° 1284, p. 12.*

9. Les renseignements relatifs à l'état de santé du salarié ne peuvent être confiés qu'au médecin du travail ; aussi, le salarié ne commet aucune faute en ne révélant pas sa qualité de travailleur handicapé avant la notification de son licenciement. • Soc. 7 nov. 2006 : *D. 2006. IR 2873 ; RDT 2007. 116, obs. Véricel ; RJS 2006. 96, n° 119.*

Art. L. 1222-2 **Les informations demandées, sous quelque forme que ce soit, à un salarié ne peuvent avoir comme finalité que d'apprécier ses aptitudes professionnelles.**

Ces informations doivent présenter un lien direct et nécessaire avec l'évaluation de ses aptitudes.

Le salarié est tenu de répondre de bonne foi à ces demandes d'informations. – *[Anc. art. L. 121-6, V2.]*

COMMENTAIRE

V. Dalloz.fr et applications mobiles Dalloz. ❑

Art. L. 1222-3 **Le salarié est expressément informé, préalablement à leur mise en œuvre, des méthodes et techniques d'évaluation professionnelles mises en œuvre à son égard.**

Les résultats obtenus sont confidentiels.

Les méthodes et techniques d'évaluation des salariés doivent être pertinentes au regard de la finalité poursuivie. – *[Anc. art. L. 121-7, V2.]*

BIBL. ▶ ADAM, *Dr. ouvrier 2008. 855* (évaluation et action collective des salariés). – LUBET et D'ALLENDE, *JCP S 2011. 1240* (évaluation des salariés). – SCIBERRAS et SANDRET, *RDT 2008. Controverse. 498* (à quoi sert l'évaluation des salariés ?).

COMMENTAIRE

V. Dalloz.fr et applications mobiles Dalloz. ❑

1. Les critères d'évaluation des salariés, qui doivent être objectifs et transparents, sont illicites s'ils sont flous, basés sur le comportement du salarié et détachés de toute effectivité du travail accompli alors que l'appréciation des résultats aura un lien avec la rémunération. • TGI Nanterre, 5 sept. 2008 : *D. 2008. 1124, note Lyon-Caen.*

2. Ranking. La mise en œuvre d'un mode d'évaluation des salariés reposant sur la création de groupes affectés de quotas préétablis que les évaluateurs sont tenus de respecter est illicite ; ce qui n'est pas le cas lorsque les quotas ne sont proposés qu'à titre indicatif. • Soc. 27 mars 2013 : *JS Lamy 2013, n° 343-5, obs. Tourreil.*

Art. L. 1222-4 **Aucune information concernant personnellement un salarié ne peut être collectée par un dispositif qui n'a pas été porté préalablement à sa connaissance.** – *[Anc. art. L. 121-8, V2.]*

BIBL. ▶ RAY, *Dr. soc. 2011. 128* (Facebook, le salarié et l'employeur).

COMMENTAIRE

V. Dalloz.fr et applications mobiles Dalloz. ❑

1. Surveillance des salariés. L'employeur a le droit de contrôler et de surveiller l'activité de ses salariés pendant le temps du travail, seul l'emploi de procédé clandestin de surveillance est illicite. • Soc. 14 mars 2000, n° 98-42.090 P : *D. 2000. IR 105 ; CSB 2000. 550, A. 22 ; RJS 2000. 281, n° 386.* ♦ Le contrôle de l'activité d'un salarié, au temps et au lieu de travail, par un service interne à l'entreprise chargé de cette mission ne constitue pas, en soi, même en l'absence d'information préalable du salarié, un mode de preuve illicite. • Soc. 5 nov. 2014 : *Dalloz actualité, 20 nov. 2014, obs. Peyronnet ; Dr. soc. 2015. 81, note Boulmier ; RJS 1/2015, n° 2.* ♦ De même, un audit révélant l'exercice par un salarié d'un pouvoir qui excède ce que sa fonction lui permet ne constitue pas un élément de preuve obtenu par un moyen illicite dans la mesure où, bien que n'ayant pas été informé de la mission confiée par l'employeur à la société d'expertise comptable, le salarié n'avait pas été tenu à l'écart des travaux réalisés dans les locaux de l'entreprise. • Soc. 26 janv. 2016, n° 14-19.002 P : *Dalloz actualité, 8 févr. 2016, obs. Peyronnet ;*

D. 2015. Pan. 811, obs. Porta ; *RJS 4/2016, n° 226 ; Gaz. Pal. 2016. 78, note Frouin ; JCP S 2016. 1141, obs. Dauxerre.* ♦ L'employeur ne peut mettre en œuvre un dispositif de contrôle qui n'a pas été préalablement porté à la connaissance des salariés. • Soc. 22 mai 1995, n° 93-44.078 P : *D. 1995. IR 150 ; RJS 1995. 501, n° 757 ; ibid. 489, concl. Chauvy.* ♦ ... Même s'il ne pouvait être sérieusement prétendu que le salarié ignorait l'existence de caméras vidéo. • Soc. 7 juin 2006 : *D. 2006. IR 1704* ; *RJS 2006. 853, n° 1143 ; JS Lamy 2006, n° 194-3 ; JCP S 2006. 1614, obs. Corrignan-Carsin.* ♦ Une entreprise ne peut ainsi faire appel, à l'insu du personnel, à une société de surveillance extérieure pour procéder au contrôle de l'utilisation par ses salariés des distributeurs de boissons et de sandwiches. • Soc. 15 mai 2001 :, n° 99-42.219 P : *D. 2001. IR 1771* ; *RJS 2001. 578, n° 830* • Soc. 10 janv. 2012 : *D. 2012. Actu. 290* ; *RDT 2012. 223, obs. Gardin* ; *RJS 2012. 182, n° 212 ; Sem. soc. Lamy 2012, n° 1529, p. 11, obs. Stulz ; JCP S 2012. 1122, obs. Loiseau.*

2. Système de surveillance n'ayant pas pour objet le contrôle des salariés. Le système de vidéosurveillance installé par l'employeur dans un entrepôt de marchandises qui n'enregistre pas l'activité de salariés affectés à un poste de travail déterminé peut être retenu comme moyen de preuve de la participation personnelle d'un salarié à des détournements de marchandises. • Soc. 31 janv. 2001 : *D. 2001. Somm. 2169, obs. Paulin* . ♦ Si l'employeur ne peut mettre en œuvre un dispositif de contrôle de l'activité professionnelle qui n'a pas été porté préalablement à la connaissance des salariés, il peut leur opposer les preuves recueillies par les systèmes de surveillance des locaux auxquels ils n'ont pas accès et qui n'ont pas pour objet le contrôle de l'activité des salariés. • Soc. 19 avr. 2005, n° 02-46.295 P : *D. 2005. IR 1248, obs. Chevrier* ; *JCP S 2005. 1032, note Césaro ; JCP E 2005. 1394, obs. Béal et Devaux.*

3. Autocommutateur téléphonique. La simple vérification des relevés de la durée, du coût et des numéros des appels téléphoniques passés à partir de chaque poste édités au moyen de l'autocommutateur téléphonique de l'entreprise ne constitue pas un procédé de surveillance illicite pour n'avoir pas été préalablement portée à la connaissance du salarié. • Soc. 29 janv. 2008 : *RDT 2008. 242, obs. Sachs-Durand et de Quenaudon* .

Art. L. 1222-5 **L'employeur ne peut opposer aucune clause d'exclusivité pendant une durée d'un an au salarié qui crée ou reprend une entreprise, même en présence de stipulation contractuelle ou conventionnelle contraire. Toutefois, cette interdiction ne s'applique pas à la clause d'exclusivité prévue par l'article L. 7313-6 pour les voyageurs, représentants ou placiers.**

Lorsqu'un congé pour la création ou la reprise d'entreprise est prolongé dans les conditions prévues *(L. n° 2016-1088 du 8 août 2016, art. 9)* **« aux articles L. 3142-111, L. 3142-117 et L. 3142-119 », les dispositions du premier alinéa s'appliquent jusqu'au terme de la prolongation.**

Le salarié reste soumis à l'obligation de loyauté à l'égard de son employeur. – *[Anc. art. L. 121-9, al. 1er début et al. 2 et 3.]*

Sur les clauses d'exclusivité, V. note 100 ss. art. L. 1221-1.

SECTION II **MODIFICATION DU CONTRAT DE TRAVAIL POUR MOTIF ÉCONOMIQUE**

Art. L. 1222-6 **Lorsque l'employeur envisage la modification d'un élément essentiel du contrat de travail pour l'un des motifs économiques énoncés à l'article L. 1233-3, il en fait la proposition au salarié par lettre recommandée avec avis de réception.**

La lettre de notification informe le salarié qu'il dispose d'un mois à compter de sa réception pour faire connaître son refus. *(Ord. n° 2014-326 du 12 mars 2014, art. 109)* **« Le délai est de quinze jours si l'entreprise est en redressement judiciaire ou en liquidation judiciaire. »**

A défaut de réponse dans le délai d'un mois, *(Ord. n° 2014-326 du 12 mars 2014, art. 109)* **« ou de quinze jours si l'entreprise est en redressement judiciaire ou en liquidation judiciaire, » le salarié est réputé avoir accepté la modification proposée.** – *[Anc. art. L. 321-1-2.]*

BIBL. ▸ Blaise, *Dr. soc. 1994. 189* . – Grumbach, *Dr. ouvrier 1996. 71.* – Mir, *Dr. trav., janv. 1995, p. 5.* – Paulin, obs. *D. 1995. Somm. 365* . – Taquet, *Dr. trav., janv. 1994, p. 2.*

▸ **Loi du 18 janv. 2005 :** Radé, *RDC 2005. 757.*

COMMENTAIRE

V. Dalloz.fr et applications mobiles Dalloz .

1. Motif économique. La rupture du contrat de travail, résultant du refus par le salarié d'une modification de son contrat de travail imposée par l'employeur pour un motif non inhérent à sa personne, constitue un licenciement pour motif économique ; pour que le licenciement soit justifié il ne suffit pas que la modification initiale soit justifiée par la bonne gestion de l'entreprise, il faut encore qu'elle soit consécutive à des difficultés économiques, à des mutations technologiques ou à une réorganisation de l'entreprise nécessaire à la sauvegarde de sa compétitivité. • Soc. 14 mai 1997, n° 94-43.712 P : *RJS 1997. 434, n° 657 ; Dr. soc. 1997. 740, obs. Favennec-Héry* • 11 déc. 2001, n° 99-42.906 P : *D. 2002. IR 1012 ; RJS 2002. 226, n° 264.* ♦ Le refus du salarié d'une modification de son contrat à la suite d'une restructuration de l'entreprise n'est pas une cause justificative de licenciement ; les juges doivent préciser en quoi consistait la restructuration et si elle avait une incidence nécessaire sur l'emploi. • Soc. 7 oct. 1997 : *Dr. soc. 1997. 1097, obs. Couturier .*

2. Obligation de reclassement. Le refus par le salarié d'une proposition de modification de son contrat de travail pour motif économique ne dispense pas l'employeur de son obligation de reclassement. • Soc. 30 sept. 1997, n° 94-43.898 P : *RJS 1997. 756, n° 1222 ; Dr. soc. 1997. 1096, obs. Couturier .* ♦ Ne peut être abusif le refus par un salarié du poste de reclassement proposé par l'employeur en application de l'art. L. 122-32-5 C. trav. dès lors que la proposition de reclassement entraîne une modification du contrat de travail. • Soc. 15 juill. 1998, n° 95-45.362 P : *RJS 1998. 735, n° 1208.*

3. Champ d'application. L'art. L. 321-1-2 [L. 1222-6 nouv.] est inapplicable lorsque la proposition de modification du contrat de travail à un salarié est faite dans l'exécution par l'employeur de son obligation de reclassement. • Soc. 13 avr. 1999 : *D. 1999. IR 129 ; RJS 1999. 485, n° 793 ; Dr. soc. 1999. 639, obs. Couturier* • 17 mai 2006 : *RDT 2006. 100, obs. Waquet .*

4. Modification du contrat de travail. Dès lors que les avantages résultant pour les salariés d'un usage d'entreprise ne sont pas incorporés aux contrats de travail, la dénonciation régulière de l'usage par l'employeur ne constitue pas une modification des contrats de travail. • Soc. 3 déc. 1996 : *D. 1997. IR 11 .* ♦ Sur la notion de modification du contrat pour motif économique, V. notes 1 s.

5. Comportement du salarié. Seule une réponse expresse et positive, ou le silence gardé par le salarié pendant plus d'un mois, vaut acceptation de la modification proposée par l'employeur ; une réponse dilatoire ou conditionnelle, telle qu'une demande de prorogation du délai de réflexion supplémentaire, constitue une réponse négative. • Cass., avis, 6 juill. 1998, n° 09-80.005 P : *RJS 1998. 616, n° 959 ; D. 1998. IR 207.*

6. Nature du délai. Le délai d'un mois constitue une période de réflexion destinée à permettre au salarié de prendre parti sur la proposition de modification en mesurant les conséquences de son choix. L'inobservation de ce délai par l'employeur prive de cause réelle et sérieuse le licenciement fondé sur le refus par le salarié de la modification de son contrat de travail. • Soc. 10 déc. 2003 : *D. 2004. IR 323 ; JCP E 2004. 1145, obs. Morvan ; RJS 2004. 120, n° 174 ; JS Lamy 2004, n° 138-3.*

7. Non-respect de la procédure. L'employeur qui n'a pas respecté les formalités prescrites ne peut se prévaloir ni d'un refus, ni d'une acceptation de la modification du contrat de travail par le salarié. • Soc. 25 janv. 2005, n° 02-41.819 P : *D. 2005. IR 458 ; RJS 2005. 255, n° 344 ; CSB 2005, A. 34, obs. Charbonneau* • 27 mai 2009 : *D. 2009. AJ 1615 ; RJS 2009. 624, n° 689 ; JCP S 2009. 1338, obs. Morvan ; JCP E 2009. 1830, obs. Béal ; Dr. ouvrier 2009. 462, obs. Desrues.*

8. Licenciement consécutif au refus de modification. L'apparition de nouvelles difficultés économiques plus de quatorze mois après une proposition de modification du contrat de travail ne peut justifier le licenciement économique de la salariée à raison du refus de la proposition de modification. • Soc. 2 oct. 2001, n° 99-40.068 P.

9. Modification économique et transfert volontaire du contrat de travail. La procédure de l'art. L. 1222-6 ne s'applique pas au cas de changement d'employeur résultant du transfert d'un service ou de sa gestion à un tiers. • Soc. 8 avr. 2009 : *RJS 2009. 449, n° 498 ; Dr. soc. 2009. 813, note Mazeaud ; Dr. ouvrier 2010. 17, note Chirez ; JCP S 2009. 1339, obs. Morvan.*

SECTION III **MODIFICATION DU CONTRAT DE TRAVAIL EN CAS D'ACCORD DE RÉDUCTION DU TEMPS DE TRAVAIL**

Art. L. 1222-7 **La seule diminution du nombre d'heures stipulé au contrat de travail en application d'un accord de réduction de la durée du travail ne constitue pas une modification du contrat de travail.** – *[Anc. art. L. 212-3.]*

COMMENTAIRE

V. Dalloz.fr et applications mobiles Dalloz.

1. Modification de l'horaire. La réduction de la durée hebdomadaire du travail qui résulte d'un accord collectif étendu s'impose aux salariés sans qu'il soit besoin d'un accord d'entreprise : la perte effective de rémunération contractuelle qu'entraîne cette réduction constitue toutefois une modification du contrat de travail qui doit faire l'objet de la part du salarié d'une acceptation claire et non équivoque. • Soc. 27 mars 2001, n° 99-40.068 P : *D. 2001. Somm. 2165, obs. Escande-Varniol ; RJS 2001. 500, n° 751 ; Dr. soc. 2001. 668, obs. Radé .* ♦ Il n'y a pas de modification du contrat de travail lorsque l'employeur continue à rémunérer les salariés sur la base de leur salaire antérieur à la réduction légale de la durée du travail, ce dont il résulte que les salariés n'ont pas subi de réduction de leur rémunération. • Soc. 12 juill. 2005 : *D. 2006. 429, note Capmas-Benoist ; Dr. soc. 2005. 1053, obs. Barthélémy ; RJS 2005. 700, n° 988.* ♦ La seule modification de la structure de rémunération résultant d'un accord de réduction du temps de travail consistant, sans changer le taux horaire, à compenser la perte consécutive à la réduction du nombre d'heures travaillées par l'octroi d'une indemnité différentielle, dès lors que le montant de la rémunération est maintenu, ne constitue pas une modification du contrat de travail. • Soc. 5 avr. 2006 : *D. 2006. IR 1186 ; RDT 2006. 188, obs. Tissandier ; RJS 2006. 510, n° 741 ; ibid. 539, n° 780.* ♦ V. notes ss. art. L. 1222-1.

2. Mise en œuvre unilatérale des 35 heures. Constitue un licenciement pour motif économique le licenciement prononcé en raison du refus par un salarié de la modification de sa rémunération proposée, non en application d'un accord collectif, mais par suite d'une mise en œuvre unilatérale dans l'entreprise de la réduction du temps de travail à 35 heures. • Soc. 15 mars 2006, n° 05-42.946 P.

Art. L. 1222-8 **Lorsqu'un ou plusieurs salariés refusent une modification de leur contrat de travail résultant de l'application d'un accord de réduction de la durée du travail, leur licenciement est un licenciement qui ne repose pas sur un motif économique. Il est soumis aux dispositions relatives à la rupture du contrat de travail pour motif personnel.** — *[Anc. art. 30-II, L. n° 2000-37 du 19 janv. 2000.]*

COMMENTAIRE

V. Dalloz.fr et applications mobiles Dalloz.

Validité de l'ARTT. Si le refus par le salarié d'accepter la modification de son contrat de travail résultant de la mise en œuvre d'un accord de modulation constitue, en application de l'art. 30-II de la loi n° 2000-37 du 19 janv. 2000 alors applicable, une cause réelle et sérieuse de licenciement, c'est à la condition que cet accord soit conforme aux dispositions légales applicables aux accords de modulation. • Soc. 23 sept. 2009 : *RJS 2009. 825, n° 944 ; Dr. ouvrier 2010. 57, obs. Iturrioz.*

SECTION IV **TÉLÉTRAVAIL**

(L. n° 2012-387 du 22 mars 2012, art. 46)

Sur l'ANI du 19 juill. 2005 sur le télétravail, V. App. VII. C, v° Travail à domicile.

BIBL. ► CANAPLE et FRIEDRICH, *Sem. soc. Lamy 2011, n° 1510, p. 5.* – FLAMENT, *JCP S 2011. 1073.* – FOURNIER et GUYOT, *JCP S 2011. 1072.* – GUYOT, *JCP S 2012. 1204 ; ibid. 2013. 1382.* – LASFARGUE et VERKINDT, *RDT 2013. Controverse. 9* (loi sur le télétravail : une avancée ?). – RAY, *Dr. soc. 2012. 444* (légaliser le télétravail : une bonne idée ?).

COMMENTAIRE

V. Dalloz.fr et applications mobiles Dalloz.

Art. L. 1222-9 **Sans préjudice de l'application, s'il y a lieu, des dispositions du présent code protégeant les travailleurs à domicile, le télétravail désigne toute forme d'organisation du travail dans laquelle un travail qui aurait également pu être exécuté dans les locaux de l'employeur est effectué par un salarié hors de ces locaux de façon régulière et volontaire en utilisant les technologies de l'information et de la communication dans le cadre d'un contrat de travail ou d'un avenant à celui-ci.**

Le télétravailleur désigne toute personne salariée de l'entreprise qui effectue, soit dès l'embauche, soit ultérieurement, du télétravail tel que défini au premier alinéa.

Le refus d'accepter un poste de télétravailleur n'est pas un motif de rupture du contrat de travail.

Le contrat de travail ou son avenant précise les conditions de passage en télétravail et les conditions de retour à une exécution du contrat de travail sans télétravail.

A défaut d'accord collectif applicable, le contrat de travail ou son avenant précise les modalités de contrôle du temps de travail.

COMMENTAIRE

V. Dalloz.fr et applications mobiles Dalloz ❑

Art. L. 1222-10 Outre ses obligations de droit commun vis-à-vis de ses salariés, l'employeur est tenu à l'égard du salarié en télétravail :

1° De prendre en charge tous les coûts découlant directement de l'exercice du télétravail, notamment le coût des matériels, logiciels, abonnements, communications et outils ainsi que de la maintenance de ceux-ci ;

2° D'informer le salarié de toute restriction à l'usage d'équipements ou outils informatiques ou de services de communication électronique et des sanctions en cas de non-respect de telles restrictions ;

3° De lui donner priorité pour occuper ou reprendre un poste sans télétravail qui correspond à ses qualifications et compétences professionnelles et de porter à sa connaissance la disponibilité de tout poste de cette nature ;

4° D'organiser chaque année un entretien qui porte notamment sur les conditions d'activité du salarié et sa charge de travail ;

5° De fixer, en concertation avec lui, les plages horaires durant lesquelles il peut habituellement le contacter.

COMMENTAIRE

V. Dalloz.fr et applications mobiles Dalloz ❑

Art. L. 1222-11 En cas de circonstances exceptionnelles, notamment de menace d'épidémie, ou en cas de force majeure, la mise en œuvre du télétravail peut être considérée comme un aménagement du poste de travail rendu nécessaire pour permettre la continuité de l'activité de l'entreprise et garantir la protection des salariés. Les conditions et les modalités d'application du présent article sont définies par décret en Conseil d'État.

COMMENTAIRE

V. Dalloz.fr et applications mobiles Dalloz ❑

SECTION V **MOBILITÉ VOLONTAIRE SÉCURISÉE**

(L. n° 2013-504 du 14 juin 2013, art. 6)

BIBL. ▶ JOURDAN, *JCP S 2013. 1429.* – MARQUET DE VASSELOT, *JCP S 2013. 1262.* – TOURNAUX, *Dr. soc. 2013. 713.* – VACHET, *Sem. soc. Lamy 2013, n° 1570, p. 7.* – VERKINDT, *JCP S 2013. 1261.*

COMMENTAIRE

V. Dalloz.fr et applications mobiles Dalloz ❑

V. Circ. Unedic n° 2013-18 du 2 sept. 2013.

Art. L. 1222-12 Dans les entreprises et les groupes d'entreprises, au sens de l'article L. 2331-1, d'au moins trois cents salariés, tout salarié justifiant d'une ancienneté minimale de vingt-quatre mois, consécutifs ou non, peut, avec l'accord de son employeur, bénéficier d'une période de mobilité volontaire sécurisée afin d'exercer une activité dans une autre entreprise, au cours de laquelle l'exécution de son contrat de travail est suspendue.

Si l'employeur oppose deux refus successifs à la demande de mobilité, l'accès au congé individuel de formation est de droit pour le salarié, sans que puissent lui être opposées la durée d'ancienneté mentionnée à l'article L. 6322-4 ou les dispositions de l'article L. 6322-7.

Art. L. 1222-13 La période de mobilité volontaire sécurisée est prévue par un avenant au contrat de travail, qui détermine l'objet, la durée, la date de prise d'effet et le terme de la période de mobilité, ainsi que le délai dans lequel le salarié informe par écrit l'employeur de son choix éventuel de ne pas réintégrer l'entreprise.

Il prévoit également les situations et modalités d'un retour anticipé du salarié, qui intervient dans un délai raisonnable et qui reste dans tous les cas possible à tout moment avec l'accord de l'employeur.

Art. L. 1222-14 A son retour dans l'entreprise d'origine, le salarié retrouve de plein droit son précédent emploi ou un emploi similaire, assorti d'une qualification et d'une rémunération au moins équivalentes ainsi que du maintien à titre personnel de sa classification. *(L. nº 2014-288 du 5 mars 2014, art. 5-I)* « Il bénéficie de l'entretien professionnel mentionné au I de l'article L. 6315-1. »

Art. L. 1222-15 Lorsque le salarié choisit de ne pas réintégrer son entreprise d'origine au cours ou au terme de la période de mobilité, le contrat de travail qui le lie à son employeur est rompu. Cette rupture constitue une démission qui n'est soumise à aucun préavis autre que celui prévu par l'avenant mentionné à l'article L. 1222-13.

COMMENTAIRE

V. Dalloz.fr et applications mobiles Dalloz.

Art. L. 1222-16 L'employeur communique semestriellement au comité d'entreprise la liste des demandes de période de mobilité volontaire sécurisée avec l'indication de la suite qui leur a été donnée.

CHAPITRE III FORMATION ET EXÉCUTION DE CERTAINS TYPES DE CONTRATS

SECTION PREMIÈRE *[ABROGÉE]* CONTRAT DE TRAVAIL NOUVELLES EMBAUCHES

(Abrogée par L. nº 2008-596 du 25 juin 2008)

SECTION II CONTRAT DE MISSION À L'EXPORTATION

BIBL. ▶ ROY-LOUSTAUNAU, *Dr. soc. 2005. 414*.

Art. L. 1223-5 Un accord collectif de branche ou d'entreprise détermine les contrats de travail conclus pour la réalisation d'une mission à l'exportation accomplie en majeure partie hors du territoire national, dont la rupture à l'initiative de l'employeur à la fin de la mission n'est pas soumise aux dispositions relatives au licenciement économique. – *[Anc. art. L. 321-12-1, al. 1er.]*

Art. L. 1223-6 L'accord collectif de branche ou d'entreprise prévoyant la mise en place du contrat de mission à l'exportation fixe notamment :

1° Les catégories de salariés concernés ;

2° La nature des missions à l'exportation concernées ainsi que leur durée minimale qui ne peut pas être inférieure à six mois ;

3° Les contreparties en termes de rémunération et d'indemnité de licenciement accordées aux salariés, sans que cette indemnité puisse être inférieure au montant de l'indemnité légale de licenciement attribué à due proportion du temps sans condition d'ancienneté et quel que soit l'effectif de l'entreprise ;

4° Les garanties en termes de formation pour les salariés concernés ;

5° Les mesures indispensables au reclassement des salariés.

S'il s'agit d'un accord collectif de branche, il fixe également la taille et le type d'entreprises concernées. – *[Anc. art. L. 321-12-1, al. 2 à 8.]*

Art. L. 1223-7 Les dispositions en matière de protection sociale de la branche ou de l'entreprise sont applicables au bénéficiaire du contrat de mission à l'exportation. – *[Anc. art. L. 321-12-1, al. 9.]*

CHAPITRE IV TRANSFERT DU CONTRAT DE TRAVAIL

RÉP. TRAV. v^is^ *Transferts d'entreprise (Aspects individuels)*, par A. MAZEAUD. - *Transferts d'entreprise (Aspects collectifs)*, par AUBRÉE.

BIBL. ▶ **Généralités – champ d'application :** ALVAREZ-PUJANA, *Dr. ouvrier 1994. 97.* – BAILLY, *Dr. soc. 2004. 366*. – BAILLY et LHERNOULD, *JCP S 2011. 1319* (identification du transfert d'entreprise) ; *ibid. 1345.* - Blaise, *Dr. soc. 1984. 91 ; ibid. 1985. 161 ; ibid. 1986. 837 ; ibid. 1991. 246*. - Camerlynck, *D. 1978. Chron. 269* (identité d'entreprise ou identité d'emploi). - Césaro, *Dr. soc. 2005. 718* (notion de transfert d'entreprise). - Chagny, *Sem. soc. Lamy 2003, n° 1140, suppl., p. 51.* - Chirez, *Dr. ouvrier 2010. 17* (changement volontaire d'employeur). - Correia, *Dr. ouvrier 2012. 406* (restructurations et gestion des contraintes : l'augmentation des injonctions paradoxales). - Couturier, *Dr. soc. 2000. 845*. - Darmaisin, *Dr. soc. 1999. 343*. - Deprez, *BS Lefebvre 1986. 364 et 463 ; Dr. soc. 1987. 657* (location-gérance) ; *RJS 1990. 199 ; ibid. 1991. 71.* - Devers, *D. 2006. 279* (doctrine de la Cour de cassation). - Ducrocq, *Dr. ouvrier 2013. 187* (externalisation de l'activité). - Fabre, *Dr. ouvrier 2010. 331* (négociation des plans de restructuration). - Henry, *Dr. soc. 1998. 1019 ; ibid. 2006. 274*. - Joseph, *Dr. ouvrier 1986. 85.* - Lardy-Pélissier, *Dr. ouvrier 2012. 398.* - A. Lyon-Caen, *Dr. soc. 1986. 848* (arrêts Desquenne et Giral). - A. Mazeaud, *Dr. soc. 2011. 650* (adaptation négociée des effectifs de l'entreprise : transfert de salariés par la voie des transferts d'entreprise). - Moran, *Dr. soc. 1990. 776* (transfert conventionnel). - Moreau, *Dr. soc. 2010. 1052* (restructurations dans les groupes multinationaux). - Morville, *CSB 1990, suppl. n° 7, p. 7 ; ibid. 1991. 53* (notion d'entité économique). - Morvan, *RJS 2004. 587* (transfert international) ; *Dr. soc. 2010. 541* (restructurations et confidentialité). - Pataut, *RDT 2011. 14* (licenciement dans les groupes internationaux de sociétés). - Patin, *JCP S 2011. 1292* (aménagement conventionnel de la reprise des salariés). - Pélissier, *RID comp. 1990. 149* (restructurations). - Radé, *Dr. soc. 2006. 289* (restructurations et délocalisations). - Saint-Jours, *JCP E 1986. I. 15354* (modification du mode de gestion publique ou privée d'un service public). - Supiot, *Dr. soc. 2006. 264*. - Teyssié, *Dr. soc. 2005. 715*. - Touati, *Sem. soc. Lamy 1994, n° 700 (suppl.).* - Vacarie, *JCP CI 1974. II. 11595.* - Wagner, *Dr. ouvrier 1990. 217 ; ibid. 1991. 77* (notion de marché). - Waquet, *CSB 1990. 261 ; ibid. 1993. 187 ; RDT 2006. 26 ; ibid. 174*.

▸ **Droit européen :** Antonmattéi, *Dr. soc. 1997. 728 ; ibid. 1996. 79* (à propos de la directive CE n° 77/187). - Deprez, *RJS 1989. 3* (droit communautaire et art. L. 122-12) ; *ibid. 1995. 315* (jurisprudence française et communautaire). - Laulom, *Dr. soc. 1999. 821 ; Dr. ouvrier 2012. 420.* - Lhernould, *RJS 2002. 799.* - A. Lyon-Caen, *Sem. soc. Lamy 1988. 375.* - Rémy, *RDT 2011. 132*. - Waquet, *Dr. soc. 1995. 1007* (application par le juge français de la directive communautaire du 14 février 1977).

▸ **Épargne salariale :** Bordier et Salomé, *JCP S 2010. 1478* (restructurations juridiques et épargne salariale).

▸ **Restructurations :** Grumbach, *Dr. ouvrier 2012. 393* (incidence sur l'emploi de l'organisation et de la réorganisation des groupes). - Jacoby, *Dr. ouvrier 2012. 387* (restructurations : un regard d'économiste).

▸ **Sort du contrat de travail :** Aubrée, *Bull. soc. Lefebvre 1998. 285* (exercice du pouvoir disciplinaire à l'égard des salariés transférés). - Bailly, *Sem. soc. Lamy 2005, n° 1225, p. 35.* - Boubli, *Sem. soc. Lamy 1988. 408.* - Camerlynck, *D. 1966. Chron. 133* (transfert du salarié). - Chagny, *RDT 2007. 78* (continuité du contrat et marché de prestation de services). - Chagny et Rodières, *RDT 2007. 216*. - Gauriau, *Dr. soc. 2005. 852*. - Mazeaud, *D. 1998. Chron. 106 ; Dr. soc. 2005. 737 ; ibid. 2009. 265* (affectation des salariés pour partie à l'entité transférée). - Morvan, *Dr. soc. 2013. 135* (effets du licenciement « sans effet » dans le transfert d'entreprise). - Mouly, *Dr. soc. 2007. 534* (licenciements antérieurs au transfert de l'entreprise). - Savatier, *Dr. soc. 1989. 39* (sort des institutions représentatives).

▸ **Statut collectif - Représentants du personnel :** Cohen, *Dr. soc. 1997. 263* (droit des salariés protégés) ; *ibid. 1989. 49* (existence et patrimoine des comités d'entreprise ou d'établissement). - Deprez, *BS Lefebvre 1984. 177 ; RJS 1993. 143* (sort des usages et des accords atypiques). - Favennec-Héry, *Dr. soc. 2005. 729* (consultation des représentants du personnel). - A. Lyon-Caen, *Dr. soc. 1979, (n° spéc.) 23.* - Maurin, *Dr. trav., avr. 1996, p. 3* (sort des institutions représentatives). - Olivier, *Dr. soc. 2005. 743* (impact sur les normes collectives). - Savatier, *Dr. soc. 1993. 156* (cession d'entreprise et statut collectif des salariés). - Teyssié, *Dr. soc. 2005. 759* (délocalisation et relations collectives). - Verkindt, *Dr. soc. 2005. 752* (incidences sur les instances de représentation du personnel).

▸ **Sauvegarde et transfert des entreprises :** Mazeaud, *Dr. soc. 2006. 12*.

COMMENTAIRE

V. Dalloz.fr et applications mobiles Dalloz. ❑

Art. L. 1224-1 Lorsque survient une modification dans la situation juridique de l'employeur, notamment par succession, vente, fusion, transformation du fonds, mise en société de l'entreprise, tous les contrats de travail en cours au jour de la modifi-

cation subsistent entre le nouvel employeur et le personnel de l'entreprise. – *[Anc. art. L. 122-12, al. 2.]*

COMMENTAIRE

V. Dalloz.fr et applications mobiles Dalloz.

Directive CE 2001/23 du 12 mars 2001,

Concernant le rapprochement des États membres relative au maintien des droits des travailleurs en cas de transfert d'entreprises, d'établissements ou de parties d'entreprises ou d'établissements (JOCE n° L 83 du 22 mars).

CHAPITRE Ier. *CHAMP D'APPLICATION ET DÉFINITIONS*

Art. 1er 1. Le transfert d'une entreprise, d'un établissement ou d'une partie d'entreprise ou d'établissement ne constitue pas en lui-même un motif de licenciement pour le cédant ou le cessionnaire. Cette disposition ne fait pas obstacle à des licenciements pouvant intervenir pour des raisons économiques, techniques ou d'organisation impliquant des changements sur le plan de l'emploi.

Les États membres peuvent prévoir que le premier alinéa ne s'applique pas à certaines catégories spécifiques de travailleurs qui ne sont pas couverts par la législation ou la pratique des États membres en matière de protection contre le licenciement.

2. Si le contrat de travail ou la relation de travail est résilié du fait que le transfert entraîne une modification substantielle des conditions de travail au détriment du travailleur, la résiliation du contrat de travail ou de la relation de travail est considérée comme intervenue du fait de l'employeur.

....

CHAPITRE II. *MAINTIEN DES DROITS DES TRAVAILLEURS*

Art. 3 1. *a)* La présente directive est applicable à tout transfert d'entreprise, d'établissement ou de partie d'entreprise ou d'établissement à un autre employeur résultant d'une cession conventionnelle ou d'une fusion.

b) Sous réserve du point *a)* et des dispositions suivantes du présent article, est considéré comme transfert, au sens de la présente directive, celui d'une entité économique maintenant son identité, entendue comme un ensemble organisé de moyens, en vue de la poursuite d'une activité économique, que celle-ci soit essentielle ou accessoire.

c) La présente directive est applicable aux entreprises publiques et privées exerçant une activité économique, qu'elles poursuivent ou non un but lucratif. Une réorganisation administrative d'autorités administratives publiques ou le transfert de fonctions administratives entre autorités administratives publiques ne constitue pas un transfert au sens de la présente directive.

....

Art. 4 1. Les droits et les obligations qui résultent pour le cédant d'un contrat de travail ou d'une relation de travail existant à la date du transfert sont, du fait de ce transfert, transférés au cessionnaire.

Les États membres peuvent prévoir que le cédant et le cessionnaire sont, après la date du transfert, responsables solidairement des obligations venues à échéance avant la date du transfert à la suite d'un contrat de travail ou d'une relation de travail existant à la date du transfert.

....

La Dir. du 12 mars 2001 reprend l'ensemble des dispositions de la Dir. du 14 févr. 1977 et de la Dir. du 29 juin 1998, tout en les abrogeant.

I. CONDITIONS D'APPLICATION DE L'ART. L. 1224-1

A. MODIFICATION DANS LA SITUATION JURIDIQUE DE L'EMPLOYEUR

1° VENTE

a. Vente d'immeuble

1. Principe. La vente d'un immeuble ne constitue pas une cession d'entreprise. • Soc. 3 oct. 1989 : *Bull. civ. V, n° 556 ; D. 1989. IR 262* • 23 sept. 2009 : *D. 2009. AJ 2430 ; RJS 2009. 799, n° 900.*

2. Exception. Toutefois, la cession d'un immeuble, emportant reprise du service de gardiennage et d'entretien qui en relevait, ainsi que des contrats nécessaires à l'exploitation de la résidence, caractérise le transfert d'un ensemble organisé de personnes et d'éléments corporels et incorporels permettant l'exercice d'une activité économique poursuivant un objectif propre. • Soc. 14 févr. 2007 : *D. 2007. AJ 801 ; RDT 2007. 241, obs. Waquet ; RJS 2007. 313, n° 411 ; Dr. soc. 2007. 549, rapp. Bailly et note Mazeaud.*

b. Cession partielle d'activités

3. Cession au sein d'un même groupe. La directive du 14 févr. 1977 peut s'appliquer à un transfert entre deux sociétés filiales d'un même groupe, peu important que les sociétés en cause aient les mêmes propriétaires, la même direction, les mêmes locaux et travaillent au même ouvrage. La directive est applicable dès lors qu'il y a changement dans la personne physique ou morale responsable de l'exploitation de l'entreprise et notamment dans le cas où une société appartenant à un groupe décide de sous-traiter à une autre société du même groupe des marchés de travaux de forage de mines pour autant que l'opération s'accompagne du transfert d'une entité entre deux sociétés. • CJCE 2 déc. 1999, aff. C-234/98 : *RJS 2000. 409, n° 600.*

4. UES. La notion d'unité économique et sociale est sans effet sur l'application de l'art. L. 122-12 [art. L. 1224-1 nouv.] auquel elle ne peut faire échec. • Soc. 16 nov. 1993, n° 91-43.314 P : *Dr. soc. 1994. 44 ; RJS 1994. 26, n° 4.*

5. Cession partielle. Le transfert d'une branche d'activité dans laquelle le salarié concerné est embauché entraîne par le seul effet de la loi la transmission au nouvel exploitant de son contrat. • Soc. 17 janv. 1979 : *Bull. civ. V, n° 41 ; D. 1979. IR 298.* ♦ V. pour la vente d'une station d'élevage constituant une entité économique au sein d'une exploitation agricole, • Soc. 20 oct. 1988 : *Bull. civ. V, n° 532.* ♦ Lorsque est autorisée la vente de biens non compris dans le plan de cession et correspondant à un ensemble d'éléments corporels et incorporels permettant l'exercice d'une activité qui poursuit un objectif propre, cette cession emporte de plein droit le transfert des contrats de travail des salariés affectés à cette entité économique autonome. • Soc. 24 oct. 2006 : *D. 2006. AJ 2789, obs. Lienhard ; RJS 2006. 131, n° 195.*

6. Cession partielle et modification du contrat de travail. Si par le jeu de l'art. L. 1224-14, une cession partielle d'activité provoque le transfert seulement d'une partie du contrat de travail, et que cette situation entraîne une modification dudit contrat, autre que le seul changement d'employeur, le salarié est en droit de s'y opposer ; l'action du salarié doit être dirigée contre le cessionnaire, à charge pour ce dernier de retourner contre les employeurs précédents successifs responsables de la situation. • Soc. 30 mars 2010 : *JS Lamy 2010, n° 278-6, obs. Tourreil.*

c. Cession d'éléments d'actifs

7. Illustrations. L'art. L. 122-12 [art. L. 1224-1 nouv.] est applicable, notamment, en cas : de cession du matériel de la clientèle. • Soc. 7 juill. 1983 : *Bull. civ. V, n° 425.* ♦ ... Du rachat du stock d'une société et de l'installation dans les mêmes locaux en assurant la diffusion des mêmes produits. • Soc. 4 juill. 1990, n° 85-44.263 P : *D. 1990. IR 190.* ♦ ... De la cession de la clientèle d'un cabinet d'expertise comptable. • Soc. 9 mars 1994, n° 92-40.916 P : *Dr. soc. 1994. 154.* ♦ ... De la cession d'un département de l'entreprise et des brevets attachés à son exploitation. • Soc. 7 juin 1974 : *Bull. civ. V, n° 351 ; D. 1974. IR 169.* ♦ ... De la reprise du matériel d'une société ainsi que du fruit de ses recherches et des homologations ou actions menées auprès de la clientèle. • Soc. 31 mars 1998, n° 94-44.798 P. ♦ ... De la cession d'une marque à laquelle était attachée une importante clientèle. • Soc. 19 févr. 1984 : *Bull. civ. V, n° 144.* ♦ ... De la reprise des camions et de la clientèle d'une société de transport. • Soc. 7 mars 1989 : *Bull. civ. V, n° 179 ; D. 1989. IR 96.* ♦ Doit être cassé l'arrêt qui ne recherche pas si, par la cession, en application de l'art. 155 de la loi du 25 janv. 1985 [art. L. 622-17, C. com.], d'unités de production composées de tout ou partie de l'actif mobilier ou immobilier, il n'avait pas été procédé, peu important l'interruption temporaire de l'activité, à un transfert d'entités économiques conservant leur identité et dont l'activité a été poursuivie ou reprise. • Soc. 8 juill. 1992 : *Dr. soc. 1992. 837 ; RJS 1992. 538, n° 964* • 31 mars 1998, n° 92-41.395 P : *Dr. soc. 1998. 735, obs. Vatinet.* ♦ La mise à disposition aux exploitants successifs des éléments d'actifs nécessaires au fonctionnement de l'activité est suffisante pour l'application de l'art. L. 122-12 [art. L. 1224-1 nouv.]. • Soc. 3 avr. 2002, n° 00-40.299 P : *RJS 2002. 523, n° 655.* ♦ La cession globale des unités de production composées de tout ou partie de l'actif mobilier ou immobilier de l'entreprise en liquidation judiciaire susceptible d'être autorisée par le juge commissaire entraîne de plein droit le transfert d'une entité économique autonome conservant son identité. • Soc. 27 oct. 1999, n° 97-43.194 P : *D. 2000. IR 190* ; *Dr. soc. 1999. 1114, obs. Vatinet* • 19 avr. 2005, n° 03-43.240 P : *RJS 2005. 524, n° 715 ; JS Lamy 2005, n° 168-5.* ♦ Le transfert d'une entité économique et autonome ne s'opère que si des moyens corporels ou incorporels significatifs et nécessaires à l'exploitation de l'entité sont repris, directement ou indirectement, par un autre exploitant ; ce qui n'est pas le cas s'agissant d'une ville qui n'a jamais cessé d'exploiter son théâtre avec son personnel et ses moyens, une association s'était bornée à mettre à sa disposition deux de ses salariés pour participer à son fonctionnement culturel et administratif. • Soc. 17 juin 2009 : *D. 2009. AJ 1835* ; *RJS 2009. 686, n° 769.* ♦ Le transfert des moyens d'exploitation nécessaires à la poursuite de l'activité de l'entité peut être indirect ; s'il est constaté que la société avait repris, pour la gestion du service de restauration, des éléments d'exploitation nécessaires et significatifs appartenant à la clinique et mis par elle à la disposition des prestataires successifs, un transfert de moyens d'exploitation est ainsi caractérisé. • Soc. 24 nov. 2009 : *RJS 2010. 129, n° 155.*

d. Cessions de participation

8. *Principe.* La cession de participations que détient l'employeur ne constitue pas, à elle seule, une modification dans la situation juridique de l'employeur si elle ne s'accompagne pas du transfert, au nouvel associé de moyens d'exploitation matériels ou humains. • Soc. 29 oct. 2002, n° 00-45.166 P : *D. 2002. IR 3307* ; *RJS 2003. 22, n° 11 ; JS Lamy 2002, n° 112-5.*

e. Cession de bail

9. *Principe.* Lorsque à la fin d'un bail le preneur transfère dans une autre installation piscicole les truites, les alevins et les œufs, ces éléments constituent le moyen de production dont l'absence interdit toute continuation d'exploitation, de telle sorte que ce n'est pas une entreprise, mais un immeuble, qui a fait retour dans le patrimoine du bailleur, lequel ne peut se voir opposer l'art. L. 122-12 [art. L. 1224-1 nouv.]. • Soc. 19 févr. 1986 : *Bull. civ. V, n° 7 ; D. 1986. IR 232.*

2° FUSION

10. *Hypothèses.* Sur la distinction entre fusion et regroupement d'activités, V. • Soc. 14 mars 1979 : *Bull. civ. V, n° 233.* ♦ L'art. L. 122-12 est sans application dans l'hypothèse d'une simple prise de contrôle majoritaire d'une société par une autre. • Soc. 12 févr. 1985 : *Bull. civ. V, n° 93* • 19 déc. 1990 : *RJS 1991. 62, n° 310.* ♦ ... Ou dans l'hypothèse d'une prise de participation. • Soc. 22 janv. 2002, n° 00-40.787 P : *RJS 2002. 320, n° 396 ; JS Lamy 2002, n° 96-5.* ♦ Sur les différents modes de fusion entraînant le maintien du contrat de travail, V. • Soc. 8 déc. 1976 : *Bull. civ. V, n° 643* (absorption d'une société par une autre) • 10 mai 1972 : *ibid, n° 336* (entreprises se regroupant en SA) • 1er juill. 1965 : *Bull. civ. IV, n° 530* (constitution d'une société holding). ♦ V. aussi : • Soc. 22 févr. 1994 : *RJS 1994. 252, n° 379* (application de l'art. L. 122-12 à un salarié transféré dans la perspective d'une fusion entre deux entreprises).

11. *Scission.* Entraîne le maintien du contrat de travail : la transformation de l'entreprise par scission. • Soc. 5 févr. 1975 : *Bull. civ. V, n° 54 ; D. 1975. IR 52* • 2 mars 1999 : *RJS 1999. 297, n° 479.*

3° TRANSFORMATION DU FONDS

12. *Hypothèses.* Le changement de gérant ne constitue pas une modification dans la situation juridique de l'employeur. • Soc. 24 janv. 1989, n° 85-44.174 P : *D. 1989. IR 53.* ♦ La solution contraire prévaut en cas de modification de la forme juridique de l'entreprise. • Soc. 19 mai 1958, n° 4-849 P. (personne morale se substituant à un entrepreneur personne physique) • 22 mars 1962 : *ibid, n° 314 et 315* (SA succédant à une SARL) • 21 févr. 1990, n° 86-41.829 P : *D. 1990. IR 66* (liquidation d'un groupement agricole d'exploitation en commun).

4° MISE EN SOCIÉTÉ

13. *Hypothèses.* Pour un apport en société, V. • Soc. 7 nov. 1989, n° 86-44.802 P. • 10 juill. 1991 : *CSB 1991. 227, S. 141.*

14. La création d'un GIE ne peut entraîner à elle seule le transfert d'une entité économique. • Soc. 20 nov. 1991, n° 88-42.112 P : *Dr. soc. 1992. 75 ; RJS 1992. 27, n° 7.* ♦ Dans le même sens : • Soc. 14 juin 1978 : *Bull. civ. V, n° 464* • 4 févr. 1988 : *ibid, n° 98.* ♦ Mais lorsqu'une entreprise transfère à un groupement son activité principale, les salariés concernés passent de plein droit au service du GIE. • Soc. 6 mars 1985 : *Bull. civ. V, n° 143.* ♦ La dissolution d'un GIE qui s'accompagne de la cession de ses activités à une société emporte modification dans la situation juridique de l'employeur lorsque cette opération constitue le transfert d'une entité économique autonome conservant son identité et dont l'activité a été poursuivie ou reprise. • Soc. 10 juin 1997 : *RJS 1997. 749, n° 1206.*

5° AUTRES CAS

a. Indifférence d'un lien de droit entre employeurs successifs

15. *Jurisprudence communautaire.* La directive du 14 févr. 1977 s'applique en l'absence d'un lien de droit entre les deux prestataires successifs. • CJCE 10 févr. 1988 : *Dr. soc. 1988. 455, concl. Darmon, note Couturier ; RTD eur. 1988. 715, note Rodière ; D. 1989. 174, note Pochet.*

16. Les art. 1er et 3 de la directive du 14 févr. 1977 du Conseil des communautés européennes et L. 122-12, al. 2 [art. L. 1224-1 nouv.], s'appliquent, même en l'absence d'un lien de droit entre les employeurs successifs, à tout transfert d'une entité économique conservant son identité et dont l'activité est poursuivie ou reprise. • Cass., ass. plén., 16 mars 1990, n° 89-45.730 P : *GADT, 4e éd., n° 63 ; D. 1990. 305, note A. Lyon-Caen ; Dr. soc. 1990. 399, concl. Dontewille, notes Couturier et Prétot ; JCP E 1990. I. 19726.* • Soc. 17 mars 1988 : *Bull. civ. V, n° 186, RJS 1989. 3, note Déprez* • Riom, 6 mars 1989 : *Dr. ouvrier 1989. 326, note Wagner.* ♦ V. à propos de la jurisprudence antérieure exigeant un lien de droit : • Soc. 12 juin 1986 : *Bull. civ. V, n° 299 ; D. 1986. 461, note Karaquillo ; Dr. soc. 1986. 608, concl. Picca ; JCP 1986. II. 20705, note Flécheux et Bazex.*

b. Perte d'un marché

17. Principe. La simple perte d'un marché de services au profit d'un concurrent ne saurait par elle-même révéler l'existence d'un transfert au sens de la directive. • CJCE 11 mars 1997 : *D. 1997. IR 84 .* ♦ L'art. L. 122-12, al. 2 [art. L. 1224-1 nouv.], n'est pas applicable dans le cas de la seule perte de marché. • Cass., ass. plén., 16 mars 1990 : *préc. note 16.* ♦ Dans le même sens : • Cass., ass. plén., 15 nov. 1985, n° 82-40.301 P : *JCP 1986. I, concl. Picca ; Dr. soc. 1986. 1, concl. Picca, note Couturier ; JCP 1986. II. 20705, note Flécheux et Bazex* • Soc. 13 juin 1990, n° 89-40.813 P. • 27 juin 1990 : *Bull. civ V, n° 317* • 12 déc. 1990 : *Dr. soc. 1991. 246, note Blaise* (société succédant à une autre pour effectuer le transport du personnel d'une raffinerie) • 8 févr. 1994 : *RJS 1994. 170, n° 226* (changement de concessionnaire d'une ligne d'autobus).

18. Illustrations. « L'exécution d'un marché de prestation de services par un nouveau titulaire ne réalise pas, à elle seule, le transfert d'une entité économique ayant conservé son identité et dont l'activité est poursuivie ou reprise », alors même que le cahier des charges prévoit la reprise par l'adjudicataire de 80 % du personnel. • Soc. 6 nov. 1991, n° 90-21.437 P : *D. 1991. IR 293 ; Dr. soc. 1992. 186, rapp. Waquet ; JCP E 1992. II. 316, note Pochet ; RJS 1991. 692, concl. Picca* • 16 nov. 1993 : *RJS 1994. 27, n° 5* • 13 déc. 1995 : *Dr. soc. 1996. 429, obs. A. Mazeaud ; RJS 1996. 73, n° 99* (absence de transfert des moyens d'exploitation). ♦ De même, il n'y a pas transfert d'une entité économique lorsque seules des activités techniques distinctes, exécutées auparavant par une même entreprise, sont confiées, en l'absence de tout transfert d'ensembles organisés de personnes et d'éléments corporels et incorporels, à de nouveaux prestataires de services pour répondre aux impératifs particuliers du donneur d'ordre. • Soc. 21 nov. 2000, n° 98-45.837 P : *RJS 2001. 121, n° 70* • 10 juill. 2002 : *RJS 2002. 904, n° 1203.* ♦ La seule circonstance que la prestation reprise soit similaire ne suffit pas à conclure au transfert d'une entité économique. • CJCE 10 déc. 1998 : *RJS 1999. 186, n° 315 (2e esp.).* ♦ Le juge doit constater que le nouveau titulaire du marché a repris des éléments d'actif corporels ou incorporels nécessaires à l'exploitation de l'entité, à l'occasion de la conclusion du nouveau marché. • Soc. 25 juin 2002, n° 01-41.848 P : *Dr. soc. 2002. 1155, obs. Mazeaud ; JS Lamy 2002, n° 111-9.*

19. Reprise du personnel en cas de perte de marché. La reprise par un nouveau prestataire d'une partie du personnel précédemment affecté à un marché, instituée par accord collectif, ne peut être constitutive d'un transfert d'entreprise. • Soc. 3 nov. 2011 : *Dalloz actualité, 1er déc. 2011, obs. Ines ; D. 2011. Actu. 2805 ; RJS 2012. 29, n° 11 ; Dr. ouvrier 2012. 239, obs. Mazières ; JCP S 2012. 1098, obs. Tricoit.*

20. Il y a transfert d'une entité économique autonome lorsque l'activité reprise par le nouveau cessionnaire comprend une clientèle, l'usage de portions de la voie publique et la perception de droits de place. • Soc. 16 nov. 1999, n° 98-41.782 P : *RJS 2000. 26, n° 16.*

c. Reprise en gestion directe

21. La directive s'applique dans l'hypothèse de la reprise par une entreprise concédante d'une activité auparavant confiée à une entreprise extérieure. • CJCE 10 déc. 1998, aff. C-229/96 : *RJS 1999. 186, n° 315.* ♦ L'art. L. 122-12, al. 2 [art. L. 1224-1 nouv.], s'applique à la reprise par une entreprise des activités de prospection et de vente de ses propres matériels assurées par une société tierce, l'entreprise ayant récupéré « l'universalité du fonds de commerce ». • Soc. 9 juill. 1986 : *Dr. soc. 1986. 837, note Blaise.* ♦ Dans le même sens : • Soc. 22 oct. 1987 : *Bull. civ. V, n° 593 ; D. 1987. IR 220* (reprise par un journal du service rédactionnel concédé à une autre société) • 23 mai 1989 : *Bull. civ. V, n° 375 ; D. 1989. IR 197* (reprise par une société du démarchage de sa clientèle) • 10 oct. 1990 : *RJS 1990. 566, n° 840 ; Dr. soc. 1991. 246, note Blaise* (reprise par une société-mère d'une activité exercée par l'une des ses filiales) • 11 juill. 1994 : *RJS 1994. 574, n° 965* (reprise par une maison de retraite d'un service de restauration) • Soc. 10 janv. 1995 : *RJS 1995. 98, n° 108* (reprise d'une activité de prospection de clientèle) • 13 avr. 1999, n° 96-44.254 P : *D. 1999. IR 129 ; RJS 1999. 486, n° 794* (reprise de la représentation d'une marque en France et de la clientèle y afférente par la société propriétaire de la marque ou sa filiale française) • 5 oct. 1999 : *RJS 1999. 838, n° 1438* (reprise par une compagnie d'assurance du portefeuille confié à un agent général d'assurance). ♦ Le juge doit vérifier que la reprise d'un marché en gestion directe s'accompagne du transfert d'une entité économique. • Soc. 21 juill. 1993 : *RJS 1993. 638, n° 1070.* ♦ L'art. L. 122-12, al. 2 [art. L. 1224-1 nouv.] ne s'applique pas à la reprise par une société mère d'une partie seulement des activités de sa filiale qui a poursuivi l'autre partie de son activité. • Soc. 7 mai 2003 : *RJS 2003. 568, n° 852.*

22. Résiliation du contrat de bail. Le retour d'un immeuble dans le patrimoine du bailleur ne vaut pas transfert d'une entreprise lorsque le preneur a repris les éléments indispensables à l'exploitation de l'entreprise. • Soc. 19 févr. 1986 : *Bull. civ. V, n° 7 ; D. 1986. IR 232.* ♦ Viole l'art. L. 122-12 [art. L. 1224-1 nouv.] la cour d'appel qui refuse de l'appliquer à une société qui, louant un immeuble dans lequel était exploité un garage y exerce la même activité, de sorte qu'il s'agissait de la même entité économique dont l'activité avait été poursuivie. • Soc. 13 juin 1990, n° 86-44.114 P.

23. Résiliation du contrat de location-gérance. L'art. L. 122-12 [art. L. 1224-1 nouv.] vise aussi bien la conclusion que la cessation du contrat de location-gérance. • Soc. 23 janv. 1974, n° 73-40.206 P : *D. 1974. IR 51 ; Dr. soc. 1974. 474, obs. Savatier* • 27 avr. 1977 : *Bull. civ. V, n° 272 ; D. 1977. IR 254 ; RTD com. 1977. 720, obs. Derruppé* (indemnité de rupture mise à la charge du propriétaire) • 18 déc. 2000 : *RJS 2001. 209, n° 285.* ♦ ... Ou encore la succession de location-gérance. • Soc. 7 mars 1989, n° 85-45.173 P : *D. 1989. IR 97 ; CSB 1989. 89, A. 22.* ♦ V. pour une location-gérance mise en œuvre dans le cadre d'une procédure collective : • Soc. 30 nov. 1978 : *Bull. civ. V, n° 814* • 19 juin 1987 : *D. 1987. IR 165.*

d. Externalisation

24. Jurisprudence communautaire. La directive peut s'appliquer dans une situation où un entrepreneur confie, par voie contractuelle, à un autre entrepreneur, la responsabilité d'exploiter un service destiné aux salariés, géré auparavant de manière directe, moyennant une rémunération et divers avantages dont les modalités sont déterminées par l'accord conclu entre eux. • CJCE 12 nov. 1992 : *Rec. p. 15755 ; JCP E 1993. II. 426, note Pochet.* ♦ La directive s'applique au cas où un entrepreneur confie par voie contractuelle, à un autre entrepreneur la responsabilité d'exécuter les travaux de nettoyage assurés au auparavant de manière directe. • CJCE 14 avr. 1994 : *RJS 1994. 388, n° 630 ; D. 1994. 534, note Chauvet ; JCP E 1994. I. 380, obs. Antonmattéi.*

25. Jurisprudence française. La reprise par un autre employeur d'une activité secondaire ou accessoire de l'entreprise entraîne le maintien des contrats de travail dès lors que cette activité est exercée par l'entité économique autonome. • Soc. 18 juill. 2000 : *Dr. soc. 2000. 850, note Couturier.* ♦ Il n'y a pas transfert d'une entité économique autonome lorsque l'entité transférée ne dispose ni d'un personnel propre ni d'un comptable. • Soc. 18 juill. 2000 (2e arrêt) : *Dr. soc. 2000. 850, note Couturier.* ♦ L'application de l'art. L. 122-12 [art. L. 1224-1 nouv.] est rejetée s'agissant d'une tâche secondaire de nettoyage de locaux exécutée par deux employés et ne s'exerçant pas dans un centre autonome d'activité en ce qu'elle ne constitue pas à elle seule un ensemble organisé de personnes et d'éléments corporels ou incorporels permettant l'exercice d'une activité économique autonome. • Soc. 13 sept. 2005 : *JS Lamy 2005, n° 177-4.* ♦ L'activité de restauration d'un centre hospitalier peut constituer une entité économique autonome dont le transfert au profit d'une entreprise extérieure est susceptible d'entraîner l'application de l'art. L. 1224-1, peu importe les règles d'organisation, de fonctionnement et de gestion du service exerçant une activité économique. • Soc. 27 mai 2009 : *D. 2009. AJ 1614, obs. Perrin ; RDT 2009. 446, Rapp. Bailly ; RJS 2009. 621, n° 687 ; JS Lamy 2009, n° 258-4 ; JCP S 2009. 1356, obs. Morvan.* ♦ Comp. : Les établissements de santé, publics ou privés, constituent en eux-mêmes des entités économiques dont aucun service participant à la prise en charge globale des malades, même s'il peut être confié à un tiers, ne peut constituer une entité économique distincte. • Soc. 24 oct. 2000, n° 97-45.944 P : *D. 2000. IR 279 ; RJS 2001. 15, n° 14 ; Liaisons soc. jurispr., n° 689.*

e. Autres conventions

26. Location-vente. La directive du 14 févr. 1977 s'applique au contrat de location-vente. • CJCE 5 mai 1988 : *D. 1989. Somm.165, obs. Jeammaud.*

27. Convention d'assistance technique. La conclusion comme la résiliation d'une convention d'assistance technique entre deux associations n'entre pas dans le champ d'application de l'art. L. 122-12 [art. L. 1224-1 nouv.]. • Soc. 24 janv. 1990, n° 86-40.154 P : *D. 1990. IR 45.*

f. Reprise par une personne publique

28. Application de la règle du maintien des contrats. Le transfert d'une activité économique d'une personne morale de droit privé vers une personne morale de droit public entre en principe dans le champ d'application de la directive n° 77/187 ; la notion d'entreprise au sens de cette dernière comprend toute entité économique organisée de manière stable, c'est-à-dire un ensemble de structures de personnes et d'éléments permettant l'exercice d'une activité économique qui poursuit un objectif propre. Une telle notion est indépendante du statut juridique de cette entité et de son mode de financement. • CJCE 26 sept. 2000 : *aff. C-179/99, Mayeur : RJS 2001, n° 138 ; JS Lamy 2000, 69-1.*

29. L'art. L. 122-12 [art. L. 1224-1 nouv.] est applicable en cas de reprise d'une activité par une personne privée chargée de la gestion d'un service public sans qu'il y ait lieu de rechercher si cette activité a un caractère administratif ou industriel et commercial. • Soc. 2 mars 1999, n° 97-40.444 P : *RJS 1999. 296, n° 478.* ♦ Il en est de même de la reprise par une commune en régie directe de l'exploitation d'abattoirs municipaux antérieurement affermés à une société. La commune est tenue de respecter les contrats en cours. • T. confl. 15 mars 1999 : *Dr. soc. 1999. 676.* ♦ La seule circonstance que le cessionnaire soit un établissement public à caractère administratif lié à son personnel par des rapports de droit public ne peut suffire à caractériser une modification dans l'identité de l'entité économique transférée. • Soc. 25 juin 2002, n° 01-43.467 P : *RJS 2002. 820, n° 1078* • 14 janv. 2003, n° 01-43.676 P : *D. 2003. 1662, obs. Debord ; JCP E 2003. 547, note Crevel ; CSB 2003. 186, A. 25 ; JS Lamy 2003, n° 117-4.* ♦ Comp. : • Soc. 7 févr. 1980 : *Bull. civ. V, n° 115* • 8 nov. 1978 : *ibid. n° 743* (reprise par une commune de l'exploitation d'une piscine) • 30 juin 1983 : *Dr. soc. 1984. 91, note Blaise* (reprise d'une crèche de la Croix-Rouge par une commune) • 7 oct. 1992, n° 89-45.712 P • 10 juill. 1995 : *RJS 1995. 572, n° 866 ; JCP 1996. I. 3923, n° 10, obs. Couturier* (reprise d'un service d'eau par une commune en gestion directe dans des conditions qui démontrent l'existence d'un service public à caractère administratif) • 17 déc. 2003 : *Dr. soc. 2004. 321, obs. Waquet ; JCP E 2004. 1145, note Morvan ; RJS 2004. 122, n° 175* (reprise des lits d'une clinique par un centre hospitalier). ♦ L'art. L. 122-12 [art. L. 1224-1 nouv.] n'est pas écarté lorsque l'activité se poursuit sous la forme d'un service public à caractère industriel ou commercial. • Soc. 8 nov. 1978 : *préc.* • 7 oct. 1992, n° 89-41.823 P • 6 déc. 1995 : *RJS 1996. 148, n° 250* • 7 avr. 1998, n° 96-43.063 P : *RJS 1998. 369, n° 569 ; D. 1998. IR 122* (abattoirs publics) • 22 janv. 2002, n° 00-40.756 P : *D. 2002. IR 779 ; JS Lamy 2002, n° 97-4* (abattoirs d'une commune). ♦ Même solution en cas de reprise par un nouveau concessionnaire des installations communales de distribution d'eau. • Soc. 3 mars 1993, n° 91-44.906 P : *Dr. soc. 1993. 380.*

30. La simple expiration de la convention d'occupation temporaire du domaine public par laquelle une société avait été autorisée par une personne publique à exploiter une activité de restauration et de débit de boissons n'emporte pas transfert à cette personne publique de l'entité économique de restauration et de débit de boissons constituée par cette activité, qui n'a pas été reprise par la personne publique. • T. confl. 18 juin 2007 : *RJS 2007. 813, n° 1027.*

31. L'action relative à la reprise des contrats de travail qui oppose une collectivité aux salariés d'une personne de droit privé dont elle a repris l'activité relève de la compétence du juge judiciaire tant que le nouvel employeur public n'a pas placé ces salariés dans une situation de droit public. • T. confl. 19 janv. 2004 : *AJDA 2004. 434, note Donnat et Casas ; Dr. soc. 2004. 433, obs. Mazeaud ; JCP E 2004. 1014, note Duquesne* • 14 févr. 2005 : *RJS 2005. 592, n° 805* • 12 juin 2007 : *RDT 2007. 524, obs. Waquet ; Dr. soc. 2007. 1056, obs. Mazeaud.* ♦ Le juge judiciaire est seul compétent pour statuer sur les litiges nés de la rupture des contrats de travail prononcés par la personne morale de droit public dès lors que ces salariés n'ont jamais été liés à celle-ci par un rapport de droit public et que ces litiges ne mettent en cause que des relations de droit privé. • Soc. 23 nov. 2005 : *D. 2005. IR 3034 ; RJS 2006. 16, n° 12 ; Dr. soc. 2006. 383, note Mazeaud ; JS Lamy 2005, n° 1806.*

B. TRANSFERT D'UNE UNITÉ ÉCONOMIQUE

32. Définition. L'entité doit correspondre à un ensemble organisé d'éléments permettant la poursuite des activités ou de certaines activités de l'entreprise cédante de manière stable. • CJCE 19 sept. 1995 : *JCP E 1995. Pan. 1270.* ♦ Une entité ne saurait être réduite à l'activité dont elle est chargée. Son identité ressort également d'autres éléments tels que le personnel qui la compose, son encadrement, l'organisation de son travail, ses méthodes d'exploitation ou, le cas échéant, les moyens d'exploitation mis à sa disposition. • CJCE 11 mars 1997, aff. C13/95 : *D. 1997. IR 84.* ♦ L'entité économique est un ensemble organisé de personnes et d'éléments permettant l'exercice d'une activité économique qui poursuit un objectif propre. La seule circonstance que la prestation fournie par l'ancien et le nouveau concessionnaire soit similaire ne permet pas de conclure au transfert d'une telle entité. • CJCE 10 déc. 1998 : *RJS 1999. 186, n° 315.* ♦ La notion d'entité économique envoie à un ensemble organisé de personnes et d'éléments permettant l'exercice d'une activité économique qui poursuit un objectif propre. • CJCE 2 déc. 1999 : *préc. note 3.*

33. Illustrations. Constitue une entité économique un ensemble organisé de personnes et d'éléments corporels ou incorporels permettant l'exercice d'une activité économique qui poursuit un objectif propre. • Soc. 7 juill. 1998, n° 96-21.451 P : *Dr. soc. 1998. 948, note A. Mazeaud ; RJS 1998. 815, n° 1346.* ♦ Il en est de même de la cession d'un rayon de boucherie dans un supermarché. • Soc. 26 sept. 1990, n° 86-40.813 P : *RJS 1990. 515, n° 754.* ♦ ... De celle d'une activité de menuiserie au sein d'une entreprise de production et de distribution de graines. • Soc. 12 déc. 1990 : *Dr. soc. 1991. 246, note Blaise*. ♦ ... De la cession faite à un concessionnaire de la distribution des véhicules et produits de la marque sur un secteur géographique donné, distribution assurée jusqu'à cette date par le constructeur lui-même. • Soc. 4 oct. 1995, n° 93-46.181 P : *D. 1995. IR 235 ; Dr. soc. 1995. 1040, obs. Blaise ; RJS 1995. 711, n° 1116.* ♦ La reprise de la commercialisation des produits d'une marque et de la clientèle qui y est attachée entraîne en principe le transfert d'une entité économique autonome qui poursuit un objectif propre, conserve son identité et dont l'activité est poursuivie ou reprise. • Soc. 14 mai 2003 : *Dr. soc. 2003. 1130, obs. Mouly*. ♦ De même, la reprise d'une activité sportive par une nouvelle association ayant le même objet, les mêmes adhérents et la même activité dans les mêmes locaux constitue une entité économique autonome ayant conservé son identité et dont l'activité a été poursuivie ou reprise ; peu important que les locaux, auparavant donnés à bail par une personne de droit privé, soient désormais mis à disposition par la collectivité territoriale. • Soc. 20 déc. 2006 : *D. 2007. AJ 448 ; RJS 2006. 231, n° 312.*

34. Procédure collective. L'art. L. 1224-1 s'applique à la poursuite d'une activité hôtelière après le règlement judiciaire de la première société. • Soc. 27 juin 1990, n° 87-40.224 P. ♦ .... À la gestion provisoire confiée au cessionnaire par l'administrateur au redressement judiciaire, dans l'attente de la réalisation du plan de cession. • Soc. 26 nov. 1996, n° 95-42.006 P. ♦ Mais l'art. L. 1224-1 C. trav. n'est pas applicable aux salariés passés au service d'une société qu'ils ont constituée à l'occasion de leur licenciement pour motif économique, consécutif à la liquidation judiciaire de l'employeur. • Soc. 3 mai 2011 : *D. 2011. Actu. 1356, obs. Ines ; RJS 2011. 535, n° 580 ; Dr. soc. 2011. 865, obs. Mazeaud*.

35. Location-gérance. Le contrat de location-gérance n'emporte pas en lui-même la disparition du caractère distinct de l'entité transférée ; dès lors que le nom commercial de celle-ci est conservé, que sa comptabilité est autonome, le juge des référés a pu retenir que l'entité économique a conservé son autonomie et que l'institution représentative du personnel se maintient dans la nouvelle entreprise. • Soc. 15 nov. 2011 : *Dalloz actualité, 15 déc. 2011, obs. Siro ; D. 2011. Actu. 2875 ; RJS 2012. 133, n° 156 ; JCP S 2012. 1060, obs. Morand.*

36. Le changement de concessionnaire exclusif de la vente de véhicules automobiles d'une marque entraîne le transfert d'une entité économique autonome constituée d'un ensemble organisé de personnes et d'éléments corporels ou incorporels permettant l'exercice d'une activité économique qui poursuit un objectif propre, ayant conservé son identité et dont l'activité est poursuivie. • Soc. 11 juin 2002, n° 01-43.051 P : *RJS 2002. 732, n° 947 ; JCP E 2002. 1383, note Bertin.* ♦ Mais l'entité économique ne conserve pas son identité si la vente des véhicules précédemment assurée par un concessionnaire est désormais répartie entre plusieurs entreprises de la région. • Soc. 28 mai 2003 : *RJS 2003. 668, n° 984.*

37. Il y a transfert d'une entité économique lorsque l'activité reprise par le nouveau concessionnaire comprend une clientèle, l'usage de portions de la voie publique et la perception de droits de place. • Soc. 16 nov. 1999, n° 98-41.782 P : *RJS 2000. 26, n° 16.* ♦ *Contra* : ne constitue pas le transfert d'une entité économique la cession de la distribution d'un produit dès lors que le cédant conserve son propre réseau et distribue ses produits sous un autre nom. • Soc. 20 oct. 1993 : *RJS 1993. 707, n° 1180.*

38. La rédaction d'un hebdomadaire, qui ne constituait pas un service distinct disposant de ses propres moyens, ne caractérise pas une entité économique autonome susceptible d'être transférée à un nouvel exploitant. • Soc. 19 févr. 1992, n° 90-45.319 P : *Dr. soc. 1992. 378 ; RJS 1992. 239, n° 408.* ♦ Un mandat de gestion ne constitue pas à lui seul une entité économique autonome. • Soc. 10 juill. 2001, n° 99-45.062 P : *D. 2001. IR 2359 ; RJS 2001. 866, n° 1262.* ♦ Le contrat confiant à une entreprise la gestion de marchandises remises en dépôt dans les locaux et avec les moyens appartenant à une autre entreprise ne caractérise pas le transfert économique autonome. • Soc. 10 juill. 2007 : *RDT 2007. 582, obs. Waquet*. ♦ Aucune entité économique n'est transférée au cessionnaire lorsque la cession de clientèle et de marques n'entraînent que la transmission d'activités liées à la commercialisation d'une partie des produits de la société cédante et que le personnel n'était pas affecté spécialement à telle ou telle catégorie de marchandises. • Soc. 22 janv. 2002, n° 00-40.787 P : *RJS 2002. 320, n° 396 ; JS Lamy 2002, n° 96-5.* ♦ Il n'y a pas de transfert d'entreprise au sens de l'art. L. 1224-1 lorsque l'activité d'une société a été répartie entre deux sociétés, en sorte que l'entité économique n'a pas conservé son identité. • Soc. 12 janv. 2016, n° 14-22.216 P : *D. 2016. Actu. 206 ; RJS 3/2016, n° 165 ; JCP S 2016. 1142, obs. Icard.*

39. Marché d'intérêt national. L'existence d'une entité économique autonome est indépendante des règles d'organisation et de gestion du service au sein duquel s'exerce l'activité économique ; l'application de l'art. L. 122-12 [art. L. 1224-1 nouv.] ne peut être écartée en se fondant sur le régime particulier des marchés d'intérêt national des art. L. 730-1 et L. 730-2 C. com. • Soc. 10 oct. 2006 : *RDT 2006. 381, obs. Waquet ; D. 2006. IR 2624 ; RJS 2006. 933, n° 1250.*

40. Secteur de main-d'œuvre. Dans certains secteurs dans lesquels l'activité repose essentiellement sur la main-d'œuvre, une collectivité de travailleurs que réunit durablement une activité commune peut correspondre à une entité économique. • CJCE 11 mars 1997, *Süzen (Mme) c/ Zehnacker Gebäudereinigung GmbH Krankenhausservice,* aff. C-13/95 : *Rec. 1997, I-1259 ; D. 1997. 84 ; Dr. soc. 1997. 728, note P.-H. Antonmattéi ; RJS 1997. 492* (marché de nettoyage) • CJCE 10 déc. 1998, *Sanchez Hidalgo (Sté) c/ Asociacion de Servicios Aser,* aff. C-173/96 : *Rec. 1997, I-8237 ; D. 1999. 24* (surveillance de locaux) • CJCE 10 déc. 1998, *Vidal (Sté) c/ Gomez Pérez : D. 1999. 24, préc., à propos d'une activité de nettoyage reprise par le donneur d'ordres* • 24 janv. 2002, *Temco Service Industries (Sté) c/ Imzilyen,* aff. C-51/00 : *D. 2002. 862 ; RJS 4/2002. 300 ; LPA 2002, n° 103, p. 4, note Picca et Sauret* (marché de nettoyage).

41. Employé de maison. L'art. L. 122-12, al. 2 [art. L. 1224-1 nouv.], ne s'applique pas en cas de décès de l'employeur d'une employée de maison. • Soc. 5 déc. 1989 : *Bull. civ. V, n° 695 ; D. 1990. IR 11.*

C. MAINTIEN DE L'ACTIVITÉ

1° POURSUITE EFFECTIVE DE L'ACTIVITÉ

42. Principe. Le critère décisif pour établir l'existence d'un transfert d'entreprise au sens de la directive est celui du maintien de l'entité économique. Il résulte notamment de la poursuite effective ou de la reprise par le nouveau chef d'entreprise des mêmes activités économiques ou d'activités analogues. • CJCE 14 avr. 1994 : *préc. note 24.* ♦ L'art. L. 1224-1 s'applique même lorsque la partie d'entreprise cédée ne conserve pas son autonomie du point de vue organisationnel, à condition que le lien fonctionnel entre les facteurs de production transférés soit maintenu et qu'il permette au cessionnaire d'utiliser ces derniers aux fins de poursuivre une activité économique identique analogue. • CJCE 12 févr. 2009 : *Sem. soc. Lamy 2009, n° 1404, p. 11.*

43. Absence de gestion économique propre. La circonstance que les éléments corporels soient repris par le nouvel adjudicataire sans que ces éléments lui aient été cédés aux fins d'une gestion économique propre ne peut conduire à exclure ni l'existence d'un transfert des éléments d'exploitation ni l'existence d'un transfert d'entreprise ou d'établissement au sens de la directive 2001/23/CE du 12 mars 2001 ; le juge national ne peut donc écarter l'application des règles sur le transfert d'entreprise au seul motif d'une absence de poursuite d'une gestion économique propre des éléments d'exploitation. • CJCE 15 déc. 2005 : *aff. C-232/04 et C-233/04.*

44. Interruption temporaire de l'activité. Une suspension temporaire d'activité ne fait pas obstacle au maintien du contrat de travail. • Soc. 21 mars 1990 : *D. 1990. IR 107* • 13 juin 1990, n° 86-44.114 P. • CJCE 17 déc. 1987 : *D. 1989. Somm. 165, obs. Jeammaud* • Soc. 28 mai 1997, n° 94-44.644 P : *RJS 1997. 662, n° 1071* (suspension temporaire de l'activité due à l'accomplissement des démarches nécessaires à l'obtention d'aides publiques à laquelle la réalisation de la cession est subordonnée). ♦ Le fait que la rémunération d'un salarié lui ait été servie de manière temporaire par un régime de garantie des salaires ou d'assurance-chômage ne fait pas obstacle à l'application de l'art. L. 1224-1 C. trav. • Soc. 28 mars 2006 : *D. 2006. IR 1000 ; RJS 2006. 484, n° 696 ; Dr. soc. 2006. 690, obs. Mazeaud.*

45. Redressement ou liquidation judiciaires. Le fait que le repreneur des éléments constitutifs d'une entité économique autonome ait été placé en redressement judiciaire à l'époque du transfert, n'empêche pas l'application de l'art. L. 122-12. • Soc. 10 juill. 2007 : *RDT 2007. 582, obs. Waquet.*

46. Contrat de location-gérance. A l'issue d'une location-gérance, l'art. L. 122-12 [art. L. 1224-1 nouv.] ne s'applique que pour autant que l'entreprise subsiste et que son exploitation est susceptible d'être poursuivie, ce qui est exclu en cas de ruine du fonds. • Soc. 15 janv. 1981 : *Bull. civ. V, n° 33 ; RTD com. 1981. 719, n° 11, obs. Derruppé.* ♦ Dans le même sens : • Soc. 31 oct. 1989 : *Bull. civ. V, n° 622 ; D. 1989. IR 301* • 6 nov. 1991, n° 88-45.486 P : *RJS 1991. 700, n° 1295.* ♦ Ainsi, l'art. L. 122-12 [art. L. 1224-1 nouv.] s'applique à la réalisation d'un contrat de location-gérance qui entraîne le retour du fonds à son propriétaire, l'activité n'ayant pas totalement disparu, les autres éléments incorporels du fonds subsistant et les éléments corporels ayant fait retour au propriétaire du fonds qui s'en est ensuite séparé. • Soc. 11 mai 1999 : *D. 1999. IR 156 ; RJS 1999. 555, n° 901* • 20 mars 2001, n° 99-41.392 P : *RJS 2001. 505, n° 729.* ♦ Lorsque à l'issue d'un contrat de location-gérance le locataire ne restitue que le local et conserve les pièces qui lui permettent d'exploiter la clientèle dans de nouveaux locaux, il en résulte que, malgré la cessation du contrat de location-gérance, le fonds de commerce n'est pas revenu dans le patrimoine du bailleur et qu'il n'y a pas eu modification dans la situation juridique de l'employeur. • Soc. 31 oct. 1989 : *Bull. civ. V, n° 622 ; D. 1989. IR 301.* ♦ Dans le même sens : • Soc. 16 juin 1988 : *JS UIMM 1988. 245.*

2° ACTIVITÉ IDENTIQUE ET SIMILAIRE

47. Location-gérance. Si, à l'expiration d'un contrat de location-gérance, le contrat de travail subsiste en principe avec le bailleur, c'est à la condition que la même entreprise continue à fonctionner et fasse retour dans le patrimoine de celui-ci. • Soc. 9 juin 1983 : *Bull. civ. V, n° 318 ; Dr. soc. 1984. 91, note Blaise.* ♦ V. aussi : • Soc. 27 juin 1990, n° 87-40.224 P.

48. *Reprise de chantiers.* La reprise, par une société spécialement créée à cette fin, de différents chantiers et du personnel d'une autre société, en sorte que les mêmes travaux se sont poursuivis avec les mêmes ouvriers, implique une modification de la situation juridique de l'employeur. • Soc. 9 avr. 1987 : *Bull. civ. V, n° 198.*

49. *Autres illustrations.* L'application de l'art. L. 122-12 [art. L. 1224-1 nouv.] est écartée lorsqu'une entreprise s'approvisionne en plats cuisinés après avoir résilié le contrat qui l'unissait à une société de restauration. • Soc. 5 juill. 1983 : *Bull. civ. V, n° 391 ; D. 1984. IR 358, obs. Langlois ; Dr. soc. 1984. 91, note Blaise.* ♦ La substitution, à la fourniture de plats préparés par un traiteur extérieur, d'un service de restauration intérieur assuré par un atelier d'apprentissage professionnel destiné aux travailleurs handicapés et encadrés par des éducateurs spécialisés modifie la nature et l'objet de l'entité dont relevaient les salariés du traiteur extérieur, qui ne peuvent donc se prévaloir du transfert de leur contrat de travail auprès de l'entreprise adaptée. • Soc. 12 juill. 2010 : *Dalloz actualité, 31 août 2010, obs. Ines ; RJS 2010. 667, n° 723 ; Dr. soc. 2010. 1128, obs. Mazeaud.* ♦ ... Ou lorsque le cédant d'un droit au bail exploitait une activité de vente de tissus, alors que le cessionnaire tient un commerce de prêt-à-porter. • Soc. 9 mai 1989 : *CSB 1989. 151. S. 83.* ♦ V. aussi : • Soc. 18 oct. 1983 : *D. 1984. IR 358, 2e esp., obs. Langlois* • 23 mai 1984 : *Bull. civ. V, n° 221.* ♦ ... Ou lorsqu'une entreprise confie la charge de sa distribution, qu'elle assurait elle-même antérieurement, à une entreprise de transport de marchandises de la société cédante. • Soc. 12 déc. 1990, n° 87-45.251 P.

II. EFFETS DE L'ART. L. 1224-1

A. CARACTÈRE D'ORDRE PUBLIC

50. *Ordre public.* Il ne peut être dérogé par des conventions particulières aux dispositions d'ordre public de l'art. L. 122-12, al. 2 [L. 1224-1 nouv.]. • Soc. 13 juin 1990, n° 86-45.216 P : *D. 1990. IR 184* • 22 juin 1993, n° 90-44.705 P : *Dr. soc. 1993. 769 ; RJS 1993. 503, n° 844.* ♦ V. aussi : • Soc. 14 déc. 1976 : *Bull. civ. V, n° 663* (engagement pris par l'employeur de licencier les salariés refusant le transfert de leur contrat) • 3 mars 1983 : *ibid., n° 134.*

51. *Information des salariés.* L'art. 7, al. 6, Dir. transfert du 12 mars 2001, relatif à l'obligation d'informer les salariés du transfert et de ses conséquences en l'absence de représentants du personnel, invoquée par les salariés, n'a pas été transposée en droit interne, de sorte qu'il ne peut créer d'obligations à la charge de l'employeur. • Soc. 18 nov. 2009 : *D. 2010. 1267, note Tissandier ; Dr. soc. 2010. 245, obs. Mazeaud ; JS Lamy 2010, n° 272-4* • Soc. 17 déc. 2013 : *Dalloz actualité, 27 janv. 2013, obs. Ines ; D. 2014. Actu. 24 ; RDT 2014. 182, obs. Moizard ; RJS 3/2014, n° 197 ; JCP E 2014. 1294, obs. Morvan.*

52. Ni l'interruption de l'activité, ni la délivrance d'un reçu pour solde de tout compte, ni la modification des conditions d'exploitation par le cessionnaire ne peuvent faire échec à l'application de l'art. L. 122-12 [art. L. 1224-1 nouv.]. • Soc. 10 oct. 1990 : *RJS 1991. 82, n° 160.*

53. Lorsque des salariés ont quitté leur premier employeur et ont conclu un nouveau contrat de travail avec l'acquéreur de l'entreprise tout en n'ayant jamais cessé de travailler, le juge doit rechercher s'ils n'avaient pas accepté de changer d'employeur qu'en considération de la cession de l'entreprise déjà décidée, ce qui ne pouvait faire échec aux dispositions d'ordre public de l'art. L. 122-12 [art. L. 1224-1 nouv.]. • Soc. 18 avr. 1989 : *Bull. civ. V, n° 280 ; D. 1989. IR 138.* – V. aussi • Soc. 26 oct. 1994 : *Dr. soc. 1995. 55, obs. Blaise.* ♦ La démission des salariés ne peut faire échec aux dispositions de l'art. L. 122-12 [art. L. 1224-1 nouv.], dès lors qu'ils avaient continué d'exercer leurs fonctions au service du nouvel employeur. • Soc. 12 févr. 1991, n° 88-41.373 P : *RJS 1991. 163, n° 311.* ♦ Dans le même sens : • Soc. 10 juill. 1996 : *CSB 1996. 336, S. 155.* ♦ C'est par le seul effet de la loi que les contrats de travail subsistent et cette transmission s'impose aux salariés comme à l'employeur. • Soc. 16 janv. 1990, n° 88-40.054 P.

54. *Renonciation.* Un salarié peut renoncer à l'application de l'art. L. 122-12, al. 2 [art. L. 1224-1 nouv.]. • Soc. 20 juin 1985 : *Juri social 1985, F. 75.*

55. *Action syndicale.* La violation des dispositions de l'art. L. 1224-1 porte atteinte à l'intérêt collectif de la profession représentée par le syndicat, de sorte que l'intervention de ce dernier au côté des salariés à l'occasion d'un litige portant sur l'applicabilité de ce texte est recevable. • Soc. 23 sept. 2009 : *à paraître au Bulletin.*

B. EFFETS SUR LA PÉRIODE ANTÉRIEURE AU TRANSFERT

56. *Validité de principe des licenciements.* Sauf fraude à l'ordre des licenciements et aux droits des salariés, l'art. L. 122-12 [art. L. 1224-1 nouv.] ne fait pas nécessairement obstacle à ce que le salarié soit licencié avant même le changement d'employeur, compte tenu de la réorganisation de l'entreprise à laquelle le futur employeur a d'ores et déjà décidé de procéder. • Soc. 8 juin 1979 : *Bull. civ. V, n° 502* • 18 mars 1982 : *ibid., n° 184 ; D. 1983. IR 168, obs. Pélissier* • 6 nov. 1991 : *D. 1991. IR 286 ; Dr. soc. 1992. 75 ; RJS 1991. 700, n° 1296.* ♦ Comp., en l'absence de volonté de réorganisation : • Soc.

4 janv. 1974 : *D. 1974. IR 29 ; JCP 1974. II. 17878, note Lazerges.* ♦ Si l'art. L. 122-12, al. 2 [art. L. 1224-1 nouv.], ne fait pas obstacle à des licenciements pouvant intervenir antérieurement à la cession pour des raisons économiques ou techniques impliquant une suppression d'emploi, l'intention manifestée par le cessionnaire de poursuivre seul l'exploitation ne saurait constituer pour le cédant une cause légitime de rupture du contrat d'un salarié employé dans l'entreprise transférée. • Soc. 17 juill. 1990, n° 86-40.155 P : *D. 1991. Somm. 149, obs. Gallot* ; *RJS 1990. 448, n° 650* • 27 juin 1995 : *D. 1995. IR 174* ; *RJS 1995. 650, n° 1013 ; JCP 1996. I. 3899, obs. Coursier.*

57. Licenciements nuls. Le transfert d'une entité économique autonome entraîne de plein droit le maintien, avec le nouvel employeur, des contrats de travail qui y sont attachés et prive d'effet les licenciements prononcés par le cédant pour motif économique. • Soc. 11 mars 2003, n° 01-41.842 P : *GADT, 4e éd., n° 64 ; Dr. soc. 2003. 474, rapp. Bailly et note Mazeaud* . ♦ Le changement d'employeurs résultant de plein droit du transfert d'une entité économique autonome s'impose tant aux employeurs successifs qu'aux salariés concernés ; il en résulte que le licenciement prononcé par le cédant est privé d'effet et que le salarié licencié en raison de son refus de changer d'employeur ne peut prétendre au paiement d'indemnités de rupture et de dommages-intérêts. • Soc. 14 déc. 2004, n° 03-41.713 P : *Dr. soc. 2005. 229, obs. Mazeaud* ; *JS Lamy 2005, n° 161-4 ; RJS 2005. 101, n° 126.* ♦ S'il survient une modification dans la situation juridique de l'employeur, tous les contrats de travail en cours au jour de la modification subsistent entre le nouvel employeur et le personnel de l'entreprise ; il s'ensuit que les licenciements prononcés à l'occasion d'une telle modification sont privés d'effet, et que les salariés licenciés ont le choix de demander au nouvel employeur la poursuite de leur contrat de travail, qui est alors censé n'avoir jamais été rompu, ou la réparation du préjudice qui découle de la rupture par l'auteur du licenciement. • Soc. 15 févr. 2006 : *RJS 2006. 382, n° 533 ; Dr. soc. 2006. 572, obs. Mazeaud* . ♦ La clause de la convention de cession d'une entité économique autonome appartenant à une entreprise en liquidation judiciaire, qui ne prévoit que la reprise d'une partie des salariés, doit être réputée non écrite car contraire aux dispositions d'ordre public de l'art. L. 122-45, al. 2 [art. L. 1132-2 nouv.] ; mais cela n'affecte pas la validité de l'acte de cession dans son entier. • Cass., ch. mixte, 7 juill. 2006 : *RDT 2006. 388, obs. Waquet* ; *Dr. soc. 2006. 1064, obs. Mazeaud* ; *RJS 2006. 768, n° 1029 ; JS Lamy 2006, n° 197-4.* ♦ Dans cette hypothèse, le cédant qui a continué à utiliser les services du salarié évincé à tort du transfert par une convention réputée non écrite ne peut obtenir du cessionnaire le remboursement des sommes afférentes à l'exécution ou à la rupture de ces contrats. • Soc. 11 févr. 2009 : *RDT 2009. 304, obs. Guyader* ; *Dr. soc. 2009. 618, obs. Mazeaud* ; *RJS 2009. 280, n° 318.*

58. Procédures collectives. Les licenciements prononcés par un syndic demeurant sans effet si l'exploitation se poursuit, même après une suspension d'activité, c'est à bon droit qu'une cour d'appel a pu décider que l'art. L. 122-12 [art. L. 1224-1 nouv.] devait être appliqué. • Soc. 13 juin 1990, n° 86-45.083 P : *D. 1990. IR 184 ; CSB 1990, suppl. au n° 22, p. 12, obs. Morville* • 20 oct. 1994 : *Dr. soc. 1995. 57.* ♦ V. aussi : • Soc. 13 juin 1990, n° 86-45.216 P : *CSB suppl. au n° 22, p. 12, obs. Morville* (nullité des licenciements prononcés par le syndic au motif d'une cessation d'activité qui ne s'est pas réalisée et condamnation *in solidum* du syndic et du cessionnaire, l'engagement du syndic de faire son affaire des contrats de travail des salariés ne pouvant avoir d'effet qu'entre les employeurs successifs) • 30 juin 1992, n° 90-44.057 P : *Dr. soc. 1992. 837* ; *CSB 1992. 233, A. 44 ; RJS 1992. 538, n° 964* (nullité du licenciement des salariés repris par le cessionnaire) • 9 juill. 1997 : *RJS 1997. 825, n° 1340* (même solution). ♦ La décision du juge-commissaire d'autoriser la cession d'éléments d'actifs de l'entreprise n'est pas de nature à faire échec à l'application de l'art. L. 122-12, al. 2 [art. L. 1224-1 nouv.]. • Soc. 21 oct. 1998, n° 96-42.116 P : *D. 1998. IR 247 ; RJS 1998. 886, n° 1451.* ♦ Les licenciements prononcés par le mandataire-liquidateur avant la cession autorisée par le juge-commissaire sont sans effet. • Soc. 3 avr. 2001 : *RJS 2001. 503, n° 725.*

59. Seuls sont transférés les salariés dont l'emploi est attaché à l'activité cédée ; les licenciements des autres salariés autorisés par le juge-commissaire sont valables et il appartient au mandataire-liquidateur d'établir un ordre des licenciements. • Soc. 27 nov. 2001, n° 99-43.380 P : *RJS 2002. 237, n° 290.* ♦ Il en va de même de la rupture d'un commun accord des contrats de travail des salariés ayant accepté de bénéficier d'une convention de conversion proposée à l'initiative du mandataire-liquidateur avant la cession ultérieurement autorisée par le juge-commissaire. • Soc. 3 avr. 2001 : *RJS 2001. 504, n° 725.* ♦ Sur la licéité des licenciements lorsque la continuation de l'exploitation n'a été envisagée que sous condition du congédiement préalable par la société en règlement judiciaire d'une partie du personnel, selon un plan de redressement arrêté sans fraude. • Soc. 31 janv. 1980, n° 78-40.988 P : *D. 1980. 398, note Derrida ; JCP CI 1981. I. 9416, note Cabrillac et Argenson ; Dr. ouvrier 1980. 411, note Saramito* • 21 mars 1990, n° 87-41.145 P. • 12 déc. 1990 : *Bull. civ. V, n° 655 ; D. 1991. IR 51* ; *CSB 1991. 43, A. 15* • 23 juin 1993 : *RJS 1993. 516,* *n° 861* • 31 mars 1998, n° 92-41.395 P : *D. 1998. IR 122* .

60. Annulation de l'autorisation administrative de licenciement. L'annulation de l'autorisation administrative de licenciement d'un salarié protégé ne laissant rien subsister de celle-ci, le contrat de travail du représentant a pu être transféré et sa réintégration doit s'effectuer chez le nouvel employeur. • Soc. 26 sept. 1990 : *RJS 1990. 568, n° 842* • 10 oct. 1990 : *RJS 1990. 568, n° 843* • Crim. 15 oct. 1991 : *D. 1992. IR 23* . ♦ Lorsque le transfert du contrat de travail d'un salarié protégé est nul faute d'autorisation de l'inspecteur du travail, ce contrat est, de fait, rompu par l'entreprise cédante. • Soc. 18 juin 2014 : *Dalloz actualité, 15 juill. 2014, obs. Ines ; RJS 2014. 607, n° 709.* ♦ Le salarié licencié sans autorisation s'étant borné à demander l'indemnisation de son préjudice et non la poursuite de son contrat, il en résulte que la société ayant repris l'entreprise n'est pas tenue des obligations incombant à l'ancien employeur. • Soc. 28 oct. 1996, n° 95-40.994 P : *Dr. soc. 1997. 263, note Cohen* ; *RJS 1996. 828, n° 1286.*

61. Collusion frauduleuse. Pour des hypothèses de collusion frauduleuse entre le cédant et le cessionnaire. V. • Soc. 15 oct. 1987 : *D. 1987. IR 223* • 18 févr. 1988 : *Bull. civ. V, n° 114* • 2 mai 1989 : *ibid., n° 318* • 10 mai 1999, n° 96-45.250 P : *D. 1999. IR 163* ; *RJS 1999. 488, n° 797.* ♦ Les licenciements prononcés par le cédant en application d'un plan de cession mais suivis de réembauchage par le cessionnaire, même si une suspension d'activité a eu lieu entre les licenciements et les réembauchages, sont sans effets. • Soc. 14 déc. 1999, n° 98-41.520 P : *RJS 2000. 275, n° 381.* ♦ Les sociétés cédantes et cessionnaires, qui se sont entendues, dans l'acte de cession, sur la poursuite des contrats de travail à des conditions différentes de celles en vigueur au jour du transfert et sur les conséquences éventuelles d'une résiliation des contrats, doivent réparer le préjudice des salariés lié à la rupture de leur contrat ainsi causée par leur action commune et sont condamnées *in solidum* au paiement de dommages-intérêts. • Soc. 28 janv. 2015, n° 13-16.719 P : *D. 2015. Actu. 328* ; *RJS 4/2015, n° 236 ; JCP G 2015, n° 183, obs. Lefranc-Harmoniaux ; JCP S 2015. 1100, note Chenu.*

62. Situation du salarié illégalement licencié par le cédant. L'employeur ne peut se prévaloir de l'irrégularité d'un licenciement prononcé en violation de l'art. L. 122-12 [art. L. 1224-1 nouv.] pour le considérer comme caduc. • Soc. 20 oct. 1983 : *Bull. civ. V, n° 518.* ♦ Le salarié peut, à son choix, demander au repreneur la poursuite du contrat de travail illégalement rompu ou demander à l'auteur du licenciement illégal la réparation du préjudice en résultant. • Soc. 20 mars 2002, n° 00-41.651 P : *D. 2002. IR 1322* ; *RJS 2002. 524, n° 656 ; Dr. soc. 2002. 516, note Mazeaud* ; *JCP E 2002. 1764, obs. Morvan ; CSB 2002. 227, A. 28.* ♦ Comp. : • Soc. 20 janv. 1998 : *JCP 1998. II. 10027, rapp. Waquet ; Dr. soc. 1998. 297, obs. Vatinet* ; *RJS 1998. 176, n° 280.* ♦ Si le salarié licencié pour motif économique à l'occasion du transfert de l'entreprise peut demander au cédant réparation du préjudice que lui cause la perte de son emploi, c'est à la condition que le contrat de travail ne soit pas poursuivi avec le cessionnaire ; sauf en cas de collusion frauduleuse, les modifications apportées par le cessionnaire aux contrats de travail des salariés passés à son service, à la suite du changement d'employeur, ne peuvent constituer un manquement du cédant à ses obligations. • Soc. 13 mai 2009 : *D. 2009. AJ 1542, obs. Perrin* ; *RDT 2009. 514, obs. Guyader* ; *Dr. soc. 2010. 125, obs. Mazeaud* ; *RJS 2009. 548, n° 612 ; Dr. ouvrier 2009. 522, obs. Taraud.* ♦ L'absence de condamnation du cédant n'empêche pas celle du cessionnaire qui a refusé de poursuivre le contrat de travail du salarié licencié par l'administrateur judiciaire nonobstant le plan de cession. • Soc. 20 oct. 2004 : *RJS 2005. 30, n° 17.*

63. L'opposabilité de l'art. L. 122-12 [art. L. 1224-1 nouv.] n'a pas lieu de s'appliquer lorsque la société repreneuse n'a pu être constituée que parce que les salariés qui l'avaient créée avaient été préalablement licenciés dans le cadre d'une procédure de liquidation judiciaire. • Soc. 7 mars 1989 : *Bull. civ. V, n° 180 ; D. 1989. IR 96* • 12 nov. 1997, n° 95-42.533 P : *Dr. soc. 1998. 93, note Vatinet* .

64. Le changement d'employeur s'impose au salarié lorsque le cessionnaire l'informe, avant l'expiration du préavis, de son intention de poursuivre, sans modification, le contrat de travail. • Soc. 11 mars 2003, n° 01-41.842 P : *GADT, 4e éd., n° 64 ; Dr. soc. 2003. 474, rapp. Bailly et note Mazeaud* .

65. La poursuite de l'activité et la reprise de 25 des contrats de travail qui justifient l'application de l'art. L. 122-12 [art. L. 1224-1 nouv.] autorisent l'ASSEDIC à demander que soit constatée la nullité du licenciement et à ordonner le remboursement des indemnités de rupture qu'elle a indûment versées. • Soc. 15 déc. 1998, n° 96-44.233 P : *D. 1999. IR 26* ; *Dr. soc. 1999. 201, obs. Gauriau* .

66. Délit d'entrave. Le caractère volontaire du délit d'entrave est établi dès lors que le syndic omet, à trois reprises, de rechercher la présence de salariés protégés dans l'opération de transfert, alors que ceux-ci étaient nécessairement concernés par le plan de cession de l'ensemble de l'entreprise, et qu'il ne sollicite pas l'avis de l'inspecteur du travail. • Crim. 30 janv. 1996 : *Bull. crim., n° 54 ; D. 1996. IR 119 ; RJS 1997. 373, n° 572.*

67. Intérêt collectif de la profession. La violation de l'art. L. 1224-1 porte atteinte à l'intérêt collectif de la profession représentée par le syndicat, de sorte que l'intervention de ce dernier au côté des salariés à l'occasion d'un litige portant sur l'applicabilité de ce texte est recevable. • Soc. 23 sept. 2009 : *D. 2009. AJ 2431 ; RJS 2009. 835, n° 958 ; JCP S 2009. 1584, obs. Kerbouc'h.* ♦ Les syndicats ne sont pas toutefois recevables à agir pour demander communication à leur profit de documents qui auraient dû être transmis au comité d'entreprise par l'employeur à l'occasion d'un transfert d'entreprise et ils ne peuvent agir devant le tribunal de grande instance pour contester l'application des dispositions de l'art. L. 1224-1. • Soc. 11 sept. 2012 : *Dalloz actualité, 28 sept. 2012, obs. Ines ; Sem. soc. Lamy 2012, n° 1554, p. 10, obs. Tarasewicz et Jacquelet ; Dr. soc. 2012. 1065, obs. Mazeaud ; RJS 2012. 758, n° 882 ; JCP S 2012. 1521, obs. Loiseau.*

C. MAINTIEN DES CONTRATS DE TRAVAIL

1° SALARIÉS CONCERNÉS

68. Cession partielle d'activités. Lors de la cession d'une unité de travail, seuls les salariés affectés exclusivement à cette unité sont transférés. • Soc. 17 mars 1988 : *Bull. civ. V, n° 186 ; RJS 1989. 3, note Déprez.* ♦ Dans le même sens : • Soc. 12 nov. 1997, n° 95-43.605 P : *D. 1998. IR 3* . ♦ L'employeur ne peut imposer le transfert d'un salarié, alors que la cession ne concernait pas le magasin dans lequel celui-ci travaillait. • Soc. 17 janv. 1989 : *Bull. civ. V, n° 27.* ♦ Lorsqu'un salarié est affecté à deux établissements, dont l'un fait l'objet d'un transfert, il doit passer au service du cessionnaire pour la partie de l'activité qu'il consacrait à l'établissement cédé. • Soc. 22 juin 1993, n° 90-44.705 P : *Dr. soc. 1993. 769 ; RJS 1993. 503, n° 844* • 2 mai 2001, n° 99-41.960 P : *Dr. soc. 2001. 769, obs. Couturier ; RJS 2001. 589, n° 854.* ♦ Le contrat de travail du salarié qui s'exécutait pour l'essentiel dans le secteur d'activité repris par la société cessionnaire doit être transféré dans son ensemble alors même qu'il avait continué à exercer des tâches dans un secteur encore exploité par la société cédante. • Soc. 30 mars 2010 : *Dalloz actualité, 12 mai 2010, obs. Cortot ; RJS 6/2010, n° 489 ; Sem. soc. Lamy 2010, n° 1456, p. 11.* ♦ En cas de transfert partiel d'entreprise, le contrat de travail d'un salarié n'est transféré au nouvel employeur que s'il exerce l'essentiel de ses fonctions au sein de l'entité transférée ; à défaut, il se poursuit avec l'employeur initial. • Soc. 21 sept. 2016, n° 14-30.056 P : *D. 2016. Actu. 1937 ; RJS 12/2016, n° 761.*

69. Le salarié affecté à une entité économique transférée en application du plan de cession arrêté par le tribunal de commerce, à un cessionnaire qui en a poursuivi l'activité, doit être repris par celui-ci, peu important qu'il ne figure pas sur la liste nominative et qu'il ait été en arrêt de travail pour cause d'accident du travail à la date du plan de cession. • Soc. 16 mars 1999 : *RJS 1999. 403, n° 650.*

70. Mandataire social. La qualité de mandataire social dans la société cédée ne fait pas obstacle à l'application de l'art. L. 122-12, al. 2 [art. L. 1224-1 nouv.], en cas de cumul du mandat avec un contrat de travail. • Soc. 13 nov. 2001, n° 99-43.016 P : *Dr. soc. 2002. 115, obs. Couturier* . ♦ Impossibilité de reprise du contrat de travail d'un salarié qui est administrateur dans la société qu'il reprend : V. • Soc. 22 oct. 1996 : *RJS 1996. 852, n° 1331.* ♦ Mais l'art. L. 122-12 [art. L. 1224-1 nouv.] s'applique au contrat de travail d'un salarié administrateur de l'entreprise cédée et qui conserve les mêmes fonctions dans la nouvelle société. • Soc. 14 mai 1997, n° 94-40.227 P : *RJS 1997. 723, n° 1170.*

71. Qualité d'associé. La cession de l'entreprise en redressement judiciaire arrêtée par le tribunal de la procédure collective entraîne de plein droit le transfert d'une entité économique autonome conservant son identité et, par voie de conséquence, la poursuite, par le cessionnaire, des contrats de travail des salariés attachés à l'entreprise cédée, y compris le contrat de travail d'un salarié ayant, par ailleurs, la qualité d'associé de la SARL qui exploitait le fonds cédé, nonobstant toute stipulation contraire. • Soc. 30 avr. 2014 : *Dalloz actualité, 20 mai 2014, obs. Ines ; RJS 2014. 488, n° 594 ; JS Lamy 2014, n° 368-3, obs. Tissandier.*

72. Contrat de travail suspendu. Un contrat de travail suspendu pour quelque cause que ce soit reste en cours au sens de l'art. L. 122-12, al. 2 [art. L. 1224-1 nouv.]. • Soc. 8 févr. 1989 : *Bull. civ. V, n° 103.*

73. Détachement. L'art. L. 122-12 [art. L. 1224-1 nouv.] s'applique au salarié bien qu'il ait été en position de détachement lors du transfert de l'unité économique dès lors qu'il était demeuré salarié de la première société. • Soc. 14 mai 1997 ; n° 94-41.814 P : *Dr. soc. 1997. 736, obs. A. Mazeaud ; RJS 1997. 599, n° 951.*

74. Détachement d'un fonctionnaire. La considération de la personne auprès de laquelle est détaché un fonctionnaire constitue un élément déterminant du détachement qui ne peut être modifié que par l'administration ayant pouvoir de nomination ; il en résulte que les dispositions des art. L. 1224-1 et L. 1224-3 relatives au sort des contrats de travail en cas de modification dans la situation juridique de l'employeur ou de reprise par une personne publique dans le cadre d'un service public administratif de l'activité d'une entité économique employant des salariés de droit privé ne sont pas applicables au contrat de travail liant le fonctionnaire détaché et l'organisme d'accueil au profit duquel, seul, le détachement a été opéré. • Soc. 8 avr. 2014 : *Dalloz actualité, 3 juin 2014, obs. Ines ; RJS 2014. 421,* *n° 524 ; RDT 2014. 463, obs. Debord* ; *JCP G 2014. 508, note Lefranc-Hamoniaux.*

75. Rupture antérieure au transfert. Fait une fausse application de l'art. L. 122-12 [art. L. 1224-1 nouv.] la cour d'appel qui accueille une demande de paiement d'une indemnité de clientèle formée contre le nouvel employeur, alors que le contrat de travail avait été rompu avant le transfert et n'était plus en cours au jour de la reprise de l'exploitation. • Soc. 25 avr. 1979 : *Bull. civ. V, n° 331.* ♦ Dans le même sens : • Soc. 26 mars 1980 : *Bull. civ. V, n° 300* (salarié réembauché par le nouvel employeur après que son contrat initial a été rompu) • 26 févr. 1992, n° 89-41.353 P. ♦ Le contrat de travail d'un salarié licencié antérieurement au changement d'employeur ne se poursuit avec le nouvel employeur que pour l'exécution du préavis en cours. • Soc. 24 janv. 1990, n° 86-41.497 P : *D. 1990. IR 286 ; Dr. soc. 1992. 75 ; RJS 1991. 700, n° 1296.*

76. Les actes juridiques accomplis par le débiteur au cours de la période d'observation du redressement judiciaire ne sont pas frappés de nullité mais simplement d'inopposabilité à la procédure collective, et l'employeur qui succède à l'employeur en redressement judiciaire ne peut opposer au salarié la méconnaissance de la règle du dessaisissement. • Soc. 5 nov. 2014, n° 13-19.662 : *RJDA 4/2015, n° 291 ; RJS 1/2015, n° 6.*

77. Qualité de cédant. Peut être considéré comme un « cédant », au sens de l'art. 2, § 1, a) de la Dir. 2001/23/CE, l'entreprise du groupe à laquelle les travailleurs étaient affectés de manière permanente sans toutefois être liés à cette dernière par un contrat de travail, bien qu'il existe au sein de ce groupe une entreprise avec laquelle les travailleurs concernés étaient liés par un tel contrat. • CJUE 21 oct. 2010 : *RDT 2011. 35, obs. Tissandier* .

2° TRANSFERT DES CONTRATS

a. Contrats concernés

78. Contrat d'apprentissage. L'art. L. 122-12 [art. L. 1224-1 nouv.] s'applique au contrat d'apprentissage. • Soc. 4 mars 1982 : *Bull. civ. V, n° 146 ; D. 1982. IR 312* • 28 mars 1996, n° 93-40.716 P : *RJS 1996. 367, n° 582.*

79. Contrat de qualification. Le contrat de qualification, qui constitue un contrat de travail à durée déterminée, est transmis de plein droit au cessionnaire par l'effet de l'art. L. 122-12 [art. L. 1224-1 nouv.] lors du transfert de l'entreprise. • Soc. 3 mars 1998, n° 95-42.609 P : *Dr. soc. 1998. 704, obs. Vatinet* .

80. VRP. L'art. L. 122-12 [art. L. 1224-1 nouv.] s'applique aux VRP. • Soc. 19 juill. 1981 : *Bull. civ. V, n° 144.* ♦ ... Ainsi qu'aux salariés agricoles. • Cass., ass. plén., 21 janv. 1964 : *JCP 1964. II. 13554.*

b. Transfert par effet de la loi

81. Transfert automatique. L'employeur n'a pas à notifier au salarié le transfert de son contrat. • Soc. 23 oct. 1968 : *D. 1969. 166 ; JCP 1969. II. 475, obs. Savatier.* ♦ Les dispositions de l'art. L. 122-12 [art. L. 1224-1 nouv.] n'obligent pas l'employeur à informer le salarié de la cession de l'entreprise dans laquelle il est employé. • Soc. 14 déc. 1990 :, n° 87-16.587 P : *RJS 2000. 174, n° 253.* ♦ La remise d'un certificat de travail et le versement d'une indemnité de congés payés sont inopérants pour engendrer la rupture du contrat. • Soc. 6 mai 1975 : *Bull. civ. V, n° 232.* ♦ Sur l'obligation du repreneur d'information des salariés concernés par la modification d'employeur, V. • Soc. 4 juill. 2007 : *RDT 2007. 654, obs. Waquet* .

82. Fraude. Conserve la qualité d'employeur la société qui, ayant appris qu'elle allait perdre la gestion d'un restaurant d'entreprise, y mute trois salariés dans le seul but de ne plus les conserver à son service. • Soc. 29 mai 1991 : *RJS 1991. 426, n° 813.* ♦ Le fait pour l'employeur d'éluder, par un transfert litigieux, les droits et garanties dont les salariés auraient bénéficié en cas de licenciement économique caractérise une faute au regard de l'exécution loyale des contrats de travail. • Soc. 21 juin 2006 : *Dr. soc. 2006. 1062, obs. Mazeaud* ; *JCP S 2006. 1696, note Morvan.*

83. Sauf fraude, l'art. L. 122-12 [art. L. 1224-1 nouv.] n'interdit pas à l'employeur de s'engager à conserver à son service les salariés refusant le transfert de leur contrat. • Soc. 9 janv. 1985 : *D. 1985. IR 268.* ♦ Pour un cas de fraude ayant entraîné la condamnation solidaire de deux employeurs, V. • Soc. 4 avr. 1990, n° 86-44.229 P. ♦ Lorsqu'un salarié refuse d'entrer au service d'un cessionnaire, le cédant est libre de lui proposer un nouveau contrat de travail et le refus du salarié ne rend pas le cédant responsable de la rupture. • Soc. 16 janv. 1990, n° 88-40.054 P : *D. 1990. IR 29.*

84. Situation des salariés. Le transfert de son contrat de travail s'impose au salarié. • Soc. 16 janv. 1990, n° 88-40.054 P : *D. 1990. IR 29.* ♦ Le refus du salarié de poursuivre l'exécution du contrat maintenu s'analyse en une démission privative de toute indemnité. • Soc. 29 mai 1985 : *Bull. civ. V, n° 307* • 5 nov. 1987 : *ibid, n° 616 ; D. 1987. IR 230* • 10 oct. 2006 : *D. 2007. 472, note Mouly* ; *RDT 2006. 390, obs. Waquet* ; *JS Lamy 2006, n° 200-6 ; Sem. soc. Lamy 2006, n° 1279, p. 10.* ♦ Le refus du salarié doit être individuel. • Soc. 10 oct. 2006 : *RJS 2006. 935, n° 1251 ; Dr. soc. 2006. 1191, obs. Mazeaud* ; *JS Lamy 2006, n° 200-6.* ♦ Le délégué du personnel qui refuse la transmission de son contrat ne bénéficie plus des dispositions protectrices attachées à son mandat. • Soc. 29 avr. 1981 : *D. 1981. IR 78, obs. Pélissier.* ♦ Mais, dès l'instant qu'il a été convenu entre la société partiellement cédée et le salarié que celui-ci ne passerait pas au service de la société cessionnaire, le contrat de travail de ce salarié se poursuit sans solution de continuité avec l'employeur. • Soc. 26 mai 1998, n° 96-40.536 P. ♦ Même si l'entreprise a cessé de payer les salaires, le salarié ne peut s'estimer licencié et le contrat de travail se poursuit de plein droit avec le cédant dès lors que le plan de cession ne prévoyait aucun licenciement pour motif économique. • Soc. 6 juill. 1999, n° 97-42.231 P : *Dr. soc. 1999. 959, obs. Radé*.

85. Transfert illégal. Les indemnités accordées au salarié dont le contrat de travail a été cédé alors que les conditions légales n'étaient pas remplies réparent notamment le préjudice résultant de l'absence de bénéfice du régime de licenciement pour motif économique, distinct du dommage résultant de la rupture elle-même des contrats. • Soc. 21 juin 2006 : *RDT 2006. 143, obs. F. Guiomard ; ibid. 2006. 173, obs. Waquet ; JS Lamy 2006, n° 194-6.*

c. Transfert volontaire

86. Nécessité d'un accord exprès. L'application volontaire de l'art. L. 122-12 [art. L. 1224-1 nouv.] nécessite l'accord exprès des salariés. • Soc. 2 avr. 1998 : *RJS 1998. 372.* ♦ Le changement d'employeur prévu et organisé par voie conventionnelle suppose l'accord exprès du salarié, qui ne peut résulter de la seule poursuite de son contrat de travail sous une autre direction. • Soc. 19 mai 2016, n° 14-26.556 P : *RDT 2016. 482, obs. Reynès ; RJS 8-9/2016, n° 550 ; JCP S 2016. 1242, obs. Bousez.* ♦ Un changement d'employeur qui constitue une novation du contrat de travail, ne s'impose au salarié que si les conditions d'application de l'art. L. 1224-1 C. trav. sont remplies ; en cas d'application de dispositions conventionnelles prévoyant et organisant le transfert des contrats de travail hors application de ce texte, l'accord exprès du salarié est nécessaire au changement d'employeur et échappe au contrôle de l'inspecteur du travail. • Soc. 3 mars 2010 : *D. 2010. AJ 703, obs. Perrin ; Dr. soc. 2010. 606, obs. Struillou ; JCP S 2010. 1220, obs. Drai.* ♦ Deux sociétés qui se succèdent dans l'exécution d'un marché peuvent convenir d'une application volontaire de l'art. L. 122-12. • Soc. 3 avr. 1991, n° 88-41.112 P. ♦ Dans le même sens : • Soc. 4 mai 1994, n° 90-45.628 P. ♦ Pour une application des dispositions de la convention collective des entreprises de nettoyage de locaux prévoyant une garantie d'emploi du personnel, V. • Soc. 12 juill. 1999, n° 97-42.338 P : *RJS 1999. 764, n° 1231* • 12 juill. 2006 : *RJS 2006. 860, n° 1154.*

87. Respect des dispositions conventionnelles. Dès lors que la convention collective ne prévoit que le transfert des salariés attachés au marché ayant fait l'objet du changement de prestataire, il en résulte que le marché dévolu au nouveau prestataire doit avoir le même objet et concerner les mêmes locaux. • Soc. 10 juin 1997, n° 94-41.252 P : *CSB 1998. 181, A. 38 ; RJS 1998. 450, n° 706.* ♦ La convention collective nationale des entreprises de nettoyage de locaux met à la charge du nouveau prestataire l'obligation de se faire connaître par écrit auprès de l'entreprise sortante pour obtenir la liste du personnel à transférer. En l'absence de dispositions conventionnelles réglant les conséquences de l'inobservation de cette clause, l'entreprise sortante est tenue de maintenir la rémunération des salariés concernés par ce transfert tant que le contrat de travail n'a pas été repris par le nouveau prestataire. • Soc. 21 mars 2000 : *RJS 2000. 542, n° 774.* ♦ L'entreprise sortante qui ne respecte pas les formalités prévues par la convention collective est responsable de la rupture des contrats de travail qui n'ont pu être repris. • Soc. 17 mars 1998, n° 96-44.089 P : *CSB 1998. 181, A. 38.* ♦ Un manquement de l'entreprise sortante à son obligation de communiquer à l'entreprise entrante les documents prévus par l'accord conventionnel de reprise du personnel, ne peut empêcher le changement d'employeur que s'il met l'entreprise entrante dans l'impossibilité d'organiser la reprise effective du marché. • Soc. 28 nov. 2007 : *RDT 2008. 176, obs. Waquet ; Dr. soc. 2008. 391, obs. Mazeaud.* ♦ L'action indemnitaire dont dispose le salarié contre l'entrepreneur entrant qui a empêché sans raison légitime le changement d'employeur n'est pas exclusive de celle qu'il peut aussi exercer contre l'entrepreneur sortant qui a pris l'initiative de la rupture du contrat de travail, sans préjudice du recours éventuel de ce dernier contre le nouveau titulaire du marché, si sa carence a fait l'obstacle au changement d'employeur. • Soc. 2 déc. 2009 : *D. 2010. AJ 23 ; RDT 2010. 166, obs. Fabre ; Dr. soc. 2010. 350, obs. Mazeaud ; JS Lamy 2010, n° 272-29 ; Dalloz actualité, 11 janv. 2010, obs. Perrin.*

88. Conséquences du transfert volontaire. En cas d'application volontaire de l'art. L. 122-12 [art. L. 1224-1 nouv.], les mandats représentatifs ne sont pas maintenus. • Soc. 7 oct. 1992 : *RJS 1992. 375, n° 1230.* ♦ L'application volontaire de l'art. L. 122-12 [art. L. 1224-1 nouv.] en vertu d'une clause conventionnelle ne saurait autoriser un employeur à imposer à un représentant du personnel un changement d'employeur qui constitue une modification de son contrat de travail. • Crim. 26 nov. 1996 : *Bull. crim. n° 428 ; RJS 1997. 204, n° 304.* ♦ Le transfert des salariés attachés à un marché de nettoyage ayant fait l'objet d'un changement de prestataire entraîne la poursuite de leur contrat de travail ; il s'ensuit que doit être prise en compte l'ancienneté qu'ils ont acquise à partir de la date à laquelle le contrat a été exécuté. • Soc. 21 juin 2005 : *RJS 2005. 685, n° 958.* ♦ L'application volontaire de l'art. L. 122-12 [art. L. 1224-1 nouv.] en vertu d'une clause conventionnelle autorise le salarié à refuser la mutation, mais le refus de celui-ci d'accepter un changement d'affectation rendu nécessaire par la perte d'un marché, qui ne modifie pas le contrat de travail, constitue un motif de licenciement. • Soc. 9 nov. 2005 : *RJS 2006. 20, n° 16 ; Dr. soc. 2006. 264, note Supiot ; JS Lamy 2005, n° 179-2.* ♦ En cas d'application volontaire de l'art. L. 122-12 [art. L. 1224-1 nouv.], le transfert du contrat de travail d'un salarié d'une entreprise à une autre constitue une modification de ce contrat qui ne peut intervenir sans son accord exprès, lequel ne peut résulter de la seule poursuite du travail. • Soc. 10 oct. 2006 : *RDT 2006. 391, obs. Waquet ; D. 2006. IR 2691 ; RJS 2006. 34, n° 13 ; JS Lamy 2006, n° 200-6 ; Sem. soc. Lamy 2006, n° 1279, p. 10.* ♦ Le premier employeur ne peut être tenu d'indemniser le salarié au titre d'un manquement du nouvel employeur aux obligations résultant de la poursuite du contrat de travail, sauf s'il s'y est contractuellement engagé ou si une collusion frauduleuse peut être relevée entre les employeurs successifs. • Soc. 17 juin 2003, n° 01-42.171 P : *D. 2004. 1408, note Billiau ; RJS 2003. 62, n° 988.* ♦ Lorsque chacun des employeurs successifs conclut, en l'absence de transfert d'entreprise, un contrat de travail distinct avec les mêmes salariés, ceux-ci peuvent prétendre à des indemnités réparant le préjudice né de la rupture de ces contrats, peu important la reprise de l'ancienneté par le second employeur. • Soc. 10 juin 2015, n° 13-27.144 : *Dalloz actualité, 29 juin 2015, obs. Ines ; RJS 10/2015, n° 619.*

89. *Obligation de réintégration.* En cas d'annulation de l'autorisation administrative de licencier, la demande de réintégration du salarié protégé est opposable au repreneur. • Soc. 10 juill. 1995, n° 93-46.399 P : *RJS 1995. 600, n° 916.* ♦ Est également opposable au nouvel employeur l'obligation de réintégration du salarié appelé aux obligations du service national. • Soc. 10 déc. 1997, n° 95-41.382 P : *D. 1998. IR 29 ; Dr. soc. 1998. 201, obs. A. Mazeaud ; RJS 1998. 108, n° 167.*

90. *Obligation de non-concurrence.* La clause de non-concurrence peut être invoquée par le nouvel employeur. • Soc. 9 avr. 1962 : *Bull. civ. IV, n° 368 ; D. 1962. Somm. 100.* ♦ Dès lors que l'obligation de non-concurrence a été transférée au nouvel employeur, c'est à bon droit que la cour d'appel a décidé que l'ancien employeur ne pouvait plus en demander l'exécution au salarié. • Soc. 15 oct. 1997, n° 95-42.454 P : *Dr. soc. 1997. 1095, obs. A. Mazeaud ; RJS 1997. 822, n° 1338.*

91. *Égalité de traitement.* Si le maintien des contrats de travail ne résulte pas de l'application de la loi et n'est pas destiné à compenser un préjudice spécifique à une catégorie de travailleurs, la différence de traitement qui en résulte entre salariés accomplissant le même travail pour le même employeur sur le même chantier n'est pas justifiée par des raisons pertinentes et méconnaît ainsi le principe d'égalité. • Soc. 15 janv. 2014 : *Dalloz actualité, 5 févr. 2014, obs. Peyronnet ; RJS 2014. 249, n° 300* • 16 sept. 2015, n° 13-26.788 P : *Dalloz actualité, 1er oct. 2015, obs. Peyronnet ; RJS 12/2015, n° 753 ; JS Lamy 2015, n° 397-2, obs. Hautefort ; JCP S 2015. 1440, note Barège.*

92. *Délégation de pouvoirs.* La clause d'un contrat de travail instituant une délégation de pouvoirs en faveur du salarié persiste après le changement d'employeur. • Crim. 14 mars 2006 : *Dr. soc. 2006. 1057, obs. Duquesne ; JS Lamy 2006, n° 189-3.*

3° AUTRES EFFETS

93. *Transaction conclue avec le cédant.* Lorsque, par transaction avec le cédant, les salariés ont entendu renoncer expressément à toute demande indemnitaire relative à leur licenciement, le cessionnaire peut s'en prévaloir. • Soc. 14 mai 2008 : *RDT 2008. 450, obs. Auzero ; D. 2008. 2117, note Serverin ; RJS 2009. 622, n° 776 ; Dr. soc. 2008. 986, note Radé ; JS Lamy 2008, n° 235-2 ; JCP S 2008. 1422, note Morvan.*

94. *Transmission d'une autorisation administrative.* L'autorisation administrative accordée à la société absorbée afin de calculer la durée hebdomadaire du travail sur une durée supérieure à la semaine est transmise à la société absorbante. • Soc. 6 oct. 2010 : *Dalloz actualité, 29 oct. 2010, obs. Ines ; RJS 2010. 877, n° 993.*

95. *Sur la mise en cause des accords collectifs.* V. notes ss. art. L. 2261-4.

96. *Sort des usages et engagements unilatéraux.* V. note 314 ss. art. L. 1221-1.

97. *Contribution aux activités sociales et culturelles.* En cas de modification juridique de l'employeur, le montant de la contribution de l'employeur aux activités sociales et culturelles du comité d'entreprise fixé dans l'entreprise d'origine par un usage ou un accord collectif à un montant supérieur à la contribution légale n'est conservé que si l'institution se maintient dans l'entreprise ; tel n'est pas le cas lorsque l'entité faisant l'objet d'un transfert partiel d'activité ne comptait pas d'institutions propres et que subsistent au sein de l'entreprise cédante les institutions représentatives du personnel existantes. • Soc. 13 mai 2009 : *JS Lamy 2009, n° 257-4.*

D. PÉRIODE POSTÉRIEURE AU TRANSFERT

1° MODIFICATION DU CONTRAT DE TRAVAIL

98. *Intangibilité des contrats.* Les contrats de travail en cours sont maintenus dans les conditions mêmes où ils étaient exécutés au moment de la modification. • Soc. 24 janv. 1990, n° 86-41.497 P : *D. 1990. IR 38.* ♦ Même solution en cas d'application volontaire de l'art. L. 122-12. • Soc. 1er févr. 1995 : *Dr. soc. 1995. 383.* ♦ Par l'effet de l'art. L. 122-12, al. 2 [art. L. 1224-1 nouv.], le salarié bénéficie du maintien de sa qualification. • Soc. 5 janv. 1967 : *Bull. civ. IV, n° 7* • 4 avr. 1990, n° 86-43.629 P. ♦ ... De sa rémunération. • Soc. 31 mai 1978 : *Bull. civ. V, n° 409.* ♦ ... De son ancienneté. • Soc. 12 mars 1987 : *Bull. civ. V, n° 139* (calcul de l'indemnité de préavis) • 25 nov. 1982 : *ibid., n° 645* • 24 janv. 1991 : *D. 1991. IR 51* (calcul de l'indemnité de licenciement) • 18 déc. 1991, n° 88-43.550 P : *CSB 1992. 90, S. 65 ; RJS 1992. 95, n° 121* (droit aux avantages prévus par la convention collective). ♦ ... Et de son logement de fonction. • Soc. 20 mars 1997 : *Bull. civ. V, n° 119 ; CSB 1997. A. 36 ; RJS 1997. 429, n° 650.* ♦ Le nouvel employeur est tenu de maintenir les conventions individuelles négociées avec le cédant et ne peut y mettre fin qu'avec l'accord des salariés concernés ou dans les conditions convenues avec lui. • Soc. 27 mai 2009 : *D. 2009. AJ 1617 ; RJS 2009. 622, n° 688 ; JS Lamy 2009, n° 259-5 ; JCP S 2009. 1357, obs. Morvan.* ♦ Le salarié repris peut s'opposer aux modifications autres que le changement d'employeur, il revient alors au cessionnaire d'en tirer les conséquences, s'il ne le fait pas le salarié peut en poursuivre la résiliation aux torts du nouvel employeur. • Soc. 30 mars 2010 : *RJS 6/2010, n° 489 ; Dr. soc. 2010. 856, obs. Mazeaud.*

99. Droit de modifier les contrats. La poursuite du contrat n'implique pas automatiquement le maintien de tous les avantages acquis, qu'ils soient essentiels ou non, et la rupture du contrat à la suite d'une modification substantielle n'est pas nécessairement dépourvue de cause réelle et sérieuse. • Soc. 14 janv. 1988 : *JCP E 1988. II. 15125, obs. Antonmattéi* • 2 juin 1992 : *CSB 1992. 197, A. 38* • 20 oct. 1994 : *Dr. soc. 1995. 56.* ♦ Les dispositions de l'art. L. 122-12 ne s'opposent pas à ce que le nouvel employeur, sous réserve de fraude, convienne avec le salarié d'une novation du contrat de travail. • Soc. 10 déc. 1984 : *Bull. civ. V, n° 475* • 17 sept. 2003, n° 01-43.687 P : *D. 2003. IR 2483 ; RJS 2003. 961, n° 1368 ; Dr. soc. 2003. 1132, obs. Mouly ; CSB 2003. 481, A. 55 ; JS Lamy 2003, n° 132-5.* ♦ L'acceptation du salarié doit être claire et non équivoque. • Soc. 27 avr. 1984 : *Bull. civ. V, n° 162.*

100. Lien entre la modification proposée et le transfert. Lorsqu'un transfert d'entreprise entraîne, par lui-même, une modification du contrat de travail autre que le changement d'employeur, le salarié est en droit de s'y opposer mais l'employeur peut tirer les conséquences de ce refus en engageant une procédure de licenciement qui reposera sur une cause réelle et sérieuse. • Soc. 1er juin 2016, n° 14-21.143 P : *Dalloz actualité, 17 juin 2016, obs. Roussel ; D. 2016. Actu. 1259 ; Dr. soc. 2016. 775, obs. Mouly ; RJS 8-9/2016, n° 553 ; Sem. soc. Lamy 2016, n° 1728, obs. Bailly.*

101. Exception. Mais le fait pour le nouvel employeur de proposer un déclassement au salarié avant même le commencement d'exécution du contrat de travail chez le nouvel employeur caractérise un détournement de procédure destiné à faire échec au transfert de plein droit du contrat de travail. • Soc. 10 mai 1999, n° 96-45.250 P : *RJS 1999. 488, n° 797.*

2° LICENCIEMENTS

102. Principe. Le nouvel employeur conserve le droit de rompre le contrat de travail du salarié transféré. • Soc. 14 nov. 1962 : *Bull. civ. IV, n° 802 ; Dr. soc. 1963. 286, note Despax* • 30 mai 1980 : *Bull. civ. V, n° 470 ; D. 1981. IR 126, obs. Langlois.* ♦ Le licenciement décidé par le cessionnaire ne peut être imputé à faute au cédant en l'absence de collusion frauduleuse entre les employeurs successifs. • Soc. 14 déc. 1999 : *Dr. soc. 1999. 211 ; RJS 2000. 174, n° 253.*

103. Cause réelle et sérieuse. Le même contrat de travail se poursuivant sous une direction différente, le nouvel employeur peut invoquer, à l'appui d'un licenciement, des faits survenus alors que le salarié se trouvait placé sous l'autorité de l'employeur précédent. • Soc. 29 mai 1990 : *D. 1990. IR 167.* ♦ En l'absence de cause réelle et sérieuse, un tel licenciement est irrégulier et ouvre droit à une indemnisation, mais non à une réintégration du salarié. • Soc. 6 mai 1982 : *Bull. civ. V, n° 280* • 4 mai 1984 : *ibid., n° 177.* ♦ Le licenciement prononcé par le premier employeur étant sans effet s'il est constaté que le salarié a continué d'exercer ses fonctions auprès du nouvel employeur, le licenciement prononcé par ce dernier est sans cause réelle et sérieuse, si le contrat est rompu au prétexte d'une période d'essai illicite. • Soc. 31 mars 1998, n° 95-44.889 P : *RJS 1998. 371, n° 571 ; D. 1998. IR 118.*

104. Le nouvel employeur peut invoquer à l'appui d'un licenciement pour motif personnel des fautes ou négligences commises par le salarié alors qu'il était sous l'autorité de l'ancien employeur. • Soc. 29 mai 1990 : *Bull. civ. V, n° 242 ; RJS 1990, n° 555.* ♦ Dans cette hypothèse, le délai de deux mois après avoir eu connaissance des faits ne doit pas être écoulé. • Soc. 6 mars 2002 : *RJS 5/2002, n° 535.*

105. Survivance de la protection du salarié victime d'un accident du travail. V. • Soc. 29 mai 1990 : *Bull. civ. V, n° 242.*

106. Ancienneté. L'indemnité de licenciement doit être calculée en fonction de l'ancienneté acquise antérieurement auprès du précédent employeur (constructeur automobile ayant cédé au concessionnaire la distribution des véhicules). • Soc. 4 oct. 1995, n° 93-46.181 P : *Dr. soc. 1995. 1041, obs. Blaise ; RJS 1995. 711, n° 1116 ; CSB 1996. 23, A. 8 ; JCP E 1996. I. 543, note Antonmattéi.*

107. Salariés protégés. Il résulte des dispositions de l'art. L. 433-14 que lorsque l'entreprise perd son autonomie juridique sans devenir un établissement distinct de celle qui l'a reprise, le mandat des membres élus de son comité d'entreprise expire à la date d'effet de cette reprise et que, dans le cas où, moins de six mois après cette date, l'employeur envisage de licencier l'un de ces salariés, le comité d'entreprise qui doit donner son avis sur le projet est celui de l'entreprise à laquelle les droits et obligations résultant du contrat de travail de l'intéressé ont été transférés. • CE 8 janv. 1997 : *RJS 1997. 116, n° 171.*

108. Clause de maintien de l'emploi. La clause obligeant le cessionnaire à exploiter l'activité durant au moins deux ans avec les salariés attachés à l'entité cédée, à peine de dommages-intérêts, n'a pas pour effet de priver l'employeur du pouvoir de prononcer des licenciements pour motif disciplinaire. • Soc. 17 mai 2011 : *D. 2011. Actu. 1493 .*

Art. L. 1224-2 **Le nouvel employeur est tenu, à l'égard des salariés dont les contrats de travail subsistent, aux obligations qui incombaient à l'ancien employeur à la date de la modification, sauf dans les cas suivants :**

1° Procédure de sauvegarde, de redressement ou de liquidation judiciaire ;

2° Substitution d'employeurs intervenue sans qu'il y ait eu de convention entre ceux-ci.

Le premier employeur rembourse les sommes acquittées par le nouvel employeur, dues à la date de la modification, sauf s'il a été tenu compte de la charge résultant de ces obligations dans la convention intervenue entre eux. – *[Anc. art. L. 122-12-1.]*

BIBL. ► SAVATIER, *Dr. soc. 1984. 271.* – DÉPREZ et CHIREZ, *Sem. soc. Lamy 1985. 274, D. 32.*

COMMENTAIRE

V. Dalloz.fr et applications mobiles Dalloz .

I. GÉNÉRALITÉS

1. Directive communautaire. La directive du 14 févr. 1977 et l'art. L. 122-12-1 [art. L. 1224-2 nouv.] n'ont d'effet que dans les rapports entre les employeurs successifs et leurs salariés et non à l'égard des tiers. • Soc. 9 nov. 1995 : *Dr. soc. 1996. 105, obs. A. Mazeaud ; RJS 1996. 46, n° 66* (le cédant doit s'acquitter du paiement des cotisations sociales).

2. Droits des salariés. L'art. L. 122-12-1 [art. L. 1224-2 nouv.] n'interdit pas au salarié d'agir en paiement directement contre son premier employeur. • Soc. 3 avr. 1991, n° 90-41.566 P : *D. 1991. IR 125 ; CSB 1991. 148, S. 88 ; RJS 1991. 299, n° 561.* ♦ Un salarié peut agir indifféremment à l'encontre de deux employeurs successifs en paiement des salaires échus à la date de la modification dans leur situation juridique ; ces derniers sont tenus *in solidum*. • Soc. 6 avr. 2011 : *D. 2011. Actu. 1222 ; JCP S 2011. 1327, obs. Puigelier.*

II. OBLIGATIONS DU CESSIONNAIRE

A. ÉTENDUE DE LA GARANTIE

3. Priorité de réembauchage. L'entreprise cessionnaire doit respecter la priorité de réembauchage dont bénéficient les salariés licenciés pour motif économique. • Soc. 26 févr. 1992 : *Dr. soc. 1992. 378.*

4. Indemnité de congés payés. L'indemnité de congés payés, qui n'incombait pas au premier employeur au jour de la modification de sa situation juridique, doit être entièrement réglée par le cessionnaire, employeur à la date où s'ouvre la période des congés annuels. • Soc. 17 janv. 1989 : *Bull. civ. V, n° 30 ; D. 1989. IR 53.* ♦ Sur le recours à la notion d'enrichissement sans cause avant la réforme opérée par la loi du 23 juin 1983, V. • Soc. 2 févr. 1984 : *Bull. civ. V, n°s 43, 44 et 45 ; D. 1984. 321, concl. Picca et Écoutin ; D. 1985. IR 248, obs. Goineau.* ♦ V. à propos des entreprises en difficulté, notes 12 s.

5. Prime annuelle. Le droit à la prime de treizième mois ne naissant, sauf dispositions contraires dont il incombe au salarié de rapporter la preuve, qu'au 31 décembre de l'année concernée, cette prime est due par l'employeur du salarié à cette date. • Soc. 11 mars 1992, n° 88-43.447 P : *D. 1992. IR 107* • 14 mai 1997, n° 94-45.109 P. ♦ ... Ce qui n'exclut pas un recours contre le cédant pour la fraction d'indemnité correspondant au temps pendant lequel les salariés ont été à son service. • Soc. 8 nov. 1988 : *Bull. civ. V, n° 572.* ♦ V. aussi : • Soc. 28 mars 1989 : *Bull. civ. V, n° 262 ; D. 1989. IR 130* (primes d'ancienneté). ♦ Sur la répartition des cotisations de sécurité sociale, V. • Soc. 3 mai 1989 : *Bull. civ. V, n° 330.*

6. Commissions. En relevant que les commissions dues à un représentant n'étaient en pratique versées qu'après recouvrement des factures, la cour d'appel a constaté un usage d'entreprise en sorte que ces commissions, faute de recouvrement des factures, n'incombaient pas à l'ancien employeur, mais devaient être réglées par la nouvelle société, employeur du représentant au moment de leur exigibilité. • Soc. 24 janv. 1989 : *Bull. civ. V, n° 55.* – V. aussi : • Soc. 16 déc. 1976 : *Bull. civ. V, n° 680.*

7. Indemnité de requalification. L'indemnité de requalification d'un CDD naît dès la conclusion de ce contrat en méconnaissance des exigences légales et pèse ainsi sur l'employeur l'ayant conclu. • Soc. 7 nov. 2006, n° 05-41.723 P : *D. 2006. IR 2946 ; RJS 2006. 67, n° 64 ; Dr. soc. 2007. 246, obs. Mazeaud .*

8. Indemnité pour travail dissimulé. L'indemnité pour travail dissimulé n'étant exigible qu'en cas de rupture de la relation de travail, la salariée est fondée à demander à l'employeur qui a prononcé son licenciement, et auprès de qui le contrat a été transféré de plein droit, le paiement de l'indemnité pour travail dissimulé. • Soc. 11 mai 2016, n° 14-17.496 P : *Dalloz actualité, 30 mai 2016, obs. Roussel ; D. 2016. Actu. 1086 ; RJS 7/2016, n° 500.*

9. Salarié protégé. Le salarié licencié sans autorisation s'étant borné à demander l'indemnisation de son préjudice et non la poursuite de son contrat, il en résulte que la société ayant repris l'entreprise n'est pas tenue des obligations incombant à l'ancien employeur. • Soc. 28 oct. 1996, n° 95-40.994 P : *Dr. soc. 1997. 263, note Cohen ; RJS 1996. 828, n° 1286.*

10. Dette de responsabilité civile. Sauf si la cession intervient dans le cadre d'une procédure collective ou si la substitution d'employeur est intervenue sans qu'il y ait de convention, le nouvel employeur peut être condamné pour la fraction de dommages-intérêts indemnisant une faute de l'ancien employeur pour la période antérieure au transfert. • Soc. 14 mai 2008 : *RJS 2009. 611, n° 759 ; JCP S 2008. 1521, obs. Martinon ; JS Lamy 2008, n° 235-6.*

11. Provision. En cas de modifications successives intervenues dans la situation juridique de l'employeur, le dernier employeur était tenu de verser au salarié la provision réclamée sur des sommes qui lui étaient dues par un précédent employeur. • Soc. 24 sept. 2002, 00-44.939 P : *RJS 12/2002, n° 1357 ; JCP E 2003. 68, note Fin-Langer.*

B. EXCLUSIONS

1° PROCÉDURE COLLECTIVE

12. Conséquences. Lorsque la modification intervient dans le cadre d'une procédure de redressement judiciaire, le nouvel employeur n'est pas tenu des obligations qui incombaient à l'ancien ; il ne doit en conséquence l'indemnité compensatrice de congés payés que pour la fraction postérieure à l'engagement du salarié. • Soc. 19 févr. 1992, n° 89-45.112 P : *RJS 1992. 241, n° 411* • 1er juill. 1992, n° 91-44.262 P : *D. 1992. IR 232 ; RJS 1992. 602, n° 1076* • 9 oct. 2001 : *D. 2001. IR 3170 ; RJS 2001. 951, n° 1401.* ♦ Il doit les primes de vacances et de treizième mois dès lors que le droit à ces primes est né postérieurement à la modification. • Soc. 18 nov. 1992 : *RJS 1993. 25, n° 8.* ♦ Comp., pour une prime d'ancienneté ayant pris naissance avant le transfert : • Soc. 12 juill. 1994 : *RJS 1994. 575, n° 966.*

13. Opposabilité des accords. Un accord portant sur la répartition des charges afférentes au licenciement des salariés entre deux employeurs n'est pas opposable à l'AGS et à l'ASSEDIC et n'a aucune incidence sur les droits et obligations de ces organismes. • Soc. 19 mai 1988 : *Bull. civ. V, n° 304.*

14. Si, lors d'une cession opérée dans le cadre d'une procédure de redressement judiciaire, le nouvel employeur s'engage par convention à prendre en charge certaines créances salariales, les salariés peuvent se prévaloir de cet accord en tant que stipulation pour autrui en leur faveur. • Soc. 12 févr. 1992 : *RJS 1992. 159, n° 255.* ♦ Dans le cadre d'un plan de cession adopté par le tribunal de commerce, dont les salariés peuvent se prévaloir, le nouvel employeur peut s'engager à prendre en charge les droits attachés aux contrats de travail transférés ; le cessionnaire qui s'engage à reprendre des contrats de travail et l'intégralité des droits acquis qui y sont attachés et ce, quels que soient leur fait générateur et leur montant, doit garantir l'entreprise cédante du montant des sommes dues à un salarié au titre des heures supplémentaires, congés payés, astreintes et des jours de réduction de temps de travail accomplis au sein de cette dernière société, dont les droits sont acquis par les salariés au jour de leur accomplissement. • Soc. 30 juin 2016, nos 14-26.172 P : *Dalloz actualité, 25 juill. 2016, obs. Siro.*

2° CESSION SANS CONVENTION

15. Décision de l'autorité cédante. Lorsque la reprise de l'exploitation par le nouveau concessionnaire résulte d'une décision unilatérale de l'autorité concédante, il n'y a pas eu convention entre employeurs successifs au sens de l'art. L. 122-12-1. • Soc. 18 nov. 1992, n° 89-42.281 P : *Dr. soc. 1993. 65 ; RJS 1993. 25, n° 9.* ♦ Sur les modalités d'une répartition conventionnelle des charges entre employeurs successifs, V. • Soc. 30 mai 1980 : *Bull. civ. V, n° 470* • 8 juill. 1980 : *ibid., n° 614* • 10 févr. 1982 : *ibid., n° 77.*

16. Succession de contrats de location-gérance. Lorsqu'il est mis fin au contrat de location-gérance et que le fonds de commerce est donné en location à un nouveau gérant, la modification dans la situation juridique de l'employeur intervient en vertu de conventions successives et le dernier exploitant est tenu, à l'égard des salariés dont les contrats de travail subsistent, des obligations nées au service du premier. • Soc. 24 sept. 2002, n° 00-44.939 P.

III. REMBOURSEMENT DU CESSIONNAIRE

17. Principes. Le premier employeur est tenu de rembourser les sommes acquittées par le nouvel employeur, sauf s'il a été tenu compte de la charge résultant de ces obligations dans la convention intervenue entre eux. • Soc. 7 nov. 2006 : *préc. note 7.* ♦ Le nouvel employeur est tenu de payer les créances salariales exigibles après le transfert des contrats de travail, mais peut obtenir le remboursement auprès de son prédécesseur de la part correspondant au temps pendant lequel les salariés ont été au service de ce dernier. • Soc. 18 sept. 2007 : *D. 2007. AJ 2472, obs. Ines ; RJS 2007. 1008, n° 1249.*

18. Validité des conventions. La clause de la convention de cession d'une entité économique autonome appartenant à une entreprise en liquidation judiciaire, qui ne prévoit que la reprise d'une partie des salariés, doit être réputée non écrite car contraire aux dispositions d'ordre public de l'art. L. 122-45, al. 2 [art. L. 1132-2 nouv.] ; mais cela n'affecte pas la validité de l'acte de cession dans son entier. • Cass., ch. mixte, 7 juill. 2006 : *RDT 2006. 388, obs. Waquet ; Dr. soc. 2006. 1064, obs. Mazeaud ; RJS 2006. 768, n° 1029 ; JS Lamy 2006, n° 197-4.*

19. Autorité de la chose jugée. Lorsque l'acquéreur d'une entreprise a été condamné sur le fondement de l'art. L. 122-12-1 [art. L. 1224-2 nouv.], al. 1er, au paiement de sommes à l'égard d'un salarié, le jugement n'a pas, en l'absence de tout recours en garantie contre le cédant, autorité de la chose jugée à l'égard de la demande de remboursement formée par l'acquéreur contre le vendeur devant la juridiction commerciale et fondée sur l'al. 2 du même texte. • Soc. 25 sept. 1990 : *D. 1990. IR 225.*

20. Une convention conclue entre le premier et le second employeur ne peut décharger le premier des droits acquis par le salarié antérieurement à la cession de l'entreprise. • Soc. 13 oct. 1988 : *Bull. civ. V, n° 492.*

21. Appel en garantie. Le premier employeur peut former un appel en garantie à l'encontre du repreneur qui a refusé de poursuivre les contrats de travail des salariés attachés à l'activité transférée, contribuant ainsi nécessairement au préjudice subi par les salariés du fait de la perte de leurs emplois. • Soc. 20 mars 2002, n° 00-41.651 P : *D. 2002. IR 1322 ; RJS 2002. 524, n° 656 ; Dr. soc. 2002. 516, note Mazeaud ; CSB 2002. 227, A. 28.*

Art. L. 1224-3 Lorsque l'activité d'une entité économique employant des salariés de droit privé est, par transfert de cette entité, reprise par une personne publique dans le cadre d'un service public administratif, il appartient à cette personne publique de proposer à ces salariés un contrat de droit public, à durée déterminée ou indéterminée selon la nature du contrat dont ils sont titulaires.

Sauf disposition légale ou conditions générales de rémunération et d'emploi des agents non titulaires de la personne publique contraires, le contrat qu'elle propose reprend les clauses substantielles du contrat dont les salariés sont titulaires, en particulier celles qui concernent la rémunération.

(L. n° 2016-483 du 20 avr. 2016, art. 40-IV) « Les services accomplis au sein de l'entité économique d'origine sont assimilés à des services accomplis au sein de la personne publique d'accueil. »

(L. n° 2009-972 du 3 août 2009, art. 24) « En cas de refus des salariés d'accepter le contrat proposé, leur contrat prend fin de plein droit. La personne publique applique les dispositions relatives aux agents licenciés prévues par le droit du travail et par leur contrat. »

COMMENTAIRE

V. Dalloz.fr et applications mobiles Dalloz.

I. SOLUTIONS ANTÉRIEURES À LA LOI DU 26 JUILLET 2005

1. Transfert des contrats. Le transfert d'une activité économique d'une personne morale de droit privé vers une personne morale de droit public entre en principe dans le champ d'application de la Dir. n° 77/187 ; la notion d'entreprise au sens de cette dernière comprend toute entité économique organisée de manière stable, c'est-à-dire un ensemble de structures de personnes et d'éléments permettant l'exercice d'une activité économique qui poursuit un objectif propre. Une telle notion est indépendante du statut juridique de cette entité et de son mode de financement. • CJCE 26 sept. 2000, aff. C-179/99, *Mayeur : RJS 2001, n° 138 ; JS Lamy 2000, 69-1.*

2. Sort des contrats. Lorsque l'activité d'une entité économique employant des salariés de droit privé est reprise par une personne publique gérant un service public administratif, il appartient à cette dernière soit de maintenir le contrat de droit privé des intéressés, soit de leur proposer un contrat de droit public reprenant les clauses substantielles de leur ancien contrat ; le refus des salariés d'accepter les modifications qui résulteraient de cette proposition implique leur licenciement par la personne publique, aux conditions prévues par le droit du travail et leur ancien contrat. • CE, sect., 22 oct. 2004 : *Dr. soc. 2005. 37, concl. Glaser ; RJS 2005. 26, n° 12 ; Dr. ouvrier 2005. 78, note Rey ; JS Lamy 2004, n° 157-4.* ♦ La directive du Conseil du 14 février 1977 ne s'oppose pas à ce que, en cas de transfert d'entreprise d'une personne morale de droit privé à l'État, celui-ci, en tant que nouvel employeur, procède à une réduction du montant de la rémunération des travailleurs concernés ; pareille réduction constitue une modification substantielle des conditions de travail de sorte que la résiliation des contrats pour ce motif doit être considérée comme intervenue du fait de l'employeur. • CJCE 11 nov. 2004 : *aff. n° C-425/02.* ♦ Lorsque la gestion jusque-là assurée par une personne de droit privée est reprise par une personne morale de droit public normalement liée à son personnel par des rapports de droit public, ellen'a pas pour effet de transformer la nature juridique des contrats de travail en cause, qui demeurent des contrats de droit privé tant que le nouvel employeur public n'a pas placé les salariés dans un régime de droit public. • Soc. 12 juin 2007 : *RDT 2007. 524, obs. Waquet .*

3. Réduction des rémunérations. La directive du Conseil du 14 février 1977 ne s'oppose pas à ce que, en cas de transfert d'entreprise d'une personne morale de droit privé à l'État, celui-ci, en tant que nouvel employeur, procède à une réduction du montant de la rémunération des travailleurs concernés ; pareille réduction constitue une modification substantielle des conditions de travail de sorte que la résiliation des contrats pour ce motif doit être considérée comme intervenue du fait de l'employeur. • CJCE 11 nov. 2004 : *aff. n° C-425/02.*

II. APPLICATION DE LA LOI DU 26 JUILLET 2005

4. Maintien des rémunérations. Les dispositions de l'art. 20 de la L. 26 juill. 2005 ne sauraient autoriser, en cas de transfert d'une entité économique à une personne publique, celle-ci à proposer aux intéressés une rémunération inférieure à celle dont ils bénéficiaient auparavant au seul motif que celle-ci dépasserait, à niveaux de responsabilité et de qualification équivalents, celles des agents en fonction dans l'organisme d'accueil ; cependant ces dispositions font obstacle au maintien au profit du salarié transféré, d'une rémunération dont le niveau, même corrigé de l'ancienneté, excède manifestement celui prévu pour les agents non titulaires des personnes publiques. • CE, avis, 21 mai 2007 : *RJS 2007. 808, n° 1023* • CE 25 juill. 2013 : *Lebon ; AJDA 2013. 1597 ; AJFP 2013. 322 ; RJS 2013. 661, n° 724* (en l'absence de règles applicables au salarié transféré, il appartient à l'autorité administrative de rechercher si des fonctions en rapport avec ses qualifications et son expérience peuvent lui être confiées en tenant compte de celles qu'il exerce, de sa qualification, de son ancienneté et de la rémunération des agents titulaires exerçant des fonctions analogues).

5. Maintien de l'ancienneté. Le repreneur public doit tenir compte de l'ancienneté des salariés dont le contrat est transféré. • CJUE, 6 sept. 2011, aff. C-108/10 : *AJDA 2011. 2339, chron. Aubert, Broussy et Donnat ; RDT 2011. 701, obs. Géa .*

6. Justification du licenciement. Si le licenciement d'un salarié qui refuse un contrat de droit public doit être prononcé dans les conditions prévues par le code du travail, le refus de changer de statut opposé par le salarié repris constitue à lui seul une cause de licenciement. • Soc. 30 sept. 2009 : *R., p. 334 ; D. 2009. AJ 2493, obs. Perrin ; Dr. soc. 2010. 404, Rapp. Bailly ; RJS 2009. 797, n° 899.*

7. Refus du salarié. En cas de reprise par une personne publique dans le cadre d'un service public administratif de l'activité d'une entité économique employant des salariés de droit privé telle que prévu par l'art. L. 1224-3, le repreneur peut, en vue d'assurer la continuité du service, faire, avant la date prévue pour le transfert, les offres de contrats auxquelles il est tenu et procéder au licenciement des salariés les ayant refusées afin que leur contrat prenne fin à la date effective du transfert. • Soc. 26 juin 2013 : *Dr. soc. 2013. 755, obs. Mazeaud .* ♦ En cas de refus des salariés d'accepter le contrat proposé, leur contrat prend fin de plein droit ; la personne publique doit notifier au salarié la rupture du contrat de travail, le défaut de cette notification constitue une irrégularité donnant droit à des dommages-intérêts en fonction du préjudice subi par le salarié. • Soc. 8 déc. 2016, n° 15-17.176 P.

8. Compétence du juge prud'homal. Lorsque l'activité d'une entité économique employant des salariés de droit privé est transférée à une personne publique dans le cadre d'un service public administratif, il appartient à cette personne publique de proposer à ces salariés un contrat de droit public, et en cas de refus des salariés d'accepter les modifications de leur contrat, la personne publique procède à leur licenciement ; si le juge judiciaire est compétent pour statuer sur tout litige relatif à l'exécution et à la rupture du contrat de travail tant que le nouvel employeur n'a pas placé les salariés dans un régime de droit public, il ne peut ni se prononcer sur le contrat de droit public proposé par la personne morale de droit public au regard des exigences de l'article 20 de la loi du 26 juillet

2005, ni lui faire injonction de proposer un tel contrat ; il peut seulement, en cas de difficulté sérieuse, surseoir à statuer en invitant les parties à saisir le juge administratif d'une question préjudicielle portant sur la conformité des offres faites par le nouvel employeur public aux dispositions législatives et réglementaires. • Soc. 1er juin 2010 : *D. 2010. Actu. 1564 ; Dalloz actualité, 21 juin 2010, obs. Perrin ; RJS 2010. 582, n° 643 ; Dr. ouvrier 2010. 555, obs. Viegas ; Sem. soc. Lamy 2010, n° 1452, p. 13, obs. Hautefort* • Soc. 18 févr. 2014 : *RJS 2014. 320, n° 375.* ♦ En revanche, la contestation du refus d'une personne publique de reprendre le personnel auparavant salarié d'une société de droit privé dans le cadre d'un marché public relève de la compétence du juge judiciaire. • T. confl. 9 mars 2015, n° 3994 : *RJS 5/2015, n° 316.*

9. Répartition des compétences du juge judiciaire et du juge administratif. Quand une personne publique refuse de proposer à un salarié privé qui devrait lui être transféré en application de l'art. L. 1224-3 C. trav. un contrat de droit public, le juge judiciaire ne peut faire injonction à la personne publique de proposer de tels contrats ; dès lors, lorsque les salariés se prévalent de la poursuite de leur emploi au service de la personne de droit public, le juge judiciaire, après avoir constaté la réunion des conditions requises, doit renvoyer les salariés à mieux se pourvoir afin que soit faite injonction à la personne publique de faire les offres de contrat auxquelles elle est tenue. • Soc. 22 sept. 2015, n° 13-26.032 P : *D. 2015. Actu. 1959 ; Dr. soc. 2015. 1025, note Mouly ; RJS 12/2015, n° 752 ; JS Lamy 2015, n° 398-5, obs. Tissandier.*

Art. L. 1224-3-1 *(L. n° 2009-972 du 3 août 2009, art. 25)* **Sous réserve de l'application de dispositions législatives ou réglementaires spéciales, lorsque l'activité d'une personne morale de droit public employant des agents non titulaires de droit public est reprise par une personne morale de droit privé ou par un organisme de droit public gérant un service public industriel et commercial, cette personne morale ou cet organisme propose à ces agents un contrat régi par le présent code.**

Le contrat proposé reprend les clauses substantielles du contrat dont les agents sont titulaires, en particulier celles qui concernent la rémunération.

En cas de refus des agents d'accepter le contrat proposé, leur contrat prend fin de plein droit. La personne morale ou l'organisme qui reprend l'activité applique les dispositions de droit public relatives aux agents licenciés.

BIBL. ► A. MAZEAUD, *Dr. soc. 2011. 367* .

COMMENTAIRE

V. Dalloz.fr et applications mobiles Dalloz .

Art. L. 1224-3-2 *(L. n° 2016-1088 du 8 août 2016, art. 95)* **Lorsque les contrats de travail sont, en application d'un accord de branche étendu, poursuivis entre deux entreprises prestataires se succédant sur un même site, les salariés employés sur d'autres sites de l'entreprise nouvellement prestataire et auprès de laquelle les contrats de travail sont poursuivis ne peuvent invoquer utilement les différences de rémunération résultant d'avantages obtenus avant cette poursuite avec les salariés dont les contrats de travail ont été poursuivis.**

Art. L. 1224-4 **Un décret en Conseil d'État détermine les modalités d'application des articles L. 1224-1 et L. 1224-2.** – *[Anc. art. L. 122-14-11.]*

CHAPITRE V **MATERNITÉ, PATERNITÉ, ADOPTION ET ÉDUCATION DES ENFANTS**

RÉP. TRAV. v^is *Congés*, par BOUSIGES ; *Maternité*, par MAILLARD-PINON ; *Suspension du contrat de travail*, par FIN-LANGER.

BIBL. GÉN. ► AHUMADA, *RPDS 1986. 321* (protection contre le licenciement). – ALTER, *ibid. 1980. 341* (interdiction de licencier). – BENOTEAU, *Dr. soc. 1973. 151* (maternité et contrat de travail). – BERTHOU et MASSELOT, *Dr. soc. 1999. 942* (égalité de traitement, jurisprudence de la CJCE). – DUMONT, *JCP S 2007. 1712* (congé de maternité et réformes de 2006 et 2007). – HARDOUIN, *ibid. 1977. 287* (grossesse et liberté de la femme). – LENOIR, *Dr. ouvrier 1984. 47* (interdiction de licencier). – J. SAVATIER, *Dr. soc. 1999. 779* (mise à la retraite à l'âge de 40 ans d'une danseuse de l'opéra en congé de maternité). – SUTTER, *Dr. soc. 1981. 710* (droit à la maternité et droit à la procréation). – TISSANDIER, *JS Lamy 2008, n° 240-1* (protection de la grossesse et de la maternité : quelles perspectives ?).

SECTION PREMIÈRE **PROTECTION DE LA GROSSESSE ET DE LA MATERNITÉ**

COMMENTAIRE

V. Dalloz.fr et applications mobiles Dalloz

SOUS-SECTION 1 **EMBAUCHE, MUTATION ET LICENCIEMENT**

Art. L. 1225-1 L'employeur ne doit pas prendre en considération l'état de grossesse d'une femme pour refuser de l'embaucher, pour rompre son contrat de travail au cours d'une période d'essai ou, sous réserve d'une affectation temporaire réalisée dans le cadre des dispositions des articles L. 1225-7, L. 1225-9 et L. 1225-12, pour prononcer une mutation d'emploi.

Il lui est en conséquence interdit de rechercher ou de faire rechercher toutes informations concernant l'état de grossesse de l'intéressée. – *[Anc. art. L. 122-25, al. 1er.]*

COMMENTAIRE

V. Dalloz.fr et applications mobiles Dalloz

Principe d'égalité de traitement. Viole le principe de l'égalité de traitement posé par la directive du 9 févr. 1976 l'employeur qui refuse d'embaucher une candidate enceinte au motif que son congé de maternité présentera pour lui des conséquences financières dommageables, peu important, en la circonstance, qu'aucun candidat masculin ne se soit présenté pour le poste à pourvoir. • CJCE 8 nov. 1990 : *CSB 1991. 5, A. 2 ; RJS 1991. 58, n° 108.* ♦ Lorsqu'un État a choisi une sanction relevant de la responsabilité civile, la violation de l'interdiction de discrimination suffit à elle seule pour engager la responsabilité de son auteur, sans qu'il puisse être tenu compte des causes d'exonération prévues par le droit national. • Même arrêt. ♦ Est inapplicable une disposition conventionnelle privant une femme du droit d'être notée et, par voie de conséquence, du bénéfice d'une promotion professionnelle, en raison de son absence pour congé de maternité. • Soc. 16 juill. 1998, n° 90-41.231 P : *Dr. soc. 1998. 947, obs. M. T. Lanquetin ; RJS 1998. 713, n° 1171.*

Art. L. 1225-2 La femme candidate à un emploi ou salariée n'est pas tenue de révéler son état de grossesse, sauf lorsqu'elle demande le bénéfice des dispositions légales relatives à la protection de la femme enceinte. – *[Anc. art. L. 122-25, al. 2.]*

COMMENTAIRE

V. Dalloz.fr et applications mobiles Dalloz

Droit de dissimuler l'état de grossesse. Sur la possibilité pour une salariée de dissimuler au moment de l'embauche son état de grossesse, V. déjà : • Soc. 23 févr. 1972 : *Bull. civ. V, n° 152.* ♦ Le fait que la salariée ait dissimulé son état de grossesse lors de l'embauche ne saurait être une cause de rupture anticipée du contrat de travail à durée déterminée. • CJCE 4 oct. 2001, aff. 109/00, *Tele Danmark AS et HK : RJS 2001. 993, n° 1476.*

Art. L. 1225-3 Lorsque survient un litige relatif à l'application des articles L. 1225-1 et L. 1225-2, l'employeur communique au juge tous les éléments de nature à justifier sa décision.

Lorsqu'un doute subsiste, il profite à la salariée enceinte. – *[Anc. art. L. 122-25, al. 3 et 4.]*

COMMENTAIRE

V. Dalloz.fr et applications mobiles Dalloz

Art. L. 1225-3-1 *(L. n° 2016-41 du 26 janv. 2016, art. 87)* **Les articles L. 1225-1, L. 1225-2 et L. 1225-3 sont applicables aux salariées bénéficiant d'une assistance médicale à la procréation conformément à l'article L. 2141-2 du code de la santé publique.**

Art. L. 1225-4 Aucun employeur ne peut rompre le contrat de travail d'une salariée lorsqu'elle est en état de grossesse médicalement constaté *(L. n° 2016-1088 du 8 août 2016, art. 10)* **« , » pendant l'intégralité des périodes de suspension du contrat de tra-**

vail auxquelles elle a droit au titre du congé de maternité, qu'elle use ou non de ce droit, *(L. n° 2016-1088 du 8 août 2016, art. 10)* **« et au titre des congés payés pris immédiatement après le congé de maternité » ainsi que pendant les** *(L. n° 2016-1088 du 8 août 2016, art. 10)* **« dix » semaines suivant l'expiration de ces périodes.**

Toutefois, l'employeur peut rompre le contrat s'il justifie d'une faute grave de l'intéressée, non liée à l'état de grossesse, ou de son impossibilité de maintenir ce contrat pour un motif étranger à la grossesse ou à l'accouchement. Dans ce cas, la rupture du contrat de travail ne peut prendre effet ou être notifiée pendant les périodes de suspension du contrat de travail mentionnées au premier alinéa. – *[Anc. art. L. 122-25-2, al. 1er, et L. 122-27.]*

COMMENTAIRE

V. Dalloz.fr et applications mobiles Dalloz.

I. CHAMP D'APPLICATION DE LA PROTECTION

1. Point de départ de la protection. La période de protection de quatre semaines suivant le congé maternité étant suspendue par la prise des congés payés, son point de départ est reporté à la date de la reprise du travail par la salariée. • Soc. 30 avr. 2014 : *Dalloz actualité, 22 mai 2014, obs. Fraisse ; RDT 2014. 547, obs. Gardes ; RJS 2014. 459, n° 557 ; JS Lamy 2014, n° 368-7, obs. Taquet.* ♦ Mais si la période de protection de quatre semaines suivant le congé de maternité est suspendue par la prise des congés payés suivant immédiatement le congé de maternité, son point de départ étant alors reporté à la date de la reprise du travail par la salariée, il n'en va pas de même en cas d'arrêt de travail pour maladie. • Soc. 8 juill. 2015, n° 14-15.979 P : *Dalloz actualité, 22 juill. 2015, obs. Peyronnet ; D. 2015. Actu. 1545 ; RJS 10/2015, n° 637 ; Sem. soc. Lamy 2015, n° 1687, p. 13, obs. Fabre ; JS Lamy 2015, n° 394-1, obs. Hautefort ; JCP S 2015. 1365, obs. Evaraert-Dumont.*

2. Période d'essai. L'art. L. 122-25-2 [art. L. 1225-4 nouv.] ne s'applique pas à la rupture du contrat pendant la période d'essai. • Soc. 2 févr. 1983 : *Bull. civ. V, n° 74 ; D. 1984. IR 168, obs. Béraud ; JCP 1984. II. 20176, note Montredon et Pansier* • 21 déc. 2006 : *D. 2007. AJ 224, obs. Cortot ; RJS 2006. 239, n° 325 ; JCP E 2007. 1424, note Duquesne.* ♦ Mais si la résiliation du contrat de travail d'une salariée enceinte est possible pendant la période d'essai, c'est à condition qu'elle ne soit pas motivée par son état ; lorsque la salariée démontre que la rupture est intervenue en raison de sa grossesse pendant la période d'essai, elle a droit aux dommages-intérêts prévus à l'art. L. 122-30, al. 1er, mais elle ne peut prétendre au paiement des salaires prévus à l'art. L. 122-30, al. 2, qui ne sanctionne que la violation des dispositions de l'art. L. 122-25-3. • Soc. 15 janv. 1997, n° 94-43.755 P : *RJS 1997. 97, n° 138 ; CSB 1997. 109, A. 23.*

3. Contrat à durée déterminée. Les art. L. 122-25-2 [art. L. 1225-4 nouv.] et L. 122-30 [art. L. 1225-71] sont applicables aux femmes en état de grossesse liées par un contrat à durée déterminée, sans faire obstacle à l'échéance du contrat à l'arrivée du terme. • Soc. 10 nov. 1993 : *D. 1993. IR 258 ; CSB 1993. 317, S. 168 ; RJS 1993. 710, n° 1191.* ♦ Mais les dispositions spécifiques à la protection de la maternité ne privent pas la salariée du droit d'invoquer également les dispositions de l'art. L. 122-3-8 [art. L. 1243-1 s.] qui limite les causes de rupture du contrat à durée déterminée. • Soc. 26 févr. 1997 : *Dr. soc. 1997. 418, obs. Roy-Loustaunau .*

4. Congé parental. La protection de la maternité s'applique à la salariée en congé parental d'éducation. • Soc. 11 févr. 2004, n° 01-43.574 P : *Dr. soc. 2004. 562, obs. Radé ; RJS 2004. 294, n° 426.*

5. Congé pathologique post-natal. Pendant les quatre semaines suivant l'expiration des périodes de suspension du contrat de travail, le licenciement pour faute grave non liée à l'état de grossesse ou pour impossibilité de maintenir le contrat pour un motif étranger à la grossesse ou à l'accouchement est possible. • Soc. 17 févr. 2010 : *D. 2010. 1771, note Lefranc-Harmoniaux et Dedessus-Le Moustier ; RDT 2010. 290, obs. Gardes ; JS Lamy 2010, n° 275-3, obs. Haller ; JCP S 2010. 1230, obs. Martinon ; Sem. soc. Lamy 2010, n° 1439, p. 10.*

6. Dispense d'activité. La période de protection suivant le congé de maternité n'est suspendue que par la prise des congés payés suivant immédiatement le congé de maternité, son point de départ étant alors reporté à la date de la reprise du travail par la salariée ; la dispense d'activité consentie par l'employeur à la salariée ne permet pas un tel report. • Soc. 14 sept. 2016, n° 15-15.943 P : *D. 2016. Actu. 1864 ; RJS 11/2016, n° 685 ; JCP 2016. 1046, obs. Dedessus-Le-Moustier.*

7. Connaissance par l'employeur. Sur la preuve de la connaissance de la grossesse par l'employeur, indépendamment du respect par la salariée des formalités légales. • Soc. 31 mars 1978 : *Bull. civ. V, n° 271* • 27 sept. 1989 : *CSB 1989. 224, S. 114.* ♦ Ayant constaté que l'employeur ne pouvait ignorer la raison de la prolongation de l'absence de la salariée, une cour d'appel a pu décider que la seule absence de justification de la prolongation de l'arrêt de travail ne constituait pas une faute grave. • Soc. 24 oct. 1996 : *RJS 1996. 816, n° 1260.*

8. Fécondation in vitro. L'interdiction de licenciement des travailleuses enceintes ne s'applique pas à une travailleuse qui suit un traitement de fécondation *in vitro* lorsque, à la date du licenciement, les ovules fécondés n'ont pas encore été implantés dans l'utérus ; cependant, la travailleuse qui subit un traitement de fécondation *in vitro* peut se prévaloir de la protection contre la discrimination fondée sur le sexe lorsque le licenciement est fondé essentiellement sur le fait que l'intéressée a subi un tel traitement. • CJCE 26 févr. 2008, *Sabine Mayr c/ Bäckerei und Konditorei Gerhard Flöckner OHG*, aff. n° 506-06 : *RDT 2008. 313, obs. Kouchner.*

9. Visite médicale de reprise. La visite médicale de reprise après un congé de maternité a pour seul objet d'apprécier l'aptitude de l'intéressée à reprendre son ancien emploi, et n'a pas pour effet de différer jusqu'à cette date la période de protection instituée par l'article L. 122-25-2 C. trav. [art. L. 1225-4 nouv.]. • Soc. 29 sept. 2004 : *D. 2005. 266, note Noël ; Dr. soc. 2004. 1091, note Savatier ; RJS 2004. 898, n° 1274 (2e esp.) ; JS Lamy 2004, n° 154-4.*

10. N'est pas contraire au principe d'égalité posé par la directive du 9 févr. 1976 le licenciement d'une salariée prononcé en raison d'absences dues à une maladie qui trouve son origine dans la grossesse ou l'accouchement, une telle maladie n'ayant pas à être distinguée de toute autre maladie, dès lors qu'elle apparaît après le congé de maternité. • CJCE 8 nov. 1990 : *CSB 1991. 7, A. 3 ; RJS 1991. 58, n° 109.*

II. INTERDICTION DE LICENCIER

A. PRINCIPE

11. Interdiction du licenciement. Le licenciement nul par application des dispositions de l'art. L. 122-25-2 [art. L. 1225-4 nouv.] ne prend effet qu'à la date à laquelle la période de protection prévue par l'art. L. 122-26 [art. L. 1225-17 nouv.] prend fin, cette date fixant le point de départ du délai-congé. • Soc. 12 mars 1991 : *CSB 1991. 101, A. 27 ; RJS 1991. 236* • 4 avr. 1991, n° 89-42.406 P : *D. 1991. IR 125* • 7 juin 1994 : *CSB 1994. 213, S. 122* • 10 mai 1995, n° 92-40.038 P : *D. 1995. IR 150 ; RJS 1995. 423, n° 641.* ♦ Le licenciement pendant la période de protection caractérise un trouble manifestement illicite que le juge des référés peut faire cesser. • Soc. 16 juill. 1997 : *RJS 1997. 669, n° 1084* • 19 nov. 1997, n° 94-42.540 P : *D. 1998. IR 4 ; RJS 1998. 23, n° 24.*

12. Mesures préparatoires au licenciement. La protection dont bénéficie la salariée en congé de maternité s'étend aux mesures préparatoires au licenciement ; les juges du fond doivent vérifier si l'engagement d'un salarié durant le congé de maternité de l'intéressé n'a pas eu pour objet de pourvoir à son remplacement définitif, de sorte qu'il caractérisait une mesure préparatoire à son licenciement. • Soc. 15 sept. 2010 : *D. 2010. AJ 2166, obs. Perrin ; RDT 2011. 31, obs. Mercat-Bruns ; RJS 2010. 755, n° 841 ; Dr. soc. 2010. 1256, obs. Favennec-Héry ; JS Lamy 2010, obs. Hautefort ; JCP S 2011. 1005, obs. Bossu.* ♦ Le fait de prévoir, dans le cadre d'un projet de restructuration, la suppression de l'emploi d'une femme en congé de maternité et de l'associer au PSE en lui faisant part des postes disponibles au reclassement n'est pas une mesure préparatoire au licenciement. • Soc. 14 sept. 2016, n° 15-15.943 P : *D. 2016. Actu. 1864 ; RJS 11/2016, n° 685 ; JS Lamy 2016, n° 419-4, obs. Lhernould ; JCP G 2016. 1046, obs. Dedessus-le-Moustier.*

B. SANCTION

13. Réintégration. La réintégration de la salariée dont le licenciement est nul en application de l'art. L. 122-25-2 [art. L. 1225-4 nouv.] doit être ordonnée si elle le demande. • Soc. 30 avr. 2003, n° 00-44.811 P : *GADT, 4e éd., n° 104 ; Dr. soc. 2003. 827, note Gauriau ; D. 2004. Somm. 178, obs. Lardy-Pélissier ; D. 2003. IR 1480 ; CSB 2003, A. 44 ; RJS 2003. 557, note Duplat ; ibid. 2003. 579, n° 869 ; JS Lamy 2003, n° 124-4.* ♦ V. déjà • Soc. 9 oct. 2001, n° 99-44.353 P : *D. 2002. 1234, note Damas ; RJS 2001. 986, n° 1468.*

14. Indemnisation. La salariée dont le licenciement est nul et qui ne demande pas sa réintégration a droit, d'une part, aux indemnités de rupture et, d'autre part, à une indemnité réparant intégralement le préjudice résultant du caractère illicite du licenciement, dont le montant est souverainement apprécié par les juges du fond dès lors qu'il est au moins égal à celui prévu par l'art. L. 122-14-4. • Soc. 9 oct. 2001, n° 99-44.353 P : *RJS 2001. 986, n° 1468.*

C. LICENCIEMENT POUR FAUTE GRAVE OU IMPOSSIBILITÉ DE MAINTENIR LE CONTRAT

15. Faute grave. Pour décider que le licenciement d'une salariée enceinte repose sur une faute grave, les juges doivent avoir constaté que les faits qui lui sont reprochés ne sont pas liés à son état de grossesse. • Soc. 8 mars 2000, n° 97-43.797 P : *D. 2000. IR 90 ; RJS 2000. 367, n° 527.* ♦ Caractérise la faute grave la participation à des agissements frauduleux commis par un supérieur hiérarchique. • Crim. 8 janv. 1991 : *RJS 1991. 169, n° 321.* ♦ ... Le fait, en vue d'obtenir des prestations complémentaires, de compléter un document qui ne pouvait émaner que de l'employeur en y apposant un paraphe laissant croire que ce dernier l'avait signé. • Soc. 9 déc. 1998 : *RJS 1999. 313, n° 503.*

16. *Impossibilité de maintenir le contrat.* L'existence d'une cause économique de licenciement ne constitue pas nécessairement l'impossibilité de maintenir le contrat de travail. • Soc. 31 oct. 1996 : *RJS 1996. 755, n° 1168* • 19 nov. 1997 : *D. 1998. IR 3.* ♦ Est justifié le licenciement motivé par une compression générale du personnel. • Soc. 4 mai 1972 : *Bull. civ. V, n° 316.* ♦ ... Ou par la suppression de l'emploi occupé par la salariée à la suite d'un licenciement économique. • Soc. 4 oct. 1995 : *CSB 1995. 329, A. 62.* ♦ L'existence d'une clause contractuelle de résiliation d'un contrat de travail en raison de la rupture d'un autre contrat de travail ne constitue pas en soi une impossibilité de maintenir le contrat de travail d'une salariée en état de grossesse. • Soc. 16 juin 2004, n° 02-42.315 P : *RJS 2004. 714, n° 1032.*

17. N'est pas fondé le licenciement justifié par un changement d'activité, alors que la salariée avait été remplacée. • Soc. 25 juin 1969 : *Bull. civ. V, n° 432.* ♦ ... Ou par une inaptitude non formellement établie. • Soc. 8 déc. 1976 : *Bull. civ. V, n° 645 ; D. 1977. IR 35.* ♦ ... Ou par la petite taille de l'entreprise. • Soc. 1er juin 1976 : *Bull. civ. V, n° 336 ; D. 1976. IR 200 ; Dr. ouvrier 1977. 233.*

18. En l'absence de faute grave, l'employeur ne peut invoquer l'impossibilité de maintenir le contrat qu'en justifiant de circonstances indépendantes du comportement de la salariée. • Soc. 27 avr. 1989 : *Bull. civ. V, n° 315.*

19. La preuve de la réorganisation des services rendant impossible le maintien du contrat est à la charge de l'employeur. • Soc. 22 avr. 1970 : *Bull. civ. V, n° 265.*

20. *Motivation de la lettre de licenciement.* La lettre de licenciement doit énoncer le ou les motifs qui rendent impossible le maintien du contrat de travail, à défaut le licenciement est nul. • Soc. 24 oct. 2000, n° 98-41.937 P : *D. 2000. IR 303 ; RJS 2000. 806, n° 1245.*

Art. L. 1225-4-1 *(L. n° 2014-873 du 4 août 2014, art. 9)* **Aucun employeur ne peut rompre le contrat de travail d'un salarié pendant les** *(L. n° 2016-1088 du 8 août 2016, art. 10)* **« dix » semaines suivant la naissance de son enfant.**

Toutefois, l'employeur peut rompre le contrat s'il justifie d'une faute grave de l'intéressé ou de son impossibilité de maintenir ce contrat pour un motif étranger à l'arrivée de l'enfant.

Art. L. 1225-5 **Le licenciement d'une salariée est annulé lorsque, dans un délai de quinze jours à compter de sa notification, l'intéressée envoie à son employeur, dans des conditions déterminées par voie réglementaire, un certificat médical justifiant qu'elle est enceinte.**

Ces dispositions ne s'appliquent pas lorsque le licenciement est prononcé pour une faute grave non liée à l'état de grossesse ou par impossibilité de maintenir le contrat pour un motif étranger à la grossesse ou à l'accouchement. — *[Anc. art. L. 122-25-2, al. 2.]*

COMMENTAIRE

V. Dalloz.fr et applications mobiles Dalloz.

1. *Notification du licenciement.* Le délai de 15 jours court à compter du jour où le licenciement a été effectivement porté à la connaissance de la salariée par la remise en main propre du recommandé. • Soc. 8 juin 2011 : *D. 2011. Actu. 1768 ; RJS 2011. 625, n° 680 ; JCP S 2011. 1388, obs. Brissy.* ♦ En cas de licenciement notifié verbalement, c'est à compter de cette notification que commence à courir le délai fixé par l'alinéa 2 de l'art. L. 122-25-2 [art. L. 1225-2 nouv.]. • Soc. 3 oct. 1980 : *Bull. civ. V, n° 711* • 21 juill. 1986 : *ibid., n° 458.* ♦ Le délai commence à courir à compter de la notification faite à la salariée, même dans des conditions irrégulières. • Soc. 13 nov. 1996, n° 93-44.873 P : *D. 1996. IR 262 ; RJS 1996. 815, n° 1259.* ♦ Le délai court à compter du jour où la notification du licenciement a été effectivement portée à la connaissance de la salariée. • Soc. 3 déc. 1997, n° 95-40.093 P : *RJS 1998. 25, n° 25 ; CSB 1998. 45, A. 11.* ♦ Le jour de la notification ne compte pas en application des dispositions de l'art. 641, al. 1er, C. pr. civ. • Soc. 16 juin 2004, n° 02-42.315 P : *RJS 2004. 714, n° 1032.*

2. Lorsqu'une salariée notifie à l'employeur son état de grossesse, son licenciement doit être annulé et si l'employeur, à la suite de la notification, ne revient que tardivement sur sa décision de licencier, la salariée n'est pas tenue d'accepter la réintégration proposée et doit être indemnisée. • Soc. 9 juill. 2008 : *JS Lamy 2008, n° 241-2 ; RJS 2008. 809, n° 988 ; JCP S 2008. 1483, note Puigelier.* ♦ Dans cette hypothèse, la salariée a droit, outre les indemnités de rupture et une indemnité égale à six mois de salaire réparant intégralement le préjudice subi résultant du caractère illicite du licenciement, aux salaires qu'elle aurait perçus pendant la période couverte par la nullité. • Soc. 15 déc. 2015, n° 14-10.522 P : *D. 2016. Actu. 82 ; RJS 2/2016, n° 104 ; JS Lamy 2016, n° 403-2, obs. Lhernould.*

3. Annulation du licenciement. Lorsqu'une salariée notifie à l'employeur qu'elle est en état de grossesse, son licenciement doit être annulé ; l'employeur ne peut se contenter de suspendre les effets du licenciement. • Soc. 20 nov. 2001, n° 99-41.507 P : *RJS 2002. 143, n° 168* • 7 avr. 2004, n° 02-40.333 P. ♦ En relevant que l'employeur n'avait pas aussitôt fait savoir à la salariée que son licenciement était annulé en application de la loi et que la salariée ne s'était pas désistée de son instance, une cour d'appel n'a pas caractérisé une manifestation claire et non équivoque de volonté de la salariée de poursuivre les relations de travail. • Soc. 30 sept. 1992, n° 88-44.629 P : *Dr. soc. 1992. 922 ; CSB 1992. 273, A. 51 ; RJS 1992. 381, n° 1242.* ♦ L'envoi d'un certificat de grossesse dans les formes de l'art. R. 122-9 n'est pas une formalité substantielle ; le délai de quinze jours prévu par l'art. L. 122-25-2 ne s'applique qu'en cas de licenciement par l'employeur ignorant la grossesse. • Soc. 20 juin 1995, n° 91-44.952 P : *RJS 1995. 582, n° 880 ; CSB 1995. 261, A. 49.* ♦ Lorsqu'une salariée explique par son état de grossesse quatre mois d'absence injustifiée, dans le délai de 15 jours suivant la notification du licenciement, le licenciement est annulé et la faute grave ne peut être caractérisée. • Soc. 16 juin 1998, n° 95-42.263 P : *RJS 1998. 627, n° 980.*

4. Annulation du licenciement et proposition de réintégration tardive. Lorsqu'une salariée, en application de l'art. L. 1225-5 C. trav., notifie à l'employeur son état de grossesse, de sorte que le licenciement est annulé, le juge doit apprécier le caractère tardif de la décision de réintégrer cette salariée au regard de la date de connaissance par l'employeur de cet état. • Soc. 15 déc. 2015, n° 14-10.522 P : *Dalloz actualité, 8 janv. 2016, obs. Cortot ; D. 2016. Actu. 82 ; RJS 2/2016, n° 104 ; JCPS 2016. 1058, obs. Everaert-Dumont.*

5. Absence de lien avec l'état de grossesse caractérisée. L'employeur peut licencier une salariée en état de grossesse en dehors des périodes de suspension prévues par l'art. L. 1225-17 pour faute grave ; mais l'absence de lien entre les manquements reprochés à la salariée et son état de grossesse doit être caractérisée par les juges du fond. • Soc. 18 avr. 2008 : *JS Lamy 2008, n° 234-6 ; RJS 2009. 620, n° 773 ; JCP S 2008. 1354, note Puigelier ; Dr. soc. 2008. 879, obs. Savatier.*

Art. L. 1225-6 Les dispositions des articles L. 1225-4 et L. 1225-5 ne font pas obstacle à l'échéance du contrat de travail à durée déterminée. — *[Anc. art. L. 122-25-2, al. 3.]*

SOUS-SECTION 2 CHANGEMENTS TEMPORAIRES D'AFFECTATION

§ 1er NÉCESSITÉ MÉDICALE

Art. L. 1225-7 La salariée enceinte peut être affectée temporairement dans un autre emploi, à son initiative ou à celle de l'employeur, si son état de santé médicalement constaté l'exige.

En cas de désaccord entre l'employeur et la salariée ou lorsque le changement intervient à l'initiative de l'employeur, seul le médecin du travail peut établir la nécessité médicale du changement d'emploi et l'aptitude de la salariée à occuper le nouvel emploi envisagé.

L'affectation dans un autre établissement est subordonnée à l'accord de l'intéressée.

L'affectation temporaire ne peut excéder la durée de la grossesse et prend fin dès que l'état de santé de la femme lui permet de retrouver son emploi initial.

Le changement d'affectation n'entraîne aucune diminution de rémunération. — *[Anc. art. L. 122-25-1.]*

1. Maternité et poste de travail. Sur la possibilité pour la salariée de refuser sa mutation, V. • Soc. 22 janv. 1981 : *Bull. civ. V, n° 68.* ♦ En cas de nécessité médicale d'affectation temporaire dans un autre emploi, l'employeur ne peut suspendre la rémunération de la salariée enceinte, en attendant de lui trouver un poste compatible avec son état. • Soc. 17 déc. 1997 : *RJS 1998. 114, n° 176.*

2. Maternité et reclassement. Lorsque la convention collective prévoit une obligation de reclassement des salariées enceintes déclarées inaptes, elles ont droit au maintien de la rémunération, peu important que le changement d'affectation n'ait pu avoir lieu en l'absence de poste disponible. • Soc. 19 janv. 1999, n° 96-44.976 P : *D. 1999. IR 45 ; RJS 1999. 219, n° 368.*

Art. L. 1225-8 Lorsque la salariée reprend son travail à l'issue du congé de maternité et si pendant sa grossesse elle a fait l'objet d'un changement d'affectation dans les conditions prévues au présent paragraphe, elle est réintégrée dans l'emploi occupé avant cette affectation. – *[Anc. art. L. 122-26, al. 9.]*

§ 2 TRAVAIL DE NUIT

Art. L. 1225-9 La salariée en état de grossesse médicalement constaté ou ayant accouché, qui travaille de nuit dans les conditions déterminées à l'article *(L. n° 2016-1088 du 8 août 2016, art. 8)* « L. 3122-5 », est affectée sur sa demande à un poste de jour pendant la durée de sa grossesse et pendant la période du congé postnatal.

Elle est également affectée à un poste de jour pendant la durée de sa grossesse lorsque le médecin du travail constate par écrit que le poste de nuit est incompatible avec son état. Cette période peut être prolongée pendant le congé postnatal et après son retour de ce congé pour une durée n'excédant pas un mois lorsque le médecin du travail constate par écrit que le poste de nuit est incompatible avec son état.

L'affectation dans un autre établissement est subordonnée à l'accord de la salariée.

Le changement d'affectation n'entraîne aucune diminution de la rémunération. – *[Anc. art. L. 122-25-1-1, al. 1er et 2.]*

Art. L. 1225-10 Lorsque l'employeur est dans l'impossibilité de proposer un autre emploi à la salariée travaillant de nuit, il lui fait connaître par écrit, ainsi qu'au médecin du travail, les motifs qui s'opposent à cette affectation.

Le contrat de travail de la salariée est alors suspendu jusqu'à la date du début du congé légal de maternité et éventuellement durant la période complémentaire qui suit la fin de ce congé en application de l'article L. 1225-9.

La salariée bénéficie d'une garantie de rémunération pendant la suspension du contrat de travail, composée de l'allocation journalière prévue à l'article L. 333-1 du code de la sécurité sociale et d'une indemnité complémentaire à la charge de l'employeur, calculée selon les mêmes modalités que celles prévues à l'article L. 1226-1, à l'exception des dispositions relatives à l'ancienneté. – *[Anc. art. L. 122-25-1-1, al. 3.]*

Art. L. 1225-11 Les dispositions du présent paragraphe ne font pas obstacle à l'application des dispositions des articles :

1° L. 1225-4, relatif à la protection contre la rupture du contrat de travail d'une salariée en état de grossesse médicalement constaté ;

2° L. 1225-17, relatif au congé de maternité ;

3° L. 1225-29, relatif à l'interdiction d'emploi postnatal et prénatal ;

4° L. 1226-2, relatif à l'inaptitude consécutive à une maladie ou un accident non professionnel constatée par le médecin du travail ;

(L. n° 2016-1088 du 8 août 2016, art. 102, en vigueur le 1er janv. 2017) « 4° *bis* L. 1226-10, relatif à l'inaptitude consécutive à un accident du travail ou à une maladie professionnelle ;

« 5° L. 4624-3 et L. 4624-4, relatifs » aux mesures individuelles pouvant être proposées par le médecin du travail.

Les dispositions issues de la L. n° 2016-1088 du 8 août 2016 entrent en vigueur à la date de publication des décrets pris pour leur application, et au plus tard le 1er janv. 2017 (L. préc., art. 102-V).

§ 3 EXPOSITION À DES RISQUES PARTICULIERS

Art. L. 1225-12 L'employeur propose à la salariée qui occupe un poste de travail l'exposant à des risques déterminés par voie réglementaire un autre emploi compatible avec son état :

1° Lorsqu'elle est en état de grossesse médicalement constaté ;

2° Lorsqu'elle a accouché, compte tenu des répercussions sur sa santé ou sur l'allaitement, durant une période n'excédant pas un mois après son retour de congé postnatal. – *[Anc. art. L. 122-25-1-2, al. 1er, phrase 1.] – V. art. R. 1225-4.*

Art. L. 1225-13 La proposition d'emploi est réalisée au besoin par la mise en œuvre de mesures temporaires telles que l'aménagement de son poste de travail ou son affectation dans un autre poste de travail. Elle prend en compte les conclusions écrites du médecin du travail et les indications qu'il formule sur l'aptitude de la salariée à exercer l'une des tâches existantes dans l'entreprise.

Ces mesures temporaires n'entraînent aucune diminution de la rémunération. – *[Anc. art. L. 122-25-1-2, al. 1, phrase 1 fin et phrase 2.]*

Art. L. 1225-14 Lorsque l'employeur est dans l'impossibilité de proposer un autre emploi à la salariée, il lui fait connaître par écrit, ainsi qu'au médecin du travail, les motifs qui s'opposent à cette affectation temporaire.

Le contrat de travail de la salariée est alors suspendu jusqu'à la date du début du congé de maternité et, lorsqu'elle a accouché, durant la période n'excédant pas un mois prévue au 2° de l'article L. 1225-12.

La salariée bénéficie d'une garantie de rémunération pendant la suspension du contrat de travail, composée de l'allocation journalière prévue à l'article L. 333-1 du code de la sécurité sociale et d'une indemnité complémentaire à la charge de l'employeur, selon les mêmes modalités que celles prévues par les dispositions mentionnées à l'article L. 1226-1, à l'exception des dispositions relatives à l'ancienneté. – *[Anc. art. L. 122-25-1-2, al. 2.]*

Art. L. 1225-15 Les dispositions du présent paragraphe ne font pas obstacle à l'application des articles :

1° L. 1225-4, relatif à la protection contre la rupture du contrat de travail d'une salariée en état de grossesse médicalement constaté ;

2° L. 1226-2, relatif à l'inaptitude consécutive à une maladie ou un accident non professionnel constatée par le médecin du travail ;

(L. n° 2016-1088 du 8 août 2016, art. 102, en vigueur le 1er janv. 2017) « 2° *bis* L. 1226-10, relatif à l'inaptitude consécutive à un accident du travail ou à une maladie professionnelle ;

« 3° L. 4624-3 et L. 4624-4, relatifs » aux mesures individuelles pouvant être proposées par le médecin du travail.

Les dispositions issues de la L. n° 2016-1088 du 8 août 2016 entrent en vigueur à la date de publication des décrets pris pour leur application, et au plus tard le 1er janv. 2017 (L. préc., art. 102-V).

SOUS-SECTION 3 AUTORISATIONS D'ABSENCE ET CONGÉ DE MATERNITÉ

Art. L. 1225-16 La salariée bénéficie d'une autorisation d'absence pour se rendre aux examens médicaux obligatoires prévus par l'article L. 2122-1 du code de la santé publique dans le cadre de la surveillance médicale de la grossesse et des suites de l'accouchement.

(L. n° 2016-41 du 26 janv. 2016, art. 87) « La salariée bénéficiant d'une assistance médicale à la procréation dans les conditions prévues au chapitre Ier du titre IV du livre Ier de la deuxième partie du code de la santé publique bénéficie d'une autorisation d'absence pour les actes médicaux nécessaires. »

(L. n° 2014-873 du 4 août 2014, art. 11) « Le conjoint salarié de la femme enceinte *(L. n° 2016-41 du 26 janv. 2016, art. 87)* « ou bénéficiant d'une assistance médicale à la procréation » ou la personne salariée liée à elle par un pacte civil de solidarité ou vivant maritalement avec elle bénéficie également d'une autorisation d'absence pour se rendre à trois de ces examens médicaux obligatoires *(L. n° 2016-41 du 26 janv. 2016, art. 87)* « ou de ces actes médicaux nécessaires pour chaque protocole du parcours d'assistance médicale » au maximum. »

Ces absences n'entraînent aucune diminution de la rémunération et sont assimilées à une période de travail effectif pour la détermination de la durée des congés payés ainsi que pour les droits légaux ou conventionnels acquis par la salariée au titre de son ancienneté dans l'entreprise.

Sur l'autorisation d'absence dont bénéficie la salariée donneuse d'ovocytes, V. CSP, art. L. 1244-5, App. II., C.

Art. L. 1225-17 La salariée a le droit de bénéficier d'un congé de maternité pendant une période qui commence six semaines avant la date présumée de l'accouchement et se termine dix semaines après la date de celui-ci.

A la demande de la salariée et sous réserve d'un avis favorable du professionnel de santé qui suit la grossesse, la période de suspension du contrat de travail qui commence avant la date présumée de l'accouchement peut être réduite d'une durée maximale de trois semaines. La période postérieure à la date présumée de l'accouchement est alors augmentée d'autant.

Lorsque la salariée a reporté après la naissance de l'enfant une partie du congé de maternité et qu'elle se voit prescrire un arrêt de travail pendant la période antérieure à la date présumée de l'accouchement, ce report est annulé et la période de suspension du contrat de travail est décomptée à partir du premier jour de l'arrêt de travail. La période initialement reportée est réduite d'autant. – *[Anc. art. L. 122-26, al. 1er et 2.]*

COMMENTAIRE

V. Dalloz.fr et applications mobiles Dalloz. ❑

Art. L. 1225-18 Lorsque des naissances multiples sont prévues, la période de congé de maternité varie dans les conditions suivantes :

1° Pour la naissance de deux enfants, cette période commence douze semaines avant la date présumée de l'accouchement et se termine vingt-deux semaines après la date de l'accouchement. La période de suspension antérieure à la date présumée de l'accouchement peut être augmentée d'une durée maximale de quatre semaines. La période de vingt-deux semaines postérieure à l'accouchement est alors réduite d'autant ;

2° Pour la naissance de trois enfants ou plus, cette période commence vingt-quatre semaines avant la date présumée de l'accouchement et se termine vingt-deux semaines après la date de l'accouchement. – *[Anc. art. L. 122-26, al. 1, phrases 2 et 3.]*

Art. L. 1225-19 Lorsque, avant l'accouchement, la salariée elle-même ou le foyer assume déjà la charge de deux enfants au moins ou lorsque la salariée a déjà mis au monde au moins deux enfants nés viables, le congé de maternité commence huit semaines avant la date présumée de l'accouchement et se termine dix-huit semaines après la date de celui-ci.

A la demande de la salariée et sous réserve d'un avis favorable du professionnel de santé qui suit la grossesse, la période de suspension du contrat de travail qui commence avant la date présumée de l'accouchement peut être réduite d'une durée maximale de trois semaines. La période postérieure à la date présumée de l'accouchement est alors augmentée d'autant.

Lorsque la salariée a reporté après la naissance de l'enfant une partie du congé de maternité et qu'elle se voit prescrire un arrêt de travail pendant la période antérieure à la date présumée de l'accouchement, ce report est annulé et la période de suspension du contrat de travail est décomptée à partir du premier jour de l'arrêt de travail. La période initialement reportée est réduite d'autant.

La période de huit semaines de congé de maternité antérieure à la date présumée de l'accouchement peut être augmentée d'une durée maximale de deux semaines. La période de dix-huit semaines postérieure à la date de l'accouchement est alors réduite d'autant. – *[Anc. art. L. 122-26, al. 1er et 2.]*

Art. L. 1225-20 Lorsque l'accouchement intervient avant la date présumée, le congé de maternité peut être prolongé jusqu'au terme, selon le cas, des seize, vingt-six, trente-quatre ou quarante-six semaines de suspension du contrat auxquelles la salariée a droit, en application des articles L. 1225-17 à L. 1225-19. – *[Anc. art. L. 122-26, al. 2.]*

COMMENTAIRE

V. Dalloz.fr et applications mobiles Dalloz. ❑

Art. L. 1225-21 Lorsqu'un état pathologique est attesté par un certificat médical comme résultant de la grossesse ou de l'accouchement, le congé de maternité est augmenté de la durée de cet état pathologique dans la limite de deux semaines avant la date présumée de l'accouchement et de quatre semaines après la date de celui-ci. – *[Anc. art. L. 122-26, al. 3.]*

Art. L. 1225-22 Lorsque l'enfant est resté hospitalisé jusqu'à l'expiration de la sixième semaine suivant l'accouchement, la salariée peut reporter à la date de la fin de l'hospitalisation tout ou partie du congé auquel elle peut encore prétendre. – *[Anc. art. L. 122-26, al. 4, phrase 1.]*

Art. L. 1225-23 Lorsque l'accouchement intervient plus de six semaines avant la date prévue et exige l'hospitalisation postnatale de l'enfant, le congé de maternité est prolongé du nombre de jours courant de la date effective de l'accouchement au début des périodes de congé de maternité mentionnées aux articles L. 1225-17 à L. 1225-19. – *[Anc. art. L. 122-26, al. 4.]*

Art. L. 1225-24 Le congé de maternité entraîne la suspension du contrat de travail. La salariée avertit l'employeur du motif de son absence et de la date à laquelle elle entend y mettre fin.

La durée de ce congé est assimilée à une période de travail effectif pour la détermination des droits que la salariée tient de son ancienneté. – *[Anc. art. L. 122-26-2.]*

Art. L. 1225-25 A l'issue du congé de maternité, la salariée retrouve son précédent emploi ou un emploi similaire assorti d'une rémunération au moins équivalente. – *[Anc. art. L. 122-28, al. 8.]*

COMMENTAIRE

V. Dalloz.fr et applications mobiles Dalloz.

1. Conséquences de l'absence. Lorsqu'une prime de fin d'année procédant d'un usage dans l'entreprise prévoit un abattement à partir d'un certain nombre de jours d'absence, il appartient à la salariée de démontrer qu'elle y a droit malgré son absence due à un congé de maternité. • Soc. 17 déc. 1987 : *Bull. civ. V, n° 750.* – Dans le même sens : • Soc. 11 avr. 1991 : *RJS 1991. 367, n° 684.*

2. Retour sur un poste similaire. En relevant qu'il était de l'intérêt de l'entreprise de conserver au poste anciennement occupé par la salariée le salarié qui l'y avait remplacée et que l'employeur avait proposé à celle-ci un poste similaire sans modifier un élément essentiel de son contrat, une cour d'appel a pu décider que le refus de la salariée d'accepter une simple modification de ses conditions de travail faisait que le licenciement reposait sur une cause réelle et sérieuse. • Soc. 22 mai 1997, n° 94-40.297 P : *CSB 1997. 241, A. 47, note Morville ; RJS 1997. 524, n° 809.*

Art. L. 1225-26 En l'absence d'accord collectif de branche ou d'entreprise déterminant des garanties d'évolution de la rémunération des salariées pendant le congé de maternité et à la suite de ce congé au moins aussi favorables que celles mentionnées dans le présent article, cette rémunération, au sens de l'article L. 3221-3, est majorée, à la suite de ce congé, des augmentations générales ainsi que de la moyenne des augmentations individuelles perçues pendant la durée de ce congé par les salariés relevant de la même catégorie professionnelle ou, à défaut, de la moyenne des augmentations individuelles dans l'entreprise.

Cette règle n'est pas applicable aux accords collectifs de branche ou d'entreprise conclus antérieurement à l'entrée en vigueur de la loi n° 2006-340 du 23 mars 2006 relative à l'égalité salariale entre les femmes et les hommes. – *[Anc. art. L. 122-26, al. 10 et 11.]*

V. Circ. 19 avr. 2007 concernant l'application de la loi n° 2006-340 du 23 mars 2006 relative à l'égalité salariale entre les femmes et les hommes (JO 17 mai).

COMMENTAIRE

V. Dalloz.fr et applications mobiles Dalloz.

Art. L. 1225-27 La salariée qui reprend son activité à l'issue d'un congé de maternité a droit à *(L. n° 2014-288 du 5 mars 2014, art. 5-I)* « l'entretien professionnel mentionné au I de l'article L. 6315-1. »

Art. L. 1225-28 *(L. n° 2014-1554 du 22 déc. 2014, art. 45-VI)* « En cas de décès de la mère au cours de la période d'indemnisation définie au premier alinéa de l'article L. 331-6 du code de la sécurité sociale, le père peut suspendre son contrat de travail pendant une période au plus égale à la durée d'indemnisation restant à courir, définie au même premier alinéa, le cas échéant reportée en application du deuxième alinéa du même article. »

L'intéressé avertit son employeur du motif de son absence et de la date à laquelle il entend mettre fin à la suspension de son contrat de travail. Le père bénéficie alors de la protection contre le licenciement prévue aux articles L. 1225-4 et L. 1225-5.

(Abrogé par L. nº 2014-1554 du 22 déc. 2014, art. 45-VI) « La suspension du contrat de travail peut être portée à dix-huit ou vingt-deux semaines dans les cas prévus à l'article L. 331-6 du code de la sécurité sociale. »

(L. nº 2012-1404 du 17 déc. 2012, art. 94) « Lorsque le père de l'enfant n'exerce pas son droit, le bénéfice de celui-ci est accordé au conjoint salarié de la mère ou à la personne *(L. nº 2014-1554 du 22 déc. 2014, art. 45-VI)* « salariée » liée à elle par un pacte civil de solidarité ou vivant maritalement avec elle. »

Les dispositions issues de la L. nº 2014-1554 du 22 déc. 2014 sont applicables aux périodes de congés ou de cessation d'activité en cours au 1er janv. 2015 (L. préc., art. 45-VII).

SOUS-SECTION 4 INTERDICTION D'EMPLOI PRÉNATAL ET POSTNATAL

Art. L. 1225-29 Il est interdit d'employer la salariée pendant une période de huit semaines au total avant et après son accouchement.

Il est interdit d'employer la salariée dans les six semaines qui suivent son accouchement. – *[Anc. art. L. 224-1.]*

COMMENTAIRE

V. Dalloz.fr et applications mobiles Dalloz.

SOUS-SECTION 5 DISPOSITIONS PARTICULIÈRES À L'ALLAITEMENT

Art. L. 1225-30 Pendant une année à compter du jour de la naissance, la salariée allaitant son enfant dispose à cet effet d'une heure par jour durant les heures de travail. – *[Anc. art. L. 224-2, al. 1er.]*

Art. L. 1225-31 La salariée peut allaiter son enfant dans l'établissement. – *[Anc. art. L. 224-3, al. 1er, phrase 1.]*

Art. L. 1225-32 Tout employeur employant plus de cent salariées peut être mis en demeure d'installer dans son établissement ou à proximité des locaux dédiés à l'allaitement. – *[Anc. art. L. 224-4.]*

BIBL. ► HERZOG-EVANS, *RDT 2007. 14* (des chambres d'allaitement aux crèches d'entreprise).

Art. L. 1225-33 Un décret en Conseil d'État détermine, suivant l'importance et la nature des établissements, les conditions d'application de la présente sous-section. – *[Anc. art. L. 224-5.] – V. art. R. 1225-5.*

SOUS-SECTION 6 DÉMISSION

Art. L. 1225-34 La salariée en état de grossesse médicalement constaté peut rompre son contrat de travail sans préavis et sans devoir d'indemnité de rupture. – *[Anc. art. L. 122-32.]*

SECTION II CONGÉ DE PATERNITÉ ET D'ACCUEIL DE L'ENFANT *(L. nº 2012-1404 du 17 déc. 2012, art. 94).*

Art. L. 1225-35 *(L. nº 2012-1404 du 17 déc. 2012, art. 94)* « Après la naissance de l'enfant et dans un délai déterminé par décret, le père salarié ainsi que, le cas échéant, le conjoint salarié de la mère ou la personne salariée liée à elle par un pacte civil de solidarité ou vivant maritalement avec elle bénéficient d'un congé de paternité et d'accueil de l'enfant de onze » jours consécutifs ou de dix-huit jours consécutifs en cas de naissances multiples.

Le congé de paternité *(L. nº 2012-1404 du 17 déc. 2012, art. 94)* « et d'accueil de l'enfant » entraîne la suspension du contrat de travail.

Le salarié qui souhaite bénéficier du congé de paternité *(L. nº 2012-1404 du 17 déc. 2012, art. 94)* « et d'accueil de l'enfant » avertit son employeur au moins un mois avant la date à laquelle il envisage de le prendre, en précisant la date à laquelle il entend y mettre fin. – *V. art. D. 1225-8.*

COMMENTAIRE

V. Dalloz.fr et applications mobiles Dalloz

1. *Information de l'employeur.* L'employeur, informé conformément à l'art. L. 1225-35, al. 3, des dates choisies par le salarié, ne peut ni s'opposer à son départ, ni en exiger le report. • Soc. 31 mai 2012 : *D. 2012. Actu. 1555 ; RJS 2012. 625, n° 721 ; JCP S 2012. 1345, obs. François.*

2. *Partenaire homosexuelle.* Le bénéfice du congé de paternité est ouvert, à raison de l'existence d'un lien de filiation juridique, au père de l'enfant ; les textes excluent toute discrimination selon le sexe ou l'orientation sexuelle, et ne portent pas atteinte au droit à une vie familiale ; dès lors, une partenaire homosexuelle ne peut prétendre au bénéfice du congé de paternité. • Civ. 2e, 11 mars 2010 : *D. 2010. 1395, note Mirkovic ; RDT 2010. 521, obs. Cros-Courtial ; JS Lamy 2010, n° 367-2 ; Sem. soc. Lamy 2010, n° 1441, p. 9.*

Art. L. 1225-36 A l'issue du congé de paternité *(L. n° 2012-1404 du 17 déc. 2012, art. 94)* « et d'accueil de l'enfant », le salarié retrouve son précédent emploi ou un emploi similaire assorti d'une rémunération au moins équivalente. – *[Anc. art. L. 122-25-4, al. 2.]*

SECTION III CONGÉS D'ADOPTION

Art. L. 1225-37 Le salarié à qui l'autorité administrative ou tout organisme désigné par voie réglementaire confie un enfant en vue de son adoption a le droit de bénéficier d'un congé d'adoption d'une durée de dix semaines au plus à dater de l'arrivée de l'enfant au foyer. Ce congé peut précéder de sept jours consécutifs, au plus, l'arrivée de l'enfant au foyer.

Le congé d'adoption est porté à :

1° Dix-huit semaines lorsque l'adoption porte à trois ou plus le nombre d'enfants dont le salarié ou le foyer assume la charge ;

2° Vingt-deux semaines en cas d'adoptions multiples. – *[Anc. art. L. 122-26, al. 5, phrases 1 à 3.]*

Art. L. 1225-38 Le congé d'adoption suspend le contrat de travail.

Pendant la suspension, les parents salariés bénéficient de la protection contre le licenciement prévue aux articles L. 1225-4 et L. 1225-5. L'application de ces articles ne fait pas obstacle à l'échéance du contrat de travail à durée déterminée. – *[Anc. art. L. 122-26, al. 5, phrase 4.]*

Art. L. 1225-39 Le licenciement d'un salarié est annulé lorsque, dans un délai de quinze jours à compter de sa notification, l'intéressé envoie à son employeur, dans des conditions déterminées par voie réglementaire, une attestation justifiant l'arrivée à son foyer, dans un délai de quinze jours, d'un enfant placé en vue de son adoption. Cette attestation est délivrée par l'autorité administrative ou par l'organisme autorisé pour l'adoption qui procède au placement.

Ces dispositions ne s'appliquent pas lorsque le licenciement est prononcé pour une faute grave non liée à l'adoption ou par impossibilité de maintenir le contrat de travail pour un motif étranger à l'adoption. – *[Anc. art. L. 122-25-2.]*

Art. L. 1225-40 Lorsque la durée du congé d'adoption est répartie entre les deux parents, l'adoption d'un enfant par un couple de parents salariés ouvre droit à onze jours supplémentaires de congé d'adoption ou à dix-huit jours en cas d'adoptions multiples.

La durée du congé ne peut être fractionnée qu'en deux périodes, dont la plus courte est au moins égale à onze jours.

Ces deux périodes peuvent être simultanées. – *[Anc. art. L. 122-26, al. 5, phrases 5 à 7.]*

Art. L. 1225-41 Le salarié titulaire de l'agrément mentionné aux articles L. 225-2 et L. 225-17 du code de l'action sociale et des familles bénéficie du congé d'adoption lorsqu'il adopte ou accueille un enfant en vue de son adoption par décision de l'autorité étrangère compétente, à condition que l'enfant ait été autorisé, à ce titre, à entrer sur le territoire national. – *[Anc. art. L. 122-26, al. 6.]*

Art. L. 1225-42 Le salarié avertit l'employeur du motif de son absence et de la date à laquelle il entend mettre fin à la suspension de son contrat de travail.

La durée du congé d'adoption est assimilée à une période de travail effectif pour la détermination des droits que le salarié tient de son ancienneté. – *[Anc. art. L. 122-26-2.]*

Art. L. 1225-43 A l'issue du congé d'adoption, le salarié retrouve son précédent emploi ou un emploi similaire assorti d'une rémunération au moins équivalente. – *[Anc. art. L. 122-26, al. 8.]*

Art. L. 1225-44 En l'absence d'accord collectif de branche ou d'entreprise déterminant des garanties d'évolution de la rémunération des salariés, pendant le congé d'adoption et à la suite de ce congé, au moins aussi favorables que celles mentionnées dans le présent article, cette rémunération, au sens de l'article L. 3221-3, est majorée, à la suite de ce congé, des augmentations générales ainsi que de la moyenne des augmentations individuelles perçues pendant la durée de ce congé par les salariés relevant de la même catégorie professionnelle ou, à défaut, de la moyenne des augmentations individuelles dans l'entreprise.

Cette règle n'est pas applicable aux accords collectifs de branche ou d'entreprise conclus antérieurement à l'entrée en vigueur de la loi n° 2006-340 du 23 mars 2006 relative à l'égalité salariale entre les femmes et les hommes. – *[Anc. art. L. 122-26, al. 10 et 11.]*

Art. L. 1225-45 Toute stipulation d'une convention ou d'un accord collectif de travail comportant en faveur des salariées en congé de maternité un avantage lié à la naissance s'applique de plein droit aux salariés en congé d'adoption. – *[Anc. art. L. 122-26-3.]*

Art. L. 1225-46 Tout salarié titulaire de l'agrément mentionné aux articles L. 225-2 et L. 225-17 du code de l'action sociale et des familles a le droit de bénéficier d'un congé d'adoption internationale et extra-métropolitaine non rémunéré lorsque, en vue de l'adoption d'un enfant, il se rend à l'étranger ou dans un département d'outre-mer, une collectivité d'outre-mer ou en Nouvelle-Calédonie, depuis un département métropolitain, un autre département d'outre-mer ou depuis Saint-Barthélemy, Saint-Martin ou Saint-Pierre-et-Miquelon.

Le droit au congé est ouvert pour une durée maximale de six semaines par agrément.

Le salarié informe son employeur au moins deux semaines avant son départ du point de départ et de la durée envisagée du congé.

Le salarié a le droit de reprendre son activité initiale lorsqu'il interrompt son congé avant la date prévue.

A l'issue de son congé, le salarié retrouve son précédent emploi ou un emploi similaire assorti d'une rémunération au moins équivalente. – *[Anc. art. L. 122-28-10.]*

Art. L. 1225-46-1 *(L. n° 2014-288 du 5 mars 2014, art. 5-I)* Le salarié qui reprend son activité initiale à l'issue des congés d'adoption mentionnés à la présente section a droit à l'entretien professionnel mentionné au I de l'article L. 6315-1.

SECTION IV **CONGÉS D'ÉDUCATION DES ENFANTS**

SOUS-SECTION 1 **CONGÉ PARENTAL D'ÉDUCATION ET PASSAGE À TEMPS PARTIEL**

BIBL. ▶ CORRIGNAN-CARSIN, *Dr. soc. 1993. 728* (congé parental : suspension du contrat de travail).

COMMENTAIRE

V. Dalloz.fr et applications mobiles Dalloz.

Art. L. 1225-47 Pendant la période qui suit l'expiration du congé de maternité ou d'adoption, tout salarié justifiant d'une ancienneté minimale d'une année à la date de naissance de son enfant, adopté ou confié en vue de son adoption, ou de l'arrivée au foyer d'un enfant qui n'a pas encore atteint l'âge de la fin de l'obligation scolaire a le droit :

1° Soit au bénéfice d'un congé parental d'éducation durant lequel le contrat de travail est suspendu ;

2° Soit à la réduction de sa durée de travail, sans que cette activité à temps partiel puisse être inférieure à seize heures hebdomadaires. – *[Anc. art. L. 122-28-1, al. 1er.]*

Sur l'indemnisation éventuelle du congé parental par le compte épargne-temps, V. art. L. 3153-1.

1. Ouverture du congé. La possibilité pour un père salarié d'obtenir un congé parental n'est pas subordonnée à l'exercice par la mère d'une activité salariée. • Soc. 5 mai 1988 : *Dr. ouvrier 1989. 221.* ♦ Le droit au congé parental d'éducation est ouvert aux employés de maison. • Soc. 19 nov. 2003, n° 01-43.456 P : *RJS 2004. 181, n° 270.*

2. Réduction de la durée du travail. L'employeur ne peut assortir un mi-temps de modalités incompatibles avec un tel travail, spécialement en proposant à la salariée de travailler une semaine sur deux, la réduction de la durée du travail devant être calculée par rapport à la durée hebdomadaire. • Soc. 21 nov. 1990 : *D. 1990. IR 293 ; JCP E 1991. I. 25, n° 5, obs. Chevillard.* ♦ La fixation de l'horaire de travail, à défaut d'accord des parties, relève du pouvoir de direction de l'employeur. • Soc. 4 juin 2002, n° 00-42.262 P : *RJS 2002. 758, n° 993 ; Dr. soc. 2002. 895, obs. Radé.* ♦ Néanmoins le refus du salarié d'accepter les horaires proposés n'est pas constitutif d'une faute grave dès lors que la proposition de l'employeur n'est pas compatible avec des obligations familiales impérieuses. • Soc. 1er avr. 2003, n° 00-41.873 P. • 1er juin 2004, n° 02-43.151 P : *RJS 2004. 631, n° 932.*

3. Congé parental et protection de la maternité. Le bénéfice d'un congé parental d'éducation ne fait pas obstacle aux règles protectrices de la maternité. • Soc. 11 févr. 2004, n° 01-43.574 P : *Dr. soc. 2004. 562, obs. Radé.*

Art. L. 1225-48 **Le congé parental d'éducation et la période d'activité à temps partiel ont une durée initiale d'un an au plus. Ils peuvent être prolongés deux fois pour prendre fin au plus tard au terme des périodes définies aux deuxième et** *(L. n° 2014-873 du 4 août 2014, art. 8-V)* **« quatrième » alinéas, quelle que soit la date de leur début.**

Le congé parental d'éducation et la période d'activité à temps partiel prennent fin au plus tard au troisième anniversaire de l'enfant.

(L. n° 2014-873 du 4 août 2014, art. 8-V) **« En cas de naissances multiples, le congé parental d'éducation peut être prolongé jusqu'à l'entrée à l'école maternelle des enfants. Pour les naissances multiples d'au moins trois enfants ou les arrivées simultanées d'au moins trois enfants adoptés ou confiés en vue d'adoption, il peut être prolongé cinq fois pour prendre fin au plus tard au sixième anniversaire des enfants. »**

En cas d'adoption d'un enfant de moins de trois ans, le congé parental et la période d'activité à temps partiel prennent fin à l'expiration d'un délai de trois ans à compter de l'arrivée au foyer de l'enfant.

(L. n° 2008-67 du 21 janv. 2008, art. 3) **« Lorsque l'enfant adopté ou confié en vue de son adoption est âgé de plus de trois ans mais n'a pas encore atteint l'âge de la fin de l'obligation scolaire, le congé parental et la période d'activité à temps partiel ne peuvent excéder une année à compter de l'arrivée au foyer. »**

Art. L. 1225-49 **En cas de maladie, d'accident ou de handicap graves de l'enfant appréciés selon des modalités définies par décret en Conseil d'État, le congé parental et la période d'activité à temps partiel prennent fin au plus tard une année après les dates limites définies à l'article L. 1225-48.** – *[Anc. art. L. 122-28-1, al. 4.] – V. art. R. 1225-12.*

Art. L. 1225-50 **Le salarié informe son employeur du point de départ et de la durée de la période pendant laquelle il entend bénéficier soit d'un congé parental d'éducation, soit d'une réduction de sa durée du travail.**

Lorsque cette période suit immédiatement le congé de maternité ou le congé d'adoption, le salarié informe l'employeur au moins un mois avant le terme de ce congé. Dans le cas contraire, l'information est donnée à l'employeur deux mois au moins avant le début du congé parental d'éducation ou de l'activité à temps partiel. – *[Anc. art. L. 122-28-1, al. 5 et 6.]*

1. Information de l'employeur. Si la salariée qui demande à bénéficier d'un congé parental d'éducation pour la période qui suit immédiatement le congé de maternité doit en informer l'employeur au moins un mois avant la fin de son congé, le non-respect de ce délai ne justifie pas l'irrecevabilité de sa demande. • Soc. 3 juin 1997, n° 95-42.960 P : *RJS 1997. 532, n° 825* • 18 juin 2002 : *RJS 2002. 926, n° 1244* • 1er juin 2004, n° 02-43.151 P : *D. 2004. IR 2273 ; Dr. soc. 2004. 904, obs. Radé ; RJS 2004. 631, n° 932.* ♦ Le salarié qui entend transformer son congé parental en activité à temps partiel doit également en informer son employeur par lettre recommandée avec avis de réception au moins un mois avant le terme initialement prévu ; l'inobservation de cette disposition n'étant pas sanctionnée par une irrecevabilité de la demande. • Soc. 1er juin 2004, n° 02-43.151 P : *D. 2004. IR 2273* ; *Dr. soc. 2004. 904, obs. Radé* ; *RJS 2004. 631, n° 932.* ♦ Une salariée qui n'entend ni prolonger son congé, ni demander sa transformation en activité à mi-temps, n'est pas tenue d'accomplir la formalité de prévenance prévue à l'art. L. 122-28-1 [L. 1225-50 nouv.]. • Soc. 2 juin 1992 : *RJS 1992. 486, n° 880.* ♦ L'obligation d'informer son employeur du point de départ et de la durée de son congé n'est pas une condition du droit du salarié au bénéfice de ce congé mais un moyen de preuve de l'information de l'employeur. • Soc. 12 mars 2002, n° 99-43.501 P : *D. 2002. IR 1534* ; *RJS 2002. 543, n° 691* ; *Dr. soc. 2002. 558, obs. Mouly*.

2. Information de la prolongation du congé parental d'éducation. Il résulte des art. L. 1225-51 et R. 1225-13 que si les formalités d'information d'une prolongation de congé parental ne sont pas une condition du droit du salarié au bénéfice de cette prolongation, ce dernier se trouve, à défaut de justifier d'une demande de prolongation ou d'autres causes de son absence à l'issue du congé parental d'éducation, en situation d'absence injustifiée pouvant justifier un licenciement pour faute grave. • Soc. 3 mai 2016, n° 14-29.190 P : *Dalloz actualité, 23 mai 2016, obs. Doutreleau ; D. 2016. Actu. 1086* ; *RJS 7/2016, n° 502 ; JS Lamy 2016, n° 412-4, obs. Tissandier ; JCP S 2016. 1251, obs. Everaert-Dumont.*

Art. L. 1225-51 Lorsque le salarié entend prolonger ou modifier son congé parental d'éducation ou sa période d'activité à temps partiel, il en avertit l'employeur au moins un mois avant le terme initialement prévu et l'informe de son intention soit de transformer le congé parental en activité à temps partiel, soit de transformer l'activité à temps partiel en congé parental.

Toutefois, pendant la période d'activité à temps partiel ou à l'occasion des prolongations de celle-ci, le salarié ne peut pas modifier la durée du travail initialement choisie sauf accord de l'employeur ou lorsqu'une convention ou un accord collectif de travail le prévoit expressément. – *[Anc. art. L. 122-28-1, al. 7.]*

1. Prolongation du congé. L'employeur qui a accepté une demande initiale de congé parental ne peut refuser la prolongation de ce congé, celle-ci étant de droit dans la limite de la durée prévue à l'art. L. 122-28-1 [L. 1225-48 nouv.]. • Soc. 2 déc. 1997 : *RJS 1998. 42, n° 55.* ♦ Les parties peuvent convenir de la prolongation de la durée du congé parental d'éducation au-delà de la troisième année de l'enfant. • Soc. 11 févr. 2004, n° 01-43.574 P : *Dr. soc. 2004. 562, obs. Radé*.

2. Transformation en activité à temps partiel. Le refus du salarié de se voir imposer la reprise de son activité à temps partiel dans un autre emploi que l'emploi occupé avant le congé maternité n'est pas fautif dès lors que l'employeur ne démontre pas en quoi cet emploi est incompatible avec une activité à temps partiel. • Soc. 10 déc. 2014, n° 13-22.135 : *RJS 2/2015, n° 109.*

Art. L. 1225-52 En cas de décès de l'enfant ou de diminution importante des ressources du foyer, le salarié a le droit :

1° S'il bénéficie du congé parental d'éducation, soit de reprendre son activité initiale, soit d'exercer son activité à temps partiel dans la limite de la durée initialement prévue par le contrat de travail ;

2° S'il travaille à temps partiel pour élever un enfant, de reprendre son activité initiale et, avec l'accord de l'employeur, d'en modifier la durée.

Le salarié adresse une demande motivée à l'employeur un mois au moins avant la date à laquelle il entend bénéficier de ces dispositions. – *[Anc. art. L. 122-28-2.]*

Défaut d'information de l'employeur. La formalité d'information de l'employeur, en cas de retour anticipé, n'est pas une condition du droit du salarié. • Soc. 26 mars 2002, n° 99-42.396 P : *D. 2002. 2636, note Verkindt*.

Art. L. 1225-53 Le salarié en congé parental d'éducation ou qui travaille à temps partiel pour élever un enfant ne peut exercer par ailleurs aucune activité professionnelle autre que les activités d'assistance maternelle définies par le titre II du livre IV du code de l'action sociale et des familles. – *[Anc. art. L. 122-28-5.]*

Art. L. 1225-54 La durée du congé parental d'éducation est prise en compte pour moitié pour la détermination des droits que le salarié tient de son ancienneté. – *[Anc. art. L. 122-28-6.]*

Art. L. 1225-55 A l'issue du congé parental d'éducation ou de la période de travail à temps partiel ou dans le mois qui suit la demande motivée de reprise de l'activité initiale mentionnée à l'article L. 1225-52, le salarié retrouve son précédent emploi ou un emploi similaire assorti d'une rémunération au moins équivalente. – *[Anc. art. L. 122-28-3.]*

1. Réintégration dans le précédent emploi. Si l'emploi précédemment occupé par le salarié est disponible au retour de son congé parental d'éducation, le salarié doit retrouver ce poste, peu important la stipulation d'une clause de mobilité dans le contrat de travail. • Soc. 19 juin 2013 : *Dalloz actualité, 9 juill. 2013, obs. Fleuriot ; D. 2013. Actu. 1629 ; RJS 10/2013, n° 693 ; Dr. ouvrier 2013. 667 ; JCP S 2013. 1407, obs. Passerone.*

2. Emploi similaire. C'est seulement lorsque l'emploi qu'il occupait précédemment n'est plus disponible que le salarié peut se voir proposer un emploi similaire. • Soc. 27 oct. 1993 : *Dr. soc. 1993. 963 ; CSB 1993. 311, S. 154 ; RJS 1993. 717, n° 1213* (emploi occupé par une « stagiaire intérimaire »).

3. Les conditions posées par l'art. L. 122-28-3 [L. 1225-55 nouv.] ne sont pas satisfaites lorsque la nouvelle affectation à l'issue du congé comporte une modification substantielle du contrat et alors que la cour d'appel n'a relevé aucun motif économique qui aurait empêché la salariée de retrouver son emploi ou un emploi similaire. • Soc. 1er avr. 1992, n° 90-42.529 P : *D. 1992. IR 156 ; Dr. soc. 1992. 476 ; RJS 1992. 350, n° 627.*

4. Ne constituent pas des emplois similaires un emploi de caissière et un emploi de gondolière excluant toute activité de caisse. • Soc. 12 mars 2002, n° 99-43.138 P : *Dr. soc. 2002. 663, obs. Radé* . ♦ ... Ni un emploi de garde-malade et un emploi de lingère. • Soc. 26 mars 2002, n° 98-45.176 P : *RJS 2002. 644, n° 831 ; Dr. soc. 2002. 663, obs. Radé* .

5. Conséquences du retour dans l'entreprise. Le licenciement du salarié engagé, pour une durée déterminée, pour remplacer une salariée bénéficiant d'un congé parental repose sur une cause réelle et sérieuse lorsqu'il survient au retour de la salariée. • Soc. 19 déc. 1990 : *CSB 1991. 47, S. 24.*

6. Licenciement des salariés en congé. Viole l'art. L. 122-28-3 [L. 1225-55 nouv.] l'employeur qui choisit de licencier trois salariées en considération du seul fait qu'elles étaient en congé parental d'éducation. • Soc. 7 oct. 1992, n° 89-45.503 P : *Dr. soc. 1992. 924 ; CSB 1992. 255, A. 45, 2e esp. ; RJS 1992. 690, n° 1268.* ♦ Il n'est pas interdit à un employeur de licencier, sans verser d'indemnité de préavis, un salarié pendant la période de suspension pour un motif indépendant du congé parental, en l'occurrence un motif économique. • Soc. 18 oct. 1989, n° 87-45.724 P : *D. 1989. IR 291.* ♦ L'employeur qui envisage de licencier un salarié en congé parental d'éducation doit respecter, le cas échéant, les règles protectrices de la maternité. • Soc. 11 févr. 2004, n° 01-43.574 P : *RJS 2004. 294, n° 426.*

7. L'art. L. 122-28-3 [L. 1225-55 nouv.] ne fait pas obstacle à ce que l'employeur procède au licenciement économique de la salariée à l'issue de son congé parental dès lors qu'une réorganisation décidée dans l'intérêt de l'entreprise pendant la période de ce congé a entraîné la suppression du poste de l'intéressée. • Soc. 13 juill. 1993 : *RJS 1993. 592, n° 994.* ♦ Une salariée se trouvant en congé parental et licenciée pour motif économique ne peut prétendre au paiement de l'indemnité de préavis. • Soc. 28 nov. 1991 : *RJS 1992. 114, n° 163.* ♦ En revanche, les salariés en congé parental concernés par un projet de licenciement pour motif économique doivent se voir proposer par l'employeur une convention de conversion. • Soc. 6 juill. 1999, n° 97-41.328 P : *Dr. soc. 1999. 815, obs. P. Lyon-Caen ; RJS 1999. 777, n° 1260.*

8. Sanction. L'employeur qui ne satisfait pas à l'obligation qui lui est faite par l'art. L. 122-28-3 [L. 1225-55 nouv.] peut être légitimement condamné au versement des indemnités de rupture. • Soc. 7 oct. 1992, n° 89-41.599 P : *CSB 1992. 255, A. 45, 1re esp.*

Art. L. 1225-56 Au cours du congé parental d'éducation ou d'une période d'activité à temps partiel pour élever un enfant, le salarié a le droit de suivre, à son initiative, une action de formation du même type que celles définies au 10° de l'article L. 6313-1.

Pendant cette période, il n'est pas rémunéré.

Il bénéficie de la législation de sécurité sociale relative à la protection en matière d'accidents du travail et de maladies professionnelles prévue à l'article L. 6342-5 pour les stagiaires de la formation professionnelle. – *[Anc. art. L. 122-28-7, al. 3.]*

Art. L. 1225-57 Le salarié qui reprend son activité initiale à l'issue du congé parental d'éducation *(L. n° 2014-288 du 5 mars 2014, art. 5-I-11°)* « ou d'une période d'activité à temps partiel pour élever un enfant » a droit à *(L. n° 2014-288 du 5 mars 2014, art. 5-I-11°)* « l'entretien professionnel mentionné au I de l'article L. 6315-1 ».

(L. n° 2014-873 du 4 août 2014, art. 12) « Au cours de cet entretien, l'employeur et le salarié organisent le retour à l'emploi du salarié ; ils déterminent les besoins de for-

mation du salarié et examinent les conséquences éventuelles du congé sur sa rémunération et l'évolution de sa carrière.

« A la demande du salarié, l'entretien peut avoir lieu avant la fin du congé parental d'éducation. »

Art. L. 1225-58 Le salarié bénéficiant d'un congé parental d'éducation ou exerçant son activité à temps partiel pour élever un enfant bénéficie de plein droit du bilan de compétences mentionné à l'article L. 6313-1, dans les conditions d'ancienneté mentionnées à l'article L. 1225-47. – *[Anc. art. L. 122-28-7, al. 4.]*

Art. L. 1225-59 Le salarié reprenant son activité initiale bénéficie d'un droit à une action de formation professionnelle, notamment en cas de changement de techniques ou de méthodes de travail.

Le salarié peut également bénéficier de ce droit avant l'expiration de la période pendant laquelle il entendait bénéficier d'un congé parental d'éducation ou d'une période d'activité à temps partiel. Dans ce cas, il est mis fin au congé parental d'éducation ou à l'exercice d'une activité à temps partiel pour élever un enfant. – *[Anc. art. L. 122-28-7, al. 1er et 2.]*

Le droit à une action de formation professionnelle n'étant pas une liberté fondamentale, le manquement à l'obligation de formation prévue par l'art. L. 1225-59 ne justifie pas l'annulation du licenciement. • Soc. 5 mars 2014 : *Dalloz actualité, 26 mars 2014, obs. Fraisse ; D. 2014. Actu. 670 ; RJS 2014. 338, n° 409 ; JS Lamy 2014, n° 364-2, obs. Hautefort.*

Art. L. 1225-60 Les salariés mentionnés à la présente section ne sont pas pris en compte dans les 2 % de salariés prévus aux articles L. 6322-7 et L. 6322-8 pouvant être simultanément absents au titre du congé individuel de formation. – *[Anc. art. L. 122-28, al. 5.]*

SOUS-SECTION 2 CONGÉS POUR MALADIE D'UN ENFANT *(L. n° 2014-459 du 9 mai 2014).*

COMMENTAIRE

V. Dalloz.fr et applications mobiles Dalloz.

§ 1er CONGÉ POUR ENFANT MALADE

Art. L. 1225-61 Le salarié bénéficie d'un congé non rémunéré en cas de maladie ou d'accident, constatés par certificat médical, d'un enfant de moins de seize ans dont il assume la charge au sens de l'article L. 513-1 du code de la sécurité sociale.

La durée de ce congé est au maximum de trois jours par an. Elle est portée à cinq jours si l'enfant est âgé de moins d'un an ou si le salarié assume la charge de trois enfants ou plus âgés de moins de seize ans. – *[Anc. art. L. 122-28-8.]*

§ 2 CONGÉ DE PRÉSENCE PARENTALE

Art. L. 1225-62 Le salarié dont l'enfant à charge au sens de l'article L. 513-1 du code de la sécurité sociale et remplissant l'une des conditions prévues par l'article L. 512-3 du même code est atteint d'une maladie, d'un handicap ou victime d'un accident d'une particulière gravité rendant indispensables une présence soutenue et des soins contraignants bénéficie, pour une période déterminée par décret, d'un congé de présence parentale. – *V. art. D. 1225-16.*

Le nombre de jours de congés dont peut bénéficier le salarié au titre du congé de présence parentale est au maximum de trois cent dix jours ouvrés. Aucun de ces jours ne peut être fractionné.

La durée initiale du congé est celle définie dans le certificat médical mentionné à l'article L. 544-2 du code de la sécurité sociale. Cette durée fait l'objet d'un nouvel examen selon une périodicité définie par décret.

(L. n° 2011-525 du 17 mai 2011, art. 42) « Au-delà de la période déterminée au premier alinéa, le salarié peut à nouveau bénéficier d'un congé de présence parentale, en cas de rechute ou de récidive de la pathologie de l'enfant au titre de laquelle un premier congé a été accordé, dans le respect des dispositions du présent article et des articles L. 1225-63 à L. 1225-65. » – *V. art. D. 1225-17.*

Art. L. 1225-63 Le salarié informe l'employeur de sa volonté de bénéficier du congé de présence parentale au moins quinze jours avant le début du congé.

Chaque fois qu'il souhaite prendre un ou plusieurs jours de congé, il en informe l'employeur au moins quarante-huit heures à l'avance. – *[Anc. art. L. 122-28-9, al. 4 début et al. 5.]*

Art. L. 1225-64 A l'issue du congé de présence parentale, le salarié retrouve son précédent emploi ou un emploi similaire assorti d'une rémunération au moins équivalente.

En cas de décès de l'enfant ou de diminution importante des ressources du foyer, le salarié qui a accompli la formalité prévue à l'article L. 1225-52 retrouve son précédent emploi ou un emploi similaire assorti d'une rémunération au moins équivalente. – *[Anc. art. L. 122-28-9, al. 6 et 7.]*

Art. L. 1225-65 La durée du congé de présence parentale est prise en compte pour moitié pour la détermination des droits que le salarié tient de son ancienneté. – *[Anc. art. L. 122-28-6, al. 1er.]*

§ 3 DON DE JOURS DE REPOS À UN PARENT D'ENFANT GRAVEMENT MALADE

(L. n° 2014-459 du 9 mai 2014)

Art. L. 1225-65-1 Un salarié peut, sur sa demande et en accord avec l'employeur, renoncer anonymement et sans contrepartie à tout ou partie de ses jours de repos non pris, qu'ils aient été affectés ou non sur un compte épargne*[-]*temps, au bénéfice d'un autre salarié de l'entreprise qui assume la charge d'un enfant âgé de moins de vingt ans atteint d'une maladie, d'un handicap ou victime d'un accident d'une particulière gravité rendant indispensables une présence soutenue et des soins contraignants. Le congé annuel ne peut être cédé que pour sa durée excédant vingt-quatre jours ouvrables.

Le salarié bénéficiaire d'un ou plusieurs jours cédés en application du premier alinéa bénéficie du maintien de sa rémunération pendant sa période d'absence. Cette période d'absence est assimilée à une période de travail effectif pour la détermination des droits que le salarié tient de son ancienneté. Le salarié conserve le bénéfice de tous les avantages qu'il avait acquis avant le début de sa période d'absence.

COMMENTAIRE

V. Dalloz.fr et applications mobiles Dalloz 🏛. ❑

Art. L. 1225-65-2 La particulière gravité de la maladie, du handicap ou de l'accident mentionnés au premier alinéa de l'article L. 1225-65-1 ainsi que le caractère indispensable d'une présence soutenue et de soins contraignants sont attestés par un certificat médical détaillé, établi par le médecin qui suit l'enfant au titre de la maladie, du handicap ou de l'accident.

SOUS-SECTION 3 DÉMISSION POUR ÉLEVER UN ENFANT

Art. L. 1225-66 Pour élever son enfant, le salarié peut, sous réserve d'en informer son employeur au moins quinze jours à l'avance, rompre son contrat de travail à l'issue du congé de maternité ou d'adoption ou, le cas échéant, deux mois après la naissance ou l'arrivée au foyer de l'enfant, sans être tenu de respecter le délai de préavis, ni de devoir de ce fait d'indemnité de rupture. – *[Anc. art. L. 122-28, phrase 1.]*

1. Nature du délai. Le délai de quinze jours prévu à l'art. L. 122-28 [L. 1225-66 nouv.] est un délai préfix dont l'expiration entraîne pour le salarié la déchéance du droit de ne pas respecter le préavis. • Soc. 9 juill. 1980: *Bull. civ. V, n° 642 ; D. 1981. IR 135, obs. Langlois.*

2. Liberté de démissionner. Aucune disposition légale n'imposant à une salariée le choix prioritaire du congé parental, viole l'art. L. 122-28 [L. 1225-66 nouv.] la cour d'appel qui met à sa charge le versement d'une indemnité compensatrice, alors qu'elle résiliait le contrat pour élever son enfant. • Soc. 11 déc. 1990 : 🏛 *D. 1991. 32* ✐ *; CSB 1991. 48, S. 27.*

3. Lorsque la salariée use de la faculté de démission offerte par l'art. L. 122-28 [L. 1225-66 nouv.], l'employeur n'est tenu à aucune indemnité de préavis. • Soc. 18 juin 1997, 🏛 n° 94-44.466 P : *D. 1997. IR 162* ✐.

4. Liberté de retravailler. Sur le droit de la salariée résiliant son contrat de travail de reprendre une activité professionnelle chez un autre employeur, V. • Paris, 2 déc. 1992 : *RJS 1993. 102, n° 136.*

Art. L. 1225-67 Dans l'année suivant la rupture de son contrat, le salarié peut solliciter sa réembauche.

Le salarié bénéficie alors pendant un an d'une priorité de réembauche dans les emplois auxquels sa qualification lui permet de prétendre.

L'employeur lui accorde, en cas de réemploi, le bénéfice de tous les avantages qu'il avait acquis au moment de son départ. – *[Anc. art. L. 122-28, phrase 2.]*

Art. L. 1225-68 Le salarié réembauché dans l'entreprise en application de l'article L. 1225-67 bénéficie d'un droit à une action de formation professionnelle, notamment en cas de changement de techniques ou de méthodes de travail. – *[Anc. art. L. 122-28-7, al. 1er.]*

Art. L. 1225-69 Les salariés mentionnés à la présente sous-section ne sont pas pris en compte dans les 2 % de salariés prévus aux articles L. 6322-7 et L. 6322-8 pouvant être simultanément absents au titre du congé individuel de formation. – *[Anc. art. L. 122-28-7, al. 5.]*

SECTION V **SANCTIONS**

Art. L. 1225-70 Toute convention contraire aux articles L. 1225-1 à L. 1225-28 et L. 1225-35 à L. 1225-69, relatifs à la maternité, la paternité, l'adoption et l'éducation des enfants est nulle. – *[Anc. art. L. 122-29.]*

Art. L. 1225-71 L'inobservation par l'employeur des dispositions des articles L. 1225-1 à L. 1225-28 et L. 1225-35 à L. 1225-69 peut donner lieu à l'attribution de dommages et intérêts au profit du bénéficiaire, en plus de l'indemnité de licenciement.

Lorsque, en application des dispositions du premier alinéa, le licenciement est nul, l'employeur verse le montant du salaire qui aurait été perçu pendant la période couverte par la nullité. – *[Anc. art. L. 122-30.]*

BIBL. ▶ COUTURIER, *Dr. soc. 1977. 215* (nullités de licenciement) ; *Dr. ouvrier 1988. 133* (réintégration).

COMMENTAIRE

V. Dalloz.fr et applications mobiles Dalloz. ❑

I. RÉINTÉGRATION

1. Continuation du contrat. En cas de licenciement nul d'une salariée en état de grossesse, le juge des référés peut ordonner la continuation du contrat de travail, sous forme notamment du versement des salaires qui auraient été perçus pendant la période couverte par la nullité. • Soc. 19 nov. 1997, n° 94-42.540 P : *D. 1998. IR 4 ; RJS 1998. 23, n° 24.*

2. Droit à réintégration. La réintégration de la salariée dont le licenciement est nul en application de l'art. L. 122-25-2 [L. 1225-1 nouv.] doit être ordonnée si elle le demande. • Soc. 30 avr. 2003, n° 00-44.811 P : *GADT, 4e éd., n° 104 ; Dr. soc. 2003. 827, note Gauriau ; D. 2004. Somm. 178, obs. Lardy-Pélissier ; D. 2003. IR 1480 ; CSB 2003, A. 44 ; RJS 2003. 557, note Duplat ; ibid. 2003. 579, n° 869 ; JS Lamy 2003, n° 124-4.* ♦ V. déjà • Soc. 9 oct. 2001, n° 99-44.353 P : *D. 2002. 1234, note Damas.*

3. Lorsque après réception du certificat de grossesse l'employeur revient sur sa décision de licenciement, la salariée n'est pas tenue d'accepter une réintégration tardive. • Soc. 7 juill. 1988 : *Bull. civ. V, n° 434.*

II. INDEMNISATION

4. Principe. Le salarié, dont le licenciement est nul et qui ne demande pas sa réintégration, a droit, sans qu'il y ait lieu de statuer sur les motifs de la rupture, d'une part, aux indemnités de rupture, d'autre part, à une indemnité réparant intégralement le préjudice résultant du caractère illicite du licenciement, dont le montant est souverainement apprécié par les juges du fond dès lors qu'il est au moins égal à celui prévu par l'art. L. 122-14-4 C. trav. [L. 1235-3 nouv.]. • Soc. 9 oct. 2001, n° 99-44.353 P : *D. 2002. 1234, note Damas* • 17 déc. 2002, n° 00-44.660 P : • 31 mars 1978 : *Bull. civ. V, n° 260 ; D. 1978. IR 388, obs. Pélissier* (cumul indemnité pour absence de cause réelle et sérieuse) • 7 juill. 1976, n° 75-40.044 P : *D. 1976. IR 244 ; Dr. ouvrier 1977. 149* • 4 janv. 1978 : *Bull. civ. V, n° 5* • 16 juill. 1987 : *D. 1987. IR 181* (cumul dommages-intérêts).

5. Indemnité de préavis. Le point de départ du préavis étant fixé à l'expiration de la période de protection prévue par l'art. L. 122-26 [L. 1225-17 à L. 1225-23 nouv.], les juges ne peuvent refuser l'indemnité de préavis sans relever que l'intéressée était, à cette date, dans l'impossibilité de travailler. • Soc. 10 nov. 1993 : *RJS 1993. 711, n° 1192 ; Dr. soc. 1994. 50.* ♦ La période de protection étant assimilée à une période effectivement travaillée, l'intéressée a droit à l'indemnité compensatrice de congés payés calculée sur la période couverte par la nullité du licenciement. • Même arrêt.

6. Déductibilité. Le salarié dont le licenciement est nul et qui demande sa réintégration a droit au paiement d'une somme correspondant à la totalité du préjudice subi au cours de la période qui s'est écoulée entre son licenciement et la date à laquelle il a refusé la réintégration que lui proposait son employeur, dans la limite des montants des salaires dont il a été privé. • Soc. 17 févr. 2010 : *D. 2010. AJ 657 ; D. 2010. 1771, note Lefranc-Harmoniaux et Dedessus-Le-Moustier ; Dr. soc. 2010. 591, obs. Radé ; JCP S 2010. 1244, obs. Martinon.* ♦ Comp. : Les dispositions de l'art. L. 122-30 [L. 1225-71 nouv.] ne souffrant aucune restriction, l'employeur ne peut déduire des salaires versés à titre de sanction de la nullité du licenciement les indemnités versées à la salariée par la sécurité sociale. • Soc. 10 avr. 1991, n° 89-42.751 P : *CSB 1991. 142, S. 78 ; RJS 1991. 303, n° 567* • 13 oct. 1993 : *RJS 1993. 649, n° 1096.* ♦ ... Ou par les organismes de chômage. • Soc. 10 nov. 1993, n° 89-42.302 P : *Dr. soc. 1994. 50 ; RJS 1993. 711, n° 1192 ; JCP E 1994. II. 560, note Mouly.*

SECTION VI DISPOSITIONS D'APPLICATION

Art. L. 1225-72 Un décret en Conseil d'État détermine les modalités d'application des articles L. 1225-1 à L. 1225-28 et L. 1225-35 à L. 1225-69 ainsi que le régime des sanctions applicables à l'employeur qui méconnaît leurs dispositions. — *[Anc. art. L. 122-31.] — V. art. R. 1225-1 s.*

Pour l'application des dispositions des art. L. 1225-47 à L. 1225-65 aux personnels navigants professionnels de l'aviation civile, V. Décr. n° 86-1247 du 5 déc. 1986 (JO 9 déc.), mod. par Décr. n° 94-918 du 17 oct. 1994 (JO 26 oct.).

CHAPITRE VI MALADIE, ACCIDENT ET INAPTITUDE MÉDICALE

RÉP. TRAV. v° *Maladie et inaptitude médicale,* par VERKINDT.

BIBL. ▸ DUMAYROU, *RDT 2016. 678* (le reflux de la protection de l'emploi du salarié malade). - HÉAS, *JCP S 2011. 1279* (état de santé, handicap, discrimination en droit du travail).

COMMENTAIRE

V. Dalloz.fr et applications mobiles Dalloz. ❑

SECTION PREMIÈRE ABSENCES POUR MALADIE OU ACCIDENT

Art. L. 1226-1 Tout salarié ayant *(L. n° 2008-596 du 25 juin 2008)* « une année » d'ancienneté dans l'entreprise bénéficie, en cas d'absence au travail justifiée par l'incapacité résultant de maladie ou d'accident constaté par certificat médical et contre-visite s'il y a lieu, d'une indemnité complémentaire à l'allocation journalière prévue à l'article L. 321-1 du code de la sécurité sociale, à condition :

1° D'avoir justifié dans les quarante-huit heures de cette incapacité *(L. n° 2015-1702 du 21 déc. 2015, art. 63-II)* « , sauf si le salarié fait partie des personnes mentionnées à l'article L. 169-1 du code de la sécurité sociale » ;

2° D'être pris en charge par la sécurité sociale ;

3° D'être soigné sur le territoire français ou dans l'un des autres États membres de la Communauté européenne ou dans l'un des autres États partie à l'accord sur l'Espace économique européen.

Ces dispositions ne s'appliquent pas aux salariés travaillant à domicile, aux salariés saisonniers, aux salariés intermittents et aux salariés temporaires.

Un décret en Conseil d'État détermine les formes et conditions de la contre-visite mentionnée au premier alinéa.

Le taux, les délais et les modalités de calcul de l'indemnité complémentaire sont déterminés par voie réglementaire. — *[Anc. art. 1er, L. n° 78-49 du 19 janv. 1978.] — V. art. D. 1226-1.*

COMMENTAIRE

V. Dalloz.fr et applications mobiles Dalloz. ❑

1. Rémunération prise en considération. Lorsque les parties signataires d'une convention collective ont entendu éviter que le salarié subisse du fait de sa maladie un préjudice, elles n'ont pas pour autant institué en sa faveur un avantage lui permettant de recevoir une rémunération supérieure à celle qu'il aurait perçue s'il avait été valide. • Soc. 8 déc. 1983 (2 arrêts) : *Bull. civ. V, n° 600 ; Dr. soc. 1984. 718, note Savatier* (l'employeur peut suspendre le versement des prestations complémentaires en cas de mise au chômage technique des autres salariés ou lorsque, à la suite d'une grève, les salariés présents mais non-grévistes ont été empêchés de travailler). ♦ Dans le même sens : • Soc. 17 janv. 1996 : *RJS 1996. 169, n° 287, 1re esp.* (grève dans l'entreprise) • 31 janv. 1996 : *eod. loc., 2e esp.* (réduction d'horaire du salarié). ♦ V. aussi : • Soc. 29 mai 1986 : *Bull. civ. V, n° 266 ; D. 1987. Somm. 210, obs. A. Lyon-Caen* (intégration dans l'assiette de calcul de l'indemnisation du salarié malade de la prime d'incommodité). ♦ Lorsqu'aux termes de la convention collective nationale applicable, il résulte qu'en cas d'arrêt de travail pour maladie ou accident, l'indemnité versée au salarié sera calculée sur la base de 1/30e du dernier salaire mensuel et que le salaire pris en compte comporte tous les éléments constitutifs du salaire, à l'exclusion des indemnités ayant le caractère d'un remboursement de frais, les heures supplémentaires effectuées par le salarié au cours du mois précédant l'arrêt de travail doivent être prises en compte. • Soc. 17 juill. 1996 : *RJS 1996. 667, n° 1049.* ♦ Doit être cassé le jugement qui a condamné l'employeur à verser des indemnités complémentaires calculées sur l'horaire à plein temps à un salarié ayant obtenu de travailler à temps partiel et bénéficiant d'un arrêt de maladie avant le début du temps partiel. • Soc. 31 janv. 1996 : *RJS 1996. 169, n° 287 (2e esp.).*

2. Cure thermale. Le versement des indemnités complémentaires conventionnelles ne peut être étendu aux absences pour cures thermales, hors le cas d'incapacité de travail. • Cass., ass. plén., 1er avr. 1993, n° 89-41.756 P : *JCP 1993. II. 22070, note Saint-Jours ; RJS 1993. 291, n° 484 ; CSB 1993. 143, A. 35.*

3. Point de départ de l'indemnisation. En l'absence d'une disposition de la convention collective instituant un délai de carence, le salarié peut prétendre au maintien de sa rémunération dans les conditions prévues par ce texte dès le premier jour de son arrêt de travail pour maladie, peu importe que l'indemnisation complémentaire soit subordonnée à la prise en charge de l'intéressé par la sécurité sociale. • Soc. 12 mars 2002, n° 99-43.976 P : *RJS 2002. 536, n° 675.*

4. Subrogation de l'employeur. L'employeur n'est subrogé dans les droits du salarié aux indemnités journalières de la sécurité sociale que dans la limite des sommes qu'il a effectivement versées à l'intéressé au titre de la garantie de rémunération, et doit restituer à celui-ci l'éventuel excédent. • Soc. 7 juill. 1993, n° 89-44.060 P : *RJS 1993. 501, n° 840 ; Dr. soc. 1993. 767* • 31 janv. 1996 : *préc. note 1.*

5. Incidence de la mention « sortie libre ». La salariée placée en arrêt maladie selon un certificat médical portant la mention « sortie libre » ne perd pas nécessairement le bénéfice des indemnités complémentaires versées par l'employeur si elle est absente sans justification de son domicile lors de la contre-visite ; les juges doivent rechercher si l'employeur avait été informé des horaires et lieux où les contre-visites pouvaient s'effectuer. • Soc. 4 févr. 2009, n° 07-43.430 P : *RDT 2009. 301, obs. Véricel ; RJS 2009. 298, n° 348.*

6. Placement sous contrôle judiciaire et indemnisation de l'arrêt maladie. L'interdiction de se rendre à son travail qu'implique la mesure de placement sous contrôle judiciaire suspend le contrat de travail du salarié, qui n'aurait pu de ce fait se rendre à son poste, même s'il n'avait pas été malade ; le versement des compléments de salaire ne lui est pas dû jusqu'à la levée de la mesure judiciaire. • Soc. 31 mai 2012 : *D. 2012. Actu. 1487 ; RJS 2012. 615, n° 706.*

Art. L. 1226-1-1 *(L. n° 2010-1594 du 20 déc. 2010, art. 84-II)* **Le contrat de travail d'un salarié atteint d'une maladie ou victime d'un accident non professionnel demeure suspendu pendant les périodes au cours desquelles il suit les actions mentionnées à l'article L. 323-3-1 du code de la sécurité sociale dans les conditions prévues à ce même article.**

SECTION II **INAPTITUDE CONSÉCUTIVE À UNE MALADIE OU UN ACCIDENT NON PROFESSIONNEL — MALADIE GRAVE**

SOUS-SECTION 1 **INAPTITUDE CONSÉCUTIVE À UNE MALADIE OU UN ACCIDENT NON PROFESSIONNEL**

RÉP. TRAV. v^is *Maladie et inaptitude médicale,* par VERKINDT ; *Suspension du contrat de travail,* par FIN-LANGER.

BIBL. ► BOUHANA, *JS Lamy 2012, n° 322-1* (inaptitude et reclassement : la protection renforcée des salariés inaptes). – BOURGEOT, *Dr. soc. 1998. 872*. – BOURGEOT et FROUIN, *RJS 2000. 3* (maladie et inaptitude). – BOURGEOT et TRASSOUDAINE-VERGER, *ibid. 1998. 163.* – DE CET-BERTIN, *Dr. soc. 1996. 1022*. – FROUIN, *Dr. soc. 2012. 22* (rupture pour inaptitude). – HEAS, *Dr. ouvrier 2004. 541* (conséquences de la déclaration d'inaptitude totale). – SAVATIER, *Dr. soc. 1993. 123* ; *Mélanges H. Blaise, 1995, p. 387* (obligation de reclassement). – SEILLAN, *ALD 1993. 126.* –

VERKINDT, *TPS 1998. 25, chron. 15 ; Dr. soc. 2008. 941* . – VERKINDT et PIGNARRE, *RDT 2011. Controverse. 413* (réformer le droit de l'inaptitude ?).

COMMENTAIRE

V. Dalloz.fr et applications mobiles Dalloz ❑

Art. L. 1226-2 **Lorsque** *(L. n° 2016-1088 du 8 août 2016, art. 102, en vigueur le 1er janv. 2017)* **« le salarié victime d'une maladie ou d'un accident non professionnel » est déclaré inapte par le médecin du travail** *(L. n° 2016-1088 du 8 août 2016, art. 102, en vigueur le 1er janv. 2017)* **« , en application de l'article L. 4624-4, » à reprendre l'emploi qu'il occupait précédemment, l'employeur lui propose un autre emploi approprié à ses capacités.**

Cette proposition prend en compte *(L. n° 2016-1088 du 8 août 2016, art. 102, en vigueur le 1er janv. 2017)* **« , après avis des délégués du personnel lorsqu'ils existent, » les conclusions écrites du médecin du travail et les indications qu'il formule sur** *(L. n° 2016-1088 du 8 août 2016, art. 102, en vigueur le 1er janv. 2017)* **« les capacités » du salarié à exercer l'une des tâches existantes dans l'entreprise.** *(L. n° 2016-1088 du 8 août 2016, art. 102, en vigueur le 1er janv. 2017)* **« Le médecin du travail formule également des indications sur la capacité du salarié à bénéficier d'une formation le préparant à occuper un poste adapté. »**

L'emploi proposé est aussi comparable que possible à l'emploi précédemment occupé, au besoin par la mise en œuvre de mesures telles que mutations, *(L. n° 2016-1088 du 8 août 2016, art. 102, en vigueur le 1er janv. 2017)* **« aménagements, adaptations ou transformations de postes existants » ou aménagement du temps de travail.**

Les dispositions issues de la L. n° 2016-1088 du 8 août 2016 entrent en vigueur à la date de publication des décrets pris pour leur application, et au plus tard le 1er janv. 2017 (L. préc., art. 102-V).

Jurisprudence rendue sous l'empire des textes antérieurs à la loi n° 2016-1088 du 8 août 2016 relatifs à l'obligation de reclassement

I. OBLIGATION DE RECLASSEMENT

1. Conformité du délai d'un mois pour reclasser ou licencier. Ne présente pas un caractère sérieux la question tirée de la non-conformité, au principe d'égalité devant la loi et au principe de sécurité juridique, des art. L. 1226-4 et L. 4624-1 C. trav. relatifs au délai d'un mois au terme duquel le salarié inapte doit être licencié ou reclassé et aux modalités de contestation de l'avis du médecin du travail. • Soc. 5 oct. 2011 : *Dalloz actualité, 30 oct. 2011, obs. Ines.* • Soc. 14 déc. 2011 : *Dalloz actualité, 16 janv. 2012, obs. Siro ; D. 2012. Actu. 105* .

2. Principe. L'employeur, tenu d'une obligation de résultat en matière de protection de la santé et de la sécurité des travailleurs, doit en assurer l'effectivité en prenant en considération les propositions de mesures individuelles telles que mutations ou transformations de postes, justifiées par des considérations relatives notamment à l'âge, à la résistance physique ou à l'état de santé physique et mentale des travailleurs ; en cas de refus, le chef d'entreprise est tenu de faire connaître les motifs qui s'opposent à ce qu'il donne suite à ces recommandations. • Soc. 19 déc. 2007 : *RDT 2008. 246, obs. Véricel* ; *RJS 2008. 218, n° 270 ; JS Lamy 2007, n° 226-4 ; Dr. soc. 2008. 388, obs. Savatier* . ♦ Il résulte de l'art. L. 241-10-1 [L. 4624-1 nouv.] que l'employeur, même en cas de maladie non professionnelle, est tenu d'une obligation de reclassement du salarié déclaré inapte. • Soc. 22 oct. 1996 : *CSB 1997. 13, A. 4.* ♦ L'employeur est tenu de prendre en considération les propositions du médecin du travail, au besoin en les sollicitant. • Soc. 27 mars 1990 : *D. 1991. Somm. 150, obs. Pélissier* ; *RJS 1990. 335, n° 469.* ♦ Même en cas d'inaptitude avérée, l'employeur ne peut licencier le salarié sans solliciter du médecin du travail l'avis sur l'inaptitude physique du salarié et ses propositions éventuelles de reclassement. • Soc. 8 oct. 1987 : *Bull. civ. V, n° 560 ; D. 1988. Somm. 322, 1re esp., obs. Langlois.* – V. aussi • Soc. 26 juin 1986 : *Bull. civ. V, n° 345 ; Dr. soc. 1986. 779, note Savatier.*

3. En relevant que, compte tenu, d'une part, de la qualification du salarié et des conditions d'exercice de son activité, d'autre part, de l'importance et de la diversité des chantiers de l'entreprise, le salarié aurait pu être affecté à un poste adapté à ses conditions physiques sans que soit modifié l'objet du contrat, une cour d'appel a ainsi constaté que l'employeur n'avait pas satisfait à son obligation de reclassement en application de l'art. L. 241-10-1 [L. 4624-1 nouv.]. • Soc. 29 nov. 1989 : *Bull. civ. V, n° 687 ; Dr. ouvrier 1990. 391, note Bonnechère.* – V. aussi : • Soc. 7 avr. 1987 : *Dr. soc. 1987. 432, concl. Franck ; JCP E 1987. II. 14981, 2e esp., note Chaumette* • 21 mars 1990, n° 87-40.567 P (arrêts sanctionnant le caractère hâtif de la décision de rupture prise par l'employeur sans égard aux propositions du médecin du travail) • 24 mars 1988 : *Bull. civ. V, n° 206 ; D. 1988. Somm. 322, obs. Langlois.* ♦ Est sans cause réelle et sérieuse le licenciement d'un salarié qui, s'il avait été déclaré inapte définitivement dans le secteur du bâtiment, n'avait pas été déclaré inapte à tout emploi dans l'entreprise. • Soc. 27 oct. 1993, n° 90-42.560 P : *D. 1994. IR 29 ; Dr. soc. 1993. 961.*

4. L'employeur ne peut être tenu d'imposer à un autre salarié de l'entreprise une modification de son contrat de travail à l'effet de libérer son poste pour le proposer en reclassement à un salarié. • Soc. 15 nov. 2006 : *RDT 2007. 96, obs. Frouin ; Dr. soc. 2007. 106, obs. Couturier ; Sem. soc. Lamy 2006, n° 1284, p. 11.*

5. Preuve de l'impossibilité de reclassement. C'est à l'employeur d'apporter la preuve de l'impossibilité où il se trouve de reclasser le salarié ; la sanction de la violation de l'obligation de reclassement ne peut donner lieu qu'au versement d'une indemnité pour licenciement sans cause réelle et sérieuse. • Soc. 5 déc. 1995 : *Dr. soc. 1996. 425, obs. A. Mazeaud.* ♦ Ne satisfait pas aux obligations mises à sa charge par l'art. L. 241-10-1 [L. 4624-1 nouv.] l'employeur qui ne démontre pas en quoi il lui était impossible de modifier l'aération des locaux et de prendre ainsi en compte l'avis du médecin. • Soc. 19 juill. 1995, n° 91-44.544 P : *D. 1995. IR 226 ; Dr. soc. 1995. 931 ; CSB 1995. 285, A. 53 ; RJS 1995. 652, n° 1016.*

6. Lorsqu'un maçon n'a été autorisé à reprendre son travail qu'avec réserve pour un mois et pour un travail au sol sans charges lourdes, le juge peut en déduire que ce salarié se trouve dans l'impossibilité d'exécuter les obligations découlant de son contrat de travail. • Soc. 10 juill. 1986 : *Dr. soc. 1987. 604, note Savatier.* ♦ Dès lors que le médecin du travail a déclaré un salarié temporairement inapte, il en résulte que le refus de l'employeur de le laisser accéder à son poste de travail ne constitue pas un trouble manifestement illicite ou une voie de fait. • Soc. 21 janv. 1997, n° 93-43.617 P : *Dr. soc. 1997. 243, note Savatier ; RJS 1997. 196, n° 295* (incompétence du juge des référés).

7. Contestation de la nouvelle affectation. Dans l'hypothèse où le salarié conteste la compatibilité du poste auquel il est affecté avec les recommandations du médecin du travail, il appartient à l'employeur de solliciter un nouvel avis de ce dernier. • Soc. 6 févr. 2008, n° 06-44.413 P : *RDT 2008. 232, obs. Lévy-Amsalem ; D. 2008. Pan. 2310, obs. Lardy-Pélissier ; RJS 2008. 343, n° 440 ; JCP E 2008. 1724, note Puigelier.* ♦ Ne commet pas un manquement à ses obligations le salarié, dont le médecin du travail a constaté l'inaptitude physique, qui, pour refuser un poste de reclassement proposé par l'employeur, invoque l'incompatibilité de ce poste avec son état de santé : dans ce cas, il appartient à l'employeur, tenu d'une obligation de sécurité de résultat, de solliciter l'avis du médecin du travail. • Soc. 23 sept. 2009 : *RDT 2009. 710, obs. Pasquier.*

8. Licenciement pour inaptitude. La résiliation par l'employeur du contrat de travail du salarié atteint d'une maladie le rendant inapte à exercer toute activité dans l'entreprise s'analyse en un licenciement qui ouvre droit à l'indemnité légale de licenciement ou, si elle est plus favorable au salarié et si les clauses de la convention ne l'excluent pas, à l'indemnité conventionnelle. • Soc. 29 nov. 1990 : *D. 1991. 339, note Decoopman ; Dr. soc. 1991. 109, note Savatier ; RJS 1991. 11, n° 11.* – V. déjà : • Soc. 19 nov. 1988 et 24 nov. 1988 : *D. 1989. Somm. 169, obs. Pélissier.* ♦ Comp. : • Soc. 21 mars 1979 : *Bull. civ. V, n° 253 ; D. 1979. 413, note Pélissier* (inaptitude considérée comme un cas de force majeure) • 4 déc. 1985 : *Dr. soc. 1986. 779, note Savatier* (rupture imputable au salarié).

9. L'employeur qui entend procéder à un licenciement pour inaptitude doit faire procéder à une nouvelle constatation de celle-ci par le médecin du travail lorsque ce dernier a rendu un avis d'aptitude à mi-temps. • Soc. 15 juill. 1998, n° 96-41.766 P : *D. 1998. IR 213 ; RJS 1998. 730, n° 1201.* ♦ ... Ou un avis d'aptitude sous certaines réserves. • Soc. 15 juill. 1998, n° 96-40.768 P : *RJS 1998. 731, n° 1202.*

10. L'art. L. 241-10-1 [L. 4624-1 nouv.] ne subordonne pas le licenciement du salarié à une autorisation administrative. • Soc. 19 févr. 1992, n° 88-40.670 P : *CSB 1992. 133, A. 24 ; RJS 1992. 244, n° 415.*

11. La seule circonstance que l'employeur n'a pas fait connaître au salarié, avant la rupture, les motifs qui s'opposent à ce qu'il soit donné suite aux propositions du médecin du travail n'a pas pour effet de priver le licenciement de cause réelle et sérieuse. • Soc. 17 mars 1993 : *RJS 1993. 301, n° 505.*

12. Indemnisation du salarié. Le manquement de l'employeur à son obligation de reclassement a pour conséquence de rendre le licenciement sans cause réelle et sérieuse mais ne peut donner lieu à une indemnité distincte de celle due pour licenciement sans cause réelle et sérieuse. • Soc. 5 déc. 1995 : *préc. note 5.* ♦ Mais s'il est constaté que l'employeur n'a fait aucune offre de reclassement, sans verser de salaire ni mettre en œuvre une procédure régulière de licenciement, le salarié a droit à des indemnités compensatrices de salaire. • Même arrêt. ♦ L'employeur est tenu de payer les salaires pour la période pendant laquelle il a refusé de fournir au salarié du travail en l'affectant à un emploi vacant dans l'entreprise, poste que le salarié avait occupé lors de sa reprise du travail et pour lequel le médecin du travail l'avait déclaré apte. • Soc. 16 déc. 1998, n° 97-43.531 P : *RJS 1999. 121, n° 193.*

13. Préavis. Le salarié déclaré inapte à reprendre l'emploi qu'il occupait précédemment ne peut prétendre à une indemnité compensatrice de préavis. • Soc. 22 oct. 1996 : *CSB 1997. 15, A. 5.* ♦ L'indemnité de préavis est toutefois due au salarié dont le licenciement est dépourvu de cause réelle et sérieuse en raison du manquement de l'employeur à son obligation de reclassement consécutive à l'inaptitude. • Soc. 26 nov. 2002, n° 00-41.633 P : *Dr. soc. 2003. 237, obs. Radé* ; *RJS 2003. 128, n° 178* ; *JS Lamy 2003, n*os *114-5 et 115-5.*

14. Office du juge. Il n'appartient pas au juge du fond de substituer son appréciation à celle du médecin du travail sur l'inaptitude d'un salarié à occuper un poste de travail. • Soc. 14 janv. 1997 : *Dr. soc. 1997. 313, obs. Savatier* ; *RJS 1997. 96, n° 135.* ♦ Le juge judiciaire n'a pas à se prononcer, à l'occasion d'une contestation afférente à la licéité du licenciement d'un salarié déclaré inapte à son poste de travail, sur le respect par le médecin du travail de son obligation de procéder à une étude de poste et des conditions de travail dans l'entreprise. • Soc. 19 déc. 2007 : *D. 2008. AJ 299, obs. Ines* ; *RJS 2008. 231, n° 295.*

Ancien art. L. 1226-2 ***Lorsque, à l'issue des périodes de suspension du contrat de travail consécutives à une maladie ou un accident non professionnel, le salarié est déclaré inapte par le médecin du travail à reprendre l'emploi qu'il occupait précédemment, l'employeur lui propose un autre emploi approprié à ses capacités.***

Cette proposition prend en compte les conclusions écrites du médecin du travail et les indications qu'il formule sur l'aptitude du salarié à exercer l'une des tâches existantes dans l'entreprise.

L'emploi proposé est aussi comparable que possible à l'emploi précédemment occupé, au besoin par la mise en œuvre de mesures telles que mutations, transformations de postes de travail ou aménagement du temps de travail. — [Anc. art. L. 122-24-4, al. 1er.]

COMMENTAIRE

V. Dalloz.fr et applications mobiles Dalloz.

BIBL. Adom, *Dr. soc. 1995. 461* (modification du contrat). – Béraud, *ibid. 1991. 579* (maladie et perte d'emploi). – Berra, *Sem. soc. Lamy 1985, n° 274, D3* (inaptitude) ; *ibid. 1988, suppl. n° 416* (aspects juridiques des problèmes posés par le SIDA). – Blaise, *BS Lefebvre 1986. 503* (inaptitude) ; *Dr. soc. 1987. 731* (rémunération du salarié malade) ; *RJS 1990. 315* (rupture du contrat de travail) ; *ibid. 1992. 83.* – Bourgeot, *Dr. soc. 1998. 872.* – Bourgeot et Frouin, *RJS 2000. 3* (maladie et inaptitude). – Bourgeot et Trassoudaine-Verger, *RJS 1998. Chron. 163.* – Brice, *JCP S 2008. 1408* (obligations de l'employeur au titre du reclassement du salarié inapte). – Camerlynck, *JCP 1961. I. 1609* (force majeure). – Candat et Pagnerre, *JCP S 2010. 1212* (l'*intuitus personae* dans le reclassement des salariés). – Catala, *JCP 1975. I. 2748* (contre-visite médicale). – Descamps, *Dr. soc. 1992. 962* (contrôle médical patronal : qualité du médecin contrôleur et modalités d'exercice). – Fabre et Serisay, *JCP E 1989. II. 15489* (indemnisation). – Frossard, *Dr. soc. 1991. 568* (indemnités complémentaires). – Frouin, *RJS 1995. 773* (protection de l'emploi des salariés malades ou accidentés). – Hauser, *Dr. soc. 1991. 553* (incapacité juridique et emploi). – Joseph, *Dr. ouvrier 1989. 123* (reclassement du salarié déclaré inapte) ; *ibid. 1990. 378* ; *ibid. 2010. 130.* – Laborde, *Dr. soc. 1985. 555* (maladie affectant un salarié en mission à l'étranger) ; *ibid. 1991. 563* (santé mentale) ; *ibid. 615* (loi du 12 juill. 1990). – Langlois, *D. 1992. Chron. 141* (contre la suspension du contrat). – A. Mazeaud, *Dr. soc. 1992. 234* (licenciement). – Puigelier, *JCP E 1990. II. 15890* (maladie et contrat de travail). – Saint-Jours, *D. 1975. Chron. 91* (contre-visite médicale). – Savatier, *Dr. soc. 1984. 710* (salaires d'inactivité) ; *ibid. 1986. 419* (secret médical) ; *RJS 1995. 770* (sanctions du contrôle médical patronal). – Vacarie, *Ét. offertes à G. Lyon-Caen, 1989, p. 331* (travail et santé). – *CSB 1989. 253.* – Verkindt, *TPS 1998. Chron. 15-25.*

I. SUSPENSION DU CONTRAT DE TRAVAIL

A. DISTINCTION ENTRE MALADIE ET AUTRES CAUSES DE SUSPENSION

1. Conformité à la Constitution. La question de la conformité à la Constitution de l'art. L. 1226-2 ne présente pas un caractère sérieux dans la mesure où si l'interprétation jurisprudentielle de l'art. L. 1226-2 C. trav. ne dispense pas l'employeur, lorsque le médecin du travail déclare un salarié « inapte à tout poste dans l'entreprise », de son obligation de reclassement, elle ne l'empêche pas de procéder au licenciement du salarié lorsqu'il justifie, le cas échéant après avoir sollicité à nouveau le médecin du travail sur les aptitudes résiduelles du salarié et les possibilités de reclassement au besoin par la mise en œuvre de mesures telles que mutations, transformations de postes de travail ou aménagement du temps de travail, de l'impossibilité où il se trouve de reclasser le salarié. • Soc. 13 janv. 2016, n° 15-20.822 P : *D. 2016. Actu. 206*.

2. Notion de maladie. La suspension du contrat de travail ne s'applique pas à des absences à la suite d'une interruption volontaire de grossesse. • Soc. 8 juin 1983 : *Bull. civ. V, n° 308.* ♦ De même, le versement des indemnités conventionnelles ne peut concerner une cure thermale que si celle-ci s'accompagne d'une affection entraînant une incapacité de travail. • Cass., ass. plén., 1er avr. 1993, n° 89-41.756 P : *JCP 1993. II. 22070, note Saint-Jours ; CSB 1993. 143, A. 35 ; RJS 1993. 291, n° 484* • Soc. 29 janv. 1997 : *RJS 1997. 189, n° 283.*

3. Concours de causes de suspension. Cassation de l'arrêt qui déboute le salarié de sa demande en paiement du salaire prévu en cas de maladie par la convention collective en se fondant sur l'incarcération du salarié pendant l'arrêt de travail, constitutive d'un cas de force majeure, alors que la cour d'appel aurait dû rechercher si la cause ayant entraîné la suspension du contrat existait toujours à la date à laquelle l'employeur avait notifié la rupture du contrat. • Soc. 27 mars 1996 : *CSB 1996. 181, S. 75.* ♦ Ne saurait bénéficier des effets attachés à la suspension du contrat, le salarié gréviste tombant malade au cours de la grève. • Soc. 1er mars 1972, n° 71-40.257 P : *D. 1972. 620, note Pélissier ; JCP 1972. II. 17262, note Groutel.* ♦ Solution inverse si la maladie précède le déclenchement de la grève. • Soc. 7 oct. 1970 : *Bull. civ. V, n° 502 ; Dr. soc. 1971. 138, obs. Savatier.* – V. aussi • Soc. 4 déc. 1996, n° 93-44.907 P : *GADT, 4e éd., n° 82 ; D. 1997. IR 18 ; RJS 1997. 39, n° 50.*

4. CJCE, handicap et maladie. Le handicap doit s'entendre d'une limitation résultant notamment d'atteintes physiques, mentales ou psychiques et entravant la participation de la personne considérée à la vie professionnelle ; la CJCE protège un principe général de non-discrimination mais il n'en résulte pas que la maladie en tant que telle puisse être considérée comme un motif venant s'ajouter à ceux au titre desquels la directive 2000/78 interdit toute discimination. • CJCE 11 juill. 2006, aff. C-13-05 : *RDT 2006. 141, obs. F. Guiomard.*

B. OBLIGATIONS DU SALARIÉ

5. Information de l'employeur. Le salarié a l'obligation d'informer l'employeur de l'absence due à la maladie. • Soc. 10 janv. 1980 : *Bull. civ. V, n° 32* • 19 mars 1980 : *Bull. civ. V, n° 270* • 25 févr. 1981 : *Bull. civ. V, n° 159.* ♦ ... Ou de la prolongation de la maladie. • Soc. 29 mai 1973 : *D. 1973. IR 134.* ♦ Le manquement à cette obligation peut caractériser l'existence d'une cause réelle et sérieuse de licenciement. • Soc. 10 janv. 1980 : *préc.* ♦ ... Ou d'une faute grave privative d'indemnités. • Soc. 19 mars 1981 : *Bull. civ. V, n° 238.* ♦ Comp., lorsque l'employeur a eu connaissance de la maladie : • Soc. 17 déc. 1974 : *Bull. civ. V, n° 612 ; D. 1975. IR 22* • 8 févr. 1978 : *Dr. ouvrier 1978. 390, note Bouaziz* • 7 févr. 1980 : *Bull. civ. V, n° 119* • 16 févr. 1989 : *CSB 1989. 87, A. 21* • 6 mai 1998, n° 96-40.951 P : *RJS 1998. 458, n° 720* (information par téléphone dès le premier jour d'absence).

6. Certificat médical. Le certificat médical doit être adressé dans le délai prévu par la convention collective. • Soc. 25 mars 1963 : *Bull. civ. IV, n° 287* • 26 nov. 1964 : *ibid. n° 787* • 30 nov. 1977 : *ibid. n° 663.* ♦ Sur les conséquences attachées à la méconnaissance de cette obligation, Comp. : • Soc. 25 mars 1963 : *préc.* (faute grave) • 20 oct. 1982 : *Bull. civ. V, n° 559* (cause réelle et sérieuse de licenciement, malgré la production tardive des certificats). ♦ La faute grave n'est cependant pas caractérisée lorsque le certificat médical prolongeant l'arrêt de travail prête à confusion et qu'il est envoyé avec un seul jour de retard. • Soc. 20 déc. 1977 : *Bull. civ. V, n° 718 ; D. 1978. IR 75.* ♦ Pour un envoi tardif justifié par une grève des P. et T., V. • Soc. 23 juin 1977 : *Bull. civ. V, n° 422.* ♦ L'envoi tardif du certificat médical ne permet pas de considérer le salarié comme démissionnaire. • Soc. 21 mai 1980 : *Bull. civ. V, n° 452* • 20 oct. 1988 : *Dr. ouvrier 1989. 357* • 9 févr. 1989 : *Bull. civ. V, n° 113 ; D. 1989. IR 75* • 7 févr. 1990, n° 87-45.340 P : *D. 1990. IR 58.* ♦ Sur le caractère défavorable de certaines dispositions conventionnelles sanctionnant le retard du salarié en lui imputant la rupture du contrat, V. • Soc. 18 déc. 1975 : *GADT, 4e éd., n° 83 ; D. 1976. 210, note Pélissier* • 11 janv. 1984 : *D. 1985. IR 248, obs. Frossard* • 6 mai 1998, n° 96-40.951 P : *RJS 1998. 458, n° 720.* ♦ La falsification d'un certificat médical constitue une faute grave. • Soc. 12 févr. 1985 : *Bull. civ. V, n° 94.* ♦ Ne constitue pas un certificat médical le document attestant la présence du salarié à une consultation médicale, mais ne précisant pas que son état de santé nécessitait une absence pendant les heures de travail. • Soc. 8 févr. 1979 : *Bull. civ. V, n° 130 ; D. 1979. IR 395.*

C. SUSPENSION DU CONTRAT DE TRAVAIL

7. Distinction entre suspension et rupture. La maladie est une cause de suspension et non de rupture du contrat de travail. • Soc. 16 juill. 1987 : *Bull. civ. V, n° 521* • 8 déc. 1988 : *ibid., n° 648.* – Jurisprudence constante.

8. Fin de la suspension, visite de reprise. Seul l'examen pratiqué par le médecin du travail dont doit bénéficier le salarié à l'issue des périodes de suspension lors de la reprise du travail, en application des al. 1 à 3 de l'art. R. 241-51, met fin à la période de suspension ; si l'al. 4 de ce texte prévoit la consultation du médecin du travail préalablement à la reprise du travail dans le but de faciliter la recherche des mesures nécessaires lorsqu'une modification de l'aptitude de l'intéressé est prévisible, cette visite ne constitue pas la visite de reprise et ne dispense pas de l'examen imposé par ce texte lors de la reprise effective de son activité professionnelle. • Soc. 12 nov. 1997 : ⚖ *D. 1997. IR 261* ✎; *RJS 1997. 835, n° 1359 (1re esp.) ; CSB 1998. 47, A. 12 ; Dr. soc. 1998. 113, note Savatier* ✎ ; *RJS 1998. 163, note Bourgeot et Trassoudaine-Verger* • 12 nov. 1997 : ⚖ *Dr. soc. 1998. 20, concl. Chauvy* ✎ ; *RJS 1997. 835, n° 1359 (2e esp.).* ♦ La visite de reprise, dont l'initiative appartient normalement à l'employeur, peut aussi être sollicitée par le salarié soit auprès de l'employeur, soit auprès du médecin du travail, en avertissant l'employeur de cette demande. • Mêmes arrêts. ♦ Constitue la visite médicale de reprise la visite sollicitée par le salarié, dont l'employeur a été averti et au terme de laquelle le médecin du travail a conclu à une inaptitude partielle et le salarié a demandé à être reclassé. • Soc. 10 mars 1998, ⚖ n° 95-43.871 P : *D. 1998. IR 99* ✎ ; *RJS 1998. 280, n° 447.* ♦ La visite médicale de reprise met fin à la période de suspension du contrat de travail, peu important que le salarié continue à bénéficier d'un arrêt de travail de son médecin traitant. • Soc. 6 avr. 1999, ⚖ n° 96-45.056 P : *D. 1999. IR 115* ✎ ; *RJS 1999. 408, n° 659 ; Dr. soc. 1999. 565, obs. Savatier* ✎. ♦ La visite de reprise peut être initiée par le salarié ; dans ce cas, le refus par l'employeur s'analyse en un licenciement. • Soc. 12 oct. 1999 : ⚖ *D. 1999. IR 257* ✎ ; *Dr. soc. 1999. 1103, obs. Savatier* ✎ ; *RJS 1999. 840, n° 1365.* ♦ En revanche, lorsque le salarié sollicite non une visite de reprise mais son licenciement, le silence de l'employeur ne caractérise pas une volonté de rompre le contrat de travail. • Soc. 4 janv. 2000 : ⚖ *RJS 2000. 187, n° 271.*

9. Suspension du contrat et congés payés. Le salarié qui a acquis le droit aux congés payés et qui n'a pu les prendre en raison de sa maladie est en droit d'en réclamer le bénéfice à son retour dans l'entreprise. • Soc. 3 mai 2000, ⚖ n° 98-41.845 P : *Dr. soc. 2000. 775, obs. Radé* ✎.

D. EFFETS DE LA SUSPENSION DU CONTRAT DE TRAVAIL

10. Obligation de non-activité. L'obligation du salarié de se tenir à la disposition de l'employeur est suspendue. • Versailles, 28 juin 1994 : *RJS 1994. 757, n° 1259.* ♦ Le salarié n'est pas tenu de poursuivre pendant cette période une collaboration ; un employeur ne peut sanctionner un salarié qui rend impossible tout contact avec ses collègues pendant son arrêt de maladie. • Soc. 15 juin 1999, ⚖ n° 96-44.772 P : *Dr. soc. 1999. 842, obs. Mazeaud* ✎ ; *RJS 1999. 660, n° 1049.* ♦ Commet une faute grave le salarié qui se livre pendant un congé de maladie à une activité profitable pour son compte. • Soc. 21 juill. 1994, ⚖ n° 93-40.554 P : *RJS 1994. 578, n° 974.*

11. Obligation de loyauté. Les manquements du salarié à ses obligations envers la sécurité sociale ne peuvent justifier son licenciement ; les faits commis au cours de la suspension du contrat ne constituent pas un manquement à ses obligations contractuelles dès lors qu'il n'est pas soutenu qu'il a commis un acte de déloyauté. • Soc. 16 juin 1998, ⚖ n° 96-41.558 P : *JCP 1998. II. 10145, note Corrignan-Carsin ; RJS 1998. 54, n° 843* (départ en vacances en Yougoslavie) • 27 juin 2000, ⚖ n° 98-40.952 P : *D. 2000. IR 249* ✎ ; *RJS 2000. 722, n° 1061* • 4 juin 2002, ⚖ n° 00-40.894 P : *D. 2002. IR 2027* ✎ ; *RJS 2002. 742, n° 963 ; CSB 2002. 388, A. 52.* ♦ L'exercice d'une activité pendant un arrêt de travail ne constitue pas en lui-même un manquement à l'obligation de loyauté qui subsiste pendant la durée de cet arrêt. • Soc. 11 juin 2003 : ⚖ *RJS 2003. 680, n° 1002.* ♦ Pour fonder un licenciement, l'activité exercée pendant l'arrêt de travail doit causer préjudice à l'employeur ou à l'entreprise. • Soc. 12 oct. 2011 : ⚖ *Dalloz actualité, 10 nov. 2011, obs. Siro ; D. 2011. Actu. 2604* ✎ ; *RDT 2011. 698, obs. Maillard-Pinon* ✎ ; *RJS 2011.850, n° 964 ; JS Lamy 20121, n° 310-7, obs. Lalanne ; Sem. soc. Lamy 2011, n° 1511, p. 9, obs. Marcon ; JCP S 2012. 1027, obs. Bossu.* ♦ Sur la violation de l'obligation de loyauté : • Limoges, 16 sept. 2003 : *D. 2003. 517, note Mouly* ✎ (séjour aux sports d'hiver) • Soc. 21 oct. 2003 : ⚖ *RJS 2003. 969, n° 1384 ; Dr. soc. 2004. 114, obs. Savatier* ✎ (mécanicien ayant entrepris la réparation d'un véhicule pour son compte en faisant appel à un autre salarié de l'entreprise). ♦ La suspension du contrat de travail provoquée par la maladie ne dispense pas le salarié, tenu d'une obligation de loyauté, de restituer à l'employeur qui lui en fait la demande les éléments matériels détenus par lui et qui sont nécessaires à la poursuite de l'activité de l'entreprise. • Soc. 6 févr. 2001 : ⚖ *D. 2001. Somm. 2167, obs. Escande-Varniol* ✎ ; *RJS 2001. 317, n° 434 ; Dr. soc. 2001. 439, obs. Gauriau* ✎. ♦ Mais la restitution de très nombreux documents ne doit pas impliquer pour le salarié l'exécution d'une prestation de travail. • Soc. 25 juin 2003 : ⚖ *RJS 2003. 793, n° 1147.*

12. Suspension du contrat et pouvoir disciplinaire de l'employeur. Le salarié dont le contrat de travail est suspendu pour maladie et qui reprend son travail avant d'avoir fait l'objet de la visite médicale de reprise est soumis au pouvoir disciplinaire de l'employeur. • Soc. 16 nov. 2005 : ⚖ *RJS 2006. 119, n° 194 ; Dr. soc. 2006. 231, obs. Savatier* ✎ ; *JCP S 2005. 1005, note Pugelier.*

II. CONSTAT DE L'INAPTITUDE

13. Déclaration d'inaptitude. L'art. L. 122-24-4 [L. 1226-2 nouv.] ne peut être appliqué que si le salarié est déclaré, par le médecin du travail, inapte à reprendre l'emploi qu'il occupait précédemment ou inapte à tout emploi dans l'entreprise. • Soc. 18 juill. 1996, ⚖ n° 95-45.264 P : *Dr. soc. 1996. 972* ✎ ; *RJS 1996. 661, n° 1034.* ♦ L'avis du médecin du travail déclarant un salarié inapte à tout travail s'entend nécessairement d'une inaptitude à tout emploi dans l'entreprise. • Soc. 7 juill. 2004 : *Dr. soc. 2004. 1039, obs. Gauriau ; ibid. 2005. 31, note Savatier ; RJS 2004. 709, n° 1028* • 9 juill. 2008 : *D. 2008. AJ 2229 ; Dr. soc. 2008. 1138, obs. Savatier ; JCP S 2008. 1507, obs. Verkindt.* ♦ Seules les conclusions écrites du médecin du travail émises lors de la visite de reprise peuvent être prises en considération pour apprécier le respect par l'employeur de ses obligations en matière de reclassement, aucune solution ne peut être recherchée avant que ces conclusions ne soient rendues. • Soc. 22 févr. 2000, n° 97-41.827 P : *RJS 2000. 288, n° 398.* ♦ Si le salarié est apte, il doit être réintégré dans son emploi antérieur ou un emploi similaire. • Soc. 22 oct. 1997, n° 94-44.706 P. ♦ Dès lors que le médecin du travail a déclaré un salarié temporairement inapte, il en résulte que le refus par l'employeur de le laisser accéder à son poste de travail ne constitue pas un trouble manifestement illicite ou une voie de fait. • Soc. 21 janv. 1997, n° 93-43.617 P : *Dr. soc. 1997. 243, note Savatier.* ♦ Les dispositions des art. L. 1226-2 et L. 1226-4 n'étant applicables qu'en cas d'inaptitude, le salarié ne saurait s'en prévaloir lorsqu'il a été déclaré apte à la reprise de son emploi avec des réserves pendant une durée temporaire. • Soc. 8 juin 2011 : *Dalloz actualité, juin 2011, obs. Perrin ; JCP S 2011. 1503, obs. Martinon.* ♦ Après avoir constaté que le comportement de la salariée était la conséquence de ses troubles pathologiques, une cour d'appel a exactement décidé que l'employeur, qui était informé de ces troubles, ne pouvait la licencier sans avoir fait préalablement constater l'inaptitude par le médecin du travail. • Soc. 9 juill. 1997 : *RJS 1997. 668, n° 1083.* ♦ Les tribunaux judiciaires sont incompétents à ordonner une expertise afin de déterminer si l'état de santé rendait le salarié inapte à reprendre son travail. • Soc. 8 nov. 1994 : *RJS 1994. 830, n° 1366* • 14 janv. 1997 : *RJS 1997. 96, n° 135.*

14. Motivation de l'avis d'inaptitude. Le médecin du travail est tenu d'indiquer les considérations de fait de nature à éclairer l'employeur sur son obligation de proposer au salarié un emploi approprié à ses capacités et notamment les objectifs portant sur ces capacités qui le conduisent à recommander certaines tâches en vue d'un éventuel reclassement dans l'entreprise ou, au contraire, à exprimer des contre-indications ; cette motivation exigée du médecin du travail s'impose également à l'inspecteur du travail lorsque celui-ci, en cas de difficulté ou de désaccord, est amené à décider de l'aptitude professionnelle du salarié. • CE 1er août 2013 : *JS Lamy 2013, n° 352-3, obs. Hautefort.*

15. Constat d'inaptitude et classement en invalidité. Le classement d'un salarié en invalidité 2e catégorie par la sécurité sociale, qui obéit à une finalité distincte et relève d'un régime juridique différent, est sans incidence sur l'obligation de reclassement du salarié inapte qui incombe à l'employeur par application des dispositions du code du travail • Soc. 9 juill. 2008 : *D. 2008. AJ 2229 ; JCP S 2008. 1507, obs. Verkindt.*

III. OBLIGATION DE PROPOSER UN POSTE DE RECLASSEMENT

16. Proposition de poste et avis d'inaptitude totale. L'avis du médecin du travail déclarant un salarié inapte à tout travail s'entend nécessairement d'une inaptitude à tout emploi dans l'entreprise ; un tel avis ne dispense pas l'employeur d'établir qu'il s'est trouvé dans l'impossibilité de reclasser le salarié au sein de l'entreprise et le cas échéant au sein du groupe auquel elle appartient, au besoin par des mesures telles que mutations, transformations de poste de travail ou aménagements du temps de travail. • Soc. 9 juill. 2008 : *D. 2008. AJ 2229 ; RJS 2008. 805, n° 982 ; JCP S 2008. 1507, obs. Verkindt* • 16 sept. 2009 : *D. 2009. AJ 2285 ; RJS 2009. 750, n° 848 ; Dr. soc. 2009. 1190, note Savatier ; Dr. ouvrier 2010. 46, obs. Lacoste-Mary.* ♦ Dans la mesure où l'avis alors émis par le médecin du travail, seul habilité à constater une inaptitude au travail, peut faire l'objet tant de la part de l'employeur que du salarié d'un recours administratif devant l'inspecteur du travail, en l'absence d'un tel recours cet avis s'impose aux parties. • Même arrêt.

17. Appréciation de l'aptitude. L'aptitude d'un salarié à reprendre son activité professionnelle est appréciée en prenant en compte les fonctions que ce dernier occupait effectivement avant ces périodes. • CE 21 janv. 2015, n° 364783 : *Dalloz actualité, 27 févr. 2015, obs. Fraisse ; RDT 2015. 100, concl. Dumortier.*

18. CDD et inaptitude d'origine non professionnelle. Lorsqu'un salarié en contrat à durée déterminée n'est pas en mesure de fournir la prestation de travail en raison de son inaptitude d'origine non professionnelle, les dispositions de l'art. L. 122-24-4 al. 2 [L. 1226-4 nouv.] qui imposent à l'employeur de reprendre le paiement des salaires à défaut de reclassement ou de licenciement ne s'appliquent pas ; en revanche, l'employeur est tenu d'une obligation de reclassement. • Soc. 8 juin 2005 : *D. 2005. IR 1884 ; Dr. soc. 2005. 918, obs. Roy-Loustaunau ; JS Lamy 2005, n° 172-4 ; RJS 2005. 605, n° 830.* ♦ Le juge doit rechercher si l'employeur a manqué à son obligation de reclassement et si ce manquement était constitutif d'une faute grave. • Soc. 26 nov. 2008 : *Dr. soc. 2009. 257, note Savatier ; RJS 2009. 144, n° 166 ; JCP S 2009. 1112, obs. Bousez.*

19. Point de départ de l'obligation de reclassement. Seules les recherches de reclassement compatibles avec les conclusions du médecin du travail émises au cours de la visite de reprise peuvent être prises en considération pour apprécier le respect par l'employeur de son obligation de reclassement ; ainsi le point de départ de l'obligation de reclassement est fixé à compter de la seconde visite de reprise. • Soc. 6 janv. 2010 : *D. 2010. AJ 212 ; ibid. Pan. 2029, obs. Lardy-Pélissier ; JCP S 2010. 1128, obs. Verkindt* • CE 7 avr. 2011 : *RJS 2011. 570, n° 630 ; Dr. soc. 2011. 798, concl. Dumortier ; Dr. ouvrier 2011. 755.*

20. Cadre de la recherche d'un reclassement. La recherche doit s'apprécier à l'intérieur du groupe auquel appartient l'employeur parmi les entreprises dont les activités, l'organisation ou le lieu d'exploitation lui permettent d'effectuer la mutation de tout ou partie du personnel. • Soc. 19 mai 1998, n° 96-41.265 P : *RJS 1998. 548, n° 846* • 16 juin 1998, n° 96-41.877 P : *RJS 1998. 623, n° 975.* ♦ La possibilité de permutations au sein d'un groupe est établie dès lors qu'est constatée l'existence de sociétés ayant un papier à en-tête identique, les mêmes coordonnées, le même numéro de téléphone et leur siège social au même endroit, et que s'est tenue une réunion ayant eu pour objet d'examiner les possibilités de reclassement au sein de ces sociétés. • Soc. 25 mars 2009 : *JCP S 2009. 1295, obs. Barèges.* ♦ Ainsi est abusif le licenciement pour inaptitude physique alors que l'employeur ne justifiait pas avoir effectué une recherche effective de reclassement au sein des sept maisons de retraite qu'il gérait, même constituées sous la forme de sociétés indépendantes ; ces dernières étaient toutes situées dans la même région et regroupées sous un même sigle, elles faisaient état dans leur propre documentation de la notion de groupe et avaient développé des outils de communication communs et une possibilité de permutation avait été proposée, lors de l'entretien préalable, à la salariée dans une maison de retraite similaire. • Soc. 24 juin 2009 : *RDT 2009. 581, obs. Kocher ; RJS 2009. 696, n° 784.*

21. Contenu de l'obligation de reclassement. C'est à l'employeur de prendre l'initiative de reclasser le salarié. • Soc. 4 juin 1998, n° 95-41.263 P : *RJS 1998. 550, n° 849.* ♦ L'employeur doit suivre les propositions du médecin du travail. • Soc. 28 oct. 1998, n° 96-44.395 P : *RJS 1998. 898, n° 1473.* ♦ Et seules les recherches de reclassement compatibles avec les conclusions du médecin du travail émises au cours de la visite de reprise peuvent être prises en considération pour apprécier le respect par l'employeur de son obligation de reclassement. • Soc. 26 nov. 2008 : *RJS 2009. 143, n° 164 ; JCP S 2009. 1065, obs. Verkindt.* ♦ L'employeur ne peut se retrancher derrière l'absence de propositions émanant du médecin du travail. • Soc. 9 mai 1995 : *RJS 1995. 421, n° 638.* ♦ L'avis d'inaptitude à tout emploi dans l'entreprise délivré par le médecin du travail ne dispense pas l'employeur, quelle que soit la position prise alors par la salariée, de rechercher les possibilités de reclassement. • Soc. 10 mars 2004, n° 03-42.744 P : *Dr. soc. 2004. 556, obs. Couturier ; RJS 2004. 416, n° 622* • 7 juill. 2004, n° 02-43.141 P : *RJS 2004. 709, n° 1028 ; JS Lamy 2004, n° 152-4* • 20 sept. 2006 : *RJS 2006. 870, n° 1171 ; Dr. soc. 2006. 1117, note Savatier* • CE 7 avr. 2011 : *RJS 2011. 570, n° 630 ; Dr. soc. 2011. 798, concl. Dumortier ; Dr. ouvrier 2011. 755.* ♦ L'employeur doit, au besoin en les sollicitant, prendre en considération les propositions du médecin du travail en vue du reclassement du salarié ; la consultation d'un médecin autre que le médecin du travail ne peut se substituer à celle de celui-ci. • Soc. 28 juin 2006 : *RJS 2006. 785, n° 1057.* ♦ Les réponses apportées postérieurement au constat régulier de l'inaptitude par le médecin sur les possibilités éventuelles de reclassement peuvent concourir à la justification par l'employeur de l'impossibilité de remplir cette obligation. • Soc. 15 déc. 2015, n° 14-1.858 P : *Dalloz actualité, 16 janv. 2016, obs. Fraisse ; RJS 2/2016, n° 103 ; JS Lamy 2016, n° 404-3, obs. Lhernould.* ♦ Dès lors que la procédure de licenciement a été engagée avant même que l'inaptitude du salarié ait été définitivement constatée, la recherche de reclassement n'est pas sérieuse et le licenciement est nécessairement dépourvu de cause réelle et sérieuse. • Soc. 26 janv. 2006 : *D. 2005. IR 522 ; ibid. Pan. 2504, obs. Lardy-Pélissier ; Dr. soc. 2005. 381, note Lacoste-Mary ; JS Lamy 2005, n° 162-6.* ♦ La reprise par l'employeur du paiement des salaires ne le dispense pas de l'obligation de proposer un poste de reclassement. • Soc. 3 mai 2006 : *D. 2006. IR 1401 ; RDT 2006. 92, obs. Lardy-Pélissier .*

22. Tentative sérieuse de reclassement. La brièveté du délai entre l'avis d'inaptitude et l'engagement de la procédure de licenciement démontre à lui seul que l'employeur n'avait procédé à aucune tentative sérieuse de reclassement et le seul entretien avec un délégué du personnel sur le cas du salarié ne suffit pas à établir la réalité d'une recherche de reclassement. • Soc. 30 avr. 2009 : *JS Lamy 2009, n° 257-3.*

23. Prise en compte de la volonté du salarié. L'employeur peut prendre en compte la position exprimée par le salarié déclaré inapte à son poste de travail pour déterminer le périmètre de ses recherches de reclassement. • Soc. 23 nov. 2016, n°s 15-18.092 et 14-26.398 P : *D. 2016. Actu. 2409 ; RJS 1/2017, n° 10 ; Sem. soc. Lamy 2016, n° 1748, obs. Chapellon-Liedhart et Fournet.*

24. Limites. L'employeur ne peut être tenu d'imposer à un autre salarié de l'entreprise une modification de son contrat de travail à l'effet de libérer son poste pour le proposer en reclassement à un salarié. • Soc. 15 nov. 2006 : *RDT*

2007. 96, obs. Frouin ; Sem. soc. Lamy 2006, n° 1284, p. 11.

25. Limite liée à la cessation totale d'activité. La Cour de cassation dispense l'employeur dont l'entreprise cesse totalement son activité et qui n'appartient à aucun groupe de la mise en œuvre de son obligation de reclassement à l'égard d'un salarié déclaré inapte consécutivement à une maladie. • Soc. 9 déc. 2014 : *Dalloz actualité, 13 janv. 2015, obs. Ines ; RJS 2/2015, n° 88.*

26. Exécution déloyale de l'obligation de reclassement. N'exécute pas loyalement son obligation de reclassement l'employeur qui propose au salarié déclaré inapte deux postes de reclassement dont la rémunération est inférieure au SMIC. • Soc. 5 déc. 2012 : *Dalloz actualité, 21 janv. 2013, obs. Siro ; JCP S 2013. 1124, obs. Jacotot.*

27. Salariés protégés. Sur les possibilités de reclassement des salariés protégés, V. • CE 30 avr. 1997 : *RJS 1997. 544, n° 839* • 21 oct. 1996 : *RJS 1996. 829, n° 1287* • 30 déc. 1996 : *RJS 1997. 117, n° 172.*

28. Forme de la proposition de reclassement. L'art. L. 1226-2 n'impose pas à l'employeur d'adresser ses propositions de reclassement au salarié physiquement inapte par écrit. • Soc. 31 mars 2016 n° 14-28.314 P : *Dalloz actualité, 3 mai 2016, obs. Ines ; D. 2016. Actu. 789 ; RJS 6/2016, n° 405 ; JCP S 2016. 1187, obs. Drai.*

29. Refus du salarié. Il appartient à l'employeur de tirer les conséquences du refus par le salarié, déclaré par le médecin du travail inapte à son emploi, du poste de reclassement proposé soit en formulant de nouvelles propositions de reclassement, soit en procédant au licenciement de l'intéressé ; le refus du poste de reclassement ne permet pas d'imputer au salarié la responsabilité de la rupture. • Soc. 18 avr. 2000, n° 98-40.314 P : *D. 2000. IR 140 ; RJS 2000. 455, n° 659 ; Dr. soc. 2000. 782, obs. Frouin .* ♦ L'action tendant à faire prononcer la rupture du contrat de travail, exercée par l'employeur s'analyse en un licenciement dont il appartient aux juges du fond d'apprécier le caractère réel et sérieux. • Soc. 22 févr. 2000, n° 97-41.333 P : *D. 2000. IR 82 ; Dr. soc. 2000. 441, obs. Mouly ; RJS 2000. 287, n° 39.* ♦ Ne peut être déclaré abusif le refus par un salarié du poste de reclassement proposé par l'employeur dès lors que la proposition de reclassement entraîne une modification du contrat de travail ; les juges du fond ne peuvent reprocher au salarié une faute grave le privant des indemnités de rupture sans rechercher si le refus du salarié n'était pas motivé par la modification du contrat de travail. • Soc. 14 juin 2000 : *Dr. soc. 2000. 1026, note Savatier .* ♦ Le refus du salarié ne peut constituer en soi une cause réelle et sérieuse de licenciement lorsque la proposition emporte modification du contrat de travail. • Soc. 9 avr. 2002, n° 99-44.192 P : *D. 2002. IR 1529 ; JS Lamy 2002, n° 101-3.* ♦ Ne commet pas un manquement à ses obligations le salarié déclaré inapte qui refuse un poste de reclassement en invoquant l'absence de conformité de ce poste à l'avis d'inaptitude du médecin du travail ; il appartient dans ce cas à l'employeur, tenu d'une obligation de sécurité de résultat, de solliciter l'avis du médecin. • Soc. 23 sept. 2009 : *RDT 2009. 710, obs. Pasquier ; RJS 2009. 810, n° 918.*

30. Acceptation de la modification du contrat de travail. Le salarié, déclaré inapte à son ancien emploi, doit donner son accord exprès à la modification du contrat de travail. • Soc. 29 nov. 2011 : *Dalloz actualité, 21 déc. 2011, obs. Ines ; RJS 2012. 107, n° 110 ; Dr. ouvrier 2012. 243, note Bouaziz et Goulet ; JS Lamy 2012, n° 314-4, obs. Tourreil.*

31. Charge de la preuve de l'impossibilité de reclassement. C'est à l'employeur d'apporter la preuve de l'impossibilité où il se trouve de reclasser le salarié ; la sanction de la violation de l'obligation de reclassement ne peut donner lieu qu'au versement d'une indemnité pour licenciement sans cause réelle et sérieuse. • Soc. 5 déc. 1995 : *Dr. soc. 1996. 425, obs. A. Mazeaud .*

32. Caractère d'ordre public. Les dispositions de l'art. L. 122-24-4 [L. 1226-2 et L. 1226-3 nouv.] excluent la possibilité pour les parties de signer une rupture d'un commun accord du contrat de travail qui aurait pour effet d'éluder les obligations de l'employeur. • Soc. 29 juin 1999, n° 96-44.160 P : *GADT, 4e éd., n° 93 ; D. 1999. IR 208 ; Dr. soc. 2000. 178, note Radé ; JCP 2000. II. 10235, note Savatier ; RJS 1999. 660, n° 1050 (1re esp.)* : nullité d'une convention postérieure à l'avis d'inaptitude émis par le médecin du travail • 29 juin 1999, n° 97-40.426 P : *Dr. soc. 1999. 963, obs. Verkindt ; JCP 2000. II. 10235, note Savatier ; RJS 1999. 660, n° 1050 (2e esp.)* : nullité pour objet illicite d'une convention fixant rétroactivement la date de la rupture au jour précédant l'avis d'aptitude partielle émis par le médecin du travail.

Art. L. 1226-2-1 *(L. n° 2016-1088 du 8 août 2016, art. 102, en vigueur le 1er janv. 2017)* **Lorsqu'il est impossible à l'employeur de proposer un autre emploi au salarié, il lui fait connaître par écrit les motifs qui s'opposent à son reclassement.**

L'employeur ne peut rompre le contrat de travail que s'il justifie soit de son impossibilité de proposer un emploi dans les conditions prévues à l'article L. 1226-2, soit du refus par le salarié de l'emploi proposé dans ces conditions, soit de la mention expresse dans l'avis du médecin du travail que tout maintien du salarié dans un emploi serait

gravement préjudiciable à sa santé ou que l'état de santé du salarié fait obstacle à tout reclassement dans un emploi.

L'obligation de reclassement est réputée satisfaite lorsque l'employeur a proposé un emploi, dans les conditions prévues à l'article L. 1226-2, en prenant en compte l'avis et les indications du médecin du travail.

S'il prononce le licenciement, l'employeur respecte la procédure applicable au licenciement pour motif personnel prévue au chapitre II du titre III du présent livre.

Ces dispositions entrent en vigueur à la date de publication des décrets pris pour leur application, et au plus tard le 1er janv. 2017 (L. n° 2016-1088 du 8 août 2016, art. 102-V).

Art. L. 1226-3 Le contrat de travail du salarié déclaré inapte peut être suspendu pour lui permettre de suivre un stage de reclassement professionnel. – *[Anc. art. L. 122-24-4, al. 2.]*

Art. L. 1226-4 Lorsque, à l'issue d'un délai d'un mois à compter de la date de l'examen médical de reprise du travail, le salarié déclaré inapte n'est pas reclassé dans l'entreprise ou s'il n'est pas licencié, l'employeur lui verse, dès l'expiration de ce délai, le salaire correspondant à l'emploi que celui-ci occupait avant la suspension de son contrat de travail.

Ces dispositions s'appliquent également en cas d'inaptitude à tout emploi dans l'entreprise constatée par le médecin du travail.

(L. n° 2012-387 du 22 mars 2012, art. 47) **« En cas de licenciement, le préavis n'est pas exécuté et le contrat de travail est rompu à la date de notification du licenciement. Le préavis est néanmoins pris en compte pour le calcul de l'indemnité mentionnée à l'article L. 1234-9. Par dérogation à l'article L. 1234-5, l'inexécution du préavis ne donne pas lieu au versement d'une indemnité compensatrice. »**

COMMENTAIRE

V. Dalloz.fr et applications mobiles Dalloz. ❑

1. Conformité à la Constitution. La question prioritaire de constitutionnalité portant sur l'art. L. 1226-4 en ce qu'il définit un délai d'un mois avant le terme duquel l'employeur doit reprendre le versement des salaires à défaut de reclassement ou de licenciement du salarié inapte ne présente pas un caractère sérieux dès lors qu'elle se fonde sur une atteinte non caractérisée au principe d'égalité devant la loi et sur la violation d'un principe de sécurité juridique non reconnu comme étant de valeur constitutionnelle. • Soc., QPC, 5 oct. 2011 : *RJS 2012. 36, n° 25.*

I. CHAMP D'APPLICATION

2. Contrat à durée déterminée. Il résulte de la combinaison des art. L. 1226-2, L. 1226-4 et L. 1242-15 interprétés à la lumière de la clause 4 de l'accord-cadre du 18 mars 1999, mis en œuvre par la Dir. 1999/70/CE du 28 juin 1999, que, lorsqu'à l'issue d'un délai d'un mois à compter de la date de l'examen médical de reprise, le salarié sous contrat à durée déterminée, victime d'un accident du travail ou d'une maladie non professionnelle, n'est pas reclassé dans l'entreprise, l'employeur doit, comme pour les salariés sous contrat à durée indéterminée, reprendre le paiement du salaire correspondant à l'emploi qu'il occupait avant la suspension du contrat de travail. • Soc. 14 sept. 2016, n° 15-16.764 P : *Dalloz actualité, 17 oct. 2016, obs. Ines ; D. 2016. Actu. 1822 ; RDT 2016. 703, note Tournaux ; Dr. soc. 2016. 963, note Mouly ; RJS 11/2016, n° 683 ; JS Lamy 2016, n° 418-2, obs. Hautefort ; JCP S 2016. 1340, obs. Jacotot.* ♦ Comp. *ante* : lorsqu'un salarié n'est pas en mesure de fournir la prestation de travail en raison de son inaptitude d'origine non professionnelle, les dispositions de l'art. L. 122-24-4, al. 2 [art. L. 1226-4 nouv.], qui imposent à l'employeur de reprendre le paiement des salaires à défaut de reclassement ou de licenciement ne s'appliquent pas. • Soc. 8 juin 2005 : *D. 2005. IR 1884 ; Dr. soc. 2005. 918, obs. Roy-Loustaunau ; JS Lamy 2005, n° 172-4.*

3. Marins. L'obligation de reprise du versement des salaires à la suite d'une inaptitude d'origine non professionnelle s'applique au salarié du secteur maritime déclaré inapte. • Soc. 10 mars 2009 : *Dr. soc. 2009. 744, obs. Chaumette ; JCP S 2009. 1306, obs. Letombe.*

II. DÉLAI D'UN MOIS

4. Principe. L'employeur qui n'a pas licencié le salarié déclaré inapte doit lui verser les salaires dus à l'expiration du délai d'un mois à compter de l'examen médical de reprise. • Soc. 5 juin 1996, n° 94-43.606 P : *Dr. soc. 1996. 972 ; RJS 1996. 505, n° 783.* ♦ Le délai d'un mois fixé par l'art. L. 1226-4, qui court à compter du second examen du médecin du travail constatant l'inaptitude, ne peut être prorogé ni suspendu, peu important que le médecin du travail soit conduit à préciser son avis après la seconde visite. • Soc. 25 mars 2009, n° 07-44.748 P : *D. 2009. 1092, obs. Maillard ; ibid. 2009. Pan. 2128, obs. Desbarats ; RDT 2009. 389, obs. Odoul-Asorey ; RJS 2009. 455, n° 507.*

5. Mais ce délai part du deuxième examen en cas d'inaptitude définitive. • Soc. 28 janv. 1998 : *Dr. soc. 1998. 276, note Savatier ; RJS 1998. 190, n° 307* • 10 nov. 1998, n° 96-44.067 P : *RJS 1998. 896, n° 1470 ; Dr. soc. 1999. 189, obs. Savatier* (si le deuxième examen a tardé, aucune faute ne pouvant être reprochée à l'employeur qui avait saisi le médecin du travail) • 10 juill. 2002 : *RJS 2002. 836, n° 1109.*

6. Lorsque l'inaptitude du salarié est constatée dans le cadre d'un seul examen constatant que le maintien du salarié à ce poste entraîne un danger immédiat pour la santé et la sécurité de l'intéressé ou celle d'un tiers, le délai de un mois court à compter de cet examen unique. • Soc. 6 févr. 2008, n° 06-45.551 P.

7. Incidences du recours administratif. Ce délai n'est pas suspendu par un recours exercé devant l'inspecteur du travail. • Soc. 4 mai 1999, n° 98-40.959 P : *D. 1999. IR 142 ; Dr. soc. 1999. 743, obs. Radé ; RJS 1999. 496, n° 815, p. 496.* ♦ L'employeur qui, un mois après le deuxième avis médical d'inaptitude, n'a toujours pas de réponse à sa demande d'autorisation administrative de licenciement demeure tenu de reprendre le paiement des salaires mais le défaut de paiement ne rend pas le licenciement irrégulier. • Soc. 16 nov. 2005 : *RJS 2006. 122, n° 199 ; JS Lamy 2006, n° 182-6.*

III. REPRISE DU PAIEMENT DU SALAIRE

8. Principes. L'obligation de l'employeur au paiement du salaire à l'expiration du délai d'un mois n'étant pas sérieusement contestable, le juge des référés est compétent pour l'ordonner. • Soc. 22 mai 1995 : *D. 1995. IR 160 ; RJS 1995. 508, n° 771 ; JCP E 1995. I. 499, n° 2, obs. Dubœuf.* ♦ Le refus par le salarié des propositions de reclassement formulées par l'employeur ne dispense pas celui-ci de verser au salarié le salaire correspondant à l'emploi qu'il occupait avant la suspension de son contrat de travail. • Soc. 18 avr. 2000, n° 98-40.314 P : *D. 2000. IR 140 ; RJS 2000. 455, n° 659 ; Dr. soc. 2000. 782, obs. Frouin .* ♦ L'obligation de reprendre le versement du salaire d'un travailleur déclaré inapte à son emploi, qui n'est ni reclassé, ni licencié à l'expiration du délai d'un mois s'applique même si le médecin du travail a constaté l'inaptitude à tout emploi dans l'entreprise. • Soc. 16 févr. 2005 : *D. 2005. IR 794, obs. Chevrier ; Dr. soc. 2005. 578, obs. Savatier ; RJS 2005. 356, n° 504 ; JS Lamy 2005, n° 164-5.* ♦ L'employeur ne peut substituer à cette obligation de reprise du paiement du salaire le paiement d'une indemnité de congés payés non pris, ni contraindre le salarié à prendre ses congés. • Soc. 3 juill. 2013 : *D. 2013. Actu. 1752 ; RJS 10/2013, n° 669 ; JS Lamy 2013, n° 350-4, obs.Tourreil ; JCP S 2013. 1408, obs. Barège.*

9. Reprise du paiement et obligation de reclassement. La reprise par l'employeur du paiement des salaires ne le dispense pas de l'obligation de proposer un poste de reclassement. • Soc. 3 mai 2006 : *D. 2006. IR 1401 ; RDT 2006. 92, obs. Lardy-Pélissier ; Dr. soc. 2006. 802, obs. Savatier .*

10. Montant du salaire. Aucune réduction ne peut être opérée sur la somme, fixée forfaitairement au montant du salaire antérieur à la suspension du contrat, que l'employeur doit verser au salarié. • Soc. 10 févr. 1998, n° 95-45.210 P : *RJS 1998. 186, n° 302* • 19 mai 1998, n° 95-45.637 P : *Dr. soc. 1998. 721, obs. Savatier .* ♦ Ce salaire de remplacement a un caractère forfaitaire et ne peut faire l'objet d'aucune déduction au titre de sommes versées par un organisme de prévoyance. • Soc. 16 févr. 2005 : *D. 2005. IR 794, obs. Chevrier ; Dr. soc. 2005. 578, obs. Savatier ; RJS 2005. 356, n° 504 ; JS Lamy 2005, n° 164-5.* ♦ Lorsque la rémunération du salarié se compose d'une partie fixe et d'une partie variable, le salaire correspondant à l'emploi occupé avant la suspension se compose de l'ensemble des éléments constituant la rémunération. • Soc. 16 juin 1998, n° 96-41.877 P : *RJS 1998. 623, n° 975.* ♦ Le salaire, correspondant à l'emploi précédemment occupé par le salarié et auquel il a droit en vertu de l'art. L. 1226-4 C. trav., ouvre droit, par application de l'art. L. 3141-22, à une indemnité de congés payés ; parmi les éléments de rémunération à prendre en compte, doivent figurer les heures supplémentaires. • Soc. 4 avr. 2012 : *Dalloz actualité, 21 mai 2012, obs. Ines, D. 2012. Actu. 1064 ; RJS 2012. 466, n° 542 ; JS Lamy 2012, n° 323-4, obs. Hautefort ; JCP S 2012. 1259, obs. Jacotot.*

11. Sanctions du défaut de paiement. Lorsqu'un salarié a été licencié à la suite de son inaptitude et de l'impossibilité de le reclasser plus d'un mois après cette constatation, la non-reprise des salaires après le délai d'un mois ne prive pas le licenciement déjà prononcé de cause réelle et sérieuse. • Soc. 20 sept. 2006 : *RDT 2006. 383, obs. Lardy-Pélissier et Pélissier ; D. 2007. 1056, note Pignarre ; RJS 2006. 871, n° 1172 ; Dr. soc. 2006. 1117, note Savatier ; JS Lamy 2006, n° 198-5.*

12. Le manquement de l'employeur à son obligation de reprendre le paiement des salaires constitue une rupture du contrat de travail qui doit s'analyser en un licenciement sans cause réelle et sérieuse. • Soc. 4 mai 1999, n° 98-40.959 P : *D. 1999. IR 142 ; Dr. soc. 1999. 741, obs. Savatier ; RJS 1999. 496, n° 816, p. 497.* ♦ Le salarié inapte qui n'a été ni reclassé, ni licencié peut, soit se prévaloir de la poursuite du contrat de travail et solliciter la condamnation de l'employeur au paiement des salaires, soit faire constater la rupture du contrat pour manquement de l'employeur à cette obligation ; cette rupture doit s'analyser en un licenciement sans cause réelle et sérieuse. • Soc. 11 juill. 2000, n° 98-45.471 P : *RJS 2000. 733, n° 1080 ; Dr. soc. 2000. 923, obs. Savatier* • 29 sept. 2004, n° 02-43.746 P : *JS Lamy 2004, n° 155-4.* ♦ Si le salarié ne peut en principe prétendre au paiement d'une indemnité pour un préavis qu'il est dans l'impossibilité physique d'exécuter en raison d'une inaptitude à son emploi, cette indemnité est due au salarié dont le licenciement est dépourvu de cause réelle et sérieuse en raison du manquement de l'employeur à son obligation de reclassement consécutive à l'inaptitude. • Soc. 26 nov. 2002 : *Dr. soc. 2003. 237, obs. Radé.*

13. Contrat de prévoyance de l'employeur et obligation de licencier. Au cours de la suspension du contrat de travail, l'employeur n'est pas tenu de faire constater l'inaptitude du salarié et une déclaration d'inaptitude même à tout emploi n'a pas nécessairement pour conséquence le licenciement du salarié concerné ; l'assureur auprès duquel l'employeur a souscrit un contrat d'assurance collective de prévoyance ne peut donc arguer d'un manquement contractuel de l'employeur à ses obligations qui s'est abstenu de mettre en œuvre la procédure de licenciement à l'encontre des salariés invalides. • Soc. 6 oct. 2010 : *Dalloz actualité, 6 oct. 2010, obs. Siro ; D. 2010. AJ 2521 ; JCP S 2010. 1552, obs. Barège.*

Art. L. 1226-4-1 *(L. n° 2008-596 du 25 juin 2008)* **En cas de licenciement prononcé dans le cas visé à l'article** *(L. n° 2016-1088 du 8 août 2016, art. 102, en vigueur le 1er janv. 2017)* **« L. 1226-2-1** *[rédaction applicable jusqu'au 31 déc. 2016 au plus tard : L. 1226-4]* **», les indemnités dues au salarié au titre de la rupture sont prises en charge soit directement par l'employeur, soit au titre des garanties qu'il a souscrites à un fonds de mutualisation.**

La gestion de ce fonds est confiée à l'association prévue à l'article L. 3253-14.

V. note ss. art. L. 1226-2.

Art. L. 1226-4-2 *(L. n° 2011-525 du 17 mai 2011, art. 49-II)* **Les dispositions visées à l'article L. 1226-4 s'appliquent également aux salariés en contrat de travail à durée déterminée.**

Art. L. 1226-4-3 *(L. n° 2011-525 du 17 mai 2011, art. 49-II)* **La rupture du contrat à durée déterminée prononcée en cas d'inaptitude ouvre droit, pour le salarié, à une indemnité dont le montant ne peut être inférieur à celui de l'indemnité prévue à l'article L. 1234-9. Cette indemnité de rupture est versée selon les mêmes modalités que l'indemnité de précarité prévue à l'article L. 1243-8.**

SOUS-SECTION 2 MALADIE GRAVE

Art. L. 1226-5 Tout salarié atteint d'une maladie grave au sens du 3° et du 4° de l'article *(L. n° 2015-1702 du 21 déc. 2015, art. 59)* **« L. 160-14 » du code de la sécurité sociale bénéficie d'autorisations d'absence pour suivre les traitements médicaux rendus nécessaires par son état de santé.** — *[Anc. art. L. 122-24-5.]*

SECTION III ACCIDENT DU TRAVAIL OU MALADIE PROFESSIONNELLE

COMMENTAIRE

V. Dalloz.fr et applications mobiles Dalloz.

SOUS-SECTION 1 CHAMP D'APPLICATION

RÉP. TRAV. v^is *Médecine du travail,* par Savatier ; *Suspension du contrat de travail,* par Fin-Langer.

BIBL. GÉN. ▸ **Suspension du contrat de travail et garantie d'emploi :** Ahumada et Milet, *RPDS 1996. 311.* - Béraud, *Dr. soc. 1991. 579.* - Bonnechère, *Dr. ouvrier 1981. 399 ; ibid. 1994. 173.* - Bourgeot, *Dr. soc. 1998. 872 ; RJS 2000. Chron. 434.* - Bourgeot et Frouin, *RJS 2000. Chron. 3.* - Buy, *Sem. soc. Lamy 1988, n° 419.* - Langlois, *D. 1992. Chron. 141.* - Morville, *CSB 1997. 123.* - Brissier-Nicolas, *D. 1982. Chron. 147.* - Poupon, *Dr. soc. 1981. 772.* - Teyssié, *JCP CI 1981. I. 9502.* - Verkindt, *TPS 1998. Chron. 15.*

▸ **Médecine du travail, visite de reprise :** Bourgeot, *Dr. soc. 1998. 872.* - Bourgeot et Frouin, *RJS 2000. 3.* - Chauvy, *Dr. soc. 1998. 20.* - Dupeyroux, *Dr. soc. 1980. 3.* - Savatier, *Dr. soc. 1997. 3 ; ibid. 1997. 243 ; ibid. 1998. 113.* - Verkindt, *TPS 1998, Chron. 21.*

► **Obligation de reclassement :** Bourgeot et Trassoudaine-Verger, *RJS 1998. Chron. 163.* – Chabbi, *JS Lamy 2006, n° 181-1.* – Chaumette, *Dr. soc. 1983. 183.* – Corrignan-Carsin, *D. 1981. Chron. 255.* – Couturier, *Dr. soc. 1999. 497* ✆. – Frouin, *RJS 1995. 773.* – Héas, *Dr. soc. 1999. 504* ✆. – Lardy-Pélissier, *D. 1998. Chron. 399* ✆. – Savatier, *Mélanges H. Blaise 1995. 387 ; Dr. soc. 1999. 8* ✆.

► **Réparation des accidents du travail et maladies professionnelles :** Tabuteau, *Dr. soc. 2001. 304* ✆.

Art. L. 1226-6 **Les dispositions de la présente section ne sont pas applicables aux rapports entre un employeur et son salarié victime d'un accident du travail ou d'une maladie professionnelle, survenu ou contractée au service d'un autre employeur.** – *[Anc. art. L. 122-32-10.]*

Les dispositions de la section III ci-dessus sont applicables dans les rapports entre le salarié requis, victime d'un dommage résultant d'une atteinte à la personne, et son employeur (L. n° 87-565 du 22 juill. 1987 relative à l'organisation de la sécurité civile, art. 11, D. et ALD 1987. 313).

COMMENTAIRE

V. Dalloz.fr et applications mobiles Dalloz ☐

1. Champ d'application. Les règles protectrices des victimes d'un accident du travail ou d'une maladie professionnelle s'appliquent dès lors que l'inaptitude du salarié, quel que soit le moment où elle est constatée ou invoquée, a au moins partiellement pour origine cet accident ou cette maladie et que l'employeur avait connaissance de cette origine professionnelle au moment du licenciement. • Soc. 9 juin 2010 : *RJS 2010. 596, n° 663.* ♦ Les art. L. 1226-6 à L. 1226-22 s'appliquent dès lors que l'inaptitude du salarié, quel que soit le moment où elle est constatée ou invoquée, a au moins partiellement, pour origine un accident ou une maladie professionnelle et que l'employeur avait connaissance de cette origine au moment du licenciement. • Soc. 9 mai 1995, n° 94-44.918 P : *D. 1995. IR 160 ; RJS 1995. 422, n° 639 ; Dr. soc. 1995. 672, obs. Corrignan-Carsin* ✆. ♦ Si les dispositions spécifiques relatives à la législation professionnelle ne sont pas applicables aux rapports entre un employeur et son salarié victime d'un accident du travail ou d'une maladie professionnelle survenu ou contractée au service d'un autre employeur, le nouvel employeur est néanmoins tenu, conformément aux articles L. 1226-2 et L. 1226-4 du code du travail, de chercher à reclasser, avant toute rupture du contrat de travail, le salarié dont l'inaptitude est médicalement constatée alors qu'il est à son service. • Soc. 29 nov. 2011 : *Dalloz actualité, 3 janv. 2012, obs. Perrin ; JCP S 2012. 1108, obs. Abellard.*

2. Rechute. Le salarié peut prétendre au bénéfice de la protection légale lorsqu'il existe un lien de causalité entre la rechute de l'accident initial survenu chez un précédent employeur et les conditions de travail du salarié ou tout autre événement inhérent à ses fonctions au service du nouvel employeur. • Soc. 16 févr. 1999, n° 97-42.903 P : *D. 1999. IR 75* ✆ *; RJS 1999. 312, n° 501 ; Dr. soc. 1999. 538, obs. J. Savatier* ✆ *; JS Lamy, n° 32-8, obs. Hautefort ; JS UIMM 1999. 263* • 28 mars 2007 : *D. 2007. AJ 1144* ✆ *; D. 2007. Pan. 2264, obs. Lardy-Pélissier* ✆ *; RDT 2007. 381, obs. Véricel* ✆ *; RJS 2007. 540, n° 727 ; JS Lamy 2008, n° 210-4* • Soc. 9 juin 2010 : *RJS 2010. 597, n° 663.*

3. Travailleur temporaire. Lorsqu'un salarié d'une entreprise de travail temporaire, mis à la disposition d'une entreprise utilisatrice, a été victime d'un accident du travail au sein de celle-ci, et, postérieurement, engagé par cette même société, les art. L. 122-32-1 s. [L. 1226-6 s.] ne sont pas applicables au licenciement de ce salarié pour absence prolongée due à une rechute consécutive à l'accident du travail, dès lors qu'au moment de l'accident initial, l'employeur du salarié était l'entreprise de travail temporaire et non l'entreprise utilisatrice. • Soc. 27 oct. 1993 : *RJS 1993. 736, n° 1249 ; CSB 1993. 303, A. 63.*

4. Maintien des contrats de travail. L'art. L. 122-32-10 [L. 1226-6 nouv.] n'est pas applicable lorsqu'un salarié est repris par un employeur en application de l'art. L. 122-12 [L. 1224-2 nouv.]. • Soc. 9 juill. 1992 : *RJS 1992. 546, n° 974* • 20 janv. 1993, n° 91-41.500 P : *Dr. soc. 1993. 300 ; RJS 1993. 156, n° 247.* ♦ Mais l'accord qui, pour le cas de perte d'un marché de services, prévoit et organise la reprise de tout ou partie des contrats de travail ne peut, à lui seul, faire échec aux dispositions de l'art. L. 122-32-10 [art. L. 1226-6 nouv.]. • Soc. 14 mars 2007 : *RDT 2007. 311, obs. Waquet* ✆ *; D. 2007. AJ 1018, obs. Cortot* ✆ *; D. 2007. Pan. 2264, obs. Lardy-Pélissier* ✆ *; Dr. soc. 2007. 777, obs. Mazeaud* ✆ *; RJS 2007. 431, n° 584.*

SOUS-SECTION 2 **SUSPENSION DU CONTRAT ET PROTECTION CONTRE LA RUPTURE**

Art. L. 1226-7 Le contrat de travail du salarié victime d'un accident du travail, autre qu'un accident de trajet, ou d'une maladie professionnelle est suspendu pendant la durée de l'arrêt de travail provoqué par l'accident ou la maladie.

Le contrat de travail est également suspendu pendant le délai d'attente et la durée du stage de réadaptation, de rééducation ou de formation professionnelle que doit suivre l'intéressé, conformément à l'avis de la commission des droits et de l'autonomie des personnes handicapées mentionnée à l'article L. 146-9 du code de l'action sociale et des familles. Le salarié bénéficie d'une priorité en matière d'accès aux actions de formation professionnelle.

(L. n° 2010-1594 du 20 déc. 2010, art. 84-II) « Le contrat de travail est également suspendu pendant les périodes au cours desquelles le salarié suit les actions mentionnées à l'article L. 323-3-1 du code de la sécurité sociale dans les conditions prévues à ce même article, en application du quatrième alinéa de l'article L. 433-1 du même code. »

La durée des périodes de suspension est prise en compte pour la détermination de tous les avantages légaux ou conventionnels liés à l'ancienneté dans l'entreprise. – *[Anc. art. L. 122-32-1.]*

COMMENTAIRE

V. Dalloz.fr et applications mobiles Dalloz.

1. Origine professionnelle. L'application des art. L. 122-32-1 s. [L. 1226-7 nouv.] n'est pas subordonnée à l'accomplissement des formalités de déclaration de l'accident du travail à la caisse primaire. • Soc. 30 sept. 1992, n° 89-40.453 P : *Dr. soc. 1992. 921.* ♦ La législation protectrice s'applique même si l'origine professionnelle de l'accident ou de la maladie est seulement partielle, dès lors que l'employeur en a eu connaissance. • Soc. 9 mai 1995, n° 91-44.918 P : *D. 1995. IR 160 ; RJS 1995. 422, n° 639 ; Dr. soc. 1995. 672, obs. Corrignan-Carsin* • 2 juill. 1996 : *CSB 1996. 256, S. 115* • 10 juill. 2002, n° 00-40.436 P : *RJS 2002. 837, n° 1110* • 7 juill. 2004, n° 02-43.700 P : *RJS 2004. 711, n° 1029.* ♦ Les règles protectrices applicables aux victimes d'un accident du travail ou d'une maladie professionnelle s'appliquent dès lors que l'employeur a eu connaissance de l'origine professionnelle de la maladie ou de l'accident, et ce, alors même qu'au jour du licenciement, l'employeur a été informé d'un refus de prise en charge au titre du régime des accidents du travail ou des maladies professionnelles. • Soc. 29 juin 2011, n° 10-11.699 P : *Dalloz actualité, 25 juill. 2011, obs. Ines ; JS Lamy 2011, n° 306-4, obs. Tourreil ; JCP S 2011. 1443, obs. Verkindt.* ♦ Comp. antérieurement : l'opposabilité à l'entreprise d'une décision d'une caisse primaire d'assurance maladie reconnaissant le caractère professionnel d'un accident ou d'une maladie. • Soc. 30 nov. 2000, n° 99-11.872 P : *D. 2001. IR 39 ; TPS 2001, n° 61.*

2. Preuve. En cas de contestation, il appartient au salarié de faire la preuve du lien de causalité entre un arrêt de travail et un accident du travail antérieur, la prise en charge par la sécurité sociale au titre des accidents du travail n'étant pas de nature à constituer à elle seule cette preuve. • Soc. 31 mars 1993, n° 89-40.711 P : *Dr. soc. 1993. 458 ; RJS 1993. 302, n° 507 ; CSB 1993. 173, A. 40* • 30 janv. 1997 : *RJS 1997. 183, n° 273.* ♦ L'inopposabilité à l'employeur d'une décision reconnaissant le caractère professionnel d'une maladie n'interdit pas au salarié d'invoquer l'origine professionnelle de sa maladie. • Soc. 8 juin 1994, n° 90-43.689 P : *RJS 1994. 513, n° 856 ; D. 1994. IR 177.* ♦ L'employeur est alors en droit de contester le caractère professionnel de la maladie mais il lui appartient d'en rapporter la preuve. • Soc. 9 juill. 2003, n° 01-41.514 P : *RJS 2003. 794, n° 1149.*

3. Point de départ de la suspension du contrat. La date de la première constatation d'une maladie professionnelle étant assimilée à la date de l'accident, la résiliation du contrat intervenue au cours de la période de suspension consécutive à cette constatation méconnaît les dispositions légales. • Soc. 21 janv. 1987 : *Bull. civ. V, n° 32* • 5 nov. 1987 : *ibid., n° 619.* ♦ L'incapacité de travail résultant d'un accident du travail ou d'une maladie professionnelle laissant subsister le contrat de travail, dès lors qu'une société a laissé se poursuivre les relations contractuelles au-delà du terme initialement prévu, le contrat à durée déterminée doit être requalifié en contrat à durée indéterminée. • Soc. 17 juin 1997 : *CSB 1997. 235, A. 44.* ♦ Lorsque le salarié exerce un recours contre la décision de la caisse de sécurité sociale refusant de reconnaître le caractère professionnel de l'affection, l'employeur doit différer sa décision de licencier dans l'attente d'une décision définitive. • Soc. 27 avr. 1989 : *Bull. civ. V, n° 309.*

4. Terme de la suspension du contrat : visite de reprise du travail par le médecin du travail. Le contrat de travail est suspendu jusqu'à la visite de reprise du travail par le médecin du travail. • Soc. 22 mars 1989 : *Bull. civ. V, n° 235 ; GADT, 4e éd., n° 76* • 7 juin 1995 : *RJS 1995. 509, n° 773.* ♦ ... Même si elle intervient avant le jour prévu pour la reprise effective du travail. • Dijon, 14 mai 1996 : *RJS 1996. 753, n° 1165.* ♦ ... Et non jusqu'à la date de consolidation. • Soc. 5 févr. 1992, n° 88-45.067 P : *D. 1992. IR 91 ; RJS 1992. 168, n° 273.* ♦ Seul l'examen pratiqué par le médecin du travail dont doit bénéficier le salarié à l'issue des périodes de suspension lors de la reprise du travail, en application des al. 1 et 3 de l'art. R. 241-51 C. trav., met fin à la période de suspension du contrat de travail. • Soc. 6 mai 1998, n° 96-40.506 P : *Dr. soc. 1998. 713, obs. Savatier ; RJS 1998. 459, n° 721.* ♦ Peu important que l'arrêt de travail médicalement prescrit soit arrivé à son terme. • Soc. 22 mars 1989 : *préc.* ♦ ... Que le salarié ait été classé en invalidité. • Soc. 12 oct. 1999, n° 97-40.835 P : *D. 1999. IR 257 ; Dr. soc. 1999. 1103, obs. Savatier ; RJS 1999. 840, n° 1365.* ♦ ... Qu'à la date de la rupture le salarié ait été déclaré consolidé de son accident par la caisse primaire d'assurance maladie et qu'il soit pris en charge par les organismes sociaux au titre de la maladie. • Soc. 16 mai 2000, n° 98-42.942 P : *D. 2000. IR 162 ; RJS 2000. 557, n° 792.* ♦ La visite de reprise à l'issue de laquelle le salarié a été déclaré apte à reprendre son travail selon certains aménagements met également fin à la période de suspension du contrat de travail. • Soc. 26 oct. 1999, n° 97-41.314 P : *Dr. soc. 2000. 116, note Savatier ; JCP 1999. IV. 3057.* ♦ De même, met fin à la période de suspension, la visite de reprise déclarant le salarié apte à une reprise avec mi-temps thérapeutique pendant un mois sur un poste sédentaire peu important que le médecin du travail ait ajouté à revoir dans un mois. • Soc. 26 oct. 1999, n° 97-41.314 P : *RJS 1999. 849, n° 1457.* ♦ Le salarié n'a pas droit au paiement de son salaire postérieurement à la date de consolidation lorsqu'il n'a pas repris son travail dans l'entreprise. • Soc. 5 févr. 1992 : *préc.* ♦ En l'absence de visite de reprise, le licenciement d'un salarié qui a repris son travail est intervenu au cours de la période de protection. • Soc. 22 oct. 1996, n° 94-42.971 P : *Dr. soc. 1997. 3, note Savatier.*

5. Saisine de la COTOREP. Le seul fait de saisir la COTOREP après la visite de reprise n'a pas pour effet d'entraîner une nouvelle suspension du contrat de travail. • Soc. 27 mars 1991, n° 87-42.718 P : *D. 1991. IR 125 ; RJS 1991. 302, n° 566.* ♦ Dans le même sens : • Soc. 12 déc. 2000, n° 98-46.036 P : *D. 2001. IR 429 ; Dr. soc. 2001. 196, obs. Savatier ; RJS 2001. 131, n° 191 ; TPS 2001, n° 42.*

6. Délai d'attente. Le contrat de travail étant suspendu pendant la durée de l'arrêt de travail ainsi que pendant le délai d'attente et la durée du stage de réinsertion, de rééducation ou de formation professionnelle, il en résulte que le délai d'attente court du jour de l'expiration de l'arrêt de travail jusqu'au début du stage ou jusqu'au jour où la commission mentionnée à l'art. L. 323-11 décide de refuser ledit stage. • Soc. 10 oct. 1990, n° 87-41.027 P : *CSB 1990. 257, S. 162 ; RJS 1990. 570, n° 847.*

7. Préavis. Le préavis est suspendu pendant la durée de l'arrêt de travail provoqué par l'accident du travail. • Soc. 18 juill. 1996, n° 93-43.581 P : *D. 1998. Somm. 253, obs. A. Lyon-Caen ; JCP 1996. II. 22726, note Corrignan-Carsin ; Dr. soc. 1996. 982 ; RJS 1996. 664, n° 1040 ; ibid. 643, chron. Bourgeot.*

8. Congés payés. L'art. L. 122-32-1 [L. 1226-7 nouv.], qui ne vise que les avantages liés à l'ancienneté et non les droits résultant d'un travail effectif, n'est pas applicable à la détermination de la durée des congés dus au salarié qui doit être appréciée au regard de l'art. L. 223-4 [L. 3141-5 nouv.] limitant à un an la durée ininterrompue de l'arrêt de travail pour cause d'accident du travail ouvrant droit à congés payés. • Soc. 3 mars 1988 : *Bull. civ. V, n° 165* • 12 déc. 1990 : *D. 1991. IR 14* • 28 mai 1991, n° 88-40.989 P. ♦ V. aussi : • Soc. 7 janv. 1988 : *JCP E 1988. II. 15125, 147, n° 9, obs. Revet* (les rechutes ne sont pas prises en compte).

Art. L. 1226-8 *(Abrogé par L. n° 2016-1088 du 8 août 2016, art. 102, à compter du 1er janv. 2017)* *« Lorsque, »* **A l'issue des périodes de suspension définies à l'article L. 1226-7, le salarié** *(Abrogé par L. n° 2016-1088 du 8 août 2016, art. 102, à compter du 1er janv. 2017)* ***« est déclaré apte par le médecin du travail, il »*** **retrouve son emploi ou un emploi similaire assorti d'une rémunération au moins équivalente** *(L. n° 2016-1088 du 8 août 2016, art. 102, en vigueur le 1er janv. 2017)* **« , sauf dans les situations mentionnées à l'article L. 1226-10 ».**

Les conséquences de l'accident ou de la maladie professionnelle ne peuvent entraîner pour l'intéressé aucun retard de promotion ou d'avancement au sein de l'entreprise.

Les dispositions issues de la L. n° 2016-1088 du 8 août 2016 entrent en vigueur à la date de publication des décrets pris pour leur application, et au plus tard le 1er janv. 2017 (L. préc., art. 102-V).

COMMENTAIRE

V. Dalloz.fr et applications mobiles Dalloz.

1. Compétence du médecin du travail. Seul le médecin du travail et non le médecin-conseil de la caisse primaire est compétent pour se prononcer sur l'inaptitude du salarié. • Soc. 20 juill. 1989 : *Bull. civ. V, n° 535.* ♦ *Adde :* • Soc. 4 nov. 1988 : *Bull. civ. V, n° 569* (gardien d'immeubles non soumis à la visite de reprise).

2. Visite de reprise. La visite de reprise est obligatoire quel que soit l'état de santé du salarié. • Soc. 26 juin 1986 : *Bull. civ. V, n° 345* • 22 mars 1989 : *ibid., n° 235.* ♦ La visite de reprise, dont l'initiative appartient normalement à l'employeur, peut aussi être sollicitée par le salarié, soit auprès de son employeur, soit auprès du médecin du travail en avertissant l'employeur de cette demande. • Soc. 12 nov. 1997 : *D. 1997. IR 256.* ♦ L'employeur peut refuser la reprise du travail d'un salarié refusant de se soumettre à la visite médicale ; ce refus est constitutif d'une cause réelle et sérieuse de licenciement. • Soc. 25 mai 1986 : *Bull. civ. V, n° 264.*

3. Avis du médecin. Lorsque le médecin du travail ne se prononce pas sur l'aptitude du salarié, il appartient à l'employeur de solliciter de nouvelles conclusions écrites en vue du reclassement du salarié. • Soc. 19 avr. 1989 : *Bull. civ. V, n° 288* • 20 avr. 1989 : *ibid., n° 301* • 24 nov. 1993, n° 90-44.601 P : *D. 1994. IR 38 ; RJS 1994. 41, n° 23.* ♦ L'avis du médecin du travail constatant l'inaptitude du salarié venu le consulter pour une reprise anticipée du travail s'impose aux parties qui peuvent le contester, en cas de difficultés, devant l'inspecteur du travail dans les conditions prévues à l'art. L. 241-10-1 [L. 4624-1]. • Soc. 22 oct. 1996, n° 93-43.787 P : *Dr. soc. 1997. 3, note Savatier ; CSB 1997. 13, A. 13.*

4. Avis d'aptitude. En présence d'un avis d'aptitude du salarié à son poste de travail émis par le médecin du travail, l'employeur est tenu de reprendre le paiement des rémunérations au salarié qui se tient à sa disposition, peu important le recours exercé devant l'inspecteur du travail en raison des difficultés ou désaccords qu'il suscite. • Soc. 9 avr. 2008, n° 07-41.141 P : *Dr. soc. 2008. 1136, obs. Savatier ; RJS 2008. 533, n° 661 ; JCP S 2008. 1367, note Caron.* ♦ La méconnaissance par l'employeur de son obligation de réintégrer le salarié à son poste de travail s'apprécie au regard du dernier avis d'aptitude au poste délivré par le médecin du travail. • Soc. 9 juill. 2014 : *RJS 2014. 586, n° 677.*

5. Avis d'aptitude avec réserves. Le non-respect par l'employeur de l'avis d'aptitude avec réserves émis par la médecine du travail prive le licenciement de cause réelle et sérieuse et peut constituer le harcèlement moral. • Soc. 28 janv. 2010 : *D. 2010. AJ 447 ; RDT 2010. 239, obs. Pignarre.* ♦ Lorsque le salarié est déclaré apte avec réserves et que l'employeur ne peut caractériser l'impossibilité de le réintégrer à son poste initial, le salarié doit le retrouver, si nécessaire aménagé, ou occuper un emploi similaire, en tenant compte des préconisations du médecin du travail. • Soc. 6 févr. 2013 : *Dalloz actualité, 7 mars 2013, obs. Siro ; D. 2013. Actu. 441 ; JCP S 2013. 1148, obs. Verkindt.*

6. Défaut de double visite médicale de reprise et licenciement économique. Pour le salarié, victime d'un accident du travail, qui a été déclaré, à l'issue de la première visite de reprise, provisoirement apte, l'employeur est tenu, au moment d'engager la procédure de licenciement pour motif économique ou pendant son déroulement, de faire procéder, à l'issue de la période d'aptitude provisoire, à une nouvelle visite médicale. • Soc. 29 mai 2013 : *Dalloz actualité, 1er juill. 2013, obs. Fraisse.*

7. Obligation de réintégration. Méconnaît l'art. L. 122-32-4 [L. 1226-8] l'employeur qui licencie le salarié à la fin de son arrêt de travail alors que les griefs invoqués à l'égard du salarié n'étaient pas établis. • Soc. 12 janv. 1989 : *Bull. civ. V, n° 17* • 13 juill. 1993, n° 92-40.383 P : *Dr. soc. 1993. 878 ; RJS 1993. 580, n° 977 ; CSB 1993. 237, A. 54* • 14 févr. 1996 : *RJS 1996. 157, n° 267* (refus par le salarié d'un nouveau poste de travail proposé par l'employeur, alléguant une prétendue insuffisance professionnelle).

8. Notion d'emploi similaire. La similitude d'emploi implique le maintien de la qualification professionnelle, de la position hiérarchique et des fonctions. • Soc. 21 juin 1978 : *Bull. civ. V, n° 497.* ♦ Un emploi qui modifie le contrat de travail initial du salarié dans plusieurs éléments essentiels ne constitue pas un emploi similaire au sens de l'art. L. 122-32-4 [L. 1226-8]. • Soc. 30 janv. 1996 : *CSB 1996. 109, A. 25.* ♦ Sur la notion d'emploi similaire, lorsque le contrat de travail comporte une clause de mobilité, V. • Soc. 31 oct. 1996 : *D. 1996. IR 259 ; Dr. soc. 1997. 98, obs. Gauriau ; RJS 1996. 754, n° 1166.* ♦ Sur la notion d'emploi similaire lorsque est proposé un changement de sens de la tournée du chauffeur routier, les chargement et départ de la livraison étant fixés dans un département différent, V. • Soc. 24 mars 2010 : *D. 2010. Actu. 901 ; RJS 2010. 444, n° 505 ; Dr. ouvrier 2010. 437, obs. Holle ; JS Lamy 2010, n° 279-4 ; JCP S 2010. 1287, obs. Everaert-Dumont.*

9. Emploi équivalent. Ce n'est que dans le cas où l'emploi n'existe plus ou n'est plus vacant que la réintégration peut avoir lieu dans un emploi équivalent comportant le même niveau de rémunération, la même qualification et les mêmes perspectives de carrière que l'emploi initial. • Soc. 22 oct. 1997, n° 94-44.706 P : *D. 1997. IR 248 ;*

RJS 1997. 837, n° 1360. ♦ L'emploi similaire doit s'accompagner d'une rémunération équivalente : • Soc. 18 juill. 1964 : *Bull. civ. IV, n° 638.*

10. Refus de réintégrer, indemnisation. L'employeur n'est pas tenu de réintégrer le salarié régulièrement licencié, en cas d'amélioration de son état postérieurement au licenciement. • Soc. 31 mai 1989 : *Bull. civ. V, n° 407.* ♦ En refusant de réintégrer le salarié au jour de la reprise du travail fixé par le médecin du travail et en le licenciant pour motif économique, l'employeur a rompu le contrat de travail en méconnaissance des dispositions de l'art. L. 122-32-4 [L. 1226-8 nouv.] et le salarié est fondé à réclamer l'indemnité prévue par l'art. L. 122-32-7 [L. 1226-15 nouv.]. • Soc. 12 nov. 1996, n° 93-44.863 P : *RJS 1996. 814, n° 1256.* – Dans le même sens : • Soc. 22 oct. 1997, n° 94-44.706 P : *D. 1997. IR 248 ; RJS 1997. 837, n° 1360.* ♦ Le droit à indemnisation est octroyé dès lors qu'il n'y a pas eu réintégration effective. • Soc. 6 mai 1982 : *Bull. civ. V, n° 208.* ♦ On peut assimiler au refus de réintégrer le fait pour un employeur de licencier à l'issue d'une procédure mise en œuvre le lendemain de la reprise du travail alors que les motifs invoqués par l'employeur ne sont pas établis et que la rupture a pour cause l'absence du salarié à la suite de son accident. • Soc. 13 juill. 1993 : *RJS 1993. 580, n° 977.*

11. Salariés protégés. Le représentant du personnel licencié à l'issue des périodes de suspension bénéficie de la protection accordée à la fois aux représentants et aux victimes d'accidents du travail ou de maladies professionnelles et a droit à la réparation du préjudice résultant de l'inobservation par l'employeur des règles protectrices qui lui sont applicables à ce double titre. • Soc. 7 juin 1995, n° 91-45.005 P : *RJS 1995. 56, n° 909 ; CSB 1995. 259, A. 48 ; JCP 1996. I. 3901, n° 20, obs. Dubœuf.*

Art. L. 1226-9 **Au cours des périodes de suspension du contrat de travail, l'employeur ne peut rompre ce dernier que s'il justifie soit d'une faute grave de l'intéressé, soit de son impossibilité de maintenir ce contrat pour un motif étranger à l'accident ou à la maladie.** – *[Anc. art. L. 122-32-2, al. 1er.]*

COMMENTAIRE

V. Dalloz.fr et applications mobiles Dalloz.

A. INTERDICTION DE ROMPRE LE CONTRAT

1. Nature de la rupture. La mise à la retraite décidée au cours des périodes de suspension consécutives à un accident du travail est nulle. • Soc. 7 mars 2007 : *JCP S 2007. 1298, note Verkindt.* ♦ Sont aussi visées : les ruptures d'un commun accord. • Soc. 4 janv. 2000, n° 97-44.566 P : *D. 2000. 265, note C. Radé ; Dr. soc. 2000. 350, obs. Savatier ; JCP E 2000. 1097, note Hauser-Costa ; RJS 2000. 114, n° 168.* ♦ ... La rupture de la période d'essai, l'impossibilité de maintenir le contrat pendant cette période ne peut résulter que de circonstances indépendantes du comportement du salarié. • Soc. 12 mai 2004, n° 02-44.325 P : *D. 2004. IR 1770 ; RJS 2004. 552, n° 808.*

2. Information de l'employeur. L'employeur doit être informé du caractère professionnel de l'accident ou de la maladie. • Soc. 27 avr. 1989 : *Bull. civ. V, n° 309* • 15 avr. 1992 : *RJS 1992. 401, n° 730* • 3 mars 1994 : *RJS 1994. 263, n° 397.* ♦ C'est à la date de la notification du licenciement que s'apprécie cette connaissance. • Soc. 10 févr. 1998 : *RJS 1998. 281, n° 450.* ♦ L'ignorance par l'employeur de l'exercice d'un recours contre la décision de la CPAM ayant refusé de reconnaître le caractère professionnel de l'accident écarte la possibilité de prononcer la nullité du licenciement. • Soc. 7 juill. 2004, n° 02-43.700 P : *JS Lamy 2004, n° 153-6.* ♦ V. aussi • Soc. 27 avr. 1989 : *Bull. civ. V, n° 309* • 8 nov. 1995 : *CSB 1996. 19, A. 7.* ♦ Sur la portée des décisions des caisses de sécurité sociale, V. notamment : • Soc. 20 juill. 1994 : *CSB 1994. 279, A. 56.* ♦ Est frappé de nullité le licenciement prononcé au cours de la période de suspension du contrat alors que l'employeur connaissait la volonté du salarié de faire reconnaître le caractère professionnel de sa maladie. • Soc. 17 janv. 2006 : *Dr. soc. 2006. 455, obs. Savatier ; RJS 2006. 288, n° 425.*

3. Période concernée. La résiliation du contrat prononcée pendant la période de suspension provoquée par un accident du travail, alors même qu'elle intervient pendant la période d'essai, est nulle en raison de l'origine professionnelle de l'accident. • Soc. 19 avr. 1989 : *D. 1990. 8, note Puigelier* • 5 juin 1990, n° 85-44.522 P : *D. 1990. IR 159 ; RJS 1990. 385, n° 546* • 25 févr. 1997, n° 93-40.185 P : *D. 1997. IR 75 ; Dr. soc. 1997. 409, obs. Roy-Loustaunau.*

4. L'employeur, tenu d'une obligation de sécurité de résultat en matière de protection de la santé et de la sécurité des travailleurs dans l'entreprise, doit en assurer l'effectivité ; il ne peut dès lors laisser un salarié reprendre son travail après une période d'absence d'au moins 8 jours pour cause d'accident du travail sans le faire bénéficier d'une visite de reprise ; à défaut, l'employeur ne peut résilier le contrat à durée indéterminée du salarié que s'il justifie soit d'une faute grave de l'intéressé, soit de l'impossibilité où il se trouve, pour un motif non lié à l'accident du travail, de maintenir le contrat. • Soc. 25 mars 2009 : *D. 2009. Pan. 2128, obs. Desbarats ; RJS 2009.*

558, n° 626 ; Dr. soc. 2009. 741, obs. Savatier ; *JS Lamy 2009, n° 258-5 ; JCP S 2009. 1227, obs. Verkindt* • 13 juill. 2010 : *D. 2010. Actu. 1946* ; *ibid. 2011* . *2011. Pan. 840, obs. Khodri ; RJS 2010. 687, n° 752.* ♦ Dès lors que le salarié a été victime d'un accident du travail ou d'une maladie professionnelle avant la notification du licenciement, ce dernier est nul car contraire aux dispositions de l'art. L. 122-32-2 [L. 1226-9 s.]. • Soc. 13 oct. 1992 : *RJS 1992. 380, n° 1239.* ♦ Lorsque la lettre de licenciement a été envoyée au salarié avant qu'il ne soit victime d'un accident du travail, la circonstance que cette lettre ne lui soit parvenue qu'au cours de la période de suspension de son contrat de travail consécutive à l'accident n'a pas pour conséquence de rendre nul le licenciement précédemment prononcé dont l'effet est reporté à l'expiration de la période de protection. • Cass., ass. plén., 28 janv. 2005 : *D. 2005. Pan. 2503, obs. Lardy-Pélissier* ; *Dr. soc. 2005. 581, obs. Couturier* ; *RJS 2006. 269, n° 373 ; Dr. ouvrier 2005. 452, obs. Saramito ; Sem. soc. Lamy 2005, n° 1202, p. 12.* ♦ De même, peu importe que l'accident se soit produit après l'entretien préalable. • Soc. 8 oct. 1991, n° 89-45.513 P : *D. 1991. IR 241 ; RJS 1991. 634, n° 1190* • 10 mai 1995, n° 91-45.527 P : *D. 1995. IR 137 ; RJS 1995. 422, n° 640.* ♦ Le licenciement ne peut être signifié pendant la période de suspension du contrat même s'il ne prend effet qu'à l'issue de cette période. • Soc. 5 juin 1996, n° 92-44.140 P : *RJS 1996. 589, n° 915, n° 12, obs. Dubœuf-Hild.* ♦ En revanche, la procédure de licenciement peut être engagée avant la fin de la période de suspension. • Soc. 13 févr. 1996 : *RJS 1996. 238, n° 395.*

5. Contrat de sécurisation professionnelle et période de protection. Le salarié, en arrêt de travail d'origine professionnelle à la date d'expiration du délai pour prendre parti sur la proposition d'un contrat de sécurisation professionnelle, bénéficie de la protection prévue par l'art. L. 1226-9 ; l'adhésion à ce contrat, qui constitue une modalité du licenciement pour motif économique, ne caractérise pas l'impossibilité pour l'employeur de maintenir le contrat de travail pour un motif étranger à la maladie ou à l'accident. • Soc. 14 déc. 2016, n° 15-25.981 P.

6. Congés conventionnels supplémentaires. Les dispositions de la convention collective nationale de la banque stipulant qu'à l'issue de son congé de maternité légal, la salariée a la faculté de prendre un congé supplémentaire rémunéré, de 45 jours calendaires à plein salaire ou de 90 jours calendaires à mi-salaire, n'instaurent pas une période de protection interdisant ou limitant le droit, pour l'employeur, de procéder à un licenciement. • Soc. 14 déc. 2016, n° 15-21.898 P.

7. Salariés concernés. Pour une non-application des dispositions protectrices au salarié temporaire, V. • Soc. 17 oct. 1983 : *Bull. civ. V, n° 502.* ♦ En faveur d'une application aux concierges et employés d'immeubles à usage d'habitation : • Soc. 30 juin 1994, n° 89-41.654 P : *D. 1994. IR 202 ; CSB 1994. 283, S. 147.* ♦ Les dispositions de l'art. L. 742-1 C. trav. anc. ne font pas obstacle à ce que les art. L. 122-32-1 s. soient appliqués à un marin devenu inapte à la navigation à la suite d'un accident du travail survenu à bord et dont la situation n'est régie par aucune disposition particulière. • Cass., ass. plén., 7 mars 1997, n° 95-40.169 P : *BICC 1er mai 1997, concl. Chauvy, rapp. Badi ; JCP 1997. II. 22863, note Pierchon ; Dr. soc. 1997. 424, obs. Chaumette* . ♦ Dès lors qu'un salarié en arrêt de travail a été victime d'une agression dans les locaux de l'entreprise où il se trouvait pour répondre à une convocation de l'employeur à un entretien préalable, l'accident doit être pris en charge au titre de la législation sur les accidents du travail, le salarié étant alors sous la dépendance et l'autorité de l'employeur. • Soc. 11 juill. 1996 : *Dr. ouvrier 1997. 97, note Milet.*

8. Accidents concernés. La protection particulière des salariés victimes d'accidents du travail ne s'applique pas aux accidents de trajet. • Soc. 23 avr. 1980, n° 78-40.586 P : *D. 1980. IR 548, obs. Pélissier.* ♦ V. aussi, sur la notion d'accident de trajet : • Cass., ass. plén., 3 juill. 1987 : *D. 1987. 573, concl. Cabannes ; JCP 1988. II. 20933, note Godard.* ♦ ... Et sur les accidents de mission : • Cass., ass. plén., 5 nov. 1992, n° 89-17.472 P : *D. 1993. Somm. 272, obs. Prétot* ; *JCP 1993. II. 21980, note Saint-Jours ; RJS 1993. 7, concl. Kessous ; Dr. ouvrier 1993. 15, note Saramito ; Dr. soc. 1992. 1019, concl. Kessous* ; *CSB 1992. 287, A. 53.* ♦ Constitue un accident du travail l'accident dont a été victime un travailleur à domicile obligé d'effectuer le transport de la marchandise depuis l'entreprise jusqu'à son domicile. • Soc. 18 janv. 1995, n° 91-42.161 P : *Dr. soc. 1995. 266 ; RJS 1995. 219, n° 319 ; JCP 1996. I. 3899, n° 15, obs. Dubœuf.*

9. Maladies. Même en l'absence de constatation de l'affection par les services de la caisse primaire d'assurance-maladie, une cour d'appel peut estimer que la protection s'applique au salarié victime d'une affection résultant de son activité professionnelle et inscrite au tableau des maladies professionnelles. • Soc. 17 mars 1988 : *Bull. civ. V, n° 195* • 8 juin 1994, n° 90-43.689 P : *D. 1994. IR 177 ; RJS 1994. 513, n° 856.* ♦ Seules les affections visées à l'art. L. 461-1 CSS ouvrent droit à l'application des dispositions protectrices du code du travail. • Soc. 21 mars 1996 (1er arrêt), n° 92-41.019 P : *RJS 1996. 338, n° 532* • 21 mars 1996 (2e arrêt) : *ibid.*

B. EXCEPTIONS

1° FAUTE GRAVE DU SALARIÉ

10. Notion. La faute grave résulte d'un fait ou d'un ensemble de faits imputables au salarié qui constitue une violation des obligations découlant du contrat de travail ou des relations de travail d'une importance telle qu'elle rend impossible le maintien du salarié dans l'entreprise pendant la durée du préavis. • Soc. 26 févr. 1991, n° 88-44.908 P : *D. 1991. IR 82 ; RJS 1991. 239, n° 448.*

11. Un fait commis par un accidenté du travail au cours de la période de suspension du contrat de travail qui ne prend fin qu'avec la visite de reprise du médecin du travail, ne peut justifier un licenciement disciplinaire que si ce fait constitue une faute grave, même si ce licenciement est prononcé à l'issue de la période de suspension. • Soc. 12 mars 2002, n° 99-42.934 P : *D. 2002. IR 1177 ; RJS 2002. 534, n° 671* • Soc. 8 janv. 2003, n° 01-40.388 P : *D. 2003. IR 313 ; RJS 2003. 228, n° 338 ; Dr. soc. 2003. 444, obs. Savatier.*

12. Constitue une faute grave à l'origine de son accident de travail le fait pour un chauffeur routier de refuser de porter des lunettes alors que la validité de son permis était subordonnée au port de verres correcteurs. • Soc. 22 juill. 1982 : *Bull. civ. V, n° 503.*

13. Commet une faute grave justifiant le licenciement le salarié qui, trompant son employeur sur son véritable état de santé, cause à l'entreprise une grave perturbation en la privant indûment de ses services. • Soc. 21 mai 1996 : *RJS 1996. 504, n° 782.* ♦ ... L'attitude du salarié qui ne remet pas à son employeur les documents médicaux justifiant son absence ne défère pas à la mise en œuvre de celui-ci, le laisse quelques semaines dans l'incertitude empêchant l'examen du médecin du travail. • Soc. 25 mars 1998 : *RJS 1998. 460, n° 723.* ♦ A l'inverse, la seule absence de justification de la prolongation de l'arrêt de travail, même à la demande de l'employeur, n'est pas constitutive d'une faute grave. • Soc. 24 oct. 1996 : *RJS 1996. 856, n° 1340* • 17 oct. 2000, n° 98-41.582 P : *D. 2001. 1752, note Puigelier.* ♦ Une procédure de licenciement pour un motif non lié à l'accident ou à la maladie peut être engagée au cours des périodes de suspension du contrat de travail provoquée par un accident du travail ou une maladie professionnelle ; dès lors, le délai de prescription de deux mois prévu à l'art. L. 122-44 [L. 1332-4 nouv.] pour engager une procédure disciplinaire n'est pas suspendu, ni interrompu pendant la période de suspension du contrat. • Soc. 17 janv. 1996, n° 92-42.031 P : *D. 1996. IR 54 ; JCP E 1996. II. 875, note Corrignan-Carsin ; RJS 1996. 168, n° 285 ; CSB 1996. 107, A. 24.*

2° IMPOSSIBILITÉ DE MAINTENIR LE CONTRAT

a. Motif non lié à l'accident ou à la maladie

14. La déclaration d'accident du travail faite par le salarié à la caisse découlant du refus de l'employeur de déclarer l'accident ne met pas la société « dans l'impossibilité de maintenir le contrat pour un motif inhérent au fonctionnement de l'entreprise, indépendant de l'accident ». • Soc. 16 juill. 1987 : *Bull. civ. V, n° 485.* ♦ Est justifié le licenciement à la fin du chantier pour lequel le salarié avait été engagé, l'impossibilité dans laquelle s'est trouvé l'employeur de maintenir le contrat résultant d'un motif non lié à l'accident du travail dont il avait été victime. • Soc. 5 avr. 1990, n° 87-45.575 P : *RJS 1990. 274, n° 365.* – Dans le même sens : • Soc. 20 juin 1990, n° 85-43.708 P : *RJS 1990. 451, n° 656* • 23 nov. 1994 : *RJS 1995. 25, n° 14.*

b. Motif non lié au comportement du salarié

15. Sauf faute grave, l'employeur ne peut invoquer l'impossibilité où il se trouve de maintenir le contrat qu'en justifiant de circonstances indépendantes du comportement du salarié. • Soc. 13 déc. 1989 : *Bull. civ. V, n° 713 ; D. 1990. IR 12.*

c. Motif économique

16. Cessation d'activité de l'employeur. L'impossibilité de maintenir le contrat peut résulter de la cessation d'activité de l'employeur. • Soc. 15 mars 2005 : *Dr. soc. 2005. 695, obs. Savatier.* ♦ Mais si le salarié est déclaré inapte, la cessation d'activité ne libère pas l'employeur de son obligation de respecter les règles particulières aux salariés victimes d'un accident du travail ou d'une maladie professionnelle. • Soc. 7 mars 2007 : *RDT 2007. 314, obs. Waquet ; D. 2007. AJ 1019 ; D. 2007. Pan. 2265, obs. Lardy-Pélissier ; RJS 2007. 433, n° 586 ; JS Lamy 2007, n° 209-3.*

17. Suppression ou restructuration d'emplois. L'impossibilité de maintenir le contrat peut résulter de l'obligation pour l'employeur de supprimer l'emploi de l'intéressé. • Soc. 25 mai 1993, n° 89-45.542 P : *2 arrêts ; Dr. soc. 1993. 675.* ♦ ... Ou de respecter les critères d'ordre de licenciement. • Soc. 25 mai 1993, n° 91-43.515 P : *Dr. soc. 1993. 675, (3e esp.) ; RJS 1993. 435, n° 737, (2e esp.).* ♦ ... Ou d'une restructuration rendue nécessaire par un important déficit d'exploitation. • Soc. 16 mars 1994, n° 89-43.586 P : *D. 1994. IR 86 ; Dr. soc. 1994. 517 ; CSB 1994. 143, A. 3 ; RJS 1994. 340, n° 540.* ♦ *Contra,* l'existence d'une cause économique de licenciement ne caractérise pas en soi l'impossibilité de maintenir, pour un motif non lié à l'accident ou à la maladie, le contrat de travail d'un salarié suspendu par l'arrêt de travail provoqué par un accident du travail ou une maladie professionnelle. • Soc. 28 janv. 1998, n° 94-43.194 P. • 17 nov. 2004 : *RJS 2005. 203, n° 269.* ♦ Ne caractérise pas cette impossibilité le fait que l'emploi soit supprimé en raison des difficultés de l'entreprise et en application des critères conventionnels pour fixer l'ordre des licenciements. • Soc. 12 mai 1998, n° 95-45.602 P.

18. Insuffisance de la cause économique. Ni l'existence d'une cause économique de licenciement, ni l'application des critères de l'ordre des licenciements ne suffisent à caractériser l'impossibilité de maintenir le contrat pour un motif non lié à l'accident de travail. • Soc. 21 nov. 2000, n° 98-42.509 P : *Dr. soc. 2000. 198, obs. Savatier ; RJS 2001. 24, n° 35.*

d. Appréciation de l'impossibilité de maintenir le contrat de travail

19. Date de la rupture. L'impossibilité de maintenir le contrat s'apprécie à la date de la rupture. • Soc. 25 mai 1993 : *Dr. soc. 1993. 675 ; RJS 1993. 435, n° 737.*

SOUS-SECTION 3 INAPTITUDE CONSÉCUTIVE À UN ACCIDENT DU TRAVAIL OU À UNE MALADIE PROFESSIONNELLE

Art. L. 1226-10 **Lorsque** *(L. n° 2016-1088 du 8 août 2016, art. 102, en vigueur le 1er janv. 2017)* **« le salarié victime d'un accident du travail ou d'une maladie professionnelle » est déclaré inapte par le médecin du travail** *(L. n° 2016-1088 du 8 août 2016, art. 102, en vigueur le 1er janv. 2017)* **« , en application de l'article L. 4624-4, » à reprendre l'emploi qu'il occupait précédemment, l'employeur lui propose un autre emploi approprié à ses capacités.**

Cette proposition prend en compte, après avis des délégués du personnel, les conclusions écrites du médecin du travail et les indications qu'il formule sur *(L. n° 2016-1088 du 8 août 2016, art. 102, en vigueur le 1er janv. 2017)* **« les capacités » du salarié à exercer l'une des tâches existant dans l'entreprise.** *(L. n° 2009-1437 du 24 nov. 2009)* **« Le médecin du travail formule également des indications sur l'aptitude du salarié à bénéficier d'une formation** *(L. n° 2016-1088 du 8 août 2016, art. 102, en vigueur le 1er janv. 2017)* **« le préparant à occuper » un poste adapté. »**

L'emploi proposé est aussi comparable que possible à l'emploi précédemment occupé, au besoin par la mise en œuvre de mesures telles que mutations, *(L. n° 2016-1088 du 8 août 2016, art. 102, en vigueur le 1er janv. 2017)* **« aménagements, adaptations ou transformations de postes existants » ou aménagement du temps de travail.**

Les dispositions issues de la L. n° 2016-1088 du 8 août 2016 entrent en vigueur à la date de publication des décrets pris pour leur application, et au plus tard le 1er janv. 2017 (L. préc., art. 102-V).

BIBL. ▸ BOURGEOT, *RJS 2000. 434* (refus par le salarié inapte de reclassement). – J. SAVATIER, *Mélanges H. Blaise, 1995, p. 387.* – CORRIGNAN-CARSIN, *D. 1981. Chron. 255 ; RJS 1991. 679.* – JOSEPH, *Dr. ouvrier 1989. 123.*

COMMENTAIRE

V. Dalloz.fr et applications mobiles Dalloz. ❑

Jurisprudence rendue sous l'empire des textes antérieurs à la loi n° 2016-1088 du 8 août 2016.

I. AVIS MÉDICAL

1. Objet. Les dispositions des art. L. 1226-2 et L. 1226-4 n'étant applicables qu'en cas d'inaptitude, le salarié ne saurait s'en prévaloir lorsqu'il a été déclaré apte à la reprise de son emploi avec des réserves pendant une durée temporaire. • Soc. 8 juin 2011 : *Dalloz actualité, 5 juill. 2011, obs. Perrin ; JCP S 2011. 1503, obs. Martinon* • Soc. 13 avr. 2016, n° 15-10.400 P : *Dalloz actualité, 26 mai 2016, obs. Fraisse ; JS Lamy 2016, n° 411-3, obs. Hautefort.*

2. Portée de l'avis sur l'obligation de reclassement. L'avis du médecin du travail ne concernant que l'inaptitude à l'emploi que le salarié occupait précédemment, il ne dispense pas l'employeur de rechercher une possibilité de reclassement au sein de l'entreprise, au besoin par la mise en œuvre de mesures telles que mutations, transformations de postes ou aménagement du temps de travail. • Soc. 5 juill. 1995 : *CSB 1995. 255, A. 47.* ♦ L'employeur est tenu de se conformer aux avis successifs d'inaptitude émis par le médecin du travail, peu important que le dernier avis n'ait pas été donné à l'issue d'une nouvelle période de suspension. • Soc. 5 févr. 1992 : *CSB 1992. 85, S. 55 ; RJS 1992. 168, n° 275.* ♦ Seules les conclusions écrites du médecin du travail émises lors de la visite de reprise peuvent être prises en considération pour apprécier le respect par l'employeur de ses obligations en matière de reclassement, aucune solution de reclassement ne peut être recherchée avant que ces conclusions soient rendues. • Soc. 22 févr. 2000, n° 97-41.827 P : *RJS 2000. 288, n° 398.*

II. OBLIGATION DE RECLASSEMENT

A. DOMAINE

3. Contrat en cours. Lorsque le préavis d'un salarié s'est trouvé suspendu pour cause d'accident du travail et que son inaptitude a été déclarée par le médecin du travail, l'employeur n'a pas l'obligation à défaut de reclassement du salarié de le licencier dès lors qu'antérieurement à cet accident le salarié a donné sa démission de manière non équivoque. • Soc. 15 févr. 2006 : *Dr. soc. 2006. 569, obs. Savatier ; RJS 2006. 394, n° 556 ; JS Lamy 2006, n° 187-3.*

4. Initiative du reclassement. L'employeur est tenu, après l'avis d'inaptitude émis par le médecin du travail lors de la visite de reprise, de prendre en considération les propositions du médecin du travail et en cas de refus de reclassement de faire connaître les motifs qui s'y opposent, peu important que le salarié n'ait jamais manifesté son intention de reprendre le travail. • Soc. 4 juin 1998, n° 95-41.263 P : *RJS 1998. 550, n° 849.* ♦ Pour une tentative de reclassement avant l'avis d'inaptitude, V. • Soc. 7 juill. 2004, n° 02-42.891 P : *RJS 2004. 712, n° 1029.* ♦ Seules les recherches de reclassement compatibles avec les conclusions du médecin du travail émises au cours de la visite de reprise peuvent être prises en considération pour apprécier le respect par l'employeur de son obligation de reclassement, y compris lorsque l'avis d'inaptitude est identique à celui émis par le médecin à l'occasion de la première visite médicale. • Soc. 4 nov. 2015, n° 14-11.879 P : *Dalloz actualité, 27 nov. 2015, obs. Peyronnet ; D. 2015. Actu. 2323.*

5. Cause de l'inaptitude. L'obligation de reclassement doit être mise en œuvre lorsque l'inaptitude d'un salarié à ses dernières fonctions a pour cause un accident du travail survenu précédemment. • Soc. 22 janv. 1991, n° 87-44.321 P : *D. 1991. IR 43 ; RJS 1991. 168, n° 320.* ♦ Elle n'existe que pour autant que le lien entre l'inaptitude et la maladie professionnelle a été établi, ce qui relève du pouvoir souverain d'appréciation des juges du fond. • Soc. 23 nov. 1994 : *RJS 1995. 106, n° 120.* ♦ Il appartient à ceux-ci de rechercher eux-mêmes l'existence de ce lien de causalité. • Soc. 23 mai 1996, n° 93-41.940 P : *RJS 1996. 590.*

B. MODALITÉS

6. Étendue de l'obligation de reclassement. L'employeur doit proposer au salarié un poste approprié à ses nouvelles capacités au besoin en mettant en œuvre des mesures telles que mutation, transformation de poste de travail ou aménagement du temps de travail. • Soc. 15 juin 1993, n° 90-42.892 P : *RJS 1993. 579, n° 975* • 7 juill. 2004, n° 02-47.686 P : *RJS 2004. 711, n° 1029.* ♦ Dès lors que le médecin du travail formule une proposition, l'employeur doit s'y conformer ; l'employeur qui n'a pas donné suite à la proposition du médecin du travail relatif à l'intérêt de faire effectuer une analyse ergonomique pour étudier les possibilités d'adapter le poste de travail du salarié ne respecte pas son obligation de reclassement. • Soc. 28 oct. 1998, n° 96-44.395 P : *RJS 1998. 898, n° 1473.* ♦ Compte tenu de la dimension nationale de la société et du nombre d'emplois qu'elle représente, l'employeur ne peut justifier d'une recherche sérieuse de reclassement si cette recherche n'a duré qu'une seule journée. • Soc. 29 mai 2013 : *Dalloz actualité, 17 juin 2013, obs. Fraisse ; D. 2013. 1773, obs. Wurtz ; Dr. soc. 2013. 764, obs. Orif ; JS Lamy 2013, n° 347-2, obs. Hautefort ; Sem. soc. Lamy 2014, n° 1612, p. 5, note Chapellon-Liedhart.*

7. Caractère adapté à la proposition. Aucune insuffisance professionnelle ne peut être reprochée au salarié reclassé et justifier un licenciement si – malgré une formation délivrée en binôme sur le poste pendant quarante-cinq jours – l'intéressé n'ayant aucune compétence informatique et en gestion, c'est une formation initiale qui faisait défaut • Soc. 7 mars 2012 : *Dalloz actualité, 22 mars 2012, obs. Siro ; RDT 2012. 358, obs. Héas ; RJS 2012. 370, n° 432 ; JS Lamy 2012, n° 322-7, obs. Lhernould ; JCP S 2012. 1224, obs. Chenu.*

8. Prise en compte de la volonté du salarié. L'employeur peut tenir compte de la position prise par le salarié déclaré inapte pour limiter le périmètre de sa recherche de reclassement. • Soc. 23 nov. 2016, n° 14-26.398 P : *D. 2016. Actu. 2409 ; RJS 1/2017, n° 10 ; JCP 2016. 1354, obs. Corrignan-Carsin.*

9. Périmètre de l'obligation de reclassement. La recherche des possibilités de reclassement du salarié doit s'apprécier à l'intérieur du groupe auquel appartient l'employeur concerné parmi les entreprises dont les activités, l'organisation ou le lieu d'exploitation lui permettent d'effectuer la permutation de tout ou partie du personnel. • Soc. 24 oct. 1995, n° 94-40.188 P : *D. 1996. 634, note Yamba ; Dr. soc. 1996. 94, note Corrignan-Carsin ; JCP 1996. II. 22594, note Arséguel et Fadeuilhe ; RJS 1995. 792, n° 1240.* – Dans le même sens : • Poitiers, 26 févr. 1992 : *D. 1993. Somm. 252, obs. Boyer-Sauze* • 19 mai 1998, n° 96-41.265 P : *RJS 1998. 548, n° 846* • 16 juin 1998, n° 96-41.877 P : *RJS 1998. 623, n° 975.*

C. CONSULTATION DES DÉLÉGUÉS DU PERSONNEL

10. Domaine. La consultation préalable des délégués du personnel dans le cadre des dispositions de l'art. L. 122-32-5 [L. 1226-10 nouv.] constitue une formalité substantielle ; à défaut l'autorisation de licenciement doit être refusée. • CE 22 mai 2002 : *RJS 2002. 764, n° 1000.*

11. Absence de délégués du personnel. L'employeur ne peut se soustraire à l'obligation de recueillir l'avis des délégués du personnel au motif de l'absence de délégués du personnel dans l'entreprise dès lors que leur mise en place est obligatoire et qu'aucun constat de carence n'a été établi. • Soc. 7 déc. 1999, ⚖ n° 97-43.106 P : *D. 2000. IR 20* ✎ ; *Dr. soc. 2000. 226, obs. Savatier* ✎ ; *JCP 2000. II. 10240, obs. Corrignan-Carsin ; RJS 2000. 36, n° 35* • 23 sept. 2009 : ⚖ *RJS 2009. 812, n° 921.* ♦ Dans cette hypothèse, l'employeur ne peut se prévaloir de la consultation du comité d'entreprise à la place des délégués du personnel. • Soc. 22 mars 2000, ⚖ n° 98-41.166 P : *D. 2000. IR 114* ✎ ; *RJS 2000. 366, n° 525.* ♦ La consultation du comité d'entreprise en application d'un plan de cession judiciairement prononcé ne peut suppléer la consultation des délégués du personnel par l'administrateur judiciaire. • Soc. 2 oct. 2001, ⚖ n° 99-45.346 P : *D. 2001. IR 3090* ✎ ; *RJS 2001. 960, n° 1420.* ♦ En l'absence de PV de carence justifiant l'absence de délégués du personnel dans l'entreprise, l'employeur ne respecte pas l'obligation de consultation pour avis des délégués du personnel et implique, par application de l'art. L. 1226-15 C. trav., l'octroi au salarié d'une indemnité qui ne peut être inférieure à douze mois de salaire (application dans le temps de la modification de la durée du mandat de 4 à 2 ans et incidence sur le PV de carence). • Soc. 11 mai 2016, ⚖ n° 14-12.169 : *Dalloz actualité, 3 juin 2016, obs. Peyronnet ; D. 2016. Actu. 1084* ✎ ; *RJS 7/2016, n° 504 ; JCP S 2016. 1278, obs. Kerbouc'h.* ♦ L'existence d'un établissement distinct ne pouvant être reconnue que si l'effectif de l'établissement permet la mise en place de délégués du personnel, s'il est constaté que l'établissement distinct ne pouvait être constitué pour la mise en place de délégués du personnel, les salariés exerçant sur ce site doivent nécessairement être rattachés à un établissement au sens des délégués du personnel, car ils ne peuvent être privés du droit à la consultation des délégués du personnel en cas d'inaptitude. • Soc. 7 déc. 2016, ⚖ n° 14-27.232 P : *Sem. soc. Lamy 2016, n° 1750, p. 9, obs. Champeaux.*

12. Les délégués du personnel doivent être consultés même en présence d'une impossibilité de reclassement. • Soc. 21 févr. 1990, ⚖ n° 88-42.125 P. • 19 juin 1990 : ⚖ *Bull. civ, V, n° 291 ; D. 1990. IR 185.*

13. Modalités. L'avis des délégués du personnel ne doit être recueilli qu'après les deux examens médicaux espacés de deux semaines ; la consultation des délégués du personnel entre ces deux examens est irrégulière. • Soc. 15 oct. 2002, ⚖ n° 99-44.623 P : *D. 2002. IR 2987* ✎ ; *Dr. soc. 2002. 1150, obs. Savatier* ✎ ; *RJS 2003. 30, n° 27 ; JS Lamy 2002, n° 113-5* • 16 févr. 2005 : ⚖ *D. 2005. Pan. 2504, obs. Lardy-Pélissier* ✎ ; *Dr. soc. 2005. 580, obs. Savatie* ✎ *r ; RJS 2005. 359, n° 507.* ♦ L'avis des délégués du personnel sur le reclassement du salarié victime d'un accident du travail doit être recueilli après que l'inaptitude de l'intéressé a été constatée dans les conditions légales et avant la proposition à l'intéressé d'un poste de reclassement approprié à ses capacités. • Soc. 28 oct. 2009 : ⚖ *RJS 2010, n° 33, p. 33 ; Dr. soc. 2010. 126, obs. Couturier* ✎. ♦ Rien n'impose à l'employeur de devoir recueillir l'avis des délégués du personnel de façon collective au cours d'une réunion. • Soc. 29 avr. 2003, ⚖ n° 00-46.477 P : *D. 2004. Somm. 183, obs. Arséguel* ✎ ; *RJS 2003. 581, n° 870.* ♦ Les délégués du personnel devant être consultés sur les possibilités de reclassement du salarié déclaré inapte suite à un accident du travail ou une maladie professionnelle sont, dans le cas où l'entreprise comporte des établissements distincts, les délégués de l'établissement dans lequel le salarié exerçait. • Soc. 13 nov. 2008 : ⚖ *D. 2008. AJ 3016* ✎ ; *RJS 2009. 52, n° 33 ; JCP S 2008. 1670, obs. Pouillaude.*

14. Demande de reconnaissance d'accident du travail ou de maladie professionnelle concomitamment à la procédure d'inaptitude. Dès lors que l'employeur a connaissance de l'origine professionnelle de l'inaptitude, il lui appartient de respecter l'obligation légale de consultation des délégués du personnel antérieurement aux éventuelles propositions de reclassement. • Soc. 25 mars 2015, ⚖ n° 13-28.229 : *Dalloz actualité, 16 avr. 2015, obs. Siro ; D. 2015. Actu. 809* ✎ ; *RJS 6/2015, n° 404.*

15. Conséquences. L'avis des délégués du personnel concluant à une impossibilité de reclassement ne dispense pas l'employeur de rechercher l'existence d'une telle possibilité. • Soc. 10 nov. 1993 : ⚖ *Dr. soc. 1994. 48 ; CSB 1993. 316, S. 166.*

16. Sanction. Un licenciement prononcé en méconnaissance de ces dispositions est constitutif du délit d'entrave. • Crim. 26 janv. 1993 : ⚖ *Bull. crim. n° 43 ; RJS 1993. 249, n° 413 ; CSB 1993. 118, S. 58.* ♦ La non-consultation des délégués du personnel avant la procédure de licenciement est sanctionnée par l'indemnité prévue par l'art. L. 122-32-7 [L. 1226-15 nouv.]. • Soc. 13 déc. 1995 : ⚖ *RJS 1996. 158, n° 268* • 17 déc. 1997 : ⚖ *RJS 1998. 107, n° 164.* ♦ Est également sanctionné par l'indemnité prévue par l'art. L. 122-32-7 [L. 1226-15 nouv.], l'employeur qui a consulté les délégués du personnel mais sans leur fournir toutes les informations nécessaires quant au reclassement du salarié. • Soc. 13 juill. 2004, ⚖ n° 02-41.046 P : *Dr. soc. 2004. 1037, obs. Gauriau* ✎ ; *RJS 2004. 811, n° 1138.* ♦ À défaut de réintégration, le non-respect des obligations relatives à la formalité de consultation des délégués du personnel et celles relatives au reclassement du salarié ne peut être sanctionné que par une seule et même indemnité au titre de l'art. L. 1226-15. • Soc. 16 déc. 2010 : ⚖ *Dalloz actualité, 25 janv. 2011, obs. Siro ; D. 2011. Actu. 169* ✎ ; *Sem. soc. Lamy 2010, n° 1471, p. 12, obs. Champeaux ; JCP S 2011. 1186, obs. Bossu.* ♦ ... Ou lorsque l'avis n'a pas été recueilli après le second examen médical. • Soc. 8 avr. 2009 : ⚖

D. 2009. Pan. 2128, obs. Desbarats ; *RJS 2009. 468, n° 524* ; *JS Lamy 2009, n° 255-6.*

17. Absence d'obligation de consulter le CHSCT. Dans le cadre de son obligation de reclassement, l'employeur n'est pas tenu de consulter le CHSCT. • Soc. 26 mars 1996 : *RJS 1996. 424, n° 667.* ♦ Le juge judiciaire doit pouvoir, en cas de difficulté d'interprétation des normes communautaires et lorsqu'il s'estime en état de le faire, appliquer le droit de l'Union, sans être tenu de saisir au préalable la juridiction administrative d'une question préjudicielle. Dans le cadre de la mise en œuvre de l'obligation de reclassement prévue par l'art. L. 1226-10, l'employeur n'est pas tenu de consulter le CHSCT. • Soc. 9 oct. 2013 : *RDT 2014. 56, obs. Signoretto* .

D. REFUS DU RECLASSEMENT

18. Nature de la rupture résultant du refus du poste de reclassement. La rupture du contrat de travail résultant du refus par le salarié victime d'un accident du travail et déclaré inapte à son emploi du poste de reclassement qui lui est proposé et qui constitue une modification de son contrat de travail s'analyse en un licenciement. • Soc. 17 juill. 1996, n° 93-41.022 P : *D. 1996. IR 206* ; *CSB 1996. 331, S. 146* (droit à l'indemnité compensatrice de préavis). ♦ La décision unilatérale de l'employeur d'imposer au salarié reclassé une modification de sa rémunération s'analyse en un licenciement prononcé en violation de l'art. L. 122-32-5. • Soc. 4 déc. 2001, n° 99-44.677 P : *D. 2002. IR 136* ; *RJS 2002. 142, n° 167* ; *JS Lamy 2002, n° 93-5.* ♦ La résiliation du contrat, même d'un commun accord, est illégale, peu important que le salarié ait choisi de quitter l'entreprise et refusé la proposition de reclassement. • Soc. 29 juin 1999, n° 96-44.160 P : *GADT, 4e éd., n° 93* ; *D. 1999. IR 208* ; *JCP 2000. II. 10235, note Savatier* ; *RJS 1999. 660, n° 1050.* ♦ Est déclarée nulle comme ayant un objet illicite toute convention destinée à faire échec à l'application des dispositions spécifiques au salarié malade. • Soc. 29 juin 1999, n° 97-40.426 P.

Art. L. 1226-11 **Lorsque, à l'issue d'un délai d'un mois à compter de la date de l'examen médical de reprise du travail, le salarié déclaré inapte n'est pas reclassé dans l'entreprise ou s'il n'est pas licencié, l'employeur lui verse, dès l'expiration de ce délai, le salaire correspondant à l'emploi que celui-ci occupait avant la suspension de son contrat de travail.**

Ces dispositions s'appliquent également en cas d'inaptitude à tout emploi dans l'entreprise constatée par le médecin du travail. – *[Anc. art. L. 122-32-5, al. 1er, phrases 2 et 3.]*

COMMENTAIRE

V. Dalloz.fr et applications mobiles Dalloz.

1. Domaine d'application. La loi n° 92-1446 du 31 déc. 1992 qui vise notamment à renforcer la protection des salariés victimes d'accidents du travail ou de maladies professionnelles, en faisant peser sur l'employeur,si le salarié n'est pas reclassé dans l'entreprise à l'issue d'un délai d'un mois à compter de l'examen de reprise ou s'il n'est pas licencié, l'obligation de verser à l'intéressé, dès l'expiration de ce délai, le salaire correspondant à l'emploi que celui-ci occupait avant la suspension de son contrat, a un caractère d'ordre public et est, en conséquence, immédiatement applicable au contrat de travail en cours, même si la maladie professionnelle a été déclarée antérieurement à son entrée en vigueur. • Soc. 12 nov. 1997, n° 94-43.839 P : *D. 1997. IR 256* ; *RJS 1997. 838, n° 1361* ; *CSB 1998. 43, A. 10.*

2. Temps partiel annualisé et temps partiel. La reprise du versement du salaire, prévue par l'art. L. 1226-11 C. trav., au travailleur déclaré inapte par le médecin du travail ne s'applique pas à la période non travaillée et non rémunérée d'un contrat à temps partiel annualisé. • Soc. 12 déc. 2012 : *D. 2013. Actu. 21* ; *JS Lamy n° 337-3, obs. Lhernould.*

3. Décompte du délai d'un mois. La reprise du paiement du salaire n'est due qu'à l'expiration de ce délai d'un mois. • Soc. 12 févr. 1997, n° 94-40.599 P : *D. 1997. IR 62* • 11 févr. 1998 : *RJS 1998. 383, n° 578.* ♦ Le délai d'un mois n'est pas suspendu : par le recours du salarié contre l'avis d'inaptitude physique auprès du médecin inspecteur régional du travail. • Soc. 4 mai 1999, n° 98-40.959 P : *D. 1999. IR 142* ; *Dr. soc. 1999. 743, obs. Radé* ; *RJS 1999. 496, n° 815.* ♦ ... Ni par la demande d'autorisation de licencier un salarié protégé effectuée auprès de l'inspecteur du travail. • Soc. 18 janv. 2000, n° 97-44.939 P : *D. 2000. IR 49* ; *Dr. soc. 2000. 445, obs. Mazeaud* ; *RJS 2000. 187, n° 272.*

4. Cumul salaire-prestations de sécurité sociale. L'employeur qui, au terme du délai d'un mois suivant l'avis d'inaptitude, n'a ni reclassé ni licencié le salarié est tenu de reprendre le versement du salaire, sans pouvoir déduire les prestations de sécurité sociale et de prévoyance versées au salarié. • Soc. 22 oct. 1996 : *CSB 1997. 23, S. 11* ; *RJS 1996. 813, n° 1255.*

5. Sanction de la non-reprise du paiement des salaires. Le manquement de l'employeur à son obligation de reprendre le paiement des salaires justifie la rupture du contrat de travail à ses torts et produit les effets d'un licenciement sans cause réelle et sérieuse. • Soc. 4 mai 1999, n° 97-40.547 P : *D. 1999. IR 142 ; Dr. soc. 1999. 741, obs. Savatier ; RJS 1999. 497, n° 816.*

6. Exécution d'un CIF. L'exécution d'un congé individuel de formation par un salarié déclaré inapte à son poste de travail suspend le contrat de travail et les obligations, prévues par l'art. L. 1226-11 C. trav. notamment, de reprise du paiement des salaires à l'issue du délai d'un mois lorsque le salarié n'a été ni licencié ni reclassé. • Soc. 16 mars 2011 : *D. 2011. Actu. 957 .*

Art. L. 1226-12 Lorsque l'employeur est dans l'impossibilité de proposer un autre emploi au salarié, il lui fait connaître par écrit les motifs qui s'opposent au reclassement.

L'employeur ne peut rompre le contrat de travail que s'il justifie soit de son impossibilité de proposer un emploi dans les conditions prévues à l'article L. 1226-10, soit du refus par le salarié de l'emploi proposé dans ces conditions *(L. n° 2016-1088 du 8 août 2016, art. 102, en vigueur le 1er janv. 2017)* « , soit de la mention expresse dans l'avis du médecin du travail que tout maintien du salarié dans l'emploi serait gravement préjudiciable à sa santé ou que l'état de santé du salarié fait obstacle à tout reclassement dans l'emploi ».

(L. n° 2016-1088 du 8 août 2016, art. 102, en vigueur le 1er janv. 2017) « L'obligation de reclassement est réputée satisfaite lorsque l'employeur a proposé un emploi, dans les conditions prévues à l'article L. 1226-10, en prenant en compte l'avis et les indications du médecin du travail. »

S'il prononce le licenciement, l'employeur respecte la procédure applicable au licenciement pour motif personnel prévue au chapitre II du titre III.

V. note ss. art. L. 1226-10.

COMMENTAIRE

V. Dalloz.fr et applications mobiles Dalloz. ❑

Jurisprudence rendue sous l'empire des textes antérieurs à la loi n° 2016-1088 du 8 août 2016.

1. Notification écrite. S'il ne peut proposer un autre emploi, l'employeur est tenu de faire connaître par écrit au salarié les motifs qui s'opposent au reclassement ; une notification verbale ne peut remplacer l'écrit exigé par cette disposition légale. • Soc. 10 mai 2006 : *RDT 2006. 184, obs. Pignarre .*

2. Notification précise. Ne constitue pas l'énoncé d'un motif précis de licenciement l'inaptitude physique, sans mention de l'impossibilité de reclassement. • Soc. 9 avr. 2008 : *D. 2008. 2268, note Lefranc-Harmonieux ; ibid. Pan. 2311, obs. Lardy-Pélissier ; RJS 2009. 617, n° 771 ; JCP S 2008. 1377, obs. Puigelier ; Dr. soc. 2008. 757, obs. Couturier .*

Ancien art. L. 1226-12 *Lorsque l'employeur est dans l'impossibilité de proposer un autre emploi au salarié, il lui fait connaître par écrit les motifs qui s'opposent au reclassement.*

L'employeur ne peut rompre le contrat de travail que s'il justifie soit de son impossibilité de proposer un emploi dans les conditions prévues à l'article L. 1226-10, soit du refus par le salarié de l'emploi proposé dans ces conditions. (L. n° 2015-994 du 17 août 2015, art. 26-I) *« Il peut également rompre le contrat de travail si l'avis du médecin du travail mentionne expressément que tout maintien du salarié dans l'entreprise serait gravement préjudiciable à sa santé. »*

S'il prononce le licenciement, l'employeur respecte la procédure applicable au licenciement pour motif personnel prévue au chapitre II du titre III. — [Anc. art. L. 122-32-5, al. 2, 4 et 5.]

SOUS-SECTION 4 INDEMNITÉS ET SANCTIONS

Art. L. 1226-13 Toute rupture du contrat de travail prononcée en méconnaissance des dispositions des articles L. 1226-9 et L. 1226-18 est nulle. — *[Anc. art. L. 122-32-2, al. 3.]*

COMMENTAIRE

V. Dalloz.fr et applications mobiles Dalloz. ❑

1. Droit à réintégration. Dès lors que la nullité du licenciement est constatée, l'employeur est tenu de faire droit à la demande de réintégration du salarié. • Soc. 25 févr. 1998, n° 95-44.019 P : *CSB 1998. 105, A. 25 ; RJS 1998. 282, n° 451 ; TPS 1998. 8, n° 151.* ♦ Il ne peut être reproché à un salarié, dont le licenciement intervenu en méconnaissance des dispositions de l'art. L. 122-32-2 [L. 1226-13 nouv.] est nul, de ne pas avoir demandé sa réintégration. • Soc. 12 mars 1987, n° 84-42.481 P : *D. 1987. IR 66 ; JCP 1988. II. 21051, note Mouly* • Soc. 13 nov. 1991, n° 88-42.486 P : *Dr. soc. 1992. 77 ; JCP E 1992. I. 148, note Déprez ; RJS 1992. 38, n° 32.* ♦ ... Ou d'avoir refusé une réintégration ultérieure, un tel refus ne pouvant pas caractériser une démission. • Soc. 16 févr. 1987 : *JCP 1988. II. 21051, note Mouly* • 12 mars 1987 : *préc.* • 26 nov. 1987 : *Bull. civ. V, n° 682 ; JCP E 1988. II. 15125, n° 10, obs. Revet* • 19 févr. 1992, n° 88-43.020 P : *Dr. soc. 1992. 478 ; RJS 1992. 335, n° 588.*

2. Renonciation du salarié. Si un salarié peut renoncer à invoquer un licenciement et consentir, sur proposition de l'entreprise, à la continuation de son contrat de travail, la seule décision unilatérale de l'employeur de lui verser des indemnités complémentaires à l'indemnisation de sécurité sociale, après son congédiement prononcé pendant la suspension de son contrat due à un accident du travail, ne vaut pas renonciation claire et non équivoque de l'intéressé de se prévaloir de son licenciement. • Soc. 13 nov. 2001, n° 99-43.016 P : *Dr. soc. 2002. 115, obs. Couturier ; RJS 2002. 41, n° 25.*

3. Mise en œuvre du droit à réintégration. Le refus par l'employeur de proposer un emploi identique ou d'assurer le reclassement du salarié entraîne la mise en œuvre de l'art. L. 122-32-7 [L. 1226-15 nouv.]. • Soc. 26 oct. 1999, n° 97-41.314 P : *Dr. soc. 2000. 115, obs. Savatier .* ♦ Dans le cas où l'emploi n'existe plus, la réintégration peut avoir lieu dans un emploi équivalent comportant le même niveau de rémunération, la même qualification et les mêmes perspectives de carrière que l'emploi initial. • Soc. 22 oct. 1997, n° 94-44.706 P. ♦ Si l'employeur propose un changement de poste de travail avec une rémunération moindre, cette attitude est assimilable à un refus de réintégrer le salarié. • Soc. 25 févr. 1997, n° 94-41.351 P. ♦ L'employeur est tenu au paiement des salaires pendant la période durant laquelle il a refusé de fournir un travail salarié. • Soc. 16 déc. 1998, n° 97-43.531 P : *RJS 1999. 121, n° 193.*

4. Inapplicabilité des dispositions communes. La nullité du licenciement ouvre droit à des dommages-intérêts calculés en fonction du préjudice subi et non en application des art. L. 122-32-6 et L. 122-32-7 [L. 1226-14 et L. 1226-15 nouv.]. • Soc. 22 mars 1989 : *Bull. civ. V, nos 234 et 235 ; D. 1989. IR 121 ; RJS 1989. 229, n° 413, et concl. contraires Picca, ibid., 225* • 30 janv. 1991, n° 87-41.967 P : *RJS 1991. 167, n° 317.* ♦ Les dispositions de l'art. L. 122-14-4 [L. 1235-3 nouv.] ne sont pas applicables, la nullité n'étant pas assimilable à un défaut de cause réelle et sérieuse de licenciement. • Soc. 6 mai 1998 : *RJS 1998. 460, n° 722.* ♦ Le non-respect de la procédure de licenciement entraîne nécessairement un préjudice pour le salarié dont la réparation doit être assurée par l'allocation de dommages-intérêts. • Soc. 21 mai 1996, n° 92-43.824 P : *RJS 1996. 506, n° 784.*

5. Victime d'un licenciement nul et ne demandant pas sa réintégration, le salarié a droit aux indemnités de rupture et à une indemnité réparant l'intégralité du préjudice résultant du caractère illicite du licenciement et au moins égale à celle prévue par l'art. L. 122-14-4 [L. 1235-3 nouv.]. • Soc. 13 nov. 2001, n° 99-43.016 P : *Dr. soc. 2001. 115, obs. Couturier ; RJS 2002. 41, n° 25* • 2 juin 2004, n° 02-41.045 P : *Dr. soc. 2004. 909, obs. Couturier ; Dr. ouvrier 2005. 33, note Ducrocq ; JS Lamy 2004, n° 149-6* • 30 nov. 2010 : *Dalloz actualité, 17 déc. 2010, obs. Fleuriot ; JCP S 2011. 1121, obs. Asquinazi-Bailleux.*

6. Préavis. Le salarié licencié en cours de suspension ne peut obtenir, sauf dispositions conventionnelles plus favorables, d'indemnité de préavis puisque au moment de la rupture il ne lui est pas possible d'exécuter le préavis. • Soc. 21 mai 1996, n° 92-43.824 P : *RJS 1996. 506, n° 784* • 12 mars 1996, n° 94-41.837 P : *RJS 1996. 339, n° 533.*

7. Indemnité de licenciement. Le salarié peut prétendre à l'indemnité légale de licenciement et, si la convention collective ne l'exclut pas, à l'indemnité conventionnelle de licenciement. • Soc. 12 mars 1996, n° 94-41.837 P : *RJS 1996. 339, n° 533.*

8. Cumul de protections. Le salarié bénéficiaire à la fois de la protection accordée aux représentants du personnel et aux victimes d'accident du travail ou de maladie professionnelle a droit à la réparation du préjudice subi résultant de l'inobservation par l'employeur des règles protectrices qui lui sont applicables à ce double titre. • Soc. 19 sept. 2007 : *D. 2007. AJ 2474 ; RJS 2007. 941, n° 1191 ; JS Lamy 2007, n° 220-6.*

Art. L. 1226-14 La rupture du contrat de travail dans les cas prévus au deuxième alinéa de l'article L. 1226-12 ouvre droit, pour le salarié, à une indemnité compensatrice d'un montant égal à celui de l'indemnité compensatrice de préavis prévue à l'article L. 1234-5 ainsi qu'à une indemnité spéciale de licenciement qui, sauf dispositions conventionnelles plus favorables, est égale au double de l'indemnité prévue par l'article L. 1234-9.

Toutefois, ces indemnités ne sont pas dues par l'employeur qui établit que le refus par le salarié du reclassement qui lui est proposé est abusif.

Les dispositions du présent article ne se cumulent pas avec les avantages de même nature prévus par des dispositions conventionnelles ou contractuelles en vigueur au 7 janvier 1981 et destinés à compenser le préjudice résultant de la perte de l'emploi consécutive à l'accident du travail ou à la maladie professionnelle. – *[Anc. art. L. 122-32-6.]*

BIBL. ► CORRIGNAN-CARSIN, *JCP E 1995. I. 491* (refus abusif d'une proposition de reclassement).

COMMENTAIRE

V. Dalloz.fr et applications mobiles Dalloz. ❑

A. INDEMNITÉ COMPENSATRICE DE PRÉAVIS

1. Nature de l'indemnité. L'indemnité compensatrice versée en application de l'art. L. 122-32-6 [L. 1226-14 nouv.] est assimilée par la loi à l'indemnité compensatrice de préavis et doit donc être incluse dans l'assiette des cotisations sociales. • Soc. 4 oct. 1990 : *RJS 1990. 604, n° 919.* ♦ ... Et dans celle des indemnités d'intempéries. • Soc. 17 oct. 1990 : *CSB 1990. 285, S. 182 ; RJS 1990. 634, n° 956.* ♦ Elle est complétée de l'indemnité de congés payés y afférents. • Soc. 21 mai 1996, n° 92-43.824 P : *RJS 1996. 506, n° 784.* ♦ Cette indemnité a un caractère forfaitaire interdisant à l'employeur d'opérer une réduction sur le montant de la somme qu'il doit verser au salarié, quelque réduction que ce soit. • Soc. 18 mai 1999, n° 97-40.699 P : *D. 1999. IR 157 ; Dr. soc. 1999. 845, obs. J. Savatier ; RJS 1999. 495, n° 812* (déduction des indemnités journalières versées pendant la période de délai-congé). ♦ Le montant de cette indemnité ne doit pas être calculé en fonction de la durée du préavis conventionnel mais du préavis légal. • Soc. 12 juill. 1999 : *RJS 1999. 773, n° 1247 ; Dr. soc. 1999. 1105, obs. Savatier ; JCP ed. E 1999. 1659, note F. T. ; JS Lamy 1999, n° 42-2, obs. Hautefort.*

2. Montant de l'indemnité. L'employeur est tenu de verser une indemnité compensatrice de préavis au salarié reconnu inapte à reprendre, à l'issue des périodes de suspension provoquées par un accident du travail ou une maladie professionnelle, l'emploi occupé précédemment et dont le contrat de travail a été rompu, d'un montant égal à l'indemnité légale de préavis due en cas de licenciement ; il ne peut bénéficier d'une indemnité compensatrice de préavis prévue par la convention collective, même d'un montant supérieur. • Soc. 26 janv. 2011 : *D. 2011. Actu. 454.*

3. Date de rupture du contrat de travail. Le paiement par l'employeur de l'indemnité n'a pas pour effet de faire reculer la date de cessation du contrat de travail, qui est celle de la notification de licenciement et non celle de l'achèvement d'un préavis que le salarié ne peut effectuer en raison de son inaptitude physique. • Soc. 15 juin 1999, n° 97-15.328 P : *D. 1999. IR 191 ; Dr. soc. 1999. 1105, obs. Savatier ; RJS 1999. 662, n° 1052* • 4 déc. 2001, n° 99-44.677 P : *D. 2002. IR 136 ; RJS 2002. 142, n° 167 ; JS Lamy 2002, n° 93-5.*

B. INDEMNITÉ SPÉCIALE DE LICENCIEMENT

4. Conditions. L'indemnité spéciale de licenciement est due quelle que soit l'ancienneté du salarié. • Soc. 10 nov. 1988 : *Bull. civ. V, n° 589 ; D. 1989. IR 289.* ♦ L'indemnité spéciale de licenciement n'est due que dans le cas du licenciement prononcé en raison de l'impossibilité de reclassement du salarié déclaré inapte ou du refus non abusif par le salarié inapte de l'emploi proposé. • Soc. 8 avr. 2009 : *D. 2009. AJ 1211 ; RDT 2009. 444, obs. Guyader ; RJS 2009. 466, n° 522.* ♦... Lorsque la rupture du contrat de travail prend la forme d'une mise à la retraite, l'indemnité spéciale est due. • Soc. 4 juin 1998, n° 95-41.832 P : *D. 1999. Somm. 37, obs. Bouilloux ; RJS 1998. 554, n° 856.* ♦ Dans cette hypothèse, l'indemnité spéciale est due même si la mise à la retraite n'est pas motivée par une impossibilité de reclassement mais par la seule circonstance que les conditions de mise à la retraite sont remplies. • Soc. 29 janv. 2002, n° 99-41.028 P : *D. 2002. IR 863 ; Dr. soc. 2002. 465, obs. Vatinet ; RJS 2002. 333, n° 424 ; JS Lamy 2002, n° 96-2.* ♦ L'indemnité spéciale n'est due qu'en cas de déclaration d'inaptitude du salarié, consécutive à un accident du travail ; dès lors le salarié déclaré apte à la reprise du travail et ayant conclu une rupture conventionnelle homologuée après avoir été réintégré ne peut y prétendre. • Soc. 9 juill. 2014 : *RJS 2014. 586, n° 677.* ♦ Elle n'est due qu'en cas de licenciement à l'issue de la période de suspension ; le salarié ayant vu son contrat rompu au cours de la période de suspension ne peut y prétendre. • Soc. 12 mai 1998, n° 96-40.606 P : *D. 1998. IR 149.* ♦ Sauf stipulation contraire, l'indemnité conventionnelle n'est pas doublée. • Soc. 17 déc. 1987 : *Bull. civ. V, n° 742* • 22 janv. 1992 : *ibid., n° 28 ; D. 1992. IR 61 ; Dr. soc. 1992. 272 ; RJS 1992. 169, n° 276.* ♦ ... Et elle ne se cumule pas avec l'indemnité spéciale de licenciement. • Soc. 17 oct. 1990 : *préc. note 1.* ♦ Mais le salarié peut prétendre à l'indemnité conventionnelle si celle-ci est d'un montant supérieur ; les juges du fond doivent vérifier si l'indemnité conventionnelle octroyée au salarié est bien d'un montant supérieur à l'indemnité légale doublée. • Soc. 10 mai 2005 : *RJS 2005. 532, n° 731.*

5. Marins. Le décret du 1er juin 1999 a rendu

applicable aux marins l'ensemble des articles L. 1226-10 à L. 1226-17, sans exclure aucun texte, et n'a apporté aucune restriction quant à l'application de ces dispositions auxquelles le décret du 17 mars 1978, qui se borne en son art. 23 à prévoir une indemnité minimale de licenciement, ne saurait faire échec, notamment en ce qui concerne le calcul ou l'assiette de calcul de l'indemnité spéciale de licenciement. • Soc. 19 mai 2010 : *D. 2010. Actu. 1422 ; Dalloz actualité, 2 juin 2010, obs. Dechristé ; JCP S 2010. 1308, obs. Chaumette ; JS Lamy 2010, n° 280-5.*

6. *Employés de maison.* Les dispositions de l'art. L. 1226-14 selon lesquelles la rupture du contrat de travail en raison d'une inaptitude d'origine professionnelle ouvre droit, pour le salarié, notamment à une indemnité spéciale de licenciement qui est égale au double de l'indemnité légale, s'appliquent aux employés de maison. • Soc. 10 juill. 2013 : *D. 2013. Actu. 1906 ; RJS 2013. 688, n° 761.*

7. L'indemnité prévue par l'art. L. 122-32-6 [L. 1226-14 nouv.] n'est pas allouée lorsque le licenciement intervient en méconnaissance de l'art. L. 122-32-2 [L. 1226-13 nouv.]. • Soc. 22 mars 1989, n° 86-43.050 P : *D. 1989. IR 121 ; RJS 1989. 229, n° 413, et concl. contraires Picca ; ibid., 225.* – Dans le même sens : • Soc. 30 janv. 1991, n° 87-41.967 P : *D. 1991. IR 21 ; RJS 1991. 167, n° 317.* ♦ ... Ni lorsqu'il est prononcé en violation de l'art. L. 122-32-4 [L. 1226-8 nouv.]. • Soc. 4 déc. 1990 : *RJS 1991. 12, n° 12.*

8. *Évaluation de l'indemnité.* L'indemnité spéciale de licenciement est, sauf dispositions conventionnelles plus favorables, égale au double de l'indemnité légale de licenciement. • Soc. 25 mars 2009 : *RJS 2009. 467, n° 523 ; JCP S 2009. 1295, obs. Barège.*

9. *Assiette.* Aux termes de l'art. 5 de l'accord du 10 déc. 1997 sur la mensualisation, le salaire à prendre en considération pour le calcul de l'indemnité de licenciement est le douzième de la rémunération des 12 derniers mois précédant le licenciement ou, selon la formule la plus avantageuse pour l'intéressé, le tiers des trois derniers mois ; il en résulte que, pour le calcul de l'indemnité spéciale de licenciement, le montant du salaire de référence peut être celui perçu par le salarié pendant les douze mois précédant l'arrêt de travail. • Soc. 1er juin 1999, n° 97-40.218 P : *RJS 1999. 561, n° 914.*

10. *Cumul d'indemnités et d'indemnisations.* La perte de droits à la retraite, même en cas de faute inexcusable de l'employeur, est couverte par la majoration forfaitaire de la rente et ne peut faire l'objet d'une réparation distincte. • Cass., ch. mixte, 9 janv. 2015, n° 13-12.310 P : *D. 2014. Actu. 164 ; ibid. 2015. Pan. 2290, obs. Porchy-Simon ; RDT 2015. 345, obs. Morin ; RJS 3/2015, n° 213 ; JCP 2015. 186, obs. Vachet.* ♦ Le salarié victime d'un accident du travail, dû à la faute inexcusable de l'employeur, ne peut pas obtenir devant le juge prud'homal une indemnité réparant tant la perte de son emploi que de ses droits à la retraite, au motif que celles-ci sont déjà réparées par application des dispositions du code de la sécurité sociale. • Soc. 6 oct. 2015, n° 13-26.052 P : *Dalloz actualité, 19 nov. 2015, obs. Fraisse ; D. 2015. Actu. 2081 .* ♦ Comp. jurispr. antérieure : lorsqu'un salarié a été licencié en raison d'une inaptitude consécutive à une maladie professionnelle qui a été jugée imputable à une faute inexcusable de l'employeur, il a droit à une indemnité réparant la perte de son emploi due à cette faute de l'employeur, nonobstant la réparation forfaitaire prévue par le code de la sécurité sociale. • Soc. 17 mai 2006 : *RDT 2006. 94, obs. Lardy-Pélissier ; ibid. 103, obs. Meyer ; D. 2006. IR 1479, obs. Chevrier ; RJS 2006. 698, n° 941.* ♦ De même, le préjudice résultant de la perte des droits à la retraite, consécutif au licenciement prononcé pour inaptitude consécutive à un accident du travail alors que la faute inexcusable de l'employeur dans la survenance de cet accident a été reconnue, est un préjudice spécifique que ne couvre pas l'attribution d'une rente majorée à son maximum et une indemnité pour diminution ou perte de possibilité de promotion par le tribunal des affaires de sécurité sociale. • Soc. 26 oct. 2011 : *Dalloz actualité, 18 nov. 2011, obs. Perrin ; RJS 2012. 38, n° 28 ; JCP S 2012. 1026, obs. Brissy.*

C. REFUS ABUSIF DU RECLASSEMENT PROPOSÉ

11. *Refus du salarié.* Le refus du salarié de reprendre son travail sur un poste incompatible avec les préconisations du médecin du travail ne constitue pas une faute. • Soc. 23 sept. 2009 : *RDT 2010. 30, obs. Véricel ; D. 2010. Pan. 672, obs. Pasquier ; RJS 2009. 827, n° 945.*

12. *Hypothèses d'abus.* Le refus du reclassement proposé n'est abusif que s'il s'agit d'un refus sans motif légitime d'un poste approprié aux nouvelles capacités et comparable à l'emploi précédemment occupé. • Soc. 7 mai 1996, n° 92-42.572 P : *RJS 1996. 425, n° 668* • 20 févr. 2008, n° 06-44.867 P : *Dr. soc. 2008. 614, obs. Savatie r.* ♦ Dans l'hypothèse d'un refus de reclassement portant sur un poste approprié, pour allouer au salarié l'indemnité spécifique, les juges du fond doivent expliquer en quoi le refus n'est pas abusif. • Même arrêt. ♦ Le refus abusif ne peut avoir pour effet que de le priver des indemnités spécifiques de l'art. L. 122-32-6 mais non de l'indemnité légale de licenciement. • Soc. 19 juill. 1994, n° 90-41.362 P. • 7 mai 1996, n° 92-42.572 P : *RJS 1996. 425, n° 668* • 20 févr. 2008, n° 06-44.867 P : *Dr. soc. 2008. 614, obs. Savatier .* ♦ Lorsque l'offre d'un poste de reclassement emporte modification du contrat de travail, le refus du salarié ne peut être abusif.

• Soc. 15 juill. 1998, n° 95-45.362 P : *RJS 1998. 735, n° 1208* • 30 nov. 2011 : *JCP S 2011. 1440, obs. Barège.* ♦ En cas de refus du poste de reclassement emportant modification du contrat de travail du salarié inapte, il appartient à l'employeur de reprendre ses recherches et d'établir qu'il ne dispose d'aucun autre poste compatible avec l'inaptitude du salarié ainsi que de faire connaître par écrit les motifs qui s'opposent à son reclassement. • Soc. 30 nov. 2010 : *Dalloz actualité, 3 janv. 2011, obs. Perrin ; 2011. 215, obs. Favennec-Héry ; JS Lamy 2011, n° 292-6.*

Art. L. 1226-15 **Lorsqu'un licenciement est prononcé en méconnaissance des dispositions relatives à la réintégration du salarié** *(Abrogé par L. n° 2016-1088 du 8 août 2016, art. 102, à compter du 1er janv. 2017)* **« *déclaré apte* », prévues à l'article L. 1226-8, le tribunal saisi peut proposer la réintégration du salarié dans l'entreprise, avec maintien de ses avantages acquis.**

Il en va de même en cas de licenciement prononcé en méconnaissance des dispositions relatives au reclassement du salarié déclaré inapte prévues aux articles L. 1226-10 à L. 1226-12.

En cas de refus de réintégration par l'une ou l'autre des parties, le tribunal octroie une indemnité au salarié. Cette indemnité ne peut être inférieure à douze mois de salaires. Elle se cumule avec l'indemnité compensatrice et, le cas échéant, l'indemnité spéciale de licenciement prévues à l'article L. 1226-14.

Lorsqu'un licenciement est prononcé en méconnaissance des dispositions du *(L. n° 2016-1088 du 8 août 2016, art. 102, en vigueur le 1er janv. 2017)* **« dernier » alinéa de l'article L. 1226-12, il est fait application des dispositions prévues par l'article L. 1235-2 en cas d'inobservation de la procédure de licenciement.**

Les dispositions issues de la L. n° 2016-1088 du 8 août 2016 entrent en vigueur à la date de publication des décrets pris pour leur application, et le 1er janv. 2017 (L. préc., art. 102-V).

COMMENTAIRE

V. Dalloz.fr et applications mobiles Dalloz

1. Champ d'application. Sur le caractère limitatif des obligations sanctionnées par l'art. L. 122-32-7 [L. 1226-15 nouv.], V. • Soc. 4 janv. 1990, n° 86-40.740 P : *D. 1990. IR 30 ; CSB 1990. 33, B. 17.* – Dans le même sens : • Soc. 11 déc. 1986 : *Bull. civ. V, n° 595 ; D. 1987. IR 5* • 29 mai 1991, n° 88-43.114 P : *D. 1991. IR 170 ; Dr. soc. 1991. 637 ; RJS 1991. 432, n° 823.* ♦ L'art. L. 122-32-7 [L. 1226-15 nouv.] n'est pas applicable lorsque l'employeur résilie le contrat pendant une période de suspension provoquée par un accident du travail ou une maladie professionnelle ; il appartient aux juges du fond d'apprécier souverainement le préjudice subi par le salarié. • Soc. 22 mars 1989, n° 86-43.050 P : *D. 1989. IR 121 ; RJS 1989. 229, n° 413 et concl. contraires Picca, ibid., 225.* – Dans le même sens : • Soc. 30 janv. 1991, n° 87-41.967 P : *D. 1991. IR 21 ; RJS 1991. 167, n° 317* • 26 nov. 2008 : *D. 2009. AJ 25 ; RJS 2009. 145, n° 167 ; Dr. soc. 2009. 257, note Savatier ; JCP S 2009. 1095, obs. Verkindt.* ♦ Mais la non-consultation des délégués du personnel est sanctionnée par l'indemnité prévue à l'art. L. 122-32-7 [L. 1226-15 nouv.]. • Soc. 13 déc. 1995 : *RJS 1996. 158, n° 268.* ♦ ... Ou lorsque l'avis des délégués du personnel n'a pas été recueilli après la seconde visite médicale constatant l'inaptitude. • Soc. 8 avr. 2009 : *D. 2009. Pan. 2128, obs. Desbarats ; RJS 2009. 468, n° 524 ; JS Lamy 2009, n° 255-6.*

2. Il ne peut être reproché à un salarié dont le licenciement intervenu en méconnaissance des dispositions de l'art. L. 122-32-2 [L. 1226-13 nouv.] est nul de ne pas avoir demandé sa réintégration. • Soc. 12 mars 1987, n° 84-42.481 P : *D. 1987. IR 66 ; JCP 1988. II. 21051, note Mouly.*

3. Refus de réintégration. L'art. L. 1226-15 n'est pas applicable lorsque la rupture du contrat de travail est prononcée par l'employeur en méconnaissance de l'art. L. 1226-9 et que le salarié dont le licenciement est nul ne demande pas sa réintégration ; le salarié, dans cette hypothèse a droit, outre les indemnités de rupture, à une indemnité réparant l'intégralité du préjudice résultant du caractère illicite du licenciement et égale au moins à six mois de salaire. • Soc. 6 oct. 2010 : *Dalloz actualité, 6 oct. 2010, obs. Ines ; D. 2010. AJ 2521 ; RJS 2010. 834, n° 925 ; JCP S 2011. 1057, obs. Bousez.* ♦ Comp. : Fait une exacte application de l'art. L. 122-32-7 [L. 1226-15 nouv.] la cour d'appel qui décide que l'employeur qui a licencié un salarié victime d'un accident du travail et déclaré apte à la reprise du travail doit être condamné à verser une indemnité qui ne peut être inférieure à douze mois de salaire et à l'indemnité spéciale de licenciement prévue par l'art. L. 122-32-6 [L. 1226-14 nouv.]. • Soc. 5 juin 1990 : *RJS 1990. 390, n° 558.* ♦ *Contra,* sur le versement de l'indemnité prévue par l'art. L. 122-32-6 [L. 1226-14 nouv.] : • Soc. 4 déc. 1990 : *RJS 1991. 12, n° 12.*

4. Non-respect de la procédure. Doit être

cassé l'arrêt qui n'accorde pas d'indemnité pour non-respect de la procédure, en violation de l'art. L. 122-32-7, al. 2 [L. 1226-15, al. 2 nouv.], prévoyant que la méconnaissance de l'al. 5 de l'art. L. 122-32-5 [L. 1226-12 nouv.] est sanctionnée par l'art. L. 122-14-4 [L. 1235-2 à L. 1235-3 nouv.]. • Soc. 20 juin 1990, ♔ n° 85-43.708 P : *RJS 1990. 451, n° 656.* – Dans le même sens : • Soc. 7 déc. 1994 : ♔ *RJS 1995. 25, n° 16.* ♦ ... Quels que soient l'effectif de l'entreprise et l'ancienneté du salarié. • Soc. 21 mai 1996, ♔ n° 92-43.824 P : *RJS 1996. 506, n° 784.* ♦ Sur le non-cumul de l'indemnité pour licenciement irrégulier et de l'indemnité pour non-respect de la procédure, V. • Soc. 15 oct. 1987 : *Bull. civ. V, n° 571* • 29 mai 1991 : ♔ *ibid., n° 272.*

5. Le versement de l'indemnité prévue par l'art. L. 122-32-7 [L. 1226-15 nouv.] n'interdit pas au salarié d'obtenir des dommages-intérêts en réparation du préjudice subi du fait de l'absence de notification écrite des motifs s'opposant au reclassement. • Soc. 25 oct. 1995 : ♔ *Dr. soc. 1996. 96, note Corrignan-Carsin* ✐ ; *RJS 1995. 793, n° 1241.* ♦ ... Ni de percevoir une indemnité spéciale prévue par accord d'entreprise et destinée à compenser la perte de l'emploi du salarié déclaré inapte. Les deux indemnités n'ayant pas le même objet, elles sont cumulables. • Soc. 17 déc. 1997, ♔ n° 95-44.026 P : *RJS 1998. 107, n° 164 ; TPS 1998. 9, n° 66.* ♦ La demande d'indemnité sur le fondement de l'art. L. 122-32-7 [L. 1226-15 nouv.] inclut nécessairement la demande de dommages-intérêts pour violation de l'obligation de notifier par écrit les motifs s'opposant au reclassement. • Soc. 8 juill. 2003, ♔ n° 01-43.394 P : *RJS 2003. 795, n° 1151 (1re esp.).*

6. Montant de l'indemnité. L'indemnité allouée en application de l'art. L. 122-32-7, al. 1er [L. 1226-15, al. 1er nouv.], est calculée en fonction de la rémunération brute dont le salarié aurait bénéficié. • Soc. 8 juill. 2003, ♔ n° 00-21.862 P : *D. 2003. IR 2206* ✐ ; *RJS 2003. 795, n° 1151 (2e esp.) ; CSB 2003. 442, A. 52.*

7. Cumul d'indemnités. Un salarié ne peut obtenir deux fois réparation d'un même préjudice ; le salarié licencié à la fois sans autorisation administrative et en méconnaissance des règles applicables aux victimes d'accidents du travail ne peut cumuler les deux indemnités, il ne peut obtenir que l'indemnité la plus élevée. • Soc. 30 juin 2010 : ♔ *Dalloz actualité, 23 juill. 2010, obs. Ines ; D. 2010. Actu. 1793* ✐ ; *RJS 2010. 714, n° 795 ; JCP S 2011. 1031, obs. Verkindt.* ♦ Si le salarié licencié en raison d'une inaptitude consécutive à un accident du travail reconnu imputable à la faute inexcusable de l'employeur peut bénéficier d'une indemnité réparant la perte de son emploi, cette indemnité ne se cumule pas avec l'octroi de dommages-intérêts pour licenciement sans cause réelle et sérieuse. • Soc. 29 mai 2013 : ♔ *Dalloz actualité, 28 juin 2013, obs. Fraisse ; D. 2013. Actu. 1416* ✐ ; *D. 2013. 1773, obs. Wurtz* ✐ ; *JS Lamy 2013, n° 347-2, obs. Hautefort ; JCP S 2013. 1359, obs. Jeansen.* ♦ A défaut de réintégration, le non-respect des obligations relatives à la formalité de consultation des délégués du personnel et celles relatives au reclassement du salarié ne peut être sanctionné que par une seule et même indemnité au titre de l'art. L. 1226-15. • Soc. 16 déc. 2010 : ♔ *Dalloz actualité, obs. Siro ; D. 2011. Actu. 169* ✐ ; *Sem. soc. Lamy 2010, n° 1471, p. 12, obs. Champeaux ; JCP S 2011. 1186, obs. Bossu.*

Art. L. 1226-16 Les indemnités prévues aux articles L. 1226-14 et L. 1226-15 sont calculées sur la base du salaire moyen qui aurait été perçu par l'intéressé au cours des trois derniers mois s'il avait continué à travailler au poste qu'il occupait avant la suspension du contrat de travail provoquée par l'accident du travail ou la maladie professionnelle.

Pour le calcul de ces indemnités, la notion de salaire est définie par le taux personnel, les primes, les avantages de toute nature, les indemnités et les gratifications qui composent le revenu. — *[Anc. art. L. 122-32-8.]*

Salaire de référence et indemnité accordée en cas de rechute d'un accident du travail. En cas de rechute donnant lieu à une nouvelle suspension du contrat de travail liée à un accident professionnel, le salaire de référence servant de base aux indemnités accordées doit être calculé, sauf dispositions conventionnelles plus favorables, sur la base du salaire moyen des trois derniers mois avant la nouvelle période de suspension due à cette rechute. • Soc. 28 sept. 2011 : ♔ *Dalloz actualité, 18 oct. 2011, obs. Siro ; RJS 2011. 852, n° 968 ; JCP S 2011. 1547, obs. Gauriau.*

Art. L. 1226-17 En cas de procédure de sauvegarde, de redressement ou de liquidation judiciaire, les dispositions relatives aux créances salariales mentionnées aux articles L. 3253-15, L. 3253-19 à L. 3253-21 sont applicables au paiement des indemnités prévues aux articles L. 1226-14 et L. 1226-15. — *[Anc. art. L. 122-32-11.]*

SOUS-SECTION 5 SALARIÉ TITULAIRE D'UN CONTRAT DE TRAVAIL À DURÉE DÉTERMINÉE

Art. L. 1226-18 Lorsque le salarié victime d'un accident ou d'une maladie professionnelle est titulaire d'un contrat de travail à durée déterminée, l'employeur ne peut rompre le contrat au cours des périodes de suspension du contrat que s'il justifie soit d'une faute grave de l'intéressé, soit d'un cas de force majeure. – *[Anc. art. L. 122-32-2, al. 2.]*

Art. L. 1226-19 Les périodes de suspension du contrat de travail consécutives à un accident du travail ou à une maladie professionnelle ne font pas obstacle à l'échéance du contrat de travail à durée déterminée.

Toutefois, lorsque ce contrat comporte une clause de renouvellement, l'employeur ne peut, au cours des périodes de suspension, refuser le renouvellement que s'il justifie d'un motif réel et sérieux, étranger à l'accident ou à la maladie. A défaut, il verse au salarié une indemnité correspondant au préjudice subi, qui ne peut être inférieure au montant des salaires et avantages que le salarié aurait reçus jusqu'au terme de la période de renouvellement prévue au contrat. – *[Anc. art. L. 122-32-3.]*

1. Rupture anticipée. Le salarié, victime d'un accident du travail en cours d'exécution d'un contrat à durée déterminée, qui constitue un risque de l'entreprise, a droit à une indemnité de fin de contrat calculée sur la base de la rémunération déjà perçue et de celle qu'il aurait perçue jusqu'au terme de son contrat. • Soc. 9 oct. 1990, ⚖ n° 87-43.347 P : *RJS 1990. 570, n° 848.*

2. Refus de renouvellement. Pour un exemple de refus de renouvellement injustifié car fondé sur des faits déjà sanctionnés, V. • Soc. 5 mars 1987 : *Bull. civ. V, n° 109.*

Art. L. 1226-20 Lorsque le salarié est titulaire d'un contrat à durée déterminée, les dispositions des deuxième et *(L. n° 2016-1088 du 8 août 2016, art. 102)* « dernier *[rédaction en vigueur jusqu'au 31 déc. 2016 au plus tard : troisième]* » alinéas de l'article L. 1226-12 et des articles L. 1226-14 à L. 1226-16, relatives aux conditions de licenciement d'un salarié victime d'un accident du travail ou d'une maladie professionnelle, ne sont pas applicables.

Si l'employeur justifie de son impossibilité de proposer un emploi, dans les conditions prévues aux articles L. 1226-10 et L. 1226-11, au salarié déclaré inapte titulaire d'un tel contrat ou si le salarié refuse un emploi offert dans ces conditions *(L. n° 2016-1088 du 8 août 2016, art. 102, en vigueur le 1er janv. 2017)* « ou si l'avis du médecin du travail mentionne expressément que tout maintien du salarié dans l'emploi serait gravement préjudiciable à sa santé ou que l'état de santé du salarié fait obstacle à tout reclassement dans l'emploi », l'employeur est en droit de *(L. n° 2011-525 du 17 mai 2011, art. 49-III)* « procéder à la rupture » du contrat.

(L. n° 2011-525 du 17 mai 2011, art. 49-III) « Les dispositions visées aux articles L. 1226-10 et L. 1226-11 s'appliquent également aux salariés en contrat de travail à durée déterminée.

« La rupture du contrat ouvre droit, pour le salarié, à une indemnité dont le montant ne peut être inférieur au double de celui de l'indemnité prévue à l'article L. 1234-9. Cette indemnité de rupture est versée selon les mêmes modalités que l'indemnité de précarité prévue à l'article L. 1243-8 ».

Les dispositions issues de la L. n° 2016-1088 du 8 août 2016 entrent en vigueur à la date de publication des décrets pris pour leur application, et au plus tard le 1er janv. 2017 (L. préc., art. 102-V).

COMMENTAIRE

V. Dalloz.fr et applications mobiles Dalloz. ❑

Inaptitude d'origine non professionnelle. L'employeur d'un salarié engagé par contrat à durée déterminée, et déclaré par le médecin du travail inapte à son emploi en conséquence d'un accident ou d'une maladie non professionnels, ne peut pas exercer l'action en résolution judiciaire ; une telle action exige que l'inaptitude physique du salarié ait une origine professionnelle. • Cass., avis, 29 avr. 2002 : ⚖ *RJS 2002. 744, n° 966.*

Art. L. 1226-21 Lorsque le salarié *(L. n° 2016-1088 du 8 août 2016, art. 102, en vigueur le 1er janv. 2017)* « n'est pas déclaré inapte *[rédaction applicable jusqu'au 31 déc. 2016 au plus tard : est déclaré apte]* » à l'issue des périodes de suspension, la rupture du contrat de travail à durée déterminée par l'employeur en méconnaissance des dispositions de l'article L. 1226-8 ouvre droit à une indemnité correspondant au préjudice subi. Cette indemnité ne peut être inférieure au montant des salaires et avantages qu'il aurait reçus jusqu'au terme de la période en cours de validité de son contrat.

Il en va de même pour un salarié déclaré inapte en cas de rupture par l'employeur en méconnaissance des dispositions des articles L. 1226-10 et L. 1226-11 ou du deuxième alinéa de l'article L. 1226-20. – *[Anc. art. L. 122-32-9, al. 3.]*

Art. L. 1226-22 En cas de procédure de sauvegarde, de redressement ou de liquidation judiciaire, les dispositions relatives aux créances salariales mentionnées aux articles L. 3253-15, L. 3253-19 à L. 3253-21 sont applicables au paiement des indemnités prévues aux articles L. 1226-20 et L. 1226-21. – *[Anc. art. L. 122-32-11.]*

SECTION IV **DISPOSITIONS PARTICULIÈRES AUX DÉPARTEMENTS DE LA MOSELLE, DU BAS-RHIN ET DU HAUT-RHIN**

Art. L. 1226-23 Le salarié dont le contrat de travail est suspendu pour une cause personnelle indépendante de sa volonté *(L. n° 2008-67 du 21 janv. 2008)* « et pour une durée relativement sans importance » a droit au maintien de son salaire.

Toutefois, pendant la suspension du contrat, les indemnités versées par un régime d'assurances sociales obligatoire sont déduites du montant de la rémunération due par l'employeur. – *[Anc. art. 1er, L. civile du 1er juin 1924.]*

COMMENTAIRE

V. Dalloz.fr et applications mobiles Dalloz

Art. L. 1226-24 Le commis commercial qui, par suite d'un accident dont il n'est pas fautif, est dans l'impossibilité d'exécuter son contrat de travail a droit à son salaire pour une durée maximale de six semaines.

Pendant cette durée, les indemnités versées par une société d'assurance ou une mutuelle ne sont pas déduites du montant de la rémunération due par l'employeur. Toute stipulation contraire est nulle.

Est un commis commercial le salarié qui, employé par un commerçant au sens de l'article L. 121-1 du code de commerce, occupe des fonctions commerciales au service de la clientèle. – *[Anc. art. 59 et 63, L. commerciale du 1er juin 1924.]*

CHAPITRE VII **DISPOSITIONS PÉNALES**

Art. L. 1227-1 Le fait pour un directeur ou un salarié de révéler ou de tenter de révéler un secret de fabrication est puni d'un emprisonnement de deux ans et d'une amende de 30 000 €.

La juridiction peut également prononcer, à titre de peine complémentaire, pour une durée de cinq ans au plus, l'interdiction des droits civiques, civils et de famille prévue par l'article 131-26 du code pénal. – *[Anc. art. L. 152-7.]*

V. L. n° 68-678 du 26 juill. 1968 modifiée, relative à la communication de documents et renseignements d'ordre économique, commercial, industriel, financier ou technique à des personnes physiques ou morales étrangères. – ***C. pén.***

TITRE TROISIÈME **RUPTURE DU CONTRAT DE TRAVAIL À DURÉE INDÉTERMINÉE**

RÉP. TRAV. v° *Contrat de travail à durée indéterminée (Rupture – Licenciement pour motif personnel : conditions)*, par CRISTAU.

BIBL. ▶ AUZERO, *Dr. soc. 2010. 289* (l'exercice du pouvoir de licencier). - BAUGARD, *Dr. soc. 2015. 803* (loi du 6 août 2015 : le plafonnement de l'indemnisation des licenciements injustifiés ne peut pas varier selon les effectifs de l'entreprise). - BOULMIER, *Sem. soc. Lamy 1996,* nº 817. – CHALARON, *Ét. offertes à A. Weill, 1983, p. 121* (formalisme en matière de licenciement individuel). – CORRIGNAN-CARSIN, *RJS 1997. 582* (entretien préalable). – DEFACHE, *TPS 2001, nº 24.* – DUQUESNE, *Dr. soc. 1993. 847* (droits de la défense du salarié menacé de licenciement). – ENCLOS, *Dr. soc. 1992. 988* (entretien préalable). – FROUIN, *JCP S 2008. 1407* (les ruptures à l'initiative du salarié et le droit de la rupture du contrat de travail). – LAGARDE, *Dr. soc. 1998. 890* (motivation du licenciement). – LAMMARD, *Sem. soc. Lamy 1991, suppl. nº 577.* – LYON-CAEN, *RDT 2010. 494* (le pouvoir entre droit du travail et droit des sociétés : à propos d'un licenciement dans une SAS). – MATHIEU, *D. 1991. Chron. 119* (conseiller du salarié). – MAYNIAL, *Dr. soc. 1994. 3* (conseiller du salarié). – MAZARS, *Dr. soc. 2012. 8* (rupture du contrat de travail : l'environnement normatif). – PAUTRAT, *Dr. soc. 1992. 977* (omission, dans la lettre de convocation, de mentionner la faculté de se faire assister par un conseiller). – PENNEAU, *ALD 1992. 19* (conseiller du salarié). – RAY, *Dr. soc. 1989. 287* (mise à pied conservatoire) ; *ibid. 1991. 476* (conseiller du salarié). – ROCHE, *Dr. soc. 1994. 10* (conseiller du salarié). – SAVATIER, *Dr. soc. 1991. 258* (entretien préalable) ; *RJS 1995. 478* (mise à pied conservatoire). – TAQUET, *JCP E 1993. I. 245* (entretien préalable).

CHAPITRE PREMIER **DISPOSITIONS GÉNÉRALES**

Art. L. 1231-1 Le contrat de travail à durée indéterminée peut être rompu à l'initiative de l'employeur ou du salarié *(L. nº 2008-596 du 25 juin 2008)* **« , ou d'un commun accord, » dans les conditions prévues par les dispositions du présent titre.**

Ces dispositions ne sont pas applicables pendant la période d'essai. – *[Anc. art. L. 122-4.]*

RÉP. TRAV. v^is *Contrat de travail... (Modification)*, par BOCQUILLON ; *Contrat de travail à durée indéterminée (Rupture-Licenciement pour motif personnel : conditions)*, par CRISTAU ; *... (Modes de rupture autres que le licenciement : conditions)*, par DUPRILOT ; *... (Rupture : préavis-indemnité de licenciement)*, par VACHET ; *(Période d'essai)*, par AUBRÉE.

COMMENTAIRE

V. Dalloz.fr et applications mobiles Dalloz

I. IMPUTABILITÉ DE LA RUPTURE

1. Charge de la preuve. La charge de la preuve de l'imputabilité de la rupture incombe au demandeur. • Soc. 3 mai 1979, nº 78-40.820 P.

2. Éléments de preuve. Les juges du fond peuvent se fonder sur de simples présomptions. • Soc. 13 déc. 1957, nº 4.831 P : *JCP 1958. II. 10601.*

3. Office du juge. Lorsque l'employeur et le salarié sont d'accord pour admettre que le contrat a été rompu, chacune des parties imputant à l'autre la responsabilité de cette rupture, il incombe au juge de trancher. • Soc. 14 nov. 2000 : *D. 2000. IR 299 ; RJS 2001. 18, nº 19.* ♦ L'obligation pour le juge de statuer sur la qualification et les conséquences de la rupture s'impose dès lors que ce dernier constate l'existence d'une rupture du contrat de travail, même si celle-ci est contestée par l'une des parties. • Soc. 8 févr. 2005 : *RJS 2005. 260, nº 353.*

4. Caractère d'ordre public. Une convention collective ne peut prévoir que le défaut de justification rapide d'une absence pour maladie entraîne la rupture du contrat du fait du salarié. • Soc. 21 mai 1980 : *Bull. civ. V, nº 452* • 18 déc. 1975 : *GADT, 4e éd., nº 83 ; D. 1976. 210, note Pélissier.* ♦ Rappr. : • Soc. 29 juin 1977 : *D. 1978. 439, 3e esp., note Jeammaud* • 24 oct. 1985 : *Bull. civ. V, nº 498.* ♦ Aucune clause du contrat ne peut valablement décider qu'une circonstance quelconque constituera en elle-même une cause de licenciement. • Soc. 12 févr. 2014 : *Dalloz actualité, 6 mai 2014, obs. Ines ; D. 2014. Actu. 489 ; Dr. soc. 2014. 479, obs. Mouly ; RJS 2014. 252, nº 304 ; JS Lamy 2014, nº 363-2, obs. Lhernould.*

II. RUPTURE À L'INITATIVE DE L'EMPLOYEUR

A. REPRÉSENTANT DE L'EMPLOYEUR

5. Pouvoir de licencier. Le pouvoir reconnu à un directeur de représenter l'employeur dans toutes les actions liées à la gestion des ressources humaines emportait pouvoir de licencier au nom de ce dernier. • Soc. 29 sept. 2010 : *D. 2010. AJ 2371, obs. Ines ; JS Lamy 2011, nº 291-4, obs. Michel ; RJS 2010. 850, nº 950 ; JCP S 2010. 1541, obs. Bossu.*

6. Pouvoir de licencier dans une SAS. **BIBL.** Cœuret et Duquesne, *Dr. soc. 2011. 382.* – Lyon-Caen, *RDT 2010. 494* (le pouvoir entre droit du travail et droit des sociétés : à propos d'un licenciement dans une SAS). – Morvan, JCP S 2010. 1239 (nullité en droit du travail et délégation de pouvoirs dans les SAS). La règle de la délégation de l'art. L. 227-6 C. com. n'exclut pas la possibilité, pour les représentants légaux de la SAS, de déléguer le pouvoir d'effectuer des actes déterminés tels que celui d'engager ou de licencier les salariés de l'entreprise ; cette délégation pouvant être écrite ou découler des fonctions du salarié qui conduit la procédure de licenciement, par exemple le responsable des ressources humaines. • Cass., ch. mixte, 19 nov. 2010 : *Dalloz actualité, 23 nov. 2010, obs. Lienhard ; D. 2011. Chron. C. cass. 123, obs. Vigneau ; ibid. 344, obs. Marmoz ; ibid. Pan. 1246, obs. Leclerc ; Dr. soc. 2011. 391, note Coeuret et Duquesne ; Dr. ouvrier 2011. 455, note Maury ; JS Lamy 2011, n° 291-4, obs. Michel ; JCP S 2010. 1512, obs. Albiol et Boucaya ; Sem. soc. Lamy 2010, n° 1469, p. 6, note Henriot ; Rev. Sociétés 2011. 100, note Le Cannu* .

7. Ratification. La ratification *a posteriori* de la délégation du pouvoir de licencier lorsque celle-ci est claire et non équivoque est validée sur le fondement de la théorie du dépassement de pouvoir du mandataire. • Cass., ch. mixte, 19 nov. 2010 : *Dalloz actualité, 23 nov. 2010, obs. Lienhard ; D. 2011. Pan. 1246, obs. Leclerc ; Dr. soc. 2011. 391, note Coeuret et Duquesne ; JS Lamy 2011, n° 291-4, obs. Michel ; JCP S 2010. 1512, obs. Albiol et Boucaya ; Sem. soc. Lamy 2010, n° 1469, p. 6, note Henriot* • 26 janv. 2011 : *D. 2011. 375, obs. Lienhard ; JCP S 2011. 1229, obs. Albiol et Gallon.*

8. Pouvoir de licencier dans une association. Le conseil d'administration d'une association dispose des pouvoirs requis pour licencier dès lors qu'il est relevé que les statuts du groupement conféraient à ce conseil des attributions très étendues en matière de gestion et de direction. • Soc. 12 janv. 2012 : *Dr. soc. 2012. 323, obs. Duquesne* .

9. Pouvoir de licencier d'un travailleur temporaire. Le travailleur temporaire n'est pas étranger à l'entreprise au sein de laquelle il effectue sa mission, lorsqu'il a pour mission l'assistance et le conseil du DRH, ainsi que son remplacement éventuel, il a le pouvoir de signer les lettres de licenciement. • Soc. 2 mars 2011 : *Dalloz actualité, 17 mars 2011, obs. Perrin ; RDT 2011. Edito. 149, A. Lyon-Caen ; ibid. 307, obs. Ferrier ; JS Lamy 2011, n° 298-6, obs. Tourreil ; JCP S 2011. 1213, obs. Guyot.*

10. Étendue de la délégation du pouvoir de licencier. En cas de délégation de pouvoir expresse et écrite, il convient de s'en tenir strictement à la lettre de délégation ; le fait que cette dernière attribue au délégataire le pouvoir d'embaucher et de conclure les contrats de travail n'implique nullement que ce dernier ait le pouvoir de les rompre. • Soc. 2 mars 2011 : *Dalloz actualité, 17 mars 2011, obs. Perrin ; RDT 2011. 307, obs. Ferrier ; JS Lamy 2011, n° 298-6, obs. Lhernould.*

11. Sanction du défaut de pouvoir de licencier. Le licenciement prononcé par une personne dépourvue du pouvoir de licencier est dépourvu de cause réelle et sérieuse. • Soc. 15 nov. 2011 : *RJS 2012. 117, n° 128 ; JCP S 2012. 1057, obs. Brissy.*

12. Licenciement prononcé par un gérant d'affaires. La fille de l'employeur peut valablement prononcer le licenciement de la salariée de ce dernier si toutes les conditions de la gestion d'affaires sont réunies. • Soc. 29 janv. 2013 : *Dalloz actualité, 4 mars 2013, obs. Ines ; JCP S 2013. 1172, obs. Jeansen.*

B. PRISE D'ACTE DE LA RUPTURE PAR L'EMPLOYEUR

BIBL. Casado Bolivar, *JS Lamy 2011, n° 307-1.* – Collet-Thiry, *Dr. ouvrier 2012. 625.* – Crépet, Vernac, Sachs, Cothenet et Dabosville, *RDT 2007. 159* (variations autour de la prise d'acte). – Desain et Rochet, *JS Lamy 2007, n° 224-1* (itinéraires d'une résiliation unilatérale *sui generis*). – Douaoui, *JCP S 2011. 1554.* – Dumont, *RJS 2014. 498* (réflexions sur la construction jurisprudentielle de la prise d'acte). – Fabre, *Sem. soc. Lamy 2015, n° 1687* (bilan du nouveau régime). – Flores, *RDT 2014. 447* (prise d'acte de la rupture et résiliation judiciaire). – Géa, *Sem. soc. Lamy 2009, n° 1418, p. 7* (rétractation de la prise d'acte) ; *RJS 2010. Chron. 559.* – Gosselin et Géa, *RDT 2009. Controverse. 688* (quelle est la nature juridique de la prise d'acte ?). – Mouly, *Dr. soc. 2014. 821* (prise d'acte : un mode de rupture à préserver). – Nisol, *JS Lamy 2014, n° 368-1* (prise d'acte et demande de résiliation judiciaire). – Oppelt, *JS Lamy 2012, n° 313-1* (de la règle de droit à la règle de vie dans l'entreprise). – Pécaut-Rivolier, *Dr. soc. 2012. 29* (prise d'acte et résiliation judiciaire). – Pierchon, *JS Lamy 2009, n° 252-1.*

13. Interdiction. L'employeur qui prend l'initiative de rompre le contrat de travail ou le considère comme rompu du fait du salarié doit mettre en œuvre la procédure de licenciement. A défaut la rupture s'analyse en un licenciement sans cause réelle et sérieuse. • Soc. 25 juin 2003, n° 01-41.150 P : *GADT, 4e éd., n° 87 ; Dr. soc. 2003. 814, avis P. Lyon-Caen et note Couturier et Ray ; RJS 2003. 677, n° 994 (1re et 2e esp.) ; TPS 2003. chron. 18, obs. Aubrée* • 13 janv. 2004, n° 01-44.853 P : *D. 2004. 2188, obs. Frossard ; RJS 2004. 274, n° 388* • 11 févr. 2004, n° 01-45.220 P. ♦ V. déjà : • Soc. 19 déc. 1990 : *RJS 1991. 115, n° 212* (l'employeur ne peut prendre acte de la rupture du contrat de travail d'un salarié placé en détention).

III. PRISE D'ACTE PAR LE SALARIÉ

A. RÉGIME

14. Principe. Lorsque le salarié prend acte de la rupture en raison de faits qu'il reproche à son employeur, cette rupture produit les effets soit d'un licenciement sans cause réelle et sérieuse si les faits invoqués le justifient, soit d'une démission dans le cas contraire. • Soc. 25 juin 2003, n° 01-42.335 P : *GADT, 4e éd., n° 86 ; D. 2003. 2396, note J. Pélissier ; Dr. soc. 2003. 817, note Couturier et Ray ; Dr. soc. 2004. 90, note Mouly ; RJS 2003. 677, n° 994 (3e, 4e et 5e esp.) ; ibid. 2003. 647, note Frouin* • Soc. 2 févr. 2005, n° 02-45.259 P. (contrat d'apprentissage).

15. Démission et prise d'acte. Dès lors qu'une démission non affectée par un vice du consentement est équivoque, elle doit produire effet quant à la rupture du contrat mais elle doit être qualifiée de prise d'acte s'il apparaît que ce sont divers éléments entourant l'exécution du contrat et imputables à l'employeur qui ont déterminé la décision du salarié. • Soc. 9 mai 2007 : *GADT, 4e éd., n° 88 ; D. 2007. AJ 1495, obs. Cortot ; RDT 2007. 452, obs. Auzero ; RJS 2007. 624, n° 823 ; JS Lamy 2007, n° 213-4 ; ibid. n° 221-4.* ♦ Ainsi l'art. 41 de la L. n° 98-1194 du 23 déc. 1998 ne s'oppose pas à ce qu'une démission déposée par un salarié atteint d'une maladie professionnelle dans le but de bénéficier de l'Acaata puisse être requalifiée plus tard en prise d'acte de la rupture, sur demande du salarié invoquant des faits fautifs de la part de l'employeur. • Soc. 17 nov. 2010 : *D. 2010. AJ 2847 ; JCP S 2011. 1107, obs. Dumont.* ♦ Mais un salarié ne peut simultanément rétracter sa démission en invoquant un vice du consentement et demander qu'elle soit regardée comme prise d'acte de la rupture aux torts de l'employeur. • Soc. 17 mars 2010 : *Dr. soc. 2010. 593, obs. Couturier ; JCP S 2010. 1359, obs. Martinon ; JS Lamy 2010, n° 278-3, obs. Ballouhey ; Sem. soc. Lamy 2010, n° 1441, p. 10.*

16. Période d'essai et prise d'acte. Le salarié n'est pas fondé, au cours de la période d'essai, à prendre acte de la rupture du contrat de travail aux torts de l'employeur ; le salarié peut toutefois être indemnisé du préjudice résultant de la rupture abusive de la période d'essai du fait de l'inexécution de ses obligations par l'employeur. • Soc. 7 févr. 2012 : *Dalloz actualité, 2 mars 2012, obs. Fleuriot ; D. 2012. Actu. 559 ; RDT 2012. 214, obs. Auzero ; Dr. soc. 2012. 525, obs. Mouly ; JS Lamy 2012, n° 318-6, obs. Tourreil.*

17. Prise d'acte de la rupture et action en exécution du contrat de travail. Un salarié qui agit en justice contre son employeur en exécution d'une obligation née du contrat de travail peut toujours prendre acte de la rupture du contrat, que ce soit en raison des faits dont il a saisi le conseil de prud'hommes ou pour d'autres faits. • Soc. 21 déc. 2006 : *D. 2007. AJ 375 ; RJS 2006. 233, n° 315.*

18. La saisine du conseil de prud'hommes par un salarié pour voir juger que la rupture intervenue est due à l'attitude fautive de l'employeur ne peut être assimilée à une prise d'acte. • Soc. 1er févr. 2012 : *Dr. soc. 2012. 634, obs. Géa .*

19. Salariés protégés. Lorsqu'un salarié titulaire d'un mandat électif ou de représentation prend acte de la rupture de son contrat de travail en raison de faits qu'il reproche à son employeur, cette rupture produit, soit les effets d'un licenciement nul pour violation du statut protecteur lorsque les faits invoqués par le salarié la justifiaient, soit, dans le cas contraire, les effets d'une démission. • Soc. 5 juill. 2006 : *D. 2006. Pan. 182, obs. Berthier ; ibid. 2007. 54, note Mouly ; Dr. soc. 2006. 815, chron. Ray .* ♦ Un salarié protégé peut prendre acte de la rupture de son contrat de travail en raison de faits qu'il reproche à son employeur quand bien même l'administration du travail, saisie antérieurement à la prise d'acte, a autorisé le licenciement prononcé ultérieurement. • Soc. 12 nov. 2015, n° 14-16.369 P : *Dalloz actualité, 3 déc. 2015, obs. Fraisse ; D. 2015. Actu. 2383 ; JS Lamy 2016, n° 401-2, obs. Lhernould ; JCP S 2015. 1016, obs. Everaert-Dumont.*

20. Le salarié protégé, qui a pris acte de la rupture de son contrat de travail, peut justifier des manquements de son employeur aux règles applicables au contrat de travail et aux exigences propres à l'exécution des mandats dont il est investi, peu important les motifs retenus par l'autorité administrative à l'appui de la décision par laquelle elle a rejeté la demande d'autorisation de licenciement antérieurement à la rupture. • Soc. 4 juill. 2012 : *Dalloz actualité, 24 juill. 2012, obs. Siro ; RJS 2012. 700, n° 824 ; Dr. ouvrier 2012. 706, rapp. Wurtz ; JCP S 2012. 1422, obs. Marié.*

21. La prise d'acte entraîne la rupture immédiate du contrat de travail et ne peut être rétractée ; il en résulte que le salarié protégé dont la prise d'acte est justifiée ne peut pas obtenir sa réintégration au sein de l'entreprise, quand bien même elle produirait les effets d'un licenciement nul. • Soc. 29 mai 2013 : *Dalloz actualité, 17 juin 2013, obs. Peyronnet ; D. 2013. Actu. 1416 ; Sem. soc. Lamy 2013, n° 1588, p. 11, obs. Champeaux ; JS Lamy 2013, n° 347-4, obs. Lhernould ; JCP S 2013. 1338, obs. Dumont.* ♦ La prise d'acte légitime du salarié protégé constitue un licenciement nul et celui-ci peut bénéficier non seulement des indemnités de rupture et de l'indemnisation du caractère sans cause réelle et sérieuse de son licenciement, mais également de l'indemnité forfaitaire pour violation du statut protecteur. • Soc. 12 mars 2014 : *Dalloz actualité, 1er août 2014, obs. Ines ; RJS 2014. 344, n° 415.*

22. Victimes d'origine professionnelle. Les dispositions législatives protectrices des victimes d'accident du travail ne font pas obstacle à ce qu'un salarié déclaré inapte prenne acte de la rupture du contrat de travail en raison des faits qu'il reproche à son employeur. • Soc. 21 janv. 2009 : *D. 2009. Pan. 2128, obs. Desbarats ; RJS 2009. 294, n° 338 ; Dr. soc. 2009. 492, obs.*

Savatier ✐ ; *JCP S 2009. 1251, obs. Verkindt ; JS Lamy 2009, n° 251-4.*

23. Absence de formalisme de la prise d'acte. Si la prise d'acte de la rupture du contrat de travail n'est soumise à aucun formalisme et peut valablement être présentée par le conseil du salarié au nom de celui-ci, c'est à la condition qu'elle soit adressée directement à l'employeur. • Soc. 16 mai 2012 : *JS Lamy 2012, n° 325-3, obs. Lhernould.*

24. Rupture immédiate du contrat de travail. Le contrat de travail est rompu à la date où l'employeur reçoit la lettre par laquelle le salarié prend acte de la rupture du contrat de travail. • Soc. 8 juin 2005 : ⚖ *RJS 2005. 661, n° 925* (renonciation au bénéfice de la clause de non-concurrence). ♦ La prise d'acte de la rupture par le salarié en raison des faits qu'il reproche à son employeur entraîne la cessation immédiate du contrat de travail. • Soc. 4 juin 2008 : ⚖ *RJS 2008. 706, n° 875 ; Dr. soc. 2008. 1143, obs. Couturier* ✐ ; *JCP S 2008. 1438, obs. Frouin ; JCP E 2008. 2238, obs. Flament.* ♦ Les droits à congé acquis par le salarié vont jusqu'à la date de la prise d'acte. • Soc. 4 avr. 2007 : ⚖ *JCP S 2007. 1568, note Frouin.*

25. Sort du licenciement postérieur. Le contrat de travail étant rompu par la prise d'acte de la rupture émanant du salarié, peu importe la lettre envoyée postérieurement par l'employeur pour lui imputer cette rupture. • Soc. 19 janv. 2005, ⚖ n° 02-41.113 P : *D. 2005. IR 312* ✐ ; *Dr. soc. 2005. 473, obs. Favennec-Héry* ✐ ; *RJS 2005. 194, n° 254 ; CSB 2005, A. 28, obs. Pansier ; JS Lamy 2005, n° 162-5* • 28 juin 2006 : ⚖ *D. 2007. Pan. 183, obs. Berthier* ✐ ; *RDT 2006. 240, obs. Pélissier* ✐ ; *RJS 2006. 774, n° 1038.* ♦ Le licenciement auquel l'employeur a procédé après la prise d'acte du salarié doit par conséquent être considéré comme non avenu. • Soc. 19 janv. 2005 : ⚖ *préc.* • 8 juin 2005 : ⚖ *RJS 2005. 661, n° 925.*

26. Le licenciement pour motif économique prononcé postérieurement par le mandataire liquidateur est donc non avenu. • Soc. 30 juin 2010 : ⚖ *D. 2010. Actu. 1881* ✐ ; *Dalloz actualité, 6 sept. 2010, obs. Perrin ; RJS 2010. 671, n° 730 ; JCP S 2010. 1398, obs. Dumont.*

27. Sort de la résiliation judiciaire antérieure. Il n'y a plus lieu de statuer sur la demande de résiliation judiciaire antérieure à la prise d'acte ; le juge doit alors fonder sa décision sur les manquements de l'employeur tant à l'appui de la demande de résiliation judiciaire devenue sans objet qu'à l'appui de la prise d'acte. • Soc. 31 oct. 2006 : ⚖ *D. 2006. IR 2810, obs. Dechristé* ✐ ; *ibid. 2007. Pan. 689, obs. Lokiec* ✐ ; *RDT 2007. 28, obs. Grumbach et Pélissier* ✐ ; *RJS 2006. 55, n° 46 ; JS Lamy 2006, n° 200-3.*

28. Prise d'acte et préavis. La circonstance que le salarié a spontanément accompli ou offert d'accomplir un préavis est sans incidence sur l'appréciation de la gravité des manquements invoqués à l'appui de la prise d'acte ; l'employeur est bien tenu de verser au salarié une indemnité compensatrice de préavis correspondant au solde du préavis non exécuté par le salarié lorsque la prise d'acte produit les effets d'un licenciement sans cause réelle et sérieuse. • Soc. 2 juin 2010 : ⚖ *D. 2010. Actu. 1488, obs. Ines* ✐ ; *ibid. 2011* ✐*. Pan. 840, obs. Julien ; JCP S 2010. 1309, obs. Dauxerre ; RJS 2010. 588, n° 650 ; JS Lamy 2010, n° 281-282-5, obs. Tourreil ; Sem. soc. Lamy 2010, n° 1451, p. 13.* ♦ En cas de prise d'acte justifiée, l'exécution par le salarié d'une période de préavis prive ce dernier du bénéfice de l'indemnité compensatrice de préavis. • Soc. 21 janv. 2015 : ⚖ *Dalloz actualité, 9 févr. 2015, obs. Peyronnet ; D. 2015. Actu. 271* ✐ ; *RJS 4/2015, n° 250 ; JCP S 2015. 1144, note Dumont.*

29. Le juge, qui décide que les faits invoqués par le salarié ayant pris acte de la rupture du contrat de travail justifiaient celle-ci, doit accorder au salarié l'indemnité de préavis et les congés payés afférents, peu important qu'il ait, à sa demande, été dispensé par l'employeur d'exécuter un préavis. • Soc. 20 janv. 2010 : ⚖ *Dr. soc. 2010. 412, note Couturier* ✐. ♦ ... Peu important son état de maladie au cours de cette période. • Soc. 20 janv. 2010 : ⚖ *D. 2010. AJ 328, obs. Maillard* ✐ ; *RDT 2010. 228, obs. Barthes* ✐ ; *Dr. soc. 2010. 412, note Couturier* ✐ ; *JS Lamy 2010, n° 272-3.*

30. Le salarié dont la prise d'acte est injustifiée doit à l'employeur le montant de l'indemnité compensatrice de préavis. • Soc. 8 juin 2011 : ⚖ *Dalloz actualité, 4 juill. 2011, obs. Siro ; D. 2011. Actu. 1682* ✐ ; *RJS 2011. 634, n° 695 ; JS Lamy 2011, n° 304-3, obs. Tourreil.* ♦ Toutefois, si le salarié se trouve, du fait de sa maladie, dans l'incapacité d'effectuer le préavis dont l'exécution avait été convenue ave l'employeur, aucune indemnité compensatrice de préavis ne peut être mise à sa charge. • Soc. 15 janv. 2014 : ⚖ *Dalloz actualité, 19 févr. 2014, obs. Fleuriot ; D. 2014. Actu. 216* ✐ ; *RJS 3/2014, n° 203.* ♦ La circonstance que le salarié quitte son emploi à la date de la prise d'acte a pour conséquence que son ancienneté dans l'entreprise doit se calculer à la date de la rupture. • Soc. 28 sept. 2011 : ⚖ *Dalloz actualité, 17 oct. 2011, obs. Perrin ; D. 2011. Actu. 2480* ✐ ; *RJS 2011. 838, n° 948 ; JS Lamy 2011, n° 309-4, obs. Lhernould ; JCP S 2011. 1558, obs. Dumont.*

31. Prise d'acte et droit individuel à la formation. Le salarié, dont la prise d'acte de la rupture du contrat de travail est justifiée doit être indemnisé de la perte de chance d'utiliser les droits qu'il a acquis au titre du droit individuel à la formation. • Soc. 18 mai 2011 : ⚖ *RDT 2011. 503, obs. Fabre* ✐ ; *RJS 2011. 610, n° 659 ; JCP S 2011. 1502, obs. Martinon.*

32. Rétractation de la prise d'acte. La prise

d'acte de la rupture par le salarié ne peut être rétractée. • Soc. 14 oct. 2009 : *R., p. 342 et 366 ; D. 2010. Pan. 672, obs. Peskine ; RJS 2009. 801, n° 904 ; JS Lamy 2009 n° 266-2 ; Sem. soc. Lamy 2009, n° 1418, p. 7, note Géa.* ♦ Il ne peut y avoir renonciation par le salarié à sa prise d'acte du fait de son acceptation postérieure d'une convention de reclassement personnalisé. • Soc. 30 juin 2010 : *D. 2010. Actu. 1881 ; Dalloz actualité, 6 sept. 2010, obs. Perrin ; RJS 2010. 671, n° 730 ; JCP S 2010. 1398, obs. Dumont.*

B. MANQUEMENTS DE L'EMPLOYEUR

33. Charge de la preuve. Le salarié qui prend acte de la rupture en raison de manquements de l'employeur à ses obligations doit établir les manquements qu'il avance ; en cas de doute, la rupture produit les effets d'une démission. • Soc. 19 déc. 2007, n° 06-44.754 P : *RDT 2008. 254, obs. Bernard et Grumbach ; RJS 2008, n° 259 ; Dr. soc. 2008. 454, note Radé .*

34. Faits à prendre en compte. Le salarié doit rapporter la preuve d'un manquement suffisamment grave de l'employeur faisant obstacle à la poursuite du contrat de travail, peu important qu'il ait eu lieu en dehors du temps et du lieu de travail, à la condition en revanche que les griefs invoqués à l'appui de la prise d'acte soient en lien étroit avec l'activité professionnelle. • Soc. 23 janv. 2013 : *D. 2013. Actu. 313 .* ♦ Seuls les faits invoqués par le salarié à l'appui de sa prise d'acte de la rupture permettent de requalifier la démission en licenciement. • Soc. 19 oct. 2004, n° 02-45.742 P : *D. 2004. IR 2891 ; Dr. soc. 2005. 106, obs. Favennec-Héry ; RJS 2005. 31, n° 18 ; JCP E 2005. 625, note Mazuyer ; TPS 2005, n° 1, note Verkindt ; JS Lamy 2004, n° 156-5 ; RDC 2005. 375, obs. Radé.* ♦ Ne peuvent justifier une prise d'acte de la rupture du contrat de travail les faits dont le salarié n'avait eu connaissance que postérieurement à la prise d'acte. • Soc. 9 oct. 2013 : *Dalloz actualité, 29 oct. 2013, obs. Peyronnet ; D. 2013. Actu. 2404 ; RDT 2013. 763, obs. Géniaut ; RJS 12/2013, n° 791 ; JS Lamy 2013, n° 354-2, obs. Lhernould.*

35. L'écrit par lequel le salarié prend acte de la rupture du contrat de travail en raison de faits qu'il reproche à son employeur ne fixe pas les limites du litige ; le juge est tenu d'examiner les manquements de l'employeur invoqués devant lui par le salarié, même si celui-ci ne les a pas mentionnés dans cet écrit. • Soc. 29 juin 2005 : *D. 2005. 2723, note Lokiec ; Dr. ouvrier 2005. 533, note Sabatte ; JS Lamy 2005, n° 174-5 ; RJS 2005. 686, n° 959* • 5 juill. 2006 : *D. 2006. IR 2053 ; RJS 2006. 808, n° 1091 ; JS Lamy 2006, n° 196-3.*

36. Manquements à l'obligation de sécurité. Apparaît comme suffisamment grave le refus de faire convoquer le salarié par la médecine du travail, au motif qu'il n'avait pas demandé à reprendre le travail. • Soc. 15 oct. 2003 : *pourvoi n° 01-43.571.* ♦ ... Le laxisme persistant de l'employeur dans l'application de la réglementation anti-tabac lorsque le travailleur était exposé, en dépit de ses réclamations, à un tabagisme passif dans le bureau collectif qu'il occupait. • Soc. 29 juin 2005 : *D. 2005. 2565, note Bugada ; D. 2006. Pan. 34, obs. Paulin ; Dr. soc. 2005. 971, note Savatier ; JCP E 2005. 1839, note Miné ; JS Lamy 2005, n° 172-2 ; RJS 2005. 679, n° 945.*

37. Lorsque le salarié fait valoir à l'appui de la prise d'acte que l'employeur n'a pas adapté son poste de travail conformément aux recommandations du médecin du travail, il appartient à l'employeur de justifier qu'il a procédé à une telle adaptation. • Soc. 14 oct. 2009 : *D. 2009. 2556 ; ibid. 2010. 672, obs. Leclerc, Peskine, Porta, Camaji, Fabre, Odoul-Asorey, Pasquier et Borenfreund ; RDT 2009. 712, obs. Pélissier ; ibid. 2010. 30, obs. Véricel .*

38. Il appartient à l'employeur qui considère injustifiée la prise d'acte de la rupture par un salarié qui, étant victime d'un accident du travail, invoque une inobservation des règles de prévention et de sécurité, de démontrer que la survenance de cet accident est étrangère à tout manquement à son obligation de sécurité. • Soc. 12 janv. 2011 : *Dalloz actualité, 8 févr. 2011, obs. Perrin ; RDT 2011. 445, obs. Véricel ; JS Lamy 2011, n° 294-2, obs. Lhernould ; JCP S 2011. 1168, obs. d'Allende.*

39. Comportements suffisamment graves. Apparaît comme suffisamment grave le retard répété dans le paiement des salaires, sans une raison valable. • Soc. 24 avr. 2003 : *pourvoi n° 00-45.404.* ♦ ... Ou le refus de verser au salarié des primes qui lui sont normalement dues. • Soc. 21 janv. 2003, n° 00-44.502 P. ♦ ... Ou encore la violation par l'employeur de son obligation de fournir au salarié le travail convenu. • Soc. 3 nov. 2010 : *D. 2011. Pan. 1246, obs. Porta ; Dr. soc. 2011. 95, obs. Radé ; JS Lamy 2010, n° 289.290-3, obs. Tourreil ; JCP S 2011. 1006, obs. Frouin.*

40. Fautes insuffisantes. Le seul décalage d'une journée ou deux de certains paiements s'expliquant par des jours fériés ne peut être considéré comme suffisamment grave pour justifier la rupture du contrat de travail aux torts de l'employeur. • Soc. 19 janv. 2005, n° 03-45.018 P. ♦ De même que la carence de courte durée de l'employeur dans le paiement des salaires dès lors qu'était mise en œuvre la garantie des créances salariales. • Soc. 14 oct. 2009 : *D. 2009. AJ 2549 ; RJS 2009. 814, n° 924.* ♦ De même n'est pas constitutive d'un manquement suffisamment grave et légitimant une prise d'acte de la rupture du contrat de travail par le salarié l'absence de réponse de l'employeur dans le délai prévu par le plan à la demande de validation du projet de reclassement externe du salarié. • Soc. 30 mars 2010 : *D. 2010. Actu. 1026* ; *Dalloz actualité, 10 mai 2010, obs. Cortot ; RJS 6/2010, n° 491 ; JCP S 2010. 1228, obs. Frouin.*

IV. FORCE MAJEURE

BIBL. Bousiges, *Ét. offertes à J. Savatier, 1992, p. 79.* – Boubli, *Sem. soc. Lamy 1984, n° 203.*

41. Définition. La force majeure permettant à l'employeur de s'exonérer de tout ou partie des obligations nées de la rupture du contrat de travail s'entend de la survenance d'un événement extérieur irrésistible ayant pour effet de rendre impossible la poursuite dudit contrat. • Soc. 12 févr. 2003 : *Dr. soc. 2003. 388, chron. Cristau* ; *RJS 2003. 285, rapp. Frouin.* ♦ Il n'y a donc pas force majeure lorsque la survenance de l'événement est envisagée dans le contrat de travail. • Soc. 16 mai 2012 : *Dalloz actualité, 11 juin 2012, obs. Ines ; D. 2012. 1864, note Fardoux* ; *RDT 2012. 420, obs. Tournaux* ; *Dr. soc. 2012. 744, obs. Mouly* ; *RJS 2012. 541, n° 627 ; JS Lamy 2012, n° 325-5, obs. Tourreil.*

42. Effets. L'existence d'un cas de force majeure rend la rupture non imputable à l'employeur et le dispense de verser les indemnités de préavis et de licenciement. • Soc. 28 févr. 1973 : *JCP 1973. II. 17560, note Saint-Jours* • 7 mai 1975, n° 73-40.780 P. • 19 mars 1987 : *Juri-soc. 1987, F. 36.*

43. Incendie. L'incendie est considéré comme justifiant la rupture du contrat de travail s'il entraîne la destruction totale des installations d'une société et qu'il en résulte un arrêt durable de l'activité. • Soc. 30 avr. 1997 : *RJS 1997. 609, n° 970 ; CSB 1997. 218, S. 130.* ♦ La force majeure ne peut être reconnue lorsque l'incendie n'a pas provoqué la cessation de l'activité de l'entreprise qui a été reportée sur une autre usine. • Soc. 3 mars 1993 : *D. 1994. Somm. 306, obs. Vacarie* ; *CSB 1993. 49, B. 58.* ♦ La force majeure est rejetée lorsque l'aggravation des conséquences de l'incendie est due à la négligence fautive de l'employeur qui n'avait pas pris les mesures adéquates. • Soc. 7 mars 1985, n° 83-45.688 P. ♦ Si la cessation d'activité consécutive à l'incendie aurait pu être invoquée comme cause économique du licenciement, elle ne pouvait à raison des seuls aléas allégués et des divergences nées entre les associés, caractériser un cas de force majeure. • Soc. 27 juin 2000 : *RJS 2000, n° 940.*

44. Cataclysmes naturels. Constituent des cas de force majeure : la destruction totale de l'exploitation à la suite d'un cyclone. • Crim. 4 janv. 1984 : *Bull. crim. n° 6.* ♦ ... La menace d'une éruption volcanique. • Soc. 19 nov. 1980, n° 78-41.574 P. ♦ En revanche, ne constituent pas un cas de force majeure : l'inondation qui n'entraîne qu'une cessation d'activité temporaire et partielle. • Soc. 15 févr. 1995 : *Dr. soc. 1995. 384, obs. Antonmattéi* ; *RJS 1995. 256, n° 371.* ♦ ... La gelée tardive classée calamité agricole mais qui n'entraîne pas la disparition de l'entreprise. • Soc. 25 oct. 1995, n° 93-40.866 P : *D. 1995. IR 258 ; RJS 1995. 794, n° 1242.* ♦ ... L'inondation d'une usine implantée sur les berges d'un fleuve dont la crue est régulière. • Soc. 19 mai 1988, n° 86-41.948 P : *D. 1998. IR 164.*

45. Fait du prince. Constituent un fait du prince légitimant la rupture du contrat de travail : la décision de l'État gabonnais de remplacer des ressortissants étrangers par des nationaux. • Soc. 31 mai 1990 : *CSB 1990, n° 22, A. 44.* ♦ ... Le refus de renouvellement de la carte de travail d'un salarié étranger. • Soc. 4 juill. 1978, n° 77-41.091 P : *D. 1980. 30, note G. Lyon-Caen.* ♦ ... La décision d'exclusion des salles de jeux prononcée à l'encontre du salarié d'un casino. • Soc. 7 mai 2002, n° 00-42.370 P : *RJS 2002. 633, n° 808.* ♦ En revanche, ne sont pas constitutifs d'une force majeure : la décision ministérielle de fermer un casino motivée par les antécédents judiciaires de l'employeur. • Soc. 26 janv. 1994, n° 92-43.616 P : *D. 1994. IR 58.* ♦ ... Le retrait d'agrément d'une bibliothécaire d'un hôpital soumise à une appréciation du comportement et de la conduite. • Soc. 11 mai 1988, n° 84-40.570 P. ♦ ... Le retrait d'une autorisation d'exploitation d'une sablière donnée à titre précaire et révocable. • Soc. 21 janv. 1987, n° 84-41.232 P : *D. 1987. IR 22.*

46. Incarcération du salarié. La situation résultant de l'incarcération du salarié ne constitue pas un cas de force majeure ; seule l'existence d'une faute grave pourrait priver le salarié du bénéfice de l'indemnité de licenciement. • Soc. 15 oct. 1996, n° 93-43.668 P : *Dr. soc. 1997. 246, note Antonmattéi* ; *CSB 1997. 7, A. 2 ; RJS 1996. 816, n° 1262.* ♦ Dans le même sens : • Soc. 14 mai 1997 : *CSB 1997. 218, S. 130* • Soc. 21 nov. 2000 : *RJS 2001. 3, Frouin.*

47. L'employeur conserve néanmoins la possibilité de licencier le salarié en invoquant, notamment, l'impossibilité dans laquelle se trouve le salarié de remplir ses obligations. • Soc. 28 mai 1997 : *CSB 1997. 218, S. 130.*

48. Exclusion des événements tenant à l'employeur. Le décès de l'employeur n'est pas constitutif d'un cas de force majeure. • Soc. 16 nov. 1977, n° 76-40.477 P : *D. 1978. IR 53* • 29 oct. 1996 : *D. 1997. IR 4* . ♦ ... Ni son hospitalisation. • Soc. 31 mars 1994 : *Dr. soc. 1994. 514.* ♦ ... Ni son incarcération. • Soc. 5 mai 2004 : *Dr. soc. 2004. 729, note Savatier* (l'incarcération ne suspend pas le contrat de travail).

49. Exclusion des difficultés économiques. Ne sont pas constitutives d'un cas de force majeure : la fermeture d'un établissement pour insuffisance de clientèle. • Soc. 13 juill. 1993 : *CSB 1993, S. 142.* ♦ ... L'impossibilité pour l'employeur de fournir du travail à ses salariés. • Soc. 20 févr. 1996, ⚖ n° 93-42.663 P : *D. 1996. 633, note Puigelier* ✎ ; *RJS 1996. 232, n° 388.*

V. RUPTURE NÉGOCIÉE

50. V. jurisprudence ss. art. L. 1237-11.

VI. RÉSOLUTION JUDICIAIRE (RÉSILIATION JUDICIAIRE)

BIBL. Daugareilh, *Dr. soc. 1992. 805.* – Jeammaud, *D. 1980. Chron. 47.* – J. Savatier, *Dr. soc. 1979. 414.* – Pécaut-Rivolier, *Dr. soc. 2012. 29* (prise d'acte et résiliation judiciaire).

A. IRRECEVABILITÉ DE LA DEMANDE DE L'EMPLOYEUR

51. Exclusion. L'employeur, qui dispose du droit de résilier unilatéralement un contrat de travail à durée indéterminée par la voie du licenciement en respectant les garanties légales, n'est pas recevable, hors les cas où la loi en dispose autrement, à demander la résiliation judiciaire dudit contrat. • Soc. 13 mars 2001 : ⚖ *Dr. soc. 2001. 624, chron. Radé* ✎. ♦ ... Même par voie reconventionnelle. • Soc. 29 juin 2005 : ⚖ *RJS 2005. 686, n° 961 ; JS Lamy 2005, n° 174-5* • Soc. 3 nov. 2005 : ⚖ *D. 2005. IR 2898* ✎. ♦ L'exercice de l'action s'analyse en une manifestation de sa volonté de rompre le contrat de travail, valant licenciement, en sorte que le licenciement qu'il prononce postérieurement est dépourvu d'effet sur la rupture précédemment acquise. • Soc. 5 juill. 2005 : ⚖ *D. 2005. IR 2176* ✎ ; *RJS 2005. 692, n° 971.*

Sur la jurisprudence antérieure, V. : • Soc. 31 janv. 1979, ⚖ n° 77-40.984 P : *D. 1979. IR 328, obs. Langlois ; Dr. soc. 1979. 414, note J. Savatier* • 3 avr. 1979, ⚖ n° 77-41.665 P : *JCP 1980. II. 19292, note Mouly* • Soc. 22 oct. 1997, ⚖ n° 95-41.866 P : *D. 1997. IR 243* ✎.

B. SALARIÉS SOUMIS À UN RÉGIME PARTICULIER

52. Salariés protégés. La résiliation judiciaire est exclue pour les représentants du personnel. • Cass., ch. mixte, 21 juin 1974 : ⚖ *Bull. ch. mixte, n° 3 ; GADT, 4e éd., n° 151 ; D. 1974. 593, concl. Touffait ; D. 1974. Chron. 235, obs. Sinay ; D. 1975. Chron. 103, obs. Latournerie* • Soc. 18 juin 1996, ⚖ n° 94-44.653 P : *Dr. soc. 1996. 979, obs. Blaise* ✎ ; *RJS 1996. 605, n° 944 ; CSB 1996. 271, A. 54, note Philbert.*

53. Salariés sous contrat à durée déterminée. L'employeur ne peut demander la résolution judiciaire anticipée du contrat de travail à durée déterminée. • Soc. 15 juin 1999, ⚖ n° 98-44.295 P : *D. 1999. 623, note Radé* ✎ ; *JCP E 1999. 2069, note Mouly* (contrat initiative-emploi) • Soc. 4 déc. 2001, ⚖ n° 99-46.364 P : *Dr. soc. 2002. 406, note Roy-Loustaunau* ✎ ; *RJS 2002. 133, n° 149 ; JS Lamy 2002, n° 94-4 ; D. 2002. 2361, note Mouly* ✎.

54. Salariés malades. L'employeur ne peut demander la résolution judiciaire du contrat de travail d'un salarié absent pour cause de maladie. • Soc. 9 mars 1999, ⚖ n° 96-41.734 P : *D. 1999. 365, note Radé* ✎ ; *Dr. soc. 1999. 526, obs. A. Mazeaud* ✎ ; *RJS 1999. 315, n° 505.*

55. Salariés fautifs. Lorsque l'employeur estime que le salarié ne respecte pas ses obligations, il lui appartient alors de procéder à un licenciement disciplinaire. • Soc. 30 mai 2000, ⚖ n° 98-40.085 P : *RJS 2000. 580, n° 844.*

C. RECEVABILITÉ DE LA DEMANDE DU SALARIÉ

56. Admission. Les juges du fond peuvent prononcer la résiliation judiciaire du contrat de travail aux torts de l'employeur pour attitude abusive, dès lors qu'en retirant au salarié sa voiture de fonction, il l'a mis dans l'impossibilité d'accomplir son travail tout en refusant de procéder à son licenciement. • Soc. 7 mars 1996 : ⚖ *RJS 1996. 241, n° 400* • Soc. 26 nov. 2002 : ⚖ *Dr. soc. 2003. 671, obs. Mouly* ✎. ♦ L'absence de visite médicale de reprise ne justifie pas la résiliation judiciaire du contrat de travail aux torts de l'employeur dès lors qu'elle procède d'une erreur des services administratifs de l'employeur et qu'elle n'a pas empêché la poursuite du contrat de travail pendant plusieurs mois. • Soc. 26 mars 2014 : ⚖ *Dalloz actualité, 18 avr. 2014, obs. Fraisse ; D. 2014. Actu. 829* ✎ ; *ibid. 1115, obs. Lokiec et Porta* ✎ ; *RJS 2014. 385, n° 470.* ♦ Une modification de la rémunération ne justifie pas la résiliation judiciaire du contrat si le salarié n'a subi qu'une faible baisse n'empêchant pas la poursuite du contrat de travail. • Soc. 12 juin 2014 : ⚖ *Dalloz actualité, 25 juin 2014, obs. Fraisse ; D. 2014. 1628, obs. Driguez* ✎ ; *RDT 2014. 447, étude Flores* ✎ ; *Dr. soc. 2015. 384, note Moul* ✎ *y ; RJS 2014. 520, n° 626.* ♦ V. déjà : les juges du fond peuvent prononcer la résiliation judiciaire du contrat de travail aux torts de l'employeur pour attitude abusive, dès lors qu'en retirant au salarié sa voiture de fonction, il l'a mis dans l'impossibilité d'accomplir son travail tout en refusant de procéder à son licenciement. • Soc. 7 mars 1996 : ⚖ *RJS 1996. 241, n° 400* • 26 nov. 2002 : ⚖ *Dr. soc. 2003. 671, obs. Mouly* ✎.

57. Salarié protégé. Si la procédure de licenciement du salarié représentant du personnel est d'ordre public, ce salarié ne peut être privé de la possibilité de poursuivre la résiliation judiciaire de son contrat de travail aux torts de l'employeur en cas de manquement, par ce dernier, à ses obligations. • Soc. 16 mars 2005 : ⚖ *D. 2005. 1613, note Mouly* ✎ ; *RDC 2005. 763, obs. Radé ; JS Lamy 2005, n° 165-3 ; RJS 2005. 372, n° 534.*

58. Victime de discrimination. Alors même

que l'employeur a déjà été condamné pour discrimination et que cette dernière ne s'est pas poursuivie, un salarié peut ultérieurement obtenir la résiliation judiciaire de son contrat de travail pour cette même discrimination. • Soc. 23 mai 2013 : *Dalloz actualité, 10 juin 2013, obs. Peyronnet ; D. 2013. Actu. 1354* ; *JCP S 2013. 1310, obs. Drai.*

59. Appréciation des manquements. Il relève du pouvoir souverain des juges du fond d'apprécier si l'inexécution de certaines des obligations résultant d'un contrat synallagmatique présente une gravité suffisante pour en justifier la résiliation. • Soc. 15 mars 2005, n° 03-42.070 P : *RJS 2005. 448, n° 625* • 8 avr. 2010 : *RJS 6/2010, n° 535.* ♦ Les juges du fond peuvent, dès lors qu'ils ont caractérisé des manquements de l'employeur antérieurs à l'introduction de l'instance, tenir compte, pour en apprécier la gravité, de leur persistance jusqu'au jour du licenciement. • Soc. 14 déc. 2011 : *Dalloz actualité, 9 janv. 2012, obs. Perrin ; D. 2012. Actu. 156* ; *JCP S 2012. 1082, obs. Dumont.* ♦ L'absence de visite médicale de reprise ne justifie pas la résiliation judiciaire du contrat de travail aux torts de l'employeur dès lors qu'elle procède d'une erreur des services administratifs de l'employeur et qu'elle n'a pas empêché la poursuite du contrat de travail pendant plusieurs mois. • Soc. 26 mars 2014 : *Dalloz actualité, 18 avr. 2014, obs. Fraisse ; D. 2014. Actu. 830* ; *RDT 2014. 544, obs. Bento de Carvalho* ; *RJS 2014. 384, n° 470 ; JS Lamy 2014, n° 366-2, obs. Lhernould.* ♦ Une modification mineure de la rémunération, imposée unilatéralement par l'employeur, ne constitue pas un manquement grave de l'employeur justifiant la résiliation judiciaire du contrat de travail. • Soc. 12 juin 2014 : *Dalloz actualité, 25 juin 2014, obs. Fraisse ; D. 2014. 1628, obs. Driguez* ; *RJS 2014. 520, n° 626 ; JS Lamy 2014, n° 370-2, obs. Arandel ; Dr. Soc. 2015. 384, note Mouly*.

60. Moment d'appréciation des manquements. En matière de résiliation judiciaire du contrat de travail, sa prise d'effet ne peut être fixée qu'à la date de la décision judiciaire la prononçant dès lors que le contrat n'a pas été rompu avant cette date ; il appartient aux juges du fond d'apprécier les manquements imputés à l'employeur au jour de leur décision. • Soc. 29 janv. 2014 : *D. 2014. Actu. 376* ; *RDT 2014. 544, obs. Bento de Carvalho* ; *RJS 2014. 259, n° 314.*

61. Résiliation judiciaire non fondée. En l'absence d'intention malveillante ou de légèreté blâmable, la mise en œuvre d'une procédure disciplinaire ne saurait justifier une résiliation judiciaire du contrat de travail aux torts de l'employeur et pouvant s'analyser en un licenciement sans cause réelle et sérieuse. • Soc. 25 sept. 2013 : *Dalloz actualité, 8 oct. 2013, obs. Voisin ; D. 2013. Actu. 2278*. ♦ Le juge saisi d'une demande de résiliation judiciaire du contrat de travail qui estime que les manquements reprochés à l'employeur ne justifient pas la rupture du contrat de travail doit débouter le salarié de sa demande, sans pouvoir prononcer la rupture aux torts du salarié. • Soc. 26 sept. 2007 : *D. 2007. AJ 2539* ; *RJS 2007. 1028, n° 1281 ; JS Lamy, n° 220-3* • 7 juill. 2010 : *D. 2011. Pan. 840, obs. Khodri* ; *RJS 2010. 686, n° 749 ; JS Lamy 2010, n° 286-6, obs. Toureil.*

62. Concours avec un licenciement. Lorsqu'un salarié demande la résiliation de son contrat de travail en raison de faits qu'il reproche à son employeur, tout en continuant à travailler à son service, et que ce dernier le licencie ultérieurement pour d'autres faits survenus au cours de la poursuite du contrat, le juge doit d'abord rechercher si la demande de résiliation du contrat de travail était justifiée ; c'est seulement dans le cas contraire qu'il doit se prononcer sur le licenciement notifié par l'employeur. • Soc. 16 févr. 2005, n° 02-46.649 P : *RJS 2005. 360, n° 509* • 12 juill. 2005 : *D. 2005. IR 2242* ; *RJS 2005. 693, n° 972* • 22 mars 2006 : *RDT 2006. 24, obs. Pélissier* ; *RJS 2006. 496, n° 719 ; Sem. soc. Lamy 2006, n° 1255, p. 12* • 21 juin 2006 : *D. 2007. Pan. 182, obs. Berthier* ; *RJS 2006. 786, n° 1058* (s'agissant d'un concours avec un licenciement économique) • 7 févr. 2007 : *D. 2007. AJ 730* ; *RJS 2007. 458, n° 622* • 12 juin 2012 : *Dalloz actualité, 11 juill. 2012, obs. Perrin ; RDT 2012. 556, obs. Fabre* ; *RJS 2012. 610, n° 698 ; JCP S 2012. 1419, obs. Jacotot* (s'agissant d'une adhésion à une convention de reclassement personnalisé). ♦ Même solution lorsque le contrat de travail du salarié est transféré auprès d'un nouvel employeur en application de l'art. L. 1224-1 et que ce dernier le licencie. • Soc. 7 déc. 2011 : *Dalloz actualité, 6 janv. 2012, obs. Perrin ; D. 2012. Actu. 25* ; *RJS 2012. 108, n° 111 ; JS Lamy 2012, n° 316-5, obs. Toureil ; JCP S 2012. 1083, obs. Puigelier.*

63. Salarié protégé. Le juge judiciaire ne saurait remettre en cause l'analyse par l'inspecteur du travail des griefs invoqués par le salarié, analyse effectuée au soutien de sa décision de refus d'autorisation de licenciement. • Soc. 8 avr. 2014 : *Dr. soc. 2014. 679, obs. Mouly* ; *RJS 2014. 476, n° 579.*

64. Le contrat de travail étant rompu par l'envoi de la lettre recommandée avec demande d'avis de réception notifiant le licenciement, la demande postérieure du salarié tendant au prononcé de la résiliation judiciaire de ce contrat est nécessairement sans objet, le juge devant toutefois, pour l'appréciation du bien-fondé du licenciement, prendre en considération les griefs invoqués par le salarié au soutien de sa demande de résiliation dès lors qu'ils sont de nature à avoir une influence sur cette appréciation. • Soc. 20 déc. 2006 : *D. 2007. Pan. 689, obs. Lokiec* ; *ibid. AJ 308, obs. Cortot* ; *RJS 2006.*

241, n° 327 • 7 mars 2012 : *Dalloz actualité, 20 avr. 2012, obs. Ines ; D. 2012. Actu. 821 ; RJS 2012. 374, n° 441 ; JCP S 2012. 1226, obs. Frottin.*

65. Concours avec la mise à la retraite. La mise à la retraite du salarié rompt le contrat de travail et ce même si ce dernier avait saisi le conseil de prud'hommes d'une demande de résolution judiciaire de son contrat de travail aux torts de l'employeur. • Soc. 12 avr. 2005 : *Dr. soc. 2005. 844, note Gauriau ; JS Lamy 2005, n° 168-4* • 21 févr. 2007 : *RDT 2007. 310, obs. Pélissier ; D. 2007. Pan. 2266, obs. Pélissier .*

66. Concours résiliation judiciaire et prise d'acte. Un salarié peut saisir le juge d'une demande en résiliation judiciaire puis prendre acte de la rupture ; le juge se prononce alors exclusivement sur les griefs invoqués à l'appui de la prise d'acte. • Soc. 15 mars 2006 : *RDT 2006. 24, obs. Pélissier ; Sem. soc. Lamy 2006, n° 1255, p. 12.*

67. Lorsqu'un salarié a demandé la résiliation judiciaire de son contrat de travail, puis a pris acte de la rupture de celui-ci et, enfin, a été licencié pour faute, le juge doit d'abord se prononcer sur la demande de résiliation, et, en cas de rejet, sur la prise d'acte en recherchant si les faits invoqués par le salarié à l'appui de celle-ci étaient ou non fondés et produisaient soit les effets d'un licenciement sans cause réelle et sérieuse, soit les effets d'une démission. • Soc. 3 mai 2006 : *D. 2006. Pan. 182, obs. Berthier ; JS Lamy 2006, n° 190-4 ; JCP E 2006. 2297, obs. Béal et Rouspide.*

68. Une demande de résiliation judiciaire formée par un salarié ne peut être assimilée à une prise d'acte de la rupture. • Soc. 21 mars 2007 : *D. 2007. AJ 1019 ; D. 2007. Pan. 2265, obs. Pélissier ; Dr. soc. 2007. 773, obs. Savatier ; RJS 2007. 435, n° 589 ; JS Lamy 2007, n° 209-5.*

69. Concours rupture conventionnelle et résiliation judiciaire. L'annulation de la rupture conventionnelle n'ayant pas été demandée dans le délai prévu par l'art. L. 1237-14, le juge du fond n'a plus à statuer sur une demande, fût-elle antérieure à cette rupture, en résiliation judiciaire du contrat de travail devenue sans objet. • Soc. 10 avr. 2013 : *Dalloz actualité, 24 avr. 2013, obs. Peyronnet ; JS Lamy 2013, n° 344-4, obs. Lhernould ; JCP S 2013. 1281, obs. Puigelier.*

70. Résiliation judiciaire et démission. En cas de demande de résiliation judiciaire du contrat suivie d'une démission, cette dernière rompt le contrat et rend la demande initiale sans objet ; le salarié peut néanmoins obtenir réparation de son préjudice si ses griefs sont justifiés. • Soc. 30 avr. 2014 : *Dalloz actualité, 22 mai 2014, obs. Fraisse ; Dr. soc. 2014. 675, obs. Mouly ; RJS 2014. 462, n° 561 ; Sem. soc. Lamy 2014, n° 1630, obs. Champeaux ; JS Lamy 2014, n° 368-6, obs. Belloeil et Chiss.*

71. Date d'effet. En matière de résiliation judiciaire du contrat de travail, sa prise d'effet ne peut être fixée qu'à la date de la décision judiciaire la prononçant dès lors qu'à cette date le salarié est toujours au service de l'employeur. • Soc. 11 janv. 2007 : *D. 2007. 913, note Pélissier ; RDT 2007. 237, obs. Pélissier ; RJS 2007. 242, n° 328 ; Dr. soc. 2007. 498, obs. Savatier ; JS Lamy 2007, n° 206-4* • Soc. 24 avr. 2013 : *Dalloz actualité, 13 mai 2013, obs. Dechristé ; D. 2013. Actu. 1142 .* ♦ Il en va autrement lorsque l'exécution du contrat de travail s'est poursuivie après la décision prononçant la résiliation. • Soc. 21 janv. 2014 : *Dalloz actualité, 13 févr. 2014, obs. Peyronnet ; D. 2014. Actu. 285 ; RJS 2014. 260, n° 315 ; JS Lamy 2014, n° 362-6, obs. Lhernould.* ♦ En principe, la résiliation judiciaire prend effet à la date de la décision judiciaire la prononçant mais c'est à la double condition que le contrat de travail n'ait pas été rompu entre-temps et que le salarié soit toujours au service de l'employeur. • Soc. 21 sept. 2016, n° 14-30.056 P : *D. 2016. Actu. 1937 ; RJS 12/2016, n° 761 ; JS Lamy 2016, n° 419-2, obs. Hautefort.*

72. Effets de la résiliation. La résiliation judiciaire du contrat de travail à l'initiative du salarié et aux torts de l'employeur produit les effets d'un licenciement dépourvu de cause réelle et sérieuse. • Soc. 20 janv. 1998, n° 95-43.350 P : *GADT, 4e éd., n° 89 ; CSB 1998. 85, A. 22 ; JCP 1998. II. 10081, note Mouly ; D. 1998. 350, note Radé* • 17 mars 1998, n° 96-41.884 P : *D. 1998. IR 207 ; RJS 1998. 406, n° 629.* ♦ Le salarié doit être indemnisé par le versement des indemnités de rupture et de l'indemnité pour licenciement sans cause réelle et sérieuse calculée en application de l'art. L. 1235-3 ou L. 1235-5 ; l'indemnité prévue en cas de non-respect de la procédure de licenciement n'est pas due. • Soc. 20 oct. 2010 : *Dalloz actualité, 17 nov. 2010, obs. Siro ; D. 2010. AJ 2652 ; JS Lamy 2010, n° 288-4, obs. Tourreil ; JCP S 2011. 1026, obs. Dumont.* ♦ Dès lors que la résiliation judiciaire du contrat de travail est prononcée aux torts de l'employeur, l'indemnité de préavis est toujours due, quand bien même le salarié serait dans l'impossibilité d'accomplir ledit préavis. • Soc. 28 avr. 2011 : *Dalloz actualité, 18 mai 2011, obs. Ines ; D. 2011. Actu. 1290 ; RJS 2011. 556, n° 611 ; JS Lamy 2011, n° 301-6, obs. Tourreil ; JCP S 2011. 1403, obs. Everaert-Dumont.* ♦ Le salarié dont le contrat de travail a fait l'objet d'une résiliation judiciaire de son contrat prononcée en raison des manquements de son employeur à ses obligations, suffisamment graves pour rendre impossible sa poursuite, ne peut prétendre qu'à l'indemnité de licenciement prévue par la convention collective en cas de licenciement pour motif personnel non disciplinaire et ne peut pas se prévaloir des dispositions de la convention prévoyant une indemnité supérieure en cas de licenciement économique. • Soc. 26 oct. 2016, n° 15-15.923 P :

D. 2016. Actu. 2220 ; Dr. soc. 2016. 1062, note Mouly ; RJS 1/2017, n° 41 ; JS Lamy 2016, n° 421-422-4, obs. Lhernould.

VII. ESSAI

73. V. notes ss. art. L. 1221-19 s.

Art. L. 1231-2 **Les dispositions du présent titre ne dérogent pas aux dispositions légales assurant une protection particulière à certains salariés.** – *[Anc. art. L. 122-14-7, al. 1er.]*

COMMENTAIRE

V. Dalloz.fr et applications mobiles Dalloz.

1. Salariés protégés. Bien que les salariés protégés ne puissent renoncer par avance aux dispositions exorbitantes du droit commun instituées en leur faveur, ils peuvent, lorsqu'un licenciement leur a été notifié sans que la procédure légale ait été observée, conclure avec l'employeur un accord en vue de régler les conséquences pécuniaires de la rupture du contrat. • Crim. 4 févr. 1992 : *D. 1992. IR 175 ; CSB 1992. 171, A. 33 ; RJS 1992. 627, n° 1129.* – V. déjà : • Soc. 3 juin 1981 : *Bull. civ. V, n° 520.*

2. Essai et statut protecteur. Les dispositions légales qui assurent une protection exceptionnelle et exorbitante du droit commun à certains salariés, en raison du mandat ou des fonctions qu'ils exercent dans l'intérêt de l'ensemble des travailleurs, s'appliquent à la rupture du contrat de travail à l'initiative de l'employeur pendant la période d'essai. • Soc. 26 oct. 2005 : *Sem. soc. Lamy 2005, n° 1234, p. 13.*

3. Entretien préalable et grand licenciement économique. La demande d'autorisation de licenciement d'un salarié protégé doit toujours être précédée de la convocation à un entretien préalable même si le licenciement est envisagé dans une entreprise disposant d'un comité d'entreprise, dans le cadre d'une procédure de licenciement pour motif économique de dix salariés et plus dans une même période de trente jours. • CE 28 sept. 2005 : *JS Lamy 2005, n° 179-6.*

4. Non-respect de la procédure. La circonstance que l'entretien n'ait pas eu lieu ou qu'il ait eu lieu après la demande d'autorisation de licenciement est de nature à rendre illégale l'autorisation de licenciement d'un salarié protégé. • CE 5 juin 1987 : *Lebon T. 978.* ♦ Les dispositions de l'art. L. 122-14 [L. 1232-2 nouv.], conformément à l'art. L. 122-14-7 [L. 1231-2 nouv.], ne dérogent pas aux dispositions législatives ou réglementaires qui assurent une protection particulière à certains salariés ; l'entretien doit donc être conduit avant l'éventuelle consultation du comité d'entreprise sur le licenciement d'un représentant et avant la demande d'autorisation de licenciement à l'inspecteur du travail. • CE 28 sept. 2005 : *JCP S 2005. 1336, note Kerbouc'h.* ♦ L'autorisation de licenciement ne doit pas être accordée lorsque l'employeur n'a pas indiqué lors de l'entretien préalable les motifs du licenciement du salarié. • CE 19 mars 2008 : *JS Lamy 2008, n° 238-4 ; JCP S 2008. 1291, note Kerbourc'h.*

5. Transaction. Dès lors que le salarié est devenu indésirable dans le pays où il exerçait ses fonctions, il est normal que les parties tentent de régler à l'amiable les conséquences d'une rupture devenue inévitable en cherchant, par la conclusion d'une transaction, qui alors n'est pas contraire à l'art. L. 122-14-7 [L. 1231-2 nouv.], à éviter les aléas d'un litige et à prévenir toute contestation sur le caractère abusif de la rupture ou sur la gravité des fautes reprochées au salarié. • Soc. 17 nov. 1982 : *Bull. civ. V, n° 627 ; D. 1984. IR 252, obs. Langlois.*

6. Limitation conventionnelle à la liberté de licencier. Les dispositions légales relatives à la résiliation par l'employeur du contrat de travail n'interdisent pas aux partenaires sociaux de limiter à des causes qu'ils énumèrent le pouvoir de licencier de l'employeur. • Soc. 3 févr. 1993, n° 91-42.409 P : *D. 1994. Somm. 305, obs. Souriac-Rotschild ; JCP 1994. II. 22254, note Duquesne ; RJS 1993. 159, n° 252* • 7 nov. 1995, n° 92-40.157 P. • 28 févr. 1996 : *RJS 1996. 233, n° 390* • 24 oct. 1995, n° 93-45.926 P. ♦ Une telle clause est licite dès lors qu'elle ne rend pas impossible la rupture du contrat. • Soc. 10 juill. 2002 : *RJS 2002. 826, n° 1008* • Soc. 3 déc. 2002, n° 00-46.055 P : *D. 2003. IR 105 ; Dr. soc. 2003. 235, obs. Savatier ; JS Lamy 2003, n° 116-32.* ♦ Elle s'impose au juge. • Soc. 7 juill. 1993, n° 89-45.148 P : *Dr. soc. 1993. 772.* ♦ Le licenciement prononcé en dehors des cas conventionnellement prévus est dépourvu de cause réelle et sérieuse. • Soc. 7 nov. 1995, n° 92-40.157 P : *D. 1996. IR 18 ; RJS 1995. 789, n° 1233* • 28 févr. 1996 : *RJS 1996. 233, n° 390.* ♦ Les dispositions conventionnelles ne peuvent lier le juge, dans un sens défavorable, dans l'appréciation de la cause réelle et sérieuse. • Soc. 6 mai 1998, n° 96-40.951 P : *RJS 1998. 458, n° 720.*

Art. L. 1231-3 **Les dispositions du présent titre sont applicables lorsque le salarié est lié à plusieurs employeurs par des contrats de travail.** – *[Anc. art. L. 122-14-7, al. 2.]*

Art. L. 1231-4 **L'employeur et le salarié ne peuvent renoncer par avance au droit de se prévaloir des règles prévues par le présent titre.** – *[Anc. art. L. 122-14-7, al. 3.]*

COMMENTAIRE

V. Dalloz.fr et applications mobiles Dalloz ❑

BIBL. Aréguel et Isoux, *Dr. soc. 1991. 438* (effets de la transaction au regard de l'indemnisation du chômage). – Blaise, *BS Lefebvre 1987. 203 ; Dr. soc. 1980. 39 ; ibid. 1988. 432 ; ibid. 1996. 33* (rupture amiable et transaction). – Califano, *Dr. ouvrier 1989. 419.* – Cheymol et Sainsard, *JS Lamy 1998. 5* (règles de forme du licenciement et transaction). – Chirez, *Sem. soc. Lamy 6 mai 1996.* – Corrignan-Carsin, *RJS 1996. 407.* – C. David, *Dr. soc. 1981. 684* (aspects fiscaux). – Fourcade, *Dr. soc. 2007. 167*. – Jarrosson, *D. 1997. Chron. 267*. – Jeammaud, *Dr. soc. 1999. 351*. – Khodri, *RDT 2011. 689*. – Lagarde, *JCP 2001. I. 337.* – Lagrange, *LPA 30 août 1996* (jurisprudence récente). – Pélissier, *ibid. 1981. 228 ; ibid. 1987. 479.* – Poirier, *Dr. ouvrier 1994. 371.* – Radé, *Dr. soc. 2000. 178* (autonomie du droit du licenciement) ; « les effets de la transaction » dans « La transaction dans toutes ses dimensions », *Dalloz, coll. Thèmes et commentaires 2006, p. 87 s.* – Savatier, *Dr. soc. 1985. 692 ; ibid. 1996. 687.* – Soulier, *TPS 1997. Chron. 19.* – Teyssié, *JCP E 1986. I. 15511.* – Taquet, *Gaz. Pal. 1987. 1. Doctr. 265.* – Vacarie, *Dr. soc. 1990. 757* (renonciation du salarié).

I. RENONCIATION

1. *Interdiction.* L'interdiction de renoncer par avance au droit de se prévaloir des règles de licenciement rend sans effet la signature d'un contrat à durée déterminée alors que le contrat à durée indéterminée est toujours en exécution. • Soc. 25 mars 2009 : *D. 2009. 1580, note Gaba ; RJS 2009. 448, n° 497 ; JCP S 2009. 1337, obs. Bousez.*

2. *Indisponibilité des règles régissant la rupture du contrat de travail.* L'employeur et le salarié ne pouvant renoncer par avance au droit de se prévaloir des règles prévues pour la rupture du contrat de travail à durée indéterminée, il n'y a pas lieu de faire produire un quelconque effet à un accord entre la salariée et son employeur faisant dépendre, à l'avance, la nature et le régime de la rupture du contrat de travail de la réalisation d'un événement futur et incertain relatif à son emploi. • Soc. 25 janv. 2012 : *Dalloz actualité, 2 avr. 2012, obs. Perrin ; D. 2012. Actu. 368 ; RJS 2012. 280, n° 313 ; JCP S 2012. 1166, obs. Dumont.*

II. TRANSACTION

A. VALIDITÉ DE LA TRANSACTION

1° QUALIFICATION

3. *Qualification retenue.* Constitue l'exécution d'une transaction intervenue entre des salariés licenciés pour faute lourde et l'employeur s'engageant à verser une indemnité en contrepartie de la renonciation à toute instance ou action, la lettre de licenciement qui, pour faciliter aux salariés la recherche d'un nouvel emploi, ne visait plus la faute lourde. • Soc. 16 févr. 1994 : *RJS 1994. 537, n° 895.*

4. *Qualification écartée.* Une convention consacrant la rupture immédiate du contrat de travail et comportant pour le salarié le paiement de ses indemnités de licenciement n'est pas une transaction, mais présente un caractère obligatoire pour les parties signataires. • Soc. 5 mars 1986 : *Bull. civ. V, n° 60.* ♦ Sur la distinction entre transaction et rupture amiable, V. • Soc. 14 janv. 1988 : *Dr. soc. 1988. 432, note H. Blaise* • 3 avr. 1990, n° 86-45.189 P : *D. 1990. IR 120 ; CSB 1990. 139, A. 32 ; RJS 1990. 279, n° 376* • 29 mai 1996, n° 92-45.115 P : *GADT, 4e éd., n° 120 ; D. 1997. 49, note Chazal ; Dr. soc. 1996. 687, note Savatier ; JCP 1996. II. 22711 (2e esp.), note Taquet ; JCP E 1996. I. 597, n° 16, obs. Chevillard ; RJS 1996. 508, n° 789 ; ibid. 417, annexe chron. Corrignan-Carsin ; CSB 1996. 211, A. 48* • 6 nov. 1996 : *CSB 1997. 17, A. 6* • 2 déc. 1997 : *Dr. soc. 1998. 29, concl. P. Lyon-Caen* (3 arrêts). ♦ V. également note 26.

5. *Forme.* L'emploi du terme « transaction » n'est pas indispensable à l'existence d'un tel contrat. • Soc. 1er mars 1979 : *Bull. civ. V, n° 202.* ♦ ... Ni les mentions « bon pour accord » ou « lu et approuvé ». • Soc. 19 mars 1991 : *RJS 1991. 306, n° 573.*

6. *Réserves.* La mention manuscrite « sous réserve de mes droits » est exclusive de l'accord du salarié pour transiger sur ses droits relatifs à la rupture du contrat de travail. • Soc. 11 févr. 1997 : *RJS 1997. 449, n° 690.*

7. *Transaction et acte collectif.* La mise en œuvre d'un accord collectif d'amélioration du plan de sauvegarde de l'emploi dont les salariés tiennent leurs droits ne peut être subordonnée à la conclusion de contrats individuels de formation. • Soc. 5 avr. 2005 : *D. 2005. IR 1048 ; Dr. soc. 2005. 701, obs. Couturier ; JS Lamy 2005, n° 167-2 ; CSB 2005, A. 57, obs. Pansier.*

2° CONDITIONS

8. *Licéité.* Si l'idée de transaction peut être à la base d'un accord pour solde de tout compte, ce dernier ne supprime pas pour autant la possibilité entre employeurs et employés d'une transaction obéissant aux règles des art. 2052 et 2053 C. civ. • Soc. 13 nov. 1959 : *JCP 1960. II. 11450, note Camerlynck.* – V. aussi • Soc. 3 juin 1981 : *Bull. civ. V, n° 520* • 17 nov. 1982 : *Bull. civ. V, n° 627 ; D. 1984. IR 252, obs. Langlois.* ♦ Sur la distinction entre transaction et reçu pour solde de tout compte, V. • Soc. 15 mars 1962, n° 60-40.716 P. • 23 janv. 1963 : *Bull. civ. V, n° 88* • 5 janv. 1984 : *ibid. V, n° 6 ; D. 1985. IR 250, obs. Goineau* (reçu signé en exécution d'une transaction).

9. Situation des salariés protégés. Les salariés protégés ne peuvent, en signant une transaction antérieure au licenciement, renoncer par avance aux dispositions d'ordre public instituées pour protéger leur mandat. • Soc. 2 déc. 1992, n° 91-42.326 P : *D. 1993. Somm. 264, obs. Frossard ; Dr. soc. 1993. 155, rapp. Waquet ; JCP E 1993. II. 404, note Taquet.* ♦ Mais ils peuvent, lorsqu'un licenciement leur a été notifié sans que la procédure légale ait été observée, conclure avec l'employeur un accord en vue de régler les conséquences pécuniaires de la rupture du contrat. • Crim. 4 févr. 1992 : *Bull. crim. n° 50 ; D. 1992. IR 175 ; JCP E 1993. II. 382, note Taquet ; CSB 1992. 171, A. 33 ; RJS 1992. 627, n° 1129.* ♦ La signature par un représentant du personnel d'une transaction dans le cadre de ses rapports de droit privé avec l'employeur ne le rend pas irrecevable à former un recours pour excès de pouvoir dirigé contre la décision administrative autorisant son licenciement. • CE 11 mars 1994 : *RJS 1994. 444, n° 731.* ♦ Est valable la transaction signée après qu'un licenciement a été notifié au salarié pendant la suspension de son contrat de travail due à un accident du travail, dès lors qu'elle tend à mettre fin au différend opposant les parties sur les conséquences de ce licenciement. • Soc. 21 juill. 1993 : *CSB 1993. 235, A. 53.*

10. Objet. La transaction ne peut porter sur l'imputabilité de la rupture, laquelle conditionne l'existence de concessions réciproques. • Soc. 16 juill. 1997 : *D. 1997. IR 197 ; Dr. soc. 1997. 977, obs. Couturier ; RJS 1997. 671, n° 1089.* ♦ Un acte par lequel l'employeur et le salarié mettent fin au contrat de travail et règlent les suites de cette rupture ne peut pas être qualifié de transaction. • Soc. 5 déc. 2012 : *D. 2012. Actu. 2970 ; Dr. ouvrier 2013. 56 ; JCP S 2013. 1135, obs. Chenu.* ♦ Une transaction peut également mettre fin à un différend concernant l'exécution même du contrat de travail. • Soc. 10 mars 1998, n° 95-43.094 P : *RJS 1998. 284, n° 456.* ♦ Est nulle comme ayant un objet illicite, la convention signée entre un employeur et un salarié postérieurement à l'avis du médecin du travail faisant suite à une suspension du contrat de travail pour maladie, et fixant rétroactivement la date de la rupture du contrat de travail à une date antérieure à l'avis médical. • Soc. 29 juin 1999, n° 97-40.426 P : *RJS 1999. 660, n° 1050.*

11. Un salarié dispensé par son employeur d'effectuer son préavis peut, même en cette matière d'ordre public, renoncer valablement à une partie de l'indemnité compensatrice telle qu'elle est prévue par la convention collective. • Soc. 15 nov. 1986 : *JS UIMM 1987. 237.*

12. La transaction tendant à qualifier rétroactivement et artificiellement de période d'essai une période où le contrat de travail était devenu définitif a un objet illicite comme visant à faire échec aux règles d'ordre public régissant la rupture unilatérale du contrat de travail. • Soc. 18 juin 1996, n° 92-44.729 P : *RJS 1996. 665, n° 1045.*

13. L'employeur peut se faire représenter par son conseil. • Soc. 14 déc. 1995 : *RJS 1996. 162, n° 276.*

14. Sur la preuve de la transaction, V. • Soc. 17 mai 1978 : *Bull. civ. V, n° 354* • 8 juill. 1968 : *ibid., n° 379* (l'acceptation d'un chèque constitue un commencement de preuve par écrit) • 9 avr. 1996 : *Dr. soc. 1996. 740, obs. Blaise* (modes de preuve prévus aux art. 1341 s. C. civ.).

15. Conclusion ; moment. Une transaction, ayant pour objet de mettre fin au litige résultant d'un licenciement, ne peut valablement être conclue qu'une fois la rupture intervenue et définitive. • Soc. 29 mai 1996 : *préc. note 4* • 19 nov. 1996, n° 93-41.745 P. • 15 janv. 1997 : *Bull. civ. V, n° 22 ; Dr. soc. 1997. 419, obs. Pélissier ; RJS 1997. 99, n° 141* • 12 nov. 1997 : *Dr. soc. 1998. 80, obs. Couturier ; RJS 1997. 867, n° 1414* • 2 déc. 1997, n° 95-42.008 P : *D. 1998. IR 12 ; Dr. soc. 1998. 29, concl. P. Lyon-Caen (1re esp.)* • 14 juin 2006 : *D. 2006. IR 1771 ; ibid. Pan. 183, obs. Berthier ; RDT 2006. 172, obs. Lardy-Pélissier ; RJS 2006. 700, n° 943 ; JS Lamy 2006, n° 194-5 ; JCP S 2006. 1641, note Asquinazi-Bailleux* (lettre de licenciement retirée à la poste par le salarié postérieurement à la signature de la transaction). ♦ La transaction est valablement conclue par le salarié licencié lorsqu'il a eu connaissance effective des motifs de cette rupture par la réception de la lettre recommandée lui notifiant son licenciement, même lorsque l'effet de la rupture est différé du fait de la signature d'une convention de reclassement personnalisé. • Soc. 31 mai 2011 : *Dalloz actualité, 21 juin 2011, obs. Perrin ; RJS 2011. 629, n° 685 ; JCP S 2011. 1364, obs. Dumont.* ♦ En l'absence de licenciement prononcé dans les formes légales, la transaction est nulle. • Soc. 2 déc. 1997 : *Dr. soc. 1998. 29, concl. P. Lyon-Caen (2e esp.)* • 13 janv. 1998, n° 95-40.226 P. ♦ Une transaction est nulle si elle reprend les termes d'un accord conclu antérieurement à la notification du licenciement. • Soc. 9 juill. 2003 : *RJS 2003. 802, n° 1163.* ♦ Ainsi, une convention mettant fin à un litige sur les conditions de travail d'un salarié, constatant la rupture du contrat de travail et prévoyant au profit de ce dernier le paiement de diverses indemnités ne peut valablement constituer, ni une rupture d'un commun accord en l'état d'un litige existant entre les parties, ni même une transaction qui ne pouvait intervenir qu'une fois le licenciement prononcé.

• Soc. 26 oct. 1999 : *RJS 1999. 851, n° 1461 ; Dr. soc. 2000. 178, note Radé*. ♦ Comp., antérieurement : une transaction peut être conclue même avant la notification du licenciement, dès lors que le principe du licenciement est acquis. • Soc. 28 oct. 1992, n° 89-44.953 P : *Dr. soc. 1992. 1003.*

16. Fausse date de transaction. Lorsqu'il apparaît que la date portée sur la transaction n'est pas celle à laquelle elle a été signée, il appartient au juge de rechercher à quelle date la transaction a été conclue précisément et, à défaut de pouvoir la déterminer, d'en déduire que l'employeur ne rapportait pas la preuve qui lui incombait que la transaction avait été conclue postérieurement au licenciement, et donc de l'annuler. • Soc. 1er juill. 2009 : *D. 2009. AJ 2040, obs. Perrin ; RJS 2009. 703, n° 795 ; JS Lamy 2009, n° 263-5 ; JCP S 2009. 1421, obs. Puigelier.*

17. L'accord conclu postérieurement au licenciement ne constitue pas une rupture d'un commun accord mais une transaction obligeant les juges à caractériser les concessions réciproques avant de rejeter les demandes du salarié. • Soc. 20 juin 1995 : *Dr. soc. 1996. 33, note Blaise ; RJS 1995. 586, n° 889 ; JCP E 1996. II. 793, note Finel* • 21 juin 1995, n° 91-45.806 P : *RJS 1995. 586, n° 889 ; Dr. soc. 1995. 938 ; JCP E 1996. II. 793, note Finel.* ♦ V. note 19.

18. Démission. La transaction doit être conclue postérieurement à la remise de la lettre de démission ; il appartient aux juges du fond, dans l'exercice de leur pouvoir souverain d'appréciation de vérifier cette circonstance. • Soc. 1er déc. 2004, n° 02-46.341 P : *Dr. soc. 2005. 339, obs. Gauriau ; RJS 2005. 113, n° 151.*

19. Concessions réciproques. Le juge doit rechercher en quoi il y a eu, de la part des parties, concessions réciproques. • Soc. 19 déc. 1990 : *RJS 1991. 307, n° 575* • 20 juin 1995 : *JCP 1996. II. 22618, note Finel* (concessions de l'employeur non caractérisées) • 18 déc. 2001, n° 99-40.649 P : *Dr. soc. 2002. 360, obs. Gauriau ; RJS 2002. 234, n° 283.* ♦ Pour ce faire, il doit vérifier l'existence des motifs invoqués par l'employeur à l'appui du licenciement, même s'il n'a pas à se prononcer sur leur caractère réel et sérieux. • Soc. 27 févr. 1996 : *RJS 1996. 242, n° 405 ; CSB 1996. 175, A. 40 (1re esp.).* ♦ Si, pour déterminer si les concessions sont réelles, le juge peut restituer aux faits leur véritable qualification, il ne peut, sans heurter l'autorité de la chose jugée attachée à la transaction, trancher le litige que cette transaction avait pour objet de clore en se livrant à l'examen des éléments de fait et de preuve. • Soc. 21 mai 1997, n° 95-45.038 P : *Dr. soc. 1997. 747, obs. Couturier ; RJS 1997. 526, n° 813* • 6 avr. 1999 : *D. 1999. IR 126 ; RJS 1999. 409, n° 662 ; Dr. soc. 1999. 641, obs. Gauriau* • 14 juin 2000, n° 97-45.065 P : *D. 2000. IR 208 ; RJS 2000. 638, n° 946.* ♦ La transaction ne peut porter sur l'imputabilité de la rupture, laquelle conditionne l'existence de concessions réciproques. • Soc. 16 juill. 1997 : *D. 1997. IR 197 ; Dr. soc. 1997. 977, obs. Couturier ; RJS 1997. 671, n° 1089.* ♦ L'existence de concessions réciproques doit s'apprécier en fonction des prétentions des parties au moment de la signature de l'acte ; si le juge ne peut rechercher si ces prétentions étaient justifiées, il peut néanmoins se fonder sur les faits invoqués lors de la signature de l'acte, indépendamment de la qualification juridique qui leur a été donnée. • Soc. 27 mars 1996, n° 92-40.448 P : *GADT, 4e éd., n° 119 ; Dr. soc. 1996. 741, obs. Blaise ; JCP 1996. II. 22711 (1re esp.), note Taquet ; RJS 1996. 343, n° 541 ; CSB 1996. 175, A. 40 (2e esp.) ; Dr. ouvrier 1996. 346, note Poirier* • 26 avr. 2007 : *pourvoi n° 06-40.718.*

20. La transaction qui comporte des concessions réciproques est licite quelle que soit leur importance relative. • Soc. 13 mai 1992, n° 89-40.844 P : *D. 1992. IR 171.* ♦ Mais les concessions de chacune des parties doivent être appréciables. • Soc. 19 févr. 1997, n° 95-41.207 P : *D. 1997. IR 70.* ♦ Ainsi, est nulle la transaction dont l'indemnité transactionnelle est d'un montant dérisoire. • Soc. 18 mai 1999, n° 96-44.628 P : *Dr. soc. 1999. 749, obs. Gauriau ; JCP 1999. IV. 2278* • 28 nov. 2000, n° 98-43.635 P : *RJS 2001. 133, n° 197* • 15 mai 2008 : *Dr. soc. 2008. 986, obs. Radé*. ♦ Ne constitue pas une transaction valable l'accord intervenu entre un salarié et un employeur, dès lors que ce dernier, en licenciant pour motif économique, avait ainsi admis l'inexistence d'une faute professionnelle et que l'accord comportait une renonciation du salarié à l'ensemble de ses indemnités sans aucune contrepartie de la part de l'employeur. • Soc. 18 oct. 1989 : *Bull. civ. V, n° 604 ; D. 1990. Somm. 163, obs. A. Lyon-Caen* • 27 mars 1996 : *préc. note 19* (renonciation de l'employeur à invoquer la faute grave du salarié, alors que celui-ci n'était licencié que pour un manque de compétence, non constitutif de faute grave). ♦ De même, est nulle faute de concession de l'employeur, la transaction faisant suite à un licenciement non motivé et dont l'indemnité transactionnelle correspondant à 3 mois de salaire était inférieure à l'indemnité minimale de 6 mois de salaire prévue à l'art. L. 122-14-4 [L. 1235-4 nouv.]. • Soc. 13 oct. 1999 : *RJS 1999. 842, n° 1373 ; CSB 1999. 360, A. 45, obs. Charbonneau.* ♦ Dans le même sens : • Soc. 9 mars 1978 : *Bull. civ. V, n° 184* • 17 mars 1982 : *ibid., n° 180* • 3 avr. 1990 : *ibid., n° 153 ; D. 1990. IR 120 ; CSB 1990. 139, A. 32 ; RJS 1990. 279, n° 376* • 5 janv. 1994, n° 89-40.961 P : *D. 1994. 586, note Puigelier ; CSB 1994. 43, A. 13 ; RJS 1994. 119, n° 148* (peu importe l'importance relative des concessions) • 11 oct. 1994 : *Dr. soc. 1994. 982, obs. Antonmattéi* • 19 févr. 1997, n° 95-41.207 P : *CSB 1997. 143, A. 29* (en constatant que le salarié avait droit à une indemnité de licenciement conventionnelle de 12 496,66 F, alors que la somme allouée en vertu de la transaction s'élevait à 15 000 F, la cour d'appel a pu décider que la transaction était nulle, faute de concessions réciproques) • 18 févr. 1998, ⚖ n° 95-42.500 P : *RJS 1998. 285, n° 457 ; Dr. soc. 1998. 402, obs. Savatier* ✐ (somme versée en application de l'accord transactionnel inférieure à l'indemnité conventionnelle à laquelle le salarié pouvait prétendre). ♦ Le seul fait pour l'employeur de dispenser le salarié de l'exécution de son préavis, sans lui verser d'indemnité compensatrice, ne constitue pas une concession de nature à rendre valable la transaction. • Soc. 23 avr. 1997 : ⚖ *RJS 1997. 448, n° 689.*

21. Peut constituer la base d'une transaction valable l'abandon par le salarié de son droit éventuel à des dommages-intérêts pour rupture abusive en contrepartie de la renonciation de l'employeur à invoquer la faute grave du salarié. • Soc. 27 janv. 1983 : *Dr. soc. 1985. 692, note Savatier.* ♦ ... Ou le fait pour le salarié d'accepter de démissionner avec une indemnité plus importante que celle qu'il aurait perçue en étant licencié. • Soc. 21 nov. 1984 : *ibid.* – V. aussi • Soc. 17 nov. 1982 : *Bull. civ. V, n° 627* • 1er mars 1979 : *ibid., n° 201* • 17 mars 1982 : *ibid., n° 180.* ♦ ... Ou le fait pour l'employeur de dispenser un salarié démissionnaire de l'exécution de son préavis et de le libérer de sa clause de non-concurrence alors que le salarié renonce à l'indemnité compensatrice de congés payés correspondant à un mois de salaire. • Soc. 1er déc. 2004 : ⚖ *RJS 2005. 113, n° 151.* ♦ ... Ou l'acceptation par le salarié de restrictions apportées à sa liberté d'expression pour assurer la protection de la réputation et des droits d'autrui dès lors que ces restrictions sont proportionnées au but recherché. • Soc. 14 janv. 2014 : ⚖ *Dalloz actualité, 21 janv. 2014, obs. Peyronnet.*

3° SANCTIONS

22. Compétence. Les litiges sur l'interprétation ou l'exécution de la transaction doivent être portés devant la juridiction de droit commun, dès lors qu'il résulte de la commune intention des parties de ne pas se placer sur le terrain du contrat de travail. • Soc. 22 juill. 1986 : *Bull. civ. V, n° 461.* ♦ Le conseil de prud'hommes est compétent pour examiner la demande en nullité d'une transaction en vue d'obtenir des indemnités de rupture. • Soc. 9 févr. 1989 : *Bull. civ. V, n° 118.* ♦ ... Et pour prononcer la résolution d'une transaction. • Soc. 30 janv. 1991 : ⚖ *RJS 1991. 245, n° 460.*

23. Vices du consentement. Une transaction ne peut être remise en cause pour cause d'erreur de droit. • Soc. 18 mars 1986 : *Bull. civ. V, n° 92.* ♦ ... Ni pour cause de lésion. • Soc. 17 mars 1982 : *Bull. civ. V, n° 180* (licéité de la transaction quelle que soit l'importance des concessions). ♦ Mais la transaction peut être rescindée en cas d'erreur sur son objet. • Soc. 17 déc. 1986 : *Bull. civ. V, n° 621* • 24 nov. 1998, ⚖ n° 95-43.523 P : *D. 1999. IR 3 ; RJS 1999. 122, n° 197* (validité de la transaction affectée par la croyance commune des parties que seule l'indemnité légale pouvait être réclamée par le salarié). ♦ Le consentement du salarié fait défaut dès lors qu'il ne sait pas lire le français et qu'il n'a pas compris la signification et la portée de la transaction qu'il a signée. • Soc. 14 janv. 1997 : ⚖ *D. 1997. 612, note Djoudi* ✐ ; *RJS 1997. 100, n° 142.* ♦ Comp., pour un refus d'annulation pour vice du consentement : • Soc. 12 févr. 1997, ⚖ n° 93-44.042 P : *D. 1997. IR 75* ✐ ; *RJS 1997. 187, n° 278.* ♦ Sur la prise en compte éventuelle du dol, V. • Soc. 19 mars 1980 : *Bull. civ. V, n° 272* • 7 juin 1995 : ⚖ *D. 1995. IR 198* ✐ ; *Dr. soc. 1995. 936* ✐ ; *RJS 1995. 584, n° 888* (transaction annulée pour dol, l'employeur ayant affirmé que la majoration de l'indemnité conventionnelle de licenciement n'était pas imposable) • 12 févr. 1997 : ⚖ *préc.* ♦ V. *a contrario* : • Soc. 16 févr. 1978 : *Bull. civ. V, n° 118* • 26 oct. 1979 : *ibid., n° 812* • 5 janv. 1984 : *ibid., n° 6 ; D. 1985. IR 250, obs. Goineau.*

24. Nullité relative et salariés non protégés. La nullité d'une transaction résultant de ce qu'elle a été conclue avant la notification du licenciement est une nullité relative instituée dans l'intérêt du salarié et ne peut dès lors être invoquée par l'employeur. • Soc. 28 mai 2002, ⚖ n° 99-43.852 P : *D. 2002. 3116, obs. Pousson* ✐ ; *Dr. soc. 2002. 783, obs. Couturier* ✐ ; *RJS 2002. 746, n° 970 ; JCP E 2002. 1764, obs. Bousez.* ♦ Comp. : • Soc. 24 oct. 2000, ⚖ n° 98-41.192 P : *RJS 2000. 808, n° 1249.* ♦ Cette nullité se prescrit par cinq ans. • Soc. 14 janv. 2003, ⚖ n° 00-41.880 P : *Dr. soc. 2003. 441, obs. Mouly* ✐ ; *RJS 2003. 231, n° 343.*

25. Nullité absolue et salariés protégés. La protection exceptionnelle et exorbitante du droit commun des salariés investis de fonctions représentatives a été instituée, non dans le seul intérêt de ces derniers, mais dans celui de l'ensemble de ces derniers ; il en résulte qu'est atteinte d'une nullité absolue d'ordre public toute transaction conclue entre l'employeur et le salarié protégé avant la notification de son licenciement prononcé après autorisation de l'autorité administrative. • Soc. 10 juill. 2002 : ⚖ *D. 2002. IR 2380* ✐ ; *RJS 2002. 934, n° 1255 ; JS Lamy 2002, n° 110-2.*

26. Restitution. La restitution des sommes versées en exécution de la transaction est la conséquence nécessaire de la nullité de cette dernière. • Soc. 25 avr. 2001 : ⚖ *Sem. soc. Lamy 2001, n° 1041, p. 5, obs. Chirez.* ♦ Les licenciements notifiés pour motifs personnels alors que la cause réelle en est économique ont un caractère frauduleux qui est de nature à affecter la validité des transactions portant sur ces licenciements, mais qui ne procède pas d'une cause immorale ; la nullité des transactions oblige par conséquent les salariés à restituer à la société les sommes perçues en exécution de ces dernières. • Soc. 10 nov. 2009 : *D. 2009. AJ 2870 ; Dr. ouvrier 2010.129, note Chirez ; RJS 2010, n° 35, p. 34 ; JS Lamy 2010, n° 271-3.*

27. Résolution pour inexécution. La transaction ne peut être opposée par l'un des contractants que s'il en a respecté les conditions ; dans le cas contraire, l'autre partie peut demander au juge d'en prononcer la résolution. • Soc. 7 juin 1989 : *Bull. civ. V, n° 428 ; D. 1990. Somm. 163, obs. A. Lyon-Caen.* ♦ La résolution de la transaction a pour effet de restituer au salarié ses droits primitifs et de lui permettre de faire requalifier la rupture amiable en licenciement. • Même arrêt. ♦ Sur la possibilité d'obtenir la résolution d'une transaction conclue devant le bureau de conciliation, V. • Soc. 30 janv. 1991 : *RJS 1991. 245, n° 460.*

B. PORTÉE

1° AUTORITÉ DE LA CHOSE JUGÉE

28. Principe. Une transaction régulière a, entre les parties, l'autorité de la chose jugée en dernier ressort. • Soc. 16 févr. 1978 : *Bull. civ. V, n° 118.*

29. Termes généraux. Dès lors que le salarié a signé une transaction « forfaitaire et définitive », il renonce à toutes réclamations de quelque nature qu'elles soient. • Cass., ass. plén., 4 juill. 1997 : *GADT, 4e éd., n° 121 ; BICC 1er nov. 1997, concl. Monnet ; D. 1998. 101, note Boulmier ; JCP E 1997. II. 1032, note Corrignan-Carsin ; Dr. soc. 1997. 978, obs. Couturier ; RJS 1997. 672, n° 1090* (renonciation à la prime d'intéressement). ♦ *Contra* : • Soc. 9 mars 1999, n° 96-43.602 P. ♦ Dans le même sens : • Soc. 30 janv. 1996 : *RJS 1996. 164, n° 278* (les clauses contractuelles destinées à trouver application postérieurement à la rupture du contrat ne sont pas affectées, sauf dispositions contraires expresses, par la transaction) • Soc. 5 nov. 2014 : *JS Lamy 2015, n° 379-3, obs. Hautefort ; RJS 1/2015, n° 26.* ♦ Sont nécessairement incluses dans une transaction des sommes dues par un salarié en vertu d'un prêt consenti avant la conclusion de la transaction, l'accord stipulant que les parties se reconnaissaient quittes et libérées l'une envers l'autre, tous comptes se trouvant définitivement réglés et apurés entre elles pour toute cause que ce soit. • Soc. 15 mai 2008 : *Dr. soc. 2008. 986, obs. Radé.*

30. L'accord qui n'a pris en considération que les divergences des parties sur la rupture et les indemnités y afférentes, sans faire la moindre allusion à la clause de non-concurrence, n'affecte pas l'applicabilité de celle-ci. • Soc. 6 mai 1998, n° 96-40.234 P : *D. 1998. IR 158 ; RJS 1998. 463, n° 729.* ♦ La transaction portant sur la rupture du contrat de travail et formulée en des termes généraux n'inclut pas le litige propre à la discrimination survenu au cours de la carrière. • Soc. 24 avr. 2013 : *Dalloz actualité, 17 mai 2013, obs. Peyronnet.*

31. Situation des tiers. Si l'effet relatif des contrats interdit aux tiers de se prévaloir de l'autorité d'une transaction à laquelle ils ne sont pas intervenus, ces mêmes tiers peuvent néanmoins invoquer la renonciation à un droit que renferme cette transaction. • Soc. 14 mai 2008 : *RDT 2008. 450, obs. Auzero ; D. 2008. 2117, note Serverin ; RJS 2009. 622, n° 776 ; Dr. soc. 2008. 986, note Radé ; JS Lamy 2008, n° 235-2 ; JCP S 2008. 1422, note Morvan.*

32. Représentants du personnel. Signée par un représentant du personnel irrégulièrement licencié, la transaction n'empêche pas de poursuivre l'employeur pour atteinte aux fonctions du représentant, mais interdit au salarié, qui a obtenu réparation des conséquences du licenciement et de celles résultant de son irrégularité, de poursuivre le chef d'entreprise pour avoir refusé sa réintégration, mesure qui ne peut se cumuler avec la réparation et qui est nécessairement exclue par l'accord. • Crim. 4 févr. 1992 : *D. 1992. IR 175 ; RJS 1992. 627, n° 1129.*

2° RÉGIMES DES INDEMNITÉS TRANSACTIONNELLES

33. Obligations de l'employeur. S'il est constaté que l'indemnité transactionnelle comprend divers éléments de rémunération autres que la réparation du préjudice né de la perte de l'emploi, l'établissement d'un bulletin de paie détaillant ces éléments est obligatoire pour l'employeur. • Soc. 16 juin 1998, n° 96-41.768 P : *RJS 1998. 630, n° 984 ; D. 1998. IR 186 ; JCP E 1998. 1386, note Taquet.*

34. Cotisations sociales. Sur les conditions de l'exclusion de l'indemnité transactionnelle de l'assiette des cotisations de sécurité sociale, V. • Soc. 27 nov. 1985 : *JCP E 1986. II. 14730, note Vachet* • 28 avr. 1986 : *ibid. 1988. II. 15197, note Taquet* • 28 oct. 1987 : *ibid. 1988. II. 15239, note Vachet* • 30 juin 1994, n° 92-14.952 P : *Dr. soc. 1994. 809, obs. Antonmattéi* (cassation de l'arrêt qui ne recherche pas si l'indemnité, quelle que soit la qualification retenue par les parties, n'englobait pas des éléments de rémunération soumis à cotisations). ♦ Si, en raison de son caractère salarial, l'indemnité de préavis est soumise à cotisation, elle n'est due que si le délai de préavis n'a pas été respecté, le salarié pouvant alors expressément renoncer à la percevoir en tout ou partie dans le cadre d'un accord de rupture négocié avec l'employeur ; en déduisant du seul fait de l'existence d'un licenciement le droit de l'URSSAF de percevoir des cotisations sur l'indemnité de préavis, la commission de première instance n'a pas donné de base légale à sa décision.

• Soc. 8 févr. 1989 : *D. 1990. 339, note Saint-Jours ; JCP E 1989. II. 15522, note Taquet.* – Dans le même sens : • Soc. 2 nov. 1989 : *JCP 1990. IV. 421 ; CSB 1990. 17, A. 8.*

35. Situation au regard des ASSEDIC. Doit être cassé l'arrêt qui, ayant constaté l'extinction de l'instance à la suite d'une transaction, déboute l'ASSEDIC de sa demande de remboursement des allocations de chômage, alors que, la cour étant dessaisie du litige par l'effet du désistement, elle ne pouvait statuer sur cette demande et porter ainsi atteinte à l'autorité de la chose jugée qu'avait acquise à l'égard de cet organisme, auquel la transaction n'était pas opposable, la disposition du jugement ordonnant le remboursement des allocations. • Soc. 7 juin 1995, n° 91-43.234 P : *JCP E 1995. II. 764, note Taquet ; RJS 1995. 578, n° 876 ; Dr. soc. 1995. 937.*

36. Régime fiscal. Sur le régime fiscal de l'indemnité transactionnelle, V. • CE 21 oct. 1985 : *Dr. soc. 1986. 379, concl. Fouquet, note Prétot.*

37. Opposabilité à l'AGS. La créance indemnitaire du salarié pour licenciement sans cause réelle et sérieuse relève du plafond 13, peu important que son montant résulte d'un accord de médiation ; dès lors que ce dernier n'a pas été conclu en vue de frauder aux droits de l'AGS. • Soc. 25 janv. 2006, n° 03-45.444 P : *D. 2006. IR 395 ; RDT 2006. 120, obs. Serverin ; RJS 2006. 301, n° 448.*

Art. L. 1231-5 **Lorsqu'un salarié engagé par une société mère a été mis à la disposition d'une filiale étrangère et qu'un contrat de travail a été conclu avec cette dernière, la société mère assure son rapatriement en cas de licenciement par la filiale et lui procure un nouvel emploi compatible avec l'importance de ses précédentes fonctions en son sein.**

Si la société mère entend néanmoins licencier ce salarié, les dispositions du présent titre sont applicables.

Le temps passé par le salarié au service de la filiale est alors pris en compte pour le calcul du préavis et de l'indemnité de licenciement. – *[Anc. art. L. 122-14-8.]*

BIBL. ► CATALA, *Cah. dr. entreprise, 4, 1986, p. 10.* – COURSIER, *Dr. soc. 1994. 19* . – A. LYON-CAEN, *Dr. soc. 1981. 747.* – A. LYON-CAEN et DE MAILLARD, *ibid. 320.* – G. LYON-CAEN, *Rev. crit. DIP 1976. 439.* – MARTINON, *JCP S 2013. 1079* (organisation de la mobilité dans les groupes). – MOREAU-BOURLÈS, *Dr. soc. 1986. 23.* – NIVELLES, *JS Lamy 2014, n° 357-1.* – TAQUET, *Sem. soc. Lamy 1993, suppl. n° 651.* – VACARIE, *Dr. soc. 1989. 462.* – *Jurispr. soc. UIMM 87-489, 266 s. ; 89-518, 320.*

COMMENTAIRE

V. Dalloz.fr et applications mobiles Dalloz.

A. CONDITIONS

1. Loi française. L'art. L. 122-14-8 [L. 1231-5 nouv.] n'est pas applicable lorsque le droit français a cessé d'être applicable aux relations contractuelles avec la société mère antérieurement à l'expatriation. • Soc. 30 juin 1993, n° 89-41.293 P : *D. 1993. IR 218 ; RJS 1993. 520, n° 866 ; JCP E 1993. II. 523, note Coursier (2e esp.).*

2. Les obligations de la société mère ne sont pas subordonnées au maintien d'un contrat de travail avec le salarié. • Soc. 13 nov. 2008, n° 07-41.700 P : *D. 2008. Actu. 2944, obs. Perrin ; ibid. Pan. 594, obs. Peskine ; RDT 2009. 29, obs. Amauger-Lattes ; Dr. soc. 2009. 69, obs. Lhernould ; RJS 1/2009, n° 68 ; JCP S 2009, n° 1018, note Ph. Coursier.* ♦ Le seul fait que le salarié n'ait pas, avant son détachement, exercé des fonctions effectives au service de l'employeur qui l'a détaché ne dispense pas celui-ci de son obligation d'assurer son rapatriement à la fin du détachement et de le reclasser dans un autre emploi en rapport avec ses compétences. • Soc. 7 déc. 2011 : *Dalloz actualité, 2 janv. 2012, obs. Fleuriot ; D. 2012. Actu. 102 ; Dr. soc. 2012. 266, note Lokiec ; RJS 2012. 160, n° 193 ; JS Lamy 2012, n° 314-6, obs. Lhernould ; JCP S 2012. 1066, obs. Dauxerre.*

3. Les obligations qui pèsent sur la société mère existent même si le contrat de travail conclu avec la filiale est soumis au droit étranger. • Soc. 30 mars 2011 : *D. 2011. Actu. 1087, obs. Ines ; Dr. soc. 2012. 266, note Lokiec ; JCP S 2011. 1257, obs. Pagnerre ; Dr. ouvrier 2011. 480, note Lacoste-Mary.*

4. Notion de filiale étrangère. Lorsqu'un salarié a été engagé par une société ayant pour mission de gérer le personnel des différentes sociétés d'un groupe, l'art. L. 122-14-8 [L. 1231-5 nouv.] est inapplicable à cette société lorsqu'elle ne forme pas avec les sociétés employant le salarié une société unique d'un point de vue économique. • Soc. 5 mai 1986 : *Bull. civ. V, n° 196.*

5. Sur la nature des liens unissant la société mère et la filiale, V. • Aix-en-Provence, 23 janv. 1980 : *D. 1981. 301, note Mestre et Buy* • 31 mars 1981 : *ibid.* • Soc. 27 juin 1990 : *CSB 1990. 226* (arrêt reconnaissant la qualité de société mère à une société qui, tout en ne possédant pas la majorité du capital d'une autre, la contrôle en lui assurant une assistance technique et en passant des actes relevant normalement de l'autorité de cette dernière).

6. La loi ne visant que le cas des salariés mis à disposition d'une filiale étrangère, elle ne bénéficie pas au salarié détaché dans un territoire d'outre-mer. • Soc. 15 juin 1978 : *Bull. civ. V, n° 479.*

7. Rupture du contrat de travail. Les obligations de la société mère naissent de la rupture du contrat de travail avec la filiale dès lors que celle-ci met fin au contrat de travail, quelle que soit la cause. • Soc. 13 nov. 2008 : *D. 2008. 2944, obs. Perrin ; ibid 2009. Pan. 590, obs. Peskine ; RDT 2009. 29, obs. Amauger-Lattes ; RJS 2009. 75, n° 68 ; JS Lamy 2008, n° 245-6 ; Dr. soc. 2009. 69, note Lhernould ; JCP S 2009. 1055, obs. Coursier* (cession du fonds à une société tierce).

8. Doit être cassé l'arrêt refusant d'appliquer l'art. L. 122-14-8 [L. 1231-5 nouv.], alors qu'il ne résultait pas de la lettre invoquée par l'employeur que le salarié avait manifesté sans équivoque sa volonté de renoncer au bénéfice des dispositions légales dont il n'était pas tenu de solliciter l'application. • Soc. 4 juin 1987 : *Bull. civ. V, n° 359.*

9. Date d'appréciation. Les conditions prévues par l'art. L. 122-14-8 [L. 1231-5 nouv.] s'apprécient à la date du licenciement par la filiale. • Bordeaux, 8 sept. 1998 : *RJS 1999. 182, n° 308.*

B. MISE EN ŒUVRE

10. Rapatriement. La société mère doit, dès qu'elle a connaissance du licenciement du salarié, assurer son rapatriement et lui procurer un nouvel emploi. • Soc. 6 juill. 1982, n° 80-41.092 P : *D. 1982. 641, note Mestre et Buy ; D. 1983. IR 442, obs. Frossard.* ♦ La cession à un tiers de son fonds par une filiale étrangère dans laquelle le salarié est détaché, met fin *ipso facto* au contrat de travail ; il appartient alors à la société mère de prendre l'initiative du rapatriement du salarié et de lui proposer un reclassement. • Soc. 13 nov. 2008 : *D. 2008. 2944, obs. Perrin ; ibid 2009. Pan. 590, obs. Peskine ; RDT 2009. 29, obs. Amauger-Lattes ; RJS 2009. 75, n° 68 ; JS Lamy 2008, n° 245-6 ; Dr. soc. 2009. 69, note Lhernould ; JCP S 2009. 1055, obs. Coursier.*

11. La société mère a l'obligation d'assurer le rapatriement du salarié et doit supporter les frais d'expatriation lorsque le retard dans l'accomplissement de son obligation lui est imputable. • Soc. 5 mai 1982 : *Bull. civ. V, n° 274 ; D. 1982. IR 389.*

12. Reclassement. Le salarié rapatrié ne peut prétendre à une rémunération identique à celle dont il bénéficiait au sein de la filiale dans des conditions de travail très différentes ; son refus d'un poste qui ne constituait pas un déclassement caractérise une cause réelle et sérieuse de licenciement. • Soc. 22 mars 1982 : *Bull. civ. V, n° 193* • 26 janv. 1983 : *JS UIMM 1987. 300.* ♦ L'application de l'art. L. 1231-5 n'est pas subordonnée au maintien d'un contrat de travail entre le salarié et la société mère ; son application n'est pas affectée par la loi applicable au contrat conclu avec la société filiale. • Soc. 30 mars 2011 : *D. 2011. Actu. 1087, obs. Ines ; Dr. soc. 2012. 266, note Lokiec ; JCP S 2011. 1257, obs. Pagnerre ; Dr. ouvrier 2011. 480, note Lacoste-Mary.*

13. Reclassement et modification du contrat de travail. En retenant que l'emploi offert au salarié était, en raison de son niveau hiérarchique et de sa rémunération, supérieur à celui occupé dans l'entreprise lors de sa mise à la disposition d'une filiale, la cour d'appel a fait ressortir que cet emploi était compatible avec l'importance des précédentes fonctions exercées au sein de la société mère. • Soc. 2 avr. 1992 : *RJS 6/1992, n° 718.* ♦ Les dispositions de l'art. L. 122-14-8 [L. 1231-5 nouv.] ne font pas obstacle à ce que la société mère, dans le cadre de son obligation de reclassement, propose un autre emploi au salarié, même de catégorie inférieure, par voie de modification du contrat de travail. • Soc. 19 déc. 2000 : *D. 2001. IR 429 ; RJS 2001. 262, n° 371.*

14. Réintégration et prise d'acte de la rupture. Le salarié qui a fait l'objet d'un rapatriement en France sans bénéficier d'une offre de réintégration sérieuse, précise et compatible avec l'importance de ses précédentes fonctions au sein de la société mère et sans qu'aucun accord exprès sur ce nouveau poste soit intervenu est fondé à prendre acte de la rupture. • Soc. 21 nov. 2012 : *Dalloz actualité, 11 déc. 2012, obs. Siro ; JCP S 2013. 1113, obs. Pagnerre.*

15. Le fait que le salarié licencié ait perçu des indemnités de rupture versées par la filiale ne dispense pas la société mère de son obligation de reclassement. • Soc. 4 déc. 1985 : *Bull. civ. V, n° 569.*

C. LICENCIEMENT

16. Motif du licenciement. Si la société filiale met fin au contrat de travail, le salarié peut se prévaloir des règles relatives au licenciement et la société mère, tenue de le réintégrer, ne peut le licencier qu'en invoquant une cause réelle et sérieuse de licenciement. • Soc. 30 mars 1999 : *D. 1999. IR 122 ; RJS 1999. 456, n° 754.* ♦ ... Fondée sur des faits concernant la société mère. • Soc. 18 mai 1999, n° 96-45.439 P : *D. 1999. IR 171 ; RJS 1999. 802, n° 1311 ; Dr. soc. 1999. 1110, obs. Moreau.*

17. Indemnité de licenciement. Le salarié licencié ne peut cumuler, pour une même période de travail, les indemnités versées par la filiale et celles qu'il pouvait obtenir à la suite de son licenciement par la société mère. • Soc. 4 déc. 1985 : *Bull. civ. V, n° 569* • 20 janv. 1993 : *RJS 1993. 96, n° 125.* ♦ Les indemnités de rupture auxquelles peut prétendre le salarié mis par la société, au service de laquelle il était engagé, à la disposition d'une filiale étrangère au titre de son licenciement prononcé par la société mère après que la filiale a mis fin à son détachement doivent être calculées par référence aux salaires perçus par le salarié dans son dernier emploi. • Soc. 27 oct. 2004, n° 02-40.648 P : *Dr. soc. 2005. 109, obs. Radé ; RJS 2005. 73, n° 86.*

18. *Indemnité de préavis.* La société mère doit verser une indemnité de préavis à un salarié déjà licencié par la filiale, les deux indemnités n'ayant pas la même cause et s'appliquant à des périodes différentes. • Soc. 15 nov. 1989 : *Bull. civ. V, n° 660 ; CSB 1990. 35.*

Art. L. 1231-6 **Un décret en Conseil d'État détermine les modalités d'application du présent chapitre.** — *[Anc. art. L. 122-14-11.]* — *V. art. R. 1231-1.*

CHAPITRE II LICENCIEMENT POUR MOTIF PERSONNEL

BIBL. Duquesne, *Dr. soc. 1996. 374.* – Morville, *CSB 1996. 93.* – Pochet, *Dr. soc. 1995. 655.*

COMMENTAIRE

V. Dalloz.fr et applications mobiles Dalloz.

SECTION PREMIÈRE CAUSE RÉELLE ET SÉRIEUSE

Art. L. 1232-1 *(L. n° 2008-596 du 25 juin 2008)* **Tout licenciement pour motif personnel est motivé dans les conditions définies par le présent chapitre.**

Il est justifié par une cause réelle et sérieuse. — *[Anc. art. L. 122-14-3, al. 1er, phrase 1.]*

BIBL. ▸ Cause réelle et sérieuse : Chirez, *D. 1988. Chron. 186 ; Sem. soc. Lamy 1986, n° 322, D. 4.* – Couturier, *Ét. offertes à Savatier, 1992, p. 143* (intérêt de l'entreprise). – Joseph, *Dr. ouvrier 1984. 51.* – Kuhnmunch, *Dr. soc. 1988. 384.* – Lagarde, *JCP 2000. I. 254.* – Langlois, *Sem. soc. Lamy 1984, n° 225, D. 4.* – Saramito, *Dr. ouvrier 1981. 163* (licenciement des cadres). – Signoretto, *RPDS 1985. 133.* – Sportouch, *Dr. soc. 1992. 787* (licenciement en cas de redressement ou de liquidation judiciaires). – Teyssié, *ibid. 1988. 374.* – V. aussi *JCP E 1993. I. 235.*

▸ Contrôle par la Cour de cassation : Blaise, *BS Lefebvre 1986. 227.* – Bottin-Vaillant, *Dr. ouvrier 2011. 601* (faute grave et contrôle de la Cour de cassation : panorama de jurisprudences). – Henry, *Dr. ouvrier 1990. 157* (loi du 2 août 1989). – Pélissier, *Dr. soc. 1986. 179.* – Savatier, *ibid. 1987. 357.* – Waquet, *ibid. 1992. 980.* – V. la table ronde organisée par le parquet général de la Cour de cassation : *Dr. soc. 1986. 175 s.*

COMMENTAIRE

V. Dalloz.fr et applications mobiles Dalloz.

I. GÉNÉRALITÉS

1. *Principe.* Un licenciement pour une cause inhérente à la personne du salarié doit être fondé sur des éléments objectifs et imputables au salarié. • Soc. 7 déc. 1993 : *D. 1994. Somm. 309, obs. A. Lyon-Caen et Papadimitriou ; Dr. soc. 1994. 213* • Soc. 20 oct. 2015, n° 14-17.624 P : *Dalloz actualité, 25 nov. 2015, obs. Fraisse ; D. 2015. Actu. 2187.* ♦ Ne peuvent donc être invoqués des faits imputables à un membre de la famille du salarié. • Soc. 27 janv. 1993 : *D. 1993. IR 210 ; Dr. soc. 1993. 187* • 25 avr. 1990, n° 87-45.275 P : *D. 1990. IR 134* • 21 mars 2000, n° 98-40.130 P : *D. 2000. IR 114 ; Dr. soc. 2000. 655, obs. J. Savatier ; RJS 2000. 357, n° 509.*

A. VIE PERSONNELLE DU SALARIÉ

BIBL. Bedoura, *D. 1978. Chron. 51* (licenciement des maîtres de l'enseignement confessionnel). – Bouaziz, *Dr. ouvrier 1991. 201.* – Boulmier, *CSB 2003, numéro spécial juill.-août, p. 71* (licenciement et religion). – Despax, *JCP 1963. I. 1776* (incidence de la vie extra-professionnelle). – Escande-Varniol, *RJS 1993. 403* (motif extra-professionnel). – Grévy, *Dr. soc. 1995. 329* (vidéosurveillance). – Joseph, *Dr. ouvrier 1990. 378* (état de santé). – Kernaleguen, *Mélanges H. Blaise, 1995, p. 269.* – Mouly, *Dr. soc. 2006. 839.* – Roger, *Dr. soc. 1980. 173* (délinquance). – Savatier, *ibid. 1991. 485* (licenciement d'un sacristain en raison de ses mœurs) ; *ibid. 1992. 329* (protection de la vie privée). – De Tissot, *ibid. 1995. 222.*

2. *Protection de la vie personnelle.* En principe il ne peut être procédé au licenciement d'un salarié pour une cause tirée de sa vie privée. • Soc. 20 nov. 1991, n° 89-44.605 P : *D. 1992. IR 25 ; Dr. soc. 1992. 79 ; RJS 1992. 26, n° 3* (vol à l'étalage commis par un employé d'une société de gardiennage) • 9 mars 2011, n° 09-42.150

P : *Dalloz actualité, 18 mars 2011, obs. Astaix ; Dr. ouvrier 2011. 601, note Bottin-Vaillant ; JS Lamy 2011, n° 298-3, obs. Tourreil ; JCP S 2011. 1230, obs. Mouly.* ♦ La réception par le salarié d'une revue qu'il s'est fait adresser sur le lieu de travail ne constitue pas un manquement aux obligations résultant de son contrat ; l'employeur ne pouvait sans méconnaître le respect dû à la vie privée du salarié se fonder sur le contenu d'une correspondance privée pour sanctionner son destinataire et le trouble objectif dans le fonctionnement de l'entreprise ne permettait pas en lui-même de prononcer une sanction disciplinaire. • Cass., ch. mixte, 18 mai 2007 : *Bull. ch. mixte, n° 3 ; D. 2007. AJ 2137 ; RDT 2007. 527, obs. Montpeyssen ; RJS 2007. 615, n° 810 ; JS Lamy 2007, n° 213-2 ; JCP 2007. 1844, note Puigelier ; JCP S 2007. 1538, note Barège et Bossu* (V. art. L. 1121-1) • Soc. 23 juin 2009, n° 07-45.256 P : *RDT 2009. 657, obs. Mathieu-Géniaut ; RJS 2009. 704, n° 796 ; JCP E 2009. 1934, note Corrignan-Carsin.* ♦ Le fait pour un salarié qui utilise un véhicule dans l'exercice de ses fonctions de commettre, dans le cadre de sa vie personnelle, une infraction entraînant la suspension ou le retrait de son permis de conduire ne saurait être regardé comme une méconnaissance par l'intéressé de ses obligations découlant du contrat de travail. • Soc. 3 mai 2011, n° 09-67.464 P : *Dalloz actualité, 26 mai 2011, obs. Siro ; D. 2011. Actu. 1357 ; RJS 2011. 541, n° 588 ; Dr. ouvrier 2011. 601, note Bottin-Vaillant ; JCP S 2011. 1312, obs. Corrignan-Carsin ; Sem. soc. Lamy 2011, n° 1492, p. 12, obs. Champeaux* • 21 oct. 2003, n° 00-45.291 P : *JCP E 2004. 773, note Puigelier* (caractère non fautif du comportement, relevant de sa vie personnelle, d'une secrétaire médicale ayant poursuivi une activité de « voyante tarologue », en l'absence de manquement de la salariée à son obligation contractuelle de confidentialité).

3. Effets sur la vie professionnelle. Un salarié appartenant au personnel navigant d'une compagnie aérienne en tant que membre de l'équipe critique pour la sécurité consommant des drogues dures pendant les escales se trouvant sous l'influence de produits stupéfiants pendant l'exercice de ses fonctions n'a pas respecté les obligations prévues par son contrat de travail et a ainsi fait courir un risque aux passagers. • 27 mars 2012, n° 10-19.915 P : *Dalloz actualité, 23 avr. 2012, obs. Siro ; D. 2012. Actu. 1065, obs. Poissonnier ; D. 2013. Pan. 1026, obs. Porta ; Dr. soc. 2012. 526, obs. Mouly ; RJS 2012. 454, n° 529 ; JCP S 2012. 1245, obs. Rozec ; Sem. soc. Lamy 2012, n° 1535, p. 11, obs. Marcon.*

4. Rattachement à la vie de l'entreprise. Les faits de menaces, insultes et comportements agressifs commis à l'occasion d'un séjour organisé par l'employeur dans le but de récompenser les salariés lauréats d'un « challenge » national interne à l'entreprise et à l'égard des collègues ou supérieurs hiérarchiques du salarié se rattachent à la vie de l'entreprise et peuvent justifier un licenciement pour faute grave. • Soc. 8 oct. 2014 : *D. 2014. Actu. 2056*.

5. Trouble objectif. Il peut être procédé à un licenciement dont la cause objective est fondée sur le comportement du salarié qui, compte tenu de la nature de ses fonctions et de la finalité propre de l'entreprise, a créé un trouble caractérisé au sein de cette dernière. • Soc. 17 avr. 1991, n° 90-42.636 P : *D. 1991. IR 140 ; JCP 1991. II. 21724, note Sériaux ; Dr. soc. 1991. 485, note Savatier ; CSB 1991. 133, A. 33 ; RJS 1991. 297, n° 558* (caractère abusif du licenciement d'un sacristain homosexuel). ♦ Le trouble objectif dans le fonctionnement de l'entreprise ne permet pas en lui-même de prononcer une sanction disciplinaire. • Cass., ch. mixte, 18 mai 2007 : *préc. note 2.*

6. Troubles caractérisés. Crée un trouble caractérisé constitutif d'une faute grave le fait pour un cadre commercial d'une banque, tenu à une obligation de probité, d'être poursuivi pour vol et trafic de véhicules. • Soc. 25 janv. 2006, n° 04-44.918 P : *D. 2006. IR 394 ; Dr. soc. 2006. 848, note Mathieu-Géniaut ; RJS 2006. 270, n° 392 ; JS Lamy 2006, n° 183-6.*

7. Troubles non caractérisés. Dans sa vie privée, le salarié est libre d'acheter les biens, produits ou marchandises de son choix et par conséquent d'acquérir un produit vendu par un concurrent de l'employeur. • Soc. 30 juin 1992, n° 89-43.840 P : *D. 1992. IR 209 ; CSB 1992. 202, S. 130 ; RJS 1992. 535, n° 959.* ♦ Est dépourvu de cause réelle et sérieuse le licenciement d'un banquier ayant émis des chèques sans provision. • Soc. 22 janv. 1992, n° 90-42.517 P : *D. 1992. IR 60 ; Dr. soc. 1992. 329, note Savatier ; CSB 1992. 73, A. 15 ; RJS 1992. 156, n° 247* • 16 déc. 1998, n° 96-43.540 P : *D. 1999. IR 19* (insolvabilité d'un employé de banque) • 26 févr. 2003 : *Dr. soc. 2003. 625, note Savatier* (détention provisoire du salarié).

8. Entreprises de tendance. L'autonomie des entreprises de tendance ou identitaires participe de la substance du droit au respect de ses convictions religieuses, prévu par l'art. 9, et leurs intérêts demeurent donc prépondérants sur ceux des salariés. • CEDH 23 sept. 2010 : *RDT 2011. 45, obs. Couard ; D. 2011. 1637, chron. Marguénaud et Mouly*. ♦ Porte atteinte à la vie privée et familiale du travailleur l'employeur qui licencie le chef de chœur d'une paroisse catholique qui, en entretenant une relation adultère, aurait manqué à son obligation particulière de loyauté. • CEDH 23 sept. 2011 : *RDT 2011. 45, obs. Couard ; D. 2011. 1637, chron. Marguénaud et Mouly*. ♦ N'est pas une entreprise de tendance ou de conviction l'association qui a pour objet, non de promouvoir et de défendre des convictions religieuses, politiques ou philosophiques, mais de développer une action orientée vers la petite enfance en milieu défavorisé et d'œuvrer pour l'insertion sociale et professionnelle des femmes sans distinction d'opinion politique et confessionnelle. • Cass., ass. plén., 25 juin 2014 : *AJDA 2014. 1293 ; D. 2014. 1386 ; ibid. 1536 , entretien Radé ; AJCT 2014. 337 , tribune de la Morena ; JS Lamy 2014, n° 371-2, obs. Hautefort.*

9. Religion. Le refus de subir une visite médicale réglementaire est une cause réelle et sérieuse de licenciement, indépendamment du motif religieux invoqué par le salarié. • Soc. 29 mai 1986 : *Bull. civ. V, n° 262.* ♦ Sur la légitimité du licenciement d'une assistante maternelle engagée dans un jardin d'enfants géré par une paroisse protestante en raison de son engagement actif au sein d'une autre communauté religieuse, V. • CEDH 3 févr. 2011, *Siebenhaar : Dalloz actualité, 15 févr. 2011, obs. Astaix ; RJS 2011. 541, n° 588 ; JCP S 2011. 1312, obs. Corrignan-Carsin ; Sem. soc. Lamy 2011, n° 1492, p. 12, obs. Champeaux.*

10. Situation matrimoniale. L'inobservation d'une clause d'un règlement intérieur, illicite en ce qu'elle interdisait l'emploi simultané de deux conjoints et portait ainsi atteinte à la liberté du mariage, ne saurait constituer une cause légitime de licenciement. • Soc. 10 juin 1982 : *Bull. civ. V, n° 392 ; JCP 1984. II. 20230, note Hennion-Moreau.* ♦ *Contra* antérieurement : • Soc. 4 avr. 1979 : *Bull. civ. V, n° 315* (risque d'un préjudice pour l'entreprise du fait de l'activité concurrentielle du conjoint du salarié licencié) • Cass., ass. plén., 19 mai 1978 : *Bull. ass. plén., n° 1 ; D. 1978. 541, concl. Schmelk, note Ardant ; JCP 1978. II. 19009, rapp. Sauvageot, note Lindon ; Gaz. Pal. 1978. 2. 464, note Viatte* (remariage après divorce d'une femme institutrice dans un établissement d'enseignement catholique). ♦ Mais le seul risque d'un conflit d'intérêts né du mariage d'un salarié avec une personne détenant la moitié du capital social d'une société affiliée au réseau de son employeur est abusif. • Soc. 21 sept. 2006, n° 05-41.155 P : *RDT 2006. 314, obs. Dockès ; D. 2006. 2901, obs. Gaba ; ibid. 2007. Pan., obs. Mathieu-Géniaut ; RJS 2006. 855, n° 1148 ; JS Lamy 2006, n° 198-3.*

11. Salarié mis en examen. La dissimulation par le salarié d'un fait en rapport avec ses activités professionnelles et les obligations qui en résultent peut constituer un manquement à la loyauté à laquelle il est tenu envers son employeur, dès lors qu'elles sont de nature à avoir une incidence sur l'exercice des fonctions ; il en est ainsi s'agissant d'une mise en examen du salarié pour des faits en rapport avec ses activités professionnelles. • Soc. 29 sept. 2014 : *Dalloz actualité, 20 oct. 2014, obs. Peyronnet.*

12. Liberté d'expression. Si l'exercice de la liberté d'expression dans l'entreprise jouit d'une impunité totale, il faut en déduire que lorsqu'elle s'exerce hors de l'entreprise, où elle retrouve toute sa plénitude, il doit nécessairement en aller de même sauf dans les cas où elle est limitée par la loi. • Soc. 28 avr. 1988, *Clavaud : Bull. civ. V, n° 257 ; D. 1988. 437, note Wagner ; Dr. soc. 1988. 428, concl. Écoutin, obs. Couturier ; Dr. ouvrier 1988. 250, concl. Écoutin, note Jeammaud et Le Friant ; RPDS 1988. 184, note G. Lyon-Caen ; ibid. 1988. 218, note Cohen.*

13. L'exercice de la liberté d'expression des salariés en dehors de l'entreprise ne peut justifier un licenciement que s'il dégénère en abus. • Soc. 12 nov. 1996, n° 94-43.859 P : *D. 1996. IR 266* (diffusion d'une lettre ni diffamatoire ni excessive : abus non caractérisé) • 4 févr. 1997 : *Dr. soc. 1997. 413, obs. Savatier ; CSB 1997. 137, A. 26, note Philbert* (dénigrement constitutif d'un abus). ♦ Dans le même sens : • Soc. 5 mai 1993 : *D. 1994. Somm. 306, obs. Millet ; Dr. soc. 1993. 600* (à propos de l'envoi par le salarié d'une lettre à un journal satirique : absence de faute grave). ♦ V. aussi : • Soc. 6 oct. 1993 : *Dr. soc. 1994. 353, note de Tissot* (propos injurieux envers un chef d'État étranger constitutifs d'une faute grave) • 28 avr. 1994, n° 92-43.917 P : *Dr. soc. 1994. 703 ; RJS 1994. 447, n° 738* (lettre adressée à l'employeur, injurieuse pour un supérieur hiérarchique, et ne constituant pas l'exercice normal de la liberté d'expression du salarié) • 7 oct. 1997, n° 93-41.747 P : *RJS 1997. 745, n° 1199* (manquement à l'obligation de discrétion absolue pesant sur les personnels des cabinets médicaux ; faute grave). ♦ N'est pas fautif le fait pour un cadre de haut niveau qui, dans des circonstances difficiles, a été amené à formuler, dans l'exercice de ses fonctions et dans le cadre restreint d'un comité de direction, des critiques, même vives, concernant la nouvelle organisation, au moyen d'un document ne comportant pas de termes injurieux, diffamatoires ou excessifs. • Soc. 14 déc. 1999, n° 97-41.995 P : *GADT, 4e éd., n° 13 ; D. 2000. IR 40 ; Dr. soc. 2000. 163, concl. Duplat , note Ray.* ♦ Manque à ses obligations dans des conditions outrepassant sa liberté d'expression justifiant la rupture immédiate du contrat de travail le salarié qui jette le discrédit sur l'étude en des termes excessifs et injurieux auprès de la Chambre des notaires, de la caisse de retraite et de prévoyance et de l'Urssaf. • Soc. 15 déc. 2009, n° 07-44.264 P : *R., p. 331 ; D. 2010. AJ 156 ; JS Lamy 2010, n° 270-3.*

14. Refus de vaccination. Dès lors que la réglementation applicable à l'entreprise impose la vaccination des salariés exerçant des fonctions les exposant au risque d'une maladie et que le médecin du travail a prescrit cette vaccination sans contre-indication médicale de nature à justifier le refus du salarié, celui-ci ne peut s'y opposer et son refus constitue une cause réelle et sérieuse de licenciement. • Soc. 11 juill. 2012 : *Dalloz actualité, 6 sept. 2012, obs. Ines ; RDT*

2012. 637, obs. Pontif ; *RJS 2012. 689, n° 807* ; *JS Lamy 2012, n° 323-9, obs. Gaba* ; *JCP S 2013. 1046, obs. Boulmier.*

B. CAUSE RÉELLE ET SÉRIEUSE

15. Caractère d'ordre public. La notion de cause réelle et sérieuse est d'ordre public. • Soc. 18 déc. 1975, n° 74-40.477 P : *GADT, 4e éd., n° 83* ; *D. 1976. 210.*

16. Réalité et sérieux. Les griefs reprochés au salarié ne doivent pas être minimes, non établis ou peu sérieux. • Soc. 23 mars 1977 : *Bull. civ. V, n° 215.* – V. aussi : • Soc. 18 déc. 1975 : *Bull. civ. V, n° 619* ; *GADT, 4e éd., n° 83* ; *D. 1976. 210, note Pélissier* • 13 déc. 1979 : *Bull. civ. V, n° 980* ; *D. 1980. IR 351.* ♦ V., pour un motif réel, mais non sérieux : • Soc. 5 janv. 1978 : *D. 1978. IR 91.* ♦ La cause peut être réelle et sérieuse même en l'absence de faute grave, d'élément intentionnel et malgré le caractère isolé des faits. • Soc. 25 avr. 1985 : *Bull. civ. V, n° 261* ; *D. 1985. IR 381.* ♦ ... Ou même en l'absence d'avertissements ou d'observations préalables. • Soc. 13 nov. 1986 : *Bull. civ. V, n° 517.*

17. Cause réelle. Un licenciement pour une cause inhérente à la personne du salarié doit être fondé sur des éléments objectifs. • Soc. 29 nov. 1990, n° 87-40.184 P : *GADT, 4e éd., n° 103* ; *D. 1990. 190, obs. J. Pélissier*. ♦ Ne repose pas sur des éléments objectifs un licenciement fondé sur des divergences de vues relatives à la qualité d'actionnaire du salarié mais étrangères à son activité professionnelle. • Soc. 4 févr. 1993 : *RJS 1993. 328, n° 559* ; *CSB 1993. 92, S. 36.* ♦ Dans le même sens : • Soc. 2 juill. 1992 : *Bull. Joly 1992. 1099, note Le Cannu* (gérant minoritaire révoqué puis licencié pour une faute commise en sa qualité de gérant et non de salarié) • 23 févr. 2005, n° 02-43.770 P : *RJS 2005. 351, n° 489* (non-renouvellement du mandat électif du président de l'assemblée de la collectivité territoriale qui a engagé le salarié) • 8 févr. 2005, n° 02-46.720 P : *Dr. soc. 2005. 813, obs. Roy-Loustaunau* ; *RJS 2005. 258, n° 349* (cause pour laquelle le CDD, requalifié en CDI, avait été conclu, en l'occurrence le retour du salarié remplacé).

18. Perte de confiance. **BIBL.** Waquet, *RDT 2006. 304* (notion de « trouble objectif »). ♦ La perte de confiance ne peut jamais constituer en tant que telle une cause de licenciement, même quand elle repose sur des éléments objectifs ; seuls ces éléments objectifs peuvent, le cas échéant, constituer une cause de licenciement. • Soc. 29 mai 2001, n° 98-46.341 P : *D. 2002. 921, obs. Gardin* ; *RJS 2001. 689, n° 999* ; *JS Lamy 2001, n° 84-2.* ♦ V. aussi : • Soc. 29 nov. 1990, n° 87-40.184 P : *GADT, 4e éd., n° 103* ; *D. 1991. 190, note Pélissier* ; *Dr. soc. 1992. 32, note Gaudu* ; *CSB 1991. 11, A. 5* (licenciement injustifié d'une secrétaire du seul fait que son époux, ancien salarié de l'entreprise, intentait contre cette dernière une action en justice) • 27 mai 1998, n° 96-41.276 P : *JS UIMM. 1998. 366* (licenciement injustifié d'une salariée dont le conjoint a démissionné de la même entreprise pour travailler chez son principal concurrent, le risque de fuites d'informations au profit de celui-ci ne constituant pas un élément objectif) • 9 janv. 1991, n° 89-43.918 P : *Dr. soc. 1992. 32, note Gaudu* ; *D. 1992. Somm. 348, obs. Serra* • 10 déc. 1991, n° 90-44.524 P : *D. 1992. IR 35* • 19 mai 1993 : *CSB 1993. 163, B. 96.* ♦ V. également • Soc. 13 janv. 2004, n° 01-47.178 P : *RJS 2004. 277, n° 392.*

19. Office du juge. Les juges du fond ont l'obligation de vérifier la cause exacte du licenciement. • Soc. 26 mai 1998, n° 96-41.062 P : *D. 1998. IR 194*. ♦ Est dépourvu de cause réelle et sérieuse le licenciement pour motif personnel qui cache un licenciement pour motif économique. • Soc. 23 oct. 1991, n° 88-44.099 P. ♦ ... Le licenciement pour motif économique qui s'explique en réalité par un motif inhérent à la personne du salarié. • Soc. 24 avr. 1990, n° 88-43.555 P : *D. 1990. IR 126* (âge du salarié) • 2 juin 1993 : *Dr. soc. 1993. 677* (refus d'une mutation après un désaccord avec le président de la société) • 29 avr. 1998, n° 96-40.582 P, (état physique du salarié) • 14 mai 1996, n° 93-40.447 P : *JCP 1996. II. 22722, note Corrignan-Carsin* ; *Dr. soc. 1996. 743, obs. Favennec* ; *RJS 1996. 423, n° 665.* ♦ ... Le licenciement qui en réalité sanctionne le refus du salarié de démissionner. • Soc. 5 mars 1987 : *D. 1987. IR 59.* ♦ ... Celui dont les circonstances révèlent que la cause invoquée par l'employeur dissimulait des projets de restructuration qui rendaient nécessaire un licenciement économique. • Soc. 24 janv. 1989 : *Bull. civ. V, n° 56* ; *D. 1989. IR 54* • 23 janv. 1996 : *RJS 1996. 584, n° 907.* ♦ ... Ou celui d'un salarié intérimaire fondé sur le prétexte allégué par la société de travail temporaire d'un non-renouvellement du contrat la liant avec l'entreprise utilisatrice, alors qu'il s'agissait d'éviter de garder le salarié pendant la période de fermeture de l'entreprise utilisatrice. • Soc. 15 mars 1978 : *Bull. civ. V, n° 194* ; *D. 1979. 42, note Corrignan-Carsin.* ♦ ... Ou celui d'un couple de concierges qui ne tient compte ni de l'indivisibilité des engagements souscrits par le couple, ni du fait que l'un des époux pouvait assurer momentanément les tâches dévolues à l'autre. • Soc. 14 oct. 1993, n° 91-45.409 P : *D. 1994. 251, note Sordino* ; *Dr. soc. 1994. 237, note J. Savatier* ; *RJS 1993. 732, n° 1240.*

II. MOTIFS DISCIPLINAIRES

BIBL. Enclos, *Dr. soc. 1991. 131.* – Morville, *CSB 1991. 149* (incidence de l'action publique sur le contentieux prud'homal). – Ortscheidt, *Dr. soc. 1987. 11* (droit disciplinaire et droit du licenciement). – Pélissier, *ibid. 1992. 751*. – Richevaux, *Dr. ouvrier 1995. 504* (délinquance extra-professionnelle). – Savatier, *Dr. soc. 1991. 626* (licenciement pour faits susceptibles d'incrimination pénale).

A. GÉNÉRALITÉS

20. Faute disciplinaire. Le salarié ne peut être licencié pour des faits commis pendant la suspension de son contrat de travail, sauf acte de déloyauté. • Soc. 16 juin 1998, n° 96-41.558 P : *D. 1998. IR 177* • 21 mars 2000, n° 97-44.370 P : *D. 2000. IR 114 ; Dr. soc. 2000. 648, obs. A. Mazeaud*. ♦ Le salarié ne peut se voir reprocher une faute dans l'exécution de son contrat de travail pour des faits commis alors qu'il était détaché en qualité de mandataire social auprès d'une autre société. • Soc. 9 déc. 1997, n° 95-42.619 P : *D. 1998. IR 42*.

21. Condamnation pénale. Lorsqu'un salarié a été relaxé des fins de poursuites pour recel au seul motif qu'aucun élément de la procédure ne permettait d'établir péremptoirement le caractère frauduleux de ses agissements, cette décision ne fait pas obstacle à ce que le juge prud'homal recherche si la perception de la somme litigieuse ne pouvait pas caractériser une faute civile de nature à le priver des indemnités de licenciement. • Soc. 21 juin 1989 : *D. 1990. 132, 1re esp., note Pralus-Dupuy*. ♦ Dans le même sens : • Soc. 14 nov. 1991, n° 90-44.663 P : *D. 1991. IR 292* (maintien du licenciement malgré la relaxe au pénal du chef de vol, dès lors que le salarié avait emporté chez lui des documents contrairement aux instructions de l'employeur) • 18 oct. 1995, n° 94-40.735 P : *CSB 1996. 11, A. 3.* ♦ Solution inverse, lorsqu'il résulte de la décision de relaxe que la matérialité des faits n'est pas établie : • Soc. 12 juill. 1989 : *D. 1990. 132, 2e esp., note Pralus-Dupuy* • 21 nov. 1990, n° 88-44.068 P : *D. 1990. IR 290* • 18 avr. 1991, n° 89-45.069 P : *Dr. soc. 1991. 626, note Savatier* • Versailles, 8 déc. 1993 : *D. 1994. 373, concl. Duplat* • Soc. 20 mars 1997, n° 94-41.918 P : *RJS 1997. 347, n° 530 ; CSB 1997. 171, A. 33* • 3 nov. 2005, n° 03-46.839 P : *D. 2005. IR 2826* (la matérialité des faits de harcèlement sexuel et la culpabilité de celui auquel ils étaient imputés n'étant pas établies). – V. déjà : • Soc. 16 juin 1988 : *D. 1990. 70, note Pralus-Dupuy*. ♦ Comp. : • Soc. 4 janv. 1980 : *Bull. civ. V, n° 8.* ♦ Comp., pour un licenciement motivé par de simples soupçons : • Soc. 10 mai 1979 : *Bull. civ. V, n° 401* • 17 déc. 1985 : *Dr. ouvrier 1986. 306 ; JCP 1985. IV. 78.* ♦ V. notes 18 s. (perte de confiance). ♦ En revanche, même prononcé sur le seul appel de la partie civile, l'arrêt, rendu par la juridiction correctionnelle, qui déclare établis les faits de vols commis par le salarié au détriment de son employeur, est revêtu de la chose jugée et s'impose au juge prud'homal pour l'appréciation de la légitimité du licenciement. • Soc. 6 juill. 1999, n° 96-40.882 P : *D. 1999. IR 204 ; RJS 1999. 651, n° 1033 ; Dr. soc. 1999. 962, obs. Savatier ; JCP 1999. II. 10211, note Puigelier.* ♦ Mais le juge prud'homal conserve la possibilité d'apprécier la gravité de la faute au regard de l'exécution du contrat de travail pour en déduire que les faits ne constituent pas une faute grave. • Soc. 3 mars 2004 : *RJS 2004. 359, n° 515.*

22. Échelle des fautes. Sur la distinction entre fautes légère, sérieuse, grave et lourde, V. • Soc. 10 juin 1976 : *GADT, 4e éd., n° 101 ; Dr. soc. 1977. 21, note Pélissier* • 3 nov. 1976 : *Bull. civ. V, n° 545 ; D. 1976. IR 325* • 20 janv. 1977 : *Bull. civ. V, n° 42 ; D. 1977. IR 100* • 28 juin 1978 : *D. 1979. IR 26, obs. Langlois* • 29 nov. 1990, n° 88-44.308 P : *Dr. soc. 1991. 105, note Couturier*. ♦ V. notes ss. art. L. 1234-1.

23. Non bis in idem. Un même comportement ne saurait être sanctionné successivement par une mise à pied n'ayant pas un caractère conservatoire, puis par un licenciement. • Soc. 17 avr. 1986 : *Bull. civ. V, n° 153* • 25 juin 1986 : *ibid., n° 333* • 21 mars 1991 : *ibid., n° 150 ; D. 1991. IR 125.* ♦ Est sans cause réelle et sérieuse le licenciement à la suite de faits ayant déjà donné lieu à un avertissement. • Soc. 16 juin 1988 : *Bull. civ. V, n° 367 ; D. 1988. IR 186.* – Dans le même sens : • Soc. 10 juill. 1986 : *D. 1987. Somm. 208, obs. Langlois* • 22 juill. 1986 : *eod. loc.* • 16 juin 1993 : *CSB 1993. 205, A. 48.* ♦ Lorsque l'employeur, bien qu'informé de l'ensemble des faits reprochés au salarié, a choisi de lui notifier un avertissement seulement pour certains d'entre eux, il a épuisé son pouvoir disciplinaire et ne peut prononcer un licenciement pour des faits antérieurs à la date de l'avertissement. • Soc. 16 mars 2010, n° 08-43.057 P : *D. 2010. AJ 832 ; RDT 2010. 443, obs. Leroy ; RJS 6/2010, n° 513 ; Dr. ouvrier 2010. 439, obs. Estevez ; Dalloz actualité, 7 avr. 2010, obs. Perrin ; JCP S 2010. 1202, obs. Cohen-Donsimoni* • 25 sept. 2013 : *D. 2013. Actu. 2277 ; RJS 12/2013, n° 816.*

24. Répétition de faits fautifs. La poursuite par un salarié d'un fait fautif autorise l'employeur à se prévaloir de faits similaires, y compris ceux ayant déjà été sanctionnés, pour caractériser une faute grave. • Soc. 30 sept. 2004, n° 02-44.030 P : *RJS 2005. 40, n° 37 ; TPS 2004, n° 356* • Soc. 12 févr. 2013 : *RJS 4/2013, n° 284 ; JCP S 2013. 1171, obs. Cailloux-Meurice.*

B. VARIÉTÉS

1° INSUBORDINATION

BIBL. Gardin, *Dr. soc. 1996. 363.*

25. Principe. Est bien fondé le licenciement d'un salarié qui refuse : d'obtempérer à l'interdiction d'organiser un séminaire-croisière. • Soc. 17 janv. 1980 : *Bull. civ. V, n° 52.* ♦ ... D'initier un autre employé à une technique qu'il est le seul à bien connaître. • Soc. 13 oct. 1982 : *Bull. civ. V, n° 543.* ♦ ... D'effectuer, s'agissant d'une secrétaire, à titre exceptionnel, des travaux de ronéo et de transmission du courrier. • Soc. 16 mars 1983 : *D. 1983. IR 322.* ♦ ... De se plier aux consignes de l'association l'employant comme éducateur spécialisé, l'indépendance dont il se prévaut dans la conception et l'exécution de sa prestation de travail étant incompatible avec sa subordination à l'association. • Soc. 11 janv. 1978 : *Bull. civ. V, n° 27 ; D. 1978. IR 151.* ♦ ... D'un ingénieur-système qui a refusé de travailler un samedi à la mise en service d'un ensemble informatique alors qu'il était prévenu depuis plusieurs mois de cette mission, que la demande de l'employeur entrait dans le cadre des obligations professionnelles de ce salarié et ne portait pas atteinte à sa vie privée. • Soc. 27 nov. 1991, n° 88-44.110 P : *D. 1992. 296, note Picod ; Dr. soc. 1992. 329, note Savatier*.

26. Le refus, opposé par un salarié, d'exécuter le travail pour lequel il a été embauché constitue une cause réelle et sérieuse de licenciement. • Soc. 17 oct. 1983 : *Bull. civ. V, n° 495 ; D. 1984. IR 43.* ♦ Dans le même sens : • Soc. 24 janv. 1979 : *Bull. civ. V, n° 65 ; D. 1979. IR 330, obs. Langlois* (refus exposé en public par une technicienne de laboratoire d'effectuer un prélèvement, attitude préjudiciable à la bonne marche de l'entreprise) • 7 juill. 1982 : *Bull. civ. V, n° 466* (refus du salarié de rester un peu après l'heure normale de fin de travail pour terminer le déchargement d'un camion) • 2 avr. 2014 : *Dalloz actualité, 16 mai 2014, obs. Peyronnet ; D. 2014. Actu. 875 ; Dr. soc. 2014. 677 ; RJS 2014. 379, n° 462 ; JS Lamy 2014, n° 367-2, obs. Lhernould* (refus d'un déplacement qui s'inscrit dans le cadre habituel de son activité d'assistant chef de chantier). ♦ Est justifié le licenciement du salarié, agent de sécurité, qui à l'occasion de son retour d'arrêt de travail a refusé de suivre une formation initiale d'agent de sécurité, alors même que ce suivi de la formation initiale, nécessaire pour permettre d'assurer la sécurité de l'agent et des voyageurs, était imposé à tous les salariés revenant d'une longue absence et amenés à exercer des fonctions de terrain. • Soc. 29 sept. 2014 : *Dalloz actualité, 20 oct. 2014, obs. Peyronnet.*

27. Hypothèses de refus injustifié. Au contraire, le licenciement n'est pas justifié lorsque le travail refusé n'entre pas dans les attributions ou les qualifications du salarié. • Soc. 20 janv. 1983 : *Bull. civ. V, n° 27* • 7 mai 1981 : *Bull. civ. V, n° 393* • 5 nov. 1992 : *RJS 1992. 744, n° 1368* • 28 mars 1995 : *Dr. soc. 1995. 505.* ♦ ... Ou lorsque le refus doit être interprété comme l'exigence par le salarié du respect de ses droits. • Soc. 6 nov. 1980 : *D. 1981. IR 266* (refus d'accomplir une nouvelle mission, les six déplacements précédents n'ayant pas été payés) • 13 févr. 1996 : *Dr. soc. 1996. 532, obs. Jeammaud* (refus du salarié de subir des conditions de travail discriminatoires). ♦ ... Ou encore lorsque l'attitude du salarié apparaît plus comme une liberté prise pour aménager son travail que comme une volonté délibérée de s'opposer à l'autorité de son employeur. • Soc. 4 déc. 1980 : *D. 1981. IR 266.* ♦ Constitue un acte d'insubordination l'utilisation d'un titre ou d'un grade contre la décision de l'employeur de lui en interdire l'usage, ce droit de faire usage d'un titre ou d'un grade au temps et lieu de travail n'entrant pas dans la catégorie des libertés fondamentales. • Soc. 23 avr. 2013, n° 12-12.411 P : *RJS 7/2013, n° 564 ; JCP S 2013. 1279, obs. Passerone.*

2° ABSENCES INJUSTIFIÉES

28. Abandon de poste. Constitue une cause réelle et sérieuse de licenciement : l'abandon d'un chantier par un chef d'équipe. • Soc. 13 déc. 1979 : *Bull. civ. V, n° 977.* ♦ ... L'abandon brusque sans autorisation et répété par un salarié de son poste de travail. • Soc. 21 févr. 1980 : *Bull. civ. V, n° 172.* ♦ *Contra,* en cas de motif légitime : • Soc. 10 janv. 1980 : *Bull. civ. V, n° 31* (abandon pour se faire soigner d'une blessure intervenue quelques jours plus tôt à l'occasion du travail, cause connue de l'employeur) • 26 mai 1982 : *Bull. civ. V, n° 347* (abandon dû à la mauvaise organisation du chantier situé à l'étranger). ♦ Lorsqu'un salarié refusant de reprendre le travail en raison de faits qu'il reproche à l'employeur est licencié pour faute grave, il appartient au juge d'apprécier la réalité et la gravité de la faute reprochée au salarié. • Soc. 22 juin 2004, n° 02-42.392 P : *RJS 2004. 808, n° 1131 ; Dr. ouvrier 2005. 116.*

29. Absences. Les absences non motivées qui perturbent le bon déroulement du travail constituent une cause de licenciement. • Soc. 11 déc. 1985 : *Dr. soc. 1986. 211.* – V. aussi : • Soc. 5 juill. 1978 : *Bull. civ. V, n° 570 ; D. 1979. IR 26, obs. Langlois.* ♦ ... Y compris lorsqu'elles font suite à un congé maladie. • Soc. 4 nov. 1981 : *Bull. civ. V, n° 860.* ♦ *Contra,* pour une prolongation d'une journée d'une absence autorisée par l'employeur pour permettre au salarié de se rendre au chevet de son père : • Soc. 16 déc. 1981 : *Bull. civ. V, n° 969.* ♦ ... Ou lorsque l'absence est due à des troubles de santé liés aux conditions de travail. • Soc. 16 oct. 1991, n° 89-40.477 P. – V. aussi : • Soc. 18 déc. 1975 : *GADT, 4e éd., n° 83 ; D. 1976. 210, note Pélissier* • 17 oct. 1984 : *D. 1985. IR 64.*

30. Le licenciement est justifié en cas d'absence : pour participer, malgré le refus de l'employeur, à une fête religieuse musulmane, attitude qui avait empêché une livraison importante. • Soc. 16 déc. 1981 : *Bull. civ. V, n° 968 ; D. 1982. IR 315, obs. Frossard.* ♦ ... Pour suivre une cure thermale sans urgence et alors que l'employeur s'y était opposé. • Soc. 17 oct. 1979 :

Bull. civ. V, n° 734. ♦ ... Ou lorsque l'absence répétée rend impossible une organisation rationnelle du travail. • Soc. 12 oct. 1977 : *Bull. civ. V, n° 526 ; D. 1977. IR 492.* ♦ Comp. : • Soc. 16 juill. 1987 : *Bull. civ. V, n° 496 ; Dr. ouvrier 1988. 286.*

31. Certificat médical. Le fait pour un salarié de s'en tenir aux prescriptions du médecin qu'il a consulté n'a pas un caractère fautif, en l'absence d'un certificat médical de complaisance (certificat établi par un médecin très éloigné du lieu de travail). • Soc. 13 juill. 2004, n° 02-45.438 P : *D. 2004. IR 2762 ; RJS 2004. 709, n° 1027.*

32. Prise de congé. La fixation unilatérale par le salarié de sa période de congé autorise son licenciement. • Soc. 29 mai 1979 : *Bull. civ. V, n° 463.* ♦ ... Ainsi que le non-respect des dates de congé. • Soc. 10 juill. 1980 (2 arrêts) : *Bull. civ. V, n°s 644 et 648 ; D. 1981. IR 129, obs. Langlois* • 5 mars 1987 : *Dr. soc. 1987. 357, note Savatier.* ♦ Comp. : • Soc. 3 déc. 1981 : *Bull. civ. V, n° 934.*

33. Agit avec une légèreté blâmable et constitutive d'un abus de droit l'employeur qui licencie un salarié après avoir mis fin tardivement et de manière non motivée à un usage permettant de regrouper les congés annuels d'été et d'hiver. • Soc. 12 févr. 1987 : *Bull. civ. V, n° 75.*

34. Non-respect des horaires. Caractérise une cause réelle et sérieuse de licenciement le refus : de travailler le dimanche dans une entreprise bénéficiant d'une dérogation. • Soc. 10 nov. 1981 : *Bull. civ. V, n° 892.* ♦ ... D'exécuter des heures supplémentaires. • Soc. 20 mars 1961, n° 60-40.120 P. ♦ ... De se plier aux nouveaux horaires de travail. • Soc. 15 juin 1966 : *Bull. civ. IV, n° 590.* ♦ ... D'effectuer le service de nuit, attitude qui, de la part d'un chef d'équipe, peut nuire à la bonne marche de l'entreprise. • Soc. 10 mars 1982 : *Bull. civ. V, n° 152.* ♦ V. aussi : • Soc. 5 mars 1981 : *Bull. civ. V, n° 187* (salarié qui, omettant d'arrêter le compteur au moment où il cessait son travail, privait la société de tout contrôle sur son temps exact de travail). ♦ Dans le même sens : • Soc. 22 sept. 1993 : *RJS 1993. 641, n° 1078.*

35. Lorsque la faute invoquée à l'appui de la demande d'autorisation de licencier soumise à l'inspecteur du travail est la conséquence d'un état pathologique ou d'un handicap du salarié, l'inspecteur ne peut légalement autoriser le licenciement qui présente un caractère discriminatoire. • CE 3 juill. 2013 : *Lebon ; AJDA 2013. 2189* .

3° INCIVILITÉS

36. Altercations, injures. Le licenciement peut être justifié par des actes de violence. • Soc. 5 déc. 1979 : *Bull. civ. V, n° 938.* ♦ ... Ou par la participation à une rixe. • Soc. 15 févr. 1978 : *Bull. civ. V, n° 106.* ♦ Comp., en cas de violences exercées par l'employeur : • Soc. 14 mars 1979 : *Bull. civ. V, n° 238 ; D. 1979. IR 424, obs. Pélissier* • 8 nov. 1994 : *Dr. soc. 1995. 52, obs. Savatier* .

37. Une altercation entre deux salariés, sans que des coups aient été portés et qui n'était pas de nature à perturber de façon permanente et dommageable le fonctionnement de l'entreprise, ne saurait être analysée comme une cause réelle et sérieuse de licenciement. • Soc. 3 avr. 1981 : *Bull. civ. V, n° 330 ; Dr. ouvrier 1982. 168.*

38. Constituent une cause réelle et sérieuse les propos désobligeants tenus par un salarié à l'un des clients de l'employeur en raison de leur incidence sur le fonctionnement de l'entreprise et sur ses relations avec la clientèle. • Soc. 18 mai 1977 : *Bull. civ. V, n° 329 ; D. 1977. IR 293.* ♦ V. aussi : • Soc. 25 janv. 1995 : *Dr. soc. 1995. 265* (propos racistes tenus par un directeur à l'égard du personnel).

39. Les injures et les insultes proférées, même en dehors du temps et du lieu de travail, par un salarié à l'égard d'autres salariés peuvent constituer des faits de nature à nuire au bon fonctionnement d'un atelier ou d'un service. • Soc. 22 oct. 1984 : *JS UIMM 1985. 88 ; JCP 1985. IV. 3.* ♦ Les propos injurieux tenus par le salarié en arrêt maladie, lors d'une foire, en dehors de son temps et de son lieu de travail, constituent une faute grave en ce qu'ils concernaient sa supérieure hiérarchique et avaient été prononcés devant trois adultes que le salarié était chargé d'encadrer. • Soc. 10 déc. 2008, n° 07-41.820 P : *D. 2009. AJ 105 ; RDT 2009. 168, obs. de Quenaudon ; RJS 2009. 143, n° 163 ; JCP S 2009. 1083, obs. Caron.* ♦ Les faits de menaces, insultes et comportements agressifs commis à l'occasion d'un séjour organisé par l'employeur dans le but de récompenser les salariés lauréats d'un « challenge » national interne à l'entreprise et à l'égard des collègues ou supérieurs hiérarchiques du salarié se rattachent à la vie de l'entreprise et peuvent justifier un licenciement pour faute grave. • Soc. 8 oct. 2014 : *Dr. soc. 2014. 1064, obs. Mouly ; RJS 2014. 724, n° 837 ; JS Lamy 2014, n° 377-378-3, obs. Lhernould.*

40. La proposition d'un salarié en vue d'une négociation financière de son éventuel licenciement ne constitue pas en soi un comportement fautif en l'absence d'utilisation de termes polémiques ou injurieux. • Soc. 19 juin 2008, n° 07-40.939 P : *D. 2008. AJ 1905 ; Dr. soc. 2009. 114, obs. Couturier* .

41. Éthylisme. L'état d'ébriété peut constituer une cause réelle et sérieuse de licenciement. • Soc. 3 mars 1977 : *Bull. civ. V, n° 166 ; D. 1977. IR 183* • 22 mai 1979 : *Bull. civ. V, n° 435.*

42. Tenue vestimentaire. Le refus du salarié de respecter le port d'une tenue vestimentaire ne peut être constitutif d'une faute que si la restriction apportée à sa liberté individuelle est justifiée par la nature de la tâche à accomplir. • Soc. 18 févr. 1998, ⚖ n° 95-43.491 P : *D. 1998. IR 80* ✎ ; *Dr. soc. 1998. 506, obs. Jeammeaud* ✎ ; *RJS 1998. 289, n° 461.* ♦ V. • Nancy, 29 nov. 1982 : *D. 1985. 354, note Lapoyade-Deschamps*, confirmé par • Soc. 22 juill. 1986 : *Liaisons soc., Lég. soc., n° 5844.* ♦ La décision d'un employeur d'interdire à un salarié en contact avec la clientèle de se présenter au travail en survêtement est justifiée. • Soc. 6 nov. 2001, ⚖ n° 99-43.988 P : *D. 2001. IR 3397* ✎ ; *Dr. soc. 2002. 110, obs. Savatier* ✎. ♦ L'employeur ne peut imposer le port d'un uniforme aux salariés sans contact avec la clientèle. • Soc. 3 juin 2009, ⚖ n° 08-40.346 P : *RDT 2009. 656, obs. Robin* ✎.

43. Attitude indécente. La faute grave peut résulter d'une attitude indécente d'un salarié à l'égard de ses collègues féminines. • Soc. 28 nov. 1989 : *Bull. civ. V, n° 684.* ♦ ... Ou d'une attitude particulièrement inconvenante choquant la pudeur. • Soc. 12 mars 2002, ⚖ n° 99-42.646 P : *CSB 2002, A. 29 ; RJS 2002. 420, n° 544.* ♦ ... Ou du comportement indélicat d'un chef de service envers ses jeunes collaboratrices placées sous sa responsabilité et qui rencontraient des difficultés professionnelles : questions sur leur vie privée, commentaires sur leur physique ou leur tenue vestimentaire, invitations pressantes à déjeuner, gestes équivoques, qui ne pouvaient se rattacher à une gestion dynamique du personnel et avaient provoqué un sentiment de malaise chez les intéressées. • Soc. 30 sept. 2003 : ⚖ *RJS 2003. 958, n° 1364.*

4° DÉLOYAUTÉ

44. Abus de fonction. Justifient un licenciement : l'utilisation du véhicule de l'entreprise à des fins personnelles. • Soc. 5 mai 1982 : *Bull. civ. V, n° 275.* ♦ ... La réalisation avec le matériel et les véhicules de l'entreprise de travaux privés. • Soc. 12 déc. 1983 : *Bull. civ. V, n° 605.* ♦ ... La fraude dans l'utilisation d'une pointeuse. • Soc. 5 mars 1981 : *Bull. civ. V, n° 187.* ♦ ... Le détournement par un salarié de son ordinateur et de sa connexion internet pour visiter des sites à caractère érotique et pornographique et pour envoyer et recevoir des messages de même nature (mise en cause de la responsabilité pécuniaire du salarié). • Crim. 19 mai 2004 : ⚖ *Bull. crim., n° 126 ; RJS 2004. 804, n° 1121 ; Dr. ouvrier 2004. 83.*

45. Divers. Constituent des manquements à l'obligation de loyauté, justifiant un licenciement : l'établissement de rapports inexacts. • Soc. 6 mai 1982 : *Bull. civ. V, n° 284.* ♦ ... La confection de fausses notes de frais, susceptible de faire disparaître la confiance nécessaire pour que les relations de travail puissent être utilement maintenues. • Soc. 28 mars 1979 : *Bull. civ. V, n° 282 ; D. 1979. IR 423, obs. Pélissier.* ♦ ... Le fait d'effectuer une formation au sein d'une société concurrente. • Soc. 10 mai 2001, ⚖ n° 99-40.584 P : *D. 2001. IR 1849* ✎ ; *RJS 2001. 58, n° 833 ; Dr. soc. 2001. 888, obs. Mazeaud* ✎. ♦ ... Des propos particulièrement insultants et injurieux tenus pendant un arrêt de travail et consistant notamment dans le dénigrement des services et des membres du personnel de l'entreprise et entendus en dehors du bureau où ils étaient tenus. • Soc. 25 juin 2002, ⚖ n° 00-44.001 P : *RJS 2002. 827, n° 1094.* ♦ Sur la perte de confiance, V. notes 18 s. ♦ Sur l'obligation de loyauté du salarié en arrêt maladie, V. note 150 ss. art. L. 1221-1.

46. Ne constitue pas un acte de déloyauté la photocopie par le salarié de documents concernant exclusivement des points de désaccord qu'il avait avec son employeur. • Soc. 17 mars 1988 : *Sem. soc. Lamy 1988. 238.* ♦ Ne constitue pas un manquement à l'obligation de loyauté le fait pour un salarié tout en acceptant une mutation imposée par l'employeur, de rechercher dans un autre établissement de la même entreprise un emploi conforme à ses aspirations. • Soc. 9 déc. 2009, ⚖ n° 08-41.213 P : *RDT 2010. 164, obs. Lardy-Pélissier* ✎ ; *Dr. soc. 2010. 246, obs. Radé* ✎ ; *JCP S 2010. 1229, obs. Bossu.*

47. Détournement de matériel : stockage de fichiers personnels. La seule conservation par un salarié sur son poste informatique d'un fichier dénommé « enculade43.zip » contenant 60 images à caractère pornographique et deux fichiers à caractère zoophile sans caractère délictueux ne constituait pas, en l'absence de constatation d'un usage abusif affectant son travail, un manquement du salarié aux obligations résultant de son contrat susceptible de justifier son licenciement. • Soc. 8 déc. 2009 : ⚖ *RDT 2010. 235, obs. Leroy* ✎.

48. Concurrence déloyale. Un salarié ne peut, sans manquer à ses obligations contractuelles, exercer une activité concurrente de celle de son employeur pendant la durée du contrat. • Soc. 8 févr. 1965 : *Bull. civ. IV, n° 96 ; D. 1965. Somm. 96.*

49. Ne commet pas de faute grave le salarié qui, pendant le préavis, crée une société concurrente, dès lors que l'activité de cette dernière a débuté après l'expiration du contrat de travail. • Soc. 28 avr. 1986 : *D. 1987. Somm. 265, obs. Serra.* – Dans le même sens : • Soc. 5 déc. 1973 : *Bull. civ. V, n° 624* • Com. 4 mai 1971 : *ibid. IV, n° 121.* ♦ Comp. • Soc. 15 nov. 1984 : *ibid. V, n° 442 ; D. 1985. IR 383, obs. Serra.*

5° ABUS DE LA LIBERTÉ D'EXPRESSION

50. Principe. Caractérise l'abus par un salarié de sa liberté d'expression et peut décider que le licenciement procède d'une cause réelle et sérieuse la cour d'appel qui relève qu'à la suite du refus d'une promotion, le salarié, journaliste, adresse au président et aux membres du conseil d'administration une lettre de protestation mettant en cause la direction et l'orientation de la société, tentant ainsi de déstabiliser l'entreprise. • Soc. 15 oct. 1996, n° 94-42.911 P : *D. 1996. IR 239* ; *RJS 1996. 750, n° 1158 ; CSB 1997. 15, A. 15.* ♦ En revanche, ne caractérise pas l'abus par un salarié de sa liberté d'expression et ne constitue pas une cause réelle et sérieuse de licenciement le fait pour un cadre de haut niveau qui, dans des circonstances difficiles, a été amené à formuler, dans l'exercice de ses fonctions et dans le cadre restreint d'un comité de direction, des critiques, même vives, concernant la nouvelle organisation au moyen d'un document ne comportant pas de termes injurieux, diffamatoires ou excessifs. • Soc. 14 déc. 1999, n° 97-41.995 P : *GADT, 4e éd., n° 13 ; D. 2000. IR 40* ; *Dr. soc. 2000. 163, concl. Duplat, note Ray* ; *RJS 2000. 128, n° 192* • 22 juin 2004, n° 02-42.446 P : *RJS 2004. 803, n° 1120 ; JS Lamy 2004, n° 152-7.* • Soc. 27 mars 2013 : *D. 2013. Actu. 925* . ♦ Ne caractérise pas non plus un abus de la liberté d'expression l'envoi limité dans le temps de plusieurs courriers, dont seul l'employeur était destinataire, qui répondaient à un avertissement que le salarié estimait injustifié, et qui ne contenaient aucun propos injurieux, diffamatoire ou excessif. • Soc. 2 mai 2001, n° 98-45.532 P : *Dr. soc. 2001. 1003, obs. Gauriau* ; *RJS 2001. 579, n° 832 ; JS Lamy 2001, n° 82-5.* ♦ La loi sur la liberté de la presse n'est pas applicable à l'abus de la liberté d'expression commis par le salarié ; le licenciement d'un salarié pour faute grave est justifié dès lors que celui-ci a proféré des accusations à caractère diffamatoire à l'encontre de son supérieur hiérarchique, abusant ainsi de sa liberté d'expression. • Civ. 1re, 13 juin 2006, n° 03-47.580 P : *D. 2006. IR 2053* ; *RJS 2006. 776, n° 1040.* ♦ En participant à des propos échangés sur Facebook, propos dénigrants envers son employeur et incitant à la rébellion contre sa hiérarchie, une salariée abuse de son droit d'expression et nuit à l'image de sa société en raison des fonctions qu'elle exerce en sa qualité de chargée de recrutement ; son licenciement repose sur une cause réelle et sérieuse et est constitutif d'une faute grave. • Cons. prud'h. 19 nov. 2010 : *D. 2010. AJ 2846, obs. Astaix* ; *RDT 2011. 31, obs. Kocher* ; *JS Lamy 2011, n° 291-2, obs. Hautefort ; Sem. soc. Lamy 2010 n° 1470, p. 10, obs. Ray.*

51. Propos antisémites. Le fait pour un salarié d'utiliser la messagerie électronique pour émettre, dans des conditions permettant d'identifier l'employeur, un courriel contenant des propos antisémites est nécessairement constitutif d'une faute grave. • Soc. 2 juin 2004, n° 03-45.269 P : *RJS 2004, n° 882* • 4 févr. 1997 : *D. 1997. IR 78* ; *Dr. soc. 1997. 413, obs. Savatier* ; *RJS 1997. 168, n° 252 ; JS Lamy 2004, n° 148-5.* ♦ Le fait pour un salarié de tenir des propos racistes à l'encontre de ses subordonnés et d'inscrire des mentions à connotations sexuelles sur les fiches d'autres membres du personnel n'est pas constitutif d'une faute lourde en l'absence d'intention de nuire à l'employeur, mais revêt nécessairement un caractère fautif. • Soc. 2 juin 2004, n° 02-44.904 P : *RJS 2004. 615, n° 893 ; JS Lamy 2004, n° 148-5.*

6° ACTION EN JUSTICE

52. Principe. Sauf abus, le témoignage en justice d'un salarié ne peut constituer une cause de licenciement. • Soc. 23 nov. 1994, n° 90-44.960 P : *D. 1994. IR 4 ; RJS 1995. 101, n° 112 ; Defrénois 1996. 108, note Quétant* • 15 nov. 1990, n° 87-45.862 P : *D. 1990. IR 291.* ♦ En raison de l'atteinte qu'il porte à la liberté fondamentale de témoigner, garantie d'une bonne justice, le licenciement prononcé en raison du contenu d'une attestation délivrée par un salarié au bénéfice d'un autre est atteint de nullité, sauf en cas de mauvaise foi de son auteur. • Soc. 29 oct. 2013 : *Dalloz actualité, 29 nov. 2013, obs. Dechristé ; D. 2013. Actu. 2584* ; *Dr. soc. 2014. 81, obs. Mouly* ; *D. 2014. 302, obs. Mariette* ; *RJS 1/2014, n° 9 ; JS Lamy 2014, n° 357-2.* ♦ Le principe d'égalité des armes s'oppose à ce que l'employeur utilise son pouvoir de licencier afin d'imposer au salarié sa propre solution dans le procès qui les oppose. • Soc. 9 oct. 2013 : *Dalloz actualité, 29 oct. 2013, obs. Ines.*

53. Sanctions. Hors le cas visé à l'article L. 123 5 [L. 1144-3], le licenciement sans cause réelle et sérieuse d'un salarié intervenu en raison de l'action en justice qu'il a introduite sur le fondement d'une violation du principe à travail égal, salaire égal, n'encourt pas la nullité. • Soc. 20 févr. 2008, n° 87-45.862 P : *RDT 2008. 330, obs. Guiomard* ; *Dr. soc. 2008. 530, chron. Radé* ; *Dr. ouvrier 2008. 519, note Poirier ; RJS 2008. 427, n° 545 ; JCP S 2008. 1616, note Cesaro.* ♦ V. notes s s. art. L. 1132-1 (discrimination), L. 2511-1 (grève), L. 2281-1 (droit d'expression), L. 1225-4 (maternité), L. 1226-9 (accident du travail), L. 3123-1 (temps partiel), L. 1231-2 (salariés protégés). – V. art. L. 1144-3.

III. MOTIFS NON DISCIPLINAIRES

BIBL. Bouhana, *JS Lamy 2012, n° 326-1* (licenciement pour insuffisance professionnelle : le pouvoir d'appréciation des juges du fond). – Brissy, *D. 2006. 685* (insuffisance de résultats et cause réelle et sérieuse de licenciement). – Enclos, *Dr. soc. 1990. 896* , *ibid. 1991. 131* . – Gallot, *ibid. 1992. 766* . – Gaudu, *ibid. 1992. 32* (perte de confiance). – Loliec, *Dr. soc. 2014. 38* (le licenciement pour insuffisance professionnelle). – A. Lyon-Caen, *ibid. 573* (le droit et la gestion des compétences). – Nedelec, *Dr. ouvrier 1978. 161.*

54. Principe. Le licenciement pour insuffisance professionnelle n'a pas à être soumis à la procédure disciplinaire. • Soc. 7 nov. 1984 : *Bull. civ. V, n° 416 ; JS UIMM 1986. 75* • 26 juin 1985 : *BS Lefebvre 1986. 281, obs. Déprez* • 30 oct. 1991, n° 87-45.256 P : *D. 1991. IR 273* • 9 mai 2000, n° 97-45.163 P : *D. 2000. IR 162 ; Dr. soc. 2000. 786, obs. Favennec-Héry ; RJS 2000. 444, n° 639.*

55. L'employeur ne peut invoquer l'insuffisance professionnelle d'un salarié dont il connaissait les capacités limitées et dont il n'avait aucune raison sérieuse de se séparer. • Soc. 10 oct. 1984 : *D. 1985. IR 128.* ♦ Il en va de même lorsque le salarié a commis des erreurs sur une courte période après la mise en place d'un nouveau logiciel, l'employeur n'ayant pas satisfait à son obligation d'adapter le salarié à l'évolution de son emploi. • Soc. 21 oct. 1998 : *RJS 1998. 888, n° 1454.* ♦ De la même manière, l'employeur, qui fait effectuer au salarié des tâches ne relevant pas de sa qualification et étrangères à l'activité pour laquelle il a été embauché, ne peut lui reprocher les erreurs commises dans son travail. • Soc. 2 févr. 1999, n° 96-44.340 P : *D. 1999. IR 69 ; Dr. soc. 1999. 417, obs. Radé ; RJS 1999. 212, n° 350.*

56. L'employeur est seul juge des aptitudes du salarié. • Soc. 4 nov. 1976 : *D. 1976. IR 326* • 7 févr. 1980 : *Bull. civ. V, n° 117* • 15 juin 1983 : *ibid., n° 325.* ♦ Ne constitue pas une cause de licenciement le grief général d'insuffisance professionnelle formulé de façon dubitative. • Soc. 1er juill. 1981 : *Dr. ouvrier 1982. 180.* ♦ Sur l'éventuelle remise en cause de la théorie de « l'employeur seul juge » à la suite du contrôle restreint effectué par la Cour de cassation, V. note 10.

57. Peut être licencié pour insuffisance professionnelle le salarié responsable de l'insuffisance des résultats de plusieurs chantiers. • Soc. 29 nov. 1979 : *Bull. civ. V, n° 918.* ♦ ... Celui qui n'a pas les qualités d'ordre et d'organisation nécessaires à un chef de service investi de fonctions de responsabilité. • Soc. 2 févr. 1978 : *Bull. civ. V, n° 85 ; D. 1978. IR 390, obs. Pélissier.* ♦ ... Celui dont l'inaptitude entraîne des pertes sensibles pour la société. • Soc. 5 janv. 1978 : *Bull. civ. V, n° 14 ; D. 1978. IR 150.* ♦ ... Celui qui se rend coupable d'erreurs répétées, même minimes. • Soc. 4 janv. 1979 : *Bull. civ. V, n° 3 ; D. 1979. IR 329, obs. Langlois.* ♦ ... Le responsable des ventes qui laisse le taux de vol dépasser le seuil fixé dans son contrat. • Soc. 20 janv. 1977 : *Bull. civ. V, n° 42 ; D. 1977. IR 245.*

58. Les circonstances faisant qu'une chef comptable avait eu une courte période d'essai, que certains contrôles avaient porté sur une période antérieure à sa prise de fonctions et qu'elle avait rencontré des difficultés pour obtenir des pièces justificatives ne sauraient ôter à la rupture pour insuffisance professionnelle son caractère réel et sérieux. • Soc. 24 mai 1978 : *Bull. civ. V, n° 387 ; D. 1978. IR 389.* ♦ Les plaintes d'un important client de l'entreprise constituent une cause légitime de licenciement permettant à l'entreprise de conserver ce client. • Soc. 13 déc. 1979 : *Bull. civ. V, n° 978 ; D. 1981. 26, note Brissier-Nicolas.*

59. Insuffisance des résultats. L'insuffisance des résultats au regard des objectifs fixés ne constitue pas en soi une cause de rupture privant le juge de son pouvoir d'appréciation de l'existence d'une cause réelle et sérieuse de licenciement. • Soc. 3 févr. 1999, n° 97-40.606 P : *D. 1999. IR 68 ; JCP 1999. II. 10132, obs. Serret ; RJS 1999. 213, n° 351* (absence de cause réelle et sérieuse pour le licenciement d'un directeur de supermarché dont les objectifs étaient difficiles à atteindre compte tenu des conditions d'exploitation du magasin et de la faible marge de manœuvre dont il disposait). ♦ L'insuffisance des résultats peut constituer une cause réelle et sérieuse de licenciement si elle est due aux circonstances économiques. • Soc. 7 janv. 1981 : *D. 1981. IR 430, obs. Langlois* • 5 oct. 1983 : *Bull. civ. V, n° 472* • 18 mars 1986 : *Bull. civ. V, n° 90.* ♦ Comp. • Soc. 22 sept. 1993 : *D. 1994. Somm. 305, obs. Gendraud*, affirmant qu'il n'était pas établi que l'insuffisance des résultats ait été le fait du salarié • 4 juin 1987 : *JS UIMM 1987. 477*, prenant en compte la situation générale du marché. ♦ V. aussi : • Soc. 13 déc. 1994 : *D. 1995. Somm. 359, obs. Borenfreund ; CSB 1995. 39, A. 9, deux arrêts* (l'employeur ne peut soutenir que, à la différence de l'insuffisance professionnelle qui doit être étayée par des faits précis, l'insuffisance des résultats constitue en elle-même une cause objective de rupture du contrat de travail dès lors que les objectifs chiffrés n'ont pas été atteints).

60. Objectifs professionnels. Les objectifs peuvent être définis unilatéralement par l'employeur dans le cadre de son pouvoir de direction ; leur non-réalisation peut constituer un motif de licenciement dès lors qu'ils sont réalistes. • Soc. 13 juin 2001, n° 99-41.838 P : *RJS 2001. 689, n° 998.*

61. La cause réelle et sérieuse fait défaut lorsque sont fixés des objectifs irréalisables. • Soc. 4 juin 1987 : *JS UIMM 1987. 476.* ♦ ... Lorsque le salarié rencontre de multiples difficultés dans l'exercice de ses fonctions tenant à des défaillances de l'entreprise. • Soc. 17 déc. 1987 : *D. 1988. Somm. 320, obs. A. Lyon-Caen.* ♦ ... Lorsque l'exécution des commandes a connu un certain flottement dans l'entreprise. • Soc. 8 nov. 1989 : *Bull. civ. V, n° 653.* ♦ ... Ou lorsque l'employeur s'est rendu coupable d'un détournement du pouvoir de direction, constitutif d'un abus de droit, en majorant unilatéralement les quotas dans d'importantes proportions. • Soc. 9 oct. 1986 : *Bull. civ. V, n° 486 ; Dr. ouvrier 1988. 209, note J. G.*

62. L'insuffisance des résultats doit être établie. • Soc. 9 juill. 1981 : *Dr. ouvrier 1982. 184.* ♦ ... Notamment par comparaison avec les résultats obtenus antérieurement par le salarié. • Soc. 17 juin 1982, n° 80-40.719 P. ♦ ... Ou par les autres salariés de l'entreprise. • Soc. 18 déc. 1978 : *Bull. civ. V, n° 872 ; D. 1979. IR 329, obs. Langlois.* ♦ La baisse des résultats doit porter sur une certaine durée. • Soc. 29 mai 1979 : *Bull. civ. V, n° 470 ; D. 1979. IR 454* • 21 mai 1986 : *Bull. civ. V, n° 221.*

63. Office du juge. Il appartient aux juges du fond de vérifier si les objectifs sont raisonnables et compatibles avec le marché. • Soc. 30 mars 1999, n° 97-41.028 P : *D. 1999. IR 115* ; *RJS 1999. 398, n° 641.* ♦ ... Ou si les mauvais résultats du salarié procèdent d'une insuffisance professionnelle ou d'une faute. • Soc. 3 avr. 2001, n° 98-45.818 P : *RJS 2001. 505, n° 729 ; Dr. soc. 2001. 680, obs. Radé* • 12 févr. 2002, n° 99-42.878 P : *CSB 2002, A. 21, obs. Pansier ; RJS 2002. 420, n° 543.*

64. Insuffisance fautive. Constituent des causes de licenciement : les négligences d'une aide-comptable ayant entraîné un manquant dans la caisse. • Soc. 28 juin 1978 : *Bull. civ. V, n° 513.* ♦ ... Les erreurs répétées d'un comptable, indépendamment de son ancienneté et de ses mérites antérieurs. • Soc. 20 janv. 1982 : *Bull. civ. V, n° 30.* ♦ ... La négligence dont a fait preuve un chef de secteur dans la prospection, ainsi qu'une attitude et un esprit négatifs vis-à-vis de la société, ce comportement ayant entraîné une insuffisance de résultats. • Soc. 26 oct. 1999, n° 97-43.613 P : *RJS 1999. 844, n° 1447.* ♦ *Contra,* pour un fait isolé n'ayant pas affecté les relations commerciales de l'employeur : • Soc. 3 juill. 1986 : *Dr. ouvrier 1986. 453.* ♦ Sont également pris en considération : l'accumulation par un chauffeur-livreur d'accidents de la circulation. • Soc. 11 juin 1981 : *Bull. civ. V, n° 523.* ♦ ... Ou le fait pour un gardien de nuit de s'endormir sur son lieu de travail. • Soc. 4 avr. 1978 : *Bull. civ. V, n° 276.* ♦ Comp. • Soc. 5 juin 1985 : *Bull. civ. V, n° 324.*

65. Absence de responsabilité pécuniaire. Un salarié, licencié pour insuffisance professionnelle, ne répond pas à l'égard de son employeur des risques d'exploitation et sa responsabilité ne peut se trouver engagée qu'en cas de faute lourde, laquelle n'est pas établie s'il n'est pas prouvé que le déficit reproché au salarié a été intentionnel et sciemment organisé. • Soc. 31 mai 1990, n° 88-41.419 P : *D. 1990. IR 167 ; RJS 1990. 386, n° 548.* – Dans le même sens : • Soc. 23 janv. 1992, n° 88-43.275 P : *D. 1992. IR 76* ; *Dr. soc. 1992. 267 ; RJS 1992. 332, n° 581.*

A. MÉSENTENTE

BIBL. Marraud et Schmitt, *RJS 1994. 730* (désaccords d'un cadre et de son employeur).

66. Principe. La mésentente ne constitue une cause de licenciement que si elle repose sur des faits objectifs imputables au salarié. • Soc. 5 févr. 2002 : *Bull. civ. V, n° 50 ; RJS 2002. 328, n° 409.* ♦ La mésentente entre un salarié et tout ou partie du personnel ne peut constituer une cause de licenciement que si elle repose objectivement sur des faits imputables au salarié concerné. • Soc. 27 nov. 2001, n° 99-45.163 P : *D. 2002. IR 255* ; *RJS 2002. 135, n° 153 ; CSBP 2002, A. 7, obs. Charbonneau.* ♦ En cas de doute sur l'imputabilité de la mésentente, le doute profite au salarié. • Soc. 9 nov. 2004 : *RJS 2005. 31, n° 19.*

67. Exemples. En constatant que les relations étaient devenues difficiles et que le climat était aggravé par une incompatibilité d'humeur, les juges ont pu décider que le maintien du contrat était devenu impossible. • Soc. 9 oct. 1986 : *D. 1987. 3, note G. Lyon-Caen.* ♦ V. aussi : • Soc. 26 mai 1981 : *Dr. ouvrier 1982. 173* • 10 déc. 1985 : *Bull. civ. V, n° 594 ; Dr. soc. 1986. 210* (mésentente entre la salariée et l'épouse également salariée du gérant auquel il appartenait, pour assurer le fonctionnement normal de l'entreprise, de se séparer de l'une ou l'autre des salariées) • 4 nov. 1982 : *Bull. civ. V, n° 594* (désaccord entre le directeur général et le P.-D.G., d'autant plus grave qu'il se situait à un haut niveau dans l'entreprise) • 5 janv. 1984 : *Bull. civ. V, n° 2* (discorde entre un chef des ventes et ses vendeurs) • 14 déc. 1984 : *D. 1984. IR 111* (différend entre un manœuvre et le directeur de la société, cette circonstance rendant impossible la continuation du contrat du fait de la petite taille de l'entreprise qui nécessite de bonnes relations professionnelles entre toutes les personnes) • 28 nov. 1991 : *D. 1992. Somm. 289, obs. Rotschild-Souriac* . ♦ Comp., lorsque le climat de discorde trouve son origine en grande partie dans l'attitude du gérant de la société : • Soc. 21 janv. 1987 : *Bull. civ. V, n° 31 ; Dr. soc. 1987. 357, note Savatier.*

68. Caractérisent également la cause réelle et sérieuse de licenciement les divergences entre un responsable et l'employeur en matière économique et financière. • Soc. 6 nov. 1984 : *Bull. civ. V, n° 410.* – Dans le même sens : • Soc. 29 juin 1983 : *Bull. civ. V, n° 365.* ♦ Les divergences de conception peuvent entraîner un licenciement pour perte de confiance. • Soc. 23 juin 1976, n° 75-40.756 P : *Dr. soc. 1977. 22, note Pélissier.* ♦ En cas de mésentente entre salariés, il relève du seul pouvoir de l'employeur de choisir lequel d'entre eux doit être congédié. • Soc. 19 juin 1985 : *Bull. civ. V, n° 344.*

69. L'attitude critique du salarié peut être une cause légitime de licenciement. • Soc. 1er juill. 1981 : *Bull. civ. V, n° 620* (critiques émanant d'un médecin sur les méthodes pratiquées dans l'établissement qui l'employait) • 13 mai 1981 : *Bull. civ. V, n° 413* (cadre critiquant publiquement la politique commerciale de la société et mettant en doute sa bonne foi). – Dans le même sens : • Soc. 15 déc. 1977 : *D. 1978. IR 115* • 22 mai 1979 : *Bull. civ. V, n° 436.* ♦ Comp., à propos du caractère légitime de certaines critiques : • Soc. 21 juin 1979 : *Bull. civ. V, n° 568* • 19 oct. 1983 : *ibid., n° 516.*

B. ABSENCES POUR RAISONS MÉDICALES

BIBL. Béraud, *Dr. soc. 1991. 579.* – Blaise, *RJS 1990. 315 ; ibid. 1992. 83.* – Bourgeot et Frouin, *RJS 2000. 3.* – Frouin, *RJS 1995. 773.* – Hauser, *Dr. soc. 1991. 553.* – Humbert, *ibid. 1992. 245* . – Laborde, *ibid. 1991. 563* . – Maillard, *Sem. soc. Lamy 1996, n° 819* (remplacement du salarié en longue maladie). – A. Mazeaud, *Dr. soc. 1992. 234* . – Pélissier, *ibid. 1991. 608* . – Puigelier, *JCP E 1990. II. 15890.* – Savatier, *Dr. soc. 1991. 109.* – Waquet, *RDT 2006. 304* (notion de « trouble objectif »).

70. Caractère non discriminatoire. Si l'art. L. 1132-1 fait interdiction de licencier un salarié, notamment en raison de son état de santé ou de son handicap, ce texte ne s'oppose pas au licenciement motivé, non par l'état de santé du salarié, mais par la situation objective de l'entreprise dont le fonctionnement est perturbé par l'absence prolongée ou les absences répétées du salarié ; celui-ci ne peut toutefois être licencié que si ces perturbations entraînent la nécessité pour l'employeur de procéder à son remplacement définitif par l'engagement d'un autre salarié. • Cass., ass. plén., 22 avr. 2011 : *Bull. Ass. plén., n° 3 ; D. 2011. Actu. 1223 ; RDT 2011. 372, obs. Lardy-Pélissier ; Dr. soc. 2011. 1048, note Boulmier ; RJS 2011. 546, n° 595 ; JS Lamy 2011, n° 300-2, obs. Lalanne ; JCP S 2011. 1285, obs. Verkindt.* ♦ Déjà : • Soc. 16 juill. 1998, n° 97-43.484 P : *D. 1998. IR 200 ; Dr. soc. 1998. 950, obs. A. Mazeaud ; RJS 1998. 728, n° 1200* • 10 nov. 1998, n° 98-40.493 P : *RJS 1998. 869, note Bourgeot ; D. 1998. IR 261* . ♦ A défaut de remplacement définitif du salarié absent de manière répétée pour maladie, le licenciement motivé par les dysfonctionnements de l'entreprise résultant de ces absences est dépourvu de cause réelle et sérieuse, mais pas nul, sauf à apporter la preuve d'une discrimination liée à l'état de santé de l'intéressé. • Soc. 27 janv. 2016, n° 14-10.084 P : *Dalloz actualité, 29 févr. 2016, obs. Ines ; D. 2016. Pan. 815, obs. Lokiec ; RDT 2016. 423, obs. Moizard ; Dr. soc. 2016. 384, note Mouly ; RJS 4/2016, n° 235 ; JCP S 2016. 1086, obs. Gauriau.*

71. L'appréciation du bien-fondé du licenciement d'un salarié placé en arrêt maladie, remplacé par voie de mutation interne suppose de vérifier que le recrutement d'un salarié à temps partiel pour occuper le poste laissé vacant par suite de la mutation opérée est de nature à caractériser un remplacement total et définitif du salarié muté. • Soc. 26 janv. 2011, n° 09-67.073 P : *JCP S 2011. 1300, obs. Sébille* • 15 janv. 2014 : *D. 2014. Actu. 215 ; RJS 3/2014, n° 210.* ♦ Déjà : repose sur une cause réelle et sérieuse le licenciement motivé par la nécessité de pourvoir au remplacement du salarié. • Soc. 29 avr. 1976 : *Bull. civ. V, n° 245 ; D. 1976. IR 151* • 25 mai 1977 : *Bull. civ. V, n° 340 ; D. 1977. IR 29* • 22 mars 1978 : *Bull. civ. V, n° 228 ; D. 1978. 554, note Pélissier* • 7 nov. 1989 : *BS Lefebvre 1990. 36, n° 84.* ♦ ... La réorganisation de l'entreprise. • Soc. 11 oct. 1979 : *Bull. civ. V, n° 716 ; D. 1980. IR 174.* ♦ ... Le préjudice grave causé à l'entreprise par les absences prolongées. • Soc. 7 déc. 1978 : *Bull. civ. V, n° 843.* ♦ ... Le caractère indispensable de la présence de la seule secrétaire d'une entreprise. • Soc. 30 juin 1982 : *D. 1983. 212, note Karaquillo* (rupture anticipée d'un contrat à durée déterminée) • 9 mai 1990 : *RJS 1990. 334, n° 467.* ♦ Lorsque la demande de licenciement concernant un salarié protégé est fondée sur ses absences répétées pour maladie ou inaptitude temporaire, il appartient à l'autorité administrative de rechercher, sous le contrôle du juge de l'excès de pouvoir, si les absences de l'intéressé sont d'une importance suffisante pour justifier le licenciement, compte tenu de l'ensemble des règles applicables au contrat de travail, des conditions de fonctionnement de l'entreprise et de la possibilité d'assurer son reclassement, notamment par des mutations ou des transformations de postes de travail. • CE 21 oct. 1996 : *RJS 1996. 829, n° 1287* • 30 déc. 1996 : *RJS 1997. 117, n° 172.*

72. Le remplacement définitif d'un salarié absent en raison d'une maladie ou d'un accident non professionnel doit intervenir dans un délai raisonnable après le licenciement, délai que les juges du fond apprécient souverainement en tenant compte des spécificités de l'entreprise et des démarches faites par l'employeur en vue d'un recrutement. • Soc. 10 nov. 2004, 02-45.156*D. 2004. IR 3114 ; RJS 2005. 36, n° 30 ; JS Lamy 2004, n° 157-3* • 16 sept. 2009, n° 08-41.879 P : *RJS 2009. 751, n° 849.* ♦ Le caractère raisonnable du délai de remplacement du salarié licencié en raison de son absence pour maladie et de la nécessité de son remplacement définitif doit s'apprécier au regard de la date du licenciement. • Soc. 28 oct. 2009, n° 08-44.241 P : *D. 2009. AJ 2755 ; RJS 2010. 30, n° 28 ; JCP S 2010. 1129, obs. Caron ; Dalloz actualité, 9 nov. 2009, obs. Maillard.*

73. Le recours à une entreprise de travail temporaire ne peut caractériser le remplacement définitif d'un salarié. • Soc. 18 oct. 2007, n° 06-44.251 P : *D. 2007. AJ 2808 ; RDT 2007. 717, obs. Pélissier ; Dr. soc. 2008. 127, obs. Savatier* . ♦ De même, le fait pour un employeur de n'engager qu'un seul salarié à temps partiel selon un horaire mensuel représentant la moitié du temps de travail du salarié malade ne peut constituer un remplacement définitif permettant le licenciement d'un salarié dont l'absence pour maladie perturbe l'entreprise. • Soc. 6 févr. 2008, n° 06-44.389 P : *D. 2008. Pan. 2310, obs. Lardy-Pélissier ; RJS 2008. 323, n° 408.* ♦ Est sans cause réelle et sérieuse le licenciement d'un salarié dont le remplacement définitif est intervenu alors qu'il bénéficiait d'une garantie conventionnelle d'emploi de 12 mois. • Soc. 20 sept. 2006, n° 05-41.385 P : *RJS 2006. 872, n° 1174.*

74. En cas de licenciement motivé, non pas par l'état de santé du salarié, mais par la situation objective de l'entreprise dont le fonctionnement est perturbé par une absence prolongée ou des absences répétées, un remplacement définitif par l'engagement d'un autre salarié doit s'opérer dans l'entreprise qui l'emploie. • Soc. 25 janv. 2012, n° 10-26.502 P : *D. 2012. Actu. 442, obs. Siro ; RDT 2012. 148, obs. Auzero ; RJS 2012. 290, n° 332 ; JS Lamy 2012, n° 318-5, obs. Tourreil ; JCP S 2012. 1210, obs. Puigelier.*

75. Licenciement lié aux absences répétées. L'absence de justification de l'employeur de la nécessité de procéder à la modification du contrat de travail du salarié en raison de ses absences répétées pour maladie ne rend pas le licenciement, prononcé en raison du refus du salarié d'accepter la modification, nul mais sans cause réelle et sérieuse. • Soc. 26 nov. 2002, n° 00-44.517 P : *Dr. soc. 2003. 233, obs. Mazeaud ; RJS 2003. 115, n° 158 ; JS Lamy 2003, n° 117-6.*

76. Lettre de licenciement. La lettre de licenciement doit faire état, d'une part, de la perturbation du fonctionnement de l'entreprise et, d'autre part, de la nécessité de remplacement ; il appartient alors au juge de vérifier s'il est définitif. • Soc. 19 oct. 2005, n° 03-46.847 P : *D. 2005. IR 2769 ; ibid. 2006. Pan. 414, obs. Guiomard ; RJS 2006. 29, n° 36 ; Dr. soc. 2006. 109, obs. Savatier .* ♦ Comp. : la nécessité du remplacement du salarié peut constituer l'énoncé du motif exigé par la loi ; est donc suffisamment motivée la lettre de licenciement qui mentionne la nécessité du remplacement du salarié absent en raison de son état de santé. • Soc. 10 nov. 2004, n° 02-45.187 P : *D. 2005. 765, note Gaba ; Liaisons sociales 2004, Jurisprudence n° 886.* ♦ ... Et l'employeur doit se prévaloir de la nécessité d'un remplacement définitif du salarié dans la lettre de licenciement. • Soc. 5 juin 2001, n° 99-41.603 P : *Dr. soc. 2001. 1045, obs. Savatier ; RJS 2001. 697, n° 1010* • 8 avr. 2009, n° 07-43.909 P : *Dr. soc. 2009. 818, note Favennec-Héry .*

IV. AMÉNAGEMENTS

A. AMÉNAGEMENTS CONVENTIONNELS

77. Limitation conventionnelle à la liberté de licencier. Les dispositions légales relatives à la résiliation par l'employeur du contrat de travail n'interdisent pas aux partenaires sociaux de limiter à des causes qu'ils énumèrent le pouvoir de licencier de l'employeur. • Soc. 3 févr. 1993, n° 91-42.409 P : *D. 1994. Somm. 305, obs. Souriac-Rotschild ; JCP 1994. II. 22254, note Duquesne ; RJS 1993. 159, n° 252* • 7 nov. 1995, n° 92-40.157 P. • 28 févr. 1996 : *RJS 1996. 233, n° 390* • 21 juin 1995 : *CSB 1995. 250* • 24 oct. 1995, n° 93-45.926 P. ♦ Une telle clause est licite dès lors qu'elle ne rend pas impossible la rupture du contrat. • Soc. 10 juill. 2002, n° 00-41.496 P : *RJS 2002. 826, n° 1008* • 3 déc. 2002, n° 00-46.055 P : *D. 2003. IR 105 ; Dr. soc. 2003. 235, obs. Savatier ; JS Lamy 2003, n° 116-32.* ♦ Elle s'impose au juge. • Soc. 7 juill. 1993, n° 89-45.148 P : *Dr. soc. 1993. 772.*

78. Le licenciement prononcé en dehors des cas conventionnellement prévus est dépourvu de cause réelle et sérieuse. • Soc. 7 nov. 1995, n° 92-40.157 P : *D. 1996. IR 18 ; RJS 1995. 789, n° 1233* • 25 oct. 2005, n° 02-45.158 P : *Dr. soc. 2006. 110, obs. Savatier .* ♦ Les dispositions conventionnelles ne peuvent lier le juge, dans un sens défavorable, dans l'appréciation de la cause réelle et sérieuse. • Soc. 6 mai 1998, n° 96-40.951 P : *RJS 1998. 458, n° 720.* ♦ Les clauses conventionnelles relatives aux causes de licenciement ne privent pas le juge du pouvoir d'apprécier le caractère réel et sérieux de la cause de licenciement invoquée par l'employeur. • Soc. 13 oct. 2004, n° 02-45.285 P : *RJS 2004. 892, n° 1260 ; TPS 2004, n° 355.*

79. La disposition conventionnelle prévoyant que le licenciement d'un salarié ne pourra avoir lieu, sauf faute grave, que s'il a fait l'objet précédemment d'au moins deux sanctions, telles qu'une observation, un avertissement ou une mise à pied, est une règle de fond impérative plus favorable que la loi dont la méconnaissance rend le licenciement disciplinaire sans cause réelle et sérieuse. • Soc. 12 mars 1991, n° 88-42.461 P : *Dr. soc. 1992. 227, note Savatier ; RJS 1991. 237, n° 446* • 21 janv. 1992, n° 90-46.104 P : *D. 1992. IR 68 ; RJS 1992. 162, n° 259* • 7 juill. 1993, n° 89-45.148 P : *Dr. soc. 1993. 772.* ♦ Ne prive pas le licenciement de cause réelle et sérieuse le fait qu'un salarié se soit présenté seul devant une commission de discipline, dès lors qu'il n'a pas été privé de la possibilité d'assurer utilement sa défense et que les dispositions réglementaires n'imposent pas d'informer le salarié, dans la lettre de convocation devant la commission disciplinaire, de son droit d'y être assisté d'une personne de son choix, d'y demander l'audition de témoins et d'y produire un mémoire écrit et tous documents lui paraissant présenter un intérêt pour sa défense. • Soc. 22 oct. 2014, n° 13-17.065 P : *Dr. soc. 2015. 86, note Mouly ; RJS 1/2015, n° 17.*

80. Maladie et protection conventionnelle. Doit être cassé l'arrêt qui, en présence d'une convention collective prévoyant que le licenciement d'un salarié malade ne peut intervenir qu'au bout de quatre mois, retient pour admettre le licenciement d'une salariée que celle-ci totalisait un nombre de jours d'absence dépassant les quatre mois, alors qu'il n'était pas établi qu'elle avait été absente de façon continue pendant plus de quatre mois. • Soc. 7 oct. 1992, n° 89-40.083 P : *RJS 1992. 678, n° 1235.* ♦ Comp. : • Soc. 17 janv. 1985 : *Bull. civ. V, n° 41* • 10 déc. 1984 : *ibid., n° 476* • 19 juill. 1983 : *ibid., n° 440.* ♦ En présence d'une convention collective ne prévoyant le licenciement pour maladie que dans le cas d'une absence de plus de six mois, est sans cause réelle et sérieuse le licenciement intervenu avant l'expiration de ce délai. • Soc. 22 oct. 1991, n° 90-41.837 P. • 28 nov. 1991 : *Bull. civ. V, n° 539.* ♦ Rappr. : • Soc. 14 nov. 1991, n° 88-44.094 P. ♦ En présence d'une disposition conventionnelle qui prévoit que « si l'incapacité est telle qu'elle suspend l'exécution du contrat de travail pendant plus de six mois, l'employeur pourra mettre en œuvre la procédure de licenciement », il faut retenir la date de la mise en œuvre de la procédure de licenciement soit la date de la lettre de convocation à l'entretien préalable. • Soc. 29 juin 2011, n° 10-11.052 P : *Dalloz actualité, 25 juill. 2011, obs. Dechristé ; D. 2011. Actu. 1979 ; JS Lamy 2011, n° 310-34, obs. Gardair-Rérolle.* ♦ L'absence pour maladie qui se prolonge au-delà de la période conventionnelle de protection ne constitue pas en elle-même une cause réelle et sérieuse de licenciement. • Soc. 10 oct. 1995, n° 91-45.744 P : *RJS 1995. 792, n° 1239.* – V. déjà : • Soc. 6 juill. 1994 : *CSB 1994. 229, B. 160.* ♦ La reprise du travail dans le cadre d'un mi-temps thérapeutique interrompt la période d'absence pour maladie et par là même le délai de dix-huit mois résultant d'une disposition conventionnelle, au terme de laquelle l'employeur peut licencier pour absence prolongée ayant nécessité le remplacement du salarié. • Soc. 17 déc. 1996 : *RJS 1997. 95, n° 134.* ♦ L'article d'une convention collective prévoyant que l'employeur peut licencier un salarié malade lorsqu'il est obligé de procéder au remplacement de l'intéressé avant son retour ne s'applique pas dans l'hypothèse d'une simple réorganisation. • Soc. 3 juill. 1990, n° 87-41.957 P : *D. 1991. Somm. 149, obs. Pélissier ; RJS 1990. 449, n° 653.* – V. aussi : • Soc. 20 juin 1990, n° 87-44.863 P : *D. 1991. Somm. 149, obs. Pélissier ; RJS 1990. 450, n° 654* • 5 janv. 1999 : *RJS 1999. 120, n° 191.* ♦ Sur l'obligation de rechercher si la clause conventionnelle prévoyant le remplacement a été respectée : • Soc. 28 janv. 1998, n° 95-43.669 P : *RJS 1998. 188, n° 304.* ♦ La convention collective qui offre à l'employeur la possibilité de radier le salarié des effectifs à partir d'une certaine durée d'absence ne peut constituer une clause plus favorable ; la radiation s'analyse alors en un licenciement fondé exclusivement sur l'état de santé, et donc nul. • Soc. 25 févr. 2009, n° 07-41.724 P : *RDT 2009. 303, obs. Debord ; RJS 2009. 398, n° 465 ; Sem. soc. Lamy 2009, n° 1397, p. 12.*

81. Non-respect des dispositions conventionnelles. L'inobservation de la règle de procédure prévue par une convention collective, selon laquelle le licenciement du salarié, dont l'absence pour maladie impose le remplacement effectif, doit être précédé de la notification à l'intéressé de son remplacement par lettre recommandée, n'a pas pour effet de rendre le licenciement sans cause réelle et sérieuse. • Soc. 18 déc. 2001, n° 99-43.632 P : *RJS 2002. 145, n° 173 ; Dr. soc. 2002. 361, obs. Savatier .*

82. Bénéfice de l'indemnité de licenciement. La convention collective qui autorise l'employeur à procéder au licenciement d'un salarié lorsque ses absences pour maladie dépassent une certaine durée n'a pas pour effet de le priver de l'indemnité légale de licenciement. • Soc. 21 avr. 1988, n° 85-42.177 P : *GADT, 4e éd., n° 75 ; D. 1988. Somm. 322, obs. A. Lyon-Caen ; Dr. soc. 1989. 125, note Savatier ; Barthélémy, ibid. 242* (décision abandonnant la distinction entre initiative de la rupture et imputabilité) • 24 nov. 1988 : *D. 1989. Somm. 169, obs. Pélissier* • 31 oct. 1989 : *Bull. civ. V, n° 630.* ♦ ... Ou de l'indemnité conventionnelle. • Soc. 13 juin 1990, n° 87-42.765 P : *RJS 1990. 450, n° 655 ; Dr. soc. 1991. 109, note Savatier* • 16 mars 1994 : *D. 1994. Somm. 308, obs. Langlois .* ♦ Sur le recours à la force majeure, V. • Soc. 14 oct. 1960 : *JCP 1961. II. 11985, et art. Camerlynck, ibid. I. 1609.* ♦ Sur le refus de l'indemnité de préavis, V. • Soc. 25 oct. 1990 : *Dr. soc. 1991. 109, note Savatier .*

B. AMÉNAGEMENTS CONTRACTUELS

83. Aucune clause du contrat ne peut valablement décider qu'une circonstance quelconque constituera en elle-même une cause de licenciement. • Soc. 12 févr. 2014 : *Dalloz actualité, 6 mai 2014, obs. Ines ; JS Lamy 2014, n° 363-2, obs. Lhernould.*

84. Clauses de garantie d'emploi. V. notes 208 s. ss. art. L. 1221-1.

SECTION II **ENTRETIEN PRÉALABLE**

Art. L. 1232-2 **L'employeur qui envisage de licencier un salarié le convoque, avant toute décision, à un entretien préalable.**

La convocation est effectuée par lettre recommandée ou par lettre remise en main propre contre décharge. Cette lettre indique l'objet de la convocation.

L'entretien préalable ne peut avoir lieu moins de cinq jours ouvrables après la présentation de la lettre recommandée ou la remise en main propre de la lettre de convocation. – *[Anc. art. L. 122-14, al. 1er, phrases 1 et 2.]*

COMMENTAIRE

V. Dalloz.fr et applications mobiles Dalloz

I. DROIT À L'ENTRETIEN PRÉALABLE

A. PRINCIPE

1. *Caractère obligatoire.* L'employeur est tenu de convoquer le salarié : quelle que soit la gravité de la faute invoquée. • Soc. 22 mars 1979 : *Dr. soc. 1979. 292, note Savatier.* ♦ ... Bien que la convention collective ait prévu, en cas d'absence injustifiée, que le contrat pouvait être considéré comme rompu, dès lors qu'elle ne dispensait pas l'employeur de l'entretien préalable. • Soc. 27 nov. 1980 : *Bull. civ. V, n° 856.* – V. aussi : • Soc. 4 avr. 1978 : *Bull. civ. V, n° 274 ; D. 1979. IR 27, obs. Langlois* • 21 févr. 1979 : *Bull. civ. V, n° 155 ; D. 1979. 413, note Pélissier.* ♦ L'entretien préalable ne peut être remplacé ni par une conversation téléphonique... • Soc. 14 nov. 1991 : *RJS 1992. 103, n° 135.* ♦ ... Ni par un entretien informel. • Soc. 21 mai 1992, n° 91-40.989 P : *D. 1992. IR 177 ; JCP 1992. II. 21969, note Duquesne ; RJS 1992. 475, n° 855.* ♦ L'application d'une procédure de révocation conventionnelle ne dispense pas l'employeur de respecter la procédure légale de licenciement. • Soc. 29 juin 1995, n° 92-40.932 P : *Dr. soc. 1995. 833.* ♦ La mise à la retraite d'un salarié protégé doit être précédée d'un entretien préalable obligatoire. • CE 17 juin 2009 : *JS Lamy 2009, n° 262-4.*

2. *Portée.* Doit être cassé l'arrêt qui énonce que l'employeur est libre d'invoquer des faits postérieurs à l'entretien préalable sans être tenu de convoquer l'intéressé à un nouvel entretien préalable. • Soc. 30 mars 1994, n° 89-43.716 P : *CSB 1994. 187, S. 100 ; RJS 1994. 414, n° 677.* ♦ Mais la mesure de licenciement n'a pas à être réitérée lorsqu'en raison d'une faute grave du salarié licencié pour motif économique, l'employeur met fin au préavis. • Soc. 22 janv. 1991, n° 86-40.617 P. ♦ Une cour d'appel ne peut écarter sans les examiner des griefs énoncés dans la lettre de licenciement, qu'ils aient été ou non évoqués lors de l'entretien préalable. • Soc. 18 mai 1995 : *Dr. soc. 1995. 675 ; RJS 1995. 577, n° 874.*

3. Le licenciement d'un salarié qui n'a pu se rendre à l'entretien préalable n'est pas irrégulier, l'employeur n'étant pas tenu de faire droit à sa demande d'une nouvelle convocation. • Soc. 26 mai 2004 : *RJS 2004. 616, n° 898.* ♦ L'employeur ne peut se prévaloir du fait que le salarié ne se soit pas rendu à l'entretien préalable, formalité prévue dans le seul intérêt du salarié. • Soc. 15 mai 1991, n° 89-42.270 P : *D. 1992. Somm. 289, obs. A. Lyon-Caen ; Dr. soc. 1991. 621 ; RJS 1991. 372, n° 697.*

4. En cas de convocation régulière, il ne dépend pas du destinataire de refuser de la recevoir ou d'empêcher le déroulement normal de la procédure. • Soc. 23 juill. 1980 : *Bull. civ. V, n° 695.* ♦ N'est pas irrégulier le licenciement d'un salarié n'ayant pas reçu la convocation à l'entretien préalable, alors qu'il n'avait pas informé le chef d'entreprise de son changement d'adresse. • Soc. 26 févr. 1992 : *D. 1992. IR 99 ; RJS 1992. 270, n° 471.* ♦ ... Ni le licenciement du salarié qui n'a pu se rendre à la convocation pour cause de maladie, l'employeur n'étant pas tenu de faire droit à sa demande d'une nouvelle convocation. • Soc. 25 nov. 1992 : *JCP E 1993. II. 462, note Duquesne ; RJS 1993. 31, n° 23.*

5. *Lieu.* Sauf justification de la nécessité de le fixer en un autre lieu, le lieu de l'entretien préalable est en principe celui où s'exécute le travail ou celui du siège social de l'entreprise. • Soc. 9 mai 2000, n° 97-45.294 P : *D. 2000. IR 157 ; RJS 2000. 448, n° 650 ; JCP 2000. II. 10373.* ♦ En exigeant que l'entretien préalable se passe sur les lieux de travail où les salariés exerçaient leur activité, la cour d'appel a ajouté à l'art. L. 122-14 [L. 1232-2 nouv.] une obligation qu'il ne prévoit pas. • Soc. 3 oct. 1995 : *Dr. soc. 1995. 933, obs. J.-J. D.* ♦ L'employeur peut convoquer le salarié au siège social de l'entreprise. • Soc. 24 janv. 1996 : *RJS 1996. 153, n° 261.* ♦ Lorsque, pour des raisons légitimes, le lieu de l'entretien préalable n'est pas celui où s'exécute le travail, ou celui du siège social de l'entreprise, le salarié a droit au remboursement de ses frais de déplacement. • Soc. 28 janv. 2005 : *D. 2005. IR 387 ; Dr. soc. 2005. 476, obs. Radé ; RJS 2005. 266, n° 363.*

6. *Heure.* La convocation du salarié à l'entretien préalable en dehors du temps de travail ne constitue pas une irrégularité de procédure. Le salarié peut seulement prétendre à la réparation du préjudice subi. • Soc. 7 avr. 2004, n° 02-40.359 P : *D. 2004. IR 1210 ; JCP E 2004. 1258, note Boulmier ; RJS 2004. 465, n° 670 ; Dr. ouvrier 2005. 35 ; JS Lamy 2004, n° 146-4.*

7. *Report à la demande du salarié.* Lorsque le report de l'entretien préalable intervient à la demande du salarié, l'employeur est simplement tenu d'aviser, en temps utile et par tous moyens, le salarié des nouvelles date et heure de cet entretien. • Soc. 29 janv. 2014 : *Dalloz actualité, 19 févr. 2014, obs. Fraisse ; D. 2014. Actu. 376 ; RJS 2014. 256, n° 308.*

8. Salariés protégés. Les dispositions de l'art. L. 122-14 [L. 1232-2 nouv.], conformément à l'art. L. 122-14-7 [L. 1231-2 nouv.], ne dérogent pas aux dispositions législatives ou réglementaires qui assurent une protection particulière à certains salariés ; l'entretien doit donc être conduit avant l'éventuelle consultation du comité d'entreprise sur le licenciement d'un représentant et avant la demande d'autorisation de licenciement à l'inspecteur du travail. • CE 28 sept. 2005 : *JCP S 2005. 1336, note Kerbouc'h.*

B. MISE À PIED CONSERVATOIRE

9. Validité. Sur la validité d'une mise à pied conservatoire, V. • Soc. 8 nov. 1978 : *Bull. civ. V, n° 745 ; D. 1979. IR 230, obs. Pélissier* (mise à pied constituant une simple mesure provisoire laissant à l'employeur un délai de réflexion) • 4 avr. 1979 : *Bull. civ. V, n° 313* (l'employeur n'est pas lié par la durée de la mise à pied prévue dans le règlement intérieur) • 21 juin 1979 : *Bull. civ. V, n° 562 ; D. 1980. IR 89, obs. Pélissier.* ♦ Conserve un caractère conservatoire la mise à pied décidée dans l'attente d'une mesure d'instruction et qui n'est interrompue que pour éviter de priver le salarié de son salaire pendant une durée excessive. • Soc. 18 nov. 1992 : *RJS 1993. 35, n° 34.* ♦ La mise à pied conservatoire peut être requalifiée par les juges en sanction disciplinaire si elle n'est pas immédiatement suivie de l'ouverture d'une procédure de licenciement. • Soc. 18 févr. 1998, n° 96-40.219 P. (convention collective prévoyant le licenciement dans un délai de 15 jours en cas de mise à pied conservatoire). ♦ Lorsque les faits reprochés au salarié donnent lieu à l'exercice de poursuites pénales, l'employeur peut, sans engager immédiatement une procédure de licenciement, prendre une mesure de mise à pied conservatoire si les faits le justifient. • Soc. 4 déc. 2012 : *Dalloz actualité, 22 janv. 2013, obs. Fleuriot ; D. 2012. Actu. 2971 ; RDT 2013. 267, obs. Scaglia ; Dr. soc. 2013. 181, obs. Mouly ; Dr. ouvrier 2013. 134, obs. Varin ; Sem. soc. Lamy 2012, n° 1565, p. 5, obs. Waquet ; JCP S 2013. 1100, obs. Cohen-Donsimoni.* ♦ En l'absence de justification, le retard pris dans la convocation du salarié à l'entretien préalable emporte la requalification de la mise à pied conservatoire en sanction disciplinaire. • Soc. 30 oct. 2013 : *Dalloz actualité, 27 nov. 2013, obs. Fraisse ; RDT 2014. 47, obs. Varin ; Dr. soc. 2014. 83, obs. Mouly ; RJS 1/2014, n° 35 ; JS Lamy 2014, n° 357-3, obs. Lhernould.*

10. Procédure. Le prononcé d'une mise à pied conservatoire ne suppose pas le respect de la procédure disciplinaire. • Soc. 26 nov. 1987, n° 85-40.367 P : *Dr. soc. 1989. 287, note Ray* • 3 déc. 1987 : *Bull. civ. V, n° 699.* ♦ La mise à pied conservatoire n'implique pas que le licenciement prononcé ultérieurement présente un caractère disciplinaire. • Soc. 3 févr. 2010 : *D. 2010. AJ 506 ; ibid. 2010. 1536, note Reynès ; RDT 2010. 299, obs. Adam ; Dalloz actualité, 15 févr. 2010, obs. Maillard ; JS Lamy 2010, n° 273-4.*

11. Paiement du salaire. Seule la faute grave peut justifier le non-paiement du salaire pendant la mise à pied. • Soc. 26 nov. 1987 : *préc. note 10* • 7 déc. 1989 : *Bull. civ. V, n° 700.* ♦ Rappr. : • Soc. 23 nov. 1978 : *Bull. civ. V, n° 792.*

12. Le paiement par l'employeur des jours de mise à disposition ne manifeste pas à lui seul l'intention d'absoudre la faute grave commise ou de reconnaître son absence de gravité. • Soc. 30 mai 1980 : *JS UIMM 1981. 187.*

II. LETTRE DE CONVOCATION

13. Sur la mention de la possibilité de recourir à un conseiller, V. notes 1 et 2 ss. L. 1232-4.

14. Contenu de la lettre de convocation et droits de la défense. La lettre de convocation du salarié à un entretien préalable au licenciement doit énoncer l'objet de cet entretien et la faculté pour l'intéressé de se faire assister, mais n'a pas à mentionner précisément les griefs qui lui sont reprochés. • Soc. 6 avr. 2016, n° 14-23.198 P : *Dalloz actualité, 2 mai 2016, obs. Roussel ; D. 2016. Actu. 843 ; RDT 2016. 480, obs. Frossard ; RJS 6/2016, n° 437 ; JS Lamy 2016, n° 409-1, obs. Cottin ; JCP S 2016. 1209, obs. Gauriau.*

15. Remise en main propre contre décharge. L'absence de récépissé de remise en main propre de la lettre de convocation ne peut être suppléée par des témoignages. • Soc. 23 mars 2005 : *D. 2005. IR 1111 .*

16. Modalités d'envoi. L'envoi de la lettre de convocation à l'entretien préalable par télécopie ne peut pallier l'inobservation des prescriptions légales. • Soc. 13 sept. 2006 : *RJS 2006. 866, n° 1164.* ♦ L'employeur peut envoyer une convocation à l'entretien préalable de licenciement par Chronopost ; ce mode d'envoi permettant de justifier des dates d'expédition et de réception de la lettre. • Soc. 8 févr. 2011 : *Dalloz actualité, 3 mars 2011, obs. Dechristé ; D. 2011. Actu. 599 ; JS Lamy 2011, n° 296-5, obs. Lalanne ; JCP S 2011. 1199, obs. Dumont.* ♦ La remise par voie d'huissier de la lettre de convocation à entretien préalable au licenciement ne constitue pas une irrégularité de procédure de licenciement, les modes de convocation prévus par l'art. L. 1232-2 C. trav. n'ayant pour objet que de prévenir toute contestation sur la date de la convocation. • Soc. 30 mars 2011 : *D. 2011. Actu. 1088, obs. Siro ; JCP S 2011. 1258, obs. Dumont.*

III. DÉLAI DE CONVOCATION

17. Nature du délai. La computation du délai de 5 jours prévu à l'art. L. 122-14 [L. 1232-2 nouv.] obéit aux règles fixées par les art. 641 et 642 C.

pr. civ. : le jour de la première présentation de la lettre de convocation qui fait courir le délai ne compte pas si ce délai expire un samedi, un dimanche ou un jour férié, il est prorogé jusqu'au premier jour ouvrable suivant. • Soc. 9 juin 1999, n° 97-41.349 P : *RJS 1999. 557, n° 905.* ♦ Le salarié doit disposer d'un délai de cinq jours pleins pour préparer sa défense, le jour de remise de la lettre ne compte pas dans le délai, pas plus que le dimanche qui n'est pas un jour ouvrable. • Soc. 20 févr. 2008, n° 06-40.949 P : *RJS 2008. 416, n° 530 ; JCP S 2008. 1252, note Kerbourc'h* • Soc. 3 juin 2015, n° 14-12.245 P : *Dalloz actualité, 21 juill. 2015, obs. Siro ; D. 2015. Actu. 1278 ; RDT 2015. 761, obs. Véricel ; RJS 8-9/2015, n° 574 ; JS Lamy 2016, n° 392-6, obs. Tissandier ; JCP S 2015. 1311, obs. Dumont.* ♦ Si les dispositions légales (antérieures à l'Ord. du 24 juin 2004) ne prévoient aucun délai minimal entre la convocation et l'entretien, le salarié doit être averti suffisamment à l'avance non seulement du moment, mais aussi de l'objet de l'entretien pour pouvoir y réfléchir et recourir éventuellement à l'assistance d'un membre du personnel. • Soc. 19 mars 1991 : *préc. note 13.* ♦ Dans le même sens : • Soc. 12 déc. 1983 : *Bull. civ. V, n° 607 ; D. 1984. IR 183* (un délai de trois quarts d'heure est insuffisant) • 5 nov. 1987 : *Bull. civ. V, n° 618* • 8 nov. 1989 : *ibid., n° 652* • 22 févr. 1990 : *ibid., n° 87 ; D. 1990. IR 70* • 13 juin 1991, n° 89-45.843 P : *D. 1992. Somm. 289, obs. A. Lyon-Caen* • 27 nov. 1996 : *D. 1997. IR 5* • 27 nov. 1996, n° 95-42.798 P : *Dr. soc. 1997. 199 ; RJS 1997. 27, n° 21 ; CSB 1997. 39, A. 8* (délai insuffisant, pour une convocation reçue le vendredi soir pour le mardi suivant, dès lors que l'entreprise était en période de vacances, ce qui avait empêché le salarié de prendre contact avec les délégués du personnel) • 22 janv. 1998, n° 95-45.165 P : *RJS 1998. 181, n° 289* (lettre reçue la veille de l'entretien). ♦ Les juges du fond apprécient souverainement que le délai a été suffisant. • Soc. 13 janv. 1993 : *D. 1993. Somm. 254, obs. Bouilloux ; CSB 1993. 73, A. 15* (en l'espèce, salarié convoqué par lettre remise en main propre pour le jour même). ♦ Le jour de la remise de la lettre de convocation ne compte pas non plus que le dimanche qui n'est pas un jour ouvrable. • Soc. 20 déc. 2006 : *D. 2007. AJ 310 ; RJS 2006. 235, n° 319.*

18. Report de l'entretien à la demande du salarié. En cas de report, à la demande du salarié, de l'entretien préalable au licenciement, le délai de cinq jours ouvrables court à compter de la présentation de la lettre recommandée ou de la remise en mains propres de la lettre initiale de convocation. • Soc. 24 nov. 2010 : *D. 2010. AJ 2915 ; JS Lamy 2011, n° 292-4, obs. Tourreil ; JCP S 2011. 1080, obs. Drai.* ♦ V. note 6 *bis.*

19. Sanction. Le non-respect du délai de cinq jours prévu en cas d'absence d'institutions représentatives du personnel constitue une irrégularité qui ne peut être couverte par le fait que le salarié était assisté lors de l'entretien préalable. • Soc. 7 oct. 1998 : *RJS 1998. 819, n° 1353.*

20. Caractère d'ordre public. Le salarié ne peut renoncer au délai de 5 jours institué par l'art. L. 122-14 [L. 1232-2 nouv.]. • Soc. 28 juin 2005 : *D. 2005. 2662, note Gaba ; RJS 2005. 691, n° 967.*

Art. L. 1232-3 **Au cours de l'entretien préalable, l'employeur indique les motifs de la décision envisagée et recueille les explications du salarié.** — *[Anc. art. L. 122-14, al. 1, phrase 3.]*

Art. L. 1232-4 **Lors de son audition, le salarié peut se faire assister par une personne de son choix appartenant au personnel de l'entreprise.**

Lorsqu'il n'y a pas d'institutions représentatives du personnel dans l'entreprise, le salarié peut se faire assister soit par une personne de son choix appartenant au personnel de l'entreprise, soit par un conseiller du salarié choisi sur une liste dressée par l'autorité administrative.

La lettre de convocation à l'entretien préalable adressée au salarié mentionne la possibilité de recourir à un conseiller du salarié et précise l'adresse des services dans lesquels la liste de ces conseillers est tenue à sa disposition. — *[Anc. art. L. 122-14, al. 2, phrases 1, 2 et 4.]*

V. Circ. n° 91-16 du 5 sept. 1991 relative à l'assistance du salarié lors de l'entretien préalable au licenciement (BOMT n° 91/24, texte n° 662).

COMMENTAIRE

V. Dalloz.fr et applications mobiles Dalloz

A. PARTICIPANTS

1. Assistance du salarié. La procédure de licenciement est régulière lorsque l'employeur a averti le salarié de la possibilité de se faire assister et que l'absence de la personne choisie n'est pas due à une interdiction ou à une intervention dissuasive de l'entreprise. • Soc. 5 juin 1985 : *Bull. civ. V, n° 325.* – V. aussi • Soc. 8 nov. 1983 : *Bull. civ. V, n° 537 ; D. 1984. IR 111.*

2. En précisant dans la lettre de convocation à l'entretien préalable que les salariés pouvaient se faire assister par une personne de leur choix appartenant au personnel de l'entreprise, à l'exception de l'une des autres personnes convoquées, l'employeur a porté à la liberté de choix reconnue par la loi une atteinte qui a entaché d'irrégularité les procédures de licenciement. • CE 16 juin 1995 : *RJS 1995. 599, n° 914* (rejet de la demande de l'employeur tendant à l'annulation des décisions de refus d'autorisation de licenciement d'un représentant du personnel).

3. Le droit reconnu au salarié de se faire assister par un autre salarié implique que ce dernier ne doit, du fait de son assistance, subir aucune perte de rémunération. • Soc. 12 févr. 1991, n° 87-45.259 P : *D. 1992. Somm. 289, obs. A. Lyon-Caen ; JCP 1992. II. 21779, note Corrignan-Carsin ; Dr. soc. 1991. 484 ; CSB 1991. 65, A. 19 ; RJS 1991. 169, n° 323.* ♦ Il sera par conséquent remboursé des frais de transport exposés pour se rendre à l'entretien préalable. • Soc. 25 oct. 2000 : *Sem. soc. Lamy 2000, n° 1002.* ♦ La disposition du règlement intérieur qui limite le montant de la prise en charge des frais de transport est illégale et le salarié dont le licenciement est envisagé est recevable à soulever par voie d'exception l'illégalité du règlement intérieur du comité d'entreprise qui lui fait grief. • Soc. 11 avr. 2012 : *Dalloz actualité, 11 mai 2012, obs. Siro ; D. 2012. Actu. 1067 ; RJS 2012. 455, n° 531 ; JCP S 2012. 1262, obs. Jeansen.*

4. Assistance du salarié dans l'entreprise. Lorsqu'il n'y a pas d'institution représentative du personnel dans l'entreprise, le salarié peut se faire assister lors de l'entretien préalable par un conseiller de son choix inscrit sur une liste dressée par le représentant de l'État ; la présence d'un délégué syndical dans l'entreprise suffit à écarter le recours à un conseiller extérieur. • Soc. 19 févr. 2002, n° 00-40.657 P : *D. 2002. IR 1238 ; Dr. soc. 2002. 1073, note Petit ; RJS 2002. 422, n° 547.* ♦ Sur les sanctions attachées à l'omission de la mention relative au conseiller du salarié, V. note 1 ss. art. L. 1235-5. ♦ L'appréciation de l'absence de représentants du personnel devant se faire au niveau de l'entreprise et non de l'établissement, l'employeur ne peut se voir reprocher une telle omission, dès lors que, s'il n'existait pas de représentants du personnel au niveau de l'établissement, il en existait au niveau de l'entreprise. • Soc. 26 nov. 1996, n° 95-42.457 P : *D. 1997. IR 5 ; Dr. soc. 1997. 200 ; RJS 1997. 26, n° 20.* ♦ Dès lors qu'il n'est pas contesté qu'il existe au sein de l'entreprise des institutions représentatives du personnel, la lettre de convocation à l'entretien préalable n'a pas à mentionner la possibilité donnée par l'art. L. 122-14 [L. 1232-7 nouv.] de se faire assister par un conseiller de son choix. • Soc. 5 mars 1997 : *CSB 1997. 155, S. 88.* ♦ L'omission de la mention relative au conseiller du salarié, inscrit sur liste départementale, ne peut être sanctionnée sans que soit constatée, au préalable, l'absence de représentants du personnel dans l'entreprise. • Soc. 7 janv. 1998 : *RJS 1998. 101, n° 157.* ♦ Lorsque l'entreprise n'est pourvue que d'un représentant des salariés désigné en application de l'art. L. 621-8 C. com., la convocation d'un salarié à un entretien préalable doit mentionner la faculté de se faire assister par un conseiller extérieur à l'entreprise. • Soc. 27 juin 2002, n° 00-41.893 P : *D. 2002. IR 2234 ; Dr. soc. 2002. 1073, note Petit ; JS Lamy 2002, n° 108-5.*

5. Assistance du salarié au sein d'une UES. Lorsque l'employeur relève d'une UES dotée d'institutions représentatives du personnel, le salarié peut se faire assister par une personne de son choix appartenant au personnel d'une entité de l'UES ; la lettre de convocation à l'entretien préalable doit alors mentionner une telle faculté. • Soc. 8 juin 2011 : *Dalloz actualité, 1er juill. 2011, obs. Siro ; D. 2011. Actu. 1692 ; RDT 2011. 568, obs. de Launay ; RJS 2011. 619, n° 672 ; JCP S 2011. 1484, obs. Puigelier.* ♦ Comp. antérieurement : La présence d'une institution représentative du personnel au sein de l'UES dont relève l'employeur dispense de mentionner dans la convocation d'un salarié à l'entretien préalable à son licenciement la faculté pour le salarié de se faire assister d'un conseiller extérieur à l'entreprise. • Soc. 21 sept. 2005 : *Dr. soc. 2006. 105, obs. Savatier ; JCP E 2006. 1083, note Béal et Rouspide.*

6. L'entretien préalable au licenciement d'un salarié revêt un caractère strictement individuel qui exclut la possibilité d'avoir recours à un entretien de groupe, même si les faits reprochés aux salariés sont identiques. La présence de plusieurs salariés ne peut être assimilée à l'assistance du salarié prévue par l'art. L. 122-14. • Soc. 23 avr. 2003, n° 01-40.817 P : *D. 2003. IR 1263 ; RJS 2003. 575, n° 861.*

7. Sur le conseiller du salarié, V. notes ss. art. L. 1232-7.

8. Représentation de l'employeur. La faculté pour l'employeur de se faire représenter n'est pas limitée au seul délégataire du pouvoir de prononcer le licenciement. • Soc. 14 mai 1987 : *Bull. civ. V, n° 332 ; D. 1987. IR 129.* – Dans le même sens : • Soc. 14 juin 1994 : *CSB 1994. 201, A. 42 ; RJS 1994. 511, n° 851.* ♦ Mais la finalité même de l'entretien préalable et les règles relatives à la notification interdisent à l'employeur de donner mandat à une personne étrangère à l'entreprise pour procéder à cet entretien et notifier le licenciement. • Soc. 26 mars 2002, n° 99-43.155 P : *D. 2002. IR 1323 ; RJS 2002. 532, n° 669 ; Dr. soc. 2002. 784, obs. Mouly ; JCP E 2002. 1764, obs. Bousez ; JS Lamy 2002, n° 100-6* • 7 déc. 2011 : *D. 2012. Actu. 24 ; RDT 2012. 94, obs. Auzero ; Dr. soc. 2012. 35, note Cœuret et Duquesne ; ibid. 2012. 415, obs. Couturier ; RJS 2012. 115, n° 124 ; JS Lamy*

2012, n° 314-5, obs. Tourreil ; JCP S 2012. 1084, obs. Tricoit (licenciement prononcé par un cabinet d'expertise comptable). ♦ Le directeur du personnel, engagé par la société mère pour exercer ses fonctions au sein de la société et de ses filiales en France, n'est pas une personne étrangère à ces filiales et peut recevoir mandat pour procéder à l'entretien préalable et au licenciement d'un salarié employé par ces filiales, sans qu'il soit nécessaire que la délégation de pouvoir soit donnée par écrit. • Soc. 19 janv. 2005 : *D. 2005. IR 313 ; Dr. soc. 2005. 475, obs. Savatier ; RJS 2005. 195, n° 255.* ♦ Le directeur financier d'une société-mère n'est pas une personne étrangère aux filiales et peut donc procéder au licenciement d'un salarié de l'une de ces filiales. • Soc. 30 juin 2015, n° 13-28.146 P : *D. 2015. Actu. 1493 ; ibid. 2015. 2301, note Vernac ; RDT 2015. 536, obs. Auzerro ; RJS 10/2015, n° 625 ; JS Lamy 2015, n° 394-5, obs. Tissandier ; JCP E 2015. 1468, obs. Cottin.*

BIBL. Cœuret et Duquesne, *Dr. soc. 2012. 35* (actualité de la délégation du pouvoir de licencier dans l'entreprise ou le groupe d'entreprises). – Morvan, *JCP S 2010. 1239* (nullité en droit du travail et délégation de pouvoirs dans les SAS).

9. Assistance de l'employeur. L'employeur ne peut se faire assister que par une personne appartenant au personnel de l'entreprise. • Soc. 20 juin 1990, n° 87-41.118 P : *D. 1990. IR 184* • 26 févr. 1992 : *D. 1992. IR 99 ; RJS 1992. 270, n° 471* • 2 avr. 1996 : *CSB 1996. 171, A. 38* • 27 mai 1998, n° 96-40.741 P : *RJS 1998. 543, n° 839.* ♦ Dans le cas contraire, la procédure est irrégulière, peu important l'absence de préjudice et l'objet de l'entretien. • Soc. 28 oct. 2009 : *D. 2009. AJ 2755 ; JCP S 2010. 1129, obs. Caron ; Dalloz actualité, 9 nov. 2009, obs. Maillard.*

10. Le fait pour l'employeur de se faire assister par deux chefs de service, dont la victime des coups reprochés au salarié, et d'avoir requis la présence de deux autres salariés témoins de l'incident, transforme en enquête l'entretien préalable, le détournant ainsi de son objet. • Soc. 10 janv. 1991, n° 88-41.404 P : *D. 1991. IR 45 ; Dr. soc. 1991. 258 ; CSB 1991. 51, S. 35 ; RJS 1991. 170, n° 325.*

11. Présence d'un huissier. La présence de l'huissier de justice – afin de dresser un procès-verbal de l'entretien – constitue une irrégularité. • Soc. 30 mars 2011 : *D. 2011. Actu. 1089, obs. Siro ; JCP S 2011. 1258, obs. Dumont.*

12. Témoignage ou attestation en justice. La preuve étant libre en matière prud'homale, rien ne s'oppose à ce que le juge prud'homal retienne une attestation établie par le conseiller ayant assisté le salarié lors de l'entretien préalable à son licenciement, et en apprécie librement la valeur et la portée. • Soc. 27 mars 2001, n° 98-44.666 P : *D. 2001. IR 282 ; RJS 2001. 508, n° 732 ; Dr. soc. 2001. 679, obs. Savatier ; JCP E 2001. 1634, note Puigelier.*

B. DÉROULEMENT

13. Le salarié qui, au cours de l'entretien préalable, accepte une mutation qu'il refusait jusqu'à présent, prive de cause le licenciement fondé sur ce refus. • Soc. 23 oct. 1984 : *Bull. civ. V, n° 400 ; D. 1985. IR 451, obs. Langlois.*

14. Sauf abus, les paroles prononcées par le salarié pour réfuter les griefs invoqués contre lui ne peuvent constituer une cause de licenciement. • Soc. 19 juin 1991, n° 89-40.843 P : *D. 1992. Somm. 289, obs. A. Lyon-Caen ; JCP 1992. II. 21867, note Taquet ; Dr. soc. 1991. 638 ; RJS 1991. 499, n° 959.* ♦ L'entretien préalable doit être mené dans une langue compréhensible par les parties et, à défaut, il doit être fait appel à un interprète accepté par les deux parties. • Soc. 8 janv. 1997, n° 95-41.085 P : *Dr. soc. 1997. 317 ; CSB 1997. 47, A. 7 ; RJS 1997. 92, n° 129.*

15. Sur l'absence de valeur probante d'un enregistrement sur bande magnétique effectué par le salarié à l'insu de l'employeur, V. • Reims, 4 févr. 1980 : *Gaz. Pal. 1980. 2. Somm. 475.* ♦ V. aussi : • Paris, 19 févr. 1993 : *RJS 1993. 241, n° 396,* estimant qu'un tel agissement caractérise un acte objectif illégal justifiant un licenciement pour perte de confiance.

16. Communication des pièces justificatives du licenciement. Si l'art. L. 1232-3 fait obligation à l'employeur d'indiquer au cours de l'entretien préalable au salarié dont il doit recueillir les explications le motif de la sanction envisagée, il ne lui impose pas de communiquer à ce dernier les pièces susceptibles de justifier la sanction. • Soc. 18 févr. 2014 : *Dalloz actualité, 13 mars 2014, obs. Peyronnet ; D. 2014. Actu. 548 ; RJS 2014. 326, n° 387.*

Art. L. 1232-5 Un décret en Conseil d'État détermine les modalités d'application de la présente section. – *[Anc. art. L. 122-14-11.] – V. art. R. 1232-1 s.*

SECTION III **NOTIFICATION DU LICENCIEMENT**

Art. L. 1232-6 Lorsque l'employeur décide de licencier un salarié, il lui notifie sa décision par lettre recommandée avec avis de réception.

Cette lettre comporte l'énoncé du ou des motifs invoqués par l'employeur.

Elle ne peut être expédiée moins de deux jours ouvrables après la date prévue de l'entretien préalable au licenciement auquel le salarié a été convoqué.

Un décret en Conseil d'État détermine les modalités d'application du présent article. – *[Anc. art. L. 122-14-1, al. 1er et 2, L. 122-14-2, al. 1er, L. 122-14-11.]*

BIBL. Béraudo, *RJS 1992. 231* (énonciation des motifs). – Buseine, *Dr. ouvrier 1999. 14 ; ibid. 432* (formalisme de la lettre de licenciement). – Frouin, *RJS 1999. 543* (motivation de la lettre de licenciement). – Henry, *Dr. ouvrier 1989. 180* (énonciation des motifs). – Pochet, *Dr. soc. 1995. 655* ✎. – Savatier, *Dr. soc. 1991. 99* ✎ (énonciation des motifs). – Taquet, *JCP E 1993. I. 227* (absence de motivation). – Teyssié, *Dr. soc. 1981. 239* (information du salarié). – Waquet, *RJS 1993. 631.*

COMMENTAIRE

V. Dalloz.fr et applications mobiles Dalloz 🏛. ❑

I. EXIGENCE D'UNE LETTRE RECOMMANDÉE

A. FORMES DE LA LETTRE DE LICENCIEMENT

1. Exploit d'huissier. La lettre recommandée peut être remplacée par un acte d'huissier. • Soc. 8 nov. 1978 : *Bull. civ. V, n° 746 ; D. 1979. IR 228, obs. Pélissier.* ♦ L'envoi de la lettre recommandée avec avis de réception n'est qu'un moyen légal de prévenir toute contestation sur la date de notification du licenciement. • Soc. 16 juin 2009 : 🏛 *RJS 2009. 631, n° 702 ; JCP S 2009. 1421, obs. Drai.* ♦ La preuve de la notification du licenciement peut être apportée par le témoignage de la responsable administrative de la société qui établissait que la lettre de licenciement avait été notifiée à la salariée par une remise en main propre et que cette dernière en avait eu connaissance. • Soc. 29 sept. 2014 : 🏛 *D. 2014. Actu. 2003* ✎ *; RJS 2014. 728, n° 841 ; JS Lamy 2014, n° 376-2, obs. Lhernould.*

2. Note de service. Une note de service fixant la date de la rupture ne peut valoir lettre de rupture, s'agissant d'un licenciement économique dans le cadre d'une procédure de redressement judiciaire, qu'à la condition d'être notifiée à chacun des salariés licenciés et de contenir l'énoncé d'un motif économique précis. • Soc. 11 oct. 2005 : 🏛 *D. 2006. Pan. 413, obs. Lokiec* ✎.

3. Feuille blanche. Ne constitue pas la notification d'un licenciement l'envoi d'une feuille blanche. • Soc. 24 janv. 2007 : 🏛 *D. 2007. AJ 507* ✎ *; D. 2007. Pan. 2268, obs. Reynès* ✎ *; JS Lamy 2007, n° 207-2 ; RJS 2007. 319, n° 420.*

4. Licenciement verbal. Malgré son irrégularité, le licenciement verbal a pour effet de rompre le contrat de travail. • Soc. 12 mars 1992 : 🏛 *RJS 1992. 249, n° 425.* ♦ Sur les conséquences d'un licenciement verbal, V. • Soc. 30 sept. 1992 : 🏛 *CSB 1992. 269, A. 49* • 13 janv. 1993, 🏛 n° 92-40.939 P : *CSB 1993. 53, S. 23.* ♦ C'est au salarié qui se prétend licencié verbalement d'en apporter la preuve, que ne constitue pas la seule prise d'acte par lui de la rupture. • Soc. 30 mai 1996 : 🏛 *RJS 1996. 502, n° 775.* ♦ Même si les faits reprochés au salarié sont graves, le licenciement prononcé verbalement est sans cause réelle et sérieuse. • Soc. 23 juin 1998 : 🏛 *RJS 1998. 621, n° 971.* ♦ Le licenciement verbal, même motivé, ne satisfait pas à l'exigence légale de motivation. • Soc. 9 févr. 1999 : 🏛 *RJS 1999. 302, n° 489.*

5. Signature de la lettre de licenciement. Pour être régulière, la lettre de licenciement doit être signée ; toute irrégularité de procédure entraîne pour le salarié un préjudice que l'employeur est tenu de réparer et qu'il appartient au juge d'évaluer. • Soc. 29 juin 1999, 🏛 n° 97-42.208 P : *D. 1999. IR 199* ✎ *; RJS 1999. 655, n° 1039* • 5 janv. 2005 : 🏛 *RJS 2005. 199, n° 260.* ♦ Lorsque la lettre de licenciement a été signée pour ordre au nom du directeur des ressources humaines et que la procédure de licenciement a été menée à terme, il en résulte que le mandat de signer la lettre de licenciement a été ratifié. • Soc. 10 nov. 2009 : 🏛 *D. 2009. AJ 2869, obs. Perrin* ✎ *; RJS 2010. 24, n° 18 ; JCP S 2009. 1596, obs. Drai.* ♦ Dès lors que le travailleur temporaire a pour mission l'assistance et le conseil du directeur des ressources humaines ainsi que son remplacement éventuel, il a le pouvoir de signer les lettres de licenciement. • Soc. 2 mars 2011 : 🏛 *D. 2011. Actu. 826, obs. Perrin* ✎. ♦ Mais s'il est constaté qu'aux termes des statuts d'une association, le président recrute, nomme, licencie et assure la gestion et le pouvoir disciplinaire du personnel salarié de l'association et peut déléguer ses pouvoirs à un administrateur ou à un directeur général avec l'accord du conseil d'administration et que la délégation de pouvoir consentie mentionnait exclusivement la possibilité de recruter et de signer les contrats de travail concernant les cadres et employés du siège comme des résidences, le licenciement du salarié décidé par une personne dépourvue de qualité à agir est sans cause réelle et sérieuse. • Soc. 2 mars 2011 : 🏛 *D. 2011. Actu. 824* ✎.

6. Lettre remise par un tiers. L'envoi de la lettre recommandée avec avis de réception n'est qu'un moyen légal de prévenir toute contestation sur la date de notification du licenciement : la lettre de licenciement remise au salarié par un tiers dont il n'est pas invoqué qu'il était habilité à prononcer une telle mesure constitue une notification irrégulière mais ne prive pas le licenciement de cause réelle et sérieuse. • Soc. 23 oct. 2013 : 🏛 *D. 2013. Actu. 2526* ✎ *; RJS 1/2014, n° 24 ; JS Lamy 2013, n° 355-356-5, obs. Tourreil.*

B. EFFET ATTACHÉ À LA LETTRE DE LICENCIEMENT

1° DATE D'EFFET

7. Date de la rupture. La rupture d'un contrat de travail se situe à la date où l'employeur a manifesté sa volonté d'y mettre fin, c'est-à-dire au jour de l'envoi de la lettre recommandée avec demande d'avis de réception notifiant la rupture. • Soc. 11 mai 2005 : *D. 2006. 701, note Reynès ; Dr. soc. 2005. 920, obs. Mouly ; Dr. ouvrier 2005. A. 65, obs. Pansier ; CSB 2005. A. 65, obs. Pansier ; JS Lamy 2005, n° 170-2* • 26 sept. 2006 : *D. 2007. Pan. 688, obs. Leclerc ; Dr. soc. 2006. 1193, obs. Savatier* • 28 nov. 2006, n° 05-42.202 P.

8. Même solution pour l'ancienneté du salarié qui s'apprécie au jour où l'employeur envoie la lettre recommandée de licenciement. • Soc. 26 sept. 2006, n° 05-43.841 P. ♦ Le droit à l'indemnité de licenciement naît à la date où l'employeur manifeste, par l'envoi de la lettre recommandée, la volonté de résilier le contrat de travail. • Soc. 11 janv. 2007 : *D. 2007. 913, note Pélissier ; RDT 2007. 237, obs. Pélissier ; RJS 2007. 242, n° 328.* ♦ Mais le préavis ne court qu'à compter de la date de présentation de cette lettre. • Soc. 7 nov. 2006, n° 05-42.323 P : *D. 2007. Pan. 689, obs. Leclerc ; RJS 2006. 146, n° 217.*

9. Sur la jurisprudence antérieure retenant la date à laquelle le salarié avait eu connaissance de la lettre de licenciement, V. • Soc. 16 nov. 1993, n° 88-45.383 P : *Dr. soc. 1994. 41 ; RJS 1994. 107, n° 128* • 17 oct. 2000, n° 98-42.581 P : *D. 2000. IR 304 ; RJS 2000. 804, n° 1240.*

2° RUPTURE DU CONTRAT DE TRAVAIL

10. Caractère ferme. Le licenciement prononcé par un cogérant, alors que l'autre cogérant s'y oppose, est valable, le salarié ne pouvant se prévaloir d'un différend au sein des organes dirigeants de la société. • Soc. 18 févr. 1998, n° 95-43.188 P. ♦ Le fait d'énoncer que, dans l'hypothèse d'une amélioration de la prestation de travail pendant la période de préavis, la poursuite des relations de travail serait envisageable, retire à la mesure de licenciement son caractère réel et sérieux. • Soc. 23 mai 2000, n° 98-40.634 P : *RJS 2000. 549, n° 783.*

11. Caractère irrévocable. Dès l'instant où il est notifié, le licenciement ne peut être unilatéralement annulé par l'employeur, qui ne peut revenir sur sa décision de licencier qu'avec l'accord du salarié. • Soc. 12 mai 1998, n° 95-44.353 P. • 6 juill. 1999 : *RJS 1999. 770, n° 1240.* ♦ La rétractation de la mesure de licenciement est opposable au salarié dès lors que son comportement témoigne qu'il l'a acceptée. • Soc. 1er oct. 1996 : *RJS 1996. 751, n° 1161.*

12. Pluralité d'employeurs. Est constitutif d'une faute grave le comportement de la salariée qui s'est rendue responsable de la désorganisation totale du système de facture, de manipulations et d'irrégularités dans la tenue des comptes de trois sociétés pour lesquelles elle travaillait ; dès lors la lettre de licenciement émanant uniquement d'un des employeurs peut être invoquée pour justifier la rupture des contrats de travail conclus avec les différentes sociétés. • Soc. 20 déc. 2006 : *D. 2007. AJ 310 ; RJS 2006. 235, n° 319.*

3° RESPONSABILITÉ DE L'EMPLOYEUR

13. Lettre de licenciement et fait justificatif. L'employeur auteur d'une lettre de licenciement motivée par des faits constitutifs de harcèlement sexuel ne peut être poursuivi pour diffamation dès lors qu'ils constituent les motifs du licenciement sans que soient développés d'autres griefs. • Crim. 12 oct. 2004 : *Bull. crim., n° 239 ; D. 2004. IR 2971 ; Dr. soc. 2005. 341, obs. Mouly ; RJS 2005. 34, n° 28 ; JS Lamy 2004, n° 157-5* • Civ. 1re, 7 nov. 2006 : *D. 2006. IR 2873 ; RJS 2006. 44, n° 33 ; JCP 2007. 1579, note Joos.*

II. ÉNONCIATION DU OU DES MOTIFS DE LICENCIEMENT

A. CHAMP D'APPLICATION DE L'OBLIGATION DE MOTIVATION

14. Rupture requalifiée. Les juges doivent examiner les conditions de la rupture exigeant l'application des règles du licenciement lorsque le contrat à durée déterminée a été dans un premier temps requalifié, en conséquence le licenciement est sans cause réelle et sérieuse si l'employeur n'a invoqué que la survenance du terme. • Soc. 9 mars 1999, n° 96-44.312 P : *RJS 1999. 313, n° 504 ; Dr. soc. 1999. 625, note J. Savatier .* ♦ Comp. en présence de griefs matériellement vérifiables énoncés dans la lettre indiquant que le contrat à durée déterminée ne serait pas renouvelé. • Soc. 7 mai 2003, n° 00-44.396 P : *Dr. soc. 2003. 882, obs. Roy-Loustaunau ; D. 2003. IR 1479 ; RJS 2003. 674, n° 990.* ♦ L'obligation de motivation de la rupture s'applique en cas de mise à la retraite requalifiée en licenciement. • Versailles, 16 mai 1991 : *Dr. ouvrier 1991. 460.* ♦ ... En cas de rupture au cours de la période d'essai alors que les juges constatent qu'à cette date les parties étaient déjà liées par un contrat à durée indéterminée. • Soc. 18 juin 1996, n° 92-44.729 P : *RJS 1996. 665, n° 1045.* ♦ ... Au cas de force majeure, laquelle est écartée par la juridiction prud'homale. • Soc. 25 oct. 1995, n° 93-40.866 P : *RJS 1995. 794, n° 1242.*

15. Employé de maison. L'obligation de motivation du licenciement est applicable aux employés de maison. • Soc. 13 janv. 1994 : *RJS 1994. 225, n° 329.*

B. ÉNONCIATION DES MOTIFS DANS LA LETTRE DE LICENCIEMENT

1° FORME

16. Convocation à l'entretien préalable. La référence aux motifs contenus dans la lettre de convocation à l'entretien préalable ne constitue pas l'énoncé des motifs exigés par la loi. • Cass., ass. plén., 27 nov. 1998, n° 96-40.199 P : *GADT, 4e éd., n° 100 ; Dr. soc. 1999. 19, concl. Joinet.*

17. Documents antérieurs. La référence aux motifs contenus dans le procès-verbal d'une réunion de l'ensemble du personnel ne constitue pas l'énoncé des motifs exigés par la loi. • Soc. 3 mars 1998 : *RJS 1998. 278, n° 442.* ♦ *Contra :* constitue une énonciation suffisante des motifs le fait d'invoquer les griefs contenus dans le procès-verbal dressé par les services vétérinaires à l'encontre de l'intéressé, responsable du rayon boucherie d'un magasin. • Soc. 11 juin 1996 : *RJS 1996. 752, n° 1162 ; CSB 1996. 245, A. 52.*

18. Annexes à la lettre de licenciement. Une copie de la lettre de convocation à l'entretien préalable annexée à la lettre de licenciement fait partie intégrante de la lettre de licenciement, laquelle énonce ainsi les motifs de la relation de travail. • Soc. 2 déc. 1998 : *JCP 1999. II. 10019, note Corrignan-Carsin ; RJS 1999. 28, n° 23.*

19. Énonciation postérieure. N'est pas motivée la lettre de licenciement qui annonce une lettre précisant les raisons de cette décision. • Soc. 12 janv. 1994, n° 92-42.745 P. ♦ L'employeur ne peut pas énoncer des motifs en cours d'instance. • Soc. 21 déc. 1989 : *JS UIMM 1990. 135.*

2° MOTIF PRÉCIS

a. Généralités

20. Motif et cause. L'allégation d'un licenciement pour motif personnel ne constitue pas une motivation suffisante. • Soc. 20 janv. 1993, n° 91-41.931 P : *RJS 1993. 161, n° 259.*

21. Date des griefs. L'énonciation d'un motif précis n'implique pas l'obligation de dater les griefs allégués. • Soc. 13 déc. 1994, n° 93-43.945 P : *RJS 1995. 251, n° 365.*

22. Motifs précis, objectifs et vérifiables. L'énonciation des motifs est suffisamment précise si les griefs sont matériellement vérifiables. • Soc. 14 mai 1996 : *RJS 1996. 423, n° 664.* ♦ Des griefs précis, objectifs et vérifiables constituent les motifs exigés par la loi. • Soc. 23 mai 2000, n° 98-40.635 P : *D. 2000. IR 169 ; RJS 2000. 549, n° 783.* ♦ Si la lettre de licenciement doit énoncer des motifs précis et matériellement vérifiables, l'employeur peut, en cas de contestation, invoquer toutes les circonstances de faits justifiant ce motif. • Soc. 15 oct. 2013 : *RJS 12/2013, n° 797.*

b. Illustrations

23. Motifs précis. Constituent le motif précis exigé par la loi : la mauvaise qualité du travail. • Soc. 23 mai 2000, n° 98-40.634 P : *RJS 2000. 549, n° 783.* ♦ ... L'insuffisance professionnelle. • Soc. 20 nov. 1996, n° 93-45.555 P : *RJS 1997. 28, n° 22* • 23 mai 2000, n° 98-42.064 P : *D. 2000. IR 168 ; RJS 2000. 550, n° 783.* ♦ ... L'insuffisance de résultat. • Soc. 13 déc. 1994, n° 93-43.945 P : *RJS 1995. 251, n° 365.* ♦ ... Des indélicatesses. • Soc. 3 mai 1995, n° 93-46.012 P : *RJS 1995. 507, n° 767 (2 esp.).* ♦ ... Le harcèlement sexuel. • Soc. 3 févr. 1999 : *RJS 1999. 302, n° 490.* ♦ ... Des absences répétées entraînant une désorganisation de l'entreprise. • Soc. 11 juill. 1995 : *Liaisons soc. 1995, A. 1, n° 7323 ; CSB 1995, n° 74, S. 135, p. 296.* ♦ ... Un comportement improductif, une incapacité à effectuer certaines tâches et un manque de rigueur. • Soc. 29 mai 2002 : *RJS 2002. 737, n° 957.*

24. Motifs imprécis. Ne constituent pas l'énoncé d'un motif précis : la gravité des faits reprochés. • Soc. 20 oct. 1994 : *Dr. soc. 1995. 60.* ♦ ... Ni la référence à des fautes professionnelles. • Soc. 8 janv. 1997, n° 94-42.632 P : *RJS 1997. 355, n° 545.* ♦ ... Ou à une faute lourde. • Soc. 16 mars 1999 : *RJS 1999. 402, n° 649.* ♦ ... Ou à une perte de confiance. • Soc. 7 déc. 1999 : *RJS 2000. 31, n° 25* • 14 janv. 1998, n° 96-40.165 P : *RJS 1998. 182, n° 292.* ♦ ... Ou le manque de motivation. • Soc. 23 mai 2000, n° 98-40.635 P : *RJS 2000. 550, n° 783.* ♦ ... Ou encore les problèmes occasionnés par le salarié. • Soc. 23 mai 2000, n° 98-40.633 P : *RJS 2000. 550, n° 783.* ♦ ... Les difficultés relationnelles. • Soc. 25 juin 1997, n° 95-42.451 P : *RJS 1997. 666, n° 1077.* ♦ ... Une incompatibilité d'humeur sans qu'aucun grief matériellement vérifiable ne soit invoqué. • Soc. 17 janv. 2001, n° 98-44.354 P : *RJS 2001. 214, n° 297 ; JS Lamy 2001, n° 74, p. 16, obs. Maillard-Dierstein.* ♦ ... L'imputation d'un comportement déloyal, sans autre précision. • Soc. 10 mai 2001, n° 99-40.128 P : *RJS 2001. 587, n° 850.* ♦ ... L'inaptitude au poste occupé sans indication de la nature physique ou professionnelle de l'inaptitude invoquée. • Soc. 20 févr. 2002 : *RJS 2002. 423, n° 551.* ♦ ... Le retrait d'agrément sans préciser les faits à l'origine de ce retrait. • Soc. 12 janv. 2011 : *Dalloz actualité, 10 févr. 2011, obs. Siro ; D. 2011. Actu. 310 ; JCP S 2011. 1198, obs. Dumont.*

3° PLURALITÉ DE MOTIFS

25. Possibilités. L'employeur peut invoquer dans la lettre de licenciement plusieurs motifs de rupture inhérents à la personne du salarié, à condition de respecter les règles de la procédure applicable à chaque cause de licenciement. • Soc. 23 sept. 2003, n° 01-41.478 P : *D. 2004. Somm. 102, obs. Amauger-Lattes ; Dr. soc. 2003. 1119, note Cristau ; JCP E 2004. 561, obs. Cesaro ; RJS 2003. 874, n° 1260 ; ibid. 2003. 863, obs. Duplat ; CSB 2003. 477, A. 54.* ♦ Ainsi, l'employeur qui licencie une salariée en état de grossesse médicalement constaté dont le contrat de travail est suspendu à la suite d'un arrêt de travail provoqué par un accident du travail ou une maladie professionnelle est tenu de préciser dans la lettre de licenciement le ou les motifs non liés à la grossesse, à l'accouchement ou à l'adoption, à l'accident ou à la maladie professionnelle pour lesquels il se trouve dans l'impossibilité de maintenir le contrat de travail pendant les périodes de protection dont bénéficie la salariée, l'existence d'un motif économique de licenciement ne caractérisant pas, à elle seule, cette impossibilité. • Soc. 21 mai 2008 : *RJS 2008. 713, n° 887 ; JCP S 2008. 1376, obs. Puigelier* • 21 janv. 2009 : *D. 2009. AJ 435 ; RJS 2009. 295, n° 339* • Soc. 3 nov. 2016, n° 15-15.333 : *Dalloz actualité, 22 nov. 2016, obs. Roussel* (énonciation de la seule inaptitude comme motif de licenciement).

4° RÔLE DU JUGE

26. Office du juge. Il appartient aux juges du fond de rechercher, au besoin d'office, si la lettre de licenciement, énonce le ou les motifs de licenciement. • Soc. 26 mai 1999, n° 97-40.803 P : *D. 1999. IR 177 ; RJS 1999. 558, n° 906.* ♦ Au-delà des énonciations de la lettre de licenciement, il incombe au juge de rechercher la véritable cause de licenciement. • Soc. 10 avr. 1996, n° 93-41.755 P : *RJS 1996. 335, n° 527 ; CSB 1996. 209, A. 47* • 26 mai 1998, n° 96-41.062 P : *RJS 1998. 543, n° 839* • 6 avr. 2011 : *D. 2011. Actu. 1145, obs. Perrin ; JS Lamy 2011, n° 300-4, obs. Hautefort ; JCP S 2011. 1337, obs. d'Ornano ; Dr. soc. 2011. 803, note Gaba ; Sem. Soc. Lamy 2011, n° 1489, p. 13, obs. Champeaux.*

27. Examen des griefs énoncés. Le juge a l'obligation d'examiner l'ensemble des griefs invoqués dans la lettre de licenciement. • Soc. 15 avr. 1996, n° 94-44.222 P : *CSB 1996. 209, A. 47.* ♦ Dès lors que la lettre de licenciement énonce un motif précis, il appartient au juge du fond de vérifier le sérieux et la réalité des faits sur lesquels il se fonde. • Soc. 3 mai 1995, n° 93-46.012 P : *Dr. soc. 1995. 676, obs. Blaise ; ibid. 1996. 374, note Duquesne ; RJS 1995. 507, n° 767.* ♦ Une cour d'appel ne peut écarter sans les examiner des griefs énoncés dans la lettre de licenciement qu'ils aient été ou non évoqués lors de l'entretien préalable. • Soc. 18 mai 1995 : *Dr. soc. 1995. 675 ; RJS 1995. 577, n° 874* • 28 mai 1997, n° 94-42.835 P. • 6 avr. 2011 : *D. 2011. Actu. 1145, obs. Perrin ; JS Lamy 2011, n° 300-4, obs. Hautefort ; JCP S 2011. 1337, obs. d'Ornano ; Dr. soc. 2011. 803, note Gaba ; Sem. soc. Lamy 2011, n° 1489, p. 13, obs. Champeaux.* ♦ Le juge est tenu d'examiner tous les griefs énoncés dans la lettre de licenciement, peu important, lorsque le licenciement est prononcé à la suite du refus par le salarié d'une rétrogradation disciplinaire, que certains de ces griefs se rapportent à des faits postérieurs à l'entretien préalable ou à la rétrogradation. • Soc. 14 janv. 2014 : *RJS 2014. 256, n° 309.*

28. Cadre du litige. La lettre d'énonciation des motifs de licenciement fixe les limites du litige. • Soc. 13 nov. 1991, n° 88-43.523 P : *RJS 1992. 35, n° 27* • 12 nov. 1997 : *RJS 1997. 892, n° 1456.* ♦ L'employeur ne peut invoquer un autre motif que celui qu'il a notifié au salarié dans la lettre de licenciement. • Soc. 20 mars 1990, n° 89-40.515 P : *D. 1990. IR 94.* ♦ Peu important à cet égard les réserves d'ordre général émises par l'employeur. • Soc. 13 nov. 1991, n° 88-43.523 P : *RJS 1992. 35, n° 27.*

29. Qualification des faits. S'agissant d'un licenciement disciplinaire, si la lettre de licenciement fixe les limites du litige en ce qui concerne les griefs articulés à l'encontre du salarié et les conséquences que l'employeur entend en tirer quant aux modalités de rupture, il appartient au juge de qualifier les faits invoqués. • Soc. 22 févr. 2005 : *D. 2005. IR 794 ; RJS 2005. 354, n° 497.*

C. SANCTION

30. En l'absence d'énonciation des motifs, le licenciement est sans cause réelle et sérieuse. • Soc. 29 nov. 1990, n° 88-44.308 P : *D. 1991. 99, note J. Savatier ; CSB 1991. 9* • 20 janv. 1998, n° 95-41.575 P : *RJS 1998. 174, n° 276.* ♦ V. déjà : • Soc. 26 oct. 1976, *Janousek*, n° 75-40.659 P : *D. 1997. 544, note Jeammeaud ; JCP 1979. II. 19254, note Duval.* ♦ ... Peu important les motifs allégués au cours de l'entretien préalable. • Soc. 12 janv. 1994, n° 92-42.745 P : *RJS 1994. 111, n° 137.* ♦ ... La demande du salarié de taire les motifs du licenciement dans la lettre de licenciement. • Soc. 10 janv. 1995, n° 92-44.800 P : *RJS 1995. 102, n° 114.* ♦ ... L'aveu du salarié avant son licenciement. • Soc. 9 mars 1998, n° 96-40.391 P : *RJS 1998. 381, n° 583* • 15 déc. 1998 : *RJS 1999. 117, n° 182.*

III. EXPÉDITION

31. Délai d'un jour franc. Le délai d'un jour franc antérieur à l'Ord. du 24 juin 2004 est respecté, dès lors que, l'entretien ayant eu lieu un jeudi, il expirait le vendredi à 24 heures et que la lettre a été expédiée le samedi. • Soc. 8 nov. 1983 : *Bull. civ. V, n° 537 ; D. 1984. IR 111.*

32. Irrégularité de forme. Le non-respect du délai d'un jour franc antérieur à l'Ord. du 24 juin 2004 entre l'entretien préalable et l'envoi de la lettre de licenciement constitue une irrégularité de forme devant être réparée par l'allocation d'une indemnité fixée en fonction du préjudice subi par le salarié, dans les conditions fixées aux art. L. 122-14-4 et L. 122-14-5 [L. 1235-2 et L. 1235-5 nouv.]. • Soc. 27 nov. 2001, n° 99-44.889 P : *D. 2002. IR 136* ; *RJS 2002. 140, n° 162* • Soc. 5 mars 2002, n° 00-21.453 P : *RJS 2002. 424, n° 552.*

33. Licenciement disciplinaire et délai d'un mois. S'agissant d'un licenciement disciplinaire, la lettre de licenciement doit être envoyée dans le délai d'un mois prévu à l'art. L. 122-41. • Soc. 16 mars 1995, n° 90-41.213 P : *D. 1995. IR 86 ; RJS 1995. 336, n° 498* • 4 mai 1995 : *RJS 1995. 417, n° 630.* ♦ Lorsque l'employeur est tenu de respecter l'avis d'une instance disciplinaire, le délai d'un mois pour notifier le licenciement ne court qu'à compter de l'avis rendu par cette instance ; la méconnaissance de cette règle rend le licenciement sans cause réelle et sérieuse. • Soc. 3 avr. 1997, n° 94-44.575 P : *Dr. soc. 1997. 690, obs. Savatier* ; *RJS 1997. 529, n° 816.* ♦ Lorsque le salarié refuse la modification disciplinaire de son contrat de travail, le délai d'un mois court à compter du nouvel entretien préalable auquel l'employeur doit convoquer le salarié pour envisager une nouvelle sanction. • Soc. 27 mars 2007 : *D. 2007. AJ 1081* ; *D. 2007. 2268, obs. Amauger-Lattès* ; *RDT 2007. 459, obs. Frossard* ; *RJS 2007. 546, n° 735 ; JCP 2007. 1807, note Jacotot ; JS Lamy 2007, n° 210-5.*

SECTION IV **CONSEILLER DU SALARIÉ**

Art. L. 1232-7 Le conseiller du salarié est chargé d'assister le salarié lors de l'entretien préalable au licenciement dans les entreprises dépourvues d'institutions représentatives du personnel.

Il est inscrit sur une liste arrêtée par l'autorité administrative après consultation des organisations représentatives d'employeurs et de salariés au niveau national, dans des conditions déterminées par décret. – *V. art. D. 1232-4 s.*

La liste des conseillers comporte notamment le nom, l'adresse, la profession ainsi que l'appartenance syndicale éventuelle des conseillers. Elle ne peut comporter de conseillers prud'hommes en activité. – *[Anc. art. L. 122-14, al. 2, phrase 3.]*

V. Circ. n° 91-16 du 5 sept. 1991 relative à l'assistance du salarié lors de l'entretien préalable au licenciement (BOMT n° 91/24, texte n° 662) ; Circ. n° 92-15 du 4 août 1992 (BOMT n° 92/21, texte n° 721).

COMMENTAIRE

V. Dalloz.fr et applications mobiles Dalloz.

1. Conseiller du salarié. Lorsqu'il n'y a pas d'institution représentative du personnel dans l'entreprise, le salarié peut se faire assister lors de l'entretien préalable par un conseiller de son choix inscrit sur une liste dressée par le représentant de l'État ; la présence d'un délégué syndical dans l'entreprise suffit à écarter le recours à un conseiller extérieur. • Soc. 19 févr. 2002, n° 00-40.657 P : *D. 2002. IR 1238* ; *Dr. soc. 2002. 1073, note Petit* ; *RJS 2002. 422, n° 547.* ♦ Sur les sanctions attachées à l'omission de la mention relative au conseiller du salarié, V. note 1 ss. art. L. 122-14-5 [L. 1235-5 nouv.]. ♦ L'appréciation de l'absence de représentants du personnel devant se faire au niveau de l'entreprise et non de l'établissement, l'employeur ne peut se voir reprocher une telle omission, dès lors que, s'il n'existait pas de représentants du personnel au niveau de l'établissement, il en existait au niveau de l'entreprise. • Soc. 26 nov. 1996, n° 95-42.457 P : *D. 1997. IR 5* ; *Dr. soc. 1997. 200 ; RJS 1997. 26, n° 20.* ♦ Dès lors qu'il n'est pas contesté qu'il existe au sein de l'entreprise des institutions représentatives du personnel, la lettre de convocation à l'entretien préalable n'a pas à mentionner la possibilité donnée par l'art. L. 122-14 de se faire assister par un conseiller de son choix. • Soc. 5 mars 1997 : *CSB 1997. 155, S. 88.* ♦ La présence d'une institution représentative du personnel au sein de l'UES dont relève l'employeur dispense de mentionner dans la convocation d'un salarié à l'entretien préalable à son licenciement la faculté pour le salarié de se faire assister d'un conseiller extérieur à l'entreprise. • Soc. 21 sept. 2005 : *Dr. soc. 2006. 105, obs. Savatier* ; *JCP E 2006. 1083, note Béal et Rouspide.* ♦ L'omission de la mention relative au conseiller du salarié, inscrit sur liste départementale, ne peut être sanctionnée sans que soit constatée, au préalable, l'absence de représentants du personnel dans l'entreprise. • Soc. 7 janv. 1998 : *RJS 1998. 101, n° 157.* ♦ Lorsque l'entreprise n'est pourvue que d'un représentant des salariés désigné en application de l'art. L. 621-8 C. com., la convocation d'un salarié à un entretien préalable doit mentionner la faculté de se faire assister par un conseiller extérieur à l'entreprise. • Soc. 27 juin 2002, n° 00-41.893 P : *D. 2002. IR 2234* ; *Dr. soc. 2002. 1073, note Petit* ; *JS Lamy 2002, n° 108-5.*

2. Justification de la qualité de conseiller du salarié. Il ne peut être reproché à l'employeur d'avoir refusé la présence d'un conseiller du salarié lors de l'entretien préalable de licenciement lorsque ce dernier n'a pas été en mesure de justifier de cette qualité malgré la demande effectuée en ce sens par l'employeur. • Soc. 25 sept. 2012 : *Dalloz actualité, 26 oct. 2012, obs. Perrin ; RDT 2012. 625, obs. Reynès ; RJS 2012. 793, n° 924 ; JCP S 2012. 1477, obs. Puigelier.*

Art. L. 1232-8 Dans les établissements *(L. n° 2012-387 du 22 mars 2012, art. 43)* « d'au moins onze salariés », l'employeur laisse au salarié investi de la mission de conseiller du salarié le temps nécessaire à l'exercice de sa mission dans la limite d'une durée qui ne peut excéder quinze heures par mois. – *[Anc. art. L. 122-14-14.] – V. art. L. 1238-1 (pén.).*

BIBL. ▶ Boulmier, *Sem. soc. Lamy 1996, n° 817.* – Mathieu, *D. 1991. Chron. 119.* – Maynial, *Dr. soc. 1994. 3.* – Penneau, *ALD 1992. 19.* – Ray, *Dr. soc. 1991. 476.* – Roche, *Dr. soc. 1994. 10.*

Art. L. 1232-9 Le temps passé par le conseiller du salarié hors de l'entreprise pendant les heures de travail pour l'exercice de sa mission est assimilé à une durée de travail effectif pour la détermination de la durée des congés payés, du droit aux prestations d'assurances sociales et aux prestations familiales ainsi qu'au regard de tous les droits que le salarié tient du fait de son ancienneté dans l'entreprise.

Ces absences sont rémunérées par l'employeur et n'entraînent aucune diminution des rémunérations et avantages correspondants. – *[Anc. art. L. 122-14-15, al. 1er et 2.] – V. art. L. 1238-1 (pén.).*

Art. L. 1232-10 Un décret détermine les modalités d'indemnisation du conseiller du salarié qui exerce son activité professionnelle en dehors de tout établissement ou dépend de plusieurs employeurs. – *[Anc. art. L. 122-14-15, al. 3.] – V. art. L. 1238-1 (pén.). – V. art. D. 1232-10.*

Art. L. 1232-11 Les employeurs sont remboursés par l'État des salaires maintenus pendant les absences du conseiller du salarié pour l'exercice de sa mission ainsi que des avantages et des charges sociales correspondants. – *[Anc. art. L. 122-14-15, al. 5.] – V. art. L. 1238-1 (pén.).*

Art. L. 1232-12 L'employeur accorde au conseiller du salarié, sur la demande de ce dernier, des autorisations d'absence pour les besoins de sa formation. Ces autorisations sont délivrées dans la limite de deux semaines par période de trois ans suivant la publication de la liste des conseillers sur laquelle il est inscrit.

Les dispositions des articles *(L. n° 2016-1088 du 8 août 2016, art. 33)* « L. 2145-5 à L. 2145-10 et L. 2145-12 », relatives au congé de formation économique, sociale et syndicale, sont applicables à ces autorisations. – *[Anc. art. L. 122-14-17.] – V. art. L. 1238-1 (pén.).*

Art. L. 1232-13 Le conseiller du salarié est tenu au secret professionnel pour toutes les questions relatives aux procédés de fabrication.

Il est tenu à une obligation de discrétion à l'égard des informations présentant un caractère confidentiel et données comme telles par l'employeur.

Toute méconnaissance de cette obligation peut entraîner la radiation de l'intéressé de la liste des conseillers par l'autorité administrative. – *[Anc. art. L. 122-14, al. 2, phrases 1, 2 et 4.]*

Art. L. 1232-14 L'exercice de la mission de conseiller du salarié ne peut être une cause de rupture du contrat de travail.

Le licenciement du conseiller du salarié est soumis à la procédure d'autorisation administrative prévue par le livre IV de la deuxième partie. – *[Anc. art. L. 122-14-16.] – V. art. L. 1238-1 (pén.).*

1. Recodification. Sauf dispositions expresses contraires, la recodification est intervenue à droit constant ; il en résulte que s'appliquent au conseiller du salarié les dispositions de l'art. L. 2411-3 C. trav. relatives à la durée de la protection d'un délégué syndical. • Soc. 27 janv. 2010 : *D. 2010. AJ 384, obs. Perrin ; JS Lamy 2010, n° 273-6 ; JCP S 2010. 1234, obs. Martinon.*

2. Point de départ de la protection. Le point de départ de la protection contre le licenciement des conseillers du salarié est fixé au jour où la liste des conseillers est arrêtée par le préfet, indépendamment des formalités de publicité prévues par l'art. D. 1232-5 C. trav. • Soc. 22 sept. 2010 : *Dalloz actualité, 12 oct. 2010, obs. Siro ; D. 2010. AJ 2297 ; RJS 2010. 772, n° 864 ; Dr.*

soc. 2010. 1268, obs. Pécaut-Rivolier ; *JS Lamy 2010, n° 287-6, obs. Tourreil; Sem. soc. Lamy 2010, n° 1461, p. 9; JCP S 2010. 1460, obs. Boulmier.*

3. Conditions de la protection. La protection exorbitante de droit commun accordée au salarié chargé d'assister les salariés convoqués en vue d'un licenciement est indépendante de l'accomplissement de missions de conseils, dont la mise en œuvre ne lui appartient pas. • Soc. 14 janv. 2003, n° 00-45.883 P : *D. 2003. IR 311* ; *Dr. soc. 2003. 445, obs. Duquesne* ; *RJS 2003. 243, n° 365* • 13 juill. 2004, n° 02-42.681 P : *Dr. soc. 2004. 1153, obs. Savatier* ; *D. 2004. IR 2475* ; *RJS 2004. 729, n° 1063.*

4. Période d'essai. La rupture du contrat de travail pendant la période d'essai n'est pas soumise aux dispositions particulières de l'art. R. 241-31. • Soc. 26 oct. 2005 : *D. 2005. IR 2769* ; *ibid. 2006. Pan. 419, obs. Lokiec* ; *RJS 2006. 63, n° 16.*

5. Nullité du licenciement et indemnisation du salarié. Le conseiller du salarié qui ne demande pas sa réintégration ou qui l'a demandée postérieurement à l'expiration de la période de protection en cours au jour du licenciement a droit à une indemnité égale aux salaires qu'il aurait dû percevoir jusqu'à la fin de la période triennale de révision de la liste en cours au jour de son éviction. • Soc. 19 juin 2007 : *JCP S 2007. 1677, obs. Kerbouc'h ; JS Lamy 2007, n° 216-6.*

CHAPITRE III **LICENCIEMENT POUR MOTIF ÉCONOMIQUE**

RÉP. TRAV. v° *Licenciement pour motif économique (I — Notion)*, par FROSSARD ; *Licenciement économique (II — Procédure)*, par PAULIN ; *Licenciement économique (III — Plan de sauvegarde de l'emploi et reclassement collectif)*, par WILLMANN.

BIBL. GÉN. ▸ Loi du 2 août 1989 : CHANUT et JULLIEN, *Sem. soc. Lamy 1989, suppl. n° 469.* - GAUDU, *ALD 1990. 1 ; Dr. ouvrier 1990. 177.* - PHILBERT et MORVILLE, *CSB 1990. 41.* - PRÉTOT, *Dr. soc. 1989. 701.* - SOISSON, *ibid. 1989. 2.* - VINCENT, *JCP E 1989. II. 15604.*

▸ ANTONMATTÉI, *Dr. soc. 2003. 486* (licenciements économiques et négociation collective). - BAILLY, *sem. soc. Lamy 2009, n° 1385, p. 2* (actualité jurisprudentielle du licenciement économique). - BÉLIER et LEGRAND, *Dr. soc. 1996. 932* (à propos de l'arrêt *Sietam*). - BOUAZIZ, *Dr. ouvrier 1985. 121* (fraude à la loi et licenciement économique). - BOUBLI, *Dr. soc. 2004. 1094* (sauvegarde de la compétitivité de l'entreprise). - CARRÉ, *Dr. soc. 1993. 859* (contrôle prud'homal). - CHOLEY-COMBE, *ALD 1993. 253* (loi du 27 janv. 1993). - COUTURIER, *Dr. soc. 1993. 219* (loi du 27 janv. 1993) ; *Dr. soc. 2015. 793* (le droit du licenciement dans la loi Macron). - DECAIX, *Dr. soc. 1992. 670* (procédures collectives). - DE LAUNAY, *Dr. ouvrier 2012. 413* (adaptation des effectifs et licenciements économiques). - DESPAX, *ibid. 1987. 184* (de l'accord à la loi). - FABRE, *Dr. ouvrier 2010. 331* (négociation des plans de restructuration). - FAVENNEC-HÉRY, *ibid. 1992. 581* (gestion des départs) ; *ibid. 1993. 29* (directive CEE 92/56 du 24 juin 1992) ; *RJS 2002. 287* (contrôle *a posteriori* des entreprises) ; *Mélanges H. Blaise, 1995, p. 209 ; JCP S 2008. 1392* (rupture du contrat de travail pour motif économique et droit du licenciement). - GRUMBACH, *Dr. ouvrier 2010. 199* (état des actions judiciaires contre les licenciements économiques). - GUIRLET, *Sem. soc. Lamy 1987, n° 365, suppl.* (nouvelles procédures des licenciements économiques) ; *JCP E 2004, suppl. n° 6* (juge et licenciement pour motif économique). - KELLER, *Dr. soc. 1994. 870* (entreprise en période de licenciement économique). - LE COHU, *Sem. soc. Lamy 1987, n° 373, suppl. D. 15* (déroulement du licenciement collectif). - LEPANY, *Dr. ouvrier 1994. 25* (du collectif à l'individuel). - LOUBEJAC, *Dr. soc. 1986. 213* (suppression de l'autorisation administrative). - MALLET et TEYSSIER, *ibid. 1992. 348* (sureffectif). - MARTINON, *Dr. soc. 2016. 324* (emploi et licenciements économiques). - MÉTIN et DE LA GARANDERIE, *RDT 2012. Controverse. 73* (Faut-il un contrôle particulier des licenciements boursiers ?). - MILLET et RIVET, *JS Lamy 2011, n° 293-1* (Retour sur la jurisprudence de la Cour de cassation en 2010). - NORMAND, *ibid. 1987. 259* (le contentieux, nouvelles perspectives). - PÉLISSIER, *D. 1975. Chron. 135* (licenciements économiques). - PESKINE, *RDT 2012. 347* (responsabilité des sociétés mères en matière de licenciement pour motif économique). - PETITI, *Gaz. Pal. 1987. 1. Doctr. 106* (réforme du licenciement économique). - PHILBERT, *CSB 1996, suppl. au n° 83 de sept.-oct.* (revue de jurisprudence) ; *CSB 1997. 59 ; CSB 1997, suppl. au n° 93 de sept.-oct. ; Dr. soc. 1998. 35* (droit prétorien du licenciement économique). - PRÉTOT, *RJS 1993. 87* (loi du 27 janv. 1993). - RAY, *Dr. soc. 1987. 664* (nouveau droit du licenciement, 1985-1987). - RAY et GAUDU, *ALD 1987. 89.* - RAYROUX, *Gaz. Pal. 1987. 1. Doctr. 103* (réforme du licenciement). - SACHS, *RDT 2011. 550* (la raison économique en droit du travail). - SAVATIER, *Dr. soc. 1995. 235* (distinction des rapports collectifs et des rapports individuels en matière de licenciement économique) ; *ibid. 1998. 459* (non-application aux employés de maison du droit des licenciements économiques). - SÉGUIN, *Dr. soc. 1987. 180* (réforme du licenciement économique). - SIGNORETTO, *RPDS 1986. 289* (suppression de l'autorisation administrative) ; *ibid. 1987. 51* (nouvelles procédures). - SUPIOT, *Dr. soc. 1987. 268* (contrôle prud'homal). – TEYSSIÉ, *JCP 1986. I. 3258* (loi du 3 juill. 1986) ; *JCP E 1987. I. 16212* (licenciement économique, données de base) ; *JCP 1996. I. 3902* (propos iconoclastes). – TRIBOULET, *Dr. soc. 1992. 780* (mesures d'accompagnement). – WAQUET, *ibid. 2002. 264* (licenciement économique et loi de modernisation sociale). ▶ *Adde : Gaz. Pal. 1997. 1. Doctr. 151, n° spécial, ss. dir. B. BOUBLI.*

▶ Loi du 3 janv. 2003 : COHEN, *Dr. soc. 2003. 271* .

▶ Loi du 18 janv. 2005 : *Dr. ouvrier 2005. 281.*

▶ ANI du 11 janv. 2013 et loi du 26 juin 2013 : COUTURIER, *Dr. soc. 2013. 814* (un nouveau droit des (grands) licenciements collectifs). – FABRE, *RDT 2013. 184* . – FAVENNEC-HÉRY, *JCP S 2013. 1258.* – LOKIEC, *Sem. soc. Lamy 2013, n° 1492, p. 57.* – RAY, *Dr. soc. 2013. 664* .

▶ Licenciement pour motif économique dans les groupes de sociétés : BOULMIER, *Dr. soc. 1998. 44* (destruction des emplois et groupes de sociétés). – FAVENNEC-HÉRY, *JCP S 2013. 1078* (motif économique, reclassement et groupe de sociétés). – LACABARATS, *JCP S 2014-1436.* – LEGRAND, *Dr. ouvrier 2012. 433* (licenciement économique et responsabilité des groupes de sociétés). – LEVRATTO, *RDT 2012. 536* (groupe d'entreprises). – PATAUT, *RDT 2011. 14* (licenciement dans les groupes internationaux de sociétés). – REYNÈS, *JCP S 2012. 1292* (groupes de sociétés : la théorie du coemploi). – SAINTOURENS, *JCP S 2013. 1437.* – TARASEWICZ, *Sem. soc. Lamy 2013, n° 1492, p. 61.* – URBAN, *ibid. 1993. 272* (licenciement économique et groupe de sociétés).

▶ Droit comparé : *JS Lamy 2016, n° 410.*

V. Circ. DGEFP-DRT n° 2005-47 du 30 déc. 2005 relative à l'anticipation et à l'accompagnement des restructurations.

COMMENTAIRE

V. Dalloz.fr et applications mobiles Dalloz .

SECTION PREMIÈRE **CHAMP D'APPLICATION**

Art. L. 1233-1 Les dispositions du présent chapitre sont applicables dans les entreprises et établissements privés de toute nature ainsi que, sauf dispositions particulières, dans les entreprises publiques et les établissements publics industriels et commerciaux. — *[Anc. art. L. 321-2, al. 1er.]*

COMMENTAIRE

V. Dalloz.fr et applications mobiles Dalloz .

1. Particulier employeur. La procédure prévue dans l'art. L. 321-2 [L. 1233-1 nouv.] ne concerne pas les particuliers employant des salariés pour des travaux domestiques. • Soc. 25 juin 1987 : *Bull. civ. V, n° 427* • 10 oct. 1989 : *ibid., n° 573* • 18 févr. 1998, n° 95-44.721 P : *RJS 1998. 338, n° 539* • 13 avr. 2005, n° 03-42.004 P.

2. Parlementaire employeur. La procédure prévue dans l'art. L. 321-2 [L. 1233-1 nouv.] ne concerne pas la rupture du contrat d'un assistant parlementaire. • Soc. 20 oct. 1988 : *Bull. civ. V, n° 535 ; D. 1988. IR 251.*

3. Syndicat de copropriétaires. Un syndicat de copropriétaires n'est pas une entreprise au sens de l'art. L. 321-2 [L. 1233-1 nouv.]. • Soc. 10 oct. 1990, n° 87-45.366 P : *GADT, 4e éd., n° 106 ; CSB 1991. 13, A. 6.*

4. Chambre de commerce et d'industrie. Une chambre de commerce et d'industrie, dans son activité de gestion d'un établissement industriel et commercial, est dans la situation d'un employeur soumis au code du travail, et les art. L. 321-1 s. [L. 1233-1 s. nouv.] lui sont applicables. • Douai, 23 juill. 1993 : *JCP E 1993. II. 510 ; RJS 1994. 32, n° 15.*

5. Employé de maison employé par une personne morale. Le licenciement d'un employé de maison même s'il repose sur un motif étranger à sa personne n'est pas soumis aux dispositions sur le licenciement économique sauf si l'employeur n'est pas un particulier. • Soc. 21 janv. 2015, n° 13-17.850 : *D. 2015. Actu. 272 ; RJS 4/2015, n° 295 ; JCP S 2015. 1087, note Duchange.*

SECTION II **DISPOSITIONS COMMUNES**

SOUS-SECTION 1 **CAUSE RÉELLE ET SÉRIEUSE**

Art. L. 1233-2 *(L. n° 2008-596 du 25 juin 2008)* **Tout licenciement pour motif économique est motivé dans les conditions définies par le présent chapitre.**

Il est justifié par une cause réelle et sérieuse. – *[Anc. art. L. 122-14-3, al. 1er, phrase 1 milieu.]*

COMMENTAIRE

V. Dalloz.fr et applications mobiles Dalloz.

1. Contrôle du caractère sérieux du motif économique. Il appartient au juge du fond d'apprécier le caractère sérieux du motif économique de licenciement invoqué par l'employeur. • Soc. 12 mai 1998 : *RJS 1998. 454, n° 712.* ♦ ... Et non de se prononcer sur la cause de la cessation de l'activité de l'employeur. • Soc. 1er mars 2000, n° 98-40.340 P : *Dr. soc. 2000. 558, obs. Savatier.* ♦ ... Ou de se substituer à l'employeur dans les choix qu'il effectue dans la mise en œuvre de la réorganisation. • Soc. 8 juill. 2009 : *JS Lamy 2009, n° 263-3.*

2. Défaut de cause réelle et sérieuse. Le défaut de cause réelle et sérieuse du licenciement ne lui enlève pas sa nature de licenciement économique. • Soc. 14 févr. 2007, n° 05-40.504 P : *D. 2007. AJ 660, obs. Fabre ; RDT 2007. 242, obs. Waquet ; Dr. soc. 2007. 659, obs. Couturier ; JCP S 2007. 1539, obs. Morvan.* ♦ Sur l'admission implicite de la C. cass. de la possibilité de contester le caractère réel et sérieux du licenciement pour motif économique sur le fondement de l'insuffisance du plan de sauvegarde de l'emploi, V. • Soc. 10 févr. 2010 : *RDT 2010. 515, obs. Géa.*

3. Cadre d'appréciation. La cause économique d'un licenciement s'apprécie au niveau de l'entreprise ou, si celle-ci fait partie d'un groupe, au niveau du secteur d'activité du groupe dans lequel elle intervient ; le périmètre du groupe à prendre en considération à cet effet est l'ensemble des entreprises unies par le contrôle ou l'influence d'une entreprise dominante dans les conditions définies à l'art. L. 2331-1 C. trav., sans qu'il y ait lieu de réduire le groupe aux entreprises situées sur le territoire national. • Soc. 16 nov. 2016, n° 14-30.063 P : *Dalloz actualité, 21 déc. 2016, obs. Ines.* ♦ La réalité du motif économique d'un licenciement doit s'apprécier à l'intérieur du groupe auquel appartient l'employeur concerné, parmi les entreprises dont les activités ou l'organisation leur permettent d'effectuer la permutation de tout ou partie du personnel. • Soc. 25 juin 1992, n° 90-41.244 P : *Dr. soc. 1992. 826, concl. Kessous ; ibid. 1993. 272, note Urban ; JCP E 1992. I. 197, n° 5, obs. Coursier* • 5 avr. 1995, *Vidéocolor,* n° 93-42.690 P : *GADT, 4e éd., n° 114 ; D. 1995. 503, note Keller ; ibid. Somm. 367, obs. de Launay-Gallot ; Dr. soc. 1995. 482, note Waquet ; RJS 1995. 334, n° 497 ; ibid. 321, concl. Chauvy ; JCP 1995. II. 22443, note Picca ; JCP E 1995. I. 499, n° 3, obs. Coursier.* ♦ Dans le même sens : • Soc. 17 juin 1992, n° 89-42.769 P : *D. 1992. IR 200 ; Dr. soc. 1992. 710 ; JCP E 1992. I. 197, n° 5, obs. Coursier* (la réalité des difficultés doit être appréciée en fonction de l'activité de l'ensemble des magasins exploités par une entreprise) • 3 mars 1993 : *Dr. soc. 1993. 386 ; JCP E 1993. I. 262, n° 10, obs. Coursier* (en cas de détachement, la réalité du motif économique s'apprécie à l'égard des deux sociétés, celle qui détache et celle qui accueille) • 23 mai 1995 : *Dr. soc. 1995. 678 ; RJS 1995. 505, n° 765* (une association gérant une gare routière peut constituer, avec d'autres entreprises de transport, un groupe en voie de constitution au sein duquel les possibilités de reclassement doivent être examinées) • 9 mai 2006 : *RDT 2006. 98, obs. Waquet.* ♦ Les difficultés économiques s'apprécient au niveau du secteur d'activité du groupe auquel appartient l'entreprise qui licencie, il est donc possible de licencier du personnel travaillant dans une société bénéficiaire. • Soc. 28 nov. 2007 : *D. 2008. AJ 93 ; RJS 2008. 127, n° 160 ; JS Lamy 2008, n° 226-2.*

4. Secteur d'activité et charge de la preuve. C'est à l'employeur de produire l'ensemble des éléments caractérisant l'étendue du secteur d'activité ; à défaut, la réalité des difficultés économiques n'est pas établie et le licenciement est sans cause réelle et sérieuse. • Soc. 4 mars 2009, n° 07-42.381 P : *R., p. 369 ; D. 2009. Pan. 2128, obs. Reynès ; RDT 2009. 306, obs. Frouin ; RJS 2009. 366, n° 418 ; JS Lamy 2009, n° 253-2 ; JCP E 2009. 1516, note Béal ; JCP S 2009. 1190, obs. Verkindt ; Dr. ouvrier 2009. 395, obs. Dumoulin ; Sem. soc. Lamy 2009, n° 1391, p. 11.*

5. Notion de secteur d'activité. La spécialisation d'une entreprise dans le groupe ou son implantation dans un pays différent de ceux où sont situées les autres sociétés du groupe ne suffit pas à exclure son rattachement à un même secteur d'activité, au sein duquel doivent être appréciées les difficultés économiques. • Soc. 23 juin 2009 : *JCP E 2009. 2098, note Voloir et Aknin ; Sem. soc. Lamy 2009 n° 1411, p. 12, obs. Guyader.* ♦ La notion de secteur d'activité ne peut couvrir un périmètre inférieur à l'entreprise elle-même ; la cause économique ne peut donc être appréciée à un niveau inférieur à celui de l'entreprise. • Soc. 26 juin 2012 : *D. 2012. Actu. 1830 ; RJS 2012. 674, n° 782 ; JS Lamy 2012, 328-3, obs. Lhernould ; JCP S 2012. 1448, obs. Daniel.*

SOUS-SECTION 2 DÉFINITION DU MOTIF ÉCONOMIQUE

Art. L. 1233-3 Constitue un licenciement pour motif économique le licenciement effectué par un employeur pour un ou plusieurs motifs non inhérents à la personne du salarié résultant d'une suppression ou transformation d'emploi ou d'une modification, refusée par le salarié, d'un élément essentiel du contrat de travail, consécutives *(L. n° 2016-1088 du 8 août 2016, art. 67, en vigueur le 1er déc. 2016)* « notamment :

« 1° A des difficultés économiques caractérisées soit par l'évolution significative d'au moins un indicateur économique tel qu'une baisse des commandes ou du chiffre d'affaires, des pertes d'exploitation ou une dégradation de la trésorerie ou de l'excédent brut d'exploitation, soit par tout autre élément de nature à justifier de ces difficultés.

« Une baisse significative des commandes ou du chiffre d'affaires est constituée dès lors que la durée de cette baisse est, en comparaison avec la même période de l'année précédente, au moins égale à :

« *a)* Un trimestre pour une entreprise de moins de onze salariés ;

« *b)* Deux trimestres consécutifs pour une entreprise d'au moins onze salariés et de moins de cinquante salariés ;

« *c)* Trois trimestres consécutifs pour une entreprise d'au moins cinquante salariés et de moins de trois cents salariés ;

« *d)* Quatre trimestres consécutifs pour une entreprise de trois cents salariés et plus ;

« 2° A des mutations technologiques ;

« 3° A une réorganisation de l'entreprise nécessaire à la sauvegarde de sa compétitivité ;

« 4° A la cessation d'activité de l'entreprise.

« La matérialité de la suppression, de la transformation d'emploi ou de la modification d'un élément essentiel du contrat de travail s'apprécie au niveau de l'entreprise. »

Les dispositions du présent chapitre sont applicables à toute rupture du contrat de travail *(L. n° 2008-596 du 25 juin 2008)* « , à l'exclusion de la rupture conventionnelle visée aux articles L. 1237-11 et suivants, » résultant de l'une des causes énoncées au *(L. n° 2016-1088 du 8 août 2016, art. 67, en vigueur le 1er déc. 2016)* « présent article ».

BIBL. Géa, *RDT 2016. 17* (comprendre... ou pas).

BIBL. Notion de motif économique : Baugard, *RDT 2009. 510* (la qualification du motif économique). – Boubli, *JS Lamy 2006, n° 195-1* (réorganisation et restructuration dans le licenciement de compétitivité) ; *RDT 2008. 218* (contrôle de la compétitivité de l'entreprise). – Boudias, *D. 2005. 1244* (modifications des contrats de travail et PSE). – Boulmier, *Dr. ouvrier 1997. 406*. – Calice et Diriart, *JCP S 2012. 1472*. – Chanal, *Sem. soc. Lamy 2016, n° 1707, p. 8* (émancipation des plans de départs volontaires). – Dagan, *D. 2002. 2552* (loi de modernisation sociale et licenciement économique). – Derue, Gatumel et Soulier, *JCP E 1993. I. 235*. – Drai et Pares, *RDT 2011. Controverse 285* (cessation d'activité : l'immixtion du juge est-elle excessive ?). – Dupiré, *JCP S 2012. 1470* (évolution de la jurisprudence sur le motif économique). – Escande-Varniol, *RJS 2000. 260* (intérêt de l'entreprise). – Géa, *RDT 2010. 297* (causes économiques enchevêtrées). – Grangier et Sachs-Durand, *Dr. ouvrier 1990. 165*. – Grumbach, *Dr. ouvrier 1996. 71*. – Henry, *Dr. soc. 1995. 551*. – Jeammaud, *Dr. soc. 1981. 267*. – Jeantin, *Dr. ouvrier 1994. 14* (intérêt du groupe). – Kessous, *Dr. ouvrier 1994. 15* (cadre d'appréciation). – Laborde, *Dr. soc. 1992. 774*. – Langlois, *Gaz. Pal. 5-6 févr. 1997*. – Leclerc, *JS Lamy 2006, n° 195-3* (réorganisation pour motifs économiques). – Leclerc et Ernandez, *RDT 2016. 398* (Les mutations du motif économique de licenciement : éclairages sur la réforme du droit français à partir du droit espagnol). – Loiseau, *JCP S 2011. 1528* (coemploi et groupes de sociétés). – Lokiec, *RDT 2008. 221* (contrôle judiciaire de la compétitivité de l'entreprise) ; *Dr. soc. 2011. 1229* (licenciements boursiers). – G. Lyon-Caen, *Dr. soc. 1995. 483* (délocalisation). – Moderne, *Dr. soc. 1985. 822* (ambiguïté de la notion dans la jurisprudence administrative). – Monkam, *JS Lamy 2014, n° 365-1* (licenciement économique individuel). – Pélissier, *RJS 1992. 527*. – Péru-Girotte, *Dr. ouvrier 1996. 1* (mutations technologiques). – Philbert, *CSB 1990, suppl. nos 22 et 28 ; ibid. 1992. 243 ; ibid. 1993. 277*. – Picca, *Dr. soc. 1994. 26* (licenciement économique dans les groupes de sociétés). – Radé, *Dr. soc. 2006. 289* (restructurations et délocalisations). – Sachs, *RDT 2011. 550* et *618* (la raison économique en droit du travail). – Savatier, *Dr. soc. 1984. 541* (modification substantielle) ; *ibid. 1993. 647* (délocalisation). – Scheidt, *RPDS 1995. 187*. – Urban, *Dr. soc. 1993. 273* (licenciement dans un groupe). – Waquet, *Dr. soc. 2000. 168* (cause économique de licenciement) ; *ibid. 2006. 27*.

► **Contrôle judiciaire du motif économique :** Carré, *Dr. ouvrier 1995. 121.* – A. Lyon-Caen, *Dr. ouvrier 1995. 281.* – P. Lyon-Caen, *Dr. soc. 1995. 570* ✎.

► **GPEC :** Antonmattéi, *Dr. soc. 2007. 1067* ✎ (un défi social, économique et juridique). – Bélier et Masanovic, *RDT 2007. 284* ✎ (liens entre GPEC et licenciement pour motif économique). – Favennec-Héry, *Dr. soc. 2007. 1068* ✎ (environnement juridique). – Igalens, *Dr. soc. 2007. 1074* ✎ (intérêts et limites pour la gestion du personnel). – Lokiec, *Dr. soc. 2008. 1238* ✎. – Millet, *JCP S 2007. 1598* (les transformations d'emplois, du licenciement à la gestion prévisionnelle). – Néau-Leduc, *Dr. soc. 2007. 1081* ✎ (sanctions). – Vivien, *Dr. soc. 2007. 1093* ✎ (réflexions sur la mise en œuvre).

► **Rupture conventionnelle :** Fabre, *RDT 2008. 653* ✎ (rupture conventionnelle et champ du licenciement pour motif économique : une exclusion troublante).

► **Plan de départs volontaires :** Aknin, *JS Lamy 2010, n° 280-1.* – Bonnechère, *Dr. ouvrier 2010. 229.* – Boubli, *JCP S 2010. 1383* (plan de départs volontaires dans un PSE multifonctions). – Favennec-Héry, *JCP S 2010. 1384* (plans de départs volontaires autonomes) ; *Dr. soc. 2011. 622* ✎ ; *RJS 2014. 147* (plan de départ volontaire et loi de sécurisation de l'emploi). – Mir, *JCP S 2010. 1382* (départs volontaires dans le cadre d'un accord de GPEC).

► **Loi du 8 août 2016 :** Stocki, *Sem. soc. Lamy 2016, n° 1743, p. 8* (les modifications apportées en matière de licenciement pour motif économique). – Tarasewicz, Coulombel et Sachs, *RDT 2016. 662* ✎ (les juges doivent-ils plier devant la définition comptable du motif économique de licenciement ?). – Wolmark, *RDT 2016. 764* ✎ (les difficultés économiques à l'épreuve du droit à l'emploi).

Jurisprudence rendue sous l'empire des textes antérieurs à la loi n° 2016-1088 du 8 août 2016

I. CHAMP D'APPLICATION

1. Sort des ruptures conventionnelles. Lorsqu'elles ont une cause économique et s'inscrivent dans un processus de réduction des effectifs dont elles constituent la ou l'une des modalités, les ruptures conventionnelles doivent être prises en compte pour déterminer la procédure d'information et de consultation des représentants du personnel applicable ainsi que les obligations de l'employeur en matière de plan de sauvegarde de l'emploi. • Soc. 9 mars 2011 : ⚖ *Dalloz actualité, 15 mars 2011, obs. Perrin ; RDT 2011. 226, Rapp. Béraud* ✎ *; ibid. 244, obs. Géa* ✎ *; Dr. soc. 2011. 681, note Loiseau* ✎ *; JS Lamy 2011, n° 298-2, obs. Hautefort ; JCP S 2011. 1200, obs. Favennec-Héry ; Dr. ouvrier 2011. 473, note Chirez ; Sem. soc. Lamy 2011, n° 1484, p. 7, obs. Pélissier.* ♦ Les ruptures conventionnelles du contrat de travail peuvent être prises en compte pour déterminer les obligations de l'employeur en matière de plan de sauvegarde de l'emploi à condition qu'elles aient une cause économique, qu'elles s'inscrivent dans un processus de réduction des effectifs et qu'elles aient été homologuées par l'administration du travail. • Soc. 29 oct. 2013 : ⚖ *Dalloz actualité, 28 nov. 2013, obs. Fraisse ; D. 2013. Actu. 2584* ✎ *; RJS 1/2014, n° 25 ; JS Lamy 2014, n° 357-4.*

II. MOTIF ÉCONOMIQUE

A. GÉNÉRALITÉS

2. Qualification et justification du licenciement. Le défaut de cause réelle et sérieuse du licenciement ne lui enlève pas sa nature juridique de licenciement économique. • Soc. 13 avr. 1999 : ⚖ *GADT, 4e éd., n° 107 ; Dr. soc. 1999. 638, obs. Couturier* ✎ • 29 janv. 2003, ⚖ n° 00-44.933 P. • 14 févr. 2007 : ⚖ *D. 2007. AJ 802* ✎ *; D. 2007. Pan. 2268, obs. Reynès* ✎ *; RDT 2007. 242, obs. Waquet* ✎ *; RJS 2007. 429, n° 580 ; JCP S 2007. 1297, note Fardoux.*

3. Motif inhérent à la personne. N'est pas un licenciement économique celui dont il est constaté que l'âge du salarié, élément inhérent à sa personne, a été le motif essentiel. • Soc. 24 avr. 1990, ⚖ n° 88-43.555 P : *D. 1990. IR 126 ; RJS 1990. 340, n° 480.* ♦ Même solution lorsque le licenciement s'explique par l'obligation pour l'employeur de régulariser la situation du salarié au regard de la législation du travail. • Soc. 1er avr. 1992, ⚖ n° 88-45.399 P : *D. 1992. IR 139 ; Dr. soc. 1992. 479.* ♦ ... Ou lorsque le salarié ne remplissait plus les conditions légales pour occuper ses fonctions. • Soc. 3 juin 1998, ⚖ n° 96-40.016 P : *D. 1999. Somm. 36, obs. Paulin* ✎ *; RJS 1998. 723, n° 1186* (interne en médecine ne remplissant pas les nouvelles conditions réglementaires de recrutement). ♦ Le motif économique ne saurait être tiré de la seule circonstance que l'emploi initialement occupé par le salarié, représentant du personnel réintégré après annulation de l'autorisation administrative de licenciement, n'est plus disponible et qu'aucun emploi équivalent n'est vacant dans l'entreprise. • CE 3 oct. 1990 : ⚖ *D. 1990. IR 270.* ♦ Dans le même sens : • CE 18 déc. 1981 : *D. 1982. IR 319, obs. Sportouch.* ♦ Ne peut être licencié pour motif économique le salarié qui, du fait de plusieurs mandats de représentation du personnel, atteint un crédit d'heures de délégation tel qu'il est dispensé de toute activité professionnelle dans l'entreprise, dès lors que son licenciement ne procurerait à l'entreprise aucun allégement de ses charges. • CE 29 mai 1992 : *JCP E 1993. I. 262, n° 12, obs. Dugrip.*

4. Pluralité de motifs invoqués. En cas de coexistence d'un motif personnel et d'un motif économique, il convient de s'attacher à celui qui a été la cause première du licenciement. • Soc. 10 oct. 1990 : *GADT, 4e éd., n° 106 ; CSB 1991. 13, A. 13.* ♦ Doit être cassé l'arrêt d'une cour d'appel qui a admis le licenciement pour faute grave d'un salarié à qui l'employeur reprochait ses résultats commerciaux catastrophiques et une démarche commerciale inadaptée et insuffisante sans rechercher si le véritable motif du licenciement n'était pas la fermeture de l'agence dont l'intéressé était directeur. • Soc. 26 mai 1998, n° 96-41.062 P : *D. 1998. IR 194 ; RJS 1998. 543, n° 840.*

B. ÉLÉMENTS MATÉRIELS

1° SUPPRESSION OU TRANSFORMATION D'EMPLOI

5. Principe. La suppression d'emploi doit être la conséquence directe d'un des motifs économiques énoncés par l'art. L. 321-1 [L. 1233-3 nouv.]. • Soc. 17 mars 1998, n° 96-40.644 P : *RJS 1998. 379, n° 579.* ♦ Même en présence d'une restructuration dans le cadre de difficultés économiques, le juge est tenu de vérifier l'effectivité de la suppression d'emploi invoquée par l'employeur. • Soc. 10 janv. 1995, n° 92-43.222 P : *D. 1995. IR 52.*

6. Interdiction de remplacer le salarié. En omettant de rechercher si la restructuration avait entraîné la suppression de l'emploi occupé par le salarié licencié qui avait fait valoir qu'il avait été immédiatement remplacé, une cour d'appel n'a pas donné de base légale à sa décision admettant le caractère économique du licenciement. • Soc. 24 avr. 1990, n° 88-43.374 P : *RJS 1990. 338, n° 479, 1re esp.* ♦ N'est pas justifié le licenciement alors que l'entreprise a embauché ultérieurement un salarié pour occuper un poste similaire. • Soc. 22 févr. 1995, n° 93-44.074 P : *RJS 1995. 250, n° 361.* ♦ De même, le licenciement n'est pas justifié par une suppression d'emploi si un salarié de la société mère a été affecté aux fonctions exercées par le salarié licencié. • Soc. 16 janv. 2001, n° 98-44.461 P : *D. 2001. IR 594 ; RJS 2001. 211, n° 292 ; Dr. soc. 2001. 561, obs. Mouly.*

7. Constitue une suppression d'emploi le remplacement d'un salarié par des collaborateurs bénévoles. • Soc. 7 oct. 1992, n° 88-45.522 P : *D. 1992. IR 252 ; Dr. soc. 1992. 923 ; RJS 1992. 684, n° 1248* • 20 janv. 1998, n° 94-45.094 P : *D. 1998. IR 49* (époux de l'employeur travaillant bénévolement). ♦ ... Par un avocat collaborateur reprenant les tâches d'un salarié clerc collaborateur d'avoués après la suppression par la loi du 25 janv. 2011 des offices d'avoués. • Soc. 8 déc. 2016, n° 14-29.492 P. ♦ ... Ou par un associé. • Soc. 10 mars 1993 : *RJS 1993. 296, n° 495.* ♦ ... Ou par des embauches effectuées pour une courte durée pendant la période estivale. • Soc. 19 mars 1998, n° 95-45.364 P.

8. Regroupement d'emplois. Le regroupement de deux emplois caractérise la suppression d'un poste. • Soc. 22 mars 1995, n° 93-41.918 P. ♦ N'est pas justifié le licenciement de deux salariés, dès lors qu'ils sont remplacés par une seule personne occupant un emploi de même nature. • Soc. 25 févr. 1992 n° 90-40.712 P : *D. 1992. IR 107 ; Dr. soc. 1992. 380 ; RJS 1992. 164, n° 265.*

9. Répartition des tâches. La répartition des tâches exécutées par le salarié licencié entre les salariés demeurés dans l'entreprise est une suppression d'emploi. • Soc. 2 juin 1993, n° 90-44.956 P : *CSB 1993. 282, obs. Philbert ; Dr. soc. 1993. 678.*

10. Recours au travail précaire ou intérimaire. Un licenciement économique n'est pas incompatible avec le recours à des travailleurs temporaires dès lors qu'ils ne sont pas occupés dans les fonctions affectées par les suppressions d'emploi. • Soc. 18 déc. 1991, n° 90-42.329 P : *D. 1991. IR 45.* ♦ En revanche, il n'y a pas cause économique réelle et sérieuse lorsque l'employeur recourt à des intérimaires pour occuper les postes des salariés qu'il avait précédemment licenciés pour motif économique en prétextant un retard pris dans les livraisons. • Soc. 1er déc. 1993 : *RJS 1994. 31, n° 13.* ♦ ... Ou a recouru systématiquement à des contrats à durée déterminée pour occuper les mêmes fonctions que celles de deux salariés licenciés pour motif économique. • Soc. 12 févr. 1997, n° 95-41.694 P : *D. 1998. Somm. 259, obs. Lanquetin ; RJS 1997. 175, n° 265.* ♦ Solution contraire lorsque l'entreprise a recours à des extras. • Soc. 17 mai 1994 : *RJS 1994. 509, n° 848.*

11. Recours à un prestataire de services. A un caractère économique le licenciement du salarié affecté au nettoyage des locaux de l'entreprise à la suite du transfert de cette activité à une société prestataire de services. • Soc. 26 sept. 1990 : *RJS 1990. 567, n° 841.* ♦ Mais ne peut justifier un licenciement économique la suppression de l'emploi dans lequel le salarié était détaché. • Soc. 3 mars 1993 : *Dr. soc. 1993. 386.*

12. Délocalisation. Doit être cassé l'arrêt qui, après avoir relevé que l'établissement avait été fermé et que la réorganisation de l'entreprise avait été décidée dans l'intérêt du groupe, énonce que les licenciements ne peuvent pas pour autant être considérés comme reposant sur une cause économique réelle et sérieuse, dans la mesure où les emplois des salariés n'ont pas été supprimés mais transférés vers d'autres sites, alors que l'établissement avait été fermé et que l'activité s'exerçait sur d'autres sites, notamment à l'étranger, dans un milieu différent, ce dont il résultait que les emplois y avaient été supprimés. • Soc. 5 avr. 1995, *Vidéocolor*, n° 93-42.690 P : *GADT, 4ᵉ éd., n° 114 ; D. 1995. 503, note Keller ; ibid. Somm. 367, obs. de Launay-Gallot ; Dr. soc. 1995. 482, note Waquet ; RJS 1995. 334, n° 497 ; ibid. 321, concl. Chauvy ; JCP 1995. II. 22443, note Picca ; JCP E 1995. I. 499, n° 3, obs. Coursier.* ♦ *Contra*, dans la même affaire : • Lyon, 11 mai 1993 : *D. 1993. 550, note Keller ; Dr. soc. 1993. 646, note J. Savatier ; Dr. ouvrier 1993. 221, note Henry ; JCP E 1994. II. 547, note Couturier ; RJS 1993. 507, n° 855.*

13. Respect de l'ordre des licenciements. Est régulier le licenciement pour cause de sureffectif d'un salarié en raison de l'obligation de l'employeur de respecter un ordre des licenciements, peu important qu'un autre salarié ait été affecté au poste devenu vacant. • Soc. 29 juin 1994, n° 92-44.466 P : *D. 1994. IR 214 ; RJS 1994. 576, n° 970* • 13 juin 1996, n° 93-43.298 P : *RJS 1996. 502, n° 776 ; Gaz. Pal. 1997. 1. 70, note Philbert.*

14. Respect de l'obligation de reclassement. Le licenciement économique d'un salarié ne peut intervenir, en cas de suppression d'emploi, que si le reclassement de l'intéressé dans l'entreprise n'est pas possible. • Soc. 1ᵉʳ avr. 1992, n° 89-43.494 P : *D. 1992. IR 155 ; Dr. soc. 1992. 480 ; RJS 1992. 339, n° 598* • 19 févr. 1992, n° 90-46.107 P : *JCP E 1992. I. 162, n° 8, obs. Gatumel.* ♦ L'employeur doit exécuter loyalement son obligation de reclassement. • Soc. 7 avr. 2004, n° 01-44.191 P : *D. 2004. IR 1352 ; Dr. soc. 2004. 670, obs. Couturier* (recrutement d'une personne extérieure dans l'une des sociétés du groupe à un poste qui aurait pu être offert au salarié alors que le processus de licenciement était en cours). ♦ En l'absence de disposition expresse en ce sens, et la nullité ne se présumant pas, la méconnaissance de l'obligation individuelle de reclassement n'est pas sanctionnée par la nullité de la procédure de licenciement et l'obligation de réintégration. • Soc. 26 févr. 2003, n° 01-41.030 P.

2° MODIFICATION DU CONTRAT DE TRAVAIL

15. Principes. La modification du contrat doit reposer sur un motif économique. • Soc. 19 févr. 1997 : *D. 1997. IR 70* (l'employeur, voulant imposer le travail de nuit que le salarié a refusé, a modifié le contrat sans que cette modification ne soit justifiée par un motif économique) • Soc. 26 janv. 1994, n° 92-41.507 P : *D. 1994. IR 59* (diminution des rémunérations justifiée par la nécessité de supprimer les différences entre deux établissements industriels identiques et rendre les coûts de fabrication comparables à ceux des entreprises concurrentes) • 21 oct. 1992, n° 89-44.667 P : *RJS 1992. 745, n° 1371 ; CSB 1992. 295, A. 55* (modification du mode de calcul des commissions de démonstratrices dans le souci de maintenir une égalité de rémunération entre plusieurs salariés appartenant à une même catégorie professionnelle). ♦ En revanche, si la réorganisation du système de rémunérations ne se justifie que par la volonté de réaliser des bénéfices plus importants et non par la nécessité de sauvegarder la compétitivité de l'entreprise ou du groupe, ceux-ci n'éprouvant pas de difficultés économiques, le licenciement des salariés qui refusent n'a pas de cause économique. • Soc. 26 nov. 1996 : *D. 1997. IR 5 ; Dr. soc. 1997. 103, obs. Couturier .* ♦ La proposition de l'employeur de rémunérer les salariés au temps effectif de travail, alors qu'ils bénéficiaient d'un forfait horaire supérieur, étant justifiée par les difficultés économiques de l'entreprise, les licenciements prononcés en raison du refus des intéressés de cette modification substantielle ont un motif économique. • Soc. 20 nov. 1991, n° 89-45.576 P : *RJS 1992. 33, n° 25.*

16. Qualification du licenciement consécutif au refus du salarié. La rupture résultant du refus par le salarié d'une modification de son contrat de travail, imposée par l'employeur pour un motif non inhérent à sa personne, constitue un licenciement économique. • Soc. 14 mai 1997, n° 94-43.712 P : *RJS 1997. 434, n° 657* • 9 mai 2006 : *RDT 2006. 97, obs. Waquet ; ibid. 171, obs. Auzero .* ♦ La qualification de licenciement économique ne saurait être refusée du seul fait que la modification du poste de travail ne s'est pas accompagnée d'une suppression d'emploi. • Soc. 9 oct. 1991, n° 89-45.295 P : *D. 1992. 127, note Decoopman ; ibid. Somm. 291, obs. A. Lyon-Caen ; RJS 1991. 636, n° 1195.* ♦ Le licenciement d'un salarié dont le poste a été transformé par suite de difficultés économiques et qui a refusé le reclassement proposé par l'employeur a un motif économique. • Soc. 25 oct. 1995 : *Dr. soc. 1996. 102* (emploi de retoucheuse transformé en emploi de retoucheuse à domicile). ♦ Mais l'apparition de nouvelles difficultés économiques ne peut justifier le licenciement économique d'un salarié à raison de son refus d'une proposition de modification de contrat de travail faite 14 mois plus tôt. • Soc. 2 oct. 2001 : *Dr. soc. 2001. 1123, obs. Couturier ; RJS 2001. 865, n° 1261.* ♦ La proposition faite par l'employeur à un salarié d'une modification de son contrat que ce dernier pouvait refuser ne dispense pas l'employeur de son obligation de reclassement. • Soc. 30 sept. 1997, n° 94-43.898 P : *RJS 1997. 756, n° 1222.*

17. Gestion prévisionnelle de l'emploi. Lorsqu'un projet de réduction d'effectif consiste à rechercher parmi les salariés ceux qui seraient candidats à des mesures n'entraînant pas la rupture du contrat de travail, il ne s'agit pas d'une proposition de modification du contrat de travail pour motif économique mais d'une mesure de gestion prévisionnelle de l'emploi qui n'est pas soumise à la procédure de licenciement prévue par les art. L. 321-2 s. [L. 1233-1 s. nouv.]. • Soc. 12 janv. 1999, ⚖ n° 97-12.962 P : *D. 1999. IR 46* ✐ ; *D. Affaires 1999. 190, obs. Gendraud ; Dr. soc. 1999. 297, obs. Favennec-Héry* ✐ ; *JCP 1999. II. 10071, note Picca ; RJS 1999. 106, n° 158 ; JS Lamy 1999, n° 29-1, obs. Boubli* (mesures telles que temps partiel indemnisé, congés sans solde indemnisés, préretraite progressive, mise en disponibilité).

C. CAUSES DU LICENCIEMENT

1° DIFFICULTÉS ÉCONOMIQUES

18. Notion. Les difficultés économiques doivent être distinguées des fluctuations normales de marché ; ni la réalisation d'un chiffre d'affaires moindre, ni la baisse des bénéfices ne suffit à établir la réalité de difficultés économiques. • Soc. 6 juill. 1999, ⚖ n° 97-41.036c P : *RJS 1999. 767, n° 1236 ; JS Lamy 1999, n° 42-5.* ♦ Ne repose pas sur un motif économique le licenciement justifié par la seule baisse d'activité et le résultat déficitaire de l'atelier où est affecté le salarié alors qu'aucune difficulté économique au niveau du secteur d'activité du groupe auquel appartient l'entreprise n'a été relevée. • Soc. 26 oct. 1999, ⚖ n° 98-41.521 P : *Dr. soc. 2000. 214, obs. Radé* ✐. ♦ ... Le licenciement d'un technicien agricole affecté à la surveillance et l'entretien du parc d'un château alors que la situation financière de l'employeur était déficitaire depuis des années et qu'aucune aggravation n'était démontrée. • Soc. 23 mai 2000, ⚖ n° 97-42.221 P : *JCP 2000. IV. 2235.* ♦ En revanche, la suppression du poste du salarié due à la perte de son unique client par l'employeur repose sur un motif économique. • Soc. 19 juill. 2000 : ⚖ *RJS 2000. 727, n° 1064.* ♦ Lorsqu'une cour d'appel relève que la société avait un surendettement bancaire constant de quatre millions de francs et avait subi une baisse de son chiffre d'affaires, elle caractérise l'existence des difficultés économiques invoquées dans la lettre de licenciement pour justifier la suppression des emplois et peut dès lors décider que les licenciements ont une cause économique. • Soc. 30 sept. 1997, ⚖ n° 95-43.199 P : *D. 1997. IR 216* ✐ ; *Dr. soc. 1997. 1103, obs. Bélier* ✐ ; *RJS 1997. 759, n° 1227.* ♦ Les difficultés financières ne peuvent justifier le manquement à l'obligation de payer les salaires et il appartient à l'employeur qui ne peut assurer la pérennité du travail et le règlement des salaires, soit de licencier le salarié pour ce motif économique, soit de se déclarer en état de cessation des paiements. • Soc. 20 juin 2006 : ⚖ *RDT 2006. 252, obs. Pignarre* ✐ ; *D. 2006. IR 1845* ✐ ; *Dr. soc. 2006. 1051, obs. Radé* ✐.

19. Fraude de l'employeur. Revêt un caractère abusif le licenciement économique en raison de l'organisation par l'employeur de sa propre insolvabilité. • Soc. 9 oct. 1991, ⚖ n° 89-41.705 P : *Dr. soc. 1991. 791 ; RJS 1991. 636, n° 1194.* ♦ Dans le même sens : • Soc. 12 janv. 1994 : ⚖ *RJS 1994. 110, n° 134* (fraude de l'employeur organisant artificiellement ses difficultés financières) • 5 oct. 1999, ⚖ n° 97-42.057 P (prélèvements personnels de l'employeur supérieurs au chiffre d'affaires). ♦ Un licenciement entaché d'un détournement de pouvoir ne peut avoir une cause économique. • Soc. 13 janv. 1993, ⚖ n° 91-45.894 P. ♦ En revanche, une erreur du chef d'entreprise dans l'appréciation du risque inhérent à tout choix de gestion ne caractérise pas à elle seule la légèreté blâmable. • Soc. 14 déc. 2005 : ⚖ *D. 2006. IR 98* ✐ ; *RJS 2006. 115, n° 185 ; JCP S 2006, n° 181-2.*

20. Légèreté blâmable de l'employeur. Fait preuve d'une légèreté blâmable justifiant sa condamnation à verser des dommages-intérêts l'employeur qui connaissait la situation obérée de l'entreprise au moment de l'engagement du salarié. • Soc. 26 févr. 1992 : ⚖ *RJS 1992. 248, n° 422* (embauche en contrat d'adaptation assurant au salarié une formation d'une durée de douze mois). ♦ ... L'employeur qui licencie un salarié quelques jours après sa demande de bénéfice d'une préretraite progressive prévue par le plan social en le privant ainsi d'une mesure à laquelle il pouvait prétendre. • Soc. 10 juill. 2001, ⚖ n° 99-43.024 P : *Dr. soc. 2001. 1125, obs. Couturier* ✐ ; *RJS 2001. 771, n° 1127* • 30 juin 1993 : ⚖ *Dr. soc. 1993. 774* (dommages-intérêts accordés en raison de circonstances de la rupture traduisant une légèreté blâmable, alors que la cause économique était établie). ♦ Pour des illustrations où la légèreté blâmable de l'employeur n'a pas été reconnue, V. • Soc. 22 sept. 2011 ⚖ et • Soc. 23 nov. 2011 : ⚖ *RDT 2012. 37, obs. Fabre* ✐ • Soc. 6 avr. 2016, ⚖ n° 14-26.019 P : *D. 2016. Actu. 842* ✐ ; *RJS 6/2016, n° 444 ; JCP S 2016. 1203, obs. Brissy.*

21. Cadre d'appréciation. Lorsque l'entreprise ne fait pas partie d'un groupe, les difficultés économiques s'apprécient au niveau de l'entreprise. • Soc. 7 oct. 1998 : ⚖ *RJS 1998. 817, n° 1350.* ♦ La réalité des difficultés économiques doit être appréciée en fonction de l'activité de l'ensemble des magasins exploités par une entreprise. • Soc. 17 juin 1992, ⚖ n° 89-42.769 P : *Dr. soc. 1992. 710.* ♦ ... Et non au niveau de l'établissement. • Soc. 24 févr. 1993 : ⚖ *Dr. ouvrier 1993. 257.* ♦ Si la réalité de la suppression d'emploi ou de la modification substantielle du contrat de travail est examinée au niveau de l'entreprise, les difficultés économiques doivent être appréciées au regard du secteur d'activité du groupe auquel appartient l'entreprise ». • Soc. 5 avr. 1995, ⚖ *Vidéocolor : préc. note 12.* ♦ Le refus d'une modification du contrat de travail pour motif économique ne peut justifier un licenciement que si est caractérisée l'existence, au niveau du secteur d'activité du groupe auquel la société appartient, de difficultés économiques ou d'une menace pesant sur la compétitivité de ce secteur. • Soc. 14 déc. 2011 : *D. 2012. Actu. 104* ; *RJS 2012. 196, n° 233 ; JS Lamy 2012, n° 315-3, obs. Lalanne ; JCP S 2012. 1085, obs. Verkindt.* • Soc. 14 déc. 2011 : *ibid.* ♦ Les difficultés économiques invoquées à l'appui d'un licenciement pour motif économique doivent être appréciées au niveau du groupe auquel appartient l'entreprise sans qu'il y ait lieu de réduire le groupe aux sociétés ou entreprises situées sur le territoire national. • Soc. 12 juin 2001, n° 99-41.571 P : *D. 2001. IR 2560* ; *Dr. soc. 2001. 894, obs. Masquefa* ; *RJS 2001. 691, n° 1001* • CE 8 juill. 2002 : *RJS 2002. 857, n° 1148 ; JS Lamy 2002, n° 111-2.* ♦ La spécialisation d'une entreprise dans le groupe ou son implantation dans un pays différent de ceux où sont situées les autres sociétés du groupe ne suffit pas à exclure son rattachement à un même secteur d'activité, au sein duquel doivent être appréciées les difficultés économiques. • Soc. 23 juin 2009 : *D. 2009. AJ 1902* ; *RJS 2009. 688, n° 772 ; JCP E 2009. 2098, note Voloir et Aknin ; Sem. soc. Lamy 2009 n° 1411, p. 12, obs. Guyader.*

22. Appréciation de la notion de groupe. Le périmètre du groupe à prendre en considération pour l'appréciation de la cause économique est l'ensemble des entreprises unies par le contrôle ou l'influence d'une entreprise dominante dans les conditions définies à l'art. L. 2331-1 C. trav., sans qu'il y ait lieu de réduire le groupe aux entreprises situées sur le territoire national. • Soc. 16 nov. 2016, n°s 15-19.927 et 14-30.063 : *Sem. soc. Lamy 2016, n° 1745, p. 10, rapp. Depelley.*

23. Date d'appréciation. Le motif économique doit s'apprécier à la date du licenciement mais il peut être tenu compte d'éléments postérieurs à cette date permettant au juge de vérifier si la réorganisation était nécessaire ou non à la sauvegarde de la compétitivité. • Soc. 26 mars 2002, n° 00-40.898 P : *RJS 2002. 530, n° 665 ; JS Lamy 2002, n° 100-2.*

2° MUTATIONS TECHNOLOGIQUES

24. Principe. L'introduction de nouvelles technologies dans l'entreprise peut constituer une cause économique de suppression ou transformation d'emplois, même en l'absence de difficultés économiques. • Soc. 2 juin 1993, n° 90-44.956 P : *CSB 1993. 282, obs. Philbert ; Dr. soc. 1993. 678.* ♦ V. aussi : • Soc. 3 mai 1994 : *RJS 1994. 413, n° 675* (licenciement justifié de salariés les moins qualifiés qui n'étaient pas en mesure de s'adapter aux nouvelles exigences techniques) • Soc. 9 oct. 2002 : *RJS 2003. 1020, n° 1373.*

25. Inadaptation du salarié. Le licenciement est prononcé pour un motif inhérent à la personne du salarié lorsque l'employeur invoque l'inaptitude des salariés à occuper des emplois modifiés par la mutation technologique de l'entreprise. • Soc. 12 déc. 1991, n° 90-44.762 P : *RJS 1992. 101, n° 133.* ♦ Comp. : • Soc. 15 oct. 1992, n° 91-43.632 P : *CSB 1992. 271, A. 50 ; RJS 1992. 684, n° 1247* (a un caractère économique le licenciement d'un salarié qui n'a pu s'adapter aux nouvelles exigences technologiques afférentes à son emploi transformé en raison de l'informatisation de l'entreprise, ni aux autres postes qui lui avaient été proposés). ♦ Comp. : • Soc. 16 janv. 2001 : *V. note 32.*

26. Défaut de titre ou diplôme imposé. Constitue un licenciement pour motif économique, au sens de l'art. L. 321-1 [L. 1333-3 nouv.], le licenciement motivé par l'intervention d'un changement dans la législation ayant pour effet de subordonner la poursuite par le salarié de son contrat de travail à la détention d'un diplôme dont l'intéressé n'est pas titulaire. • CE 15 juin 2005 : *RJS 2005. 709, n° 1003.*

3° RÉORGANISATION DE L'ENTREPRISE

27. Sauvegarde de la compétitivité de l'entreprise. La réorganisation de l'entreprise ne peut constituer un motif économique que si elle est effectuée pour sauvegarder sa compétitivité. • Soc. 5 avr. 1995 : *préc. note 12.* ♦ V. aussi : • Soc. 5 oct. 1999, n° 98-41.384 P : *D. 1999. IR 242* ; *Dr. soc. 2000. 121, obs. Mouly* ; *RJS 1999. 838, n° 1361* • CE 8 mars 2006 : *Lebon 2006. 116* ; *D. 2006. IR 1064* ; *RJS 2006. 422, n° 604 ; Dr. soc. 2006. 857, concl. Keller* ; *JS Lamy 2006, n° 192-3 ; JCP E 2006. 1991, note R. K.* ♦ La réorganisation, si elle n'est pas justifiée par des difficultés économiques ou par des mutations technologiques, doit être indispensable à la sauvegarde de la compétitivité de l'entreprise ou du secteur d'activité du groupe auquel elle appartient. • Soc. 16 déc. 2008 : *D. 2009. AJ 233* ; *RDT 2009. 103, obs. Frouin* ; *RJS 2009. 137, n° 157 ; Dr. soc. 2009. 243, obs. Couturier* ; *Sem. soc. Lamy 2009, n° 1282, p. 12.* ♦ Si la sauvegarde de la compétitivité de l'entreprise peut constituer un motif économique de licenciement, c'est à la condition que soit établie une menace pour la compétitivité de l'entreprise, laquelle s'apprécie, lorsque l'entreprise appartient à un groupe, au niveau du secteur d'activité dont relève l'entreprise en cause au sein du groupe. • CE 12 mars 2014, req. n° 368282 : *Dalloz actualité, 2 juill. 2014, obs. Ines.* ♦ Doit être cassé l'arrêt dans lequel la cour d'appel s'est bornée à énoncer qu'était établie l'existence d'une restructuration dans l'entreprise ayant entraîné la suppression du poste du salarié licencié sans rechercher si cette restructuration avait été décidée pour sauvegarder la compétitivité de l'entreprise. • Soc. 23 mai 1995 : *Dr. soc. 1995. 678, obs. Favennec* . ♦ Doit également être cassé l'arrêt dans lequel une cour d'appel énonce qu'à la condition d'être décidée dans l'intérêt de l'entreprise une réorganisation de celle-ci peut constituer une cause économique de modification substantielle du contrat de travail et qu'il n'apparaît pas que cette modification ait été inspirée par un autre souci que celui de l'intérêt de l'entreprise. • Soc. 23 nov. 1999, n° 97-42.979 P : *D. 2000. IR 3* ; *Dr. soc. 2000. 216, obs. Radé* ; *RJS 2000. 60, n° 77.* ♦ Si une réorganisation de l'entreprise, lorsqu'elle n'est pas liée à des difficultés économiques ou à des mutations technologiques, peut constituer une cause économique de licenciement, ce n'est qu'à condition qu'elle soit effectuée pour sauvegarder la compétitivité de l'entreprise et non en vue d'augmenter les profits et de remettre en cause une situation acquise jugée trop favorable aux salariés. • Soc. 30 sept. 1997, n° 94-43.733 P : *Dr. soc. 1997. 1098, obs. Couturier* ; *RJS 1997. 796, n° 1297.* ♦ Lorsque la suppression d'emplois permanents dans une entreprise, dont le chiffre d'affaires est en nette progression, répond moins à une nécessité économique qu'à la volonté de l'employeur de privilégier le niveau de rentabilité de l'entreprise au détriment de la stabilité de l'emploi, les licenciements ne reposent pas sur un motif économique, une telle réorganisation n'ayant été décidée que pour supprimer des emplois permanents de l'entreprise et non pour sauvegarder sa compétitivité. • Soc. 1er déc. 1999, n° 98-42.746 P : *RJS 2000. 110, n° 159.* ♦ Le simple « tassement d'activité » et la volonté d'améliorer la productivité ne peut justifier un licenciement fondé sur la nécessité de sauvegarder la compétitivité de l'entreprise. • CE 8 mars 2006 : *D. 2006. IR 1064* ; *RJS 2006. 422, n° 604* ; *Dr. soc. 2006. 857, concl. Keller* ; *JS Lamy 2006, n° 192-3* ; *JCP E 2006. 1991, note R. K.* ♦ Les suppressions de postes provoquées par la réorganisation de l'entreprise à la suite de son intégration dans un groupe n'ont pas pour objet de sauvegarder la compétitivité de l'entreprise mais sont seulement nécessitées par un motif structurel. • Soc. 9 juill. 1997, n° 95-43.722 P : *RJS 1997. 604, n° 960.* ♦ Il en est de même de celles qui font suite au transfert de la totalité d'une usine vers deux autres sites fondé sur des difficultés techniques et administratives. • Soc. 7 juill. 1998, n° 95-43.281 P : *TPS 1998, n° 313.* ♦ V. aussi • Soc. 13 avr. 1999, n° 97-41.171 P : *RJS 1999. 464, n° 764* (regroupement au siège d'un journal de la rédaction du service hippique afin de privilégier les courses régionales et de concéder à un prestataire de services la couverture des courses parisiennes) • Soc. 17 déc. 2002, n° 00-45.621 P : *D. 2003. 1660, obs. Escande-Varniol* ; *Dr. soc. 2003. 342, obs. Couturier* ; *JS Lamy 2003, n° 118-4.* ♦ Ainsi, ne peut caractériser la nécessité de sauvegarde de la compétitivité de l'entreprise, la recherche par l'employeur d'une meilleure organisation et le fait de privilégier le niveau de rentabilité de l'entreprise. • Soc. 6 mars 2007 : *RDT 2007. 312, obs. Waquet*. ♦ De même sont sans cause réelle et sérieuse, les licenciements qui sont le résultat de la décision de délocalisation en raison d'incitations financières et fiscales attractives, et non pour sauvegarder la compétitivité de l'entreprise. • Soc. 18 sept. 2007 : *RDT 2007. 654, obs. Waquet*. ♦ En revanche, l'évolution du marché des pneumatiques, la baisse des prix de ces produits et l'augmentation du coût des matières premières qui placent l'entreprise dans l'impossibilité de réaliser les investissements nécessaires pour remédier à la faible dimension des sites de production par rapport à ceux des concurrents et à la diversification excessive des fabrications, imposait à l'entreprise de se réorganiser pour pouvoir affronter la concurrence ; la nouvelle organisation mise en place qui procédait d'une gestion prévisionnelle des emplois destinée à prévenir des difficultés économiques à venir et leurs conséquences sur l'emploi était nécessaire à la sauvegarde de la compétitivité de l'entreprise et du secteur d'activité du groupe dont elle relevait. • Soc. 21 nov. 2006 : *D. 2007. AJ 156* ; *ibid. Pan. 687, obs. Peskine* ; *RDT 2007. 105, obs. A. Lyon-Caen*. ♦ De même, une réorganisation est nécessaire à la sauvegarde de la compétitivité de l'entreprise lorsqu'est constaté un positionnement défavorable de l'entreprise face aux autres opérateurs, et notamment aux banques, nouveaux intervenants, tant en ce qui concerne le taux de changement que des frais d'acquisition et d'administration menaçant à terme sa survie. • Soc. 23 mai 2007 : *RDT 2007. 456, obs. Waquet*. ♦ La restructuration engagée afin de réduire les charges, et notamment les coûts de fonctionnement du siège est justifiée par un motif économique puisque était relevé que les bilans comptables de la société faisaient ressortir des pertes constantes pour les années 2008 à 2011 en dépit d'une augmentation du chiffre d'affaires. • Soc. 16 nov. 2016, n° 15-12.293 P.

28. *Anticipation de difficultés économiques liées à des évolutions technologiques.* Un licenciement économique consécutif à une réorganisation est légitime dès lors que la réorganisation a été mise en œuvre pour prévenir des difficultés économiques liées à des évolutions technologiques et leurs conséquences sur l'emploi. • Soc. 11 janv. 2006 (2 arrêts) : *D. 2006. 1013, note Pélissier* ; *Dr. soc. 2006. 138, note Ray* ; *ibid. 2006. 1010, note Duquesne* ; *JS Lamy 2006, n° 182-2* ; *ibid. 2006, n° 187-1.* ♦ Les juges du fond doivent caractériser l'existence d'une menace pesant sur la compétitivité du secteur d'activité du groupe dont relève l'entreprise. • Soc. 31 mai 2006 : *RDT 2006. 102, obs. Waquet* ; *RJS 2006. 704, n° 951* ; *JS Lamy 2006, n° 192-3.*

29. *Volonté de réaliser des économies.* N'a pas un motif économique le licenciement opéré pour des raisons d'économie, le salarié licencié étant remplacé par un salarié moins qualifié occupant le même emploi. • Soc. 24 avr. 1990, n° 88-43.374 P : *D. 1990. IR 134 ; RJS 1990. 339, n° 479.* ♦ En relevant que le fait qu'un salarié coûtait trop cher ne saurait constituer dans une entreprise où les profits étaient considérables un motif de rupture, une cour d'appel a, à bon droit, décidé que le licenciement ne reposait pas sur un motif économique. • Soc. 24 avr. 1990, n° 88-43.703 P : *D. 1990. IR 126 ; RJS 1990. 340, n° 481 ; Dr. ouvrier 1990. 490.* ♦ Dans le même sens : • Soc. 16 mars 1994, n° 92-43.094 P : *D. 1994. IR 93 ; Dr. soc. 1994. 515 ; RJS 1994. 335, n° 530* (situation financière de l'entreprise lui permettant d'assurer la charge d'un salaire élevé).

30. Office du juge. Dès lors qu'une réorganisation de l'entreprise est nécessaire à la sauvegarde de la compétitivité de l'entreprise, il n'appartient pas au juge d'apprécier le choix opéré par l'employeur entre les différentes solutions de réorganisation possibles. • Cass., ass. plén., 8 déc. 2000 : *GADT, 4e éd., n° 115 ; Dr. soc. 2001. 126, concl. de Caigny, note Cristau ; Dr. soc. 2001. 417, chron. Jeammaud et Le Friant ; D. 2001. 1125, note Pélissier.* ♦ V. • Soc. 7 juin 2006 : *RDT 2006. 241, obs. Waquet* (l'employeur doit justifier que le choix de gestion était nécessaire à la sauvegarde de la compétitivité). ♦ Le juge est tenu de contrôler le caractère sérieux du motif économique du licenciement, de vérifier l'adéquation entre la situation économique de l'entreprise et les mesures affectant l'emploi ou le contrat de travail envisagées par l'employeur, mais il ne peut se substituer à ce dernier quant aux choix qu'il effectue dans la mise en œuvre de la réorganisation. • Soc. 8 juill. 2009 : *RDT 2009. 584, obs. Géa ; RJS 2009. 693, n° 776 ; JS Lamy 2009 n° 263-3.*

31. Preuve. L'employeur doit produire les éléments permettant d'établir que les mesures de réorganisation de l'entreprise sont nécessaires à la sauvegarde de sa compétitivité. • Soc. 11 juin 1997, n° 94-45.175 P. (à défaut le juge peut légitimement considérer que les suppressions de poste sont destinées à réaliser l'économie du salaire des intéressés).

4° CESSATION D'ACTIVITÉ DE L'ENTREPRISE

32. Hypothèses. La cessation de l'activité de l'entreprise, quand elle n'est pas due à une faute de l'employeur ou à sa légèreté blâmable constitue un motif de licenciement. • Soc. 16 janv. 2001 : *D. 2001. IR 523 ; Dr. soc. 2001. 413, note Savatier ; RJS 2001. 212, n° 294 ; JS Lamy 2001, n° 73, p. 8* (non-renouvellement du bail commercial). ♦ La fermeture temporaire d'un hôtel pour travaux, en revanche, ne constitue pas une cessation d'activité de l'entreprise. • Soc. 15 oct. 2002 : *D. 2002. IR 2914 ; Dr. soc. 2002. 1156, obs. Duquesne ; JS Lamy 2002, n° 112-2.*

33. Légèreté blâmable. Si, en cas de fermeture définitive et totale de l'entreprise le juge ne peut, sans méconnaître l'autonomie de ce motif de licenciement, déduire la faute ou la légèreté blâmable de l'employeur de la seule absence de difficultés économiques ou, à l'inverse, déduire l'absence de faute de l'existence de telles difficultés, il ne lui est pas interdit de prendre en compte la situation économique de l'entreprise pour apprécier le comportement de l'employeur. • Soc. 1er févr. 2011 : *RDT 2011. 168, note Géa ; Dr. soc. 2011. 372, note Couturier ; JS Lamy 2011, n° 296-2, obs. Hautefort ; JCP S 2011. 1095, obs. d'Ornano ; Sem. soc. Lamy 2011, n° 1480, p. 12, obs. Aubonnet.*

34. Cessation d'activité d'une filiale et coemployeurs. Lorsque les salariés ont pour coemployeurs des entités faisant partie d'un même groupe, la cessation d'activité de l'une d'elles ne peut constituer une cause économique de licenciement qu'à la condition d'être justifiée par des difficultés économiques, une mutation technologique ou la nécessité de sauvegarder la compétitivité du secteur d'activité du groupe dont elles relèvent ; la cessation d'activité qui ne résulte que de choix stratégiques décidés au niveau du groupe, sans que des difficultés économiques les justifient, au niveau du secteur d'activité du groupe ne peut justifier des licenciements pour motif économique • Soc. 18 janv. 2011 : *Dalloz actualité, 14 févr. 2011, obs. Perrin ; D. 2011. Actu. 382 ; RDT 2011. 168, note Géa ; Dr. soc. 2011. 372, note Couturier ; JS Lamy 2011, n° 294-4, obs. Bon ; Sem. soc. Lamy 2011, n° 1476, p. 6, rapp. Bailly ; JCP S 2011. 1065, obs. Morvan.*

35. Responsabilité conjointe de la société mère et de la filiale. Une société mère qui intervient auprès de sa filiale peut voir sa responsabilité retenue pour faute et légèreté blâmable si son action ne profite qu'à elle et qu'elle concourt à la déconfiture de sa filiale, même si aucune fraude ou aucune situation de coemploi n'est caractérisée. • Soc. 8 juill. 2014 : *D. 2014. Actu. 1552 ; RDT 2014. 672, note Fabre ; RJS 2014. 585, n° 676 ; JS Lamy 2014, n° 374-3, obs. Beckhard-Cardoso et Patin.*

36. Contrôle de l'inspection du travail sur un licenciement pour cessation d'activité. Lorsque la demande est fondée sur la cessation d'activité de l'entreprise, celle-ci n'a pas à être justifiée par l'existence de mutations technologiques, de difficultés économiques ou de menaces pesant sur la compétitivité de l'entreprise ; l'autorité administrative doit, dans un tel cas, contrôler, outre le respect des exigences procédurales légales et des garanties conventionnelles, que la cessation d'activité de l'entreprise est totale et définitive, que l'employeur a satisfait, le cas échéant, à l'obligation de reclassement prévue par le code du travail et que la demande ne présente pas de caractère discriminatoire. En revanche, il n'appartient pas à l'administration de rechercher si cette cessation d'activité est due à la faute ou à la légèreté blâmable de l'employeur. Toutefois, l'autorisation accordée ne fait pas obstacle à ce que le salarié, s'il s'y estime fondé, mette en cause devant les juridictions compétentes la responsabilité de l'employeur en demandant réparation des préjudices que lui aurait causés cette faute ou légèreté blâmable dans l'exécution du contrat de travail. • CE 8 avr. 2013 : *Lebon ; AJDA 2013. 769 ; Dr. soc. 2014. 129, note Mouly ; RDT 2013. 394, concl. Dumortier ; ibid. 406, obs. Sachs*. ♦ La cessation d'activité de l'entreprise suffit à elle seule à justifier le licenciement pour motif économique d'un salarié protégé à condition qu'elle soit totale et définitive, ce à quoi ne fait pas obstacle la poursuite, par d'autres entreprises du groupe auquel l'entreprise appartient, d'une activité de même nature. • CE 22 mai 2015, nº 375897 : *Dalloz actualité, 11 juin 2015, obs. Ines ; Dr. soc. 2015. 602, note Gadrat ; RJS 10/2015, nº 653.*

Ancien art. L. 1233-3 ***Constitue un licenciement pour motif économique le licenciement effectué par un employeur pour un ou plusieurs motifs non inhérents à la personne du salarié résultant d'une suppression ou transformation d'emploi ou d'une modification, refusée par le salarié, d'un élément essentiel du contrat de travail, consécutives notamment à des difficultés économiques ou à des mutations technologiques.***

Les dispositions du présent chapitre sont applicables à toute rupture du contrat de travail (L. nº 2008-596 du 25 juin 2008) « ***, à l'exclusion de la rupture conventionnelle visée aux articles*** *L. 1237-11* ***et suivants,*** » ***résultant de l'une des causes énoncées au premier alinéa.*** — [Anc. art. L. 321-1, al. 1er et 2.]

COMMENTAIRE

V. Dalloz.fr et applications mobiles Dalloz.

SOUS-SECTION 3 OBLIGATIONS D'ADAPTATION ET DE RECLASSEMENT

Art. L. 1233-4 Le licenciement pour motif économique d'un salarié ne peut intervenir que lorsque tous les efforts de formation et d'adaptation ont été réalisés et que le reclassement de l'intéressé ne peut être opéré *(L. nº 2015-990 du 6 août 2015, art. 290-I)* **« sur les emplois disponibles, situés sur le territoire national dans l'entreprise ou les autres entreprises du groupe dont l'entreprise fait partie** *[ancienne rédaction : dans l'entreprise ou dans les entreprises du groupe auquel l'entreprise appartient]* **».**

Le reclassement du salarié s'effectue sur un emploi relevant de la même catégorie que celui qu'il occupe ou sur un emploi équivalent *(L. nº 2010-499 du 18 mai 2010)* **« assorti d'une rémunération équivalente ». A défaut, et sous réserve de l'accord exprès du salarié, le reclassement s'effectue sur un emploi d'une catégorie inférieure.**

Les offres de reclassement proposées au salarié sont écrites et précises. — *[Anc. art. L. 321-1, al. 3.]*

Les dispositions issues de la L. nº 2015-990 du 6 août 2015 sont applicables aux procédures de licenciement pour motif économique engagées, en application des art. L. 1233-8 ou L. 1233-30 C. trav., après le 7 août 2015 (L. préc., art. 295).

V. Circ. DGT nº 03 du 15 mars 2011 relative aux modalités d'application de la loi nº 2010-499 du 18 mai 2010 visant à garantir de justes conditions de rémunération aux salariés concernés par une procédure de reclassement. — V. RDT 2011. 374, obs. Géa.

BIBL. Obligation de reclassement : ANTONMATTÉI, *Dr. soc. 2002. 274* (loi de modernisation sociale : nouvelle disposition). – BARA, *JS Lamy 2005, nº 162-1.* – CANDAT et PAGNERRE, *JCP S 2010. 1212* (l'*intuitus personae* dans le reclassement des salariés). – CASADO, *JCP S 2011. 1001* (l'obligation de reclassement après la loi du 18 mai 2010). – CHAUVIRÉ, *Sem. soc. Lamy 2011, nº 1477, p. 6.* – COUTURIER, *Dr. soc. 1999. 497.* – D'ORNANO et ISMAÏL, *JCP S 2010. 1266* (questionnaire de mobilité préalable au reclassement). – FAVENNEC-HÉRY, *Dr. soc. 2012. 987* (le groupe de reclassement). – FROSSARD, *Dr. soc. 2010. 959* (contextes de l'obligation de reclassement). – GÉA, *RDT 2010. 646* (le législateur face aux propositions indécentes). – GOURY, JASPAR et PENNEC, *JCP S 2010. 1225* (société de gestion, notion de groupe et obligation de reclassement). – HÉAS, *Dr. soc. 1999. 504.* – LARDY-PÉLISSIER, *D. 1998. Chron. 399.* – MEILLAT, MARTINEZ, DE TROGOFF et THUILLIER, *JCP S 2012. 1471* (repenser l'obligation de reclassement). – MONKAM, *JS Lamy 2011, nº 303-1 et nº 304-1.* – MORVAN, *JCP S 2009. 1235* (obligation irréelle de reclassement « extérieure » et les commissions paritaires de l'emploi fantôme). – SAUVAGE et DELMOTTE, *Sem. soc. Lamy 2013, nº 1585, p. 3.* – STULZ, *Sem. soc. Lamy 2005, nº 1200* (obligation de reclassement et priorité de réembauchage).

COMMENTAIRE

V. Dalloz.fr et applications mobiles Dalloz.

I. OBLIGATIONS DE L'EMPLOYEUR

A. OBLIGATION D'ADAPTATION

1. Principe. L'employeur, tenu d'exécuter de bonne foi le contrat de travail, a le devoir d'assurer l'adaptation des salariés à l'évolution de leur emploi. • Soc. 25 févr. 1992, n° 89-41.634 P : *D. 1992. Somm. 294, obs. A. Lyon-Caen ; Dr. soc. 1992. 379* • 23 sept. 1992, n° 90-44.466 P : *JCP E 1993. II. 430, note Serret ; Dr. soc. 1992. 922.* ♦ A. Lyon-Caen, *Dr. soc. 1992. 573.* ♦ Lorsque les départs volontaires prévus dans un plan de sauvegarde de l'emploi s'adressent aux salariés dont le licenciement est envisagé en raison de la réduction d'effectifs, sans engagement de ne pas les licencier si l'objectif de ruptures amiables n'est pas atteint, l'employeur est tenu, à l'égard de ces salariés, d'exécuter au préalable l'obligation de reclassement prévue dans le plan. • Soc. 19 mai 2016, n°s 15-11.047 P et 15-12.137 P : *RJS 8-9/2016, n° 563 ; JS Lamy 2016, n° 413-5, obs. Pacotte et Leroy ; JCP S 2016. 1277, obs. Grangé.*

2. Limites. Si l'employeur a l'obligation d'assurer l'adaptation des salariés à l'évolution de leur emploi, au besoin en leur assurant une formation complémentaire, il ne peut lui être imposé d'assurer la formation initiale qui leur fait défaut. • Soc. 3 avr. 2001, n° 99-42.188 P : *D. 2001. Somm. 2170, obs. Bouilloux ; RJS 2001. 506, n° 731 ; JS Lamy 2001, n° 79-3* • 17 mai 2006 : *RDT 2006. 101, obs. Waquet ; JCP S 2006. 1616, obs. Lahalle* • 28 mai 2008 : *D. 2008. AJ 1834 ; RJS 2008. 704, n° 873 ; JS Lamy 2008, n° 237-5 ; Dr. ouvrier 2008. 526, note A. M.* • 2 juill. 2014 : *Dalloz actualité, 15 sept. 2014, obs. Peyronnet ; D. 2014. Actu. 1503 ; RJS 2014. 579, n° 672 ; JS Lamy 2014, n° 374-2.*

B. OBLIGATION DE RECLASSEMENT

3. Articulation avec le plan de sauvegarde de l'emploi. L'obligation de reclassement doit être respectée même lorsqu'un plan social doit être établi. • Soc. 22 févr. 1995, n° 93-43.404 P : *Dr. soc. 1995. 389, obs. Ray ; RJS 1995. 419, n° 633* • Soc. 12 déc. 1995 : *Dr. soc. 1996. 199, obs. Favennec* • 18 févr. 1998, n° 96-40.219 P.

4. Contenu. L'employeur doit rechercher s'il existe des possibilités de reclassement, prévues ou non par le plan social, et proposer aux salariés dont le licenciement est envisagé des emplois disponibles, de même catégorie ou, à défaut, de catégorie inférieure, fût-ce par voie de modification des contrats de travail, en assurant au besoin l'adaptation de ces salariés à l'évolution de leur emploi. • Soc. 6 juill. 1999 : *D. 1999. IR 204 ; RJS 1999. 767, n° 1237* • 8 avr. 1992, n° 89-41.548 P : *JCP E 1992. II. 360, note Savatier ; Dr. soc. 1992. 626 ; RJS 1992. 339, n° 598.* – Dans le même sens : • Soc. 22 janv. 1992, n° 89-41.242 P : *RJS 1992. 165, n° 267* • 23 sept. 1992 : *Dr. soc. 1992. 922 ; RJS 1992. 683, n° 1246.*

5. L'employeur manque à son obligation de reclassement si, immédiatement après le licenciement, il procède au recrutement de plusieurs employés sur des postes qui auraient pu être occupés par le salarié licencié. • Soc. 26 oct. 1995 : *Dr. soc. 1996. 101.* ♦ Le fait qu'un représentant du personnel ait conclu un contrat de formation-reclassement ne dispense pas l'employeur de rechercher les possibilités de reclassement. • CE 22 janv. 1996 : *RJS 1996. 183, n° 305, 1re esp.* ♦ De même, la proposition d'une modification du contrat de travail que le salarié peut refuser ne dispense pas l'employeur de son obligation de reclassement. • Soc. 30 sept. 1997 : *D. 1997. IR 216 ; RJS 1997. 756, n° 1222.* • Soc. 25 nov. 2009 : *D. 2009. AJ 2937 ; RDT 2010. 103, obs. Fabre ; RJS 2010. 133, n° 163.*

6. Source conventionnelle. La méconnaissance par l'employeur de dispositions conventionnelles qui étendent le périmètre de reclassement et prévoient une procédure destinée à favoriser un reclassement à l'extérieur de l'entreprise, avant tout licenciement, constitue un manquement à l'obligation de reclassement préalable au licenciement et prive celui-ci de cause réelle et sérieuse. • Soc. 28 mai 2008 : *RDT 2008. 529, obs. Héas (3 arrêts) ; RJS 2008. 707, n° 877.* ♦ V. aussi : • Soc. 18 févr. 2014 : *RJS 2014. 254, n° 307* • 8 juill. 2014 : *RJS 2014. 658, n° 773* • Soc. 27 mai 2015, n° 13-26.968 : *Dalloz actualité, 19 juin 2015, obs. Cortot ; D. 2015. Actu. 1213 ; RJS 8-9/2015, n° 553.* ♦ Seule l'absence de saisine de la commission paritaire de l'emploi constitue un manquement à l'obligation préalable au licenciement et prive celui-ci de cause réelle et sérieuse, peu important, en l'absence d'une telle commission, que soient saisis ou non les syndicats d'employeurs conformément aux exigences des art. 14 et 15 de l'ANI du 10 févr. 1969 sur la sécurité de l'emploi. • Soc. 22 oct. 2014 : *Dalloz actualité, 21 nov. 2014, obs. Ines ; RJS 1/2015, n° 13.* ♦ L'employeur n'est pas tenu de fournir à la commission paritaire nationale une liste nominative des salariés dont le licenciement est envisagé ni leur profil individuel. • Soc. 17 mars 2015, n° 13-24.303 : *Dalloz actualité, 19 juin 2015, obs. Cortot ; RDT 2015. 331, obs. Fabre ; RJS 6/2015, n° 398.*

7. Coemployeurs. BIBL. Auzero, *Sem. soc. Lamy 2013, n° 1600, p. 8 ; JCP S 2013* (effets avérés et à venir du coemploi). – Bailly, *Sem. soc. Lamy 2013, n° 1600, p. 11 ; JCP S 2013. 1441* (le coemploi : une situation exceptionnelle). – Cesaro, *RJS 2013. 3 ; JCP S 2013. 1081*. – Cesaro et Peskine, *RDT 2014. Controverse. 661* (le coemploi sur la sellette ?). – Champeaux, *Sem. soc. Lamy 2013, n° 1567, p. 11 ; ibid., n° 1600, p. 7*. – Davico-Hoarau, *JS Lamy 2013, nos 355-356-1* (incertitudes et dangers du coemploi). – Gauriau, *Dr. soc. 2012. 995* (le coemployeur). – Guillon et Janin, *JCP S 2013. 1442* (le coemploi : les moyens de riposte). – Loiseau, *JCP S 2013. 1439* (identification du coemploi). – Mir, Brihi et Lacomble, *JCP S 2013. 1082*. – Morvan, *JCP S 2013. 1438* (identification du coemployeur). – Pagnerre, *Dr. soc. 2016. 550* (regard historique sur le coemploi). – Thiébart, Champeaux et Renaud, *Sem. soc. Lamy 2013. n° 1597, p. 10*. ♦ Le licenciement économique prononcé par l'un des coemployeurs mettant fin au contrat de travail, chacun d'eux doit en supporter les conséquences, notamment au regard de l'obligation de reclassement. • Soc. 28 sept. 2011 : *D. 2012. 901, obs. Lokiec et Porta ; JCP S 2011. 1548, obs. Guyot*. ♦ Hors l'existence d'un lien de subordination, une société faisant partie d'un groupe ne peut être considérée comme un coemployeur à l'égard du personnel employé par une autre, que s'il existe entre elles, au-delà de la nécessaire coordination des actions économiques entre les sociétés appartenant à un même groupe et de l'état de domination économique que cette appartenance peut engendrer, une confusion d'intérêts, d'activités et de directions se manifestant par une immixtion dans la gestion économique et sociale de cette dernière. • Soc. 2 juill. 2014 : *D. 2014. Actu. 1502 ; RDT 2014. 625, obs. Kocher ; JS Lamy 2014, n° 372-2, obs. Boulanger, Liault et Kessler*. ♦ Ne peuvent suffire à caractériser une situation de coemploi au sein d'un groupe le fait que les dirigeants de la filiale proviennent du groupe et agissent en étroite collaboration avec la société mère ; que la politique du groupe déterminée par la société mère ait une incidence sur l'activité économique et sociale de sa filiale ou sur la politique de développement ou la stratégie commerciale et sociale de celle-ci ; que la société mère ait pris dans le cadre de cette politique des décisions affectant le devenir de sa filiale et se soit engagée à garantir l'exécution des obligations de cette dernière liées à la fermeture du site et à la suppression des emplois ou se soit engagée au cours du redressement judiciaire de la filiale à prendre en charge le financement du plan de sauvegarde de l'emploi. • Soc. 6 juill. 2016, nos 14-27.266 et 14-26.541 P : *D. 2016. Actu. 1504 ; RDT 2016. 560, obs. Vernac ; JS Lamy 2016, n° 416-2, obs. Tissandier ; JCP G 2016. 960, note Pagnerre ; RJS 10/2016, n° 609 ; Sem. soc. Lamy 2016, n° 1738, note Auzero*. ♦ Une situation de coemploi entre une société et son président peut résulter d'une confusion d'intérêts, d'activités et de direction à condition toutefois qu'elle soit détachable du mandat social exercé par le président dans cette société. • Soc. 24 juin 2014 : *Dalloz actualité, 24 juill. 2014, obs. Ines*. ♦ Une situation de coemploi est caractérisée lorsqu'est constatée l'immixtion de deux sociétés d'un groupe international dans la gestion économique et sociale d'une filiale française de ce groupe. • Soc. 6 juill. 2016, n° 15-15.481 P : *RDT 2016. 560, obs. Vernac ; JCP G 2016. 960, note Pagnerre ; RJS 10/2016, n° 609 ; Sem. soc. Lamy 2016, n° 1738, note Auzero*.

8. Entreprise en liquidation judiciaire. Dans le cadre d'une entreprise en redressement ou liquidation judiciaire, le mandataire-liquidateur doit procéder, antérieurement au licenciement, à une recherche de reclassement. • Soc. 10 mai 1999, n° 97-40.060 P : *D. 2000. Somm. 8, obs. Derrida ; RJS 1999. 490, n° 802*. ♦ Mais lorsqu'un jugement arrêtant un plan de cession autorise le licenciement de salariés dont les emplois sont supprimés, le cessionnaire de l'entreprise n'est tenu à l'égard de ces derniers d'aucune obligation de reclassement. • Soc. 4 juill. 2006 : *RDT 2006. 243, obs. Waquet*.

9. Ne présente pas de caractère sérieux la question tendant à considérer que l'obligation imposée au liquidateur judiciaire de procéder à la fois à la mise en place de mesures préalables de reclassement et au licenciement des salariés, dans le délai de quinze jours suivant le jugement de liquidation, est contraire au principe d'égalité devant la loi. • Soc., QPC, 19 avr. 2013 : *Dalloz actualité, 3 mai 2013, obs. Peyronnet*.

II. OBJET DU RECLASSEMENT

10. Moment. L'employeur doit rechercher et proposer aux salariés les postes disponibles avant tout licenciement économique. • Soc. 15 déc. 1998, n° 96-41.989 P : *RJS 1999. 116, n° 178*. ♦ Le reclassement doit être tenté avant la notification du licenciement. • Soc. 30 mars 1999 : *D. 1999. IR 122 ; RJS 1999. 400, n° 645 ; Dr. soc. 1999. 635, obs. Couturier*. ♦ Mais l'employeur n'est pas tenu d'un devoir de prévision à long terme, l'obligation de reclassement dont l'employeur est débiteur naît au jour de l'apparition de la cause de licenciement. • Soc. 21 juin 2006 : *RDT 2006. 243, obs. Waquet*. ♦ Au titre de son obligation de reclassement, l'employeur doit proposer au salarié les emplois disponibles au moment où il manifeste sa volonté de mettre fin au contrat de travail en notifiant la lettre de licenciement, d'autre part, il peut offrir au salarié la faculté de remettre en cause ce licenciement par l'acceptation des propositions de reclassement interne contenues dans cette lettre. • Soc. 26 juin 2013 : *RDT 2013. 626, obs. Fabre*. ♦ Il n'y a pas de manquement à l'obligation de reclassement si l'employeur justifie de l'absence de poste disponible, à l'époque du licenciement, dans l'entreprise, ou s'il y a lieu dans le groupe auquel elle appartient (en l'espèce, les lettres adressées aux membres du GIE justifiant les efforts de reclassement portaient la date de l'entretien préalable). • Soc. 2 juill. 2014 : *Dalloz actualité, 15 sept. 2014, obs. Peyronnet ; RJS 2014. 579, n° 672.*

11. Les possibilités de reclassement s'apprécient au plus tard à la date du licenciement ; l'employeur qui, en licenciant un salarié pour motif économique, a limité sa recherche de reclassement au périmètre de l'entreprise a bien respecté son obligation de reclassement dès lors que l'intégration de celle-ci dans un groupe n'est qu'au stade de projet à la date du licenciement. • Soc. 1er juin 2010 : *D. 2010. Actu. 1564 ; RJS 2010. 591, n° 652 ; Dr. ouvrier 2010. 546, obs. Mazières ; Dr. soc. 2010. 995, obs. Couturier ; JCP S 2010. 1311, obs. Puigelier.*

12. Reclassement dans le groupe. Sur l'appréciation des possibilités et des conditions de reclassement dans le groupe auquel appartient l'employeur, V. • Soc. 25 juin 1992 : *Dr. soc. 1992. 826, concl. Kessous ; ibid. 1993. 272, note Urban ; JCP E 1992. I. 197, n° 5, obs. Coursier* • 19 nov. 1992, n° 91-45.774 P. • 5 avr. 1995, *Vidéocolor*, n° 93-42.690 P : *GADT, 4e éd., n° 114 ; D. 1995. 503, note Keller ; ibid. Somm. 367, obs. de Launay-Gallot ; Dr. soc. 1995. 482, note Waquet ; RJS 1995. 334, n° 497 ; ibid. 321, concl. Chauvy ; JCP 1995. II. 22443, note Picca ; JCP E 1995. I. 499, n° 3, obs. Coursier* • 5 avr. 1995, *SA TRW Repa : eod. loc.* • 31 janv. 2001 : *Dr. soc. 2001. 565, obs. Couturier .* ♦ V. conf., pour des salariés protégés : • CE 11 juin 1993 : *JCP E 1993. Pan. 817.* ♦ Il appartient au juge, en cas de contestation sur la consistance ou le périmètre du groupe de reclassement, de former sa conviction au vu de l'ensemble des éléments qui lui sont soumis par les parties. V. • Soc. 16 nov. 2016, n° 15-19.927.

13. La seule détention d'une partie du capital d'une société par d'autres sociétés n'implique pas en soi la possibilité d'effectuer entre elles la permutation de tout ou partie du personnel et ne caractérise pas l'existence d'un groupe au sein duquel le reclassement doit s'effectuer. • Soc. 27 oct. 1998, n° 96-40.626 P : *RJS 1998. 890, n° 1456 ; CSB 1998. 322, A. 48* • 10 févr. 2009 : *RDT 2009. 377, obs. Chagny .* ♦ En revanche, démontre la permutabilité du personnel la constatation que le contrat de travail de l'intéressé prévoyait la possibilité de son affectation dans des filiales, des sociétés mères ou partenaires de l'employeur et, d'autre part, des déclarations de l'employeur, que plusieurs salariés avaient été affectés dans lesdites sociétés. • Soc. 5 oct. 1999, n° 97-41.838 P : *D. 1999. IR 242 ; RJS 1999. 835, n° 1356 ; Dr. soc. 1999. 1112, obs. Couturier .*

14. L'adhésion d'une mutuelle de santé à une fédération nationale n'entraîne pas en soi la constitution d'un groupe, au sens des dispositions de l'art. L. 1233-4, dans lequel devrait être recherché le reclassement d'un salarié licencié pour motif économique. • Soc. 11 févr. 2015, n° 13-23.573 : *Dalloz actualité, 26 févr. 2015, obs. Ines ; JS Lamy 2015, n° 385-4, obs. Tissandier ; RJS 4/2015, n° 245.*

15. Lorsqu'une procédure de licenciement économique est engagée simultanément dans plusieurs entreprises d'un même groupe, si des salariés d'entreprises différentes se trouvent en concurrence sur des postes de reclassement disponibles dans l'une ou l'autre entreprise du groupe, priorité est donnée, à qualification comparable, aux salariés de l'entreprise au sein de laquelle des postes se trouvent disponibles. • Soc. 11 déc. 2001, n° 99-44.291 P : *D. 2002. IR 370 ; Dr. soc. 2002. 222, obs. Couturier ; RJS 2002. 137, n° 155 ; JS Lamy 2002, n° 93-3.*

16. Dès lors que l'employeur avait recherché et proposé aux intéressés toutes les possibilités de reclassement qui existaient dans l'entreprise et dans le groupe, que les « offres valables d'emplois » (OVE) prévues dans le plan n'étaient destinées qu'à assurer la reconversion professionnelle des salariés, hors de l'entreprise et hors du groupe, après leur licenciement, il apparaît que l'inobservation de ce dispositif par l'employeur n'était pas de nature à caractériser un manquement à son obligation de reclassement, préalable aux licenciements, de sorte qu'il n'y avait pas lieu, pour se prononcer sur la cause des licenciements, de vérifier si cet engagement avait été tenu. • Soc. 21 nov. 2006 : *Dr. soc. 2007. 114, obs. Couturier .* ♦ Si une entreprise qui appartient à un groupe est tenue de solliciter les autres sociétés du groupe en vue de rechercher un reclassement avant tout licenciement économique, cela ne met aucune obligation à la charge desdites sociétés. • Soc. 13 janv. 2010 : *D. 2010. AJ 271 ; ibid. 2010. 1129, note Dondero ; RDT 2010. 230, obs. Géa ; Dr. soc. 2010. 474, obs. Couturier ; Dr. ouvrier 2010. 214, obs. Loiseau ; JCP S 2010. 1225, note Olivier ; JS Lamy 2010, n° 270-2, obs. Hautefort ; Sem. soc. Lamy 2010 n° 1432, p. 12, obs. Hautefort.*

17. Charge de la preuve du périmètre du groupe de reclassement. Ne méconnaît pas les règles de la charge de la preuve relatives au périmètre du groupe de reclassement, la cour d'appel qui, appréciant les éléments qui lui étaient soumis tant par l'employeur que par le salarié, a constaté qu'il n'était pas démontré que l'organisation du réseau de distribution auquel appartenait l'entreprise permettait entre les sociétés adhérentes la permutation de tout ou partie de leur personnel. • Soc. 16 nov. 2016, nos 14-30.063 et 15-19.927 : *Dalloz actualité, 21 déc. 2016, obs. Ines.*

18. Reclassement à l'étranger. V. notes ss. art. L. 1233-4-1.

19. Entreprises en liquidation judiciaire. Les emplois maintenus pour les besoins de la liquidation ne peuvent être considérés comme des emplois disponibles pour le reclassement. • Soc. 15 juin 2010 : *D. 2010. Actu. 1721 ; Dalloz actualité, 9 juill. 2010, obs. Cortot ; RJS 2010. 590, n° 651.*

20. Emploi salarié. Seuls les emplois salariés doivent être proposés dans le cadre du reclassement. • Soc. 31 mars 2009 : *RJS 2009. 457, n° 509 ; JCP S 2009. 1309, obs. Dumont.*

III. MISE EN ŒUVRE DU RECLASSEMENT

21. Loyauté. L'employeur doit exécuter loyalement son obligation de reclassement. • Soc. 7 avr. 2004, n° 01-44.191 P : *D. 2004. IR 1352 ; Dr. soc. 2004. 670, obs. Couturier* (recrutement d'une personne extérieure dans l'une des sociétés du groupe à un poste qui aurait pu être offert au salarié alors que le processus de licenciement était en cours). ♦ L'employeur, tenu d'exécuter de bonne foi le contrat de travail, ne doit proposer au salarié, dont le licenciement économique est envisagé, un emploi de catégorie inférieure qu'à défaut de possibilités de reclassement dans un emploi de même catégorie correspondant à sa qualification. • Soc. 12 juill. 2006 : *RJS 2006. 778, n° 1045* • CE 7 mai 2014 : *req. n° 368530.* ♦ L'employeur doit dans l'exécution de son obligation de reclassement respecter son obligation de loyauté ; celui-ci manque à cette obligation s'il est constaté que, dans la période ayant immédiatement précédé le licenciement d'un salarié chef de service de presse, l'employeur avait envisagé le recrutement d'un attaché de presse puis s'était ravisé et avait licencié l'intéressé après lui avoir offert un reclassement dans un emploi de vendeur avec une rémunération réduite de 75 %. • Soc. 27 oct. 1998, n° 96-42.843 P : *RJS 1998. 890, n° 1457.*

22. Offres écrites et précises. Les offres de reclassement adressées au salarié doivent être écrites et précises. • Soc. 20 sept. 2006 : *D. 2007. Pan. 687, obs. Leclerc ; RDT 2006. 315, obs. Waquet ; D. 2006. IR 2345 ; Dr. soc. 2006. 1151, note Couturier ; JS Lamy 2006, n° 198-2 ; RJS 2006. 866, n° 1163.*

23. Offre personnalisée. L'obligation de reclassement impose à l'employeur de faire des propositions personnelles à l'intéressé et de procéder à un examen individuel des possibilités de reclassement. • Soc. 26 sept. 2006 : *RDT 2006. 316, obs. Waquet ; RJS 2006. 867, n° 1166.* ♦ L'offre de reclassement doit être personnalisée ; tel n'est pas le cas de la proposition en termes identiques d'un poste à des salariés exerçant des fonctions et jouissant d'anciennetés différentes. • Soc. 19 janv. 2011 : *RDT 2011. 310, obs. Géa .* ♦ En cas de liquidation judiciaire, une lettre de demande de recherche de reclassement, en l'espèce adressée par le liquidateur à une société du groupe, répond à l'obligation légale de personnalisation dès lors qu'elle comporte une liste des salariés concernés et indique leur classification ainsi que la dénomination de leur emploi. • Soc. 22 oct. 2014 : *Dalloz actualité, 21 nov. 2014, obs. Ines ; RJS 1/2015, n° 13.*

24. Concours de reclassement entre salariés de la même entreprise. Ne satisfait pas à son obligation de reclassement l'employeur qui, sur un poste ayant fait l'objet d'une proposition de reclassement à plusieurs salariés dont le licenciement était envisagé, choisit de le pourvoir en choisissant un salarié dont le licenciement n'est pas envisagé. • Soc. 23 mars 2011 : *RDT 2011. 310, obs. Géa .*

25. Prise en compte des souhaits exprimés par le salarié. Ne manque pas à son obligation de reclassement, l'employeur qui fait une proposition de poste refusée par le salarié pour des considérations personnelles et justifie de l'absence de poste en rapport avec les compétences de celui-ci dans le périmètre géographique de reclassement souhaité par le salarié. • Soc. 13 nov. 2008 : *D. 2009. Pan. 590, obs. Peskine ; RDT 2009. 37, obs. Frouin ; RJS 2009. 47, n° 25 ; JS Lamy 2009, n° 247-5 ; JCP S 2009. 1069, obs. Everaert-Dumont.* ♦ Mais l'employeur ne peut limiter ses recherches de reclassement et ses offres en fonction de la volonté de ses salariés, exprimée à sa demande et par avance, en dehors de toute proposition concrète ; ainsi ne satisfait pas à son obligation de reclassement l'employeur qui s'est borné à solliciter de ses salariés qu'ils précisent, dans un questionnaire renseigné avant toute recherche et sans qu'ils aient été préalablement instruits des possibilités de reclassement susceptibles de leur être proposées, leurs vœux de mobilité géographique en fonction desquels il avait ensuite limité ses recherches et propositions de reclassement. • Soc. 4 mars 2009 : *JCP E 2009. 1516, note Béal ; Sem. soc. Lamy 2009, n° 1391, p. 11.* ♦ V. égal. notes ss. art. L. 1233-4-1.

26. Délai. L'employeur ne respecte pas son obligation de reclassement s'il procède au licenciement des salariés sans attendre le délai qu'il leur a imparti pour accepter ou refuser le reclassement. • Soc. 24 avr. 2003 : *RJS 2003. 574, n° 859.* ♦ Le délai de réflexion fixé par un plan de sauvegarde de l'emploi pour que le salarié se prononce sur les propositions de reclassement qui lui sont faites dans le cadre d'un licenciement pour motif économique constitue une garantie de fond dont le non-respect par l'employeur emporte méconnaissance de son obligation de reclassement et prive le licenciement de cause réelle et sérieuse. • Soc. 16 mai 2007 : *RDT 2007. 455, obs. Waquet .*

27. Salariés protégés. Lorsque le licenciement économique d'un salarié protégé a été autorisé par l'inspecteur du travail à qui il appartient de vérifier le respect de l'obligation individuelle de reclassement pour apprécier le caractère réel et sérieux de la cause du licenciement, le juge judiciaire ne peut sans violer le principe de la séparation des pouvoirs contrôler le respect de cette obligation. • Soc. 23 juin 2009, n° 07-44.640 P : *D. 2009. Actu. 1903 ; RJS 10/2009, n° 820 ; JCP S 2009.1422, obs. Kerbourc'h.*

28. Refus des mesures de reclassement. Les salariés menacés de licenciement économique sont en droit de refuser les mesures de reclassement qui leur sont proposées ; les salariés qui n'adhèrent pas à la mesure de préretraite interne, refusent une mutation géographique et ne recourent pas aux services d'un cabinet d'outplacement ne font qu'exercer leur droit. • Soc. 29 janv. 2003, n° 00-46.322 P : *D. 2003. IR 466 ; JS Lamy 2003 n° 119-4.*

29. Sanction. En l'absence de disposition expresse en ce sens, et la nullité ne se présumant pas, la méconnaissance de l'obligation individuelle de reclassement n'est pas sanctionnée par la nullité de la procédure de licenciement et l'obligation de réintégration. • Soc. 26 févr. 2003, n° 01-41.030 P. ♦ La proposition d'une modification du contrat de travail, que le salarié peut toujours refuser, ne dispense pas non plus l'employeur de son obligation de reclassement.

Art. L. 1233-4-1 *(L. n° 2015-990 du 6 août 2015, art. 290-II)* **Lorsque l'entreprise ou le groupe dont l'entreprise fait partie comporte des établissements en dehors du territoire national, le salarié dont le licenciement est envisagé peut demander à l'employeur de recevoir des offres de reclassement dans ces établissements. Dans sa demande, il précise les restrictions éventuelles quant aux caractéristiques des emplois offerts, notamment en matière de rémunération et de localisation. L'employeur transmet les offres correspondantes au salarié ayant manifesté son intérêt. Ces offres sont écrites et précises.**

Les modalités d'application du présent article, en particulier celles relatives à l'information du salarié sur la possibilité dont il bénéficie de demander des offres de reclassement hors du territoire national, sont précisées par décret. — *V. art. D. 1233-2-1.*

Ces dispositions sont applicables aux procédures de licenciement pour motif économique engagées, en application des art. L. 1233-8 ou L. 1233-30 C. trav., après le 7 août 2015 (L. n° 2015-990 du 6 août 2015, art. 295).

BIBL. GÉA, *RDT 2015. 186.*

COMMENTAIRE

V. Dalloz.fr et applications mobiles Dalloz.

Ancien art. L. 1233-4-1 (L. n° 2010-499 du 18 mai 2010) ***Lorsque l'entreprise ou le groupe auquel elle appartient est implanté hors du territoire national, l'employeur demande au salarié, préalablement au licenciement, s'il accepte de recevoir des offres de reclassement hors de ce territoire, dans chacune des implantations en cause, et sous quelles restrictions éventuelles quant aux caractéristiques des emplois offerts, notamment en matière de rémunération et de localisation.***

Le salarié manifeste son accord, assorti le cas échéant des restrictions susmentionnées, pour recevoir de telles offres dans un délai de six jours ouvrables à compter de la réception de la proposition de l'employeur. L'absence de réponse vaut refus.

Les offres de reclassement hors du territoire national, qui sont écrites et précises, ne sont adressées qu'au salarié ayant accepté d'en recevoir et compte tenu des restrictions qu'il a pu exprimer. Le salarié reste libre de refuser ces offres. Le salarié auquel aucune offre n'est adressée est informé de l'absence d'offres correspondant à celles qu'il a accepté de recevoir.

V. Circ. DGT n° 03 du 15 mars 2011 relative aux modalités d'application de la loi n° 2010-499 du 18 mai 2010 visant à garantir de justes conditions de rémunération aux salariés concernés par une procédure de reclassement ; V. D. 2011. Actu. 885, obs. Dechristé.

[Jurisprudence antérieure à la loi du 18 mai 2010]

1. Principe. Obligation pour un groupe international de ne pas limiter sa recherche de reclassement aux sociétés du groupe situées en France, compte tenu du niveau du salarié. • Paris, 14 nov. 1995 : *RJS 1996. 15, n° 10.* ♦ Le reclassement doit être envisagé à l'étranger dès l'instant que la législation applicable localement n'empêche pas l'emploi de salariés étrangers. • Soc. 7 oct. 1998 : *RJS 1998, n° 1352 ; D. 1998. 310,* note *Adom* • 30 mars 1999 : *RJS 1999, n° 644* • 9 févr. 2000 : *RJS 2000, n° 261.*

2. Volonté du salarié. L'employeur ne peut limiter ses offres en fonction de la volonté présumée des intéressés de les refuser, notamment l'employeur ne peut interpréter le refus d'une mutation de Lyon à Paris comme un refus implicite de postes basés à l'étranger. • Soc. 24 juin 2008 : *RDT 2008. 598, obs. Frouin ; RJS 2008. 797, n° 968 ; Dr. soc. 2009. 116, obs. Couturier ; JCP S 2008. 1522, obs. Dumont ; Sem. soc. Lamy 2008, n°s 1361-1362, p. 13.* ♦ Comp. • CE 4 févr. 2004 : *RJS 2004. 300, n° 436* (ce n'est qu'à la condition que les salariés aient « manifesté à la demande de l'employeur leur intérêt de principe pour un reclassement à l'étranger que l'employeur est tenu de faire porter son examen sur les possibilités de reclassement pouvant exister dans les sociétés du groupe, y compris celles ayant leur siège à l'étranger, dont les activités ou l'organisation offrent à l'intéressé, compte tenu de ses compétences et de la législation du pays d'accueil, la possibilité d'exercer des fonctions comparables).

SOUS-SECTION 4 CRITÈRES D'ORDRE DES LICENCIEMENTS

Art. L. 1233-5 **Lorsque l'employeur procède à un licenciement collectif pour motif économique et en l'absence de convention ou accord collectif de travail applicable, il définit les critères retenus pour fixer l'ordre des licenciements, après consultation du comité d'entreprise ou, à défaut, des délégués du personnel.**

Ces critères prennent notamment en compte :

1° Les charges de famille, en particulier celles des parents isolés ;

2° L'ancienneté de service dans l'établissement ou l'entreprise ;

3° La situation des salariés qui présentent des caractéristiques sociales rendant leur réinsertion professionnelle particulièrement difficile, notamment celle des personnes handicapées et des salariés âgés ;

4° Les qualités professionnelles appréciées par catégorie.

(L. nº 2013-504 du 14 juin 2013, art. 20-I) **« L'employeur peut privilégier un de ces critères, à condition de tenir compte de l'ensemble des autres critères prévus au présent article. »**

(L. nº 2015-990 du 6 août 2015, art. 288) **« Pour les entreprises soumises à l'obligation d'établir un plan de sauvegarde de l'emploi mentionné aux articles L. 1233-61 à L. 1233-63, le périmètre d'application des critères d'ordre des licenciements peut être fixé par l'accord collectif mentionné à l'article L. 1233-24-1 ou par le document unilatéral mentionné à l'article L. 1233-24-4.**

« Dans le cas d'un document unilatéral, ce périmètre ne peut être inférieur à celui de chaque zone d'emploi dans laquelle sont situés un ou plusieurs établissements de l'entreprise concernés par les suppressions d'emploi.

« Les conditions d'application de l'avant-dernier alinéa du présent article sont définies par décret. » — *V. art. D. 1233-2.*

V. art. R. 1238-1 (pén.).

Les dispositions issues de la L. nº 2015-990 du 6 août 2015 sont applicables aux procédures de licenciement pour motif économique engagées, en application des art. L. 1233-8 ou L. 1233-30 C. trav., après le 7 août 2015 (L. préc., art. 295).

BIBL. Ordre des licenciements : Delage, *Rev. huissiers 1996. 1343.* – Despax, *Dr. soc. 1994. 243* ✎. – Géa, *Dr. soc. 2013. 830* ✎ ; *RDT 2015. 115* ✎ (ordre des licenciements et projet de loi Macron). – Legrand, *Dr. soc. 1995. 243* ✎. – Morvan, *JCP S 2013. 1040* (licenciements économiques secondaires). – Saramito, *Dr. ouvrier 1994. 211.* – Savatier, *Dr. soc. 1990. 515* ✎. – Verkindt, *ibid. 1996. 26* ✎ ; *Gaz. Pal. 1997. 1. Doctr. 162 ; RJS 1997. 811.* – Waquet, *Dr. soc. 1994. 677* ✎.

COMMENTAIRE

V. Dalloz.fr et applications mobiles Dalloz 🏛.

I. CHAMP D'APPLICATION

1. Existence de licenciements. L'employeur n'est tenu de mettre en œuvre les dispositions de l'art. L. 321-1-1 [L. 1233-5 nouv.] sur les critères d'ordre des licenciements que lorsqu'un licenciement pour motif économique est décidé, et non lorsqu'il s'est borné à prévoir la mise en préretraite ou le reclassement interne de salariés. • Soc. 3 déc. 1996, 🏛 nº 94-22.163 P : *Dr. soc. 1997. 105, obs. Savatier* ✎ ; *Gaz. Pal. 1997. 1. 64, note Philbert ; RJS 1997. 28, nº 23 ; ibid. 14, concl. P. Lyon-Caen* • 10 mai 1999, 🏛 nº 96-19.828 P : *D. 1999. IR 157* ✎ ; *RJS 1999. 492, nº 806 ; JCP 2000. II. 10230, note Duquesne.* ♦ Mais les critères fixant l'ordre des licenciements doivent être mis en œuvre à l'égard des salariés qui adhèrent à une convention de conversion et dont le licenciement a été décidé. • Soc. 17 juin 1997, 🏛 nº 95-43.162 P : *D. 1997. IR 166* ✎ ; *JCP 1998. II. 10013, note Corrignan-Carsin (1re esp.) ; Dr. soc. 1997. 694, concl. P. Lyon-Caen* ✎ ; *RJS 1997. 551, nº 852 ; CSB 1997. 213, A. 43.* ♦ De même, est recevable à invoquer une violation de l'ordre des licenciements le salarié qui a accepté de bénéficier du revenu de substitution mis en place par l'employeur jusqu'à la liquidation des droits à la retraite. • Soc. 13 janv. 2009 : 🏛 *D. 2009. AJ*

376 ; RJS 2009. 212, n° 238 ; Dr. soc. 2009. 396, obs. Couturier ; JCP S 2009. 1138, obs. Dumont. ♦ A l'inverse, les règles relatives à l'ordre des licenciements ne s'appliquent que si l'employeur doit opérer un choix parmi les salariés à licencier ; tel n'est pas le cas lorsque le licenciement concerne tous les salariés d'une entreprise appartenant à la même catégorie professionnelle. • Soc. 27 mai 1997 : *Dr. soc. 1997. 744, obs. Savatier* . ♦ De même, lorsque tous les salariés ayant refusé la modification de leur contrat de travail sont concernés par un licenciement économique, il n'y a pas lieu d'appliquer un ordre des licenciements. • Soc. 27 mars 2012 : *Dalloz actualité, 27 avr. 2012, obs. Fleuriot ; D. 2012. Actu. 1013 ; RDT 2012. 218, obs. Géa ; RJS 2012. 457, n° 533 ; JS Lamy 2012, n° 323-6, obs. Tourreil ; JCP S 2012. 1286, obs. Dumont.* ♦ Lorsque les licenciements ne concernent que les salariés ayant refusé un reclassement avec modification du contrat de travail en raison d'un changement de lieu de travail, l'employeur n'a pas à faire application des critères de l'ordre des licenciements. • Soc. 28 oct. 2015, n° 14-17.712 P.

2. Plan de cession. La clause qui subordonne la cession d'une entreprise en redressement judiciaire au maintien du contrat de travail d'un salarié nommément désigné est dépourvue d'effet à l'égard des autres salariés relevant de la même catégorie professionnelle, les critères d'ordre du licenciement n'ayant pas été appliqués. • Soc. 29 janv. 2008 : *RDT 2008. 237, obs. Waquet ; ibid. 310, obs. Fabre ; RJS 2008. 312, n° 396 ; Dr. soc. 2008. 501, obs. Mazeaud ; JCP S 2008. 1410, note Morvan.*

II. PRISE EN COMPTE DES CRITÈRES

3. Fixation des critères. A défaut de convention ou d'accord collectif, l'employeur doit définir pour chaque licenciement collectif les critères retenus pour fixer l'ordre des licenciements. • Soc. 8 avr. 1992 : *Dr. soc. 1992. 627.*

4. Consultation des représentants du personnel. L'obligation de consulter les représentants du personnel sur les critères d'ordre est satisfaite dès lors qu'ils ont été soumis au comité d'entreprise, même si ce dernier s'est refusé à émettre un avis. • Soc. 18 févr. 1998, n° 95-42.172 P : *RJS 1998. 277, n° 440.*

5. Critères légaux. L'ordre des critères tel qu'il est fixé par la loi ne s'impose pas à l'employeur. • Soc. 20 nov. 1963 : *D. 1964. 139, note G. Lyon-Caen* • 17 nov. 1966 : *JCP 1967. II. 14974, note Camerlynck.* ♦ L'employeur qui n'a pas pris en compte le handicap du salarié alors que cette caractéristique est de nature à rendre plus difficile sa réinsertion professionnelle ne respecte pas les règles relatives à l'ordre des licenciements. • Soc. 11 oct. 2006 : *RDT 2007. 32, obs. Waquet ; RJS 2006. 645, n° 1268 ; JS Lamy 2006, n° 199-5 ; JCP E 2006. 2847, obs. Béal.* ♦ Un choix fondé sur des éléments financiers viole les critères d'ordre des licenciements. • Soc. 13 juill. 1993 : *Dr. soc. 1993. 879.*

6. Pouvoirs de l'employeur. L'employeur a la possibilité de privilégier le critère tiré de la valeur professionnelle des salariés à condition de tenir compte de l'ensemble des autres critères. • Soc. 13 juin 1990, n° 87-44.401 P. • 20 janv. 1993 : *Bull. civ. V, n° 18 ; CSB 1993. 283, obs. Philbert ; Dr. soc. 1993. 303 ; RJS 1993. 162, n° 261.* – Dans le même sens : • Soc. 3 déc. 1992 : *RJS 1993. 33, n° 28* • 2 mars 2004, n° 01-44.084 P : *D. 2004. IR 850 ; RJS 2004. 363, n° 528* • 14 janv. 1997, n° 95-44.366 P : *GADT, 4ᵉ éd., n° 113 ; D. 1998. Somm. 253, note A. Lyon-Caen ; Gaz. Pal. 1997. 1. 71, note Philbert ; Dr. soc. 1997. 159, concl. P. Lyon-Caen, note Savatier ; RJS 1997. 92, n° 131 ; CSB 1997. 79, A. 18.*

7. Critères discriminatoires. Sur la prohibition des critères discriminatoires, V. • Soc. 8 avr. 1992 : *D. 1992. IR 155 ; Dr. soc. 1992. 628* • 7 oct. 1992, n° 89-45.503 P : *Dr. soc. 1992. 924 ; CSB 1992. 255, A. 45, (2ᵉ esp.) ; RJS 1992. 690, n° 1268* (salariées licenciées pour la seule raison qu'elles étaient en congé parental d'éducation) • 3 mars 1998, n° 95-41.610 P : *D. 1998. IR 93 ; Dr. soc. 1998. 507, obs. Verkindt ; RJS 1998. 342, n° 548* • 4 juill. 2012 : *D. 2012. Actu. 1894 ; JCP S 2012. 1407, obs. Béal et Marguerite.* (discrimination au détriment des salariés à temps partiel) • 10 févr. 1998, n° 95-42.315 P. (nationalité étrangère).

8. Périmètre d'appréciation (jurisprudence rendue sous l'empire des dispositions antérieures à la loi n° 2015-990). Les critères d'ordre des licenciements s'appliquant à l'ensemble du personnel, l'employeur qui supprime un service et licencie tout le personnel de ce service est tenu de comparer la situation des salariés de ce service à celle des autres salariés de l'entreprise. • Soc. 24 mars 1993, n° 90-42.002 P : *GADT, 4ᵉ éd., n° 112 ; RJS 1993. 298, n° 500 ; CSB 1993. 141, A. 34* • 1ᵉʳ déc. 1998 : *RJS 1999. 31, n° 27* (même solution en ce qui concerne la fermeture d'un établissement). ♦ Sauf accord collectif conclu au niveau de l'entreprise ou à un niveau plus élevé, les critères déterminant l'ordre des licenciements doivent être mis en œuvre à l'égard de l'ensemble du personnel de l'entreprise. • Soc. 15 mai 2013 : *RDT 2013. 559, obs. Fabre ; Sem. soc. Lamy 2013, n° 1585, p. 5, obs. Champeaux ; JS Lamy 2013, n° 346-5, obs. Hautefort.* ♦ Un accord collectif conclu au niveau de l'entreprise peut prévoir un périmètre, pour l'application des critères déterminant l'ordre des licenciements, inférieur à celui de l'entreprise (agence, bureau, site technique...). • Soc. 14 oct. 2015, n° 14-14.339 P : *Dalloz actualité, 30 nov. 2015, obs. Ines ; D. 2015. Actu. 2131 ; RJS 12/2015, n° 763 ; JS Lamy 2015, n° 399-400-6, obs.*

Tissandier. ♦ Un document unilatéral de l'employeur portant sur le plan de sauvegarde de l'emploi ne peut prévoir la mise en œuvre des critères d'ordre des licenciements à un niveau inférieur à l'entreprise. • CE 7 déc. 2015, n° 386582 : *RJS 2/2016, n° 120 ; JCP S 2016. 1048, obs. Morvan.* ♦ Il ne peut être dérogé à cette règle par accord d'établissement, fût-il approuvé par le comité d'établissement. • Soc. 10 févr. 2010 : *RJS 4/2010, n° 321.*

9. Salariés concernés. Les salariés dont le contrat de travail est suspendu ne sont pas exclus de l'ordre des licenciements. • Soc. 25 mai 1993, n° 90-44.451 P : *Dr. soc. 1993. 675.* ♦ Il peut être procédé au licenciement d'un salarié dont le poste n'est pas supprimé. • Soc. 13 juin 1996, n° 93-43.298 P : *D. 1996. IR 171* • 29 juin 1994, n° 92-44.466 P : *D. 1994. IR 214*.

10. Loyauté. Manque à son obligation de loyauté l'employeur qui ne prend pas en compte les salariés issus d'une opération de fusion lors de la mise en œuvre des critères d'ordre des licenciements économiques, cette opération étant intervenue un an plus tôt mais l'immatriculation de l'entité acquise en tant qu'établissement secondaire de la société ne devant intervenir que trois semaines plus tard. • Soc. 8 oct. 2014 : *Dalloz actualité, 28 oct. 2014, obs. Fraisse ; RJS 2014. 729, n° 843.*

11. Représentants du personnel. Sur l'application de l'art. L. 321-1-1 [L. 1233-5 nouv.] aux représentants du personnel, V. • CE 27 juin 1979 : *D. 1980. IR 85, obs. Pélissier.* ♦ Le non-respect des critères prévus par la convention collective ne suffit pas à lui seul, en l'absence de tout indice de discrimination, à révéler l'existence d'un lien entre le licenciement et les mandats détenus par le salarié. • CE 10 avr. 1991 : *RJS 1991. 386, n° 726.*

12. Catégorie professionnelle. Les critères doivent être appréciés dans la catégorie professionnelle à laquelle appartient le salarié. • Soc. 30 juin 1993, n° 91-43.426 P : *RJS 1993. 510, n° 857* • 20 janv. 1993, n° 91-43.247 P : *D. 1993. IR 63* • 12 janv. 1994 : *Dr. soc. 1994. 275* • 8 juin 1999 : *RJS 1999. 559, n° 909.* ♦ Au sein d'une catégorie, il n'est pas possible d'opérer une distinction en procédant par priorité au licenciement des salariés à temps partiel. • Soc. 3 mars 1998, n° 95-41.610 P : *D. 1998. IR 93 ; Dr. soc. 1998. 507, obs. Verkindt ; RJS 1998. 342, n° 548.* ♦ ... Ni de la fractionner en sous-catégories. • Soc. 23 mars 1994, n° 91-43.735 P : *D. 1994. IR 91.* ♦ En revanche, un employeur peut scinder des fonctions en deux catégories professionnelles s'il parvient à démontrer qu'elles nécessitent une formation de base spécifique ou une formation complémentaire excédant l'obligation d'adaptation. • Soc. 27 mai 2015 : *Dalloz actualité, 17 juin 2015, obs. Ines ; D. 2015. Actu. 1213 ; RJS 8-9/2015, n° 557.*

13. Qualités professionnelles. Lorsqu'une convention collective ne prescrit la prise en compte de l'ancienneté qu'à valeur professionnelle égale, une cour d'appel peut débouter un salarié de sa demande en dommages-intérêts pour licenciement abusif en relevant que l'employeur, seul juge de la valeur professionnelle des salariés, avait estimé que les qualités de l'un l'emportaient sur celles de l'autre, alors que tous deux exerçaient les mêmes fonctions. • Soc. 21 févr. 1990, n° 87-41.824 P : *Dr. soc. 1990. 515, note Savatier ; CSB 1990. 111.* ♦ Sur l'obligation de respecter l'ordre des critères préalablement déterminé, V. • Soc. 27 oct. 1999, n° 97-43.130 P : *D. 1999. IR 270 ; RJS 1999. 848, n° 1453.*

14. Éléments objectifs. En cas de contestation, il appartient à l'employeur de communiquer au juge les éléments objectifs sur lesquels il s'est appuyé pour arrêter son choix. • Soc. 24 févr. 1993, n° 91-45.859 P : *Dr. soc. 1993. 387 ; RJS 1993. 233, n° 384* • 4 mai 1994 : *Dr. soc. 1994. 677, note Waquet* • 16 sept. 2003 : *RJS 2003. 878, n° 1267.* ♦ Dès lors que l'employeur n'apporte aucun élément permettant d'apprécier objectivement le choix opéré parmi les salariés, il peut être sanctionné pour inobservation de l'ordre des licenciements. • Soc. 20 oct. 1993 : *Dr. soc. 1993. 969.*

15. Office du juge. Il appartient au juge de contrôler le respect par l'employeur des prescriptions de l'art. L. 321-1-1 [L. 1233-5 nouv.]. • Soc. 4 avr. 1990, n° 86-42.974 P. ♦ V. aussi • Soc. 17 mars 1993 : *RJS 1993. 298, n° 501 ; Dr. soc. 1993. 459* (le critère tiré de la possession de diplômes n'est pas identique à celui tiré des qualités professionnelles). ♦ Mais les juges ne peuvent substituer leur appréciation à celle de l'employeur pour apprécier les critères fixés par la convention collective, par des motifs qui ne font pas apparaître l'existence d'un détournement de pouvoir. • Soc. 4 déc. 1991, n° 89-45.937 P. ♦ Pour apprécier le respect de l'ordre des licenciements, le juge doit se placer au moment de l'engagement de la procédure et non à l'expiration du congé de conversion. • Soc. 12 juill. 1994, n° 91-43.855 P : *RJS 1994. 668, n° 1128.* ♦ Pour les salariés protégés, même en présence d'une autorisation administrative de licenciement accordée à l'employeur par l'inspecteur du travail, il n'appartient qu'au juge judiciaire d'apprécier la mise en œuvre des critères retenus pour fixer l'ordre des licenciements. • Soc. 10 déc. 2003 : *RJS 2004. 134, n° 195* • 27 oct. 2004, n° 02-46.935 P : *RJS 2005. 131, n° 179.* ♦ Si le juge ne peut, pour la mise en œuvre de l'ordre des licenciements, substituer son appréciation des qualités professionnelles du salarié à celle de l'employeur, il lui appartient, en cas de contestation, de vérifier que l'appréciation portée par l'employeur sur les aptitudes professionnelles du salarié, pour la mise en œuvre de l'ordre des licenciements, ne procède pas d'une erreur manifeste ou d'un détournement de pouvoir. • Soc. 24 sept. 2014 : *Dalloz actualité, 14 oct. 2014, obs. Ines ; RDT 2014. 756, obs. Squire ; RJS 2014. 730, n° 844.*

III. SANCTIONS

16. Irrégularité distincte. L'inobservation des règles relatives à l'ordre des licenciements n'a pas pour effet de priver le licenciement de cause réelle et sérieuse. • Soc. 20 janv. 1998, n° 96-40.930 P : *D. 1999. 376, note Bonnin ; RJS 1998. 183, n° 296 ; D. 1998. IR 49* • 26 janv. 1999, n° 97-40.463 P : *CSB 1999. 131, A. 23 ; Dr. soc. 1999. 530, obs. J. Savatier ; RJS 1999. 214, n° 353.* ♦ *Contra* antérieurement (licenciement sans cause réelle et sérieuse) : • Soc. 23 janv. 1996, n° 94-40.443 P : *D. 1996. 250, note Verkindt ; JCP 1996. II. 22604, note Duquesne ; JCP E 1996. II. 802, note Picca ; ibid. I. 597, n° 14, obs. Coursier ; Dr. soc. 1996. 478, note Savatier ; RJS 1996. 154, n° 263 ; CSB 1996. 71, A. 16.* – Boubli, *Sem. soc. Lamy 1996, n° 777.*

17. Préjudice réparable. Cette illégalité entraîne un préjudice, pouvant aller jusqu'à la perte injustifiée de l'emploi, qui doit être intégralement réparé, selon son étendue. • Soc. 14 janv. 1997, n° 95-44.366 P : *GADT, 4e éd., n° 112 ; Dr. soc. 1997. 159, concl. P. Lyon-Caen, note J. Savatier ; RJS 1997. 92, n° 131 ; CSB 1997. 79, A. 18* • 1er déc. 1998 : *RJS 1999. 31, n° 27* (réparation par des dommages-intérêts et non par une indemnité pour licenciement sans cause réelle et sérieuse) • 30 mars 1999, n° 97-40.695 P : *RJS 1999. 404, n° 651.* ♦ Comp. : • Douai, 20 mars 1995 : *Dr. soc. 1995. 680, obs. Verkindt*, accordant une indemnité sur le fondement de l'art. L. 122-14-4 [L. 1235-3 nouv.]. ♦ Le préjudice résultant de la violation des règles fixant l'ordre des licenciements n'est pas réparé par l'allocation d'un franc symbolique. • Soc. 6 juill. 1999, n° 97-40.055 P : *D. 1999. IR 212 ; RJS 1999. 770, n° 1241.*

18. Cumul des indemnités. Lorsque le licenciement d'un salarié est dépourvu de cause réelle et sérieuse, il ne peut cumuler des indemnités pour perte injustifiée de son emploi et pour inobservation de l'ordre des licenciements. • Soc. 5 oct. 1999 n° 98-41.384 P : *D. 1999. IR 242 ; Dr. soc. 2000. 121, obs. Mouly ; RJS 1999. 838, n° 1361.* ♦ En revanche, l'employeur qui omet de répondre au salarié qui lui a demandé les critères retenus pour l'ordre des licenciements, lui cause un préjudice distinct de celui qu'entraîne le défaut de motif économique ; il y a donc cumul des indemnités. • Soc. 24 sept. 2008 : *RDT 2008. 739, obs. Frouin ; RJS 2008. 980, n° 1176 ; JS Lamy 2008, n° 243-2 ; JCP S 2008. 1660, note Caron.*

Art. L. 1233-6 **Les critères retenus par la convention et l'accord collectif de travail ou, à défaut, par la décision de l'employeur ne peuvent établir une priorité de licenciement à raison des seuls avantages à caractère viager dont bénéficie un salarié.** – *[Anc. art. L. 321-1-1, al. 2.] – V. art. R. 1238-2 (pén.).*

Art. L. 1233-7 **Lorsque l'employeur procède à un licenciement individuel pour motif économique, il prend en compte, dans le choix du salarié concerné, les critères prévus à l'article L. 1233-5.** – *[Anc. art. L. 321-1-1, al. 3.] – V. art. R. 1238-2 (pén.).*

Champ d'application. L'art. L. 321-1-1 [L. 1233-5 s. nouv.] n'est pas réservé au seul licenciement collectif ; il s'applique également à un licenciement individuel. • Soc. 12 mars 1991 : *D. 1991. IR 102* • 29 mai 1991 : *Dr. soc. 1991. 641* • 13 juill. 1993 : *RJS 1993. 578, n° 972.*

SECTION III **LICENCIEMENT DE MOINS DE DIX SALARIÉS DANS UNE MÊME PÉRIODE DE TRENTE JOURS**

BIBL. Blanc-Jouvan, *Dr. soc. 1987. 194* (licenciement individuel). - Merlin, *Dr. soc. 1995. 559* (contentieux des petits licenciements pour motif économique). - Néret, *Gaz. Pal. 1997. 1. Doctr. 159* (procédure). - Stulz, *Sem. soc. Lamy 1996, n° 774* (étalement des petits licenciements).

SOUS-SECTION 1 **PROCÉDURE DE CONSULTATION DES REPRÉSENTANTS DU PERSONNEL PROPRE AU LICENCIEMENT COLLECTIF**

COMMENTAIRE

V. Dalloz.fr et applications mobiles Dalloz. ❑

Art. L. 1233-8 **L'employeur qui envisage de procéder à un licenciement collectif pour motif économique de moins de dix salariés dans une même période de trente jours réunit et consulte le comité d'entreprise dans les entreprises** *(L. n° 2012-387 du 22 mars 2012, art. 43)* **« d'au moins cinquante salariés », les délégués du personnel**

dans les entreprises de moins de cinquante salariés, dans les conditions prévues par la présente sous-section. – *[Anc. art. L. 321-2, al. 1er fin et al. 2 et 3.]*

1. Seuils d'effectif. V. ss. art. L. 1233-61.

2. Petits licenciements économiques. L'employeur qui, dans une entreprise d'au moins cinquante salariés, envisage de procéder à un licenciement collectif pour motif économique de moins de dix salariés dans une même période de trente jours doit, en l'absence de comité d'entreprise, réunir et consulter les délégués du personnel. • Soc. 29 mai 2013 : *Dalloz actualité, 14 juin 2013, obs. Peyronnet ; D. 2013. Actu. 1416 ; JS Lamy 2013, n° 347-5, obs. Tourreil ; JCP S 2013. 1409, obs. Martinon.*

Art. L. 1233-9 Dans les entreprises dotées d'un comité central d'entreprise, l'employeur réunit le comité central et le ou les comités d'établissements intéressés dès lors que les mesures envisagées excèdent le pouvoir du ou des chefs d'établissement concernés ou portent sur plusieurs établissements simultanément. – *[Anc. art. L. 321-2, al. 9, phrase 1.]*

Art. L. 1233-10 L'employeur adresse aux représentants du personnel, avec la convocation à la réunion prévue à l'article L. 1233-8, tous renseignements utiles sur le projet de licenciement collectif.

Il indique :

1° La ou les raisons économiques, financières ou techniques du projet de licenciement ;

2° Le nombre de licenciements envisagé ;

3° Les catégories professionnelles concernées et les critères proposés pour l'ordre des licenciements ;

4° Le nombre de salariés, permanents ou non, employés dans l'établissement ;

5° Le calendrier prévisionnel des licenciements ;

6° Les mesures de nature économique envisagées. – *[Anc. art. L. 321-4, al. 1er à 7 et al. 9.]*

SOUS-SECTION 2 PROCÉDURE À L'ÉGARD DES SALARIÉS

§ 1er ENTRETIEN PRÉALABLE

Art. L. 1233-11 L'employeur qui envisage de procéder à un licenciement pour motif économique, qu'il s'agisse d'un licenciement individuel ou inclus dans un licenciement collectif de moins de dix salariés dans une même période de trente jours, convoque, avant toute décision, le ou les intéressés à un entretien préalable.

La convocation est effectuée par lettre recommandée ou par lettre remise en main propre contre décharge. Cette lettre indique l'objet de la convocation.

L'entretien préalable ne peut avoir lieu moins de cinq jours ouvrables après la présentation de la lettre recommandée ou la remise en main propre de la lettre de convocation. – *[Anc. art. L. 122-14, al. 1, phrase 1.]*

Art. L. 1233-12 Au cours de l'entretien préalable, l'employeur indique les motifs de la décision envisagée et recueille les explications du salarié. – *[Anc. art. L. 122-14, al. 1, phrase 3.]*

Art. L. 1233-13 Lors de son audition, le salarié peut se faire assister par une personne de son choix appartenant au personnel de l'entreprise.

Lorsqu'il n'y a pas d'institutions représentatives du personnel dans l'entreprise, le salarié peut se faire assister soit par une personne de son choix appartenant au personnel de l'entreprise, soit par un conseiller du salarié choisi sur une liste dressée par l'autorité administrative.

La lettre de convocation à l'entretien préalable adressée au salarié mentionne la possibilité de recourir à un conseiller et précise l'adresse des services où la liste des conseillers est tenue à la disposition des salariés. – *[Anc. art. L. 122-14, al. 2, phrases 1 et 2.]*

COMMENTAIRE

V. Dalloz.fr et applications mobiles Dalloz.

Art. L. 1233-14 Un décret en Conseil d'État détermine les modalités d'application du présent paragraphe. – *[Anc. art. L. 122-14-11.]*

§ 2 NOTIFICATION DU LICENCIEMENT

Art. L. 1233-15 Lorsque l'employeur décide de licencier un salarié pour motif économique, qu'il s'agisse d'un licenciement individuel ou inclus dans un licenciement collectif de moins de dix salariés dans une même période de trente jours, il lui notifie le licenciement par lettre recommandée avec avis de réception.

Cette lettre ne peut être expédiée moins de sept jours ouvrables à compter de la date prévue de l'entretien préalable de licenciement auquel le salarié a été convoqué.

Ce délai est de quinze jours ouvrables pour le licenciement individuel d'un membre du personnel d'encadrement mentionné au 2° de l'article *(Ord. n° 2016-388 du 31 mars 2016, art. 1er-1°, en vigueur le 1er févr. 2017)* « **L. 1441-13** ». – *[Anc. art. L. 122-14-1, al. 1er et 3.]*

1. Principe. Un licenciement économique individuel ou de moins de dix salariés ne peut être notifié au salarié avant l'expiration du délai prévu à l'art. L. 122-14-1, al. 3 [L. 1233-15 nouv.]. • Soc. 21 mai 1992 : *JCP 1992. II. 21969, note Duquesne.*

2. Notion de licenciement individuel. Mais si l'employeur envisageait de procéder au licenciement de plusieurs salariés, seul le délai de 7 jours est applicable, peu important que finalement seul un salarié cadre ait été licencié. • Soc. 12 oct. 2004, n° 02-40.685 P : *D. 2004. IR 3193 ; RJS 2004. 896, n° 1268.*

3. Signature de la lettre de licenciement. Dès lors que le travailleur temporaire a pour mission l'assistance et le conseil du directeur des ressources humaines ainsi que son remplacement éventuel, il a le pouvoir de signer les lettres de licenciement. • Soc. 2 mars 2011 : *D. 2011. Actu. 826, obs. Perrin .* ♦ Mais s'il est constaté qu'aux termes des statuts d'une association, le président recrute, nomme, licencie et assure la gestion et le pouvoir disciplinaire du personnel salarié de l'association et peut déléguer ses pouvoirs à un administrateur ou à un directeur général avec l'accord du conseil d'administration et que la délégation de pouvoir consentie mentionnait exclusivement la possibilité de recruter et de signer les contrats de travail concernant les cadres et employés du siège comme des résidences, le licenciement du salarié décidé par une personne dépourvue de qualité à agir est sans cause réelle et sérieuse. • Soc. 2 mars 2011 : *Dalloz actualité, 8 avr. 2011 ; D. 2011. Actu. 824 .*

4. Conventions de rupture. La lettre notifiant au salarié son licenciement tout en lui proposant une convention de conversion doit être motivée. • Soc. 30 sept. 1997, n° 95-43.199 P : *RJS 1997. 785, n° 1274* • 30 sept. 1997, n° 96-40.313 P : *RJS 1997. 868, n° 1274* • 27 oct. 1998, n° 96-42.921 P : *RJS 1999. 868, n° 1495.* ♦ L'adhésion d'un salarié à une convention d'allocations spéciales FNE le privant du droit de contester la régularité et le bien-fondé du licenciement pour motif économique, il s'en déduit que l'employeur peut se permettre de ne pas énoncer les motifs. • Soc. 8 janv. 1997 : *RJS 1997. 127, n° 190.*

Art. L. 1233-16 La lettre de licenciement comporte l'énoncé des motifs économiques invoqués par l'employeur.

Elle mentionne également la priorité de réembauche prévue par l'article L. 1233-45 et ses conditions de mise en œuvre. – *[Anc. art. L. 122-14-2, al. 2, phrase 1 et al. 3.]*

COMMENTAIRE

V. Dalloz.fr et applications mobiles Dalloz.

I. ÉNONCÉ DES MOTIFS ÉCONOMIQUES

1. Motifs précis et vérifiables. La lettre de licenciement, qui fixe les limites du litige, doit énoncer des faits précis et matériellement vérifiables. • Soc. 1er févr. 2011 : *Dalloz actualité, 2 mars 1972, obs. Siro ; D. 2011. Actu. 684 ; JS Lamy 2011, n° 297-4, obs. Lalanne ; JCP S 2011. 1169, obs. Jacotot.* ♦ Ne constituent pas un motif précis les mentions trop vagues ou générales telles des motifs économiques sans énonciation de leur nature. • Soc. 5 oct. 1994, n° 93-41.248 P : *RJS 1994. 755, n° 1257.* ♦ Ainsi, ne constitue pas un motif précis, la référence à la conjoncture économique. • Soc. 21 juin 1994 : *RJS 1994. 664, n° 1125 ; Dr. soc. 1994. 805.*

2. Il n'est pas nécessaire que l'employeur précise dans la lettre de licenciement le niveau d'appréciation de la cause économique quand l'entreprise appartient à un groupe. • Soc. 3 mai 2016, n° 15-11.046 : *Dalloz actualité, 2 juin 2016, obs. Ines ; D. 2016. Actu. 1004 ; RJS 7/2016, n° 491 ; JS Lamy 2016, n° 412-2, obs. Lhernould ; JCP S 2016, n° 1241, note Morvan.*

3. La lettre de licenciement qui vise l'autorisation de licenciement est motivée. • Soc. 30 avr. 1997 : *JS UIMM 1997. 411 ; RJS 1997. 458, n° 707* • 10 janv. 1995, n° 93-42.020 P : *RJS 1995. 111, n° 138* • 5 avr. 2005, n° 03-44.994 P : *D. 2005. IR 1247 ; JCP S 2005. 1016, note Verkindt ; RJS 2005. 459, n° 649.* ♦ Est suffisamment motivée la lettre de licenciement qui vise l'ordonnance du juge-commissaire ayant autorisé le licenciement économique d'un salarié d'une entreprise en redressement judiciaire. • Soc. 5 mai 1998, n° 95-40.171 P : *RJS 1998. 455, n° 713.* ♦ ... La lettre de licenciement pour motif économique émanant du mandataire judiciaire liquidateur dès lors qu'elle vise le jugement de liquidation en application duquel il est procédé au licenciement. • Soc. 2 mars 2004, n° 02-41.931 P : *D. 2004. IR 733 ; RJS 2004. 364, n° 530* • 25 mai 2004, n° 3-42.063 P : *D. 2004. IR 2270 .* ♦ La seule référence à une décision du tribunal de commerce adoptant un plan de redressement est insuffisante, dès lors qu'il n'est pas précisé dans la lettre de licenciement que le jugement avait autorisé les licenciements pour motif économique. • Soc. 18 nov. 1998 : *RJS 1999. 30, n° 26.* ♦ Comp. : • Soc. 10 juill. 2002 : *RJS 2002. 915, n° 1220.* ♦ La lettre de licenciement que l'administrateur est tenu d'adresser au salarié doit comporter le visa de l'ordonnance du juge-commissaire autorisant les licenciements économiques ; à défaut, le licenciement est réputé sans cause réelle et sérieuse. • Cass., ass. plén., 24 janv. 2003 : *D. 2003. IR 465 ; Dr. ouvrier 2003. 198, note Darves-Bornoz ; RJS 2003. 303 ; CSB 2003. 176, A. 21 ; JS Lamy 2003, n° 118-2.*

4. Variété. La motivation de la lettre de licenciement qui fait état d'une baisse d'activité résultant de la disparition d'un certain nombre de contentieux traités par un cabinet d'avocats et de son incidence sur l'emploi du salarié est fondée sur des faits précis et matériellement vérifiables. • Soc. 16 févr. 2011 : *JCP S 2011. 1169, obs. Jacotot.* ♦ Est suffisamment précise la lettre faisant expressément état de difficultés économiques, en visant une baisse des commandes, une diminution du volume de travail ou du nombre des chantiers et de la suppression de poste du salarié en mentionnant le sureffectif de l'entreprise. • Soc. 23 juin 1999 : *RJS 1999. 657, n° 1043.* ♦ Est suffisamment précise la lettre indiquant le refus du salarié d'accepter sans réserve les mesures salariales mises en place dans l'entreprise pour faire face aux difficultés économiques rencontrées par cette dernière. • Soc. 13 juill. 1999 : *RJS 1999. 837, n° 1360* • 24 sept. 2002, n° 00-44.007 P : *D. 2002. IR 2847 .* ♦ Est suffisamment motivée, la lettre de licenciement qui fait état de difficultés économiques, d'une mutation technologique ou d'une réorganisation, et qui indique que cette situation entraîne une suppression d'emploi, une transformation d'emploi ou une modification du contrat de travail. • Soc. 21 déc. 2006 : *RDT 2007. 104, obs. Waquet* • 27 mars 2012 : *Dalloz actualité, 27 avr. 2012, obs. Fleuriot ; D. 2012. Actu. 1013 ; RDT 2012. 218, obs. Géa ; RJS 2012. 457, n° 533 ; JS Lamy 2012, n° 323-6, obs. Tourreil ; JCP S 2012. 1286, obs. Dumont.* ♦ La lettre de licenciement ne pouvant être motivée par une autorisation administrative déclarée illégale, la cour d'appel, qui a constaté que cette lettre de licenciement pour motif économique se bornait à invoquer le refus par la salariée d'accomplir les nouveaux horaires mis en place pour créer deux unités et ne comportait donc pas l'énonciation des raisons économiques prévues par la loi et leur incidence sur l'emploi ou le contrat de travail du salarié, en a exactement déduit qu'à défaut d'énonciation du motif économique de licenciement celui-ci était sans cause réelle et sérieuse. • Soc. 26 sept. 2007 : *D. 2007. AJ 2529, obs. Perrin ; RJS 2007. 1048, n° 1310.* ♦ Est suffisamment motivée la lettre qui fait état d'une suppression d'emploi consécutive à une restructuration de l'entreprise, dont il appartient au juge de vérifier qu'elle est destinée à sauvegarder sa compétitivité. • Soc. 2 mars 1999, n° 96-45.027 P : *RJS 4/1999, n° 493.* ♦ ... Ou de la nécessité de réorganiser l'entreprise, les juges du fond devant déterminer si cette réorganisation invoquée était justifiée par des difficultés économiques. • Soc. 16 déc. 2008, n° 07-41.953 P : *D. 2009. AJ 233 ; RDT 2009. 103, obs. Frouin ; RJS 2009. 137, n° 157 ; Dr. soc. 2009. 243, obs. Couturier ; Sem. soc. Lamy 2009, n° 1282, p. 12.*

5. Incidences sur l'emploi. La lettre de licenciement doit mentionner les raisons économiques prévues par la loi et leur incidence sur l'emploi ou le contrat de travail. • Soc. 30 avr. 1997, n° 94-42.154 P : *RJS 1997. 441, n° 675 ; JCP 1997. éd. E II. 1005, note Coursier.* ♦ Ainsi, est insuffisamment précise la lettre énonçant une importante baisse d'activité due à une forte baisse des commandes sans indiquer si le salarié est licencié par suite d'une suppression ou transformation d'emploi ou d'une modification du contrat de travail. • Soc. 22 févr. 2000 : *RJS 2000. 286, n° 394.* ♦ Est insuffisante la seule mention de la stagnation du chiffre d'affaires, la diminution de la rentabilité des produits vendus et l'inadéquation entre l'évolution de la grande distribution et les structures en place. • Soc. 2 avr. 1997 : *JS UIMM 1997. 313 ; CSB 1997, n° 91, B. 119.* ♦ ... Ou la seule mention de l'arrêt d'exploitation d'une ligne maritime. • Soc. 28 mars 2000, n° 98-40.216 P : *Dr. soc. 2000. 656, obs. Chaumette ; RJS 2000. 498, n° 751.*

6. V. aussi notes ss. art. L. 1232-6.

II. PRIORITÉ DE RÉEMBAUCHE

7. Champ d'application. Les dispositions relatives à la priorité de réembauchage ne sont applicables qu'au licenciement prononcé pour motif économique. • Soc. 14 mai 1996, ♔ n° 93-40.447 P : *JCP 1996. II. 22722, note Corrignan-Carsin ; Dr. soc. 1996. 743, obs. Favennec* ; *RJS 1996. 423, n° 665.* ♦ Toutefois, en cas de proposition d'une convention de conversion, la lettre de licenciement ou le document adressé au salarié énonçant le motif de la rupture du contrat de travail doit mentionner la priorité de réembauchage. • Soc. 27 oct. 1999 : ♔ *D. 1999. IR 265* ; *RJS 1999. 868, n° 1495.*

8. Omission. L'omission de l'indication de la priorité de réembauchage dans la lettre de licenciement pour motif économique est une irrégularité ouvrant droit à indemnité. • Soc. 30 mars 1993 : ♔ *CSB 1993. 157, S. 81 ; RJS 1993. 295, n° 502.* ♦ L'omission de l'indication de la priorité de réembauchage cause nécessairement au salarié un préjudice que le juge doit réparer. • Soc. 16 déc. 1997, ♔ n° 96-44.294 P : *JCP 1998. II. 10064, note Corrignan-Carsin.* ♦ Si le salarié démontre en outre que l'omission de mentionner, dans la lettre de licenciement, la priorité de réembauchage l'a empêché d'en bénéficier, l'indemnité spéciale de l'article L. 122-14-4, dernier al. [L. 1235-13 nouv.], est due. • Soc. 7 mai 1998 : ♔ *RJS 1998. 491, n° 772.*

Art. L. 1233-17 **Sur demande écrite du salarié, l'employeur indique par écrit les critères retenus pour fixer l'ordre des licenciements.** – *[Anc. art. L. 122-14-2, al. 2, phrase 2.]*

1. Renonciation du salarié. Le fait pour un salarié de ne pas user de la faculté qui lui est ouverte par l'art. L. 122-14-2, al. 2 [L. 1232-6 nouv.] de demander à l'employeur les critères retenus pour fixer l'ordre des licenciements ne le prive pas de la possibilité de se prévaloir de l'inobservation de ces critères et de demander réparation du préjudice, pouvant aller jusqu'à la perte injustifiée de son emploi, qui en résulte. • Soc. 19 nov. 1997, ♔ n° 95-42.016 P : *D. 1998. IR 4* ; *Dr. soc. 1998. 85, obs. Vatinet* • 19 mars 1998, ♔ n° 95-45.364 P. • 30 mars 1999 ♔ n° 97-40.695 P : *RJS 1999. 403, n° 651.*

2. Sanction du refus de fournir les critères. Le refus de l'employeur de fournir les critères retenus pour fixer l'ordre des licenciements ne prive pas le licenciement de cause réelle et sérieuse mais entraîne nécessairement un préjudice pour le salarié. • Soc. 26 janv. 1999, ♔ n° 97-40.463 P : *CSB 1999. 131, A. 23 ; RJS 1999. 214, n° 353* • 18 oct. 1994 : ♔ *Dr. ouvrier 1995. 215, note Pomagrzak ; RJS 1995. 161, n° 219.*

Art. L. 1233-18 **Un décret en Conseil d'État détermine les modalités d'application du présent paragraphe.** – *[Anc. art. L. 122-14-11.]* – *V. art. R. 1233-1 s.*

SOUS-SECTION 3 INFORMATION DE L'AUTORITÉ ADMINISTRATIVE

COMMENTAIRE

V. Dalloz.fr et applications mobiles Dalloz. ❑

Art. L. 1233-19 **L'employeur qui procède à un licenciement collectif pour motif économique de moins de dix salariés dans une même période de trente jours informe l'autorité administrative du ou des licenciements prononcés.** – *[Anc. art. L. 321-2, al. 2 et 4.]* – *V. art. R. 1238-3 (pén.).*

Art. L. 1233-20 **Le procès-verbal de la réunion des délégués du personnel consultés sur un projet de licenciement collectif pour motif économique est transmis à l'autorité administrative.** – *[Anc. art. L. 422-1, al. 5, phrase 2.]*

SECTION IV LICENCIEMENT DE DIX SALARIÉS OU PLUS DANS UNE MÊME PÉRIODE DE TRENTE JOURS

SOUS-SECTION 1 DISPOSITIONS GÉNÉRALES

§ 1er POSSIBILITÉ D'UN ACCORD ET MODALITÉS SPÉCIFIQUES EN RÉSULTANT *(L. n° 2013-504 du 14 juin 2013, art. 18-I).*

Art. L. 1233-21 **Un accord d'entreprise, de groupe ou de branche peut fixer, par dérogation aux règles de consultation des instances représentatives du personnel prévues par le présent titre et par le livre III de la deuxième partie, les modalités d'information et de consultation du comité d'entreprise applicables lorsque l'employeur envisage de prononcer le licenciement économique** *(L. n° 2012-387 du 22 mars 2012,* *art. 43)* « d'au moins dix salariés » dans une même période de trente jours. – *[Anc. art. L. 320-3, al. 1er.]*

BIBL. GAUDU, *Dr. soc. 2008. 915* ✐. – PATIN, *JCP S 2010. 1425* (licenciement pour motif économique : information et consultation du CE et du CHSCT). – SARRAZIN, *RDT 2014. 614* ✐ (les licenciements économiques collectifs sous le regard du juge administratif). – TEISSIER, *JCP S 2013. 1205* (accords de méthode).

COMMENTAIRE

V. Dalloz.fr et applications mobiles Dalloz.

Art. L. 1233-22 L'accord prévu à l'article L. 1233-21 fixe les conditions dans lesquelles le comité d'entreprise :

1° Est réuni et informé de la situation économique et financière de l'entreprise ;

2° Peut formuler des propositions alternatives au projet économique à l'origine d'une restructuration ayant des incidences sur l'emploi et obtenir une réponse motivée de l'employeur à ses propositions.

(Abrogé par L. n° 2013-504 du 14 juin 2013, art. 18-I) ***« L'accord peut organiser la mise en œuvre d'actions de mobilité professionnelle et géographique au sein de l'entreprise et du groupe.***

« Il peut déterminer les conditions dans lesquelles l'établissement du plan de sauvegarde de l'emploi prévu à l'article L. 1233-61 fait l'objet d'un accord et anticiper le contenu de celui-ci. » – *[Anc. art. L. 320-3, al. 2 et 3.]*

L'abrogation issue de la L. n° 2013-504 du 14 juin 2013 est applicable aux procédures de licenciement collectif engagées à compter du 1er juill. 2013.

Une procédure de licenciement collectif est réputée engagée à compter de la date d'envoi de la convocation à la première réunion du comité d'entreprise mentionnée à l'art. L. 1233-30 C. trav. (L. préc., art. 18-XXXIII).

Art. L. 1233-23 L'accord prévu à l'article L. 1233-21 ne peut déroger :

(Abrogé par L. n° 2013-504 du 14 juin 2013, art. 18-I) ***« 1° A l'obligation d'effort de formation, d'adaptation et de reclassement incombant à l'employeur prévue à l'article L. 1233-4 ; »***

1° Aux règles générales d'information et de consultation du comité d'entreprise prévues aux articles L. 2323-2, L. 2323-4 et L. 2323-5 ;

2° A la communication aux représentants du personnel des renseignements prévus aux articles L. 1233-31 à L. 1233-33 ;

3° Aux règles de consultation applicables lors d'un redressement ou d'une liquidation judiciaire, prévues à l'article L. 1233-58. – *[Anc. art. L. 320-3, al. 4.]*

V. notes ss. art. L. 1233-22.

Art. L. 1233-24 Toute action en contestation visant tout ou partie d'un accord prévu à l'article L. 1233-21 doit être formée, à peine d'irrecevabilité, avant l'expiration d'un délai de trois mois à compter de la date du dépôt de l'accord prévu à l'article L. 2231-6.

(Abrogé par L. n° 2013-504 du 14 juin 2013, art. 18-I) ***« Ce délai est porté à douze mois pour un accord qui détermine ou anticipe le contenu du plan de sauvegarde de l'emploi prévu à l'article L. 1233-61. »*** – *[Anc. art. L. 320-3, al. 5.]*

V. notes ss. art. L. 1233-22.

Art. L. 1233-24-1 *(L. n° 2013-504 du 14 juin 2013, art. 18-I)* Dans les entreprises de cinquante salariés et plus, un accord collectif peut déterminer le contenu du plan de sauvegarde de l'emploi mentionné aux articles L. 1233-61 à L. 1233-63 ainsi que les modalités de consultation du comité d'entreprise et de mise en œuvre des licenciements. Cet accord est signé par une ou plusieurs organisations syndicales représentatives ayant recueilli au moins 50 % des suffrages exprimés en faveur d'organisations reconnues représentatives au premier tour des dernières élections des titulaires au comité d'entreprise ou de la délégation unique du personnel ou, à défaut, des délégués du personnel, quel que soit le nombre de votants. L'administration est informée sans délai de l'ouverture d'une négociation en vue de l'accord précité.

Ces dispositions sont applicables aux procédures de licenciement collectif engagées à compter du 1er juill. 2013.

Une procédure de licenciement collectif est réputée engagée à compter de la date d'envoi de la convocation à la première réunion du comité d'entreprise mentionnée à l'art. L. 1233-30 C. trav. (L. n° 2013-504 du 14 juin 2013, art. 18-XXXIII).

BIBL. ANTONMATTÉI, *Sem. soc. Lamy 2013, n° 1570, p. 15.*

COMMENTAIRE

V. Dalloz.fr et applications mobiles Dalloz.

Il appartient à l'administration, saisie d'une demande de validation d'un accord collectif conclu sur le fondement de l'art. L. 1233-24-1 C. trav., de vérifier que l'accord d'entreprise qui lui est soumis a été régulièrement signé pour le compte d'une ou plusieurs organisations syndicales représentatives ayant recueilli au moins 50 % des suffrages exprimés en faveur des dernières organisations professionnelles. • CE 22 juill. 2015, n° 385668 : *RDT 2015. 514, concl. Dumortier ; ibid. 528, note Géa ; AJDA 2015. 1444 ; ibid. 1632, chron. Lessi et Dutheillet de Lamothe ; RJS 10/2015, n° 631 ; JS Lamy 2015, n° 395-1, obs. Hautefort.*

Art. L. 1233-24-2 *(L. n° 2013-504 du 14 juin 2013, art. 18-I)* **L'accord collectif mentionné à l'article L. 1233-24-1 porte sur le contenu du plan de sauvegarde de l'emploi mentionné aux articles L. 1233-61 à L. 1233-63.**

Il peut également porter sur :

1° Les modalités d'information et de consultation du comité d'entreprise *(L. n° 2016-1088 du 8 août 2016, art. 94)* **« , en particulier les conditions dans lesquelles ces modalités peuvent être aménagées en cas de projet de transfert d'une ou de plusieurs entités économiques prévu à l'article L. 1233-61, nécessaire à la sauvegarde d'une partie des emplois » ;**

2° La pondération et le périmètre d'application des critères d'ordre des licenciements mentionnés à l'article L. 1233-5 ;

3° Le calendrier des licenciements ;

4° Le nombre de suppressions d'emploi et les catégories professionnelles concernées ;

5° Les modalités de mise en œuvre des mesures de formation, d'adaptation et de reclassement prévues aux articles L. 1233-4 et L. 1233-4-1.

Les dispositions issues de la L. n° 2016-1088 du 8 août 2016 sont applicables aux licenciements économiques engagés après le 9 août 2016.

La procédure de licenciement est considérée comme engagée soit à compter de la date d'envoi de la convocation à l'entretien préalable mentionnée à l'art. L. 1233-11, soit à compter de la date d'envoi de la convocation à la première réunion des délégués du personnel ou du comité d'entreprise mentionnée à l'art. L. 1233-30 (L. préc., art. 94-II).

V. notes ss. art. L. 1233-24-1.

Lorsque l'accord majoritaire ne porte que sur le PSE et ne traite aucun des cinq éléments énumérés par l'art. L. 1233-24-2, l'administration doit valider le PSE et homologuer le document unilatéral reprenant ces cinq éléments ; l'homologation ne peut alors intervenir que si ces éléments, notamment les catégories professionnelles concernées par les suppressions d'emploi, sont définis conformément aux dispositions législatives et aux stipulations conventionnelles. • CE 30 mai 2016, n° 387798 : *RJS 8-9/2016, n° 562 ; JS Lamy 2016, n° 414-4, obs. Hautefort.*

Art. L. 1233-24-3 *(L. n° 2013-504 du 14 juin 2013, art. 18-I)* **L'accord prévu à l'article L. 1233-24-1 ne peut déroger :**

1° A l'obligation d'effort de formation, d'adaptation et de reclassement incombant à l'employeur en application des articles L. 1233-4 et L. 1233-4-1 ;

2° Aux règles générales d'information et de consultation du comité d'entreprise prévues aux articles L. 2323-2, L. 2323-4 et L. 2323-5 ;

3° A l'obligation, pour l'employeur, de proposer aux salariés le contrat de sécurisation professionnelle prévu à l'article L. 1233-65 ou le congé de reclassement prévu à l'article L. 1233-71 ;

4° A la communication aux représentants du personnel des renseignements prévus aux articles L. 1233-31 à L. 1233-33 ;

5° Aux règles de consultation applicables lors d'un redressement ou d'une liquidation judiciaire, prévues à l'article L. 1233-58.

V. notes ss. art. L. 1233-24-1.

§ 1er *bis* DOCUMENT UNILATÉRAL DE L'EMPLOYEUR

(L. n° 2013-504 du 14 juin 2013, art. 18-II)

Art. L. 1233-24-4 A défaut d'accord mentionné à l'article L. 1233-24-1, un document élaboré par l'employeur après la dernière réunion du comité d'entreprise fixe le contenu du plan de sauvegarde de l'emploi et précise les éléments prévus aux 1° à 5° de l'article L. 1233-24-2, dans le cadre des dispositions légales et conventionnelles en vigueur.

V. note ss. art. L. 1233-24-1.

COMMENTAIRE

V. Dalloz.fr et applications mobiles Dalloz 🏛. ☐

§ 2 MODIFICATIONS DU CONTRAT DE TRAVAIL DONNANT LIEU À DIX REFUS OU PLUS

Art. L. 1233-25 Lorsqu' *[Lorsque]* au moins dix salariés ont refusé la modification d'un élément essentiel de leur contrat de travail, proposée par leur employeur pour l'un des motifs économiques énoncés à l'article L. 1233-3 et que leur licenciement est envisagé, celui-ci est soumis aux dispositions applicables en cas de licenciement collectif pour motif économique. — *[Anc. art. L. 321-1-3.]*

COMMENTAIRE

V. Dalloz.fr et applications mobiles Dalloz 🏛. ☐

1. Jurisprudence antérieure à la loi du 29 juill. 1992. Le licenciement de plusieurs salariés qui refusent une modification substantielle de leur contrat de travail pour un motif économique constitue une somme de licenciements individuels. • Soc. 9 oct. 1991 🏛 n° 89-45.295 P : *D. 1992. 127, note Decoopman ✎ ; ibid. Somm. 291, obs. A. Lyon-Caen ✎ ; RJS 1991. 636, n° 1195* • 22 mars 1995, 🏛 n° 93-44.329 P : *D. 1995. Somm. 366, obs. de Launay-Gallot ✎ ; RJS 1995. 338, n° 500.*

2. Jurisprudence antérieure à la loi du 18 janv. 2005. L'employeur qui envisage le licenciement de dix salariés au moins dans une même période de trente jours doit mettre en œuvre un plan de sauvegarde de l'emploi, et ce même si le nombre de salariés effectivement licenciés est inférieur à dix. ♦ En l'absence d'accord de réduction du temps de travail, la proposition unilatérale de l'employeur de modifier le contrat de travail de plus de 10 personnes dans une même période de 30 jours, à l'occasion de la mise en œuvre de la réduction de la durée légale du travail, entre dans les prévisions de l'art. L. 321-1-3 ; la procédure de consultation du comité d'entreprise sur le projet de plan de sauvegarde de l'emploi n'est licite que si les modifications proposées sont conformes aux dispositions légales ou conventionnelles applicables. • Soc. 23 mai 2006 : 🏛 *RJS 2006. 708, n° 955 ; JCP S 2006. 1695, note Dumont.*

3. Propositions d'une modification du contrat de travail. Dès lors que la restructuration décidée conduit à proposer à au moins dix salariés la modification d'un élément essentiel de leur contrat (transfert sur un autre site) et donc à envisager la rupture de leur contrat de travail, les juges du fond appliquent exactement les dispositions des art. L. 321-1-2 s. en décidant que l'employeur est tenu d'établir et de mettre en œuvre un plan social. • Soc. 3 déc. 1996, 🏛 *Framatome*, n° 95-17.352 P : *GADT, 4e éd., n° 109 ; D. 1997. IR 23 ✎ ; JCP 1997. II. 22814, note Barthélémy ; Gaz. Pal. 1997. 1. 64, note Philbert ; CSB 1997. 62 ; RJS 1997. 30, n° 24 ; ibid. 12, concl. P. Lyon-Caen ; Dr. soc. 1997. 18, rapp. Waquet ✎ ; Dr. ouvrier 1997. 177, note Bied-Charreton* • 3 déc. 1996, 🏛 *Majorette*, n° 95-20.360 P : *eod. loc.* • 10 juill. 2001, 🏛 n° 99-43.330 P : *D. 2001. IR 2360 ✎ ; RJS 2001. 871, n° 1278 ; JS Lamy 2001, n° 89-3* • 22 févr. 2005 : 🏛 *Dr. soc. 2005. 556, note Chagny ✎.* ♦ Comp. : • Soc. 21 janv. 2004 : 🏛 *D. 2004. IR 323 ✎ ; Dr. soc. 2004. 375, obs. Gauriau ✎ ; Sem. soc. Lamy, n° 1154. 6, note G. Lyon-Caen ; RJS 2004. 210, n° 301 ; JS Lamy 2004, n° 140-2* (pas de plan social en présence d'un transfert d'activité qui n'affecte pas le contrat de travail, la mention du lieu de travail, en l'absence de clause particulière, n'ayant que valeur d'information).

§ 3 LICENCIEMENTS SUCCESSIFS

Art. L. 1233-26 Lorsqu'une entreprise ou un établissement assujetti à la législation sur les comités d'entreprise a procédé pendant trois mois consécutifs à des licenciements économiques de plus de dix salariés au total, sans atteindre dix salariés dans une même période de trente jours, tout nouveau licenciement économique envisagé au cours des trois mois suivants est soumis aux dispositions du présent chapitre. – *[Anc. art. L. 321-2, al. 11.]*

Art. L. 1233-27 Lorsqu'une entreprise ou un établissement assujetti à la législation sur les comités d'entreprise a procédé au cours d'une année civile à des licenciements pour motif économique de plus de dix-huit salariés au total, sans avoir été tenu de présenter de plan de sauvegarde de l'emploi en application de l'article L. 1233-26 ou de l'article L. 1233-28, tout nouveau licenciement économique envisagé au cours des trois premiers mois de l'année civile suivante est soumis aux dispositions du présent chapitre. – *[Anc. art. L. 321-2, al. 12.]*

Licenciements échelonnés. V. • TGI Paris, réf., 27 oct. 1993 : *Gaz. Pal. 1993. 2. 563 ; CSB 1993. 299, A. 62, note Philbert* • 19 oct. 1994 : *RJS 1995. 159, n° 218.* ♦ Sur la prise en compte d'une unité économique et sociale, V. • TGI Châlons-sur-Marne, 20 juill. 1994 : *RJS 1994. 665, n° 1126.*

SOUS-SECTION 2 PROCÉDURE DE CONSULTATION DES REPRÉSENTANTS DU PERSONNEL

§ 1er RÉUNIONS DES REPRÉSENTANTS DU PERSONNEL

Art. L. 1233-28 L'employeur qui envisage de procéder à un licenciement collectif pour motif économique *(L. n° 2012-387 du 22 mars 2012, art. 43)* « d'au moins dix salariés » dans une même période de trente jours réunit et consulte, selon le cas, le comité d'entreprise ou les délégués du personnel, dans les conditions prévues par le présent paragraphe. – *[Anc. art. L. 321-2, al. 1er fin, al. 5.]*

Art. L. 1233-29 Dans les entreprises ou établissements employant habituellement moins de cinquante salariés, l'employeur réunit et consulte les délégués du personnel.

Ces derniers tiennent deux réunions, séparées par un délai qui ne peut être supérieur à quatorze jours. – *[Anc. art. L. 321-3, al. 1er et al. 4, phrase 1.] – V. art. L. 1238-2 (pén.).*

Art. L. 1233-30 *(L. n° 2013-504 du 14 juin 2013, art. 18-III)* « I. – » Dans les entreprises ou établissements employant habituellement *(L. n° 2012-387 du 22 mars 2012, art. 43)* « au moins cinquante salariés », l'employeur réunit et consulte le comité d'entreprise *(L. n° 2013-504 du 14 juin 2013, art. 18-III)* « sur :

« 1° L'opération projetée et ses modalités d'application, conformément à l'article *(L. n° 2015-994 du 17 août 2015, art. 18-XIV)* « L. 2323-31 » ;

« 2° Le projet de licenciement collectif : le nombre de suppressions d'emploi, les catégories professionnelles concernées, les critères d'ordre et le calendrier prévisionnel des licenciements, les mesures sociales d'accompagnement prévues par le plan de sauvegarde de l'emploi.

« Les éléments mentionnés au 2° du présent I qui font l'objet de l'accord mentionné à l'article L. 1233-24-1 ne sont pas soumis à la consultation du comité d'entreprise prévue au présent article. »

Le comité d'entreprise tient *(L. n° 2013-504 du 14 juin 2013, art. 18-III)* « au moins » deux réunions *(L. n° 2013-504 du 14 juin 2013, art. 18-III)* « espacées d'au moins quinze jours.

« II. – Le comité d'entreprise rend ses deux avis dans un délai qui ne peut être supérieur, à compter de la date de sa première réunion au cours de laquelle il est consulté sur les 1° et 2° du I, à :

« 1° Deux mois » lorsque le nombre des licenciements est inférieur à cent ;

2° *(L. n° 2013-504 du 14 juin 2013, art. 18-III)* « Trois mois » lorsque le nombre des licenciements est au moins égal à cent et inférieur à deux cent cinquante ;

3° *(L. n° 2013-504 du 14 juin 2013, art. 18-III)* **« Quatre mois » lorsque le nombre des licenciements est au moins égal à deux cent cinquante.**

Une convention ou un accord collectif de travail peut prévoir des délais *(L. n° 2013-504 du 14 juin 2013, art. 18-III)* **« différents.**

« En l'absence d'avis du comité d'entreprise dans ces délais, celui-ci est réputé avoir été consulté. »

Lorsqu'il n'existe pas de comité d'entreprise et qu'un procès-verbal de carence a été transmis à l'*(L. n° 2016-1088 du 8 août 2016, art. 113)* **« agent de contrôle de l'inspection du travail mentionné à l'article L. 8112-1 », le projet de licenciement est soumis aux délégués du personnel.** – *V. art. L. 1238-2 (pén.).*

V. note ss. art. L. 1233-24-1.

BIBL. Odoul-Asorey, *RDT 2013. 192* ✎.

COMMENTAIRE

V. Dalloz.fr et applications mobiles Dalloz 🏛.

A. RÉGULARITÉ DE LA PROCÉDURE DE CONSULTATION

1. Mandats expirés. La procédure de consultation est substantiellement viciée lorsque les mandats des membres du comité d'entreprise étaient parvenus à expiration au jour de la consultation. • CE 29 juin 1990 : *JS UIMM 1990. 366.* ♦ La consultation irrégulière du comité d'entreprise résultant de l'expiration du mandat de ses membres n'entraîne pas la nullité du licenciement mais constitue une irrégularité de procédure donnant lieu à l'attribution de dommages-intérêts en fonction du préjudice subi. • Soc. 29 avr. 1998 : *D. 1998. IR 132* ✎ *; RJS 1998. 457, n° 716.*

2. Comité d'entreprise commun. La procédure de consultation est régulière dès lors qu'a été consulté le comité d'entreprise commun aux deux sociétés concernées par les licenciements collectifs. • CE 18 janv. 1980 : *D. 1980. 259, note A. Lyon-Caen ; Dr. soc. 1980. 322, concl. Dondoux.*

3. Cession de l'entreprise. Il résulte des dispositions de l'art. L. 433-14 [L. 2324-26 nouv.] que lorsque l'entreprise perd son autonomie juridique sans devenir un établissement distinct de celle qui l'a reprise, le mandat des membres élus de son comité d'entreprise expire à la date d'effet de cette reprise et que, dans le cas où, moins de six mois après cette date, l'employeur envisage de licencier pour un motif économique l'un de ses salariés, le comité d'entreprise qui doit donner son avis est celui de l'entreprise à laquelle les droits et obligations résultant du contrat de travail de l'intéressé ont été transférés. • CE 8 janv. 1997 : *RJS 1997. 116, n° 171.*

4. Groupe. Dès lors que la dépendance économique entre une entreprise et les deux sociétés qui sont ses actionnaires n'est pas de nature à caractériser un lien de subordination juridique entre ces sociétés actionnaires et les salariés de l'entreprise, il n'y a pas lieu d'enjoindre à ces sociétés de mener conjointement la procédure de consultation des représentants du personnel de l'entreprise préalablement aux licenciements économiques que celle-ci envisage. • Soc. 18 oct. 1995 : *CSB 1996. 17, A. 6.*

5. Accord collectif majoritaire. L'employeur n'est pas tenu de soumettre pour avis au comité d'entreprise les éléments du projet de licenciement fixés par l'accord collectif majoritaire soumis à validation de l'administration ; dans cette hypothèse, l'administration doit seulement s'assurer de la présence dans ce plan des mesures prévues aux art. L. 1233-61 et L. 1233-63. • CE 7 déc. 2015, n° 383856 : *RJS 2/2016, n° 119 ; JS Lamy 2016, n° 403-3, obs. Jaglin et Castex.*

B. DÉROULEMENT DE LA CONSULTATION

6. Report de la consultation. En faveur du report de la deuxième et de la troisième réunions du comité en raison de la remise tardive du rapport de l'expert-comptable due à la carence de l'employeur, V. • Soc. 19 oct. 1994 : *RJS 1994. 829, n° 1365.*

7. Cumul des procédures de consultation. La procédure prévue par l'art. L. 321-3 [L. 1233-30 nouv.] et celle de l'art. L. 432-1 [L. 2323-15 nouv.] sont des procédures distinctes qui doivent être l'une et l'autre respectées ; elles peuvent être conduites de manière concomitante mais cela n'est pas une nécessité. • Soc. 2 mars 1999, n° 97-16.489 P : *D. 1999. IR 94* ✎ *; Dr. soc. 1999. 592, obs. Cohen* ✎ *; RJS 1999. 305, n° 494 ; CSB 1999. 199, A. 32 ; JS UIMM 1999. 229.*

8. Les deux procédures sont respectées lorsque la convocation du comité d'entreprise mentionne deux ordres du jour différents, deux documents distincts se rapportant aux deux ordres du jour sont joints à la convocation et que les procès-verbaux des réunions font ressortir que le comité d'entreprise a bien été consulté sur les deux projets. • Soc. 9 févr. 2000, n° 98-12.143 P : *D. 2000. IR 89* ✎ *; Dr. soc. 2000. 446, obs. J. Savatier* ✎ *; RJS 2000. 184, n° 269.* ♦ Après avoir constaté qu'un comité central d'entreprise a été consulté concomitamment, selon deux procédures distinctes, sur le projet de licenciement collectif pour motif économique des salariés d'un établissement et sur le projet de fermeture de cet établissement, mesure entrant dans les prévisions de l'art. L. 432-1 [L. 2323-15 nouv.], une cour d'appel, statuant en référé, énonce exactement que le comité doit disposer, conformément aux dispositions de l'art. L. 431-5 [L. 2323-4 nouv.], d'un délai d'examen suffisant et que le chef d'entreprise n'est pas fondé à opposer au comité, à l'occasion de cette dernière consultation, le délai mentionné au troisième alinéa de l'art. L. 321-7-1 [L. 1233-35 nouv.], applicable à la seule procédure de licenciement pour motif économique. • Soc. 16 avr. 1996, *Sietam*, n° 93-20.228 P : *JCP E 1996. II. 836, note Picca ; ibid. I. 597, n° 15, obs. Coursier ; Dr. soc. 1996. 484, note A. Lyon-Caen (2e arrêt) ; RJS 1996. 356, n° 560 ; ibid. 311, concl. Kessous ; CSB 1996. 187, note Philbert.* – Bélier et Legrand, *Dr. soc. 1996. 932.*

9. Aucun texte ne précisant que les dispositions des art. L. 321-1 s. [L. 1233-31 nouv.] sont exclusives de celles de l'art. L. 432-1 [L. 2323-15 nouv.], l'absence notamment d'une convocation du comité d'entreprise comportant à son ordre du jour la question de la fermeture d'un établissement, ou d'un procès-verbal de réunion témoignant que cette question aurait été débattue, démontre que le comité d'entreprise a été placé devant le fait accompli. • Paris, 1er mars 1994 : *RJS 1994. 436, n° 717* (suspension de la fermeture et procédure de licenciement déclarée nulle et de nul effet). ♦ V. déjà : • Paris, 5 oct. 1993 : *RJS 1994. 277, n° 428 ; Dr. ouvrier 1994. 350.*

10. Il résulte de la combinaison des art. L. 432-2 [L. 2323-13 nouv.] et L. 432-3 [L. 2323-27 nouv.] que la consultation du comité d'entreprise sur les mesures de nature à affecter le volume ou la structure des effectifs prévue par le premier de ces art. et la consultation du même comité sur un projet de licenciement collectif pour motif économique prévue par le second constituent deux procédures distinctes, qui doivent être respectées l'une et l'autre. Si ces deux procédures peuvent être conduites de manière concomitante, sous réserve du respect des délais les plus favorables, la consultation simultanée du comité d'entreprise sur un projet de fermeture d'établissement et de licenciement économique est nulle si la décision de fermeture d'un établissement avait été préalablement arrêtée par l'employeur. • Soc. 17 juin 1997, n° 95-18.904 P : *GADT, 4e éd., n° 111 ; Dr. soc. 1997. 742, obs. Masse-Dessen ; RJS 1997. 592, rapp. Frouin ; ibid. 617, n° 990.*

11. Jurisprudence communautaire. La procédure de consultation doit être déclenchée par l'employeur au moment où la décision le contraignant à envisager ou à projeter des licenciements collectifs a été prise. • CJCE 10 sept. 2009 : *RDT 2010. 285, note Vernac*. ♦ Seul l'employeur est soumis aux obligations d'information-consultation et de notification, la société mère qui le contrôle n'ayant pas la qualité d'employeur. • Même arrêt.

12. Invocabilité de la nullité. La nullité de la procédure de licenciement économique ne peut être encourue lorsque sa suspension n'a pas été demandée avant son achèvement. • Soc. 11 janv. 2007, n° 05-10.350 P. ♦ Mais la nullité est encourue lorsque, le comité d'entreprise n'ayant pas été valablement saisi, l'irrégularité a été soulevée avant le terme de la procédure à un moment où elle pouvait encore être suspendue et reprise mais que l'employeur a néanmoins notifié les licenciements. • Soc. 14 janv. 2003, n° 01-10.239 P : *D. 2003. IR 399*.

Art. L. 1233-31 **L'employeur adresse aux représentants du personnel, avec la convocation à la première réunion, tous renseignements utiles sur le projet de licenciement collectif.**

Il indique :

1° La ou les raisons économiques, financières ou techniques du projet de licenciement ;

2° Le nombre de licenciements envisagé ;

3° Les catégories professionnelles concernées et les critères proposés pour l'ordre des licenciements ;

4° Le nombre de salariés, permanents ou non, employés dans l'établissement ;

5° Le calendrier prévisionnel des licenciements ;

6° Les mesures de nature économique envisagées. – *[Anc. art. L. 321-4, al. 1er à 7.]*

COMMENTAIRE

V. Dalloz.fr et applications mobiles Dalloz.

1. Information des représentants du personnel. L'art. L. 321-4 [L. 1233-31 nouv.] fait seulement obligation à l'employeur de faire connaître aux représentants du personnel les mesures qu'il envisage de prendre afin que ceux-ci puissent formuler leurs avis, suggestions et propositions en toute connaissance de cause. • CE 19 déc. 1984 : *Dr. soc. 1985. 485, note Moderne ; AJDA 1985. 87, obs. Hubac et Schoettl.* ♦ L'absence d'informations sérieuses sur les causes des suppressions d'emplois constitue un trouble manifestement illicite que le juge des référés doit faire cesser en interdisant à l'employeur de poursuivre la procédure de licenciement collectif, sauf à celui-ci à la reprendre d'une façon conforme à la loi. • Paris, 8 sept. 1993 : *RJS 1993. 644, n° 1085*. – V. aussi : • TGI Nanterre, 16 nov. 1993 : *RJS 1994. 34, n° 17*. ♦ En revanche, la procédure n'a pas à être reprise s'il s'avère que le comité d'entreprise a été correctement informé mais a refusé d'émettre un avis. • TGI Créteil, 10 févr. 2000 : *RJS 2000. 649, n° 968 ; ibid. 2000. 607, note Marquet de Vasselot.*

2. Nombre de salariés licenciés. L'employeur n'a pas à soumettre aux représentants du personnel une liste nominative des salariés licenciés. • Soc. 16 déc. 1992, n° 90-44.871 : *CSB 1993. 283, obs. Philbert.* ♦ Mais il doit leur communiquer le nombre de salariés concernés par la mesure de compression des effectifs. • Soc. 2 mars 1999 : *Dr. soc. 1999. 531, obs. Cohen ; RJS 1999. 307, n° 495 ; D. 1999. IR 87.* ♦ A défaut de communiquer un nombre exact, la procédure doit être reprise depuis le début. • Soc. 4 juill. 2000 : *D. 2000. IR 221 ; RJS 2000. 632, n° 932.*

3. Catégorie professionnelle. La notion de catégorie professionnelle vise nécessairement des types d'emploi dans une acception commune à l'information requise sur les emplois supprimés et aux critères d'ordre des licenciements ; elle se définit comme l'ensemble des salariés exerçant dans l'entreprise des fonctions de même nature supposant une formation professionnelle commune. • Paris, 9 mai 1995 : *Dr. ouvrier 1995. 552, note Bied-Charreton,* confirmé par • Soc. 13 févr. 1997, *Samaritaine,* n° 95-16.648 P : *D. 1997. 171, note A. Lyon-Caen ; Dr soc. 1997. 249, concl. de Caigny, note Couturier.*

Art. L. 1233-32 **Outre les renseignements prévus à l'article L. 1233-31, dans les entreprises de moins de cinquante salariés, l'employeur adresse aux représentants du personnel les mesures qu'il envisage de mettre en œuvre pour éviter les licenciements ou en limiter le nombre et pour faciliter le reclassement du personnel dont le licenciement ne pourrait être évité.**

Dans les entreprises *(L. n° 2012-387 du 22 mars 2012, art. 43)* **« d'au moins cinquante salariés », l'employeur adresse le plan de sauvegarde de l'emploi concourant aux mêmes objectifs.** – *[Anc. art. L. 321-4, al. 8 et 9.] – V. art. L. 1233-61 s.*

Art. L. 1233-33 *(L. n° 2013-504 du 14 juin 2013, art. 18-IV)* **L'employeur met à l'étude, dans le délai prévu à l'article L. 1233-30, les suggestions relatives aux mesures sociales envisagées et les propositions alternatives au projet de restructuration mentionné à l'article** *(L. n° 2015-994 du 17 août 2015, art. 18-XIV, en vigueur le 1er janv. 2016)* **« L. 2323-31 » formulées par le comité d'entreprise. Il leur donne une réponse motivée.**

V. notes ss. art. L. 1233-24-1.

§ 2 ASSISTANCE D'UN EXPERT-COMPTABLE

Art. L. 1233-34 **Dans les entreprises** *(L. n° 2012-387 du 22 mars 2012, art. 43)* **« d'au moins cinquante salariés », lorsque le projet de licenciement concerne** *(L. n° 2012-387 du 22 mars 2012, art. 43)* **« au moins dix salariés » dans une même période de trente jours, le comité d'entreprise peut recourir à l'assistance d'un expert-comptable en application de l'article L. 2325-35. Le comité prend sa décision lors de la première réunion prévue à l'article L. 1233-30.** *(L. n° 2013-504 du 14 juin 2013, art. 18-V)* **« Le comité peut également mandater un expert-comptable afin qu'il apporte toute analyse utile aux organisations syndicales pour mener la négociation prévue à l'article L. 1233-24-1. »**

L'expert-comptable peut être assisté par un expert technique dans les conditions prévues à l'article L. 2325-41.

(L. n° 2013-504 du 14 juin 2013, art. 18-V) **« Le rapport de l'expert est remis au comité d'entreprise et, le cas échéant, aux organisations syndicales. »** – *V. art. L. 1238-2 (pén.).*

V. notes ss. art. L. 1233-24-1.

1. Expert-comptable. Jugé, sous l'empire de la législation antérieure à la loi du 2 août 1989, que, lorsque sont consultés sur un projet de licenciement collectif le comité central et un comité d'établissement, ce dernier peut demander l'assistance d'un expert-comptable, dont la mission est limitée aux effets des opérations envisagées sur la situation des salariés de l'établissement. • Soc. 29 mai 1991 : *RJS 1991. 436, n° 833.*

2. La carence d'un comité central ne peut priver un comité d'établissement concerné par un projet de licenciement économique du droit d'être assisté par un expert-comptable. • Soc. 25 janv. 1995, n° 92-13.546 P : *Dr. soc. 1995.*

271, obs. Cohen ✎ ; CSB 1995. 81, A. 16 ; Dr. ouvrier 1995. 211 ; RJS 1995. 163, n° 221.

3. Différend sur la désignation de l'expert. Lorsqu'au moment de la consultation du comité d'entreprise sur un plan social prévoyant des licenciements collectifs il y a désaccord sur la nécessité d'une expertise et litige sur la rémunération de l'expert, la décision doit être prise par le président du TGI statuant en urgence. • Soc. 13 juin 1990 : ☎ *RJS 1990. 392, n° 564.*

Art. L. 1233-35 *(L. n° 2013-504 du 14 juin 2013, art. 18-VI)* **L'expert désigné par le comité d'entreprise demande à l'employeur, au plus tard dans les dix jours à compter de sa désignation, toutes les informations qu'il juge nécessaires à la réalisation de sa mission. L'employeur répond à cette demande dans les huit jours. Le cas échéant, l'expert demande, dans les dix jours, des informations complémentaires à l'employeur, qui répond à cette demande dans les huit jours à compter de la date à laquelle la demande de l'expert est formulée.**

L'expert présente son rapport au plus tard quinze jours avant l'expiration du délai mentionné à l'article L. 1233-30. – *V. art. L. 1238-2 (pén.).*

V. notes ss. art. L. 1233-24-1.

BIBL. Borie, *Sem. soc. Lamy 2013, n° 1492, p. 65* (contentieux de l'information dans le cadre du PSE).

Double procédure de consultation. Après avoir constaté qu'un comité central d'entreprise a été consulté concomitamment, selon deux procédures distinctes, sur le projet de licenciement collectif pour motif économique des salariés d'un établissement et sur le projet de fermeture de cet établissement, mesure entrant dans les prévisions de l'art. L. 432-1 [L. 2323-15 nouv.], une cour d'appel, statuant en référé, énonce exactement que le comité doit disposer, conformément aux dispositions de l'art. L. 431-5 [L. 2323-4 nouv.], d'un délai d'examen suffisant et que le chef d'entreprise n'est pas fondé à opposer au comité à l'occasion de cette dernière consultation le délai mentionné au troisième alinéa de l'art. L. 321-7-1 [L. 1233-35 nouv.], applicable à la seule procédure de licenciement pour motif économique. • Soc. 16 avr. 1996, ☎ *Sietam*, n° 93-20.228 P : *JCP E 1996. II. 836, note Picca ; ibid. I. 597, n° 15, obs. Coursier ; Dr. soc. 1996. 484, note A. Lyon-Caen ✎ (2e arrêt) ; RJS 1996. 356, n° 560 ; ibid. 311, concl. Kessous ; CSB 1996. 187, note Philbert.* – Bélier et Legrand, *Dr. soc. 1996. 932.*

§ 3 CONSULTATION DU COMITÉ CENTRAL D'ENTREPRISE

Art. L. 1233-36 **Dans les entreprises dotées d'un comité central d'entreprise, l'employeur consulte le comité central et le ou les comités d'établissement intéressés dès lors que les mesures envisagées excèdent le pouvoir du ou des chefs d'établissement concernés ou portent sur plusieurs établissements simultanément. Dans ce cas, le ou les comités d'établissement tiennent leurs** *(Abrogé par L. n° 2013-504 du 14 juin 2013, art. 18-VII) « **deux** »* **réunions** *(Abrogé par L. n° 2013-504 du 14 juin 2013, art. 18-VII) « **respectivement** »* **après** *(L. n° 2013-504 du 14 juin 2013, art. 18-VII)* **« celles » du comité central d'entreprise tenues en application de l'article L. 1233-30.** *(L. n° 2013-504 du 14 juin 2013, art. 18-VII)* **« Ces réunions ont lieu dans les délais prévus à l'article L. 1233-30. »**

Si la désignation d'un expert-comptable est envisagée, elle est effectuée par le comité central d'entreprise, dans les conditions *(L. n° 2013-504 du 14 juin 2013, art. 18-VII)* **« et les délais prévus » au paragraphe 2.** *(Abrogé par L. n° 2013-504 du 14 juin 2013, art. 18-VII) « **Dans ce cas, le ou les comités d'établissement tiennent leurs deux réunions respectivement après la deuxième et la troisième réunion du comité central d'entreprise tenues en application de l'article L. 1233-35.** »* – *[Anc. art. L. 321-2, al. 9 et 10.]*

V. notes ss. art. L. 1233-24-1.

Art. L. 1233-37 **Lorsque le comité central d'entreprise recourt à l'assistance d'un expert-comptable,** *(L. n° 2013-504 du 14 juin 2013, art. 18-VIII)* **« l'article L. 1233-50 ne s'applique » pas.** – *[Anc. art. L. 321-7-1, al. 6.]*

V. notes ss. art. L. 1233-24-1.

SOUS-SECTION 3 PROCÉDURE À L'ÉGARD DES SALARIÉS

§ 1er ENTRETIEN PRÉALABLE

Art. L. 1233-38 Lorsque l'employeur procède au licenciement pour motif économique *(L. n° 2012-387 du 22 mars 2012, art. 43)* « d'au moins dix salariés » dans une même période de trente jours et qu'il existe un comité d'entreprise ou des délégués du personnel dans l'entreprise, la procédure d'entretien préalable au licenciement ne s'applique pas.

Un décret en Conseil d'État détermine les modalités d'application du présent article. — *[Anc. art. L. 122-14, al. 3 et L. 122-14-11.] — V. art. D. 1233-4 s.*

§ 2 NOTIFICATION DU LICENCIEMENT

Art. L. 1233-39 *(L. n° 2013-504 du 14 juin 2013, art. 18-IX)* « Dans les entreprises de moins de cinquante salariés, » l'employeur notifie au salarié le licenciement pour motif économique par lettre recommandée avec avis de réception.

La lettre de notification ne peut être adressée avant l'expiration d'un délai courant à compter de la notification du projet de licenciement à l'autorité administrative.

Ce délai ne peut être inférieur à *(L. n° 2013-504 du 14 juin 2013, art. 18-IX)* « trente jours ».

Une convention ou un accord collectif de travail peut prévoir des délais plus favorables aux salariés.

(L. n° 2013-504 du 14 juin 2013, art. 18-IX) « Dans les entreprises de cinquante salariés ou plus, lorsque le projet de licenciement concerne dix salariés ou plus dans une même période de trente jours, l'employeur notifie le licenciement selon les modalités prévues au premier alinéa du présent article, après la notification par l'autorité administrative de la décision de validation mentionnée à l'article L. 1233-57-2 ou de la décision d'homologation mentionnée à l'article L. 1233-57-3, ou à l'expiration des délais prévus à l'article L. 1233-57-4.

« Il ne peut procéder, à peine de nullité, à la rupture des contrats de travail avant la notification de cette décision d'homologation ou de validation ou l'expiration des délais prévus à l'article L. 1233-57-4. » — *V. art. L. 1238-3 (pén.).*

V. notes ss. art. L. 1233-24-1.

COMMENTAIRE

V. Dalloz.fr et applications mobiles Dalloz.

1. Point de départ du délai d'envoi. Le délai à respecter avant de notifier les licenciements court à compter de la notification du projet de licenciement et non à compter de la transmission de la liste des salariés visés. • Soc. 18 févr. 1998 : *RJS 1998. 277, n° 440 ; D. 1998. IR 86*.

2. Délai pour prononcer le licenciement. Il n'existe pas de délai, après que le plan social est devenu définitif, pour prononcer le licenciement. • Soc. 7 oct. 1998, n° 96-40.424 P : *D. 1998. IR 233 ; Dr. soc. 1998. 1049, obs. Verkindt ; RJS 1998. 820, n° 1356.*

Art. L. 1233-40 *(Abrogé par L. n° 2013-504 du 14 juin 2013, art. 18-X) Lorsque le comité d'entreprise recourt à l'assistance d'un expert-comptable, les délais d'envoi des lettres de licenciement prévus à l'article L. 1233-39 courent à compter du quatorzième jour suivant la notification du projet de licenciement à l'autorité administrative prévue à l'article L. 1233-46.* — [Anc. art. L. 321-7-1, al. 5, phrase 1.]

V. notes ss. art. L. 1233-22.

Art. L. 1233-41 *(Abrogé par L. n° 2013-504 du 14 juin 2013, art. 18-X) L'autorité administrative peut réduire le délai de notification des licenciements aux salariés, prévu à l'article L. 1233-39, ou tout autre délai prévu par convention ou accord collectif de travail, lorsqu'un accord collectif portant sur les conditions de licenciement, notamment sur les mesures prévues à l'article L. 1233-32, a été conclu à l'occasion du projet de licenciement ou lorsque l'entreprise applique les dispositions préexistantes d'une convention ou d'un accord collectif ayant ce même objet.*

Toutefois, ce délai accordé ne peut être inférieur à celui dont dispose l'autorité administrative pour effectuer les vérifications prévues à l'article L. **1233-53**. – [Anc. art. L. 321-6, al. 2.]

V. notes ss. art. L. 1233-22.

Art. L. 1233-42 La lettre de licenciement comporte l'énoncé des motifs économiques invoqués par l'employeur.

Elle mentionne également la priorité de réembauche prévue par l'article L. **1233-45** et ses conditions de mise en œuvre. – *[Anc. art. L. 122-14-2, al. 2, phrase 1, et al. 3.]*

Art. L. 1233-43 Sur demande écrite du salarié, l'employeur indique par écrit les critères retenus pour fixer l'ordre des licenciements. – *[Anc. art. L. 122-14-2, al. 2, phrase 2.]*

Art. L. 1233-44 Un décret en Conseil d'État détermine les modalités d'application des premier et deuxième alinéas de l'article L. **1233-39** et des articles L. **1233-42** et L. **1233-43**. – *[Anc. art. L. 122-14-11.] – V. art. R. 1233-1 s.*

§ 3 PRIORITÉ DE RÉEMBAUCHE

BIBL. CORRIGNAN-CARSIN, *RJS 1994. 643 ; ibid. 2000. 783.* - FROUIN, *Sem. soc. Lamy 2001, n° 1053, p. 6.* - TEYSSIÉ, *Gaz. Pal. 1997. 1. Doctr. 180.*

Art. L. 1233-45 Le salarié licencié pour motif économique bénéficie d'une priorité de réembauche durant un délai d'un an à compter de la date de rupture de son contrat s'il en fait la demande au cours de ce même délai.

Dans ce cas, l'employeur informe le salarié de tout emploi devenu disponible et compatible avec sa qualification. En outre, l'employeur informe les représentants du personnel des postes disponibles *(Abrogé par Ord. n° 2014-699 du 26 juin 2014, art. 4) « et affiche la liste de ces postes ».*

Le salarié ayant acquis une nouvelle qualification bénéficie également de la priorité de réembauche au titre de celle-ci, s'il en informe l'employeur. – *[Anc. art. L. 321-14.]*

COMMENTAIRE

V. Dalloz.fr et applications mobiles Dalloz 🏛.

A. DROIT À LA PRIORITÉ DE RÉEMBAUCHE

1. Départ volontaire. Les départs volontaires des salariés prévus par le plan élaboré par l'employeur caractérisent la rupture du contrat de travail pour motif économique et la priorité de réembauche peut être invoquée par tout salarié ayant accepté un départ volontaire. • Soc. 10 mai 1999 : *D. 1999. IR 157 ; RJS 1999. 492, n° 791 ; Dr. soc. 1999. 736, obs. Gauriau* • 13 sept. 2005 : *Dr. soc. 2005. 1059, obs. Couturier ; Sem. soc. Lamy 2005, n° 1229, p. 12.* ♦ Pour l'application de cette priorité aux salariés ayant accepté un départ volontaire négocié avec l'employeur dans le cadre d'un plan social, V. • Paris, 18 juin 1996 : *RJS 1996. 681, n° 1069.* ♦ Sur la solution antérieure : • Soc. 14 mai 1996, n° 93-40.447 P : *JCP 1996. II. 22722, note Corrignan-Carsin ; Dr. soc. 1996. 743, obs. Favennec ; RJS 1996. 423, n° 665.*

2. Incidence de l'absence de cause réelle et sérieuse. Le fait que le licenciement, prononcé pour motif économique, soit jugé sans cause réelle et sérieuse, ne rend pas inapplicable et inopposable la priorité de réembauche. • Soc. 13 avr. 1999, n° 96-45.028 P : *GADT, 4e éd., n° 107 ; D. 1999. IR 129 ; RJS 1999. 433, n° 711 ; Dr. soc. 1999. 638, obs. Couturier ; JCP 1999. II. 10153, note Rousseau.*

3. Salarié ayant retrouvé un emploi. La priorité de réembauche n'est pas exclue du seul fait que le salarié a retrouvé un emploi. • Soc. 21 nov. 1990 : *D. 1990. IR 297 ; CSB 1991. 29, S. 13 ; RJS 1991. 40, n° 69.* – Dans le même sens : • Soc. 26 janv. 1994, n° 92-43.839 P : *D. 1994. IR 59 ; Dr. soc. 1994. 277 ; RJS 1994. 176, n° 238* • 5 mars 2002, n° 00-41.429 P : *RJS 2002. 455, n° 605.*

4. Reçu pour solde de tout compte. Le reçu pour solde de tout compte ne vaut pas renonciation du salarié pour ses droits futurs éventuels, tel que l'exercice de la priorité de réembauche. • Soc. 6 avr. 1994, n° 92-41.782 P : *Dr. soc. 1994. 710 ; RJS 1994. 424, n° 694.*

B. EXERCICE DE LA PRIORITÉ DE RÉEMBAUCHE

5. Délai d'exercice. Le délai d'un an court à compter de la fin du préavis, que celui-ci soit exécuté ou non. • Soc. 21 juill. 1993 : *RJS 1993. 511, n° 858* • 27 nov. 2001, n° 99-44.240 P : *Dr. soc. 2002. 224, obs. Savatier ; RJS 2002. 139, n° 161.*

6. Demande explicite. La demande tendant au bénéfice de la priorité de réembauche peut être présentée, soit de manière spontanée, soit en réponse à une sollicitation de l'employeur, pourvu qu'elle soit explicite. • Soc. 11 avr. 2012 : *Dalloz actualité, 16 mai 2012, obs. Perrin ; D. 2012. Actu. 1069 ; Dr. soc. 2012. 632, obs. Tournaux ; RJS 2012. 459, n° 534 ; JS Lamy 2012, n° 323-3, obs. Guyader ; JCP S 2012. 1287, obs. Dumont.*

7. Information du salarié. L'employeur est tenu d'informer l'intéressé dès qu'il a connaissance de l'existence d'un poste. • Soc. 6 avr. 1994 : *Dr. soc. 1994. 564 ; RJS 1994. 337, n° 535.*

8. Emploi proposé. L'obligation faite à l'employeur d'informer le salarié de tout emploi devenu disponible et compatible avec sa qualification peut être limitée aux emplois pour lesquels le salarié a demandé sa réintégration. • Soc. 29 mai 1991, n° 88-43.883 P : *Dr. soc. 1991. 640 ; RJS 1991. 453, n° 864.* ♦ Mais elle n'est pas limitée aux seuls emplois pourvus par des contrats à durée indéterminée. • Soc. 26 janv. 1994 : *préc. note 3* • 8 avr. 2009 : *RJS 2009. 459, n° 513 ; JCP S 2009. 1340, note Corrignan-Carsin.*

9. Il n'appartient pas à l'employeur de se faire juge de l'aptitude physique d'un salarié, mais il doit lui proposer les emplois dans le cadre de la priorité de réembauche et soumettre l'intéressé à la visite médicale d'embauche au terme de laquelle le médecin du travail est seul habilité à se prononcer sur l'aptitude du candidat à les occuper. • Dijon, 2 mai 1996 : *RJS 1996. 838, n° 1303.*

10. En rejetant la demande d'un salarié en dommages-intérêts pour non-respect de la priorité de réembauche, le juge doit constater que le poste offert, soit n'était pas conforme à la demande du salarié, soit n'était pas compatible avec sa qualification. • Soc. 29 mai 1991 : *préc. note 8* • 30 juin 1992, n° 91-41.881 P : *JCP 1993. II. 22076, 2e esp., note Corrignan-Carsin* • 15 oct. 1996 : *D. 1998. Somm. 254, obs. Tissandier.* ♦ N'est pas compatible au sens de l'art. L. 321-14 [L. 1233-45 nouv.] l'emploi d'agent de sécurité pour un salarié qui a toujours été employé à des tâches administratives. • Soc. 27 oct. 1998, n° 96-45.005 P : *RJS 1998. 928, n° 1524.*

11. Notion d'emploi disponible. L'emploi d'un salarié en congé annuel n'est pas disponible au sens de l'art. L. 321-14 [L. 1233-45 nouv.]. • Soc. 17 juin 1992, n° 91-45.458 P : *D. 1992. IR 200 ; JCP 1993. II. 22076, 1re esp., note Corrignan-Carsin ; RJS 1992. 549, n° 984.* ♦ Dans le même sens : • Soc. 17 déc. 1992 : *RJS 1993. 163, n° 263* • 12 déc. 1995 : *Dr. soc. 1996. 202, obs. Favennec ; JCP 1996. II. 22619, note Corrignan-Carsin ; CSB 1996. 105, A. 23* (salarié en arrêt maladie) • 26 nov. 1997 : *RJS 1998. 124, n° 193* (salariée en congé de maternité).

12. Des postes sont considérés comme étant disponibles lorsque l'employeur a recours au travail temporaire de manière systématique et pour un volume d'heures correspondant à l'emploi de plusieurs salariés. • Soc. 1er mars 2000, n° 98-46.233 P : *D. 2000. IR 91 ; Dr. soc. 2000. 559, obs. Savatier ; RJS 2000. 286, n° 395.* ♦ La priorité de réembauche ne peut s'exercer que lorsque l'employeur procède à des embauches et non lorsqu'il propose un poste en interne aux salariés de l'entreprise. • Soc. 6 juill. 1999, n° 97-43.038 P : *D. 1999. IR 204 ; RJS 1999. 695, n° 1113 ; Dr. soc. 1999. 966, obs. Savatier.*

13. Notion d'emploi compatible. Ne sont pas compatibles au sens de l'art. L. 321-14 [L. 1233-45 nouv.] les emplois temporaires liés à l'arrêt momentané d'une chaîne de production. • Soc. 21 oct. 1998, n° 96-43.056 P : *RJS 1998. 928, n° 1525.*

14. Pluralité de bénéficiaires. Lorsque plusieurs salariés ont demandé à bénéficier de la priorité de réembauche, l'employeur n'a pas à suivre un ordre déterminé et peut choisir ses collaborateurs en fonction de l'entreprise. • Soc. 2 déc. 1998, n° 96-44.416 P : *D. 1999. IR 26 ; RJS 1999. 31, n° 88.* ♦ Mais il incombe à l'employeur d'informer préalablement tous les salariés licenciés pour motif économique qui ont manifesté le désir d'user de la priorité de réembauche de tous les postes disponibles et compatibles avec leur qualification. • Soc. 11 avr. 2012 : *Dalloz actualité, 16 mai 2012, obs. Perrin ; D. 2012. Actu. 1069 ; Dr. soc. 2012. 632, obs. Tournaux ; RJS 2012. 459, n° 534 ; JS Lamy 2012, n° 323-3, obs. Guyader ; JCP S 2012. 1287, obs. Dumont.*

15. Transfert d'entreprise. La priorité de réembauche s'exerce à l'égard de l'entreprise et subsiste après le licenciement ou la rupture du contrat de travail en cas de modification dans la situation juridique de l'employeur. • Soc. 26 févr. 1992, n° 88-43.891 P : *D. 1992. IR 99 ; Dr. soc. 1992. 378 ; JCP E 1992. II. 313, note J. Mouly ; RJS 1992. 241, n° 412* • 5 févr. 2002, n° 99-46.345 P : *Dr. soc. 2002. 561, obs. Savatier ; RJS 2002. 321, n° 397.* ♦ Seuls peuvent bénéficier de l'art. L. 122-12 [L. 1224-1 nouv.], pour la mise en œuvre de la priorité de réembauche auprès du repreneur, les salariés qui étaient affectés à l'entité transférée. • Soc. 5 mars 2002, n° 00-41.429 P : *RJS 2002. 455, n° 605.*

16. Sanctions. L'indemnité due pour violation de la priorité de réembauchage et l'indemnité due pour licenciement sans cause réelle et sérieuse sont cumulables. • Soc. 5 oct. 1995 : *RJS 1996. 156, n° 265* • 3 févr. 1998, n° 95-42.914 P : *RJS 1998. 185, n° 299.*

§ 4 MESURES DE RECLASSEMENT INTERNE

(L. n° 2013-504 du 14 juin 2013, art. 18-XI)

Art. L. 1233-45-1 Dans les entreprises de cinquante salariés ou plus, l'employeur peut, après avis favorable du comité d'entreprise, proposer des mesures de reclassement interne avant l'expiration du délai mentionné à l'article **L. 1233-30**.

V. notes ss. art. L. 1233-24-1.

SOUS-SECTION 4 **INFORMATION ET INTERVENTION DE L'AUTORITÉ ADMINISTRATIVE**

§ 1er INFORMATION DE L'AUTORITÉ ADMINISTRATIVE

Art. L. 1233-46 L'employeur notifie à l'autorité administrative tout projet de licenciement pour motif économique *(L. n° 2012-387 du 22 mars 2012, art. 43)* « d'au moins dix salariés » dans une même période de trente jours.

Lorsque l'entreprise est dotée de représentants du personnel, la notification est faite au plus tôt le lendemain de la date prévue pour la première réunion prévue aux articles **L. 1233-29** et **L. 1233-30**.

La notification est accompagnée de tout renseignement concernant la convocation, l'ordre du jour et la tenue de cette réunion. *(L. n° 2013-504 du 14 juin 2013, art. 18-XII)* « Au plus tard à cette date, elle indique, le cas échéant, l'intention de l'employeur d'ouvrir la négociation prévue à l'article **L. 1233-24-1**. Le seul fait d'ouvrir cette négociation avant cette date ne peut constituer une entrave au fonctionnement du comité d'entreprise. » — *V. art. L. 1238-4 (pén.).*

V. notes ss. art. L. 1233-24-1.

Art. L. 1233-47 *(Abrogé par L. n° 2013-504 du 14 juin 2013, art. 18-XIII)* ***La liste des salariés dont il est envisagé de rompre le contrat de travail est transmise à l'autorité administrative dans des conditions déterminées par décret en Conseil d'État.*** — [Anc. art. L. 321-7, al. 5, début.] — V. art. R. 1233-6.

V. notes ss. art. L. 1233-22.

Art. L. 1233-48 L'ensemble des informations communiquées aux représentants du personnel lors de leur convocation aux réunions prévues par les articles **L. 1233-29** et **L. 1233-30** est communiqué simultanément à l'autorité administrative.

L'employeur lui adresse également les procès-verbaux des réunions. Ces procès-verbaux comportent les avis, suggestions et propositions des représentants du personnel. — *[Anc. art. L. 321-4, al. 11.]*

Art. L. 1233-49 Lorsque l'entreprise est dépourvue de comité d'entreprise ou de délégués du personnel et est soumise à l'obligation d'établir un plan de sauvegarde de l'emploi, ce plan ainsi que les informations destinées aux représentants du personnel mentionnées à l'article **L. 1233-31** sont communiqués à l'autorité administrative en même temps que la notification du projet de licenciement. En outre, le plan est porté à la connaissance des salariés par *(Ord. n° 2014-699 du 26 juin 2014, art. 5)* « tout moyen » sur les lieux de travail. — *[Anc. art. L. 321-4-1, al. 10.]*

Art. L. 1233-50 Lorsque le comité d'entreprise recourt à l'assistance d'un expert-comptable, l'employeur *(L. n° 2013-504 du 14 juin 2013, art. 18-XIV)* « en informe » l'autorité administrative. *(Abrogé par L. n° 2013-504 du 14 juin 2013, art. 18-XIV)* « ***Il informe cette dernière de la date de la deuxième réunion du comité d'entreprise.*** » Il lui transmet également *(L. n° 2013-504 du 14 juin 2013, art. 18-XIV)* « son rapport et » les modifications éventuelles du projet de licenciement *(Abrogé par L. n° 2013-504 du 14 juin 2013, art. 18-XIV)* « ***à l'issue de la deuxième et de la troisième réunion*** ». — *[Anc. art. L. 321-7-1, al. 4.]*

V. notes ss. art. L. 1233-24-1.

Art. L. 1233-51 Lorsque le projet de licenciement donne lieu à consultation du comité central d'entreprise, l'autorité administrative du siège de l'entreprise est infor-

mée de cette consultation et, le cas échéant, de la désignation d'un expert-comptable. – *[Anc. art. L. 321-7-1, al. 7.]*

§ 2 INTERVENTION DE L'AUTORITÉ ADMINISTRATIVE CONCERNANT LES ENTREPRISES NON SOUMISES À L'OBLIGATION D'ÉTABLIR UN PLAN DE SAUVEGARDE DE L'EMPLOI *(L. nº 2013-504 du 14 juin 2013, art. 18-XV).*

Art. L. 1233-52 *(Abrogé par L. nº 2013-504 du 14 juin 2013, art. 18-XV)* ***En l'absence de plan de sauvegarde de l'emploi au sens de l'article L. 1233-61, alors que l'entreprise est soumise à cette obligation, l'autorité administrative constate et notifie cette carence à l'entreprise dès qu'elle en a eu connaissance et au plus tard dans les huit jours suivant la notification du projet de licenciement prévue à l'article L. 1233-46.*** – [Anc. art. L. 321-7, al. 3.] – V. Circ. 29 janv. 1993 (JO 13 févr.).

V. notes ss. art. L. 1233-22.

COMMENTAIRE

V. Dalloz.fr et applications mobiles Dalloz.

1. Portée du constat de carence. Le constat de carence dressé par l'administration ne peut être contesté par la voie du recours pour excès de pouvoir. • CE 17 déc. 1993 : *Dr. soc. 1994. 489, concl. Le Chatelier ; RJS 1994. 178, nº 241.* ♦ *Contra* : l'interprétation donnée par la circulaire du 29 janv. 1993 qui n'a pas de valeur réglementaire : même décision. Affirmant que le constat de carence n'a pas valeur de décision. • Soc. 16 avr. 1996, *Sietam*, nº 94-11.660 P : *Dr. soc. 1996. 484, note A. Lyon-Caen (3e arrêt) ; RJS 1996. 336, nº 530 ; ibid. 313, concl. Kessous ; JCP E 1996. II. 836, note Picca* • CE 26 mars 1997 : *Dr. soc. 1997. 460, concl. Lamy ; RJS 1997. 348, nº 532.*

2. Sanction du non-respect du constat de carence. Il n'a été prévu aucune sanction pour le cas où l'employeur passerait outre au constat de carence. • Chambéry, 9 nov. 1993 : *RJS 1994. 178, nº 242.* ♦ Ce constat de carence ne peut constituer une preuve ou même une présomption de régularité de la procédure de licenciement. • Chambéry, 9 nov. 1993 : *préc. note 1.* ♦ Le silence gardé par l'administration dans le délai qui lui est imparti pour dresser le constat de carence ne constitue pas une approbation implicite du contenu du plan social ni même une reconnaissance de son existence. • Reims, 24 nov. 1993 : *RJS 1994. 35, nº 18 (1re esp.).*

Art. L. 1233-53 *(L. nº 2013-504 du 14 juin 2013, art. 18-XV)* **« Dans les entreprises de moins de cinquante salariés** *(Abrogé par L. nº 2015-990 du 6 août 2015, art. 289)* ***« et les entreprises de cinquante salariés et plus lorsque le projet de licenciement concerne moins de dix salariés dans une même période de trente jours »*, l'autorité administrative vérifie, dans le délai de vingt et un jours à compter de la date de la notification du projet de licenciement, que : »**

1º Les représentants du personnel ont été informés, réunis et consultés conformément aux dispositions légales et conventionnelles en vigueur ;

2º Les obligations relatives à l'élaboration des mesures sociales prévues par l'article L. 1233-32 ou par des conventions ou accords collectifs de travail ont été respectées ;

3º Les mesures prévues à l'article L. 1233-32 seront effectivement mises en œuvre.

V. notes ss. art. L. 1233-24-1.

L'abrogation issue de la L. nº 2015-990 du 6 août 2015 est applicable aux procédures de licenciement pour motif économique engagées, en application des art. L. 1233-8 ou L. 1233-30, après le 7 août 2015 (L. préc., art. 295).

BIBL. GÉA, *RDT 2015. 186.*

Art. L. 1233-54 *(Abrogé par L. nº 2013-504 du 14 juin 2013, art. 18-XV)* ***L'autorité administrative dispose, pour procéder aux vérifications et adresser son avis, d'un délai courant à compter de la date de notification du projet de licenciement de :***

1º Vingt et un jours lorsque le nombre des licenciements est inférieur à cent ;

2º Vingt-huit jours lorsque le nombre des licenciements est au moins égal à cent et inférieur à deux cent cinquante ;

3º Trente-cinq jours lorsque ce nombre est au moins égal à deux cent cinquante.

Lorsqu'il existe une convention ou un accord collectif de travail, ce délai ne peut être inférieur au délai conventionnel séparant les deux réunions de représentants du personnel, prévu à l'article L. 1233-30, augmenté de sept jours. – [Anc. art. L. 321-7, al. 5 et al. 6, phrase 1.]

V. notes ss. art. L. 1233-22.

Art. L. 1233-55 *(Abrogé par L. nº 2013-504 du 14 juin 2013, art. 18-XV) Lorsque le comité d'entreprise recourt à l'assistance d'un expert-comptable, le délai accordé à l'autorité administrative pour effectuer les vérifications et adresser son avis court à compter du lendemain de la deuxième réunion du comité d'entreprise. Il expire au plus tard quatre jours avant l'expiration du délai d'envoi des lettres de licenciement mentionné à l'article L. 1233-39.* – [Anc. art. L. 321-7-1, al. 5, phrases 2 et 3.]

V. notes ss. art. L. 1233-54.

Art. L. 1233-56 **Lorsque l'autorité administrative relève une irrégularité de procédure au cours des vérifications qu'elle effectue, elle adresse à l'employeur un avis précisant la nature de l'irrégularité constatée. Elle envoie simultanément copie de ses observations au comité d'entreprise ou, à défaut, aux délégués du personnel.**

(L. nº 2013-504 du 14 juin 2013, art. 18-XV) **« L'autorité administrative peut formuler des observations sur les mesures sociales prévues à l'article L. 1233-32. »**

L'employeur répond aux observations de l'autorité administrative et adresse copie de sa réponse aux représentants du personnel. Si cette réponse intervient après le délai d'envoi des lettres de licenciement prévu à l'article L. 1233-39, celui-ci est reporté jusqu'à la date d'envoi de la réponse à l'autorité administrative. Les lettres de licenciement ne peuvent être adressées aux salariés qu'à compter de cette date. – *[Anc. art. L. 321-7, al. 6, phrases 2 et 3 et al. 7.]*

V. notes ss. art. L. 1233-24-1.

COMMENTAIRE

V. Dalloz.fr et applications mobiles Dalloz

1. Avis de l'administration. Les avis de l'administration n'ont par eux-mêmes ni pour objet ni pour effet d'empêcher le licenciement et n'obligent l'entreprise qu'à une simple réponse ; alors même qu'ils suspendent l'envoi des lettres de licenciement, ces avis ne constituent pas des décisions susceptibles de faire l'objet d'un recours pour excès de pouvoir. • CE 26 mars 1997, *Sté Bostik : Lebon 113 ; Dr. soc. 1997. 460, concl. Lamy ; RJS 1997. 348, nº 532.*

2. Loyauté de la procédure. Un comité d'entreprise qui n'établit pas quelles sont les observations de l'administration qui ne lui auraient pas été communiquées n'a subi aucun grief de nature à altérer la loyauté de la procédure consultative. • Soc. 12 nov. 1996, nº 94-21.994 P *:D. 1997. IR 5 ; Dr. soc. 1997. 107, obs. Bélier ; RJS 1996. 809, nº 1250 ; Gaz. Pal. 1997. 1. 69, note Philbert ; CSB 1997. 62.*

§ 3 INTERVENTION DE L'AUTORITÉ ADMINISTRATIVE CONCERNANT LES ENTREPRISES SOUMISES À L'OBLIGATION D'ÉTABLIR UN PLAN DE SAUVEGARDE DE L'EMPLOI *(L. nº 2013-504 du 14 juin 2013, art. 18-XVI).*

BIBL. ANTONMATTÉI, *Sem. soc. Lamy 2013, nº 1570, p. 15.* – GÉA, *RDT 2014. 336* (l'homologation du PSE : (premières esquisses interprétatives).

Art. L. 1233-57 **L'autorité administrative peut présenter toute proposition pour compléter ou modifier le plan de sauvegarde de l'emploi, en tenant compte de la situation économique de l'entreprise.**

Ces propositions sont formulées avant la dernière réunion du comité d'entreprise. Elles sont communiquées à l'employeur et au comité d'entreprise ou, à défaut, aux délégués du personnel. *(L. nº 2013-504 du 14 juin 2013, art. 18-XVII)* **« L'employeur adresse une réponse motivée à l'autorité administrative. »**

En l'absence de représentants du personnel, ces propositions ainsi que la réponse motivée de l'employeur à celles-ci, qu'il adresse à l'autorité administrative, sont portées à la connaissance des salariés par voie d'affichage sur les lieux de travail. – *[Anc. art. L. 321-7, al. 8 et 9.]*

V. notes ss. art. L. 1233-24-1.

Art. L. 1233-57-1 *(L. nº 2013-504 du 14 juin 2013, art. 18-XVIII)* **L'accord collectif majoritaire mentionné à l'article L. 1233-24-1 ou le document élaboré par l'employeur mentionné à l'article L. 1233-24-4 sont transmis à l'autorité administrative pour validation de l'accord ou homologation du document.**

V. notes ss. art. L. 1233-24-1.

COMMENTAIRE

V. Dalloz.fr et applications mobiles Dalloz.

1. Contestation de la décision. Les décisions de validation ou d'homologation mentionnées à l'art. L. 1233-57-1 C. trav., qui n'ont pas un caractère réglementaire, sont relatives à l'application de la réglementation du travail et doivent, par suite, être contestées devant le tribunal administratif compétent, déterminé conformément à la règle édictée par l'art. R. 312-10 CJA ; en application de cet article, lorsque l'accord collectif ou le document de l'employeur relatif au projet de licenciement collectif en cause identifie le ou les établissements auxquels sont rattachés les emplois dont la suppression est envisagée et que ces établissements sont situés dans le ressort d'un même tribunal administratif, ce tribunal est compétent pour connaître d'un recours pour excès de pouvoir dirigé contre la décision administrative validant l'accord collectif ou homologuant le document de l'employeur ; dans tous les autres cas, il y a lieu d'estimer que l'établissement à l'origine du litige au sens de l'art. R. 312-10 CJA est l'entreprise elle-même et le tribunal compétent est celui dans le ressort duquel se trouve le siège de cette entreprise. • CE 24 janv. 2014 : *RJS 2014. 257, nº 312 ; JS Lamy 2014, nº 362-3, obs. Hautefort.* ♦ Lorsque l'autorité administrative est saisie d'une demande de validation d'un accord collectif fixant le contenu d'un plan de sauvegarde de l'emploi pour une opération qui, parce qu'elle modifie de manière importante les conditions de santé et de sécurité ou les conditions de travail des salariés de l'entreprise, requiert la consultation du ou des CHSCT concernés, elle ne peut légalement accorder la validation demandée que si cette consultation a été régulière ; les CHSCT pour lesquels l'art. L. 1233-57-4 C. trav. ne prévoit pas que soient portées à leur connaissance les décisions de validation ou d'homologation n'ont pas qualité pour agir contre ces décisions. • CE 21 oct. 2015, nº 386123 : *Sem. soc. Lamy 2016, nº 1698, p. 11, obs. Loiseau ; JCP S 2016. 1025, obs. Martinez.*

2. Contrôle de la qualité des signataires de l'accord. Lorsque le plan fait l'objet d'un accord d'entreprise, l'administration doit contrôler son caractère majoritaire et la qualité des signataires pour engager leurs syndicats. • CE 22 juill. 2015, nº 385668 : *RDT 2015. 514, concl. Dumortier ; ibid. 528, note Géa ; AJDA 2015. 1444 ; ibid. 1632, chron. Lessi et Dutheillet de Lamothe ; RJS 10/2015, nº 631 ; ibid. 12/2015, p. 715, note Morand.*

3. Contrôle de l'information reçue par le comité d'entreprise. Le juge judiciaire est seul compétent pour se prononcer sur le motif économique justifiant les licenciements, mais l'administration doit, sous le contrôle du juge administratif, s'assurer que le comité d'entreprise a été correctement informé du plan et de la situation économique de l'entreprise. Lorsque l'employeur restreint sa présentation de la situation économique de l'entreprise au niveau d'un secteur d'activité qu'il définit, il doit justifier ce choix. • CE 22 juill. 2015, nº 385816 : *RDT 2015. 514, concl. Dumortier ; ibid. 528, note Géa ; JCP S 2015, nº 1346, note Martinez et Giudicelli ; RJS 10/2015, nº 630 ; JS Lamy 2015, nº 395-1, obs. Hautefort.* ♦ V. aussi : • CE 23 mars 2016, nº 389158 : *RJS 6/2016, nº 420 ; JS Lamy 2016, nº 409-3, obs. Hautefort.*

4. Contrôle du contenu du plan. L'administration doit, enfin, s'assurer que le contenu du plan est conforme aux objectifs fixés par le législateur de maintien dans l'emploi et de reclassement des salariés. • CE 22 juill. 2015, nº 385668 : *RDT 2015. 514, concl. Dumortier ; ibid. 528, note Géa ; AJDA 2015. 1444 ; ibid. 1632, chron. Lessi et Dutheillet de Lamothe ; RJS 10/2015, nº 631 ; JS Lamy 2015, nº 395-1, obs. Hautefort.*

5. Contrôle sur la régularité de la consultation du CHSCT. L'administration, saisie d'une demande de validation d'un accord collectif ou d'homologation d'un document unilatéral fixant le contenu d'un PSE pour une opération qui, parce qu'elle modifie de manière importante les conditions de santé et de sécurité ou les conditions de travail des salariés de l'entreprise, requiert la consultation du ou des CHSCT concernés, ne peut légalement accorder cette validation ou cette homologation que si cette consultation a été régulière ; il lui appartient, dès lors, de s'assurer, en tenant compte des conditions dans lesquelles l'expert le cas échéant désigné a pu exercer sa mission, que le ou les CHSCT concernés ont pu se prononcer sur l'opération projetée en toute connaissance de cause. • CE 29 juin 2016, nº 386581 : *RJS 10/2016, nº 627 ; Sem. soc. Lamy 2016, nº 1736, p. 5, concl. Lieber.* ♦ Lorsque la consultation du CHSCT est requise, il peut, au cours de la procédure d'information et de consultation préalable à la transmission d'une demande de validation ou d'homologation relative à un PSE, saisir l'autorité administrative de toute atteinte à l'exercice de sa mission ou de celle de l'expert qu'il a le cas échéant désigné, en formulant, selon le cas, une demande d'injonction ou une contestation relative à l'expertise. • Même arrêt.

Art. L. 1233-57-2 *(L. n° 2013-504 du 14 juin 2013, art. 18-XVIII)* **L'autorité administrative valide l'accord collectif mentionné à l'article L. 1233-24-1 dès lors qu'elle s'est assurée de :**

1° Sa conformité aux articles L. 1233-24-1 à L. 1233-24-3 ;

2° La régularité de la procédure d'information et de consultation du comité d'entreprise et, le cas échéant, du comité d'hygiène, de sécurité et des conditions de travail et de l'instance de coordination mentionnée à l'article L. 4616-1 ;

3° La présence dans le plan de sauvegarde de l'emploi des mesures prévues aux articles L. 1233-61 et L. 1233-63 ;

(L. n° 2014-856 du 31 juill. 2014, art. 21) **« 4° La mise en œuvre effective, le cas échéant, des obligations prévues aux articles L. 1233-57-9 à L. 1233-57-16, L. 1233-57-19 et L. 1233-57-20. »**

V. notes ss. art. L. 1233-24-1.

Il appartient à l'autorité administrative saisie d'une demande d'autorisation de licenciement pour motif économique de s'assurer que la procédure de consultation des représentants du personnel a été respectée, que l'employeur a rempli ses obligations de reclassement et que les salariés protégés ont accès aux mesures prévues par le plan dans des conditions non discriminatoires ; il ne lui appartient pas d'apprécier la validité du plan. • CE 25 févr. 2015, n° 375590 : *Sem. soc. Lamy 2015, n° 1670, obs. Kapp ; RJS 5/2015, n° 351.*

Art. L. 1233-57-3 *(L. n° 2013-504 du 14 juin 2013, art. 18-XVIII)* **En l'absence d'accord collectif ou en cas d'accord ne portant pas sur l'ensemble des points mentionnés aux 1° à 5° de l'article L. 1233-24-2, l'autorité administrative homologue le document élaboré par l'employeur mentionné à l'article L. 1233-24-4, après avoir vérifié la conformité de son contenu aux dispositions législatives et aux stipulations conventionnelles relatives aux éléments mentionnés aux 1° à 5° de l'article L. 1233-24-2, la régularité de la procédure d'information et de consultation du comité d'entreprise et, le cas échéant, du comité d'hygiène, de sécurité et des conditions de travail et de l'instance de coordination mentionnée à l'article L. 4616-1,** *(L. n° 2014-856 du 31 juill. 2014, art. 21)* **« le respect, le cas échéant, des obligations prévues aux articles L. 1233-57-9 à L. 1233-57-16, L. 1233-57-19 et L. 1233-57-20 » et le respect par le plan de sauvegarde de l'emploi des articles L. 1233-61 à L. 1233-63 en fonction des critères suivants :**

1° Les moyens dont disposent l'entreprise, l'unité économique et sociale et le groupe ;

2° Les mesures d'accompagnement prévues au regard de l'importance du projet de licenciement ;

3° Les efforts de formation et d'adaptation tels que mentionnés aux articles L. 1233-4 et L. 6321-1.

Elle prend en compte le rapport le plus récent établi par le comité d'entreprise au titre de l'article *(L. n° 2015-994 du 17 août 2015, art. 18-XIV, en vigueur le 1er janv. 2016)* **« L. 2323-56 », concernant l'utilisation du crédit d'impôt compétitivité emploi.**

Elle s'assure que l'employeur a prévu le recours au contrat de sécurisation professionnelle mentionné à l'article L. 1233-65 ou la mise en place du congé de reclassement mentionné à l'article L. 1233-71.

V. notes ss. art. L. 1233-24-1.

BIBL. GÉA, *RDT 2015. 254 ; ibid. 2016. 484.*

Contrôle du PSE. Lorsqu'elle est saisie d'une demande d'homologation d'un document élaboré en application de l'art. L. 1233-24-4, il appartient à l'administration, sous le contrôle du juge de l'excès de pouvoir, de vérifier la conformité de ce document et du plan de sauvegarde de l'emploi dont il fixe le contenu aux dispositions législatives et aux stipulations conventionnelles applicables, en s'assurant notamment du respect par le plan de sauvegarde de l'emploi des dispositions des art. L. 1233-61 à L. 1233-63 ; à ce titre elle doit, au regard de l'importance du projet de licenciement, apprécier si les mesures contenues dans le plan sont précises et concrètes et si, à raison, pour chacune, de sa contribution aux objectifs de maintien dans l'emploi et de reclassement des salariés, elles sont, prises dans leur ensemble, propres à satisfaire à ces objectifs compte tenu, d'une part, des efforts de formation et d'adaptation déjà réalisés par l'employeur et, d'autre part, des moyens dont disposent l'entreprise, et le cas échéant, l'unité économique et sociale et le groupe. • CE 13 juill. 2016, n° 387448 : *RDT 2016. 706, obs. Dedessus-le-Moustier*.

Art. L. 1233-57-4 *(L. n° 2013-504 du 14 juin 2013, art. 18-XVIII)* **L'autorité administrative notifie à l'employeur la décision de validation dans un délai de quinze jours à compter de la réception de l'accord collectif mentionné à l'article L. 1233-24-1 et la décision d'homologation dans un délai de vingt et un jours à compter de la réception du document complet élaboré par l'employeur mentionné à l'article L. 1233-24-4.**

Elle la notifie, dans les mêmes délais, au comité d'entreprise et, si elle porte sur un accord collectif, aux organisations syndicales représentatives signataires. La décision prise par l'autorité administrative est motivée.

Le silence gardé par l'autorité administrative pendant les délais prévus au premier alinéa vaut décision d'acceptation de validation ou d'homologation. Dans ce cas, l'employeur transmet une copie de la demande de validation ou d'homologation, accompagnée de son accusé de réception par l'administration, au comité d'entreprise et, si elle porte sur un accord collectif, aux organisations syndicales représentatives signataires.

La décision de validation ou d'homologation ou, à défaut, les documents mentionnés au troisième alinéa et les voies et délais de recours sont portés à la connaissance des salariés par voie d'affichage sur leurs lieux de travail *(Ord. n° 2014-699 du 26 juin 2014, art. 6)* **« ou par tout autre moyen permettant de conférer date certaine à cette information ».**

V. Arr. du 27 juin 2014, JO 3 juill.

V. notes ss. art. L. 1233-24-1.

Lorsque l'autorité administrative est saisie d'une demande de validation d'un accord collectif fixant le contenu d'un plan de sauvegarde de l'emploi pour une opération qui, parce qu'elle modifie de manière importante les conditions de santé et de sécurité ou les conditions de travail des salariés de l'entreprise, requiert la consultation du ou des CHSCT concernés, elle ne peut légalement accorder la validation demandée que si cette consultation a été régulière ; les CHSCT pour lesquels l'art. L. 1233-57-4 C. trav. ne prévoit pas que soient portées à leur connaissance les décisions de validation ou d'homologation n'ont pas qualité pour agir contre ces décisions. • CE 21 oct. 2015, n° 386123 : *RDT 2016. 113, obs. Gilbert ; RJS 1/2016, n° 21 ; JS Lamy 2015, n° 399-400-4, obs. Hautefort ; JCP S 2016. 1025, obs. Martinez.*

Art. L. 1233-57-5 *(L. n° 2013-504 du 14 juin 2013, art. 18-XVIII)* **Toute demande tendant, avant transmission de la demande de validation ou d'homologation, à ce qu'il soit enjoint à l'employeur de fournir les éléments d'information relatifs à la procédure en cours ou de se conformer à une règle de procédure prévue par les textes législatifs, les conventions collectives ou un accord collectif est adressée à l'autorité administrative. Celle-ci se prononce dans un délai de cinq jours.**

V. notes ss. art. L. 1233-24-1.

COMMENTAIRE

V. Dalloz.fr et applications mobiles Dalloz.

L'obligation faite à l'employeur d'adresser aux représentants du personnel et, le cas échéant, aux organisations syndicales la copie des réponses faites au Direccte s'applique lorsque ce dernier a fait des observations ou des propositions en application de l'art. L. 1233-57-6 et non dans le cadre de la procédure d'injonction prévue à l'art. L. 1223-57-5. • CE 7 déc. 2015, n° 383856 : *RJS 2/2016, n° 119 ; JCPS 2016. 1047, obs. Morvan.*

Art. L. 1233-57-6 *(L. n° 2013-504 du 14 juin 2013, art. 18-XVIII)* **L'administration peut, à tout moment en cours de procédure, faire toute observation ou proposition à l'employeur concernant le déroulement de la procédure ou les mesures sociales prévues à l'article L. 1233-32. Elle envoie simultanément copie de ses observations au comité d'entreprise ou, à défaut, aux délégués du personnel et, lorsque la négociation**

de l'accord visé à l'article L. 1233-24-1 est engagée, aux organisations syndicales représentatives dans l'entreprise.

L'employeur répond à ces observations et adresse copie de sa réponse aux représentants du personnel et, le cas échéant, aux organisations syndicales.

V. notes ss. art. L. 1233-24-1.

La non-communication au comité d'entreprise par la Direccte de ses observations à l'employeur sur le plan social d'entreprise, en violation de l'art. L. 1233-57-6 C. trav., ne rend la procédure consultative illégale que si elle a empêché le comité de se prononcer en toute connaissance de cause. • CE 23 mars 2016, n° 389158 : *Sem. soc. Lamy 2016, n° 1720, p. 4, concl. Lieber et obs. Champeaux.*

Art. L. 1233-57-7 *(L. n° 2013-504 du 14 juin 2013, art. 18-XVIII)* **En cas de décision de refus de validation ou d'homologation, l'employeur, s'il souhaite reprendre son projet, présente une nouvelle demande après y avoir apporté les modifications nécessaires et consulté le comité d'entreprise.**

V. notes ss. art. L. 1233-24-1.

Art. L. 1233-57-8 *(L. n° 2013-504 du 14 juin 2013, art. 18-XVIII)* **L'autorité administrative compétente pour prendre la décision d'homologation ou de validation mentionnée à l'article L. 1233-57-1 est celle du lieu où l'entreprise ou l'établissement concerné par le projet de licenciement collectif est établi. Si le projet de licenciement collectif porte sur des établissements relevant de la compétence d'autorités différentes, le ministre chargé de l'emploi désigne l'autorité compétente.**

V. notes ss. art. L. 1233-24-1.

SECTION IV *BIS* OBLIGATION DE RECHERCHER UN REPRENEUR EN CAS DE PROJET DE FERMETURE D'UN ÉTABLISSEMENT

(L. n° 2014-384 du 29 mars 2014, art. 1er)

Cette section est applicable aux procédures de licenciement collectif engagées à compter du 1er avr. 2014.

Une procédure de licenciement collectif est réputée engagée à compter de la date d'envoi de la convocation à la première réunion du comité d'entreprise mentionnée à l'art. L. 1233-30 C. trav. (L. n° 2014-384 du 29 mars 2014, art. 1er-III).

COMMENTAIRE

V. Dalloz.fr et applications mobiles Dalloz.

SOUS-SECTION 1 INFORMATION DES SALARIÉS ET DE L'AUTORITÉ ADMINISTRATIVE DE L'INTENTION DE FERMER UN ÉTABLISSEMENT

§ 1er INFORMATION DES SALARIÉS

Art. L. 1233-57-9 **Lorsqu'elle envisage la fermeture d'un établissement qui aurait pour conséquence un projet de licenciement collectif, l'entreprise mentionnée à l'article L. 1233-71 réunit et informe le comité d'entreprise, au plus tard à l'ouverture de la procédure d'information et de consultation prévue à l'article L. 1233-30.**

Art. L. 1233-57-10 **L'employeur adresse aux représentants du personnel, avec la convocation à la réunion prévue à l'article L. 1233-57-9, tous renseignements utiles sur le projet de fermeture de l'établissement.**

Il indique notamment :

1° Les raisons économiques, financières ou techniques du projet de fermeture ;

2° Les actions qu'il envisage d'engager pour trouver un repreneur ;

3° Les possibilités pour les salariés de déposer une offre de reprise, les différents modèles de reprise possibles, notamment par les sociétés prévues par la loi n° 78-763 du 19 juillet 1978 portant statut des sociétés coopératives de production, ainsi que le droit des représentants du personnel de recourir à un expert prévu à l'article L. 1233-57-17.

COMMENTAIRE

V. Dalloz.fr et applications mobiles Dalloz ☐

Art. L. 1233-57-11 Dans les entreprises dotées d'un comité central d'entreprise, l'employeur réunit et informe le comité central et les comités d'établissement intéressés dès lors que les mesures envisagées excèdent le pouvoir des chefs d'établissement concernés ou portent sur plusieurs établissements simultanément. Dans ce cas, les comités d'établissement tiennent leur réunion après la réunion du comité central d'entreprise tenue en application de l'article L. 1233-57-9.

§ 2 INFORMATION DE L'AUTORITÉ ADMINISTRATIVE ET DES COLLECTIVITÉS TERRITORIALES

Art. L. 1233-57-12 L'employeur notifie sans délai à l'autorité administrative tout projet de fermeture d'un établissement mentionné à l'article L. 1233-57-9.

L'ensemble des informations mentionnées à l'article L. 1233-57-10 est communiqué simultanément à l'autorité administrative. L'employeur lui adresse également le procès-verbal de la réunion mentionnée à l'article L. 1233-57-9, ainsi que tout renseignement concernant la convocation, l'ordre du jour et la tenue de cette réunion.

Art. L. 1233-57-13 L'employeur informe le maire de la commune du projet de fermeture de l'établissement. Dès que ce projet lui a été notifié, l'autorité administrative en informe les élus concernés.

SOUS-SECTION 2 **RECHERCHE D'UN REPRENEUR**

§ 1er OBLIGATIONS À LA CHARGE DE L'EMPLOYEUR

Art. L. 1233-57-14 L'employeur ayant informé le comité d'entreprise du projet de fermeture d'un établissement recherche un repreneur. Il est tenu :

1° D'informer, par tout moyen approprié, des repreneurs potentiels de son intention de céder l'établissement ;

2° De réaliser sans délai un document de présentation de l'établissement destiné aux repreneurs potentiels ;

3° Le cas échéant, d'engager la réalisation du bilan environnemental mentionné à l'article L. 623-1 du code de commerce, ce bilan devant établir un diagnostic précis des pollutions dues à l'activité de l'établissement et présenter les solutions de dépollution envisageables ainsi que leur coût ;

4° De donner accès à toutes informations nécessaires aux entreprises candidates à la reprise de l'établissement, exceptées les informations dont la communication serait de nature à porter atteinte aux intérêts de l'entreprise ou mettrait en péril la poursuite de l'ensemble de son activité. Les entreprises candidates à la reprise de l'établissement sont tenues à une obligation de confidentialité ;

5° D'examiner les offres de reprise qu'il reçoit ;

6° D'apporter une réponse motivée à chacune des offres de reprise reçues, dans les délais prévus à l'article L. 1233-30.

COMMENTAIRE

V. Dalloz.fr et applications mobiles Dalloz ☐

§ 2 RÔLE DU COMITÉ D'ENTREPRISE

Art. L. 1233-57-15 Le comité d'entreprise est informé des offres de reprise formalisées, au plus tard huit jours après leur réception. Les informations qui lui sont communiquées à ce titre sont réputées confidentielles dans les conditions prévues à l'article L. 2325-5. Il peut émettre un avis, dans les délais prévus à l'article L. 1233-30, participer à la recherche d'un repreneur et formuler des propositions.

COMMENTAIRE

V. Dalloz.fr et applications mobiles Dalloz ☐

Art. L. 1233-57-16 Si le comité d'entreprise souhaite participer à la recherche d'un repreneur, l'employeur lui donne accès, à sa demande, aux informations mentionnées aux 4° à 6° de l'article L. 1233-57-14.

Art. L. 1233-57-17 Le comité d'entreprise peut recourir à l'assistance d'un expert de son choix rémunéré par l'entreprise.

Cet expert a pour mission d'analyser le processus de recherche d'un repreneur, sa méthodologie et son champ, d'apprécier les informations mises à la disposition des repreneurs potentiels, d'étudier les offres de reprise et d'apporter son concours à la recherche d'un repreneur par le comité d'entreprise et à l'élaboration de projets de reprise.

L'expert présente son rapport dans les délais prévus à l'article L. 1233-30.

Lorsque le comité d'entreprise recourt à l'assistance d'un expert, l'employeur en informe sans délai l'autorité administrative.

Art. L. 1233-57-18 Dans les entreprises dotées d'un comité central d'entreprise, les comités d'établissement exercent les attributions confiées au comité d'entreprise en application des articles L. 1233-57-15 à L. 1233-57-17, L. 1233-57-19 et L. 1233-57-20, dans la limite des pouvoirs confiés aux chefs de ces établissements.

§ 3 CLÔTURE DE LA PÉRIODE DE RECHERCHE

COMMENTAIRE

V. Dalloz.fr et applications mobiles Dalloz. ❑

Art. L. 1233-57-19 L'employeur consulte le comité d'entreprise sur toute offre de reprise à laquelle il souhaite donner suite et indique les raisons qui le conduisent à accepter cette offre, notamment au regard de la capacité de l'auteur de l'offre à garantir la pérennité de l'activité et de l'emploi de l'établissement. Le comité d'entreprise émet un avis sur cette offre dans un délai fixé en application de l'article L. 2323-3.

(L. n° 2016-1088 du 8 août 2016, art. 94) « Lorsque la procédure est aménagée en application de l'article L. 1233-24-2 pour favoriser un projet de transfert d'une ou de plusieurs entités économiques mentionné à l'article L. 1233-61, l'employeur consulte le comité d'entreprise sur l'offre de reprise dans le délai fixé par l'accord collectif mentionné à l'article L. 1233-24-2. »

Les dispositions issues de la L. n° 2016-1088 du 8 août 2016 sont applicables aux licenciements économiques engagés après le 9 août 2016.

La procédure de licenciement est considérée comme engagée soit à compter de la date d'envoi de la convocation à l'entretien préalable mentionnée à l'art. L. 1233-11, soit à compter de la date d'envoi de la convocation à la première réunion des délégués du personnel ou du comité d'entreprise mentionnée à l'art. L. 1233-30 (L. préc., art. 94-II).

Art. L. 1233-57-20 Avant la fin de la procédure d'information et de consultation prévue à l'article L. 1233-30, si aucune offre de reprise n'a été reçue ou si l'employeur n'a souhaité donner suite à aucune des offres, celui-ci réunit le comité d'entreprise et lui présente un rapport, qui est communiqué à l'autorité administrative. Ce rapport indique :

1° Les actions engagées pour rechercher un repreneur ;

2° Les offres de reprise qui ont été reçues ainsi que leurs caractéristiques ;

3° Les motifs qui l'ont conduit, le cas échéant, à refuser la cession de l'établissement.

Art. L. 1233-57-21 Les actions engagées par l'employeur au titre de l'obligation de recherche d'un repreneur sont prises en compte dans la convention de revitalisation conclue entre l'entreprise et l'autorité administrative en application des articles L. 1233-84 à L. 1233-90.

(L. n° 2014-856 du 31 juill. 2014, art. 22) « Eu égard à la capacité de l'employeur à éviter les licenciements ou à en limiter le nombre par la cession de l'établissement concerné par le projet de fermeture, attestée par les rapports mentionnés aux articles L. 1233-57-17 et L. 1233-57-20, l'autorité administrative peut demander le remboursement des aides pécuniaires en matière d'installation, de développement économique, de recherche ou d'emploi attribuées par une personne publique à l'entreprise, au titre

de l'établissement concerné par le projet de fermeture, au cours des deux années précédant la réunion prévue au I de l'article L. 1233-30 et après l'entrée en vigueur de la loi n° 2014-856 du 31 juillet 2014 relative à l'économie sociale et solidaire. »

SOUS-SECTION 3 **DISPOSITIONS D'APPLICATION**

Art. L. 1233-57-22 Un décret en Conseil d'État détermine les modalités d'application de la présente section. – *V. art. R. 1233-15 s.*

SECTION V **LICENCIEMENT ÉCONOMIQUE DANS LE CADRE D'UNE SAUVEGARDE, D'UN REDRESSEMENT OU D'UNE LIQUIDATION JUDICIAIRE**

(L. n° 2013-504 du 14 juin 2013, art. 18-XIX).

BIBL. Barbé, *Sem. soc. Lamy 1996, n° 794, suppl.* - Decaix, *Dr. soc. 1992. 670* ✎. - Derrida, *ibid. 1978, n° spéc. févr., S 62* (licenciement et droit des faillites). - Dechristé, *D. Affaires 1999. 358* (compétence prud'homale et redressement judiciaire). - Fabre, *RDT 2014. 259* ✎ (aspects sociaux de l'Ord. n° 2014-326 du 12 mars 2014 réformant le droit des entreprises en difficultés). - Jacotot, *Dr. soc. 2014. 423* ✎ (l'intervention des représentants du personnel en cas de « grand » licenciement collectif dans une entreprise en difficulté). - Sportouch, *ibid. 1992. 787* ✎. - Tissandier, *JS Lamy 2009, n° 262-1* (incidence de l'appartenance d'une entreprise en difficulté à un groupe de sociétés). - Vernac, *RDT 2007. 434* ✎ (droit du licenciement dans la procédure de sauvegarde).

COMMENTAIRE

V. Dalloz.fr et applications mobiles Dalloz 🏛. ❑

Art. L. 1233-58 *(L. n° 2013-504 du 14 juin 2013, art. 18-XX)* « I. — » En cas de redressement ou de liquidation judiciaire, l'employeur, l'administrateur ou le liquidateur, selon le cas, qui envisage des licenciements économiques, *(L. n° 2013-504 du 14 juin 2013, art. 18-XX)* « met en œuvre un plan de licenciement dans les conditions prévues aux articles L. 1233-24-1 à L. 1233-24-4.

« L'employeur, l'administrateur ou le liquidateur, selon le cas, réunit et consulte le comité d'entreprise ou, à défaut, les délégués du personnel dans les conditions prévues à l'article *(L. n° 2015-994 du 17 août 2015, art. 18-XIV, en vigueur le 1er janv. 2016)* « L. 2323-31 » ainsi qu'aux articles : »

1° L. 1233-8, pour un licenciement collectif de moins de dix salariés ;

2° L. 1233-29, premier alinéa, pour un licenciement *(L. n° 2012-387 du 22 mars 2012, art. 43)* « d'au moins dix salariés » dans une entreprise de moins de cinquante salariés ;

3° L. 1233-30, *(L. n° 2013-504 du 14 juin 2013, art. 18-XX)* « I à l'exception du dernier alinéa, et deux derniers alinéas du II », pour un licenciement *(L. n° 2012-387 du 22 mars 2012, art. 43)* « d'au moins dix salariés » dans une entreprise *(L. n° 2012-387 du 22 mars 2012, art. 43)* « d'au moins cinquante salariés » ;

(Ord. n° 2014-326 du 12 mars 2014, art. 110) « 4° L. 1233-34 et L. 1233-35 premier alinéa et, le cas échéant, *(Ord. n° 2014-699 du 26 juin 2014, art. 20)* « L. 2325-35 et L. 4614-12-1 » du code du travail relatifs au recours à l'expert » ;

5° L. 1233-31 à L. 1233-33, L. 1233-48 et L. 1233-63, relatifs à la nature des renseignements et au contenu des mesures sociales adressés aux représentants du personnel et à l'autorité administrative ;

6° L. 1233-49, L. 1233-61 et L. 1233-62, relatifs au plan de sauvegarde de l'emploi ;

(L. n° 2013-504 du 14 juin 2013, art. 18-XX) « 7° L. 1233-57-5 et L. 1233-57-6, pour un licenciement d'au moins dix salariés dans une entreprise d'au moins cinquante salariés.

« II. — Pour un licenciement d'au moins dix salariés dans une entreprise d'au moins cinquante salariés, l'accord mentionné à l'article L. 1233-24-1 est validé et le document mentionné à l'article L. 1233-24-4, élaboré par l'employeur, l'administrateur ou le liquidateur, est homologué dans les conditions fixées aux articles L. 1233-57-1 à L. 1233-57-3, aux deuxième et troisième alinéas de l'article L. 1233-57-4 et à l'article L. 1233-57-7.

(L. n° 2015-990 du 6 août 2015, art. 291) « Par dérogation au 1° de l'article L. 1233-57-3, sans préjudice de la recherche, selon le cas, par l'administrateur, le liquidateur

ou l'employeur, en cas de redressement ou de liquidation judiciaire, des moyens du groupe auquel l'employeur appartient pour l'établissement du plan de sauvegarde de l'emploi, l'autorité administrative homologue le plan de sauvegarde de l'emploi après s'être assurée du respect par celui-ci des articles L. 1233-61 à L. 1233-63 au regard des moyens dont dispose l'entreprise. »

(Ord. n° 2014-326 du 12 mars 2014, art. 110) « A titre exceptionnel, au vu des circonstances et des motifs justifiant le défaut d'établissement du procès-verbal de carence mentionné à l'article L. 2324-8, l'autorité administrative peut prendre une décision d'homologation. »

« Les délais prévus au premier alinéa de l'article L. 1233-57-4 sont ramenés, à compter de la dernière réunion du comité d'entreprise, à huit jours en cas de redressement judiciaire et à quatre jours en cas de liquidation judiciaire.

« L'employeur, l'administrateur ou le liquidateur ne peut procéder, sous peine d'irrégularité, à la rupture des contrats de travail avant la notification de la décision favorable de validation ou d'homologation, ou l'expiration des délais mentionnés au *(L. n° 2015-990 du 6 août 2015, art. 291)* « quatrième » alinéa du présent II.

« En cas de décision défavorable de validation ou d'homologation, l'employeur, l'administrateur ou le liquidateur consulte le comité d'entreprise dans un délai de trois jours. Selon le cas, le document modifié et l'avis du comité d'entreprise ou un avenant à l'accord collectif sont transmis à l'autorité administrative, qui se prononce dans un délai de trois jours.

« En cas de licenciements intervenus en l'absence de toute décision relative à la validation ou à l'homologation ou en cas d'annulation d'une décision ayant procédé à la validation ou à l'homologation, le juge octroie au salarié une indemnité à la charge de l'employeur qui ne peut être inférieure aux salaires des six derniers mois. L'article L. 1235-16 ne s'applique pas.

(L. n° 2015-990 du 6 août 2015, art. 291) « En cas d'annulation d'une décision de validation mentionnée à l'article L. 1233-57-2 ou d'homologation mentionnée à l'article L. 1233-57-3 en raison d'une insuffisance de motivation, l'autorité administrative prend une nouvelle décision suffisamment motivée, dans un délai de quinze jours à compter de la notification du jugement à l'administration. Cette décision est portée par l'employeur à la connaissance des salariés licenciés à la suite de la première décision de validation ou d'homologation, par tout moyen permettant de conférer une date certaine à cette information.

« Dès lors que l'autorité administrative a édicté cette nouvelle décision, l'annulation pour le seul motif d'insuffisance de motivation de la première décision de l'autorité administrative est sans incidence sur la validité du licenciement et ne donne pas lieu au versement d'une indemnité à la charge de l'employeur. »

« III. — En cas de licenciement d'au moins dix salariés dans une entreprise d'au moins cinquante salariés prévu par le plan de sauvegarde arrêté conformément à l'article L. 626-10 du code de commerce, les délais prévus au premier alinéa de l'article L. 1233-57-4 du présent code sont ramenés *(Abrogé par Ord. n° 2014-326 du 12 mars 2014, art. 110)* « *, à compter de la dernière réunion du comité d'entreprise,* » à huit jours. *(Ord. n° 2014-326 du 12 mars 2014, art. 110)* « Ils courent à compter de la date de réception de la demande de validation ou d'homologation qui est postérieure au jugement arrêtant le plan. »

« Lorsque l'autorité administrative rend une décision de refus de validation ou d'homologation, l'employeur consulte le comité d'entreprise dans un délai de trois jours. Selon le cas, le document modifié et l'avis du comité d'entreprise, ou un avenant à l'accord collectif, sont transmis à l'autorité administrative, qui se prononce dans un délai de trois jours. » — *V. art. L. 1238-5 (pén.).*

V. notes ss. art. L. 1233-24-1.

Les dispositions issues de la L. n° 2015-990 du 6 août 2015 sont applicables aux procédures de licenciement pour motif économique engagées, en application des art. L. 1233-8 ou L. 1233-30, après le 7 août 2015 (L. préc., art. 295).

BIBL. FROUIN, *RJS 2006. 251* (sanction de l'insuffisance du plan de sauvegarde de l'emploi établi dans le cadre d'une procédure collective).

COMMENTAIRE

V. Dalloz.fr et applications mobiles Dalloz.

1. *Recours à l'expertise.* Les dispositions de l'art. L. 321-9 [L. 1233-58 nouv.] ne sont pas exclusives du droit conféré au comité d'entreprise par l'art. L. 434-6 [L. 2325-35 nouv.] de se faire assister d'un expert-comptable, lorsque la procédure de consultation prévue par l'art. L. 421-3 [abrogé] pour licenciement économique doit être mise en œuvre. • Soc. 7 juill. 1998, n° 96-21.205 P : *RJS 1998. 622, n° 973.*

2. *Consultation des représentants du personnel.* L'annonce par l'administrateur du projet de licenciement économique à l'ensemble des salariés et au représentant du comité d'entreprise ne peut être assimilée à une consultation de cet organisme dont l'avis doit être communiqué à l'inspection du travail et au juge-commissaire. • Crim. 28 nov. 1995 : *CSB 1996. 103, A. 22.*

3. L'administrateur judiciaire qui n'a tenu qu'une seule réunion des délégués du personnel après avoir déposé son rapport portant projet de plan de continuation au greffe du tribunal de commerce, la veille de l'audience du tribunal à l'expiration de la période d'observation de vingt mois, ne met pas en mesure les délégués du personnel de faire valoir utilement leurs observations, en sorte que la procédure de consultation prévue par les art. L. 621-56 du code de commerce et L. 321-9 [L. 1233-58 nouv.] du code du travail, interprétés à la lumière de la Directive n° 2002/14/CE du 11 mars 2002 n'a pas été valablement conduite. • Soc. 12 sept. 2007 : *D. 2007. AJ 2308, obs. Lienhard ; RJS 2007. 928, n° 1172.*

4. *Établissement d'un PSE.* Lorsque l'effectif compte au moins 50 salariés au moment où l'administrateur judiciaire a consulté les représentants du personnel sur le plan de cession, un PSE doit être élaboré, peu important qu'entre cette consultation et la notification des licenciements, l'effectif soit passé au-dessous de 50 salariés, du fait d'un transfert de personnel. • Soc. 19 mai 2015, n° 13-26.669 P : *RDT 2015. 610, obs. Dedessus-le-Moustier ; JS Lamy 2015, n° 391-4, obs. Hautefort ; RJS 8-9/2015, n° 558.*

5. *Insuffisance du PSE et redressement et liquidation judiciaires.* Un plan social établi dans le cadre d'une procédure de liquidation judiciaire en considération des moyens financiers alloués par le juge-commissaire peut être jugé insuffisant par le juge prud'homal ; les licenciements économiques consécutifs à ce plan ne sont pas nuls mais dépourvus de cause réelle et sérieuse, ce qui ouvre droit à l'indemnisation des salariés. • Soc. 2 févr. 2006 : *RJS 2006. 280, n° 412 ; JS Lamy 2006, n° 186-4* • 28 juin 2006 : *RDT 2006. 244, obs. Waquet .* ♦ Lorsque la nullité des licenciements n'est pas encourue, les salariés dont le licenciement a été autorisé par l'inspecteur du travail peuvent prétendre à la réparation du préjudice causé par l'insuffisance du plan social, dont les juges du fond apprécient le montant. • Soc. 3 mai 2007 : *D. 2007. AJ 1504, obs. Fabre ; RJS 2007. 661, n° 873 ; Dr. soc. 2007. 900, obs. Couturier ; JS Lamy 2007, n° 216-2.*

6. *Annulation des licenciements postérieurs à la liquidation judiciaire.* Les licenciements prononcés par le liquidateur le sont en application de la décision prononçant la liquidation et, sauf fraude, la nullité des licenciements intervenus avant que la société ne soit admise à la procédure de redressement n'emporte pas à elle seule réintégration des salariés de l'entreprise. • Soc. 26 nov. 2013 : *D. 2013. Actu. 2858 ; RJS 2014. 89, n° 111 ; JS Lamy 2014, n° 359-4.*

7. *Contrôle de l'administration sur les licenciements de salariés protégés intervenant en période d'observation.* Si le salarié dont le licenciement est envisagé bénéficie du statut protecteur, l'administrateur doit solliciter l'autorisation nominative de l'inspecteur du travail qui vérifie, outre le respect des exigences procédurales légales et des garanties conventionnelles, que ce licenciement n'est pas en lien avec le mandat du salarié, que la suppression du poste en cause est réelle et a été autorisée par le juge-commissaire, que l'employeur s'est acquitté de son obligation de reclassement, et qu'aucun motif d'intérêt général ne s'oppose à ce que l'autorisation soit accordée ; en revanche, dès lors qu'un licenciement a été autorisé par une ordonnance du juge-commissaire, les motifs de licenciement ne peuvent être discutés devant l'administration. • CE 3 juill. 2013 : *Lebon ; AJDA 2013. 2129 ; RDT 2013. 551, concl. Dumortier ; RJS 2013. 677, n° 749.*

Art. L. 1233-59 Les délais prévus à l'article L. 1233-15 pour l'envoi des lettres de licenciement prononcé pour un motif économique ne sont pas applicables en cas de redressement ou de liquidation judiciaire.

Un décret en Conseil d'État détermine les modalités d'application du présent article. — *[Anc. art. L. 122-14-1, al. 4, et L. 122-14-11.]*

Art. L. 1233-60 En cas de redressement ou de liquidation judiciaire, l'employeur, l'administrateur ou le liquidateur, selon le cas, informe l'autorité administrative avant de procéder à des licenciements pour motif économique, dans les conditions prévues aux articles L. 631-17, L. 631-19 (II), L. 641-4, dernier alinéa, L. 641-10, troisième alinéa, et L. 642-5 du code de commerce. – *[Anc. art. L. 321-8.] – V. art. L. 1238-5 (pén.).*

1. Application de la procédure spéciale. Le prononcé du jugement de redressement judiciaire entraîne l'ouverture de la période d'observation dès la première heure du jour de son prononcé, et dès l'instant que la période d'observation est ouverte, il appartient au juge-commissaire d'autoriser le licenciement en vérifiant sa cause économique et son caractère urgent, inévitable et indispensable. • Soc. 12 mai 1998, n° 96-40.606 P.

2. Rôle du liquidateur. L'obligation faite à l'employeur d'établir et de mettre en œuvre les mesures ou le plan social destinés à éviter les licenciements et à en limiter le nombre incombe également au liquidateur. • Paris, 1er juill. 1994 : *D. 1994. IR 228.*

3. Obligations du juge-commissaire. L'ordonnance du juge-commissaire n'a pas à dresser la liste nominative des salariés licenciés. • Soc. 18 juin 1997 : *Dr. soc. 1997. 983, obs. Vatinet ; RJS 1997. 605, n° 964.* ♦ L'administrateur judiciaire doit respecter les règles relatives à l'ordre des licenciements il ne peut, pour choisir les salariés à licencier, se fonder sur le refus par les salariés de la modification de leur mode de rémunération, condition exigée par le cessionnaire et non prévue par le plan social. • Soc. 6 juill. 1999, n° 97-40.055 P : *D. 1999. IR 212 ; RJS 1999. 770, n° 1241.* ♦ Dès lors que la lettre de licenciement n'a été adressée au salarié qu'après l'obtention de l'autorisation du juge-commissaire, il importe peu que la procédure ait été engagée auparavant. • Même arrêt.

4. Existence d'un motif économique. Ne repose pas sur un motif économique le licenciement qu'un juge-commissaire n'a pas autorisé, le poste de l'intéressé n'ayant pas été supprimé. • Soc. 30 mai 1990, n° 89-42.075 P : *D. 1990. IR 176.* ♦ Lorsque le plan de cession approuvé par le tribunal de commerce autorise un certain nombre de licenciements pour motif économique, seuls ces licenciements peuvent être prononcés. • Soc. 3 févr. 1998, n° 95-44.291 P : *RJS 1998. 182, n° 294.* ♦ Dès lors, est suffisamment motivée la lettre de licenciement qui vise l'ordonnance du juge-commissaire ayant autorisé le licenciement économique d'un salarié. • Soc. 5 mai 1998, n° 95-40.171 P : *RJS 1998. 455, n° 713 ; CSB 1998. 212, A. 39.* ♦ Le troisième al. de l'art. L. 1235-10 C. trav., limitant les droits des salariés des entreprises en redressement ou en liquidation judiciaires lorsque la procédure de licenciement est nulle en raison de l'absence ou de l'insuffisance du plan de sauvegarde de l'emploi, n'est pas contraire au principe constitutionnel d'égalité devant la loi. • Cons. const. 28 mars 2013, n° 2013-299 QPC : *D. 2013. Actu. 925 ; ibid. 1148, note Jacotot ; Constitutions 2013. 238, obs. Radé et Gervier ; Dr. ouvrier 2013. 685, obs. Gahdoun.*

5. Lorsque l'ordonnance du juge-commissaire est devenue définitive, le caractère économique du motif de licenciement ne peut plus être contesté. • Soc. 9 juill. 1996, n° 93-41.877 P : *D. 1997. 60, 2e esp., note Bailly ; RJS 1996. 587, n° 912 ; JCP E 1997. II. 915, note Serret.*

6. Licenciement obtenu par fraude. Le licenciement est obtenu par fraude et le salarié peut prétendre à des dommages-intérêts pour licenciement sans cause réelle et sérieuse s'il est constaté que le jour même de son licenciement, le salarié a été remplacé dans son emploi ; peu importe la régularité du jugement arrêtant le plan de cession. • Soc. 8 déc. 2004, n° 02-44.045 P : *RJS 2005. 109, n° 142.*

7. Annulation du jugement de liquidation judiciaire. L'organisation d'une réunion d'information des délégués du personnel d'une entreprise en liquidation judiciaire la veille de la notification des licenciements rend la procédure de consultation irrégulière ; l'annulation du jugement de liquidation judiciaire prive de fondement et d'effets les licenciements pour motif économique prononcés en vertu de cette décision par le liquidateur, sauf si la décision d'appel annulant le jugement ouvre une nouvelle procédure de liquidation judiciaire. • Soc. 16 déc. 2008 : *D. 2009. AJ 264 ; RJS 2009. 139, n° 159 ; JS Lamy 2009, n° 249-3 ; JCP S 2009. 1125, obs. Brissy.*

8. Compétence du conseil de prud'hommes. L'ordonnance du juge-commissaire, si elle n'a pas fait l'objet de recours, fixe en application de l'art. 63 du décret du 27 déc. 1985 le nombre de salariés dont le licenciement est autorisé, les activités et les catégories professionnelles concernées ; il résulte de ces dispositions que le conseil de prud'hommes demeure compétent pour statuer, dans le cadre de cette ordonnance tel qu'il est délimité par l'art. 63 du décret et au regard de la situation individuelle des salariés licenciés, sur les demandes formées par ces derniers contre l'employeur. • Soc. 3 oct. 1989, n° 88-42.835 P : *D. 1989. IR 277* • 6 mars 1990, n° 89-40.028 P : *D. 1990. Somm. 218, obs. A. Honorat .* ♦ Le conseil de prud'hommes est compétent pour toute action qui aurait pu être engagée en l'absence de redressement judiciaire qui en a été seulement l'occasion ; dès lors il est compétent pour statuer sur la demande en annulation d'un plan social. • Soc. 14 oct. 1997, n° 96-18.876 P : *Dr. ouvrier 1998. 139.* ♦ Le conseil de prud'hommes est compétent, dans le cadre de l'ordonnance ou du jugement, au regard de la situation individuelle des salariés ; il est notamment compétent pour statuer sur l'appréciation du respect de l'obligation de reclassement et en cas d'irrégularité relative à la consultation des représentants du personnel. • Soc. 3 mars 1998, n° 95-45.201 P : *RJS 1998. 275, n° 439 ; CSB 1998. 145, A. 32 ; D. 1998. 418, note Bailly ; Dr. soc. 1998. 508, obs. Vatinet*. ♦ De la même manière, relèvent de la compétence prud'homale les contestations relatives à l'allocation d'une indemnité de licenciement sans cause réelle et sérieuse calculée en fonction du préjudice subi. • Soc. 12 janv. 1999, n° 96-41.756 P : *D. 1999. IR 40 ; RJS 1999. 119, n° 186.*

♦ L'action en annulation d'un plan social formée par un syndicat étant fondée sur l'inexécution d'obligations résultant de l'art. L. 321-4-1 [L. 1233-61 nouv.], c'est à bon droit qu'une cour d'appel, sans méconnaître l'autorité de la chose jugée attachée à l'ordonnance du juge-commissaire autorisant l'administrateur à procéder à des licenciements économiques pendant la période d'observation, décide que le tribunal de commerce ne peut en connaître et qu'elle relève de la compétence du juge civil de droit commun. • Soc. 14 oct. 1997 : *D. 1997. IR 229 ; Dr. soc. 1997. 1106, obs. Vatinet*.

Art. L. 1233-60-1 *(Ord. n° 2014-326 du 12 mars 2014, art. 111)* **En cas de redressement judiciaire ou de liquidation judiciaire, lorsque l'employeur envisage la modification d'un élément essentiel du contrat de travail pour l'un des motifs économiques énoncés à l'article L. 1233-3, il en fait la proposition au salarié par lettre recommandée avec avis de réception.**

La lettre de notification informe le salarié qu'il dispose d'un délai de quinze jours à compter de sa réception pour faire connaître son refus.

A défaut de réponse dans ce délai, le salarié est réputé avoir accepté la modification proposée.

SECTION VI ACCOMPAGNEMENT SOCIAL ET TERRITORIAL DES PROCÉDURES DE LICENCIEMENT

COMMENTAIRE

V. Dalloz.fr et applications mobiles Dalloz.

SOUS-SECTION 1 PLAN DE SAUVEGARDE DE L'EMPLOI

BIBL. **Plan social/Plan de sauvegarde pour l'emploi :** ARSÉGUEL et FADEUILHE, *Bull. Joly 1995. 837.* – BARTHÉLÉMY et autres, *JCP E 1992. I. 127.* – BOSSU, *Dr. soc. 1996. 383* (sanction d'un plan social non conforme). – COUTURIER, *Dr. soc. 1985. 643 ; ibid. 1987. 217 ; ibid. 1999. 497* (un droit de reclassement). – DEL SOL, *JCP E 1995. I. 498* (reclassement). – GAUDU, *D. 1995. Chron. 337* (extinction du plan social). – GÉA, *RJS 2000. 511* (l'obligation générale de reclassement). – HÉAS, *Dr. soc. 1999. 504* (les obligations de reclassement). – IMDART, *Sem. soc. Lamy 1991, suppl. n° 573.* – LARDY-PÉLISSIER, *D. 1998. Chron. 399*. – LEGRAND, *Dr. ouvrier 1996. 404* (modification collective des contrats). – LEROY, *Dr. ouvrier 2012. 427.* – MOUSSY, *Dr. ouvrier 1994. 333.* – PHILBERT, *CSB 1997. 53* (modification des contrats). – PICCA, *JCP E 1995. I. 478.* – RAY, *Dr. soc. 1995. 661*. – SAURET, *Gaz. Pal. 1997. 1. Doctr. 168.* – SAVATIER, *Dr. soc. 1990. 803* (portée des engagements pris par l'employeur). – TRIBOULET, *ibid. 1992. 780* (mesures d'accompagnement). – VATINET, *ibid. 1991. 671*. – WAQUET, *RJS 1996. 303.* ► *Adde* : BOUBLI, *RJS 1996. 131* (obligation de reclassement). – M. HENRY, *CSB 1996. 263* (reclassement dans les groupes de sociétés). – LUTTRINGER, *Dr. soc. 1987. 234* (formation et reclassement).

► **Plan social et nullité des licenciements :** ANTONMATTÉI, *RJS 1997. 155* (nullité du licenciement) ; *Dr. soc. 2000. 597*. – BÉLIER et LEGRAND, *Dr. soc. 1996. 932* (arrêts *Sietam*). – BOSSU, *Dr. soc. 1996. 383* (sanction d'un plan social non conforme). – COUTURIER, *ibid. 1999. 593* (actions en nullité propres aux salariés). – FAVENNEC-HÉRY, *Dr. soc. 1997. 341* (arrêts *Samaritaine*). – GRUMBACH, *Dr. soc. 1997. 331* (arrêts *Samaritaine*). – A. LYON-CAEN, *Dr. soc. 1997. 185* (plan social et droit communautaire). – MINÉ, *Dr. ouvrier 1996. 187* (arrêts *Sietam*). – NÉRET, *Gaz. Pal. 1997. 1. Doctr. 159.* – PHILBERT, *CSB 1996. 187* (arrêts *Sietam*). – PICCA, *JCP E 1995. I. 478.* – RAY, *Dr. soc. 1995. 661* (plan social et insécurité juridique). – SAURET, *LPA 21 nov. 1994 ; Gaz. Pal. 1997. 1. Doctr. 168* (ingénierie des plans sociaux). – SCHEIDT, *RPDS 1997. 59* (nullités des licenciements). – WAQUET, *RJS 1996. 303* (plans sociaux).

► **Loi du 27 janv. 1993 – Plan de sauvegarde de l'emploi :** BALMARY, *Dr. soc. 1994. 477*. – BÉLIER, *Sem. soc. Lamy 1993, n° 630.* – CHAMPEAUX, *Sem. soc. Lamy 2015, n° 1665, p. 2* (PSE nouvelle formule). – CHISS, *JCP S 2005. 1348* (seuil de mise en place d'un plan de sauvegarde de l'emploi). – CHOLEY-COMBE, *ALD 1993. 253.* – COUTURIER, *Dr. soc. 1993. 219 ; ibid. 1994. 436*. – GAUDU, *ibid. 1994. 492.* – HENRY, *Dr. ouvrier 1994. 21.* – MORVAN, *Dr. soc. 2011. 632* (le consentement des salariés dans le plan de sauvegarde de l'emploi). – MOUSSY, *ibid.*

1994. 333 ✎. - Pélissier, *RJS 1994. 563.* - Prétot, *ibid. 1993. 87.* - Ray, *Dr. soc. 1994. 444* ✎. - Sciberras, *ibid. 1994. 482* ✎. - Taquet, *JCP E 1994. I. 314.* - Verkindt, *Dr. soc. 1994. 464* ✎.

► **Loi du 17 janv. 2002 :** Couturier, *Dr. soc. 2002. 279* ✎.

► **ANI 11 janv. 2013 et loi du 14 juin 2013 :** Cesaro, *JCP S 2013. 1204* (consultation des représentants du personnel et PSE). - Danniel, *ibid. 2013. 1203* (périmètres du PSE). - Favennec-Héry, *ibid. 2013. 1202* (périmètres du PSE). - Krivine et Da Costa, *RDT 2015. Controverse. 438* ✎ (que peut-on attendre du juge administratif dans le contentieux des plans de sauvegarde de l'emploi ?). - Marquet de Vasselot, *ibid. 2013. 1207* ✎ (clauses indemnitaires du PSE). - Martinon, *ibid. 2013. 1206* ✎ (clauses générales du PSE). - Morvan et Grangé, *ibid. 2013. 1208* ✎ (plan de reclassement et PSE). - Rozec, *ibid. 2013. 1211* ✎ (nouveau contentieux des PSE). - Teissier, *ibid. 2013. 1259* ✎ (le temps dans la procédure de consultation en cas de PSE). - Vatinet, *ibid. 2013. 1210* ✎ (devenir des contentieux des PSE). - Verkindt, *ibid. 2013. 1209* ✎ (rôle de l'administration et PSE).

► **Respect par l'employeur des engagements en matière d'emploi :** Couturier, *Dr. soc. 1998. 375* ✎. - Gaudu, *ibid. 367.* - Gélineau-Larrivet, *ibid. 380.*

► **Amendement « Michelin » :** Couturier, *Dr. soc. 1999. 1034* ✎. - Morand, *TPS 1999, n° 21.*

► **Loi du 18 janv. 2005 :** Véricel, *Dr. soc. 2005. 976* ✎ (plan de sauvegarde de l'emploi, acte normatif original).

► **PSE et groupes de sociétés :** Petel, *JCP 2007. 1423.*

► **Plan de départs volontaires :** Aknin, *JS Lamy 2010, n° 280-1.* - Bonnechère, *Dr. ouvrier 2010. 229.* - Boubli, *JCP S 2010. 1383* (plan de départs volontaires dans un PSE multifonctions). - Favennec-Héry, *JCP S 2010. 1384* (plans de départs volontaires autonomes) ; *Dr. soc. 2011. 622* ✎. - Jourdan, *JCP S 2010. 1506* (plan de départs volontaires et réduction d'effectifs). - Mir, *JCP S 2010. 1382* (départs volontaires dans le cadre d'un accord de GPEC).

COMMENTAIRE

V. Dalloz.fr et applications mobiles Dalloz 🏛. ☐

Art. L. 1233-61 Dans les entreprises *(L. n° 2012-387 du 22 mars 2012, art. 43)* « d'au moins cinquante salariés », lorsque le projet de licenciement concerne *(L. n° 2012-387 du 22 mars 2012, art. 43)* « au moins dix salariés » dans une même période de trente jours, l'employeur établit et met en œuvre un plan de sauvegarde de l'emploi pour éviter les licenciements ou en limiter le nombre.

Ce plan intègre un plan de reclassement visant à faciliter le reclassement des salariés dont le licenciement ne pourrait être évité, notamment celui des salariés âgés ou présentant des caractéristiques sociales ou de qualification rendant leur réinsertion professionnelle particulièrement difficile.

(L. n° 2016-1088 du 8 août 2016, art. 94) **« Dans les entreprises mentionnées à l'article L. 1233-71, lorsque le plan de sauvegarde de l'emploi comporte, en vue d'éviter la fermeture d'un ou de plusieurs établissements, le transfert d'une ou de plusieurs entités économiques nécessaire à la sauvegarde d'une partie des emplois et lorsque ces entreprises souhaitent accepter une offre de reprise dans les conditions mentionnées à l'article L. 1233-57-19, les dispositions de l'article L. 1224-1 relatives au transfert des contrats de travail ne s'appliquent que dans la limite du nombre des emplois qui n'ont pas été supprimés à la suite des licenciements, à la date d'effet de ce transfert. »**

Les dispositions issues de la L. n° 2016-1088 du 8 août 2016 sont applicables aux licenciements économiques engagés après le 9 août 2016.

La procédure de licenciement est considérée comme engagée soit à compter de la date d'envoi de la convocation à l'entretien préalable mentionnée à l'art. L. 1233-11, soit à compter de la date d'envoi de la convocation à la première réunion des délégués du personnel ou du comité d'entreprise mentionnée à l'art. L. 1233-30 (L. préc., art. 94-II).

BIBL. Chezlemas, *Sem. soc. Lamy 2016, n° 1743, p. 11* (les transferts d'entreprise : entre opportunités et contraintes). - Géa, *RDT 2016. 341* ✎ (quand transférer rime avec liquider). - Mouly, *Dr. soc. 2016. 738* ✎ (une disposition oubliée de la « loi travail » : l'article 94 sur les licenciements économiques antérieurs au transfert de l'entreprise).

COMMENTAIRE

V. Dalloz.fr et applications mobiles Dalloz 🏛. ☐

I. MISE EN PLACE D'UN PLAN DE SAUVEGARDE DE L'EMPLOI

1. PSE volontaire. Dès lors que l'entreprise comporte moins de cinquante salariés au jour de l'engagement de la procédure de licenciement, le plan de sauvegarde de l'emploi (PSE) volontairement mis en place par l'employeur n'a pas à satisfaire aux exigences des art. L. 1233-61 et L. 1233-62 C. trav. • Soc. 10 juin 2015, n° 14-10.031 P : *Dalloz actualité, 1er juill. 2015, obs. Ines ; D. 2015. Actu. 1323 ; RJS 10/2015, n° 628.*

2. Niveau d'appréciation de l'effectif. C'est au niveau de l'entreprise ou de l'établissement concerné par les mesures de licenciement économique envisagées, au moment où la procédure de licenciement collectif est engagée, que s'apprécient les conditions déterminant la consultation des instances représentatives du personnel et l'élaboration d'un plan de sauvegarde de l'emploi. • Soc. 16 janv. 2008 : *RDT 2008. 236, obs. Waquet ; RJS 2008. 311, n° 395* • 30 juin 2004, n° 02-42.672 P : *RJS 2004. 701, n° 1015* • 28 janv. 2009 : *RDT 2009. 233, obs. Frouin ; RJS 2009. 287, n° 331 ; Dr. soc. 2009. 497, obs. Savatier ; JS Lamy 2009, n° 252-4 ; JCP S 2009. 1176, obs. Dumont.* ♦ Comp. : • CJUE 30 avr. 2015, aff. C-80/14 : *RDT 2015. 400, obs. Fabre ; JS Lamy 2015, n° 389-7, obs. Monkam* (la CJUE autorise les entreprises à établissements multiples à se placer uniquement au niveau de chaque établissement pour décompter le nombre de licenciements économiques envisagés).

3. Date d'appréciation de l'effectif. La condition d'effectif de 50 salariés au moins qui rend obligatoire l'établissement d'un plan de sauvegarde de l'emploi s'apprécie à la date de l'engagement de la procédure de licenciement. • Soc. 12 juill. 2010 : *D. 2010. Actu. 1974 ; Dr. ouvrier 2010. 678, obs. Cormillot ; JS Lamy 2010, n° 284-2, obs. Hautefort ; JCP S 2010. 1400, obs. Drai.*

4. Salariés entrant dans l'effectif. Seuls les salaries rattachés à l'activité de l'employeur en France bénéficient des lois françaises en droit du travail de sorte que l'effectif à prendre en compte pour déterminer si un plan de sauvegarde de l'emploi doit être mis en place est constitué par les seuls salariés relevant des établissements de la société située en France. • Soc. 23 sept. 2008 : *RDT 2008. 737, obs. Lafuma ; RJS 2008. 983, n° 1181 ; Dr. soc. 2008. 1265, note Lhernould ; Sem. soc. Lamy 2008, n° 137, p. 12 ; JCP S 2008. 156, note Grangé et Allix.*

5. Mise en place du PSE et groupe. L'obligation de reclasser les salariés dont le licenciement est envisagé et d'établir un PSE répondant aux moyens du groupe n'incombe qu'à l'employeur, et une société relevant du même groupe n'est pas, en cette seule qualité, débitrice envers les salariés qui sont au service de ce dernier d'une obligation de reclassement et ne répond pas des conséquences d'une insuffisance des mesures de reclassement. • Soc. 13 janv. 2010, n° 08-15.776 P : *D. 2010. AJ 271 ; ibid. 2010. 1129, note Dondero ; RDT 2010. 230, obs. Géa ; Dr. soc. 2010. 474, obs. Couturier ; Dr. ouvrier 2010. 214, obs. Loiseau ; JCP S 2010. 1225, note Olivier ; JS Lamy 2010, n° 270-2, obs. Hautefort ; Sem. soc. Lamy 2010, n° 1432, p. 12, obs. Hautefort.* ♦ Le juge administratif, lorsqu'il examine le caractère suffisant d'un PSE, au regard des moyens du groupe auquel appartient l'entreprise, doit rechercher si, compte tenu notamment des moyens de ce groupe, les différentes mesures prévues dans le PSE sont propres à satisfaire aux objectifs de maintien dans l'emploi et de reclassement des salariés ; il ne doit pas se contenter de prendre en considération le montant de l'enveloppe destinée au financement des mesures d'accompagnement des salariés dont le licenciement est envisagé. • CE 17 oct. 2016, n° 386306 : *JS Lamy 2016, n° 421-422-1, obs. Hautefort ; Sem. soc. Lamy 2016, n° 1744, p. 6, concl. Lieber.*

6. PSE et UES. Dès lors que la décision de licencier a été prise au niveau d'une unité économique et sociale, les conditions d'effectifs et de nombre de licenciements dont dépend l'obligation d'établir un plan de sauvegarde de l'emploi s'apprécient à ce niveau. • Soc. 16 nov. 2010 : *D. 2010. AJ 2847 ; RDT 2011. 112, obs. Peskine ; Dr. soc. 2011. 105, obs. Pécaut-Rivolier ; ibid. 2011, note Couturier ; JS Lamy 2011, n° 291-5, obs. Tourreil ; Dr. ouvrier 2011. 289, note Darves-Bornoz ; JCP S 2011. 1007, obs. Dauxerre.*

7. Ruptures conventionnelles. Lorsqu'elles ont une cause économique et s'inscrivent dans un processus de réduction des effectifs dont elles constituent la ou l'une des modalités, les ruptures conventionnelles doivent être prises en compte pour déterminer la procédure d'information et de consultation des représentants du personnel applicable ainsi que les obligations de l'employeur en matière de plan de sauvegarde de l'emploi. • Soc. 9 mars 2011, n° 10-11.581 P : *Dalloz actualité, 15 mars 2011, obs. Perrin ; D. 2012. 901, obs. Lokiec et Porta ; RDT 2011. 226, Rapp. Béraud ; ibid. 244, obs. Géa ; RJS 2011. 347, note Couturier ; JCP S 2011. 1200, note Favennec-Héry.* ♦ Lorsqu'elles constituent une modalité d'un processus de réduction des effectifs pour une cause économique, les ruptures conventionnelles doivent être prises en compte pour déterminer si l'employeur est ou non tenu de respecter les dispositions relatives aux grands licenciements collectifs et notamment celle de mettre en place un plan de sauvegarde de l'emploi, à la condition que les contrats de travail aient été rompus après l'homologation des conventions par l'administration du travail ; ne peuvent en revanche être retenues les conventions qui, faute d'avoir été homologuées, n'ont pas entraîné la rupture du contrat de travail. • Soc. 29 oct. 2013 : *RJS 1/2014, n° 25 ; JCP S 2013. Actu. 447 ; RDT 2013. 764, note Leroy*. ♦ Si les ruptures conventionnelles doivent être prises en compte lorsqu'elles constituent une modalité d'un processus de réduction des effectifs pour une cause économique, c'est à la condition que les contrats de travail aient été rompus après l'homologation des conventions par l'administration du travail. • Soc. 29 oct. 2013 : *RJS 1/2014, n° 25.*

8. Reprise de la procédure irrégulière. Le plan social modifié sans consultation des représentants du personnel, qui comporte des précisions quant aux mesures que l'employeur envisageait de mettre en œuvre pour éviter les licenciements ou en limiter le nombre et pour faciliter le reclassement du personnel dont le licenciement ne pourrait être évité, est nouveau en sorte que la procédure de concertation doit être entièrement reprise. • Soc. 18 mars 1997, n° 95-13.877 P : *Dr. soc. 1997. 540, obs. Bélier*. ♦ Le comité d'entreprise doit être consulté sur toute modification du projet de licenciement qui survient au cours de la procédure. • Soc. 2 mars 1999, n° 97-13.115 P : *D. 1999. IR 87 ; Dr. soc. 1999. 531, obs. Cohen ; RJS 1999. 307, n° 495 ; CSB 1999. 199, A. 32 ; JS Lamy 1999, n° 33-3, obs. Haller ; JS UIMM 1999. 228.*

II. MISE EN PLACE D'UN PLAN DE RECLASSEMENT

9. Départs volontaires. Un plan de reclassement, qui ne s'adresse qu'aux salariés dont le licenciement ne peut être évité, n'est pas nécessaire dès lors que le plan de réduction des effectifs au moyen de départs volontaires exclut tout licenciement pour atteindre les objectifs qui lui sont assignés en terme de suppression d'emplois. • Soc. 26 oct. 2010 : *D. 2010. 2653, obs. Perrin ; ibid. 2011. Pan. 1246, obs. Pasquier ; RDT 2010. 704, note Géa ; Dr. soc. 2010. 1164, note Favennec-Héry ; JS Lamy 2010, n° 288-2, obs. Millet ; Sem. soc. Lamy 2010, n° 1465, p. 9 s., rapp. Bailly, note Dockès ; Dr. ouvrier 2011. 148, obs. Meyrat ; JCP S 2010. 1483, obs. Loiseau.* ♦ Si le plan de réduction des effectifs au moyen de départs volontaires excluant tout licenciement ne nécessite pas d'établir un plan de reclassement interne, il n'en est pas de même lorsque le projet de réduction d'effectifs implique la suppression de l'emploi de salariés qui ne veulent pas quitter l'entreprise dans le cadre du plan de départs volontaires ; dans ce dernier cas, un plan de reclassement interne doit être intégré au PSE. • Soc. 25 janv. 2012 : *Dalloz actualité, 21 mars 2012, obs. Perrin ; Dr. soc. 2012. 351, note Favennec-Héry*.

10. Lorsque le projet de réduction d'effectifs implique la suppression de l'emploi de salariés qui ne veulent ou ne peuvent quitter l'entreprise dans le cadre du plan de départs volontaires et conduit soit au maintien de ces salariés dans l'entreprise dans un autre emploi, soit à leur licenciement, un plan de reclassement est exigé. • Soc. 9 oct. 2012 : *D. 2012. Actu. 2455 ; RJS 2012. 795, n° 928 ; JS Lamy 2012, n° 332-3, obs. Lhernould ; Sem. soc. Lamy 2012, n° 1559, p. 10, obs. Géa ; JCP S 2012. 14897, obs. Cailloux-Meurice.* • Soc. 23 avr. 2013 : *RDT 2013. 485, obs. Kocher ; JCP S 2013. 1399, obs. Martinon.* ♦ Lorsque les départs volontaires prévus dans un plan de sauvegarde de l'emploi s'adressent aux salariés dont le licenciement est envisagé en raison de la réduction d'effectifs, sans engagement de ne pas les licencier si l'objectif de ruptures amiables n'est pas atteint, l'employeur est tenu, à l'égard de ces salariés, d'exécuter au préalable l'obligation de reclassement prévue dans le plan. • Soc. 19 mai 2016, n°s 15-11.047 et 15-12.137 P : *D. 2016. Actu. 1142 ; RJS 8-9/2016, n° 563 ; Sem. soc. Lamy 2016, n° 1735, p. 4, obs. Aknin ; JS Lamy 2016, n° 413-5 ; JCP S 2016. 1277, note Grangé ; Rev. proc. coll. 2016. Comm. 125, note Taquet.*

III. PLAN DE DÉPARTS VOLONTAIRES

11. Acte normateur. Lorsque le plan de départ volontaire ne précise pas que le sauvetage d'un emploi doit résulter directement ou indirectement du départ volontaire envisagé et que le départ du salarié avait permis de préserver l'emploi menacé d'un autre salarié, le salarié démissionnaire qui remplissait les conditions auxquelles le PDV subordonnait un départ volontaire pouvait à ce titre prétendre à l'indemnité prévue dans le cadre de ce plan. • Soc. 12 janv. 2016, n° 13-27.776 : *Dalloz actualité, 1er févr. 2016, obs. Cortot ; D. 2016. Actu. 261 ; RDT 2016. 97, obs. Fabre ; RJS 3/2016, n° 175 ; JS Lamy 2016, n° 405-4, obs. Hautefort ; JCP S 2016. 1099, obs. Morvan.*

Art. L. 1233-62 **Le plan de sauvegarde de l'emploi prévoit des mesures telles que :**

1° Des actions en vue du reclassement interne des salariés sur des emplois relevant de la même catégorie d'emplois ou équivalents à ceux qu'ils occupent ou, sous réserve de l'accord exprès des salariés concernés, sur des emplois de catégorie inférieure ;

(L. n° 2016-1088 du 8 août 2016, art. 94) **« 1° *bis* Des actions favorisant la reprise de tout ou partie des activités en vue d'éviter la fermeture d'un ou de plusieurs établissements ; »**

2° Des créations d'activités nouvelles par l'entreprise ;

3° Des actions favorisant le reclassement externe à l'entreprise, notamment par le soutien à la réactivation du bassin d'emploi ;

4° Des actions de soutien à la création d'activités nouvelles ou à la reprise d'activités existantes par les salariés ;

5° Des actions de formation, de validation des acquis de l'expérience ou de reconversion de nature à faciliter le reclassement interne ou externe des salariés sur des emplois équivalents ;

6° Des mesures de réduction ou d'aménagement du temps de travail ainsi que des mesures de réduction du volume des heures supplémentaires réalisées de manière régulière lorsque ce volume montre que l'organisation du travail de l'entreprise est établie sur la base d'une durée collective manifestement supérieure à trente-cinq heures hebdomadaires ou 1 600 heures par an et que sa réduction pourrait préserver tout ou partie des emplois dont la suppression est envisagée. — *[Anc. art. L. 321-4-1, al. 3 à 9.]*

Les dispositions issues de la L. n° 2016-1088 du 8 août 2016 sont applicables aux licenciements économiques engagés après le 9 août 2016.

La procédure de licenciement est considérée comme engagée soit à compter de la date d'envoi de la convocation à l'entretien préalable mentionnée à l'art. L. 1233-11, soit à compter de la date d'envoi de la convocation à la première réunion des délégués du personnel ou du comité d'entreprise mentionnée à l'art. L. 1233-30 (L. préc., art. 94-II).

COMMENTAIRE

V. Dalloz.fr et applications mobiles Dalloz.

1. Précision des mesures. Un plan social doit comporter des mesures précises pour faciliter le reclassement du personnel et éviter ainsi des licenciements ou en limiter le nombre ; viole l'art. L. 321-4-1 [L. 1233-62 nouv.] l'arrêt qui décide qu'un plan social était conforme à ce texte, alors qu'en ce qui concerne le reclassement des salariés, ce plan ne comportait aucune indication sur le nombre et la nature des emplois qui pouvaient leur être proposés à l'intérieur du groupe, parmi les entreprises dont les activités, l'organisation ou le lieu d'exploitation leur permettent d'effectuer la permutation de tout ou partie du personnel. • Soc. 17 mai 1995, *Everite*, n° 94-10.535 P : *GADT, 4e éd., n° 108 ; D. 1995. 436, note Couturier ; D. 1995. Somm. 367, obs. de Launay-Gallot ; Dr. soc. 1995. 570, concl. P. Lyon-Caen ; RJS 1995. 418, n° 632 ; JCP E 1995. I. 710, note Saint-Jours ; JCP 1996. I. 3899, n° 16, obs. Coursier.* ♦ Dans le même sens : • Soc. 10 juin 1997, n° 95-19.818 P : *Dr. soc. 1997. 980, obs. Couturier ; RJS 1997. 686, n° 1107.* – V. aussi : • Soc. 25 nov. 1997, n° 96-11.101 P : *RJS 1998. 18, n° 17.*

2. Le plan social qui ne comporte aucune indication sur le nombre, la nature et la localisation des emplois pouvant être offerts dans onze des sociétés composant le groupe ne répond pas aux exigences de l'art. L. 321-4-1 [L. 1233-62 nouv.]. • Soc. 18 nov. 1998, n° 96-15.974 P : *D. 1999. IR 11 ; RJS 1999. 32, n° 30 ; Dr. soc. 1999. 98, obs. Gaudu.* ♦ ... Qui plus est lorsque les emplois disponibles n'ont été recensés que postérieurement aux réunions du comité d'entreprise par l'intermédiaire de l'antenne-emploi. • Soc. 12 janv. 1999, n° 96-22.279 P : *RJS 1999. 118, n° 185 ; CSB 1999. 84, A. 16.* ♦ Le plan social qui ne contient que des mesures de reclassement impliquant, pour des salariés anciens, un déplacement dans une autre région et se traduisant par une modification de leur contrat de travail ne correspond pas aux prescriptions de l'art. L. 321-4-1 [L. 1233-62 nouv.], l'employeur aurait dû aussi leur proposer d'autres mesures telles que réduction du temps de travail, passage à temps partiel, développement de nouvelles activités. • Soc. 28 mars 2000, n° 98-21.870 P : *D. 2000. IR 121 ; Dr. soc. 2000. 597, note Antonmattéi ; RJS 2000. 363, n° 520.* ♦ Il en va de même du plan social qui ne contient que des mesures relatives à la conclusion de conventions de préretraite progressive, à la prise de congé de longue durée et à l'incitation à des départs volontaires hors de l'entreprise et ne comporte aucune information précise sur les emplois de reclassement disponibles dans l'entreprise ou les sociétés du groupe. • Soc. 28 mars 2000, n° 98-40.228 P : *Dr. soc. 2000. 597, note Antonmattéi ; RJS 2000. 360, n° 519 ; Dr. ouvrier 2000. 245.* ♦ Ne satisfait pas aux exigences de l'article L. 321-4-1 [L. 1233-62 nouv.], le plan de sauvegarde de l'emploi qui se borne à prévoir une commission chargée de centraliser les postes vacants au sein de deux groupes auxquels la société appartient, de mettre en relation les compétences et les offres et d'offrir un conseil à la rédaction de CV et, d'autre part, à renvoyer les salariés à la consultation d'une liste de postes disponibles, sans organiser de façon plus concrète les mesures de reclassement, ni préciser le nombre, la nature et la localisation des emplois offerts à ce titre. • Soc. 28 nov. 2006 : *RDT 2007. 103, obs. Waquet.* ♦ Le plan de sauvegarde de l'emploi ne répond pas aux exigences légales lorsqu'il ne comporte pas d'indications en ce qui concerne le nombre, la nature et la localisation des emplois disponibles dans les filiales étrangères alors que les postes de reclassement identifiés comme disponibles dans les sociétés situées en France ne couvraient pas tous les emplois supprimés et qu'il existait des possibilités de reclassement dans les sociétés du groupe situées à l'étranger. • Soc. 28 mars 2012 : *Dalloz actualité, 16 mai 2012, obs. Perrin ; D. 2012. Actu. 1013 ; JS Lamy 2012, n° 322-5, obs. Guyader ; JCP S 2012. 1483, obs. Chiss.*

3. Répondent aux exigences légales le plan d'accompagnement stratégique et le plan social soumis au comité d'entreprise qui précisent le nombre d'emplois qui doivent être supprimés, ainsi que les catégories d'emplois concernées, par service, et, d'autre part, le plan social qui mentionne de façon détaillée les postes offerts au reclassement dans l'UES, ainsi que les mutations envisagées au sein du groupe, à l'intention des salariés dont les emplois étaient supprimés. • Soc. 5 déc. 2006 : *RDT 2007. 103, obs. Waquet .*

4. Hiérarchisation des mesures. Un plan social doit d'abord comporter des mesures précises et concrètes susceptibles d'assurer le reclassement des salariés à l'intérieur du groupe auquel la société appartient et, ensuite, à défaut de postes disponibles, le plan doit faciliter les départs à l'extérieur du groupe. • Soc. 11 oct. 2006 : *RJS 2006. 951, n° 1277 ; JS Lamy 2006, n° 199-6.*

5. Égalité de traitement. Le plan social peut contenir des mesures réservées à certains salariés mais tous les salariés d'une entreprise placés dans une situation identique doivent pouvoir bénéficier de l'avantage et les règles déterminant les conditions d'attribution de cet avantage doivent être préalablement définies et contrôlables. • Soc. 10 juill. 2001, n° 99-40.987 P : *Dr. soc. 2001. 1012, obs. Radé ; D. 2001. IR 2458 ; RJS 2001. 872, n° 1279 ; JS Lamy 2001, n° 87-2.* ♦ Un plan de sauvegarde de l'emploi peut contenir des mesures réservées à certains salariés, à condition que tous les salariés de l'entreprise placés dans une situation identique au regard de l'avantage en cause puissent bénéficier de cet avantage, à moins qu'une différence de traitement soit justifiée par des raisons objectives et pertinentes et que les règles déterminant les conditions d'attribution de cet avantage soient préalablement définies et contrôlables ; constitue une rupture d'égalité de traitement entre les salariés le plan de sauvegarde de l'emploi qui réserve des aides aux départs volontaires à certains salariés tandis que tous les salariés seraient concernés par un licenciement économique si les départs volontaires sont insuffisants pour parvenir à la réduction d'effectif prévue. • Soc. 12 juill. 2010 : *D. 2011. Pan. 840, obs. Khodri ; RDT 2010. 580, obs. Fabre ; RJS 2010. 679, n° 739 ; JCP S 2010. 1505, note Morvan.* ♦ V. aussi • Soc. 1er févr. 2011 : *RDT 2011. 437, obs. Fabre* • Soc. 23 oct. 2013 : *RJS 1/2014, n° 27 ; JCP G 2013. 1183, note Miara.* ♦ La perception d'une préretraite ou d'une pension d'invalidité est considérée comme un motif objectif et pertinent d'exclusion d'une catégorie de salariés du bénéfice d'une indemnité additionnelle prévue par le plan social, étrangère à toute discrimination liée à l'âge ou à la santé. • Soc. 5 déc. 2012 : *Dalloz actualité, 11 janv. 2013, obs. Peyronnet ; D. 2012. Actu. 2970 ; Dr. ouvrier 2013. 345, obs. Bonnechère.* ♦ Est une justification objective et pertinente, au regard du principe d'égalité de traitement, le plafonnement forfaitaire d'une indemnité, décidée par l'employeur dans le cadre d'un plan de sauvegarde de l'emploi, reposant sur la volonté de ce dernier de privilégier les salariés percevant de bas salaires. • Soc. 28 oct. 2015, n° 14-16.115 : *Dalloz actualité, 17 nov. 2015, obs. Peyronnet ; D. 2015. Actu. 2257 .* ♦ Mais fait l'objet d'une différence de traitement non justifiée par des raisons objectives et pertinentes, la salariée qui a refusé une mesure de cessation anticipée d'activité prévue par le plan de sauvegarde de l'emploi et qui, de ce fait, bénéficie d'avantages moins importants que ceux des autres salariés licenciés qui ne remplissaient pas les conditions pour prétendre à un départ anticipé. • Soc. 9 juill. 2015, n° 14-16.009 P : *Dalloz actualité, 3 sept. 2015, obs. Ines ; D. 2015. Actu. 1545 ; RDT 2015. 690, obs. Gardin ; RJS 10/2015, n° 627 ; JS Lamy 2015, n° 395-2, obs. Tissandier.* ♦ Mais l'employeur ne peut pas se prévaloir du principe d'égalité de traitement entre salariés pour réduire des avantages promis dans le cadre d'un plan social. • Soc. 27 janv. 2015, n° 13-22.509 P : *RJS 4/2015, n° 247 ; JCP 2015. 1044, obs. Loiseau ; JCP S 2015. 1181, note Dumont.*

6. Mesures exclues. Ne peuvent être retenues comme mesure de reclassement les dispositions concernant les conventions de conversion, les préretraites et les primes de départ. • Soc. 13 févr. 1997, *Samaritaine c/ Comité d'entreprise Samaritaine,* n° 95-16.648 P : *D. 1997. 171, note A. Lyon-Caen ; Dr. soc. 1997. 249, concl. de Caigny, note Couturier ,* rejetant le pourvoi contre. • Paris, 9 mai 1995 : *Dr. ouvrier 1995. 552, note Bied-Charreton.* ♦ ... Ni des offres de réembauchage n'offrant pas d'avantages autres que ceux résultant des dispositions légales de l'art. L. 321-14 [L. 1233-45 nouv.]. • Paris, 9 mai 1995 : *préc.* ♦ ... Ni la mise en place d'une cellule emploi destinée au reclassement. • Soc. 16 déc. 1998, n° 94-41.989 P : *RJS 1999. 117, n° 79.* ♦ En revanche, l'employeur, qui fait au salarié une proposition d'adhésion à une convention FNE prévoyant une allocation de préretraite progressive pour les travailleurs âgés maintenus dans leur emploi moyennant la transformation de leur emploi à temps plein en emploi à temps partiel, respecte l'obligation de reclassement. • Soc. 6 juin

2000 : D. 2000. IR 190 ; RJS 2000. 548, n° 781. ♦ De même constitue une mesure de reclassement licite la mise en situation de recherche de reclassement pendant une période déterminée avec dispense d'activité et maintien de rémunération dès lors que, pendant cette période, l'employeur remplit son obligation de recherche de reclassement et que le plan de sauvegarde de l'emploi prévoit les mesures nécessaires à cet effet. • Soc. 14 févr. 2007 : *D. 2007. AJ 660, obs. Fabre ; RDT 2007. 244, obs. Waquet ; JCP S 2007. 1539, note Morvan ; RJS 2007. 427, n° 578 ; Dr. soc. 2007. 659, obs. Couturier ; JS Lamy 2007, n° 208-2 ; D. 2007. Pan. 2261, obs. Reynès .* ♦ Sur l'irrégularité d'une dispense d'activité dans une hypothèse où il était établi que l'employeur avait imposé cette mesure au salarié, V. • Soc. 15 déc. 2010 : *RDT 2011. 179, obs. Fabre .*

7. Ordre des licenciements et plan social. Le plan social n'a pas à contenir la liste des salariés à licencier, l'ordre des licenciements n'étant dressé qu'au moment où les licenciements, qui sont seulement envisagés dans le plan social, sont décidés et mis en œuvre. • Soc. 7 oct. 1998, n° 96-40.424 P : *D. 1998. IR 233 ; RJS 1998. 820, n° 1356.*

8. Transactions. La mise en œuvre d'un accord collectif dont les salariés tiennent leurs droits ne peut être subordonnée à la conclusion de contrats individuels de transaction. • Soc. 5 avr. 2005, n° 04-44.626 P : *D. 2005. IR 1048 ; Dr. soc. 2005. 701, obs. Couturier ; JS Lamy 2005, n° 167-2 ; CSB 2005, A. 57, obs. Pansier* • 20 nov. 2007 : *RDT 2008. 101, obs. Fabre ; RJS 2008. 131, n° 163 ; JS Lamy 2007, n° 224-4* • 23 mars 2011 : *Rev. proc. coll. 2001, n° 3, comm. 91, obs. Taquet.*

9. PSE et clause de garantie d'emploi. Le plan de sauvegarde de l'emploi ne pouvant priver le salarié des droits qu'il tient d'une convention antérieurement conclue avec l'employeur, l'indemnité de garantie d'emploi prévue dans une telle convention s'ajoute à l'aide au reclassement externe prévue dans le PSE. • Soc. 9 oct. 2012 : *RDT 2012. 696, obs. Géa .*

10. Démission préalable au licenciement. Lorsqu'un salarié fait partie du personnel concerné par la procédure de licenciement économique et que son départ fait suite à une proposition de formation et d'engagement externe obtenue avant la notification du licenciement et avec le concours du « point information conseil » mis en place dans le cadre du plan de sauvegarde de l'emploi, l'intéressé peut prétendre au bénéfice des indemnités accordées par le plan à chaque salarié concerné en compensation de l'arrêt des activités industrielles. • Soc. 11 juin 2008 : *RJS 2008. 710, n° 881 ; Dr. soc. 2008. 1144, obs. Couturier ; JCP S 2008. 1495, obs. Everaert-Dumont.*

Art. L. 1233-63 Le plan de sauvegarde de l'emploi détermine les modalités de suivi de la mise en œuvre effective des mesures contenues dans le plan de reclassement prévu à l'article L. 1233-61.

Ce suivi fait l'objet d'une consultation régulière et détaillée du comité d'entreprise ou, à défaut, des délégués du personnel *(L. n° 2013-504 du 14 juin 2013, art. 18-XXIV)* « *[,]* dont les avis sont transmis à l'autorité administrative ».

L'autorité administrative est associée au suivi de ces mesures *(L. n° 2013-504 du 14 juin 2013, art. 18-XXIV)* « et reçoit un bilan, établi par l'employeur, de la mise en œuvre effective du plan de sauvegarde de l'emploi ». — *[Anc. art. L. 321-4, al. 12.]*

V. notes ss. art. L. 1233-24-1.

Art. L. 1233-64 Les maisons de l'emploi peuvent participer, dans des conditions fixées par voie de convention avec les entreprises intéressées, à la mise en œuvre des mesures relatives au plan de sauvegarde de l'emploi. — *[Anc. art. L. 322-4-1, al. 2.]*

SOUS-SECTION 2 CONTRAT DE SÉCURISATION PROFESSIONNELLE

(L. n° 2011-893 du 28 juill. 2011)

Jusqu'à l'entrée en vigueur des dispositions conventionnelles et réglementaires d'application de l'art. 41 de la L. n° 2011-893 du 28 juill. 2011, la convention de reclassement personnalisé et le contrat de transition professionnelle restent applicables selon les modalités en vigueur au 29 juill. 2011, sous réserve des stipulations des accords collectifs conclus en application de l'art. L. 1233-68 dans sa rédaction antérieure au 28 juill. 2011 (L. n° 2011-893 du 28 juill. 2011, art. 44-IV). — V. éditions précédentes.

BIBL. ▶ Baugard, *RDT 2011. 570 .* – Desaint et Favier, *JS Lamy 2011, n° 308-1* (loi pour le développement de l'alternance et la sécurisation professionnelle). – Louvet, *JCP S 2011. 1396.*

COMMENTAIRE

V. Dalloz.fr et applications mobiles Dalloz.

Art. L. 1233-65 Le contrat de sécurisation professionnelle a pour objet l'organisation et le déroulement d'un parcours de retour à l'emploi, le cas échéant au moyen d'une reconversion ou d'une création ou reprise d'entreprise.

Ce parcours débute par une phase de prébilan, d'évaluation des compétences et d'orientation professionnelle en vue de l'élaboration d'un projet professionnel. Ce projet tient compte, au plan territorial, de l'évolution des métiers et de la situation du marché du travail.

Ce parcours comprend des mesures d'accompagnement, notamment d'appui au projet professionnel, ainsi que des périodes de formation et de travail.

Rupture amiable. En cas de résiliation amiable du contrat de travail d'un salarié conclue en raison de circonstances caractérisant un motif économique, l'employeur est tenu de proposer au salarié les mesures d'évaluation des compétences professionnelles et d'accompagnement prévues par les art. L. 1233-65 s. • Soc. 16 déc. 2008 : *RDT 2009. 165, obs. Fabre ; RJS 2009. 132, n° 151 ; Dr. soc. 2009. 374, obs. Couturier ; Sem. soc. Lamy 2009, n° 1282, p. 12.*

Art. L. 1233-66 Dans les entreprises non soumises à l'article L. 1233-71, l'employeur est tenu de proposer, lors de l'entretien préalable ou à l'issue de la dernière réunion des représentants du personnel, le bénéfice du contrat de sécurisation professionnelle à chaque salarié dont il envisage de prononcer le licenciement pour motif économique. *(L. n° 2015-990 du 6 août 2015, art. 293)* « Lorsque le licenciement pour motif économique donne lieu à un plan de sauvegarde de l'emploi dans les conditions prévues aux articles L. 1233-24-2 et L. 1233-24-4, cette proposition est faite après la notification par l'autorité administrative de sa décision de validation ou d'homologation prévue à l'article L. 1233-57-4. »

A défaut d'une telle proposition, l'institution mentionnée à l'article L. 5312-1 propose le contrat de sécurisation professionnelle au salarié. Dans ce cas, l'employeur verse à l'organisme chargé de la gestion du régime d'assurance chômage mentionné à l'article L. 5427-1 une contribution égale à deux mois de salaire brut, portée à trois mois lorsque son ancien salarié adhère au contrat de sécurisation professionnelle sur proposition de l'institution mentionnée au même article L. 5312-1.

(L. n° 2012-1189 du 26 oct. 2012, art. 9) « La détermination du montant de cette contribution et son recouvrement, effectué selon les règles et sous les garanties et sanctions mentionnées au premier alinéa de l'article L. 5422-16, sont assurés par l'institution mentionnée à l'article L. 5312-1. Les conditions d'exigibilité de cette contribution sont précisées par décret en Conseil d'État. » — *V. Décr. n° 2013-639 du 17 juill. 2013 (JO 19 juill.).*

Les dispositions issues de la L. n° 2015-990 du 6 août 2015 sont applicables aux procédures de licenciement pour motif économique engagées, en application des art. L. 1233-8 ou L. 1233-30, après le 7 août 2015 (L. préc., art. 295).

A compter du 24 sept. 2011, l'employeur est tenu de proposer à chaque salarié dont il envisage de prononcer le licenciement pour motif économique le bénéfice d'un contrat de sécurisation professionnelle, qui est conclu avec Pôle emploi ou un opérateur de placement mentionné à l'art. L. 5321-1 ou, pour les salariés des établissements implantés dans les bassins d'emploi de Charleville-Mézières, Montbéliard, Morlaix, Saint-Dié-des-Vosges, Toulon, Valenciennes et Vitré, avec la filiale de l'établissement mentionné à l'article L. 5315-1 du code du travail dénommée SG-CTP. Cette disposition cesse de plein droit dès la mise en œuvre des marchés relatifs au contrat de sécurisation professionnelle conclus par Pôle emploi avec certains opérateurs de placement (Arr. du 1er sept. 2011, JO 23 sept.).

Par dérogation aux règles de recouvrement applicables aux cotisations et aux contributions de sécurité sociale, la contribution mentionnée à l'art. L. 1233-66 et les versements mentionnés à l'art. L. 1233-69 sont liquidés et appelés par Pôle emploi.

I. — Lorsque le salarié refuse le contrat de sécurisation professionnelle proposé par Pôle emploi se substituant à l'employeur en cas de carence de celui-ci, le règlement de la contribution mentionnée à l'art. L. 1233-66 est exigible dans un délai de quinze jours suivant la date d'envoi de l'avis de versement.

II. — Lorsque le salarié accepte le contrat de sécurisation professionnelle proposé soit par l'employeur, soit par Pôle emploi se substituant à l'employeur en cas de carence de celui-ci, le règlement, selon le cas, des versements mentionnés à l'art. L. 1233-69 ou de la contribution mentionnée à l'art. L. 1233-66 est exigible au plus tard le 25 du deuxième mois civil suivant le début du contrat de sécurisation professionnelle (Décr. n° 2013-639 du 17 juill. 2013).

1. Date d'application du dispositif CSP. Le dispositif du contrat de sécurisation professionnelle doit avoir été proposé aux salariés dont la procédure de rupture du contrat de travail pour motif économique a été engagée à partir du 24 sept. 2011 (date de publication de l'Arr. du 1er sept. 2011, V. ss. art. L. 1233-66). • Soc. 21 sept. 2016, n° 15-10.310 P : *Dalloz actualité, 18 oct. 2016, obs. Cortot.*

2. Proposition d'un congé de reclassement. L'obligation de prévoir, dans le PSE, le recours au contrat de sécurisation professionnelle ne s'applique pas si le plan prévoit, pour les salariés dont le licenciement est envisagé, le bénéfice d'un congé de reclassement. • CE 29 juin 2016, n° 389278 : *RJS 10/2016, n° 628.*

Art. L. 1233-67 **L'adhésion du salarié au contrat de sécurisation professionnelle emporte rupture du contrat de travail. Toute contestation portant sur la rupture du contrat de travail ou son motif se prescrit par douze mois à compter de l'adhésion au contrat de sécurisation professionnelle. Ce délai n'est opposable au salarié que s'il en a été fait mention dans la proposition de contrat de sécurisation professionnelle.**

Cette rupture du contrat de travail, qui ne comporte ni préavis ni indemnité compensatrice de préavis*[,]* **ouvre droit à l'indemnité prévue à l'article L. 1234-9 et à toute indemnité conventionnelle qui aurait été due en cas de licenciement pour motif économique au terme du préavis ainsi que, le cas échéant, au solde de ce qu'aurait été l'indemnité compensatrice de préavis en cas de licenciement et après défalcation du versement de l'employeur représentatif de cette indemnité mentionné au 10° de l'article L. 1233-68. Les régimes social et fiscal applicables à ce solde sont ceux applicables aux indemnités compensatrices de préavis.**

(L. n° 2014-288 du 5 mars 2014, art. 1er) **« Après l'adhésion au contrat de sécurisation professionnelle, le bénéficiaire peut mobiliser le compte personnel de formation mentionné à l'article L. 6323-1. »**

Pendant l'exécution du contrat de sécurisation professionnelle, le salarié est placé sous le statut de stagiaire de la formation professionnelle.

Le contrat de sécurisation professionnelle peut comprendre des périodes de travail réalisées dans les conditions prévues au 3° de l'article L. 1233-68 *(Abrogé par L. n° 2015-990 du 6 août 2015, art. 294-I)* ***« , sans que cela ait pour effet de modifier son terme ».***

1. Notification du motif économique. Le salarié doit être informé des motifs économiques conduisant à l'éventuelle rupture de son contrat de travail, avant d'accepter d'adhérer au contrat de sécurisation professionnelle ; à défaut, il peut prétendre à des indemnités pour licenciement sans cause réelle et sérieuse. • Soc. 17 mars 2015, n° 13-26.941 P : *Dalloz actualité, 2 avr. 2015, obs. Ines ; D. 2015. Actu. 736 ; RDT 2015. 328, obs. Fabre ; RJS 6/2015, n° 430 ; JCP S 2015. 1192, obs. Lahalle* • 22 sept. 2015, n° 14-16.218 P : *Dalloz actualité, 21 oct. 2015, obs. Fraisse ; D. 2015. 1958* . ♦ Si le salarié doit également être informé de la priorité de réembauche avant d'accepter l'adhésion au contrat de sécurisation professionnelle, ce défaut d'information n'emporte pas le versement de l'indemnité pour non-respect de la priorité de réembauche dont le montant minimal est de deux mois. • Mêmes arrêts.

2. Défaut de motif économique. En l'absence de motif économique de licenciement, le contrat de sécurisation professionnelle n'a pas de cause et l'employeur est alors tenu à l'obligation du préavis et des congés payés afférents, sauf à tenir compte des sommes déjà versées. • Soc. 10 mai 2016, n° 14-27.953 P : *D. 2016. Actu. 1084 ; Dalloz actualité, 6 juin 2016, obs. Ines ; RJS 7/2016, n° 492 ; JS Lamy 2016, n° 413-3, obs. Hautefort ; JCP S 2016. 1252, obs. Lahalle.*

[Jurisprudence antérieure à la loi n° 2014-288 du 5 mars 2014]

3. Motif de la rupture. Si l'adhésion du salarié à une convention de reclassement personnalisé entraîne une rupture qui est réputée intervenir d'un commun accord, elle ne le prive pas de la possibilité d'en contester le motif. • Soc. 5 mars 2008 : *RJS 2008. 452, n° 580 ; JCP S 2008. 1334, note Dumont ; Dr. soc. 2008. 617, obs. Couturier* • 12 mars 2014 : *RJS 2014. 348, n° 422.* ♦ Le motif de la rupture doit apparaître dans un document écrit adressé au salarié. • Soc. 27 mai 2009 : *RJS 2009. 650, n° 741 ; Dr. ouvrier 2010. 100 ; JCP E 2009. 1769, obs. Taquet et Boukrim ; JCP S 2009. 1373, obs. Bossu.* ♦ Lorsque la rupture du contrat de travail résulte de l'acceptation par le salarié d'une convention de reclassement personnalisé, l'employeur doit remettre personnellement au salarié un document énonçant le motif économique de la rupture. • Soc. 12 juin 2012 : *Dalloz actualité, 28 juin 2012, obs. Perrin ; D. 2012. Actu. 1621 ; RDT 2012. 556, obs. Fabre ; RJS 2012. 712, n° 838.*

4. Ordre des licenciements. L'adhésion du salarié à une convention de reclassement personnalisé entraîne une rupture qui est réputée intervenir d'un commun accord, elle ne le prive pas du droit de contester le caractère réel et sérieux du motif économique invoqué par l'employeur ainsi que de l'ordre des licenciements. • Cass., avis,

7 avr. 2008 : *RJS 2008. 527, n° 654 ; JCP S 2008. 1335, note Verkindt.*

5. *Transaction.* La transaction est valablement conclue par le salarié licencié lorsqu'il a eu connaissance effective des motifs de cette rupture par la réception de la lettre recommandée lui notifiant son licenciement, même lorsque l'effet de la rupture est différé du fait de la signature d'une convention de reclassement personnalisé. • Soc. 31 mai 2011 : *Dalloz actualité, 21 juin 2011, obs. Perrin ; D. 2011. Actu.1623 ; RJS 2011. 629, n° 685 ; JCP S 2011. 1364, obs. Dumont.*

[Jurisprudence postérieure à la loi n° 2014-288 du 5 mars 2014]

6. Contrat de sécurisation professionnelle et information du salarié. Le salarié qui adhère à un contrat de sécurisation professionnelle conserve son droit à priorité de réembauchage, et l'employeur doit l'informer de ce droit ainsi que du motif économique du licenciement au plus tard lors de l'acceptation du contrat de sécurisation professionnelle. • Soc. 22 sept. 2015, n° 14-16.218 P : *Dalloz actualité, 21 oct. 2015, obs. Fraisse ; D. 2015. Actu. 1958 ; RJS 12/2015, n° 800 ; JS Lamy 2015, n° 397-4, obs. Pacotte et Daguerre.*

Art. L. 1233-68 Un accord conclu et agréé dans les conditions prévues à la section V du chapitre II du titre II du livre IV de la cinquième partie définit les modalités de mise en œuvre du contrat de sécurisation professionnelle, notamment :

1° Les conditions d'ancienneté pour en bénéficier ;

2° Les formalités afférentes à l'adhésion au contrat de sécurisation professionnelle et les délais de réponse du salarié à la proposition de l'employeur ;

3° La durée du contrat de sécurisation professionnelle et les modalités de son éventuelle adaptation aux spécificités des entreprises et aux situations des salariés intéressés, notamment par la voie de périodes de travail effectuées pour le compte de tout employeur, à l'exception des particuliers, dans le cadre des contrats de travail à durée déterminée prévus à l'article L. 1242-3, renouvelables une fois par dérogation à l'article L. 1243-13, et des contrats de travail temporaire prévus à l'article L. 1251-7 ;

4° Le contenu des mesures mentionnées à l'article L. 1233-65 ainsi que les modalités selon lesquelles elles sont financées, notamment au titre du *(L. n° 2014-288 du 5 mars 2014, art. 1er-I-4°)* « compte personnel de formation », et mises en œuvre par l'un des organismes assurant le service public de l'emploi, y concourant ou y participant mentionnés aux articles L. 5311-2 à L. 5311-4 ;

5° Les dispositions permettant d'assurer la continuité des formations engagées durant le contrat de sécurisation professionnelle ;

6° Les modalités de reprise éventuelle du contrat de sécurisation professionnelle après son interruption du fait d'une reprise d'emploi ;

7° Les obligations du bénéficiaire du contrat de sécurisation professionnelle et les conditions dans lesquelles le contrat peut être rompu, en cas de manquement à ces obligations, à l'initiative des organismes chargés de la mise en œuvre des mesures mentionnées au 4° ;

8° Le montant de l'allocation et, le cas échéant, des incitations financières au reclassement servies au bénéficiaire par l'institution mentionnée à l'article L. 5312-1 pour le compte de l'organisme chargé de la gestion du régime d'assurance chômage mentionné à l'article L. 5427-1, ainsi que les conditions de suspension, d'interruption anticipée et de cumul de cette allocation avec d'autres revenus de remplacement ;

9° Les conditions dans lesquelles les règles de l'assurance chômage s'appliquent aux bénéficiaires du contrat de sécurisation professionnelle, en particulier les conditions d'imputation de la durée d'exécution du contrat sur la durée de versement de l'allocation d'assurance mentionnée à l'article L. 5422-1 ;

10° Les conditions dans lesquelles participent au financement des mesures prévues au 4° :

a) L'organisme chargé de la gestion du régime d'assurance chômage mentionné à l'article L. 5427-1 ;

b) Les employeurs, par un versement représentatif de l'indemnité compensatrice de préavis dans la limite de trois mois de salaire majoré de l'ensemble des cotisations et contributions obligatoires afférentes *(Abrogé par L. n° 2015-990 du 6 août 2015, art. 294-II)* *«, et par un versement au titre des droits acquis par le bénéficiaire en application de l'article L. 6323-1 et non utilisés ».*

A défaut d'accord ou d'agrément de cet accord, les modalités de mise en œuvre et de financement du contrat de sécurisation professionnelle sont déterminées par décret en Conseil d'État.

V. Convention du 26 janv. 2015 relative au contrat de sécurisation professionnelle, App. III. A.

Art. L. 1233-69 *(L. nº 2015-990 du 6 août 2015, art. 294-III)* « L'employeur contribue au financement du contrat de sécurisation professionnelle par un versement représentatif de l'indemnité compensatrice de préavis, dans la limite de trois mois de salaire majoré de l'ensemble des cotisations et contributions obligatoires afférentes. »

(L. nº 2012-1189 du 26 oct. 2012, art. 9) « La détermination du montant de *(L. nº 2015-990 du 6 août 2015, art. 294-III)* « ce versement » et leur recouvrement, effectué selon les règles et sous les garanties et sanctions mentionnées au premier alinéa de l'article L. 5422-16, sont assurés par l'institution mentionnée à l'article L. 5312-1. Les conditions d'exigibilité de *(L. nº 2015-990 du 6 août 2015, art. 294-III)* « ce versement » sont précisées par décret en Conseil d'État. »

Les organismes collecteurs paritaires agréés pour *(L. nº 2014-288 du 5 mars 2014, art. 1er-I)* « collecter les contributions mentionnées au chapitre Ier du titre III du livre III de la sixième partie *(L. nº 2015-990 du 6 août 2015, art. 294-III)* « affectent aux mesures de formation prévues à l'article L. 1233-65 une part des ressources destinées aux actions de professionnalisation et au compte personnel de formation, selon des modalités définies par décret. – *V. art. D. 1233-49.*

« Lorsqu'une entreprise a conclu un accord en application du premier alinéa de l'article L. 6331-10, elle reverse à l'organisme collecteur paritaire agréé tout ou partie de la contribution prévue au même premier alinéa afin de financer des mesures de formation prévues à l'article L. 1233-65. »

Le fonds paritaire de sécurisation des parcours professionnels mentionné à l'article L. 6332-18 peut contribuer au financement de ces mesures de formation.

Les régions peuvent contribuer au financement de ces mesures de formation dans le cadre de la programmation inscrite dans le contrat de plan régional de développement des formations *(L. nº 2014-288 du 5 mars 2014, art. 23)* « et de l'orientation » professionnelles mentionné à l'article L. 214-13 du code de l'éducation.

(L. nº 2011-1978 du 28 déc. 2011, art. 88-I) « L'État peut contribuer au financement des dépenses engagées dans le cadre du contrat de sécurisation professionnelle. »

Art. L. 1233-70 Une convention pluriannuelle entre l'État et des organisations syndicales de salariés et d'employeurs représentatives au niveau national et interprofessionnel détermine les modalités de l'organisation du parcours de retour à l'emploi mentionné à l'article L. 1233-65 et de la mise en œuvre, du suivi et de l'évaluation des mesures qu'il comprend. Cette convention détermine notamment les attributions des représentants territoriaux de l'État dans cette mise en œuvre et les modalités de désignation des opérateurs qui en sont chargés.

Une convention pluriannuelle entre l'État et l'organisme chargé de la gestion du régime d'assurance chômage mentionné à l'article L. 5427-1 détermine les modalités de financement du parcours de retour à l'emploi mentionné à l'article L. 1233-65 et des mesures qu'il comprend. Une annexe financière est négociée annuellement entre l'État et l'organisme chargé de la gestion du régime d'assurance chômage mentionné à l'article L. 5427-1.

A défaut de ces conventions, les dispositions qu'elles doivent comporter sont déterminées par décret en Conseil d'État.

SOUS-SECTION 3 **CONGÉ DE RECLASSEMENT**

BIBL. MORVAN, *JCP S 2012. 1379* (pratique et théorie du congé de reclassement).

COMMENTAIRE

V. Dalloz.fr et applications mobiles Dalloz. ❑

Art. L. 1233-71 Dans les entreprises ou les établissements *(L. nº 2012-387 du 22 mars 2012, art. 43)* « d'au moins mille salariés », ainsi que dans les entreprises mentionnées à l'article L. 2331-1 et celles *(L. nº 2016-1088 du 8 août 2016, art. 96)* « répondant aux conditions mentionnées aux articles L. 2341-1 et L. 2341-2 », dès lors qu'elles emploient au total au moins mille salariés, l'employeur propose à chaque salarié dont il envisage de prononcer le licenciement pour motif économique un congé de reclassement qui a pour objet de permettre au salarié de bénéficier d'actions de formation et des prestations d'une cellule d'accompagnement des démarches de recherche d'emploi.

La durée du congé de reclassement ne peut excéder *(L. n° 2013-504 du 14 juin 2013, art. 20-II)* « douze » mois.

Ce congé débute, si nécessaire, par un bilan de compétences qui a vocation à permettre au salarié de définir un projet professionnel et, le cas échéant, de déterminer les actions de formation nécessaires à son reclassement. Celles-ci sont mises en œuvre pendant la période prévue au premier alinéa.

L'employeur finance l'ensemble de ces actions. — *[Anc. art. L. 321-4-3, al. 1er et 2.]*

Art. L. 1233-72 Le congé de reclassement est pris pendant le préavis, que le salarié est dispensé d'exécuter.

Lorsque la durée du congé de reclassement excède la durée du préavis, le terme de ce dernier est reporté jusqu'à la fin du congé de reclassement.

Le montant de la rémunération qui excède la durée du préavis est égal au montant de l'allocation de conversion mentionnée au 3° de l'article L. 5123-2. Les dispositions des articles L. 5123-4 et L. 5123-5 sont applicables à cette rémunération. — *[Anc. art. L. 321-4-3, al. 3 et 4.]*

Nullité du congé de reclassement. Si l'absence de cause réelle et sérieuse de licenciement entraîne la nullité du congé, le salarié licencié ne peut prétendre au paiement d'une indemnité de préavis et l'indemnité de congés payés s'y rapportant que sous déduction des sommes reçues à ce titre pendant la durée du congé. • Soc. 17 déc. 2013 : *Dalloz actualité, 24 janv. 2014 ; D. 2014. Actu. 24 ; JS Lamy 2014, n° 360-6, obs. Chuilon.*

Art. L. 1233-72-1 *(L. n° 2011-893 du 28 juill. 2011)* Le congé de reclassement peut comporter des périodes de travail durant lesquelles il est suspendu. Ces périodes de travail sont effectuées pour le compte de tout employeur, à l'exception des particuliers, dans le cadre de contrats de travail à durée déterminée tels que prévus à l'article L. 1242-3, renouvelables une fois par dérogation à l'article L. 1243-13, ou de contrats de travail temporaire tels que prévus à l'article L. 1251-7. Au terme de ces périodes, le congé de reclassement reprend *(Abrogé par L. n° 2013-504 du 14 juin 2013, art. 20-III) «, sans excéder son terme initial ». (L. n° 2013-504 du 14 juin 2013, art. 20-III)* « L'employeur peut prévoir un report du terme initial du congé à due concurrence des périodes de travail effectuées. »

Art. L. 1233-73 Les partenaires sociaux peuvent, dans le cadre d'un accord national interprofessionnel, prévoir une contribution aux actions engagées dans le cadre du congé de reclassement. — *[Anc. art. L. 321-4-3, al. 6.]*

Art. L. 1233-74 Les maisons de l'emploi peuvent participer, dans des conditions fixées par voie de convention avec les entreprises intéressées, à la mise en œuvre des mesures relatives au congé de reclassement. — *[Anc. art. L. 322-4-1, al. 2.]*

Art. L. 1233-75 Les dispositions de la présente sous-section ne sont pas applicables aux entreprises en redressement ou en liquidation judiciaire. — *[Anc. art. L. 321-4-3, al. 5.]*

Art. L. 1233-76 Un décret en Conseil d'État détermine les modalités d'application des articles L. 1233-71 à L. 1233-73. — *[Anc. art. L. 321-4-3, al. 7.] — V. art. R. 1233-17 s.*

SOUS-SECTION 4 CONGÉ DE MOBILITÉ

BIBL. DURLACH, *RDT 2007. 440* (congé de mobilité et droit du licenciement économique).

Art. L. 1233-77 Dans les entreprises mentionnées au premier alinéa de l'article L. 1233-71, un congé de mobilité peut être proposé au salarié par l'employeur qui a conclu un accord collectif relatif à la gestion prévisionnelle des emplois et des compétences.

Le congé de mobilité a pour objet de favoriser le retour à un emploi stable par des mesures d'accompagnement, des actions de formation et des périodes de travail. — *[Anc. art. L. 320-2-1, al. 1er et 2.]*

Si l'acceptation par le salarié de la proposition de congé de mobilité emporte rupture du contrat de travail d'un commun accord, elle ne le prive pas de la possibilité d'en contester le motif économique. • Soc. 12 nov. 2015, n° 14-15.430 P : *2016, n° 401-3 ; JCP S 2016. 1038, obs. Bossu. D. 2015. Actu. 2383 ; RJS 1/2016, n° 51 ; JS Lamy*

Art. L. 1233-78 Les périodes de travail du congé de mobilité peuvent être accomplies au sein ou en dehors de l'entreprise qui a proposé le congé.

Elles peuvent prendre soit la forme d'un contrat de travail à durée indéterminée, soit celle d'un contrat de travail à durée déterminée conclu en application du 1° de l'article L. 1242-3 dans une limite fixée par l'accord collectif. Dans ce dernier cas, le congé de mobilité est suspendu et reprend à l'issue du contrat pour la durée du congé restant à courir. – *[Anc. art. L. 320-2-1, al. 3.]*

Art. L. 1233-79 Le congé de mobilité est pris pendant le préavis, que le salarié est dispensé d'exécuter.

Lorsque la durée du congé de mobilité excède la durée du préavis, le terme de ce dernier est reporté jusqu'à la fin du congé de mobilité. – *[Anc. art. L. 320-2-1, al. 4.]*

Art. L. 1233-80 L'acceptation par le salarié de la proposition de congé de mobilité emporte rupture du contrat de travail d'un commun accord des parties à l'issue du congé. – *[Anc. art. L. 320-2-1, al. 5.]*

Art. L. 1233-81 L'acceptation par le salarié de la proposition de congé de mobilité dispense l'employeur de l'obligation de lui proposer le congé de reclassement. – *[Anc. art. L. 320-2-1, al. 8.]*

Art. L. 1233-82 L'accord collectif détermine :

1° La durée du congé de mobilité ;

2° Les conditions que doit remplir le salarié pour en bénéficier ;

3° Les modalités d'adhésion du salarié à la proposition de l'employeur et les engagements des parties ;

4° L'organisation des périodes de travail, les conditions auxquelles il est mis fin au congé et les modalités d'accompagnement des actions de formation envisagées ;

5° Le niveau de la rémunération versé pendant la période du congé qui excède le préavis ;

6° Les conditions d'information des institutions représentatives du personnel ;

7° Les indemnités de rupture garanties au salarié, qui ne peuvent être inférieures aux indemnités légales et conventionnelles dues en cas de licenciement pour motif économique. – *[Anc. art. L. 320-2-1, al. 6.]*

Art. L. 1233-83 Le montant de la rémunération qui excède la durée du préavis est au moins égal au montant de l'allocation prévue au 3° de l'article L. 5123-2.

Cette rémunération est soumise dans la limite des neuf premiers mois du congé, au même régime de cotisations et contributions sociales que celui de l'allocation versée au bénéficiaire du congé de reclassement prévue au troisième alinéa de l'article L. 1233-72, à laquelle elle est assimilée. – *[Anc. art. L. 320-2-1, al. 7.]*

SOUS-SECTION 5 **REVITALISATION DES BASSINS D'EMPLOI** *(L. n° 2013-504 du 14 juin 2013, art. 19-I ; L. n° 2014-384 du 29 mars 2014, art. 2-II).*

V. Circ. DGEFP/DGCIS/DATAR n° 2012-14 du 12 juill. 2012 relative à la mise en œuvre de l'obligation de revitalisation instituée par l'article L. 1233-84 du code du travail, V. RDT 2012. 629, obs. Héas.

BIBL. GUYOT, *JCP S 2013. 1276* (revitalisation des bassins d'emploi).

COMMENTAIRE

V. Dalloz.fr et applications mobiles Dalloz. ☐

Art. L. 1233-84 Lorsqu'elles procèdent à un licenciement collectif affectant, par son ampleur, l'équilibre du ou des bassins d'emploi dans lesquels elles sont implantées, les entreprises mentionnées à l'article L. 1233-71 sont tenues de contribuer à la création d'activités et au développement des emplois et d'atténuer les effets du licenciement envisagé sur les autres entreprises dans le ou les bassins d'emploi.

Ces dispositions ne sont pas applicables dans les entreprises en redressement ou en liquidation judiciaire. – *[Anc. art. L. 321-17, al. 1, phrase 1.]*

Dans un délai d'un an à compter du 16 juin 2013, date de promulgation de la L. n° 2013-504 du 14 juin 2013, le Gouvernement présente au Parlement un rapport établissant un bilan des actions entreprises dans le cadre des actions de revitalisation prévues aux art. L. 1233-84 s. C. trav., en précisant les améliorations qui peuvent concerner le dispositif (L. préc., art. 19-IV).

Art. L. 1233-85 Une convention entre l'entreprise et l'autorité administrative, conclue dans un délai de six mois à compter de la notification prévue à l'article L. 1233-46, détermine, le cas échéant sur la base d'une étude d'impact social et territorial prescrite par l'autorité administrative, la nature ainsi que les modalités de financement et de mise en œuvre des actions prévues à l'article L. 1233-84.

La convention tient compte des actions de même nature éventuellement mises en œuvre par anticipation dans le cadre d'un accord collectif relatif à la gestion prévisionnelle des emplois et des compétences ou prévues dans le cadre du plan de sauvegarde de l'emploi établi par l'entreprise *(L. n° 2016-1088 du 8 août 2016, art. 97)* « ou prévues dans le cadre d'une démarche volontaire de l'entreprise faisant l'objet d'un document-cadre conclu entre l'État et l'entreprise. Le contenu et les modalités d'adoption de ce document sont définis par décret. » Lorsqu'un accord collectif de groupe, d'entreprise ou d'établissement prévoit des actions de telle nature, assorties d'engagements financiers de l'entreprise au moins égaux au montant de la contribution prévue à l'article L. 1233-86, cet accord tient lieu, à la demande de l'entreprise, de la convention prévue au présent article entre l'entreprise et l'autorité administrative, sauf opposition de cette dernière motivée et exprimée dans les deux mois suivant la demande. – *[Anc. art. L. 321-17, I, al. 2.] – V. art. D. 1233-41.*

Art. L. 1233-86 Le montant de la contribution versée par l'entreprise ne peut être inférieur à deux fois la valeur mensuelle du salaire minimum de croissance par emploi supprimé. Toutefois, l'autorité administrative peut fixer un montant inférieur lorsque l'entreprise est dans l'incapacité d'assurer la charge financière de cette contribution.

En l'absence de convention signée ou d'accord collectif en tenant lieu, les entreprises versent au Trésor public une contribution égale au double du montant prévu au premier alinéa. – *[Anc. art. L. 321-17, I, al. 1, phrases 2 et 3.]*

Art. L. 1233-87 Lorsqu'un licenciement collectif effectué par une entreprise *(L. n° 2012-387 du 22 mars 2012, art. 43)* « d'au moins cinquante salariés » non soumise à l'obligation de proposer un congé de reclassement affecte, par son ampleur, l'équilibre du ou des bassins d'emploi dans lesquels elle est implantée, l'autorité administrative, après avoir, le cas échéant, prescrit une étude d'impact social et territorial prenant en compte les observations formulées par l'entreprise concernée, intervient pour faciliter la mise en œuvre d'actions de nature à permettre le développement d'activités nouvelles et atténuer les effets de la restructuration envisagée sur les autres entreprises dans le ou les bassins d'emploi. L'autorité administrative intervient en concertation avec les organismes participant ou concourant au service public de l'emploi mentionnés aux articles L. 5311-2 et suivants et, le cas échéant, avec la ou les maisons de l'emploi.

L'entreprise et l'autorité administrative définissent d'un commun accord les modalités selon lesquelles l'entreprise prend part, le cas échéant, à ces actions, compte tenu notamment de sa situation financière et du nombre d'emplois supprimés.

Les dispositions du deuxième alinéa ne sont pas applicables aux entreprises en redressement ou en liquidation judiciaire. – *[Anc. art. L. 321-17, II.]*

Art. L. 1233-88 Les actions prévues aux articles L. 1233-84 et L. 1233-87 sont déterminées après consultation des collectivités territoriales intéressées, des organismes consulaires et des partenaires sociaux membres de la commission paritaire interprofessionnelle régionale.

Leur exécution fait l'objet d'un suivi et d'une évaluation, sous le contrôle de l'autorité administrative, selon des modalités définies par décret. Ce décret détermine également les conditions dans lesquelles les entreprises dont le siège n'est pas implanté dans le bassin d'emploi affecté par le licenciement collectif contribuent aux actions prévues. – *[Anc. art. L. 321-17, III.]*

Art. L. 1233-89 Les procédures prévues à la présente sous-section sont applicables indépendamment des autres procédures prévues par le présent chapitre. – *[Anc. art. L. 321-17, IV.]*

Art. L. 1233-90 Les maisons de l'emploi peuvent participer, dans des conditions fixées par voie de convention avec les entreprises intéressées, à la mise en œuvre des mesures relatives à la revitalisation des bassins d'emploi. – *[Anc. art. L. 322-4-1, al. 2.]*

Art. L. 1233-90-1 *(L. n° 2016-1088 du 8 août 2016, art. 97)* Une convention-cadre nationale de revitalisation est conclue entre le ministre chargé de l'emploi et l'entreprise lorsque les suppressions d'emplois concernent au moins trois départements.

Il est tenu compte, pour la détermination du montant de la contribution mentionnée à l'article L. 1233-86, du nombre total des emplois supprimés.

La convention-cadre est signée dans un délai de six mois à compter de la notification du projet de licenciement mentionnée à l'article L. 1233-46.

Elle donne lieu, dans un délai de quatre mois à compter de sa signature, à une ou plusieurs conventions locales conclues entre le représentant de l'État et l'entreprise. Ces conventions se conforment au contenu de la convention-cadre nationale.

SECTION VII **MESURES D'ADAPTATION**

Art. L. 1233-91 Des décrets en Conseil d'État peuvent déterminer les mesures d'adaptation nécessaires à l'application des dispositions relatives au licenciement pour motif économique dans les entreprises tenues de constituer un comité d'entreprise ou des organismes en tenant lieu en vertu soit de dispositions légales autres que celles figurant dans le code du travail, soit de stipulations conventionnelles. – *[Anc. art. L. 321-10.]*

CHAPITRE IV **CONSÉQUENCES DU LICENCIEMENT**

RÉP. TRAV. v° *Contrat de travail à durée indéterminée (Rupture : préavis, indemnités de licenciement)*, par VACHET.

SECTION PREMIÈRE **PRÉAVIS ET INDEMNITÉ DE LICENCIEMENT**

SOUS-SECTION 1 **PRÉAVIS ET INDEMNITÉ COMPENSATRICE DE PRÉAVIS**

Art. L. 1234-1 Lorsque le licenciement n'est pas motivé par une faute grave, le salarié a droit :

1° S'il justifie chez le même employeur d'une ancienneté de services continus inférieure à six mois, à un préavis dont la durée est déterminée par la loi, la convention ou l'accord collectif de travail ou, à défaut, par les usages pratiqués dans la localité et la profession ;

2° S'il justifie chez le même employeur d'une ancienneté de services continus comprise entre six mois et moins de deux ans, à un préavis d'un mois ;

3° S'il justifie chez le même employeur d'une ancienneté de services continus d'au moins deux ans, à un préavis de deux mois.

Toutefois, les dispositions des 2° et 3° ne sont applicables que si la loi, la convention ou l'accord collectif de travail, le contrat de travail ou les usages ne prévoient pas un préavis ou une condition d'ancienneté de services plus favorable pour le salarié. – *[Anc. art. L. 122-6.]*

BIBL. COTTEREAU, *JCP S 2008. 1419* (contrôle jurisprudentiel du licenciement pour motif personnel). – FAVENNEC-HÉRY, *RJS 2000. 603* (notion de faute grave). – MORVILLE, *CSB 1991. 83* (contrôle de la Cour de cassation) ; *ibid. 1997. 255 et 1998. 61* (revue de jurisprudence). – PÉLISSIER, *Dr. soc. 1992. 751* (licenciement disciplinaire). – POIRIER, *Dr. ouvrier 2002. 511* (gradation des fautes). – SAINT-JOURS, *D. 1990. Chron. 113*. – SAVATIER, *Dr. soc. 1986. 236 ; CSB 1989. 177. – CSB 1995, supplément au n° d'août-septembre.* ▸ Délai-congé : SOUHAIR, *Dr. ouvrier 1991. 120.* – VACHET, *JCP E 1989. II. 15647.* – VALLÉE, *Dr. soc. 1992. 871* (ancienneté). – VARIN, *RDT 2009. 639* (la situation de l'employeur face à la faute grave commise par le salarié). – WAQUET, *Dr. soc. 2009. 1177* (droit disciplinaire et faute grave).

COMMENTAIRE

V. Dalloz.fr et applications mobiles Dalloz.

I. FAUTE GRAVE

A. NOTION

1. Définition. La faute grave est celle qui rend impossible le maintien du salarié dans l'entreprise. • Soc. 27 sept. 2007, n° 06-43.867 P : *D. 2007. AJ 2538 ; RDT 2007. 650, obs. Auzero ; RJS 2007. 1014, n° 1261 ; JS Lamy 2007, n° 221-5.* ♦ Comp. antérieurement : la faute grave résulte d'un fait ou d'un ensemble de faits imputables au salarié qui constitue une violation des obligations découlant du contrat de travail ou des relations de travail d'une importance telle qu'elle rend impossible le maintien du salarié dans l'entreprise pendant la durée du préavis. • Soc. 26 févr. 1991, n° 88-44.908 P : *D. 1991. IR 82 ; RJS 1991. 239, n° 448.* – Dans le même sens : • Soc. 19 déc. 1978 : *Bull. civ. V, n° 884* • 10 juill. 1980 : *ibid., n° 647.*

2. Faute grave et indemnité de licenciement. La faute grave exclusive de l'indemnité de licenciement n'est pas différente de celle privative de l'indemnité compensatrice de préavis. • Soc. 11 oct. 1979 : *Bull. civ. V, n° 720.* ♦ Sur la nécessité de distinguer faute grave et faute lourde privative de l'indemnité de congés payés, V. • Soc. 16 oct. 1980 : *Bull. civ. V, n° 750.* ♦ La clause autorisant le versement d'une indemnité de licenciement en cas de faute grave ne fait pas obstacle au droit de licenciement reconnu à l'employeur. • Soc. 4 juill. 1990, n° 87-40.433 P : *D. 1990. IR 205.* ♦ Sauf volonté contraire des parties, le licenciement pour faute grave exclut le versement de l'indemnité contractuelle de licenciement. • Soc. 31 mars 2009, n° 07-44.564 P : *RJS 2009. 470, n° 530 ; JCP S 2009. 1296, obs. Dumont.*

3. Caractère personnel. Sur la nécessité d'un fait personnel imputable au salarié pour caractériser la faute grave, V. • Soc. 25 avr. 1990, n° 87-45.275 P. • 12 janv. 1993 : *Dr. soc. 1993. 187.* ♦ Comp. • Pau, 11 janv. 1991 : *D. 1993. 142, note Lecène-Marénaud*, retenant la faute grave pour des faits de complicité.

4. Caractère objectif. La faute grave ne suppose ni l'intention maligne... • Soc. 24 oct. 1989 : *Bull. civ. V, n° 611.* ♦ ... Ni celle de commettre un acte indélicat. • Soc. 29 nov. 1984 : *D. 1985. IR 159.* ♦ ... Ni un comportement volontaire. • Soc. 5 mars 1987 : *D. 1987. IR 66.* ♦ Mais la gravité d'une faute, telle une absence non autorisée, ne résulte pas seulement du fait que le salarié ne s'est pas conformé aux consignes de l'employeur, mais aussi de son caractère délibéré et réitéré. • Soc. 8 juin 1979 : *Bull. civ. V, n° 505.* ♦ V. conf., pour un refus réitéré d'une modification d'horaire mineure : • Soc. 24 nov. 1992, n° 91-40.548 P : *RJS 1993. 23, n° 5.* ♦ ... Ou pour le refus d'une nouvelle affectation n'entraînant pas une modification substantielle du contrat : • Soc. 18 nov. 1992, n° 91-41.892 P : *Dr. ouvrier 1993. 113, note F. S. ; RJS 1993. 24, n° 5.* ♦ Le dernier manquement professionnel constaté permet aux juges du fond de retenir l'ensemble des précédents, même s'ils avaient été sanctionnés en leur temps, pour apprécier la gravité des faits reprochés au salarié. • Soc. 4 nov. 1988 : *Bull. civ. V, n° 565 ; D. 1988. IR 276.* ♦ La persistance d'un salarié dans une attitude fautive, que cette attitude ait ou non fait l'objet de sanctions disciplinaires, est constitutive d'une faute grave. • Soc. 30 sept. 2004, n° 02-44.030 P : *RJS 2005. 40, n° 37 ; TPS 2004, n° 356.* ♦ Comp. : • Soc. 16 juill. 1987 : *D. 1987. 440* • 3 mars 1978 : *Bull. civ. V, n° 176* • 5 avr. 1978 : *ibid., n° 288.*

5. Prise en compte de la personnalité du salarié. En énonçant que l'appréciation des fautes relevées doit tenir compte de l'ancienneté et des services rendus par le salarié, alors qu'à elles toutes seules les graves irrégularités commises par le salarié ne permettent pas de maintenir le contrat de travail même pendant la durée limitée du préavis, la cour d'appel a violé les art. L. 122-6 et L. 122-9 C. trav. [L. 1234-1 et L. 1234-9 nouv.]. • Soc. 14 mai 1987 : *Bull. civ. V, n° 309.* ♦ Rappr., pour la prise en compte de l'absence de sanctions antérieures : • Soc. 14 mars 1979 : *Bull. civ. V, n° 236* • 24 févr. 1982 : *ibid., n° 120* • 13 juin 1990 : *RJS 1990. 524, n° 772.* ♦ Le fait isolé, pour une veilleuse de nuit totalisant plus de quatorze années d'ancienneté et n'ayant jamais fait l'objet de reproches pour des faits similaires, de s'endormir momentanément pendant son service ne peut suffire à caractériser un manquement rendant impossible son maintien dans l'entreprise pendant la durée du préavis et n'est donc pas constitutif d'une faute grave. • Soc. 3 juin 1997 : *RJS 1997. 518, n° 799.* ♦ Une cour d'appel peut décider que « la disparition du salarié, résultant de faits inconnus dont on ne peut déduire aucune volonté du salarié de refuser d'exécuter son contrat de travail, ne constituait pas une faute grave. » • Soc. 1er oct. 1996, n° 94-44.398 P : *D. 1996. IR 231 ; RJS 1996. 750, n° 1160 ; Dr. soc. 1996. 1097, obs. G. Couturier.*

6. Délai de réaction de l'employeur. La faute grave étant celle qui rend impossible le maintien du salarié dans l'entreprise pendant la durée du préavis, la mise en œuvre de la procédure de licenciement doit intervenir dans un délai restreint après que l'employeur a eu connaissance des faits fautifs allégués et dès lors qu'aucune vérification n'est nécessaire. • Soc. 16 juin 1998, n° 96-42.054 P : *Dr. soc. 1998. 949, obs. Savatier ; D. 1998. IR 178* • 6 oct. 2010, n° 09-41.294 P : *RJS 2010. 824, n° 909 ; JS Lamy 2010, n° 287-5, obs. Lalanne ; JCP S 2011. 1135, obs. Martinon* • 24 nov. 2010, n° 09-40.928 P : *Dalloz actualité, 17 déc. 2010, obs. Ines ; D. 2010. AJ 2915 ; JS Lamy 2011, n° 292-3, obs. Lhernould ; JCP S 2011. 1081, obs. Dumont.* ♦ Lorsque l'employeur n'a pas été informé exactement des circonstances dans lesquelles un VRP s'est fait voler une collection de montres de valeur et du montant du vol, il n'a pu renoncer à se prévaloir de la gravité de la faute du seul fait d'avoir attendu plus d'un mois et demi pour licencier le salarié. • Soc. 3 juin 1981 : *Bull. civ. V, n° 521.* ♦ Rappr. : • Soc. 13 déc. 1979 : *Bull. civ. V, n° 977.* ♦ N'a pas pour effet de retirer le caractère de faute grave au comportement du salarié le temps mis par l'employeur à prononcer le licenciement dès lors qu'il procédait du souci de ne pas prononcer une sanction brutale et hâtive. • Soc. 10 juin 1998 : *CSB 1998. 243, A. 40.*

7. La notification du licenciement faite avec quinze jours de retard n'empêche pas d'invoquer la faute grave. • Soc. 7 mars 1990, n° 87-42.250 P : *D. 1990. IR 94.* ♦ *Contra,* lorsque la sanction est prise six mois après les faits : • Soc. 16 févr. 1987 : *D. 1987. IR 47.* ♦ ... Ou trois mois après les faits : • Soc. 13 oct. 1993 : *Dr. soc. 1993. 966.* ♦ ... Ou lorsque l'entretien préalable intervient plus d'un an après les faits. • Soc. 13 oct. 1993 : *RJS 1993. 641, n° 1080.* ♦ ... Ou lorsque le délai a été jugé excessif : • Soc. 26 juin 1991 : *Dr. soc. 1991. 737.*

8. Le moyen tiré de ce qu'un employeur n'a pas mis en œuvre une procédure de licenciement pour faute grave dans un délai restreint après qu'il a eu connaissance des faits fautifs invoqués est mélangé en fait et en droit ; il est donc irrecevable comme nouveau lorsqu'il est invoqué pour la première fois devant la Cour de cassation. • Soc. 14 janv. 2003, n° 00-43.025 P : *RJS 2003. 221, n° 324.*

9. Attitudes de l'employeur compatibles avec la qualification de faute grave. Le seul fait que l'employeur accepte dans l'intérêt du salarié de taire, dans la lettre de licenciement, la gravité du motif invoqué et de reporter, en raison de sa maladie, la date d'effet du licenciement, sans pour autant l'autoriser à revenir dans l'entreprise, n'implique aucune renonciation à se prévaloir de la gravité de la faute commise. • Soc. 31 mars 1981 : *Bull. civ. V, n° 283.* ♦ Le maintien du salarié dans l'entreprise pendant le temps nécessaire à l'accomplissement de la procédure n'interdit pas à l'employeur d'invoquer la faute grave. • Soc. 19 juill. 1988 : *Cah. prud'h. 1989. 101.*

10. Aucun texte n'oblige l'employeur à prendre une mesure conservatoire avant d'ouvrir une procédure de licenciement pour faute grave. • Soc. 4 nov. 1992, n° 91-41.189 P : *JCP E 1993. II. 516, note Duquesne ; D. 1992. IR 268.* – V. déjà • Soc. 7 juill. 1988 : *Cah. prud'h. 1989. 99.* ♦ Comp. : • Soc. 10 nov. 1987 : *Dr. soc. 1989. 287, note Ray,* décision affirmant qu'une cour d'appel peut déduire l'absence de faute grave du fait que l'employeur n'a pas sanctionné immédiatement la faute du salarié et n'a pris à son égard aucune mesure provisoire.

11. Lorsqu'une disposition conventionnelle ne prive le salarié du préavis qu'en cas de force majeure ou de faute lourde, en reconnaissant au salarié le droit au préavis, l'employeur ne se prive pas du droit de lui reprocher une faute grave. • Soc. 18 avr. 2000, n° 98-42.803 P.

12. Le seul fait que l'employeur, tout en notifiant une rupture avec effet immédiat, ait décidé de verser au salarié une somme équivalente à l'indemnité compensatrice de préavis ne peut le priver du droit d'invoquer la faute grave. • Soc. 2 févr. 2005, n° 02-45.748 P : *D. 2005. IR 522 ; ibid. Pan. 2506, obs. Lardy-Pélissier ; RJS 2005. 263, n° 359 ; 2005, n° 163-2 ; CSBP 2005, A. 38, obs. Pansier* • 27 sept. 2007, n° 06-43.867 P : *V. note 1.*

13. Attitudes de l'employeur incompatibles avec la qualification de faute grave. Ne peut invoquer la faute grave l'employeur qui, après avoir eu connaissance des manquements du salarié, lui a néanmoins proposé de reprendre son activité. • Soc. 24 févr. 1982 : *Bull. civ. V, n° 120.* ♦ ... Laisse le salarié exécuter son préavis. • Soc. 5 oct. 1989 : *Bull. civ. V, n° 568 ; D. 1989. IR 262* • 15 mai 1991, n° 87-42.473 P : *D. 1991. IR 149 ; Dr. soc. 1991. 513 ; RJS 1991. 371, n° 694* • 12 juill. 2005, n° 03-41.536 P : *D. 2005. IR 2176 ; RJS 2005. 688, n° 963.* ♦ ... Propose une mutation au salarié lors de l'entretien préalable, ce qui implique nécessairement le maintien du contrat de travail. • Soc. 12 janv. 2005 : *RJS 2005. 196, n° 257.* ♦ ... Ne fait aucune remarque à la salariée sur le fait ultérieurement invoqué comme constitutif d'une faute grave. • Soc. 23 mai 2007, n° 06-43.209 P : *D. 2007. AJ 1598, obs. Fabre ; D. 2007. 2284, note Castets-Renard ; RDT 2007. 530, obs. Quenaudon ; JS Lamy 2007, n° 214-4 ; SSL 2007, n° 1311, p. 12 ; JCP S 2007. 1601, note Bossu.* ♦ ... Qui soutient uniquement devant le juge prud'homal que la conduite de l'intéressé constituait une démission. • Soc. 22 janv. 1992, n° 89-42.206 P : *Dr. soc. 1992. 269 ; RJS 1992. 161, n° 257.*

14. Est discriminatoire le licenciement d'un salarié pour faute grave, alors que l'employeur a conservé à son service des salariés ayant eu un comportement identique, démontrant ainsi que ces agissements ne constituaient pas une faute grave. • Soc. 1er déc. 1988 : *Dr. soc. 1990. 99, note Rongère.*

B. PREUVE

15. Charge de la preuve. La charge de la preuve de la gravité de la faute privative des indemnités de préavis et de licenciement incombe à l'employeur débiteur qui prétend en être libéré. • Soc. 5 mars 1981 : *Bull. civ. V, n° 187.* ♦ Inversent la charge de la preuve les juges qui se fondent sur les seules énonciations d'un rapport d'expertise établi à l'initiative de l'employeur sans caractère contradictoire et imposent au salarié de rapporter la preuve contraire. • Soc. 12 mai 1993, n° 89-43.953 P.

16. Pertinence des éléments. N'apporte pas une telle preuve l'employeur qui licencie immédiatement un salarié en le soupçonnant de détournement, sans vérifier la réalité des faits invoqués et sans attendre les résultats de l'information judiciaire ouverte à la suite de sa plainte. • Soc. 10 mai 1979 : *Bull. civ. V, n° 401.*

17. Recevabilité des éléments de preuve. Si l'employeur a le pouvoir de contrôler et de surveiller l'activité de son personnel pendant le temps de travail, il ne peut mettre en œuvre un dispositif de surveillance clandestin et ce à titre déloyal. • Soc. 18 mars 2008, n° 06-45.093 P : *D. 2008. Pan. 2315, obs. Desbarats ; RJS 2008. 523, n° 649 ; JCP S 2008. 1396, note Bossu ; JS Lamy 2008, n° 232-3 ; Dr. soc. 2008. 608, obs. Radé .* ♦ Ainsi, l'enregistrement effectué par l'employeur à l'insu du salarié au moyen d'une caméra. • Soc. 20 nov. 1991, n° 88-43.120 P : *D. 1992. 73, concl. Chauvy ; Dr. soc. 1992. 28, rapp. Waquet ; RJS 1992. 25, n° 1.* ♦ De même, si un constat d'huissier ne constitue pas un procédé clandestin de surveillance nécessitant l'information préalable du salarié, il est en revanche interdit à cet officier ministériel d'avoir recours à un stratagème pour recueillir une preuve. • Soc. 18 mars 2008, n° 06-40.852 P : *JCP S 2008. 1396, note Bossu ; JS Lamy 2008, n° 232-3 ; Dr. soc. 2008. 610, obs. Radé .* ♦ En revanche, l'employeur peut opposer à ses salariés les preuves recueillies par un système de surveillance des locaux sans les avoir informé de l'existence de ces procédés. • Soc. 19 avr. 2005, n° 2-46.295 P : *D. 2005. IR 1248 ; JCP S 2005. 1032, note Césaro.* ♦ De même, lorsque les faits, non contestés par le salarié, ont été révélés après une intervention sur son poste informatique professionnel et l'examen du disque dur, le licenciement n'est pas irrégulier et peut procéder d'une faute grave. • Soc. 10 oct. 2007 : *RDT 2007. 730, note Quenaudon .* ♦ Si l'enregistrement d'une conversation téléphonique privée, effectuée à l'insu de l'auteur des propos invoqués, est un procédé déloyal rendant irrecevable la preuve ainsi obtenue, il n'en est pas de même de l'utilisation par destinataire des messages écrits téléphoniquement adressés, dits SMS, dont l'auteur ne peut ignorer qu'ils sont enregistrés par l'appareil récepteur. • Soc. 23 mai 2007, n° 06-43.209 P : *D. 2007. AJ 1598, obs. Fabre ; D. 2007. 2284, note Castets-Renard ; RDT 2007. 530, obs. Quenaudon ; JS Lamy 2007, n° 214-4 ; SSL 2007, n° 1311, p. 12 ; JCP S 2007. 1601, note Bossu.*

18. Office du juge. Les juges du fond n'ont pas à rechercher d'office l'existence d'une faute grave. • Soc. 30 nov. 1983 : *D. 1984. IR 145.* ♦ Le juge est tenu de vérifier le caractère fautif d'un comportement quelle que soit la qualification retenue par le règlement intérieur. • Soc. 9 oct. 1985 : *D. 1986. IR 70.* ♦ Une cour d'appel écarte à bon droit une clause du contrat de travail qualifiant par anticipation un comportement de faute grave, la détermination de la gravité de la faute ressortissant à l'appréciation des juges tenus d'appliquer une législation d'ordre public. • Soc. 4 avr. 1973 : *Bull. civ. V, n° 215.* ♦ Les stipulations d'une convention collective ne pouvant valablement restreindre les droits conférés aux salariés par la loi, les tribunaux doivent rechercher si les faits imputés constituent une faute d'une gravité suffisante pour être privative du droit au préavis. • Soc. 28 janv. 1970 : *Bull. civ. V, n° 58 ; JCP 1970. II. 16365, note Groutel.* ♦ La méconnaissance du code de déontologie des chirurgiens-dentistes peut être invoquée par l'employeur à l'appui d'un licenciement pour faute grave mais la décision prise par la juridiction ordinale quant à ce manquement et à sa sanction disciplinaire n'a pas autorité de chose jugée devant le juge judiciaire. • Soc. 7 nov. 2006, n° 04-47.683 P : *D. 2006. IR 2873 ; RDT 2007. 39, obs. de Quenaudon ; RJS 2006. 60, n° 53 ; JS Lamy 2007, n° 207-4.*

19. Contrôle de la Cour de cassation. Les juges du fond ne peuvent, sans s'expliquer sur la gravité de la faute commise par le salarié, le priver de son indemnité de préavis et de licenciement. • Soc. 7 mai 1980 : *Bull. civ. V, n° 390 ; D. 1981. IR 129, obs. Langlois.* ♦ Sur le contrôle par la Cour de cassation de la faute grave, par opposition à l'abandon du contrôle de la qualification de la cause réelle et sérieuse, V. • Soc. 20 févr. 1986 : *Bull. civ. V, n° 28 ; Dr. soc. 1986. 236, note Savatier* • 1er déc. 1988 : *ibid. 1990. 99, note Rongère* • 25 avr. 1990, n° 87-45.275 P : *CSB 1990. 180, S. 103* • 21 janv. 1992 : *RJS 1992. 162, n° 262.*

C. *ILLUSTRATIONS*

a. Manquements à l'obligation de réserve

20. Faute grave admise. Commet une faute grave : le cadre qui entraîne avec lui ses collaborateurs pour participer à une manifestation au cours de laquelle sont réclamés le départ du nouveau directeur général et le retour de l'ancien et qui, en outre, dénigre la société en annonçant sa « faillite » prochaine et en recommandant aux fournisseurs de se faire payer au plus tôt. • Soc. 28 févr. 1980 : *Bull. civ. V, n° 202.* – V. aussi • Soc. 13 oct. 1976 : *Bull. civ. V, n° 483 ; D. 1976. IR 326.* ♦ ... Ou celui d'une banque qui remet à un client la copie d'un rapport qu'il a été chargé d'établir sur la situation de celui-ci dont le compte débiteur était très élevé. • Soc. 20 janv. 1982 : *D. 1982. IR 251.* ♦ ... Le salarié dont les critiques à l'égard des dirigeants excèdent le cadre d'une activité syndicale. • Soc. 11 oct. 1978 : *Bull. civ. V, n° 654.* ♦ ... Ou excèdent le droit d'expression reconnu aux salariés. • Soc. 20 janv. 1993 : *RJS 1993. 181, n° 296 ; CSB 1993. 93, S.*

38. ♦ Comp., à propos d'un témoignage en justice contre l'employeur pendant le préavis : • Soc. 11 déc. 1991, n° 89-42.000 P : *RJS 1992. 94, n° 119.*

21. Faute grave écartée. Ne constitue pas une faute grave le fait pour un salarié de porter à la connaissance de l'inspecteur du travail des faits concernant l'entreprise et lui paraissant anormaux, qu'ils soient ou non susceptibles de qualification pénale. • Soc. 14 mars 2000, n° 97-43.268 P : *D. 2000. IR 105 ; Dr. soc. 2000. 555, obs. J. Savatier ; RJS 2000. 283, n° 388.* ♦ Le fait pour un salarié de porter à la connaissance du procureur de la République des agissements dont les résidents d'un établissement pour soins, au sein duquel il occupe un emploi de moniteur-éducateur, auraient été les victimes et qui, s'ils étaient établis, seraient de nature à caractériser des infractions pénales, ne constitue pas une faute. • Soc. 12 juill. 2006, n° 04-41.075 P : *D. 2006. IR 2124 ; RJS 2006. 776, n° 1041 ; Sem. soc. Lamy 2006, n° 1272, p. 11* • 29 sept. 2010 : *RDT 2010. 652, obs. Adam .* ♦ Ne commet pas de faute, compte tenu de la mission dont elle est chargée, la salariée qui signale de bonne foi à sa hiérarchie des faits en rapport avec ses attributions ; le juge saisi de la contestation du licenciement doit apprécier les éléments de fait et de preuve qui lui sont soumis sans être lié par la qualification pénale que l'employeur a donné aux faits énoncés dans la lettre de licenciement. • Soc. 8 nov. 2006, n° 05-41.504 P : *D. 2007. Pan. 686, obs. Leclerc ; RDT 2007. 98, obs. Lévy-Amsallen ; RJS 2006. 41, n° 27 ; Sem. soc. Lamy 2006, n° 1284, p. 12.*

b. Vie privée

22. Principe. Un fait de la vie personnelle ne peut justifier un licenciement disciplinaire. • 23 juin 2009, n° 07-45.256 P : *JCP E 2009. 1934, note Corrignan-Carsin.* ♦ Comp. ant. : si en principe un salarié ne peut être licencié pour une cause tirée de sa vie privée, il en est autrement lorsque son comportement crée un trouble caractérisé au sein de l'entreprise, compte tenu de ses fonctions et de la finalité de cette dernière. • Soc. 20 nov. 1991, n° 89-44.605 P : *D. 1992. IR 25 ; Dr. soc. 1992. 79 ; RJS 1992. 26, n° 3* (vol à l'étalage commis par un agent d'une société de surveillance).

23. Illustrations. Ne constitue pas une faute grave la liaison d'un directeur avec l'une de ses subordonnées, dès lors qu'il n'est pas établi que ces faits tirés de sa vie privée aient été à l'origine d'un scandale et aient eu des répercussions sur l'exécution de ses obligations professionnelles. • Soc. 20 oct. 1976 : *Bull. civ. V, n° 508.* ♦ Solution inverse, pour une liaison avec l'épouse de l'employeur : • Soc. 12 juill. 1990 : *CSB 1990. 224, S. 137.* ♦ V. notes s s. art. L. 1232-1.

c. Concurrence déloyale

24. Faute grave admise. Se rend coupable d'une faute grave le salarié qui entame des pourparlers avec d'autres membres de l'entreprise en vue de créer une entreprise directement concurrente à celle de son employeur, entreprise effectivement créée après son licenciement. • Soc. 15 nov. 1984 : *Bull. civ. V, n° 442 ; D. 1985. IR 383, obs. Serra.* – Dans le même sens : • Soc. 22 janv. 1985 : *D. 1985. IR 383, obs. Serra.* ♦ Commet des actes de concurrence déloyale le cadre : qui entretient des relations avec une société concurrente. • Soc. 9 juill. 1981 : *Bull. civ. V, n° 689.* ♦ ... Ou qui utilise, en vue de les détourner ultérieurement à son profit personnel, ses relations professionnelles avec les fournisseurs et les clients. • Soc. 22 févr. 1978 : *Bull. civ. V, n° 134.* ♦ ... Le représentant qui a une activité professionnelle dans une entreprise concurrente et qui la fait bénéficier des connaissances acquises auprès de son employeur. • Soc. 2 juin 1977 : *Bull. civ. V, n° 370.*

25. Caractérise la faute grave le fait pour un salarié de ne pas révéler à son employeur l'existence d'une clause de non-concurrence. • Soc. 10 févr. 1965 : *JCP 1965. II. 14181, note Camerlynck* • 23 mars 1977 : *Bull. civ. V, n° 227.*

26. Faute grave écartée. Ne commet pas une faute grave le salarié qui se porte acquéreur d'actions d'une autre société prétendue concurrente, fût-il porteur majoritaire. • Soc. 8 nov. 1989 : *D. 1990. Somm. 333, obs. Serra .* ♦ Dans le même sens : • Soc. 23 sept. 1992, n° 90-45.984 P : *D. 1992. IR 238 ; Dr. soc. 1992. 918.* ♦ Sur la possibilité pour le salarié de préparer la constitution d'une société concurrente qui n'entrera en activité qu'après la cessation de son contrat de travail, V. • Soc. 28 avr. 1986 : *D. 1987. Somm. 265, obs. Serra.*

d. Fautes professionnelles

27. Insuffisance professionnelle. La seule insuffisance professionnelle ne peut être qualifiée de faute grave. • Soc. 19 mars 1987 : *Bull. civ. V, n° 171 ; D. 1987. IR 75* • 21 févr. 1990, n° 87-40.167 P : *D. 1990. IR 70* • 9 mai 2000, n° 97-45.163 P : *Dr. soc. 2000. 786, obs. Favennec-Héry .* ♦ Sauf si elle révèle une volonté délibérée. • Soc. 31 mars 1998, n° 95-45.639 P : *RJS 1998, n° 577 ; JCP E 1998. 1835, note Mouly.*

28. Modification du contrat de travail. Ne peuvent être constitutifs d'une faute grave les faits se rattachant à l'exercice d'une activité nouvelle caractérisant une modification substantielle du contrat, dès lors que la preuve de l'acceptation d'une telle modification n'a pas été rapportée. • Soc. 4 déc. 1991 : *RJS 1992. 94, n° 120.* ♦ De même, ne peuvent être constitutives d'une faute grave, les erreurs commises par un salarié à qui l'employeur faisait effectuer des tâches qui ne relevaient pas de sa qualification et qui étaient étrangères à l'activité pour laquelle il avait été embauché. • Soc. 2 févr. 1999, n° 96-44.340 P : *D. 1999. IR 69* ; *RJS 1999. 212, n° 350 ; Dr. soc. 1999. 417, obs. Radé*. ♦ En revanche, le refus d'une nouvelle affectation n'entraînant pas une modification substantielle du contrat : • Soc. 18 nov. 1992, n° 91-41.892 P : *Dr. ouvrier 1993. 113, note F. S. ; RJS 1993. 24, n° 5.*

29. Atteintes à l'honneur ou à la réputation. Constitue une faute grave : le comportement professionnel d'un clerc de notaire de nature à mettre en cause la réputation et à engager la responsabilité pécuniaire des notaires associés. • Soc. 31 janv. 1980 : *Bull. civ. V, n° 99.* ♦ ... L'erreur d'une laborantine qui aurait pu avoir des conséquences sérieuses pour la santé publique. • Soc. 20 mars 1980 : *Bull. civ. V, n° 276.* ♦ Peut être licencié immédiatement : le directeur d'une société portant, dans une réunion à laquelle participaient des représentants de sociétés importantes, des accusations relatives à des décisions capitales que venait d'annoncer le directeur général. • Soc. 19 mai 1976 : *Bull. civ. V, n° 292 ; D. 1976. IR 179.*

30. Violation de l'obligation de sécurité. L'absence de contrôle du serrage des roues d'un ensemble routier ayant entraîné un accident. • Soc. 22 avr. 1982 : *D. 1982. IR 479.* ♦ ... La violation des consignes de sécurité et le fait de dormir pendant les heures de travail au lieu d'assurer la surveillance dont le salarié était chargé en tant que gardien de nuit. • Soc. 20 juill. 1977 : *Bull. civ. V, n° 493 ; D. 1977. IR 417.* ♦ ... Le directeur d'un foyer pour enfants persistant dans son comportement fautif malgré plusieurs avertissements et compromettant ainsi gravement l'équilibre psychologique et moral des enfants. • Soc. 21 nov. 1979 : *Bull. civ. V, n° 870.*

31. Secret professionnel. Doit être cassé l'arrêt qui ne recherche pas si la salariée, assistante sociale, aurait pu, sans violer le secret professionnel attaché à sa qualité d'assistante sociale, rendre compte de son activité à son chef de service, non lié par un tel secret, dans les conditions qu'exigeait ce dernier. • Soc. 20 nov. 1980 : *Bull. civ. V, n° 838 ; D. 1981. IR 267, obs. Pélissier ; Dr. soc. 1981. 457, note Jeammaud.*

e. Absences

32. Principe. La gravité d'une faute ne résulte pas seulement de l'absence du salarié, en dépit des consignes et maintenue au mépris des télégrammes adressés par l'employeur, mais encore de son caractère délibéré et réitéré. • Soc. 8 juin 1979 : *Bull. civ. V, n° 505.* ♦ La disparition du salarié résultant de faits inconnus dont on ne peut déduire aucune volonté de ne pas exécuter le contrat de travail ne constitue pas une faute grave. • Soc. 1er oct. 1996, n° 94-44.398 P : *Dr. soc. 1996. 1097, obs. Couturier* ; *RJS 1996. 750, n° 1160 ; CSB 1996. 330, S. 144.*

33. Retour de congés payés. La non-reprise du travail après une période de congés payés, malgré l'ordre formel de l'employeur, constitue un refus volontaire de travail résultant d'une mauvaise volonté caractérisée et constituant une faute grave. • Soc. 10 juill. 1980 : *Bull. civ. V, n° 648 ; D. 1981. IR 129, 2e esp., obs. Langlois.* – V. aussi • Soc. 6 mai 1976 : *Bull. civ. V, n° 257 ; D. 1976. IR 165.* ♦ La prise de congé sans aucun accord de l'employeur constitue une faute grave. • Soc. 12 déc. 1983 : *D. 1984. IR 231.*

34. Absentéisme. Peut être sanctionné pour faute grave le salarié qui, pour la seconde fois en huit jours, quitte son poste de travail sans autorisation, ce qui avait entraîné l'arrêt de l'atelier. • Soc. 21 févr. 1980 : *Bull. civ. V, n° 172.*

35. Justification des absences. Le salarié qui, du fait de la grève des postes, se trouve dans l'impossibilité de faire parvenir à temps la justification de la prolongation de son absence, ne peut se voir opposer la clause d'une convention collective prévoyant qu'après un délai de quinze jours d'absence sans justification le contrat peut être considéré comme rompu de fait, ni se voir reprocher une faute suffisamment grave pour être privé de l'indemnité de préavis. • Soc. 8 févr. 1978 : *Dr. ouvrier 1978. 390.* ♦ Comp. : • Soc. 17 mai 1979 : *D. 1980. IR 25, obs. Langlois.*

36. La seule absence d'une justification de prolongation d'un arrêt de travail, même à la demande de l'employeur, ne constitue pas une faute grave de nature à justifier un licenciement. • Soc. 17 oct. 2000, n° 98-41.582 P : *D. 2001. 1759, note Puigelier* ; *RJS 2001. 23, n° 34 ; JCP 2000. IV. 2808.*

37. Le seul fait pour un salarié d'avoir effectué dans les locaux de l'entreprise une réparation sur son véhicule personnel, alors qu'il était en arrêt de travail, ne constitue pas une faute grave dès lors que cette réparation avait été effectuée pendant les heures de sortie autorisée et avec l'autorisation de son supérieur hiérarchique. • Soc. 14 mai 1998, n° 96-41.867 P : *Dr. soc. 1998. 715, obs. Jeammaud*. ♦ L'exercice d'une activité pendant un arrêt de travail provoqué par la maladie ne constitue pas en lui-même un manquement à l'obligation de loyauté qui subsiste pendant la durée de cet arrêt. • Soc. 4 juin 2002, n° 00-40.894 P : *D. 2002. IR 2027* ; *RJS 2002. 742, n° 963 ; CSB 2002. 388, A. 52.*

f. Indiscipline

38. Illustrations. Constitue un acte d'indiscipline caractérisant une faute grave le refus : d'obéir aux instructions du supérieur hiérarchique. • Soc. 3 janv. 1980 : *Bull. civ. V, n° 2.* ♦ ... De se soumettre à un contrôle rendu nécessaire par d'importants vols de marchandises.

• Soc. 20 mai 1980 : *Bull. civ. V, n° 436.* ♦ ... D'accomplir la mission demandée par l'employeur et de lui envoyer une lettre particulièrement insolente. • Soc. 24 janv. 1979 : *Bull. civ. V, n° 67 ; D. 1979. 619, note Serra.* ♦ ... D'exécuter des heures supplémentaires autorisées. • Soc. 29 janv. 1969 : *Bull. civ. V, n° 57.* ♦ Comp., lorsque le caractère systématique des heures supplémentaires imposées le samedi pourrait avoir pour effet de modifier le contrat : • Soc. 16 mai 1991 : *Dr. soc. 1994. 856, note J. Mouly.* ♦ ... De prolonger l'horaire d'une heure afin de terminer le déchargement urgent de denrées périssables. • Soc. 26 avr. 1979 : *Bull. civ. V, n° 345 ; D. 1980. IR 25, obs. Langlois.* ♦ V. aussi : • Soc. 8 déc. 1988 : *D. 1988. IR 299* • 13 juill. 1988 : *Bull. civ. V, n° 445* (refus d'exécuter une réparation urgente).

39. Le refus par un salarié de continuer le travail ou de le reprendre après un changement de ses conditions de travail décidé par l'employeur dans l'exercice de son pouvoir de direction constitue, en principe, une faute grave qu'il appartient à l'employeur de sanctionner par un licenciement. • Soc. 10 juill. 1996 (1er arrêt), n° 93-41.137 P : *GADT, 4e éd., n° 50 ; JCP 1997. II. 22768, note Saint-Jours ; RJS 1996. 580, n° 900 ; CSB 1996. 317, A. 62, note Philbert (1re esp.)* • 10 juill. 1996 (2e arrêt), n° 93-40.966 P : *JCP 1997. II. 22768, note Saint-Jours ; Dr. soc. 1996. 976, obs. H. Blaise ; RJS 1996. 580, n° 900.* ♦ Mais ce refus ne constitue pas nécessairement une faute grave. • Soc. 15 juill. 1998, n° 97-43.985 P : *Dr. soc. 1998. 878, note Couturier.*

40. Le refus persistant de se présenter à la visite médicale de reprise constitue une faute grave. • Soc. 29 nov. 2006, n° 04-47.302 P : *RDT 2007. 167, obs. Auzero ; Dr. soc. 2007. 248, obs. Savatier ; ibid. 369, obs. Radé.*

41. Peut se voir reprocher une faute grave le chauffeur coupable d'un délit de fuite dans un accident dont l'employeur a été reconnu civilement responsable. • Soc. 8 juin 1979 : *Bull. civ. V, n° 512 ; D. 1980. IR 90, obs. Pélissier ; JCP 1980. II. 19441, note Atias.* ♦ ... Ou le salarié, travaillant à sa guise, faisant preuve d'indiscipline et nuisant à la bonne marche de l'entreprise. • Soc. 4 févr. 1981 : *Bull. civ. V, n° 100.*

42. L'appréciation des faits constitutifs d'insubordination doit se faire en fonction de la personnalité du salarié lorsque celui-ci comprend mal la langue française. • Soc. 26 janv. 1989 : *Bull. civ. V, n° 83 ; D. 1989. IR 54.*

43. Qualification écartée. La faute grave n'est pas établie lorsque le salarié refuse : de continuer à travailler sur un chantier, dès lors que l'employeur n'accorde pas l'indemnité de déplacement prévue par la convention collective. • Soc. 7 févr. 1980 : *Bull. civ. V, n° 120.* ♦ ... De prendre ses congés annuels à une autre date que les années précédentes, alors qu'il n'a pas été avisé de la période ordinaire des vacances au moins deux mois avant l'ouverture de celle-ci. • Soc. 3 mai 1979 : *Bull. civ. V, n° 376 ; D. 1980. IR 30.* ♦ ... De soumettre son véhicule stationné sur la voie publique à un contrôle de l'employeur. • Soc. 9 avr. 1987 : *Bull. civ. V, n° 205 ; JCP 1987. IV. 211.*

g. Violences, rixes, incorrections, intempérance

44. Caractère inexcusable. Les violences exercées au temps et au lieu de travail ne peuvent être justifiées par des mobiles tirés de l'organisation défectueuse de l'entreprise. • Soc. 29 juin 1983 : *D. 1984. IR 31.*

45. Illustrations. Sont constitutives d'une faute grave les agressions sur la personne des dirigeants de l'entreprise. • Soc. 16 mars 1978, n° 76-41.106 P : *D. 1978. IR 317.* – V. aussi • Soc. 14 déc. 1977 : *Bull. civ. V, n° 696.* ♦ ... Les menaces exercées à l'aide d'un couteau contre d'autres salariés. • Soc. 10 mai 1978 : *Bull. civ. V, n° 341.*

46. La faute grave peut résulter d'une attitude indécente répétée d'un salarié à l'égard de ses collègues féminines. • Soc. 28 nov. 1989 : *Bull. civ. V, n° 684.* ♦ Le harcèlement sexuel constitue nécessairement une faute grave. • Soc. 5 mars 2002, n° 00-40.717 P : *D. 2002. IR 1118 ; RJS 2002. 411, n° 528* • 19 avr. 2000 : *RJS 2000. 438, n° 628* • 3 mai 1990, n° 88-41.513 P : *RJS 2002, n° 528.*

47. Faute non retenue. Ne commet pas de faute grave le salarié pénétrant de force dans l'appartement de son employeur pour des raisons étrangères à l'exécution du contrat de travail. • Soc. 16 juin 1988 : *Bull. civ. V, n° 368 ; Dr. ouvrier 1989. 222.*

48. Éthylisme. Constitue une faute grave le fait pour un salarié en état d'ébriété d'avoir pris un véhicule de son employeur pour son usage personnel, dès lors que, si la juridiction pénale n'a pas retenu la qualification de vol en l'absence d'intention frauduleuse caractérisée, elle n'a pas dénié la matérialité des faits. • Soc. 28 oct. 1981 : *Bull. civ. V, n° 838.*

49. Peut être sanctionné au titre de la faute grave le fait pour un chauffeur-livreur de conduire un véhicule de l'entreprise avec un taux d'alcoolémie constitutif d'une infraction pénale. • Soc. 6 mars 1986 : *Bull. civ. V, n° 84.* ♦ ... Ou le fait pour un inspecteur de clientèle de s'enivrer au cours d'une réunion organisée par un client et de commettre différents actes blâmables. • Soc. 21 mars 1979 : *Bull. civ. V, n° 251.* ♦ ... Ou le fait de s'enivrer en dehors du temps de travail mais au sein de l'entreprise, en violation des dispositions du règlement intérieur et de se livrer à des violences inexcusables. • Soc. 28 mars 2000, n° 97-43.823 P :*RJS 2000. 357, n° 511.*

50. Consommation de substance illicite. Le fait de fumer du cannabis ou une substance illicite est une faute grave même s'il s'agit d'un fait isolé n'ayant pas donné lieu à un avertissement préalable. • Soc. 1er juill. 2008, ♖ n° 07-40.053 P : *RJS 2009. 813, n° 995 ; JCP S 2008. 1509, obs. Bugada ; JS Lamy 2008, n° 238-2.*

h. Insultes, grossièretés

51. Principe. Des insultes grossières constituent une faute grave. • Soc. 20 juill. 1978 : *Bull. civ. V, n° 610* • 27 févr. 1980 : *ibid., n° 190* • 10 déc. 1985 : *ibid., n° 596 ; Dr. soc. 1986. 209.* ♦ Même solution pour des propos racistes. • Soc. 25 janv. 1995 : ♖ *Dr. soc. 1995. 265* ✐. ♦ Constitue une faute grave la pose d'une affiche dont les termes témoignent de la part de son auteur, membre du comité d'établissement, d'une intention malveillante à caractère nettement diffamatoire. • Soc. 16 oct. 1985 : *Bull. civ. V, n° 461 ; D. 1986. IR 92.* ♦ ... Ou l'envoi d'une lettre particulièrement violente à la suite d'une sanction justifiée. • Soc. 24 janv. 1979 : *Bull. civ. V, n° 67 ; D. 1979. 619, note Serra.*

52. Faute grave non retenue. La faute grave n'est pas établie lorsque les insultes proférées par un salarié ayant vingt années d'ancienneté ne dépassent pas les propos habituellement utilisés dans son milieu professionnel. • Soc. 16 févr. 1987 : *Bull. civ. V, n° 79 ; Dr. soc. 1987. 357, note Savatier.* ♦ Dans le même sens, pour des insultes proférées sous le coup de la colère : • Soc. 8 nov. 1978 : *Bull. civ. V, n° 745 ; D. 1979. IR 230, obs. Pélissier.* ♦ ... Ou justifiées par l'attitude d'un directeur. • Soc. 4 janv. 1968 : *JCP 1969. II. 15835, note Ghestin.* ♦ V. aussi, pour des propos tenus lors d'une réunion sur le reclassement du salarié devenu inapte : • Soc. 3 mai 1994 : ♖ *RJS 1994. 411, n° 667.* ♦ La mention désobligeante portée sur le double d'un bon de commande adressé par inadvertance au client ne caractérise pas la faute grave. • Soc. 29 avr. 1976 : *Bull. civ. V, n° 244 ; D. 1976. IR 152.*

i. Indélicatesse, malversations

53. Comportements visés. Sont constitutifs d'une faute grave : le fait de prendre des paris pendant le temps de travail et avec le matériel de l'entreprise. • Soc. 14 mars 2000, ♖ n° 98-42.090 P : *D. 2000. IR 105* ✐ *; RJS 2000. 281, n° 386.* ♦ Les rapports mensongers établis par un délégué médical sur son activité. • Soc. 22 nov. 1978 : *Bull. civ. V, n° 786.* ♦ Comp., pour une hypothèse où la faute grave n'a pas été retenue, dès lors qu'il n'était pas établi que la rédaction de rapports inexacts ait été répétée, ni qu'elle ait entraîné une diminution du chiffre d'affaires : • Soc. 12 mars 1981 : *Bull. civ. V, n° 214.* ♦ ... La falsification des notes de restaurant pour obtenir des indemnités de repas. • Soc. 21 mai 1980 : *Bull. civ. V, n° 450.* ♦ ... L'établissement de faux bons de commande et de faux dossiers. • Soc. 1er avr. 1976 : *Bull. civ. V, n° 215 ; D. 1976. IR 151.* ♦ ... L'encaissement à titre habituel par un directeur des achats de sommes d'argent de plusieurs fournisseurs, ce qui le plaçait vis-à-vis d'eux dans un état de dépendance contraire aux intérêts de la société. • Soc. 18 déc. 1979 : *Bull. civ. V, n° 1008 ; D. 1980. IR 158.* ♦ ... Le fait pour un directeur de magasin de sortir des marchandises sans passer par la caisse ou sans les payer immédiatement. • Soc. 31 janv. 1979 : *Bull. civ. V, n° 92 ; D. 1979. IR 283.* ♦ ... La production par un salarié au cours d'une instance l'opposant à l'employeur de documents étrangers aux débats et tendant à établir de prétendues malversations de l'employeur. • Soc. 20 juin 1990, n° 87-42.159 P : *D. 1990. IR 1885.* ♦ ... Le vol commis au préjudice d'un client de l'employeur, alors même que l'objet soustrait serait de faible valeur. • Soc. 16 janv. 2007, ♖ n° 04-47.051 P : *RDT 2007. 240, obs. Dockès* ✐. ♦ *Contra*, lorsqu'il s'agit de documents établis par le salarié ou qu'il avait eus à sa disposition dans le cadre de ses fonctions : • Soc. 19 juin 1991, ♖ n° 86-45.504 P : *Dr. soc. 1991. 638 ; RJS 1991. 433, n° 826.*

54. Vol. Le vol commis par un salarié au préjudice d'un client de l'employeur caractérise, alors même que l'objet soustrait serait de faible valeur, une faute grave de nature à rendre impossible la poursuite du contrat de travail pendant la durée du préavis. • Soc. 16 janv. 2007, ♖ n° 04-47.051 P : *RDT 2007. 240, obs. Dockès* ✐.

55. Jurisprudence antérieure. L'employeur est fondé à licencier pour faute grave, avant toute condamnation pénale, un cadre poursuivi pour le vol d'un tableau dans un musée au cours d'un déplacement professionnel. • Soc. 7 févr. 1985 : *Bull. civ. V, n° 90.* ♦ Le vol commis au préjudice de son employeur par le salarié constitue une faute grave. • Soc. 20 févr. 1986 : *Bull. civ. V, n° 28 ; Dr. soc. 1986. 236, note Savatier* (vol d'une paire de lacets par l'employé d'un magasin). ♦ Comp., pour un refus de la faute grave : • Soc. 15 nov. 1989 : *Bull. civ. V, n° 662 ; D. 1989. IR 306* (salarié « mettant de côté » une pièce de viande) • 21 déc. 1989 : *CSB 1990. 34, B. 25* (consommation d'un paquet de crêpes, la cour d'appel ayant constaté qu'il était habituel dans les boulangeries-pâtisseries que les salariés consomment des denrées pendant leurs heures de travail) • 19 mai 1993 : ♖ *CSB 1993. 163, B. 95* (soustraction d'une plaque de chocolat).

56. Faute grave écartée. N'est pas caractéristique d'une faute grave : le manquement constaté dans le contenu d'une caisse, dès lors que la vérification quotidienne de ce contenu ne paraissait pas très rigoureuse et que la caissière n'avait fait l'objet d'aucune critique depuis neuf ans. • Soc. 28 juin 1978 : *Bull. civ. V, n° 513 ; D. 1979. IR 26, 2e esp., obs. Langlois.* ♦ ... Ni le fait de retenir la recette d'une séance de cinéma en raison d'anciens impayés. • Soc. 19 juin 1990, ♖ n° 86-44.330 P : *D. 1990. IR 185.* ♦ Lorsque la somme d'argent disparue dans le coffre d'un chef de magasin est d'un montant tel qu'il empêche toute continuation de l'exécution du contrat en provoquant une perte de confiance, l'employeur peut prononcer le licenciement immédiat et sans indemnités du salarié. • Soc. 17 oct. 1979 : *Bull. civ. V, n° 738.*

57. *Autorité de la chose jugée.* Lorsqu'un salarié, poursuivi pour recel, bénéficie d'une décision de relaxe fondée sur l'absence de preuve du caractère frauduleux de ses agissements, cette décision ne fait pas obstacle à ce que les juges recherchent si la perception de la somme litigieuse ne pouvait pas caractériser de sa part une faute civile de nature à le priver de tout ou partie de ses indemnités. • Soc. 21 juin 1989 : *D. 1990. 132, note Pralus-Dupuy*. ♦ Lorsque la matérialité des faits est établie, la décision du juge pénal s'impose au juge civil. • Soc. 10 déc. 1991, n° 90-44.351 P. • 15 déc. 2004 : *RJS 2005. 197, n° 258.* ♦ Le motif de falsification de chèque invoqué dans la lettre de licenciement est inexistant si une décision de relaxe de ce chef a été prononcée. • Soc. 17 nov. 1998 : *JCP 1999. IV. 1016.*

j. Contrôle des horaires

58. Le non-respect des règles du contrôle des horaires est constitutif d'une faute grave s'agissant de l'omission d'arrêter le compteur lors de la cessation de travail. • Soc. 22 sept. 1993 : *RJS 1993. 641, n° 1078.* ♦ S'agissant de la falsification de deux feuilles de pointage au préjudice de l'employeur, même si ce fait a été commis sur incitation du supérieur hiérarchique. • Soc. 21 oct. 1998, n° 96-43.277 P. ♦ En revanche, le seul refus de se conformer aux formalités de pointage, eu égard à l'absence de conflits sur les horaires, ne peut être constitutif de faute grave, ce refus constitue cependant une faute justifiant un licenciement. • Soc. 17 nov. 1998 : *RJS 1999. 113, n° 170.*

k. Utilisation du matériel de l'entreprise

59. *Téléphone.* Constitue une faute grave le fait, pendant plusieurs mois, et malgré avoir été averti à plusieurs reprises de l'augmentation anormale des communications téléphoniques, de téléphoner quotidiennement de Martinique en métropole à partir du bureau de président. • Soc. 18 juin 2003 : *RJS 2003. 666, n° 979.*

60. *Connexions internet.* L'usage de la connexion internet de l'entreprise, à des fins non professionnelles, pour une durée totale d'environ 41 heures durant un mois, constitue un comportement rendant impossible le maintien du salarié dans l'entreprise et est constitutif d'une faute grave. • Soc. 18 mars 2009 : *D. 2009. AJ 1093, obs. Dechristé*.

l. Non-respect des consignes de sécurité

61. *Faute grave retenue.* En cas de manquement à l'obligation qui lui est faite par l'art. L. 230-3 [L. 4122-1 nouv.] de prendre soin de sa sécurité et de sa santé, ainsi que celle des autres personnes concernées du fait de ses actes ou de ses omissions au travail, un salarié engage sa responsabilité et une faute grave peut être retenue contre lui, notamment s'il refuse de porter un casque de sécurité. • Soc. 23 mars 2005, n° 03-42.404 P : *D. 2005. 1758, note Gaba ; JS Lamy 2005, n° 166-3 ; RJS 2005. 454, n° 641.*

62. *Tabagisme.* Constitue une faute grave le comportement du salarié surpris en train de fumer dans les locaux de l'entreprise alors que l'interdiction de fumer résultait d'une décision préfectorale justifiée par la sécurité des personnes et des biens, et que cette interdiction avait bien été portée à la connaissance de tous les salariés. • Soc. 1er juill. 2008, n° 06-46.421 P : *RDT 2008. 750, obs. Véricel ; RJS 2008. 785, avis Petit ; ibid. 2009. 819, n° 1003 ; JCP S 2008. 1509, obs. Bugada ; JS Lamy 2008, n° 238-2.*

II. PRÉAVIS

A. SOURCES

63. *Loi applicable.* Le droit au préavis et à l'indemnité de licenciement naissant à la date de notification de la rupture, ce sont les dispositions légales ou conventionnelles en vigueur à cette date qui déterminent les droits du salarié, sauf clause expresse contraire. • Soc. 19 janv. 1994, n° 89-41.245 P : *D. 1994. IR 37 ; Dr. soc. 1994. 268 ; CSB 1994. 45, A. 11 ; RJS 1994. 183, n° 250* • 5 juin 1996, n° 92-42.034 : *RJS 1996. 507, n° 788.*

64. *Subsidiarité des usages.* La convention collective prime sur les usages, même si ces derniers sont plus favorables au salarié. • Cass., ch. réun. 22 juin 1966 : *Bull. ch. réun, n° 1 ; D. 1966. 502, et la note ; JCP 1966. II. 14844, note Voirin* (arrêt rendu à propos de la fixation du point de départ du délai de préavis). ♦ Dans le même sens : • Soc. 9 févr. 1978 : *Bull. civ. V, n° 96* (primauté de la convention collective ne prévoyant pas le report du point de départ à la fin du mois en cours sur l'usage plus favorable). ♦ Doit être cassé l'arrêt qui, pour condamner l'employeur à verser une indemnité sur le fondement de l'art. L. 122-6, 1° [L. 1234-1 nouv.], se réfère aux usages locaux tout en relevant qu'une convention collective était applicable aux parties. • Soc. 14 avr. 1983 : *Bull. civ. V, n° 193 ; D. 1984. IR 167, obs. Vachet.*

65. Le juge ne peut fixer un délai-congé supérieur à la durée légale sans constater l'existence dans la localité et la profession d'un usage plus favorable. • Soc. 8 juill. 1976 : *Bull. civ. V, n° 437 ; D. 1976. IR 244.* – V. aussi • Soc. 22 avr. 1966 : *Bull. civ. V, n° 367 ; D. 1966. 522.*

66. *Convention n° 158 de l'OIT.* Le délai de 6 mois constitue une durée d'ancienneté raisonnable au sens de l'art. 2 de la convention n° 158 de l'OIT qui est d'application directe devant les juridictions nationales. • Soc. 29 mars 2006, n° 04-46.499 P : *D. 2006. 2228, note Perrin ; D. 2006. IR 946 ; RJS 2006. 397, n° 561 ; Dr. soc. 2006. 636, Avis Duplat ; JS Lamy 2006, n° 188-2 ; JCP S 2006. 1427, note Vatinet.*

B. SITUATION DES PARTIES

67. Employeur. Le salarié doit, durant la période de préavis, rester à la disposition de l'employeur, sous réserve que la continuation du contrat de travail ne revête pas un caractère vexatoire. • Soc. 11 mars 1976 : *Bull. civ. V, n° 158.* ♦ V., pour une attitude de l'employeur de nature à bouleverser le salarié : • Soc. 21 mai 1980 : *Bull. civ. V, n° 451.*

68. En cas de modification du contrat, l'employeur est tenu de verser l'indemnité de préavis, le salarié ne pouvant être contraint d'effectuer le préavis dans les conditions nouvelles imposées unilatéralement. • Soc. 7 juill. 1988 : *Bull. civ. V, n° 427* • 5 avr. 1989 : *RJS 1989. 234, n° 421* • Cass., ass. plén., 18 nov. 1994 : *Bull. ass. plén., n° 6 ; Gaz. Pal. 1995. 1. 9, concl. Jéol* • Soc. 9 déc. 1998, n° 96-44.789 P : *RJS 1999. 40, n° 45* • 5 oct. 1999, n° 97-42.302 P : *RJS 1999. 842, n° 1370.* ♦ Mais l'employeur qui licencie un salarié à raison du refus par celui-ci d'un changement de ses conditions de travail, sans se prévaloir de la faute grave, est fondé à lui imposer d'exécuter son préavis dans les conditions nouvellement prévues. • Soc. 25 nov. 1997, n° 95-44.053 P : *D. 1998. 398, note Puigelier ; RJS 1998. 26, n° 28 ; Dr. soc. 1998. 82, obs. Favennec-Héry ; CSB 1998. 51, A. 13 ; JCP 1998. II. 10032, note Corrignan-Carsin.*

69. Salarié. Le salarié ne devient créancier de l'indemnité de délai-congé qu'à la condition de rester à la disposition de son employeur, sauf si ce dernier l'en dispense. • Soc. 6 nov. 1975 : *Bull. civ. V, n° 516* • 9 mars 1978 : *ibid., n° 175.* ♦ V., pour une indisponibilité résultant d'un arrêt maladie : • Soc. 10 déc. 1975 : *Bull. civ. V, n° 601* • 12 nov. 1997, n° 94-42.347 P : *RJS 1998. 22, n° 22.* ♦ ... Ou de l'incorporation pour le service national : • Soc. 10 janv. 1980 : *Bull. civ. V, n° 33.*

70. La clause d'un contrat prévoyant une augmentation à une date déterminée, sans réserve, doit s'appliquer à un salarié en cours d'exécution du préavis. • Soc. 6 févr. 1992 : *RJS 1992. 256, n° 440.*

71. Faute grave. La faute grave commise au cours du préavis justifie l'interruption de celui-ci, mais ne prive pas le salarié de l'indemnité de licenciement qui prend naissance à la date de la rupture, même si son exigibilité est reportée à la fin du préavis. • Soc. 23 mai 1984 : *Bull. civ. V, n° 222 ; D. 1984. IR 449* • 7 mai 1987 : *D. 1987. IR 129* • 10 mai 1989 : *Bull. civ. V, n° 350* • 5 avr. 1990 : *ibid., n° 176 ; D. 1990. IR 113* • 7 mai 1991, n° 87-42.590 P. • 8 juill. 1992 : *Bull. civ. V, n° 451* • 25 janv. 1995 : *Dr. soc. 1995. 269 ; CSB 1995. 89, S. 45.* ♦ La faute grave révélée au cours du préavis, après la notification du licenciement, et commise antérieurement ne peut entraîner la perte du droit à l'indemnité de licenciement. • Soc. 7 mars 1990, n° 86-45.685 P : *CSB 1990. 129 ; RJS 1990. 226, n° 292.* ♦ Elle ne peut avoir pour effet que d'interrompre le préavis et de priver le salarié de la partie d'indemnité compensatrice de préavis correspondant à la partie de préavis restant à courir. • Soc. 31 janv. 1996 : *Dr. soc. 1996. 430* . ♦ Toutefois, la faute grave commise alors que le salarié a été dispensé d'exécuter son préavis ne le prive pas de l'indemnité compensatrice de préavis. • Soc. 9 mai 2000, n° 97-45.294 P : *D. 2000. IR 157 ; RJS 2000. 448, n° 650.* ♦ L'interruption immédiate du préavis n'oblige pas l'employeur à réitérer la procédure de licenciement. • Soc. 24 oct. 1989 : *Bull. civ. V, n° 611 ; D. 1989. IR 291.* ♦ Sur le caractère indifférent des faits postérieurs au licenciement, V. • Soc. 7 févr. 1990, n° 87-40.019 P.

72. Faute lourde. La faute lourde commise au cours du préavis justifie l'interruption de celui-ci, mais ne saurait priver le salarié de son droit à l'indemnité compensatrice de congés payés et de son droit à l'indemnité de licenciement qui prend naissance à la date de notification du congé, même si son exigibilité est reportée à la fin du préavis. • Soc. 5 avr. 1990, n° 88-16.029 P : *D. 1990. IR 113 ; CSB 1990. 131, A. 29.* ♦ En cas de faute lourde commise par le salarié au cours du préavis dont il a été dispensé, l'employeur peut seulement prétendre à des dommages-intérêts en raison du préjudice qu'il a subi à cause de cette faute. • Soc. 22 mai 2002, n° 00-40.446 P : *Dr. soc. 2002. 786, obs. Radé ; RJS 2002. 745, n° 968.*

73. Heures de recherche d'emploi. V., pour l'affirmation d'un usage non contesté accordant deux heures par jour au salarié pour rechercher un emploi : • Soc. 7 févr. 1957, n° 4.065 P : *Dr. soc. 1957. 362.* ♦ Comp. : • Soc. 26 févr. 1981 : *Cah. prud'h. 1985. 73,* accordant, en l'absence de convention collective, une indemnité pour recherche d'emploi supérieure à celle résultant d'un usage local dans la profession considérée.

74. Le droit à des heures pour rechercher un emploi n'existe que pour autant que le salarié n'a pas trouvé un nouvel emploi. • Soc. 7 févr. 1957 : *préc. note 73.* ♦ Mais il appartient à l'employeur, qui n'est pas juge des démarches nécessaires au salarié, de démontrer l'inutilité de ces heures. • Soc. 9 avr. 1987 : *Cah. prud'h. 1987. 122.* ♦ *Contra* : • Soc. 3 févr. 1993 : *CSB 1993. 85, A. 21* (charge de la preuve incombant au salarié). ♦ L'adhésion à une convention d'allocations spéciales du FNE n'interdit pas la reprise d'une activité professionnelle ; il appartient à l'employeur qui avait reporté les heures pour recherche d'emploi en fin de préavis d'établir qu'elles étaient inutiles. • Soc. 1er mars 1995 : ☎ *RJS 1995. 280, n° 413.*

75. La seule fixation par la loi d'un délai-congé minimum n'a pas pour effet d'étendre à toute la durée du préavis légal le bénéfice du temps d'absence pour recherche d'emploi prévue seulement pour la durée d'un préavis conventionnel. • Soc. 7 mai 1987 : *Bull. civ. V, n° 280.*

76. Les heures non utilisées ne peuvent donner droit au paiement d'heures supplémentaires destinées à les remplacer. • Soc. 13 nov. 1974 : *Bull. civ. V, n° 537.* – V. aussi • Soc. 23 juin 1983 : *D. 1983. IR 402.* ♦ Solution inverse, en cas de dispositions conventionnelles prévoyant le paiement des heures non utilisées : • Soc. 3 mai 1994 : ☎ *RJS 1994. 581, n° 979.*

77. Est abusif le refus opposé par l'employeur à une demande de regroupement des heures de recherche justifié par une convocation à un concours administratif. • Soc. 14 mai 1985 : *Bull. civ. V, n° 295.* ♦ Rappr. : • Soc. 4 avr. 1979 : *Bull. civ. V, n° 319.*

C. *DURÉE DU PRÉAVIS*

78. Délai préfix. Le délai de préavis est un délai préfix, insusceptible de suspension ou de prorogation. • Soc. 12 juin 1986 : *Bull. civ. V, n° 305* (survenance d'intempéries pendant le délai-congé n'ayant pas pour effet de retarder sa date d'expiration ; V. art. D. 5424-22) • 3 oct. 1968 : *Dr. soc. 1969. 47, note Savatier* (pas de prolongation en cas de grève). ♦ V. cependant notes 68 s. ♦ La réduction de la durée du préavis, par avenant au contrat de travail, constitue une modification du contrat et le refus du salarié de l'accepter ne caractérise pas, à lui seul, un motif de licenciement. • Soc. 15 juill. 1998, ☎ n° 97-43.985 P : *RJS 1998. 715, n° 1176.*

79. Maladie. Le délai-congé ne peut être prorogé de la durée de la maladie du salarié. • Soc. 28 juin 1989 : *Bull. civ. V, n° 473.* ♦ Sur une prolongation prévue par une convention collective, V. • Soc. 24 mars 1984 : *Liaisons soc. Lég. soc., n° 3491, 3.* ♦ L'allongement du délai-congé ne saurait résulter du paiement bénévole de l'indemnité de préavis, alors que l'employeur n'y était pas obligé, en raison de la maladie du salarié. • Soc. 20 juin 1985 : *Bull. civ. V, n° 357.* ♦ Un salarié, en arrêt-maladie à la date de la rupture du contrat qui informe son employeur de sa possibilité de reprendre le travail en cours de préavis, a droit à une indemnité compensatrice pour le préavis non exécuté du fait de l'employeur, à compter de la date de reprise. • Soc. 12 nov. 1997, ☎ n° 94-42.347 P : *RJS 1998. 22, n° 22.*

80. Accident du travail. Le préavis est suspendu pendant la durée de l'arrêt de travail provoqué par un accident du travail. • Soc. 18 juill. 1996, ☎ n° 93-43.581 P : *JCP 1996. II. 22726, note Corrignan-Carsin ; Dr. soc. 1996. 982* ✎ *; RJS 1996. 664, n° 1040 ; ibid. 643, chron. Bourgeot.*

81. Congés payés. Les périodes de préavis et de congés payés ne se confondant pas, c'est avec raison qu'un conseil de prud'hommes exclut du montant des droits du salarié au titre du préavis celui afférent aux congés payés. • Soc. 16 févr. 1989 : *Bull. civ. V, n° 136.* ♦ Le versement de l'indemnité de congés payés ne peut, en lui-même, avoir pour effet de reporter le point de départ du délai-congé. • Soc. 4 mars 1992, ☎ n° 90-14.551 P : *RJS 1992. 256, n° 439.* ♦ La rupture du contrat de travail notifiée pendant le congé annuel ne fait courir le préavis qu'à la date où le congé annuel prend fin. • Soc. 8 nov. 1995 : ☎ *RJS 1995. 795, n° 1243.* – V. déjà : • Soc. 13 nov. 1967 : *Bull. civ. IV, n° 717.* ♦ Le préavis d'un licenciement qui commence à courir avant la date de départ en congé annuel du salarié, fixée par l'employeur antérieurement au licenciement, est suspendu par la prise de ce congé. • Soc. 14 nov. 1990, ☎ n° 87-45.288 P : *D. 1990. IR 290.* ♦ Dans le même sens : • Soc. 12 oct. 1978 : *Bull. civ. V, n° 667 ; D. 1979. IR 228, obs. Pélissier* (salarié achevant son préavis à son retour de congé) • 22 juin 1994 : ☎ *RJS 1994. 581, n° 978.* – V. égal. • Soc. 23 mars 1989 : *RJS 1989. 241, n° 436.* ♦ L'indemnité de préavis s'ajoute à celle de congés payés lorsque c'est l'employeur qui a imposé au salarié de prendre son congé pendant le préavis. • Soc. 24 nov. 1988 : *RJS 1989. 88, n° 155.* ♦ L'initiative prise par le salarié, en accord avec son employeur, de prendre son congé payé pendant la période de préavis n'est pas contraire à l'ordre public. • Cass., ass. plén., 5 mars 1993, ☎ n° 88-45.233 P : *JCP 1993. II. 22046, note Saint-Jours ; RJS 1993. 236, n° 389 ; Dr. soc. 1993. 459.* – V. déjà, dans la même affaire, • Soc. 7 mai 1987 : *D. 1987. IR 134.*

Art. L. 1234-2 **Toute clause d'un contrat de travail fixant un préavis d'une durée inférieure à celui résultant des dispositions de l'article L. 1234-1 ou une condition d'ancienneté de services supérieure à celle énoncée par ces mêmes dispositions est nulle.** – *[Anc. art. L. 122-7.]*

Art. L. 1234-3 **La date de présentation de la lettre recommandée notifiant le licenciement au salarié fixe le point de départ du préavis.** – *[Anc. art. L. 122-14-1, al. 1, phrase 2.]*

Envoi de la lettre recommandée. La rupture du contrat de travail se situe à la date où l'employeur a manifesté sa volonté d'y mettre fin, c'est à dire au jour de l'envoi de la lettre recommandée avec demande d'avis de réception notifiant la rupture ; si le salarié est informé de son licenciement avant la réception de la lettre mais après l'expédition de celle-ci, cette information ne rend pas pour autant le licenciement sans cause réelle et sérieuse. • Soc. 6 mai 2009 : *D. 2009. AJ 1486, obs. Maillard ; RJS 2009. 555, n° 622 ; Dr. soc. 2009. 818, note Favennec-Héry ; JS Lamy 2009, n° 258-3.*

Art. L. 1234-4 **L'inexécution du préavis de licenciement n'a pas pour conséquence d'avancer la date à laquelle le contrat prend fin.** – *[Anc. art. L. 122-8, al. 2.]*

Art. L. 1234-5 **Lorsque le salarié n'exécute pas le préavis, il a droit, sauf s'il a commis une faute grave, à une indemnité compensatrice.**

L'inexécution du préavis, notamment en cas de dispense par l'employeur, n'entraîne aucune diminution des salaires et avantages que le salarié aurait perçus s'il avait accompli son travail jusqu'à l'expiration du préavis, indemnité de congés payés comprise.

L'indemnité compensatrice de préavis se cumule avec l'indemnité de licenciement et avec l'indemnité prévue à l'article L. 1235-2. – *[Anc. art. L. 122-8, al. 1er et al. 3, phrase 1.]*

RÉP. TRAV. v° *Contrat de travail à durée indéterminée (Rupture : effets)*, par VACHET.

BIBL. CHELLE et PRÉTOT, *RJS 1990. 375* (prélèvements sociaux et fiscaux). – DAVID, *Dr. soc. 1981. 684* (régime fiscal). – A. MAZEAUD, *D. 1986. Chron. 235* (sort de l'indemnité de préavis en régime de communauté). – SAVATIER, *Dr. soc. 1985. 194 ; ibid. 1989. 125.* – SOUHAIR, *Dr. ouvrier 1991. 120.* – VALLÉE, *Dr. soc. 1992. 871* (ancienneté) ; *CSB 1991. 297.*

COMMENTAIRE

V. Dalloz.fr et applications mobiles Dalloz.

I. DISPENSE DU PRÉAVIS

1° RENONCIATION À L'EXÉCUTION

1. Commun accord. L'employeur et le salarié peuvent d'un commun accord renoncer sans indemnités au délai-congé. • Soc. 22 nov. 1979 : *Bull. civ. V, n° 887.*

2. Renonciation du salarié. L'exécution du préavis étant pour le salarié à la fois une obligation et un droit, le juge doit caractériser les actes du salarié démissionnaire manifestant sans équivoque sa volonté de renoncer à poursuivre l'exécution du préavis. • Soc. 16 juill. 1987 : *Bull. civ. V, n° 493.* ♦ L'obligation de respecter le préavis s'impose aux deux parties, le salarié qui n'a pas été dispensé de son préavis doit à son employeur une indemnité compensatrice même s'il a été licencié. • Soc. 18 juin 2008 : *D. 2008. AJ 1905 ; RJS 2008. 715, n° 889 ; JS Lamy 2008, n° 237-3 ; JCP S 2008. 1493, obs. Dumont ; LPA 2008, n° 146, note Pierroux.*

3. Inexécution fautive. Lorsque l'inexécution du préavis par le salarié est la conséquence du défaut de paiement des salaires, l'employeur, responsable de la rupture, est tenu au paiement d'une indemnité compensatrice. • Soc. 18 oct. 1989 : *Bull. civ. V, n° 603.* – Dans le même sens : • Soc. 29 mai 1986 : *Bull. civ. V, n° 263* • 7 avr. 1993 : *RJS 1993. 353, n° 607.* ♦ Comp. : • Soc. 17 janv. 1979 : *Bull. civ. V, n° 45.* ♦ L'employeur qui a commis à l'encontre du salarié des faits de harcèlement moral ayant contribué à l'apparition d'une affection ayant justifié les arrêts de travail pour maladie invoqués au soutien du licenciement est tenu au paiement de l'indemnité compensatrice de préavis. • Soc. 20 sept. 2006 : *RJS 2006. 872, n° 1174.*

4. Volonté de l'employeur. La dispense d'exécution du préavis et la renonciation de l'employeur à son exécution par le salarié doivent résulter d'une manifestation de volonté non équivoque. • Soc. 10 déc. 1985 : *Bull. civ. V, n° 595.* – Dans le même sens : • Soc. 11 janv. 1984 : *D. 1984. IR 232* • 3 déc. 1987 : *Bull. civ. V, n° 700.* ♦ La décision de dispense peut être déduite de la signature, à date précise, d'un reçu pour solde de tout compte. • Soc. 28 janv. 1998, n° 95-44.822 P : *RJS 1998. 194, n° 314.* ♦ Ne caractérise pas une telle volonté l'imprécision de la lettre de licenciement quant à l'exécution du préavis. • Soc. 17 janv. 1979 : *Bull. civ. V, n° 45.* ♦ ... Ni la mention « libre de tout engagement » portée sur le certificat de travail. • Soc. 10 nov. 1993 : *RJS 1993. 713, n° 1199.*

5. Situation des parties. L'inexécution du préavis n'ayant pas pour effet d'avancer la date de la cessation du contrat, le salarié demeure éligible comme délégué du personnel. • Soc. 27 janv. 1983 : *Bull. civ. V, n° 44.* ♦ ... Et comme membre du comité d'entreprise. • Soc. 11 févr. 1981 : *Bull. civ. V, n° 118.* ♦ Mais, ne travaillant plus dans l'entreprise, il ne peut être désigné comme délégué syndical. • Soc. 2 avr. 1981 : *Bull. civ. V, n° 323.* – V. aussi • Soc. 12 juin 1974 : *Bull. civ. V, n° 368 ; JCP 1975. II. 17940, note Groutel.*

6. La faute grave découverte au cours d'un préavis dont le salarié est dispensé de l'exécution n'autorise pas l'employeur à interrompre le versement de l'indemnité compensatrice pour la durée du préavis restant à courir. • Soc. 9 mai 2000, n° 97-45.294 P : *D. 2000. IR 157* ; *RJS 2000. 448, n° 650* ; *JCP 2000. II. 10373.*

7. Un salarié dispensé d'exécuter le préavis peut entrer au service d'une entreprise concurrente. • Soc. 27 nov. 1991, n° 88-43.917 P : *JCP E 1992. II. 337, note Taquet* ; *Dr. soc. 1992. 83* ; *CSB 1992. 26, S. 15* ; *RJS 1992. 105, n° 141* • 19 janv. 1994 : *Dr. soc. 1994. 269* • 1er oct. 1996 : *D. 1996. IR 231* . ♦ Le salarié dispensé de l'exécution du préavis n'est plus tenu à une obligation de loyauté envers son employeur. • Soc. 26 mars 1997 : *Dr. soc. 1997. 538, obs. Couturier* .

8. Droits à RTT. Le salarié dispensé de l'exécution de son préavis a le droit de bénéficier des jours de réduction du temps de travail qu'il aurait acquis pendant ce préavis s'il avait travaillé. • Soc. 8 avr. 2009 : *RJS 2009. 469, n° 527* ; *Sem. soc. Lamy 2009, n° 1399, p. 12.*

2° IMPOSSIBILITÉ D'EXÉCUTION

9. Salarié. C'est à l'employeur qu'il appartient d'apporter la preuve de l'impossibilité dans laquelle se trouve le salarié d'effectuer son préavis, ce qui le dispenserait du versement de l'indemnité compensatrice. • Soc. 13 oct. 1988 : *Bull. civ. V, n° 501* ; *D. 1988. IR 247.* ♦ L'impossibilité est souverainement appréciée par les juges du fond. • Soc. 13 oct. 1988 : *Bull. civ. V, n° 500.* ♦ Elle peut notamment résulter de la maladie du salarié. • Soc. 19 juill. 1988 : *Bull. civ. V, n° 472* • 21 juin 1995 : *RJS 1995. 580, n° 877* (sauf clause conventionnelle plus favorable). ♦ ... Ou de son incarcération. • Soc. 17 déc. 1984 : *D. 1985. IR 159.* ♦ ... Ou, pour un salarié étranger, du défaut de titre l'autorisant à continuer à travailler en France. • Soc. 14 oct. 1997, n° 94-42.604 P.

10. Pour bénéficier de l'indemnité de préavis, le salarié en arrêt de maladie doit établir qu'il a informé l'employeur de ce qu'il était apte à effectuer son préavis. • Soc. 5 juin 1990, n° 87-44.756 P : *RJS 1990. 384, n° 567* • 12 nov. 1997, n° 94-42.347 P : *RJS 1998. 22, n° 22* • 15 janv. 2014 : *Dalloz actualité, 19 févr. 2014, obs. Fleuriot* ; *D. 2014. Actu. 216* .

11. Inaptitude. Quoique inapte à accomplir son préavis, le salarié a le droit à l'indemnité compensatrice lorsque son employeur est condamné en raison d'un manquement à son obligation de reclassement. • Soc. 26 nov. 2002 : *Dr. soc. 2003. 237, obs. Radé* . ♦ ... Ou pour ne pas avoir repris le paiement des salaires une fois écoulé le délai d'un mois prévu par l'article L. 1226-4. • Soc. 24 juin 2009 : *D. 2009. AJ 1903* ; *RJS 2009. 697, n° 785.*

12. Employeur. La force majeure dispensant l'employeur de l'exécution du préavis ne peut être invoquée que s'il y a impossibilité définitive de continuer l'exploitation de l'entreprise. • Soc. 16 juill. 1987 : *Bull. civ. V, n° 516.* – V. aussi • Soc. 20 déc. 1988 : *D. 1989. IR 25.* ♦ L'embauche d'un nouveau salarié dans l'emploi qu'occupait le salarié licencié implique que l'activité de l'entreprise n'a pas cessé et qu'il n'y a pas d'impossibilité absolue à ce que l'intéressé exécute son préavis. • Soc. 16 mai 1979 : *D. 1980. IR 26, obs. Langlois.*

13. Licencié à tort pour faute grave, le salarié a droit à une indemnité de préavis dont le montant intégral doit lui être versé, nonobstant la suspension du contrat de travail au cours de cette période, l'inexécution du préavis ayant eu pour seule cause la décision de l'employeur de le priver du délai-congé sous le prétexte d'une faute grave inexistante. • Soc. 9 oct. 2001, n° 99-43.518 P : *RJS 2001. 962, n° 1423* • 12 mars 1991 : *D. 1991. IR 101* ; *RJS 1991. 243, n° 457, deux arrêts* (salarié malade au cours du préavis et salarié dont le permis de conduire a été supprimé au cours du préavis) • 4 févr. 1993 : *RJS 1993. 165, n° 268* ; *CSB 1993. 94, S. 40* • 15 déc. 1993 : *Dr. soc. 1994. 215* ; *RJS 1994. 42, n° 27.*

14. Sont fondés à demander le paiement des indemnités de préavis les salariés placés en chômage partiel total et bénéficiant des prestations de chômage, l'employeur ne justifiant pas de l'impossibilité dans laquelle il se trouvait de faire exécuter le préavis. • Soc. 16 mars 1989 : *Bull. civ. V, n° 228.*

II. INDEMNITÉ DE PRÉAVIS

15. Droit à l'indemnité. En cas d'inexécution du préavis par le salarié, l'employeur n'est tenu au paiement d'une indemnité compensatrice que lorsqu'il a unilatéralement décidé de dispenser le salarié d'exécuter sa prestation de travail ou lorsque cette inexécution lui est imputable. • Soc. 28 janv. 2005 : *D. 2005. IR 386* ; *RJS 2006. 273, n° 379.* ♦ Un salarié démissionnaire qui a obtenu l'autorisation de ne pas effectuer son préavis ne peut se prévaloir des dispositions de l'art. L. 122-8 [L. 1234-5 nouv.]. • Soc. 15 avr. 1992 : *D. 1992. IR 155* ; *RJS 1992. 403, n° 732.*

16. La dispense de préavis ne doit entraîner pour le salarié aucune diminution des avantages qu'il aurait perçus s'il avait continué de travailler, y compris l'indemnité de congés payés et la prime de vacances. • Soc. 4 juin 1987 : *Bull. civ. V, n° 351.* ♦ ... Ou une prime d'assiduité. • Soc. 27 juin 2001 : *RJS 2001. 775, n° 1136.* ♦ ... En tenant compte de l'accord salarial signé au cours de la dispense de préavis. • Soc. 31 mai 2000 : *RJS 2000. 559, n° 798.* ♦ Le salarié qui bénéficie d'un véhicule de fonction pouvant être utilisé pour ses besoins personnels doit recevoir une indemnité pour compenser la privation de cet avantage en nature, pendant la durée du préavis qu'il est dispensé d'exécuter. • Soc. 4 mars 1998, n° 95-42.858 P. ♦ Également jugé que le salarié peut conserver le véhicule pendant la durée du préavis qu'il est dispensé d'exécuter. • Soc. 8 mars 2000, n° 99-43.091 P : *D. 2000. IR 105* ; *RJS 2000. 290, n° 402.* ♦ Le salarié dispensé de l'exécution de son préavis ne peut être tenu, même en application d'un engagement pris dans le contrat de travail, de restituer l'avantage en nature constitué par la mise à sa disposition d'un véhicule de fonction pour un usage professionnel et personnel. • Soc. 11 juill. 2012 : *Dalloz actualité, 30 juill. 2012, obs. Perrin ; D. 2012. Actu. 2029* ; *RJS 2012. 682, n° 793 ; JS Lamy 2012, n° 330-2, obs. Lhernould ; Dr. ouvrier 2012. 657, obs. Durand ; JCP S 2012. 1433, obs. Dumont.* ♦ Il appartient à l'employeur de prendre en charge les frais afférents au délai de résiliation du téléphone portable mis à la disposition du salarié pour les besoins de son travail dont l'abonnement était payé par l'employeur, peu important que le salarié ait été dispensé d'exécuter son préavis. • Soc. 18 oct. 2006 : *D. 2006. IR 2753* ; *RJS 2006. 937, n° 1258.*

17. L'indemnité compensatrice de préavis est due dès lors que la nullité du licenciement est prononcée par les juges, et ce, même si le salarié n'est pas en mesure d'exécuter son délai-congé. • Soc. 5 juin 2001, n° 99-41.186 P : *RJS 2001. 696, n° 1009 ; JS Lamy 2001, n° 83-5* • 30 mars 2005, n° 03-41.518 P : *RJS 2006. 446, n° 621.*

18. La cessation de l'entreprise ayant entraîné le licenciement économique du salarié, ce dernier ne peut voir son indemnité réduite du fait qu'il a trouvé un nouvel emploi au cours du préavis. • Soc. 8 juill. 1985 : *Bull. civ. V, n° 407.* – V. aussi • Soc. 9 juin 1988 : *Cah. prud'h. 1988. 120.*

19. Ayant dispensé le salarié d'exécuter son préavis, l'employeur est tenu de verser, sans déduction des indemnités journalières de la sécurité sociale, l'indemnité compensatrice de préavis, peu important que le salarié soit déjà en arrêt de travail pour maladie non professionnelle lors de la dispense d'exécution. • Soc. 31 oct. 2012 : *D. 2012. Actu. 2670, obs. Siro* ; *RJS 2013. 37, n° 26 ; JS Lamy 2013, n° 335-2, obs. Boucheret ; JCP S 2013. 1033, obs. Dumont.*

20. Paiement. L'employeur peut régler le montant de l'indemnité en une seule fois. • Soc. 19 janv. 1978 : *Bull. civ. V, n° 55 ; D. 1978. IR 176*, arrêt relevant en outre l'accord du salarié.

21. Calcul. L'indemnité due au salarié est égale au salaire brut, assujetti au paiement par l'employeur des cotisations sociales, que le salarié aurait touché s'il avait travaillé pendant la durée du délai-congé. • Soc. 21 févr. 1990, n° 85-43.285 P : *RJS 1990. 225, n° 290* • 24 janv. 1996 : *RJS 1996. 160, n° 272.* ♦ De nature salariale, l'indemnité est soumise à la prescription quinquennale. • Soc. 7 mars 1990, n° 86-43.406 P : *D. 1990. IR 58 ; RJS 1990. 225, n° 291.* ♦ ... Ainsi qu'au paiement des cotisations de sécurité sociale, sauf si le salarié renonce expressément à la percevoir en tout ou partie dans le cadre d'un accord de rupture négocié avec l'employeur. • Soc. 8 févr. 1989 : *D. 1990. 339, note Saint-Jours* . ♦ Rappr. : • Cass., ass. plén., 18 juin 1963 : *D. 1963. 643, note Minjoz ; Dr. soc. 1964. 123, note G. Lyon-Caen ; JCP 1963. II. 13324, note P. A.*

22. En cas de chômage partiel, le salaire à prendre en considération est celui que le salarié aurait perçu sur la base de la durée légale ou conventionnelle de travail applicable à l'entreprise. • Soc. 26 nov. 1997 : *Dr. soc. 1998. 83, obs. Silhol* . ♦ *Contra*, antérieurement : • Soc. 11 déc. 1990 : *Bull. civ. V, n° 633* (caractère non interprétatif de la loi du 13 janv. 1989 ayant complété l'art. L. 122-8).

23. L'art. L. 122-8 [L. 1234-5 nouv.] étant d'ordre public, une cour d'appel décide à bon droit qu'est illicite la clause selon laquelle les commandes enregistrées avant ou après le préavis, mais non encaissées, ne donneraient pas lieu au règlement de l'intéressement payé sur les encaissements. • Soc. 6 déc. 1990 : *CSB 1990. 49, S. 30.* ♦ Dans le même sens : • Soc. 5 juill. 1995, n° 93-46.720 P : *RJS 1995. 583, n° 885* (est illégale la clause privant les salariés en cours de préavis d'une prime de fin d'année) • 7 juin 2000 : *RJS 2000. 558, n° 797.*

24. L'indemnité doit prendre en compte : les augmentations de salaire décidées en cours de préavis. • Soc. 12 mars 1981 : *Bull. civ. V, n° 213* • 5 mai 1988 : *Dr. ouvrier 1989. 140.* ♦ ... Les heures supplémentaires. • Soc. 18 mai 1967 : *Bull. civ. IV, n° 393* • 20 avr. 2005 : *D. 2005. IR 1303* ; *ibid. Pan. 2506, obs. Lardy-Pélissier* ; *Dr. soc. 2005. 933, obs. Radé* ; *RJS 2005. 542, n° 747.* ♦ ... Les primes de fin d'année. • Soc. 17 déc. 1962 : *JCP 1963. II. 13052, note G.H. C.* • 5 nov. 1984 : *Dr. soc. 1985. 194, note Savatier* • 5 juill. 1995, n° 93-46.720 P : *RJS 1995. 583, n° 885.* ♦ ... La prime de vacances. • Soc. 9 juin 1983 : *Bull. civ. V, n° 319.* ♦ ... L'indemnité de congés payés. • Soc. 4 juin 1987 : *Bull. civ. V, n° 351.* ♦ ... La prime d'intéressement. • Soc. 10 oct. 1989 : *CSB 1989. 251* • 28 janv. 1998, n° 95-42.250 P : *D. 1998. IR 65* ; *RJS 1998. 193, n° 312.* ♦ ... Les gratifications prévues par la convention collective. • Soc. 11 oct. 1989 : *Bull. civ. V, n° 581.* ♦ L'indemnité compensatrice est calculée à partir de la durée de travail contractuellement prévue. • Soc. 16 févr. 1999, n° 96-45.594 P : *D. 1999. IR 84* ; *Dr. soc. 1999. 415, obs. Radé* ; *RJS 1999. 296, n° 477.*

25. Sur l'exclusion des indemnités représentatives de frais, V. notamment : • Soc. 9 juin 1983 : *préc. note 24* (indemnité de déplacement) • 8 nov. 1983 : *Bull. civ. V, n° 538* (prime de déplacement) • 17 janv. 1980 : *Bull. civ. V, n° 55* (indemnité de repas). ♦ Comp. : • Soc. 14 mai 1984 : *Bull. civ. V, n° 187.* ♦ Sur l'exclusion d'une gratification bénévole dont l'employeur fixe discrétionnairement les montants et les bénéficiaires et qui est attribuée à l'occasion d'un événement unique : • Soc. 14 oct. 2009 : ♖ *R., p. 338 ; D. 2009. AJ 2556* ✎ ; *RJS 2009. 817, nº 932.*

26. En relevant que la rémunération du salarié était composée d'une partie fixe et d'une partie proportionnelle aux résultats obtenus, la cour d'appel a pu se référer à la moyenne annuelle de la rémunération. • Soc. 7 févr. 1990, ♖ nº 86-43.413 P.

27. Sur le caractère interprétatif de la loi nº 85-10 du 3 janv. 1985, modifiant l'al. 3 de l'art. L. 122-8, V. • Soc. 14 juin 1989 : *Bull. civ. V, nº 442 ; D. 1990. Somm. 162, obs. A. Lyon-Caen* ✎.

28. Cumul. Les indemnités journalières versées par la sécurité sociale au titre de la maladie ne se cumulent pas avec l'indemnité compensatrice de préavis. • Soc. 27 nov. 1991, ♖ nº 87-42.750 P : *Dr. soc. 1992. 82 ; CSB 1992. 26, S. 16* • 3 mars 1994 : ♖ *RJS 1994. 265, nº 401* • 9 juill. 2008 : ♖ *D. 2008. AJ 2229* ✎ ; *RJS 2008. 811, nº 992 ; JCP S 2009. 1007, obs. Lahalle.* ♦ Mais il n'appartient pas à l'employeur d'opérer une réduction sur le montant de l'indemnité compensatrice de préavis. • Soc. 10 mai 2006 : ♖ *D. 2006. IR 1482* ✎.

29. L'indemnité de préavis ne se cumule ni avec les allocations de chômage... • Soc. 6 mai 1982 : *Bull. civ. V, nº 290.* ♦ ... Ni avec les ressources dues pour une période correspondant à un congé de conversion. • Soc. 23 oct. 1991, ♖ nº 87-43.973 P : *D. 1991. IR 286.* ♦ Le versement par l'ASSEDIC d'une allocation de chômage, qui n'a qu'un caractère subsidiaire et qui est susceptible de remboursement en cas de paiement de l'indemnité de préavis, ne libère pas l'employeur de ses obligations. • Soc. 24 mars 1988 : *Bull. civ. V, nº 220* • 16 mai 2000, ♖ nº 98-12.571 P : *D. 2000. IR 174* ✎ ; *Dr. soc. 2000. 812, obs. Radé* ✎ ; *RJS 2000. 582, nº 847.*

30. Compensation. L'indemnité de délai-congé se substituant au salaire, elle est soumise au régime juridique de celui-ci et ne peut être compensée avec une somme due par le salarié. • Soc. 23 juin 1988 : *Dr. soc. 1989. 125, note Savatier.*

31. Indemnités dues par le salarié. Le salarié qui a interrompu à tort l'exécution du préavis doit une indemnité compensatrice à l'employeur. • Soc. 2 juill. 1985 : *Bull. civ. V, nº 387.*

32. L'indemnité légale de préavis présente un caractère forfaitaire et est indépendante de la réparation du préjudice supplémentaire qui peut être causé à l'employeur en cas de rupture abusive. • Soc. 21 mars 1979 : *Bull. civ. V, nº 254* • 9 mai 1990 : ♖ *ibid., nº 209.* ♦ L'indemnité due par le salarié est égale au montant des salaires qu'il aurait perçus s'il avait exécuté son préavis. • Soc. 21 mars 1979 : *préc.*

Art. L. 1234-6 **En cas d'inexécution totale ou partielle du préavis résultant soit de la fermeture temporaire ou définitive de l'établissement, soit de la réduction de l'horaire de travail habituellement pratiqué dans l'établissement en deçà de la durée légale de travail, le salaire à prendre en considération est calculé sur la base de la durée légale ou conventionnelle de travail applicable à l'entreprise, lorsque le salarié travaillait à temps plein, ou de la durée du travail fixée dans son contrat de travail lorsqu'il travaillait à temps partiel.** — *[Anc. art. L. 122-8, al. 3, phrase 2.]*

Art. L. 1234-7 **La cessation de l'entreprise ne libère pas l'employeur de l'obligation de respecter le préavis.** — *[Anc. art. L. 122-12, al. 1er début.]*

Art. L. 1234-8 **Les circonstances entraînant la suspension du contrat de travail, en vertu soit de dispositions légales, soit d'une convention ou d'un accord collectif de travail, soit de stipulations contractuelles, soit d'usages, ne rompent pas l'ancienneté du salarié appréciée pour la détermination de la durée du préavis prévue aux 2º et 3º de l'article L. 1234-1.**

Toutefois, la période de suspension n'entre pas en compte pour la détermination de la durée d'ancienneté exigée pour bénéficier de ces dispositions. — *[Anc. art. L. 122-10.]*

RÉP. TRAV. vº *Ancienneté dans l'entreprise,* par SAVATIER.

BIBL. LAIGO et PROT, *Sem. soc. Lamy 1996, nº 773* (reprise d'ancienneté). – VALLÉE, *Dr. soc. 1992. 871* ✎.

1. Définition. L'ancienneté à prendre en compte s'entend des services continus pour le même employeur, ce qui exclut les périodes au cours desquelles le salarié, employé d'une entreprise de travail temporaire, avait été mis à la disposition de l'entreprise qui l'a ensuite embauché. • Soc. 13 mars 1985 : *Bull. civ. V, nº 162 ; D. 1985. IR 434.* ♦ En cas de contrats distincts séparés par des périodes d'interruption de services, seule est prise en considération la durée du contrat auquel le licenciement a mis fin. • Soc. 27 oct. 1993 : ♖ *RJS 1993. 712, nº 1193.* ♦ Sur l'application de l'art. L. 122-12 [L. 1224-1 nouv.], V. • Soc. 24 janv. 1991 : ♖ *D. 1991. IR 51* ✎ • 4 oct. 1995 : ♖ *D. 1995. IR 235* ✎.

Pour la prise en compte des différentes périodes d'activité d'un salarié au service du même employeur, en vertu des dispositions conventionnelles applicables, V. • Soc. 13 juill. 1993 : ♖ *RJS 1993. 581, nº 978.*

2. N'est pas inclus dans le calcul de l'ancienneté le stage préalable à l'embauche effectué au titre de la formation professionnelle des adultes et rémunéré par le centre de formation professionnelle. • Soc. 5 juill. 1989 : *Bull. civ. V, n° 508 ; D. 1990. Somm. 161, obs. A. Lyon-Caen* ✎. ♦ Comp., pour la prise en compte d'un stage pratique de formation suivi dans l'entreprise dans laquelle le salarié a été ensuite embauché : • Soc. 16 juill. 1987 : *Bull. civ. V, n° 515.*

3. Modes de calcul. S'agissant de l'indemnité de préavis, quelles que puissent être les dates de début et d'expiration du préavis, c'est à la date de présentation de la lettre de licenciement qu'il convient de se placer pour déterminer l'ancienneté du salarié. • Soc. 20 juin 1979 : *Bull. civ. V, n° 554 ; Dr. soc. 1980. 42, obs. Savatier.* ♦ En revanche, s'agissant de l'indemnité de licenciement, le préavis, même non exécuté, est pris en compte pour le calcul de l'ancienneté du salarié. • Soc. 7 janv. 1976 : *Bull. civ. V, n° 1* • 25 oct. 1978 : *ibid., n° 709* • 4 avr. 1991 : ⚖ *ibid., n° 169* • 25 nov. 1997 : ⚖ *ibid., n° 398 ; RJS 1998. 27, n° 30 ; Dr. soc. 1998. 84, obs. Savatier* ✎. ♦ Comp., en ce qui concerne l'appréciation de la condition d'âge : • Soc. 5 juin 1996, ⚖ n° 92-42.034 P : *RJS 1996. 507, n° 788.*

4. Les dispositions conventionnelles énonçant que l'indemnité de licenciement est calculée en fonction des années d'ancienneté n'impliquent pas qu'il soit tenu compte uniquement des années entières de présence. • Soc. 16 mars 1994, ⚖ n° 88-40.915 P : *RJS 1994. 423, n° 690.*

5. Les périodes de suspension du contrat de travail n'entrent pas en compte pour le calcul de la durée de l'ancienneté des services effectués dans l'entreprise. • Soc. 29 juin 1977 : *Bull. civ. V, n° 432* • 19 juin 1987 : *ibid., n° 401* • 26 sept. 1990 : ⚖ *D. 1990. IR 226* ✎ • 10 févr. 1999, ⚖ n° 95-43.561 P : *D. 1999. IR 58 ; RJS 1999. 233, n° 390.* ♦ L'ancienneté acquise avant la suspension du contrat demeure et doit être prise en considération. • Soc. 22 juill. 1985 : *Bull. civ. V, n° 425.* ♦ V. aussi • Soc. 14 mai 1987 : *Bull. civ. V, n° 306* (durée conventionnelle prenant en compte les périodes de suspension uniquement pour le calcul du préavis conventionnel).

SOUS-SECTION 2 INDEMNITÉ DE LICENCIEMENT

Art. L. 1234-9 Le salarié titulaire d'un contrat de travail à durée indéterminée, licencié alors qu'il compte *(L. n° 2008-596 du 25 juin 2008)* **« une année » d'ancienneté ininterrompue au service du même employeur, a droit, sauf en cas de faute grave, à une indemnité de licenciement.**

(Abrogé par L. n° 2008-596 du 25 juin 2008) ***« Le taux de cette indemnité est différent suivant que le motif du licenciement est économique ou personnel. »***

Les modalités de calcul *(L. n° 2008-596 du 25 juin 2008)* **« de cette indemnité » sont fonction de la rémunération brute dont le salarié bénéficiait antérieurement à la rupture du contrat de travail. Ce taux et ces modalités sont déterminés par voie réglementaire.** — *[Anc. art. L. 122-9.] — V. art. R. 1234-2.*

Sur le régime fiscal des indemnités versées à l'occasion de la rupture du contrat de travail, V. CGI, art. 80 duodecies. — **CGI.**

Sur le régime social des indemnités versées à l'occasion de la rupture du contrat de travail, V. Forfait social, art. L. 137-15 s., CSS ; V. Circ. intermin. n° DSS/SD5B/2011/145 du 14 avr. 2011.

RÉP. TRAV. v° *Contrat de travail à durée indéterminée (Rupture : Préavis-indemnité de licenciement)*, par VACHET.

BIBL. BLAISE, *Dr. soc. 1980. 365* (révision de l'indemnité de licenciement) ; *RJS 1992. 83* (maladie et inaptitude). - G.-H. CAMERLYNCK, *JCP 1957. I. 1391.* - CHELLE, *Dr. soc. 1994. 535* ✎ (cotisations de sécurité sociale). - C. DAVID, *Dr. soc. 1981. 684* (régime fiscal et social). - FOUQUET et PRÉTOT, *Dr. soc. 1986. 379* (nature juridique). - A. MAZEAUD, *D. 1986. Chron. 235* (indemnités de rupture et régime de communauté) ; *Dr. soc. 1992. 234* ✎ (maladie ou inaptitude) ; *ibid. 1994. 343* ✎ (clause pénale). - MONKAM, *JS Lamy 2012, n° 331-1* (indemnisation du licenciement). - M. et P. RAYROUX, *Gaz. Pal. 1996. 1. Doctr. 560.* - RIBETTES-THILHET et WIBAULT, *Dr. soc. 1970. 17* (clauses conventionnelles). - SAVATIER, *Dr. soc. 1985. 194* (calcul) ; *ibid. 1989. 125* (nature juridique) ; *ibid. 1991. 109* ✎ (indemnité et état de santé du travailleur) ; *ibid. 1993. 948* ✎ (calcul). - VALLÉE, *ibid. 1992. 871* ✎ (ancienneté).

JCP S 2016, n° 52, suppl., contentieux de l'indemnisation.

COMMENTAIRE

V. Dalloz.fr et applications mobiles Dalloz 🏛. ❑

I. RÈGLES GÉNÉRALES

1. Sources. Si les indemnités conventionnelles ne sauraient être inférieures au montant légal, elles ne peuvent s'y ajouter. • Soc. 15 oct. 1969 : *Bull. civ. V, n° 539 ; Dr. soc. 1970. 106, obs. Savatier.*

2. Il appartient au salarié de justifier qu'une convention liant l'employeur prévoit une indemnité de licenciement plus importante que l'indemnité légale. • Soc. 15 nov. 1978 : *Bull. civ. V, n° 772.*

3. Ne justifient pas leur décision les juges du fond qui accordent au salarié l'indemnité réclamée sans relever ni convention particulière ou collective, ni dispositions légales, ni usage applicable à l'espèce. • Soc. 17 juin 1964 : *Bull. civ. IV, n° 514.* ♦ V. aussi, à propos de l'impossibilité pour le juge de se fonder sur les règles généralement suivies : • Soc. 5 déc. 1963 : *Dr. soc. 1964. 291, obs. Savatier.* ♦ Rappr. : • Soc. 8 janv. 1964 : *D. 1964. 263, note Brèthe de La Gressaye* • 23 mai 1966 : *Bull. civ. IV, n° 492 ; D. 1966. 581.* ♦ L'indemnité de licenciement fixée par le règlement intérieur constitue un engagement unilatéral de l'employeur qui s'applique à défaut de dénonciation. • Soc. 26 mai 1999, ⚖ n° 96-43.614 P : *D. 1999. IR 171* ✎ ; *RJS 1999. 562, n° 916.*

4. Naissance du droit. Le droit au préavis et à l'indemnité de licenciement naissant à la date de notification de la rupture, ce sont les dispositions légales ou conventionnelles en vigueur à cette date qui déterminent les droits du salarié, sauf clause expresse contraire. • Soc. 19 janv. 1994 : ⚖ *D. 1994. IR 37* ✎ ; *Dr. soc. 1994. 268* ✎ ; *CSB 1994. 45, A. 11 ; RJS 1994. 183, n° 250* • 5 juin 1996, ⚖ n° 92-42.034 P : *RJS 1996. 507, n° 788.* ♦ La reconnaissance du statut de travailleur handicapé étant postérieure à la date de l'envoi de la lettre recommandée notifiant la rupture, elle ne permet pas à ce dernier de réclamer le complément d'indemnité prévu conventionnellement pour cette catégorie de travailleurs. • Soc. 26 sept. 2007 : ⚖ *D. 2007. AJ 2538, obs. Ines* ✎ ; *RJS 2007. 1029, n° 1283.* ♦ Le salarié qui a moins de deux ans d'ancienneté à la date de notification du licenciement ne peut bénéficier de l'indemnité légale de licenciement. • Soc. 25 nov. 1997, n° 94-42.010 P : *RJS 1998. 27, n° 30 ; Dr. soc. 1998. 84, obs. Savatier* ✎. ♦ Si, pour déterminer le montant de l'indemnité de licenciement, l'ancienneté du salarié dans l'entreprise s'apprécie à la date d'expiration normale du délai-congé, qu'il soit ou non exécuté, le droit au bénéfice de cette indemnité naît, sauf clause expresse contraire, à la date de notification du licenciement. • Même arrêt. ♦ Sur la date de la rupture, V. • Soc. 11 mai 2005 : ⚖ *D. 2006. 701, note Reynès* ✎ ; *Dr. soc. 2005. 920, obs. Mouly* ✎.

5. Demande en justice. La demande en justice de l'indemnité conventionnelle par le salarié implique nécessairement celle de l'indemnité légale pour le cas où la première ne pourrait lui être accordée. • Soc. 3 déc. 1992 : ⚖ *RJS 1993. 33, n° 29.*

6. Nature juridique. L'indemnité de licenciement ou son équivalent conventionnel n'est pas la contrepartie d'un travail fourni et ne constitue pas un salaire. • Soc. 22 mai 1986, ⚖ n° 83-42.341 P. ♦ En conséquence, elle est saisissable et cessible. • Soc. 23 juin 1988 : *RJS 1989. 158, obs. Déprez.* ♦ ... Elle peut être compensée avec les sommes dues par le salarié. • Soc. 23 oct. 1980 : *Bull. civ. V, n° 766* • 23 juin 1988 : *Dr. soc. 1989. 125, note Savatier ; D. 1988. IR 213.* ♦ ... Elle est soumise à la prescription de droit commun. • Soc. 20 oct. 1988, ⚖ n° 85-45.511 P : *D. 1988. IR 263 ; Dr. soc. 1989. 125, note Savatier.* ♦ ... Elle peut être cumulée avec les allocations de chômage. • Soc. 6 mai 1982 : *Bull. civ. V, n° 290.* ♦ ... Elle peut faire l'objet de délais de paiement octroyés par le juge sur le fondement de l'art. 1244-1 C. civ. • Soc. 18 nov. 1992, ⚖ n° 91-40.596 P : *Dr. soc. 1993. 61.*

7. Paiement. Les salariés disposent d'une action directe contre l'organisme garantissant l'employeur pour le paiement de l'indemnité de licenciement. • Soc. 9 juin 1993 : ⚖ *D. 1993. IR 169 ; Dr. soc. 1993. 775.* ♦ Sur les conditions de l'action exercée par l'employeur en répétition de sommes indues, V. • Soc. 7 déc. 1993 : ⚖ *Dr. soc. 1994. 216 ; RJS 1994. 46, n° 36, 2e esp.* (restitution du trop-perçu d'une indemnité calculée sur un taux non applicable).

8. L'employeur et les salariés peuvent convenir du versement d'une indemnité excédant les montants légaux ou conventionnels de l'indemnité de licenciement, ce complément ayant, comme l'indemnité elle-même, le caractère de dommages-intérêts réparant le préjudice né de la rupture du contrat et n'ayant pas à être inclus dans l'assiette des cotisations de sécurité sociale. • Soc. 12 oct. 1989 : *JS UIMM 1990. 35.* ♦ Dans le même sens : • Soc. 9 nov. 1989 : *ibid. 1990. 35* (indemnité de départ anticipé) • 27 nov. 1985 : *Bull. civ. V, n° 563 ; JCP E 1986. II. 14730, note Vachet* • 28 avr. 1986 : *Bull. civ. V, n° 182 ; JCP E 1988. II. 15197, note Taquet* • Cass., ass. plén., 2 avr. 1993, ⚖ n° 89-15.490 P : *D. 1993. IR 124 ; CSB 1993. 147, A. 36* • Soc. 13 janv. 1994, ⚖ n° 91-21.800 P. (indemnité de départ volontaire). ♦ L'employeur qui a versé une indemnité supérieure à l'indemnité conventionnelle en toute connaissance de cause ne peut exercer une action en remboursement du trop-perçu. • Soc. 13 oct. 1999 : ⚖ *RJS 1999. 850, n° 1460.*

9. Sur les conditions d'imposition de l'indemnité de licenciement, V. • CE 1er juill. 1991 : ⚖ *JCP E 1992. II. 290, concl. Chahid-Nouraï, note D. F.* • 6 nov. 1991 : ⚖ *Dr. soc. 1992. 309, concl. Arrighi de Casanova* ✎. ♦ V., pour une indemnité de départ volontaire versée dans le cadre d'un plan social de réduction des effectifs : • CAA Nantes, 4 déc. 1996 : *D. 1997. 418, note Lamulle* ✎.

II. INDEMNITÉ LÉGALE

10. Attribution. Sur la condition d'ancienneté, V. notes ss. art. L. 1234-8.

11. L'ancienneté est interrompue en cas de démission du salarié suivie d'un réembauchage ultérieur. • Soc. 5 avr. 1978 : *Bull. civ. V, n° 287.*

12. L'indemnité de licenciement est due même en cas de licenciement collectif pour motif économique. • Soc. 27 nov. 1980 : *Bull. civ. V, n° 854.*

13. La nullité du contrat ne suffit pas à priver le salarié des indemnités afférentes à la rupture. • Soc. 3 oct. 1985 : *Bull. civ. V, n° 438.* ♦ ... Pas plus que le décès de l'employeur. • Soc. 10 févr. 1982 : *Bull. civ. V, n° 78 ; D. 1982. IR 249* • 14 mars 1989 : *Liaisons soc. Lég. soc. n° 6238, 17.*

14. Inaptitude physique. La résiliation par l'employeur du contrat de travail du salarié atteint d'une invalidité le rendant inapte à exercer toute activité dans l'entreprise s'analyse en un licenciement qui ouvre droit à l'indemnité légale de licenciement ou, si elle est plus favorable au salarié et si les clauses de la convention ne l'excluent pas, à l'indemnité conventionnelle. • Soc. 29 nov. 1990 : ⚖ *D. 1991. 339, note Decoopman* ✎ *; Dr. soc. 1991. 109, note Savatier* ✎ *; RJS 1991. 11, n° 11.* – Dans le même sens : • Soc. 20 nov. 1991, ⚖ n° 88-44.796 P : *D. 1991. IR 292* ✎ *; Dr. soc. 1992. 78.*

15. Calcul. Sur le caractère interprétatif de la loi n° 84-574 du 9 juillet 1984 se référant à la rémunération brute, V. • Soc. 19 nov. 1987 : *Bull. civ. V, n° 659 ; D. 1987. IR 244* • 19 juill. 1988 : *Dr. soc. 1989. 125, note Savatier.* ♦ Le montant de l'indemnité doit être déterminé sur la base de la rémunération perçue par le salarié, dont peuvent seulement être déduites les sommes représentant le remboursement de frais professionnels. • Soc. 29 mai 1991 : ⚖ *RJS 1991. 437, n° 834.* ♦ Sur l'exclusion d'une gratification bénévole dont l'employeur fixe discrétionnairement les montants et les bénéficiaires et qui est attribuée à l'occasion d'un événement unique, V. • Soc. 14 oct. 2009, ⚖ n° 07-45.587 P : *D. 2009. AJ 2556* ✎ *; RJS 12/2009, n° 932 ; JCP S 2010. 1102, note Bossu.*

16. Les indemnités de chômage partiel se substituant aux salaires, c'est à bon droit qu'un conseil de prud'hommes décide que l'indemnité de licenciement doit être calculée sur la base de la rémunération que les salariés auraient perçue s'ils n'avaient pas été au chômage partiel. • Soc. 27 févr. 1991, ⚖ n° 88-42.705 P : *D. 1992. IR 87* ✎ *; CSB 1991. 106, S. 59 ; RJS 1991. 240, n° 452* • 9 mars 1999, ⚖ n° 96-44.439 P : *RJS 1999. 347, n° 565.*

17. Cumul. L'indemnité due en cas de violation de l'engagement contractuel de garantie d'emploi répare un préjudice distinct de celui couvert par l'indemnité légale de licenciement et se cumule avec elle. • Soc. 4 mars 2008 : ⚖ *RDT 2008. 304, obs. Auzero* ✎ *; RJS 2008. 455, n° 585 ; JCP S 2008. 1319, obs. Fardoux.*

III. INDEMNITÉ CONVENTIONNELLE ET CONTRACTUELLE

18. Ouverture du droit. Dès lors qu'une convention collective énumère les causes pour lesquelles le licenciement peut être prononcé, l'indemnité conventionnelle de licenciement qu'elle institue ne peut être accordée que si le licenciement a été prononcé pour l'une de ces causes. • Soc. 25 mars 1992 : ⚖ *RJS 1992. 335, n° 589* • 13 oct. 1992 : ⚖ *CSB 1992. 263, A. 48, note Philbert* • 18 nov. 1992, ⚖ n° 90-44.362 P. • 3 févr. 1993 : ⚖ *Bull. civ. V, n° 33 ; CSB 1993. 107, A. 27.* ♦ Toutefois, l'indemnité conventionnelle reste due lorsque le licenciement est dépourvu de cause réelle et sérieuse. • Soc. 15 mai 2002, ⚖ n° 00-42.279 P : *RJS 2002. 635, n° 812* • 28 juin 2005 : ⚖ *RJS 2005. 694, n° 974.* ♦ Sur l'impossibilité de renoncer au bénéfice de l'indemnité conventionnelle de licenciement. • Soc. 3 mars 1998, ⚖ n° 95-43.779 P.

19. Maladie et inaptitude. Est nulle en raison de son caractère discriminatoire fondé sur l'état de santé du salarié la disposition d'une convention collective excluant les salariés licenciés pour cause d'inaptitude consécutive à une maladie ou à un accident non professionnel du bénéfice de l'indemnité de licenciement qu'elle institue, en l'absence d'élément objectif et pertinent la justifiant. • Soc. 8 oct. 2014 : ⚖ *Dalloz actualité, 28 oct. 2014, obs. Peyronnet.*

20. Retraite. N'est pas contraire au droit européen (Dir. 2000/78/CE du Conseil du 27 nov. 2000 art. 2, § 2, et art. 6, § 1) la réglementation nationale prévoyant des indemnités moins importantes pour les salariés qui liquident leur retraite après leur licenciement. • CJUE 6 déc. 2012, ⚖ *Johann c/ Baxter Deutschland GmbH : RDT 2013. 254, note Mercat-Bruns* ✎ *; JCP S 2013. 1086, obs. Cavallini.* ♦ Dans le même sens. • Soc. 5 déc. 2012 : ⚖ *Dalloz actualité, 11 janv. 2013, obs. Peyronnet ; D. 2012. Actu. 2970* ✎ *; Dr. ouvrier 2013. 345, obs. Bonnechère.*

21. Différences catégorielles. Une différence au bénéfice des ingénieurs et cadres peut être valable si elle a pour objet ou pour but de prendre en compte les spécificités de leur catégorie professionnelle. • Soc. 28 mars 2012 : ⚖ *Dr. soc. 2012. 746, obs. Radé* ✎ *; RDT 2012. 500, obs. Amalric* ✎. ♦ Les cadres dirigeants qui ont la responsabilité directe de la mise en œuvre du projet d'entreprise sont plus exposés que les autres salariés au licenciement et directement soumis aux aléas de l'évolution de la politique de la direction générale. • Soc. 24 sept. 2014 : *Dalloz actualité, 9 oct. 2014, obs. Peyronnet ; Dr. soc. 2015. 183, note Vatinet ; RJS 2014. 719, n° 828.*

22. *Avantage acquis.* Le droit à l'indemnité de licenciement qui ne naît qu'à la rupture du contrat ne constitue pas un avantage acquis avant cette rupture. • Soc. 9 févr. 1978 : *Bull. civ. V, n° 98* • 12 mars 1987 : *Cah. prud'h. 1987. 168* • 10 mai 1989 : *Bull. civ. V, n° 352.*

23. *Calcul.* Viole la convention collective applicable l'arrêt qui exclut du décompte de l'ancienneté le temps d'apprentissage, alors que la convention prévoit expressément qu'il y sera inclus. • Soc. 17 avr. 1986 : *Bull. civ. V, n° 150.* ♦ A défaut de dispositions contraires de la convention collective, les absences pour cause de maladie ne peuvent être prises en considération pour le calcul de l'ancienneté. • Soc. 19 juin 1987 : *Bull. civ. V, n° 401.* – V. aussi • Soc. 23 mai 1979 : *Bull. civ. V, n° 449* • 20 déc. 1977 : *ibid., n° 722* • 2 déc. 1981 : *ibid., n° 931.*

24. Pour établir le salaire de référence d'un ouvrier licencié alors qu'il était en arrêt de travail après un accident du travail, il convient de prendre en compte le salaire moyen perçu par l'intéressé avant l'arrêt de travail, et non les rémunérations et allocations perçues pendant cette absence. • Soc. 16 déc. 1992 : *RJS 1993. 166, n° 271.*

25. Bien que le salarié n'ait pas précisé les textes ou les dispositions conventionnelles qui le conduisaient à solliciter pour le calcul de l'indemnité de licenciement la référence au salaire moyen des douze derniers mois, la cour aurait dû rechercher si l'art. 5 de l'accord national interprofessionnel du 10 décembre 1977 annexé à la loi du 19 janvier 1978 relative à la mensualisation et à la procédure conventionnelle, qui fait obligation de retenir le salaire moyen des douze derniers mois lorsqu'il est supérieur à celui des trois derniers mois, était applicable au demandeur. • Soc. 20 févr. 1996, n° 92-45.024 P : *CSB 1996. 133, A. 28.*

26. En présence d'une convention collective prévoyant une indemnité de licenciement d'un dixième de mois de salaire par année d'ancienneté à partir de deux ans et jusqu'à cinq ans d'ancienneté et de trois vingtièmes de mois après cinq ans d'ancienneté, les juges du fond ont exactement estimé que l'indemnité devait être calculée sur la base de trois vingtièmes de mois de salaire seulement pour la période au cours de laquelle l'ancienneté était supérieure à cinq ans et sur celle de un dixième de mois pour la période antérieure. • Soc. 23 janv. 1980 : *Bull. civ. V, n° 65.* – V. égal. • Soc. 16 mars 1983 : *Bull. civ. V, n° 166* • 9 avr. 1987 : *ibid., n° 203* • 22 juin 1988 : *ibid., n° 375* • 13 nov. 1991, n° 89-17.455 P : *RJS 1992. 36, n° 30.*

27. Lorsqu'il résulte des termes d'une convention collective que l'indemnité de licenciement correspond, à partir de deux ans d'ancienneté, à trois dixièmes de mois par année à compter de la date d'entrée dans l'entreprise, à partir de dix ans d'ancienneté, à un dixième supplémentaire par année passée dans l'entreprise, à partir de vingt ans d'ancienneté, à un dixième en plus par année de présence, il faut en déduire qu'à partir de dix et vingt ans d'ancienneté, l'indemnité est respectivement de quatre dixièmes et de cinq dixièmes de mois de salaire par année passée dans l'entreprise et non par année passée au-delà des dix ou vingt premières années. • Soc. 2 déc. 1981 : *Bull. civ. V, n° 931.* – V. aussi • Soc. 5 mai 1986 : *Bull. civ. V, n° 197.* ♦ Comp. : • Cass., ass. plén., 6 juin 1997 : *Dr. soc. 1997. 930, rapp. Bourrelly ; BICC 1er oct. 1997, concl. Monnet* (en présence d'une convention collective indiquant qu'en cas de licenciement l'indemnité conventionnelle serait calculée en fonction du nombre d'années d'ancienneté ininterrompue selon le barème suivant : moins de deux ans d'ancienneté, pas d'indemnité, de 2 à 5 ans, 1/10e de mois par année de service, de 5 à 10 ans, 5/20e de mois par année de service, doit être cassé l'arrêt qui, pour fixer le montant de l'indemnité, retient qu'elle doit être calculée par seuils d'ancienneté et non par tranches).

28. Dès lors que la convention collective nationale des imprimeries de labeur et industries graphiques prévoit que l'indemnité de licenciement due aux salariés ayant exercé la fonction de cadre dans l'entreprise pendant au moins deux ans est majorée à raison de l'occupation préalable par l'intéressé d'une fonction d'ouvrier ou d'employé, un salarié ne peut prétendre à l'indemnité due aux salariés ayant exercé les fonctions d'ouvrier. • Soc. 31 janv. 1996, n° 91-45.176 P : *RJS 1996. 160, n° 273.* ♦ Sur les modalités de calcul en cas de changement de catégorie professionnelle en cours de carrière, V. aussi • Soc. 17 juill. 1996, n° 93-43.492 P : *RJS 1996. 593, n° 921.*

29. *Révision.* Le juge ne peut exercer le pouvoir modérateur qu'il tient de l'art. 1152 C. civ. à l'égard du montant d'une indemnité de licenciement fixée contradictoirement par les parties signataires d'une convention collective. • Soc. 14 mai 1987 : *Bull. civ. V, n° 320 ; JCP E 1988. II. 15129, note Défossez ; RTD civ. 1988. 531, obs. Mestre.* ♦ Dans le même sens : • Soc. 22 févr. 1995, n° 93-44.268 P : *Dr. soc. 1995. 479, obs. Savatier* (versement intégral de l'indemnité conventionnelle à un salarié dont le contrat de travail comprenait une clause de reprise de l'ancienneté) • 17 oct. 1996 : *D. 1996. IR 239 ; CSB 1997. 19, S. 3* • 9 nov. 2011 : *D. 2011. Actu. 2875 ; Dr. soc. 2012. 418, obs. Couturier ; JS Lamy 2012, n° 313-5, obs. Tourreil ; RJS 2012. 43, n° 35 ; JCP S 2012. 1123, obs. Bossu.* ♦ Mais l'indemnité de licenciement, prévue par un contrat de travail qui se réfère, non pas à l'application globale d'un accord d'entreprise non obligatoire, mais seulement à la base de calcul de l'indemnité conventionnelle qui y est prévue, est une indemnité contractuelle dont le juge doit vérifier le caractère manifestement excessif ou non. • Soc. 16 mars 2016, n° 14-23.861 P : *Dalloz actualité, 8 avr. 2016, obs. Ines ; D. 2016. Actu. 720 ; Dr. soc. 2016. 470, note Mouly ; RJS 5/2016, n° 324 ; JS Lamy 2016, n° 408-2, obs. Pacotte et Halimi ; JCP S 2016. 1174, obs. François.*

30. Indemnité contractuelle. Si les juges ont le pouvoir, même d'office, de réduire cette indemnité contractuelle, s'ils constatent qu'elle présente un caractère excessif, ils ne peuvent annuler la clause du contrat de travail prévoyant le versement d'une indemnité de rupture, sans caractériser en quoi cette indemnité contractuelle est de nature à faire échec au droit de licenciement reconnu à l'employeur. • Soc. 5 mars 2014 : *Dalloz actualité, 7 avr. 2014, obs. Fraisse ; D. 2014. Actu. 671 ; Dr. soc. 2014. 481, obs. Mouly ; RJS 2014. 333, n° 400.* ♦ En relevant que l'indemnité contractuelle de licenciement était fixée à un montant manifestement excessif, une cour d'appel a pu estimer qu'elle représentait pour partie une pénalité susceptible d'être réduite par application de l'art. 1152 C. civ. • Soc. 2 juill. 1984 : *Bull. civ. V, n° 279.* – Dans le même sens : • Soc. 18 déc. 1979, n° 78-40.996 P : *D. 1980. IR 352, obs. Langlois ; Dr. soc. 1980. 370 ; JCP 1980. II. 19432, obs. G. Lyon-Caen* • 5 juin 1986, n° 84-40.951 P : *D. 1986. 558, note Karaquillo* • 27 févr. 1986 : *Bull. civ. V, n° 49* • 9 févr. 1989 : *ibid., n° 111* • 17 avr. 1991 : *CSB 1991. 241, A. 55* (décision affirmant que le juge doit rechercher si, au moment de la conclusion du contrat, l'entreprise avait la possibilité financière d'acquitter de telles indemnités sans se mettre dans l'impossibilité de rompre le contrat) • 17 mars 1998, n° 95-43.411 P : *D. 1998. IR 107 ; RJS 1998. 383, n° 590.* ♦ L'appréciation du caractère manifestement excessif d'une indemnité contractuelle relève du pouvoir souverain des juges du fond. • Soc. 7 mars 1979 : *Bull. civ. V, n° 210 ; Dr. soc. 1980. 365, note Blaise.*

31. En relevant que l'indemnité contractuelle forfaitaire avait été fixée par les parties en tenant compte de l'abandon par l'intéressé d'une clientèle en cours de formation et qu'elle était due même en cas de démission, une cour d'appel a exactement décidé que l'art. 1152 C. civ. n'était pas applicable et que l'indemnité ne pouvait donc faire l'objet d'une modération judiciaire. • Soc. 28 juin 1995 : *CSB 1995. 251, A. 45.* ♦ Même solution lorsque le montant a été fixé en tenant compte de la difficulté pour le salarié de retrouver un emploi équivalent. • Soc. 17 oct. 1996 : *D. 1997. 179, note Défossez ; CSB 1997. 19, S. 3.*

Art. L. 1234-10 **La cessation de l'entreprise ne libère pas l'employeur de l'obligation de verser, s'il y a lieu, l'indemnité de licenciement prévue à l'article L. 1234-9.** – *[Anc. art. L. 122-12, al. 1er fin.]*

Art. L. 1234-11 **Les circonstances entraînant la suspension du contrat de travail, en vertu soit de dispositions légales, soit d'une convention ou d'un accord collectif de travail, soit de stipulations contractuelles, soit d'usages, ne rompent pas l'ancienneté du salarié appréciée pour la détermination du droit à l'indemnité de licenciement.**

Toutefois, la période de suspension n'entre pas en compte pour la détermination de la durée d'ancienneté exigée pour bénéficier de ces dispositions. – *[Anc. art. L. 122-10.]*

RÉP. TRAV. v° *Ancienneté dans l'entreprise,* par SAVATIER.

BIBL. LAIGO et PROT, *Sem. soc. Lamy 1996, n° 773* (reprise d'ancienneté). – VALLÉE, *Dr. soc. 1992. 871* .

V. notes ss. art. L. 1234-8.

SOUS-SECTION 3 CAS DE FORCE MAJEURE

COMMENTAIRE

V. Dalloz.fr et applications mobiles Dalloz.

Art. L. 1234-12 **La cessation de l'entreprise pour cas de force majeure libère l'employeur de l'obligation de respecter le préavis et de verser l'indemnité de licenciement prévue à l'article L. 1234-9.** – *[Anc. art. L. 122-12, al. 1er.]*

La force majeure permettant à l'employeur de s'exonérer de tout ou partie des obligations nées de la rupture du contrat de travail s'entend de la survenance d'un évènement extérieur, imprévisible lors de la conclusion du contrat et irrésistible dans son exécution ; il n'y a donc pas force majeure lorsque la survenance de l'évènement est envisagée dans le contrat de travail. • Soc. 16 mai 2012 : *Dalloz actualité, 11 juin 2012, obs. Ines ; D. 2012. 1864, note Fardoux ; Dr. soc. 2012. 744, obs. Mouly ; RJS 2012. 541, n° 627 ; JS Lamy 2012, n° 325-5, obs. Tourreil.*

Art. L. 1234-13 Lorsque la rupture du contrat de travail à durée indéterminée résulte d'un sinistre relevant d'un cas de force majeure, le salarié a droit à une indemnité compensatrice d'un montant égal à celui qui aurait résulté de l'application des articles L. 1234-5, relatif à l'indemnité compensatrice de préavis, et L. 1234-9, relatif à l'indemnité de licenciement.

Cette indemnité est à la charge de l'employeur. – *[Anc. art. L. 122-9-1.]*

SOUS-SECTION 4 **DISPOSITIONS PARTICULIÈRES AU SECTEUR PUBLIC**

Art. L. 1234-14 Les dispositions des articles L. 1234-1, L. 1234-8, L. 1234-9 et L. 1234-11 sont applicables, dès lors que les intéressés remplissent les conditions prévues par ces articles :

1° Aux agents et salariés, autres que les fonctionnaires et les militaires, mentionnés à l'article L. 5424-1 ;

2° Aux salariés soumis au même statut légal que celui d'entreprises publiques. – *[Anc. art. L. 122-11.]*

Sur le licenciement des agents non titulaires de l'État, V. Décr. n° 86-83 du 17 janv. 1986, art. 45 à 57 (JO 19 janv.), mod. par Décr. n° 88-585 du 6 mai 1988, art. 10 (JO 8 mai), Décr. n° 98-158 du 11 mars 1998, art. 9 et 10 (JO 12 mars), Décr. n° 2007-338 du 12 mars 2007 (JO 14 mars), Décr. n° 2008-281 du 21 mars 2008 (JO 7 mars), Décr. n° 2014-364 du 21 mars 2014 (JO 23 mars).

SOUS-SECTION 5 **DISPOSITIONS PARTICULIÈRES AUX DÉPARTEMENTS DE LA MOSELLE, DU BAS-RHIN ET DU HAUT-RHIN**

COMMENTAIRE

V. Dalloz.fr et applications mobiles Dalloz.

Art. L. 1234-15 Le salarié a droit à un préavis :

1° D'un jour lorsque sa rémunération est fixée par jour ;

2° D'une semaine lorsque sa rémunération est fixée par semaine ;

3° De quinze jours lorsque sa rémunération est fixée par mois ;

4° De six semaines lorsque sa rémunération est fixée par trimestre ou par période plus longue. – *[Anc. art. 7 et 12, L. 1er juin 1924.]*

Art. L. 1234-16 Ont droit à un préavis de six semaines :

1° Les professeurs et personnes employées chez des particuliers ;

2° Les commis commerciaux mentionnés à l'article L. 1226-24 ;

3° Les salariés dont la rémunération est fixe et qui sont chargés de manière permanente de la direction ou la surveillance d'une activité ou d'une partie de celle-ci, ou ceux à qui sont confiés des services techniques nécessitant une certaine qualification. – *[Anc. art. 5, 7 et 12, L. 1er juin 1924.]*

Art. L. 1234-17 Pendant le préavis, l'employeur accorde au salarié qui le demande un délai raisonnable pour rechercher un nouvel emploi. – *[Anc. art. 7 et 12, L. 1er juin 1924.]*

Art. L. 1234-17-1 Les dispositions de la présente sous-section s'appliquent à défaut de dispositions légales, conventionnelles ou d'usages prévoyant une durée de préavis plus longue. Elles s'appliquent également à la rupture du contrat de travail à durée indéterminée à l'initiative du salarié. – *[Anc. art. 1er, L. 6 mai 1939.]*

SOUS-SECTION 6 **DISPOSITIONS D'APPLICATION**

Art. L. 1234-18 Un décret en Conseil d'État détermine les modalités d'application des articles L. 1234-1 à L. 1234-14. – *[Anc. art. L. 122-14-11.] – V. art. R. 1234-1 s.*

SECTION II DOCUMENTS REMIS PAR L'EMPLOYEUR

SOUS-SECTION 1 CERTIFICAT DE TRAVAIL

Art. L. 1234-19 A l'expiration du contrat de travail, l'employeur délivre au salarié un certificat dont le contenu est déterminé par voie réglementaire. – *[Anc. art. L. 122-16, al. 1er.] – V. art. D. 1234-6 et R. 1238-1 (pén.).*

RÉP. TRAV. v° *Certificat de travail,* par VACHET.

COMMENTAIRE

V. Dalloz.fr et applications mobiles Dalloz.

1. Obligation de délivrance. L'obligation de délivrer un certificat de travail s'impose à l'employeur même en cas de nullité du contrat. • Soc. 26 janv. 1983 : *Bull. civ. V, n° 33.* ♦ Elle concerne également les héritiers de l'employeur. • Soc. 16 nov. 1977 : *Bull. civ. V, n° 617 ; D. 1978. IR 53.* ♦ ... Et bénéficie aux héritiers du salarié. • Soc. 20 janv. 1960 : *Bull. civ. IV, n° 61 ; D. 1960. 169 ; Dr. soc. 1960. 425* • Crim. 5 déc. 1989 : *RJS 1990. 76, n° 110.* ♦ Elle peut incomber à un liquidateur. • Soc. 24 janv. 1989 : *D. 1989. IR 44.*

2. En cas de modification dans la situation juridique de l'employeur, le certificat délivré par le dernier employeur doit indiquer la totalité de l'ancienneté du salarié et la date d'entrée en fonctions chez le premier employeur. • Soc. 8 janv. 1975 : *Bull. civ. V, n° 1* • 24 nov. 1993, n° 89-42.648 P : *RJS 1994. 43, n° 30.* ♦ Comp. : • Soc. 7 févr. 1989 : *CSB 1989. 59, A. 13.*

3. Modalités de la délivrance. Le certificat de travail est quérable. • Soc. 17 janv. 1973, n° 72-40.203 P : *D. 1973. 369, note Saint-Jours ; JCP 1973. II. 17544, note Groutel.* ♦ Le certificat devient portable lorsque l'employeur est condamné sous astreinte à le délivrer. • Soc. 26 mars 1981 : *Bull. civ. V, n° 265* • 21 juill. 1993 : *CSB 1993. 269, S. 136.* ♦ L'action en délivrance du certificat de travail est soumise à la prescription trentenaire. • Soc. 21 juin 1979 : *Bull. civ. V, n° 560.*

4. La faculté d'ordonner une délivrance du certificat sous astreinte est réservée au juge prud'homal. • Crim. 5 déc. 1989 : *RJS 1990. 76, n° 110.*

5. Sanctions. Le salarié empêché de s'inscrire au chômage en raison de la remise tardive du certificat peut obtenir réparation de son préjudice par l'obtention de dommages-intérêts. • Soc. 18 déc. 1978 : *Bull. civ. V, n° 871* • 3 mai 1979 : *Dr. ouvrier 1980. 145.* ♦ Comp., en l'absence de préjudice : • Soc. 12 juin 1981 : *Bull. civ. V, n° 534.*

6. Mentions. L'employeur ne peut imposer au salarié des mentions sur le certificat de travail autres que celles prévues à l'art. L. 122-16 [anc.]. • Soc. 4 mars 1992 : *D. 1992. Somm. 351, obs. Serra ; CSB 1992. 117, S. 67 ; RJS 1992. 257, n° 442 ; JCP E 1992. I. 162, n° 6, obs. Gatumel* (mention d'une clause de non-concurrence).

7. Le certificat doit comporter : la mention des dates d'entrée et de sortie. • Soc. 23 juin 1988, n° 85-42.985 P : *D. 1989. Somm. 168, obs. Pélissier ; Dr. soc. 1989. 829, note Savatier.* ♦ ... La mention exacte de l'emploi occupé. • Soc. 8 avr. 1970 : *Bull. civ. V, n° 220* • 1er déc. 1971 : *ibid., n° 699 ; D. 1972. 64.* ♦ ... Et non la mention d'un nouveau statut qui a été imposé au salarié qui ne l'a pas accepté. • Soc. 4 nov. 2003 : *RJS 2004. 43, n° 34.*

8. La clause « libre de tout engagement » ne vaut renonciation, de la part de l'employeur, ni à l'exécution du préavis... • Soc. 2 févr. 1978 : *Bull. civ. V, n° 82* • 10 nov. 1993 : *RJS 1993. 713, n° 1199.* ♦ ... Ni à la clause de non-concurrence. • Soc. 24 oct. 1979 : *Bull. civ. V, n° 773* • 19 juin 1991 : *ibid., n° 311.*

9. Sur la responsabilité de l'employeur à propos des mentions portées sur le certificat, V. • Soc. 11 janv. 1967 : *Bull. civ. IV, n° 34* • 9 janv. 1985 : *D. 1985. IR 237.*

10. Sur la sanction des mentions discriminatoires apposées sur un certificat, V. • Crim. 14 oct. 1986 : *Bull. crim. n° 287 ; RSC 1987. 460, obs. A. Lyon-Caen.*

SOUS-SECTION 2 REÇU POUR SOLDE DE TOUT COMPTE

Art. L. 1234-20 *(L. n° 2008-596 du 25 juin 2008)* **Le solde de tout compte, établi par l'employeur et dont le salarié lui donne reçu, fait l'inventaire des sommes versées au salarié lors de la rupture du contrat de travail.**

Le reçu pour solde de tout compte peut être dénoncé dans les six mois qui suivent sa signature, délai au-delà duquel il devient libératoire pour l'employeur pour les sommes qui y sont mentionnées. – *[Anc. art. L. 122-17.]*

RÉP. TRAV. v^is^ *Reçu pour solde de tout compte,* par VACHET ; *Transaction,* par VACHET.

COMMENTAIRE

V. Dalloz.fr et applications mobiles Dalloz.

BIBL. Blaise, *BS Lefebvre 1987. 203 ; ibid. 1991. 287.* – Boulmier, *Dr. soc. 1996. 927.* – Bugada, *Dr. soc. 2008. 1244.* – Califano, *Dr. ouvrier 1991. 115.* – Marraud, *RJS 1996. 723.* – Philbert, *CSB 1995. 94.* – Pochet, *JCP E 1995. I. 446* (dénonciation). – Quétant, *JS Lamy 2010, n° 272-1* (le reçu pour solde de tout compte, vraie ou fausse résurrection ?). – Savatier, *Dr. soc. 1989. 829.* – Vacarie, *Dr. soc. 1990. 757* (renonciation du salarié).

1. Constitutionnalité. L'art. L. 1234-20, qui attribue au salarié la faculté de dénoncer le reçu pour solde de tout compte, ne méconnaît ni le principe de sécurité juridique ni le principe d'égalité devant la loi. • Soc., QPC, 18 sept. 2013 : *Dalloz actualité, 4 oct. 2013, obs. Ines ; RJS 12/2013, n° 814.*

A. CONDITIONS DE VALIDITÉ DU REÇU POUR SOLDE DE TOUT COMPTE

[Jurisprudence antérieure à la loi du 25 juin 2008]

2. Forme. Il ne résulte pas de l'art. L. 122-17 [L. 1234-20 nouv.] que la date qui sert de point de départ au délai de forclusion doive résulter d'une mention apposée par le salarié lui-même. • Soc. 11 oct. 1979 : *Bull. civ. V, n° 718 ; D. 1980. IR 349, obs. Langlois.* ♦ ... A condition que cette date soit certaine. • Soc. 10 févr. 1998, n° 95-40.271 P : *D. 1998. IR 74 ; RJS 1998. 193, n° 314 ; Dr. soc. 1998. 511, note Marraud* (date dactylographiée). ♦ Mais le reçu non daté n'a pas d'effet libératoire. • Nancy, 5 déc. 1994 : *RJS 1995. 257, n° 376.* ♦ *Contra* : • Paris, 1er déc. 1989 : *RJS 1990. 153, n° 198.* ♦ Le juge doit rechercher s'il ne résulte pas de l'ensemble des éléments de fait, notamment de la correspondance échangée entre l'employeur et le salarié, que le reçu a été signé par le salarié plus de deux mois avant la citation devant le bureau de conciliation. • Même arrêt. ♦ A défaut de mention du délai de forclusion, le caractère tardif de la dénonciation ne peut être opposé au salarié. • Soc. 4 oct. 1978 : *Bull. civ. V, n° 637.* ♦ Mais l'emploi du terme de forclusion n'est pas indispensable. • Soc. 18 mars 1992, n° 88-43.331 P : *D. 1992. IR 132 ; RJS 1992. 346, n° 613.* ♦ L'appréciation du caractère « très apparent » de la mention du délai de forclusion ne peut être remise en cause devant la Cour de cassation. • Soc. 26 nov. 1996, n° 94-42.161 P : *RJS 1997. 34, n° 34.* ♦ Le reçu qui n'a pas été rédigé en double exemplaire ou dont l'un des exemplaires n'a pas été remis au salarié, ne produit aucun effet. • Soc. 16 juill. 1997, n° 94-41.938 P : *D. 1997. IR 193 ; Dr. soc. 1997. 973, obs. Marraud ; RJS 1997. 670, n° 1088.*

3. Mention manuscrite du salarié. Lorsque la mention « Reçu pour solde de tout compte » inscrite de la main du salarié ne figure pas sur le reçu, le salarié ne peut être forclos à contester ce document qui n'a, dès lors, que la valeur d'un simple reçu des sommes d'argent qui y figurent. • Soc. 9 mai 1978 : *Bull. civ. V, n° 334* • 26 juin 1986 : *ibid., n° 340* • 17 févr. 1993 : *ibid., n° 58 ; RJS 1993. 236, n° 390 ; Dr. soc. 1993. 383.* ♦ Même solution lorsque la mention légale, au lieu de précéder la signature du salarié, est placée après celle-ci. • Soc. 7 nov. 1995 : *RJS 1995. 795, n° 1244* • 7 avr. 1999 : *RJS 1999. 409, n° 661.* ♦ Il suffit que la mention légale figure sur l'exemplaire conservé par l'employeur. • Soc. 9 mars 1989 : *Bull. civ. V, n° 199 ; D. 1989. IR 107 ; Dr. soc. 1989. 829, note Savatier.*

4. Moment de l'établissement du reçu. Est nul le reçu signé à un moment où le contrat n'est ni résilié, ni expiré, alors même que le licenciement est d'ores et déjà décidé et non contesté dans son principe. • Soc. 20 févr. 1986 : *Bull. civ. V, n° 29* • 9 oct. 1996 : *Dr. soc. 1996. 1102, obs. Marraud ; RJS 1996. 756, n° 1171 ; CSB 1996. 332, S. 148.* ♦ Rappr. : • Soc. 26 mai 1988 : *Bull. civ. V, n° 320 ; D. 1989. Somm. 168, obs. Pélissier.* ♦ Même solution lorsque le reçu est établi au cours du préavis. • Soc. 23 juill. 1984 : *D. 1985. IR 64* • 9 juill. 1996 : *RJS 1996. 664, n° 1044* (préavis unilatéralement interrompu par l'employeur). ♦ ... Ou lorsqu'il est signé antérieurement à la notification du licenciement. • Soc. 7 févr. 1990, n° 87-40.172 P : *D. 1990. IR 51.* ♦ Rappr. : • Soc. 13 oct. 1988 : *Bull. civ. V, n° 499.*

5. Est valable le reçu signé alors que le salarié n'exécute pas son préavis et que, par conséquent, il n'est plus sous la dépendance de l'employeur. • Soc. 23 juin 1988, n° 85-42.985 P : *D. 1989. Somm. 168, obs. Pélissier ; Dr. soc. 1989. 829, note Savatier.* – Dans le même sens : • Soc. 25 oct. 1990 : *D. 1990. IR 263* • 7 avr. 1993 : *CSB 1993. 186, S. 103* • 17 janv. 1996 : *RJS 1996. 161, n° 274.* ♦ Le reçu signé à la suite d'une transaction n'est valable que dans la mesure où la transaction l'est également. • Soc. 6 déc. 1994 : *Dr. soc. 1995. 65 ; RJS 1995. 27, n° 19.*

B. DÉNONCIATION DU REÇU POUR SOLDE DE TOUT COMPTE

[Jurisprudence antérieure à la loi du 25 juin 2008]

6. Forme. Dénonce régulièrement le reçu le salarié qui en discute quatre points sur lesquels il demande des explications. • Soc. 28 mars 1995 : *Dr. soc. 1995. 507.* ♦ Vaut dénonciation la lettre recommandée dont l'employeur a accusé réception par laquelle le salarié licencié pour inaptitude à son emploi assigne l'employeur en invoquant les art. L. 122-32-5, L. 122-32-6 et L. 122-32-7. • Soc. 21 mai 1997, n° 94-42.005

P : *D. 1997. IR 151* ; *Dr. soc. 1997. 747, obs. Marraud* ; *RJS 1997. 526, n° 812.* ♦ Vaut dénonciation du reçu la lettre émanant du mandataire du salarié et constituant une demande motivée et chiffrée ayant pour objet de compléter l'indemnité de préavis. • Soc. 19 mars 1985 : *Bull. civ. V, n° 190.* ♦ Sur la vérification de la régularité du mandat, V. • Soc. 31 janv. 1985 : *Bull. civ. V, n° 76.* ♦ Un avocat, dès lors qu'il est chargé par le salarié d'introduire une instance prud'homale, a pouvoir d'effectuer la dénonciation, qui constitue le préalable nécessaire à la recevabilité de la demande. • Soc. 8 oct. 1996 : *Dr. soc. 1996. 1100, obs. Marraud* ; *RJS 1996. 757, n° 1173* ; *CSB 1996. 333, S. 149.*

7. L'art. R. 122-6 [art. D. 1234-8 nouv.] n'imposant qu'une lettre recommandée, les juges du fond ne sauraient exiger un accusé de réception pour faire preuve de la réception de la lettre par l'employeur. • Soc. 21 oct. 1997, n° 94-44.563 P : *Dr. soc. 1998. 86, obs. Boulmier* ; *RJS 1997. 841, n° 1365.*

8. Ne vaut pas dénonciation : la lettre envoyée à l'employeur par l'inspecteur du travail à la suite d'un courrier que lui a adressé le salarié, la lettre n'ayant pas été adressée par le salarié lui-même. • Soc. 26 juin 1986 : *Bull. civ. V, n° 340.* ♦ ... La référence à un écrit antérieur au reçu. • Soc. 23 juin 1988, n° 85-42.985 P : *D. 1989. Somm. 168, obs. Pélissier* ; *Dr. soc. 1989. 829, note Savatier.* ♦ ... La saisine du conseil de prud'hommes avant la signature du reçu. • Soc. 15 nov. 1989 : *Bull. civ. V, n° 664.* ♦ ... Ou le seul renvoi de l'affaire portée devant le conseil de prud'hommes. • Soc. 22 janv. 1992 : *D. 1992. IR 68* ; *RJS 1992. 171, n° 279.*

9. La convocation en conciliation reçue par l'employeur dans le délai de deux mois produit les effets d'une dénonciation. • Soc. 1er mars 1989 : *Dr. soc. 1989. 829, note Savatier* • 5 juill. 1989 : *ibid. 837* ; *D. 1989. IR 244* • 26 févr. 1992 : *JCP E 1992. I. 162, n° 9, obs. Pierchon* (l'assimilation de la convocation à la dénonciation est limitée aux seuls chefs de demande qui y figurent). – V. aussi : • Soc. 16 févr. 1987 : *Bull. civ. V, n° 82.* ♦ Pour une dénonciation résultant d'un procès-verbal de non-conciliation, V. • Soc. 8 nov. 1967 : *D. 1968. 352* ; *Dr. soc. 1969. 55, obs. Savatier.* ♦ ... Ou du maintien de la demande lors de l'audience de conciliation, V. • Soc. 2 févr. 1994, n° 89-42.778 P : *RJS 1994. 182, n° 246.* ♦ *Contra*, pour le seul dépôt d'une demande de convocation en conciliation : • Soc. 15 nov. 1989 : *Bull. civ. V, n° 663.*

10. Motivation. La lettre de dénonciation qui, même si elle n'est pas explicite sur les moyens sur lesquels le salarié se fonde, comporte l'énoncé des chefs de la demande en paiement des indemnités de rupture, répond aux exigences légales. • Soc. 7 mars 1990, n° 87-42.747 P : *CSB 1990. 113, S. 69.* ♦ Sur la nécessité de motiver la demande, V. • Soc. 23 janv. 1959 : *D. 1959. 262* • 4 juin 1969 : *D. 1969. 515* • 17 déc. 1987 : *Bull. civ. V, n° 747.*

11. La dénonciation n'a d'effet qu'à l'égard des chefs de demandes qu'elle énonce et de leurs conséquences directes. • Soc. 22 juin 1994, n° 89-43.475 P : *D. 1994. IR 213*.

12. Délai. Sur le respect du délai de deux mois, V. not. : • Soc. 11 oct. 1979 : *Bull. civ. V, n° 718* ; *D. 1980. IR 349, obs. Langlois* • 16 févr. 1987 : *Bull. civ. V, n° 82.* ♦ Le reçu doit mentionner qu'il peut être dénoncé dans un délai de deux mois. • Soc. 29 janv. 1997, n° 93-42.286 P : *D. 1997. IR 57* ; *Dr. soc. 1997. 321, obs. Marraud* ; *RJS 1997. 186, n° 276.* ♦ La date de notification de la lettre de dénonciation est, à l'égard du salarié, celle de l'expédition. • Soc. 16 mai 2000, n° 96-43.218 P : *D. 2000. IR 175* ; *RJS 2000. 560, n° 803.*

13. Délai de dénonciation (jurisprudence postérieure à la loi du 20 août 2008). Les dispositions de l'art. L. 1234-20 C. trav. ne prévoient pas l'obligation pour l'employeur de mentionner sur le reçu pour solde de tout compte le délai de six mois pour dénoncer. • Soc. 4 nov. 2015, n° 14-10.657 P : *Dalloz actualité, 4 déc. 2015, obs. Doutreleau* ; *D. 2015. Actu. 2322* ; *Dr. soc. 2016. 91, obs. Mouly* ; *JS Lamy 2016, n° 402-5, obs. Lhernould.*

14. Le délai de forclusion n'est pas d'ordre public. • Soc. 7 juill. 1971 : *Bull. civ. V, n° 520.* ♦ Il constitue une fin de non-recevoir au sens de l'art. 122 C. pr. civ. et non une exception de procédure au sens de l'art. R. 516-38 C. trav. [art. R. 1451-2 nouv.] ; le moyen tiré de ce que le salarié a signé un reçu peut être opposé même après des conclusions au fond. • Soc. 5 juill. 1989 : *D. 1989. IR 244* ; *Dr. soc. 1989. 829, note Savatier.*

C. PORTÉE DU REÇU POUR SOLDE DE TOUT COMPTE

[Jurisprudence antérieure à la loi du 25 juin 2008]

15. Sommes envisagées. Le reçu pour solde de tout compte a un effet libératoire pour l'employeur à l'égard de tous les éléments de rémunération dont le paiement a été envisagé par les parties. • Soc. 8 juill. 1980 : *Bull. civ. V, n° 617.* ♦ Il comprend notamment tous les éléments de rémunération du salarié sans qu'il soit nécessaire qu'ils aient été énumérés. • Soc. 23 févr. 1983 : *Bull. civ. V, n° 103.* ♦ Mais lorsque le reçu, même rédigé en termes généraux, détaille les sommes allouées au salarié, il n'a d'effet libératoire que pour ces sommes. • Soc. 9 avr. 1996, n° 94-41.861 P : *RJS 1996. 342, n° 539* ; *JCP E 1996. I. 597, n° 17, obs. Antonmattéi* ; *CSB 1996. 173, A. 39* • 8 juill. 1997, n° 94-42.553 P : *Dr. soc. 1997. 975, obs. Marraud* • 25 nov. 1997, n° 95-43.610 P. • 10 nov. 1998 : *CSB 1999. 44, A. 7* • Soc. 18 déc. 2013 : *Dalloz actualité, 15 janv. 2014, obs. Fleuriot* ; *Dr. soc. 2014. 176,* *obs. Mouly* ; *RJS 3/2014, n° 221.* ♦ Dans le même sens pour un reçu rectificatif, même rédigé en termes généraux, qui ne concerne que les sommes réclamées par le salarié. • Soc. 10 mars 1998, n° 95-40.110 P : *RJS 1998. 283, n° 455.* ♦ N'a pas d'effet libératoire le document dénommé « reçu pour solde de tout compte » qui ne comporte aucune précision sur les sommes concernées. • Soc. 19 mai 1998 : *Dr. soc. 1998. 721, obs. Marraud* ; *RJS 1998. 552, n° 853* • 16 mai 2000, n° 97-44.886 P : *Dr. soc. 2000. 925, obs. Marraud* ; *RJS 2000. 560, n° 802* (valeur de simple reçu des sommes qui y figurent).

16. S'il résulte des termes mêmes du reçu qu'il a été donné seulement pour les sommes dues pour la période durant laquelle le salarié a travaillé dans l'établissement, l'indemnité pour licenciement sans cause réelle et sérieuse s'en trouve exclue. • Soc. 25 janv. 1990 : *RJS 1990. 153, n° 200 (2e esp.)* • 19 oct. 1994 : *Dr. ouvrier 1995. 215.* ♦ V. également, pour un reçu rédigé au bas d'un bulletin de paie et dont l'effet libératoire ne concerne que les sommes indiquées sur ce bulletin : • Soc. 25 sept. 1990 : *CSB 1990. 260, S. 168.* – V. aussi • Soc. 2 juin 1992, n° 89-40.191 P : *CSB 1992. 195, A. 37.* ♦ Le fait pour un employeur d'admettre, postérieurement à la signature d'un reçu, devoir au salarié d'autres sommes que celles mentionnées sur ce reçu et de lui proposer la signature d'un reçu rectificatif, fait perdre au reçu initial tout effet libératoire. • Soc. 17 déc. 1996, n° 95-44.844 P : *Dr. soc. 1997. 206, obs. Couturier* ; *RJS 1997. 99, n° 140.* – Dans le même sens : • Soc. 10 févr. 1998, n° 95-40.326 P : *Dr. soc. 1998. 512, note Marraud* .

17. Le cessionnaire de l'entreprise peut opposer à un salarié le reçu pour solde de tout compte et être libéré du versement de l'indemnité compensant l'obligation de non-concurrence souscrite antérieurement auprès du premier employeur. • Soc. 6 déc. 1994 : *RJS 1995. 16, n° 2* ; *Dr. soc. 1995. 192.*

18. Sur la charge de la preuve, comp. : • Soc. 24 oct. 1985 : *Bull. civ. V, n° 497* (la preuve incombe au salarié) • 14 mai 1987 : *ibid. n° 313* (la renonciation ne se présumant pas, ne justifie pas sa décision le conseil de prud'hommes qui ne constate pas que le reçu a envisagé l'indemnité de préavis).

19. Dommages-intérêts. Même rédigé en termes généraux, le reçu fait obstacle à toute demande de dommages-intérêts pour rupture abusive. • Soc. 7 mars 1990, n° 87-42.747 P : *CSB 1990. 114, S. 70.* – Dans le même sens : • Soc. 21 mai 1981 : *Bull. civ. V, n° 443* • 3 juin 1981 : *ibid., n° 497* • 1er mars 1989 : *Dr. soc. 1989. 829, note Savatier.* ♦ Comp., lorsque la demande d'une indemnité pour rupture abusive correspond à des griefs non formulés par l'employeur lors de la signature du reçu : • Soc. 16 juill. 1987 : *Dr. ouvrier 1988. 286.* ♦ ... Ou lorsque l'objet du reçu est incertain. • Soc. 7 nov. 1990 : *CSB 1990. 286, S. 185.* – V. aussi • Soc. 8 nov. 1984 : *D. 1985. IR 127.*

20. Convention de conversion. Le reçu pour solde de tout compte établi en exécution d'une convention de conversion n'a d'effet libératoire que dans la mesure où la convention de conversion est valable. • Soc. 5 mars 1996, n° 92-44.246 P : *Dr. soc. 1996. 535* ; *RJS 1996. 261, n° 432.*

21. Sommes exclues. Le reçu ne peut avoir d'effet libératoire à l'égard des dettes nées postérieurement à sa signature. • Soc. 9 juin 1988 : *Bull. civ. V, n° 352* ; *D. 1989. Somm. 266, obs. Serra* et • 14 févr. 1996, n° 93-42.035 P : *D. 1996. IR 71* (indemnité de non-concurrence) • 5 nov. 1987 : *Bull. civ. V, n° 619* (indemnité due en vertu de l'art. L. 122-32 constituant un droit éventuel pour le salarié) • 6 déc. 1995 : *D. 1996. 523, note Puigelier* ; *RJS 1996. 18, n° 21* (indemnités pour irrégularité de procédure à la suite d'une annulation de l'autorisation de licenciement d'un délégué syndical intervenue postérieurement à la signature du reçu). ♦ ... Ni à l'égard de droits éventuels futurs. • Soc. 6 avr. 1994, n° 92-41.782 P : *Dr. soc. 1994. 710* ; *RJS 1994. 424, n° 694.* ♦ ... Ou d'une obligation que le salarié aurait souscrite à l'égard de son employeur. • Soc. 6 juill. 1994 : *RJS 1994. 582, n° 982* (reconnaissance de dette). ♦ ... Ou de la prime d'intéressement qui ne peut être fixée qu'à l'issue de l'exercice social. • Soc. 29 janv. 1997, n° 92-45.132 P : *D. 1997. 463, note Boulmier* ; *JCP 1997. II. 22831, note Corrignan-Carsin (2e esp.)* ; *Dr. soc. 1997. 320, obs. Marraud* ; *RJS 1997. 187, n° 277.*

22. La signature d'un reçu pour solde de tout compte rédigée en termes généraux ne peut valoir renonciation du salarié au droit de contester la cause réelle et sérieuse du licenciement ; seule une transaction signée après le licenciement et comportant des concessions réciproques peut l'empêcher d'agir. • Soc. 30 juin 1998, n° 96-40.394 P : *D. 1999. Somm. 172, obs. Desbarats* ; *Dr. soc. 1998. 841, obs. Marraud* • 9 déc. 1998, n° 96-43.410 P : *D. 1999. IR 45* • 4 janv. 2000, n° 97-43.052 P : *RJS 2000. 132, n° 200* ; *Dr. soc. 2000. 443, obs. Marraud* • 18 déc. 2001, n° 99-43.632 P : *Dr. soc. 2002. 361, obs. Savatier* ; *RJS 2002. 145, n° 173.*

23. Lorsque le reçu contient une obligation du salarié étrangère à sa finalité, il ne peut faire preuve de cette obligation que dans les conditions de droit commun. • Soc. 6 juill. 1994 : *préc. note 21.* (application de l'art. 1326 C. civ. à une reconnaissance de dette). ♦ Le reçu non daté est dépourvu d'effet libératoire. • Nancy, 5 déc. 1994 : *RJS 1995. 257, n° 376.* ♦ *Contra* : • Paris, 1er déc. 1989 : *RJS 1990. 153, n° 198.*

24. Réserves. La mention « sous réserve de

tous mes droits » apposée par le salarié est exclusive de tout accord de sa part et le délai de forclusion ne peut lui être opposé. • Soc. 26 févr. 1985 : *Bull. civ. V, n° 117.* – V. conf. • Soc. 12 mai 1993 : *CSB 1993. 194, B. 112.* ♦ Dans le même sens, pour la mention « sous réserve de l'indemnité de licenciement » : • Soc. 13 oct. 1993 : *RJS 1993. 649, n° 1097.* ♦ Comp. : • Soc. 24 nov. 1993, n° 89-45.727 P : *D. 1994. IR 11* ; *CSB 1994. 31, S. 17* (estimant que la mention « sous réserve des commissions restant à payer » n'empêche pas le reçu d'avoir un effet libératoire à l'égard des autres sommes). ♦ Même solution pour le cas d'une réserve limitée à la seule prime d'ancienneté. • Soc. 30 oct. 1996 : *D. 1996. IR 262* ; *Dr. soc. 1997. 109, obs. Marraud* ; *RJS 1996. 818, n° 1264.*

25. Instance prud'homale. La signature d'un reçu pour solde de tout compte après saisine du conseil de prud'hommes ne caractérise pas un désistement d'instance. • Soc. 7 avr. 1993, n° 90-41.628 P : *JCP 1993. II. 22175, concl. Chauvy* ; *RJS 1993. 304, n° 511* ; *CSB 1993. 177, A. 42* • 12 mars 1996, n° 92-41.159 P : *RJS 1996. 342, n° 540.* ♦ Comp. : • Soc. 8 nov. 1995 : *RJS 1996. 162, n° 275,* relevant que le reçu ne portait pas sur les mêmes indemnités que celles faisant l'objet de la demande en justice. ♦ La signature d'un reçu pour solde de tout compte rédigé en termes généraux après la saisine du conseil de prud'hommes est sans effet libératoire à l'égard des demandes déjà présentées. • Soc. 1er oct. 1996 : *D. 1996. IR 239* ; *RJS 1996. 757, n° 1172* ; *CSB 1996. 325, A. 65, note Philbert* • 28 oct. 1997, n° 94-45.462 P : *D. 1997. IR 248* ; *RJS 1997. 840, n° 1364.* ♦ Mais le reçu conserve, sauf dénonciation motivée, un effet sur les droits envisagés lors de son établissement. • Soc. 30 oct. 1996 : *Dr. soc. 1997. 110, obs. Marraud* (irrecevabilité des demandes nouvelles postérieures).

26. Trop-perçu. L'effet libératoire attaché n'interdit pas à l'employeur de réclamer au salarié un trop-perçu. • Soc. 9 mars 1983 : *D. 1984. IR 167, obs. crit. Béraud* ; *JCP CI 1983. I. 11716, note Teyssié.*

[Jurisprudence postérieure à la loi du 25 juin 2008]

27. Incapacité d'exercer le préavis. Si le salarié se trouve, du fait de sa maladie, dans l'incapacité d'effectuer le préavis de quinze jours, dont l'exécution avait été convenue avec l'employeur, aucune indemnité compensatrice de préavis ne peut être mise à sa charge. • Soc. 18 déc. 2013 : *Dalloz actualité, 15 janv. 2014, obs. Fleuriot* ; *D. 2014. Actu. 88* ; *RJS 2014. 163, avis Lifran.*

CHAPITRE V **CONTESTATIONS ET SANCTIONS DES IRRÉGULARITÉS DU LICENCIEMENT**

SECTION PREMIÈRE **DISPOSITIONS COMMUNES**

Art. L. 1235-1 *(L. n° 2013-504 du 14 juin 2013, art. 21-I)* « En cas de litige, lors de la conciliation prévue à l'article L. 1411-1, l'employeur et le salarié peuvent convenir ou le bureau *(L. n° 2015-990 du 6 août 2015, art. 258-I)* « de conciliation et d'orientation » proposer d'y mettre un terme par accord. Cet accord prévoit le versement par l'employeur au salarié d'une indemnité forfaitaire dont le montant est déterminé, sans préjudice des indemnités légales, conventionnelles ou contractuelles, en référence à un barème fixé par décret en fonction de l'ancienneté du salarié. – *V. art. D. 1235-21.*

« Le procès-verbal constatant l'accord vaut renonciation des parties à toutes réclamations et indemnités relatives à la rupture du contrat de travail prévues au présent chapitre.

« A défaut d'accord, le juge », à qui il appartient d'apprécier la régularité de la procédure suivie et le caractère réel et sérieux des motifs invoqués par l'employeur, forme sa conviction au vu des éléments fournis par les parties après avoir ordonné, au besoin, toutes les mesures d'instruction qu'il estime utiles.

(L. n° 2013-504 du 14 juin 2013, art. 21-I) « Il justifie dans le jugement qu'il prononce le montant des indemnités qu'il octroie. »

(L. n° 2015-990 du 6 août 2015, art. 258-I) « Le juge peut prendre en compte un référentiel indicatif établi, après avis du Conseil supérieur de la prud'homie, selon les modalités prévues par décret en Conseil d'État. – *V. art. R. 1235-22.*

« Ce référentiel fixe le montant de l'indemnité susceptible d'être allouée, en fonction notamment de l'ancienneté, de l'âge et de la situation du demandeur par rapport à l'emploi, sans préjudice des indemnités légales, conventionnelles ou contractuelles.

« Si les parties en font conjointement la demande, l'indemnité est fixée par la seule application de ce référentiel. »

Si un doute subsiste, il profite au salarié.

BIBL. Boulmier, *Dr. soc. 2013. 837* (faciliter la conciliation prud'homale). – François, *Sem. soc. Lamy 2013, n° 1570, p. 18* (rationalisation des procédures prud'homales). – Grévy et Henriot, *RDT 2013. 173*.

V. *JCP S 2013, n° 51-52* (licenciement pour motif personnel : contentieux de l'indemnisation). – Serverin, *RDT 2016. 634* (forfaits, minima, maxima, référentiels : les outils de maîtrise des indemnités de licenciement sans cause réelle et sérieuse).

COMMENTAIRE

V. Dalloz.fr et applications mobiles Dalloz.

1. QPC. L'art. L. 1235-1 n'est pas contraire aux libertés individuelles, les mesures d'instruction auxquelles le juge judiciaire peut procéder sont nécessairement soumises à un contrôle d'utilité et de proportionnalité. • Soc., QPC, 9 mai 2014 : *Dalloz actualité, 10 juin 2014, obs. Peyronnet ; RJS 2014. 454, n° 5850.*

2. Rôle du juge. S'agissant d'un licenciement prononcé à titre disciplinaire, si la lettre de licenciement fixe les limites du litige en ce qui concerne les griefs articulés à l'encontre du salarié et les conséquences que l'employeur entend en tirer quant aux modalités de la rupture, il appartient au juge de qualifier les faits invoqués. • Soc. 22 oct. 2008 : *JCP S 2008. 1671, obs. Brissy.* ♦ Les juges du fond ont l'obligation de vérifier la cause exacte du licenciement. • Soc. 26 mai 1998, n° 96-41.062 P : *D. 1998. IR 194*. ♦ Ils peuvent être amenés à restituer leur exacte qualification aux faits invoqués par l'employeur : ils ne sont pas liés par la qualification donnée au licenciement. • Soc. 16 juin 1993, n° 91-45.102 P. ♦ Les juges peuvent également être amenés à rechercher si les faits sont constitutifs d'une faute et s'ils doivent être qualifiés de faute grave, indépendamment de la qualification qu'a pu en donner le salarié dans une lettre d'aveu. • Soc. 13 juin 2001, n° 99-42.674 P : *Dr. soc. 2001. 1011, obs. Gauriau ; RJS 2001. 688, n° 997 ; JCP E 2002. 226, note Puigelier.* ♦ Lorsque la lettre de licenciement est exclusivement motivée par l'application d'une clause contractuelle érigeant une circonstance en une cause de licenciement, le juge ne peut rechercher si cette circonstance s'est concrètement réalisée et justifie la rupture du contrat de travail puisqu'aucune clause ne peut valablement décider qu'une circonstance quelconque constituera en elle-même une cause de licenciement. • Soc. 12 févr. 2014 : *Dalloz actualité, 6 mai 2014, obs. Ines ; JS Lamy 2014, n° 363-2, obs. Lhernould.*

3. Contrôle par la Cour de cassation. Sur le contrôle restreint exercé par la Cour de cassation, V. • Soc. 10 déc. 1985, n° 82-43.820 P : *D. 1986. 120, note Boré ; Dr. soc. 1986, Table ronde organisée par le Parquet général de la Cour de cassation, p. 175 s.* • 10 déc. 1985 : *Bull. civ. V, n° 596 ; eod. loc.* • 12 mai 1998 (2e esp.), n° 95-44.100 P. ♦ Pour une illustration de la formule selon laquelle les juges du fond, par une décision motivée, n'ont fait qu'user des pouvoirs qu'ils détiennent de l'art. L. 122-14-3 [art. L. 1235-1 nouv.] pour décider si le licenciement procède d'une cause réelle et sérieuse, V. • Soc. 21 janv. 1987 : *D. 1987. 111, concl. Picca, note G. Lyon-Caen* • 17 déc. 1992 : *CSB 1993. 39, A. 9, note J. M.*

I. PREUVE

BIBL. Chirez et Labignette, *Dr. soc. 1997. 669* (place du doute). – Favennec-Héry, *Dr. soc. 1990. 178 ; CSB 1991. 261 ; Dr. soc. 2004. 48.* – Grumbach, *Dr. ouvrier 1978. 407.* – Henry, *Dr. ouvrier 1990. 157* (loi du 2 août 1989) ; *CSB 1991. 267.* – Nayral de Puybusque, *Gaz. Pal. 1979. 1. Doctr. 287.* – Pautrat, *D. 1994. Chron. 337*. – Richevaux, *Dr. ouvrier 1987. 175.* – Sinay, *Dr. soc. 1978, n° spéc. avr., p. 22.*

A. CHARGE DE LA PREUVE

4. Rôle des parties. La charge de la preuve de la cause réelle et sérieuse du licenciement n'incombe pas particulièrement à l'une ou l'autre partie. • Soc. 11 déc. 1997, n° 96-42.045 P. • 1er déc. 1998 : *RJS 1999. 28, n° 21* • 23 mars 1977 : *Bull. civ. V, n° 215.* ♦ Mais il appartient à l'employeur d'alléguer les faits sur lesquels il fonde le licenciement. • Soc. 8 oct. 1987 : *JCP 1987. IV. 380.* ♦ La preuve contraire aux énonciations d'un rapport d'expertise établi non contradictoirement ne peut être mise à la charge du salarié. • Soc. 12 mai 1993, n° 89-43.953 P.

5. Rôle du juge. Méconnaît son office le juge qui s'abstient de solliciter du parquet – qui le détient – la remise d'un document invoqué par l'employeur à l'appui d'une mesure de licenciement et dont il a, en vain, tenté d'obtenir la restitution. • Soc. 23 juin 2010 : *RJS 2010. 718, n° 802 ; JCP S 2010. 1412, obs. Everaert-Dumont.*

6. Appréciation par le juge. C'est au juge qu'il appartient d'apprécier les éléments produits par les parties, en particulier ceux qui tendent à établir l'existence d'une cause réelle et sérieuse. • Soc. 25 mai 1976, n° 75-40.337 P : *D. 1976. IR 206* • 4 nov. 1976 : *D. 1976. IR 326* • 8 nov. 1982 : *D. 1983. 304, note Mouly* • 9 oct. 1986 : *D. 1987. 3, note G. Lyon-Caen.* ♦ Le juge n'est pas tenu de citer les termes de la lettre de licenciement. • Soc. 4 nov. 1992 : *GADT, 4e éd., n° 194 ; JCP E 1993. II. 420, note J. Savatier ; Dr. soc. 1992. 1007*. ♦ Sur les possibilités d'ordonner une mesure d'instruction, V. • Soc. 15 juin 1977 : *Bull. civ. V, n° 396.*

7. Requalification. Le juge doit rechercher si les faits reprochés au salarié, à défaut de caractériser une faute grave, ne constituent pas néanmoins une cause réelle et sérieuse de licenciement. • Soc. 26 juin 1991, n° 90-41.219 P : *Dr. soc. 1991. 738 ; RJS 1991. 498, n° 957.* ♦ V. aussi • Soc. 30 juin 1993 : *RJS 1993. 509, n° 856 ; CSB 1993. 201, A. 47, 2ᵉ esp. ; Dr. soc. 1993. 771* (requalification en faute lourde, s'agissant de grévistes, de faits simplement qualifiés de faute grave par l'employeur ayant procédé au licenciement immédiat).

8. Recherche du véritable motif. Les juges du fond ont l'obligation de vérifier la cause exacte du licenciement. • Soc. 26 mai 1998, n° 96-41.062 P :*D. 1998. IR 194* • 10 avr. 1996, n° 93-41.755 P : *RJS 1996. 335, n° 527 ; CSB 1996. 209, A. 47* (annexe) • 23 oct. 1991 : *D. 1991. IR 264 ; RJS 1991. 703, n° 1303.*

9. Licenciement économique. Une cour d'appel, constatant que l'employeur qui détenait les éléments de preuve s'abstenait de les produire, alors qu'en cas de licenciement économique il doit communiquer au juge tous les éléments fournis aux représentants du personnel, peut estimer qu'en raison de la carence de l'employeur, la réalité des motifs économiques n'était pas établie. • Soc. 17 juin 1992, n° 89-41.136 P : *Dr. soc. 1992. 709.*

B. MOYENS DE PREUVE

a. De l'employeur

10. Surveillance des salariés. L'employeur a le droit de contrôler et de surveiller l'activité de ses salariés pendant le temps du travail, seul l'emploi de procédés clandestins de surveillance est illicite. • Soc. 14 mars 2000, n° 98-42.090 P : *D. 2000. IR 105 ; CSB 2000. 550, A. 22 ; RJS 281, n° 386.* ♦ L'employeur ne peut mettre en œuvre un dispositif de contrôle qui n'a pas été préalablement porté à la connaissance des salariés. • Soc. 22 mai 1995, n° 93-44.078 P : *D. 1995. IR 150 ; RJS 1995. 501, n° 757 ; ibid. 489, concl. Chauvy* • 23 nov. 2005 : *RJS 2006. 111, n° 177 ; Dr. soc. 2006. 227* . ♦ ... Même s'il ne pouvait être sérieusement prétendu que le salarié ignorait l'existence de caméras vidéo. • Soc. 7 juin 2006 : *D. 2006. IR 1704 ; RJS 2006. 853, n° 1143 ; JS Lamy 2006, n° 194-3 ; JCP S 2006. 1614, obs. Corrignan-Carsin.* ♦ Une entreprise ne peut ainsi faire appel, à l'insu du personnel, à une société de surveillance extérieure pour procéder au contrôle de l'utilisation par ses salariés des distributeurs de boissons et de sandwiches. • Soc. 15 mai 2001, n° 99-42.219 P : *D. 2001. IR 1771 ; RJS 2001. 578, n° 830.* ♦ Constituent des moyens de preuve licites les contrôles organisés par l'employeur, et confiés à des cadres, pour observer les équipes de contrôle dans un service public de transport dans leur travail au quotidien sur les amplitudes et horaires de travail, limités au temps de travail, et qui n'avaient impliqué aucune atteinte à la vie privée des salariés observés. • Soc. 5 nov. 2014 : *Dalloz actualité, 20 nov. 2014, obs. Peyronnet ; D. 2014. Actu. 2308 ; Dr. soc. 2015. 81, note Boulmier ; RJS 1/2015, n° 2.*

11. Système de surveillance n'ayant pas pour objet le contrôle des salariés. Le système de vidéosurveillance installé par l'employeur dans un entrepôt de marchandises qui n'enregistre pas l'activité de salariés affectés à un poste de travail déterminé peut être retenu comme moyen de preuve de la participation personnelle d'un salarié à des détournements de marchandises. • Soc. 31 janv. 2001 : *D. 2001. Somm. 2169, obs. Paulin* . ♦ Si l'employeur ne peut mettre en œuvre un dispositif de contrôle de l'activité professionnelle qui n'a pas été porté préalablement à la connaissance des salariés, il peut leur opposer les preuves recueillies par les systèmes de surveillance des locaux auxquels ils n'ont pas accès et qui n'ont pas pour objet le contrôle de l'activité des salariés. • Soc. 19 avr. 2005, n° 02-46.295 P : *D. 2005. IR 1248, obs. Chevrier* .

12. Attestation du DRH. Rien ne s'oppose à ce que le juge prud'homal examine une attestation établie par un salarié ayant représenté l'employeur lors de l'entretien préalable et il appartient seulement à ce juge d'en apprécier souverainement la valeur et la portée. • Soc. 23 oct. 2013 : *D. 2013. Actu. 2526 ; RJS 1/2014, n° 21 ; JS Lamy 2013, nᵒˢ 355-356-4, obs. Hautefort.*

13. Moyen de preuve illicite. Constituent un mode de preuve illicite : tout enregistrement, quels qu'en soient les motifs, d'images ou de paroles à l'insu des salariés. • Soc. 20 nov. 1991, « Néocel », n° 88-43.120 P : *D. 1992. 73, concl. Chauvy ; CSB 1992. 13, A. 4 ; RJS 1992. 25, n° 1, rapp. Waquet.* ♦ ... Les comptes rendus d'un détective privé qui suivait un salarié à son insu. • Soc. 22 mai 1995 : *préc. note 10* • 4 févr. 1998, n° 95-43.421 P : *D. 1998. IR 74 ; RJS 1998. 260, n° 415.* ♦ ... Un courrier électronique reçu par le salarié sur son poste de travail ; ce courrier, étant exclusivement destiné par une personne dénommée à une autre personne et uniquement accessible par un mot de passe, constitue de la correspondance privée. • Versailles, 21 juin 2001 : *RJS 2001. 868, n° 1268* • Bordeaux, 1ᵉʳ juill. 2003 : *RJS 2003. 868, n° 1254 (1ʳᵉ esp.)* • Toulouse, 6 févr. 2003 : *RJS 2003. 868, n° 1254 (2ᵉ esp.).* ♦ ... Un constat fait par un huissier ayant fait usage d'une fausse identité. • Soc. 5 juill. 1995, n° 92-40.050 P : *RJS 1995. 709, n° 1110.* – Dans le même sens : • TA Pau, 8 févr. 1996 : *Dr. soc. 1996. 492, concl. Rey ; RJS 1996. 676, n° 1063* (fouille de sac opérée par l'employeur pour établir un vol de marchandises). ♦ Une filature organisée par l'employeur pour contrôler et surveiller l'activité d'un salarié constitue un moyen de preuve illicite dès lors qu'elle implique nécessairement une atteinte à la vie privée de ce dernier, insusceptible d'être justifiée, eu égard à son caractère disproportionné, par les intérêts légitimes de l'employeur. • Soc. 26 nov. 2002, n° 00-42.401 P : *D. 2003. 1858, obs. Bruguière ; Dr. soc. 2003. 225, obs. Savatier ; RJS 2003. 111, n° 149 ; JS Lamy 2003, n° 114-2.* ♦ Comp. : • Soc. 23 nov. 2005 : *Dr. soc. 2006. 227, obs. Mouly* (admission de la pratique de l'utilisation des services d'un détective comme licite dès lors que l'employeur en informe préalablement les salariés).

14. Conséquences de l'illicéité. L'illicéité d'un moyen de preuve doit entraîner son rejet des débats. • Soc. 4 févr. 1998, n° 95-43.421 P : *D. 1998. IR 74 ; RJS 1998. 260, n° 415.* ♦ Comp. • Soc. 14 oct. 1993 : *CSB 1993. 315, S. 164* (rapport d'enquête privée auquel n'est accordée que la valeur d'une attestation) • Crim. 23 juill. 1992 : *Bull. crim., n° 274 ; D. 1993. Somm. 206, obs. J. Pradel* (reconnaissance de la valeur d'indices de preuve pour un enregistrement à l'insu des salariés).

15. Moyen de preuve licite. Ne constituent pas un mode de preuve illicite : la production d'écoutes téléphoniques dont les salariés étaient avertis. • Soc. 14 mars 2000, n° 98-42.090 P : *D. 2000. IR 105 ; CSB 2000. 550, A. 22 ; RJS 2000. 281, n° 386.* ♦ ... La production par l'employeur de relevés de facturation téléphonique qui lui ont été adressés pour le règlement des communications correspondant au poste du salarié. • Soc. 11 mars 1998 : *RJS 1998. 260, n° 415* • 15 mai 2001, n° 99-42.937 P : *D. 2001. IR 2087 ; RJS 2001. 578, n° 830 ; Sem. soc. Lamy 2001, n° 1030.* ♦ ... L'utilisation par le destinataire des messages écrits téléphoniquement adressés, dits SMS, dont l'auteur ne peut ignorer qu'ils sont enregistrés par l'appareil récepteur. • Soc. 23 mai 2007 : *D. 2007. AJ 1598, obs. Fabre ; D. 2007. 2284, note Castets-Renard ; RDT 2007. 530, obs. Quenaudon ; JS Lamy 2007, n° 214-4 ; SSL 2007, n° 1311, p. 12 ; JCP S 2007. 1601, note Bossu.* ♦ ... Les fichiers créés par le salarié à l'aide de l'outil informatique mis à sa disposition par l'employeur pour les besoins de son travail, présumés avoir un caractère professionnel s'ils ne sont pas identifiés comme étant personnel. • Soc. 15 déc. 2009 : *D. 2010. AJ 156 ; JS Lamy 2010, n° 270-3.* ♦ Le fait que les attestations établissant les griefs invoqués par l'employeur au soutien d'un licenciement soient postérieures à ce dernier ne permet pas de les écarter du débat relatif à l'existence d'une cause réelle et sérieuse. • Soc. 31 mai 2006 : *JCP S 2006. 1615, obs. Verkindt.*

b. Du salarié

16. Documents de l'entreprise. BIBL. Bossu et Tourniquet, Droits du salarié sur les documents de l'entreprise qui le concernent, *RDT 2016. Controverse. 74.* ♦ Le salarié peut produire en justice, pour assurer sa défense dans le procès qui l'oppose à l'employeur, les documents de l'entreprise dont il a eu connaissance à l'occasion de l'exercice de ses fonctions. • Soc. 2 déc. 1998, n° 96-44.258 P : *RJS 1999. 26, n° 17 ; D. 1999. 431, note Gaba ; ibid. 2000. Somm. 87, obs. Frossard ; JCP 1999. II. 10166, note Bouretz.* ♦ Les documents de l'entreprise dont le salarié a eu connaissance à l'occasion de ses fonctions et appréhendés sans l'autorisation de son employeur peuvent être produits en justice s'ils sont strictement nécessaires à l'exercice des droits de sa défense dans le litige l'opposant à son employeur. • Crim. 11 mai 2004 : *Bull. crim. n° 117 ; Dr. soc. 2004. 938, note Duquesne ; ibid. 1042, obs. Mouly ; RJS 2004. 608, n° 887* • Soc. 30 juin 2004, n° 02-41.720 P : *D. 2004. IR 2194 ; RJS 2004. 697, n° 1009 ; JS Lamy 2004, n° 149-2* • Crim. 16 juin 2011 : *Dalloz actualité, 6 juill. 2011, obs. Ines ; D. 2011. Actu. 1768 ; RDT 2011. 507, obs. Gallois ; Dr. soc. 2011. 1039, note Duquesne ; RJS 2011. 609, n° 658 ; JCP S 2011. 1450, obs. Detraz.* ♦ Le juge doit rechercher si le salarié établit que les documents de l'entreprise qu'il s'est appropriés sont strictement nécessaires à l'exercice des droits de sa défense dans le litige qui l'oppose à son employeur. • Soc. 31 mars 2015, n° 13-24.410 P : *Dalloz actualité, 24 avr. 2015, obs. Ines ; D. 2015. Actu. 871 ; JS Lamy 2015, n° 390-5, obs. Gaba ; RJS 6/2015, n° 433.* ♦ Pour une qualification de vol, V. la position antérieure de la chambre criminelle : • Crim. 24 oct. 1990 : *Bull. crim. n° 355* • 8 déc. 1998 : *Bull. crim. n° 336 ; D. 1999. IR 64 ; ibid. 2000. Somm. 87, obs. Frossard ; RTD com. 1999. 772, obs. Bouloc ; Dr. pénal 1999. Comm. 67, obs. Véron ; RJS 1999. 483, n° 790.* ♦ V. aussi pour un fait justificatif constitué par la nécessité de produire les documents pour assurer sa défense, en matière de secret professionnel : • Crim. 18 oct. 1993 : *Bull. crim. n° 296.* ♦ Sur la légitimité d'un licenciement prononcé à l'encontre d'un salarié qui a produit des informations confidentielles, V. : • Paris, 24 avr. 2001 : *D. 2001. IR 3251 .* ♦ En revanche, se rend coupable de vol le salarié qui photocopie des documents de l'entreprise, non pour assurer sa défense dans un litige prud'homal, mais pour les produire lors de son audition par les gendarmes à la suite d'une plainte déposée contre lui pour diffamation par l'employeur afin de prouver la véracité de ses dires. • Crim. 9 juin 2009 : *D. 2010. 306, note Gaba ; RJS 2010. 18, n° 9.*

17. Production de bulletin de paie de salariés non demandeurs à l'instance. Un salarié peut – pour établir son droit – produire le bulletin de salaire d'un collègue de travail ; ce document doit être toutefois obtenu loyalement par le demandeur. • Soc. 1er févr. 2011 : *JCP S 2011. 1346, note Crépin et Fabre.*

C. RISQUE DE LA PREUVE

18. Conséquences du doute. Le doute profite au salarié. • Soc. 16 juin 1993, n° 91-45.462 P : *D. 1993. IR 174* (salarié endormi pendant son service de nuit soutenant avoir pris la pause à laquelle il avait droit) • 6 oct. 1999 : *RJS 1999. 834, n° 1355* (exclusion de simples soupçons). ♦ Sur la remise en cause de la jurisprudence dite des motifs « en apparence réels et sérieux » par le dernier alinéa de l'art. L. 122-14-3, V. Favennec-Héry, *Dr. soc. 1990. 178* .

Art. L. 1235-2 Si le licenciement d'un salarié survient sans que la procédure requise ait été observée, mais pour une cause réelle et sérieuse, le juge impose à l'employeur d'accomplir la procédure prévue et accorde au salarié, à la charge de l'employeur, une indemnité qui ne peut être supérieure à un mois de salaire. – *[Anc. art. L. 122-14-4, al. 1er, phrase 1.]*

COMMENTAIRE

V. Dalloz.fr et applications mobiles Dalloz .

1. Dans la mesure où l'art. L. 1235-2 C. trav. a déjà été déclaré conforme à la Constitution dans les motifs et le dispositif de la décision n° 2007-561 DC, rendue le 17 janv. 2008 par le Conseil constitutionnel, cet art. ne peut faire l'objet d'une question prioritaire de constitutionnalité. • Soc. 12 juin 2014 : *pourvoi n° 14-40.018.*

A. REPRISE DE LA PROCÉDURE

2. Conditions. Le licenciement entaché d'une irrégularité formelle étant sanctionné par l'attribution d'une indemnité, les juges ont pu estimer qu'en l'espèce, il n'y avait aucun intérêt à recommencer la procédure de licenciement déjà tentée à deux reprises et devenue inutile en raison de l'écoulement de plus d'une année depuis son prononcé. • Soc. 16 mars 1978, n° 76-41.106 P : *GADT, 4e éd., n° 98 ; Dr. soc. 1979. 291, note Savatier ; D. 1978. IR 292.* ♦ Il appartient au salarié de réclamer l'accomplissement de la procédure. • Soc. 16 juin 1976 : *Bull. civ. V, n° 371 ; D. 1976. IR 216.*

3. Référé. Une cour d'appel, statuant en référé sur une demande de réintégration formée par un salarié licencié en violation des règles de forme, a exactement estimé qu'il y avait une difficulté sérieuse à étendre la réintégration en dehors des conditions légales à une situation où le législateur n'avait pas voulu l'appliquer. • Soc. 9 févr. 1977 : *Bull. civ. V, n° 95 ; D. 1977. 544, note Jeammaud.* – Dans le même sens : • Soc. 29 juin 1978 : *JCP 1979. II. 19136, note Teyssié ; Dr. soc. 1979. 291, note Savatier.* ♦ Rappr. : • Soc. 4 juin 1987 : *D. 1988. 193, note Mazeaud* (refus de la réintégration en cas de violation de règles conventionnelles de procédure qui pourtant prévoyaient, à titre de sanction, la nullité du licenciement).

B. DROIT À L'INDEMNITÉ

4. Prise d'acte produisant les effets d'un licenciement sans cause réelle et sérieuse. L'indemnité pour non-respect de la procédure de licenciement ne peut être allouée lorsque le contrat de travail a été rompu par une prise d'acte du salarié. • Soc. 19 oct. 2016, n° 14-25.067 : *Dalloz actualité, 23 nov. 2016, obs. Ines.*

5. Absence de cause réelle et sérieuse. Les indemnités prévues en cas de rupture dépourvue de motifs réels et sérieux ne se cumulent pas avec celles sanctionnant l'inobservation des règles de forme. • Soc. 29 févr. 1984 : *JCP 1985. II. 20399, note Montredon.* – Dans le même sens : • Soc. 25 mai 1976, n° 75-40.337 P : *D. 1976. IR 207.* ♦ Une demande d'indemnités pour licenciement sans cause réelle et sérieuse tend à faire réparer aussi bien le préjudice subi du fait d'un licenciement sans cause réelle et sérieuse que, le cas échéant, celui résultant de l'irrégularité de procédure. • Soc. 7 nov. 1990 : *D. 1990. IR 282.* – Dans le même sens : • Soc. 14 déc. 1983 : *Bull. civ. V, n° 618 ; D. 1984. IR 144* • 7 juill. 1988 : *Bull. civ. V, n° 427* • 6 févr. 1985 : *D. 1985. IR 237.*

6. Priorité de réembauche. La cour d'appel ayant constaté que le licenciement, même s'il n'avait pas de cause réelle et sérieuse, avait été prononcé pour un motif économique et que la lettre de licenciement ne contenait pas la mention de la priorité de réembauche, a exactement décidé que la sanction de l'art. L. 122-14-4 [L. 1235-2 nouv.] devait s'appliquer. • Soc. 13 mai 1997 : *RJS 1997. 606, n° 965 ; JCP E 1997. II. 1036, note Boulmier.*

7. Procédure conventionnelle. BIBL. Tournaux, *Dr. soc. 2015. 389* (garanties procédurales fondamentales). ♦ Le licenciement décidé sans respecter la procédure conventionnelle est dépourvu de cause réelle et sérieuse. • Soc. 23 mars 1999, n° 97-40.412 P : *Dr. soc. 1999. 634, obs. Savatier ; RJS 1999. 407, n° 657.* ♦ V. aussi : • Soc. 28 mars 2000, n° 97-43.411 P : *Dr. soc. 2000. 653, obs. J. Savatier ; RJS 2000. 369, n° 530 ; D. 2000. IR 121* • 29 juin 2005 : *D. 2005. IR 2036 ; RJS 2005. 687, n° 962* (licenciements prononcés sans que le conseil de discipline ait été préalablement consulté) • 22 oct. 2008 : *Dr. soc. 2009. 119, obs. Savatier* • 21 janv. 2009 : *R., p. 367 ; D. 2009. AJ 434 ; RJS 2009. 286, n° 327 ; JCP S 2009.*

1189, obs. Verkindt. ♦ La procédure conventionnelle qui prévoit l'exigence, en cas de faute grave ou lourde, d'un contreseing de la lettre de licenciement constitue une garantie de fond ; de sorte qu'en cas d'omission, le licenciement ne peut avoir de cause réelle et sérieuse. • Soc. 5 avr. 2005, n° 02-47.473 P : *Dr. soc. 2005. 700, obs. Couturier*. ♦ La faculté conférée au salarié par une disposition conventionnelle de consulter un organisme chargé de donner un avis sur la mesure disciplinaire envisagée par l'employeur constitue une garantie de fond. • Soc. 1er févr. 2012 : *RJS 2012. 283, n° 318 ; JCP S 2012. 1209, obs. Dauxerre.* ♦ Est sans cause réelle et sérieuse le licenciement d'un salarié qui n'a pas été informé par son employeur de la possibilité offerte par la convention collective de saisir une commission paritaire pour avis dans un délai de cinq jours. • Soc. 21 oct. 2008 : *RJS 2009. 44, n° 22.* • Soc. 27 juin 2012 : *Dalloz actualité, 10 sept. 2012, obs. Perrin ; JCP S 2012. 1464, obs. Brissy.* ♦ L'information des délégués du personnel préalable au licenciement disciplinaire instituée par une disposition conventionnelle constitue une garantie de fond dont le non-respect prive le licenciement de cause réelle et sérieuse. • Soc. 17 mars 2015, n° 13-23.983 : *Dalloz actualité, 22 avr. 2015, obs. Fraisse ; RDT 2015. 333, obs. Varin ; Dr. soc. 2015. 467, note Mouly*. ♦ Lorsque les procédures conventionnelles ont été mises en œuvre par l'employeur, l'absence d'avis du conseil de discipline régulièrement saisi qui résulte de ce que ses membres n'ont pu se départager n'a pas pour effet de mettre en échec le pouvoir disciplinaire de l'employeur et de rendre irrégulière la procédure de licenciement. • Soc. 20 déc. 2006 : *JCP S 2007. 1296, note Bossu.*

8. Le non-respect d'un délai conventionnel de saisine d'un organisme consultatif ne constitue pas la violation d'une garantie de fond, sauf si cette irrégularité a eu pour effet de priver le salarié de la possibilité d'assurer utilement sa défense devant cet organisme. • Soc. 3 juin 2009 : *JS Lamy, n° 259-31 ; JCP S 2009. 1307, obs. Beyneix* • 18 mai 2011 : *RJS 2011. 630, n° 687 ; JCP S 2011. 1402, obs. Dumont.* ♦ Ne prive pas le licenciement de cause réelle et sérieuse le fait qu'un salarié se soit présenté seul devant une commission de discipline, dès lors qu'il n'a pas été privé de la possibilité d'assurer utilement sa défense et que les dispositions réglementaires n'imposent pas d'informer le salarié, dans la lettre de convocation devant la commission disciplinaire, de son droit d'y être assisté d'une personne de son choix, d'y demander l'audition de témoins et d'y produire un mémoire écrit et tous documents lui paraissant présenter un intérêt pour sa défense. • Soc. 22 oct. 2014, n° 13-17.065 P : *Dr. soc. 2015. 86, note Mouly ; RJS 1/2015, n° 17.*

9. Le non-respect de la procédure conventionnelle ne donne pas droit au salarié au paiement des salaires pour la période courant entre le prononcé du licenciement et la date de la décision de la commission paritaire ; aucun salaire n'est dû par l'employeur pour la période postérieure à la notification d'un licenciement qui emporte la rupture immédiate du contrat. • Soc. 31 mars 2015 : *Dalloz actualité, 7 mai 2015, obs. Fraisse ; D. 2015. Actu. 871 ; RJS 6/2015, n° 402.*

10. La limite fixée par la loi au montant des dommages-intérêts ne s'applique pas en cas de violation d'une règle de procédure conventionnelle. • Soc. 29 avr. 1986 : *Sem. soc. Lamy 1986, n° 311, p. 293.*

11. Principe. L'inobservation des règles de forme doit dans tous les cas entraîner une condamnation, fût-elle de principe, à l'indemnité prévue par l'art. L. 122-14-4 [L. 1235-2 nouv.]. • Soc. 28 mars 1979 : *Dr. soc. 1979. 292, note Savatier.* – Jurisprudence constante : • Soc. 24 oct. 1979 : *Bull. civ. V, n° 779 ; D. 1980. IR 110* • 22 oct. 1984 : *D. 1985. IR 145* • 16 juill. 1987 : *D. 1987. IR 180* • 23 oct. 1991, n° 88-43.235 P : *D. 1991. IR 255 ; Dr. soc. 1991. 956 ; RJS 1991. 705, n° 1308.*

12. Évaluation du préjudice. La cour d'appel qui fixe l'indemnité en tenant compte des limites prévues par la loi caractérise, par cette seule estimation, le préjudice subi par le salarié. • Soc. 8 déc. 1982 : *Bull. civ. V, n° 693.*

13. Sort des indemnités de chômage. Lorsque seule la procédure requise n'a pas été observée, l'employeur n'est pas tenu de rembourser les indemnités de chômage. • Soc. 26 mars 1980 : *Bull. civ. V, n° 298 ; GADT, 4e éd., n° 99 ; D. 1980. IR 547, obs. crit. Pélissier.*

14. Sort du licenciement. L'art. L. 122-14-4 [L. 1235-2 nouv.] n'autorise pas le juge à prononcer la nullité d'un licenciement en cas d'inobservation des règles de procédure. • Soc. 22 nov. 1979 : *Bull. civ. V, n° 883.* ♦ Dans le même sens : • Soc. 16 mars 1978, n° 76-41.106 P : *GADT, 4e éd., n° 98* • 8 juin 1979 : *D. 1980. IR 90, obs. Pélissier* • 24 janv. 1990 : *D. 1990. IR 45* (un salarié irrégulièrement licencié demeure inéligible).

Art. L. 1235-3 **Si le licenciement d'un salarié survient pour une cause qui n'est pas réelle et sérieuse, le juge peut proposer la réintégration du salarié dans l'entreprise, avec maintien de ses avantages acquis.**

Si l'une ou l'autre des parties refuse, le juge octroie une indemnité au salarié. Cette indemnité, à la charge de l'employeur, ne peut être inférieure aux salaires des six derniers mois. Elle est due sans préjudice, le cas échéant, de l'indemnité de licenciement prévue à l'article L. 1234-9. — *[Anc. art. L. 122-14-4, al. 1er, phrases 2 et 3.]*

BIBL. Couturier, *Dr. soc. 2005. 403* (l'impossibilité de réintégrer). – Keller, *Dr. ouvrier 1996. 264* (réparation du préjudice). – Lagorsse, *ibid. 1996. 284* (évaluation du préjudice).

COMMENTAIRE

V. Dalloz.fr et applications mobiles Dalloz.

I. SANCTION DES IRRÉGULARITÉS DE FOND : RÉINTÉGRATION

BIBL. Couturier, *Dr. soc. 1981. 248.* – Desjardins, *ibid. 1992. 766.* – Rozès, *Mélanges P. Hébraud, 1981, p. 751.*

1. Constitutionnalité. Est conforme au principe constitutionnel d'égalité et à la liberté d'entreprendre, le plancher légal d'indemnisation de six mois de salaires applicable aux seules entreprises d'au moins 11 salariés ayant procédé à un licenciement sans cause réelle et sérieuse. • Cons. const. 13 oct. 2016, n° 2016-582 QPC : *Dr. soc. 2016. 1065, obs. Mouly ; JS Lamy 2016, n° 420-1, obs. Tissandier.*

2. Réintégration et compatibilité avec le pacte international relatif aux droits économiques, sociaux et culturels. La règle posée par l'art. L. 1235-3 subordonnant la réintégration du salarié licencié sans cause réelle et sérieuse à l'accord de l'employeur n'apporte aucune restriction incompatible avec les dispositions de l'art. 6.1 du Pacte international relatif aux droits économiques, sociaux et culturels du 16 déc. 1966, ni, en tout état de cause, avec celles de l'art. 1er du protocole additionnel n° 1 de la Convention européenne de sauvegarde des droits de l'homme et des libertés fondamentales ; elle ne porte atteinte ni au droit au respect des biens, ni au droit de propriété, et elle opère une conciliation raisonnable entre le droit de chacun d'obtenir un emploi et la liberté d'entreprendre, à laquelle la réintégration de salariés licenciés est susceptible de porter atteinte. • Soc. 14 avr. 2010 : *D. 2010. Actu. 1151 ; Dalloz actualité, 4 mai 2010, obs. Maillard ; RJS 2010. 440, n° 499 ; Dr. soc. 2010. 815, note Mouly ; JS Lamy 2010, n° 279-3.*

3. Jurisprudence rendue avant la loi du 18 janv. 2005. La réintégration n'a pas à être obligatoirement proposée par le juge qui peut condamner directement l'employeur à verser une indemnité. • Soc. 18 déc. 1975 : *GADT, 4e éd., n° 83 ; D. 1976. 210, note Pélissier ; JCP 1976. II. 18273, note J. D.* ♦ Le salarié, victime d'un licenciement nul et qui ne réclame pas sa réintégration a droit, d'une part aux indemnités de rupture, d'autre part à une indemnité réparant l'intégralité du préjudice résultant du caractère illicite du licenciement, et au moins égale à ce que l'art. L. 122-14-4 [L. 1235-2 nouv.] prévoit pour les salariés victimes d'un licenciement sans cause réelle et sérieuse. • Soc. 27 juin 2000, n° 98-43.439 P : *D. 2000. IR 221 ; RJS 2000. 634, n° 937.* ♦ Si une indemnité pour licenciement sans cause réelle et sérieuse a été accordée à un salarié dont le licenciement est nul, cette erreur est inopérante dès lors que l'indemnité est au total d'un montant au moins égal à celui prévu par l'art. L. 122-14-4 [L. 1235-2 nouv.]. • Soc. 17 déc. 2002, n° 00-44.660 P : *RJS 2003. 227, n° 337.*

4. Réintégration proposée. La réintégration ne peut être que proposée et non imposée. • Soc. 29 janv. 1981 : *Bull. civ. V, n° 80* • 6 oct. 1977 : *ibid., n° 515* (réintégration apparaissant peu opportune). ♦ Le juge des référés n'a pas, à cet égard, de pouvoirs plus étendus que les juges du fond. • Soc. 1er avr. 1981 : *Bull. civ. V, n° 297.*

5. Réintégration matériellement impossible. Lorsqu'une société a cessé définitivement son activité et que ses actifs ont été vendus, les juges du fond peuvent valablement en déduire que la réintégration, demandée dans les seuls emplois que les salariés occupaient dans cette entreprise avant leur licenciement, était devenue matériellement impossible. • Soc. 15 juin 2005 : *D. 2005. IR 1960 ; JS Lamy 2005, n° 172-3.*

6. Ne caractérise pas l'impossibilité matérielle de réintégrer les salariés dans leur emploi ou à défaut, dans un emploi équivalent, le fait que les postes de ces salariés ne soient plus vacants tandis que ceux-ci ont, compte tenu du temps écoulé, retrouvé un emploi. • Soc. 2 févr. 2005 : *D. 2005. IR 523 ; RJS 2006. 268, n° 369.* ♦ ... Ni le refus d'une partie du personnel de travailler à nouveau avec le salarié pour des motifs écartés par l'autorité administrative. • Soc. 24 juin 2014 : *Dalloz actualité, 7 juill. 2014, obs. Avena-Robardet ; D. 2014. Actu. 1504 ; RJS 2014. 606, n° 708 ; JS Lamy 2014, n° 371-3.*

7. Refus de réintégration par l'employeur. Lorsque l'employeur refuse de réintégrer le salarié dont le licenciement a été annulé, il est notamment tenu au paiement d'une indemnité égale à la rémunération que le salarié aurait perçue jusqu'à ce que celui-ci prenne acte de la rupture de son contrat de travail ou que le juge en prononce la résiliation ; cette rupture produit alors les effets d'un licenciement illicite. • Soc. 29 mai 2013 : *Dalloz actualité, 26 juin 2013, obs. Ines ; Dr. soc. 2014. 44, note Gauriau ; JCP S 2013. 1336, obs. Mouly.*

8. Réintégration et relations contractuelles. La réintégration d'un salarié en exécution d'une décision judiciaire n'a pas pour effet de créer de nouvelles relations contractuelles entre les parties ; l'employeur, après l'annulation de cette décision par la Cour de cassation, est fondé à considérer qu'il avait été mis fin aux fonctions de la salariée sans qu'il soit besoin d'une procédure de licenciement. • Soc. 11 juill. 2016, nº 14-29.094 P : *D. 2016. Actu. 1655* ; *RJS 10/2016, nº 642.*

II. SANCTION DES IRRÉGULARITÉS DE FOND : INDEMNISATION

9. Conformité à la Constitution. Le principe d'égalité ne s'oppose pas à ce que le législateur règle de façon différente des situations différentes ni à ce qu'il déroge à l'égalité de traitement pour des raisons d'intérêt général, pourvu que la différence de traitement qui en résulte soit en rapport direct avec l'objet de la loi qui l'établit ; que tel est le cas de l'art. L. 1235-5 C. trav. qui, sans faire échec à la réparation de l'intégralité du préjudice subi par le salarié, retient des critères objectifs et rationnels d'ancienneté du salarié et d'effectifs de l'entreprise en lien direct avec l'objet de la loi et répondant à des raisons d'intérêt général. • Soc., QPC, 10 oct. 2014, nº 14-40.037 P : *RJS 1/2015, nº 18.*

10. Droit à l'indemnité. L'indemnité n'est pas limitée au seul cas d'appréciation par le juge d'une possibilité de réintégration effective ; elle a une portée générale et doit être versée dès qu'il n'y a pas réintégration. • Soc. 18 déc. 1975 : *D. 1976. 210, note Pélissier.*

11. L'indemnité est due du seul fait que le licenciement n'est pas fondé sur une cause réelle et sérieuse, peu important que la procédure ait été ou non observée. • Soc. 4 oct. 1978 : *Bull. civ. V, nº 634 ; D. 1979. IR 227, obs. Pélissier.*

12. Le salarié protégé, licencié en vertu d'une autorisation ultérieurement annulée et ne demandant pas sa réintégration, peut prétendre, s'il remplit les conditions, tant au paiement des indemnités de rupture qu'à celui de l'indemnité pour licenciement sans cause réelle et sérieuse, peu important son départ à la retraite. • Soc. 27 mars 2012 : *Dalloz actualité, 25 avr. 2012, obs. Fleuriot ; RJS 2012. 489, nº 579 ; JCP S 2012. 1317, obs. Asquinazi-Bailleux.*

13. Montant. L'indemnité due en cas de licenciement sans cause réelle et sérieuse ne peut être inférieure à la rémunération brute du salarié pendant les six derniers mois précédant la rupture. • Soc. 22 juin 1993 : *RJS 1993. 517, nº 862 ; CSB 1993. 211, S. 109 ; Dr. soc. 1993. 774* • 13 juill. 2004, nº 03-43.780 P : *RJS 2004. 708, nº 1025.* ♦ Le salaire mensuel doit être évalué en tenant compte des primes et avantages en nature éventuels. • Soc. 3 déc. 1992 : *RJS 1993. 33, nº 29.* – V. Savatier, *Dr. soc. 1993. 948* . ♦ Sur l'exclusion d'une gratification bénévole dont l'employeur fixe discrétionnairement les montants et les bénéficiaires et qui est attribuée à l'occasion d'un événement unique : • Soc. 14 oct. 2009, nº 07-45.587 P. ♦ Sur l'exclusion des plus-values réalisées lors de la levée de stock-options, V. • Soc. 30 mars 2011 : *D. 2011. Actu. 1088* ; *JS Lamy 2011, nº 300-6, obs. Tourreil ; JCP S 2011. 1286, obs. Drai ; Sem. soc. Lamy 2011, nº 1503, p. 11, obs. Boudias et Vallat.*

14. Ancienneté du salarié. Le salarié victime d'un licenciement nul et qui ne réclame pas sa réintégration a droit, quelle que soit son ancienneté dans l'entreprise, d'une part, aux indemnités de rupture, et d'autre part, à une indemnité réparant l'intégralité du préjudice résultant du caractère illicite du licenciement et au moins égale à six mois de salaire. • Soc. 14 avr. 2010 : *D. 2010. Actu. 1223* ; *RJS 2010. 441, nº 500 ; JCP S 2010. 1271, obs. Barège.*

15. Sur l'appréciation souveraine du préjudice par les juges du fond, sous réserve du respect du montant minimal légal de l'indemnité, V. • Soc. 6 juill. 1978 : *Bull. civ. V, nº 571* • 16 févr. 1987 : *D. 1987. IR 54.*

16. Cumul d'indemnités. Lorsque le licenciement est entaché d'une irrégularité de fond et de procédure, les deux indemnités prévues par l'art. L. 122-14-4 [L. 1235-2 et L. 1235-3 nouv.] ne se cumulent pas et seule est attribuée l'indemnité sanctionnant l'absence de cause réelle et sérieuse. • Soc. 15 mars 1978 : *Bull. civ. V, nº 188* • 18 déc. 1978 : *ibid., nº 872* • 24 janv. 1996 : *ibid., nº 27 ; CSB 1996. 135, A. 29* • 20 janv. 1998, nº 95-42.441 P : *RJS 1998. 173, nº 275.* ♦ En revanche, une indemnité contractuelle, indépendante de celle prévue par les textes, peut se cumuler avec celle sanctionnant les irrégularités de procédure. • Soc. 5 juin 1986 : *D. 1986. 558, note Karaquillo.* ♦ Une telle indemnité peut être assimilée à une clause pénale susceptible d'être modérée par le juge. • Même arrêt. ♦ Le non-respect de la procédure disciplinaire conventionnelle entraîne un préjudice particulier pour le salarié, distinct de celui causé par le caractère injustifié du licenciement, et qui doit être réparé en tant que tel. • Soc. 1er juin 1994, nº 92-42.295 P : *D. 1994. IR 177* ; *Dr. soc. 1994. 800 ; RJS 1994. 512, nº 854.* ♦ De même, les indemnités versées dans le cadre d'un PSE, prévues en plus de l'indemnité conventionnelle de licenciement, se cumulent avec l'indemnité réparant l'absence de cause réelle et sérieuse. • Soc. 9 juill. 2015, nº 14-14.654 P : *Dalloz actualité, 4 sept. 2015, obs. Cortot ; D. 2015. Actu. 1545* ; *RJS 11/2015, nº 756.*

17. L'indemnité due pour licenciement sans cause réelle et sérieuse se cumule avec l'indemnité due pour violation de la priorité de réembauchage. • Soc. 5 oct. 1995 : *RJS 1996. 156, nº 265.* ♦ Une seule indemnité peut réparer les préjudices distincts dès lors qu'elle tient compte des limites prévues par les 1er et 3e al. de l'art. L. 122-14-4 [L. 1235-2 et L. 1235-3 nouv.]. • Soc. 3 févr. 1998, nº 95-42.914 P : *RJS 1998. 184, nº 299.*

18. L'indemnité pour licenciement sans cause

réelle et sérieuse ne se cumule pas avec des dommages-intérêts pour non-respect de l'ordre des licenciements. • Soc. 7 oct. 1998, n° 96-43.067 P : *RJS 1998. 893, n° 1462 (2ᵉ esp.)* • 5 oct. 1999 : *RJS 1999. 838, n° 1361 ; D. 1999. IR 242*. ♦ La demande d'indemnité pour licenciement sans cause réelle et sérieuse vaut demande implicite de réparation du préjudice résultant d'un licenciement prononcé en violation de l'ordre des licenciements. • Soc. 27 oct. 1998, n° 96-42.493 P : *RJS 1998. 893, n° 1462 (1ʳᵉ esp.)*.

19. Préjudice distinct. Caractérisant le comportement fautif de l'employeur pour constater que ce comportement avait causé au salarié un préjudice distinct de celui résultant du licenciement, une cour d'appel en a déduit à bon droit que le salarié pouvait prétendre à des dommages-intérêts se cumulant avec l'indemnité pour licenciement sans cause réelle et sérieuse. • Soc. 12 mars 1987 : *Bull. civ. V, n° 147*. – V. aussi : • Soc. 17 déc. 1986 : *Bull. civ. V, n° 621* • 17 juill. 1996 : *CSB 1996. 313, A. 60*. ♦ *Contra*, en cas d'absence de lien de causalité entre un licenciement abusif et l'état dépressif du salarié ultérieurement constaté : • Soc. 10 mars 1983 : *Bull. civ. V, n° 141*.

20. Les menaces et la publicité faite à un licenciement sans cause réelle et sérieuse entraînent pour le salarié un préjudice distinct qui, même en l'absence de dispositions légales, peut être réparé par la publication dans la presse spécialisée de la condamnation de l'employeur. • Soc. 25 janv. 1989 : *JCP 1989. IV. 110*.

21. Pour l'indemnisation du préjudice causé au salarié par l'employeur postérieurement au licenciement (dénigrement), V. • Soc. 3 juill. 1996 : *CSB 1996. 330, S. 143*.

22. Lorsque le droit de lever des stock-options est réservé aux salariés présents dans l'entreprise, le licenciement – même sans cause réelle et sérieuse – prive le salarié de ce droit mais il en résulte un préjudice distinct qui doit être réparé. • Soc. 29 sept. 2004, n° 02-40.027 P : *RJS 2004. 913, n° 1307 ; JS Lamy 2004, n° 154-1*. ♦ La clause du plan d'option d'achat prévoyant la caducité des options en cas de licenciement du bénéficiaire fait obstacle à l'exercice de ce droit sans qu'il y ait lieu de distinguer selon la qualification du licenciement ; le salarié, privé de la possibilité de lever ses options du fait de son licenciement sans cause réelle et sérieuse, peut seulement solliciter l'indemnisation du préjudice subi. • Soc. 1ᵉʳ déc. 2005 : *RJS 2006. 149, n° 254 ; Dr. soc. 2006. 452, obs. Radé*.

23. Perte d'une chance d'un avantage retraite. En cas de licenciement illégitime, le salarié peut demander l'indemnisation de la perte d'une chance de pouvoir bénéficier un jour de l'avantage de retraite applicable dans l'entreprise (« retraite chapeau ») ; cette perte de chance constitue un préjudice qui doit être réparé. • Soc. 31 mai 2011 : *Dalloz actualité, 24 juin 2011, obs. Astaix ; D. 2011. Actu. 1623 ; JCP S 2011. 1428, obs. Bossu*.

24. Dommages-intérêts et différé d'indemnisation. Le montant des dommages-intérêts alloués au salarié en raison d'un licenciement sans cause réelle et sérieuse ne doit être exclu de l'assiette de calcul du délai de carence spécifique que pour la part correspondant au minimum fixé par l'article L. 1235-3. • Soc. 25 sept. 2012 : *Dalloz actualité, 11 oct. 2012, obs. Ines ; RJS 2012. 826, n° 978*.

Art. L. 1235-3-1 *(L. n° 2016-1088 du 8 août 2016, art. 123)* **Lorsque le juge constate que le licenciement est intervenu en méconnaissance des articles L. 1132-1, L. 1153-2, L. 1225-4 et L. 1225-5 et que le salarié ne demande pas la poursuite de son contrat de travail ou que sa réintégration est impossible, le juge octroie au salarié une indemnité, à la charge de l'employeur, qui ne peut être inférieure aux salaires des six derniers mois. Elle est due sans préjudice du paiement du salaire, lorsqu'il est dû, qui aurait été perçu pendant la période couverte par la nullité et, le cas échéant, de l'indemnité de licenciement prévue à l'article L. 1234-9.**

Art. L. 1235-4 **Dans les cas prévus aux articles** *(L. n° 2016-1088 du 8 août 2016, art. 122)* **« L. 1132-4, L. 1134-4, L. 1144-3, L. 1152-3, L. 1153-4, » L. 1235-3 et L. 1235-11, le juge ordonne le remboursement par l'employeur fautif aux organismes intéressés de tout ou partie des indemnités de chômage versées au salarié licencié, du jour de son licenciement au jour du jugement prononcé, dans la limite de six mois d'indemnités de chômage par salarié intéressé.**

Ce remboursement est ordonné d'office lorsque les organismes intéressés ne sont pas intervenus à l'instance ou n'ont pas fait connaître le montant des indemnités versées. – *[Anc. art. L. 122-14-4, al. 2, phrases 1 et 2.]*

BIBL. Sur la répétition de l'indu entre les sommes obtenues en justice et les allocations de chômage versées antérieurement, V. Serverin et Grumbach, *RDT 2008. 723*.

COMMENTAIRE

V. Dalloz.fr et applications mobiles Dalloz.

BIBL. Boubli, *Dr. soc. 1981. 258*. – Koechlin, *JCP CI 1982. II. 13875*. – Lafarge, *Juri-soc. 1987, n° 10, p. 33*. – Le Nezet, *Gaz. Pal. 1985. 1. Doctr. 6*. – Pettiti, *Gaz. Pal. 1987. 1. Doctr. 430*. – Prétot, *Dr. soc. 1987. 469*.

1. Droit au procès équitable. Sur le caractère équitable, au sens de l'art. 6 de la convention européenne de sauvegarde des droits de l'homme et de l'art. 14 du pacte des Nations unies du 19 déc. 1966, du procès à l'égard de l'employeur, V. • Soc. 18 janv. 1989 : *D. 1989. 320, note Jeammaud ; Dr. soc. 1989. 249, concl. Picca ; JCP E 1989. II. 15525, p. 394, n° 4, obs. Revet ; RTD civ. 1989. 374, obs. Normand*. – Dans le même sens : • Soc. 18 juin 1989 : *Dr. ouvrier 1989. 358* • 19 déc. 1990 : *D. 1991. IR 21* • 23 mai 2000, n° 98-40.635 P : *D. 2000. IR 169 ; RJS 2000. 549, n° 783 (2e esp.)* • 23 mai 2000, n° 98-40.633 P : *RJS 2000. 549, n° 783 (3e esp.)*.

2. Entreprise utilisatrice. L'entreprise utilisatrice doit supporter la sanction spécifique prévue à l'art. L. 122-14-4 [art. L. 1235-4 nouv.] relative au remboursement par l'employeur des indemnités de chômage versées par l'ASSEDIC dès lors qu'elle a été condamnée à payer au salarié une indemnité pour licenciement dépourvu de cause réelle et sérieuse. • Soc. 18 oct. 2007 : *D. 2007. AJ 2808 ; Dr. soc. 2008. 101, n° 1251*.

3. Charge de la preuve. La créance de l'ASSEDIC résultant du seul fait qu'elle a payé des indemnités de chômage aux salariés en raison de leur licenciement, il incombe à l'employeur de démontrer le caractère indu de ce paiement. • Soc. 9 mars 1994, n° 91-21.926 P : *D. 1994. IR 77 ; RJS 1994. 338, n° 537* • 18 avr. 2000, n° 97-44.925 P : *D. 2000. IR 140 ; RJS 2000. 454, n° 658*.

4. Conditions. L'art. L. 122-14-4 [art. L. 1235-4 nouv.] ne limite pas son application aux seuls cas où l'employeur commet un abus ou un détournement de pouvoir. • Soc. 14 nov. 1991, n° 88-44.161 P.

5. En l'absence de cause réelle et sérieuse de licenciement, la convention de conversion est privée de cause. • Soc. 7 mars 1995 : *Dr. soc. 1995. 511 ; RJS 1995. 279, n° 412 (1re esp.)*. (remboursement aux ASSEDIC des indemnités de chômage et de l'allocation spéciale de conversion).

6. Bien que le versement des indemnités ait été suspendu pendant un stage effectué par le salarié, ce dernier ayant été repris en charge par l'ASSEDIC, une cour d'appel a pu retenir qu'après le stage le versement des prestations avait toujours pour cause le licenciement et ainsi justifier sa décision au regard de l'art. L. 122-14-4 [L. 1235-4 nouv.]. • Soc. 25 avr. 1990, n° 88-13.262 P.

7. Pouvoir des juges du fond. Le juge du fond apprécie souverainement, dans la limite prévue par la loi, la part d'indemnités de chômage devant être remboursée aux organismes concernés. • Soc. 22 avr. 1992 : *RJS 1992. 399, n° 727*.

8. Limites à l'obligation de remboursement. Le remboursement des indemnités de chômage ne peut être ordonné ni lorsque l'employeur a méconnu : la procédure de licenciement. • Soc. 26 mars 1980 : *Bull. civ. V, n° 298 ; GADT, 4e éd., n° 99 ; D. 1980. IR 547, obs. crit. Pélissier*. ♦ ... L'ordre des licenciements. • Soc. 23 mars 1994 : *Dr. soc. 1994. 711, obs. Verkindt ; RJS 1994. 415, n° 679*. ♦ ... La priorité de réembauchage dont bénéficiait le salarié. • Soc. 7 nov. 1990 : *D. 1990. IR 290*. ♦ ... Les règles applicables aux victimes d'accidents du travail ou de maladies professionnelles. • Soc. 16 oct. 1991, n° 89-40.481 P : *CSB 1991. 251, A. 59 ; RJS 1991. 635, n° 1192*. ♦ ... Ni en cas de nullité du licenciement. • Soc. 12 févr. 1991 : *RJS 1991. 171, n° 326* • 12 déc. 2001, n° 99-44.167 P : *Dr. soc. 2002. 225, obs. Couturier ; RJS 2002. 167, n° 201 ; Dr. ouvrier 2002. 125, note Milet* • 24 juin 2009 : *RDT 2010. 32, obs. Pillet*.

9. Obligation de remboursement et effectif de l'entreprise. La seule constatation de l'identité d'exploitant de deux entreprises aux activités distinctes sans lien entre elles est insuffisante pour retenir l'existence d'une seule entité ; le périmètre à prendre en considération pour l'appréciation de l'effectif est celui de l'entreprise dans laquelle est employé le salarié licencié. • Soc. 23 sept. 2015, n° 14-13.264 P : *RJS 12/2015, n° 767 ; JCP S 2015. 1421, note Cailloux-Meurice*.

10. Régime de solidarité. Le remboursement des sommes versées au titre du régime de solidarité n'est pas soumis à l'art. L. 122-14-4 [L. 1235-2 nouv.]. • Soc. 16 mars 1989 : *Bull. civ. V, n° 229 ; D. 1989. IR 110*.

11. Omission de statuer. Par l'effet de l'art. L. 122-14-4 [L. 1235-4 nouv.], l'organisme qui a versé des indemnités de chômage est partie au litige opposant l'employeur au salarié soutenant avoir été licencié sans cause réelle et sérieuse ; l'ASSEDIC peut donc interjeter appel même si elle n'a pas comparu. • Soc. 7 juill. 1993 : *CSB 1993. 247, S. 129*. ♦ Elle n'est pas recevable à former tierce opposition contre une décision prud'homale omettant de condamner l'employeur au remboursement des allocations-chômage. • Soc. 9 mai 1990, n° 87-42.055 P : *RJS 1990. 344, n° 487*. ♦ Comp. : • Soc. 16 mars 1989 : *D. 1989. IR 110 ; RTD civ. 1989. 621, obs. Perrot*. ♦ Sur la possibilité pour l'ASSEDIC de présenter une requête en omission de statuer, V. • Soc. 16 févr. 1987 : *Bull. civ. V, n° 90* • 7 janv. 1992 : *RJS 1992. 104, n° 139* • 7 juin 1995 : *RJS 1995. 578, n° 876*. ♦ Une telle requête n'est pas exclusive d'une procédure en référé-provision. • Soc. 2 juin 1988 : *Dr. ouvrier 1989. 64*. ♦ Sur le délai dont dispose l'ASSEDIC pour présenter la requête en omission de statuer, V. • Soc. 12 janv. 1993, n° 89-41.344 P : *JCP 1994. II. 22189, note Arséguel ; RJS 1993. 235, n° 387 ; CSB 1993. 77, A. 17* (application du délai d'un an de l'art. 463 C. pr. civ.).

12. Transaction. Doit être cassé l'arrêt qui, ayant constaté l'extinction de l'instance à la suite d'une transaction, déboute l'ASSEDIC de sa demande de remboursement des allocations de chômage, alors que, la cour étant dessaisie du litige par l'effet du désistement, elle ne pouvait statuer sur cette demande et porter ainsi atteinte à l'autorité de la chose jugée qu'avait acquise à l'égard de cet organisme, auquel la transaction n'était pas opposable, la disposition du jugement ordonnant le remboursement des allocations. • Soc. 7 juin 1995, n° 91-43.234 P : *JCP E 1995. II. 764 (2 arrêts), note Taquet ; Dr. soc. 1995. 937 ; RJS 1995. 578, n° 876.* – Dans le même sens : • Soc. 4 oct. 1995, n° 93-16.370 P. ♦ V. aussi : • Soc. 25 oct. 1995, n° 91-45.186 P : *RJS 1996. 156, n° 264 ; D. 1995. IR 259* (la cour d'appel ne peut débouter l'ASSEDIC de sa demande en remboursement que si la transaction à l'origine du désistement n'est pas frauduleuse).

Art. L. 1235-5 **Ne sont pas applicables au licenciement d'un salarié de moins de deux ans d'ancienneté dans l'entreprise et au licenciement opéré dans une entreprise employant habituellement moins de onze salariés, les dispositions relatives :**

1° Aux irrégularités de procédure, prévues à l'article L. 1235-2 ;

2° A l'absence de cause réelle et sérieuse, prévues à l'article L. 1235-3 ;

3° Au remboursement des indemnités de chômage, prévues à l'article L. 1235-4 *(L. n° 2016-1088 du 8 août 2016, art. 122)* **« , en cas de méconnaissance des articles L. 1235-3 et L. 1235-11 ».**

Le salarié peut prétendre, en cas de licenciement abusif, à une indemnité correspondant au préjudice subi.

Toutefois, en cas de méconnaissance des dispositions des articles L. 1232-4 et L. 1233-13, relatives à l'assistance du salarié par un conseiller, les dispositions relatives aux irrégularités de procédure prévues à l'article L. 1235-2 s'appliquent même au licenciement d'un salarié ayant moins de deux ans d'ancienneté et au licenciement opéré dans une entreprise employant habituellement moins de onze salariés. – *[Anc. art. L. 122-14-5.]*

COMMENTAIRE

V. Dalloz.fr et applications mobiles Dalloz

I. CHAMP D'APPLICATION

1. Conseiller du salarié. Lorsque, en l'absence de représentants du personnel dans l'entreprise, la règle relative à l'assistance du salarié par un conseiller n'a pas été respectée, la sanction prévue par l'art. L. 122-14-4, al. 1er [L. 1235-2 nouv.] (indemnité qui ne peut être supérieure à un mois de salaire) s'applique aux salariés ayant moins de 2 ans d'ancienneté ou ayant été licenciés par un employeur occupant moins de 11 salariés, qu'il s'agisse ou non d'un licenciement pour une cause réelle et sérieuse. Lorsque le licenciement est sans cause réelle et sérieuse, les salariés ont droit à la réparation du préjudice en résultant selon les dispositions de l'art. L. 122-14-5, al. 2 [L. 1235-5 nouv.]. • Soc. 5 févr. 2003, n° 01-01.672 P : *D. 2003. IR 531 ; Dr. soc. 2003. 398, note Gauriau ; JCP E 2003. 907, note Corrignan-Carsin ; RJS 2003. 306, n° 440.* ♦ Comp. la jurisprudence antérieure, accordant aux salariés le bénéfice de toutes les dispositions de l'art. L. 122-14-4 [L. 1235-2 nouv.] : il résulte de l'art. L. 122-14-5 [L. 1235-5 nouv.], dans sa rédaction issue de la loi du 18 janv. 1991, que les sanctions édictées par l'art. L. 122-14-4 [L. 1235-2 nouv.] sont, par exception, applicables aux salariés ayant moins de deux ans d'ancienneté dans l'entreprise et aux licenciements opérés par les employeurs occupant habituellement moins de onze salariés, en cas d'inobservation des dispositions du deuxième alinéa de l'art. L. 122-14 [L. 1232-7 nouv.] relatives à l'assistance du salarié par un conseiller. • Soc. 19 juill. 1995 : *D. 1995. IR 226 ; CSB 1995. 221, A. 41 ; Dr. soc. 1995. 934, obs. J. Savatier ; JCP E 1995. II. 751, note Corrignan-Carsin ; RJS 1995. 651, n° 1015* • 3 mars 1999 : *RJS 1999. 310, n° 499* • 11 juill. 2000 : *RJS 2000. 728, n° 1065 ; Dr. soc. 2000. 1012, obs. Roy-Loustaunau .* ♦ L'art. L. 122-14-4 est, dans un tel cas, applicable qu'il s'agisse de sanctionner l'irrégularité de la procédure ou celle résultant de l'absence de cause réelle et sérieuse. • Soc. 13 nov. 1996, n° 95-42.378 P : *Dr. soc. 1996. 1096, obs. Waquet ; RJS 1996. 810, n° 1252 ; CSB 1997. 41, A. 9* • 7 oct. 1997 : *JCP 1998. II. 10022, note Corrignan-Carsin.* ♦ L'art. L. 122-14-4 [L. 1235-2 nouv.] est applicable tant en ce qui concerne le calcul de l'indemnité que la condamnation envers les ASSEDIC. • Soc. 26 juin 2001, n° 99-40.900 P : *RJS 2001. 772, n° 1130.* ♦ Le minimum de 6 mois de salaire prévu par l'art. L. 122-14-4 [L. 1235-3 nouv.] trouve sa limite lorsque le salarié n'a pas

6 mois d'ancienneté. • Bordeaux, 15 févr. 2000 : *RJS 2000. 454, n° 656.*

2. *Calcul de l'ancienneté.* L'ancienneté du salarié s'apprécie au jour où l'employeur envoie la lettre recommandée de licenciement, date à laquelle se situe la rupture du contrat de travail. • Soc. 26 sept. 2006 : *RDT 2006. 386, obs. Reynès ; D. 2007. Pan. 688, obs. Leclerc ; RJS 2006. 866, n° 1164 ; JCP E 2006. 2763, note Béal ; Dr. soc. 2006. 1193, obs. Savatier.* ♦ Comp. : L'ancienneté est appréciée à la date de présentation de la lettre de licenciement. • Soc. 2 févr. 1999, n° 96-40.773 P : *RJS 1999. 309, n° 498.* ♦ L'ancienneté à prendre en considération est celle résultant du contrat de travail au cours duquel le licenciement est prononcé, à l'exclusion des contrats antérieurs exécutés pour le compte du même employeur. • Soc. 27 mai 1992, n° 89-40.297 P : *RJS 1992. 478, n° 860.* ♦ Les périodes de suspension du contrat justifiées par la maladie du salarié doivent être prises en compte. • Soc. 17 oct. 1979 : *Bull. civ. V, n° 737* • 7 mai 1987 : *Bull. civ. V, n° 272 ; D. 1987. IR 124.* ♦ Les dispositions de l'art. L. 1235-3 C. trav. ne comportent aucune restriction en cas de suspension d'exécution du contrat de travail ; dès lors, les périodes de suspension pour maladie ne pouvaient être exclues de l'ancienneté de la salariée pour ses droits à indemnisation du licenciement sans cause réelle et sérieuse. • Soc. 7 déc. 2011 : *D. 2012. Actu. 25 ; Dr. soc. 2012. 313, obs. Roy-Loustaunau ; RJS 2012. 119, n° 130 ; JCP S 2012. 1067, obs. Chenu.* ♦ L'ancienneté se calcule depuis l'embauche, peu important la modification dans la situation juridique de l'employeur. • Soc. 17 mars 1998, n° 95-42.100 P : *D. 1998. IR 99 ; RJS 1998. 370, n° 570.*

3. *Calcul de l'effectif.* L'appréciation de l'effectif habituel doit se faire au jour du licenciement. • Soc. 27 mai 1992, n° 89-42.593 P : *CSB 1992. 231, A. 43.* ♦ ... C'est-à-dire à la date de la présentation de la lettre de licenciement. • Soc. 2 févr. 1999, n° 96-40.773 P : *RJS 1999. 309, n° 498.* ♦ Toutefois, justifient leur décision d'appliquer l'art. L. 122-14-5 [L. 1235-5 nouv.] les juges qui, par des constatations échappant au contrôle de la Cour de cassation, établissent que l'effectif du personnel n'a atteint onze salariés que pendant une brève période de vingt jours. • Soc. 3 déc. 1981 : *D. 1982. IR 251.* ♦ La loi n'apportant au terme de salarié aucune restriction, il convient de compter au nombre des salariés de l'entreprise ceux qui sont également ses dirigeants. • Soc. 18 janv. 1995, n° 91-41.090 P : *RJS 1995. 163, n° 223* • 20 mars 1997 : *RJS 1997. 350, n° 534 ; CSB 1997. 188, S. 112.* ♦ Une cour d'appel n'aurait pu tenir compte de l'effectif global de deux sociétés que si elles avaient été les employeurs conjoints des salariés. • Soc. 5 mai 1983 : *Bull. civ. V, n° 236.* ♦ V. aussi • Soc. 24 avr. 1980 : *Bull. civ. V, n° 351.* ♦ Comp., en cas de reconnaissance d'une unité économique. • Soc. 1er juin 1988 : *JS UIMM 1988. 510.* ♦ Dans le cas d'une société étrangère, seuls les effectifs employés en France sont pris en considération. • Soc. 7 déc. 1978 : *Bull. civ. V, n° 845.* ♦ C'est à l'employeur qu'il appartient de démontrer que la condition d'effectif de l'entreprise – occupation habituelle de moins de onze salariés – est satisfaite ou non. • Soc. 18 avr. 2000, n° 97-44.925 P : *RJS 2000. 454, n° 658 ; D. 2000. IR 140.*

II. INDEMNISATION

4. *Absence de cause réelle et sérieuse.* La seule constatation de l'absence de cause réelle et sérieuse de licenciement doit entraîner la condamnation de l'employeur à réparer le préjudice dont il appartient au juge d'apprécier l'étendue. • Soc. 25 sept. 1991, n° 88-41.251 P : *Dr. soc. 1991. 762, concl. Picca ; RJS 1991. 638, n° 1200* • 9 mars 1993, n° 91-44.452 P : *Dr. soc. 1993. 388 ; RJS 1993. 234, n° 385* • 7 déc. 1995, n° 92-42.942 P : *D. 1996. IR 23 ; JCP E 1996. II. 867* • 14 mai 1998, n° 96-42.104 P.

5. *Irrégularité de procédure.* Toute irrégularité de la procédure de licenciement entraîne pour le salarié un préjudice que l'employeur doit réparer et qu'il appartient au juge d'évaluer. • Soc. 29 juin 1999, n° 97-42.208 P : *D. 1999. IR 199* • 13 mai 2009 : *D. 2009. AJ 1542, obs. Ines ; Dr. soc. 2009. 818, note Favennec-Héry* (défaut de mention du lieu de l'entretien préalable dans une entreprise n'ayant qu'un seul établissement). ♦ L'inobservation de la procédure entraîne pour le salarié un préjudice, fût-il de principe. • Soc. 23 oct. 1991, n° 88-42.507 P : *D. 1991. IR 264.*

6. *Cumuls.* L'art. L. 122-14-5 [L. 1235-5 nouv.] autorise le versement à titre de dommages-intérêts d'une somme pour licenciement sans cause réelle et sérieuse et d'une somme pour non-respect de la procédure de licenciement. • Soc. 28 janv. 1998, n° 95-43.914 P : *CSB 1998. 103, A. 24.* ♦ L'indemnité pour licenciement abusif est calculée en fonction du préjudice subi résultant aussi bien de l'irrégularité du licenciement pour vice de forme que de fond. • Soc. 30 mai 1990, n° 88-41.329 P : *D. 1990. 559, note Karaquillo.* ♦ Comp. : • Soc. 24 avr. 1980 : *Bull. civ. V, n° 351 ; D. 1981. 473, note Karaquillo* • 15 nov. 1984 : *Bull. civ. V, n° 441* • 8 oct. 1987 : *ibid., n° 540.*

7. *Cumul avec indemnité contractuelle.* Lorsque les parties sont convenues que le salarié percevra, en cas de rupture du contrat de travail, une indemnité contractuelle, celle-ci se cumule avec l'indemnité pour licenciement sans cause réelle et sérieuse. • Soc. 28 févr. 2006 : *RJS 2006. 391, n° 553 ; JS Lamy 2006, n° 187-5.*

8. *Modalités d'appréciation.* L'étendue du préjudice est appréciée souverainement par les juges du fond. • Soc. 22 janv. 1987 : *D. 1987. IR 23.* ♦ Mais la réparation du préjudice né du non-respect de la procédure n'est pas assurée par l'allocation d'un franc symbolique. • Soc. 11 mars 1998, n° 96-41.350 P : *CSB 1998. 143, A. 31 ; RJS 1998. 382, n° 585 ; D. 1998. IR 93*.

9. Dommages-intérêts et différé d'indemnisation. Lorsque le juge évalue souverainement le montant des dommages-intérêts alloués pour licenciement sans cause réelle et sérieuse, le délai de carence spécifique, prévu par les règlements annexés aux conventions d'assurance chômage de 2001 et de 2004, s'applique. • Soc. 15 juin 2010 : *Dalloz actualité, 5 juill. 2010, obs. Ines ; RJS 2010. 716, n° 798 ; Dr. ouvrier 2011. 645, note Milet ; JCP S 2010. 1372, obs. Dumont.*

Art. L. 1235-6 **Un décret en Conseil d'État détermine les modalités d'application de la présente section.** – *[Anc. art. L. 122-14-11.] – V. art. R. 1235-1 s.*

SECTION II **LICENCIEMENT POUR MOTIF ÉCONOMIQUE**

SOUS-SECTION 1 **DÉLAIS DE CONTESTATION ET VOIES DE RECOURS** *(L. n° 2013-504 du 14 juin 2013, art. 18-XXV).*

Art. L. 1235-7 *(Abrogé par L. n° 2013-504 du 14 juin 2013, art. 18-XXV)* ***« Toute action en référé portant sur la régularité de la procédure de consultation des instances représentatives du personnel est introduite, à peine d'irrecevabilité, dans un délai de quinze jours suivant chacune des réunions du comité d'entreprise. »***

Toute contestation portant sur la régularité ou la validité du licenciement se prescrit par douze mois à compter de la dernière réunion du comité d'entreprise ou, dans le cadre de l'exercice par le salarié de son droit individuel à contester la régularité ou la validité du licenciement, à compter de la notification de celui-ci. Ce délai n'est opposable au salarié que s'il en a été fait mention dans la lettre de licenciement. – *[Anc. art. L. 321-16.]*

L'abrogation du 1er al. de l'art. L. 1235-7 est applicable aux procédures de licenciement collectif engagées à compter du 1er juill. 2013.

Une procédure de licenciement collectif est réputée engagée à compter de la date d'envoi de la convocation à la première réunion du comité d'entreprise mentionnée à l'art. L. 1233-30 C. trav. (L. n° 2013-504 du 14 juin 2013, art. 18-XXXIII).

COMMENTAIRE

V. Dalloz.fr et applications mobiles Dalloz.

V. notes ss. art. L. 1235-11.

1. Constitutionnalité. N'est pas nouvelle et n'a pas de caractère sérieux la question de savoir si les dispositions de l'art. L. 1235-7 portent atteinte aux droits et libertés de la personne garantis par la Constitution et notamment aux principes constitutionnels d'égalité, de l'accès au juge et de l'inviolabilité du droit de propriété et aux art. 1 et 17 de la DDHC ; l'instauration d'un délai de un an pour contester la validité d'un licenciement économique ne distingue pas entre les salariés placés dans la même situation, ne prive pas le salarié licencié d'un droit d'accès au juge et est étranger au droit de propriété. • Cass., QPC, 16 juill. 2010 : *RJS 2010. 683, n° 742.*

2. Champ d'application du délai de prescription de 12 mois. Le délai de douze mois n'est applicable qu'aux contestations de nature à entraîner la nullité de la procédure de licenciement collectif pour motif économique, en raison de l'absence ou de l'insuffisance d'un plan de sauvegarde de l'emploi, et non à la contestation ne visant que l'absence de cause réelle et sérieuse du licenciement. • Soc. 15 juin 2010 : *Dalloz actualité, 25 juin 2010, obs. Perrin ; RDT 2010. 512, obs. Fabre ; RJS 2010. 592, n° 657 ; Dr. soc. 2010. 996, obs. Couturier ; JS Lamy 2010, n° 281-282-4 ; Dr. ouvrier 2010. 675, obs. Darves-Bornoz ; JCP S 2010. 1413, obs. Morvan.*

Art. L. 1235-7-1 *(L. n° 2013-504 du 14 juin 2013, art. 18-XXV)* **L'accord collectif mentionné à l'article L. 1233-24-1, le document élaboré par l'employeur mentionné à l'article L. 1233-24-4, le contenu du plan de sauvegarde de l'emploi, les décisions prises par l'administration au titre de l'article L. 1233-57-5 et la régularité de la procédure de licenciement collectif ne peuvent faire l'objet d'un litige distinct de celui relatif à la décision de validation ou d'homologation mentionnée à l'article L. 1233-57-4.**

Ces litiges relèvent de la compétence, en premier ressort, du tribunal administratif, à l'exclusion de tout autre recours administratif ou contentieux.

Le recours est présenté dans un délai de deux mois par l'employeur à compter de la notification de la décision de validation ou d'homologation, et par les organisations syndicales et les salariés à compter de la date à laquelle cette décision a été portée à leur connaissance conformément à l'article L. 1233-57-4.

Le tribunal administratif statue dans un délai de trois mois. Si, à l'issue de ce délai, il ne s'est pas prononcé ou en cas d'appel, le litige est porté devant la cour administrative d'appel, qui statue dans un délai de trois mois. Si, à l'issue de ce délai, elle ne s'est pas prononcée ou en cas de pourvoi en cassation, le litige est porté devant le Conseil d'État.

Le livre V du code de justice administrative est applicable.

Ces dispositions sont applicables aux procédures de licenciement collectif engagées à compter du 1er juill. 2013.

Une procédure de licenciement collectif est réputée engagée à compter de la date d'envoi de la convocation à la première réunion du comité d'entreprise mentionnée à l'art. L. 1233-30 C. trav. (L. no 2013-504 du 14 juin 2013, art. 18-XXXIII).

BIBL. Brotons, Favennec, Quinqueton, Stocki et Wargon, *Sem. soc. Lamy 2015, no 1665, p. 4* (contentieux administratif des PSE). – Dumortier, Fabre et Piveteau, *Sem. soc. Lamy 2016, no 1704, p. 2* (PSE, bilan de la jurisprudence du Conseil d'État). – Sarrazin, *RDT 2014. 614* (les licenciements économiques collectifs sous le regard du juge administratif). – Struillou, *Sem. soc. Lamy 2013, no 1492, p. 83* (intervention du juge administratif).

COMMENTAIRE

V. Dalloz.fr et applications mobiles Dalloz.

Le requérant qui demande la suspension d'une décision validant un accord collectif ou homologuant un document de l'employeur relatif à un PSE ne bénéficie pas d'une présomption d'urgence. • CE 21 févr. 2014 : *Lebon ; AJDA 2014. 424 ; D. 2014. 1115, obs. Lokiec et Porta ; RDT 2014. 353, obs. Mayeur-Carpentier ; RJS 2014. 327, no 389.*

SOUS-SECTION 2 ACTIONS EN JUSTICE DES ORGANISATIONS SYNDICALES

Art. L. 1235-8 **Les organisations syndicales de salariés représentatives peuvent exercer en justice toutes les actions résultant des dispositions légales ou conventionnelles régissant le licenciement pour motif économique d'un salarié, sans avoir à justifier d'un mandat de l'intéressé.**

Le salarié en est averti, dans des conditions prévues par voie réglementaire, et ne doit pas s'y être opposé dans un délai de quinze jours à compter de la date à laquelle l'organisation syndicale lui a notifié son intention.

A l'issue de ce délai, l'organisation syndicale avertit l'employeur de son intention d'agir en justice.

Le salarié peut toujours intervenir à l'instance engagée par le syndicat. – *[Anc. art. L. 321-15.]*

1. L'action du syndicat en dommages-intérêts en raison du manquement de l'employeur à son obligation de reclassement individuel avant licenciement économique est irrecevable, cette faute ne portant pas atteinte aux intérêts collectifs de la profession. • Soc. 18 nov. 2009 : *RJS 2010. 155, no 197.*

SOUS-SECTION 3 ÉLÉMENTS À COMMUNIQUER AU JUGE

Art. L. 1235-9 **En cas de recours portant sur un licenciement pour motif économique, l'employeur communique au juge tous les éléments fournis aux représentants du personnel en application du chapitre III ou, à défaut de représentants du personnel dans l'entreprise, tous les éléments fournis à l'autorité administrative en application de ce même chapitre.**

Un décret en Conseil d'État détermine les modalités d'application du présent article. – *[Anc. art. L. 122-14-3, al. 1, phrase 2, et art. L. 122-14-11.]* – *V. art. R. 1235-1 s.*

SOUS-SECTION 4 SANCTION DES IRRÉGULARITÉS

Art. L. 1235-10 *(L. no 2013-504 du 14 juin 2013, art. 18-XXVI)* **« Dans les entreprises d'au moins cinquante salariés, lorsque le projet de licenciement concerne au moins dix salariés dans une même période de trente jours, le licenciement intervenu**

en l'absence de toute décision relative à la validation ou à l'homologation ou alors qu'une décision négative a été rendue est nul.

« En cas d'annulation d'une décision de validation mentionnée à l'article L. 1233-57-2 ou d'homologation mentionnée à l'article L. 1233-57-3 en raison d'une absence ou d'une insuffisance de plan de sauvegarde de l'emploi mentionné à l'article L. 1233-61, la procédure de licenciement est nulle.

« Les deux premiers alinéas ne sont pas applicables aux » entreprises en redressement ou liquidation judiciaires. – *[Anc. art. L. 321-4-1, al. 2 et 11.]*

Les dispositions issues de la L. n° 2013-504 du 14 juin 2013 sont applicables aux procédures de licenciement collectif engagées à compter du 1er juill. 2013.

Une procédure de licenciement collectif est réputée engagée à compter de la date d'envoi de la convocation à la première réunion du comité d'entreprise mentionnée à l'art. L. 1233-30 C. trav. (L. préc., art. 18-XXXIII).

COMMENTAIRE

V. Dalloz.fr et applications mobiles Dalloz.

[Jurisprudence antérieure à la loi du 14 juin 2013]

1. PSE et groupe de sociétés. La pertinence d'un PSE doit s'apprécier compte tenu des moyens de l'ensemble des entreprises unies par le contrôle ou l'influence d'une entreprise dominante dans les conditions définies à l'art. L. 2331-1 C. trav. sans qu'il y ait lieu de réduire le groupe aux entreprises situées sur le territoire national. • Soc. 16 nov. 2016, n° 15-15.190.

I. HYPOTHÈSES NE DONNANT PAS LIEU À ANNULATION

2. Obligation d'information. Si l'employeur manque à son obligation d'informer chaque salarié du contenu du plan de sauvegarde de l'emploi, ce manquement n'entraîne pas la nullité de la procédure de licenciement, mais permet d'obtenir sa suspension si elle n'est pas terminée ou la réparation du préjudice subi dans le cas contraire. • Soc. 25 juin 2008 : *RJS 2008. 802, n° 977 ; Dr. soc. 2009. 118, obs. Couturier.*

3. PSE et défaut de cause économique. La procédure de licenciement ne peut être annulée en considération de la cause économique du licenciement, la validité du plan de sauvegarde de l'emploi étant indépendante de la cause du licenciement. • Soc. 3 mai 2012 : *Dalloz actualité, 15 mai 2012, obs. Ines ; D. 2012. Actu. 1274 ; RDT 2012. 608, note Géa ; Dr. soc. 2012. 600, note Couturier ; ibid. 606, note Dockès ; RJS 2012. 427, note Pélissier ; ibid. 462, n° 536 ; Dr. ouvrier 2012. 629* (interview du conseiller doyen P. Bailly par M. Henry) *; JS Lamy 2012, n° 323-2, obs. Lhernould ; Sem. soc. Lamy 2012, n° 1532, p. 6, obs. Lyon-Caen et Lokiec ; JCP S 2012. 1241, note Favennec-Héry ; ibid. 1242, obs. Grangé.*

4. Insuffisance du PSE et redressement et liquidation judiciaires. V. notes ss. art. L. 1233-58.

II. NULLITÉ DES RUPTURES PRONONCÉES

5. Prise d'acte et insuffisance du PSE. La prise d'acte de la rupture du contrat par un salarié concerné par une procédure de suppression d'emploi pour raison économique, lorsqu'elle est justifiée par l'absence ou l'insuffisance du PSE, produit les effets d'un licenciement nul. • Soc. 25 janv. 2012 : *Dalloz actualité, 21 mars 2012, obs. Perrin ; RDT 2012. 152, obs. Géa ; Dr. soc. 2012. 351, obs. Favennec-Héry ; RJS 2012. 243, note Couturier ; ibid. 282, n° 328 ; JS Lamy 2012, n° 317-6, obs. Guyader ; Sem. Soc. Lamy 2012, n° 1524, p. 8, note Lokiec et Krivine ; JCP S 2012. 1178, obs. Cailloux-Meurice.*

6. PSE adopté par accord collectif. Le salarié peut se prévaloir de la nullité de la procédure de licenciement collectif en raison de l'insuffisance du plan de sauvegarde de l'emploi, sans que l'employeur puisse lui opposer le fait que le plan de sauvegarde de l'emploi faisait l'objet d'un accord collectif. • Soc. 9 oct. 2007 : *RDT 2007. 723, obs. Fabre.*

Art. L. 1235-11 **Lorsque le juge constate que le licenciement est intervenu alors que la procédure de licenciement est nulle, conformément aux dispositions** *(L. n° 2013-504 du 14 juin 2013, art. 18-XXVII)* **« des deux premiers alinéas » de l'article L. 1235-10, il peut ordonner la poursuite du contrat de travail ou prononcer la nullité du licenciement et ordonner la réintégration du salarié à la demande de ce dernier, sauf si cette réintégration est devenue impossible, notamment du fait de la fermeture de l'établissement ou du site ou de l'absence d'emploi disponible.**

Lorsque le salarié ne demande pas la poursuite de son contrat de travail ou lorsque la réintégration est impossible, le juge octroie au salarié une indemnité à la charge de

l'employeur qui ne peut être inférieure aux salaires des douze derniers mois. – *[Anc. art. L. 122-14-4, al. 1er, phrases 4 et 5.]*

COMMENTAIRE

V. Dalloz.fr et applications mobiles Dalloz.

1. Principe. Il résulte de l'art. L. 321-4-1, al. 2 [L. 1235-10 nouv.], que la nullité qui affecte le plan social s'étend à tous les actes subséquents, et en particulier les licenciements prononcés par l'employeur, qui constituent la suite et la conséquence de la procédure de licenciement collectif suivie par application de l'art. L. 321-4-1 [L. 1235-10 nouv.] précité, sont eux-mêmes nuls. Par suite, une cour d'appel, ayant constaté que la procédure de licenciement collectif avait été déclarée nulle, a pu décider que les ruptures prononcées constituaient un trouble manifestement illicite et ordonner pour le faire cesser la poursuite des contrats de travail illégalement rompus. • Soc. 13 févr. 1997, *Samaritaine c/ Mme Benoist,* n° 96-41.874 P : *GADT, 4e éd., n° 110 ; D. 1997. 171, note A. Lyon-Caen ; Dr. soc. 1997. 249, concl. de Caigny, note Couturier ; RJS 1997. 180, n° 269 ; CSB 1997. 105, A. 22, note Philbert ; Dr. ouvrier 1997. 91, note Moussy,* rejetant le pourvoi contre • Paris, 23 févr. 1996 : *Dr. ouvrier 1996. 293, note Bied-Charreton.* ♦ Concernant les indemnités versées à l'occasion du licenciement, la Cour de cassation ne s'est pas expressément prononcée sur leur remboursement à l'employeur, elle a, toutefois, décidé que les licenciements étant nuls et de nul effet, les versements effectués au moment du licenciement sont nécessairement remis en cause. • Soc. 28 mars 2000, n° 98-40.228 P : *Dr. soc. 2000. 597, note Antonmattéi ; RJS 2000. 360, n° 519 ; Dr. ouvrier 2000. 245 ; JS Lamy 2000, n° 57-13.* ♦ La nullité, qui affecte un plan de sauvegarde de l'emploi ne répondant pas aux exigences légales, s'étend à la rupture du contrat de travail consécutive à un départ volontaire qui a une cause économique et s'inscrit dans un processus de réduction des effectifs donnant lieu à l'établissement de ce plan. • Soc. 15 mai 2013 : *Dalloz actualité, 6 juin 2013, obs. Ines ; D. 2013. Actu. 1284 ; Dr. ouvrier 2013. 608, obs. Ferrer ; JS Lamy n° 346-4, obs. Lhernould ; JCP S 2013. 1361, obs. Morvan.*

2. Prise d'acte. La prise d'acte de la rupture du contrat par un salarié concerné par une procédure de suppression d'emploi pour raison économique, lorsqu'elle est justifiée par l'absence ou l'insuffisance du PSE, produit les effets d'un licenciement nul. • Soc. 25 janv. 2012 : *Dalloz actualité, 21 mars 2012, obs. Perrin ; RDT 2012. 152, obs. Géa ; Dr. soc. 2012. 351, obs. Favennec-Héry ; RJS 2012. 243, note Couturier ; ibid. 282, n° 328 ; JS Lamy 2012, n° 317-6, obs. Guyader ; Sem. Soc. Lamy 2012, n° 1524, p. 8, note Lokiec et Krivine ; JCP S 2012. 1178, obs. Cailloux-Meurice.*

3. Action individuelle des salariés. Les salariés licenciés pour motif économique ont un droit propre à faire valoir que leur licenciement est nul au regard des dispositions de l'art. L. 321-4-1 [L. 1235-10 nouv.] » ; ainsi, bien que le comité d'entreprise ait vocation à défendre l'intérêt collectif de l'ensemble des salariés pour motif économique, cela ne prive pas les salariés d'un intérêt personnel et légitime à contester leur licenciement. • Soc. 30 mars 1999, n° 97-41.013 P : *D. 1999. IR 115 ; Dr. soc. 1999. 598, obs. Couturier ; RJS 1999. 405, n° 654 ; Dr. ouvrier 1999. 365, note Tourniquet ; JS UIMM 1999. 259* (validité de la décision du conseil de prud'hommes statuant en référé ordonnant la réintégration des salariés dès lors qu'il a constaté que le plan social était manifestement insuffisant au regard de l'art. L. 321-4-1 [L. 1235-10 nouv.]). ♦ Le salarié a un droit propre à faire valoir l'insuffisance du plan de sauvegarde de l'emploi même s'il a bénéficié de mesures de reclassement. • Soc. 28 nov. 2006 : *RDT 2007. 103, obs. Waquet.* ♦ Cette action peut être exercée dans un délai de cinq ans. • Soc. 28 mars 2000 : *préc. note 1.* ♦ Les salariés qui n'ont pas fait l'objet d'une mesure de licenciement économique sont sans intérêt à agir en nullité de la procédure de licenciement collectif pour motif économique en cours. • Soc. 15 janv. 2003, n° 00-45.644 P : *D. 2003. 1655, obs. Géniaut ; RJS 2003. 225, n° 333 ; JS Lamy 2003, n° 117-3.*

4. Réparation du préjudice subi. Le salarié dont le licenciement est nul et qui demande sa réintégration a droit au paiement d'une somme correspondant à la réparation de la totalité du préjudice subi au cours de la période qui s'est écoulée entre son licenciement et sa réintégration, dans la limite du montant des salaires dont il a été privé. Il peut être déduit de la réparation du préjudice subi les revenus qu'il a pu tirer d'une autre activité professionnelle et le revenu de remplacement qui a pu lui être servi pendant cette période. • Soc. 3 juill. 2003, n° 01-44.522 P : *D. 2004. Somm. 180, obs. Reynès ; JCP E 2004. 563, obs. Cesaro ; RJS 2003. 786, n° 1141 ; JS Lamy 2003, n° 130-4.* ♦ Le salarié protégé, licencié à la fois sans autorisation administrative et en méconnaissance des règles applicables au plan de sauvegarde de l'emploi, ne peut cumuler l'indemnité pour licenciement illicite et celle pour absence ou insuffisance du plan, seule la plus élevée des deux pouvant être obtenue. • Soc. 15 oct. 2013 : *Dalloz actualité, 8 nov. 2013, obs. Ines ; D. 2013. Actu. 2470 ; RJS 12/2013, n° 836.* ♦ Ce qui a été indûment reçu est sujet à répétition. • Soc. 12 févr. 2008, n° 07-40.413 P : *RJS 2008. 318, n° 404 ; JCP S 2008. 1336, note Dumont.*

5. Cadre de la réintégration. Après annulation d'un licenciement pour nullité du plan social, aujourd'hui plan de sauvegarde de l'emploi, l'obligation de réintégration résultant de la poursuite alors ordonnée du contrat de travail ne s'étend pas au groupe auquel appartient l'employeur. • Soc. 15 févr. 2006 : *D. 2006. IR 530 ; RJS 2006. 283, n° 416 ; Dr. soc. 2006. 570, obs. Grévy ; JS Lamy 2006, n° 185-3 ; JCP E 2006. 1735, note Morvan.*

6. Impossibilité de la réintégration. Le salarié qui en fait la demande doit être réintégré, sauf impossibilité matérielle. • Soc. 25 juin 2003, n° 01-43.717 P : *RJS 2003. 789, n° 1146* (2e esp. mise à la retraite) • 25 juin 2003, n° 01-46.479 P : *D. 2004. 1761, note Julien ; Dr. soc. 2003. 1024, obs. Waquet ; RJS 2003. 789, n° 1146* (1re esp. concurrence déloyale de la part des salariés) ; *CSB 2003. 400, A. 51 ; JS Lamy 2003, n° 131-6* • 15 juin 2005 : *RJS 2005. 603, n° 826 ; Sem. soc. Lamy 2005, n° 1221, p. 5* (disparition de l'entreprise et actifs industriels vendus). ♦ Dans ce cas, le juge apprécie le préjudice ayant résulté du caractère illicite du licenciement, d'un montant au moins égal à celui prévu par l'art. L. 122-14-4 C. trav. • Soc. 25 juin 2003 : *préc.*

7. Adhérents à une convention FNE. Le salarié licencié pour motif économique ayant adhéré à une convention FNE ne peut remettre en discussion la régularité et la légitimité de la rupture de son contrat de travail même dans les cas où la convention lui a été proposée dans le cadre d'un plan social dont il entend contester la validité. • Soc. 24 sept. 2002, n° 00-42.636 P : *D. 2002. IR 2775 ; JS Lamy 2002, n° 111-7.*

8. Salariés protégés. Les salariés dont le licenciement a été autorisé par l'inspecteur du travail peuvent contester la validité du plan social devant la juridiction judiciaire et lui demander d'en tirer les conséquences légales qui découlent de l'art. L. 321-4-1 C. trav. [L. 1235-10 nouv.], sans que cette contestation, qui ne concerne pas le bien-fondé de la décision administrative qui a autorisé leur licenciement, porte atteinte au principe de la séparation des pouvoirs. • Soc. 25 juin 2003, n° 01-43.717 P : *D. 2004. Somm. 179, obs. Reynès ; RJS 2003. 789, n° 1146 (2e esp.).*

9. Point de départ. L'employeur n'est pas tenu de mettre en œuvre les dispositions prévues au plan social avant qu'il n'ait été définitivement adopté à l'issue des réunions de consultation des représentants du personnel. • Soc. 23 mars 1994 : *Dr. soc. 1994. 517 ; RJS 1994. 336, n° 534.*

10. Exécution de bonne foi. Les engagements pris par l'employeur pour sauvegarder des emplois en application d'un plan social doivent être exécutés par lui de bonne foi ; à défaut, il commet une faute causant aux salariés licenciés un préjudice résultant de la perte d'une chance de conserver leur emploi. • Soc. 6 mai 1998, n° 95-45.464 P : *RJS 1998. 456, n° 715 ; TPS 1998, n° 241.*

11. Violation de l'obligation de reclassement. L'employeur qui ne respecte pas les engagements pris dans le plan social pour favoriser les reclassements et limiter les licenciements viole nécessairement l'obligation de reclassement. • Soc. 6 juin 2000 : *D. 2000. IR 182 ; RJS 2000. 553, n° 786.*

12. Compétence de la juridiction prud'homale. Le litige opposant les salariés à leur ancien employeur, relatif aux engagements qu'il aurait pris dans le cadre du plan social, relève de la compétence de la juridiction prud'homale. • Soc. 23 févr. 1994, n° 92-43.927 P : *D. 1994. IR 72 ; Dr. soc. 1994. 516 ; RJS 1994. 259, n° 392, 1re esp.* ♦ V. aussi : • Soc. 23 févr. 1994, n° 92-42.896 P : *RJS 1994. 259, n° 392, 2e esp.* (dommages-intérêts au profit des salariés envers lesquels l'employeur ne tient pas les engagements pris dans le plan social) • Paris, 1er avr. 1994 : *RJS 1994. 420, n° 684.*

13. Obligation de renseignement. L'employeur n'a pas exécuté son obligation de renseignement de bonne foi en s'abstenant de communiquer aux salariés concernés par le plan social la lettre de l'administration fiscale indiquant que l'indemnité d'aide à la réorientation était assujettie à l'impôt. • Soc. 2 avr. 1996 : *D. 1998. Somm. 250, obs. Michelet ; RJS 1996. 328, n° 513.*

14. Concours avec une convention ou un accord collectif. Le plan social, même si les mesures qu'il contient ont été adoptées avec l'accord du comité d'entreprise, ne peut déroger aux dispositions plus favorables de la convention collective. • Soc. 13 juill. 1993, n° 90-43.532 P : *Dr. soc. 1993. 879 ; RJS 1993. 512, n° 859.* ♦ Un plan social ne peut priver un salarié du droit à réintégration qu'il tient de dispositions statutaires. • Soc. 10 mai 1995 : *Dr. soc. 1995. 682, obs. Ray.*

15. Les dispositions d'un plan social et d'une convention ou d'un accord collectif peuvent se cumuler, sauf si elles ont le même objet ou la même cause, auquel cas ne s'appliquent que les dispositions les plus favorables aux salariés. • Soc. 23 juin 1999, n° 98-40.158 P : *D. 1999. IR 199 ; Dr. soc. 2000. 392, note Couturier ; RJS 1999. 657, n° 1045.*

16. PSE et transaction. La mise en œuvre d'un accord collectif d'amélioration du plan de sauvegarde de l'emploi dont les salariés tiennent leurs droits ne peut être subordonné à la conclusion de contrats individuels de formation. • Soc. 5 avr. 2005 : *D. 2005. IR 1048 ; Dr. soc. 2005. 701, obs. Couturier ; JS Lamy 2005, n° 167-2 ; CSB 2005, A. 57, obs. Pansier.* ♦ Un plan de sauvegarde de l'emploi ne peut prévoir la substitution des mesures qu'il comporte destinées à favoriser le reclassement, par une indemnisation subordonnée à la conclusion d'une transaction emportant renonciation à toute contestation ultérieure de ces mesures par les salariés. • Soc. 20 nov. 2007 : ♧ *RDT 2008. 101, obs. Fabre* ✎ ; *RJS 2008. 131, n° 163 ; JS Lamy 2007, n° 224-4.*

17. Procédure collective. V. notes ss. art. L. 1233-58.

Art. L. 1235-12 En cas de non-respect par l'employeur des procédures de consultation des représentants du personnel ou d'information de l'autorité administrative, le juge accorde au salarié compris dans un licenciement collectif pour motif économique une indemnité à la charge de l'employeur calculée en fonction du préjudice subi. – *[Anc. art. L. 122-14-4, al. 3, phrase 1.]*

1. Indemnisation. L'indemnité pour non-respect de la procédure d'un licenciement économique se cumule avec la réparation qui peut être accordée pour violation des règles de fond. • Soc. 5 févr. 1992 : ♧ *RJS 1992. 166, n° 270.*

2. Défaut d'information de l'administration. L'indemnité prévue pour défaut d'information de l'administration du travail sur le projet de licenciement économique collectif n'est pas due lorsque l'entreprise occupe habituellement moins de onze salariés ou que le salarié a moins de deux ans d'ancienneté. • Soc. 8 juill. 2009 : ♧ *D. 2009. AJ 2113* ✎ ; *RJS 2009. 695, n° 781.*

3. Irrégularité lors de la consultation du comité d'entreprise. L'irrégularité affectant la procédure de consultation du comité d'entreprise, lors d'une modification du contenu d'un PSE, ouvre seulement droit à la réparation du préjudice subi à ce titre, en application de l'art. L. 1235-12 C. trav., et ne saurait fonder une requalification de la rupture en licenciement sans cause réelle et sérieuse. • Soc. 28 oct. 2015, ♧ n° 14-16.519 P : *Dalloz actualité, 17 nov. 2015, obs. Peyronnet ; D. 2015. Actu. 2257* ✎.

Art. L. 1235-13 En cas de non-respect de la priorité de réembauche prévue à l'article L. 1233-45, le juge accorde au salarié une indemnité qui ne peut être inférieure à deux mois de salaire. – *[Anc. art. L. 122-14-4, al. 3, phrase 2.]*

Le minimum d'indemnisation prévu par l'art. L. 1235-13 ne s'applique qu'en cas de violation de la priorité de réembauche. • Soc. 22 sept. 2015, ♧ n° 14-16.218 P : *Dalloz actualité, 21 oct. 2015, obs. Fraisse ; D. 2015. Actu. 1958* ✎ ; *RJS 12/2015, n° 800.*

Art. L. 1235-14 Ne sont pas applicables au licenciement d'un salarié de moins de deux ans d'ancienneté dans l'entreprise et au licenciement opéré par un employeur employant habituellement moins de onze salariés, les dispositions relatives à la sanction :

1° De la nullité du licenciement, prévues à l'article L. 1235-11 ;

2° Du non-respect de la procédure de consultation des représentants du personnel et d'information de l'autorité administrative, prévues à l'article L. 1235-12 ;

3° Du non-respect de la priorité de réembauche, prévues à l'article L. 1235-13.

Le salarié peut prétendre, en cas de licenciement abusif, à une indemnité correspondant au préjudice subi. – *[Anc. art. L. 122-14-5.]*

BIBL. DUQUESNE, *Dr. soc. 1995. 877* ✎. – VALLÉE, *Dr. soc. 1992. 871* ✎.

1. Constitutionnalité de l'art. L. 1235-14, 1°. En retenant un critère d'ancienneté du salarié dans l'entreprise, le législateur s'est fondé sur un critère objectif et rationnel en lien direct avec l'objet de la loi et, en fixant à deux ans la durée de l'ancienneté exigée, il a opéré une conciliation entre le droit d'obtenir un emploi et la liberté d'entreprendre qui n'est manifestement pas déséquilibrée ; le législateur n'a ainsi méconnu ni le principe d'égalité devant la loi, ni le 5ᵉ alinéa du Préambule de la Constitution de 1946. • Cons. const. 13 avr. 2012 : ♧ *Constitutions 2012. 334, obs. Radé* ✎ ; *Dr. ouvrier 2012. 674, obs. Gadhoun.*

2. Information de l'autorité administrative. L'indemnité prévue pour défaut d'information de l'administration du travail sur le projet de licenciement économique collectif n'est pas due lorsque l'entreprise occupe habituellement moins de onze salariés ou que le salarié a moins de deux ans d'ancienneté. • Soc. 8 juill. 2009 : ♧ *D. 2009. AJ 2113* ✎.

Art. L. 1235-15 Est irrégulière toute procédure de licenciement pour motif économique dans une entreprise où le comité d'entreprise ou les délégués du personnel n'ont pas été mis en place alors qu'elle est assujettie à cette obligation et qu'aucun procès-verbal de carence n'a été établi.

Le salarié a droit à une indemnité à la charge de l'employeur qui ne peut être inférieure à un mois de salaire brut, sans préjudice des indemnités de licenciement et de préavis. – *[Anc. art. L. 321-2-1.]*

1. Champ d'application. L'art. L. 1235-15 n'est applicable qu'aux licenciements collectifs pour motif économique visés aux art. L. 1233-8 (licenciements de 2 à 9 salariés dans une même période de 30 jours) et L. 1233-28 (licenciements d'au moins 10 salariés dans une même période de 30 jours). • Soc. 19 mai 2016, n° 14-10.251 P : *D. 2016. Actu. 1144 ; RJS 8-9/2016, n° 558 ; JCP S 2016. 1264, obs. Barège.*

2. Contestation du PV de carence. Le procès-verbal de carence doit avoir été contesté dans un délai de 15 jours à compter de la date à laquelle les parties intéressées en ont eu connaissance pour permettre la contestation d'un licenciement dont la régularité était subordonnée à l'établissement d'un tel procès-verbal. • Soc. 6 juin 2007 : *D. 2007. AJ 1787 ; Dr. soc. 2007. 996, note Verkindt ; RJS 2007. 726, n° 937 ; JCP S 2007. 1569, note Dauxerre.*

Art. L. 1235-16 *(L. n° 2013-504 du 14 juin 2013, art. 18-XXVIII)* **L'annulation de la décision de validation mentionnée à l'article L. 1233-57-2 ou d'homologation mentionnée à l'article L. 1233-57-3 pour un motif autre que celui mentionné** *(L. n° 2015-990 du 6 août 2015, art. 292)* **« au dernier alinéa du présent article et » au deuxième alinéa de l'article L. 1235-10 donne lieu, sous réserve de l'accord des parties, à la réintégration du salarié dans l'entreprise, avec maintien de ses avantages acquis.**

A défaut, le salarié a droit à une indemnité à la charge de l'employeur, qui ne peut être inférieure aux salaires des six derniers mois. Elle est due sans préjudice de l'indemnité de licenciement prévue à l'article L. 1234-9.

(L. n° 2015-990 du 6 août 2015, art. 292) **« En cas d'annulation d'une décision de validation mentionnée à l'article L. 1233-57-2 ou d'homologation mentionnée à l'article L. 1233-57-3 en raison d'une insuffisance de motivation, l'autorité administrative prend une nouvelle décision suffisamment motivée dans un délai de quinze jours à compter de la notification du jugement à l'administration. Cette décision est portée par l'employeur à la connaissance des salariés licenciés à la suite de la première décision de validation ou d'homologation, par tout moyen permettant de conférer une date certaine à cette information.**

« Dès lors que l'autorité administrative a édicté cette nouvelle décision, l'annulation pour le seul motif d'insuffisance de motivation de la première décision de l'autorité administrative est sans incidence sur la validité du licenciement et ne donne lieu ni à réintégration, ni au versement d'une indemnité à la charge de l'employeur. »

Ces dispositions issues de la L. n° 2013-504 du 14 juin 2013 sont applicables aux procédures de licenciement collectif engagées à compter du 1er juill. 2013.

Une procédure de licenciement collectif est réputée engagée à compter de la date d'envoi de la convocation à la première réunion du comité d'entreprise mentionnée à l'art. L. 1233-30 C. trav. (L. préc., art. 18-XXXIII).

Les dispositions issues de la L. n° 2015-990 du 6 août 2015 sont applicables aux procédures de licenciement pour motif économique engagées, en application des art. L. 1233-8 ou L. 1233-30 C. trav., après le 7 août 2015 (L. préc., art. 295).

Contestation du motif de la rupture. L'adhésion du salarié à une convention de reclassement personnalisé ne le prive pas de la possibilité d'en contester le motif économique. • Soc. 5 mars 2008 : *Dr. soc. 2008. 617, obs. Couturier.* ♦ L'employeur doit adresser au salarié un document écrit énonçant le motif économique de la rupture. • Soc. 27 mai 2009 : *RJS 2009. 650, n° 741 ; JCP JCP E 2009. 1769, obs. Taquet et Boukrim.*

Art. L. 1235-17 **Un décret en Conseil d'État détermine les modalités d'application des articles L. 1235-11 à L. 1235-14.** — *[Anc. art. L. 122-14-11.]* — *V. art. R. 1235-1 s.*

CHAPITRE VI **RUPTURE DE CERTAINS TYPES DE CONTRATS**

SECTION PREMIÈRE *[ABROGÉE]* **CONTRAT DE TRAVAIL NOUVELLES EMBAUCHES**

(Abrogée par L. n° 2008-596 du 25 juin 2008)

Les contrats « nouvelles embauches » en cours au 26 juin 2008 sont requalifiés en contrats à durée indéterminée de droit commun dont la période d'essai est fixée par voie conventionnelle ou, à défaut, à l'article L. 1221-19 (L. n° 2008-596 du 25 juin 2008, art. 9-II).

BIBL. Boutitie, *D. 2005. 2777.* – P. Lyon-Caen, *Dr. soc. 2006. 1088.* – Mazeaud, *Dr. soc. 2006. 591.* – Morvan, *RDT 2006. 146.* – Pélissier, *RDT 2006. 144.* – Pierchon, Le contrat de travail nouvelles embauches : quel contentieux prud'homal ?, *D. 2005. 2982* ✎. – Rodière, *Sem. soc. Lamy 2005, n° 1246, p. 5.* – Savatier, *Dr. soc. 2005. 957* ✎ (rupture pour motif disciplinaire).

Art. L. 1236-1 *Le contrat de travail nouvelles embauches peut être rompu à l'initiative de l'employeur ou du salarié, pendant les deux premières années courant à compter de la date de sa conclusion, dans les conditions suivantes :*

1° La rupture est notifiée par lettre recommandée avec demande d'avis de réception ;

2° Lorsque l'employeur est à l'initiative de la rupture, sauf faute grave ou force majeure, la présentation de la lettre recommandée fait courir, dès lors que le salarié est présent depuis au moins un mois dans l'entreprise, un préavis. La durée de celui-ci est fixée à :

a) Deux semaines, dans le cas d'un contrat conclu depuis moins de six mois à la date de la présentation de la lettre recommandée ;

b) Un mois dans le cas d'un contrat conclu depuis au moins six mois ;

3° Lorsque l'employeur est à l'initiative de la rupture, sauf faute grave, il verse au salarié, au plus tard à l'expiration du préavis :

a) Les sommes restant dues au titre des salaires et de l'indemnité de congés payés ;

b) Une indemnité égale à 8 % du montant total de la rémunération brute due au salarié depuis la conclusion du contrat. Le régime fiscal et social de cette indemnité est celui applicable à l'indemnité de licenciement mentionnée à l'article L. 1234-9. — [Anc. art. 2, al. 3 à 6, phrases 1 et 2, Ord. n° 2005-893 du 2 août 2005.]

Les règles de rupture du contrat « nouvelles embauches » pendant les deux premières années suivant la date de sa conclusion ne dérogent pas aux stipulations des art. 8-1, 9 et 10 de la convention internationale du travail n° 158 ; eu égard au but en vue duquel cette dérogation a été édictée et à la circonstance que le contrat « nouvelles embauches » est un contrat à durée indéterminée, la période de deux ans pendant laquelle est écartée l'application des dispositions de droit commun relatives à la procédure de licenciement et aux motifs pouvant le justifier peut être regardée comme raisonnable au sens des stipulations du *b* du § 2 de l'art. 2 de la convention internationale du travail n° 158. • CE 19 oct. 2005 : ⛫ *D. 2006. 629, note Borenfreund* ✎. ♦ Le contrat nouvelles embauches ne peut être utilisé dans le seul but de précariser la situation d'un salarié et d'éluder le droit du licenciement ; ainsi est abusive la rupture de la période d'essai n'ayant pas pour motif le manque de compétence du salarié mais étant destinée à éluder l'application du droit protecteur du licenciement par le recours au contrat nouvelles embauches au sein d'un proche partenaire de l'employeur. • TGI Longjumeau, 20 févr. 2006 : *D. 2006. 1806, note Jacotot* ✎ ; *RDT 2006. 6, obs. F. Guiomard ; Dr. soc. 2006. 356, note Dockès* ✎ ; *JS Lamy 2006, n° 186-2 ; JCP S 2006. 1424, note Morvan* ; confirmée par • Paris, 6 juill. 2007 : *D. 2007. 2152, note A. Lyon-Caen* ✎ ; *JS Lamy 2007, n° 218-2.*

Art. L. 1236-2 *Dans le cas prévu au 3° de l'article L. 1236-1, l'employeur verse également une contribution égale à 2 % de la rémunération brute due au salarié depuis le début du contrat.*

Cette contribution est recouvrée par (L. n° 2008-126 du 13 févr. 2008) *« les organismes chargés du recouvrement mentionnés au troisième alinéa de l'article L. 5427-1 selon les règles et sous les garanties, sanctions et régime contentieux applicables au recouvrement des cotisations du régime général de la sécurité sociale assises sur les rémunérations ».*

Elle est destinée à financer les actions d'accompagnement renforcé du salarié par le service public de l'emploi en vue de son retour à l'emploi. Elle n'est pas considérée comme un élément de salaire au sens de l'article L. 242-1 du code de la sécurité sociale. — [Anc. art. 2, al. 6, phrases 3 à 6, Ord. n° 2005-893 du 2 août 2005.]

Art. L. 1236-3 *Toute contestation portant sur la rupture du contrat de travail nouvelles embauches, intervenue pendant les deux premières années, se prescrit par douze mois à compter de l'envoi de la lettre recommandée notifiant la rupture. Ce délai n'est opposable au salarié que s'il a été mentionné dans cette lettre.* — [Anc. art. 2, al. 7, Ord. n° 2005-893 du 2 août 2005.]

Art. L. 1236-4 *Par exception aux dispositions de l'article L. 1223-4, les ruptures du contrat de travail envisagées à l'initiative de l'employeur sont prises en compte pour la mise en œuvre des procédures d'information et de consultation régissant les procédures de licenciement collectif pour motif économique prévues par le chapitre III.* — [Anc. art. 2, al. 8, Ord. n° 2005-893 du 2 août 2005.]

Art. L. 1236-5 *La rupture du contrat nouvelles embauches est soumise au respect des dispositions légales assurant une protection particulière aux salariés titulaires d'un mandat syndical ou représentatif.* — [Anc. art. 2, al. 9, Ord. n° 2005-893 du 2 août 2005.]

Art. L. 1236-6 ***Lorsque l'employeur rompt le contrat nouvelles embauches, au cours des deux premières années, il ne peut être conclu de nouveau contrat nouvelles embauches entre ce même employeur et le même salarié avant l'expiration d'un délai de trois mois à compter du jour de la rupture du précédent contrat.*** – [Anc. art. 2, al. 10, Ord. n° 2005-893 du 2 août 2005.]

SECTION II CONTRAT DE MISSION À L'EXPORTATION

Art. L. 1236-7 La rupture à l'initiative de l'employeur du contrat de mission à l'exportation prévu à l'article L. 1223-5 est soumise aux dispositions du chapitre II relatives au licenciement pour motif personnel. – *[Anc. art. L. 321-12-1, al. 10.]*

SECTION III CONTRAT CONCLU POUR LA DURÉE D'UN CHANTIER

Art. L. 1236-8 Le licenciement qui, à la fin d'un chantier, revêt un caractère normal selon la pratique habituelle et l'exercice régulier de la profession, n'est pas soumis aux dispositions du chapitre III relatives au licenciement pour motif économique, sauf dérogations déterminées par convention ou accord collectif de travail.

Ce licenciement est soumis aux dispositions du chapitre II relatives au licenciement pour motif personnel. – *[Anc. art. L. 321-12.]*

BIBL. ▶ *Le bien-fondé des licenciements pour fin de chantier, BS Lefebvre 1987. 407* (note de synthèse, Institut rég. trav. de Nancy).

COMMENTAIRE

V. Dalloz.fr et applications mobiles Dalloz ❑

1. Contrat de chantier. Sauf à ce qu'il soit conclu dans les cas énumérés à l'art. L. 122-1-1 [L. 1242-2 nouv.], le contrat de travail conclu pour la durée d'un chantier est un contrat à durée indéterminée ; la mention dans le contrat de la durée prévisible du chantier n'affecte pas cette qualification. • Soc. 7 mars 2007 : *JSL 2007, n° 212-4.* ♦ Pour qualifier un contrat de chantier de contrat à durée déterminée, il ne suffit pas que ce contrat ait été conclu dans un cas de recours autorisé au contrat à durée déterminée ; il faut également que ce contrat mentionne expressément qu'il a été conclu dans un de ces cas de recours. • Soc. 2 juin 2010 : *RJS 2010. 585, n° 645 ; JCP S 2010. 1397, obs. Bousez.*

2. Exécution de plusieurs chantiers. Le contrat de chantier peut être conclu pour un ou plusieurs chantiers déterminés. • Soc. 8 avr. 2009 : *RJS 2009. 465, n° 421 ; JCP S 2009. 1317, obs. Bousez.*

3. Définition. L'achèvement d'un chantier constitue une cause de licenciement si le contrat a été conclu pour la durée du chantier ; le contrat de travail peut être valablement rompu dès lors que les tâches pour lesquelles le salarié a été embauché sont terminées. • Soc. 12 févr. 2002, n° 99-41.239 P : *RJS 2002. 329, n° 411.* ♦ Une cour d'appel ne justifie pas sa décision admettant le licenciement à la fin d'un chantier d'un salarié ayant une ancienneté de dix-huit ans en se bornant à retenir qu'il n'était pas établi qu'il puisse être réemployé dans le groupe. • Soc. 25 avr. 1990, n° 87-44.974 P. – V. aussi • Soc. 22 avr. 1977 : *Dr. soc. 1978. 295, note Savatier* • 10 juill. 1986 : *JS UIMM 1987. 486.*

4. Clauses du contrat. La validité d'un licenciement prononcé en raison de la fin d'un chantier est subordonnée à l'indication dans le contrat de travail ou la lettre d'embauche que le contrat est conclu pour un ou plusieurs chantiers déterminés, et à l'achèvement des tâches pour lesquelles le salarié a été embauché. • Soc. 2 juin 2004, n° 01-46.891 P : *D. 2004. 2082*.

5. Rupture du contrat de chantier. Lorsque le contrat de travail a été conclu pour la durée d'un chantier, l'achèvement de celui-ci constitue la cause légitime du licenciement. • Soc. 15 nov. 2006 : *RDT 2007. 34, obs. Waquet*.

6. Accident du travail. Dès lors que le licenciement a pour cause l'achèvement des tâches pour lesquelles le salarié avait été engagé, la rupture du contrat de travail de ce dernier, victime d'un accident du travail, est justifiée par l'impossibilité dans laquelle s'est trouvé l'employeur de maintenir ce contrat pour un mitif non lié à l'accident. • Soc. 8 avr. 2009 : *préc. note 2.*

CHAPITRE VII AUTRES CAS DE RUPTURE

SECTION PREMIÈRE RUPTURE À L'INITIATIVE DU SALARIÉ

SOUS-SECTION 1 DÉMISSION

Art. L. 1237-1 En cas de démission, l'existence et la durée du préavis sont fixées par la loi, ou par convention ou accord collectif de travail.

En l'absence de dispositions légales, de convention ou accord collectif de travail relatifs au préavis, son existence et sa durée résultent des usages pratiqués dans la localité et dans la profession.

Un décret en Conseil d'État détermine les modalités d'application du présent article. – *[Anc. art. L. 122-5 et L. 122-14-11.]*

Sur le cas des salariés des établissements de fabrication de matériaux contenant de l'amiante, admis au bénéfice de l'allocation de cessation anticipée d'activité, V. L. n° 98-1194 du 23 déc. 1998, art. 41-V (JO 27 déc.), mod. par L. n° 2006-1640 du 21 déc. 2006 (JO 22 déc.), L. n° 2010-1594 du 20 déc. 2010 (JO 21 déc.).

RÉP. TRAV. v° *Contrat de travail à durée indéterminée (Modes de rupture autres que le licenciement : conditions)*, par DUPRILOT.

BIBL. BONNETÊTE, *RPDS 1980. 111.* – CANUT, *JS Lamy 2005, n° 160-1.* – CHAUCHARD, *Dr. soc. 1989. 388* (clause de dédit-formation). – CRÉPET, VERNAC, SACHS, COTHENET et DABOSVILLE, *RDT 2007. 159* (variations autour de la prise d'acte). – DUPUY, *D. 1980. Chron. 253.* – FROUIN, *RDT 2007. 150* (démission, prise d'acte et demande en résolution judiciaire). – GAUDU, *D. 1991. 419* (clause de dédit-formation). – MORVILLE, *CSB 1990. 115.* – P.H. MOUSSERON, *ibid. 1989. 479* (clause de dédit-formation). – WAQUET, *RJS 2007. 903* (démission et prise d'acte).

COMMENTAIRE

V. Dalloz.fr et applications mobiles Dalloz.

I. VOLONTÉ DE DÉMISSIONNER

1. Volonté claire et non équivoque. Une démission ne peut résulter que d'une manifestation non équivoque de volonté de la part du salarié. • Soc. 21 mai 1980 : *Bull. civ. V, n° 452* • 27 avr. 1982 : *D. 1983. IR 359, 2e esp., obs. Langlois* • 20 oct. 1982 : *Bull. civ. V, n° 559* • 9 févr. 1989 : *D. 1989. IR 75* • 7 févr. 1990, n° 87-45.340 P : *D. 1990. IR 58* • 21 oct. 1998 : *CSB 1999. 14, A. 4.* ♦ A défaut de démission, il est impossible d'imputer au salarié la rupture de son contrat de travail. • Soc. 30 mai 2000, n° 98-40.265 P : *D. 2000. IR 175 ; RJS 2000. 547, n° 780 ; Dr. soc. 2000. 785, obs. Couturier.* ♦ Les juges du fond doivent relever les éléments de nature à démontrer que le salarié a manifesté une telle volonté. • Soc. 12 juill. 1989 : *CSB 1989. 197, S. 99.* ♦ Ne constitue pas une démission le départ d'un employé d'une banque qui, pour bénéficier d'une aide au départ, devait obtenir l'accord de la direction. • Soc. 1er févr. 1995 : *CSB 1995. 134, S. 72.* ♦ La démission donnée sans réserve par un salarié qui ne justifiait pas qu'un différend antérieur ou contemporain de celle-ci l'avait opposé à son employeur et qui n'avait contesté les conditions de la rupture du contrat de travail que quatorze mois plus tard ne peut être jugée équivoque et la rupture requalifiée en un licenciement sans cause réelle et sérieuse. • Soc. 19 déc. 2007 : *RDT 2008. 254, obs. Bernard et Grumbach ; D. 2008. AJ 357, obs. Maillard ; Dr. soc. 2008. 454, note Radé ; RJS 2008. 211, n° 259 ; JCP S 2008. 1288, note Frouin.*

2. Exemples de volonté non équivoque. Caractérise une volonté non équivoque de démissionner : le refus par le salarié de reprendre le travail après un congé maladie, malgré une mise en demeure de l'employeur, le salarié s'étant mis au service d'une entreprise concurrente. • Soc. 4 janv. 2000 : *RJS 2000. 114, n° 167.* ♦ Manifeste une volonté claire et non équivoque de démissionner la salariée qui, à la suite d'un accident du travail, manifeste son intention de mettre fin au contrat, refuse un reclassement compatible avec son état de santé et s'est engagée, à l'insu de l'employeur, auprès d'une autre entreprise. • Soc. 31 janv. 1995 : *CSB 1995. 121, A. 21.* ♦ De même, la volonté de démissionner doit être considérée comme établie dès lors qu'un salarié abandonne brutalement son poste sans explication dans les jours qui ont suivi son embauche. • Soc. 27 juin 1996 : *RJS 1996. 656, n° 1023.* ♦ ... Ou tente d'imputer la rupture à son employeur afin de rentrer immédiatement au service d'une entreprise concurrente alors que l'employeur insiste pour qu'il reprenne ses fonctions. • Soc. 20 oct. 1998, n° 96-40.692 P : *RJS 1999. 180, n° 307.* ♦ La manifestation de la volonté claire et non équivoque du salarié de démissionner est établie lorsque il a demandé sa radiation de l'effectif afin de percevoir l'allocation des travailleurs de l'amiante et qu'il a réitéré sa volonté de cesser son activité au cours d'un entretien avec l'employeur. • Soc. 26 nov. 2008 : *RJS 2009. 127, n° 148.*

3. Exemples de volonté équivoque. Ne constitue pas une manifestation de volonté suffisante de la part du salarié le fait : de ne pas reprendre le travail dès la fin de son indisponibilité. • Soc. 25 oct. 1989 : *Bull. civ. V, n° 616 ; D. 1989. IR 284* • 10 juin 1997 : *RJS 1997. 601, n° 955.* ♦ ... De ne pas avoir justifié son absence dans les trois jours comme le prévoyait la convention collective. • Soc. 21 mai 1980 : *Bull. civ. V, n° 452.* ♦ ... D'être absent sans qu'il y ait eu de mise en demeure de la part de l'employeur. • Soc. 1er févr. 1995 : *Dr. soc. 1995. 386, obs. Favennec.* ♦ ... D'être resté absent même de façon prolongée. • Soc. 24 janv. 1996, n° 92-

43.868 P : *JCP 1996. II. 22716, note Puigelier ; RJS 1996. 151, n° 255* • 30 oct. 1996 : *Dr. soc. 1997. 97, obs. Blaise ; RJS 1996. 806, n° 1241 (incarcération de plus de six mois, ignorée de l'employeur).* ♦ ... De refuser la poursuite du contrat de travail après l'annulation de la mesure de licenciement. • Soc. 20 juin 1984 : *Bull. civ. V, n° 255.* ♦ ... D'avoir annoncé son intention de démissionner dans un mouvement d'irritation. • Soc. 30 nov. 1983 : *Dr. ouvrier 1985. 324.* ♦ ... Ou de mauvaise humeur. • Soc. 8 janv. 1969 : *JCP 1969. II. 15912, note G.-H. C.* ♦ ... De présenter une démission motivée par la menace de poursuites pénales et rétractée dès le lendemain. • Soc. 17 juill. 1996 : *RJS 1996. 656, n° 1023 ; CSB 1996. 334, S. 151.* ♦ ... De remettre une lettre de démission rédigée par l'employeur et signée par lui et de se rétracter 3 jours après. • Soc. 26 sept. 2002 : *RJS 2002. 1019, n° 1369.* ♦ ... D'envoyer une lettre constatant la rupture du contrat par l'employeur et indiquant l'intention de saisir la juridiction compétente. • Soc. 19 oct. 1995 : *Dr. soc. 1996. 97.* ♦ ... De demander à remplir un imprimé relatif à la liquidation d'une pension de retraite. • Soc. 12 déc. 1983 : *D. 1984. IR 144.* ♦ ... De ne pas reprendre le travail à l'issue d'un congé sabbatique. • Soc. 20 oct. 1993 : *RJS 1993. 718, n° 1214.* ♦ ... De rechercher un autre emploi dans l'attente de son licenciement, l'entreprise ayant été mise en liquidation judiciaire. • Soc. 13 avr. 2005, n° 03-42.467 P ; *RJS 2005. 440, n° 607.* ♦ ... De ne pas répondre aux demandes de justifications de l'employeur en laissant ce dernier dans l'ignorance de la prolongation de l'arrêt maladie. • Soc. 9 févr. 1989 : *Bull. civ. V, n° 113 ; D. 1989. IR 75.* ♦ L'attitude de l'employeur, qui ne donne à ses salariés aucune information sur le devenir de la relation de travail, l'empêche de se prévaloir de la décision de ceux-ci de conclure un contrat de travail avec la société ayant emporté le marché sur lequel ils étaient affectés pour affirmer qu'ils ont démissionné. • Soc. 24 avr. 2013 : *Dalloz actualité, 28 mai 2013, obs. Siro.* ♦ Rappr. : • Soc. 2 févr. 1977 : *Bull. civ. V, n° 76* • 27 avr. 1982 : *D. 1983. IR 359, 3e esp., obs. Langlois* • 7 févr. 1990, n° 87-45.340 P : *D. 1990. IR 58.* ♦ Comp. : • Soc. 27 avr. 1988 : *JS UIMM 1988. 390*, à propos d'une salariée ayant fait part explicitement et implicitement de sa volonté de ne pas reprendre son travail à l'issue de son congé maternité.

4. Ne peut être considéré comme démissionnaire le salarié, père de neuf enfants, propriétaire de sa maison, employé depuis huit ans, dont il est peu probable qu'en pleine crise de l'emploi il ait mis fin volontairement, sans préavis et sans raison apparente, à son contrat. • Soc. 4 nov. 1977 : *Dr. ouvrier 1978. 71.* ♦ Lorsque l'acceptation hâtive par l'employeur d'une démission non exprimée clairement et contestée formellement par le salarié dissimule une volonté de rompre le contrat à la suite d'une demande d'augmentation de salaire, la démission n'est pas établie. • Soc. 18 nov. 1976 : *Bull. civ. V, n° 600 ; D. 1976. IR 341.* ♦ Même lorsque le salarié a manifesté son intention de démissionner, sa candidature ultérieure au comité d'établissement implique sa volonté de demeurer au service de l'entreprise. • Soc. 17 mai 1982 : *D. 1983. IR 359, obs. Langlois.*

5. Réaction de l'employeur. A défaut de démission non équivoque, le refus par le salarié de poursuivre l'exécution du contrat de travail qui n'a fait l'objet d'aucune modification substantielle de la part de l'employeur n'entraîne pas à lui seul la rupture du contrat de travail, même en cas de départ du salarié, mais constitue un manquement aux obligations contractuelles que l'employeur a la faculté de sanctionner, au besoin, en procédant au licenciement de l'intéressé. • Soc. 25 juin 1992 : *Dr. soc. 1992. 818, concl. Chauvy ; RJS 1992. 536, n° 960.* ♦ Sur la preuve de la démission, V. • Soc. 8 juill. 1992 : *RJS 1992. 741, n° 1355* (refus d'une nouvelle affectation jugée non constitutive d'une modification substantielle) • 30 sept. 1992 : *ibid. 742, n° 1356.* ♦ A défaut de volonté claire et non équivoque du salarié de démissionner, la rupture du contrat de travail consécutive au refus de l'intéressé d'accepter la modification de ses conditions de travail s'analyse en un licenciement. • Soc. 8 nov. 1994, n° 93-41.309 P : *D. 1995. Somm. 358, obs. Borenfreund ; Dr. soc. 1995. 62.* – Dans le même sens : • Soc. 10 avr. 1996, n° 93-43.661 P : *RJS 1996. 420, n° 656.* ♦ En l'absence de volonté claire et non équivoque du salarié de démissionner, il appartient à l'employeur qui lui reproche un abandon de poste de le licencier. • Soc. 10 juill. 2002 : *D. 2002. IR 2654 ; RJS 2002. 909, n° 1210 ; JS Lamy 2002, n° 109-11.*

6. En relevant que la démission avait été donnée dans les locaux de la direction et non par lettre recommandée comme le prévoyait le contrat, les juges du fond, ayant estimé que cette situation était intimidante et comportait un élément émotionnel de nature à mettre l'employé dans une position d'infériorité, ont pu caractériser l'existence d'une violence morale génératrice d'un vice du consentement. • Soc. 13 nov. 1986, n° 84-41.013 P : *JS UIMM 1987. 358.* ♦ Rappr. : • Soc. 6 mars 1980 : *Dr. ouvrier 1981. 25, note Alvarez* • 5 mars 1987 : *Cah. prud'h. 1988. 16* • 4 juin 1987 : *Bull. civ. V, n° 355.* ♦ Comp., pour une démission datée du lieu d'habitation du salarié : • Soc. 22 nov. 1979 : *Bull. civ. V, n° 886.* ♦ V. aussi, pour le cas d'un représentant surpris en flagrant délit de vol et rédigeant aussitôt dans les bureaux de la direction une lettre de démission : • Soc. 12 janv. 1984 : *Dr. soc. 1985. 692, note Savatier,* arrêt affirmant que la lettre de démission n'avait pas été établie dans un état psychologiquement normal et qu'elle ne manifestait pas clairement une volonté de démissionner. ♦ Rappr. : • Crim. 5 mars 1985 : *ibid.*

7. Démission équivoque et prise d'acte. Dès lors qu'une démission non affectée par un vice du consentement est équivoque, elle doit produire effet quant à la rupture du contrat mais elle doit être qualifiée de prise d'acte s'il apparaît que ce sont divers éléments entourant l'exécution du contrat et imputables à l'employeur qui ont déterminé la décision du salarié. • Soc. 9 mai 2007 : *GADT, 4e éd., n° 88 ; D. 2007. AJ 1495, obs. Cortot ; RDT 2007. 452, obs. Auzero ; RJS 2007. 624, n° 823 ; JS Lamy 2007, n° 213-4.* ♦ V. aussi notes ss. L. 1231-1. ♦ N'est pas équivoque la lettre de démission qui ne comportait aucune réserve, le salarié ne justifiant d'aucun litige antérieur ou contemporain de celle-ci avec son employeur, et n'ayant contesté les conditions de la rupture du contrat de travail que plusieurs mois plus tard. • Soc. 9 mai 2007 : *GADT, 4e éd., n° 88 ; D. 2007. AJ 1495, obs. Cortot ; RDT 2007. 452, obs. Auzero.* ♦ Dès lors qu'un salarié argue du caractère équivoque de sa démission au motif que la contrainte a vicié son consentement, il exclut de retenir la prise d'acte. • Soc. 7 mars 2012 : *JCP S 2012. 1225, obs. François ; RJS 2012. 367, n° 127 ; Sem. soc. Lamy 2012, n° 1532, p. 10, obs. Guyader.* ♦ N'est pas équivoque la démission du salarié qui ne comportait aucune réserve, alors que les faits de harcèlement dénoncés s'étaient produits plus de six mois avant la rupture et que l'employeur y avait rapidement mis fin. • Soc. 19 nov. 2014 : *Dalloz actualité, 11 déc. 2014, obs. Peyronnet ; D. 2014. Actu. 2415 ; RJS 2/2015, n° 83.*

8. Droit de ne pas démissionner. Un salarié ne pouvant par avance renoncer au bénéfice de dispositions d'ordre public, il ne peut accepter d'être déclaré démissionnaire en cas de retour tardif de congé. • Soc. 27 avr. 1989 : *Bull. civ. V, n° 310.* ♦ Dans le même sens : • Soc. 10 oct. 1984 : *Bull. civ. V, n° 365,* à propos d'un représentant du personnel.

9. Rétractation. La volonté de démissionner ayant été exprimée sans équivoque, sa rétractation dans un délai très court n'impliquait pas qu'elle n'eût pas été clairement manifestée. • Soc. 19 mars 1981 : *Bull. civ. V, n° 239.* – V. aussi • Soc. 19 mars 1980 : *Bull. civ. V, n° 269* • 25 oct. 1994 : *RJS 1994. 826, n° 1358.* ♦ Comp. : • Soc. 6 nov. 1996 : *RJS 1996. 806, n° 1243* (la démission donnée à l'issue d'une entrevue avec l'employeur et suivie le surlendemain d'une rétractation rend équivoque la volonté de démissionner).

10. Démission suivie d'une proposition de rupture conventionnelle. La proposition d'une rupture conventionnelle faite par l'employeur après la démission du salarié ne vaut pas renonciation à la rupture du contrat résultant de cette démission. • Soc. 16 sept. 2015, n° 14-10.291 P : *D. 2015. Actu. 1899 ; RDT 2015. 747, obs. Gadrat ; Dr. soc. 2015. 941, note Mouly ; RJS 12/2015, n° 756 ; JS Lamy 2015, n° 398-4, obs. Pacotte et Bernardeschi.*

11. Preuve. Il appartient au salarié qui, ayant démissionné, entend imputer la rupture de son contrat à son employeur, d'en apporter la preuve. • Soc. 8 juill. 1980 : *Bull. civ. V, n° 618 ; D. 1981. IR 316.* ♦ Doit être cassé l'arrêt qui estime que l'employeur a tenté de déguiser un licenciement sous l'apparence d'une démission, alors qu'il revenait au salarié d'établir que, contrairement aux apparences découlant du document qui lui était opposé, il n'avait pas eu la volonté de démissionner. • Soc. 18 déc. 1978 : *D. 1979. IR 329, obs. Langlois.*

12. La volonté non équivoque de démissionner peut résulter de présomptions précises et concordantes établissant que le salarié a décidé de démissionner, le rédacteur de la lettre ayant eu mandat de l'envoyer. • Soc. 28 sept. 1983 : *D. 1984. IR 43.* ♦ Pour une démission donnée par oral, V. • Soc. 20 juill. 1967, n° 66-40.455 P.

II. PRÉAVIS

13. Point de départ. Si la rupture du contrat de travail se situe à la date d'envoi de la lettre recommandée avec demande d'avis de réception notifiant le licenciement, le préavis ne court qu'à compter de la date de présentation de cette lettre. • Soc. 7 nov. 2006 : *D. 2007. Pan. 689, obs. Leclerc ; RJS 2006. 146, n° 217.* ♦ Lorsque la convention collective applicable fixe la durée du préavis mais non son point de départ, il est nécessaire de se reporter aux usages. • Soc. 13 déc. 1989 : *CSB 1990. 55, S. 28.* ♦ La rupture du contrat à la suite d'une démission notifiée pendant le congé annuel ne fait courir le délai-congé qu'à la date où le congé prend fin. • Soc. 8 nov. 1995 : *RJS 1995. 795, n° 1243.*

14. Durée. Dans le cas de résiliation du contrat de travail à l'initiative du salarié, aucune des deux parties n'est fondée à imposer à l'autre un délai-congé différent de celui prévu par la loi, le contrat ou la convention collective ou les usages. • Soc. 1er juill. 2008 : *D. 2008. AJ 2084 ; RDT 2008. 592, obs. Pélissier ; RJS 2008. 810, n° 989 ; JCP S 2008. 1508, obs. Fardoux.* ♦ La durée du délai-congé ne peut être fixée que par la convention collective elle-même qui ne peut laisser au contrat de travail la faculté de fixer une durée supérieure. • Soc. 1er avr. 1992, n° 90-43.999 P : *Dr. soc. 1992. 478 ; CSB 1992. 139, A. 26 ; RJS 1992. 345, n° 610.* – Dans le même sens : • Soc. 4 juin 1987 : *Bull. civ. V, n° 356 ; D. 1988. Somm. 103, obs. Pélissier* • 16 juin 1988 : *Bull. civ. V, n° 371* • 13 mai 1992 : *RJS 1992. 402, n° 731.* ♦ Mais le contrat de travail, qui peut toujours comporter des dispositions plus favorables que la convention collective, peut prévoir, en cas de démission, un préavis plus court. • Soc. 19 juin 1996 : *RJS 1996. 592, n° 920.* ♦

Le changement de qualification du salarié, entraînant un préavis conventionnel plus long, est sans incidence sur le préavis contractuel. • Même arrêt.

15. Doit être cassé l'arrêt qui se réfère aux usages locaux tout en relevant l'existence d'une convention collective. • Soc. 14 avr. 1983 : *Bull. civ. V, n° 193 ; D. 1984. IR 167, obs. Vachet.*

16. Les juges ont l'obligation de relever l'existence de l'usage invoqué dans la localité et la profession considérées. • Soc. 4 févr. 1987 : *Bull. civ. V, n° 59* • 11 juin 1987 : *ibid., n° 382.* – V. aussi • Soc. 17 déc. 1987 : *Bull. civ. V, n° 748 ; D. 1988. IR 11.* ♦ Il appartient au juge de rechercher si un préavis est dû, notamment en vertu d'une convention collective. • Soc. 9 mai 1983 : *Bull. civ. V, n° 245.* ♦ Un préavis conventionnel n'est opposable au salarié que s'il en a eu connaissance. • Soc. 19 juill. 1994 : *Dr. soc. 1994. 898 ; RJS 1994. 608, n° 1023 ; CSB 1994. 285, S. 151.*

17. Un employeur n'est pas en droit de se plaindre de ce que le salarié respecte le préavis contractuel même si celui-ci est plus long que celui prévu par la convention collective. • Soc. 11 avr. 1996, n° 93-40.789 P : *RJS 1996. 427, n° 671.* – V. aussi • Soc. 2 févr. 1993 : *RJS 1993. 165, n° 266 ; CSB 1993. 83, A. 20.* ♦ S'il prend l'initiative d'y mettre fin, il sera débiteur d'une indemnité compensatrice correspondant à la partie non effectuée. • Soc. 21 nov. 1984 : *Bull. civ. V, n° 448.*

18. Un salarié est en droit de se prévaloir du refus initial par l'employeur d'accepter de le dispenser de l'exécution du préavis. • Soc. 20 juin 1990, n° 87-41.136 P : *D. 1991. Somm. 152, obs. Pélissier ; RJS 1990. 457, n° 669.*

19. Le préavis est suspendu pendant la durée de l'arrêt de travail provoqué par un accident du travail. • Soc. 18 juill. 1996, n° 93-43.581 P : *JCP 1996. II. 22726, note Corrignan-Carsin ; Dr. soc. 1996. 982 ; RJS 1996. 664, n° 1040 ; ibid. 643, chron. Bourgeot.* ♦ Lorsque le préavis d'un salarié s'est trouvé suspendu pour cause d'accident du travail et que son inaptitude a été déclarée par le médecin du travail, l'employeur n'a pas l'obligation, à défaut de reclassement du salarié, de le licencier dès lors qu'antérieurement à cet accident le salarié a donné sa démission de manière non équivoque. • Soc. 15 févr. 2006 : *JS Lamy 2006, n° 187-3.*

20. Situation des parties. Le directeur régional démissionnaire qui refuse d'assister pendant le préavis à une réunion des cadres commet une faute grave, justifiant la rupture immédiate du contrat sans indemnités. • Soc. 1er févr. 1983 : *Bull. civ. V, n° 62.*

21. Un salarié démissionnaire qui a obtenu l'autorisation de ne pas effectuer son préavis ne peut : ni se prévaloir des dispositions de l'art. L. 122-8 [L. 1234-1 s. nouv.]. • Soc. 15 avr. 1992 : *D. 1992. IR 155 ; RJS 1992. 403, n° 732.* ♦ ... Ni prétendre à une indemnité compensatrice de congés payés alors qu'il avait été autorisé à prendre ses congés. • Soc. 15 avr. 1992 : *RJS 1992. 403, n° 733.* ♦ Mais la clause prévoyant le versement d'une indemnité au salarié démissionnaire est licite. • Soc. 19 juill. 1995 : *Dr. soc. 1995. 933.* ♦ Le salarié démissionnaire dispensé de préavis a la faculté d'entrer, pendant la durée du préavis, au service d'une autre entreprise, fût-elle concurrente. • Soc. 1er oct. 1996 : *D. 1996. IR 231.*

22. Le fait de délivrer à un salarié démissionnaire une attestation portant la mention « libre de tout engagement » n'est pas suffisant pour établir sans équivoque la renonciation de l'employeur à l'exécution complète du préavis. • Soc. 3 déc. 1987 : *Bull. civ. V, n° 700.* ♦ C'est au salarié démissionnaire qu'il appartient de démontrer qu'il a été dispensé d'une partie de l'exécution du préavis. • Soc. 20 mars 1985 : *D. 1985. IR 466.*

23. Doit être cassé l'arrêt refusant à un salarié démissionnaire le versement d'une indemnité de préavis, alors qu'aucun acte du salarié manifestant sans équivoque sa volonté de renoncer au préavis, constituant pour lui à la fois une obligation et un droit, n'a été relevé. • Soc. 16 juill. 1987 : *Bull. civ. V, n° 493.*

24. Indemnité compensatrice due par le salarié. Méconnaît l'art. L. 122-5 [L. 1237-1 nouv.] et l'art. 9 de la convention collective de la pharmacie la cour d'appel qui condamne le salarié n'ayant pas respecté le préavis à verser un franc de dommages-intérêts en relevant que l'employeur n'apportait pas la preuve du préjudice subi, alors que l'indemnité de préavis conventionnelle présente un caractère forfaitaire et est due quelle que soit l'importance du préjudice subi par l'employeur. • Soc. 9 mai 1990 : *D. 1990. IR 143.* ♦ Le salarié démissionnaire qui estime la rupture du contrat de travail imputable à l'employeur, doit une indemnité de non-respect du préavis si l'employeur n'est pas déclaré responsable de cette rupture ; cette obligation de respecter le délai-congé s'impose aux parties au contrat de travail sans mise en demeure préalable. • Soc. 24 mai 2005 : *RJS 2005. 607, n° 835 ; JS Lamy 2005, n° 171-6.* ♦ Le préjudice de l'employeur doit être estimé au montant du salaire versé en contrepartie du travail, lequel ne peut s'entendre que du salaire de base, sans déduction des cotisations de sécurité sociale. • Soc. 18 déc. 1986 : *JS UIMM 1987. 233* • 21 févr. 1990, n° 87-40.167 P : *RJS 1990. 225.* ♦ Dans le même sens : • Soc. 29 mars 1995 : *RJS 1995. 342, n° 506* (doivent être comprises les commissions versées à l'intéressé et qui constituent une partie de son salaire).

SOUS-SECTION 2 **RUPTURE ABUSIVE DU CONTRAT**

Art. L. 1237-2 La rupture d'un contrat de travail à durée indéterminée à l'initiative du salarié ouvre droit, si elle est abusive, à des dommages et intérêts pour l'employeur.

En cas de litige, le juge se prononce conformément aux dispositions de l'article L. 1235-1.

Un décret en Conseil d'État détermine les modalités d'application du présent article. – *[Anc. art. L. 122-13 et L. 122-14-11.]*

COMMENTAIRE

V. Dalloz.fr et applications mobiles Dalloz.

1. Exemples de ruptures abusives. Caractérise une rupture abusive : le départ d'un expert-comptable dans le but de nuire à l'employeur. • Soc. 26 juin 1959 : *Bull. civ. IV, n° 833.* ♦ ... La cessation du contrat avant même que le salarié ait pris son emploi, sans motif valable et avec une légèreté blâmable. • Soc. 26 avr. 1967 : *Bull. civ. IV, n° 331.* ♦ ... Le fait pour un salarié de quitter immédiatement son employeur afin de créer une entreprise concurrente. • Soc. 21 mars 1979 : *Bull. civ. V, n° 254.* ♦ V., pour une tentative de débauchage d'un salarié de la même entreprise avant la démission : • Soc. 28 avr. 1988 : *JS UIMM 1988. 392.* ♦ Le passage soudain au service d'une entreprise concurrente peut être constitutif d'une faute lourde. • Soc. 16 mars 1977 : *D. 1977. IR 134.* ♦ Mais n'est pas abusive la démission en vue d'exercer une activité concurrente. • Soc. 18 janv. 1995, n° 91-42.613 P : *D. 1996. 27, note Puigelier ; D. 1996. Somm. 243, obs. Serra ; RJS 1995. 157, n° 213.* ♦ Des faits survenus postérieurement à la démission ne peuvent la rendre abusive. • Même arrêt.

2. La seule inexécution du préavis ne donne pas à la rupture un caractère abusif en l'absence d'intention de nuire ou de légèreté blâmable. • Soc. 14 oct. 1987 : *Sem. soc. Lamy 1987. 613, n° 382.* ♦ L'employeur doit démontrer l'abus et non seulement l'inexactitude des faits invoqués par le salarié. • Soc. 22 juin 1994, n° 89-43.475 P : *D. 1994. IR 202 ; Dr. soc. 1994. 803 ; RJS 1994. 576, n° 968.*

3. V., à propos de la démission, notes ss. art. L. 1237-1.

Art. L. 1237-3 Lorsqu'un salarié ayant rompu abusivement un contrat de travail conclut un nouveau contrat de travail, le nouvel employeur est solidairement responsable du dommage causé à l'employeur précédent dans les cas suivants :

1° S'il est démontré que le nouvel employeur est intervenu dans la rupture ;

2° Si le nouvel employeur a engagé un salarié qu'il savait déjà lié par un contrat de travail ;

3° Si le nouvel employeur a continué d'employer le salarié après avoir appris que ce dernier était encore lié à un autre employeur par un contrat de travail. Dans ce cas, sa responsabilité n'est pas engagée si, au moment où il a été averti, le contrat de travail abusivement rompu par le salarié était venu à expiration, soit s'il s'agit de contrats à durée déterminée par l'arrivée du terme, soit s'il s'agit de contrats à durée indéterminée par l'expiration du préavis ou si un délai de quinze jours s'était écoulé depuis la rupture du contrat. – *[Anc. art. L. 122-15.]*

COMMENTAIRE

V. Dalloz.fr et applications mobiles Dalloz.

1. Conditions. L'art. L. 122-15 [L. 1237-3 nouv.] n'est applicable que lorsque le salarié a rompu abusivement son contrat de travail, et non lorsqu'il a démissionné régulièrement pour entrer au service du nouvel employeur, ce qui, en raison de l'illicéité de la clause de non-concurrence, ne pouvait être considéré comme un abus. • Soc. 27 févr. 1996 : *RJS 1996. 242, n° 406.*

2. Par application de l'art. L. 122-15 [L. 1237-3 nouv.], doit être condamné à des dommages-intérêts l'hôtel qui a engagé un second chef de cuisine encore sous contrat avec un autre hôtel de la même ville, alors même que ce dernier l'en avait informé. • Cons. prud'h. Aix-en-Provence, 6 avr. 1993 : *D. 1994. 23, note Quetant.*

3. Clause de non-embauche. N'étant pas partie aux contrats qui lient l'employeur à ses clients, le salarié ne peut contester des clauses qui ne figurent que dans ces contrats (clause de non-embauche), sauf à établir l'existence d'une faute quasi délictuelle de l'employeur lui ayant porté préjudice. • Soc. 5 juin 1996, n° 92-42.461 P : *D. 1997. Somm. 25, obs. Delebecque.*

SECTION II RETRAITE

SOUS-SECTION 1 DISPOSITIONS GÉNÉRALES

Art. L. 1237-4 Les stipulations relatives au départ à la retraite des salariés prévues par une convention collective, un accord collectif de travail ou un contrat de travail sont applicables sous réserve qu'elles ne soient pas contraires aux dispositions légales.

Sont nulles toutes stipulations d'une convention ou d'un accord collectif de travail et d'un contrat de travail prévoyant une rupture de plein droit du contrat de travail d'un salarié en raison de son âge ou du fait qu'il serait en droit de bénéficier d'une pension de vieillesse. – *[Anc. art. L. 122-14-12.]*

RÉP. TRAV. v° *Contrat de travail à durée indéterminée (Modes de rupture autres que le licenciement : conditions)*, par DUPRILOT.

BIBL. BARTHÉLÉMY, *Dr. soc. 1992. 890* (nature juridique de l'indemnité de fin de carrière). – BÉRAUD, *ibid. 1992. 812*. – H. BLAISE, *BS Lefebvre 1982. 11 ; ibid. 1987. 499*. – J. BLAISE, *ALD 1988. 99*. – CHORIN, *Dr. soc. 1996. 175* (secteur public). – COUTURIER, *Dr. soc. 1995. 231* (clauses « couperet »). – GUILLEMARD, *Dr. soc. 1989. 851*. – G. LYON-CAEN, *D. 1991. Chron. 111*. – PHILBERT, *Juri-soc. 1987, E.S. 6*. – SARAMITO, *Dr. ouvrier 1988. 211*. – SAVATIER, *Dr. soc. 1987. 1 et 723 ; ibid. 1999. 779*. – TEYSSIÉ, *JCP E 1987. 16672*. – VALENTINI, *Dr. soc. 1978. 346*.

COMMENTAIRE

V. Dalloz.fr et applications mobiles Dalloz.

1. Nullité des dispositions conventionnelles. Est entachée d'une nullité d'ordre public absolue la disposition de la convention collective de l'édition prévoyant une rupture de plein droit du contrat de travail du salarié en raison de son âge, peu important que ne soit pas exclue une continuation du contrat par accord exprès des parties. • Soc. 1er févr. 1995, n° 90-42.635 P : *D. 1995. Somm. 362, obs. Bouilloux ; Dr. soc. 1995. 231, note Couturier ; RJS 1995. 166, n° 226 ; CSB 1995. 83, A. 17.* ♦ Dans le même sens : • Soc. 15 mars 1995, n° 90-46.098 P : *D. 1995. Somm. 362, obs. Bouilloux ; RJS 1995. 255, n° 370* (nullité de l'art. 58 de la convention collective des organismes de sécurité sociale). ♦ L'art. L. 122-14-12, al. 2 [L. 1237-4, al. 2 nouv.], n'ayant été édicté que dans un souci de protection du salarié, l'employeur est irrecevable à s'en prévaloir. • Cass., ass. plén., 6 nov. 1998, n° 97-41.931 P : *GADT, 4e éd., n° 96 ; D. 1998. IR 253 ; Dr. soc. 1999. 94, obs. Savatier ; JCP 1999. II. 10004, note Corrignan-Carsin ; RJS 1998. 900, n° 1475 ; JS UIMM 1999. 13 ; TPS 1999, n° 18 ; CSB 1999. 9, A. 1.* ♦ Sur la validité des clauses conventionnelles de rupture de plein droit reconnue antérieurement à la loi de 1987, V. not. : • Soc. 24 avr. 1986 : *D. 1987. Somm. 207, obs. Langlois ; Dr. soc. 1986. 460, concl. Franck* • 22 mai 1986 : *D. 1987. Somm. 207, obs. Langlois ; Dr. soc. 1987. 1, note Savatier ; JCP 1986. II. 20714, note Parléani.*

2. Conséquences sur le licenciement du salarié. La rupture du contrat, exactement requalifiée en licenciement, en conséquence de la nullité d'une clause conventionnelle par application de l'art. L. 122-14-12, al. 2 [L. 1237-4, al. 2 nouv.], ne peut être justifiée que par une cause réelle et sérieuse indépendante de l'âge du salarié. • Soc. 6 déc. 1995 : *Dr. soc. 1996. 359, note Savatier ; D. 1996. IR 12 ; CSB 1996. 43, A. 12 ; RJS 1996. 18, n° 18.*

3. Marins. Les dispositions de l'art. L. 742-1 C. trav. [ancien] ne font pas obstacle à ce que les art. L. 122-14-12 [L. 1237-4 nouv.] et L. 122-14-13 [L. 1237-4 s.] soient appliqués aux marins dont la mise à la retraite n'est pas régie par le code du travail maritime. • Soc. 28 oct. 1997 : *D. 1998. IR 4 ; RJS 1997. 889, n° 1452* • 21 déc. 2006 : *D. 2007. AJ 217, obs. Cortot ; RDT 2007. 238, obs. Desbarrats ; Dr. soc. 2007. 243, obs. Chaumette ; RJS 2006. 240, n° 326.*

4. Discrimination et âge. V. note 16 s. ss. art. L. 1132-1.

5. Salarié embauché postérieurement à la liquidation de ses droits à la retraite. Lorsque le salarié a été embauché alors qu'il était déjà titulaire d'une pension de vieillesse à taux plein, il ne peut être mis à la retraite par l'employeur que lorsqu'il atteint l'âge de 65 ans ou, s'il est plus favorable, l'âge fixé par la convention collective ou le contrat de travail. • Soc. 19 janv. 1999, n° 96-43.654 P : *D. 1999. IR 38 ; RJS 1999. 215, n° 359 ; Dr. soc. 1999. 292, obs. J. Savatier ; JS Lamy 1999, n° 31-6* (salarié bénéficiant lors de l'embauche d'une pension de vieillesse pour 40 années de service dans la marine).

SOUS-SECTION 2 MISE À LA RETRAITE

BIBL. Numéro spécial, Réforme des retraites, *Dr. soc. mars 2011.*

Art. L. 1237-5 La mise à la retraite s'entend de la possibilité donnée à l'employeur de rompre le contrat de travail d'un salarié ayant atteint l'âge mentionné au 1° de l'article L. 351-8 du code de la sécurité sociale *(L. n° 2008-1330 du 17 déc. 2008, art. 90-I)* « sous réserve des septième à neuvième alinéas : »

Un âge inférieur peut être fixé, dans la limite de celui prévu au premier alinéa de l'article L. 351-1 du code de la sécurité sociale, dès lors que le salarié peut bénéficier d'une pension de vieillesse à taux plein au sens du code de la sécurité sociale :

1° Dans le cadre d'une convention ou d'un accord collectif étendu conclu avant le 1er janvier 2008 fixant des contreparties en termes d'emploi ou de formation professionnelle ;

(L. n° 2008-1330 du 17 déc. 2008, art. 90-I) « 2° Pour les bénéficiaires d'une préretraite ayant pris effet avant le 1er janvier 2010 et mise en œuvre dans le cadre d'un accord professionnel mentionné à l'article L. 5123-6 ; »

3° Dans le cadre d'une convention de préretraite progressive conclue antérieurement au 1er janvier 2005 ;

4° Dans le cadre du bénéfice de tout autre avantage de préretraite défini antérieurement à la date de publication de la loi n° 2003-775 du 21 août 2003 portant réforme des retraites *(L. n° 2008-1330 du 17 déc. 2008, art. 90-I)* « et ayant pris effet avant le 1er janvier 2010.

« Avant la date à laquelle le salarié atteint l'âge fixé au 1° de l'article L. 351-8 du code de la sécurité sociale et dans un délai fixé par décret, l'employeur interroge par écrit le salarié sur son intention de quitter volontairement l'entreprise pour bénéficier d'une pension de vieillesse. — *V. art. D. 1237-2-1.*

« En cas de réponse négative du salarié dans un délai fixé par décret ou à défaut d'avoir respecté l'obligation mentionnée à l'alinéa précédent, l'employeur ne peut faire usage de la possibilité mentionnée au premier alinéa pendant l'année qui suit la date à laquelle le salarié atteint l'âge fixé au 1° de l'article L. 351-8 du code de la sécurité sociale. »

(L. n° 2010-1330 du 9 nov. 2010, art. 27) « La même procédure est applicable chaque année jusqu'au soixante-neuvième anniversaire du salarié. »

Les dispositions issues de la L. n° 2010-1330 du 9 nov. 2010 sont applicables aux pensions prenant effet à compter au 1er juill. 2011 (L. préc., art. 118).

COMMENTAIRE

V. Dalloz.fr et applications mobiles Dalloz.

1. Conformité à la Constitution. L'art. L. 1237-5 qui ouvre à l'employeur la possibilité de mettre d'office à la retraite un salarié ayant atteint l'âge de 65 ans, qui relève de la compétence du législateur en matière de politique de l'emploi et qui est fondé sur des critères objectifs et rationnels, est conforme à la Constitution. • Cons. const., QPC, 4 févr. 2011 : *pourvoi n° 2010-98.* ♦ Le principe d'égalité ne s'oppose pas à ce que le législateur règle de façon différente la mise à la retraite des salariés, selon que la relation de travail est ou non régie par une convention ou un accord collectif étendu, conclu avant le 1er janvier 2008 autorisant, sous certaines conditions, la mise à la retraite avant l'âge de 65 ans, ces situations n'étant pas identiques, et qu'il apparaît que la différence de traitement, instituée par le législateur qui ouvre à la négociation collective de branche, à titre temporaire et sous certaines conditions, la faculté d'aménager le régime de la mise à la retraite, est en rapport direct avec l'objet de la loi qui l'établit. • Soc., QPC, 14 sept. 2012 : *Dalloz actualité, 9 oct. 2012, obs. Siro ; D. 2012. Actu. 2181 ; Dr. soc. 2013. 363, obs. Dumortier, Florès, Lallet et Struillou ; Constitutions 2012. 624, obs. Radé ; RJS 2012. 1468, n° 874.*

2. Conformité au droit de l'Union. Selon la Dir. 2000/78/CE du 27 nov. 2000, les États membres peuvent prévoir que des différences de traitement fondées sur l'âge ne constituent pas une discrimination lorsqu'elles sont objectivement et raisonnablement justifiées, dans le cadre national, par un objectif légitime, notamment par des objectifs légitimes de politique de l'emploi, du marché du travail et de la formation professionnelle. • Soc. 26 nov. 2013 : *Dalloz actualité, 13 déc. 2013, obs. Peyronnet ; D. 2013. Actu. 2857 ; RJS 2014. 93, n° 120* • 20 mai 2014 : *Dalloz actualité, 5 juin 2014, obs. Peyronnet ; RJS 2014. 519, n° 625.*

3. Mise à la retraite et discrimination. La mise à la retraite prononcée par l'employeur dans le respect des dispositions législatives ne constitue pas une discrimination fondée sur l'âge et ne nécessite pas d'être objectivement justifiée par une politique de l'emploi au sein de l'entreprise. • Soc. 26 nov. 2013 : *Dalloz actualité, 13 déc.*

2013, obs. Peyronnet ; D. 2013. Actu. 2856 • 20 mai 2014 : *Dalloz actualité, 5 juin 2014, obs. Peyronnet.* ♦ Est nulle la mise à la retraite d'un salarié qui ne remplit pas les conditions légales. • Soc. 21 déc. 2006 : *D. 2007. AJ 217, obs. Cortot ; RDT 2007. 238, obs. Desbarrats ; RJS 2006. 240, n° 326.*

4. Retraite et grossesse. Sur l'interdiction de mettre à la retraite une salariée (danseuse de l'Opéra de Paris) en état de grossesse, V. • Soc. 15 juin 1999 : *Dr. soc. 1999. 782, chron. Savatier* (confirmation de • Paris, 26 sept. 1996 : *RJS 1997. 352, n° 537 ; Gaz. Pal. 1997. 1. 21, concl. Bonnet*).

5. Retraite d'un salarié victime d'un accident du travail. Sur la nullité d'une mise à la retraite consécutive à un accident du travail, V. • Soc. 7 mars 2007 : *D. 2007. AJ 945 ; D. 2007. Pan. 2265, obs. Lardy-Pélissier ; RDT 2007. 381, obs. Véricel ; RJS 2007. 432, n° 585 ; Dr. soc. 2007. 1188, obs. Savatier.* ♦ L'indemnité spéciale de licenciement prévue par l'art. L. 122-32-6 [L. 1226-14 nouv.] est due au salarié y compris lorsque la rupture du contrat de travail résulte d'une mise à la retraite. • Soc. 29 janv. 2002, n° 99-41.028 P : *D. 2002. IR 863 ; Dr. soc. 2002. 465, obs. Vatinet ; RJS 2002. 333, n° 424 ; JS Lamy 2002, n° 96-2.*

6. Retraite d'un salarié protégé. L'adhésion d'un salarié investi d'un mandat représentatif à un dispositif de préretraite, mis en place par l'employeur dans le cadre d'un plan de réduction d'effectifs, ne dispense pas ce dernier de son obligation d'obtenir l'autorisation de l'administration du travail avant la rupture du contrat de travail. • Soc. 6 juill. 2011 : *JCP S 2011. 1406, obs. Kerbouc'h.*

7. Retraite d'un marin. V. • Soc. 21 déc. 2006 : *RDT 2007. 238, obs. Desbarrats.*

8. Retraite des mineurs. Le salarié mis à la retraite alors qu'il ne remplissait pas les conditions prévues par le statut du mineur doit obtenir des dommages-intérêts au titre de l'absence de cause réelle et sérieuse de la rupture de son contrat de travail. • Soc. 20 mai 2014 : *pourvoi n° 12-21.021.*

9. Mise à la retraite dans un contexte économique difficile. Lorsque la mise à la retraite est envisagée à l'occasion de difficultés économiques, l'employeur doit observer les dispositions relatives aux licenciements économiques en ce qu'elles impliquent la consultation de représentants du personnel et la mise en place d'un plan de sauvegarde de l'emploi, le cas échéant ; mais il n'en résulte pas que la décision de mise à la retraite entraîne les effets d'un licenciement ; le salarié mis à la retraite n'a donc droit qu'à l'indemnité de mise à la retraite. • Soc. 18 mars 2008 : *D. 2008. AJ 991, obs. Maillard ; RDT 2008. 527, obs. Fabre ; RJS 2008. 418, n° 532 ; JCP S 2008. 1368, note Everaert-Dumont ; JS Lamy 2008, n° 232-2 ; Dr. soc. 2008. 755, obs. Savatier.* ♦ Lorsque la mise à la retraite résulte de la mise en œuvre d'un plan social, elle doit être assimilée à un licenciement pour motif économique, les salariés concernés ont droit au bénéfice de l'indemnité conventionnelle de licenciement. • Soc. 18 avr. 2000, n° 97-45.434 P : *GADT, 4e éd., n° 97 ; D. 2000. IR 141 ; Dr. soc. 2000. 790, obs. J. Savatier ; RJS 2000. 450, n° 652 ; JCP E 2000. 1666, note Teissier.*

10. Dispositif de préretraite conventionnelle. La rupture du contrat de travail d'un salarié qui, ayant adhéré à un dispositif conventionnel de cessation progressive d'activité, part à la retraite à l'issue d'une période de préretraite ne constitue pas une mise à la retraite. • Soc. 15 oct. 2013 : *Dalloz actualité, 31 oct. 2013, obs. Peyronnet ; D. 2013. Actu. 2471.*

11. Dispositif dérogatoire de l'art. L. 1237-5, 1°. Il résulte des dispositions de l'art. L. 1237-5, dans sa rédaction issue de la L. n° 2008-1330 du 17 déc. 2008, que l'obligation pour l'employeur souhaitant mettre à la retraite un salarié âgé de 65 à 69 ans, de recueillir l'assentiment de l'intéressé pour rompre son contrat de travail, ne s'applique pas à la mise à la retraite d'un salarié de 60 à 65 ans en application d'un accord de branche conclu et étendu avant le 22 déc. 2006 et qui produit ses effets jusqu'au 31 déc. 2009. • Soc. 31 mars 2015 : *D. 2015. Actu. 871 ; RJS 6/2015, n° 405 ; JCP S 2015. 1266, note Tricoit.*

12. Conditions de mise en œuvre de la mise à la retraite. L'employeur est en droit, en application de l'art. L. 122-14-13 [L. 1237-5 nouv.], et sans avoir à motiver spécialement sa décision, de mettre à la retraite un salarié dès lors que celui-ci remplit les conditions d'ouverture du droit à pension de vieillesse et qu'il peut bénéficier d'une pension à taux plein à la date de la rupture. • Soc. 12 janv. 1993, n° 89-43.467 P : *D. 1993. Somm. 255, obs. Bouilloux ; RJS 1993. 98, n° 129 ; Dr. soc. 1993. 185* (Jurisprudence rendue avant la loi du 21 août 2003). ♦ Mais un employeur ne peut mettre à la retraite en application de l'art. L. 1237-5 un salarié qui avait déjà atteint lors de son engagement l'âge de 65 ans. • Soc. 29 juin 2011 : *Dalloz actualité, 29 juill. 2011, obs. Ines ; JCP S 2011. 1485, obs. Sébille.*

13. Mise à la retraite fautive. Sauf détournement de procédure, l'employeur peut renoncer à poursuivre la procédure de licenciement qu'il a engagée ; si ce détournement n'est pas établi, le salarié qui en remplit les conditions peut être mis à la retraite. • Soc. 16 janv. 2008 : *RDT 2008. 234, obs. Amauger-Lattès ; RJS 2008. 310, n° 393 ; JCP S 2008. 1234, note Frouin.* ♦ Le manque de loyauté lors de la procédure de mise à la retraite, caractérisé par un entretien précipité dont le salarié n'est pas informé préalablement de l'objet et d'un allongement de la durée de préavis dans le but d'éviter une loi modifiant la procédure de mise à la retraite, constitue une discrimination en raison de l'âge et, dès lors, un licenciement nul. • Soc. 15 janv. 2013 : *Dalloz actualité, 7 févr. 2013, obs. Peyronnet ; Dr. soc. 2013. 398, note Gauriau ; JS Lamy 2013, n° 338-3 ; JCP S 2013. 1147, obs. Bossu.*

14. Rétractation. La mise à la retraite notifiée par l'employeur à son salarié ne peut être rétractée qu'avec l'accord de ce dernier et la rupture du contrat de travail s'analyse en un licenciement sans cause réelle et sérieuse lorsque les conditions prévues à l'art. L. 122-14-13 [L. 1237-5 nouv.] ne sont pas remplies à la date de la mise à la retraite. • Soc. 28 févr. 2006 : *D. 2006. IR 809 ; RJS 2006. 395, n° 559 ; Dr. soc. 2006. 692, obs. Savatier.*

15. Obligation de non-concurrence. La contrepartie financière d'une clause de non-concurrence ne peut être affectée par les circonstances de la rupture et la possibilité offerte au salarié mis à la retraite de reprendre une activité concurrentielle. • Soc. 8 oct. 1996, n° 95-40.405 P : *D. 1996. IR 238 ; Dr. soc. 1996. 1095, obs. Couturier ; RJS 1996. 759, n° 1175 ; CSB 1996. 327, S. 137* • 24 sept. 2008 : *RJS 2008. 987, n° 11191 ; Dr. soc. 2009. 365, obs. Mouly.*

Art. L. 1237-5-1 **A compter du 22 décembre 2006, aucune convention ou accord collectif prévoyant la possibilité d'une mise à la retraite d'office d'un salarié à un âge inférieur à celui fixé au 1° de l'article L. 351-8 du code de la sécurité sociale ne peut être signé ou étendu.**

Les accords conclus et étendus avant le 22 décembre 2006, déterminant des contreparties en termes d'emploi ou de formation professionnelle et fixant un âge inférieur à celui mentionné au même 1°, dès lors que le salarié peut bénéficier d'une pension de vieillesse à taux plein et que cet âge n'est pas inférieur à celui fixé au premier alinéa de l'article L. 351-1 du même code, cessent de produire leurs effets au 31 décembre 2009.

Art. L. 1237-6 **L'employeur qui décide une mise à la retraite respecte un préavis dont la durée est déterminée conformément à l'article L. 1234-1.** – *[Anc. art. L. 122-14-13, al. 5.]*

1. Durée. A défaut de précision dans la convention collective, en cas de mise à la retraite d'un salarié par l'employeur, le préavis applicable est celui prévu en cas de licenciement. • Soc. 15 mai 2007 : *D. 2007. AJ 1599 ; RJS 2007. 633, n° 834 ; Dr. soc. 2007. 898, obs. Savatier ; JCP S 2007. 1570, note Corrignan-Carsin.*

2. Non-respect. Le non-respect par le salarié de son obligation de préavis ne le prive pas du droit à l'indemnité de départ à la retraite. • Soc. 13 févr. 1996 : *RJS 1996. 239, n° 397.*

Art. L. 1237-7 **La mise à la retraite d'un salarié lui ouvre droit à une indemnité de mise à la retraite au moins égale à l'indemnité de licenciement prévue à l'article L. 1234-9.** – *[Anc. art. L. 122-14-13, al. 2.]*

Sur l'indemnité de cessation anticipée d'activité des salariés des établissements de fabrication de matériaux contenant de l'amiante, V. L. n° 98-1194 du 23 déc. 1998, art. 41-V (JO 27 déc.), mod.

Sur le régime social de l'indemnité de mise à la retraite, V. Forfait social, art. L. 137-15 s. CSS.

1. Indemnité de mise à la retraite. L'indemnité de mise à la retraite peut être versée sous la forme d'un capital versé dans le cadre d'une assurance groupe souscrite par l'employeur. • Soc. 8 juill. 2003, n° 01-16.099 P. ♦ Elle ne peut se cumuler avec l'indemnité due par suite de la requalification de la mise à la retraite en licenciement. • Soc. 3 oct. 1991 : *pourvoi n° 87-43.037* • 8 juill. 2003 : *préc.* ♦ Le montant de l'indemnité de mise à la retraite dû au salarié est déterminé par les dispositions conventionnelles en vigueur au jour de la rupture du contrat de travail résultant de la mise à la retraite, peu important que celle-ci ait été précédée d'un accord entre l'employeur et le salarié organisant la suspension du contrat de travail et ouvrant droit à des avantages particuliers. • Soc. 30 sept. 2009 : *D. 2009. AJ 2495 ; RJS 2009. 813, n° 923.*

2. Mise à la retraite anticipée. Une mise à la retraite anticipée ne constitue pas un licenciement sans cause réelle et sérieuse mais un licenciement nul, car discriminatoire *(jurisprudence rendue antérieurement à la loi du 21 août 2003 introduisant l'avant-dernier al. de l'art. L. 122-14-13).* • Soc. 21 déc. 2006 : *D. 2007. AJ 217, obs. Cortot ; RDT 2007. 238, obs. Desbarrats ; RJS 2006. 240, n° 326.*

Art. L. 1237-8 **Si les conditions de mise à la retraite ne sont pas réunies, la rupture du contrat de travail par l'employeur constitue un licenciement.** – *[Anc. art. L. 122-14-13, al. 4.]*

1. Relevé de carrière. Le salarié mis à la retraite est tenu de communiquer à son employeur qui le demande son relevé de carrière. • Soc. 13 mai 2009 : *D. 2009. AJ 1543 ; RJS*

2009. 559, n° 627 ; Sem. soc. Lamy 2009, n° 1406, p. 13 ; JCP S 2009. 1358, obs. Drai.

2. Requalification de la mise à la retraite. La requalification de la retraite en licenciement nul n'ouvre pas droit au paiement d'une indemnité compensatrice de préavis lorsque la rupture du contrat a été précédée d'un délai de préavis d'une durée au moins égale à celle du préavis de licenciement. • Soc. 30 juin 2010 : *Dalloz actualité, 19 juill. 2010, obs. Perrin ; D. 2010. Actu. 1794, obs. Perrin ; RJS 2010. 686, n° 748 ; JS Lamy 2010, n° 284-4, obs. Julien-Paturle ; JCP S 2010. 1454, obs. Bossu.*

3. Mise à la retraite irrégulière d'un salarié protégé après expiration d'un PSE. L'employeur qui attend la fin de la période de protection du salarié pour le mettre à la retraite, après avoir vainement cherché à le licencier dans le cadre du plan de sauvegarde de l'emploi, doit lui verser les indemnités de licenciement prévues par ce plan. • Soc. 19 mai 2015, n° 13-27.763 P : *Dalloz actualité, 15 sept. 2015, obs. Siro ; D. 2015. Actu. 1161 ; RJS 8-9/2015, n° 577 ; JCP S 2015. 1330, note Morvan.*

SOUS-SECTION 3 DÉPART VOLONTAIRE À LA RETRAITE

Art. L. 1237-9 Tout salarié quittant volontairement l'entreprise pour bénéficier d'une pension de vieillesse a droit à une indemnité de départ à la retraite.

Le taux de cette indemnité varie en fonction de l'ancienneté du salarié dans l'entreprise. Ses modalités de calcul sont fonction de la rémunération brute dont il bénéficiait antérieurement. Ce taux et ces modalités de calcul sont déterminés par voie réglementaire. – *[Anc. art. L. 122-14-13, al. 1er.] – V. art. D. 1237-1.*

BIBL. AMAUGER-LATTÈS, *RDT 2007. 99* (L. n° 2006-1640 du 21 déc. 2006).

COMMENTAIRE

V. Dalloz.fr et applications mobiles Dalloz.

1. Pension de vieillesse. Constitue une pension de retraite l'avantage servi par le régime temporaire de retraite des enseignants privés. • Soc. 10 nov. 1992, n° 89-45.174 P : *RJS 1992. 750, n° 1378* • 8 juin 1994, n° 92-40.224 P : *D. 1994. IR 178 ; Dr. soc. 1994. 802.* ♦ Sur la notion de pension de retraite à taux plein, s'agissant d'un agent de la RATP (combinaison du régime particulier et du régime général), V. • Paris, 19 mars 1992 : *JCP E 1992. II. 305, note G.N.* – V. aussi • Riom, 24 févr. 1994 : *Dr. ouvrier 1994. 285, note F. S.*

2. Départ à la retraite. Le départ volontaire à la retraite dans le cadre d'un plan social constitue une rupture à l'initiative du salarié et n'ouvre pas droit à l'indemnité conventionnelle de licenciement. • Soc. 25 juin 2002, n° 00-18.907 P : *RJS 2002. 861, n° 1154.* ♦ Le départ à la retraite du salarié est un acte unilatéral par lequel le salarié manifeste de façon claire et non équivoque sa volonté de mettre fin au contrat de travail ; lorsque le salarié, sans invoquer un vice du consentement de nature à entraîner l'annulation de son départ à la retraite, remet en cause celui-ci en raison de faits ou manquements imputables à son employeur, le juge doit, s'il résulte de circonstances antérieures ou contemporaines de son départ qu'à la date à laquelle il a été décidé, celui-ci était équivoque, l'analyser en une prise d'acte de la rupture qui produit les effets d'un licenciement sans cause réelle et sérieuse si les faits invoqués la justifiaient ou dans le cas contraire d'un départ volontaire à la retraite. • Soc. 15 mai 2013 : *Dalloz actualité, 31 mai 2013, obs. Fraisse ; D. 2013. Actu. 1284 ; JCP S 2013. 1335, obs. Everaert-Dumont* • Soc. 20 oct. 2015, n° 14-17.473 P : *Dalloz actualité, 26 nov. 2015, obs. Fraisse ; D. 2015. Actu. 2186.*

3. Obligations du salarié. Pour bénéficier de l'indemnité de départ à la retraite, le salarié qui quitte l'entreprise doit prouver qu'il a effectivement fait valoir ses droits à pension. • Soc. 23 sept. 2009 : *RJS 2009. 813, n° 922 ; JCP E 2009. 2155, obs. Puigelier.*

4. Indemnité de départ à la retraite. L'indemnité de départ à la retraite a le caractère d'un complément de salaire. • Soc. 7 juill. 1988 : *Bull. civ. V, n° 430.* ♦ Dans le cas d'un établissement privé d'enseignement, elle est due par l'employeur et non par l'État. • Soc. 4 févr. 1988 : *Bull. civ. V, n° 97* • TA Nantes, 27 juin 1996 : *Dr. soc. 1996. 1038, concl. Millet.*

5. Cependant, payable en une seule fois, elle est soumise à la prescription trentenaire. • Soc. 4 mars 1992 : *RJS 1992. 243, n° 414.* ♦ L'indemnité de départ à la retraite n'est pas garantie par l'AGS dès lors que le salarié n'a atteint l'âge de la retraite fixé par l'accord d'entreprise qu'après l'ouverture de la procédure collective. • Soc. 12 avr. 1995 : *Dr. soc. 1995. 603, obs. Blaise.*

6. L'indemnité de départ à la retraite prévue par un accord de prévoyance a le caractère d'une prestation versée à raison de la participation du bénéficiaire à ce régime de prévoyance, alors que l'indemnité de départ à la retraite fixée par un accord interprofessionnel correspond à une obligation à la charge de l'employeur ; ces deux indemnités n'étant pas de même nature, elles peuvent se cumuler. • Soc. 20 nov. 1991 : *D. 1992. IR 8 ; CSB 1992. 29, S. 21.*

7. « Sauf dispositions conventionnelles ou usage de l'entreprise plus favorables, seule l'ancienneté ininterrompue au service du même employeur est prise en compte pour le calcul de l'indemnité de départ volontaire à la retraite. » • Soc. 8 juin 1994, n° 92-40.224 P : *D. 1994. IR 178 ; Dr. soc. 1994. 802.*

8. L'employeur ne peut exiger le remboursement de l'indemnité de départ à la retraite au prétexte que le salarié a repris un travail, dès lors que la convention collective ne subordonnait pas son versement à l'absence d'activité professionnelle. • Soc. 17 mars 1993 : *RJS 1993. 303, n° 508.*

9. Un avenant modifiant le mode de calcul de l'indemnité de départ à la retraite est dépourvu de tout caractère interprétatif (art. 21 *bis*, conv. coll. des industries chimiques du 30 déc. 1952). • Soc. 12 juin 2014 : *RJS 2014. 518, n° 624.*

Art. L. 1237-10 Le salarié demandant son départ à la retraite respecte un préavis dont la durée est déterminée conformément à l'article L. 1234-1. – *[Anc. art. L. 122-14-13, al. 5.]*

Préavis et accident du travail. Le délai de préavis de départ à la retraite d'un salarié n'est pas reporté en cas d'arrêt de travail consécutif à un accident du travail ou à une maladie professionnelle. • Soc. 1er juin 2016, n° 14-24.812 P : *Dalloz actualité, 29 juin 2016, obs. Fraisse ; D. 2016. 1589, obs. Wurtz ; RJS 8-9/2016, n° 556 ; JCP S 2016. 1254, note Jeansen* • 25 mai 2016, n° 15-10.637 P : *Dalloz actualité, 8 juin 2016, obs. Cortot ; RJS 8-9/2016, n° 556 ; JS Lamy 2016, n° 414-6, obs. Pacotte et Daguerre ; JCP S 2016. 1254, obs. Jeansen.*

SECTION III **RUPTURE CONVENTIONNELLE**

(L. n° 2008-596 du 25 juin 2008)

V. Circ. DGT n° 2008-11 du 22 juill. 2008 relative à la demande d'homologation d'une rupture conventionnelle de contrat à durée indéterminée.

V. Circ. DGT n° 2009-04 du 17 mars 2009 relative à la rupture conventionnelle d'un contrat à durée indéterminée.

V. Instr. DGT n° 02 du 23 mars 2010 relative à l'incidence d'un contexte économique difficile sur la rupture conventionnelle d'un contrat à durée indéterminée. — V. RDT 2010. 369, note Géa .

RÉP. TRAV. v° *Rupture du contrat (VI -Rupture conventionnelle)*, par Lokiec.

BIBL. Auzero, *RDT 2008. 522* (rupture conventionnelle et illusion de la sécurisation). – Bem, *JS Lamy 2011, n° 305-4* (rupture conventionnelle et licenciement sans cause réelle et sérieuse). – Bouaziz et Collet-Thiry, *Dr. ouvrier 2010. 65* (mode d'emploi). – Boulmier, *JCP S 2010. 1306* (regard critique sur les procédures de rétractation et d'homologation). – Brédon et Flament, *JCP S 2008. 431.* – Chassagnard-Pinet et Verkindt, *JCP S 2008. 1365.* – Couturier, *Dr. soc. 2015. 32* . – Couturier et Serverin, *RDT 2009. Controverse. 205* (quel contentieux pour la rupture conventionnelle du CDI ?). – Damiano et Mounier-Bertail, *RDT 2012. 333* (rupture conventionnelle : quel bilan ?). – Favennec-Héry et Mazeaud, *JCP S 2009. 1314* (premier bilan). – Ferrer, *Dr. ouvrier 2010. 647* (premiers arrêts sur la rupture conventionnelle). – Flament, *JCP S 2009. 1315* (procédure). – Gaudu, *Dr. ouvrier 2008. 594.* – Gauriau, *Dr. soc. 2008. 1065* . – Grumbach et Serverin, *Sem. soc. Lamy 2010, n° 1435-1436, p. 6* (le juge des référés prud'homal face au refus d'homologation de ruptures conventionnelles). – Lagesse et Bouffier, *Dr. soc. 2012. 14* (frontières de la rupture conventionnelle). – Leroy, *RJS 10/2013, p. 579* (rupture conventionnelle et la Cour de cassation). – Lokiec, *Dr. soc. 2009. 127* (garantir la liberté du consentement contractuel). – Loiseau, *Dr. soc. 2010. 297* . – Masanovic et Baradel, *Dr. ouvrier 2009. 182* (les nouveaux modes de rupture du contrat de travail). – Patin, *JCP S 2011. 1022* (rupture conventionnelle et contrat de travail suspendu) ; *ibid. 2012. 1002* (l'évolution du contrôle de la rupture conventionnelle). – H. Pélissier et Blanc, *JCP S 2009. 1236* (la question du montant de l'indemnité spécifique). – Pujolar, *Dr. ouvrier 2010. 307.* – Taillandier, *Sem. soc. Lamy 2012, n° 1552, p. 7.* – Taquet, *JCP E 2008. I. 1921.*

COMMENTAIRE

V. Dalloz.fr et applications mobiles Dalloz .

Art. L. 1237-11 L'employeur et le salarié peuvent convenir en commun des conditions de la rupture du contrat de travail qui les lie.

La rupture conventionnelle, exclusive du licenciement ou de la démission, ne peut être imposée par l'une ou l'autre des parties.

Elle résulte d'une convention signée par les parties au contrat. Elle est soumise aux dispositions de la présente section destinées à garantir la liberté du consentement des parties.

COMMENTAIRE

V. Dalloz.fr et applications mobiles Dalloz.

I. RUPTURE AMIABLE DU CONTRAT DE TRAVAIL

A. SOLUTIONS ANTÉRIEURES À LA LOI DU 25 JUIN 2008

BIBL. Blaise, *Dr. soc. 1996. 33.* – Couturier, *Dr. soc. 2008. 923.* – Duquesne, *Dr. soc. 1995. 576.* – Califano, *Dr. ouvrier 1989. 419.* – Blaise, *BS Lefebvre 1987. 203.* – Leroy, *RJS 2012. 249.* – Pélissier, *Dr. soc. 1987. 479.* – Taquet, *Gaz. Pal. 1987. 1. Doctr. 265.* – Vatinet, *RTD civ. 1987. 252.* – Radé, *Dr. soc. 2000. 178* (autonomie du droit du licenciement). – Rayroux, *Gaz. Pal. 1986. 2. Doctr. 640.* – Teyssié, *JCP E 1986. I. 15511.* – J. Savatier, *Dr. soc. 1985. 692 ; RJS 2002. 399.* – Teyssié, *JCP E 1985. I. 14690.* – Sportouch, *Études offertes à Jean Pélissier, Dalloz, 2004.*

1. *Liberté contractuelle.* Selon l'art. 1134 C. civ., les parties peuvent, par leur consentement mutuel, mettre fin à leur convention. • Soc. 29 mai 1996, n° 92-45.115 P : *GADT, 4e éd., n° 120 ; D. 1997. 49, note Chazal ; Dr. soc. 1996. 687, note J. Savatier ; RJS 1996. 508, n° 789 ; ibid. 417, chron. Corrignan-Carsin ; JCP 1996. II. 22711 (2e esp.), note Taquet ; CSB 1996. 211, A. 48.*

2. *Vices du consentement.* Constituent des violences, au sens de l'art. 1112 C. civ., qui justifient l'annulation d'un accord de rupture amiable, le comportement d'un employeur qui harcèle de diverses manières une salariée, notamment en lui demandant de lui faire des massages de nature sexuelle, dont il est résulté des troubles psychologiques, angoisses et anxiété pour cette dernière. • Soc. 30 nov. 2004, n° 03-41.757 P : *D. 2005. IR 14 ; Dr. soc. 2005. 321, obs. Gauriau ; RJS 2005. 106, n° 135 ; RDC 2005. 378, note Radé.*

3. *Rupture amiable et transaction.* Le départ négocié étant un mode de rupture, la constatation de la volonté réciproque des parties d'organiser elles-mêmes les conséquences de la rupture du contrat de travail est une transaction consécutive au licenciement et non pas une rupture d'un commun accord. • Soc. 20 juin 1995, n° 92-40.194 P : *RJS 1995. 585, n° 889 ; CSB 1995. 265, A. 51* • 11 févr. 2009 : *D. 2009. AJ 636 ; RJS 2009. 283, n° 322 ; Dr. soc. 2009. 557, chron. Radé.* ♦ La rupture de contrat d'un commun accord a pour seul objet de mettre fin aux relations des parties ; elle ne vaut pas transaction et ne peut priver un salarié des droits nés de l'exécution de son contrat de travail. • Soc. 15 déc. 2010 : *D. 2011. Actu. 170.*

4. *Rupture pour motif économique.* Le salarié concerné par un projet de licenciement pour motif économique n'est pas privé de la faculté de proposer à son employeur une rupture amiable de son contrat de travail, s'il estime y avoir intérêt. • Soc. 2 déc. 2003, n° 01-46.176 P : *Dr. soc. 2004. 318, obs. Savatier ; JCP E 2004. 677, note Petit ; ibid. 2004. 1147, obs. Cesaro ; D. 2004. Somm. 390, obs. A. Lyon-Caen ; RJS 2004. 125, n° 179 ; Sem. soc. Lamy 2004, n° 1149, p. 12, rapp. Bailly ; JCP E 2004. 14, obs. Taquet ; JS Lamy 2004, n° 138-2 ; RDC 2004. 384, note Radé* • 13 sept. 2005 : *D. 2005. IR 2409 ; D. 2006. Pan. 35, obs. Paulin ; JS Lamy 2005, n° 175-3.* ♦ La rupture d'un contrat de travail pour motif économique peut résulter d'un départ volontaire dans le cadre d'un accord collectif mis en œuvre après consultation du comité d'entreprise. • Soc. 2 déc. 2003, n° 01-46.540 P. ♦ La résiliation du contrat de travail résultant de la conclusion d'un accord de rupture amiable conforme aux prévisions d'un accord collectif soumis aux représentants du personnel, la cause de la rupture ne peut être contestée, sauf fraude ou vice du consentement. • Soc. 8 févr. 2012 : *Dalloz actualité, 1er mars 2012, obs. Siro ; D. 2012. Actu. 559 ; RDT 2012. 220, obs. Géa ; RJS 2012. 283, n° 316 ; JS Lamy 2012, n° 318-3, obs. Guyader ; JCP S 2012. 1167, obs. Favennec-Héry.*

5. Une opération de réduction d'effectifs réalisée au moyen de départs volontaires est soumise aux dispositions des art. L. 321-1 s. C. trav. • Soc. 10 avr. 1991, n° 89-18.485 P : *D. 1992. Somm. 290, obs. Rotschild-Souriac ; RJS 1991. 300, n° 562.* ♦ Aucun préavis n'est dû en cas de départ négocié. • Soc. 30 juin 1993, n° 92-40.008 P : *Dr. soc. 1993. 770.* ♦ La rupture amiable pour motif économique étant soumise au régime du licenciement pour motif économique, l'employeur doit proposer la CRP au salarié. • Soc. 16 déc. 2008 : *RDT 2009. 165, obs. Fabre ; RJS 2009. 132, n° 151 ; Dr. soc. 2009. 374, obs. Couturier.*

6. *Salariés protégés.* La protection exceptionnelle et exorbitante du droit commun dont bénéficient les salariés protégés exclut la rupture d'un commun accord. • Soc. 2 déc. 1992, n° 91-42.326 P : *D. 1992. Somm. 264, obs. Frossard ; RJS 1999. 44, n° 53.*

7. *Salariés malades.* La rupture amiable est exclue pour les salariés déclarés inaptes si elle a pour effet d'éluder l'obligation de paiement du salaire à l'issue du délai d'un mois si le salarié n'a pas été reclassé ou licencié. • Soc. 29 juin 1999 : *D. 1999. IR 208 ; RJS 1999. 660, n° 1050.* ♦ De même, est illégale la convention mettant fin d'un commun accord au contrat et fixant rétroactivement la rupture du contrat de travail avant l'avis du médecin du travail prévoyant la reprise d'une activité professionnelle à temps partiel dans un poste à déterminer. • Soc. 29 juin 1999 :

RJS 1999. 660, n° 1050 ; Dr. soc. 2000. 178, note Radé.

8. Intégrité du consentement. La rupture du contrat de travail est intervenue d'un commun accord s'agissant d'une convention conclue entre les parties par l'intermédiaire de leur avocat respectif, dûment mandaté à cet effet, à la suite de pourparlers minutieux et précis et dès lors qu'il est constaté que les parties ont été pleinement informées de leurs droits et que ceux du salarié avaient été préservés. • Soc. 21 janv. 2003, n° 00-43.568 P : *GADT, 4e éd., n° 94 ; Dr. soc. 2003. 547, obs. Couturier.* ♦ Justifie sa décision de débouter un salarié de ses demandes en paiement d'indemnités de licenciement pour inobservation de la procédure et licenciement sans cause réelle et sérieuse la cour d'appel qui constate, d'une part, qu'un accord de principe avait été conclu entre les parties pour mettre fin au contrat et, d'autre part, qu'il n'était pas démontré que le salarié ait été victime d'une erreur, ni que son consentement eût été obtenu par dol ou violence. • Soc. 19 déc. 1979 : *Bull. civ. V, n° 1022 ; Dr. soc. 1981. 228, note Pélissier.*

9. Sort des indemnités. Les indemnités versées par l'employeur aux salariés acceptant de quitter volontairement l'entreprise ont le caractère de dommages et intérêts et ne sont pas à inclure dans l'assiette des cotisations de sécurité sociale. • Cass., ass. plén., 2 avr. 1993 : *Bull. ass. plén., n° 9 ; D. 1993. 373, concl. Jéol.*

B. SOLUTIONS POSTÉRIEURES À LA LOI DU 25 JUIN 2008

10. Caractère exclusif. Sauf dispositions légales contraires, la rupture du contrat de travail par accord des parties ne peut intervenir que dans les conditions prévues pour la rupture conventionnelle, à défaut une telle rupture s'analyse en un licenciement sans cause réelle et sérieuse. • Soc. 15 oct. 2014 : *D. 2014. Actu. 2118 ; RDT 2014. 752, obs. Bento de Carvalho ; Dr. soc. 2014. 1066, obs. Mouly ; ibid. 2015. 32, obs. Couturier ; RJS 2014. 737, n° 854 ; JS Lamy 2014, n° 376-3, obs. Taquet ; Sem. soc. Lamy 2014, n° 1655, p. 6, obs. Casado et Jacquelet.*

11. Exclusion de la rupture conventionnelle pour la mobilité intra-groupe. Les dispositions de l'art. L. 1237-11 C. trav. relatives à la rupture conventionnelle entre un salarié et son employeur ne sont pas applicables à une convention tripartite conclue entre un salarié et deux employeurs successifs ayant pour objet d'organiser, non pas la rupture, mais la poursuite du contrat de travail. • Soc. 8 juin 2016, n° 15-17.555 P : *Dalloz actualité, 24 juin 2016, obs. Roussel ; D. 2016. Actu. 1258 ; Dr. soc. 2016. 779, obs. Mouly ; RJS 8-9/2016, n° 555 ; Sem. soc. Lamy 2016, n° 1730, obs. Favennec ; JS Lamy 2016, n° 414-3, obs. Mo ; JCP S 2016. 1265, obs. Loiseau.*

II. RUPTURE CONVENTIONNELLE

12. Vices du consentement. L'appréciation de l'existence d'un vice du consentement entachant la validité de la rupture conventionnelle du contrat de travail relève du pouvoir souverain des juges du fond. • Soc. 16 sept. 2015, n° 14-13.830 P : *Dr. soc. 2015. 941, note Chenu ; RJS 12/2015, n° 771 ; JS Lamy 2015, n° 396-5, obs. Bonnet.* ♦ Doit être annulée la rupture conventionnelle du contrat de travail dès lors que la salariée était, au moment de la signature, dans une situation de violence morale du fait d'un harcèlement moral. • Soc. 30 janv. 2013 : *Dalloz actualité, 18 févr. 2013, obs. Peyronnet ; D. 2013. Actu. 368 ; ibid. Pan. 1026, obs. Lokiec et Porta ; RDT 2013. 258, obs. Taquet ; JS Lamy 2013, n° 339-6 ; JCP S 2013. 1112, obs. Leborgne-Ingelaere.* ♦ Est nulle la rupture conventionnelle signée dans un contexte conflictuel et alors que l'employeur a induit en erreur le salarié en lui promettant une indemnité au titre de sa clause de non-concurrence avant de le délier de cette dernière. • Soc. 9 juin 2015, n° 14-10.192 P : *RJS 8-9/2015, n° 563.*

13. Existence d'un différend. Sauf vice du consentement de nature à entraîner l'annulation de la rupture conventionnelle, l'existence, au moment de sa conclusion, d'un différend entre les parties au contrat de travail n'affecte pas par elle-même la validité de la convention de rupture conclue en application de l'art. L. 1237-11 C. trav. • Soc. 23 mai 2013 : *D. 2013. 1355, obs. Ines ; ibid. 1768, chron. Florès, Mariette, Ducloz, Wurtz, Sommé et Contamine ; RDT 2013. 480, obs. Auzero ; Sem. soc. Lamy 2013, n° 1586, p. 11, obs. Champeaux et Marcon ; JS Lamy 2013, n° 346-3, obs. Avis Aldigé* • Soc. 26 juin 2013 : *Dalloz actualité, 26 juill. 2013, obs. Fleuriot ; D. 2013. Actu. 1691 ; D. 2013. 1771, obs. Ducloz ; RDT 2013. 555, obs. Auzero ; Dr. soc. 2013. 860, obs. Tournaux ; RJS 10/2013, n° 674 ; Sem. soc. Lamy 2013, n° 1593, p. 10, obs. Levannier-Gouël ; JS Lamy 2013, n° 349-2, obs. Lhernould* • Soc. 15 janv. 2014 : *Dalloz actualité, 6 févr. 2014, obs. Fleuriot ; D. 2014. Actu. 2014 ; RJS 3/2014, n° 216 ; JS Lamy 2014, n° 361-2, obs. Lhernould.* ♦ La situation de violence morale résultant du harcèlement moral subi par le salarié au moment de la conclusion de la convention de rupture constitue un vice du consentement justifiant l'annulation de la rupture conventionnelle. • Soc. 30 janv. 2013 : *D. 2013. Pan. 1026, obs. Lokiec et Porta ; RDT 2013. 258, obs. Taquet.* ♦ En revanche, la liberté du consentement du salarié qui a conclu une rupture conventionnelle, dont il n'a pas été soutenu qu'elle aurait été conclue sous la contrainte, n'est pas affectée par le fait qu'il avait conçu un projet de création d'entreprise et qu'il n'a pas reçu d'information de son employeur sur la possibilité de prendre contact avec le service public de l'emploi en vue d'envisager la suite de son parcours professionnel. • Soc. 29 janv. 2014 : *Dalloz actualité, 14 févr. 2014, obs. Fraisse ; D. 2014. Actu. 376 ; JS Lamy 2014, n° 362-2, obs. Taquet.* ♦ De même, lorsque l'entreprise ne dispose pas d'institution représentative, le défaut d'information du salarié sur la possibilité de se faire assister par un conseiller choisi sur une liste dressée par l'autorité administrative lors de l'entretien au cours duquel les parties conviennent de la rupture du contrat de travail par un accord soumis à l'homologation n'a pas pour effet d'entraîner la nullité de cette convention en dehors des conditions de droit commun, et le choix du salarié de se faire assister lors de cet entretien par son supérieur hiérarchique n'affecte pas davantage la validité de cette rupture, d'autant qu'aucune pression ou manœuvre n'a été exercée sur lui. • Soc. 29 janv. 2014 : *Dalloz actualité, 14 févr. 2014, obs. Fraisse ; D. 2015. Actu. 808 ; JS Lamy 2014, n° 362-2, obs. Taquet.*

14. Rupture conventionnelle et périodes de suspension du contrat de travail. Un salarié victime d'un risque professionnel déclaré apte sous réserve à la reprise du travail peut valablement conclure une rupture conventionnelle sauf à ce que soit démontrée l'existence d'un vice du consentement ou d'une fraude de la part de l'employeur. • Soc. 28 mai 2014 : *RDT 2014. 622, obs. Lardy-Pélissier ; RJS 2014. 521, n° 627 ; JS Lamy 2014, n° 369-2 ; JCP 2014. 683, note Lefranc-Hamoniaux.* ♦ Une rupture conventionnelle peut être valablement conclue au cours d'une période de suspension du contrat de travail consécutive à un accident du travail ou à une maladie professionnelle sauf en cas de fraude ou de vice du consentement. • Soc. 30 sept. 2014 : *Dalloz actualité, 24 oct. 2014, obs. Fraisse ; D. 2014. Actu. 2002 ; RDT 2014. 622, obs. Lardy-Pélissier ; RJS 2014. 738, n° 855 ; JS Lamy 2014, n° 375-1, obs. Pacotte et Castano* • 16 déc. 2015, n° 13-27.212 P : *Dalloz actualité, 14 janv. 2016, obs. Cortot ; D. 2016. Actu. 82 ; ibid. Pan. 816, obs. Lokiec ; RJS 3/2016, n° 170 ; JCP S 2016. 1079, obs. Loiseau.* ♦ Sauf en cas de fraude ou de vice du consentement, une rupture conventionnelle peut être valablement conclue pendant un congé de maternité et les quatre semaines suivant l'expiration de ces périodes. • Soc. 25 mars 2015 : *Dalloz actualité, 24 avr. 2015, obs. Fraisse ; Dr. soc. 2015. 399, note Mouly ; JS Lamy 2015, n° 387-2, obs. Lhernould ; RJS 6/2015, n° 407.*

15. Information du salarié. N'est pas nulle la rupture conventionnelle lorsque le salarié avait conçu un projet de création d'entreprise et n'a pas reçu d'information de son employeur sur la possibilité de prendre contact avec le service public de l'emploi en vue d'envisager la suite de son parcours professionnel. • Soc. 29 janv. 2014 : *Dalloz actualité, 14 févr. 2014, obs. Fraisse ; D. 2014. Actu. 376 ; RDT 2014. 255, obs. Auzero ; RJS 2014. 261, n° 316 ; JS Lamy 2014, n° 362-2, obs. Taquet.* ♦ Même solution lorsque le salarié n'a pas été informé de la possibilité de se faire assister par un conseiller choisi lors de l'entretien, ni le fait d'y avoir été assisté par son supérieur hiérarchique. • Soc. 29 janv. 2014 : *Dalloz actualité, 14 févr. 2014, obs. Fraisse ; RDT 2014. 255, obs. Auzero ; RJS 2014. 261, n° 316 ; JS Lamy 2014, n° 362-2, obs. Taquet.* ♦ ... Ni le fait que le salarié ait été déclaré apte sous réserve à la reprise du travail. • Soc. 28 mai 2014 : *JS Lamy 2014, n° 369-2 ; JCP G 2014. 683, note Lefranc-Hamoniaux.*

16. Intérêt à agir du syndicat. Le litige relatif à la rupture conventionnelle du contrat de travail d'un salarié ne porte pas en lui-même atteinte à l'intérêt collectif de la profession ; un syndicat n'est dès lors pas recevable à solliciter la réparation du préjudice subi par l'intérêt collectif de la profession qu'il représente en raison de la violation par l'employeur des dispositions légales relatives à la rupture conventionnelle. • Soc. 15 janv. 2014 : *Dalloz actualité, 6 févr. 2014, obs. Fleuriot.*

Art. L. 1237-12 **Les parties au contrat conviennent du principe d'une rupture conventionnelle lors d'un ou plusieurs entretiens au cours desquels le salarié peut se faire assister :**

1° Soit par une personne de son choix appartenant au personnel de l'entreprise, qu'il s'agisse d'un salarié titulaire d'un mandat syndical ou d'un salarié membre d'une institution représentative du personnel ou tout autre salarié ;

2° Soit, en l'absence d'institution représentative du personnel dans l'entreprise, par un conseiller du salarié choisi sur une liste dressée par l'autorité administrative.

Lors du ou des entretiens, l'employeur a la faculté de se faire assister quand le salarié en fait lui-même usage. Le salarié en informe l'employeur auparavant ; si l'employeur souhaite également se faire assister, il en informe à son tour le salarié.

L'employeur peut se faire assister par une personne de son choix appartenant au personnel de l'entreprise ou, dans les entreprises de moins de cinquante salariés, par une personne appartenant à son organisation syndicale d'employeurs ou par un autre employeur relevant de la même branche.

1. Délai entre l'entretien et la rupture. L'art. L. 1237-12 n'instaure pas de délai entre, d'une part, l'entretien au cours duquel les parties au contrat de travail conviennent de la rupture du contrat et, d'autre part, la signature de la convention de rupture prévue à l'art. L. 1237-

11. • Soc. 3 juill. 2013 : *D. 2013. Actu. 1752* ; *RJS 10/2013, n° 674 ; Sem. soc. Lamy 2013, n° 1596, p. 10, obs. Levannier-Gouël ; JS Lamy 2013, n° 350-2, obs. Lhernould.*

2. Absence d'information sur le droit d'être assisté lors de l'entretien. Le défaut d'information du salarié, en l'absence de représentants du personnel dans l'entreprise, de la faculté de se faire assister par un conseiller du salarié lors de l'entretien préalable à la rupture n'affecte pas la validité de cette dernière, sauf à ce que ce défaut d'information ait vicié son consentement. • Soc. 29 janv. 2014 : *D. 2014. Actu. 376* ; *RDT 2014. 255, obs. Auzero* ; *RJS 2014. 261, n° 316 ; JCP S 2014. 1078, obs. Loiseau.* ♦ ... Même solution lorsque le salarié a été assisté lors de l'entretien hiérarchique : • même décision.

3. Défaut d'entretien. Si le défaut du ou des entretiens prévus par l'art. L. 1237-12 C. trav. relatif à la conclusion d'une convention de rupture entraîne la nullité de la convention, c'est à celui qui invoque cette cause de nullité d'en établir l'existence. • Soc. 1er déc. 2016, n° 15-21.609 P : *Sem. soc. Lamy 2016, n° 1748, obs. Champeaux ; JCP G 2016. 1352, obs. Jeansen.*

Art. L. 1237-13 La convention de rupture définit les conditions de celle-ci, notamment le montant de l'indemnité spécifique de rupture conventionnelle qui ne peut pas être inférieur à celui de l'indemnité prévue à l'article L. 1234-9.

Elle fixe la date de rupture du contrat de travail, qui ne peut intervenir avant le lendemain du jour de l'homologation.

A compter de la date de sa signature par les deux parties, chacune d'entre elles dispose d'un délai de quinze jours calendaires pour exercer son droit de rétractation. Ce droit est exercé sous la forme d'une lettre adressée par tout moyen attestant de sa date de réception par l'autre partie.

V. Instr. DGT n° 2009-25 du 8 déc. 2009 relative au régime indemnitaire de la rupture conventionnelle d'un contrat à durée indéterminée.

Sur le régime social de l'indemnité rupture conventionnelle, V. Forfait social, art. L. 137-15 s., CSS.

BIBL. AUZERO, *RDT 2010. 97* (précisions sur l'indemnité de rupture conventionnelle).

COMMENTAIRE

V. Dalloz.fr et applications mobiles Dalloz.

I. CONVENTION DE RUPTURE

1. Exemplaire de la convention de rupture. La remise d'un exemplaire de la convention de rupture au salarié est nécessaire à la fois pour que chacune des parties puisse demander l'homologation de la convention, dans les conditions prévues par l'art. L. 1237-14 C. trav., et pour garantir le libre consentement du salarié, en lui permettant d'exercer ensuite son droit de rétractation en connaissance de cause ; ayant constaté que tel n'était pas le cas en l'espèce, la cour d'appel en a déduit à bon droit que la convention de rupture était atteinte de nullité. • Soc. 6 févr. 2013 : *D. 2013. Actu. 440* ; *D. 2013. Pan. 1026, obs. Lokiec et Porta* ; *RDT 2013. 258, obs. Taquet* ; *JCP S 2013. 1162, obs. Patin.*

2. Rupture conventionnelle et transaction. Une transaction conclue après une rupture conventionnelle est valable lorsqu'elle intervient postérieurement à l'homologation et qu'elle ne règle pas un différend lié à la rupture du contrat de travail. • Soc. 26 mars 2014 : *Dalloz actualité, 11 avr. 2014, obs. Fraisse ; D. 2014. Actu. 831* ; *ibid. 1404, obs. Ducloz* ; *RDT 2014. 330, obs. Auzero* ; *RJS 2014. 405, n° 501* • 25 mars 2015 : *Dalloz actualité, 24 avr. 2015, obs. Fraisse ; D. 2015. Actu. 808* ; *JS lamy 2015, n° 388-5, obs. Lhernould ; RJS 6/2015, n° 408.*

3. Obligation de non-concurrence et point de départ du délai de renonciation. Le délai de quinze jours suivant la présentation de la notification de la rupture du contrat de travail dont dispose contractuellement l'employeur pour dispenser le salarié de l'exécution de l'obligation de non-concurrence a pour point de départ la date de la rupture fixée par la convention de rupture. • Soc. 29 janv. 2014 : *Dalloz actualité, 14 févr. 2014, obs. Fraisse ; D. 2014. Actu. 376* ; *RJS 2014. 263, n° 318 ; JS Lamy 2014, n° 362-5, obs. Lhernould ; ibid., n° 365-2, obs. Taquet.*

4. Erreur dans la convention de rupture. Une erreur commise dans la convention de rupture sur la date d'expiration du délai de quinze jours prévu par l'art. L. 1237-13 ne peut entraîner la nullité de cette convention que si elle a eu pour effet de vicier le consentement de l'une ou l'autre des parties ou de la priver de la possibilité d'exercer son droit à rétractation. • Soc. 29 janv. 2014 : *Dalloz actualité, 14 févr. 2014, obs. Fraisse ; D. 2014. Actu. 375* ; *RDT 2014. 255, obs. Auzero* ; *RJS 2014. 261, n° 316.*

5. Absence de demande en annulation de la convention de rupture. L'absence de demande en annulation de la convention de rupture n'interdit pas à un salarié d'exiger le respect par l'employeur des dispositions relatives au montant minimal de l'indemnité spécifique de rupture conventionnelle. • Soc. 10 déc. 2014, n° 13-22.134 : *Dr. soc. 2015. 282, note Mouly ; D. 2015. Actu. 19 ; RJS 2/2015, n° 95 ; JCP G 2015, n° 20, obs. Corrignan-Carsin ; JS Lamy 2015, n° 381-2, obs. Hautefort.*

6. Sort de la rupture unilatérale antérieure. La signature par les parties d'une rupture conventionnelle vaut renonciation commune à la rupture précédemment intervenue à l'initiative de l'une d'elles. • Soc. 3 mars 2015, n° 13-20.549 : *Dalloz actualité, 16 mars 2015, obs. Ines ; D. 2015. Actu. 632 ; RDT 2015. 322, obs. Auzero ; JS Lamy 2015, n° 386-2, obs. Tissandier ; RJS 5/2015, n° 329.*

7. Usage du droit de rétractation et exercice du pouvoir disciplinaire. La signature par les parties au contrat de travail d'une rupture conventionnelle, après l'engagement d'une procédure disciplinaire de licenciement, n'emporte pas nécessairement renonciation par l'employeur à l'exercice de son pouvoir disciplinaire : si le salarié exerce son droit de rétractation de la rupture conventionnelle, l'employeur reste fondé à reprendre la procédure disciplinaire par la convocation du salarié à un nouvel entretien préalable et sous réserve du respect du délai de prescription des faits fautifs de deux mois. • Soc. 3 mars 2015, n° 13-15.551 P : *D. 2015. Actu. 632 ; Dr. soc. 2015. 376, note Mouly ; RJS 5/2015, n° 337.*

8. Destinataire de la lettre de rétractation. Le droit de rétractation dont dispose chacune des parties à la convention de rupture doit être exercé par l'envoi à l'autre partie d'une lettre adressée, par tout moyen attestant de sa date de réception. En l'espèce, la lettre de rétractation qui a été adressée non pas à l'employeur, mais à l'administration ne peut être prise en compte. • Soc. 6 oct. 2015 : *Dalloz actualité, 16 nov. 2015, obs. Ines ; Dr. soc. 2015. 1033, note Mouly ; D. 2015. Actu. 2081 ; JS Lamy 2015, n° 398-1, note Lhernould.*

9. Demande d'homologation et délai de rétractation. La demande d'homologation ne peut en aucun cas être adressée à l'administration du travail avant l'expiration du délai de rétractation de quinze jours prévu par l'art. L. 1237-13 C. trav. • Soc. 14 janv. 2016, n° 14-26.220 P : *Dalloz actualité, 4 févr. 2016, obs. Fraisse ; D. 2016. Actu. 205 ; ibid. 2016. Pan. 816, obs. Lokiec ; Dr. soc. 2016. 291, note Mouly ; RJS 3/2016, n° 171 ; JS Lamy 2016, n° 404-4, obs. Hautefort.*

II. INDEMNITÉS DE RUPTURE CONVENTIONNELLE

10. Illégalité du montant des indemnités de rupture conventionnelle. Si les parties ont stipulé un montant d'indemnité inférieur à celui prévu par le code du travail, et ont fixé une date de rupture erronée, la nullité de la convention de rupture n'est pas encourue pour autant ; il appartient au juge de rectifier la date de la rupture et de procéder à une condamnation pécuniaire. • Soc. 8 juill. 2015, n° 14-10.139 P : *Dalloz actualité, 2 sept. 2015, obs. Ines ; Dr. soc. 2015. 1036, note Mouly ; RJS 10/2015, n° 639 ; JS Lamy 2015, n° 394-2, obs. Pacotte et Bernardeschi ; JCP S 2015. 1031, obs. Corrignan-Carsin.*

11. Journalistes et indemnités de rupture conventionnelle. L'art. L. 1237-13 se référant aux seules dispositions de l'indemnité légale, le calcul du minimum de l'indemnité due en cas de rupture conventionnelle est donc celui prévu pour l'indemnité légale ; le journaliste professionnel ne peut donc prétendre à l'indemnité spécifique des journalistes, seule l'indemnité légale de droit commun est applicable. • Soc. 3 juin 2015, n° 13-26.799 P : *D. 2015. Actu. 1276 ; RDT 2015. 458, obs. Auzero ; Dr. soc. 2015. 746, note Mouly ; RJS 8-9/2015, n° 564 ; JS Lamy 2016, n° 392-7, obs. Lhernould.*

Accord national interprofessionnel du 11 janvier 2008,

Sur la modernisation du marché du travail.

Sont rendues obligatoires, pour tous les employeurs et tous les salariés compris dans son champ d'application, les dispositions de l'accord national interprofessionnel sur la modernisation du marché du travail du 11 janvier 2008, sous réserve de l'application des dispositions de la loi n° 2008-596 du 25 juin 2008 portant modernisation du marché du travail et des décrets n° 2008-715 et n° 2008-716 du 18 juillet 2008 portant diverses mesures relatives à la modernisation du marché du travail (Arr. du 23 juill. 2008, JO 25 juill.).

Sont rendues obligatoires, pour tous les employeurs et tous les salariés compris dans le champ d'application de l'accord national interprofessionnel sur la modernisation du marché du travail du 11 janvier 2008, les dispositions de l'avenant n° 4 du 18 mai 2009, portant révision des articles 11 et 12 à l'accord national interprofessionnel susvisé (Arr. du 26 nov. 2009, JO 27 nov).

Art. 12 *Privilégier les solutions négociées à l'occasion des ruptures du contrat de travail.*

[...]

a) La rupture conventionnelle

Sans remettre en cause les modalités de rupture existantes du CDI, ni porter atteinte aux procédures de licenciements collectifs pour cause économique engagées par l'entreprise, il convient, par la mise en place d'un cadre collectif, de sécuriser les conditions dans lesquelles l'employeur et le salarié peuvent convenir en commun des conditions de la rupture du contrat de travail qui les lie.

Ce mode de rupture, exclusif de la démission et du licenciement, qui ne peut être imposé de façon unilatérale par l'une ou l'autre des parties, s'inscrit dans le cadre collectif ci-après :

....

• L'accès aux indemnités de rupture et aux allocations du régime d'assurance chômage est assuré :

— par le versement d'une indemnité spécifique non assujettie aux prélèvements sociaux et fiscaux et dont le montant ne peut être inférieur à celui de l'indemnité de rupture prévue à l'article 11 ci-dessus *(Avenant n° 4 du 18 mai 2009)* « ni à l'indemnité conventionnelle de licenciement prévue par la convention collective applicable ».

— par le versement des allocations de l'assurance chômage dans les conditions de droit commun dès lors que la rupture conventionnelle a été homologuée par le directeur départemental du travail.

• La sécurité juridique du dispositif, pour les deux parties, résulte de leur accord écrit qui les lie dès que la réunion de l'ensemble des conditions ci-dessus, garante de leur liberté de consentement, a été constatée et homologuée par le directeur départemental du travail précité au titre de ses attributions propres.

Art. L. 1237-14 **A l'issue du délai de rétractation, la partie la plus diligente adresse une demande d'homologation à l'autorité administrative, avec un exemplaire de la convention de rupture. Un arrêté du ministre chargé du travail fixe le modèle de cette demande.** — *V. Arr. du 8 févr. 2012 (JO 17 févr.). — V. www.service-public.fr et www.travail-emploi-sante.gouv.fr pour impression.*

L'autorité administrative dispose d'un délai d'instruction de quinze jours ouvrables, à compter de la réception de la demande, pour s'assurer du respect des conditions prévues à la présente section et de la liberté de consentement des parties. A défaut de notification dans ce délai, l'homologation est réputée acquise et l'autorité administrative est dessaisie.

La validité de la convention est subordonnée à son homologation.

L'homologation ne peut faire l'objet d'un litige distinct de celui relatif à la convention. Tout litige concernant la convention, l'homologation ou le refus d'homologation relève de la compétence du conseil des prud'hommes, à l'exclusion de tout autre recours contentieux ou administratif. Le recours juridictionnel doit être formé, à peine d'irrecevabilité, avant l'expiration d'un délai de douze mois à compter de la date d'homologation de la convention.

BIBL. QUÉTANT, *JS Lamy 2009, n° 247-1* (homologation de la rupture conventionnelle devant le conseil des prud'hommes).

Jusqu'au 7 nov. 2017, la déclaration des ruptures conventionnelles de contrats à durée indéterminée est exclue du champ d'application du droit des usagers de saisir l'administration par voie électronique (Décr. n° 2015-1422 du 5 nov. 2015).

COMMENTAIRE

V. Dalloz.fr et applications mobiles Dalloz 🏛. ☐

1. Rupture conventionnelle et demande de résiliation judiciaire. La rupture conventionnelle, contre laquelle aucune demande d'annulation n'a été formulée dans le délai prévu par l'art. L. 1237-14, rend sans objet la demande de résiliation judiciaire présentée antérieurement. • Soc. 10 avr. 2013 : 🏛 *Dalloz actualité, 24 avr. 2013, obs. Peyronnet.*

2. Rupture conventionnelle et fraude. La fraude de l'employeur, qui a recouru à une rupture conventionnelle afin de se soustraire à la mise en place d'un plan de sauvegarde de l'emploi, ne permet pas d'écarter le délai de prescription d'un an prévu par l'art. L. 1237-14 car elle n'a pas été commise dans le but d'épuiser ce délai ; elle a toutefois pour effet de reporter le point de départ de la prescription au jour où le salarié en a eu connaissance. • Soc. 22 juin 2016, 🏛 n° 15-16.994 P : *RJS 10/2016, n° 620 ; JCP S 2016. 1330, obs. François.*

3. Exemplaire de la convention de rupture. La remise d'un exemplaire de la convention de rupture au salarié est nécessaire pour engager la procédure d'homologation, mais également pour garantir le libre consentement du salarié en lui permettant d'exercer son droit de rétractation prévu par l'art. L. 1237-13 ; il s'agit d'une formalité substantielle puisque, dès lors qu'il est établi que le salarié n'avait pas reçu un exemplaire de la convention de rupture, cette dernière est atteinte de nullité, et la rupture doit alors s'analyser en un licenciement sans cause réelle et sérieuse. • Soc. 6 févr. 2013 : *D. 2013. Actu. 440 ; Dalloz actualité, 19 févr. 2013, obs. Fraisse ; JCP S 2013. 1162, obs. Patin.*

Art. L. 1237-15 **Les salariés bénéficiant d'une protection mentionnés aux articles L. 2411-1 et L. 2411-2 peuvent bénéficier des dispositions de la présente section. Par dérogation aux dispositions de l'article L. 1237-14, la rupture conventionnelle est soumise à l'autorisation de l'inspecteur du travail dans les conditions prévues au chapitre Ier du titre Ier du livre IV, à la section I du chapitre Ier et au chapitre II du titre II du livre IV de la deuxième partie. Dans ce cas, et par dérogation aux dispositions de l'article L. 1237-13, la rupture du contrat de travail ne peut intervenir que le lendemain du jour de l'autorisation.**

(L. n° 2011-867 du 20 juill. 2011) **« Pour les médecins du travail, la rupture conventionnelle est soumise à l'autorisation de l'inspecteur du travail, après avis du médecin inspecteur du travail. »**

En application de l'art. L. 231-4-4° CRPA, et par exception à l'application du délai de deux mois prévu à l'art. L. 231-1 du même code, le silence gardé par l'administration pendant deux mois vaut décision de rejet pour une demande d'autorisation de rupture conventionnelle du contrat de travail des salariés bénéficiant d'une protection mentionnés aux art. L. 2411-1 et L. 2411-2 C. trav. (Décr. n° 2014-1291 du 23 oct. 2014, art. 1er).

Art. L. 1237-16 **La présente section n'est pas applicable aux ruptures de contrats de travail résultant :**

1° Des accords collectifs de gestion prévisionnelle des emplois et des compétences dans les conditions définies par l'article L. 2242-15 ;

2° Des plans de sauvegarde de l'emploi dans les conditions définies par l'article L. 1233-61.

COMMENTAIRE

V. Dalloz.fr et applications mobiles Dalloz.

Rupture conventionnelle et cause économique. Lorsqu'elles ont une cause économique et s'inscrivent dans un processus de réduction des effectifs dont elles constituent la ou l'une des modalités, les ruptures conventionnelles doivent être prises en compte pour déterminer la procédure d'information et de consultation des représentants du personnel applicable ainsi que les obligations de l'employeur en matière de plan de sauvegarde de l'emploi. • Soc. 9 mars 2011 : *Dalloz actualité, 15 mars 2011, obs. Perrin ; RDT 2011. 226, rapp. Béraud ; ibid. 244, obs. Géa ; Dr. soc. 2011. 681, note Loiseau ; JS Lamy 2011, n° 298-2, obs. Hautefort ; JCP S 2011. 1200, obs. Favennec-Héry ; Dr. ouvrier 2011. 473, note Chirez ; Sem. soc. Lamy 2011, n° 1484, p. 7, obs. Pélissier.* ♦ Les ruptures conventionnelles du contrat de travail peuvent être prises en compte pour déterminer les obligations de l'employeur en matière de plan de sauvegarde de l'emploi à condition qu'elles aient une cause économique, qu'elles s'inscrivent dans un processus de réduction des effectifs et qu'elles aient été homologuées par l'administration du travail. • Soc. 29 oct. 2013 : *Dalloz actualité, 28 nov. 2013, obs. Fraisse ; D. 2013. Actu. 2584 ; RDT 2013. 764, obs. Leroy.*

CHAPITRE VIII **DISPOSITIONS PÉNALES**

BIBL. Malaval, *Dr. soc. 1981. 294* (droit pénal des licenciements économiques).

Art. L. 1238-1 **Le fait de porter ou de tenter de porter atteinte à l'exercice régulier des fonctions de conseiller du salarié, notamment par la méconnaissance des articles L. 1232-8 à L. 1232-12 et L. 1232-14, est puni d'un emprisonnement d'un an et d'une amende de 3 750 €.** – *[Anc. art. L. 152-1.]*

RÉP. TRAV. v° *Entrave aux institutions représentatives des salariés et à l'exercice du droit syndical*, par Amauger-Lattes.

Art. L. 1238-2 **Le fait de procéder à un licenciement sans accomplir les consultations des délégués du personnel prévues à l'article L. 1233-29 et du comité d'entreprise prévues aux articles L. 1233-30, L. 1233-34 et L. 1233-35, est puni d'une amende de 3 750 €, prononcée autant de fois qu'il y a de salariés concernés par l'infraction.** – *[Anc. art. L. 321-11, al. 1er et 2.]*

Art. L. 1238-3 Le fait de ne pas respecter le délai d'envoi des lettres de licenciement prévu à l'article L. 1233-39 est puni d'une amende de 3 750 €, prononcée autant de fois qu'il y a de salariés concernés par l'infraction. – *[Anc. art. L. 321-11, al. 1er et 4.]*

Art. L. 1238-4 Le fait de procéder à un licenciement sans le notifier à l'autorité administrative dans les conditions prévues à l'article L. 1233-46 est puni d'une amende de 3 750 €, prononcée autant de fois qu'il y a de salariés concernés par l'infraction. – *[Anc. art. L. 321-11, al. 1er et 3.]*

Art. L. 1238-5 En cas de redressement ou de liquidation judiciaire, le fait pour l'employeur, l'administrateur ou le liquidateur de ne pas respecter les dispositions des articles L. 1233-58 et L. 1233-60 est puni d'une amende de 3 750 €, prononcée autant de fois qu'il y a de salariés concernés par l'infraction. – *[Anc. art. L. 321-11, al. 1er et 5.]*

TITRE QUATRIÈME **CONTRAT DE TRAVAIL À DURÉE DÉTERMINÉE**

RÉP. TRAV. v° *Contrat de travail à durée déterminée,* par CORRIGNAN-CARSIN.

BIBL. GÉN. ► Commentaire de la loi du 3 janv. 1979 : BONNETÊTE, *RPDS 1979. 69.* - BUY, *JCP CI 1979. II. 13130.* - CORRIGNAN-CARSIN, *D. 1979. Chron. 227.* - POULAIN, *Dr. soc. 1979. 67.* - SARAMITO, *Dr. ouvrier 1979. 233.*

► Commentaire de l'ordonnance du 5 févr. 1982 : POULAIN, *Dr. soc. 1982. 356.* - RAYROUX, *Gaz. Pal. 1982. 1. Doctr. 164.* - SARAMITO, *Dr. ouvrier 1982. 403.* - TEYSSIÉ, *JCP CI 1982. II. 13830.*

► Commentaire de la loi du 17 janv. 2002 : ROY-LOUSTAUNAU, *Dr. soc. 2002. 304* ⊘.

► AHUMADA, *RPDS 1986. 38 ; ibid. 1988. 393* (rupture anticipée). - H. BLAISE, *Dr. soc. 1991. 11* ⊘ (loi du 12 juill. 1990) ; *ibid. 1993. 41* ⊘ (rupture avant le terme) ; *RJS 1994. 319.* - CAMERLYNCK, *Ét. offertes à A. Brun, 1974, p. 101.* - CASAUX, *Dr. soc. 1988. 175* (travail saisonnier). - CATALA, *ibid. 1972. 288* (travail saisonnier). - COTTEREAU, *ibid. 1985. 27* (résiliation judiciaire). - COUTURIER, *ibid. 1980, n° spéc. sept.-oct., 38.* - DOMERGUE, *Dr. ouvrier 1997. 112* (formes de l'emploi précaire). - DUNES, *Dr. soc. 1980, n° spéc. sept.-oct., 65.* - ÉTIENNOT, KESSLER et MOUKKA, *ibid. 1992. 66* ⊘ (contrat à durée déterminée d'usage). - GOLESTANIAN, *Dr. ouvrier 2001. 98* (contrat de remplacement). - KARAQUILLO, *RDT 2010. 14* ⊘ (l'application du code du travail au contrat de travail du sportif professionnel). - KERBOURC'H, *ibid. 1995. 987* ⊘ (le contrat à durée déterminée irrégulier en droit privé et en droit public). - LACHAISE, *ibid. 1989. 652* ⊘. - A. LYON-CAEN, *ibid. 1983. 5* ⊘. - MORAND, *JCP 1992. I. 129* (contrat de remplacement). - MORVILLE, *CSB 1995. 301 et 339* (jurisprudence récente) ; *ibid. 1996. 223* (revue de jurisprudence) ; *ibid. 1997. 27* (jurisprudence récente). - MOULY, *Dr. soc. 2015. 726* ⊘ (les suites de contrats temporaires : une jurisprudence contrastée). - PÉLISSIER, *Dr. soc. 1980, n° spéc. sept.-oct., 47* (renouvellement) ; *ibid. 1983. 17* (droits des salariés) ; *ibid. 1987. 93* (travail intermittent). - POULAIN, *Ét. offertes à G.H. Camerlynck, 1978, p. 63 ; Dr. soc. 1989. 300* (travail intermittent). - ROY-LOUSTAUNAU, *JCP E 1992. I. 161* (remplacement d'un salarié absent) ; *RJS 1996. 215* (contrat saisonnier) ; *Dr. soc. 2003. 263* ⊘ (loi du 3 janv. 2003). - SARAMITO, *Dr. ouvrier 1987. 39.* - SAVATIER, *Dr. soc. 1987. 407* (requalification). - VINCENT, *Gaz. Pal. 1988. 1. Doctr. 13* (emploi à caractère artistique).

CHAPITRE PREMIER **CHAMP D'APPLICATION**

Art. L. 1241-1 Les dispositions du présent titre ne s'appliquent ni au contrat d'apprentissage ni au contrat de mission conclu avec une entreprise de travail temporaire. – *[Anc. art. L. 122-3-14.]*

CHAPITRE II **CONCLUSION ET EXÉCUTION DU CONTRAT**

SECTION PREMIÈRE **CONDITIONS DE RECOURS**

SOUS-SECTION 1 **CAS DE RECOURS**

Art. L. 1242-1 Un contrat de travail à durée déterminée, quel que soit son motif, ne peut avoir ni pour objet ni pour effet de pourvoir durablement un emploi lié à l'acti-

vité normale et permanente de l'entreprise. – *[Anc. art. L. 122-1, al. 1er.] – V. art. L. 1248-1 (pén.).*

V. Circ. DRT n° 18/90 du 30 oct. 1990 (BOMT n° 90/24, texte n° 567) relative au contrat de travail à durée déterminée et au travail temporaire ; Circ. DRT n° 92-14 du 29 août 1992 (BOMT n° 92/21, texte n° 722) relative au régime juridique du contrat de travail à durée déterminée et du travail temporaire.

COMMENTAIRE

V. Dalloz.fr et applications mobiles Dalloz.

1. Caractère temporaire de l'entreprise. Le caractère temporaire d'une entreprise ne fait pas obstacle à la conclusion d'un contrat à durée indéterminée dès lors que l'emploi occupé par le salarié est lié à l'activité normale et permanente de l'entreprise. • Soc. 4 déc. 1996 : *RJS 1997. 20, n° 9.*

2. Illustrations d'emplois liés à l'activité normale et permanente de l'entreprise. En relevant que l'emploi, même s'il était à temps partiel avec des alternances de périodes travaillées et de périodes non travaillées, répondait à un besoin permanent de l'entreprise, une cour d'appel a légalement justifié sa décision de requalifier le contrat à durée déterminée en contrat à durée indéterminée. • Soc. 8 janv. 1997 : *CSB 1997. 69, A. 13* (salarié engagé pendant quatre années en qualité d'opérateur du son par une chaîne de télévision). ♦ Est lié à l'activité normale et permanente de l'entreprise : l'emploi occupé par un salarié recruté pour des remplacements de salariés absents d'une durée très minime, sur des postes interchangeables et alors que le salarié avait travaillé sans discontinuité, exception faite des périodes de fermeture de l'entreprise, pendant près de deux ans. • Soc. 27 juin 2007, n° 06-41.345 P. ♦ Il en va de même pour un salarié employé pendant une période continue de 26 mois pour dispenser des formations de même nature à des stagiaires souhaitant acquérir une formation professionnelle dans le même domaine, préparant un diplôme d'enseignement technique reconnu par l'éducation nationale. • Soc. 15 févr. 2006, n° 04-41.015 P. ♦ La multiplicité du recours aux CDD (589) durant une période de neuf ans pour exercer la même fonction revient à pourvoir durablement un emploi lié à l'activité normale et permanente de l'entreprise. • Soc. 24 juin 2015, n° 13-26.631 P : *Dalloz actualité, 28 juill. 2015, obs. Fraisse ; D. 2015. Actu. 1445 ; RJS 10/2015, n° 654.*

3. Besoin structurel de main-d'œuvre. La possibilité donnée à l'employeur de conclure avec le même salarié des contrats à durée déterminée successifs pour remplacer un ou des salariés absents ou dont le contrat est suspendu ne peut avoir pour objet ni pour effet de pourvoir durablement un emploi lié à l'activité normale et permanente de l'entreprise. • Soc. 26 janv. 2005 : *D. 2005. Pan. 2499, obs. Pélissier ; Dr. soc. 2005. 573, obs. Roy-Loustaunau ; RJS 2005. 258, n° 350 ; Dr. ouvrier 2005. 396 ; Sem. soc. Lamy 2005, n° 1201, p. 14 ; CSB 2005, A. 561, obs. Chabbi* • 29 sept. 2004 : *RJS 2004. 888, n° 1251* • 11 oct. 2006 : *RJS 2006. 936, n° 1253 ; Dr. soc. 2007. 642, obs. Roy-Loustaunau* • Soc. 3 juin 2015, n° 14-17.705 : *Dalloz actualité, 23 juin 2015, obs. Fraisse ; D. 2015. Actu. 1277 ; RJS 8-9/2015, n° 603.*

4. Une convention collective ne peut permettre le recours au contrat d'intervention à durée déterminée pour des salariés occupant déjà dans l'entreprise des emplois liés à son activité normale et permanente dans le cadre de contrats à durée indéterminée, peu important que ces contrats fussent à temps partiel ou intermittents. • Soc. 30 mars 2011 : *D. 2011. Actu. 1086, obs. Perrin.*

5. Caractère d'ordre public des dispositions relatives aux conditions de recours et de forme du CDD. La convention collective du rugby professionnel, en imposant le recours aux contrats à durée déterminée (CDD) pour le recrutement de joueurs, ne peut faire obstacle à leur requalification lorsqu'ils contreviennent aux dispositions d'ordre public relatives aux conditions de recours et de forme du contrat à durée déterminée. • Soc. 2 avr. 2014 : *Dalloz actualité, 5 mai 2014, obs. Ines ; D. 2014. 1363, note Karaquillo ; ibid. 1404, obs. Mariette, Sommé, Ducloz, Wurtz, Contamine et Flores ; Dr. soc. 2014. 576, obs. Mouly ; ibid. 818, note Barthélémy ; RDT 2014. 416, obs. Jacotot ; RJS 2014. 382, n° 468 ; JS Lamy 2014, n° 367-17.*

Art. L. 1242-2 **Sous réserve des dispositions de l'article L. 1242-3, un contrat de travail à durée déterminée ne peut être conclu que pour l'exécution d'une tâche précise et temporaire, et seulement dans les cas suivants :**

1° Remplacement d'un salarié en cas :

***a)* D'absence ;**

***b)* De passage provisoire à temps partiel, conclu par avenant à son contrat de travail ou par échange écrit entre ce salarié et son employeur ;**

c) De suspension de son contrat de travail ;

d) De départ définitif précédant la suppression de son poste de travail après consultation du comité d'entreprise ou, à défaut, des délégués du personnel, s'il en existe ;

e) D'attente de l'entrée en service effective du salarié recruté par contrat à durée indéterminée appelé à le remplacer ;

2° Accroissement temporaire de l'activité de l'entreprise ;

3° Emplois à caractère *(L. n° 2016-1088 du 8 août 2016, art. 86)* « saisonnier, dont les tâches sont appelées à se répéter chaque année selon une périodicité à peu près fixe, en fonction du rythme des saisons ou des modes de vie collectifs ou emplois » pour lesquels, dans certains secteurs d'activité définis par décret ou par convention ou accord collectif de travail étendu, il est d'usage constant de ne pas recourir au contrat de travail à durée indéterminée en raison de la nature de l'activité exercée et du caractère par nature temporaire de ces emplois ;

4° Remplacement d'un chef d'entreprise artisanale, industrielle ou commerciale, d'une personne exerçant une profession libérale, de son conjoint participant effectivement à l'activité de l'entreprise à titre professionnel et habituel ou d'un associé non salarié d'une société civile professionnelle, d'une société civile de moyens*[,]* *(L. n° 2015-990 du 6 août 2015, art. 63-VIII)* « d'une société d'exercice libéral ou de toute autre personne morale exerçant une profession libérale ; »

5° Remplacement du chef d'une exploitation agricole ou d'une entreprise mentionnée aux 1° à 4° de l'article L. 722-1 du code rural et de la pêche maritime, d'un aide familial, d'un associé d'exploitation, ou de leur conjoint mentionné à l'article L. 722-10 du même code dès lors qu'il participe effectivement à l'activité de l'exploitation agricole ou de l'entreprise ;

(L. n° 2014-1545 du 20 déc. 2014, art. 6) « 6° Recrutement d'ingénieurs et de cadres, au sens des conventions collectives, en vue de la réalisation d'un objet défini lorsqu'un accord de branche étendu ou, à défaut, un accord d'entreprise le prévoit et qu'il définit :

« *a)* Les nécessités économiques auxquelles ces contrats sont susceptibles d'apporter une réponse adaptée ;

« *b)* Les conditions dans lesquelles les salariés sous contrat à durée déterminée à objet défini bénéficient de garanties relatives à l'aide au reclassement, à la validation des acquis de l'expérience, à la priorité de réembauche et à l'accès à la formation professionnelle continue et peuvent, au cours du délai de prévenance, mobiliser les moyens disponibles pour organiser la suite de leur parcours professionnel ;

« *c)* Les conditions dans lesquelles les salariés sous contrat à durée déterminée à objet défini ont priorité d'accès aux emplois en contrat à durée indéterminée dans l'entreprise. » — *[Anc. art. L. 122-1, al. 2, et L. 122-1-1.] — V. art. L. 1248-2 (pén.).*

Avant le 8 févr. 2017, les organisations syndicales de salariés et les organisations professionnelles d'employeurs des branches dans lesquelles l'emploi saisonnier défini au 3° de l'art. L. 1242-2 est particulièrement développé et qui ne sont pas déjà soumises à des stipulations conventionnelles en ce sens engagent des négociations relatives au contrat de travail à caractère saisonnier afin de définir les modalités de reconduction de ce contrat et de prise en compte de l'ancienneté du salarié.

Dans les conditions prévues à l'art. 38 de la Constitution, dans un délai de neuf mois à compter du 8 août 2016, le Gouvernement est autorisé à prendre par ordonnance toute mesure relevant du domaine de la loi de nature à lutter contre le caractère précaire de l'emploi saisonnier et s'appliquant, à défaut d'accord de branche ou d'entreprise, dans les branches qu'elle détermine, à la reconduction du contrat de travail à caractère saisonnier conclu en application du 3° de l'art. L. 1242-2 et à la prise en compte de l'ancienneté du salarié. Le projet de loi de ratification est déposé devant le Parlement dans un délai de six mois à compter de la publication de cette ordonnance.

Avant le 31 déc. 2017, le Gouvernement remet au Parlement un rapport sur le bilan des négociations menées par les organisations professionnelles d'employeurs et les organisations syndicales de salariés. Ce bilan porte notamment sur les modalités de compensation financière versée aux salariés en cas de non-reconduction du contrat de travail (L. n° 2016-1088 du 8 août 2016, art. 86-VI et VII).

BIBL. CASAUX, *Dr. soc. 1988. 175* (travail saisonnier). - CATALA, *ibid. 1972. 288* (travail saisonnier). - DOUSSET, *JCP S 2007. 1828* (CDD dans le sport professionnel). - ÉTIENNOT, KESSLER et MOUKKA, *ibid. 1992. 66* (CDD d'usage). - GOLESTANIAN, *Dr. ouvrier 2001. 98* (contrat de remplacement). - MARIÉ, *JCP S 2008. 1349* (définition du motif d'accroissement temporaire d'activité dans les contrats à terme fixé). – MORAND, *JCP 1992. I. 129* (contrat de remplacement). – MOULY, *Dr. soc. 2000. 507* (recours au CDD dans le sport professionnel). – ROY-LOUSTAUNAU, *RJS 1996. 215* (complexité des contrats à durée déterminée saisonniers) ; *JCP E 1992. I. 161* (remplacement d'un salarié absent) ; *RJS 1996. 215* (contrat saisonnier) ; *Dr. soc. 2003. 263* (loi du 3 janv. 2003). – VACHET, *JS Lamy 2007, n° 213-1* (contrat de remplacement). – VINCENT, *Gaz. Pal. 1988. I. Doctr. 13* (emploi à caractère saisonnier).

COMMENTAIRE

V. Dalloz.fr et applications mobiles Dalloz. ❑

I. GÉNÉRALITÉS

1. Date d'appréciation du cas de recours. La cause du recours au contrat à durée déterminée s'apprécie à la date de conclusion de celui-ci. • Soc. 11 avr. 1991, n° 87-41.349 P : *D. 1991. IR 131 ; RJS 1991. 368, n° 686.*

2. Caractère limitatif des cas. Un stage probatoire de qualification à un emploi permanent n'entre pas dans les prévisions de l'art. L. 122-1 [L. 1242-1 nouv.]. • Soc. 29 mai 1991 : *Bull. civ. V, n° 271 ; D. 1991. IR 170 ; Dr. soc. 1991. 635 ; RJS 1991. 428, n° 816.*

3. La nécessité d'une autorisation temporaire de travail ne légitime pas le recours à un contrat à durée déterminée correspondant aux périodes couvertes par les autorisations administratives successives. • Soc. 10 janv. 1991 : *D. 1991. IR 39 ; RJS 1991. 165, n° 314.*

4. Le contrat conclu pour la durée d'un chantier est un contrat à durée indéterminée, à moins qu'il ne soit conclu dans l'un des cas énumérés à l'art. L. 122-1-1 [L. 1242-2 nouv.]. • Soc. 29 oct. 1996 : *D. 1996. IR 258 ; RJS 1996. 802, n° 1231* • 7 févr. 2007 : *D. 2007. AJ 661 ; RDT 2007. 235, obs. Auzero.*

5. Office du juge. Les juges du fond ont l'obligation de préciser celui des cas limitativement énumérés qui aurait donné lieu à un contrat à durée déterminée et de vérifier la réalité du cas légal mentionné dans le contrat. • Soc. 31 oct. 1989 : *Bull. civ. V, n° 625* • 5 déc. 1989 : *ibid., n° 694.* – V. aussi • Soc. 10 janv. 1990 : *RJS 1991. 134, n° 313.*

6. Preuve du recours autorisé. A défaut pour l'employeur de fournir la moindre indication sur la spécificité des travaux nécessitant un renfort du personnel, le contrat ne satisfait pas aux exigences de l'art. L. 122-1 [L. 1242-2 nouv.], alors que la tâche confiée au salarié relevait en tant que telle de l'activité normale de l'entreprise. • Soc. 18 janv. 1995 : *RJS 1995. 154, n° 209.* ♦ Ne constitue pas un cas licite de recours à un contrat à durée déterminée l'éventualité d'une réduction de l'activité de l'entreprise. • Soc. 4 mars 1992, n° 88-42.987 P : *D. 1992. IR 107 ; RJS 1992. 334, n° 586.*

7. Preuve de la réalité du motif de recours. Même s'il n'existe pas d'obligation de mentionner dans le contrat de travail à durée déterminée le motif de l'absence du salarié remplacé, en cas de litige sur le motif du recours, il incombe à l'employeur de rapporter la preuve de la réalité du motif énoncé dans le contrat à durée déterminée ; en cas de CDD de remplacement, il appartient donc à l'employeur de justifier de la réalité des absences justifiant le recours au CDD. • Soc. 15 sept. 2010 : *Dalloz actualité, 4 oct.2010, obs. Siro ; D. 2010. AJ 2165 ; RDT 2010. 710, obs. Bonnin ; RJS 2010. 750, n° 834 ; JS Lamy 2010, n° 286-3, obs. Toureil ; Dr. ouvrier 2011. 129, note Marié ; JCP S 2010. 1549, obs. Bousez.*

II. REMPLACEMENT D'UN SALARIÉ (art. L. 1242-2, 1°)

8. Remplacement d'un salarié déterminé. Un contrat conclu pour remplacer l'ensemble du personnel titulaire se trouvant en congé annuel ou maladie ne constitue pas un cas de recours au CDD autorisé. • Soc. 24 févr. 1998, n° 95-41.420 P. • 29 sept. 2004, n° 02-43.249 P : *D. 2004. IR 2762 ; Dr. soc. 2004. 1139, obs. Roy-Loustaunau ; JS Lamy 2004, n° 154-6 ; Dr. ouvrier 2005. 114* • 28 juin 2006 : *RDT 2006. 237, obs. Auzero ; D. 2006. IR 1912 ; RJS 2006. 772, n° 1034 ; Dr. soc. 2007. 640, obs. Roy-Loustaunau ; JS Lamy 2006, n° 194-4.* ♦ De même, le salarié embauché pour exécuter le complément de travail de plusieurs salariés employés de façon permanente à temps partiel, et non en remplacement d'un salarié absent ne peut relever du cas prévu à l'art. L. 122-1-1, 1° [L. 1242-2, 1° nouv.]. • Soc. 12 juill. 1999, n° 96-45.478 P : *D. 1999. IR 203 ; RJS 1999. 765, n° 1232.*

9. Remplacement d'un seul salarié absent. Le CDD ne peut être conclu que pour le remplacement d'un seul salarié, peu important que les noms et qualification des salariés remplacés soient précisés dans le contrat. • Soc. 28 juin 2006 : *D. 2006. IR 1912 ; Dr. soc. 2007. 640, obs. Roy-Loustaunau ; JS Lamy 2006, n° 194-4.* ♦ ... Ou que les salariés absents soient remplacés successivement, dans ce cas il doit y avoir autant de contrats que de salariés remplacés. • Soc. 28 juin 2006 : *RDT 2006. 237, obs. Auzero ; D. 2006. IR 1912 ; RJS 2006. 772, n° 1034 ; JS Lamy 2006, n° 194-4* • Soc. 11 juill. 2012 : *Dalloz actualité, 26 sept. 2012, obs. Siro ; D. 2012. Actu. 1969 ; RJS 2012.671, n° 776 ; JS Lamy 2012 n° 330-3, obs. Tourreil ; JCP S 2012. 1395, obs. Bousez.*

10. Remplacement d'un salarié à temps partiel. Un contrat conclu pour assurer à plein temps le remplacement d'un salarié devant reprendre ses activités à mi-temps en cours d'exécution de ce contrat n'entre pas dans les prévisions de l'art. L. 122-1-1 [L. 1242-2 nouv.]. • Soc. 20 mars 1990, ♗ n° 87-40.521 P. ♦ L'art. L. 122-1-1, 1° [L. 1242-2, 1° nouv.], qui autorise le recours au CDD pour le remplacement d'un salarié absent n'exclut pas la possibilité d'un remplacement partiel. • Soc. 15 oct. 2002, ♗ n° 00-40.623 P : *RJS 2002. 1014, n° 1361 ; JS Lamy 2002, n° 112-4.*

11. Remplacement d'un salarié absent à son poste de travail habituel. L'autorisation de recourir à un contrat à durée déterminée de remplacement en cas d'absence temporaire d'un salarié s'entend de son absence aussi bien de l'entreprise que de son poste habituel de travail. • Soc. 13 juill. 2010 : ♗ *D. 2010. Actu. 1884* ✎ ; *RJS 2010. 750, n° 833 ; Dr. ouvrier 2010. 668, obs. Saint-Rat ; JCP S 2010. 1395, obs. Bousez.*

12. Absence d'obligation d'affectation au poste du salarié absent. Le cas prévu par l'art. L. 122-1-1, 1° [L. 1242-2 nouv.], ne comporte pas, pour l'employeur, l'obligation d'affecter le salarié recruté en remplacement au poste même occupé par la personne absente. • Soc. 22 nov. 1995 : ♗ *D. 1996. IR 5 ; Dr. soc. 1996. 194, obs. Savatier* ✎ ; *JCP 1996. II. 22642, note Roy-Loustaunau ; ibid. I. 3923, n° 5, obs. Chevillard ; RJS 1996. 13, n° 7, 1re esp.* (salarié recruté pour remplacer un salarié appelé à occuper provisoirement le poste vacant) • 15 oct. 2002, ♗ n° 00-40.623 P : *RJS 2002. 1014, n° 1361 ; JS Lamy 2002, n° 112-4* • 30 avr. 2003, ♗ n° 01-40.937 P : *Dr. soc. 2003. 880, obs. Roy-Loustaunau* ✎ ; *D. 2003. IR 1602* ✎ ; *CSB 2003, A. 45 ; RJS 2003. 571, n° 854.* ♦ La possibilité de ne pas affecter le salarié au poste occupé par le salarié remplacé ne peut avoir pour effet de faire occuper à l'intéressé un emploi permanent de l'entreprise. • Soc. 16 juill. 1997, ♗ n° 94-42.398 P : *D. 1997. IR 187* ✎ ; *CSB 1997. 277, A. 50 ; RJS 1997. 663, n° 1073.*

13. Limites du CDD de remplacement. La possibilité donnée à l'employeur de conclure avec le même salarié des contrats à durée déterminée successifs pour remplacer un ou des salariés absents ou dont le contrat est suspendu ne peut avoir pour objet ni pour effet de pourvoir durablement un emploi lié à l'activité normale et permanente de l'entreprise. • Soc. 26 janv. 2005 : ♗ *D. 2005. Pan. 2499, obs. Pélissier* ✎ ; *Dr. soc. 2005. 573, obs. Roy-Loustaunau* ✎ ; *RJS 2005. 258, n° 350 ; Dr. ouvrier 2005. 396 ; Sem. soc. Lamy 2005, n° 1201, p. 14 ; CSB 2005, A. 561, obs. Chabbi* • 29 sept. 2004 : ♗ *RJS 2004. 888, n° 1251* • 11 oct. 2006 : ♗ *RJS 2006. 936, n° 1253 ; Dr. soc. 2007. 642, obs. Roy-Loustaunau* ✎ • 24 juin 2015, ♗ n° 14-12.610 P : *Dalloz actualité, 28 juill. 2015, obs. Fraisse ; D. 2015. Actu. 1445* ✎ ; *RJS 10/2015, n° 621 ; JS Lamy 2015, n° 393-4, obs. Hautefort ; JCP S 2015. 1343, note Bousez.*

14. Attente de l'entrée en service effective d'un salarié recruté par CDI. L'art. L. 122-1-1,1° [L. 1242-2, 1° nouv.], qui permet d'engager un salarié par CDD pour remplacer un salarié ayant quitté définitivement l'entreprise en cas d'attente de l'entrée en service effective du salarié recruté par CDI appelé à le remplacer, suppose que le poste considéré soit pourvu par un titulaire déjà recruté mais momentanément indisponible et n'autorise en aucun cas l'employeur à recourir à un contrat à durée déterminée afin de pourvoir un emploi lié à l'activité normale et permanente de l'entreprise dans l'attente du recrutement du titulaire du poste. • Soc. 9 mars 2005 : ♗ *Dr. soc. 2005. 691, obs. Roy-Loustaunau* ✎ ; *RJS 2005. 348, n° 485 ; Dr. ouvrier 2005. 479, note Moussy.*

15. Terme du contrat. Le contrat conclu pour assurer le remplacement d'un salarié absent jusqu'à la date de reprise du travail par ce salarié a pour terme la fin de l'absence de celui-ci et non la cessation du motif de l'absence précisé dans le contrat. • Soc. 24 mars 2004 : ♗ *RJS 2004. 613, n° 890.* ♦ Le CDD conclu pour remplacer une salariée absente pour congé de maternité peut se poursuivre pendant un congé parental. • Soc. 9 mars 2005 : ♗ *Sem. soc. Lamy 2005, n° 1207, p. 15.* ♦ Mais le CDD de remplacement conclu pour remplacer un salarié à mi-temps thérapeutique prend fin avec le terme de celui-ci, quand bien même le salarié remplacé, initialement à temps plein, signe un avenant afin de travailler à mi-temps. • Soc. 23 nov. 2016, ♗ n° 14-10.652 P : *Dalloz actualité, 1er janv. 2017, obs. Siro.*

III. ACCROISSEMENT TEMPORAIRE DE L'ACTIVITÉ (art. L. 1242-2, 2°)

16. Charge de la preuve. C'est à l'employeur qu'il appartient de rapporter la preuve d'un accroissement temporaire de l'activité justifiant le recours à un CDD ; à défaut il encourt la requalification du CDD en CDI. • Soc. 1er févr. 2000, ♗ n° 97-44.952 P.

17. Surcroît passager d'activité. Le surcroît d'activité entraîné par le rachat d'un magasin dont l'employeur entendait vérifier la rentabilité s'inscrit dans le cadre de l'activité normale et permanente de l'entreprise et n'est pas temporaire ; il ne constitue pas un motif légitime de recours au CDD. • Soc. 13 janv. 2009 : ♗ *D. 2009. AJ 376* ✎ ; *RJS 2009. 209, n° 231 ; JS Lamy 2009, n° 249-5 ; JCP S 2009. 1159, obs. Bousez.* ♦ Si, au moment de l'ouverture de cinq nouveaux magasins, la nouvelle activité d'une société constituait une expérience en sorte que les emplois créés ne constituaient pas des emplois permanents, il n'en était plus de même deux ans après au moment du renouvellement des contrats. • Soc. 29 oct.

1996 : *RJS 1996. 804, n° 1236.* ♦ Ne caractérise pas le surcroît d'activité le recours aux contrats à durée déterminée dans une proportion constante ou voisine d'un mois sur l'autre sans révéler de période justifiant le recours à ce type de contrat, l'aléa d'une variation réduite de la clientèle n'étant pas, en outre, constitutif d'un accroissement temporaire d'activité. • Soc. 1er févr. 2000, n° 98-41.624 P : *D. 2000. IR 65 ; Dr. soc. 2000. 516, note Roy-Loustaunau ; CSB 2000. 505, A. 18 ; RJS 2000. 275, n° 381.* ♦ L'organisation régulière d'expositions temporaires, à la même fréquence chaque année, sur les mêmes périodes annuelles, sur un même site et suivant un mode d'organisation identique, ne correspond pas à un accroissement temporaire d'activité autorisant le recours au CDD. • Soc. 10 déc. 2008 : *D. 2009. AJ 172 ; RDT 2009. 161, obs. Reynès ; RJS 2009. 124, n° 143 ; JS Lamy 2009, n° 250-5 ; JCP S 2009. 1160, obs. Bousez.* ♦ L'exécution de commandes de l'entreprise, qu'elles qu'aient pu être les difficultés rencontrées pour en assurer l'exécution n'est pas un accroissement temporaire d'activité. • Soc. 1er févr. 2012 : *Dalloz actualité, 20 févr. 2012, obs. Astaix ; RJS 2012. 278, n° 309 ; JCP S 2012. 1256, obs. Bousez.* ♦ Comp. : L'accroissement temporaire d'activité est caractérisé dès lors qu'est constatée l'existence, fût-elle liée à l'activité habituelle de l'entreprise et à une production supplémentaire adaptée à une saison, d'un surcroît d'activité pendant la période pour laquelle le contrat à durée déterminée a été conclu. • Soc. 25 mars 2015, n° 13-27.695 : *Dalloz actualité, 16 avr. 2015, obs. Ines ; RJS 6/2015, n° 392.*

18. L'employeur n'a pas l'obligation d'affecter le salarié à des tâches directement liées à ce surcroît d'activité. • Soc. 18 févr. 2003, n° 01-40.470 P : *Dr. soc. 2003. 650, note Roy-Loustaunau .*

IV. EMPLOI SAISONNIER (art. L. 1242-2, 3°)

19. Notion de saison. Le caractère saisonnier d'un emploi concerne des tâches normalement appelées à se répéter chaque année à des dates à peu près fixes, en fonction du rythme des saisons ou des modes de vie collectifs ; l'activité touristique caractérisée par un accroissement du nombre de visiteurs, chaque année à des dates à peu près fixes permet la conclusion de contrats à durée déterminée successifs couvrant les 5 ou 6 mois de l'année pendant lesquels l'afflux de visiteurs est le plus important. • Soc. 12 oct. 1999, n° 97-40.915 P : *RJS 1999. 832, n° 1352 ; Dr. soc. 1999. 1097, obs. Roy-Loustaunau .* ♦ En revanche, ne peut avoir d'activité saisonnière l'entreprise productrice, en toute saison, de produits plastiques correspondant à divers et multiples usages. • Soc. 26 oct. 1999, n° 97-42.776 P : *Dr. soc. 2000. 341, obs. Roy-Loustaunau ; RJS 1999. 841, n° 1443.* ♦ Lorsque le contrat d'un salarié engagé pour une saison ne comporte aucune indication sur sa durée et son terme et que l'employeur ne démontre pas que le contrat comportait une échéance précise connue à l'avance du salarié, les juges justifient leur décision en constatant que le contrat était à durée indéterminée. • Soc. 2 mai 1967 : *Bull. civ. IV, n° 348.* ♦ La circonstance que les chantiers de travaux public sont soumis aux conditions climatiques est insuffisante pour démontrer que l'emploi de chauffeur de carrière serait une tâche appelée à se répéter chaque année à des dates à peu près fixes en fonction du rythme des saisons ou des modes de vie collectif. • Soc. 17 sept. 2008 : *JCP S 2009. 1015, obs. Bousez ; RJS 2008. 974, n° 1168.*

20. Secteurs concernés. Les contrats de travail conclus pour la durée d'une année scolaire ou universitaire ne peuvent être assimilés à des emplois saisonniers. • Soc. 16 janv. 1992, n° 89-41.325 P. ♦ V. déjà, dans le même sens : • Soc. 13 nov. 1990, n° 87-44.964 P. (pour un chauffeur de car scolaire) • 10 avr. 1991, n° 87-42-884 P.(pour un professeur de judo). ♦ V. également • Soc. 2 févr. 1994 : *Dr. soc. 1994. 372* (emplois de remontées mécaniques) • 18 janv. 1995 : *RJS 1995. 155, n° 210* (professeur de danse) • 13 déc. 1995 : *RJS 1996. 75, n° 101* (secrétaire-hôtesse d'une école de ski). ♦ Sur la distinction entre emplois saisonniers et accroissement d'activité, V. • Soc. 22 juin 1994 : *RJS 1994. 663, n° 1121.* ♦ L'activité de nettoyage de vitres et de vitrines ne présente pas un caractère saisonnier. • Soc. 16 mars 1995 : *RJS 1995. 332, n° 491.* ♦ ... Ni celle de mannequin. • Soc. 7 déc. 1994 : *RJS 1995. 17 ; D. 1995. 285, concl. Chauvy ; Dr. ouvrier 1995. 272.* ♦ A un caractère déterminé le contrat d'un salarié animateur d'un club de vacances employé pour des saisons de quelques mois chacune et pour des fonctions de gestion et d'animation liées à une activité saisonnière. • Soc. 11 janv. 1995 : *RJS 1995. 99, n° 109.*

21. Office du juge. Le juge ne peut retenir le caractère saisonnier d'emplois sans préciser concrètement la nature et la date des différents emplois ayant donné lieu à la conclusion des contrats saisonniers litigieux ni vérifier si le salarié avait été affecté à l'accomplissement de tâches à caractère strictement saisonnier et non durables, appelées à se répéter chaque année à une époque voisine, en fonction du rythme des saisons. • Soc. 30 sept. 2014 : *Dalloz actualité, 22 oct. 2014, obs. Fraisse.*

22. Contrat saisonnier et contrat d'usage. L'emploi saisonnier et l'emploi dans le secteur d'activité où existe un usage constant sont deux cas différents de recours possible au contrat à durée déterminée ; un emploi saisonnier est donc possible dans un secteur d'activité ne figurant pas sur la liste prévue à l'art. L. 122-1-1, 3°. • Soc.

17 janv. 1996, n° 92-43.172 P : *RJS 1996. 74, n° 100 ; CSB 1996. 101, A. 21.*

23. Relation globale à durée indéterminée. La faculté pour un employeur de conclure des CDD successifs avec le même salarié afin de pourvoir un emploi saisonnier n'est assortie d'aucune limite, au-delà de laquelle s'instaurerait entre les parties une relation de travail globale à durée indéterminée. • Soc. 15 oct. 2002, n° 00-41.759 P : *Dr. soc. 2002. 1140, obs. Roy-Loustaunau ; RJS 2002. 1015, n° 1362 ; JS Lamy 2002, n° 113-4* • 26 oct. 2011 : *D. 2011. Actu. 2662 ; Dr. soc. 2011. 1307, obs. Roy-Loustaunau ; JCP S 2012. 1206, obs. Bousez.* ♦ ... A moins que le salarié ne soit engagé pour toutes les saisons et pendant la durée totale de chaque saison ou que les contrats saisonniers ne soient associés d'une clause de reconduction pour la saison suivante. • Soc. 16 nov. 2004, n° 02-46.777 P : *Sem. soc. Lamy 2004, n° 1193.*

24. CDD saisonnier et CDI intermittent. La convention collective, qui prévoit, en cas de successions de contrats saisonniers, l'établissement d'un contrat à durée indéterminée (CDI) sur la base des périodes effectives de travail ne saurait créer un contrat de travail intermittent ne répondant pas aux conditions légales et n'ouvre qu'une simple faculté. • Soc. 24 juin 2015, n° 13-25.761 P : *Dalloz actualité, 24 juill. 2015, obs. Ines ; D. 2015. Actu. 1444 ; RJS 10/2015, n° 620.*

V. CONTRAT D'USAGE (art. L. 1242-2, 3°)

25. Secteurs et emplois concernés. Dans les secteurs d'activités définis par décret ou par voie de convention ou d'accord collectif étendu, certains des emplois en relevant peuvent être pourvus par des contrats de travail à durée déterminée lorsqu'il est d'usage constant de ne pas recourir à un contrat à durée indéterminée, en raison du caractère par nature temporaire de ces emplois ; le juge saisi d'une demande de requalification doit seulement rechercher, par une appréciation souveraine, si, pour l'emploi concerné, et sauf si une convention collective prévoit en ce cas le recours au contrat à durée indéterminée, il est effectivement d'usage constant de ne pas recourir à un tel contrat ; l'existence de l'usage doit être vérifiée au niveau du secteur d'activité défini par l'article D. 121-2 C. trav. [art. D. 1242-1] ou par une convention ou un accord collectif étendu. ♦ Les secteurs d'activités correspondent à l'activité principale de l'entreprise. • Soc. 27 sept. 2006 : *RDT 2007. 47, obs. Nadal ; RJS 2006. 986, n° 1329* • Soc. 26 nov. 2003 (4 arrêts) : *D. 2004. Somm. 376, obs. Terroux ; Dr. soc. 2004. 629, note Roy-Loustaunau ; CSB 2004. A. 12 ; RJS 2004. 31, n° 9 ; ibid. 2004. 7, note Bailly ; JS Lamy 2004, n° 137-6* • 15 févr. 2006 : *Dr. soc. 2006. 794, obs. Roy-Loustaunau ; RJS 2006. 386, n° 537.* ♦ Une cour d'appel ne saurait refuser la requalification de contrats successifs à durée déterminée conclus avec un salarié par une entreprise du secteur du spectacle au seul motif que ces contrats énonçaient avoir été conclus pour des emplois qu'un accord permettait de pourvoir par CDD, alors que le salarié en cause avait été engagé postérieurement à cet accord ; la cour d'appel aurait dû rechercher si les contrats mentionnaient qu'ils étaient conclus dans le cas du contrat d'usage prévu par le 3° de l'art. L. 122-1-1 [L. 1242-2 nouv.]. • Soc. 27 juin 2007 : *D. 2007. AJ 2034 ; RJS 2007. 815, n° 1031 ; JCP S 2007. 1851, obs. Bousez.* ♦ Les CDD conclus dans le secteur d'activité de l'hôtellerie et de la restauration où il est d'usage de ne pas recourir à des CDI ne peuvent être requalifiés malgré une occupation régulière en saison et hors saison sur plusieurs années. • Soc. 25 mai 2005 : *Dr. soc. 2005. 916, obs. Roy-Loustaunau ; RJS 2005. 612, n° 847.* ♦ En l'absence de stipulations conventionnelles prévoyant le recours au CDD d'usage pour l'emploi de repasseur, l'employeur doit rapporter la preuve qu'il est d'usage constant, dans l'hôtellerie, de ne pas recourir à un CDI pour un tel emploi. • Soc. 20 sept. 2006 : *RJS 2006. 861, n° 1155 ; Dr. soc. 2007. 488, obs. Roy-Loustaunau .* ♦ La détermination par accord collectif de la liste précise des emplois pour lesquels il peut être recouru au CDD d'usage ne dispense pas le juge, en cas de litige, de vérifier concrètement l'existence de raisons objectives établissant le caractère par nature temporaire de l'emploi concerné. • Soc. 30 nov. 2010 : *Dalloz actualité, 4 janv. 2011, obs. Siro ; D. 2011. AJ 22* • Soc. 9 oct. 2013 : *Dalloz actualité, 29 oct. 2013, obs. Ines.*

26. Dans les secteurs mentionnés à l'art. L. 122-1-1, 3° [L. 1242-2, 3° nouv.], seuls les emplois par nature temporaires peuvent donner lieu à la conclusion d'un contrat à durée déterminée. • Soc. 26 juin 1991 : *D. 1991. IR 197 ; Dr. soc. 1991. 731* • 21 mars 2000, n° 97-45.120 P : *D. 2000. IR 136 ; RJS 2000. 354, n° 505 ; Dr. soc. 2000. 767, obs. Roy-Loustaunau .* ♦ Pour une illustration dans le secteur du sport professionnel : • Soc. 26 nov. 2003 : *préc.* ♦ ... Dans le secteur de l'audiovisuel : • Soc. 26 nov. 2003 : *RJS 2004. 31, n° 9 (3e esp.) ; ibid. 2004. 7, note Bailly.* ♦ Sur les centres de vacances et de loisirs : • Soc. 26 nov. 2003 : *RJS 2004. 31, n° 9 (4e esp.) ; ibid. 2004. 7, note Bailly.* ♦ Pour un emploi de formateur : • Soc. 26 nov. 2003 : *RJS 2004. 31, n° 9 (3e esp.) ; ibid. 2004. 7, note Bailly.* ♦ *Contra :* Le contrat d'un enseignant engagé à mi-temps pendant deux années n'est pas à durée indéterminée dans la mesure où son emploi correspondait à l'existence d'une tâche déterminée et temporaire. • Soc. 14 nov. 1990 : *D. 1990. IR 281 ; RJS 1990. 631, n° 950* • 9 avr. 1996, n° 92-43.458 P : *Dr. soc. 1996. 634, obs. Roy-Loustaunau ; RJS 1996. 330, n° 517, 2e esp.* (enseignant engagé pour une année en raison de la création d'une classe supplémentaire liée à un surcroît passager d'effectif). ♦ V. aussi : • Soc. 20 juill. 1994 : *CSB 1994. 235, A. 47* (le juge doit rechercher si l'emploi occupé par le salarié n'était pas lié à l'activité normale et permanente de l'entreprise) • 25 mars 1998, n° 95-41.466 P : *RJS 1998. 375, n° 575* (maître auxiliaire dont le contrat à durée déterminée est renouvelé d'année scolaire en année scolaire pendant huit ans sans autre interruption que celle des vacances scolaires) • 12 mars 1996, n° 93-44.767 P : *Dr. soc. 1996. 528, obs. Roy-Loustaunau ; RJS 1996. 229, n° 385 ; JCP E 1996. I. 595, n° 5, obs. Antonmattéi* (le juge doit rechercher si l'emploi occupé ne présentait pas un caractère temporaire). ♦ Ne peuvent être considérés comme des contrats d'usage les contrats de travail conclus avec des accompagnateurs dès lors que les dispositions de l'art. D. 1242-1 C. trav. ne mentionnent pas le secteur d'activité du tourisme et que la convention collective nationale de travail des guides accompagnateurs et accompagnateurs au service des agences de voyages et de tourisme du 10 mars 1966 n'est pas étendue. • Soc. 15 oct. 2014 : *D. 2014. Actu. 2118 ; RJS 2014. 721, n° 834.*

27. Secteur. Seul le sport professionnel entre dans le cadre de l'art. L. 122-1-1, 3° [L. 1242-2, 3° nouv.]. Ainsi, un joueur de football est lié par un contrat à durée déterminée en application de l'art. L. 122-1-1, 3°, C. trav. [L. 1242-2, 3° nouv.] dès lors que ses conditions d'engagement, notamment son niveau de rémunération l'assimile à un footballeur professionnel et qu'il est engagé par le club pour une saison unique. • Soc. 16 mai 2000 : *RJS 2000. 622, n° 909.* ♦ Ne relèvent pas de ce cas les contrats de footballeurs promotionnels, qui ont un statut d'amateurs. • Soc. 12 nov. 1997, n° 95-42.247 P : *RJS 1997. 825, n° 1341.* ♦ L'activité de collecte et de gestion des paris dans les hippodromes ne se rattache pas à l'un des secteurs limitativement énumérés à l'art. D. 121-2 [D. 1242-1] dans lesquels il est d'usage constant de ne pas recourir à un contrat à durée indéterminée. • Soc. 24 juin 2003, n° 00-42.766 P : *Dr. soc. 2003. 1124, obs. Roy-Loustaunau ; RJS 2003. 774, n° 1124 ; JS Lamy 2003, n° 130-3.* ♦ Les secteurs d'activité dans lesquels des contrats à durée déterminée peuvent être conclus sont les secteurs correspondant à l'activité principale de l'entreprise. • Soc. 25 févr. 1998, n° 95-44.048 P : *RJS 1998. 266, n° 420 ; D. 1998. IR 80 ; Dr. soc. 1998. 395, obs. Roy-Loustaunau* • 2 juin 2004 : *RJS 2004. 613, n° 889.*

28. Détermination conventionnelle. Est nul l'accord collectif ayant pour finalité de permettre le recours au contrat d'intervention à durée déterminée pour des salariés occupant déjà dans l'entreprise des emplois liés à son activité normale et permanente dans le cadre de contrats à durée indéterminée, peu important que ces contrats fussent à temps partiel ou intermittent. • Soc. 30 mars 2011 : *JCP S 2011. 1410, obs. Bousez.*

29. Écrit. Le contrat à durée déterminée d'usage ne dispense pas l'employeur d'établir un contrat écrit comportant la définition précise de son motif. • Soc. 28 nov. 2006 : *D. 2006. IR 3011 ; Dr. soc. 2007. 487, obs. Roy-Loustaunau ; RJS 2006. 141, n° 211.*

30. CDD d'usage successifs. La conclusion de CDD d'usage successifs avec le même salarié est possible à condition d'être justifiée par des raisons objectives, qui s'entendent de l'existence d'éléments concrets établissant le caractère par nature temporaire de l'emploi concerné. • Soc. 23 janv. 2008 : *GADT, 4e éd., n° 38 ; RJS 2008. 208, n° 256* • 26 mai 2010 : *RJS 2010. 584, n° 644 ; JCP S 2010. 1396, obs. Bousez.* ♦ Si dans les secteurs d'activités définis par décret ou par voie de convention ou d'accord collectif étendu, certains des emplois en relevant peuvent être pourvus par des contrats de travail à durée déterminée, lorsqu'il est d'usage constant de ne pas recourir à un contrat à durée indéterminée, en raison de la nature de l'activité exercée et du caractère par nature temporaire de ces emplois, et que des contrats à durée déterminée successifs peuvent, en ce cas, être conclus avec le même salarié, l'accord-cadre sur le travail à durée déterminée conclu le 18 mars 1999 et mis en œuvre par la Dir. 1999/70/CE du 28 juin 1999, qui a pour objet, en ses clauses 1 et 5, de prévenir les abus résultant de l'utilisation de contrats à durée déterminée successifs, impose de vérifier que le recours à l'utilisation de contrats successifs est justifié par des raisons objectives qui s'entendent de l'existence d'éléments concrets établissant le caractère par nature temporaire de l'emploi. • Soc. 17 déc. 2014, n° 13-23.176 : *Dalloz actualité, 28 janv. 2015, obs. Fraisse ; D. 2015. Actu. 85 ; Dr. soc. 2015. 185, obs. Mouly ; RJS 3/2015, n° 175 ; JS Lamy 2015, n° 381-5, obs. Lhernould ; JCP S 2015. 1077, obs. Chenu.* ♦ Dans le secteur de l'édition phonographique où il est d'usage constant, en raison de la nature de l'activité exercée et du caractère par nature temporaire des emplois, de ne pas recourir à un contrat à durée indéterminée, un contrat à durée déterminée et des contrats à durée déterminée successifs peuvent être conclus pour l'enregistrement d'un ou plusieurs phonogrammes ; lorsque le contrat à durée déterminée n'a pas de terme précis, il est conclu pour une durée minimale et a pour terme la réalisation de l'objet pour lequel il a été conclu. • Soc. 4 févr. 2009 : *RJS 2009. 281, n° 320 ; JCP S 2009. 1336, obs. Bousez.*

VI. REMPLACEMENT D'UN CHEF D'ENTREPRISE ARTISANALE, INDUSTRIELLE OU COMMERCIALE

31. Remplacement. La faculté offerte à l'employeur de conclure un contrat à durée déterminée dans le cas prévu à l'art. L. 1242-2, 4°, autorisant le remplacement d'un chef d'entreprise artisanale, industrielle ou commerciale, n'exclut pas la possibilité d'un remplacement qui ne soit que partiel et n'implique pas que ce dernier, lorsque l'entreprise comporte plusieurs agences, y soit physiquement présent pour exercer ses fonctions. • Soc. 26 nov. 2008 : *D. 2009. AJ 25 ; RDT 2009. 97, obs. Auzero ; RJS 2009. 125, n° 144 ; JCP S 2009. 1161, obs. Bousez.*

Art. L. 1242-3 Outre les cas prévus à l'article L. 1242-2, un contrat de travail à durée déterminée peut être conclu :

1° Au titre de dispositions légales destinées à favoriser le recrutement de certaines catégories de personnes sans emploi ; — *V. Décr. n° 85-399 du 3 avr. 1985, App. I, B. Contrat de travail.*

2° Lorsque l'employeur s'engage, pour une durée et dans des conditions déterminées par décret, à assurer un complément de formation professionnelle au salarié. — *[Anc. art. L. 122-2, al. 1er à 3.] — V. art. L. 1248-2 (pén.). — V. art. D. 1242-2.*

A compter du 1er janv. 2009, à titre exceptionnel, lorsque des salariés âgés de 50 ans et plus ou des personnes reconnues travailleurs handicapés embauchés dans des entreprises d'insertion, des ateliers et chantiers d'insertion ou des associations intermédiaires rencontrent des difficultés particulières qui font obstacle à leur insertion durable dans l'emploi, le contrat de travail conclu en application de l'art. L. 1242-3, le contrat d'avenir ou le contrat d'accompagnement dans l'emploi qu'ils ont conclu peut être prolongé au-delà de la durée maximale. Cette prolongation est accordée par l'institution mentionnée à l'art. L. 5312-1 ou par le président du conseil général lorsque, dans le cas des contrats d'avenir, celui-ci a conclu la convention individuelle mentionnée à l'art. L. 5314-38 associée à ce contrat, après examen de la situation du salarié au regard de l'emploi, de la capacité contributive de l'employeur et des actions d'accompagnement ou de formation conduites dans le cadre de la durée initialement prévue du contrat (L. n° 2008-1249 du 1er déc. 2008, art. 28-IV).

1. Stage. N'est pas titulaire d'un contrat de travail à durée déterminée l'élève effectuant un stage dans une entreprise dans le cadre d'une convention conclue entre l'établissement d'enseignement et l'entreprise. • Soc. 3 oct. 1991 : *RJS 1991. 630, n° 1182.*

2. Contrats enregistrés. Même non enregistré, un contrat de qualification demeure un contrat à durée déterminée. • Soc. 9 avr. 1996 : *RJS 1996. 369, n° 584.*

3. Contrat emploi-solidarité. La rupture d'un contrat emploi-solidarité est soumise au régime de la rupture des contrats à durée déterminée. • Soc. 20 mai 1997 : *Dr. soc. 1997. 739, obs. Roy-Loustaunau .*

Art. L. 1242-4 A l'issue d'un contrat d'apprentissage, un contrat de travail à durée déterminée peut être conclu dans les cas mentionnés aux articles L. 1242-2 et L. 1242-3 et, en outre, lorsque l'apprenti doit satisfaire aux obligations du service national dans un délai de moins d'un an après l'expiration du contrat d'apprentissage.

(Abrogé par L. n° 2014-40 du 20 janv. 2014, art. 19-VII) ***« Après liquidation de sa pension, un salarié peut conclure un contrat de travail à durée déterminée avec le même employeur, en application de l'article L. 1242-3, pour l'exercice des activités de tutorat définies au 8° de l'article L. 161-22 du code de la sécurité sociale. Un décret détermine la durée de ce contrat. »*** *— V. Circ. n° 71/85 du 17 déc. 1985 (BOMT n° 86/3-4, texte n° 14120). — [Anc. art. L. 122-3-12.] L'abrogation issue de la L. n° 2014-40 du 20 janv. 2014 est applicable aux assurés dont la 1re pension prend effet à compter du 1er janv. 2015 (L. préc., art. 19-VIII).*

SOUS-SECTION 2 **INTERDICTIONS**

Art. L. 1242-5 Dans les six mois suivant un licenciement pour motif économique, il est interdit de conclure un contrat de travail à durée déterminée au titre d'un accroissement temporaire de l'activité, y compris pour l'exécution d'une tâche occasionnelle, précisément définie et non durable, ne relevant pas de l'activité normale de l'entreprise.

Cette interdiction porte sur les postes concernés par le licenciement dans l'établissement.

L'interdiction ne s'applique pas :

1° Lorsque la durée du contrat de travail n'est pas susceptible de renouvellement et n'excède pas trois mois ;

2° Lorsque le contrat est lié à la survenance dans l'entreprise, qu'il s'agisse de celle de l'entrepreneur principal ou de celle d'un sous-traitant, d'une commande exception-

nelle à l'exportation dont l'importance nécessite la mise en œuvre de moyens quantitativement ou qualitativement exorbitants de ceux que l'entreprise utilise ordinairement. Cette possibilité de recrutement est subordonnée à l'information et à la consultation préalables du comité d'entreprise, ou, à défaut, des délégués du personnel, s'il en existe.

Les dérogations prévues aux 1° et 2° n'exonèrent pas l'employeur de respecter la priorité de réembauche prévue à l'article L. 1233-45. – *[Anc. art. L. 122-2-1.] – V. art. L. 1248-3 (pén.).*

COMMENTAIRE

V. Dalloz.fr et applications mobiles Dalloz.

Art. L. 1242-6 Outre les cas prévus à l'article L. 1242-5, il est interdit de conclure un contrat de travail à durée déterminée :

1° Pour remplacer un salarié dont le contrat de travail est suspendu à la suite d'un conflit collectif de travail ;

2° Pour effectuer certains travaux particulièrement dangereux figurant sur une liste établie par voie réglementaire, dans les conditions prévues à l'article L. 4154-1. – *V. art. D. 4154-1.*

L'autorité administrative peut exceptionnellement autoriser une dérogation à cette interdiction dans des conditions déterminées par voie réglementaire. – *[Anc. art. L. 122-3.] – V. art. L. 1248-3 (pén.). – V. art. D. 1242-5.*

COMMENTAIRE

V. Dalloz.fr et applications mobiles Dalloz.

Remplacement des grévistes. Le recours par La Poste à des contrats à durée déterminée est manifestement illicite dès lors qu'il est précisé qu'il est destiné à assurer le remplacement d'un fonctionnaire en grève. Le juge des référés est compétent pour faire cesser ce trouble au moyen d'une condamnation sous astreinte. • TGI Caen, 5 févr. 1997 : *Dr. ouvrier 1997. 143, note Miné.* ♦ V. également note 86 ss. art. L. 2511-1.

SECTION II **FIXATION DU TERME ET DURÉE DU CONTRAT**

Art. L. 1242-7 Le contrat de travail à durée déterminée comporte un terme fixé avec précision dès sa conclusion.

Toutefois, le contrat peut ne pas comporter de terme précis lorsqu'il est conclu dans l'un des cas suivants :

1° Remplacement d'un salarié absent ;

2° Remplacement d'un salarié dont le contrat de travail est suspendu ;

3° Dans l'attente de l'entrée en service effective d'un salarié recruté par contrat à durée indéterminée ;

4° Emplois à caractère saisonnier *(L. n° 2016-1088 du 8 août 2016, art. 86)* **« définis au 3° de l'article L. 1242-2 » ou pour lesquels, dans certains secteurs d'activité définis par décret ou par voie de convention ou d'accord collectif étendu, il est d'usage constant de ne pas recourir au contrat de travail à durée indéterminée en raison de la nature de l'activité exercée et du caractère par nature temporaire de ces emplois ;**

5° Remplacement de l'une des personnes mentionnées aux 4° et 5° de l'article L. 1242-2 ;

(L. n° 2014-1545 du 20 déc. 2014, art. 6) **« 6° Recrutement d'ingénieurs et de cadres en vue de la réalisation d'un objet défini, prévu au 6° de l'article L. 1242-2. »**

Le contrat de travail à durée déterminée est alors conclu pour une durée minimale. Il a pour terme la fin de l'absence de la personne remplacée ou la réalisation de l'objet pour lequel il a été conclu. – *[Anc. art. L. 122-1-2, al. 1er et III, L. 122-2, al. 4 et 5, phrase 2.] – V. art. L. 1248-4 (pén.).*

BIBL. SAVATIER, *Dr. soc. 1996. 141* (terme du contrat conclu pour remplacer un salarié absent).

COMMENTAIRE

V. Dalloz.fr et applications mobiles Dalloz.

1. Fixation d'un terme. Ne répond pas aux exigences légales le contrat qui indique qu'il est conclu jusqu'à l'automatisation de la tâche confiée au salarié et qui, de ce fait, ne comporte pas un terme fixé avec précision. • Soc. 19 juin 1987 : *Bull. civ. V, n° 400.* – Dans le même sens : • Soc. 3 févr. 1982 : *Bull. civ. V, n° 59* • 26 nov. 1987 : *D. 1987. IR 257* • Angers, 7 janv. 1986 : *D. 1986. IR 365, obs. Karaquillo* • Soc. 22 janv. 1992, n° 88-42.842 P : *D. 1992. IR 60 ; RJS 1992. 96, n° 123* • 22 juin 1993 : *D. 1993. 592, note Roy-Loustaunau ; RJS 1993. 505, n° 848 ; CSB 1993. 243, S. 121.* ♦ Le contrat qui comporte une clause de résiliation réciproque a un terme incertain et doit être considéré comme étant à durée indéterminée. • Soc. 6 nov. 1984 : *Bull. civ. V, n° 410.* – Dans le même sens : • Soc. 23 avr. 1985 : *Bull. civ. V, n° 244 ; Dr. soc. 1987. 1, note Savatier.* ♦ Rappr. : • Soc. 31 mai 1989 : *D. 1989. Somm. 407, obs. Mouly,* à propos de la faculté de résilier de gré à gré le contrat d'un joueur de football professionnel conclu avant 1982.

2. Clause de stabilité d'emploi. Lorsqu'un salarié est engagé pour une durée minimum de trois ans, il n'est pas possible de fixer avec précision le terme du contrat qui est alors à durée indéterminée. • Soc. 8 oct. 1987 : *Bull. civ. V, n° 537 ; D. 1987. IR 204.* – Dans le même sens : • Soc. 11 mars 1976 : *Bull. civ. V, n° 160* • 21 mars 1990 : *RJS 1990. 267, n° 350* • 7 déc. 1994 : *RJS 1995. 18, n° 4* (footballeur professionnel).

3. Terme précis. Lorsqu'un contrat conclu pour remplacer un salarié comporte un terme précis et qu'il a été renouvelé deux fois, une cour d'appel a pu estimer que, la relation contractuelle s'étant poursuivie sans solution de continuité, elle s'intégrait dans un ensemble à durée indéterminée. • Soc. 7 mars 1990, n° 87-43.651 P. ♦ En optant pour le contrat de date à date pour remplacer un salarié, l'employeur a la faculté de fixer une date antérieure au retour du salarié. • Soc. 26 févr. 1991, n° 87-40.410 P. ♦ ... Et celle de conclure, pour une même absence, des contrats successifs de date à date avec le même salarié. • Même arrêt.

4. Terme imprécis. Le contrat à durée déterminée conclu pour remplacer une salariée absente pour congé maternité qui s'est poursuivi pendant le congé parental sollicité par cette dernière a pour terme la fin de l'absence de cette salariée et ne doit pas être requalifié en une relation à durée indéterminée. • Soc. 9 mars 2005 : *D. 2005. IR 856 ; RJS 2005. 350, n° 487 ; JS Lamy 2005, n° 165-4.* ♦ Le contrat à durée déterminée conclu pour remplacer un salarié absent qui a pour terme la fin de l'absence du salarié remplacé cesse de plein droit en cas de cessation d'activité définitive du salarié remplacé. • Soc. 17 déc. 1997, n° 95-42.913 P : *RJS 1998. 97 ; D. 1998. IR 49 ; CSB 1998. 75, A. 18 ;Dr. soc. 1998. 223, note Roy-Loustaunau .* ♦ Le licenciement économique du salarié remplacé en raison de la cessation définitive d'activité de l'entreprise, entraîne de plein droit la fin du CDD conclu pour assurer son remplacement. • Soc. 20 avr. 2005, n° 03-41.490 P : *Dr. soc. 2005. 814, obs. Roy-Loustaunau ; RJS 2005. 524, n° 715 ; JS Lamy 2005, n° 171-5.* ♦ Le CDD du salarié remplaçant, absent de son poste de travail, ne se poursuit pas au-delà du terme, dès lors que l'employeur lui a notifié le décès du salarié remplacé dans un délai raisonnable. • Soc. 4 févr. 2009 : *RJS 2009. 282, n° 321 ; JCP S 2009. 1250, obs. Bousez.* ♦ Il incombe à l'employeur de rapporter la preuve de l'événement constitutif du terme et de sa date. • Soc. 13 mai 2003 : *D. 2003. IR 1479 ; RJS 2003. 572, n° 855.* ♦ Le contrat à durée déterminée ne comportant pas de terme précis ne peut prendre fin qu'au retour du salarié dont l'absence a constitué le motif de recours à un tel contrat, peu important le remplacement par glissement effectué par l'employeur. • Soc. 24 juin 2015, n° 14-12.610 P : *Dalloz actualité, 28 juill. 2015, obs. Fraisse ; D. 2015. Actu. 1445 ; RJS 10/2015, n° 621 ; JCP S 2015. 1343, note Bousez.*

5. Contrat saisonnier. Ne comportent ni terme précis ni durée minimale les contrats saisonniers qui se bornent à indiquer qu'ils se terminent « à la fin » de certains travaux et « au plus tard » à une certaine date. • Soc. 30 sept. 2014 : *Dalloz actualité, 22 oct. 2014, obs. Fraisse ; RDT 2014. 754, obs. Poirier ; RJS 1/2015, n° 7.*

6. Durée minimale. Le contrat conclu pour remplacer un salarié absent, s'il ne comporte pas de terme précis, doit comporter une durée minimale, à défaut de quoi il doit être requalifié en contrat à durée indéterminée. • Soc. 29 oct. 1996 : *D. 1996. IR 258 ; RJS 1996. 805, n° 1239.* ♦ L'avenant de renouvellement d'un CDD indiquant qu'il est conclu pour la durée du congé maternité contient par là même une durée minimale. • Soc. 25 juin 2013 : *Dalloz actualité, 24 juill. 2013, obs. Fleuriot ; D. 2013. Actu. 1691 ; JCP S 2013. 1383, obs. Bousez ; RJS 10/2013, n° 656.*

Art. L. 1242-8 La durée totale du contrat de travail à durée déterminée ne peut excéder dix-huit mois compte tenu, le cas échéant, *(L. n° 2015-994 du 17 août 2015, art. 55-I)* « du ou des deux renouvellements » intervenant dans les conditions prévues à l'article L. 1243-13.

Cette durée est réduite à neuf mois lorsque le contrat est conclu dans l'attente de l'entrée en service effective d'un salarié recruté par contrat à durée indéterminée ou lorsque son objet consiste en la réalisation des travaux urgents nécessités par des mesures de sécurité.

Elle est *(L. n° 2015-994 du 17 août 2015, art. 55-I)* « également de » vingt-quatre mois :

1° Lorsque le contrat est exécuté à l'étranger ;

2° Lorsque le contrat est conclu dans le cadre du départ définitif d'un salarié précédant la suppression de son poste de travail ;

3° Lorsque survient dans l'entreprise, qu'il s'agisse de celle de l'entrepreneur principal ou de celle d'un sous-traitant, une commande exceptionnelle à l'exportation dont l'importance nécessite la mise en œuvre de moyens quantitativement ou qualitativement exorbitants de ceux que l'entreprise utilise ordinairement. Dans ce cas, la durée initiale du contrat ne peut être inférieure à six mois et l'employeur doit procéder, préalablement aux recrutements envisagés, à la consultation du comité d'entreprise ou, à défaut, des délégués du personnel, s'il en existe.

Ces dispositions ne sont pas applicables au contrat de travail à durée déterminée conclu en application *(L. n° 2014-1545 du 20 déc. 2014, art. 6)* « du 6° de l'article L. 1242-2 et » de l'article L. 1242-3. – *[Anc. art. L. 122-1-2-II et L. 122-2, al. 5, phrase 2.] – V. art. L. 1248-5 (pén.).*

Les dispositions issues de la L. n° 2015-994 du 17 août 2015 s'appliquent aux contrats en cours (L. préc., art. 55-II).

1. Durée maximale. La durée maximale de dix-huit mois est inapplicable aux contrats conclus au titre du 3° de l'art. L. 122-1-1 [L. 1242-2 nouv.]. • Soc. 28 oct. 1997, n° 95-43.101 P : *D. 1998. 126, note Mouly ; D. 1997. IR 247 ; RJS 1997. 827, n° 1343.* ♦ Elle est également inapplicable au contrat conclu pour remplacer un salarié absent qui ne comporte pas de terme précis, dès l'instant qu'il prévoit une durée minimale. • Soc. 26 oct. 1999, n° 97-42.255 P : *D. 1999. IR 264 ; Dr. soc. 2000. 341, obs. Roy-Loustaunau ; RJS 1999. 843, n° 1443.* ♦ En revanche, le contrat à durée déterminée à terme précis motivé par le remplacement d'un salarié absent et conclu pour une durée supérieure à dix-huit mois doit être requalifié en contrat à durée indéterminée. • Soc. 26 févr. 2002 : *RJS 2002. 416, n° 537.*

2. Dérogation. Selon l'art. L. 6161-7, al. 4, CSP, les établissements de santé privés à but non lucratif admis à participer à l'exécution du service public hospitalier peuvent, par dérogation aux dispositions des art. L. 122-1, L. 122-1-1 et L. 122-1-2, recruter des praticiens par CDD pour une période égale au plus à 4 ans ; un praticien peut donc être recruté pour 4 ans par CDD, peu importe qu'il n'ait pas la qualité de praticien hospitalier. • Soc. 29 nov. 2006 : *Dr. soc. 2007. 491, obs. Roy-Loustaunau .*

3. Prorogation. Une grève prolongée au-delà du terme prévu ne peut entraîner la prorogation d'un contrat à durée déterminée qui avait pris fin. • Soc. 21 nov. 1984 : *Bull. civ. V, n° 445 ; Dr. ouvrier 1985. 35, note Y.H.N.* ♦ Même solution pour la fermeture annuelle de l'entreprise. • Soc. 25 févr. 2004, n° 01-43.072 P : *Dr. soc. 2004. 560, obs. Roy-Loustaunau ; RJS 2004. 357, n° 511.*

4. Prorogation et décision de l'inspecteur du travail. Le CDD dont le terme est prorogé dans l'attente de la décision de l'inspecteur du travail ou en cas de recours hiérarchique devient un CDI dans le cas où l'autorisation est refusée. • Soc. 27 sept. 2007 : *D. 2007. AJ 2609 ; RJS 2007. 1050, n° 1312 ; Dr. soc. 2008. 760, obs. Roy-Loustaunau .*

Art. L. 1242-8-1 *(L. n° 2014-1545 du 20 déc. 2014, art. 6)* **Le contrat de travail à durée déterminée mentionné au 6° de l'article L. 1242-2 est conclu pour une durée minimale de dix-huit mois et une durée maximale de trente-six mois. Il ne peut pas être renouvelé.**

Art. L. 1242-9 Lorsque le contrat de travail à durée déterminée est conclu pour remplacer un salarié temporairement absent ou dont le contrat de travail est suspendu ou pour un remplacement effectué au titre des 4° et 5° de l'article L. 1242-2, il peut prendre effet avant l'absence de la personne à remplacer. – *[Anc. art. L. 122-3-7, al. 1er.]*

SECTION III **PÉRIODE D'ESSAI**

Art. L. 1242-10 Le contrat de travail à durée déterminée peut comporter une période d'essai.

Sauf si des usages ou des stipulations conventionnelles prévoient des durées moindres, cette période d'essai ne peut excéder une durée calculée à raison d'un jour par semaine, dans la limite de deux semaines lorsque la durée initialement prévue au contrat est au plus égale à six mois et d'un mois dans les autres cas.

Lorsque le contrat ne comporte pas de terme précis, la période d'essai est calculée par rapport à la durée minimale du contrat. – *[Anc. art. L. 122-3-2.]*

1. Qualification de période d'essai. La période d'essai se situe au début de l'exécution du contrat, même si celui-ci commence par une période de formation théorique dispensée hors de l'entreprise. • Soc. 24 oct. 1997 : *JCP 1998. II. 10004, note Corrignan-Carsin ; Dr. soc. 1997. 1092, note Roy-Loustaunau ; RJS 1997. 821, n° 1334 ; CSB 1997. 326, S. 183.* ♦ Lorsqu'un salarié a été successivement engagé par deux contrats à durée déterminée, puis par un contrat à durée indéterminée comportant une période d'essai de trois mois, alors que les tâches confiées au salarié étaient identiques à celles assurées précédemment, les juges, ayant caractérisé la fraude de l'employeur consistant à imposer une période d'essai hors de proportion avec le temps nécessaire pour tester un salarié de sa catégorie, ont pu allouer une indemnité pour licenciement abusif. • Soc. 9 juin 1988, n° 85-43.146 P : *D. 1989. Somm. 167, obs. Fieschi-Vivet.* ♦ La durée à soustraire de la période d'essai est celle du contrat à durée déterminée à l'issue duquel les relations contractuelles se sont poursuivies et ne comprend pas les périodes d'emploi distinctes antérieures. • Soc. 28 juin 1989 : *D. 1990. 297, note Mouly*. ♦ V., dans le cas où le contrat à durée indéterminée est conclu pour un emploi différent de celui occupé précédemment : • Soc. 17 mars 1993 : *CSB 1993. 133, A. 30* (non-imputation sur la période d'essai du contrat à durée déterminée antérieur). ♦ Dans le cas où une interruption sépare deux contrats relevant du même emploi, V. • Soc. 26 févr. 2002 : *RJS 2002. 418, n° 539.*

2. Existence de la période d'essai. Le seul fait que la convention collective prévoit une période d'essai ne suffit pas à démontrer que celle-ci ait été convenue dans un contrat conclu pour une durée de quatre semaines sans préciser que les deux premières étaient effectuées à titre d'essai. • Soc. 27 avr. 1982 : *JCP 1983. II. 19986, note Wagner.* – Dans le même sens : • Soc. 17 janv. 1985 : *Bull. civ. V, n° 44* • 11 janv. 1994 : *RJS 1994. 108, n° 130.* ♦ L'existence d'une promesse d'embauche ne prévoyant pas de période d'essai ne fait pas obstacle à ce que le CDD finalement conclu entre les parties en prévoit valablement une. • Soc. 12 juin 2014 : *Dalloz actualité, 11 juill. 2014, obs. Ines ; RJS 2014. 505, n° 607 ; JS Lamy 2014, n° 370-3, obs. Hautefort.*

3. Durée de l'essai. La durée de la période d'essai est indépendante de l'existence d'une clause prévoyant une faculté de renouvellement du contrat. • Soc. 28 mai 1991, n° 88-44.357 P : *D. 1991. IR 163 ; RJS 1991. 429, n° 818.*

4. Viole l'art. L. 122-3-2 [L. 1242-10 nouv.] la cour d'appel qui, pour débouter le salarié de sa demande en paiement de dommages-intérêts pour rupture anticipée d'un contrat à durée déterminée, énonce que les circonstances exceptionnelles dues à la formation insuffisante du salarié autorisent l'employeur à renouveler la période d'essai, alors que les parties ne peuvent valablement convenir d'une période d'essai supérieure à celle fixée par la loi. • Soc. 11 juin 1987 : *Bull. civ. V, n° 377 ; D. 1987. IR 155.*

5. Décompte de la période d'essai. Si la période d'essai prévue par l'art. L. 122-3-2 [L. 1242-10 nouv.] en jours se décompte en jours travaillés, celles prévues en semaines ou en mois se décomptent en semaines civiles ou mois calendaires. • Soc. 4 févr. 1993 : *RJS 1993. 294, n° 490* • 6 juill. 1994 : *RJS 1994. 663, n° 1122* (le nombre de jours ouvrés est indifférent). ♦ Toute période d'essai exprimée en jours se décompte en jours calendaires. • Soc. 29 juin 2005 : *D. 2005. IR 1959 ; Dr. soc. 2005. 1036, obs. Savatier ; JS Lamy 2005, n° 175-2 ; RJS 2005. 679, n° 944* • 28 avr. 2011 : *Dalloz actualité, 18 mai 2011, obs. Ines ; D. 2011. Actu. 1290 ; RDT 2011. 435, obs. Tournaux ; RJS 2011. 537, n° 582 ; JS Lamy 2011, n° 301-4, obs. Tourreil.*

Art. L. 1242-11 Ne sont pas applicables pendant la période d'essai les dispositions relatives :

1° A la prise d'effet du contrat prévue à l'article L. 1242-9 ;

2° A la rupture anticipée du contrat prévue aux articles L. 1243-1 à L. 1243-4 ;

3° Au report du terme du contrat prévue à l'article L. 1243-7 ;

4° A l'indemnité de fin de contrat prévue à l'article L. 1243-8. – *[Anc. art. L. 122-3-9.]*

SECTION IV FORME, CONTENU ET TRANSMISSION DU CONTRAT

Art. L. 1242-12 Le contrat de travail à durée déterminée est établi par écrit et comporte la définition précise de son motif. A défaut, il est réputé conclu pour une durée indéterminée. – *V. art. L. 1248-6 (pén.).*

Il comporte notamment :

1° Le nom et la qualification professionnelle de la personne remplacée lorsqu'il est conclu au titre des 1°, 4° et 5° de l'article L. 1242-2 ;

2° La date du terme et, le cas échéant, une clause de renouvellement lorsqu'il comporte un terme précis ;

3° La durée minimale pour laquelle il est conclu lorsqu'il ne comporte pas de terme précis ;

4° La désignation du poste de travail en précisant, le cas échéant, si celui-ci figure sur la liste des postes de travail présentant des risques particuliers pour la santé ou la sécurité des salariés prévue à l'article L. 4154-2, la désignation de l'emploi occupé ou, lorsque le contrat est conclu pour assurer un complément de formation professionnelle au salarié au titre du 2° de l'article L. 1242-3, la désignation de la nature des activités auxquelles participe le salarié dans l'entreprise ;

5° L'intitulé de la convention collective applicable ;

6° La durée de la période d'essai éventuellement prévue ;

7° Le montant de la rémunération et de ses différentes composantes, y compris les primes et accessoires de salaire s'il en existe ;

8° Le nom et l'adresse de la caisse de retraite complémentaire ainsi que, le cas échéant, ceux de l'organisme de prévoyance. – *[Anc. art. L. 122-3-1, al. 1er à 10.]*

COMMENTAIRE

V. Dalloz.fr et applications mobiles Dalloz. ❑

1. Promesse d'embauche. Les dispositions de l'art. L. 1242-12 C. trav. ne s'appliquent pas à une promesse d'embauche. • Soc. 6 juill. 2016, n° 15-11.138 P : *Dalloz actualité, 29 août 2016, obs. Siro ; D. 2016. Actu. 1571 ; RDT 2016. 616, obs. Auzero ; Dr. soc. 2016. 867, obs. Mouly ; RJS 10/2016, n° 613 ; JS Lamy 2016, n° 416-3.*

2. Écrit. L'écrit peut résulter d'une lettre adressée par le salarié à son employeur établissant qu'il avait bien été engagé pour la saison des vendanges. • Soc. 23 juin 1988, n° 85-44.624 P : *D. 1988. IR 213 ; Dr. soc. 1989. 631, note Poulain.* ♦ L'ordre de mission non signé du salarié ne peut être assimilé à un contrat de travail écrit. • Soc. 31 mai 2006 : *D. 2006. IR 1704 ; RDT 2006. 170, obs. Auzero ; RJS 2006. 687, n° 927 ; Dr. soc. 2006. 921, obs. Roy-Loustaunau ; JCP S 2006. 1691, note Bousez.* ♦ Justifie sa décision le conseil de prud'hommes qui énonce que l'employeur ne peut modifier un élément substantiel du contrat à durée déterminée sans convention écrite et signée par les intéressés. • Soc. 20 mars 1990 : *RJS 1990. 331, n° 462.* ♦ Faute de comporter la signature du salarié, le contrat ne peut être considéré comme ayant été établi par écrit. • Soc. 22 oct. 1996 : *RJS 1996. 804, n° 1238* • 26 oct. 1999, n° 97-41.992 P : *D. 1999. IR 265 ; Dr. soc. 2000. 202, obs. Roy-Loustaunau ; RJS 1999. 842, n° 1444.* ♦ Le contrat à durée déterminée d'usage ne dispense pas l'employeur d'établir un contrat écrit comportant la définition précise de son motif. • Soc. 28 nov. 2006 : *D. 2006. IR 3011 ; Dr. soc. 2007. 487, obs. Roy-Loustaunau ; RJS 2006. 687, n° 927.*

3. Défaut d'écrit. A défaut d'écrit, le contrat est présumé conclu à durée indéterminée. • Soc. 8 oct. 1987 : *Bull. civ. V, n° 538 ; Dr. soc. 1989. 361, note Poulain.* ♦ En l'absence de contrat écrit, l'employeur ne peut écarter la présomption légale en apportant la preuve de l'existence d'un contrat verbal conclu pour une durée déterminée. • Soc. 21 mai 1996, n° 92-43.874 P : *GADT, 4e éd., n° 37 ; D. 1996. 565, concl. Chauvy ; JCP 1996. II. 22701, note Roy-Loustaunau ; JCP E 1996. I. 595, n° 6, obs. Chevillard ; RJS 1996. 501, n° 773* • 12 nov. 1997, n° 95-41.746 P : *D. 1997. IR 256 ; Dr. soc. 1998. 75, obs. Jeammaud ; RJS 1997. 891, n° 1454.* ♦ Mais le salarié peut rapporter la preuve que le contrat conclu verbalement est à durée déterminée. • Soc. 10 juill. 2002 : *D. 2002. 3112, obs. Lattes ; Dr. soc. 2003. 328, obs. Roy-Loustaunau ; RJS 2002. 908, n° 1208 ; CSB 2002. 499, A. 60 ; JS Lamy 2002, n° 109-4.*

4. Absence de signature et mauvaise foi du salarié. Le refus de signature d'un CDD par le salarié doit caractériser la mauvaise foi ou l'intention frauduleuse ; les juges du fond ne pouvaient refuser la requalification, alors que le salarié avait refusé de rendre les contrats que lui avait transmis l'employeur, et ce malgré un rappel par courrier avec accusé de réception, sans caractériser la mauvaise foi ou l'intention de nuire. • Soc. 7 mars 2012 : *Dalloz actualité, 22 mars 2012, obs. Siro ; D. 2012. Actu. 821 ; RDT 2012. 284, obs. Reynès ; RJS 2012. 366, n° 426 ; JS Lamy 2012, n° 321-3, obs. Lhernould ; JCP S 2012. 1257, obs. Bousez.*

5. Définition précise du motif. L'énonciation précise du motif exigée par l'art. L. 122-3-1 [L. 1242-12 nouv.] fixe les limites du litige au cas où la qualification du contrat se trouve contestée. • Soc. 4 déc. 1996, n° 94-42.987 P : *D. 1997. IR 11 ; Dr. soc. 1997. 90, obs. Roy-Loustaunau.* ♦ Constitue le motif précis exigé par l'art. L. 122-3-1, le contrat conclu pour faire face à un surcroît d'activité. • Soc. 24 nov. 1998, n° 96-41.742 P : *Dr. soc. 1999. 84, obs. Roy-Loustaunau ; RJS 1999. 25, n° 11.* ♦ La mention dans un contrat de travail à durée déterminée selon laquelle le contrat est conclu pour faire face à un accroissement temporaire d'activité constitue le motif précis exigé par l'art. L. 122-3-1 [L. 1242-12 nouv.]. • Soc. 28 sept. 2005 : *Dr. soc. 2006. 447, obs. Roy-Loustaunau*. ♦ Les contrats initiative-emploi à durée déterminée doivent être établis par écrit et comporter la définition précise de leur motif, à défaut de quoi ils sont réputés conclus à durée déterminée. • Soc. 23 oct. 2001, n° 99-44.574 P : *RJS 2002. 38, n° 17.* ♦ La seule mention « contrat-initiative-emploi », qui fait référence aux dispositions de l'art. L. 122-2 [L. 1242-3 nouv.], suffit à satisfaire à l'exigence de définition du motif. • Soc. 17 oct. 2000, n° 97-45.439 P : *RJS 2000. 822, n° 1272.* ♦ Le contrat à durée déterminée conclu en application de l'art. L. 6161-7 CSP qui autorise les établissements de santé privés à but non lucratif à recruter des praticiens hospitaliers pour une durée égale au plus à quatre ans peut être conclu sans définition précise du motif. • Soc. 29 avr. 2003 : *RJS 2003. 570, n° 853.* ♦ Ne correspond pas à cette exigence du motif précis de recours à un CDD d'usage le contrat d'un sportif indiquant que « le présent engagement réciproque concerne la saison rugbystique 2006/2007 ». • Soc. 7 mars 2012 : *D. 2012. Actu. 820 ; RJS 2012. 365, n° 424 ; JCP S 2012. 1255, obs. Bousez.*

6. Mentions obligatoires. L'omission des mentions obligatoires justifie, comme l'absence d'écrit, la requalification du contrat en vertu de la présomption de durée indéterminée. • Soc. 19 nov. 1987 : *Bull. civ. V, n° 656 ; D. 1987. IR 244 ; Dr. soc. 1989. 361, note Poulain.* – Dans le même sens : • Crim. 25 févr. 1986 : *Dr. soc. 1987. 407, note Savatier* • Soc. 16 juill. 1987 : *Bull. civ. V, n° 481 ; D. 1988. Somm. 97, obs. Béraud ; Dr. soc. 1989. 361, note Poulain.* ♦ Mais dès lors qu'il est établi que le contrat ne comportait pas le nom de la personne remplacée, il est réputé avoir été conclu pour une durée indéterminée, l'employeur ne pouvant invoquer le fait que le salarié ait eu connaissance du nom de la personne qu'il remplaçait. • Soc. 6 mai 1997, n° 94-41.940 P : *D. 1997. IR 132 ; Dr. soc. 1997. 922, note Roy-Loustaunau ; RJS 1997. 437, n° 664, 2e esp. ; CSB 1997. 201, A. 38.* – Dans le même sens : • Soc. 20 mai 1997 : *Sem. soc. Lamy 1997, n° 842, note Fieschi-Vivet.* ♦ De même, l'absence de la mention du nom et de la qualification du salarié remplacé entraîne une présomption de contrat à durée déterminée que l'employeur ne peut écarter. • Soc. 1er juin 1999, n° 96-43.617 P : *Dr. soc. 1999. 838, obs. Roy-Loustaunau ; JCP E 1999. 1929, note Miné ; RJS 1999. 554, n° 898* • 26 oct. 1999 : *préc. note 2.* ♦ Doit également être requalifié en contrat à durée indéterminée, le contrat à durée déterminée du salarié embauché, non pas pour remplacer un salarié déterminé, mais dans le cadre général du remplacement du personnel titulaire qui se trouve en congé annuel ou maladie. • Soc. 24 févr. 1998, n° 95-41.420 P : *RJS 1998. 266, n° 421 ; Dr. soc. 1998. 608, obs. Roy-Loustaunau*. ♦ En revanche, l'omission de la mention de la convention collective applicable ne peut entraîner la requalification du contrat à durée déterminée en contrat à durée indéterminée. • Soc. 26 oct. 1999 : *préc. note 2 ss. art. L. 1242-8.*

7. Clause de renouvellement unilatéral. Le droit de renouvellement unilatéral stipulé au bénéfice de l'employeur dans le premier contrat de travail n'entraîne pas une requalification automatique du CDD. • Soc. 13 juin 2007 : *D. 2007. AJ 1875 ; RJS 2007. 815, n° 1030.*

Art. L. 1242-12-1 *(L. n° 2014-1545 du 20 déc. 2014, art. 6-5°)* **Lorsque le contrat de travail à durée déterminée est conclu en application du 6° de l'article L. 1242-2, il comporte également :**

1° La mention "contrat à durée déterminée à objet défini" ;

2° L'intitulé et les références de l'accord collectif qui institue ce contrat ;

3° Une clause descriptive du projet et la mention de sa durée prévisible ;

4° La définition des tâches pour lesquelles le contrat est conclu ;

5° L'évènement ou le résultat objectif déterminant la fin de la relation contractuelle ;

6° Le délai de prévenance de l'arrivée au terme du contrat et, le cas échéant, de la proposition de poursuite de la relation de travail en contrat à durée indéterminée ;

7° Une clause mentionnant la possibilité de rupture à la date anniversaire de la conclusion du contrat, par l'une ou l'autre partie, pour un motif réel et sérieux et le droit pour le salarié, lorsque cette rupture est à l'initiative de l'employeur, à une indemnité égale à 10 % de la rémunération totale brute du salarié.

Art. L. 1242-13 **Le contrat de travail est transmis au salarié, au plus tard, dans les deux jours ouvrables suivant l'embauche.** – *[Anc. art. L. 122-3-1, al. 11.] – V. art. L. 1248-7 (pén.).*

1. Délai de transmission. L'employeur doit disposer d'un délai de deux jours pleins pour accomplir la formalité de transmission au salarié ; le jour de l'embauche ne compte pas dans le délai non plus que le dimanche qui n'est pas un jour ouvrable. • Soc. 22 oct. 2008 : *D. 2008. AJ 2876 ; RJS 2009. 43, n° 17 ; RJS 2009. 43, n° 17 ; JCP S 2009. 1016, obs. Bousez.*

2. Transmission tardive du contrat. La transmission tardive du CDD pour signature équivaut à une absence d'écrit qui entraîne requalification de la relation de travail en CDI. • Soc. 17 juin 2005 : *Sem. soc. Lamy 2005, nº 1221, p. 11 ; D. 2005. IR 1802 ; RJS 2005. 595, nº 810.*

3. Conditions de recours et de forme conventionnelles. La convention collective du rugby professionnel, en imposant le recours aux CDD pour le recrutement de joueurs, ne peut faire obstacle à leur requalification lorsqu'ils contreviennent aux dispositions d'ordre public relatives aux conditions de recours et de forme du contrat à durée déterminée. • Soc. 2 avr. 2014 : *Dalloz actualité, 5 mai 2014, obs. Ines ; D. 2014. 1363, note Karaquillo ; ibid. 1404, obs. Mariette, Sommé, Ducloz, Wurtz, Contamine et Flores ; Dr. soc. 2014. 576, obs. Mouly ; RDT 2014. 416, obs. Jacotot ; JS Lamy 2014, nº 367-17.*

SECTION V CONDITIONS D'EXÉCUTION DU CONTRAT

Art. L. 1242-14 Les dispositions légales et conventionnelles ainsi que celles résultant des usages applicables aux salariés titulaires d'un contrat de travail à durée indéterminée s'appliquent également aux salariés titulaires d'un contrat à durée déterminée, à l'exception des dispositions concernant la rupture du contrat de travail. – *[Anc. art. L. 122-3-3, al. 1er.]*

BIBL. Verkindt, *Dr. soc. 1995. 870* (principe d'égalité de traitement des travailleurs précaires).

1. Égalité de traitement. Une convention collective ne saurait mettre en échec l'art. L. 122-3-3 [L. 1242-14 nouv.], qui a une portée générale, en écartant de son champ d'application les salariés bénéficiaires d'un contrat à durée déterminée. • Crim. 14 mai 1985 : *Juri-soc. 1986, F. 4.*

2. Ce n'est que si le régime de congé payé applicable dans l'entreprise n'a pas permis au salarié leur prise effective que celui-ci peut prétendre au versement de l'indemnité compensatrice. • Soc. 25 févr. 1998, nº 95-45.005 P : *Dr. soc. 1998. 496, obs. Roy-Loustaunau.*

Art. L. 1242-15 La rémunération, au sens de l'article L. 3221-3, perçue par le salarié titulaire d'un contrat de travail à durée déterminée ne peut être inférieure au montant de la rémunération que percevrait dans la même entreprise, après période d'essai, un salarié bénéficiant d'un contrat de travail à durée indéterminée de qualification professionnelle équivalente et occupant les mêmes fonctions. – *[Anc. art. L. 122-3-3, al. 2.] – V. art. L. 1248-8 (pén.).*

1. Égalité de rémunération. La règle posée par l'art. L. 122-3-3, al. 2 [L. 1242-15 nouv.], s'applique à tous les salariés engagés par contrat à durée déterminée dès le premier jour de leur engagement, qu'ils soient ou non soumis à une période d'essai. • Soc. 17 déc. 1996, nº 94-41.460 P : *D. 1997. IR 22 ; Dr. soc. 1997. 192, obs. Savatier ; RJS 1997. 20, nº 11 ; CSB 1997. 73, A. 15* • 15 oct. 2002, nº 00-40.623 P : *RJS 2002. 1014, nº 1361 ; JS Lamy 2002, nº 112-4.*

2. Ne méconnaît pas le principe « à travail égal, salaire égal », dont s'inspire l'art. L. 122-3-3 [L. 1242-14 nouv.], l'employeur qui justifie par des raisons objectives et matériellement vérifiables la différence de rémunération entre des salariés effectuant un même travail ou un travail de valeur égale : l'urgence et la difficulté à trouver un remplaçant peuvent constituer un élément objectif et vérifiable autorisant l'employeur à recruter en CDD une personne mieux payée que le titulaire du poste. • Soc. 21 juin 2005 : *D. 2005. IR 1807 ; D. 2006. Pan. 33, obs. Escande-Varniol ; Dr. soc. 2005. 1047, obs. Radé ; JS Lamy 2005, nº 174-2.*

3. Non-prise en compte de la prime de précarité. Dans la comparaison de rémunération entre des salariés effectuant un même travail ou un travail de valeur égale, il ne faut pas tenir compte de l'indemnité de précarité qui compense la situation dans laquelle le salarié est placé du fait de son CDD ; il faut se placer sur le terrain de l'existence d'une différence de traitement au regard de la rémunération. • Soc. 10 oct. 2012 : *Dalloz actualité, 31 oct. 2012, obs. Siro ; D. 2013. Pan. 1026, obs. Porta ; RJS 2013. 29, nº 10 ; JCP S 2012. 1529, obs. Sébille.*

Art. L. 1242-16 Le salarié titulaire d'un contrat de travail à durée déterminée a droit à une indemnité compensatrice de congés payés au titre du travail effectivement accompli durant ce contrat, quelle qu'ait été sa durée, dès lors que le régime des congés applicable dans l'entreprise ne lui permet pas de les prendre effectivement.

Le montant de l'indemnité, calculé en fonction de cette durée, ne peut être inférieur au dixième de la rémunération totale brute perçue par le salarié pendant la durée de son contrat.

L'indemnité est versée à la fin du contrat, sauf si le contrat à durée déterminée se poursuit par un contrat de travail à durée indéterminée. – *[Anc. art. L. 122-3-3, al. 3 et 4.]*

SECTION VI INFORMATION SUR LES POSTES À POURVOIR

Art. L. 1242-17 **L'employeur porte à la connaissance des salariés titulaires d'un contrat de travail à durée déterminée la liste des postes à pourvoir dans l'entreprise par des contrats de travail à durée indéterminée lorsqu'un tel dispositif d'information existe déjà pour les salariés bénéficiant d'un contrat à durée indéterminée.** – *[Anc. art. L. 122-3-17-1.]*

En ce qui concerne les salariés involontairement privés d'emploi qui sont engagés par contrat à durée déterminée, V. L. n° 79-11 du 3 janv. 1979, art. 8, App. III, A. Emploi.

CHAPITRE III RUPTURE ANTICIPÉE, ÉCHÉANCE DU TERME ET RENOUVELLEMENT DU CONTRAT

SECTION PREMIÈRE RUPTURE ANTICIPÉE DU CONTRAT

Art. L. 1243-1 **Sauf accord des parties, le contrat de travail à durée déterminée ne peut être rompu avant l'échéance du terme qu'en cas de faute grave** *(L. n° 2011-525 du 17 mai 2011, art. 49-I)* **« , de force majeure ou d'inaptitude constatée par le médecin du travail ».**

(L. n° 2014-1545 du 20 déc. 2014, art. 6) **« Lorsqu'il est conclu en application du 6° de l'article L. 1242-2, le contrat de travail à durée déterminée peut, en outre, être rompu par l'une ou l'autre partie, pour un motif réel et sérieux, dix-huit mois après sa conclusion puis à la date anniversaire de sa conclusion. »**

BIBL. Blaise, *Dr. soc. 1993. 41* . – Karaquillo, *D. 1997. Chron. 345* (protection du salarié et rupture anticipée). – Mouly, *JCP S 2011. 1497* (rupture anticipée du CDD pour inaptitude physique : une nouvelle immixtion des règles du CDI).

COMMENTAIRE

V. Dalloz.fr et applications mobiles Dalloz.

I. CARACTÈRE LIMITATIF DES CAUSES DE RUPTURE

1. *Champ d'application.* La rupture d'un contrat emploi-solidarité est soumise au régime de la rupture des contrats à durée déterminée. • Soc. 20 mai 1997 : *Dr. soc. 1997. 739, obs. Roy-Loustaunau* .

2. *Principe.* Le contrat à durée déterminée ne peut être rompu avant l'échéance du terme qu'en cas de faute grave ou de force majeure ; il résulte de ces conditions d'ordre public que le salarié ne peut par avance accepter la rupture du contrat par l'employeur pour d'autres causes que celles prévues par ce texte. • Soc. 16 déc. 1998, n° 95-45.341 P : *Dr. soc. 1999. 285, obs. Roy-Loustaunau* . ♦ La charte du football professionnel qui a la valeur d'une convention collective et qui définit la durée des contrats, leur homologation et le mode de résiliation des engagements conclus ne peut autoriser une rupture anticipée en l'absence d'accord des parties, d'une force majeure, d'une faute grave de l'une ou l'autre des parties. • Soc. 6 mai 1998 : *Bull. civ. V, n° 235 ; D. 1998. 612, note Lagarde ; Dr. soc. 1998. 835, obs. Karaquillo* • Soc. 10 févr. 2016, n° 14-30.095 P : *D. 2016. Actu. 430 ; RJS 4/2016, n° 233 ; JCP S 2016. 1135, obs. Jacotot.* ♦ Il résulte des dispositions d'ordre public de l'art. L. 1243-1, auxquelles ni la convention collective de branche du basketball professionnel ni le contrat de travail ne peuvent déroger, que, sauf accord des parties, le contrat de travail à durée déterminée ne peut être rompu avant l'échéance du terme qu'en cas de faute grave ou de force majeure (clause du contrat de travail selon laquelle le salarié devait faire l'objet d'un examen médical au plus tard avant le premier entraînement et que le contrat ne serait considéré comme valide qu'après déclaration d'aptitude à la pratique du basketball). • Soc. 1er juill. 2009 : *D. 2010. 871, note Lagarde ; RJS 2009. 745, n° 840.*

3. *Exclusion de la clause résolutoire.* La clause permettant à l'employeur de dénoncer le contrat est nulle. • Soc. 16 déc. 1998, n° 95-45.341 P : *Dr. soc. 1999. 285, obs. Roy-Loustaunau* . ♦ Méconnaît les dispositions d'ordre public de l'art. L. 122-3-8 [L. 1243-1 nouv.] le contrat prévoyant qu'il pourrait y être mis fin dans le cas où le salarié ne donnerait pas satisfaction. • Soc. 11 mai 1988 : *Bull. civ. V, n° 283 ; D. 1988. IR 155.* ♦ Le contrat qui comporte une clause de dénonciation par l'une ou l'autre des parties est à durée indéterminée. • Soc. 27 mars 1991, n° 87-41.535 P : *D. 1991. IR 124* .

4. Un salarié dont le contrat comporte une clause de résiliation ne peut cependant par avance accepter la rupture par l'employeur de son contrat de travail pour une cause non prévue par les dispositions d'ordre public de l'art. L. 122-3-8 [L. 1243-1 nouv.]. • Soc. 27 mai 1992, n° 89-41.704 P : *JCP E 1992. II. 379, 1re esp., note J. Mouly ; RJS 1992. 543, n° 967.* ♦ Dès lors que le contrat a été conclu pour une durée de trois ans, la clause permettant à l'employeur de le dénoncer avant son terme est nulle (clause bilatérale de dénonciation annuelle moyennant préavis). • Soc. 5 juill. 1995 : *D. 1996. 280, note J. Mouly* • 16 déc. 1998, n° 95-45.341 P : *RJS 1999. 109, n° 165.* ♦ Un accord autorisant les parties à mettre fin à tout moment au CDD ne peut en aucun cas intervenir par avance en la forme d'une clause résolutoire prévue au contrat de travail ou par avenant conclu en même temps que le contrat initial, les dispositions prévoyant les cas de rupture autorisés étant d'ordre public. • Metz, 22 mars 2005 : *D. 2006. 489, note Lefranc-Harmonieux.*

5. Exclusion de la résiliation judiciaire demandée par l'employeur. L'action en résiliation judiciaire introduite par l'employeur n'est pas recevable et son exercice s'analyse en une rupture anticipée du contrat à durée déterminée. • Soc. 15 juin 1999, n° 98-44.295 P : *D. 1999. 623, note Radé ; Dr. soc. 1999. 836, obs. Roy-Loustaunau* • 4 déc. 2001, n° 99-46.364 P : *Dr. soc. 2002. 406, obs. Roy-Loustaunau ; RJS 2002. 133, n° 149 ; JS Lamy 2002, n° 94-4.* ♦ Comp. antérieurement n'admettant la résiliation judiciaire qu'en cas de faute grave du salarié. • Soc. 20 mars 1990, n° 87-41.422 P : *D. 1991. 143, note J. Mouly ; RJS 1990. 272, n° 358.*

6. Résiliation judiciaire à la demande du salarié. La cour d'appel qui constate que l'employeur n'a pas satisfait à son obligation de fournir du travail caractérise la faute grave justifiant la résiliation du contrat de travail. • Soc. 14 janv. 2004, n° 01-40.489 P : *D. 2004. 1473, note Mouly ; Dr. soc. 2004. 306, obs. Radé.*

7. Prise d'acte par le salarié de la rupture. Lorsqu'un salarié rompt le contrat à durée déterminée et qu'il invoque des manquements de l'employeur, il incombe au juge de vérifier si les faits invoqués sont ou non constitutifs de faute grave. • Soc. 30 mai 2007 : *D. 2007. AJ 1787 ; RJS 2007. 714, n° 919 ; ibid. 795, note Frouin ; JCP S 2007. 1714, note Bousez ; Dr. soc. 2008. 601, obs. Roy-Loustaunau* • 29 nov. 2006 : *D. 2007. 1640, note Mouly* • 9 avr. 2008 : *RDT 2008. 448, obs. Jacotot.*

II. ACCORD DES PARTIES

8. Accord des parties. La rupture anticipée par accord des parties ne peut résulter que d'une volonté claire et non équivoque. • Soc. 21 mars 1996 : *RJS 1996. 334, n° 522.* ♦ La rupture d'un commun accord du contrat à durée déterminée prévue par l'art. L. 122-3-8 C. trav. [L. 1243-1 nouv.] a pour seul objet de mettre fin aux relations des parties ; elle ne constitue pas une transaction destinée à mettre fin, par des concessions réciproques, à toute contestation née ou à naître résultant de la rupture du contrat. • Soc. 16 mai 2000, n° 98-40.238 P : *D. 2001. 273, note Puigelier ; RJS 2000. 546, n° 778 ; Dr. soc. 2000. 913, obs. Roy-Loustaunau.*

III. FAUTE GRAVE

9. Notion. La rupture anticipée d'un contrat à durée déterminée n'est possible pour faute que si celle-ci revêt le caractère d'une faute grave. • Soc. 11 mai 1988 : *préc. note 3.* – Dans le même sens : • Soc. 29 mai 1986 : *D. 1987. 474, note Karaquillo* • 1er juill. 1985 : *Dr. soc. 1987. 407, note Savatier.* ♦ La faute grave est celle qui rend impossible le maintien du lien contractuel. • Soc. 13 févr. 1963 : *JCP 1963. II. 13183, note Bizière.* ♦ En différant de sept jours l'effet de la rupture anticipée, l'employeur se prive de la possibilité d'invoquer la faute grave. • Soc. 19 nov. 1992, n° 92-40.578 P : *RJS 1993. 26, n° 12 ; CSB 1993. 3, A. 1* • 30 juin 1993 : *Dr. soc. 1993. 770 ; RJS 1993. 506 ; CSB 1993. 244, S. 123.*

10. Constitue une faute grave le fait : de refuser d'exécuter une tâche habituelle. • Soc. 8 janv. 1987 : *D. 1987. IR 13.* ♦ ... De commettre, s'agissant d'une technicienne de laboratoire, une erreur d'analyse. • Soc. 5 mars 1987 : *D. 1988. 241, note Karaquillo.* ♦ ... Ou de désorganiser gravement le fonctionnement d'une chaîne en affectant les résultats de l'entreprise. • Soc. 19 juill. 1988 : *Bull. civ. V, n° 463.* ♦ ... Pour un salarié d'exiger le versement de commissions de la part de fournisseurs. • Soc. 11 janv. 1995 : *RJS 1995. 99, n° 109.* ♦ Mais ni la maladie, ni l'insuffisance professionnelle ne sont constitutives d'une faute grave. • Soc. 25 avr. 1990 : *Liaisons soc. Lég. soc., n° 6378, 11* • 31 oct. 1989 : *JCP 1989. IV. 421* • 10 juin 1992, n° 88-44.025 P : *D. 1992. IR 200 ; JCP E 1992. II. 379, 2e esp., note J. Mouly ; CSB 1992. 223, A. 39 ; RJS 1992. 542, n° 966* • 2 mars 1994 : *Dr. soc. 1994. 512 ; RJS 1994. 253, n° 382* (inaptitude à suivre une formation). ♦ Comp. : • Soc. 30 juin 1982 : *D. 1983. 212, note Karaquillo* • 22 oct. 1991 : *D. 1992. 189, note Karaquillo* (incompétence pédagogique). ♦ N'est pas constitutif d'une faute grave le retard apporté par le salarié à la justification de son absence pour maladie. • Soc. 11 mai 1994 : *RJS 1994. 410, n° 665* • 17 janv. 1996 : *RJS 1996. 75, n° 102.* ♦ ... Ou le fait d'avoir sorti irrégulièrement des documents comptables pendant plusieurs jours consécutifs alors qu'était démontré ni la malveillance du salarié, ni le caractère confidentiel des documents. • Soc. 1er oct. 1996 : *RJS 1996. 747, n° 1154.* ♦ ... Ou le fait de refuser un accroissement de l'amplitude horaire de nuit. • Soc. 7 sept. 2004 : *D. 2004. IR 2546 ; Dr. soc. 2004. 1022, obs. Roy-Loustaunau ; RJS 2004. 806, n° 1125 ; Dr. ouvrier 2005. 212.* ♦ ...

Ou le fait de refuser un changement des conditions de travail. • 20 nov. 2013 : ⚖ *Dalloz actualité, 12 déc. 2013, obs. Fraisse ; D. 2013. Actu. 2784* ✎ *; Dr. soc. 2014. 178, obs. Mouly* ✎ *; RJS 2014. 84, n° 104 ; JS Lamy 2014, n° 358-2, obs. Lhernould.* ♦ En tenant compte de l'âge et de l'inexpérience d'un salarié, une cour d'appel a pu décider que la poursuite en toute connaissance de cause et la dissimulation volontaire d'erreurs ayant perturbé le fonctionnement de l'entreprise ne constituaient pas une faute grave. • Soc. 22 mai 1996 : ⚖ *RJS 1996. 655, n° 1018.* ♦ Ne donne pas de base légale à sa décision le conseil de prud'hommes qui retient la faute grave sans expliquer en quoi consistaient les difficultés relationnelles entre le salarié et son employeur et sans caractériser en quoi elles rendaient impossible le maintien du lien contractuel. • Soc. 4 juin 1996 : ⚖ *RJS 1996. 655, n° 1019.*

11. Garantie d'emploi. Dès lors que le contrat à durée déterminée comporte une clause de garantie d'emploi, la rupture anticipée suppose l'existence d'une faute grave rendant impossible le maintien des relations contractuelles. • Soc. 6 mai 1997, ⚖ n° 94-40.660 P : *D. 1998. 294, note Petit* ✎ *; JCP 1997. II. 22972, note Mouly ; Dr. soc. 1997. 737, obs. Couturier* ✎ *; RJS 1997. 428, n° 649.*

12. Procédure disciplinaire. Prononcée pour faute grave, la rupture anticipée d'un contrat à durée déterminée constitue une sanction ; dès lors l'employeur ne peut invoquer d'autres griefs que ceux énoncés dans la lettre notifiant la rupture. • Soc. 26 févr. 1992, ⚖ n° 89-44.090 P : *Dr. soc. 1992. 377* ✎ *; RJS 1992. 242, n° 413 (2 arrêts) ; CSB 1992. 119, S. 71* (licenciements intervenus avant la loi du 2 août 1989 modifiant l'art. L. 122-14-2). ♦ En conséquence, la rupture anticipée est soumise aux dispositions de l'art. L. 122-41 C. trav. [L. 1332-1 et 1332-3] applicables en matière disciplinaire. • Soc. 11 avr. 1996, ⚖ n° 93-42.632 P : *Dr. soc. 1996. 736, obs. Roy-Loustaunau* ✎ *; RJS 1996. 334, n° 523* • 4 juin 2008 : ⚖ *RJS 2009. 703, n° 872 ; JCP S 2008. 1518, obs. Bousez* • 14 mai 2014 : ⚖ *D. 2014. Actu. 1157* ✎ *; RJS 2014. 451, n° 546.* ♦ V. déjà : • Soc. 20 nov. 1991, ⚖ n° 88-41.265 P : *D. 1992. IR 35 ; Dr. soc. 1992. 76 ; RJS 1992. 28, n° 10* (nécessité d'un entretien préalable) • 27 mai 1992, ⚖ n° 89-43.498 P : *D. 1992. 411, note Karaquillo* ✎ *; JCP E 1992. II. 379, 3e esp., note Mouly* (l'employeur qui n'a formulé aucun grief au moment de la rupture ne peut invoquer au cours de la procédure un comportement gravement fautif du salarié) • 30 juin 1993, ⚖ n° 91-45.011 P : *Dr. soc. 1993. 770 ; CSB 1993. 233, A. 52* (nécessité de respecter le délai d'un jour franc prévu à l'art. L. 122-41) • 14 déc. 1995 : ⚖ *Dr. soc. 1996. 197* ✎ *; RJS 1996. 76, n° 103 ; CSB 1996. 69, A. 15* (nécessité d'avertir le salarié dans un délai suffisant du moment et de l'objet de l'entretien préalable). ♦ Toute sanction disciplinaire devant être motivée, la lettre de rupture qui ne comporte aucun motif doit faire considérer que la rupture anticipée du contrat de travail à durée déterminée pour faute lourde n'est pas justifié, peu important que l'employeur ait, comme il le devait, indiqué au salarié au cours de l'entretien préalable les griefs formulés contre lui. • Soc. 23 janv. 1997, ⚖ n° 95-40.526 P : *D. 1998. 29, note Karaquillo* ✎ *; Dr. soc. 1997. 314, obs. Roy-Loustaunau* ✎ *; RJS 1997. 189, n° 281.* ♦ La rupture du contrat de travail à durée déterminée pour faute grave n'est soumise qu'aux prescriptions des art. L. 1332-1 à L. 1332-3 C. trav. qui ne prévoient aucune formalité pour la convocation à l'entretien préalable à la sanction disciplinaire. • Soc. 20 nov. 2013 : ⚖ *Dalloz actualité, 12 déc. 2013, obs. Fraisse ; D. 2013. Actu. 2784* ✎ *; JS Lamy 2014, n° 358-2, obs. Lhernould.*

13. Faute grave de l'employeur. La rupture anticipée est imputable à l'employeur dès lors que ce dernier n'a pas versé les salaires depuis deux mois. • Soc. 6 déc. 1994 : ⚖ *RJS 1995. 19, n° 5.* ♦ Dans le même sens : • Soc. 8 oct. 1996 : ⚖ *RJS 1996. 748, n° 1155* • 18 juill. 2001, ⚖ n° 3501 FS-D : *RJS 2001. 867, n° 1264* • 9 janv. 2008 : ⚖ *D. 2009. 148, note Karaquillo* ✎. ♦ Le juge doit caractériser la faute grave. • Soc. 29 nov. 2006 : ⚖ *D. 2007. AJ 21* ✎ *; RDT 2007. 169, obs. Auzero* ✎. ♦ Mais ne peut invoquer la faute grave de l'employeur le salarié qui rompt le contrat en se prévalant du comportement de l'employeur et qui poursuit la relation contractuelle plusieurs semaines après la décision de rupture. • Soc. 23 mai 1995 : ⚖ *RJS 1995. 503, n° 760.*

14. La rupture consécutive au refus du salarié d'une modification d'un élément essentiel de son contrat est imputable à l'employeur, et elle est acquise dès le moment où l'employeur, à la suite du refus du salarié, a maintenu sa décision. • Soc. 22 mai 1996 : ⚖ *Dr. soc. 1996. 981, obs. Couturier* ✎. – V. aussi • Soc. 31 oct. 1996 : ⚖ *Dr. soc. 1997. 92, obs. Blaise* ✎.

IV. FORCE MAJEURE

15. Illustrations. Ne constituent pas un cas de force majeure : les circonstances économiques. • Soc. 28 avr. 1986 : *D. 1987. 475, obs. Karaquillo.* ♦ ... Les difficultés financières et de fonctionnement d'une entreprise. • Soc. 20 févr. 1996, ⚖ n° 93-42.663 P : *D. 1996. 633, note Puigelier* ✎. ♦ ... La liquidation judiciaire de l'entreprise, même entraînant sa disparition. • Soc. 20 oct. 1993, ⚖ n° 91-43.922 P : *RJS 1993. 724, n° 1225 ; Dr. soc. 1993. 970.* ♦ ... Le manque de financement nécessaire à l'organisation d'un spectacle théâtral. • Soc. 30 janv. 1996 : ⚖ *Dr. soc. 1996. 422, obs. Antonmattéi* ✎. ♦ ... Le décès accidentel de l'employeur. • Soc. 29 oct. 1996 : ⚖ *D. 1997. IR 4* ✎. ♦ ... Ou l'arrêt de la production d'une série télévisée suite au décès de l'acteur principal. • Soc. 12 févr. 2003, n° 99-42.985 P : *Dr. soc. 2003. 388, obs. Cristau* ; *JS Lamy 2003 n° 119-3.* ♦ ... La suppression d'une autorisation précaire et révocable d'exploiter une sablière. • Soc. 21 janv. 1987 : *Bull. civ. V, n° 28.* ♦ ... La fermeture temporaire pour permettre la remise en état d'une entreprise incendiée. • Soc. 2 févr. 1994, n° 90-42.104 P : *CSB 1994. 113, A. 24.* ♦ ... Le retour anticipé d'un salarié en congé parental. • Soc. 8 nov. 1995, n° 92-40.399 P : *D. 1995. IR 266 ; Dr. soc. 1996. 141, note Savatier* ; *JCP 1996. I. 3923, n° 12, obs. Cesaro ; JCP E 1996. II. 827, note Lachaise ; CSB 1996. 39, A. 10.* ♦ ... La suppression du poste du salarié remplacé. • Soc. 26 mars 2002, n° 00-40.652 P : *D. 2002. IR 1322* ; *RJS 2002. 526, n° 658 ; Dr. soc. 2002. 889, obs. Roy-Loustaunau* . ♦ ... Pour le salarié, le fait d'avoir trouvé un autre emploi à durée indéterminée. • Soc. 5 oct. 1993 : *RJS 1993. 639, n° 1073 ; Gaz. Pal. 1993. 2. Pan. 263.* ♦ ... La maladie du salarié. • Soc. 15 févr. 1995 : *RJS 1995. 247, n° 357 ; CSB 1995. 131, S. 67.* ♦ ... L'inaptitude d'origine non professionnelle. • Soc. 8 juin 2005 : *D. 2005. IR 1884* ; *JS Lamy 2005, n° 172-4.* ♦ L'inaptitude physique d'un salarié, footballeur professionnel, consécutive à un accident du travail, ne constitue pas un cas de force majeure justifiant la rupture immédiate de son contrat de travail. • Soc. 23 mars 1999 : *D. 1999. 470, note Lagarde* ; *Dr. soc. 1999. 624, obs. Karaquillo* ; *RJS 1999. 345, n° 563.* ♦ Ne constitue pas un cas de force majeure l'événement (Guerre du Golfe) qui, contemporain de la signature du contrat, n'est donc pas imprévisible et qui aurait pu être surmonté par l'employeur, fût-ce au prix d'une fermeture temporaire de l'établissement (cabaret) puis d'un ralentissement de l'activité, ce dont il résulte qu'il n'était pas irrésistible. • Soc. 10 déc. 1996 : *RJS 1997. 23, n° 14.* ♦ ... Ou, s'agissant d'un contrat de qualification, l'échec du salarié aux épreuves théoriques du certificat de formation professionnelle de chauffeur routier. • Soc. 29 oct. 2008 : *RJS 2009. 69, n° 60.*

V. INAPTITUDE

16. La procédure de rupture d'un CDD pour inaptitude du salarié, constatée par le médecin du travail, telle que prévue à l'art. L. 1243-1, ne doit pas donner lieu à une convocation à entretien préalable. • Cass., avis, 21 oct. 2013 : *D. 2014. 302, obs. Wurtz* .

Art. L. 1243-2 **Par dérogation aux dispositions de l'article L. 1243-1, le contrat de travail à durée déterminée peut être rompu avant l'échéance du terme à l'initiative du salarié, lorsque celui-ci justifie de la conclusion d'un contrat à durée indéterminée.**

Sauf accord des parties, le salarié est alors tenu de respecter un préavis dont la durée est calculée à raison d'un jour par semaine compte tenu :

1° De la durée totale du contrat *(L. n° 2015-994 du 17 août 2015, art. 55-I)* **« incluant, le cas échéant, son ou ses deux renouvellements », lorsque celui-ci comporte un terme précis ;**

2° De la durée effectuée lorsque le contrat ne comporte pas un terme précis.

Le préavis ne peut excéder deux semaines. – *[Anc. art. L. 122-3-8, al. 2.]*

Les dispositions issues de la L. n° 2015-994 du 17 août 2015 s'appliquent aux contrats en cours (L. préc., art. 55-II).

COMMENTAIRE

V. Dalloz.fr et applications mobiles Dalloz.

Jurisprudence antérieure à la loi du 17 janv. 2002. Le contrat à durée déterminée ne peut être rompu de manière anticipée par une démission. • Soc. 5 janv. 1999, n° 97-40.261 P : *RJS 1999. 299, n° 482 ; D. 1999. IR 32* ; *Dr. soc. 1999. 284, obs. Roy-Loustaunau* . ♦ Le juge du fond apprécie souverainement le préjudice subi par l'employeur en cas de démission. • Soc. 4 avr. 1990 : *RJS 1990. 332, n° 464* • 3 mars 1993 : *CSB 1993. 114, S. 48.* ♦ V., pour la mise en œuvre de la démission : • Soc. 3 oct. 1980 : *Bull. civ. V, n° 703* • 21 juill. 1986 : *ibid., n° 392.* ♦ Sur la possibilité d'un préavis conventionnel, V. • Soc. 24 juin 1970 : *Bull. civ. V, n° 435* • 28 nov. 1973 : *ibid., n° 611* • 23 juin 1988 : *ibid., n° 384.*

Art. L. 1243-3 **La rupture anticipée du contrat de travail à durée déterminée qui intervient à l'initiative du salarié en dehors des cas prévus aux articles L. 1243-1 et L. 1243-2 ouvre droit pour l'employeur à des dommages et intérêts correspondant au préjudice subi.** – *[Anc. art. L. 122-3-8, al. 4.]*

Art. L. 1243-4 **La rupture anticipée du contrat de travail à durée déterminée qui intervient à l'initiative de l'employeur, en dehors des cas de faute grave** *(L. n° 2011-525 du 17 mai 2011, art. 49-I)* **« , de force majeure ou d'inaptitude constatée par le médecin du travail », ouvre droit pour le salarié à des dommages et intérêts d'un**

montant au moins égal aux rémunérations qu'il aurait perçues jusqu'au terme du contrat, sans préjudice de l'indemnité de fin de contrat prévue à l'article L. 1243-8.

Toutefois, lorsque le contrat de travail est rompu avant l'échéance du terme en raison d'un sinistre relevant d'un cas de force majeure, le salarié a également droit à une indemnité compensatrice dont le montant est égal aux rémunérations qu'il aurait perçues jusqu'au terme du contrat. Cette indemnité est à la charge de l'employeur. – *[Anc. art. L. 122-3-8, al. 3, et L. 122-3-4-1.]*

COMMENTAIRE

V. Dalloz.fr et applications mobiles Dalloz 🏛.

I. DROIT À INDEMNISATION

1. Principe. La rupture du contrat pour inaptitude physique n'ouvre pas droit au paiement des salaires restant à courir jusqu'au terme du contrat ni à l'attribution de dommages-intérêts compensant la perte de ceux-ci. • Soc. 18 nov. 2003, n° 01-44.280 P : *D. 2004. 1194, note Karaquillo ; D. 2004. Somm. 377, obs. Wauquier ; Dr. soc. 2004. 302, obs. Roy-Loustaunau ; ibid. 351, note Langlois ; JS Lamy 2004, n° 137-2 ; RJS 2004. 34, n° 12.*

2. Exclusion. Le salarié qui rompt le contrat en violation de l'art. L. 122-3-8 [L. 1243-4 nouv.] n'a droit à aucune indemnisation. • Soc. 23 sept. 2003, n° 01-41.495 P : *D. 2003. IR 2411 ; JCP E 2004. 561, note Pétel-Teyssié ; RJS 2003. 963, n° 1370 ; Dr. soc. 2003. 1126, obs. Roy-Loustaunau ; CSB 2003. 483, A. 56* • 8 févr. 2005 : *D. 2005. IR 593 ; Dr. soc. 2005. 571, obs. Roy-Loustaunau ; RJS 2005. 259, n° 351* • 30 mai 2007 : *D. 2007. AJ 1786 ; RJS 2007. 716, n° 918.*

II. PÉRIODE D'INDEMNISATION

A. POINT DE DÉPART

3. Conclusion du contrat. La rupture d'un contrat à durée déterminée en dehors des cas mentionnés à l'art. L. 122-3-8 [L. 1243-1 nouv.] ouvre droit pour le salarié à des dommages-intérêts d'un montant au moins égal aux rémunérations qu'il aurait perçues jusqu'au terme du contrat, peu important que l'exécution du contrat ait ou non commencé. • Soc. 12 mars 2002, n° 99-44.222 P : *RJS 2002. 527, n° 659 ; D. 2002. IR 1596 ; CSB 2002. 235, A. 31* • 26 sept. 2002, n° 00-42.581 P : *D. 2002. IR 2774 ; JCP E 2002. 1754, obs. Taquet ; CSB 2002. 501, A. 61 ; JS Lamy 2002, n° 111-4.* ♦ Comp. antérieurement : lorsque le contrat n'a pas reçu de commencement d'exécution lors de la rupture, le salarié ne peut prétendre à l'indemnité prévue à l'art. L. 122-3-8 [L. 1243-1 nouv.], ni à celle prévue à l'art. L. 122-3-4 [L. 1243-8 nouv.]. • Soc. 27 oct. 1993 : *RJS 1993. 708, n° 1181.*

B. DURÉE

4. Terme précis. L'irrégularité d'un CDD encourue en raison du dépassement de la durée maximale prévue permet au salarié d'obtenir des dommages-intérêts d'un montant au moins égal aux rémunérations qu'il aurait perçues jusqu'au terme prévu par le contrat de travail, peu importe que le terme prévu dépasse la durée maximale autorisée. • Soc. 18 oct. 2007 : *RDT 2007. 2733, obs. Perrin ; Dr. soc. 2008. 742, obs. Roy-Loustaunau .*

5. Terme imprécis. En cas de rupture anticipée injustifiée du fait de l'employeur, les dommages-intérêts doivent être évalués en fonction de la durée prévisible du CDD conclu sans terme précis. • Soc. 13 mai 1992 : *RJS 1992. 327, n° 721.* ♦ Cette durée est appréciée souverainement par le juge. • Soc. 13 déc. 2006 : *Dr. soc. 2007. 645, obs. Roy-Loustaunau .*

6. Contrat emploi consolidé. Le contrat emploi consolidé à durée déterminée ne peut être conclu, en vertu d'une convention avec l'État, que pour une durée initiale de douze mois renouvelable chaque année par avenant dans la limite d'une durée totale de soixante mois, en sorte que sa rupture anticipée ne peut donner lieu à indemnisation que jusqu'au terme de la période de douze mois au cours de laquelle il a été conclu ou renouvelé. • Soc. 28 sept. 2005, n° 03-46.974 P.

III. MONTANT DES INDEMNITÉS

7. Salariés inaptes. Lorsqu'un salarié n'est pas en mesure de fournir la prestation inhérente à son contrat de travail, son employeur ne peut être tenu de lui verser un salaire, sauf disposition légale, conventionnelle ou contractuelle particulière ; le salarié n'a alors droit à aucune indemnité en cas de rupture anticipée prononcée en violation des dispositions de l'art. L. 122-3-8 [L. 1243-4 nouv.]. • Soc. 8 juin 2004 : *Dr. soc. 2005. 918, obs. Roy-Loustaunau .*

8. Rémunération de référence. L'indemnité allouée en application de l'art. L. 122-3-8 [L. 1243-4 nouv.] doit être calculée en fonction de la rémunération brute dont aurait bénéficié le salarié. • Soc. 7 oct. 1992, n° 89-43.282 P : *D. 1993. Somm. 257, obs. Escande-Varniol ; CSB 1992. 261, A. 47, 1re esp. ; RJS 1992. 676, n° 1233* • 13 déc. 1995 : *RJS 1996. 77, n° 105.*

9. Caractère forfaitaire. L'indemnisation ayant le caractère d'une réparation forfaitaire minimale, elle ne peut subir aucune réduction. • Soc. 31 mars 1993, n° 89-43.708 P : *JCP 1993. II. 22130, note Taquet ; Dr. soc. 1993. 596 ; RJS 1993. 295, n° 492* (non-déduction des indemnités journalières de sécurité sociale pour maladie).

10. Les indemnités prévues en cas de rupture anticipée du contrat à durée déterminée ne peuvent se cumuler avec les indemnités de chômage servies par les ASSEDIC. • Soc. 14 janv. 1997, n° 95-13.044 P : *Dr. soc. 1997. 315, obs. Roy-Loustaunau ; CSB 1997. 75, A. 16 ; RJS 1997. 125, n° 188* • 5 mars 1998 : *RJS 1998. 319, n° 509 ; CSB 1998. 153, S. 73.*

11. Sort de l'indemnité compensatrice du droit aux congés payés. Aucune disposition légale n'assimilant à une période de travail effectif la période de travail non effectuée en raison de la rupture anticipée, cette période n'ouvre pas droit à une indemnité compensatrice de congés payés. • Soc. 7 oct. 1992 : *D. 1993. Somm. 257, obs. Escande-Varniol ; JCP 1993. II. 22159, note Pagnon ; CSB 1992. 261, A. 47, 2e esp. ; RJS 1992. 676, n° 1232.* – Dans le même sens : • Soc. 8 nov. 1994 : *RJS 1994. 825, n° 1356.*

12. Intérêts moratoires. Compte tenu de leur caractère indemnitaire, les intérêts moratoires des sommes allouées en application de l'art. L. 122-3-8 [L. 1243-4 nouv.] doivent courir à compter de la décision de justice qui en fixe le montant. • Soc. 1er juill. 1998, n° 96-40.398 P : *Dr. soc. 1998. 943, obs. Roy-Loustaunau ; RJS 1998. 617, n° 961 ; D. 1998. IR 189.*

13. Garantie AGS. Dans la limite du plafond, l'AGS est tenue de garantir l'intégralité des dommages-intérêts alloués au salarié en raison de la rupture illicite de son contrat intervenue avant l'ouverture de la procédure collective. • Soc. 12 mars 2002, n° 99-44.222 P : *D. 2002. IR 1596 ; RJS 2002. 527, n° 659 ; CSB 2002. 235, A. 31.*

IV. DROIT À LA RÉINTÉGRATION

14. Il appartient au juge des référés d'ordonner la poursuite des relations contractuelles lorsque la rupture anticipée du CDD est intervenue en violation d'un droit ou d'une liberté fondamentale. • Soc. 6 févr. 2013 : *Dalloz actualité, 27 févr. 2013, obs. Ines ; Dr. soc. 2013. 415, note Mouly .* ♦ Lorsque la rupture anticipée d'un CDD en dehors des cas limitativement autorisés par l'art. L. 1243-1 C. trav. fait suite à une action en justice engagée par le salarié contre son employeur, il appartient à ce dernier de démontrer que sa décision de rompre le CDD avant terme est justifiée par des éléments étrangers à toute volonté de sanctionner l'exercice, par le salarié, de son droit fondamental d'agir en justice. • Même arrêt.

SECTION II **ÉCHÉANCE DU TERME DU CONTRAT ET POURSUITE APRÈS ÉCHÉANCE**

Art. L. 1243-5 Le contrat de travail à durée déterminée cesse de plein droit à l'échéance du terme. *(L. n° 2014-1545 du 20 déc. 2014, art. 6)* « Lorsqu'il est conclu en application du 6° de l'article L. 1242-2, il prend fin avec la réalisation de l'objet pour lequel il a été conclu après un délai de prévenance au moins égal à deux mois. »

Toutefois, ce principe ne fait pas obstacle à l'application des dispositions relatives à la rupture du contrat de travail à durée déterminée :

1° Des salariés victimes d'un accident du travail ou d'une maladie professionnelle, prévues à l'article L. 1226-19 ;

2° Des salariés titulaires d'un mandat de représentation mentionnés à l'article L. 2412-1. – *[Anc. art. L. 122-3-6.]*

Art. L. 1243-6 La suspension du contrat de travail à durée déterminée ne fait pas obstacle à l'échéance du terme. – *[Anc. art. L. 122-3-5.]*

Art. L. 1243-7 Lorsque le contrat de travail à durée déterminée est conclu pour remplacer un salarié temporairement absent ou dont le contrat de travail est suspendu ou pour un remplacement effectué au titre des 4° et 5° de l'article L. 1242-2, le terme du contrat initialement fixé peut être reporté jusqu'au surlendemain du jour où la personne remplacée reprend son emploi. – *[Anc. art. L. 122-3-7, al. 1er début et 2.]*

Obligations de l'employeur. L'employeur qui demande au salarié engagé pour une durée déterminée de prolonger le contrat jusqu'au retour du salarié absent méconnaît ses obligations en mettant fin au contrat, alors que le salarié remplacé n'a pas repris ses activités. • Soc. 26 nov. 1987 : *Bull. civ. V, n° 681.*

Art. L. 1243-8 Lorsque, à l'issue d'un contrat de travail à durée déterminée, les relations contractuelles de travail ne se poursuivent pas par un contrat à durée indéterminée, le salarié a droit, à titre de complément de salaire, à une indemnité de fin de contrat destinée à compenser la précarité de sa situation.

Cette indemnité est égale à 10 % de la rémunération totale brute versée au salarié.

Elle s'ajoute à la rémunération totale brute due au salarié. Elle est versée à l'issue du contrat en même temps que le dernier salaire et figure sur le bulletin de salaire correspondant. – *[Anc. art. L. 122-3-4, al. 1er et 2, phrase 1, et al. 3.]*

1. Assiette. Le salarié victime d'un accident du travail, lequel constitue un risque pour l'entreprise, a droit à une indemnité de fin de contrat calculée sur la base de la rémunération déjà perçue et de celle qu'il aurait perçue jusqu'au terme de son contrat. • Soc. 9 oct. 1990 : *RJS 1990. 570, n° 848 ; JS UIMM 1991. 8.*

2. Succession de contrats. En cas de succession de contrats, l'indemnité de fin de contrat se rapportant à chacun des contrats est due. • Soc. 21 juill. 1993 : *Sem. soc. Lamy 1993, n° 662.*

3. Indemnité de précarité, indemnité de requalification et indemnités de rupture. L'indemnité de fin de contrat, qui compense la précarité du salarié sous CDD, est exclue du calcul du salaire de référence servant à l'évaluation de l'indemnité de requalification en CDI et des indemnités de rupture. • Soc. 18 déc. 2013 : *D. 2014. Actu. 88 ; RJS 3/2014, n° 201 ; JS Lamy 2014, n° 360-4, obs. Lhernould ; Sem. soc. Lamy 2014, n° 1614, p. 13, obs. Champeaux.*

Art. L. 1243-9 **En vue d'améliorer la formation professionnelle des salariés titulaires de contrat de travail à durée déterminée, une convention ou un accord collectif de branche étendu ou une convention ou un accord d'entreprise ou d'établissement peut également prévoir de limiter le montant de l'indemnité de fin de contrat à hauteur de 6 %, dès lors que des contreparties sont offertes à ces salariés, notamment sous la forme d'un accès privilégié à la formation professionnelle. Dans ce cas, la convention ou l'accord peut prévoir les conditions dans lesquelles ces salariés peuvent suivre, en dehors du temps de travail effectif, un bilan de compétences. Ce bilan de compétences est réalisé dans le cadre du plan de formation au titre de la participation des employeurs au financement de la formation professionnelle.** – *[Anc. art. L. 122-3-4, al. 2, phrases 2 à 4.]*

Réduction de l'indemnité de fin de contrat. La réduction du taux de l'indemnité de fin de contrat exige une proposition individuelle d'accès à la formation. • Soc. 11 juill. 2007 : *D. 2007. AJ 2166, obs. Dechristé ; RJS 2007. 816, n° 1033 ; JS Lamy n° 219-32* • 23 janv. 2008 : *Dr. soc. 2008. 494, obs. Roy-Loustaunau ; JCP S 2008. 1248, note Bousez.* ♦ Le simple rappel dans le contrat de travail du dispositif général dans lequel pouvait s'inscrire une formation demandée par la salariée ne constitue pas une offre de formation effective répondant aux exigences légales et conventionnelles permettant à l'employeur de ramener de 10 % à 6 % le montant de l'indemnité de précarité. • Soc. 3 juill. 2012 : *Dalloz actualité, 11 sept. 2012, obs. Siro ; RJS 2012. 671, n° 777 ; JCP S 2012. 1396, obs. Dumont.*

Art. L. 1243-10 **L'indemnité de fin de contrat n'est pas due :**

1° Lorsque le contrat est conclu au titre du 3° de l'article L. 1242-2 ou de l'article L. 1242-3, sauf dispositions conventionnelles plus favorables ;

2° Lorsque le contrat est conclu avec un jeune pour une période comprise dans ses vacances scolaires ou universitaires ;

3° Lorsque le salarié refuse d'accepter la conclusion d'un contrat de travail à durée indéterminée pour occuper le même emploi ou un emploi similaire, assorti d'une rémunération au moins équivalente ;

4° En cas de rupture anticipée du contrat due à l'initiative du salarié, à sa faute grave ou à un cas de force majeure. – *[Anc. art. L. 122-3-4, al. 4 à 8.]*

1. Complément de formation professionnelle. L'indemnité de fin de contrat n'est pas due par un employeur qui s'est engagé à assurer au salarié un complément de formation professionnelle. • Soc. 17 déc. 1996, n° 93-46.695 P : *D. 1997. IR 29 ; Dr. soc. 1997. 194, obs. Roy-Loustaunau* (pas d'indemnités pour un étudiant en médecine effectuant un stage hospitalier).

2. CDD d'insertion. L'indemnité de fin de contrat n'est pas due lorsque le contrat de travail à durée déterminée a été conclu au titre de dispositions légales destinées à favoriser le recrutement de certaines catégories de personnes sans emploi. • Soc. 20 oct. 2010 : *Dalloz actualité, 18 nov. 2010, obs. Siro ; JCP S 2010. 1535, obs. Lahalle.*

3. Étudiant en CDD travaillant pendant les vacances. La prime de précarité n'a pas à être versée aux étudiants en contrat à durée déterminée qui travaillent pendant leurs vacances ; la situation des jeunes n'étant en effet pas comparable à celle des travailleurs en contrat précaire éligibles à l'indemnité de fin de contrat, le législateur français peut donc traiter de manière différente ces deux catégories de travailleurs sans violer le principe de non-discrimination fondé sur l'âge. • CJUE 1er oct. 2015, aff. C-432/14 : *RJS 1/2016, n° 82 ; JS Lamy 2015, n° 397-6, obs. Taquet.*

4. Moment de la proposition de CDI. L'indemnité est due si la proposition de contrat à durée indéterminée a été faite après l'expiration du contrat à durée déterminée. • Soc. 3 déc. 1997 : *CSB 1998. 55 ; RJS 1998. 14, n° 9.*

5. Indemnité de précarité et requalification du CDD. En cas de requalification du CDD en CDI pour dépassement de terme, l'indemnité de précarité est due lorsqu'aucun CDI pour occuper le même emploi ou un emploi similaire n'a été proposé au salarié à l'issue de son CDD. • Soc. 3 oct. 2007 : *D. 2007. AJ 2672, obs. Maillard ; ibid. 381, note Lefranc-Hamoniaux ; RDT 2007. 721, obs. Reynès ; RJS 2007. 1011, n° 1254 ; JS Lamy 2007, n° 221-3.* ♦ Comp. : l'indemnité de précarité n'est pas due en cas de requalification des CDD en un CDI. • Soc. 20 sept. 2006 : *RJS 2006. 863, n° 1157* • Soc. 7 juill. 2015, n° 13-17.195 P : *Dalloz actualité, 8 sept. 2015, obs. Siro ; D. 2015. Actu. 1645 ; RJS 10/2015, n° 623 ; JCP S 2013. 1361, obs. Morand.* ♦ Mais l'indemnité de précarité, lorsque elle est perçue par le salarié à l'issue du contrat, lui reste acquise nonobstant une requalification en contrat à durée indéterminée. • Soc. 9 mai 2001, n° 98-44.090 P : *D. 2001. IR 2087 ; Dr. soc. 2001. 925, obs. Roy-Loustaunau ; RJS 2001. 583, n° 839* • 24 juin 2003, n° 00-42.766 P : *RJS 2003. 774, n° 1124* • 30 mars 2005, n° 03-42.667 P : *RJS 2005. 439, n° 606.*

6. Constitutionnalité de l'exclusion du bénéfice de l'indemnité de fin de contrat pour les contrats d'usage. La Cour de cassation estime que la mise en cause de la constitutionnalité de l'exclusion du bénéfice de l'indemnité de fin de contrat pour les CDD d'usage présente un caractère sérieux. • Soc. 9 avr. 2014 : *Dr. soc. 2014. 682, obs. Mouly* • Cons. const. 13 juin 2014 : *Dalloz actualité, 25 juin 2014, obs. Peyronnet ; D. 2014. Actu. 1282 ; Dr. soc. 2015. 45 ; JS Lamy 2014, n° 371-6, obs. Tissandier.*

Art. L. 1243-11 **Lorsque la relation contractuelle de travail se poursuit après l'échéance du terme du contrat à durée déterminée, celui-ci devient un contrat à durée indéterminée.**

Le salarié conserve l'ancienneté qu'il avait acquise au terme du contrat de travail à durée déterminée.

La durée du contrat de travail à durée déterminée est déduite de la période d'essai éventuellement prévue dans le nouveau contrat de travail. — *[Anc. art. L. 122-3-10, al. 1er et 3.]*

BIBL. Karaquillo, *D. 1997. Chron. 345* (protection du salarié et action en requalification). – Waquet, *Dr. ouvrier 1997. 122* (pouvoir du juge).

COMMENTAIRE

V. Dalloz.fr et applications mobiles Dalloz.

1. Contrat réputé à durée indéterminée. Lorsque la relation professionnelle se poursuit après l'échéance du terme, le contrat devient à durée indéterminée. • Soc. 17 déc. 1985, n° 83-40.107 P. • 13 nov. 1986 : *Dr. soc. 1987. 407, note Savatier.* ♦ Lorsqu'un salarié continue à exercer ses fonctions sans que l'avenant de renouvellement contractuellement prévu ait été signé par les parties, le contrat devient un contrat à durée indéterminée. • Soc. 15 janv. 1997 : *RJS 1997. 90, n° 125.* ♦ Cette règle est d'application générale dès l'instant que la relation de travail se poursuit à l'expiration du terme d'un contrat de travail à durée déterminée, sans signature d'un nouveau contrat à durée déterminée, et quelle que soit la nature de l'emploi occupé, le contrat devient un contrat à durée indéterminée, même si, ultérieurement, un nouveau contrat à durée déterminée est signé. • Soc. 14 juin 2000, n° 99-43.279 P : *D. 2000. IR 189 ; Dr. soc. 2000. 911, obs. Roy-Loustaunau ; RJS 2000. 624, n° 914* • 30 mars 2005, n° 03-42.667 P : *RJS 2005. 439, n° 606* • 20 sept. 2006 : *RJS 2006. 862, n° 1157 ; Dr. soc. 2006. 1184, obs. Roy-Loustaunau.* ♦ La novation ne se présumant pas, elle ne peut être déduite de la seule conclusion d'un contrat à durée déterminée après une relation de travail requalifiée à durée indéterminée, la seule absence de protestation du salarié ne valant pas, de surcroît, acceptation de sa part. • Soc. 3 oct. 1991, n° 87-41.176 P : *D. 1991. IR 235.*

2. Poursuite du contrat. La poursuite des relations contractuelles se fait aux mêmes conditions. • Soc. 5 janv. 1995, n° 90-45.732 P : *Dr. soc. 1995. 191 ; RJS 1995. 100, n° 110 ; CSB 1995. 87, S. 40 ; JCP E 1995. II. 670, note Corrignan-Carsin* (maintien de la clause de non-concurrence) • 7 juill. 1998, n° 95-45.209 P : *RJS 1998. 720, n° 1183* • 28 mai 2008 : *JS Lamy 2008, n° 236-3* (durée du travail inchangée). ♦ La circonstance que le contrat à durée déterminée ait été poursuivi à l'échéance du terme ou que le salarié ait été, après l'échéance du terme, engagé par contrat à durée indéterminée ne le prive pas du droit de demander la requalification du contrat à durée déterminée initial qu'il estimait irrégulier en contrat à durée indéterminée. • Soc. 1er févr. 2000, n° 98-41.624 P : *D. 2000. IR 65 ; Dr. soc. 2000. 516, note Roy-Loustaunau ; CSB 2000. 505, A. 18 ; RJS 2000. 275, n° 381.* ♦ La proposition faite à un salarié à l'issue de son contrat à durée déterminée de l'engager à de nouvelles conditions pour une durée indéterminée ne constitue pas une modification substantielle et le refus du salarié le rend responsable de la rupture du contrat. • Soc. 9 févr. 1989 : *Bull. civ. V, n° 110 ; D. 1989. IR 75.* ♦ Dès lors que la poursuite d'un contrat à durée déterminée dans le cadre d'un contrat à durée indéterminée n'a pas donné lieu à l'établissement d'un nouveau contrat, les parties restent soumises aux conditions d'horaires initialement fixées ; la seule absence de protestation du salarié ne vaut pas acceptation d'une réduction d'horaire. • Soc. 22 oct. 1996 : *RJS 1996. 812, n° 1254.*

3. Échéance du terme et suspension du contrat. L'incapacité de travail résultant d'un accident du travail ou d'une maladie professionnelle laissant subsister le contrat de travail, dès lors qu'une société a laissé se poursuivre les relations contractuelles au-delà du terme initialement prévu, le contrat à durée déterminée doit être requalifié en contrat à durée indéterminée. • Soc. 17 juin 1997 : *CSB 1997. 235, A. 44.*

4. Succession d'un CDD et d'un CDI de chantier. Si un CDI conclu pour la durée d'un chantier peut succéder à un CDD conclu pour faire face à un accroissement temporaire d'activité sur le même chantier, cette succession ne peut entraîner l'application de l'art. L. 1243-1 C. trav. • Soc. 21 nov. 2012 : *Dalloz actualité, 6 déc. 2012, obs. Ines ; D. 2012. Actu. 2809 ; JS Lamy 2013, n° 335-4, obs. Tourreil ; JCP S 2013. 1192, obs. Bousez.*

5. Période d'essai. L'art. L. 1243-11 C. trav. s'applique dès lors qu'un CDI succède à un ou plusieurs CDD ; la durée des précédents contrats s'impute sur celle de la période d'essai prévue par le CDI. Peu importe que le salarié ait occupé le même emploi, en exécution de différents contrats. • Soc. 9 oct. 2013 : *D. 2013. Actu. 2405 ; RDT 2013. 761, obs. Géniaut ; RJS 10/2013, n° 789 ; JS Lamy 2013, n° 354-4, obs. Tourreil.*

Art. L. 1243-12 **Par dérogation aux dispositions de l'article L. 1242-8 relatives à la durée du contrat, lorsqu'un salarié titulaire d'un contrat de travail à durée déterminée est exposé à des rayonnements ionisants et qu'au terme de son contrat cette exposition excède la valeur limite annuelle rapportée à la durée du contrat, l'employeur lui propose une prorogation du contrat pour une durée telle que l'exposition constatée à l'expiration de la prorogation soit au plus égale à la valeur limite annuelle rapportée à la durée totale du contrat.**

Cette prorogation est sans effet sur la qualification du contrat à durée déterminée.

Un décret détermine la valeur limite utilisée pour les besoins du présent article. – *[Anc. art. L. 122-3-17.] – V. art. L. 1248-9 (pén.).*

SECTION III **RENOUVELLEMENT DU CONTRAT**

Art. L. 1243-13 **Le contrat de travail à durée déterminée est renouvelable** *(L. n° 2015-994 du 17 août 2015, art. 55-I)* **« deux » fois pour une durée déterminée.**

La durée *(L. n° 2015-994 du 17 août 2015, art. 55-I)* **« du ou, le cas échéant, des deux renouvellements », ajoutée à la durée du contrat initial, ne peut excéder la durée maximale prévue à l'article L. 1242-8.**

Les conditions de renouvellement sont stipulées dans le contrat ou font l'objet d'un avenant soumis au salarié avant le terme initialement prévu.

Ces dispositions ne sont pas applicables au contrat de travail à durée déterminée conclu en application de l'article L. 1242-3. – *[Anc. art. L. 122-1-2, al. 2, et L. 122-2, al. 5, phrases 1 et 2.] – V. art. L. 1248-10 (pén.).*

Les dispositions issues de la L. n° 2015-994 du 17 août 2015 s'appliquent aux contrats en cours (L. préc., art. 55-II).

1. Renouvellement. La faculté de ne pas renouveler un contrat à durée déterminée, moyennant une notification écrite à la fin du dernier contrat, ne peut s'analyser en un licenciement. • Soc. 26 mai 1988 : *Bull. civ. V, n° 326.* ♦ Lorsque le contrat de travail est renouvelé pour une durée déterminée, le motif du recours à un contrat à durée déterminée doit être apprécié à la date du renouvellement. • Soc. 1er févr. 2000, n° 97-44.952 P : *Dr. soc. 2000. 435, obs. Roy-Loustaunau ; RJS 2000. 175, n° 255 ; CSB 2000. 506, A. 18, obs. Pansier.* ♦ Faute de prévoir les conditions de son renouvellement, un contrat à durée déterminée ne peut être renouvelé que par la conclusion d'un avenant avant le terme initialement prévu à défaut ; dès lors que la relation de travail s'est poursuivie après l'échéance du terme, il devient un contrat à durée indéterminée. • Soc. 5 oct. 2016, n° 15-17.458 P : *D. 2016. Actu. 2070 ; RJS 12/2016, n° 751 ; JS Lamy 2016, n° 420-2, obs. Lhernould ; JCP S 2016. 1403, obs. Drai.*

2. Requalification. En constatant que la clause ne prévoyait que la possibilité pour les parties de renouveler le contrat et ne comportait pas de terme, les juges du fond ont pu en déduire que le contrat était devenu un contrat à durée indéterminée. • Soc. 22 avr. 1985 : *Bull. civ. V, n° 244.* ♦ Rappr. : • Soc. 30 mai 1985 : *Bull. civ. V, n° 320.* ♦ Lorsque, compte tenu de la clause de report du terme, le contrat dépassait la durée légale, la cour d'appel a pu décider que ce contrat était à durée indéterminée. • Soc. 3 déc. 1987 : *Bull. civ. V, n° 698 ; D. 1988. Somm. 317, obs. Langlois.* ♦ V. aussi notes ss. art. L. 122-3-10.

CHAPITRE IV SUCCESSION DE CONTRATS

COMMENTAIRE

V. Dalloz.fr et applications mobiles Dalloz .

SECTION PREMIÈRE CONTRATS SUCCESSIFS AVEC LE MÊME SALARIÉ

Art. L. 1244-1 Les dispositions de l'article L. 1243-11 ne font pas obstacle à la conclusion de contrats de travail à durée déterminée successifs avec le même salarié lorsque le contrat est conclu dans l'un des cas suivants :

1° Remplacement d'un salarié absent ;

2° Remplacement d'un salarié dont le contrat de travail est suspendu ;

3° Emplois à caractère saisonnier *(L. n° 2016-1088 du 8 août 2016, art. 86)* « définis au 3° de l'article L. 1242-2 » ou pour lesquels, dans certains secteurs d'activité définis par décret ou par voie de convention ou d'accord collectif étendu, il est d'usage constant de ne pas recourir au contrat de travail à durée indéterminée en raison de la nature de l'activité exercée et du caractère par nature temporaire de ces emplois ;

4° Remplacement de l'une des personnes mentionnées aux 4° et 5° de l'article L. 1242-2. – *[Anc. art. L. 122-3-10, al. 2.]*

1. Contrats successifs et contrats d'usage. Lorsqu'un artiste a bénéficié de cinq contrats d'une durée d'un an, une cour d'appel ne peut le débouter de sa demande de requalification de ces contrats en un contrat à durée indéterminée, sans constater que le salarié a été employé en vertu de contrats conclus pour assurer l'exécution d'une tâche déterminée et temporaire et ayant eu, chacun, pour terme la réalisation de l'objet pour lequel ils ont été conclus. • Soc. 25 avr. 1990 : *D. 1990. IR 125 ; RJS 1990. 331, n° 463.* ♦ Dans le même sens : • Soc. 18 févr. 1988 : *Bull. civ. V, n° 115 ; D. 1988. IR 67* (enseignant recruté quatre années de suite pour la durée de l'année scolaire ; Comp. : • Soc. 14 nov. 1990 : *D. 1990. IR 281 ; RJS 1990. 631, n° 950,* relevant que l'emploi d'un enseignant engagé à mi-temps pendant deux années correspondait à l'existence d'une tâche précise et temporaire) • 13 nov. 1990 : *D. 1990. IR 282 ; RJS 1990. 631, n° 949* (conducteur d'un car scolaire interrompant ses activités uniquement pendant les vacances scolaires) • 22 janv. 1991, n° 87-45.139 P : *GADT, 4e éd., n° 36 ; RJS 1991. 166, n° 316* (salarié embauché à deux reprises durant toute la durée d'ouverture de l'établissement) • 6 juin 1991 : *RJS 1991. 429, n° 817* (serveur travaillant pendant toute la période d'activité d'un restaurant) • 22 janv. 1992, n° 88-43.428 P : *D. 1992. IR 68 ; RJS 1992. 97, n° 124* (animateur employé pendant cinq années sans autre interruption que les congés légaux) • 10 oct. 1995 : *Dr. soc. 1995. 1038* (conseiller artistique dans l'audiovisuel) • 14 févr. 1996, n° 93-42.035 P : *RJS 1996. 283, n° 474* (requalification du contrat à durée déterminée d'un VRP ayant passé des commandes au-delà du terme de son contrat et qui avaient été acceptées par l'employeur) • 8 janv. 1997 : *CSB 1997. 69, A. 13* (salarié engagé pendant quatre années en qualité d'opérateur du son par une chaîne de télévision).

2. Contrats successifs et contrats de remplacement. Le contrat de travail à durée déterminée conclu pour remplacer un salarié absent autorise la conclusion de plusieurs contrats à durée déterminée successifs avec le même salarié, peu important que les CDD comportent un terme précis et que leur durée totale excède le délai de 18 mois. • Soc. 8 févr. 2006 : *D. 2006. IR 529 ; RJS 2006. 375, n° 402* • 26 févr. 1991, n° 87-40.410 P. ♦ En relevant que la salariée avait été liée à une association par trois contrats distincts conclus successivement pour le remplacement de salariés temporairement absents et nommément désignés, la cour d'appel a pu estimer que ces contrats étaient autonomes les uns par rapport aux autres et que leur succession n'avait pas pu avoir pour effet de créer entre les parties une relation de travail à durée indéterminée. • Soc. 12 mars 1987 : *Bull. civ. V, n° 142 ; D. 1988. Somm. 97, obs. Pélissier.* – Dans le même sens : • Soc. 16 févr. 1983 : *Bull. civ. V, n° 82* • 30 janv.

1991 : ⚖ *ibid., n° 42.* ♦ Comp. : Le salarié, employé sur une durée de quatre ans par 94 contrats successifs en ayant conservé la même qualification et le même salaire quel que soit le remplacement assuré, occupe un emploi permanent et est titulaire d'un contrat à durée indéterminée : • Soc. 4 déc. 1996, ⚖ n° 93-41.891 P : *D. 1997. 460, note Mouly* ; *CSB 1997. 71, A. 14,* cassant • Limoges, 8 févr. 1993 : *D. 1993. 431, note J. Mouly* . ♦ V. aussi : • Soc. 7 mars 1990, ⚖ n° 87-43.651 P.

3. Contrats successifs et contrats saisonniers. La faculté pour un employeur de conclure des CDD successifs avec un même salarié afin de pourvoir un emploi saisonnier n'est assortie d'aucune limite de temps, au-delà de laquelle s'instaurerait entre les parties une relation de travail globale à durée indéteminée. • Soc. 15 oct. 2002, ⚖ n° 00-41.759 P : *Dr. soc. 2002. 1140, obs. Roy-Loustaunau* ; *JS Lamy 2002, n° 113-4.* ♦ La conclusion de 17 CDD saisonniers n'entraîne pas l'existence d'une relation globale à durée indéterminée dès lors qu'il est constaté qu l'intéressé n'avait pas été engagé pour toutes les saisons et alors que les contrats saisonniers n'étaient pas assortis d'une clause de reconduction pour la saison suivante. • Soc. 16 nov. 2004, ⚖ n° 02-46.777 P : *Dr. soc. 2005. 98, obs. Roy-Loustaunau* ; *RJS 2005. 104, n° 130* ; *Dr. ouvrier 2005. 425, note Marié.* ♦ Dès lors que le salarié n'est pas engagé pendant toute la durée d'ouverture de l'entreprise mais uniquement pendant la saison d'hiver pour une tâche précise et temporaire liée à la pratique du ski, la relation globale à durée indéterminée ne peut être établie. • Soc. 30 mai 2000, ⚖ n° 98-41.134 P : *D. 2000. IR 175* ; *Dr. soc. 2000. 768, obs. Roy-Loustaunau* ; *RJS 2000. 544, n° 775.* ♦ Sur l'hypothèse d'une clause de reconduction pour la saison suivante, V. ss. art. L. 122-3-15.

4. Requalification, reconstitution de carrière et régularisation de la rémunération. Par l'effet de la requalification des contrats à durée déterminée successifs, le salarié est réputé avoir occupé un emploi à durée indéterminée depuis le jour de sa première embauche au sein de l'entreprise ; il est en conséquence en droit d'obtenir la reconstitution de sa carrière ainsi que la régularisation de sa rémunération. • Soc. 6 nov. 2013 : ⚖ *Dalloz actualité, 26 nov. 2013, obs. Peyronnet* ; *D. 2013. Actu. 2648* ; *RDT 2014. 35, obs. Reynès* ; *RJS 1/2014, n° 15* ; *JS Lamy 2014, n° 357-5.*

Art. L. 1244-2 **Les contrats de travail à caractère saisonnier** *(L. n° 2016-1088 du 8 août 2016, art. 86)* **« définis au 3° de l'article L. 1242-2 » peuvent comporter une clause de reconduction pour la saison suivante.**

Une convention ou un accord collectif de travail peut prévoir que tout employeur ayant occupé un salarié dans un emploi à caractère saisonnier lui propose, sauf motif réel et sérieux, un emploi de même nature, pour la même saison de l'année suivante. La convention ou l'accord en définit les conditions, notamment la période d'essai, et prévoit en particulier dans quel délai cette proposition est faite au salarié avant le début de la saison ainsi que le montant minimum de l'indemnité perçue par le salarié s'il n'a pas reçu de proposition de réemploi.

Pour calculer l'ancienneté du salarié, les durées des contrats de travail à caractère saisonnier successifs dans une même entreprise sont cumulées. – *[Anc. art. L. 122-3-15.]*

BIBL. Roy-Loustaunau, *RJS 1996. 215* (contrat saisonnier).

1. Droits du salarié. La clause contractuelle de reconduction envisagée par l'art. L. 122-3-15 [L. 1244-2 nouv.] a seulement pour effet d'imposer à l'employeur une priorité d'emploi en faveur du salarié, elle ne peut être assimilée à la clause contractuelle prévoyant la reconduction automatique du contrat de travail pour la saison suivante et n'a pas, en toute hypothèse, pour effet de transformer la relation de travail à durée déterminée en relation de travail à durée indéterminée. • Soc. 30 mai 2000, ⚖ n° 98-41.134 P : *D. 2000. IR 175* ; *Dr. soc. 2000. 768, obs. Roy-Loustaunau* ; *RJS 2000. 544, n° 775* • Soc. 8 juill. 2015, ⚖ n° 14-16.330 P : *Dalloz actualité, 14 sept. 2015, obs. Siro* ; *D. 2015. Actu. 1546* ; *RJS 10/2015, n° 620.* ♦ Sauf clause de reconduction, le contrat conclu pour la durée d'une saison reste à durée déterminée même s'il est renouvelé. • Soc. 31 janv. 1985 : *Bull. civ. V, n° 74* ; *D. 1985. IR 441, obs. Langlois.* ♦ V., pour une solution contraire en présence d'une clause et d'un engagement ininterrompu : • Soc. 19 nov. 1987 : *Bull. civ. V, n° 665* ; *D. 1988. Somm. 317 (1re esp.), obs. Langlois* (arrêt rendu sur l'application de textes antérieurs).

2. Portée des dispositions conventionnelles. La violation des dispositions de la convention collective prévues par l'art. L. 1244-2 C. trav. pour la succession de CDD saisonniers permet au salarié d'obtenir une indemnisation ; l'absence de proposition d'un nouveau contrat saisonnier en contradiction avec les règles conventionnelles ne lui permet néanmoins pas d'invoquer la violation d'une garantie de fond comme en matière de licenciement. • Soc. 3 mai 2016, ⚖ n° 14-30.085 P : *Dalloz actualité, 20 mai 2016, obs. Cortot* ; *D. 2016. Actu. 1085* ; *Dr. soc. 2016. 574, note Mouly* ; *RJS 7/2016, n° 478* ; *JCP S 2016. 1218, obs. Lahalle.*

3. Requalification. La reconduction systématique sur une longue période de contrats à durée déterminée saisonniers, prévue à la fois par la convention collective de branche et par l'accord d'entreprise, constitue un ensemble à durée indéterminée, même si chaque période n'est garantie que pour la durée de la saison. • Soc. 29 oct. 2002 : *RJS 2003. 24, n° 15.*

4. *Refus de l'offre de reconduction.* Le refus par un salarié d'accepter l'offre de réembauche communiquée par l'employeur dans un délai raisonnable entraîne la fin des relations entre les parties. • Soc. 30 mai 2000, n° 98-41.134 P : *D. 2000. IR 175 ; Dr. soc. 2000. 768, obs. Roy-Loustaunau .*

5. *CDD saisonnier et ancienneté.* Les durées des contrats de travail à caractère saisonnier successifs dans la même entreprise sont cumulées pour calculer l'ancienneté du salarié ; ce cumul n'est pas subordonné à l'existence d'une clause de reconduction. • Soc. 30 sept. 2014 : *Dalloz actualité, 22 oct. 2014, obs. Fraisse ; RJS 2014. 722, n° 835.*

SECTION II **CONTRATS SUCCESSIFS SUR LE MÊME POSTE**

Art. L. 1244-3 A l'expiration d'un contrat de travail à durée déterminée, il ne peut être recouru, pour pourvoir le poste du salarié dont le contrat a pris fin, ni à un contrat à durée déterminée ni à un contrat de travail temporaire, avant l'expiration d'un délai de carence calculé en fonction de la durée du contrat *(L. n° 2015-994 du 17 août 2015, art. 55-I)* « incluant, le cas échéant, son ou ses deux renouvellements ». Ce délai de carence est égal :

1° Au tiers de la durée du contrat venu à expiration si la durée du contrat *(L. n° 2015-994 du 17 août 2015, art. 55-I)* « incluant, le cas échéant, son ou ses deux renouvellements », est de quatorze jours ou plus ;

2° A la moitié de la durée du contrat venu à expiration si la durée du contrat *(L. n° 2015-994 du 17 août 2015, art. 55-I)* « incluant, le cas échéant, son ou ses deux renouvellements », est inférieure à quatorze jours.

Les jours pris en compte pour apprécier le délai devant séparer les deux contrats sont les jours d'ouverture de l'entreprise ou de l'établissement concerné. — *[Anc. art. L. 122-3-11, al. 1er.] — V. art. L. 1248-11 (pén.).*

Les dispositions issues de la L. n° 2015-994 du 17 août 2015 s'appliquent aux contrats en cours (L. préc., art. 55-II).

1. *Situation dans les groupes.* En présence de contrats à durée déterminée conclus successivement avec le même salarié, le juge doit rechercher si le fait que le dernier contrat ait été établi au nom d'une autre société du groupe ne révèle pas l'intention frauduleuse d'écarter l'application du délai de carence. • Soc. 7 avr. 1998, n° 95-45.223 P : *RJS 1998. 376, n° 576 ; D. 1998. IR 122 ; Dr. soc. 1998. 610, obs. Roy-Loustaunau .* ♦ La rupture anticipée imputable à l'employeur est sans incidence sur le délai de carence en cas de conclusion d'un second contrat ; le point de départ du délai de carence demeure le terme initial du premier contrat. • Soc. 19 janv. 1999, n° 96-42.884 P : *RJS 1999. 209, n° 346 ; Dr. soc. 1999. 399, obs. Roy-Loustaunau ; JCP E 1999. 500.*

2. *Domaine de l'interdiction.* Non-application du délai légal d'attente à un contrat conclu en application du 1° et 3° de l'art. L. 1242-2 : V. • Soc. 12 mars 1996, n° 92-41.966 P : *RJS 1996. 231, n° 386* • 10 mai 2006 : *Dr. soc. 2006. 1046, obs. Roy-Loustaunau ; JCP S 2006. 1692, note Bousez* • 11 oct. 2006 : *RJS 2006. 936, n° 1254 ; Dr. soc. 2007. 644, obs. Roy-Loustaunau .*

Art. L. 1244-4 Le délai de carence n'est pas applicable :

1° Lorsque le contrat de travail à durée déterminée est conclu pour assurer le remplacement d'un salarié temporairement absent ou dont le contrat de travail est suspendu, en cas de nouvelle absence du salarié remplacé ;

2° Lorsque le contrat de travail à durée déterminée est conclu pour l'exécution de travaux urgents nécessités par des mesures de sécurité ;

3° Lorsque le contrat de travail à durée déterminée est conclu pour pourvoir un emploi à caractère saisonnier *(L. n° 2016-1088 du 8 août 2016, art. 86)* « défini au 3° de l'article L. 1242-2 » ou pour lequel, dans certains secteurs d'activité définis par décret ou par voie de convention ou d'accord collectif étendu, il est d'usage constant de ne pas recourir au contrat de travail à durée indéterminée en raison de la nature de l'activité exercée et du caractère par nature temporaire de cet emploi ;

4° Lorsque le contrat est conclu pour assurer le remplacement de l'une des personnes mentionnées aux 4° et 5° de l'article L. 1242-2 ;

5° Lorsque le contrat est conclu en application de l'article L. 1242-3 ;

6° Lorsque le salarié est à l'initiative d'une rupture anticipée du contrat ;

7° Lorsque le salarié refuse le renouvellement de son contrat, pour la durée du contrat non renouvelé. – *[Anc. art. L. 122-3-11, al. 2 et 3, et L. 122-2, al. 5, phrase 2.]*

Une succession de contrats de travail à durée déterminée, sans délai de carence, n'est licite, pour un même salarié sur un même poste, que si chacun des contrats a été conclu pour l'un des motifs prévus limitativement par l'art. L. 1244-4 C. trav. ; un délai de carence doit être appliqué entre le terme du premier contrat motivé par un accroissement temporaire d'activité, lequel ne rentre pas dans le champ d'application de l'art. L. 1244-1 C. trav. ni dans celui de l'art. L. 1244-4 du même code, et la conclusion du deuxième contrat conclu pour le remplacement d'un salarié absent. • Soc. 30 sept. 2014 : *Dalloz actualité, 22 oct. 2014, obs. Fraisse ; D. 2014. Actu. 2002 ; RJS 2014. 723, n° 836 ; JS Lamy 2014, n° 376-5, obs. Hautefort.*

CHAPITRE V **REQUALIFICATION DU CONTRAT**

BIBL. ► CALAIS, *JS Lamy 2013, n° 346-2.* – REYNES, *JS Lamy 2014, n° 371-1* (l'action en requalification des CDD sous le feu de la prescription).

Art. L. 1245-1 Est réputé à durée indéterminée tout contrat de travail conclu en méconnaissance des dispositions des articles L. 1242-1 à L. 1242-4, L. 1242-6 à L. 1242-8, L. 1242-12, alinéa premier, L. 1243-11, alinéa premier, L. 1243-13, L. 1244-3 et L. 1244-4. – *[Anc. art. L. 122-3-13, al. 1er.]*

1. Pouvoir de qualification du juge. Si un contrat de travail expressément qualifié de contrat à durée déterminée peut être requalifié en contrat à durée indéterminée à la seule demande du salarié ou de l'AGS, la qualification exacte d'un contrat dont la nature juridique est indécise relève de l'office du juge. • Soc. 19 mai 1998, n° 97-41.814 P : *RJS 1998. 536, n° 829 ; D. 1998. IR 166 .* ♦ Mais les dispositions relatives à la requalification du CDD en CDI ont été édictées dans un souci de protection du salarié qui peut seul se prévaloir de leur inobservation ; le juge ne peut, toutefois, requalifier d'office un contrat à durée déterminée en contrat à durée indéterminée. • Soc. 30 oct. 2002, n° 00-45.572 P : *Dr. soc. 2003. 465, note Roy-Loustaunau .*

2. Initiative de la demande de requalification. Les dispositions des art. L. 122-1 s. [L. 1242-1 s. nouv.] ont été édictées dans un souci de protection du salarié qui peut seul se prévaloir de leur inobservation. • Soc.16 juill. 1987 : *Bull. civ. V, n° 481 ; D. 1988. Somm. 97, obs. Béraud ; Dr. soc. 1989. 361, note Poulain* • 16 janv. 1991, n° 87-43.827 P : *D. 1991. IR 45* • 13 févr. 1991, n° 87-44.303 P : *Dr. soc. 1991. 413, note Savatier* • 17 janv. 1996 : *RJS 1996. 150, n° 252* • 7 mai 1996 : *RJS 1996. 421, n° 658* (le juge ne peut d'office requalifier un contrat à durée déterminée en contrat à durée indéterminée) • Soc. 20 févr. 2013 : *Dalloz actualité, 12 mars 2013, obs. Fleuriot ; D. 2013. Actu. 574 .* ♦ ... Ce qui ne s'oppose pas à une qualification par le juge de la relation entre les parties, en l'absence de tout contrat écrit. • Soc. 7 avr. 1998 : *RJS 1998. 374, n° 574.* ♦ ... Toutefois, les syndicats ont qualité pour demander au juge d'instance, juge de l'élection, la requalification des CDD en CDI s'agissant des intérêts que cette qualification peut avoir en matière d'institutions représentatives du personnel et des syndicats, notamment pour la détermination des effectifs de l'entreprise. • Soc. 17 déc. 2014, n° 14-13.712 P : *D. 2015. Actu. 84 ; Dr. soc. 2015. 284, obs. Petit ; RJS 3/2015, n° 199.*

3. Moyen soulevé d'office. Lorsqu'une juridiction relève d'office un moyen tiré du caractère insuffisant de la mention concernant le motif pour lequel le contrat à durée déterminée avait été conclu, elle est tenue en toute circonstance de respecter le principe de la contradiction. • Soc. 11 mai 2005 : *Dr. soc. 2005. 816, obs. Roy-Loustaunau .*

4. AGS. Les dispositions prévues par les art. L. 122-1 s. C. trav. [L. 1241-1 s. nouv.] relatives au contrat à durée déterminée ont été édictées dans un souci de protection du salarié qui peut seul se prévaloir de leur inobservation ; l'AGS n'est pas recevable, sauf fraude qu'il lui appartient de démontrer, à demander la requalification d'un contrat de travail à durée déterminée en contrat à durée indéterminée. • Soc. 11 déc. 2002 : *RJS 2003. 117, n° 161* • 7 avr. 2004, n° 02-40.231 P : *RJS 2004. 460, n° 659.*

5. Rupture du contrat requalifié. Lorsque le CDD devient du seul fait de la poursuite de la relation contractuelle après l'échéance de son terme un CDI, les règles propres à la rupture d'un tel contrat s'appliquent. • Soc. 13 déc. 2007 : *RDT 2008. 97, obs. Auzero ; RJS 2008. 118, n° 147.* ♦ Le juge qui requalifie une relation de travail à durée déterminée en un contrat à durée indéterminée doit rechercher si la lettre de rupture des relations contractuelles adressée par l'employeur au salarié vaut lettre de licenciement et si les motifs de rupture qu'elle énonce constituent des griefs matériellement vérifiables permettant de décider si le licenciement a une cause réelle et sérieuse. • Soc. 20 oct. 2015, n° 14-23.712 P : *Dalloz actualité, 12 nov. 2015,* *obs. Cortot ; D. 2015. Actu. 2187 ; RDT 2015. 749, obs. Isidro ; Dr. soc. 2015. 1028, note Mouly ; RJS 1/2016, n° 8.*

6. Requalification, reconstitution de carrière et régularisation de la rémunération. Par l'effet de la requalification des contrats à durée déterminée successifs, le salarié est réputé avoir occupé un emploi à durée indéterminée depuis le jour de sa première embauche au sein de l'entreprise ; il est en conséquence en droit d'obtenir la reconstitution de sa carrière ainsi que la régularisation de sa rémunération. • Soc. 6 nov. 2013 : *Dalloz actualité, 26 nov. 2013, obs. Peyronnet ; D. 2013. Actu. 2648 ; RJS 1/2014, n° 15 ; JS Lamy 2014, n° 357-5* • 3 mai 2016, n° 15-12.256 P : *D. 2016. Actu. 1004 ; RDT 2016. 477, obs. Tournaux ; RJS 7/2016, n° 480 ; JCP S 2016. 1207, obs. Bousez.* ♦ Le calcul des rappels de salaire consécutifs à la requalification de CDD successifs en CDI n'est alors pas affecté par les sommes qui ont pu être versées au salarié au titre de l'assurance chômage entre les différents CDD. • Soc. 16 mars 2016, n° 15-11.396 P : *Dalloz actualité, 29 mars 2016, obs. Cortot.* ♦ La requalification d'un CDD à temps partiel en CDI n'emporte pas requalification concomitante en contrat de travail à temps plein, sauf à ce que le contrat méconnaisse les règles relatives au CDD et celles afférentes au formalisme imposé au contrat de travail à temps partiel. • Soc. 9 oct. 2013 : *D. 2013. 2404 ; ibid. 2014. 302, obs. Flores, Ducloz, Sommé, Wurtz, Mariette et Contamine ; ibid. 1115, obs. Lokiec et Porta ; Dr. soc. 2013. 1055, obs. Mouly ; ibid. 2014. 11, chron. Tournaux ; RDT 2014. 58, obs. Orif .*

7. Rupture après requalification. Lorsqu'une décision, exécutoire par provision, ordonne la requalification d'un CDD en CDI, la rupture du contrat de travail intervenue postérieurement à la notification de cette décision au motif de l'arrivée du terme stipulé dans ledit contrat à durée déterminée est nulle. • Soc. 18 déc. 2013 : *Dalloz actualité, 21 janv. 2014, obs. Ines ; D. 2014. Actu. 88 ; ibid. 1115, obs. Lokiec et Porta ; Dr. soc. 2014. 290, obs. Mouly ; RJS 3/2014, n° 199.* ♦ De même est nul le licenciement prononcé par l'employeur au cours de la procédure d'appel consécutive à un jugement du conseil de prud'hommes en méconnaissance du principe d'égalité des armes. • Soc. 9 oct. 2013 : *préc. note 6.*

Art. L. 1245-2 **Lorsque le conseil de prud'hommes est saisi d'une demande de requalification d'un contrat de travail à durée déterminée en contrat à durée indéterminée, l'affaire est directement portée devant le bureau de jugement qui statue au fond dans un délai d'un mois suivant sa saisine.**

Lorsque le conseil de prud'hommes fait droit à la demande du salarié, il lui accorde une indemnité, à la charge de l'employeur, ne pouvant être inférieure à un mois de salaire. Cette disposition s'applique sans préjudice de l'application des dispositions du titre III du présent livre relatives aux règles de rupture du contrat de travail à durée indéterminée. – *[Anc. art. L. 122-3-13, al. 2, phrases 1 et 3.]*

1. Demande principale et demandes dérivées. Comme l'ensemble des modifications introduites par la loi du 12 juill. 1990, la possibilité de saisine directe du bureau de jugement ne s'applique qu'aux contrats conclus après son entrée en vigueur. • Soc. 21 juin 1995, n° 92-40.813 P : *RJS 1995. 574, n° 869.* ♦ V. aussi • Soc. 12 mars 1996, n° 93-44.767 P : *Dr. soc. 1996. 229 , n° 385 ; JCP E 1996. I. 595, n° 5, obs. Antonmattéi ; RJS 1996. 229, n° 385.* ♦ L'indemnité de l'art. L. 122-3-13 [L. 1245-2 nouv.] n'est pas subordonnée à la mise en œuvre préalable de la procédure de saisine directe du bureau de jugement. • Soc. 4 févr. 2003, n° 00-43.558 P : *Dr. soc. 2003. 529, obs. Roy-Loustaunau ; RJS 2003. 295, n° 422.* ♦ La saisine directe ne se limite pas à la demande en requalification, elle s'étend aux conséquences de la requalification. Est donc recevable directement devant le bureau de jugement une demande de requalification accompagnée des demandes d'indemnités consécutives à la rupture du contrat. • Soc. 7 avr. 1998, n° 95-43.091 P : *Dr. soc. 1998. 799, note Roy-Loustaunau .* ♦ La demande principale en requalification devant le bureau de jugement n'exclut pas toutes les autres demandes dérivant du contrat. • Soc. 4 déc. 2002, n° 00-40.255 P : *D. 2003. IR 105 ; Dr. soc. 2003. 529, obs. Roy-Loustaunau ; JCP E 2003. 134, note Taquet ; ibid. 2003. 496, note Boulmier ; RJS 2003. 118, n° 163.* ♦ Il n'est pas nécessaire que la demande en requalification soit faite à titre principal pour saisir directement le bureau de jugement. • Soc. 22 sept. 2010 : *Dalloz actualité, 7 oct. 2010, obs. Dechristé ; RJS 2010. 823, n° 907 ; JCP S 2010. 1562, obs. Bousez.* ♦ La procédure accélérée prévue par l'art. L. 122-3-13, al. 2, [L. 1245-2, al. 2, nouv.] n'interdit pas l'introduction d'une action en requalification lorsque les relations de travail sont d'ores et déjà rompues. • Soc. 7 oct. 1998, n° 97-43.336 P : *Dr. soc. 1999. 87, obs. Roy-Loustaunau .*

2. Saisine directe du bureau de jugement et qualification du contrat de travail. La demande visant à reconnaître l'existence d'un contrat de travail est, à juste titre, portée, sans préliminaire de conciliation, directement devant le bureau de jugement dès lors que la juridiction prud'homale est également saisie d'une demande de requalification des contrats à durée déterminée en contrat à durée indéterminée. • Soc. 28 avr. 2011 : *RJS 2011. 538, n° 584 ; JCP S 2011. 1411, obs. Bousez.*

3. La demande de requalification étant indéterminée, le jugement rendu en application de l'art. L. 122-3-13 [L. 1245-2 nouv.] est toujours en premier ressort et à charge d'appel. • Soc. 12 mars 1996 : *Bull. civ. V, n° 93 ; RJS 1996. 229, n° 384.*

4. Indemnité de requalification et poursuite à l'échéance du terme. Lorsque le contrat à durée déterminée devient un contrat à durée indéterminée du seul fait de la poursuite de la relation contractuelle de travail après l'échéance de son terme, le salarié ne peut prétendre à une indemnité de requalification, hors les cas où sa demande en requalification s'appuie sur une irrégularité du contrat à durée déterminée initial ou de ceux qui lui ont fait suite. • Soc. 22 mars 2006 : *D. 2006. IR 945 ; RDT 2006. 21, obs. Pélissier ; Dr. soc. 2006. 796, obs. Roy-Loustaunau ; JS Lamy 2006, n° 188-3 ; RJS 2006. 387, n° 538.* ♦ La circonstance que le CDD ait été poursuivi après l'échéance du terme ou que les parties aient conclu un CDI ne prive pas le salarié du droit de demander la requalification du CDD initial, qu'il estime irrégulier, en CDI et l'indemnité spéciale de requalification prévue par l'art. L. 1245-2 C. trav. • Soc. 29 juin 2011 : *Dr. soc. 2012. 197, obs. Roy-Loustaunau.*

5. Indemnité de requalification. Lorsqu'il est fait droit à la demande en requalification du CDD, la juridiction saisie doit d'office condamner l'employeur à payer au salarié une indemnité qui ne peut être inférieure à un mois de salaire. • Soc. 19 janv. 1999, n° 96-44.954 P : *RJS 1999. 208, n° 345 ; Dr. soc. 1999. 401, obs. J. Savatier ; JCP 1999. IV. 1449* • 28 nov. 2000, n° 98-42.999 P : *RJS 2001. 151, n° 228 ; Dr. soc. 2001. 194, obs. Roy-Loustaunau.* ♦ Lorsque le juge requalifie une succession de contrats conclus avec le même salarié en CDI, il ne doit accorder qu'une seule indemnité de requalification dont le montant ne peut être inférieur à un mois de salaire. • Cass., avis, 24 janv. 2005 : *RJS 2005. 351, n° 488* • Soc. 30 mars 2005 : *D. 2005. IR 985 ; JS Lamy 2005, n° 167-5.* ♦ L'indemnité est accordée dès lors que le contrat en cause fait l'objet d'une requalification, peu important qu'il se soit poursuivi après l'arrivée de son terme et soit devenu, par l'effet de l'art. L. 122-3-10 C. trav. [L. 1243-11 nouv.], un contrat à durée indéterminée. • Soc. 9 mars 1999, n° 96-41.586 P : *D. 1999. IR 87 ; RJS 1999. 298, n° 481 ; Dr. soc. 1999. 518, obs. Roy-Loustaunau* • 18 mai 2004 : *RJS 2004. 544, n° 795.* ♦ Elle n'est pas subordonnée à la mise en œuvre préalable de la procédure de saisine directe du bureau de jugement. • Soc. 4 févr. 2003 : *préc. note 2.*

6. Indemnité de requalification et CDD successifs. Lorsque le juge requalifie plusieurs CDD en un CDI, il ne doit accorder qu'une indemnité de requalification, dont le montant ne peut être inférieur à un mois de salaire. • Soc. 25 mai 2005 : *D. 2005. 2860, note Boucris-Maitral ; RJS 2005. 596, n° 813.* ♦ Lorsque plusieurs CDD sont requalifiés en CDI, la rupture de la relation de travail s'analyse en un licenciement et le salarié ne peut prétendre qu'aux indemnités de rupture lui revenant à ce titre. • Même arrêt.

7. Indemnité de requalification et modification de la situation juridique de l'employeur. L'indemnité de requalification d'un CDD naît dès la conclusion de ce contrat en méconnaissance des exigences légales et pèse ainsi sur l'employeur l'ayant conclu. • Soc. 7 nov. 2006 : *D. 2006. IR 2946 ; RDT 2007. 36, obs. Waquet ; RJS 2006. 67, n° 64.*

8. Calcul de l'indemnité de requalification. L'indemnité de requalification ne peut être inférieure au dernier salaire mensuel perçu avant la saisine de la juridiction. • Soc. 17 juin 2005 : *Sem. soc. Lamy 2005, n° 1221, p. 11 ; RJS 2005. 595, n° 812.* ♦ L'indemnité de requalification doit tenir compte des heures supplémentaires effectuées par le salarié. • Soc. 10 juin 2003, n° 01-40.779 P : *RJS 2003. 695, n° 1023.*

9. Paiement des périodes intermédiaires. Le salarié ne peut obtenir le paiement de salaires au titre de périodes d'inactivité séparant des CDD requalifiés ensuite en CDI que s'il s'est tenu à la disposition de l'employeur pendant les périodes intermédiaires. • Soc. 9 déc. 2009, n° 08-41.737 P : *RJS 2010, n° 226 ; JCP S 2010. 1043, obs. Bousez.* • Soc. 10 déc. 2014 : *Dalloz actualité, janv. 2014, obs. Fraisse.* ♦ Le salarié qui n'établit pas s'être tenu à la disposition de l'entreprise en vue d'effectuer un travail ne justifie pas d'une créance salariale à l'encontre de celle-ci au titre des périodes non travaillées entre ses différents contrats à durée déterminée. • Soc. 28 sept. 2011 : *RJS 2011. 836, n° 945 ; JCP S 2012. 1039, obs. Bousez.*

10. Absence de droit à réintégration. L'employeur, qui après la requalification d'un contrat à durée déterminée en contrat à durée indéterminée, ne fournit pas de travail et ne paie plus les salaires, est responsable de la rupture qui s'analyse en un licenciement sans que le salarié puisse se prévaloir d'un droit à réintégration, en l'absence de disposition le prévoyant. • Soc. 30 oct. 2002, n° 00-42.211 P : *RJS 2003. 29, n° 24.*

11. Prescription. L'action indemnitaire exercée sur le fondement de l'art. L. 122-3-13, al. 2 [L. 1245-2, al. 2, nouv.], est soumise à la prescription trentenaire. • Soc. 18 mai 2004 : *préc. note 4.*

12. Délai de jugement. L'inobservation du délai prescrivant au juge du fond de statuer dans le mois de sa saisine n'est pas une fin de non-recevoir et n'entraîne pas la nullité du jugement (jugé pour des contrats de travail temporaire). • Soc. 8 déc. 2004, n° 02-40.513 P : *D. 2005. IR 245 ; RJS 2005. 168, n° 241.*

CHAPITRE VI RÈGLES PARTICULIÈRES DE CONTRÔLE

Art. L. 1246-1 Dans les secteurs des spectacles, de l'action culturelle, de l'audiovisuel, de la production cinématographique et de l'édition phonographique, les agents de contrôle mentionnés à l'article L. 8112-1 ainsi que les agents du *(Ord. n° 2009-901 du 24 juill. 2009, art. 3)* « Centre national du cinéma et de l'image animée », des directions régionales des affaires culturelles, de l'*(L. n° 2008-126 du 13 févr. 2008)* « institution mentionnée à l'article L. 5312-1 » et de l' *(L. n° 2008-126 du 13 févr. 2008)* « organisme gestionnaire du régime d'assurance chômage » se communiquent réciproquement, sur demande écrite, tous renseignements et documents nécessaires à la recherche et à la constatation des infractions aux dispositions du 3° de l'article L. 1242-2 et, le cas échéant, *(Ord. n° 2009-901 du 24 juill. 2009, art. 7)* « des manquements aux dispositions mentionnées au 11° et des infractions aux dispositions mentionnées au 12° de l'article L. 421-1 du code du cinéma et de l'image animée ». – *[Anc. art. L. 122-1-1-1.]*

CHAPITRE VII ACTIONS EN JUSTICE

Art. L. 1247-1 Les organisations syndicales représentatives dans l'entreprise peuvent exercer en justice toutes les actions qui résultent du présent titre en faveur d'un salarié, sans avoir à justifier d'un mandat de l'intéressé.

Le salarié en est averti dans des conditions déterminées par voie réglementaire et ne doit pas s'y être opposé dans un délai de quinze jours à compter de la date à laquelle l'organisation syndicale lui a notifié son intention.

Le salarié peut toujours intervenir à l'instance engagée par le syndicat et y mettre un terme à tout moment. – *[Anc. art. L. 122-3-16.]* – *V. art. D. 1247-1 s.*

1. Information du salarié. Le fait que le salarié soit informé par le syndicat le jour de l'introduction de l'instance n'entache pas l'action d'irrecevabilité dès lors qu'un délai de quinze jours s'est écoulé entre l'information du salarié et le moment où le juge statue. • Soc. 1er févr. 2000, n° 98-41.624 P : *D. 2000. IR 65 ; Dr. soc. 2000. 516, obs. Roy-Loustaunau ; RJS 2000. 275, n° 381.* ♦ L'action est recevable même si le syndicat n'a adressé au salarié qu'une lettre d'intention le jour où il introduisait l'instance. • Soc. 1er févr. 2000, n° 98-46.201 P : *D. 2000. IR 90 ; RJS. 2000. 275, n° 381.*

2. Absence de renonciation tacite. L'opposition d'un salarié à ce qu'une organisation syndicale exerce une action de substitution ne saurait valoir renonciation de ce salarié au droit d'intenter l'action personnelle dont il est titulaire pour obtenir la requalification de ses contrats à durée déterminée en un contrat à durée indéterminée et la règle de l'unicité de l'instance ne peut être opposée à l'intéressé alors qu'il a été partie à la première instance. • Soc. 12 févr. 2008, n° 06-45.397 P : *RJS 2008. 298, n° 374.*

CHAPITRE VIII DISPOSITIONS PÉNALES

Art. L. 1248-1 Le fait de conclure un contrat de travail à durée déterminée qui a pour objet ou pour effet de pourvoir durablement un emploi lié à l'activité normale et permanente de l'entreprise, en méconnaissance de l'article L. 1242-1, est puni d'une amende de 3 750 €.

La récidive est punie d'une amende de 7 500 € et d'un emprisonnement de six mois. – *[Anc. art. L. 152-1-4.]*

1. Le juge saisi doit vérifier que le recours à l'utilisation de CDD est justifié par des raisons objectives qui s'entendent de l'existence d'éléments concrets établissant le caractère par nature temporaire de l'emploi. • Soc. 23 janv. 2008 : *GADT, 4e éd., n° 38 ; D. 2008. 1321, note Vigneau ; ibid. Pan. 2306, obs. Reynès .* ♦ Le seul fait que le prévenu appartienne à l'un des secteurs d'activité visés par l'art. D. 1242-1 est insuffisant à caractériser le caractère temporaire nécessaire au CDD d'usage. • Crim. 6 mai 2008 : *RDT 2008. 594, obs. Lévy-Amsallem ; RJS 2009. 702, n° 870 ; Dr. soc. 2008. 1125, obs. Duquesne .*

2. Commet le délit visé aux art. L. 1248-1, al. 1er, et L. 1242-1 C. trav., qui interdit d'embaucher des salariés par contrat à durée déterminée pour un emploi durable et habituel sur des postes permanents correspondant à l'activité normale de l'entreprise, l'employeur qui a délibérément renouvelé des CDD pendant plusieurs mois, voire plusieurs années, dès lors que ces renouvellements n'étaient pas justifiés par des raisons objectives établissant le caractère par nature temporaire de l'emploi, au sens de l'accord-cadre du 18 mars 1999 sur le travail à durée déterminée, mis en œuvre par la Dir. 1999/70/CE du 28 juin 1999, concernant l'accord-cadre CES, UNICE et CEEP sur le travail à durée déterminée. • Crim. 11 mars 2014 : *pourvoi n° 09-88.073.*

Art. L. 1248-2 Le fait de conclure un contrat de travail à durée déterminée pour un objet autre que celui prévu au premier alinéa de l'article L. 1242-2 ou en dehors des cas prévus à ce même article et à l'article L. 1242-3 est puni d'une amende de 3 750 €.

La récidive est punie d'une amende de 7 500 € et d'un emprisonnement de six mois. – *[Anc. art. L. 152-1-4.]*

Art. L. 1248-3 Le fait de méconnaître les dispositions des articles L. 1242-5 et L. 1242-6, relatives aux interdictions en matière de conclusion de contrat de travail à durée déterminée, est puni d'une amende de 3 750 €.

La récidive est punie d'une amende de 7 500 € et d'un emprisonnement de six mois. – *[Anc. art. L. 152-1-4.]*

Art. L. 1248-4 Le fait de conclure un contrat de travail à durée déterminée ne comportant pas un terme fixé avec précision dès sa conclusion, en méconnaissance de l'article L. 1242-7, est puni d'une amende de 3 750 €.

Le fait pour l'employeur de conclure un tel contrat sans fixer de durée minimale, lorsqu'il ne comporte pas de terme précis, est puni de la même peine.

La récidive est punie d'une amende de 7 500 € et d'un emprisonnement de six mois. – *[Anc. art. L. 152-1-4.]*

Art. L. 1248-5 Le fait de méconnaître les dispositions de l'article L. 1242-8, relatives à la durée du contrat de travail à durée déterminée, est puni d'une amende de 3 750 €.

La récidive est punie d'une amende de 7 500 € et d'un emprisonnement de six mois. – *[Anc. art. L. 152-1-4.]*

Art. L. 1248-6 Le fait de ne pas établir par écrit le contrat de travail à durée déterminée et de ne pas y faire figurer la définition précise de son motif, en méconnaissance du premier alinéa de l'article L. 1242-12, est puni d'une amende de 3 750 €.

La récidive est punie d'une amende de 7 500 € et d'un emprisonnement de six mois. – *[Anc. art. L. 152-1-4.]*

Art. L. 1248-7 Le fait de ne pas transmettre au salarié le contrat de travail à durée déterminée au plus tard dans les deux jours suivant l'embauche en méconnaissance de l'article L. 1242-13 est puni d'une amende de 3 750 €.

La récidive est punie d'une amende de 7 500 € et d'un emprisonnement de six mois. – *[Anc. art. L. 152-1-4.]*

Art. L. 1248-8 Le fait de verser au salarié titulaire d'un contrat de travail à durée déterminée une rémunération inférieure au montant de la rémunération que percevrait dans la même entreprise, après période d'essai, un salarié bénéficiant d'un contrat de travail à durée indéterminée de qualification professionnelle équivalente et occupant les mêmes fonctions en méconnaissance de l'article L. 1242-15 est puni d'une amende de 3 750 €.

La récidive est punie d'une amende de 7 500 € et d'un emprisonnement de six mois. – *[Anc. art. L. 152-1-4.]*

Art. L. 1248-9 Le fait de méconnaître les dispositions de l'article L. 1243-12, relatives à la prorogation du contrat de travail à durée déterminée d'un salarié exposé à des rayonnements ionisants, est puni d'une amende de 3 750 €.

La récidive est punie d'une amende de 7 500 € et d'un emprisonnement de six mois. – *[Anc. art. L. 152-1-4.]*

Art. L. 1248-10 Le fait de renouveler le contrat de travail à durée déterminée en méconnaissance de l'article L. 1243-13 est puni d'une amende de 3 750 €.

La récidive est punie d'une amende de 7 500 € et d'un emprisonnement de six mois. – *[Anc. art. L. 152-1-4.]*

Art. L. 1248-11 Le fait de méconnaître les dispositions de l'article L. 1244-3, relatives à la succession de contrats sur un même poste, est puni d'une amende de 3 750 €.

La récidive est punie d'une amende de 7 500 € et d'un emprisonnement de six mois. – *[Anc. art. L. 152-1-4.]*

TITRE CINQUIÈME CONTRAT DE TRAVAIL TEMPORAIRE, AUTRES CONTRATS DE MISE À DISPOSITION ET PORTAGE SALARIAL *(Ord. n° 2015-380 du 2 avr. 2015, art. 1er).*

CHAPITRE PREMIER CONTRAT DE TRAVAIL CONCLU AVEC UNE ENTREPRISE DE TRAVAIL TEMPORAIRE

RÉP. TRAV. v° *Travail temporaire,* par BUY et VIGNAL.

BIBL. GÉN. ▶ AHUMADA, *RPDS 1982. 239 ; ibid. 1986. 109 ; ibid. 271.* – ALIBERT, *Dr. soc. 1974. 10* (loi du 3 janv. 1972). – ALVAREZ, *Dr. ouvrier 1975. 240.* – ARSÉGUEL, *Ann. Univ. sc. soc. Toulouse, 1987, p. 107.* – CHALARON, *Dr. soc. 1982. 372 ; ibid. 1981. 627.* – DECOOPMAN, *D. 1982. Chron. 224* (ord. 5 févr. 1982). – DOMERGUE, *Dr. ouvrier 1997. 122* (formes de l'emploi précaire). – HENNION-MOREAU, *ALD 1986. 59* (lois du 25 juill. 1985 et du 17 janv. 1986). – A. LYON-CAEN, *Dr. soc. 1983. 5.* – G. LYON-CAEN, *D. 1971. Chron. 93.* – G. LYON-CAEN et RIBETTE-TILHET, *D. 1972. Chron. 63* (sociétés de travail temporaire). – DE MAILLARD, MANDROYAN, PLATTIER et PRIESLEY, *Dr. soc. 1979. 323.* – MARIÉ, *JCP S 2009. 1131* (vers une redéfinition du droit de mise à disposition). – PARTOUCHE, *RDT 2015. 388* (ambition jurisprudentielle d'une moralisation de l'intérim). – PÉLISSIER, *ibid. 1983. 17.* – PRADEL, *Dr. soc. 1984. 521* (droit pénal). – RICCA, *Rev. int. trav. 1982. 157.* – SIMON-DEPITRE, *Rev. crit. DIP 1973. 275* (loi du 3 janv. 1972 et droit international privé). – TEYSSIÉ, *JCP CI 1982. I. 13826* (ord. 5 févr. 1982). – VALTICOS, *Rev. int. trav. 1973. 47.*

SECTION PREMIÈRE DÉFINITIONS

COMMENTAIRE

V. Dalloz.fr et applications mobiles Dalloz.

Art. L. 1251-1 **Le recours au travail temporaire a pour objet la mise à disposition temporaire d'un salarié par une entreprise de travail temporaire au bénéfice d'un client utilisateur pour l'exécution d'une mission.**

Chaque mission donne lieu à la conclusion :

1° D'un contrat de mise à disposition entre l'entreprise de travail temporaire et le client utilisateur, dit "entreprise utilisatrice" ;

2° D'un contrat de travail, dit "contrat de mission", entre le salarié temporaire et son employeur, l'entreprise de travail temporaire.

(L. n° 2009-972 du 3 août 2009, art. 21-IV) **« Lorsque l'utilisateur est une personne morale de droit public, le présent chapitre s'applique, sous réserve des dispositions prévues à la section VI. »**

1. Responsabilité contractuelle de l'entreprise de travail temporaire. Toute entreprise de travail temporaire est tenue d'une obligation de prudence dans le recrutement du personnel qu'elle fournit ; si cette obligation est plus rigoureuse à l'égard du personnel appelé à exercer des fonctions de confiance ou des responsabilités particulières, elle n'existe pas moins dans tous les cas. • Civ. 1re, 26 févr. 1991 : *D. 1991. 605, note Lapoyade Deschamps ; RJS 1991. 278, n° 530 a.*

2. Selon l'art. L. 124-1 [L. 1251-1 nouv.], l'entreprise de travail temporaire qui s'est engagée à mettre à la disposition d'un utilisateur des salariés qu'elle embauche en considération d'une qualification convenue est tenue de vérifier si ces salariés sont aptes au travail qui est l'objet de la mission. • Soc. 21 oct. 1982 : *Bull. civ. V, n° 575.*

3. Clauses relatives à la responsabilité. Sauf faute lourde ou dol, une cour d'appel ne peut refuser à une entreprise de travail temporaire le bénéfice d'une clause la dégageant de toute responsabilité quant aux dommages causés par le personnel temporaire, quand bien même ils résulteraient d'une absence ou d'une insuffisance de contrôle ou d'encadrement de la part de l'entreprise. • Com. 25 juin 1980 : *Bull. civ. IV, n° 275.*

4. Responsabilité du fait du salarié en mission. L'entreprise de travail temporaire ne peut être déclarée responsable du dommage résultant d'une faute professionnelle commise par le personnel qu'elle a fourni que dans la mesure où une faute peut lui être reprochée dans l'exécution de son contrat. • Civ. 1re, 28 mai 1980 : *Bull. civ. I, n° 157 ; D. 1981. IR 136, obs. Langlois.* – V. aussi : • Soc. 29 janv. 1981 : *Bull. civ. V, n° 98.*

5. Responsabilité vis-à-vis du salarié en mission. Le travailleur temporaire n'étant lié par contrat qu'à la société d'intérim – peu important que celle-ci se fût substitué une autre société pour la direction de l'exécution du travail –, une cour d'appel a pu condamner l'entreprise de travail temporaire à rembourser le prix de l'outillage et des vêtements perdus par le salarié à la suite d'un incendie dans les locaux de l'utilisateur. • Soc. 29 oct. 1974 : *Bull. civ. V, n° 506 ; D. 1974. IR 245.*

6. L'entreprise de travail temporaire, seul employeur du salarié intérimaire victime d'un accident du travail, demeure tenue des conséquences de la faute inexcusable invoquée à l'encontre de la société utilisatrice. • Soc. 18 juin 1986 : *Bull. civ. V, n° 313.*

Art. L. 1251-2 **Est un entrepreneur de travail temporaire, toute personne physique ou morale dont l'activité exclusive est de mettre à la disposition temporaire d'entreprises utilisatrices des salariés qu'en fonction d'une qualification convenue elle recrute et rémunère à cet effet.** — *[Anc. art. L. 124-1, al. 1er fin.] — V. art. L. 1255-1 (pén.).*

1. Fourniture d'outils. Ni l'art. L. 124-1 [L. 1251-2 nouv.] ni aucune des dispositions du code du travail relatives à l'organisation du travail temporaire n'interdisent à l'entrepreneur de fournir des outils de travail à ses préposés, dès lors qu'il n'en résulte pour lui aucune source de profits distincte de son activité professionnelle. • Crim. 15 déc. 1981 : *Bull. crim. n° 333 ; D. 1982. IR 164.*

2. Fonctions dans d'autres sociétés. Il ne saurait être interdit aux dirigeants d'une société de travail temporaire d'occuper des fonctions dans d'autres sociétés. • Crim. 27 mars 1984 : *D. 1984. IR 390.* ♦ Mais viole l'art. L. 124-1 [L. 1251-2 nouv.] le prévenu qui, dirigeant deux sociétés formant un ensemble économique unique, sous le couvert de personnes morales juridiquement distinctes, a organisé une double activité de location de main-d'œuvre et de prestations de services. • Crim. 15 févr. 1983 : *Bull. crim. n° 56.* – Dans le même sens : • Crim. 7 juin 1983 : *Bull. crim. n° 173 ; D. 1984. IR 374, obs. A. Lyon-Caen* • 23 juin 1987 : *Bull. crim. n° 263* • 12 déc. 1989 : *JCP E 1990. I. 19601* • 7 mai 1996 : *Bull. crim. n° 194.* ♦ Comp. : • Crim. 27 mars 1984 : *préc.*

Art. L. 1251-3 **Toute activité de travail temporaire s'exerçant en dehors d'une telle entreprise est interdite, sous réserve des dispositions relatives aux opérations de prêt de main-d'œuvre à but non lucratif autorisées par l'article L. 8241-2.** — *[Anc. art. L. 124-1, al. 2.]*

Entreprise étrangère. Le dirigeant d'une entreprise de travail temporaire monégasque ayant son siège à Monaco doit être condamné pour prêt illicite de main-d'œuvre, dans la mesure où il a mis des travailleurs à la disposition de deux entrepreneurs français, sans satisfaire, du fait de son implantation hors du territoire français, aux dispositions légales et réglementaires applicables en matière de travail temporaire. • Crim. 22 juin 1999 : *Dr. soc. 1999. 1099, obs. Moreau.*

Art. L. 1251-4 **Par dérogation au principe d'exclusivité prévu à l'article L. 1251-2, les entreprises de travail temporaire peuvent exercer :**

1° Des activités de placement privé prévues à l'article *(L. n° 2010-853 du 23 juill. 2010, art. 29-II)* **« L. 5321-1 » ;**

2° L'activité d'entreprise de travail à temps partagé. — *[Anc. art. L. 124-1, al. 1er début, et L. 124-31.]*

BIBL. VÉRICEL, *Dr. soc. 2010. 1176* (libéralisation totale du marché du placement des demandeurs d'emploi).

SECTION II **CONDITIONS DE RECOURS**

SOUS-SECTION 1 **CAS DE RECOURS**

COMMENTAIRE

V. Dalloz.fr et applications mobiles Dalloz.

Art. L. 1251-5 **Le contrat de mission, quel que soit son motif, ne peut avoir ni pour objet ni pour effet de pourvoir durablement un emploi lié à l'activité normale et permanente de l'entreprise utilisatrice.** — *[Anc. art. L. 124-2, al. 1er.] — V. art. L. 1255-3 (pén.).*

V. Circ. DRT n° 18/90 du 30 oct. 1990 (BOMT n° 90/24, texte n° 567) relative au contrat de travail à durée déterminée et au travail temporaire ; Circ. DRT n° 92-14 du 29 août 1992 (BOMT n° 92/21, texte n° 722) relative au régime juridique du contrat de travail à durée déterminée et du travail temporaire.

1. Besoin structurel de main-d'œuvre. Il résulte des art. L. 1251-5 et L. 1251-6 C. trav. que la possibilité donnée à l'entreprise utilisatrice de recourir à des contrats de mission successifs avec le même salarié intérimaire, pour remplacer un ou des salariés absents ou pour faire face à un accroissement temporaire d'activité, ne peut avoir pour objet ni pour effet de pourvoir durablement un emploi lié à son activité normale et permanente ; l'entreprise utilisatrice ne peut recourir de façon systématique aux missions d'intérim pour faire face à un besoin structurel de main-d'œuvre. • Soc. 13 juin 2012 : *Dalloz actualité, 10 juill. 2012, obs. Ines ; D. 2012. Actu. 1681 ; RJS 2012. 644, n° 749 ; JCP S 2012. 1368, obs. Chenu.*

2. Condamnation in solidum. En recourant, de manière ininterrompue, à une succession de contrats de mission pour des motifs n'entrant pas dans le champ d'application de l'art. L. 1251-37 C. trav., la société utilisatrice est condamnée *in solidum* avec la société de travail temporaire, qui a agi de concert avec elle, à payer les sommes liées à la requalification en CDI de ces contrats de mission successifs qui avaient pour effet de pourvoir durablement un emploi lié à l'activité normale et permanente de l'entreprise utilisatrice. • Soc. 24 avr. 2013 : *Dalloz actualité, 15 mai 2013, obs. Ines ; D. 2013. Actu. 1143 ; Dr. soc. 2013. 576, chron. Tournaux ; JCP S 2013. 1396, obs. Bousez.*

3. Les dispositions de l'article L. 1251-40 C. trav. qui sanctionnent l'inobservation, par l'entreprise utilisatrice, des dispositions des art. L. 1251-5 s., L. 1251-10 s., L. 1251-30 et L. 1251-35 du même code, n'excluent pas la possibilité, pour le salarié, d'agir contre l'entreprise de travail temporaire lorsque les conditions, à défaut desquelles toute opération de prêt de main-d'œuvre est interdite, n'ont pas été respectées ; il en est ainsi en cas d'absence de contrat de mission ou de motif de recours, ces manquements de l'entreprise de travail temporaire causant nécessairement au salarié intérimaire un préjudice qui doit être réparé. • Soc. 4 déc. 2013, n° 11-28.314 P : *RDT 2014. 267, obs. Pignarre ; RJS 2/2014, n° 136 ; JCP S 2014. 1135, note Bousez.*

Art. L. 1251-6 **Sous réserve des dispositions de l'article L. 1251-7, il ne peut être fait appel à un salarié temporaire que pour l'exécution d'une tâche précise et temporaire dénommée "mission" et seulement dans les cas suivants :**

1° Remplacement d'un salarié, en cas :

***a)* D'absence ;**

***b)* De passage provisoire à temps partiel, conclu par avenant à son contrat de travail ou par échange écrit entre ce salarié et son employeur ;**

***c)* De suspension de son contrat de travail ;**

***d)* De départ définitif précédant la suppression de son poste de travail après consultation du comité d'entreprise ou, à défaut, des délégués du personnel, s'il en existe ;**

***e)* D'attente de l'entrée en service effective d'un salarié recruté par contrat à durée indéterminée appelé à le remplacer ;**

2° Accroissement temporaire de l'activité de l'entreprise ;

3° Emplois à caractère saisonnier *(L. n° 2016-1088 du 8 août 2016, art. 86)* **« définis au 3° de l'article L. 1242-2 » ou pour lesquels, dans certains secteurs définis par décret ou par voie de convention ou d'accord collectif étendu, il est d'usage constant de ne pas recourir au contrat de travail à durée indéterminée en raison de la nature de l'activité exercée et du caractère par nature temporaire de ces emplois ;**

4° Remplacement d'un chef d'entreprise artisanale, industrielle ou commerciale, d'une personne exerçant une profession libérale, de son conjoint participant effectivement à l'activité de l'entreprise à titre professionnel et habituel ou d'un associé non salarié d'une société civile professionnelle, d'une société civile de moyens*[,]* *(L. n° 2015-990 du 6 août 2015, art. 63-VIII)* **« d'une société d'exercice libéral ou de toute autre personne morale exerçant une profession libérale ; »**

5° Remplacement du chef d'une exploitation agricole ou d'une entreprise mentionnée aux 1° à 4° de l'article L. 722-1 du code rural et de la pêche maritime, d'un aide familial, d'un associé d'exploitation, ou de leur conjoint, mentionné à l'article L. 722-10 du même code dès lors qu'il participe effectivement à l'activité de l'exploitation agricole ou de l'entreprise. – *[Anc. art. L. 124-2, al. 2, et L. 124-2-1.] – V. art. L. 1255-4 (pén.).*

1. Accroissement temporaire d'activité. En cas d'accroissement temporaire d'activité, le recours à des salariés intérimaires ne peut être autorisé que pour les besoins d'une ou plusieurs tâches résultant du seul accroissement temporaire de l'activité de l'entreprise, notamment en cas de variations cycliques de production ; il n'est pas nécessaire ni que cet accroissement présente un caractère exceptionnel, ni que le salarié recruté soit affecté à la réalisation même de ces tâches (exclusion du travail temporaire pour une augmentation constante de la production). • Soc. 21 janv. 2004 : *Dr. soc. 2004. 892, obs. Roy-Loustaunau* ; *JS Lamy 2004, n° 139-3 ; RJS 2004. 243, n° 352 ; ibid. 194, rapp. Martinez* • 23 févr. 2005 : *Dr. soc. 2005. 685, obs. Roy-Loustaunau* ; *RJS 2005. 410, n° 586.* ♦ Les missions d'intérim liées aux sessions mensuelles du Parlement européen relèvent, même si elles sont intermittentes, de l'activité normale et permanente de l'Institution. • Soc. 21 sept. 2011 : *Dalloz actualité, 11 oct. 2011, obs. Astaix ; RJS 2011. 891, n° 1026 ; JCP S 2012. 1096, obs. Bousez.* ♦ Caractérise un accroissement temporaire d'activité la forte augmentation du volume des ventes et de conditionnement sur la période de mars à juin pendant deux années successives, ainsi que la forte augmentation, par rapport à l'année précédente, des commandes des quatre clients concernés par les contrats de mission. • Soc. 15 oct. 2014 : *Dalloz actualité, 22 oct. 2014, obs. Fraisse ; D. 2014. Actu. 2118* ; *RJS 1/2015, n° 9.*

2. Remplacement. L'autorisation de recourir au travail intérimaire en cas d'absence temporaire d'un salarié s'entend de son absence aussi bien de l'entreprise que de son poste de travail. • Soc. 25 févr. 2009 : *JCP S 2009. 1304, obs. Bousez.* ♦ Dès l'instant qu'un travailleur intérimaire remplace, par glissement interne, un salarié autre que celui effectivement absent, le contrat doit préciser les modalités de ce remplacement et mentionner le nom et la qualification du salarié absent. • Crim. 9 oct. 1995 : *D. 1996. IR 28 ; RJS 1996. 13, n° 7 ; JCP E 1996. II. 853, note Siau.* ♦ La requalification d'une succession de contrats de travail temporaire conclus pour remplacer un ou plusieurs salariés doit être prononcée dès lors que ces remplacements sont d'une durée minime, que les postes occupés sont interchangeables et que les salariés avaient travaillé sans discontinuer, exception faite des périodes de fermeture de l'entreprise, pendant près de deux ans. • Soc. 27 juin 2007 : *D. 2007. AJ 2034* ; *RJS 2007. 886, n° 1139.*

3. Contrat saisonnier. Le caractère saisonnier d'un emploi autorisant un contrat de travail temporaire doit concerner des tâches normalement appelées à se répéter chaque année à des dates à peu près fixes, en fonction du rythme des saisons ou des modes de vie collectifs. • Soc. 9 mars 2005 : *Dr. soc. 2005. 687, obs. Roy-Loustaunau* ; *RJS 2005. 349, n° 486.* ♦ Caractérise une activité saisonnière l'activité de conditionnement de la carotte, du navet ou du poireau qui correspond à des tâches appelées à se répéter chaque année à des dates à peu près fixes en fonction du rythme des saisons, sur la période de septembre à avril. • Soc. 15 oct. 2014 : *préc. note 1.*

4. Preuve du motif de recours. En cas de litige sur le motif du recours au travail temporaire, il incombe à l'entreprise utilisatrice de rapporter la preuve de la réalité du motif énoncé dans le contrat de travail. • Soc. 28 nov. 2007 : *D. 2008. 1460, note Fadeuilhe* ; *RJS 2008. 173, n° 235.*

Art. L. 1251-7 **Outre les cas prévus à l'article L. 1251-6, la mise à disposition d'un salarié temporaire auprès d'une entreprise utilisatrice peut intervenir :**

1° Lorsque la mission de travail temporaire vise, en application de dispositions légales ou d'un accord de branche étendu, à favoriser le recrutement de personnes sans emploi rencontrant des difficultés sociales et professionnelles particulières ;

2° Lorsque l'entreprise de travail temporaire et l'entreprise utilisatrice s'engagent, pour une durée et dans des conditions fixées par décret ou par accord de branche étendu, à assurer un complément de formation professionnelle au salarié ;

(L. n° 2011-893 du 28 juill. 2011, art. 7) **« 3° Lorsque l'entreprise de travail temporaire et l'entreprise utilisatrice s'engagent à assurer une formation professionnelle au salarié par la voie de l'apprentissage, en vue de l'obtention d'une qualification professionnelle sanctionnée par un diplôme ou un titre à finalité professionnelle enregistré au répertoire national des certifications professionnelles. Cette formation est dispensée pour partie dans l'entreprise utilisatrice et pour partie en centre de formation d'apprentis ou section d'apprentissage en application de l'article L. 6221-1. »**

Art. L. 1251-8 **Lorsque la mission porte sur l'exercice d'une profession médicale ou paramédicale réglementée, l'entreprise de travail temporaire vérifie que ce salarié est régulièrement autorisé à exercer.** – *[Anc. art. L. 124-4, al. 10.]*

SOUS-SECTION 2 INTERDICTIONS

Art. L. 1251-9 **Dans les six mois suivant un licenciement pour motif économique, il est interdit de faire appel à un salarié temporaire au titre d'un accroissement temporaire de l'activité, y compris pour l'exécution d'une tâche occasionnelle, précisément définie et non durable, ne relevant pas de l'activité normale de l'entreprise utilisatrice.**

Cette interdiction porte sur les postes concernés par le licenciement dans l'établissement.

L'interdiction ne s'applique pas :

1° Lorsque la durée du contrat de mission n'est pas susceptible de renouvellement et n'excède pas trois mois ;

2° Lorsque le contrat est lié à la survenance dans l'entreprise, qu'il s'agisse de celle de l'entrepreneur principal ou de celle d'un sous-traitant, d'une commande exceptionnelle à l'exportation dont l'importance nécessite la mise en œuvre de moyens quantitativement ou qualitativement exorbitants de ceux que l'entreprise utilise ordinairement. Cette possibilité de recrutement est subordonnée à l'information et à la consultation préalables du comité d'entreprise, ou, à défaut, des délégués du personnel, s'il en existe.

Les dérogations prévues aux 1° et 2° n'exonèrent pas l'employeur de respecter la priorité de réembauche prévue à l'article L. 1233-45. – *[Anc. art. L. 124-2-7.] – V. art. L. 1255-5 (pén.).*

COMMENTAIRE

V. Dalloz.fr et applications mobiles Dalloz ❑

Art. L. 1251-10 Outre les cas prévus à l'article L. 1251-9, il est interdit de recourir au travail temporaire :

1° Pour remplacer un salarié dont le contrat de travail est suspendu à la suite d'un conflit collectif de travail ;

2° Pour effectuer certains travaux particulièrement dangereux figurant sur une liste établie par voie réglementaire, dans les conditions prévues à l'article L. 4154-1. L'autorité administrative peut exceptionnellement autoriser une dérogation à cette interdiction, dans des conditions déterminées par voie réglementaire ; – *V. art. D. 1251-2.*

3° Pour remplacer un médecin du travail. – *[Anc. art. L. 124-2-3.] – V. art. L. 1255-5 (pén.).*

V. Arr. du 8 oct. 1990 (D. et ALD 1990. 438), mod. par Arr. du 4 avr. 1996 (JO 18 avr.), Arr. du 12 mai 1998 (JO 23 mai) ; ... et, pour l'agriculture, Arr. du 27 juin 1991 (JO 17 juill.), mod. par Arr. du 27 juill. 1992 (JO 8 août), Arr. du 4 juill. 1996 (JO 12 juill.), Arr. du 21 juill. 1998 (JO 4 août).

1. Remplacement des salariés grévistes. L'art. L. 124-2 [L. 1251-10 nouv.] n'a d'autre objet que d'interdire à l'employeur de recourir au travail temporaire pour remplacer les salariés grévistes et de priver leur action d'efficacité ; il ne saurait être interprété de manière extensive comme interdisant d'employer dans leur qualification professionnelle des travailleurs temporaires embauchés antérieurement à tout conflit. • Crim. 2 déc. 1980 : *D. 1981. 346, note Pélissier.* ♦ L'employeur ne peut pas faire appel à des salariés intérimaires, déjà en poste dans l'entreprise, pour leur faire effectuer les tâches des salariés grévistes en plus de celles qu'ils accomplissaient dans le cadre de leur mission. • Soc. 2 mars 2011 : *Dalloz actualité, 16 mars 2011, obs. Siro ; D. 2011. Actu. 824 ; Dr. soc. 2011. 736, obs. Gauriau ; Dr. ouvrier 2011. 469, obs. Marié ; JS Lamy 2011, n° 297-2, obs. Tourreil ; JCP S 2011. 1315, obs. Bousez.*

2. Travaux particulièrement dangereux. La dérogation exceptionnelle accordée par l'autorité administrative à l'interdiction de recourir au travail temporaire pour effectuer certains travaux particulièrement dangereux doit être préalable à l'affectation du salarié temporaire à l'un des travaux dont la liste est fixée à l'art. D. 4154-1 C. trav. • Soc. 30 nov. 2010 : *Dalloz actualité, 6 janv. 2011, obs. Ines ; D. 2011. AJ 22.*

SECTION III CONTRAT DE MISSION

SOUS-SECTION 1 FORMATION ET EXÉCUTION DU CONTRAT

§ 1er FIXATION DU TERME ET DURÉE DU CONTRAT

Art. L. 1251-11 Le contrat de mission comporte un terme fixé avec précision dès la conclusion du contrat de mise à disposition.

Toutefois, le contrat peut ne pas comporter de terme précis lorsqu'il est conclu dans l'un des cas suivants :

1° Remplacement d'un salarié absent ;

2° Remplacement d'un salarié dont le contrat de travail est suspendu ;

3° Dans l'attente de l'entrée en service effective d'un salarié recruté par contrat à durée indéterminée ;

4° Emplois à caractère saisonnier *(L. n° 2016-1088 du 8 août 2016, art. 86)* « définis au 3° de l'article L. 1242-2 » ou pour lesquels, dans certains secteurs d'activité définis par décret ou par voie de convention ou d'accord collectif étendu, il est d'usage constant de ne pas recourir au contrat de travail à durée indéterminée en raison de la nature de l'activité exercée et du caractère par nature temporaire de ces emplois ;

5° Remplacement de l'une des personnes mentionnées aux 4° et 5° de l'article L. 1251-6.

Le contrat de mission est alors conclu pour une durée minimale. Il a pour terme la fin de l'absence de la personne remplacée ou la réalisation de l'objet pour lequel il a été conclu. – *[Anc. art. L. 124-2-2-I, al. 1er, et III.] – V. art. L. 1255-6 (pén.).*

1. Chevauchement. Lorsque le salarié dont le remplacement devait être assuré par un salarié temporaire retarde de trois jours son départ en congé, c'est à bon droit que les juges du fond retiennent que ce « léger chevauchement » ne constitue pas une violation de l'art. L. 124-2 [L. 1251-11 nouv.] alors applicable. • Soc. 16 juill. 1987 : *D. 1987. IR 202.*

2. Terme anticipé. En cas de remplacement d'un salarié dont le contrat de travail est suspendu, le terme de la mission peut être fixé antérieurement à la reprise du travail par le salarié remplacé. • Soc. 25 oct. 1989 : *D. 1989. IR 310.*

3. Prolongation exceptionnelle. En présence d'un contrat de travail temporaire conclu jusqu'au lendemain du jour où le salarié remplacé reprend son emploi, il n'y a pas lieu de procéder à sa requalification lorsque à la suite du décès du salarié remplacé les relations contractuelles se sont poursuivies quelque temps, dès lors qu'il n'est pas établi que l'utilisateur a eu connaissance du décès du salarié avant qu'il ne dénonce le contrat. • Soc. 13 nov. 1990 : ♖ *RJS 1990. 674, n° 1040.*

Art. L. 1251-12 La durée totale du contrat de mission ne peut excéder dix-huit mois compte tenu, le cas échéant, *(L. n° 2015-994 du 17 août 2015, art. 55-I)* « du ou des deux renouvellements » intervenant dans les conditions prévues à l'article L. 1251-35.

Cette durée est réduite à neuf mois lorsque le contrat est conclu dans l'attente de l'entrée en service effective d'un salarié recruté par contrat à durée indéterminée ou lorsque son objet consiste en la réalisation de travaux urgents nécessités par des mesures de sécurité.

Elle est *(L. n° 2015-994 du 17 août 2015, art. 55-I)* « également de » vingt-quatre mois :

1° Lorsque la mission est exécutée à l'étranger ;

2° Lorsque le contrat est conclu dans le cas du départ définitif d'un salarié précédant la suppression de son poste de travail ;

3° Lorsque survient dans l'entreprise, qu'il s'agisse de celle de l'entrepreneur principal ou de celle d'un sous-traitant, une commande exceptionnelle à l'exportation dont l'importance nécessite la mise en œuvre de moyens quantitativement ou qualitativement exorbitants de ceux que l'entreprise utilise ordinairement. Dans ce cas, la durée initiale du contrat ne peut être inférieure à six mois.

(L. n° 2011-893 du 28 juill. 2011) « Elle est portée à trente-six mois afin d'être égale à celle du cycle de formation effectué en apprentissage conformément à l'article *(L. n° 2014-288 du 5 mars 2014, art. 14)* « L. 6222-7-1. » – *V. art. L. 1255-7 (pén.).*

Les dispositions issues de la L. n° 2015-994 du 17 août 2015 s'appliquent aux contrats en cours (L. préc., art. 55-II).

Art. L. 1251-13 Lorsque le contrat de mission est conclu pour remplacer un salarié temporairement absent ou dont le contrat de travail est suspendu ou pour un remplacement effectué au titre des 4° et 5° de l'article L. 1251-6, il peut prendre effet avant l'absence de la personne à remplacer. – *[Anc. art. L. 124-2-6, al. 1er.]*

§ 2 PÉRIODE D'ESSAI

Art. L. 1251-14 Le contrat de mission peut comporter une période d'essai dont la durée est fixée par convention ou accord professionnel de branche étendu ou par convention ou accord d'entreprise ou d'établissement.

A défaut de convention ou d'accord, cette durée ne peut excéder :

1° Deux jours si le contrat est conclu pour une durée inférieure ou égale à un mois ;

2° Trois jours si le contrat est conclu pour une durée supérieure à un mois et inférieure ou égale à deux mois ;

3° Cinq jours si le contrat est conclu pour une durée supérieure à deux mois. – *[Anc. art. L. 124-4-1, phrases 1 et 2.]*

Si les durées des contrats auxquelles se réfère l'art. L. 124-4-1 [L. 1251-14 nouv.] se calculent normalement en mois calendaires, il n'en est pas de même des durées maximales des périodes d'essai qui, en raison de leur brièveté, doivent s'entendre comme étant déterminées en jours ouvrés. • Soc. 25 janv. 1989 : *D. 1989. IR 48.*

Art. L. 1251-15 La rémunération correspondant à la période d'essai ne peut être différente de celle qui est prévue par le contrat de mission. – *[Anc. art. L. 124-4-1, phrase 3.]*

§ 3 CONTENU ET TRANSMISSION DU CONTRAT

Art. L. 1251-16 Le contrat de mission est établi par écrit.

Il comporte notamment :

1° La reproduction des clauses et mentions du contrat de mise à disposition énumérées à l'article L. 1251-43 ;

2° La qualification professionnelle du salarié ;

3° Les modalités de la rémunération due au salarié, y compris celles de l'indemnité de fin de mission prévue à l'article L. 1251-32 ;

4° La durée de la période d'essai éventuellement prévue ;

5° Une clause de rapatriement du salarié à la charge de l'entrepreneur de travail temporaire lorsque la mission s'effectue hors du territoire métropolitain. Cette clause devient caduque en cas de rupture du contrat à l'initiative du salarié ;

6° Le nom et l'adresse de la caisse de retraite complémentaire et de l'organisme de prévoyance dont relève l'entreprise de travail temporaire ;

7° La mention selon laquelle l'embauche du salarié par l'entreprise utilisatrice à l'issue de la mission n'est pas interdite. – *[Anc. art. L. 124-4, début al. 1er et al. 2 à 9.]* – *V. art. L. 1255-2 et R. 1255-1 (pén.).*

1. Contrat écrit et signé. La signature d'un contrat écrit, imposée par la loi dans les rapports entre l'entreprise de travail temporaire et le salarié, est destinée à garantir qu'ont été observées les diverses conditions à défaut desquelles toute opération de prêt de main-d'œuvre est interdite, cette prescription étant d'ordre public, son omission entraîne, à la demande du salarié, la requalification en contrat de droit commun à durée indéterminée. • Soc. 7 mars 2000, n° 97-41.463 P : *D. 2000. IR 110 ; RJS 2000. 408, n° 598* • 17 sept. 2008 : *RDT 2008. 661, obs. Auzero ; RJS 2008. 1025, n° 1251 ; Dr. ouvrier 2009. 153, obs. Marié ; JCP S 2009. 1017, obs. Bousez.* ♦ Mais lorsque l'absence de signature d'un contrat de mission est le fait du salarié qui a délibérément refusé de signer dans une intention frauduleuse, la requalification ne peut être demandée. • Soc. 24 mars 2010 : *D. 2010. Actu. 901 ; RDT 2010. 366, obs. Auzero ; Dalloz actualité, 9 avr. 2010, obs. Perrin ; RJS 6/2010, n° 572, p. 499 ; JCP S 2010. 1217, obs. Bousez, JS Lamy 2010, n° 277-6, obs. Toureil.*

2. Indemnité de fin de mission. L'omission de la mention relative à l'indemnité de fin de mission entraîne la requalification du contrat de mission en contrat à durée indéterminée • Soc. 11 mars 2015, n° 12-27.855 P : *Dalloz actualité, 25 mars 2015, obs. Ines ; D. 2015. Actu. 688 ; RJS 5/2015, n° 377.*

3. Qualification du salarié remplacé. Le contrat doit notamment comporter la qualification du salarié remplacé, ainsi que, s'il s'agit d'un contrat de mission pour remplacement, le nom et la qualification du salarié remplacé ; la seule mention de l'emploi de « juriste fiscaliste » ne satisfait pas à cette exigence. • Soc. 21 mars 2007 : *D. 2007. AJ 1143 ; D. 2007. Pan. 2261, obs. Reynès ; Dr. soc. 2007. 770, obs. Roy-Loustaunau ; RJS 2007. 580, n° 789.*

4. Une entreprise de travail temporaire qui a conclu avec ses salariés des contrats à durée indéterminée ne peut prétendre au bénéfice des allocations de chômage partiel, dès lors qu'elle ne pouvait conclure avec lesdits salariés que des contrats de travail temporaire conformes aux dispositions des art. L. 124-1 s. [L. 1251-2 nouv.]. • CE 13 nov. 1995 : *RJS 1996. 55, n° 84.*

Art. L. 1251-17 Le contrat de mission est transmis au salarié au plus tard dans les deux jours ouvrables suivant sa mise à disposition. – *[Anc. art. L. 124-4, al. 1er.]* – *V. art. L. 1254-2 (pén.).*

§ 4 RÉMUNÉRATION

Art. L. 1251-18 La rémunération, au sens de l'article L. 3221-3, perçue par le salarié temporaire ne peut être inférieure à celle prévue au contrat de mise à disposition, telle que définie au 6° de l'article L. 1251-43. — *V. art. L. 1255-2 (pén.).*

Le paiement des jours fériés est dû au salarié temporaire indépendamment de son ancienneté dès lors que les salariés de l'entreprise utilisatrice en bénéficient. — *[Anc. art. L. 124-4-2.]*

1. Assiette de la comparaison. La rémunération que perçoit le salarié lié par un contrat de travail temporaire ne peut être inférieure à celle que percevrait dans l'entreprise utilisatrice, après la période d'essai, un salarié de qualification équivalente, occupant le même poste ; cette rémunération doit également comprendre tous les avantages et accessoires payés par l'employeur au travailleur en raison de l'emploi occupé. • Soc. 16 juill. 1987 : *Bull. civ. V, n° 524 ; D. 1987. IR 202.* ♦ Le ticket-restaurant, qui constitue un avantage en nature payé par l'employeur, entre dans la rémunération du salarié. • Soc. 29 nov. 2006 : *D. 2007. AJ 21 ; RJS 2006. 197, n° 295.*

2. Un travailleur temporaire dont la rémunération correspond au coefficient du poste qu'il occupe ne peut prétendre au salaire correspondant au coefficient attribué à titre personnel au salarié remplacé compte tenu de son ancienneté. • Soc. 20 avr. 1989 : *D. 1990. Somm. 176, obs. A. Lyon-Caen.*

3. Débiteur de la rémunération. L'obligation de verser au travailleur temporaire mis à la disposition d'une entreprise des salaires conformes aux dispositions légales ou conventionnelles ou aux stipulations contractuelles qui lui sont applicables pèse sur l'entreprise de travail temporaire laquelle demeure l'employeur, à charge pour elle, en cas de manquement à cette obligation, de se retourner contre l'entreprise utilisatrice dès lors qu'une faute a été commise par cette dernière. • Soc. 31 oct. 2012 : *Dalloz actualité, 27 nov. 2012, obs. Siro ; D. 2012. Actu. 2669 ; RJS 2013. 76, n° 82 ; JS Lamy 2012, n° 333-334-2, obs. Tourreil ; JCP S 2013. 1043, obs. Bousez.*

4. Action en paiement. En cas de non-respect du principe d'égalité des rémunérations, la demande tendant au versement d'un rappel de salaire doit être dirigée uniquement contre la société de travail temporaire. • Soc. 22 mai 1991 : *RJS 1991. 472, n° 905.* ♦ Celle-ci ne pourrait se retourner contre l'entreprise utilisatrice qu'en établissant une faute à la charge de cette dernière. • Soc. 4 déc. 1996, n° 94-18.701 P : *RJS 1997. 72, n° 107 ; CSB 1997. 49, A. 12* • 30 mars 2005 : *D. 2005. IR 1054 ; Dr. soc. 2005. 1044, obs. Roy-Loustaunau ; JS Lamy 2005, n° 169-4 ; RJS 2005. 487, n° 687.*

5. En cas de défaillance de l'entreprise de travail temporaire, l'utilisateur lui est substitué de plein droit pour le paiement tant du salaire et de ses accessoires que des cotisations sociales. • Soc. 7 mars 1984 : *Bull. civ. V, n° 90.*

6. Jours fériés. Sur la rémunération des jours fériés, V. • Soc. 9 mars 1983 : *Bull. civ. V, n° 246.*

Art. L. 1251-19 Le salarié temporaire a droit à une indemnité compensatrice de congé payé pour chaque mission qu'il effectue, quelle qu'en ait été la durée.

Le montant de l'indemnité est calculé en fonction de la durée de la mission et ne peut être inférieur au dixième de la rémunération totale brute perçue par le salarié pendant la mission. L'indemnité est versée à la fin de la mission.

Pour l'appréciation des droits du salarié, sont assimilées à un temps de mission :

1° Les périodes de congé légal de maternité et d'adoption ;

2° Les périodes, limitées à une durée ininterrompue d'un an, de suspension du contrat de mission pour cause d'accident du travail ou de maladie professionnelle ;

3° Les périodes pendant lesquelles un salarié est rappelé sous les drapeaux, à condition que le point de départ de ces périodes se place au cours d'une mission. — *[Anc. art. L. 124-4-3.]*

Constitutionnalité. Il résulte de l'art. L. 1251-19 C. trav. que « tous les éléments de rémunération perçus par les salariés temporaires pendant leur mission entrent dans l'assiette de calcul de l'indemnité compensatrice de congé payé à laquelle ils ont droit » ; la question soulevant l'inconstitutionnalité des dispositions de l'art. L. 1251-19 C. trav. en raison de l'imprécision de la notion de « rémunération totale brute » ne dispose ni d'un caractère nouveau ni d'un caractère sérieux. • Soc. 19 oct. 2016, n° 16-40.236 : *Dalloz actualité, 17 nov. 2016, obs. Roussel.*

Art. L. 1251-20 Le salarié temporaire mis à la disposition d'une entreprise du bâtiment ou des travaux publics mentionnée à l'article L. 5424-6 a droit à une indemnité en cas d'arrêt de travail occasionné par les intempéries dès lors que les salariés de l'entreprise utilisatrice, employés sur le même chantier, en bénéficient.

Cette indemnité, calculée selon les modalités prévues aux articles L. 5424-6 à L. 5424-19, est versée par l'entreprise de travail temporaire et n'est soumise à aucune condition d'ancienneté du salarié. – *[Anc. art. L. 124-4-5.]*

§ 5 CONDITIONS DE TRAVAIL

Art. L. 1251-21 Pendant la durée de la mission, l'entreprise utilisatrice est responsable des conditions d'exécution du travail, telles qu'elles sont déterminées par les dispositions légales et conventionnelles applicables au lieu de travail.

Pour l'application de ces dispositions, les conditions d'exécution du travail comprennent limitativement ce qui a trait :

1° A la durée du travail ;

2° Au travail de nuit ;

3° Au repos hebdomadaire et aux jours fériés ;

4° A la santé et la sécurité au travail ;

5° Au travail des femmes, des enfants et des jeunes travailleurs. – *[Anc. art. L. 124-4-6, al. 1er et 2.]*

Avis d'inaptitude. L'entrepreneur de travail temporaire doit fournir à l'utilisateur l'avis d'inaptitude aux toxiques formulé par le médecin à l'égard d'un salarié. • Crim. 23 janv. 1979 : *Dr. soc. 1979. 160, note Savatier.*

Art. L. 1251-22 Les obligations relatives à la médecine du travail sont à la charge de l'entreprise de travail temporaire.

Sauf lorsque cette dernière relève du régime agricole, le suivi médical des salariés est assuré par des services de santé au travail faisant l'objet d'un agrément spécifique.

Lorsque l'activité exercée par le salarié temporaire nécessite une surveillance médicale renforcée au sens de la réglementation relative à la santé au travail, les obligations correspondantes sont à la charge de l'entreprise utilisatrice. – *[Anc. art. L. 124-4-6, al. 3 et 4.]*

BIBL. CASAUX, *Dr. soc. 1994. 943* ✎ (médecine du travail).

Art. L. 1251-23 Les équipements de protection individuelle sont fournis par l'entreprise utilisatrice.

Toutefois, certains équipements de protection individuelle personnalisés, définis par convention ou accord collectif de travail, peuvent être fournis par l'entreprise de travail temporaire.

Les salariés temporaires ne doivent pas supporter la charge financière des équipements de protection individuelle. – *[Anc. art. L. 124-4-6, al. 5 et 6.]*

Art. L. 1251-24 Les salariés temporaires ont accès, dans l'entreprise utilisatrice, dans les mêmes conditions que les salariés de cette entreprise, aux moyens de transport collectifs et aux installations collectives, notamment de restauration, dont peuvent bénéficier ces salariés.

Lorsque des dépenses supplémentaires incombent au comité d'entreprise, celles-ci lui sont remboursées suivant des modalités définies au contrat de mise à disposition. – *[Anc. art. L. 124-4-7.] – V. art. R. 1255-2 (pén.).*

Discrimination. Caractérise une discrimination constituant un trouble manifestement illicite la délibération du comité d'entreprise décidant qu'il ne délivrerait plus aux salariés extérieurs à l'entreprise et en particulier aux travailleurs temporaires les cartes d'accès au restaurant dont il assurait la gestion. • Soc. 21 nov. 1990 : ♔ *CSB 1991. 52, S. 36 ; RJS 1991. 29, n° 47.*

§ 6 INFORMATION SUR LES POSTES À POURVOIR

Art. L. 1251-25 L'entreprise utilisatrice porte à la connaissance des salariés temporaires la liste des postes à pourvoir dans l'entreprise par des contrats à durée indéterminée lorsqu'un tel dispositif d'information existe déjà pour les salariés bénéficiant d'un contrat à durée indéterminée. – *[Anc. art. L. 124-23.]*

SOUS-SECTION 2 RUPTURE ANTICIPÉE, ÉCHÉANCE DU TERME ET RENOUVELLEMENT DU CONTRAT

§ 1er RUPTURE ANTICIPÉE DU CONTRAT

Art. L. 1251-26 L'entreprise de travail temporaire qui rompt le contrat de mission du salarié avant le terme prévu au contrat lui propose, sauf faute grave de ce dernier ou cas de force majeure, un nouveau contrat de mission prenant effet dans un délai maximum de trois jours ouvrables.

Le nouveau contrat de mission ne peut comporter de modifications d'un élément essentiel en matière de qualification professionnelle, de rémunération, d'horaire de travail et de temps de transport.

A défaut, ou si le nouveau contrat de mission est d'une durée inférieure à celle restant à courir du contrat précédent, l'entrepreneur de travail temporaire assure au salarié une rémunération équivalente à celle qu'il aurait perçue jusqu'au terme du contrat, y compris l'indemnité de fin de mission.

Lorsque la durée restant à courir du contrat de mission rompu est supérieure à quatre semaines, les obligations du présent article peuvent être satisfaites au moyen de trois contrats successifs au plus. – *[Anc. art. L. 124-5, al. 1er à 4.]*

Rupture du contrat de mise à disposition. La décision de l'entreprise utilisatrice de rompre le contrat de mise à disposition avant le terme de la mission du salarié intérimaire n'entraîne pas la rupture de plein droit du contrat de travail ; il en résulte qu'en l'absence de rupture anticipée du contrat de travail par l'entreprise de travail temporaire, celle-ci n'est pas tenue de proposer au salarié un nouveau contrat. • Soc. 9 juill. 2003, ☎ n° 01-41.326 P : *D. 2004. Somm. 184, obs. Fadeuilhe* ✐ *; RJS 2003. 913, n° 1327 ; JS Lamy 2003, n° 134-6.*

Art. L. 1251-27 La rupture du contrat de mise à disposition ne constitue pas un cas de force majeure. – *[Anc. art. L. 124-5, al. 5.]*

Art. L. 1251-28 La rupture anticipée du contrat de mission qui intervient à l'initiative du salarié ouvre droit pour l'entreprise de travail temporaire à des dommages et intérêts correspondant au préjudice subi.

Ces dispositions ne s'appliquent pas lorsque le salarié justifie de la conclusion d'un contrat de travail à durée indéterminée.

Sauf accord des parties, le salarié est alors tenu de respecter un préavis dont la durée est calculée à raison d'un jour par semaine, compte tenu :

1° De la durée totale du contrat *(L. n° 2015-994 du 17 août 2015, art. 55-I)* « incluant, le cas échéant, son ou ses deux renouvellements », lorsque celui-ci comporte un terme précis ;

2° De la durée accomplie lorsque le contrat ne comporte pas un terme précis.

Dans les deux cas, la durée totale du préavis ne peut être inférieure à un jour ni supérieure à deux semaines. – *[Anc. art. L. 124-5, al. 6 et 7.]*

Les dispositions issues de la L. n° 2015-994 du 17 août 2015 s'appliquent aux contrats en cours (L. préc., art. 55-II).

§ 2 ÉCHÉANCE DU TERME DU CONTRAT

Art. L. 1251-29 La suspension du contrat de mission du salarié ne fait pas obstacle à l'échéance de ce contrat. – *[Anc. art. L. 124-4-8.]*

Art. L. 1251-30 Le terme de la mission prévu au contrat de mise à disposition ou fixé par avenant à ce dernier peut être avancé ou reporté à raison d'un jour pour cinq jours de travail. Pour les missions inférieures à dix jours de travail, ce terme peut être avancé ou reporté de deux jours.

L'aménagement du terme de la mission ne peut avoir pour effet ni de réduire la durée de la mission initialement prévue de plus de dix jours de travail ni de conduire à un dépassement de la durée maximale du contrat de mission fixée par l'article L. 1251-12. – *[Anc. art. L. 124-2-4.]*

Art. L. 1251-31 Lorsque le contrat de mission est conclu pour remplacer un salarié temporairement absent ou dont le contrat de travail est suspendu ou pour un remplacement effectué au titre des 4° et 5° de l'article L. 1251-6, le terme de la mission initialement fixé peut être reporté jusqu'au surlendemain du jour où la personne remplacée reprend son emploi. – *[Anc. art. L. 124-2-6, al. 1er début et al. 2.]*

Art. L. 1251-32 Lorsque, à l'issue d'une mission, le salarié ne bénéficie pas immédiatement d'un contrat de travail à durée indéterminée avec l'entreprise utilisatrice, il a droit, à titre de complément de salaire, à une indemnité de fin de mission destinée à compenser la précarité de sa situation.

Cette indemnité est égale à 10 % de la rémunération totale brute due au salarié.

L'indemnité s'ajoute à la rémunération totale brute due au salarié. Elle est versée par l'entreprise de travail temporaire à l'issue de chaque mission effectivement accomplie, en même temps que le dernier salaire dû au titre de celle-ci, et figure sur le bulletin de salaire correspondant. – *[Anc. art. L. 124-4-4, al. 1er à 3.]*

1. Poursuite du contrat. L'indemnité de fin de contrat n'est pas due dès lors qu'un contrat de travail a été conclu immédiatement par l'entreprise utilisatrice ; lorsque la prise d'effet n'est pas concomitante avec sa signature, cette prise d'effet doit intervenir dans un délai raisonnable. • Soc. 8 déc. 2004, n° 01-46.877 P : *D. 2005. IR 111 ; RJS 2005. 167, n° 239.* ♦ En revanche, lorsque, à l'issue d'une mission, le salarié sous contrat de travail temporaire ne bénéficie pas immédiatement d'un contrat de travail à durée indéterminée avec l'utilisateur, il a droit à l'indemnité de fin de contrat (séparation de 9 jours en l'espèce entre la fin de mission et l'acceptation par le salarié de la promesse d'embauche). • Soc. 5 oct. 2016, n° 15-28.672 P : *Dalloz actualité, 24 oct. 2016, obs. Peyronnet ; RDT 2016. 700, obs. Tournaux ; JS Lamy 2016, n° 420-3, obs. Hautefort.*

2. Sort de l'indemnité de précarité. L'indemnité de précarité, qui est destinée à compenser la précarité de la situation du salarié intérimaire, lui reste acquise nonobstant la requalification du contrat de travail temporaire en contrat de travail à durée indéterminée. • Soc. 13 avr. 2005 : *D. 2005. IR 1110 ; Dr. soc. 2005. 1038, obs. Roy-Loustaunau .*

Art. L. 1251-33 L'indemnité de fin de mission n'est pas due :

1° Lorsque le contrat de mission est conclu au titre du 3° de l'article L. 1251-6 si un accord collectif étendu entre les organisations professionnelles d'employeurs et de salariés de la branche du travail temporaire, ou si une convention ou un accord conclu au sein d'entreprises ou d'établissements de cette branche le prévoit ;

2° Lorsque le contrat de mission est conclu dans le cadre de l'article L. 1251-57 ;

(Abrogé par L. n° 2008-1249 du 1er déc. 2008, art. 18) « 3° Lorsque le contrat de mission est conclu dans le cadre d'un contrat d'insertion-revenu minimum d'activité prévu à l'article L. 5134-82 ; »

4° En cas de rupture anticipée du contrat à l'initiative du salarié, à sa faute grave ou en cas de force majeure. – *[Anc. art. L. 124-4-4, al. 4 à 7.]*

Art. L. 1251-34 Par dérogation aux dispositions de l'article L. 1251-12 relatives à la durée maximale du contrat de mission, lorsqu'un salarié temporaire est exposé à des rayonnements ionisants et qu'au terme de son contrat de mission cette exposition excède la valeur limite annuelle rapportée à la durée du contrat, l'entreprise de travail temporaire lui propose, dans les conditions prévues au deuxième alinéa de l'article L. 1251-26, un ou plusieurs contrats prenant effet dans un délai maximum de trois jours ouvrables après l'expiration du contrat précédent, pour une durée telle que l'exposition constatée à l'expiration du ou des nouveaux contrats soit au plus égale à la valeur limite annuelle rapportée à la durée totale des contrats.

Un décret détermine la valeur limite utilisée pour les besoins du présent article. – *[Anc. art. L. 124-22.] – V. art. L. 1255-2 (pén.).*

§ 3 RENOUVELLEMENT DU CONTRAT

Art. L. 1251-35 Le contrat de mission est renouvelable *(L. n° 2015-994 du 17 août 2015, art. 55-I)* « deux fois » pour une durée déterminée qui, ajoutée à la durée du contrat initial, ne peut excéder la durée maximale prévue à l'article L. 1251-12.

Les conditions de renouvellement sont stipulées dans le contrat ou font l'objet d'un avenant soumis au salarié avant le terme initialement prévu. – *[Anc. art. L. 124-2-6, al. 1er début et al. 2.] – V. art. L. 1255-8 (pén.).*

Les dispositions issues de la L. n° 2015-994 du 17 août 2015 s'appliquent aux contrats en cours (L. préc., art. 55-II).

SOUS-SECTION 3 SUCCESSION DE CONTRATS

Art. L. 1251-36 A l'expiration d'un contrat de mission, il ne peut être recouru, pour pourvoir le poste du salarié dont le contrat a pris fin, ni à un contrat à durée déterminée ni à un contrat de mission, avant l'expiration d'un délai de carence calculé en fonction de la durée du contrat de mission *(L. n° 2015-994 du 17 août 2015, art. 55-I)* « incluant, le cas échéant, son ou ses deux renouvellements ». Ce délai de carence est égal :

1° Au tiers de la durée du contrat de mission venu à expiration si la durée du contrat *(L. n° 2015-994 du 17 août 2015, art. 55-I)* « incluant, le cas échéant, son ou ses deux renouvellements », est de quatorze jours ou plus ;

2° A la moitié de la durée du contrat de mission venu à expiration si la durée du contrat *(L. n° 2015-994 du 17 août 2015, art. 55-I)* « incluant, le cas échéant, son ou ses deux renouvellements », est inférieure à quatorze jours.

Les jours pris en compte pour apprécier le délai devant séparer les deux contrats sont les jours d'ouverture de l'entreprise ou de l'établissement utilisateurs. – *[Anc. art. L. 124-7, al. 3.] — V. art. L. 1255-9 (pén.).*

Les dispositions issues de la L. n° 2015-994 du 17 août 2015 s'appliquent aux contrats en cours (L. préc., art. 55-II).

Art. L. 1251-37 Le délai de carence n'est pas applicable :

1° Lorsque le contrat de mission est conclu pour assurer le remplacement d'un salarié temporairement absent ou dont le contrat de travail est suspendu, en cas de nouvelle absence du salarié remplacé ;

2° Lorsque le contrat de mission est conclu pour l'exécution de travaux urgents nécessités par des mesures de sécurité ;

3° Lorsque le contrat de travail à durée déterminée est conclu pour pourvoir un emploi à caractère saisonnier *(L. n° 2016-1088 du 8 août 2016, art. 86)* « défini au 3° de l'article L. 1242-2 » ou pour lequel, dans certains secteurs d'activité définis par décret ou par voie de convention ou d'accord collectif étendu, il est d'usage constant de ne pas recourir au contrat de travail à durée indéterminée en raison de la nature de l'activité exercée et du caractère par nature temporaire de cet emploi ;

4° Lorsque le contrat est conclu pour assurer le remplacement de l'une des personnes mentionnées aux 4° et 5° de l'article L. 1251-6 ;

(Abrogé par L. n° 2008-1249 du 1er déc. 2008, art. 18) ***« 5° Lorsque le contrat de mission est conclu au titre du contrat d'insertion-revenu minimum d'activité prévu à l'article L. 5134-82 ; »***

6° Lorsque le salarié est à l'initiative d'une rupture anticipée du contrat ;

7° Lorsque le salarié refuse le renouvellement de son contrat de mission, pour la durée du contrat non renouvelé. – *[Anc. art. L. 124-7, al. 4 et 5.]*

1. En recourant, de manière ininterrompue, à une succession de contrats de mission pour des motifs ne rentrant pas dans le champ d'application de l'art. L. 1251-37 C. trav., la société utilisatrice est condamnée *in solidum* avec la société de travail temporaire, qui a agi de concert avec elle, à payer des sommes liées à la requalification de ces contrats. • Soc. 24 avr. 2013 : *Dalloz actualité, 15 mai 2013, obs. Ines.*

2. Lorsque l'entreprise de travail temporaire conclut, avec un même salarié sur le même poste de travail, des contrats de mission successifs pour des motifs qui ne figurent pas aux art. L. 1251-36 et L. 1251-37 C. trav., ces contrats peuvent être requalifiés en contrat à durée indéterminée. • Soc. 12 juin 2014 : *Dalloz actualité, 8 juill. 2014, obs. Ines ; RJS 2014. 543, n° 659.*

SOUS-SECTION 4 EMBAUCHE PAR L'ENTREPRISE UTILISATRICE À L'ISSUE D'UNE MISSION

Art. L. 1251-38 Lorsque l'entreprise utilisatrice embauche, après une mission, un salarié mis à sa disposition par une entreprise de travail temporaire, la durée des missions accomplies au sein de cette entreprise au cours des trois mois précédant le recrutement est prise en compte pour le calcul de l'ancienneté du salarié.

Cette durée est déduite de la période d'essai éventuellement prévue dans le nouveau contrat de travail. – *[Anc. art. L. 124-6.]*

1. Ancienneté. Sur l'application de l'art. L. 124-6 [L. 1251-38 nouv.] au calcul de l'ancienneté nécessaire à un salarié pour être désigné comme délégué syndical, V. • Soc. 12 févr. 1991 : *D. 1991. IR 70.*

2. Essai. Les dispositions de l'art. L. 124-6 [L. 1251-38 nouv.] relatives à la période d'essai impliquent que les fonctions exercées au cours de la mission et du contrat de travail ne soient pas différentes. • Soc. 10 nov. 1993, n° 89-45.303 P : *CSB 1993. 319, S. 173 ; RJS 1993. 735, n° 1248.* ♦ Sur l'imputation de la durée de la mission sur la période d'essai, V. • Soc. 16 nov. 1995 : *RJS 1996. 56, n° 86.*

SOUS-SECTION 5 **REQUALIFICATION DU CONTRAT**

Art. L. 1251-39 **Lorsque l'entreprise utilisatrice continue de faire travailler un salarié temporaire après la fin de sa mission sans avoir conclu avec lui un contrat de travail ou sans nouveau contrat de mise à disposition, ce salarié est réputé lié à l'entreprise utilisatrice par un contrat de travail à durée indéterminée.**

Dans ce cas, l'ancienneté du salarié est appréciée en tenant compte du premier jour de sa mission au sein de cette entreprise. Elle est déduite de la période d'essai éventuellement prévue. – *[Anc. art. L. 124-7, al. 1er.]*

Les dispositions de l'art. L. 1251-39 ne permettent pas au salarié intérimaire d'invoquer la violation par l'entreprise de travail temporaire des prescriptions de l'art. L. 1251-16, pour faire valoir auprès de l'entreprise utilisatrice les droits afférents à un contrat à durée indéterminée. • Soc. 17 sept. 2008 : *RDT 2008. 661, obs. Auzero ; Dr. ouvrier 2009. 153, obs. Marié ; JCP S 2009. 1017, obs. Bousez.*

Art. L. 1251-40 **Lorsqu'une entreprise utilisatrice a recours à un salarié d'une entreprise de travail temporaire en méconnaissance des dispositions des articles L. 1251-5 à L. 1251-7, L. 1251-10 à L. 1251-12, L. 1251-30 et L. 1251-35, ce salarié peut faire valoir auprès de l'entreprise utilisatrice les droits correspondant à un contrat de travail à durée indéterminée prenant effet au premier jour de sa mission.** – *[Anc. art. L. 124-7, al. 2.]*

1. Champ d'application. Les dispositions de l'art. L. 124-7, al. 2 [L. 1251-40 nouv.], ne sont pas applicables à la méconnaissance de l'art. L. 124-7, al. 3 [L. 1251-36 nouv.], relatif au délai de carence. • Soc. 23 févr. 2005 : *D. 2005. IR 666 ; Dr. soc. 2005. 685, obs. Roy-Loustaunau ; RJS 2005. 410, n° 586.*

2. Parlement européen. Si l'arrêt de la CJCE du 23 oct. 1985 (n° 282/84) ne permet pas de requalifier le contrat de travail temporaire en contrat à durée indéterminée à l'égard du Parlement européen, il ne fait pas obstacle à la condamnation de cette institution à réparer le préjudice causé aux salariés employés en contrat de travail temporaire. • Soc. 21 sept. 2011 : *Dalloz actualité, 11 oct. 20121, obs. Astaix ; JCP S 2012. 1096, obs. Bousez.*

3. Action contre l'entreprise utilisatrice. Lorsqu'un utilisateur a recours à un salarié d'une entreprise de travail temporaire en violation caractérisée des dispositions des art. L. 124-2 à L. 124-2-4 [L. 1251-5 à L. 1251-7, L. 1251-10 à L. 1251-12, L. 1251-30 et L. 1251-35 nouv.], ce salarié peut faire valoir auprès de l'utilisateur les droits afférents à un contrat à durée indéterminée prenant effet au premier jour de sa première mission irrégulière. • Soc. 21 janv. 2004 : *RJS 2004. 243, n° 352.* ♦ Lorsque le salarié a obtenu la requalification du contrat de travail temporaire en CDI et a fait valoir ses droits auprès de l'entreprise utilisatrice, l'entreprise de travail temporaire ne peut obtenir la restitution des indemnités de précarité qu'elle a versées en application de contrats qui n'ont fait l'objet à son égard d'aucune décision prononçant la nullité ou leur requalification en CDI. • Soc. 19 janv. 1999, n° 96-45.583 P : *D. 1999. IR 50 ; RJS 1999. 369, n° 605.* ♦ Ouvrent droit à rappel de salaires les périodes non travaillées séparant deux contrats de mission d'un salarié intérimaire dont les différents contrats ont été requalifiés en relation de travail unique à durée indéterminée avec l'entreprise utilisatrice, dès lors que, n'étant pas établi qu'il avait travaillé pour d'autres entreprises pendant ces périodes, il ne connaissait ses dates de début de mission qu'au fur et à mesure qu'il les effectuait, de sorte qu'il devait se tenir à la disposition de cette société. • Soc. 10 nov. 2009 : *RJS 2010. 77, n° 101 ; Dr. ouvrier 2010. 284, obs. R. Lokiec ; JS Lamy 2009 n° 267.268-3.* ♦ Le travailleur temporaire engagé par plusieurs contrats de mission et dont le contrat de travail est requalifié en contrat de travail à durée indéterminée le liant à l'entreprise utilisatrice ne peut prétendre à rappel de salaire au titre des périodes non travaillées entre plusieurs missions que s'il s'est tenu à la disposition de ladite entreprise pendant ces périodes pour effectuer un travail. • Soc. 9 déc. 2009 : *RJS 2010. 179, n° 226.*

4. Action contre l'entreprise de travail temporaire. Les dispositions de l'art. L. 124-7 [L. 1251-40 nouv.] n'excluent pas la possibilité, pour le salarié, d'agir contre l'entreprise de travail temporaire lorsque les conditions à défaut desquelles toute opération de prêt de main-d'œuvre est interdite n'ont pas été respectées. • Soc. 13 avr. 2005, n° 03-41.967 P : *D. 2005. IR 1110 ; Dr. soc. 2005. 1038, obs. Roy-Loustaunau ; RJS 2005. 489, n° 689* • 19 avr. 2000, n° 97-45.508 P. ♦ Il en est ainsi lorsqu'aucun contrat de mission n'a été établi par écrit, ce manquement de l'entreprise de travail temporaire causant nécessairement au salarié intérimaire un préjudice qui doit être réparé. • Soc. 13 déc. 2006 : *RJS 2006. 193, n° 293 ; Dr. soc. 2007. 770, obs. Roy-Loustaunau .*

5. Action contre l'entreprise de travail temporaire et contre l'entreprise utilisatrice. Un salarié intérimaire peut exercer concurremment une action en paiement de dommages-intérêts pour rupture anticipée du contrat de mission à l'encontre de l'entreprise de travail temporaire et une action en requalification du contrat de travail temporaire à l'encontre de l'entreprise utilisatrice, les deux actions ayant des fondements différents. • Soc. 27 juin 2007 : *RJS 2007. 886, n° 1139 ; JS Lamy 2007, n° 219-5* • 20 mai 2009 : *D. 2010. Pan. 342, obs. Escande-Varniol ; RJS 2009. 660, n° 751 ; JS Lamy 2009, n° 258-6 ; JCP S 2009. 1370, obs. Bousez ; Dr. ouvrier 2009. 581, note Marié.*

6. Point de départ du délai de prescription. Lorsqu'une entreprise utilisatrice a recours à un salarié d'une entreprise de travail temporaire, en méconnaissance des dispositions des art. L. 1251-5 à L. 1251-7, L. 1251-10 à L. 1251-12, L. 1251-30 et L. 1251-35, ce salarié peut faire valoir auprès de l'entreprise utilisatrice les droits correspondants à un contrat de travail à durée indéterminée prenant effet au premier jour de sa mission, ce dont il résulte que le délai de prescription prévu par l'art. 2224 C. civ. dans sa rédaction issue de la loi du 17 juin 2008 ne court qu'à compter du terme du dernier contrat de mission. • Soc. 13 juin 2012 : *Dalloz actualité, 10 juill. 2012, obs. Siro.*

Art. L. 1251-41 **Lorsque le conseil de prud'hommes est saisi d'une demande de requalification d'un contrat de mission en contrat de travail à durée indéterminée, l'affaire est directement portée devant le bureau de jugement qui statue au fond dans le délai d'un mois suivant sa saisine.**

Si le conseil de prud'hommes fait droit à la demande du salarié, il lui accorde une indemnité, à la charge de l'entreprise utilisatrice, ne pouvant être inférieure à un mois de salaire. Cette disposition s'applique sans préjudice de l'application des dispositions du titre III du présent livre relatives aux règles de rupture du contrat de travail à durée indéterminée. — *[Anc. art. L. 124-7-1, phrases 1 et 3.]*

1. Requalification du contrat. Le salarié intérimaire, qui a obtenu la requalification de la relation de travail en contrat à durée indéterminée, peut prétendre à une indemnité de préavis qui s'ajoute à l'indemnité de précarité. • Soc. 30 mars 2005 : *D. 2005. Pan. 2500, obs. Pélissier ; CSB 2005, A. 53, obs. Pansier ; JS Lamy 2005, n° 167-5.*

2. Requalification de contrats successifs et indemnité de requalification. Lorsqu'une succession de missions d'intérim est requalifiée en CDI, une seule indemnité de requalification est accordée au salarié dont le montant ne peut être inférieur à un mois de salaire et la requalification de plusieurs contrats de travail temporaire en une relation contractuelle à durée indéterminée n'entraîne le versement d'indemnités qu'au titre de la rupture du CDI. • Soc. 13 avr. 2005, n° 03-44.996 P : *D. 2005. IR 1110, obs. Chevrier ; Dr. soc. 2005. 1038, obs. Roy-Loustaunau* • 15 mars 2006 : *JS Lamy 2006, n° 187-4* • 10 mai 2012 : *Dalloz actualité, 30 mai 2012, obs. Dechristé ; D. 2012. Actu. 1340 ; RJS 2012. 562, n° 660 ; JCP S 2012. 1406, obs. Bousez.* ♦ En cas de requalification de plusieurs missions d'intérim en un contrat à durée indéterminée le liant à l'entreprise utilisatrice, l'intéressé ne peut prétendre à un rappel de salaire au titre des périodes non travaillées entre plusieurs missions que s'il s'est tenu à la disposition de l'entreprise pendant ces périodes pour effectuer un travail. • Soc. 9 déc. 2009 : *JS Lamy 2010, n° 270-5.*

3. Charge de l'indemnité de requalification. Il résulte de l'art. L. 1251-41 qu'en cas de requalification d'un contrat de mission en contrat à durée indéterminée, le juge doit accorder au salarié, à la charge de l'utilisateur, une indemnité qui ne peut être inférieure à un mois de salaire, aussi le salarié ne peut prétendre au paiement, par l'entreprise de travail temporaire, d'une indemnité de requalification. • Soc. 13 juin 2012 : *Dalloz actualité, 10 juill. 2012, obs. Siro* • Soc. 1er déc. 2005 : *D. 2006. IR 16 ; JS Lamy 2005, n° 180-4.*

4. Indemnité de requalification et accessoires du salaire. L'indemnité de requalification prévue par l'art. L. 1251-41 C. trav. doit être calculée sur le salaire de base mais aussi sur les accessoires du salaire. • Soc. 3 mai 2016, n° 14-29.739 P : *Dalloz actualité, 25 mai 2016, obs. Roussel ; D. 2016. Actu. 1004 ; RDT 2016. 477, obs. Tournaux ; RJS 7/2016, n° 482 ; JCP S 2016. 1274, obs. Bousez.*

5. Indemnité de préavis et indemnité de précarité. Le salarié intérimaire qui a obtenu la requalification de la relation de travail en CDI, peut prétendre à une indemnité de préavis qui s'ajoute à l'indemnité de précarité. • Soc. 30 mars 2005 : *Dr. soc. 2005. 1044, obs. Roy-Loustaunau* • 15 mars 2006 : *JS Lamy 2006, n° 187-4.*

6. Indemnité de travail dissimulé. L'indemnité forfaitaire légale égale à 6 mois de salaire prévue par l'art. L. 324-11-1 en cas de travail dissimulé peut se cumuler avec l'indemnité compensatrice de préavis, de congés payés sur préavis et l'indemnité conventionnelle de licenciement. • Soc. 25 mai 2005 : *D. 2005. IR 1507 ; Dr. soc. 2005. 916, obs. Roy-Loustaunau ; RJS 2005. 665, n° 929.*

7. Indemnité de requalification et poursuite de la relation de travail. Le salarié a droit à l'indemnité spéciale de requalification y compris lorsque la relation de travail se poursuit avec l'entreprise utilisatrice dans le cadre du contrat requalifié et ce alors même qu'aucune interruption de la rémunération n'a eu lieu entre la fin des contrats de mission et la poursuite des relations dans le cadre du contrat à durée indéterminée. • Soc. 19 févr. 2014 : *RJS 2014. 361, n° 443 ; BICC 15 mai 2014, n° 895.*

SECTION IV **CONTRAT DE MISE À DISPOSITION ET ENTREPRISE DE TRAVAIL TEMPORAIRE**

SOUS-SECTION 1 **CONTRAT DE MISE À DISPOSITION**

Art. L. 1251-42 **Lorsqu'une entreprise de travail temporaire met un salarié à la disposition d'une entreprise utilisatrice, ces entreprises concluent par écrit un contrat de mise à disposition, au plus tard dans les deux jours ouvrables suivant la mise à disposition.** – *[Anc. art. L. 124-3, al. 1er.]* – *V. art. L. 1255-10 (pén.).*

BIBL. Kerbouc'h, *Dr. soc. 2009. 530* (qu'est-ce qu'une mise à disposition de personnel ?). – Vatinet, *Dr. soc. 2011. 666* .

1. Sanction du défaut d'écrit. La formalité d'un contrat écrit étant destinée à garantir le respect des diverses conditions à défaut desquelles toute opération de prêt de main-d'œuvre est interdite, l'omission de cette prescription d'ordre public entraîne la nullité absolue du contrat. • Soc. 17 avr. 1980 : *Bull. civ. V, n° 318* • 12 juin 1981 : *ibid., n° 558.*

2. En cas de nullité du contrat de mise à disposition, l'entreprise de travail temporaire est en droit d'obtenir de l'entreprise utilisatrice la valeur de ses prestations et les avantages que cette dernière en a retirés. • Soc. 6 mai 1996 : *Dr. soc. 1996. 969, obs. Couturier* . ♦ V. aussi, antérieurement : • Soc. 5 févr. 1992, n° 89-16.274 P : *D. 1992. IR 104 ; RJS 1992. 219, n° 372* • 7 nov. 1995, n° 93-18.620 P : *Dr. soc. 1996. 195, obs. Savatier ; RJS 1995. 825, n° 1303 ; JCP 1996. II. 22626, note Petit et Picq ; ibid. I. 3923, n° 4, obs. Rault.*

3. Lorsque l'entrepreneur de travail temporaire conclut un contrat de mise à disposition méconnaissant les exigences essentielles de la réglementation propre au travail temporaire, il se place en dehors du champ d'application de celle-ci ; il en résulte que le contrat liant le salarié est soumis au droit commun. • Soc. 31 oct. 1989 : *Bull. civ. V, n° 640 ; D. 1989. IR 326.* ♦ Tel est le cas lorsque le contrat de mission ne comporte pas la mention du terme de la mission. • Soc. 19 avr. 2000, n° 97-45.508 P : *D. 2000. IR 160 ; RJS 2000. 500, n° 754.*

4. Refus de conclure. Le refus, par une société recourant aux services d'une entreprise de travail temporaire, de conclure le contrat de mise à disposition prévu par l'art. L. 124-3 [L. 1251-42 nouv.] constitue un refus d'embauche au sens de l'art. 225-2, 3°, C. pén., dès lors qu'il fait obstacle à l'embauche, par l'entreprise de travail temporaire, du salarié visé dans le contrat. • Crim. 2 sept. 2003 : *D. 2004. 3103, obs. Gamet* .

5. Poursuite de la mission. Lorsque l'entreprise utilisatrice continue à faire travailler un travailleur temporaire après la fin de sa mission sans avoir conclu avec l'entrepreneur de travail temporaire un contrat écrit de mise à disposition dans les deux jours ouvrables suivant le début de la nouvelle mission, le salarié est réputé lié à l'utilisateur par un contrat à durée indéterminée ; celui-ci ne peut écarter cette présomption légale en apportant la preuve de l'existence d'un contrat verbal ou de la signature tardive du contrat de mise à disposition. • Soc. 14 oct. 1998, n° 96-42.758 P : *D. 1998. IR 250.*

6. Faillite de l'utilisateur. En cas de redressement judiciaire de l'entreprise utilisatrice, l'entreprise de travail temporaire ne peut demander le bénéfice du privilège des salariés pour obtenir le paiement de ses prestations. • Com. 12 juill. 1993 : *D. 1993. Somm. 369, obs. Honorat* .

Art. L. 1251-43 **Le contrat de mise à disposition établi pour chaque salarié comporte :**

1° Le motif pour lequel il est fait appel au salarié temporaire. Cette mention est assortie de justifications précises dont, notamment, dans les cas de remplacement pré-

vus aux 1°, 4° et 5° de l'article L. 1251-6, le nom et la qualification de la personne remplacée ou à remplacer ;

2° Le terme de la mission ;

3° Le cas échéant, la clause prévoyant la possibilité de modifier le terme de la mission dans les conditions prévues aux articles L. 1251-30 et L. 1251-31. Cette disposition s'applique également à l'avenant prévoyant le renouvellement du contrat de mise à disposition ;

4° Les caractéristiques particulières du poste de travail à pourvoir et, notamment si celui-ci figure sur la liste des postes présentant des risques particuliers pour la santé ou la sécurité des salariés prévue à l'article L. 4154-2, la qualification professionnelle exigée, le lieu de la mission et l'horaire ; – *V. art. R. 4161-5 s.*

5° La nature des équipements de protection individuelle que le salarié utilise. Il précise, le cas échéant, si ceux-ci sont fournis par l'entreprise de travail temporaire ;

6° Le montant de la rémunération avec ses différentes composantes, y compris, s'il en existe, les primes et accessoires de salaire que percevrait dans l'entreprise utilisatrice, après période d'essai, un salarié de qualification professionnelle équivalente occupant le même poste de travail. – *[Anc. art. L. 124-3, al. 2 à 8, et L. 124-2-5.] – V. art. L. 1254-10 (pén.).*

Motif détaillé. Le simple renvoi à l'un des cas énumérés par la loi ne saurait tenir lieu des mentions exigées par l'art. L. 124-3 [L. 1251-43 nouv.], le législateur ayant clairement manifesté sa volonté de distinguer le motif dont l'indication détaillée dans chaque situation doit permettre de contrôler la réalité des cas où il peut être fait appel au travail temporaire. • Crim. 8 juin 1982 : *D. 1982. IR 406.*

Art. L. 1251-44 Toute clause tendant à interdire l'embauche par l'entreprise utilisatrice du salarié temporaire à l'issue de sa mission est réputée non écrite. – *[Anc. art. L. 124-3, al. 9.]*

SOUS-SECTION 2 ENTREPRISE DE TRAVAIL TEMPORAIRE

§ 1er RÈGLES DE CONTRÔLE

Art. L. 1251-45 L'activité d'entrepreneur de travail temporaire ne peut être exercée qu'après déclaration faite à l'autorité administrative et obtention d'une garantie financière conformément à l'article L. 1251-49.

Une déclaration préalable est également exigée lorsqu'un entrepreneur de travail temporaire déplace le siège de son entreprise ou ouvre des succursales, agences ou bureaux annexes.

Toute entreprise de travail temporaire cessant ses activités en fait la déclaration à l'autorité administrative. – *[Anc. art. L. 124-10, al. 1er et 2 et al. 5.] – V. art. L. 1255-2 (pén.).*

Art. L. 1251-46 L'entreprise de travail temporaire fournit le relevé des contrats de mission *(L. no 2008-126 du 13 févr. 2008)* « à l'institution mentionnée à l'article L. 5312-1 », notamment pour la vérification des droits des salariés au revenu de remplacement prévu à l'article L. 5421-2.

(L. no 2008-126 du 13 févr. 2008) « Cette institution communique » les informations à l'autorité administrative pour l'exercice de ses missions de contrôle. – *[Anc. art. L. 124-11, al. 1er et 2.] – V. art. R. 1254-3 (pén.).*

Art. L. 1251-47 Lorsqu'un entrepreneur de travail temporaire exerce son activité sans avoir accompli les déclarations prévues à l'article L. 1251-45 ou sans avoir obtenu la garantie financière prévue à l'article L. 1251-49 et qu'il en résulte un risque sérieux de préjudice pour le salarié temporaire, le juge judiciaire peut ordonner la fermeture de l'entreprise pour une durée qui ne peut excéder deux mois. Il est saisi par l'inspecteur du travail après que celui-ci a adressé à l'entrepreneur de travail temporaire une mise en demeure restée infructueuse.

Lorsque ces mesures entraînent le licenciement du personnel permanent, celui-ci a droit, en dehors de l'indemnité de préavis et de l'indemnité de licenciement, aux indemnités prévues aux articles L. 1235-2, L. 1235-3 ou L. 1235-5. – *[Anc. art. L. 124-13-1.]*

Art. L. 1251-48 Un décret en Conseil d'État détermine :

1° Le contenu et les modalités des déclarations prévues à l'article L. 1251-45 ainsi que le délai de leur présentation à l'autorité administrative ;

2° La nature des informations que doit comporter le relevé des contrats de mission prévu à l'article L. 1251-46 ainsi que la périodicité et les modalités de présentation de celui-ci. – *[Anc. art. L. 124-10, al. 6, et L. 124-11, al. 3.] – V. art. R. 1251-4 s.*

§ 2 GARANTIE FINANCIÈRE ET DÉFAILLANCE DE L'ENTREPRISE DE TRAVAIL TEMPORAIRE

Art. L. 1251-49 L'entrepreneur de travail temporaire justifie, à tout moment, d'une garantie financière assurant, en cas de défaillance de sa part, le paiement :

1° Des salaires et de leurs accessoires ;

2° Des indemnités résultant du présent chapitre ;

3° Des cotisations obligatoires dues à des organismes de sécurité sociale ou à des institutions sociales ;

4° Des remboursements qui peuvent, le cas échéant, incomber aux employeurs à l'égard des organismes de sécurité sociale et institutions sociales dans les conditions prévues à l'article L. 244-8 du code de la sécurité sociale. – *[Anc. art. L. 124-8, al. 1er à 5.] – V. art. L. 1255-2 (pén.).*

Obligations de l'URSSAF. L'URSSAF est tenue, pour permettre l'information des entreprises utilisatrices, de faire état du montant et de l'objet des redressements notifiés à l'entreprise de travail temporaire, fussent-ils contestés. • Soc. 5 janv. 1995 : *RJS 1995. 129, n° 167.*

Art. L. 1251-50 La garantie financière ne peut résulter que d'un engagement de caution pris par une société de caution mutuelle, un organisme de garantie collective, une compagnie d'assurance, une banque ou un établissement financier habilité à donner caution.

Elle est calculée en pourcentage du chiffre d'affaires annuel de l'entreprise intéressée.

Elle ne peut être inférieure à un minimum fixé annuellement par décret, compte tenu de l'évolution moyenne des salaires. – *[Anc. art. L. 124-8-1 et L. 124-8-2.] – Montant minimal fixé pour 2017 à 123 594 € (Décr. n° 2016-1879 du 26 déc. 2016, JO 28 déc.).*

Art. L. 1251-51 L'entreprise de travail temporaire fournit à l'entreprise utilisatrice, sur sa demande, une attestation des organismes de sécurité sociale précisant sa situation au regard du recouvrement des cotisations dues à ces organismes. – *[Anc. art. L. 124-8, al. 7.]*

Art. L. 1251-52 En cas de défaillance de l'entreprise de travail temporaire et d'insuffisance de la caution, l'entreprise utilisatrice est substituée à l'entreprise de travail temporaire pour le paiement des sommes qui restent dues aux salariés temporaires et aux organismes de sécurité sociale ou aux institutions sociales dont relèvent ces salariés, pour la durée de la mission accomplie dans l'entreprise. – *[Anc. art. L. 124-8, al. 6.]*

Art. L. 1251-53 Les conditions d'application du présent paragraphe sont déterminées par décret en Conseil d'État. – *[Anc. art. L. 124-8, al. 8.] – V. art. R. 1251-12 s.*

§ 3 STATUT DES SALARIÉS PERMANENTS ET TEMPORAIRES DE L'ENTREPRISE DE TRAVAIL TEMPORAIRE

Art. L. 1251-54 Pour calculer les effectifs d'une entreprise de travail temporaire, il est tenu compte :

1° Des salariés permanents de cette entreprise, déterminés conformément à l'article L. 1111-2 ;

2° Des salariés temporaires qui ont été liés à cette entreprise par des contrats de mission pendant une durée totale d'au moins trois mois au cours de la dernière année civile. – *[Anc. art. L. 620-11.]*

Sont éligibles aux CHSCT, dans les entreprises de travail temporaire, les salariés intérimaires qui remplissent les conditions visées à l'art. L. 1251-54, 2°, peu important qu'ils ne soient pas titulaires d'un contrat de mission lors de la réunion du collège désignatif, dès lors qu'ils n'ont pas fait connaître à l'entrepreneur de travail temporaire qu'ils n'entendent plus bénéficier d'un nouveau contrat et que ce dernier ne leur a pas notifié sa décision de ne plus faire appel à eux pour de nouveaux contrats. • Soc. 30 sept. 2015, ☎ n° 14-25.704 P : *Dalloz actualité, 28 oct. 2015, obs. Fraisse ; D. 2015. Actu. 2017*.

Art. L. 1251-55 Pour l'application aux salariés temporaires des dispositions légales qui se réfèrent à une condition d'ancienneté dans l'entreprise de travail temporaire, l'ancienneté s'apprécie en totalisant les périodes pendant lesquelles ces salariés ont été liés à l'entreprise de travail temporaire par des contrats de mission. – *[Anc. art. L. 124-15.]*

Art. L. 1251-56 Pour l'application des dispositions prévues au 1° de l'article L. 6322-63, la durée minimum de présence dans l'entreprise de travail temporaire des salariés temporaires s'apprécie en totalisant les périodes pendant lesquelles ces salariés ont été liés à leur employeur par des contrats de mission. – *[Anc. art. L. 124-17.]*

Art. L. 1251-57 Sans préjudice du principe d'exclusivité prévu par l'article L. 1251-2, sont assimilées à des missions les périodes consacrées par les salariés temporaires :

1° A des stages de formation, bilans de compétences ou actions de validation d'acquis de l'expérience. Ces périodes sont accomplies soit à l'initiative de l'employeur dans le cadre du plan de formation de l'entreprise *(L. n° 2011-893 du 28 juill. 2011)* « , du contrat d'apprentissage » ou du contrat de professionnalisation, soit à l'initiative du salarié dans le cadre d'un congé individuel de formation ou d'un congé de bilan de compétences ;

2° A des actions de formation en lien avec leur activité professionnelle dans les conditions prévues par convention ou accord collectif étendu ou par convention ou accord d'entreprise ou d'établissement. – *[Anc. art. L. 124-21 et L. 124-21-1.]*

Art. L. 1251-58 Les règles particulières au travail temporaire relatives à la représentation du personnel figurent au livre III de la deuxième partie.

Les règles particulières au travail temporaire relatives à la participation des salariés aux fruits de l'expansion des entreprises figurent au livre III de la troisième partie. – *[Anc. art. L. 124-19.]*

SECTION V **ACTIONS EN JUSTICE**

Art. L. 1251-59 Les organisations syndicales représentatives peuvent exercer en justice toutes les actions résultant de l'application du présent chapitre en faveur d'un salarié sans avoir à justifier d'un mandat de l'intéressé.

Le salarié est averti dans des conditions déterminées par voie réglementaire et ne doit pas s'y être opposé dans un délai de quinze jours à compter de la date à laquelle l'organisation syndicale lui a notifié son intention.

Le salarié peut toujours intervenir à l'instance engagée par le syndicat et y mettre un terme à tout moment. – *[Anc. art. L. 124-20.]*

SECTION VI **DISPOSITIONS APPLICABLES AUX EMPLOYEURS PUBLICS**

(L. n° 2009-972 du 3 août 2009, art. 21-V)

Art. L. 1251-60 Les personnes morales de droit public peuvent faire appel aux salariés de ces entreprises pour des tâches non durables, dénommées missions, dans les seuls cas suivants :

1° Remplacement momentané d'un agent en raison d'un congé de maladie, d'un congé de maternité, d'un congé parental ou d'un congé de présence parentale, d'un passage provisoire en temps partiel, de sa participation à des activités dans le cadre d'une réserve opérationnelle, sanitaire, civile ou autre, ou de l'accomplissement du service civil ou national, du rappel ou du maintien sous les drapeaux ;

2° Vacance temporaire d'un emploi qui ne peut être immédiatement pourvu dans les conditions prévues par la loi n° 84-16 du 11 janvier 1984 portant dispositions statutaires relatives à la fonction publique de l'État, la loi n° 84-53 du 26 janvier 1984 portant dispositions statutaires relatives à la fonction publique territoriale et la loi n° 86-33 du 9 janvier 1986 portant dispositions statutaires relatives à la fonction publique hospitalière *(L. n° 2016-41 du 26 janv. 2016, art. 136)* « et par le chapitre II du titre V du livre Ier de la sixième partie du code de la santé publique » ;

3° Accroissement temporaire d'activité ;

4° Besoin occasionnel ou saisonnier *(L. n° 2016-1088 du 8 août 2016, art. 86)* « défini au 3° de l'article L. 1242-2 ».

Lorsque le contrat est conclu au titre des 1°, 3° et 4°, la durée totale du contrat de mission ne peut excéder dix-huit mois. Elle est réduite à neuf mois lorsque l'objet du contrat consiste en la réalisation de travaux urgents nécessités par des mesures de sécurité. Elle est portée à vingt-quatre mois lorsque la mission est exécutée à l'étranger.

Lorsque le contrat est conclu au titre du 2°, la durée totale du contrat de mission ne peut excéder douze mois. Elle est réduite à neuf mois si le contrat est conclu dans l'attente de la prise de fonctions d'un agent.

Le contrat de mission peut être renouvelé une fois pour une durée déterminée qui, ajoutée à la durée du contrat initial, ne peut excéder les durées prévues à l'alinéa précédent.

Art. L. 1251-61 Les salariés mis à disposition par une entreprise de travail temporaire auprès d'une personne morale de droit public sont soumis aux règles d'organisation et de fonctionnement du service où ils servent et aux obligations s'imposant à tout agent public. Ils bénéficient de la protection prévue par l'article 11 de la loi n° 83-634 du 13 juillet 1983 portant droits et obligations des fonctionnaires.

Il ne peut leur être confié de fonctions susceptibles de les exposer aux sanctions prévues aux articles 432-12 et 432-13 du code pénal.

Art. L. 1251-62 Si la personne morale de droit public continue à employer un salarié d'une entreprise de travail temporaire après la fin de sa mission sans avoir conclu avec lui un contrat ou sans nouveau contrat de mise à disposition, ce salarié est réputé lié à la personne morale de droit public par un contrat à durée déterminée de trois ans. Dans ce cas, l'ancienneté du salarié est appréciée à compter du premier jour de sa mission. Elle est déduite de la période d'essai éventuellement prévue.

Art. L. 1251-63 Les litiges relatifs à une mission d'intérim opposant le salarié et la personne publique utilisatrice gérant un service public administratif sont portés devant la juridiction administrative.

SECTION VII *[ABROGÉE]* PORTAGE SALARIAL

(Abrogée par Ord. n° 2015-380 du 2 avr. 2015, art. 1er)

(L. n° 2008-596 du 25 juin 2008)

BIBL. Ballouhey-McQueen, *JS Lamy 2008, n° 245-21.* – Berjot, *JS Lamy 2011, n° 305-5.* – Casaux-Labrunée, *Dr. ouvrier 2011. 424* (le contrat de travail au défi du portage salarial) ; *Dr. soc. 2007. 58* (portage salarial : travail salarié ou indépendant ?). – Costa, Hanet, Marchika et Menger, *Dr. soc. 2007. 46* (travailler par mission, le cas du portage). – Dupeyroux, *Dr. soc. 2007. 81*. – Fabre, *Sem. soc. Lamy 2010, n° 1435-1436, p. 11.* – Lederlin, *JCP S 2013. 1333.* – Morvan, *JCP S 2008. 1363.* – Kerbouc'h, *Dr. soc. 2007. 72* (portage salarial : prestation de services ou prêt de main-d'œuvre illicite ?).

Art. L. 1251-64 ***Le portage salarial est un ensemble de relations contractuelles organisées entre une entreprise de portage, une personne portée et des entreprises clientes comportant pour la personne portée le régime du salariat et la rémunération de sa prestation chez le client par l'entreprise de portage. Il garantit les droits de la personne portée sur son apport de clientèle.***

1. Portage et obligation de fournir du travail aux salariés. Les contrats de portage salarial sont soumis aux règles d'ordre public du droit du travail ; la société de portage, en sa qualité d'employeur, doit fournir du travail au salarié porté. • Soc. 17 févr. 2010 : *D. 2010. AJ 576, obs. Cortot ; ibid. 2010. 799, note Mouly ; RDT 2010. 292, obs. Pélissier ; JS Lamy 2010, n° 274-5, obs. Haller ; Sem. soc. Lamy 2010, n° 1434, p. 3, note Gosselin* • Soc. 4 févr. 2015, n° 13-25.627 P : *Dalloz actualité, 23 févr. 2015, obs. Ines ; RJS 4/2015, n° 297.*

2. Portage et contrat de travail à temps partiel. Les contrats de portage salarial sont soumis aux règles d'ordre public du droit du travail ; la société de portage, en sa qualité d'employeur, a l'obligation d'indiquer dans le contrat de travail à temps partiel la durée hebdomadaire ou mensuelle du travail et sa répartition entre les jours de la semaine ou du mois. • Soc. 17 févr. 2010 : *D. 2010. AJ 576, obs. Cortot ; ibid. 2010. 799, note Mouly ; RDT 2010. 292, obs. Pélissier ; JS Lamy 2010, n° 274-5, obs. Haller ; Sem. soc. Lamy 2010, n° 1434, p. 3, note Gosselin.*

3. Portage et assurance chômage. Lorsque sont définis des éléments démontrant un lien de subordination entre une société de portage salarial et un salarié « porté », des indemnités de chômage en cas de licenciement peuvent être dues à ce dernier. • Soc. 16 déc. 2009 : *Sem. soc. Lamy 2010, n° 1434, p. 3, note Gosselin.*

4. Portage et ANI. Le paragraphe III de l'art. 8 de la loi du 25 juin 2008 est inconstitutionnel en ce qu'il permet à la convention collective de fixer des règles relevant de la compétence de la loi ; cette méconnaissance de la compétence du législateur dans la détermination des conditions essentielles de l'exercice de l'activité économique de portage salarial ainsi que dans la fixation des principes applicables au « salarié porté » affecte l'exercice de la liberté d'entreprendre ainsi que les droits collectifs des travailleurs. • Cons. const., QPC, 11 avr. 2014, *décis. n° 2014-388 : JO 13 avr. 2014, p. 6692 ; D. 2014. Actu. 876 ; Dr. soc. 2015. 41 ; RJS 2014. 423, n° 527.*

5. Portage salarial et marchandage. La démonstration du préjudice, constitutif du délit de marchandage, n'est pas possible dès lors que le statut des travailleurs portés leur permet d'offrir leurs services à d'autres clients que la société. • Crim. 17 janv. 2012 : *JCP S 2012. 1282, obs. Morvan ; Dr. pénal 2012, n° 9, obs. Segonds.*

CHAPITRE II **CONTRAT CONCLU AVEC UNE ENTREPRISE DE TRAVAIL À TEMPS PARTAGÉ**

SECTION PREMIÈRE **DÉFINITIONS**

Art. L. 1252-1 Le recours au travail à temps partagé a pour objet la mise à disposition d'un salarié par une entreprise de travail à temps partagé au bénéfice d'un client utilisateur pour l'exécution d'une mission.

Chaque mission donne lieu à la conclusion :

1° D'un contrat de mise à disposition entre l'entreprise de travail à temps partagé et le client utilisateur dit "entreprise utilisatrice" ;

2° D'un contrat de travail, dit "contrat de travail à temps partagé", entre le salarié et son employeur, l'entreprise de travail à temps partagé.

Art. L. 1252-2 Est un entrepreneur de travail à temps partagé toute personne physique ou morale dont l'activité exclusive, nonobstant les dispositions de l'article L. 8241-1, est de mettre à disposition d'entreprises utilisatrices du personnel qualifié qu'elles ne peuvent recruter elles-mêmes en raison de leur taille ou de leurs moyens.

Les salariés mis à disposition le sont pour des missions qui peuvent être à temps plein ou à temps partiel. – *[Anc. art. L. 124-24, al. 1er et 2.]*

Art. L. 1252-3 Les entreprises de travail temporaire peuvent exercer l'activité d'entreprise de travail à temps partagé. – *[Anc. art. L. 124-31.]*

SECTION II **CONTRAT DE TRAVAIL À TEMPS PARTAGÉ**

Art. L. 1252-4 Le contrat de travail à temps partagé est réputé être à durée indéterminée. – *[Anc. art. L. 124-27, al. 1er.]*

Art. L. 1252-5 Lorsque la mise à disposition du salarié s'effectue hors du territoire métropolitain, le contrat de travail à temps partagé contient une clause de rapatriement du salarié à la charge de l'entreprise de travail à temps partagé.

Cette clause devient caduque en cas de rupture du contrat de travail à l'initiative du salarié. – *[Anc. art. L. 124-27, al. 3.]*

Art. L. 1252-6 La rémunération versée au salarié mis à disposition ne peut être inférieure à celle d'un salarié de niveau de qualification professionnelle identique ou équivalent occupant le même poste ou les mêmes fonctions dans l'entreprise utilisatrice. – *[Anc. art. L. 124-28.]*

Art. L. 1252-7 Pendant la durée de la mise à disposition, l'entreprise utilisatrice est responsable des conditions d'exécution du travail telles quelles sont déterminées par les dispositions légales et conventionnelles applicables au lieu de travail. – *[Anc. art. L. 124-30.]*

Art. L. 1252-8 Le salarié mis à disposition a accès dans l'entreprise utilisatrice aux moyens de transport collectifs et aux installations collectives, notamment de restauration, dont peuvent bénéficier les salariés de cette entreprise, dans les même*[s]* conditions que ces derniers.

Lorsque des dépenses supplémentaires incombent au comité d'entreprise, celles-ci lui sont remboursées suivant des modalités définies au contrat de mise à disposition. – *[Anc. art. L. 124-29.]*

Art. L. 1252-9 La rupture du contrat de travail à temps partagé est réalisée selon les dispositions prévues au titre III, relative aux règles de rupture du contrat de travail à durée indéterminée. – *[Anc. art. L. 124-27, al. 2.]*

SECTION III **CONTRAT DE MISE À DISPOSITION ET ENTREPRISE DE TRAVAIL À TEMPS PARTAGÉ**

Art. L. 1252-10 Le contrat de mise à disposition établi pour chaque salarié comporte :

1° Le contenu de la mission ;

2° La durée estimée de la mission ;

3° La qualification professionnelle du salarié ;

4° Les caractéristiques particulières du poste de travail ou des fonctions occupées ;

5° Le montant de la rémunération et ses différentes composantes. – *[Anc. art. L. 124-26, al. 1er.]*

Art. L. 1252-11 Toute clause tendant à interdire le recrutement du salarié mis à disposition par l'entreprise utilisatrice à l'issue de sa mission est réputée non écrite. – *[Anc. art. L. 124-26, al. 2.]*

Art. L. 1252-12 L'entreprise de travail à temps partagé peut apporter à ses seules entreprises utilisatrices des conseils en matière de gestion des compétences et de la formation. – *[Anc. art. L. 124-25.]*

Art. L. 1252-13 L'entrepreneur de travail à temps partagé justifie, à tout moment, d'une garantie financière assurant, en cas de défaillance de sa part, le paiement :

1° Des salaires et de leurs accessoires ;

2° Des cotisations obligatoires dues à des organismes de sécurité sociale ou à des institutions sociales. – *[Anc. art. L. 124-32.]*

CHAPITRE III **CONTRATS CONCLUS AVEC UN GROUPEMENT D'EMPLOYEURS**

BIBL. GÉN. ▶ ARSÉGUEL, *RF compt. 1986, n° 174, 33.* - BÉRAUD, *in* Flexibilité du droit du travail, objectif ou réalité ?, *ELA, 1986, p. 67.* - FADEUILHE et JOUBERT, *RDT 2015. Controverse. 84* (quelle utilité des groupements d'employeurs ?). - FIESCHI-VIVET, *D. 1986. Chron. 120.* - POUEY, *JCP S 2007. 1807.* - TEYSSIÉ, *Dr. soc. 1986. 85.*

COMMENTAIRE

V. Dalloz.fr et applications mobiles Dalloz 🏛. ❑

SECTION PREMIÈRE **GROUPEMENT D'EMPLOYEURS ENTRANT DANS LE CHAMP D'APPLICATION D'UNE MÊME CONVENTION COLLECTIVE**

SOUS-SECTION 1 **OBJET**

Art. L. 1253-1 Des groupements de personnes entrant dans le champ d'application d'une même convention collective peuvent être constitués dans le but de mettre à la disposition de leurs membres des salariés liés à ces groupements par un contrat de travail. *(L. n° 2009-1437 du 24 nov. 2009)* « Cette mise à disposition peut avoir pour objet de permettre le remplacement de salariés suivant une action de formation prévue par le présent code. »

Ils peuvent également apporter à leurs membres leur aide ou leur conseil en matière d'emploi ou de gestion des ressources humaines.

(L. n° 2014-288 du 5 mars 2014, art. 20-IV) « Les groupements qui organisent des parcours d'insertion et de qualification pour les salariés rencontrant des difficultés

d'insertion qu'ils mettent à la disposition de leurs membres peuvent être reconnus comme des groupements d'employeurs pour l'insertion et la qualification dans des conditions fixées par décret.

« Les groupements mentionnés au présent article ne » peuvent se livrer qu'à des opérations à but non lucratif. — *V. art. L. 1255-13 (pén.).*

1. Responsabilité du dirigeant du groupement. Est coupable du délit d'exercice illégal de la profession d'expert-comptable le président d'un groupement d'employeurs qui a mis à la disposition des adhérents du groupement des salariés qui ont procédé à des travaux réservés aux experts-comptables. • Crim. 19 mai 2004 : *Bull. crim. n° 128 ; RJS 2004. 852, n° 1211.*

2. Groupement d'employeurs et UES. L'absence de complémentarité entre l'activité d'un groupement d'employeurs et celle de ses membres fait obstacle à la reconnaissance d'une UES. • Soc. 24 juin 2014 : *pourvoi n° 13-11.593.*

SOUS-SECTION 2 CONSTITUTION ET ADHÉSION

Art. L. 1253-2 Les groupements d'employeurs sont constitués sous l'une des formes suivantes :

1° Association régie par la loi du 1er juillet 1901 relative au contrat d'association ;

2° Société coopérative au sens de la loi n° 47-1775 du 10 septembre 1947 portant statut de la coopération et de la loi n° 83-657 du 20 juillet 1983 relative au développement de certaines activités d'économie sociale ;

3° Association régie par le code civil local ou coopérative artisanale dans les départements de la Moselle, du Bas-Rhin et du Haut-Rhin. — *[Anc. art. L. 127-1, al. 2, phrase 2.] — V. art. L. 1255-13 (pén.).*

AGS. L'AGS garantit les sommes dues par un groupement d'employeurs à ses salariés ; l'AGS doit faire l'avance des sommes nécessaires au règlement des créances résultant de la rupture des contrats de travail intervenant pendant le maintien provisoire de l'activité autorisé par le jugement de liquidation judiciaire de l'employeur, dès lors que le représentant des créanciers ne dispose pas des fonds nécessaires, peu important que les associés du groupement placé en liquidation judiciaire soient solidairement responsables du passif salarial. • Soc. 9 mars 2004, n° 02-41.852 P : *D. 2004. 2191, obs. Giraudet.*

Art. L. 1253-3 *(L. n° 2016-1088 du 8 août 2016, art. 89)* Sont également considérées comme des groupements d'employeurs les sociétés coopératives existantes qui développent, au bénéfice exclusif de leurs membres, les activités mentionnées à l'article L. 1253-1. Le présent chapitre leur est applicable dans des conditions déterminées par décret en Conseil d'État.

Art. L. 1253-4 *et* L. 1253-5 *Abrogés par L. n° 2011-893 du 28 juill. 2011.*

Art. L. 1253-6 Lorsqu'un groupement d'employeurs se constitue, il en informe l'inspection du travail.

La liste des membres du groupement est tenue en permanence à la disposition de l'*(L. n° 2016-1088 du 8 août 2016, art. 113)* « agent de contrôle de l'inspection du travail mentionné à l'article L. 8112-1 » au siège du groupement. — *[Anc. art. L. 127-1, al. 4.] — V. art. L. 1255-13 (pén.).*

Art. L. 1253-7 Les employeurs qui adhèrent à un groupement d'employeurs informent les institutions représentatives du personnel existant dans leur entreprise de la constitution et de la nature du groupement d'employeurs. — *[Anc. art. L. 127-1, al. 7.] — V. art. L. 1255-13 (pén.).*

Art. L. 1253-8 Les membres du groupement sont solidairement responsables de ses dettes à l'égard des salariés et des organismes créanciers de cotisations obligatoires. *(L. n° 2011-893 du 28 juill. 2011, art. 35 et 36)* « Par dérogation, les statuts des groupements d'employeurs peuvent prévoir, sur la base de critères objectifs, des règles de répartition de ces dettes entre les membres du groupement, opposables aux créanciers. Ils peuvent également prévoir des modalités de responsabilité spécifiques pour les collectivités territoriales membres du groupement. » — *V. art. L. 1255-13 (pén.).*

Art. L. 1253-8-1 *(L. n° 2016-1088 du 8 août 2016, art. 89)* Pour l'application du présent code, à l'exception de sa deuxième partie, les salariés mis à la disposition, en tout ou partie, d'un ou de plusieurs de ses membres par un groupement d'employeurs ne sont pas pris en compte dans l'effectif de ce groupement d'employeurs.

SOUS-SECTION 3 CONDITIONS D'EMPLOI ET DE TRAVAIL

Art. L. 1253-9 Les contrats de travail conclus par le groupement sont établis par écrit. Ils comportent notamment :

1° Les conditions d'emploi et de rémunération ;
2° La qualification professionnelle du salarié ;
3° La liste des utilisateurs potentiels ;
4° Les lieux d'exécution du travail.

(L. n° 2011-893 du 28 juill. 2011, art. 31) « Ils garantissent l'égalité de traitement en matière de rémunération, d'intéressement, de participation et d'épargne salariale entre le salarié du groupement et les salariés des entreprises auprès desquelles il est mis à disposition. » – *V. art. L. 1255-13 (pén.).*

Art. L. 1253-10 Les salariés du groupement bénéficient de la convention collective dans le champ d'application de laquelle le groupement a été constitué. – *[Anc. art. L. 127-2, al. 2.] – V. art. L. 1255-13 (pén.).*

Art. L. 1253-11 Sans préjudice des conventions de branche ou des accords professionnels applicables aux groupements d'employeurs, les organisations professionnelles représentant les groupements d'employeurs et les organisations syndicales de salariés représentatives peuvent conclure des accords collectifs de travail *(Abrogé par L. n° 2011-893 du 28 juill. 2011, art. 34)* ***« portant sur la polyvalence, la mobilité et le travail à temps partagé des salariés de ces groupements »***. – *[Anc. art. L. 127-8.]*

Art. L. 1253-12 Pendant la durée de la mise à disposition, l'utilisateur est responsable des conditions d'exécution du travail telles qu'elles sont déterminées par les dispositions légales et conventionnelles applicables au lieu de travail.

Pour l'application de ces dispositions, les conditions d'exécution du travail comprennent limitativement ce qui a trait à :

1° La durée du travail ;
2° Le travail de nuit ;
3° Le repos hebdomadaire et les jours fériés ;
4° La santé et la sécurité au travail ;
5° Le travail des femmes, des enfants et des jeunes travailleurs ;

(L. n° 2011-893 du 28 juill. 2011, art. 37) « 6° L'exercice de la fonction de maître d'apprentissage définie à la section III du chapitre III du titre II du livre II de la sixième partie. »

Art. L. 1253-13 Les obligations relatives à la médecine du travail sont à la charge du groupement.

Lorsque l'activité exercée par le salarié mis à disposition nécessite une surveillance médicale renforcée au sens de la réglementation relative à la médecine du travail, les obligations correspondantes sont à la charge de l'utilisateur. – *[Anc. art. L. 127-3, al. 3.]*

Art. L. 1253-14 Les salariés du groupement ont accès dans l'entreprise utilisatrice aux moyens collectifs de transport et aux installations collectives, notamment de restauration, dont peuvent bénéficier les salariés de l'entreprise utilisatrice, dans les mêmes conditions que ces derniers. – *[Anc. art. L. 127-4.]*

Art. L. 1253-15 Un salarié mis à disposition par un groupement d'employeurs peut bénéficier d'une délégation de pouvoir du chef d'entreprise de l'entreprise utilisatrice dans les mêmes conditions qu'un salarié de cette entreprise. – *[Anc. art. L. 127-3-1.]*

SOUS-SECTION 4 ACTIONS EN JUSTICE

Art. L. 1253-16 Les organisations syndicales représentatives dans l'entreprise utilisatrice ou dans le groupement peuvent exercer en justice les actions civiles nées en vertu des dispositions du présent chapitre en faveur des salariés du groupement.

Elles peuvent exercer ces actions sans avoir à justifier d'un mandat de l'intéressé pourvu que celui-ci ait été averti et n'ait pas déclaré s'y opposer.

Le salarié peut toujours intervenir à l'instance engagée par le syndicat. – *[Anc. art. L. 127-6.]*

SECTION II GROUPEMENT D'EMPLOYEURS N'ENTRANT PAS DANS LE CHAMP D'APPLICATION D'UNE MÊME CONVENTION COLLECTIVE

Art. L. 1253-17 Des personnes n'entrant pas dans le champ d'application de la même convention collective peuvent constituer un groupement d'employeurs à condition de déterminer la convention collective applicable à ce groupement.

Le groupement ainsi constitué ne peut exercer son activité qu'après déclaration auprès de l'autorité administrative qui peut s'opposer à l'exercice de cette activité dans des conditions déterminées par voie réglementaire. – *[Anc. art. L. 127-7.] – V. art. L. 1255-13 (pén.). – V. art. D. 1253-4.*

Art. L. 1253-18 Sous réserve des dispositions particulières applicables aux groupements d'employeurs mentionnés à l'article L. 1253-17, les dispositions de la section I s'appliquent aux groupements d'employeurs n'entrant pas dans le champ d'application d'une même convention collective.

SECTION III GROUPEMENT D'EMPLOYEURS COMPOSÉ D'ADHÉRENTS DE DROIT PRIVÉ ET DE COLLECTIVITÉS TERRITORIALES

Art. L. 1253-19 Dans le but de favoriser le développement de l'emploi sur un territoire, des personnes de droit privé peuvent créer, avec des collectivités territoriales et leurs établissements publics *(L. n° 2016-1088 du 8 août 2016, art. 90)* « ou avec des établissements publics de l'État », des groupements d'employeurs *(L. n° 2016-1088 du 8 août 2016, art. 90)* « sous l'une des formes mentionnées à l'article **L. 1253-2.** »

Les collectivités territoriales et leurs établissements publics ne peuvent constituer plus de la moitié des membres des groupements créés en application du présent article. – *[Anc. art. L. 127-10.]*

Art. L. 1253-20 *(L. n° 2011-893 du 28 juill. 2011)* Les tâches confiées aux salariés du groupement mis à disposition d'une collectivité territoriale ne peuvent constituer l'activité principale du groupement. Le temps consacré par chaque salarié aux tâches effectuées pour le compte des collectivités territoriales adhérentes ne peut excéder, sur l'année civile, *(L. n° 2016-1888 du 28 déc. 2016, art. 49)* « les trois quarts » de la durée du travail contractuelle ou conventionnelle ou, à défaut, légale, calculée annuellement.

Art. L. 1253-21 Dans les conditions prévues au 8° de l'article **214** du code général des impôts, le groupement organise la garantie de ses dettes à l'égard des salariés et des organismes créanciers de cotisations obligatoires. – *[Anc. art. L. 127-12.]*

Art. L. 1253-22 Sous réserve des dispositions de la présente section, les dispositions des sections I et II s'appliquent aux groupements d'employeurs composés d'adhérents de droit privé et de collectivités territoriales. – *[Anc. art. L. 127-14.]*

Art. L. 1253-23 Un décret en Conseil d'État détermine les modalités de choix de la convention collective applicable au groupement ainsi que les conditions d'information de l'autorité administrative de la création du groupement. – *[Anc. art. L. 127-13.] – V. art. D. 1253-5.*

SECTION IV DISPOSITIONS APPLICABLES À L'ENSEMBLE DES GROUPEMENTS D'EMPLOYEURS

(L. n° 2016-1088 du 8 août 2016, art. 88)

Art. L. 1253-24 Un groupement d'employeurs est éligible aux aides publiques en matière d'emploi et de formation professionnelle dont auraient bénéficié ses entreprises adhérentes si elles avaient embauché directement les personnes mises à leur disposition.

Un décret fixe la nature des aides concernées et détermine les conditions d'application du présent article. – *V. art. D. 1253-50 s.*

V. Arr. du 16 déc. 2016 (JO 18 déc.).

CHAPITRE IV **PORTAGE SALARIAL**

(Ord. nº 2015-380 du 2 avr. 2015, art. 2, ratifiée par L. nº 2016-1088 du 8 août 2016, art. 85)

BIBL. WILLMANN, *Dr. soc. 2015. 416* (le portage salarial, ce mal-aimé).

COMMENTAIRE

V. Dalloz.fr et applications mobiles Dalloz

SECTION PREMIÈRE **DÉFINITION ET CHAMP D'APPLICATION**

Art. L. 1254-1 Le portage salarial désigne l'ensemble organisé constitué par :

1° D'une part, la relation entre une entreprise dénommée "entreprise de portage salarial" effectuant une prestation *(L. nº 2016-1088 du 8 août 2016, art. 85)* « et » une entreprise cliente *(L. nº 2016-1088 du 8 août 2016, art. 85)* « bénéficiant de cette prestation », qui donne lieu à la conclusion d'un contrat commercial de prestation de portage salarial ;

2° D'autre part, le contrat de travail conclu entre l'entreprise de portage salarial et un salarié désigné comme étant le " salarié porté ", lequel est rémunéré par cette entreprise.

Art. L. 1254-2 I. — Le salarié porté justifie d'une expertise, d'une qualification et d'une autonomie qui lui *(L. nº 2016-1088 du 8 août 2016, art. 85)* « permettent » de rechercher lui-même ses clients et de convenir avec eux des conditions d'exécution de sa prestation et de son prix.

II. — Le salarié porté bénéficie d'une rémunération minimale définie par accord de branche étendu. A défaut d'accord de branche étendu, le montant de la rémunération mensuelle minimale est fixé à 75 % de la valeur mensuelle du plafond de la sécurité sociale prévu à l'article L. 241-3 du code de la sécurité sociale pour une activité équivalant à un temps plein.

III. — L'entreprise de portage n'est pas tenue de fournir du travail au salarié porté.

Un accord de branche étendu peut prévoir, pour les salariés portés mentionnés à l'art. L. 1254-2, l'adaptation du montant et de la répartition de la contribution versée par les employeurs de dix salariés et plus au titre de leur participation au financement de la formation professionnelle continue. Ce montant ne peut être inférieur à 1,6 % du montant des rémunérations versées pendant l'année en cours et la répartition de la contribution ne peut déroger aux parts minimales consacrées, en vertu de dispositions légales ou réglementaires, au financement du fonds paritaire de sécurisation des parcours professionnels, du congé individuel de formation, du compte personnel de formation, du plan de formation et de la professionnalisation (Ord. nº 2015-380 du 2 avr. 2015, art. 8).

SECTION II **CONDITIONS ET INTERDICTIONS DE RECOURS AU PORTAGE SALARIAL**

Art. L. 1254-3 L'entreprise cliente ne peut avoir recours à un salarié porté que pour l'exécution d'une tâche occasionnelle ne relevant pas de son activité normale et permanente ou pour une prestation ponctuelle nécessitant une expertise dont elle ne dispose pas. — *V. art. L. 1255-16 (pén.).*

Art. L. 1254-4 I. — La prestation dans l'entreprise cliente ne peut avoir pour objet :

1° De remplacer un salarié dont le contrat de travail est suspendu à la suite d'un conflit collectif de travail ;

2° D'effectuer certains travaux particulièrement dangereux figurant sur la liste prévue à l'article L. 4154-1 sauf dérogation prévue au même article.

II. — La durée de cette prestation ne peut excéder la durée de trente-six mois.

V. art. L. 1255-16 (pén.).

Art. L. 1254-5 Les activités de services à la personne mentionnées à l'article L. 7231-1 ne peuvent faire l'objet d'un contrat de travail en portage salarial. — *V. art. L. 1255-14 et L. 1255-15 (pén.).*

Art. L. 1254-6 Les dispositions des titres III et IV du livre II de la huitième partie ne sont pas applicables au portage salarial exercé dans les conditions définies au présent chapitre.

SECTION III CONTRAT DE TRAVAIL

SOUS-SECTION 1 DISPOSITIONS COMMUNES

Art. L. 1254-7 Le contrat de travail est conclu entre l'entreprise de portage salarial et le salarié porté pour une durée déterminée ou indéterminée.

Art. L. 1254-8 La seule rupture du contrat commercial de prestation de portage salarial n'entraîne pas la rupture du contrat de travail du salarié. L'entreprise de portage salarial est redevable de la rémunération due au salarié porté correspondant à la prestation réalisée dans les conditions prévues aux articles L. 1254-15 et L. 1254-21.

Art. L. 1254-9 Le montant de l'indemnité d'apport d'affaire mentionnée aux articles L. 1254-15, L. 1254-21 et L. 1254-25 est défini par accord de branche étendu. A défaut d'accord de branche étendu, il est fixé à 5 % de la rémunération due au salarié porté *(Abrogé par L. n° 2016-1088 du 8 août 2016, art. 85) « et de l'indemnité »*.

SOUS-SECTION 2 LE CONTRAT DE TRAVAIL À DURÉE DÉTERMINÉE

Art. L. 1254-10 Le contrat de travail à durée déterminée est conclu entre l'entreprise de portage salarial et le salarié porté pour la réalisation d'une prestation dans une entreprise cliente.

§ 1er FIXATION DU TERME ET DURÉE DU CONTRAT

Art. L. 1254-11 Le contrat de travail comporte un terme fixé avec précision dès sa conclusion.

Toutefois, il peut ne pas comporter de terme précis lorsque le terme de l'objet pour lequel il a été conclu n'est pas connu. Il est alors conclu pour une durée minimale. Il a pour terme la réalisation de l'objet pour lequel il a été conclu. — *V. art. L. 1255-14 (pén.).*

Art. L. 1254-12 La durée totale du contrat à durée déterminée ne peut excéder dix-huit mois compte tenu, le cas échéant, *(L. n° 2015-994 du 17 août 2015, art. 55-I)* « du ou des renouvellements » dans les conditions prévues à l'article L. 1254-17. — *V. art. L. 1255-14 (pén.).*

Les dispositions issues de la L. n° 2015-994 du 17 août 2015 s'appliquent aux contrats en cours (L. préc., art. 55-II).

Art. L. 1254-13 Par dérogation à l'article L. 1254-12, pour permettre au salarié porté de prospecter de nouveaux clients, le terme du contrat peut être reporté par accord entre l'entreprise de portage salarial et le salarié porté pour une durée maximale de trois mois. — *V. art. L. 1255-14 (pén.).*

§ 2 FORME, CONTENU ET TRANSMISSION DU CONTRAT

Art. L. 1254-14 Le contrat de travail est établi par écrit avec la mention : "contrat de travail en portage salarial à durée déterminée". — *V. art. L. 1255-14 (pén.).*

Art. L. 1254-15 Le contrat de travail comporte notamment les clauses et mentions suivantes :

1° Clauses et mentions relatives à la relation entre l'entreprise de portage salarial et le salarié porté :

a) La date du terme et, le cas échéant, une clause de renouvellement lorsqu'il comporte un terme précis ;

b) Les modalités de calcul et de versement de la rémunération, de l'indemnité d'apport d'affaire, des charges sociales et fiscales, des frais de gestion et, le cas échéant, des frais professionnels ;

c) S'il y a lieu, les modalités de déduction des frais professionnels ;

d) Le descriptif des compétences, des qualifications et des domaines d'expertise du salarié porté ;

e) La durée de la période d'essai éventuellement prévue ;

f) Les modalités d'acquisition, de prise et de paiement des congés payés conformément aux dispositions des articles L. 3141-1 et suivants ;

g) Les nom et adresse de la caisse de retraite complémentaire ainsi que, le cas échéant, ceux de l'organisme de prévoyance dont relève l'entreprise de portage salarial ;

h) La périodicité de l'établissement par le salarié porté de comptes rendus d'activité ;

i) L'identité du garant financier de l'entreprise de portage salarial ;

2° Clauses et mentions relatives à la réalisation de la prestation de service de portage salarial :

a) L'identité et l'adresse de l'entreprise cliente ;

b) Le descriptif de l'objet de la prestation et ses conditions d'exécution par le salarié porté ;

c) La durée de la prestation ;

d) Le cas échéant, la durée minimale de la prestation et la nature de l'événement ou du résultat objectif déterminant la fin de la relation contractuelle, lorsque le terme est incertain et lié à la réalisation de la prestation ;

e) Le prix de la prestation convenu entre le salarié porté et l'entreprise cliente comprenant notamment le montant de la rémunération, de l'indemnité d'apport d'affaire, des prélèvements sociaux et fiscaux, des frais de gestion et le cas échéant des frais professionnels ;

f) La responsabilité de l'entreprise cliente relative aux conditions d'exécution du travail du salarié porté, en particulier les questions liées à sa santé, à sa sécurité et à la durée du travail, pendant l'exécution de sa prestation dans ses locaux ou sur son site de travail ;

g) S'il y a lieu, la nature des équipements de protection individuelle mis à disposition par l'entreprise cliente ;

h) L'identité de l'assureur et le numéro d'assurance garantissant la responsabilité civile souscrite pour le compte du salarié porté pour les dommages provoqués dans l'entreprise cliente pendant l'exécution de la prestation. – *V. art. L. 1255-14 (pén.).*

Art. L. 1254-16 Le contrat est transmis au salarié porté au plus tard dans les deux jours ouvrables suivant sa conclusion. – *V. art. L. 1255-14 (pén.).*

§ 3 RENOUVELLEMENT DU CONTRAT

Art. L. 1254-17 Le contrat de travail à durée déterminée est renouvelable *(L. n° 2015-994 du 17 août 2015, art. 55-I)* « deux » fois pour une durée déterminée qui, ajoutée à la durée du contrat initial, ne peut excéder la durée maximale prévue à l'article L. 1254-12, sous réserve de la dérogation prévue à l'article L. 1254-13.

Les conditions de renouvellement sont stipulées dans le contrat ou font l'objet d'un avenant soumis au salarié avant le terme initialement prévu. – *V. art. L. 1255-14 (pén.).*

Les dispositions issues de la L. n° 2015-994 du 17 août 2015 s'appliquent aux contrats en cours (L. préc., art. 55-II).

§ 4 DISPOSITIONS FINALES

Art. L. 1254-18 Les dispositions du titre IV du livre II de la première partie du présent code ne sont pas applicables, à l'exception des articles L. 1242-10, L. 1242-16, L. 1243-1 à L. 1243-6 et L. 1243-8.

SOUS-SECTION 3 LE CONTRAT DE TRAVAIL À DURÉE INDÉTERMINÉE

Art. L. 1254-19 Le contrat de travail à durée indéterminée est conclu entre l'entreprise de portage salarial et le salarié porté pour la réalisation de prestations dans une ou plusieurs entreprises clientes.

Les dispositions des titres Ier, II et III du livre II de la première partie du présent code sont applicables à ce contrat, sous réserve des dispositions de la présente sous-section.

Art. L. 1254-20 Le contrat de travail est établi par écrit avec la mention : "contrat de travail en portage salarial à durée indéterminée". – *V. art. L. 1255-14 (pén.).*

Art. L. 1254-21 I. – Le contrat de travail comporte les clauses et mentions relatives à la relation entre l'entreprise de portage salarial et le salarié porté :

1° Les modalités de calcul et de versement de la rémunération due au salarié porté pour la réalisation de la prestation, de l'indemnité d'apport d'affaire, des prélèvements sociaux et fiscaux, des frais de gestion et, le cas échéant, des frais professionnels ; ces modalités sont appliquées au prix de chaque prestation convenu entre le salarié porté et l'entreprise cliente mentionné au 5° de l'article L. 1254-23 ;

2° S'il y a lieu, les modalités de déduction des frais professionnels ;

3° Le descriptif des compétences, des qualifications et des domaines d'expertise du salarié porté ;

4° Les modalités d'acquisition, de prise et de paiement des congés payés déterminés en fonction de la prestation réalisée conformément aux dispositions des articles L. 3141-1 et suivants ;

5° La durée de la période d'essai éventuellement prévue ;

6° Les nom et adresse de la caisse de retraite complémentaire ainsi que, le cas échéant, ceux de l'organisme de prévoyance dont relève l'entreprise de portage salarial ;

7° La périodicité de l'établissement par le salarié porté de comptes rendus d'activité ;

8° L'identité du garant financier de l'entreprise de portage salarial.

II. – Les périodes sans prestation à une entreprise cliente ne sont pas rémunérées. – *V. art. L. 1255-14 (pén.).*

SECTION IV LE CONTRAT COMMERCIAL DE PRESTATION DE PORTAGE SALARIAL

Art. L. 1254-22 L'entreprise de portage salarial conclut avec l'entreprise cliente du salarié porté un contrat commercial de prestation de portage salarial au plus tard dans les deux jours ouvrables suivant le début de la prestation. Ce contrat reprend les éléments essentiels de la négociation de la prestation entre le salarié porté et l'entreprise cliente.

L'entreprise de portage adresse au salarié porté par tout moyen une copie de ce contrat dans le même délai. – *V. art. L. 1254-16 et L. 1255-14 (pén.).*

Art. L. 1254-23 Le contrat conclu par écrit comporte les clauses et mentions suivantes :

1° L'identité du salarié porté ;

2° Le descriptif des compétences, des qualifications et des domaines d'expertise du salarié porté ;

3° Le descriptif de la prestation et ses conditions d'exécution par le salarié porté ;

4° La date du terme de la prestation et, le cas échéant, la durée minimale de la prestation lorsque le terme est incertain et lié à la réalisation de la prestation ;

5° Le prix de la prestation convenu entre le salarié porté et l'entreprise cliente ;

6° La responsabilité de l'entreprise cliente relative aux conditions d'exécution du travail du salarié porté, en particulier les questions liées à sa santé, à sa sécurité et à la durée du travail, pendant l'exécution de sa prestation dans ses locaux ou sur son site de travail ;

7° S'il y a lieu, la nature des équipements de protection individuelle mis à disposition par l'entreprise cliente ;

8° L'identité du garant financier de l'entreprise de portage salarial ;

9° L'identité de l'assureur et le numéro d'assurance garantissant la responsabilité civile souscrite pour le compte du salarié porté pour les dommages provoqués dans l'entreprise cliente pendant l'exécution de la prestation. – *V. art. L. 1254-16 et L. 1255-14 (pén.).*

SECTION V L'ENTREPRISE DE PORTAGE SALARIAL

Art. L. 1254-24 L'entreprise de portage salarial exerce à titre exclusif l'activité de portage salarial.

Seule une entreprise de portage salarial peut conclure des contrats de travail en portage salarial. – *V. art. L. 1255-14 (pén.).*

Art. L. 1254-25 L'entreprise de portage salarial met en place et gère pour chaque salarié porté un compte d'activité.

Le salarié porté est informé une fois par mois des éléments imputés sur ce compte, et notamment :

1° De tout versement effectué par l'entreprise cliente à l'entreprise de portage au titre de la réalisation de sa prestation ;

2° Du détail des frais de gestion ;

3° Des frais professionnels ;

4° Des prélèvements sociaux et fiscaux ;

5° De la rémunération nette ;

6° Du montant de l'indemnité d'apport d'affaire.

V. art. L. 1255-14 (pén.).

Art. L. 1254-26 I. – L'entreprise de portage salarial justifie, à tout moment, d'une garantie financière assurant, en cas de défaillance de sa part, le paiement :

1° Des salaires et de leurs accessoires ;

2° Des indemnités résultant du présent chapitre ;

3° Des cotisations obligatoires dues à des organismes de sécurité sociale ou à des institutions sociales ;

4° Des remboursements qui peuvent, le cas échéant, incomber aux employeurs à l'égard des organismes de sécurité sociale et institutions sociales dans les conditions prévues à l'article L. 244-8 du code de la sécurité sociale.

II. – La garantie financière ne peut résulter que d'un engagement de caution pris par une société de caution mutuelle, un organisme de garantie collective, une compagnie d'assurance, une banque ou un établissement financier habilité à donner caution.

Elle est calculée en pourcentage de la masse salariale annuelle de l'entreprise intéressée, sans pouvoir être inférieure à un minimum fixé annuellement par décret, compte tenu de l'évolution moyenne des salaires.

III. – L'entreprise de portage salarial fournit à l'entreprise cliente du salarié porté, sur sa demande, une attestation des organismes de sécurité sociale précisant sa situation au regard du recouvrement des prélèvements dus à ces organismes.

V. art. L. 1255-14 (pén.).

Art. L. 1254-27 L'activité d'entrepreneur de portage salarial ne peut être exercée qu'après déclaration faite à l'autorité administrative et obtention de la garantie financière.

Un décret en Conseil d'État détermine le contenu et les modalités de la déclaration prévue au présent article. – *V. art. L. 1255-14 (pén.).*

Art. L. 1254-28 Les obligations relatives à la médecine du travail sont à la charge de l'entreprise de portage salarial. – *V. art. L. 1255-14 (pén.).*

Art. L. 1254-29 Pour calculer les effectifs d'une entreprise de portage salarial, il est tenu compte :

1° Des salariés permanents fonctionnels de cette entreprise déterminés conformément à l'article L. 1111-2 ;

2° Des salariés portés qui ont effectué des prestations de portage salarial dans le cadre de contrats de travail conclus avec cette entreprise pendant une durée d'au moins trois mois au cours de la dernière année civile.

Art. L. 1254-30 Pour l'application aux salariés portés des dispositions légales qui se réfèrent à une condition d'ancienneté dans l'entreprise de portage salarial, l'ancienneté s'apprécie en totalisant les périodes pendant lesquelles ces salariés ont effectué des prestations de portage salarial dans le cadre de contrats de travail conclus avec cette entreprise.

Art. L. 1254-31 Pour l'application des dispositions prévues au 1° de l'article L. 6322-63, la durée minimum de présence dans l'entreprise de portage salarial des salariés portés s'apprécie en totalisant les périodes pendant lesquelles ces salariés ont effectué des prestations de portage salarial dans le cadre de contrats de travail conclus avec cette entreprise.

CHAPITRE V **DISPOSITIONS PÉNALES**

Le chapitre IV devient le chapitre V et ses art. L. 1254-1 à L. 1254-13 deviennent les art. L. 1255-1 à L. 1255-13 (Ord. n° 2015-380 du 2 avr. 2015, art. 1er).

SECTION PREMIÈRE **TRAVAIL TEMPORAIRE**

Art. L. 1255-1 Le fait de méconnaître les dispositions relatives aux conditions d'exercice de l'activité de travail temporaire, prévues à l'article L. 1251-2, est puni d'une amende de 3 750 €.

La récidive est punie d'un emprisonnement de six mois et d'une amende de 7 500 €.

(L. n° 2011-525 du 17 mai 2011, art. 169) « La juridiction peut prononcer, en outre, l'interdiction d'exercer l'activité d'entrepreneur de travail temporaire pour une durée de deux à dix ans. Lorsque cette mesure entraîne le licenciement du personnel permanent, celui-ci a droit, en dehors de l'indemnité de préavis et de l'indemnité de licenciement, aux indemnités prévues aux articles L. 1235-2, L. 1235-3 ou L. 1235-5. » – *[Anc. art. L. 1254-1.]*

BIBL. Pradel, *Dr. soc. 1984. 521* (travail temporaire et droit pénal).

Non-cumul des peines. Sur l'application du principe du non-cumul des peines délictuelles, V. • Crim. 25 juill. 1990 : *RJS 1990. 614, n° 939.* – V. aussi • Crim. 27 nov. 1990 : *RJS 1991. 145, n° 273* (responsabilité pénale du dirigeant de fait d'une société se livrant au trafic de main-d'œuvre).

Art. L. 1255-2 Est puni d'une amende de 3 750 €, le fait pour l'entrepreneur de travail temporaire :

1° De recruter un salarié temporaire en ayant conclu un contrat ne comportant pas les mentions prévues aux 1° et 3° de l'article L. 1251-16 ou comportant ces mentions de manière volontairement inexacte ou sans lui avoir transmis dans le délai prévu à l'article L. 1251-17 un contrat de mission écrit ;

2° De méconnaître les dispositions relatives à la rémunération minimale prévues au premier alinéa de l'article L. 1251-18 ;

3° De méconnaître l'obligation de proposer au salarié temporaire un ou des contrats dans les conditions prévues à l'article L. 1251-34 ;

4° De mettre un salarié temporaire à la disposition d'une entreprise utilisatrice sans avoir conclu avec celle-ci un contrat écrit de mise à disposition dans le délai prévu à l'article L. 1251-42 ;

5° D'exercer son activité sans avoir fait les déclarations prévues à l'article L. 1251-45 ;

6° D'exercer son activité sans avoir obtenu la garantie financière prévue à l'article L. 1251-49.

La récidive est punie d'un emprisonnement de six mois et d'une amende de 7 500 €.

La juridiction peut prononcer en outre l'interdiction d'exercer l'activité d'entrepreneur de travail temporaire pour une durée de deux à dix ans. Les dispositions du deuxième alinéa de l'article L. 1251-47 sont applicables. – *[Anc. art. L. 1254-2.] – V. art. L. 1255-11 (pén.).*

Art. L. 1255-3 Le fait pour l'utilisateur de conclure un contrat de mise à disposition ayant pour objet ou pour effet de pourvoir durablement un emploi lié à l'activité normale et permanente de l'entreprise, en méconnaissance de l'article L. 1251-5, est puni d'une amende de 3 750 €.

La récidive est punie d'un emprisonnement de six mois et d'une amende de 7 500 €. – *[Anc. art. L. 1254-3.]*

Art. L. 1255-4 Le fait pour l'utilisateur de recourir à un salarié temporaire pour un objet autre que celui prévu au premier alinéa de l'article L. 1251-6 ou en dehors des cas mentionnés à ce même article est puni d'une amende de 3 750 €.

La récidive est punie d'un emprisonnement de six mois et d'une amende de 7 500 €. – *[Anc. art. L. 1254-4.]*

Art. L. 1255-5 Le fait pour l'utilisateur de méconnaître les interdictions de recourir au travail temporaire, prévues aux articles L. 1251-9 et L. 1251-10, est puni d'une amende de 3 750 €.

La récidive est punie d'un emprisonnement de six mois et d'une amende de 7 500 €. – *[Anc. art. L. 1254-5.]*

Art. L. 1255-6 Le fait pour l'utilisateur de méconnaître les dispositions relatives au terme du contrat, prévues à l'article L. 1251-11, est puni d'une amende de 3 750 €.

La récidive est punie d'un emprisonnement de six mois et d'une amende de 7 500 €. – *[Anc. art. L. 1254-6.]*

Art. L. 1255-7 Le fait pour l'utilisateur de méconnaître les dispositions relatives à la durée de la mission, prévues à l'article L. 1251-12, est puni d'une amende de 3 750 €.

La récidive est punie d'un emprisonnement de six mois et d'une amende de 7 500 €. – *[Anc. art. L. 1254-7.]*

Art. L. 1255-8 Le fait pour l'utilisateur de méconnaître les dispositions relatives aux conditions de renouvellement du contrat, prévues à l'article L. 1251-35, est puni d'une amende de 3 750 €.

La récidive est punie d'un emprisonnement de six mois et d'une amende de 7 500 €. – *[Anc. art. L. 1254-8.]*

Art. L. 1255-9 Le fait pour l'utilisateur de méconnaître les dispositions relatives à la succession de contrats sur un même poste, prévues à l'article L. 1251-36, est puni d'une amende de 3 750 €.

La récidive est punie d'un emprisonnement de six mois et d'une amende de 7 500 €. – *[Anc. art. L. 1254-9.]*

Art. L. 1255-10 Est puni d'une amende de 3 750 €, le fait pour l'utilisateur de recourir à un salarié temporaire :

1° Soit sans avoir conclu avec un entrepreneur de travail temporaire un contrat écrit de mise à disposition, dans le délai prévu à l'article L. 1251-42 ;

2° Soit en ayant omis de communiquer, dans le contrat de mise à disposition, l'ensemble des éléments de rémunération conformément au 6° de l'article L. 1251-43.

La récidive est punie d'un emprisonnement de six mois et d'une amende de 7 500 €. – *[Anc. art. L. 1254-10.]*

Art. L. 1255-11 Le fait de méconnaître, directement ou par personne interposée, l'interdiction d'exercer l'activité d'entrepreneur de travail temporaire prononcée par la juridiction en application du dernier alinéa *(Ord. n° 2016-413 du 7 avr. 2016, art. 10, en vigueur le 1er juill. 2016 ; L. n° 2016-1088 du 8 août 2016, art. 85)* « de l'article L. 1255-1 ou L. 1255-2 » est puni d'un emprisonnement de six mois et d'une amende de 6 000 €. – *[Anc. art. L. 1254-11.]*

Art. L. 1255-12 Dans tous les cas prévus à la présente section, la juridiction peut ordonner, à titre de peine complémentaire, l'affichage du jugement aux frais de l'entrepreneur de travail temporaire ou de l'utilisateur condamné, dans les conditions prévues à l'article 131-35 du code pénal, et son insertion, intégrale ou par extraits, dans les journaux qu'elle désigne. Ces frais ne peuvent excéder le montant maximum de l'amende encourue. – *[Anc. art. L. 1254-12.]*

SECTION II **GROUPEMENTS D'EMPLOYEURS**

Art. L. 1255-13 Le fait de méconnaître les dispositions des articles L. 1253-1 à L. 1253-10 et L. 1253-17, est puni d'une amende de 3 750 €.

La récidive est punie d'un emprisonnement de six mois et d'une amende de 7 500 €.

La juridiction peut également ordonner, à titre de peine complémentaire, l'affichage du jugement aux frais de la personne condamnée, à la porte du siège du groupement et aux portes des entreprises utilisatrices, dans les conditions prévues à l'article 131-35 du code pénal, et son insertion, intégrale ou par extraits, dans les journaux qu'elle désigne. Ces frais ne peuvent excéder le montant maximum de l'amende encourue. – *[Anc. art. L. 1254-13.]*

SECTION III **PORTAGE SALARIAL**

(L. n° 2016-1088 du 8 août 2016, art. 85)

Art. L. 1255-14 Est puni de 3 750 € d'amende le fait pour un entrepreneur de portage salarial :

1° De conclure un contrat de travail en portage salarial pour une activité de services, en méconnaissance de l'article L. 1254-5 ;

2° De conclure un contrat de travail en portage salarial sans respecter les dispositions prévues à l'article L. 1254-7 ;

3° De conclure un contrat de travail en portage salarial à durée déterminée ne comportant pas un terme précis ou ne fixant pas de durée minimale lorsque le contrat ne comporte pas un terme précis, en méconnaissance de l'article L. 1254-11 ;

4° De méconnaître les durées maximales du contrat de travail en portage salarial à durée déterminée prévues aux articles L. 1254-12, L. 1254-13 et L. 1254-17 ;

5° De conclure un contrat de travail en portage salarial ne comportant pas la mention obligatoire prévue aux articles L. 1254-14 ou L. 1254-20 ;

6° De conclure un contrat de travail en portage salarial ne comportant pas l'ensemble des clauses et mentions prévues aux articles L. 1254-15 ou L. 1254-21 ;

7° De ne pas transmettre au salarié porté le contrat de travail en portage salarial dans le délai prévu à l'article L. 1254-16 ;

8° De ne pas conclure avec une entreprise cliente d'une personne portée le contrat commercial de prestation de portage salarial dans le délai prévu à l'article L. 1254-22 ou de ne pas avoir délivré dans le même délai au salarié porté une copie de ce contrat ;

9° De conclure avec une entreprise cliente d'une personne portée un contrat commercial de prestation de portage salarial ne comportant pas les mentions prévues à l'article L. 1254-23 ;

10° De méconnaître les dispositions relatives aux conditions d'exercice de l'activité de portage salarial prévues à l'article L. 1254-24 ;

11° De méconnaître l'obligation de mettre en place et de gérer pour chaque salarié porté un compte d'activité, conformément à l'article L. 1254-25 ;

12° D'exercer son activité sans avoir souscrit de garantie financière, en méconnaissance de l'article L. 1254-26 ;

13° D'exercer son activité sans avoir effectué la déclaration préalable prévue à l'article L. 1254-27 ;

14° De ne pas respecter, en méconnaissance de l'article L. 1254-28, les obligations relatives à la médecine du travail définies aux articles L. 4121-1 à L. 4121-5.

La récidive est punie de six mois d'emprisonnement et de 7 500 € d'amende.

La juridiction peut prononcer en outre l'interdiction d'exercer l'activité d'entreprise de portage salarial pour une durée de deux à dix ans.

Art. L. 1255-15 Est puni de 3 750 € d'amende le fait pour une entreprise autre que celle mentionnée à l'article L. 1255-14 de conclure un contrat de travail en portage salarial sans remplir les conditions requises pour exercer cette activité en application des articles L. 1254-24 à L. 1254-27.

Art. L. 1255-16 Est puni de 3 750 € d'amende le fait pour une entreprise cliente :

1° De recourir à un salarié porté en dehors des cas prévus à l'article L. 1254-3 ;

2° De méconnaître les interdictions de recourir à un salarié porté prévues aux articles L. 1254-4 et L. 1254-5 ;

3° De ne pas conclure avec l'entreprise de portage salarial le contrat commercial de prestation de portage salarial dans le délai prévu à l'article L. 1254-22 ;

4° De conclure avec l'entreprise de portage salarial un contrat commercial de prestation de portage salarial ne comportant pas les mentions prévues à l'article L. 1254-23.

La récidive est punie de six mois d'emprisonnement et de 7 500 € d'amende.

Art. L. 1255-17 Le fait de méconnaître, directement ou par personne interposée, l'interdiction d'exercer l'activité de portage salarial prononcée par la juridiction en application du dernier alinéa de l'article L. 1255-14 est puni de six mois d'emprisonnement et de 6 000 € d'amende.

Art. L. 1255-18 Dans tous les cas prévus à la présente section, la juridiction peut ordonner, à titre de peine complémentaire, l'affichage ou la diffusion de l'intégralité ou d'une partie de la décision, ou d'un communiqué informant le public des motifs et du dispositif de celle-ci, aux frais de l'entrepreneur de portage salarial ou de l'entreprise cliente condamnée, dans les conditions prévues à l'article 131-35 du code pénal, et son insertion, intégrale ou par extraits, dans les publications qu'elle désigne. Elle détermine, le cas échéant, les extraits de la décision et les termes du communiqué qui devront être affichés ou diffusés.

TITRE SIXIÈME SALARIÉS DÉTACHÉS TEMPORAIREMENT PAR UNE ENTREPRISE NON ÉTABLIE EN FRANCE

BIBL. PATAUT, *RDT 2014. 23* (détachement et fraude à la loi). - ROBIN-OLIVIER, *RDT 2014. 134* (vers un nouveau régime du détachement des travailleurs).

▶ Dossier spécial : SALOMON, *AJ pénal 2016. 359* (dossier droit pénal social : fraudes liées au détachement transnational) - *Dr. soc. 2016. 584* (détachement des travailleurs en France et dans l'Union européenne).

COMMENTAIRE

V. Dalloz.fr et applications mobiles Dalloz ❑

CHAPITRE PREMIER DISPOSITIONS GÉNÉRALES

Art. L. 1261-1 Les dispositions du présent titre sont applicables sous réserve, le cas échéant, de celles des traités, conventions ou accords régulièrement ratifiés ou approuvés et publiés, et notamment des traités instituant les communautés européennes ainsi que de celles des actes des autorités de ces communautés pris pour l'application de ces traités. – *[Anc. art. L. 341-1.]*

Art. L. 1261-2 Les obligations et interdictions qui s'imposent aux entreprises françaises lorsqu'elles font appel à des prestataires de services, notamment celles relatives au travail illégal mentionnées à l'article L. 8211-1, s'appliquent dans les mêmes conditions lorsque les prestations de services sont réalisées par des entreprises établies hors de France détachant du personnel sur le territoire national, selon des modalités définies par décret en Conseil d'État. – *[Anc. art. L. 342-5.]* – *V. art. R. 1261-1 s.*

Art. L. 1261-3 Est un salarié détaché au sens du présent titre tout salarié d'un employeur régulièrement établi et exerçant son activité hors de France et qui, travaillant habituellement pour le compte de celui-ci, exécute son travail à la demande de cet employeur pendant une durée limitée sur le territoire national dans les conditions définies aux articles L. 1262-1 et L. 1262-2. – *[Anc. art. L. 342-2.]*

CHAPITRE II CONDITIONS DE DÉTACHEMENT ET RÉGLEMENTATION APPLICABLE

BIBL. LHERNOULD, *Dr. soc. 2006. 1191*. - MOIZARD et GAZIN, *RDT 2012. 240* (détachement des travailleurs intérimaires dans l'Union européenne). - PATAUT, *RDT 2014. 23* (détachement et fraude à la loi).

SECTION PREMIÈRE CONDITIONS DE DÉTACHEMENT

Art. L. 1262-1 Un employeur établi hors de France peut détacher temporairement des salariés sur le territoire national, à condition qu'il existe un contrat de travail entre cet employeur et le salarié et que leur relation de travail subsiste pendant la période de détachement.

Le détachement est réalisé :

1° Soit pour le compte de l'employeur et sous sa direction, dans le cadre d'un contrat conclu entre celui-ci et le destinataire de la prestation établi ou exerçant en France ;

2° Soit entre établissements d'une même entreprise ou entre entreprises d'un même groupe ;

3° Soit pour le compte de l'employeur sans qu'il existe un contrat entre celui-ci et un destinataire. – *[Anc. art. L. 342-1, I et III.]*

Art. L. 1262-2 Une entreprise exerçant une activité de travail temporaire établie hors du territoire national peut détacher temporairement des salariés auprès d'une entreprise utilisatrice établie ou exerçant sur le territoire national, à condition qu'il existe un contrat de travail entre l'entreprise étrangère et le salarié et que leur relation de travail subsiste pendant la période de détachement.

(L. n° 2016-1088 du 8 août 2016, art. 112) « Les dispositions du chapitre Ier du titre V du présent livre relatives au travail temporaire sont applicables aux salariés détachés dans le cadre d'une mise à disposition au titre du travail temporaire, à l'exception des articles L. 1251-32 et L. 1251-33 pour les salariés titulaires d'un contrat de travail à durée indéterminée dans leur pays d'origine. »

Art. L. 1262-2-1 *(L. n° 2014-790 du 10 juill. 2014, art. 1er)* I. – L'employeur qui détache un ou plusieurs salariés, dans les conditions prévues aux articles L. 1262-1 et L. 1262-2, adresse une déclaration, préalablement au détachement, à l'inspection du travail du lieu où débute la prestation.

II. – L'employeur mentionné au I du présent article désigne un représentant de l'entreprise sur le territoire national, chargé d'assurer la liaison avec les agents mentionnés à l'article L. 8271-1-2 pendant la durée de la prestation.

(L. n° 2016-1088 du 8 août 2016, art. 105 et 112) « III. – L'accomplissement des obligations mentionnées aux I et II du présent article ne présume pas du caractère régulier du détachement.

« IV. – L'entreprise utilisatrice établie hors du territoire national qui, pour exercer son activité sur le territoire national, a recours à des salariés détachés mis à disposition par une entreprise de travail temporaire également établie hors du territoire national, envoie aux services de l'inspection du travail du lieu où débute la prestation une déclaration attestant que l'employeur a connaissance du détachement de son salarié sur le territoire national et a connaissance des règles prévues au présent titre VI. »

Art. L. 1262-2-2 *(L. n° 2015-990 du 6 août 2015, art. 283)* Les conditions dans lesquelles les employeurs mentionnés aux articles L. 1262-1 et L. 1262-2 sont tenus de transmettre, par voie dématérialisée, la déclaration mentionnée au I de l'article L. 1262-2-1 du présent code ou l'attestation mentionnée à l'article L. 1331-1 du code des transports sont fixées par décret en Conseil d'État pris après avis de la Commission nationale de l'informatique et des libertés. – *V. Décr. n° 2016-1044 du 29 juill. 2016, JO 31 juill.*

Art. L. 1262-3 *(L. n° 2015-990 du 6 août 2015, art. 280-II)* « Un employeur ne peut se prévaloir des dispositions applicables au détachement de salariés lorsqu'il exerce, dans l'État dans lequel il est établi, des activités relevant uniquement de la gestion interne ou administrative, ou lorsque son activité est réalisée sur le territoire national de façon habituelle, stable et continue. » Il ne peut notamment se prévaloir de ces dispositions lorsque son activité comporte la recherche et la prospection d'une clientèle ou le recrutement de salariés sur ce territoire.

Dans ces situations, l'employeur est assujetti aux dispositions du code du travail applicables aux entreprises établies sur le territoire national.

L'exercice sur le territoire français par une société de transport aérien britannique d'une activité pouvant être qualifiée d'habituelle, stable et continue devenue à caractère permanent [implantation par la société dans l'aéroport de locaux constituant les lieux exclusifs de prise et de fin de service du personnel navigant et de recrutement de salariés majoritairement français et résidant en France] est exclusif des dispositions relatives au détachement transnational, et non de la liberté de prestation de services au sens des art. 52 s. du Traité de Rome ; dès lors n'ayant pas procédé aux formalités d'immatriculation sur le territoire national et aux déclarations fiscales et sociales attachées à l'exercice d'une activité économique, la société est condamnée pour travail dissimulé par dissimulation d'activité. • Crim. 11 mars 2014 : *D. 2014. Actu. 670 ; Dr. soc. 2014. 827, chron. Salomon ; RJS 2014. 424, n° 528.*

SECTION II RÉGLEMENTATION APPLICABLE

Art. L. 1262-4 Les employeurs détachant temporairement des salariés sur le territoire national sont soumis aux dispositions légales et aux stipulations conventionnelles applicables aux salariés employés par les entreprises de la même branche d'activité établies en France, en matière de législation du travail, pour ce qui concerne les matières suivantes :

1° Libertés individuelles et collectives dans la relation de travail ;

2° Discriminations et égalité professionnelle entre les femmes et les hommes ;

3° Protection de la maternité, congés de maternité et de paternité *(L. n° 2012-1404 du 17 déc. 2012, art. 94)* « et d'accueil de l'enfant », congés pour événements familiaux ;

4° Conditions de mise à disposition et garanties dues aux salariés par les entreprises exerçant une activité de travail temporaire ;

5° Exercice du droit de grève ;

6° Durée du travail, repos compensateurs, jours fériés, congés annuels payés, durée du travail et travail de nuit des jeunes travailleurs ;

7° Conditions d'assujettissement aux caisses de congés et intempéries ;

8° Salaire minimum et paiement du salaire, y compris les majorations pour les heures supplémentaires *(L. n° 2015-990 du 6 août 2015, art. 280-II)* « , ainsi que les accessoires de salaire légalement ou conventionnellement fixés » ;

9° Règles relatives à la santé et sécurité au travail, âge d'admission au travail, emploi des enfants ;

10° Travail illégal. – *[Anc. art. L. 342-3, al. 1er à 8.]*

1. Directive n° 96/71 et Convention de Rome. Si l'art. 3 de la Dir. n° 96-71 du 16 déc. 1996 désigne les conditions de travail et d'emploi applicables à la relation de travail dont les travailleurs détachés ne peuvent être privés dans l'État membre où la prestation de travail est exécutée, celle-ci n'exclut pas l'application de la loi désignée par la Convention de Rome pour les règles applicables à la rupture du contrat de travail qui ne font pas partie des règles impératives de protection minimale en vigueur dans le pays d'accueil. • Soc. 18 janv. 2011 : *Dalloz actualité, 18 févr. 2011, obs. Ines ; D. 2011. Actu. 385 ; Dr. soc. 2011. 337, obs. Lhernould ; JCP S 2011. 1309, obs. Tricoit.*

2. Indemnité journalière fixe et salaire minimal applicable. Une indemnité journalière fixe, une indemnité forfaitaire de trajet et un pécile de vacances entrent dans le calcul du salaire minimal dû au travailleur détaché au sens de l'art. 3, § 1 et 7, de la directive 96/71, lu à la lumière des art. 56 et 57 TFUE, tandis que les frais de logement et nourriture, même forfaitaires, ne doivent pas être considérés comme faisant partie du salaire minimal. • CJUE, 12 févr. 2015, aff. C-396/13 : *Dr. soc. 2015. 234, obs. Lhernould.*

Un décret en Conseil d'État détermine les conditions particulières d'application de cet article aux salariés des entreprises de transport routier ou fluvial établies hors de France qui, à la demande de leur employeur, exécutent des opérations de cabotage sur le sol français pendant une durée limitée (L. n° 2009-1503 du 8 déc. 2009, art. 33-IV). – V. Décr. n° 2010-389 du 19 avr. 2010 (JO 21 avr.).

Art. L. 1262-4-1 *(L. n° 2016-1088 du 8 août 2016, art. 105)* « I. – » *(L. n° 2014-790 du 10 juill. 2014, art. 1er)* Le donneur d'ordre ou le maître d'ouvrage qui contracte avec un prestataire de services qui détache des salariés, dans les conditions mentionnées aux articles L. 1262-1 et L. 1262-2, vérifie auprès de ce dernier, avant le début du détachement, qu'il s'est acquitté des obligations mentionnées aux I et II de l'article L. 1262-2-1.

(L. n° 2015-990 du 6 août 2015, art. 280-II) « A défaut de s'être fait remettre par son cocontractant une copie de la déclaration mentionnée au I de l'article L. 1262-2-1, le maître d'ouvrage ou le donneur d'ordre adresse, dans les quarante-huit heures suivant le début du détachement, une déclaration à l'inspection du travail du lieu où débute la prestation. Un décret détermine les informations que comporte cette déclaration. »

(L. n° 2016-1088 du 8 août 2016, art. 105) « Les conditions dans lesquelles le maître d'ouvrage ou le donneur d'ordre est tenu de transmettre, par voie dématérialisée, la

déclaration mentionnée au deuxième alinéa du présent I sont fixées par décret en Conseil d'État pris après avis de la Commission nationale de l'informatique et des libertés.

« II. – Le maître d'ouvrage vérifie avant le début du détachement que chacun des sous-traitants directs ou indirects de ses cocontractants, qu'il accepte en application de l'article 3 de la loi n° 75-1334 du 31 décembre 1975 relative à la sous-traitance, et que chacune des entreprises exerçant une activité de travail temporaire avec laquelle un de ces sous-traitants ou un de ces cocontractants a contracté qui détachent des salariés dans les conditions mentionnées aux articles L. 1262-1 et L. 1262-2 se sont acquittés de l'obligation mentionnée au I de l'article L. 1262-2-1. »

Art. L. 1262-4-2 *(L. n° 2014-790 du 10 juill. 2014, art. 1er)* L'article L. 1262-4-1 ne s'applique pas au particulier qui contracte avec un prestataire de services établi hors de France pour son usage personnel, celui de son conjoint, de son partenaire lié par un pacte civil de solidarité, de son concubin ou de ses ascendants ou descendants.

Art. L. 1262-4-3 *(L. n° 2015-990 du 6 août 2015, art. 280-II)* Le maître d'ouvrage ou le donneur d'ordre, informé par écrit par l'un des agents de contrôle mentionnés à l'article L. 8271-1-2 du non-paiement partiel ou total du salaire minimum légal ou conventionnel dû au salarié, détaché au sens de l'article L. 1261-3, par son cocontractant, par un sous-traitant direct ou indirect ou par un cocontractant d'un sous-traitant, enjoint aussitôt, par écrit, à ce sous-traitant ou à ce cocontractant, ainsi qu'au donneur d'ordre immédiat de ce dernier, de faire cesser sans délai cette situation.

A défaut de régularisation de la situation signalée dans un délai fixé par décret, le maître d'ouvrage ou le donneur d'ordre, s'il ne dénonce pas le contrat de prestation de service *[services]*, est tenu solidairement avec l'employeur du salarié au paiement des rémunérations, indemnités et charges dues, dans des conditions fixées par décret en Conseil d'État. – *V. art. R. 1263-15 s.*

Le présent article ne s'applique pas au particulier qui contracte avec une entreprise pour son usage personnel, celui de son conjoint, de son partenaire auquel il est lié par un pacte civil de solidarité, de son concubin ou de ses ascendants ou descendants.

Art. L. 1262-4-4 *(L. n° 2016-1088 du 8 août 2016, art. 105)* Lorsqu'un salarié détaché est victime d'un accident du travail, une déclaration est envoyée à l'inspection du travail du lieu où s'est produit l'accident.

Cette déclaration est effectuée, dans un délai et selon des modalités fixés par décret en Conseil d'État, par :

1° L'employeur, ou son représentant désigné en application de l'article L. 1262-2-1, lorsque le salarié est détaché selon les modalités mentionnées au 3° de l'article L. 1262-1 ;

2° Le donneur d'ordre ou le maître d'ouvrage cocontractant d'un prestataire de services qui détache des salariés dans les conditions mentionnées aux 1° et 2° de l'article L. 1262-1 ou à l'article L. 1262-2.

Art. L. 1262-4-5 *(L. n° 2016-1088 du 8 août 2016, art. 105)* Sur les chantiers de bâtiment ou de génie civil relevant de l'article L. 4532-10, le maître d'ouvrage porte à la connaissance des salariés détachés, par voie d'affichage sur les lieux de travail, les informations sur la réglementation qui leur est applicable en application de l'article L. 1262-4. L'affiche est facilement accessible et traduite dans l'une des langues officielles parlées dans chacun des États d'appartenance des salariés détachés.

Un décret détermine les conditions de mise en œuvre de cette obligation, notamment le contenu des informations mentionnées au premier alinéa.

Art. L. 1262-4-6 *(L. n° 2016-1088 du 8 août 2016, art. 106)* I. – Tout employeur établi hors de France qui détache un salarié sur le territoire national est assujetti à une contribution destinée à compenser les coûts de mise en place et de fonctionnement du système dématérialisé de déclaration et de contrôle mentionné à l'article L. 1262-2-2, ainsi que les coûts de traitement des données de ce système.

Le montant forfaitaire de cette contribution, qui ne peut excéder 50 € par salarié, est fixé par décret en Conseil d'État.

La contribution est recouvrée selon les règles applicables en matière de créances étrangères à l'impôt et au domaine.

II. — En cas de manquement de l'employeur à son obligation de déclaration en application du I de l'article L. 1262-2-1, la contribution mentionnée au I du présent article est mise à la charge du maître d'ouvrage ou du donneur d'ordre tenu d'accomplir une déclaration en application du II de l'article L. 1262-4-1.

Art. L. 1262-5 Un décret en Conseil d'État détermine :

1° Les conditions et modalités d'application des dispositions relevant des matières énumérées à l'article L. 1262-4 ;

2° Les conditions dans lesquelles des formalités déclaratives sont exigées des prestataires étrangers ;

3° Les dispenses de formalités dont ils bénéficient ;

(L. n° 2014-790 du 10 juill. 2014, art. 1er) « 4° Les modalités de désignation et les attributions du représentant mentionné au II de l'article L. 1262-2-1 ;

« 5° Les modalités selon lesquelles *(L. n° 2015-990 du 6 août 2015, art. 280-II)* « sont satisfaites les obligations » prévues à l'article L. 1262-4-1 ;

« 6° Les modalités de mise en œuvre de l'article L. 1264-3 ; »

(L. n° 2015-990 du 6 août 2015, art. 280-II) « 7° Les conditions d'application de l'article L. 1263-7, notamment la nature des documents devant être traduits en langue française et leurs modalités de conservation sur le territoire national. »

Jusqu'au 7 nov. 2016, la déclaration de détachement, par les entreprises étrangères, de travailleurs en France est exclue du champ d'application du droit des usagers de saisir l'administration par voie électronique (Décr. n° 2015-1422 du 5 nov. 2015).

CHAPITRE III **CONTRÔLE**

Art. L. 1263-1 Les agents de contrôle mentionnés à l'article L. 8112-1 et les autorités chargées de la coordination de leurs actions sont habilités à se communiquer réciproquement tous les renseignements et documents nécessaires pour faire appliquer les dispositions du présent titre.

Ils peuvent également communiquer ces renseignements et documents aux agents investis de pouvoirs analogues dans les États étrangers et aux autorités chargées de la coordination de leurs actions dans ces États.

(L. n° 2016-1088 du 8 août 2016, art. 109) « Les agents de contrôle mentionnés à l'article L. 8271-1-2 disposent d'un droit d'accès aux données issues des déclarations de détachement transmises à l'inspection du travail en application des articles L. 1262-2-1 et L. 1262-4-1 qui sont nécessaires à l'accomplissement de leur mission de lutte contre le travail illégal. »

Art. L. 1263-2 La nature des informations communicables et les conditions dans lesquelles est assurée la protection des données à caractère personnel sont précisées par décret en Conseil d'État. — *[Anc. art. L. 342-6, al. 2.] — V. art. R. 1263-1 s.*

Art. L. 1263-3 *(L. n° 2015-990 du 6 août 2015, art. 280-I)* Lorsqu'un agent de contrôle de l'inspection du travail mentionné *(L. n° 2016-1088 du 8 août 2016, art. 113)* « à l'article L. 8112-1 » constate un manquement grave, commis par un employeur établi hors de France qui détache des salariés sur le territoire national, *(Abrogé par L. n° 2016-1088 du 8 août 2016, art. 105) « à l'article L. 3231-2 relatif au salaire minimum de croissance, »* à l'article L. 3131-1 relatif au repos quotidien, à l'article L. 3132-2 relatif au repos hebdomadaire, à l'article *(L. n° 2016-1088 du 8 août 2016, art. 8)* « L. 3121-18 » relatif à la durée quotidienne maximale de travail ou à l'article *(L. n° 2016-1088 du 8 août 2016, art. 8)* « L. 3121-20 » relatif à la durée hebdomadaire maximale de travail *(L. n° 2016-1088 du 8 août 2016, art. 105)* « , constate le non-paiement total ou partiel du salaire minimum légal ou conventionnel, » constate un manquement de l'employeur ou de son représentant à l'obligation mentionnée à l'article L. 1263-7 en vue du contrôle du respect des dispositions des articles L. 3231-2, L. 3131-1, L. 3132-2, *(L. n° 2016-1088 du 8 août 2016, art. 8-XI)* « L. 3121-18 et L. 3121-20 » du présent code ou constate des conditions de travail ou d'hébergement incompatibles avec la dignité humaine sanctionnées à l'article 225-14 du code pénal, il enjoint par écrit à cet employeur de faire cesser la situation dans un délai fixé par décret en Conseil d'État. – *V. art. R. 1263-11-1 s.*

Il en informe, dans les plus brefs délais, le maître d'ouvrage ou le donneur d'ordre de l'employeur concerné.

Le fait pour l'employeur d'avoir communiqué à l'agent de contrôle des informations délibérément erronées constitue un manquement grave au sens du premier alinéa.

(L. n° 2016-1088 du 8 août 2016, art. 111) « Pour l'application du présent article, lorsque l'employeur établi hors de France détache sur le territoire national des salariés exerçant des activités relevant du code rural et de la pêche maritime, la référence à l'article L. 3132-2 du présent code est remplacée par la référence à l'article L. 714-1 du code rural et de la pêche maritime. »

Art. L. 1263-4 *(L. n° 2015-990 du 6 août 2015, art. 280-I)* A défaut de régularisation par l'employeur de la situation constatée dans le délai mentionné à l'article L. 1263-3, l'autorité administrative compétente peut, dès lors qu'elle a connaissance d'un rapport d'un agent de contrôle de l'inspection du travail constatant le manquement et eu égard à la répétition ou à la gravité des faits constatés, ordonner, par décision motivée, la suspension par l'employeur de la réalisation de la prestation de services concernée pour une durée ne pouvant excéder un mois.

L'autorité administrative met fin à la mesure dès que l'employeur justifie de la cessation du manquement constaté.

Art. L. 1263-4-1 *(L. n° 2016-1088 du 8 août 2016, art. 107)* L'agent de contrôle de l'inspection du travail ou l'agent de contrôle assimilé mentionné au dernier alinéa de l'article L. 8112-1 qui n'a pas reçu, à l'issue du délai de quarante-huit heures à compter du début du détachement d'un salarié, la déclaration de détachement mentionnée au deuxième alinéa du I de l'article L. 1262-4-1 peut saisir d'un rapport motivé l'autorité administrative compétente. Celle-ci peut ordonner, au regard de la gravité du manquement, par décision motivée, la suspension de la réalisation de la prestation de services, pour une durée ne pouvant excéder un mois.

L'autorité administrative met fin à la suspension dès la réception de la déclaration de détachement transmise par l'employeur, le donneur d'ordre ou le maître d'ouvrage, pour les salariés concernés.

La sanction prévue au premier alinéa du présent article peut être cumulée avec l'amende administrative prévue aux articles L. 1264-1 et L. 1264-2.

Un décret en Conseil d'État détermine les modalités d'application du présent article.

Art. L. 1263-5 *(L. n° 2015-990 du 6 août 2015, art. 280-I)* La décision de suspension de la prestation de services prononcée par l'autorité administrative *(L. n° 2016-1088 du 8 août 2016, art. 107)* « en application des articles L. 1263-4 ou L. 1263-4-1 » n'entraîne ni rupture, ni suspension du contrat de travail, ni aucun préjudice pécuniaire pour les salariés concernés.

Art. L. 1263-6 *(L. n° 2015-990 du 6 août 2015, art. 280-I)* Le fait pour l'employeur de ne pas respecter la décision administrative mentionnée à l'article L. 1263-4 *(L. n° 2016-1088 du 8 août 2016, art. 107)* « ou à l'article L. 1263-4-1 » est passible d'une amende administrative, qui est prononcée par l'autorité administrative compétente, sur le rapport motivé d'un agent de contrôle de l'inspection du travail mentionné *(L. n° 2016-1088 du 8 août 2016, art. 113)* « à l'article L. 8112-1 ».

Pour fixer le montant de l'amende, l'autorité administrative prend en compte les circonstances et la gravité du manquement, le comportement de son auteur ainsi que ses ressources et ses charges. L'amende est inférieure ou égale à 10 000 € par salarié concerné par le manquement.

Le délai de prescription de l'action de l'administration pour la sanction du manquement par une amende administrative est de deux années révolues à compter du jour où le manquement a été commis.

(Ord. n° 2016-413 du 7 avr. 2016, art. 9, en vigueur le 1er juill. 2016) « L'employeur peut contester la décision de l'administration devant le tribunal administratif, à l'exclusion de tout recours hiérarchique. »

L'amende est recouvrée comme les créances de l'État étrangères à l'impôt et au domaine.

Art. L. 1263-7 *(L. n° 2015-990 du 6 août 2015, art. 280-I)* L'employeur détachant temporairement des salariés sur le territoire national, ou son représentant mentionné au II de l'article L. 1262-2-1, présente sur le lieu de réalisation de la prestation à l'inspection du travail des documents traduits en langue française permettant de vérifier le respect des dispositions du présent titre.

CHAPITRE IV AMENDES ADMINISTRATIVES

(L. n° 2014-790 du 10 juill. 2014, art. 1er)

Art. L. 1264-1 La méconnaissance par l'employeur qui détache un ou plusieurs salariés d'une des obligations mentionnées à l'article L. 1262-2-1 *(L. n° 2016-1088 du 8 août 2016, art. 105)* « , à l'article L. 1262-44 » *(L. n° 2015-990 du 6 août 2015, art. 280)* « ou à l'article L. 1263-7 » est passible d'une amende administrative, dans les conditions prévues à l'article L. 1264-3.

Art. L. 1264-2 *(L. n° 2016-1088 du 8 août 2016, art. 105 et 112)* I. — Le maître d'ouvrage ou le donneur d'ordre est passible d'une amende administrative, dans les conditions prévues à l'article L. 1264-3 :

1° En cas de méconnaissance d'une des obligations mentionnées au I de l'article L. 1262-4-1, lorsque son cocontractant n'a pas rempli au moins l'une des obligations lui incombant en application de l'article L. 1262-2-1 ;

2° En cas de méconnaissance de l'obligation mentionnée à l'article L. 1262-4-4 ;

3° En cas de méconnaissance de l'obligation mentionnée à l'article L. 1262-4-5.

II. — La méconnaissance par le maître d'ouvrage de l'obligation mentionnée au II de l'article L. 1262-4-1 est passible d'une amende administrative, dans les conditions prévues à l'article L. 1264-3, lorsque l'un des sous-traitants directs ou indirects de ses cocontractants ou l'une des entreprises exerçant une activité de travail temporaire ne s'est pas acquitté de l'obligation mentionnée au I de l'article L. 1262-2-1. La méconnaissance par l'entreprise utilisatrice de l'obligation mentionnée au IV de l'article L. 1262-2-1 est passible d'une amende administrative dans les conditions prévues à l'article L. 1264-3.

Art. L. 1264-3 L'amende administrative mentionnée aux articles L. 1264-1 et L. 1264-2 est prononcée par l'autorité administrative compétente, après constatation par un des agents de contrôle de l'inspection du travail mentionnés aux articles L. 8112-1 et L. 8112-5.

Le montant de l'amende est d'au plus 2 000 € par salarié détaché et d'au plus 4 000 € en cas de réitération dans un délai d'un an à compter du jour de la notification de la première amende. Le montant total de l'amende ne peut être supérieur à *(L. n° 2015-990 du 6 août 2015, art. 279)* « 500 000 € ».

Pour fixer le montant de l'amende, l'autorité administrative prend en compte les circonstances et la gravité du manquement, le comportement de son auteur ainsi que ses ressources et ses charges.

Le délai de prescription de l'action de l'administration pour la sanction du manquement par une amende administrative est de deux années révolues à compter du jour où le manquement a été commis.

(Ord. n° 2016-413 du 7 avr. 2016, art. 9, en vigueur le 1er juill. 2016) « L'employeur, le maître d'ouvrage ou le donneur d'ordre peut contester la décision de l'administration devant le tribunal administratif, à l'exclusion de tout recours hiérarchique. »

L'amende est recouvrée comme les créances de l'État étrangères à l'impôt et au domaine.

Art. L. 1264-4 *(L. n° 2016-1088 du 8 août 2016, art. 108)* La sanction ou l'amende administrative pécuniaire notifiée par l'autorité compétente d'un État membre de l'Union européenne autre que la France et infligée à un prestataire de services établi en France à l'occasion d'un détachement de salariés, dans les conditions mentionnées par la directive 96/71/CE du Parlement européen et du Conseil du 16 décembre 1996 concernant le détachement de travailleurs effectué dans le cadre d'une prestation de services, est constatée par l'État en application de l'article 15 de la directive 2014/67/UE du Parlement européen et du Conseil du 15 mai 2014 relative à l'exécution de la directive 96/71/CE concernant le détachement de travailleurs effectué dans le cadre d'une prestation de services et modifiant le règlement (UE) n° 1024/2012 concernant la coopération administrative par l'intermédiaire du système d'information du marché intérieur ("règlement IMI").

La sanction ou l'amende est recouvrée selon les règles applicables en matière de créances étrangères à l'impôt et au domaine.

Les titres de perception sont émis par le ministre chargé du travail.

L'action en recouvrement du comptable public se prescrit par cinq ans à compter de l'émission du titre de perception.

Le produit de ces sanctions ou amendes est versé au budget général de l'État.

CHAPITRE V **ACTIONS EN JUSTICE**

(L. n° 2014-790 du 10 juill. 2014, art. 9)

Art. L. 1265-1 Les organisations syndicales représentatives peuvent exercer en justice toutes les actions résultant de l'application du présent titre en faveur d'un salarié, sans avoir à justifier d'un mandat de l'intéressé.

Il suffit que celui-ci ait été averti, dans des conditions déterminées par voie réglementaire, et ne s'y soit pas opposé dans un délai de quinze jours à compter de la date à laquelle l'organisation syndicale lui a notifié son intention.

L'intéressé peut toujours intervenir à l'instance engagée par le syndicat et y mettre un terme à tout moment.

TITRE SEPTIÈME **CHÈQUES ET TITRES SIMPLIFIÉS DE TRAVAIL**

BIBL. TOURNAUX, *RDT 2014. 537* (la maturité des chèques et titres emploi simplifiés de travail).

CHAPITRE PREMIER **CHÈQUE EMPLOI-SERVICE UNIVERSEL**

SECTION PREMIÈRE **OBJET ET MODALITÉS DE MISE EN ŒUVRE**

Art. L. 1271-1 *(Ord. n° 2015-682 du 18 juin 2015, art. 2)* Le chèque emploi-service universel est un titre emploi ou un titre spécial de paiement.

A. — Le titre emploi permet :

1° De déclarer, pour les particuliers mentionnés au 3° de l'article L. 133-5-6 du code de la sécurité sociale, des salariés occupant des emplois entrant dans le champ des services à la personne mentionnés à l'article L. 7231-1 du présent code ;

2° De déclarer les stagiaires aides familiaux placés au pair mentionnés au 6° de l'article L. 133-5-6 du code de la sécurité sociale ;

(L. n° 2015-1776 du 28 déc. 2015, art. 56-II) « 3° De déclarer les accueillants familiaux mentionnés à l'article L. 441-1 du code de l'action sociale et des familles. »

B. — Le titre spécial de paiement permet d'acquitter tout ou partie du montant :

1° De la rémunération *(L. n° 2016-1827 du 23 déc. 2016, art. 42-II, à compter du 1er janv. 2018)* « et des cotisations et contributions sociales afférentes » des salariés occupant des emplois entrant dans le champ des services à la personne mentionnés à l'article L. 7231-1, des assistants maternels agréés en application de l'article L. 421-1 du code de l'action sociale et des familles ;

2° Des prestations de services fournies par les organismes agréés ou déclarés au titre des articles L. 7232-1 et L. 7232-1-1 ;

3° Dans les conditions et limites fixées par décret, des prestations de services fournies par les organismes et établissements spécialisés mentionnés à l'article L. 1271-10 ;

4° Des prestations de services fournies par les organismes ou personnes mentionnés aux deux premiers alinéas de l'article L. 2324-1 du code de la santé publique ;

5° Des prestations de services fournies par les organismes ou les personnes organisant un accueil sans hébergement prévu au même article L. 2324-1;

6° Des prestations de services fournies par les personnes organisant un accueil des enfants scolarisés en école maternelle ou élémentaire limité aux heures qui précèdent ou suivent la classe ;

7° Des prestations d'aide à domicile délivrées à ses ascendants bénéficiaires de l'allocation personnalisée d'autonomie par des salariés ou des organismes de services à la personne ;

8° Des prestations de transport de voyageurs par taxi financées par les prestations sociales destinées spécifiquement aux personnes âgées ou à mobilité réduite ;

(L. n° 2015-1776 du 28 déc. 2015, art. 56-II) « 9° Des contreparties financières définies à l'article L. 442-1 du code de l'action sociale et des familles. »

Les dispositions issues de la L. n° 2016-1827 du 23 déc. 2016 s'appliquent aux rémunérations dues au titre des périodes courant à compter du 1er janv. 2018 (L. préc., art. 42-III).

Art. L. 1271-2 Lorsqu'il est utilisé en vue de *(Abrogé par L. n° 2011-525 du 17 mai 2011, art. 43-I)* « ***rémunérer et*** » déclarer un salarié *(L. n° 2015-1776 du 28 déc. 2015, art. 56-II)* « , un accueillant familial » *(Ord. n° 2015-682 du 18 juin 2015, art. 2)* « ou un stagiaire aide familial placé au pair », le chèque emploi-service universel ne peut être utilisé qu'avec l'accord de ce dernier, après l'avoir informé sur le fonctionnement de ce dispositif.

Art. L. 1271-3 *Abrogé par Ord. n° 2015-682 du 18 juin 2015, art. 8.*

Art. L. 1271-4 *(L. n° 2013-1203 du 23 déc. 2013, art. 27-III-D)* « Pour les salariés dont le nombre d'heures de travail effectuées n'excède pas un seuil fixé par décret, » la rémunération portée sur le chèque emploi-service universel inclut une indemnité *(L. n° 2013-1203 du 23 déc. 2013, art. 27-III-D)* « compensatrice » de congés payés dont le montant est égal à un dixième de la rémunération brute. Pour l'appréciation des conditions d'ouverture de droits aux prestations sociales, le temps d'emploi effectif indiqué sur la déclaration est majoré à due proportion. *(L. n° 2013-1203 du 23 déc. 2013, art. 27-III-D)* « Le présent alinéa est applicable également au-delà du seuil précité en cas d'accord entre l'employeur et le salarié. »

Le chèque emploi-service universel ne peut être utilisé pour la rémunération directe ou le paiement de prestations réalisées par des salariés qui consacrent tout ou partie de leur temps de travail à une activité contribuant à l'exercice de la profession de leur employeur ou de l'acheteur des prestations, et pour le compte de celui-ci.

Art. L. 1271-5 Pour les emplois dont la durée de travail n'excède pas huit heures par semaine ou ne dépasse pas quatre semaines consécutives dans l'année, l'employeur et le salarié qui utilisent le chèque emploi-service universel sont réputés satisfaire aux obligations mises à la charge de l'un ou de l'autre par les articles L. 1242-12 et L. 1242-13, pour un contrat de travail à durée déterminée, et *(L. n° 2016-1088 du 8 août 2016, art. 8)* « L. 3123-6 », pour un contrat de travail à temps partiel, ou par les articles L. 741-2 et L. 741-9 du code rural et de la pêche maritime.

Pour les emplois de durée supérieure, un contrat de travail est établi par écrit. – *[Anc. art. L. 129-6, al. 5 et 6.]*

1. Dépassement. Les parties sont liées par un contrat de travail à temps plein lorsque le contrat ne mentionne pas la durée de travail, qu'une clause oblige le salarié à consacrer exclusivement son activité à son employeur et que ce dernier se borne à alléguer que la durée du travail ne dépassait pas – conformément à ses déclarations pour les cotisations sociales – 67 heures par mois. • Soc. 13 juin 2007 : *D. 2007. AJ 1875 ; JCP S 2007. 1777, note Lahalle.*

2. En cas d'utilisation du chèque emploi-service, l'emploi d'un salarié plus de 8 heures par semaine sans contrat écrit fait présumer que l'emploi est à temps complet ; l'employeur qui conteste cette présomption doit rapporter la preuve, d'une part, de la durée exacte hebdomadaire ou mensuelle convenue, d'autre part, que le salarié n'était pas placé dans l'impossibilité de prévoir à quel rythme il devait travailler et qu'il n'avait pas à se tenir constamment à la disposition de l'employeur (décision rendue sous l'art. L. 129-2 abrogé par la L. 26 juill. 2005 qui a créé le CESU). • Soc. 9 avr. 2008 : *D. 2008. AJ 1280, note Maillard ; RJS 2008. 581, n° 729 ; Dr. soc. 2008. 874, obs. Roy-Loustaunau ; JCP S 2008. 1477, note Bousez.*

Art. L. 1271-6 Un autre moyen de paiement peut être utilisé en remplacement *(Abrogé par Ord. n° 2015-682 du 18 juin 2015, art. 2, à compter du 1er juill. 2015)* « ***du chèque ou*** » du titre spécial de paiement, dans la limite des interdictions de paiement en espèces fixées par les articles L. 112-6 à L. 112-8 du code monétaire et financier. – *[Anc. art. L. 129-5, al. 4.]*

Art. L. 1271-7 Les prestations sociales obligatoires ou facultatives ayant le caractère de prestations en nature destinées à couvrir tout ou partie du coût des services mentionnés au *(L. n° 2015-1776 du 28 déc. 2015, art. 56-II)* « B » de l'article L. 1271-1 peuvent être versées sous la forme *(Ord. n° 2015-682 du 18 juin 2015, art. 2)* « de titre spécial de paiement ».

Art. L. 1271-8 Les personnes morales de droit public peuvent acquérir des *(Ord. n° 2015-682 du 18 juin 2015, art. 2)* « titres spéciaux de paiement » préfinancés, dans les conditions prévues à l'article L. 1271-12, à un prix égal à leur valeur libératoire augmentée, le cas échéant, d'une commission.

SECTION II **DISPOSITIONS FINANCIÈRES**

Art. L. 1271-9 *Abrogé par Ord. n° 2015-682 du 18 juin 2015, art. 8.*

Art. L. 1271-10 Le chèque emploi-service universel, lorsqu'il a la nature d'un titre spécial de paiement, est émis par des organismes et établissements spécialisés ou les établissements, mentionnés à l'article L. 1271-9, qui ont été habilités dans des conditions déterminées par décret et qui en assurent le remboursement aux personnes mentionnées à l'article L. 1271-1. – *[Anc. art. L. 129-7, al. 2.] – V. art. D. 1271-8 s.*

Art. L. 1271-11 Tout émetteur de chèque emploi-service universel ayant la nature d'un titre spécial de paiement, qui n'est pas soumis aux dispositions des articles L. 312-4 à L. 312-18 du code monétaire et financier, se fait ouvrir un compte bancaire ou postal sur lequel sont obligatoirement versés, jusqu'à leur remboursement, les fonds perçus en contrepartie de la cession de ce titre, à l'exclusion de tout autre fonds. – *[Anc. art. L. 129-7, al. 3.]*

Art. L. 1271-12 Le chèque emploi-service universel, lorsqu'il a la nature d'un titre spécial de paiement, peut être préfinancé en tout ou partie par une personne au bénéfice de ses salariés, agents, ayants droit, retraités, administrés, sociétaires *(L. n° 2009-526 du 12 mai 2009, art. 28)* « , adhérents ou assurés, ainsi que du chef d'entreprise ou, si l'entreprise est une personne morale, de son président, de son directeur général, de son ou ses directeurs généraux délégués, de ses gérants ou des membres de son directoire, dès lors que ce titre peut bénéficier également à l'ensemble des salariés de l'entreprise selon les mêmes règles d'attribution ».

Dans ce cas, le titre de paiement comporte lors de son émission une valeur faciale qui ne peut excéder un montant déterminé par arrêté conjoint des ministres chargés du travail, de la sécurité sociale et de l'économie. – *V. Arr. du 19 déc. 2007 (JO 27 déc.), mod. par Arr. du 7 avr. 2011 (JO 8 avr.).*

La personne qui assure le préfinancement de ces chèques peut choisir d'en réserver l'utilisation à certaines catégories de services au sein des activités mentionnées à l'article L. 1271-1.

Art. L. 1271-13 Le titre spécial de paiement est nominatif. Il mentionne le nom de la personne bénéficiaire.

Un décret peut prévoir les cas dans lesquels :

1° Le titre spécial de paiement est stipulé payable à une personne dénommée, notamment lorsqu'il est préfinancé par une personne publique ou une personne privée chargée d'une mission de service public ;

2° Le titre spécial de paiement n'est pas nominatif jusqu'à son attribution à son bénéficiaire, en cas d'urgence. – *[Anc. art. L. 129-8, al. 2.]*

Art. L. 1271-14 Les caractéristiques du chèque emploi-service universel, en tant que titre spécial de paiement, sont déterminées par arrêté conjoint des ministres chargés du travail, de la sécurité sociale et de l'économie. – *[Anc. art. L. 129-8, al. 3.] – V. Arr. du 19 déc. 2007 (JO 27 déc.), mod. par Arr. du 7 avr. 2011 (JO 8 avr.).*

Art. L. 1271-15 Le chèque emploi-service universel est :

1° Soit encaissable auprès des établissements, institutions et services mentionnés à l'article L. 1271-9 ;

2° Soit remboursable auprès des organismes et établissements habilités mentionnés à l'article L. 1271-10. – *[Anc. art. L. 129-10.]*

Art. L. 1271-15-1 *(L. n° 2010-853 du 23 juill. 2010, art. 31-I)* Dans des conditions fixées par décret, les émetteurs perçoivent de la part des personnes morales ou des entrepreneurs individuels rémunérés par chèque emploi-service universel une rémunération relative au remboursement de ces titres.

Par dérogation au premier alinéa, les émetteurs ne perçoivent aucune rémunération pour les prestations visées aux *(L. n° 2015-1776 du 28 déc. 2015, art. 56-II)* « 4°, 5° et 6° du B » de l'article L. 1271-1.

SECTION III **CONTRÔLE**

Art. L. 1271-16 Les informations relatives aux personnes mentionnées au 1° *(L. n° 2015-1776 du 28 déc. 2015, art. 56-II)* « et au 3° du A » de l'article L. 1271-1 rémunérées par les chèques emploi-service universels préfinancés dans les conditions définies à l'article L. 1271-12 sont communiquées à l'organisme ou à l'établissement chargé de leur remboursement à seule fin de contrôle du bon usage de ces titres.

Ces communications s'opèrent selon des modalités propres à garantir la confidentialité des données. Les personnes concernées sont informées de l'existence de ce dispositif de contrôle. – *[Anc. art. L. 129-11.]*

SECTION IV **DISPOSITIONS D'APPLICATION**

Art. L. 1271-17 Des décrets déterminent les modalités d'utilisation et de fonctionnement du chèque emploi-service universel, notamment :

1° Celles relatives à l'encaissement et au remboursement des chèques emploi-service universels et aux obligations de contrôle, de vérification et de vigilance des organismes et établissements émettant ceux qui ont la nature de titre spécial de paiement ;

2° Celles relatives aux chèques emploi-service universels préfinancés pour la rémunération de personnes ou le paiement de services mentionnés à l'article L. 421-1 du code de l'action sociale et des familles et aux deux premiers alinéas de l'article L. 2324-1 du code de la santé publique ;

3° Celles relatives aux chèques emploi-service universels préfinancés pour la rémunération de personnes mentionnées au 2° de l'article L. 722-20 du code rural et de la pêche maritime employées par des particuliers pour la mise en état et l'entretien de jardins ;

4° Celles relatives aux échanges d'information entre l'organisme de recouvrement habilité et les organismes ou établissements mentionnés à l'article L. 1271-10 ;

5° Celles relatives aux modalités de fonctionnement du compte prévu par l'article L. 1271-11. – *[Anc. art. L. 129-5, al. 5, phrase 2, et L. 129-17, II, al. 1er.] – V. art. D. 1271-13 s.*

CHAPITRE II **CHÈQUE-EMPLOI ASSOCIATIF**

Art. L. 1272-1 à L. 1272-3 *Abrogés par Ord. n° 2015-682 du 18 juin 2015, art. 8.*

Art. L. 1272-4 Les associations *(L. n° 2014-856 du 31 juill. 2014, art. 80)* « et les fondations » utilisant le chèque-emploi associatif sont réputées satisfaire à l'ensemble des formalités liées à l'embauche et à l'emploi de leurs salariés. Il en va ainsi notamment des formalités suivantes :

1° La déclaration préalable à l'embauche, prévue par l'article L. 1221-10 ;

2° L'inscription sur le registre unique du personnel, prévue par l'article L. 1221-13 ;

3° L'établissement d'un contrat de travail écrit, l'inscription des mentions obligatoires et la transmission du contrat au salarié, prévues aux articles L. 1242-12 et L. 1242-13 pour les contrats de travail à durée déterminée ;

4° L'établissement d'un contrat de travail écrit et l'inscription des mentions obligatoires, prévues à l'article *(L. n° 2016-1088 du 8 août 2016, art. 8)* « L. 3123-6 », pour les contrats de travail à temps partiel ;

5° Les déclarations au titre de la médecine du travail et du régime des prestations du revenu de remplacement mentionnées à l'article L. 5421-2. – *[Anc. art. L. 128-1, al. 3.]*

Lorsqu'un contrat de travail intermittent est conclu, la remise au salarié d'un chèque-emploi associatif ne dispense pas l'employeur de son obligation de lui remettre un contrat écrit. • Soc. 20 mai 2015, n° 14-13.127 : *Dalloz actualité, 10 juin 2015, obs. Ines ; D. 2015. Actu. 1161 ; RDT 2015. 461, obs. Tournaux.*

Art. L. 1272-5 *Abrogé par Ord. n° 2015-682 du 18 juin 2015, art. 8.*

CHAPITRE III **TITRE EMPLOI-SERVICE ENTREPRISE**

(L. n° 2008-776 du 4 août 2008, art. 55-I)

Art. L. 1273-1 *et* L. 1273-2 *Abrogés par Ord. n° 2015-682 du 18 juin 2015, art. 8.*

Art. L. 1273-3 Le recours au service "Titre Emploi-Service Entreprise" permet notamment à l'entreprise :

1° D'obtenir le calcul des rémunérations dues aux salariés en application du présent code et des stipulations des conventions collectives ainsi que de l'ensemble des cotisations et contributions créées par la loi et des cotisations et contributions conventionnelles rendues obligatoires par celle-ci ;

2° De souscrire, dans les conditions mentionnées à l'article L. 133-5 du code de la sécurité sociale, les déclarations obligatoires relatives aux cotisations et contributions sociales qui doivent être adressées aux organismes gérant les régimes mentionnés au même code, à l'institution mentionnée à l'article L. 5312-1 du présent code et, le cas échéant, aux caisses de congés payés mentionnées à l'article *(L. n° 2016-1088 du 8 août 2016, art. 8)* « **L. 3141-32** » du même code.

(L. n° 2016-1088 du 8 août 2016, art. 66) « Est nulle de plein droit toute demande de données ou d'informations déjà produites par une entreprise au titre des informations mentionnées au premier alinéa de l'article L. 133-5-8 du code de la sécurité sociale, effectuée auprès de cette entreprise par les organismes auxquels sont reversés des cotisations et contributions sociales en application du 1° de l'article L. 133-5-7 du même code. »

Art. L. 1273-4 *Abrogé par Ord. n° 2015-682 du 18 juin 2015, art. 8.*

Art. L. 1273-5 L'employeur qui utilise le "Titre Emploi-Service Entreprise" est réputé satisfaire, par la remise au salarié et l'envoi à l'organisme habilité des éléments du titre emploi qui leur sont respectivement destinés, aux formalités suivantes :

1° Les règles d'établissement du contrat de travail, dans les conditions prévues par l'article L. 1221-1 ;

2° La déclaration préalable à l'embauche prévue par l'article L. 1221-10 ;

3° La délivrance d'un certificat de travail prévue à l'article L. 1234-19 ;

4° L'établissement d'un contrat de travail écrit, l'inscription des mentions obligatoires et la transmission du contrat au salarié, prévus aux articles L. 1242-12 et L. 1242-13 pour les contrats de travail à durée déterminée ;

5° L'établissement d'un contrat de travail écrit et l'inscription des mentions obligatoires, prévus à l'article *(L. n° 2016-1088 du 8 août 2016, art. 8)* « **L. 3123-6** », pour les contrats de travail à temps partiel.

Transmission tardive au salarié. La transmission tardive du volet destiné au salarié équivaut à une absence d'écrit qui entraîne la requalification de la relation de travail en contrat à durée indéterminée. • Soc. 3 mai 2016, n° 14-29.317 P : *Dalloz actualité, 27 mai 2016, obs. Doutreleau ; D. 2016. Actu. 1004 ; RJS 7/2016, n° 538 ; JCP S 2016. 1217, obs. Lahalle.*

Art. L. 1273-6 L'employeur ayant recours au "Titre Emploi-Service Entreprise" peut donner mandat à un tiers en vue d'accomplir les formalités correspondantes.

Art. L. 1273-7 *Abrogé par Ord. n° 2015-682 du 18 juin 2015, art. 8.*

LIVRE TROISIÈME **LE RÈGLEMENT INTÉRIEUR ET LE DROIT DISCIPLINAIRE**

TITRE PREMIER **CHAMP D'APPLICATION**

CHAPITRE UNIQUE

COMMENTAIRE

V. Dalloz.fr et applications mobiles Dalloz.

Art. L. 1311-1 Les dispositions du présent livre sont applicables dans les établissements des employeurs de droit privé.

Elles s'appliquent également dans les établissements publics à caractère industriel et commercial. – *[Anc. art. L. 122-33, al. 1.]*

Les établissements publics de culte ne sont pas soumis à l'obligation d'établir un règlement intérieur. • CE 11 mars 1988 : *D. 1988. IR 112*, confirmant • TA Strasbourg, 24 déc. 1985 : *Dr. soc. 1986. 519, concl. Kintz.*

Art. L. 1311-2 L'établissement d'un règlement intérieur est obligatoire dans les entreprises ou établissements employant habituellement *(L. nº 2012-387 du 22 mars 2012, art. 43)* « au moins vingt salariés ».

Des dispositions spéciales peuvent être établies pour une catégorie de personnel *[personnels]* ou une division de l'entreprise ou de l'établissement. – *[Anc. art. L. 122-33, al. 1er et 2.] – V. art. R. 1323-1 (pén.).*

1. Champ d'application. L'appréciation du caractère habituel des effectifs est une question de fait laissée à l'appréciation souveraine des juges du fond. • Soc. 6 mai 1981 : *Bull. civ. V, nº 375.*

2. Établissements multiples. La loi n'interdit pas à une entreprise comportant plusieurs établissements où sont employés habituellement au moins 20 salariés d'établir un règlement unique pour l'ensemble de ces établissements, dès lors qu'ils ne présentent pas au regard des art. L. 122-34 et L. 122-35 des particularités exigeant l'édiction de dispositions propres à l'un ou plusieurs d'entre eux. • CE 5 juin 1987 : *D. 1989. Somm. 65, obs. Chelle et Prétot ; Dr. soc. 1987. 653, note Savatier ; Dr. ouvrier 1987. 415, note Alexandre* • 5 mai 1993 : *RJS 1993. 438, nº 741.*

TITRE DEUXIÈME **RÈGLEMENT INTÉRIEUR**

RÉP. TRAV. vº *Règlement intérieur et notes de service,* par MOULY et CHALARON.

BIBL. GÉN. ▸ ALEXANDRE, *Dr. ouvrier 1987. 409* (rôle du juge administratif). - BACHELIER, *Dr. soc. 1988. 785.* - BERRA, *Sem. soc. Lamy 1988, suppl. nº 425.* - BERTHON et CHENU, *Dr. soc. 2007. 1142* (contrôle juridictionnel de la légalité du règlement intérieur). - CHAUMETTE, *Dr. soc. 1998. 1012* (règlement intérieur et tabac). - CHELLE et PRÉTOT, *AJDA 1989. 203 ; RJS 1993. 563* (contrôle administratif). - FRAYSSINET, *Dr. soc. 1992. 596* (nouvelles technologies et libertés). - GAUDEMET, *RFDA 1987. 863.* - JEAMMAUD, *Dr. soc. 1983. 520* (contrôle de la légalité) ; *ibid. 1985. 479* (séparation des pouvoirs et action en nullité). - G. LYON-CAEN, *D. 1969. Chron. 247 ; ibid. 1983. Chron. 7.* - MOLE, *Dr. soc. 1992. 603* (nouvelles technologies et libertés). - PÉLISSIER, *ibid. 1982. 75.* - PETTITI, *JCP E 1989. II. 15553* (le droit des fouilles dans l'entreprise). - PHILBERT, *Juri-soc. 1982, nº 50.* - RIVERO, *Dr. soc. 1979. 1.* - ROBINEAU, *BS Lefebvre 1987. 451.* - SAINT-GIRONS, *LPA 31 août 1995.* - SARAMITO, *Dr. soc. 1983. 533.* - SAVATIER, *ibid. 1987. 645* (contrôle administratif) ; *ibid. 1992. 24* (prescription des poursuites disciplinaires). - SOINNE, *ibid. 1983. 509.* - SUPIOT, *ibid. 1992. 215* . - TEYSSIÉ, *JCP E 1988. II. 15123 et 15271 ; ibid. 1989. II. 15504.* - VÉRICEL, *Dr. soc. 1991. 120* (pouvoir normatif de l'employeur). - WAQUET, *AJDA 1991. 590* (contrôle du règlement intérieur).

CHAPITRE PREMIER **CONTENU ET CONDITIONS DE VALIDITÉ**

Art. L. 1321-1 Le règlement intérieur est un document écrit par lequel l'employeur fixe exclusivement :

1º Les mesures d'application de la réglementation en matière de santé et de sécurité dans l'entreprise ou l'établissement, notamment les instructions prévues à l'article L. 4122-1 ;

2º Les conditions dans lesquelles les salariés peuvent être appelés à participer, à la demande de l'employeur, au rétablissement de conditions de travail protectrices de la santé et de la sécurité des salariés, dès lors qu'elles apparaîtraient compromises ;

3º Les règles générales et permanentes relatives à la discipline, notamment la nature et l'échelle des sanctions que peut prendre l'employeur. – *[Anc. art. L. 122-34, al. 1er et 2, phrase 1, al. 3 et 4.] – V. art. R. 1323-1 (pén.).*

Sur le régime juridique des chartes éthiques, dispositifs d'alerte professionnelle et règlement intérieur, V. Circ. DGT nº 2008-22 du 19 nov. 2008. – V. de Quénaudon et Gomez-Mustel, RDT 2009. 39 .

BIBL. Adam, *Dr. ouvrier 2006. 281* (à propos du whistleblowing) ; *RJS 2010. 187* (sur la liberté du salarié de dénoncer des faits répréhensibles). – André-Hesse et d'Allende, *JCP S 2010. 1213* (chartes éthiques, codes de conduite et dispositifs d'alerte professionnelle : aspects pratiques). – Rapp. Antonmattéi et Vivien, *Dr. soc. 2007. 522* (chartes d'éthique, alerte professionnelle et droit du travail français : état des lieux et perspectives). – Barège, *LGDJ, n° 608/15* (l'éthique et le rapport du travail). – Bouton, *RDT 2008. 182* (protection du donneur d'alerte en matière de corruption). – Cœuret et De Sevin, *RJS 2006. 75* (les dispositifs d'alerte et le droit du travail français). – Deumier et Jacques, *RTD civ. 2009. 77*. – Hannoun, *RDT 2008. 288* (l'impact de la financiarisation de l'économie sur le droit du travail). – Meyrat, *RDT 2010. 572* (le droit du travail à l'épreuve de l'éthique des affaires). – Porta, *Dr. ouvrier 2010. 244* (juge et éthique : affirmation d'un contrôle). – de Quénaudon, *RDT 2010. 721* (quelques observations sur l'alerte professionnelle). – Rozec, *JCP S 2010. 1548* (la norme ISO 26 000 : un nouveau souffle pour la responsabilité sociale des entreprises). – Stulz et Meiers, *RDT 2008. Controverse 705* (alerte financière, procédure de prévention du risque). – Taquet, *JS Lamy 2013, n° 338-1* (quelques décisions importantes en matière de règlements intérieurs). – Waquet, *RDT 2008. Controverse 709* (brouillard persistant sur les systèmes d'alerte).

COMMENTAIRE

V. Dalloz.fr et applications mobiles Dalloz.

A. NATURE JURIDIQUE

1. Nature réglementaire. Le règlement intérieur s'impose à tous les membres du personnel comme au chef d'entreprise et constitue un acte réglementaire de droit privé. • Soc. 25 sept. 1991, n° 87-42.396 P : *D. 1991. IR 241 ; Dr. soc. 1992. 25, note Savatier ; AJDA 1992. 94, obs. Prétot ; RJS 1991. 641, n° 1207.* ♦ Le contrôle de légalité dévolu à l'inspecteur du travail par l'art. L. 122-37, al. 1er [L. 1322-1 nouv.], ne saurait lui ôter sa nature pour le transformer en acte administratif. • Soc. 16 déc. 1992, n° 90-14.337 P : *D. 1993. 334, note Prétot ; Dr. soc. 1993. 267, note Jeammaud ; RJS 1993. 105, n° 148 ; CSB 1993. 43, A. 10.* ♦ La mise en conformité d'un règlement intérieur avec les dispositions de la loi du 4 août 1982 n'est pas en elle-même de nature à modifier les engagements antérieurement pris par l'employeur à l'égard du personnel. • Soc. 22 janv. 1992, n° 88-42.240 P : *D. 1992. 378, note Mathieu*. – Dans le même sens : • Soc. 23 mai 1995 : *RJS 1995. 505, n° 765.*

2. Aucune disposition législative ou réglementaire, ni aucun principe ne s'oppose à ce qu'un règlement intérieur s'applique à toutes les personnes travaillant dans l'entreprise, qu'elles soient ou non liées par un contrat de travail ; cependant, les dispositions relatives à la nature et à l'échelle des sanctions ainsi qu'à la procédure disciplinaire ne peuvent s'appliquer qu'aux salariés liés à l'employeur par un contrat de travail lui conférant un pouvoir disciplinaire. • CE 4 mai 1988, *BDW : Lebon T. 1044 ; D. 1990. Somm. 134, obs. Chelle et Prétot* • 12 nov. 1990, *Sté Atochem : AJDA 1991. 484, note Prétot ; RJS 1991. 98, n° 174.*

3. Renvoi par le contrat de travail. Le fait que le contrat de travail se réfère à des dispositions du règlement intérieur prévoyant certains avantages pécuniaires, qui ne font pas partie du contenu du règlement intérieur, n'a pas pour effet de contractualiser ces avantages qui constituent un engagement unilatéral de l'employeur qui peut être dénoncé. • Soc. 10 mars 2004, n° 03-40.505 P : *Dr. soc. 2004. 834, note Véricel ; RJS 2004. 367, n° 534 ; Dr. ouvrier 2004. 547, note Meyrat.* ♦ L'engagement unilatéral de l'employeur ne peut être rétracté qu'après information des représentants et des salariés dans un délai suffisant pour permettre d'éventuelles négociations. • Soc. 10 janv. 1995, n° 91-40.573 P : *D. 1995. Somm. 357, obs. Dockès ; RJS 1995. 109, n° 130 ; CSB 1995. 91.*

B. CARACTÈRE LIMITATIF

4. Principe. Aucune autre matière que celles qui sont limitativement énumérées à l'art. L. 122-34 [L. 1321-1 nouv.] ne peut faire l'objet d'une clause dans un règlement intérieur. • Soc. 12 déc. 1990, n° 87-45.799 P : *D. 1991. IR 12 ; RJS 1991. 99, n° 176.* ♦ Comp. : • Soc. 25 juin 1987 : *cité note 11.*

5. Illustrations. Sont étrangères au champ d'application du règlement intérieur les clauses : relatives à l'utilisation d'un parc de stationnement des véhicules de l'entreprise. • CE 8 juill. 1988, *SA Comptoir Lyon, Alemand, Louyot : Lebon T. 1043 ; D. 1990. Somm. 134, obs. Chelle et Prétot*. ♦ ... Celles relatives à l'utilisation des crédits d'heures par les représentants du personnel. • Même arrêt. ♦ ... Celles par lesquelles l'employeur décline toute responsabilité en cas de perte ou de vol dans les armoires-vestiaires et parcs de stationnement. • CE 26 nov. 1990, *Sté Vinycuir : RJS 1991. 101, n° 179.* ♦ ... Celles relatives à l'accomplissement des heures supplémentaires. • CE 9 oct. 1987, *RNUR : JS UIMM 1988, n° 88-498, 623.* ♦ ... Celles fixant l'ordre de passage à la douche et le temps de rémunération compté à ce titre, le règlement ne devant fixer que des mesures ayant le caractère de prescriptions générales et permanentes. • Même arrêt. ♦ ... Ou celles concernant les modalités d'affichage des avis des délégués du personnel. • Même arrêt. ♦ ... Ou celles relatives au changement de lieu de travail. • Soc. 2 oct. 1997 : *RJS 1997. 763, n° 1236* • 19 nov. 1997 : *RJS 1998. 30, n° 35 ; JCP 1998. II. 10069, note Puigelier ; D. 1998. IR 4*.

6. La consigne d'incendie est un document particulier régi par une procédure propre ; elle n'a pas à figurer dans un règlement intérieur et ne peut être regardée comme une adjonction au sens de l'art. L. 122-39 [L. 1321-5 nouv.]. • CE 3 juin 1988, *Crédit Lyonnais : BS Lefebvre 1988. 372, n° 1114.*

7. Signature par le salarié. La signature du règlement intérieur ne manifeste pas de la part du salarié la volonté claire et non équivoque d'accepter l'intégration à son contrat de travail d'une disposition étrangère à l'objet limitativement énuméré du règlement intérieur. • Soc. 19 nov. 1997 : *préc. note 5.*

C. CLAUSES RELATIVES À L'HYGIÈNE ET À LA SÉCURITÉ

8. Obligations légales ou réglementaires. L'employeur n'est pas tenu de reproduire dans le règlement intérieur les dispositions législatives ou réglementaires relatives à l'hygiène ou à la sécurité, ni d'y dresser la liste exhaustive de toutes les prescriptions particulières qui pourraient s'appliquer dans l'entreprise. • CE 4 mai 1988, *BDW : Lebon T. 1044 ; D. 1990. Somm. 134, obs. Chelle et Prétot* • 12 nov. 1990, *Sté Atochem : AJDA 1991. 484, note Prétot ; RJS 1991. 98, n° 174.* ♦ Mais le rappel des mesures d'application relatives à l'hygiène et à la sécurité n'est pas contraire à l'art. L. 122-34 [L. 1321-1 nouv.]. • CE 11 juill. 1990, *Sté Panicucci : RJS 1990. 520, n° 767 ; JCP E 1991. I. 123, note Godard* • 9 déc. 1994 : *RJS 1995. 107, n° 127.* ♦ Les mesures d'application de la législation relative à la lutte contre le tabagisme peuvent figurer sur le règlement intérieur puisqu'elles visent les lieux de travail et répondent à un impératif d'hygiène ; dès lors, l'autorité administrative ne peut enjoindre à l'employeur de retirer de son règlement intérieur les clauses s'y rapportant. • CE 18 mars 1998 : *Lebon 99 ; RJS 1998. 466, n° 733.*

9. Responsabilité du salarié. La référence faite à une éventuelle responsabilité civile ou pénale, à la supposer justifiée, du salarié qui ne signalerait pas une défaillance ou une anomalie dans le matériel ou l'outillage ne constitue pas une mesure d'application de la réglementation en matière d'hygiène et de sécurité. • CE 4 mai 1988, *Solgec : JCP 1988. IV. 231.* ♦ ... Ni la phrase selon laquelle chaque salarié « doit également par son comportement préserver la sécurité des autres », qui se borne à formuler une recommandation invitant les salariés à la vigilance. • CE 11 juill. 1990 : *préc. note 8* • 9 déc. 1994 : *préc. note 8.* ♦ Même solution à propos d'une clause invitant les salariés à se montrer vigilants. • CE 21 sept. 1990 : *CSB 1991. 178, S. 104.*

10. Droit de retrait. L'autorité administrative ne peut exiger que soient mentionnées dans le règlement intérieur les dispositions de l'art. L. 231-8 [L. 4131-1 nouv.] relatives au droit de retrait du salarié en cas de danger grave ou imminent. • CE 4 mai 1988, *Solgec : préc. note 9.*

D. CLAUSES RELATIVES À LA DISCIPLINE

11. Mise à pied. Si la mise à pied peut figurer dans l'échelle des sanctions prévues par le règlement intérieur, celui-ci doit en préciser la durée maximale. • CE 21 sept. 1990 : *RJS 1990. 639, n° 966* • Soc. 26 oct. 2010 : *Dalloz actualité, 16 nov. 2010, obs. Perrin ; D. 2010. AJ 2652 ; RDT 2010. 719, obs. Fabre ; JS Lamy 2010, n° 289.290-5, obs. Tourreil ; JCP S 2010. 1509, obs. Bousez ; Sem. soc. Lamy 2010, n° 1466, p. 10, obs. Champeaux* • Soc. 7 févr. 2015, pourvoi n° 13-15.630 (y compris lorsqu'une convention collective applicable dans l'entreprise fixe une durée maximale de mise à pied). ♦ Comp. : • Soc. 25 juin 1987, n° 84-42.314 P : *D. 1988. Somm. 98, obs. Pélissier ; Dr. soc. 1988. 251, note Savatier,* affirmant que « la sanction de la mise à pied est inhérente au pouvoir disciplinaire de l'employeur, lequel a la faculté d'en faire usage même si le règlement intérieur ne prévoit pas cette sanction » (décision rendue sur des faits antérieurs à 1982). ♦ Lorsque la mise à pied ne figure pas au nombre des sanctions prévues par une convention collective, l'introduction d'une telle sanction dans l'échelle des mesures disciplinaires fixées par le règlement intérieur ne constitue pas une disposition nécessairement plus favorable aux salariés ; par suite, les stipulations du règlement intérieur sont contraires à la convention et de ce fait à l'art. L. 122-35. • CE 28 janv. 1991 : *D. 1992. Somm. 153, obs. Chelle et Prétot ; Dr. soc. 1992. 227, note Savatier ; RJS 1991. 172, n° 329.*

12. Échelle des sanctions. Est sans cause réelle et sérieuse le licenciement d'un salarié à la suite d'une absence non autorisée, alors que le règlement intérieur prévoyait que les absences injustifiées ne donneraient lieu, pour la première fois, qu'à un avertissement sans sanction et que le renvoi avec préavis ne pourrait être décidé qu'au quatrième avertissement. • Soc. 13 oct. 1993 : *Dr. soc. 1993. 964 ; RJS 1993. 652, n° 1102.* ♦ V. aussi • Soc. 17 déc. 1997 : *Dr. soc. 1998. 284, obs. Jeammaud ; RJS 1998. 112, n° 173* • 15 janv. 2002 : *RJS 2002. 337, n° 435.*

13. Précision des sanctions. L'administration est en droit d'exiger qu'une disposition du règlement intérieur précise qu'elle ne vise que les absences répétées et non justifiées, seules ces dernières pouvant constituer des fautes disciplinaires. • CE 4 mai 1988, *Solgec : JCP 1988. IV. 231.*

14. Mesures autorisées. Sont au nombre des règles générales et permanentes relatives à la discipline celles qui : fixent les conditions de circulation dans et hors de l'établissement. • CE 9 oct. 1987, *RNUR : JS UIMM 1988, n° 88-498, 623.* ♦ ... Prescrivent le respect de l'horaire de travail. • Même arrêt. ♦ ... Indiquent que le personnel est responsable des matières et de l'outillage qui lui sont confiés. • CE 8 juill. 1988, *SA Comptoir Lyon, Alemand, Louyot : Lebon T. 1043 ; D. 1990. Somm. 134, obs. Chelle et Prétot .* ♦ ... Ou qui disposent que « le personnel ne peut refuser les modifications de l'horaire décidées par la direction », l'employeur n'étant pas tenu de faire figurer dans le règlement intérieur les conditions légales autorisant la modification des horaires. • CE 25 janv. 1989 : *Dr. soc. 1990. 201, concl. de Clausade .*

15. Mesures interdites. Sont étrangères au champ d'application du règlement intérieur les dispositions visant des agissements susceptibles d'être perpétrés lors de l'exercice du droit de grève. • CE 12 oct. 1992 : *D. 1992. IR 260 ; Dr. soc. 1993. 162, concl. Le Chatelier ; RJS 1993. 34, n° 32 ; AJDA 1993. 227, note Prétot .* ♦ Dans le même sens : • CE 21 oct. 1994 : *D. 1996. Somm. 225, obs. Chelle et Prétot ; RJS 1995. 29, n° 25 ; Dr. ouvrier 1995. 350* (le règlement n'a pas non plus pour objet d'énoncer les règles jurisprudentielles encadrant de manière générale l'exercice d'une liberté constitutionnelle, tel le droit de grève).

16. Code d'éthique professionnelle. Les codes d'éthique professionnelle rédigés à la suite de la loi américaine « Sarbanes-Oxley » définissant les règles applicables à la diffusion des informations confidentielles et des informations à usage interne dont les salariés peuvent avoir connaissance dans le cadre de leur contrat de travail ne doivent porter atteinte ni à la liberté individuelle d'expression ni au droit d'expression collectif ; le dispositif doit faire l'objet d'une autorisation de la CNIL. • Soc. 8 déc. 2009 : *R., p. 328 et 365 ; D. 2010. AJ 96, obs. Perrin ; ibid. 548, note Desbarats ; RDT 2010. 171, obs. Guyader ; RJS 2010. 104, Rapp. Morin ; ibid, n° 145 ; Dr. ouvrier 2010. 244, note Porta ; JS Lamy 2010, n° 269-2 ; Sem. soc. Lamy 2009, n° 1425, p. 6, avis Aldigé.*

Art. L. 1321-2 **Le règlement intérieur rappelle :**

1° Les dispositions relatives aux droits de la défense des salariés définis aux articles L. 1332-1 à L. 1332-3 ou par la convention collective applicable ;

2° Les dispositions relatives aux harcèlements moral et sexuel *(L. n° 2016-1088 du 8 août 2016, art. 4)* **« et aux agissements sexistes » prévues par le présent code.** – *[Anc. art. L. 122-34, al. 5 à 7.] — V. art. R. 1323-1 (pén.).*

Art. L. 1321-2-1 *(L. n° 2016-1088 du 8 août 2016, art. 2)* **Le règlement intérieur peut contenir des dispositions inscrivant le principe de neutralité et restreignant la manifestation des convictions des salariés si ces restrictions sont justifiées par l'exercice d'autres libertés et droits fondamentaux ou par les nécessités du bon fonctionnement de l'entreprise et si elles sont proportionnées au but recherché.**

BIBL. MOIZARD, *RDT 2016. 817* (la neutralité des salariés dans l'entreprise). – PAGNERRE, *Dr. soc. 2016. 880 .*

Art. L. 1321-3 **Le règlement intérieur ne peut contenir :**

1° Des dispositions contraires aux lois et règlements ainsi qu'aux stipulations des conventions et accords collectifs de travail applicables dans l'entreprise ou l'établissement ;

2° Des dispositions apportant aux droits des personnes et aux libertés individuelles et collectives des restrictions qui ne seraient pas justifiées par la nature de la tâche à accomplir ni proportionnées au but recherché ;

3° Des dispositions discriminant les salariés dans leur emploi ou leur travail, à capacité professionnelle égale, en raison de leur origine, de leur sexe, de leurs mœurs, de leur orientation *(L. n° 2012-954 du 6 août 2012)* **« ou identité » sexuelle, de leur âge, de leur situation de famille ou de leur grossesse, de leurs caractéristiques génétiques, de leur appartenance ou de leur non-appartenance, vraie ou supposée, à une ethnie, une nation ou une race, de leurs opinions politiques, de leurs activités syndicales ou mutualistes, de leurs convictions religieuses, de leur apparence physique, de leur nom de famille ou en raison de leur état de santé ou de leur handicap.** – *[Anc. art. L. 122-35, al. 1er et 2.] — V. art. R. 1323-1 (pén.). — V.* ***Addendum.***

A. CLAUSES CONTRAIRES AUX LOIS ET RÈGLEMENTS

1° CLAUSES LICITES

1. Changements d'horaires. N'est pas contraire aux lois et règlements une clause disposant que « le personnel ne peut refuser les modifications de l'horaire décidées par la direction », l'employeur n'étant pas tenu de faire figurer dans le règlement intérieur les conditions légales autorisant la modification des horaires. • CE 25 janv. 1989 : *Dr. soc. 1990. 201, concl. de Clausade* .

2. Assiduité. Sont licites les clauses disposant qu'il est interdit de commencer son travail après l'heure et de le terminer avant l'heure sans accord exprès du responsable hiérarchique et que les absences irrégulières peuvent donner lieu à des sanctions, ces dispositions n'ayant pas pour objet et ne pouvant pas avoir pour effet de faire obstacle aux droits des représentants du personnel. • CE 9 nov. 1990 : *RJS 1991. 99, n° 175.* ♦ Dans le même sens, à propos de clauses réservant le cas de dispositions législatives, réglementaires ou conventionnelles plus favorables : • CE 6 mars 1989, *Sté Bentin : D. 1990. Somm. 134, obs. Chelle et Prétot* • 11 juill. 1990 : *RJS 1990. 523, n° 769.*

3. Secret professionnel. Est licite la clause indiquant que les employés d'une banque sont soumis au secret professionnel. • CE 3 juin 1988, *Crédit Lyonnais : JCP 1988. IV. 270,* confirmant • TA Paris, 2 févr. 1987 : *Dr. soc. 1987. 645, note Savatier.*

2° CLAUSES ILLICITES

4. Situation de danger. Est contraire aux art. L. 231-8 et L. 231-8-1 [L. 4131-1 et L. 4131-3 nouv.] la clause imposant aux salariés de signaler par écrit l'existence d'une situation qu'ils estiment dangereuse. • CE 12 juin 1987, *Sté Gantois : Lebon 208 ; D. 1989. Somm. 65, obs. Chelle et Prétot ; Dr. soc. 1987. 651, note Savatier* • 9 oct. 1987, *RNUR : JCP 1987. IV. 402* • 11 mai 1990 : *RJS 1990. 397, n° 574.*

5. Retenues pour fait de grève. Est illicite comme contraire à la prohibition des amendes pécuniaires et à l'interdiction des mesures discriminatoires liées à l'exercice du droit de grève la clause prévoyant qu'une prime exceptionnelle et révocable pouvait être réduite notamment en cas d'absence pour grève. • CE 12 juin 1987, *Sté Hapian : Lebon T. 969 ; D. 1988. Somm. 104, obs. Pélissier ; Dr. soc. 1987. 651, note Savatier.* ♦ V. aussi • Soc. 9 juin 1993, n° 89-41.476 P. (prohibition de la clause instituant un cas de responsabilité pécuniaire de plein droit).

6. Conventions et accords collectifs de travail. Pour une illustration de l'appréciation de la légalité du règlement intérieur au regard d'une convention collective, V. • CE 6 mars 1989, *Sté Bentin : préc. note 2.* ♦ L'inspecteur du travail doit tenir compte des conventions et accords collectifs de travail, peu important que ceux-ci aient été conclus avant l'entrée en vigueur de la loi du 4 août 1982. • CE 28 janv. 1991 : *D. 1992. Somm. 153, obs. Chelle et Prétot ; Dr. soc. 1992. 227, note Savatier ; RJS 1991. 172, n° 329.*

7. Lorsque la mise à pied ne figure pas au nombre des sanctions prévues par une convention collective, l'introduction d'une telle sanction dans l'échelle des mesures disciplinaires fixée par le règlement intérieur ne constitue pas une disposition nécessairement plus favorable aux salariés ; par suite, les stipulations du règlement intérieur sont contraires à la convention et de ce fait à l'art. L. 122-35. • CE 28 janv. 1991 : *préc. note 6.* ♦ Comp. : • Soc. 25 juin 1987, n° 84-42.314 P : *D. 1988. Somm. 98, obs. Pélissier ; Dr. soc. 1988. 251, note Savatier,* affirmant que « la sanction de la mise à pied est inhérente au pouvoir disciplinaire de l'employeur lequel a la faculté d'en faire usage même si le règlement intérieur ne prévoit pas cette sanction » (décision rendue sur des faits antérieurs à 1982).

B. CLAUSES RESTREIGNANT LES DROITS DES PERSONNES ET LES LIBERTÉS INDIVIDUELLES ET COLLECTIVES

8. Liberté de communication. Sont illicites au regard de l'art. L. 122-35 [L. 1321-6 nouv.] les clauses interdisant toutes conversations étrangères au service. • CE 25 janv. 1989, *Sté Sita : Dr. soc. 1990. 201, concl. de Clausade* .

9. Liberté de conscience. Aucune disposition législative ne fait obstacle à ce que le respect du caractère propre des établissements d'enseignement privé figure au nombre des obligations imposées par le règlement intérieur, sous réserve que ce dernier précise, d'une part, que le respect de ce caractère ne saurait porter atteinte à la liberté de conscience des intéressés et, d'autre part, que les obligations qui en découlent doivent s'apprécier eu égard à la nature des fonctions exercées par le personnel qui y est soumis. • CE 20 juill. 1990, *Assoc. Saint-Joseph : D. 1990. IR 213 ; Dr. soc. 1990. 862, concl. Pochard* • 23 juill. 1993, *Institution privée mixte de Monistrol-sur-Loire : Dr. soc. 1993. 842, concl. Pochard ; AJDA 1993. 728, concl. Pochard* .

10. Liberté religieuse. Le principe de laïcité instauré par l'art. 1er de la Constitution n'est pas applicable aux salariés des employeurs de droit privé qui ne gèrent pas un service public et ne peut dès lors être invoqué pour les priver de la protection que leur assurent les dispositions du code du travail. A ce titre, est illicite une clause du règlement intérieur instaurant une restriction générale et imprécise à la liberté religieuse, les restrictions à la liberté religieuse devant être justifiées par la nature de la tâche à accomplir, répondre à une exigence professionnelle essentielle et être déterminantes et proportionnées au but recherché. • Soc. 19 mars 2013 : *AJDA 2013. 1069, note Dreyfus ; D. 2013. 761, édito. Rome ; ibid. 956, avis Aldigé ; ibid. 963, note Mouly ; ibid. Pan. 1026, obs. Lokiec et Porta ; AJCT 2013. 306, obs. Ficara ; Dr. soc. 2013. 388, étude Dockès ; RDT 2013. 385, étude Adam*. ♦ Les restrictions doivent s'apprécier concrètement au regard des conditions de fonctionnement de l'entreprise et tenir compte de la taille de l'entreprise, de la nature particulière de l'activité et des données propres aux clients de l'entreprise. • Cass., ass. plén., 25 juin 2014 : *AJDA 2014. 1293 ; D. 2014. 1386 ; ibid. 1536, entretien Radé ; AJCT 2014. 337, tribune de la Morena ; JS Lamy 2014, n° 371-2, obs. Hautefort.*

11. Respect de la vie privée. Sont illicites les clauses obligeant les salariés à signaler à l'employeur et au médecin du travail les symptômes d'une maladie professionnelle. • CE 4 mai 1988, *Solgec : JCP 1988. IV. 231.* ♦ ... Autorisant la direction à se faire ouvrir à tout moment les vestiaires ou armoires individuelles. • CE 12 juin 1987, *Sté Gantois : Lebon 208 ; D. 1989. Somm. 65, obs. Chelle et Prétot ; Dr. soc. 1987. 651, note Savatier* • 9 oct. 1987, *RNUR : JCP 1987. IV. 402.* ♦ ... Interdisant le mariage entre les salariés de l'entreprise. • Soc. 10 juin 1982 : *JCP 1984. II. 20230, note Hennion-Moreau.* ♦ ... Interdisant à des caissières le passage des membres de leur famille et précisant qu'il s'agissait d'une faute grave. • CE 9 déc. 1995 : *D. 1995. IR 23 ; RJS 1995. 108, n° 129.* ♦ ... Exigeant des salariés d'un établissement bancaire qu'ils informent leur employeur des comptes bancaires qu'ils peuvent détenir dans d'autres établissements. • CE 3 oct. 1997 : *RJS 1997. 845, n° 1371.* ♦ ... Exigeant des salariés le port d'une blouse blanche pendant le travail, dès lors que cette restriction à la liberté individuelle des salariés de se vêtir n'est pas justifiée par la nature de la tâche à accomplir. • Soc. 18 févr. 1998, n° 95-43.491 P : *RJS 1998. 289, n° 461 ; D. 1998. IR 80 ; Dr. soc. 1998. 506, obs. Jeammaud ; JCP E 1998. 1094, note Alliot.*

12. Mais est licite la clause imposant une tenue de travail justifiée par les tâches à accomplir. • CE 16 déc. 1994 : *RJS 1995. 108, n° 128.* ♦ ... Imposant le port d'un badge d'identification dans une centrale nucléaire. • CE 29 déc. 1995, *Eurodif-Production : Dr. soc. 1996. 391, concl. Maugüé (2ᵉ esp.) ; RJS 1996. 167, n° 283.*

13. Respect du domicile. S'agissant d'un établissement spécialisé dans l'accueil des mineurs en difficulté, l'interdiction faite aux membres du personnel éducatif de recevoir à leur domicile des mineurs placés dans l'établissement est une sujétion professionnelle pouvant figurer dans le règlement intérieur ; cette restriction à la liberté du salarié, justifiée par la nature du travail à accomplir et proportionnée au but recherché, est légitime. • Soc. 13 janv. 2009 : *D. 2009. AJ 375, obs. Perrin ; RJS 2009. 203, n° 225 ; JS Lamy, n° 249-2 ; Sem. soc. Lamy 2009, n° 1386, p. 12 ; JCP S 2009. 1122, obs. Bossu.*

14. Liberté d'aller et venir. Est illicite la clause interdisant aux salariés d'un hôtel l'utilisation d'un parking voisin de l'entreprise et appartenant au domaine public. • Soc. 1ᵉʳ juin 1994 : *RJS 1994. 514, n° 860 ; CSB 1994. 257, S. 143.* ♦ Mais est licite la clause interdisant au personnel de sortir de l'entreprise sans un bon indiquant l'heure et le motif de sortie, dès lors que le règlement intérieur fait par ailleurs expressément référence aux droits des représentants du personnel. • CE 1ᵉʳ févr. 1993 : *RJS 1993. 237, n° 392.*

15. Non-discrimination. Est illicite la clause réservant aux seuls membres du personnel navigant commercial masculin la possibilité de poursuivre leur carrière jusqu'à cinquante-cinq ans. • CE 6 févr. 1981 : *AJDA 1981. 489, concl. Dondoux* • Soc. 7 déc. 1993, n° 88-41.422 P : *D. 1994. Somm. 304, obs. Lanquetin ; JCP 1994. II. 22245, note Waquet ; RJS 1994. 41, n° 25.*

16. Alcoolémie. Les dispositions d'un règlement intérieur autorisant à établir, sur le lieu de travail, l'état d'ébriété d'un salarié en recourant à un contrôle de son alcoolémie sont licites, dès lors, d'une part, que les modalités de ce contrôle en permettent la contestation, d'autre part, qu'eu égard à la nature du contrat de travail confié à ce salarié, un tel état d'ébriété est de nature à exposer les personnes ou les biens à un danger, de sorte qu'il peut constituer une faute grave. • Soc. 22 mai 2002, n° 99-45.878 P : *D. 2002. IR 1806 ; RJS 2002. 921, n° 1233.* ♦ Ne constitue pas une atteinte à une liberté fondamentale le recours à un contrôle d'alcoolémie – prévu au règlement intérieur – permettant de constater l'état d'ébriété d'un salarié au travail, dès lors qu'eu égard à la nature du travail confié à ce salarié, un tel état d'ébriété est de nature à exposer les personnes ou les biens ; peu important qu'il s'effectue, pour des raisons techniques, hors de l'entreprise. • Soc. 31 mars 2015, n° 13-25.436 : *Dalloz actualité, 4 mai 2015, obs. Ines ; D. 2015. Actu. 809 ; Dr. soc. 2015.469, note Mouly ; RJS 6/2015, n° 384.* ♦ Excède par sa généralité l'étendue des sujétions que l'employeur peut légalement imposer en vue d'assurer la sécurité dans son entreprise la clause interdisant à tout membre du personnel de pénétrer ou séjourner en état d'ébriété dans l'établissement, état que l'employeur se réserve de constater au moyen d'un éthylomètre ; elle ne peut être justifiée qu'à l'égard de salariés occupés à l'exécution de certains travaux ou la conduite de certaines machines. • CE 8 juill. 1988, *SA Comptoir Lyon, Alemand, Louyot : Lebon T. 1043 ; D. 1990. Somm. 134, obs. Chelle et Prétot*. – V.

déjà : • CE 1er févr. 1980, *Sté Corona : Dr. soc. 1980. 310, concl. Bacquet.* ♦ Comp., lorsque le dépistage n'est prévu que pour certaines catégories de salariés : • CE 9 oct. 1987, *RNUR : JCP 1987. IV. 402* • 12 nov. 1990 : *RJS 1991. 100, n° 178.* ♦ Si l'employeur peut, lorsque des impératifs de sécurité le justifient, insérer dans le règlement intérieur des dispositions qui limitent la consommation de boissons alcoolisées de manière plus stricte que l'interdiction posée par l'art. R. 4228-20 C. trav., de telles dispositions doivent, conformément à l'art. L. 1321-3, rester proportionnées au but de sécurité recherché. • CE 12 nov. 2012 : *Dalloz actualité, 9 janv. 2013, obs. Siro ; D. 2012. Actu. 2809 ; RDT 2013. 413, obs. Olszak ; JCP S 2013. 1099, obs. Rozec.*

17. Droit de grève. Sont licites les clauses ayant pour objet de prévoir des mesures de sécurité applicables dans des établissements traitant et fabriquant des produits dangereux, alors même qu'elles peuvent comporter certaines restrictions à l'exercice du droit de grève. • CE 12 nov. 1990, *Sté Atochem : AJDA 1991. 484, note Prétot ; RJS 1991. 98, n° 174* • 29 déc. 1995, *Eurodif-Production : Dr. soc. 1996. 391, concl. Maugüé (1re esp.) ; RJS 1996. 166, n° 282.* ♦ Est licite la mesure qui impose aux salariés d'un établissement de soins de prévenir l'employeur de toute absence volontaire avec un délai suffisant, mais dans le but exclusif d'assurer la sécurité et la santé des patients, ce qui apporte au droit de grève une restriction proportionnée à la tâche à accomplir et proportionnée au but recherché. • CAA Douai 20 déc. 2002 : *RJS 2003. 803, n° 1165 ; ibid. 2003. 761, concl. Yeznikian.* ♦ Comp. : L'employeur ne peut, sauf dispositions législatives contraires, se fonder sur le règlement intérieur pour réquisitionner des salariés grévistes, même pour un motif de sécurité ; il ne peut donc sanctionner un salarié refusant de déférer à une telle réquisition. • Soc. 15 déc. 2009 : *D. 2010. AJ 154, obs. Ines ; JS Lamy 2010, n° 270-6 ; Dr. ouvrier 2010. 278, obs. F.*

18. Fouille. Le fait qu'une société soit spécialisée dans la métallurgie et la chimie des métaux précieux ne saurait légalement justifier la fouille par le service de surveillance des sacs, effets et véhicules du personnel. • CE 8 juill. 1988, *SA Comptoir Lyon, Alemand, Louyot : préc. note 16.* ♦ Est en revanche justifié en pareil cas le recours à des appareils de détection. • Même arrêt. ♦ Une clause relative à la fouille n'est licite que si elle précise, d'une part, qu'elle n'aura lieu qu'en cas de nécessité, notamment à la suite de disparitions de matériel et s'il existe des risques particuliers de vol, d'autre part, que le salarié sera averti de son droit de s'opposer à un tel contrôle et d'exiger la présence d'un témoin, enfin, que ce contrôle sera effectué dans des conditions préservant la dignité et l'intimité de la personne. • CE 11 juill. 1990, *Sté Griffine-Maréchal : D. 1990. IR 213 ; RJS 1990. 523, n° 769.* – V. égal. : • CE 19 juin 1989 : *BS Lefebvre 1989. 498.*

19. Confidentialité. Ont été jugées licites les clauses indiquant que tous les documents nécessaires à l'activité du personnel d'une agence de secrétariat sont confidentiels. • CE 26 sept. 1990, *Sté Agence lyonnaise de secrétariat : RJS 1990. 639, n° 967.*

20. Dispositions informatives. Est licite la clause se contentant d'avertir les salariés de ce que la responsabilité du conducteur d'un véhicule de l'entreprise dans un accident peut constituer une faute disciplinaire. • CE 8 juin 1988, *Sté Midi-Peintures : BS Lefebvre 1988. 372, n° 1117.*

Art. L. 1321-4 **Le règlement intérieur ne peut être introduit qu'après avoir été soumis à l'avis du comité d'entreprise ou, à défaut, des délégués du personnel ainsi que, pour les matières relevant de sa compétence, à l'avis du comité d'hygiène, de sécurité et des conditions de travail.**

Le règlement intérieur indique la date de son entrée en vigueur. Cette date doit être postérieure d'un mois à l'accomplissement des formalités de dépôt et de publicité.

En même temps qu'il fait l'objet des mesures de publicité, le règlement intérieur, accompagné de l'avis du comité d'entreprise ou, à défaut, des délégués du personnel et, le cas échéant, du comité d'hygiène, de sécurité et des conditions de travail, est communiqué à l'inspecteur du travail.

Ces dispositions s'appliquent également en cas de modification ou de retrait des clauses du règlement intérieur. – *[Anc. art. L. 122-36.] – V. art. R. 1323-1 (pén.).*

1. Consultation des représentants du personnel. La consultation des représentants du personnel est une formalité substantielle, protectrice de l'intérêt des salariés. • Soc. 4 juin 1969, n° 68-40.377 P : *Dr. soc. 1969. 515, obs. Savatier.*

2. Communication à l'inspection du travail. La carence de l'employeur dans l'accomplissement de la formalité de communication du règlement intérieur à l'inspection du travail ne prive pas le salarié de la possibilité de se prévaloir du règlement. • Soc. 28 mars 2000, n° 97-43.411 P : *D. 2000. IR 121 ; RJS 2000. 369, n° 530 ; Dr. soc. 2000. 653, obs. Savatier.* ♦ L'employeur qui ne justifie pas avoir préalablement consulté les représentants du personnel et communiqué le règlement à l'inspecteur du travail ne peut reprocher à son salarié un manquement aux obligations édictées par ce règlement et par une note de service. • Soc. 9 mai 2012 : *Dalloz actualité, 7 juin 2012, obs. Fleuriot ;*

D. 2012. Actu. 1340 ✎ *; RDT 2012. 564, obs. Pontif* ✎ *; Dr. soc. 2012. 1027, obs. Ray* ✎ *; RJS 2012. 544, n° 633 ; Dr. ouvrier 2013. 26, obs. Varin.*

3. Établissements multiples. Dans le cas d'une entreprise à établissements multiples, dotée d'un règlement intérieur unique, l'inspecteur du travail compétent est celui dans le ressort duquel se trouve le siège social de l'entreprise. • CE 5 juin 1987 : *Lebon 207* ✎ *; D. 1989. Somm. 65, obs. Chelle et Prétot ; Dr. soc. 1987. 653, obs. Savatier ; Dr. ouvrier 1987. 415, note Alexandre.*

4. Modification du règlement intérieur. Les clauses du règlement intérieur ne peuvent être modifiées que si le projet a été soumis à l'avis du CHSCT pour les matières relevant de sa compétence. • Soc. 11 févr. 2015, ⚖ n° 13-16.457 : *Dalloz actualité, 2 mars 2015, obs. Fraisse ; D. 2015. Actu. 435* ✎ *; RDT 2015. 262, obs. Duquesne* ✎ *; JS Lamy 2015, n° 385-5, obs. Pacotte et Bernardeschi ; RJS 4/2015, n° 255.*

Art. L. 1321-5 **Les notes de service ou tout autre document comportant des obligations générales et permanentes dans les matières mentionnées aux articles L. 1321-1 et L. 1321-2 sont, lorsqu'il existe un règlement intérieur, considérées comme des adjonctions à celui-ci. Ils sont, en toute hypothèse, soumis aux dispositions du présent titre.**

Toutefois, lorsque l'urgence le justifie, les obligations relatives à la santé et à la sécurité peuvent recevoir application immédiate. Dans ce cas, ces prescriptions sont immédiatement et simultanément communiquées aux secrétaires du comité d'hygiène, de sécurité et des conditions de travail et du comité d'entreprise ainsi qu'à l'inspection du travail. – *[Anc. art. L. 122-39.] – V. art. R. 1323-1 (pén.).*

1. Adjonctions au règlement intérieur. Sont soumises au même régime que le règlement intérieur lui-même : la note imposant aux caissières le nettoyage quotidien de leur emplacement de travail et d'une partie de l'entreprise. • Crim. 26 juin 1990 : ⚖ *RJS 1990. 458, n° 673 ; CSB 1990. 219.* ♦ ... La lettre envoyée à plusieurs salariés, rédigée en termes strictement identiques, instaurant une obligation de prévenir l'employeur avec un délai suffisant dans tous les cas d'absence volontaire de leur poste de travail. • CAA Douai, 20 déc. 2002 : *RJS 2003. 803, n° 1165 ; ibid. 2003. 761, concl. Yeznikian.*

2. Absence d'adjonction. N'est pas assimilée au règlement intérieur : la note qui se borne à fixer une modalité d'application du règlement intérieur. • Soc. 7 oct. 1992, ⚖ n° 89-45.283 P : *JCP 1993. II. 22148, note Corrignan-Carsin ; Dr. soc. 1992. 917* ✎ (à propos de l'obligation du port d'une tenue vestimentaire). ♦ La note de service relative aux communications téléphoniques personnelles qui concerne le fonctionnement d'un service général de l'entreprise et, ne relevant pas des matières mentionnées à l'art. L. 122-34 [art. L. 1321-1 nouv.], ne peut être regardée comme une adjonction au règlement intérieur. • CE 12 nov. 1990, ⚖ *Cie de Signaux et d'Entreprises électriques : RJS 1991. 100, n° 178.* ♦ La consigne d'incendie est un document particulier régi par une procédure propre ; elle n'a pas à figurer dans un règlement intérieur et ne peut être considérée comme une adjonction au sens de l'art. L. 122-39 [L. 1321-5 nouv.]. • CE 3 juin 1988, *Crédit Lyonnais : BS Lefebvre 1988. 372, n° 1114.*

Art. L. 1321-6 **Le règlement intérieur est rédigé en français. Il peut être accompagné de traductions en une ou plusieurs langues étrangères.**

Il en va de même pour tout document comportant des obligations pour le salarié ou des dispositions dont la connaissance est nécessaire pour l'exécution de son travail.

Ces dispositions ne sont pas applicables aux documents reçus de l'étranger ou destinés à des étrangers. – *[Anc. art. L. 122-35, al. 3, et L. 122-39-1.] – V. art. R. 1323-1 (pén.).*

BIBL. Béal et Rouspide, *JCP E 2006. 1837* (rédaction en français des documents nécessaires à l'exécution du travail). – Saint-Didier, *Dr. soc. 2014. 120* ✎ (encadrement juridique des langues au travail).

1. Principe. Les documents fixant les objectifs nécessaires à la détermination de la rémunération variable contractuelle rédigés en anglais sont inopposables au salarié. • Soc. 29 juin 2011 : ⚖ *Dalloz actualité, 27 juill. 2011, obs. Siro ; RDT 2011. 663, obs. Lokiec ;* ✎ *JS Lamy 2011, n° 306-5, obs. Tourreil ; JCP S 2011. 1493, obs. Martinez.*

2. Exception. Si tout document comportant des dispositions dont la connaissance est nécessaire au salarié pour l'exécution de son travail doit, en principe, être rédigé en français, sont soustraits à cette obligation les documents liés à l'activité de l'entreprise de transport aérien dont le caractère international implique l'utilisation d'une langue commune, et dès lors que, pour garantir la sécurité des vols, il est exigé des utilisateurs, comme condition d'exercice de leurs fonctions, qu'ils soient aptes à lire et comprendre des documents techniques rédigés en langue anglaise. • Soc. 12 juin 2012 : ⚖ *Dalloz* *actualité, 3 juill. 2012, obs. Fleuriot ; D. 2012. Actu. 1681* ; *RJS 2012. 648, n° 757 ; Sem. soc. Lamy 2012, n° 1544, p. 8, rapp. Lambremon ; JS Lamy 2012, n° 327-3, obs. Lhernould ; JCP S 2012. 1381, obs. Martinez.* ♦ La règle de l'art. L. 1321-6, al. 3, ne s'applique pas aux documents reçus de l'étranger ou destinés à des étrangers. • Soc. 24 juin 2015, n° 14-13.829 P : *D. 2015. Actu. 1445* ; *Dr. soc. 2015. 743, note Mouly* ; *RJS 10/2015, n° 642 ; JS Lamy 2015, n° 393-3, obs. Lhernould ; JCP S 2015, n° 1309, note Guyot.*

CHAPITRE II CONTRÔLE ADMINISTRATIF ET JURIDICTIONNEL

SECTION PREMIÈRE CONTRÔLE ADMINISTRATIF

Art. L. 1322-1 L'inspecteur du travail peut à tout moment exiger le retrait ou la modification des dispositions contraires aux articles L. 1321-1 à L. 1321-3 et L. 1321-6. – *V. art. R. 1323-1 (pén.).*

1. Inspecteur compétent. Dans le cas d'une entreprise à établissements multiples, dotée d'un règlement intérieur unique, l'inspecteur du travail compétent est celui dans le ressort duquel se trouve le siège social de l'entreprise. • CE 5 juin 1987 : *Lebon 207* ; *D. 1989. Somm. 65, obs. Chelle et Prétot ; Dr. soc. 1987. 651, note Savatier ; Dr. ouvrier 1987. 415, note Alexandre* • 5 mai 1993 : *RJS 1993. 438, n° 741.*

2. Étendue des compétences. L'inspecteur du travail peut, à l'occasion d'une modification d'un règlement, exercer son contrôle sur l'ensemble des dispositions qui y figurent, qu'elles soient nouvelles ou qu'elles reprennent une rédaction antérieure. • CE 21 oct. 1994 : *D. 1996. Somm. 225, obs. Chelle et Prétot* ; *RJS 1995. 29, n° 25 ; Dr. ouvrier 1995. 350.*

3. Office du juge administratif. Le juge administratif est compétent pour apprécier la légalité d'un règlement intérieur, alors même qu'il a été établi par un employeur qui n'est pas chargé d'un service public et ne dispose d'aucune prérogative de puissance publique. • CE 12 juin 1987, *Sté Gantois : Lebon 208 ; D. 1989. Somm. 65, obs. Chelle et Prétot ; Dr. soc. 1987. 651, note Savatier.*

4. Le refus de l'inspecteur du travail d'exiger le retrait ou la modification d'une clause est une décision faisant grief que les salariés de l'entreprise peuvent déférer au juge de l'excès de pouvoirs. • CE 10 juill. 1987, *Sénégats : Lebon T. 968* (sol. impl.).

5. Office du juge judiciaire. Il appartient aux juges judiciaires de connaître des contestations qui s'élèvent sur la validité des dispositions du règlement intérieur, l'art. L. 122-37, al. 3 [L. 1322-4 nouv.], n'interdisant pas à la juridiction judiciaire de droit commun de connaître d'une action principale en annulation d'une ou plusieurs clauses dudit règlement. Dès lors, une cour d'appel distingue à bon droit les clauses modifiées à la suite de la décision de l'inspecteur du travail et celles sur lesquelles l'autorité administrative ne s'est pas prononcée. • Soc. 16 déc. 1992, n° 90-14.337 P : *D. 1993. 334, note Prétot* ; *Dr. soc. 1993. 267, note Jeammaud* ; *RJS 1993. 105, n° 148 ; CSB 1993. 43, A. 10,* rejetant le pourvoi contre • Versailles, 30 nov. 1989 : *BS Lefebvre 1990. 106, n° 187.*

6. La déclaration d'illégalité d'un texte réglementaire prononcée par le juge administratif, même décidée à l'occasion d'une autre instance, s'impose au juge civil qui ne peut faire application de ce texte illégal. • Soc. 7 déc. 1993, n° 88-41.422 P : *D. 1994. Somm. 304, obs. Lanquetin* ; *JCP 1994. II. 22245, note Waquet ; RJS 1994. 41, n° 25* (constitue un licenciement abusif le refus de la compagnie Air France de poursuivre la carrière d'une salariée jusqu'à cinquante-cinq ans, fondé sur une disposition du règlement intérieur déclarée illégale).

Art. L. 1322-2 La décision de l'inspecteur du travail est motivée.

Elle est notifiée à l'employeur et communiquée, pour information, aux membres du comité d'entreprise ou, à défaut, aux délégués du personnel, ainsi qu'aux membres du comité d'hygiène, de sécurité et des conditions de travail pour les matières relevant de sa compétence. – *[Anc. art. L. 122-37, al. 2.]* – *V. art. R. 1323-1 (pén.).*

1. Personnes astreintes à l'obligation de motivation. L'obligation de motivation qui pèse sur la décision de l'inspecteur du travail s'étend à celle du directeur régional. • CE 9 oct. 1987 : *JCP E 1988. II. 15123, n° 71* • 23 juill. 1993 : *D. 1994. Somm. 241, obs. Chelle et Prétot* ; *Dr. soc. 1993. 842, concl. Pochard* ; *AJDA 1993. 728, concl. Pochard*. ♦ ... Ainsi qu'à celle du ministre du travail saisi, dans les conditions du droit commun, d'un recours hiérarchique contre la décision du directeur régional. • CE 23 juill. 1993 : *préc.*

2. Recours hiérarchique. Les dispositions de l'art. L. 122-38 [L. 1322-3 nouv.] ne font pas obstacle à ce que, conformément aux principes généraux du droit, la décision du directeur régional puisse faire l'objet d'un recours hiérarchique auprès du ministre du travail ; saisi d'un tel recours ou agissant de sa propre autorité, le ministre peut contrôler aussi bien les dispositions du règlement intérieur jugées contraires aux lois et règlements par le directeur régional que celles que ce dernier a implicitement estimées légales en s'abstenant d'en exiger la modification ou le retrait. • CE 18 mars 1998 : *Lebon 94* ; *RJS 1998. 467, n° 734.*

3. Le directeur régional et le ministre peuvent, dans l'exercice de leur pouvoir hiérarchique, contrôler la légalité de dispositions du règlement intérieur dont l'inspecteur du travail s'est abstenu d'exiger la modification ou le retrait. • CE 23 juill. 1993 : *préc. note 1.*

Art. L. 1322-3 **La décision de l'inspecteur du travail peut faire l'objet d'un recours hiérarchique, dans des conditions déterminées par voie réglementaire.**

La décision prise sur ce recours est notifiée à l'employeur et communiquée, pour information, aux membres du comité d'entreprise ou, à défaut, aux délégués du personnel, ainsi qu'aux membres du comité d'hygiène, de sécurité et des conditions de travail pour les matières relevant de sa compétence. – *[Anc. art. L. 122-38, al. 1er début et al. 2 fin.] – V. art. R. 1323-1 (pén.).*

SECTION II CONTRÔLE JURIDICTIONNEL

Art. L. 1322-4 **Lorsque, à l'occasion d'un litige individuel, le conseil de prud'hommes écarte l'application d'une disposition contraire aux articles L. 1321-1 à L. 1321-3 et L. 1321-6, une copie du jugement est adressée à l'inspecteur du travail et aux membres du comité d'entreprise ou, à défaut, aux délégués du personnel, ainsi qu'aux membres du comité d'hygiène, de sécurité et des conditions de travail pour les matières relevant de sa compétence.** – *[Anc. art. L. 122-37, al. 3.] – V. art. R. 1323-1 (pén.).*

CHAPITRE III DISPOSITIONS PÉNALES

Le présent chapitre ne comprend pas de dispositions législatives.

TITRE TROISIÈME DROIT DISCIPLINAIRE

RÉP. TRAV. v° *Droit disciplinaire,* par SAVATIER et MOULY.

BIBL. GÉN. ▶ Commentaires de la loi du 4 août 1982 : ADAM, *Dr. soc. 2015. 590* (de quoi la « faute » et la « sanction » sont-elles le nom ?). - BÉLIER, *Dr. soc. 1982. 407.* - BERRA, *Sem. soc. Lamy 1983, n° 143, 111.* - BOUAZIZ, *Dr. ouvrier 1982. 449.* - JAVILLIER, *Dr. soc. 1983. 537.* - G. LYON-CAEN, *D. 1983. Chron. 7.* - PHILBERT, *Juri-soc. 1982, Étude et synthèse, 1.* - TEYSSIÉ, *JCP CI 1983. II. 14017.* - TOUTAIN, *Dr. soc. 1983. 564.* - VENIN, *ibid. 486.*

▶ Droit disciplinaire : ADAM, *RJS 2012. 431* (la sanction disciplinaire ou le « songe de Nabuchodonosor »). - ADOM, *Dr. soc. 1997. 10* (pouvoir disciplinaire et action syndicale). - AUBERT-MONPEYSSEN, *Ann. Université Toulouse, t. XXXV, 1987, p. 191.* - BÉRAUD *Ét. offertes à G. Lyon-Caen, 1989, p. 381.* - BOUBLI, *Dr. soc. 1990. 493* . - BRÈTHE DE LA GRESSAYE, *ibid. 1960. 633.* - CŒURET, *Dr. soc. 1998. 25* (titulaires du pouvoir disciplinaire). - DÉPREZ, *RJS 1991. 351* (évolution de la jurisprudence en matière disciplinaire) ; *JCP E 1992. I. 148* (modification substantielle résultant d'une sanction). - FROSSARD, *Dr. soc. 1987. 496* ; *D. 2004. 2450* (évolutions du droit disciplinaire). - GAYAT, *Dr. ouvrier 1998. 515* (contestation de la sanction et autorité de la chose jugée au pénal). - A. MAZEAUD, *ibid. 1994. 343* (clause pénale). - MICHEL, *Dr. soc. 2004. 817* (évolutions possibles des sanctions). - MOULY, *Dr. soc. 2003. 395* . - ORTSCHEIDT, *ibid. 1987. 11.* - PÉLISSIER, *Juri-soc. 1987, n° 10, 45* ; *Mélanges Vincent, 1981, p. 273* ; *Ét. offertes à Savatier, 1992, p. 367* (ambiguïté du droit disciplinaire) ; *D. 1992. Chron. 30* (modification substantielle et droit disciplinaire) ; *Dr. soc. 1992. 751* (licenciement disciplinaire). - RAY, *ibid. 1990. 95* . - SAVATIER, *ibid. 1988. 251* ; *ibid. 1989. 504* ; *ibid. 1992. 227* (droit disciplinaire conventionnel et légal). - SUPIOT, *ibid. 1992. 215* . - VERDIER, *Sem. soc. Lamy 1988, suppl. n° 410, D 7.* - WAQUET, *Dr. soc. 1998. 803* (droit disciplinaire et modification).

CHAPITRE PREMIER SANCTION DISCIPLINAIRE

Art. L. 1331-1 **Constitue une sanction toute mesure, autre que les observations verbales, prise par l'employeur à la suite d'un agissement du salarié considéré par l'employeur comme fautif, que cette mesure soit de nature à affecter immédiatement ou non la présence du salarié dans l'entreprise, sa fonction, sa carrière ou sa rémunération.** – *[Anc. art. L. 122-40.]*

COMMENTAIRE

V. Dalloz.fr et applications mobiles Dalloz.

1. *Champ d'application.* Les dispositions d'ordre public des art. L. 122-40 et L. 122-41 [L. 1331-1 et L. 1332-1 nouv.] sont applicables de droit aux agents de la SNCF. • Soc. 19 juin 1991 : *D. 1991. IR 187 ; RJS 1991. 504, n° 964.* – V. aussi : • Soc. 22 nov. 1995 : *D. 1996. IR 5.*

A. FAUTE DISCIPLINAIRE

BIBL. Enclos, *Dr. soc. 1991. 131* (fautes disciplinaires des salariés en formation alternée). – Saint-Jours, *D. 1990. Chron. 113*.

2. *Notion de faute disciplinaire.* Viole l'art. L. 122-40 [L. 1331-1 nouv.] le conseil de prud'hommes qui refuse d'admettre le caractère disciplinaire d'un licenciement et déclare inapplicables les garanties disciplinaires conventionnelles, alors que le licenciement était motivé par l'avertissement précédent, les retards réitérés et les absences non motivées, un comportement désinvolte et l'introduction de personnes étrangères dans l'entreprise. • Soc. 8 mars 1990, n° 88-40.770 P.

3. *Salariés protégés.* Une sanction disciplinaire ne peut être prononcée qu'en raison de faits constituant un manquement du salarié à ses obligations professionnelles envers l'employeur ; le retard reproché aux salariés qui concerne l'exercice de leurs mandats représentatifs ne peut justifier une sanction disciplinaire. • Soc. 30 juin 2010 : *D. 2010. Actu. 4883 ; Dalloz actualité, 6 sept. 2010, obs. Ines ; RJS 2010. 711, n° 789 ; Dr. soc. 2010. 1264, obs. Duquesne*.

4. *Insuffisance professionnelle.* L'insuffisance ou l'inaptitude professionnelle n'est pas une faute disciplinaire. • Soc. 4 déc. 1986 : *Bull. civ. V, n° 579* (ne donne pas de base légale à sa décision le juge qui alloue à un salarié licencié sur le fondement de la mauvaise qualité de son travail des dommages-intérêts au motif que son employeur ne l'avait pas convoqué à un entretien préalable, sans dire en quoi la mauvaise qualité du travail procède d'un comportement fautif) • 11 déc. 1986 : *Bull. civ. V, n° 594 ; D. 1987. IR 2* • 25 oct. 1990 : *CSB 1990. 282, S. 176.* ♦ *Contra* : • Soc. 29 oct. 1998 : *RJS 1998. 903, n° 1481* (application de la procédure disciplinaire lorsque sont reprochés au salarié des efforts insuffisants dans l'accomplissement de son travail). ♦ V. aussi : • Soc. 26 févr. 1992 : *Dr. soc. 1992. 377 ; CSB 1992. 119, S. 71 ; RJS 1992. 242, n° 413,* affirmant à propos d'un salarié congédié pour manque de qualification que, « prononcée pour faute grave, la rupture anticipée du contrat à durée déterminée constituait une sanction ».

5. *Droit de se soigner.* Le fait pour un salarié de s'en tenir aux prescriptions de son médecin traitant n'a pas un caractère fautif. • Soc. 10 oct. 1995 : *D. 1996. 95, note Saint-Jours ; Dr. soc. 1995. 984, concl. Frouin ; RJS 1995. 709, n° 1111 ; ibid. 770, chron. Savatier* (cassation de l'arrêt ayant refusé d'annuler un blâme infligé à un salarié en congé de maladie qui n'a pas repris le travail à la date fixée par le médecin mandaté par l'employeur). ♦ Toutefois, lorsqu'une visite médicale demandée par le salarié n'a donné lieu à aucune réserve de la part du médecin du travail, le refus du salarié d'exécuter son travail constitue une faute grave, peu important l'avis du médecin traitant. • Soc. 9 oct. 2001, n° 98-46.144 P : *Dr. soc. 2002. 217, obs. Savatier ; RJS 2001. 957, n° 1416 ; JS Lamy n° 91-2.*

6. *Exception d'inexécution.* Le refus par un salarié de reprendre le travail peut être légitimé par un manquement de l'employeur à ses obligations. • Soc. 23 juin 2009 : *RJS 2009. 705, n° 798 ; JCP S 2009. 1419, obs. Dumont.*

7. *Suspension du contrat de travail.* Le fait que le contrat d'un représentant du personnel soit suspendu en raison de sa mise au chômage technique ne lui fait pas perdre ses mandats et ne fait pas obstacle à sa présence dans l'entreprise ; les fautes reprochées au salarié ayant été commises dans les locaux de travail sur lesquels l'employeur exerce normalement son autorité, le pouvoir disciplinaire de ce dernier trouvait à s'y appliquer. • CE 13 nov. 1987, *Fonderies et aciéries électriques : Lebon 369 ; D. 1989. Somm. 141, obs. Chelle et Prétot ; Dr. soc. 1988. 190, concl. Robineau ; JCP 1988. II. 21013, note Moderne.*

B. SANCTIONS DISCIPLINAIRES

BIBL. Frossard, *RDT 2012. 685* (caractères de la sanction disciplinaire). – Girault, *JCP CI 1984. II. 14131* (rétrogradation). – A. Mazeaud, *Dr. soc. 1988. 153* (grève perlée et sanction disciplinaire). – Pélissier, *ibid. 1983. 545* (définition des sanctions). ♦ Modification du contrat résultant d'une sanction disciplinaire : Déprez, *JCP E 1992. I. 148.* – A. Mazeaud, *Dr. soc. 1991. 16.* – Pélissier, *D. 1992. Chron. 30*.

8. *Individualisation des sanctions.* S'il est interdit à l'employeur, à peine de nullité de la mesure, de pratiquer une discrimination, au sens de l'art. L. 122-45 C. trav. [L. 1132-1 à L. 1132-4 nouv.], il lui est permis, dans l'intérêt de l'entreprise et dans l'exercice de son pouvoir d'individualisation des mesures disciplinaires, de sanctionner différemment des salariés qui ont participé à une même faute. • Soc. 15 mai 1991, n° 89-42.270 P : *D. 1991. IR 156 ; Dr. soc. 1991. 619, rapp. Waquet, concl. Franck ; CSB 1991. 189, A. 43 ; RJS 1991. 440, n° 841* • 29 janv. 1992, n° 89-44.501 P : *RJS 1992. 173, n° 283*

• 14 mai 1998, n° 96-41.755 P : *Dr. soc. 1998. 709, obs. Jeammaud*. ♦ Pour un exemple de discrimination, V. • Crim. 7 févr. 1989 : *D. 1989. IR 127 ; Dr. soc. 1989. 504, note Savatier* (l'employeur commet un détournement de pouvoir en prononçant des sanctions sensiblement plus graves en raison de l'activité syndicale des salariés concernés).

9. Sources de la sanction. Lorsqu'une convention collective fixe les règles générales et permanentes relatives à la discipline, notamment la nature et l'échelle des sanctions que peut prendre l'employeur, limite la durée d'une mesure de suspension de contrat de travail, le dépassement de cette durée entraîne la nullité de la sanction. • Soc. 24 nov. 2010 : *RDT 2011. 249, obs. Duquesne*. ♦ V. note 11 s. ss. L. 1321-1.

10. En présence d'un règlement intérieur prévoyant le licenciement comme sanction de certaines fautes, l'employeur a la possibilité de prononcer une sanction moins grave. • Soc. 20 avr. 1989 : *Bull. civ. V, n° 299 ; D. 1989. IR 174.*

11. Constitue une sanction le refus d'un détachement dans des circonstances faisant apparaître que cette mesure a été prise à la suite d'agissements considérés par l'employeur comme fautifs. • Soc. 10 avr. 1991, n° 87-42.633 P : *D. 1991. IR 139 ; RJS 1991. 376, n° 704.* ♦ ... De même que la rétractation d'une autorisation de détachement. • Versailles, 9 déc. 1992 : *Dr. soc. 1993. 350, concl. Duplat*.

12. Une procédure de demande d'explications écrites, mise en œuvre à la suite de faits qualifiés de refus d'obéissance et ayant donné lieu à la conservation des demandes formulées par l'employeur et des réponses écrites du salarié dans le dossier individuel de celui-ci, constitue une sanction disciplinaire. • Soc. 30 janv. 2013 : *Dalloz actualité, 1er mars 2013, obs. Ines ; D. 2013. Actu. 369 ; JS Lamy 2013, n° 339-3 ; JCP S 2013. 1196, obs. Everaert-Dumont.*

13. La procédure de demande d'explications écrites en vigueur au sein d'une entreprise et au terme de laquelle le procès-verbal consignant les échanges est conservé au dossier du salarié constitue une sanction disciplinaire. • Soc. 19 mai 2015, n° 13-26.916 : *D. 2015. Actu. 1161 ; Dr. soc. 2015. 652, note Mouly ; JS Lamy 2015, n° 391-3, obs. Pacotte et Layat-Le Bourhis ; RJS 8-9/2015, n° 568.*

14. Changement d'affectation du salarié dans un souci de sécurité des tiers. Ne constitue pas une sanction disciplinaire le changement d'affectation d'un salarié consécutif au retrait de son habilitation à la conduite de certains véhicules lorsque ce changement a pour seul objet, conformément au règlement de sécurité de l'exploitation d'un système de transport public guidé, d'assurer la sécurité des usagers, du personnel d'exploitation et des tiers. • Cass., ass. plén., 6 janv. 2012 : *D. 2012. Actu. 156 ; RDT 2012. 145, note Lokiec ; RJS 2012. 205, n° 245 ; Dr. ouvrier 2012. 362, note Durand ; JS Lamy 2012, n° 315-2, obs. Hautefort ; JCP S 2012. 1197, obs. Dumont ; Sem. soc. Lamy 2012, n° 1523, p. 10, obs. Waquet* • Soc. 8 oct. 2014 : *D. 2014. 2056 ; Dr. soc. 2014. 1068, obs. Mouly ; RJS 2014. 740, n° 859.*

15. La révocation des mandats sociaux du salarié ne constitue pas une sanction disciplinaire et n'interdit pas que le licenciement soit prononcé en raison des mêmes faits. • Soc. 7 avr. 1993 : *Dr. soc. 1993. 837, note Puigelier ; RJS 1993. 389, n° 673 ; CSB 1993. 154, S. 75.*

16. Avertissement. L'avertissement constitue une sanction disciplinaire au sens de l'art. L. 122-40 [L. 1331-1 nouv.]. • Soc. 21 mars 2001 : *Dr. ouvrier 2001. 21, obs. Gayat.* ♦ La lettre par laquelle l'employeur adresse divers reproches au salarié et le met en demeure d'apporter un maximum de soin à l'exécution de son travail sanctionne un comportement fautif et constitue un avertissement, en sorte que les mêmes faits ne pouvaient plus justifier un licenciement. • Soc. 13 oct. 1993 : *CSB 1993. 261, A. 57 ; RJS 1994. 120, n° 152* • 4 juin 2009 : *RDT 2010. 109, obs. Varin*. ♦ Constitue un avertissement la lettre adressée par l'employeur reprochant au salarié diverses erreurs et le mettant en demeure de faire un effort pour redresser la situation sous peine de déclassement ou de licenciement. • Soc. 13 nov. 2001, n° 99-42.709 P : *D. 2001. IR 3585 ; RJS 2002. 62, n° 60.* ♦ De même encore, constitue un avertissement le message électronique adressé par l'employeur à un salarié dans lequel il lui fait part de divers reproches et l'invite de façon impérative à un changement radical avec mise au point ultérieure. • Soc. 26 mai 2010 : *RDT 2011. 378, obs. de Quénaudon*. ♦ Les remarques faites par un agent de maîtrise dépourvu de toute qualification pour exercer un quelconque pouvoir disciplinaire ne constituent pas une sanction, mais une simple constatation des faits destinée à la direction. • Soc. 4 mai 1995 : *RJS 1995. 427, n° 648.* ♦ Ne constitue pas non plus une sanction l'injonction faite à un salarié de cesser tout rapport avec la clientèle à la suite de son comportement et de s'en tenir à l'étude de certains dossiers. • Soc. 10 juill. 1995 : *RJS 1995. 654, n° 1020.*

17. L'avertissement constituant une sanction disciplinaire au sens de l'art. L. 122-40 C. trav. [L. 1331-1 nouv.], il ne peut être soutenu qu'il échapperait à l'amnistie au motif qu'il aurait été infligé pour des faits n'appelant pas une telle sanction. • Crim. 21 mars 2000 : *Bull. crim. n° 128.*

18. Avertissement et entretien préalable. L'employeur n'est, en principe, pas tenu de convoquer le salarié à un entretien avant de lui notifier un avertissement ; il en va autrement lorsque, au regard des dispositions d'un règlement intérieur, l'avertissement peut avoir une influence sur le maintien du salarié dans l'entreprise (tel est le cas lorsque le règlement intérieur, instituant ainsi une garantie de fond, subordonne le licenciement d'un salarié à l'existence de deux sanctions antérieures pouvant être constituées notamment par un avertissement). • Soc. 3 mai 2011 : *Dalloz actualité, 30 mai 2011, obs. Siro ; D. 2011. Actu. 1357 ; RJS 2011. 553, n° 609 ; JS Lamy 2011, n° 301-2, obs. Lhernould ; JCP S 2011. 1400, obs. Bossu.*

19. Mise à pied disciplinaire. La sanction de la mise à pied est inhérente au pouvoir disciplinaire de l'employeur, lequel a la faculté d'en faire usage même si le règlement intérieur ne prévoit pas cette sanction. • Soc. 25 juin 1987, n° 84-42.314 P : *D. 1988. Somm. 98, obs. Pélissier ; Dr. soc. 1988. 251, note Savatier* (décision rendue sur des faits antérieurs à 1982). ♦ Lorsque la mise à pied ne figure pas au nombre des sanctions prévues par une convention collective, l'introduction d'une telle sanction dans l'échelle des mesures disciplinaires fixée par le règlement intérieur ne constitue pas une disposition nécessairement plus favorable aux salariés ; par suite, les stipulations du règlement intérieur sont contraires à la convention et de ce fait à l'art. L. 122-35 [L. 1321-3 nouv.]. • CE 28 janv. 1991 : *D. 1992. Somm. 153, obs. Chelle et Prétot ; Dr. soc. 1992. 227, note Savatier ; RJS 1991. 172, n° 329.* ♦ Si la mise à pied peut figurer dans l'échelle des sanctions prévues par le règlement intérieur, celui-ci doit en préciser la durée maximale. • CE 21 sept. 1990 : *RJS 1990. 639, n° 966* • Soc. 26 oct. 2010 : *Dalloz actualité, 16 nov. 2010, obs. Perrin ; D. 2010. AJ 2652 ; RDT 2010. 719, obs. Fabre ; Sem. soc. Lamy 2010, n° 1466, p. 10, obs. Champeaux.*

20. Mise à pied conservatoire. Lorsque à l'issue de la mise à pied le salarié a repris son travail jusqu'au jour de son licenciement, il en résulte que la mise à pied constituait non pas une mesure conservatoire, mais une sanction disciplinaire. • Soc. 14 janv. 1992 : *RJS 1992. 173, n° 281.* ♦ De même, lorsque la mise à pied n'est pas suivie de l'ouverture d'une procédure de licenciement dans le délai de 15 jours, elle présente un caractère disciplinaire. • Soc. 18 févr. 1998, n° 96-40.219 P : *RJS 1998. 289, n° 462 ; Dr. soc. 1998. 499, obs. Jeammaud.* ♦ Lorsque la mise à pied, nonobstant sa qualification de mise à pied conservatoire, n'a pas été suivie immédiatement de l'ouverture d'une procédure de licenciement, cette mesure présente un caractère disciplinaire ; en conséquence, l'employeur ne peut sanctionner une nouvelle fois le salarié pour les mêmes faits en prononçant ultérieurement son licenciement. • Soc. 30 oct. 2013 : *Dalloz actualité, 27 nov. 2013, obs. Fraisse.*

21. Licéité. Est licite une mise à pied de quatorze jours prononcée à l'encontre d'un représentant du personnel lorsque, compte tenu des circonstances, elle n'est ni excessive quant à sa durée, ni discriminatoire, la preuve n'ayant pas été rapportée qu'elle ait été prise à l'encontre de l'intéressé en considération de ses fonctions représentatives. • Crim. 9 nov. 1982 : *Bull. crim. n° 249 ; JS UIMM 1983. 136.* ♦ Comp. : • Crim. 7 févr. 1989 : *préc. note 8.*

22. Est licite la réduction d'une prime d'assiduité consécutive à l'absence du salarié mis à pied. • Soc. 19 juill. 1994, n° 90-43.785 P : *D. 1995. Somm. 357, obs. Borenfreund ; Dr. soc. 1994. 893 ; JCP 1995. I. 3817, n° 1, obs. Darmaisin ; RJS 1994. 583, n° 984 ; CSB 1994. 256, S. 137.*

23. Insubordination. Le refus de se soumettre à une sanction disciplinaire qui constitue la réitération d'actes d'insubordination peut être constitutif d'une faute grave. • Soc. 25 mai 2004, n° 02-41.900 P : *RJS 2004. 622, n° 912.* ♦ Le refus d'exécuter une mise à pied et de quitter les lieux malgré l'ordre de sa hiérarchie et l'intervention d'un huissier de justice constitue, de la part du salarié, un acte d'insubordination qui a gravement perturbé le bon fonctionnement de l'entreprise et délibérément porté atteinte à l'autorité de l'employeur, rendant intolérable la poursuite du contrat même pendant le préavis. • Soc. 25 mai 1989 : *Bull. civ. V, n° 393.* ♦ Comp. : • Soc. 13 juin 1990 : *JS UIMM 1990. 391.* ♦ Sur la mise à pied conservatoire, V. notes ss. art. L. 1332-3.

24. Modification du contrat de travail à titre disciplinaire. Une modification du contrat prononcée à titre disciplinaire ne peut être imposée au salarié. Cependant, en cas de refus, l'employeur peut dans le cadre de son pouvoir disciplinaire prononcer une sanction autre au lieu et place de la sanction refusée. • Soc. 16 juin 1998, n° 95-45.033 P : *GADT, 4e éd., n° 67 ; Dr. soc. 1998. 3, obs. Radé ; RJS 1998. 555, n° 858 ; JCP E 1998. 1793, note Pouget ; D. 1998. IR 176* • 7 juill. 2004, n° 02-44.476 P : *RJS 2004. 717, n° 1038.* ♦ Dans l'hypothèse d'une rétrogradation refusée par le salarié, l'employeur peut, dans l'exercice de son pouvoir disciplinaire, prononcer une autre sanction, y compris un licenciement pour faute grave aux lieu et place de la sanction refusée. • Soc. 11 févr. 2009, n° 06-45.897 P : *R., p. 371 ; D. 2009. AJ 569, obs. Maillard ; RJS 2009. 296, n° 343 ; JS Lamy 2009, n° 251-3 ; JCP E 2009. 1384, obs. Béal ; Sem. soc. Lamy 2009, n° 1388, p. 11.*

25. Rétrogradation. La rétrogradation consécutive à une modification du travail et à une baisse des responsabilités ne constitue pas une sanction pécuniaire illicite. • Soc. 24 mars 1988 : *Bull. civ. V, n° 203 ; D. 1988. Somm. 316, obs. Langlois* • 7 juill. 2004, n° 02-44.476 P : *RJS 2004. 717, n° 1038.* ♦ La baisse de rémunération consécutive à une rétrogradation dans un emploi différent prononcée à titre de sanction ne constitue ni une sanction pécuniaire illicite, ni une deuxième sanction. • Soc. 17 févr. 1993, n° 88-45.539 P : *D. 1993. 618, note J. Mouly ; Dr. soc. 1993. 381 ; RJS 1993. 239, n° 394 ; CSB 1993. 105, A. 26* • 22 juin 1994 : *Dr. soc. 1994. 801.* ♦

Dans l'hypothèse d'une rétrogradation refusée par le salarié, l'employeur peut, dans l'exercice de son pouvoir disciplinaire, prononcer une autre sanction, y compris un licenciement pour faute grave aux lieu et place de la sanction refusée. • Soc. 11 févr. 2009 : *préc. note 24.*

26. Mutation. L'usage d'une clause de mobilité à titre de sanction disciplinaire ne constitue pas un abus de l'employeur mais ce dernier doit justifier une faute du salarié. • Soc. 15 janv. 2002, n° 99-45.979 P : *RJS 2002. 360, n° 471.* ♦ Ne constitue pas une sanction illicite la diminution de salaire entraînée par la mutation du salarié à une fonction ou à un poste différent et de niveau inférieur. • Soc. 20 avr. 1989 : *Bull. civ. V, n° 299 ; D. 1989. IR 174.* ♦ Ne caractérise pas une sanction disciplinaire la réorganisation des tâches confiées à un salarié afin qu'il ne soit plus en contact avec un client qui s'était plaint de lui, mesure qui permettait à l'entreprise de conserver un marché. • Soc. 16 janv. 1990 : *JS UIMM 1990. 131.* ♦ V. aussi, pour une affectation temporaire dans un emploi de bureau : • Soc. 3 juill. 1991 : *D. 1991. IR 232 ; RJS 1991. 503, n° 963, 1re esp.* ♦ Solution inverse, lorsque le changement d'affectation résulte de faits considérés par l'employeur comme fautifs : • Soc. 19 juin 1991 : *D. 1991. IR 196 ; Dr. soc. 1991. 733 ; RJS 1991. 503, n° 963, 2e esp.* • 10 juill. 1996 : *CSB 1996. 329, S. 141.* ♦ L'acceptation par le salarié de sa mutation après la sanction dont il a fait l'objet ne peut valoir renonciation à se prévaloir de la nullité de cette sanction. • Soc. 11 déc. 1996 : *Dr. soc. 1997. 198, obs. A. Mazeaud.*

27. Refus d'une augmentation de salaire. Le seul fait de ne pas accorder à un salarié, en raison de ses qualités professionnelles insuffisantes, l'augmentation de salaire dont bénéficient les autres salariés ne constitue pas à l'égard de ce salarié une sanction. • Soc. 29 mai 1990 : *D. 1990. IR 167 ; RJS 1990. 398, n° 575* • 23 oct. 1991, n° 88-41.223 P : *Dr. soc. 1991. 955.* – V. aussi : • Crim. 26 avr. 1988 : *Bull. crim. n° 180 ; D. 1988. Somm. 316, obs. Langlois.* ♦ Mais l'exclusion de certains salariés du bénéfice de l'avantage consenti sous la forme d'une mesure générale, applicable à l'ensemble du personnel, en l'occurrence une augmentation de salaires, se présente comme une sanction puisqu'elle était fondée sur un comportement jugé reprochable. • Soc. 19 juill. 1995 : *RJS 1995. 655, n° 1021.*

28. Refus d'avancement. Si la décision de l'employeur de retarder un avancement prévu à l'ancienneté est une sanction disciplinaire, il n'en est pas de même du refus d'un avancement fondé sur un critère de choix, un tel refus pouvant éventuellement donner lieu à une action en responsabilité civile lorsqu'il est abusif. • Soc. 20 mars 1990, n° 88-41.769 P : *RJS 1990. 280, n° 377* • 3 févr. 1993, n° 89-43.624 P : *Dr. soc. 1993. 296 ; RJS 1993. 155, n° 241.* ♦ Sur la nécessité de vérifier l'absence de détournement de pouvoir, V. • Soc. 15 avr. 1992, n° 88-41.555 P. – Dans le même sens : • Soc. 10 mai 1989 : *Bull. civ. V, n° 348 ; Dr. soc. 1990. 83, note Ray.* – V. aussi • Soc. 22 janv. 1991 : *RJS 1991. 173, n° 330* • 18 mars 1992, n° 88-45.745 P : *D. 1992. IR 107 ; JCP E 1993. II. 412, note Favennec-Héry ; Dr. soc. 1992. 475 ; RJS 1992. 347, n° 615.* ♦ Mais constitue une sanction le refus d'un avancement qui était de droit, sauf insuffisance professionnelle, dès lors que font défaut les éléments objectifs susceptibles de matérialiser une telle insuffisance. • Soc. 15 avr. 1992 : *RJS 1992. 405, n° 736.* ♦ La simple lettre faisant état de prestations insuffisantes et produite lors d'une réunion d'une commission paritaire de préparation du tableau d'avancement n'est pas constitutive d'une sanction, quand bien même il en aurait été tenu compte. • Soc. 22 janv. 1991, n° 87-42.844 P : *D. 1991. IR 44 ; RJS 1991. 173, n° 330.*

29. Mise à disposition. N'use pas de son pouvoir disciplinaire l'employeur qui demande à des salariés de rester à leur domicile à la disposition de l'entreprise. • Soc. 27 févr. 1985 : *Bull. civ. V, n° 122 ; D. 1985. IR 442, obs. Langlois.*

Art. L. 1331-2 Les amendes ou autres sanctions pécuniaires sont interdites.

Toute disposition ou stipulation contraire est réputée non écrite. – *[Anc. art. L. 122-42.] – V. art. L. 1334-1 (pén.).*

BIBL. DÉPREZ, *RJS 1991. 351* (évolution de la jurisprudence en matière disciplinaire). – LACHAUME, *Dr. soc. 1985. 122 et 1989. 512* (prohibition des amendes disciplinaires à la SNCF). – A. MAZEAUD, *Dr. soc. 1988. 153* (grève perlée et sanction disciplinaire) ; *ibid. 1991. 469* (élargissement du domaine de la sanction pécuniaire).

COMMENTAIRE

V. Dalloz.fr et applications mobiles Dalloz.

A. GÉNÉRALITÉS

1. Principe général du droit. En édictant l'interdiction des sanctions pécuniaires, le législateur a énoncé un principe général du droit du travail, applicable aux entreprises publiques dont le personnel est doté d'un statut réglementaire, et qui n'est pas incompatible avec les nécessités de la mission de service public confiée à la SNCF. • CE 1er juill. 1988 : *GADT, 4e éd., n° 9 ; Lebon 268 ; D. 1990. Somm. 140, obs. Chelle et Prétot ; Dr. soc. 1988. 775, concl. Van Ruymbeke ; ibid. 1989. 512, note Lachaume ; JCP*

1989. II. 21252, note Saint-Jours • Soc. 26 oct. 2016, n° 14-28.055 P : *D. 2016. Actu. 2221* ; *RJS 1/2017, n° 2 ; JCP S 2016. 1412, obs. Pagani et M. Pélissier.*

B. ABSENCE DE SANCTION PÉCUNIAIRE

2. Contrepartie d'une absence de travail. Ne constituent pas une sanction pécuniaire la réduction du salaire résultant de l'application d'une disposition du règlement intérieur relative à l'horaire mobile. • Soc. 10 nov. 1988 : *Bull. civ. V, n° 587 ; D. 1988. IR 282.* ♦ ... Ni la retenue de salaire effectuée à l'encontre des salariés qui avaient usé de la faculté offerte par l'art. L. 231-8-1 [L. 4131-1 nouv.] sans que soit établi qu'ils avaient un motif raisonnable de penser que la situation présentait un danger grave et imminent. • Soc. 11 juill. 1989 : *Bull. civ. V, n° 516 ; D. 1989. IR 235.* ♦ ... Ni la privation des indemnités complémentaires pour maladie, dès lors que le salarié n'a pas justifié son absence lors de la contre-visite médicale. • Soc. 9 déc. 1992 : *RJS 1993. 168, n° 276.*

3. Dette du salarié. Ne constituent pas une sanction pécuniaire, la retenue du montant de l'indemnité que l'employeur estime lui être due par le salarié pour non-respect du délai de préavis. • Crim. 8 déc. 1992 : *Bull. crim. n° 410.* ♦ ... Ni la réclamation au salarié, lors de son licenciement, de sommes indûment perçues par lui. • Soc. 18 nov. 1992, n° 90-40.010 P : *Dr. soc. 1993. 57 ; RJS 1993. 35, n° 33.*

4. Individualisation des rémunérations. Ne constitue pas une sanction pécuniaire à l'égard des autres salariés le fait d'accorder une augmentation de salaire à certains salariés en fonction de leurs qualités professionnelles. • Soc. 29 mai 1990 : *D. 1990. IR 167 ; RJS 1990. 398, n° 575* • 23 oct. 1991, n° 88-41.223 P : *Dr. soc. 1991. 955.* – V. aussi • Crim. 26 avr. 1988 : *Bull. crim. n° 180 ; D. 1988. Somm. 316, obs. Langlois.*

C. SANCTIONS PROHIBÉES

5. Blocage des rémunérations. L'exclusion de certains salariés du bénéfice d'un avantage consenti sous la forme d'une mesure générale, applicable à l'ensemble du personnel, en l'occurrence une augmentation de salaire, se présente comme une sanction puisqu'elle était fondée sur un comportement jugé reprochable. • Soc. 19 juill. 1995 : *RJS 1995. 655, n° 1021.*

6. Privation du droit d'option. La privation de la faculté de lever les options en cas de licenciement pour faute grave constitue une sanction pécuniaire prohibée qui ne peut être prévue par le plan de stock-option. • Soc. 21 oct. 2009 : *D. 2009. AJ 2613, obs. Perrin* ; *ibid. 2010. 1197, note Guyader* ; *RDT 2010. 28, obs. Auzero* ; *RJS 2010. 62, n° 79 ; Dr. soc. 2010. 117, obs. Couturier* .

7. Non-versement de primes. La privation d'une prime de fin d'année en cas de faute grave constitue une sanction pécuniaire prohibée qui ne peut faire l'objet d'une disposition conventionnelle. • Soc. 11 févr. 2009 : *R., p. 339 ; D. 2009. AJ 568, obs. Maillard* ; *RJS 2009. 297, n° 344 ; JS Lamy 2009, n° 253-4 ; JCP S 2009. 1185, obs. Dumont.* ♦ Dès lors qu'une prime de fin d'année présente, eu égard à sa constance, sa généralité et sa fixité, un caractère obligatoire, faisant d'elle un élément du salaire, l'employeur ne saurait prévoir, au titre de ses conditions d'attribution, l'absence de sanctions disciplinaires. • Soc. 19 mai 1988, n° 85-45.235 P : *D. 1988. Somm. 331, obs. A. Lyon-Caen.* ♦ Dès l'instant que la réduction d'une prime intervient en raison de faits considérés comme fautifs, il s'agit d'une sanction pécuniaire prohibée. • Soc. 7 mai 1991 : *D. 1991. IR 149 ; Dr. soc. 1991. 511* ; *RJS 1991. 377, n° 705* (prime de rendement) • 2 déc. 1992, n° 89-43.162 P : *Dr. soc. 1993. 185 ; CSB 1993. 35, A. 7 ; RJS 1993. 36, n° 35* (prime de travail accordée aux agents de la SNCF) • 16 févr. 1994, n° 90-45.915 P : *Dr. soc. 1994. 379 ; CSB 1994. 107, A. 22, 1re esp. ; RJS 1994. 264, n° 409* (prime dite « de rétribution pour la qualité et la production ») • 22 nov. 1995 : *D. 1996. IR 5 ; Dr. soc. 1996. 117 ; RJS 1996. 21, n° 24 ; JCP 1996. I. 3923, n° 8, obs. Darmaisin* (prime de travail accordée aux agents de la SNCF). ♦ De même est une sanction pécunière la suppression d'une prime d'objectifs en raison de faits considérés comme fautifs par l'employeur. • Soc. 4 juin 1998, n° 95-45.167 P : *RJS 1998. 556, n° 859 ; D. 1998. IR 160* . ♦ ... Ou le non-paiement d'une prime dont l'octroi est subordonné à une condition de présence l'année suivant son versement, une telle condition portant atteinte à la liberté du travail. • Soc. 18 avr. 2000, n° 97-44.235 P : *D. 2000. IR 150* ; *Dr. soc. 2000. 645, obs. Radé* ; *CSB 2000, A. 33, p. 649, obs. Pansier.* ♦ En revanche, la seule circonstance que le versement d'une prime ayant le caractère d'un élément de salaire soit subordonné à la condition d'un défaut d'absence ne constitue pas une sanction pécuniaire. • Soc. 10 juin 1992, n° 88-44.717 P : *RJS 1992. 479, n° 863.*

8. Erreurs de caisse. Constitue une sanction pécuniaire illicite la retenue sur salaire à la suite d'un manquant dans la caisse, peu important à cet égard les dispositions de la convention collective ou du règlement intérieur qui ne peuvent instituer un cas de responsabilité pécuniaire de plein droit. • Soc. 9 juin 1993, n° 89-41.476 P.

9. Mauvaise exécution du contrat de travail. Constituent une sanction prohibée : la diminution de la rémunération du salarié sous prétexte que son travail est mal effectué. • Soc. 7 déc. 1995 : *CSB 1996. 81, A. 20.* ♦ ... Le refus de versement, en raison de la mauvaise qualité du travail du salarié, de gratifications fondées sur les résultats de l'entreprise et prévues par le contrat de travail. • Soc. 17 juill. 1996 : *Defrénois 1997.*

974, note Quétant ; CSB 1996. 329, S. 142. ♦ ... La retenue sur salaire pour refus de participation à une réunion de travail. • Soc. 19 nov. 1997, n° 95-44.309 P : *D. 1998. IR 12 ; RJS 1998. 32, n° 37 ; Dr. soc. 1998. 196, obs. Marraud.*

10. Sanction pécuniaire et clause d'objectifs. La clause en exécution de laquelle l'employeur prélève une somme fixe sur la rémunération du salarié au titre de l'avantage en nature lié à l'utilisation du véhicule de l'entreprise au motif que son chiffre d'affaires était insuffisant est nulle. • Soc. 20 oct. 2010 : *Dalloz actualité, 12 nov. 2010, obs. Perrin ; RJS 2011. 44, n° 38.*

11. SNCF. Est justifiée la décision du juge des référés affirmant que la retenue pratiquée sur les salaires des agents de la SNCF en raison de la mauvaise exécution de leurs obligations constitue une sanction pécuniaire et qu'il convient de faire cesser le trouble illicite qui en résulte. • Soc. 20 févr. 1991, n° 90-41.119 P : *D. 1991. IR 81 ; Dr. ouvrier 1991. 217, note Bied-Charreton ; RJS 1991. 246, n° 461.* – Dans le même sens : • Soc. 17 avr. 1991, n° 89-43.127 P : *Dr. soc. 1991. 469, note A. Mazeaud ; RJS 1991. 309, n° 580* • 2 déc. 1992 : *préc. note 7* • 22 nov. 1995, n° 91-43.809 P : *D. 1996. IR 5 ; Dr. soc. 1996. 204 ; RJS 1996. 22, n° 24 ; JCP E 1996. I. 543, n° 8, obs. Darmaisin* (abaissement du coefficient de la prime de travail et diminution corrélative du salaire à la suite de manquement à la discipline). ♦ Comp., en cas de retenues pour absences ou retard : • Soc. 8 juill. 1992 : *Dr. soc. 1992. 841 ; CSB 1992. 240, S. 142.* ♦ V. aussi : • Soc. 12 avr. 1995 : *D. 1995. IR 128 ; Dr. soc. 1995. 599, obs. Savatier*, considérant que la réduction pour baisse de la production ne s'analyse en une sanction pécuniaire qu'à l'égard des salariés qui ne sont pas rémunérés en fonction du rendement.

12. Sanctions déguisées. Une cour d'appel juge à bon droit qu'une réduction des horaires de travail ne correspondant ni à un déclassement, ni à un changement d'affectation, utilisée comme mesure disciplinaire, constitue une sanction pécuniaire nulle. • Soc. 24 oct. 1991 : *RJS 1991. 707, n° 1314.* ♦ Dans le même sens : • Paris, 13 juill. 1993 : *JCP E 1993. Pan. 1359.*

13. Grève. La retenue sur le salaire des intéressés à qui l'employeur reprochait une mauvaise exécution de leurs obligations contractuelles à la suite d'une baisse de rendement volontaire constitue une sanction pécuniaire interdite par l'art. L. 122-42 [L. 1331-2 nouv.] et frappée de nullité. • Soc. 17 avr. 1991 : *préc. note 11.* ♦ Comp. : • Soc. 14 avr. 1983 : *Dr. soc. 1983. 642, note Savatier* • 8 oct. 1987 : *Bull. civ. V, n° 539 ; Dr. soc. 1988. 153, note A. Mazeaud.* • 12 avr. 1995 : *préc. note 11.*

14. Le temps consacré à la remise en marche des machines à l'issue d'un mouvement de grève même répété ne saurait justifier une retenue sur salaire au motif de la perte de production qui suit le mouvement, même à l'encontre des salariés grévistes, dès l'instant que la grève est reconnue licite. • Soc. 6 juin 1989 (trois arrêts), n° 85-46.435 P : *D. 1990. Somm. 170, obs. Borenfreund ; RJS 1989. 333, concl. Franck ; JCP 1990. II. 21452, note Saint-Jours.* ♦ Dans le même sens : • Soc. 4 févr. 1988 : *Bull. civ. V, n° 91 ; D. 1988. IR 57 ; JCP E 1988. II. 15235, n° 20, obs. Teyssié* • 16 mai 1989 : *Bull. civ. V, nos 362 et 364 ; GADT, 4e éd., n° 205 ; D. 1990. Somm. 170, obs. Borenfreund ; JCP 1990. II. 21452, note Saint-Jours ; Dr. ouvrier 1989. 242, note Debliquis* (le fait qu'un quotidien n'ait pas paru ne remet pas en cause le paiement des heures effectuées pour sa préparation) • 10 juill. 1991, n° 89-43.147 P. ♦ Comp., en cas de grève illicite : • Soc. 7 janv. 1988 : *Bull. civ. V, n° 10 ; D. 1988. Somm. 326, obs. Langlois ; Dr. soc. 1988. 153, note A. Mazeaud ; ibid. 251, note Savatier ; JCP 1990. II. 21452, note Saint-Jours.*

15. Il appartient à l'employeur souhaitant opérer une retenue de salaire supérieure à la durée de la grève d'apporter la preuve que la reprise du travail n'a pas effectivement eu lieu après chacun des débrayages. • Soc. 10 juill. 1991 : *préc. note 14.*

16. La réduction d'une prime en raison du refus jugé fautif exprimé par un salarié non gréviste d'occuper le poste d'un salarié gréviste constitue une sanction pécuniaire. • Soc. 16 févr. 1994 : *préc. note 7.*

17. Service minimum. Les grévistes effectuant à la demande de l'employeur un service minimum ont droit à la rémunération du service effectué. • Soc. 20 févr. 1991, n° 90-41.119 P : *D. 1991. IR 81 ; Dr. ouvrier 1991. 217, note Bied-Charreton.* ♦ Comp. : • CE 17 mars 1997 : *D. 1997. IR 117 ; Dr. soc. 1997. 534, obs. Ray ; RJS 1997. 404, n° 626, 1re esp.* (si les notes de service de la direction d'EDF-GDF prévoient que les grévistes, présents à leur poste, doivent assurer les tâches de maintien de la sûreté et de la sécurité des installations et qu'ils seront rémunérés à hauteur de 20 % du salaire normalement dû, ces notes n'ont pas institué une sanction pécuniaire en méconnaissance du principe général du droit dont s'inspire l'art. L. 122-42 [L. 1331-2 nouv.]).

CHAPITRE II **PROCÉDURE DISCIPLINAIRE**

SECTION PREMIÈRE **GARANTIES DE PROCÉDURE**

Art. L. 1332-1 **Aucune sanction ne peut être prise à l'encontre du salarié sans que celui-ci soit informé, dans le même temps et par écrit, des griefs retenus contre lui.** – *[Anc. art. L. 122-41, al. 1.]*

L'art. L. 122-41 [L. 1332-1 nouv.] édicte un principe général du droit du travail. • CE 28 juill. 1993 : *AJDA 1993. 739, chron. Maugüé et Touvet*.

Art. L. 1332-2 **Lorsque l'employeur envisage de prendre une sanction, il convoque le salarié en lui précisant l'objet de la convocation, sauf si la sanction envisagée est un avertissement ou une sanction de même nature n'ayant pas d'incidence, immédiate ou non, sur la présence dans l'entreprise, la fonction, la carrière ou la rémunération du salarié.**

Lors de son audition, le salarié peut se faire assister par une personne de son choix appartenant au personnel de l'entreprise.

Au cours de l'entretien, l'employeur indique le motif de la sanction envisagée et recueille les explications du salarié.

La sanction ne peut intervenir moins *(L. n° 2012-387 du 22 mars 2012, art. 48)* **« de deux jours ouvrables », ni plus d'un mois après le jour fixé pour l'entretien. Elle est motivée et notifiée à l'intéressé.** – *[Anc. art. L. 122-41, al. 2.]*

BIBL. DÉPREZ, *RJS 1989. 263*. – RAY, *Dr. soc. 1989. 287*. – REYNÈS, *Gaz. Pal. 1993. 2. Doctr. 1353*. ▸ Procédure irrégulière : SAVATIER, *Dr. soc. 1995. 349*.

1. Engagement d'une procédure disciplinaire et faute de l'employeur. Un manquement de l'employeur à ses obligations contractuelles ne saurait résulter du seul engagement d'une procédure disciplinaire qui n'a pas été menée à son terme dès lors que sa mise en œuvre ne procède pas d'une légèreté blâmable ou d'une intention malveillante. • Soc. 25 sept. 2013 : *RDT 2013. 702, obs. Tournaux ; RJS 12/2013, n° 818 ; JCP S 2013. 1487, obs. Everaert-Dumont.*

2. Avertissement. Lorsque la sanction envisagée est un avertissement, l'employeur n'est pas tenu d'observer la procédure de l'entretien préalable, quel que soit le nombre des avertissements invoqués et quand bien même il serait accompagné d'une menace de licenciement en cas de récidive. • Soc. 19 janv. 1989 (2 arrêts), n° 86-40.615 P : *D. 1989. IR 36 et 53 ; Dr. soc. 1989. 504, note Savatier* • 13 nov. 1990 : *D. 1990. IR 281.* ♦ Mais, dès lors que l'employeur a choisi de convoquer le salarié selon les modalités fixées par le code du travail, il est tenu d'en respecter tous les termes, quelle que soit la sanction finalement infligée. • Soc. 16 avr. 2008 : *D. 2008. Pan. 2314, obs. Amauger-Lattes ; RJS 2008. 540, n° 672 ; JS Lamy 2008, n° 235-5.*

3. Entretien préalable. La rupture d'un contrat à durée déterminée pour un motif disciplinaire oblige l'employeur à convoquer le salarié à un entretien préalable. • Soc. 5 mars 1987 : *D. 1988. 241, note Karaquillo.* – Dans le même sens : • Soc. 20 nov. 1991, n° 88-41.265 P : *D. 1992. IR 35* • 26 févr. 1992, n° 89-44.090 P : *Dr. soc. 1992. 377* • 27 mai 1992 : *D. 1992. 411, note Karaquillo*. ♦ La procédure disciplinaire s'applique lorsque l'employeur met fin à la période d'essai, en invoquant un motif disciplinaire. • Soc. 10 mars 2004, n° 01-44.750 P : *Dr. soc. 2004. 733, note Dubertret ; JCP E 2004. 1064, note Corrignan-Carsin ; RJS 2004. 453, n° 646.*

4. La lettre de convocation satisfait aux exigences légales lorsque le salarié n'a pu se méprendre sur l'objet de l'entretien. • Soc. 25 mai 1989 : *Bull. civ. V, n° 393.* ♦ Elle n'a pas à indiquer le motif de la sanction envisagée. • Soc. 17 déc. 1992, n° 89-44.651 P : *Dr. soc. 1993. 184.*

5. Prévenance. Si les dispositions légales ne prévoient aucun délai minimal entre la convocation et l'entretien, le salarié doit être averti suffisamment à l'avance non seulement du moment, mais aussi de l'objet de l'entretien pour pouvoir y réfléchir et recourir éventuellement à l'assistance d'un membre du personnel. • Soc. 19 mars 1991, n° 88-41.619 P : *D. 1991. IR 113 ; CSB 1991. 128, A. 30.* ♦ Dans le même sens : • Soc. 12 déc. 1983 : *Bull. civ. V, n° 607 ; D. 1984. IR 183* (un délai de trois quarts d'heure est insuffisant) • 5 nov. 1987 : *Bull. civ. V, n° 618* • 8 nov. 1989 : *ibid., n° 652* • 22 févr. 1990 : *ibid., n° 87 ; D. 1990. IR 70* (décisions rendues en matière de licenciement).

6. Personnes présentes. Lors de l'entretien préalable, l'employeur ne peut se faire assister que par une personne appartenant au personnel de l'entreprise. • Soc. 20 juin 1990, n° 87-41.118 P : *D. 1990. IR 184 ; RJS 1990. 455, n° 664.* ♦ Lors de l'entretien préalable, l'employeur peut se faire assister d'une personne appartenant à l'entreprise, susceptible d'apporter les éléments de fait intervenant à titre d'information dans la discussion, sans précision du niveau hiérarchique de l'intéressé ; il n'y a pas de détournement de l'objet de l'entretien s'agissant d'un salarié assistant l'employeur qui n'est intervenu qu'en une seule occasion pour confirmer des propos reprochés au salarié en cause. • Soc. 5 mai 2010 : *D. 2010. Actu. 1290 ; Dalloz actualité, 25 mai 2010, obs. Maillard ; JCP S 2010. 1310, obs. Dumont.*

7. Obligations de l'employeur. La procédure n'est pas respectée lorsque l'employeur ne fournit aucune explication au salarié au cours de l'entretien préalable. • Soc. 5 févr. 1992 : *Dr. soc. 1992. 267 ; RJS 1992. 176, n° 285.* ♦ Les paroles prononcées par un salarié au cours de l'entretien préalable à une sanction disciplinaire ne peuvent, sauf abus, constituer une cause de licenciement. • Soc. 8 janv. 1997, n° 94-42.639 P : *RJS 1997. 355, n° 545.*

8. Entretiens préalables et refus de la rétrogradation disciplinaire. Lorsque le salarié refuse une mesure de rétrogradation disciplinaire notifiée après un premier entretien préalable, l'employeur qui envisage de prononcer un licenciement au lieu de la sanction refusée doit convoquer l'intéressé à un nouvel entretien et le délai d'un mois court à compter de la date fixée pour ce nouvel entretien. • Soc. 27 mars 2007 : *D. 2007. AJ 1081 ; D. 2007. 2268, obs. Amauger-Lattès ; RDT 2007. 459, obs. Frossard ; RJS 2007. 546, n° 735 ; JCP 2007. 1807, note Jacotot* • 28 avr. 2011 : *Dalloz actualité, 20 mai 2011, obs. Siro ; D. 2011. Actu. 1290 ; RJS 2011. 555, n° 610 ; JS Lamy 2011, n° 301-3, obs. Gaba ; JCP S 2011. 1325, obs. Dumont.* ♦ L'absence d'un nouvel entretien préalable ne prive pas de cause réelle et sérieuse le licenciement prononcé au lieu et place d'une sanction disciplinaire modifiant le contrat de travail et refusée par le salarié. • Soc. 16 sept. 2015, n° 14-10.325 P : *Dr. soc. 2015.939, note Mouly .*

9. Prononcé de la sanction. L'employeur ne peut invoquer pour justifier une sanction un fait distinct de celui ayant motivé l'exercice du pouvoir disciplinaire. • Soc. 26 janv. 1989 : *Bull. civ. V, n° 77 ; D. 1989. IR 53.*

10. La seule référence à l'entretien préalable faite lors de la notification de la sanction ne satisfait pas aux exigences de l'art. L. 122-41 [L. 1332-2 nouv.], bien qu'une lettre adressée ultérieurement ait porté à la connaissance du salarié les griefs retenus. • Soc. 17 janv. 1995, n° 91-43.815 P : *Dr. soc. 1995. 349, note Savatier ; RJS 1995. 170, n° 234.* ♦ La sanction disciplinaire devant être motivée, si la lettre de rupture d'un contrat à durée déterminée ne comporte aucun motif, la rupture n'est pas justifiée, peu important que l'employeur ait, comme il le devait, indiqué au salarié au cours de l'entretien préalable les griefs formulés contre lui. • Soc. 23 janv. 1997, n° 95-40.526 P : *D. 1998. 29, note Karaquillo ; Dr. soc. 1997. 314, obs. Roy-Loustaunau ; RJS 1997. 189, n° 281.*

11. Délai minimal d'envoi de la lettre de licenciement. L'inobservation du délai d'un jour franc entre l'entretien préalable et l'envoi de la lettre de licenciement constituent une irrégularité de forme devant être réparée par l'allocation d'une indemnité fixée en fonction du préjudice subi par le salarié, dans les conditions fixées aux art. L. 122-14-4 et L. 122-14-5 [L. 1235-3 et L. 1235-5 nouv.]. • Soc. 27 nov. 2001, n° 99-44.889 P : *D. 2002. IR 136 ; RJS 2002. 140, n° 162.*

12. Délai maximal entre l'entretien et la notification. Le non-respect du délai d'un mois rend le licenciement sans cause réelle et sérieuse même si le retard de notification est dû à une nouvelle convocation à un entretien, le salarié ne s'étant pas présenté au premier entretien. • Soc. 14 sept. 2004, n° 03-43.796 P : *D. 2004. IR 2621 ; RJS 2004. 809, n° 1135 ; JS Lamy 2004, n° 156-6* • 17 janv. 1990, n° 86-45.212 P : *D. 1990. IR 45 ; RJS 1990. 79, n° 113 ; CSB 1990. 81.* ♦ Comp. : l'employeur, informé de l'impossibilité dans laquelle se trouve le salarié de se présenter à l'entretien préalable, peut en reporter la date et c'est alors à compter de cette date que court le délai d'un mois. • Soc. 7 juin 2006 : *D. 2006. IR 1771 ; RJS 2006. 701, n° 945 ; JS Lamy 2006, n° 194-2 ; JCP S 2006. 1640, note Verkindt.* ♦ Si la réunion d'un conseil de discipline interrompt le délai d'un mois, c'est à la condition que l'employeur ait informé le salarié de sa décision de saisir le conseil avant l'expiration de ce délai. • Soc. 9 déc. 1997, n° 94-43.161 P : *RJS 1998. 33, n° 38* • 10 mai 2006 : *D. 2006. IR 1482 ; Dr. soc. 2006. 798, obs. Savatier .* ♦ Dans le même sens : • Soc. 17 févr. 1993, n° 89-44.745 P : *Dr. soc. 1993. 380 ; RJS 1993. 241, n° 397 ; CSB 1993. 137, A. 32* (le dépassement n'est possible que s'il est constaté que l'employeur a été dans l'impossibilité de procéder dans le délai aux investigations rendues nécessaires par les déclarations faites par le salarié lors de l'entretien préalable). ♦ Est sans cause réelle et sérieuse le licenciement pour faute grave notifié plus d'un mois après l'entretien préalable. • Soc. 15 oct. 1997, n° 95-43.389 P : *JCP E 1997. Pan. 1324* • 7 juill. 1998, n° 96-40.487 P : *RJS 1998. 739, n° 1218* • 20 juin 2002 : *Dr. ouvrier 2003. 335, obs. Darves-Bornoz.*

13. Le fait que le salarié soit en arrêt de travail pour maladie le jour où doit commencer une mise à pied disciplinaire décidée antérieurement ne peut permettre à l'employeur d'en différer l'exécution, sauf fraude du salarié. • Soc. 21 oct. 2003, n° 01-44.169 P : *JCP E 2004. 726, note Puigelier ; RJS 2003. 971, n° 1388 ; Dr. soc. 2004. 115, obs. Savatier ; JS Lamy 2003, n° 134-3.* ♦ Le licenciement disciplinaire doit intervenir dans le délai d'un mois à compter de la date de l'entretien préalable, ce délai n'étant ni suspendu, ni interrompu pendant la période de suspension du contrat de travail provoquée par un accident de travail, une maladie professionnelle ou une maladie non professionnelle du salarié. • Soc. 27 févr. 2013 : *Dalloz actualité, 20 mars 2013, obs. Peyronnet ; D. 2013. Actu. 716 ; JCP S 2013. 1161, obs. Mouly.*

14. Dispositions conventionnelles. La saisine d'une instance disciplinaire a pour effet d'interrompre le délai prévu par l'art. L. 122-41 [L. 1332-2 nouv.] et de le suspendre pendant toute la durée de cette saisine, le licenciement intervenu dans le délai d'un mois de l'avis donné par une seconde commission est donc régulier. • Soc. 31 oct. 2000, n° 95-45.349 P : *RJS 2001. 26, n° 38*

• 23 juin 2004, ⚖ n° 02-41.877 P : *RJS 2004. 718, n° 1039.* ♦ La comparution devant un conseil de discipline à la suite d'une procédure régulièrement engagée ne constitue ni un trouble illicite, ni un dommage imminent autorisant le juge des référés à ordonner à l'employeur de surseoir à la procédure en attendant le jugement sur le fond de l'affaire. • Soc. 19 avr. 1989 : *Bull. civ. V, n° 290 ; D. 1989. IR 139.* ♦ L'intervention d'une commission instituée conventionnellement constitue une garantie de fond pour le salarié, dont le non-respect prive le licenciement de cause réelle et sérieuse et justifie l'allocation au salarié de dommages-intérêts à ce titre. • Soc. 23 mars 1999, ⚖ n° 97-40.412 P : *RJS 1999. 407, n° 657 ; Dr. soc. 1999. 634, obs. Savatier* • 18 oct. 2006 : ⚖ *D. 2006. IR 2753 ; RJS 2006. 937, n° 1258 ; Sem. soc. Lamy 2006, n° 1282, p. 12.* ♦ Comp. : si l'avis conforme de la commission est une condition nécessaire du licenciement pour faute grave, il n'en résulte pas que le licenciement prononcé en violation de cette règle est, à ce seul titre, dépourvu de cause réelle et sérieuse. • Soc. 3 déc. 2002, ⚖ n° 00-46.055 P : *D. 2003. IR 105 ; Dr. soc. 2003. 235, obs. Savatier ; JS Lamy 2003, n° 116-32.* ♦ En constatant que l'employeur avait engagé les poursuites dans le délai de deux mois et qu'il n'avait pu prononcer la sanction en raison du grave accident de la circulation dont avait été victime le salarié et qui avait retardé la procédure disciplinaire conventionnelle, la cour d'appel a pu décider que la procédure de licenciement était régulière, le licenciement étant intervenu dans le délai de quinze jours après l'avis donné par le conseil de discipline. • Soc. 8 juill. 1997 : ⚖ *RJS 1997. 675, n° 1094.* ♦ Le non-respect du délai prévu par l'accord d'entreprise ne constitue pas la violation d'une garantie de fond privant le licenciement de cause réelle et sérieuse. • Soc. 18 oct. 2006 : ⚖ *D. 2006. IR 2753 ; RJS 2006. 939, n° 1259.* ♦ Le non-respect d'un délai conventionnel de saisine d'un organisme consultatif ne constitue pas la violation d'une garantie de fond, sauf si cette irrégularité a eu pour effet de priver le salarié de la possibilité d'assurer utilement sa défense devant cet organisme. • Soc. 3 juin 2009 : ⚖ *RJS 2009. 639, n° 716 ; JS Lamy, n° 259-31 ; JCP S 2009. 1307, obs. Beyneix.*

15. Articulation de la procédure conventionnelle et de la procédure légale. Ni la convocation, ni la comparution du salarié devant un conseil de discipline ne dispensent l'employeur du respect de la procédure légale. • Soc. 20 oct. 1988 : *Bull. civ. V, n° 533 ; D. 1988. IR 257.* ♦ Lorsqu'une convention collective prévoit que la décision de licenciement est prise après avis d'un conseil de discipline, cet avis n'a pas à être préalable à l'entretien. • Soc. 28 sept. 2005 : *D. 2005. IR 2627 ; JCP S 2005. 1334, note Puigelier.*

16. Non-respect de la procédure conventionnelle. L'utilisation par l'employeur d'une sanction disciplinaire en violation des dispositions conventionnelles applicables cause nécessairement au salarié un préjudice dont le juge apprécie souverainement le montant. • Soc. 4 déc. 2013 : ⚖ *Dalloz actualité, 16 janv. 2014, obs. Ines ; D. 2013. Actu. 2920 ; RJS 2014. 100, n° 128.*

Art. L. 1332-3 Lorsque les faits reprochés au salarié ont rendu indispensable une mesure conservatoire de mise à pied à effet immédiat, aucune sanction définitive relative à ces faits ne peut être prise sans que la procédure prévue à l'article L. 1332-2 ait été respectée. — *[Anc. art. L. 122-41, al. 3.]*

BIBL. Mise à pied conservatoire : BLAISE, *Dr. soc. 1986. 220.*

1. Qualification. L'autorisation d'absence rémunérée concomitante à la lettre déclenchant la procédure de licenciement peut constituer une mise à pied conservatoire. • Soc. 30 sept. 2004, ⚖ n° 02-43.638 P : *RJS 2004. 894, n° 1264 ; JS Lamy 2004, n° 154-5.* ♦ La mise à pied prononcée dans la lettre de convocation à l'entretien préalable fixant pour la sanction à intervenir un terme postérieur à la notification de la lettre de licenciement est une mise à pied conservatoire. • Même arrêt. ♦ La mise à pied prononcée par l'employeur dans l'attente de sa décision dans la procédure de licenciement engagée dans le même temps a un caractère conservatoire. • Soc. 18 mars 2009 : ⚖ *D. 2009. Pan. 2128, obs. Amauger-Lattes ; RJS 2009. 472, n° 534 ; JS Lamy 2009, n° 255-5 ; JCP S 2009. 1199, obs. Corrignan-Carsin.*

2. Si une mise à pied avec privation de salaire peut constituer une mesure conservatoire, le maintien de la privation de salaire, malgré la sanction moindre définitivement retenue, constitue une sanction illicite. • Soc. 5 nov. 1987 : *Bull. civ. V, n° 617 ; D. 1988. Somm. 98, obs. Pélissier ; Dr. soc. 1989. 287, note Ray.*

3. Le changement d'affectation décidé par l'employeur, dans l'attente d'une décision pénale définitive et de l'avis du conseil de discipline, en raison de la gravité des faits reprochés est une mesure conservatoire qui n'interdit pas une sanction ultérieure. • Soc. 20 déc. 2006 : ⚖ *JCP S 2007. 1296, note Bossu.*

4. Procédure. Le prononcé d'une mise à pied conservatoire n'a pas à être précédé d'un entretien préalable. • Soc. 26 nov. 1987, ⚖ n° 85-40.367 P : *D. 1987. IR 257 ; Dr. soc. 1989. 287, note Ray ; Dr. ouvrier 1988. 312.*

5. Durée. Une mise à pied conservatoire, qui ne peut être justifiée que par une faute grave, est nécessairement à durée indéterminée quelle que soit la qualification retenue par l'employeur. • Soc. 6 nov. 2001, n° 99-43.012 P : *D. 2002. 1454, note Puigelier ; RJS 2002. 147, n° 176.*

6. Salaire. Seule une faute grave peut justifier le non-paiement du salaire pendant une mise à pied conservatoire. • Soc. 26 nov. 1987 : *préc. note 4* • 7 déc. 1989 : *Bull. civ. V, n° 700.* ♦ Le rappel des salaires est dû si les faits retenus à titre de faute grave sont différents de ceux ayant motivé la mise à pied conservatoire. • Soc. 20 mars 1996, n° 93-40.553 P : *JCP 1997. II. 22763, note Puigelier ; RJS 1996. 346, n° 544 ; CSB 1996. 167, A. 36.*

7. Conversion. A condition que la sanction soit justifiée, rien n'interdit à un employeur, qui a mis un salarié à pied à titre conservatoire pendant la durée de la procédure disciplinaire, de prononcer contre lui une mise à pied disciplinaire couvrant la période de mise à pied conservatoire. • Soc. 29 mars 1995, n° 93-41.863 P : *RJS 1995. 369, n° 553.* ♦ La durée de la mise à pied conservatoire s'impute alors sur la durée de la mise à pied disciplinaire. • Soc. 5 juill. 2006 : *RJS 2006. 875, n° 1180 ; JS Lamy 2006, n° 197-3.* – Savatier, *RJS 1995. 478.* ♦ Comp. : • Soc. 5 nov. 1986 : *Bull. civ. V, n° 502* (nullité de la mise à pied d'un représentant du personnel à la suite du refus de l'autorisation de licenciement).

SECTION II PRESCRIPTION DES FAITS FAUTIFS

BIBL. Bab, *Sem. soc. Lamy 1999, n° 961, p. 6* (délais d'exercice du pouvoir disciplinaire). – De Quenaudon, *Dr. soc. 1984. 173.* – Savatier, *ibid. 1992. 24* (règlement intérieur et prescription).

Art. L. 1332-4 Aucun fait fautif ne peut donner lieu à lui seul à l'engagement de poursuites disciplinaires au-delà d'un délai de deux mois à compter du jour où l'employeur en a eu connaissance, à moins que ce fait ait donné lieu dans le même délai à l'exercice de poursuites pénales. – *[Anc. art. L. 122-44, al. 1er.]*

COMMENTAIRE

V. Dalloz.fr et applications mobiles Dalloz.

1. Connaissance des faits fautifs. Dès lors que les faits sanctionnés avaient été commis plus de deux mois avant l'engagement des poursuites disciplinaires, il appartient à l'employeur d'apporter la preuve qu'il n'en a eu connaissance que dans les deux mois ayant précédé l'engagement de ces poursuites. • Soc. 24 mars 1988 : *Bull. civ. V, n° 203 ; D. 1988. Somm. 316, obs. Langlois* • CE 31 janv. 1990 : *RJS 1990. 243, n° 325 ; AJDA 1990. 573, note Prétot.* ♦ Le délai court du jour où l'employeur a eu connaissance exacte et complète des faits reprochés. • Soc. 17 févr. 1993, n° 88-45.539 P : *Dr. soc. 1993. 381 ; RJS 1993. 239, n° 394 ; CSB 1993. 105, A. 26* (en l'espèce, jour de la remise d'un rapport de l'inspection générale de la banque employeur du salarié sanctionné) • 30 avr. 1997, n° 94-41.320 P : *D. 1998. 53, note Puigelier ; Dr. soc. 1998. 25, note Cœuret ; CSB 1997. 205, A. 40* • CE 9 mars 2005 : *RJS 2005. 551, n° 762.*

2. Prescription ; cumul des procédures disciplinaire et de licenciement. Viole l'art. L. 122-44 C. trav. [L. 1232-4 nouv.] la cour d'appel qui, pour admettre l'existence d'une cause réelle et sérieuse, relève qu'il importe peu que la date des faits ne soit pas précisément déterminée, alors qu'il s'agissait d'un licenciement pour faute. • Soc. 18 oct. 1990, n° 88-43.106 P : *D. 1990. IR 259 ; Dr. ouvrier 1992. 140.* – Dans le même sens : • Soc. 28 juin 1990, n° 88-43.674 P : *RJS 1990. 454, n° 663* • 16 mars 1995, n° 90-41.213 P : *D. 1995. IR 86 ; RJS 1995. 336, n° 498* (en cas de licenciement disciplinaire, la lettre de licenciement doit être envoyée dans le délai d'un mois prévu à l'art. L. 122-41 [L. 1332-2 nouv.]) • CE 1er févr. 1995 : *RJS 1995. 270, n° 399 ; ibid. 242, concl. Bachelier* (application de l'art. L. 122-44 au licenciement des représentants du personnel). ♦ *Contra,* lorsqu'il s'agit d'un licenciement fondé sur l'insuffisance professionnelle : • Soc. 30 oct. 1991, n° 87-45.256 P : *D. 1991. IR 273.*

3. Déclenchement des poursuites disciplinaires. Le délai de deux mois concerne le déclenchement des poursuites disciplinaires et non le prononcé de la sanction. • Soc. 17 déc. 1987 : *Bull. civ. V, n° 741 ; D. 1988. IR 11.* ♦ C'est la date de la convocation à l'entretien préalable qui constitue l'engagement des poursuites disciplinaires. • CE 12 févr. 1990 : *RJS 1990. 243, n° 325.* ♦ ... Ou la date du prononcé d'une mise à pied conservatoire. • Soc. 13 janv. 1993 : *RJS 1993. 169, n° 277.* – Dans le même sens : • Soc. 15 avr. 1996 : *RJS 1996. 510, n° 792.* ♦ Comp., pour l'envoi d'une lettre se bornant à retirer au salarié ses pouvoirs dans l'attente d'une décision définitive : • Soc. 7 janv. 1992, n° 87-44.014 P : *D. 1992. IR 44 ; Dr. soc. 1992. 192 ; RJS 1992. 107, n° 168.*

4. Interruption du délai de deux mois. La maladie du salarié n'entraîne ni l'interruption ni la suspension du délai de 2 mois. • Soc. 13 juill. 1993, n° 91-42.964 P : *Dr. soc. 1993. 877 ; CSB 1993. 245, S. 125 ; RJS 1993. 587, n° 985.* ♦ Même solution en cas de maladie professionnelle ou d'accident du travail. • Soc. 17 janv. 1996, n° 92-42.031 P : *JCP 1996. II. 22614, note Corrignan-*

Carsin ; JCP E 1996. I. 595, n° 9, obs. Darmaisin ; RJS 1996. 168, n° 285 ; CSB 1996. 107, A. 24. ♦ Même solution en cas d'incarcération. • Soc. 10 mars 1998, n° 95-42.715 P : *D. 1998. IR 98.* ♦ Même solution en cas de rupture conventionnelle. • Soc. 3 mars 2015 : *D. 2015. Actu. 632 ; ibid. 1388, obs. Sommé ; Dr. soc. 2015. 376, note Mouly ; RJS 5/2015, n° 337.* ♦ L'ouverture d'une enquête policière préliminaire à l'encontre d'un salarié pour des faits de violence n'a pas pour effet de mettre en mouvement l'action publique et n'est pas un acte interruptif du délai de prescription des faits fautifs. • Soc. 13 oct. 2016, n° 15-14.006 P : *D. 2016. Actu. 2170 ; RJS 12/2016, n° 745 ; JS Lamy 2016, n° 421-422-6, obs. Giovenal.* ♦ En revanche, le délai de deux mois pour engager les poursuites disciplinaires est interrompu par la mise en mouvement de l'action publique jusqu'à la décision définitive de la juridiction pénale, que l'action publique ait été déclenchée sur l'initiative du ministère par une plainte avec constitution de partie civile ou par une citation directe de la victime, quelle que soit celle-ci. • Soc. 12 janv. 1999, n° 98-40.020 P : *RJS 1999. 125, n° 200 ; JCP 1999. IV. 1399.* ♦ La convocation à un entretien préalable en vue d'une sanction disciplinaire interrompt le délai de prescription de deux mois ; si l'entretien préalable n'a pas lieu, un nouveau délai commence à courir à compter de la date de cette convocation que ni la décision d'un conseil d'administration ni la maladie du salarié n'ont pour effet de suspendre. • Soc. 9 oct. 2001, n° 99-41.217 P : *RJS 2001. 964, n° 1430 ; JS Lamy 2001, n° 91-6* • 18 janv. 2011 : *Dalloz actualité, 9 févr. 2011, obs. Siro ; JCP G 2011. 150, obs. Lefranc-Hamoniaux.* ♦ V. également • Soc. 29 sept. 2014, n° 12-28.679 P : *Dalloz actualité, 20 oct. 2014, obs. Peyronnet* (procédure de licenciement disciplinaire à l'encontre d'un salarié protégé). ♦ La notification par l'employeur, après l'engagement de la procédure disciplinaire, d'une proposition de modification du contrat de travail au salarié en cause interrompt le délai de prescription de deux mois, et le refus du salarié de cette modification du contrat interrompt à nouveau ce délai ; dès lors, la sanction disciplinaire doit intervenir dans les deux mois de ce refus. • Soc. 15 janv. 2013 : *Dalloz actualité, 1er févr. 2013, obs. Ines ; ibid. 2013. Actu. 255 ; JS Lamy 2013, n° 338-4 ; JCP S 2013. 1251, obs. Bugada.*

5. Poursuites pénales. Si, lorsqu'un fait fautif a donné lieu à des poursuites pénales, le délai de deux mois pour engager les poursuites disciplinaires est interrompu jusqu'à la décision définitive de la juridiction pénale lorsque l'employeur est partie à la procédure pénale, il ne court à nouveau dans le cas contraire qu'à compter du jour où l'employeur a eu connaissance de l'issue définitive de la procédure pénale, ce qu'il lui appartient d'établir. • Soc. 15 juin 2010 : *D. 2010. Actu. 1722 ; RDT 2010. 585, obs. Duquesne ; RJS 2010. 692, n° 758 ; JCP S 2010. 1344, obs. Brissy.* ♦ Commet une erreur de droit l'inspecteur du travail qui refuse l'autorisation de licenciement d'un représentant du personnel en constatant que plus de deux mois s'étaient écoulés avant l'engagement de la procédure disciplinaire, alors que des poursuites pénales avaient été engagées avant l'expiration de ce délai. • CE 8 juin 1990 : *D. 1992. Somm. 101, obs. Chelle et Prétot ; RJS 1990. 472, n° 697 ; CSB 1990. 211.* ♦ La disposition d'un règlement intérieur selon laquelle aucune sanction ne peut être appliquée au-delà d'un délai de deux mois à compter du jour où l'employeur a eu connaissance des faits, à moins que des poursuites pénales aient été engagées dans le même délai, n'interdit pas à l'employeur d'invoquer, à l'appui d'une mesure prononcée pour des faits commis dans le délai de deux mois la précédant, des agissements antérieurs. • Soc. 25 sept. 1991 : *D. 1991. IR 241 ; Dr. soc. 1992. 24, note Savatier ; RJS 1991. 641, n° 1207.*

6. Poursuite des faits fautifs. L'art. L. 122-44 [L. 1332-4 nouv.] ne s'oppose pas à la prise en considération d'un fait antérieur à deux mois dans la mesure où le comportement du salarié s'est poursuivi dans ce délai. • Soc. 7 mai 1991, n° 87-43.737 P : *D. 1991. IR 149 ; RJS 1991. 378, n° 706* • 12 janv. 1993 : *RJS 1993. 106, n° 150* • 13 janv. 2004 : *RJS 2004. 214, n° 308.* ♦ L'employeur ne peut pas fonder une demande d'autorisation de licenciement sur des faits prescrits en application de cette disposition, sauf si ces faits procèdent d'un comportement fautif de même nature que celui dont relèvent les faits non prescrits donnant lieu à l'engagement des poursuites disciplinaires. • CE 1er oct. 2012 : *RDT 2012. 701, obs. Duquesne ; Dr. ouvrier 2013. 619, obs. Grévy.* ♦ Mais l'employeur ne saurait invoquer des faits antérieurs prescrits lorsque les faits reprochés dans le délai ne revêtent pas eux-mêmes un caractère fautif. • CE 1er févr. 1995 : *RJS 1995. 270, n° 399 ; ibid. 242, concl. Bachelier ; D. 1996. Somm. 227, obs. Chelle et Prétot.* ♦ Le refus d'annulation d'une sanction disciplinaire prise après annulation d'une première sanction pour les mêmes faits est légalement justifié lorsque le juge a fait ressortir que les poursuites avaient été engagées dans le délai légal. • Soc. 4 févr. 1993, n° 88-42.599 P : *Dr. soc. 1993. 429, note Savatier ; RJS 1993. 167, n° 275 ; CSB 1993. 71, A. 14.* ♦ Le juge peut également à la fois annuler une sanction et retenir que le licenciement ne constituait pas la réitération d'une sanction des mêmes faits. • Soc. 27 juin 2001 : *RJS 2001. 876, n° 1285 ; TPS 2001, n° 318.* ♦ L'employeur ne peut pas fonder une demande d'autorisation de licenciement sur des faits prescrits en application de l'art. L. 1332-4, sauf si ces faits relèvent d'un comportement fautif identique aux faits non prescrits donnant lieu à l'engagement des poursuites disciplinaires. • CE 14 oct. 2009 : *JCP S 20089. 1585, obs. Noury.*

7. Transfert d'entreprise. Lorsque l'art. L. 1224-1 est applicable, le nouvel employeur ne peut invoquer à l'appui du licenciement du salarié des manquements commis par celui-ci alors qu'il se trouvait sous l'autorité de l'ancien employeur, que si le délai de 2 mois depuis la connaissance des faits par le cédant n'est pas écoulé. • Soc. 27 mai 2009 : *D. 2009. AJ 1615 ; RJS 2009. 624, n° 689 ; JCP S 2009. 1338, obs. Morvan ; JCP E 2009. 1830, obs. Béal ; Dr. ouvrier 2009. 462, obs. Desrues.*

Art. L. 1332-5 **Aucune sanction antérieure de plus de trois ans à l'engagement des poursuites disciplinaires ne peut être invoquée à l'appui d'une nouvelle sanction.** – *[Anc. art. L. 122-44, al. 2.]*

Interdiction de prendre en considération des faits de plus de trois ans. Si des manquements antérieurs, sanctionnés en leur temps, peuvent être retenus pour caractériser une faute grave à la suite d'un nouveau manquement, c'est à la condition que ces faits ne soient pas antérieurs de plus de trois ans à l'engagement des nouvelles poursuites disciplinaires. • Soc. 10 nov. 1992, n° 89-43.108 P : *Dr. soc. 1993. 56.* ♦ Sur l'exigence que les sanctions antérieures soient expressément mentionnées dans la lettre de licenciement, V. • Soc. 17 déc. 1992 : *CSB 1993. 39, A. 9, note J. M.*

CHAPITRE III CONTRÔLE JURIDICTIONNEL

Art. L. 1333-1 **En cas de litige, le conseil de prud'hommes apprécie la régularité de la procédure suivie et si les faits reprochés au salarié sont de nature à justifier une sanction.**

L'employeur fournit au conseil de prud'hommes les éléments retenus pour prendre la sanction.

Au vu de ces éléments et de ceux qui sont fournis par le salarié à l'appui de ses allégations, le conseil de prud'hommes forme sa conviction après avoir ordonné, en cas de besoin, toutes les mesures d'instruction qu'il estime utiles. Si un doute subsiste, il profite au salarié. – *[Anc. art. L. 122-43, al. 1er.]*

BIBL. Contrôle judiciaire : CROZAFON, *Dr. soc. 1985. 201.* – FELTIN, *Sem. soc. Lamy 1988, suppl. n° 410, D 48.* – RAY, *Dr. soc. 1987. 365.* – SAVATIER, *Dr. soc. 1986. 50.* – VENNIN, *Dr. soc. 1990. 769* . ▸ Preuve : FAVENNEC-HÉRY, *Dr. soc. 1985. 172 ; CSB 1991. 261.* – NAYRAL DE PUYBUSQUE, *Gaz. Pal. 1983. 2. Doctr. 440 ; Sem. soc. Lamy 1983, n° 174, 52.*

COMMENTAIRE

V. Dalloz.fr et applications mobiles Dalloz.

1. Avertissement. Le contrôle judiciaire peut s'exercer sur un avertissement, fût-il la sanction la plus légère prévue par le règlement intérieur. • Soc. 3 mars 1988 : *Bull. civ. V, n° 153 ; D. 1988. Somm. 315, obs. Langlois.*

2. Procédure irrégulière. En revanche les juges n'ont pas le pouvoir d'annuler un licenciement ou la rupture d'un contrat à durée déterminée pour faute grave lorsque la procédure est irrégulière. • Soc. 12 nov. 2003 : *D. 2003. IR 2931 ; Dr. soc. 2004. 304, obs. Roy-Loustaunau ; RJS 2004. 44, n° 36.*

3. Référence à des faits amnistiés. Les dispositions concernant l'amnistie n'ont pas, par elles-mêmes, pour objet d'interdire à un employeur qu'il soit fait référence devant une juridiction à des faits qui ont motivé une sanction disciplinaire amnistiée dès lors que cela est strictement nécessaire à l'exercice devant la juridiction de ses droits à la défense. • Soc. 4 juin 2014 : *Dalloz actualité, 20 juin 2014, obs. Peyronnet ; Dr. soc. 2014. 775, obs. Boulmier ; RJS 2014. 523, n° 629.*

Art. L. 1333-2 **Le conseil de prud'hommes peut annuler une sanction irrégulière en la forme ou injustifiée ou disproportionnée à la faute commise.** – *[Anc. art. L. 122-43, al. 2.]*

1. Modalités du contrôle judiciaire. Une cour d'appel, statuant en référé, ne peut trancher le fond du litige en prononçant l'annulation d'une sanction disciplinaire prononcée irrégulièrement. • Soc. 7 janv. 1988, n° 85-42.761 P : *JCP E 1988. II. 15125, n° 6, obs. Antonmattéi.* – Dans le même sens : • Soc. 4 nov. 1988 : *Bull. civ. V, n° 568 ; Dr. soc. 1989. 504, note Savatier* • 23 mars 1989 : *ibid.*

2. La demande tendant à l'annulation d'une mise à pied présentant un caractère indéterminé, le jugement rendu en premier ressort est susceptible d'appel. • Soc. 23 avr. 1986 : *Dr. soc. 1986. 501, note Savatier.*

3. Étendue du contrôle. Le juge tient de l'art. L. 122-43 C. trav. [L. 1333-2 nouv.] le pouvoir d'apprécier dans tous les cas où une sanction disciplinaire, autre que le licenciement, est prononcée, si elle est disproportionnée à la faute commise. • Soc. 14 nov. 2000, ⚖ n° 98-45.309 P : *Dr. soc. 2001. 207, obs. Savatier* ✐. ♦ Ne donne pas de base légale à sa décision le conseil de prud'hommes qui ne précise pas en quoi la sanction prononcée était disproportionnée avec la faute commise ou injustifiée. • Soc. 23 avr. 1986 : *Bull. civ. V, n° 160.* ♦ Comp. : • Soc. 12 févr. 1987 : *D. 1988. Somm. 98, obs. Pélissier.* ♦ Sur l'annulation d'une sanction en raison d'un doute subsistant sur la réalité des faits reprochés au salarié, V. • Soc. 13 janv. 1992 : *RJS 1992. 173, n° 281.* ♦ Usant du pouvoir que leur donne l'art. L. 122-43 [L. 1333-2 nouv.], les juges du fond ont pu interpréter le refus de travailler du salarié, non comme un acte d'insubordination, mais comme un refus d'être soumis à des conditions de travail discriminatoires, le caractère arbitraire et renouvelé des agissements hostiles de l'employeur caractérisant un détournement du pouvoir disciplinaire. • Soc. 13 févr. 1996 : ⚖ *Dr. soc. 1996. 532, obs. Jeammaud* ✐.

4. Si le conseil de prud'hommes peut annuler une sanction irrégulière, injustifiée ou disproportionnée, il ne peut la modifier. • Soc. 23 avr. 1986 : *Bull. civ. V, n° 161 ; Dr. soc. 1986. 501, note Savatier.* ♦ Comp. : • Soc. 27 févr. 1985 : *D. 1985. IR 442, obs. Langlois,* décision admettant la réduction d'une mise à pied à la durée prévue par le règlement intérieur.

5. Sur le contrôle exercé par la Cour de cassation, V. • Soc. 13 oct. 1988 : *Bull. civ. V, n° 499 ; Dr. soc. 1989. 504, note Savatier* (affirmant qu'en l'espèce le juge du fond n'a fait qu'user de la faculté résultant de l'art. L. 122-43 [L. 1333-2 nouv.] en décidant qu'il n'y avait pas lieu d'annuler la sanction). – V. aussi • Soc. 6 mars 1990 : ⚖ *CSB 1990. 108.*

6. Annulation. Une sanction disciplinaire, même irrégulière en la forme, n'est pas nécessairement annulable. • Soc. 23 mars 1989 : *Dr. soc. 1989. 504, note Savatier.* – Dans le même sens : • Soc. 13 oct. 1988 : *préc. note 5.* • 14 nov. 1995 : ⚖ *D. 1995. IR 266 ; RJS 1995. 796, n° 1246* (en décidant que l'irrégularité en la forme d'une mise à pied justifie son annulation, les juges du fond ne font qu'user du pouvoir qu'ils tiennent de l'art. L. 122-14-3). ♦ Comp. : • Soc. 17 janv. 1990, ⚖ n° 86-45.212 P : *D. 1990. IR 45 ; RJS 1990. 79, n° 113 ; CSB 1990. 81,* qui, pour casser un arrêt ayant refusé d'annuler une mise à pied prononcée plus d'un mois après l'entretien préalable, affirme que, le délai d'un mois étant une règle de fond, son expiration interdit à l'employeur aussi bien de convoquer le salarié à un nouvel entretien préalable pour les mêmes faits que de sanctionner disciplinairement ces faits, sauf si dans l'intervalle une procédure imposée par une disposition conventionnelle a été mise en œuvre.

7. L'annulation d'une sanction pour disproportion laisse subsister la procédure antérieure. • Soc. 4 févr. 1993, ⚖ n° 88-42.599 P : *Dr. soc. 1993. 429, note Savatier* ✐ *; RJS 1993. 167, n° 275 ; CSB 1993. 71, A. 14* (légalité d'une deuxième sanction prise moins d'un mois après annulation de la première, même sans nouvel entretien préalable). ♦ Lorsque la sanction a été annulée faute d'entretien préalable et qu'aucun acte d'engagement des poursuites n'a précédé la sanction annulée, la prescription n'a pas été interrompue et la nouvelle sanction est irrégulière. • Soc. 18 janv. 1995, ⚖ n° 90-42.087 P : *D. 1995. IR 48 ; Dr. soc. 1995. 349, note Savatier* ✐ *; RJS 1995. 169, n° 234 ; CSB 1995. 75, A. 14 ; JCP 1996. I. 3899, n° 10, obs. Darmaisin.*

8. Le juge saisi d'une contestation de la nouvelle sanction, pour les mêmes faits, après annulation de la première pour disproportion, ne peut fonder son rejet sur l'autorité de la chose jugée, celle-ci ne s'attachant qu'au dispositif de la décision. • Soc. 4 févr. 1993 : ⚖ *préc. note 7.*

9. L'annulation d'une sanction disciplinaire entraînant le rétablissement du salarié dans ses droits, le juge doit rechercher, lorsqu'un salarié dont la rétrogradation a été annulée n'a pas été réintégré dans son emploi précédent, si un autre emploi de la même catégorie n'était pas disponible. • Soc. 16 nov. 1993 : ⚖ *D. 1994. 457, note Bossu* ✐ *; CSB 1994. 25, S. 6 ; RJS 1994. 45, n° 33.*

10. Indemnisation. L'appréciation du préjudice subi du fait de l'inobservation de la procédure disciplinaire ressortit au pouvoir souverain des juges du fond. • Soc. 8 juill. 1985 : *Bull. civ. V, n° 406* • 20 oct. 1988 : *ibid., n° 534.*

11. L'employeur qui a engagé de façon inconsidérée et humiliante des poursuites disciplinaires n'ayant finalement abouti à aucune sanction doit réparation du préjudice moral causé au salarié. • Soc. 27 janv. 1993, ⚖ n° 91-45.777 P : *RJS 1993. 240, n° 395.*

Art. L. 1333-3 **Lorsque la sanction contestée est un licenciement les dispositions du présent chapitre ne sont pas applicables.**

Dans ce cas, le conseil de prud'hommes applique les dispositions relatives à la contestation des irrégularités de licenciement prévues par le chapitre V du titre III du livre II. – *[Anc. art. L. 122-43, al. 3.]*

COMMENTAIRE

V. Dalloz.fr et applications mobiles Dalloz ⚖.

CHAPITRE IV **DISPOSITIONS PÉNALES**

Art. L. 1334-1 Le fait d'infliger une amende ou une sanction pécuniaire en méconnaissance des dispositions de l'article L. 1331-2 est puni d'une amende de 3 750 €.

LIVRE QUATRIÈME **LA RÉSOLUTION DES LITIGES – LE CONSEIL DE PRUD'HOMMES**

RÉP. TRAV. v° *Prud'hommes,* par BREDIN-PRAT, GAILLARD et SYBILLIN.

BIBL. GÉN. ▸ ALIBERT, *D. 1979. Chron. 169* (commentaire de la loi du 18 janv. 1979). – BECKERS et SUTRA, *RDT 2014. Controverse. 731* (faut-il prendre au sérieux l'arbitrage en matière prud'homale ?). – BECKERS, LAGESSE et MARSHALL, *RDT 2014. Controverse. 85* (réformer le conseil de prud'hommes ?). – BLOHORN-BRENNEUR, *D. 2006. 1324* ✐. – BONAFÉ-SCHMITT, *Travail et Emploi, 1983, n° 18, p. 89*. – BOUBLI et DESCHAMPS, *Sem. soc. Lamy 1987, n° 373, suppl. D. 55*. – BOULMIER, *Dr. soc. 2015. 430* ✐ (le volet prud'homal du projet de loi Macron). – BUGADA, *JCP S 2016. 1283* (réformes de la justice prud'homale : état des lieux). – CHARLOT, *Dr. soc. 1985. 493* (président du TGI et droit du travail). – CHEVILLART, *Dr. soc. 2010. 919* ✐ (conseils de prud'hommes et procédure prud'homale : quelles réformes ?). – DORAUT et PIERCHON, *Sem. soc. Lamy 2001, n° 1034, suppl.* – GAVAUDAN et CHABAS, *JCP S 2016. 1287* (nouvelle procédure prud'homale). – GRUMBACH et SERVERIN, *RDT 2008. 224* ✐ (le contentieux prud'homal après la négociation sur la modernisation du marché du travail). – GRUMBACH, GUIOMARD et SERVERIN, *RDT 2009, n° spécial* ✐ (l'action prud'homale). – GUIOMARD, *RDT 2013. 500* ✐ (justice prud'homale et rapports) ; *ibid. 2014. 129* ✐ et *200* ✐ (quelles réformes pour la justice sociale ?) ; *RDT 2015. 164* ✐ (les conseils de prud'hommes, de l'élection à la désignation : un contrôle constitutionnel léger). – GUIOMARD et GRÉVY, *RDT 2015. 58* ✐ (réforme de la juridiction prud'homale : du rapport Lacabarats au projet de loi Macron). – JAVILLIER, *Journées de la Soc. de législ. comparée, 1986, vol. 8, p. 103*. – JEAMMAUD, *Dr. soc. 1993. 445* ✐ (état du contentieux). – JEANTIN, *Dr. soc. 1995. 586* ✐ (juge des requêtes en matière prud'homale). – LACABARATS et JEAMMAUD, *RDT 2013. Controverse 536* (dispersion du contentieux du travail ?). – LÉNINE, *Dr. soc. 1998. 57* ✐ (à propos des conseils de prud'hommes). – ORIF, *Dr. soc. 2015. 819* ✐ (loi du 6 août 2015. Réforme de la procédure prud'homale). – MARSHALL et HENRY, *RDT 2016. Controverse. 457* (vers une normalisation de la justice prud'homale ?). – MÉTIN et DOUDET, *Sem. soc. Lamy 2012, n° 1529, p. 8* (délais déraisonnables de la procédure prud'homale). – NORMAND, *Sem. soc. Lamy 1988, n° 410, suppl. D. 51*. – ORLIAC, *Dr. soc. 1992. 373* ✐ (propositions de réforme). – PASQUIER, *RDT 2015. 275* ✐ (neutralité et impartialité devant le conseil de prud'hommes). – PASQUIER et TEISSIÉ, *RDT 2014. Controverse. 153* (faut-il caler le temps de la justice sur celui de l'entreprise ?). – RAYROUX, *Gaz. Pal. 1979. 1. Doctr. 28*. – RICHEVAUX, *Dr. ouvrier 1986. 434*. – ROLLAND, *Dr. soc. 1988. 323*. – SERVERIN, *RDT 2012. 471* ✐ (procès des délais de procédure prud'homale) ; *RDT 2014. 770* ✐ (quelle réforme du contentieux prud'homal en appel ?). – SUPIOT, *Dr. soc. 1982. 595 ; ibid. 1985. 774* (protection du droit d'agir en justice). – TAILLANDIER, *Sem. soc. Lamy 2016, n° 1696, p. 12* (le conseil de prud'hommes). – TÉTARD-BLANQUART, *JCP S 2011. 1447* (du risque de partialité devant le conseil de prud'hommes).

▸ **Loi Travail (L. n° 2016-1088 du 8 août 2016) :** GUIOMARD, *RDT 2016. 838* ✐ (l'autonomie collective face aux juges).

▸ **Jurisprudence sociale :** LHERNOULD, *Dr. soc. 2010. 893* ✐ (l'obligation d'adaptation du droit du travail français à la jurisprudence de la CJUE). – MARGUÉNAUD et MOULY, *Dr. soc. 2010. 883* ✐ (la jurisprudence sociale de la CEDH : bilan et perspectives).

COMMENTAIRE

V. Dalloz.fr et applications mobiles Dalloz 🏛. ❑

TITRE PREMIER **ATTRIBUTIONS DU CONSEIL DE PRUD'HOMMES**

RÉP. TRAV. v° *Conseil de prud'hommes (Compétence),* par PAUTRAT.

BIBL. BARTHÉLÉMY, GRUMBACH et SERVERIN, *RDT 2010. Controverse. 205* (faut-il renforcer les modes alternatifs de résolution des litiges entre employeurs et salariés ?). – BOUBLI, *Sem. soc. Lamy 1985, n° 274, D. 83* (compétence d'attribution). – BUY, *Sem. soc. Lamy 1983, n° 174, D. 24* (application des conventions collectives). – DESPAX, *RJS 1994. 87* (personnel des banques). –

Pierot, *Dr. soc. 1985. 842* (maîtres de l'enseignement privé sous contrat). - Rochois, *RPDS 1985. 69.* - Taquet, *JCP E 1993. I. 260* (licenciement des avocats et notaires salariés).

▶ **Licenciements économiques :** Carre, *Dr. soc. 1993. 859* ✐. - Normand, *Dr. soc. 1987. 259.* - Supiot, *Dr. soc. 1987. 268.*

▶ **Entreprises en difficultés :** Arséguel, *Dr. soc. 1987. 807.* - Cottereau, *Sem. soc. Lamy 1986, n° 322, suppl. D. 50* (redressement judiciaire). - Dechristé, *D. Affaires 1999. 358* (étendue du contrôle prud'homal). - Delebecque, *D. Affaires 1988, n° 419, suppl. D. 73* (redressement et liquidation judiciaires). - Étiennot, *RJS 1993. 222* (contentieux de la créance salariale). - Morvan, *Dr. soc. 1998. 442* ✐ (contrôle judiciaire).

▶ **Secteur public :** Chorin, *Dr. soc. 1993. 953* ✐ (entreprises publiques à statut et code du travail) ; *Sem. soc. Lamy 1993, n° 632, suppl.* (entreprises publiques et droit du travail). - Lachaume, *Dr. soc. 1986. 44* (critère de l'agent public) ; *Ét. offertes à Savatier, 1992, p. 283* (situation juridique des agents des services publics industriels et commerciaux). - Renaud, *Dr. soc. 1987. 131* (non-titulaires). - Saint-Jours, *JCP 1993. I. 3640* (petits emplois publics). - Zapata, *Dr. soc. 1996. 697* ✐ (le juge administratif et l'application du code du travail aux personnels du secteur public).

*Sur la question prioritaire de constitutionnalité applicable lorsqu'une disposition législative porte atteinte aux droits et libertés garantis par la Constitution, V. Ord. n° 58-1067 du 7 nov. 1958, art. 23-1 s. — **C. adm., C. constit.***

BIBL. Radé, *Dr. soc. 2010. 873* ✐ (la question prioritaire de constitutionnalité et le droit du travail : a-t-on ouvert la boîte de Pandore ?).

CHAPITRE PREMIER COMPÉTENCE EN RAISON DE LA MATIÈRE

Art. L. 1411-1 Le conseil de prud'hommes règle par voie de conciliation les différends qui peuvent s'élever à l'occasion de tout contrat de travail soumis aux dispositions du présent code entre les employeurs, ou leurs représentants, et les salariés qu'ils emploient.

Il juge les litiges lorsque la conciliation n'a pas abouti. — *[Anc. art. L. 511-1, al. 1er, phrase 1 fin et phrase 2.]*

*Sur le règlement des litiges nés à l'occasion du contrat de travail des avocats salariés, V. L. n° 71-1130 du 31 déc. 1971, art. 7, mod. par L. n° 90-1259 du 31 déc. 1990, art. 6 (D. et ALD 1991. 81), L. n° 91-647 du 10 juill. 1991, art. 71 (D. et ALD 1991. 310), L. n° 2009-526 du 12 mai 2009 (JO 13 mai) ; Décr. n° 91-1197 du 27 nov. 1991, art. 142 à 153 (JO 28 nov.), mod. par Décr. n° 95-1110 du 17 oct. 1995, art. 14 (JO 19 oct.), Décr. n° 2009-1544 du 11 déc. 2009 (JO 13 déc.). — ... des notaires salariés, V. Ord. n° 45-2590 du 2 nov. 1945, art. 1er ter, ajouté par L. n° 90-1259 du 31 déc. 1990, art. 45, préc. ; Décr. n° 93-82 du 15 janv. 1993, art. 14 à 22 (JO 22 janv.), mod. Décr. n° 2006-1299 du 24 oct. 2006 (JO 25 oct.), Décr. n° 2009-452 du 22 avr. 2009 (JO 23 avr.). — **C. pr. civ.***

BIBL. Buratti et Vigneau, *RDT 2013. Controverse. 743* (le bureau de conciliation exerce-t-il suffisamment ses pouvoirs ?).

COMMENTAIRE

V. Dalloz.fr et applications mobiles Dalloz

COMPÉTENCE D'ATTRIBUTION

A. LITIGES NÉS DU CONTRAT DE TRAVAIL

1. Rupture des pourparlers. La compétence du conseil de prud'hommes est exclue lorsque le litige concerne la rupture prétendument abusive de pourparlers. • Soc. 19 juin 1959, n° 58-40.512 P.

2. Promesse d'embauche. Est relatif à la formation d'un contrat de travail, et relève donc de la compétence du conseil de prud'hommes, le litige relatif à une promesse d'embauche stipulée dans une « convention de stage d'accès à l'entreprise ». • Soc. 5 avr. 2005, n° 02-45.636 P : *RJS 2005. 466, n° 656.*

3. Stage. Doit être cassé l'arrêt déniant la compétence du juge prud'homal pour connaître d'une demande en paiement de salaires et d'indemnités consécutives à la rupture d'une convention de stage, alors que ce dernier, en se poursuivant au-delà de la durée prévue par la convention, ne s'était pas déroulé dans le cadre d'un enseignement alterné. • Soc. 15 nov. 1990 : *RJS 1991. 37, n° 63 ; JCP 1990. IV. 16.*

4. Discriminations. Le conseil de prud'hommes est compétent pour connaître de tout litige relatif à l'art. L. 122-45 [L. 1132-1 à

L. 1132-4 nouv.], notamment la demande fondée sur une discrimination dans une procédure de recrutement. • Soc. 20 déc. 2006 : *D. 2007. AJ 446* ; *RJS 2006. 286, n° 397.*

5. Existence du contrat de travail. La reconnaissance de l'existence d'un contrat de travail est un droit exclusivement attaché à la personne qui ne peut être exercé ni par un créancier ni par les organes de la procédure collective. • Soc. 13 juill. 2004, n° 02-43.444 P : *TPS 2005, n° 30, note Boubli.* ♦ Le juge prud'homal est compétent pour connaître d'un litige survenu après la rupture du contrat de travail dès lors qu'il est en relation avec le contrat ayant lié les parties. • Soc. 1er mars 1961 : *Bull. civ. IV, n° 273* (pour une action en dommages-intérêts pour diffamation) • 30 nov. 1977 : *Bull. civ. V, n° 669* (pour une action en responsabilité en raison de griefs ayant leur cause dans le contrat de travail, même terminé). ♦ Comp., pour une action dirigée par un salarié contre son ancien employeur à qui il reprochait d'avoir divulgué à un employeur potentiel une procédure judiciaire les opposant : • Aix-en-Provence, 16 mars 1993 : *RJS 1993. 371, n° 641* (incompétence prud'homale). ♦ Sur la condamnation, par un conseil de prud'hommes, d'un employeur à dommages-intérêts envers un autre employeur pour débauchage de salarié, V. • Cons. prud'h. Aix-en-Provence, 6 avr. 1993 : *D. 1994. 23, note Quétant* . ♦ Compétence prud'homale pour connaître d'une action en responsabilité contre l'ancien employeur qui n'a pas payé, à l'époque du contrat de travail, les cotisations sociales. • Soc. 20 janv. 1971 : *Bull. civ. V, n° 38.* – Dans le même sens : • Soc. 1er avr. 1997, n° 94-43.381 P : *Dr. soc. 1997. 755, obs. Savatier* .

6. Garantie d'emploi. Bien que contenue dans un acte distinct, la clause de garantie d'emploi s'est incorporée au contrat de travail dont elle est devenue l'un des éléments ; le litige relatif à la violation de cette clause relève de la compétence du juge des prud'hommes. • Soc. 19 mars 1986 : *Bull. civ. V, n° 97.*

7. Le versement par le salarié d'une « garantie » n'étant intervenu qu'en raison de la signature du contrat de travail, le différend sur le remboursement de la somme est né à l'occasion du contrat de travail. • Soc. 14 mai 1987 : *Bull. civ. V, n° 331.*

8. Licenciement. Le conseil de prud'hommes est compétent pour connaître : de l'action en nullité ou en résolution d'une transaction conclue à l'occasion d'un licenciement. • Soc. 9 févr. 1989 : *Bull. civ. V, n° 118 ; D. 1989. IR 77* • 7 juin 1989 : *Bull. civ. V, n° 428 ; D. 1990. Somm. 163, obs. A. Lyon-Caen* . ♦ ... De la demande de publication d'une décision condamnant l'employeur pour licenciement irrégulier. • Soc. 25 janv. 1989 : *Bull. civ. V, n° 64.* ♦ ... Des litiges opposant les anciens salariés à leur employeur à propos de l'exécution d'un plan social. • Soc. 25 févr. 1994, n° 92-43.927 P :*D. 1994. IR 75 ; Dr. soc. 1994. 516.*

9. Salaires. Le conseil de prud'hommes est compétent pour connaître des litiges relatifs à l'interprétation et à l'application de textes relatifs à la garantie des créances issues du contrat de travail. • Soc. 24 janv. 1990, n° 89-41.572 P : *D. 1990. IR 41.*

10. Concurrence. Le conseil de prud'hommes est compétent pour connaître de l'application d'une clause de non-concurrence. • Soc. 15 mai 1974 : *Bull. civ. V, n° 297 ; GADT, 4e éd., n° 19.* ♦ Mais le conseil de prud'hommes est incompétent pour statuer sur la demande en réparation de l'employeur pour des actes de concurrence déloyale commis par un ancien salarié postérieurement à la rupture de son contrat de travail. • Soc. 2 oct. 1997 : *CSB 1997. 331, S. 192.* ♦ Comp. : • Versailles, 23 mai 1996 : *Gaz. Pal. 1997. 2. 411, note Rayroux.*

11. Conventions accessoires. Le conseil de prud'hommes est compétent pour connaître des litiges relatifs à un contrat de solidarité. • Soc. 24 mars 1993, n° 90-12.300 P : *D. 1993. IR 110.* ♦ ... Des litiges relatifs à la souscription d'un contrat d'assurance décès invalidité au profit de l'ensemble du personnel. • Soc. 8 mars 1995 : *Dr. soc. 1995. 506.* ♦ ... Ou à propos d'un différend né de l'exécution d'un contrat d'assurance souscrit au profit de l'ensemble de son personnel, lequel constitue un avantage complémentaire et accessoire au contrat de travail. • Soc. 19 janv. 1999, n° 96-44.688 P : *D. 1999. IR 40* ; *Dr. soc. 1999. 315, obs. Langlois* . ♦ ... Ou encore d'un différend relevant du contentieux littéraire et artistique né à l'occasion du contrat de travail, dès lors que c'est en raison de sa qualité de conseiller littéraire salarié de la société d'édition que l'intéressé prétend avoir fait œuvre de création. • Soc. 2 juin 2004, n° 02-17.516 P : *RJS 2004. 650, n° 948 ; D. 2004. 2087* . ♦ ... Ou encore en cas de conflit relatif à des options de souscription d'actions consenties par l'employeur. • Soc. 21 juin 2005 : *D. 2005. IR 2104* ; *RJS 2005. 716, n° 1014.* ♦ ... Ou lorsque les faits litigieux concernant des droits de propriété intellectuelle opposant un photographe à son employeur sont nés à l'occasion du contrat de travail. • Soc. 21 mai 2008 : *RDT 2008. 472, obs. Serverin et Grumbach* ; *RJS 2009. 647, n° 816 ; JCP S 2008. 1428, note Blanc-Jouvan.*

12. Inégalité de traitement dans l'octroi d'actions d'une société. La demande en paiement de dommages-intérêts d'un salarié, en réparation du préjudice causé par l'inégalité de traitement alléguée dans l'octroi d'actions d'une société à certains de ses salariés, constitue un différend né à l'occasion du contrat de travail et relève donc de la compétence du conseil de prud'hommes. • Soc. 11 sept. 2012 : *Dalloz actualité, 1er oct. 2012, obs. Perrin ; D. 2012. Actu.*

2181 ; *RJS 2012. 768, n° 891 ; JCP S 2012. 1517, obs. Lahalle.*

13. Procès-verbal de conciliation. La demande de nullité d'un procès-verbal de conciliation prud'homale, en ce qu'il tend à faire prononcer la nullité d'une transaction conclue à l'occasion de la rupture du contrat de travail, relève de la compétence du conseil de prud'hommes. • Soc. 28 févr. 2007 : *RDT 2007. 259, obs. Serverin* ; *JCP S 2007. 1620, note Bousez.* ♦ Les parties peuvent toujours saisir la juridiction prud'homale d'une action en contestation d'une transaction quand bien même elle aurait été constatée dans un procès-verbal dressé par le bureau de conciliation. • Soc. 29 sept. 2010 : *D. 2010. AJ 2436* ; *RJS 2010. 867, n° 976 ; JCP S 2010. 1504, obs. Sébille ; RJS 2010. 867, n° 976.*

14. Logement de fonction. Le juge des référés du tribunal de grande instance est compétent pour prononcer l'expulsion d'un logement de fonction d'un occupant sans droit ni titre, dès lors qu'il n'existe aucun doute sur l'expiration du contrat de travail. • Soc. 21 nov. 1962 : *Bull. civ. IV, n° 829 ; JCP 1963. II. 13216* • 29 mai 1963 : *Bull. civ. IV, n° 443.*

15. Entreprises en difficulté. Le conseil de prud'hommes demeure compétent pour statuer, dans le cadre de l'ordonnance rendue par le juge-commissaire autorisant des licenciements économiques, et au regard de la situation individuelle des salariés licenciés, sur les demandes formées par ceux-ci contre leur employeur. • Soc. 3 oct. 1989 : *Bull. civ. V, n° 559 ; D. 1989. IR 277* • 6 mars 1990, n° 89-40.028 P : *D. 1990. Somm. 218, obs. A. Honorat* • 21 févr. 1996 : *JCP E 1997. II. 862, note Serret* (appréciation par le conseil de prud'hommes du caractère réel et sérieux du motif de licenciement) • 14 oct. 1997, n° 96-18.876 P : *D. 1997. IR 229* ; *RJS 1997. 831, n° 1353* (compétence du conseil de prud'hommes pour connaître de l'action en annulation d'un plan social) • 3 mars 1998, n° 95-45.201 P : *RJS 1998. 275, n° 439 ; CSB 1998. 145, A. 32 ; D. 1998. 418, note Bailly* ; *Dr. soc. 1998. 508, obs. Vatinet* (compétence du conseil de prud'hommes pour statuer sur le respect de l'obligation de reclassement et sur les irrégularités relatives à la consultation des représentants du personnel) • 12 janv. 1999, n° 96-41.756 P : *D. 1999. IR 40* (compétence du conseil de prud'hommes pour statuer sur les contestations relatives à l'allocation de l'indemnité de licenciement sans cause réelle et sérieuse) • 27 oct. 1998, n° 95-42.220 P : *D. 1998. IR 247 ; Dr. soc. 1999. 202, obs. Vatinet* (compétence du conseil de prud'hommes pour statuer sur la régularité d'un licenciement prononcé au vu d'une ordonnance obtenue par fraude, la fraude résultant de l'existence d'une liste nominative de salariés à licencier et du remplacement immédiat de l'un d'entre eux). ♦ Mais lorsque l'ordonnance du juge-commissaire est devenue définitive, le caractère économique du motif du licenciement ne peut plus être contesté. • Soc. 9 juill. 1996, n° 93-41.877 P : *D. 1997. 60, note Bailly* ; *JCP 1997. I. 4004, n° 9, obs. Pétel ; JCP E 1997. II. 915, note Serret ; RJS 1996. 587, n° 912.* ♦ ... Peu importe que cette ordonnance ait été ou non notifiée personnellement aux intéressés. • Soc. 5 mars 1997 : *D. 1997. 522, note Bailly*. ♦ Sur l'obligation imposée par l'art. 126 de la loi du 25 janv. 1985 de saisir directement le bureau de jugement lorsque la demande concerne des créances ne figurant pas sur le relevé établi par le représentant des créanciers, V. • Soc. 4 déc. 1991 : *RJS 1992. 40, n° 37* • 7 oct. 1998, n° 89-42.970 P : *RJS 1998. 825, n° 1366 ; D. 1998. IR 235.*

16. Immatriculation à la sécurité sociale. Le conseil de prud'hommes est compétent pour obliger une société à remplir les formalités nécessaires à l'immatriculation d'un salarié au régime général de la sécurité sociale. • Soc. 16 nov. 1977 : *Bull. civ. V, n° 618.* ♦ V. aussi • Soc. 26 févr. 1964 : *ibid. IV, n° 168* • 20 janv. 1971 : *ibid. V, n° 38* • 16 janv. 1992 : *ibid., n° 14 ; D. 1992. IR 88* (salarié agissant contre son ancien employeur à qui il est reproché de n'avoir pas déclaré un accident du travail).

17. Accident du travail. L'action en responsabilité engagée par le salarié à l'encontre de son employeur qui, en réalité, demande la réparation du préjudice résultant de l'accident du travail dont il a été victime, ne peut être portée que devant le tribunal des affaires de la sécurité sociale ; la juridiction prud'homale est incompétente pour en connaître. • Soc. 30 sept. 2010 : *Dalloz actualité, 21 oct. 2010, obs. Perrin ; D. 2010. AJ 2372* ; *Dr. ouvrier 2010. 662, note Meyer.*

18. Accord transactionnel. Le différend qui oppose l'employeur à un ancien salarié au sujet de l'inexécution d'une obligation figurant dans l'accord transactionnel réglant les conséquences de la rupture du contrat de travail relève de la compétence exclusive du conseil de prud'hommes. • Com. 15 nov. 2011 : *D. 2011. Actu. 2939*.

19. Actions de l'employeur. Le conseil de prud'hommes est également compétent pour examiner : une demande de compensation formée par une société entre les sommes dues à titre de salaires et une dette contractée par le salarié. • Soc. 2 juill. 1968 : *Bull. civ. V, n° 344.* ♦ ... Une demande en restitution d'un trop-perçu et en remboursement d'un prêt. • Soc. 6 nov. 1968 : *Bull. civ. V, n° 486* • 20 avr. 1989 : *ibid., n° 304.* ♦ Comp. : • Soc. 25 mai 1981 : *ibid., n° 462* • 18 déc. 1986 : *D. 1987. IR 12* (emprunt ayant fait l'objet de traites qui ne peuvent être qualifiées d'avances sur salaire). ♦ ... Un litige relatif à un contrat de dépôt de marchandises, accessoire d'un contrat de représentation. • Soc. 3 nov. 1976 : *Bull. civ. V, n° 550.*

B. LITIGES INDIVIDUELS

20. Interprétation d'une convention collective. Le conseil de prud'hommes est compétent quand bien même il y a lieu d'interpréter et d'appliquer une disposition d'une convention collective. • Soc. 10 mars 1965, n° 60-40.177 P : *GADT, 4e éd., n° 31 ; D. 1965. 624, note Villebrun ; RTD civ. 1965. 867, obs. Hébraud* • 20 oct. 1988 : *Bull. civ. V, n° 548.* ♦ V. égal., en cas d'action groupée de plusieurs salariés : • Soc. 26 mars 1981 : *Bull. civ. V, n° 264* • 26 nov. 1981 : *ibid., n° 920 ; JCP CI 1982. I. 10527, obs. Teyssié* • 3 oct. 1991, n° 87-43.250 P. (demande tendant à l'application à cinq salariés des dispositions de l'art. L. 223-8 relatives au fractionnement des congés payés) • 15 janv. 1997, n° 94-44.914 P : *RJS 1997. 128, n° 191 ; CSB 1997. 112, S. 60* (demandes fondées sur un accord de fin de grève). ♦ Mais le litige entre un employeur et des syndicats quant à la (seule) interprétation d'accords collectifs relève de la compétence du tribunal de grande instance. • Soc. 21 nov. 2012 : *D. 2012. Actu. 2809 ; JCP S 2013. 1094, obs. Lahalle.*

21. Application d'une convention collective. Constitue une action individuelle relevant de la compétence du conseil des prud'hommes l'action du salarié tendant à obtenir l'exécution des engagements énoncés dans le cadre d'une convention ou d'un accord ou des dommages-intérêts pour violation à son égard de ces engagements. • Soc. 12 juill. 2006 : *RDT 2007. 48, obs. Tissandier ; RJS 2006. 816, n° 1108.* ♦ Lorsque des salariés, sans présenter aucune demande personnelle, entendent faire statuer le juge prud'homal, en référé, sur la portée d'une disposition de la convention collective, le litige ne présente pas de caractère individuel. • Soc. 30 avr. 1997, n° 95-43.227 P : *RJS 1997. 468, n° 725 ; CSB 1997. 216, S. 124 ; TPS 1997, n° 271, obs. Boubli.* ♦ Lorsqu'un salarié se borne à demander l'application générale d'une convention collective sans formuler de prétention particulière, la compétence du conseil de prud'hommes doit être écartée. • Soc. 6 mai 1998, n° 96-41.712 P : *D. 1998. IR 146 ; RJS 1998. 488, n° 768 ; Dr. soc. 1998. 731, obs. Couturier .*

22. Conflits collectifs. Le juge des prud'hommes est compétent pour connaître des litiges portant sur les voies de fait commises individuellement par chacun des salariés au cours d'un conflit collectif. • Soc. 25 oct. 1978 : *Bull. civ. V, n° 710.*

23. Usages. Un litige ne perd pas son caractère individuel lorsque la solution à intervenir est susceptible d'avoir une répercussion pratique étendue. • Soc. 11 juin 1975 : *Bull. civ. V, n° 321.* ♦ Dès lors qu'un litige ne porte pas sur l'établissement, la révision ou le renouvellement d'une convention collective, mais sur la seule application d'accords et d'usages, il relève de la compétence du conseil de prud'hommes. • Soc. 26 mars 1981 : *Bull. civ. V, n° 264.* – V. aussi • Soc. 21 févr. 1991 : *CSB 1991. 89, B. 48.*

C. PERSONNE MORALE DE DROIT PRIVÉ

24. Gestion d'un service public. Constitue un contrat de travail relevant de la compétence prud'homale le contrat passé par une personne morale de droit privé, même si elle assure des missions de service public. • Soc. 10 juill. 1975 : *Dr. soc. 1976. 139, note Lachaume.* ♦ Dans le même sens, à propos de salariés d'établissements privés d'enseignement sous contrat d'association : • Soc. 29 nov. 1979 (deux arrêts) : *JCP 1980. II. 19346, note Saint-Jours* • 17 oct. 1983 : *Bull. civ. V, n° 498 ; D. 1984. IR 20* • Cass., ass. plén., 20 déc. 1991 : *Dr. soc. 1992. 439, note Savatier ; JCP 1992. II. 21850, note Saint-Jours ; RJS 1992. 126, n° 185.* ♦ V. aussi : • Cass., ass. plén., 5 nov. 1993 : *JCP 1993. II. 22180, concl. Jéol, note Saint-Jours ; RJS 1993. 725, n° 1227, concl. Jéol* (établissement d'enseignement privé agricole). ♦ Pour une association, V. : • T. confl. 4 mai 1987 : *JCP 1988. II. 20955, note Plouvin* • Soc. 26 juin 1991 : *D. 1991. IR 220 ; RJS 1991. 518, n° 994* • 4 mai 1993 : *RJS 1993. 453, n° 776.* ♦ A propos d'une fondation gérant un hôpital privé, V. : • Soc. 1er mars 1995 : *CSB 1995. 129, S. 61.*

Art. L. 1411-2 Le conseil de prud'hommes règle les différends et litiges des personnels des services publics, lorsqu'ils sont employés dans les conditions du droit privé. – *[Anc. art. L. 511-1, al. 7.]*

1. SPA. Les personnels non statutaires travaillant pour le compte d'un service public à caractère administratif sont des agents contractuels de droit public, quel que soit leur emploi ; les litiges les opposant à l'organisme employeur relèvent de la compétence de la juridiction administrative. • T. confl. 25 mars 1996, *Berkani c/ CROUS de Lyon-Saint-Étienne,* n° 96-03.000 P : *D. 1996. 598, note Saint-Jours ; Dr. soc. 1996. 735, obs. Préto t ; JCP 1996. II. 22664, note Moudoudou ; RFDA 1996. 819, concl. Martin ; AJDA 1996. 355, chron. Stahl et Chauvaux ; RJS 1996. 542, n° 851 ; Gaz. Pal. 1996. 2. 386, note S. Petit* • 7 oct. 1996, n° 96-03.034 P. – Dans le même sens : • Soc. 9 juill. 1996, n° 93-44.699 P : *RJS 1996. 619, n° 966 ; CSB 1996. 275, A. 55* • 28 oct. 1996, n° 90-44.957 P. • 15 janv. 1997, n° 94-44.625 P : *CSB 1997. 111, S. 59.* ♦ Abandon de la jurisprudence antérieure fondée sur la participation directe de l'agent concerné à l'exécution du service public et, subsidiairement, sur la présence de clauses exorbitantes du droit commun dans le contrat : • CE 4 juin 1954, *Affortit et Vingtain* (2 arrêts) : *Lebon 342* • T. confl. 25 nov. 1963, *Vve Mazerand : Lebon 792* • 29 juin 1987, *Mme Bungener : Lebon 451.*

2. SPIC. Les agents des services publics et établissements publics à caractère industriel et commercial sont soumis à un régime de droit privé à l'exception du directeur et du chef comptable. • CE 8 mars 1957, *Jalenques de Labeau : Lebon 157* • T. confl. 22 févr. 1960, *Lagarrigue : Lebon 858* • CE 15 déc. 1967 : *D. 1968. 387, note Leclercq ; AJDA 1968. 228, note Braibant* • Soc. 13 déc. 1979 : *Bull. civ. V, n° 991* • T. confl. 3 juin 1996, n° 96-02.971 P : *RJS 1996. 685, n° 1076.* ♦ Il appartient aux juges judiciaires de se prononcer au fond sur un litige opposant la SNCF à l'un de ses agents. • Soc. 22 mai 1995, n° 94-40.775 P : *JCP 1996. I. 3899, n° 1, obs. Pierchon* • 25 mars 1997 : *TPS 1997, n° 221, obs. Boubli* • 18 déc. 2007 : *JS Lamy 2008, n° 226-5 ; Dr. soc. 2008. 246, obs. Radé* . ♦ Mais le juge administratif est compétent dès lors qu'il s'agit d'examiner la légalité d'une décision fixant les modalités de retenues sur salaires en cas de grève, décision ayant un caractère réglementaire et administratif. • T. confl. 22 juin 1992 : *RJS 1992. 634, n° 1144.*

3. La Poste. Puisque coexistent au sein de La Poste deux catégories de personnels, dont celle des fonctionnaires, et que le changement de statut de La Poste n'a eu aucune incidence sur la qualité de fonctionnaire de l'intéressée, ses relations avec son employeur étant régies par le droit public, le litige relatif à la requalification de sa relation de travail en une relation unique à durée indéterminée à compter du 28 juillet 1985, à l'effet de réévaluer ses droits à la retraite, relevait de la compétence de la juridiction administrative. • Soc. 27 nov. 2013 : *RDT 2014. 108, obs. Debord* .

Art. L. 1411-3 **Le conseil de prud'hommes règle les différends et litiges nés entre salariés à l'occasion du travail.** – *[Anc. art. L. 511-1, al. 4.]*

1. Compétence. Constitue un différend né entre salariés à l'occasion du travail le litige opposant ceux qui avaient entendu poursuivre leur travail et ceux qui, selon ces derniers, y avaient fait obstacle. • Soc. 3 mars 1983 : *Bull. civ. V, n° 129 ; D. 1984. IR 169, obs. Frossard ; Dr. soc. 1983. 639, note Savatier.* ♦ De même constitue un différend né entre salariés à l'occasion du travail le litige entre deux musiciens portant sur la redistribution des cachets versés à l'occasion du travail qu'ils exécutaient en commun pour les mêmes employeurs, dans le cadre de contrats de travail individuels conclus avec les organisateurs de spectacle, peu important l'absence de lien de subordination entre les intéressés. • Soc. 18 mars 2008 : *RJS 2008. 470, n° 607 ; JCP S 2008. 1327, obs. Lahalle.*

2. Incompétence. En revanche, échappe à la compétence prud'homale l'action d'un salarié contre d'autres salariés ayant fourni des attestations qu'il estime diffamatoires à son égard dans une instance prud'homale l'opposant à l'employeur. • Soc. 26 mars 1997 : *RJS 1997. 384, n° 590 ; CSB 1997. 183, S. 101.*

Art. L. 1411-4 **Le conseil de prud'hommes est seul compétent, quel que soit le montant de la demande, pour connaître des différends mentionnés au présent chapitre. Toute convention contraire est réputée non écrite.**

Le conseil de prud'hommes n'est pas compétent pour connaître des litiges attribués à une autre juridiction par la loi, notamment par le code de la sécurité sociale en matière d'accidents du travail et maladies professionnelles. – *[Anc. art. L. 511-1, al. 5 et 6, phrases 1 et 2.]*

COMMENTAIRE

V. Dalloz.fr et applications mobiles Dalloz.

A. COMPÉTENCE DU CONSEIL DE PRUD'HOMMES

1. Compétence exclusive. Institués pour régler par voie de conciliation les différends pouvant s'élever notamment à l'occasion du contrat de travail, les conseils de prud'hommes sont seuls compétents pour en connaître en premier ressort, peu important leur connexité avec un autre litige non susceptible de leur être soumis. • Soc. 15 mai 1974 : *GADT, 4e éd., n° 19 ; D. 1974. 702, note Serra* • 21 avr. 1977 : *Bull. civ. V, n° 261 ; D. 1978. 9, note Serra* (incompétence du TGI pour connaître d'une action dirigée contre un ancien salarié pour violation de la clause de non-concurrence alors qu'il est saisi également d'une action exercée contre le nouvel employeur). ♦ Le caractère exclusif et d'ordre public de la compétence d'attribution du conseil de prud'hommes interdit d'y faire échec pour cause de connexité, sauf en cas d'indivisibilité, laquelle ne peut résulter que d'une impossibilité juridique d'exécution simultanée de deux décisions qui seraient contraires. • Soc. 17 déc. 2013 : *Dalloz actualité, 27 janv. 2014, obs. Kebir ; D. 2014. Actu. 87* .

2. *Organismes conventionnels.* La création d'organismes conventionnels chargés de régler les différends ou de procéder à la conciliation des parties ne saurait faire obstacle à la saisine des conseils de prud'hommes. • Soc. 9 déc. 1981 : *Bull. civ. V, n° 954 ; JCP CI 1982. I. 10527, obs. Teyssié* • 19 juill. 1988 : *Bull. civ. V, n° 475 ; GADT, 4e éd., n° 22 ; D. 1989. Somm. 278, obs. Julien.*

3. L'avis donné par une commission paritaire dans un but de conciliation sur l'interprétation d'une disposition conventionnelle ne lie pas le juge. • Cass., ass. plén., 6 févr. 1976 : *GADT, 4e éd., n° 20 ; Dr. soc. 1976. 472, note Savatier ; JCP 1976. II. 18481, note Groutel.*

4. *Clause compromissoire.* Dans un avenant au contrat de travail, qualifié par les parties de charte associative, l'existence d'une clause compromissoire ne fait pas obstacle à la compétence exclusive du conseil de prud'hommes pour déterminer si le contrat en question doit être qualifié de contrat de travail et la clause compromissoire considérée comme non écrite. • Soc. 30 nov. 2011 : *Dalloz actualité, 3 janv. 2012, obs. Perrin ; Dr. soc. 2012. 309, obs. Gauriau ; RJS 2012. 148, n° 181 ; JCP S 2012. 1049, obs. Brissy.*

5. *Clause de conciliation préalable.* En raison de l'existence en matière prud'homale d'une procédure de conciliation préliminaire et obligatoire, une clause du contrat de travail qui institue une procédure de conciliation préalable en cas de litige survenant à l'occasion de ce contrat n'empêche pas les parties de saisir directement le juge prud'homal de leur différend. • Soc. 5 déc. 2012 : *Dalloz actualité, 8 janv. 2013, obs. Ines ; D. 2012. Actu. 2969 ; ibid. 2013. 121, obs. Bailly ; RDT 2013. 124, obs. Serverin ; Dr. soc. 2013. 178, obs. Boulmier ; JCP S 2013. 1075, obs. François.*

B. EXCEPTIONS

6. *Contentieux électoral.* Le tribunal d'instance, étant compétent pour apprécier si le demandeur remplit les conditions nécessaires pour être électeur, l'est également pour déterminer l'existence à cette date du contrat de travail de l'intéressé en vue de se prononcer sur son électorat. • Soc. 8 févr. 2012 : *Dalloz actualité, 29 mars 2012, obs. Ines ; RJS 2012. 400, n° 480 ; JCP S 2012. 1172, obs. Brissy* • 5 juin 1985 : *Bull. civ. V, n° 327* • 8 avr. 1992, n° 91-60.250 P.

7. *Participation.* Le conseil de prud'hommes est incompétent en cas de litiges relatifs : à la participation. • Soc. 20 oct. 1977 : *Dr. soc. 1978. 127, note Savatier.*

8. *Brevets d'invention.* Le conseil de prud'hommes est incompétent en cas de litige relatif à un brevet d'une invention faite par un salarié. • Soc. 18 févr. 1988 : *Bull. civ. V, n° 126 ; D. 1989. Somm. 278, obs. Julien.*

9. *Pacte d'actionnaires.* Le conseil des prud'hommes n'est pas compétent pour statuer sur les conditions de mise en œuvre d'un pacte d'actionnaires. • Soc. 18 oct. 2007 : *D. 2007. AJ 2809.*

10. *Maladie.* En relevant que l'affection contractée par un salarié ne pouvait être considérée ni comme un accident du travail, ni comme une maladie professionnelle, la cour d'appel a pu déduire que le conseil de prud'hommes était compétent pour statuer sur la demande d'indemnisation du salarié. • Soc. 1er juin 1972 : *Bull. civ. V, n° 400.* ♦ Le juge prud'homal est compétent pour la réparation du préjudice d'anxiété antérieur à la déclaration de la maladie. • Soc. 28 mai 2014 : *Dalloz actualité, 16 juin 2014, obs. Fraisse ; D. 2014. 1404, obs. Wurtz ; RJS 2014. 537, n° 648.*

11. *SIVP.* Les contrats relatifs au SIVP ne constituent pas des contrats de travail et les différends s'élevant entre l'entreprise d'accueil et les stagiaires ne relèvent pas de la compétence des conseils de prud'hommes. • Soc. 8 nov. 1989 : *Bull. civ. V, n° 651.* ♦ Mais lorsque le stagiaire a travaillé à temps complet et qu'il n'a pu bénéficier de la formation prévue, un contrat de travail s'est substitué au contrat de formation et le litige relève des juridictions prud'homales. • Soc. 11 oct. 1990, n° 89-43.510 P. – Dans le même sens : • Soc. 27 oct. 1993 : *Dr. soc. 1993. 960.*

12. *Détenus.* Les relations de travail des personnes incarcérées ne faisant pas l'objet d'un contrat de travail (C. pr. pén., art. 717-3), le conseil de prud'hommes est incompétent pour en connaître. • Soc. 17 déc. 1996 : *D. 1997. IR 18 ; Dr. soc. 1997. 344, note Giudicelli-Delage et Massé ; CSB 1997. 83, S. 37.*

13. *Centres d'aide par le travail.* Les travailleurs handicapés ne sont pas liés aux centres d'aide par le travail par un contrat de travail (incompétence de la juridiction prud'homale). • Soc. 18 mars 1997, n° 94-41.716 P : *Dr. soc. 1997. 525, obs. Verkindt ; RJS 1997. 489, n° 765.*

14. *Marins.* Le litige portant sur la rupture d'un contrat d'engagement maritime relève, par application de l'art. R. 321-6-5° COJ, de la compétence d'attribution du tribunal d'instance. • Soc. 12 nov. 1997 : *RJS 1997. 867, n° 1414.* ♦ ... L'appel étant jugé comme en matière prud'homale. • Soc. 14 oct. 1997 : *TPS 1997, n° 335.*

15. Des stipulations particulières ne peuvent déroger à une disposition d'ordre public régissant la répartition des compétences entre les juridictions administrative et judiciaire. • Soc. 12 févr. 1985 : *Bull. civ. V, n° 107.* ♦ Une clause attributive de compétence à la juridiction administrative ne peut permettre à elle seule de déduire le caractère administratif du contrat de travail d'une femme de service. • Soc. 3 juill. 1990 : *D. 1990. IR 197 ; RJS 1990. 539, n° 803.*

Art. L. 1411-5 Le conseil de prud'hommes donne son avis sur les questions que lui pose l'autorité administrative. – *[Anc. art. L. 511-2.]*

Art. L. 1411-6 Lorsqu'un organisme se substitue habituellement aux obligations légales de l'employeur, il peut être mis en cause aux côtés de celui-ci en cas de litige entre l'employeur et les salariés qu'il emploie. – *[Anc. art. L. 511-1, al. 2.]*

1. Absence de substitution. Doit être cassé l'arrêt qui condamne, sur le fondement de l'al. 2 de l'art. L. 511-1 [L. 1411-6 nouv.], une association d'aide aux personnes âgées au versement de diverses sommes à des gardes-malades, alors que son rôle s'était limité à remplir certaines tâches administratives pour le compte de l'employeur. • Soc. 2 juin 1993, n° 90-40.275 P : *D. 1993. IR 165 ; RJS 1993. 423, n° 710.*

2. Substitution. L'association qui établit les fiches de paie, se substitue régulièrement à l'employeur pour l'accomplissement de cette obligation légale, de sorte qu'elle peut être appelée en garantie devant la juridiction saisie du litige opposant l'employeur à un salarié au sujet de sa rémunération. • Soc. 28 févr. 2006 : *D. 2006. IR 811 ; RJS 2006. 443, n° 640 ; Dr. soc. 2006. 680, obs. Savatier ; JS Lamy 2006, n° 186-3.*

CHAPITRE II **COMPÉTENCE TERRITORIALE**

Le présent chapitre ne comprend pas de dispositions législatives.

TITRE DEUXIÈME **INSTITUTION, ORGANISATION ET FONCTIONNEMENT**

CHAPITRE PREMIER **DISPOSITIONS GÉNÉRALES**

Art. L. 1421-1 Le conseil de prud'hommes est une juridiction *(Abrogé par Ord. n° 2016-388 du 31 mars 2016, art. 1er-2°, à compter du 1er janv. 2018) « élective et »* paritaire.

Il est composé, ainsi que ses différentes formations, d'un nombre égal de salariés et d'employeurs. – *[Anc. art. L. 511-1, al. 1er, phrase 1 début et L. 512-1.]*

Paritarisme. Sur l'obligation pour les pouvoirs publics de respecter le principe du paritarisme, V. • CE 11 févr. 1977 : *GADT, 4e éd., n° 27 ; Dr. soc. 1978. 39, concl. Gentot.* ♦ En raison de leur caractère paritaire et de la nature de leurs attributions, les conseils de prud'hommes constituent un ordre de juridiction au sens de l'art. 34 de la Constitution. • Cons. const. 13 juin 1991 : *RJS 1991. 519, n° 996.*

Art. L. 1421-2 *(L. n° 2015-990 du 6 août 2015, art. 258-I)* Les conseillers prud'hommes exercent leurs fonctions en toute indépendance, impartialité, dignité et probité et se comportent de façon à exclure tout doute légitime à cet égard. Ils s'abstiennent, notamment, de tout acte ou comportement public incompatible avec leurs fonctions.

Ils sont tenus au secret des délibérations.

Leur est interdite toute action concertée de nature à arrêter ou à entraver le fonctionnement des juridictions lorsque le renvoi de l'examen d'un dossier risquerait d'entraîner des conséquences irrémédiables ou manifestement excessives pour les droits d'une partie.

CHAPITRE II **INSTITUTION**

Art. L. 1422-1 Il est créé au moins un conseil de prud'hommes dans le ressort de chaque tribunal de grande instance. Le ressort du conseil, s'il est unique, s'étend à l'ensemble de celui du tribunal de grande instance.

Pour des raisons d'ordre géographique, économique ou social, plusieurs conseils de prud'hommes peuvent être créés dans le ressort d'un tribunal de grande instance. – *[Anc. art. L. 511-3, al. 1er et 2.]*

Art. L. 1422-2 Les aérodromes dont l'emprise s'étend sur le ressort de plusieurs conseils de prud'hommes peuvent être rattachés par décret au ressort de l'un d'eux pour l'application des dispositions concernant la compétence territoriale en matière prud'homale. – *[Anc. art. L. 511-3, al. 3.]*

Art. L. 1422-3 Des décrets en Conseil d'État portent création ou suppression des conseils de prud'hommes et fixation, modification ou transfert de leur ressort et de leur siège. – *[Anc. art. L. 511-3, al. 3, phrase 1.]*

CHAPITRE III ORGANISATION ET FONCTIONNEMENT

SECTION PREMIÈRE SECTIONS

Art. L. 1423-1 Le conseil de prud'hommes est divisé en sections autonomes.

Il comporte une formation commune de référé. – *[Anc. art. L. 512-2, al. 1er début et fin.]*

Art. L. 1423-1-1 *(Ord. no 2016-388 du 31 mars 2016, art. 1er-3o, en vigueur le 1er janv. 2018)* Sous réserve des dispositions relatives à la section de l'encadrement définies à l'article L. 1423-1-2, les affaires sont réparties entre les sections du conseil des prud'hommes au regard du champ d'application de la convention ou de l'accord collectif de travail dont le salarié partie au litige relève et d'un tableau de répartition, dans des conditions définies par décret.

Les différends et litiges attribués aux sections antérieurement au 1er janv. 2018 demeurent de leur compétence.

Avant le 1er janv. 2018, les avis et les convocations donnés aux parties pour les affaires non encore attribuées à une section peuvent être délivrés pour une comparution à une date postérieure à cette date devant la section à laquelle les procédures seront transférées en vertu des art. L. 1423-1-1 à L. 1423-1-4 (Ord. no 2016-388 du 31 mars 2016, art. 4).

Art. L. 1423-1-2 *(Ord. no 2016-388 du 31 mars 2016, art. 1er-3o, en vigueur le 1er janv. 2018)* Relèvent de la section de l'encadrement les affaires dont le salarié partie au litige relève des catégories suivantes :

1° Les ingénieurs ainsi que les salariés qui, même s'ils n'exercent pas de commandement, ont une formation équivalente constatée ou non par un diplôme ;

2° Les salariés qui, ayant acquis une formation technique, administrative, juridique, commerciale ou financière, exercent un commandement par délégation de l'employeur ;

3° Les agents de maîtrise qui ont une délégation écrite de commandement ;

4° Les voyageurs, représentants ou placiers.

V. note ss. art. L. 1423-1-1.

Art. L. 1423-2 Un décret fixe, pour chaque conseil de prud'hommes, le nombre de conseillers à *(Ord. no 2016-388 du 31 mars 2016, art. 1er-4o, en vigueur le 1er févr. 2017)* « nommer *[ancienne rédaction : élire]* » par collège dans les différentes sections. – *[Anc. art. L. 512-4.] – V. Décr. no 2008-515 du 29 mai 2008 (JO 1er juin).*

SECTION II PRÉSIDENT ET VICE-PRÉSIDENT

Art. L. 1423-3 Les conseillers prud'hommes réunis en assemblée générale, en assemblée de section, en assemblée de chambre, sous la présidence du doyen d'âge, élisent parmi eux un président et un vice-président.

(L. no 2015-990 du 6 août 2015, art. 258-I) « A sa demande et au moins une fois par an, le juge départiteur mentionné à l'article L. 1454-2 assiste à l'assemblée générale du conseil de prud'hommes. »

Art. L. 1423-4 Le président du conseil de prud'hommes est alternativement un salarié ou un employeur. Le sort détermine la qualité de celui qui est élu la première fois.

Lorsque le président est choisi parmi les conseillers prud'hommes salariés, le vice-président ne peut l'être que parmi les conseillers prud'hommes employeurs, et réciproquement. – *[Anc. art. L. 512-8.]*

Art. L. 1423-5 Les conseillers prud'hommes salariés élisent un président ou un vice-président ayant la qualité de salarié.

Les conseillers prud'hommes employeurs élisent un président ou un vice-président ayant la qualité d'employeur.

Le vote par mandat est possible. Toutefois, un conseiller ne peut détenir qu'un seul mandat. – *[Anc. art. L. 512-7, al. 2.]*

Art. L. 1423-6 Le président et le vice-président sont élus pour une année. Ils sont rééligibles sous la condition d'alternance prévue à l'article L. 1423-4.

(L. n° 2009-526 du 12 mai 2009, art. 29) « Ils restent en fonction jusqu'à l'installation de leurs successeurs. »

Art. L. 1423-7 Les dispositions des articles L. 1423-4 et L. 1423-6 sont applicables aux présidents et vice-présidents de section et de chambre. – *[Anc. art. L. 512-10.]*

SECTION III **DIFFICULTÉS DE CONSTITUTION ET DE FONCTIONNEMENT**

Art. L. 1423-8 Lorsqu'un conseil de prud'hommes ne peut se constituer *(Abrogé par L. n° 2015-990 du 6 août 2015, art. 258-I) « ou ne peut fonctionner »*, le premier président de la cour d'appel, saisi sur requête du procureur général, désigne un autre conseil de prud'hommes ou, à défaut, *(L. n° 2015-990 du 6 août 2015, art. 258-I)* « un ou plusieurs juges du ressort de la cour d'appel » pour connaître des affaires inscrites au rôle du conseil de prud'hommes ou dont ce conseil aurait dû être ultérieurement saisi.

Art. L. 1423-9 Lorsqu'il a été fait application de l'article L. 1423-8 et que le conseil de prud'hommes normalement compétent est de nouveau en mesure de fonctionner, le premier président de la cour d'appel, saisi dans les mêmes conditions, constate cet état de fait et fixe la date à compter de laquelle les affaires seront à nouveau portées devant ce conseil.

(L. n° 2009-526 du 12 mai 2009, art. 30) « Le premier président précise également la date à compter de laquelle les affaires qui ont été provisoirement transférées à un autre conseil de prud'hommes ou à *(L. n° 2015-990 du 6 août 2015, art. 258-I)* « un ou plusieurs juges du ressort de la cour d'appel » seront soumises au conseil de prud'hommes compétent pour en connaître. »

Art. L. 1423-10 Lorsque le président du conseil de prud'hommes constate une difficulté provisoire de fonctionnement d'une section, il peut, après avis conforme du vice-président, sous réserve de l'accord des intéressés, affecter temporairement les conseillers prud'hommes d'une section à une autre section pour connaître des litiges relevant de cette dernière. Ces affectations sont prononcées pour une durée de six mois renouvelable deux fois dans les mêmes conditions.

A défaut de décision du président du conseil de prud'hommes ou lorsque le vice-président a émis un avis négatif, le premier président de la cour d'appel, saisi sur requête du procureur général, peut constater la difficulté de fonctionnement et procéder lui-même, après accord des intéressés, aux affectations temporaires mentionnées au premier alinéa.

Les décisions d'affectation temporaire en cas de difficultés de fonctionnement sont prises par ordonnance non susceptible de recours. – *[Anc. art. L. 512-11, al. 2 à 4.]*

Art. L. 1423-10-1 *(L. n° 2015-990 du 6 août 2015, art. 258-I)* En cas d'interruption du fonctionnement du conseil de prud'hommes ou de difficultés graves rendant ce fonctionnement impossible dans des conditions normales, le premier président de la cour d'appel désigne un ou plusieurs juges du ressort de la cour d'appel pour connaître des affaires inscrites au rôle du conseil de prud'hommes. Il fixe la date à compter de laquelle les affaires sont provisoirement soumises à ces juges.

Lorsque le premier président de la cour d'appel constate que le conseil est de nouveau en mesure de fonctionner, il fixe la date à laquelle les affaires seront portées devant ce conseil.

Art. L. 1423-11 En cas d'interruption durable de son fonctionnement ou de difficultés graves rendant ce fonctionnement impossible dans des conditions normales, le conseil de prud'hommes peut être dissous par décret motivé.

Dans ce cas, les nouvelles *(Ord. n° 2016-388 du 31 mars 2016, art. 1er-5°, en vigueur le 1er janv. 2018)* « **nominations** *[ancienne rédaction : élections]* » ont lieu dans un délai de deux mois *[nouvelle rédaction issue de l'Ord. n° 2016-388 du 31 mars 2016, art. 1er-5°, en vigueur le 1er janv. 2018 : « maximum de quatre mois »]* à partir de la parution du décret de dissolution. Les fonctions des membres ainsi élus *[nouvelle rédaction issue de l'Ord. n° 2016-388 du 31 mars 2016, art. 1er-5°, en vigueur le 1er janv. 2018 : « nommés »]* prennent fin en même temps que celles des membres des autres conseils de prud'hommes.

Jusqu'à l'installation du nouveau conseil, les litiges sont portés devant le conseil de prud'hommes le plus proche du domicile du demandeur dans le même ressort de cour d'appel ou, à défaut, devant le tribunal d'instance. – *[Anc. art. L. 512-13.]*

SECTION IV **BUREAU DE CONCILIATION ET D'ORIENTATION, BUREAU DE JUGEMENT ET FORMATION DE RÉFÉRÉ** *(L. nº 2015-990 du 6 août 2015, art. 258-I).*

Art. L. 1423-12 Le bureau de jugement se compose *(L. nº 2015-990 du 6 août 2015, art. 258-I)* « de deux conseillers prud'hommes employeurs et de deux conseillers prud'hommes salariés », incluant le président ou le vice-président siégeant alternativement.

Viole l'art. L. 515-2 [L. 1423-12 nouv.] le conseil de prud'hommes qui statue composé, selon les mentions du jugement, de deux conseillers employeurs et d'un conseiller salarié. • Soc. 28 févr. 1996 : 🕮 *RJS 1996. 263, nº 436.*

Art. L. 1423-13 *(L. nº 2015-990 du 6 août 2015, art. 258-I)* Le bureau de conciliation et d'orientation, la formation de référé et le bureau de jugement dans sa composition restreinte se composent d'un conseiller prud'homme employeur et d'un conseiller prud'homme salarié.

SECTION V **DÉPENSES DU CONSEIL DE PRUD'HOMMES**

Art. L. 1423-14 Le local nécessaire au conseil de prud'hommes est fourni par le département dans lequel il est établi.

Toutefois, lorsqu'une commune a mis un local à la disposition du conseil de prud'hommes, elle ne peut le reprendre, sauf à la demande expresse du département dans lequel le conseil est établi. – *[Anc. art. L. 51-10-1.]*

Art. L. 1423-15 Les dépenses de personnel et de fonctionnement du conseil de prud'hommes sont à la charge de l'État. – *[Anc. art. L. 51-10-2, al. 1.]*

Le ministre chargé du travail peut procéder à la répartition des crédits particuliers que la loi de finances pour 2008 avait mis à sa disposition en vue de financer des campagnes d'information tendant à favoriser la participation des électeurs au scrutin prud'homal ; cette répartition ne peut être fondée sur les résultats obtenus par les syndicats ayant participé aux dernières élections prud'homales de 2002 car ce critère ne tient pas compte des évolutions ultérieures de la représentativité des syndicats et n'est donc pas pertinent au regard de l'objet de la mesure ; un tel critère est contraire au principe d'égalité. • CE 30 déc. 2009 : 🕮 *JCP S 2010. 1210, obs. Lahalle.*

SECTION VI **DISPOSITIONS D'APPLICATION**

Art. L. 1423-16 Un décret en Conseil d'État détermine les conditions d'application du présent chapitre. – *V. art. R. 1423-1 s.*

TITRE TROISIÈME **CONSEIL SUPÉRIEUR DE LA PRUD'HOMIE**

CHAPITRE UNIQUE

Art. L. 1431-1 Le Conseil supérieur de la prud'homie, organisme consultatif, siège auprès du garde des sceaux, ministre de la justice et du ministre chargé du travail.

En font partie, outre les représentants des ministères intéressés, des représentants, en nombre égal, des organisations syndicales et des organisations professionnelles représentatives au plan national.

Un décret en Conseil d'État détermine la composition, les attributions ainsi que les règles d'organisation et de fonctionnement du Conseil supérieur de la prud'homie. – *[Anc. art. L. 511-4, al. 1er et 2.] – V. art. R. 1431-1 s.*

Art. L. 1431-2 L'employeur laisse aux salariés de son entreprise, membres du Conseil supérieur de la prud'homie, le temps nécessaire pour remplir leurs fonctions. Ce temps est assimilé à une durée de travail effectif au sens de l'article L. 1442-6.

L'exercice des fonctions de membre du Conseil supérieur de la prud'homie par un salarié ne peut être la cause d'une sanction ou d'une rupture du contrat de travail par l'employeur. – *[Anc. art. L. 511-4, al. 3.]*

TITRE QUATRIÈME **CONSEILLERS PRUD'HOMMES**

CHAPITRE PREMIER **DÉSIGNATION DES CONSEILLERS PRUD'HOMMES**

(Ord. n° 2016-388 du 31 mars 2016, art. 1er-6°, en vigueur le 1er févr. 2017)

L'Ord. n° 2016-388 du 31 mars 2016 est ratifiée par la L. n° 2016-1088 du 8 août 2016, art. 35.

SECTION PREMIÈRE **DISPOSITIONS GÉNÉRALES**

Art. L. 1441-1 Les conseillers prud'hommes sont nommés conjointement par le garde des sceaux, ministre de la justice, et le ministre chargé du travail tous les quatre ans par conseil de prud'hommes, collège et section, sur proposition des organisations syndicales et professionnelles selon les modalités fixées au présent chapitre.

Art. L. 1441-2 Les conseillers prud'hommes sont nommés durant l'année suivant chaque cycle de mesure de l'audience syndicale définie au 5° de l'article L. 2121-1 pour le collège des salariés et de l'audience patronale définie au 6° de l'article L. 2151-1 pour le collège des employeurs.

Art. L. 1441-3 Un décret en Conseil d'État détermine les conditions d'application du présent chapitre.

SECTION II **DÉTERMINATION DES SIÈGES ATTRIBUÉS AUX ORGANISATIONS**

Art. L. 1441-4 Le garde des sceaux, ministre de la justice, et le ministre chargé du travail arrêtent le nombre de sièges attribués pour la durée du mandat aux organisations syndicales et professionnelles par conseil de prud'hommes, collège et section, en fonction du nombre de conseillers défini à l'article L. 1423-2 et *(L. n° 2016-1088 du 8 août 2016, art. 35)* « , pour les organisations syndicales de salariés, des suffrages obtenus au niveau départemental par chaque organisation dans le cadre de la mesure de l'audience définie au 5° de l'article L. 2121-1 ; pour les organisations professionnelles d'employeurs, l'audience patronale prévue au 6° de l'article L. 2151-1 déterminée au niveau national.

« Pour l'appréciation de l'audience patronale, sont pris en compte, chacun à hauteur de 50 %, le nombre des entreprises qui emploient au moins un salarié adhérentes à des organisations professionnelles d'employeurs et le nombre de salariés employés par ces mêmes entreprises. »

Les sièges sont attribués à la représentation proportionnelle suivant la règle de la plus forte moyenne.

Art. L. 1441-5 A peine d'irrecevabilité, les contestations relatives à la répartition du nombre des sièges, opérée en application de l'article L. 1441-4, sont formées devant le Conseil d'État par une organisation syndicale ou professionnelle dans un délai de quinze jours à compter de sa publication.

SECTION III **CANDIDATURES**

SOUS-SECTION 1 **CANDIDATS**

§ 1er CONDITIONS DE CANDIDATURE

Art. L. 1441-6 Peuvent être candidats, sous réserve des dispositions de l'article L. 1441-7 :

1° Les salariés et les employeurs ;

2° Les personnes à la recherche d'un emploi inscrites sur la liste des demandeurs d'emploi ;

3° Les personnes ayant cessé d'exercer toute activité professionnelle.

Art. L. 1441-7 Les conditions requises des candidats sont les suivantes :

1° Être de nationalité française ;

2° Ne pas avoir au bulletin n° 2 du casier judiciaire de mentions incompatibles avec l'exercice des fonctions prud'homales et n'être l'objet d'aucune interdiction, déchéance ou incapacité relative à leurs droits civiques ;

3° Être âgés de vingt et un ans au moins ;

4° Avoir exercé une activité professionnelle de deux ans ou justifier d'un mandat prud'homal dans les dix ans précédant la candidature.

Art. L. 1441-8 Les conditions de candidature définies aux 1° et 2° de l'article L. 1441-7 s'apprécient à la date de nomination.

Les conditions de candidature définies aux 3° et 4° de l'article L. 1441-47 et celles relatives au conseil des prud'hommes, au collège et à la section de candidature s'apprécient à la date d'ouverture du dépôt des candidatures, fixée par voie réglementaire.

Art. L. 1441-9 Nul ne peut être candidat :

1° Sur plus d'une liste mentionnée à l'article L. 1441-18 ;

2° Dans plus d'une section ;

3° Dans un conseil de prud'hommes, un collège ou une section autres que ceux au titre desquels il remplit les conditions pour être candidat.

Art. L. 1441-10 Ne peut être candidat le conseiller prud'homme déclaré déchu en application de l'article L. 1442-14.

Le conseiller prud'homme nommé, qui refuse de se faire installer, qui est déclaré démissionnaire ou qui est réputé démissionnaire en application de l'article L. 1442-1, ne peut être candidat pendant un délai de quatre ans à compter de son refus, de la décision du tribunal qui le déclare démissionnaire ou de l'expiration du délai prévu au troisième alinéa de l'article L. 1442-1.

§ 2 CONSEIL DE PRUD'HOMMES DE CANDIDATURE

Art. L. 1441-11 Les personnes relevant du 1° de l'article L. 1441-6, à l'exception des employés de maison et de leurs employeurs, sont candidates dans la section du conseil de prud'hommes dans le ressort duquel elles exercent leur activité principale, ou dans la section de même nature de l'un des conseils de prud'hommes limitrophes. Les voyageurs, représentants ou placiers peuvent en outre être candidats dans le conseil de prud'hommes dans le ressort duquel est situé leur domicile.

Les personnes relevant des 2° et 3° de l'article L. 1441-6 sont candidates dans la section du conseil de prud'hommes dans le ressort duquel elles exerçaient leur dernière activité professionnelle, dans la section de même nature de l'un des conseils de prud'hommes limitrophes ou dans celle du conseil de prud'hommes dans le ressort duquel est situé leur domicile.

Les employés de maison et leurs employeurs sont candidats dans la section du conseil de prud'hommes dans le ressort duquel est situé leur domicile, ou dans la section de même nature de l'un des conseils de prud'hommes limitrophes.

Pour les personnes qui sont candidates dans la section de l'agriculture, les ressorts du conseil de prud'hommes ou du conseil de prud'hommes limitrophe sont déterminés en fonction du ressort de cette section.

§ 3 COLLÈGE DE CANDIDATURE

Art. L. 1441-12 Peuvent être candidats dans le collège des employeurs :

1° Les personnes employant pour leur compte ou pour le compte d'autrui un ou plusieurs salariés ;

2° Le cas échéant, sur mandat exprès de ces personnes et si elles ne sont pas elles-mêmes candidates, les conjoints collaborateurs mentionnés à l'article L. 121-4 du code de commerce pour les artisans, commerçants et professionnels libéraux et à l'article L. 321-5 du code rural et de la pêche maritime pour les agriculteurs ;

3° Les associés en nom collectif, les présidents des conseils d'administration, les directeurs généraux et directeurs, ainsi que les cadres détenant sur un service, un département ou un établissement de l'entreprise une délégation particulière d'autorité, établie par écrit, permettant de les assimiler à un employeur ;

4° Les personnes ayant cessé d'exercer toute activité et dont la dernière activité professionnelle relevait des catégories mentionnées au 1° ou au 3°.

Pour les personnes mentionnées au 2°, les conditions prévues à l'article L. 1441-7 doivent être remplies en la personne de l'artisan, du commerçant, du professionnel libéral ou du chef d'exploitation ou de l'entreprise agricole mandant, et en celle de son conjoint collaborateur mandataire. Pour ce dernier, il est toutefois substitué à la condition d'exercice d'une activité professionnelle de deux ans dans les dix ans précédant la candidature, mentionnée audit article, une durée équivalente d'appartenance au statut de conjoint collaborateur, appréciée à la date d'ouverture du dépôt des candidatures, fixée par voie réglementaire.

Art. L. 1441-13 Peuvent être candidats dans le collège des salariés :

1° Les salariés non cadres ;

2° Les cadres ne détenant pas la délégation particulière d'autorité mentionnée au 3° de l'article L. 1441-12 ;

3° Les salariés titulaires d'un contrat d'apprentissage ou de formation en alternance ;

4° Les personnes à la recherche d'un emploi inscrites sur la liste des demandeurs d'emploi ;

5° Les personnes mentionnées aux 1°, 2°, 3° et 4° ayant cessé d'exercer toute activité professionnelle.

§ 4 SECTION DE CANDIDATURE

Art. L. 1441-14 Relèvent de la section de l'encadrement du collège des salariés, à l'exception de celles qui ont une délégation particulière d'autorité, les personnes relevant des catégories mentionnées aux 1°, 2°, 3° et 4° de l'article L. 1423-1-2.

Art. L. 1441-15 Relèvent de la section de l'encadrement du collège des employeurs les employeurs et assimilés, comprenant les cadres qui ont une délégation particulière d'autorité, tels que définis à l'article L. 1441-12, qui n'emploient que des salariés relevant des catégories définies à l'article L. 1423-1-2.

Peuvent relever de la section de l'encadrement du collège des employeurs, les employeurs et assimilés, comprenant les cadres qui ont une délégation particulière d'autorité, tels que définis à l'article L. 1441-12, qui emploient au moins un des salariés relevant des catégories définies à l'article L. 1423-1-2.

Art. L. 1441-16 L'appartenance des salariés candidats aux sections est déterminée au regard du champ d'application de la convention ou de l'accord collectif de travail dont ils relèvent, selon le tableau de répartition mentionné à l'article L. 1423-1-1, à l'exception des personnes mentionnées à l'article L. 1441-14 et des cadres mentionnés au 3° de l'article L. 1441-12.

Art. L. 1441-17 Sous réserve des dispositions relatives à la section de l'encadrement définies à l'article L. 1441-15, pour le collège des employeurs, les employeurs et assimilés, tels que définis à l'article L. 1441-12, relèvent de la section de leur choix dont relève au moins un de leurs salariés.

SOUS-SECTION 2 LISTE DE CANDIDATS

Art. L. 1441-18 La déclaration des candidatures résulte du dépôt d'une liste de candidats pour chaque conseil de prud'hommes par les mandataires des organisations auxquelles ont été attribués des sièges en application de l'article L. 1441-4.

Cette liste est déposée par voie dématérialisée dans des conditions déterminées par décret.

Art. L. 1441-19 La liste de candidats est composée alternativement d'un candidat de chaque sexe.

Art. L. 1441-20 Aucune liste ne peut comporter un nombre de candidats supérieur au nombre de postes attribués par section et conseil de prud'hommes.

Art. L. 1441-21 Ne peuvent être enregistrées par l'autorité administrative les déclarations de candidatures qui ne respectent pas les conditions fixées par les articles L. 1441-18 à L. 1441-20 à la date de clôture du dépôt des candidatures.

Art. L. 1441-22 Le mandataire de la liste notifie à l'employeur de chacun des salariés candidats le nom du salarié de son entreprise qu'il entend présenter sur sa liste de candidats. Cette notification intervient à compter de la date d'ouverture du dépôt des candidatures.

Art. L. 1441-23 L'employeur laisse au salarié de son entreprise désigné, dans le cadre du renouvellement prud'homal, en tant que mandataire de liste, le temps nécessaire pour remplir ses fonctions. Ce temps est assimilé à une durée de travail effectif conformément aux dispositions de l'article L. 1442-6.

L'exercice des fonctions de mandataire de liste par un salarié ne peut être la cause d'une sanction ou d'une rupture du contrat de travail par l'employeur. Les délégués syndicaux appelés à exercer ces fonctions sont autorisés à utiliser à cet effet le crédit d'heures dont ils disposent au titre de leur mandat.

SECTION IV **CONTESTATIONS RELATIVES À LA NOMINATION**

Art. L. 1441-24 A peine d'irrecevabilité, les contestations relatives à la nomination dans les conditions fixées à l'article L. 1441-1 sont portées par tout candidat ou mandataire de liste dans un délai de dix jours à compter de cette nomination, devant le tribunal administratif qui statue en premier et dernier ressort.

SECTION V **DÉSIGNATIONS COMPLÉMENTAIRES**

Art. L. 1441-25 Durant le mandat, en cas de vacance de sièges, il peut être procédé à des désignations complémentaires, dans les conditions fixées par les articles L. 1441-26 à L. 1441-31.

Art. L. 1441-26 Dans le cas prévu à l'article L. 1441-25, les conseillers prud'hommes sont nommés conjointement par le garde des sceaux, ministre de la justice, et le ministre chargé du travail, par conseil de prud'hommes, collège et section, pour la durée du mandat restant à courir, sur proposition des organisations syndicales et professionnelles selon les modalités fixées à la présente section.

Art. L. 1441-27 Les dispositions des sections III et IV relatives à la candidature et à la contestation de la nomination s'appliquent aux désignations complémentaires, à l'exception des dispositions des articles L. 1441-19, L. 1441-20 et L. 1441-21.

Art. L. 1441-28 La déclaration de candidature résulte du dépôt par voie dématérialisée d'une liste de candidats par conseil de prud'hommes par les mandataires des organisations auxquelles ont été attribués des sièges en application de l'article L. 1441-4 et dont la totalité des sièges n'est pas pourvue.

Art. L. 1441-29 Cette liste de candidats est composée, pour chaque organisation, de manière à ce que l'écart entre le nombre de femmes et d'hommes parmi le nombre de conseillers désignés dans chaque conseil ne soit pas supérieur à un ou, lorsque la liste comprend un nombre de candidats inférieur au nombre de sièges restant à pourvoir, de manière à diminuer l'écart entre le nombre de conseillers de chaque sexe.

Art. L. 1441-30 Aucune liste ne peut comporter un nombre de candidats supérieur au nombre de postes restant à pourvoir par section et conseil de prud'hommes.

Art. L. 1441-31 Ne peuvent être enregistrées par l'autorité administrative les déclarations de candidature qui ne respectent pas les conditions fixées par les articles L. 1441-28 à L. 1441-30 à la date de clôture du dépôt des candidatures.

CHAPITRE PREMIER *[ANCIEN]* **ÉLECTION**

Ce chapitre, abrogé par l'Ord. n° 2016-388 du 31 mars 2016, demeure applicable jusqu'au 31 janv. 2017 (Ord. préc., art. 1er-6° et 4).

SECTION PREMIÈRE *[ANCIENNE]* ÉLECTORAT ET LISTES ÉLECTORALES

SOUS-SECTION 1 *[ANCIENNE]* ÉLECTORAT

§ 1er *[ANCIEN]* ÉLECTEURS

Ancien art. L. 1441-1 *Sont électeurs les salariés, les employeurs ainsi que les personnes à la recherche d'un emploi inscrites sur la liste des demandeurs d'emploi, à l'exclusion de celles à la recherche de leur premier emploi, âgés de seize ans accomplis et ne faisant l'objet d'aucune interdiction, déchéance ou incapacité relative à leurs droits civiques.*

Les électeurs sont inscrits sur les listes électorales selon le collège, la section et la commune auxquels ils sont rattachés. – [Anc. art. L. 513-1, I.]

BIBL. Pertek, *Dr. soc. 1987. 717* (ingénieurs et cadres). - Rochois, *RPDS 1987. 79 ; ibid. 283.*

Ancien art. L. 1441-2 *Nul ne peut être inscrit sur plus d'une liste électorale prud'homale communale et dans plus d'un collège et plus d'une section.*

En cas d'appartenance aux deux collèges en raison de la double qualité d'employeur et de salarié, l'inscription est faite dans le collège correspondant à l'activité principale de l'électeur. – [Anc. art. L. 513-1, VI.]

§ 2 *[ANCIEN]* COLLÈGES ÉLECTORAUX

Ancien art. L. 1441-3 *Sont électeurs dans le collège des salariés :*

1° Les salariés non mentionnés à l'article L. 1441-6 ;

2° Les cadres ne détenant pas la délégation particulière d'autorité mentionnée à l'article L. 1441-4 ;

3° Les salariés titulaires d'un contrat d'apprentissage ;

4° Les personnes à la recherche d'un emploi mentionnées à l'article L. 1441-1. – [Anc. art. L. 513-1, II.]

Ancien art. L. 1441-4 *Sont électeurs dans le collège des employeurs :*

1° Les personnes employant pour leur compte ou pour le compte d'autrui un ou plusieurs salariés ;

2° Les associés en nom collectif, les présidents des conseils d'administration, les directeurs généraux et directeurs, les cadres détenant sur un service, un département ou un établissement de l'entreprise une délégation particulière d'autorité, établie par écrit, permettant de les assimiler à un employeur. – [Anc. art. L. 513-1, III, al. 1er et 3.]

Ancien art. L. 1441-5 *Les artisans, commerçants et agriculteurs peuvent donner mandat, par écrit, à leur conjoint collaborateur mentionné au répertoire des métiers, au registre du commerce et des sociétés ou au registre de protection sociale agricole, de se substituer à eux en vue de l'inscription sur la liste électorale.*

Un décret en Conseil d'État détermine les conditions d'application du présent article. – [Anc. art. L. 513-1, III, al. 2.] – V. art. R. 1441-13 s.

§ 3 *[ANCIEN]* SECTION ET COMMUNE D'INSCRIPTION

Ancien art. L. 1441-6 *Sont électeurs dans la section de l'encadrement :*

1° Les ingénieurs ainsi que les salariés qui, même s'ils n'exercent pas de commandement, ont une formation équivalente constatée ou non par un diplôme ;

2° Les salariés qui, ayant acquis une formation technique, administrative, juridique, commerciale ou financière, exercent un commandement par délégation de l'employeur ;

3° Les agents de maîtrise qui ont une délégation écrite de commandement ;

4° Les voyageurs, représentants ou placiers. – [Anc. art. L. 513-1, IV, al. 2.]

Ancien art. L. 1441-7 *Un décret en Conseil d'État détermine :*

1° La section d'inscription des électeurs autres que ceux de la section d'encadrement ;

2° La commune d'inscription des électeurs. – [Anc. art. L. 513-1, IV, al. 1er.] – V. art. R. 1441-5 s.

SOUS-SECTION 2 *[ANCIENNE]* ÉTABLISSEMENT DES LISTES ÉLECTORALES

Ancien art. L. 1441-8 *L'employeur déclare les salariés qu'il emploie sur la déclaration annuelle des données sociales qu'il établit pour les organismes ou caisses de sécurité sociale ainsi que les caisses de la mutualité sociale agricole dans des conditions fixées par voie réglementaire.*

A défaut, la déclaration est accomplie dans les cas et selon les modalités fixés par décret. – V. art. R. 1441-20 s.

Lorsque l'entreprise comprend plusieurs établissements, l'employeur déclare ses salariés par unité géographiquement individualisée. – [Anc. art. L. 513-3, al. 1er début, al. 2 et 4.]

Ancien art. L. 1441-9 *L'employeur met à la disposition des salariés de l'établissement, des délégués du personnel, des représentants syndicaux et des délégués syndicaux, à des fins de consultation et de vérification, les données relatives à l'inscription sur les listes électorales prud'homales de chacun des salariés dans les conditions déterminées par décret.* – [Anc. art. L. 513-3, I, al. 3.] – V. art. R. 1441-24 s.

Ancien art. L. 1441-10 *Les employeurs non salariés au sens de l'article L. 1441-4 se déclarent volontairement selon des modalités déterminées par décret.* – [Anc. art. L. 513-3, I, al. 5.]

Ancien art. L. 1441-11 *Les personnes à la recherche d'un emploi mentionnées à l'article L. 1441-1 font part de leur volonté d'être inscrites sur les listes électorales dans des conditions déterminées par décret.* – [Anc. art. L. 513-3, I, al. 6.] – V. art. D. 1441-29.

Ancien art. L. 1441-12 *Par dérogation à leurs obligations relatives au secret professionnel, les organismes ou caisses de sécurité sociale ainsi que les caisses de la mutualité sociale agricole communiquent aux services du ministre chargé du travail, aux seules fins de constitution des listes électorales prud'homales, les fichiers des entreprises ou établissements employant un ou plusieurs salariés ainsi que les données prud'homales relatives à ces salariés.*

La Commission nationale de l'informatique et des libertés contrôle l'exploitation des listes établies sur documents informatisés. – [Anc. art. L. 513-3, II, al. 1er et 2.]

Ancien art. L. 1441-13 *La liste électorale est établie par le maire assisté, au-delà d'un seuil d'électeurs inscrits sur la liste électorale prud'homale de la commune lors des dernières élections générales, d'une commission.*

Les employeurs laissent aux salariés de leur entreprise désignés membres de la commission le temps nécessaire pour remplir leurs fonctions. Ce temps est assimilé à une durée de travail effectif au sens de l'article L. 1442-6. La participation d'un salarié à cette commission ne peut être la cause d'une sanction ou d'une rupture du contrat de travail par l'employeur.

Le seuil d'électeurs et la composition de la commission sont déterminés par décret. – [Anc. art. L. 513-3, III.]

SOUS-SECTION 3 *[ANCIENNE]* CONTESTATION D'UNE INSCRIPTION

Ancien art. L. 1441-14 *A compter du dépôt de la liste électorale arrêtée par le maire et jusqu'à la date de clôture fixée par l'autorité administrative, tout électeur ou un représentant qu'il aura désigné peut saisir le maire de la commune sur la liste de laquelle il est ou devrait être inscrit d'une contestation concernant son inscription ou l'inscription d'un autre électeur ou d'un ensemble d'électeurs.*

Le mandataire d'une liste de candidats relevant du conseil de prud'hommes pour lequel la contestation est formée bénéficie du même droit.

Les demandes concernant un autre électeur ou un ensemble d'électeurs sont formées sans avoir à justifier d'un mandat du ou des électeurs intéressés, dès lors qu'ils en ont été avertis et n'ont pas déclaré s'y opposer.

La décision du maire prise sur ces demandes peut être contestée par les auteurs du recours gracieux, devant le juge judiciaire qui statue en dernier ressort.

Un décret en Conseil d'État détermine les conditions de mise en œuvre de ces dispositions. – [Anc. art. L. 513-3, IV, al. 1er.] – V. art. R. 1441-48 s.

Ancien art. L. 1441-15 *A compter de la date de clôture de la liste électorale et jusqu'au jour du scrutin, les contestations tendant à l'inscription ou à la modification du collège, de la section ou de la commune d'inscription, qu'elles concernent un seul électeur ou un ensemble d'électeurs, sont portées devant le juge judiciaire.*

Le juge statue, en dernier ressort, jusqu'au jour du scrutin.

Les contestations peuvent être présentées, dans les conditions déterminées par un décret en Conseil d'État, par :

1° L'autorité administrative ;

2° Le procureur de la République ;

3° Tout électeur ;

4° Le mandataire d'une liste, lequel n'a pas à justifier d'un mandat du ou des électeurs intéressés dès lors qu'ils ont été avertis et n'ont pas déclaré s'y opposer. – [Anc. art. L. 513-3, IV, al. 2 à 6.] – V. art. R. 1441-54 s.

SECTION II *[ANCIENNE]* CANDIDATURES

SOUS-SECTION 1 *[ANCIENNE]* ÉLIGIBILITÉ

Ancien art. L. 1441-16 *Sont éligibles, à condition d'avoir la nationalité française, d'être âgées de vingt et un ans au moins et de n'être l'objet d'aucune interdiction, déchéance, incapacité relative à leurs droits civiques :*

1° Les personnes inscrites sur les listes électorales prud'homales ;

2° Les personnes remplissant les conditions requises pour y être inscrites ;

3° Les personnes ayant été inscrites au moins une fois sur les listes électorales prud'homales, dès lors qu'elles ont cessé d'exercer l'activité au titre de laquelle elles ont été inscrites depuis moins de dix ans. – [Anc. art. L. 513-2, al. 1er à 4.]

Ancien art. L. 1441-17 *Nul ne peut être :*

1° Membre de plus d'un conseil de prud'hommes ;

2° Candidat dans plus d'un conseil de prud'hommes, ni dans une section d'une nature autre que celle au titre de laquelle il est inscrit, a été inscrit ou remplit les conditions pour être inscrit sur les listes électorales prud'homales ;

3° Candidat sur plus d'une liste. – [Anc. art. L. 513-2, al. 5 à 7.]

Ancien art. L. 1441-18 *Les candidats relevant des 1° et 2° de l'article L. 1441-16 sont éligibles dans la section du conseil de prud'hommes dans laquelle ils sont inscrits ou remplissent les conditions pour être inscrits, ou dans la section de même nature du ou des conseils limitrophes.*

Les candidats relevant du 3° de l'article L. 1441-16 sont éligibles dans la section du conseil de prud'hommes dans laquelle ils ont été inscrits, dans la section de même nature du ou des conseils limitrophes ou dans celle du conseil dans le ressort duquel est situé leur domicile.

Les notions de "conseil" et de "conseil limitrophe" s'apprécient, en ce qui concerne la section de l'agriculture, en fonction du ressort de cette section défini par application des articles L. 1422-1 et L. 1423-1. – [Anc. art. L. 513-2, al. 8 à 10.]

Ancien art. L. 1441-19 *Les conditions d'éligibilité des candidats s'apprécient à la date du scrutin.* – [Anc. art. L. 513-2, al. 11.]

Ancien art. L. 1441-20 *Le conseiller prud'homme déclaré déchu est inéligible.* – [Anc. art. L. 514-4.]

Ancien art. L. 1441-21 *Le conseiller prud'homme élu, qui refuse de se faire installer ou est déclaré démissionnaire d'office, est inéligible pendant un délai de cinq ans à partir de son refus ou de la décision du tribunal qui le déclare démissionnaire.* – [Anc. art. L. 514-5.]

SOUS-SECTION 2 *[ANCIENNE]* LISTE DES CANDIDATS

Ancien art. L. 1441-22 *La déclaration de candidature résulte du dépôt d'une liste à la préfecture dans des conditions déterminées par décret.* – [Anc. art. L. 513-3-1, I.] – V. art. R. 1441-62 s.

Jusqu'au 7 nov. 2017, le dépôt des candidatures de conseiller prud'hommes est exclu du champ d'application du droit des usagers de saisir l'administration par voie électronique (Décr. n° 2015-1422 du 5 nov. 2015).

Ancien art. L. 1441-23 *Ne sont pas recevables :*

1° Les listes présentées soit par un parti politique, soit par une organisation prônant des discriminations fondées notamment sur l'origine, le sexe, les mœurs, l'orientation (L. n° 2012-954 du 6 août 2012) *« ou identité » sexuelle, l'appartenance ou la non-appartenance, vraie ou supposée, à une ethnie, une nation ou une race, ou les convictions religieuses ;*

2° Les listes qui ne respectent pas le principe de la parité de la juridiction prud'homale. – [Anc. art. L. 513-3-1, II et II bis.]

Ancien art. L. 1441-24 *Nul ne peut présenter des listes de candidats simultanément dans les deux collèges d'un même conseil de prud'hommes ou de conseils de prud'hommes différents.* – [Anc. art. L. 513-3-1, IV.]

Ancien art. L. 1441-25 *Aucune liste ne peut comporter un nombre de candidats inférieur au nombre de postes à pourvoir, ni supérieur au double du nombre de postes à pourvoir.* – [Anc. art. L. 513-6, al. 3.]

Ancien art. L. 1441-26 *Ne peuvent être enregistrées par l'autorité administrative les déclarations de candidatures qui ne respectent pas la condition fixée par l'article L. 1441-25 et les conditions de régularité déterminées par décret en Conseil d'État.* – [Anc. art. L. 513-3-1, III.] – V. art. R. 1441-71.

Ancien art. L. 1441-27 *Le mandataire de la liste notifie à l'employeur le ou les noms des salariés de son entreprise qu'il entend présenter sur sa liste de candidats. Cette notification ne peut intervenir plus de trois mois avant le début de la période de dépôt de la liste des candidatures à la préfecture.* — [Anc. art. L. 513-4, al. 3.]

SOUS-SECTION 3 *[ANCIENNE]* CONSTATATION DE L'INÉLIGIBILITÉ

Ancien art. L. 1441-28 *La constatation par le juge, avant le scrutin, de l'inéligibilité d'un ou plusieurs candidats sur une liste rend cette liste irrégulière dès lors qu'elle a pour effet de réduire le nombre de candidats de la liste à un nombre inférieur au nombre de postes à pourvoir.* — [Anc. art. L. 513-6, al. 4.]

SECTION III *[ANCIENNE]* SCRUTIN

SOUS-SECTION 1 *[ANCIENNE]* ORGANISATION DU SCRUTIN

Ancien art. L. 1441-29 *L'élection générale des conseillers prud'hommes a lieu au scrutin de liste, à une date unique pour l'ensemble des conseils de prud'hommes, déterminée par décret.* — [Anc. art. L. 513-4, al. 1.] — V. art. D. 1441-77 s.

Le Gouvernement est autorisé, dans les conditions prévues à l'art. 38 de la Constitution et dans un délai de dix-huit mois à compter de la promulgation de la présente loi, à prendre par ordonnance les dispositions relevant du domaine de la loi prévoyant la désignation des conseillers prud'hommes en fonction de l'audience des organisations syndicales de salariés définie au 5° de l'art. L. 2121-1 C. trav. et de celle des organisations professionnelles d'employeurs définie au 6° de l'art. L. 2151-1 du même code. Ces dispositions déterminent, dans le respect de l'indépendance, de l'impartialité et du caractère paritaire de la juridiction :

1° Le mode de désignation des conseillers prud'hommes ;

2° Les modalités de répartition des sièges par organisation dans les sections, collèges et conseils ;

3° Les conditions des candidatures et leurs modalités de recueil et de contrôle ;

4° Les modalités d'établissement de la liste de candidats ;

5° La procédure de nomination des conseillers prud'hommes ;

6° Les modalités de remplacement en cas de vacance ;

7° La durée du mandat des conseillers prud'hommes ;

8° Le régime des autorisations d'absence des salariés pour leur formation à l'exercice de la fonction prud'homale ;

9° Le cas échéant, les adaptations nécessaires en matière de définition des collèges et des sections.

La date du prochain renouvellement général des conseils de prud'hommes est fixée par décret, et au plus tard au 31 déc. 2017. Le mandat des conseillers prud'hommes est prorogé jusqu'à cette date (L. n° 2014-1528 du 18 déc. 2014, art. 1er et 2).

Ancien art. L. 1441-30 *L'élection des conseillers prud'hommes a lieu à la représentation proportionnelle suivant la règle de la plus forte moyenne, sans panachage ni vote préférentiel.*

Sur chaque liste, les sièges sont attribués aux candidats d'après l'ordre des présentations. — [Anc. art. L. 513-6, al. 1.]

Ancien art. L. 1441-31 *Les électeurs salariés inscrits dans chaque section élisent, par section, les conseillers prud'hommes salariés.*

Les électeurs employeurs inscrits dans chaque section élisent soit les conseillers de leur section, soit ceux de la section de l'encadrement. — [Anc. art. L. 513-5.]

Ancien art. L. 1441-32 *Le scrutin a lieu pendant le temps de travail, soit à la mairie, soit dans un local proche du lieu de travail.*

Les conditions de déroulement du scrutin sont déterminées par décret. — [Anc. art. L. 513-4, al. 5 début.] — V. art. D. 1441-77 s.

Ancien art. L. 1441-33 *Les règles établies par les articles L. 10, L. 61 et L. 67 du code électoral s'appliquent aux opérations électorales pour les conseils de prud'hommes.* — [Anc. art. L. 513-9, al. 1er début.]

SOUS-SECTION 2 *[ANCIENNE]* VOTE

Ancien art. L. 1441-34 *L'employeur autorise les salariés à s'absenter afin de leur permettre de participer au scrutin. Cette absence ne donne lieu à aucune diminution de rémunération.*

Il laisse aux salariés de son entreprise désignés dans le cadre des élections prud'homales, en tant que mandataires de listes, assesseurs et délégués de listes, le temps nécessaire pour remplir leurs fonctions. Ce temps est assimilé à une durée de travail effectif conformément aux dispositions de l'article L. 1442-6.

L'exercice des fonctions de mandataire de liste, d'assesseur ou de délégué de liste, par un salarié, ne peut être la cause d'une sanction ou d'une rupture du contrat de travail par l'employeur. Les délégués syndicaux appelés à exercer ces fonctions sont autorisés à utiliser à cet effet le crédit d'heures dont ils disposent au titre de leur mandat. – [Anc. art. L. 513-4, al. 6 et 7.]

Ancien art. L. 1441-35 *Un décret détermine les conditions dans lesquelles les suffrages peuvent être recueillis par correspondance.* – [Anc. art. L. 513-4, al. 2.] – V. art. D. 1441-116 s.

SOUS-SECTION 3 *[ANCIENNE]* ÉLECTIONS COMPLÉMENTAIRES

Ancien art. L. 1441-36 *Il est procédé à des élections complémentaires, selon les modalités prévues à la présente section, en cas d'augmentation de l'effectif d'une section d'un conseil de prud'hommes, dans les six mois suivant la parution du décret modifiant la composition du conseil.*

Il peut également être procédé à des élections complémentaires, dans les conditions déterminées par un décret en Conseil d'État, lorsque les élections générales n'ont pas permis de constituer la section ou de la compléter ou lorsqu'un ou plusieurs conseillers ont refusé de se faire installer ou ont cessé leurs fonctions et qu'il n'a pas été possible de pourvoir aux vacances par application de l'article L. 1442-4. – [Anc. art. L. 513-8, al. 1er et 2.] – V. art. R. 1441-166 s.

Ancien art. L. 1441-37 *Les fonctions des membres élus à la suite d'une élection complémentaire prennent fin en même temps que celles des autres membres du conseil de prud'hommes.* – [Anc. art. L. 513-8, al. 3.]

Ancien art. L. 1441-38 *Il n'est pourvu aux vacances qu'à l'occasion du prochain scrutin général s'il a déjà été procédé à une élection complémentaire, sauf dans le cas où il a été procédé à une augmentation des effectifs.*

La section fonctionne dès lors que le nombre de ses membres est au moins égal à la moitié du nombre total de ceux dont elle est composée et à condition que la composition paritaire des différentes formations appelées à connaître des affaires soit respectée. – [Anc. art. L. 513-8, al. 4.]

SOUS-SECTION 4 *[ANCIENNE]* CONTESTATION DU SCRUTIN

Ancien art. L. 1441-39 *Les contestations relatives à l'éligibilité, à la régularité et à la recevabilité des listes de candidats à l'élection des conseillers prud'hommes, ainsi qu'à la régularité des opérations électorales, sont de la compétence du juge judiciaire qui statue en dernier ressort.* – [Anc. art. L. 513-11, phrase 1.]

Ancien art. L. 1441-40 *Les contestations peuvent être présentées devant le juge judiciaire, avant ou après le scrutin, dans les conditions déterminées par un décret en Conseil d'État, par :*

1° L'autorité administrative ;

2° Le procureur de la République ;

3° Tout électeur ;

4° Toute personne éligible ou mandataire d'une liste relevant du conseil de prud'hommes pour lequel la contestation est formée. – [Anc. art. L. 513-11, phrase 2.] – V. art. R. 1441-171 s.

CHAPITRE II STATUT DES CONSEILLERS PRUD'HOMMES

BIBL. GÉN. ▶ Daigre, *Dr. soc. 1981. 701* (l'avocat, conseiller prud'homme). - Desdevises, *ibid. 1987. 713*. - Serverin, *RDT 2007. 120* (L. n° 2006-1770 du 30 déc. 2006, art. 51).

SECTION PREMIÈRE FORMATION

Art. L. 1442-1 L'État organise, dans des conditions déterminées par décret, la formation des conseillers prud'hommes et en assure le financement.

(L. n° 2015-990 du 6 août 2015, art. 258-I) « Les conseillers prud'hommes suivent une formation initiale à l'exercice de leur fonction juridictionnelle et une formation continue. La formation initiale est commune aux conseillers prud'hommes employeurs et salariés. Elle est organisée par l'État.

« Tout conseiller prud'homme qui n'a pas satisfait à l'obligation de formation initiale dans un délai fixé par décret est réputé démissionnaire. » – *V. art. D. 1442-1 s.*

Les dispositions issues de la L. n° 2015-990 du 6 août 2015 entrent en vigueur à compter du premier renouvellement des conseillers prud'hommes qui suit la promulgation de ladite loi (L. préc., art. 259-III).

Art. L. 1442-2 Les employeurs accordent aux salariés de leur entreprise, membres d'un conseil de prud'hommes, sur leur demande dès leur élection et pour les besoins de leur formation, des autorisations d'absence, dans la limite de six semaines par mandat, pouvant être fractionnées.

Les dispositions de l'article *(L. n° 2016-1088 du 8 août 2016, art. 33)* « **L. 2145-10** » sont applicables à ces autorisations.

Ces absences sont rémunérées par l'employeur. Elles sont admises au titre de la participation des employeurs au financement de la formation professionnelle, dans les conditions prévues à l'article **L. 6331-1**. – *[Anc. art. L. 514-3, al. 2.] – V. art. L. 1443-3 (pén.).*

Sur le calcul de la durée de la formation des salariés conseillers prud'hommes (application combinée des art. L. 514-3 et L. 221-4), V. • Soc. 19 nov. 1996, n° 94-43.012 P : *JCP 1997. I. 4037, n° 1, obs. Pierchon ; RJS 1996. 842, n° 1311 ; CSB 1997. 51, S. 20 ; TPS 1997, n° 36, obs. Boubli.*

Nouvel art. L. 1442-2 (L. n° 2015-990 du 6 août 2015, art. 258-I) *« Pour les besoins de leur formation prévue à l'article L. 1442-1, les employeurs accordent aux salariés de leur entreprise membres d'un conseil de prud'hommes des autorisations d'absence, qui peuvent être fractionnées, dans la limite de :*

« 1° Cinq jours par mandat, au titre de la formation initiale ;

« 2° Six semaines par mandat, au titre de la formation continue. »

Les dispositions de l'article (L. n° 2016-1088 du 8 août 2016, art. 33) *« L. **2145-10** » sont applicables à ces autorisations.*

*Ces absences sont rémunérées par l'employeur. Elles sont admises au titre de la participation des employeurs au financement de la formation professionnelle, dans les conditions prévues à l'article L. **6331-1**.* – V. art. L. 1443-3 (pén.).

Les dispositions issues de la L. n° 2015-990 du 6 août 2015 entrent en vigueur à compter du premier renouvellement des conseillers prud'hommes qui suit la promulgation de ladite loi (L. préc., art. 259-III).

SECTION II **EXERCICE DU MANDAT**

Art. L. 1442-3 Les conseillers prud'hommes sont élus pour cinq ans *[nouvelle rédaction issue de l'Ord. n° 2016-388 du 31 mars 2016, art. 1er-7°, en vigueur le 1er janv. 2018 : « nommés pour quatre ans »]*. Ils sont rééligibles *[nouvelle rédaction issue de l'Ord. n° 2016-388 du 31 mars 2016, art. 1er-7°, en vigueur le 1er janv. 2018 : « Leur mandat prend fin de plein droit en cas de perte de la nationalité française, pour quelque cause que ce soit. »]*.

Lorsque le mandat des prud'hommes sortants vient à expiration avant la période fixée pour l'installation de leurs successeurs, ils restent en fonctions jusqu'à cette installation. – *[Anc. art. L. 512-5, al. 1er et 2.]*

Art. L. 1442-4 (Abrogé par Ord. n° 2016-388 du 31 mars 2016, art. 1er-8°, à compter du 1er janv. 2018) *Les candidats placés sur une liste immédiatement après le dernier candidat élu sont appelés à remplacer les conseillers élus sur cette liste dont le siège deviendrait vacant. Cette disposition est applicable à l'inéligibilité d'un élu.* – [Anc. art. L. 513-6, al. 2.]

Art. L. 1442-5 Les employeurs laissent aux salariés de leur entreprise, membres d'un conseil de prud'hommes, le temps nécessaire pour se rendre et participer aux activités prud'homales déterminées par décret en Conseil d'État. – *[Anc. art. L. 514-1, al. 1er.] – V. art. L. 1443-3 (pén.) et art. R. 1423-55.*

Art. L. 1442-6 Le temps passé hors de l'entreprise pendant les heures de travail par les conseillers prud'hommes du collège salarié pour l'exercice de leurs fonctions est assimilé à un temps de travail effectif pour la détermination des droits que le salarié tient de son contrat de travail, des dispositions légales et des stipulations conventionnelles.

Les absences de l'entreprise des conseillers prud'hommes du collège salarié, justifiées par l'exercice de leurs fonctions, n'entraînent aucune diminution de leurs rémunérations et des avantages correspondants.

(L. n° 2009-526 du 12 mai 2009, art. 31) « La demande de remboursement aux employeurs des salaires maintenus aux conseillers prud'hommes du collège salarié,

ainsi que des avantages et des charges sociales y afférents, est adressée au greffe du conseil de prud'hommes au plus tard dans l'année civile qui suit l'année de l'absence du salarié de l'entreprise. A défaut, la demande de remboursement est prescrite. » — *V. art. L. 1443-3 (pén.).*

Art. L. 1442-7 Le salarié membre d'un conseil de prud'hommes, travaillant en service continu ou discontinu posté, a droit à un aménagement d'horaires de son travail de façon à lui garantir un temps de repos minimum. — *[Anc. art. L. 514-1, al. 4.] — V. art. L. 1443-3 (pén.).*

V. • Soc. 8 avr. 2009 : *D. 2009. AJ 1361 ; RJS 2009. 498, n° 570 ; JCP S 2009. 1398, obs. Lahalle.*

Art. L. 1442-8 Les fonctions de conseiller prud'homme sont gratuites vis-à-vis des parties. — *[Anc. art. L. 514-8.]*

Art. L. 1442-9 Les articles 4 et 5 du code civil et 434-7-1 du code pénal sont applicables aux conseils de prud'hommes et à leurs membres pris individuellement. — *[Anc. art. L. 514-9.] — Ces dispositions concernent le déni de justice et les arrêts de règlement.*

Art. L. 1442-10 Un décret détermine les modalités d'indemnisation des salariés qui exercent leur activité professionnelle en dehors de tout établissement ou dépendent de plusieurs employeurs. — *[Anc. art. L. 514-1, al. 5.] — V. art. L. 1443-3 (pén.) et art. R. 1423-54 s.*

SECTION III DISCIPLINE ET PROTECTION

SOUS-SECTION 1 DISCIPLINE

Art. L. 1442-11 *(L. n° 2015-990 du 6 août 2015, art. 258-I, en vigueur au plus tard le 1er févr. 2017)* L'acceptation par un conseiller prud'homme d'un mandat impératif, avant ou après son entrée en fonction et sous quelque forme que ce soit, constitue un manquement grave à ses devoirs.

(Ord. n° 2016-388 du 31 mars 2016, art. 1er-9°) « Ce » fait entraîne la déchéance du mandat de l'intéressé dans les conditions prévues aux articles L. 1442-13-2 à L. 1442-14, L. 1442-16-1 et L. 1442-16-2.

Art. L. 1442-12 Tout conseiller prud'homme qui, sans motif légitime et après mise en demeure, refuse de remplir le service auquel il est appelé peut être déclaré démissionnaire. — *[Anc. art. L. 514-11, al. 1.]*

Art. L. 1442-13 *(L. n° 2015-990 du 6 août 2015, art. 258-I, en vigueur au plus tard le 1er févr. 2017)* Tout manquement à ses devoirs dans l'exercice de ses fonctions par un conseiller prud'homme est susceptible de constituer une faute disciplinaire.

Art. L. 1442-13-1 *(L. n° 2015-990 du 6 août 2015, art. 258-I, en vigueur au plus tard le 1er févr. 2017)* En dehors de toute action disciplinaire, les premiers présidents de cour d'appel peuvent rappeler à leurs obligations les conseillers prud'hommes des conseils de prud'hommes situés dans le ressort de leur cour.

Art. L. 1442-13-2 *(L. n° 2015-990 du 6 août 2015, art. 258-I, en vigueur au plus tard le 1er févr. 2017)* Le pouvoir disciplinaire est exercé par une Commission nationale de discipline qui est présidée par un président de chambre à la Cour de cassation, désigné par le premier président de la Cour de cassation, et qui comprend :

1° Un membre du Conseil d'État, désigné par le vice-président du Conseil d'État ;

2° Un magistrat et une magistrate du siège des cours d'appel, désignés par le premier président de la Cour de cassation sur une liste établie par les premiers présidents des cours d'appel, chacun d'eux arrêtant le nom d'un magistrat et d'une magistrate du siège de sa cour d'appel après avis de l'assemblée générale des magistrats du siège de la cour d'appel ;

3° Un représentant et une représentante des salariés, conseillers prud'hommes ou ayant exercé les fonctions de conseiller prud'homme, désignés par les représentants des salariés au Conseil supérieur de la prud'homie en son sein ;

4° Un représentant et une représentante des employeurs, conseillers prud'hommes ou ayant exercé les fonctions de conseiller prud'homme, désignés par les représentants des employeurs au Conseil supérieur de la prud'homie en son sein.

Des suppléants en nombre égal sont désignés dans les mêmes conditions. Les membres de la Commission nationale de discipline sont désignés pour trois ans.

Par dérogation au dern. al. de l'art. L. 1442-13-2, les membres de la première commission nationale de discipline des conseillers prud'hommes sont désignés jusqu'au prochain renouvellement du Consiel supérieur de la prud'homie (L. n° 2015-990 du 6 août 2015, art. 259-VII).

Art. L. 1442-13-3 *(L. n° 2015-990 du 6 août 2015, art. 258-I, en vigueur au plus tard le 1er févr. 2017)* La Commission nationale de discipline peut être saisie par le ministre de la justice ou par le premier président de la cour d'appel dans le ressort de laquelle le conseiller prud'homme siège, après audition de celui-ci par le premier président.

Art. L. 1442-14 *(L. n° 2015-990 du 6 août 2015, art. 258-I, en vigueur au plus tard le 1er févr. 2017)* Les sanctions disciplinaires applicables aux conseillers prud'hommes sont :

1° Le blâme ;

2° La suspension pour une durée ne pouvant excéder six mois ;

3° La déchéance assortie d'une interdiction d'exercer les fonctions de conseiller prud'homme pour une durée maximale de dix ans ;

4° La déchéance assortie d'une interdiction définitive d'exercer les fonctions de conseiller prud'homme.

Art. L. 1442-15 Le conseiller prud'homme ayant fait l'objet d'une interdiction, déchéance ou incapacité relative à ses droits civiques est déchu de plein droit de ses fonctions à la date de la condamnation devenue définitive. – *[Anc. art. L. 514-14.]*

Art. L. 1442-16 *(L. n° 2015-990 du 6 août 2015, art. 258-I, en vigueur au plus tard le 1er févr. 2017)* Sur proposition du ministre de la justice ou du premier président de la cour d'appel dans le ressort de laquelle le conseiller prud'homme mis en cause siège, le président de la Commission nationale de discipline peut suspendre un conseiller prud'homme, pour une durée qui ne peut excéder six mois, lorsqu'il existe contre l'intéressé, qui a été préalablement entendu par le premier président, des faits de nature à entraîner une sanction disciplinaire. La suspension peut être renouvelée une fois par la Commission nationale pour une durée qui ne peut excéder six mois. Si le conseiller prud'homme fait l'objet de poursuites pénales, la suspension peut être ordonnée par le président de la Commission nationale jusqu'à l'intervention de la décision pénale définitive.

Art. L. 1442-16-1 *(L. n° 2015-990 du 6 août 2015, art. 258-I, en vigueur au plus tard le 1er févr. 2017)* La Commission nationale de discipline ne peut délibérer que si quatre de ses membres au moins, y compris le président, sont présents. En cas de partage égal des voix, celle du président est prépondérante.

Art. L. 1442-16-2 *(L. n° 2015-990 du 6 août 2015, art. 258-I, en vigueur au plus tard le 1er févr. 2017)* Les décisions de la Commission nationale de discipline et celles de son président sont motivées.

Art. L. 1442-17 Le conseiller prud'homme qui refuse de se faire installer ou qui a été soit déclaré démissionnaire soit déchu de ses fonctions peut d'office ou sur sa demande être relevé des incapacités prévues par les articles *(Ord. n° 2016-388 du 31 mars 2016, art. 1er-10°, en vigueur le 1er févr. 2017)* « **L. 1441-9** et **L. 1441-10** ». – *[Anc. art. L. 514-7, al. 1er.]*

Art. L. 1442-18 Les demandes en relèvement d'incapacité sont adressées au ministre de la justice. Elles ne sont recevables que s'il s'est écoulé un délai d'un an depuis le refus d'installation ou la démission, ou de *(Ord. n° 2016-388 du 31 mars 2016, art. 1er-11°, en vigueur le 1er févr. 2017)* « quatre [ancienne rédaction : cinq] » ans à partir de la déchéance.

Toute demande rejetée après un examen au fond ne peut être renouvelée qu'après un nouveau délai d'un an dans le premier cas et de *(Ord. n° 2016-388 du 31 mars 2016, art. 1er-11°, en vigueur le 1er févr. 2017)* « quatre [ancienne rédaction : cinq] » ans dans le second.

Le relèvement est prononcé par décret. – *[Anc. art. L. 514-7, al. 2 à 4.]*

SOUS-SECTION 2 **PROTECTION**

Art. L. 1442-19 L'exercice des fonctions de conseiller prud'homme et la participation aux activités mentionnées aux articles L. 1442-2 et L. 1442-5 ne peuvent être une cause de sanction ou de rupture du contrat de travail.

Le licenciement du conseiller prud'homme est soumis à la procédure d'autorisation administrative prévue par le livre IV de la deuxième partie. – *[Anc. art. L. 514-2, al. 1.]*

I. CHAMP D'APPLICATION DE LA PROTECTION

1. Point de départ de la période de protection. La protection du conseiller prud'homme court à compter de la proclamation des résultats des élections le lendemain du jour du scrutin prévue par l'art. D. 1441-162 C. trav., indépendamment de la publication au recueil des actes administratifs de la préfecture du département prévue par l'art. D. 1441-164. • Soc. 22 sept. 2010 : *Dalloz actualité 12 nov. 2010, obs. Siro ; Sem. soc. Lamy 2010 n° 1461, p. 9, obs. Champeaux.* ♦ La période de protection spéciale des candidats aux élections de conseillers prud'hommes peut courir également à compter de la connaissance par l'employeur de la candidature du salarié. • Soc. 12 sept. 2007 : *D. 2007. AJ 2392, obs. Ines ; RJS 2007. 951, n° 1201.*

2. Rupture de la période d'essai. Les dispositions légales qui assurent une protection exceptionnelle et exorbitante du droit commun à certains salariés, en raison du mandat ou des fonctions qu'ils exercent dans l'intérêt de l'ensemble des travailleurs, s'appliquent à la rupture du contrat de travail à l'initiative de l'employeur pendant la période d'essai. • Soc. 26 oct. 2005 : *D. 2006. 115, obs. Mouly ; ibid. 2006. Pan. 419, obs. Lokiec ; JCP E 2005. 1801, note Boulmier ; JS Lamy 2005, n° 178-2.*

3. Mise à la retraite. Les dispositions légales qui assurent une protection exceptionnelle et exorbitante du droit commun à certains salariés, en raison du mandat ou des fonctions qu'ils exercent dans l'intérêt de l'ensemble des travailleurs, s'appliquent à la rupture du contrat de travail à l'initiative de l'employeur pendant la période d'essai. • Soc. 26 oct. 2005 : *D. 2006. 115, obs. Mouly.*

4. Conseiller prud'homme protégé. Le statut protecteur s'applique indifféremment aux élus des collèges salariés ou employeurs. • Crim. 22 avr. 1986 : *Bull. crim. n° 133* • CE 27 juin 1997 : *JS UIMM 1998. 34 ; Dr. soc. 1998. 408.* ♦ Il concerne également le salarié appelé à remplacer un conseiller prud'homme défaillant ou démissionnaire. • Soc. 3 mars 1988 : *Bull. civ. V, n° 155 ; D. 1988. IR 79.*

5. Périodes de protection. La protection prévue en faveur du candidat aux élections prud'homales s'étend au salarié élu licencié avant qu'il n'ait prêté serment ou qu'il n'ait été installé. • Soc. 24 oct. 1995 : *RJS 1995. 735, n° 1160.* ♦ Sur la date d'entrée en fonctions déterminant le début d'application des règles protectrices, V. • Soc. 16 juin 1988 : *Bull. civ. V, n° 369 ; D. 1988. IR 191* (prestation de serment et installation dans les fonctions). ♦ Elle s'applique également au conseiller muté tant qu'il n'a pas démissionné ou n'a pas été déclaré démissionnaire. • Soc. 4 oct. 1995 : *RJS 1995. 736, n° 1161.* ♦ ... Ou au salarié mis à la retraite. • Soc. 2 déc. 1998, n° 96-44.668 P : *D. 1999. IR 35 ; RJS 1999. 69, n° 101.*

6. Incidences de la déloyauté. Seule une fraude du salarié peut le priver de la protection attachée à son mandat, le manquement à son obligation de loyauté à l'égard de l'employeur ne pouvant avoir d'incidence que sur le montant de l'indemnisation due au titre de la violation de son statut protecteur. • Soc. 16 févr. 2011 : *Dalloz actualité, 4 mars 2011, obs. Ines ; D. 2011. Actu. 684 ; Dr. soc. 2011. 724, obs. Pécaut-Rivolier ; JCP S 2011. 1233, obs. Corrignan-Carsin.*

II. NON-RESPECT DE LA PROCÉDURE SPÉCIALE DE LICENCIEMENT

7. Méconnaissance du statut protecteur. Compte tenu de l'opposabilité à tous des résultats des élections prud'homales de la possibilité de consulter la liste des conseillers élus en préfecture et de la publication de cette liste au recueil des actes administratifs de la préfecture, l'employeur ne peut justifier le non-respect de la procédure spéciale de licenciement par son ignorance du statut de conseiller prud'homme du salarié. • Soc. 9 juin 1998, n° 96-43.015 P : *RJS 1998. 576, n° 894 ; D. 1998. IR 167.* ♦ Dans le même sens, V. : • Crim. 30 nov. 1999 : *Bull. crim. n° 284 ; RSC 2000. 408, obs. Cerf.* ♦ La sanction de la méconnaissance par l'employeur du statut protecteur est la rémunération que le salarié aurait perçue jusqu'à l'expiration de la période de protection. • Soc. 10 juill. 1990 : *D. 1990. IR 197* • 1er juin 1994 : *CSB 1994. 207, A. 44.* ♦ Cette indemnisation est versée dans la limite de la durée de la protection accordée aux représentants du personnel. • Soc. 28 mars 2000, n° 97-44.373 P : *D. 2000. IR 129 ; RJS 2000. 391, n° 567 ; Dr. soc. 2000. 658, obs. Mouly.*

8. Réintégration. A la suite de l'annulation de l'autorisation administrative de licenciement, le conseiller prud'homme a droit à réintégration dans son emploi ou dans un emploi équivalent. • Soc. 12 mai 1998, n° 95-44.214 P : *Dr. soc. 1998. 728, obs. Keller ; RJS 1998. 494, n° 777.*

9. Non-réintégration et indemnisation. Le salarié protégé, auquel est assimilé le conseiller prud'homme, qui ne demande pas la poursuite de son contrat de travail illégalement rompu, a le droit d'obtenir, d'une part au titre de la méconnaissance du statut protecteur, le montant de la rémunération qu'il aurait dû percevoir entre son éviction et l'expiration de la période de protection dans la limite de la durée de protection accordée aux représentants du personnel et, d'autre part, non seulement les indemnités de rupture, mais une indemnité réparant l'intégralité du préjudice résultant du caractère illicite du licenciement et au moins égale à celle prévue par l'art. L. 122-14-4 [L. 1235-3 nouv.]. • Soc. 12 juin 2001 : *D. 2001. Somm. 3011 ; Dr. soc. 2001. 900, obs. Savatier ; JCP 2001. II. 10599, note Corrignan-Carsin ; RJS 2001. 720, n° 1053 ; JS Lamy 2001, n° 86-6.* ♦ Si le conseiller prud'homme n'est pas réintégré lorsque l'annulation du licenciement est devenue définitive, il a droit à une indemnité correspondant au préjudice subi entre son licenciement et sa réintégration effective. • Soc. 30 nov. 2004, n° 01-44.739 P : *D. 2005. IR 17 ; JS Lamy 2005, n° 159-4 ; Sem. soc. Lamy 2005, n° 1198, p. 12.*

CHAPITRE III DISPOSITIONS PÉNALES

Art. L. 1443-1 (Abrogé par Ord. n° 2016-388 du 31 mars 2016, art. 1er-12°, à compter du 1er févr. 2017) ***Les peines prévues par les articles L. 87, L. 92, L. 93, L. 113 à L. 116 du code électoral s'appliquent aux opérations électorales pour les conseils de prud'hommes.***

Les dispositions de l'article L. 86 de ce code sont en outre applicables à toute personne qui a réclamé et obtenu une inscription sur deux ou plusieurs listes électorales.

Art. L. 1443-2 (Abrogé par Ord. n° 2016-388 du 31 mars 2016, art. 1er-12°, à compter du 1er févr. 2017) ***Le fait d'ordonner, d'organiser ou de participer à la collecte des enveloppes contenant des bulletins de vote lors de l'élection des conseillers prud'hommes est puni des peines prévues à l'article L. 116 du code électoral.***

Art. L. 1443-3 **Le fait de porter atteinte ou de tenter de porter atteinte soit à la libre désignation des candidats à** *(Ord. n° 2016-388 du 31 mars 2016, art. 1er-13°, en vigueur le 1er févr. 2017)* **« la nomination** *[ancienne rédaction : l'élection]* **» des conseillers prud'hommes, soit à l'indépendance ou à l'exercice régulier des fonctions de conseiller prud'homme, notamment par la méconnaissance des articles L. 1442-2, L. 1442-5 à L. 1442-7 et L. 1442-10, est puni d'un emprisonnement d'un an et d'une amende de 3 750 €.** – *[Anc. art. L. 531-1.]*

Cet art. devient l'art. L. 1443-1 à compter du 1er févr. 2017 (Ord. n° 2016-388 du 31 mars 2016, art. 1er-13°).

RÉP. TRAV. v° *Entrave aux institutions représentatives des salariés et à l'exercice du droit syndical*, par AMAUGER-LATTES.

TITRE CINQUIÈME PROCÉDURE DEVANT LE CONSEIL DE PRUD'HOMMES

BIBL. GUIOMARD, *RDT 2014. 568* (quelle place faire aux actions de groupe en droit du travail ?).

CHAPITRE PREMIER DISPOSITIONS GÉNÉRALES

Art. L. 1451-1 *(L. n° 2014-743 du 1er juill. 2014)* **Lorsque le conseil de prud'hommes est saisi d'une demande de qualification de la rupture du contrat de travail à l'initiative du salarié en raison de faits que celui-ci reproche à son employeur, l'affaire est directement portée devant le bureau de jugement, qui statue au fond dans un délai d'un mois suivant sa saisine.**

BIBL. GRÉVY, *RDT 2014. 704* (la procédure prud'homale applicable à la prise d'acte en quête de célérité).

COMMENTAIRE

V. Dalloz.fr et applications mobiles Dalloz.

CHAPITRE II SAISINE DU CONSEIL DE PRUD'HOMMES ET RECEVABILITÉ DES DEMANDES

Le présent chapitre ne comprend pas de dispositions législatives.

CHAPITRE III ASSISTANCE ET REPRÉSENTATION DES PARTIES

Art. L. 1453-1 **Les mineurs qui ne peuvent être assistés de leur père, mère ou tuteur peuvent être autorisés par le conseil de prud'hommes à agir devant lui.** – *[Anc. art. L. 516-1.]*

Art. L. 1453-2 *(L. n° 2015-990 du 6 août 2015, art. 258-I, en vigueur le 1er août 2016)* **Les personnes habilitées à assister ou à représenter les parties en matière prud'homale,**

si elles sont par ailleurs conseillers prud'hommes, ne peuvent pas exercer une mission d'assistance ou un mandat de représentation devant le conseil de prud'hommes auquel elles appartiennent.

L'exigence d'un tribunal indépendant et impartial imposée par l'article 6 §1 de la Convention de sauvegarde des droits de l'homme et des libertés fondamentales interdit qu'un conseiller prud'homal en fonction lors de l'introduction de l'instance puisse représenter ou assister une partie devant le conseil de prud'hommes auquel il appartient. • Soc. 16 sept. 2008 : *RJS 2008. 921, n° 1118 ; JCP S 2009. 1024, obs. Boubli* • 17 avr. 1986 : *Bull. civ. V, n° 157* • 2 févr. 2005 : *D. 2005. IR 596 ; RJS 2005. 299, n° 428 ; CSB 2005, A. 37, obs. Pansier.*

Art. L. 1453-3 **Le président et le vice-président du conseil de prud'hommes ne peuvent pas assister ou représenter les parties devant les formations de ce conseil.** — *[Anc. art. L. 516-3, al. 3.]*

Art. L. 1453-4 *(L. n° 2015-990 du 6 août 2015, art. 258-I, en vigueur le 1er août 2016)* **Un défenseur syndical exerce des fonctions d'assistance ou de représentation devant les conseils de prud'hommes et les cours d'appel en matière prud'homale.**

Il est inscrit sur une liste arrêtée par l'autorité administrative sur proposition des organisations d'employeurs et de salariés représentatives au niveau national et interprofessionnel, national et multiprofessionnel ou dans au moins une branche, dans des conditions définies par décret. — *V. art. D. 1453-2-1.*

V. Circ. Min. Justice du 5 juill. 2016, n° C3/42-2016/1.5.4.4/GM/RMB sur l'exonération de paiement de timbre fiscal en cas d'appel en matière prud'homale.

BIBL. MORIN, *JCP S 2016. 1284* (le nouveau défenseur syndical).

COMMENTAIRE

V. Dalloz.fr et applications mobiles Dalloz.

Art. L. 1453-5 *(L. n° 2015-990 du 6 août 2015, art. 258-I, en vigueur le 1er août 2016)* **Dans les établissements d'au moins onze salariés, le défenseur syndical dispose du temps nécessaire à l'exercice de ses fonctions, dans la limite de dix heures par mois.**

Art. L. 1453-6 *(L. n° 2015-990 du 6 août 2015, art. 258-I, en vigueur le 1er août 2016)* **Le temps passé par le défenseur syndical hors de l'entreprise pendant les heures de travail pour l'exercice de sa mission est assimilé à une durée de travail effectif pour la détermination de la durée des congés payés et du droit aux prestations d'assurances sociales et aux prestations familiales ainsi qu'au regard de tous les droits que le salarié tient du fait de son ancienneté dans l'entreprise.**

Ces absences sont rémunérées par l'employeur et n'entraînent aucune diminution des rémunérations et avantages correspondants.

Les employeurs sont remboursés par l'État des salaires maintenus pendant les absences du défenseur syndical pour l'exercice de sa mission ainsi que des avantages et des charges sociales correspondants.

Un décret détermine les modalités d'indemnisation du défenseur syndical qui exerce son activité professionnelle en dehors de tout établissement ou qui dépend de plusieurs employeurs.

Art. L. 1453-7 *(L. n° 2015-990 du 6 août 2015, art. 258-I, en vigueur le 1er août 2016)* **L'employeur accorde au défenseur syndical, à la demande de ce dernier, des autorisations d'absence pour les besoins de sa formation. Ces autorisations sont délivrées dans la limite de deux semaines par période de quatre ans suivant la publication de la liste des défenseurs syndicaux sur laquelle il est inscrit.**

L'article L. 3142-12 est applicable à ces autorisations. Ces absences sont rémunérées par l'employeur. Elles sont admises au titre de la participation des employeurs au financement de la formation professionnelle, dans les conditions prévues à l'article L. 6331-1.

Art. L. 1453-8 *(L. n° 2015-990 du 6 août 2015, art. 258-I, en vigueur le 1er août 2016)* **Le défenseur syndical est tenu au secret professionnel pour toutes les questions relatives aux procédés de fabrication.**

Il est tenu à une obligation de discrétion à l'égard des informations présentant un caractère confidentiel et données comme telles par la personne qu'il assiste ou représente ou par la partie adverse dans le cadre d'une négociation.

Toute méconnaissance de ces obligations peut entraîner la radiation de l'intéressé de la liste des défenseurs syndicaux par l'autorité administrative.

Art. L. 1453-9 *(L. nº 2015-990 du 6 août 2015, art. 258-I, en vigueur le 1er août 2016)* **L'exercice de la mission de défenseur syndical ne peut être une cause de sanction disciplinaire ou de rupture du contrat de travail.**

Le licenciement du défenseur syndical est soumis à la procédure d'autorisation administrative prévue au livre IV de la deuxième partie.

CHAPITRE IV **CONCILIATION ET JUGEMENT**

BIBL. GÉN. ▶ BOULMIER, *Dr. soc. 2012. 121* (contentieux individuels du travail et conciliation/médiation : état des lieux [dégradé]). – CLÉMENT, JEAMMAUD, SERVERIN et VENNIN, *Dr. soc. 1987. 55* (les règlements non juridictionnels des litiges prud'homaux). – DESCHAMPS, *Sem. soc. Lamy 1986, nº 322, suppl. D. 63* (conciliation et référé). – DRICA, *Dr. ouvrier 1998. 431* (référé et discriminations). – GEOFFROY et KELLER, *Dr. soc. 1988. 819* (paritarisme et juridisation, le cas des juridictions provisoires). – LAUWERIÈRE, *Sem. soc. Lamy 1997, nº 851* (parité et efficacité de la juridiction prud'homale). – SPORTOUCH, *Dr. soc. 1987. 503* (le recours au juge du provisoire).

SECTION PREMIÈRE **CONCILIATION, ORIENTATION ET MISE EN ÉTAT DE L'AFFAIRE** *(L. nº 2015-990 du 6 août 2015, art. 258-I)*.

Art. L. 1454-1 *(L. nº 2015-990 du 6 août 2015, art. 258-I)* **Le bureau de conciliation et d'orientation est chargé de concilier les parties.**

Dans le cadre de cette mission, le bureau de conciliation et d'orientation peut entendre chacune des parties séparément et dans la confidentialité.

Art. L. 1454-1-1 *(L. nº 2015-990 du 6 août 2015, art. 258-I)* **En cas d'échec de la conciliation, le bureau de conciliation et d'orientation peut, par simple mesure d'administration judiciaire :**

1º Si le litige porte sur un licenciement ou une demande de résiliation judiciaire du contrat de travail, renvoyer les parties, avec leur accord, devant le bureau de jugement dans sa composition restreinte mentionnée à l'article L. 1423-13. La formation restreinte doit statuer dans un délai de trois mois ;

2º Renvoyer les parties, si elles le demandent ou si la nature du litige le justifie, devant le bureau de jugement mentionné à l'article L. 1423-12 présidé par le juge mentionné à l'article L. 1454-2. L'article L. 1454-4 n'est pas applicable.

A défaut, l'affaire est renvoyée devant le bureau de jugement mentionné à l'article L. 1423-12.

La formation saisie connaît de l'ensemble des demandes des parties, y compris des demandes additionnelles ou reconventionnelles.

Art. L. 1454-1-2 *(L. nº 2015-990 du 6 août 2015, art. 258-I)* **Le bureau de conciliation et d'orientation assure la mise en état des affaires.**

Lorsque l'affaire n'est pas en état d'être jugée devant le bureau de jugement, celui-ci peut assurer sa mise en état.

Un ou deux conseillers rapporteurs peuvent être désignés pour que l'affaire soit mise en état d'être jugée. Ils prescrivent toutes mesures nécessaires à cet effet.

Les agents de contrôle mentionnés à l'article L. 8271-1-2 communiquent aux conseillers rapporteurs, à la demande de ceux-ci et sans pouvoir opposer le secret professionnel, les renseignements et documents relatifs au travail dissimulé, au marchandage ou au prêt illicite de main-d'œuvre dont ils disposent.

(L. nº 2016-1088 du 8 août 2016, art. 68) **« Le bureau de conciliation et d'orientation, les conseillers rapporteurs désignés par le bureau de conciliation et d'orientation ou le bureau de jugement peuvent fixer la clôture de l'instruction par ordonnance, dont copie est remise aux parties ou à leur conseil. Cette ordonnance constitue une mesure d'administration judiciaire. »**

Art. L. 1454-1-3 *(L. nº 2015-990 du 6 août 2015, art. 258-I)* **Si, sauf motif légitime, une partie ne comparaît pas, personnellement ou représentée, le bureau de conciliation et d'orientation peut juger l'affaire, en l'état des pièces et moyens que la partie comparante a contradictoirement communiqués.**

Dans ce cas, le bureau de conciliation et d'orientation statue en tant que bureau de jugement dans sa composition restreinte mentionnée à l'article L. 1423-13.

SECTION II **DÉPARTAGE**

BIBL. DESDEVISES, *Dr. soc. 1986. 802* (départition partielle). – HUNTER-FALCK et BOULMIER, *RDT 2015. Controverse. 10* (quel statut pour le juge départiteur ?). – JAUBERT et SANT, *ibid. 1985. 567* (juge départiteur). – KELLER, *ibid. 1993. 165* (départage). – LAHALLE, *JCP S 2012. 1035* (simplification de la procédure de saisie des rémunérations et spécialisation des juges départiteurs). – SERVERIN et VENNIN, *ibid. 1995. 904* (départage).

Art. L. 1454-2 **En cas de partage, l'affaire est renvoyée devant le même bureau** *(L. n° 2015-990 du 6 août 2015, art. 258-I)* **« de conciliation et d'orientation », le même bureau de jugement ou la même formation de référé, présidé par un juge du** *(L. n° 2015-990 du 6 août 2015, art. 258-I)* **« tribunal de grande instance » dans le ressort duquel est situé le siège du conseil de prud'hommes** *(Abrogé par L. n° 2015-990 du 6 août 2015, art. 258-I)* ***« ou le juge d'instance désigné par le premier président en application du dernier alinéa ».*** **L'affaire est reprise dans le délai d'un mois.**

(L. n° 2015-990 du 6 août 2015, art. 258-I) **« Les juges chargés de ces fonctions sont désignés chaque année, notamment en fonction de leurs aptitudes et connaissances particulières, par le président du tribunal de grande instance. »**

(Abrogé par L. n° 2015-990 du 6 août 2015, art. 258-I) ***« En cas de pluralité de conseils de prud'hommes dans le ressort d'un tribunal de grande instance, le premier président de la cour d'appel peut, si l'activité le justifie, désigner les juges du tribunal d'instance dans le ressort duquel est situé le siège du tribunal de grande instance. »***

Les dispositions issues de la L. n° 2015-990 du 6 août 2015 sont applicables aux instances qui font l'objet d'une procédure de départage à compter du 7 août 2015 (L. préc., art. 259-VI).

1. Il résulte de la combinaison des art. L. 515-3 [L. 1454-2 à L. 1454-4 nouv.] et R. 516-2 qu'en cas de partage des voix, l'instance se poursuit devant le conseil de prud'hommes présidé désormais par le juge d'instance et que les parties peuvent donc, en cet état de la procédure, former des demandes nouvelles. • Soc. 28 avr. 1994, n° 88-44.515 P : *D. 1994. IR 130*.

2. La décision constatant le partage de voix n'est pas une décision sur le fond du litige, de sorte que la transaction est intervenue avant le jugement sur le fond. • Civ. 2e, 5 mars 2009 : *RDT 2009. 329, obs. Grumbach et Serverin*.

Art. L. 1454-3 **Lorsqu'un conseiller prud'homme est empêché de siéger à l'audience de départage, il est remplacé dans les limites et selon les modalités déterminées par décret.** – *[Anc. art. L. 515-3, al. 2.] – V. art. R. 1454-30.*

Art. L. 1454-4 **Si, lors de l'audience de départage, le bureau** *(L. n° 2015-990 du 6 août 2015, art. 258-I)* **« de conciliation et d'orientation », le bureau de jugement ou la formation de référé ne peut se réunir au complet, le juge départiteur statue dans des conditions déterminées par décret en Conseil d'État.** – *V. art. R. 1454-31.*

Lorsque sont réunies les conditions de l'art. L. 515-3, al. 3 [L. 1454-4 nouv.], le juge départiteur doit statuer seul, les conseillers présents ne pouvant avoir voix délibérative. • Soc. 18 janv. 1989 : *Dr. soc. 1989. 394, obs. Desdevises.*

SECTION III **DEMANDE DE REQUALIFICATION EN CONTRAT DE TRAVAIL D'UNE CONVENTION DE STAGE**

(L. n° 2014-788 du 10 juill. 2014, art. 1er-V)

Art. L. 1454-5 **Lorsque le conseil de prud'hommes est saisi d'une demande de requalification en contrat de travail d'une convention de stage mentionnée à l'article L. 124-1 du code de l'éducation, l'affaire est directement portée devant le bureau de jugement, qui statue au fond dans un délai d'un mois suivant sa saisine.**

CHAPITRE V **RÉFÉRÉ**

Le présent chapitre ne comprend pas de dispositions législatives.

CHAPITRE VI **LITIGES EN MATIÈRE DE LICENCIEMENTS POUR MOTIF ÉCONOMIQUE**

Art. L. 1456-1 **En cas de litige portant sur les licenciements pour motif économique, la section ou la chambre statue en urgence selon des modalités et dans des délais déterminés par décret en Conseil d'État.** – *[Anc. art. L. 516-5.]* – *V. art. R. 1456-1 s.*

CHAPITRE VII **RÉCUSATION**

BIBL. Desdevises, *Dr. soc. 1987. 713* (statut du conseiller prud'homme) ; *Sem. soc. Lamy 2003, n° 1142. 5.* – P. Lyon-Caen, *RJS 2003. 936* (la juridiction prud'homale et l'article 6-1 de la Conv. EDH). – Quétant, *JS Lamy 2004, n° 139-1.*

Art. L. 1457-1 **Le conseiller prud'homme peut être récusé :**

1° Lorsqu'il a un intérêt personnel à la contestation, le seul fait d'être affilié à une organisation syndicale ne constituant pas cet intérêt personnel ;

2° Lorsqu'il est conjoint, partenaire lié par un pacte civil de solidarité, concubin, parent ou allié jusqu'au degré de cousin germain inclusivement d'une des parties ;

3° Si, dans l'année qui a précédé la récusation, il y a eu action judiciaire, criminelle ou civile entre lui et une des parties ou son conjoint, partenaire lié par un pacte civil de solidarité, concubin ou ses parents ou alliés en ligne directe ;

4° S'il a donné un avis écrit dans l'affaire ;

5° S'il est employeur ou salarié de l'une des parties en cause. – *[Anc. art. L. 518-1.]*

Le conseil de prud'hommes doit, dès qu'il a connaissance de la demande de récusation, suspendre l'instance jusqu'à ce qu'elle ait été définitivement tranchée ; il ne peut statuer sur cette demande ni examiner l'affaire au fond en présence du conseiller prud'homme dont la récusation a été sollicitée. • Soc. 3 juin 2009 : ♔ *RJS 2009. 651, n° 742 ; JCP S 2009. 1379, obs. Lahalle.*

TITRE SIXIÈME **VOIES DE RECOURS**

CHAPITRE PREMIER **APPEL**

Le présent chapitre ne comprend pas de dispositions législatives.

CHAPITRE II **POURVOI EN CASSATION**

Art. L. 1462-1 **Les jugements des conseils de prud'hommes sont susceptibles d'appel. Toutefois, ils statuent en dernier ressort en dessous d'un taux fixé par décret.** – *[Anc. art. L. 511-1, al. 6, phrase 2.]* – *V. art. D. 1462-3.*

CHAPITRE III **OPPOSITION**

Le présent chapitre ne comprend pas de dispositions législatives.

TITRE SEPTIÈME **PRESCRIPTION DES ACTIONS EN JUSTICE**

(L. n° 2013-504 du 14 juin 2013, art. 21-III)

CHAPITRE UNIQUE

Art. L. 1471-1 **Toute action portant sur l'exécution ou la rupture du contrat de travail se prescrit par deux ans à compter du jour où celui qui l'exerce a connu ou aurait dû connaître les faits lui permettant d'exercer son droit.**

Le premier alinéa n'est toutefois pas applicable aux actions en réparation d'un dommage corporel causé à l'occasion de l'exécution du contrat de travail, aux actions en paiement ou en répétition du salaire et aux actions exercées en application des articles L. 1132-1, L. 1152-1 et L. 1153-1. Elles ne font obstacle ni aux délais de prescription plus courts prévus par le présent code et notamment ceux prévus aux articles L. 1233-67, L. 1234-20, L. 1235-7 et L. 1237-14, ni à l'application du dernier alinéa de l'article L. 1134-5.

Ces dispositions s'appliquent aux prescriptions en cours à compter du 16 juin 2013, date de promulgation de la L. n° 2013-504 du 14 juin 2013, sans que la durée totale de la prescription puisse excéder la durée prévue par la loi antérieure.

Lorsqu'une instance a été introduite avant le 16 juin 2013, l'action est poursuivie et jugée conformément à la loi ancienne. Cette loi s'applique également en appel et en cassation (L. préc., art. 21-V).

BIBL. FRANÇOIS, *Sem. soc. Lamy 2013, n° 1570, p. 18* (rationalisation des procédures prud'homales). – GAURIAU, *Dr. soc. 2013. 833* ✎.

COMMENTAIRE

V. Dalloz.fr et applications mobiles Dalloz 🏛.

LIVRE CINQUIÈME **DISPOSITIONS RELATIVES À L'OUTRE-MER**

TITRE PREMIER **DISPOSITIONS GÉNÉRALES**

CHAPITRE UNIQUE

Art. L. 1511-1 Dans la présente partie et sous réserve, le cas échéant, des dispositions du présent livre, les mots : "national", "nationales", "nationaux", "France", "territoire français", "sol français", "ensemble du territoire" ou "ensemble du territoire national" visent les départements de métropole, de la Guadeloupe, de la Guyane, de la Martinique et de la Réunion ainsi que *(Ord. n° 2008-205 du 27 févr. 2008)* « Saint-Barthélemy, Saint-Martin et » Saint-Pierre-et-Miquelon.

Lorsque les dispositions de la présente partie prévoient une sanction pénale d'interdiction du territoire français, cette interdiction s'applique sur l'ensemble du territoire de la République française. – *[Anc. art. L. 800-4, al. 1er à 3.]*

TITRE DEUXIÈME **DÉPARTEMENTS D'OUTRE-MER, SAINT-BARTHÉLEMY, SAINT-MARTIN ET SAINT-PIERRE-ET-MIQUELON** *(Ord. n° 2008-205 du 27 févr. 2008).*

CHAPITRE PREMIER **DISPOSITIONS GÉNÉRALES**

Art. L. 1521-1 Les dispositions de la présente partie s'appliquent dans les départements d'outre-mer *(Ord. n° 2008-205 du 27 févr. 2008)* « , à Saint-Barthélemy, à Saint-Martin » et à Saint-Pierre-et-Miquelon, sous réserve des adaptations prévues par le présent titre. – *[Anc. art. L. 800-1, al. 1.]*

Art. L. 1521-2 Pour l'application de la présente partie dans les départements d'outre-mer et en l'absence de mention particulière spécifique à ces collectivités, les références à la caisse régionale d'assurance maladie sont remplacées par celles de la caisse générale de sécurité sociale dans les départements d'outre-mer.

Art. L. 1521-2-1 *(Ord. n° 2015-1578 du 3 déc. 2015, art. 1er)* Pour l'application de la présente partie en Guyane et en Martinique, et en l'absence de mention particulière spécifique à ces collectivités :

1° Les attributions dévolues au préfet, dans la région ou dans le département, sont exercées par le représentant de l'État dans la collectivité territoriale ;

2° Les attributions dévolues au conseil départemental, au conseil régional où à leur président sont exercées par l'assemblée de Guyane ou par son président et par l'assemblée de Martinique ou par le président du conseil exécutif de Martinique ou, dans le cas prévu à l'article L. 7223-5 du code général des collectivités territoriales, par le président de l'assemblée de Martinique ;

3° Les références faites au département, au département d'outre-mer, à la région ou à la région d'outre-mer, au conseil départemental et au conseil régional sont remplacées par les références à la Guyane et à la Martinique.

Art. L. 1521-3 Pour l'application de la présente partie à Saint-Pierre-et-Miquelon et en l'absence de mention particulière spécifique à cette collectivité :

1° Les attributions dévolues au préfet, dans la région ou dans le département, sont exercées par le représentant de l'État ;

2° Les attributions dévolues au conseil régional ou à son président sont exercées par le conseil général de Saint-Pierre-et-Miquelon ou par son président ;

3° Les attributions dévolues au tribunal d'instance, au tribunal de grande instance, à leurs présidents ou à leurs greffes sont attribuées au tribunal de première instance, à son président ou à son greffe ;

4° Les attributions dévolues au *(L. n° 2011-525 du 17 mai 2011, art. 170)* « directeur régional des entreprises, de la concurrence, de la consommation, du travail et de l'emploi » ou au directeur du travail, de l'emploi et de la formation professionnelle des départements d'outre-mer sont exercées par le chef du service du travail, de l'emploi et de la formation professionnelle de Saint-Pierre-et-Miquelon ;

5° Les références au code général des impôts sont remplacées par les références équivalentes du code des impôts de Saint-Pierre-et-Miquelon ;

6° Les références au département ou à la région sont remplacées par celles de Saint-Pierre-et-Miquelon ;

7° Les références à la caisse régionale d'assurance maladie sont remplacées par celles de la caisse de prévoyance sociale. – *[Anc. art. L. 800-3, al. 1er à 7.]*

Art. L. 1521-4 *(Ord. n° 2008-205 du 27 févr. 2008)* Pour l'application de la présente partie à Saint-Barthélemy et à Saint-Martin et en l'absence de mention particulière spécifique à l'une ou l'autre de ces collectivités :

1° Les attributions dévolues au préfet, dans la région ou dans le département, sont exercées par le représentant de l'État dans chacune de ces collectivités ;

2° Les attributions dévolues au conseil régional ou à son président et au conseil général ou à son président sont exercées par le conseil territorial ou par son président ;

3° Les références au département ou à la région sont remplacées par des références à Saint-Barthélemy et à Saint-Martin ;

4° Les références à la caisse régionale d'assurance maladie sont remplacées par des références à la caisse générale de sécurité sociale.

CHAPITRE II **DISPOSITIFS SIMPLIFIÉS DE DÉCLARATION ET DE RECOUVREMENT DE COTISATIONS ET DE CONTRIBUTIONS SOCIALES** *(Ord. n° 2015-682 du 18 juin 2015, art. 3)*.

Art. L. 1522-1 Les dispositions des articles L. 1271-1 à L. 1271-16 *(Ord. n° 2015-682 du 18 juin 2015, art. 3, en vigueur le 1er janv. 2017)* « et de la sous-section 2 de la section I du chapitre III *bis* du livre Ier du code de la sécurité sociale » relatives au chèque emploi-service universel s'appliquent *(Ord. n° 2015-682 du 18 juin 2015, art. 3, en vigueur le 1er janv. 2017)* « en Guadeloupe, en Guyane, en Martinique, à La Réunion *[ancienne rédaction : dans les départements d'outre-mer]* » *(Ord. n° 2008-205 du 27 févr. 2008)* « , à Saint-Barthélemy, à Saint-Martin » et à Saint-Pierre-et-Miquelon *(Abrogé par L. n° 2013-1203 du 23 déc. 2013, art. 27-III-D)* *« lorsque celui-ci a la nature d'un titre spécial de paiement »*. – *[Anc. art. L. 812-1, al. 1er, phrase 1.]*

Art. L. 1522-2 *(Ord. n° 2015-682 du 18 juin 2015, art. 3, en vigueur le 1er janv. 2017)* Les dispositions de la sous-section 2 de la section I du chapitre III *bis* du livre Ier du code de la sécurité sociale relatives au chèque emploi associatif et du chapitre II du titre VII du livre II de la première partie du présent code s'appliquent en Guadeloupe, en Guyane, en Martinique, à La Réunion, à Saint-Barthélemy, à Saint-Martin et à Saint-Pierre-et-Miquelon.

Art. L. 1522-3 *(Ord. n° 2015-682 du 18 juin 2015, art. 3, en vigueur le 1er janv. 2017)* Les dispositions de la sous-section 2 de la section I du chapitre III *bis* du livre Ier du code de la sécurité sociale relatives au titre emploi-service entreprise et du chapitre III du titre VII du livre II de la première partie du présent code s'appliquent en Guadeloupe, en Guyane, en Martinique, à La Réunion, à Saint-Barthélemy, à Saint-Martin et à Saint-Pierre-et-Miquelon.

Art. L. 1522-4 *(Ord. n° 2015-682 du 18 juin 2015, art. 3, en vigueur le 1er janv. 2017)* Les dispositions de la sous-section 2 de la section I du chapitre III *bis* du livre Ier du code de la sécurité sociale relatives aux particuliers qui emploient des salariés exerçant une activité de garde d'enfants mentionnés au 4° de l'article L. 133-5-6 du même code et du chapitre Ier du titre III du livre cinquième du même code s'appliquent en Guadeloupe, en Guyane, en Martinique, à La Réunion, à Saint-Barthélemy et à Saint-Martin.

CHAPITRE III LE CONSEIL DE PRUD'HOMMES

Art. L. 1523-1 *(Ord. n° 2016-388 du 31 mars 2016, art. 1er-14°, en vigueur le 1er févr. 2017)* Pour l'application de l'article L. 1441-4 aux conseils de prud'hommes de Guadeloupe, les mots : "au niveau départemental" sont remplacés par les mots : "en Guadeloupe, à Saint-Barthélemy et à Saint-Martin".

TITRE TROISIÈME MAYOTTE, WALLIS-ET-FUTUNA ET TERRES AUSTRALES ET ANTARCTIQUES FRANÇAISES

CHAPITRE PREMIER FORMATION ET EXÉCUTION DU CONTRAT DE TRAVAIL

Art. L. 1531-1 Le contrat de travail des salariés des entreprises établies dans un département de métropole, dans un département d'outre-mer *(Ord. n° 2008-205 du 27 févr. 2008)* « , à Saint-Barthélemy, à Saint-Martin » ou à Saint-Pierre-et-Miquelon et exerçant leur activité à Mayotte ou à Wallis-et-Futuna est régi par les dispositions légales ou conventionnelles applicables à l'entreprise qui les emploie pendant une durée maximum de vingt-quatre mois. – *[Anc. art. L. 800-6, I et II, al. 1.]*

Art. L. 1531-2 Le contrat de travail des salariés mentionnés à l'article L. 1531-1 est écrit.

Il prévoit les modalités selon lesquelles le salarié est indemnisé des dépenses auxquelles l'exposent sa venue, son séjour dans le pays ou lieu de son emploi et son retour à sa résidence habituelle. Il prévoit également la prise en charge par l'employeur des frais occasionnés au salarié et, le cas échéant, à sa famille par sa prise de congé dès lors que l'intéressé a exercé son activité pendant au moins douze mois.

Le contrat de travail est remis au salarié, sauf impossibilité majeure, au plus tard huit jours avant la date de son départ vers son lieu de travail. – *[Anc. art. L. 800-6, II, al. 2 et 3.]*

Art. L. 1531-3 L'article L. 1226-1 est applicable aux salariés d'une entreprise ou d'un établissement situé en métropole ou dans un département d'outre-mer *(Ord. n° 2008-205 du 27 févr. 2008)* « , à Saint-Barthélemy, à Saint-Martin » ou à Saint-Pierre-et-Miquelon qui ont été soignés à Mayotte, en Nouvelle-Calédonie, en Polynésie française, à Wallis-et-Futuna ou dans les Terres australes et antarctiques françaises.

CHAPITRE II RUPTURE DU CONTRAT DE TRAVAIL À DURÉE INDÉTERMINÉE

Art. L. 1532-1 Lorsque les salariés et les entreprises interviennent dans les collectivités de la République française exclues du champ d'application géographique défini à l'article L. 1511-1, les dispositions de l'article L. 1231-5 sont applicables au salarié mis, par la société mère au service de laquelle il était précédemment engagé et dont le siège social est situé dans un département métropolitain, un département d'outre-mer *(Ord. n° 2008-205 du 27 févr. 2008)* « , à Saint-Barthélemy, à Saint-Martin » ou à Saint-Pierre-et-Miquelon, à la disposition d'une filiale établie à Mayotte, à Wallis-et-Futuna ou dans les Terres australes et antarctiques françaises et à laquelle il est lié par un contrat de travail. – *[Anc. art. L. 800-5, al. 1er et 2.]*

DEUXIÈME PARTIE **LES RELATIONS COLLECTIVES DE TRAVAIL**

BIBL. ▶ Bélier et Petit, *RDT 2010. Controverse 76* (faut-il instaurer un canal unique de représentation du personnel ?). – Pécaut-Rivolier, *Dr. soc. 2013. 316* ✐ (détermination des unités de représentation).

▶ **Commentaire de la loi du 17 août 2015** : *Dr. soc., numéro spécial, nov. 2015.* – de Brier, *RDT 2016. 599* ✐ (les aménagements conventionnels des institutions représentatives du personnel après la loi du 17 août 2015). – Desbarats, *Dr. soc. 2015. 853* ✐ (représentation du personnel dans l'entreprise : avancées, reculs ou *statu* quo). – Gauriau, *Dr. soc. 2015. 878* ✐ (négociation dans les entreprises dépourvues de syndicats). – Petit, *Dr. soc. 2015. 850* ✐ (entre amélioration et simplification de la représentation collective des salariés).

LIVRE PREMIER **LES SYNDICATS PROFESSIONNELS**

BIBL. GÉN. ▶ Adam, *Dr. soc. 1983. 597* (institutionnalisation des syndicats) ; *ibid. 1990. 833* ✐ ; *ibid. 1998. 107* ✐. – Akandji-Kombé, *Dr. ouvrier 2013. 299* (pour un renouvellement de la Cour EDH relative à la liberté d'expression syndicale). – Amadieu, *ibid. 1986. 495* (syndicalisme d'entreprise). – Balzarini, *Ét. offertes à A. Brun, 1974, p. 47* (syndicats et État). – Borenfreund, *Dr. soc. 2009. 700* ✐ (renouveau du droit syndical, entre faveur et défiance). – Boubli, *Sem. soc. Lamy 2006, suppl. n° 1263.* – Brihi, *JCP S 2011. 1268* (la QPC et le droit syndical). – Cointepas, *Dr. soc. 1992. 250* ✐ (déclin syndical). – Cottereau, *ibid. 1986. 580* (représentation collective). – Dupeyroux, *ibid. 1991. 1* (néo-libéraux et syndicats). – Durand-Sachs, *Dr. ouvrier 1993. 39* (légitimité syndicale). – Flament, *Dr. soc. 2009. 436* ✐ (représentativité des organisations patronales). – Gauriau, *JCP S 2009. 1109.* – Jeammaud, *D. 1997. Chron. 19* ✐ (constitution de syndicat et fraude à la loi). – G. Lyon-Caen, *Dr. soc. 1965. 166* (syndicalisme et pouvoir démocratique) ; *ibid. 1970. 69* (syndicats et partis politiques) ; *ibid. 1984. 5* (droit syndical et mouvement syndical) ; *ibid. 1986. 742* (corporatisme) ; *Dr. ouvrier 1988. 47* (légitimité de l'action syndicale). – Nadal, *Dr. soc. 2014. 703* ✐ (amélioration négociée des moyens de fonctionnement et d'action des syndicats de salariés). – Odoul-Asorey, *RDT 2014. 481* ✐ (élections professionnelles et droit syndical). – Pécaut-Rivolier, *RDT 2014. 403* ✐ (la liberté syndicale). – Ouardia, *Dr. ouvrier 1995. 537* (libertés publiques et abus de droit). – Pécaut-Rivolier et Petit, *Dr. soc. 2010. 1168* ✐ (redéploiement des forces syndicales). – Petit, *Dr. soc. 2014. 340* ✐ (la protection de la liberté syndicale par la Constitution). – Radé, *Dr. soc. 2014. 697* ✐ (le financement des syndicats à l'heure de la réforme de la démocratie sociale). – Savatier, *Ét. offertes à G. Lyon-Caen, 1989, p. 179* (fonction représentative des syndicats). – Soubie, *Dr. soc. 1992. 11* ✐ (déclin syndical) ; *ibid. 1991. 926* ✐. – Supiot, *ibid. 1990. 118* ✐ (la fraternité et la loi). – Tusseau, *RDT 2007. 636* ✐ (les concepts de pluralisme syndical). – Verdier, *Ét. offertes à G.-H. Camerlynck, 1978, p. 263* (représentation élue et représentation syndicale) ; *Dr. soc. 1990. 127* ✐ (syndicalisme et fraternité) ; *Ét. offertes à H. Sinay, 1994, p. 69* (liberté et égalité). – Verkindt, *JCP S 2012. 1233* (syndicat, syndicalisme et démocratie sociale).

▶ **Commentaire de la loi du 20 août 2008** : *Dr. soc., numéro spécial, juin 2009.* – Béal, *JS Lamy 2010, n° 283-1* (la période transitoire). – Bélier et Legrand, *éd. Liaisons, 2009* (la négociation collective après la loi du 20 août 2008). – Bonlarron, *JS Lamy 2011, n° 305-2* (la loi du 20 août 2008 et sa jurisprudence la plus récente). – Borenfreund, *RDT 2008. 360* ✐ (position commune) ; *ibid. 712* ✐ (le nouveau régime de la représentativité syndicale). – Césaro, *JCP S 2012. 1237* (représentation des syndicats dans l'entreprise). – Gauriau, *JCP S 2008. 1448* (rénovation de la démocratie sociale) ; *ibid. 2010. 1354* (droit syndical et question prioritaire de constitutionnalité). – Grévy, Peskine et Nadal, *RDT 2008. 431* ✐ (position commune). – Mazeaud, *JCP S 2012. 1240* (un nouveau droit syndical ou un droit syndical rénové ?). – Néron, *RDT 2009. 426* ✐ (rénovation de la démocratie sociale : perspectives et prospectives). – Pécaut-Rivolier et Struillou, *RDT 2009. 490* ✐ (la représentation du personnel dans l'entreprise après la loi du 20 août 2008). – Petit, *RJS 2009. 419* (le tourbillon législatif et jurisprudentiel de l'année 2008). – Radé, *Dr. soc. 2010. 821* ✐ (syndicats catégoriels et réforme de la démocratie sociale) ; *ibid. 2011. 134* ✐ (l'exercice du droit syndical après la loi du 20 août 2008). – Teyssié, *JCP S 2012. 1232.*

▶ **Commentaire de la loi du 5 mars 2014** : *Dr. soc., numéro spécial, mars 2014.* – Teyssié, *JCP S 2014. 16.* – Borenfreund, Souriac et Nadal, *RDT 2014. 196* ✐. – Lexbase hebdo, *éd. soc., n° 563 du 20 mars 2014.*

▶ **Commentaire de la loi du 17 août 2015** : *Dr. soc., numéro spécial, nov. 2015.* — Boulmier, *Dr. soc. 2015. 861* ✐ (les syndicats, commis de cuisine de la malbouffe sociale). – Verkindt, *Dr. soc. 2015. 954* ✐ (l'association des syndicats à l'élaboration de la loi).

V. Circ. DGT n° 6 du 27 juill. 2011, Questions-réponses sur la loi du 20 août 2008, JCP S 2011. 1477, obs. Jeansen et Pagnerre.

RÉP. TRAV. v[is] *Syndicats professionnels (I. Droit syndical dans l'entreprise)*, par GRÉVY ; ... *(II. Constitution et fonctionnement)*, par GRÉVY ; ... *(III. Prérogative et action)*, par GRÉVY ; ... *(IV. Unions)*, par SACHS-DURAND.

RÉP. PÉN. v° *Syndicat professionnel*, par CHOPIN.

COMMENTAIRE

V. Dalloz.fr et applications mobiles Dalloz.

TITRE PREMIER CHAMP D'APPLICATION

CHAPITRE UNIQUE

Art. L. 2111-1 **Les dispositions du présent livre sont applicables aux employeurs de droit privé ainsi qu'à leurs salariés.**

Elles sont également applicables au personnel des personnes publiques employé dans les conditions du droit privé, sous réserve des dispositions particulières ayant le même objet résultant du statut qui régit ce personnel. – *[Anc. art. L. 410-1 et L. 412-1, al. 3.]*

COMMENTAIRE

V. Dalloz.fr et applications mobiles Dalloz.

A. JURISPRUDENCE ANTÉRIEURE À LA LOI DU 20 AOÛT 2008

1. Collectivités territoriales. Les collectivités territoriales ne sont pas au nombre des organismes visés par l'art. L. 412-11 [L. 2143-3 nouv.]. • Soc. 7 nov. 1989 : *D. 1989. IR 315.*

2. Représentation officielle d'un État étranger. Le principe de la souveraineté des États fait obstacle à ce qu'il soit fait application au sein de la représentation officielle d'un État étranger des règles du code du travail français relatives à la représentation du personnel et à celle, des syndicats. • Soc. 4 nov. 2009 : *D. 2009. AJ 2812 ; Dr. soc. 2010. 177, avis Duplat ; RJS 2010. 50, n° 57.*

3. France Télécom. Pour une illustration de l'application de l'art. L. 412-1, al. 3 [L. 2111-1 nouv.], V. : • Soc. 22 févr. 1995, *France Télécom*, n° 94-60.011 P : *D. 1995. IR 76 ; Dr. soc. 1995. 394 ; RJS 1995. 264, n° 390.*

4. Caisse des dépôts et consignations. Non-application des textes du code du travail sur le droit syndical à la Caisse des dépôts et consignations, le statut de celle-ci excluant l'emploi de personnel dans les conditions du droit privé. • Soc. 28 nov. 1995 : *RJS 1996. 26, n° 35.*

B. JURISPRUDENCE POSTÉRIEURE À LA LOI DU 20 AOÛT 2008

5. SNCF. La SNCF étant un établissement public, les dispositions statutaires relatives à la représentativité syndicale peuvent légalement déroger aux dispositions de l'art. L. 2143-3 C. trav. ayant le même objet. • CE 11 oct. 2010 : *Lebon, req. n° 327660 ; Dalloz actualité, 21 oct. 2010, obs. de Montecler ; Dr. soc. 2011. 186, concl. Vialettes ; JCP S 2010. 1515, obs. Tauran.* ♦ Eu égard à l'effectif et aux conditions de fonctionnement des établissements locaux regroupés au sein des « comités d'établissements » de la SNCF, au niveau desquels s'exercent les négociations entre les représentants des salariés et ceux de l'établissement, les dispositions litigieuses pouvaient, sans méconnaître les exigences qui découlent du principe de représentativité, principe général du droit applicable à l'ensemble des relations collectives de travail, ni être entachées d'une erreur manifeste d'appréciation, prévoir que la représentativité syndicale serait, y compris pour des représentants du personnel propres à des établissements locaux, appréciée en fonction des élections aux seuls « comités d'établissements » ; ni ces dispositions ni l'arrêté du 6 mars 2009 qui les approuve n'ont méconnu le principe d'égalité ou le droit, consacré par le Préambule de la Constitution de 1946, pour tout salarié, de participer par l'intermédiaire de ses délégués à la détermination collective des conditions de travail. • Même arrêt.

Art. L. 2111-2 **Les dispositions du présent livre s'appliquent sans préjudice d'autres droits accordés aux syndicats par des lois particulières.** – *[Anc. art. L. 411-20.]*

TITRE DEUXIÈME **REPRÉSENTATIVITÉ SYNDICALE**

COMMENTAIRE

V. Dalloz.fr et applications mobiles Dalloz 🏛. ☐

CHAPITRE PREMIER **CRITÈRES DE REPRÉSENTATIVITÉ**

Art. L. 2121-1 *(L. nº 2008-789 du 20 août 2008)* **La représentativité des organisations syndicales est déterminée d'après les critères cumulatifs suivants :**

1º Le respect des valeurs républicaines ;

2º L'indépendance ;

3º La transparence financière ;

4º Une ancienneté minimale de deux ans dans le champ professionnel et géographique couvrant le niveau de négociation. Cette ancienneté s'apprécie à compter de la date de dépôt légal des statuts ;

5º L'audience établie selon les niveaux de négociation conformément aux articles L. 2122-1, L. 2122-5, L. 2122-6 et L. 2122-9 ;

6º L'influence, prioritairement caractérisée par l'activité et l'expérience ;

7º Les effectifs d'adhérents et les cotisations.

BIBL. ▸ ADAM, *Dr. soc. 1972. 90.* – ARSÉGUEL, *ibid. 1981. 349* (représentativité dans les conventions médicales) ; *RDT 2006. 268* ✐ (réforme de la représentativité). – BORENFREUND, *ibid. 1988. 476 ; ibid. 1991. 685* ✐ (représentation et idée de représentation). – DESPAX, *ibid. 1979. 259* (représentativité au regard des conventions collectives, à propos de l'avis du Conseil d'État du 23 nov. 1978). – DUPIRÉ, *JCP S 2013. 1472* (négociation collective transnationale). – FAVENNEC-HÉRY, *Dr. soc. 2006. 989* ✐ (collectivité du personnel et représentations) ; *ibid. 2009. 630* ✐ ; *JCP S 2012. 1234.* – LESIRE-OGREL, *ibid. 1959. 286* (syndicats indépendants). – A. LYON-CAEN, *Travail et Emploi, mars 1988.* – MICHEL, *Dr. ouvrier 2003. 133* (critère de l'indépendance). – MORIN, *Dr. soc. 2010. 548* ✐ (période transitoire). – OFFERLÉ et FLAMENT, *RDT 2010. Controverse. 269* (quelle représentativité pour les organisations patronales ?). – PAGNERRE, *JCP S 2009. 1050* (respect des valeurs républicaines ou « éthique syndicale »). – SAVATIER, *Mélanges Beaulieu, 1968, p. 435.* – SUPIOT, *Dr. soc. 1983. 63* (syndicats et négociation collective) ; *Études offertes à H. Sinay, 1994, p. 59* (parité, égalité, majorité). – TEYSSIÉ, CESARO et MARTINON, *JCP S 2011. 1102* (représentativité des organisations professionnelles d'employeurs). – VERDIER, *Études offertes à A. Weill, p. 569* (négociation collective et représentativité) ; *Dr. soc. 1991. 5* ✐ (représentation et représentativité) ; *RDT 2006. 284* ✐ (réforme de la représentativité syndicale).

▸ **Position commune du 9 avril 2008** : GAURIAU, *JCP S 2009. 197* (première lecture sur la représentativité syndicale).

▸ **Loi du 20 août 2008 :** BORENFREUND, *RDT 2008. 712* ✐ (le nouveau régime de la représentativité syndicale) ; *Dr. soc. 2013. 300* ✐ (représentativité syndicale et négociation collective). – COLLOMP, *Dr. soc. 2011. 60* ✐ (bilan des deux premières années d'application). – FLAMENT, *JCP S 2009. 1386* (la représentativité après la loi du 20 août 2008 : nouvelles questions). – GRÉVY, *Dr. soc. 2013. 311* ✐ (capacité d'intervention des syndicats face au nouveau régime de la représentativité). – HÉAS, *RDT 2011. 91* ✐ (représentativité des organisations salariées et patronales). – LARONZE, *JCP S 2011. 1518* (remarques sur une éventuelle réforme de la réforme à la lumière des arrêts du 18 mai 2011). – MAGGI-GERMAIN, *Dr. soc. 2011. 1072* ✐ (représentativité des organisations professionnelles d'employeurs). – MORIN, *Dr. soc. 2011. 62* ✐ (nouveaux critères de la représentativité). – NADAL, *Dr. soc. 2013. 323* ✐ (fluctuation de la représentativité syndicale et perturbations de la vie juridique des conventions et accords collectifs). – NEAU-LEDUC, *Dr. soc. 2009. 910* ✐ (perte de la représentativité et sort de l'accord collectif d'entreprise). – NÉRON, *JCP S 2010. 1451* (à propos des syndicats catégoriels et du représentant de la section syndicale). – PERNOT, *RDT 2011. 427* ✐ (la loi du 20 août 2008 et la portabilité des suffrages) ; *Dr. soc. 2013. 306* ✐ (affiliation syndicale et sens de la représentation syndicale). – PETIT, *Dr. ouvrier 2009. 585.* – BONNEAU et CŒURET, *Sem. soc. Lamy 2010, nº 1447, p. 4* (représentativité syndicale à l'épreuve de la question prioritaire de constitutionnalité). – STRUILLOU, *Dr. ouvrier 2013. 91* (le concept politico-juridique de représentativité).

COMMENTAIRE

V. Dalloz.fr et applications mobiles Dalloz 🏛. ☐

I. CONFORMITÉ DE LA RÉFORME

1. Conformité au droit international. Le droit de mener des négociations collectives avec l'employeur est, en principe, devenu l'un des éléments essentiels du « droit de fonder avec d'autres des syndicats et de s'affilier à des syndicats pour la défense de ses intérêts » énoncé à l'art. 11 Conv. EDH, étant entendu que les États demeurent libres d'organiser leur système de manière à reconnaître, le cas échéant, un statut spécial aux syndicats représentatifs. • CEDH 12 nov. 2008 : *D. 2009. 739, chron. Marguénaud et Mouly ; RDT 2009. 288, étude Hervieu .*

2. Si le droit de mener des négociations collectives énoncé à l'art. 11 Conv. EDH, est, en principe, devenu l'un des éléments essentiels du droit de fonder des syndicats et de s'affilier à des syndicats, pour la défense de ses intérêts, les États demeurent libres de réserver ce droit aux syndicats représentatifs, ce que ne prohibent ni les art. 5 et 6 de la Charte sociale européenne, ni l'art. 28 de la Charte des droits fondamentaux de l'Union européenne, ni les conventions n°s 98 et 135 de l'OIT ; le fait pour les salariés, à l'occasion des élections professionnelles, de participer à la détermination des syndicats aptes à les représenter dans les négociations collectives n'a pas pour effet d'affaiblir les représentants syndicaux au profit des représentants élus, chacun conservant les attributions qui lui sont propres. • Soc. 14 avr. 2010 : *D. 2010. 1150, obs. Ines ; RDT 2010. 276, obs. Béraud ; ibid. 374, obs. Akandji-Kombé ; Dr. ouvrier 2009. 623, obs. Rennes ; Sem. soc. Lamy 2009, n° 1421, p. 10, note Akandji-Kombé* (cassation de • TI Brest, 27 oct. 2009) • Soc. 10 nov. 2010 : *Dalloz actualité, 1er déc. 2010, obs. Perrin ; D. 2010. AJ 2780 ; RDT 2011. 24, note Borenfreund ; Dr. soc. 2011. 414, note Petit ; JCP S 2011. 1116, note Gauriau.*

3. Conformité à la Constitution. L'exigence d'un seuil raisonnable d'audience subordonnant la représentativité d'une organisation syndicale ne constitue pas une atteinte au principe de la liberté syndicale et la représentation légitimée par le vote, loin de violer le principe de participation des salariés à la détermination collective de leurs conditions de travail par l'intermédiaire des syndicats, en assure au contraire l'effectivité. • Cass., QPC, 18 juin 2010, req. n°s 10-40.005 et 10-40.007 : *D. 2010. Actu. 1720 ; ibid. 2011 . Pan. 840, obs. Nicod ; Dalloz actualité, 8 juill. 2010, obs. Ines ; RDT 2010. 564, Rapp. Béraud .*

4. Le principe d'égalité ne s'oppose ni à ce que le législateur règle de façon différente des situations différentes, ni à ce qu'il déroge à l'égalité pour des raisons d'intérêt général, pourvu que, dans l'un et l'autre cas, la différence de traitement qui en résulte soit en rapport avec l'objet de la loi qui l'établit ; en prévoyant que, pour les organisations syndicales catégorielles, le seuil de 10 % est calculé dans les seuls collèges dans lesquels elles ont vocation à présenter des candidats, le législateur institue une différence de traitement en lien direct avec l'objet de la loi et ne méconnaît pas le principe d'égalité. • Cons. const., QPC, 7 oct. 2010 : *Dalloz actualité, 12 oct. 2010, obs. Ines ; Sem. soc. Lamy 2010, n° 1463, p. 10, obs. Champeaux.* ♦ De la même manière, les dispositions des art. L. 2121-1, L. 2122-1 et L. 2143-3, en ce qu'elles réservent aux organisations syndicales catégorielles affiliées à une confédération syndicale catégorielle interprofessionnelle nationale certaines modalités d'appréciation de la représentativité, ne méconnaissent ni l'art. 5 de la convention n° 135 de l'OIT, ni l'art. 11 de CESDH, ni les art. 5 et 6 de la charte sociale européenne. • Soc. 28 sept. 2011 : *D. 2011. Actu. 2405 ; Dr. soc. 2011. 1241, note Petit ; RJS 2011. 864, n° 992 ; JCP S 2012. 1072, obs. Gauriau.*

II. APPLICATION DANS LE TEMPS

A. ENTRÉE EN VIGUEUR

5. Entrée en vigueur de la loi du 20 août 2008. Si les dispositions de la loi du 20 août 2008 modifiant les règles des élections professionnelles sont applicables à compter de sa publication, il résulte de l'art. 11-IV de ce texte qu'elles régissent les élections professionnelles organisées sur la base d'un protocole préélectoral dont la première réunion de négociation est postérieure à cette date ; ainsi, dans la mesure, d'une part, où le protocole a été négocié et signé avant la publication de la loi et, d'autre part, où le syndicat n'était pas représentatif à cette date, il ne pouvait pas présenter de candidats à ces élections professionnelles. • Soc. 21 oct. 2009 : *D. 2009. AJ 2811 ; RJS 2010. 58, n° 71.* ♦ Comp. : le syndicat non représentatif mais qui réunit les conditions posées par le nouvel art. L. 2314-3 peut présenter des listes de candidats au premier tour des élections alors même qu'il n'a pas participé aux négociations du protocole d'accord préélectoral qui se sont ouvertes avant la promulgation de la loi. • TI Puteaux, 10 oct. 2008 : *RJS 2009. 163, n° 197 ; Sem. soc. Lamy 2008 n° 1374, p. 14.*

B. RÉGIME TRANSITOIRE

6. Date d'appréciation. Le droit des syndicats de prétendre exercer les prérogatives reconnues aux syndicats représentatifs s'apprécie à la date à laquelle ils les exercent. • Soc. 10 mars 2010 : *D. 2010. AJ 820, obs. Ines ; RDT 2010. 308, obs. Borenfreund ; Dr. soc. 2010. 548, note Morin ; JS Lamy 2010, n° 276-4.*

7. Fin de la période transitoire. Par application de l'al. 2 de l'art. 13 de la loi n° 2008/789 du 20 août 2008, dès lors que les résultats de l'élection ont donné lieu à la proclamation d'élus, la période transitoire prend fin. • Soc. 18 mai 2011 : *Dalloz actualité, 7 juin 2011, obs. Perrin ; RDT 2011. 451, obs. Odoul-Asorey ; RJS 2011. 562, n° 623 ; JCP S 2011. 1353, obs. Pagnerre.* ♦ L'organisation dans l'entreprise d'élections qui ont donné lieu à l'établissement d'un procès-verbal de carence impliquant qu'aucune organisation syndicale ne s'est présentée au scrutin, qui ne permettent pas d'évaluer l'audience syndicale ne mettent pas fin à la période transitoire, instituée par les art. 11, IV, et 13 de la loi n° 2008-789 du 20 août 2008, laquelle prend fin au plus tard le 22 août 2012, V. • Soc. 10 févr. 2010 : *D. 2010. AJ 587 ; ibid. Pan. 2029, obs. Arséguel ; Dr. soc. 2010. 599, obs. Pécaut-Rivolier ; JS Lamy 2010, n° 274-6 ; Sem. soc. Lamy 2010, n° 1447, p. 9, obs. Mazeaud ; Dalloz actualité, 3 mars 2010, obs. Cortot.* ♦ Lorsque la désignation d'un délégué syndical s'effectue au niveau d'une UES, le seuil de 10 % fixé par l'art. L. 2121-1 se calcule en additionnant la totalité des suffrages obtenus lors des élections au sein des différentes entités composant l'UES, la période transitoire ne prend donc fin que lorsque des élections se sont déroulées dans chacune des entités de l'UES, pour lesquelles la date fixée pour la première réunion de la négociation du protocole d'accord préélectoral est postérieure à la publication de la loi du 20 août 2008, et au plus tard le 22 août 2012. • Soc. 5 avr. 2011 : *Dalloz actualité, 27 avr. 2011, obs. Ines ; D. 2011. Actu. 114 ; Dr. soc. 2011. 869, obs. Petit ; JCP S 2011. 1328, obs. Gauriau.*

8. Représentativité présumée. L'art. 11, IV, de la loi du 20 août 2008 n'a pas prévu qu'il puisse être rapporté une preuve contraire à la présomption de représentativité des syndicats affiliés ; la représentativité de la fédération CGT commerce-distribution-services, affiliée à l'une des confédérations reconnues représentatives au plan national antérieurement à l'entrée en vigueur de la loi, ne peut être contestée pendant la période transitoire prévue par la loi : • Soc. 8 juill. 2009, *Sté Okaidi : D. 2009. 2393, note Loiseau ; RDT 2009. 729, obs. Grévy ; RJS 2009. 676, avis Duplat ; JS Lamy 2009, n° 262-3 ; JCP S 2009. 1416, note Gauriau ; Sem. soc. Lamy 2009, n° 1408, p. 10, note Pécaut-Rivolier ; ibid., n° 1412, p. 6, obs. Borenfreund ; Dr. soc. 2009. 950, rapp. Pécaut-Rivolier et obs. Morin ; Dr. ouvrier 2009. 517, obs. Michel.*

9. Représentativité prouvée. Si les dispositions transitoires des art. 11, IV, et 13 de la loi du 20 août 2008 ont maintenu, jusqu'aux résultats des premières élections professionnelles postérieures à la date de publication de la loi, à titre de présomption qui n'est pas susceptible de preuve contraire, la représentativité des syndicats à qui cette qualité était reconnue avant cette date, les nouvelles dispositions légales, interprétées à la lumière des art. 6 et 8 du Préambule de la Constitution du 27 octobre 1946, n'excluent pas qu'un syndicat qui ne bénéficie pas de cette présomption puisse établir sa représentativité : soit par affiliation postérieure à l'une des organisations syndicales représentatives au niveau national ou interprofessionnel : • Soc. 10 mars 2010 : *RDT 2010. 308, obs. Borenfreund ; Dr. soc. 2010. 548, note Morin ; JCP S 2010. 1204, obs. Gauriau ; JS Lamy 2010, n° 276-4.* ♦ ... Soit en apportant la preuve qu'il remplit les critères énoncés à l'art. L. 2121-1 C. trav. dans sa rédaction issue de cette loi à la seule exception de l'obtention d'un score électoral de 10 %, auquel il devra satisfaire dès les premières élections professionnelles organisées dans l'entreprise. • Soc. 10 mars 2010 : *D. 2010. AJ 820, obs. Ines ; RDT 2010. 308, obs. Borenfreund ; Dr. soc. 2010. 548, note Morin ; JS Lamy 2010, n° 276-4.*

10. Incidence d'un changement d'affiliation. Les disposions transitoires de la loi du 20 août 2008 excluent qu'un syndicat bénéficiant de la présomption de représentativité en raison de son affiliation à une confédération représentative au niveau national la conserve à ce titre après s'être désaffilié de cette confédération. • Soc. 18 mai 2011 : *Dalloz actualité, 8 juin 2011, obs. Perrin ; D. 2011. Actu. 1492 ; RDT 2011. 489, note Grévy ; Dr. soc. 2011. 1063, note Petit ; RJS 2011. 563, n° 625 ; Dr. ouvrier 2011. 520, obs. Ménard ; JS Lamy 2011, n° 302-6, obs. Tourreil ; JCP S 2011. 1365, obs. Gauriau.* ♦ Pour apprécier l'influence d'un syndicat, critère de sa représentativité caractérisé prioritairement par l'activité et l'expérience, le juge doit prendre en considération l'ensemble de ses actions, y compris celles qu'il a menées alors qu'il était affilié à une confédération syndicale dont il s'est par la suite désaffilié. • Soc. 28 sept. 2011 : *D. 2011. Actu. 2405 ; JCP S 2011. 1537, obs. Gauriau.*

III. CRITÈRES DE REPRÉSENTATIVITÉ

A. APPRÉCIATION

11. Méthode d'évaluation. Si les critères posés par l'art. L. 2121-1 doivent être tous réunis pour établir la représentativité d'un syndicat et si ceux tenant au respect des valeurs républicaines, à l'indépendance et à la transparence financière doivent être satisfaits de manière autonome, ceux relatifs à l'influence prioritairement caractérisée par l'activité et l'expérience, aux effectifs d'adhérents et aux cotisations, à l'ancienneté dès lors qu'elle est au moins égale à deux ans et à l'audience électorale dès lors qu'elle est au moins égale à 10 % des suffrages exprimés doivent faire l'objet d'une appréciation globale. • Soc. 29 févr. 2012 : *Dalloz actualité, 14 mars 2012, obs. Siro ; D. 2012. Actu. 687 ; RDT 2012. 299, obs. Odoul-Asorey ; Dr. soc. 2012. 529, obs. Pécaut-Rivolier ; RJS 2012. 392, n° 471 ; Dr. ouvrier 2012. 315, rapp. Béraud ; JS*

Lamy 2012, n° 320-5, obs. Ferté ; JCP S 2012. 1168, obs. Gauriau. • 14 nov. 2013 : *Dr. soc. 2014. 84, obs. Radé ; ibid. 180, obs. F. Petit ; RDT 2014. 127, obs. Odoul-Asorey ; RJS 2014. 116, n° 147.*

12. Cycle électoral. La représentativité des organisations syndicales, dans un périmètre donné, est établie pour toute la durée du cycle électoral. • Soc. 13 févr. 2013 : *Dalloz actualité, 11 mars 2013, obs. Siro ; RDT 2013. 418, obs. Odoul-Asorey ; Dr. soc. 2013. 374, obs. Petit ; Dr. ouvrier 2013. 429, obs. Canut ; JS Lamy 2013, n° 340-6 ; JCP S 2013. 1164, obs. Jeansen.* ♦ ... Peu important la perte ou l'ajout de nouveaux établissements en cours de cycle. • Soc. 19 févr. 2014 : *Dalloz actualité, 10 avr. 2014, obs. Ines ; RDT 2014. 272, obs. Odoul-Asorey ; RJS 2014. 340, n° 412 ; JS Lamy 2014, n° 365-6, obs. Pacotte et Renucci.* ♦ Peu importe que le périmètre de l'entreprise ait été restreint par la cession d'une activité. • Soc. 19 févr. 2014 : *Dalloz actualité, 10 avr. 2014, obs. Ines ; Dr. soc. 2014. 648, note Icard ; RJS 2014. 340, n° 412 ; JS Lamy 2014, n° 365-6, obs. Pacotte et Renucci.* ♦ ... Ou qu'il ait été étendu par la prise en location-gérance de plusieurs établissements. • Soc. 19 févr. 2014 : *Dalloz actualité, 10 avr. 2014, obs. Ines ; RDT 2014. 272, obs. Odoul-Asorey ; Dr. soc. 2014. 648, note Icard ; RJS 2014. 340, n° 412 ; JS Lamy 2014, n° 365-6, obs. Pacotte et Renucci.*

13. Lorsque le transfert des contrats de travail ne porte pas sur une entité susceptible d'emporter le maintien des mandats représentatifs, les organisations syndicales représentatives peuvent désigner comme délégué syndical un salarié dont le contrat de travail a été nouvellement transféré. • Soc. 19 févr. 2014 : *Dalloz actualité, 10 avr. 2014, obs. Ines ; Dr. soc. 2014. 486, obs. Petit ; ibid. 648, note Icard ; RJS 2014. 340, n° 412.*

B. CRITÈRES

1° RESPECT DES VALEURS RÉPUBLICAINES

14. Charge de la preuve. Méconnaît les valeurs républicaines un syndicat qui prône des discriminations directes ou indirectes, en raison de l'origine du salarié ; mais c'est à celui qui conteste le respect de ces valeurs par une organisation syndicale d'en apporter la preuve. • Soc. 12 déc. 2016, n° 16-25.793 P. ♦ La condition de respect des valeurs républicaines n'a à être examinée par le juge que si elle est contestée par l'employeur qui a la charge de la preuve à cet égard. • Soc. 8 juill. 2009, *Véolia : D. 2009. AJ 1980 ; ibid. 2010. Pan. 342, obs. Debord ; JCP S 2009. 1364, obs. Pagnerre ; Dr. soc. 2009. 950, rapp. Pécaut-Rivolier et obs. Morin ; JS Lamy 2009, n° 262-5 ; Sem. soc. Lamy 2009, p. 6, note Pécaut-Rivolier.* ♦ C'est à celui qui conteste le respect, par une organisation syndicale, des valeurs républicaines, d'apporter la preuve de sa contestation. • Soc. 13 oct. 2010 : *D. 2010. AJ 2521, obs. Perrin ; D. 2011. 289, obs. Petit ; RJS 2010. 851, n° 954 ; Dr. ouvrier 2010. 686, obs. Leduc ; Dr. soc. 2011. 112, obs. Radé ; JS Lamy 2010, n° 288-3, obs. Hautefort ; Sem. soc. Lamy 2010, n° 1463, p. 9, obs. Bateman ; JCP S 2010. 1943, note Pagnerre.*

15. Indifférence des statuts. La preuve peut consister dans le fait que le syndicat poursuive dans son action un objet illicite, peu important à cet égard les mentions figurant dans les statuts. • Soc. 13 oct. 2010 : *préc. note 14.* ♦ La candidature d'un syndicat défendant l'indépendance du peuple corse dans ses statuts et promouvant dans une profession de foi une priorité d'embauche, à qualification égale, au bénéfice des travailleurs locaux ne peut être remise en cause en l'absence de constatation que ce syndicat poursuit dans son action un objectif illicite, contraire aux valeurs républicaines. • Soc. 9 sept. 2016, n° 16-20.605 P : *Dalloz actualité, 26 sept. 2016, obs. Peyronnet ; RDT 2016. 715, obs. Odoul-Asorey ; Dr. soc. 2016. 966 ; Sem. soc. Lamy 2016, n° 1737, p. 11, obs. Champeaux ; JS Lamy 2016, n° 418-6, obs. Pacotte et Leroy.*

2° INDÉPENDANCE

16. Jurisprudence rendue sous l'empire des dispositions antérieures à la loi du 20 août 2008. N'a pas été considéré comme indépendant le syndicat : qui demande des cotisations à taux réduit. • Soc. 29 oct. 1973 : *Bull. civ. V, n° 530.* ♦ ... Qui ne demande aucune cotisation et qui était le seul à obtenir une subvention de la direction de l'entreprise. • Soc. 31 janv. 1973 : *Bull. civ. V, n° 50* • 27 oct. 1982 : *ibid., n° 591* (cotisation fixée à trois francs par mois). ♦ V. aussi, pour un syndicat soutenant l'employeur au cours d'une grève : • Soc. 11 janv. 1979 : *Bull. civ. V, n° 31 ; D. 1979. IR 326, obs. Langlois.* ♦ Rappr. • Soc. 23 févr. 1973 et • 4 avr. 1973 : *Dr. soc. 1973. 589, note Savatier.* ♦ ... Dont la quasi-totalité des adhérents appartenait au seul service du chef du personnel. • Soc. 26 févr. 1975 : *Bull. civ. V, n° 102.* ♦ Le défaut d'indépendance doit être établi par la partie qui l'allègue. • Soc. 22 juill. 1981, n° 81-60.695 P : *D. 1982. IR 391, obs. Langlois.*

3° TRANSPARENCE FINANCIÈRE

17. Valeur des documents comptables. Les documents comptables dont la loi impose la confection et la publication ne constituent que des éléments de preuve de la transparence financière, leur défaut pouvant dès lors être suppléé par d'autres documents produits par le syndicat et que le juge doit examiner. • Soc. 29 févr. 2012 : *préc. note 11.*

4° ANCIENNETÉ

18. Indifférence de la modification du champ statutaire. La modification par le syndicat de son champ statutaire n'a pas pour effet de remettre en cause l'ancienneté acquise par le syndicat à compter du dépôt initial de ses statuts. • Soc. 14 nov. 2012 : *D. 2012. Actu. 2745 ; Dr. soc. 2013. 73, obs. Petit.*

19. Indifférence du changement d'affiliation confédérale. Le syndicat qui change d'affiliation fédérale ou confédérale ne perd pas son ancienneté. • Soc. 3 mars 2010, n° 09-60.283 P : *D. 2010. AJ 712 ; RDT 2010. 203 ; Dr. soc. 2010. 723, obs. Petit ; RJS 5/2010, n° 445 ; JCP S 2010. 1190, obs. Gauriau ; JCP E 2010. 1570, obs. Pochet.*

5° AUDIENCE ÉLECTORALE

20. Sur l'audience vérifiée sur le plan national et interprofessionnel, V. art. L. 2122-9.

21. Sur l'audience vérifiée au niveau de la branche, V. art. L. 2122-5.

22. Sur l'audience vérifiée au niveau du groupe, V. art. L. 2122-4.

23. Sur l'audience vérifiée au niveau de l'entreprise, V. art. L. 2122-1.

24. Audience électorale et cassation d'un jugement d'annulation des élections. La cassation du jugement annulant des élections professionnelles n'entraîne pas l'annulation des élections organisées dans l'entreprise en application de ce jugement ; c'est le résultat de ces secondes élections, non contestées, qui doit être pris en compte pour établir la représentativité des syndicats. • Soc. 12 avr. 2016, n° 15-18.652 P : *Dalloz actualité, 12 mai 2016, obs. Cortot ; JS Lamy 2016, n° 411-5, obs. Pacotte et Daguerre.*

6° INFLUENCE

25. Influence (jurisprudence rendue sous l'empire des dispositions antérieures à la loi du 20 août 2008). L'indépendance est souverainement appréciée par les juges du fond. • Soc. 3 déc. 2002, n° 01-60.729 P : *GADT, 4e éd., n° 129 ; D. 2003. IR 43 ; Dr. soc. 2003. 298, obs. Verdier ; JS Lamy 2003, n° 116-4* • 13 sept. 2005 : *Dr. soc. 2006. 235, obs. Verkindt ; JCP S 2005. 1378, note Lahalle.* ♦ Sur le contrôle opéré par la Cour de cassation, V. • Soc. 21 mai 2003 : *RJS 2003. 885, n° 1283.*

26. Expérience (jurisprudence rendue sous l'empire des dispositions antérieures à la loi du 20 août 2008). A défaut d'expérience propre, un syndicat peut se prévaloir notamment de l'expérience de ses dirigeants. • Soc. 23 juill. 1980 : *Bull. civ. V, n° 686.* – Dans le même sens : • Soc. 12 juill. 1994 : *Dr. soc. 1994. 812 ; RJS 1994. 595, n° 1007.* ♦ La rapidité de l'accroissement en adhésions et en ressources peut faire présumer l'existence d'une autorité et d'une expérience suffisantes dans l'entreprise. • Soc. 25 févr. 1971 : *Bull. civ. V, n° 161.*

27. Pour apprécier l'influence d'un syndicat, le juge doit prendre en considération l'ensemble de ses actions, y compris celles qu'il a menées alors qu'il était affilié à une confédération syndicale dont il s'est par la suite désaffilié. • Soc. 28 sept. 2011 : *préc. note 10.*

7° EFFECTIFS D'ADHÉRENTS ET COTISATIONS

28. Effectifs (jurisprudence rendue sous l'empire des dispositions antérieures à la loi du 20 août 2008). Le critère numérique ne peut résulter de simples demandes d'adhésion. • Soc. 4 oct. 1994 : *Dr. ouvrier 1995. 191.* ♦ Est représentatif le syndicat qui a un nombre suffisant d'adhérents dont les cotisations lui permettent d'assurer son indépendance vis-à-vis de l'employeur. • Soc. 8 janv. 1997, n° 95-60.995 P : *RJS 1997. 114, n° 167, 1re esp.* ♦ La faiblesse des effectifs pouvait être compensée par une activité et un dynamisme suffisant de la part d'un syndicat, de sorte que le juge ne pouvait au seul vu du nombre d'adhérents s'interdire d'examiner les autres critères de représentativité. • Soc. 8 nov. 1988 : *Bull. civ. V, n° 576 ; D. 1988. IR 291.* – V. aussi • Soc. 2 nov. 1993 : *RJS 1993. 721, n° 1219.*

29. Jurisprudence rendue sous l'empire des dispositions antérieures à la loi du 20 août 2008. Satisfait au critère de l'effectif le syndicat qui dénombre plus de 120 adhérents sur 175 salariés et dont l'activité et les effectifs sont de fait suffisants. • Soc. 14 nov. 2013 : *préc. note 11.*

30. Cotisations (jurisprudence rendue sous l'empire des dispositions antérieures à la loi du 20 août 2008). N'est pas représentatif le syndicat dont la cotisation est insuffisante pour lui permettre d'avoir une action spécifique et indépendante. • Soc. 31 janv. 1973 : *préc. note 16* • 22 juill. 1981 : *préc. note 16* • 22 avr. 1982 : *Bull. civ. V, n° 256.* ♦ Comp. • Soc. 28 juin 1978 : *Bull. civ. V, n° 534 ; D. 1979. IR 24, obs. Langlois.*

Art. L. 2121-2 S'il y a lieu de déterminer la représentativité d'un syndicat ou d'une organisation professionnelle autre que ceux affiliés à l'une des organisations représentatives au niveau national, l'autorité administrative diligente une enquête.

L'organisation intéressée fournit les éléments d'appréciation dont elle dispose. — *[Anc. art. L. 133-3.]*

En application de l'art. L. 231-5 CRPA, et par exception à l'application du délai de deux mois prévu à l'art. L. 231-1 du même code, le délai à l'expiration duquel le silence gardé par l'administra-

tion vaut décision de rejet est fixé à six mois pour une demande de réalisation d'une enquête afin de déterminer la représentativité d'un syndicat ou d'une organisation professionnelle autre que ceux affiliés à des organisations représentatives au niveau national (Décr. n° 2014-1289 du 23 oct. 2014, art. 1er).

CHAPITRE II **SYNDICATS REPRÉSENTATIFS**

(L. n° 2008-789 du 20 août 2008)

SECTION PREMIÈRE **REPRÉSENTATIVITÉ SYNDICALE AU NIVEAU DE L'ENTREPRISE ET DE L'ÉTABLISSEMENT**

Jusqu'aux résultats des premières élections professionnelles dans l'entreprise ou l'établissement, pour lesquelles la date fixée pour la première réunion de la négociation du protocole d'accord préélectoral est postérieure au 21 août 2008, date de publication de la L. n° 2008-789 du 20 août 2008, est présumé représentatif à ce niveau tout syndicat affilié à l'une des organisations syndicales de salariés présumées représentatives au niveau national et interprofessionnel au 21 août 2008, ainsi que tout syndicat représentatif à ce niveau à cette même date.

Est également présumé représentatif dans les mêmes conditions tout syndicat constitué à partir du regroupement de plusieurs syndicats dont l'un au moins est affilié à une organisation syndicale de salariés représentative au niveau national et interprofessionnel au 21 août 2008 (L. n° 2008-789 du 20 août 2008, art. 11-IV).

V. Circ. DGT n° 20 du 13 nov. 2008 relative à la loi portant rénovation de la démocratie sociale et du temps de travail, Fiche n° 1.

COMMENTAIRE

V. Dalloz.fr et applications mobiles Dalloz.

Art. L. 2122-1 **Dans l'entreprise ou l'établissement, sont représentatives les organisations syndicales qui satisfont aux critères de l'article L. 2121-1 et qui ont recueilli au moins 10 % des suffrages exprimés au premier tour des dernières élections des titulaires au comité d'entreprise ou de la délégation unique du personnel ou, à défaut, des délégués du personnel, quel que soit le nombre de votants.**

COMMENTAIRE

V. Dalloz.fr et applications mobiles Dalloz.

1. Ordre public absolu. Le critère de mesure de l'audience électorale lors du premier tour de l'élection des membres titulaires du comité d'entreprise est d'ordre public absolu. • Soc. 18 mai 2011 : *Dalloz actualité, 14 juin 2011, obs. Siro ; D. 2011. Actu. 1491 ; RDT 2011. 419, note Borenfreund ; RJS 2011. 567, n° 627 ; Sem. soc. Lamy 2011, n° 1495, p. 5, rapp. Pécaut-Rivolier ; ibid. 2012, n° 1524, p. 4, obs. Morin ; JCP S 2011. 1314, obs. Dauxerre.*

2. Ordre de prise en compte des scores. L'audience recueillie par les organisations syndicales aux élections des délégués du personnel ne peut être prise en compte, pour apprécier la représentativité, que s'il ne s'est pas tenues dans l'entreprise d'élections au comité d'entreprise ou à la délégation unique du personnel permettant de mesurer cette audience. • Soc. 13 juill. 2010 : *D. 2010. AJ 1947 ; RJS 2010. 769, n° 860 ; Dr. soc. 2010. 1133, obs. Petit ; JCP S 2010. 1402, obs. Gauriau.* ♦ L'audience recueillie par les organisations syndicales aux élections des délégués du personnel ne peut être prise en compte, pour apprécier leur représentativité, que s'il ne s'est pas tenu dans l'entreprise d'élections au comité d'entreprise ou d'établissement. • Soc. 14 déc. 2010 : *Dalloz actualité, 12 janv. 2011, obs. Perrin ; D. 2011. Actu. 169 ; JCP S 2011. 1116, note Gauriau.*

3. Mesure d'audience et niveaux de négociation. Selon l'art. L. 2121-1, 5°, C. trav., la représentativité des organisations syndicales est subordonnée à une audience électorale établie selon les niveaux de négociation à laquelle le délégué syndical est appelé à participer ; il se déduit de l'application combinée des art. L. 2121-1, 5°, L. 2232-17, L. 2122-1, L. 2143-3 et L. 2343-12 que, sauf accord collectif en disposant autrement, le périmètre de désignation des délégués syndicaux est le même que celui retenu lors des dernières élections, pour la mise en place du comité d'entreprise ou d'établissement. • Soc. 18 mai 2011 : *Dalloz actualité, 14 juin 2011, obs. Siro ; D. 2011. Actu. 1492 ; RDT 2011. 449, obs. Brousse ; RJS 2011. 563, n° 624 ; JCP S 2011. 1404, obs. Kerbouc'h ; JS Lamy 2011, n° 302-4, obs. Millet.*

4. Mesure de l'audience tous collèges confondus. Satisfait au critère de l'audience électorale le syndicat qui a obtenu 10 % des voix au premier tour des élections tous collèges confondus, peu important qu'il n'ait pas présenté de candidat dans chacun des collèges. • Soc. 22 sept. 2010 : *Dalloz actualité, 8 oct. 2010, obs. Ines ; D. 2010. AJ 2297 ; RJS 2010. 770, n° 861 ; JCP S 2010. 1459, obs. Kerbouc'h.* ♦ Le critère d'audience électorale nécessaire à l'établissement de la représentativité des syndicats intercatégoriels prend nécessairement en compte les suffrages exprimés par l'ensemble des salariés de l'entreprise, peu important que certains soient électeurs dans des collèges spécifiques, des dispositions dérogatoires créant un collège spécifique ne faisant échec à l'application desdites dispositions. • Soc. 12 avr. 2012 : *Dalloz actualité, 30 mai 2012, obs. Ines ; D. 2012. Actu. 1067 ; Dr. soc. 2012. 639, obs. Petit ; JCP S 2012. 1277, obs. Pécaut-Rivolier.*

5. Mesure de l'audience et collège unique incluant salariés de droit privé et fonctionnaires. En principe, la représentativité des organisations syndicales au sein des sociétés composant une UES où a été institué, pour l'élection des représentants du personnel, un collège électoral unique incluant des salariés de droit privé et des fonctionnaires, doit être appréciée au regard de la totalité des suffrages exprimés par l'ensemble des électeurs composant ce collège, sauf dispositions légales particulières. • Cass., avis, 2 juill. 2012 : *D. 2012. Actu. 1895 ; RFDA 2012. 991, Rapp. Struillou ; RJS 2012. 694, n° 816 ; JCP S 2012. 1411, obs. Pécaut-Rivolier* • Soc. 26 juin 2013 : *Dalloz actualité, 17 juill. 2013, obs. Ines ; D. 2013. Actu. 1693 .*

6. Ratures. Le nombre de voix recueillies par les organisations syndicales à prendre en considération pour le décompte des suffrages exprimés en leur faveur est le nombre de suffrages exprimés au profit de chaque liste, sans qu'il y ait lieu, s'agissant de la mesure de la représentativité de ces organisations, de tenir compte d'éventuelles ratures de noms de candidats ; tout bulletin exprimé en faveur d'une organisation syndicale doit être pris en compte pour une unité, quand bien même le nom de certains candidats aurait été rayé. • Soc. 6 janv. 2011 : *Dalloz actualité, 25 janv. 2011, obs. Siro ; D. 2011. 245 , communiqué C. cass. ; RDT 2011. 189, obs. Odoul-Asorey ; RJS 2011, n° 247 ; Dr. soc. 2011. 340, obs. Petit ; JCP S 2011. 1246, obs. Bossu* • 6 janv. 2011 : *Dalloz actualité, 26 janv. 2011, obs. Perrin ; RDT 2011. 189, obs. Odoul-Asorey ; Dr. soc. 2011. 340, obs. Petit ; JCP S 2011. 103, note Dedessus-Le-Moustier ; ibid. 1232, obs. Kerbouc'h.*

7. Syndicats partageant une affiliation confédérale commune. Une organisation syndicale ne peut revendiquer à son profit, au sein d'une entreprise, le score obtenu par un syndicat qui lui est affilié qu'à la condition que cette affiliation ait été mentionnée sur les bulletins de vote au moyen desquels les électeurs ont exprimé leur choix ou ait été portée à leur connaissance certaine par le syndicat. • Soc. 12 avr. 2012 : *Dalloz actualité, 24 mai 2012, obs. Ines ; D. 2012. Actu. 1067 ; RDT 2012. 375, obs. Odoul-Asorey ; Dr. soc. 2012. 641, obs. Petit ; RJS 2012. 486, n° 576 ; JS Lamy 2012, n° 323-5, obs. Tourreil.*

8. Établissement. Le score électoral participant à la détermination de la représentativité d'un syndicat est celui obtenu aux élections au comité d'entreprise ou au comité d'établissement quand bien même, en application d'un accord collectif, le périmètre au sein duquel le syndicat désigne un délégué serait plus restreint que celui du comité et correspondrait à un établissement au sein duquel sont élus les délégués du personnel. • Soc. 10 nov. 2010 : *Dalloz actualité, 1er déc. 2010, obs. Perrin ; D. 2010. AJ 2780 ; RDT 2011. 24, note Borenfreund ; JCP S 2011. 1116, note Gauriau.* ♦ Lorsqu'une entreprise possède plusieurs établissements, un syndicat ne peut désigner un délégué syndical dans un établissement qu'à la condition d'avoir obtenu un score minimal de 10 % des voix des collèges de cet établissement et ce, quand bien même il aurait obtenu un score supérieur au seuil minimal requis sur la moyenne de l'ensemble des établissements. • Soc. 14 déc. 2010 : *Dalloz actualité, 13 janv. 2011, obs. Astaix ; JCP S 2011. 1116, note Gauriau.* ♦ Lorsque sont mis en place des comités d'établissement, seuls peuvent désigner un délégué syndical, au sein du périmètre couvert par l'un des comités, les syndicats qui ont obtenu au moins 10 % des suffrages exprimés au premier tour des dernières élections des titulaires de ce comité ; ni un accord collectif ni un engagement unilatéral de l'employeur ne peuvent avoir pour effet de modifier ce périmètre légal d'appréciation de la représentativité syndicale. • Soc. 6 janv. 2011 : *Dalloz actualité, 19 janv. 2011, obs. Astaix ; D. 2011. Actu. 245 ; RDT 2011. 255, obs. Adoul-Asorey ; RJS 2011, n° 248 ; Dr. soc. 2011. 414, note Petit ; JCP S 2011. 1116, note Gauriau.*

9. UES. Lorsque la désignation s'effectue au niveau d'une UES, le seuil de 10 % se calcule en additionnant la totalité des suffrages obtenus lors des élections au sein des différentes entités composant l'UES : • Soc. 22 sept. 2010 : *Dalloz actualité, 11 oct. 2010, obs. Siro ; D. 2010. AJ 2298 ; ibid. 2011. Pan. 1246, obs. Odoul-Asorey ; RJS 2010. 770, n° 862.* ♦ Une unité économique et sociale ne pouvant être reconnue qu'entre des entités juridiques distinctes prises dans l'ensemble de leurs établissements et de leur personnel, toutes les organisations syndicales représentatives présentes dans ces entités doivent être invitées à la négociation portant sur la reconnaissance entre elles d'une unité économique et sociale. • Soc. 10 nov. 2010 : *Dalloz actualité, 2 déc. 2010, obs. Ines ; D. 2010. AJ 2779 ; RDT 2011. 24, note Borenfreund ; JCP*

S 2010. 1555, obs. Jeanssen. ♦ La reconnaissance d'un établissement distinct pour la mise en place d'un comité d'établissement permet nécessairement la désignation d'un délégué syndical dans ce même périmètre. • Même arrêt.

10. Incidence du changement d'affiliation. L'affiliation confédérale sous laquelle un syndicat a présenté des candidats au premier tour des élections des membres titulaires du comité d'entreprise constitue un élément essentiel du vote des électeurs ; en cas de désaffiliation après ces élections, le syndicat ne peut continuer à se prévaloir des suffrages ainsi recueillis pour se prétendre représentatif. • Soc. 18 mai 2011, n°s 10-60.300, 10-60.069 et 10-21.705 : *Dalloz actualité, 8 juin 2011, obs. Perrin ; D. 2011. Actu. 1492 ; RDT 2011. 489, note Grévy ; Dr. soc. 2011. 1063, note Petit ; RJS 2011. 563, n° 625 ; Dr. ouvrier 2011. 520, obs. Ménard ; JS Lamy 2011, n° 302-6, obs. Tourreil ; JCP S 2011. 1365, obs. Gauriau.* ♦ L'affiliation confédérale sous laquelle un syndicat a présenté des candidats au premier tour des élections des membres titulaires du comité d'entreprise constitue un élément essentiel du vote des électeurs ; en cas de désaffiliation intervenant après ces élections, le syndicat ne peut plus se prévaloir des suffrages ainsi obtenus pour se rendre représentatif quand bien même la décision de désaffiliation émane de la confédération. • Soc. 28 nov. 2012 : *Dalloz actualité, 14 déc. 2012, obs. Peyronnet ; D. 2012. Actu. 2898 ; Dr. soc. 2013. 184, obs. Petit ; JCP S 2013. 1072, obs. Pagnerre.*

11. Contestation des résultats du premier tour. En application de l'art. L. 2122-1, sont représentatives dans l'entreprise ou l'établissement les organisations syndicales qui satisfont aux critères de l'art. L. 2121-1 et qui ont recueilli au moins 10 % des suffrages exprimés au premier tour des dernières élections des titulaires au comité d'entreprise ; il faut en déduire que la contestation des résultats du premier tour des élections n'est recevable que si elle est faite dans les 15 jours suivant ce premier tour. • Soc. 26 mai 2010, n° 09-60.453 P : *Dalloz actualité, 17 juin 2010, obs. Perrin ; D. 2010. AJ 1489 ; ibid. Pan. 2029, obs. Arséguel ; Dr. soc. 2010. 1001, obs. Petit ; JCP S 2010, n° 1348, note Kerbourc'h.* ♦ La contestation des résultats du premier tour des élections, lorsqu'elle porte sur la détermination des suffrages recueillis par les organisations syndicales, n'est recevable que si elle est faite dans les quinze jours suivant le premier tour ; le délai court à compter de la proclamation des résultats ou de la publication du procès-verbal de carence. • Soc. 31 janv. 2012 : *Dalloz actualité, 19 mars 2012, obs. Ines ; Dr. soc. 2012. 430, obs. Petit ; RJS 2012. 319, n° 372 ; JCP S 2012. 1360, obs. Brissy.*

Art. L. 2122-2 **Dans l'entreprise ou l'établissement, sont représentatives à l'égard des personnels relevant des collèges électoraux dans lesquels leurs règles statutaires leur donnent vocation à présenter des candidats les organisations syndicales catégorielles affiliées à une confédération syndicale catégorielle interprofessionnelle nationale qui satisfont aux critères de l'article L. 2121-1 et qui ont recueilli au moins 10 % des suffrages exprimés au premier tour des dernières élections des titulaires au comité d'entreprise ou de la délégation unique du personnel ou, à défaut, des délégués du personnel dans ces collèges, quel que soit le nombre de votants.**

BIBL. ▶ ANTONMATTÉI, *Dr. soc. 2011. 1254* (négociation collective et syndicats catégoriels). – GUYOT, *JCP S 2012. 1023* (élections partielles et représentativité). – MARTINON, *JCP S 2011. 1207* (négociation catégorielle) ; *ibid. 2012. 1235* (représentativité des syndicats catégoriels). – WOLMARK, *Sem. soc. Lamy 2013, n° 1574* (un syndicat catégoriel peut-il signer seul un accord catégoriel ?).

COMMENTAIRE

V. Dalloz.fr et applications mobiles Dalloz.

1. Conformité à la Constitution. Le principe d'égalité ne s'oppose ni à ce que le législateur règle de façon différente des situations différentes, ni à ce qu'il déroge à l'égalité pour des raisons d'intérêt général, pourvu que, dans l'un et l'autre cas, la différence de traitement qui en résulte soit en rapport avec l'objet de la loi qui l'établit ; en prévoyant que, pour les organisations syndicales catégorielles, le seuil de 10 % est calculé dans les seuls collèges dans lesquels elles ont vocation à présenter des candidats, le législateur institue une différence de traitement en lien direct avec l'objet de la loi et ne méconnaît pas le principe d'égalité. • Cons. const., QPC, 7 oct. 2010 : *Dalloz actualité, 12 oct. 2010, obs. Ines ; RJS 2010. 851, n° 953 ; Sem. soc. Lamy 2010, n° 1463, p. 10, obs. Champeaux.* ♦ V. aussi • Cons. const., QPC, 12 nov. 2010 : *Sem. soc. Lamy 2010, n° 1468, p. 14* • Soc. 28 sept. 2011 : *RJS 2011. 864, n° 992.* • Soc. 14 déc. 2011 : *Dr. soc. 2012. 213, obs. Petit ; RJS 2012. 163, n° 196.*

2. Syndicat catégoriel et mesure de l'audience. Dès lors que le syndicat, même affilié à une confédération nationale catégorielle, présente conformément à ses statuts des candidats dans plusieurs collèges, sa représentativité est établie en fonction des suffrages obtenus dans l'ensemble de ces collèges, et non plus sur le seul collège « cadres ». • Soc. 28 sept. 2011 : *D. 2011. Actu. 2406 ; Dr. soc. 2011. 1241, note Petit ; RJS 2011. 871, n° 1002 ; Sem. soc. Lamy 2011, n° 1508, p. 4, note Favennec-Héry ; Dr. ouvrier 2012. 27, obs. Saltzmann ; JCP S 2011. 1535, obs. Gauriau.* ♦ La représentativité d'un syndicat catégoriel, dont les statuts lui permettent de présenter des candidats dans tous les collèges, s'apprécie tous collèges confondus même s'il n'a pas présenté de candidats dans certains d'entre eux. • Soc. 27 mars 2013 : *Dalloz actualité, 11 avr. 2013, obs. Fleuriot ; D. 2013. Actu. 924 ; RDT 2013. 571, obs. Borenfreund ; Dr. soc. 2013. 463, obs. Petit ; JS Lamy 2013, n° 344-5, obs. Tourreil ; JCP S 2013. 1241, obs. Gauriau* • Soc. 31 janv. 2012 : *Dalloz actualité, 16 mars 2012, obs. Perrin ; Dr. soc. 2012. 373, note Petit ; RJS 2012. 312, n° 364 ; JCP S 2012. 1212, obs. Everaert-Dumont* • Soc. 8 oct. 2014, n° 14-11.317 P : *RJS 1/2015, n° 72.* ♦ Lorsque les élections des membres du comité d'entreprise ou d'établissement se déroulent au sein d'un collège unique réunissant toutes les catégories professionnelles, un syndicat affilié à la CFE-CGC peut valablement y présenter des candidats. Dans le cas où l'entreprise est divisée en établissements distincts, la représentativité de ce syndicat dans l'entreprise toute entière doit être appréciée sur l'ensemble des suffrages exprimés dans les collèges où il pouvait présenter des candidats, peu important qu'il n'ait pas fait usage de cette faculté dans les établissements comportant un collège unique et n'ait présenté de candidats que dans ceux en comportant plusieurs. • Soc. 4 juill. 2012 : *Dalloz actualité, 3 sept. 2012, obs. Siro ; RJS 2012. 703, n° 828 ; JCP S 2012. 1400, obs. Pécaut-Rivolier.* ♦ Lorsque les statuts du syndicat ne l'autorisent à représenter que les salariés techniciens, agents de maîtrise, cadres et cadres dirigeants et que la mention "quel que soit le statut" se réfère uniquement au statut public ou privé des agents, le champ statutaire de ce syndicat doit être considéré comme catégoriel, peu important le contenu des tracts diffusés par lui pendant la campagne électorale. • Soc. 14 nov. 2013 : *Dr. soc. 2014. 183, obs. Petit ; RJS 2014. 115, n° 146.*

3. Syndicat catégoriel et capacité collective. Un syndicat représentatif catégoriel ne peut négocier et signer seul un accord d'entreprise intéressant l'ensemble du personnel, quand bien même son audience électorale rapportée à l'ensemble des collèges électoraux, est supérieure à 30 % des suffrages exprimés au premier tour des dernières élections professionnelles dans l'entreprise. • Soc. 2 juill. 2014 : *Dalloz actualité, 5 sept. 2014, obs. Ines ; D. 2014. Actu. 1503 ; RDT 2014. 701, obs. Borenfreund ; Dr. soc. 2014. 864, obs. Antonmattéi ; ibid. 1070, obs. Petit ; RJS 2014. 612, n° 716 ; JS Lamy 2014, n° 373-5, obs. Mo.* ♦ Un syndicat représentatif catégoriel peut, avec des syndicats représentatifs intercatégoriels, et sans avoir à établir sa représentativité au sein de toutes les catégories de personnels, négocier et signer un accord d'entreprise intéressant l'ensemble du personnel. • Soc. 31 mai 2011 : *D. 2011. Actu. 1624, obs. Ines ; RDT 2011. 513, obs. Tissandier ; Dr. soc. 2011. 1132, obs. Petit ; RJS 2011. 647, n° 716 ; JS Lamy 2011, n° 303-5, obs. Tourreil ; Dr. ouvrier 2011. 748, obs. Wolmark ; Sem. soc. Lamy 2011, n° 1496, p. 4, note Adam ; JCP S 2011. 1405, obs. Bossu.*

4. Syndicats catégoriels et affiliation à une organisation catégorielle. Les organisations syndicales catégorielles doivent notamment être affiliées à une confédération syndicale catégorielle interprofessionnelle nationale ; à défaut, la représentativité du syndicat dans l'entreprise s'apprécie au regard des suffrages qu'il a recueillis dans l'ensemble des collèges électoraux. • Soc. 24 sept. 2013 : *Dalloz actualité, 24 oct. 2013, obs. Ines ; RJS 12/2013, n° 832 ; JCP S 2013. 1469, obs. Brissy.*

5. Syndicats catégoriels et intercatégoriels affiliés à une même confédération. Le syndicat catégoriel, dont la représentativité est acquise sur le fondement des art. L. 6524-2 et L. 6524-3 C. transp. à l'égard du personnel navigant technique, dispose d'un droit propre pour désigner des délégués syndicaux selon les effectifs de l'entreprise, distinct de celui du syndicat intercatégoriel affilié à la même confédération. • Soc. 28 nov. 2012 : *Dalloz actualité, 20 déc. 2012, obs. Ines ; D. 2012. Actu. 2898 ; RDT 2013. 345, obs. Odoul-Asorey ; Dr. soc. 2013. 187, obs. Petit ; JCP S 2013. 1115, obs. Gauriau.*

Art. L. 2122-3 **Lorsqu'une liste commune a été établie par des organisations syndicales, la répartition entre elles des suffrages exprimés se fait sur la base indiquée par les organisations syndicales concernées lors du dépôt de leur liste. A défaut d'indication, la répartition des suffrages se fait à part*[s]* égale*[s]* entre les organisations concernées.**

COMMENTAIRE

V. Dalloz.fr et applications mobiles Dalloz. ❑

1. Liste commune. Une liste de candidats présentée par deux syndicats affiliés à la même confédération ne constitue pas une liste commune au sens de l'art. L. 2122-3 C. trav. et ne peut, par suite, donner lieu à une répartition entre eux des suffrages qu'elle a recueillis en vue de les faire bénéficier, chacun, d'une représentativité propre. • Soc. 10 mai 2012 : *Dalloz actualité, 8 juin 2012, obs. Siro ; RDT 2012. 506, obs. Odoul-Asorey ; Dr. soc. 2012. 750, obs. Pécaut-Rivolier ; RJS 2012. 548, n° 640 ; JCP S 2012. 1302, obs. Petit.*

2. La liste commune, formée entre un syndicat catégoriel et un syndicat intercatégoriel, est valable dès lors que cette liste ne comprend de candidats que dans les collèges dans lesquels les statuts des deux organisations syndicales leur donnent vocation à en présenter. • Soc. 5 nov. 2014 : *Dalloz actualité, 5 nov. 2014, obs. Ines ; Dr. soc. 2015. 187, note Petit ; RJS 1/2015, n° 48.*

3. *Règles de répartition.* La répartition des suffrages, lorsque les syndicats formant une liste commune ont choisi qu'elle ne soit pas à parts égales, doit être portée à la connaissance de l'employeur et des électeurs de l'entreprise ou de l'établissement concerné avant le déroulement des élections ; à défaut, la répartition s'opère à parts égales. • Soc. 13 janv. 2010 : *RDT 2010. 242, obs. Nadal ; JS Lamy 2010, n° 271-2 ; Sem. soc. Lamy 2010, n° 1429, p. 8* • 24 oct. 2012 : *Dalloz actualité, 23 nov. 2012, obs. Ines ; RJS 2013. 61, n° 60 ; JCP S 2012. 1499, obs. Jeansen.* ♦ Lorsqu'une liste commune a été établie par des organisations syndicales, la répartition entre elles des suffrages exprimés se fait sur la base indiquée par les organisations syndicales concernées lors du dépôt de leur liste, et à défaut, à parts égales ; il en résulte que la répartition des suffrages, lorsque les syndicats formant une liste commune ont choisi qu'elle ne soit pas à parts égales, doit être portée tant à la connaissance de l'employeur qu'à celle des électeurs de l'entreprise ou de l'établissement concerné avant le déroulement des élections. • Soc. 2 mars 2011 : *Dalloz actualité, 20 mars 2011, obs. Ines ; D. 2011. Actu. 759 ; Dr. soc. 2011. 600, obs. Petit ; JCP S 2011. 1202, obs. Béal.* ♦ La répartition des suffrages exprimés est librement déterminée par les organisations syndicales pourvu qu'elle soit portée à la connaissance de l'employeur et des électeurs de l'entreprise ou de l'établissement concerné avant le déroulement des élections, peu important que cette répartition des suffrages aboutisse à faire bénéficier l'une des organisations syndicales de l'intégralité des suffrages exprimés. • Soc. 5 nov. 2014 : *préc. note 2.*

Art. L. 2122-3-1 *(L. n° 2014-288 du 5 mars 2014, art. 30-XVI et XVII)* **Lors du dépôt de la liste, le syndicat indique, le cas échéant, son affiliation à une organisation syndicale. A défaut d'indication, l'organisation syndicale ne recueille pas les suffrages exprimés en faveur du syndicat qui lui est affilié pour la mesure de l'audience prévue au 5° de l'article L. 2121-1.**

SECTION II REPRÉSENTATIVITÉ SYNDICALE AU NIVEAU DU GROUPE

Art. L. 2122-4 La représentativité des organisations syndicales au niveau de tout ou partie du groupe est appréciée conformément aux règles définies aux articles L. 2122-1 à L. 2122-3 relatifs à la représentativité syndicale au niveau de l'entreprise, par addition de l'ensemble des suffrages obtenus dans les entreprises ou établissements concernés.

(L. n° 2016-1088 du 8 août 2016, art. 23) « Si le périmètre des entreprises ou établissements compris dans le champ d'un accord de groupe est identique à celui d'un accord conclu au cours du cycle électoral précédant l'engagement des négociations, la représentativité des organisations syndicales est appréciée par addition de l'ensemble des suffrages obtenus dans ces entreprises ou établissements soit pour le cycle en cours, lorsque les élections se sont tenues à la même date, soit lors des dernières élections intervenues au cours du cycle précédant le cycle en cours, lorsque les élections se sont tenues à des dates différentes.

« Dans le cas contraire, la représentativité est appréciée par addition de l'ensemble des suffrages obtenus lors des dernières élections organisées dans les entreprises ou établissements compris dans le périmètre de l'accord. »

COMMENTAIRE

V. Dalloz.fr et applications mobiles Dalloz.

SECTION III REPRÉSENTATIVITÉ SYNDICALE AU NIVEAU DE LA BRANCHE PROFESSIONNELLE

V. Circ. DGT n° 20 du 13 nov. 2008 relative à la loi portant rénovation de la démocratie sociale et du temps de travail, Fiche n° 8.

Art. L. 2122-5 Dans les branches professionnelles, sont représentatives les organisations syndicales qui :

1° Satisfont aux critères de l'article L. 2121-1 ;

2° Disposent d'une implantation territoriale équilibrée au sein de la branche ;

3° Ont recueilli au moins 8 % des suffrages exprimés *(L. n° 2010-1215 du 15 oct. 2010)* « résultant de l'addition au niveau de la branche, d'une part, des suffrages exprimés » au premier tour des dernières élections des titulaires aux comités d'entreprise ou de la délégation unique du personnel ou, à défaut, des délégués du personnel, quel que soit le nombre de votants, *(L. n° 2010-1215 du 15 oct. 2010)* « et, d'autre part, des suffrages exprimés au scrutin concernant les entreprises de moins de onze salariés dans les conditions prévues aux articles L. 2122-10-1 et suivants ». La mesure de l'audience s'effectue tous les quatre ans.

La première mesure de l'audience au niveau des branches professionnelles est réalisée au plus tard 5 ans après la publication de la L. n° 2008-789 du 20 août 2008, soit le 21 août 2013.

Jusqu'à cette première détermination, sont présumés représentatifs à ce niveau les syndicats affiliés aux organisations syndicales de salariés représentatives au niveau national et interprofessionnel et les organisations syndicales de salariés déjà représentatives au niveau de la branche au 21 août 2008, date de publication de la L. n° 2008-789 du 20 août 2008.

Pendant quatre ans à compter de la première détermination des organisations syndicales de salariés reconnues représentatives au niveau des branches, toute organisation syndicale affiliée à l'une des organisations syndicales de salariés reconnues représentatives au niveau national et interprofessionnel est présumée représentative au niveau de la branche (L. n° 2008-789 du 20 août 2008, art. 11-I et III).

COMMENTAIRE

V. Dalloz.fr et applications mobiles Dalloz.

Art. L. 2122-6 *(L. n° 2010-1215 du 15 oct. 2010)* Dans les branches concernant exclusivement les activités agricoles mentionnées aux 1° à 4° de l'article L. 722-1 et au 2° de l'article L. 722-20 du code rural et de la pêche maritime, le seuil fixé au 3° de l'article L. 2122-5 du présent code est apprécié au regard des suffrages exprimés aux élections des membres représentant les salariés de la production agricole aux chambres départementales d'agriculture mentionnées à l'article L. 511-7 du code rural et de la pêche maritime.

Art. L. 2122-6-1 *(L. n° 2015-994 du 17 août 2015, art. 24)* Pour les personnels mentionnés à l'article L. 123-2 du code de la sécurité sociale qui ne disposent pas de modalités de représentation applicables à leurs spécificités, le seuil fixé au 3° de l'article L. 2122-5 du présent code est apprécié au regard des suffrages exprimés lors de l'élection des membres représentant les salariés aux commissions paritaires nationales instituées par leur convention collective nationale spécifique.

Un décret en Conseil d'État définit les modalités d'application du présent article.

Art. L. 2122-7 Sont représentatives au niveau de la branche à l'égard des personnels relevant des collèges électoraux dans lesquels leurs règles statutaires leur donnent vocation à présenter des candidats les organisations syndicales catégorielles qui sont affiliées à une confédération syndicale catégorielle interprofessionnelle nationale et qui remplissent les conditions de l'article L. 2122-5 dans ces collèges *(Abrogé par L. n° 2010-1215 du 15 oct. 2010)* ***« ou bien les conditions de l'article L. 2122-6 ».***

BIBL. ▶ ANTONMATTÉI, *Dr. soc. 2011. 89* (négociation collective et syndicats catégoriels : le début des ennuis). – ARTERO et BÉAL, *RDT. 2010. Controverse 556* (doit-on maintenir des règles particulières pour les syndicats catégoriels ?). – RADÉ, *Dr. soc. 2010. 821* (syndicats catégoriels et réforme de la démocratie sociale). – WOLMARK, *Sem. soc. Lamy 2013, n° 1574* (un syndicat catégoriel peut-il signer seul un accord catégoriel ?).

COMMENTAIRE

V. Dalloz.fr et applications mobiles Dalloz.

Art. L. 2122-8 Lorsque la représentativité des organisations syndicales est établie, celles-ci fixent, en lien avec les organisations d'employeurs, la liste des sujets qui font l'objet de la négociation collective de branche ainsi que les modalités de son organisation.

SECTION IV **REPRÉSENTATIVITÉ SYNDICALE AU NIVEAU NATIONAL ET INTERPROFESSIONNEL**

V. Circ. DGT n° 20 du 13 nov. 2008 relative à la loi portant rénovation de la démocratie sociale et du temps de travail, Fiche n° 8.

Art. L. 2122-9 Sont représentatives au niveau national et interprofessionnel les organisations syndicales qui :

1° Satisfont aux critères de l'article L. 2121-1 ;

2° Sont représentatives à la fois dans des branches de l'industrie, de la construction, du commerce et des services ;

3° Ont recueilli au moins 8 % des suffrages exprimés *(L. n° 2010-1215 du 15 oct. 2010)* « résultant de l'addition au niveau national et interprofessionnel des suffrages exprimés » au premier tour des dernières élections des titulaires aux comités d'entreprise ou de la délégation unique du personnel ou, à défaut, des délégués du personnel, quel que soit le nombre de votants, *(L. n° 2010-1215 du 15 oct. 2010)* « des suffrages exprimés au scrutin concernant les entreprises de moins de onze salariés dans les conditions prévues aux articles L. 2122-10-1 et suivants ainsi que des suffrages exprimés aux élections des membres représentant les salariés aux chambres départementales d'agriculture dans les conditions prévues à l'article L. 2122-6 ». La mesure de l'audience s'effectue tous les quatre ans.

La première mesure de l'audience au niveau national et interprofessionnel est réalisée au plus tard 5 ans après la publication de la L. n° 2008-789 du 20 août 2008, soit le 21 août 2013 (L. préc., art. 11-I).

La liste des organisations syndicales reconnues représentatives au niveau national et interprofessionnel est fixée par Arr. du 30 mai 2013 (JO 1er juin). V. jurispr. sous cet art.

COMMENTAIRE

V. Dalloz.fr et applications mobiles Dalloz. ❑

L'Arr. du 30 mai 2013, qui a fixé la liste des syndicats représentatifs au niveau national et interprofessionnel, n'a pas été pris en méconnaissance des exigences de fiabilité et d'exhaustivité requises pour l'établissement de la mesure de l'audience électorale à ce niveau. • CE 30 déc. 2015, n° 387420 : *Dalloz actualité, 28 janv. 2016, obs. Fraisse.*

Art. L. 2122-10 Une confédération syndicale catégorielle interprofessionnelle nationale est représentative à l'égard des personnels relevant des collèges électoraux dans lesquels ses règles statutaires lui donnent vocation à présenter des candidats à condition :

1° De satisfaire aux critères de l'article L. 2121-1 et du 2° de l'article L. 2122-9 ;

2° D'avoir recueilli au moins 8 % des suffrages exprimés au sein de ces collèges, à l'issue de l'addition des résultats mentionnés au 3° de l'article L. 2122-9.

BIBL. ▸ RADÉ, *Dr. soc. 2010. 821* (syndicats catégoriels et réforme de la démocratie sociale).

COMMENTAIRE

V. Dalloz.fr et applications mobiles Dalloz. ❑

SECTION IV *BIS* **MESURE DE L'AUDIENCE DES ORGANISATIONS SYNDICALES CONCERNANT LES ENTREPRISES DE MOINS DE ONZE SALARIÉS**

(L. n° 2010-1215 du 15 oct. 2010)

Art. L. 2122-10-1 En vue de mesurer l'audience des organisations syndicales auprès des salariés des entreprises de moins de onze salariés, à l'exception de ceux relevant des branches mentionnées à l'article L. 2122-6, un scrutin est organisé au niveau régional tous les quatre ans. Ce scrutin a lieu au cours d'une période fixée par décret.

V. art. L. 2122-13.

La période durant laquelle est ouvert le scrutin mentionné à l'art. L. 2122-10-1 est fixée, selon les modalités mentionnées à l'art. L. 2122-10-7 :

1° S'agissant du vote électronique, du lundi 28 nov. 2016 à 9 heures au lundi 12 déc. 2016 à 19 heures, heure de Paris ;

2° S'agissant du vote par correspondance, du lundi 28 nov. 2016 au lundi 12 déc. 2016 inclus (Décr. n° 2016-1193 du 1er sept. 2016).

BIBL. ▶ PETIT, *Dr. soc. 2012. 48* (les scrutins sur sigle dans les très petites entreprises).

COMMENTAIRE

V. Dalloz.fr et applications mobiles Dalloz.

Art. L. 2122-10-2 Sont électeurs les salariés des entreprises qui emploient moins de onze salariés au 31 décembre de l'année précédant le scrutin, titulaires d'un contrat de travail au cours de ce mois de décembre, âgés de seize ans révolus et ne faisant l'objet d'aucune interdiction, déchéance ou incapacité relative à leurs droits civiques. — *V. art. R. 211-8 s.*

Art. L. 2122-10-3 Par dérogation à leurs obligations relatives au secret professionnel, les caisses de sécurité sociale communiquent aux services du ministre chargé du travail les données relatives aux entreprises employant un ou plusieurs salariés ainsi que les données relatives à ces salariés portées sur les déclarations sociales et nécessaires à la constitution de la liste électorale.

Art. L. 2122-10-4 La liste électorale est établie par l'autorité compétente de l'État. Les électeurs sont inscrits dans deux collèges, d'une part un collège "cadres", d'autre part un collège "non-cadres", en fonction des informations relatives à l'affiliation à une institution de retraite complémentaire portées sur les déclarations sociales des entreprises, dans des conditions fixées par décret en Conseil d'État. — *V. art. R. 2122-12 s.*

Art. L. 2122-10-5 Tout électeur ou un représentant qu'il aura désigné peut saisir le juge judiciaire d'une contestation relative à une inscription sur la liste électorale, dans des conditions fixées par décret en Conseil d'État. — *V. art. R. 2122-21 s.*

Le juge saisi d'une contestation vérifie que les électeurs concernés remplissent les conditions fixées aux articles L. 2122-10-2 et L. 2122-10-4.

Art. L. 2122-10-6 Les organisations syndicales de salariés qui satisfont aux critères de respect des valeurs républicaines *(L. n° 2014-288 du 5 mars 2014, art. 30-XXI)* « , d'indépendance et de transparence financière », légalement constituées depuis au moins deux ans et auxquelles les statuts donnent vocation à être présentes dans le champ géographique concerné, ainsi que les syndicats affiliés à une organisation syndicale représentative au niveau national et interprofessionnel se déclarent candidats auprès des services du ministre chargé du travail dans des conditions déterminées par décret en Conseil d'État. — *V. art. R. 2122-33 s.*

Champ géographique. A vocation à être présente dans le champ géographique d'une région l'organisation syndicale dont les statuts couvrent une partie de son ressort géographique. • Soc. 30 sept. 2016, n° 16-60.288 P : *RJS 12/2016, n° 790.*

Art. L. 2122-10-7 Le scrutin a lieu par voie électronique et par correspondance. Lorsqu'il n'en dispose pas, l'employeur n'a pas l'obligation de mettre à la disposition des salariés le matériel informatique permettant le vote par voie électronique.

Les conditions de déroulement du scrutin et de confidentialité du vote sont déterminées par décret en Conseil d'État. Ledit décret précise également les modalités de l'information délivrée aux salariés. — *V. art. R. 2122-53 s.*

Art. L. 2122-10-8 Les règles établies par les articles L. 10 et L. 67 du code électoral s'appliquent aux opérations électorales.

Art. L. 2122-10-9 L'employeur laisse aux salariés le temps nécessaire pour voter depuis leur lieu de travail, tout en garantissant la confidentialité de leur vote. Lorsque le vote a lieu pendant les horaires de travail, ce temps est considéré comme temps de travail et payé à l'échéance normale.

Art. L. 2122-10-10 L'employeur laisse aux salariés de son entreprise désignés dans le cadre de ce scrutin en tant qu'assesseur, délégué et mandataire des organisations syndicales candidates le temps nécessaire pour remplir leurs fonctions. Le temps effectivement passé pour l'exercice de ces fonctions, y compris hors de l'entreprise, pendant les horaires de travail est considéré comme temps de travail et payé à l'échéance normale.

L'exercice par un salarié des fonctions d'assesseur, délégué et mandataire des organisations syndicales candidates ne peut être la cause d'une sanction ou d'une rupture du contrat de travail par l'employeur.

Art. L. 2122-10-11 Les contestations relatives au déroulement des opérations électorales sont de la compétence du juge judiciaire dans des conditions fixées par décret en Conseil d'État. – *V. art. R. 2122-93 s.*

SECTION V **DISPOSITIONS D'APPLICATION**

Art. L. 2122-11 Après avis du Haut Conseil du dialogue social, le ministre chargé du travail arrête la liste des organisations syndicales reconnues représentatives par branche professionnelle et des organisations syndicales reconnues représentatives au niveau national et interprofessionnel en application des articles L. 2122-5 à L. 2122-10.

Le Haut Conseil du dialogue social comprend des représentants d'organisations représentatives d'employeurs au niveau national et d'organisations syndicales de salariés nationales et interprofessionnelles, des représentants du ministre chargé du travail et des personnalités qualifiées.

Un décret en Conseil d'État détermine ses modalités d'organisation et de fonctionnement. – *V. art. R.* 2122-1 s.*

La liste des organisations syndicales reconnues représentatives au niveau national et interprofessionnel est fixée par Arr. du 30 mai 2013 (JO 1er juin).

Art. L. 2122-12 Un décret détermine les modalités de recueil et de consolidation des résultats aux élections professionnelles pour l'application du présent chapitre. – *V. art. D. 2122-6 s.*

Art. L. 2122-13 *(L. nº 2010-1215 du 15 oct. 2010)* Avant l'ouverture du scrutin prévu à l'article L. 2122-10-1, le ministre chargé du travail présente au Haut Conseil du dialogue social les modalités retenues pour son organisation.

TITRE TROISIÈME **STATUT JURIDIQUE, RESSOURCES ET MOYENS** *(L. nº 2008-789 du 20 août 2008).*

RÉP. TRAV. v[is] *Syndicats professionnels (Constitution et fonctionnement)*, par SACHS-DURAND ; ... *(Prérogatives et action)*, par DUQUESNE et SACHS-DURAND.

BIBL. GÉN. ▸ AHUMADA, *RPDS 1984. 197.* - DURAND, *Dr. soc. 1946. 372* (syndicats patronaux). - NAGY, *Ét. offertes à A. Brun, 1974, p. 395.*

CHAPITRE PREMIER **OBJET ET CONSTITUTION**

BIBL. GÉN. ▸ SAVATIER, *Dr. soc. 1989. 304* (formalisme). - VERDIER, *Dr. soc. 1978. 380* (effets du non-dépôt des statuts).

Art. L. 2131-1 Les syndicats professionnels ont exclusivement pour objet l'étude et la défense des droits ainsi que des intérêts matériels et moraux, tant collectifs qu'individuels, des personnes mentionnées dans leurs statuts. – *[Anc. art. L. 411-1.] – V. art. L. 2136-1 (pén.).*

COMMENTAIRE

V. Dalloz.fr et applications mobiles Dalloz 🏛. ❑

1. Recours en annulation. Toute personne justifiant d'un intérêt à agir peut contester la qualité de syndicat professionnel d'un groupement dont l'objet ne satisfait pas aux exigences des articles L. 411-1 et L. 411-2 [L. 2131-1 et L. 2131-2 nouv.], et en demander la nullité, indépendamment du droit pour le procureur de la République d'en requérir la dissolution en cas d'infractions commises par ses dirigeants ou administrateurs. • Cass., ch. mixte, 10 avr. 1998 (1er arrêt) : ⚖ *Bull. ch. mixte, n° 1 ; D. 1998. IR 126 ; RJS 1998. 481, n° 754 ; CSB 1998. 177, A. 37, note A. Philbert ; Dr. soc. 1998. 565, obs. Merlin* ; *JCP E 1998, n° 31, p. 1259, note Menjucq* • 10 avr. 1998 (2e arrêt) : ⚖ *Bull. ch. mixte n° 1 ; RJS 1998. 481, n° 754 ; CSB 1998. 177, A. 37, note A. Philbert ; Dr. soc. 1998. 565, obs. Merlin* ♦ Ne peut revendiquer la qualité de syndicat professionnel un groupement qui est l'instrument d'un parti politique qui est à l'origine de sa création et dont il sert exclusivement les intérêts et les objectifs en prônant des distinctions fondées sur la race, la couleur, l'ascendance, l'origine nationale ou ethnique. • Cass., ch. mixte, 10 avr. 1998 (3e arrêt) : ⚖ *Bull. ch. mixte n° 2 ; GADT, 4e éd., n° 123 ; D. 1998. IR 126* ; *RJS 1998. 481, n° 754 ; CSB 1998. 177, A. 37, note A. Philbert ; Dr. soc. 1998. 565, obs. Merlin*.

2. Jugé qu'une association ayant pour but de défendre les intérêts juridiquement protégés des médecins ostéopathes est fondée à demander la dissolution du syndicat des ostéopathes diplômés d'État en kinésithérapie dont l'objet est illicite au regard des dispositions du code de la santé publique. • Paris, 29 janv. 1997 : *Gaz. Pal. 12-14 oct. 1997. Somm. 25.*

3. Objet syndical. Les dispositions de l'art. L. 411-1 C. trav. [L. 2131-1 nouv.] ne font pas obstacle à ce que les unions locales de ces organisations participent dans les communes à des actions contribuant au développement économique ou social local ; par suite, les communes et leurs groupements peuvent accorder des subventions à des organisations syndicales en vue de la réalisation d'actions de cette nature à la condition qu'elles se rattachent de façon suffisamment directe à un intérêt public local et sous réserve qu'elles ne soient pas attribuées pour des motifs politiques ou pour apporter un soutien à l'une des parties dans un conflit collectif du travail. • CE 4 avr. 2005, ⚖ *Cne d'Argentan : Lebon 137*. ♦ L'activité de l'union des Syndicats antiprécarité (SAP) consistant exclusivement à proposer des services rémunérés d'assistance et de conseil juridique, l'objet de l'organisation n'est pas conforme aux dispositions de l'art. L. 2131-1 C. trav. • Soc. 15 nov. 2012 : ⚖ *D. 2012. Actu. 2745* ; *ibid. 120, obs. Pécaut-Rivolier* ; *RDT 2013. 277* ; *Dr. soc. 2013. 69, obs. Petit* ; *Sem. soc. Lamy 2012, n° 1561, p. 9, Avis Aldigé ; JCP S 2012. 1533, Rapp. Pécaut-Rivolier.*

4. Changement d'affiliation. Le changement d'affiliation d'une union syndicale doit être décidé dans les conditions prévues par les statuts ; à défaut de disposition statutaire spécifique, la décision est prise aux conditions statutaires prévues pour la dissolution de l'organisation syndicale et à défaut, dans le silence des statuts, à l'unanimité des syndicats adhérents. • Soc. 31 mai 2011 : ⚖ *Dalloz actualité, 27 juin 2011, obs. Siro ; D. 2011. Actu. 1623* ; *Dr. soc. 2011. 1133, obs. Petit* ; *RJS 2011. 640, n° 703 ; Dr. ouvrier 2012. 59, obs. Mazières.*

Art. L. 2131-2 Les syndicats ou associations professionnels de personnes exerçant la même profession, des métiers similaires ou des métiers connexes concourant à l'établissement de produits déterminés ou la même profession libérale peuvent se constituer librement. — *V. art. R. 2146-1 (pén.).*

Par dérogation à ces dispositions, les particuliers occupant des employés de maison peuvent se grouper en syndicat pour la défense des intérêts qu'ils ont en commun en tant qu'employeur de ces salariés. — *[Anc. art. L. 411-2.]*

1. Liberté syndicale. Les travailleurs tirent de l'art. 11 Conv. EDH le droit de fonder des syndicats. • CEDH 12 nov. 2008, *Demir et Baykara : cons. 127 ; D. 2009. 739, note Marguénaud et Mouly* ; *RDT 2009. 288, note Hervieu*.

2. La liberté syndicale s'entend du droit des professionnels de constituer librement une organisation syndicale ou d'adhérer librement à celle de leur choix. • Cons. const. 19 nov. 2010 : ⚖ *QPC n° 2010-68, § 7.*

3. Association. Ne répond pas aux conditions de l'art. L. 411-2 [L. 2131-2 nouv.] une association dont peut faire partie « tout salarié, quel que soit le type de son travail ou sa branche d'activité ». • Soc. 8 oct. 1996, ⚖ n° 95-40.521 P : *TPS 1997, n° 29, obs. Boubli.* ♦ Si l'art. L. 2131-2 exclut de la définition des syndicats les activités désintéressées, il ne distingue pas selon que les activités rémunérées concernées sont exercées à titre exclusif, accessoire ou occasionnel. • Soc. 13 janv. 2009 : ⚖ *R., p. 363 ; D. 2009. AJ 301, obs. Ines* ; *RJS 2009. 221, n° 256 ; JCP S 2009. 1343, obs. Martinon ; Sem. soc. Lamy 2009, n° 1389, p. 11.* ♦ Les syndicats ou associations professionnels qui regroupent des personnes exerçant la même profession, des métiers similaires ou connexes, qui ont pour objet exclusif l'étude et la défense des droits ainsi que des intérêts matériels et moraux tant collectifs qu'individuels des personnes mentionnées dans leurs statuts, ont la capacité d'ester en justice, dès lors qu'ils ont satisfait à l'obligation de dépôt de leurs statuts en mairie. • Soc. 13 oct. 2010 : ⚖ *JCP S 2011. 1010, obs. Gauriau.*

4. Application du droit de la sécurité sociale. Les dispositions législatives sur la création, l'organisation et le fonctionnement des syndicats ne sauraient les soustraire à la réglementation de la sécurité sociale. • Soc. 20 oct. 1994 : ⚖ *D. 1996. Somm. 43, obs. Prétot* ; *RJS 1994. 861,* *n° 1431* (obligation de communiquer les éléments comptables permettant de vérifier les déductions faites au titre des frais professionnels).

Art. L. 2131-3 **Les fondateurs de tout syndicat professionnel déposent les statuts et les noms de ceux qui, à un titre quelconque, sont chargés de l'administration ou de la direction.**

Ce dépôt est renouvelé en cas de changement de la direction ou des statuts. – *[Anc. art. L. 411-3.]* – *V. art. R. 2146-2 (pén.).*

COMMENTAIRE

V. Dalloz.fr et applications mobiles Dalloz.

BIBL. ▸ GSSIME, *D. 2011. 2133* (les statuts du syndicat : un régime opaque).

1. Principe. Un syndicat n'a d'existence légale que du jour du dépôt de ses statuts en mairie. • Soc. 7 mai 1987 : *Dr. soc. 1989. 304, note Savatier.* ♦ Mais le renouvellement de ce dépôt en cas de changement de la direction ou des statuts ne constitue qu'une formalité dont l'absence ne prive pas, à elle seule, le syndicat d'une des fonctions essentielles de son existence. • Soc. 7 mai 2002, n° 00-60.487 P : *Dr. soc. 2002. 790, obs. Duquesne ; RJS 2002. 656, n° 852* • 11 mai 2004, n° 03-60.158 P. ♦ Un syndicat peut valablement agir en justice dès lors qu'il a, préalablement à l'assignation dont il est l'auteur, observé les formalités de dépôt des statuts en mairie, quand bien même il s'agirait de statuts modifiés faisant suite à un dépôt initial irrégulier. • Soc. 7 juill. 2010 : *RJS 2010. 706, n° 785 ; Dr. soc. 2010. 1129, obs. Petit ; JCP S 2010. 1401, obs. Gauriau.*

2. Un syndicat ne peut se prévaloir de l'inobservation des formalités qui lui incombent pour se soustraire à ses obligations. • Soc. 21 juill. 1986 : *Bull. civ. V, n° 346 ; Juri-soc. 1986, F. 72.*

3. Entrave. Les obstacles opposés à l'action d'un syndicat qui, n'ayant pas déposé ses statuts, ne jouit pas des droits reconnus aux syndicats, ne sont pas de nature à constituer le délit d'entrave. • Crim. 28 juin 1988 : *Bull. crim. n° 295 ; D. 1989. Somm. 208, obs. Mayaud ; Dr. soc. 1989. 304, note Savatier.*

Art. L. 2131-4 **Tout adhérent d'un syndicat professionnel peut, s'il remplit les conditions fixées par l'article L. 2131-5, accéder aux fonctions d'administration ou de direction de ce syndicat.** – *[Anc. art. L. 411-6.]*

Art. L. 2131-5 **Tout membre français d'un syndicat professionnel chargé de l'administration ou de la direction de ce syndicat doit jouir de ses droits civiques et n'être l'objet d'aucune interdiction, déchéance ou incapacité relative à ses droits civiques.**

Sous les mêmes conditions, tout ressortissant étranger âgé de dix-huit ans accomplis adhérent à un syndicat peut accéder aux fonctions d'administration ou de direction de ce syndicat. – *[Anc. art. L. 411-4.]* – *V. art. R. 2146-3 (pén.).*

Art. L. 2131-6 **En cas de dissolution volontaire, statutaire ou prononcée par décision de justice, les biens du syndicat sont dévolus conformément aux statuts ou, à défaut de dispositions statutaires, suivant les règles déterminées par l'assemblée générale.**

En aucun cas les biens du syndicat ne peuvent être répartis entre les membres adhérents. – *[Anc. art. L. 411-9.]*

BIBL. ▸ CARBONNIER, *Dr. soc. 1949. 138.* - G. LYON-CAEN, *Dr. ouvrier 1949. 2.* - ROSENTHAL, *Dr. soc. 1960. 17.*

Contentieux de la scission. Sur le contentieux né de la scission CFTC-CFDT, V. notamment • Soc. 9 mai 1968 : *GADT, 4e éd., n° 122 ; D. 1968. 601, note Brèthe de la Gressaye ; Dr. soc. 1969. 285, note Verdier.*

CHAPITRE II **CAPACITÉ CIVILE**

RÉP. TRAV. v° *Syndicats professionnels (Prérogatives et action)*, par DUQUESNE et SACHS-DURAND.

Art. L. 2132-1 **Les syndicats professionnels sont dotés de la personnalité civile.** – *[Anc. art. L. 411-10.]*

BIBL. ▸ FRANÇOIS, *Mélanges O. Kahn-Freund, 1980, p. 67.*

COMMENTAIRE

V. Dalloz.fr et applications mobiles Dalloz.

Art. L. 2132-2 Les organisations de salariés constituées en syndicats professionnels sont seules admises à négocier les conventions et accords collectifs de travail.

Tout accord ou convention visant les conditions collectives du travail est conclu dans les conditions déterminées par le livre II. – *[Anc. art. L. 411-17, phrases 2 et 3.]*

COMMENTAIRE

V. Dalloz.fr et applications mobiles Dalloz ❑

Art. L. 2132-3 Les syndicats professionnels ont le droit d'agir en justice.

Ils peuvent, devant toutes les juridictions, exercer tous les droits réservés à la partie civile concernant les faits portant un préjudice direct ou indirect à l'intérêt collectif de la profession qu'ils représentent. – *[Anc. art. L. 411-11.]*

BIBL. ▶ Alvarez-Pujana, *RPDS 1989. 347.* – Boitel, *Dr. ouvrier 1960. 369.* – Dupeyron, *D. 1952. Chron. 253.* – Durand, *D. 1960. Chron. 21.* – Finidori, *Dr. soc. 2014. 929* (les réponses en droit pénal du travail : l'action civile). – Gaba, *D. 2010. Chron. 724* (action syndicale : intervention volontaire dans un procès prud'homal) ; *JS Lamy 2013, n° 335-1* (action syndicale : concurrence ou complémentarité avec les prérogatives des IRP et les droits individuels). – Guilberteau, *RSC 1973. 633.* – Mayaud, *Dr. soc. 1987. 510.* – Petit, *JCP S 2016. 1291.* – Verdier, *ibid. 1963. 235.*

COMMENTAIRE

V. Dalloz.fr et applications mobiles Dalloz ❑

1. Conformité à la liberté syndicale. Est conforme à la Constitution l'art. L. 2132-3 C. trav. en ce qu'il découle de la liberté syndicale consacrée par l'art. 6 du préambule de la Constitution du 27 oct. 1946, l'art. 11 de la Convention européenne des droits de l'homme et l'art. de la Convention n° 87 de l'OIT, et ne constitue pas une atteinte à la liberté personnelle des salariés ni à leur droit d'agir en justice. • Soc. 5 juin 2013 : *Dalloz actualité, 28 juin 2013, obs. Ines ; RDT 2014. 484, obs. Grévy* .

2. Habilitation à agir en justice. Le représentant d'un syndicat en justice doit, s'il n'est pas avocat, justifier d'un pouvoir spécial ou d'une disposition des statuts l'habilitant à agir en justice ; le défaut de pouvoir d'une personne figurant au procès comme représentant du syndicat est une irrégularité de fond affectant la validité de l'acte qui ne peut plus être couverte après l'expiration du délai ouvert par l'art. R. 423-3. • Soc. 20 déc. 2006 : *JCP S 2007. 1608, note Kerbouc'h.*

3. Juridictions civiles. Fait une fausse application de l'art. L. 411-11 [L. 2132-3 nouv.] la cour d'appel qui déclare irrecevable l'intervention d'un syndicat, alors que le litige soulevait une question de principe dont la solution était susceptible d'être étendue à toutes les entreprises adhérentes à ce syndicat et de porter un préjudice au moins indirect à l'intérêt collectif de la profession qu'il représentait. • Soc. 2 juin 1983 : *Bull. civ. V, n° 305 ; D. 1984. IR 368, obs. Verdier.* ♦ Dans le même sens : • Soc. 6 nov. 1984 : *D. 1985. IR 454, obs. Verdier* (détermination de la nature d'un contrat conclu par un membre du syndicat) • Civ. 1re, 28 nov. 1995 : *JCP 1996. I. 3925, n° 16, obs. Chevillard* (recevabilité de l'intervention du Syndicat des avocats de France à une instance disciplinaire dès lors qu'était en cause une question de principe relative à l'exercice des droits de la défense). ♦ Une action fondée sur l'atteinte à la vie privée n'est pas ouverte à un syndicat, chargé de la défense des intérêts de la profession. • Civ. 1re, 19 déc. 1995, n° 93-18.939 P : *D. 1996. IR 16 ; JCP 1996. I. 3925, n° 15, obs. Raimbault.*

4. Intérêt collectif de la profession. Exemples. Tout syndicat peut agir en raison : d'atteinte à la liberté syndicale. • Soc. 26 nov. 1969 : *Bull. civ. V, n° 640.* ♦ ... Contestation d'une élection. • Soc. 27 nov. 1975 : *ibid., n° 582* • 12 juill. 2006, n° 05-60.353 P. ♦ ... Atteinte au droit de grève. • Soc. 4 févr. 1976 : *Bull. civ. V, n° 72* • 21 févr. 1978 : *ibid., n° 130* • 27 mars 1968 : *JCP 1969. II. 16047, note Verdier* • 5 oct. 1994, n° 92-16.632 P : *D. 1995. Somm. 373, obs. Frossard ; Dr. soc. 1994. 983 ; Dr. ouvrier 1995. 31, note Lévy et Bloch ; RJS 1994. 770, n° 1282.* ♦ ... Contestation de l'affectation d'une augmentation de salaire au versement de cotisations salariales à une caisse de retraite. • Soc. 21 janv. 1997, n° 94-19.019 P. ♦ ... Défense de l'emploi des salariés de l'entreprise. • Soc. 10 janv. 2012 : *Dalloz actualité, 23 févr. 2012, obs. Ines ; D. 2012. Actu. 290 ; RJS 2012. 218, n° 263 ; JCP S 2012. 1215, obs. Brissy.*

5. Recevabilité de l'action civile d'un syndicat patronal pour non-respect du repos dominical. • Cass., ass. plén., 7 mai 1993, n° 91-12.611 P : *D. 1993. 437, concl. Jéol ; JCP 1993. II. 22083, note Saint-Jours ; JCP E 1993. II. 470, note Savatier ; Gaz. Pal. 1993. 2. Somm. 553, obs. Roubach ; RJS 1993. 357, n° 620 ; CSB 1993. 179, A. 43 ; Dr. soc. 1993. 606.* – Dans le même sens : • Soc. 17 févr. 1994 : *RJS 1994. 274, n° 423.* ♦ Mais seules les organisations syndicales représentant la profession exercée par les sociétés qui n'ont pas respecté un arrêté préfectoral de fermeture sont recevables à agir. • Soc. 2 févr. 1994, n° 90-14.771 P : *D. 1994. IR 67 ; Dr. soc. 1994. 377, note Savatier ; RJS 1994. 188, n° 258.*

6. La violation des dispositions relatives au travail temporaire, en diminuant la possibilité d'embauche de travailleurs permanents, est de nature à porter atteinte à l'intérêt collectif de la profession. • Soc. 23 mars 2016, n° 14-23.276 P : *Dalloz actualité, 19 avr. 2016, obs. Cortot ; D. 2016. Actu. 720 ; RJS 6/2016, n° 434 ; JCP S 2016. 1243, note Gauriau.* ♦ ... De même que celles relatives au contrat à durée déterminée. • Soc. 10 févr. 2016, n° 14-26.304 P : *D. 2016. Actu. 432 ; RJS 4/2016, n° 265 ; JCP S 2016. 1110, obs. Bousez* • Soc. 23 mars 2016, n° 14-22.250 P : *D. 2016. Actu. 720 ; RJS 6/2016, n° 434.*

7. L'action en justice d'un syndicat tendant à imposer à un employeur la réunion, l'information et la consultation des institutions représentatives du personnel lorsque celles-ci sont obligatoires est recevable, le défaut de respect des prérogatives des IRP portant atteinte à l'intérêt collectif de la profession. • Soc. 24 juin 2008 : *D. 2008. AJ 1904 ; RDT 2008. 666, obs. Fabre ; RJS 2008. 822, n° 1008 ; JS Lamy 2008, n° 241-5 ; JCP S 2008. 1634, note Gauriau.* ♦ La violation de l'art. L. 1224-1 porte atteinte à l'intérêt collectif de la profession représentée par le syndicat, de sorte que l'intervention de ce dernier au côté des salariés à l'occasion d'un litige portant sur l'applicabilité de ce texte est recevable. • Soc. 23 sept. 2009 : *D. 2009. AJ 2431 ; ibid. 2010. 724, note Gaba ; RJS 2009. 835, n° 958 ; JCP S 2009. 1584, obs. Kerbouc'h.* ♦ Les syndicats ne sont toutefois pas recevables à agir pour demander communication à leur profit de documents qui auraient dû être transmis au comité d'entreprise par l'employeur à l'occasion d'un transfert d'entreprise et ils ne peuvent agir devant le tribunal de grande instance pour contester l'application des dispositions de l'art. L. 1224-1. • Soc. 11 sept. 2012 : *Dalloz actualité, 28 sept. 2012, obs. Ines ; D. 2012. Actu. 2179 ; Dr. soc. 2012. 1065, obs. Mazeaud ; RJS 2012. 758, n° 882 ; JCP S 2012. 1521, obs. Loiseau.* ♦ De même, un syndicat n'a pas qualité et intérêt à agir à ce que le comité d'entreprise bénéficie des informations qui lui sont destinées, en application des dispositions légales et d'un accord d'entreprise, dès lors que l'intéressé n'en sollicite pas la communication et ne s'est pas associé à la demande du syndicat. • Soc. 16 déc. 2014, n° 13-22.308 : *Dalloz actualité, 22 janv. 2015, obs. Fleuriot ; RDT 2015. 200, obs. Odoul-Asdorey ; RJS 2/2015, n° 116.*

8. Les syndicats professionnels sont recevables à demander l'exécution d'une convention ou d'un accord collectif de travail, même non étendu, son inapplication causant nécessairement un préjudice à l'intérêt collectif de la profession. • Soc. 3 mai 2007 : *D. 2007. IR 1505, obs. Fabre ; ibid. 2007. 536, obs. Borenfreud ; RJS 2007. 662, n° 875 ; JS Lamy 2007, n° 218-4* • 30 nov. 2010 : *D. 2011. AJ 22 ; JS Lamy 2011, n° 292-36, obs. Gardair-Rérolle : JCP S 2011. 1066, obs. Pagnerre* • Soc. 11 juin 2013 : *Dalloz actualité, 8 juill. 2013, obs. Fraisse ; D. 2013. Actu. 1555 .* ♦ Comp. : • Soc. 12 juin 2001, n° 00-14.435 P : *D. 2001. IR 2240 ; Dr. soc. 2001. 1019, obs. Antonmattéi ; RJS 2001. 715, n° 1045 ; JS Lamy 2001, n° 83-4* • 26 mai 2004, n° 02-18.756 P : *Dr. soc. 2004. 845, note Verdier ; RJS 2004. 627, n° 924* • 25 mars 2009 : *D. 2009. 1092, obs. Maillard ; ibid. 2128, obs. Pélissier, Aubert, M.-C. Amauger-Lattès, Desbarats, Lardy-Pélissier et Reynès ; RDT 2009. 389, obs. Odoul-Asorey .* ♦ L'action des organisations syndicales ne peut que s'associer à l'action menée par une des institutions représentatives du personnel mais ne peut se substituer à elles en se prévalant d'un défaut de consultation. • Soc. 14 déc. 2016, n° 14-17.152 : *RDT 2016. 195, obs. Vigneau ; RJS 3/2016, n° 188.*

9. Les conditions de négociation d'un protocole préélectoral mettant en jeu l'intérêt collectif de la profession, tout syndicat non signataire du protocole, invité ou non à participer à cette négociation, a intérêt à agir pour en contester le déroulement. • Soc. 23 sept. 2009 : *R., p. 378 ; D. 2009. AJ 2339, obs. Perrin ; ibid. 2010. Pan. 672, obs. Odoul ; Dr. soc. 2010. 161, note Petit ; RJS 2009. 837, n° 963 ; JS Lamy 2009, n° 264-5 ; Sem. soc. Lamy 2009, n° 1415, p. 7, avis Duplat.*

10. Un syndicat est également recevable à agir en justice afin de faire déterminer l'étendue des droits individuellement acquis par les salariés à la suite de la dénonciation d'un accord collectif. • Soc. 2 déc. 2008 : *D. 2009. AJ 172 ; RDT 2009. 116, obs. Tissandier ; RJS 2009. 166, n° 200 ; Dr. soc. 2009. 240, obs. Radé ; JS Lamy 2009, n° 247-2 ; JCP S 2009. 1098, obs. Dauxerre.* ♦ ... Ou du transfert d'une entreprise. • Soc. 23 sept. 2009 : *D. 2009. AJ 2431 ; ibid. 2010. 724, note Gaba ; RJS 2009. 835, n° 958 ; JCP S 2009. 1584, obs. Kerbouc'h.*

11. L'action du syndicat qui ne tend pas au paiement de sommes déterminées à des personnes nommément désignées, mais à l'application du principe d'égalité de traitement, relève de la défense de l'intérêt collectif de la profession. • Soc. 12 févr. 2013 : *Dalloz actualité, 11 mars 2013, obs. Peyronnet ; D. 2013. Actu. 513 ; D. 2013. Pan. 1026, obs. Porta ; Dr. ouvrier 2013. 359 ; JCP S 2013. 1398, obs. Cottin et Martinon.*

12. Est recevable l'action civile d'un syndicat qui s'était constitué partie civile à l'encontre de personnes poursuivies pour travail dissimulé par dissimulation d'activité et dissimulation d'emplois salariés ; l'exercice d'un travail dissimulé est de nature à causer à la profession représentée par le syndicat demandeur un préjudice distinct de celui subi personnellement par les salariés concernés. • Crim. 6 déc. 2011 : *D. 2012. Actu. 104, obs. Bombled ; Dr. soc. 2012. 312, obs. Duquesne ; RJS 2012. 218, n° 263 ; JCP S 2012. 1363, obs. Martinon.*

13. Un syndicat a intérêt à contester les modalités d'une expertise lorsque la mission de l'expert est susceptible de porter atteinte au droit syndical. • Soc. 2 déc. 2014 : *Dalloz actualité, 13 janv. 2015, obs. Fraisse ; RJS 2/2015, n° 118.*

14. Intérêts généraux de la profession : refus. Refus à un syndicat d'un droit de réponse télévisuel à un message patronal ayant critiqué l'organisation d'une grève : V. • Paris, 16 nov. 1995 : *D. 1996. 429, note Edelman ; D. 1997. Somm. 76, obs. Massis ; Dr. soc. 1996. 102, obs. Ray ; JCP 1996. II. 22609, note Teyssié.* ♦ L'action du syndicat en dommages-intérêts en raison du manquement de l'employeur à son obligation de reclassement individuel avant licenciement économique est irrecevable, cette faute ne portant pas atteinte aux intérêts collectifs de la profession. • Soc. 18 nov. 2009 : *RJS 2010. 155, n° 197.* ♦ Le litige relatif à la rupture conventionnelle du contrat de travail d'un salarié ne porte pas en lui-même atteinte à l'intérêt collectif de la profession ; un syndicat n'est dès lors pas recevable à solliciter la réparation du préjudice subi par l'intérêt collectif de la profession qu'il représente en raison de la violation par l'employeur des dispositions légales relatives à la rupture conventionnelle. • Soc. 15 janv. 2014 : *Dalloz actualité, 6 févr. 2014, obs. Fleuriot.*

15. Juridictions pénales. Pour exercer les droits réservés à la partie civile relativement aux faits portant un préjudice direct ou indirect à l'intérêt collectif de la profession qu'ils représentent, les syndicats professionnels doivent avoir une existence légale au moment où ces faits ont été commis. • Crim. 22 mai 2007 : *D. 2007. AJ 1785 ; RJS 2007. 751, n° 971 ; JCP S 2007. 1764, obs. Gauriau.* ♦ L'action civile d'un syndicat est recevable dès lors que les termes de l'arrêt impliquent qu'il représente la profession sans qu'il soit nécessaire, en outre, qu'il ait été reconnu comme représentatif dans l'entreprise. • Crim. 22 nov. 1977 : *D. 1978. IR 62.*

16. Ont été considérées comme justifiées par la défense de l'intérêt collectif d'une profession les actions à la suite : d'une infraction aux règles de sécurité. • Crim. 26 oct. 1967 : *D. 1968. 346, note J.-M. R.* • 20 mars 1972 : *JCP 1972. II. 17247, note Chambon ; RTD civ. 1972. 788, n° 8, obs. Durry* • 11 oct. 2005 : *Dr. soc. 2006. 43, note Duquesne.* ♦ ... D'une entrave apportée au fonctionnement du comité d'entreprise. • Crim. 7 oct. 1959 : *GADT, 4e éd., n° 33 ; D. 1960. 294, note Verdier ; Dr. soc. 1961. 165, obs. Savatier* • 2 mars 1961 : *JCP 1961. II. 12095, note Guérin ; Dr. soc. 1961. 417, note Brèthe de la Gressaye* • 25 avr. 1989 : *Dr. ouvrier 1990. 61 ; RJS 1989. 352, n° 595* • 3 déc. 1996 : *Bull. crim. n° 441 ; GADT, 4e éd., n° 109 ; RJS 1997. 366, n° 563* (violation de l'art. L. 321-11 C. trav.). ♦ ... D'une atteinte à la liberté syndicale. • Crim. 29 oct. 1996 : *Bull. crim. n° 379 ; D. 1997. IR 32 ; Dr. ouvrier 1997. 227, obs. Richevaux.* ♦ ... D'une infraction aux règles du repos dominical. • Crim. 5 nov. 1979 : *D. 1980. IR 296* • 23 juill. 1980 : *Bull. crim. n° 232* (recevabilité de l'action intentée par un syndicat de salariés) • 29 oct. 1996 : *Bull. crim. n° 375 ; D. 1997. IR 20 ; RJS 1997. 103, n° 150 ; Dr. ouvrier 1997. 153, obs. Richevaux* (recevabilité de l'action intentée par un syndicat patronal). ♦ V. aussi note 3. ♦ ... Ou à la réglementation des congés payés. • Crim. 5 déc. 1963 : *Bull. crim. n° 352.* ♦ ... D'une infraction de publicité de nature à induire en erreur. • Crim. 24 avr. 1997 : *Bull. crim. n° 145* (action civile d'un syndicat patronal). ♦ ... D'une dénonciation calomnieuse par une personne verbalisée par un contrôleur du travail, ce qui porte préjudice à l'ensemble de la profession des contrôleurs du travail. • Crim. 11 mars 2003 : *Bull. crim. n° 65 ; D. 2003. IR 1136 ; RJS 2003. 619, n° 925.*

17. Recevabilité de l'action civile d'un syndicat de personnels hospitaliers à propos d'une entrave à interruption volontaire de grossesse, l'art. L. 162-15-1 [L. 2223-1], CSP, qui vise les seules associations, ne faisant pas obstacle à l'application de l'art. L. 411-11 C. trav. [L. 2132-3 nouv.]. • Crim. 27 nov. 1996 : *Bull. crim. n° 431.* ♦ Recevabilité de l'action civile d'un syndicat de personnels hospitaliers à propos d'une violation du secret médical lorsqu'il est commis à l'occasion de l'exercice par l'employeur du contrôle des arrêts de maladie de ses agents. • Crim. 27 mai 1999 : *Bull. crim. n° 109 ; D. 1999. IR 196 ; ibid. 2000. 120, note Saint-Jours ; RJS 1999. 575, n° 938 ; Procédures 1999. Comm. 235, obs. Buisson.*

18. Les syndicats ne tiennent d'aucune disposition de la loi le droit de poursuivre la réparation du trouble que porte une infraction aux intérêts généraux de la société. • Crim. 22 déc. 1987 : *Bull. crim. n° 484 ; D. 1988. Somm. 355, obs. Pradel.* ♦ Si aux termes de l'art. L. 411-11 C. trav. [L. 2132-3 nouv.], les syndicats professionnels peuvent, devant toutes les juridictions, exercer tous les droits réservés à la partie civile, c'est à la condition que les faits déférés au juge portent par eux-mêmes un préjudice direct ou indirect à l'intérêt collectif de la profession qu'ils représentent. • Crim. 16 févr. 1999 : *Bull. crim. n° 18 ; D. 1999. IR 79 ; Dr. pénal 1999. Comm. 63, obs. Maron.* ♦ L'action civile d'un syndicat est donc irrecevable lorsque les faits ne sont pas de nature à causer un préjudice même indirect aux intérêts collectifs de la profession, distinct du préjudice social dont le ministère public poursuit la réparation. • Crim. 29 oct. 1969 : *Bull. crim.*

n° 274 (meurtre d'un chauffeur de taxi). ♦ V. aussi : • Crim. 20 janv. 1972 : *Bull. crim. n° 30* • 4 juin 1973 : *ibid., n° 248* • 18 déc. 1979 : *ibid., n° 361* • 2 juill. 1980 : *ibid., n° 208 ; D. 1981. IR 134, obs. Langlois* • Crim. 27 oct. 1999 : *Bull. crim. n° 236 ; RJS 2000. 299, n° 422* (abus de biens sociaux et banqueroute). ♦ L'action en justice d'un syndicat est irrecevable lorsque le préjudice indirect, qui serait porté à l'intérêt collectif de la profession du secteur bancaire par différents délits économiques, ne se distingue pas du préjudice lui-même indirect qu'auraient pu subir individuellement les salariés de l'entreprise du fait d'une diminution de leur participation aux résultats. • Crim. 11 mai 1999 : *Bull. crim. n° 89 ; TPS 1999, n° 276, obs. Teyssié* • 23 févr. 2005 : *Dr. soc. 2005. 588, obs. Duquesnes*.

19. Irrecevabilité de l'action civile de syndicats professionnels de magistrats à propos du délit de diffamation envers un fonctionnaire public, dans la mesure où il résulte des art. 48 et 49 de la loi du 29 juill. 1881 que la personne diffamée peut seule conclure à la réparation du préjudice causé par le délit et dès lors qu'il n'est pas dérogé à ces règles d'ordre public par l'art. L. 411-11 C. trav. [L. 2132-3 nouv.]. • Crim. 10 mars 1998 : *Bull. crim. n° 93 ; D. 1998. IR 124*. ♦ De même, l'ouverture d'une information des chefs de viols et de harcèlement sexuels sur plainte avec constitution de partie civile de la victime, dans laquelle un syndicat s'est constitué partie civile en faisant valoir que les faits avaient été perpétrés sur le lieu du travail de la vicitime et par son supérieur hiérarchique, ne suffit pas à caractériser une atteinte à l'intérêt collectif des salariés du secteur d'activité concerné. • Crim. 23 janv. 2002 : *Bull. crim. n° 12 ; RJS 2002. 448, n° 592*. ♦ Même en cas de refus de vol : • Crim. 13 avr. 2010 : *D. 2010. 2272, note Roujou de Boubée ; AJ pénal 2010. 399, obs. Roussel*.

20. La circonstance que la législation en cause a pour objet principal la défense de l'intérêt général ne fait pas échec aux droits collectifs des commerçants habilités à exercer leur profession dans des conditions régulières et astreints par ces textes mêmes à des obligations particulières ; le préjudice qui résulte de l'atteinte portée à l'intérêt collectif de la profession prend sa source dans l'infraction poursuivie dont la chambre syndicale avait un intérêt certain à demander réparation. • Crim. 22 janv. 1970 : *D. 1970. 166, note Costa ; JCP 1970. II. 16326, note Guérin ; RTD com. 1970. 464, n° 3, obs. Hémard*. ♦ Dans le même sens, en cas d'entrave apportée à l'action d'un contrôleur du travail : • Crim. 19 mars 1986 : *Dr. ouvrier 1986. 273, note Petit*. ♦ ... En cas de faux en écritures publiques (altération de sentences prud'homales dans un sens défavorable aux salariés) : • Crim. 7 mars 1996 : *RJS 1996. 769, n° 1189* (recevabilité de la plainte avec constitution de partie civile).

21. Juridictions administratives. Sur la recevabilité de l'action syndicale devant la juridiction administrative, V. notamment • CE 1er déc. 1972, *Obrégo : Dr. soc. 1973. 346, concl. Grévisse ; D. 1973. 190, note J. Robert* • 31 janv. 1975, *Wolff : JCP 1975. II. 18099, note Albertini* • 31 janv. 1975, *Exerter : eod. loc.* ♦ L'action en annulation d'un arrêté d'extension d'un avenant exercée par un syndicat qui défend les intérêts collectifs d'entreprises étrangères au champ d'application de la convention collective concernée est irrecevable. • CE 11 déc. 2009 : *Lebon ; AJDA 2010. 575*.

Art. L. 2132-4 **Les meubles et immeubles nécessaires aux syndicats professionnels pour leurs réunions, bibliothèques et formations sont insaisissables.** – *[Anc. art. L. 411-12, al. 2.]*

COMMENTAIRE

V. Dalloz.fr et applications mobiles Dalloz. ☐

1. Absence d'immunité civile. L'insaisissabilité des biens d'un syndicat n'est pas absolue et la disposition de l'art. L. 411-12 [L. 2132-4 nouv.], relative seulement aux voies d'exécution, ne peut avoir pour effet de soustraire les syndicats aux règles de la responsabilité civile. • Crim. 24 janv. 1978 : *Bull. crim. n° 29 ; Dr. ouvrier 1978. 366, note Alvarez*. – V. aussi • TGI Nanterre, 13 févr. 1989 : *D. 1990. 127, note Prévault*.

2. Subventions publiques. L'octroi de subventions à une organisation syndicale ne présente aucun caractère d'utilité communale. • CE 21 juin 1995 : *RJS 1995. 595, n° 907 ; Dr. ouvrier 1997. 38, note Hamon, obs. Rennes.*

Art. L. 2132-5 **Les syndicats professionnels peuvent :**

1° Créer et administrer des centres d'informations sur les offres et les demandes d'emploi ;

2° Créer, administrer et subventionner des institutions professionnelles de prévoyance, des organismes d'éducation, de formation, de vulgarisation ou de recherche dans les domaines intéressant la profession ;

3° Subventionner des sociétés coopératives de production ou de consommation, financer la création d'habitations à loyer modéré ou l'acquisition de terrains destinés à

la réalisation de jardins ouvriers ou d'activités physiques et sportives. – *[Anc. art. L. 411-13, L. 411-14, L. 411-16.]*

Art. L. 2132-6 **Les syndicats professionnels peuvent constituer entre leurs membres des caisses spéciales de secours mutuels et de retraites.**

Les fonds de ces caisses sont insaisissables dans les limites déterminées par le code de la mutualité.

Toute personne qui se retire d'un syndicat conserve le droit d'être membre des sociétés de secours mutuels et de retraite pour la vieillesse à l'actif desquelles elle a contribué par des cotisations ou versement de fonds. – *[Anc. art. L. 411-15.]*

CHAPITRE III **UNIONS DE SYNDICATS**

RÉP. TRAV. v° *Syndicats professionnels (Unions)*, par SACHS-DURAND.

BIBL. ▶ BONNEAU, *JCP S 2010. 1439* (le principe d'unicité syndicale).

Art. L. 2133-1 **Les syndicats professionnels régulièrement constitués peuvent se concerter pour l'étude et la défense de leurs intérêts matériels et moraux.** – *[Anc. art. L. 411-21.]*

Art. L. 2133-2 **Les unions de syndicats sont soumises aux dispositions des articles L. 2131-1, L. 2131-3 à L. 2131-5, L. 2141-1 et L. 2141-2.**

Elles font connaître le nom et le siège social des syndicats qui les composent.

Leurs statuts déterminent les règles selon lesquelles les syndicats adhérents à l'union sont représentés dans le conseil d'administration et dans les assemblées générales. – *[Anc. art. L. 411-22.]*

Art. L. 2133-3 **Les unions de syndicats jouissent de tous les droits conférés aux syndicats professionnels par le présent titre.** – *[Anc. art. L. 411-23.]*

COMMENTAIRE

V. Dalloz.fr et applications mobiles Dalloz ❑

1. Droit de l'union des syndicats. Sauf stipulation contraire de ses statuts, une union de syndicats, à laquelle la loi a reconnu la même capacité civile qu'aux syndicats eux-mêmes, peut exercer les droits conférés à ceux-ci et, notamment, celui de désigner un représentant au comité d'entreprise. • Cass., ass. plén., 30 juin 1995 : *GADT, 4e éd., n° 126 ; D. 1995. IR 167 ; Dr. ouvrier 1995. 310 ; RJS 1995. 595, n° 908 ; ibid. 566, concl. Jéol ; JCP E 1995. II. 741, note Saint-Jours.* ♦ Ainsi, deux fédérations de syndicats des personnels des secteurs financiers regroupant des syndicats dont l'objet est la défense des intérêts des salariés de la Caisse d'épargne peuvent se prévaloir d'une atteinte aux intérêts collectifs de l'un des groupes professionnels qu'elles représentent. • Soc. 18 déc. 2000 : *Dr. soc. 2001. 216, obs. Savatier ; RJS 2001. 228, n° 315.* ♦ L'employeur, qui est informé par une fédération de sa volonté de déposer une liste de candidats au lieux et place des organisations syndicales qui lui sont affiliées, peut, sans saisir un tribunal, tirer les conséquences de cette décision et ne pas retenir les candidatures déposées par les syndicats affiliés. • Soc. 4 juin 2014 : *Dalloz actualité, 1er juill. 2014, obs. Ines ; Dr. soc. 2014. 861, obs. Petit ; RJS 2014. 533, n° 643.* ♦ Un syndicat ne peut exercer les droits conférés à un autre syndicat en l'absence de lien d'affiliation entre eux, peu important qu'ils soient tous deux adhérents à la même union ou confédération syndicale. • Même arrêt.

2. Jurisprudence postérieure à la loi du 20 août 2008. Sauf stipulation contraire de ses statuts, une union de syndicats, à laquelle la loi a reconnu la même capacité civile qu'aux syndicats eux-mêmes, peut exercer les droits conférés à ceux-ci ; l'affiliation des syndicats à une union permet à cette dernière de se prévaloir des adhérents du syndicat pour l'exercice des prérogatives en découlant. • Soc. 13 janv. 2010 : *D. 2010. AJ 271 ; Dr. ouvrier 2010. 361, note Masson ; Sem. soc. Lamy 2010, n° 1429, p. 6, note Pécaut-Rivolier ; Dr. soc. 2010. 597, obs. Petit ; Dalloz actualité, 27 janv. 2010, obs. Perrin.*

3. Désignation de délégués syndicaux. Les unions syndicales ne peuvent procéder aux désignations de délégués syndicaux ou représentants syndicaux légalement ou conventionnellement prévues que si elles sont représentatives dans l'entreprise ou l'établissement dans lequel ces désignations doivent prendre effet ; en l'absence d'affiliation à une organisation syndicale reconnue représentative, la représentativité d'une union jouissant d'une personnalité civile propre dans une entreprise ou un établissement est distincte de celle de ses membres. • Soc. 4 avr. 2007 : *RDT 2007. 599, obs. Tissandier.*

CHAPITRE IV **MARQUES SYNDICALES**

Art. L. 2134-1 Les syndicats professionnels peuvent déposer leurs marques ou labels en remplissant les formalités prévues par les articles L. 712-1 et suivants du code de la propriété intellectuelle. Ils peuvent, dès lors, en revendiquer la propriété exclusive dans les conditions prévues par ce code.

Les marques ou labels peuvent être apposés sur tout produit ou objet de commerce pour en certifier les conditions de fabrication. Ils peuvent être utilisés par tout individu ou entreprise commercialisant ces produits. – *[Anc. art. L. 413-1.]*

BIBL. ► DORIGNON, *Dr. ouvrier 2011. 641* (communication syndicale au prisme du droit des marques : la vie des affaires en question).

Action pour la défense des marques syndicales. Une lettre d'information syndicale gratuite n'ayant pour objet que de donner aux salariés concernés des informations sur leurs droits au travail, ne comportant pas de publicité, est l'expression d'une communication uniquement syndicale et est étrangère à la vie des affaires ; l'action en contrefaçon du titulaire de la marque est donc rejetée. • Com. 10 mai 2011 : *Dalloz actualité, 27 mai 2011, obs. Daleau ; RDT 2011. 649, obs. Marié.*

Art. L. 2134-2 L'utilisation des marques syndicales ou des labels ne peut avoir pour effet de porter atteinte aux dispositions des articles L. 2141-5 à L. 2141-8.

Tout accord ou disposition tendant à obliger l'employeur à n'embaucher ou à ne conserver à son service que les adhérents du syndicat propriétaire de la marque ou du label est nul. – *[Anc. art. L. 413-2.] – V. art. L. 2136-2 (pén.).*

CHAPITRE V **RESSOURCES ET MOYENS**

(L. n° 2008-789 du 20 août 2008)

COMMENTAIRE

V. Dalloz.fr et applications mobiles Dalloz.

SECTION PREMIÈRE **CERTIFICATION ET PUBLICITÉ DES COMPTES DES ORGANISATIONS SYNDICALES ET PROFESSIONNELLES**

(L. n° 2008-789 du 20 août 2008)

BIBL. ► RAY, *Dr. soc. 2008. 140* (sur le financement des syndicats).

Art. L. 2135-1 Les syndicats professionnels et leurs unions mentionnés aux articles L. 2131-2, L. 2133-1 et L. 2133-2 relatifs à la création de syndicats professionnels et les associations de salariés ou d'employeurs régies par la loi du 1er juillet 1901 relative au contrat d'association ou, dans les départements de la Moselle, du Bas-Rhin et du Haut-Rhin, par le droit local *(L. n° 2011-525 du 17 mai 2011, art. 44)* « sont soumis aux obligations comptables définies à l'article L. 123-12 du code de commerce. Lorsque leurs ressources annuelles n'excèdent pas un seuil fixé par décret, ils peuvent adopter une présentation simplifiée de leurs comptes avec la possibilité de n'enregistrer leurs créances et leurs dettes qu'à la clôture de l'exercice. Si leurs ressources annuelles n'excèdent pas un second seuil fixé par décret, ils peuvent tenir un livre enregistrant chronologiquement l'ensemble des mouvements de leur patrimoine. Les conditions d'application du présent article sont fixées par décret. » – *V. art. D. 2135-1 s.*

Art. L. 2135-2 Les syndicats professionnels et leurs unions et les associations de salariés ou d'employeurs mentionnés à l'article L. 2135-1 qui contrôlent une ou plusieurs personnes morales au sens de l'article L. 233-16 du code de commerce, sans entretenir avec elles de lien d'adhésion ou d'affiliation, sont tenus, dans des conditions déterminées par décret pris après avis de l'Autorité des normes comptables :

a) Soit d'établir des comptes consolidés. *(L. n° 2012-387 du 22 mars 2012, art. 57)* « L'article L. 823-2 du code de commerce n'est pas applicable lorsque les ressources de l'ensemble constitué par les syndicats professionnels et leurs unions et les associations de salariés ou d'employeurs et les personnes morales qu'ils contrôlent ne dépassent pas, à la clôture d'un exercice, le seuil mentionné à l'article L. 2135-6 du présent code ; »

b) Soit de fournir, en annexe à leurs propres comptes, les comptes de ces personnes morales, ainsi qu'une information sur la nature du lien de contrôle. Dans ce cas, les comptes de ces personnes morales doivent avoir fait l'objet d'un contrôle légal *(L. n° 2012-387 du 22 mars 2012, art. 57)* « , sauf lorsque les ressources de l'ensemble constitué par les syndicats professionnels et leurs unions et les associations de salariés ou d'employeurs et les personnes morales qu'ils contrôlent ne dépassent pas, à la clôture d'un exercice, le seuil mentionné au même article L. 2135-6 ».

Art. L. 2135-3 Les syndicats professionnels de salariés ou d'employeurs, leurs unions et les associations de salariés ou d'employeurs mentionnés à l'article L. 2135-1 peuvent, lorsque leurs statuts le prévoient, établir des comptes combinés intégrant la comptabilité des personnes morales et entités avec lesquelles ils ont des liens d'adhésion ou d'affiliation, dans des conditions déterminées par décret pris après avis de l'Autorité des normes comptables.

Art. L. 2135-4 Les comptes sont arrêtés par l'organe chargé de la direction et approuvés par l'assemblée générale des adhérents ou par un organe collégial de contrôle désigné par les statuts.

L'obligation visée à l'art. L. 2135-4 s'applique à compter de l'exercice comptable 2010 aux niveaux confédéral et fédéral des organisations syndicales et professionnelles visées à l'art. L. 2135-1.

L'obligation visée à l'art. L. 2135-4 s'applique à compter de l'exercice comptable 2011 aux niveaux régional et départemental des organisations syndicales et professionnelles visées à l'art. L. 2135-1.

L'obligation visée à l'art. L. 2135-4 s'applique à compter de l'exercice comptable 2012 à tous les niveaux des organisations syndicales et professionnelles visées à l'art. L. 2135-1 (L. n° 2008-789 du 20 août 2008, art. 15, al. 2 à 4).

Art. L. 2135-5 Les syndicats professionnels de salariés ou d'employeurs, leurs unions et les associations de salariés ou d'employeurs mentionnés à l'article L. 2135-1 tenus d'établir des comptes assurent la publicité de leurs comptes dans des conditions déterminées par décret pris après avis de l'Autorité des normes comptables. *— V. art. D. 2135-8.*

Le premier alinéa est applicable au syndicat ou à l'association qui combine les comptes des organisations mentionnées à l'article L. 2135-3. Ces organisations sont alors dispensées de l'obligation de publicité.

Art. L. 2135-6 *(L. n° 2014-288 du 5 mars 2014, art. 29-II)* Les syndicats professionnels d'employeurs, leurs unions et les associations d'employeurs mentionnés à l'article L. 2135-1 qui souhaitent établir leur représentativité sur le fondement du titre V du présent livre Ier sont tenus de nommer au moins un commissaire aux comptes et un suppléant.

L'obligation prévue au premier alinéa du présent article est applicable aux syndicats professionnels de salariés, à leurs unions, aux associations de salariés mentionnés au même article L. 2135-1 et aux syndicats professionnels, à leurs unions et aux associations d'employeurs autres que ceux mentionnés au premier alinéa du présent article dont les ressources dépassent un seuil fixé par décret. *— V. art. D. 2135-9.*

SECTION II **MISE À DISPOSITION DES SALARIÉS AUPRÈS DES ORGANISATIONS SYNDICALES**

(L. n° 2008-789 du 20 août 2008)

Art. L. 2135-7 Avec son accord exprès et dans les conditions prévues à l'article L. 2135-8, un salarié peut être mis à disposition d'une organisation syndicale ou d'une association d'employeurs mentionnée à l'article L. 2231-1.

Pendant cette mise à disposition, les obligations de l'employeur à l'égard du salarié sont maintenues.

(L. n° 2015-994 du 17 août 2015, art. 25-I) « Les éventuelles indemnités de fonction payées par l'organisation syndicale sont assimilées à des salaires. Les cotisations et charges afférentes sont acquittées par l'organisation syndicale. »

Le salarié, à l'expiration de sa mise à disposition, retrouve son précédent emploi ou un emploi similaire assorti d'une rémunération au moins équivalente.

Art. L. 2135-8 **Une convention collective ou un accord collectif de branche étendus ou un accord d'entreprise détermine les conditions dans lesquelles il peut être procédé à une mise à disposition de salariés auprès d'organisations syndicales ou d'associations d'employeurs.**

Lorsque, à l'occasion d'un litige relevant de la compétence de la juridiction administrative, une contestation sérieuse s'élève sur la validité d'un arrêté prononçant l'extension ou l'agrément d'une convention ou d'un accord collectif de travail, il appartient en principe au juge saisi de ce litige de surseoir à statuer jusqu'à ce que l'autorité judiciaire se soit prononcée sur la question préjudicielle que présente à juger cette contestation. Ce principe connaît trois exceptions eu égard à l'exigence de bonne administration de la justice et aux principes généraux qui gouvernent le fonctionnement des juridictions, en vertu desquels tout justiciable a droit à ce que sa demande soit jugée dans un délai raisonnable ; il en va également autrement s'il apparaît manifestement, au vu d'une jurisprudence établie, que la contestation peut être accueillie par le juge saisi au principal ; enfin, s'agissant du cas particulier du droit de l'Union européenne, dont le respect constitue une obligation, tant en vertu du traité sur l'Union européenne et du traité sur le fonctionnement de l'Union européenne qu'en application de l'article 88-1 de la Constitution, il résulte du principe d'effectivité que le juge national chargé d'appliquer les dispositions du droit de l'Union a l'obligation d'en assurer le plein effet en laissant au besoin inappliquée, de sa propre autorité, toute disposition contraire. Ainsi, dans l'hypothèse où le législateur a prévu que les mesures prises pour l'application de la loi seront définies par un accord collectif conclu entre les partenaires sociaux, dont l'entrée en vigueur est subordonnée à l'intervention d'un arrêté ministériel d'extension ou d'agrément, il appartient au juge administratif, compétemment saisi d'un recours pour excès de pouvoir dirigé contre cet arrêté, de se prononcer lui-même, compte tenu de la nature particulière d'un tel accord, sur les moyens mettant en cause la légalité de ce dernier. • CE 23 mars 2010 : *RFDA 2012. 439, Rapp. Landais* ✐.

SECTION III **FINANCEMENT MUTUALISÉ DES ORGANISATIONS SYNDICALES DE SALARIÉS ET DES ORGANISATIONS PROFESSIONNELLES D'EMPLOYEURS**

(L. n° 2014-288 du 5 mars 2014, art. 31-I)

Sur la contribution « organisations syndicales », V. Lettre-circ. ACOSS n° 2015-044 du 31 juill. 2015.

BIBL. ▶ RADÉ et MAGGI-GERMAIN, *RDT 2016. Controverse. 134* ✐ (quelle égalité dans le financement du paritarisme ?).

COMMENTAIRE

V. Dalloz.fr et applications mobiles Dalloz 🏛. ❑

Art. L. 2135-9 **Un fonds paritaire, chargé d'une mission de service public, apportant une contribution au financement des organisations syndicales de salariés et des organisations professionnelles d'employeurs, au titre de leur participation à la conception, à la mise en œuvre, à l'évaluation ou au suivi d'activités concourant au développement et à l'exercice des missions définies à l'article L. 2135-11, est créé par un accord conclu entre les organisations représentatives des salariés et des employeurs au niveau national et interprofessionnel. Cet accord détermine l'organisation et le fonctionnement du fonds conformément à la présente section.**

L'accord portant création du fonds paritaire est soumis à l'agrément du ministre chargé du travail. A défaut d'accord ou d'agrément de celui-ci, les modalités de création du fonds et ses conditions d'organisation et de fonctionnement sont définies par voie réglementaire.

Le fonds paritaire est habilité à recevoir les ressources mentionnées à l'article L. 2135-10 et à les attribuer aux organisations syndicales de salariés et aux organisations professionnelles d'employeurs dans les conditions prévues aux articles L. 2135-11 à L. 2135-17.

Une concertation est engagée entre les organisations professionnelles d'employeurs membres du fonds paritaire prévu à l'art. L. 2135-9 sur les évolutions possibles des règles de répartition des crédits et de gouvernance de ce fonds, prévues, respectivement, aux art. L. 2135-13 et L. 2135-15, en tant qu'elles concernent les organisations professionnelles d'employeurs. Elle prend fin au plus tard le 15 nov. 2015.

Dans un délai d'un an à compter de la promulgation de la L. n° 2015-994 du 17 août 2015, le Gouvernement est habilité à réformer par ordonnance les règles de répartition des crédits et de gouvernance du fonds paritaire prévu à l'art. L. C. trav., au regard de la concertation susmentionnée. Le projet de loi de ratification est déposé au Parlement dans un délai de dix-huit mois à compter de la promulgation de cette même loi (L. préc., art. 23-IV).

Art. L. 2135-10 *(L. n° 2014-288 du 5 mars 2014, art. 31-I)* I. — Les ressources du fonds paritaire sont constituées par :

1° Une contribution des employeurs mentionnés à l'article L. 2111-1 du présent code, assise sur les rémunérations versées aux salariés mentionnés au même article et comprises dans l'assiette des cotisations de sécurité sociale définie à l'article L. 242-1 du code de la sécurité sociale et à l'article L. 741-10 du code rural et de la pêche maritime, dont le taux est fixé par un accord conclu entre les organisations représentatives des salariés et des employeurs au niveau national et interprofessionnel et agréé par le ministre chargé du travail ou, à défaut d'un tel accord ou de son agrément, par décret. Ce taux ne peut être ni supérieur à 0,02 % ni inférieur à 0,014 % ;

2° Le cas échéant, une participation volontaire d'organismes à vocation nationale dont le champ d'intervention dépasse le cadre d'une ou de plusieurs branches professionnelles, gérés majoritairement par les organisations syndicales de salariés et les organisations professionnelles d'employeurs. La liste des organismes pouvant verser une participation au fonds est fixée par l'accord mentionné au 1° ou, à défaut d'accord ou de son agrément, par décret ;

3° Une subvention de l'État ;

4° Le cas échéant, toute autre ressource prévue par des dispositions législatives ou réglementaires, par accord conclu entre les organisations syndicales de salariés et les organisations professionnelles d'employeurs représentatives au niveau national et interprofessionnel ou par accord de branche étendu.

II. — La contribution mentionnée au 1° du I du présent article est recouvrée et contrôlée, selon les règles et sous les mêmes garanties et sanctions applicables au recouvrement des cotisations du régime général de sécurité sociale assises sur les rémunérations, par les organismes mentionnés aux articles L. 213-1 et L. 752-4 du code de la sécurité sociale et à l'article L. 723-1 du code rural et de la pêche maritime, selon des modalités précisées par voie réglementaire. — *V. art. D. 2135-3.*

Ces dispositions entrent en vigueur à compter du 1er janv. 2015, sur la base, s'agissant de la contribution mentionnée au 1° du I de l'art. L. 2135-10, des rémunérations versées à compter du 1er janv. 2015 (L. n° 2014-288 du 5 mars 2014, art. 31-VI).

Art. L. 2135-11 Le fonds paritaire contribue à financer les activités suivantes, qui constituent des missions d'intérêt général pour les organisations syndicales de salariés et les organisations professionnelles d'employeurs concernées :

1° La conception, la gestion, l'animation et l'évaluation des politiques menées paritairement et dans le cadre des organismes gérés majoritairement par les organisations syndicales de salariés et les organisations professionnelles d'employeurs, au moyen de la contribution mentionnée au 1° du I de l'article L. 2135-10 et, le cas échéant, des participations volontaires versées en application du 2° du même I ;

2° La participation des organisations syndicales de salariés et des organisations professionnelles d'employeurs à la conception, à la mise en œuvre et au suivi des politiques publiques relevant de la compétence de l'État, notamment par *(L. n° 2015-994 du 17 août 2015, art. 25-II)* « l'animation et la gestion d'organismes de recherche, » la négociation, la consultation et la concertation, au moyen de la subvention mentionnée au 3° dudit I ;

3° La formation économique, sociale et syndicale des salariés appelés à exercer des fonctions syndicales ou des adhérents à une organisation syndicale de salariés amenés à intervenir en faveur des salariés, définie aux articles L. 2145-1 et L. 2145-2, notamment l'indemnisation des salariés bénéficiant de congés de formation, l'animation des activités des salariés exerçant des fonctions syndicales *(L. n° 2016-1088 du 8 août 2016, art. 33)* « , » leur information au titre des politiques mentionnées aux 1° et 2° du présent article *(L. n° 2016-1088 du 8 août 2016, art. 33)* « ainsi que les formations communes mentionnées à l'article L. 2212-1 », au moyen de la contribution prévue au 1° du I de l'article L. 2135-10 et de la subvention prévue au 3° du même I ;

4° Toute autre mission d'intérêt général à l'appui de laquelle sont prévues d'autres ressources sur le fondement du 4° dudit I.

Art. L. 2135-12 Bénéficient des crédits du fonds paritaire au titre de l'exercice des missions mentionnées à l'article L. 2135-11 :

1° Les organisations de salariés et d'employeurs représentatives au niveau national et interprofessionnel, leurs organisations territoriales, les organisations professionnelles d'employeurs représentatives au niveau national et multi-professionnel ainsi que celles qui sont représentatives au niveau de la branche *(L. n° 2016-1088 du 8 août 2016, art. 36)* « ou, dans le secteur de la production cinématographique, de l'audiovisuel et du spectacle, les organisations professionnelles d'employeurs représentatives de l'ensemble des professions de ce secteur dont les statuts prévoient qu'elles ont vocation à percevoir ces crédits », au titre de l'exercice de la mission mentionnée au 1° du même article L. 2135-11 ;

2° Les organisations de salariés et d'employeurs représentatives au niveau national et interprofessionnel, les organisations syndicales de salariés dont la vocation statutaire revêt un caractère national et interprofessionnel qui recueillent plus de 3 % des suffrages exprimés lors des élections prévues au 3° de l'article L. 2122-9 et les organisations professionnelles d'employeurs représentatives au niveau national et multi-professionnel mentionnées à l'article L. 2152-2, au titre de l'exercice de la mission mentionnée au 2° de l'article L. 2135-11 ;

3° Les organisations syndicales de salariés représentatives au niveau national et interprofessionnel et celles dont la vocation statutaire revêt un caractère national et interprofessionnel et qui recueillent plus de 3 % des suffrages exprimés lors des élections prévues au 3° de l'article L. 2122-9, au titre de l'exercice de la mission mentionnée au 3° de l'article L. 2135-11.

Art. L. 2135-13 Le fonds paritaire répartit ses crédits :

1° A parité entre les organisations syndicales de salariés, d'une part, et les organisations professionnelles d'employeurs, d'autre part, au titre de la mission mentionnée au 1° de l'article L. 2135-11, au niveau national et au niveau de la branche. Les modalités de répartition des crédits entre organisations syndicales de salariés, d'une part, et entre organisations professionnelles d'employeurs, d'autre part, sont déterminées, par voie réglementaire, de façon uniforme pour les organisations syndicales de salariés et en fonction de l'audience ou du nombre des mandats paritaires exercés pour les organisations professionnelles d'employeurs*[.] (L. n° 2016-1088 du 8 août 2016, art. 35)* « Pour l'appréciation de cette audience, sont pris en compte, chacun à hauteur de 50 %, d'une part, le nombre des entreprises adhérentes à des organisations professionnelles d'employeurs représentatives qui emploient au moins un salarié et, d'autre part, le nombre de salariés employés par ces mêmes entreprises ; »

2° Sur une base forfaitaire identique, fixée par décret, pour chacune des organisations syndicales de salariés et des organisations professionnelles d'employeurs représentatives au niveau national et interprofessionnel, et sur une base forfaitaire identique d'un montant inférieur, fixée par décret, pour chacune des organisations syndicales de salariés dont la vocation statutaire revêt un caractère national et interprofessionnel et qui ont recueilli plus de 3 % des suffrages exprimés lors des élections prévues au 3° de l'article L. 2122-9 et pour chacune des organisations professionnelles d'employeurs représentatives au niveau national et multi-professionnel mentionnées à l'article L. 2152-2, au titre de la mission mentionnée au 2° de l'article L. 2135-11 ;

3° Sur la base d'une répartition, définie par décret, en fonction de l'audience de chacune des organisations syndicales de salariés dont la vocation statutaire revêt un caractère national et interprofessionnel et qui ont recueilli plus de 3 % des suffrages exprimés lors des élections prévues au 3° de l'article L. 2122-9, au titre de la mission mentionnée au 3° de l'article L. 2135-11.

Conformité à la Constitution. En prévoyant que le montant des crédits alloués aux organisations syndicales de salariés au titre de la mission liée au paritarisme est réparti de façon uniforme entre elles, alors même que d'autres règles sont prévues pour la répartition du montant des crédits alloués aux organisations professionnelles d'employeurs à ce titre, le législateur a traité différemment des situations différentes ; cette différence de traitement étant en rapport avec l'objet de la loi qui l'établit, le grief tiré de la méconnaissance du principe d'égalité devant la loi doit être écarté. • Cons. const. 27 nov. 2015, n° 2015-505 QPC : *JO 29 nov.* ; *Sem. soc. Lamy 2016, n° 1701, p. 4, obs. Izard.*

Art. L. 2135-14 Les organisations syndicales de salariés représentatives au niveau national et interprofessionnel et celles dont la vocation statutaire revêt un caractère national et interprofessionnel et qui ont recueilli plus de 3 % des suffrages exprimés lors des élections prévues au 3° de l'article L. 2122-9 perçoivent les sommes dues aux organisations territoriales et organisations syndicales représentatives au niveau de la branche qui leur sont affiliées. Elles contribuent au financement de ces dernières au titre des missions mentionnées aux 1° et 2° de l'article L. 2135-11.

Art. L. 2135-15 I. – Le fonds mentionné à l'article L. 2135-9 est géré par une association paritaire, administrée par un conseil d'administration composé de représentants des organisations syndicales de salariés et des organisations professionnelles d'employeurs représentatives au niveau national et interprofessionnel. *(L. n° 2016-1088 du 8 août 2016, art. 35)* « Au sein de ce conseil, chaque organisation professionnelle d'employeurs dispose d'un nombre de voix proportionnel à son audience au niveau national et interprofessionnel. Pour l'appréciation de cette audience, sont pris en compte à hauteur, respectivement, de 30 % et de 70 %, le nombre des entreprises adhérentes à des organisations professionnelles d'employeurs représentatives au niveau national et interprofessionnel et le nombre de salariés employés par ces mêmes entreprises. »

La présidence de l'association est assurée alternativement par un représentant des organisations syndicales de salariés et un représentant des organisations professionnelles d'employeurs représentatives au niveau national et interprofessionnel.

Les organisations syndicales de salariés, dont la vocation statutaire revêt un caractère national et interprofessionnel et qui ont recueilli plus de 3 % des suffrages exprimés lors des élections prévues au 3° de l'article L. 2122-9, et les organisations professionnelles d'employeurs représentatives au niveau national et multi-professionnel sont destinataires des projets de délibération et de décision du conseil d'administration relatifs à la répartition des crédits mentionnée à l'article L. 2135-13 et elles peuvent faire connaître leurs observations.

L'association adopte un règlement intérieur, agréé par le ministre chargé du travail.

II. – Le ministre chargé du travail désigne un commissaire du Gouvernement auprès de l'association paritaire mentionnée au I.

Le commissaire du Gouvernement assiste de droit aux séances de toutes les instances de délibération et d'administration de l'association. Il est destinataire de toute délibération du conseil d'administration. Il a communication de tous les documents relatifs à la gestion du fonds.

Lorsque le commissaire du Gouvernement estime qu'une délibération du conseil d'administration ou qu'une décision prise par une autre instance ou autorité interne de l'association gestionnaire du fonds n'est pas conforme aux dispositions de la présente section, à des stipulations de l'accord national et interprofessionnel agréé ou à des dispositions réglementaires, il saisit le président du conseil d'administration, qui lui adresse une réponse motivée.

Lorsque le commissaire du Gouvernement estime qu'une délibération ou une décision mentionnée au troisième alinéa du présent II et concernant l'utilisation de la subvention de l'État prévue au 3° du I de l'article L. 2135-10 n'est pas conforme à la destination de cette contribution, définie aux articles L. 2135-11 et L. 2135-12, il peut s'opposer, par décision motivée, à sa mise en œuvre.

Les modalités d'application du présent article sont déterminées par voie réglementaire.

Art. L. 2135-16 Les organisations syndicales de salariés et les organisations professionnelles d'employeurs bénéficiant de financements du fonds paritaire établissent un rapport annuel écrit détaillant l'utilisation qui a été faite des crédits perçus.

Elles rendent public ce rapport et le transmettent au fonds dans les six mois suivant la fin de l'exercice sur lequel porte le rapport.

En l'absence de transmission du rapport dans le délai prévu au deuxième alinéa ou lorsque les justifications des dépenses engagées sont insuffisantes, le fonds peut, après mise en demeure de l'organisation concernée de se conformer à ses obligations, non suivie d'effet dans le délai que la mise en demeure impartit et qui ne peut être inférieur à quinze jours, suspendre l'attribution du financement à l'organisation en cause ou en réduire le montant.

Avant le 1er octobre de chaque année, le fonds remet au Gouvernement et au Parlement un rapport sur l'utilisation de ses crédits. Ce rapport est publié selon des modalités fixées par voie réglementaire.

Art. L. 2135-17 Les organismes gérés majoritairement par les organisations syndicales de salariés et les organisations professionnelles d'employeurs qui figurent sur la liste mentionnée au 2° du I de l'article L. 2135-10 et dont le conseil d'administration a décidé le versement d'une participation au fonds paritaire n'assurent aucun financement direct ou indirect des organisations syndicales de salariés et des organisations professionnelles d'employeurs, à l'exception de la contribution mentionnée à ce même 2°. Le présent article s'applique sous la seule réserve de la possibilité de rembourser, sur présentation de justificatifs, les frais de déplacement, de séjour et de restauration engagés par les personnes qui siègent au sein des organes de direction de tels organismes.

Art. L. 2135-18 Sauf dispositions contraires, les conditions d'application de la présente section sont déterminées par décret en Conseil d'État.

CHAPITRE VI **DISPOSITIONS PÉNALES**

(L. n° 2008-789 du 20 août 2008)

Le chapitre V devient le chapitre VI, et les art. L. 2135-1 et L. 2135-2 deviennent respectivement les art. L. 2136-1 et L. 2136-2 (L. n° 2008-789 du 20 août 2008).

Art. L. 2136-1 Le fait pour un directeur ou un administrateur d'un syndicat professionnel ou d'une union de syndicats de méconnaître les dispositions de l'article L. 2131-1, relatives à l'objet des syndicats, est puni d'une amende de 3 750 €.

La dissolution du syndicat ou de l'union de syndicats peut en outre être prononcée à la diligence du procureur de la République.

Toute fausse déclaration relative aux statuts et aux noms et qualités des directeurs ou administrateurs est punie d'une amende de 3 750 €. – *[Anc. art. L. 481-1.]*

Sur la possibilité pour tout syndicat intéressé de poursuivre l'annulation de la constitution d'un syndicat pour cause de nullité absolue de son objet, note 1 ss. art. L. 2131-1.

Art. L. 2136-2 Le fait pour un employeur d'enfreindre les dispositions de l'article L. 2134-2, relatives à l'utilisation des marques syndicales ou des labels, est puni d'une amende de 3 750 €.

La récidive est punie d'un emprisonnement d'un an et d'une amende de 7 500 €. – *[Anc. art. L. 481-3.]*

Sur les infractions en matière de marques syndicales, V. aussi CPI, art. L. 716-11. – **CPI.**

TITRE QUATRIÈME **EXERCICE DU DROIT SYNDICAL**

RÉP. TRAV. v^is *Syndicats professionnels (Droit syndical dans l'entreprise)*, par GRÉVY, et *Syndicats professionnels (Prérogatives et action)*, par DUQUESNE et SACHS-DURAND.

BIBL. GÉN. ▶ Présence syndicale dans l'entreprise : ADOM, *Dr. soc. 1997. 10* (pouvoir disciplinaire et action syndicale). - BOITEL, *Dr. ouvrier 1970. 2.* - BRÈTHE DE LA GRESSAYE, *Dr. soc. 1969. 153.* - CHALARON, *Ét. offertes à Jauffret, 1974, p. 184.* - DÉPREZ, *BS Lefebvre 1983. 47.* - DESPAX, *JCP 1969. I. 2276.* - GAURIAU, *Dr. soc. 2009. 641* (représentants des syndicats dans l'entreprise) ; *JCP S 2013. 1419* (TIC et action syndicale). - JAVILLIER, *Dr. soc. 1984. 31.* - MOULY, *D. 2010. Doctr. 282* (confidentialité de l'affiliation syndicale). - NOTAT, *ibid. 1991. 94* (accords AXA). - PÉLISSIER, *ibid. 1984. 41.* - PETIT, *RPDS 1971. 247.* - SINAY, *D. 1969. Chron. 77 ; Dr. soc. 1969. 447.* - SOUBIE, *Dr. soc. 1984. 15.* - VERDIER, *JCP CI 1982. II. 13806 ; RJS 1989. 391.*

CHAPITRE PREMIER **PRINCIPES**

Art. L. 2141-1 *(L. n° 2008-496 du 27 mai 2008, art. 6, 7°)* Tout salarié peut librement adhérer au syndicat professionnel de son choix et ne peut être écarté pour l'un des motifs visés à l'article L. 1132-1. – *[Anc. art. L. 411-5.]*

COMMENTAIRE

V. Dalloz.fr et applications mobiles Dalloz.

1. Liberté syndicale négative. Sur la reconnaissance, déduite des termes de l'art. 11 de la Conv. EDH, d'une liberté syndicale « négative », à savoir le droit de ne pas adhérer à un syndicat ou de s'en retirer, V. • CEDH 25 avr. 1996 : *D. 1997. 363, note Marguénaud et Mouly ; Gaz. Pal. 1997. 2. 471, note Pettiti* • 11 janv. 2006, req. n°s 52562/99 et 52620/99 : *Dr. soc. 2006. 1022, chron. Marguénaud et Mouly*. ♦ Dans le même sens mais sur le fondement des dispositions constitutionnelles, V. • Cons. const., QPC, 19 nov. 2010 : *n° 2010-68, § 7.*

2. Anonymat des salariés. L'adhésion du salarié à un syndicat relève de sa vie personnelle et ne peut être divulguée sans son accord. • Soc. 8 juill. 2009, *Okaïdi : D. 2009. 2393, note Loiseau ; RDT 2009. 729, obs. Grévy ; RJS 2009. 676, Avis Duplat ; JS Lamy 2009, n° 262-3 ; JCP S 2009. 1416, note Gauriau ; Sem. soc. Lamy 2009, n° 1408, p. 10, note Pécaut-Rivolier ; ibid., n° 1412, p. 6, obs. Borenfreund ; Dr. soc. 2009. 950, rapp. Pécaut-Rivolier et obs. Morin ; Dr. ouvrier 2009. 517, obs. Michel.*

Art. L. 2141-2 **Les personnes qui ont cessé d'exercer leur activité professionnelle peuvent adhérer ou continuer à adhérer à un syndicat professionnel de leur choix.** – *[Anc. art. L. 411-7.] – V. art. R. 2146-5 (pén.).*

Art. L. 2141-3 **Tout membre d'un syndicat professionnel peut s'en retirer à tout instant, même en présence d'une clause contraire.** – *[Anc. art. L. 411-8.]*

Le syndicat peut réclamer la cotisation correspondant aux six mois qui suivent le retrait d'adhésion.

1. Droit de démissionner. Il résulte de l'art. L. 411-8 [L. 2141-3 nouv.] que la démission d'un syndicat professionnel est l'exercice d'un droit reconnu par la loi, ce qui exclut qu'elle puisse constituer l'inexécution d'une obligation relevant du domaine d'application de l'art. 1226 C. civ. • Civ. 1re, 23 mars 1983 : *Bull. civ. I, n° 112 ; D. 1983. IR 268.*

2. Le libre retrait d'un adhérent ne peut être limité par une clause conventionnelle. • Soc. 23 juin 1988 : *Bull. civ. V, n° 394 ; D. 1989. Somm. 205, obs. Frossard ; ibid. Somm. 269, obs. Serra.* ♦ Dans le même sens : • Com. 9 nov. 1993, n° 91-20.722 P : *D. 1994. 399, note Lombard ; ibid. Somm. 220, obs. Serra* (illicéité d'une clause de non-concurrence limitant la liberté de retrait d'un syndicat).

3. Conséquences de la démission. Les termes d'un règlement intérieur prévoyant, en cas de démission, le non-remboursement des cotisations déjà versées n'interdit pas au syndicat de demander la cotisation prévue par l'art. L. 411-8 [L. 2141-3 nouv.]. • Soc. 30 janv. 1991, n° 89-16.485 P.

Art. L. 2141-4 **L'exercice du droit syndical est reconnu dans toutes les entreprises dans le respect des droits et libertés garantis par la Constitution de la République, en particulier de la liberté individuelle du travail.**

Les syndicats professionnels peuvent s'organiser librement dans toutes les entreprises conformément aux dispositions du présent titre. – *[Anc. art. L. 412-1, al. 1er et 2.] – V. art. L. 2146-1 (pén.).*

1. Activité syndicale. L'exercice d'une activité syndicale n'implique pas nécessairement la qualité de délégué syndical. • Crim. 29 oct. 1996 : *Bull. crim. n° 379 ; D. 1997. IR 32 ; CSB 1997. 103, A. 21 ; Dr. ouvrier 1997. 227, obs. Richevaux.*

2. Liberté d'expression. Un syndicat a le droit de communiquer librement des informations au public sur un site internet, mais cette liberté peut être limitée dans la mesure de ce qui est nécessaire pour éviter la divulgation d'informations confidentielles portant atteinte aux droits des tiers. • Soc. 5 mars 2008 : *RJS 2008. 440, n° 563 ; JCP E 2008. 1554, note Raynaud ; JS Lamy 2008, n° 231-6.* ♦ Sur la conciliation nécessaire de la liberté d'expression et de la liberté syndicale avec le but légitime consistant à protéger la réputation des personnes physiques visées par des caricatures ou textes, V. • CEDH 12 sept. 2011, *Palmo Sanchez : Dalloz actualité, 29 sept. 2011, obs. Perrin ; RJS 2012. 83, note Lafuma ; JS Lamy 2011, n° 308-4, obs. Tourreil ; Sem. soc. Lamy 2011, n° 1510, p. 13.*

Art. L. 2141-5 **Il est interdit à l'employeur de prendre en considération l'appartenance à un syndicat ou l'exercice d'une activité syndicale pour arrêter ses décisions en matière notamment de recrutement, de conduite et de répartition du travail, de formation professionnelle, d'avancement, de rémunération et d'octroi d'avantages sociaux, de mesures de discipline et de rupture du contrat de travail.**

(L. n° 2015-994 du 17 août 2015, art. 4) **« Un accord détermine les mesures à mettre en œuvre pour concilier la vie personnelle, la vie professionnelle et les fonctions syndicales et électives, en veillant à favoriser l'égal accès des femmes et des hommes. Cet accord prend en compte l'expérience acquise, dans le cadre de l'exercice de mandats, par les représentants du personnel désignés ou élus dans leur évolution professionnelle.**

« Au début de son mandat, le représentant du personnel titulaire, le délégué syndical ou le titulaire d'un mandat syndical bénéficie, à sa demande, d'un entretien individuel avec son employeur portant sur les modalités pratiques d'exercice de son mandat au sein de l'entreprise au regard de son emploi. Il peut se faire accompagner par une personne de son choix appartenant au personnel de l'entreprise. Cet entretien ne se substitue pas à l'entretien professionnel mentionné à l'article L. 6315-1.

« Lorsque l'entretien professionnel est réalisé au terme d'un mandat de représentant du personnel titulaire ou d'un mandat syndical et que le titulaire du mandat dispose d'heures de délégation sur l'année représentant au moins 30 % de la durée de travail fixée dans son contrat de travail ou, à défaut, de la durée applicable dans l'établissement, l'entretien permet de procéder au recensement des compétences acquises au cours du mandat et de préciser les modalités de valorisation de l'expérience acquise. »

V. art. L. 2146-2 (pén.).

BIBL. ▶ ALVAREZ-PUJANA, *Dr. ouvrier 1990. 77* (entrave). – BÉRAUD, *Dr. soc. 1986. 384* (liberté syndicale et Convention européenne des droits de l'homme). – CARBY-HALL, *Rev. int. dr. comp. 1991. 775* (les « closed shop »). – CARLES, *RPDS 2001. 237* (action juridique contre les discriminations syndicales). – CHISS, *JCP S 2012. 1160* (professionnalisation et gestion de carrière des représentants du personnel). – CŒURET, *Dr. ouvrier 1987. 447* (entrave et discrimination). – COHEN, *D. 1973. Chron. 83* (droit syndical et expression d'opinions politiques) ; *Dr. soc. 1978. 268* (entrave au droit syndical). – DESPAX, *BS Lefebvre 1986. 121* (carrière professionnelle des représentants du personnel). – DESSET, *RPDS 1984. 229 ; ibid. 1989. 45* (libertés syndicales dans l'entreprise). – DUTERTRE, *Dr. soc. 1972. 221* (entrave). – GRÉVY, *ibid. 1994. 884* (carrière des délégués syndicaux). – HERVIEU, *RDT 2009. 288* (la Cour européenne des droits de l'homme, alchimiste de la liberté syndicale). – MILET, *RPDS 2001. 221* (droit du travail et discriminations syndicales). – MINORET-GIBERT, *Dr. soc., n° spéc. avr. 1979, 101* (entrave). – RADÉ, *Dr. soc. 1999. 773* (rémunération et discrimination syndicale). – SPYROPOULOS, *Dr. soc. 1956. 264* (monopole syndical d'emploi). – VERDIER, *ibid. 1993. 866* (liberté syndicale) ; *Ét. offertes à H. Sinay, 1994, p. 69* (liberté et égalité).

COMMENTAIRE

V. Dalloz.fr et applications mobiles Dalloz.

1. *Appréciation souveraine des juges du fond.* La discrimination doit être appréciée par des motifs exempts d'insuffisance comme de contradiction et déduite de l'appréciation souveraine des juges du fond des faits et circonstances de la cause. • Crim. 3 avr. 2007 : *D. 2007. AJ 1424 ; Dr. soc. 2007. 902, obs. Duquesne.*

I. CAS DE DISCRIMINATION

2. *Discriminations à l'embauche.* Il est interdit à tout employeur de prendre en considération l'appartenance à un syndicat ou l'exercice d'une activité syndicale pour arrêter ses décisions en ce qui concerne notamment l'embauchage. • Soc. 13 mai 1969 : *JCP 1970. II. 16208, note Verdier ; D. 1969. 528, note Savatier.* ♦ L'employeur ne peut donc pas poser une question sur l'affiliation syndicale, cette question impliquant par elle-même la prise en considération de l'appartenance syndicale. • Même arrêt. ♦ Un candidat ne peut être sanctionné pour avoir refusé de donner des renseignements qu'il n'avait pas à fournir. • Soc. 17 oct. 1973 : *Bull. civ. V, n° 484.* ♦ Enfin, un employeur ne peut rétracter une promesse d'embauche en raison de l'activité syndicale du mari d'une candidate. • Soc. 20 nov. 1959 : *Bull. civ. IV, n° 1162.* ♦ ... Ni refuser le renouvellement d'un contrat à durée déterminée. • Soc. 4 juin 1969 : *JCP 1970. II. 16208, note Verdier ; D. 1969. 545.*

3. *Conditions de travail.* Le comportement prévu par l'art. L. 412-2 [L. 2141-5 nouv.] peut être réalisé par tout moyen, et non seulement par un licenciement irrégulier. • Crim. 5 avr. 1973 : *Dr. soc. 1974. 291, obs. Savatier ; JCP 1974. II. 17796, note Verdier.* ♦ Constitue ainsi une discrimination l'affectation des employés dans un atelier spécial. • Soc. 1er févr. 1979 : *Dr. soc. 1979. 424, obs. Savatier.* ♦ ... La prise en considération, pour la répartition du travail, de l'absentéisme occasionné par la prise des heures de délégation. • Soc. 19 mai 1987 : *Dr. ouvrier 1988. 452.* ♦ ... Le fait d'imposer à un représentant syndical des sujétions ayant pour finalité essentielle la modification des conditions d'exercice de son mandat et l'isolement de ses collègues. • Crim. 4 janv. 1991 : *RJS 1991. 181, n° 346.* ♦ ... La mise en position d'un salarié syndiqué en sous-activité permanente. • Crim. 2 déc. 1986 : *RPDS 1987. 359.*

4. *Influence et financement syndical.* Un accord collectif peut établir des règles de répartition inégalitaire d'une contribution au financement du dialogue social entre les organisations syndicales représentatives mais l'inégalité doit être justifiée par des raisons objectives matériellement vérifiables liées à l'influence de chaque syndicat dans le champ de l'accord. • Soc. 10 oct. 2007 : *D. 2007. AJ 2673.*

5. L'employeur ne doit pas prendre en considération les activités syndicales pour arrêter ses décisions en matière de carrières. • Crim. 25 mai 1982 : *Bull. civ. V, n° 135* • Soc. 24 sept. 2008 : *D. 2009. 1393, note Boillot.* ♦ Le délit prévu par l'art. L. 412-2 [L. 2141-5 nouv.] est constitué s'agissant de l'exclusion, à compter de la prise de responsabilités syndicales, du bénéfice des promotions et d'une prime de jour. • Soc. 16 févr. 1985 : *Dr. ouvrier 1986. 313.* ♦ ... Ou d'une disparité d'avancement de salariés syndicalistes résultant du refus de l'employeur de leur accorder la promotion obtenue par d'autres salariés placés dans la même situation. • Soc. 26 avr. 2000, n° 98-42.643 P : *D. 2000. 467, n° 685.* ♦ Pour une hypothèse d'évaluation. • Soc. 17 oct. 2006 : *D. 2007. Pan. 692, obs. F. Guiomard ; RJS 2006. 29, n° 4 ; Dr. soc. 2006. 1186, obs. Radé ; Sem. soc. Lamy 2006, n° 1282, p. 10.*

6. *Rémunération et avantages sociaux.* Doit être sanctionné en tant que discrimination syndicale la suppression d'avantages sociaux aux salariés ayant créé un syndicat. • Crim. 21 avr. 1977 : *Bull. civ. V, n° 126.* ♦ ... La privation d'une augmentation de salaire dès que le salarié a été désigné comme délégué syndical. • Soc. 28 juin 1994 : *Dr. ouvrier 1995. 359.* ♦ ... La privation des titres-restaurant en raison des absences pour activités syndicales. • Crim. 30 avr. 1996 : *RJS 1996. 672, n° 1059* • Soc. 3 mars 2010 : *D. 2010. AJ 770 ; Dr. soc. 2010. 605, obs. Radé ; JCP S 2010. 1246, obs. Martinon ; Dalloz actualité, 22 mars 2010, obs. Maillard* (prime de panier).

7. *Détermination des objectifs professionnels.* L'employeur doit, sauf se rendre coupable de discrimination, adapter la clientèle confiée au salarié en fonction des seules heures consacrées à l'exécution de ses obligations contractuelles et appliquer au montant de la prime de clientèle un traitement identique à celui prévu au profit des autres salariés et soumis à des abattements eux-mêmes proportionnés au temps de travail de production de la salariée. • Soc. 6 juill. 2010 : *D. 2010. AJ 1884.*

8. *Évaluation professionnelle.* Sauf application d'un accord collectif visant à en assurer la neutralité ou à le valoriser, l'exercice d'activités syndicales ne peut être pris en considération dans l'évaluation professionnelle d'un salarié. • Soc. 23 mars 2011 : *RDT 2011. 386, obs. Signoretto.*

9. *Sanctions et licenciement.* S'agissant de sanctions disciplinaires, commet une discrimination syndicale l'employeur qui sanctionne exclusivement les délégués syndicaux grévistes. • Soc. 21 nov. 1989 : *Dr. ouvrier 1990. 410.* ♦ ... Ou qui inflige un avertissement à une déléguée syndicale 12 jours après sa désignation alors qu'en 18 ans de services elle n'avait jamais fait l'objet d'observations. • Crim. 17 févr. 1981 : *RPDS 1981. Somm. 195.* ♦ De même, la mise à pied d'un délégué syndical peu de temps après sa désignation, constitue tant le délit de discrimination syndicale que celui d'entrave à l'exercice du droit syndical pour lequel il a été poursuivi. • Crim. 25 janv. 2000 : *Bull. crim. n° 38.* ♦ Le licenciement pour appartenance syndicale est nul même s'il intervient pendant la période d'essai. • Soc. 25 mars 1985 : *Bull. civ. V, n° 202.* ♦ Le licenciement d'un salarié en raison de ses activités syndicales étant nul de plein droit le juge doit ordonner si l'intéressé le demande, la poursuite de l'exécution du contrat de travail qui n'a pas été valablement rompu. • Soc. 17 mars 1999 : *D. 1999. 535, obs. Grévy ; RJS 1999. 422, n° 694.*

10. *Pressions contre les syndicats.* Constitue un moyen de pression au sens de l'art. L. 412-2 [L. 2141-5 nouv.] la circulaire adressée par une fédération patronale à ses adhérents les invitant à répondre favorablement aux demandes d'un nouveau syndicat ouvrier. • Soc. 16 mars 1977 : *D. 1977. IR 188.* ♦ ... Ou la diffusion d'une note reprochant à une fraction du personnel de se laisser entraîner par des éléments irréfléchis vers un syndicat qualifié de politique. • Crim. 5 mai 1976 : *Bull. civ. V, n° 143.* ♦ Un employeur ne peut pas non plus subventionner un syndicat représentatif et non un autre, selon qu'il a signé ou non une convention ou un accord collectif. • Soc. 29 mai 2001, n° 98-23.078 P : *RJS 2001. 712, n° 1042 ; Dr. soc. 2001. 821, obs. Borenfreund.* ♦ V. pour une prestation de « coaching » anti-syndical. • Lyon, 7ᵉ ch. B, 14 févr. 2007 : *RDT 2007. 332, obs. Grumbach et Serverin.*

11. *Discrimination entre délégués syndicaux.* Le délit de discrimination peut être constitué par la disparité de situation entre délégués syndicaux permanents et autres délégués syndicaux de l'entreprise non contestée et non fondée sur des éléments objectifs étrangers à l'exercice du mandat syndical. • Soc. 25 juin 2002, n° 99-42.909 P : *RJS 2003. 44, n° 54.* ♦ Mais le principe d'égalité, qui est de valeur constitutionnelle et que le juge doit appliquer, interdit à l'employeur de refuser la désignation d'un délégué syndical par un syndicat représentatif au motif que l'effectif est inférieur à cinquante salariés, dès lors qu'il a accepté la désignation dans les mêmes conditions d'un délégué syndical – non délégué du personnel – par un autre syndicat représentatif. • Soc. 5 mai 2004, n° 03-60.175 P : *Dr. soc. 2004. 694, note Jeammaud* ; *RJS 2004. 562, n° 829.*

12. Différences de traitement autorisées. Un accord collectif peut établir des règles de répartition inégalitaire d'une contribution au financement du dialogue social entre les organisations syndicales représentatives, mais l'inégalité doit être justifiée par des raisons objectives matériellement vérifiables liées à l'influence de chaque syndicat dans le champ de l'accord. • Soc. 10 oct. 2007 : *D. 2007. AJ 2673* ; *RJS 2007. 1043, n° 1305 ; Dr. soc. 2008. 106, note Borenfreund*. ♦ ... Ou de leur représentativité. • Soc. 22 sept. 2010 : *D. 2010. AJ 2233*. ♦ Mais le comité d'entreprise ne peut faire varier le montant de ses aides en fonction de l'appartenance syndicale des salariés. • Soc. 16 avr. 2008 : *D. 2008. AJ 1417, obs. Ines* ; *RDT 2008. 467, note Signoretto* ; *RJS 2008. 555, n° 691.*

II. SANCTIONS DE LA DISCRIMINATION

13. Charge de la preuve. Il appartient au salarié qui se prétend lésé par une mesure discriminatoire de soumettre au juge les éléments de faits susceptibles de caractériser une atteinte au principe d'égalité de traitement et il incombe à l'employeur qui conteste le caractère discriminatoire d'établir que la disparité de situation constatée est justifiée par des éléments objectifs étrangers à toute discrimination. • Soc. 28 mars 2000, n° 97-45.258 P : *RJS 2000. 350, n° 498 (2e esp.) ; Dr. soc. 2000. 589, obs. Lanquetin* • 26 avr. 2000, n° 98-42.643 P : *D. 2000. IR 160* ; *RJS 2000. 468, n° 985* • 28 sept. 2004 : *Dr. soc. 2004. 1147, obs. Radé*. ♦ Le délit de discrimination syndicale ne peut être établi – s'agissant d'une évolution de carrière défavorable – sans procéder à une étude comparative des salaires et coefficients des représentants du personnel et des autres salariés de l'entreprise, à diplôme équivalent et même ancienneté. • Crim. 9 nov. 2004 : *Bull. crim. n° 279 ; RJS 2005. 288, n° 405.* ♦ L'art. L. 2141-5 n'institue aucune dérogation à la charge de la preuve en matière pénale, laquelle incombe à la partie poursuivante en vertu de l'article préliminaire du code de procédure pénale et de l'article 6, § 2, de la Conv. EDH relatifs à la présomption d'innocence ; il appartient à la juridiction de jugement de rechercher l'existence d'une relation de causalité entre les mesures jugées discriminatoires et l'appartenance ou l'activité syndicale de la partie poursuivante. • Crim. 11 avr. 2012 : *D. 2012. Actu. 1410* ; *RDT 2012. 426, obs. Duquesne* ; *RJS 2012. 696, n° 818 ; JCP S 2012. 1324, obs. Brissy.* ♦ Sur le pouvoir discrétionnaire des juges du fond pour ordonner la production forcée de pièces détenues par l'employeur. • Soc. 3 déc. 2008 : *RDT 2009. 105, obs. Keim-Bagot et Varnek*. ♦ La mention, sur des fiches d'évaluation, des activités prud'homales et syndicales d'un salarié laisse supposer l'existence d'une discrimination. • Soc. 1er juill. 2009 : *JS Lamy 2009, n° 263-2.*

14. Contrôle de la justification. Lorsque l'employeur justifie une absence de promotion, présumée discriminatoire, par des critères objectifs de compétence, il appartient au juge de vérifier si, en application de ces critères et des évaluations antérieures des candidats à la promotion, le salarié qui invoque une discrimination à son encontre aurait ou non dû être promu. • Soc. 24 sept. 2014 : *pourvoi n° 13-10.233.*

15. Obligations du salarié. Le salarié qui se prétend lésé par une mesure discriminatoire doit soumettre au juge les éléments de fait susceptibles de caractériser une atteinte au principe d'égalité de traitement pour permettre au juge de rechercher si cette différence de traitement est fondée sur des critères objectifs de compétence professionnelle. • Soc. 4 juill. 2000, n° 98-43.285 P : *D. 2001. Somm. 737, note Wauquier* ; *RJS 2000. 745, n° 1109 ; Dr. soc. 2000. 919, obs. Mouly*.

16. Annulation de la décision discriminatoire. Tout syndicat victime d'une mesure prise contrairement aux dispositions de l'art. L. 412-2 [L. 2141-5 nouv.] est recevable et bien-fondé à en demander l'annulation. • Soc. 10 juill. 2001, n° 99-21.884 P : *D. 2001. IR 2364* ; *Dr. soc. 2001. 1035, obs. Verdier* ; *RJS 2001. 786, n° 1156.* ♦ Le salarié qui a fait l'objet d'une discrimination doit être rétabli dans ses conditions de travail antérieures. • Soc. 23 juin 2004, n° 02-41.011 P : *RJS 2004. 819, n° 1163.*

17. Réparation en nature. La réparation intégrale d'un dommage oblige à placer celui qui l'a subi dans la situation où il se serait trouvé si le comportement dommageable n'avait pas eu lieu ; les dispositions de l'art. L. 412-2 ne font pas obstacle à ce que le juge ordonne le reclassement d'un salarié victime d'une discrimination prohibée. • Soc. 23 nov. 2005, n° 03-40.826 P.

Art. L. 2141-5-1 *(L. n° 2015-994 du 17 août 2015, art. 6)* **En l'absence d'accord collectif de branche ou d'entreprise déterminant des garanties d'évolution de la rémunération des salariés mentionnés aux 1° à 7° de l'article L. 2411-1 et aux articles L. 2142-1-1 et L. 2411-2 au moins aussi favorables que celles mentionnées au présent article, ces salariés, lorsque le nombre d'heures de délégation dont ils disposent sur l'année dépasse 30 % de la durée de travail fixée dans leur contrat de travail ou, à défaut, de la durée applicable dans**

l'établissement, bénéficient d'une évolution de rémunération, au sens de l'article L. 3221-3, au moins égale, sur l'ensemble de la durée de leur mandat, aux augmentations générales et à la moyenne des augmentations individuelles perçues pendant cette période par les salariés relevant de la même catégorie professionnelle et dont l'ancienneté est comparable ou, à défaut de tels salariés, aux augmentations générales et à la moyenne des augmentations individuelles perçues dans l'entreprise.

Art. L. 2141-6 **Il est interdit à l'employeur de prélever les cotisations syndicales sur les salaires de son personnel et de les payer au lieu et place de celui-ci.** — *[Anc. art. L. 412-2, al. 2.] — V. art. L. 2146-2 (pén.).*

Art. L. 2141-7 **Il est interdit à l'employeur ou à ses représentants d'employer un moyen quelconque de pression en faveur ou à l'encontre d'une organisation syndicale.** — *[Anc. art. L. 412-2, al. 7.] — V. art. L. 2146-2 (pén.).*

BIBL. ► PATIN, *JCP S 2012. 1428* (l'obligation de neutralité au cours de la campagne électorale dans l'entreprise).

Moyen de pression. Un moyen de pression est constitué lorsqu'une entreprise confie à un cabinet de conseils en ressources humaines la mission de réduire l'influence d'un syndicat, mission matérialisée par la tenue de réunions avec le personnel durant lesquelles l'action du syndicat est critiquée. • Crim. 2 sept. 2008 : *RJS 2008. 999, nº 1208 ; Dr. soc. 2009. 505, obs. Duquesne ; JS Lamy 2008, nº 242-5 ; JCP S 2009. 1019, obs. Cesaro.*

Art. L. 2141-8 **Les dispositions des articles L. 2141-5 à L. 2141-7 sont d'ordre public.**

Toute mesure prise par l'employeur contrairement à ces dispositions est considérée comme abusive et donne lieu à dommages et intérêts. — *[Anc. art. L. 412-2, al. 4 et 5.] — V. art. L. 2146-2 (pén.).*

Art. L. 2141-9 **Les syndicats représentatifs dans l'entreprise bénéficient des dispositions applicables à la section syndicale et au délégué syndical prévues par les chapitres III et IV.** — *[Anc. art. L. 412-4, al. 1er.] — V. art. L. 2146-1 (pén.).*

COMMENTAIRE

V. Dalloz.fr et applications mobiles Dalloz.

Art. L. 2141-10 **Les dispositions du présent titre ne font pas obstacle aux conventions ou accords collectifs de travail comportant des clauses plus favorables, notamment celles qui sont relatives à l'institution de délégués syndicaux ou de délégués syndicaux centraux dans tous les cas où les dispositions légales n'ont pas rendu obligatoire cette institution.**

Aucune limitation ne peut être apportée aux dispositions relatives à l'exercice du droit syndical par note de service ou décision unilatérale de l'employeur. — *[Anc. art. L. 412-21.]*

BIBL. ► ALIPRANTIS, *Dr. soc. 1979. 7* (droit conventionnel). – BARÈS, *RPDS 1984. 253* (conventions, accords et usages). – BORENFREUND, *Dr. soc. 1992. 893* (licéité des accords relatifs au droit syndical et à la représentation du personnel).

COMMENTAIRE

V. Dalloz.fr et applications mobiles Dalloz.

1. Exercice du droit syndical. Les dispositions d'une convention ou d'un accord collectif qui tendent à améliorer l'exercice du droit syndical dans les entreprises ou les institutions représentatives du personnel sont applicables de plein droit à tous et en particulier aux syndicats représentatifs sans qu'il y ait lieu de distinguer entre ceux qui ont signé ou adhéré à la convention ou à l'accord collectif et ceux qui n'ont pas signé la convention ou l'accord collectif et ceux qui n'y ont pas adhéré ; le principe d'égalité, de valeur constitutionnelle, ne permet pas à un employeur de subventionner un syndicat représentatif et non un autre, selon qu'il a signé ou non une convention ou un accord collectif. • Soc. 29 mai 2001 : *Dr. soc. 2001. 821, chron. Borenfreund ; D. 2002. 34, note Petit .*

2. Participation aux organismes conventionnels. La participation aux organismes paritaires ou aux institutions créées par une convention ou un accord collectif peut être réservée aux syndicats signataires ou adhérents. • Soc. 20 nov. 1991, nº 89-12.787 P : *GADT, 4e éd., nº 163 ; D. 1991. IR 286 ; Dr. soc. 1992. 53, rapp. Waquet ; CSB 1992. 9, A. 3, note Philbert ; Dr. ouvrier 1992. 72, note Pascré ; RJS 1992. 52,* *n° 57.* ♦ L'employeur lié par un accord collectif prévoyant la désignation d'un représentant syndical au CHSCT ne peut refuser à un syndicat le bénéfice de cette disposition sous le prétexte qu'il n'en est pas signataire. • Même arrêt. ♦ Des employeurs et des syndicats représentatifs peuvent instituer, par voie d'accord collectif, en vue de négocier des accords portant sur des sujets d'intérêt commun aux personnels des entreprises concernées du groupe, une représentation syndicale de groupe composée de délégués choisis par les organisations syndicales selon des modalités préétablies, dès lors que les négociations pour lesquelles il lui donne compétence ne se substituent pas à la négociation d'entreprise ; un tel accord, qui ne requiert pas l'unanimité des organisations syndicales représentatives, est opposable aux organisations non signataires en sorte que, si elles entendent participer aux négociations de groupe qu'il prévoit, elles sont tenues de désigner leurs représentants conformément à ses dispositions. • Soc. 30 avr. 2003 : *Dr. soc. 2003. 732, chron. Gauriau.*

3. Désignation de délégués syndicaux surnuméraires. Une confédération syndicale et les organisations syndicales qui lui sont affiliées ne peuvent désigner ensemble un nombre de délégués syndicaux supérieur à celui prévu par la loi ; seule une convention ou un accord collectif exprès peut prévoir, par des dispositions plus favorables, la désignation sur un même périmètre de délégués syndicaux par chacun des syndicats affiliés à une même confédération. • Soc. 15 juin 2011 : *D. 2011. Actu. 1769 ; Dr. soc. 2011. 1126, obs. Petit ; RJS 2011. 643, n° 708 ; JCP S 2011. 1366, obs. Pagnerre.*

4. Régime applicable aux représentants conventionnels. Le salarié désigné par une organisation syndicale pour exercer un mandat syndical dans une institution représentative du personnel instituée par voie conventionnelle mais ne relevant pas d'une catégorie de même nature que celle prévue par la loi ne bénéficie d'heures de délégation que si celles-ci sont prévues par l'accord ou la convention. • Soc. 15 mars 2006, n° 04-45.247 P : *RJS 2006. 513, n° 746.* ♦ Les institutions représentatives du personnel, créées par voie conventionnelle, ouvrent à leurs membres le bénéfice de la procédure spéciale protectrice prévue en faveur des représentants du personnel et des syndicats lorsqu'elles sont de même nature que celles prévues par le code du travail. • Soc. 23 oct. 2007 : *RDT 2008. 46, obs. Grévy ; Dr. soc. 2008. 256, obs. Verkindt.*

5. Accord dérogatoire pour la mise en place d'un comité d'établissement et d'exclusion des délégués syndicaux. Lorsqu'un accord collectif ne déroge à la condition d'effectif de 50 salariés que pour la mise en place des comités d'établissement et écarte expressément cette dérogation pour les désignations des représentants syndicaux, la désignation des délégués syndicaux par les organisations syndicales ne peut s'effectuer qu'aux conditions prévues par les textes légaux. • Soc. 9 avr. 2014 : *D. 2014. 2374, obs. Lokiec et Porta ; RJS 2014. 397, n° 492.*

6. Ordre public social. Une convention ou un accord collectif comportant des clauses plus favorables peut valablement déroger aux dispositions légales en les étendant à toutes les entreprises et en supprimant les restrictions légales relatives à leur importance et à leur effectif. • Soc. 9 avr. 1974 (deux arrêts) : *Bull. civ. V, n° 235.* ♦ Sur l'appréciation du caractère plus favorable ou moins favorable des dispositions de la convention collective relatives au cadre de la représentation syndicale, V. • Soc. 20 mai 1992, n° 91-60.297 P : *D. 1993. Somm. 262, obs. Frossard* • 5 mai 1993 : *RJS 1993. 362, n° 631.* ♦ Sur la constatation d'un usage permettant à un syndicat de désigner un délégué dans une entreprise de moins de cinquante salariés, V. • Soc. 19 juill. 1983 : *Bull. civ. V, n° 452 ; D. 1984. IR 371, obs. Verdier.* ♦ Sur la notion d'accord plus favorable en matière d'heures de délégation au bénéfice de représentants du personnel conventionnels, V. • Soc. 5 mai 1993, n° 90-12.996 P : *Dr. soc. 1993. 656, note Cohen.*

7. Représentation syndicale et engagement unilatéral de l'employeur. L'employeur qui décide unilatéralement d'autoriser la désignation de délégués syndicaux alors même que la condition d'effectif n'est pas remplie peut unilatéralement décider de revenir à l'application des textes légaux qui n'ont cessé d'être applicables, sous réserve de ne pas méconnaître le principe d'égalité entre tous les syndicats concernés et, pour répondre à l'exigence de loyauté qui s'impose en la matière, de les en informer préalablement. • Soc. 25 janv. 2012 : *Dalloz actualité, 5 mars 2012, obs. Ines ; JCP S 2012. 1112, obs. François.*

Art. L. 2141-11 **Pour l'application du présent titre, les modalités de calcul des effectifs sont celles prévues aux articles L. 1111-2 et L. 1251-54.** – *[Anc. art. L. 412-5.]* – *V. art. L. 2146-1 (pén.).*

[Jurisprudence rendue sous l'empire de l'ancien art. L. 412-5]

1. Travailleurs intérimaires. L'al. 2 de l'art. L. 412-5 [ancien] ne permet la prise en compte des travailleurs intérimaires au prorata de leur temps de présence que pendant la période de référence des douze mois précédant la désignation du délégué syndical. • Soc. 26 janv. 1984 : *Bull. civ. V, n° 38 ; D. 1984. IR 248.* ♦ Sur l'application d'un coefficient multiplicateur aux enseignants des établissements privés, V. • Soc. 20 déc. 1988 : *Bull. civ. V, n° 676 ; D. 1989. Somm. 160, obs. Béraud.*

2. Démonstrateurs. Sont compris dans les effectifs les démonstrateurs détachés par des entreprises extérieures pour exécuter leur tâche au sein d'un grand magasin dans les mêmes conditions que les autres employés, ce qui implique l'existence d'un lien de subordination entre ces démonstrateurs et la direction. • Soc. 28 mars 1989 : *Bull. civ. V, n° 267.* – Dans le même sens : • Soc. 7 juin 1984 : *ibid., n° 242* • 21 mai 1986 : *ibid., n° 234.* ♦ Comp. : • Soc. 1er mars 1984 : *Bull. civ. V, n° 88,* affirmant que la mission dévolue aux délégués syndicaux, notamment en matière de négociation d'accords collectifs, doit s'exercer dans le cadre de l'entreprise ou de l'établissement dont seuls les salariés doivent être pris en compte pour la détermination du nombre de délégués et non les démonstrateurs mis à disposition par une entreprise extérieure.

3. Autres salariés entrant dans l'effectif. Sont également inclus dans les effectifs, notamment : les « extras ». • Soc. 18 juin 1981 : *Bull. civ. V, n° 585.* ♦ ... Les salariés engagés à l'essai. • Soc. 7 avr. 1976 : *Bull. civ. V, n° 196.* ♦ ... Les stagiaires. • Soc. 28 avr. 1977 : *Bull. civ. V, n° 284.* ♦ ... Les salariés mis à disposition. • Soc. 28 mars 2000, n° 98-60.440 P : *D. 2000. IR 125 ; JS Lamy, n° 58-11 ; Dr. soc. 2000. 797, obs. Roy-Loustaunau ; RJS 2000. 377, n° 545.*

4. Salariés exclus de l'effectif. Ne doivent pas être décomptés les salariés qui, placés en dispense d'activité, n'exécutent plus aucun travail et ne perçoivent plus aucune rémunération. • Soc. 27 févr. 1985 : *D. 1985. IR 435, obs. A. Lyon-Caen* • 23 avr. 1986 : *Bull. civ. V, n° 164.* ♦ Comp., lorsque le salarié continue à percevoir une rémunération : • Soc. 5 mars 1986 : *D. 1986. IR 381, obs. Frossard.*

5. Lorsqu'un commissionnaire de transport, en qualité d'intermédiaire, organise le transport en concluant avec le transporteur un contrat de transport, son exécution par les salariés du transporteur exclut qu'ils soient, au sens de l'art. L. 412-5 [L. 2141-11 nouv.], mis à la disposition du commissionnaire, peu important les directives générales données par celui-ci au transporteur. • Soc. 15 févr. 2006, n° 05-60.088 P : *Dr. soc. 2006. 576, obs. Savatier.*

Art. L. 2141-12 **Des décrets en Conseil d'État déterminent les modalités d'application du présent titre aux activités, qui par nature conduisent à une dispersion ou à une mobilité permanente du personnel, liées à l'exercice normal de la profession.** – *[Anc. art. L. 412-4, al. 3.] – V. art. L. 2146-1 (pén.).*

Art. L. 2141-13 *(L. n° 2015-994 du 17 août 2015, art. 2)* **Le ministre chargé du travail publie un rapport sur les salariés de très petites entreprises non couverts par une convention collective, un accord de branche, un ensemble d'accords ou un statut spécial, et met en place un plan d'action destiné à améliorer la couverture conventionnelle.**

CHAPITRE II **SECTION SYNDICALE**

BIBL. ▸ BRICE, *JCP S 2009. 1157.* – CŒURET, *Dr. soc. 1973. 27* (nature juridique de la section syndicale). – SAVATIER, *ibid. 1989. 304* (formation d'une section syndicale).

COMMENTAIRE

V. Dalloz.fr et applications mobiles Dalloz.

SECTION PREMIÈRE **CONSTITUTION**

V. Circ. DGT n° 20 du 13 nov. 2008 relative à la loi portant rénovation de la démocratie sociale et du temps de travail, Fiche n° 3.

Art. L. 2142-1 *(L. n° 2008-789 du 20 août 2008)* **Dès lors qu'ils ont plusieurs adhérents dans l'entreprise ou dans l'établissement, chaque syndicat qui y est représentatif, chaque syndicat affilié à une organisation syndicale représentative au niveau national et interprofessionnel ou chaque organisation syndicale qui satisfait aux critères de respect des valeurs républicaines et d'indépendance et est légalement constituée depuis au moins deux ans et dont le champ professionnel et géographique couvre l'entreprise concernée peut constituer au sein de l'entreprise ou de l'établissement une section syndicale qui assure la représentation des intérêts matériels et moraux de ses membres conformément à l'article L. 2131-1.** – *V. art. L. 2146-1 (pén.).*

COMMENTAIRE

V. Dalloz.fr et applications mobiles Dalloz.

I. CONDITION DE CRÉATION DE LA SECTION SYNDICALE

A. NOMBRE D'ADHÉRENTS

1. *Constitutionnalité.* L'exigence, pour la création d'une section syndicale, d'une ancienneté minimale de deux ans de l'organisation syndicale au sein de l'entreprise est une condition raisonnable et proportionnée qui ne porte pas atteinte à la liberté syndicale. • Soc. 30 nov. 2011 : *Dr. soc. 2012. 205, obs. Pécaut-Rivolier ; RJS 2012. 221, n° 268 ; JCP S 2012. 1088, obs. Gauriau.*

2. *Existence d'adhérents.* La constitution d'une section syndicale exige la présence d'au moins deux adhérents dans l'entreprise. • Soc. 8 juill. 2009, *Okaidi et Véolia : D. 2009. 2393, note Loiseau ; RDT 2009. 729, obs. Grévy ; RJS 2009. 676, avis Duplat ; JS Lamy 2009, n° 262-3 ; JCP S 2009. 1416, note Gauriau ; Sem. soc. Lamy 2009, n° 1408, p. 10, note Pécaut-Rivolier ; ibid., n° 1412, p. 6, obs. Borenfreund ; Dr. soc. 2009. 950, rapp. Pécaut-Rivolier et obs. Morin ; Dr. ouvrier 2009. 517, obs. Michel.* ♦ Peu important les effectifs de celle-ci. • Soc. 4 nov. 2009 : *R., p. 360 ; D. 2009. AJ 2812 ; RJS 2010. 56, n° 65.* ♦ La section doit comporter au moins deux adhérents, l'un d'eux pouvant être désigné en qualité de représentant de la section syndicale. • Soc. 26 mai 2010 : *RJS 2010. 615, n° 687 ; JCP S 2010. 1335, obs. Gauriau ; Dr. soc. 2010. 861, obs. Pécaut-Rivolier .* ♦ La condition relative à la constitution d'une section syndicale comptant au moins deux adhérents pour pouvoir désigner un délégué syndical d'établissement s'apprécie au niveau de cet établissement. • Soc. 23 juin 2010 : *Dalloz actualité, 16 juill. 2010, obs. Ines ; RJS 2010. 711, n° 789 ; Dr. soc. 2010. 1135, obs. Petit ; JCP S 2010. 1403, obs. Gauriau.*

3. *Preuve du nombre d'adhérents.* En cas de contestation sur l'existence d'une section syndicale, le syndicat doit apporter les éléments de preuve utiles à établir la présence d'au moins deux adhérents dans l'entreprise, dans le respect du contradictoire à l'exclusion des éléments susceptibles de permettre l'identification des adhérents du syndicat, dont seul le juge peut prendre connaissance. • Soc. 8 juill. 2009, *Okaidi : préc. note 2.* ♦ Lorsqu'un syndicat fait valoir que des salariés s'opposent à la révélation de leur adhésion, il appartient au juge d'aménager la règle du contradictoire, en autorisant le syndicat à fournir au seul juge les éléments nominatifs de preuve. • Soc. 14 déc. 2010 : *Dalloz actualité, 20 janv. 2011, obs. Ines ; D. 2011. Actu. 85 ; JCP S 2011. 1069, obs. Jeansen* • Soc. 14 nov. 2012 : *D. 2012. Actu. 2745 ; Dr. soc. 2013. 73, obs. Petit ; RJS 2013. 56, n° 55.*

B. MISE EN PLACE

4. *Cadre.* Un syndicat non représentatif peut désigner un représentant de section syndicale, soit au niveau des établissements distincts, soit au niveau de l'entreprise, mais aucune disposition légale n'institue un représentant de section syndicale central. • Soc. 29 oct. 2010 : *D. 2010. AJ 2779 ; RDT 2010. 50, obs. Nicod ; Dr. soc. 2011. 114, obs. Petit ; Sem. soc. Lamy 2010, n° 1469, p. 12 ; JCP S 2011. 1011, obs. Pagnerre.*

5. *Accords plus favorables.* Ne méconnaît pas le principe constitutionnel d'égalité la disposition d'un accord collectif, plus favorable que la loi, qui subordonne à une condition de représentativité la possibilité de constituer une section syndicale nationale, dont l'objet est différent de celui de la section syndicale prévue par l'art. L. 2142-1 C. trav. • Soc. 22 sept. 2010 : *Dalloz actualité, 18 oct. 2010, obs. Cortot ; D. 2010. AJ 2233 ; RJS 2010. 777, n° 871 ; Dr. soc. 2011. 114, obs. Petit ; JCP S 2010. 1499, obs. Gauriau.*

6. *Syndicat à l'origine de la création.* Sauf stipulation contraire de ses statuts, une union de syndicats à laquelle la loi a reconnu la même capacité civile qu'aux syndicats eux-mêmes peut exercer les droits conférés à ceux-ci ; l'affiliation d'un syndicat à une union permet à cette dernière de se prévaloir des adhérents du syndicat pour créer une section syndicale. • Soc. 18 nov. 2009 : *Dalloz actualité, 15 déc. 2009, obs. Perrin* • 13 janv. 2010 : *D. 2010. AJ 271 ; Dr. ouvrier 2010. 361, note Masson ; Sem. soc. Lamy 2010, n° 1429, p. 6, note Pécaut-Rivolier ; Dr. soc. 2010. 597, obs. Petit ; Dalloz actualité, 27 janv. 2010, obs. Perrin.* ♦ ... Dès lors que sa dénomination statutaire lui donne compétence pour agir dans le champ professionnel dont relève l'entreprise. • Soc. 18 nov. 2009 : *préc.*

7. *Champ de compétence d'un syndicat.* Le champ professionnel de compétence d'un syndicat est déterminé par ses statuts et, le cas échéant, par son règlement intérieur. • Soc. 8 févr. 2012 : *JCP S 2012. 1211, obs. Pagnerre.*

8. *Contestations.* L'absence de contestations, à l'occasion des élections professionnelles, de la capacité d'un syndicat à présenter des candidats au premier tour du scrutin n'empêche pas que soit contestée, postérieurement à ces élections, la représentativité de ce syndicat dans le champ géographique et professionnel que couvre l'entreprise, peu important que le litige porte sur les critères également imposés pour la présentation des candidats. • Soc. 26 juin 2013 : *D. 2013. Actu. 1693 ; Dr. soc. 2013. 862, obs. Petit ; RJS 10/2013, n° 698.*

II. STATUT DE LA SECTION SYNDICALE

9. *Absence de personnalité morale.* Simple émanation du syndicat, la section syndicale est dépourvue de personnalité morale. • Soc. 22 mars 1979 : *Dr. soc. 1980. 44, note Savatier* • 18 juill. 1979 : *ibid.* • CE 26 avr. 1989 : *D. 1990. Somm. 139, obs. Chelle et Prétot* • Soc. 19 déc. 1990, n° 89-14.576 P : *GADT, 4e éd., n° 213.*

10. Absence de formalisme. La constitution d'une section syndicale n'est soumise à aucune condition de forme. • Soc. 19 déc. 1973 : *Dr. soc. 1974. 342, obs. Savatier ; JCP 1974. II. 17763, note Thuillier.* ♦ ... Ni d'effectif de l'entreprise. • Soc. 24 févr. 1993, n° 91-60.237 P : *RJS 1993. 253, n° 417.*

11. Désignation d'un délégué syndical. Lorsqu'un syndicat représentatif désigne un délégué syndical dans une entreprise qui emploie au moins cinquante salariés, l'existence d'une section syndicale est établie par cette seule désignation. • Soc. 27 mai 1997, n° 96-60.239 P : *GADT, 4e éd., n° 135 ; D. 1997. 416, note Verdier ; JCP 1997. II. 22899, note Arséguel ; JCP E 1997. II. 980, note Duquesne ; Dr. soc. 1997. 757, obs. Grévy ; RJS 1997. 540, n° 834 ; ibid. 503, rapp. Barberot ; CSB 1997. 203, A. 39, note Philbert.* ♦ De même, l'existence d'une section syndicale est établie du seul fait de la désignation d'un représentant syndical au comité d'entreprise. • Soc. 17 mars 1998, n° 96-60.396 P : *D. 1998. IR 106 ; RJS 1998. 391, n° 606.*

Contra, antérieurement : en cas de contestation de la désignation d'un délégué syndical, la charge de la preuve de l'existence d'une section syndicale incombe au syndicat, auteur de la désignation. • Soc. 19 nov. 1986 : *Bull. civ. V, n° 547 ; D. 1987. Somm. 213, obs. Verdier.* ♦ Une telle preuve peut se faire par tous moyens. • Soc. 28 nov. 1973 : *Dr. soc. 1974. 342, obs. Savatier* • 4 févr. 1982 : *Bull. civ. V, n° 74.* ♦ Elle peut notamment résulter de la production de bulletins d'adhésion au syndicat ne faisant pas apparaître les noms des signataires par crainte de représailles à leur égard. • Soc. 12 déc. 1990, n° 89-60.811 P : *D. 1991. IR 28 ; RJS 1991. 33, n° 53.* – Dans le même sens : • Soc. 6 juill. 1977 : *Bull. civ. V, n° 472 ; Dr. ouvrier 1978. 45* • 8 juill. 1977 : *ibid. 1978. 160* • 6 juill. 1981 : *D. 1981. IR 518.* ♦ Le juge ne peut dispenser un syndicat de communiquer le nom de ses adhérents à l'employeur que s'il constate l'existence de risques de représailles. • Soc. 20 déc. 1988 : *Bull. civ. V, n° 679* • 4 mai 1993 : *Dr. soc. 1993. 866, note Verdier ; RJS 1993. 364, n° 632 (2e esp.) ; CSB 1993. 161, B. 84.* ♦ V. aussi, sur l'office du juge, • Soc. 12 janv. 1993 : *Dr. soc. 1993. 866, note Verdier ; CSB 1993. 69, A. 13* • 20 oct. 1993 : *Dr. soc. 1993. 972, note Verdier.*

12. Disparition. C'est à l'employeur qui invoque la disparition d'une section syndicale d'en rapporter la preuve. • Soc. 24 janv. 1989 : *Bull. civ. V, n° 54 ; D. 1989. IR 48 ; Dr. ouvrier 1990. 75* • 17 juin 1992, n° 91-60.152 P : *D. 1993. Somm. 260, obs. Frossard .*

SECTION II **REPRÉSENTANT DE LA SECTION SYNDICALE**

(L. n° 2008-789 du 20 août 2008)

V. Circ. DGT n° 20 du 13 nov. 2008 relative à la loi portant rénovation de la démocratie sociale et du temps de travail, Fiche n° 4.

BIBL. ▶ PAGNERRE, *JCP S 2009. 1156.*

Art. L. 2142-1-1 Chaque syndicat qui constitue, conformément à l'article L. 2142-1, une section syndicale au sein de l'entreprise ou de l'établissement *(L. n° 2012-387 du 22 mars 2012, art. 43)* « d'au moins cinquante salariés » peut, s'il n'est pas représentatif dans l'entreprise ou l'établissement, désigner un représentant de la section pour le représenter au sein de l'entreprise ou de l'établissement.

Le représentant de la section syndicale exerce ses fonctions dans le cadre des dispositions du présent chapitre. Il bénéficie des mêmes prérogatives que le délégué syndical, à l'exception du pouvoir de négocier des accords collectifs.

Le mandat du représentant de la section syndicale prend fin, à l'issue des premières élections professionnelles suivant sa désignation, dès lors que le syndicat qui l'a désigné n'est pas reconnu représentatif dans l'entreprise. Le salarié qui perd ainsi son mandat de représentant syndical ne peut pas être désigné à nouveau comme représentant syndical au titre d'une section jusqu'aux six mois précédant la date des élections professionnelles suivantes dans l'entreprise.

COMMENTAIRE

V. Dalloz.fr et applications mobiles Dalloz. ❑

1. Conventionnalité. Le délai de carence imposé au représentant de la section syndicale dont le mandat a pris fin à l'issue des dernières élections professionnelles garantit aux salariés la libre détermination de leurs représentants et ne heurte pas la liberté syndicale. • Soc. 14 nov. 2013 : *Dalloz actualité, 2 déc. 2013, obs. Voisin ; D. 2013. Actu. 2704 ; RJS 1/2014, n° 57.*

2. Champ géographique et professionnel couvrant l'entreprise. La désignation d'un représentant de section syndicale ne nécessite pas de rapporter la preuve de la présence effective du syndicat dans tous les sites de l'établissement où s'exerce la désignation. • Soc. 8 juill. 2009, *Sté BNP Paribas : R., p. 359 ; D. 2009. AJ 1980 ; ibid. 2010. Pan. 342, obs. Debord ; RJS 2009.*

714, n° 815 ; Dr. soc. 2009. 950, rapp. Pécaut-Rivolier et obs. Morin ; *JS Lamy 2009, n° 262-5 ; JCP S 2009. 1416, note Gauriau ; Sem. soc. Lamy 2009, p. 6, note Pécaut-Rivolier.*

3. Périmètre de désignation. Si les niveaux de représentation ne peuvent se cumuler, un syndicat non représentatif peut choisir de désigner un représentant de la section syndicale pour l'ensemble de l'entreprise plutôt que de désigner un tel représentant dans le cadre des établissements où sont implantés des comités d'établissement. • Soc. 20 juin 2012 : *Dalloz actualité, 17 juill. 2012, obs. Fleuriot ; RJS 2012.699, n° 822.*

4. Modification du périmètre de désignation. Les dispositions de l'art. L. 2142-1-1, al. 3, ne sont pas opposables au syndicat lorsqu'une modification est intervenue dans le périmètre des élections entre la date à laquelle le salarié a été désigné représentant de section syndicale et celle des élections marquant le terme de son mandat. • Soc. 25 sept. 2013 : *Dalloz actualité, 14 oct. 2013, obs. Voisin ; D. 2013. Actu. 2279* ; *RJS 12/2013, n° 834 ; JCP S 2013. 1490, obs. Brissy.* ♦ Les dispositions de l'art. L. 2142-1-1 C. trav. qui interdisent de désigner immédiatement après l'organisation des élections professionnelles en qualité de représentant de section syndicale le salarié qui exerçait cette même fonction au moment des élections, ne sont pas opposables au syndicat dès lors que le périmètre de ces élections est différent de celui retenu lors des élections précédentes, sur une partie duquel le représentant exerçait son mandat. • Soc. 6 janv. 2016, n° 15-60.138 P : *D. 2016. Actu. 132* ; *RJS 3/2016, n° 189 ; JCP G 2016, n° 87, note Dedessus-Le-Moustier.*

5. Effectif de l'entreprise. L'effectif d'au moins 50 salariés de l'entreprise doit avoir été atteint pendant 12 mois, consécutifs ou non, au cours des trois années précédentes. • Soc. 8 juill. 2015, n° 14-60.691 P : *D. 2015. Actu. 1606* ; *RJS 10/2015, n° 652.*

6. Nombre de RSS. Les dispositions légales n'autorisent la désignation par une organisation syndicale que d'un seul représentant de la section syndicale, quel que soit l'effectif de l'entreprise ou de l'établissement. • Soc. 14 déc. 2010 : *Dalloz actualité, 11 janv. 2011, obs. Fleuriot ; D. 2011. Actu. 85* ; *JS Lamy 2011, n° 293-6, obs. Tourreil ; JCP S 2011. 1068, obs. Pagnerre.*

7. Désignation d'un délégué syndical central et d'un RSS d'établissement. L'organisation syndicale, qui a désigné un délégué syndical central au niveau de l'entreprise au sein de laquelle elle est représentative, peut désigner un représentant de la section syndicale au sein de l'un des établissements de l'entreprise où elle n'est pas représentative. • Soc. 13 févr. 2013 : *Dalloz actualité, 5 mars 2013, obs. Ines ; D. 2013. Actu. 512* ; *Dr. soc. 2013. 376, obs. Petit* ; *Dr. ouvrier 2013. 558, obs. Rennes ; JS Lamy 2013, n° 341-5 ; JCP S 2013. 1230, obs. Guyot.* ♦ Comp. : La désignation par un syndicat représentatif d'un délégué syndical central au niveau de l'entreprise est exclusive de la désignation d'un RSS au niveau d'un établissement. • Soc. 10 mai 2012 : *Dalloz actualité, 8 juin 2012, obs. Ines ; D. 2012. Actu. 1410* ; *RDT 2012. 508, obs. Odoul-Asorey* ; *Dr. soc. 2012. 753, obs. Petit* ; *RJS 2012. 549, n° 641 ; JCP S 2012. 1289, obs. Jeansen.* ♦ Un syndicat non représentatif peut choisir de désigner un représentant de la section syndicale pour l'ensemble de l'entreprise plutôt que de désigner un tel représentant dans le cadre des établissements où sont implantés des comités d'établissement. • Soc. 20 juin 2012 : *JS Lamy 2012, n° 327-5, obs. Guyader ; JCP S 2012. 1374, obs. Gauriau.*

8. Conditions de la désignation du RSS. La régularité de la désignation d'un représentant de la section syndicale ne nécessite pas que le syndicat à l'origine de la désignation remplisse les critères fixés par les art. L. 2121-1 et L. 2122-1 relatifs à la représentativité ; il suffit qu'il réunisse, à la date de la désignation, les conditions posées par les art. L. 2142-1 et L. 2142-1-1. • Soc. 8 juill. 2009, *Véolia : JS Lamy 2009, n° 262-5 ; Sem. soc. Lamy 2009, p. 6, note Pécaut-Rivolier.* ♦ Un syndicat non représentatif peut créer une section syndicale et désigner un représentant de cette section soit au niveau de l'entreprise, soit au niveau de chacun des établissements distincts de cette entreprise. • Soc. 31 mai 2011 : *Dalloz actualité, 17 juin 2011, obs. Siro ; Dr. soc. 2011. 1131, obs. Petit* ; *RJS 2011. 642, n° 707 ; JCP S 2011. 1352, obs. Pagnerre.*

9. L'art. L. 2142-1-1 n'interdit pas à un syndicat de désigner comme représentant de la section syndicale un salarié le représentant au sein du comité d'entreprise et dont le mandat a pris fin par suite de la perte de représentativité de son organisation. • Soc. 4 nov. 2009 : *D. 2009. AJ 2812* ; *Dr. soc. 2010. 247, obs. Petit* ; *RJS 2010. 57, n° 67 ; JCP S 2009. 1583, obs. Pagnerre.* ♦ N'est pas non plus interdite la désignation en qualité de représentant de la section syndicale d'un salarié qui exerçait avant les élections les fonctions de délégué syndical. • Soc. 20 mars 2013 : *Dalloz actualité, 10 avr. 2013, obs. Ines ; D. 2013. Actu. 844* ; *Dr. soc. 2013. 464, obs. Petit* ; *JCP S 2013. 1232, obs. Jeansen.*

10. Salarié mis à disposition. Les travailleurs mis à disposition d'une entreprise, qui, intégrés de façon étroite et permanente à la communauté de travail, remplissent les conditions pour être inclus dans le calcul des effectifs en application de l'article L. 1111-2, 2°, C. trav., peuvent, à ce même titre, en l'absence de dispositions légales y faisant obstacle, être désignés représentants de la section syndicale au sein de cette entreprise. • Soc. 29 févr. 2012 : *Dalloz actualité, 3 avr. 2012, obs. Ines ; D. 2012. Actu. 687 ; Dr. soc. 2012. 534, obs. Petit* ; *RJS 2012.*

395, n° 473 ; JS Lamy 2012, n° 320-6, obs. Guyader ; JCP S 2012. 1180, obs. Dauxerre.

11. Salarié intérimaire. Le salarié intérimaire remplissant les conditions d'ancienneté requises peut être désigné représentant de la section syndicale entre deux missions dès lors qu'il n'a pas fait connaître à l'entrepreneur de travail temporaire qu'il n'entend plus bénéficier d'un nouveau contrat et que ce dernier ne lui a pas notifié sa décision de ne plus faire appel à lui pour de nouveaux contrats. • Soc. 11 mai 2016, n° 15-17.200 P : *Dalloz actualité, 31 mai 2016, obs. Doutreleau.*

12. Désignation d'un RSS et perte de représentativité. Le salarié, désigné en qualité de représentant de section syndicale au niveau de l'entreprise, ne peut, à l'issue des élections professionnelles, lorsque le syndicat n'est pas reconnu représentatif dans l'entreprise, être désigné en qualité de représentant de section syndicale au niveau de l'entreprise ou de l'un de ses établissements, avant l'expiration du délai visé par cet art. • Soc. 4 juin 2014 : *Dalloz actualité, 24 juin 2014, obs. Fraisse ; RDT 2014. 564, obs. Nicod ; Dr. soc. 2014. 862, obs. Petit ; RJS 2014. 532, n° 642.*

13. Prérogatives du RSS. L'exercice des fonctions de représentant syndical au comité d'entreprise ne relève pas, eu égard aux compétences du comité d'entreprise et aux règles relatives à son organisation, des prérogatives du délégué syndical dont bénéficie le représentant de la section syndicale. • CE 20 févr. 2013 : *Rec. 2013. 860 ; Dalloz actualité, 19 mars 2013, obs. Ines.*

Art. L. 2142-1-2 Les dispositions des articles L. 2143-1 et L. 2143-2 relatives aux conditions de désignation du délégué syndical, celles des articles L. 2143-7 à L. 2143-10 et des deuxième et troisième alinéas de l'article L. 2143-11 relatives à la publicité, à la contestation, à l'exercice et à la suppression de son mandat et celles du livre IV de la présente partie relatives à la protection des délégués syndicaux sont applicables au représentant de la section syndicale.

COMMENTAIRE

V. Dalloz.fr et applications mobiles Dalloz. ❑

Les dispositions plus favorables de l'accord collectif relatives au délégué syndical ne s'appliquent pas au représentant de la section syndicale, sauf stipulation expresse. • Soc. 26 mai 2010 : *Dalloz actualité, 10 juin 2010, obs. Maillard.*

Art. L. 2142-1-3 Chaque représentant de la section syndicale dispose d'un temps nécessaire à l'exercice de ses fonctions. Ce temps est au moins égal à quatre heures par mois. Les heures de délégation sont de plein droit considérées comme temps de travail et payées à l'échéance normale.

L'employeur qui entend contester l'utilisation faite des heures de délégation saisit le juge judiciaire.

(L. n° 2016-1088 du 8 août 2016, art. 28) « Sauf accord collectif contraire, lorsque le représentant du personnel élu ou désigné est un salarié mentionné à l'article L. 3121-58, le crédit d'heures est regroupé en demi-journées qui viennent en déduction du nombre annuel de jours travaillés fixé dans la convention individuelle du salarié. Une demi-journée correspond à quatre heures de mandat. Lorsque le crédit d'heures ou la fraction du crédit d'heures restant est inférieur à quatre heures, le représentant du personnel en bénéficie dans des conditions définies par un décret en Conseil d'État. »

Art. L. 2142-1-4 Dans les entreprises qui emploient moins de cinquante salariés, les syndicats non représentatifs dans l'entreprise qui constituent une section syndicale peuvent désigner, pour la durée de son mandat, un délégué du personnel comme représentant de la section syndicale. Par disposition conventionnelle, ce mandat de représentant peut ouvrir droit à un crédit d'heures. Le temps dont dispose le délégué du personnel pour l'exercice de son mandat peut être utilisé dans les mêmes conditions pour l'exercice de ses fonctions de représentant de la section syndicale.

COMMENTAIRE

V. Dalloz.fr et applications mobiles Dalloz. ❑

Délégué du personnel titulaire. Dans les entreprises de moins de cinquante salariés, seul un délégué du personnel titulaire disposant d'un crédit d'heures à ce titre peut être désigné comme représentant de section syndicale. • Soc. 27 mars 2013 : *Dalloz actualité, 12 avr. 2013, obs. Ines ; Dr. soc. 2013. 466, obs. Petit ; JCP S 2013. 1231, obs. Gauriau.*

SECTION III COTISATIONS SYNDICALES

Art. L. 2142-2 La collecte des cotisations syndicales peut être réalisée à l'intérieur de l'entreprise. – *[Anc. art. L. 412-7.] – V. art. L. 2146-1 (pén.).*

SECTION IV AFFICHAGE ET DIFFUSION DES COMMUNICATIONS SYNDICALES

BIBL. ▶ PETIT, *RPDS 1979. 37* (affichage). – RAY, *Dr. soc. 2007. 423* (droit syndical et TIC). – SARAMITO, *Dr. ouvrier 1973. 365* (affichage) ; *ibid. 1975. 115* (publications et tracts).

Art. L. 2142-3 L'affichage des communications syndicales s'effectue librement sur des panneaux réservés à cet usage, distincts de ceux affectés aux communications des délégués du personnel et du comité d'entreprise.

Un exemplaire des communications syndicales est transmis à l'employeur, simultanément à l'affichage.

Les panneaux sont mis à la disposition de chaque section syndicale suivant des modalités fixées par accord avec l'employeur. – *[Anc. art. L. 412-8, al. 1er à 3.] – V. art. L. 2146-1 (pén.).*

COMMENTAIRE

V. Dalloz.fr et applications mobiles Dalloz.

Les dispositions d'un accord collectif visant à faciliter la communication des organisations syndicales ne peuvent, sans porter atteinte au principe d'égalité, être limitées aux seuls syndicats représentatifs et doivent bénéficier à tous les syndicats qui ont constitué une section syndicale. • Soc. 21 sept. 2011 : *Dalloz actualité, 4 oct. 2011, obs. Ines ; D. 2011. Actu. 2342 ; Dr. soc. 2011. 1311, obs. Petit ; RJS 2011. 784, n° 885 ; Dr. ouvrier 2012. 56, obs. Nicod ; JCP S 2011. 1536, obs. Gauriau.* • Soc. 11 janv. 2012 : *Dalloz actualité, 22 févr. 2012, obs. Ines ; D. 2012. Actu. 291 ; Dr. soc. 2012. 320, obs. Petit ; RJS 2012. 226, n° 274.*

Art. L. 2142-4 Les publications et tracts de nature syndicale peuvent être librement diffusés aux travailleurs de l'entreprise dans l'enceinte de celle-ci aux heures d'entrée et de sortie du travail. – *[Anc. art. L. 412-8, al. 4.] – V. art. L. 2146-1 (pén.).*

COMMENTAIRE

V. Dalloz.fr et applications mobiles Dalloz.

1. Droit conventionnel. Les dispositions d'un accord collectif ne peuvent restreindre les droits syndicaux que les représentants des salariés tiennent des lois et règlements en vigueur ; un accord d'entreprise ne peut prévoir plus de restrictions aux modalités de distribution de tracts syndicaux que celles prévues par le règlement statutaire des salariés de l'entreprise fixé par décret. • Soc. 27 mai 2008 : *RDT 2008. 612, obs. Nadal ; RJS 2008. 726, n° 914 ; JS Lamy 2008, n° 237-6 ; JCP S 2008. 1633, note Gauriau.*

2. Lieu de distribution de tracts. Lorsque la distribution des tracts syndicaux a lieu en dehors de l'entreprise, l'employeur ne peut invoquer les dispositions de l'art. L. 412-8 [L. 2142-3 et L. 2142-4 nouv.] ; il ne peut ainsi interdire aux syndicats de distribuer des tracts à ses clients. • Soc. 28 févr. 2007 : *D. 2007. AJ 869 ; D. 2007. Pan. 2271, obs. Amauger-Lattès ; RDT 2007. 466, obs. Peskine ; JS Lamy 2007, n° 209-2.* ♦ L'art. L. 2142-4 se borne à organiser la diffusion des tracts aux travailleurs dans l'enceinte de l'entreprise, n'y sont incluses ni la voie publique, ni les parties communes de l'immeuble où l'entreprise occupe des locaux, ni l'établissement d'un client au sein duquel les salariés de l'entreprise effectuent des missions. • Soc. 18 janv. 2011 : *RDT 2011. 190, obs. Grévy ; Dr. ouvrier 2011. 391, obs. Masson ; Sem. soc. Lamy 2011, n° 1479, p. 12, obs. Levannier-Gouël.* ♦ Le chef d'entreprise ne peut fixer unilatéralement le lieu exclusif de distribution des tracts ou publications de nature syndicale ; en l'absence d'accord des parties sur la fixation de ce lieu, la distribution ne revêt un caractère illégal que si elle est faite dans des conditions de nature à apporter un trouble injustifié à l'exécution normale du travail ou à la marche de l'entreprise. • Crim. 27 nov. 1973 : *Bull. crim. n° 437 ; Dr. ouvrier 1974. 178, note Alvarez.* – Dans le même sens : • Crim. 30 janv. 1973 : *Bull. crim. n° 54 ; Dr. ouvrier 1974. 143* • 21 févr. 1979 : *Bull. crim. n° 81 ; D. 1979. IR 488* • Soc. 8 nov. 1978 : *D. 1979. IR 229, note Pélissier.* ♦ Le comité d'entreprise, bien que gérant la cantine de l'entreprise, n'assure pas à lui seul la police des locaux et ne saurait les mettre, sauf accord ou usage contraires, à la disposition des organisations syndicales en vue de la distribution de tracts ou l'affichage de documents syndicaux. • Soc. 9 juin 1983 : *Bull. civ. V, n° 316 ; D. 1984. IR 353, obs. Langlois.*

3. Heures de distribution de tracts. Même non comptées dans la durée effective du travail, les pauses accordées sur le lieu de travail, dans l'enceinte de l'entreprise, sous l'autorité et la surveillance de l'employeur, ne sauraient être, sauf accord collectif dérogatoire, assimilées à des heures d'entrée et de sortie du travail. • Crim. 12 févr. 1979 : *D. 1979. IR 427, obs. Pélissier.* ♦ Même solution pour la pause-déjeuner : • Soc. 8 juill. 1982, n° 81-14.176 P : *D. 1982. IR 421 ; Dr. ouvrier 1983. 122.* ♦ Sur le refus de prendre en considération les horaires variables pratiqués dans l'entreprise pour déterminer les heures d'entrée et de sortie, V. • Crim. 25 mai 1982 : *Bull. crim. n° 135.* ♦ Illicéité de distributions de tracts effectuées en dehors des heures de travail ainsi qu'après le début du travail, en l'absence d'usage d'entreprise les autorisant. • Soc. 27 mai 1997, n° 95-14.850 P : *Dr. soc. 1997. 760, obs. Savatier ; RJS 1997. 538, n° 832 ; ibid. 507, concl. Chauvy.* ♦ Une lettre distribuée sous enveloppe aux salariés, relative à leurs conditions de travail et les invitant à une réunion syndicale, est un tract syndical, qui ne peut être diffusé qu'aux heures d'entrée et de sortie du travail. • Soc. 31 mars 1998, n° 96-41.876 P : *D. 1998. IR 120 ; Dr. soc. 1998. 727, note G. Couturier ; RJS 1998. 390, n° 605.*

4. Moyens de diffusion des tracts. La diffusion de tracts syndicaux ne peut se faire par voie postale. • Crim. 25 mai 1982 : *Bull. crim. n° 135.* ♦ La diffusion de tracts et de publications syndicaux sur la messagerie électronique des salariés n'est possible qu'à la condition, soit d'être autorisée par l'employeur, soit d'être organisée par voie d'accord d'entreprise. • Soc. 25 janv. 2005 : *D. 2005. IR 390 ; Dr. soc. 2005. 705, obs. Sainfel et Tanguy ; RJS 2005. 287, n° 404 ; JS Lamy 2005, n° 162-2 ; Sem. soc. Lamy 2005, n° 1225 (suppl.), p. 9, note Ray ; CSB 2005, A. 32, obs. Charbonneau.* ♦ L'envoi d'un tract par messagerie électronique (intranet), qui ne peut être assimilé à un courrier interne, en l'absence d'accord le prévoyant constitue un trouble manifestement illicite. • Rouen, 18 mars 2003 : *RJS 2003. 886, n° 1284.*

Art. L. 2142-5 **Le contenu des affiches, publications et tracts est librement déterminé par l'organisation syndicale, sous réserve de l'application des dispositions relatives à la presse.** — *[Anc. art. L. 412-8, al. 5.]* — *V. art. L. 2146-1 (pén.).*

COMMENTAIRE

V. Dalloz.fr et applications mobiles Dalloz.

1. Contenu des tracts et affiches. Bien que consacrant une extension notable de la liberté d'expression syndicale, l'art. L. 412-8, al. 5 [L. 2142-5 nouv.], comporte une double limitation tenant, d'une part, à l'application des dispositions sur la presse et, d'autre part, au fait que ce droit d'expression s'inscrit nécessairement dans l'objet même des syndicats professionnels. • Versailles, 25 févr. 1985 : *D. 1985. IR 422.* ♦ L'emploi dans l'art. L. 411-1 [L. 2131-1 nouv.] des notions d'« intérêts collectifs et moraux » implique la possibilité d'une défense des intérêts idéologiques des membres de la profession, y compris dans des domaines où des préoccupations d'ordre professionnel et d'ordre politique sont imbriquées. • Même arrêt. ♦ Comp. : • Pau, 23 févr. 1984 : *Dr. ouvrier 1984. 479* • Versailles, 18 avr. 1984 : *JS UIMM n° 454, 393.* ♦ Sur la notion de tract diffamatoire, V. • Crim. 18 juin 1985 : *Bull. crim. n° 234* • 31 janv. 1989 : *JS UIMM 1989, n° 519, 373* • 23 nov. 1993 : *RJS 1994. 125, n° 161* (attaques personnelles excédant les limites admissibles d'une polémique née d'un conflit social).

2. Recours au juge. Il appartient au chef d'entreprise, qui ne dispose pas d'un droit de contrôle sur la teneur des affiches syndicales, de saisir la justice pour obtenir la suppression de l'affiche prétendument injustifiée. • Crim. 19 févr. 1979 : *Bull. crim. n° 73 ; D. 1979. IR 427.* ♦ Comp. : • Crim. 30 janv. 1973 : *Bull. crim. n° 55.*

3. Responsabilité des militants. Un salarié n'engage pas sa responsabilité civile pour avoir refusé de retirer l'affichage d'un panneau syndical, même s'il présentait un caractère injurieux. • Civ. 2e, 11 juin 1998 : *D. 1998. IR 180 ; RCA 1998. Comm. 291.*

Art. L. 2142-6 *(L. n° 2016-1088 du 8 août 2016, art. 58, en vigueur le 1er janv. 2017)* **Un accord d'entreprise peut définir les conditions et les modalités de diffusion des informations syndicales au moyen des outils numériques disponibles dans l'entreprise.**

A défaut d'accord, les organisations syndicales présentes dans l'entreprise et satisfaisant aux critères de respect des valeurs républicaines et d'indépendance, légalement constituées depuis au moins deux ans peuvent mettre à disposition des publications et tracts sur un site syndical accessible à partir de l'intranet de l'entreprise, lorsqu'il existe.

L'utilisation par les organisations syndicales des outils numériques mis à leur disposition doit satisfaire l'ensemble des conditions suivantes :

1° Être compatible avec les exigences de bon fonctionnement et de sécurité du réseau informatique de l'entreprise ;

2° Ne pas avoir des conséquences préjudiciables à la bonne marche de l'entreprise ;
3° Préserver la liberté de choix des salariés d'accepter ou de refuser un message.

COMMENTAIRE

V. Dalloz.fr et applications mobiles Dalloz .

Jurisprudence rendue sous l'empire des textes antérieurs à la loi n° 2016-1088 du 8 août 2016

1. Constitutionnalité. Les dispositions de l'art. L. 2142-6 qui ne méconnaissent ni la liberté d'expression garantie par l'art. 11 de la DDHC de 1789 ni aucun autre droit ou liberté que la Constitution garantit, doivent être déclarées conformes à la Constitution. • Soc. QPC, 11 juill. 2013 : *JCP S 2013. 1457, obs. Icard.*

2. Lien entre le contenu des messages et la situation sociale existant dans l'entreprise. Commet une faute disciplinaire le salarié qui, se prévalant d'une fonction syndicale, diffuse un message par intranet qui n'a aucun lien avec la situation sociale de l'entreprise, ni avec son activité syndicale alors que l'accord d'entreprise relatif à l'exercice du droit syndical mettait à la disposition des organisations syndicales la messagerie électronique de l'entreprise pour la publication d'informations syndicales en subordonnant cette faculté à l'existence d'un lien entre le contenu de l'information et la situation sociale existant dans l'entreprise. • Soc. 22 janv. 2008 : *RDT 2008. 324, obs. Borenfreund ; RJS 2008. 350, n° 446 ; Dr. soc. 2008. 505, obs. Verkindt ; JCP S 2008. 1254, note Gauriau.*

3. Utilisation de la messagerie électronique de l'entreprise en l'absence d'accord d'entreprise. Ne constitue pas une diffusion au sens de l'art. L. 2142-6 C. trav. le fait d'envoyer avec son ordinateur et sa messagerie personnels un tract signé de l'intersyndicale à l'adresse électronique de 35 points de vente d'un réseau bancaire. • Soc. 10 janv. 2012 : *D. 2012. Actu. 223, obs. Petit ; RDT 2012. 167, obs. Odoul-Asorey ; Dr. soc. 2012. 217, obs. Pécaut-Rivolier ; RJS 2012. 220, n° 265 ; Sem. soc. Lamy 2012, n° 1522, p. 10, obs. Ray.*

4. Accessibilité du site intranet aux salariés. Porte atteinte au principe d'égalité le fait pour une convention ou un accord collectif de réserver aux seuls syndicats représentatifs au niveau de l'entreprise les facilités permettant de rendre mutuellement accessibles, sous forme de « lien », les sites syndicaux mis en place sur l'intranet de l'entreprise, dès lors que l'affichage et la diffusion des communications syndicales à l'intérieur de l'entreprise sont liés à la constitution par les organisations syndicales d'une section syndicale, laquelle n'est pas subordonnée à une condition de représentativité. • Soc. 23 mai 2012 : *D. 2012. Actu. 1486 ; RJS 2012. 627, n° 723 ; JS Lamy 2012, n° 326-6, obs. Tourreil ; JCP S 2012. 1298, obs. Petit.*

Art. L. 2142-7 Dans les entreprises de travail temporaire, les communications syndicales portées sur le panneau d'affichage sont remises aux salariés temporaires en mission ou adressées par voie postale, aux frais de l'entrepreneur de travail temporaire, au moins une fois par mois. — *[Anc. art. L. 412-8, al. 6.] — V. art. L. 2146-1 (pén.).*

SECTION V **LOCAL SYNDICAL**

Art. L. 2142-8 Dans les entreprises ou établissements *(L. n° 2012-387 du 22 mars 2012, art. 43)* « d'au moins » deux cents salariés, l'employeur met à la disposition des sections syndicales un local commun convenant à l'exercice de la mission de leurs délégués.

(L. n° 2008-789 du 20 août 2008) Dans les entreprises ou établissements *(L. n° 2012-387 du 22 mars 2012, art. 43)* « d'au moins mille salariés », l'employeur met en outre à la disposition de chaque section syndicale constituée par une organisation syndicale représentative dans l'entreprise ou l'établissement un local convenable, aménagé et doté du matériel nécessaire à son fonctionnement. — *[Anc. art. L. 412-9, al. 1er et 2.] — V. art. L. 2146-1 (pén.).*

COMMENTAIRE

V. Dalloz.fr et applications mobiles Dalloz .

1. Constitutionnalité. N'est pas transmise la QPC portant sur l'obligation pour une entreprise d'au moins deux cents salariés de fournir un local commun aux sections syndicales (C. trav., art. L. 2142-8, al. 1er), celle-ci posant un équilibre raisonnable entre le besoin, pour les organisations syndicales, de disposer d'un local et la charge économique imposée à l'employeur compte tenu de la taille de l'entreprise. • Soc., QPC, 10 avr. 2014 : *Dalloz actualité, 7 mai 2014, obs. Peyronnet.*

2. Local séparé. Le local syndical doit être distinct de celui affecté au délégué du personnel.

• Crim. 23 janv. 1979 : *Bull. crim. n° 33.* ♦ ... Ou au comité d'entreprise, sauf accord de ce dernier. • Crim. 9 nov. 1971 : *Bull. crim. n° 305 ; D. 1972. 334, 2e esp., note Verdier.*

3. Horaires d'ouverture. Sauf accord contraire, l'employeur n'est pas tenu de mettre le local à la disposition de la section syndicale pendant les heures de fermeture de l'entreprise. • Crim. 16 mars 1993 : *Bull. crim. n° 118 ; D. 1994. Somm. 317, obs. Soral ; RJS 1993. 361, n° 630 ; CSB 1993. 183, S. 96.*

4. Téléphone. L'usage d'un répondeur téléphonique n'est qu'une modalité de l'usage du téléphone autorisé par l'employeur et ne nécessite pas d'accord particulier de ce dernier. • Soc. 27 oct. 1981 : *Bull. civ. V, n° 832.*

5. Déplacement du local syndical. Constitue un trouble apporté à la liberté syndicale manifestement illicite, l'installation des locaux syndicaux dans une annexe située dans l'enceinte de l'entreprise qui nécessite – pour s'y rendre – de passer sous un portique électronique, de présenter un badge et de subir éventuellement une fouille, sans que de telles mesures soient justifiées par des impératifs de sécurité et proportionnées au but recherché. • Soc. 26 sept. 2007 : *D. 2007. AJ 2609 ; RJS 2007. 1044, n° 1306 ; JS Lamy 2007, n° 221-2* • 13 janv. 2010 : *D. 2010. AJ 270 ; RDT 2010. 178, obs. Grévy ; JS Lamy 2010, n° 271-4.*

6. Contentieux. Les contestations relatives à l'attribution d'un local syndical relèvent de la compétence du tribunal de grande instance. • Soc. 16 avr. 1986 : *Bull. civ. V, n° 148.*

Art. L. 2142-9 **Les modalités d'aménagement et d'utilisation par les sections syndicales des locaux mis à leur disposition sont fixées par accord avec l'employeur.** — *[Anc. art. L. 412-9, al. 3.] — V. art. L. 2146-1 (pén.).*

SECTION VI **RÉUNIONS SYNDICALES**

Art. L. 2142-10 **Les adhérents de chaque section syndicale peuvent se réunir une fois par mois dans l'enceinte de l'entreprise en dehors des locaux de travail suivant des modalités fixées par accord avec l'employeur.**

Les sections syndicales peuvent inviter des personnalités syndicales extérieures à l'entreprise à participer à des réunions organisées par elles dans les locaux syndicaux mis à leur disposition en application de l'article L. 2142-8, ou, avec l'accord du chef d'entreprise, dans d'autres locaux mis à leur disposition.

Des personnalités extérieures autres que syndicales peuvent être invitées par les sections syndicales à participer à une réunion, avec l'accord de l'employeur. — *[Anc. art. L. 412-10, al. 1er à 3.] — V. art. L. 2146-1 (pén.).*

BIBL. ► Desset, *RPDS 1988. 55* (invitation de personnalités extérieures à l'entreprise).

Art. L. 2142-11 **Les réunions syndicales ont lieu en dehors du temps de travail des participants à l'exception des représentants du personnel qui peuvent se réunir sur leur temps de délégation.** — *[Anc. art. L. 412-10, al. 4.] — V. art. L. 2146-1 (pén.).*

CHAPITRE III **DÉLÉGUÉ SYNDICAL**

RÉP. TRAV. v° *Syndicats professionnels (Droit syndical dans l'entreprise)*, par Borenfreund.

BIBL. GÉN. ► Béraud, *Dr. soc. 1988. 666* (rôle des délégués en cours de grève). – Bouaziz, *Dr. ouvrier 1986. 161* (cadre de la représentation du personnel) ; *ibid. 183* (unité économique et sociale). – Chalaron, *Dr. soc. 1982. 209* (établissement distinct). – Cohen, *RPDS 1971. 5* (mission du délégué syndical) ; *ibid. 1973. 197* (établissement distinct) ; *ibid. 1987. 93* (unité économique et sociale). – Desjardins, *RJS 1993. 215* (établissement distinct). – Despax, *JCP 1972. I. 2465* (groupe de sociétés) ; *RJS 1990. 435* (dissociation d'une unité économique). – Duquesne, *Dr. soc. 2008. 1084*. – Franchi-Dutard, *Dr. ouvrier 1986. 197* (effectif). – Glais, *Gaz. Pal. 1987. 1. Doctr. 309* (établissements distincts). – Grinsnir, *Dr. ouvrier 1986. 171* (groupe et entreprise). – Klein, *Gaz. Pal. 1969. 2. Doctr. 6* (établissement distinct). – Lenoir, *Dr. ouvrier 1986. 164* (unité économique et sociale). – De Lestang, *Dr. soc., n° spéc. avr. 1979, 5* (unité économique et sociale). – Murcier, *Dr. soc. 1984. 107* (entreprises de moins de cinquante salariés). – Notat, *ibid. 1991. 93* (accords AXA). – Orliac, *Gaz. Pal. 1969. 2. Doctr. 27* (missions du délégué). – Petit, *RPDS 1978. 101* (désignation). – Rey, *Dr. soc. 1991. 430* (décisions de l'administration du travail). – Salvage, *ibid. 1976. 396* (compétence générale du délégué) ; *ibid. 1986. 24* (attributions du délégué en cas de grève). – Saint-Jevin, *ibid. 1979. 357* (élus du personnel et délégués syndicaux). – Saramito, *Dr. ouvrier 1976. 463* (désignation). – Savatier, *Ét. offertes à J. Brèthe de la Gressaye, 1967, p. 726* (fusion de sociétés) ; *Dr. soc. 1970. 231* (loi du 27 déc. 1968) ; *Ét. offertes à A. Brun, 1974, p. 527* (groupe de sociétés) ; *Dr. soc. 1977. 231* (activités politiques dans l'entreprise) ; *ibid. 1984. 53* (grève et action syndicale) ;

ibid. 1984. 77 (jurisprudence sur le nouveau droit syndical) ; *ibid. 1985. 472* (effectifs et représentation syndicale) ; *ibid. 1986. 11* (unité économique et sociale) ; *ibid. 1986. 703* (établissement ou entreprise). – Teyssié, *JCP E 1987. I. 16705* (désignation). – Verdier, *Dr. soc. 2000. 190* (désignation : charge de la preuve et définition de la fraude).

COMMENTAIRE

V. Dalloz.fr et applications mobiles Dalloz

SECTION PREMIÈRE **CONDITIONS DE DÉSIGNATION**

V. Circ. DGT n° 20 du 13 nov. 2008 relative à la loi portant rénovation de la démocratie sociale et du temps de travail, Fiche n° 2.

SOUS-SECTION 1 **CONDITIONS D'ÂGE ET D'ANCIENNETÉ**

Art. L. 2143-1 **Le délégué syndical doit être âgé de dix-huit ans révolus, travailler dans l'entreprise depuis un an au moins et n'avoir fait l'objet d'aucune interdiction, déchéance ou incapacité relative à ses droits civiques.**

Ce délai d'un an est réduit à quatre mois en cas de création d'entreprise ou d'ouverture d'établissement. – *[Anc. art. L. 412-14, al. 1er et al. 2, phrase 1.] – V. art. L. 2146-1 (pén.).*

COMMENTAIRE

V. Dalloz.fr et applications mobiles Dalloz

A. TRAVAIL DANS L'ENTREPRISE

1. Salarié non permanent. Il appartient au syndicat d'apprécier si un salarié ne travaillant pas en permanence dans l'entreprise sera en mesure d'y remplir sa mission. • Soc. 5 nov. 1982 : *Bull. civ. V, n° 604* • 4 déc. 1991, n° 90-60.523 P : *RJS 1992. 116, n° 169* • Soc. 17 juill. 1996, n° 95-60.896 P : *Dr. soc. 1996. 1107, obs. Couturier* ; *RJS 1996. 604, n° 942.*

2. Salarié détaché. Dès lors qu'un salarié remplit les conditions nécessaires, il peut être désigné comme délégué syndical dans l'entreprise dans laquelle il est détaché. • Soc. 30 mai 2001, n° 99-60.466 P : *RJS 2001. 787, n° 1157* • 5 mars 1997, n° 96-60.041 P : *RJS 1997. 368, n° 564* (fonctionnaire détaché auprès d'un organisme de droit privé). ♦ Comp. : • Soc. 7 nov. 1989 : *Bull. civ. V, n° 647* • 7 mai 1987 : *D. 1987. IR 133.* ♦ Il n'appartient qu'aux organisations syndicales qui utilisent les facultés de désignation offertes par la loi d'apprécier si un salarié, détaché au sein d'une autre structure, est en mesure d'accomplir sa mission syndicale au sein de son entreprise d'origine. • Soc. 27 mai 2009 : *RDT 2009. 530, obs. Peskine* ; *RJS 2009. 646, n° 732.*

3. Salarié intérimaire. Il résulte de la combinaison des art. L. 412-11, L. 412-14, L. 423-8 et L. 423-9 [L. 2143-3, L. 2143-1, L. 2314-16 et L. 2314-17 nouv.] qu'un salarié élu délégué du personnel remplit par là même les conditions d'ancienneté et de présence dans l'entreprise pour être désigné délégué syndical dans un établissement de l'entreprise de travail temporaire. • Soc. 4 févr. 2004, n° 02-60.028 P : *Dr. soc. 2004. 565, obs. Savatier* ; *RJS 2004. 420, n° 626 (2e esp.).*

4. Contrat de travail rompu. Ne peut être désigné comme délégué syndical le salarié dont le contrat de travail a cessé de produire ses effets. • Soc. 14 juin 1978 : *Bull. civ. V, n° 476* (salarié licencié) • 22 juill. 1975 : *Dr. ouvrier 1976. 355* (salarié démissionnaire) • 12 déc. 1979 : *Bull. civ. V, n° 974* (travailleur temporaire dont la mission est expirée). Peut être désigné : un salarié mis à pied. • Soc. 27 avr. 1978 : *Bull. civ. V, n° 302* ; *D. 1978. IR 391, obs. Pélissier.* ♦ ... Ou en cours de réintégration. • Soc. 17 juill. 1996 : *Dr. ouvrier 1997. 151.* ♦ ... Ou en cours de préavis. • Soc. 1er juin 1976 : *Bull. civ. V, n° 342* • Crim. 9 mars 1982 : *Dr. ouvrier 1982. 399* (le mandat prend fin à l'expiration du délai-congé sans que l'employeur ait à respecter la procédure protectrice de licenciement). ♦ *Contra*, lorsque le salarié a été dispensé du préavis : • Soc. 24 févr. 1971 : *D. 1971. 361, note Dupeyroux* ; *Dr. soc. 1971. 463, note Savatier* • 12 juin 1974 : *Bull. civ. V, n° 368* ; *JCP 1975. II. 17940, note Groutel* • 2 avr. 1981 : *Bull. civ. V, n° 323* ; *D. 1982. IR 83, obs. Pélissier.*

5. Salarié réintégré. Le salarié réintégré à la suite de l'annulation de l'autorisation de licenciement n'est pas réintégré de plein droit dans son mandat, de sorte qu'une nouvelle désignation est nécessaire de la part du syndicat. • Soc. 24 janv. 1990 : *D. 1990. IR 88* • 22 janv. 2002, n° 00-60.356 P : *RJS 2002. 353, n° 458.* ♦ La nouvelle désignation en qualité de délégué syndical ne peut concerner un autre établissement que celui où le salarié est réintégré. • Crim. 17 déc. 1996 : *Bull. crim. n° 472* ; *RJS 1997. 285, n° 432.*

6. Maître contractuel de l'enseignement privé. Les maîtres contractuels de l'enseignement privé intégrés de façon permanente à la communauté de travail de l'établissement dans lequel ils exercent entrent dans le champ d'application de l'art. L. 412-14 [L. 2143-1 nouv.] et peuvent être désignés délégués syndicaux. • Cass., avis, 15 janv. 2007 : *D. 2007. AJ 446, obs. Dechristé ; JS Lamy 2007, n° 207-3 ; RJS 2007. 281, n° 391.*

B. CONDITION D'ANCIENNETÉ

7. Calcul de l'ancienneté. L'ancienneté d'un an requise par la loi pour la désignation d'un délégué syndical peut résulter d'un ou de plusieurs contrats de travail successifs et distincts séparés par une ou plusieurs périodes de suspension. • Soc. 15 mai 1991, n° 90-60.310 P : *D. 1991. IR 166 ; Dr. soc. 1991. 517 ; RJS 1991. 384, n° 723.* ♦ Sur la prise en compte des heures de délégation, V. • Soc. 18 nov. 1992, n° 90-60.562 P : *RJS 1993. 42, n° 49, concl. Chauvy.* ♦ Lorsqu'un salarié est embauché par une entreprise après y avoir effectué des missions en tant que travailleur temporaire, les périodes de mise à disposition doivent être prises en compte pour le calcul de l'ancienneté. • Soc. 12 févr. 1991, n° 90-60.354 P : *D. 1991. IR 70 ; RJS 1991. 182, n° 348.* ♦ Mais il n'est pas tenu compte d'une période de stage ayant fait l'objet d'une convention et précédant le début de l'emploi salarié. • Soc. 26 nov. 2003 : *RJS 2004. 154, n° 226.*

8. Un salarié élu délégué du personnel remplit par là même les conditions d'ancienneté et de présence dans l'entreprise pour être désigné délégué syndical dans un établissement. • Soc. 4 févr. 2004, n° 02-60.028 P.

9. Ancienneté dans le groupe. L'ancienneté acquise par un salarié dans une société d'un groupe doit être prise en compte pour le calcul de l'ancienneté requise pour être désigné délégué syndical dans l'une de ces sociétés. • Soc. 7 mars 2001, n° 99-60.442 P : *RJS 2001. 611, n° 688 ; Dr. soc. 2001. 570, obs. Savatier ; Sem. soc. Lamy 2001, n° 1023, p. 12.*

C. DROITS CIVIQUES

10. Présomption. Les salariés étant présumés jouir de leurs droits civiques, sauf preuve contraire, un employeur ne saurait exiger d'un délégué syndical la production d'un extrait de casier judiciaire en vue de contester sa désignation. • Soc. 25 oct. 1978 : *Bull. civ. V, n° 712 ; D. 1979. IR 229* • 7 déc. 1977 : *D. 1978. IR 196, obs. Langlois.* ♦ Sur l'articulation des art. L. 412-14 et L. 412-11 [L. 2143-1 et L. 2143-3 nouv.], V. • Soc. 7 nov. 1990 : *D. 1990. IR 286 ; RJS 1990. 654, n° 996.*

D. COMPATIBILITÉ

11. Principe. Ne peuvent exercer un mandat de représentation les salariés qui, soit disposent d'une délégation écrite particulière d'autorité leur permettant d'être assimilés au chef d'entreprise, soit représentent effectivement l'employeur devant les institutions représentatives du personnel. • Soc. 29 juin 2005 : *D. 2005. IR 2040 ; RJS 2005. 708, n° 1002* • 12 juill. 2006 : *RJS 2006. 886, n° 1200.* ♦ Comp. antér. : • Soc. 21 mai 2003, n° 01-60.882 P : *Dr. soc. 2003. 1027, obs. Mouly ; RJS 2003. 703, n° 1036* (1re esp. : responsable des ressources humaines, 2e esp. : directeur d'agence ; en l'absence de délégation particulière d'autorité, établie par écrit, permettant de l'assimiler au chef d'entreprise, un salarié, quelle que soit sa fonction, ne peut être exclu du droit d'exercer des fonctions de représentant syndical).

12. Représentants de l'employeur. Ne peut être désigné comme délégué syndical le salarié qui préside le comité d'entreprise. • Soc. 24 juin 1998 : *RJS 1998. 640, n° 1012.* ♦ Comp. : • Soc. 24 juin 1998 : *ibid., 2e esp.* (salarié amené à présider le comité d'établissement mais qui n'a encore jamais exercé cette présidence à la date de sa désignation). ♦ ... Ou le comité d'établissement. • Soc. 27 oct. 2004, n° 03-60.359 P. • 25 janv. 2006, n° 05-60.158 P. ♦ ... Ou le CHSCT. • Soc. 25 janv. 2006, n° 04-60.515 P. ♦ ... Ou qui dirige les réunions avec les délégués du personnel. • Soc. 12 juill. 2006 : *préc. note 11.*

13. Délégation particulière d'autorité. Ne peut être désigné comme délégué syndical le salarié qui dirige l'activité de l'entreprise, a autorité sur les services et recrute le personnel. • Soc. 29 juin 2005, n° 04-60.093 P. ♦ Exemples de salariés ayant reçu une délégation particulière d'autorité. • Soc. 1er févr. 2006, n° 05-60.163 P. • 16 avr. 2008 : *RJS 2008. 556, n° 693 ; JCP S 2008. 1369, note Kerbouc'h.* ♦ Peu importe que la délégation n'ait pas fait l'objet d'une acceptation expresse du salarié. • Soc. 4 avr. 2007 : *RDT 2007. 600, obs. Grévy ; RJS 2007. 560, n° 759 ; JS Lamy 2007, n° 212-5 ; JCP S 2007. 1574, note Martinon.* ♦ Mais le contrat de travail qui se borne à déterminer les attributions que l'intéressé tient de sa position hiérarchique n'emporte pas délégation écrite particulière d'autorité permettant d'assimiler le salarié au chef d'entreprise. • Soc. 8 juill. 2009 : *RJS 2009. 763, n° 897 ; JCP S 2009. 1407, obs. Puigelier.*

14. Représentant au CHSCT. Les fonctions de délégué syndical sont compatibles avec les fonctions de représentant du personnel au comité d'hygiène, de sécurité et des conditions de travail. • Soc. 13 janv. 1999, n° 97-60.782 P : *RJS 1999. 136, n° 222 ; JS Lamy 1999. 25.*

Art. L. 2143-2 **Dans les entreprises de travail temporaire, la condition d'ancienneté pour être désigné délégué syndical est fixée à six mois pour les salariés temporaires. Elle est appréciée en totalisant les périodes pendant lesquelles ces salariés ont été liés à**

ces entreprises par des contrats de mission au cours des dix-huit mois précédant la désignation du délégué syndical. Ce délai est réduit à six mois en cas de création d'entreprise ou d'ouverture d'établissement. – *[Anc. art. L. 412-14, al. 2, phrases 2 et 3.]*

SOUS-SECTION 2 CONDITIONS D'EFFECTIFS

§ 1er ENTREPRISES DE CINQUANTE SALARIÉS ET PLUS

Art. L. 2143-3 *(L. n° 2008-789 du 20 août 2008)* **« Chaque organisation syndicale représentative dans l'entreprise ou l'établissement** *(L. n° 2012-387 du 22 mars 2012, art. 43)* **« d'au moins cinquante salariés », qui constitue une section syndicale, désigne parmi les candidats aux élections professionnelles qui ont recueilli** *(L. n° 2014-288 du 5 mars 2014, art. 30-XIX)* **« à titre personnel et dans leur collège » au moins 10 % des suffrages exprimés au premier tour des dernières élections au comité d'entreprise ou de la délégation unique du personnel ou des délégués du personnel, quel que soit le nombre de votants, dans les limites fixées à l'article L. 2143-12, un ou plusieurs délégués syndicaux pour la représenter auprès de l'employeur.**

(L. n° 2014-288 du 5 mars 2014, art. 30-XIX) **« Si aucun des candidats présentés par l'organisation syndicale aux élections professionnelles ne remplit les conditions mentionnées au premier alinéa du présent article ou »** *(L. n° 2008-789 du 20 août 2008)* **« s'il ne reste, dans l'entreprise ou l'établissement, plus aucun candidat aux élections professionnelles qui remplit les conditions mentionnées au premier alinéa, une organisation syndicale représentative peut désigner un délégué syndical parmi les autres candidats ou, à défaut, parmi ses adhérents au sein de l'entreprise ou de l'établissement. »**

La désignation d'un délégué syndical peut intervenir lorsque l'effectif *(L. n° 2012-387 du 22 mars 2012, art. 43)* **« d'au moins cinquante salariés » a été atteint pendant douze mois, consécutifs ou non, au cours des trois années précédentes.** – *V. art. L. 2146-1 (pén.).*

(L. n° 2014-288 du 5 mars 2014, art. 30-XIX) **« Elle peut intervenir au sein de l'établissement regroupant des salariés placés sous la direction d'un représentant de l'employeur et constituant une communauté de travail ayant des intérêts propres, susceptibles de générer des revendications communes et spécifiques. »**

Les délégués syndicaux régulièrement désignés au 21 août 2008, date de publication de la L. n° 2008-789 du 20 août 2008 conservent leur mandat et leurs prérogatives jusqu'aux résultats des premières élections professionnelles organisées dans l'entreprise ou l'établissement dont la date fixée pour la négociation du protocole préélectoral est postérieure au 21 août 2008. Après les élections, ces délégués syndicaux conservent leurs mandats et leurs prérogatives dès lors que l'ensemble des conditions prévues aux art. L. 2143-3 et L. 2143-6 dans leur rédaction issue de la loi du 20 août 2008 sont réunies.

Jusqu'aux résultats des premières élections professionnelles organisées dans les entreprises ou les établissements pour lesquels la date fixée pour la négociation du protocole préélectoral est postérieure au 21 août 2008, chaque syndicat représentatif dans l'entreprise ou l'établissement au 21 août 2008 peut désigner un ou plusieurs délégués syndicaux pour le représenter auprès de l'employeur, conformément aux art. L. 2143-3 et L. 2143-6 dans leur rédaction antérieure à la L. n° 2008-789 du 20 août 2008 (L. préc., art. 13).

BIBL. ▸ Clément, *Dr. soc. 2014. 1053* (la définition légale de l'établissement distinct, périmètre de désignation des délégués syndicaux). – d'Ornano, *JCP S 2009. 1401* (la cessation du mandat syndical). – Duquesne, *Dr. soc. 2008. 1084* (le nouveau représentant de la section syndicale).

COMMENTAIRE

V. Dalloz.fr et applications mobiles Dalloz.

I. RÉFORME INTERVENUE AVEC LA LOI DU 20 AOÛT 2008

1. Conformité au droit international. L'obligation faite aux syndicats représentatifs de choisir, en priorité, le délégué syndical parmi les candidats ayant obtenu au moins 10 % des voix ne heurte aucune prérogative inhérente à la liberté syndicale tendant à assurer la détermination par les salariés eux-mêmes des personnes les plus aptes à défendre leurs intérêts dans l'entreprise et à conduire les négociations pour leur compte, elle ne constitue pas une ingérence arbitraire dans le fonctionnement syndical : • Soc. 14 avr. 2010 : *D. 2010. AJ 1150, obs. Ines ; ibid. Pan. 2029, obs. Reynès ; RDT 2010. 276, Rapp. Béraud ; ibid. 2010. 374, obs. Akandji-Kombé ; Dr. soc. 2010. 647, note Pécaut-Rivolier ; Dr. ouvrier 2010. 405, note Braun et Rennes ; JS Lamy 2010, n° 278-5, obs. Julien-Paturle ; RJS 2010. 460, n° 529 ; JCP S 2010. 1259, obs. Gauriau ; Sem. soc. Lamy 2010, n° 1442, p. 10.* Cassation de • TI Brest, 27 oct. 2009 : *D. 2009. AJ 2690, obs. Dechristé ; RDT 2010. 117, obs. Tissandier ; Dr. ouvrier 2009. 623, obs. Rennes ; ibid 2010. 418, obs. Bied-Chareton ; Sem. soc. Lamy 2009, n° 1421, p. 10, note Akandji-Kombé.* ♦ Les art. L. 2324-2 et L. 2122-1 ne portent atteinte ni au principe de liberté syndicale ni au principe de participation ni au principe d'égalité devant la loi. • Cass., QPC, 18 juin 2010 : *D. 2010. Actu. 1720 ; Dalloz actualité, 8 juill. 2010, obs. Ines ; D. 2011. Pan. 840, obs. Nicod ; RDT 2010. 564, rapp. Béraud ; RJS 2010. 706, n° 786.*

2. *Conformité à la Constitution.* En imposant aux syndicats représentatifs de choisir, en priorité, le délégué syndical parmi les candidats ayant obtenu au moins 10 % des suffrages exprimés au premier tour des dernières élections professionnelles, l'art. L. 2143-3 associe les salariés à la désignation des personnes reconnues les plus aptes à défendre leurs intérêts dans l'entreprise et à conduire les négociations pour leur compte ; en adoptant cet article, le législateur n'a pas méconnu le principe de la liberté syndicale énoncé par le sixième alinéa du Préambule de 1946. • Cons. const. 12 nov. 2010, n°s 2010-63, 2010-64 et 2010-65 QPC : *D. 2011. 1713, obs. Bernaud et Gay ; Constitutions 2011. 89, obs. Radé .*

3. *Période transitoire.* Pendant la période transitoire prévue à l'art. 11, IV, de la loi du 20 août 2008, le maintien de la présomption irréfragable de représentativité vaut à l'égard de tous les syndicats affiliés à une organisation syndicale représentative au niveau national ou interprofessionnel, sans qu'il y ait lieu de distinguer entre les affiliations antérieures ou postérieures à la date d'entrée en vigueur de la loi ; en revanche les nouveaux critères permettant d'établir une représentativité syndicale sont d'application immédiate, exception faite du critère de l'audience électorale auquel les syndicats devront satisfaire dès les premières élections professionnelles organisées dans l'entreprise. • Soc. 10 mars 2010 : *D. 2010. AJ 820, obs. Ines ; ibid. 2010. Pan. 2029, obs. Amauger-Lattès ; Dr. soc. 2010. 602, obs. Petit .* ♦ Jusqu'aux résultats des élections suivant l'entrée en vigueur de la loi du 20 août 2008, est présumé représentatif au niveau de l'entreprise ou de l'établissement tout syndicat affilié à l'une des organisations syndicales de salariés présumées représentatives au niveau national et interprofessionnel à la date de publication de la loi : cette règle n'empêche pas un syndicat ne bénéficiant pas de cette présomption d'établir cette représentativité. • Soc. 10 mars 2010 : *D. 2010. Pan. 2029, obs. Amauger-Lattès ; RDT 2010. 308, obs. Borenfreund ; Dr. soc. 2010. 548, note Morin ; JCP S 2010. 1204, obs. Gauriau ; JS Lamy 2010, n° 276-4.* ♦ Les nouvelles dispositions n'excluent pas qu'un syndicat qui ne bénéficie pas du maintien de la représentativité puisse l'établir en application des critères énoncés à l'article L. 2121-1, à l'exception de l'obtention d'un score électoral de 10 %, auquel il devra satisfaire dès les premières élections professionnelles organisées dans l'entreprise. • Soc. 26 mai 2010 : *D. 2010. Actu. 1489 ; Dalloz actualité, 16 juin 2010, obs. Maillard ; RJS 2010. 613, n° 683 ; JCP S 2010. 1335, obs. Gauriau.* ♦ La représentativité établie pendant la période transitoire peut être contestée pendant cette même période. • 31 mars 2010 : *RJS 2010. 431, n° 530 ; Dr. soc. 2010. 865, obs. Petit .* ♦ L'existence d'un accord d'entreprise conclu antérieurement à l'entrée en vigueur de la loi du 5 mars 2014, et prévoyant comme périmètre l'entreprise, ne peut priver un syndicat du droit de désigner un délégué syndical au niveau de l'établissement ; l'art. L. 2143-3 C. trav. étant d'ordre public quant au périmètre de désignation des délégués syndicaux. • Soc. 31 mai 2016, n° 15-21.175 P : *Dalloz actualité, 16 juin 2016, obs. Roussel ; D. 2016. Actu. 1260 ; RDT 2016. 575, note Odoul-Asorey ; RJS 8-9/2016, n° 573 ; JCP S 2016. 1280, obs. Pagnerre.*

II. CADRE DE LA DÉSIGNATION

A. CALCUL DE L'EFFECTIF

4. *Méthode de calcul.* Le calcul des effectifs doit être effectué mois par mois au cours des trois années précédentes et non en calculant la « moyenne » de chacune de ces années. • Soc. 17 déc. 1984 : *Bull. civ. V, n° 503.* ♦ Même solution pour l'application de l'al. 3 de l'art. L. 412-11 [L. 2143-4 nouv.]. • Soc. 26 janv. 1984 : *Bull. civ. V, n° 38.* ♦ Sur l'articulation des art. L. 412-11 et L. 412-14 [L. 2143-3 et L. 2143-1 nouv.], V. • Soc. 7 nov. 1990 : *D. 1990. IR 286 ; RJS 1990. 654, n° 996.* ♦ Sur la charge de la preuve de l'effectif, V. • Soc. 11 déc. 1996 : *RJS 1997. 43, n° 59.*

5. *Établissement nouveau.* Pour déterminer le seuil d'effectif à partir duquel un délégué syndical peut être désigné dans un établissement nouvellement créé, il convient de prendre en compte l'ancienneté que les salariés affectés à cet établissement ont acquise dans l'entreprise. • Soc. 29 mars 2005 : *RJS 2005. 548, n° 758.*

B. EXISTENCE D'UNE SECTION SYNDICALE

6. *Preuve.* Lorsqu'un syndicat représentatif désigne un délégué syndical dans une entreprise qui emploie au moins cinquante salariés, l'existence d'une section syndicale est établie par cette seule désignation. • Soc. 27 mai 1997, n° 96-60.239 P : *GADT, 4e éd., n° 135 ; D. 1997. 416, note Verdier ; JCP 1997. II. 22899, note Arséguel ; JCP E 1997. II. 980, note Duquesne ; Dr. soc. 1997. 757, obs. Grévy ; RJS 1997. 540, n° 834 ; ibid. 503, rapp. Barberot ; CSB 1997. 203, A. 39, note Philbert.* ♦ Sur la jurisprudence antérieure exigeant au minimum, pour la validité de la désignation, qu'elle intervienne au moment où une section syndicale est constituée ou en voie de constitution, V. • Soc. 7 juill. 1983 : *Bull. civ. V, n° 437 ; Dr. soc. 1984. 77, obs. Savatier* • 9 janv. 1985 : *D. 1985. IR 461, obs. Verdier.*

7. Lorsque la désignation d'un délégué syndical doit s'effectuer dans le cadre d'un établissement distinct, elle est subordonnée à la création d'une section syndicale dans cet établissement. • Soc. 21 juill. 1986, n° 85-60.681 P : *D. 1987. Somm. 212, obs. Verdier.*

C. ÉTABLISSEMENT DISTINCT

8. Critères. Caractérise un établissement distinct permettant la désignation de délégués syndicaux le regroupement, sous la direction d'un représentant de l'employeur, d'au moins cinquante salariés constituant une communauté de travail ayant des intérêts propres susceptibles de générer des revendications communes et spécifiques, peu important que le représentant de l'employeur ait le pouvoir de se prononcer sur ces revendications. • Soc. 24 avr. 2003, n° 01-60.876 P : *D. 2004. Somm. 99, obs. Desbarats ; D. 2003. IR 1341 ; RJS 2003. 602, n° 908* • 15 déc. 2004 : *Dr. soc. 2005. 346, obs. Savatier ; RJS 2005. 214, n° 290.* ♦ Cette désignation n'est pas conditionnée par l'étendue des pouvoirs délégués par le chef d'entreprise à la personne qui le représente sur place. • Soc. 26 nov. 2003 : *RJS 2004. 154, n° 225.* ♦ Aussi une société composée de deux sites géographiques éloignés doit être découpée en deux établissements distincts alors qu'il a été constaté que chacun des sites regroupe au moins cinquante salariés, que sur chaque site se trouve un responsable chargé d'organiser le travail et qu'enfin, les deux sites présentent des diversités incontestables tant au niveau des produits fabriqués que des contraintes techniques ou des conditions de travail. • Soc. 2 oct. 2001, n° 00-60.170 P : *GADT, 4e éd., n° 134 ; D. 2002. 775, obs. Wolmark ; Dr. soc. 2001. 1129, obs. Savatier ; RJS 2001. 968, n° 1444 ; JS Lamy 2001, n° 89-7* • 27 oct. 2004, n° 03-60.284 P : *RJS 2005. 52, n° 56.* ♦ Comp., nécessité de la présence d'un représentant de l'employeur qualifié pour recevoir les revendications et, le cas échéant, y faire droit. • Soc. 18 juill. 2000, n° 99-60.354 P : *RJS 2000. 747, n° 1110 ; JCP 2000. IV. 2624* • 18 déc. 2000 : *RJS 2000. 1226, n° 314* • 20 mars 1991, n° 90-60.386 P : *D. 1993. Somm. 261, obs. Frossard ; Dr. soc. 1991. 696, note Savatier ; RJS 1991. 321, n° 604* • 15 mai 1991 : *RJS 1991. 449, n° 857* • 26 mai 1999, n° 98-60.155 P : *D. 2000. 91, note Arséguel ; RJS 1999. 577, n° 940.* ♦ Notion identique en matière d'élections des délégués du personnel : • Soc. 10 oct. 1990, n° 89-61.558 P : *D. 1990. IR 241 ; Dr. soc. 1991. 40, note Savatier ; RJS 1990. 582, n° 876.* ♦ V., déjà, pour une référence au rôle joué par le mode de direction de l'établissement : • Soc. 20 juill. 1978 : *Bull. civ. V, n° 630* • 6 juill. 1983 : *ibid., n° 419* • 23 avr. 1986 : *ibid., n° 170.*

9. Périmètre. Pour l'exercice du droit syndical, un établissement distinct ne peut être reconnu qu'au sein d'une même entreprise ou d'une même unité économique et sociale. • Soc. 20 déc. 2006 (2 arrêts) : *RDT 2007. 399, note Peskine .*

10. Nombre. Dès lors qu'est reconnue, au sein d'une entreprise, l'existence d'un établissement distinct, il en résulte que l'entreprise en comporte au moins deux. • Soc. 15 janv. 2002, n° 00-60.326 P : *Dr. soc. 2002. 368, obs. Savatier ; RJS 2002. 351, n° 455* • 14 févr. 1989 : *Bull. civ. V, n° 126 ; D. 1990. Somm. 173, obs. Borenfreund .*

11. Niveau de désignation. Dans une entreprise comptant deux établissements distincts dont l'un a moins de cinquante salariés, il y a lieu de désigner un délégué syndical unique pour l'ensemble de l'entreprise. • Soc. 12 mars 1991, n° 89-61.554 P : *Dr. soc. 1991. 696, note Savatier ; RJS 1991. 321, n° 604.* ♦ Lorsqu'une unité économique et sociale a été reconnue entre plusieurs établissements, les conditions légales de désignation d'un délégué syndical doivent s'apprécier dans ce cadre. • Soc. 27 mai 1997 : *Dr. soc. 1997. 759, obs. Savatier* (refus de la désignation effectuée par un syndicat catégoriel non représentatif dans cette unité).

12. Le découpage en établissements distincts ne peut avoir pour effet de laisser subsister au sein de l'entreprise un centre d'activités de moins de 50 salariés privés de représentation syndicale ; ce centre doit être rattaché à un établissement déjà reconnu, à moins qu'il ne constitue, par regroupement avec d'autres centres, le cas échéant, un établissement distinct en application d'un accord collectif ou par décision du juge, si celui-ci constate que cet ensemble remplit les conditions de l'établissement distinct. • Soc. 30 mai 2001, n° 00-60.006 P : *Dr. soc. 2002. 126, obs. Cohen ; RJS 2001. 708, n° 1035.* ♦ En cas de regroupement d'établissements entre eux ou par rattachement à un centre plus important, le délégué syndical ne doit pas nécessairement être désigné dans l'établissement doté d'au moins cinquante salariés. • Soc. 25 oct. 1995 : *RJS 1996. 30, n° 39.*

13. La division d'une entreprise en établissements distincts ne met pas fin au mandat d'un délégué syndical désigné antérieurement. • Crim. 17 déc. 1996 : *Bull. crim. n° 471 ; RJS 1997. 288, n° 436.*

D. UNITÉ ÉCONOMIQUE ET SOCIALE

14. Principe. Malgré le silence de la loi, la notion d'unité économique et sociale de personnes morales juridiquement distinctes s'applique en matière de désignation des délégués syndicaux. • Soc. 3 juill. 1985 : *Bull. civ. V, n° 401 ; Dr. soc. 1986. 11, note Savatier.*

15. Date d'appréciation. L'existence d'une unité économique et sociale doit être appréciée à la date de la requête introductive. • Soc. 27 juin 1990, n° 89-60.033 P : *Dr. ouvrier 1991. 17, note Cohen ; RJS 1990. 580, n° 872* • 8 avr. 1992, n° 91-60.241 P : *D. 1992. IR 151 ; Dr. soc. 1992. 629 ; RJS 1992. 413, n° 757.* ♦ C'est à celui qui allègue la disparition d'une unité économique et sociale de prouver les modifications intervenues. • Soc. 27 juin 1990, n° 88-60.196 P. ♦ Une unité économique et sociale ne peut être reconnue sans que toutes les sociétés dont l'autonomie est en discussion ne soient appelées en la cause. • Soc. 13 mai 1985 : *Bull. civ. V, n° 289.*

16. L'existence d'un comité de groupe n'est pas incompatible avec la désignation d'un délégué syndical au sein d'une unité économique et sociale formée par un certain nombre de sociétés du groupe, la finalité de ces institutions étant différente. • Soc. 9 mai 1989 : *Bull. civ. V, n° 346 ; D. 1989. IR 178.* ♦ Toutefois, la coexistence entre unité économique et sociale et comité de groupe est impossible lorsque le groupe et l'unité économique et sociale sont constitués exactement des mêmes sociétés et qu'un comité de groupe existe déjà ; dans ce cas, la Cour de cassation a précisé que la notion d'unité économique et sociale et celle de comité de groupe sont incompatibles. • Soc. 20 oct. 1999, n° 98-60.398 P : *GADT, 4e éd., n° 132 ; D. 1999. IR 253 ; RJS 2000. 54, n° 68* (cassation du jugement d'un tribunal d'instance ayant reconnu l'existence d'une unité économique et sociale entre plusieurs sociétés alors qu'il existait au même niveau un comité de groupe).

17. En caractérisant la fraude par laquelle un employeur créait des entreprises juridiquement distinctes qui n'étaient que des fictions destinées à masquer la réalité d'une entreprise unique, le tribunal n'est pas tenu de spécifier chacun des éléments constitutifs de celle-ci. • Soc. 29 avr. 1985 : *Dr. soc. 1986. 11, note Savatier.* – V. aussi : • Crim. 23 avr. 1970 : *GADT, 4e éd., n° 131 ; D. 1970. 444 ; JCP 1972. II. 17046* • Soc. 8 juin 1972 : *Bull. civ. V, n° 418 ; JCP 1973. II. 17316.*

18. Un accord collectif emportant reconnaissance d'une unité économique et sociale entre plusieurs sociétés peut en étendre les effets au-delà de la seule mise en place d'institutions représentatives du personnel. • Soc. 12 juill. 2006, n° 04-40.331.

19. Délégué de site. Une unité économique et sociale ne peut exister qu'entre des entreprises juridiquement distinctes et non entre les établissements d'une ou de plusieurs entreprises. Par suite, il ne peut y avoir de désignation d'un délégué syndical commun à un site pour des établissements dépendant de sociétés distinctes. • Soc. 13 janv. 1999, n° 97-60.782 P : *RJS 1999. 140, n° 230.*

20. Critères. Lorsque trois sociétés, bien que juridiquement distinctes, constituent, non des entreprises séparées, mais en raison de « leur compénétration, de la confusion de leurs activités et de leur communauté d'intérêts et de direction, un ensemble économiquement unique, les effectifs de ce dernier doivent être envisagés globalement au point de vue de la désignation des délégués syndicaux ». • Soc. 19 déc. 1972 : *D. 1973. 381, note Despax.* — Dans le même sens : • Soc. 4 juill. 1979 : *Bull. civ. V, n° 614* • 4 févr. 1981 : *ibid., n° 104.* ♦ Comp. : • Soc. 29 mai 1980 : *Bull. civ. V, n° 466 ; D. 1981. IR 122, obs. Langlois.* ♦ Sur la prise en compte de la mission spécifique du délégué syndical, V. • Soc. 11 févr. 1982 : *Bull. civ. V, n° 93.* ♦ Sur la reconnaissance d'une unité économique et sociale entre un groupe d'associations, nonobstant la spécificité de l'une d'elles (service médical du travail interentreprises), V. • Soc. 27 mai 1997 : *préc. note 11.*

21. Ne justifie pas sa décision le tribunal qui caractérise seulement l'aspect économique des relations entre les éléments du même ensemble sans relever aucune circonstance de nature à établir l'existence d'une communauté de travailleurs constitutive d'une unité sociale. • Soc. 23 juill. 1980 : *Bull. civ. V, n° 681 ; D. 1981. IR 122, obs. Langlois* • 24 juin 1982 : *Bull. civ. V, n° 422* • 23 juill. 1985 : *Dr. soc. 1986. 11, note Savatier* • 7 févr. 1990, n° 89-60.497 P. ♦ En faveur du caractère prépondérant de l'unité sociale en matière de désignation du délégué syndical, V. • Soc. 29 mai 1980 : *préc. note 20* • 22 juill. 1981 : *Bull. civ. V, n° 756.*

22. Pouvoir de direction unique. L'unité économique et sociale entre plusieurs personnes juridiquement distinctes nécessite notamment que les éléments qui la composent soient soumis à un pouvoir de direction unique ; l'appartenance des sociétés concernées à un même groupe sans que soit caractérisée la concentration entre les mains du pouvoir de direction des sociétés concernées est inopérante. • Soc. 15 mai 2001, n° 00-60.048 P : *Dr. soc. 2001. 777, obs. Savatier ; JCP E 2001. 1479, obs. Dusquesnes* • 3 mars 1998, n° 95-45.541 P : *D. 1998. IR 111* • 23 juin 1988 : *ibid., n° 398* • 8 avr. 1992 : *préc. note 15,* soulignant que la communauté de travailleurs n'implique pas nécessairement une permutabilité des salariés • 17 mai 1994 : *RJS 1994. 520, n° 869* • 23 mai 2000, n° 98-60.212

P : *D. 2000. IR 172* ; *RJS 2000. 567, n° 823* ; *Dr. soc. 2000. 856, obs. J. Savatier, concl. P. Lyon-Caen* (exclusion entre syndicats de copropriétaires). ♦ La circonstance qu'une société n'ait pas de salariés ne fait pas obstacle à la reconnaissance d'une unité économique et sociale entre deux sociétés pour la désignation d'un délégué syndical. • Soc. 24 nov. 2004, n° 03-60.329 P : *D. 2004. IR 13* ; *Dr. soc. 2005. 230, obs. Savatier* ; *RJS 2005. 127, n° 170.*

23. Le fait qu'une société n'a pas de personnel ne l'exclut pas de l'unité économique et sociale. • Soc. 21 janv. 1997, n° 95-60.833 P : *Dr. soc. 1997. 347, note Savatier* ; *RJS 1997. 201, n° 300 (2e esp.)* ; *Dr. ouvrier 1997. 170, note Cohen (1re esp.).* ♦ L'unité économique nécessite la présence en son sein d'une entité juridique qui exerce le pouvoir de direction sur l'ensemble des salariés inclus dans l'unité sociale. • Soc. 23 mai 2000, n° 98-60.212 P : *D. 2000. IR 207* ; *Dr. soc. 2000. 856, obs. Savatier, concl. P. Lyon-Caen* ; *RJS 2000. 567, n° 823* (absence d'unité économique entre des sociétés de syndics de copropriétés correspondant à un ensemble de résidences-services qui ne sont que des mandataires des différents syndicats de copropriétaires). ♦ Une société holding peut être comprise dans une UES formée par les sociétés qu'elle coiffe. • Soc. 26 janv. 2005 : *D. 2005. IR 521* ; *RJS 2005. 283, n° 398.*

24. La gestion d'une entreprise ne peut donner lieu à elle seule à la constitution d'une unité économique et sociale. • Soc. 22 janv. 1992, n° 90-60.514 P : *D. 1992. IR 72* ; *Dr. soc. 1992. 272* ; *RJS 1992. 191, n° 313.*

25. En constatant l'existence d'une complémentarité des activités, une concentration des pouvoirs de direction et une communauté de travail et d'intérêts professionnels du personnel, le tribunal a caractérisé l'unité économique et sociale existant entre plusieurs sociétés, quelle que soit l'institution représentative à mettre en place. • Soc. 5 mai 1988 : *Bull. civ. V, n° 273* ; *D. 1988. IR 147.* ♦ Dans le même sens : la notion d'unité économique et sociale n'est pas relative et sa reconnaissance par le juge est indépendante de la finalité des institutions représentatives comprises dans son périmètre. • Soc. 13 juill. 2004, n° 03-60.412 P : *D. 2004. IR 2689* ; *RJS 2004. 727, n° 1058.* ♦ Une unité économique et sociale peut exister entre deux sociétés, même si l'activité de l'une, dans son ensemble, n'est complémentaire que de l'activité d'un secteur de production de l'autre, la permutabilité des salariés existant et les personnels des deux sociétés étant gérés en commun. • Soc. 12 janv. 2005 : *D. 2005. Pan. 2508, obs. Lardy-Pélissier* ; *Dr. soc. 2005. 479, obs. Savatier* ; *RJS 2005. 215, n° 292* ; *JS Lamy 2005, n° 161-6* ; *CSB 2005, A. 30, obs. Charbonneau.*

26. Le syndicat qui désigne un délégué syndical auprès de plusieurs personnes morales constituant selon lui une unité économique et sociale doit indiquer la composition de celle-ci dans la désignation qu'il notifie aux représentants légaux de chacune des entreprises concernées. • Soc. 12 juill. 1995 : *RJS 1995. 727, n° 1144* • 26 avr. 2000, n° 99-60.030 P : *RJS 2000. 568, n° 824* ; *D. 2000. IR 159* ; *Dr. soc. 2000. 798, obs. Savatier.*

27. UES et désignation d'un délégué syndical. Il ne peut être procédé à la désignation d'un délégué syndical au sein d'une UES que lorsque des élections ont été organisées, permettant ainsi de déterminer la représentativité des syndicats et l'audience des candidats dans le périmètre de l'UES. • Soc. 29 mai 2013 : *D. 2013. 2599, obs. Lokiec et Porta* ; *Dr. soc. 2013. 653, obs. Petit.*

28. Périmètre du comité d'entreprise. Si le périmètre de désignation des délégués syndicaux est en principe le même que celui retenu lors des dernières élections pour la mise en place du comité d'entreprise ou d'établissement, une convention ou un accord collectif peut prévoir un périmètre distinct mais ni un usage ni un engagement unilatéral de l'employeur ne peuvent modifier ces dispositions. • Soc. 10 mai 2012 : *Dalloz actualité, 18 juin 2012, obs. Ines* ; *D. 2012. Actu. 1410* ; *RJS 2012. 546, n° 637* ; *JCP S 2012. 1373, obs. Jeansen.* ♦ Il importe peu que cet accord ait été conclu avant l'entrée en vigueur de la L. du 20 août 2008. • Soc. 14 nov. 2012 : *Dalloz actualité, 3 nov. 2012, obs. Siro* ; *RJS 2013. 50, n° 50* ; *Dr. ouvrier 2013. 282, obs. Rennes* ; *JCP S 2012. 1541, obs. Jeansen.* ♦ Une telle désignation suppose toutefois que le périmètre constitue un établissement distinct. • Soc. 14 nov. 2012 : *Dalloz actualité, 3 déc. 2012, obs. Siro.*

III. CONDITIONS RELATIVES AUX SYNDICATS

29. Syndicat. La désignation du délégué syndical doit être faite par le syndicat représentatif et non par la section syndicale. • Soc. 6 juill. 1977 : *Bull. civ. V, n° 472.* – V. aussi • Soc. 2 mai 1973 : *Dr. soc. 1974. 147, obs. Savatier.* ♦ La désignation est une simple faculté pour l'organisation représentative. • Soc. 9 janv. 1985 : *Bull. civ. V, n° 19* ; *D. 1985. IR 457, obs. Verdier.*

30. Double affiliation. Lorsqu'un syndicat représentatif a désigné un délégué syndical, la désignation d'un autre délégué par un deuxième syndicat affilié à la même confédération n'emporte pas caducité du premier mandat que seul le syndicat désignataire peut révoquer. • Soc. 22 juin 2005 : *Dr. soc. 2005. 1062, obs. Verkindt.* ♦ Sauf accord collectif plus favorable, une confédération syndicale et les organisations syndicales qui lui sont affiliées ne peuvent désigner ensemble un nombre de délégués syndicaux supérieur à celui prévu par la loi.

• Soc. 29 oct. 2010 : *D. 2010. AJ 2778, obs. Perrin ; RJS 2011. 117, obs. Petit.*

31. Conflit de désignation. En cas de concurrence dans une même entreprise ou établissement entre deux syndicats qui, sans être tous deux affiliés à l'organisation syndicale interprofessionnelle nationale utilisant ce sigle, se présentent, sous le même sigle confédéral national, sans opposition fondée sur une utilisation illicite, seule la désignation notifiée en premier lieu doit, par application de la règle chronologique, être validée. • Soc. 17 févr. 2016, nº 14-25.711 P et 14-23.854 P : *D. 2016. Actu. 488 ; RDT 2016. 496, obs. Odoul-Asorey ; JS Lamy 2016, nº 407-3, obs. Tissandier.*

32. Compétence statutaire des unions. Un syndicat ne peut désigner un délégué syndical que dans le champ d'application géographique et professionnel déterminé par ses statuts, peu important son adhésion à une organisation reconnue représentative au plan national et interprofessionnel. • Soc. 11 févr. 2009 : *RJS 2009. 317, nº 374 ; JCP S 2009. 1242, obs. Kerbouc'h.* ♦ Le champ professionnel tel que déterminé par les statuts d'un syndicat et lui donnant vocation à représenter les salariés d'une UES, doit s'apprécier par référence à l'activité principale. • Soc. 26 sept. 2012 : *Dalloz actualité, 25 oct. 2012, obs. Perrin ; RJS 2012. 814, nº 957 ; JS Lamy 2012, nº 332-4, obs. Tourreil ; JCP S 2012. 1534, obs. Gauriau.*

IV. CONDITIONS RELATIVES AUX SALARIÉS

33. Caractère d'ordre public. Ni un accord collectif, ni un engagement unilatéral de l'employeur ne peuvent avoir pour effet de modifier l'obligation légale faite aux organisations syndicales représentatives de choisir en priorité le délégué syndical parmi les candidats ayant obtenu au moins 10 % des voix au premier tour des dernières élections professionnelles. • Soc. 29 mai 2013 : *Dalloz actualité, 24 juin 2013, obs. Fleuriot ; D. 2013. Actu. 1416 ; JCP S 2013. 1316, obs. Pagnerre.*

34. Affiliation syndicale du salarié. L'affiliation confédérale sous laquelle un syndicat a présenté des candidats au premier tour des élections des membres titulaires des comités d'entreprise constitue un élément essentiel du vote des électeurs. • Soc. 18 mai 2011 : *Dalloz actualité, 8 juin 2011, obs. Perrin ; RDT 2011. 486, obs. Grévy ; RJS 2011. 563, nº 625 ; Dr. ouvrier 2011. 520, obs. Ménard ; JCP S 2011. 1365, obs. Gauriau.* ♦ Mais le score électoral exigé d'un candidat pour sa désignation en qualité de délégué syndical est un score personnel qui l'habilite à recevoir mandat de représentation par un syndicat représentatif ; tout salarié ayant obtenu le score personnel requis peut être mandaté par une organisation syndicale représentative pour la représenter auprès de l'employeur. • Soc. 28 sept. 2011 : *Dalloz actualité, 27 oct. 2011, obs. Perrin ; D. 2011. Actu. 2406 ; RDT 2011. 713, obs. Grévy ; Dr. soc. 2011. 1241, note Petit ; RJS 2011. 867, nº 997 ; Sem. soc. Lamy 2011, nº 1510, obs. Boulmier ; JS Lamy 2011, nº 309-7, obs. Tourreil ; JCP S 2012. 1089, obs. Gauriau.*

35. Appartenance successive à plusieurs syndicats. Dès lors qu'un salarié remplit les conditions prévues par la loi, il n'appartient qu'au syndicat désignataire d'apprécier si ce salarié est en mesure de remplir sa mission, peu important l'appartenance successive à plusieurs syndicats. • Soc. 13 janv. 2010 : *D. 2010. AJ 270, obs. Maillard ; Sem. soc. Lamy 2010, nº 1429, p. 8 ; Dr. soc. 2010. 865, obs. Petit .* ♦ ... Ou qu'il ait été élu lors des dernières élections sur des listes présentées par un autre syndicat. • Soc. 17 avr. 2013 : *Dalloz actualité, 24 mai 2013, obs. Ines ; D. 2013. Actu. 1072 ; RDT 2013. 495, obs. Grévy .*

36. Mutation. Un salarié ayant obtenu au moins 10 % des suffrages exprimés aux élections professionnelles dans un établissement distinct de celui où il a été muté ne peut être désigné dans ce dernier établissement en qualité de délégué syndical dès lors que le syndicat désignataire y dispose de candidats remplissant la condition de score électoral pour être désignés. • Soc. 3 nov. 2016, nº 15-60.203 P : *RJS 1/2017, nº 39 ; JS Lamy 2016, nº 421-422-3, obs. Patin ; JCP S 2016, nº 1425, obs. Cormier Le Goff.*

37. Absence de priorité entre scrutins. L'art. L. 2143-3, selon lequel la désignation du délégué syndical se fait parmi les candidats aux élections professionnelles qui ont recueilli au moins 10 % des suffrages exprimés au premier tour des dernières élections au comité d'entreprise ou de la délégation unique du personnel ou des délégués du personnel, n'opère aucune priorité entre ces scrutins ; une organisation syndicale représentative peut désigner en tant que délégué syndical un salarié candidat à la fois à l'élection des membres du comité d'entreprise et à celle des délégués du personnel et n'ayant obtenu plus de 10 % qu'aux seules élections de délégué du personnel. • Soc. 28 sept. 2011 : *Dalloz actualité, 2 nov. 2011, obs. Perrin ; RDT 2011. 716, obs. Odoul-Asorey ; RJS 2011. 866, nº 996 ; JCP S 2011. 1509, obs. Jeansen.*

38. Élections prises en compte. L'art. L. 2143-3 C. trav. n'exige pas que le scrutin couvre l'intégralité du périmètre au sein duquel s'apprécie la représentativité de l'organisation syndicale ou celui au sein duquel doit s'exercer le mandat qu'elle confère au salarié. • Soc. 28 nov. 2012 : *Dalloz actualité, 21 déc. 2012, obs. Siro ; D. 2012. Actu. 2898 ; RDT 2013. 281, obs. Odoul-Asorey ; Dr. soc. 2013. 185, obs. Petit .*

39. Conséquence de l'annulation des élections des membres du comité d'entreprise. L'annulation des élections des membres du comité d'entreprise n'a pas d'effet rétroactif. Elle est donc sans incidence sur la régularité des désignations, en qualité de délégué syndical et de représentant syndical au comité d'entreprise, des salariés dont le mandat prend fin lors des nouvelles élections renouvelant l'institution représentative du personnel. • Soc. 11 mai 2016, n° 15-60.171 P : *D. 2016. Actu. 1085 ; RDT 2016. 497, note Odoul-Asorey ; Dr. soc. 2016. 871, note Petit ; RJS 7/2016, n° 512 ; JS Lamy 2016, n° 414-7, obs. Gssime ; JCP S 2016. 1279, obs. Kerbouc'h.*

40. *Désignation du délégué syndical et absence de présentation de candidats.* Le syndicat qui n'a présenté dans le périmètre de désignation lors des élections professionnelles aucun candidat susceptible d'être désigné délégué syndical ne peut en désigner un parmi ses adhérents. • Soc. 12 avr. 2012 : *Dalloz actualité, 31 mai 2012, obs. Ines ; D. 2012. Actu. 1067 ; RDT 2012. 434, obs. Grévy ; RJS 2012. 487, n° 577 ; JCP S 2012. 1288, obs. Pagnerre.* ♦ Un syndicat représentatif dans l'entreprise qui n'a pas présenté de candidat au sein d'un établissement distinct ne peut y désigner de délégué syndical mais seulement un représentant de section syndicale. • Soc. 14 déc. 2015, n° 14-26.517 P : *Dalloz actualité, 13 janv. 2016, obs. Siro ; RDT 2016. 193, note Odoul-Asorey ; RJS 2/2016, n° 138 ; JCPS 2016. 1049, obs. Gauriau.*

41. *Désignation du délégué syndical et absence de candidat ayant obtenu plus de 10 % des suffrages.* Lorsqu'un syndicat représentatif ne dispose plus de candidats ayant obtenu personnellement le score de 10 % aux dernières élections, il peut désigner comme délégué syndical un de ses adhérents n'ayant pas été candidat ; les conditions que doit remplir le salarié pour être désigné comme délégué syndical ne peuvent priver le syndicat représentatif du droit de disposer d'un représentant dès lors qu'elle a présenté des candidats aux élections dans le périmètre de la désignation. • Soc. 27 févr. 2013 : *Dalloz actualité, 21 mars 2013, obs. Siro ; D. 2013. Actu. 645 ; JS Lamy 2013, n° 341-4 ; JCP S 2013. 1199, obs. Arandel et Franco.* ♦ S'il n'est pas exclu qu'un syndicat puisse désigner un salarié candidat sur la liste d'un autre syndicat, qui a obtenu au moins 10 % des voix et qui l'accepte librement, l'art. L. 2143-3 n'exige pas de l'organisation syndicale qu'elle propose, préalablement à la désignation d'un délégué syndical en application de l'al. 2 de l'art. préc., à l'ensemble des candidats ayant obtenu au moins 10 %, toutes listes syndicales confondues, d'être désigné délégué syndical. • Soc. 27 févr. 2013 : *Dalloz actualité, 21 mars 2013, obs. Siro ; Dr. soc. 2013. 468, obs. Petit ; JCP S 2013. 1199, obs. Arandel et Franco.*

42. *Refus des candidats ayant obtenu plus de 10 % d'être désignés.* Un syndicat ne peut se prévaloir des dispositions subsidiaires de l'art. L. 2143-3 C. trav. permettant de désigner un candidat ne remplissant pas la condition de suffrage ou un adhérent lorsque tous les candidats ayant atteint le score personnel de 10 % ont refusé d'être désignés en tant que délégué syndical. • Soc. 25 nov. 2015, n° 15-14.061 P : *RJS 2/2016, n° 138 ; JCP S 2016. 1050, obs. Gauriau.*

43. *Mesure par collège.* Le score minimal de 10 % des suffrages exprimés au profit d'un salarié, tel que fixé par l'art. L. 2143-3, se calcule sur le seul collège au sein duquel sa candidature est présentée. • Soc. 29 juin 2011 : *D. 2011. Actu. 1979 ; Dr. soc. 2011. 1128, obs. Petit ; JCP S 2011. 1376, obs. Dauxerre ; Sem. soc. Lamy 2011, n° 1510, obs. Boulmier.*

V. FIN DU MANDAT

44. *Fin du cycle électoral.* Le mandat de délégué syndical prenant fin lors du renouvellement des institutions représentatives dans l'entreprise, la désignation, à l'issue de ces nouvelles élections d'un délégué syndical, fait courir à compter de la date de cette désignation le délai prévu par l'art. R. 2324-24 C. trav. même si le salarié désigné exerçait cette mission avant le nouveau scrutin. • Soc. 22 sept. 2010 : *D. 2010. AJ 2298 ; ibid. 2011. Pan. 1246, obs. Odoul-Asorey ; Sem. soc. Lamy 2010, n° 1464, p. 5, note Grévy.* • Soc. 31 janv. 2012 : *D. 2012. Actu. 508 ; Dr. soc. 2012. 373, note Petit ; RJS 2012. 312, n° 365 ; JCP S 2012. 1213, obs. Kerbouc'h.* ♦ Comp. : expiration du mandat du représentant syndical au comité. • Soc. 10 mars 2010 : *D. 2010. AJ 833 ; ibid. Pan. 2029, obs. Arséguel ; RDT 2010. 453, obs. Signoretto ; JCP S 2010. 1205, obs. Kerbouc'h.*

45. *Révocation.* En cas de désaffiliation de l'organisation syndicale ayant procédé à la désignation d'un délégué syndical, la confédération syndicale, la fédération ou l'union à laquelle le syndicat désignataire était affilié, peut révoquer le mandat de ce délégué. • Soc. 16 nov. 2013 : *Dalloz actualité, 19 nov. 2013, obs. Fraisse ; RJS 12/2013, n° 835.*

Art. L. 2143-4 Dans les entreprises *(L. n° 2012-387 du 22 mars 2012, art. 43)* « d'au moins cinq cents salariés », tout syndicat représentatif *(L. n° 2008-789 du 20 août 2008)* « dans l'entreprise » peut désigner un délégué syndical supplémentaire s'il a obtenu un ou plusieurs élus dans le collège des ouvriers et employés lors de l'élection du comité d'entreprise et s'il compte au moins un élu dans l'un des deux autres collèges.

(L. n° 2008-789 du 20 août 2008) « Ce délégué supplémentaire est désigné parmi les candidats aux élections professionnelles qui ont recueilli au moins 10 % des suffrages

exprimés au premier tour des dernières élections au comité d'entreprise ou des délégués du personnel, quel que soit le nombre de votants. » – *[Anc. art. L. 412-11, al. 3.]* – *V. art. L. 2146-1 (pén.).*

COMMENTAIRE

V. Dalloz.fr et applications mobiles Dalloz.

1. Cadre de la désignation. La désignation d'un délégué syndical supplémentaire ne peut intervenir que dans le cadre de l'établissement qui a été défini pour les élections des membres du comité d'établissement et à raison d'un seul délégué par syndicat représentatif. • Soc. 9 févr. 1984, n° 83-60.963 P : *D. 1985. IR 251, obs. Frossard ; Dr. soc. 1985. 472, note Savatier.* ♦ Doit être cassé le jugement qui admet la désignation d'un délégué supplémentaire dans un établissement de moins de cinq cents salariés appartenant à une entreprise dépassant ce seuil. • Soc. 30 janv. 1985, n° 84-60.437 P : *D. 1985. IR 457, obs. Verdier ; Dr. soc. 1985. 472, note Savatier.* ♦ L'élection à un comité d'établissement doit être assimilée, pour l'application de l'al. 3 de l'art. L. 412-11, à l'élection à un comité d'entreprise, dès lors que l'établissement dans lequel l'élection est intervenue occupe au moins cinq cents salariés. • Soc. 9 févr. 1984, n° 83-61.063 P : *D. 1984. IR 251, obs. Frossard.*

2. Détermination de l'effectif. La détermination de l'effectif de cinq cents salariés doit se faire selon les dispositions de l'art. L. 412-11, al. 2. • Soc. 26 janv. 1984 : *Bull. civ. V, n° 38 ; D. 1985. IR 252, obs. Frossard.* ♦ Les travailleurs intérimaires ne peuvent être pris en compte que pour la période de référence de douze mois précédant la désignation du délégué syndical. • Même arrêt. ♦ Lorsqu'une entreprise est divisée en établissements distincts pour l'élection des comités d'établissements, la désignation d'un délégué syndical supplémentaire prévue par l'art. L. 2143-4 étant subordonnée aux résultats des élections, la condition d'effectif prévue par ce texte s'apprécie par établissement. • Soc. 14 janv. 2009 : *RDT 2009. 247, obs. Borenfreund ; RJS 2009. 223, n° 259 ; JCP S 2009. 1202, obs. Kerbouc'h.*

3. Collèges. Un syndicat qui a obtenu deux élus dans le premier collège et deux élus dans un collège conventionnel regroupant des salariés qui auraient relevé de l'un des autres collèges prévus par la loi peut désigner un délégué syndical supplémentaire appartenant à tout autre collège que le premier. • Soc. 21 nov. 1984 : *Bull. civ. V, n° 458* • 8 oct. 1987 : *Bull. civ. V, n° 557* • 21 oct. 1998, n° 97-60.457 P : *RJS 1998. 917, n° 1508* • 18 juin 2003, n° 01-60.911 P : *RJS 2003. 816, n° 1189.*

4. Délégués supplémentaires. Lorsqu'une convention collective autorise les syndicats à désigner un nombre de délégués syndicaux supérieur au nombre légal, ils ne sauraient être privés du droit de désigner un délégué supplémentaire de l'encadrement. • Soc. 10 déc. 1986, n° 86-60.301 P : *D. 1987. Somm. 212, obs. Verdier.* ♦ Le mandat de délégué syndical supplémentaire désigné par un syndicat compte tenu des résultats qu'il a obtenus à une élection cesse lors de l'élection suivante ; au cas où des syndicats ont présenté des listes communes aux élections, un seul délégué syndical supplémentaire peut être désigné d'un commun accord entre les syndicats ayant présenté ces listes. • Soc. 18 nov. 2008 : *D. 2008. AJ 3090.*

5. Liste commune. Le mandat du délégué supplémentaire désigné par un syndicat compte tenu des résultats qu'il a obtenus à une élection cesse lors de l'élection suivante et, il appartient aux deux syndicats ayant présenté une liste commune de procéder à la désignation d'un seul nouveau délégué supplémentaire commun. • Soc. 18 nov. 2008 : *D. 2008. AJ 3090 ; RJS 2009. 157, n° 190.*

Art. L. 2143-5 **Dans les entreprises** *(L. n° 2012-387 du 22 mars 2012, art. 43)* **« d'au moins deux mille salariés » comportant au moins deux établissements** *(L. n° 2012-387 du 22 mars 2012, art. 43)* **« d'au moins cinquante salariés chacun », chaque syndicat représentatif** *(L. n° 2008-789 du 20 août 2008)* **« dans l'entreprise » peut désigner un délégué syndical central d'entreprise, distinct des délégués syndicaux d'établissement.**

(L. n° 2008-789 du 20 août 2008) **« Ce délégué syndical central est désigné par un syndicat qui a recueilli au moins 10 % des suffrages exprimés au premier tour des dernières élections des titulaires au comité d'entreprise ou de la délégation unique du personnel ou, à défaut, des délégués du personnel, quel que soit le nombre de votants, en additionnant les suffrages de l'ensemble des établissements compris dans ces entreprises. »**

L'ensemble des dispositions relatives au délégué syndical d'entreprise est applicable au délégué syndical central.

Dans les entreprises de moins de deux mille salariés comportant au moins deux établissements *(L. n° 2012-387 du 22 mars 2012, art. 43)* **« d'au moins cinquante salariés**

chacun », chaque syndicat représentatif peut désigner l'un de ses délégués syndicaux d'établissement en vue d'exercer également les fonctions de délégué syndical central d'entreprise. – *[Anc. art. L. 412-12.] – V. art. L. 2146-1 (pén.).*

COMMENTAIRE

V. Dalloz.fr et applications mobiles Dalloz 🏛. ☐

1. Niveau de représentativité. Pour désigner un délégué syndical central, un syndicat doit être représentatif dans l'entreprise tout entière. • Soc. 14 févr. 1989, n° 88-60.246 P : *D. 1990. Somm. 174, obs. Borenfreund* • 25 janv. 2006, n° 04-60.437 P : *D. 2006. IR 397 ; RJS 2006. 417, n° 598 ; Dr. soc. 2006. 869, note Borenfreund*. ♦ Et non pas dans certains établissements seulement. • Soc. 31 mars 1999, n° 98-60.205 P : *RJS 1999. 423, n° 696.*

2. Unité économique et sociale. Un délégué syndical central peut être désigné au sein d'une unité économique et sociale comportant au moins deux établissements distincts de 500 salariés chacun ou plus. • Soc. 2 oct. 1985 : *Dr. ouvrier 1986. 169* • 23 févr. 2005, n° 04-60.289 P. – V. aussi • Soc. 20 juill. 1983 : *Dr. soc. 1984. 81, note Savatier* • 23 juill. 1985 : *Dr. soc. 1986. 11, note Savatier.* ♦ Mais aucun texte n'institue de « représentant syndical » pour une unité économique et sociale. • Soc. 12 mars 1987 : *Bull. civ. V, n° 162 ; D. 1988. Somm. 330, obs. Borenfreund.*

3. Délégué syndical et établissement distinct. Le périmètre de désignation des délégués syndicaux précédemment reconnu par une décision judiciaire ne peut être remis en cause qu'au vu d'éléments nouveaux. • Soc. 21 janv. 2009 : *R., p. 364 ; D. 2009. AJ 433, obs. Maillard ; RJS 2009. 316, n° 373 ; JCP S 2009. 1344, obs. Martinon.*

4. Délégué central d'entreprise. Un syndicat peut désigner comme délégué syndical central un délégué syndical d'établissement, peu important que celui-ci soit l'unique délégué dont dispose le syndicat dans l'entreprise. • Soc. 16 déc. 1992, n° 91-60.214 P : *Dr. soc. 1993. 282, note Borenfreund ; RJS 1993. 43, n° 52 ; CSB 1993. 51, S. 19.*

5. Absence de condition d'audience personnelle. L'art. L. 2143-5 ne subordonne pas la désignation d'un délégué syndical central à l'obtention par ce dernier d'un score électoral de 10 % des suffrages exprimés. • Soc. 16 nov. 2011 : *D. 2011. Actu. 2940 ; Dr. soc. 2012. 106, obs. Petit ; RJS 2012. 138, n° 165 ; JCP S 2012. 1089, obs. Gauriau.*

6. Délégués syndicaux supplémentaires : accord collectif et égalité de traitement. Une disposition conventionnelle plus favorable peut instaurer, pour son application, une différence de traitement entre syndicats représentatifs dès lors, d'une part, que la disposition ne prive pas ces syndicats de l'exercice de leur droits légaux et, d'autre part, que cette différence est justifiée par des raisons objectives matériellement vérifiables liées à l'influence de chaque syndicat en rapport avec l'objet de l'accord. • Soc. 29 mai 2013 : *D. 2013. Actu. 1417 ; ibid. 1733, obs. Petit ; RDT 2013. 639, obs. Odoul-Asorey .*

§ 2 ENTREPRISES DE MOINS DE CINQUANTE SALARIÉS

Art. L. 2143-6 **Dans les établissements qui emploient moins de cinquante salariés, les syndicats représentatifs** *(L. n° 2008-789 du 20 août 2008)* **« dans l'établissement » peuvent désigner, pour la durée de son mandat, un délégué du personnel comme délégué syndical.**

Sauf disposition conventionnelle, ce mandat n'ouvre pas droit à un crédit d'heures. Le temps dont dispose le délégué du personnel pour l'exercice de son mandat peut être utilisé dans les mêmes conditions pour l'exercice de ses fonctions de délégué syndical. – *[Anc. art. L. 412-11, al. 4.] – V. art. L. 2146-1 (pén.).*

COMMENTAIRE

V. Dalloz.fr et applications mobiles Dalloz 🏛. ☐

1. Entreprises de moins de cinquante salariés. Si, dans une entreprise comptant moins de cinquante salariés, chaque syndicat représentatif peut désigner un délégué du personnel comme délégué syndical, il n'en va pas de même dans un établissement de moins de cinquante salariés qui dépend d'une entreprise dont l'effectif global est au moins égal à ce chiffre. • Cass., ass. plén., 14 juin 1985 : *Dr. soc. 1985. 741, concl. Cabannes, note Savatier* • Soc. 28 mai 1997 : *RJS 1997. 539, n° 833.* – V. déjà • Soc. 6 juill. 1983 (deux arrêts) : *Bull. civ. V, n° 417 ; Dr. soc. 1984. 84, note Savatier ; D. 1984. IR 370, obs. Verdier.* ♦ Dans le même sens, s'agissant d'une unité économique et sociale : • Soc. 27 mai 1997 : *Dr. soc. 1997. 759, obs. Savatier*. ♦ L'art. L. 2143-6 concerne les conditions de désignation des délégués syndicaux dans les entreprises de moins de 50 salariés ; il en résulte que ce texte, qui n'a pas modifié le champ d'application du dernier al. de l'art. L. 412-11 qu'il remplace, n'est pas applicable dans les entreprises dont l'effectif global est d'au moins 50 salariés. • Soc. 29 avr. 2009 : *D. 2009. AJ 1421, obs. Ines ; RDT 2009. 529, obs. Grévy ; RJS 2009. 574, n° 643 ; Dr. soc. 2009. 776, note Radé .*

2. Conditions. La désignation d'un délégué du personnel comme délégué syndical dans une entreprise de moins de cinquante salariés est possible sans que le syndicat ait à justifier de la constitution d'une section syndicale. • Soc. 12 déc. 1990, n° 88-60.671 P : *D. 1991. IR 28 ; CSB 1991. 46, S. 22.* ♦ Ni un usage de l'entreprise ni un engagement unilatéral de l'employeur ne permettent, dans une entreprise de moins de 50 salariés, à un syndicat présent dans l'entreprise de désigner en tant que délégué syndical un salarié dépourvu de la qualité de délégué du personnel. • Soc. 20 mars 2001, n° 99-60.496 P : *RJS 2001. 527, n° 762 ; Dr. soc. 2001. 568, obs. Savatier .*

3. La désignation comme délégué syndical d'un délégué du personnel étant subordonnée à son élection, il ne peut représenter un autre syndicat que celui qui a présenté sa candidature. • Soc. 2 nov. 1994 : *D. 1995. Somm. 374, obs. Borenfreund ; RJS 1994. 845, n° 1400 ; Dr. ouvrier 1995. 577.* ♦ Toutefois, si les syndicats représentatifs ne peuvent désigner comme délégué syndical un délégué du personnel dont la candidature a été présentée par un autre syndicat, il leur est néanmoins possible de désigner comme délégué syndical un délégué du personnel élu en tant que candidat libre. • Soc. 6 juill. 1999, n° 98-60.329 P : *D. 2000. 148, note Petit ; RJS 1999. 681, n° 1088 ; Dr. soc. 1999. 1052, obs. Mouly* • 14 mars 2000, n° 99-60.180 P : *D. 2000. IR 110 ; RJS 2000. 380, n° 553 ; Dr. soc. 2000. 563, obs. Savatier .* ♦ Le mandat de délégué syndical ne prend pas fin du fait de la cessation du mandat électif lorsque le délégué du personnel suppléant a été désigné en qualité de délégué syndical, et que l'employeur n'a pas contesté la désignation dans le délai de quinze jours. • Soc. 24 sept. 2008 : *RDT 2009. 51, obs. Tissandier .*

4. Délégué du personnel suppléant. Dans une entreprise qui emploie moins de cinquante salariés, un délégué du personnel suppléant assurant le remplacement du délégué du personnel titulaire peut, pour la durée de ce remplacement, être désigné comme délégué syndical. • Soc. 20 juin 2012 : *Dalloz actualité, 10 juill. 2012, obs. Fleuriot ; D. 2012. Actu. 1746 ; RJS 2012. 699, n° 823 ; JCP S 2012. 1361, obs. Gauriau.*

SOUS-SECTION 3 **FORMALITÉS**

Art. L. 2143-7 Les noms du ou des délégués syndicaux sont portés à la connaissance de l'employeur dans des conditions déterminées par décret. Ils sont affichés sur des panneaux réservés aux communications syndicales.

La copie de la communication adressée à l'employeur est adressée simultanément à l'*(L. n° 2016-1088 du 8 août 2016, art. 113)* **« agent de contrôle de l'inspection du travail mentionné à l'article L. 8112-1 ».**

La même procédure est appliquée en cas de remplacement ou de cessation de fonctions du délégué. — *[Anc. art. L. 412-16, al. 1er à 3.] — V. art. L. 2146-1 (pén.). — V. art. D. 2143-4.*

1. Formalités. Sur les formes que doit revêtir la notification à l'employeur, V. • Soc. 11 juill. 1975 : *Bull. civ. V, n° 406* • 1er mars 1979 : *Bull. civ. V, n° 199* • 12 mars 1991 : *Dr. soc. 1991. 696, note Savatier ; RJS 1991. 321, n° 604* • 25 janv. 1995 : *RJS 1995. 182, n° 259* (pas de notification par télécopie). ♦ Lorsqu'une unité économique et sociale est reconnue, la notification doit être faite à l'ensemble des sociétés du groupe, sous peine d'être inopposable à celles auxquelles elle n'a pas été notifiée. • Soc. 19 juin 1987 : *Bull. civ. V, n° 409.*

2. Le défaut d'affichage de la désignation du délégué syndical permet seulement aux salariés de l'entreprise et aux autres syndicats de la contester, mais il n'a pas pour effet de la rendre nulle à l'égard de l'employeur informé par lettre recommandée avec accusé de réception. • Soc. 28 mai 1975 : *Bull. civ. V, n° 285 ; D. 1975. IR 148.* – V. aussi • Soc. 19 juill. 1979 : *D. 1980. IR 92, obs. Pélissier.*

3. Le syndicat qui désigne un délégué syndical auprès de plusieurs personnes morales constituant selon lui une unité économique et sociale doit indiquer la composition de celle-ci dans la désignation qu'il notifie aux représentants légaux de chacune des entreprises concernées. • Soc. 12 juill. 1995 : *RJS 1995. 727, n° 1144.*

4. Communication de la désignation. La désignation d'un délégué syndical peut être valablement notifiée au chef d'établissement qui a reçu de l'employeur toutes les responsabilités du chef d'entreprise en matière d'hygiène et de sécurité du travail et, de façon générale, tous les pouvoirs permettant d'assimiler le chef de cet établissement au chef d'entreprise. • Soc. 9 juin 1999, n° 98-60.365 P/ *RJS 1999. 577, n° 941.* ♦

La formalité de l'alinéa 2 n'est prévue que comme mode d'information de la désignation et non pour sa validité. • Soc. 2 avr. 1996 : *RJS 1996. 359, n° 565.* ♦ Ce n'est qu'au cas où un syndicat désire faire reconnaître l'existence d'une UES entre plusieurs personnes juridiquement distinctes qu'il doit notifier la désignation du délégué syndical à toutes les sociétés ou personnes constituant l'UES ; dans le cas où l'UES résulte d'un accord collectif, la désignation ne doit être notifiée qu'à celui qui remplit la fonction de chef d'établissement. • Soc. 30 mai 2001, n° 99-60.535 P : *D. 2001. IR 2243* ; *RJS 2001. 708, n° 1036.*

5. Niveau de l'affichage. Est irrégulier l'affichage de la désignation d'un délégué syndical central et d'un représentant syndical au comité central d'entreprise qui n'a lieu que dans un seul établissement de l'entreprise et non pas au siège de l'entreprise également siège du comité central d'entreprise où la désignation est destinée à prendre en premier titre effet. • Soc. 15 févr. 2006, n° 05-60.178 P.

6. Précision de la désignation. Le syndicat qui désigne un délégué syndical doit indiquer, à peine de nullité, soit l'entreprise soit l'établissement, lieu de la désignation dans la lettre qu'il notifie au chef d'entreprise. • Soc. 18 juill. 2000, n° 99-60.431 P. ♦ Le syndicat qui mandate un salarié doit indiquer, à peine de nullité de la désignation, que ce dernier est désigné soit en qualité de représentant syndical au comité d'établissement, soit en qualité de délégué syndical dans l'entreprise ou l'établissement distinct. • Soc. 29 mars 2005 : *RJS 2005. 549, n° 759.*

7. UES. La désignation d'un représentant syndical d'une UES n'est valablement notifiée à une seule des personnes qui la composent que lorsque celle-ci représente toutes les sociétés de l'UES. • Soc. 26 nov. 2003, n° 02-60.388 P : *RJS 2003. 152, n° 222.*

8. Remplacement. Hormis le cas de fraude, une organisation syndicale a la faculté de remplacer selon les formes prescrites par l'art. L. 412-16 [L. 2143-7 nouv.] un délégué syndical, même temporairement. • Soc. 16 mai 1990, n° 89-60.690 P : *RJS 1990. 351, n° 504.* ♦ Mais, en l'absence de disposition légale le prévoyant, la réitération de désignations successives et limitées instaurant un système de suppléance habituelle des délégués syndicaux pendant leurs congés de fins de semaine ne peut être mise en place que par un accord collectif. • Soc. 14 janv. 2004 : *JS Lamy 2004, n° 140-4.* ♦ L'appréciation d'une fraude éventuelle dans le remplacement d'un délégué syndical relève du pouvoir souverain des juges du fond. • Soc. 10 juill. 1997 : *TPS 1997, n° 265, obs. Teyssié.* ♦ Sauf indication contraire dans la lettre de notification, la désignation d'un nouveau délégué en remplacement d'un précédent est réputée faite dans le périmètre identique à celui au sein duquel avait été effectuée la désignation de la personne remplacée ; la mention du remplacement suffit à rendre la seconde désignation précise dès lors que le périmètre de désignation du premier délégué n'est pas contesté. • Soc. 11 févr. 2009 : *RJS 2009. 375, n° 375 ; JCP S 2009. 1203, obs. Kerbouc'h.*

9. La loi n'ayant pas instauré de délégué suppléant, la lettre annonçant à l'employeur le retour d'un salarié dans ses fonctions de délégué syndical constitue une nouvelle désignation susceptible de recours. • Soc. 12 févr. 1992 : *CSB 1992. 82, S. 47 ; RJS 1992. 192, n° 314.* – Dans le même sens : • Soc. 16 avr. 1996 : *RJS 1996. 359, n° 566.*

SOUS-SECTION 4 **CONTESTATIONS**

Art. L. 2143-8 **Les contestations relatives aux conditions de désignation des délégués syndicaux légaux ou conventionnels sont de la seule compétence du juge judiciaire. Le recours n'est recevable que s'il est introduit dans les quinze jours suivants l'accomplissement des formalités prévues au premier alinéa de l'article L. 2143-7.**

Passé ce délai, la désignation est purgée de tout vice sans que l'employeur puisse soulever ultérieurement une irrégularité pour priver le délégué désigné du bénéfice des dispositions du présent chapitre.

Lorsqu'une contestation rend indispensable le recours à une mesure d'instruction, les dépenses afférentes à cette mesure sont à la charge de l'État. — *[Anc. art. L. 412-15, al. 1er et 2 et al. 4.] — V. art. L. 2146-1 (pén.).*

BIBL. ▸ MONCADA-NOVAK, *Gaz. Pal. 1979. 2. Doctr. 550* (contentieux de la désignation). – MOULY, *Dr. soc. 1987. 106* (fraude dans la désignation des délégués). – REY, *ibid. 1991. 430* (rôle de l'administration du travail).

COMMENTAIRE

V. Dalloz.fr et applications mobiles Dalloz. ❑

I. COMPÉTENCE DU JUGE JUDICIAIRE

1. Compétence du tribunal d'instance. Sur la compétence du tribunal d'instance, V. notamment • Crim. 10 févr. 1972 : *Bull. crim. n° 56 ; JCP 1972. II. 17233, note Verdier* • Soc. 10 nov. 1971 : *Bull. civ. V, n° 653* • 4 mars 1976 : *D. 1976. IR 115.* ♦ Le tribunal territorialement compétent est celui du lieu où la désignation est destinée à prendre effet. • Soc. 7 oct. 1998, n° 97-60.303 P : *RJS 1998. 836, n° 1382.* ♦ Comp. jurisprudence antérieure. • Soc. 11 janv. 1995, n° 94-60.036 P. ♦ La décision du tribunal d'instance, seulement susceptible de recours en cassation, ne peut faire l'objet d'une tierce opposition. • Soc. 28 nov. 1995 : *RJS 1996. 30, n° 40* • 26 nov. 2003, n° 02-60.689 P.

2. Compétence matérielle du TI. Le tribunal d'instance, étant compétent pour apprécier si le demandeur remplit les conditions nécessaires pour être électeur, l'est également pour déterminer l'existence à cette date du contrat de travail de l'intéressé en vue de se prononcer sur son électorat. • Soc. 8 févr. 2012 : *Dalloz actualité, 29 mars 2012, obs. Ines ; JCP S 2012. 1172, obs. Brissy* • 5 juin 1985 : *Bull. civ. V, n° 327* • 8 avr. 1992, n° 91-60.250 P.

3. L'art. L. 412-15, al. 1er, C. trav. [L. 2143-8 nouv.] ne prévoit que le tribunal d'instance statue en dernier ressort que sur les constatations relatives aux conditions de désignation des délégués syndicaux et non en ce qui concerne la suppression de leur mandat en raison de la baisse des effectifs ; il s'ensuit que le jugement est rendu en premier ressort, à charge d'appel, et le pourvoi en cassation irrecevable. • Soc. 15 févr. 2006, n° 05-60.138 P.

4. Le tribunal d'instance saisi d'une contestation portant sur la désignation d'un délégué syndical statue sans frais et ne peut condamner une partie aux dépens. • Soc. 2 juin 2004 : *Dr. soc. 2004. 913, obs. Savatier* • 13 oct. 2004, n° 03-60.406 P.

II. DÉLAI DE FORCLUSION

A. DOMAINE

5. Principe. Le délai de quinze jours prévu à peine de forclusion concerne toutes les contestations relatives aux conditions de désignation des délégués syndicaux, quels que soient les motifs allégués. • Soc. 21 juill. 1986 : *Bull. civ. V, n° 452* • CE 13 mai 1987 : *D. 1987. IR 151* • Soc. 20 mars 1990, n° 89-61.330 P : *D. 1990. IR 104 ; RJS 1990. 241, n° 321.* ♦ Le délai de 15 jours n'est pas opposable à l'action de l'employeur ayant pour objet l'existence éventuelle d'un accord collectif octroyant des heures de délégation au délégué syndical désigné dans les conditions prévues à l'art. L. 412-11, al. 4 [L. 2143-6 nouv.]. • Soc. 28 sept. 2005, n° 04-11.286 P.

6. Objet de la demande. La contestation par l'employeur de la représentativité d'un syndicat ayant créé une section syndicale pour laquelle il demande des moyens d'action n'est soumise à aucun délai. • Soc. 23 sept. 1992, n° 89-21.050 P : *D. 1992. IR 246 ; RJS 1992. 692, n° 1272.* ♦ La demande de l'employeur visant uniquement à faire constater le remplacement d'un délégué syndical par un autre salarié n'est pas soumise à un délai de forclusion. • Soc. 8 févr. 2012 : *Dalloz actualité, 28 mars 2012, obs. Ines ; Dr. soc. 2012. 373, note Petit ; JCP S 2012. 1214, obs. Gauriau.*

7. Désignation concurrente. Lorsqu'un premier syndicat représentatif a désigné un délégué, la désignation d'un autre délégué syndical par un deuxième syndicat affilié à la même confédération n'emporte pas caducité du premier mandat que seul le syndicat désignataire peut révoquer. • Soc. 22 juin 2005, n° 04-60.391 P.

8. Délégué au sein d'une UES. L'absence de contestation dans les délais de la désignation d'un délégué syndical dans le périmètre d'une unité économique et sociale interdit la remise en cause du mandat du délégué syndical et constitue un élément que le juge doit prendre en considération dans l'action en reconnaissance de cette unité ; elle n'établit toutefois pas à elle seule son existence. • Soc. 4 mars 2009 : *D. 2009. AJ 876, obs. Ines ; RDT 2009. 392, obs. Peskine ; RJS 2009. 672, note Cœuret.*

9. Désignation par une confédération. Une confédération ne peut procéder au remplacement de délégués syndicaux désignés antérieurement par une union départementale dont la désignation non contestée était devenue définitive, sans qu'au préalable le mandat des intéressés ait été révoqué par l'instance qui les avait désignés. • Soc. 8 déc. 2004, n° 03-60.445 P : *Dr. soc. 2005. 347, obs. Savatier ; RJS 2005. 1287, n° 171.*

10. Désignation multiple. En présence de deux délégués syndicaux désignés par le même syndicat, il appartient au tribunal de convoquer toutes les parties au litige avant de statuer sur la validité de la désignation du délégué. • Soc. 20 févr. 2002, n° 00-60.363 P. ♦ Lorsqu'une organisation syndicale désigne un délégué syndical surnuméraire, cette désignation ouvre, à compter de la dernière désignation litigieuse ou de la décision prise par l'organisation syndicale pour mettre fin à cette situation, un nouveau délai de contestation de l'ensemble des désignations en cause ; il appartient alors aux syndicats de justifier des dispositions statutaires déterminant le syndicat ayant qualité pour procéder aux désignations des délégués syndicaux ou à leur remplacement, ou de la décision prise par l'organisation syndicale d'affiliation pour régler le conflit conformément aux dispositions statutaires prévues à cet effet ; à défaut, par application de la règle chronologique, seule la désignation notifiée en premier lieu doit être validée ; le tribunal d'instance, saisi du litige, doit convoquer l'ensemble des syndicats et des délégués syndicaux concernés par les désignations contestées. • Soc. 29 oct. 2010 : ⚖ *Dalloz actualité, 17 nov. 2010, obs. Perrin.*

11. Un juge d'instance saisi d'une contestation relative à la désignation d'un troisième délégué syndical dans une entreprise ne peut, pour apprécier la validité de cette désignation, substituer au cadre dans lequel elle a été effectuée celui d'un établissement. • Soc. 11 juin 1987 : *Bull. civ. V, n° 388 ; D. 1988. Somm. 329, obs. Borenfreund.*

B. DÉLAI DE QUINZE JOURS

1° DÉCOMPTE

12. Point de départ. Lorsqu'il est formé au greffe du tribunal d'instance, le recours prévu à l'art. L. 2143-8 a pour date celle de l'envoi de la lettre. • Soc. 26 sept. 2012 : ⚖ *Dalloz actualité, 25 oct. 2012, obs. Perrin ; RJS 2012. 814, n° 957 ; JS Lamy 2012, n° 332-4, obs. Tourreil ; JCP S 2012. 1534, obs. Gauriau.* ♦ Comp. : le délai de l'art. L. 412-15 [L. 2143-8 nouv.] étant exprimé en jours, le jour de la notification ne le fait pas courir. • Soc. 29 oct. 2003, ⚖ n° 02-60.702 P.

13. Interruption du délai de forclusion. L'action aux fins d'annulation des élections d'un candidat et celle du syndicat tendant aux mêmes fins, la saisine du tribunal par le salarié interrompt le délai de forclusion au bénéfice du syndicat, qui est recevable à demander l'annulation des élections dans le collège auquel appartient le candidat. • Soc. 27 févr. 2013 : ⚖ *Dalloz actualité, 25 mars. 2013, obs. Ines.*

14. Modalités de l'information. Le délai de l'art. L. 412-15 [L. 2143-8 nouv.] court, à l'égard des organisations syndicales et des salariés de l'entreprise, du jour où le nom du délégué syndical a été porté à leur connaissance par affichage ou par tout autre moyen. • Soc. 4 févr. 1997, ⚖ n° 95-60.982 P : *Dr. soc. 1997. 322* ✍ ; *RJS 1997. 287, n° 435.*

15. La désignation du délégué syndical est portée à la connaissance du chef d'entreprise, soit par lettre recommandée, soit par lettre remise au chef d'entreprise contre récépissé. • Soc. 29 oct. 2008, ⚖ n° 08-60.016 P.

16. Le point de départ du délai de contestation de la désignation d'un délégué syndical central court à compter de l'affichage de sa désignation sur des panneaux destinés aux communications syndicales situés au siège de l'entreprise. • Soc. 23 sept. 2009, ⚖ n° 08-60.520 P.

17. Concernant la désignation d'un délégué syndical dans une unité économique et sociale, le délai court à compter de la notification de cette désignation auprès des représentants légaux de chacune des personnes morales constituant l'unité économique et sociale. • Soc. 12 janv. 2000 : ⚖ *D. 2000. IR 54* ✍ ; *RJS 2000. 124, n° 185* • Soc. 27 janv. 1999, ⚖ n° 97-60.441 P : *JCP E 1999. 500 ; D. Affaires 1999. 318, note Dechristé.*

18. Point d'arrivée. C'est le jour de réception de la lettre recommandée au greffe qui détermine l'expiration du délai de quinze jours. • Soc. 3 déc. 2002, ⚖ n° 01-60.663 P.

2° SANCTIONS

19. Incompétence. La contestation ne peut être déclarée irrecevable lorsqu'elle a été introduite, dans le délai imparti, devant un tribunal incompétent puis s'est poursuivie devant la juridiction désignée. • Soc. 2 mars 2004, ⚖ n° 02-60.828 P : *RJS 2004. 385, n° 564.*

20. Irrecevabilité. Est irrecevable une contestation formée par lettre parvenue au secrétariat-greffe du tribunal d'instance après expiration des délais légaux. • Soc. 9 juill. 1996, ⚖ n° 95-60.754 P.

21. Exception. L'expiration du délai de l'art. L. 412-15 [L. 2143-8 nouv.] interdit la remise en cause, même par voie d'exception, de la validité de la désignation d'un délégué syndical. • Soc. 10 oct. 1990 : ⚖ *D. 1990. IR 254 ; RJS 1990. 585, n° 881* (salarié d'une entreprise de moins de cinquante salariés non délégué du personnel et néanmoins désigné comme délégué syndical).

22. Désignation purgée de tout vice. La désignation en qualité de délégué syndical un mois avant son élection comme délégué du personnel, sans que cette désignation ait été contestée dans le délai, est purgée de tout vice à la date de l'élection ; le mandat syndical est indépendant de celui de délégué du personnel. • Soc. 14 janv. 2009 : ⚖ *Dr. soc. 2009. 445, note Duquesne* ✍.

23. Lorsque l'employeur ne conteste pas la désignation d'un délégué du personnel suppléant comme délégué syndical, il ne peut plus ultérieurement invoquer la perte de son mandat électif pour prétendre que le mandat de délégué du personnel serait caduc. • Soc. 24 sept. 2008 : ⚖ *RDT 2009. 51, obs. Tissandier* ✍.

3° EXCEPTIONS

24. Fraude. Doit être cassé le jugement qui ne répond pas à des conclusions déterminantes invoquant une fraude, dès lors que la forclusion n'a pu être opposée à l'employeur qu'en raison de la fraude. • Soc. 5 mars 1986 : *Bull. civ. V, n° 78 ; D. 1986. IR 391, obs. Frossard.* – V. aussi • Soc. 26 avr. 1979 : *D. 1980. IR 28, obs. Langlois.* ♦ La collusion frauduleuse ne peut résulter d'une désignation en qualité de délégué syndical pendant une procédure de licenciement disciplinaire à son encontre lorsque la désignation a lieu après l'expiration du délai d'un mois suivant le jour de l'entretien préalable et avant la notification du licenciement. • Soc. 16 mars 1999 : *Dr. soc. 1999. 468, concl. P. Lyon-Caen*. ♦ Lorsque l'employeur connaît la fraude avant la désignation, il ne peut l'invoquer après l'expiration du délai impératif institué par l'art. L. 412-15 [L. 2143-8 nouv.]. • Crim. 22 oct. 1991 : *CSB 1992. 59, obs. Philbert ; Dr. pénal 1992. Comm. 48, obs. Robert.*

25. Fait postérieur. Échappe à la forclusion la contestation fondée sur un fait survenu postérieurement tel que : la cessation de l'unité économique et sociale qui avait permis la désignation d'un délégué central. • Soc. 10 janv. 1989, n° 87-60.209 P : *D. 1989. Somm. 206, obs. Béraud.* ♦ ... La réorganisation de l'entreprise. • Soc. 28 mars 1989 : *D. 1990. Somm. 173, obs. Borenfreund* • 13 juin 1989 : *Bull. civ. V, n° 438 ; D. 1989. IR 236.* ♦ ... La diminution des effectifs entraînant une modification du nombre des délégués. • Soc. 11 juin 1987 : *D. 1988. Somm. 104, obs. Frossard.* ♦ ... La disparition de la section syndicale. • Soc. 24 janv. 1989 : *Dr. soc. 1994. 304, note Savatier* • 24 janv. 1996, n° 95-60.072 P : *RJS 1996. 176, n° 297.* ♦ Une nouvelle désignation intervenant pour le même salarié, même si l'employeur n'avait pas contesté la précédente. • Soc. 31 mars 2010 : *RJS 2010. 431, n° 530 ; Dr. soc. 2010. 865, obs. Petit*.

26. Le jugement statuant sur la représentativité d'un syndicat, à l'occasion d'une contestation de la désignation par lui de délégués syndicaux, ne constitue pas un fait nouveau permettant de contester, hors délai de forclusion, la désignation postérieure d'un représentant syndical au comité d'entreprise par le même syndicat (jurispr. rendue sous l'empire du régime issu de la loi du 20 août 2008). ♦ Pour une décision rendue sous l'empire du régime antérieur à la loi de 2008, V. • Soc. 11 oct. 1994, n° 96-60.380 P : *D. 1995. Somm. 355, obs. Frossard* ; *RJS 1994. 772, n° 1284.*

27. La contestation doit être introduite dans les quinze jours suivant la connaissance du fait nouveau. • Soc. 29 oct. 1986 : *Bull. civ. V, n° 498* • 10 mai 1994 : *RJS 1994. 439, n° 722.* ♦ Lorsque le juge d'instance est saisi en même temps d'une contestation de désignation et d'une demande de révocation, il statue en premier ressort sur tous les chefs de demande. • Soc. 6 févr. 1997 : *RJS 1997. 203, n° 303.*

SECTION II **MANDAT**

Art. L. 2143-9 **Les fonctions de délégué syndical sont compatibles avec celles de délégué du personnel, de représentant du personnel au comité d'entreprise ou d'établissement ou de représentant syndical au comité d'entreprise ou d'établissement.** – *[Anc. art. L. 412-14, al. 3.] – V. art. L. 2146-1 (pén.).*

COMMENTAIRE

V. Dalloz.fr et applications mobiles Dalloz. ❑

Art. L. 2143-10 **En cas de modification dans la situation juridique de l'employeur telle que mentionnée à l'article L. 1224-1, le mandat du délégué syndical ou du délégué syndical central subsiste lorsque l'entreprise qui fait l'objet de la modification conserve son autonomie juridique.**

Il en est de même lorsque la modification porte sur un établissement au sens de l'article L. 2143-3. – *[Anc. art. L. 412-16, al. 4.] – V. art. L. 2146-1 (pén.).*

COMMENTAIRE

V. Dalloz.fr et applications mobiles Dalloz. ❑

1. Restructuration. Il résulte de l'art. L. 412-16 [L. 2143-10 nouv.], tel qu'interprété à la lumière de la directive CEE n° 98/50 du 29 févr. 1998, qu'en cas de modification dans la situation juridique de l'employeur au sens de l'art. L. 122-12, al. 2 [L. 1224-1 nouv.], le mandat des délégués syndicaux de l'entreprise qui a fait l'objet de la modification subsiste lorsque cette entreprise conserve en fait son autonomie ; peu importe que cette entreprise ait perdu son autonomie juridique. • Soc. 18 déc. 2000 : *D. 2001. IR 358* ; *Dr. soc. 2001. 326, obs. Savatier* ; *RJS 2001. 220, n° 310* • 24 mai 2006 : *RJS 2006. 881, n° 1193 ; JCP S 2006. 1618, obs. Cesaro.* ♦ Mais dès lors que le transfert ne porte que sur certains contrats de travail et non sur une entité susceptible d'emporter le maintien des mandats représentatifs, le salarié qui avait obtenu le score électoral nécessaire pour être désigné délégué syndical avant le transfert ne remplit plus cette condition dans la nouvelle entreprise. • Soc. 14 déc. 2011 : *Dalloz actualité, 25 janv. 2012, obs. Ines ; D. 2012. Actu. 224* ; *Dr. soc. 2012. 211, obs. Pécaut-Rivolier* ; *RJS 2012. 222, n° 269 ; JS Lamy 2012, n° 315-5, obs. Guyader.*

2. Fusion-absorption. Dans une hypothèse de fusion-absorption, les mandats des représentants du personnel et des représentants syndicaux qui s'exerçaient au sein de la société absorbante subsistent après la fusion. • Soc. 13 oct. 2010 : *Dalloz actualité, 5 nov. 2010, obs. Ines ; D. 2010. AJ 2586* ; *ibid. 2011. Pan. 1246, obs. Camaji* ;

RDT 2010. 715, obs. Géa ; *RJS 2010. 945, n° 946 ; JCP S 2011. 1047, obs. Bossu.*

3. La division de l'entreprise en établissements distincts, qui n'entraîne pas une modification de la situation juridique de l'employeur, n'ayant pas mis fin au mandat des délégués syndicaux, le maintien en fonction de ceux-ci, dans leur établissement d'affectation, n'avait pas à être notifié au chef d'entreprise. • Crim. 17 déc. 1996 : *Bull. crim. n° 471 ; RJS 1997. 288, n° 436.*

Art. L. 2143-11 *(L. n° 2008-789 du 20 août 2008)* **« Le mandat de délégué syndical prend fin »** *(L. n° 2014-288 du 5 mars 2014, art. 30-XVIII)* **« au plus tard lors du premier tour des élections de l'institution représentative du personnel renouvelant l'institution dont l'élection avait permis de reconnaître la représentativité de l'organisation syndicale l'ayant désigné. »**

En cas de réduction importante et durable de l'effectif en dessous de cinquante salariés, la suppression du mandat de délégué syndical est subordonnée à un accord entre l'employeur et l'ensemble des organisations syndicales représentatives.

A défaut d'accord, l'autorité administrative peut décider que le mandat de délégué syndical prend fin. – *V. art. L. 2146-1 (pén.).*

BIBL. ▸ GSSIME, *JS Lamy 2014, n° 376-1* (prorogation des mandats des représentants du personnel à l'occasion du renouvellement des institutions).

COMMENTAIRE

V. Dalloz.fr et applications mobiles Dalloz.

I. CADUCITÉ DES MANDATS À L'ISSUE DES NOUVELLES ÉLECTIONS

1. *Renouvellement des institutions représentatives dans l'entreprise.* Le mandat de délégué syndical prenant fin lors du renouvellement des institutions représentatives dans l'entreprise, la désignation, à l'issue de ces nouvelles élections, d'un délégué syndical fait courir à compter de la date de cette désignation le délai prévu par l'art. R. 2324-24 C. trav. même si le salarié désigné exerçait cette mission avant le nouveau scrutin. • Soc. 22 sept. 2010 : *D. 2010. AJ 2298* ; *D. 2011. Pan. 1246, obs. Odoul-Asorey* ; *RJS 2010. 770, n° 862 ; Sem. soc. Lamy 2010, n° 1464, p. 5, note Grévy ; Dr. ouvrier 2010. 655, note Petit ; JCP S 2010. 1479, obs. Chiss et Souchon.*

II. RÉDUCTION DE L'EFFECTIF

2. *Hypothèse visée.* La procédure prévue par l'art. L. 412-15 [L. 2143-8 nouv.] n'est applicable que lorsque la réduction des effectifs entraîne la suppression du mandat des délégués syndicaux et non lorsqu'elle a pour seule conséquence la réduction du nombre des délégués. • Soc. 21 juill. 1986 : *Bull. civ. V, n° 450* • 10 oct. 2000, n° 98-60.484 P. ♦ En annulant la désignation d'un salarié désigné comme délégué syndical en remplacement du précédent, au motif que l'effectif de l'entreprise n'atteignait plus cinquante salariés, le juge du fond a par là même supprimé le poste de délégué syndical, alors que la loi ne lui en donnait pas le pouvoir. • Soc. 12 mai 1986 : *Bull. civ. V, n° 209 ; D. 1986. IR 390, obs. Frossard.* ♦ Le mandat de délégué syndical ne cesse pas de plein droit par la seule baisse des effectifs de l'entreprise. • Soc. 23 juin 1998, n° 96-42.548 P : *D. 1998. IR 210* ; *Dr. soc. 1998. 846, obs. Borenfreund.*

3. Sur l'appréciation du caractère important et durable de la réduction d'effectifs, V. • Soc. 25 mai 1978 : *D. 1978. IR 392, obs. Pélissier* • 13 mai 1980 : *Bull. civ. V, n° 432* • 9 juill. 1981 : *Bull. civ. V, n° 701.*

4. *Rôle de l'administration.* La légalité de la décision de suppression du mandat par l'administration doit être subordonnée à la vérification par cette dernière que la recherche d'accord a existé mais a échoué. • CAA Marseille, 18 déc. 2008 : *RDT 2009. 175, obs. Dieu.*

III. CHANGEMENT DE STRUCTURE

5. *Reconnaissance d'une UES.* La reconnaissance d'une UES impose la mise en place des institutions représentatives du personnel qui lui sont appropriées et il appartient aux syndicats représentatifs de désigner des délégués syndicaux dans le cadre de cette UES et de mettre fin aux mandats antérieurs ; les mandats des délégués syndicaux désignés antérieurement à la reconnaissance de l'UES deviennent caducs par suite de cette reconnaissance. • Soc. 29 avr. 2009 : *RJS 2009. 575, n° 644 ; JS Lamy 2009, n° 257-6 ; JCP S 2009. 1365, obs. Voloir et Aknin.*

Art. L. 2143-12 **Le nombre des délégués syndicaux de chaque section syndicale dans chaque entreprise ou établissement est calculé dans des conditions déterminées par décret en Conseil d'État compte tenu de l'effectif des salariés.**

Le nombre ainsi fixé peut être dépassé en application des dispositions de l'article L. 2143-4 et du premier alinéa de l'article L. 2143-5. – *[Anc. art. L. 412-13, al. 1er et 2.]* — *V. art. R. 2143-1 s.* — *V. art. L. 2146-1 (pén.).*

SECTION III EXERCICE DES FONCTIONS

SOUS-SECTION 1 HEURES DE DÉLÉGATION

BIBL. ▶ Heures de délégation : COHEN, *RPDS 1989. 75 ; Dr. soc. 1993. 656* (représentants conventionnels). - DESSET, *RPDS 1983. 339 ; ibid. 1989. 151.* - FROSSARD, *RJS 1991. 155* (contestation de l'usage des heures de délégation). - GRINSNIR, *Dr. ouvrier 1988. 455.* - LENOIR et WALLON, *Dr. soc. 1988. 213* (informatique, travail et libertés). - MOLE, *ibid. 1990. 59* (informatique et liberté du travail). - PETIT, *RPDS 1979. 309.* - RAY, *Dr. soc. 1986. 757* (contrôle des heures de délégation). - ROUX, *ibid. 1978. 31.* - TEYSSIÉ, *Sem. soc. Lamy 1986, suppl. au n° 322.* - VERDIER, *Dr. soc. 1988. 713 ; ibid. 1989. 637* (contestation de l'utilisation des heures de délégation) ; *JCP E 1989. II. 15366* (mention des heures de délégation sur le bulletin de paie).

COMMENTAIRE

V. Dalloz.fr et applications mobiles Dalloz 🏛. ☐

Art. L. 2143-13 Chaque délégué syndical dispose d'un temps nécessaire à l'exercice de ses fonctions.

Ce temps est au moins égal à :

1° *(L. n° 2016-1088 du 8 août 2016, art. 28)* **« Douze » heures par mois dans les entreprises ou établissements de cinquante à cent cinquante salariés ;**

2° *(L. n° 2016-1088 du 8 août 2016, art. 28)* **« Dix-huit » heures par mois dans les entreprises ou établissements de cent cinquante et un à** *(L. n° 2012-387 du 22 mars 2012, art. 43)* **« quatre cent quatre-vingt-dix-neuf salariés » ;**

3° *(L. n° 2016-1088 du 8 août 2016, art. 28)* **« Vingt-quatre » heures par mois dans les entreprises ou établissements** *(L. n° 2012-387 du 22 mars 2012, art. 43)* **« d'au moins cinq cents salariés ».**

Ce temps peut être dépassé en cas de circonstances exceptionnelles.

(L. n° 2016-1088 du 8 août 2016, art. 28) **« Sauf accord collectif contraire, lorsque le représentant du personnel élu ou désigné est un salarié mentionné à l'article L. 3121-58, le crédit d'heures est regroupé en demi-journées qui viennent en déduction du nombre annuel de jours travaillés fixé dans la convention individuelle du salarié. Une demi-journée correspond à quatre heures de mandat. Lorsque le crédit d'heures ou la fraction du crédit d'heures restant est inférieur à quatre heures, le représentant du personnel en bénéficie dans des conditions définies par un décret en Conseil d'État. »** – *V. art. L. 2146-1 (pén.).*

COMMENTAIRE

V. Dalloz.fr et applications mobiles Dalloz 🏛. ☐

1. Mission des délégués syndicaux. La mission des délégués syndicaux consiste à représenter leur organisation syndicale auprès du chef d'entreprise. • Soc. 19 mars 1987 : *Bull. civ. V, n° 174 ; D. 1987. IR 79.* ♦ Elle peut être exercée en tout lieu dans l'intérêt des salariés de l'entreprise ou de l'établissement au titre desquels ils ont été désignés, dès lors qu'elle entre dans le cadre de l'objet défini par l'art. L. 411-1 [L. 2131-1 nouv.]. • Soc. 23 janv. 1990 : *GADT, 4e éd., n° 141 ; D. 1990. IR 48 ; CSB 1990. 80 ; RJS 1990. 90, n° 136* (peut être imputée sur les heures de délégation la participation, lors d'une visite du chef de l'État, à une manifestation politique ayant trait à la défense de l'emploi dans l'entreprise). ♦ Dans le même sens : • Soc. 10 juill. 1990, n° 86-42.819 P : *D. 1992. Somm. 299, obs. Borenfreund ; RJS 1990. 471, n° 693 ; Dr. ouvrier 1991. 111* (visite d'une entreprise en grève dont la production concernait l'entreprise dans laquelle les délégués avaient été désignés) • 1er avr. 1992, n° 88-45.752 P : *D. 1992. IR 168 ; RJS 1992. 355, n° 636* (présence à des audiences judiciaires afin de s'informer sur un litige mettant en cause d'autres représentants du personnel de l'entreprise) • 12 juill. 1995 : *RJS 1995. 727, n° 1145* (participation à une réunion du conseil départemental du syndicat dont l'ordre du jour comporte l'étude de la convention collective applicable dans l'entreprise à laquelle appartient le délégué). ♦ Solution inverse lorsque l'intérêt des salariés de l'entreprise ou de l'établissement n'est pas en cause : V. • Soc. 13 juin 1996, n° 95-41.460 P : *RJS 1996. 766, n° 1186* (participation à une manifestation de soutien, dans une autre entreprise, à des salariés pénalement poursuivis).

2. Activités reconnues. Entre dans les missions dévolues aux délégués syndicaux la vérification de l'application des mesures de sécurité. • Crim. 4 nov. 1981 : *D. 1982. IR 119.* ♦ ... Le contrôle des conditions de travail des salariés, où qu'ils se trouvent employés, l'action syndicale s'étendant à l'ensemble des secteurs soumis à l'autorité de l'employeur. • Crim. 5 oct. 1982 : *Bull. crim. n° 207.* ♦ La participation, lors d'une visite du chef de l'État, à une manifestation politique ayant trait à la défense de l'emploi dans l'entreprise. • Soc. 23 janv. 1990 : *GADT, 4e éd., n° 141 ; D. 1990. IR 48 ; CSB 1990. 80 ; RJS 1990. 90, n° 136.* ♦ ... La visite d'une entreprise en grève dont la production concerne l'entreprise dans laquelle les délégués ont été désignés. • Soc. 10 juill. 1990, n° 86-42.819 P : *D. 1990. IR 210 ; RJS 1990. 471, n° 693 ; Dr. ouvrier 1991. 111.* ♦ ... La participation à une réunion dans une filiale tenue à l'occasion d'une action revendicative du personnel qui devait se répercuter sur l'ensemble du personnel. • Soc. 6 janv. 1983 : *JCP 1983. IV. 90.* ♦ ... La présence à des audiences judiciaires afin de s'informer sur un litige mettant en cause d'autres représentants du personnel de l'entreprise. • Soc. 1er avr. 1992, n° 91-60.241 P : *D. 1992. IR 168 ; RJS 1992. 355, n° 636.*

3. Missions hors fonction. N'entre pas dans le cadre de leur mission et ne peut être imputée sur les heures de délégation : l'assistance aux opérations d'un scrutin à caractère national. • Soc. 19 mars 1987 : *préc. note 1.* ♦ ... L'action en justice pour assurer le respect de la procédure des élections professionnelles. • Soc. 10 oct. 1990 : *D. 1990. IR 246* • 2 juin 1993 : *RJS 1993. 445, n° 761 ; Dr. soc. 1993. 681.*

4. La possibilité de répartir entre eux les heures de délégation des délégués syndicaux d'établissement ne peut être étendue au délégué syndical central. • Soc. 3 mars 1993, n° 89-43.497 P : *D. 1994. Somm. 316, obs. Borenfreund ; Dr. soc. 1993. 390 ; RJS 1993. 254, n° 420 ; CSB 1993. 153, S. 74.*

5. Heures de délégation et temps de trajet. En l'absence de prévision contraire par la loi, un usage ou un engagement unilatéral de l'employeur, le temps de trajet, pris pendant l'horaire normal de travail en exécution des fonctions représentatives, s'impute sur les heures de délégation. • Soc. 10 déc. 2014 : *Dalloz actualité, 8 janv. 2015, obs. Fleuriot.*

6. Heures de délégation et temps de pause. Le nombre d'heures de délégation légalement fixées au profit des salariés investis de mandats représentatifs ne peut être augmenté par un accord sur la réduction du temps de travail assimilant à un travail effectif la durée des pauses accordées aux salariés en situation de travail. • Soc. 9 déc. 2014 : *Dalloz actualité, 19 janv. 2015, obs. Ines ; RJS 2/2015, n° 111.*

7. Information de la répartition des heures de délégation. En l'absence de précision dans un accord d'entreprise sur le délai, la périodicité et la forme de l'information relative à la répartition des heures de délégations entre les délégués syndicaux, une notification écrite n'est pas nécessaire et l'information orale donnée à l'employeur est suffisante. • Soc. 20 mars 2007 : *Dr. soc. 2007. 831, note Duquesne .*

8. Si le crédit d'heures d'un représentant du personnel à temps partiel dépasse le tiers de son temps de travail mensuel, les heures de délégation qui sont prises en dehors du temps de travail pour l'exercice du mandat doivent être considérées de plein droit comme temps de travail et payées comme tel ; peu importe que l'intéressé reçoive en outre une allocation au titre de la préretraite progressive. • Soc. 20 mars 2002, n° 99-45.516 P : *D. 2002. IR 1237 ; RJS 2002. 579, n° 750 ; JS Lamy 2002, n° 101-5.*

9. Rôle des usages d'entreprise. Justifie sa décision déboutant l'employeur de sa demande en remboursement d'heures de délégation le conseil de prud'hommes qui constate l'existence d'un usage d'entreprise que ne prohibe aucune disposition légale ou réglementaire et en vertu duquel la société rémunérait le temps passé par les délégués syndicaux à la défense des intérêts des travailleurs étrangers à l'entreprise. • Soc. 7 mars 1989, n° 84-44.378 P : *D. 1989. IR 108 ; RJS 1989. 181, n° 340.*

10. Confidentialité des appels téléphoniques. Pour l'accomplissement de leur mission légale et la préservation de la confidentialité qui s'y attache, les salariés investis d'un mandat électif ou syndical dans l'entreprise doivent pouvoir y disposer d'un matériel ou procédé excluant l'interception de leurs communications téléphoniques et l'identification de leurs correspondants. • Soc. 6 avr. 2004, n° 02-40.498 P : *D. 2004. IR 1122 ; RJS 2004. 485, n° 713 ; Dr. ouvrier 2005. 75 ; JS Lamy 2004, n° 146-5 ; CSB 2004. A. 45, obs. Pansier* • 4 avr. 2012 : *D. 2012. Actu. 1066, obs. Siro ; Dr. soc. 2012. 469, note Pécaut-Rivolier ; RJS 2012. 483, n° 572 ; Dr. ouvrier 2012. 805, obs. Estevez ; JS Lamy 2012, n° 322-4, obs. Hautefort ; JCP S 2012. 1263, obs. d'Ornano* (application aux membres du conseil et administrateurs des caisses de sécurité sociale).

11. Établissements d'enseignement privé sous contrat. Le paiement des heures de délégation des maîtres des établissements d'enseignement privé sous contrat prises en dehors de leur temps de travail incombe à l'établissement au sein duquel ils exercent leurs mandats prévus par le code du travail dans l'intérêt de la communauté constituée par l'ensemble du personnel de l'établissement ; les heures de délégation dont dispose chaque délégué syndical pour l'exercice de ses fonctions ne se confondent pas avec les décharges d'activités de service accordées au représentant syndical en application de l'art. 16 du Décr. 28 mai 1982 relatif à l'exercice du droit syndical dans la fonction. • Soc. 13 oct. 2010 : *Dalloz actualité, 15 nov. 2010, obs. Ines ; D. 2010. AJ 2586 ; RJS 2010. 874, n° 990 ; RJS 2011. 1157, obs. Kerbouc'h.*

Art. L. 2143-14 Dans les entreprises ou établissements où, en application des articles L. 2143-3 et L. 2143-4, sont désignés pour chaque section syndicale plusieurs délégués, ceux-ci peuvent répartir entre eux le temps dont ils disposent au titre de leur mandat de délégué syndical. Ils en informent l'employeur. – *[Anc. art. L. 412-20, al. 2.]* – *V. art. L. 2146-1 (pén.).*

Art. L. 2143-15 Le délégué syndical central prévu au premier alinéa de l'article L. 2143-5 dispose de *(L. n° 2016-1088 du 8 août 2016, art. 28)* « vingt-quatre » heures par mois pour l'exercice de ses fonctions.

Ces heures s'ajoutent à celles dont il peut disposer à un titre autre que celui de délégué syndical d'établissement.

(L. n° 2016-1088 du 8 août 2016, art. 28) « Sauf accord collectif contraire, lorsque le représentant du personnel élu ou désigné est un salarié mentionné à l'article L. 3121-58, le crédit d'heures est regroupé en demi-journées qui viennent en déduction du nombre annuel de jours travaillés fixé dans la convention individuelle du salarié. Une demi-journée correspond à quatre heures de mandat. Lorsque le crédit d'heures ou la fraction du crédit d'heures restant est inférieur à quatre heures, le représentant du personnel en bénéficie dans des conditions définies par un décret en Conseil d'État. » – *V. art. L. 2146-1 (pén.).*

Art. L. 2143-16 Chaque section syndicale dispose, au profit de son ou ses délégués syndicaux et des salariés de l'entreprise appelés à négocier la convention ou l'accord d'entreprise, en vue de la préparation de la négociation de cette convention ou de cet accord, d'un crédit global supplémentaire dans la limite d'une durée qui ne peut excéder :

1° *(L. n° 2016-1088 du 8 août 2016, art. 28)* « Douze » heures par an dans les entreprises *(L. n° 2012-387 du 22 mars 2012, art. 43)* « d'au moins cinq cents salariés » ;

2° *(L. n° 2016-1088 du 8 août 2016, art. 28)* « Dix-huit » heures par an dans celles *(L. n° 2012-387 du 22 mars 2012, art. 43)* « d'au moins mille salariés ». – *V. art. L. 2146-1 (pén.).*

COMMENTAIRE

V. Dalloz.fr et applications mobiles Dalloz. ❑

Art. L. 2143-16-1 *(L. n° 2015-994 du 17 août 2015, art. 9)* Chaque délégué syndical peut utiliser des heures de délégation, hormis celles mentionnées à l'article L. 2143-16, pour participer, au titre de son organisation, à des négociations ou à des concertations à un autre niveau que celui de l'entreprise ou aux réunions d'instances organisées dans l'intérêt des salariés de l'entreprise ou de la branche.

Art. L. 2143-17 Les heures de délégation sont de plein droit considérées comme temps de travail et payées à l'échéance normale.

L'employeur qui entend contester l'utilisation faite des heures de délégation saisit le juge judiciaire. – *[Anc. art. L. 412-20, al. 5.]* – *V. art. L. 2146-1 (pén.).*

COMMENTAIRE

V. Dalloz.fr et applications mobiles Dalloz. ❑

1. Bons de délégation. Sur les conditions de licéité des bons de déplacement, V. • Crim. 23 févr. 1982 : *Bull. crim. n° 59* • 25 mai 1982 : *ibid., n° 135* (bons illicites dès lors qu'ils traduisent un contrôle *a priori* de l'employeur) • 12 avr. 1988 : *Bull. crim. n° 155.*

2. La pratique des bons de délégation, visant à avertir le chef de service ou le supérieur de l'intention du représentant syndical de se mettre en délégation, ne peut être détournée de son seul objet d'information préalable d'un déplacement pour l'exercice du mandat dans ou en dehors de l'entreprise ; l'employeur, fût-il approuvé en comité d'entreprise, ne peut étendre la pratique des bons de délégation prévue par l'accord d'entreprise pour la circulation des mandatés à un cas qui n'y est pas prévu. • Soc. 10 mai 2006 : *pourvoi n° 05-40.802.*

3. Sauf circonstances exceptionnelles, c'est seulement pendant leurs heures de délégation ou en dehors de leurs heures habituelles de travail que les délégués syndicaux peuvent se déplacer librement dans l'entreprise ou en dehors de celle-ci. • Crim. 8 oct. 1991 : *D. 1992. Somm. 298, obs. Borenfreund.* ♦ A propos de déplacements non constitutifs d'une gêne importante, V. • Crim. 27 sept. 1988 : *Dr. ouvrier 1989. 66 ; CSB 1988. 85, A. 22.*

4. Les déplacements pour assister aux réunions du syndicat n'entrent pas dans le cadre légal des activités d'un délégué syndical. • Soc. 16 janv. 1985 : *D. 1985. IR 226* • 25 janv. 1989 : *JCP 1989. IV. 109.*

5. Non-discrimination. Il résulte des dispositions de l'art. L. 412-20 [L. 2143-17 nouv.] que le délégué syndical ne doit subir aucune perte de rémunération du fait de l'exercice de sa mission. • Soc. 14 mars 1989 : *Bull. civ. V, n° 212* (paiement d'une majoration prévue pour le travail de nuit) • 28 mars 1989 : *ibid., n° 266* • 2 juin 2004, n° 01-44.474 P : *D. 2004. 2088 ; Dr. ouvrier 2004. 572.*

6. Maître des établissements de l'enseignement privé. Le paiement des heures de délégation des maîtres des établissements privés sous contrat prises en dehors de leur temps de travail incombe à l'établissement au sein duquel ils exercent leurs mandats dans l'intérêt de la communauté constituée par l'ensemble du personnel de l'établissement. • Soc. 31 mars 2009 : *RJS 2009. 503, n° 578 ; JCP S 2009. 1321, obs. Kerbouc'h.*

7. Mandat de représentation et arrêt de travail. L'attribution d'indemnités journalières à l'assuré se trouvant dans l'incapacité physique de continuer ou de reprendre le travail est subordonnée à l'obligation pour le bénéficiaire de s'abstenir de toute activité non autorisée et, d'autre part, les heures de délégation sont de plein droit considérées comme temps de travail ; l'exercice de son activité de représentation par le représentant du personnel ou d'un syndicat, dont le mandat n'est pas suspendu, ne peut ouvrir droit à indemnisation que s'il a été préalablement autorisé par le médecin traitant. • Cass., ch. mixte, 21 mars 2014 : *Dalloz actualité, 12 mai 2014, obs. Fraisse ; D. 2014. Actu. 782 ; RJS 2014. 398, n° 493 ; JS Lamy 2014, n° 365-5, obs. Pacotte et Bourhis.*

8. Contestation des heures de délégation. Les heures de délégation étant considérées de plein droit comme temps de travail et devant par conséquent être payées à échéance normale, le juge des référés est fondé à condamner l'employeur au paiement de ces sommes. La contestation de l'usage de ces heures par l'employeur doit se faire une fois les heures payées, devant les juges du fond. • Soc. 19 mai 2016, n° 14-26.967 P : *Dalloz actualité, 1er juin 2016, obs. Roussel ; D. 2016. Actu. 1145 ; RJS 8-9/2016, n° 570 ; JS Lamy 2016, n° 413-4, obs. Tissandier ; JCP S 2016. 1256, obs. Flament.*

Art. L. 2143-18 Les heures utilisées pour participer à des réunions qui ont lieu à l'initiative de l'employeur ne sont pas imputables sur les temps de délégation. — *[Anc. art. L. 412-20, al. 6.] — V. art. L. 2146-1 (pén.).*

1. Réunions organisées par l'employeur. Ne constitue pas une réunion organisée à l'initiative de l'employeur l'audience d'une juridiction statuant sur une instance introduite par l'employeur. • Soc. 9 avr. 1987 : *Bull. civ. V, n° 226 ; D. 1987. IR 116.*

2. Aucun texte n'impose à l'employeur l'obligation de rembourser aux délégués syndicaux les frais de déplacement qu'ils peuvent engager pour se rendre à des réunions qu'il organise. • Soc. 29 oct. 1987 : *Bull. civ. V, n° 608 ; D. 1987. IR 234.* ♦ V. conf. • Soc. 20 oct. 1988 : *Bull. civ. V, n° 550 ; D. 1988. IR 259* (réunion organisée par l'inspection du travail).

Art. L. 2143-19 Dans les entreprises de travail temporaire, les heures de délégation utilisées entre deux missions, conformément à des dispositions conventionnelles, par un délégué syndical salarié temporaire pour l'exercice de son mandat sont considérées comme des heures de travail.

Ces heures sont réputées être rattachées, pour ce qui concerne leur rémunération et les charges sociales y afférentes, au dernier contrat de travail avec l'entreprise de travail temporaire au titre de laquelle il avait été désigné comme délégué syndical. — *[Anc. art. L. 412-20, al. 7.] — V. art. L. 2146-1 (pén.).*

SOUS-SECTION 2 DÉPLACEMENTS ET CIRCULATION

Art. L. 2143-20 Pour l'exercice de leurs fonctions, les délégués syndicaux peuvent, durant les heures de délégation, se déplacer hors de l'entreprise.

Ils peuvent également, tant durant les heures de délégation qu'en dehors de leurs heures habituelles de travail, circuler librement dans l'entreprise et y prendre tous contacts nécessaires à l'accomplissement de leur mission, notamment auprès d'un salarié à son poste de travail, sous réserve de ne pas apporter de gêne importante à l'accomplissement du travail des salariés. – *[Anc. art. L. 412-17, al. 3.] – V. art. L. 2146-1 (pén.).*

BIBL. ▶ COHEN, *RPDS 1973. 347* (liberté de déplacement). – DESSET, *RPDS 1979. 341 ; ibid. 1986. 343* (liberté de déplacement). – TEYSSIÉ, *Dr. soc. 1984. 618* (loi du 9 juill. 1984).

1. Déplacements. Une cour d'appel relève à bon droit que la liberté de déplacement des délégués syndicaux est d'ordre public et qu'elle ne peut être limitée par un règlement intérieur et subordonnée à une autorisation de l'employeur. • Crim. 4 févr. 1986 : *Bull. crim. n° 46.* – V. aussi • Crim. 10 févr. 1972 : *JCP 1972. II. 17233, note Verdier.* ♦ Sur les conditions de licéité des bons de déplacement, V. • Crim. 23 févr. 1982 : *Bull. crim. n° 59* • 25 mai 1982 : *ibid. n° 135* (bons illicites dès lors qu'ils traduisent un contrôle *a priori* de l'employeur) • 4 févr. 1986 : *préc.* • 12 avr. 1988 : *Bull. crim. n° 155.* ♦ A propos de déplacements non constitutifs d'une gêne importante, V. • Crim. 27 sept. 1988 : *Dr. ouvrier 1989. 66 ; CSB 1988. 85, A. 22.*

2. Téléphone. Pour l'accomplissement de leur mission légale et la préservation de la confidentialité qui s'y attache, les salariés investis d'un mandat électif ou syndical dans l'entreprise doivent pouvoir y disposer d'un matériel ou procédé excluant l'interception de leurs communications téléphoniques et l'identification de leurs correspondants. • Soc. 6 avr. 2004, n° 02-40.498 P : *D. 2004. IR 1122 ; RJS 2004. 485, n° 713 ; Dr. ouvrier 2005. 75 ; JS Lamy 2004, n° 146-5 ; CSB 2004. A. 45, obs. Pansier.* ♦ Un employeur ne peut imposer aux représentants du personnel de remplir des bons de délégation à la suite de conversations téléphoniques avec les autres salariés mandatés ; la pratique des bons de délégation ne pouvant être détournée de son objet d'information préalable d'un déplacement pour l'exercice du mandat. • Soc. 10 mai 2006 : *RDT 2006. 257, obs. Grévy ; D. 2006. IR 1480 ; JS Lamy 2006, n° 191-5.*

3. Liberté de déplacement. Sauf circonstances exceptionnelles, c'est seulement pendant leurs heures de délégation ou en dehors de leurs heures habituelles de travail que les délégués syndicaux peuvent se déplacer librement dans l'entreprise ou en dehors de celle-ci. • Crim. 8 oct. 1991 : *D. 1992. Somm. 298, obs. Borenfreund .*

SOUS-SECTION 3 SECRET PROFESSIONNEL

Art. L. 2143-21 Les délégués syndicaux sont tenus au secret professionnel pour toutes les questions relatives aux procédés de fabrication. – *[Anc. art. L. 432-7, al. 1.] – V. art. L. 2146-1 (pén.).*

SECTION IV ATTRIBUTIONS COMPLÉMENTAIRES DANS LES ENTREPRISES DE MOINS DE TROIS CENTS SALARIÉS

Art. L. 2143-22 Dans les entreprises de moins de trois cents salariés et dans les établissements appartenant à ces entreprises, le délégué syndical est, de droit, représentant syndical au comité d'entreprise ou d'établissement.

Le délégué syndical est, à ce titre, destinataire des informations fournies au comité d'entreprise ou d'établissement. – *[Anc. art. L. 412-17, al. 1er et 2.] – V. art. L. 2146-1 (pén.).*

COMMENTAIRE

V. Dalloz.fr et applications mobiles Dalloz.

1. Représentant syndical au comité d'entreprise. Dans les entreprises de moins de trois cents salariés et dans les établissements appartenant à ces entreprises, le délégué syndical est, de droit, représentant syndical au comité d'entreprise ou d'établissement, peu important que le syndicat désignataire n'ait pas eu plusieurs élus aux élections des membres du comité d'entreprise. • Soc. 20 juin 2012 : *Dalloz actualité, 23 juill. 2012, obs. Ines ; D. 2012. Actu. 1746 ; RJS 2012. 693, n° 813 ; JCP S 2012. 1452, Rapp. Pécaut-Rivolier* (comp. art. L. 2324-2, applicable aux entreprises de plus de 300 salariés). ♦ A défaut de convention collective ou d'accord collectif en sens contraire, deux syndicats affiliés à la même fédération ne peuvent désigner ensemble qu'un seul représentant syndical. • Soc. 29 mai 1991, n° 89-61.563 P : *D. 1992. Somm. 285, obs. Borenfreund ; RJS 1991. 446, n° 851* • 30 mai 2001, n° 00-60.150 P : *RJS 2001. 784, n° 1154* • 5 mars 2008 : *RDT 2008. 468, note Borenfreund ; RJS 2008. 436, n° 558 ; JCP S 2008. 1545, obs. Gauriau.*

♦ Comp. : • Soc. 1er avr. 1981 : *Dr. ouvrier 1981. 344, note Bouis.* ♦ Dès lors qu'il résulte des statuts de la fédération qu'un syndicat adhérent doit se conformer à ses décisions, la liste de candidats aux élections professionnelles présentée au nom de la fédération par l'un de ses mandataires est la seule dont il convient de tenir compte, peu important qu'un syndicat adhérent ait présenté une autre liste. • Soc. 6 avr. 2005, n° 04-60.244 P : *RJS 2005. 463, n° 652.*

2. RSS et représentant syndical au CE. La désignation d'un représentant syndical au comité d'entreprise est une prérogative que la loi réserve aux syndicats qui ont obtenu une légitimité électorale, soit en étant reconnus représentatifs dans les entreprises de moins de trois cents salariés, soit en ayant des élus au comité d'entreprise dans les autres entreprises. Il en résulte que le représentant de section syndicale n'est pas de droit représentant syndical au comité d'entreprise ou d'établissement. • Soc. 14 déc. 2011 : *D. 2012. Actu. 156 ; RDT 2012. 235, obs. Odoul-Asorey ; Dr. soc. 2012. 216, obs. Petit ; RJS 2012. 135, n° 157 ; JCP S 2012. 1075, obs. Pagnerre.*

3. Contestation de la désignation d'un délégué syndical de droit. La contestation de la qualité de représentant syndical de droit au comité d'entreprise d'un délégué syndical constitue une contestation de la désignation d'un représentant syndical au sens de l'art. R. 2324-24 et se trouve en conséquence soumise aux délais prévus par ce texte. • Soc. 25 janv. 2012 : *JCP S 2012. 1181, obs. Kerbouc'h.*

4. Employeur et validité de la désignation. L'employeur n'étant pas juge de la validité de la désignation d'un représentant syndical, dès lors que le mandat d'un représentant syndical n'est pas judiciairement annulé, la méconnaissance par l'employeur des obligations lui incombant à l'égard des représentants syndicaux au comité d'entreprise résultant des dispositions des art. L. 2324-2 et L. 2143-22 C. trav. est constitutive d'un trouble manifestement illicite qu'il appartient au juge des référés de faire cesser. • Soc. 24 oct. 2012 : *D. 2012. Actu. 2612 ; Dr. soc. 2013. 81, obs. Petit ; JCP S 2012. 1543, obs. Gauriau.*

SECTION V **CONDITIONS DE DÉSIGNATION DÉROGATOIRE**

(L. n° 2008-789 du 20 août 2008)

Art. L. 2143-23 Par dérogation à l'article L. 2142-1-1 et lorsqu'en raison d'une carence au premier tour des élections professionnelles, un délégué syndical n'a pu être désigné au sein de l'entreprise ou de l'établissement ou lorsqu'il n'existe pas de délégué syndical dans l'entreprise ou l'établissement, le représentant de la section syndicale visé aux articles L. 2142-1-1 et L. 2142-1-4 désigné par une organisation syndicale de salariés affiliée à une organisation syndicale représentative au niveau national et interprofessionnel peut disposer, sur mandatement par son organisation syndicale, du pouvoir de négocier et conclure un accord d'entreprise ou d'établissement.

Si, à l'issue des élections professionnelles suivant le mandatement du représentant de la section syndicale, l'organisation syndicale à laquelle il est adhérent n'est pas reconnue représentative et nomme un autre représentant de la section syndicale, celui-ci ne peut pas être mandaté jusqu'aux six mois précédant les dates des élections professionnelles dans l'entreprise.

Ces dispositions ne sont pas applicables dans les entreprises qui entrent dans le champ des art. L. 2232-21 à L. 2232-29 et de l'art. 14 de la L. n° 2008-789 du 20 août 2008, ni dans les entreprises qui entrent dans le champ des conventions de branche ou accords professionnels conclus en application des art. L. 2232-21 à L. 2232-29 du code du travail dans leur rédaction antérieure au 21 août 2008, date de publication de la L. n° 2008-789 du 20 août 2008 (L. préc., art. 6-III).

COMMENTAIRE

V. Dalloz.fr et applications mobiles Dalloz. ❑

CHAPITRE IV **DISPOSITIONS COMPLÉMENTAIRES RELATIVES AUX ENTREPRISES DU SECTEUR PUBLIC**

Art. L. 2144-1 Le présent chapitre s'applique, à titre complémentaire, aux établissements et entreprises mentionnés à l'article 1er de la loi n° 83-675 du 26 juillet 1983 relative à la démocratisation du secteur public. — *[Anc. art. L. 412-22.]*

Art. L. 2144-2 L'employeur engage avec les organisations syndicales représentatives dans l'entreprise une négociation sur les modalités complémentaires d'exercice du droit syndical.

Cette négociation porte notamment sur les points suivants :

1° Le temps dont chaque salarié dispose, sans perte de rémunération, pour participer aux réunions organisées par les sections syndicales dans l'enceinte de l'entreprise et pendant le temps de travail ;

2° Les conditions dans lesquelles des salariés, membres d'organisations syndicales représentatives dans l'entreprise, peuvent obtenir, dans la limite d'un quota déterminé par rapport aux effectifs de l'entreprise, une suspension de leur contrat de travail en vue d'exercer, pendant une durée déterminée, des fonctions de permanent au service de l'organisation syndicale à laquelle ils appartiennent, avec garantie de réintégration dans leur emploi ou un emploi équivalent au terme de cette période ;

3° Les conditions et les limites dans lesquelles les membres des sections syndicales représentatives dans l'entreprise, chargés de responsabilités au sein de leurs sections syndicales, peuvent s'absenter, sans perte de rémunération, pour participer aux réunions statutaires de leurs organes dirigeants et pour exercer leurs responsabilités ;

4° Les conditions et les limites dans lesquelles les membres des sections syndicales, chargés de responsabilités au sein de leurs organisations syndicales, peuvent s'absenter, sans perte de rémunération, pour participer à des réunions syndicales tenues en dehors de l'entreprise ;

5° Les conditions dans lesquelles la collecte des cotisations syndicales peut être facilitée.

La ou les organisations syndicales non signataires de l'accord mentionné au présent article sont réputées adhérer à cet accord, sauf refus manifesté dans le délai d'un mois à compter de sa signature. – *[Anc. art. L. 412-23.]*

CHAPITRE V **CONGÉS ET FORMATION ÉCONOMIQUE, SOCIALE ET SYNDICALE DES SALARIÉS APPELÉS À EXERCER DES FONCTIONS SYNDICALES** *(L. n° 2016-1088 du 8 août 2016, art. 33).*

SECTION PREMIÈRE **FORMATION ÉCONOMIQUE, SOCIALE ET SYNDICALE**

(L. n° 2016-1088 du 8 août 2016, art. 33)

Art. L. 2145-1 Les salariés appelés à exercer des fonctions syndicales bénéficient du congé de formation économique, sociale et syndicale prévu à l'article *(L. n° 2016-1088 du 8 août 2016, art. 33)* « L. 2145-5 ».

La durée totale des congés pris à ce titre dans l'année par un salarié ne peut excéder dix-huit jours. – *[Anc. art. L. 451-1, al. 4.]*

Art. L. 2145-2 La formation des salariés appelés à exercer des responsabilités syndicales, notamment au sein d'organismes de caractère économique et social, *(L. n° 2014-288 du 5 mars 2014, art. 31-II)* « et des adhérents à une organisation syndicale amenés à intervenir en faveur des salariés » peut être assurée :

1° Soit par des centres spécialisés, directement rattachés aux organisations syndicales représentatives ;

2° Soit par des instituts internes aux universités.

Toutefois, des organismes dont la spécialisation totale ou partielle serait assurée en accord avec des organisations syndicales peuvent participer à la formation des salariés appelés à exercer des responsabilités syndicales *(L. n° 2014-288 du 5 mars 2014, art. 31-II)* « et des adhérents à une organisation syndicale amenés à intervenir en faveur des salariés ». Pour bénéficier des dispositions de l'article L. 2145-3, ces organismes doivent avoir reçu l'agrément du ministre chargé du travail. – *[Anc. art. L. 452-1.]*

En application de l'art. L. 231-5 CRPA, et par exception à l'application du délai de deux mois prévu à l'art. L. 231-1 du même code, le silence gardé par l'administration pendant deux mois vaut décision de rejet pour une demande d'agrément des organismes de formation économique, sociale et syndicale des salariés appelés à exercer des responsabilités syndicales (Décr. n° 2014-1289 du 23 oct. 2014, art. 1er).

Art. L. 2145-3 *(L. n° 2014-288 du 5 mars 2014, art. 31-III et VI)* L'État apporte une aide financière à la formation des salariés mentionnés à l'article L. 2145-1 et des adhérents à une organisation syndicale amenés à intervenir en faveur des salariés par la subvention mentionnée au 3° du I de l'article L. 2135-10 et par une subvention aux instituts mentionnés au 2° de l'article L. 2145-2.

Art. L. 2145-4 Un décret en Conseil d'État détermine les modalités d'application du présent chapitre. – *[Anc. art. L. 452-4.] – V. art. R. 2145-1 s.*

SECTION II **CONGÉS DE FORMATION ÉCONOMIQUE, SOCIALE ET SYNDICALE**

(L. n° 2016-1088 du 8 août 2016, art. 33)

Les art. L. 3142-7 à L. 3142-15 deviennent, respectivement, les art. L. 2145-5 à L. 2145-13 (L. n° 2016-1088 du 8 août 2016, art. 33).

Art. L. 2145-5 Tout salarié qui souhaite participer à des stages ou sessions de formation économique et sociale ou de formation syndicale organisés soit par des centres rattachés *(L. n° 2015-990 du 6 août 2015, art. 268)* « aux organisations syndicales mentionnées au 3° de l'article L. 2135-12 », soit par des instituts spécialisés, a droit, sur sa demande, à un ou plusieurs congés. – *[Anc. art. L. 3142-7.]*

Art. L. 2145-6 *(L. n° 2015-994 du 17 août 2015, art. 25-III)* Le salarié bénéficiant du congé de formation économique, sociale et syndicale a droit au maintien total ou partiel par l'employeur de sa rémunération, sur demande d'une organisation syndicale satisfaisant aux critères de respect des valeurs républicaines et d'indépendance, légalement constituée depuis au moins deux ans et dont le champ professionnel et géographique couvre celui de l'entreprise ou de l'établissement.

Si l'entreprise est couverte par un accord qui prévoit, en application du 1° de l'article L. 2145-12, la prise en charge par l'employeur de tout ou partie du salaire, la demande de l'organisation syndicale porte sur la différence entre le montant dont la prise en charge est prévue par l'accord et le montant total de la rémunération du salarié.

La demande de l'organisation syndicale doit être expresse et écrite. Elle précise le niveau demandé du maintien de rémunération. L'accord écrit du salarié pour bénéficier du maintien de son salaire dans les conditions prévues au présent article lui est annexé.

L'employeur maintient les cotisations et contributions sociales afférentes à la rémunération maintenue.

Une convention conclue entre l'organisation syndicale et l'employeur fixe le montant que l'organisation syndicale rembourse à l'employeur et le délai dans lequel ce remboursement est effectué. A défaut de convention, la demande de l'organisation syndicale l'engage à rembourser la totalité du montant maintenu au titre de sa demande ou d'un accord collectif prévoyant un maintien de la rémunération par l'employeur, sauf si l'accord en dispose autrement, y compris le montant des cotisations et contributions sociales afférentes à la rémunération, dans un délai défini par décret en Conseil d'État.

En cas de non-remboursement, l'employeur peut procéder à une retenue sur le salaire du bénéficiaire, dans les conditions et limites prévues par décret en Conseil d'État. – *V. art. R. 3142-5-1 s. – [Anc. art. L. 3142-8.]*

Jurisprudence rendue sous l'empire des textes antérieurs à la loi n° 2016-1088 du 8 août 2016

Stage de formation syndicale. L'employeur qui verse au salarié en stage de formation syndicale la rémunération prévue par la loi n'est pas tenu de compenser pour le surplus la perte de rémunération subie par le salarié. • Soc. 8 juill. 1992, ☏ n° 89-42.563 P. ♦ Le complément de rémunération éventuellement versé par le comité d'entreprise et le syndicat n'a pas à être inclus dans l'assiette des salaires servant de base au calcul du treizième mois et de l'indemnité de congés payés. • Même arrêt.

Art. L. 2145-7 La durée totale des congés de formation économique et sociale et de formation syndicale pris dans l'année par un salarié ne peut excéder douze jours. Elle ne peut excéder dix-huit jours pour les animateurs des stages et sessions.

La durée de chaque congé ne peut être inférieure à *(L. n° 2014-288 du 5 mars 2014, art. 31-V)* « une demi-journée ». – *[Anc. art. L. 3142-9.]*

Art. L. 2145-8 Le nombre total de jours de congés susceptibles d'être pris chaque année par l'ensemble des salariés de l'établissement au titre des formations prévues à la présente sous-section ainsi qu'aux articles L. 2325-44 et L. 4614-14 relatifs respectivement à la formation des membres du comité d'entreprise et à la formation des représentants du personnel au comité d'hygiène, de sécurité et des conditions de travail, ne peut dépasser un maximum fixé par voie réglementaire compte tenu de l'effectif de l'établissement.

Cet arrêté fixe également, compte tenu de l'effectif de l'établissement, le nombre maximum de jours de congés pouvant être utilisés par les animateurs et par les salariés appelés à exercer des responsabilités syndicales, ainsi que le pourcentage maximum de salariés pouvant être simultanément absents au titre des congés mentionnés au premier alinéa. – *[Anc. art. L. 3142-10.]*

Art. L. 2145-9 Les demandeurs d'emploi peuvent participer aux stages de formation économique et sociale et de formation syndicale dans la limite des durées de douze et dix-huit jours par période annuelle prévues pour les salariés.

Les travailleurs involontairement privés d'emploi continuent de bénéficier du revenu de remplacement auquel ils ont droit pendant la durée des stages considérés. – *[Anc. art. L. 3142-11.]*

Art. L. 2145-10 La durée du ou des congés de formation économique et sociale et de formation syndicale ne peut être imputée sur celle du congé payé annuel.

Elle est assimilée à une durée de travail effectif pour la détermination de la durée des congés payés, du droit aux prestations d'assurances sociales et aux prestations familiales ainsi que pour l'ensemble des autres droits résultant pour l'intéressé de son contrat de travail. – *[Anc. art. L. 3142-12.]*

Art. L. 2145-11 Le congé de formation économique et sociale et de formation syndicale est de droit, sauf dans le cas où l'employeur estime, après avis conforme du comité d'entreprise ou, s'il n'en existe pas, des délégués du personnel, que cette absence pourrait avoir des conséquences préjudiciables à la production et à la bonne marche de l'entreprise.

Le refus du congé par l'employeur est motivé.

En cas de différend, le refus de l'employeur peut être directement contesté devant le bureau de jugement du conseil de prud'hommes dans des conditions fixées par décret en Conseil d'État. – *[Anc. art. L. 3142-13.] – V. art. R. 3143-2 (pén.).*

Art. L. 2145-12 Les conventions ou accords collectifs de travail peuvent :

1° Contenir des dispositions plus favorables que celles prévues par la présente sous-section, notamment en matière de rémunération ;

2° Préciser les périodes de congé les mieux adaptées aux nécessités de chaque profession ;

3° Fixer les modalités du financement de la formation, destiné à couvrir les frais pédagogiques ainsi que les dépenses d'indemnisation des frais de déplacement et d'hébergement des stagiaires et animateurs ;

4° Définir les procédures amiables permettant de régler les difficultés qui peuvent survenir pour l'application des dispositions qui précèdent ;

5° Prévoir la création de fonds mutualisés en vue d'assurer la rémunération des congés et le financement de la formation.

Des accords d'établissement peuvent fixer la répartition des congés par service ou par catégorie professionnelle. – *[Anc. art. L. 3142-14.]*

Art. L. 2145-13 Les conditions d'application des dispositions relatives au congé de formation économique et sociale et de formation syndicale, ainsi qu'au personnel des entreprises publiques énumérées par le décret prévu par l'article L. 2233-1 sont déterminées par décret en Conseil d'État. – *[Anc. art. L. 3142-15.]*

CHAPITRE VI **DISPOSITIONS PÉNALES**

Art. L. 2146-1 Le fait d'apporter une entrave à l'exercice du droit syndical, défini par les articles L. 2141-4, L. 2141-9 et L. 2141-11 à L. 2143-22, est puni d'un emprisonnement d'un an et d'une amende de 3 750 €. – *[Anc. art. L. 481-2.]*

RÉP. TRAV. v^is *Syndicats professionnels (Droit syndical dans l'entreprise)*, par GRÉVY ; ... *(Prérogatives et action)*, par DUQUESNE et SACHS-DURAND ; *Entrave aux institutions représentatives des salariés et à l'exercice du droit syndical*, par AMAUGER-LATTES.

BIBL. ▶ ALVAREZ-PUJANA, *Dr. ouvrier 1990. 77*. – BORRICAND, *D. 1980. Chron. 323*. – CHALARON, *Dr. soc. 1984. 505*. – CŒURET, *ibid. 1987. 447*. – COHEN, *Dr. soc. 1978. 268*. – POIRIER, *Dr. soc. 1995. 885* ✐. – PRADEL, *ibid. 1990. 37* ✐.

COMMENTAIRE

V. Dalloz.fr et applications mobiles Dalloz 🏛. ❑

1. Généralités. Sur les règles générales gouvernant le délit d'entrave, V. notes ss. art. L. 2328-1.

2. Les obstacles opposés à l'action d'un syndicat qui, n'ayant pas déposé ses statuts, ne jouit pas des droits reconnus aux syndicats, ne sont pas de nature à constituer le délit d'entrave. • Crim. 28 juin 1988 : *Bull. crim. n° 295 ; D. 1989. Somm. 208, obs. Mayaud ; Dr. soc. 1989. 304, note Savatier.*

3. Le juge pénal étant tenu de statuer sur toute question dont dépend l'application de la loi pénale, il n'importe que les faits constitutifs de discrimination syndicale n'aient pas été soumis à la juridiction prud'homale à l'occasion d'un litige individuel du travail. • Crim. 20 févr. 1996 : *Bull. crim. n° 53.*

4. Désignation. Se rend coupable du délit d'entrave l'employeur qui conteste la désignation d'un délégué syndical par d'autres moyens que la voie judiciaire. • Crim. 10 févr. 1972 : *D. 1972. 474, rapp. Malaval ; JCP 1972. II. 17233, note Verdier.*

5. Affichage. Commet le délit d'entrave l'employeur qui fait retirer du panneau d'affichage syndical un document au motif qu'il contenait une expression injurieuse, alors que l'employeur ne dispose pas d'un droit de contrôle sur la teneur des communications et qu'il lui appartient de saisir le juge pour obtenir la suppression d'un affichage prétendument irrégulier. • Crim. 19 févr. 1979 : *Bull. crim. n° 73 ; D. 1979. IR 427.* – V. aussi • Crim. 27 mars 1979 : *Bull. crim. n° 123* • 25 nov. 1980 : *ibid., n° 316* • 27 janv. 1981 : *ibid., n° 39.* ♦ Comp. : • Crim. 30 janv. 1973 : *Bull. crim. n° 55.* ♦ L'entrave est caractérisée dès lors qu'un délégué syndical est sanctionné pour avoir affiché sans respecter l'obligation de communiquer simultanément les documents à l'employeur. • Crim. 25 mai 1982 : *Bull. crim. n° 135 ; Dr. ouvrier 1983. 152.*

6. Tracts. Le chef d'entreprise ne peut fixer unilatéralement le lieu exclusif de distribution des tracts ou publications de nature syndicale ; en l'absence d'accord des parties sur la fixation de ce lieu, la distribution ne revêt un caractère illégal que si elle est faite dans des conditions de nature à apporter un trouble injustifié à l'exécution normale du travail ou à la marche de l'entreprise. • Crim. 27 nov. 1973 : *Bull. crim. n° 437 ; Dr. ouvrier 1974. 178, note Alvarez.* – Dans le même sens : • Crim. 30 janv. 1973 : *Bull. crim. n° 54 ; Dr. ouvrier 1974. 143* • 21 févr. 1979 : *Bull. crim. n° 81 ; D. 1979. IR 488* • Soc. 8 nov. 1978 : *D. 1979. IR 229, obs. Pélissier.*

7. Déplacements. Une cour d'appel relève à bon droit que la liberté de déplacement des délégués syndicaux est d'ordre public et qu'elle ne peut être limitée par un règlement intérieur et subordonnée à une autorisation de l'employeur. • Crim. 4 févr. 1986 : *Bull. crim. n° 46.* – V. aussi • Crim. 10 févr. 1972 : *JCP 1972. II. 17233, note Verdier.* ♦ Sur les conditions de licéité des bons de déplacement, V. • Crim. 23 févr. 1982 : *Bull. crim. n° 59* • 25 mai 1982 : *ibid., n° 135* (bons illicites dès lors qu'ils traduisent un contrôle *a priori* de l'employeur) • 4 févr. 1986 : *préc.* • 12 avr. 1988 : *Bull. crim. n° 155.* ♦ A propos de déplacements non constitutifs d'une gêne importante, V. • Crim. 27 sept. 1988 : *Dr. ouvrier 1989. 66.*

8. Discriminations. Caractérise l'élément matériel du délit d'entrave le fait : de prendre des mesures destinées à isoler un délégué syndical. • Crim. 5 déc. 1973 : *Bull. crim. n° 453* • 4 janv. 1991 : *ibid., n° 10.* ♦ ... De prononcer des sanctions disciplinaires en considération de l'activité syndicale des salariés. • Crim. 7 févr. 1989 : *Dr. soc. 1989. 504, note Savatier.* ♦ ... De mettre au chômage partiel un représentant le lendemain de son élection. • Crim. 7 févr. 1989 : *RSC 1989. 536, obs. Lazerges.*

9. Doit être pénalement condamné l'employeur qui refuse à un délégué syndical toute information sur l'implantation des chantiers, les effectifs et les horaires des salariés, le mettant ainsi dans l'impossibilité d'accomplir sa mission. • Crim. 5 oct. 1982 : *Bull. crim. n° 207.*

10. Mutation. S'il est vrai que toute mutation de poste ou de fonction imposée contre son gré à un salarié protégé est de nature à caractériser l'élément matériel d'une atteinte portée à ses prérogatives statutaires, encore faut-il, pour qu'il en soit ainsi, que l'employeur ne puisse apporter la pleine justification de la mesure critiquée. • Crim. 28 oct. 1980 : *Bull. crim. n° 282.* – Dans le même sens : • Crim. 4 janv. 1991 : *ibid., n° 10* • 28 janv. 1997 : *Dr. soc. 1997. 456, note Cohen* ✐ (justification non rapportée).

11. Le transfert sans autorisation d'un délégué syndical, alors que les dispositions de l'art. L. 122-12 n'étaient pas applicables, ne constitue pas une méconnaissance de l'al. 7 de l'art. L. 412-18, mais caractérise un licenciement déguisé constitutif du délit d'entrave prévu par l'al. 1er du même texte. • Crim. 10 mai 1988 : *Bull. crim. n° 202 ; BS Lefebvre 1988. 320, note Guirimand.*

12. Licenciement. La protection exceptionnelle et exorbitante du droit commun dont bénéficie le salarié protégé exclut que la rupture du contrat soit poursuivie, à l'initiative de l'employeur, par d'autres moyens que le licenciement. • Cass., ass. plén., 28 janv. 1983, n° 80-93.511 P : *D. 1983. 269, concl. Cabannes ; D. 1984. IR 254, obs. Langlois ; Dr. soc. 1984. 511, note Couvrat et Massé ; Gaz. Pal. 1983. 1. 262, note Doucet.* – V. déjà • Cass., ch. mixte, 21 juin 1974 : *GADT, 4e éd., n° 151 ; D. 1974. 593, concl. Touffait ; Dr. soc. 1974. 454.*

13. Monopole de négociation. Constitue un délit d'entrave à l'exercice du droit syndical dans l'entreprise la conclusion d'un accord entre l'employeur et les institutions représentatives du personnel portant sur une matière qui relève de la négociation annuelle obligatoire, en dépit de l'existence d'une représentation syndicale dans l'entreprise. • Crim. 18 nov. 1997 : *Bull. crim. n° 390 ; GADT, 4e éd., n° 158 ; RJS 1998. 56, n° 76 ; CSB 1998. 37, A. 7.*

14. Bousculade. Ne peut être constitutif d'un délit d'entrave à l'exercice du droit syndical le fait pour un cadre d'entreprise d'avoir dirigé sa voiture automobile en direction d'un groupe de grévistes et légèrement heurté l'un d'entre eux ; un tel fait était de nature à impressionner les salariés en grève pour soutenir le syndicat, ce comportement était, en lui-même, impropre à caractériser l'élément matériel de l'infraction. • Crim. 28 avr. 2009 : *Bull. crim. n° 74 ; RDT 2010. 116, obs. Hasnaoui.*

Art. L. 2146-2 **Le fait pour l'employeur de méconnaître les dispositions des articles L. 2141-5 à L. 2141-8, relatives à la discrimination syndicale, est puni d'une amende de 3 750 €.**

La récidive est punie d'un emprisonnement d'un an et d'une amende de 7 500 €. – *[Anc. art. L. 481-3.]*

COMMENTAIRE

V. Dalloz.fr et applications mobiles Dalloz.

TITRE CINQUIÈME **REPRÉSENTATIVITÉ PATRONALE**

(L. n° 2014-288 du 5 mars 2014, art. 29-I)

BIBL. ▶ Maggi-Germain, Héas, Bois, Barthélémy, Tallard, Vincent, Caillaud, Yon, Aubry, Antonmattéi, Le Crom, Offerlé, Pernot, Nicolas, Tellier, Roy, Burban, Darrigrand, Chassang, Cochonneau, Braun, Grignard, Medeuf-Andrieu, *Dr. soc. 2014. 196* (réformer la représentativité des organisations professionnelles d'employeurs).

COMMENTAIRE

V. Dalloz.fr et applications mobiles Dalloz.

CHAPITRE PREMIER **CRITÈRES DE REPRÉSENTATIVITÉ**

Art. L. 2151-1 **I. – La représentativité des organisations professionnelles d'employeurs est déterminée d'après les critères cumulatifs suivants :**

1° Le respect des valeurs républicaines ;

2° L'indépendance ;

3° La transparence financière ;

4° Une ancienneté minimale de deux ans dans le champ professionnel et géographique couvrant le niveau de négociation. Cette ancienneté s'apprécie à compter de la date de dépôt légal des statuts ;

5° L'influence, prioritairement caractérisée par l'activité et l'expérience ;

6° L'audience, qui se mesure en fonction du nombre d'entreprises *(L. n° 2015-994 du 17 août 2015, art. 23-I)* **« volontairement » adhérentes** *(L. n° 2016-1088 du 8 août 2016, art. 35)* **« ou de leurs salariés soumis au régime français de sécurité sociale » et, selon les niveaux de négociation, en application du 3° des articles L. 2152-1 ou L. 2152-4.**

(L. n° 2015-994 du 17 août 2015, art. 23-I) **« II. – Pour l'application du présent titre, sont considérées comme des organisations professionnelles d'employeurs les syndicats professionnels d'employeurs mentionnés à l'article L. 2131-1 et les associations d'employeurs mentionnées à l'article L. 2231-1. »**

COMMENTAIRE

V. Dalloz.fr et applications mobiles Dalloz.

1. Constitutionnalité du critère de mesure de l'audience. Sont conformes à la Constitution les dispositions qui fondent la mesure de l'audience des organisations professionnelles d'employeurs sur le nombre d'entreprises adhérentes, sans pondération en fonction de leur taille ou de leur chiffre d'affaires. • Cons. const. 3 févr. 2016, n° 2015-519 QPC : *D. 2016. Actu. 320 ; RDT 2016. 354, obs. Nadal.*

2. Critère de l'indépendance. La satisfaction au critère de l'indépendance par une organisation d'employeurs suppose de vérifier que les conditions de son organisation, de son financement et de son fonctionnement permettent d'assurer effectivement la défense des intérêts professionnels qu'elle entend représenter, notamment dans le cadre de la négociation des conventions et accords collectifs. • CE 2 mars 2011, *Synd. national des entreprises du secteur privé marchand de la filière équestre des loisirs et du tourisme : Lebon 77; AJDA 2011. 1046 ; RDT 2011. 582, obs. Nadal.*

CHAPITRE II ORGANISATIONS PROFESSIONNELLES D'EMPLOYEURS REPRÉSENTATIVES

SECTION PREMIÈRE REPRÉSENTATIVITÉ PATRONALE AU NIVEAU DE LA BRANCHE PROFESSIONNELLE

Art. L. 2152-1 Dans les branches professionnelles, sont représentatives les organisations professionnelles d'employeurs :

1° Qui satisfont aux critères mentionnés aux 1° à 5° de l'article L. 2151-1 ;

2° Qui disposent d'une implantation territoriale équilibrée au sein de la branche ;

3° Dont les entreprises *(L. n° 2015-994 du 17 août 2015, art. 23-II)* « et les organisations » adhérentes à jour de leur cotisation représentent *(L. n° 2016-1088 du 8 août 2016, art. 35)* « soit » au moins 8 % de l'ensemble des entreprises adhérant à des organisations professionnelles d'employeurs de la branche satisfaisant aux critères mentionnés aux 1° à 4° de l'article L. 2151-1 et ayant fait la déclaration de candidature prévue à l'article L. 2152-5 *(L. n° 2016-1088 du 8 août 2016, art. 35)* « , soit au moins 8 % des salariés de ces mêmes entreprises ». Le nombre d'entreprises adhérant à ces organisations *(L. n° 2016-1088 du 8 août 2016, art. 35)* « ainsi que le nombre de leurs salariés sont attestés », pour chacune d'elles, par un commissaire aux comptes, qui peut être celui de l'organisation, dans des conditions déterminées par voie réglementaire. La mesure de l'audience s'effectue tous les quatre ans.

Dans les branches couvrant exclusivement les activités agricoles mentionnées aux 1° à 4° de l'article L. 722-1 du code rural et de la pêche maritime *(L. n° 2014-1545 du 20 déc. 2014, art. 7)* « ainsi que celles des coopératives d'utilisation de matériel agricole », *(L. n° 2016-1088 du 8 août 2016, art. 35)* « les seuils fixés au 3° du présent article sont appréciés » au niveau national dans les secteurs d'activités *[activité]* concernés, et les entreprises et exploitations adhérentes sont celles relevant, l'année précédant la mesure de l'audience, du *a* du 3° de l'article L. 723-15 du code rural et de la pêche maritime *(L. n° 2016-1088 du 8 août 2016, art. 35)* « , quel que soit le nombre d'heures effectuées par les salariés concernés ». *(L. n° 2015-994 du 17 août 2015, art. 23-II)* « Dans ces branches, les associations d'employeurs constituées conformément à la loi du 1er juillet 1901 relative au contrat d'association et dont l'objet statutaire est la défense d'intérêts professionnels sont également assimilées aux organisations professionnelles d'employeurs mentionnées au II de l'article L. 2151-1 du présent code. »

La première mesure de l'audience des organisations professionnelles d'employeurs au niveau des branches professionnelles et au niveau national et interprofessionnel, en application des art. L. 2152-1 à L. 2152-6, est réalisée à compter de l'année 2017 (L. n° 2014-288 du 5 mars 2014, art. 29-VI).

COMMENTAIRE

V. Dalloz.fr et applications mobiles Dalloz.

Constitutionnalité du critère de mesure de l'audience. Sont conformes à la Constitution les dispositions qui fondent la mesure de l'audience des organisations professionnelles d'employeurs sur le nombre d'entreprises adhérentes, sans pondération en fonction de leur taille ou de leur chiffre d'affaires. • Cons. const. 3 févr. 2016, nº 2015-519 QPC : *D. 2016. Actu. 320*.

SECTION II **REPRÉSENTATIVITÉ AU NIVEAU NATIONAL ET MULTI-PROFESSIONNEL**

Art. L. 2152-2 Sont représentatives au niveau national et multi-professionnel les organisations professionnelles d'employeurs :

1° Qui satisfont aux critères mentionnés aux 1° à 5° de l'article L. 2151-1 ;

2° *(L. nº 2015-994 du 17 août 2015, art. 23-II)* « Qui sont représentatives ou » dont les organisations adhérentes sont représentatives sur le fondement de l'article L. 2152-1 du présent code dans au moins dix *(L. nº 2015-994 du 17 août 2015, art. 23-II)* « conventions collectives » relevant soit des activités agricoles mentionnées aux 1° à 4° de l'article L. 722-1 et au 2° de l'article L. 722-20 du code rural et de la pêche maritime, soit des professions libérales définies à l'article 29 de la loi nº 2012-387 du 22 mars 2012 relative à la simplification du droit et à l'allégement des démarches administratives, soit de l'économie sociale et solidaire, *(L. nº 2016-925 du 7 juill. 2016, art. 42)* « soit du secteur du spectacle vivant et enregistré, » et ne relevant pas du champ couvert par les organisations professionnelles d'employeurs représentatives au niveau national et interprofessionnel ;

3° Auxquelles adhèrent au moins quinze organisations relevant de l'un des trois champs d'activités *[activité]* mentionnés au 2° du présent article ;

4° Qui justifient d'une implantation territoriale couvrant au moins un tiers du territoire national soit au niveau départemental, soit au niveau régional.

V. note ss. art. L. 2152-1.

COMMENTAIRE

V. Dalloz.fr et applications mobiles Dalloz.

Art. L. 2152-3 Préalablement à l'ouverture d'une négociation nationale et interprofessionnelle, puis préalablement à sa conclusion, les organisations professionnelles d'employeurs représentatives à ce niveau informent les organisations représentatives au niveau national et multi-professionnel des objectifs poursuivis par cette négociation et recueillent leurs observations.

SECTION III **REPRÉSENTATIVITÉ PATRONALE AU NIVEAU NATIONAL ET INTERPROFESSIONNEL**

Art. L. 2152-4 Sont représentatives au niveau national et interprofessionnel les organisations professionnelles d'employeurs :

1° Qui satisfont aux critères mentionnés aux 1° à 5° de l'article L. 2151-1 ;

2° Dont les organisations adhérentes sont représentatives à la fois dans des branches de l'industrie, de la construction, du commerce et des services ;

3° Dont les entreprises et les organisations adhérentes à jour de leur cotisation représentent *(L. nº 2016-1088 du 8 août 2016, art. 35)* « soit » au moins 8 % de l'ensemble des entreprises adhérant à des organisations professionnelles d'employeurs satisfaisant aux critères mentionnés aux 1° à 4° de l'article L. 2151-1 et ayant fait la déclaration de candidature prévue à l'article L. 2152-5 *(L. nº 2016-1088 du 8 août 2016, art. 35)* « , soit au moins 8 % des salariés de ces mêmes entreprises ». Le nombre d'entreprises adhérant à ces organisations *(L. nº 2016-1088 du 8 août 2016, art. 35)* « , ainsi que le nombre de leurs salariés, sont attestés », pour chacune d'elles, par un commissaire aux comptes, qui peut être celui de l'organisation, dans des conditions déterminées par voie réglementaire. La mesure de l'audience s'effectue tous les quatre ans.

Lorsqu'une organisation professionnelle d'employeurs adhère à plusieurs organisations professionnelles d'employeurs ayant statutairement vocation à être présentes au niveau national et interprofessionnel, elle répartit entre ces organisations, pour permettre la mesure de l'audience prévue au présent article, ses entreprises adhérentes. Elle ne peut affecter à chacune de ces organisations une part d'entreprises inférieure à un pourcentage fixé par décret, compris entre 10 % et 20 %. *(L. nº 2016-1088 du*

8 août 2016, art. 35) **« La clé de répartition retenue s'applique au nombre de salariés de ces entreprises. » L'organisation professionnelle d'employeurs indique la répartition retenue dans la déclaration de candidature prévue à l'article L. 2152-5. Les entreprises adhérentes sont informées de cette répartition.** – *V. art. D. 2152-9-1.*

COMMENTAIRE

V. Dalloz.fr et applications mobiles Dalloz.

Constitutionnalité du critère de mesure de l'audience électorale. Sont conformes à la Constitution les dispositions qui fondent la mesure de l'audience des organisations professionnelles d'employeurs sur le nombre d'entreprises adhérentes, sans pondération en fonction de leur taille ou de leur chiffre d'affaires. • Cons. const. 3 févr. 2016, nº 2015-519 QPC : *D. 2016. Actu. 320.*

SECTION IV **DÉCLARATION DE CANDIDATURE**

Art. L. 2152-5 **Pour l'établissement de leur représentativité en application du présent chapitre, les organisations professionnelles d'employeurs se déclarent candidates, dans des conditions déterminées par voie réglementaire.**

Elles indiquent à cette occasion le nombre de leurs entreprises adhérentes et le nombre des salariés qu'elles emploient.

(L. nº 2016-1088 du 8 août 2016, art. 35) **« Pour l'application de l'article L. 2135-13, elles indiquent également, à cette même occasion, le nombre de leurs entreprises adhérentes employant au moins un salarié. »**

Jusqu'au 7 nov. 2016, le dépôt des dossiers de candidatures des organisations patronales pour reconnaissance de leur représentativité est exclu du champ d'application du droit des usagers de saisir l'administration par voie électronique (Décr. nº 2015-1422 du 5 nov. 2015).

SECTION V **DISPOSITIONS D'APPLICATION**

Art. L. 2152-6 **Après avis du Haut Conseil du dialogue social, le ministre chargé du travail arrête la liste des organisations professionnelles d'employeurs reconnues représentatives par branche professionnelle et des organisations professionnelles d'employeurs reconnues représentatives au niveau national et interprofessionnel ou multi-professionnel.** *(L. nº 2015-994 du 17 août 2015, art. 23-II)* **« A cette fin, il vérifie que les critères définis au présent chapitre sont respectés et s'assure notamment que le montant des cotisations versées par les entreprises et, le cas échéant, les organisations professionnelles adhérentes est de nature à établir la réalité de leur adhésion. »**

V. note ss. art. L. 2151-1.

Art. L. 2152-7 **Sauf dispositions contraires, les conditions d'application du présent chapitre sont déterminées par décret en Conseil d'État.**

LIVRE DEUXIÈME **LA NÉGOCIATION COLLECTIVE — LES CONVENTIONS ET ACCORDS COLLECTIFS DE TRAVAIL**

BIBL. ▸ **Négociation dans l'entreprise** : FABRE, *Dr. soc. 2015. 882* (réforme des obligations de négocier dans l'entreprise). - GAURIAU, *Dr. soc. 2015. 878* (négociation dans les entreprises dépourvues de syndicats). - ODOUL-ASOREY, *Dr. soc. 2015. 987* (la négociation collective confortée par le principe de précaution ?).

▸ **Loi du 8 août 2016** : ANTONMATTÉI et ENJOLRAS, *Dr. soc. 2016. 933*. - BORENFREUND et FAVENNEC-HÉRY, *RDT 2016. Controverse. 309* (le renforcement de la légitimité des accords collectifs justifie-t-il un effacement de la volonté individuelle des salariés ?). - BORENFREUND, *RDT 2016. 781* (les rapports de l'accord collectif avec la loi et le contrat de travail). - NICOD, *RDT 2016. 800* (les rapports entre accords collectifs). - FERKANE, *RDT 2016. 832*. - LOISEAU, PÉCAUT-RIVOLIER et PIGNARRE, *Dr. soc. 2016. 886* (l'ordre public social a-t-il un avenir ?). - ODOUL-ASOREY, *RDT 2016. 803* (accord collectif majoritaire). - PÉCAUT-RIVOLIER, *RDT 2016. 791*. - TISSANDIER, *RDT 2016. 791* (les rapports entre accords collectifs).

TITRE PREMIER **DISPOSITIONS PRÉLIMINAIRES**

CHAPITRE PREMIER **CHAMP D'APPLICATION**

COMMENTAIRE

V. Dalloz.fr et applications mobiles Dalloz. ❑

Art. L. 2211-1 **Les dispositions du présent livre sont applicables aux employeurs de droit privé ainsi qu'à leurs salariés.**

Elles sont également applicables :

1° Aux établissements publics à caractère industriel et commercial ;

2° Aux établissements publics à caractère administratif lorsqu'ils emploient du personnel dans les conditions du droit privé. — *[Anc. art. L. 131-2 et L. 461-1, al. 1er, phrase 1 début et al. 3.]*

BIBL. ▶ Barthélémy, *Dr. soc. 1987. 623.* – Hennion-Moreau, *RDSS 1995. 343* (agrément administratif). – Langlois, *ibid. 1992. 5* (droit public et droit social en matière de négociation collective). – Savatier, *Dr. soc. 1994. 394* (agrément administratif).

COMMENTAIRE

V. Dalloz.fr et applications mobiles Dalloz. ❑

1. Organismes de sécurité sociale. Sur l'agrément ministériel nécessaire pour qu'une convention collective concernant le personnel des organismes de sécurité sociale puisse entrer en vigueur, V. • Soc. 8 nov. 1979 et • 5 déc. 1979 : *D. 1980. IR 347, obs. Langlois* • 23 mars 1982 : *Bull. civ. V, n° 213* • CE 18 janv. 1980 : *Dr. soc. 1980. 282, concl. Latournerie* • 24 oct. 1984 : *ibid. 1985. 285, concl. Lasserre* • 18 juin 1993 : *D. 1994. Somm. 241, obs. Chelle et Prétot* ; *RJS 1993. 540, n° 904.* ♦ Sur l'abrogation de l'agrément, V. Prétot, *Dr. soc. 1992. 729*.

2. La procédure d'agrément ne fait pas obstacle à l'existence, dans les organismes de sécurité sociale, d'usages plus favorables aux salariés et qui n'ont pas à être agréés par l'autorité de tutelle. • Soc. 22 janv. 1991, n° 87-40.113 P. – V. aussi • Soc. 7 déc. 1993 : *D. 1994. 559, note Soubise*.

3. Enseignement privé. En application de l'art. 1er de la loi du 19 janv. 1978 et de l'art. L. 131-2 [L. 2211-1 nouv.], les personnels des établissements d'enseignement privé, même employés à temps partiel, sous réserve que leur emploi ne soit pas saisonnier ou intermittent, bénéficient de l'accord interprofessionnel du 10 déc. 1977 sur la mensualisation. • Soc. 14 nov. 1991, n° 87-45.135 P : *RJS 1992. 39, n° 36.*

CHAPITRE II **FORMATION DES ACTEURS DE LA NÉGOCIATION COLLECTIVE**

(L. n° 2016-1088 du 8 août 2016, art. 33)

Art. L. 2212-1 **Les salariés et les employeurs ou leurs représentants peuvent bénéficier de formations communes visant à améliorer les pratiques du dialogue social dans les entreprises, dispensées par les centres, instituts ou organismes de formation. L'Institut national du travail, de l'emploi et de la formation professionnelle apporte son concours à la création et à la mise en œuvre de ces formations. Ces formations peuvent être suivies par des magistrats judiciaires ou administratifs et par d'autres agents de la fonction publique.**

Ces formations peuvent être en tout ou partie financées par les crédits du fonds prévu à l'article L. 2135-9.

Les conditions d'application du présent article sont prévues par décret en Conseil d'État.

Art. L. 2212-2 **Des conventions ou des accords collectifs d'entreprise ou de branche peuvent définir :**

1° Le contenu des formations communes prévues à l'article L. 2212-1 et les conditions dans lesquelles elles sont dispensées ;

2° Les modalités de leur financement, pour couvrir les frais pédagogiques, les dépenses d'indemnisation et les frais de déplacement et d'hébergement des stagiaires et animateurs.

TITRE DEUXIÈME OBJET ET CONTENU DES CONVENTIONS ET ACCORDS COLLECTIFS DE TRAVAIL

RÉP. TRAV. v^{is} *Conventions et accords collectifs de travail (I. Droit de la négociation collective)*, par Nadal ; ... *(Régime juridique : conclusion, application, sanctions)*, par Chauchard.

BIBL. GÉN. ▶ Commentaires de la loi n° 82-957 du 13 nov. 1982 : Delors, *Dr. soc. 1983. 85*. – Langlois, *ibid. 1982. 284*. – Pascré, *Dr. ouvrier 1983. 39*. – Soubie, *Dr. soc. 1982. 280*. – Supiot, *ibid. 1983. 63*. – Teyssié, *JCP CI 1983. 14065*.

▶ Commentaires de l'accord interprofessionnel du 31 oct. 1995 : Cohen, *Dr. soc. 1996. 18* (réduction « négociée » des avantages). – Favennec-Héry, *ibid. 20* (temps de travail). – Freyssinet et Souriac, *RDT 2013. Controverse 156* (peut-on faire confiance à la négociation interprofessionnelle ?). – Goin, *ibid. 3*. – Morin, *ibid. 11* (niveaux de négociation).

▶ Antonmattéi, *Dr. soc. 1997. 35* (statut collectif des salariés) ; *ibid. 1997. 164* (développement de la négociation collective). – Auzéro, *Dr. ouvrier 2010. 324* (articulation des normes conventionnelles). – Barbérot, *Dr. ouvrier 1998. 332* (représentativité et négociation collective). – Barthélémy, *Dr. soc. 1986. 597 ; ibid. 1997. 40* (travailleurs indépendants) ; *ibid. 2009. 907* (vers de nouvelles évolutions de la négociation collective). – Bonnechère, *Dr. soc. 1990. 40* (déréglementation et théorie des sources en droit du travail). – Boulouis, *Ét. offertes à Savatier, 1992, p. 105* (convention collective et droit communautaire). – Cesaro, *Dr. soc. 2010. 780* (négociation collective dans les groupes). – Chevillard, *Dr. soc. 1993. 363* (notion de disposition plus favorable). – Dockès, *Dr. soc. 1994. 227* (engagement unilatéral de l'employeur). – Dupeyroux, *Dr. soc. 1996. 163* (accords collectifs de prévoyance). – Frossard, *RDT 2009. 83* (supplétivité des règles en droit du travail). – Gauriau, *Dr. soc. 2008. 1061* (accords collectifs relatifs à la diversité). – Jobert, *Dr. soc. 2013. 332* (négociation d'entreprise dans la crise). – Langlois, *Dr. soc. 1988. 395* (droit civil et contrat collectif) ; *ibid. 1991. 933* (droit public et droit social en matière de négociation collective) ; *ibid. 2009. 1037* (la négociation collective au-delà du travail) ; *Ét. offertes à H. Sinay, 1994, p. 23* (pluralité de conventions collectives). – Lhernould, *Dr. soc. 2008. 34* (la négociation collective communautaire). – Lhuillier, *Dr. soc. 1995. 162* (interprétation). – Lombard, *AJDA 1991. 605* (accords collectifs et personnel soumis à un statut législatif ou réglementaire). – A. Lyon-Caen, *Ét. offertes à Savatier, 1992, p. 331* (droit social et droit de la concurrence). – G. Lyon-Caen, *Dr. soc. 1979. 350* (critique de la négociation collective) ; *ibid. 2003. 355* (réforme de la négociation collective) ; *Dr. ouvrier 1992. 313* (infiltration du droit du travail par le droit de la concurrence) ; *ibid. 1996. 479* (Constitution française et négociation collective) ; *Dr. soc. 1998. 316* (l'emploi, objet de la négociation collective). – Martinon, *Dr. soc. 2010. 789* (relations collectives de travail dans les groupes de sociétés à caractère transnational). – Masanovic, *Dr. soc. 1991. 181* (exécution forcée des obligations). – Mathieu, *D. 1997. Chron. 152* (droit constitutionnel de la négociation collective). – Mazeaud, *Mélanges offerts à Jestaz, Dalloz 2006* (sources du droit du travail à l'épreuve du dialogue social). – Mine, *RDT 2006. 318* (conclusions rendues en 2006 par le comité européen des droits sociaux concernant la France). – Moreau, *Dr. soc. 1995. 171* (interprétation). – Morin, *RJS 1993. 74* (signature des accords collectifs) ; *Dr. soc. 1997. 25* (Conseil constitutionnel et droit à la négociation collective) ; *ibid. 1998. 419* (loi et négociation collective) ; *ibid. 1999. 681* (négociation collective territoriale) ; *ibid. 2003. 743* (accords collectifs de groupe). – Morin et Teyssié, *Dr. soc. 1988. 741* (accord-cadre). – Perrot, *Dr. ouvrier 1994. 422* (transformations de la négociation collective). – Poirier, *Dr. soc. 1995. 885* (clause dérogatoire *in pejus*) ; *Dr. ouvrier 2013. 78 ; ibid. 250* (la négociation collective, reflet des finalités du droit du travail). – Prétot, *RJS 1994. 819* (principes généraux du droit et accords dérogatoires). – de Quénaudon, *Ét. offertes à H. Sinay, 1994, p. 263* (volonté patronale et actes atypiques). – Ray, *Journées Soc. lég. comparée, 1990, p. 445* (déréglementation et négociation collective) ; *Dr. soc. 2004. 590* (accords majoritaires) ; *ibid. 2006. 981* (rapport Chertier) ; *ibid. 2008. 3* (la négociation collective de demain). – Renucci, *Dr. soc. 2008. 52* (dialogue sociale et négociation collective à l'échelle communautaire). – Rotschild-Souriac, *Dr. soc. 1982. 729* (le droit à la négociation) ; *ibid. 1991. 491* (accord de groupe) ; *ibid. 2004. 579* (articulation des niveaux de négociations). – Saramito, *Dr. ouvrier 2003. 1* (droit des organisations syndicales de salariés non signataires). – Savatier, *Dr. ouvrier 1995. 235* (distinction rapports collectifs et rapports individuels). – Souriac-Rotschild, *Dr. soc. 1996. 395* (contrôle de la légalité interne). – Souriac, *RDT 2009. 14* (réformes de la négociation collective). – Supiot, *Dr. soc. 1983. 63* (syndicats et négociation collective) ; *ibid. 1989. 195* (déréglementation des relations de travail et autoréglementation de l'entreprise). – Struillou, *Sem. soc. Lamy 2012, n° 1555, p. 6* (la place de la négociation collective dans la hiérarchie des normes de droit). – Verdier et Langlois,

D. 1972. Chron. 253 (théorie des sources du droit : loi et accord collectif). – WAQUET, *Dr. soc. 1994. 399* (contrat de travail et statut collectif). – V. aussi *Dr. soc. 1997. 1004* s. (n° spécial sur la négociation collective).

CHAPITRE PREMIER **OBJET DES CONVENTIONS ET ACCORDS**

Art. L. 2221-1 Le présent livre est relatif à la détermination des relations collectives entre employeurs et salariés. Il définit les règles suivant lesquelles s'exerce le droit des salariés à la négociation collective de l'ensemble de leurs conditions d'emploi, de formation professionnelle et de travail ainsi que de leurs garanties sociales. – *[Anc. art. L. 131-1.]*

COMMENTAIRE

V. Dalloz.fr et applications mobiles Dalloz.

1. Convention EDH. Le droit de mener des négociations collectives avec l'employeur est, en principe, devenu l'un des éléments essentiels du « droit de fonder avec d'autres des syndicats et de s'affilier à des syndicats pour la défense de ses intérêts » énoncé à l'art. 11 Conv. EDH, étant entendu que les États demeurent libres d'organiser leur système de manière à reconnaître, le cas échéant, un statut spécial aux syndicats représentatifs comme les autres travailleurs, les fonctionnaires, mis à part des cas très particuliers, doivent en bénéficier, sans préjudice toutefois des effets des « restrictions légitimes » pouvant être imposées aux « membres de l'administration de l'État » au sens de l'art. 11 § 2. • CEDH 12 nov. 2008, *Demir et Baykara : D. 2009. 739, note Marguénaud et Mouly ; RDT 2009. 288, étude Hervieu.*

2. Constitution. Il est loisible au législateur, après avoir défini les droits et obligations touchant aux conditions de travail ou aux relations de travail, de laisser aux employeurs et aux salariés ou à leurs organisations représentatives le soin de préciser, après une concertation appropriée, les modalités concrètes de mise en œuvre des normes qu'il édicte. • Cons. const. 25 juill. 1989 : *Dr. soc. 1989. 627 ; ibid. 701, note Prétot.* – V. aussi • Cons. const. 6 nov. 1996 : *GADT, 4e éd., n° 157 ; D. 1998. 152, note Mathieu, obs. Trémeau ; RTD civ. 1997. 785, obs. Libchaber ; Dr. soc. 1997. 25, note Morin ; RJS 1996. 833, n° 1296* • Cons. const. 29 avr. 2004 : *D. 2004. 3029, obs. Prétot et Chelle ; ibid. 2005. 1125, obs. Ogier-Bernaud et Severino ; RFDA 2005. 409, note Dardalhon ; RTD civ. 2005. 93, obs. Deumier* • Cons. const. 29 juill. 2005 : *décision n° 2005-523 DC* • Cons. const. 7 août 2008 : *décision n° 2008-568 DC.*

3. Principe fondamental du droit du travail. Le droit de passer des accords collectifs se rattache aux principes fondamentaux du droit du travail. • CE 21 juill. 1970 : *Dr. soc. 1971. 112, note Vénézia.*

4. Champ d'application. Toute convention collective a pour objet de régler les conditions générales de travail et les rapports entre les employeurs et les salariés ; aussi n'est pas applicable une convention collective nationale à un travailleur indépendant qui n'emploie pas de salarié. • Soc. 21 mars 2007 : *D. 2007. AJ 1081 ; RJS 2007. 473, n° 641 ; JCP S 2008. 1241.*

Art. L. 2221-2 La convention collective a vocation à traiter de l'ensemble des matières mentionnées à l'article L. 2221-1, pour toutes les catégories professionnelles intéressées.

L'accord collectif traite un ou plusieurs sujets déterminés dans cet ensemble. – *[Anc. art. L. 132-1.]*

BIBL. ▶ BONNIN, *Dr. ouvrier 1998. 340* (objet de l'accord et choix de l'organe de représentation). – BRIENS, *JCP E 1987. II. 16724* (accords en matière de retraite et de prévoyance). – CHAUCHARD, *Dr. soc. 1982. 678* (accords de fin de conflit). – DUPEYROUX, *ibid. 1990. 741* (régime de retraite et de prévoyance) ; *ibid. 1994. 820* (protection sociale complémentaire). – GUILLOUX, *ibid. 1986. 151 ; ibid. 1990. 818* (formation professionnelle). – JAVILLIER, *ibid. 1989. 445* (mobilité du personnel). – LANQUETIN et MASSE-DESSEN, *ibid. 1989. 551* (droits des femmes). – LUTTRINGER, *Ét. offertes à H. Sinay, 1994, p. 43* (formation professionnelle). – NADAUD, *Dr. soc. 1989. 168* (secteur hospitalier privé). – PÉLISSIER, *ibid. 1984. 678* (salaires). – DE QUÉNAUDON, *ibid. 1981. 401* (protocoles de fin de conflit). – RAY, *ibid. 1988. 99* (temps de travail). – SOUBIE, *ibid. 1985. 614* (accords « donnant-donnant »). – SOURIAC et MORAND, *RDT 2012. Controverse 194* (accords de compétitivité : quels engagements sur l'emploi ?). – TONIN, *JCP E 1987. II. 16138* (nouvelles technologies). – V. aussi *Dr. soc. 1997. 1004 s.* (n° spécial sur la négociation collective).

COMMENTAIRE

V. Dalloz.fr et applications mobiles Dalloz

1. Notion d'accord collectif. La clause selon laquelle les parties signataires d'une convention collective se déclarent favorables à la création d'un système permettant la représentation d'une catégorie du personnel dans un collège qui lui serait propre constitue une déclaration d'intention et non un accord clairement établi. • Soc. 9 déc. 1985 : *Bull. civ. V, n° 582 ; D. 1986. Somm. 384, obs. Frossard.* ♦ La clause selon laquelle « en tout état de cause, l'objectif des 35 heures sera atteint pour tous en 1985 », qui ne détermine pas à quelles conditions précises la durée du travail sera réduite et quels seront les effets de cette réduction sur le montant des rémunérations, ne constitue qu'un accord de principe ne liant pas les parties. • Soc. 19 déc. 1989, n° 88-13.388 P : *GADT, 4e éd., n° 162 ; D. 1991. 62, note Schmidt-Szalewski ; Dr. soc. 1990. 149, rapp. Waquet*. ♦ Une simple lettre, par laquelle un syndicat désigne un délégué du personnel titulaire pour la durée de son mandat comme délégué syndical et qui fixe à son profit avec l'approbation de son employeur un crédit d'heures de délégation pour ses fonctions syndicales, ne constitue pas un accord collectif d'entreprise. • Soc. 28 sept. 2005, n° 04-11.286 P.

2. Catégories de salariés visées. Les parties signataires d'une convention collective peuvent exclure de son champ d'application une catégorie de salariés. • Soc. 13 juin 1984 : *JCP 1984. IV. 269.* ♦ Dans le même sens : • Soc. 4 oct. 1989 : *RJS 1989. 534, n° 902* (en excluant les femmes de ménage à temps partiel de son champ d'application, la convention collective nationale de la banque ne contrevient pas à l'égalité des droits des salariés à plein temps et à temps partiel, l'art. L. 212-4-2 [L. 3123-2 nouv.] permettant aux accords collectifs de prévoir des modalités spécifiques aux salariés à temps partiel). • Cass., ass. plén., 26 avr. 1991, n° 87-43.726 P : *D. 1991. IR 149* (exclusion des auxiliaires). ♦ Mais une convention collective peut, sans introduire une discrimination prohibée fondée sur la nationalité, prévoir une suspension du contrat de travail pour les salariés, quelle que soit leur nationalité, qui accomplissent leurs obligations du service national prévues par le code français du service national. • Soc. 1er mars 1995, n° 91-41.390 P : *D. 1995. IR 86 ; RJS 1995. 300, n° 451.* ♦ Le juge doit rechercher quelles sont les véritables fonctions exercées par le salarié. • Soc. 9 nov. 1978 : *Bull. civ. V, n° 755* • 13 juin 1984 : *ibid., n° 247.*

3. Cas particulier des VRP. La convention collective nationale interprofessionnelle des VRP du 30 oct. 1975 est, selon ses propres dispositions, seule applicable, sauf stipulation expresse, au personnel ayant la qualité de représentant ; c'est donc à tort qu'un jugement a fait bénéficier un représentant des dispositions plus favorables d'une autre convention collective. • Soc. 21 févr. 1979 : *D. 1979. IR 425, obs. Pélissier* • 27 nov. 1985 : *Bull. civ. V, n° 565.* ♦ La convention collective de la branche d'activité dont relève l'entreprise n'est susceptible de s'appliquer aux VRP que si elle comporte des dispositions particulières. • Soc. 10 mars 2004, n° 02-40.668 P : *D. 2004. IR 850 ; RJS 2004. 370, n° 540.*

4. La clause par laquelle les parties signataires d'un accord collectif s'engagent à renoncer à toute réclamation concernant la période antérieure à la date de signature de l'accord ne peut engager que les seules parties à l'accord et ne saurait interdire aux salariés de faire valoir en justice les droits qu'ils ont acquis par application de la loi. • Soc. 12 sept. 2007 : *D. 2007. AJ 2393* .

Art. L. 2221-3 Les dispositions concernant la détermination des garanties collectives dont bénéficient les salariés en complément de celles résultant de l'organisation de la sécurité sociale sont fixées par le titre Ier du livre IX du code de la sécurité sociale.

CHAPITRE II CONTENU ET DURÉE DES CONVENTIONS ET ACCORDS

SECTION PREMIÈRE DÉTERMINATION DU CHAMP D'APPLICATION DES CONVENTIONS ET ACCORDS

Art. L. 2222-1 Les conventions et accords collectifs de travail, ci-après désignés "conventions" et "accords" dans le présent livre, déterminent leur champ d'application territorial et professionnel. Le champ d'application professionnel est défini en termes d'activités économiques.

Pour ce qui concerne les professions agricoles mentionnées aux 1° à 3°, 6° et 7° de l'article L. 722-20 du code rural et de la pêche maritime, le champ d'application des conventions et accords peut, en outre, tenir compte du statut juridique des entreprises concernées ou du régime de protection sociale d'affiliation de leurs salariés.

(L. n° 2016-1088 du 8 août 2016, art. 26) « Les conventions et accords collectifs de travail dont le champ d'application est national s'appliquent, sauf stipulations contrai-

res, en Guadeloupe, en Guyane, en Martinique, à Mayotte, à La Réunion, à Saint-Barthélemy, à Saint-Martin et à Saint-Pierre-et-Miquelon, dans un délai de six mois à compter de leur date d'entrée en vigueur. Ce délai est imparti aux organisations syndicales de salariés et d'employeurs habilitées à négocier dans ces collectivités pour conclure des accords dans le même champ si elles le souhaitent. »

Le dern. al. est applicable à compter du 1er avr. 2017, pour les conventions et accords conclus après cette date en Guadeloupe, en Guyane, en Martinique, à La Réunion, à Saint-Barthélemy, à Saint-Martin et à Saint-Pierre-et-Miquelon et, à compter du 1er janv. 2018, à Mayotte.

L'application en Guadeloupe, en Guyane, en Martinique, à Mayotte, à La Réunion, à Saint-Barthélemy, à Saint-Martin et à Saint-Pierre-et-Miquelon des conventions et accords conclus avant le 1er avr. 2017 est réexaminée à l'occasion de la négociation de leurs avenants, qui peuvent décider de leur application pour tout ou partie à ces collectivités.

Dans un délai de douze mois à compter du 9 août 2016, les organisations syndicales de salariés et les organisations professionnelles d'employeurs habilitées à négocier en Guadeloupe, en Guyane, en Martinique, à Mayotte, à La Réunion, à Saint-Barthélemy, à Saint-Martin ou à Saint-Pierre-et-Miquelon engagent, dans chacune de ces collectivités, des négociations permettant d'améliorer la couverture conventionnelle en outre-mer, le cas échéant en reprenant ou en adaptant des stipulations des conventions collectives nationales existantes, dans les conditions prévues à l'art. L. 2622-2 C. trav. (L. no 2016-1088 du 8 août 2016, art. 26, II à IV).

Ancien art. L. 2222-1 ***Les conventions et accords collectifs de travail, ci-après désignés "conventions" et "accords" dans le présent livre, déterminent leur champ d'application territorial et professionnel. Le champ d'application professionnel est défini en termes d'activités économiques.***

Pour ce qui concerne les professions agricoles mentionnées aux 1o à 3o, 6o et 7o de l'article L. 722-20 du code rural et de la pêche maritime, le champ d'application des conventions et accords peut, en outre, tenir compte du statut juridique des entreprises concernées ou du régime de protection sociale d'affiliation de leurs salariés.

Les conventions et accords dont le champ d'application est national précisent si celui-ci comprend les départements d'outre-mer (Ord. no 2008-205 du 27 févr. 2008) ***« , Saint-Barthélemy, Saint-Martin ou » Saint-Pierre-et-Miquelon.*** – [Anc. art. L. 132-5, al. 1er à 3.]

COMMENTAIRE

V. Dalloz.fr et applications mobiles Dalloz.

Doit être réputée non écrite la clause de la convention collective nationale du personnel des services interentreprises excluant de son champ d'application certains services interentreprises de médecine du travail appliquant antérieurement à son entrée en vigueur une autre convention collective sans rapport avec cette activité. • Soc. 19 mai 2010 : *RJS 2010. 621, no 694 ; JCP S 2010. 1301, obs. Vachet ; Sem. soc. Lamy 2010, no 1450, p. 10.*

Art. L. 2222-2 **Lorsque le champ d'application d'un avenant ou d'une annexe diffère de celui de la convention ou de l'accord qu'il modifie ou complète, il doit être précisé conformément aux dispositions de l'article L. 2222-1.** – *[Anc. art. L. 132-5, al. 4.]*

SECTION II **DÉTERMINATION DES THÈMES, DE LA PÉRIODICITÉ ET DE LA MÉTHODE DE NÉGOCIATION** *(L. no 2016-1088 du 8 août 2016, art. 16).*

Art. L. 2222-3 *(L. no 2016-1088 du 8 août 2016, art. 16)* **« Les conventions et accords collectifs de travail prévoient » les modalités de prise en compte, dans la branche ou l'entreprise, des demandes relatives aux thèmes de négociation émanant d'une ou des organisations syndicales de salariés représentatives.**

(L. no 2016-1088 du 8 août 2016, art. 16) **« Cette convention ou cet accord définit le calendrier des négociations, y compris en adaptant les périodicités des négociations obligatoires prévues aux chapitres Ier et II du titre IV du présent livre pour tout ou partie des thèmes, dans la limite de trois ans pour les négociations annuelles, de cinq ans pour les négociations triennales et de sept ans pour les négociations quinquennales. Cette possibilité de modifier la périodicité de la négociation annuelle sur l'égalité professionnelle entre les femmes et les hommes et la qualité de vie au travail mentionnée à l'article L. 2242-8 n'est ouverte qu'aux entreprises déjà couvertes par un accord ou un plan d'action sur l'égalité professionnelle.**

« Une organisation signataire peut, pendant la durée de l'accord, formuler la demande que la négociation sur les salaires soit engagée. Le thème est alors sans délai mis à l'ordre du jour.

« En l'absence de conclusion d'un accord sur l'égalité professionnelle mentionné à l'article L. 2242-8, l'employeur est tenu d'établir chaque année le plan d'action mentionné au 2° du même article L. 2242-8.

« Les accords d'entreprise prévus au présent article sont conclus selon les règles définies au premier alinéa de l'article L. 2242-20. »

Les dispositions issues de la L. nº 2016-1088 du 8 août 2016 s'appliquent aux accords conclus après le 9 août 2016 (L. préc., art. 16-IV).

Ancien art. L. 2222-3 *La convention de branche ou l'accord professionnel prévoit les modalités de prise en compte, dans la branche ou l'entreprise, des demandes relatives aux thèmes de négociation émanant d'une ou des organisations syndicales de salariés représentatives, sans préjudice des thèmes de négociation obligatoires prévus aux articles L. 2241-1 à L. 2241-8 et L. 2242-5 à L. 2242-19.*– [Anc. art. L. 132-5-2.]

Art. L. 2222-3-1 *(L. nº 2016-1088 du 8 août 2016, art. 16)* Une convention ou un accord collectif peut définir la méthode permettant à la négociation de s'accomplir dans des conditions de loyauté et de confiance mutuelle entre les parties.

Cette convention ou cet accord précise la nature des informations partagées entre les négociateurs, notamment, au niveau de l'entreprise, en s'appuyant sur la base de données définie à l'article L. 2323-8. Cette convention ou cet accord définit les principales étapes du déroulement des négociations et peut prévoir des moyens supplémentaires ou spécifiques, notamment s'agissant du volume de crédits d'heures des représentants syndicaux ou des modalités de recours à l'expertise, afin d'assurer le bon déroulement de l'une ou de plusieurs des négociations prévues.

Sauf si la convention ou l'accord en stipule autrement, la méconnaissance de ses stipulations n'est pas de nature à entraîner la nullité des accords conclus dès lors qu'est respecté le principe de loyauté entre les parties.

Ces dispositions s'appliquent aux accords conclus après le 9 août 2016 (L. nº 2016-1088 du 8 août 2016, art. 16-IV).

Art. L. 2222-3-2 *(L. nº 2016-1088 du 8 août 2016, art. 16)* Un accord conclu au niveau de la branche définit la méthode applicable à la négociation au niveau de l'entreprise. Cet accord s'impose aux entreprises n'ayant pas conclu de convention ou d'accord en application de l'article L. 2222-3-1. Si un accord mentionné au même article L. 2222-3-1 est conclu, ses stipulations se substituent aux stipulations de cet accord de branche.

Sauf si l'accord prévu au premier alinéa du présent article en stipule autrement, la méconnaissance de ses stipulations n'est pas de nature à entraîner la nullité des accords conclus dans l'entreprise dès lors qu'est respecté le principe de loyauté entre les parties.

Ces dispositions s'appliquent aux accords conclus après le 9 août 2016 (L. nº 2016-1088 du 8 août 2016, art. 16-IV).

SECTION II *BIS* PRÉAMBULE DES CONVENTIONS ET ACCORDS

(L. nº 2016-1088 du 8 août 2016, art. 16)

Art. L. 2222-3-3 La convention ou l'accord contient un préambule présentant de manière succincte ses objectifs et son contenu.

L'absence de préambule n'est pas de nature à entraîner la nullité de la convention ou de l'accord.

Ces dispositions s'appliquent aux accords conclus après le 9 août 2016 (L. nº 2016-1088 du 8 août 2016, art. 16-IV).

SECTION III DÉTERMINATION DE LA DURÉE DES CONVENTIONS ET ACCORDS

Art. L. 2222-4 La convention ou l'accord est conclu pour une durée déterminée ou indéterminée.

(L. n° 2016-1088 du 8 août 2016, art. 16) **« A défaut de stipulation de la convention ou de l'accord sur sa durée, celle-ci est fixée à cinq ans.**

« Lorsque la convention ou l'accord arrive à expiration, la convention ou l'accord cesse de produire ses effets. »

Les dispositions issues de la L. n° 2016-1088 du 8 août 2016 s'appliquent aux accords conclus après le 9 août 2016 (L. préc., art. 16-IV).

Ancien art. L. 2222-4 ***La convention ou l'accord est conclu pour une durée déterminée ou indéterminée.***

Sauf stipulations contraires, la convention ou l'accord à durée déterminée arrivant à expiration continue à produire ses effets comme une convention ou un accord à durée indéterminée.

Quand la convention ou l'accord est conclu pour une durée déterminée, celle-ci ne peut être supérieure à cinq ans. – [Anc. art. L. 132-6.]

COMMENTAIRE

V. Dalloz.fr et applications mobiles Dalloz.

1. Stipulation contraire. N'est pas une « stipulation contraire », au sens de l'art. L. 132-6 [L. 2222-4 nouv.], la clause d'un accord collectif à durée déterminée prévoyant sa renégociation à l'arrivée du terme. • Soc. 26 juin 1991 : *RJS 1991. 513, n° 983.*

2. Avenants. Les dispositions de l'art. L. 132-6 [L. 2222-4 nouv.] qui confèrent à la convention collective une durée déterminée ou indéterminée n'imposent pas que l'avenant pris pour l'application d'une convention mentionne explicitement qu'il a été pris pour une durée déterminée. • CE 30 déc. 1998 : *RJS 1999. 237, n° 398.*

3. Caducité. Un accord à durée déterminée conclu en application de la loi de Robien et prévoyant des embauches est devenu caduc après le plan de cession décidé par le tribunal de commerce et prévoyant des licenciements. Il n'est donc pas opposable au repreneur. • Soc. 17 juin 2003, n° 01-15.710 P : *D. 2003. IR 1946 ; RJS 2003. 696, n° 1024.*

4. Poursuite de l'exécution. La convention collective à durée déterminée qui arrive à expiration ne continue à produire ses effets comme convention collective à durée indéterminée qu'à défaut de stipulations contraires. • Soc. 16 juill. 1987 : *Bull. civ. V, n° 500.* ♦ V. aussi • Soc. 26 mai 1983 : *Bull. civ. V, n° 282* • 25 janv. 1994 : *CSB 1994. 69, A. 14 ; RJS 1994. 197, n° 279* (maintien d'une clause relative à l'ancienneté). ♦ L'accord collectif à durée déterminée relatif à la réduction du temps de travail prévoyant seulement que la non-application des réductions de charges patronales entraînera systématiquement sa renégociation, et non qu'à défaut de renégociation il cesserait de produire ses effets, ne devient pas caduc mais a été tacitement reconduit. • Soc. 28 sept. 2010 : *Dalloz actualité, 15 oct. 2010, obs. Perrin ; RJS 2010. 859, n° 963 ; JCP S 2010. 1475, obs. Drai.*

SECTION IV **DÉTERMINATION DES MODALITÉS DE SUIVI, RENOUVELLEMENT, RÉVISION ET DÉNONCIATION** *(L. n° 2016-1088 du 8 août 2016, art. 16).*

Art. L. 2222-5 La convention ou l'accord prévoit les formes selon lesquelles et le délai au terme duquel il pourra être renouvelé ou révisé. – *[Anc. art. L. 132-7, al. 1er.]*

BIBL. ▸ COLIN, *RJS 2001. 5* (parties à la révision). – DESPAX, *Dr. soc. 1989. 631.* – LANQUETIN, *Ét. offertes à H. Sinay, 1994, p. 35.* – MARQUET DE VASSELOT, *JCP S 2011. 1361* (révision de l'accord collectif : le sort de l'accord dépourvu de clause de révision). – MORIN, *RJS 1993. 74* (signature des accords collectifs). – PALLI, *RDT 2010. 155* (la révision des conventions collectives à l'épreuve de la réforme de la représentativité syndicale). – PASCRÉ, *Dr. ouvrier 1993. 123* (loi du 31 déc. 1992). – ROCHE, *Dr. soc. 1992. 680* (arrêt Basirico). – P. RODIÈRE, *Sem. soc. Lamy 1993, n° 655* (loi du 31 déc. 1992). – SAVATIER, *RJS 1989. 491.* – TAIB et SAVOLDELLI, *JCP E 1997. I. 667* (révision d'un accord d'entreprise ou d'établissement). – VACHET, *Dr. soc. 1993. 134* (loi du 31 déc. 1992).

▸ **Révision des accords collectifs après la loi du 4 mai 2004 :** MORAND, *TPS 2005.* – MORIN, *RJS 2005. 87.* – VACHET, *JS Lamy 2006. 4.*

COMMENTAIRE

V. Dalloz.fr et applications mobiles Dalloz.

Absence de clause de révision. Lorsque l'accord initial ne prévoit pas les modalités de sa révision, il résulte de l'art. L. 2261-7 que, d'une part, le consentement unanime des signataires est nécessaire pour engager la procédure de révision et que, d'autre part, les organisations syndicales signataires sont seules habilitées pour signer l'avenant de révision selon les règles applicables à chaque niveau de négociation. • Soc. 13 nov. 2008 : *D. 2008. AJ 3090 ; ibid 2009. Pan. 590, obs. Leclerc ; RJS 2009. 166, n° 199 ; JCP S 2009. 1116, obs. Kerbouc'h.* ♦ Les accords collectifs doivent prévoir à quelle époque et dans quelles formes ils pourront être renouvelés ou révisés mais les parties conservent la faculté de les modifier avec le consentement de l'ensemble des signataires pendant la durée de l'accord. L'absence de prévision dans l'accord initial d'une procédure de révision avant terme ne saurait, à elle seule, les priver de cette faculté. • Soc. 11 mai 2004, n° 02-14.844 P : *RJS 2004. 564, n° 833 ; JS Lamy 2004, n° 147-2.* ♦ En présence d'un délai de révision prévu par la convention, l'avenant de révision conclu sans que soit respecté ce préavis est nul. • Soc. 27 oct. 2004, n° 03-14.264 P : *RJS 2005. 58, n° 64 ; Dr. ouvrier 2005. 195, note Nadal.*

Art. L. 2222-5-1 *(L. n° 2016-1088 du 8 août 2016, art. 16)* **La convention ou l'accord définit ses conditions de suivi et comporte des clauses de rendez-vous.**

L'absence ou la méconnaissance des conditions ou des clauses mentionnées au premier alinéa n'est pas de nature à entraîner la nullité de la convention ou de l'accord.

Ces dispositions s'appliquent aux accords conclus après le 9 août 2016 (L. n° 2016-1088 du 8 août 2016, art. 16-IV).

Art. L. 2222-6 **La convention ou l'accord prévoit les conditions dans lesquelles il peut être dénoncé, et notamment la durée du préavis qui doit précéder la dénonciation.** — *[Anc. art. L. 132-8, al. 1, phrase 2.]*

TITRE TROISIÈME CONDITIONS DE NÉGOCIATION ET DE CONCLUSION DES CONVENTIONS ET ACCORDS COLLECTIFS DE TRAVAIL

CHAPITRE PREMIER CONDITIONS DE VALIDITÉ

SECTION PREMIÈRE CAPACITÉ À NÉGOCIER

Art. L. 2231-1 **La convention ou l'accord est conclu entre :**

(L. n° 2008-789 du 20 août 2008) **« — d'une part, une ou plusieurs organisations syndicales de salariés représentatives dans le champ d'application de la convention ou de l'accord ; »**

— d'autre part, une ou plusieurs organisations syndicales d'employeurs, ou toute autre association d'employeurs, ou un ou plusieurs employeurs pris individuellement.

Les associations d'employeurs constituées conformément aux dispositions de la loi du 1er juillet 1901 relative au contrat d'association, qui ont compétence pour négocier des conventions et accords, sont assimilées aux organisations syndicales pour les attributions conférées à celles-ci par le présent titre. — *[Anc. art. L. 132-2, al. 2 à 4.]*

V. L. n° 96-985 du 12 nov. 1996, art. 6, permettant la négociation d'accords collectifs dans des conditions dérogatoires aux art. L. 132-2, L. 132-19 et L. 132-20, App. I, C. Conventions et accords collectifs.

BIBL. ▶ COHEN, *RJS 1998. 435* (consultation du comité d'entreprise avant la conclusion d'un accord collectif). – KESSLER, *Dr. soc. 1988. 33* (capacité de conclure des conventions collectives). – MORIN, *ibid. 1988. 24* (titulaires du droit à la négociation). – PECYNA, *ibid. 1984. 345* (mécanismes juridiques de transformation des conventions collectives). – PESKINE, *Dr. soc. 2014. 438* (la célébration de l'accord collectif). – ROCHE, *ibid. 1992. 680* (arrêt Basirico). – SARAMITO, *Dr. ouvrier 2003. 1* (droit des organisations syndicales non signataires). – SUPIOT, *ibid. 1983. 63* (syndicats et négociation collective). – TEYSSIÉ, *D. 2004. 2060* (la négociation des conventions et accords collectifs après la loi du 4 mai 2004).

COMMENTAIRE

V. Dalloz.fr et applications mobiles Dalloz. ❑

1. Syndicats représentatifs (situation antérieure à la loi du 20 août 2008). Lorsque l'organisation syndicale de salariés est l'une des organisations nationales reconnues représentatives conformément à l'art. L. 133-2 [L. 2121-1 nouv.] ou est rattachée à l'une de ces organisations, elle a de plein droit qualité pour négocier une convention dès lors que le champ d'application professionnel ou géographique de la convention n'excède pas la compétence de cette organisation telle qu'elle résulte de ses statuts. • CE, avis, 23 nov. 1978 : *Dr. soc. 1979. 259, note Despax.* ♦ Une organisation syndicale catégorielle représentative au niveau national ne peut conclure un accord engageant l'ensemble du personnel d'une entreprise que si elle démontre qu'elle est représentative de l'ensemble du personnel de cette entreprise. • Soc. 24 juin 1998, n° 97-11.281 P : *RJS 1998. 653, n° 1030.*

2. Champ d'application professionnel. Le champ professionnel tel que déterminé par les statuts d'un syndicat et lui donnant vocation à représenter les salariés d'une UES doit s'apprécier par référence à l'activité principale. • Soc. 26 sept. 2012 : *Dalloz actualité, 25 oct. 2012, obs. Perrin ; RJS 2012. 814, n° 957 ; JS Lamy 2012, n° 332-4, obs. Tourreil ; JCP S 2012. 1534, obs. Gauriau.*

3. Conditions de validité et ordre public. Les conditions de validité d'un accord collectif étant d'ordre public, un tel accord ne peut subordonner sa validité à des conditions de majorité différentes de celles prévues par la loi et exiger, notamment, sa signature par toutes les organisations syndicales dans l'entreprise. • Soc. 4 févr. 2014 : *Dalloz actualité, 24 mars 2014, obs. Ines ; D. 2014. Actu. 428 ; RDT 2014. 350, obs. Tissandier ; Dr. soc. 2014. 483, obs. Petit ; RJS 2014. 275, n° 336.*

4. Signature. L'efficacité d'une convention collective n'est pas subordonnée à la signature de tous les syndicats représentatifs ni à un arrêté d'extension. • Soc. 19 févr. 1981 : *JCP 1981. IV. 155* • 5 déc. 1987 : *JS UIMM 1987. 348.* ♦ Un avenant non signé ne peut être intégré à la convention collective, mais peut avoir acquis valeur d'usage de la profession. • Soc. 20 févr. 1991, n° 87-41.022 P : *D. 1991. IR 82 ; RJS 1991. 260, n° 493.* ♦ L'avenant interprétatif a la même valeur juridique que l'accord en cause, dès lors qu'il est signé par l'ensemble des parties à l'accord initial ; il s'impose avec effet rétroactif à la date d'entrée en vigueur de l'accord qu'il interprète. • Soc. 1er déc. 1998, n° 98-40.104 P : *RJS 1999. 149, n° 244.*

5. Action en nullité. Les syndicats qui ont participé à une négociation sont recevables à agir en nullité contre un accord collectif, dès l'instant qu'ils invoquent une nullité absolue, même s'ils ne l'ont pas signé. • Soc. 9 juill. 1996, n° 95-13.010 P : *RJS 1996. 610, n° 953.*

6. Principe de concordance. Un accord collectif ne peut être conclu ou révisé sans que l'ensemble des organisations syndicales représentatives dans l'entreprise ou le cas échéant dans l'établissement aient été invitées à la négociation ; un accord d'entreprise négocié sans qu'ait été invité à la négociation un syndicat représentatif au niveau concerné au motif qu'il ne disposait pas de délégué syndical dans l'établissement au sein duquel cette négociation était engagée ne peut être validé. • Soc. 8 juill. 2009 : *RDT 2009. 664, obs. Tissandier ; RJS 2009. 716, n° 817.*

Art. L. 2231-2 Les représentants des organisations mentionnées à l'article L. 2231-1 sont habilités à contracter, au nom de l'organisation qu'ils représentent, en vertu :

1° Soit d'une stipulation statutaire de cette organisation ;

2° Soit d'une délibération spéciale de cette organisation ;

3° Soit de mandats spéciaux écrits qui leur sont donnés individuellement par tous les adhérents de cette organisation.

Les associations d'employeurs déterminent elles-mêmes leur mode de délibération. — *[Anc. art. L. 132-3.]*

Sur la nécessité de vérifier les conditions d'habilitation des représentants des organisations signataires, V. • Soc. 23 avr. 1969 : *JCP 1969. II. 16136, note Despax* • 21 avr. 1983 : *JCP 1983. IV. 198.*

SECTION II CONDITIONS DE FORME

Art. L. 2231-3 La convention ou l'accord est, à peine de nullité, un acte écrit. — *[Anc. art. L. 132-2, al. 1.]*

Écrit. Nécessité d'un écrit pour la validité d'un accord collectif : V. • Soc. 27 mars 1996, n° 93-46.631 P : *Dr. soc. 1996. 641, obs. Savatier ; RJS 1996. 366, n° 579.* ♦ L'accord collectif est un acte écrit à peine de nullité et doit dès lors, pour être valable, comporter la signature des parties qui l'ont signé. • Soc. 8 janv. 2002, n° 00-10.886 P : *D. 2002. 2431, note Olszak ; RJS 2002. 250, n° 310 ; JS Lamy 2002, n° 95-4.*

Art. L. 2231-4 Les conventions et accords ainsi que les conventions d'entreprise ou d'établissement sont rédigés en français.

Toute clause rédigée en langue étrangère est inopposable au salarié à qui elle ferait grief. — *[Anc. art. L. 132-2-1.]*

SECTION III **NOTIFICATION, PUBLICITÉ ET DÉPÔT** *(L. n° 2016-1088 du 8 août 2016, art. 16).*

Art. L. 2231-5 **La partie la plus diligente des organisations signataires d'une convention ou d'un accord en notifie le texte à l'ensemble des organisations représentatives à l'issue de la procédure de signature.** – *[Anc. art. L. 132-2-2, IV.]*

Art. L. 2231-5-1 *(L. n° 2016-1088 du 8 août 2016, art. 16, en vigueur le 1er sept. 2017)* **Les conventions et accords de branche, de groupe, interentreprises, d'entreprise et d'établissement sont rendus publics et versés dans une base de données nationale, dont le contenu est publié en ligne dans un standard ouvert aisément réutilisable.**

Après la conclusion de la convention ou de l'accord, les parties peuvent acter qu'une partie de la convention ou de l'accord ne doit pas faire l'objet de la publication prévue au premier alinéa. Cet acte, ainsi que la version intégrale de la convention ou de l'accord et la version de la convention ou de l'accord destinée à la publication, sont joints au dépôt prévu à l'article L. 2231-6. A défaut d'un tel acte, si une des organisations signataires le demande, la convention ou l'accord est publié dans une version rendue anonyme, dans des conditions prévues par décret en Conseil d'État.

Les conditions d'application du présent article sont définies par décret en Conseil d'État.

Ces dispositions s'appliquent aux accords conclus à compter du 1er sept. 2017 (L. n° 2016-1088 du 8 août 2016, art. 16-IV).

Art. L. 2231-6 **Les conventions et accords font l'objet d'un dépôt dans des conditions déterminées par voie réglementaire.** – *[Anc. art. L. 132-10, al. 1er début.]*

1. Défaut de dépôt. Conserve son caractère d'accord d'entreprise l'accord exécuté bien que le dépôt légal n'en ait pas été fait, dès lors que les parties n'avaient pas entendu subordonner à ce dépôt l'entrée en vigueur de l'accord. • Soc. 22 avr. 1985 : *Bull. civ. V, n° 249.*

2. Accord étendu. Un accord collectif soumis à extension est applicable dès la parution de son arrêté d'extension, totale ou partielle. • Soc. 31 oct. 2006 : *D. 2006. IR 2811.*

Art. L. 2231-7 (Abrogé par L. n° 2016-1088 du 8 août 2016, art. 21) ***Les conventions et accords, lorsqu'ils sont soumis à la procédure d'opposition, ne peuvent être déposés qu'à l'expiration du délai d'opposition.***

SECTION IV **OPPOSITION**

COMMENTAIRE

V. *Dalloz.fr et applications mobiles Dalloz.*

Art. L. 2231-8 **L'opposition à l'entrée en vigueur d'une convention ou d'un accord est exprimée par écrit et motivée. Elle précise les points de désaccord.**

Cette opposition est notifiée aux signataires. – *[Anc. art. L. 132-2-2, V, al. 1.]*

Pour être régulière, l'opposition à un accord collectif doit être notifiée aux signataires de cet accord, donc à chacune des organisations syndicales l'ayant signé ; tel est le cas lorsqu'elle est adressée, dans les délais, soit à l'un des délégués syndicaux ayant représenté le syndicat signataire à la négociation de l'accord, soit directement à l'organisation syndicale représentative l'ayant désigné. • Soc. 8 juill. 2014 : *D. 2014. Actu. 1552 ; RDT 2014. 766, obs. Odoul-Asorey ; RJS 2014. 611, n° 715.*

Art. L. 2231-9 **Les conventions et accords frappés d'opposition majoritaire ainsi que ceux qui n'ont pas obtenu l'approbation de la majorité des salariés, en application des dispositions du chapitre II, sont réputés non écrits.** – *[Anc. art. L. 132-2-2, V, al. 2, phrase 1.]*

CHAPITRE II **RÈGLES APPLICABLES À CHAQUE NIVEAU DE NÉGOCIATION**

SECTION PREMIÈRE **ACCORDS INTERPROFESSIONNELS**

BIBL. ▶ Frossard, *Dr. soc. 2000. 617* (encadrement des conventions collectives d'entreprise par les conventions collectives de champ d'application plus large) ; *RDT 2009. 83* (supplétivité des règles en droit du travail). - Morin, *Dr. soc. 1996. 11* (articulation des niveaux de négociation dans l'accord interprofessionnel sur la politique contractuelle du 31 oct. 1995). - Radé, *Dr. soc. 2010. 285*. - Souriac, *Dr. soc. 2004. 579* (articulation des niveaux de négociation) ; *RDT 2009. 14* (réformes de la négociation collective).

COMMENTAIRE

V. Dalloz.fr et applications mobiles Dalloz. ❑

Art. L. 2232-1 **Le champ d'application territorial des accords interprofessionnels peut être national, régional ou local.** – *[Anc. art. L. 132-11.]*

BIBL. ▶ Borenfreund, *Dr. soc. 2004. 607* (négociation dans les entreprises dépourvues de délégués syndicaux).

Art. L. 2232-2 *(L. n° 2008-789 du 20 août 2008)* **La validité d'un accord interprofessionnel est subordonnée à sa signature par une ou plusieurs organisations syndicales de salariés représentatives ayant recueilli, aux élections prises en compte pour la mesure de l'audience prévue au 3° de l'article L. 2122-9, au moins 30 % des suffrages exprimés en faveur d'organisations reconnues représentatives à ce niveau, quel que soit le nombre de votants, et à l'absence d'opposition d'une ou plusieurs organisations syndicales de salariés représentatives ayant recueilli la majorité des suffrages exprimés en faveur des mêmes organisations à ces mêmes élections, quel que soit le nombre de votants.**

(Abrogé par L. n° 2010-1215 du 15 oct. 2010, art. 5-I) ***« Sont également pris en compte les résultats de la mesure de l'audience prévue à l'article L. 2122-6, lorsqu'ils sont disponibles. »***

L'opposition est exprimée dans un délai de quinze jours à compter de la date de notification de cet accord, dans les conditions prévues à l'article L. 2231-8.

Jusqu'à la détermination des organisations représentatives dans les branches et au niveau interprofessionnel, en application de la L. n° 2008-789 du 20 août 2008, la validité d'un accord interprofessionnel ou d'une convention de branche ou accord professionnel est subordonnée au respect des conditions posées par les art. L. 2232-2, L. 2232-6 et L. 2232-7 dans leur rédaction antérieure à la L. n° 2008-789 du 20 août 2008, les suffrages aux élections mentionnées dans ces articles étant pris en compte quel que soit le nombre de votants (L. préc., art. 12-I).

COMMENTAIRE

V. Dalloz.fr et applications mobiles Dalloz. ❑

Art. L. 2232-2-1 *(L. n° 2008-789 du 20 août 2008)* **La représentativité reconnue à une organisation syndicale catégorielle affiliée à une confédération syndicale catégorielle au titre des salariés qu'elle a statutairement vocation à représenter lui confère le droit de négocier toute disposition applicable à cette catégorie de salariés.**

Lorsque l'accord interprofessionnel ne concerne qu'une catégorie professionnelle déterminée relevant d'un collège électoral, sa validité est subordonnée à sa signature par une ou plusieurs organisations syndicales de salariés représentatives ayant recueilli, aux élections prises en compte pour la mesure de l'audience prévue au 3° de l'article L. 2122-9, au moins 30 % des suffrages exprimés dans ce collège en faveur d'organisations reconnues représentatives à ce niveau, quel que soit le nombre de votants, et à l'absence d'opposition d'une ou plusieurs organisations syndicales de salariés représentatives ayant recueilli dans ce collège la majorité des suffrages exprimés en faveur des mêmes organisations à ces mêmes élections, quel que soit le nombre de votants.

COMMENTAIRE

V. Dalloz.fr et applications mobiles Dalloz. ❑

Art. L. 2232-3 Les accords interprofessionnels comportent, en faveur des salariés d'entreprises participant aux négociations, de même qu'aux réunions des instances paritaires qu'ils instituent, des stipulations relatives aux modalités d'exercice du droit de s'absenter, à la compensation des pertes de salaires ou au maintien de ceux-ci, ainsi qu'à l'indemnisation des frais de déplacement. – *[Anc. art. L. 132-17, al. 1.]*

Art. L. 2232-4 Les accords interprofessionnels instituent des commissions paritaires d'interprétation. – *[Anc. art. L. 132-17, al. 2.]*

BIBL. ▶ MOREAU, *Dr. soc. 1995. 359* (portée des avis rendus par une commission paritaire d'interprétation) ; *D. 1996. Chron. 69*.

COMMENTAIRE

V. Dalloz.fr et applications mobiles Dalloz.

1. Commission de conciliation. L'avis donné par une commission paritaire prévue par une convention collective dans un but de conciliation ne lie pas le juge. • Cass., ass. plén.,6 févr. 1976 : *GADT, 4e éd., n° 20 ; Dr. soc. 1976. 472, note Savatier ; JCP 1976. II. 18481, note Groutel.*

2. Commission des litiges. Les décisions rendues par une commission des litiges instituée par une convention collective ne constituent pas des sentences arbitrales et ne s'imposent pas aux parties en cause. • Soc. 15 oct. 1998, n° 96-42.427 P : *RJS 1998. 839, n° 1386.*

3. Commission de suivi. V. aussi : • Soc. 11 oct. 1994, n° 90-41.818 P : *D. 1995. Somm. 369, obs. Soubise ; Dr. soc. 1994. 984 ; RJS 1994. 772, n° 1285* (affirmant qu'en l'absence de dispositions de la convention collective prévoyant que l'avis de la commission nationale paritaire aura la valeur d'un avenant à la convention, le juge n'est pas tenu de suivre cet avis) • 11 juill. 2007 : *Dr. soc. 2007. 1172, obs. Savatier ; RJS 2007. 848, n° 1089.*

SECTION II CONVENTIONS DE BRANCHE ET ACCORDS PROFESSIONNELS

BIBL. ▶ MORVAN, *Dr. soc. 2009. 679* (articulation des normes sociales à travers les branches).

COMMENTAIRE

V. Dalloz.fr et applications mobiles Dalloz.

Art. L. 2232-5 Le champ d'application territorial des conventions de branches et des accords professionnels peut être national, régional ou local. – *[Anc. art. L. 132-11.]*

COMMENTAIRE

V. Dalloz.fr et applications mobiles Dalloz.

Métropole. Les clauses d'une convention collective qui ne règlent les rapports de travail que sur le territoire métropolitain ne sont pas applicables au contrat de travail exécuté à l'étranger. • Soc. 29 mai 1963 : *JCP 1964. II. 13523, note Simon-Depitre* • 22 nov. 1972 : *ibid. 1973. II. 17404, note G. Lyon-Caen.* ♦ Le transfert du siège social d'une entreprise dans un autre département remet en cause l'application d'une convention collective dont le champ d'application était limité au département qu'a quitté l'entreprise. • Soc. 21 mai 1997 : *Dr. soc. 1997. 762, obs. Couturier ; RJS 1997. 549, n° 848.*

Art. L. 2232-5-1 *(L. n° 2016-1088 du 8 août 2016, art. 24)* La branche a pour missions :

1° De définir, par la négociation, les garanties applicables aux salariés employés par les entreprises relevant de son champ d'application, notamment en matière de salaires minima, de classifications, de garanties collectives complémentaires mentionnées à l'article L. 912-1 du code de la sécurité sociale, de mutualisation des fonds de la formation professionnelle, de prévention de la pénibilité prévue au titre VI du livre Ier de la quatrième partie du présent code et d'égalité professionnelle entre les femmes et les hommes mentionnée à l'article L. 2241-3 ;

2° De définir, par la négociation, les thèmes sur lesquels les conventions et accords d'entreprise ne peuvent être moins favorables que les conventions et accords conclus au niveau de la branche, à l'exclusion des thèmes pour lesquels la loi prévoit la primauté de la convention ou de l'accord d'entreprise ;

3° De réguler la concurrence entre les entreprises relevant de son champ d'application.

Les organisations syndicales et professionnelles représentatives dans les branches professionnelles engagent, dans un délai de deux ans à compter du 9 août 2016, une négociation portant sur la définition de l'ordre public conventionnel applicable dans leur branche.

Cette négociation vise notamment à déterminer, pour chaque branche, les thèmes sur lesquels les accords d'entreprise ne peuvent être moins favorables que les accords conclus au niveau de la branche, dans les conditions prévues au 2° de l'art. L. 2232-5-1. L'absence d'engagement des négociations dans le délai fixé est au nombre des critères que le ministre chargé du travail prend en compte pour décider d'engager la procédure de fusion prévue à l'art. L. 2261-32.

Avant le 30 déc. 2018, chaque branche établit un rapport sur l'état des négociations et le transmet à la commission mentionnée à l'art. 1er de la L. n° 2016-1088 du 8 août 2016, à la Commission nationale de la négociation collective et au Haut Conseil du dialogue social (L. préc., art. 24-VI et VII).

Art. L. 2232-5-2 *(L. n° 2016-1088 du 8 août 2016, art. 24)* **Les branches ont un champ d'application national. Toutefois, certaines des stipulations de leurs conventions et accords peuvent être définies, adaptées ou complétées au niveau local.**

Les organisations d'employeurs constituées conformément à l'article L. 2131-2 affiliées ou adhérentes aux organisations d'employeurs reconnues représentatives dans la branche sont habilitées à négocier, dans le périmètre de la branche, des accords collectifs dont le champ d'application est régional, départemental ou local, et à demander l'extension de ces accords.

Art. L. 2232-6 *(L. n° 2008-789 du 20 août 2008)* **La validité d'une convention de branche ou d'un accord professionnel est subordonnée à sa signature par une ou plusieurs organisations syndicales de salariés représentatives ayant recueilli, aux élections prises en compte pour la mesure de l'audience prévue au 3° de l'article L. 2122-5 ou, le cas échéant** *[,] (L. n° 2010-1215 du 15 oct. 2010)* **« aux élections visées » à l'article L. 2122-6, au moins 30 % des suffrages exprimés en faveur d'organisations reconnues représentatives à ce niveau, quel que soit le nombre de votants, et à l'absence d'opposition d'une ou plusieurs organisations syndicales de salariés représentatives ayant recueilli la majorité des suffrages exprimés en faveur des mêmes organisations à ces mêmes élections** *(Abrogé par L. n° 2010-1215 du 15 oct. 2010) « ou, le cas échéant, dans le cadre de la même mesure d'audience »*, **quel que soit le nombre de votants.**

L'opposition est exprimée dans un délai de quinze jours à compter de la date de notification de cet accord ou de cette convention, dans les conditions prévues à l'article L. 2231-8.

V. note ss. art. L. 2232-2.

COMMENTAIRE

V. Dalloz.fr et applications mobiles Dalloz.

Art. L. 2232-7 *(L. n° 2008-789 du 20 août 2008)* **La représentativité reconnue à une organisation syndicale catégorielle affiliée à une confédération syndicale catégorielle au titre des salariés qu'elle a statutairement vocation à représenter lui confère le droit de négocier toute disposition applicable à cette catégorie de salariés.**

Lorsque la convention de branche ou l'accord professionnel ne concerne qu'une catégorie professionnelle déterminée relevant d'un collège électoral, sa validité est subordonnée à sa signature par une ou plusieurs organisations syndicales de salariés représentatives ayant recueilli, aux élections prises en compte pour la mesure de l'audience prévue au 3° de l'article L. 2122-5 ou, le cas échéant *[,] (L. n° 2010-1215 du 15 oct. 2010)* **« aux élections visées » à l'article L. 2122-6, au moins 30 % des suffrages exprimés dans ce collège en faveur d'organisations reconnues représentatives à ce niveau, quel que soit le nombre de votants, et à l'absence d'opposition d'une ou plusieurs organisations syndicales de salariés représentatives ayant recueilli dans ce collège la majorité des suffrages exprimés en faveur des mêmes organisations à ces mêmes élections** *(Abrogé par L. n° 2010-1215 du 15 oct. 2010) « ou, le cas échéant, dans le cadre de la même mesure d'audience »*, **quel que soit le nombre de votants.**

V. note ss. art. L. 2232-2.

COMMENTAIRE

V. Dalloz.fr et applications mobiles Dalloz

Art. L. 2232-8 Les conventions de branche et les accords professionnels comportent, en faveur des salariés d'entreprises participant aux négociations, de même qu'aux réunions des instances paritaires qu'ils instituent, des dispositions relatives aux modalités d'exercice du droit de s'absenter, à la compensation des pertes de salaires ou au maintien de ceux-ci, ainsi qu'à l'indemnisation des frais de déplacement. – *[Anc. art. L. 132-17, al. 1.]*

Art. L. 2232-9 *(L. nº 2016-1088 du 8 août 2016, art. 24)* I. – Une commission paritaire permanente de négociation et d'interprétation est mise en place par accord ou convention dans chaque branche. – *V. art. D. 2232-1-1.*

II. – La commission paritaire exerce les missions d'intérêt général suivantes :

1° Elle représente la branche, notamment dans l'appui aux entreprises et vis-à-vis des pouvoirs publics ;

2° Elle exerce un rôle de veille sur les conditions de travail et l'emploi ;

3° Elle établit un rapport annuel d'activité qu'elle verse dans la base de données nationale mentionnée à l'article L. 2231-5-1. Ce rapport comprend un bilan des accords collectifs d'entreprise conclus dans le cadre du titre II, des chapitres Ier et III du titre III et des titres IV et V du livre Ier de la troisième partie, en particulier de l'impact de ces accords sur les conditions de travail des salariés et sur la concurrence entre les entreprises de la branche, et formule, le cas échéant, des recommandations destinées à répondre aux difficultés identifiées.

Elle peut rendre un avis à la demande d'une juridiction sur l'interprétation d'une convention ou d'un accord collectif dans les conditions mentionnées à l'article L. 441-1 du code de l'organisation judiciaire.

Elle peut également exercer les missions de l'observatoire paritaire mentionné à l'article L. 2232-10 du présent code.

Un décret définit les conditions dans lesquelles les conventions et accords d'entreprise conclus dans le cadre du titre II, des chapitres Ier et III du titre III et des titres IV et V du livre Ier de la troisième partie du présent code sont transmis aux commissions mentionnées au I du présent article. – *V. art. D. 2232-1-2.*

III. – La commission paritaire est réunie au moins trois fois par an en vue des négociations mentionnées au chapitre Ier du titre IV du présent livre. Elle définit son calendrier de négociations dans les conditions prévues à l'article L. 2222-3.

COMMENTAIRE

V. Dalloz.fr et applications mobiles Dalloz

Art. L. 2232-10 Les conventions de branche ou les accords professionnels instituent des observatoires paritaires de la négociation collective.

Ils fixent les modalités suivant lesquelles, en l'absence de stipulation conventionnelle portant sur le même objet, ces observatoires sont destinataires des accords d'entreprise ou d'établissement conclus pour la mise en œuvre d'une disposition législative. – *[Anc. art. L. 132-17-1.]*

Art. L. 2232-10-1 *(L. nº 2016-1088 du 8 août 2016, art. 63)* Un accord de branche étendu peut comporter, le cas échéant sous forme d'accord type indiquant les différents choix laissés à l'employeur, des stipulations spécifiques pour les entreprises de moins de cinquante salariés.

Ces stipulations spécifiques peuvent porter sur l'ensemble des négociations prévues par le présent code.

L'employeur peut appliquer cet accord type au moyen d'un document unilatéral indiquant les choix qu'il a retenus après en avoir informé les délégués du personnel, s'il en existe dans l'entreprise, ainsi que les salariés, par tous moyens.

SECTION III CONVENTIONS ET ACCORDS D'ENTREPRISE OU D'ÉTABLISSEMENT

BIBL. GÉN. ▶ AMAUGER-LATTES et DESBARATS, *Dr. soc. 2003. 365* (pour une réactivation du mandatement). – ANTONMATTÉI, *Dr. soc. 2009. 883*. – AUBERT-MONPEYSSEN, *D. 1998. 480* (accord de maintien de l'emploi). – BARTHÉLÉMY, *Dr. soc. 1988. 401* (consensualisme ou formalisme) ; *ibid. 554* (dérogations et concessions) ; *JCP E 1985. II. 14995* (niveau de négociation des accords dérogatoires). – BÉLIER, *Dr. soc. 1983. 74* (double niveau de négociation) ; *ibid. 1986. 49* (déréglementation). – BLANC-JOUVAN, *ibid. 1982. 718* (droit comparé). – BORENFREUND, *ibid. 1990. 626* (accords dérogatoires). – CHALARON, *ibid. 1998. 355* (accord dérogatoire et temps de travail). – DESPAX, *Ét. offertes à G. Lyon-Caen, p. 267* (paradoxe de la négociation d'entreprise) ; *Dr. soc. 1988. 8*. – GAUDU, *ibid. 1982. 705* (entreprise en difficulté). – GUIBAL, *ibid. 1986. 602* (plaidoyer pour un contrat collectif d'entreprise). – JAVILLIER, *ibid. 1982. 691* (contenu des accords d'entreprise) ; *ibid. 1988. 68* (négociation en matière de rémunération). – G. LYON-CAEN, *ibid. 1982. 687* (unité de négociation et capacité de négociation). – MASANOVIC, *Dr. ouvrier 1991. 181* (exécution forcée des obligations). – MURCIER, *Dr. soc. 1985. 104* (niveaux de négociation). – OLLIER, *ibid. 1982. 680*. – PASCRÉ, *Dr. ouvrier 1985. 266* (« contrat collectif d'entreprise »). – PRADERIE, *Dr. soc. 1990. 477* (accord « Renault »). – RAY, *Dr. soc. 2009. 887* (l'accord d'entreprise majoritaire). – RODIÈRE, *ibid. 1982. 711* (articulation des négociations). – ROTSCHILD-SOURIAC, *ibid. 1988. 731* (incertitudes de la négociation d'entreprise). – SARAMITO, *Dr. ouvrier 1990. 253* (accords dérogatoires). – SAVATIER, *Dr. soc. 1998. 330* (accords collectifs conclus par des salariés mandatés). – SUPIOT, *Dr. soc. 1989. 195* (déréglementation des relations du travail et autoréglementation de l'entreprise). – TAIB et SAVOLDELLI, *JCP E 1997. I. 667* (révision d'un accord d'entreprise ou d'établissement). – TISSANDIER, *Dr. soc. 1997. 1045* (articulation des niveaux de négociation). – COUTURIER, *Dr. soc. 2000. 185* (négociation d'établissement et discriminations entre les salariés). ▶ V. aussi : *Dr. soc., n° spéc., 1982, p. 672 s. ; ibid. 1988, p. 2 s. ; ibid. 1990, p. 577 s. – Cah. dr. entr., n° 1, 1986.*

COMMENTAIRE

V. Dalloz.fr et applications mobiles Dalloz.

SOUS-SECTION 1 CHAMP D'APPLICATION

Art. L. 2232-11 **La présente section détermine les conditions dans lesquelles s'exerce le droit des salariés à la négociation dans l'entreprise et dans le groupe.** – *[Anc. art. L. 132-18.]*

SOUS-SECTION 2 ENTREPRISES POURVUES D'UN OU *[DE]* PLUSIEURS DÉLÉGUÉS SYNDICAUX

BIBL. ▶ CESARO, *Dr. soc. 2009. 658* (négociation dans les entreprises pourvues de délégués syndicaux). – LABROUSSE, *JCP S 2011. 1253* (négociations et accords collectifs : composition de la délégation syndicale).

§ 1er CONDITIONS DE VALIDITÉ

Art. L. 2232-12 *(L. n° 2008-789 du 20 août 2008)* **La validité d'un accord d'entreprise ou d'établissement est subordonnée à sa signature par** *(L. n° 2016-1088 du 8 août 2016, art. 21)* **« , d'une part, l'employeur ou son représentant et, d'autre part, » une ou plusieurs organisations syndicales de salariés représentatives ayant recueilli** *(L. n° 2016-1088 du 8 août 2016, art. 21)* **« plus de 50 % » des suffrages exprimés** *(L. n° 2016-1088 du 8 août 2016, art. 21)* **« en faveur d'organisations représentatives » au premier tour des dernières élections des titulaires au comité d'entreprise ou de la délégation unique du personnel ou, à défaut, des délégués du personnel, quel que soit le nombre de votants** *(Abrogé par L. n° 2016-1088 du 8 août 2016, art. 21)* ***« , et à l'absence d'opposition d'une ou de plusieurs organisations syndicales de salariés représentatives ayant recueilli la majorité des suffrages exprimés à ces mêmes élections, quel que soit le nombre de votants ».***

(L. n° 2016-1088 du 8 août 2016, art. 21) **« Si cette condition n'est pas remplie et si l'accord a été signé à la fois par l'employeur et par des organisations syndicales représentatives ayant recueilli plus de 30 % des suffrages exprimés en faveur d'organisations**

représentatives au premier tour des élections mentionnées au premier alinéa, quel que soit le nombre de votants, une ou plusieurs de ces organisations ayant recueilli plus de 30 % des suffrages disposent d'un délai d'un mois à compter de la signature de l'accord pour indiquer qu'elles souhaitent une consultation des salariés visant à valider l'accord.

« Si, à l'issue d'un délai de huit jours à compter de cette demande, les éventuelles signatures d'autres organisations syndicales représentatives n'ont pas permis d'atteindre le taux de 50 % mentionné au premier alinéa et si les conditions mentionnées au deuxième alinéa sont toujours remplies, cette consultation est organisée dans un délai de deux mois.

« La consultation des salariés, qui peut être organisée par voie électronique, se déroule dans le respect des principes généraux du droit électoral et selon les modalités prévues par un protocole spécifique conclu entre l'employeur et les organisations signataires.

« Participent à la consultation les salariés des établissements couverts par l'accord et électeurs au sens des articles L. 2314-15 et L. 2314-17 à L. 2314-18-1.

« L'accord est valide s'il est approuvé par les salariés à la majorité des suffrages exprimés.

« Faute d'approbation, l'accord est réputé non écrit.

« Un décret définit les conditions de la consultation des salariés organisée en application du présent article. » — *V. art. D. 2232-2 s.*

Les dispositions issues de la L. nº 2016-1088 du 8 août 2016 s'appliquent à compter du 1er janv. 2017 aux accords collectifs qui portent sur la durée du travail, les repos et les congés et, dès la publication de la L. du 8 août 2016 (soit le 9 août 2016), aux accords mentionnés à l'art. L. 2254-2.

Elles s'appliquent à compter du 1er sept. 2019 aux autres accords collectifs, à l'exception de ceux mentionnés à l'art. L. 5125-1 (L. préc., art. 21-IX).

BIBL. ▸ BOULMIER, *Dr. soc. 2016. 907* (comment l'art. L. 2232-12 favorise une collusion « minorité syndicale/employeur »). – PETIT, *Dr. soc. 2016. 903* (le référendum en entreprise comme voie de secours).

Ancien art. L. 2232-12 (L. nº 2008-789 du 20 août 2008) ***La validité d'un accord d'entreprise ou d'établissement est subordonnée à sa signature par une ou plusieurs organisations syndicales de salariés représentatives ayant recueilli au moins 30 % des suffrages exprimés au premier tour des dernières élections des titulaires au comité d'entreprise ou de la délégation unique du personnel ou, à défaut, des délégués du personnel, quel que soit le nombre de votants, et à l'absence d'opposition d'une ou de plusieurs organisations syndicales de salariés représentatives ayant recueilli la majorité des suffrages exprimés à ces mêmes élections, quel que soit le nombre de votants.***

L'opposition est exprimée dans un délai de huit jours à compter de la date de notification de cet accord, dans les conditions prévues à l'article L. 2231-8.

COMMENTAIRE

V. Dalloz.fr et applications mobiles Dalloz.

Jurisprudence rendue sous l'empire des textes antérieurs à la loi nº 2016-1088 du 8 août 2016

1. Application de la loi du 20 août 2008. En cas d'absence de quorum au premier tour des élections professionnelles en entreprise antérieurement au 21 août 2008, la validité des accords collectifs d'entreprise ou d'établissement n'est subordonnée à l'approbation des salariés que lorsque le scrutin n'a pas donné lieu à dépouillement. • Soc. 16 nov. 2011 : *Dalloz actualité, 12 déc. 2011, obs. Perrin ; D. 2011. Actu. 2939 ; Dr. soc. 2012. 109, obs. Petit ; RJS 2012. 147, nº 179 ; JCP S 2012. 1142, obs. Bossu.*

2. Notification de l'accord. Ni la validité d'un accord, ni son applicabilité aux salariés ne sont subordonnées à sa notification aux organisations syndicales, laquelle a seulement pour effet de faire courir le délai d'opposition de celles qui n'en sont pas signataires, si elles remplissent les conditions pour l'exercer ; seules les organisations syndicales disposant du droit d'opposition sont recevables à se prévaloir d'une absence de notification de l'accord. • Soc. 13 oct. 2010 : *Dalloz actualité, 10 nov. 2010, obs. Ines ; D. 2010. AJ 2586 ; Dr. soc. 2011. 219, obs. Pécaut-Rivolier ; JCP S 2010. 1516, obs. Brissy.*

3. Personnes exerçant le droit d'opposition. L'opposition doit être formée par des personnes mandatées par le ou les syndicats n'ayant pas signé l'accord et être notifiée aux organisations syndicales signataires. • Soc. 20 mars 1996, nº 93-40.939 P : *D. 1996. IR 98 ; RJS 1996. 366, nº 580.* ♦ Est irrégulière et privée d'effets l'opposition dont les destinataires n'étaient pas habilités à représenter les organisations syndicales au niveau de l'entreprise. • Soc. 9 févr. 1994, n° 91-14.580 P : *Dr. soc. 1994. 382, obs. Borenfreund* ; *CSB 1994. 105, A. 21* ; *RJS 1994. 199, n° 282.*

4. *Appréciation de la majorité.* Pour apprécier la condition de majorité des électeurs inscrits nécessaire à la recevabilité de l'exercice du droit d'opposition d'un syndicat non signataire, le quorum des dernières élections doit avoir été atteint au premier tour et le nombre de voix à prendre en compte est le total de celles recueillies pour les titulaires. • Soc. 18 nov. 1998, n° 97-14.139 P : *Dr. soc. 1999. 104, obs. Barthélémy* ; *D. 1999. IR 4* ; *RJS 1999. 58, n° 81.*

5. Le scrutin étant de liste, le nombre de voix recueillies à prendre en compte pour le calcul de la majorité des électeurs inscrits est la moyenne des voix obtenues par les candidats de la liste calculée en divisant le total des voix obtenues par chacun des candidats de cette liste par le nombre de candidats. • Soc. 13 mai 2003, n° 01-02.042 P : *RJS 2003. 614, n° 921.*

6. Le terme de « majorité », se suffisant à lui-même, implique au moins la moitié des voix plus une. • Soc. 10 juill. 2013 : *D. 2013. Actu. 1840* ; *RDT 2013. 641, obs. Odoul-Asorey* ; *RJS 10/2013, n° 703* ; *JS Lamy 2013, n° 351-6* ; *JCP S 2013. 1468, obs. Pagnerre.*

7. *Expression de l'opposition.* La validité de l'opposition ne peut être subordonnée à la condition, que la loi ne prévoit pas, d'une volonté des syndicats opposants de joindre leur opposition respective lors de la notification de l'opposition ou postérieurement au cours de la procédure judiciaire. • Soc. 13 oct. 2010 : *Dalloz actualité, 10 nov. 2010, obs. Ines* ; *D. 2010. AJ 2586*.

8. *Portée de l'opposition.* Dès lors qu'un texte frappé d'opposition est réputé non écrit et qu'une opposition régulière a été faite, le maintien en vigueur de l'accord constitue un trouble manifestement illicite, peu important l'existence d'une manifestation sérieuse sur la nature dérogatoire de l'accord. • Soc. 25 mai 2004, n° 02-18.783 P : *RJS 2004. 641, n° 943.*

Art. L. 2232-13 *(L. n° 2008-789 du 20 août 2008)* **La représentativité reconnue à une organisation syndicale catégorielle affiliée à une confédération syndicale catégorielle au titre des salariés qu'elle a statutairement vocation à représenter lui confère le droit de négocier toute disposition applicable à cette catégorie de salariés.**

Lorsque la convention ou l'accord ne concerne qu'une catégorie professionnelle déterminée relevant d'un collège électoral, sa validité est subordonnée à sa signature par *(L. n° 2016-1088 du 8 août 2016, art. 21)* **« , d'une part, l'employeur ou son représentant et, d'autre part, » une ou plusieurs organisations syndicales de salariés représentatives ayant recueilli** *(L. n° 2016-1088 du 8 août 2016, art. 21)* **« plus de 50 % » des suffrages exprimés** *(L. n° 2016-1088 du 8 août 2016, art. 21)* **« en faveur d'organisations représentatives » dans ce collège au premier tour des dernières élections des titulaires au comité d'entreprise ou de la délégation unique du personnel ou, à défaut, des délégués du personnel, quel que soit le nombre de votants** *(Abrogé par L. n° 2016-1088 du 8 août 2016, art. 21)* **« *, et à l'absence d'opposition d'une ou de plusieurs organisations syndicales de salariés représentatives ayant recueilli la majorité des suffrages exprimés dans ce collège à ces mêmes élections, quel que soit le nombre de votants* ».**

(L. n° 2016-1088 du 8 août 2016, art. 21) **« Les règles de validité de la convention ou de l'accord sont celles prévues à l'article L. 2232-12. Les taux de 30 % et de 50 % mentionnés au même article sont appréciés à l'échelle du collège électoral. La consultation des salariés, le cas échéant, est également organisée à cette échelle. »**

Les dispositions issues de la L. n° 2016-1088 du 8 août 2016 s'appliquent à compter du 1er janv. 2017 aux accords collectifs qui portent sur la durée du travail, les repos et les congés et, dès la publication de la L. du 8 août 2016 (soit le 9 août 2016), aux accords mentionnés à l'art. L. 2254-2.

Elles s'appliquent à compter du 1er sept. 2019 aux autres accords collectifs, à l'exception de ceux mentionnés à l'art. L. 5125-1 (L. préc., art. 21-IX).

Ancien art. L. 2232-13 (L. n° 2008-789 du 20 août 2008) ***La représentativité reconnue à une organisation syndicale catégorielle affiliée à une confédération syndicale catégorielle au titre des salariés qu'elle a statutairement vocation à représenter lui confère le droit de négocier toute disposition applicable à cette catégorie de salariés.***

Lorsque la convention ou l'accord ne concerne qu'une catégorie professionnelle déterminée relevant d'un collège électoral, sa validité est subordonnée à sa signature par une ou plusieurs organisations syndicales de salariés représentatives ayant recueilli au moins 30 % des suffrages exprimés dans ce collège au premier tour des dernières élections des titulaires au comité d'entreprise ou de la délégation unique du personnel ou, à défaut, des délégués du personnel, quel que soit le nombre de votants, et à l'absence d'opposition d'une ou de plusieurs organisations syndicales de salariés représentatives ayant recueilli la majorité des suffrages exprimés dans ce collège à ces mêmes élections, quel que soit le nombre de votants.

COMMENTAIRE

V. Dalloz.fr et applications mobiles Dalloz.

Art. L. 2232-14 *(L. n° 2008-789 du 20 août 2008)* **En cas de carence au premier tour des élections professionnelles, lorsque les dispositions prévues au premier alinéa de l'article L. 2143-23 sont appliquées, la validité de l'accord d'entreprise ou d'établissement négocié et conclu avec le représentant de la section syndicale est subordonnée à son approbation par les salariés à la majorité des suffrages exprimés dans des conditions déterminées par décret et dans le respect des principes généraux du droit électoral. Faute d'approbation, l'accord est réputé non écrit.**

COMMENTAIRE

V. Dalloz.fr et applications mobiles Dalloz.

Absence de quorum. Lorsque le quorum prévu par les art. L. 423-10 et L. 433-10 [L. 2314-18 et L. 2324-22 nouv.] n'est pas atteint au premier tour des élections professionnelles à la proportionnelle, il n'y a pas lieu de décompter les suffrages exprimés en faveur de chacune des listes syndicales, de sorte qu'il y a carence au sens de l'art. L. 132-2-2 III. • Soc. 20 déc. 2006 : *RDT 2007. 328, obs. Grévy ; D. 2007. 1180, note Vivant et Chis ; Dr. soc. 2007. 453, note Verkindt ; JCP S 2007. 1588, note Kerbourc'h.*

Art. L. 2232-15 *(Abrogé par L. n° 2008-789 du 20 août 2008)* ***Lorsque la convention ou l'accord n'intéresse qu'une catégorie professionnelle déterminée relevant d'un collège électoral défini à l'article L. 2324-11, sa validité est subordonnée à la signature ou à l'absence d'opposition d'organisations syndicales de salariés représentatives ayant obtenu au moins la moitié des suffrages exprimés dans ce collège.*** – [Anc. art. L. 132-2-2, III, al. 5.]

§ 2 MODALITÉS DE NÉGOCIATION

Art. L. 2232-16 La convention ou les accords d'entreprise sont négociés entre l'employeur et les organisations syndicales de salariés représentatives dans l'entreprise.

Une convention ou des accords peuvent être conclus au niveau d'un établissement ou d'un groupe d'établissements dans les mêmes conditions. – *[Anc. art. L. 132-19.]*

COMMENTAIRE

V. Dalloz.fr et applications mobiles Dalloz.

I. NOTION D'ACCORD D'ENTREPRISE

BIBL. Barthélémy, *Dr. soc. 1993. 88* (référendum en droit social). – Borenfreund, *ibid. 1991. 692.* – Despax, *ibid. 1982. 672.* – Déprez, *RJS 1989. 447 ; ibid. 1992. 3.* – Chauchard, *Dr. soc. 1982. 678* (accords de fin de conflit). – Freyria, *ibid. 1988. 43 ; ibid. 464.* – Loiseau, *Sem. soc. Lamy 1991, suppl. n° 537.* – De Quénaudon, *Dr. soc. 1981. 401* (protocoles de fin de conflit) ; *Ét. offertes à H. Sinay, 1994, p. 263* (volonté patronale et accords atypiques). – Savatier, *Dr. soc. 1985. 188.* – Supiot, *ibid. 1992. 215* (réglementation patronale de l'entreprise). – Vatinet, *ibid. 1982. 675* (négociation au sein du comité d'entreprise). – Vachet, *ibid. 1990. 620.*

1. Définition. Constitue une négociation d'entreprise celle menée entre quatre sociétés et un syndicat qui n'avait pour objet que de conclure un accord au niveau de chacune des entreprises en cause. • Soc. 29 juin 1994, n° 91-18.640 P : *D. 1994. IR 203 ; Dr. soc. 1995. 43, note Savatier ; JCP 1995. I. 3817, n° 7, obs. Antonmattéi ; RJS 1994. 606, n° 1022 ; CSB 1994. 269, A. 52.* ♦ Caractérise un accord d'entreprise l'accord signé entre les syndicats et un représentant de l'employeur investi d'une délégation du président du conseil d'administration et qui, aux yeux des salariés, bénéficiait d'un mandat apparent. • Soc. 23 mars 1994 : *Dr. soc. 1994. 520 ; RJS 1994. 364, n° 583.* ♦ Dès lors qu'un accord est conclu, notamment par un ou plusieurs employeurs et des délégués syndicaux, il constitue un accord collectif dans ses dispositions qui relèvent du champ de la négociation collective, peu important que des clauses y soient étrangères. • Soc. 15 oct. 2013 : *Dalloz actualité, 5 nov. 2013, obs. Ines ; RJS 2013. 122, n° 153.*

2. Accords atypiques. L'accord intervenu entre l'employeur et les délégués du personnel est dépourvu de toute valeur en tant qu'accord collectif. • Soc. 25 févr. 1997 : *RJS 1998. 313, n° 497.* ♦ Bien qu'un accord ait été conclu en l'absence de toute section syndicale par le délégué du personnel et la direction, il n'en constitue pas moins un engagement de l'employeur envers ses salariés. • Soc. 7 janv. 1988 : *Dr. soc. 1988. 464, note Freyria.* ♦ Dans le même sens : • Soc.

17 mars 1970 : *Dr. soc. 1970. 375, obs. Savatier* • 2 avr. 1987 : *BS Lefebvre 1987. 339, note Déprez* • 30 oct. 1991, n° 88-40.936 P. (procès-verbal signé à l'issue d'une occupation des locaux : le non-respect par une société de l'engagement de reprendre une partie des salariés d'une société en liquidation justifie sa condamnation à réparer le dommage résultant pour les salariés de la perte d'une chance d'être repris) • 28 févr. 1996, n° 92-45.334 P : *RJS 1996. 259, n° 428* (engagement pris lors de la réunion mensuelle des délégués du personnel). ♦ Même solution lorsque l'accord a été conclu devant le comité d'établissement en présence des délégués syndicaux. • Soc. 22 avr. 1992 : *CSB 1992. 167, A. 31 ; RJS 1992. 419, n° 767.* ♦ Comp., en cas d'accords dérogatoires : • Crim. 22 janv. 1991 : *D. 1991. IR 90 ; CSB 1991. 91, A. 22 ; RJS 1991. 250, n° 473.*

3. Une décision prise par l'employeur après consultation des salariés ou d'institutions représentatives du personnel autres que les organisations syndicales ne constitue pas un accord d'entreprise au sens de l'art. L. 132-19 [L. 2232-16 nouv.] ; l'employeur peut donc prendre une telle décision sans apporter nécessairement une entrave à l'exercice du droit syndical, notamment lorsque, comme en l'espèce, elle ne tend qu'à modifier des engagements antérieurs. • Crim. 28 mars 1995 : *RJS 1995. 663, n° 1033 ; JCP 1996. I. 3901, n° 22, obs. Antonmattéi.*

4. Même si l'accord invoqué, en l'occurrence l'engagement de l'employeur de verser un treizième mois constaté dans le procès-verbal d'une réunion du comité d'entreprise, n'a pas la force obligatoire d'une convention collective, il constitue un engagement de l'employeur dont la violation pouvait porter préjudice à l'intérêt collectif de la profession représenté par le syndicat qui était dès lors recevable à agir de ce chef. • Soc. 14 juin 1984 : *Dr. soc. 1985. 188, note Savatier.* – V. aussi : • Soc. 1er juin 1988 : *Dr. soc. 1989. 79, obs. Savatier.*

5. Portée. L'accord atypique n'ayant que la valeur d'un engagement unilatéral de l'employeur, il ne peut s'appliquer que s'il est plus favorable au salarié que les dispositions de la convention collective. • Soc. 19 nov. 1997, n° 95-43.945 P : *Dr. soc. 1998. 89, obs. Couturier.*

6. La garantie de l'AGS ne s'applique pas aux arrérages de préretraite prévus par un accord entre l'employeur et le comité d'entreprise. • Soc. 10 avr. 1991 : *D. 1991. IR 143 ; RJS 1991. 311, n° 584.*

7. Sur l'impossibilité de conclure un accord dérogatoire avec le comité d'entreprise, V. • Crim. 22 janv. 1991 : *préc. note 2.*

8. V., en faveur de l'assimilation d'un référendum à un accord d'entreprise établi dans l'intérêt des salariés et prévoyant l'adhésion à une institution de prévoyance : • Soc. 5 janv. 1984 : *Dr. soc. 1985. 188, note Savatier.*

9. La signature d'un accord avec les délégués du personnel n'autorise pas l'employeur à cesser d'appliquer l'accord d'entreprise non dénoncé. • Soc. 3 juill. 1991 : *D. 1991. IR 236 ; CSB 1991. 213, A. 47 ; RJS 1991. 649, n° 1222.*

10. Dénonciation. La dénonciation par l'employeur, responsable de l'organisation, de la gestion et de la marche générale de l'entreprise, d'un usage ou d'un autre accord collectif ne répondant pas aux conditions de l'art. L. 132-19 [L. 2232-16 nouv.], est opposable à l'ensemble des salariés concernés qui ne peuvent prétendre à la poursuite du contrat de travail aux conditions antérieures, dès lors que cette décision a été précédée d'une information donnée, en plus des intéressés, aux institutions représentatives du personnel, dans un délai permettant d'éventuelles négociations. • Soc. 25 févr. 1988 : *D. 1988. Somm. 319, obs. A. Lyon-Caen ; JCP E 1988. II. 15228, n° 1, obs. Teyssié* • 22 janv. 1992, n° 89-42.841 P : *JCP E 1993. II. 401 (1re esp.), note Déprez.* – V. aussi : • Soc. 1er mars 1989 : *JS UIMM 1989. 185* • 17 mars 1993 : *Dr. soc. 1993. 457* • 7 déc. 1993 : *D. 1994. Somm. 313, obs. Borenfreund.*

11. Transfert d'entreprise. En cas de cession d'entreprise dans le cadre de l'art. L. 122-12 [L. 1224-1 nouv.], l'engagement de portée collective pris par l'ancien employeur est opposable au nouveau. • Soc. 16 déc. 1992, n° 88-43.834 P : *Dr. soc. 1993. 156, note Savatier ; RJS 1993. 115, n° 167 ; CSB 1993. 192.* – Déprez, *RJS 1993. 143.* ♦ En faveur de l'opposabilité d'un accord atypique : • Soc. 23 févr. 1994 : *RJS 1994. 285, n° 443.*

II. NÉGOCIATION ET NON-DISCRIMINATION SYNDICALE

12. Pouvoirs du juge des référés. Une cour d'appel ne fait qu'user des pouvoirs qu'elle tient de l'art. 809 C. pr. civ. en prenant les mesures propres à remédier à la discrimination dont faisait l'objet un syndicat. • Soc. 13 juill. 1988, n° n° 86-16.302 P : *D. 1989. Somm. 202, obs. Goineau.*

13. Invitation à la négociation. Tous les syndicats représentatifs qui ont un délégué syndical dans l'entreprise doivent être appelés à la négociation des conventions et accords collectifs d'entreprise, y compris lorsque la négociation porte sur des accords de révision. • Soc. 18 déc. 1991, n° 89-21.193 P. ♦ Dans le même sens : • Soc. 10 mai 1995 : *RJS 1995. 442, n° 676.* ♦ Même solution s'agissant de la négociation d'un accord de remplacement. • Soc. 9 févr. 2000, n° 97-22.619 P : *D. 2000. IR 73 ; RJS 2000. 203, n° 306.* ♦ Comp. • Soc. 2 avr. 1981, n° 80-60.405 P : *D. 1982. IR 82, obs. Pélissier ; JCP CI 1981. I. 10032, obs. Teyssié* (possibilité de conclure sur un point particulier un accord avec un seul syndicat sans qu'il en résulte une discrimination, dès lors que l'employeur était prêt à signer un tel accord avec d'autres syndicats). ♦ Constitue une entrave à l'exercice du droit syndical le fait de ne pas appeler, contrairement aux prescriptions de l'art. L. 2232-16, un syndicat représentatif ayant un délégué syndical dans l'entreprise à des négociations portant sur la révision d'accords collectifs, même si ces accords n'ont pas été signés par ce syndicat. • Crim. 28 oct. 2008 : *RDT 2009. 245, obs. Odoul-Asorey ; Dr. soc. 2009. 504, obs. Duquesne .*

14. Négociations séparées. Un des négociateurs ne peut critiquer les modifications apportées au projet d'accord collectif soumis à la signature après la dernière séance de discussion lorsque l'existence de négociations séparées n'est pas établie et lorsque aucune partie n'a sollicité la réouverture des négociations en raison de ces modifications avant l'expiration du délai de signature. • Soc. 12 oct. 2006 : *D. 2006. Pan. 693, obs. Wolmark ; RDT 2007. 186, obs. Souriac ; RJS 2006. 967, n° 1298 ; JS Lamy 2006, n° 199-4.* ♦ Est nul l'accord conclu qui est différent du projet discuté lors de la dernière réunion, et ce alors que les organisations syndicales avaient fait valoir leur refus de signer un procès-verbal de désaccord, de sorte que la négociation était seulement interrompue, sans qu'aucune procédure de signature ne soit prévue, et sans qu'il soit allégué que l'accord finalement signé avait été préalablement soumis à l'ensemble des organisations syndicales. • Soc. 10 oct. 2007 : *RDT 2008. 188, obs. Souriac ; RJS 2007. 1053, n° 1315.*

Art. L. 2232-17 **La délégation de chacune des organisations représentatives parties à des négociations dans l'entreprise comprend le délégué syndical de l'organisation dans l'entreprise ou, en cas de pluralité de délégués, au moins deux délégués syndicaux.**

Chaque organisation peut compléter sa délégation par des salariés de l'entreprise, dont le nombre est fixé par accord entre l'employeur et l'ensemble des organisations mentionnées au premier alinéa. A défaut d'accord, le nombre de salariés qui complète la délégation est au plus égal, par délégation, à celui des délégués syndicaux de la délégation. Toutefois, dans les entreprises pourvues d'un seul délégué syndical, ce nombre peut être porté à deux. – *[Anc. art. L. 132-20, al. 1er et 2.]*

1. Composition de la délégation syndicale aux négociations. En cas de pluralité de délégués syndicaux, et sauf accord plus favorable conclu entre l'employeur et l'ensemble des organisations participant à la négociation, la délégation de chaque organisation est légalement composée de deux d'entre eux, et éventuellement complétée par un nombre égal de salariés. • Soc. 5 janv. 2011 : *Dalloz actualité, 27 janv. 2011, obs. Perrin ; D. 2011. Actu. 246 .*

2. Amélioration conventionnelle. Si l'art. L. 132-20 [L. 2232-17 nouv.] ne prévoit pas la participation à la délégation syndicale chargée de négocier d'un représentant syndical non salarié de l'entreprise, il n'interdit pas la présence dans la délégation d'un tel représentant en vertu d'un accord ou d'un usage plus favorable. • Soc. 19 oct. 1994, n° 91-20.292 P : *D. 1995. Somm. 370, obs. Borenfreund ; Dr. soc. 1994. 958, rapp. Waquet ; RJS 1994. 852, n° 1413 ; Dr. ouvrier 1995. 148.*

3. Suspension du mandat. Un délégué syndical est investi de plein droit du pouvoir de négocier et de conclure un accord d'entreprise ; il appartient à l'organisation syndicale d'informer en temps utile les parties qu'elle entend suspendre le mandat donné à son délégué. • Soc. 19 févr. 1992, n° 90-10.896 P : *CSB 1992. 109, A. 19 ; RJS 1992. 271, n° 472* • 24 mars 1993 : *Dr. soc. 1993. 463.*

Art. L. 2232-18 **Le temps passé à la négociation est rémunéré comme temps de travail à échéance normale.** – *[Anc. art. L. 132-20, al. 3.]*

Art. L. 2232-19 **Lorsqu'une entreprise emploie soit dans ses locaux, soit dans un chantier dont elle assume la direction en tant qu'entreprise générale, des travailleurs appartenant à une ou plusieurs entreprises extérieures, les délégués syndicaux des organisations représentatives dans ces entreprises sont, à leur demande, entendus lors des négociations.** – *[Anc. art. L. 132-21.]*

Art. L. 2232-20 **L'objet et la périodicité des négociations ainsi que les informations nécessaires à remettre préalablement aux délégués syndicaux de l'entreprise ou de l'établissement sont fixés par accord entre l'employeur et les organisations syndicales représentatives dans l'entreprise,** *(L. n° 2016-1088 du 8 août 2016, art. 16)* **« dans les conditions prévues aux articles L. 2222-3 et L. 2222-3-1 et » sans préjudice des dispositions prévues aux articles L. 2242-1 et suivants relatives à la négociation annuelle obligatoire en entreprise.**

Les dispositions issues de la L. n° 2016-1088 du 8 août 2016 s'appliquent aux accords conclus après le 9 août 2016 (L. préc., art. 16-IV).

L'employeur est tenu, dans le cadre de la négociation préélectorale, de fournir aux syndicats participant à la négociation les éléments nécessaires au contrôle de l'effectif de l'entreprise et de la régularité de la liste électorale. • Soc. 13 mai 2009 : *JCP S 2009. 1406, obs. Kerbouc'h.*

SOUS-SECTION 3 MODALITÉS DE NÉGOCIATION DANS LES ENTREPRISES DÉPOURVUES DE DÉLÉGUÉ SYNDICAL

(L. nº 2008-789 du 20 août 2008)

COMMENTAIRE

V. Dalloz.fr et applications mobiles Dalloz.

§ 1er CONCLUSION PAR LES REPRÉSENTANTS ÉLUS AU COMITÉ D'ENTREPRISE OU LES DÉLÉGUÉS DU PERSONNEL

Les conventions de branche ou accords professionnels conclus en application des art. L. 2232-21 à L. 2232-29 dans leur rédaction antérieure au 21 août 2008, date de publication de la L. nº 2008-789 du 20 août 2008, continuent de produire leurs effets pour toutes les entreprises comprises dans leur champ, quel que soit leur effectif (L. préc., art. 14).

V. Circ. DGT nº 20 du 13 nov. 2008 relative à la loi portant rénovation de la démocratie sociale et du temps de travail, Fiche nº 5.

BIBL. ▶ FLAMENT, *JCP S 2011. 1040* (2011, une nouvelle année noire de la négociation dérogatoire ?). – JEANSEN et PAGNERRE, *JCP S 2009. 1572* (la négociation dérogatoire). – MAZEAUD, *Dr. soc. 2009. 669* (négociation des accords d'entreprises en l'absence de délégué syndical).

Art. L. 2232-21 *(Abrogé par L. nº 2015-994 du 17 août 2015, art. 21-I)* ***« Dans les entreprises de moins de deux cents salariés, »*** **En l'absence de délégués syndicaux dans l'entreprise ou l'établissement, ou de délégué du personnel désigné comme délégué syndical dans les entreprises de moins de cinquante salariés, les représentants élus du personnel au comité d'entreprise ou à la délégation unique du personnel** *(L. nº 2015-994 du 17 août 2015, art. 21-I)* **« ou à l'instance mentionnée à l'article L. 2391-1 » ou, à défaut, les délégués du personnel peuvent négocier** *(L. nº 2016-1088 du 8 août 2016, art. 17)* **« , conclure et réviser » des accords collectifs de travail** *(L. nº 2015-994 du 17 août 2015, art. 21-I)* **« s'ils sont expressément mandatés à cet effet par une ou plusieurs organisations syndicales représentatives dans la branche dont relève l'entreprise ou, à défaut, par une ou plusieurs organisations syndicales de salariés représentatives au niveau national et interprofessionnel. Une même organisation ne peut mandater qu'un seul salarié. »**

Les organisations syndicales représentatives dans la branche dont relève l'entreprise *(L. nº 2015-994 du 17 août 2015, art. 21-I)* **« ou, à défaut, les organisations syndicales représentatives au niveau national et interprofessionnel » sont informées par l'employeur de sa décision d'engager des négociations.**

(Abrogé par L. nº 2015-994 du 17 août 2015, art. 21-I) ***« La commission paritaire de branche se prononce sur la validité de l'accord dans les quatre mois qui suivent sa transmission ; à défaut, l'accord est réputé avoir été validé. »***

COMMENTAIRE

V. Dalloz.fr et applications mobiles Dalloz.

Art. L. 2232-21-1 *(L. nº 2015-994 du 17 août 2015, art. 21-II)* **L'accord signé par un représentant élu du personnel au comité d'entreprise ou à la délégation unique du personnel ou, à défaut, par un délégué du personnel mandaté doit avoir été approuvé par les salariés à la majorité des suffrages exprimés, dans des conditions déterminées par décret et dans le respect des principes généraux du droit électoral.** – *V. art. D. 2232-2 s.*

Art. L. 2232-22 *(L. nº 2015-994 du 17 août 2015, art. 21-III)* **En l'absence de représentant élu du personnel mandaté en application de l'article L. 2232-21, les représentants élus titulaires du personnel au comité d'entreprise ou à la délégation unique du personnel ou à l'instance mentionnée à l'article L. 2391-1 ou, à défaut, les délégués titulaires du personnel qui n'ont pas été expressément mandatés par une organisation**

mentionnée à l'article L. 2232-21 peuvent négocier *(L. n° 2016-1088 du 8 août 2016, art. 17)* « , conclure et réviser » des accords collectifs de travail.

Cette négociation ne porte que sur les accords collectifs de travail relatifs à des mesures dont la mise en œuvre est subordonnée par la loi à un accord collectif, à l'exception des accords collectifs mentionnés à l'article L. 1233-21.

La validité des accords *(L. n° 2016-1088 du 8 août 2016, art. 17)* « ou des avenants de révision » conclus en application du présent article est subordonnée *(Abrogé par L. n° 2016-1088 du 8 août 2016, art. 18)* ***« , d'une part, »*** à leur signature par des membres titulaires élus au comité d'entreprise ou à la délégation unique du personnel ou, à défaut, par des délégués du personnel titulaires représentant la majorité des suffrages exprimés lors des dernières élections professionnelles *(Abrogé par L. n° 2016-1088 du 8 août 2016, art. 18)* ***« et, d'autre part, à l'approbation par la commission paritaire de branche »***. Si *(L. n° 2016-1088 du 8 août 2016, art. 18)* « cette condition » n'est pas remplie, l'accord *(L. n° 2016-1088 du 8 août 2016, art. 17)* « ou l'avenant de révision » est réputé non écrit. *(Abrogé par L. n° 2016-1088 du 8 août 2016, art. 18)* ***« La commission contrôle que l'accord collectif n'enfreint pas les dispositions législatives, réglementaires ou conventionnelles applicables. »***

(L. n° 2016-1088 du 8 août 2016, art. 18) « Les accords conclus en application du présent article sont transmis pour information à la commission paritaire de branche. L'accomplissement de cette formalité n'est pas un préalable au dépôt et à l'entrée en vigueur des accords. »

A défaut de stipulations différentes d'un accord de branche, la commission paritaire de branche comprend un représentant titulaire et un représentant suppléant de chaque organisation syndicale de salariés représentative dans la branche et un nombre égal de représentants des organisations professionnelles d'employeurs.

COMMENTAIRE

V. Dalloz.fr et applications mobiles Dalloz 🏛. ❑

Art. L. 2232-23 Le temps passé aux négociations prévues *(L. n° 2015-994 du 17 août 2015, art. 21-IV)* « aux articles L. 2232-21 et L. 2232-22 » n'est pas imputable sur les heures de délégation prévues aux articles L. 2315-1 et L. 2325-6. Chaque élu titulaire appelé à participer à une négociation en application *(L. n° 2015-994 du 17 août 2015, art. 21-IV)* « des articles L. 2232-21 et L. 2232-22 » dispose du temps nécessaire à l'exercice de ses fonctions dans les limites d'une durée qui, sauf circonstances exceptionnelles, ne peut excéder dix heures par mois. Les heures de délégation sont de plein droit considérées comme temps de travail et payées à l'échéance normale. L'employeur qui entend contester l'utilisation faite des heures de délégation saisit le juge judiciaire.

Art. L. 2232-23-1 *(L. n° 2015-994 du 17 août 2015, art. 21-V)* Pour l'application du présent paragraphe, l'employeur fait connaître son intention de négocier aux représentants élus du personnel par tout moyen permettant de lui conférer une date certaine.

Les élus qui souhaitent négocier le font savoir dans un délai d'un mois et indiquent, le cas échéant, s'ils sont mandatés par une organisation mentionnée à l'article L. 2232-21.

A l'issue de ce délai, la négociation s'engage avec les salariés qui ont indiqué être mandatés par une organisation mentionnée au même article L. 2232-21 ou, à défaut, avec des salariés élus non mandatés, conformément à l'article L. 2232-22.

§ 2 CONCLUSION PAR UN OU PLUSIEURS SALARIÉS MANDATÉS

Art. L. 2232-24 Dans les entreprises dépourvues de délégué syndical *(L. n° 2015-994 du 17 août 2015, art. 21-VI)* « lorsque, à l'issue de la procédure définie à l'article L. 2232-23-1, aucun élu n'a manifesté son souhait de négocier », les accords d'entreprise ou d'établissement peuvent être négociés *(L. n° 2016-1088 du 8 août 2016, art. 17)* « , conclus et révisés » par un ou plusieurs salariés expressément mandatés par une ou plusieurs organisations syndicales représentatives dans la branche *(L. n° 2015-994 du 17 août 2015, art. 21-VI)* « ou, à défaut, par une ou plusieurs organisations syndicales représentatives au niveau national et interprofessionnel ». *(Abrogé par L. n° 2016-1088 du 8 août 2016, art. 17)* ***« Ces accords collectifs portent sur des mesu-***

res dont la mise en œuvre est subordonnée par la loi à un accord collectif, à l'exception des accords collectifs visés à l'article L. 1233-21. » A cet effet, une même organisation syndicale ne peut mandater qu'un seul salarié.

Les organisations syndicales représentatives dans la branche de laquelle relève l'entreprise *(L. n° 2015-994 du 17 août 2015, art. 21-VI)* « ou, à défaut, les organisations syndicales représentatives au niveau national et interprofessionnel » sont informées par l'employeur de sa décision d'engager des négociations.

(L. n° 2015-994 du 17 août 2015, art. 21-VI) « Le présent article s'applique de droit dans les entreprises dépourvues de délégué syndical dans lesquelles un procès-verbal de carence a établi l'absence de représentants élus du personnel ainsi que dans les entreprises de moins de onze salariés. »

COMMENTAIRE

V. Dalloz.fr et applications mobiles Dalloz. ❑

1. Mandat de droit commun (jurisprudence antérieure à la loi du 20 août 2008). Si dans les entreprises où les délégués syndicaux peuvent être désignés ceux-ci sont seuls habilités à négocier et à signer les accords d'entreprise, ces accords peuvent être valablement négociés et signés, dans les entreprises qui ne remplissent pas les conditions légales pour avoir des délégués syndicaux, par les salariés titulaires d'un mandat donné par un syndicat représentatif. • Soc. 25 janv. 1995, n° 90-45.796 P : *D. 1995. 593, note Pochet ; JCP 1996. I. 3901, n° 23, obs. Antonmattéi ; Dr. soc. 1995. 274, obs. Borenfreund ; RJS 1995. 194, n° 279 ; Dr. ouvrier 1995. 276 ; CSB 1995. 73, A. 13.* – Savatier, *RJS 1995. 231.*

2. Accords sur la réduction du temps de travail. Le mandat qui ne comporte pas l'ensemble des mentions légales emporte la nullité de la désignation du salarié mandaté. • Riom, 6 avr. 1999 : *RJS 1999. 503, n° 823.*

Art. L. 2232-24-1 *(L. n° 2016-1088 du 8 août 2016, art. 17)* Les accords négociés et conclus par un ou plusieurs salariés mandatés mentionnés à l'article L. 2232-24 peuvent porter sur toutes les mesures qui peuvent être négociées par accord d'entreprise ou d'établissement sur le fondement du présent code.

Art. L. 2232-25 Chaque salarié mandaté dispose du temps nécessaire à l'exercice de ses fonctions dans les limites d'une durée qui, sauf circonstances exceptionnelles, ne peut excéder dix heures par mois. Les heures de délégation sont de plein droit considérées comme temps de travail et payées à l'échéance normale. L'employeur qui entend contester l'utilisation faite des heures de délégation saisit le juge judiciaire.

Art. L. 2232-26 Ne peuvent être mandatés les salariés qui, en raison des pouvoirs qu'ils détiennent, peuvent être assimilés à l'employeur, ainsi que les salariés apparentés à l'employeur mentionnés au premier alinéa de l'article L. 2324-15.

Art. L. 2232-27 L'accord signé par un salarié mandaté doit avoir été approuvé par les salariés à la majorité des suffrages exprimés, dans des conditions déterminées par décret et dans le respect des principes généraux du droit électoral. – *V. art. D. 2232-2 s.*

Faute d'approbation, l'accord est réputé non écrit.

COMMENTAIRE

V. Dalloz.fr et applications mobiles Dalloz. ❑

§ 3 CONDITIONS DE NÉGOCIATION, DE VALIDITÉ, DE RÉVISION ET DE DÉNONCIATION DES ACCORDS CONCLUS DANS LES ENTREPRISES DÉPOURVUES DE DÉLÉGUÉ SYNDICAL

Art. L. 2232-27-1 La négociation entre l'employeur et les élus ou les salariés de l'entreprise mandatés se déroule dans le respect des règles suivantes :

1° Indépendance des négociateurs vis-à-vis de l'employeur ;

2° Élaboration conjointe du projet d'accord par les négociateurs ;

3° Concertation avec les salariés ;

4° Faculté de prendre l'attache des organisations syndicales représentatives de la branche.

Par ailleurs, les informations à remettre aux élus titulaires ou aux salariés mandatés préalablement à la négociation sont déterminées par accord entre ceux-ci et l'employeur.

Art. L. 2232-28 Les accords d'entreprise ou d'établissement conclus selon les modalités définies aux paragraphes 1 et 2 ne peuvent entrer en application qu'après leur dépôt auprès de l'autorité administrative dans des conditions prévues par voie réglementaire, accompagnés en outre, s'agissant des accords conclus selon les modalités définies *(L. n° 2015-994 du 17 août 2015, art. 21-VII)* « à l'article L. 2232-22 », de l'extrait de procès-verbal de validation de la commission paritaire nationale de branche compétente.

Art. L. 2232-29 Les accords d'entreprise ou d'établissement conclus selon les modalités définies aux paragraphes 1 et 2 peuvent être renouvelés, révisés ou dénoncés selon les modalités *(L. n° 2015-994 du 17 août 2015, art. 21-VIII)* « définies par un décret en Conseil d'État ».

COMMENTAIRE

V. Dalloz.fr et applications mobiles Dalloz.

SECTION IV CONVENTIONS OU ACCORDS DE GROUPE

BIBL. ▶ ANTONMATTÉI, *Dr. soc. 2004. 601*. – AUZERO, *RDT 2006. 230*. – DEVAUX, *JCP S 2012. 1441* (la négociation d'UES). – GADRAT, *Dr. soc. 2010. 651*. – TEYSSIÉ, *Dr. soc. 2005. 643*.

▶ **Loi du 8 août 2016 :** BÉAL, *Sem. soc. Lamy 2016, n° 1742* (accord de groupe : de la renaissance à l'émancipation).

COMMENTAIRE

V. Dalloz.fr et applications mobiles Dalloz.

Art. L. 2232-30 La convention ou l'accord de groupe fixe son champ d'application constitué de tout ou partie des entreprises constitutives du groupe. – *[Anc. art. L. 132-19-1, al. 1er, phrase 1.]*

COMMENTAIRE

V. Dalloz.fr et applications mobiles Dalloz.

Représentation syndicale de groupe. Des employeurs et des syndicats représentatifs peuvent instituer, par voie d'accord collectif, en vue de négocier des accords portant sur des sujets d'intérêt commun aux personnels des entreprises concernées du groupe, une représentation syndicale de groupe dès lors que les négociations pour lesquelles ils lui donnent compétence ne se substituent pas à la négociation d'entreprise. • Soc. 30 avr. 2003, n° 01-10.027 P : *D. 2003. IR 1336 ; RJS 2003. 607, n° 916 ; ibid. 2003. 743, note Morin ; Sem. soc. Lamy 2000, n° 1144, note Grangé et El Aougri.* ♦ Un tel accord ne requiert pas l'unanimité des organisations syndicales représentatives et est opposable aux organisations non signataires. • Même arrêt.

Art. L. 2232-31 La convention ou l'accord de groupe est négocié et conclu entre :

– d'une part, l'employeur de l'entreprise dominante ou un ou plusieurs représentants, mandatés à cet effet, des employeurs des entreprises concernées par le champ de la convention ou de l'accord ;

– d'autre part, les organisations syndicales de salariés représentatives dans le groupe ou dans l'ensemble des entreprises concernées par le champ de la convention ou de l'accord. – *[Anc. art. L. 132-19-1, al. 1er, phrase 2.]*

COMMENTAIRE

V. Dalloz.fr et applications mobiles Dalloz.

Art. L. 2232-32 *(L. n° 2016-1088 du 8 août 2016, art. 23)* « Les organisations syndicales de salariés représentatives dans chacune des entreprises ou chacun des établissements compris dans le périmètre de l'accord sont informées préalablement de l'ouverture d'une négociation dans ce périmètre. »

Pour la négociation en cause, les organisations syndicales de salariés représentatives *(L. nº 2016-1088 du 8 août 2016, art. 23)* « à l'échelle de l'ensemble des entreprises comprises dans le périmètre de cet accord » peuvent désigner un ou des coordonnateurs syndicaux de groupe choisis parmi les délégués syndicaux du groupe et habilités à négocier et signer la convention ou l'accord de groupe.

Art. L. 2232-33 *(L. nº 2016-1088 du 8 août 2016, art. 23)* L'ensemble des négociations prévues par le présent code au niveau de l'entreprise peuvent être engagées et conclues au niveau du groupe dans les mêmes conditions, sous réserve des adaptations prévues à la présente section.

Lorsqu'un accord sur la méthode prévu à l'article L. 2222-3-1 conclu au niveau du groupe le prévoit, l'engagement à ce niveau de l'une des négociations obligatoires prévues au chapitre II du titre IV du présent livre dispense les entreprises appartenant à ce groupe d'engager elles-mêmes cette négociation. L'accord sur la méthode définit les thèmes pour lesquels le présent article est applicable.

Les entreprises sont également dispensées d'engager une négociation obligatoire prévue au chapitre II du titre IV du présent livre lorsqu'un accord portant sur le même thème a été conclu au niveau du groupe et remplit les conditions prévues par la loi.

COMMENTAIRE

V. Dalloz.fr et applications mobiles Dalloz. ❑

Art. L. 2232-34 *(L. nº 2016-1088 du 8 août 2016, art. 23)* La validité d'un accord conclu au sein de tout ou partie d'un groupe est appréciée selon les conditions prévues aux articles L. 2232-12 et L. 2232-13. Les taux de 30 % et de 50 % mentionnés aux mêmes articles sont appréciés à l'échelle de l'ensemble des entreprises ou établissements compris dans le périmètre de cet accord. La consultation des salariés, le cas échéant, est également effectuée dans ce périmètre.

COMMENTAIRE

V. Dalloz.fr et applications mobiles Dalloz. ❑

Art. L. 2232-35 *(L. nº 2016-1088 du 8 août 2016, art. 23)* Les accords conclus en application de la présente section sont soumis aux conditions de forme, de notification et de dépôt prévues aux sections II et III du chapitre premier du présent titre.

COMMENTAIRE

V. Dalloz.fr et applications mobiles Dalloz. ❑

SECTION V **ACCORDS INTERENTREPRISES**

(L. nº 2016-1088 du 8 août 2016, art. 23)

Art. L. 2232-36 Un accord peut être négocié et conclu au niveau de plusieurs entreprises entre, d'une part, les employeurs et, d'autre part, les organisations syndicales représentatives à l'échelle de l'ensemble des entreprises concernées.

Art. L. 2232-37 La représentativité des organisations syndicales dans le périmètre de cet accord est appréciée conformément aux règles définies aux articles L. 2122-1 à L. 2122-3 relatives à la représentativité syndicale au niveau de l'entreprise, par addition de l'ensemble des suffrages obtenus dans les entreprises ou établissements concernés lors des dernières élections précédant l'ouverture de la première réunion de négociation.

Art. L. 2232-38 La validité d'un accord interentreprises est appréciée conformément aux articles L. 2232-12 et L. 2232-13. Les taux de 30 % et de 50 % mentionnés aux mêmes articles sont appréciés à l'échelle de l'ensemble des entreprises comprises dans le périmètre de cet accord. La consultation des salariés, le cas échéant, est également effectuée dans ce périmètre.

CHAPITRE III **CONVENTIONS ET ACCORDS DE TRAVAIL CONCLUS DANS LE SECTEUR PUBLIC**

Art. L. 2233-1 Dans les entreprises publiques et les établissements publics à caractère industriel ou commercial et les établissements publics déterminés par décret assurant à la fois une mission de service public à caractère administratif et à caractère industriel et commercial, lorsqu'ils emploient du personnel dans les conditions du droit privé, les conditions d'emploi et de travail ainsi que les garanties sociales peuvent être déterminées, en ce qui concerne les catégories de personnel qui ne sont pas soumises à un statut particulier, par des conventions et accords conclus conformément aux dispositions du présent titre.

Ces dispositions s'appliquent aux entreprises privées lorsque certaines catégories de personnel sont régies par le même statut particulier que celles d'entreprises ou d'établissements publics. – *[Anc. art. L. 134-1, al. 1er et 2.]*

Sur la possibilité pour les chambres de commerce et d'industrie de conclure des accords collectifs de travail au bénéfice de leurs personnels relevant du droit du travail, V. art. D. 711-5, ***C. com.***

BIBL. ▶ BAZEX, *Dr. soc. 1989. 784* (détermination unilatérale ou négociation).

COMMENTAIRE

V. Dalloz.fr et applications mobiles Dalloz.

1. Juridiction compétente. Sur la compétence du juge judiciaire, V. • T. confl. 11 oct. 1976 : *Lebon 703* • Soc. 2 mars 1977 : *Bull. civ. V, n° 156 ; D. 1977. 550, note Saint-Jours.*

2. Salariés concernés. Les conventions et accords collectifs de travail s'appliquent au personnel enseignant des établissements d'enseignement privé sous contrat d'association. • Soc. 17 oct. 1983 : *Bull. civ. V, n° 498.*

3. Conformité aux statuts. Les conventions ou accords collectifs de travail négociés au sein des entreprises ou établissements publics à caractère industriel et commercial peuvent seulement compléter les dispositions statutaires ; il en résulte que les dispositions du statut ne peuvent être contredites que par des accords collectifs. • Soc. 12 juill. 1999 : *D. 1999. IR 210 ; RJS 1999. 724, n° 1161.*

4. Si l'art. 202 de la loi de modernisation sociale du 17 janv. 2002 a validé les accords y compris en leurs dispositions ayant pour effet de modifier les règles statutaires applicables aux personnels concernés, les accords qui concernent l'ensemble du personnel de France Telecom, qu'il s'agisse des fonctionnaires ou de personnels de droit privé, ont conservé leur nature d'accords collectifs, de sorte que leur dénonciation relève des dispositions des art. L. 2261-9 s. • Soc. 5 mars 2008 : *RDT 2008. 540, obs. Borenfreund ; JCP S 2008. 1397, note Everaert-Dumont.*

Art. L. 2233-2 Dans les entreprises et établissements mentionnés à l'article L. 2233-1, des conventions ou accords d'entreprises peuvent compléter les dispositions statutaires ou en déterminer les modalités d'application dans les limites fixées par le statut. – *[Anc. art. L. 134-1, al. 3.]*

Art. L. 2233-3 Les dispositions d'une convention de branche ou d'un accord professionnel ou interprofessionnel ayant fait l'objet d'un arrêté d'extension ou d'élargissement sont applicables aux entreprises et établissements mentionnés à l'article L. 2233-1 qui, en raison de l'activité exercée, se trouvent dans le champ d'application mentionné par l'arrêté, en ce qui concerne les catégories de personnel ne relevant pas d'un statut particulier. – *[Anc. art. L. 134-2.]*

CHAPITRE IV **COMMISSIONS PARITAIRES LOCALES**

Art. L. 2234-1 Des commissions paritaires professionnelles ou interprofessionnelles peuvent être instituées au niveau local, départemental ou régional, par accord conclu dans les conditions prévues à l'article L. 2231-1.

(L. n° 2010-1215 du 15 oct. 2010) « Les accords passés en application du premier alinéa peuvent prévoir que la composition de ces commissions tient compte des résultats de la mesure de l'audience prévue au chapitre II du titre II du livre Ier de la présente partie. Ils peuvent également prévoir que ces commissions n'exercent qu'une partie des missions définies à l'article L. 2234-2. »

Art. L. 2234-2 Les commissions paritaires :

1° Concourent à l'élaboration et à l'application de conventions et accords collectifs de travail, négocient et concluent des accords d'intérêt local, notamment en matière d'emploi et de formation continue ;

2° Examinent les réclamations individuelles et collectives ;

3° Examinent toute autre question relative aux conditions d'emploi et de travail des salariés intéressés. – *[Anc. art. L. 132-20, al. 2 à 5.]*

Art. L. 2234-3 Les accords instituant des commissions paritaires professionnelles ou interprofessionnelles fixent, en faveur des salariés participant aux négociations, de même qu'aux réunions des commissions paritaires, les modalités d'exercice du droit de s'absenter, de la compensation des pertes de salaires ou du maintien de ceux-ci, ainsi que de l'indemnisation des frais de déplacement.

Ces accords déterminent également les modalités de protection contre le licenciement des salariés membres de ces commissions et les conditions dans lesquelles ils bénéficient de la protection prévue par les dispositions du livre IV relatif aux salariés protégés. – *[Anc. art. L. 132-20, al. 6.]*

CHAPITRE V **DISPOSITIONS PÉNALES**

Le présent chapitre ne comprend pas de dispositions législatives.

TITRE QUATRIÈME **DOMAINES ET PÉRIODICITÉ DE LA NÉGOCIATION OBLIGATOIRE**

COMMENTAIRE

V. Dalloz.fr et applications mobiles Dalloz. ❑

CHAPITRE PREMIER **NÉGOCIATION DE BRANCHE ET PROFESSIONNELLE**

COMMENTAIRE

V. Dalloz.fr et applications mobiles Dalloz. ❑

SECTION PREMIÈRE **NÉGOCIATION ANNUELLE**

Art. L. 2241-1 Les organisations liées par une convention de branche ou, à défaut, par des accords professionnels, se réunissent, au moins une fois par an, pour négocier sur les salaires.

Ces négociations prennent en compte l'objectif d'égalité professionnelle entre les femmes et les hommes *(L. n° 2014-873 du 4 août 2014, art. 29)* « , ainsi que les mesures permettant de l'atteindre ». – *[Anc. art. L. 132-12, al. 1er début, et L. 132-12-1.]*

Respect du pluralisme syndical. L'art. L. 132-12 [L. 2241-1 nouv.], qui impose une obligation de négocier aux organisations liées par une convention, n'est pas exclusif du droit des autres organisations représentatives de participer aux négociations pouvant conduire à la révision de la convention antérieurement conclue et, partant, de l'obligation de les inviter à cette négociation. • Soc. 12 sept. 2007 : *D. 2007. AJ 2393 ; RJS 2007. 944, n° 1196 ; JCP S 2008. 1325, obs. Neau-Leduc.*

Art. L. 2241-2 La négociation sur les salaires est l'occasion, pour les parties, d'examiner au moins une fois par an au niveau de la branche les données suivantes :

1° L'évolution économique, la situation de l'emploi dans la branche, son évolution et les prévisions annuelles ou pluriannuelles établies, notamment pour ce qui concerne les contrats de travail à durée déterminée et les missions de travail temporaire ;

2° Les actions éventuelles de prévention envisagées compte tenu de ces prévisions ;

3° L'évolution des salaires effectifs moyens par catégories professionnelles et par sexe, au regard, le cas échéant, des salaires minima hiérarchiques.

Les informations nécessaires à la négociation sont déterminées par voie réglementaire. – *[Anc. art. L. 132-12, al. 2, phrase 1.]* – *V. art. D. 2241-1.*

Art. L. 2241-2-1 *(L. n° 2012-387 du 22 mars 2012, art. 44)* Lorsque le salaire minimum national professionnel des salariés sans qualification au sens du 4° du II de l'article L. 2261-22 est inférieur au salaire minimum interprofessionnel de croissance, les organisations liées par une convention de branche ou, à défaut, par des accords professionnels se réunissent pour négocier sur les salaires.

A défaut d'initiative de la partie patronale dans les trois mois, la négociation s'engage dans les quinze jours suivant la demande d'une organisation syndicale de salariés représentative au sens de l'article L. 2231-1.

SECTION II **NÉGOCIATION TRIENNALE**

SOUS-SECTION 1 **ÉGALITÉ PROFESSIONNELLE ENTRE LES FEMMES ET LES HOMMES**

Art. L. 2241-3 Les organisations liées par une convention de branche ou, à défaut, par des accords professionnels se réunissent pour négocier tous les trois ans sur les mesures tendant à assurer l'égalité professionnelle entre les femmes et les hommes et sur les mesures de rattrapage tendant à remédier aux inégalités constatées. *(L. n° 2014-873 du 4 août 2014, art. 29)* « La mise en œuvre de ces mesures de rattrapage, lorsqu'elles portent sur des mesures salariales, est suivie dans le cadre de la négociation annuelle obligatoire sur les salaires prévue à l'article L. 2241-1. »

La négociation porte notamment sur :

1° Les conditions d'accès à l'emploi, à la formation et à la promotion professionnelle ;

2° Les conditions de travail et d'emploi et notamment celles des salariés à temps partiel.

Les informations nécessaires à la négociation sont déterminées par voie réglementaire. – *[Anc. art. L. 132-12, al. 3 à 5.] – V. art. D. 2241-3 s.*

SOUS-SECTION 2 **CONDITIONS DE TRAVAIL ET GESTION PRÉVISIONNELLE DES EMPLOIS ET DES COMPÉTENCES**

Art. L. 2241-4 Les organisations liées par une convention de branche ou, à défaut, par des accords professionnels se réunissent, au moins une fois tous les trois ans, pour négocier sur les conditions de travail, la gestion prévisionnelle des emplois et des compétences *(Abrogé par L. n° 2013-185 du 1er mars 2013)* ***« et l'emploi des salariés âgés, notamment par l'anticipation des carrières professionnelles et la formation professionnelle, »*** et sur la prise en compte de la pénibilité du travail. *(L. n° 2013-185 du 1er mars 2013)* « La négociation peut également porter sur le contrat de génération. L'accord conclu au titre de la présente sous-section vaut conclusion de l'accord mentionné au 3° de l'article L. 5121-8, sous réserve du respect des dispositions prévues à la section IV du chapitre Ier du titre II du livre Ier de la cinquième partie. »

(L. n° 2014-288 du 5 mars 2014, art. 5-I) « La négociation sur la gestion prévisionnelle des emplois et des compétences peut se décliner à l'échelle du territoire et s'appuie sur les travaux de l'observatoire prospectif des métiers et des qualifications mis en place par la commission paritaire nationale de l'emploi au niveau de chaque branche, tout en veillant à l'objectif de mixité des métiers. Cet observatoire porte une attention particulière aux mutations professionnelles liées aux filières et aux métiers de la transition écologique et énergétique. »

Par ailleurs, *(L. n° 2014-288 du 5 mars 2014, art. 5-I)* « les organisations mentionnées au premier alinéa » se réunissent tous les trois ans pour négocier sur les matières définies aux articles L. 2242-15 et L. 2242-16.

BIBL. ▶ CHAGNY, *Dr. soc. 2008. 72* (une négociation pour les restructurations : la GPEC). – MEIERS, *RDT 2009. 651* (le nouveau dispositif en faveur de l'insertion durable des seniors dans l'emploi). – VATINET, *JCP S 2013. 1274.*

SOUS-SECTION 3 **TRAVAILLEURS HANDICAPÉS**

Art. L. 2241-5 Les organisations liées par une convention de branche ou, à défaut, par des accords professionnels se réunissent pour négocier, tous les trois ans, sur les mesures tendant à l'insertion professionnelle et au maintien dans l'emploi des travailleurs handicapés.

La négociation porte notamment sur les conditions d'accès à l'emploi, à la formation et à la promotion professionnelles ainsi que sur les conditions de travail, d'emploi et de maintien dans l'emploi.

Les informations nécessaires à la négociation sont déterminées par voie réglementaire. – *[Anc. art. L. 132-12, al. 9.] – V. art. D. 2241-8.*

SOUS-SECTION 4 FORMATION PROFESSIONNELLE ET APPRENTISSAGE

BIBL. ► BOTERDAEL, *Dr. soc. 2014. 1013* (caractéristiques de la négociation collective de branche en matière de formation professionnelle).

Art. L. 2241-6 Les organisations liées par une convention de branche ou, à défaut, par un accord professionnel se réunissent au moins tous les trois ans pour négocier sur les priorités, les objectifs et les moyens de la formation professionnelle des salariés.

(L. nº 2009-1437 du 24 nov. 2009) « Cette négociation porte notamment sur l'égal accès à la formation des salariés selon leur catégorie professionnelle et la taille de leur entreprise, *(L. nº 2014-288 du 5 mars 2014, art. 1er-I-7º)* « les abondements supplémentaires du compte personnel de formation », la validation des acquis de l'expérience, l'accès aux certifications, le développement du tutorat et la valorisation de la fonction de tuteur *(L. nº 2011-893 du 28 juill. 2011, art. 5)* « ou de maître d'apprentissage », en particulier *(L. nº 2011-893 du 28 juill. 2011, art. 5)* « les actions aidant à l'exercer et » les conditions de son exercice par des salariés âgés de plus de cinquante-cinq ans.

« La négociation sur la validation des acquis de l'expérience visée à l'alinéa précédent porte sur :

« 1º Les modalités d'information des entreprises et des salariés sur les actions de validation des acquis de l'expérience mises en œuvre en vue de l'obtention d'une qualification mentionnée à l'article L. 6314-1 ;

« 2º Les conditions propres à favoriser l'accès des salariés, dans un cadre collectif ou individuel, à la validation des acquis de l'expérience ;

« 3º Les modalités de prise en charge par les organismes collecteurs paritaires agréés des dépenses afférentes à la participation d'un salarié à un jury d'examen ou de validation des acquis de l'expérience. »

SECTION III NÉGOCIATION QUINQUENNALE

SOUS-SECTION 1 CLASSIFICATIONS

Art. L. 2241-7 Les organisations liées par une convention de branche ou, à défaut, par des accords professionnels se réunissent, au moins une fois tous les cinq ans, pour examiner la nécessité de réviser les classifications.

Ces négociations prennent en compte l'objectif d'égalité professionnelle entre les femmes et les hommes *(L. nº 2014-873 du 4 août 2014, art. 2)* « et de mixité des emplois.

« Lorsqu'un écart moyen de rémunération entre les femmes et les hommes est constaté, les organisations liées par une convention de branche ou, à défaut, par des accords professionnels font de sa réduction une priorité.

« A l'occasion de l'examen mentionné au premier alinéa, les critères d'évaluation retenus dans la définition des différents postes de travail sont analysés afin d'identifier et de corriger ceux d'entre eux susceptibles d'induire des discriminations entre les femmes et les hommes et afin de garantir la prise en compte de l'ensemble des compétences des salariés. »

SOUS-SECTION 2 ÉPARGNE SALARIALE

BIBL. ► LIEUTIER, *Dr. soc. 2014. 754* (l'intervention des syndicats et des institutions représentatives du personnel en matière d'épargne salariale et d'actionnariat salarié) ; *ibid. 2015. 777* (Réforme de l'épargne salariale, de l'épargne retraite et de l'actionnariat salarié).

Art. L. 2241-8 Les organisations liées par une convention de branche ou, à défaut, par des accords professionnels se réunissent, une fois tous les cinq ans, pour engager une négociation sur l'institution d'un ou plusieurs plans d'épargne interentreprises ou plans d'épargne pour la retraite collectifs interentreprises lorsqu'il n'existe aucun accord conclu à ce niveau en la matière. – *[Anc. art. L. 132-12, al. 8.]*

SECTION IV **DISPOSITIONS COMMUNES À LA NÉGOCIATION ANNUELLE ET À LA NÉGOCIATION QUINQUENNALE**

Art. L. 2241-9 Les négociations annuelle et quinquennale prévues aux articles L. 2241-1 et L. 2241-7 visent également à définir et à programmer les mesures permettant de supprimer les écarts de rémunération entre les femmes et les hommes *(Abrogé par L. n° 2010-1330 du 9 nov. 2010, art. 99-II) « avant le 31 décembre 2010 ».*

Art. L. 2241-10 A défaut d'initiative de la partie patronale dans l'année suivant la promulgation de la loi n° 2006-340 du 23 mars 2006 relative à l'égalité salariale entre les femmes et les hommes, la négociation s'engage dans les quinze jours suivant la demande d'une organisation syndicale de salariés représentative au sens de l'article L. 2231-1. – *[Anc. art. L. 132-12-3, al. 2.]*

Art. L. 2241-11 L'accord visant à supprimer les écarts de rémunération conclu à la suite des négociations annuelle et quinquennale fait l'objet d'un dépôt auprès de l'autorité administrative dans les conditions définies à l'article L. 2231-6.

En l'absence de dépôt d'un accord ou de transmission d'un procès-verbal de désaccord auprès de cette autorité, contenant les propositions des parties en leur dernier état, la commission mixte mentionnée à l'article L. 2261-20 est réunie à l'initiative du ministre chargé du travail afin que s'engagent ou se poursuivent les négociations prévues à l'article L. 2241-9. – *[Anc. art. L. 132-12-3, al. 3.]*

V. Décr. n° 2006-1501 du 29 nov. 2006 relatif aux outils méthodologiques de suivi de l'application de la loi du 23 mars 2006 relative à l'égalité salariale entre les hommes et les femmes (JO 2 déc.), mod. par Décr. n° 2010-95 du 25 janv. 2010 (JO 26 janv.).

Art. L. 2241-12 Une commission mixte est réunie dans les conditions prévues à l'article L. 2241-11 si la négociation n'a pas été engagée sérieusement et loyalement.

L'engagement sérieux et loyal des négociations implique que la partie patronale ait communiqué aux organisations syndicales les informations nécessaires pour leur permettre de négocier en toute connaissance de cause et ait répondu de manière motivée aux éventuelles propositions des organisations syndicales. – *[Anc. art. L. 132-12-3, al. 4.]*

SECTION V **TEMPS PARTIEL**

(L. n° 2013-504 du 14 juin 2013, art. 12-I)

Art. L. 2241-13 Les organisations liées par une convention de branche ou, à défaut, par des accords professionnels ouvrent une négociation sur les modalités d'organisation du temps partiel dès lors qu'au moins un tiers de l'effectif de la branche professionnelle occupe un emploi à temps partiel.

Cette négociation porte notamment sur la durée minimale d'activité hebdomadaire ou mensuelle, le nombre et la durée des périodes d'interruption d'activité, le délai de prévenance préalable à la modification des horaires et la rémunération des heures complémentaires.

La négociation est ouverte dans les trois mois à compter du 16 juin 2013, date de promulgation de la L. n° 2013-504 du 14 juin 2013, ou dans les trois mois à compter de la date à partir de laquelle, dans les organisations liées par une convention de branche ou, à défaut, par des accords professionnels, au moins un tiers de l'effectif de la branche professionnelle occupe un emploi à temps partiel (L. préc., art. 12-IX).

CHAPITRE II **NÉGOCIATION OBLIGATOIRE EN ENTREPRISE**

Est reproduit ci-après le chapitre II dans sa rédaction issue de la L. n° 2015-994 du 17 août 2015, dont les dispositions sont entrées en vigueur, pour l'essentiel, le 1er janv. 2016. – V. l'ancien chapitre, ss. art. L. 2242-20.

Les entreprises qui, au 1er janv. 2016, sont couvertes par un accord relatif à la conciliation de la vie personnelle et de la vie professionnelle, à l'égalité professionnelle entre les femmes et les hommes, aux mesures de lutte contre les discriminations ou à l'emploi des travailleurs handicapés ne sont soumises aux obligations de négocier sur ces thèmes dans les conditions prévues à la section II du chapitre II qu'à l'expiration de cet accord, et au plus tard à compter du 31 déc. 2018 (L. n° 2015-994 du 17 août 2015, art. 19-XII).

BIBL. GÉN. ▸ Détermination du niveau de négociation : Bélier, *Dr. soc. 1983. 74.* – Despax, *BS Lefebvre 1988. 275.* – Fabre, *Dr. soc. 2015. 882* (loi du 17 août 2015. Réforme des obligations de négocier dans l'entreprise). – Humbert, *Dr. soc. 1984. 625.* – Langlois, *ibid. 1990. 603* . – Luttringer, *ibid. 1986. 145* (formation professionnelle). – Savatier, *ibid. 1995. 43* (interdiction des décisions unilatérales de l'employeur). – Soubie, *ibid. 1983. 55* (obligation de négocier) ; *ibid. 1985. 614* (accords « donnant-donnant »).

SECTION PREMIÈRE **MODALITÉS DE LA NÉGOCIATION OBLIGATOIRE**

Art. L. 2242-1 **Dans les entreprises où sont constituées une ou plusieurs sections syndicales d'organisations représentatives, l'employeur engage** *(L. n° 2015-994 du 17 août 2015, art. 19-I, en vigueur le 1er janv. 2016)* **« :**

« 1° Chaque année, une négociation sur la rémunération, le temps de travail et le partage de la valeur ajoutée dans l'entreprise ;

« 2° Chaque année, une négociation sur l'égalité professionnelle entre les femmes et les hommes et la qualité de vie au travail ;

« 3° Tous les trois ans, dans les entreprises d'au moins trois cents salariés mentionnées au premier alinéa de l'article L. 2242-13, une négociation sur la gestion des emplois et des parcours professionnels. »

A défaut d'une initiative de l'employeur depuis plus de douze mois *(L. n° 2015-994 du 17 août 2015, art. 19-I, en vigueur le 1er janv. 2016)* **« , pour chacune des deux négociations annuelles, et depuis plus de trente-six mois, pour la négociation triennale, suivant la précédente négociation ou, en cas d'accord mentionné à l'article L. 2242-20** *(L. n° 2016-1088 du 8 août 2016, art. 16)* **« ou prévu à l'article L. 2222-3 », suivant le terme de cet accord, cette négociation » s'engage obligatoirement à la demande d'une organisation syndicale représentative.**

La demande de négociation formulée par l'organisation syndicale est transmise dans les huit jours par l'employeur aux autres organisations représentatives.

Dans les quinze jours qui suivent la demande formulée par une organisation syndicale, l'employeur convoque les parties à la négociation *(Abrogé par L. n° 2015-994 du 17 août 2015, art. 19-I, à compter du 1er janv. 2016)* ***« annuelle »***. – *V. art. L. 2243-1 (pén.).*

Les dispositions issues de la L. n° 2016-1088 du 8 août 2016 s'appliquent aux accords conclus après le 9 août 2016 (L. préc., art. 16-IV).

COMMENTAIRE

V. Dalloz.fr et applications mobiles Dalloz.

1. Niveau. La négociation annuelle doit être engagée au niveau de l'entreprise, l'employeur ne pouvant exercer la faculté de l'engager par établissement ou par groupe d'établissements qu'autant qu'aucune organisation syndicale représentative dans l'établissement ou le groupe d'établissements ne s'y oppose. • Soc. 21 mars 1990, n° 88-14.794 P : *D. 1991. Somm. 155, obs. Goineau ; CSB 1990. 125, A. 27 ; RJS 1990. 291, n° 400.* ♦ V. la décision censurée : • Versailles, 7 mars 1988 : *D. 1988. Somm. 624, obs. Langlois.* ♦ Comp. • Crim. 4 déc. 1990 : *D. 1991. IR 25 ; CSB 1991. 35, A. 11 ; RJS 1991. 122, n° 225* (décision subordonnant la négociation au niveau de l'établissement à la seule condition qu'elle puisse se faire avec les représentants des organisations syndicales). • Crim. 18 nov. 1997 : *Bull. crim. n° 390 ; GADT, 4e éd., n° 158 ; D. 1998. Somm. 260, obs. Souriac-Rotschild* (décision exigeant que la négociation d'accords portant sur la modulation du temps de travail soit engagée par l'employeur avec les organisations syndicales de salariés représentatives dans l'entreprise au sens de l'art. L. 132-2 C. trav. [L. 2231-1 et L. 2231-2 nouv.]).

2. Parties à la négociation. L'employeur respecte les prescriptions légales dès lors qu'il conduit avec l'ensemble des organisations syndicales représentées dans l'entreprise des négociations, la validité de l'accord n'étant pas subordonnée à la signature de l'ensemble des organisations syndicales. • Soc. 1er juin 1994, n° 92-18.896 P : *Dr. soc. 1994. 715, obs. A. Lyon-Caen ; RJS 1994. 531, n° 884* (cassation de l'arrêt ayant annulé l'accord d'entreprise signé avec certains syndicats avant la tenue d'une troisième réunion destinée à poursuivre les négociations).

3. Durée du travail. La négociation sur la durée effective du temps de travail dans l'entreprise n'est pas indissociable en soi de la négociation sur l'aménagement du temps de travail. • Soc. 7 nov. 1990 : *D. 1990. IR 290 ; Dr. soc. 1991. 292, note Despax ; CSB 1990. 271, A. 59 ; RJS 1990. 659, n° 1004.*

4. Salaires. La négociation annuelle obligatoire sur les salaires effectifs devant concerner la situation de l'ensemble des salariés, l'employeur ne peut refuser d'inclure dans cette négociation les modifications qu'il se proposait d'apporter au calcul de la paie d'une catégorie de salariés. • Crim. 28 mars 1995 : *RJS 1995. 663, n° 1033.*

5. Le nouveau contrat collectif d'assurance qu'une société d'assurance entend mettre sur le marché, ayant pour effet de fixer le montant des salaires effectifs d'une catégorie de personnes, soulève une question relevant de la négociation obligatoire. • Soc. 28 nov. 2000, n° 98-19.594 P : *Dr. soc. 2001. 212, obs. Radé ; RJS 2001. 140, n° 212.*

6. Issue de la négociation. La clause selon laquelle « en tout état de cause, l'objectif des 35 heures sera atteint pour tous en 1985 », qui ne détermine pas à quelles conditions précises la durée du travail sera réduite et quels seront les effets de cette réduction sur le montant des rémunérations, ne constitue qu'un accord de principe ne liant pas les parties. • Soc. 19 déc. 1989, n° 88-13.388 P : *GADT, 4e éd., n° 162 ; D. 1991. 62, note Schmidt-Szalewski ; Dr. soc. 1990. 149, rapp. Waquet.*

7. Validité de l'accord conclu. Un comité d'établissement, qui n'est ni partie à un accord d'entreprise, ni de droit partie à sa négociation, n'a pas, quel que soit son intérêt à agir, qualité pour en critiquer la validité. • Soc. 1er juin 1994 : *préc. note 2.*

Art. L. 2242-2 Lors de la première réunion sont précisés :

1° Le lieu et le calendrier des réunions ;

2° Les informations que l'employeur remettra aux délégués syndicaux et aux salariés composant la délégation sur les *(L. n° 2015-994 du 17 août 2015, art. 19-I, en vigueur le 1er janv. 2016)* « thèmes prévus par la négociation qui s'engage » et la date de cette remise. *(Abrogé par L. n° 2015-994 du 17 août 2015, art. 19-I, à compter du 1er janv. 2016)* « *(L. n° 2014-873 du 4 août 2014, art. 3)* « ***Ces informations doivent permettre une analyse de la situation comparée entre les femmes et les hommes, compte tenu de la dernière mise à jour des données prévues dans les rapports prévus aux articles L. 2323-47 et L. 2323-57.*** » ***Elles font apparaître les raisons de ces situations.*** »

Art. L. 2242-3 Tant que la négociation est en cours conformément aux dispositions de la présente section, l'employeur ne peut, dans les matières traitées, arrêter de décisions unilatérales concernant la collectivité des salariés, sauf si l'urgence le justifie. – *[Anc. art. L. 132-29, al. 1er.]*

BIBL. ▶ SAVATIER, *Dr. soc. 1990. 316* (décisions unilatérales de l'employeur à défaut d'accord) ; *ibid. 1995. 43* (décisions unilatérales en cours de négociation).

COMMENTAIRE

V. Dalloz.fr et applications mobiles Dalloz.

1. Délit d'entrave. Constitue le délit d'entrave à l'exercice du droit syndical la conclusion d'un accord entre l'employeur et des institutions représentatives du personnel portant sur l'aménagement du temps de travail, matière qui relève de la négociation annuelle obligatoire, en dépit de l'existence d'une représentation syndicale dans l'entreprise. • Crim. 18 nov. 1997 : *Bull. crim. n° 390 ; GADT, 4e éd., n° 158 ; RJS 1998. 56, n° 76 ; CSB 1998. 37, A. 7.*

2. La dénonciation d'une convention collective portant notamment sur l'augmentation des rémunérations et la prime de vacances constitue une décision unilatérale qui ne peut être prise par l'employeur pendant le cours de la négociation annuelle obligatoire. • Soc. 29 juin 1994, n° 91-18.640 P : *D. 1994. IR 203 ; Dr. soc. 1995. 43, note Savatier ; JCP 1995. I. 3817, n° 7, obs. Antonmattéi ; RJS 1994. 606, n° 1022 ; CSB 1994. 269, A. 52.*

Art. L. 2242-4 Si, au terme de la négociation, aucun accord n'a été conclu, il est établi un procès-verbal de désaccord dans lequel sont consignées, en leur dernier état, les propositions respectives des parties et les mesures que l'employeur entend appliquer unilatéralement.

Ce procès-verbal donne lieu à dépôt, à l'initiative de la partie la plus diligente, dans des conditions prévues par voie réglementaire. – *[Anc. art. L. 132-29, al. 2.]*

SECTION II **NÉGOCIATION SUR LA RÉMUNÉRATION, LE TEMPS DE TRAVAIL ET LE PARTAGE DE LA VALEUR AJOUTÉE** *(L. n° 2015-994 du 17 août 2015, art. 19-II, en vigueur le 1er janv. 2016).*

COMMENTAIRE

V. Dalloz.fr et applications mobiles Dalloz.

Art. L. 2242-5 *(L. n° 2015-994 du 17 août 2015, art. 19-II, en vigueur le 1er janv. 2016)* La négociation annuelle sur la rémunération, le temps de travail et le partage de la valeur ajoutée dans l'entreprise porte sur :

1° Les salaires effectifs ;

2° La durée effective et l'organisation du temps de travail, notamment la mise en place du travail à temps partiel. Dans ce cadre, la négociation peut également porter sur la réduction du temps de travail ;

3° L'intéressement, la participation et l'épargne salariale, à défaut d'accord d'intéressement, d'accord de participation, de plan d'épargne d'entreprise, de plan d'épargne pour la mise à la retraite collectif ou d'accord de branche comportant un ou plusieurs de ces dispositifs. S'il y a lieu, la négociation porte également sur l'affectation d'une partie des sommes collectées dans le cadre du plan d'épargne pour la retraite collectif mentionné à l'article L. 3334-1 et sur l'acquisition de parts de fonds investis dans les entreprises solidaires mentionnés à l'article L. 3334-13. La même obligation incombe aux groupements d'employeurs ;

4° Le suivi de la mise en œuvre des mesures visant à supprimer les écarts de rémunération et les différences de déroulement de carrière entre les femmes et les hommes.

Cette négociation peut avoir lieu au niveau des établissements ou des groupes d'établissements distincts.

Art. L. 2242-5-1 *(L. n° 2015-1702 du 21 déc. 2015, art. 17)* L'employeur qui n'a pas rempli l'obligation définie au 1° de l'article L. 2242-5 dans les conditions prévues aux articles L. 2242-1 à L. 2242-4 est soumis à une pénalité. Si aucun manquement relatif à cette obligation n'a été constaté lors d'un précédent contrôle au cours des six années civiles précédentes, la pénalité est plafonnée à un montant équivalent à 10 % des exonérations de cotisations sociales mentionnées à l'article L. 241-13 du code de la sécurité sociale au titre des rémunérations versées chaque année où le manquement est constaté, sur une période ne pouvant excéder trois années consécutives à compter de l'année précédant le contrôle. Si au moins un manquement relatif à cette obligation a été constaté lors d'un précédent contrôle au cours des six années civiles précédentes, la pénalité est plafonnée à un montant équivalent à 100 % des exonérations de cotisations sociales mentionnées au même article L. 241-13 au titre des rémunérations versées chaque année où le manquement est constaté, sur une période ne pouvant excéder trois années consécutives comprenant l'année du contrôle.

Dans le cas où la périodicité de la négociation sur les salaires effectifs a été portée à une durée supérieure à un an en application de l'article L. 2242-20 du présent code, le premier alinéa n'est pas applicable pendant la durée fixée par l'accord. Au terme de cette durée ou si une organisation signataire a demandé que cette négociation soit engagée sans délai, lorsque l'employeur n'a pas rempli l'obligation définie au 1° de l'article L. 2242-5, dans les conditions prévues aux articles L. 2242-1 à L. 2242-4, il est fait application du premier alinéa du présent article.

Lorsque l'autorité administrative compétente constate le manquement mentionné au même premier alinéa, elle fixe le montant de la pénalité en tenant compte notamment des efforts constatés pour ouvrir les négociations, de la situation économique et financière de l'entreprise, de la gravité du manquement et des circonstances ayant conduit au manquement, dans des conditions fixées par décret.

La pénalité est recouvrée dans les conditions prévues à la section Ire du chapitre VII du titre III du livre Ier du code de la sécurité sociale.

Le produit de la pénalité est affecté au régime général de sécurité sociale, selon les mêmes modalités que celles retenues pour l'imputation de la réduction mentionnée à l'article L. 241-13 du même code.

Art. L. 2242-6 *(L. n° 2008-789 du 20 août 2008)* La négociation *(L. n° 2015-994 du 17 août 2015, art. 19-II, en vigueur le 1er janv. 2016)* « prévue à l'article L. 2242-5 » donne lieu à une information par l'employeur sur les mises à disposition de salariés auprès des organisations syndicales ou des associations d'employeurs mentionnées à l'article L. 2231-1.

Dans les entreprises qui ne sont pas soumises à *(L. n° 2015-994 du 17 août 2015, art. 19-II, en vigueur le 1er janv. 2016)* « cette obligation annuelle de négocier », l'employeur communique aux salariés qui en font la demande une information sur les mises à disposition de salariés auprès des organisations syndicales ou des associations d'employeurs mentionnées à l'article L. 2231-1.

L'art. L. 2242-9-1 devient l'art. L. 2242-6 à compter du 1er janv. 2016 (L. no 2015-994 du 17 août 2015, art. 19-II).

Art. L. 2242-7 Les accords collectifs d'entreprise sur les salaires effectifs ne peuvent être déposés auprès de l'autorité administrative, dans les conditions prévues à l'article L. 2231-6, qu'accompagnés d'un procès-verbal d'ouverture des négociations portant sur les écarts de rémunération entre les femmes et les hommes, consignant les propositions respectives des parties.

Le procès-verbal atteste que l'employeur a engagé sérieusement et loyalement les négociations. L'engagement sérieux et loyal des négociations implique que l'employeur ait convoqué à la négociation les organisations syndicales représentatives dans l'entreprise et fixé le lieu et le calendrier des réunions. L'employeur doit également leur avoir communiqué les informations nécessaires pour leur permettre de négocier en toute connaissance de cause et avoir répondu de manière motivée aux éventuelles propositions des organisations syndicales. – *[Anc. art. L. 132-27-2, al. 3.]*

L'art. L. 2242-10 devient l'art. L. 2242-7 à compter du 1er janv. 2016 (L. no 2015-994 du 17 août 2015, art. 19-II).

SECTION III **ÉGALITÉ PROFESSIONNELLE ENTRE LES FEMMES ET LES HOMMES ET QUALITÉ DE VIE AU TRAVAIL** *(L. no 2015-994 du 17 août 2015, art. 19-III, en vigueur le 1er janv. 2016).*

Les entreprises qui, au 1er janv. 2016, sont couvertes par un accord relatif à la conciliation de la vie personnelle et de la vie professionnelle, à l'égalité professionnelle entre les femmes et les hommes, aux mesures de lutte contre les discriminations ou à l'emploi des travailleurs handicapés ne sont soumises aux obligations de négocier sur ces thèmes dans les conditions prévues à la section II du chapitre II qu'à l'expiration de cet accord, et au plus tard à compter du 31 déc. 2018 (L. no 2015-994 du 17 août 2015, art. 19-XII).

BIBL. ▶ SANTORO, *Dr. soc. 2016. 49* (efficacité du droit de la négociation collective sur l'égalité hommes-femmes).

Art. L. 2242-8 *(L. no 2015-994 du 17 août 2015, art. 19-III, en vigueur le 1er janv. 2016)* La négociation annuelle sur l'égalité professionnelle entre les femmes et les hommes et la qualité de vie au travail porte sur :

1° L'articulation entre la vie personnelle et la vie professionnelle pour les salariés ;

2° Les objectifs et les mesures permettant d'atteindre l'égalité professionnelle entre les femmes et les hommes, notamment en matière de suppression des écarts de rémunération, d'accès à l'emploi, de formation professionnelle, de déroulement de carrière et de promotion professionnelle, de conditions de travail et d'emploi, en particulier pour les salariés à temps partiel, et de mixité des emplois. Cette négociation s'appuie sur les données mentionnées au 1° *bis* de l'article L. 2323-8.

Cette négociation porte également sur l'application de l'article L. 241-3-1 du code de la sécurité sociale et sur les conditions dans lesquelles l'employeur peut prendre en charge tout ou partie du supplément de cotisations.

En l'absence d'accord prévoyant les mesures prévues au présent 2°, l'employeur établit un plan d'action destiné à assurer l'égalité professionnelle entre les femmes et les hommes. Après avoir évalué les objectifs fixés et les mesures prises au cours de l'année écoulée, ce plan d'action, fondé sur des critères clairs, précis et opérationnels, détermine les objectifs de progression prévus pour l'année à venir, définit les actions qualitatives et quantitatives permettant de les atteindre et évalue leur coût. Ce plan d'action est déposé auprès de l'autorité administrative. Une synthèse de ce plan d'action, comprenant au minimum des indicateurs et des objectifs de progression définis par décret, est portée à la connaissance des salariés par l'employeur par voie d'affichage sur les lieux de travail et, éventuellement, par tout autre moyen adapté aux conditions d'exercice de l'activité de l'entreprise. Elle est également tenue à la disposition de toute personne qui la demande et publiée sur le site internet de l'entreprise lorsqu'il en existe un.

En l'absence d'accord prévoyant les mesures prévues au présent 2°, la négociation annuelle sur les salaires effectifs prévue au 1° de l'article L. 2242-5 porte également sur la programmation de mesures permettant de supprimer les écarts de rémunération et les différences de déroulement de carrière entre les femmes et les hommes ;

3° Les mesures permettant de lutter contre toute discrimination en matière de recrutement, d'emploi et d'accès à la formation professionnelle ;

4° Les mesures relatives à l'insertion professionnelle et au maintien dans l'emploi des travailleurs handicapés, notamment les conditions d'accès à l'emploi, à la formation et à la promotion professionnelles, les conditions de travail et d'emploi et les actions de sensibilisation de l'ensemble du personnel au handicap ;

5° Les modalités de définition d'un régime de prévoyance et, dans des conditions au moins aussi favorables que celles prévues à l'article **L. 911-7** du code de la sécurité sociale, d'un régime de remboursements complémentaires de frais occasionnés par une maladie, une maternité ou un accident, à défaut de couverture par un accord de branche ou un accord d'entreprise.

Dans les entreprises de travaux forestiers mentionnées au 3° de l'article **L. 722-1** du code rural et de la pêche maritime, la négociation définie au premier alinéa du présent 5° porte sur l'accès aux garanties collectives mentionnées à l'article **L. 911-2** du code de la sécurité sociale ;

6° L'exercice du droit d'expression directe et collective des salariés prévu au chapitre Ier du titre VIII du présent livre *(L. n° 2016-1088 du 8 août 2016, art. 55, en vigueur le 1er janv. 2017)* « , notamment au moyen des outils numériques disponibles dans l'entreprise ;

« 7° Les modalités du plein exercice par le salarié de son droit à la déconnexion et la mise en place par l'entreprise de dispositifs de régulation de l'utilisation des outils numériques, en vue d'assurer le respect des temps de repos et de congé ainsi que de la vie personnelle et familiale. A défaut d'accord, l'employeur élabore une charte, après avis du comité d'entreprise ou, à défaut, des délégués du personnel. Cette charte définit ces modalités de l'exercice du droit à la déconnexion et prévoit en outre la mise en œuvre, à destination des salariés et du personnel d'encadrement et de direction, d'actions de formation et de sensibilisation à un usage raisonnable des outils numériques. »

BIBL. ▶ **Droit à la déconnexion :** DE MONTVALON, *Sem. soc. Lamy 2016, n° 1743, p. 19.* – MATHIEU, PERETIE et PICAULT, *RDT. Controverse. 592* (le droit à la déconnexion : une chimère ?). – RAY, *Dr. soc. 2016. 912* ✎.

Art. L. 2242-9 *(L. n° 2010-1330 du 9 nov. 2010, art. 99-I)* Les entreprises d'au moins cinquante salariés sont soumises à une pénalité à la charge de l'employeur lorsqu'elles ne sont pas couvertes par un accord relatif à l'égalité professionnelle *(L. n° 2015-994 du 17 août 2015, art. 19-III, en vigueur le 1er janv. 2016)* « portant sur les objectifs et les mesures mentionnées *[mentionnés]* au 2° de l'article **L. 2242-8** » ou, à défaut d'accord, par les objectifs et les mesures constituant le plan d'action *(L. n° 2015-994 du 17 août 2015, art. 19-III, en vigueur le 1er janv. 2016)* « mentionné au » *(L. n° 2016-1088 du 8 août 2016, art. 18)* « même 2° ». Les modalités de suivi de la réalisation des objectifs et des mesures de l'accord et du plan d'action sont fixées par décret. *(L. n° 2012-1189 du 26 oct. 2012, art. 6)* « Dans les entreprises d'au moins 300 salariés, ce défaut d'accord est attesté par un procès-verbal de désaccord. » – *V. art. R. 2242-5 s.*

Le montant de la pénalité prévue au premier alinéa du présent article est fixé au maximum à 1 % des rémunérations et gains au sens du premier alinéa de l'article **L. 242-1** du code de la sécurité sociale et du premier alinéa de l'article **L. 741-10** du code rural et de la pêche maritime versés aux travailleurs salariés ou assimilés au cours des périodes au titre desquelles l'entreprise n'est pas couverte par l'accord ou le plan d'action mentionné au premier alinéa du présent article. Le montant est fixé par l'autorité administrative, dans des conditions prévues par décret en Conseil d'État, en fonction des efforts constatés dans l'entreprise en matière d'égalité professionnelle entre les femmes et les hommes ainsi que des motifs de sa défaillance quant au respect des obligations fixées au même premier alinéa.

Le produit de cette pénalité est affecté au fonds mentionné à l'article **L. 135-1** du code de la sécurité sociale.

L'art. L. 2242-5-1 devient l'art. L. 2242-9 à compter du 1er janv. 2016 (L. n° 2015-994 du 17 août 2015, art. 19-III).

Ces dispositions entrent en vigueur à compter du 1er janv. 2012. Pour les entreprises couvertes par un accord ou, à défaut, par un plan d'action tel que défini à l'art. L. 2242-5-1, à la date de publication de la L. nº 2010-1330 du 9 nov. 2010, ces dispositions entrent en vigueur à l'échéance de l'accord ou, à défaut d'accord, à l'échéance du plan d'action (L. préc., art. 99-IV).

V. Circ. min. du 28 oct. 2011 relative aux champ et conditions d'application de la pénalité financière (NOR ETST1129731C).

V. Circ. DGT nº 1 du 18 janv. 2013 relative aux modalités d'application des mesures législatives et réglementaires intervenues à l'automne 2012 afin de renforcer l'effectivité du droit en matière d'égalité professionnelle et salariale entre les femmes et les hommes (NOR : ETST1302066C).

BIBL. ▶ DANIEL et BAILLY, *JCP S 2011. 1409* (l'égalité professionnelle entre les femmes et les hommes : la confusion des genres). - MILLET-URSIN, *JCP S 2010. 1525* (réforme des retraites, droit des femmes et parentalité). - MINÉ, *RDT 2011. 121* (discrimination de rémunération entre les femmes et les hommes : une loi ambiguë). - PEREIRA et DEVAUX, *JCP S 2013. 1029* (égalité professionnelle entre les femmes et les hommes).

COMMENTAIRE

V. Dalloz.fr et applications mobiles Dalloz. ❑

Art. L. 2242-9-1 *(Ord. nº 2015-1628 du 10 déc. 2015, art. 5, en vigueur le 1er janv. 2016)* **L'autorité administrative se prononce sur toute demande d'appréciation de la conformité d'un accord ou d'un plan d'action aux dispositions de l'article L. 2242-9 formulée par un employeur.** *— V. art. R. 2242-9 s.*

Le silence gardé par l'autorité administrative, à l'issue d'un délai fixé par décret en Conseil d'État, vaut rejet de cette demande.

La demande mentionnée au premier alinéa n'est pas recevable dès lors que les services chargés de l'application de la législation du travail ont engagé un contrôle sur le respect des dispositions de l'article L. 2242-9. Ces services informent l'employeur par tout moyen lorsque ce contrôle est engagé.

Lorsque l'entreprise est couverte par un accord collectif en application de l'article L. 2242-8, la réponse établissant la conformité lie l'autorité administrative pour l'application de la pénalité prévue à l'article L. 2242-9 pendant la période comprise entre la date de réception de la réponse par l'employeur et le terme de la première année suivant la conclusion de l'accord ou, le cas échéant, le terme de la période résultant de l'accord mentionné à l'article L. 2242-20. Lorsque l'entreprise est couverte par un plan d'action en application des dispositions de l'article L. 2242-8, la réponse établissant la conformité lie l'autorité administrative pour l'application de la pénalité prévue à l'article L. 2242-9 pendant la période comprise entre la date de réception de la réponse par l'employeur et le terme de la première année suivant le dépôt du plan d'action.

Ces dispositions sont applicables aux accords et plans d'action mentionnés au premier alinéa de l'article L. 2242-9-1 déposés auprès de l'autorité administrative à compter du 1er janv. 2016 (Ord. nº 2015-1628 du 10 déc. 2015, art. 5-2º).

Art. L. 2242-10 **Sans préjudice des dispositions prévues à l'article** *(L. nº 2015-994 du 17 août 2015, art. 19-III, en vigueur le 1er janv. 2016)* **« L. 2242-8 », les négociations obligatoires en entreprise conduites en application du présent chapitre prennent en compte l'objectif d'égalité professionnelle entre les femmes et les hommes.** *— [Anc. art. L. 132-27-1.]*

L'art. L. 2242-6 devient l'art. L. 2242-10 à compter du 1er janv. 2016 (L. nº 2015-994 du 17 août 2015, art. 19-III).

Art. L. 2242-11 **La négociation sur l'insertion professionnelle et le maintien dans l'emploi des travailleurs handicapés se déroule sur la base d'un rapport établi par l'employeur présentant la situation par rapport à l'obligation d'emploi des travailleurs handicapés prévue par les articles L. 5212-1 et suivants.** *— [Anc. art. L. 132-27, al. 11.] — V. art. L. 2243-2 (pén.).*

L'art. L. 2242-14 devient l'art. L. 2242-11 à compter du 1er janv. 2016 (L. nº 2015-994 du 17 août 2015, art. 19-III).

Art. L. 2242-12 *(L. nº 2015-994 du 17 août 2015, art. 19-III, en vigueur le 1er janv. 2016)* **La négociation prévue à l'article L. 2242-8 peut également porter sur la préven-**

tion de la pénibilité prévue au chapitre III du titre VI du livre Ier de la quatrième partie. L'accord conclu sur ce thème dans le cadre du présent article vaut conclusion de l'accord mentionné à l'article L. 4163-3, sous réserve du respect des autres dispositions prévues au même chapitre III.

SECTION IV **GESTION DES EMPLOIS ET DES PARCOURS PROFESSIONNELS** *(L. nº 2015-994 du 17 août 2015, art. 19-IV, en vigueur le 1er janv. 2016).*

Art. L. 2242-13 Dans les entreprises et les groupes d'entreprises au sens de l'article **L. 2331-1** *(L. nº 2012-387 du 22 mars 2012, art. 43)* « d'au moins trois cents salariés », ainsi que dans les entreprises et groupes d'entreprises de dimension communautaire au sens des articles **L. 2341-1** et **L. 2341-2** comportant au moins un établissement ou une entreprise de cent cinquante salariés en France, l'employeur engage tous les trois ans *(L. nº 2013-504 du 14 juin 2013, art. 14-I)* « , notamment sur le fondement des orientations stratégiques de l'entreprise et de leurs conséquences mentionnées à l'article *(L. nº 2015-994 du 17 août 2015, art. 19-IV, en vigueur le 1er janv. 2016)* « **L. 2323-10** », une négociation *(L. nº 2015-994 du 17 août 2015, art. 19-IV, en vigueur le 1er janv. 2016)* « sur la gestion des emplois et des parcours professionnels et sur la mixité des métiers » portant sur :

1° La mise en place d'un dispositif de gestion prévisionnelle des emplois et des compétences *(Abrogé par L. nº 2015-994 du 17 août 2015, art. 19-IV, à compter du 1er janv. 2016)* « *, **sur laquelle le comité d'entreprise est informé,*** » ainsi que sur les mesures d'accompagnement susceptibles de lui être associées, en particulier en matière de formation *(L. nº 2014-288 du 5 mars 2014, art. 5-I)* « , d'abondement du compte personnel de formation » de validation des acquis de l'expérience, de bilan de compétences ainsi que d'accompagnement de la mobilité professionnelle et géographique des salariés *(L. nº 2013-504 du 14 juin 2013, art. 14-I)* « autres que celles prévues dans le cadre des articles **L. 2242-21** et **L. 2242-22** ;

« 2° Le cas échéant, les conditions de la mobilité professionnelle ou géographique interne à l'entreprise prévue à l'article **L. 2242-21**, qui doivent, en cas d'accord, faire l'objet d'un chapitre spécifique ;

« 3° Les grandes orientations à trois ans de la formation professionnelle dans l'entreprise et les objectifs du plan de formation, en particulier les catégories de salariés et d'emplois auxquels ce dernier est consacré en priorité *(L. nº 2014-288 du 5 mars 2014, art. 5-I)* « , » les compétences et qualifications à acquérir *(L. nº 2015-994 du 17 août 2015, art. 19-IV, en vigueur le 1er janv. 2016)* « pendant la période » de validité de l'accord *(L. nº 2014-288 du 5 mars 2014, art. 5-I)* « ainsi que les critères et modalités d'abondement par l'employeur du compte personnel de formation » ;

« 4° Les perspectives de recours par l'employeur aux différents contrats de travail, au travail à temps partiel et aux stages, ainsi que les moyens mis en œuvre pour diminuer le recours aux emplois précaires dans l'entreprise au profit des contrats à durée indéterminée ;

« 5° Les conditions dans lesquelles les entreprises sous-traitantes sont informées des orientations stratégiques de l'entreprise ayant un effet sur leurs métiers, l'emploi et les compétences ;

(L. nº 2015-994 du 17 août 2015, art. 19-IV, en vigueur le 1er janv. 2016) « 6° Le déroulement de carrière des salariés exerçant des responsabilités syndicales et l'exercice de leurs fonctions. »

« Un bilan est réalisé à l'échéance de l'accord. »

(Abrogé par L. nº 2015-994 du 17 août 2015, art. 19-IV, à compter du 1er janv. 2016) (L. nº 2014-288 du 5 mars 2014, art. 5-I) « ***A l'issue de la négociation prévue au présent article, à défaut d'accord, le comité d'entreprise est consulté sur les matières mentionnées aux 1º à 5º.*** »

L'art. L. 2242-15 devient l'art. L. 2242-13 à compter du 1er janv. 2016 (L. nº 2015-994 du 17 août 2015, art. 19-IV).

V. Circ. DGEFP-DRT nº 2005-47 du 30 déc. 2005 relative à l'anticipation et à l'accompagnement des restructurations.

BIBL. ▶ ANTONMATTÉI, *Dr. soc. 2006. 295* (négocier les restructurations) ; *ibid. 791* (GPEC : le renforcement de l'obligation triennale de négocier). – BÉAL, *JSL 2007, nº 220-1* (GPEC : les nouvelles difficultés). – Kesztenbaum, Dodet et Rault, *JS Lamy 2008, n° 241-1* (la GPEC : une « symphonie inachevée »). – Legrand, *Dr. soc. 2006. 330* (« GPEC »). – Ravaran, *Dr. soc. 2006. 298* (négocier les restructurations : aspects pratiques). – Rouilleault, *Dr. soc. 2007. 988* (obligation triennale de négocier). – Seiler, *Dr. soc. 2014. 1020* (la négociation collective d'entreprise sur la formation : enjeux juridiques et stratégiques). – Teyssié, *Dr. soc. 2005. 377* (négociation triennale).

COMMENTAIRE

V. Dalloz.fr et applications mobiles Dalloz.

1. GPEC et PSE. La régularité de la consultation du comité d'entreprise sur un projet de licenciement économique n'est pas subordonnée au respect préalable par l'employeur de l'obligation de consulter le comité d'entreprise sur l'évolution annuelle des emplois et des qualifications prévue par l'art. L. 2323-56 ni de celle d'engager tous les trois ans une négociation portant sur la gestion prévisionnelle des emplois et des compétences imposée par l'art. L. 2242-15. • Soc. 30 sept. 2009 : *R., p. 352 ; D. 2009. AJ 2494, obs. Ines ; ibid. 2010. Pan. 672, obs. Fabre ; RDT 2009. 715, obs. Géa ; RJS 2009. 807, n° 915 ; Dr. ouvrier 2010. 147, obs. Tillie et Katz ; JCP E 2009. 2154, obs. Béal et Terrenoire ; JS Lamy 2009, n° 264-2.*

2. Sanction pénale. L'obligation faite à l'employeur, dans les entreprises et groupes d'entreprises de trois cent salariés et plus, d'engager tous les trois ans une négociation portant sur les matières énumérées aux art. L. 2242-15, L. 2242-16 et L. 2242-19 est dépourvue de sanction pénale. • Crim. 17 déc. 2010 : *Dalloz actualité, 17 janv. 2011, obs. Perrin.*

Art. L. 2242-14 *(L. n° 2015-994 du 17 août 2015, art. 19-IV, en vigueur le 1er janv. 2016)* **La négociation mentionnée à l'article L. 2242-13 peut également porter sur le contrat de génération. L'accord conclu au titre du présent article vaut conclusion de l'accord mentionné au second alinéa de l'article L. 5121-8 et à l'article L. 5121-9, sous réserve du respect des autres dispositions prévues à la section IV du chapitre Ier du titre II du livre Ier de la cinquième partie.**

Art. L. 2242-15 La négociation prévue à l'article *(L. n° 2015-994 du 17 août 2015, art. 19-IV, en vigueur le 1er janv. 2016)* **« L. 2242-13 » peut également porter :**

1° Sur les matières mentionnées aux articles L. 1233-21 et L. 1233-22 selon les modalités prévues à ce même article ;

2° Sur la qualification des catégories d'emplois menacés par les évolutions économiques ou technologiques ;

(L. n° 2013-504 du 14 juin 2013, art. 14-II) **« 3° Sur les modalités de l'association des entreprises sous-traitantes au dispositif de gestion prévisionnelle des emplois et des compétences de l'entreprise ;**

« 4° Sur les conditions dans lesquelles l'entreprise participe aux actions de gestion prévisionnelle des emplois et des compétences mises en œuvre à l'échelle des territoires où elle est implantée. »

L'art. L. 2242-16 devient l'art. L. 2242-15 à compter du 1er janv. 2016 (L. n° 2015-994 du 17 août 2015, art. 19-IV).

1. Sanction pénale. L'obligation faite à l'employeur, dans les entreprises et groupes d'entreprises de trois cent salariés et plus, d'engager tous les trois ans une négociation portant sur les matières énumérées aux art. L. 2242-15, L. 2242-16 et L. 2242-19 est dépourvue de sanction pénale. • Crim. 17 déc. 2010 : *Dalloz actualité, 17 janv. 2011, obs. Perrin.*

2. GPEC. La recodification du code du travail en 2008 est, sauf dispositions expresses contraires, intervenue à droit constant. Dès lors, le déplacement de l'ancien art. L. 320-2 relatif notamment à la négociation sur la gestion prévisionnelle des emplois et des compétences dans le chapitre relatif à la négociation obligatoire ne peut avoir pour effet de lui rendre applicables les dispositions prévues pour la négociation annuelle obligatoire. • Soc. 26 oct. 2016, n° 14-26.935 P : *RJS 12/2016, n° 798 ; JCP S 2016. 1434, obs. Bossu.*

Art. L. 2242-16 Si un accord de groupe est conclu sur les thèmes inclus dans le champ de la négociation triennale mentionnée à l'article *(L. n° 2015-994 du 17 août 2015, art. 19-IV, en vigueur le 1er janv. 2016)* **« L. 2242-13 », les entreprises comprises dans le périmètre de l'accord de groupe sont réputées avoir satisfait aux obligations de négocier prévues par ce même article.** – *[Anc. art. L. 320-2, I, al. 2.]*

L'art. L. 2242-18 devient l'art. L. 2242-16 à compter du 1er janv. 2016 (L. nº 2015-994 du 17 août 2015, art. 19-IV).

Art. L. 2242-17 L'employeur peut engager une négociation portant sur les conditions de la mobilité professionnelle ou géographique interne à l'entreprise dans le cadre de mesures collectives d'organisation courantes sans projet de réduction d'effectifs.

Dans les entreprises et les groupes d'entreprises mentionnés à l'article *(L. nº 2015-994 du 17 août 2015, art. 19-IV, en vigueur le 1er janv. 2016)* « L. 2242-13 », les modalités de cette mobilité interne à l'entreprise s'inscrivent dans le cadre de la négociation prévue au même article.

Dans les autres entreprises et groupes d'entreprises, la négociation prévue au présent article porte également sur les évolutions prévisionnelles des emplois et des compétences et sur les mesures susceptibles de les accompagner.

L'art. L. 2242-21 devient l'art. L. 2242-17 à compter du 1er janv. 2016 (L. nº 2015-994 du 17 août 2015, art. 19-IV).

Le Gouvernement remet au Parlement un rapport dressant un bilan des accords sur la mobilité conclus au titre des art. L. 2242-21 et L. 2242-22 avant le 31 déc. 2015 (L. nº 2013-504 du 14 juin 2013, art. 15-II).

Art. L. 2242-18 L'accord issu de la négociation prévue à l'article L. 2242-17 comporte notamment :

1° Les limites imposées à cette mobilité au-delà de la zone géographique d'emploi du salarié, elle-même précisée par l'accord, dans le respect de la vie personnelle et familiale du salarié conformément à l'article L. 1121-1 ;

2° Les mesures visant à concilier la vie professionnelle et la vie personnelle et familiale et à prendre en compte les situations liées aux contraintes de handicap et de santé ;

3° Les mesures d'accompagnement à la mobilité, en particulier les actions de formation ainsi que les aides à la mobilité géographique, qui comprennent notamment la participation de l'employeur à la compensation d'une éventuelle perte de pouvoir d'achat et aux frais de transport.

Les stipulations de l'accord collectif conclu au titre de l'article *(L. nº 2015-994 du 17 août 2015, art. 19-IV, en vigueur le 1er janv. 2016)* « L. 2242-17 » et du présent article ne peuvent avoir pour effet d'entraîner une diminution du niveau de la rémunération ou de la classification personnelle du salarié et doivent garantir le maintien ou l'amélioration de sa qualification professionnelle.

L'art. L. 2242-22 devient l'art. L. 2242-18 à compter du 1er janv. 2016 (L. nº 2015-994 du 17 août 2015, art. 19-IV).

Art. L. 2242-19 L'accord collectif issu de la négociation prévue à l'article *(L. nº 2015-994 du 17 août 2015, art. 19-IV, en vigueur le 1er janv. 2016)* « L. 2242-17 » est porté à la connaissance de chacun des salariés concernés.

Les stipulations de l'accord conclu au titre des articles *(L. nº 2015-994 du 17 août 2015, art. 19-IV, en vigueur le 1er janv. 2016)* « L. 2242-17 et L. 2242-18 » sont applicables au contrat de travail. Les clauses du contrat de travail contraires à l'accord sont suspendues.

Lorsque, après une phase de concertation permettant à l'employeur de prendre en compte les contraintes personnelles et familiales de chacun des salariés potentiellement concernés, l'employeur souhaite mettre en œuvre une mesure individuelle de mobilité prévue par l'accord conclu au titre du présent article, il recueille l'accord du salarié selon la procédure prévue à l'article L. 1222-6.

Lorsqu'un ou plusieurs salariés refusent l'application à leur contrat de travail des stipulations de l'accord relatives à la mobilité interne mentionnées au premier alinéa de l'article *(L. nº 2015-994 du 17 août 2015, art. 19-IV, en vigueur le 1er janv. 2016)* « L. 2242-17 », leur licenciement repose sur un motif économique, est prononcé selon les modalités d'un licenciement individuel pour motif économique et ouvre droit aux mesures d'accompagnement et de reclassement que doit prévoir l'accord, qui adapte le champ et les modalités de mise en œuvre du reclassement interne prévu aux articles L. 1233-4 et L. 1233-4-1.

L'art. L. 2242-23 devient l'art. L. 2242-19 à compter du 1er janv. 2016 (L. no 2015-994 du 17 août 2015, art. 19-IV).

BIBL. ▶ GÉA, *RDT 2014. 760* (et maintenant des accords de maintien de l'emploi « offensifs » ?)

SECTION V **ADAPTATION DES RÈGLES DE NÉGOCIATION PAR VOIE D'ACCORD**

(L. no 2015-994 du 17 août 2015, art. 19-V, en vigueur le 1er janv. 2016)

Art. L. 2242-20 Un accord d'entreprise *(Abrogé par L. no 2016-1088 du 8 août 2016, art. 21) « signé par une ou plusieurs organisations syndicales de salariés représentatives ayant recueilli au moins 50 % des suffrages exprimés en faveur d'organisations représentatives au premier tour des élections de titulaires au comité d'entreprise ou de la délégation unique du personnel ou, à défaut, des délégués du personnel, quel que soit le nombre de votants, »* **peut modifier la périodicité de chacune des négociations prévues à l'article L. 2242-1 pour tout ou partie des thèmes, dans la limite de trois ans pour les deux négociations annuelles et de cinq ans pour la négociation triennale.** *(L. no 2016-1088 du 8 août 2016, art. 16)* **« Cette possibilité de modifier la périodicité de la négociation annuelle sur l'égalité professionnelle entre les femmes et les hommes et la qualité de vie au travail mentionnée à l'article L. 2242-8 n'est ouverte que dans les entreprises déjà couvertes par un accord sur l'égalité professionnelle ou, à défaut, par un plan d'action. »**

Dans le cas où un accord modifie la périodicité de la négociation sur les salaires effectifs définie au 1° de l'article L. 2242-5, une organisation signataire peut, au cours de la période fixée par l'accord, formuler la demande que cette négociation soit engagée. L'employeur y fait droit sans délai.

Cet accord peut adapter le nombre de négociations au sein de l'entreprise ou prévoir un regroupement différent des thèmes de négociations mentionnés au présent chapitre, à condition de ne supprimer aucun des thèmes obligatoires.

Lorsqu'un accord modifie la périodicité de la négociation sur l'égalité professionnelle définie au 2° de l'article L. 2242-8, l'entreprise remplit l'obligation prévue à l'article L. 2242-9 pendant la durée prévue par l'accord. — *V. art. L. 2243-2 (pén.).*

Les dispositions issues de l'art. 16 de la L. no 2016-1088 du 8 août 2016 s'appliquent aux accords conclus après le 9 août 2016 (L. préc., art. 16-IV).

L'abrogation des dispositions prévues par l'art. 21 de la L. no 2016-1088 du 8 août 2016 s'applique à compter du 1er janv. 2017 aux accords collectifs qui portent sur la durée du travail, les repos et les congés et, dès la publication de la loi, aux accords mentionnés à l'art. L. 2254-2. Elle s'applique à compter du 1er sept. 2019 aux autres accords collectifs, à l'exception de ceux mentionnés à l'art. L. 5125-1 (L. préc., art. 21-IX).

CHAPITRE II *[ANCIEN]* **NÉGOCIATION OBLIGATOIRE EN ENTREPRISE**

Est reproduit ci-après le chapitre II dans sa rédaction antérieure à la L. no 2015-994 du 17 août 2015, dont les dispositions entrent en vigueur, pour l'essentiel, le 1er janv. 2016. — V. le chapitre nouveau supra.

Les entreprises qui, au 1er janv. 2016, sont couvertes par un accord relatif à la conciliation de la vie personnelle et de la vie professionnelle, à l'égalité professionnelle entre les femmes et les hommes, aux mesures de lutte contre les discriminations ou à l'emploi des travailleurs handicapés ne sont soumises aux obligations de négocier sur ces thèmes dans les conditions prévues à la section II du chapitre II qu'à l'expiration de cet accord, et au plus tard à compter du 31 déc. 2018 (L. no 2015-994 du 17 août 2015, art. 19-XII).

SECTION PREMIÈRE *[ANCIENNE]* **MODALITÉS DE LA NÉGOCIATION OBLIGATOIRE**

Ancien art. L. 2242-1 ***Dans les entreprises où sont constituées une ou plusieurs sections syndicales d'organisations représentatives, l'employeur engage chaque année une négociation sur les matières prévues par le présent chapitre.***

A défaut d'une initiative de l'employeur depuis plus de douze mois suivant la précédente négociation, celle-ci s'engage obligatoirement à la demande d'une organisation syndicale représentative.

La demande de négociation formulée par l'organisation syndicale est transmise dans les huit jours par l'employeur aux autres organisations représentatives.

Dans les quinze jours qui suivent la demande formulée par une organisation syndicale, l'employeur convoque les parties à la négociation annuelle. – [Anc. art. L. 132-28, al. 1er, L. 132-27, al. 1er, phrase 1 début et phrase 3, al. 7, phrase 3, et al. 12, phrase 1.] – V. art. L. 2243-1 (pén.).

V. note ss. le titre du chapitre II [Ancien].

Ancien art. L. 2242-2 *Lors de la première réunion sont précisés :*

1° Le lieu et le calendrier des réunions ;

2° Les informations que l'employeur remettra aux délégués syndicaux et aux salariés composant la délégation sur les matières prévues par le présent chapitre et la date de cette remise. (L. n° 2014-873 du 4 août 2014, art. 3) *« Ces informations doivent permettre une analyse de la situation comparée entre les femmes et les hommes, compte tenu de la dernière mise à jour des données prévues dans les rapports prévus aux articles L. 2323-47 et L. 2323-57. » Elles font apparaître les raisons de ces situations.* – [Anc. art. L. 132-28, al. 2 à 4.]

V. note ss. le titre du chapitre II [Ancien].

Ancien art. L. 2242-3 *Tant que la négociation est en cours conformément aux dispositions de la présente section, l'employeur ne peut, dans les matières traitées, arrêter de décisions unilatérales concernant la collectivité des salariés, sauf si l'urgence le justifie.* – [Anc. art. L. 132-29, al. 1er.]

V. note ss. le titre du chapitre II [Ancien].

Ancien art. L. 2242-4 *Si, au terme de la négociation, aucun accord n'a été conclu, il est établi un procès-verbal de désaccord dans lequel sont consignées, en leur dernier état, les propositions respectives des parties et les mesures que l'employeur entend appliquer unilatéralement.*

Ce procès-verbal donne lieu à dépôt, à l'initiative de la partie la plus diligente, dans des conditions prévues par voie réglementaire. – [Anc. art. L. 132-29, al. 2.]

V. note ss. le titre du chapitre II [Ancien].

SECTION II *[ANCIENNE]* NÉGOCIATION ANNUELLE

SOUS-SECTION 1 *[ANCIENNE]* ÉGALITÉ PROFESSIONNELLE ENTRE LES FEMMES ET LES HOMMES

Ancien art. L. 2242-5 (L. n° 2014-873 du 4 août 2014, art. 4) *L'employeur engage chaque année une négociation sur les objectifs d'égalité professionnelle et salariale entre les femmes et les hommes dans l'entreprise, ainsi que sur les mesures permettant de les atteindre. Cette négociation s'appuie sur les éléments figurant dans les rapports prévus aux articles L. 2323-47 et L. 2323-57, complétés par les indicateurs contenus dans la base de données économiques et sociales mentionnées à l'article L. 2323-7-2 du présent code et par toute information qui paraît utile aux négociateurs. Cette négociation porte notamment sur les conditions d'accès à l'emploi, à la formation professionnelle et à la promotion professionnelle, sur le déroulement des carrières, les conditions de travail et d'emploi et, en particulier, celles des salariés à temps partiel, sur l'articulation entre la vie professionnelle et la vie personnelle et sur la mixité des emplois. Cette négociation porte également sur l'application de l'article L. 241-3-1 du code de la sécurité sociale et sur les conditions dans lesquelles l'employeur peut prendre en charge tout ou partie du supplément de cotisations. Elle porte enfin sur la définition et la programmation de mesures permettant de supprimer les écarts de rémunération entre les femmes et les hommes.*

Lorsqu'un accord comportant de tels objectifs et mesures est signé dans l'entreprise, l'obligation de négocier devient triennale. La mise en œuvre des mesures visant à supprimer les écarts de rémunération et les différences de déroulement de carrière entre les femmes et les hommes est suivie dans le cadre de la négociation annuelle obligatoire sur les salaires effectifs prévue à l'article L. 2242-8 du présent code.

En l'absence d'accord, la négociation annuelle obligatoire sur les salaires effectifs prévue au même article L. 2242-8 porte également sur la définition et la programmation de mesures permettant de supprimer les écarts de rémunération et les différences de déroulement de carrière entre les femmes et les hommes. – V. art. L. 2243-2 (pén.).

V. note ss. le titre du chapitre II [Ancien].

V. L. n° 2014-288 du 5 mars 2014, art. 33, App. II, D., v° Santé, hygiène et sécurité des travailleurs.

Ancien art. L. 2242-5-1 (L. n° 2010-1330 du 9 nov. 2010, art. 99-I) *Les entreprises d'au moins cinquante salariés sont soumises à une pénalité à la charge de l'employeur lorsqu'elles ne sont pas couvertes par un accord relatif à l'égalité professionnelle mentionné à l'article L. 2242-5 ou, à défaut d'accord, par les objectifs et les mesures constituant le plan d'action défini dans les rapports prévus aux articles L. 2323-47 et L. 2323-57. Les modalités de suivi de la réalisation des objectifs et des mesures de l'accord et du plan d'action sont fixées par décret.* (L. n° 2012-1189 du 26 oct. 2012, art. 6) « *Dans les entreprises d'au moins 300 salariés, ce défaut d'accord est attesté par un procès-verbal de désaccord.* » — V. art. R. 2242-5 s.

Le montant de la pénalité prévue au premier alinéa du présent article est fixé au maximum à 1 % des rémunérations et gains au sens du premier alinéa de l'article L. 242-1 du code de la sécurité sociale et du premier alinéa de l'article L. 741-10 du code rural et de la pêche maritime versés aux travailleurs salariés ou assimilés au cours des périodes au titre desquelles l'entreprise n'est pas couverte par l'accord ou le plan d'action mentionné au premier alinéa du présent article. Le montant est fixé par l'autorité administrative, dans des conditions prévues par décret en Conseil d'État, en fonction des efforts constatés dans l'entreprise en matière d'égalité professionnelle entre les femmes et les hommes ainsi que des motifs de sa défaillance quant au respect des obligations fixées au même premier alinéa.

Le produit de cette pénalité est affecté au fonds mentionné à l'article L. 135-1 du code de la sécurité sociale.

V. note ss. le titre du chapitre II [Ancien].

Ancien art. L. 2242-6 *Sans préjudice des dispositions prévues à l'article L. 2242-5, les négociations obligatoires en entreprise conduites en application du présent chapitre prennent en compte l'objectif d'égalité professionnelle entre les femmes et les hommes.* — [Anc. art. L. 132-27-1.]

V. note ss. le titre du chapitre II [Ancien].

Ancien art. L. 2242-7 (L. n° 2014-873 du 4 août 2014, art. 4) *A défaut d'initiative de l'employeur, la négociation s'engage dans les quinze jours suivant la demande d'une des organisations syndicales de salariés représentatives dans l'entreprise, au sens de l'article L. 2231-1.*

V. note ss. le titre du chapitre II [Ancien].

SOUS-SECTION 2 *[ANCIENNE]* SALAIRES ET DURÉE DU TRAVAIL

Ancien art. L. 2242-8 *Chaque année, l'employeur engage une négociation annuelle obligatoire portant sur :*

1° Les salaires effectifs ;

2° La durée effective et l'organisation du temps de travail, notamment la mise en place du travail à temps partiel (L. n° 2008-1249 du 1er déc. 2008, art. 4) « *ou l'augmentation de la durée du travail* » *à la demande des salariés.*

Cette négociation peut également porter sur la formation ou la réduction du temps de travail. — [Anc. art. L. 132-27, al. 1er, phrase 1 fin et phrase 2 fin.] — V. art. L. 2243-2 (pén.).

V. note ss. le titre du chapitre II [Ancien].

V. L. n° 2014-288 du 5 mars 2014, art. 33, App. II, D., v° Santé, hygiène et sécurité des travailleurs.

Ancien art. L. 2242-9 *La négociation annuelle est l'occasion d'un examen par les parties de l'évolution de l'emploi dans l'entreprise, et notamment :*

1° Du nombre des contrats de travail à durée déterminée, des missions de travail temporaire, du nombre des journées de travail effectuées par les intéressés ;

2° Des prévisions annuelles ou pluriannuelles d'emploi établies dans l'entreprise. — [Anc. art. L. 132-27, al. 1er, phrase 2.] — V. art. L. 2243-2 (pén.).

V. note ss. le titre du chapitre II [Ancien].

Ancien art. L. 2242-9-1 (L. n° 2008-789 du 20 août 2008) *La négociation annuelle donne lieu à une information par l'employeur sur les mises à disposition de salariés auprès des organisations syndicales ou des associations d'employeurs mentionnées à l'article L. 2231-1.*

Dans les entreprises qui ne sont pas soumises à l'obligation annuelle de négocier prévue à l'article L. 2242-1, l'employeur communique aux salariés qui en font la demande une information sur les mises à disposition de salariés auprès des organisations syndicales ou des associations d'employeurs mentionnées à l'article L. 2231-1.

V. note ss. le titre du chapitre II [Ancien].

Ancien art. L. 2242-10 *Les accords collectifs d'entreprise sur les salaires effectifs ne peuvent être déposés auprès de l'autorité administrative, dans les conditions prévues à l'article L. 2231-6,* *qu'accompagnés d'un procès-verbal d'ouverture des négociations portant sur les écarts de rémunération entre les femmes et les hommes, consignant les propositions respectives des parties.*

Le procès-verbal atteste que l'employeur a engagé sérieusement et loyalement les négociations. L'engagement sérieux et loyal des négociations implique que l'employeur ait convoqué à la négociation les organisations syndicales représentatives dans l'entreprise et fixé le lieu et le calendrier des réunions. L'employeur doit également leur avoir communiqué les informations nécessaires pour leur permettre de négocier en toute connaissance de cause et avoir répondu de manière motivée aux éventuelles propositions des organisations syndicales. — [Anc. art. L. 132-27-2, al. 3.]

V. note ss. le titre du chapitre II [Ancien].

SOUS-SECTION 3 *[ANCIENNE]* PROTECTION SOCIALE COMPLÉMENTAIRE DES SALARIÉS *(L. n° 2013-504 du 14 juin 2013, art. 1er-IV).*

Ancien art. L. 2242-11 *Lorsque les salariés ne sont pas couverts par un accord de branche ou par un accord d'entreprise définissant les modalités d'un régime de prévoyance* (L. n° 2013-504 du 14 juin 2013, art. 1er-IV) *« et, dans des conditions au moins aussi favorables que celles prévues à l'article L. 911-7 du code de la sécurité sociale, d'un régime de remboursements complémentaires de frais occasionnés par une maladie, une maternité ou un accident* [ancienne rédaction : maladie] *», l'employeur engage chaque année une négociation sur ce thème.*

Dans ces entreprises, comportant des établissements ou groupes d'établissements distincts, cette négociation peut avoir lieu au niveau de ces établissements ou groupes d'établissements.

Dans les entreprises de travaux forestiers mentionnées au 3° de l'article L. 722-1 du code rural et de la pêche maritime, la négociation prévue aux premier et deuxième alinéas porte sur l'accès aux garanties collectives mentionnées à l'article L. 911-2 du code de la sécurité sociale. — [Anc. art. L. 132-27, al. 3, 4 et 9.] — V. art. L. 2243-2 (pén.).

V. note ss. le titre du chapitre II [Ancien].

SOUS-SECTION 4 *[ANCIENNE]* INTÉRESSEMENT, PARTICIPATION ET ÉPARGNE SALARIALE

Ancien art. L. 2242-12 *Lorsque les salariés ne sont pas couverts par un accord d'intéressement, un accord de participation, un plan d'épargne d'entreprise, un plan d'épargne pour la mise à la retraite collectif ou par un accord de branche comportant un ou plusieurs de ces dispositifs, l'employeur engage, chaque année, une négociation à cette fin.*

L'employeur engage également chaque année, s'il y a lieu, une négociation sur l'affectation d'une partie des sommes collectées dans le cadre du plan d'épargne pour la retraite collectif mentionné à l'article L. 3334-1 et à l'acquisition de parts des fonds solidaires mentionnés à l'article L. 3334-13. La même obligation incombe aux groupements d'employeurs. — [Anc. art. L. 132-27, al. 5.] — V. art. L. 2243-2 (pén.).

V. note ss. le titre du chapitre II [Ancien].

SOUS-SECTION 5 *[ANCIENNE]* TRAVAILLEURS HANDICAPÉS

Ancien art. L. 2242-13 *L'employeur engage, chaque année, une négociation sur les mesures relatives à l'insertion professionnelle et au maintien dans l'emploi des travailleurs handicapés.*

La négociation porte notamment sur :

1° Les conditions d'accès à l'emploi, à la formation et à la promotion professionnelles ;

2° Les conditions de travail et d'emploi ;

3° Les actions de sensibilisation au handicap de l'ensemble du personnel de l'entreprise.

Lorsqu'un accord collectif comportant de telles mesures est signé dans l'entreprise, la périodicité de la négociation est portée à trois ans. — [Anc. art. L. 132-27, al. 10 et al. 12, phrase 2.] — V. art. L. 2243-2 (pén.).

V. note ss. le titre du chapitre II [Ancien].

Ancien art. L. 2242-14 *La négociation sur l'insertion professionnelle et le maintien dans l'emploi des travailleurs handicapés se déroule sur la base d'un rapport établi par l'employeur présentant la situation par rapport à l'obligation d'emploi des travailleurs handicapés prévue par les articles L. 5212-1 et suivants.* — [Anc. art. L. 132-27, al. 11.] — V. art. L. 2243-2 (pén.).

V. note ss. le titre du chapitre II [Ancien].

SECTION III *[ANCIENNE]* NÉGOCIATION TRIENNALE

SOUS-SECTION 1 *[ANCIENNE]* GESTION PRÉVISIONNELLE DES EMPLOIS ET PRÉVENTION DES CONSÉQUENCES DES MUTATIONS ÉCONOMIQUES

La sous-section unique devient la sous-section 1 (L. n° 2013-504 du 14 juin 2013, art. 15-I-1°).

Ancien art. L. 2242-15 *Dans les entreprises et les groupes d'entreprises au sens de l'article L. 2331-1* (L. n° 2012-387 du 22 mars 2012, art. 43) *« d'au moins trois cents salariés », ainsi que dans les entreprises et groupes d'entreprises de dimension communautaire au sens des articles L. 2341-1 et L. 2341-2 comportant au moins un établissement ou une entreprise de cent cinquante salariés en France, l'employeur engage tous les trois ans* (L. n° 2013-504 du 14 juin 2013, art. 14-I) *« , notamment sur le fondement des orientations stratégiques de l'entreprise et de leurs conséquences mentionnées à l'article L. 2323-7-1, » une négociation portant sur :*

(Abrogé par L. n° 2013-504 du 14 juin 2013, art. 14-I) *« 1° Les modalités d'information et de consultation du comité d'entreprise sur la stratégie de l'entreprise ainsi que ses effets prévisibles sur l'emploi et sur les salaires ; »*

1° La mise en place d'un dispositif de gestion prévisionnelle des emplois et des compétences, sur laquelle le comité d'entreprise est informé, ainsi que sur les mesures d'accompagnement susceptibles de lui être associées, en particulier en matière de formation (L. n° 2014-288 du 5 mars 2014, art. 5-I) *« , d'abondement du compte personnel de formation », de validation des acquis de l'expérience, de bilan de compétences ainsi que d'accompagnement de la mobilité professionnelle et géographique des salariés* (L. n° 2013-504 du 14 juin 2013, art. 14-I) *« autres que celles prévues dans le cadre des articles L. 2242-21 et L. 2242-22 ;* — Le 2° devient le 1° (L. n° 2013-504 du 14 juin 2013, art. 14-I-3°).

« 2° Le cas échéant, les conditions de la mobilité professionnelle ou géographique interne à l'entreprise prévue à l'article L. 2242-21, qui doivent, en cas d'accord, faire l'objet d'un chapitre spécifique ;

« 3° Les grandes orientations à trois ans de la formation professionnelle dans l'entreprise et les objectifs du plan de formation, en particulier les catégories de salariés et d'emplois auxquels ce dernier est consacré en priorité (L. n° 2014-288 du 5 mars 2014, art. 5-I) *« , » les compétences et qualifications à acquérir pour les trois années de validité de l'accord* (L. n° 2014-288 du 5 mars 2014, art. 5-I) *« ainsi que les critères et modalités d'abondement par l'employeur du compte personnel de formation » ;*

« 4° Les perspectives de recours par l'employeur aux différents contrats de travail, au travail à temps partiel et aux stages, ainsi que les moyens mis en œuvre pour diminuer le recours aux emplois précaires dans l'entreprise au profit des contrats à durée indéterminée ;

« 5° Les conditions dans lesquelles les entreprises sous-traitantes sont informées des orientations stratégiques de l'entreprise ayant un effet sur leurs métiers, l'emploi et les compétences.

« Un bilan est réalisé à l'échéance de l'accord. »

(L. n° 2014-288 du 5 mars 2014, art. 5-I) *« A l'issue de la négociation prévue au présent article, à défaut d'accord, le comité d'entreprise est consulté sur les matières mentionnées aux 1° à 5°. »*

V. note ss. le titre du chapitre II [Ancien].

Ancien art. L. 2242-16 *La négociation prévue à l'article L. 2242-15 peut également porter :*

1° Sur les matières mentionnées aux articles L. 1233-21 et L. 1233-22 selon les modalités prévues à ce même article ;

2° Sur la qualification des catégories d'emplois menacés par les évolutions économiques ou technologiques ;

(L. n° 2013-504 du 14 juin 2013, art. 14-II) *« 3° Sur les modalités de l'association des entreprises sous-traitantes au dispositif de gestion prévisionnelle des emplois et des compétences de l'entreprise ;*

« 4° Sur les conditions dans lesquelles l'entreprise participe aux actions de gestion prévisionnelle des emplois et des compétences mises en œuvre à l'échelle des territoires où elle est implantée. »

V. note ss. le titre du chapitre II [Ancien].

Ancien art. L. 2242-17 Abrogé par L. n° 2010-1657 du 29 déc. 2010, art. 199-I.

Ancien art. L. 2242-18 *Si un accord de groupe est conclu sur les thèmes inclus dans le champ de la négociation triennale mentionnée à l'article L. 2242-15, les entreprises comprises dans le périmètre de l'accord de groupe sont réputées avoir satisfait aux obligations de négocier prévues par ce même article.* — [Anc. art. L. 320-2, I, al. 2.]

V. note ss. le titre du chapitre II [Ancien].

Ancien art. L. 2242-19 *Dans les entreprises* (L. n° 2012-387 du 22 mars 2012, art. 43) *« d'au moins trois cents salariés », ainsi que dans les entreprises mentionnées aux articles L. 2331-1 et L. 2341-3, employant ensemble* (L. n° 2012-387 du 22 mars 2012, art. 43) *« au moins trois cents salariés », la négociation sur la gestion prévisionnelle des emplois et la prévention des conséquences des mutations économiques prévue aux articles L. 2242-15 et L. 2242-16* (L. n° 2013-185 du 1er mars 2013) *« peut également porter sur le contrat de génération. L'accord conclu au titre de la présente sous-section vaut conclusion de l'accord mentionné au 1° de l'article L. 5121-8 et à l'article L. 5121-9, sous réserve du respect des dispositions prévues à la section IV du chapitre Ier du titre II du livre Ier de la cinquième partie. »* – V. art. L. 2243-2 (pén.).

V. note ss. le titre du chapitre II [Ancien].

Ancien art. L. 2242-20 (L. n° 2008-789 du 20 août 2008) *Dans les entreprises* (L. n° 2012-387 du 22 mars 2012, art. 43) *« d'au moins trois cents salariés », ainsi que dans les entreprises mentionnées aux articles L. 2331-1 et L. 2341-3 employant* (L. n° 2012-387 du 22 mars 2012, art. 43) *« au moins trois cents salariés », la négociation prévue à l'article L. 2242-15 porte également sur le déroulement de carrière des salariés exerçant des responsabilités syndicales et l'exercice de leurs fonctions.*

V. note ss. le titre du chapitre II [Ancien].

SOUS-SECTION 2 *[ANCIENNE]* MOBILITÉ INTERNE

(L. n° 2013-504 du 14 juin 2013, art. 15-I)

BIBL. ► ANTONMATTÉI, *Dr. soc. 2013. 794* ✎. – AUZERO, *RDT 2013. 179* ✎. – BACH, *JCP S 2013. 1370.* – BÉAL, *JCP S 2013. 1428.* – BORENFREUND, *RDT 2013. 316* ✎ (refus du salarié et mobilité interne). – FAVENNEC-HÉRY, *Sem. soc. Lamy 2013, n° 1592, p. 47.* – FRÈREJACQUES, *Sem. soc. Lamy 2013, n° 1592, p. 49.* – KRIVINE, *Sem. soc. Lamy 2013, n° 1492, p. 53.* – LOEVENBRUCK et LOKIEC, *Sem. soc. Lamy 2013, n° 1587, p. 5.* – MARQUET DE VASSELOT, *JCP S 2013. 1262.* – MORAND, *Sem. soc. Lamy 2013, n° 1592, p. 35.* – VACHET, *Sem. soc. Lamy 2013, n° 1570, p. 7.* – VERKINDT, *JCP S 2013. 1261.*

Ancien art. L. 2242-21 *L'employeur peut engager une négociation portant sur les conditions de la mobilité professionnelle ou géographique interne à l'entreprise dans le cadre de mesures collectives d'organisation courantes sans projet de réduction d'effectifs.*

Dans les entreprises et les groupes d'entreprises mentionnés à l'article L. 2242-15, les modalités de cette mobilité interne à l'entreprise s'inscrivent dans le cadre de la négociation prévue au même article.

Dans les autres entreprises et groupes d'entreprises, la négociation prévue au présent article porte également sur les évolutions prévisionnelles des emplois et des compétences et sur les mesures susceptibles de les accompagner.

Le Gouvernement remet au Parlement un rapport dressant un bilan des accords sur la mobilité conclus au titre des art. L. 2242-21 et L. 2242-22 avant le 31 déc. 2015 (L. n° 2013-504 du 14 juin 2013, art. 15-II).

V. note ss. le titre du chapitre II [Ancien].

Ancien art. L. 2242-22 *L'accord issu de la négociation prévue à l'article L. 2242-21 comporte notamment :*

1° Les limites imposées à cette mobilité au-delà de la zone géographique d'emploi du salarié, elle-même précisée par l'accord, dans le respect de la vie personnelle et familiale du salarié conformément à l'article L. 1121-1 ;

2° Les mesures visant à concilier la vie professionnelle et la vie personnelle et familiale et à prendre en compte les situations liées aux contraintes de handicap et de santé ;

3° Les mesures d'accompagnement à la mobilité, en particulier les actions de formation ainsi que les aides à la mobilité géographique, qui comprennent notamment la participation de l'employeur à la compensation d'une éventuelle perte de pouvoir d'achat et aux frais de transport.

Les stipulations de l'accord collectif conclu au titre de l'article L. 2242-21 et du présent article ne peuvent avoir pour effet d'entraîner une diminution du niveau de la rémunération ou de la classification personnelle du salarié et doivent garantir le maintien ou l'amélioration de sa qualification professionnelle.

V. note ss. le titre du chapitre II [Ancien].

Ancien art. L. 2242-23 *L'accord collectif issu de la négociation prévue à l'article L. 2242-21 est porté à la connaissance de chacun des salariés concernés.*

Les stipulations de l'accord conclu au titre des articles L. 2242-21 et L. 2242-22 sont applicables au contrat de travail. Les clauses du contrat de travail contraires à l'accord sont suspendues.

Lorsque, après une phase de concertation permettant à l'employeur de prendre en compte les contraintes personnelles et familiales de chacun des salariés potentiellement concernés, l'employeur souhaite mettre en œuvre une mesure individuelle de mobilité prévue par l'accord conclu au titre du présent article, il recueille l'accord du salarié selon la procédure prévue à l'article L. 1222-6.

Lorsqu'un ou plusieurs salariés refusent l'application à leur contrat de travail des stipulations de l'accord relatives à la mobilité interne mentionnées au premier alinéa de l'article L. 2242-21, leur licenciement repose sur un motif économique, est prononcé selon les modalités d'un licenciement individuel pour motif économique et ouvre droit aux mesures d'accompagnement et de reclassement que doit prévoir l'accord, qui adapte le champ et les modalités de mise en œuvre du reclassement interne prévu aux articles L. 1233-4 et L. 1233-4-1.

V. note ss. le titre du chapitre II [Ancien].

BIBL. ▸ GÉA, *RDT 2014. 760* (et maintenant des accords de maintien de l'emploi « offensifs » ?)

CHAPITRE III **DISPOSITIONS PÉNALES**

Art. L. 2243-1 **Le fait de se soustraire aux obligations prévues à l'article L. 2242-1, relatives à la convocation des parties à la négociation** *(Abrogé par L. n° 2015-994 du 17 août 2015, art. 19-VI, à compter du 1er janv. 2016)* **« *annuelle* » et à l'obligation périodique de négocier, est puni d'un emprisonnement d'un an et d'une amende de 3 750 €.** — *[Anc. art. L. 153-2.]*

Le comportement de l'employeur au cours des réunions consacrées à la négociation n'entre pas dans les prévisions de l'art. L. 153-2 [L. 2243-1 nouv.]. • Crim. 4 oct. 1989 : *D. 1990. Somm. 166, obs. A. Lyon-Caen ; Dr. soc. 1990. 154, note Savatier.*

Art. L. 2243-2 **Le fait de se soustraire aux obligations prévues aux articles** *(L. n° 2015-994 du 17 août 2015, art. 19-VI, en vigueur le 1er janv. 2016)* **« L. 2242-1 et L. 2242-20 » est puni d'un emprisonnement d'un an et d'une amende de 3 750 €.** — *[Anc. art. L. 153-2.]*

BIBL. ▸ PUECH, *Dr. soc. 1984. 49.* - SAVATIER, *ibid. 1990. 154.* - SOUBIE, *ibid. 1983. 55.*

TITRE CINQUIÈME **ARTICULATION DES CONVENTIONS ET ACCORDS**

COMMENTAIRE

V. Dalloz.fr et applications mobiles Dalloz.

CHAPITRE PREMIER **RAPPORTS ENTRE CONVENTIONS OU ACCORDS ET LOIS ET RÈGLEMENTS**

COMMENTAIRE

V. Dalloz.fr et applications mobiles Dalloz.

Art. L. 2251-1 **Une convention ou un accord peut comporter des stipulations plus favorables aux salariés que les dispositions légales en vigueur. Ils ne peuvent déroger aux dispositions qui revêtent un caractère d'ordre public.** — *[Anc. art. L. 132-4.]*

BIBL. ▸ ALIPRANTIS, *Rev. int. dr. comp. 1987. 7* (conflits de conventions collectives). - BOCQUILLON, *Dr. soc. 2001. 255* (principe de faveur). - BONNECHÈRE, *Dr. ouvrier 1988. 171* (ordre public et flexibilité). - CHALARON, *Dr. trav., juin 1996* (maintien des avantages acquis). - CHEVILLARD, *Dr. soc. 1993. 363* (notion de disposition plus favorable). - FAVOREU, *D. 1995. Chron. 160* (dispositions à caractère rétroactif). - LAULOM et MERLEY, *RDT 2009. 219* (la fabrication du principe de faveur). - G. LYON-CAEN, *Dr. soc. 1973. 89* (ordre public). - MORAND, *ibid. 1990. 776* (ordre public et transfert conventionnel des contrats de travail). - PHILBERT, *CSB 1994. 59* (suppression d'un avantage). - POIRIER, *Dr. soc. 1995. 885* (clause dérogatoire *in pejus*). - PRÉTOT, *RJS 1994. 819* (principes généraux du droit et accords dérogatoires). - RADÉ, *Dr. soc.*

1996. 37 (droit de grève et négociation collective). – Souriac-Rotschild, *ibid. 1996. 395* (contrôle de la légalité interne).

COMMENTAIRE

V. Dalloz.fr et applications mobiles Dalloz.

1. Existence d'un concours. Si, en cas de concours de dispositions légales et conventionnelles, les avantages qu'elles instituent ne peuvent se cumuler, c'est à la condition qu'ils aient le même objet et la même cause. • Soc. 6 oct. 2010 : *D. 2010. AJ 2436 ; RJS 2010. 844, n° 943.* ♦ Peuvent ainsi se cumuler l'avantage consistant en une majoration d'indemnité de congés payés en fonction de l'ancienneté du salarié et la cinquième semaine de congés payés instituée par Ord. 16 janv. 1982. • Même arrêt.

2. Principe de faveur. Constitue un principe fondamental du droit du travail le principe selon lequel une convention collective de travail peut contenir des dispositions plus favorables que celles des lois et règlements. • Cons. const. 25 juill. 1989 : *Dr. soc. 1989. 627 ; ibid. 701, note Prétot.* ♦ Il est loisible au législateur, après avoir défini les droits et obligations touchant aux conditions de travail ou aux relations de travail, de laisser aux employeurs et aux salariés ou à leurs organisations représentatives le soin de préciser, après une concertation appropriée, les modalités concrètes de mise en œuvre des normes qu'il édicte. • Même décision. – V. aussi • Cons. const. 6 nov. 1996, n° 96-383 DC : *GADT, 4e éd., n° 157 ; Dr. soc. 1997. 25, note Morin ; RJS 1996. 833, n° 1296.* ♦ En faveur de la reconnaissance d'un principe général du droit : • CE, ass., 8 juill. 1994 : *RJS 1994. 840, n° 1386, note Prétot.* ♦ Si le principe de faveur constitue un principe fondamental du droit du travail au sens de l'article 34 de la Constitution, dont il appartient au législateur de déterminer le contenu et la portée, il ne résulte d'aucune disposition législative antérieure à la Constitution de 1946 et ne saurait, dès lors, être regardé comme un principe fondamental reconnu par les lois de la République au sens du Préambule de la Constitution de 1946. • Soc. 29 janv. 2014 : *Dalloz actualité, 19 févr. 2014, obs. Peyronnet.*

3. Une convention collective ne saurait légalement déroger ni aux dispositions qui, par leurs termes mêmes, présentent un caractère impératif, ni aux principes fondamentaux énoncés dans la Constitution ou aux règles du droit interne – ou, le cas échéant, international –, lorsque ces principes ou règles débordent le domaine du droit du travail ou intéressent des avantages ou garanties échappant, par leur nature, aux rapports conventionnels. • CE, avis, 22 mars 1973 : *Dr. soc. 1973. 514.* ♦ V. aussi • Soc. 25 nov. 1992 : *Dr. soc. 1993. 63* (inopposabilité aux salariés des clauses moins favorables que le droit local d'Alsace-Moselle).

4. Illustration. Sont illicites les clauses : supprimant l'indemnité de préavis. • Soc. 28 janv. 1970 : *JCP 1970. II. 16365, note Groutel.* ♦ ... Prévoyant une indemnité de licenciement moins avantageuse que l'indemnité légale. • Soc. 14 févr. 1980 : *Bull. civ. V, n° 149.* ♦ ... Limitant la liberté d'établissement des listes de candidats aux élections de délégués du personnel. • Soc. 27 oct. 1982 : *Bull. civ. V, n° 590.* ♦ ... Réduisant les temps de repos fixés par décret. • Crim. 9 mars 1982 : *D. 1983. IR 200, obs. Vachet.* ♦ ... Modifiant la compétence d'agents publics. • CE 29 déc. 1995 : *RJS 1996. 177, n° 298.*

5. Sur l'affirmation du caractère d'ordre public absolu de l'art. L. 423-16, dans sa rédaction due à la loi du 20 déc. 1993, V. • Soc. 8 nov. 1994 : *D. 1995. Somm. 354, obs. Frossard ; Dr. soc. 1995. 68, obs. Cohen ; RJS 1994. 843, n° 1393* (doit être cassé le jugement décidant que les élections des délégués du personnel se dérouleraient chaque année sur le fondement de la convention collective jugée plus favorable).

6. Une demande soumise à un conseil de prud'hommes ne peut être déclarée par celui-ci irrecevable au motif de l'absence de saisine préalable par le salarié d'un organisme institué par une disposition conventionnelle, le recours à un tel organisme constituant pour le salarié, même s'il est prévu en matière disciplinaire, une simple faculté qui ne le prive pas du droit de saisir directement la juridiction normalement compétente. • Soc. 14 mars 1973 : *Dr. soc. 1973. 438, obs. Savatier.* – V. déjà • Soc. 27 avr. 1964 : *Dr. soc. 1966. 629, note Hébraud.* ♦ La stipulation conventionnelle selon laquelle aucun licenciement pour faute grave ne peut intervenir sans que soit saisie une commission constitue une garantie de fond pour le salarié ; aussi le licenciement intervenu sans que la commission ait statué ne peut avoir de cause réelle et sérieuse. • Soc. 23 mars 1999 : *RJS 1999. 407, n° 657 ; Dr. soc. 1999. 634, obs. J. Savatier.*

7. Une absence de courte durée, sans autorisation, ne traduit pas la volonté du salarié de démissionner, peu important à cet égard les termes de la convention collective. • Soc. 4 févr. 1981 : *Bull. civ. V, n° 102.* – V. aussi : • Soc. 18 déc. 1975 : *D. 1976. 210, note Pélissier.*

8. Méthode de comparaison. La détermination de la clause la plus favorable doit être effectuée en tenant compte des intérêts de l'ensemble des salariés et non de ceux de l'un d'entre eux. • Soc. 25 janv. 1984 : *Bull. civ. V, n° 33.* ♦ Pour une illustration de la méthode de comparaison analytique, V. not. • Soc. 6 juill. 1983 : *Bull. civ. V, n° 416* • 22 oct. 1984 : *ibid., n° 396*

• 14 avr. 1988 : *ibid., n° 236.* ♦ Comp. : • Soc. 25 janv. 1984 : *préc.,* affirmant que la comparaison doit être effectuée globalement par référence à l'ensemble des clauses relatives à une même catégorie d'avantages.

9. La détermination du régime le plus favorable doit résulter d'une appréciation globale avantage par avantage et non pas pour chaque salarié pris individuellement, le fait que l'accord national du 10 déc. 1997 ait acquis un caractère législatif étant sur ce point indifférent. • Soc. 17 janv. 1996, n° 93-20.066 P : *D. 1996. IR 66 ; Dr. soc. 1996. 643, obs. Barthélémy ; RJS 1996. 172, n° 290.*

10. La suppression de la moitié de la prime semestrielle étant compensée par une prime sur les résultats et cette suppression ayant en outre pour contrepartie le maintien des salariés dans leur emploi menacé, sauf à eux à opter pour un départ volontaire, l'accord était plus favorable aux salariés. • Soc. 19 févr. 1997, n° 94-45.286 P : *D. 1997. IR 75 ; Dr. soc. 1997. 432, obs. Couturier ; CSB 1997. 133, A. 24.*

11. Modifications législatives. Les lois modifiant pour l'avenir les textes relatifs aux conventions collectives n'abrogent pas les conventions conclues antérieurement selon les dispositions alors en vigueur. • Soc. 3 févr. 1971 : *Bull. civ. V, n° 72* • 17 oct. 1974 : *ibid., n° 482.* ♦ Les dispositions d'ordre public sont immédiatement applicables. • Soc. 6 juill. 1983 : *Bull. civ. V, n° 416* • 27 févr. 1986 : *JS UIMM 1986. 300* • 18 mars 1986 : *Bull. civ. V, n° 95* (application immédiate de la loi du 12 juill. 1977 relative au congé parental). ♦ La seule application d'une loi ne peut constituer un avantage acquis lorsqu'elle vient à être modifiée. • Soc. 3 mars 1993 : *RJS 1993. 245, n° 405.*

12. La clause qui, en reproduisant l'ancien art. R. 420-1, prévoyait un nombre de délégués supérieur à celui fixé par les nouvelles dispositions subsiste par l'effet de l'accord des parties. • Soc. 22 oct. 1984 : *Bull. civ. V, n° 396.*

13. Dès lors que des congés supplémentaires liés à l'ancienneté ont été fixés par la convention collective des grands magasins du 31 janv. 1973 en fonction de la durée des congés légaux applicable à cette date, les salariés, s'ils avaient la faculté de choisir le régime qui leur était globalement le plus favorable, ne pouvaient cumuler les congés légaux fixés par l'ord. du 16 janv. 1982 avec les congés liés à l'ancienneté. • Cass., ass. plén., 26 avr. 1991, n° 90-40.222 P : *JCP E 1991. II. 216, concl. Don Graziani.*

CHAPITRE II RAPPORTS ENTRE ACCORDS DE BRANCHE OU PROFESSIONNELS ET ACCORDS COUVRANT UN CHAMP TERRITORIAL OU PROFESSIONNEL PLUS LARGE

BIBL. ▸ SOURIAC, *Dr. soc. 2004. 579* (articulation des niveaux de négociation). – VACHET, *Dr. soc. 2009. 896*.

COMMENTAIRE

V. *Dalloz.fr et applications mobiles Dalloz.*

Art. L. 2252-1 Une convention de branche ou un accord professionnel ou interprofessionnel peut comporter des stipulations moins favorables aux salariés que celles qui leur sont applicables en vertu d'une convention ou d'un accord couvrant un champ territorial ou professionnel plus large, sauf si cette convention ou cet accord stipule expressément qu'on ne peut y déroger en tout ou partie.

Lorsqu'une convention ou un accord de niveau supérieur à la convention ou à l'accord intervenu est conclu, les parties adaptent les stipulations de la convention ou accord antérieur moins favorables aux salariés si une stipulation de la convention ou de l'accord de niveau supérieur le prévoit expressément. — *[Anc. art. L. 132-13.]*

COMMENTAIRE

V. *Dalloz.fr et applications mobiles Dalloz.*

CHAPITRE III RAPPORTS ENTRE ACCORDS D'ENTREPRISE OU D'ÉTABLISSEMENT ET ACCORDS COUVRANT UN CHAMP TERRITORIAL OU PROFESSIONNEL PLUS LARGE

Art. L. 2253-1 Une convention ou un accord d'entreprise ou d'établissement peut adapter les stipulations des conventions de branche ou des accords professionnels ou interprofessionnels applicables dans l'entreprise aux conditions particulières de celle-ci ou des établissements considérés.

Une convention ou un accord peut également comporter des stipulations nouvelles et des stipulations plus favorables aux salariés. — *[Anc. art. L. 132-23, al. 1er.]*

COMMENTAIRE

V. Dalloz.fr et applications mobiles Dalloz.

1. *Dérogation intraconventionnelle et application dans le temps.* Un accord collectif d'entreprise, même conclu postérieurement à l'entrée en vigueur de la loi du 4 mai 2004, ne peut déroger par des clauses moins favorables à une convention collective de niveau supérieur conclue antérieurement à cette date, à moins que les signataires de la convention n'en aient disposé autrement. • Soc. 9 mars 2011 : *D. 2011. Actu. 887, obs. Ines ; RDT 2011. 324, obs. Nadal ; Dr. soc. 2011. 731, obs. Antonmattéi ; JS Lamy 2011, n° 298-35, obs. Gardair-Rérolle ; JCP S 2011. 1245, obs. Pagnerre.* ♦ Un accord de branche relatif à l'aménagement et à la réduction du temps de travail, applicable antérieurement à l'entrée en vigueur de la L. n° 2004-391 du 4 mai 2004, peut valablement prévoir qu'il ne remet pas en cause les accords d'entreprise conclus avant son extension. • Soc. 15 avr. 2015, n° 13-18.032 : *Dalloz actualité, 19 mai 2015 ; JS Lamy 2015, n° 390-3, obs. Hautefort ; RJS 7/2015, n° 510.*

I. MÉTHODE D'APPRÉCIATION DU CARACTÈRE PLUS FAVORABLE

2. *Avantages en concours.* En cas de concours de conventions collectives, les avantages ayant le même objet ou la même cause ne peuvent, sauf stipulations contraires, se cumuler, le plus favorable d'entre eux pouvant seul être accordé. • Cass., ass. plén., 18 mars 1988 : *GADT, 4e éd., n° 179 ; D. 1989. 221, note Chauchard ; Dr. ouvrier 1988. 518, note Ballet* (non-cumul entre une indemnité spéciale de licenciement accordée par une convention régionale du notariat et des avantages supplémentaires accordés par la convention nationale).

3. En cas de concours d'instruments conventionnels collectifs, les avantages ayant le même objet ou la même cause ne peuvent, sauf stipulations contraires, se cumuler, le plus favorable d'entre eux pouvant seul être accordé ; aussi peuvent se cumuler les jours de récupération, qui sont acquis par le salarié au titre d'un accord d'aménagement et de réduction du temps de travail et représentent la contrepartie des heures de travail qu'il a exécutées en sus de l'horaire légal ou de l'horaire convenu, qui n'ont ni la même cause ni le même objet que les congés payés d'ancienneté auxquels il a droit, en sus de ses congés légaux annuels. • Cass., ass. plén., 24 oct. 2008 : *RDT 2009. 43, obs. Véricel ; ibid. 114, obs. Nadal ; RJS 2008. 994, n° 1200 ; Sem. soc. Lamy 2008, n° 1376, p. 13.*

4. *Avantages issus d'une convention collective et d'un contrat de travail.* Si, en cas de concours de stipulations contractuelles et de dispositions conventionnelles, les avantages qu'elles instituent ne peuvent se cumuler, c'est à la condition qu'ils aient le même objet et la même cause. • Soc. 13 juin 2012 : *Dalloz actualité, 17 juill. 2012, obs. Ines ; D. 2012. Actu. 1622 ; RJS 2012. 630, n° 726 ; JS Lamy 2012, n° 326-2, obs. Hautefort ; JCP S 2012. 1397, obs. Bossu.*

5. *Avantage issu d'une convention collective et d'un usage.* Les avantages prévus par un usage d'entreprise et les dispositions conventionnelles qui ont le même objet ne se cumulent pas. • Soc. 4 nov. 2015, n° 14-11.172 P : *RDT 2016. 188, obs. Véricel ; JCP S 2015. 1010, obs. d'Allende.*

6. *Méthode analytique.* En faveur de la méthode analytique de comparaison des avantages concurrents, V. • Soc. 8 juill. 1980 : *D. 1981. IR 131, obs. Langlois* • 3 juin 1982 : *Bull. civ. V, n° 357* • 27 févr. 1986 : *ibid., n° 50* • 30 avr. 1987 (3 arrêts) : *ibid., n° 245* • 14 avr. 1988 : *ibid., n° 236.* ♦ Comp., antérieurement, pour une appréciation globale des avantages en concours : • Soc. 12 juin 1963 : *JCP 1963. II. 13357, note Camerlynck ; Dr. soc. 1963. 419, obs. Savatier.*

7. *Cas particuliers des accords « donnant-donnant ».* La suppression de la moitié de la prime semestrielle étant compensée par une prime sur les résultats et cette suppression ayant en outre pour contrepartie le maintien des salariés dans leur emploi menacé, sauf à eux à opter pour un départ volontaire, l'accord était plus favorable aux salariés. • Soc. 19 févr. 1997, n° 94-45.286 P : *D. 1997. IR 75 ; Dr. soc. 1997. 432, obs. Couturier ; CSB 1997. 133, A. 24.*

8. *Appréciation globale des intérêts en cause.* La détermination de la clause la plus favorable doit être effectuée en tenant compte des intérêts de l'ensemble des salariés et non de ceux de l'un d'entre eux. • Soc. 25 janv. 1984 : *Bull. civ. V, n° 33.* ♦ La détermination du caractère plus avantageux doit être appréciée globalement pour l'ensemble du personnel, avantage par avantage. • Soc. 18 janv. 2000, n° 96-44.578 P : *D. 2000. IR 43 ; RJS 2000. 204, n° 307.*

II. ILLUSTRATIONS

9. *Accords de prévoyance.* Un accord d'entreprise prévoyant l'adhésion de l'employeur à un régime de prévoyance plus favorable que celui de l'accord national interprofessionnel du 10 déc. 1977 sur la mensualisation se substitue entièrement à ce dernier. • Soc. 17 oct. 1991 : *Dr. soc. 1992. 450, note Barthélémy. Contra* : l'accord national interprofessionnel du 10 déc. 1977 ayant acquis un caractère législatif, un accord collectif peut y déroger dans un sens plus favorable ; la détermination du régime le plus favorable doit alors résulter d'une appréciation globale avantage par avantage. • Soc. 17 janv. 1996, n° 93-20.066 P : *D. 1996. IR 66 ; Dr. soc. 1996. 643, obs. Barthélémy ; RJS 1996. 172, n° 290.*

10. Obligation de non-concurrence. Une convention d'établissement qui impose directement aux salariés une obligation de non-concurrence sans contrepartie pécuniaire, alors que la convention collective ne prévoit que la possibilité pour l'employeur d'incorporer aux contrats de travail une clause de non-concurrence, comporte une clause moins favorable aux salariés, et ne doit pas recevoir application. • Soc. 17 févr. 1993 : *CSB 1993. 99, A. 23.*

11. Accords maintenus en vigueur. Le fait qu'un accord d'entreprise antérieur à une convention collective nationale et non révisé dans les conditions prévues par cette convention soit demeuré en vigueur ne fait pas obstacle à ce que soient applicables les dispositions de la convention nationale rendues obligatoires par un arrêté d'extension, dans la mesure où ces dispositions étaient plus favorables aux salariés que celles de l'accord d'entreprise. • Soc. 7 oct. 1997 : *RJS 1997. 781, n° 1266* • 19 nov. 1997, n° 95-40.280 P : *GADT, 4e éd., n° 166 ; RJS 1998. 55, n° 75 ; JCP 1998. II. 10043, note Rousseau* (substitution immédiate de la clause la plus favorable). ♦ Comp., lorsque l'objet des avantages est différent : • Soc. 16 mars 1989 : *Bull. civ. V, n° 225 ; D. 1990. Somm. 163, obs. Rotschild-Souriac* • 24 juin 1992 : *RJS 1992. 631, n° 1135.*

12. La clause de la convention collective instaurant un collège électoral particulier pour les démonstrateurs est moins favorable que les dispositions de l'art. L. 421-2 [L. 2312-8 nouv.], dès lors que celles-ci consacrent leur intégration dans la communauté de travail et dans l'entité du grand magasin. • Cass., ass. plén., 6 juill. 1990 : *D. 1990. IR 196 ; Dr. soc. 1990. 867, concl. Dontenwille .*

III. APPLICATION AUX AUTRES CONFLITS ENTRE NORMES

13. Concours avec un usage. A le supposer établi, un usage prend fin par l'effet de l'existence d'une convention collective plus récente. • Soc. 8 déc. 1982 : *D. 1983. IR 103* • 14 nov. 1984 : *JCP 1985. IV. 31.* Rappr. : • Soc. 11 déc. 1985 : *Dr. soc. 1986. 907, note Déprez* (primauté de la convention sur un usage antérieur plus favorable). ♦ Comp. : • Soc. 12 avr. 1995 : *Dr. soc. 1995. 684, obs. Dockès* (faisant prévaloir l'engagement unilatéral de l'employeur pris dans le cadre d'un document intitulé « règlement de préretraite » sur la modification du règlement de retraite moins favorable au salarié). ♦ Mais dès lors qu'une convention collective ne contient aucune disposition spécifique sur une matière relevant d'un usage, cet accord collectif n'a pu remettre en cause l'usage préexistant. • Soc. 9 juill. 1996, n° 93-40.865 P : *D. 1996. IR 216 ; Dr. soc. 1996. 983, obs. Savatier ; CSB 1996. 325, A. 65.*

14. Seul un accord collectif conclu dans le champ d'application géographique de l'usage ou dans un champ plus large peut le remettre en cause. • Soc. 8 avr. 2010 : *RDT 2010. 450, obs. Boulmier ; RJS 6/2010, n° 536 ; JCP S 2010.1274, obs. Dumont.*

Loi n° 2004-391 du 4 mai 2004,

Relative à la formation professionnelle tout au long de la vie et au dialogue social.

Art. 45 La valeur hiérarchique accordée par leurs signataires aux conventions et accords conclus avant l'entrée en vigueur de la présente loi demeure opposable aux accords de niveaux inférieurs.

Cette disposition n'est pas applicable aux conventions et accords conclus en application des dispositions du livre Ier de la troisième partie du code du travail qui prévoient la conclusion d'un accord d'entreprise ou d'établissement ou, à défaut, d'une convention ou d'un accord de branche (L. n° 2016-1088 du 8 août 2016, art. 8-XIV).

Art. L. 2253-2 Lorsqu'une convention de branche ou un accord professionnel ou interprofessionnel vient à s'appliquer dans l'entreprise postérieurement à la conclusion de conventions ou d'accords d'entreprise ou d'établissement négociés conformément au présent livre, les stipulations de ces derniers sont adaptées en conséquence. — *[Anc. art. L. 132-23, al. 2.]*

Art. L. 2253-3 En matière de salaires minima, de classifications, de garanties collectives complémentaires mentionnées à l'article L. 912-1 du code de la sécurité sociale *(L. n° 2016-1088 du 8 août 2016, art. 24)* « , de prévention de la pénibilité prévue au titre VI du livre Ier de la quatrième partie, d'égalité professionnelle entre les femmes et les hommes mentionnée à l'article L. 2241-3 » et de mutualisation des fonds de la formation professionnelle, une convention ou un accord d'entreprise ou d'établissement ne peut comporter des clauses dérogeant à celles des conventions de branche ou accords professionnels ou interprofessionnels.

Dans les autres matières, la convention ou l'accord d'entreprise ou d'établissement peut comporter des stipulations dérogeant en tout ou en partie à celles qui lui sont applicables en vertu d'une convention ou d'un accord couvrant un champ territorial ou professionnel plus large, sauf si cette convention ou cet accord en dispose autrement.

Sur la jurisprudence relative aux clauses de désignation, V. notes ss. art. L. 912-1 CSS.

COMMENTAIRE

V. Dalloz.fr et applications mobiles Dalloz.

Art. L. 2253-4 Sans préjudice des dispositions de l'article L. 2253-3, les clauses salariales d'une convention ou d'un accord d'entreprise ou d'établissement peuvent prévoir des modalités particulières d'application des majorations de salaires décidées par les conventions de branche ou les accords professionnels ou interprofessionnels applicables dans l'entreprise.

Toutefois, d'une part, l'augmentation de la masse salariale totale doit être au moins égale à l'augmentation qui résulterait de l'application des majorations accordées par les conventions ou accords précités pour les salariés concernés, d'autre part, les salaires minima hiérarchiques doivent être respectés. – *[Anc. art. L. 132-24.]*

CHAPITRE III *BIS* RAPPORTS ENTRE LES ACCORDS DE GROUPE, LES ACCORDS INTERENTREPRISES, LES ACCORDS D'ENTREPRISE ET LES ACCORDS D'ÉTABLISSEMENT

(L. n° 2016-1088 du 8 août 2016, art. 23)

Art. L. 2253-5 Lorsqu'un accord conclu dans tout ou partie d'un groupe le prévoit expressément, ses stipulations se substituent aux stipulations ayant le même objet des conventions ou accords conclus antérieurement ou postérieurement dans les entreprises ou les établissements compris dans le périmètre de cet accord.

Art. L. 2253-6 Lorsqu'un accord conclu au niveau de l'entreprise le prévoit expressément, ses stipulations se substituent aux stipulations ayant le même objet des conventions ou accords conclus antérieurement ou postérieurement dans les établissements compris dans le périmètre de cet accord.

Art. L. 2253-7 Lorsqu'un accord conclu au niveau de plusieurs entreprises le prévoit expressément, ses stipulations se substituent aux stipulations ayant le même objet des conventions ou accords conclus antérieurement ou postérieurement dans les entreprises ou les établissements compris dans le périmètre de cet accord.

CHAPITRE IV RAPPORTS ENTRE CONVENTIONS ET ACCORDS COLLECTIFS DE TRAVAIL ET CONTRAT DE TRAVAIL

COMMENTAIRE

V. Dalloz.fr et applications mobiles Dalloz.

Art. L. 2254-1 Lorsqu'un employeur est lié par les clauses d'une convention ou d'un accord, ces clauses s'appliquent aux contrats de travail conclus avec lui, sauf stipulations plus favorables. – *[Anc. art. L. 135-2.]*

BIBL. ▶ ANCEL, *RDT 2016. 240* (articulation du contrat de travail et des accords collectifs au regard de la force obligatoire du contrat). – BENAMARA-BOUAZIZ, *Dr. ouvrier 1990. 12* (interprétation des conventions collectives). – BUY, *Sem. soc. Lamy 1983, n° 174, p. 24* (conseil de prud'hommes et application des conventions collectives). – CAMERLYNCK, *Dr. soc. 1960. 628* (renonciation du salarié). – DOCKÈS, *Dr. soc. 1993. 826* (avantage individuel acquis). – FROUIN, *RJS 1996. 137* (interprétation des conventions collectives). – HAFSAOUI et OCHI, *Sem. soc. Lamy 2016, n° 1732* (Baroud d'honneur pour l'article L. 2254-1 ?). – MORAND, *Dr. soc. 2009. 900*. – JEAMMAUD, *RDT 2016. 228* (incidence de l'accord collectif sur le contrat de travail). – VACHET, *JCP E 1992. I. 186* (interprétation des conventions collectives).

COMMENTAIRE

V. *Dalloz.fr et applications mobiles Dalloz* .

I. APPLICATION AUX CONTRATS DE TRAVAIL

1. *Indifférence de l'affiliation syndicale.* L'application d'une convention collective est indépendante de l'affiliation syndicale des salariés. • Soc. 25 janv. 1968 : *Bull. civ. V, n° 60.*

2. *Maintien conventionnel des avantages individuels acquis.* Le maintien des avantages acquis prévu par la clause doit s'entendre des avantages ayant effectivement bénéficié dans le passé au salarié. • Soc. 31 mars 1998, n° 95-43.670 P : *RJS 1998. 401, n° 621 ; D. 1998. IR 123 ; Dr. soc. 1998. 732, obs. Jeammaud .* ♦ En indiquant que les « avantages prévus à la présente convention ne pourraient être la cause de la caducité des avantages individuels acquis antérieurement », la convention vise seulement les avantages ayant leur fondement dans le contrat de travail et non les avantages collectifs consentis par une convention collective expressément annulée. • Soc. 20 janv. 1971 : *Bull. civ. V, n° 36.* ♦ Les dispositions d'un protocole d'accord prévoyant le maintien des avantages résultant de conventions locales ou d'accords d'entreprise ne concernent que les salariés en fonctions au moment de la signature de ce protocole. • Soc. 10 oct. 1995 : *Dr. soc. 1995. 1045 ; RJS 1995. 730, n° 1153.* ♦ Une clause de maintien des avantages acquis ne peut concerner le droit aux indemnités de préavis et de licenciement qui ne naissent qu'au moment de la rupture du contrat de travail et qui ne peuvent constituer un avantage individuel acquis. • Soc. 5 juin 1996 : *RJS 1996. 678, n° 1065.* ♦ A la date d'entrée en vigueur d'une nouvelle convention, le droit d'un salarié à un mode de calcul de la retenue faite en cas de service non fait, postérieurement à cette entrée en vigueur, est un droit simplement éventuel et non ouvert qui n'a donc pas le caractère d'un avantage acquis. • Soc. 18 févr. 1997 : *RJS 1997. 463, n° 714.* ♦ V. aussi notes ss. anc. art. L. 2261-13.

II. APPLICATION DES DISPOSITIONS PLUS FAVORABLES DES CONTRATS DE TRAVAIL

BIBL. Langlois, *Ét. offertes à G. Lyon-Caen, 1989, p. 243* (application de la disposition la plus favorable). ♦ Avantages acquis : Boubli, *Sem. soc. Lamy 1996, n° 802* (convention ou accord collectif et usage). – Camerlynck, *Dr. soc. 1959. 406* (clause de maintien des avantages acquis). – Chalaron, *Dr. trav., juin 1996* (maintien des avantages acquis). – Chevillard, Fabre, Gatumel, Lagoutte et Morand, *JCP E 1993. I. 307.* – Déprez, *Dr. soc. 1990. 426* (révocation d'avantages acquis devant le comité d'entreprise). – Despax, *ibid. 156.* – Langlois, *ibid. 1986. 881.* – Rodière, *ibid. 873.*

A. SITUATIONS CONCERNÉES

3. *Existence de dispositions conventionnelles.* L'art. L. 135-2 [L. 2254-1 nouv.] ne fait pas obstacle à ce que des accords particuliers interviennent sur des questions laissées en dehors du champ conventionnel. • Soc. 11 déc. 1990 : *D. 1991. IR 24 ; RJS 1991. 120, n° 223.* ♦ Ainsi, si l'annexe applicable à une catégorie professionnelle déterminée d'une convention collective prévoit la possibilité d'une clause de non-concurrence, il ne s'en déduit pas qu'une telle clause ne peut être imposée à un salarié d'une autre catégorie. • Même arrêt. ♦ *Contra*, sur ce point : • Soc. 12 nov. 1997 : *RJS 1997. 841, n° 1367.*

4. *Existence de dispositions contractuelles concurrentes.* Lorsque le statut d'un salarié dans l'entreprise résulte exclusivement de dispositions conventionnelles, les modifications régulièrement apportées à ces dispositions s'imposent, sauf clause contraire, à lui, sans qu'il puisse prétendre au maintien des droits acquis. • Soc. 30 mars 1994 : *Dr. soc. 1994. 521, obs. Ray.* – V. déjà : • Soc. 17 mars 1993 : *GADT, 4e éd., n° 164 ; Dr. soc. 1993. 464* • 16 nov. 1993, n° 90-43.233 P : *D. 1993. IR 259 ; Dr. soc. 1994. 53 ; RJS 1993. 25, n° 3.*

5. *Détermination conventionnelle d'un élément de rémunération.* Dès lors que les modalités de calcul d'un élément de rémunération ne résultent pas du contrat de travail mais de la convention collective, doivent être seules appliquées les stipulations de celle-ci. • Soc. 25 mars 2009 : *RJS 2009. 493, n° 563 ; JCP S 2009. 1282, obs. Drai.*

B. RÈGLEMENT DES CONCOURS

6. *Non-cumul des avantages issus d'une convention collective et d'un contrat de travail.* Si, en cas de concours de stipulations contractuelles et de dispositions conventionnelles, les avantages qu'elles instituent ne peuvent se cumuler, c'est à la condition qu'ils aient le même objet et la même cause. • Soc. 13 juin 2012 : *Dalloz actualité, 17 juill. 2012, obs. Ines ; RJS 2012. 630, n° 726 ; JS Lamy 2012, n° 326-2, obs. Hautefort.*

1° CARACTÈRE D'ORDRE PUBLIC DU PRINCIPE DE FAVEUR

7. *Nullité de la renonciation.* Doit être cassé l'arrêt qui, pour débouter une salariée de sa demande, relève qu'informée par l'employeur que celui-ci ne pourrait la conserver à son service s'il devait lui verser le salaire prévu par la convention récemment étendue, elle avait accepté en connaissance de cause d'être payée à ses conditions habituelles de rémunération plutôt que d'être licenciée. • Soc. 3 mars 1988 : *Bull. civ. V, n° 161 ; GADT, 4e éd., n° 161 ; D. 1988. Somm. 324, obs. Langlois.* – V. aussi • Soc. 6 juill. 1994, n° 90-45.206 P : *JCP 1995. II. 22365, concl. Chauvy ; CSB 1994. 271, A. 53* • 7 nov. 1995 : *RJS 1995. 785, n° 1223.*

8. En l'absence d'une modification de l'accord d'entreprise, un employeur ne peut, quel que soit le nombre de salariés ayant accepté sa proposition, imposer à un salarié une modification des conditions de versement de la prime de fin d'année telles qu'elles avaient été fixées par un accord d'entreprise. • Soc. 13 mai 1982 : *Bull. civ. V, n° 305.*

9. Illicéité d'une note de service dérogatoire. La note de service intervenue en violation des dispositions d'un accord d'entreprise constitue une voie de fait autorisant le juge des référés à déclarer nulles et de nul effet les dispositions de cette note de service. • Soc. 11 mai 1988 : *Dr. ouvrier 1989. 28.*

2° OBJET DU PRINCIPE DE FAVEUR

10. Application de la convention collective. Dès leur entrée en vigueur, les dispositions plus favorables de la convention collective se substituent de plein droit à celles des contrats de travail dans les entreprises relevant de son champ d'application. • Soc. 20 févr. 1986 : *Bull. civ. V, n° 35* • 19 nov. 1997 : *GADT, 4e éd., n° 166 ; D. 1998. IR 5 ; Dr. soc. 1998. 12, note Savatier ; TPS 1998, n° 12* (raccourcissement de la durée de la période d'essai). ♦ Est nulle la clause d'un contrat de travail moins favorable au salarié que la convention collective. • Soc. 30 mars 1995, n° 93-12.947 P : *Dr. soc. 1995. 502 ; RJS 1995. 785, n° 1223.*

11. Application du contrat plus favorable. Les clauses plus favorables contenues dans un contrat de travail écartent celles moins favorables d'une convention collective. • Soc. 23 févr. 1977 : *Bull. civ. V, n° 132* • 15 oct. 1981 : *Bull. civ. V, n° 793* • 22 mars 1995, n° 93-40.793 P : *RJS 1995. 358, n° 539.* ♦ Un accord collectif ne peut modifier le contrat de travail en sorte qu'un salarié est en droit de demander l'application des dispositions contractuelles plus favorables. • Soc. 25 févr. 1998 : *RJS 1998. 313, n° 497* • 13 nov. 2001, n° 99-42.978 P : *RJS 2002. 35, n° 12.* ♦ Mais dès l'instant que chaque salarié a accepté une réduction d'une prime en contrepartie d'un jour et demi de congé supplémentaire, cet avantage résultant d'un accord de volonté s'est incorporé au contrat de travail et subsiste malgré l'entrée en vigueur d'un accord collectif moins favorable. • Soc. 22 mars 1995 : *préc.*

Art. L. 2254-2 *(L. n° 2016-1088 du 8 août 2016, art. 22)* **I. — Lorsqu'un accord d'entreprise est conclu en vue de la préservation ou du développement de l'emploi, ses stipulations se substituent de plein droit aux clauses contraires et incompatibles du contrat de travail, y compris en matière de rémunération et de durée du travail.**

Lorsque l'employeur envisage d'engager des négociations relatives à la conclusion d'un accord mentionné au premier alinéa du présent I, il transmet aux organisations syndicales de salariés toutes les informations nécessaires à l'établissement d'un diagnostic partagé entre l'employeur et les organisations syndicales de salariés.

L'accord mentionné au même premier alinéa comporte un préambule indiquant notamment les objectifs de l'accord en matière de préservation ou de développement de l'emploi. Par dérogation au second alinéa de l'article L. 2222-3-3, l'absence de préambule entraîne la nullité de l'accord.

L'accord mentionné au premier alinéa du présent I ne peut avoir pour effet de diminuer la rémunération mensuelle du salarié.

Dans les entreprises dépourvues de délégué syndical, cet accord peut être négocié et conclu par des représentants élus mandatés par une ou plusieurs organisations syndicales de salariés représentatives dans les conditions prévues aux articles L. 2232-21 et L. 2232-21-1 ou, à défaut, par un ou plusieurs salariés mandatés mentionnés à l'article L. 2232-24.

II. — Le salarié peut refuser la modification de son contrat de travail résultant de l'application de l'accord mentionné au premier alinéa du I du présent article. Ce refus doit être écrit.

Si l'employeur engage une procédure de licenciement à l'encontre du salarié ayant refusé l'application de l'accord mentionné au même premier alinéa, ce licenciement repose sur un motif spécifique qui constitue une cause réelle et sérieuse et est soumis aux seules modalités et conditions définies aux articles L. 1233-11 à L. 1233-15 applicables au licenciement individuel pour motif économique ainsi qu'aux articles L. 1234-1 à L. 1234-20. La lettre de licenciement comporte l'énoncé du motif spécifique sur lequel repose le licenciement.

L'employeur est tenu de proposer, lors de l'entretien préalable, le bénéfice du dispositif d'accompagnement mentionné à l'article L. 2254-3 à chaque salarié dont il envisage le licenciement. Lors de cet entretien, l'employeur informe le salarié par écrit du motif spécifique mentionné au deuxième alinéa du présent II et sur lequel repose la rupture en cas d'acceptation par celui-ci du dispositif d'accompagnement.

L'adhésion du salarié au parcours d'accompagnement personnalisé mentionné à l'article L. 2254-3 emporte rupture du contrat de travail.

Cette rupture du contrat de travail, qui ne comporte ni préavis ni indemnité compensatrice de préavis, ouvre droit à l'indemnité prévue à l'article L. 1234-9 et à toute indemnité conventionnelle qui aurait été due en cas de licenciement au terme du préavis ainsi que, le cas échéant, au solde de ce qu'aurait été l'indemnité compensatrice de préavis en cas de licenciement et après défalcation du versement de l'employeur mentionné à l'article L. 2254-6.

Les régimes social et fiscal applicables à ce solde sont ceux applicables aux indemnités compensatrices de préavis.

Un décret définit les délais de réponse du salarié à la proposition de l'employeur mentionnée au troisième alinéa du présent II ainsi que les conditions dans lesquelles le salarié adhère au parcours d'accompagnement personnalisé. — *V. art. D. 2254-4 s.*

III. — L'accord mentionné au premier alinéa du I du présent article précise :

1° Les modalités selon lesquelles est prise en compte la situation des salariés invoquant une atteinte disproportionnée à leur vie personnelle ou familiale ;

2° Les modalités d'information des salariés sur son application et son suivi pendant toute sa durée.

L'accord peut prévoir les conditions dans lesquelles fournissent des efforts proportionnés à ceux demandés aux autres salariés :

— les dirigeants salariés exerçant dans le périmètre de l'accord ;

— les mandataires sociaux et les actionnaires, dans le respect des compétences des organes d'administration et de surveillance.

L'accord peut prévoir les conditions dans lesquelles les salariés bénéficient d'une amélioration de la situation économique de l'entreprise à l'issue de l'accord.

Afin d'assister dans la négociation les délégués syndicaux ou, à défaut, les élus ou les salariés mandatés mentionnés au dernier alinéa du I, un expert-comptable peut être mandaté :

a) Par le comité d'entreprise, dans les conditions prévues à l'article L. 2325-35 ;

b) Dans les entreprises ne disposant pas d'un comité d'entreprise :

— par les délégués syndicaux ;

— à défaut, par les représentants élus mandatés ;

— à défaut, par les salariés mandatés.

Le coût de l'expertise est pris en charge par l'employeur.

Un décret définit la rémunération mensuelle mentionnée à l'avant-dernier alinéa du I du présent article et les modalités selon lesquelles les salariés sont informés et font connaître, le cas échéant, leur refus de voir appliquer l'accord à leur contrat de travail. — *V. art. D. 2254-1 s.*

IV. — Par dérogation au premier alinéa de l'article L. 2222-4, l'accord est conclu pour une durée déterminée. A défaut de stipulation de l'accord sur sa durée, celle-ci est fixée à cinq ans.

V. — Un bilan de l'application de l'accord est effectué chaque année par les signataires de l'accord.

BIBL. ▶ BAUGARD et GRATTON, *Dr. soc. 2016. 745* (accords de préservation ou de développement de l'emploi : premier regard conventionnel et constitutionnel). – BÉAL, *Sem. soc. Lamy 2016, n° 1743, p. 14.* – FILIPETTO, *RDT 2016. 415* (accords de préservation ou de développement de l'emploi).

Art. L. 2254-3 *(L. n° 2016-1088 du 8 août 2016, art. 22)* Le salarié qui l'accepte en application de l'article L. 2254-2 bénéficie d'un parcours d'accompagnement personnalisé, qui débute par une phase de pré-bilan, d'évaluation des compétences et d'orientation professionnelle en vue de l'élaboration d'un projet professionnel. Ce parcours, dont les modalités sont précisées par décret, comprend notamment des mesures d'accompagnement et d'appui au projet professionnel, ainsi que des périodes de formation et de travail.

L'accompagnement personnalisé est assuré par Pôle emploi, dans des conditions prévues par décret.

Art. L. 2254-4 *(L. nº 2016-1088 du 8 août 2016, art. 22)* Le bénéficiaire du dispositif d'accompagnement mentionné à l'article L. 2254-3 est placé sous le statut de stagiaire de la formation professionnelle et perçoit, pendant une durée maximale de douze mois, une allocation supérieure à celle à laquelle le salarié aurait pu prétendre au titre de l'allocation d'assurance mentionnée à l'article L. 5422-1 pendant la même période.

Le salaire de référence servant au calcul de cette allocation est le salaire de référence retenu pour le calcul de l'allocation d'assurance du régime d'assurance chômage mentionnée au même article L. 5422-1.

Pour bénéficier de cette allocation, le bénéficiaire doit justifier d'une ancienneté d'au moins douze mois à la date de rupture du contrat de travail.

Le montant de cette allocation ainsi que les conditions dans lesquelles les règles de l'assurance chômage s'appliquent aux bénéficiaires du dispositif, en particulier les conditions d'imputation de la durée d'exécution de l'accompagnement personnalisé sur la durée de versement de l'allocation d'assurance mentionnée à l'article L. 5422-1, sont définis par décret.

Art. L. 2254-5 *(L. nº 2016-1088 du 8 août 2016, art. 22)* L'employeur contribue au financement du dispositif d'accompagnement mentionné à l'article L. 2254-3 par un versement représentatif de l'indemnité compensatrice de préavis, dans la limite de trois mois de salaire majoré de l'ensemble des cotisations et contributions obligatoires afférentes. Ce versement est fait auprès de Pôle emploi, qui recouvre cette contribution pour le compte de l'État.

La détermination du montant de ce versement et son recouvrement, effectué selon les règles et sous les garanties et sanctions mentionnées au premier alinéa de l'article L. 5422-16, sont assurés par Pôle emploi. Les conditions d'exigibilité de ce versement sont précisées par décret.

Art. L. 2254-6 *(L. nº 2016-1088 du 8 août 2016, art. 22)* Lorsque l'employeur n'a pas proposé le dispositif d'accompagnement en application de l'article L. 2254-3, Pôle emploi le propose au salarié. Dans ce cas, l'employeur verse à Pôle emploi, qui la recouvre pour le compte de l'État, une contribution égale à deux mois de salaire brut, portée à trois mois lorsque son ancien salarié adhère au dispositif d'accompagnement mentionné à l'article L. 2254-3 sur proposition de Pôle emploi.

La détermination du montant de cette contribution et son recouvrement, effectué selon les règles et sous les garanties et sanctions mentionnées au premier alinéa de l'article L. 5422-16, sont assurés par Pôle emploi. Les conditions d'exigibilité de cette contribution sont précisées par décret.

TITRE SIXIÈME **APPLICATION DES CONVENTIONS ET ACCORDS COLLECTIFS**

CHAPITRE PREMIER **CONDITIONS D'APPLICABILITÉ DES CONVENTIONS ET ACCORDS**

SECTION PREMIÈRE **DATE D'ENTRÉE EN VIGUEUR**

Art. L. 2261-1 Les conventions et accords sont applicables, sauf stipulations contraires, à partir du jour qui suit leur dépôt auprès du service compétent, dans des conditions déterminées par voie réglementaire. – *[Anc. art. L. 132-10, al. 3.] – V. art. R. 2231-1 s.*

Jusqu'au 7 nov. 2017, le dépôt des accords d'entreprise est exclu du champ d'application du droit des usagers de saisir l'administration par voie électronique (Décr. nº 2015-1422 du 5 nov. 2015).

COMMENTAIRE

V. Dalloz.fr et applications mobiles Dalloz 🏛.

Non-rétroactivité. Une convention ou un accord collectif, même dérogatoire, ne peut priver un salarié des droits qu'il tient de la loi pour la période antérieure à la signature de l'accord. • Soc. 11 juill. 2000 : *D. 2001. 149, note Radé* • 24 janv. 2007 : *RDT 2007. 250, obs. Véricel ; Dr. soc. 2007. 649, obs. Barthélémy.*

SECTION II DÉTERMINATION DE LA CONVENTION COLLECTIVE APPLICABLE

COMMENTAIRE

V. Dalloz.fr et applications mobiles Dalloz.

Art. L. 2261-2 La convention collective applicable est celle dont relève l'activité principale exercée par l'employeur.

En cas de pluralité d'activités rendant incertaine l'application de ce critère pour le rattachement d'une entreprise à un champ conventionnel, les conventions collectives et les accords professionnels peuvent, par des clauses réciproques et de nature identique, prévoir les conditions dans lesquelles l'entreprise détermine les conventions et accords qui lui sont applicables. – *[Anc. art. L. 132-5-1.]*

BIBL. ▶ FROSSARD, *Dr. soc. 2006. 17.*

COMMENTAIRE

V. Dalloz.fr et applications mobiles Dalloz.

1. *Valeur du code APE.* La référence à la nomenclature des activités économiques établie par l'INSEE (code APE) ne peut être à elle seule créatrice d'obligations ou exonératrice de l'application des lois. • Soc. 4 mars 1964, n° 60-12.454 P. • 25 févr. 1969 : *Dr. soc. 1969. 516, obs. Savatier* • 14 nov. 1973 : *Bull. civ. V, n° 566 ; Dr. soc. 1974. 146, obs. Savatier* • 19 janv. 1984 : *Bull. civ. V, n° 29 ; D. 1985. IR 251, obs. Frossard.*

2. *Critère de l'activité réelle.* L'application d'une convention collective est déterminée par l'activité réelle de l'entreprise, et non par les mentions contenues dans les statuts de la personne morale dont elle dépend. • Soc. 16 nov. 1993, n° 90-44.807 P : *Dr. soc. 1994. 52.* ♦ Faisant également référence à l'activité réelle : • Soc. 7 déc. 2005, n° 04-15.662 P.

3. *Activité principale.* Les juges doivent rechercher quelle est la nature de l'activité principale de l'entreprise et vérifier si cette activité entre dans le champ d'application de la convention collective invoquée par le salarié. • Soc. 16 juill. 1987 : *Bull. civ. V, n° 501.* – Jurisprudence constante : • Soc. 3 juin 1964 : *Dr. soc. 1964. 638, obs. Savatier* • 14 juin 1978 : *Bull. civ. V, n° 470* • 13 mai 1981 : *ibid., n° 415* • 17 oct. 1983 : *ibid., n° 497* • 7 janv. 1988 : *ibid., n° 19* • 14 oct. 1992 : *ibid., n° 512* • 8 avr. 2010 : *RJS 6/2010, n° 535.* ♦ Pour la détermination de l'activité principale en fonction de l'effectif affecté à chaque activité, V. : • Soc. 23 avr. 2003 : *D. 2003. IR 1546 ; RJS 2003. 609, n° 919.*

4. Le champ d'application professionnel est déterminé par l'activité de l'entreprise et non par les fonctions exercées par les salariés. • Soc. 4 nov. 1988 : *Bull. civ. V, n° 566 ; D. 1988. IR 276* • 6 déc. 1995 : *D. 1996. IR 12 ; RJS 1996. 35, n° 48* • 13 nov. 1996 : *RJS 1997. 208, n° 311.* ♦ Ainsi, la convention collective nationale du Notariat s'applique à tout salarié travaillant dans un office notarial, y compris les femmes de ménage. • Soc. 4 mai 1999, n° 96-44.778 P : *RJS 1999. 511, n° 835.*

5. *Chiffre d'affaires de l'entreprise.* Les juges ne peuvent se fonder sur le seul chiffre d'affaires de l'entreprise pour caractériser l'activité principale. • Soc. 20 juin 2013 : *D. 2013. Actu. 1628 ; RJS 10/2013, n° 679 ; JCPS 2013. 1373, obs. Passeronne.*

6. *Pluralité d'activités.* Lorsqu'il est établi que les diverses activités de l'entreprise s'exercent dans des ateliers distincts, avec un personnel distinct et non interchangeable, les juges peuvent estimer que les salariés ont droit à la convention collective correspondant à leur activité respective. • Soc. 11 déc. 1968 : *Bull. civ. IV, n° 572* • 9 déc. 1970 : *ibid., n° 700* • 24 janv. 1990 : *JS UIMM 1990. 172.* ♦ Il en est ainsi dans l'hypothèse où des salariés exercent une activité nettement différenciée dans un centre d'activité autonome. • Soc. 6 déc. 1995 : *préc. note 4.* – V. déjà : • Soc. 21 mars 1990 : *D. 1992. Somm. 296, obs. Borenfreund (2e esp.).* ♦ Ne constitue pas un centre d'activité autonome un établissement dont le personnel de direction et la force de vente sont rattachés au siège de la société. • Soc. 23 avr. 2003, n° 01-41.196 P : *D. 2003. IR 1546 ; RJS 2003. 609, n° 919.*

7. *Pluralité d'établissements.* V., en faveur de l'application distributive des conventions collectives : • Soc. 6 oct. 1965 : *Dr. soc. 1966. 221, obs. Savatier* • 29 avr. 1976 : *Bull. civ. V, n° 246* • 19 juin 1980 : *ibid., n° 547* • 5 nov. 1987 : *ibid., n° 615* • 16 nov. 2004 : *Dr. soc. 2005. 219, obs. Radé.* ♦ Comp., lorsque l'établissement ne peut être dissocié ni en fait ni en droit de l'ensemble de l'entreprise : • Soc. 15 janv. 1969 : *Dr.*

soc. 1969. 319, obs. Savatier. ♦ Un employeur ne peut se trouver délié des clauses d'une convention collective du seul fait de l'exécution du travail par le salarié sur un chantier situé dans un autre département. • Soc. 18 janv. 1989 : *JS UIMM 1989. 140.* – Dans le même sens : • Soc. 8 déc. 1977 : *Bull. civ. V, n° 691.*

8. Groupes de sociétés. Le salarié employé dans une filiale ne peut réclamer le bénéfice de la convention collective applicable dans la société mère, alors qu'il s'agit de deux sociétés juridiquement distinctes et que la filiale n'a été partie à aucune convention collective. • Soc. 7 nov. 1973, ⚖ n° 72-40.456 P : *Dr. soc. 1974. 289, note Savatier.* – Dans le même sens : • Soc. 23 oct. 1980 : *Bull. civ. V, n° 772* • 30 juin 1988 : *ibid., n° 410.*

9. Même lorsqu'un accord d'entreprise a été étendu à l'ensemble des entreprises d'un groupe, le personnel d'une société du groupe demeure soumis à la convention collective nationale correspondant à ses activités dès lors que celles-ci demeurent spécifiques et dissociables des autres activités du groupe. • Soc. 20 mars 1980 : *D. 1980. IR 552, obs. Pélissier ; ibid. 526, obs. Langlois ; JCP 1982. II. 19755, note Rodière ; Dr. soc. 1980. 339, note Savatier.*

10. Changement d'activité. Lorsque, du fait du changement d'activité de l'entreprise, une convention collective cesse de lui être applicable, il n'en résulte aucune modification des contrats de travail en vigueur. • Soc. 17 mars 1993 : ⚖ *GADT, 4e éd., n° 164 ; Dr. soc. 1993. 464.*

11. Champ d'application territorial. Une convention collective n'est pas applicable aux établissements autonomes situés hors de son champ d'application territorial. • Soc. 20 nov. 1991 : ⚖ *Dr. soc. 1992. 84 ; RJS 1992. 53, n° 59.* ♦ Dès lors que le siège social d'une entreprise se trouve en dehors du champ d'application territorial d'une convention collective, celle-ci ne s'applique à un établissement que si ce dernier est autonome. • Soc. 25 oct. 1995 : ⚖ *RJS 1995. 803, n° 1259.* ♦ Lorsque le siège social d'une entreprise est transféré d'un département à un autre, la convention collective départementale qui était applicable dans le premier département est mise en cause du fait de ce transfert, sans qu'une dénonciation soit nécessaire. • Soc. 21 mai 1997, ⚖ n° 93-46.617 P.

12. Valeur des clauses d'option. La convention collective applicable aux salariés est nécessairement celle dont relève l'activité principale ; il ne peut être dérogé à ce principe par une clause d'une convention de branche offrant à certaines entreprises le choix entre deux conventions. • Soc. 26 nov. 2002, ⚖ n° 00-46.873 P : *Dr. soc. 2003. 183, obs. Antonmattéi* ✎. ♦ La clause qui exclut certains employeurs dont l'activité principale relève de la convention de son champ d'application est réputée non écrite, dans la mesure où le critère de rattachement est d'ordre public. • Soc. 19 mai 2010 : ⚖ *RJS 2010. 621, n° 694 ; JCP S 2010. 1301, obs. Vachet ; Sem. soc. Lamy 2010, n° 1450, p. 10.* ♦ Mais une autre convention collective peut s'appliquer à tout ou partie du personnel en application d'un accord collectif d'entreprise. • Soc. 23 avr. 2003 : ⚖ *préc. note 6.*

13. Engagement unilatéral de l'employeur. Ne donne pas de base légale à sa décision la cour d'appel qui applique à un salarié muté au service d'un nouvel employeur les dispositions plus avantageuses de la convention collective à laquelle était soumis l'employeur précédent, sans relever d'éléments attestant de façon certaine la volonté du second employeur de maintenir la première convention. • Soc. 17 févr. 1982 : *Bull. civ. V, n° 102 ; D. 1983. IR 200, obs. Vachet.* ♦ Sur les mutations à l'intérieur d'un groupe, V. • Soc. 1er juill. 1965 : *Dr. soc. 1966. 103, note Savatier* • 23 mai 1966 : *ibid. 1967. 182, note Savatier.* ♦ Le contrat de travail entraîne l'application du statut collectif en vigueur dans l'entreprise, lequel peut résulter d'un engagement unilatéral de l'employeur, et le salarié ne peut y renoncer dans son contrat de travail, sauf disposition contractuelle plus favorable. • Soc. 18 oct. 2006 : ⚖ *D. 2006. IR 2751* ✎ *; RJS 2006. 996, n° 1339.*

14. Production de l'accord applicable en justice. Si le juge n'est pas tenu de rechercher s'il existe un accord d'entreprise applicable au contrat de travail qui lui est soumis, il doit, lorsqu'une partie invoque un accord d'entreprise précis se procurer par tous moyens ce texte qui contient la règle de droit éventuellement applicable au litige, au besoin en invitant les parties à lui en faire parvenir un exemplaire. • Soc. 7 nov. 2006, ⚖ n° 05-42.323 P. • 3 mai 2007 : ⚖ *D. 2007. AJ 1423* ✎.

SECTION III **ADHÉSION**

Art. L. 2261-3 Peuvent adhérer à une convention ou à un accord toute organisation syndicale représentative de salariés ainsi que toute organisation syndicale ou association d'employeurs ou des employeurs pris individuellement.

Toutefois, si l'activité qu'ils exercent ou qu'exercent leurs adhérents n'entre pas dans le champ d'application de la convention ou de l'accord, leur adhésion est soumise aux dispositions des articles L. 2261-5 ou L. 2261-6, selon le cas.

L'adhésion est notifiée aux signataires de la convention ou de l'accord et fait l'objet d'un dépôt dans des conditions prévues par voie réglementaire, à la diligence de son ou de ses auteurs. – *[Anc. art. L. 132-9.]*

COMMENTAIRE

V. Dalloz.fr et applications mobiles Dalloz 🏛. ❑

1. Accords concernés. Aucune disposition légale ne s'oppose à ce qu'une convention collective dénoncée fasse l'objet, pendant le temps où elle reste en vigueur, d'une adhésion qui ne saurait avoir pour effet ni de la modifier, ni de la prolonger. • Soc. 1er déc. 1983 : *Bull. civ. V, n° 589.*

2. Loi applicable. La loi applicable aux conditions de l'adhésion d'un syndicat à un accord collectif est celle qui régit les conditions de sa conclusion. • Soc. 25 nov. 1997, n° 95-20.204 P.

3. Preuve de l'adhésion. L'affiliation à un syndicat et l'adhésion à toutes les dispositions d'une convention collective ne peut résulter de la seule réception d'une circulaire diffusée par celui-ci, ni de l'application du barème des salaires qu'il recommande. • Soc. 15 janv. 1981 : *Bull. civ. V, n° 36.*

4. Champ d'application de la convention. Lorsque l'activité de l'entreprise adhérente à un syndicat signataire n'est pas comprise dans le champ d'application professionnel de la convention, l'application volontaire de celle-ci a la valeur d'un usage que l'employeur peut dénoncer. • Soc. 4 déc. 1992, n° 88-44.074 P : *D. 1992. IR 25 ; Dr. soc. 1992. 197.*

5. Limites de l'adhésion. Il n'est pas interdit à un groupement patronal de limiter par une délibération spéciale l'opposabilité de son engagement à ceux de ses membres dont il aurait reçu mandat spécialement à cet effet. • Soc. 29 avr. 1985 : *Bull. civ. V, n° 262 ; D. 1988. 231, note Borenfreund.*

Art. L. 2261-4 Lorsqu'une organisation syndicale de salariés ou une organisation d'employeurs représentatives dans le champ d'application de la convention ou de l'accord adhère à la totalité des clauses d'une convention de branche ou d'un accord professionnel ou interprofessionnel, cette organisation a les mêmes droits et obligations que les parties signataires.

Elle peut notamment siéger dans les organismes paritaires et participer à la gestion des institutions créées par la convention de branche ou l'accord professionnel ou interprofessionnel, ainsi que prendre part aux négociations portant sur la modification ou la révision du texte en cause. – *[Anc. art. L. 132-15.]*

1. Illicéité des réserves. L'adhésion aux clauses d'une convention de branche ou d'un accord professionnel ou interprofessionnel ne peut être assortie de réserves. • Soc. 16 juin 1960 : *JCP 1960. II. 11831, note Camerlynck.*

2. Nécessité de l'adhésion. Une cour d'appel peut décider qu'une organisation syndicale non signataire et non adhérente à un accord ayant créé un comité paritaire de la formation professionnelle, ne pouvait désigner de représentants à ce comité. • Soc. 9 juill. 1997 : *Dr. soc. 1997. 994, obs. Couturier ; CSB 1997. 237, A. 45.* ♦ Seules peuvent prétendre participer aux organismes paritaires ou aux institutions créés par un accord collectif de travail les organisations d'employeurs et de salariés signataires de cet accord ou celles qui y ont adhéré. • Soc. 5 mai 1998, n° 96-13.498 P : *GADT, 4e éd., n° 159 ; RJS 1998. 476, n° 750.*

Art. L. 2261-5 Si l'adhésion a pour objet de rendre la convention de branche ou l'accord professionnel ou interprofessionnel applicable dans un secteur territorial ou professionnel non compris dans son champ d'application, elle doit prendre la forme d'un accord collectif entre les parties intéressées conformément aux dispositions de l'article L. 2231-1 et les parties signataires de cette convention ou de cet accord. Le champ d'application en est modifié en conséquence. – *[Anc. art. L. 132-16.]*

Art. L. 2261-6 Lorsque l'entreprise n'entre pas dans le champ d'application territorial ou professionnel soit d'une convention de branche, soit d'un accord professionnel ou interprofessionnel, l'adhésion de l'employeur à une telle convention ou à un tel accord est subordonnée à un agrément des organisations mentionnées à l'article L. 2232-16, après négociation à ce sujet. – *[Anc. art. L. 132-25.]*

SECTION IV **RÉVISION**

COMMENTAIRE

V. Dalloz.fr et applications mobiles Dalloz 🏛. ❑

Art. L. 2261-7 *(L. n° 2016-1088 du 8 août 2016, art. 17)* I. – Sont habilitées à engager la procédure de révision d'un accord interprofessionnel, d'une convention ou d'un accord de branche :

1° Jusqu'à la fin du cycle électoral au cours duquel la convention ou l'accord est conclu :

a) Une ou plusieurs organisations syndicales de salariés représentatives dans le champ d'application de la convention ou de l'accord et signataires ou adhérentes de la convention ou de l'accord ;

b) Une ou plusieurs organisations professionnelles d'employeurs signataires ou adhérentes. Si la convention ou l'accord est étendu, ces organisations doivent être en outre représentatives dans le champ d'application de la convention ou de l'accord ;

2° A l'issue de ce cycle :

a) Une ou plusieurs organisations syndicales de salariés représentatives dans le champ d'application de la convention ou de l'accord ;

b) Une ou plusieurs organisations professionnelles d'employeurs de la branche. Si la convention ou l'accord est étendu, ces organisations doivent être représentatives dans le champ d'application de la convention ou de l'accord.

II. – Les avenants de révision obéissent aux conditions de validité des accords prévues, selon le cas, aux sections I et II du chapitre II du titre III du présent livre II.

Lorsque l'avenant de révision a vocation à être étendu, sa validité est subordonnée à sa signature par une ou plusieurs organisations professionnelles d'employeurs représentatives dans son champ d'application, dans les conditions prévues au chapitre Ier du titre V du livre Ier de la présente deuxième partie.

BIBL. ▶ JEANSEN, *JCP S 2016. 1063* (contribution à la définition de l'avenant de révision).

Ancien art. L. 2261-7 *Les organisations syndicales de salariés représentatives, signataires d'une convention ou d'un accord ou qui y ont adhéré conformément aux dispositions de l'article L. 2261-3, sont seules habilitées à signer, dans les conditions prévues au chapitre II du titre III, les avenants portant révision de cette convention ou de cet accord.* – [Anc. art. L. 132-7, al. 2.]

COMMENTAIRE

V. Dalloz.fr et applications mobiles Dalloz.

1. Textes concernés. L'erreur matérielle incluse dans un accord d'entreprise échappe au mécanisme de révision ; le juge devant laquelle l'erreur est invoquée doit statuer sur l'existence de celle-ci et en tirer les conséquences, si l'erreur est avérée. • Soc. 20 sept. 2005 : *JS Lamy 2005, n° 178-6.*

2. Négociation. En application des dispositions combinées des art. L. 132-7 et L. 132-19 [L. 2261-7, L. 2261-18 et L. 2232-16 nouv.], tous les syndicats représentatifs dans l'entreprise doivent être appelés à la négociation des conventions et accords collectifs, y compris lorsque la négociation porte sur des accords de révision ; mais ces derniers ne peuvent être conclus qu'avec les organisations syndicales signataires de l'accord initial. • Soc. 26 mars 2002, n° 00-17.231 P : *D. 2002. 3231, note Petit ; RJS 2002. 553, n° 704 ; Dr. soc. 2002. 617, note Morin ; JCP E 2002. 1764, obs. Darmaisin ; JS Lamy 2002, n° 100-5.* ♦ Un accord collectif ne peut être conclu ou révisé sans que l'ensemble des organisations syndicales représentatives ait été invité à sa négociation. • Soc. 17 sept. 2003, n° 01-10.706 P : *GADT, 4e éd., n° 160 ; D. 2004. Somm. 388, obs. Odoul-Asorey ; JCP E 2004. 566, obs. Darmaisin ; RJS 2003. 896, n° 1297 ; D. 2003. IR 2608* • 12 sept. 2007 : *D. 2007. AJ 2393 ; RJS 2007. 944, n° 1196.*

3. Absence de clause de révision. Lorsque l'accord initial ne prévoit pas les modalités de sa révision, il résulte de l'art. L. 2261-7 que, d'une part, le consentement unanime des signataires est nécessaire pour engager la procédure de révision et que, d'autre part, les organisations syndicales signataires sont seules habilitées pour signer l'avenant de révision selon les règles applicables à chaque niveau de négociation. • Soc. 13 nov. 2008 : *D. 2008. AJ 3090 ; ibid 2009. Pan. 590, obs. Leclerc ; RJS 2009. 166, n° 199 ; JCP S 2009. 1116, obs. Kerbouc'h.*

Art. L. 2261-7-1 *(L. n° 2016-1088 du 8 août 2016, art. 17)* I. – Sont habilitées à engager la procédure de révision d'une convention ou d'un accord d'entreprise ou d'établissement :

1° Jusqu'à la fin du cycle électoral au cours duquel cette convention ou cet accord a été conclu, une ou plusieurs organisations syndicales de salariés représentatives dans le

champ d'application de la convention ou de l'accord et signataires ou adhérentes de cette convention ou de cet accord ;

2° A l'issue de cette période, une ou plusieurs organisations syndicales de salariés représentatives dans le champ d'application de la convention ou de l'accord.

II. – La validité d'un avenant de révision s'apprécie conformément à la section III du chapitre II du titre III du présent livre II.

Art. L. 2261-8 **L'avenant portant révision de tout ou partie d'une convention ou d'un accord se substitue de plein droit aux stipulations de la convention ou de l'accord qu'il modifie.**

Il est opposable, dans des conditions de dépôt prévues à l'article L. 2231-6, à l'ensemble des employeurs et des salariés liés par la convention ou l'accord. – *[Anc. art. L. 132-7, al. 3.]*

COMMENTAIRE

V. Dalloz.fr et applications mobiles Dalloz.

1. Négociation. En application des dispositions combinées des art. L. 132-7 et L. 132-19 [L. 2261-7, L. 2261-18 et L. 2232-16 nouv.], tous les syndicats représentatifs dans l'entreprise doivent être appelés à la négociation des conventions et accords collectifs, y compris lorsque la négociation porte sur des accords de révision ; mais ces derniers ne peuvent être conclus qu'avec les organisations syndicales signataires de l'accord initial. • Soc. 26 mars 2002, n° 00-17.231 P : *D. 2002. 3231, note Petit ; RJS 2002. 553, n° 704 ; Dr. soc. 2002. 617, note Morin ; JCP E 2002. 1764, obs. Darmaisin ; JS Lamy 2002, n° 100-5.* ♦ Un accord collectif ne peut être conclu ou révisé sans que l'ensemble des organisations syndicales représentatives ait été invité à sa négociation. • Soc. 17 sept. 2003, n° 01-10.706 P : *GADT, 4e éd., n° 160 ; D. 2004. Somm. 388, obs. Odoul-Asorey ; JCP E 2004. 566, obs. Darmaisin ; RJS 2003. 896, n° 1297 ; D. 2003. IR 2608.*

2. Opposition. La date certaine de signature de l'avenant qui constitue le point de départ du délai de 15 jours pour contester l'entrée en vigueur de l'avenant est appréciée souverainement par les juges du fond. • Soc. 10 juill. 2002 : *D. 2002. IR 2580 ; RJS 2002. 859, n° 1153.*

3. Application. Il résulte de la combinaison des art. L. 132-2, L. 132-7 et L. 135-1 [L. 2231-1, L. 2231-3, L. 2222-5, L. 2261-7, L. 2261-8, L. 2262-1 à L. 2262-3 nouv.] que si, sous réserve de l'exercice du droit d'opposition, l'avenant portant révision de tout ou partie de la convention ou de l'accord collectif, signé par une ou plusieurs organisations syndicales de salariés représentatives, se substitue de plein droit aux stipulations de la convention ou de l'accord qu'il modifie, cet avenant n'est opposable qu'aux employeurs qui l'ont signé ou qui sont membres d'un groupement qui l'a signé. • Soc. 29 mai 1996, n° 94-43.888 P : *Dr. soc. 1996. 608, rapp. Frouin ; JCP 1996. II. 22662, concl. Kessous ; JCP E 1996. I. 597, n° 21, obs. Chevillard ; RJS 1996. 524, n° 817.* – V. aussi : • Soc. 10 juin 1998, n° 96-43.111 P.

4. Jurisprudence antérieure à la loi du 31 déc. 1992. Un nouvel accord, s'il n'a pas été signé par l'ensemble des signataires initiaux de la convention collective et adhérents ultérieurs, ne peut, à défaut de dénonciation régulière de la convention, être opposé à des salariés qui réclament le bénéfice d'un avantage prévu à ladite convention et supprimé par l'accord. • Soc. 9 mars 1989, *Basirico*, n° 86-44.025 P : *D. 1990. 227, note Meunier ; ibid. Somm. 165, obs. A. Lyon-Caen ; Dr. soc. 1989. 631, note Despax* • Cass., ass. plén., 20 mars 1992, *Basirico : D. 1992. IR 108 ; Dr. soc. 1992. 360, rapp. Tricot ; JCP E 1992. II. 324, note Vachet ; CSB 1992. 103, A. 18 ; RJS 1992. 359, n° 645* • 20 mars 1992, *Cie gén. de géophysique : eod. loc.* – V. aussi : • Soc. 10 mai 1989 : *Bull. civ. V, n° 352 ; D. 1991. Somm. 153, obs. Goineau.*

SECTION V DÉNONCIATION

BIBL. ► DESPAX, *Dr. soc. 1984. 531.* – PENNEAU, *ibid. 1989. 82.* ► Restructuration et mise en cause de la convention collective : AUBRÉE, *RJS 1999. 275* (accord substitué). – AUREISE, *Action juridique, 1993, n° 102, p. 11.* – BÉLIER, *Dr. soc. 1989. 71.* – CHAUCHARD, *ibid. 1992. 373.* – DÉPREZ, *RJS 1992. 451.* – DOCKÈS, *Dr. soc. 2011. 1257* (les titulaires du droit de dénoncer efficacement une convention collective). – DUPEYROUX, *Dr. soc. 1989. 6.* – MASQUEFA, La restructuration, *LGDJ 2000.* – PÉLISSIER, *RJS 1989. 56.* – POCHET, *JCP E 1995. I. 442.* – RAY, *Dr. soc. 1989. 56.* – SAVATIER, *ibid. 1993. 156 ; ibid. 1995. 178 ; CSB 1995. 133.* – WAGNER, *JCP E 1991. 81.*

SOUS-SECTION 1 PROCÉDURE

Art. L. 2261-9 **La convention et l'accord à durée indéterminée peuvent être dénoncés par les parties signataires.**

En l'absence de stipulation expresse, la durée du préavis qui doit précéder la dénonciation est de trois mois.

La dénonciation est notifiée par son auteur aux autres signataires de la convention ou de l'accord.

Elle est déposée dans des conditions prévues par voie réglementaire. – *[Anc. art. L. 132-8, al. 1er, phrases 1 et 3, et al. 2.]*

COMMENTAIRE

V. Dalloz.fr et applications mobiles Dalloz.

1. Conditions de cessation d'effet. Une convention collective ne peut cesser de produire effet qu'à la suite d'une dénonciation ou d'une mise en cause ; un employeur ne peut décider unilatéralement de ne plus appliquer une convention collective à laquelle son entreprise est soumise. • Soc. 13 nov. 2001, n° 99-42.709 P : *D. 2001. IR 3585 ; RJS 2002. 62, n° 60.* ♦ La cession des parts d'une société commerciale à un nouvel actionnaire, qui ne réalise à elle seule ni une fusion ni une cession, ni une scission d'entreprise, ne met en cause l'application d'aucune convention ou accord. • Soc. 18 janv. 2006 : *RDT 2006. 186, obs. Nadal ; RJS 2006. 324, n° 479.*

2. Notification de la dénonciation. Est irrégulière la dénonciation notifiée à une section syndicale. • Soc. 24 févr. 1993 : *Dr. soc. 1993. 464.* ♦ L'information du comité d'entreprise par l'employeur de sa décision de dénoncer un accord collectif ne constitue pas la dénonciation régulière prévue par l'art. L. 132-8 [L. 2261-9 nouv.]. • Soc. 16 févr. 1989 : *D. 1989. IR 87 ; Dr. soc. 1990. 426, note Déprez.*

3. Dénonciation partielle. Une convention collective forme entre les parties signataires un ensemble contractuel dont certaines dispositions ne peuvent être écartées partiellement que d'un commun accord ou dans les conditions fixées par les parties. • Soc. 21 nov. 1973, n° 72-40.228 P. • 16 oct. 1974 : *Bull. civ. V, n° 478.* ♦ A défaut d'accord, la dénonciation d'une convention collective qui ne vise que certains de ses avenants et annexes est nulle, plusieurs accords pris en application des dispositions de la convention collective n'étant pas visés. • Soc. 16 mars 1995, n° 93-12.383 P : *Dr. soc. 1995. 365, concl. Kessous ; RJS 1995. 359, n° 540.*

4. Dénonciation irrégulière. La dénonciation irrégulière d'une convention collective constitue une voie de fait autorisant le juge des référés à prononcer la nullité de la note de service dénonçant l'accord. • Soc. 11 mai 1988 : *Dr. ouvrier 1989. 28.* ♦ La dénonciation irrégulière d'un accord d'entreprise est de nature à entraîner la responsabilité de l'employeur envers l'organisation syndicale signataire. • Soc. 18 déc. 1991, n° 89-21.193 P : *JCP E 1993. II. 388, note Déprez.* ♦ Sur l'irrégularité d'une dénonciation partielle, V. note 3. ♦ Sur les sanctions pénales éventuellement encourues par l'employeur en cas de dénonciation unilatérale d'accords relatifs aux représentants du personnel, V. : • Crim. 24 févr. 1977 : *Bull. crim. n° 80* • 6 nov. 1979 : *ibid. n° 307* • 22 mai 1979 : *ibid. n° 181.*

SOUS-SECTION 2 DÉNONCIATION PAR LA TOTALITÉ DES SIGNATAIRES EMPLOYEURS OU SALARIÉS

Art. L. 2261-10 **Lorsque la dénonciation émane de la totalité des signataires employeurs ou des signataires salariés, la convention ou l'accord continue de produire effet jusqu'à l'entrée en vigueur de la convention ou de l'accord qui lui est substitué ou, à défaut, pendant une durée d'un an à compter de l'expiration du délai de préavis, sauf clause prévoyant une durée déterminée supérieure.**

Une nouvelle négociation s'engage, à la demande d'une des parties intéressées, dans les trois mois qui suivent *(L. n° 2016-1088 du 8 août 2016, art. 17)* **« le début du préavis mentionné à l'article L. 2261-9. Elle peut donner lieu à un accord, y compris avant l'expiration du délai de préavis. »**

Il en est de même, à la demande d'une des organisations syndicales représentatives de salariés intéressées, en cas de dénonciation de la convention ou de l'accord dans les conditions prévues à l'article L. 2261-12, s'agissant du secteur concerné par la dénonciation.

(L. n° 2008-789 du 20 août 2008) **« Lorsqu'une des organisations syndicales de salariés signataires de la convention ou de l'accord perd la qualité d'organisation représentative dans le champ d'application de cette convention ou de cet accord, la dénonciation de ce texte n'emporte d'effets que si elle émane d'une ou plusieurs organisations syndicales de salariés représentatives dans son champ d'application ayant**

recueilli la majorité des suffrages exprimés dans les conditions prévues au chapitre II du titre III. » – *[Anc. art. L. 132-8, al. 3 et 5.]*

COMMENTAIRE

V. Dalloz.fr et applications mobiles Dalloz.

1. Engagement d'une négociation. Une négociation doit s'engager dans l'entreprise en vue de l'élaboration de la convention ou de l'accord substitué visé par l'art. L. 132-8, al. 3 et 7 [L. 2261-10 et L. 2261-14 nouv.], soit pour adapter les anciennes dispositions, soit pour en élaborer de nouvelles. • Soc. 14 mai 1992, n° 88-45.316 P : *GADT, 4e éd., n° 170 ; D. 1993. 67, note Decoopman ; Dr. ouvrier 1993. 183, note Saramito ; Dr. soc. 1992. 631 ; CSB 1992. 193, A. 36 ; RJS 1992. 420, n° 768 ; ibid. 451, note Déprez.* ♦ Même si des discussions en vue du remplacement par un nouvel accord d'un accord collectif existant peuvent bien être engagées avant toute dénonciation de cet accord, la nouvelle négociation qui doit s'engager, en cas de dénonciation d'un accord par la totalité des signataires, en vue de la signature éventuelle d'un accord de substitution, ne peut avoir lieu qu'après la dénonciation. Toutes les organisations syndicales de salariés représentatives doivent être invitées à cette nouvelle négociation. • Soc. 9 févr. 2000, n° 97-22.619 P : *D. 2000. IR 73 ; RJS 2000. 203, n° 306.*

2. Survie provisoire. Les salariés ne peuvent valablement renoncer aux avantages qu'ils tirent d'un accord collectif, aussi tout avenant au contrat de travail conclu alors qu'un accord d'entreprise plus favorable est encore en vigueur est nul s'il emporte renonciation aux dispositions de cet accord. • Soc. 26 mai 1998, n° 96-41.053 P : *RJS 1998. 570, n° 886 ; D. 1998. IR 166.* ♦ La clause prévoyant le maintien en vigueur de la convention collective dénoncée jusqu'à la prise d'effet de la nouvelle sans fixer de délai ne peut constituer l'exception prévue par l'art. L. 132-8, al. 3 [L. 2261-10 nouv.]. • Soc. 12 févr. 1991, n° 89-45.314 P : *D. 1991. IR 83 ; JCP E 1991. I. 181, note Pochet ; RJS 1992. 3, note Déprez ; CSB 1991. 53, A. 16.* ♦ Ni les dispositions de la convention collective, ni un éventuel manquement de l'employeur à son obligation de négocier ne sont de nature à assurer le maintien des accords dénoncés au-delà de la durée prévue par l'art. L. 132-8 [L. 2261-10 nouv.]. • Soc. 12 févr. 1991 : *préc.*

3. Signataires. *Jurisprudence antérieure à la loi du 31 déc. 1992* : Un nouvel accord, s'il n'a pas été signé par l'ensemble des signataires initiaux de la convention collective et adhérents ultérieurs, ne peut, à défaut de dénonciation régulière de la convention, être opposé à des salariés qui réclament le bénéfice d'un avantage prévu à ladite convention et supprimé par l'accord. • Soc. 9 mars 1989, *Basirico,* n° 86-44.025 P : *D. 1990. 227, note Meunier ; ibid. Somm. 165, obs. A. Lyon-Caen ; Dr. soc. 1989. 631, note Despax* • Cass., ass. plén., 20 mars 1992, *Basirico,* n° 90-42.196 P : *D. 1992. IR 108 ; Dr. soc. 1992. 360, rapp. Tricot ; JCP E 1992. II. 324, note Vachet ; CSB 1992. 103, A. 18 ; RJS 1992. 359, n° 645.* ♦ V. aussi : • Crim. 6 déc. 1983 : *Bull. crim. n° 332* • Soc. 10 mai 1989 : *D. 1991. Somm. 153, obs. Goineau.*

4. Effets. Un accord de substitution ne peut entrer en vigueur et remplacer l'accord dénoncé avant l'expiration du préavis de dénonciation, prévu par l'al. 1er de l'art. L. 132-8 [L. 2222-6 et L. 2261-9 nouv.]. • Soc. 7 janv. 1997, n° 93-45.664 P : *Dr. soc. 1997. 325, obs. Couturier ; RJS 1997. 124, n° 186.* ♦ Une fois l'accord de susbstitution signé, il s'applique même si les dispositions qu'il prévoit ne sont pas plus favorables que celles de l'ancienne convention collective. • Soc. 3 mars 1998, n° 96-11.115 P. ♦ L'accord de substitution est valable pour l'avenir seulement ; il ne peut remettre en cause la retraite anticipée d'un salarié en vertu de l'accord collectif substitué. • Soc. 5 janv. 1999, n° 96-42.930 P : *RJS 1999. 149, n° 242 ; Dr. soc. 1999. 307, obs. Savatier.*

5. Annulation de l'accord de substitution. L'annulation d'un accord de substitution équivaut à une absence d'accord de substitution ; s'il n'a pas été remplacé dans les délais prescrits par l'art. L. 132-8 [L. 2261-10 nouv.], les salariés conservent les avantages individuels acquis en application de la convention ou de l'accord collectif dénoncé. • Soc. 9 nov. 2005 (2 arrêts) : *D. 2005. IR 2898 ; ibid. 2006. Pan. 416, obs. Peskine ; RJS 2006. 50, n° 69 ; JCP S 2005. 1010, note Neau-Leduc ; JS Lamy 2005, n° 179-4.*

6. Champ d'application réduit. Lorsque, à la suite de la dénonciation d'une convention collective la convention de substitution exclut de son champ d'application les activités de services auxquels appartenaient certains salariés, ces derniers, en l'absence de signature d'un accord propre à cette activité dans le délai prévu par l'art. L. 132-8 [L. 2261-10 nouv.], conservent le bénéfice des avantages individuels acquis en vertu de la convention dénoncée, avantages qui s'étaient incorporés à leur contrat de travail. • Soc. 7 juin 2005 : *D. 2005. IR 1730 ; Dr. soc. 2005. 937, obs. Savatier ; RJS 2005. 632, n° 879.*

7. En l'absence de conclusion d'un accord de substitution, le bénéfice de la convention collective antérieure au delà du délai de 1 an, est inopposable à l'employeur. • Soc. 16 mai 1990 : *D. 1991. Somm. 154, obs. J. Pélissier* • 23 juin 1999, n° 97-43.162 P : *D. 1999. IR 191 ; RJS 1999. 690, n° 1103* • 12 oct. 2005 : *D. 2005. IR 2627.*

SOUS-SECTION 3 DÉNONCIATION PAR UNE PARTIE DES SIGNATAIRES EMPLOYEURS OU SALARIÉS

Art. L. 2261-11 Lorsque la dénonciation est le fait d'une partie seulement des signataires employeurs ou des signataires salariés, elle ne fait pas obstacle au maintien en vigueur de la convention ou de l'accord entre les autres parties signataires.

Dans ce cas, les dispositions de la convention ou de l'accord continuent de produire effet à l'égard des auteurs de la dénonciation jusqu'à l'entrée en vigueur de la convention ou de l'accord qui lui est substitué ou, à défaut, pendant une durée d'un an à compter de l'expiration du délai de préavis, sauf clause prévoyant une durée déterminée supérieure. – *[Anc. art. L. 132-8, al. 4.]*

COMMENTAIRE

V. Dalloz.fr et applications mobiles Dalloz.

Consultation du comité d'entreprise. Le comité d'entreprise doit être consulté sur la dénonciation par le chef d'entreprise d'un accord d'entreprise qui intéresse l'organisation, la gestion ou la marche de l'entreprise ; à défaut, la dénonciation demeure sans effet jusqu'à l'accomplissement de la formalité. • Soc. 5 mars 2008 : *JS Lamy 2008, n° 231-4 ; RJS 2008. 449, n° 576.*

Art. L. 2261-12 Lorsque la dénonciation d'une convention de branche ou d'un accord professionnel ou interprofessionnel émane d'une organisation seule signataire, soit pour la partie employeurs, soit pour la partie salariés, concernant un secteur territorial ou professionnel inclus dans le champ d'application du texte dénoncé, ce champ d'application est modifié en conséquence. – *[Anc. art. L. 132-14.]*

SOUS-SECTION 4 MAINTIEN DE LA RÉMUNÉRATION PERÇUE

(L. n° 2016-1088 du 8 août 2016, art. 17)

Art. L. 2261-13 Lorsque la convention ou l'accord qui a été dénoncé n'a pas été remplacé par une nouvelle convention ou un nouvel accord dans un délai d'un an à compter de l'expiration du préavis, les salariés des entreprises concernées conservent, en application de la convention ou de l'accord dénoncé, une rémunération dont le montant annuel, pour une durée de travail équivalente à celle prévue par leur contrat de travail, ne peut être inférieur à la rémunération versée lors des douze derniers mois. Cette rémunération s'entend au sens de l'article L. 242-1 du code de la sécurité sociale, à l'exception de la première phrase du deuxième alinéa du même article L. 242-1.

Lorsqu'une stipulation prévoit que la convention ou l'accord dénoncé continue à produire ses effets pendant un délai supérieur à un an, le premier alinéa du présent article s'applique à compter de l'expiration de ce délai si une nouvelle convention ou un nouvel accord n'a pas été conclu.

Ces dispositions s'appliquent à compter de la date où les accords ou conventions dénoncés ou mis en cause cessent de produire leurs effets, y compris si la date de leur dénonciation ou de leur mise en cause est antérieure à la publication de la L. n° 2016-1088 du 8 août 2016 (L. préc., art. 17-IV).

Ancien art. L. 2261-13 *Lorsque la convention ou l'accord qui a été dénoncé n'a pas été remplacé par une nouvelle convention ou un nouvel accord dans un délai d'un an à compter de l'expiration du préavis, les salariés des entreprises concernées conservent les avantages individuels qu'ils ont acquis, en application de la convention ou de l'accord, à l'expiration de ce délai.*

Lorsqu'une stipulation prévoit que la convention ou l'accord dénoncé continue à produire ses effets pendant un délai supérieur à un an, les dispositions du premier alinéa s'appliquent à compter de l'expiration de ce délai. – [Anc. art. L. 132-8, al. 6.]

BIBL. ▶ Avantages acquis : AUBRÉE, *RJS 2000. 699.* – BOUBLI, *Sem. soc. Lamy 2001, n° 1030 suppl.* – CHEVILLARD, FABRE, GATUMEL, LAGOUTTE et MORAND, *JCP E 1993. I. 307.* – DÉPREZ, *RJS 1992. 3.* – DESPAX, *Dr. soc. 1990. 156.* – DOCKÈS, *ibid. 1993. 826* (avantage individuel acquis). – LANGLOIS, *ibid. 1986. 881.* – PHILBERT, *CSB 1994. 59* (suppression d'un avantage). – RODIÈRE, *Dr. soc. 1986. 873.* – SAVATIER, *Dr. soc. 1995. 178.* – WAGNER, *JCP 1991. I. 81.* ▶ Restructurations : AUBRÉE, *RJS 1999. 275* (accord substitué). – BÉLIER, *Dr. soc. 1989. 71.* – CHAUCHARD, *Dr. soc. 1995. 373.* – DÉPREZ, *RJS 1992. 451.* – DUPEYROUX, *Dr. soc. 1989. 6.* – POCHET, *JCP E 1995. I. 442.* – RAY, *Dr. soc. 1989. 56.* – SAVATIER, *ibid. 1993. 156* ; *CSB 1995. 133.*

COMMENTAIRE

V. Dalloz.fr et applications mobiles Dalloz 🏛. ❑

I. CHAMP D'APPLICATION

1. Entreprises à statut. En application de l'art. L. 134-1 [L. 2233-1 nouv.], des conventions ou accords collectifs de travail négociés au sein des entreprises publiques ou établissements publics à caractère industriel et commercial peuvent seulement compléter les dispositions statutaires ; il en résulte que les dispositions du statut ne peuvent être contredites par des accords collectifs et que les dispositions de l'art. L. 132-8, al. 6 et 7 [L. 2261-13 et L. 2261-14 nouv.] ne s'appliquent pas. • Soc. 17 mai 2005, n° 03-13.582 P.

II. ACCORD DE REMPLACEMENT

2. Délai. En l'absence de conclusion d'un accord de substitution, le bénéfice de la convention collective antérieure au-delà du délai de 1 an, est inopposable à l'employeur. • Soc. 16 mai 1990 : *D. 1991. Somm. 154, obs. J. Pélissier* • 23 juin 1999, n° 97-43.162 P : *D. 1999. IR 191* • 12 oct. 2005 : *D. 2005. IR 2627*.

3. Exclusions. Lorsque, à la suite de la dénonciation d'une convention collective, la convention de substitution exclut de son champ d'application les activités de services auxquels appartenaient certains salariés, ces derniers, en l'absence de signature d'un accord propre à cette activité dans le délai prévu par l'art. L. 132-8 [L. 2261-10 nouv.], conservent le bénéfice des avantages individuels acquis en vertu de la convention dénoncée, avantages qui s'étaient incorporés à leur contrat de travail. • Soc. 7 juin 2005 : *Dr. soc. 2005. 937, obs. Savatier*.

4. Annulation. L'annulation d'un accord de substitution équivaut à une absence d'accord de substitution ; s'il n'a pas été remplacé dans les délais prescrits par l'art. L. 132-8 [L. 2261-10 nouv.], les salariés conservent les avantages individuels acquis en application de la convention ou de l'accord collectif dénoncé. • Soc. 9 nov. 2005 (2 arrêts) : *D. 2005. Pan. 416, obs. Peskine ; JCP S 2005. 1010, note Néau-Leduc ; JS Lamy 2005, n° 179-4.*

III. MAINTIEN DES AVANTAGES INDIVIDUELS ACQUIS

A. DÉFINITION

5. Indemnités de rupture. L'avantage individuel acquis est celui qui correspond à un droit déjà ouvert et non à un droit simplement éventuel ; l'indemnité de licenciement dont le droit ne naît qu'au moment de la rupture du contrat de travail ne peut constituer un avantage individuel acquis avant cette rupture. • Soc. 23 juin 1999, n° 97-43.162 P : *Dr. soc. 1999. 973, obs. Gauriau*. ♦ Le droit à l'indemnité de départ né par le fait et au moment de la rupture du contrat ne constitue pas un avantage individuel acquis au regard d'une clause de maintien des avantages acquis. • Soc. 5 mars 1969, n° 68-40.082 P : *Dr. soc. 1969. 508, obs. Savatier* • 11 déc. 1986 : *Bull. civ. V, n° 596* • 19 juin 1987 : *ibid., n° 402.*

6. Rémunération. Ne constitue pas un avantage individuel acquis l'application pour l'avenir du mode de calcul ou de réévaluation de la rémunération tel qu'il résulte de la convention ou de l'accord dénoncé. • Soc. 26 janv. 2005 : *D. 2005. IR 594 ; RJS 2005. 295, n° 420* • 24 avr. 2013 : *Dalloz actualité, 21 mai 2013, obs. Siro ; D. 2013. Actu. 1144 ; RDT 2013. 497, obs. Souriac ; Dr. ouvrier 2013. 593, note Lanquetin ; JS Lamy 2013, n° 345-3, obs. Hautefort ; JCP S 2013. 1225, obs. Loiseau.* ♦ Même solution pour les modalités de calcul de l'incidence des absences sur le montant de la prime de productivité prévues à l'accord dénoncé. • Soc. 28 févr. 2006, n° 04-14.202 P. ♦ En revanche, lorsque la structure de la rémunération a été fixée par un accord dénoncé et non remplacé avant l'expiration du délai de survie, elle constitue un avantage individuel acquis. • Soc. 1er juill. 2008 : *D. 2008. AJ 2083, obs. Ines ; RDT 2008. 753, obs. Nicod ; Dr. soc. 2008. 1276, obs. Radé ; JS Lamy 2008, n° 240-5.* ♦ La structure de la rémunération résultant d'un accord collectif dénoncé constitue à l'expiration des délais prévus à l'art. L. 2261-13 C. trav. un avantage individuel acquis qui est incorporé au contrat de travail des salariés employés par l'entreprise à la date de la dénonciation, l'employeur ne pouvant la modifier sans l'accord de chacun de ces salariés, quand bien même estimerait-il les nouvelles modalités de rémunération plus favorables aux intéressés ; un engagement unilatéral de l'employeur contraire à ce principe ne peut avoir force obligatoire. • Soc. 2 mars 2016, n° 14-16.414 P : *D. 2016. Actu. 548 ; RDT 2016. 429, obs. Fouvet ; Dr. soc. 2016. 473, obs. Mouly ; RJS 5/2016, n° 357 ; JS Lamy 2016, n° 407-1, obs. Bonnet ; JCP S 2016. 1188, obs. Dumont ; Sem. soc. Lamy 2016, n° 1713, p. 12, obs. Champeaux.* ♦ Le maintien de la rémunération du temps de pause en l'absence d'accord de substitution après dénonciation d'accord constitue un avantage individuel acquis. • Soc. 5 nov. 2014 : *Dalloz actualité, 28 nov. 2014, obs. Fraisse ; D. 2014. Actu. 2308 ; Dr. soc. 2015. 95, note Antonmattéi ; JS Lamy 2015, n° 379-6, obs. Tissandier ; RJS 1/2015, n° 51.*

7. Durée du travail. Le jour supplémentaire de congé accordé aux employés, dont le repos hebdomadaire coïncidait avec un jour férié dont les salariées avaient déjà bénéficié à titre personnel, a la nature d'un avantage individuel acquis. • Soc. 23 mai 2006, n° 04-42.779 P.

8. *Rémunération du temps de pause.* L'avantage procuré par un accord collectif mis en cause est un avantage collectif, et non un avantage individuel acquis, lorsque son maintien est incompatible avec le respect par l'ensemble des salariés concernés de l'organisation collective du temps de travail qui leur est applicable suite à la mise en cause. • Soc. 8 juin 2011 : *Dalloz actualité, 28 juin 2011, obs. Ines ; D. 2011. Actu. 1693 ; RDT 2011. 652, obs. Nicod ; JS Lamy 2011, n° 304-5, obs. Tourreil ; Sem. soc. Lamy 2011, n° 1507, p. 8, obs. Colin, ibid. 2011, n° 1516, p. 12, obs. D. Fabre ; JCP S 2011. 1407, obs. Dumont.*

9. *Conditions de travail.* L'avantage constitué par une heure quotidienne d'entraînement physique pour les agents de la RATP chargés de la sécurité se rapporte aux conditions de travail de l'ensemble des agents et a donc nécessairement une nature collective. • Soc. 1er juin 2005 : *D. 2006. Pan. 36, obs. Berthier ; Dr. soc. 2005. 1064, obs. Radé ; JCP E 2006. 1356, note Vachet ; RJS 2005. 632, n° 878.*

B. RÉGIME

10. *Principe.* En l'absence de conclusion d'un accord de substitution, les salariés conservent, à l'expiration du délai d'un an faisant suite au préavis, conformément à l'al. 6 de l'art. L. 132-8 [L. 2261-13 nouv.], les avantages individuels acquis sous l'empire des dispositions conventionnelles antérieures. • Soc. 1er déc. 1993 : *D. 1994. 335, note Dockès ; D. 1994. Somm. 314, obs. Souriac–Rotschild ; Dr. soc. 1994. 220 ; RJS 1994. 130, n° 168 ; CSB 1997. 7, A. 2, note Philbert.* ♦ Les salariés engagés après la dénonciation, s'ils peuvent prétendre au bénéfice des avantages prévus par la convention ou l'accord dénoncé tant que la convention ou l'accord dénoncé continue à produire effet quand ils remplissent les conditions pour y prétendre, ne les conservent pas au titre d'avantages individuels acquis après que la convention ou l'accord dénoncé a cessé de produire effet. • Soc. 15 mai 2001, n° 99-41.669 P : *D. 2001. IR 1849 ; RJS 2001. 620, n° 897 ; Dr. ouvrier 2001. 441.* ♦ L'accord dénoncé non remplacé continue à produire ses effets jusqu'à l'expiration du délai prévu à l'art. L. 2261-13 ; un salarié ne peut invoquer un avantage individuel acquis que s'il a été embauché pendant la période de survie de l'accord et que le fait générateur du droit est né avant l'expiration de ce délai. • Soc. 17 avr. 2008 : *D. 2008. AJ 1486, obs. Perrin ; RDT 2008. 611, obs. Peskine ; RJS 2009. 641, n° 809 ; JS Lamy 2008, n° 235-4 ; JCP S 2008. 1356, note Drai.*

11. *Contractualisation.* Les avantages individuels sont intégrés au contrat de travail, il appartient alors à l'employeur qui entend les modifier ou les supprimer de procéder, en cas de refus des salariés, au licenciement. • Soc. 6 nov. 1991, n° 87-44.507 P : *D. 1992. Somm. 294, obs. Souriac-Rotschild ; Dr. soc. 1992. 81 ; JCP E 1992. I. 264, note Pochet ; CSB 1991. 275, A. 59 ; RJS 1991. 720, n° 1342.*

12. *Caractère d'ordre public.* Les stipulations du contrat de travail ne peuvent écarter le principe du maintien des avantages individuels acquis. • Soc. 24 oct. 1995 : *RJS 1995. 805, n° 1261.*

13. *Égalité salariale.* En l'absence d'un accord d'adaptation, le maintien aux salariés transférés des avantages individuels acquis en application de l'accord mis en cause par l'absorption ne pouvait constituer à lui seul pour les autres salariés de l'entreprise auxquels cet avantage n'était pas appliqué un trouble manifestement illicite. • Soc. 11 janv. 2005 : *D. 2005. 1270, note Bugada ; Dr. soc. 2005. 323, obs. Radé ; RJS 2005. 220, n° 299.* ♦ Mais au regard de l'application du principe « à travail égal, salaire égal », la seule circonstance que les salariés aient été engagés avant ou après la dénonciation d'un accord collectif ne saurait justifier des différences de traitement entre eux, à l'exception de celles résultant, pour les salariés engagés avant la dénonciation, des avantages individuels acquis par ces derniers ayant pour objet de compenser, en l'absence de conclusion d'un accord de substitution, le préjudice subi du fait de la dénonciation. • Soc. 11 juill. 2007 : *RDT 2007. 661, obs. Pignarre ; RJS 2007. 834, n° 1065 ; Dr. soc. 2007. 1122, note Radé .* ♦ Le maintien d'un avantage acquis en cas de mise en cause de l'application d'un accord collectif ne méconnaît pas le principe « à travail égal, salaire égal », que ce maintien résulte d'une absence d'accord ou d'un tel accord. • Soc. 4 déc. 2007 : *RDT 2008. 115, obs. Tissandier ; RJS 2008. 154, n° 205 ; Dr. soc. 2008. 244, obs. Radé* • 12 févr. 2008, n° 06-45.397 P. ♦ Mais un employeur peut faire bénéficier par engagement unilatéral les salariés engagés postérieurement à la dénonciation d'un accord collectif d'avantages identiques à ceux dont bénéficient, au titre des avantages individuels acquis, les salariés engagés antérieurement à la dénonciation de l'accord. • Soc. 24 avr. 2013 : *Dalloz actualité, 21 mai 2013, obs. Siro.*

14. Sur le maintien conventionnel des avantages individuels acquis sur le fondement de l'accord remplacé : V. note ss. art. L. 2254-1.

SECTION VI **MISE EN CAUSE**

Art. L. 2261-14 **Lorsque l'application d'une convention ou d'un accord est mise en cause dans une entreprise déterminée en raison notamment d'une fusion, d'une ces-**

sion, d'une scission ou d'un changement d'activité, cette convention ou cet accord continue de produire effet jusqu'à l'entrée en vigueur de la convention ou de l'accord qui lui est substitué ou, à défaut, pendant une durée d'un an à compter de l'expiration du délai de préavis prévu à l'article L. 2261-9, sauf clause prévoyant une durée supérieure.

(L. n° 2016-1088 du 8 août 2016, art. 17) « Lorsque la convention ou l'accord qui a été mis en cause n'a pas été remplacé par une nouvelle convention ou un nouvel accord dans le délai fixé au premier alinéa du présent article, les salariés des entreprises concernées conservent, en application de la convention ou de l'accord mis en cause, une rémunération dont le montant annuel, pour une durée de travail équivalente à celle prévue par leur contrat de travail, ne peut être inférieur à la rémunération versée lors des douze derniers mois. Cette rémunération s'entend au sens de l'article L. 242-1 du code de la sécurité sociale, à l'exception de la première phrase du deuxième alinéa du même article L. 242-1.

« Lorsque la mise en cause concerne une convention ou un accord à durée déterminée, le deuxième alinéa du présent article :

« 1° S'applique jusqu'au terme qui aurait été celui de la convention ou de l'accord en l'absence de mise en cause si ce terme est postérieur à la date à laquelle la convention ou l'accord mis en cause cesse de produire ses effets en application du premier alinéa ;

« 2° Ne s'applique pas si ce terme est antérieur à la date à laquelle cette convention ou cet accord cesse de produire ses effets en application du premier alinéa. »

Une nouvelle négociation doit s'engager dans l'entreprise concernée, à la demande d'une des parties intéressées, dans les trois mois suivant la mise en cause, soit pour l'adaptation aux dispositions conventionnelles nouvellement applicables, soit pour l'élaboration de nouvelles stipulations.

Ces dispositions s'appliquent à compter de la date où les accords ou conventions dénoncés ou mis en cause cessent de produire leurs effets, y compris si la date de leur dénonciation ou de leur mise en cause est antérieure à la publication (le 9 août 2016) de la L. n° 2016-1088 du 8 août 2016 (L. préc., art. 17-IV).

BIBL. ▶ LEGRAND, *RDT 2008. Controverse. 10* (à règle automatique, justification indiscutable). – MAZEAUD, *Dr. soc. 2008. 66* (accords collectifs et restructurations). – MORIN, *RDT 2008. Controverse. 10* (la notion de mise en cause dans la jurisprudence de la Cour de cassation).

COMMENTAIRE

V. Dalloz.fr et applications mobiles Dalloz.

Jurisprudence rendue sous l'empire des textes antérieurs à la loi n° 2016-1088 du 8 août 2016

1. Dénonciation et mise en cause. La mise en cause d'une convention ou d'un accord collectif prévue par l'al. 7 de l'art. L. 132-8 [L. 2261-14 nouv.] doit être assimilée à une dénonciation faisant, notamment, courir le préavis prévu par l'al. 1er de l'art. L. 132-8 [L. 2222-6 et L. 2261-9 nouv.]. • Soc. 22 juin 1993, n° 91-41.983 P : *Dr. soc. 1993. 659, rapp. Waquet ; RJS 1993. 538, n° 902.* ♦ La cession d'une entité économique autonome entre dans les prévisions de l'art. L. 132-8, al. 7 [L. 2261-14 nouv.]. • Soc. 24 févr. 1993, n° 90-40.104 P : *D. 1993. Somm. 259, obs. Goineau ; RJS 1993. 258, n° 429 ; CSB 1993. 191.* ♦ Lorsque l'application d'une convention ou d'un accord collectif est remise en cause en raison de la disparition des organismes signataires, ladite convention ou ledit accord continue de produire effet, conformément aux 3e et 6e al. de l'art. L. 132-8 [L. 2261-8 et L. 2261-13 nouv.]. • Soc. 16 mars 1995, n° 93-11.868 P : *D. 1995. Somm. 369, obs. Dockès ; Dr. soc. 1995. 370, concl. Kessous ; JCP 1995. II. 22419, rapp. Frouin ; JCP E 1995. II. 722, note Pochet ; RJS 1995. 273, n° 402.* ♦ En faveur de la licéité d'un protocole d'accord conclu entre la direction et le comité d'entreprise afin de permettre un changement de convention collective dans l'hypothèse d'une restructuration, V. : • Soc. 1er juin 1988, n° 85-45.294 P : *Dr. soc. 1989. 79, obs. Savatier ; RTD civ. 1989. 320, obs. Mestre.*

2. Hypothèses. La cession d'une entité économique autonome entre dans les prévisions de l'art. L. 132-8, al. 7 [L. 2261-14 nouv.]. • Soc. 24 févr. 1993, n° 90-40.104 P : *D. 1993. Somm. 259, obs. Goineau ; RJS 1993. 258, n° 249 ; CSB 1993. 191.* ♦ Il en est de même lorsque l'application d'une convention ou d'un accord collectif est remise en cause en raison de la disparition des organismes signataires. • Soc. 16 mars 1995, n° 91-40.210 P : *D. 1995. Somm. 369, obs. Dockès ; Dr. soc. 1995. 370, concl. Kessous ; JCP 1995. II. 22419, rapp. Frouin ; JCP E 1995. II. 722, note Pochet ; RJS 1995. 273, n° 402* • Soc. 13 oct. 2016, n° 14-18.905 P : *RJS 12/2016, n° 798 ; JCP S 2016. 1434, obs. Bossu.* ♦ Le transfert du siège social de l'entreprise d'un département à un autre entraîne la mise en cause de l'application de la convention collective propre au département. • Soc. 21 mai 1997, n° 93-46.617 P : *D. 1997. IR 151*. ♦ La cession des parts d'une société commerciale à un nouvel actionnaire, qui ne réalise à elle seule ni une fusion ni une cession, ni une scission d'entreprise, ne met en cause l'application d'aucune convention ou accord. • Soc. 18 janv. 2006, n° 03-43.023 P : *RDT 2006. 186, obs. Nadal ; RJS 2006. 324, n° 479.*

3. Effets. La mise en cause d'une convention ou d'un accord collectif prévue par l'al. 7 de l'art. L. 132-8 [L. 2261-14 nouv.] doit être assimilée à une dénonciation faisant courir le délai prévu par l'al. 1 de l'art. L. 132-8 [L. 2261-9 nouv.] à défaut d'accord qui lui est substitué. • Soc. 22 juin 1993, n° 91-41.983 P : *Dr. soc. 1993. 659, rapp. Waquet ; RJS 1993. 538, n° 902 ; D. 1994. Somm. 299*. ♦ En cas de transfert du contrat de travail par application de l'art. L. 1224-1 C. trav., la convention collective dont relève le cessionnaire s'applique immédiatement au salarié, les dispositions plus favorables de l'accord mis en cause continuant cependant à lui bénéficier dans les conditions prévues par l'art. L. 2261-14. • Soc. 10 févr. 2010 : *D. 2010. AJ 586, obs. Perrin ; Dr. soc. 2010. 476, obs. Radé ; JS Lamy 2010, n° 275-31, obs. Gardair-Rerolle.*

4. Caractère d'ordre public. L'employeur ne peut faire échec aux dispositions de l'art. L. 132-8 [L. 2261-14 nouv.] par une procédure de modification des contrats de travail ; les salariés ne peuvent renoncer aux avantages tirés d'une convention, ou d'un accord, même pendant la durée de survie de celle-ci. • Soc. 19 oct. 1999 : *Dr. soc. 2000. 228, obs. Bélier*.

5. Transfert d'entreprise et sort des avenants postérieurs. L'article 3, paragraphe 1, de la directive 77/187/CEE, du Conseil, du 14 février 1977, concernant le rapprochement des législations des États membres relatives au maintien des droits des travailleurs en cas de transferts d'entreprises, d'établissements ou de parties d'établissements doit être interprété en ce sens qu'il ne s'oppose pas à ce que, lorsque le contrat de travail renvoie à une convention collective liant le cédant, le cessionnaire, qui n'est pas partie à une telle convention, ne soit pas lié par des conventions collectives postérieures à celle qui était en vigueur au moment du transfert d'établissement. • CJCE 9 mars 2006, C-499-04 : *RDT 2006. 112*.

6. Négociation de la substitution. Une négociation doit s'engager dans l'entreprise soit pour adapter les anciennes dispositions soit pour en élaborer de nouvelles. • Soc. 14 mai 1992, n° 88-45.316 P : *GADT, 4e éd., n° 170 ; D. 1993. 67, note Decoopman ; Dr. ouvrier 1993. 183, note Saramito ; Dr. soc. 1992. 631 ; CSB 1992. 193, A. 36 ; RJS 1992. 420, n° 768 ; ibid. 451, note Déprez.* ♦ L'employeur et les organisations syndicales ont qualité pour négocier un accord d'entreprise ou d'établissement permettant l'adaptation du statut collectif en vigueur dans l'entreprise cédée à la convention collective de branche nouvellement applicable. • Soc. 9 févr. 1994, n° 91-16.000 P : *D. 1994. Somm. 314, obs. Souriac-Rotschild ; Dr. soc. 1994. 384, obs. Bélier ; RJS 1994. 197, n° 280, 2e esp.*

7. Syndicats concernés. Doivent participer à la négociation, les syndicats représentatifs de la société cessionnaire, mais également ceux de l'entreprise cédée, qui peuvent être représentés par le même délégué syndical. • Soc. 28 oct. 2015, n° 14-16.043 : *Dalloz actualité, 23 nov. 2015, obs. Siro ; RDT 2016. 50, obs. Odoul-Asorey*.

8. L'absence de négociation consécutive à la mise en cause d'une convention ou d'un accord collectif n'a pas pour effet de prolonger l'application de la convention ou de l'accord au-delà des délais prévus par l'art. L. 132-8, al. 3 [L. 2261-10 nouv.]. • Soc. 23 juin 1999 : *Dr. soc. 1999. 973, obs. Gauriau*.

9. L'accord de substitution peut être moins favorable sans que les salariés puissent se prévaloir de l'ancien. • Soc. 3 mars 1998, n° 96-11.115 P • 27 juin 2000, n° 99-41.135 P. ♦ La convention collective applicable dans l'entreprise d'accueil à l'issue de la période de survie de la convention collective applicable dans l'entreprise cédée ne constitue pas l'accord d'adaptation prévu par l'art. L. 132-8, al. 7 [L. 2261-14 nouv.] ; les partenaires sociaux doivent négocier un accord d'adaptation, à défaut, les avantages individuels acquis sont incorporés dans le contrat de travail. • Soc. 19 oct. 1999 : *Dr. soc. 2000. 228, obs. Bélier*.

10. Négociation anticipée. Il n'est pas interdit d'engager les négociations rendues nécessaires par la mise en cause d'un accord collectif avant que se réalise l'événement entraînant cette mise en cause ; l'employeur n'est tenu de reprendre la négociation après cet événement que lorsque les organisations syndicales représentatives ne sont plus les mêmes dans la nouvelle entreprise. • Soc. 13 oct. 2010 : *Dalloz actualité, 5 nov. 2010, obs. Ines ; D. 2010. AJ 2586 ; RDT 2010. 715, obs. Géa ; RJS 2010. 845, n° 946.* ♦ Comp. : même si des discussions en vue du remplacement par un nouvel accord d'un accord collectif existant peuvent bien être engagées avant toute dénonciation de cet accord, la nouvelle négociation qui doit s'engager, en cas de dénonciation d'un accord par la totalité des signataires, en vue de la signature éventuelle d'un accord de substitution, ne peut avoir lieu qu'après la dénonciation. Toutes les organisations syndicales de salariés représentatives doivent être invitées à cette nouvelle négociation. • Soc. 9 févr. 2000, n° 97-22.619 P : *D. 2000. IR 73 ; RJS 2000. 203, n° 306.*

Ancien art. L. 2261-14 *Lorsque l'application d'une convention ou d'un accord est mise en cause dans une entreprise déterminée en raison notamment d'une fusion, d'une cession, d'une scission ou d'un changement d'activité, cette convention ou cet accord continue de produire effet jusqu'à l'entrée en vigueur de la convention ou de l'accord qui lui est substitué ou, à défaut, pendant une durée d'un an à compter de l'expiration du délai de préavis prévu à l'article L. 2261-9, sauf clause prévoyant une durée supérieure.*

Lorsque la convention ou l'accord mis en cause n'a pas été remplacé par une nouvelle convention ou un nouvel accord dans les délais précisés au premier alinéa, les salariés des entreprises concernées conservent les avantages individuels qu'ils ont acquis, en application de la convention ou de l'accord, à l'expiration de ces délais.

Une nouvelle négociation doit s'engager dans l'entreprise concernée, à la demande d'une des parties intéressées, dans les trois mois suivant la mise en cause, soit pour l'adaptation aux dispositions conventionnelles nouvellement applicables, soit pour l'élaboration de nouvelles stipulations. — [Anc. art. L. 132-8, al. 7.]

Art. L. 2261-14-1 *(L. n° 2008-789 du 20 août 2008)* La perte de la qualité d'organisation représentative de toutes les organisations syndicales signataires d'une convention ou d'un accord collectif n'entraîne pas la mise en cause de cette convention ou de cet accord.

Art. L. 2261-14-2 *(L. n° 2016-1088 du 8 août 2016, art. 17)* Dès lors qu'est envisagée une fusion, une cession, une scission ou toute autre modification juridique qui aurait pour effet la mise en cause d'une convention ou d'un accord, les employeurs des entreprises concernées et les organisations syndicales de salariés représentatives dans l'entreprise qui emploie les salariés dont les contrats de travail sont susceptibles d'être transférés peuvent négocier et conclure la convention ou l'accord de substitution prévu au premier alinéa de l'article L. 2261-14.

La durée de cette convention ou de cet accord ne peut excéder trois ans. La convention ou l'accord entre en vigueur à la date de réalisation de l'événement ayant entraîné la mise en cause et s'applique à l'exclusion des stipulations portant sur le même objet des conventions et accords applicables dans l'entreprise ou l'établissement dans lequel les contrats de travail sont transférés.

A l'expiration de cette convention ou de cet accord, les conventions et accords applicables dans l'entreprise ou dans l'établissement dans lequel les contrats de travail des salariés ont été transférés s'appliquent à ces salariés.

Art. L. 2261-14-3 *(L. n° 2016-1088 du 8 août 2016, art. 17)* Dès lors qu'est envisagée une fusion, une cession, une scission ou toute autre modification juridique qui aurait pour effet la mise en cause d'une convention ou d'un accord, les employeurs et les organisations syndicales de salariés représentatives dans les entreprises ou établissements concernés peuvent négocier et conclure une convention ou un accord se substituant aux conventions et accords mis en cause et révisant les conventions et accords applicables dans l'entreprise ou l'établissement dans lequel les contrats de travail sont transférés. Cette convention ou cet accord entre en vigueur à la date de réalisation de l'événement ayant entraîné la mise en cause.

Art. L. 2261-14-4 *(L. n° 2016-1088 du 8 août 2016, art. 17)* La validité des conventions et des accords mentionnés aux articles L. 2261-14-2 et L. 2261-14-3 s'apprécie dans les conditions prévues aux articles L. 2232-12 et L. 2232-13.

Les taux mentionnés aux mêmes articles L. 2232-12 et L. 2232-13 sont appréciés :

1° Dans le périmètre de l'entreprise ou de l'établissement employant les salariés dont les contrats de travail sont transférés, dans le cas mentionné à l'article L. 2261-14-2 ;

2° Dans le périmètre de chaque entreprise ou établissement concerné, dans le cas mentionné à l'article L. 2261-14-3.

Le cas échéant, la consultation des salariés est effectuée dans ces mêmes périmètres.

SECTION VII **EXTENSION ET ÉLARGISSEMENT**

SOUS-SECTION 1 **PRINCIPES**

Art. L. 2261-15 Les stipulations d'une convention de branche ou d'un accord professionnel ou interprofessionnel, répondant aux conditions particulières déterminées par

la sous-section 2, peuvent être rendues obligatoires pour tous les salariés et employeurs compris dans le champ d'application de cette convention ou de cet accord, par arrêté du ministre chargé du travail, après avis motivé de la Commission nationale de la négociation collective.

L'extension des effets et des sanctions de la convention ou de l'accord se fait pour la durée et aux conditions prévues par la convention ou l'accord en cause. – *[Anc. art. L. 133-8, al. 1er et 3.]*

BIBL. ▶ Procédure d'extension : AUFRÈRE-PHILBERT, *Dr. soc. 1989. 237.* – PASCRÉ, *Dr. ouvrier 1986. 241.*

COMMENTAIRE

V. Dalloz.fr et applications mobiles Dalloz.

1° ARRÊTÉ D'EXTENSION

1. Avis préalable. Sur l'obligation, pour la commission nationale de la négociation collective, de motiver son avis, V. • CE 19 juin 1992 : *Dr. ouvrier 1993. 264, note Pascré* • 19 mai 2006 : *RJS 2006. 893, n° 1209.*

2. Refus en opportunité. Le ministre dispose d'un pouvoir d'appréciation lui permettant de refuser l'extension d'un accord de branche pour des motifs d'intérêt général tenant, notamment, aux objectifs de la politique économique et sociale ou à la protection de la situation des tiers, sous le contrôle du juge de l'excès de pouvoir. • CE 21 nov. 2008 : *RJS 2009. 323, n° 386 ; Sem. soc. Lamy 2009, n° 1384, p. 11.*

3. Lorsque la légalité de l'arrêté d'extension est subordonnée à l'appréciation de la validité de la convention collective, le juge administratif doit surseoir à statuer et renvoyer l'examen de la question préjudicielle au juge judiciaire. • CE 4 mars 1960 : *Dr. soc. 1960. 274, concl. Nicolay* • 7 mars 1986 : *D. 1988. Somm. 78, obs. Chelle et Prétot* • 3 mai 1993 : *RJS 1993. 449, n° 767.* ♦ Toutefois, le juge saisi au principal peut trancher la question lui-même s'il apparaît manifestement, au vu d'une jurisprudence établie, que la contestation peut être accueillie ; s'agissant du cas particulier du droit de l'Union européenne, le juge saisi doit opérer le contrôle de conventionalité directement. • CE 23 mars 2012 : *Lebon 2013. 858 ; D. 2012. Actu. 1012 ; RDT 2012. 376, obs. Tissandier ; RJS 2012. 493, n° 582.*

4. Abrogation partielle. L'abrogation partielle d'un arrêté d'extension ne peut modifier sur un point essentiel l'économie des dispositions demeurées obligatoires. • CE 19 févr. 1982 : *Dr. soc. 1982. 567, concl. Dondoux.* – V. aussi • CE 16 avr. 1982 : *D. 1983. IR 363, obs. Langlois.*

2° PORTÉE DE L'EXTENSION

5. Effets de l'extension. L'arrêté d'extension d'une convention collective n'a pas pour effet de valider les stipulations qu'elle renferme, l'appréciation de la validité de celles-ci relevant de l'appréciation des tribunaux de l'ordre judiciaire. • Civ. 2e, 12 juill. 1963 : *JCP 1964. II. 13495, note P.S. et Ch. G.* • 20 juill. 1964 : *Dr. soc. 1965. 55, obs. Savatier.*

6. Sur la notion de branche d'activités professionnelles à laquelle s'applique une convention étendue, V. • CE 30 sept. 1983 : *D. 1984. IR 367, obs. Langlois.*

Art. L. 2261-16 Le ministre chargé du travail peut également, conformément à la procédure d'extension prévue à la sous-section 3, rendre obligatoires, par arrêté, les avenants ou annexes à une convention ou à un accord étendu.

L'extension des avenants ou annexes à une convention ou à un accord étendu porte effet dans le champ d'application de la convention ou de l'accord de référence, sauf dispositions expresses déterminant un champ d'application différent. – *[Anc. art. L. 133-9.]*

1. Avenants et annexes. Les avenants ou annexes à une convention ou à un accord étendu ne sont pas applicables aux entreprises non signataires ou non adhérentes s'ils n'ont pas eux-mêmes fait l'objet d'un arrêté d'extension. • Cass., ass. plén., 6 avr. 1990, n° 89-41.674 P : *D. 1991. Somm. 153, obs. Goineau ; CSB 1990. 157, A. 34 ; RJS 1990. 345, n° 490* • Soc. 4 mai 1993, n° 91-41.646 P : *D. 1993. IR 140.*

2. Annulation de la convention ou de l'accord collectif. L'arrêté d'extension d'un avenant est subordonné à l'extension valablement opérée de la convention collective qu'il complète. • CE 7 mai 2015, req. n° 375882 : *Dalloz actualité, 5 juin 2015, obs. Ines.*

Art. L. 2261-17 En cas d'absence ou de carence des organisations de salariés ou d'employeurs se traduisant par une impossibilité persistante de conclure une convention ou un accord dans une branche d'activité ou un secteur territorial déterminé, le

ministre chargé du travail peut, à la demande d'une des organisations représentatives intéressées ou de sa propre initiative, sauf opposition écrite et motivée de la majorité des membres de la Commission nationale de la négociation collective :

1° Rendre obligatoire dans le secteur territorial considéré une convention ou un accord de branche déjà étendu à un secteur territorial différent. Le secteur territorial faisant l'objet de l'arrêté d'élargissement doit présenter des conditions économiques analogues à celles du secteur dans lequel l'extension est déjà intervenue ;

2° Rendre obligatoire dans le secteur professionnel considéré une convention ou un accord professionnel déjà étendu à un autre secteur professionnel. Le secteur professionnel faisant l'objet de l'arrêté d'élargissement doit présenter des conditions analogues à celles du secteur dans lequel l'extension est déjà intervenue, quant aux emplois exercés ;

3° Rendre obligatoire dans une ou plusieurs branches d'activité non comprises dans son champ d'application un accord interprofessionnel étendu ;

4° Lorsque l'élargissement d'une convention ou d'un accord a été édicté conformément aux alinéas précédents, rendre obligatoires leurs avenants ou annexes ultérieurs eux-mêmes étendus dans le ou les secteurs visés par cet élargissement. – *[Anc. art. L. 133-12.]*

COMMENTAIRE

V. Dalloz.fr et applications mobiles Dalloz.

1. Contenu de l'arrêté. Le ministre du travail n'est pas tenu d'énumérer les branches d'activité pour lesquelles il entend rendre obligatoires les stipulations d'un accord interprofessionnel étendu, dès lors que la condition d'absence ou de carence des organisations d'employeurs ou de salariés se trouve remplie pour chacune des branches d'activité à laquelle est élargie l'application de l'accord. • CE 17 janv. 1986 : *Lebon 11 ; D. 1988. Somm. 78, 2e esp., obs. Chelle et Prétot.*

2. Syndicats contestant la légalité. Une organisation professionnelle n'est recevable à contester la légalité d'un arrêté ministériel portant élargissement d'un accord interprofessionnel étendu qu'en tant qu'il s'applique aux professions qu'elle représente. • CE 17 janv. 1986 : *Lebon 9 ; D. 1988. Somm. 78, 1re esp., obs. Chelle et Prétot.* ♦ Lorsque des salariés sont partiellement soumis à un accord collectif, même moins favorable que l'accord élargi, la condition posée par l'art. L. 133-12 [L. 2261-17 nouv.] n'est pas satisfaite, ce qui justifie l'annulation de l'arrêté d'élargissement. • Même arrêt.

3. Conséquences de l'annulation. Un arrêté d'élargissement qui a fait l'objet d'une annulation doit être réputé n'être jamais intervenu. • Soc. 7 mai 1991 : *RJS 1991. 389, n° 734.*

Art. L. 2261-18 Lorsqu'une convention de branche n'a pas fait l'objet d'avenant ou annexe pendant cinq ans au moins ou, qu'à défaut de convention, des accords n'ont pu y être conclus depuis cinq ans au moins, cette situation peut être assimilée au cas d'absence ou de carence des organisations au sens de l'article L. 2261-17 et donner lieu à l'application de la procédure prévue à cet article. – *[Anc. art. L. 133-13.]*

SOUS-SECTION 2 CONDITIONS D'EXTENSION DES CONVENTIONS ET ACCORDS

Art. L. 2261-19 Pour pouvoir être étendus, la convention de branche ou l'accord professionnel ou interprofessionnel, leurs avenants ou annexes, doivent avoir été négociés et conclus *(L. n° 2016-1088 du 8 août 2016, art. 24)* « au sein de la commission paritaire mentionnée à l'article L. 2232-9 ».

Cette commission est composée de représentants des organisations syndicales d'employeurs et de salariés représentatives dans le champ d'application considéré.

(L. n° 2014-288 du 5 mars 2014, art. 29-III) « Pour pouvoir être étendus, la convention de branche ou l'accord professionnel ou interprofessionnel, leurs avenants ou annexes, ne doivent pas avoir fait l'objet de l'opposition, dans les conditions prévues à l'article L. 2231-8, d'une ou de plusieurs organisations professionnelles d'employeurs reconnues représentatives au niveau considéré dont les entreprises adhérentes emploient plus de 50 % de l'ensemble des salariés des entreprises adhérant aux organisations professionnelles d'employeurs reconnues représentatives à ce niveau. »

(Abrogé par L. n° 2016-1088 du 8 août 2016, art. 35) « Afin de permettre le calcul du taux prévu au troisième alinéa du présent article, lorsqu'une organisation professionnelle d'employeurs adhère à plusieurs organisations professionnelles d'employeurs ayant statutai-

rement vocation à être présentes au niveau national et interprofessionnel, les salariés employés par ses entreprises adhérentes sont répartis entre ces organisations selon le même taux que celui retenu pour effectuer la répartition prévue au dernier alinéa de l'article L. 2152-4.

« Cette répartition figure dans la déclaration de candidature mentionnée à l'article L. 2152-5.

« Le nombre de salariés employés par les entreprises adhérentes est attesté par un commissaire aux comptes, qui peut être celui de l'organisation mentionnée au troisième alinéa du présent article, dans des conditions déterminées par décret en Conseil d'État. »

BIBL. ▶ A. LYON-CAEN, *RDT 2014. Édito 145.* – NADAL, *RDT 2014. 195.*

COMMENTAIRE

V. Dalloz.fr et applications mobiles Dalloz.

1. Convocation des syndicats représentatifs. Viole les dispositions de l'art. L. 133-1 [L. 2261-19 nouv.] l'arrêté d'extension d'une convention collective nationale de branche négociée et conclue au sein d'une commission à laquelle n'a pas été associé un syndicat représentatif. • Soc. 20 mai 1988 : *JS UIMM 1989. 376.* ♦ Un syndicat représentant tant les chefs d'établissement propriétaires que les chefs d'établissement salariés n'est pas fondé à critiquer la décision du ministre du travail refusant de l'inviter à participer à des négociations en tant qu'organisation représentant les employeurs. • CE 24 juin 1987 : *D. 1987. IR 173.* ♦ Est illégal l'arrêté d'extension d'un avenant à une convention collective dès lors que cet avenant n'a pas été signé par les trois organisations patronales les plus représentatives à l'égard des trois branches d'activités mentionnées dans le champ d'application professionnel de la convention initiale. • CE 15 déc. 1978 : *D. 1979. IR 332, obs. Langlois.*

2. Commission. Doit être annulé l'arrêté d'extension d'un accord relatif à l'aménagement de la durée du travail qui n'a pas été négocié et conclu en commission. • CE 26 oct. 1988 : *D. 1990. Somm. 136, obs. Chelle et Prétot ; Dr. soc. 1989. 237, note Aufrère-Philbert ; Dr. ouvrier 1989. 228, note Pascré.*

3. Appréciation de la représentativité. Les accords modifiant ou complétant les conventions précédemment étendues ne peuvent faire l'objet d'un arrêté d'extension que s'ils ont été négociés et signés par les organisations syndicales d'employeurs et de salariés représentatives ; la représentativité doit être appréciée par le ministre du travail au niveau du champ d'application des accords considérés, toutefois si ce champ recouvre plusieurs branches d'activités distinctes, la représentativité peut être appréciée dans le cadre des branches d'activités concernées. • CE 3 avr. 1998 : *Lebon 1998. 127 ; RJS 1998. 571, n° 887.* ♦ Sur la prise en compte des salariés du secteur public qui relèvent du code du travail, V. • CE 5 nov. 2004 : *RJS 2005. 58, n° 65.*

4. Preuve de la représentativité. Rien ne dipense les organisations syndicales d'employeurs de faire la preuve de leur représentativité dans le champ d'application de la convention ou de l'accord dont l'extension est en cause. • CE 30 juin 2003 : *GADT, 4e éd., n° 175 ; Dr. soc. 2003. 1112, concl. Fombeur.*

5. Représentativité des signataires. L'organisation patronale signataire d'un accord étendu ne peut engager tous les employeurs d'un secteur professionnel et géographique que si elle en est représentative. • Soc. 16 mars 2005 : *D. 2005. IR 178 ; Dr. soc. 2005. 640, note Langlois ; JS Lamy 2005, n° 167-3 ; RJS 2005. 382, n° 547.*

Art. L. 2261-20 A la demande de l'une des organisations syndicales d'employeurs et de salariés représentatives, ou de sa propre initiative, l'autorité administrative peut provoquer la réunion d'une commission mixte paritaire.

Lorsque deux de ces organisations en font la demande, l'autorité administrative convoque la commission mixte paritaire. – *[Anc. art. L. 133-1, al. 2.]*

Art. L. 2261-21 En cas de litige portant sur l'importance des délégations composant la commission mixte, celles-ci sont convoquées dans des conditions déterminées par décret en Conseil d'État. – *[Anc. art. L. 133-4.] – V. art. R. 2261-10.*

Art. L. 2261-22 I. – Pour pouvoir être étendue, la convention de branche conclue au niveau national contient des clauses portant sur la détermination des règles de négociation et de conclusion, prévues aux articles :

1° L. 2222-1 et L. 2222-2, relatifs au champ d'application territorial et professionnel ;

2° L. 2222-5 et L. 2222-6, relatifs aux modalités de renouvellement, de révision et de dénonciation ;

3° L. 2232-3 et L. 2232-9, relatifs aux garanties accordées aux salariés participant à la négociation.

II. – Elle contient en outre des clauses portant sur :

1° L'exercice du droit syndical et la liberté d'opinion des salariés, le déroulement de carrière des salariés exerçant des responsabilités syndicales et l'exercice de leurs fonctions ;

2° Les délégués du personnel, le comité d'hygiène, de sécurité et des conditions de travail, les comités d'entreprise et le financement des activités sociales et culturelles gérées par ces comités ;

3° Les éléments essentiels servant à la détermination des classifications professionnelles et des niveaux de qualification ;

4° Le salaire minimum national professionnel des salariés sans qualification et l'ensemble des éléments affectant le calcul du salaire applicable par catégories professionnelles, ainsi que les procédures et la périodicité prévues pour sa révision ;

5° Les congés payés ;

6° Les conditions de recrutement des salariés ;

7° Les conditions de la rupture du contrat de travail ;

8° Les modalités d'organisation et de fonctionnement de la formation professionnelle tout au long de la vie ;

9° L'égalité professionnelle entre les femmes et les hommes, la suppression des écarts de rémunération et les mesures tendant à remédier aux inégalités constatées ;

10° L'égalité de traitement entre salariés et la prévention des discriminations ;

11° Les conditions propres à concrétiser le droit au travail des personnes handicapées ;

12° En tant que de besoin dans la branche :

a) Les conditions particulières de travail des femmes enceintes, venant d'accoucher ou allaitant et des jeunes travailleurs ;

b) Les conditions d'emploi et de rémunération du personnel à temps partiel ;

c) Les conditions d'emploi et de rémunération des travailleurs à domicile ;

d) Les garanties des salariés appelés à exercer leur activité à l'étranger ;

e) Les conditions d'emploi des salariés temporaires ou d'entreprises extérieures ;

f) Les conditions de rémunération des salariés, auteurs d'une invention dévolue à l'employeur en vertu des dispositions du troisième alinéa de l'article L. 611-7 du code de la propriété intellectuelle ; *– V. ce texte, App. I, B. Contrat de travail.*

g) Les garanties des salariés résidant dans un département métropolitain et appelés à travailler dans un département d'outre-mer *(Ord. n° 2008-205 du 27 févr. 2008)* « , à Saint-Barthélemy, à Saint-Martin » ou à Saint-Pierre-et-Miquelon, Mayotte, Wallis-et-Futuna et dans les Terres australes et antarctiques françaises ;

13° Les procédures conventionnelles de conciliation suivant lesquelles seront réglés les conflits collectifs de travail susceptibles de survenir entre les employeurs et les salariés liés par la convention ;

14° Les modalités d'accès à un régime de prévoyance *(L. n° 2013-504 du 14 juin 2013, art. 1er-IV)* « ou à un régime de remboursements complémentaires de frais occasionnés par une maladie, une maternité ou un accident dans des conditions au moins aussi favorables que celles prévues au II de l'article L. 911-7 du code de la sécurité sociale » ;

15° Les modalités de mise en œuvre des dispositifs d'intéressement, de participation et d'épargne salariale ;

16° Les modalités de prise en compte dans la branche ou l'entreprise des demandes relatives aux thèmes de négociation émanant d'une ou des organisations syndicales de salariés représentatives. – *[Anc. art. L. 133-5.]*

Accord de réduction du temps de travail. Le contenu obligatoire prévu par l'art. L. 133-5 [L. 2261-22 nouv.] est requis pour les conventions collectives de branche destinées à être étendues, mais pas pour un accord collectif de branche qui ne traite que de l'aménagement et de la réduction du temps de travail. • CE 26 févr. 2003 : *RJS 2003. 611, n° 920.*

Art. L. 2261-23 A défaut de convention au niveau national, les conditions d'extension prévues à l'article L. 2261-22 sont applicables aux conventions de branche conclues à d'autres niveaux territoriaux, sous réserve des adaptations nécessitées par les conditions propres aux secteurs territoriaux considérés. – *[Anc. art. L. 133-6.]*

SOUS-SECTION 3 PROCÉDURES D'EXTENSION ET D'ÉLARGISSEMENT

Art. L. 2261-24 La procédure d'extension d'une convention de branche ou d'un accord professionnel ou interprofessionnel est engagée à la demande d'une des organisations d'employeurs ou de salariés représentatives mentionnées à l'article L. 2261-19 ou à l'initiative du ministre chargé du travail, après avis motivé de la Commission nationale de la négociation collective.

Saisi de cette demande, le ministre chargé du travail engage sans délai la procédure d'extension. – *[Anc. art. L. 133-8, al. 2.]*

Art. L. 2261-25 Le ministre chargé du travail peut exclure de l'extension, après avis motivé de la Commission nationale de la négociation collective, les clauses qui seraient en contradiction avec des dispositions légales.

Il peut également exclure les clauses pouvant être distraites de la convention ou de l'accord sans en modifier l'économie, mais ne répondant pas à la situation de la branche ou des branches dans le champ d'application considéré.

Il peut, dans les mêmes conditions, étendre, sous réserve de l'application des dispositions légales, les clauses incomplètes au regard de ces dispositions. – *[Anc. art. L. 133-8, al. 4.]*

1. Étendue de la compétence du juge administratif. Le juge administratif peut prononcer la nullité d'un arrêté portant extension d'un avenant à une convention collective lorsque ce dernier comporte des stipulations illicites dont l'examen lui revient si l'illicéité ressort manifestement d'une jurisprudence établie par la Cour de cassation. • CE 7 mai 2015, ⚖ req. n° 375882 : *Dalloz actualité, 5 juin 2015, obs. Ines.*

2. Exclusion d'activités. Lorsqu'il apparaît que les champs d'application de chacune des conventions de branche en cause se recoupent, il appartient au ministre, préalablement à l'extension envisagée, soit d'exclure du champ d'application de celle-ci les activités économiques déjà couvertes par la convention déjà étendue, soit d'abroger l'arrêté d'extension de celle-ci en tant qu'il s'applique à ces activités dans le secteur territorial considéré. • CE 15 mai 2006 : *RDT 2006. 326, obs. Nadal ✎ ; RJS 2006. 894, n° 1210.* ♦ V. aussi • CE 2 mars 1962 : *Dr. soc. 1962. 346, concl. Nicolay.* ♦ Ce qui n'est pas le cas, cependant, lorsque l'accord susceptible d'être étendu a pour objet exclusif de fixer le champ d'application de futurs accords collectifs. • CE 23 juill. 2010 : ⚖ *Lebon ; Dr. soc. 2010. 1085, concl. Courrèges ✎.*

3. Intitulé ambigu. Si l'intitulé d'une convention ou d'un accord collectif est dépourvu par lui-même d'effet juridique, le ministre chargé du travail peut, lorsqu'il procède à l'extension d'une convention ou d'un accord, exclure de son intitulé les termes contradictoires ou qui créent une ambiguïté avec les stipulations de cette convention ou de cet accord définissant son champ d'application et qui, le cas échéant, sont de nature à créer une confusion avec une autre convention ou un autre accord. • CE 11 juill. 2014 : ⚖ *RJS 2014. 679, n° 801.*

4. Respect effectif du principe « à travail égal, salaire égal ». Doit être annulé l'arrêté d'extension d'une grille des salaires minimaux pris sous la réserve que la différence entre salariés ayant la même qualification et accomplissant les mêmes tâches ne contrevienne pas au principe « à travail égal, salaire égal » dans la mesure où une telle réserve n'est pas de nature à garantir l'application du principe qu'elle énonce, notamment à l'égard de salariés relevant d'employeurs différents. • CE 23 juill. 2010 : ⚖ *req. n° 316588.*

Art. L. 2261-26 Lorsque les avenants à une convention étendue ne portent que sur les salaires, ils sont soumis à une procédure d'examen accéléré dont les modalités sont définies par voie réglementaire après consultation de la Commission nationale de la négociation collective. Cette procédure doit être de nature à préserver les droits des tiers. – *V. art. R. 2261-5.*

Dans les professions agricoles, les avenants salariaux à des conventions collectives régionales ou départementales étendues peuvent être étendus par arrêté. – *[Anc. art. L. 133-10.]*

Art. L. 2261-27 Quand l'avis motivé favorable de la Commission nationale de la négociation collective a été émis sans opposition écrite et motivée soit de deux organisations d'employeurs, soit de deux organisations de salariés représentées à cette commission, le ministre chargé du travail peut étendre par arrêté une convention ou un accord ou leurs avenants ou annexes :

1° Lorsque le texte n'a pas été signé par la totalité des organisations les plus représentatives intéressées ;

2° Lorsque la convention ne comporte pas toutes les clauses obligatoires énumérées à l'article L. 2261-22 ;

3° Lorsque la convention ne couvre pas l'ensemble des catégories professionnelles de la branche, mais seulement une ou plusieurs d'entre elles.

En cas d'opposition dans les conditions prévues au premier alinéa, le ministre chargé du travail peut consulter à nouveau la commission sur la base d'un rapport précisant la portée des dispositions en cause ainsi que les conséquences d'une éventuelle extension.

Le ministre chargé du travail peut décider l'extension, au vu du nouvel avis émis par la commission. Cette décision est motivée. – *[Anc. art. L. 133-11.]*

1. Conditions de l'opposition. Ne méconnaît pas l'art. L. 133-11 [L. 2261-27 nouv.] le ministre du travail qui prononce l'extension de l'avenant litigieux non signé par deux organisations représentatives, alors que la commission nationale de la négociation collective a émis un avis favorable et que seul le représentant d'une des organisations de salariés représentées à cette commission s'est opposé à cette extension. • CE 13 avr. 1988 : *D. 1990. Somm. 136, obs. Chelle et Prétot* ✐.

2. Portée de l'extension. L'art. L. 133-11 [L. 2261-27 nouv.] n'autorisant pas le ministre du travail à étendre le champ d'application professionnel ou territorial d'une convention, une telle extension peut éventuellement être décidée en application des art. L. 133-12 et L. 133-13. • CE 3 juin 1983 : *D. 1984. IR 367, obs. Langlois.*

Art. L. 2261-28 L'arrêté d'extension d'une convention ou d'un accord devient caduc à compter du jour où la convention ou l'accord en cause cesse de produire effet. – *[Anc. art. L. 133-15, al. 1.]*

Art. L. 2261-29 L'arrêté d'élargissement devient caduc à compter du jour où l'arrêté d'extension du texte intéressé cesse de produire effet. – *[Anc. art. L. 133-15, al. 2.]*

Art. L. 2261-30 Si une convention ou un accord est ultérieurement conclu dans un secteur territorial ou professionnel ayant fait l'objet d'un arrêté d'élargissement, celui-ci devient caduc à l'égard des employeurs liés par cette convention ou cet accord.

L'arrêté d'extension emporte abrogation de l'arrêté d'élargissement dans le champ d'application pour lequel l'extension est prononcée. – *[Anc. art. L. 133-15, al. 3.]*

Art. L. 2261-31 Les dispositions de la présente sous-section ne sont pas applicables :

1° Aux accords relatifs à l'assurance chômage prévus à l'article L. 5422-20 ;

2° Aux accords conclus dans le cadre d'une convention ou d'un accord de participation des salariés aux résultats de l'entreprise et qui tendent à fixer la nature et les modalités de gestion des droits reconnus aux salariés qui en bénéficient. – *[Anc. art. L. 133-17.]*

Est légal l'arrêté d'extension d'une convention collective n'ayant pas pour objet exclusif l'instauration d'un régime complémentaire de retraite. • CE 20 févr. 1987 : *Lebon 68 ; D. 1987. IR 60.*

SECTION VIII RESTRUCTURATION DES BRANCHES PROFESSIONNELLES

(L. n° 2014-288 du 5 mars 2014, art. 29-IV)

COMMENTAIRE

V. Dalloz.fr et applications mobiles Dalloz

Art. L. 2261-32 *(L. n° 2016-1088 du 8 août 2016, art. 25)* I. – Le ministre chargé du travail peut, eu égard à l'intérêt général attaché à la restructuration des branches professionnelles, engager une procédure de fusion du champ d'application des conventions collectives d'une branche avec celui d'une branche de rattachement présentant des conditions sociales et économiques analogues :

1° Lorsque la branche est caractérisée par la faiblesse des effectifs salariés ;

2° Lorsque la branche a une activité conventionnelle caractérisée par la faiblesse du nombre des accords ou avenants signés et du nombre des thèmes de négociations couverts ;

3° Lorsque le champ d'application géographique de la branche est uniquement régional ou local ;

4° Lorsque moins de 5 % des entreprises de la branche adhèrent à une organisation professionnelle représentative des employeurs ;

5° En l'absence de mise en place ou de réunion de la commission prévue à l'article L. 2232-9.

Cette procédure peut également être engagée pour fusionner plusieurs branches afin de renforcer la cohérence du champ d'application des conventions collectives. — *V. art. R. 2261-15.*

Un avis publié au *Journal officiel* invite les organisations et personnes intéressées à faire connaître, dans un délai déterminé par décret, leurs observations sur ce projet de fusion. — *V. art. D. 2261-14.*

Le ministre chargé du travail procède à la fusion après avis motivé de la Commission nationale de la négociation collective.

Lorsque deux organisations professionnelles d'employeurs ou deux organisations syndicales de salariés représentées à cette commission proposent une autre branche de rattachement, par demande écrite et motivée, le ministre consulte à nouveau la commission dans un délai et selon des modalités fixés par décret. — *V. art. D. 2261-15.*

Une fois le nouvel avis rendu par la commission, le ministre peut prononcer la fusion.

II. — Le ministre chargé du travail peut, après avis motivé de la Commission nationale de la négociation collective, prononcer l'élargissement du champ d'application géographique ou professionnel d'une convention collective, afin qu'il intègre un secteur territorial ou professionnel non couvert par une convention collective.

Un avis publié au *Journal officiel* invite les organisations et personnes intéressées à faire connaître, dans un délai déterminé par décret, leurs observations sur ce projet d'élargissement du champ d'application. — *V. art. D. 2261-14.*

Lorsque deux organisations professionnelles d'employeurs ou deux organisations syndicales de salariés représentées à cette commission proposent un projet alternatif d'élargissement du champ d'application, par demande écrite et motivée, le ministre consulte à nouveau la commission dans un délai et selon des modalités fixés par décret. — *V. art. D. 2261-15.*

Une fois le nouvel avis rendu par la commission, le ministre peut prononcer l'élargissement du champ de la convention collective concernée.

III. — Pour les branches mentionnées au I, le ministre chargé du travail peut, eu égard à l'intérêt général attaché à la restructuration des branches professionnelles, refuser d'étendre la convention collective, ses avenants ou ses annexes, après avis de la Commission nationale de la négociation collective.

IV. — Pour les branches mentionnées au I, le ministre chargé du travail peut, eu égard à l'intérêt général attaché à la restructuration des branches professionnelles, après avis de la Commission nationale de la négociation collective et du Haut Conseil du dialogue social, décider de ne pas arrêter la liste des organisations professionnelles mentionnée à l'article L. 2152-6 ni la liste des organisations syndicales reconnues représentatives pour une branche professionnelle mentionnée à l'article L. 2122-11.

V. — Sauf dispositions contraires, un décret en Conseil d'État détermine les conditions d'application du présent article. — *V. art. D. 2261-14 s.*

Dans un délai de trois mois à compter du 8 août 2016 :

1° Les organisations professionnelles d'employeurs et les organisations syndicales de salariés représentatives au niveau national et interprofessionnel engagent une négociation sur la méthode permettant d'atteindre, dans un délai de trois ans à compter de la promulgation de la L. n° 2016-1088 du 8 août 2016, l'objectif d'environ deux cents branches professionnelles. Les organisations professionnelles d'employeurs représentatives au niveau national et multi-professionnel sont associées à cette négociation ;

2° Les organisations liées par une convention de branche engagent des négociations en vue d'opérer les rapprochements permettant d'atteindre cet objectif.

Le ministre chargé du travail engage, au plus tard le 31 déc. 2016, la fusion des branches dont le champ d'application géographique est uniquement régional ou local et des branches n'ayant pas conclu d'accord ou d'avenant lors des quinze années précédant le 8 août 2016.

A l'expiration d'un délai de trois ans à compter du 8 août 2016, le ministre chargé du travail engage la fusion des branches n'ayant pas conclu d'accord ou d'avenant lors des sept années précédant cette date.

Pendant les trois ans suivant le 8 août 2016, le ministre chargé du travail ne peut procéder à la fusion prévue au I de l'art. L. 2261-32, en cas d'opposition écrite et motivée de la majorité des membres de la Commission nationale de la négociation collective (L. n° 2016-1088 du 8 août 2016, art. 25, II à V).

Art. L. 2261-33 *(L. n° 2016-1088 du 8 août 2016, art. 25)* **En cas de fusion des champs d'application de plusieurs conventions collectives en application du I de l'article L. 2261-32 ou en cas de conclusion d'un accord collectif regroupant le champ de plusieurs conventions existantes, les stipulations conventionnelles applicables avant la fusion ou le regroupement, lorsqu'elles régissent des situations équivalentes, sont remplacées par des stipulations communes, dans un délai de cinq ans à compter de la date d'effet de la fusion ou du regroupement. Pendant ce délai, la branche issue du regroupement ou de la fusion peut maintenir plusieurs conventions collectives.**

Eu égard à l'intérêt général attaché à la restructuration des branches professionnelles, les différences temporaires de traitement entre salariés résultant de la fusion ou du regroupement ne peuvent être utilement invoquées pendant le délai mentionné au premier alinéa du présent article.

A défaut d'accord conclu dans ce délai, les stipulations de la convention collective de la branche de rattachement s'appliquent.

Art. L. 2261-34 *(L. n° 2016-1088 du 8 août 2016, art. 25)* **Jusqu'à la mesure de la représentativité des organisations professionnelles d'employeurs qui suit la fusion de champs conventionnels prononcée en application du I de l'article L. 2261-32 ou de la conclusion d'un accord collectif regroupant le champ de plusieurs conventions préexistantes, sont admises à négocier les organisations professionnelles d'employeurs représentatives dans le champ d'au moins une branche préexistant à la fusion ou au regroupement.**

La même règle s'applique aux organisations syndicales de salariés.

Les taux mentionnés au dernier alinéa de l'article L. 2261-19 et à l'article L. 2232-6 sont appréciés au niveau de la branche issue de la fusion ou du regroupement.

CHAPITRE II EFFETS DE L'APPLICATION DES CONVENTIONS ET ACCORDS

SECTION PREMIÈRE OBLIGATIONS D'EXÉCUTION

Art. L. 2262-1 **Sans préjudice des effets attachés à l'extension ou à l'élargissement, l'application des conventions et accords est obligatoire pour tous les signataires ou membres des organisations ou groupements signataires.** – *[Anc. art. L. 135-1, al. 1er.]*

BIBL. ▶ MORANO, *JCP E 2004. 1756* (application volontaire d'une convention collective non obligatoire).

COMMENTAIRE

V. Dalloz.fr et applications mobiles Dalloz.

I. APPLICATION DES CONVENTIONS COLLECTIVES

1. Principe. Sont soumis aux obligations d'une convention collective tous ceux qui l'ont signée personnellement, ainsi que ceux qui sont ou deviennent membres des organisations signataires, les organisations adhérentes à ces dernières et ceux qui sont ou deviennent membres de l'une de ces organisations. • Soc. 3 nov. 1976 : *Bull. civ. V, n° 549* • 30 nov. 1977 : *ibid., n° 654.* ♦ L'employeur non affilié à l'un des groupements signataires n'est pas lié par l'accord collectif. • Soc. 10 févr. 1960 : *Dr. soc. 1960. 426, obs. Savatier* • 7 nov. 1973 : *ibid. 1974. 289, obs. Savatier.* ♦ Sur l'adhésion, V. notes ss. art. L. 2261-3.

2. Preuve de l'affiliation à une organisation signataire. La recherche de l'affiliation de l'employeur à une organisation signataire d'un accord relève de l'office du juge. • Soc. 31 mai 2011 : *Dalloz actualité, 30 juin 2011, obs. Ines ; JCP S 2011. 1420, obs. Drai.*

3. Organisation patronale. Il n'est pas interdit à un groupement patronal de limiter par une délibération spéciale l'opposabilité de son engagement à ceux de ses membres dont il aurait reçu mandat spécialement à cet effet. • Soc. 29 avr. 1985 : *Bull. civ. V, n° 262 ; D. 1988. 231, note Borenfreund.*

4. Faute d'affiliation à l'une des organisations signataires, un employeur n'est pas tenu des avenants à une convention collective étendue qui n'ont pas fait l'objet d'arrêtés d'extension. • Soc. 9 nov. 1978 : *Bull. civ. V, n° 755* • 24 janv. 1980 : *ibid., n° 78* • Cass., ass. plén., 6 avr. 1990, n° 89-41.674 P : *D. 1991. Somm. 153, obs. Goineau ; CSB 1990. 157, A. 34 ; RJS 1990. 345, n° 490.*

5. Il résulte de la combinaison des art. L. 132-2, L. 132-7 et L. 135-1 [L. 2231-1, L. 2231-2, L. 2222-5, L. 2261-7, L. 2261-8 et L. 2262-1 à L. 2262-3 nouv.] que si, sous réserve de l'exercice du droit d'opposition, l'avenant portant révision de tout ou partie de la convention ou de l'accord collectif, signé par une ou plusieurs organisations syndicales de salariés représentatives, se substitue de plein droit aux stipulations de la convention ou de l'accord qu'il modifie, cet avenant n'est opposable qu'aux employeurs qui l'ont signé ou qui sont membres d'un groupement qui l'a signé. • Soc. 29 mai 1996, n° 94-43.888 P : *Dr. soc. 1996. 608, rapp. Frouin ; JCP 1996. II. 22662, concl. Kessous ; JCP E 1996. I. 597, n° 21, obs. Chevillard ; RJS 1996. 524, n° 817 ; CSB 1996. 199, A. 42.*

II. APPLICATION VOLONTAIRE

6. Hypothèses. Une cour d'appel peut déduire d'un certain nombre de circonstances que l'employeur s'est soumis volontairement à une convention collective et qu'il était tenu de verser la prime prévue par cet accord. • Soc. 27 janv. 1982 : *Bull. civ. V, n° 49.* – Dans le même sens : • Soc. 29 mai 1986 : *Bull. civ. V, n° 268* • 7 juill. 1980 : *D. 1981. IR 132, obs. Langlois* • 10 avr. 1991 : *RJS 1991. 389, n° 733.* ♦ *Contra,* en cas d'opposition des salariés : • Soc. 12 févr. 1985 : *Bull. civ. V, n° 96 ; D. 1985. IR 454, obs. Langlois.* ♦ L'application volontaire ne peut résulter que d'une volonté claire et non équivoque de l'employeur. • Soc. 5 oct. 1993 : *RJS 1993. 663, n° 1122.*

7. Le seul fait qu'un employeur ait en quelques circonstances accordé à un salarié des avantages prévus par une convention collective est insuffisant pour qu'il puisse en être déduit qu'il a entendu le faire bénéficier de l'ensemble de ses dispositions. • Soc. 27 avr. 1988 : *Bull. civ. V, n° 252* • 25 févr. 1985 : *D. 1985. IR 270.*

8. Les parties peuvent conventionnellement déterminer les modalités de salaire en reproduisant dans le contrat de travail certaines clauses d'une convention collective sans qu'il soit possible de restreindre la portée de leurs stipulations en se reportant à d'autres clauses de la même convention collective non visées dans le contrat et moins avantageuses. • Soc. 6 juin 1974 : *Bull. civ. V, n° 343.* ♦ La mention dans le contrat de travail de l'application d'une disposition collective dont ne relève pas l'employeur est limitée à celles de ses prévisions transposables dans l'entreprise considérée. • Soc. 16 déc. 2005 : *D. 2006. IR 99 .*

9. Portée de l'application. L'employeur peut limiter à certaines catégories de salariés l'application volontaire d'une convention collective. • Soc. 3 févr. 1993 : *D. 1993. Somm. 264, obs. Dockès ; RJS 1993. 179, n° 294* (application volontaire au bénéfice d'un seul salarié) • 5 oct. 1993 : *RJS 1993. 663, n° 1122.* ♦ L'application volontaire d'une convention collective peut être partielle. • Soc. 21 mai 1996 : *RJS 1996. 677, n° 1064.*

10. L'application dans une entreprise des clauses d'une convention collective non obligatoire n'implique pas nécessairement l'engagement d'appliquer également à l'avenir les dispositions de ses avenants éventuels ou d'un accord de substitution. • Soc. 21 oct. 1998, n° 97-44.337 P : *RJS 1998. 922, n° 1517 ; Dr. soc. 1999. 103, obs. Bélier* • 21 mars 2006 : *RDT 2006. 37, obs. Pignarre .* ♦ L'application volontaire d'une convention collective par un employeur ne lui rend pas opposable un avenant à ladite convention non signé par le groupement patronal dont il est membre. • Soc. 29 mai 1996, n° 93-43.412 P.

11. Une cour d'appel qui relève qu'un avenant non signé était appliqué dans l'entreprise et qu'il régissait les rapports entre employeurs et salariés au sein d'une chambre syndicale établit ainsi qu'il y avait acquis valeur d'usage de la profession. • Soc. 20 févr. 1991, n° 87-41.022 P : *D. 1991. IR 82 ; RJS 1991. 260, n° 493.* ♦ Sous réserve de prévenir individuellement les salariés et les instances représentatives du personnel, dans un délai permettant d'éventuelles négociations, un employeur peut toujours mettre fin à un usage, même lorsque celui-ci porte sur l'application volontaire d'une convention ou d'un accord. • Soc. 10 mai 1994 : *Dr. soc. 1994. 718, obs. Bélier* • 31 janv. 1996 : *RJS 1996. 188, n° 313, 2e esp.* ♦ C'est à l'employeur qui soutient que l'application de la convention collective à titre d'usage a été dénoncée de rapporter la preuve de ce qu'il a respecté un délai de prévenance suffisant. • Soc. 22 oct. 1996, n° 93-43.845 P : *D. 1996. IR 246 ; RJS 1996. 859, n° 1344.*

12. Lorsque l'activité de l'entreprise adhérente à un syndicat signataire n'est pas comprise dans le champ d'application professionnel de la convention, l'application volontaire de celle-ci a la valeur d'un usage que l'employeur peut dénoncer. • Soc. 4 déc. 1991, n° 88-40.454 P : *D. 1992. IR 25 ; Dr. soc. 1992. 197.*

13. Conclusion d'un accord moins favorable. Lorsque l'application volontaire d'une convention collective dans une entreprise résulte d'un usage ou d'un engagement unilatéral de l'employeur, la conclusion d'un accord d'entreprise ayant le même objet met fin à cet usage ou à cet engagement. • Soc. 26 sept. 2012 : *Dalloz actualité, 22 oct. 2012, obs. Ines ; D. 2012. Actu. 2316 ; RJS 2012. 825, n° 976 ; JS Lamy 2012, n° 332-2, obs. Hautefort ; JCP S 2012. 1540, obs. Daniel.*

III. INTERPRÉTATION DES CONVENTIONS COLLECTIVES

14. Principe d'interprétation stricte. Pour une illustration de l'interprétation stricte par la jurisprudence des catégories professionnelles visées par une convention collective, V. • Soc. 12 mars 1987 : *Bull. civ. V, n° 154,* affirmant que les droits relatifs aux seuls salariés énumérés par la convention ne peuvent être appliqués à un salarié appartenant à une autre catégorie d'emploi sauf volonté contraire des parties. – Dans le même sens : • Soc. 2 juill. 1987 : *Bull. civ. V, n° 447* • 17 déc. 1987 : *ibid., n° 756* • Cass., ass. plén., 26 avr. 1991, n° 87-43.726 P : *D. 1991. IR 149.* ♦ *Contra,* lorsque seule la fonction n'a pas été prévue dans la convention : • Soc. 30 janv. 1991 : *CSB 1991. 71, S. 39.*

Art. L. 2262-2 **L'adhésion à une organisation ou à un groupement signataire emporte les conséquences de l'adhésion à la convention ou à l'accord collectif de travail lui-même, sous réserve que les conditions d'adhésion prévues à l'article L. 2261-3 soient réunies.** – *[Anc. art. L. 135-1, al. 2.]*

Art. L. 2262-3 **L'employeur qui démissionne de l'organisation ou du groupement signataire postérieurement à la signature de la convention ou de l'accord demeure lié par ces derniers.** – *[Anc. art. L. 135-1, al. 3.]*

Effets de la démission. L'employeur ne peut se prévaloir de sa démission du syndicat signataire pour ne pas appliquer la convention collective. • Soc. 26 nov. 1987 : *Bull. civ. V, n° 688 ; D. 1987. IR 251.* – V. déjà : • Soc. 9 avr. 1970 : *D. 1970. 688, note Despax* • 21 janv. 1976 : *Bull. civ. V, n° 39.* ♦ La démission de l'employeur n'a pas d'effet rétroactif, l'employeur demeure lié par les textes ainsi que par les accords postérieurs à sa démission lorsqu'ils ne sont que l'application de la convention ou de l'accord. • Soc. 10 févr. 1999, n° 96-40.851 P : *D. 1999. IR 60 ; RJS 1999. 236, n° 396 ; Dr. soc. 1999. 422, obs. Langlois .*

Art. L. 2262-4 **Les organisations de salariés et les organisations ou groupements d'employeurs, ou les employeurs pris individuellement, liés par une convention ou un accord, sont tenus de ne rien faire qui soit de nature à en compromettre l'exécution loyale. Ils ne sont garants de cette exécution que dans la mesure déterminée par la convention ou l'accord.** – *[Anc. art. L. 135-3.]*

SECTION II **INFORMATION ET COMMUNICATION**

Art. L. 2262-5 **Les conditions d'information des salariés et des représentants du personnel sur le droit conventionnel applicable dans l'entreprise et l'établissement sont définies par convention de branche ou accord professionnel.**

En l'absence de convention ou d'accord, les modalités d'information relatives aux textes conventionnels applicables sont définies par voie réglementaire. – *[Anc. art. L. 135-7, I.] – V. art. R. 2262-1 s.*

COMMENTAIRE

V. Dalloz.fr et applications mobiles Dalloz.

1. Inopposabilité. Lorsque le salarié n'a pas été, au moment de son engagement, informé de l'existence d'une convention collective et mis en mesure d'en prendre connaissance, l'employeur ne peut se prévaloir à son égard des dispositions de cette convention collective (existence d'une période d'essai). • Soc. 29 mars 1995, n° 91-44.562 P : *D. 1996. 127, note Pignarre ; Dr. soc. 1995. 454, rapp. Desjardins ; RJS 1995. 357, n° 538 ; JCP 1996. I. 3899, n° 4, obs. Cesaro* • 14 févr. 1996 : *RJS 1996. 257, n° 426 (2e esp.).* ♦ Inversement, V. • Soc. 8 janv. 1997 : *GADT, 4e éd., n° 165 ; D. 1997. IR 35.*

2. Modalités de l'information. L'obligation de non-concurrence prévue par la convention collective est opposable au salarié, en l'absence de mention dans le contrat de travail, dès lors qu'il a été informé de l'existence d'une convention collective applicable et mis en mesure d'en prendre connaissance. • Soc. 8 janv. 1997, n° 93-44.009 P : *D. 1997. 332, note Crionnet ; Dr. soc. 1997. 323, obs. Couturier ; RJS 1997. 123, n° 184.*

Art. L. 2262-6 L'employeur fournit chaque année au comité d'entreprise, aux délégués syndicaux ou, à défaut, aux délégués du personnel, la liste des modifications apportées aux conventions ou accords applicables dans l'entreprise.

A défaut de délégués du personnel, cette information est communiquée aux salariés. – *[Anc. art. L. 135-8, al. 1.]*

Art. L. 2262-7 Lorsqu'il démissionne d'une organisation signataire d'une convention ou d'un accord, l'employeur en informe sans délai le personnel dans les conditions définies à l'article L. 2262-6. – *[Anc. art. L. 135-8, al. 2.]*

Art. L. 2262-8 Il peut être donné communication et délivré copie des textes conventionnels déposés auprès de l'autorité administrative, dans les conditions déterminées par décret en Conseil d'État. – *[Anc. art. L. 132-10, al. 4.] – V. art. R. 2262-1 s.*

SECTION III ACTIONS EN JUSTICE

BIBL. ▸ COHEN, *Dr. soc. 1990. 790* ✎. – WAGNER, *Dr. ouvrier 1990. 291.* – PETIT, *Dr. soc. 2004. 262* ✎.

Art. L. 2262-9 Les organisations ou groupements ayant la capacité d'agir en justice, dont les membres sont liés par une convention ou un accord, peuvent exercer toutes les actions en justice qui en résultent en faveur de leurs membres, sans avoir à justifier d'un mandat de l'intéressé, pourvu que celui-ci ait été averti et n'ait pas déclaré s'y opposer.

L'intéressé peut toujours intervenir à l'instance engagée par l'organisation ou le groupement. – *[Anc. art. L. 135-4, al. 1er.]*

COMMENTAIRE

V. Dalloz.fr et applications mobiles Dalloz ⌂. ❑

1. Conditions. Doit être cassé l'arrêt qui accueille la demande d'un syndicat, alors que ce dernier n'a pas indiqué le nom de ses adhérents, ni précisé la qualité exacte et la rémunération de ceux de ses membres au nom desquels il déclare agir, ce qui rend impossible la détermination de leurs droits individuels, la vérification de ce qu'ils avaient été avertis de l'action et le prononcé d'une condamnation au profit de chacun d'eux. • Soc. 3 nov. 1972 : *Bull. civ. V, n° 595.*

2. Les actions prévues par l'art. L. 135-4 [L. 2262-9 et L. 2262-10 nouv.] afin d'obtenir l'application d'une convention ou d'un accord collectif ne sont pas réservées aux seules organisations signataires mais sont ouvertes à toutes celles signataires ou non dont les membres adhérents se trouvent liés par la convention ou l'accord collectif. • Soc. 14 févr. 2001, ⌂ n° 98-46.149 P : *D. 2001. Somm. 2172, obs. Géniaut* ✎ ; *RJS 2001. 342, n° 479 ; Dr. soc. 2001. 572, obs. Miné* ✎ ; *Dr. ouvrier 2001. 174, n° 632* • 9 avr. 2002, ⌂ n° 99-45.963 P : *RJS 2002. 637, n° 816.*

3. Intervention. Le désistement de la partie principale n'interdit pas au syndicat qui est intervenu dans l'instance de poursuivre celle-ci. • Soc. 25 oct. 1961 : *D. 1962. 3, note Verdier ; Dr. soc. 1962. 229, obs. Savatier.*

Art. L. 2262-10 Lorsqu'une action née de la convention ou de l'accord est intentée soit par une personne, soit par une organisation ou un groupement, toute organisation ou tout groupement ayant la capacité d'agir en justice, dont les membres sont liés par la convention ou l'accord, peut toujours intervenir à l'instance engagée, à raison de l'intérêt collectif que la solution du litige peut présenter pour ses membres. – *[Anc. art. L. 135-4, al. 2.]*

1. Intérêt à agir. Viole l'art. L. 135-4, al. 2 [L. 2262-10 nouv.], le jugement qui rejette l'intervention d'un syndicat dans l'instance engagée par un salarié contre son employeur en paiement de sommes par application de la convention collective, au motif que le syndicat n'a pas d'intérêt à agir, le préjudice collectif n'étant pas établi. • Soc. 28 nov. 1995 : ⌂ *D. 1996. IR 12* ✎.

2. Bien-fondé. L'intérêt à agir n'est toutefois pas subordonné à la démonstration préalable du bien-fondé de l'action, laquelle est née d'une contestation sur l'application d'un accord collectif de travail. • Soc. 11 juill. 2000 : ⌂ *RJS 2000. 817, n° 1262.*

Art. L. 2262-11 Les organisations ou groupements ayant la capacité d'agir en justice, liés par une convention ou un accord, peuvent intenter en leur nom propre toute

action visant à obtenir l'exécution des engagements contractés et, le cas échéant, des dommages-intérêts contre les autres organisations ou groupements, leurs propres membres ou toute personne liée par la convention ou l'accord. – *[Anc. art. L. 135-5.]*

COMMENTAIRE

V. Dalloz.fr et applications mobiles Dalloz.

1. Titulaires du droit d'action. Le comité d'entreprise n'a pas qualité pour demander en justice, en son nom propre, l'exécution des engagements contractés par l'employeur dans une convention ou un accord collectif de travail ; seules les organisations syndicales, qui ont le pouvoir de conclure un tel accord, peuvent exercer en leur nom propre cette action. • Soc. 20 sept. 2006 : *D. 2006. IR 2417 ; RDT 2007. 254, obs. Borenfreund ; RJS 2006. 971, n° 1300* • Soc. 19 nov. 2014 : *D. 2014. Actu. 2414 ; RDT 2015. 126, obs. Odoul-Asorey ; RJS 2/2015, n° 129.*

2. Conditions du droit d'action. Lorsque l'une des parties signataires a dénoncé une convention collective, elle ne peut plus en demander l'exécution en justice. • Soc. 27 oct. 1982 : *Bull. civ. V, n° 588.*

3. Étendue du droit d'action. Est recevable en l'absence de tout litige l'action d'un syndicat tendant à voir reconnaître à certaines catégories de salariés des droits qui leur étaient jusqu'à présent refusés. • Soc. 6 déc. 1979 : *Bull. civ. V, n° 957 ; D. 1980. IR 366, obs. Langlois.* ♦ Est recevable l'action demandant la condamnation de la société à procéder aux augmentations prévues par un accord collectif au bénéfice d'une catégorie de cadres en ce qu'elle n'a pas pour objet le paiement de sommes déterminées à des personnes déterminées mais l'application de l'accord. • Soc. 22 févr. 2006 : *RDT 2006. 329, obs. Tissandier.* ♦ L'action est réservée aux seuls syndicats liés par les dispositions de la convention. • Soc. 10 mai 1994, n° 92-14.097 P : *RJS 1994. 446, n° 736* • 3 mars 1998, n° 96-11.115 P : ♦ Un syndicat départemental, membre de la fédération signataire d'un accord collectif du travail, est lié par l'accord au sens de l'art. L. 135-5. • Soc. 20 sept. 2006 : *D. 2006. IR 2417 ; RJS 2006. 971, n° 1300.*

4. L'action fondée sur l'art. L. 135-5 [L. 2262-11 nouv.] ne permet à celui qui l'exerce que d'obtenir l'exécution des engagements contractés et, le cas échéant, des dommages-intérêts, et non la condamnation de l'employeur au paiement de sommes dues aux adhérents en application d'une convention ou d'un accord collectif, cette dernière possibilité relevant de l'art. L. 135-4 [L. 2262-12 nouv.]. • Soc. 20 juin 1990, n° 88-12.516 P : *D. 1990. IR 202 ; CSB 1990. 199, S. 119 ; RJS 1990. 478, n° 710.* ♦ V. conf., pour un rappel d'indemnité de congés payés : • Soc. 12 janv. 1994 : *Dr. soc. 1994. 281.* ♦ La demande formée par une organisation syndicale dans le cadre d'une action collective visant à la défense des intérêts d'une collectivité de travailleurs ne doit pas tendre au paiement de sommes déterminées à des personnes nommément désignées, sans quoi le syndicat ne peut invoquer la défense d'un intérêt collectif. • Soc. 19 nov. 2014 : *préc. note 1.*

5. Droits des salariés. L'employeur qui, par deux accords d'établissements s'engage à maintenir une activité sur un site en contrepartie d'une réduction du temps de travail, engage sa responsabilité si, par la suite, il décide la fermeture et le transfert de ce site par une décision unilatérale. Le non-respect de cet engagement autorise les salariés à demander une réparation pour la période postérieure au transfert. • Soc. 22 janv. 1998, n° 95-45.400 P : *RJS 1998. 208, n° 337 ; D. 1998. IR 93 ; Dr. ouvrier 1998. 321 ; JCP E 1998. 1140, note Morvan.*

Art. L. 2262-12 Les personnes liées par une convention ou un accord peuvent intenter toute action visant à obtenir l'exécution des engagements contractés et, le cas échéant, des dommages-intérêts contre les autres personnes ou les organisations ou groupements, liés par la convention ou l'accord, qui violeraient à leur égard ces engagements. – *[Anc. art. L. 135-6.]*

1. Office du juge. Il n'appartient pas au juge de rechercher s'il existe une convention collective applicable au contrat de travail qui lui est soumis. • Soc. 5 oct. 1993, n° 89-41.644 P : *D. 1994. 588, 1re esp., note Encinas de Munagorri ; RJS 1993. 664, n° 1124 ; CSB 1994. 5, A. 1.* ♦ Mais lorsqu'une partie invoque devant lui une convention collective précise, il incombe au juge de se procurer le texte qui contient la règle de droit éventuellement applicable au litige, au besoin en invitant les parties à lui en faire parvenir un exemplaire. • Soc. 3 mars 1993, n° 89-45.868 P : *D. 1994. 588, 2e esp., note Encinas de Munagorri ; RJS 2007. 664, n° 876* • 5 oct. 1993 : *préc.* • 3 mai 2007 : *D. 2007. AJ 1423.* ♦ V. aussi : • Soc. 8 oct. 1992, n° 91-41.504 P. • 20 févr. 1996 : *Bull. civ. V, n° 60 ; CSB 1996. 133, A. 28.*

2. Responsabilité de l'employeur. Le non-respect par l'employeur d'un accord collectif, ayant pour objet le maintien de l'emploi en contrepartie d'une réduction de rémunération pour les salariés, peut donner lieu à l'octroi de dommages-intérêts au profit de ces derniers. • Soc. 22 janv. 1998, n° 95-45.400 P : *Dr. soc. 1998. 375, obs. G. Couturier*.

CHAPITRE III **DISPOSITIONS PÉNALES**

Art. L. 2263-1 Lorsqu'en application d'une disposition législative expresse dans une matière déterminée, une convention ou un accord collectif de travail étendu déroge à des dispositions légales, les infractions aux stipulations dérogatoires sont punies des sanctions qu'entraîne la violation des dispositions légales en cause. – *[Anc. art. L. 153-1.]*

1. Principe de légalité. Ne peut recevoir une qualification pénale le manquement à l'obligation de négocier avec les organisations syndicales le report de l'heure de fermeture du magasin qui n'a pas été instituée par une convention ou un accord collectif étendu, en application d'une disposition législative expresse, dans une matière déterminée, comme le prévoit l'article L. 2263-1 C. trav. ; cette méconnaissance ne peut donner lieu qu'à des recours civils. • Crim. 19 juin 2012 : *Dalloz actualité, 17 sept. 2012, obs. Ines ; D. 2012. Actu. 2029 ; Dr. soc. 2012. 1067, obs. Mouly ; Dr. ouvrier 2012. 757, note Canut ; RJS 2013. 63, n° 63 ; JCP S 2012. 1466, obs. Jeansen.*

2. Institution conventionnelle d'un comité d'établissement. Le manquement à l'obligation de mettre en place un conseil d'établissement, institué par une convention collective étendue dans les entreprises de moins de cinquante salariés et ayant les mêmes rôle et attributions que le comité d'entreprise, est puni de la sanction qu'entraîne la violation des dispositions obligeant la mise en place de ce comité. • Crim. 5 mars 2013 : *Dalloz actualité, 3 avr. 2013, obs. Ines ; D. 2013. Actu. 715 ; RDT 2014. 54, obs. Frossard ; JCP S 2013. 1197, obs. Duquesne.*

TITRE SEPTIÈME **COMMISSION NATIONALE DE LA NÉGOCIATION COLLECTIVE**

CHAPITRE PREMIER **MISSIONS**

Art. L. 2271-1 La Commission nationale de la négociation collective est chargée :

1° De proposer au ministre chargé du travail toutes mesures de nature à faciliter le développement de la négociation collective, en particulier en vue d'harmoniser les définitions conventionnelles des branches ;

2° D'émettre un avis sur les projets de loi, d'ordonnance et de décret relatifs aux règles générales portant sur les relations individuelles et collectives du travail, notamment celles concernant la négociation collective ;

3° De donner un avis motivé au ministre chargé du travail sur l'extension et l'élargissement des conventions et accords collectifs ainsi que sur l'abrogation des arrêtés d'extension ou d'élargissement ;

4° De donner, à la demande d'au moins la moitié des membres de la commission d'interprétation compétente préalablement saisie, un avis sur l'interprétation de clauses d'une convention ou d'un accord collectif ;

5° De donner *(L. n° 2008-1258 du 3 déc. 2008)*« , après avoir pris connaissance du rapport annuel établi par un groupe d'experts désigné à cet effet, » un avis motivé au ministre chargé du travail sur la fixation du salaire minimum de croissance dans les cas prévus par les articles L. 3231-6 et L. 3231-10 ;

6° De suivre l'évolution des salaires effectifs et des rémunérations minimales déterminées par les conventions et accords collectifs ainsi que l'évolution des rémunérations dans les entreprises publiques ;

7° D'examiner le bilan annuel de la négociation collective ;

8° De suivre annuellement l'application dans les conventions collectives du principe "à travail égal salaire égal", du principe de l'égalité professionnelle entre les femmes et les hommes et du principe d'égalité de traitement entre les salariés sans considération d'appartenance ou de non-appartenance, vraie ou supposée, à une ethnie, une nation ou une race, ainsi que des mesures prises en faveur du droit au travail des personnes handicapées, de constater les inégalités éventuellement persistantes et d'en analyser les causes. La Commission nationale a qualité pour faire au ministre chargé du travail toute proposition pour promouvoir dans les faits et dans les textes ces principes d'égalité ;

9° De suivre annuellement l'évolution du taux d'activité des personnes de plus de cinquante ans afin de faire au ministre chargé du travail toute proposition de nature à favoriser leur maintien ou leur retour dans l'emploi.

CHAPITRE II **ORGANISATION ET FONCTIONNEMENT**

Art. L. 2272-1 La Commission nationale de la négociation collective comprend des représentants de l'État, du Conseil d'État, ainsi que des représentants des organisations d'employeurs représentatives au niveau national et des organisations syndicales de salariés représentatives au niveau national.

Art. L. 2272-2 Un décret en Conseil d'État détermine les modalités d'organisation et de fonctionnement de la Commission nationale de la négociation collective. – *V. art. R. 2272-1 s.*

TITRE HUITIÈME **DROIT D'EXPRESSION DIRECTE ET COLLECTIVE DES SALARIÉS**

COMMENTAIRE

V. Dalloz.fr et applications mobiles Dalloz. ❑

CHAPITRE PREMIER **DISPOSITIONS COMMUNES**

RÉP. TRAV. v° *Droit d'expression des salariés,* par A. Mazeaud.

BIBL. GÉN. ▶ Adam, *Dr. soc. 1982. 288.* – Bonafé-Schmitt, *ibid. 1986. 111.* – Bonnechère, *Dr. ouvrier 1982. 461.* – Boyer, *Dr. soc. 1983. 445.* – N. Catala, *ibid. 1983. 557.* – Chonnier, *Sem. soc. Lamy 2011, n° 1507, p. 4* (Internet et le droit d'expression des salariés). – Desset, *RPDS 1982. 349 ; ibid. 1986. 101.* – Jacquier, *Dr. soc. 1983. 561.* – Loiseau, *RDT 2014. 396* (la liberté d'expression du salarié). – Martinez, *Sem. soc. Lamy 1986, suppl. n° 304.* – Rennes, *Dr. ouvrier 1986. 279.* – Teyssié, *JCP CI 1983. II. 14017.* – De Tissot, *Dr. soc. 1992. 952*. – Vatinet, *Ét. offertes à G. Lyon-Caen, 1989, p. 395.* ▶ Sur l'affaire Clavaud, V. : Couturier, *Dr. ouvrier 1988. 133.* – Henry, *ibid. 1987. 1.* – G. Lyon-Caen, *ibid. 1986. 203.* – Verdier, *D. 1988. Chron. 63.*

V. Circ. DRT n° 3 du 4 mars 1986 concernant le droit d'expression des salariés.

Art. L. 2281-1 Les salariés bénéficient d'un droit à l'expression directe et collective sur le contenu, les conditions d'exercice et l'organisation de leur travail. – *[Anc. art. L. 461-1, al. 1, phrase 1 fin.]*

Art. L. 2281-2 L'expression directe et collective des salariés a pour objet de définir les actions à mettre en œuvre pour améliorer leurs conditions de travail, l'organisation de l'activité et la qualité de la production dans l'unité de travail à laquelle ils appartiennent et dans l'entreprise. – *[Anc. art. L. 461-1, al. 1, phrase 2.]*

Art. L. 2281-3 Les opinions que les salariés, quelle que soit leur place dans la hiérarchie professionnelle, émettent dans l'exercice du droit d'expression ne peuvent motiver une sanction ou un licenciement. – *[Anc. art. L. 461-1, al. 2.]*

Contenu du droit d'expression. Les propos tenus par le salarié hors de l'entreprise ne constituent pas l'exercice du droit d'expression prévu par l'art. L. 461-1 [L. 2281-3 nouv.]. • Soc. 16 nov. 1993, n° 91-45.904 P : *D. 1994. Somm. 306, obs. Millet ; RJS 1994. 61, n° 63 ; Dr. soc. 1994. 42* • 7 oct. 1997, n° 93-41.747 P : *RJS 1997. 745, n° 1199.* ♦ ... Non plus que l'envoi par le salarié d'une lettre à son employeur. • Soc. 28 avr. 1994, n° 92-43.917 P : *Dr. soc. 1994. 703 ; RJS 1994. 447, n° 738.*

Art. L. 2281-4 Le droit des salariés à l'expression directe et collective s'exerce sur les lieux et pendant le temps de travail.

Le temps consacré à l'expression est rémunéré comme temps de travail. – *[Anc. art. L. 461-2.]*

Art. L. 2281-5 Dans les entreprises et organismes mentionnés à l'article L. 2212-1 *[L. 2211-1]* et où sont constituées une ou plusieurs sections syndicales d'organisations représentatives ayant désigné un délégué syndical, les modalités d'exercice du droit d'expression sont définies par un accord conclu entre l'employeur et les organisations syndicales représentatives.

Cet accord est négocié conformément aux dispositions des articles L. 2232-16 à L. 2232-18. – *[Anc. art. L. 461-3, al. 1er et 2.] – V. art. L. 2283-1 et L. 2283-2 (pén.).*

Art. L. 2281-6 En l'absence d'accord sur le droit d'expression, l'employeur engage au moins une fois par an une négociation en vue de la conclusion éventuelle d'un tel accord. – *[Anc. art. L. 461-3, al. 3.]*

Il n'appartient pas au juge de se substituer à l'employeur pour arrêter les mesures destinées à pallier le désaccord survenu lors de la négociation annuelle relative au droit d'expression. • Soc. 10 oct. 1989 : *Bull. civ. V, n° 577 ; D. 1989. IR 279 ; Dr. soc. 1990. 316, note Savatier.*

Art. L. 2281-7 Lorsqu'un accord sur le droit d'expression existe, l'employeur provoque une réunion, au moins une fois tous les trois ans, avec les organisations syndicales représentatives en vue d'examiner les résultats de cet accord et engage sa renégociation à la demande d'une organisation syndicale représentative. – *[Anc. art. L. 461-3, al. 4.]*

Art. L. 2281-8 A défaut d'initiative de l'employeur dans le délai d'un an en cas d'accord, ou de trois ans en l'absence d'accord, la négociation s'engage obligatoirement à la demande d'une organisation syndicale représentative dans les quinze jours suivant la présentation de cette demande.

Cette demande est transmise aux autres organisations syndicales représentatives par l'employeur dans les huit jours.

Le point de départ du délai d'un an ou de trois ans est la date d'ouverture de la négociation précédente. – *[Anc. art. L. 461-3, al. 6.]*

Art. L. 2281-9 L'accord ou le procès-verbal de désaccord, établi en application de l'article L. 2242-4, est déposé auprès de l'autorité administrative dans des conditions prévues par voie réglementaire. – *[Anc. art. L. 461-3, al. 7.]*

Art. L. 2281-10 Dans les entreprises comportant des établissements ou groupes d'établissements distincts, la négociation peut avoir lieu au niveau des établissements ou des groupes d'établissements à condition que l'ensemble des établissements et groupes d'établissements distincts soient couverts par la négociation. – *[Anc. art. L. 461-3, al. 5.]*

Art. L. 2281-11 L'accord sur le droit d'expression comporte des stipulations portant sur :

1° Le niveau, le mode d'organisation, la fréquence et la durée des réunions permettant l'expression des salariés ;

2° Les mesures destinées à assurer, d'une part, la liberté d'expression de chacun et, d'autre part, la transmission à l'employeur des demandes et propositions des salariés ainsi que celle des avis émis par les salariés dans les cas où ils sont consultés par l'employeur, sans préjudice des dispositions relatives aux institutions représentatives du personnel ;

3° Les mesures destinées à permettre aux salariés intéressés, aux organisations syndicales représentatives, au comité d'entreprise, aux délégués du personnel, au comité d'hygiène, de sécurité et des conditions de travail de prendre connaissance des demandes, avis et propositions émanant des groupes ainsi que des suites qui leur sont réservées ;

4° Les conditions spécifiques d'exercice du droit à l'expression dont bénéficie le personnel d'encadrement ayant des responsabilités hiérarchiques, outre leur participation dans les groupes auxquels ils sont rattachés du fait de ces responsabilités. – *[Anc. art. L. 461-5, al. 1er à 5.]*

Art. L. 2281-12 Dans les entreprises où aucun délégué syndical n'a été désigné ou dans lesquelles un accord sur le droit d'expression n'a pas été conclu, l'employeur consulte le comité d'entreprise ou, à défaut, les délégués du personnel, sur les modalités d'exercice du droit d'expression des salariés.

Dans les entreprises où aucun délégué syndical n'a été désigné, cette consultation a lieu au moins une fois par an.

La consultation porte sur les stipulations mentionnées à l'article L. 2281-11. – *[Anc. art. L. 461-4, L. 461-5, al. 6.]*

CHAPITRE II **ENTREPRISES ET ÉTABLISSEMENTS DU SECTEUR PUBLIC**

Art. L. 2282-1 Les dispositions du présent chapitre s'appliquent, à titre complémentaire, aux entreprises mentionnées à l'article 1er de la loi n° 83-675 du 26 juillet 1983 relative à la démocratisation du secteur public. – *V. texte au* **C. *sociétés.*** – *[Anc. art. L. 462-1.]*

Art. L. 2282-2 L'ensemble des salariés, y compris le personnel d'encadrement direct, de chaque atelier ou bureau constituant une unité de travail bénéficient du droit de réunion en conseil d'atelier ou de bureau.

Les salariés se réunissent par atelier ou par bureau au moins une fois tous les deux mois et à raison d'au moins six heures par an pendant le temps de travail. Le temps consacré à ces réunions ne peut donner lieu à réduction de rémunération. Les salariés s'y expriment dans tous les domaines intéressant la vie de l'atelier ou du bureau.

Le personnel d'encadrement ayant la responsabilité directe de l'atelier ou du bureau est associé à l'organisation des réunions et aux suites à leur donner. – *[Anc. art. L. 462-3.]*

Art. L. 2282-3 Les stipulations comprises dans les accords sur le droit d'expression doivent être complétées par des dispositions portant sur :

1° La définition des unités de travail retenues comme cadre des réunions de conseils d'atelier ou de bureau. Ces unités doivent avoir une dimension réduite ;

2° La fréquence et la durée de réunion ;

3° Les modalités d'association du personnel d'encadrement à l'organisation des réunions et aux suites à leur donner ;

4° Le cas échéant, les modalités de participation des salariés travaillant en équipes successives ou dans des conditions qui les isolent de l'ensemble des autres salariés ;

5° Le domaine de compétence des conseils d'atelier ou de bureau qui doit comprendre les conditions et l'organisation du travail, l'application concrète des programmes d'activité et d'investissement de l'entreprise pour l'atelier ou le bureau, la recherche d'innovation technologique et de meilleure productivité dans l'atelier ou le bureau ;

6° Les modalités et la forme de l'intervention du conseil d'atelier ou de bureau ;

7° Les liaisons entre deux réunions avec la direction de l'entreprise ou de l'établissement et avec les institutions élues de représentants du personnel.

Les accords peuvent, en outre, prévoir la possibilité de donner aux conseils d'atelier ou de bureau des responsabilités portant sur un ou plusieurs des domaines de compétence mentionnés au 5°. – *[Anc. art. L. 462-3.]*

CHAPITRE III **DISPOSITIONS PÉNALES**

Art. L. 2283-1 Le fait pour l'employeur de refuser d'engager la négociation en vue de la conclusion d'un accord définissant les modalités d'exercice du droit d'expression des salariés, prévue à l'article L. 2281-5, est puni d'un emprisonnement d'un an et d'une amende de 3 750 €. – *[Anc. art. L. 486-1, al. 1.]*

Art. L. 2283-2 Dans les entreprises et organismes où aucun délégué syndical n'a été désigné ou dans lesquelles l'accord définissant les modalités d'exercice du droit d'expression des salariés, prévu à l'article L. 2281-5, n'a pas été conclu, le fait de refuser de consulter le comité d'entreprise ou, à défaut, les délégués du personnel, est puni d'un emprisonnement d'un an et d'une amende de 3 750 €. – *[Anc. art. L. 486-1, al. 2.]*

LIVRE TROISIÈME **LES INSTITUTIONS REPRÉSENTATIVES DU PERSONNEL**

BIBL. ▸ Boulmier, *JS Lamy 2011, n° 309-1* (complémentarité des institutions représentatives du personnel). – Desbarats, *Dr. soc. 2015. 853* ✎ (loi du 17 août 2015. Représentation du personnel dans l'entreprise : avancées, reculs ou *statu* quo). – PETIT, *Dr. soc. 2015. 873* (vers une représentation universelle des salariés).

TITRE PREMIER **DÉLÉGUÉ DU PERSONNEL**

RÉP. TRAV. v° *Délégués du personnel,* par DE QUÉNAUDON.

BIBL. GÉN. ▸ BARTHÉLÉMY, *JCP CI 1983. 11699* (délégué de site). – CHALARON, *Dr. soc. 1982. 209* (établissement distinct). – BÉLIER, *Dr. ouvrier 1990. 344* (rapport Bélier sur la représentation des salariés dans les PME). – BOSSU, *Dr. soc. 1998. 127* (défense des droits fondamentaux des salariés). – CHORIN, *Dr. soc. 1990. 886* (entreprises publiques à statut). – COUTURIER, *Sem. soc. Lamy 2003, n° 1140, suppl. p. 56.* – DANTI-JUAN, *ibid. 1986. 764* (suppléants). – DÉPREZ, *ibid. 1987. 637* (usages) ; *BS Lefebvre 1987. 67* (usages). – DESJARDINS, *RJS 1993. 215* (notion d'établissement). – DESPAX, *D. 1963. Chron. 67 ; BS Lefebvre 1986. 121* (carrière professionnelle des représentants du personnel) ; *RJS 1990. 435* (unité économique et sociale). – DESSET, *RPDS 1989. 287* (réclamations individuelles). – FRANCHI-DUTARD, *Dr. ouvrier 1986. 197* (effectif). – GLAIS, *Gaz. Pal. 1987. 1. Doctr. 309* (unité économique et sociale). – HAMON et LÉVY, *Dr. ouvrier 1994. 262* (responsabilité pénale des personnes morales et organismes représentatifs du personnel). – JAVILLIER, *Dr. soc. 1984. 31* (syndicats et représentation élue). – DE LESTANG, *Dr. soc. 1979, n° spéc. avr., 5* (unité économique et sociale). – MODERNE, *Dr. soc. 1980. 21* (entreprises publiques). – MORAND, *JCP CI 1986. 15372* (usages) ; *JCP E 1988. II. 15357* (droit d'alerte). – M.-A. MOREAU, *Dr. soc. 1991. 53* (activités transnationales et représentation collective). – MURCIER, *Dr. soc. 1984. 107* (entreprises de moins de cinquante salariés). – RENNES, *Dr. ouvrier 1990. 329* (représentation des salariés et crise du syndicalisme). – SACHS, *Dr. soc. 1983. 472* (seuils d'effectifs). – SAINT-JEVIN, *Dr. soc. 1979. 357* (élus et délégués du personnel). – SAVATIER, *Dr. soc. 1986. 11* (unité économique et sociale) ; *ibid. 703* (établissement) ; *ibid. 890* (usages) ; *ibid. 1993. 746* (attributions). – TEYSSIÉ, *JCP 1986. I. 3239* (redressement et liquidation judiciaires) ; *Dr. soc. 1987. 206.* – VATINET, *JCP CI 1985. II. 14546* (entreprises en difficulté). – VERKINDT, *Dr. soc. 2010. 771* (représentation du personnel dans les groupes de sociétés).

▸ **Loi du 20 déc. 1993 :** COHEN, *Dr. soc. 1994. 147* . – DEL SOL, *Dr. soc. 1995. 153* . – RAY, *Dr. soc. 1994. 142* . – RENNES, *Dr. ouvrier 1995. 1.* – SAVATIER, *RJS 1996. 63.*

▸ **Loi du 20 août 2008 :** PÉCAUT-RIVOLIER, *Dr. soc. 2011. 82* (les élections professionnelles depuis la loi du 20 août 2008).

COMMENTAIRE

V. Dalloz.fr et applications mobiles Dalloz .

CHAPITRE PREMIER **CHAMP D'APPLICATION**

Art. L. 2311-1 Les dispositions du présent titre sont applicables aux employeurs de droit privé ainsi qu'à leurs salariés.

Elles sont également applicables :

1° Aux établissements publics à caractère industriel et commercial ;

2° Aux établissements publics à caractère administratif lorsqu'ils emploient du personnel dans les conditions du droit privé.

Ces dispositions peuvent, compte tenu des caractères particuliers de certains des établissements mentionnés aux 1° et 2° et des instances de représentation du personnel éventuellement existantes, faire l'objet d'adaptations, par décrets en Conseil d'État, sous réserve d'assurer les mêmes garanties aux salariés de ces établissements. – *[Anc. art. L. 421-1, al. 1er et 6.]*

COMMENTAIRE

V. Dalloz.fr et applications mobiles Dalloz .

1. Secteur privé. L'art. L. 421-1 [L. 2311-1 nouv.] n'exige pas que des liens contractuels existent entre les salariés et la personne morale ou physique pour laquelle ils travaillent. • Crim. 29 avr. 1986 : *Bull. crim. n° 147 ; Dr. ouvrier 1986. 201* (des délégués doivent être mis en place dans un GIE dont le personnel, mis à disposition à concurrence de moitié par chacun des deux membres, a intérêt à disposer d'une représentation spécifique. – Dans la même affaire, V. • Crim. 14 mai 1991 : *RJS 1991. 578, n° 1107).* ♦ Sur la mise en place de délégués dans une fondation associée au service public de l'enseignement, V. • Soc. 28 avr. 1981 : *Bull. civ. V, n° 345.*

2. SPIC. La commune qui exploite en régie un service public industriel et commercial dont le personnel relève du droit privé est tenue de respecter les obligations résultant de l'art. L. 421-1 [L. 2311-1 nouv.] et de procéder à l'organisation d'élections de délégués du personnel. • Soc. 19 sept. 2007 : *RJS 2007. 939, n° 1188.*

3. France Télécom. Le personnel de France Télécom ayant conservé le statut de fonctionnaire malgré la transformation de l'établissement public en une société de droit privé est placé sous l'autorité de celle-ci et est amené à participer avec les salariés de l'entreprise à l'organisation et au fonctionnement de leur entreprise par l'intermédiaire des IRP. • Soc. 5 mars 2008, n° 07-11.123 P : *D. 2008. IR 296 ; RDT 2008. 306, obs. Debord* • 17 mai 2011 : *Dalloz actualité, 9 juin 2011, obs. Ines ; D. 2011. Actu. 1424 ; RDT 2011. 496, obs. Debord ; JCP S 2011. 1486, obs. Brissy.* ♦ Dans cette hypothèse, il revient au juge administratif de veiller à ce que les mesures prises à l'égard d'un fonctionnaire, qui se trouve investi d'un mandat représentatif exercé dans l'intérêt tant d'agents de droit public que de salariés de droit privé, ne soient pas en rapport avec ses fonctions ou son appartenance syndicale et qu'elles ne compromettent pas le respect du principe de participation. • Même arrêt. ♦ Dans le cas où, comme à France Télécom, un fonctionnaire se trouve investi d'un mandat représentatif qu'il exerce, en vertu de la loi, dans l'intérêt tant d'agents de droit public que de salariés de droit privé, le juge administratif est compétent pour suspendre l'exécution d'une décision de mutation qui non seulement serait en rapport avec l'exercice normal par l'agent de ses fonctions représentatives mais également aurait pour effet d'y faire obstacle et pour juger de la légalité de la décision prononçant la mutation. • CE 24 févr. 2011 : *Lebon 61 ; RDT 2011. 558, concl. Botteghi ; Sem. soc. Lamy 2011, n° 1487, p. 12, obs. Magina.*

4. Établissement public administratif d'enseignement et de formation professionnelle. La protection accordée aux délégués du personnel ne bénéficie pas au représentant des salariés au conseil d'administration d'un établissement public administratif d'enseignement et de formation professionnelle. • Soc. 14 oct. 2015, n° 14-14.196 P : *D. 2015. Actu. 2131 ; RJS 12/2015, n° 791.*

CHAPITRE II CONDITIONS DE MISE EN PLACE

Art. L. 2312-1 Le personnel élit des délégués dans tous les établissements *(L. n° 2012-387 du 22 mars 2012, art. 43)* « d'au moins onze salariés ». — *[Anc. art. L. 421-1, al. 1er fin.]*

I. ÉTABLISSEMENT DISTINCT

1. Définition. BIBL. Boubli, *JS Lamy 2005. 4.* – Desjardins, *RJS 1993. 215.* – Petit, *Dr. soc. 2012. 979.* – Savatier, *Mélanges Despax, PUSS Toulouse, 2002, p. 61.* ♦ L'établissement distinct permettant l'élection de délégués du personnel se caractérise par le regroupement d'au moins onze salariés constituant une communauté de travail ayant des intérêts propres, susceptible de générer des réclamations communes et spécifiques et travaillant sous la direction d'un représentant de l'employeur, peu important que celui-ci ait le pouvoir de se prononcer sur ces réclamations. • Soc. 29 janv. 2003, n° 01-60.628 P : *Dr. soc. 2003. 453, obs. Savatier ; RJS 2003. 327, n° 479* • 13 juill. 2004, n° 03-60.173 P : *Dr. soc. 2004. 1155, obs. Savatier ; RJS 2004. 728, n° 1061.* ♦ Comp. avec les définitions antérieures. ♦ L'établissement distinct se définit comme un groupe de salariés ayant des intérêts communs et travaillant sous une direction unique, peu important que la gestion du personnel soit centralisée à un autre niveau, dès lors qu'il existe sur place un représentant de l'employeur qualifié pour recevoir les réclamations et transmettre celles auxquelles il ne pourrait pas donner suite. • Soc. 10 oct. 1990 : *Dr. soc. 1991. 40, note Savatier ; RJS 1990. 582, n° 876.* ♦ Constitue un établissement distinct en vue de l'élection de délégués du personnel l'établissement dans lequel il existe une collectivité de travail ayant des intérêts propres et un représentant de l'employeur habilité à recevoir les réclamations des salariés et à transmettre celles auxquelles il ne peut donner suite. • Soc. 18 déc. 2000 : *RJS 2001. 225, n° 313.* ♦ Pour une définition identique à propos de la mise en place de délégués syndicaux, V. • Soc. 20 mars 1991 : *Dr. soc. 1991. 696, note Savatier.*

2. Dès lors que le tribunal a relevé que le représentant de l'employeur n'était pas habilité à statuer sur les réclamations, il n'a pas à rechercher s'il existait une communauté de travailleurs. • Soc. 24 févr. 1993 : *Dr. ouvrier 1993. 188, note Grinsnir ; RJS 1993. 250, n° 414 (8e esp.).* ♦ Sur les obligations incombant à une société étrangère ayant du personnel en France, V. • Soc. 14 janv. 2004 : *JCP E 2004. 1149, obs. Bousez ; JS Lamy 2004, n° 139-6 ; RJS 2004. 226, n° 326.*

3. Doit être cassée la décision estimant que les élections des délégués du personnel devaient avoir lieu dans un seul établissement, alors qu'il résultait de ses propres constatations que la dispersion géographique des services de la société ne permettait pas à des délégués élus dans le cadre d'un établissement unique de remplir efficacement leur mission auprès de tous les salariés. • Soc. 16 févr. 1977 : *Bull. civ. V, n° 120.* ♦ V.

égal., à propos du critère géographique : • Soc. 10 mai 1979 : *Bull. civ. V, n° 406* • 18 févr. 1982 : *ibid., n° 114* • 26 juin 1985 : *ibid., n° 362* • 5 mars 1986 : *ibid., n° 64.*

4. Constituent des établissements distincts : les antennes d'une compagnie d'assurance dotées d'une organisation spécifique. • Soc. 6 janv. 1977 : *D. 1977. IR 60.* ♦ ... Les unités d'une entreprise ayant une autonomie relative et des activités spécifiques. • Soc. 6 juill. 1977 : *Bull. civ. V, n° 464.* ♦ ... Chaque unité d'une chaîne de restaurants. • Soc. 24 juill. 1979 : *Bull. civ. V, n° 660 ; D. 1980. IR 87, obs. Pélissier* • 20 janv. 1983 : *Bull. civ. V, n° 30.* ♦ Comp., en l'absence d'autonomie : • Soc. 8 juill. 1976 : *Bull. civ. V, n° 443* • 15 déc. 1976 : *JCP 1976. IV. 675 ; D. 1977. IR 35* • 9 déc. 1982 : *Dr. ouvrier 1983. 240.*

5. Les chantiers des entreprises de travaux publics peuvent constituer des établissements distincts. • Soc. 27 avr. 1978 : *Bull. civ. V, n° 298* • 27 mars 1984 : *D. 1984. IR 376* • 30 avr. 1987 : *Bull. civ. V, n° 249.* ♦ Lorsque les élections ont pour cadre un ensemble de chantiers, les délégués doivent être élus « tant en nombre que quant à leur affectation » pour chaque chantier ou groupe de chantiers. • Soc. 5 déc. 1973 : *Bull. civ. V, n° 627 ; Dr. soc. 1974. 332, note Savatier* • 8 juill. 1976 : *Bull. civ. V, n° 444 ; D. 1976. IR 241 ; Dr. ouvrier 1977. 311* • 31 janv. 1979 : *Bull. civ. V, n° 97 ; D. 1979. IR 282.* ♦ Comp. : • Soc. 4 juin 1986 : *Bull. civ. V, n° 277* • 3 déc. 1987 : *D. 1987. IR 256.*

6. Moment de la reconnaissance. Nonobstant une décision antérieure, la reconnaissance d'un établissement distinct peut être réclamée à l'occasion du renouvellement des délégués du personnel. • Soc. 18 févr. 1998 : ⚖ *RJS 1998. 307, n° 488.*

7. Juridiction compétente. En faveur de la compétence du tribunal d'instance pour trancher les litiges relatifs à la détermination des établissements distincts, V. • T. confl. 8 févr. 1965 : *D. 1965. 393 ; JCP 1965. II. 14109, note Lindon ; Dr. soc. 1966. 101.* ♦ Le tribunal territorialement compétent est celui du lieu où se situe l'établissement. • Civ. 2e, 11 juill. 1968, n° 67-60.048 P. ♦ Comp. : • Soc. 18 mai 1983 : *Bull. civ. V, n° 274* • 12 juin 1981 : *ibid., n° 547* (le tribunal compétent est celui dans le ressort duquel a eu lieu la proclamation des résultats en cas de vote en divers endroits). – V. aussi • Soc. 21 juill. 1982 : *Bull. civ. V, n° 497* • 14 déc. 1977 : *D. 1978. IR 163.*

8. Les litiges relatifs à la perte de la qualité d'établissement distinct relèvent du contentieux des élections professionnelles et sont de la compétence du tribunal d'instance. • Soc. 20 oct. 1988 : ⚖ *D. 1988. IR 262 ; Dr. soc. 1989. 54, note Savatier.*

9. Un accord divisant l'entreprise (SNCF) en établissements distincts pour l'élection des délégués du personnel a une nature électorale. • Soc. 10 juin 1997, ⚖ n° 96-60.118 P : *Dr. soc. 1997. 987, obs. Borenfreund* ✎ *; RJS 1997. 546, n° 843 (3e esp.).* ♦ Dès lors, un syndicat ayant signé cet accord au niveau national n'est pas recevable à en contester l'application au niveau local. • Même arrêt.

10. La contestation qui porte sur la division de l'entreprise en établissements distincts ne porte pas sur une modalité d'organisation des opérations électorales relevant de l'art. L. 423-13, al. 3 [L. 2314-23 nouv.], mais elle met en cause la régularité de ces opérations et est donc recevable jusqu'à l'expiration d'un délai de quinze jours suivant les élections. • Soc. 28 oct. 1997, ⚖ n° 96-60.369 P : *RJS 1997. 862, n° 1404 (2e esp.) ; ibid. 815, chron. Barberot.*

II. UNITÉ ÉCONOMIQUE ET SOCIALE

A. DÉFINITION

11. Principe. **BIBL.** Desbarats, *Mélanges Despax, PUSS Toulouse, 2002, p. 75.* – Pécaut-Rivolier, *Dr. soc. 2012. 974.* ♦ Il ne peut y avoir d'unité économique et sociale reconnue par convention ou par décision de justice qu'entre des personnes juridiquement distinctes prises dans l'ensemble de leurs établissements et de leurs personnels. • Soc. 7 mai 2002, ⚖ n° 00-60.424 P : *Dr. soc. 2002. 715, chron. Savatier* ✎ *; ibid. 720, chron. Antonmattéi* ✎. ♦ Une unité économique et sociale ne pouvant exister qu'entre des personnes morales juridiquement distinctes, elle ne saurait unir une entreprise et l'établissement d'une autre société, alors qu'un établissement ne peut constituer une entreprise juridiquement distincte. • Soc. 21 nov. 1990, ⚖ n° 89-61.217 P : *D. 1990. IR 288 ; RJS 1991. 28, n° 44.*

12. Sur l'application de la notion d'unité économique et sociale en l'absence de dispositions législatives expresses, V. • Soc. 3 juill. 1985 : *Dr. soc. 1986. 11, note Savatier.* ♦ Des associations peuvent constituer une unité économique et sociale. • Soc. 27 mars 1985 : ⚖ *Dr. soc. 1985. 540, concl. Picca ; ibid. 1986. 11, note Savatier ; D. 1985. IR 436, obs. Langlois.*

B. JURIDICTION COMPÉTENTE

13. Hypothèse d'un contentieux électoral. La détermination du nombre d'établissements distincts au sein d'une unité économique et sociale, en vue de l'élection des délégués du personnel, est de la compétence du tribunal d'instance et non de la direction départementale du travail et de l'emploi. • Soc. 7 oct. 1998, ⚖ n° 97-60.517 P : *Dr. soc. 1998. 1050, obs. Savatier* ✎. ♦ Est territorialement compétent le tribunal d'instance du siège social de l'une des personnes morales concernées. • Soc. 30 mars 1978 : *Bull. civ. V, n° 247* • 7 mai 1981 : *Bull. civ. V, n° 408* • 7 janv. 1982 : *D. 1982. IR 161, obs. Frossard*

• 6 janv. 1984 : *Bull. civ. V, n° 8.* ♦ L'existence d'une unité économique et sociale doit être appréciée à la date de la requête introductive. • Soc. 27 juin 1990, n° 89-60.033 P : *RJS 1990. 580, n° 872* • 7 oct. 1998 : *Dr. soc. 1998. 1050, obs. Savatier.* ♦ Cette reconnaissance est déclarative au jour de l'introduction de cette requête. • Soc. 21 janv. 1997, *Michelin : Dr. soc. 1997. 347, chron. Savatier ; Dr. ouvrier 1997. 170, obs. Cohen* • 7 oct. 1998 : *Dr. soc. 1998. 1050.*

14. Reconnaissance judiciaire. La reconnaissance judiciaire d'une UES impose la mise en place des institutions représentatives du personnel qui lui sont appropriées ; l'action tendant à cette reconnaissance relève en conséquence de la compétence d'attribution du tribunal d'instance et il en est de même de l'action aux fins de modification, par voie d'élargissement ou de réduction, du périmètre d'une UES. • Cass., avis, 19 mars 2007 : *D. 2007. AJ 1020 ; RDT 2007. 540, obs. Waquet ; RJS 2007. 556, n° 753 ; JS Lamy 2007, n° 211-4.*

15. Action en reconnaissance. Si la reconnaissance de l'existence de l'unité économique et sociale peut être liée à l'action tendant à la mise en place de la représentation institutionnelle dans l'entreprise, les parties intéressées peuvent également agir directement en reconnaissance de l'unité économique et sociale avant la mise en place des institutions représentatives. • Soc. 2 juin 2004, n° 03-60.135 P : *D. 2004. IR 1861 ; RJS 2004. 635, n° 936 ; JS Lamy 2004, n° 149-4 ; JCP E 2004. 1060, note Duquesne* • 13 juill. 2004, n° 03-60.412 P : *Dr. soc. 2004. 944, note Savatier ; JS Lamy 2004, n° 153-3.*

16. Jugement susceptible d'appel. Il ne résulte ni de l'article L. 2322-4, ni d'aucun autre texte que la décision judiciaire qui tend à la reconnaissance d'une UES est rendue en dernier ressort ; si, dans ses arrêts antérieurs, la Cour de cassation jugeait qu'étaient en dernier ressort les décisions rendues sur une demande de reconnaissance d'une UES formées à l'occasion d'un litige électoral, l'entrée en vigueur de la loi du 20 août 2008 conduit à revenir sur cette jurisprudence dès lors que la demande de reconnaissance ne peut plus désormais être formulée à l'occasion d'un contentieux en matière d'élection professionnelle ou de désignation de représentants syndicaux pour lesquels le tribunal d'instance a compétence en dernier ressort ; la demande de reconnaissance d'une UES, qu'elle ait pour objet ou pour conséquence la mise en place d'institutions représentatives correspondantes, est indéterminée et le jugement est susceptible d'appel. • Soc. 31 janv. 2012 : *Dalloz actualité, 13 mars 2012, obs. Ines.*

17. Accord collectif. La reconnaissance ou la modification d'une unité économique et sociale ne relève pas du protocole d'accord préélectoral mais de l'accord collectif signé, aux conditions de droit commun, par les organisations syndicales représentatives au sein des entités faisant partie de cette UES et satisfaisant nécessairement aux conditions de majorité de l'art. L. 2232-12. • Soc. 14 nov. 2013 : *Dalloz actualité, 29 nov. 2013, obs. Ines ; RDT 2014. 276, obs. Odoul-Asorey ; Dr. soc. 2014. 186, obs. Petit ; RJS 1/2014, n° 54 ; JS Lamy 2014, n° 358-4.*

C. CRITÈRES

18. Caractère cumulatif. Il appartient au juge de relever l'existence à la fois de l'unité économique et de l'unité sociale. • Soc. 29 avr. 1981 : *Bull. civ. V, n° 360.*

19. Indices économiques. L'unité économique repose en général sur l'existence : d'une direction commune. • Soc. 22 juill. 1975 : *Bull. civ. V, n° 421* • 29 oct. 1975 : *ibid., n° 499.* ♦ ... De services administratifs communs. • Soc. 22 juill. 1975 : *préc.* • 4 mars 1976 : *Bull. civ. V, n° 142.* ♦ ... De liens financiers étroits. • Soc. 4 janv. 1980 : *Bull. civ. V, n° 11* • 21 juill. 1981 : *ibid., n° 731.* ♦ Comp. : • Soc. 8 juill. 1977 : *Bull. civ. V, n° 484 ; D. 1977. IR 416.*

20. L'unité économique et sociale nécessite la présence en son sein de l'entité juridique qui exerce le pouvoir de direction sur l'ensemble des salariés inclus dans l'unité sociale. • Soc. 23 mai 2000, n° 99-60.006 P : *Dr. soc. 2000. 852, concl. Lyon-Caen, obs. Savatier.* ♦ Il doit s'agir d'une direction unique. • Soc. 15 mai 2001, n° 00-60.048 P : *Dr. soc. 2001. 777, obs. Savatier.*

21. Indices sociaux. L'unité sociale se caractérise par l'interchangeabilité du personnel. • Soc. 22 juill. 1975 : *préc. note 19* • 29 oct. 1975 : *préc. note 19* • 12 janv. 1984 : *Bull. civ. V, n° 21* • 18 juill. 2000 : *GADT, 4e éd., n° 133 ; Dr. soc. 2000. 1037, obs. Savatier.* ♦ ... L'identité des locaux, des conditions de travail, des avantages sociaux ou de la couverture conventionnelle. • Soc. 22 juill. 1975 : *préc.* • 29 oct. 1975 : *préc.* ♦ Comp. : • Soc. 23 oct. 1985 : *Dr. soc. 1986. 11, note Savatier.* ♦ ... L'identité du statut social. • Soc. 2 mai 2000 : *Dr. soc. 2000. 799, obs. Savatier.* ♦ ... L'identité des mentions figurant dans les bulletins de paie associée au constat de la permutabilité du personnel. • Soc. 18 juill. 2000 : *D. 2000. IR 235 ; Dr. soc. 2000. 1037, obs. J. Savatier ; RJS 2000. 743, n° 1107.*

22. UES et holding. Le constat de la concentration des pouvoirs par une société holding dans des sociétés dont elle est l'associée unique, combinée à une complémentarité des activités de ces dernières et à l'existence d'une communauté de travail entre elles, permet la reconnaissance d'une UES entre lesdites sociétés, peu importing que la holding ne soit pas intégrée au périmètre de cette UES. • Soc. 15 avr. 2015, n° 13-24.253 : *Dalloz actualité, 20 mai 2015, obs.*

Cortot ; JS Lamy 2015, n° 390-2, obs. Tissandier ; RJS 6/2015, n° 419.

23. La constatation d'une fraude résidant dans le fait que la pluralité de personnes morales ne masque qu'une entreprise unique suffit à caractériser l'existence d'une unité économique et sociale. • Soc. 29 avr. 1985 : *Dr. soc. 1986. 11, note Savatier.*

24. Relativité. L'unité économique et sociale reconnue dans le cadre de la désignation des délégués syndicaux ne s'applique pas de plein droit à l'élection des délégués du personnel. • Soc. 6 nov. 1985 : *Bull. civ. V, n° 510.* ♦ En faveur de la prise en compte de la finalité de chaque institution représentative, V. • Soc. 23 oct. 1985 (deux arrêts) : *Dr. ouvrier 1986. 168 ; Dr. soc. 1986. 11, note Savatier* • 3 oct. 1985 : *Dr. ouvrier 1985. 169* • 6 nov. 1985 : *Bull. civ. V, n° 510* • 12 déc. 1990 : *RJS 1991. 114, n° 209 ; JCP 1991. IV. 52,* affirmant que les critères de l'unité économique et sociale sont identiques, seule étant différente la finalité des deux institutions, délégués du personnel et délégués syndicaux.

25. Doit être cassé l'arrêt qui, par des considérations d'ordre général ou relatives à une situation ancienne, reconnaît l'existence d'une unité économique et sociale, sans relever entre les sociétés une identité ou une complémentarité actuelle de leurs activités respectives. • Soc. 3 mars 1988 : *D. 1988. IR 91.*

26. La reconnaissance d'une unité économique et sociale pour la mise en place d'un comité d'entreprise commun ne fait pas obstacle à la recherche du cadre, à l'intérieur de cette unité, dans lequel il peut être procédé à la désignation du délégué syndical ou à l'élection des délégués du personnel. • Soc. 21 nov. 1990 : *RJS 1991. 32, n° 51.*

27. Délégation unique. En l'absence de comités d'établissement, la décision de l'employeur d'instituer la délégation unique du personnel fait obstacle à l'organisation d'élections de délégués du personnel au sein d'établissements distincts. • Soc. 14 déc. 1995 : *Dr. soc. 1996. 201, obs. Cohen ; RJS 1996. 88, n° 137 ; JCP 1996. I. 3925, n° 17, obs. Gatumel ; Dr. ouvrier 1996. 90, note Rennes.* – Savatier, *RJS 1996. 63.* ♦ Dans le même sens : • Soc. 26 nov. 1996 : *TPS 1997, n° 46.*

Art. L. 2312-2 La mise en place des délégués du personnel n'est obligatoire que si l'effectif *(L. n° 2012-387 du 22 mars 2012, art. 43)* **« d'au moins onze salariés » est atteint pendant douze mois, consécutifs ou non, au cours des trois années précédentes.** – *[Anc. art. L. 421-1, al. 2.]*

1. Détermination des seuils. Le calcul des effectifs doit être fait mois par mois et non en opérant une moyenne pour chacune des trois années. • Soc. 17 déc. 1984 : *Bull. civ. V, n° 503.*

2. Détermination des effectifs. Les dispositions de l'alinéa 2 de l'art. L. 421-1 [L. 2312-2 nouv.] s'appliquent seulement lors de la mise en place de l'institution et non lors de son renouvellement. • Soc. 7 nov. 1984 : *Bull. civ. V, n° 420 ; D. 1985. IR 440, obs. Verdier* • 21 oct. 1985 : *D. 1986. IR 167* • 5 avr. 1994 : *D. 1994. IR 110 ; RJS 1994. 352, n° 563.*

3. Salariés mis à disposition. Les salariés mis à disposition d'une entreprise qui remplissent les conditions posées par l'art. L. 1111-2 C. trav. doivent être pris en compte pour l'application de l'art. L. 2312-2, peu important que certains d'entre eux aient choisi, en application des art. L. 2314-18-1 C. trav ; d'être électeurs dans l'entreprise qui les emploie. • Soc. 19 janv. 2011 : *Dalloz actualité, 15 févr. 2011, obs. Ines ; Dr. soc. 2011. 470, obs. Petit ; JS Lamy 2011, n° 295-6, obs. Tourreil ; JCP S 2011. 1172, obs. Pagnerre.*

4. Exclusion de l'effectif. Sont exclus des effectifs : les mandataires sociaux. • Soc. 29 mai 1979 : *Bull. civ. V, n° 459.* ♦ ... Les cadres qui, par délégation, représentent le chef d'entreprise. • Soc. 10 oct. 1984 : *Bull. civ. V, n° 360* • 7 janv. 1985 : *ibid., n° 5.* ♦ Comp. pour les autres cadres qui demeurent inclus dans l'effectif. • Soc. 26 sept. 2002, n° 01-60.670 P : *Dr. soc. 2002. 1080, chron. Duquesne .* ♦ ... Le personnel d'une entreprise de sous-traitance. • Soc. 19 mars 1981 : *Bull. civ. V, n° 243.* ♦ Comp., lorsqu'une mise à disposition se substitue à la sous-traitance : • Soc. 5 mai 1983 : *Bull. civ. V, n° 239* • 5 mars 1986 : *ibid., n° 62 ; D. 1986. IR 381, obs. Frossard* • 21 juill. 1986 : *préc. note 3* • 21 janv. 1988 : *Bull. civ. V, n° 63.* ♦ ... Le salarié en dispense d'activités qui n'exécute plus aucun travail et qui ne perçoit plus aucune rémunération. • Soc. 27 févr. 1985 : *D. 1985. IR 435, obs. A. Lyon-Caen* • 23 avr. 1986 : *Bull. civ. V, n° 164.* ♦ Comp. : • Soc. 5 mars 1986 : *D. 1986. IR 381, obs. Frossard* • 12 déc. 1990 : *CSB 1991. 39, S. 13.* ♦ ... Le salarié en situation d'invalidité, absent depuis plus de trois ans et qui ne perçoit plus aucune rémunération. • Soc. 20 nov. 1985 : *Bull. civ. V, n° 545* • 26 nov. 1987 : *ibid., n° 678.* ♦ ... Les bénéficiaires de contrats emplois consolidés. • Soc. 15 janv. 2002, n° 00-60.287 P : *Dr. soc. 2002. 457, obs. Roy-Loustaunau .*

5. Contrariété au droit de l'Union européenne. L'art. 27 de la Charte des droits fondamentaux de l'Union européenne ne peut être invoqué dans un litige entre particuliers afin de laisser inappliqué l'art. L. 1111-3 C. trav., contraire au droit de l'Union en ce qu'il exclut du calcul des effectifs de l'entreprise des catégories de travailleurs. • CJUE 15 janv. 2014, *Assoc. de médiation sociale c/ Union locale des synd. CGT et a.,* aff. C-176/12 : *Dalloz actualité, 21 févr. 2014, obs. Ines ; D. 2014. Actu. 216 ; JS Lamy 2014, n° 361-6.*

Art. L. 2312-3 A l'expiration du mandat des délégués du personnel, l'institution n'est pas renouvelée si les effectifs de l'établissement sont restés en dessous de onze salariés pendant au moins douze mois.

Dans ce cas, le renouvellement intervient dès que les conditions d'effectifs prévues à l'article L. 2312-2 sont à nouveau remplies, la période de trois ans étant calculée à partir de la fin du dernier mandat des délégués du personnel. – *[Anc. art. L. 421-1, al. 3.]*

Baisse des effectifs. La baisse des effectifs d'une entreprise ne met pas fin, à elle seule, aux institutions représentatives du personnel (transfert d'une partie du personnel à une autre entreprise). • Soc. 3 févr. 1998, n° 96-60.207 P : *RJS 1998. 201, n° 326.* ♦ De même, la durée du mandat ne peut être remise en cause par l'accroissement des effectifs. • Soc. 18 févr. 1998 : *RJS 1998. 302, n° 483.*

Art. L. 2312-4 Dans les établissements employant moins de onze salariés, des délégués du personnel peuvent être institués par convention ou accord collectif de travail. – *[Anc. art. L. 421-1, al. 4.]*

Art. L. 2312-5 Dans les établissements employant habituellement moins de onze salariés et dont l'activité s'exerce sur un même site où sont employés durablement *(L. n° 2012-387 du 22 mars 2012, art. 43)* « au moins cinquante salariés », l'autorité administrative peut, de sa propre initiative ou à la demande des organisations syndicales de salariés, imposer l'élection de délégués du personnel lorsque la nature et l'importance des problèmes communs aux entreprises du site le justifient.

Les conditions de ces élections sont définies par accord entre l'autorité gestionnaire du site ou le représentant des employeurs concernés et les organisations syndicales de salariés *(L. n° 2008-789 du 20 août 2008)* « , conclu selon les conditions de l'article L. 2314-3-1 ».

A défaut d'accord, l'autorité administrative fixe le nombre et la composition des collèges électoraux ainsi que le nombre des sièges et leur répartition entre les collèges par application des dispositions du présent titre.

(L. n° 2014-288 du 5 mars 2014, art. 30-III) « La saisine de l'autorité administrative suspend le processus électoral jusqu'à la décision administrative et entraîne la prorogation des mandats des élus en cours jusqu'à la proclamation des résultats du scrutin. »

Art. L. 2312-6 Les dispositions du présent titre ne font pas obstacle aux clauses plus favorables résultant de conventions ou d'accords et relatives à la désignation et aux attributions des délégués du personnel. – *[Anc. art. L. 426-1, al. 1er.]*

BIBL. ▸ BORENFREUND, *Dr. soc. 1992. 893* (licéité des accords relatifs au droit syndical et à la représentation du personnel).

Élections complémentaires. Si la loi ne prévoit pas d'élections complémentaires de représentants du personnel dans le cas d'augmentation d'effectifs de l'entreprise, de telles élections tendant à désigner des délégués en plus de ceux dont le mandat est en cours, et pour la durée des mandats restant à courir, peuvent néanmoins être organisées à la condition qu'elles soient prévues par un accord collectif signé par tous les syndicats présents dans l'entreprise. • Soc. 13 oct. 2010 : *D. 2010. AJ 2587, obs. Perrin ; RDT 2010. 727, obs. Odoul-Asorey ; Dr. soc. 2011. 109, obs. Petit ; RJS 2010. 856, n° 960 ; JCP S 2011. 1009, obs. Kerbouc'h.*

Art. L. 2312-7 Aucune limitation ne peut être apportée aux dispositions relatives à la désignation et à l'exercice des fonctions de délégué du personnel par note de service ou décision unilatérale de la direction. – *[Anc. art. L. 426-1, al. 2.]*

Art. L. 2312-8 Pour l'application du présent titre, les modalités de calcul des effectifs sont celles prévues aux articles L. 1111-2 et L. 1251-54. – *[Anc. art. L. 421-2.]*

CHAPITRE III **ATTRIBUTIONS**

SECTION PREMIÈRE **ATTRIBUTIONS GÉNÉRALES**

Art. L. 2313-1 Les délégués du personnel ont pour mission :

1° De présenter aux employeurs toutes les réclamations individuelles ou collectives relatives aux salaires, à l'application du code du travail et des autres dispositions léga-

les concernant la protection sociale, la santé et la sécurité, ainsi que des conventions et accords applicables dans l'entreprise ;

2° De saisir l'inspection du travail de toutes les plaintes et observations relatives à l'application des dispositions légales dont elle est chargée d'assurer le contrôle. – *[Anc. art. L. 422-1, al. 1er à 3.]*

BIBL. ▶ Bonafé-Schmitt, *Dr. soc. 1981. 637* (compétence des délégués en matière de réclamations individuelles). – Bossu, *ibid. 1998. 127* (action des délégués pour la défense des droits fondamentaux des salariés). – Mialon, *ibid. 1986. 94* (responsabilité civile des organes représentatifs du personnel).

COMMENTAIRE

V. Dalloz.fr et applications mobiles Dalloz.

1. Généralités. La mission des délégués du personnel ne peut concerner que les problèmes intéressant directement les salariés qui les ont élus. • Soc. 24 mars 1993, n° 88-42.887 P : *Dr. soc. 1993. 746, note Savatier ; RJS 1993. 308, n° 521 ; CSB 1993. 153, S. 73.* ♦ Les délégués du personnel ont essentiellement pour mission de présenter aux employeurs toutes les réclamations individuelles et collectives qui n'auraient pas été directement satisfaites. • Soc. 6 oct. 1977 : *Bull. civ. V, n° 518.* – Dans le même sens : • Soc. 8 juin 1979 : *Bull. civ. V, n° 511 ; D. 1980. IR 41* • 16 déc. 1981 : *D. 1982. IR 321, obs. Béraud.*

2. L'employeur ne peut imposer aux salariés de présenter eux-mêmes leurs réclamations. • Crim. 3 juill. 1968 : *D. 1969. 597, note Verdier ; JCP 1968. II. 15605.* ♦ Comp. : • Soc. 1er juill. 1985 : *Bull. civ. V, n° 379 ; D. 1986. IR 47.* ♦ V., sur le délit d'entrave résultant de la mise en place par l'employeur d'un « facilitateur de communication » : • Crim. 20 mars 1984 : *Bull. crim. n° 118 ; D. 1984. IR 388.*

3. Sauf circonstances exceptionnelles, le rôle du délégué du personnel doit s'exercer à l'intérieur de l'établissement. • Soc. 29 juin 1978 : *Bull. civ. V, n° 537* • 21 juill. 1982 : *ibid., n° 493 ; D. 1983. IR 441, obs. Béraud* • 10 juill. 1990 : *D. 1990. IR 210 ; RJS 1990. 471, n° 693.*

4. Attributions. Entrent dans les attributions des délégués du personnel : l'organisation d'une réunion qui a pour but d'expliquer et d'appuyer les revendications exprimées par les grévistes. • Soc. 8 nov. 1988, n° 85-45.100 P : *D. 1989. Somm. 205, obs. Frossard.* ♦ ... Le fait de pénétrer dans l'usine mise en chômage technique, cette mesure suspendant leur contrat de travail, mais non leur mandat. • Crim. 25 mai 1983 : *Bull. crim. n° 153 ; Dr. ouvrier 1984. 197, note Henry.* – V. aussi • Crim. 4 nov. 1981 : *Dr. ouvrier 1983. 71.*

5. Si l'art. L. 422-1 [L. 2313-1 nouv.], dans le domaine des salaires, ne limite pas la mission des délégués du personnel aux seules réclamations tendant à l'application des règles de droit, l'employeur, dans les entreprises où existent des sections syndicales, est fondé, en présence de revendications des délégués du personnel portant sur l'augmentation des salaires et la réduction du temps de travail, à répondre qu'elles relèvent de la négociation collective instituée par l'art. L. 132-27 [L. 2242-8 nouv.]. • Crim. 26 janv. 1993 : *Bull. crim. n° 43 ; Dr. soc. 1993. 746, note Savatier ; RJS 1993. 249, n° 413 ; CSB 1993. 103, A. 25.* – Déjà dans le même sens : • Crim. 24 mai 1973 : *GADT, 4e éd., n° 139 ; D. 1973. 599, note Savatier.* ♦ V., en faveur de la compétence des seuls délégués syndicaux en matière de réaménagement d'une convention collective, les délégués du personnel étant compétents pour réclamer l'adaptation de la convention aux conditions particulières de l'entreprise : • Soc. 13 mai 1980 : *Bull. civ. V, n° 424 ; D. 1981. IR 123, obs. Langlois.* – V. aussi • Crim. 27 sept. 1989 : *CSB 1988, n° 4, A. 22, 85.* ♦ S'agissant de la signature d'accords atypiques, V. notes ss. art. L. 2232-16.

6. En assurant sa propre défense lors d'une contestation par l'employeur de l'utilisation des heures de délégation, le salarié protégé est dans l'exercice de son mandat. • Soc. 16 mai 1990, n° 87-40.763 P. et, dans la même affaire, • Cass., ass. plén., 31 oct. 1996, n° 94-44.770 P : *BICC 15 déc. 1996, concl. Monnet, note Marc ; D. 1996. IR 257 ; JCP 1996. II. 22748, note Corrignan-Carsin ; JCP 1997. I. 4006, n° 2, obs. Pétel-Teyssié ; Dr. soc. 1997. 270, note Verdier ; RJS 1996. 823, n° 1276 ; LPA 6 déc. 1996, note Picca* • Soc. 26 mai 1999, n° 97-40.966 P : *Dr. soc. 1999. 773, chron. Radé.* ♦ Mais le temps consacré à soutenir devant le conseil de prud'hommes une demande en paiement de rappel de salaire pour son propre compte n'entre pas dans la catégorie des heures de délégations rémunérées par l'employeur. • Soc. 3 févr. 1998, n° 96-42.062 P : *RJS 1998. 308, n° 489.*

7. Le temps consacré à l'information personnelle du délégué ne peut être pris sur son crédit d'heures que pour autant qu'il se rattache directement à une difficulté particulière de son entreprise. • Soc. 8 mars 1984 : *Bull. civ. V, n° 92 ; D. 1984. IR 414* • 9 avr. 1986 : *Bull. civ. V, n° 117 ; D. 1986. IR 193* • 8 juill. 1998 : *RJS 1998. 639, n° 1009.*

8. Limites. Ne fait pas partie des attributions des délégués du personnel le fait : de tenir un bureau de vote lors des élections des organismes de sécurité sociale. • Soc. 9 déc. 1985, n° 84-44.252 P : *D. 1986. IR 385, obs. Frossard.* ♦ ...

D'assister un salarié devant les prud'hommes. • Soc. 4 déc. 1980 : *Bull. civ. V, n° 875* • 21 févr. 1990 : *ibid., n° 85 ; D. 1990. IR 64.* ♦ ... D'assister un salarié lors d'un entretien demandé spontanément par ce dernier. • Crim. 11 févr. 2003 : *Dr. soc. 2003. 631, chron. Duquesne ; RJS 2003, n° 772.* ♦ ... D'obtenir communication des appréciations portées par un chef de service sur ses agents. • Soc. 19 juin 1987 : *Bull. civ. V, n° 403.* ♦ ... De transformer des entretiens avec le personnel en manifestation revendicative. • Crim. 25 mai 1982 : *Bull. crim. n° 135.* ♦ ... De haranguer le personnel dans les ateliers pour les engager à prendre part à une journée nationale de défense de la sécurité sociale. • Grenoble, 18 juin 1984 : *D. 1985. IR 60.* ♦ ... De se rendre auprès d'un syndicat patronal pour y déposer des pétitions. • Soc. 28 avr. 1986 : *Bull. civ. V, n° 188 ; JCP 1987. II. 20748, note Vachet.* ♦ ... De participer à une réunion syndicale. • Soc. 5 juill. 1979 : *Bull. civ. V, n° 452* • 21 juill. 1982 : *ibid., n° 493 ; D. 1983. IR 441* • 24 mars 1993 : *préc. note 1.* ♦ ... De prendre part à une « exposition économique » organisée par un syndicat. • Soc. 15 nov. 1988 : *D. 1988. IR 291.* ♦ ... De participer à une manifestation pacifiste. • Soc. 26 sept. 1990, n° 87-45.688 P : *D. 1992. Somm. 300, obs. Borenfreund .*

9. Délégués suppléants. Les délégués du personnel suppléants ne participent pas à la désignation des membres du CHSCT, sauf s'ils remplacent un membre titulaire. • Soc. 19 nov. 1986 : *Bull. civ. V, n° 548.*

Art. L. 2313-2 Si un délégué du personnel constate, notamment par l'intermédiaire d'un salarié, qu'il existe une atteinte aux droits des personnes, à leur santé physique et mentale ou aux libertés individuelles dans l'entreprise qui ne serait pas justifiée par la nature de la tâche à accomplir, ni proportionnée au but recherché, il en saisit immédiatement l'employeur. Cette atteinte peut notamment résulter *(L. n° 2012-954 du 6 août 2012)* « de faits de harcèlement sexuel ou moral ou » de toute mesure discriminatoire en matière d'embauche, de rémunération, de formation, de reclassement, d'affectation, de classification, de qualification, de promotion professionnelle, de mutation, de renouvellement de contrat, de sanction ou de licenciement.

L'employeur procède sans délai à une enquête avec le délégué et prend les dispositions nécessaires pour remédier à cette situation.

En cas de carence de l'employeur ou de divergence sur la réalité de cette atteinte, et à défaut de solution trouvée avec l'employeur, le salarié, ou le délégué si le salarié intéressé averti par écrit ne s'y oppose pas, saisit le bureau de jugement du conseil de prud'hommes qui statue selon la forme des référés.

Le juge peut ordonner toutes mesures propres à faire cesser cette atteinte et assortir sa décision d'une astreinte qui sera liquidée au profit du Trésor. — *[Anc. art. L. 422-1-1.]*

1. Exercice des prérogatives. Le délégué du personnel est dans l'exercice de sa mission lorsqu'il dénonce la discrimination dont il fait l'objet devant le conseil de prud'hommes ; ce temps doit donc s'imputer sur ses heures de délégation. • Soc. 26 mai 1999, n° 97-40.966 P : *D. 1999. IR 168 ; Dr. soc. 1999. 738, chron. Radé ; RJS 1999. 573, n° 935.*

2. Le droit de saisine directe du bureau de jugement est recevable s'agissant d'un délégué du personnel qui a exercé son droit d'alerte dans des circonstances exceptionnelles et dès lors qu'aucune suite n'a été donnée par l'employeur. • Soc. 28 mars 2006 : *RDT 2006. 116, obs. Leclerc ; RJS 2006. 479, n° 690.*

3. Limites. Les dispositions de l'art. L. 422-1-1 [L. 2313-2 nouv.] ne donnent pas au délégué le droit d'agir au titre de la relation de travail, mais le seul droit d'engager une procédure d'alerte pour assurer dans l'entreprise la protection des droits des personnes et des libertés individuelles et collectives. • Paris, 6 déc. 1994 : *RJS 1995. 269, n° 396* (irrecevabilité de la demande introduite par un délégué du personnel visant à obtenir l'annulation d'un licenciement) • Soc. 10 déc. 1997, n° 95-42.661 P : *RJS 1998. 47, n° 62 ; D. 1998. IR 28* (droit d'agir à l'effet d'obtenir le retrait d'éléments de preuve obtenus frauduleusement par l'employeur).

Art. L. 2313-3 Les salariés d'entreprises extérieures qui, dans l'exercice de leur activité, ne se trouvent pas placés sous la subordination directe de l'entreprise utilisatrice peuvent faire présenter leurs réclamations individuelles et collectives, intéressant celles des conditions d'exécution du travail qui relèvent du chef d'établissement, par les délégués du personnel de cet établissement dans les conditions fixées au présent titre. — *[Anc. art. L. 422-1, al. 4, phrase 1.]*

Art. L. 2313-4 Dans les entreprises utilisatrices, les salariés temporaires peuvent faire présenter par les délégués du personnel de ces entreprises leurs réclamations intéressant l'application des dispositions des articles :

1° L. 1251-18 en matière de rémunération ;
2° L. 1251-21 à L. 1251-23 en matière de conditions de travail ;
3° L. 1251-24 en matière d'accès aux moyens de transport collectifs et aux installations collectives. – *[Anc. art. L. 422-1, al. 4, phrase 2.]*

Art. L. 2313-5 Les délégués du personnel peuvent prendre connaissance des contrats de mise à disposition conclus avec les entreprises de travail temporaire ainsi que des contrats suivants :

1° Contrats d'accompagnement dans l'emploi ;

(Abrogé par L. n° 2008-1249 du 1er déc. 2008, art. 18) « *2° Contrats d'avenir ;* »

3° Contrats initiative emploi ;

(Abrogé par L. n° 2008-1249 du 1er déc. 2008, art. 18) « *4° Contrats insertion-revenu minimum d'activité.* »

(L. n° 2008-596 du 25 juin 2008) « En l'absence de comité d'entreprise, l'employeur informe les délégués du personnel, une fois par an, des éléments qui l'ont conduit à faire appel, au titre de l'année écoulée, et qui pourraient le conduire à faire appel pour l'année à venir, à des contrats de travail à durée déterminée, à des contrats de mission conclus avec une entreprise de travail temporaire ou à des contrats conclus avec une entreprise de portage salarial. » – *[Anc. art. L. 422-1, al. 4, phrase 3.]*

Art. L. 2313-6 Lorsque les délégués du personnel tiennent de la loi un droit d'accès aux registres mentionnés à l'article L. 8113-6, l'employeur les consulte préalablement à la mise en place d'un support de substitution dans les conditions prévues à ce même article. – *[Anc. art. L. 620-7, al. 3.]*

Art. L. 2313-7 Dans les entreprises de moins de cinquante salariés, lorsque l'employeur envisage de procéder à un licenciement collectif pour motif économique, les délégués du personnel sont consultés dans les conditions prévues par le titre III du livre II de la première partie. – *[Anc. art. L. 422-1, al. 5, phrase 1, et al. 6.]*

Art. L. 2313-7-1 *(L. n° 2013-504 du 14 juin 2013, art. 8-VIII)* Dans les entreprises de moins de cinquante salariés, les délégués du personnel sont informés et consultés sur l'utilisation du crédit d'impôt prévu à l'article 244 *quater* C du code général des impôts, selon les modalités prévues aux articles *(L. n° 2015-994 du 17 août 2015, art. 18-XIV, en vigueur le 1er janv. 2016)* « L. 2323-12, L. 2323-56 et L. 2323-57 » du présent code.

Avant le 30 juin 2015, le Gouvernement présente au Parlement un premier rapport sur la mise en œuvre de l'exercice du droit de saisine des comités d'entreprise ou des délégués du personnel sur l'utilisation du crédit d'impôt compétitivité emploi, prévu aux art. L. 2323-26-2, L. 2323-26-3 et L. 2313-7-1 C. trav. Ce rapport est ensuite actualisé au 30 juin de chaque année (L. n° 2013-504 du 14 juin 2013, art. 8-IX).

Art. L. 2313-8 Dans les entreprises de moins de cinquante salariés, les délégués du personnel exercent les missions du comité d'entreprise en matière de formation professionnelle.

A ce titre, ils bénéficient des moyens prévus aux articles L. 2315-1 et suivants. – *[Anc. art. L. 943-6.]*

Art. L. 2313-9 Lorsqu'il existe un comité d'entreprise, les délégués du personnel ont qualité pour lui communiquer les suggestions et observations du personnel sur toutes les questions entrant dans la compétence du comité.

Il en est de même lorsqu'il existe un comité d'hygiène, de sécurité et des conditions de travail. – *[Anc. art. L. 422-2.]*

Art. L. 2313-10 Les salariés conservent le droit de présenter eux-mêmes leurs observations à l'employeur ou à ses représentants. – *[Anc. art. L. 422-1, al. 8.]*

Art. L. 2313-11 Lors de ses visites, l'*(L. n° 2016-1088 du 8 août 2016, art. 113)* « agent de contrôle de l'inspection du travail mentionné à l'article L. 8112-1 » se fait accompagner par le délégué du personnel compétent, si ce dernier le souhaite. – *[Anc. art. L. 422-1, al. 7.]*

Art. L. 2313-12 Lorsque, dans les entreprises de moins de *(L. n° 2015-994 du 17 août 2015, art. 13-II)* « trois cents » salariés, l'employeur met en place une délégation unique du personnel dans les conditions fixées à l'article L. 2326-1, les délégués du personnel constituent également la délégation du personnel au comité d'entreprise.

SECTION II ATTRIBUTIONS PARTICULIÈRES DANS LES ENTREPRISES DE CINQUANTE SALARIÉS ET PLUS DÉPOURVUES DE COMITÉ D'ENTREPRISE OU DE COMITÉ D'HYGIÈNE, DE SÉCURITÉ ET DES CONDITIONS DE TRAVAIL

Art. L. 2313-13 En l'absence de comité d'entreprise, par suite d'une carence constatée aux élections, les attributions économiques de celui-ci, mentionnées à la section I du chapitre III du titre II, sont exercées temporairement par les délégués du personnel.

Les informations sont communiquées et les consultations ont lieu au cours de la réunion mensuelle des délégués du personnel.

Un procès-verbal concernant les questions économiques examinées est établi. Il est adopté après modifications éventuelles lors de la réunion suivante et peut être affiché après accord entre les délégués du personnel et l'employeur.

Dans ce cadre, les délégués du personnel sont tenus au respect des dispositions relatives au secret professionnel et à l'obligation de discrétion prévues à l'article L. 2325-5.

Les délégués du personnel peuvent avoir recours aux experts rémunérés par l'employeur dans les conditions prévues aux articles L. 2325-35 et suivants.

Le budget de fonctionnement dont le montant est déterminé à l'article L. 2325-43 est géré conjointement par l'employeur et les délégués du personnel.

Les délégués du personnel bénéficient de la formation économique dans les conditions prévues à l'article L. 2325-44. – *[Anc. art. L. 431-3, al. 1er, et L. 422-3.]*

Art. L. 2313-14 En l'absence de comité d'entreprise, par suite d'une carence constatée aux élections ou lorsque le comité d'entreprise a été supprimé, les délégués du personnel peuvent, pour l'exercice du droit d'alerte économique prévu à l'article *(L. n° 2015-994 du 17 août 2015, art. 18-XIV, en vigueur le 1er janv. 2016)* « L. 2323-50 », demander des explications dans les mêmes conditions que le comité d'entreprise.

Cette demande est inscrite de droit à l'ordre du jour de la première réunion entre les délégués du personnel et l'employeur suivant la demande. A cette occasion, un procès-verbal est établi.

S'ils n'ont pu obtenir de réponse suffisante de l'employeur ou si celle-ci révèle le caractère préoccupant de la situation économique de l'entreprise, les délégués du personnel, après avoir pris l'avis d'un expert-comptable dans les conditions prévues aux articles L. 2325-35 et suivants et du commissaire aux comptes, s'il en existe un, peuvent :

1° Dans les sociétés à conseil d'administration ou à conseil de surveillance ainsi que dans les autres personnes morales dotées d'un organe collégial, saisir de la situation l'organe chargé de l'administration ou de la surveillance dans les conditions prévues à l'article *(L. n° 2015-994 du 17 août 2015, art. 18-XIV, en vigueur le 1er janv. 2016)* « L. 2323-53 » ;

2° Dans les autres formes de sociétés ou dans les groupements d'intérêt économique, décider que doivent être informés de la situation les associés ou les membres du groupement, auxquels le gérant ou les administrateurs sont tenus de communiquer les demandes d'explication des délégués.

L'avis de l'expert-comptable est joint à la saisine ou à l'information mentionnées aux 1° et 2°.

Les informations concernant l'entreprise, communiquées en application du présent article, ont par nature un caractère confidentiel. Toute personne qui a accès à ces informations est tenue à une obligation de discrétion à leur égard. – *[Anc. art. L. 422-4.]*

Art. L. 2313-15 En l'absence de comité d'entreprise, les délégués du personnel peuvent communiquer à leur employeur toutes les suggestions tendant à l'amélioration de la productivité et de l'organisation générale de l'entreprise.

Ils assurent, en outre, conjointement avec l'employeur, le fonctionnement de toutes les institutions sociales de l'établissement, quelles qu'en soient la forme et la nature.

De plus, ils sont consultés sur les mesures prises en vue de faciliter la mise ou la remise au travail des travailleurs handicapés et notamment lorsqu'elles interviennent avec l'aide de l'État. – *[Anc. art. L. 422-5, al. 1.]*

Incidence sur les subventions. En l'absence de comité d'entreprise par suite d'une carence constatée dans les conditions prévues à l'art. L. 433-13 [L. 2324-8 nouv.], l'employeur et les délégués du personnel sont tenus de gérer conjointement le budget de fonctionnement du comité d'entreprise et d'assurer le fonctionnement de toutes les institutions sociales pour son compte. L'obligation légale et annuelle de versement de la subvention de fonctionnement et de contribution au financement des institutions sociales à la charge de l'employeur n'est pas suspendue par la carence du comité d'entreprise. Même si l'obligation conjointe du délégué du personnel et du chef d'entreprise n'est pas assurée, le comité d'entreprise reste créancier, en principe, de ces sommes. • Soc. 13 sept. 2005, n° 04-10.961 P.

Art. L. 2313-16 Dans les établissements *(L. n° 2012-387 du 22 mars 2012, art. 43)* « d'au moins cinquante salariés », s'il n'existe pas de comité d'hygiène, de sécurité et des conditions de travail, les délégués du personnel exercent les missions attribuées à ce comité avec les mêmes moyens et obligations que celui-ci.

Dans les établissements de moins de cinquante salariés, s'il n'existe pas de comité d'hygiène, de sécurité et des conditions de travail, les délégués du personnel exercent les missions attribuées à ce comité avec les moyens attribués aux délégués du personnel. Ils sont soumis aux mêmes obligations que les membres du comité d'hygiène, de sécurité et des conditions de travail. — *[Anc. art. L. 422-5, al. 2.]*

CHAPITRE IV NOMBRE, ÉLECTION ET MANDAT

RÉP. TRAV. v° *Représentants du personnel (Élections)*, par Petit.

BIBL. GÉN. ▶ Faucher, *Rapp. Cour de cassation 1988, p. 45.* – Moulinier, *Sem. soc. Lamy 1993, suppl. n° 647* (élections professionnelles). – Rey, *Dr. soc. 1991. 430* (décisions administratives en matière de mise en place, renouvellement ou suppression des institutions représentatives).

▶ Loi du 20 déc. 1993 : Cohen, *Dr. soc. 1994. 147*. – Del Sol, *ibid. 1995. 153*. – Ray, *ibid. 1994. 142*.

SECTION PREMIÈRE NOMBRE

Art. L. 2314-1 Le nombre des délégués du personnel est déterminé selon des bases fixées par décret en Conseil d'État, compte tenu du nombre des salariés. — *V. art. R. 2314-1 s.*

(L. n° 2014-288 du 5 mars 2014, art. 30-XII) « Il peut être augmenté par accord entre l'employeur et les organisations syndicales intéressées, conclu selon les conditions de l'article L. 2314-3-1. »

Il est élu autant de délégués suppléants que de titulaires. — *[Anc. art. L. 423-1.]*

1. Détermination du nombre de délégués. Les dispositions de l'alinéa 2 de l'art. L. 421-1 [L. 2312-2 nouv.] s'appliquent seulement lors de la mise en place de l'institution et non lors de son renouvellement. • Soc. 7 nov. 1984 : *Bull. civ. V, n° 420 ; D. 1985. IR 440, obs. Verdier* • 21 oct. 1985 : *D. 1986. IR 167.* ♦ Le nombre de délégués à élire est fonction de l'effectif atteint à la date du premier tour de scrutin. • Soc. 21 juill. 1986 : *Bull. civ. V, n° 409* • 15 mars 1984 : *ibid., n° 100.* ♦ L'augmentation par voie conventionnelle du nombre de délégués nécessite la signature du protocole d'accord préélectoral par toutes les organisations syndicales. • Soc. 19 juin 1987 : *Bull. civ. V, n° 411.* ♦ Une augmentation du nombre des sièges ne peut être imposée, ni par un syndicat. • Soc. 20 juill. 1981 : *Bull. civ. V, n° 710.* ♦ ... Ni par le juge. • Soc. 18 mai 1983 : *Bull. civ. V, n° 265.*

2. Ayant reconnu à une unité administrative le caractère d'établissement distinct, le tribunal ne peut décider que le nombre des délégués serait calculé, non en fonction de l'effectif de cet établissement, mais en tenant compte de celui des chantiers et des regroupements de chantiers. • Soc. 4 juin 1986 : *Bull. civ. V, n° 277* • 3 déc. 1987 : *ibid., n° 706.*

3. Accord préélectoral. Est inapplicable la modification du nombre des collèges par un avenant à une convention collective nationale non signé par toutes les organisations syndicales représentatives. • Soc. 10 oct. 1990 : *D. 1992. Somm. 285, obs. Borenfreund ; Dr. soc. 1991. 297, note Humbert*. – Dans le même sens : • Soc. 16 nov. 1993, n° 90-60.553 P. • 26 janv. 1999, n° 98-60.256 P : *D. 1999. IR 52 ; RJS 1999. 234, n° 392 ; Dr. soc. 1999. 420, obs. Cohen*. ♦ Comp. : • Soc. 12 janv. 1984 : *JCP 1984. IV. 85* (modification des collèges par une convention collective étendue) • 3 oct. 1984 : *D. 1985. IR 438, obs. Verdier* (modification des collèges maintenue pendant un an à la suite de la dénonciation de la convention collective et malgré l'absence d'unanimité lors de la signature du protocole électoral reprenant les dispositions de la convention dénoncée).

4. La clause de la convention collective instaurant un collège particulier pour les démonstrateurs est moins favorable que les dispositions de l'art. L. 421-2 [L. 2312-8 nouv.] dès lors que celles-ci consacrent leur intégration dans la communauté de travail et dans l'entité du grand magasin ; il en résulte que les démonstrateurs sont électeurs et éligibles dans le collège unique des employés. • Cass., ass. plén., 6 juill. 1990 : *D. 1990. IR 196 ; Dr. soc. 1990. 867, concl. Dontenwille ; RJS 1990. 475, n° 702.* – Dans le même sens : • Soc. 20 févr. 1991, n° 89-61.212 P. • Crim. 26 mai 1994 : *RJS 1994. 683, n° 1159.*

5. Inspection du travail. L'inspecteur du travail n'intervient qu'à défaut d'accord entre les parties. • Soc. 6 juill. 1979 : *Bull. civ. V, n° 625.* ♦ L'intervention d'un accord entre l'employeur et les organisations syndicales a pour effet de rendre caduque la décision prise antérieurement par l'inspecteur du travail à défaut d'accord. • CE 29 déc. 1995 : *RJS 1996. 186, n° 311.*

6. L'inspecteur du travail territorialement compétent est celui dans le ressort duquel est situé le siège de l'établissement dans lequel se déroulent les élections. • CE 16 déc. 1994 : *Dr. soc. 1995. 257, concl. Maugüé ; RJS 1995. 191, n° 273* • 15 févr. 1995 : *D. 1995. IR 71 ; RJS 1995. 272, n° 401.* ♦ La décision de l'inspecteur du travail est d'application immédiate et s'impose au juge d'instance, nonobstant recours. • Soc. 13 mai 1996 : *RJS 1996. 435, n° 689* • 28 mai 1997 : *RJS 1997. 547, n° 844.*

7. La modification du nombre des collèges ne peut faire l'objet d'une décision administrative, le juge d'instance étant seul compétent pour trancher les litiges pouvant s'élever à cet égard. • Soc. 18 mai 1983 : *Bull. civ. V, n° 274 ; D. 1984. IR 354, obs. A. Lyon-Caen.* ♦ Rappr. : • CE 6 nov. 1985 : *Dr. soc. 1986. 476, concl. Roux.* ♦ Appelés à se prononcer sur la répartition du personnel entre les collèges électoraux, l'inspecteur du travail et le ministre du travail, qui n'ont pas compétence pour fixer le nombre des collèges, ne peuvent que procéder à cette répartition en tenant compte des collèges existants. • CE 1er févr. 1993, *CRAM d'Auvergne : RJS 1993. 309, n° 524 (2e esp.) ; ibid. 285, concl. Le Chatelier.* ♦ V. déjà : • CE 6 nov. 1985 : *Dr. soc. 1986. 476, concl. Roux* (répartition des sièges en fonction du nombre légal des collèges). ♦ La répartition du personnel dans les collèges se fait en tenant compte des fonctions exercées. • CE 9 févr. 1972 : *Dr. soc. 1972. 462, concl. Rougevin-Baville.*

8. Aucune disposition ne s'oppose à ce que l'inspecteur du travail détermine au sein d'un collège la représentation des diverses catégories professionnelles ou de certaines d'entre elles. • CE 27 mai 1983 : *Dr. soc. 1983. 601, concl. Genevois.* – V. aussi • CE 15 déc. 1978 : *D. 1979. 327.*

9. L'annulation par le ministre du travail d'une décision relative à la répartition des sièges par collège entraîne l'annulation de l'ensemble des opérations électorales. • Soc. 18 avr. 1989 : *Bull. civ. V, n° 284 ; Dr. ouvrier 1990. 104.* ♦ V. toutefois, sur la nécessité de saisir le juge d'instance dans le délai prévu à l'art. R. 423-3 : • Soc. 8 févr. 1994 (1er arrêt) : *RJS 1994. 196, n° 278* • 8 févr. 1994 (2e arrêt) : *ibid.* • 8 févr. 1994 (3e arrêt) : *ibid.*

10. Pouvoirs du juge d'instance. Le tribunal d'instance est incompétent pour répartir le personnel entre les collèges. • Soc. 26 janv. 1999 : *préc. note 3.*

11. Le tribunal a le pouvoir de mettre en place un dispositif de contrôle de la régularité, de la liberté et de la sincérité du scrutin, même s'il existe un accord préélectoral comportant des mesures en ce sens. • Soc. 1er avr. 1992, n° 90-60.543 P : *D. 1992. IR 154 ; RJS 1992. 358, n° 643.*

SECTION II **ÉLECTION**

Sur le protocole préélectoral, V. Circ. DGT n° 20 du 13 nov. 2008 relative à la loi portant rénovation de la démocratie sociale et du temps de travail, fiche n° 6.

COMMENTAIRE

V. Dalloz.fr et applications mobiles Dalloz.

SOUS-SECTION 1 **ORGANISATION DES ÉLECTIONS**

Art. L. 2314-2 **L'employeur informe tous les quatre ans le personnel** *(Ord. n° 2014-699 du 26 juin 2014, art. 7)* **« par tout moyen permettant de conférer date certaine à cette information » de l'organisation des élections. Le document** *(Ord. n° 2014-699 du 26 juin 2014, art. 7)* **« diffusé » précise la date envisagée pour le premier tour. Celui-ci doit se tenir, au plus tard, le quarante-cinquième jour suivant le jour de** *(Ord. n° 2014-699 du 26 juin 2014, art. 7)* **« la diffusion », sous réserve qu'une périodicité différente n'ait pas été fixée par accord en application de l'article L. 2314-27.**

(L. n° 2013-504 du 14 juin 2013, art. 23-I) **« Lorsque l'organisation de l'élection est consécutive au franchissement du seuil mentionné à l'article L. 2312-2, le premier tour se tient dans les quatre-vingt-dix jours suivant le jour de** *(Ord. n° 2014-699 du 26 juin 2014, art. 7)* **« la diffusion ». »**

RÉP. TRAV. v° *Représentants du personnel (Élections)*, par PETIT.

BIBL. ▶ GAURIAU, *JCP S 2013. 1265* (élections professionnelles et consultation du comité d'entreprise). – MORVAN, *JCP S 2012. 1236* (la liturgie nouvelle du droit des élections professionnelles). – PETIT, *Dr. soc. 2013. 846* ⊘ (seuils d'effectifs et délais supplémentaires pour l'exercice des droits collectifs).

Art. L. 2314-3 *(L. n° 2008-789 du 20 août 2008)* **« Sont informées,** *(Ord. n° 2014-699 du 26 juin 2014, art. 8)* **« par tout moyen », de l'organisation des élections et invitées à négocier le protocole d'accord préélectoral et à établir les listes de leurs candidats aux fonctions de délégués du personnel les organisations syndicales qui satisfont aux critères de respect des valeurs républicaines et d'indépendance, légalement constituées depuis au moins deux ans et dont le champ professionnel et géographique couvre l'entreprise ou l'établissement concernés.**

« Les organisations syndicales reconnues représentatives dans l'entreprise ou l'établissement, celles ayant constitué une section syndicale dans l'entreprise ou l'établissement, ainsi que les syndicats affiliés à une organisation syndicale représentative au niveau national et interprofessionnel y sont également invités par courrier. »

Dans le cas d'un renouvellement de l'institution, cette invitation est effectuée *(L. n° 2014-288 du 5 mars 2014, art. 30-I)* **« deux mois » avant l'expiration du mandat des délégués en exercice. Le premier tour des élections a lieu dans la quinzaine précédant l'expiration de ce mandat.**

(L. n° 2014-288 du 5 mars 2014, art. 30-I) **« L'invitation à négocier mentionnée au présent article doit parvenir au plus tard quinze jours avant la date de la première réunion de négociation. »**

COMMENTAIRE

V. Dalloz.fr et applications mobiles Dalloz.

1. Constitutionnalité et conventionnalité du critère de l'ancienneté. L'exigence d'une ancienneté minimale de deux ans subordonnant la présentation par une organisation syndicale de candidats au premier tour des élections professionnelles constitue une condition justifiée et proportionnée pour garantir la mise en œuvre du droit de participation des travailleurs par l'intermédiaire de leurs représentants et l'exercice par le syndicat de prérogatives au sein de l'entreprise, sans priver le salarié de la liberté d'adhérer au syndicat de son choix. • Soc. 20 oct. 2011 : *D. 2011. Actu. 2733* ⊘ ; *Dr. soc. 2011. 1310, obs. Petit* ⊘ ; *RJS 2012. 53, n° 55.* ♦ V. pour la conventionnalité de l'article. • Soc. 29 févr. 2012 : *Dalloz actualité, 23 mars 2012, obs. Siro ; D. 2012. Actu. 687* ⊘ ; *JCP S 2012. 1198, obs. Guyot* (même formulation).

I. ACCORD PRÉÉLECTORAL

A. NÉGOCIATION

2. Obligation. Le refus de l'employeur d'organiser une réunion pour élaborer le protocole d'accord préélectoral entraîne l'annulation des élections. • Soc. 7 juill. 1983 : *Bull. civ. V, n° 434.* ♦ L'employeur est tenu à une obligation de loyauté dans le cadre de la négociation du protocole d'accord préélectoral ; pour satisfaire à cette obligation, il peut soit mettre à disposition des syndicats qui demandent à en prendre connaissance le registre unique du personnel et des DADS des années concernées dans des conditions permettant l'exercice effectif de leur consultation, soit communiquer des copies ou extraits desdits documents, expurgés des éléments confidentiels, notamment relatifs à la rémunération des salariés. • Soc. 6 janv. 2016, n° 15-10.975 P : *Dalloz actualité, 1er févr. 2016, obs. Siro ; D. 2016. Actu. 132* ⊘ ; *RDT 2016. 284, obs. Nicod* ⊘ ; *JCP G 2016. 86, obs. Corrignan-Carsin.* ♦ L'employeur est tenu, dans le cadre de la négociation préélectorale, de fournir aux syndicats participant à la négociation les éléments nécessaires au contrôle de l'effectif de l'entreprise et de la régularité de la liste électorale. • Soc. 13 mai 2009 : *RJS 2009. 581, n° 652 ; Dr. ouvrier 2009. 525, note Masson ; JCP S 2009. 1406, obs. Kerbouc'h.* ♦ Même si le choix de mettre en place une délégation unique appartient à l'employeur seul, le désaccord manifesté par les organisations syndicales quant à ce choix ne le dispense pas de procéder à une négociation du protocole préélectoral. • Soc. 28 sept. 2011 : *D. 2011. Actu. 2405* ⊘ ; *RJS 2011. 872, n° 1003 ; JCP S 2011. 1573, obs. Kerbouc'h.* ♦ Comp. : il n'existe aucune obligation à la charge de l'employeur de communiquer aux délégués syndicaux la liste des salariés au moment de la négociation du protocole électoral. • Soc. 12 mars 1991 : *D. 1992. Somm. 285, obs. Borenfreund* ⊘ ; *RJS 1991. 324, n° 612.*

3. Contrôle de l'effectif de l'entreprise. L'employeur est tenu, dans le cadre de la négociation préélectorale, de fournir aux syndicats participant à la négociation les éléments nécessaires au contrôle de l'effectif de l'entreprise et de la régularité de la liste électorale. • Soc. 13 mai 2009 : *JCP S 2009. 1406, obs. Kerbouc'h.*

4. Invitation à négocier. Le simple affichage d'une note d'information ne constitue pas l'invitation à négocier le protocole préélectoral que doit adresser le chef d'entreprise, sauf s'il est établi que les organisations syndicales avaient eu connaissance de cet affichage. • Soc. 19 juin 1987 : *Bull. civ. V, n° 406 ; D. 1988. Somm. 94, obs. Béraud* • 20 déc. 1988 : *Bull. civ. V, n° 677 ; D. 1989. Somm. 160, obs. Béraud* • 16 mai 1990, n° 89-61.365 P : *D. 1990. IR 158* • 17 mai 1994 : *RJS 1994. 605, n° 1021* • 29 oct. 1996 : *ibid. 1996. 830, n° 1289* • 25 nov. 1998 : *Dr. ouvrier 1999. 88, obs. Boulmier.*

5. Date d'envoi des invitations à négocier. La méconnaissance par l'employeur du délai d'un mois entre l'invitation des syndicats à négocier le protocole préélectoral et l'expiration des mandats en cours ne peut être une cause d'annulation du protocole ; aucun délai n'étant fixé par l'art. L. 2314-3 entre cette invitation et la date de la réunion de négociation, celle-ci doit être adressée en temps utile. • Soc. 25 janv. 2012 : *RJS 2012. 317, n° 370.*

6. Syndicats intéressés. L'employeur qui n'invite pas toutes les organisations syndicales représentatives dans l'entreprise commet une irrégularité entraînant l'annulation des élections. • Soc. 9 avr. 1987, n° 86-60.432 P : *D. 1988. Somm. 94, obs. Béraud.* ♦ Même solution lorsque la convocation n'a pas été faite en temps utile. • Soc. 28 févr. 1989 : *Bull. civ. V, n° 146.* ♦ Mais seule une organisation syndicale représentative peut se prévaloir de cette nullité. • Soc. 7 avr. 1993 : *RJS 1993. 311, n° 526.*

7. Un syndicat affilié à une organisation syndicale représentative sur le plan national est, peu important qu'il n'ait aucun adhérent dans l'entreprise, un syndicat intéressé au sens de l'art. L. 423-18 [L. 2314-3 nouv.] et doit être invité à négocier le protocole d'accord préélectoral. • Soc. 4 juill. 1990, n° 89-60.035 P : *D. 1992. Somm. 287, obs. Borenfreund ; RJS 1990. 535, n° 795* • 12 déc. 1995 : *RJS 1996. 33, n° 45* • 4 févr. 1997, n° 95-60.983 P. • 14 févr. 2007 : *D. 2007. AJ 801 ; Sem. soc. Lamy 2007, n° 1302, p. 10, note Guyader.* ♦ Dans l'hypothèse où la négociation préélectorale s'ouvre au niveau de l'établissement, l'employeur est tenu d'inviter à cette négociation tous les syndicats représentatifs implantés dans l'entreprise. • Soc. 15 févr. 2006 : *D. 2006. IR 600 ; RDT 2006. 189, obs. Borenfreund ; RJS 2006. 424, n° 607.* ♦ La convocation est valablement délivrée aux organisations syndicales représentatives, que ce soit au niveau des syndicats constitués dans les différentes branches ou à celui des unions syndicales auxquelles elles ont adhéré. • Soc. 15 déc. 1999, n° 98-60.468 P : *RJS 2000. 57, n° 73* • Cass., ass. plén., 5 juill. 2002 : *GADT, 4e éd., n° 137 ; D. 2002. 3112, obs. Arseguel ; RJS 2002. 858, n° 1149.* ♦ Le défaut d'invitation d'une organisation syndicale intéressée à la négociation du protocole d'accord préélectoral est une irrégularité qui doit, par sa nature, entraîner l'annulation des élections. • Soc. 1er avr. 1998 : *D. 1998. IR 121 ; Dr. soc. 1998. 724, note G. Couturier ; RJS 1998. 397, n° 616.* ♦ Ayant relevé que deux syndicats affiliés à une même confédération ont régulièrement désigné deux délégués syndicaux distincts, c'est à bon droit qu'un tribunal d'instance décide qu'ils doivent l'un et l'autre être convoqués à la négociation du protocole d'accord préélectoral. • Soc. 12 janv. 1999, n° 97-60.337 P : *D. 1999. Somm. 169, obs. Lardy-Pélissier .*

8. Représentant syndical. Le syndicat qui participe à la négociation peut être représenté par une personne extérieure à l'entreprise. • Soc. 21 juill. 1986, n° 85-60.543 P : *D. 1987. Somm. 203, obs. Rotschild-Souriac.* ♦ Un délégué syndical n'a qualité pour signer un accord préélectoral que s'il a reçu mandat à cet effet. • 17 avr. 1991, n° 89-61.556 P. ♦ Sur la possibilité d'une adhésion tacite, V. • Soc. 23 juin 1983 : *Bull. civ. V, n° 359* • 22 juin 1993 : *RJS 1993. 536, n° 899.* ♦ V. aussi, en cas de conflit entre un syndicat de l'entreprise et celui de l'établissement : • Soc. 13 juin 1990, n° 86-61.514 P : *RJS 1990. 409, n° 597.*

9. Organisation syndicale ou délégué syndical. Si la convocation à négocier le protocole préélectoral est valablement adressée au syndicat pris en la personne du délégué syndical désigné, aucune irrégularité n'entache la négociation dès lors qu'il est établi que l'organisation syndicale représentative a été destinataire d'une convocation. • Soc. 2 mars 2005 : *RJS 2005. 380, n° 543 ; CSB 2005, A. 44.*

10. Composition de la délégation syndicale. Les règles applicables à la composition de la délégation syndicale invitée à la négociation du protocole préélectoral sont les mêmes que celles applicables à la négociation de tout accord collectif ; chaque délégation peut comprendre, sauf accord de l'employeur, jusqu'à trois ou quatre membres selon que l'effectif de l'entreprise permettrait la désignation d'un seul ou de plusieurs délégués syndicaux. • Soc. 31 janv. 2012 : *Dalloz actualité, 21 févr. 2012, obs. Dechristé ; D. 2012. Actu. 507 ; RJS 2012. 318, n° 371.*

11. Accord unanime (jurisprudence antérieure à la loi du 20 août 2008). La négociation des accords préélectoraux n'est pas régie par les dispositions relatives à la négociation collective. • Soc. 6 mai 1985 : *Bull. civ. V, n° 276 ; D. 1985. IR 349.* ♦ L'accord fixant les modalités d'organisation et de déroulement des opérations électorales doit, pour être valable, recueillir l'adhésion de toutes les organisations syndicales représentatives. • Soc. 7 nov. 1990 : *RJS 1990. 657, n° 1001.*

12. Accord non unanime (jurisprudence antérieure à la loi du 20 août 2008). L'absence d'unanimité dans l'accord préélectoral ne rend pas l'intervention du juge d'instance obligatoire, mais a pour seul effet de permettre à la partie qui peut y avoir intérêt de saisir le tribunal d'instance ; le fait qu'aucune partie n'ait usé de cette faculté ne peut entraîner la nullité des élections. • Soc. 20 juill. 1983 : *Bull. civ. V, n° 460 ; D. 1984. IR 356, obs. A. Lyon-Caen.* – Dans le même sens : • Soc. 28 oct. 1997, n° 96-60.273 P : *GADT, 4e éd., n° 136 ; RJS 1997. 862, n° 1404 (1re esp.).*

13. L'application d'un protocole d'accord non unanime, alors que le juge d'instance a été saisi de la fixation des modalités du scrutin, avant la date de celui-ci, entraîne l'annulation des élections, même si cette circonstance n'a pas faussé les résultats du scrutin. • Soc. 3 févr. 1998, n° 96-60.206 P : *RJS 1998. 207, n° 334.*

14. En présence d'un accord préélectoral, les dispositions de nature électorale ne s'imposent au juge et aux parties qu'en cas d'accord unanime mais les dispositions qui améliorent le fonctionnement des institutions représentatives ont la force obligatoire d'un accord collectif signé par une organisation représentative. • Soc. 23 juin 1999, n° 96-44.717 P : *D. 1999. IR 191 ; RJS 1999. 688, n° 1098* (accord préélectoral octroyant des heures de délégation supplémentaires aux candidats élus).

15. Échec des négociations. Un tribunal peut décider qu'en cas d'échec de la négociation du protocole préélectoral et en l'absence d'une décision du juge, l'employeur est tenu de fixer les modalités d'organisation et de déroulement du scrutin. • Soc. 30 oct. 1991 : *D. 1992. Somm. 285, obs. Borenfreund.* ♦ En cas de carence des organisations syndicales pour la négociation d'un protocole, il appartient à l'employeur de fixer seul les modalités des opérations électorales ; n'est pas valide un protocole d'accord signé par l'employeur avec les candidats libres. • Soc. 5 févr. 1997 : *RJS 1997. 207, n° 309.* ♦ A défaut de conclusion d'un accord préélectoral et en l'absence de saisine du tribunal d'instance afin que celui-ci fixe les modalités de déroulement des élections sur lesquelles aucun accord n'a pu intervenir, l'employeur peut unilatéralement fixer les modalités d'organisation et de déroulement des opérations de vote. • Soc. 26 sept. 2012 : *Dalloz actualité, 22 oct. 2012, obs. Perrin ; RJS 2012. 823, n° 973 ; JCP S 2012. 1478, obs. Petit.*

B. RÉGIME

16. Seules les organisations syndicales qui n'ont pas été convoquées par lettre à la négociation préélectorale en méconnaissance des dispositions de l'art. L. 2314-3 peuvent se prévaloir de cette omission pour faire annuler le processus électoral • Soc. 24 oct. 2012 : *Dalloz actualité, 28 nov. 2012, obs. Ines ; RJS 2013. 62, n° 61.* ♦ Un salarié, en tant que candidat aux élections, a qualité et intérêt à en demander l'annulation et peut par là même invoquer le manquement de l'employeur à son obligation d'inviter l'ensemble des organisations syndicales intéressées à la négociation du protocole préélectoral pour contester la validité des élections. • Soc. 27 févr. 2013 : *Dalloz actualité, 25 mars 2013, obs. Ines ; JCP S 2013. 1183, obs. Jeansen.* ♦ Cette saisine peut interrompre le délai de forclusion au bénéfice du syndicat qui n'a pas été invité à négocier le protocole préélectoral. • Même arrêt. ♦ La partie qui a signé un accord électoral n'est pas recevable à en contester l'application. • Soc. 10 juin 1997, n° 96-60.118 P : *Dr. soc. 1997. 987, obs. Borenfreund ; RJS 1997. 546, n° 843 (2e et 3e esp.)* (un syndicat ayant signé l'accord au niveau national n'est pas recevable à en contester l'application au niveau local).

17. Sauf dénonciation, les dispositions d'un protocole d'accord préélectoral n'ont pas à être renouvelées expressément. • Soc. 20 juin 1979 : *Bull. civ. V, n° 557.*

18. Alors qu'un accord collectif, dénoncé par les parties signataires, continue, à défaut de conclusion d'un nouvel accord, à produire effet pendant une durée d'un an, un protocole d'accord préélectoral dénoncé avant les élections ne leur est plus applicable. • Soc. 9 déc. 1985 : *Bull. civ. V, n° 582 ; D. 1986. IR 384, obs. Frossard.* – Dans le même sens : • Soc. 26 mars 1981 : *Bull. civ. V, n° 262* • 3 oct. 1984 : *ibid., n° 345 ; D. 1985. IR 438, obs. Verdier* • 22 févr. 1996 : *RJS 1996. 256, n° 425.*

19. Respect du protocole. Les opérations électorales doivent se dérouler conformément au protocole préélectoral, négocié entre le chef d'entreprise et les organisations syndicales dans le respect des principes généraux du droit électoral ; le chef d'entreprise ne peut donc pas unilatéralement modifier les modalités d'organisation et de déroulement des opérations électorales arrêtées par le protocole négocié. • Soc. 12 juill. 2006, n° 05-60.332 P : *RJS 11/2006, n° 1205.*

20. Les conditions de négociation d'un protocole préélectoral mettant en jeu l'intérêt collectif de la profession, tout syndicat non signataire du protocole, invité ou non à participer à cette négociation, a intérêt à agir pour en contester le déroulement. • Soc. 23 sept. 2009 : *R., p. 378 ; D. 2009. AJ 2339, obs. Perrin ; ibid. 2010. Pan. 672, obs. Odoul ; Dr. soc. 2010. 161, note Petit ; RJS 2009. 837, n° 963 ; JS Lamy 2009, n° 264-5 ; Sem. soc. Lamy 2009, n° 1415, p. 7, avis Duplat.*

II. LISTES DES CANDIDATS

21. Nombre. Les syndicats d'une entreprise affiliés à la même confédération représentative sur le plan national ne peuvent présenter qu'une seule liste de candidats au nom de la confédération nationale lors des élections professionnelles dans l'entreprise. • Soc. 16 oct. 2001, n° 00-60.203 P : *D. 2002. 769, obs. Odoul-Asourey ; Dr. soc. 2001. 1128, obs. Cohen ; RJS 2002. 61, n° 58.* ♦ Comp. : Aucune disposition n'interdit à une confédération représentative au plan national de rassembler des organisations syndicales représentant la même catégorie de personnel et présentant des listes de candidats au premier tour des élections. • Soc. 18 avr. 1989 : *Bull. civ. V, n° 283 ; D. 1990. Somm. 161, obs. Borenfreund .*

22. Candidats. Un syndicat a la faculté de présenter, soit ses propres adhérents, soit des salariés non syndiqués ou adhérents à une autre organisation syndicale même non représentative. • Soc. 18 févr. 1981 : *Bull. civ. V, n° 136* • Soc. 28 mars 2012 : *Dalloz actualité, 3 mai 2012, obs. Ines ; Dr. soc. 2012. 532, obs. Petit ; RJS 2012. 490, n° 580.*

23. Est nulle la clause conventionnelle imposant la présentation de listes complètes. • Soc. 27 oct. 1982 : *Bull. civ. V, n° 590.* ♦ Le regroupement sur une même liste d'un nombre de candidats supérieur à celui des sièges à pourvoir contrevient aux dispositions légales d'ordre public. • Soc. 21 mai 1986 : *Bull. civ. V, n° 222* • 27 oct. 1999, n° 98-60.419 P : *RJS 1999. 859, n° 1477.*

24. L'accord préélectoral peut fixer une date limite au dépôt des candidatures. • Crim. 3 févr. 1987 : *Bull. crim. n° 58 ; D. 1988. Somm. 94, obs. Béraud* • Soc. 19 juin 1987 : *Bull. civ. V, n° 405* • 16 mai 1990 : *ibid., n° 229.*

25. La liste des candidats ne peut être valablement déposée avant toute décision sur la répartition du personnel dans les collèges électoraux et la répartition des sièges entre les différentes catégories. • Soc. 2 mai 1989 : *Bull. civ. V, n° 321.*

Art. L. 2314-3-1 *(L. n° 2014-288 du 5 mars 2014, art. 30-IX)* **« Sauf dispositions législatives contraires, »** *(L. n° 2008-789 du 20 août 2008)* **la validité du protocole d'accord préélectoral conclu entre l'employeur et les organisations syndicales intéressées est subordonnée à sa signature par la majorité des organisations syndicales ayant participé à sa négociation, dont les organisations syndicales représentatives ayant recueilli la majorité des suffrages exprimés lors des dernières élections professionnelles ou, lorsque ces résultats ne sont pas disponibles, la majorité des organisations représentatives dans l'entreprise.**

1. Champ d'application. Les clauses du protocole préélectoral sont soumises aux conditions de majorité requises des syndicats signataires définies par les art. L. 2314-3-1 et L. 2324-4-1 ; lorsqu'un protocole préélectoral répond à ces conditions, il ne peut être contesté devant le juge judiciaire qu'en ce qu'il contiendrait des stipulations contraires à l'ordre public notamment en ce qu'elles méconnaîtraient les principes généraux du droit électoral. • Soc. 6 oct. 2011 : *Dalloz actualité, 18 oct. 2011, obs. Siro ; D. 2011. Actu. 2480 ; RJS 2011. 873, n° 1004 ; ibid. 2012. 9, note Struillou ; JCP S 2012. 1125, obs. Kerbouc'h.* ♦ Le protocole d'accord préélectoral qui répond à la condition de double majorité ne peut être contesté devant le juge judiciaire qu'en ce qu'il contiendrait des stipulations contraires à l'ordre public ; le recours au vote par correspondance pour les élections professionnelles n'est contraire à aucune règle d'ordre public. • Soc. 13 févr. 2013 : *D. 2013. Actu. 513 ; Dalloz actualité, 8 mars 2013, obs. Perrin ; Dr. soc. 2013. 372, obs. Petit ; JCP S 2013. 1218, obs. Everaert-Dumont.*

2. Participation des organisations syndicales à la négociation. Doivent être considérées comme ayant participé à la négociation les organisations syndicales qui, invitées à celle-ci, s'y sont présentées, même si elles ont ensuite décidé de s'en retirer. • Soc. 26 sept. 2012 : *Dalloz actualité, 5 oct. 2012, obs. Ines ; D. 2012. Actu. 2315 ; RDT 2012. 639, obs. Odoul-Asorey ; RJS 2012. 766, n° 889 ; Dr. ouvrier 2013. 31, obs. Rennes ; JCP S 2012. 1420, rapp. Pécaut-Rivolier.*

3. Date d'appréciation des conditions de validité. Les conditions de validité d'un protocole préélectoral doivent être appréciées au jour de sa signature et ne sauraient dépendre du résultat d'élections postérieures ; il appartient au juge de vérifier si le résultats des élections précédentes est disponible. • Soc. 5 avr. 2011 : *Dalloz actualité, 2 mai 2011, obs. Fleuriot ; D. 2011. Actu. 1148 ; Dr. soc. 2011. 872, obs. Petit ; JCP S 2011. 1342, obs. Kerbourc'h.*

4. Validation de l'accord et contrariété à l'ordre public. La stipulation du protocole préélectoral qui n'affecte aucun siège à un collège est contraire à l'ordre public, en ce qu'elle méconnaît les principes généraux du droit électoral, et doit pouvoir être contestée bien que le protocole réponde aux conditions de validité prévues par les art. L. 2314-3-1 et L. 2324-4-1. • Soc. 4 juill. 2012 : *Dalloz actualité, 11 sept. 2012, obs. Ines ; RJS 2012. 705, n° 830.* ♦ Un protocole préélectoral, même signé aux conditions de validité prévues par l'article L. 2324-4-1, ne peut exclure de l'éligibilité au comité d'entreprise des salariés qui remplissent les conditions légales pour en être membres. • Soc. 20 mars 2013 : *D. 2013. Actu. 844 ; Dalloz actualité, 12 avr. 2013, obs. Ines ; Dr. soc. 2013. 472, obs. Petit .*

5. Pluralité d'accords. Il ne résulte d'aucun texte que le protocole préélectoral doit être matérialisé par un seul et même accord global sur l'ensemble des matières relevant de la négociation. • Soc. 28 sept. 2011 : *RJS 2011. 874, n° 1005.*

6. Vote électronique. Si le protocole préélectoral fixant les modalités de mise en œuvre du vote électronique doit, pour être valable, satisfaire aux conditions de majorité prévues aux art. L. 2314-3-1 et L. 2324-4-1, l'accord d'entreprise autorisant le recours au vote électronique est soumis aux seules conditions de validité prévues à l'art. L. 2232-12. • Soc. 28 sept. 2011 : *Dalloz actualité, 20 oct. 2011, obs. Ines ; D. 2011. Actu. 2406 ; RDT 2012. 164, obs. Signoretto ; RJS 2011. 874, n° 1005 ; JCP S 2011. 1549, obs. Petit.*

7. Vote par correspondance. Le protocole d'accord préélectoral qui répond à la condition de double majorité ne peut être contesté devant le juge judiciaire qu'en ce qu'il contiendrait des stipulations contraires à l'ordre public ; le recours au vote par correspondance pour les élections professionnelles n'est contraire à aucune règle d'ordre public. • Soc. 13 févr. 2013 : *Dalloz actualité, 8 mars 2013, obs. Perrin.*

Art. L. 2314-4 Lorsque, en l'absence de délégués du personnel, l'employeur est invité à organiser des élections à la demande d'un salarié ou d'une organisation syndicale, il engage la procédure définie aux articles L. 2314-2 et L. 2314-3 dans le mois suivant la réception de cette demande. – *[Anc. art. L. 423-18, al. 4.]*

Art. L. 2314-5 Lorsque l'institution n'a pas été mise en place ou renouvelée, un procès-verbal de carence est établi par l'employeur.

L'employeur *(Ord. n° 2014-699 du 26 juin 2014, art. 9)* **« porte à la connaissance des salariés par tout moyen permettant de donner date certaine à cette information » le procès-verbal dans l'entreprise et le transmet dans les quinze jours** *(Ord. n° 2014-699 du 26 juin 2014, art. 13)* **« , par tout moyen permettant de conférer date certaine à cette transmission, » à l'inspecteur du travail qui en envoie copie aux organisations syndicales de salariés du département concerné.** – *[Anc. art. L. 423-18, al. 5.]*

COMMENTAIRE

V. Dalloz.fr et applications mobiles Dalloz.

1. Notion. La lettre adressée à l'inspecteur du travail par laquelle un employeur justifie l'absence de comité d'entreprise ne constitue pas un procès-verbal de carence. • CE 28 juin 1989 : *Dr. soc. 1989. 712, concl. Fouquet.* ♦ En revanche, la lettre demandant, en l'absence d'accord d'un syndicat, à l'inspecteur du travail de se prononcer sur la répartition des salariés entre les différents collèges et sur la répartition des sièges vaut procès-verbal de carence. • Même arrêt.

2. Effet. Un procès-verbal de carence, dressé à l'issue du premier tour, ne fait pas obstacle à l'organisation d'un nouveau premier tour par le juge d'instance, dès lors que celui-ci, statuant en référé, est saisi avant la date du second tour. • Soc. 7 janv. 1998 : *RJS 1998. 121, n° 186.*

3. Demande émanant d'un salarié. Viole l'art. L. 423-18 [L. 2314-4 nouv.] le jugement qui déclare irrecevable la demande émanant de salariés tendant à l'organisation d'élections avant l'expiration d'un délai d'un an à la suite d'un procès-verbal de carence. • Soc. 12 nov. 1987 : *Bull. civ. V, n° 641 ; D. 1987. IR 235* • 17 mars 2004, n° 02-60.699 P : *D. 2004. IR 1122 ; RJS 2004. 490, n° 72.* ♦ En revanche, cette demande peut être rejetée s'il existe un accord signé par l'ensemble des syndicats représentatifs dans l'entreprise pour proroger les mandats des membres du comité d'établissement et des délégués du personnel. • Soc. 27 mai 1999, n° 98-60.327 P : *Dr. soc. 1999. 849, obs. Cohen ; RJS 1999. 571, n° 933.*

Art. L. 2314-6 L'élection des délégués du personnel et celle des représentants du personnel au comité d'entreprise ont lieu à la même date.

Ces élections simultanées interviennent pour la première fois soit à l'occasion de la constitution du comité d'entreprise, soit à la date du renouvellement de l'institution.

La durée du mandat des délégués du personnel est prorogée à due concurrence. Elle peut être réduite dans le cas où le mandat du comité d'entreprise vient à échéance avant celui des délégués du personnel. – *[Anc. art. L. 423-19.]*

1. Application. L'art. L. 423-19 [L. 2314-6 nouv.] est applicable sans qu'il y ait besoin d'un texte d'adaptation. • Soc. 30 nov. 1994 : *D. 1995. 244, note Saint-Jours ; RJS 1995. 41, n° 43* (application au Commissariat à l'énergie atomique).

2. Concomitance des élections et UES. La reconnaissance d'une unité économique et sociale rend obligatoire l'organisation au sein de cette dernière, à la même date, des élections du comité d'entreprise et des délégués du personnel. • Soc. 5 avr. 1995, n° 94-60.324 P : *D. 1995. IR 135 ; RJS 1995. 441, n° 675.*

3. Concomitance des élections et établissements distincts. Le principe de simultanéité des élections n'implique pas que les élections aient lieu à la même date dans tous les établissements distincts de la même entreprise. • Soc. 24 nov. 2004, n° 04-60.005 P : *Dr. soc. 2005. 350, obs. Cohen ; RJS 2005. 133, n° 181.*

4. Réduction et prorogation des mandats. Pour une illustration de la réduction automatique des mandats de délégués du personnel dès lors que le renouvellement du comité d'entreprise intervient en premier lieu, V. • TGI Saint-Étienne, 18 mai 1994 : *RJS 1994. 594, n° 1004.* ♦ Pour une prorogation des mandats des délégués du personnel, V. • Soc. 8 févr. 1995 : *RJS 1995. 192, n° 274.* ♦ Les dispositions de l'art. L. 423-19 [L. 2314-6 nouv.] sur la prorogation des mandats ne sont pas rétroactives. • Soc. 29 oct. 1996 : *RJS 1996. 830, n° 1289.*

5. Les dispositions des art. L. 423-16 et L. 423-19 [L. 2314-6 et L. 2314-7 nouv.] relatives à la concomitance des élections ne peuvent faire obstacle au droit des salariés d'être représentés par chacune des institutions prévues par la loi ; lorsqu'un procès-verbal de carence a été établi pour l'élection des délégués du personnel, l'employeur qui y est invité par une organisation syndicale doit mettre en œuvre la procédure d'organisation des élections, les délégués du personnel étant élus pour la durée restant à courir du mandat des membres du comité d'entreprise. • Soc. 13 avr. 1999, n° 97-60.830 P : *D. 1999. IR 128 ; Dr. soc. 1999. 642, obs. Cohen ; RJS 1999. 426, n° 701.*

6. Annulation des élections. L'élection des délégués du personnel, qui s'est tenue, sans qu'il ait été procédé à celle des membres du comité d'entreprise, doit être annulée. • Soc. 28 mai 2008 : *RDT 2008. 754, obs. Grévy ; RJS 2008. 728, n° 917.*

Art. L. 2314-7 Des élections partielles sont organisées à l'initiative de l'employeur si un collège électoral n'est plus représenté ou si le nombre des délégués titulaires est réduit de moitié ou plus.

Ces dispositions ne sont pas applicables lorsque ces événements interviennent moins de six mois avant le terme du mandat des délégués du personnel *(L. n° 2015-994 du 17 août 2015, art. 7-II, en vigueur le 1er janv. 2017)* « ou lorsqu'ils sont la conséquence de l'annulation de l'élection de délégués du personnel prononcée par le juge en application des deux derniers alinéas de l'article L. 2314-25 ».

1. Annulation des élections partielles. Les élections partielles peuvent être annulées en présence d'une contestation du protocole d'accord en vigueur lors de l'élection précédente portant sur la répartition des personnels dans le collège. • Soc. 15 déc. 2004 : *RJS 2005. 218, n° 296.*

2. Élections partielles et période transitoire. Seules les premières élections générales dont la première réunion de négociation du protocole préélectoral est postérieure à la date de publication de la L. du 20 août 2008 mettent fin à la période transitoire, à l'exclusion des élections partielles qui doivent se dérouler sur la base des dispositions du protocole en vigueur lors des élections précédentes. • Soc. 6 janv. 2011 : *Dr. soc. 2011. 338, obs. Petit ; JCP S 2011. 1084, obs. Jeansen.*

3. Élections partielles et vacances de sièges. Les élections partielles doivent concerner les sièges de titulaires et de suppléants dans le collège considéré, même si, faute de candidats, les postes de suppléants n'avaient pas été pourvus lors des dernières élections. • Soc. 24 mai 2016, n° 15-19.866 P : *RJS 8-9/2016, n° 578.*

SOUS-SECTION 2 COLLÈGES ÉLECTORAUX

Art. L. 2314-8 Les délégués sont élus, d'une part, par un collège comprenant les ouvriers et employés, d'autre part, par un collège comprenant les ingénieurs, chefs de service, techniciens, agents de maîtrise et assimilés sur les listes établies par les organisations syndicales *(Abrogé par L. n° 2008-789 du 20 août 2008) « représentatives »* au sein de chaque établissement pour chaque catégorie de personnel. – *[Anc. art. L. 423-2, al. 1er.]*

COMMENTAIRE

V. Dalloz.fr et applications mobiles Dalloz.

1. Organisation syndicale représentative (solutions antérieures à la loi du 20 août 2008). Une union départementale est une organisation syndicale au sens de l'art. L. 423-2 [L. 2314-8 nouv.]. • Soc. 21 mai 1986 : *Bull. civ. V, n° 236.* ♦ Même solution pour une union locale : • Soc. 23 janv. 1990 : *Bull. civ. V, n° 19 ; CSB 1990. 57, B. 30.* ♦ Une association du personnel ne peut présenter des candidats au premier tour. • Soc. 19 juill. 1983 : *Dr. soc. 1984. 87, note Savatier.*

2. La représentativité des organisations syndicales s'apprécie dans chaque entreprise, compte tenu des dispositions de l'art. L. 133-2 [L. 2121-2 nouv.], indépendamment de l'affiliation de ces organisations à une confédération. • Cass., ass.

plén., 15 mars 1985 : *D. 1985. 573, concl. Cabannes, note Verdier ; D. 1986. IR 382, obs. Frossard* (le syndicat national des banques affilié à la CGC peut présenter des candidats dans le premier collège). – Dans le même sens : • Soc. 20 déc. 1988 : *Bull. civ. V, n° 671 ; D. 1990. Somm. 160, obs. Borenfreund*. ♦ Comp. : • Soc. 21 juill. 1986 : *D. 1987. Somm. 204, obs. Verdier.*

3. Pour les élections des délégués du personnel et des membres du comité d'entreprise, la représentativité d'un syndicat dans un collège électoral s'apprécie par rapport à l'ensemble des salariés composant ce collège et non au regard d'une seule catégorie de ceux-ci. • Soc. 21 oct. 1982 : *Bull. civ. V, n° 572.* – V. aussi • Soc. 22 avr. 1982 : *Bull. civ. V, n° 256.* ♦ La représentativité d'un syndicat doit s'apprécier à la date du dépôt des listes de candidatures. • Soc. 26 juin 1985 : *Bull. civ. V, n° 361.* ♦ ... Et au sein de chaque collège. • Soc. 2 oct. 1985 : *D. 1986. IR 81* • 8 janv. 1997 : *RJS 1997. 114, n° 168* (la chose jugée sur la représentativité d'un syndicat ne préjuge pas de sa représentativité pour des élections ultérieures).

4. La représentativité d'un syndicat affilié à la CGC n'est présumée que pour le second collège ; elle doit être caractérisée pour le premier collège, peu important que celui-ci comprenne également des agents de maîtrise. • Soc. 2 déc. 1992 : *Bull. civ. V, n° 580 ; RJS 1993. 42, n° 51.*

5. Collèges électoraux. Lorsque les effectifs d'une entreprise sont supérieurs à vingt-cinq salariés et que deux cadres y sont employés, les élections doivent se dérouler sur la base de deux collèges, la circonstance qu'il n'y ait qu'un seul cadre éligible étant indifférente. • Soc. 17 avr. 1991 : *Bull. civ. V, n° 202 ; CSB 1991. 141, S. 75 ; RJS 1991. 388, n° 731.* – Déjà dans le même sens : • Soc. 3 mars 1971 : *Bull. civ. V, n° 176.*

6. Dans les exploitations minières, les élections de délégués du personnel pour toutes les catégories de salariés, à l'exception de celle des ouvriers, étant régies par les art. L. 423-1 s. C. trav. [L. 2314-1 s. nouv.], le nombre de collèges doit être déterminé par application de l'art. L. 423-2 [L. 2314-8 nouv.]. • Soc. 25 juin 1996 : *Bull. civ. V, n° 256.*

Art. L. 2314-9 **Dans les établissements n'élisant qu'un délégué titulaire et un délégué suppléant, les délégués du personnel sont élus par un collège électoral unique regroupant l'ensemble des catégories professionnelles.** – *[Anc. art. L. 423-6.]*

1. Caractère d'ordre public. Une convention collective prévoyant expressément que les dispositions relatives au nombre des délégués du personnel sont régies par les lois et décrets en vigueur ne peut faire obstacle à l'application de l'art. L. 423-6 [L. 2314-9 nouv.] instituant un collège unique lorsque, comme en l'espèce, l'établissement ne comprend pas plus de vingt-cinq salariés. • Soc. 20 déc. 1988 : *Bull. civ. V, n° 671 ; D. 1990. Somm. 160, obs. Borenfreund*.

2. Nombre de cadres employés. Lorsque les effectifs d'une entreprise sont supérieurs à vingt-cinq salariés et que deux cadres y sont employés, les élections doivent se dérouler sur la base de deux collèges, la circonstance qu'il n'y ait qu'un seul cadre éligible étant indifférente. • Soc. 17 avr. 1991 : *Bull. civ. V, n° 202 ; CSB 1991. 141, S. 75 ; RJS 1991. 388, n° 731.* – Déjà dans le même sens : • Soc. 3 mars 1971 : *Bull. civ. V, n° 176.*

Art. L. 2314-10 **Le nombre et la composition des collèges électoraux ne peuvent être modifiés par une convention, un accord collectif de travail, étendus ou non, ou un accord préélectoral que lorsque la convention ou l'accord est signé par toutes les organisations syndicales représentatives** *(Abrogé par L. n° 2014-288 du 5 mars 2014, art. 30-XIV)* **« *existant* » dans l'entreprise.**

L'accord préélectoral *(Ord. n° 2014-699 du 26 juin 2014, art. 14)* **« est communiqué, à sa demande, à l'***(L. n° 2016-1088 du 8 août 2016, art. 113)* **« agent de contrôle de l'inspection du travail mentionné à l'article L. 8112-1 ».** – *[Anc. art. L. 423-3, al. 1er.]*

1. Accords préélectoraux. Le juge du fond doit faire application des accords préélectoraux, même non unanimes, qui s'imposent aux parties, tant en ce qui concerne les dates de dépôt des listes de candidats et de scrutin qu'en ce qui concerne la répartition des sièges et des personnels dans les collèges. • Soc. 8 nov. 2006 : *pourvoi n° 05-60.283.*

2. Contestations des accords préélectoraux. Un syndicat non signataire ne peut plus contester les modalités d'application de l'accord préélectoral dès lors qu'il n'a pas exprimé de réserves en présentant ses candidats. • Soc. 19 sept. 2007 : *D. 2007. AJ 2473, obs. Ines ; RJS 2007. 943, n° 1193 ; JS Lamy 2007, n° 220-4.*

3. Dérogation au nombre de collèges. Seul un accord signé entre l'employeur et l'ensemble des organisations syndicales représentatives dans l'entreprise peut déroger au nombre légal de collèges électoraux ; en l'absence d'un tel accord, il n'appartient pas au tribunal d'instance d'autoriser une dérogation au nombre légal de collèges. • Soc. 26 juin 2013 : *Dalloz actualité, 24 oct. 2013, obs. Fleuriot ; JCP S 2013. 1400, obs. Guyot.* ♦ Le juge peut invalider un accord préélectoral et procéder à une nouvelle répartition des collèges électoraux lorsque la composition légale aboutit à priver de représentation une partie des salariés. • Soc. 16 oct. 2013 : *Dalloz actualité, 25 juill. 2013, obs. Peyronnet ; RJS 10/2013, n° 702.*

Art. L. 2314-11 La répartition du personnel dans les collèges électoraux et la répartition des sièges entre les différentes catégories de personnel font l'objet d'un accord entre l'employeur et les organisations syndicales *(L. nº 2008-789 du 20 août 2008)* « , conclu selon les conditions de l'article L. 2314-3-1 ».

(L. nº 2015-994 du 17 août 2015, art. 7-III, en vigueur le 1er janv. 2017) « Cet accord mentionne la proportion de femmes et d'hommes composant chaque collège électoral. »

(L. nº 2014-288 du 5 mars 2014, art. 30-IV) « Lorsqu'au moins une organisation syndicale a répondu à l'invitation à négocier de l'employeur et que l'accord mentionné au premier alinéa du présent article » ne peut être obtenu, l'autorité administrative procède à cette répartition entre les collèges électoraux conformément aux dispositions de la convention ou de l'accord prévu à l'article L. 2314-10 ou, à défaut d'un tel accord, entre les deux collèges prévus à l'article L. 2314-8.

(L. nº 2014-288 du 5 mars 2014, art. 3-IV) « La saisine de l'autorité administrative mentionnée au *(L. nº 2015-994 du 17 août 2015, art. 7-III, en vigueur le 1er janv. 2017)* « troisième » alinéa suspend le processus électoral jusqu'à la décision administrative et entraîne la prorogation des mandats des élus en cours jusqu'à la proclamation des résultats du scrutin. »

(L. nº 2016-1088 du 8 août 2016, art. 18) « La décision de l'autorité administrative peut faire l'objet d'un recours devant le juge judiciaire, à l'exclusion de tout autre recours administratif ou contentieux. »

1. Conséquence de l'absence d'accord préélectoral. La répartition du personnel dans les collèges électoraux et la répartition des sièges entre les différentes catégories de personnels font l'objet d'un accord entre l'employeur et les organisations syndicales ; en l'absence d'accord dans le cadre du protocole préélectoral, l'employeur doit saisir l'autorité administrative, qui procède à cette répartition. • Soc. 9 nov. 2011 : ⚖ *Dalloz actualité, 6 déc. 2011, obs. Perrin ; Dr. soc. 2012. 202, obs. Petit ✎ ; RJS 2012. 56, nº 61 ; JCP S 2012. 1119, obs. Kerbouc'h.*

2. Protocole préélectoral n'accordant aucun siège à un collège. Si un accord préélectoral prévoit la création de deux collèges, mais qu'aucun siège n'était attribué à l'un des collèges, une telle disposition a pour effet de priver une catégorie de personnels de toute participation aux élections des représentants du personnel et de toute représentation dans les instances élues ; dès lors, le salarié relevant de ce collège peut être inscrit dans le seul collège auquel tous les sièges sont attribués et y est éligible. • Soc. 9 nov. 2011 : ⚖ *Dalloz actualité, 2 déc. 2011, obs. Ines ; Dr. soc. 2012. 200, obs. Petit ✎ ; RJS 2012. 59, nº 64 ; JCP S 2012. 1227, obs. Martinon.* ♦ Tel est le cas d'un collège électoral composé exclusivement de salariés mis à disposition, inéligibles aux élections du comité d'entreprise. • Soc. 16 oct. 2013 : ⚖ *Dr. soc. 2014. 88, obs. Petit ✎ ; RJS 1/2014, nº 62 ; Sem. soc. Lamy 2013, nº 1610, p. 13.*

3. Répartition des ETAM dans les collèges. Les clauses du protocole préélectoral répartissant les ETAM entre les collèges ouvriers et employés n'ont pas pour objet d'en modifier la composition et ne sont dès lors pas soumises à la condition d'unanimité mais à celles de majorité fixées par l'art. L. 2314-3-1. • Soc. 13 févr. 2013 : ⚖ *D. 2013. Actu. 513 ✎ ; RJS 4/2013, nº 304 ; JCP S 2013. 1219, obs. Barège.*

Art. L. 2314-12 Des dispositions sont prises par accord de l'employeur et des organisations syndicales intéressées *(L. nº 2014-288 du 5 mars 2014, art. 30-X)* « , conclu selon les conditions de l'article L. 2314-3-1, » pour faciliter, s'il y a lieu, la représentation des salariés travaillant en équipes successives ou dans des conditions qui les isolent des autres salariés. — *[Anc. art. L. 423-5.]*

Art. L. 2314-13 Sans préjudice des dispositions des articles L. 2314-10 et L. 2314-11, dans les entreprises de travail temporaire, la répartition des sièges de délégués du personnel peut faire l'objet d'un accord entre l'employeur et les organisations syndicales intéressées *(L. nº 2014-288 du 5 mars 2014, art. 30-X)* « , conclu selon les conditions de l'article L. 2314-3-1, » en vue d'assurer une représentation équitable du personnel permanent et du personnel temporaire. — *[Anc. art. L. 423-3, al. 5.]*

Art. L. 2314-14 Lorsque le juge judiciaire, saisi préalablement aux élections, décide de mettre en place un dispositif de contrôle de leur régularité, de la liberté, et de la sincérité du scrutin, les frais entraînés par ces mesures sont à la charge de l'employeur. — *[Anc. art. L. 423-3, al. 6.]*

SOUS-SECTION 3 ÉLECTORAT ET ÉLIGIBILITÉ

Art. L. 2314-15 **Sont électeurs les salariés des deux sexes âgés de seize ans révolus, ayant travaillé trois mois au moins dans l'entreprise et n'ayant fait l'objet d'aucune interdiction, déchéance ou incapacité relative à leurs droits civiques.** – *[Anc. art. L. 423-7.]*

BIBL. ▶ MASSE-DESSEN, *Dr. ouvrier 1986. 199* (le corps électoral). – SAVATIER, *Dr. soc. 1985. 256* (effets des congés de conversion sur l'électorat).

1. Appartenance à l'entreprise. Sont électeurs : les salariés dont le contrat de travail est suspendu. • Soc. 17 déc. 1984 : *Bull. civ. V, nº 494* (chômage technique) • 4 juill. 1990 : *RJS 1990. 477, nº 703.* ♦ ... Les salariés occasionnels. • Soc. 18 juin 1981 : *Bull. civ. V, nº 576 ; D. 1982. IR 396, 2ᵉ esp., obs. Langlois* • 4 juin 1986 : *Bull. civ. V, nº 275* (médecins vacataires). ♦ ... Les bénéficiaires d'un congé parental d'éducation. • Soc. 8 avr. 1992 : *Bull. civ. V, nº 264 ; D. 1992. IR 162 ; Dr. soc. 1992. 628.* ♦ ... Les représentants du personnel irrégulièrement licenciés, avant même qu'ils aient obtenu leur réintégration. • Soc. 12 déc. 1990 : *D. 1991. IR 22.* ♦ ... Les salariés en dispense d'activité percevant une garantie de ressources. • Soc. 12 déc. 1990 : *Bull. civ. V, nº 662 ; CSB 1991. 39, A. 13* • 2 déc. 1992 : *RJS 1993. 46, nº 58* • 24 mars 1993 : *Dr. soc. 1993. 460.*

2. Sont électeurs, bien que non comptés dans les effectifs de l'entreprise, les salariés titulaires d'un contrat emploi-solidarité. • Soc. 8 avr. 1992 : *Bull. civ. V, nº 263 ; D. 1992. IR 153 ; RJS 1992. 357, nº 640.* ♦ ... Les salariés titulaires d'un contrat à durée déterminée remplaçant un salarié absent. • Soc. 17 mai 1994 : *RJS 1994. 605, nº 1020.*

3. Détachement. Le détachement d'un salarié auprès du comité d'entreprise ne saurait le priver de sa qualité d'électeur aux élections des délégués du personnel de l'entreprise. • Soc. 19 mai 1988 : *Bull. civ. V, nº 302.* ♦ Dans le même sens, à propos de salariés détachés dans un GIE et conservant la qualité d'électeur dans leur entreprise d'origine : • Soc. 4 févr. 1988 : *D. 1990. Somm. 159, obs. Borenfreund.* ♦ Ainsi l'affectation définitive d'un salarié détaché dans une entreprise d'accueil ne fait pas obstacle à son inscription sur les listes électorales établies dans l'entreprise d'origine. • Soc. 12 juin 2002 : *RJS 2002. 467, nº 1003 ; D. 2002. IR 2715.* ♦ Comp. : lorsque les circonstances font apparaître l'existence d'un lien de subordination avec l'entreprise d'accueil : • Cass., ass. plén., 29 févr. 1980 : *Bull. civ. nº 2 ; D. 1980. IR 545, obs. Pélissier* • Soc. 18 avr. 1980 : *ibid.* • 5 nov. 1982 : *D. 1984. IR 250, obs. A. Lyon-Caen.* ♦ ... Ou lorsque le salarié a perdu tout lien avec l'établissement. • Soc. 29 mai 1991 : *Dr. soc. 1991. 642.* ♦ Sur la possibilité pour des salariés détachés d'être électeurs pour les élections des délégués du personnel, mais non pour celles au comité d'entreprise, V. • Soc. 7 juill. 1981 : *Bull. civ. V, nº 663* • 26 mai 1982 : *ibid., nº 351.* ♦ V., en faveur de la reconnaissance d'une double qualité d'électeur : • Cass., ass. plén., 29 févr. 1980 : *préc.* ♦ Sur le détachement à l'étranger, V. • Soc. 29 janv. 1992 : *Bull. civ. V, nº 53 ; RJS 1992. 194, nº 320* • 4 mai 1994 : *D. 1994. IR 145 ; Dr. soc. 1994. 713, obs. A. Lyon-Caen ; RJS 1994. 431, nº 711.*

4. Cadres. Les salariés qui, soit disposent d'une délégation écrite particulière d'autorité leur permettant d'être assimilés au chef d'entreprise, soit représentent effectivement l'employeur devant les institutions représentatives du personnel, ne peuvent exercer un mandat de représentation. • Soc. 12 juill. 2006 : *RJS 2006. 886, nº 1200* • 6 mars 2001 : *Bull. civ. V, nº 73 ; BICC 2001. 537, nº 638* • 6 févr. 2002 : *Bull. civ. V, nº 58 ; RJS 2002. 362, nº 472* • 24 sept. 2003 : *Bull. civ. V, nº 244* • 6 oct. 1999 : *D. 1999. IR 240 ; RJS 1999. 857, nº 1389* (prise de décision en matière d'embauche, de licenciement et de discipline) • 3 oct. 1989 : *Bull. civ. V, nº 562 ; D. 1989. IR 283* • 29 mai 1991 : *RJS 1991. 451, nº 861 ; Dr. soc. 1991. 642* (un chef du personnel peut conserver sa qualité d'électeur) • 11 mars 1992 : *Bull. civ. V, nº 173 ; RJS 1992. 268, nº 468* (est électeur le salarié représentant la direction au sein du conseil de discipline) • CE 10 janv. 1994 : *D. 1994. IR 46 ; RJS 1994. 307, nº 489* (sont électeurs les chefs d'établissements de la Banque de France) • Soc. 27 juin 1995 : *D. 1995. IR 178 ; RJS 1995. 601, nº 919* (ne sont pas assimilés au chef d'entreprise les membres du conseil supérieur consultatif des comités mixtes de production EDF-GDF, ni les présidents de commissions secondaires du personnel, lesquelles n'émettent que des suggestions ou des propositions) • Soc. 18 févr. 1997 : *JS UIMM 1997. 190* (sont électeurs des chefs d'agence qui ne représentent pas la direction lors de la réunion des délégués du personnel) • Soc. 1ᵉʳ avr. 1997 : *Dr. soc. 1997. 549, note Savatier* (exclusion du président du comité d'établissement d'une succursale). ♦ La reconnaissance de la qualité d'électeurs à des salariés détenant des pouvoirs leur permettant d'être assimilés au chef d'entreprise est contraire à l'ordre public. • Soc. 5 avr. 1995 : *RJS 1995. 354, nº 532.*

5. Ancienneté. L'ancienneté peut être acquise par des contrats successifs. • Soc. 19 juill. 1979 : *Bull. civ. V, nº 652.* – V. aussi • Soc. 20 déc. 1988 : *Dr. soc. 1989. 300, note Poulain.* ♦ L'ancienneté n'est pas interrompue par la suspension du contrat de travail. • Soc. 13 juin 1979 : *Bull. civ. V, n° 528.* ♦ Aucune disposition ne restreint l'ancienneté à la présence du salarié dans le dernier établissement où ont lieu les élections. • Soc. 22 juill. 1980 : *Bull. civ. V, n° 663* • 7 janv. 1985 : *ibid., n° 5.*

6. Date d'appréciation de la condition d'ancienneté. Les conditions d'électorat et d'éligibilité pour les élections professionnelles s'apprécient au jour du premier tour du scrutin, nonobstant toute clause contraire du protocole préélectoral. • Soc. 1er déc. 2010 : *D. 2011. 22 ; Dr. soc. 2011. 228, obs. Pécaut-Rivolier* • 26 sept. 2012 : *Dalloz actualité, 28 oct. 2012, obs. Dechristé ; JCP S 2013. 1303, obs. Kerbouc'h.*

7. Les heures de délégation étant considérées de plein droit comme temps de travail, elles doivent être prises en compte pour le calcul de l'ancienneté. • Soc. 20 nov. 1991 : *Bull. civ. V, n° 521 ; D. 1991. IR 290 ; RJS 1992. 50, n° 55.*

8. Un salarié vacataire occupé par intermittence dans l'entreprise est électeur s'il a travaillé au moins à deux reprises dans les trois mois précédant l'élection. • Soc. 20 oct. 1999 : *D. 1999. IR 254 ; RJS 2000. 300, n° 424.* ♦ Sur la possibilité pour le juge judiciaire d'adapter les exigences légales en matière d'ancienneté au caractère intermittent du travail de certaines catégories du personnel, le directeur départemental du travail et de l'emploi n'étant compétent que dans le cas où l'application des dispositions législatives aurait pour effet de réduire l'effectif des électeurs au-dessous d'un certain seuil, V. • Soc. 31 mars 1982 : *Bull. civ. V, n° 245* • 18 mai 1983 : *ibid., n° 272.* ♦ Est nulle la décision du gouverneur de la Banque de France dérogeant aux conditions légales qui n'étaient incompatibles ni avec les nécessités du service public, ni avec le statut de l'établissement. • CE 11 oct. 1989 : *Dr. ouvrier 1990. 112.* ♦ V. notes ss. art. L. 2314-20.

9. Droits civiques. Les salariés étant présumés jouir de leurs droits civiques, sauf preuve contraire soumise, le cas échéant, à la vérification du juge, un tribunal ne peut autoriser un employeur à leur demander leur carte d'électeur. • Soc. 15 juin 1995 : *Bull. civ. V, n° 196 ; RJS 1995. 521, n° 798.*

10. Date d'appréciation. Les conditions d'électorat doivent être remplies à la date du premier tour de scrutin. • Soc. 7 mars 1990 : *Bull. civ. V, n° 105* • 7 juill. 1999 : *RJS 1999. 687, n° 1096.* ♦ La liste électorale est établie pour les deux tours de scrutin aux élections des délégués du personnel et des représentants du personnel au comité d'entreprise. • Soc. 18 nov. 2008 : *JCP S 2009. 1070, obs. Kerbouc'h.*

Art. L. 2314-16 **Sont éligibles les électeurs âgés de dix-huit ans révolus, et ayant travaillé dans l'entreprise depuis un an au moins, à l'exception des conjoint, partenaire d'un pacte civil de solidarité, concubin, ascendants, descendants, frères, sœurs et alliés au même degré de l'employeur.**

Les salariés travaillant à temps partiel simultanément dans plusieurs entreprises ne sont éligibles que dans l'une de ces entreprises. Ils choisissent celle dans laquelle ils font acte de candidature. – *[Anc. art. L. 423-8, al. 1er et 3.]*

Exclusion du critère du travail à temps partiel. Lorsque des salariés travaillent simultanément dans plusieurs entreprises, ils doivent, conformément aux articles L. 2314-16 et L. 2324-15 du code du travail, choisir celle dans laquelle ils font acte de candidature. • Soc. 16 nov. 2011 : *Dalloz actualité, 8 déc. 2011, obs. Ines* • Soc., QPC, 31 mai 2011 : *Dalloz actualité, 8 déc. 2011, obs. Ines ; D. 2012. Actu. 22, obs. Petit ; RJS 2012. 145, n° 175 ; JCP S 2012. 1059, obs. Dumont.*

Art. L. 2314-17 **Dans les entreprises de travail temporaire, les conditions d'ancienneté, sont, pour les salariés temporaires, de trois mois pour être électeur et de six mois pour être éligible.**

Ces conditions sont appréciées en totalisant les périodes pendant lesquelles ces salariés ont été liés à ces entreprises par des contrats de mission au cours des douze mois ou des dix-huit mois précédant l'élection, selon qu'il s'agit d'électorat ou d'éligibilité.

Ce délai est réduit à six mois en cas de création d'entreprise ou d'ouverture d'établissement. – *[Anc. art. L. 423-9.]*

Si un protocole préélectoral peut, par des dispositions plus favorables, déroger aux conditions d'ancienneté exigées par les art. L. 2314-17 et L. 2324-16 C. trav., dans les entreprises de travail temporaire, il ne peut modifier la date d'appréciation de ces critères ; les conditions d'ancienneté pour qu'un salarié soit électeur ou éligible s'apprécient au jour du premier tour de scrutin. • Soc. 26 sept. 2012 : *Dr. soc. 2012. 1073, obs. Petit ; RJS 2012. 836, n° 991.*

Art. L. 2314-17-1 *(Ord. n° 2015-380 du 2 avr. 2015, art. 3, ratifiée par L. n° 2016-1088 du 8 août 2016, art. 85)* **Dans les entreprises de portage salarial, les conditions**

d'ancienneté sont, pour les salariés en portage salarial, de trois mois pour être électeur et de six mois pour être éligible.

Ces conditions sont appréciées en totalisant les périodes pendant lesquelles ces salariés ont effectué des prestations de portage salarial dans le cadre de contrats de travail conclus avec ces entreprises au cours des douze mois ou des dix-huit mois précédant l'élection, selon qu'il s'agit d'électorat ou d'éligibilité.

Ce délai est réduit à six mois en cas de création d'entreprise ou d'ouverture d'établissement.

Art. L. 2314-18 Dans les entreprises de travail temporaire, sont électeurs ou éligibles tous les salariés temporaires satisfaisant aux conditions d'ancienneté définies tant par l'article L. 2314-17 que par les autres dispositions des textes applicables et liés à l'entreprise par un contrat de mission au moment de la confection des listes.

Cessent de remplir les conditions d'électorat et d'éligibilité :

1° Les salariés ayant fait connaître à l'entrepreneur de travail temporaire qu'ils n'entendent plus bénéficier d'un nouveau contrat ;

2° Les salariés à qui l'entrepreneur de travail temporaire a notifié sa décision de ne plus faire appel à eux pour de nouveaux contrats. – *[Anc. art. L. 423-10.]*

Ne peuvent être éligibles dans les entreprises de travail temporaire que les salariés qui ont un contrat de travail temporaire au moment de la confection des listes. • Soc. 4 févr. 2004 : *Bull. civ. V, n° 41 ; Dr. soc. 2004. 918, obs. Roy-Loustaunau ; RJS 2004. 420, n° 626 (1re esp.).*

Art. L. 2314-18-1 *(L. n° 2008-789 du 20 août 2008)* Pour les salariés mis à disposition qui remplissent les conditions mentionnées au 2° de l'article L. 1111-2, la condition de présence dans l'entreprise utilisatrice est de douze mois continus pour être électeur et de vingt-quatre mois continus pour être éligible.

Les salariés mis à disposition qui remplissent les conditions mentionnées au premier alinéa choisissent s'ils exercent leur droit de vote et de candidature dans l'entreprise qui les emploie ou l'entreprise utilisatrice.

BIBL. ▶ Dupuy et Safar, *JCP S 2008. 1462* (travailleurs mis à disposition : les apports de la loi du 20 août 2008).

COMMENTAIRE

V. Dalloz.fr et applications mobiles Dalloz.

1. Critère de rattachement. Sont intégrés de façon étroite et permanente à la communauté de travail, pour l'application des art. L. 1111-2, L. 2314-5 et L. 2324-14, les salariés mis à disposition par une entreprise extérieure qui, abstraction faite du lien de subordination qui subsiste avec leur employeur, sont présents dans les locaux de l'entreprise utilisatrice et y travaillent depuis une certaine durée, partageant ainsi des conditions de travail au moins en partie communes susceptibles de générer des intérêts communs. • Soc. 13 nov. 2008 : *D. 2008. AJ 2945 ; RJS 2009. 66, n° 57 ; Sem. soc. Lamy 2008, n° 1375, p. 10, note A. Lyon-Caen ; JS Lamy 2008, n° 245-4.* ♦ L'intégration étroite et permanente à la communauté de travail est le critère commun de la prise en compte dans le calcul de l'effectif et de l'inscription sur la liste électorale, sous réserve que les salariés concernés remplissent les conditions de l'électorat. • Soc. 28 févr. 2007 : *RDT 2007. 229, note Morin ; D. 2007. AJ 946 ; D. 2007. Pan. 2270, note Pélissier ; RJS 2007. 469, n° 636.* ♦ Les salariés intérimaires sont pris en compte pour le calcul des effectifs mais n'ont pas la qualité d'électeur au sein de l'entreprise utilisatrice les salariés mis à disposition en exécution d'un contrat de sous-traitance ou de prestations de service ont nécessairement la qualité d'électeur dès lors qu'ils sont pris en compte pour le calcul des effectifs. • Soc. 1er avr. 2008 : *RJS 2008. 557, n° 694 ; JS Lamy 2008, n° 233-6.*

2. Ne doivent donc pas être pris en compte dans l'effectif de l'entreprise utilisatrice les salariés des entreprises de transport qui n'étaient pas mis à la disposition exclusive de la société mais travaillaient indifféremment pour plusieurs transporteurs et ne se rendaient que ponctuellement dans les locaux de cette société où se trouvaient les marchandises et les documents administratifs nécessaires à l'accomplissement de leur transport. • Soc. 14 avr. 2010 : *D. 2010. Actu. 1222 ; Dr. soc. 2010. 720, obs. Pécaut-Rivolier ; Dr. ouvrier 2010. 341, obs. Boussard-Verrechia ; JCP S 2010. 1313, obs. Leborgne-Ingelaere ; RJS 6/2010, n° 526 ; JS Lamy 2010, n° 279-5.* ♦ ... Ni les salariés travaillant de façon ponctuelle sur le site. • Soc. 23 sept. 2015, n° 14-26.262 P : *Dalloz actualité, 22 oct. 2015, obs. Fraisse.*

3. Pluralité d'établissements. Lorsqu'un salarié travaille au sein de plusieurs établissements, il doit être inscrit sur la liste électorale de l'établissement où il exerce principalement son activité. • Soc. 8 déc. 2010 : *Dalloz actualité, 14 janv. 2011, obs. Dechristé ; Dr. soc. 2011. 223, obs. Petit ; JCP S 2011. 1083, obs. Kappopoulos.*

4. Exercice de l'option. Le fait pour un salarié mis à disposition, ayant exercé le droit d'option ouvert par l'art. L. 2314-18-1, d'avoir été élu en qualité de délégué du personnel dans l'entreprise utilisatrice est sans incidence sur ses droits d'être électeur et éligible aux élections des membres du comité d'entreprise dans l'entreprise qui l'emploie. • Soc. 28 sept. 2011 : *Dalloz actualité, 12 oct. 2011, obs. Fleuriot ; D. 2011. Actu. 2406 ; Dr. soc. 2011. 1315, obs. Petit ; RJS 2011. 870, n° 1001 ; JCP S 2011. 1550, obs. Kerbouc'h.*

5. Éligibilité des agents publics mis à la disposition d'un organisme privé. L'agent public mis à la disposition d'un organisme de droit privé pour accomplir un travail pour le compte de celui-ci et sous sa direction ne relève pas des dispositions spécifiques relatives à l'électorat et à l'éligibilité des salariés mis à disposition au sens de l'article L. 2324-17-1 C. trav. • Soc. 20 juin 2012 : *Dalloz actualité, 19 juill. 2012, obs. Ines ; D. 2012. Actu. 1745 ; RJS 2012. 718, n° 846 ; JCP S 2012. 1372, obs. Jacotot.* ♦ Un agent public, mis à la disposition d'un organisme de droit privé pour accomplir un travail pour le compte de celui-ci et sous sa direction, est lié à cet organisme par un contrat de travail, sauf dispositions législatives contraires, et ne relève donc pas des dispositions spécifiques relatives à l'électorat et à l'éligibilité des salariés mis à disposition. • Soc. 17 avr. 2013 : *Dr. soc. 2013. 562, obs. Petit.*

Art. L. 2314-18-2 *(Ord. n° 2015-380 du 2 avr. 2015, art. 3, ratifiée par L. n° 2016-1088 du 8 août 2016, art. 85)* **Dans les entreprises de portage salarial, sont électeurs ou éligibles tous les salariés portés satisfaisant aux conditions d'ancienneté définies tant par l'article L. 2314-17-1 que par les autres dispositions des textes applicables et effectuant au moment de la confection des listes une prestation de portage dans le cadre d'un contrat de travail conclu avec l'entreprise.**

Art. L. 2314-19 **Il n'y a pas d'incompatibilité entre les fonctions de délégué du personnel et celles de membre du comité d'entreprise.** – *[Anc. art. L. 423-11.]*

Art. L. 2314-20 **L'inspecteur du travail peut, après avoir consulté les organisations syndicales représentatives** *(L. n° 2014-288 du 5 mars 2014, art. 30-XV)* **« dans l'entreprise », autoriser des dérogations aux conditions d'ancienneté pour être électeur, notamment lorsque leur application aurait pour effet de réduire à moins des deux tiers de l'effectif le nombre de salariés remplissant ces conditions.**

Il peut également, après avoir consulté les organisations syndicales représentatives *(L. n° 2014-288 du 5 mars 2014, art. 30-XV)* **« dans l'entreprise », autoriser des dérogations aux conditions d'ancienneté pour l'éligibilité lorsque l'application de ces dispositions conduirait à une réduction du nombre des candidats qui ne permettrait pas l'organisation normale des opérations électorales.**

(L. n° 2016-1088 du 8 août 2016, art. 18) **« La décision de l'autorité administrative peut faire l'objet d'un recours devant le juge judiciaire, à l'exclusion de tout autre recours administratif ou contentieux. »**

Sur les conditions permettant à l'inspecteur du travail de déroger aux conditions d'ancienneté, V. • CE 25 févr. 1987 : *D. 1989. Somm. 69, obs. Chelle et Prétot* • 22 juin 1988 : *Lebon 255 ; D. 1989. Somm. 161, obs. Béraud.*

SOUS-SECTION 4 **MODE DE SCRUTIN ET RÉSULTAT DES ÉLECTIONS**

Art. L. 2314-21 **L'élection a lieu au scrutin secret sous enveloppe** *(Abrogé par L. n° 2016-1088 du 8 août 2016, art. 58)* ***« ou par vote électronique, dans les conditions et selon les modalités définies par décret en Conseil d'État ».***

(L. n° 2016-1088 du 8 août 2016, art. 58) **« Elle peut également avoir lieu par vote électronique, selon les modalités fixées par un décret en Conseil d'État pris après avis de la Commission nationale de l'informatique et des libertés, si un accord d'entreprise ou, à défaut, l'employeur le décide. »**

Il est procédé à des votes séparés pour les membres titulaires et les membres suppléants, dans chacune des catégories professionnelles formant des collèges distincts.

BIBL. ► DUQUESNE, *Dr. soc. 2010. 642* (applicabilité de l'accord prévoyant le recours au vote électronique sur le lieu de travail, ou à distance).

COMMENTAIRE

V. Dalloz.fr et applications mobiles Dalloz.

I. MODALITÉS DU VOTE

A. VOTE PHYSIQUE

1. Secret du vote. Si l'installation d'isoloirs dans la salle de scrutin est obligatoire, aucune disposition légale ou réglementaire n'oblige les électeurs à en user. • Soc. 30 mars 1978 : *Bull. civ. V, n° 249.* ♦ L'absence de dispositif permettant l'isolement des électeurs implique l'annulation des élections, même s'il n'est pas démontré que cette irrégularité a porté atteinte au secret du vote et a eu une influence sur le résultat du scrutin. • Soc. 26 mai 1998, n° 97-60.092 P : *RJS 1998. 564, n° 876.*

2. La remise d'une enveloppe fermée contenant le bulletin de vote n'assure pas le secret et la sincérité des votes. • Soc. 16 avr. 1986 : *Bull. civ. V, n° 136.* ♦ Comp. : • Soc. 19 nov. 1986 : *JCP 1987. IV. 32.* ♦ Sur l'irrégularité du vote effectué entre les mains du président du bureau de vote en dehors du lieu et des heures de scrutin, V. • Soc. 2 juin 1983 : *Bull. civ. V, n° 302.*

3. Tenue des bureaux de vote. Ne peuvent siéger à un bureau de vote : un représentant de l'employeur. • Soc. 14 mars 1989 : *Bull. civ. V, n° 209 ; D. 1989. IR 110* • 23 févr. 2005, n° 04-60.242 P : *RJS 2005. 380, n° 544.* ♦ ... Ni un représentant d'un syndicat extérieur à l'entreprise. • Soc. 28 juin 1984 : *Bull. civ. V, n° 276.* ♦ ... Ni un salarié non électeur. • Soc. 27 mai 1987 : *Bull. civ. V, n° 345.* ♦ Un bureau de vote ne peut être composé du seul président. • Soc. 19 oct. 1994 : *Dr. soc. 1995. 67 ; Dr. ouvrier 1995. 146.* ♦ L'absence de président désigné dans les bureaux de vote, en violation des principes généraux du droit électoral, constitue, en raison de l'importance de ses attributions, une irrégularité qui porte atteinte au déroulement normal des opérations électorales et compromet dans son ensemble la loyauté du scrutin. • Soc. 13 févr. 2008 : *RJS 2008. 444, n° 569.* ♦ A défaut d'accord des organisations syndicales, la désignation des assesseurs ne peut être laissée à la discrétion de l'employeur. • Soc. 26 janv. 1984 : *Bull. civ. V, n° 37 ; D. 1984. IR 208.* – V. aussi • Soc. 19 oct. 1994 : *D. 1994. IR 251.* ♦ Le tribunal d'instance est compétent pour trancher les difficultés dont il est saisi à cet égard. • Soc. 7 avr. 1993 : *RJS 1993. 311, n° 525.*

4. Pressions sur le bureau de vote. Constitue une immixtion justifiant l'annulation des élections l'influence exercée par un représentant de la direction sur les membres du bureau de vote empêchant l'inscription au procès-verbal des irrégularités constatées. • Soc. 13 oct. 2004 : *Dr. soc. 2005. 351, obs. Cohen.*

5. Propagande. La propagande électorale antérieure au premier tour est réservée aux syndicats représentatifs. • Soc. 14 janv. 2004 : *JCP E 2004. 1149, obs. Miara ; JS Lamy 2004, n° 140-5 ; RJS 2004. 229, n° 330.* ♦ L'employeur est tenu d'une obligation de neutralité. • Même arrêt. ♦ Sur l'annulation des élections à la suite de la distribution la veille du scrutin d'un tract dénigrant un autre syndicat, V. • Soc. 18 févr. 1988 : *Bull. civ. V, n° 123.*

6. Sont nulles les élections au cours desquelles les salariés qui ont eu par correspondance le matériel de vote ont été à même d'exprimer leur suffrage avant la publication des listes électorales, cette circonstance ayant fait obstacle au bon fonctionnement de la propagande électorale et ayant empêché une partie des salariés de s'exprimer en connaissance de cause. • Soc. 14 mars 1989 : *Bull. civ. V, n° 210.*

7. Se rend coupable du délit d'entrave l'employeur qui ne respecte pas les termes de l'accord préélectoral lui imposant d'adresser un tract avec le matériel de vote par correspondance. • Crim. 30 mai 1989 : *Bull. crim. n° 227.*

8. Est justifiée la décision annulant les élections après avoir constaté que l'employeur avait diffusé une note d'information avant le premier tour rappelant que la présentation de candidats « indépendants » n'était possible qu'au second tour et avait laissé diffuser les tracts de candidats utilisant l'en-tête de la société avec la même présentation visuelle que la note d'information, conférant ainsi à la note un effet d'annonce des candidatures et attachant une connotation officielle et légitime à ces candidats. • Soc. 23 janv. 1991 : *JCP E 1992. II. 251, note Corrignan-Carsin.*

9. Pendant la période préélectorale, jusqu'au scrutin, seuls les syndicats représentatifs sur le plan national qui n'ont ni adhérents ni élus dans l'entreprise mais qui présentent des candidats peuvent être représentés dans l'entreprise par leurs membres non salariés de l'entreprise. • Soc. 4 févr. 1997, n° 95-60.994 P : *RJS 1997. 208, n° 310 ; ibid. 158, rapp. Barbérot.*

B. VOTE PAR CORRESPONDANCE

10. Conditions de validité. Le vote par correspondance est régulier s'il se justifie par la nécessité de centraliser de la façon la plus sûre les résultats d'un scrutin intéressant des électeurs sur tout le territoire national et si le matériel utilisé garantit le secret du vote. • Soc. 6 févr. 2002, n° 00-60.488 P : *RJS 2002. 362, n° 472.* ♦ Présentant un caractère exceptionnel, le vote par correspondance peut être limité par le juge d'instance à certains salariés. • Soc. 20 juill. 1983 : *Bull. civ. V, n° 458* • 16 janv. 1991 : *ibid., n° 16 ; D. 1991. IR 44.* – V. aussi • Soc. 10 oct. 1990 : *D. 1990. IR 241* • 8 avr. 1992 : *Dr.*

ouvrier 1992. 330 • 10 juin 1997 : *RJS 1997. 548, n° 845.* ♦ Un protocole préélectoral ne peut prévoir, dans une entreprise de transports, le vote par correspondance de l'ensemble du personnel, alors qu'une partie de ce personnel est sédentaire. • Soc. 7 avr. 1993 : *CSB 1993. 155, S. 77.* ♦ Sauf disposition légale différente, les clauses du protocole préélectoral sont soumises aux conditions de validité définies par les art. L. 2314-3-1 et L. 2324-4-1 C. trav. ; il s'ensuit que lorsque le protocole d'accord préélectoral répond à ces conditions, il ne peut être contesté devant le juge judiciaire qu'en ce qu'il contiendrait des stipulations contraires à l'ordre public, notamment en ce qu'elles méconnaîtraient les principes généraux du droit électoral ; si le vote physique est la règle en l'absence de dispositions conventionnelles dérogatoires, le recours au vote par correspondance pour les élections professionnelles n'est contraire à aucune règle d'ordre public. • Soc. 6 févr. 2013 : *Dalloz actualité, 8 mars 2013, obs. Perrin ; Dr. soc. 2013. 372, obs. Petit* .

11. N'est pas tardive la saisine du juge d'instance à qui il est demandé de statuer, après le déroulement du scrutin, sur les modalités d'ouverture de la boîte postale destinée aux votes par correspondance, alors qu'il avait été saisi avant l'ouverture de ladite boîte postale. • Soc. 6 nov. 1996 : *RJS 1996. 830, n° 1290.*

12. Sur le respect des modalités de vote par correspondance fixées dans le protocole d'accord préélectoral, V. • Soc. 21 mai 1986 : *Bull. civ. V, n° 223* • 10 janv. 1989 : *ibid., n° 4* • 30 avr. 1997 : *JS UIMM 1997. 327* • 21 mai 2003 : *RJS 2003. 894, n° 1294.* ♦ Ne constitue pas une cause d'annulation des élections le retard dans l'acheminement du courrier, non imputable au chef d'entreprise, dès lors que l'envoi du matériel de vote a été effectué dans un délai suffisant pour permettre aux électeurs par correspondance d'exprimer leur suffrage de manière régulière et conforme au protocole préélectoral. • Soc. 26 janv. 2000, n° 98-60.357 P : *D. 2000. IR 64* ; *RJS 2000. 199, n° 300.* ♦ La signature de l'électeur sur l'enveloppe extérieure, renfermant celle contenant le bulletin de vote, est une formalité substantielle qui permet d'assurer la sincérité des opérations électorales, principe auquel un protocole d'accord préélectoral ne peut déroger. • Soc. 9 févr. 2000, n° 98-60.581 P : *D. 2000. IR 89* ; *RJS 2000. 199, n° 299.*

13. Identification électronique. Un dispositif d'identification électronique des électeurs dans le cadre du vote par correspondance ne peut figurer sur les bulletins de vote que si le protocole préélectoral l'a prévu et a fixé les garanties appropriées au respect du secret de vote par la mise en œuvre de procédés rendant impossible l'établissement d'un lien d'identité de l'électeur et l'expression de son vote. • Soc. 10 mai 2012 : *Dalloz actualité, 5 juin 2012, obs. Ines ; D. 2012. Actu. 1341* ; *RJS 2012. 552, n° 645 ; JCP S 2012. 1299, obs. Petit.*

14. Dépouillement électronique. Les dispositions du code du travail relatives à la mise en place du vote électronique, et notamment l'exigence d'un accord d'entreprise ou de groupe, ne s'appliquent pas au vote par correspondance avec dépouillement optique des bulletins de vote. • Soc. 14 janv. 2014 : *Dalloz actualité, 11 févr. 2014, obs. Ines ; RJS 2014. 201, n° 249.*

15. Vote par procuration. Le vote par procuration ne s'exerce que dans les cas et limites prévus par le code électoral et ne saurait recevoir application pour l'élection des délégués du personnel. • Soc. 3 juill. 1984 : *Bull. civ. V, n° 287 ; D. 1984. IR 27.*

C. VOTE ÉLECTRONIQUE

16. Accord d'entreprise. La validité du protocole préélectoral prévoyant la mise en œuvre du vote électronique est subordonnée à l'entrée en vigueur d'un accord d'entreprise conclu à cet effet. • Soc. 28 sept. 2011 : *RJS 2011. 875, n° 1006.* ♦ Lorsqu'un accord d'entreprise prévoit le recours au vote électronique, les modalités de mise en œuvre de ce procédé peuvent, en l'absence de protocole préélectoral valide, être fixées par l'employeur ou, à défaut, par le tribunal d'instance dans les conditions prévues par l'accord. • Soc. 4 juin 2014 : *Dalloz actualité, 19 juin 2014, obs. Fraisse ; RJS 2014. 534, n° 644.* ♦ Des élections pour lesquelles il a été procédé à un vote électronique peuvent être validées, s'il est constaté que les dispositions du protocole préélectoral permettaient d'assurer l'identité des électeurs ainsi que la sincérité et le secret du vote. • Soc. 8 déc. 2004 : *RJS 2005. 219, n° 298 ; Dr. ouvrier 2005. 401.* ♦ Les modalités d'organisation et de déroulement des opérations électorales sont fixées dans le respect des principes généraux du droit électoral. Il résulte de ces principes que le scrutin ne peut avoir lieu sous forme de « télévote ». En effet, l'élection doit avoir lieu au scrutin secret sous enveloppe et les articles L. 65, L. 67 et R. 57 du code électoral imposent que le président du bureau de vote constate publiquement l'heure de clôture du scrutin et que le dépouillement soit fait par des scrutateurs désignés parmi les électeurs, sous le contrôle des délégués de liste. • Soc. 20 oct. 1999, n° 98-60.359 P : *D. 1999. IR 254* ; *RJS 1999. 859, n° 1478.* ♦ La mise en œuvre, sous la responsabilité d'un intervenant extérieur, d'un système de dépouillement par lecture optique de codes-barres figurant sur les enveloppes de vote après attribution aléatoire par un prestataire extérieur, est de nature à assurer l'identification des électeurs ainsi que la sincérité et le secret de ce vote : malgré l'absence d'enveloppe électorale opaque et de signature de cette enveloppe par l'électeur, ces faits apportent des garanties équivalentes aux modalités prévues par le décret n° 83-1160 du 26 décembre 1983 et sont conformes aux principes généraux du droit électoral. • Soc. 23 juin 2010 : *Dalloz actualité, 23 juin 2010, obs. Perrin ; D. 2010. Actu. 1795* ; *RJS 2010. 715, n° 796 ; JCP S 2010. 1364, note Petit* • 26 sept. 2012 : *Dalloz actualité, 22 oct. 2012, obs. Perrin ; RJS 2012. 823, n° 973 ; JCP S 2012. 1478, obs. Petit.*

17. Accord d'entreprise et renvoi à un accord d'établissement. Dans une entreprise divisée en établissements, un accord d'entreprise peut fixer le cadre général du recours au vote électronique pour les élections professionnelles et renvoyer les modalités de sa mise en œuvre à un accord d'établissement. • Soc. 3 nov. 2016, n° 15-21.574 : *Dalloz actualité 8 déc. 2016, obs. Siro.*

18. Sur la conformité à la Constitution du recours au vote électronique pour l'élection des délégués du personnel, V. • Soc., QPC, 29 janv. 2015, n° 14-40.048 P.

19. Vote électronique et confidentialité. La possibilité pour un informaticien soumis à une obligation de confidentialité, de se connecter à l'ordinateur d'un salarié qui a requis son assistance pour les opérations de vote ne remet pas en cause la sincérité du scrutin. • Soc. 14 nov. 2013 : *Dalloz actualité, 6 déc. 2013, obs. Dechristé ; D. 2013. Actu. 2704* ; *RJS 2014. 200, n° 248.*

II. RÉGULARITÉ DU VOTE

20. Influence sur le vote. Les irrégularités commises dans l'organisation et le déroulement d'un scrutin ne peuvent constituer une cause d'annulation que si elles ont exercé une influence sur le scrutin. • Soc. 13 mars 1985 : *Bull. civ. V, n° 164* (licéité du vote dans une seule enveloppe et dans une seule urne pour la désignation des titulaires et des suppléants). – V. égal. • Soc. 28 févr. 1989 : *Bull. civ. V, n° 149* • 21 mai 2003 : *RJS 2003. 894, n° 1294* • 13 juill. 2004, n° 03-60.160 P : *RJS 2004. 735, n° 1071* (apposition de croix et non de signatures sur la liste d'émargement) • Soc. 26 sept. 2012 : *Dalloz actualité, 22 oct. 2012, obs. Perrin ; RJS 2012. 823, n° 973 ; JCP S 2012. 1478, obs. Petit.* ♦ Le fait pour l'employeur de modifier unilatéralement l'heure de fermeture du scrutin n'entraîne la nullité de l'élection que s'il est établi qu'une telle modification a exercé une influence sur les résultats. • Soc. 20 janv. 1983 : *Bull. civ. V, n° 31.* ♦ Mais la nullité n'est pas subordonnée à une action pour délit d'entrave. • Soc. 19 oct. 1994 : *Dr. soc. 1995. 67 ; Dr. ouvrier 1995. 146* (bureau de vote composé du seul président). ♦ Sur l'annulation systématique des élections consécutive au défaut d'invitation d'un syndicat intéressé à la négociation du protocole préélectoral, V. • Soc. 1er avr. 1998 : *Dr. soc. 1998. 724, note G. Couturier* ; *RJS 1998. 397, n° 616.*

21. Procès-verbal de dépouillement. La signature sans réserves du procès-verbal de dépouillement des résultats ne rend pas irrecevable l'action visant à faire sanctionner par la juridiction compétente les irrégularités survenues durant les opérations électorales. • Soc. 13 oct. 2010 : *Dalloz actualité, 8 nov. 2010, obs. Siro ; D. 2010. AJ 2523* ; *Dr. soc. 2011. 107, obs. Petit* ; *JCP S 2011. 1142, obs. Kerbouc'h* • 1er déc. 2010 : *Dalloz actualité, 4 janv. 2011, obs. Dechristé ; D. 2011. AJ 22* ; *RJS 2010. 857, n° 962 ; Dr. soc. 2011. 228, obs. Pécaut-Rivolier* ; *JCP S 2011. 1082, obs. Drai.*

Art. L. 2314-22 L'élection a lieu pendant le temps de travail. Toutefois, un accord contraire peut être conclu entre l'employeur et l'ensemble des organisations syndicales représentatives *(Abrogé par L. n° 2014-288 du 5 mars 2014, art. 30-XIV)* ***« existant »*** **dans l'entreprise, notamment en cas de travail en continu.** — *[Anc. art. L. 423-13, al. 2.]*

BIBL. ► PETIT, *RDT 2012. 413* (le vote électronique est-il adapté aux élections des représentants du personnel ?).

1. Inapplicabilité au vote électronique. L'art. L. 2314-22, qui prévoit que l'élection a lieu uniquement pendant le temps de travail, ne s'applique pas au vote électronique ; la possibilité de procéder au vote électronique à partir de tout ordinateur 24 h sur 24 ne constitue pas une disposition du protocole préélectoral soumise à la règle de l'unanimité. • Soc. 5 avr. 2011 : *Dalloz actualité, 4 mai 2011, obs. Fleuriot ; D. 2011. Actu. 1148* ; *JCP S 2011. 1252, note Petit ; Sem. soc. Lamy 2011, n° 1491, p. 10, obs. Duquesne.*

2. Mention des horaires du scrutin. Si l'absence de mention des heures d'ouverture et de clôture du scrutin constitue une irrégularité justifiant à elle seule l'annulation des élections professionnelles, cette mention peut être effectuée sur un document annexé au procès-verbal et établi concomitamment. • Soc. 17 déc. 2014, n° 14-12.401 : *D. 2015. Actu. 84* ; *RJS 3/2015, n° 202 ; JCP S 2015. 1080, obs. Pagnerre.* ♦ De même, si les heures d'ouverture et de fermeture du scrutin ne figurent pas sur le procès-verbal des élections, cette omission peut être suppléée par un constat d'huissier. • Soc. 28 janv. 2015, n° 14-60.413 P : *RJS 4/2015, n° 266.*

Art. L. 2314-23 Les modalités d'organisation et de déroulement des opérations électorales font l'objet d'un accord entre l'employeur et les organisations syndicales inté-

ressées *(L. n° 2014-288 du 5 mars 2014, art. 30-X)* **« , conclu selon les conditions de l'article L. 2314-3-1 ». Cet accord doit respecter les principes généraux du droit électoral.**

Les modalités sur lesquelles aucun accord n'a pu intervenir peuvent être fixées par une décision du juge judiciaire. – *[Anc. art. L. 423-13, al. 3, phrases 1 et 2.]*

BIBL. ▶ LANDAIS, PÉCAUT-RIVOLIER, PIVETEAU et STRUILLOU, *Dr. soc. 2012. 1048* (le nouveau protocole préélectoral). – PETIT, *Dr. ouvrier 2012. 356* (qui est habilité à négocier le protocole d'accord préélectoral ?). – GUEDES DA COSTA et THIEBAUT, *Sem. soc. Lamy 2012, n° 1558, Dossier spécial protocole d'accord préélectoral.*

1. Organisation du vote. Dès lors qu'un accord électoral a été conclu, le chef d'entreprise ne peut être contraint d'inviter les syndicats à négocier sur les modalités qui n'auraient pas été prévues ; en pareille circonstance, il appartient aux intéressés de saisir le juge d'instance ou à l'employeur de fixer ces modalités. • Soc. 13 juin 1989 : *D. 1989. IR 197 ; Dr. soc. 1990. 316, note Savatier*. ♦ Le chef d'entreprise ne peut unilatéralement modifier les modalités d'organisation et de déroulement des opérations électorales arrêtées par le protocole négocié, à peine de nullité des élections. • Soc. 12 juill. 2006 : *RJS 2006. 888, n° 1205.*

2. Composition du bureau de vote. A défaut de dispositions spécifiques prévues par un protocole préélectoral signé à la double condition de majorité, et en l'absence de désignation des membres du bureau de vote par accord entre l'employeur et les organisations syndicales ayant présenté des listes aux élections, le bureau de vote est composé, conformément aux principes généraux du droit électoral, des deux salariés électeurs les plus âgés et du salarié électeur le plus jeune. • Soc. 16 oct. 2013 : *D. 2013. Actu. 2471 ; RJS 12/2013, n° 837.*

3. Respect du protocole préélectoral. Les modalités d'organisation du scrutin, fixées par un protocole préélectoral dont la régularité n'est pas contestée, s'imposent à l'employeur et aux organisations syndicales ; dès lors, le protocole préélectoral n'ayant pas été contesté, l'employeur n'avait pas commis d'irrégularité en refusant de tenir compte de la liste envoyée tardivement. • Soc. 9 nov. 2011 : *Dalloz actualité, 30 nov. 2011, obs. Ines ; D. 2011. Actu. 2805 ; Dr. soc. 2012. 102, obs. Petit ; RJS 2012. 56, n° 60 ; JCP S 2012. 1140, obs. Kerbouc'h.*

4. Dépôt de listes et absence de protocole préélectoral valide. En l'absence de protocole préélectoral prévoyant une date limite de dépôt des candidatures l'employeur ne peut refuser une candidature déposée après la date qu'il a lui-même fixée qu'en justifiant sa décision au regard des nécessités d'organisation du vote. • Soc. 4 mars 2009, n° 08-60.476 P : *JCP S 2009. 1274, com. Kerbourc'h* • Soc. 26 sept. 2012 : *Dalloz actualité, 12 oct. 2012, obs. Siro ; D. 2012. Actu. 2315 ; Dr. soc. 2012. 1071, obs. Petit ; RJS 2012. 821, n° 971 ; JCP S 2013. 1035, obs. Bossu.*

5. L'absence d'unanimité dans l'accord préélectoral ne rend pas l'intervention du juge d'instance obligatoire, mais a pour seul effet de permettre à la partie qui peut y avoir intérêt de saisir le tribunal d'instance ; le fait qu'aucune partie n'ait usé de cette faculté ne peut entraîner la nullité des élections. • Soc. 20 juill. 1983 : *Bull. civ. V, n° 460 ; D. 1984. IR 356, obs. A. Lyon-Caen.* – Dans le même sens : • Soc. 28 oct. 1997 : *RJS 1997. 862, n° 1404 (1re esp.) ; ibid. 815, chron. Barberot.* ♦ Mais la contestation qui porte sur la division de l'entreprise en établissements distincts ne porte pas sur une modalité d'organisation des opérations électorales relevant de l'art. L. 423-13, al. 3 [L. 2314-23 nouv.], mais elle met en cause la régularité de ces opérations et est donc recevable jusqu'à l'expiration d'un délai de quinze jours suivant les élections. • Soc. 28 oct. 1997 : *RJS 1997. 862, n° 1404 (2e esp.) ; ibid. 815, chron. Barberot.*

6. Le tribunal a le pouvoir de mettre en place un dispositif de contrôle de la régularité, de la liberté et de la sincérité du scrutin, même s'il existe un accord préélectoral comportant des mesures en ce sens. • Soc. 1er avr. 1992, n° 90-60.543 P : *D. 1992. IR 154 ; RJS 1992. 358, n° 643.*

7. Un tribunal peut décider qu'en cas d'échec de la négociation du protocole préélectoral et en l'absence d'une décision du juge, l'employeur est tenu de fixer les modalités d'organisation et de déroulement du scrutin. • Soc. 30 oct. 1991 : *D. 1992. Somm. 285, obs. Borenfreund*.

8. C'est sans méconnaître les principes généraux du droit électoral que le juge peut, à défaut d'accord entre les parties, décider du report de la date des élections. • Soc. 26 mai 1988 : *Bull. civ. V, n° 328 ; D. 1988. IR 170.*

9. Bulletins. En l'absence d'accord entre les parties, le juge d'instance peut ordonner la reproduction intégrale d'un sigle syndical sur les bulletins de vote. • Soc. 25 juin 1987 : *Bull. civ. V, n° 431.* – V. aussi • Soc. 21 nov. 1984 : *Bull. civ. V, n° 452 ; D. 1985. IR 348, obs. Verdier.*

10. Aucun texte n'interdit de mettre à la disposition des électeurs des bulletins blancs. • Soc. 30 janv. 1985 : *Bull. civ. V, n° 66* • 25 févr. 1992, n° 89-61.135 P : *Dr. soc. 1992. 455, rapp. Pams-Tatu ; RJS 1992. 269, n° 469, 1re esp.* ♦ Sur l'utilisation de bulletins de couleur différente, V. • Soc. 11 mars 1992, n° 91-61.163 P : *D. 1992. IR 105 ; RJS 1992. 269, n° 469.*

11. L'organisation des élections par un vote

unique sans que les électeurs puissent voter séparément pour les titulaires et les suppléants constitue une irrégularité devant entraîner la nullité des élections. • Soc. 20 mars 2002 : *RJS 2002. 768, n° 1007.* ♦ L'employeur n'a pas l'obligation d'avertir expressément les électeurs de ce que la présence de deux bulletins différents par enveloppe rend leur vote nul. • Soc. 12 févr. 1991, n° 90-60.378 P : *JCP E 1992. II. 251, note Corrignan-Carsin.*

12. Urnes. En matière d'élections professionnelles, l'utilisation d'une urne non transparente ne constitue pas une violation d'un principe général du droit électoral. • Soc. 24 mai 2016, n° 15-20.541 P : *RJS 8-9/2016, n° 580.*

13. Les élections sont entachées d'illégalité s'il est relevé que les bulletins de vote comportaient les noms des candidats qui s'étaient désistés. • Soc. 10 juill. 1997 : *Sem. soc. Lamy 1997, n° 850, p. 14.*

14. Liste d'émargement. Les circonstances que la liste d'émargement n'ait pas été signée par tous les membres du bureau de vote en violation des dispositions de l'art. R. 62 C. élect. et que le président du bureau n'ait pas contesté publiquement et mentionné au procès-verbal les heures d'ouverture et de clôture du scrutin contrairement aux prescriptions de l'art. R. 57 du même code sont de nature à affecter la sincérité des opérations électorales et, s'agissant des principes généraux du droit électoral, constituent des irrégularités justifiant à elles seules l'annulation des élections. • Soc. 28 mars 2012 : *Dalloz actualité, 16 mai 2012, obs. Ines ; Dr. soc. 2012. 535, obs. Petit ; JCP S 2012. 1261, obs. François* • Soc. 30 sept. 2015, n° 14-25.925 P : *Dalloz actualité, 23 oct. 2015, obs. Doutreleau ; JCP S 2015. 1473, obs. Kerbouc'h.*

15. Dépouillement. Tout candidat a le droit de contrôler les opérations de vote, de dépouillement et de décompte des voix sans qu'il soit nécessaire que le protocole préélectoral prévoit expressément cette possibilité. • Soc. 6 janv. 2011 : *Dalloz actualité, 4 févr. 2011, obs. Siro ; D. 2011. Actu. 246 ; RJS 3/2011, n° 255 ; JCP S 2011. 1276, obs. Kerbouc'h.* ♦ L'absence de libre accès des électeurs au lieu de dépouillement constitue une irrégularité et justifie à elle seule l'annulation des élections. • Soc. 28 mars 2012 : *Dalloz actualité, 16 mai 2012, obs. Ines.*

16. Calendrier électoral. Si des modifications négociées entre le chef d'entreprise et les organisations syndicales intéressées peuvent être apportées à un protocole préélectoral, ces modifications, y compris lorsqu'elles portent sur le calendrier électoral, ne peuvent résulter que d'un avenant soumis aux mêmes conditions de validité que le protocole lui-même. • Soc. 26 oct. 2011 : *Dalloz actualité, 29 nov. 2011, obs. Siro ; D. 2011. Actu. 2734 ; Dr. soc. 2012. 99, obs. Petit ; RJS 2012. 58, n° 63 ; JCP S 2012. 1087, obs. Bossu.*

17. Désistement d'un candidat. Dès lors que n'existe aucune incompatibilité entre les deux mandats, un salarié, élu à la fois au comité d'entreprise et en qualité de délégué du personnel suppléant, ne peut pas se désister de ce second mandat au profit d'un candidat auquel les résultats du scrutin ne conféraient pas la qualité d'élu, peu important que ce désistement soit intervenu avant ou après la proclamation des résultats. • Soc. 29 juin 2011 : *D. 2011. Actu. 1907 ; Dr. soc. 2011. 1124, obs. Petit ; RJS 10/2011, n° 824 ; JCP S 2011. 1431, obs. Pagnerre.*

Art. L. 2314-24 Le scrutin est de liste à deux tours avec représentation proportionnelle à la plus forte moyenne.

(L. n° 2008-789 du 20 août 2008) **« Au premier tour de scrutin, chaque liste est établie par les organisations syndicales mentionnées aux premier et deuxième alinéas de l'article L. 2314-3. Si le nombre des votants est inférieur à la moitié des électeurs inscrits, il est procédé, dans un délai de quinze jours, à un second tour de scrutin pour lequel les électeurs peuvent voter pour des listes autres que celles présentées par une organisation syndicale. »**

Lorsque le nom d'un candidat a été raturé, les ratures ne sont pas prises en compte si leur nombre est inférieur à 10 % des suffrages *(Abrogé par L. n° 2008-789 du 20 août 2008) « valablement »* **exprimés en faveur de la liste sur laquelle figure ce candidat. Dans ce cas, les candidats sont proclamés élus dans l'ordre de présentation.**

(L. n° 2015-990 du 6 août 2015, art. 269) **« Après la proclamation des résultats, l'employeur transmet, dans les meilleurs délais, par tout moyen, une copie des procès-verbaux aux organisations syndicales de salariés qui ont présenté des listes de candidats aux scrutins concernés ainsi qu'à celles ayant participé à la négociation du protocole d'accord préélectoral. »**

BIBL. ▶ MOULY, *Dr. soc. 1987. 106* (fraude dans la désignation des candidats). – D'ORNANO, *JCP S 2013. 1169* (organisations syndicales et enjeux de la compétition électorale). – VERDIER, *Ét. offertes à G.H. Camerlynck, 1978, p. 263* (présentation des candidats au premier tour par les organisations syndicales représentatives).

COMMENTAIRE

V. Dalloz.fr et applications mobiles Dalloz.

I. LISTES ÉLECTORALES

1. Mentions. Les seules mentions qui doivent figurer obligatoirement sur la liste électorale des salariés travaillant dans l'entreprise sont : l'âge, l'appartenance à l'entreprise et l'ancienneté dans celle-ci, qui détermine la qualité d'électeur, et permettent le contrôle de la régularité des opérations électorales ; l'indication de l'adresse du domicile des salariés n'a pas à figurer sur la liste électorale. • Soc. 20 mars 2002, n° 00-60.315 P : *D. 2002. IR 1402* ; *RJS 2002. 552, n° 702* ; *Dr. soc. 2002. 621, note Boulmier* ; *CSB 2002. 221, A. 26* • 10 juill. 2002 : *RJS 2002. 937, n° 1258.* ♦ Comp. : en vertu du droit commun électoral, les listes doivent mentionner le domicile réel des inscrits afin de permettre le contrôle des conditions d'électorat et d'éligibilité. • Soc. 21 janv. 1988 : *Bull. civ. V, n° 66.* ♦ ... Sauf dispositions spéciales du protocole. • Soc. 2 oct. 1991 : *JCP E 1992. II. 108, n° 6, obs. Gatumel* ; *CSB 1991. 239, A. 54* ; *RJS 1991. 64, n° 1221.* ♦ ... Et nonobstant l'opposition de nombreux salariés. • Soc. 14 oct. 1997, n° 96-60.191 P : *D. 1997. IR 228* ; *RJS 1997. 778, n° 1263 (1re esp.).* ♦ ... Ou des représentants du personnel. • Soc. 14 oct. 1997 : *D. 1997. IR 228* ; *JCP 1997. II. 22977, note Boulmier* ; *Dr. soc. 1997. 1108, obs. Cohen* ; *RJS 1997. 778, n° 1263 (2e esp.)* ; *CSB 1997. 327, S. 185.* ♦ Si les organisations syndicales peuvent, dans le cadre de la vérification de la régularité des inscriptions sur les listes électorales et de la répartition des salariés dans les collèges, demander communication des coefficients hiérarchiques de ces salariés à l'employeur, il n'appartient pas au tribunal d'instance d'ordonner l'affichage de ces informations, de nature personnelle. • Soc. 20 juin 2012 : *Dalloz actualité, 30 juill. 2012, obs. Ines* ; *D. 2012. Actu. 1746* ; *Dr. soc. 2012. 1069, obs. Boulmier* ; *RJS 2012. 704, n° 829* ; *JS Lamy 2012, n° 328-5, obs. Tourreil* ; *JCP S 2012. 1451, obs. Passerone.*

2. Communication aux syndicats. Un tribunal peut ordonner sous astreinte la communication de la liste des électeurs à toutes les organisations signataires du protocole préélectoral, sans qu'il y ait atteinte à la vie privée des salariés. • Soc. 13 juill. 1988 : *Bull. civ. V, n° 453* ; *D. 1988. IR 238.* – V. aussi • Soc. 14 oct. 1997 : *préc. note 1* (communication aux syndicats représentatifs).

3. Information du personnel. La loi ayant seulement prévu la publication de la liste électorale sans en déterminer les modalités, l'absence d'affichage de cette liste n'entraîne pas la nullité des élections s'il est établi que la liste a été tenue à la disposition du personnel. • Soc. 17 janv. 1974 : *Bull. civ. V, n° 51.* – Dans le même sens : • Soc. 23 mars 1983 : *Bull. civ. V, n° 188.* ♦ Un retard de trois jours dans l'affichage de la liste électorale par rapport à la date prévue à l'accord préélectoral ne justifie pas le report des élections. • Soc. 20 déc. 1988 : *RJS 1989. 94, n° 175.*

4. Modification de la liste. Les conditions d'électorat et d'éligibilité devant être remplies à la date de l'élection, la liste électorale est établie pour les deux tours et ne peut être modifiée après le premier tour, le renouvellement de l'affichage en vue du second tour constituant un simple rappel et n'ouvrant pas de droits nouveaux. • Soc. 7 mars 1990, n° 89-60.283 P. • 18 nov. 2008 : *RJS 2009. 162, n° 196* ; *JCP S 2009. 1070, obs. Kerbouc'h.* ♦ Mais il appartient à l'employeur d'actualiser les listes électorales lorsque les effectifs se modifient après leur publication et avant l'expiration du délai requis pour cette dernière. • Soc. 20 mars 2002, n° 01-60.482 P : *JCP 2002. IV. 1784* ; *RJS 2002. 655, n° 851.*

5. Date limite. L'accord préélectoral peut fixer une date limite au dépôt des candidatures. • Crim. 3 févr. 1987 : *Bull. crim. n° 58* ; *D. 1988. Somm. 94, obs. Béraud* • Soc. 19 juin 1987 : *Bull. civ. V, n° 405* • 16 mai 1990 : *ibid., n° 229.* ♦ Recevabilité de candidatures déposées après expiration du délai fixé par l'accord préélectoral, le retard (très minime) n'ayant pas perturbé le déroulement du scrutin. • Soc. 10 juill. 1997 : *RJS 1997. 694, n° 1115.*

6. Liste des candidats. Un syndicat ne peut présenter un candidat sans son accord. • Soc. 20 oct. 1993, n° 92-60.304 P : *Dr. soc. 1993. 970.* ♦ Un délégué syndical, sauf à en avoir reçu le pouvoir, ne peut modifier ou remplacer la liste de candidats aux élections professionnelles que le syndicat avait présentée et transmise à l'employeur. • Soc. 13 oct. 2004, n° 03-60.416 P : *Dr. soc. 2005. 481, obs. Masquefa-Neau-Leduc* ; *RJS 2004. 912, n° 1304* ; *TPS 2004, n° 367.* ♦ Dès lors que le salarié, qui a déposé une liste de candidatures, sur laquelle il figure, au nom d'une organisation syndicale, n'a pas été mandaté par cette dernière, l'employeur est fondé à ne retenir aucune candidature pour ladite organisation sans avoir à présenter une contestation devant le tribunal d'instance. • Soc. 30 oct. 2013 : *Dalloz actualité, 22 nov. 2013, obs. Ines* ; *RJS 1/2014, n° 60.* ♦ Il ne lui incombe pas de s'assurer de la persistance de cet accord entre les deux tours, il doit en revanche être informé du retrait d'un candidat de la liste présumée reconduite pour le second tour. • Soc. 13 oct. 2010 : *Dalloz actualité, 8 nov. 2010, obs. Siro* ; *D. 2010. AJ 2523.* ♦ Une organisation syndicale peut présenter comme candidats, soit ses propres adhérents, soit des salariés non syndiqués ou adhérents à une autre organisation. • Soc. 28 mars 2012 : *Dalloz actualité, 3 mai 2012, obs. Ines ; Dr. soc. 2012. 532, obs. Petit ; RJS 2012. 490, n° 580.* ♦ Si une fédération syndicale informe l'employeur qu'elle souhaite déposer une liste en lieu et place des organisations syndicales qui lui sont affiliées, et que ces mêmes syndicats déposent par la suite une liste, l'employeur peut refuser les listes présentées par ces syndicats sans avoir besoin de saisir le juge d'instance. • Soc. 4 juin 2014 : *Dalloz actualité, 1er juill. 2014, obs. Ines.*

7. Obligation de neutralité de l'employeur. L'employeur ne peut, compte tenu de son obligation de neutralité, laisser diffuser un tract anonyme mettant en cause des candidats aux élections. • Soc. 7 nov. 2012 : *RDT 2013. 119, obs. Signoretto.*

II. PREMIER TOUR

8. Contestations. Un syndicat ne peut être écarté du processus électoral tant qu'il n'a pas été statué sur sa représentativité. • Soc. 9 févr. 2000, n° 98-60.599 P : *RJS 2000. 198, n° 297.*

9. Candidature individuelle. Une candidature individuelle constitue une liste, le panachage entre listes étant exclu. • Soc. 10 janv. 1989 : *Bull. civ. V, n° 6 ; D. 1989. IR 36.*

10. Retrait de candidatures. En cas de retrait de candidatures, l'employeur n'est pas tenu de saisir le tribunal d'instance ; c'est à la partie qui conteste ces retraits de le faire. • Soc. 5 mars 1997, n° 96-60.034 P : *RJS 1997. 291, n° 440.* ♦ Les élections sont entachées d'illégalité, s'il est relevé que les bulletins de vote comportaient les noms de candidats qui s'étaient désistés. • Soc. 10 juill. 1997 : *Sem. soc. Lamy 1997, n° 850, p. 14.*

11. Irrégularités substantielles. Les irrégularités commises dans l'organisation et le déroulement du scrutin ne peuvent constituer une cause d'annulation que si elles ont exercé une influence sur les résultats des élections ou, depuis l'entrée en vigueur de la loi n° 2008-789 du 20 août 2008, si, s'agissant du premier tour, elles ont été déterminantes de la qualité représentative des organisations syndicales dans l'entreprise, ou du droit pour un candidat d'être désigné délégué syndical. • Soc. 13 janv. 2010 : *D. 2010. AJ 271 ; ibid. Pan. 2029, obs. Arséguel ; RDT 2010. 314, obs. Peskine ; Dr. soc. 2010. 595, obs. Petit ; Sem. soc. Lamy 2010, n° 1429, p. 6, note Pécaut-Rivolier.*

12. Périmètre d'appréciation des irrégularités. Seules peuvent constituer une cause d'annulation d'un scrutin organisé dans un périmètre électoral déterminé, en vue de l'élection des membres titulaires des comités d'entreprise ou d'établissement, les irrégularités qui ont exercé une influence sur le résultat des élections ou qui ont été déterminantes de la qualité représentative des organisations syndicales dans ce périmètre ; le juge n'est tenu d'apprécier les conséquences de ces irrégularités dans le seul périmètre de sa saisine, il n'a pas à mesurer les incidences éventuelles sur le calcul de la représentativité de la fédération au niveau de l'UES. • Soc. 2 mars 2011 : *D. 2011. Actu. 760 ; Dr. soc. 2011. 729, obs. Petit.*

13. Atteinte au monopole syndical. La participation d'une personne morale n'ayant pas la qualité de syndicat, telle une association, au premier tour, est de droit cause de nullité de l'élection, peu important son influence sur les résultats. • Soc. 27 janv. 2010 : *D. 2010. Pan. 2029, obs. Arséguel ; RDT 2010. 244, obs. Odoul-Asorey ; Dalloz actualité, 10 févr. 2010, obs. Ines.*

14. Affiliations multiples. Les syndicats affiliés à une même confédération nationale, qu'elle soit ou non représentative, ne peuvent présenter qu'une seule liste de candidats, par collège, lors des élections professionnelles dans l'entreprise. • Soc. 22 sept. 2010 : *D. 2010. AJ 2333 ; RJS 2010. 771, n° 862 ; JCP S 2010. 1479, note Chiss et Souchon ; Dr. ouvrier 2010. 655, note Petit.* ♦ Si (en raison d'un jugement devenu définitif) deux syndicats affiliés à une même confédération ont présenté chacun leur propre liste, il n'y a pas lieu de procéder à la totalisation, au profit de l'un ou l'autre, des suffrages recueillis en propre à chacun. • Soc. 26 oct. 2011 : *Dr. soc. 2012. 101, obs. Petit ; Sem. soc. Lamy 2011, n° 1519, p. 10, obs. Béam et Marguerite ; RJS 2012. 54, n° 56 ; JCP S 2012. 1008, obs. Kerbouc'h.*

15. Champ géographique. Pour présenter des candidats au premier tour des élections professionnelles, les syndicats doivent être compétents statutairement dans le champ géographique couvrant l'entreprise, qu'ils soient ou non affiliés à une union qui a une personnalité morale distincte ou que celle-ci soit reconnue représentative dans le champ concerné. • Soc. 22 sept. 2010 : *Dalloz actualité, 11 oct. 2010, obs. Siro ; RDT 2010. 728, obs. Tissandier ; RJS 2010. 774, n° 866 ; Dr. soc. 2010. 1258, obs. Petit ; JCP S 2010. 1471, obs. Kerbouc'h.*

III. SECOND TOUR

16. Délai de quinze jours. Si le second tour peut avoir lieu avant l'expiration du délai de quinze jours, le calendrier des opérations électorales doit respecter la sincérité du scrutin ; dès lors, le juge devait rechercher si l'organisation des deux tours le même jour n'avait pas fait obstacle à la présentation d'une liste syndicale au second tour. • Soc. 8 juill. 1997, n° 95-60.916 P : *RJS 1997. 626, n° 1000 ; CSB 1997. 250, S. 148.*

17. Carence de l'employeur. S'il appartient à l'employeur d'organiser un second tour pour pourvoir les sièges demeurés vacants à l'issue du premier, sa carence à poursuivre le processus électoral pour le second tour n'a pas d'incidence sur la régularité du premier tour du scrutin. • Soc. 10 mai 2012 : *Dalloz actualité, 2 juill. 2012, obs. Perrin ; RJS 2012. 554, n° 646 ; JCP S 2012. 1333, obs. Dumont.*

18. Suffrages exprimés. Pour la détermination du quorum, seuls sont pris en compte les suffrages exprimés, à l'exclusion des bulletins blancs ou nuls. • Cass., ass. plén., 3 juin 1983 : *Bull. civ., n° 5* • Soc. 7 mars 1989 : *Bull. civ. V, n° 182 ; D. 1989. IR 102.*

19. Carence de candidats au premier tour. Lorsque aucune organisation syndicale ne présente de candidats au premier tour, un second tour peut être organisé. • Civ. 2e, 10 mai 1961, n° 60-60.075 P : *D. 1961. 510.* ♦ Il ne peut être laissé à la discrétion des organisations syndicales la possibilité, pour une entreprise, de satisfaire à l'obligation de mettre en place un comité d'entreprise ; dès lors, un deuxième tour doit être organisé pour pourvoir les postes demeurés vacants. • Soc. 18 mars 1982 : *Bull. civ. V, n° 188 ; D. 1983. IR 162, obs. Frossard.* ♦ V. aussi • Soc. 9 oct. 1985 : *Bull. civ. V, n° 444 ; D. 1986. IR 115* (quorum atteint au premier tour, mais vacance du siège réservé au cadre) • 8 juill. 1985 : *Bull. civ. V, n° 409 ; D. 1986. IR 36.* ♦ Une liste incomplète ne peut avoir plus de sièges que de candidats : s'il reste un siège à pourvoir et qu'une seule liste dispose encore d'un candidat, ce siège doit lui être attribué sans qu'il y ait lieu d'organiser un second tour. • Soc. 12 janv. 2000, n° 99-60.044 P : *RJS 2000. 200, n° 302.*

20. Maintien des candidatures au second tour. Les candidats présentés pour le premier tour doivent être considérés comme maintenus pour le second. • Soc. 25 avr. 1984, n° 83-63.188 P. ♦ Cette règle est d'ordre public et un accord préélectoral ne peut y déroger. • Soc. 18 juill. 2000, n° 99-60.356 P : *D. 2000. IR 228.*

21. Information des syndicats. Sur l'obligation pour le chef d'entreprise d'informer les organisations syndicales des modalités du déroulement du second tour, V. • Soc. 13 juin 1989 : *Bull. civ. V, n° 437 ; D. 1989. IR 197.*

22. Ratures. Les dispositions de l'art. L. 423-14 [L. 2314-24 nouv.] relatives aux ratures concernent l'ordre dans lequel les candidats d'une même liste doivent être proclamés élus et non le mode de calcul de la moyenne des voix obtenues par chaque liste. • Soc. 4 juill. 1983 : *Bull. civ. V, n° 383 ; D. 1983. IR 353 ; Dr. soc. 1984. 79, note Savatier* • 3 mars 1993 : *RJS 1993. 257, n° 427.* ♦ En présence d'un accord préélectoral contraire aux dispositions d'ordre public relatives aux ratures, un tribunal peut modifier le résultat des élections sans renvoyer les parties à la conclusion d'un nouvel accord. • Soc. 9 nov. 1983 : *JCP 1984. IV. 19.*

23. Si les syndicats représentatifs peuvent, au premier tour, présenter des salariés adhérents à une organisation syndicale non représentative, avec la mention de leur appartenance à celle-ci, ils ne peuvent, en raison de leur monopole de présentation, présenter une liste commune avec des syndicats non représentatifs. • Soc. 16 nov. 1993 : *D. 1994. Somm. 297, obs. Borenfreund ; Dr. soc. 1994. 54.*

SOUS-SECTION 4 *BIS* REPRÉSENTATION ÉQUILIBRÉE DES FEMMES ET DES HOMMES

(L. n° 2015-994 du 17 août 2015, art. 7-I, en vigueur le 1er janv. 2017)

Art. L. 2314-24-1 Pour chaque collège électoral, les listes mentionnées à l'article L. 2314-24 qui comportent plusieurs candidats sont composées d'un nombre de femmes et d'hommes correspondant à la part de femmes et d'hommes inscrits sur la liste électorale. Les listes sont composées alternativement d'un candidat de chaque sexe jusqu'à épuisement des candidats d'un des sexes.

Lorsque l'application du premier alinéa du présent article n'aboutit pas à un nombre entier de candidats à désigner pour chacun des deux sexes, il est procédé à l'arrondi arithmétique suivant :

1° Arrondi à l'entier supérieur en cas de décimale supérieure ou égale à 5 ;

2° Arrondi à l'entier inférieur en cas de décimale strictement inférieure à 5.

En cas de nombre impair de sièges à pourvoir et de stricte égalité entre les femmes et les hommes inscrits sur les listes électorales, la liste comprend indifféremment un homme ou une femme supplémentaire.

Le présent article s'applique à la liste des délégués titulaires et à la liste des délégués suppléants.

Art. L. 2314-24-2 Dès qu'un accord ou une décision de l'autorité compétente sur la répartition du personnel est intervenu, l'employeur porte à la connaissance des salariés, par tout moyen permettant de donner une date certaine à cette information, la part de femmes et d'hommes composant chaque collège électoral.

SOUS-SECTION 5 CONTESTATIONS

Art. L. 2314-25 Les contestations relatives à l'électorat, *(L. n° 2015-994 du 17 août 2015, art. 7-IV, en vigueur le 1er janv. 2017)* « à la composition des listes de candidats en application de l'article L. 2314-24-1 » et à la régularité des opérations électorales sont de la compétence du juge judiciaire.

Lorsqu'une contestation rend indispensable le recours à une mesure d'instruction, les dépenses afférentes à cette mesure sont à la charge de l'État.

(L. n° 2015-994 du 17 août 2015, art. 7-IV, en vigueur le 1er janv. 2017) « La constatation par le juge, après l'élection, du non-respect par une liste de candidats des prescriptions prévues à la première phrase du premier alinéa de l'article L. 2314-24-1 entraîne l'annulation de l'élection d'un nombre d'élus du sexe surreprésenté égal au nombre de candidats du sexe surreprésenté en surnombre sur la liste de candidats au regard de la part de femmes et d'hommes que celle-ci devait respecter. Le juge annule l'élection des derniers élus du sexe surreprésenté en suivant l'ordre inverse de la liste des candidats.

« La constatation par le juge, après l'élection, du non-respect par une liste de candidats des prescriptions prévues à la seconde phrase du premier alinéa du même article L. 2314-24-1 entraîne l'annulation de l'élection du ou des élus dont le positionnement sur la liste de candidats ne respecte pas ces prescriptions. »

1. *Pourvoi en cassation.* La décision du tribunal d'instance statuant en matière de contestation préélectorale, rendue en dernier ressort, est susceptible de pourvoi en cassation. • Soc. 23 sept. 2009 : *R., p. 378 ; D. 2009. AJ 2339, obs. Perrin ; ibid. 2010. Pan. 672, obs. Odoul ; Dr. soc. 2010. 161, note Petit ; RJS 2009. 837, n° 963 ; JS Lamy 2009, n° 264-5 ; Sem. soc. Lamy 2009, n° 1415, p. 7, avis Duplat.*

2. *Exigences du droit d'accès au juge.* Mais l'application immédiate de cette règle nouvelle de procédure ne saurait, sans méconnaître les exigences de l'art. 6, § 1, Conv. EDH, priver le demandeur au pourvoi contre un jugement ayant statué sur la validité des élections du droit de critiquer les dispositions du jugement préélectoral non frappé de pourvoi en raison de la jurisprudence antérieure au revirement. • Soc. 26 mai 2010 : *D. 2010. AJ 1422 ; Dr. soc. 2010. 1150, obs. Radé.*

3. *Limites des pouvoirs du bureau de vote.* Il n'appartient pas au bureau de vote d'écarter les suffrages exprimés en faveur d'une liste, fût-elle irrégulière. • Soc. 8 déc. 2010 : *JCP S 2011. 1141, obs. Lahalle.*

SECTION III DURÉE ET FIN DU MANDAT

Art. L. 2314-26 Les délégués du personnel sont élus pour quatre ans. Leur mandat est renouvelable.

Leurs fonctions prennent fin par le décès, la démission, la rupture du contrat de travail ou la perte des conditions requises pour l'éligibilité. Ils conservent leur mandat en cas de changement de catégorie professionnelle. – *[Anc. art. L. 423-16, al. 1er et 2.]*

La durée du mandat portée de 2 à 4 ans par la L. n° 2005-882 du 2 août 2005 ne s'applique qu'à compter des élections intervenant après le 3 août 2005. Toutefois, par dérogation, un accord de branche, un accord de groupe ou un accord d'entreprise, selon le cas, peut fixer une durée du mandat comprise entre 2 et 4 ans (L. préc., art. 96-VII et VIII).

BIBL. ▸ PARIENTE, *Dr. soc. 1986. 515* (prorogation du mandat).

COMMENTAIRE

V. Dalloz.fr et applications mobiles Dalloz.

1. *Modification de la durée du mandat et PV de carence.* Les dispositions de la L. n° 2005-882 du 2 août 2005 ayant porté la durée des mandats des délégués du personnel de 2 ans à 4 ans ne s'appliquent qu'à compter des élections intervenant après la publication de la loi ; faute d'élections professionnelles dans une entreprise après cette publication, le mandat des délégués du personnel demeurait de 2 ans, et à l'expiration de la période de 2 années suivant l'établissement du procès-verbal de carence, l'employeur devait procéder à l'organisation de nouvelles élections. • Soc. 11 mai 2016, n° 14-12.169 P : *Dalloz actualité, 3 juin 2016, obs. Peyronnet.*

2. *Point de départ du mandat.* Le point de départ du mandat est celui du jour où le vote a été acquis, le juge n'ayant pas qualité pour le modifier et proroger d'autant la durée du mandat. • Soc. 24 mai 1972, n° 71-60.281 P : *D. 1973. Somm. 13.*

3. Prorogation. Le tribunal qui a constaté l'absence d'accord de tous les partenaires sociaux sur la prorogation des mandats des membres élus du comité a exactement décidé qu'il ne lui appartenait pas de proroger ce mandat. • Soc. 13 juin 1989, n° 88-60.556 P : *RJS 1989. 350, n° 593.* ♦ V., sur l'impossibilité d'une prorogation tacite : • Soc. 24 févr. 1955, n° 2-192 P : *Dr. soc. 1955. 429* • CE 6 mai 1955 : *D. 1955. 364 ; Dr. soc. 1955. 567* • 19 mai 1993 : *CSB 1993. 163, B. 97.* ♦ ... Ou judiciaire : • Soc. 2 mai 1979, n° 78-60.781 P. • 16 juin 1983 : *Bull. civ. V, n° 343 ; D. 1983. IR 351.* ♦ V., à propos de la prorogation prévue par une convention collective : • Soc. 10 avr. 1959, n° 57-40.780 P. • 26 juin 1959 : *Bull. civ. V, n° 837* • 23 mai 1960 : *ibid., n° 544.*

4. France Télécom. Certains personnels de France Télécom ayant conservé le statut de fonctionnaire malgré la transformation de l'établissement public en une société de droit privé est placé sous l'autorité de celle-ci et est amené à participer avec les salariés de l'entreprise à l'organisation et au fonctionnement de leur entreprise par l'intermédiaire des IRP. • Soc. 5 mars 2008, n° 07-11.123 P : *D. 2008. IR 296 ; RDT 2008. 306, obs. Debord* • 17 mai 2011 : *Dalloz actualité, 9 juin 2011, obs. Ines ; RDT 2011. 496, obs. Debord ; JCP S 2011. 1486, obs. Brissy.* ♦ Dans cette hypothèse, il revient au juge administratif de veiller à ce que les mesures prises à l'égard d'un fonctionnaire, qui se trouve investi d'un mandat représentatif exercé dans l'intérêt tant d'agents de droit public que de salariés de droit privé, ne soient pas en rapport avec ses fonctions ou son appartenance syndicale et qu'elles ne compromettent pas le respect du principe de participation. • Soc. 17 mai 2011 : *Dalloz actualité, 9 juin 2011, obs. Ines.*

Art. L. 2314-27 **Par dérogation aux dispositions de l'article L. 2314-26, un accord de branche, un accord de groupe ou un accord d'entreprise, selon le cas, peut fixer une durée du mandat des délégués du personnel comprise entre deux et quatre ans.** – *[Anc. art. 96, VIII, L. n° 2005-882 du 2 août 2005.]*

1. Réduction de la durée des mandats. Un protocole préélectoral ne peut prévoir une dérogation à la durée légale des mandats fixée à 4 ans, dans des conditions autres que celles prévues à l'art. 96, al. 4 de la L. n° 2005-882 du 2 août 2005 ; l'annulation du protocole subordonnant la durée des mandats de délégués du personnel et des membres du comité d'entreprise à l'accord des délégués du personnel a nécessairement entraîné l'annulation du premier tour des élections. • Soc. 24 mai 2006 : *RDT 2006. 403, obs. Nadal ; RJS 2006. 718, n° 976 ; JCP S 2006. 1646, note Césaro.*

2. Prorogation des mandats. La prorogation des mandats électifs en cours doit être décidée à l'unanimité des organisations syndicales représentatives dans l'entreprise. • Soc. 26 juin 2013 : *Dalloz actualité, 18 juill. 2013, obs. Ines ; D. 2013. Actu. 1693 ; Dr. soc. 2013. 864, obs. Petit ; RJS 10/2013, n° 687 ; JCP S 2013. 1401, obs. Dauxerre.* ♦ Mais l'employeur ne peut remettre en cause par voie d'exception un accord collectif (non unanime) prorogeant les mandats des représentants du personnel qu'il a signé et appliqué sans réserves. • Soc. 4 févr. 2014 : *Dalloz actualité, 24 févr. 2014, obs. Fraisse ; D. 2014. Actu. 429 ; RJS 2014. 273, n° 331.*

Art. L. 2314-28 **En cas de modification dans la situation juridique de l'employeur, telle que mentionnée à l'article L. 1224-1, le mandat des délégués du personnel de l'entreprise ayant fait l'objet de la modification subsiste lorsque cette entreprise conserve son autonomie juridique.**

Si cette entreprise devient un établissement au sens du présent titre ou si la modification mentionnée au premier alinéa porte sur un ou plusieurs établissements distincts qui conservent ce caractère, le mandat des délégués du personnel élus dans l'entreprise ou dans chaque établissement intéressé se poursuit jusqu'à son terme.

Toutefois, pour tenir compte de la date habituelle des élections dans l'entreprise d'accueil, la durée du mandat peut être réduite ou prorogée soit par accord entre le nouvel employeur et les organisations syndicales représentatives existant dans le ou les établissements absorbés soit, à défaut, par accord entre l'employeur et les délégués du personnel intéressés. – *[Anc. art. L. 423-16, al. 3 et 4.]*

1. Restructurations. Le mandat des délégués du personnel de l'entreprise qui a fait l'objet d'une modification dans la situation juridique de l'employeur subsiste lorsque cette entreprise conserve son autonomie. • Soc. 28 juin 1995, n° 94-40.362 P : *JCP 1996. I. 3901, n° 19, obs. Gatumel ; CSB 1995. 291, A. 55 ; RJS 1995. 593, n° 904* (cassation de l'arrêt qui avait exigé la conservation de l'autonomie juridique). – Langlois, *D. 1997. Chron. 45 (I, A)*. ♦ Comp. : • TI Angers, 26 sept. 1983 : *JCP 1984. II. 20155, note Teyssié.* ♦ Le transfert conventionnel des contrats de travail, dans un cas où l'art. L. 122-12, al. 2, ne s'applique pas, n'emporte pas le maintien des mandats représentatifs. • Soc. 7 oct. 1992 : *RJS 1992. 675, n° 1230.*

2. *Réduction de la durée des mandats représentatifs de l'entité transférée.* Les mandats représentatifs d'une entité transférée ne sont maintenus que si cette entité conserve son autonomie ; à supposer un tel maintien, et pour tenir compte de la date habituelle des élections dans l'entreprise d'accueil, la durée de ces mandats peut être réduite ou prorogée par accord entre le nouvel employeur et les organisations syndicales représentatives existant dans le ou les établissements absorbés, sans que cet accord soit conclu à l'unanimité desdites organisations ; cet accord doit être conclu aux conditions prévues par l'art. L. 2232-12 C. trav. (recueil d'au mions 30% des suffrages et absence d'opposition majoritaire). • Soc. 17 déc. 2014, n° 14-14.917 : *D. 2015. Actu. 84 ; RDT 2015. 201, obs. Odoul-Asorey ; Dr. soc. 2015. 378, note Petit ; RJS 2/2015, n° 110 ; JCP S 2015. 1085, note Icard.*

Art. L. 2314-29 **Tout délégué du personnel peut être révoqué en cours de mandat, sur proposition de l'organisation syndicale qui l'a présenté, approuvée au scrutin secret par la majorité du collège électoral auquel il appartient.** – *[Anc. art. L. 423-16, al. 5.]*

1. *Révocation.* La majorité du collège électoral exigée par l'al. 2 de l'art. L. 423-12 (art. L. 423-16, dernier al.) [L. 2314-29 nouv.] se calcule par rapport au nombre d'inscrits dans le collège. • Soc. 6 juill. 1977 : *Bull. civ. V, n° 462.* ♦ L'établissement d'un protocole préélectoral n'est pas nécessaire pour l'organisation d'un vote de révocation. • Soc. 2 juill. 1980 : *Bull. civ. V, n° 585 ; D. 1981. IR 315.* ♦ Un tribunal ne peut décider que le mandat d'un représentant a pris fin tant que la révocation n'est pas devenue définitive. • Soc. 18 juill. 1978 : *Bull. civ. V, n° 589 ; Dr. ouvrier 1979. 134, note J. H.*

2. *Mutation.* La mutation d'un délégué du personnel, librement acceptée, à la suite d'un accident le mettant dans l'impossibilité de reprendre son travail dans l'établissement où il avait été élu, met fin au mandat. • Soc. 26 janv. 1972 : *Bull. civ. V, n° 62* • Crim. 4 oct. 1983 : *D. 1984. IR 351, obs. Langlois.* ♦ Comp. : • Crim. 17 mars 1976 : *Bull. crim. n° 62* • 5 mars 1976 : *ibid., n° 143 ; D. 1976. IR 176.* ♦ En revanche, la mutation d'office d'un représentant du personnel a pour effet de mettre fin immédiatement à ses mandats ; ce changement de conditions de travail sans l'accord de l'intéressé constitue un trouble manifestement illicite auquel le juge des référés saisi par une organisation syndicale peut mettre fin. • Soc. 5 mars 2008 : *RDT 2008. 306, obs. Debord ; JS Lamy 2008, n° 236-6.*

Art. L. 2314-30 **Lorsqu'un délégué titulaire cesse ses fonctions pour l'une des causes indiquées à la présente section ou est momentanément absent pour une cause quelconque, il est remplacé par un suppléant élu sur une liste présentée par la même organisation syndicale que celle de ce titulaire. La priorité est donnée au suppléant élu de la même catégorie.**

S'il n'existe pas de suppléant élu sur une liste présentée par l'organisation syndicale qui a présenté le titulaire, le remplacement est assuré par un candidat non élu présenté par la même organisation.

Dans ce cas, le candidat retenu est celui qui vient sur la liste immédiatement après le dernier élu titulaire ou, à défaut, le dernier élu suppléant.

A défaut, le remplacement est assuré par le suppléant élu n'appartenant pas à l'organisation du titulaire à remplacer, mais appartenant à la même catégorie et ayant obtenu le plus grand nombre de voix.

Le suppléant devient titulaire jusqu'au retour de celui qu'il remplace ou jusqu'au renouvellement de l'institution. – *[Anc. art. L. 423-17.]*

BIBL. ► D. FABRE, *JCP S 2013. 1213* (suppléance : mode d'emploi).

1. *Suspension du contrat.* La mise à pied d'un représentant du personnel, qu'elle soit de nature conservatoire ou disciplinaire, n'a pas pour effet de suspendre l'exécution de son mandat. • Soc. 2 mars 2004, n° 02-16.554 P : *RJS 2004. 378, n° 557 ; ibid. 335.* ♦ *Contra* antérieurement : la mise à pied du délégué entraîne la suspension de son contrat et de son mandat. • Crim. 24 mars 1955 : *D. 1955. 501, rapp. Patin ; JCP 1956. II. 9443, note Brèthe de La Gressaye* • 9 nov. 1982 : *Bull. crim. n° 249* • Soc. 27 nov. 1985 : *Bull. civ. V, n° 562* • Crim. 4 janv. 1991 : *RJS 1991. 181, n° 346.*

2. La grève ne suspend pas le mandat. • Soc. 27 févr. 1985 : *Bull. civ. V, n° 124.*

3. La maladie d'un salarié ne l'empêche pas nécessairement d'être apte à exercer ses fonctions représentatives. • Crim. 16 juin 1970 : *D. 1970. 652.*

4. *Contestations.* Les litiges qui peuvent s'élever sur les conditions de remplacement d'un délégué ne relèvent pas du contentieux électoral. • Soc. 7 nov. 1984 : *Bull. civ. V, n° 419.*

5. *Conditions du remplacement.* L'absence du délégué titulaire justifiant le recours au délégué suppléant peut résulter du fait que le titulaire, en raison de son horaire de travail débutant à 13 h, n'est pas en mesure d'exercer son mandat auprès des salariés travaillant le matin. • Soc. 5 oct. 1994 : *RJS 1994. 769, n° 1281.*

6. L'art. L. 423-17 [L. 2314-30 nouv.] indiquant que la priorité doit être donnée au suppléant de la même catégorie, l'organisation syndicale ne peut choisir elle-même le suppléant. • Soc. 5 nov. 1986 : *Bull. civ. V, n° 504 ; D. 1986. IR 455.* ♦ V. aussi • Soc. 8 juin 1983 : *Bull. civ. V, n° 306* (absence de corrélation entre le rang occupé par le titulaire et celui de son remplaçant). ♦ Sur la possibilité d'instaurer conventionnellement un mécanisme de remplacement des suppléants, V. • Soc. 11 oct. 1978 : *Bull. civ. V, n° 661 ; D. 1979. IR 225, obs. Pélissier.*

7. Lorsque les délégués du personnel constituent la délégation du personnel au comité d'entreprise et qu'un membre élu cesse ses fonctions en cours de mandat, le remplacement est assuré conformément à l'art. L. 423-17 [L. 2314-30 nouv.]. • Soc. 7 mai 2002, n° 01-60.671 P : *Dr. soc. 2002. 787, obs. Savatier ; RJS 2002. 650, n° 840.*

8. *Modalités du remplacement.* La règle de remplacement prévue par l'art. L. 423-17 [L. 2314-30 nouv.] étant impérative, le refus d'un délégué de remplacer le titulaire équivaut à une démission. • Soc. 5 mai 1983 : *Bull. civ. V, n° 237 ; D. 1983. IR 353.*

9. *Délégué du personnel suppléant désigné délégué syndical.* Dans une entreprise qui emploie moins de cinquante salariés, un délégué du personnel suppléant assurant le remplacement du délégué du personnel titulaire peut, pour la durée de ce remplacement, être désigné comme délégué syndical. • Soc. 20 juin 2012 : *Dalloz actualité, 10 juill. 2012, obs. Fleuriot ; D. 2012. Actu. 1746 ; RJS 2012. 699, n° 823 ; JCP S 2012. 1361, obs. Gauriau.*

Art. L. 2314-31 **Dans chaque entreprise,** *(L. n° 2014-288 du 5 mars 2014, art. 30-V)* **« lorsqu'** *[lorsque]* **au moins une organisation syndicale a répondu à l'invitation à négocier de l'employeur et » à défaut d'accord entre l'employeur et les organisations syndicales intéressées** *(L. n° 2008-789 du 20 août 2008)* **« conclu selon les conditions de l'article L. 2314-3-1 », le caractère d'établissement distinct est reconnu par l'autorité administrative.**

(L. n° 2014-288 du 5 mars 2014, art. 30-V) **« La saisine de l'autorité administrative mentionnée au premier alinéa suspend le processus électoral jusqu'à la décision administrative et entraîne la prorogation des mandats des élus en cours jusqu'à la proclamation des résultats du scrutin. »**

La perte de la qualité d'établissement distinct *(Abrogé par L. n° 2014-288 du 5 mars 2014, art. 30-V) « , reconnue par décision administrative, »* **emporte la cessation des fonctions des délégués du personnel, sauf si un accord contraire, conclu entre l'employeur et les organisations syndicales** *(L. n° 2008-789 du 20 août 2008)* **« intéressées, conclu selon les conditions de l'article L. 2314-3-1 », permet aux délégués du personnel d'achever leur mandat.**

(L. n° 2016-1088 du 8 août 2016, art. 18) **« La décision de l'autorité administrative peut faire l'objet d'un recours devant le juge judiciaire, à l'exclusion de tout autre recours administratif ou contentieux. »**

1. *Intervention de l'autorité administrative.* En l'absence d'accord préélectoral, ou si celui-ci est manifestement minoritaire, l'autorité administrative, saisie pour fixer le nombre d'établissements distincts d'une entreprise, doit nécessairement intervenir avant la tenue des élections. • CE 31 mai 2012 : *Dalloz actualité, 22 juin 2012, obs. Ines ; D. 2012. Actu. 1556 ; RJS 2012. 626, n° 722 ; Dr. ouvrier 2013. 50, obs. Grévy ; JCP S 2012. 1410, obs. Jeansen.* ♦ Lorsque le protocole préélectoral n'a pas été conclu à la condition de double majorité posée par les art. L. 2314-3-1 et L. 2324-4-1 C. trav., la saisine de la DIRECCTE pour déterminer les établissements distincts, fixer la répartition des électeurs ou la répartition des sièges dans les collèges, suspend le processus électoral jusqu'à sa décision et entraîne la prorogation des mandats en cours jusqu'à la proclamation des résultats du premier tour du scrutin. • Soc. 26 sept. 2012 : *Dalloz actualité, 5 oct. 2012, obs. Ines ; D. 2012. Actu. 2315 ; RDT 2012. 639, obs. Odoul-Asorey ; RJS 2012. 766, n° 889 ; Dr. ouvrier 2013. 31, obs. Rennes ; JCP S 2012. 1420, rapp. Pécaut-Rivolier.*

2. *Juridiction compétente.* Les litiges relatifs à la perte de la qualité d'établissement distinct relèvent du contentieux des élections professionnelles et sont de la compétence du tribunal d'instance. • Soc. 20 oct. 1988 : *D. 1988. IR 262 ; Dr. soc. 1989. 54, note Savatier.* ♦ Si le tribunal d'instance n'est pas compétent pour procéder au découpage de l'entreprise en établissements distincts en vue de l'élection de délégués du personnel, il l'est pour statuer sur la validité de l'accord procédant à un tel découpage. • Soc. 2 mars 2011 : *Dalloz actualité, 11 mars 2011, obs. Astaix ; RDT 2011. 326, obs. Odoul-Asorey ; Dr. soc. 2011. 873, obs. Petit ; JCP S 2011. 1217, obs. Jeansen.*

3. *Maintien.* Sur les conditions de maintien d'un établissement distinct, V. • Soc. 14 janv. 1988 : *Dr. ouvrier 1989. 197, note F. S.* • 9 juin 1988 : *eod. loc.*

4. Détermination de l'établissement distinct. Le périmètre de l'établissement distinct, déterminé à l'occasion d'un précédent scrutin par accord préélectoral ou décision de l'autorité administrative, demeure celui dans lequel doivent se dérouler les élections lorsqu'il n'a été modifié ni par un protocole préélectoral signé dans les conditions fixées par les art. L. 2314-3-1 et L. 2324-4-1, ni par une décision administrative. • Soc. 26 sept. 2012 : *Dalloz actualité, 17 oct. 2012, obs. Ines ; D. 2012. Actu. 2315 ; RDT 2013. 46, obs. Signoretto ; Dr. soc. 2013. 71, obs. Petit ; RJS 2012. 813, n° 956 ; JS Lamy 2012, n° 331-5, obs. Tourreil ; JCP S 2012. 1486, obs. d'Ornano.*

CHAPITRE V **FONCTIONNEMENT**

SECTION PREMIÈRE **HEURES DE DÉLÉGATION**

Art. L. 2315-1 **L'employeur laisse aux délégués du personnel le temps nécessaire à l'exercice de leurs fonctions dans les limites d'une durée qui, sauf circonstances exceptionnelles, ne peut excéder :**

1° Dix heures par mois dans les entreprises de moins de cinquante salariés ;

2° Quinze heures par mois dans les entreprises *(L. n° 2012-387 du 22 mars 2012, art. 43)* **« d'au moins cinquante salariés ».**

(L. n° 2016-1088 du 8 août 2016, art. 28) **« Sauf accord collectif contraire, lorsque le représentant du personnel élu ou désigné est un salarié mentionné à l'article L. 3121-58, le crédit d'heures est regroupé en demi-journées qui viennent en déduction du nombre annuel de jours travaillés fixé dans la convention individuelle du salarié. Une demi-journée correspond à quatre heures de mandat. Lorsque le crédit d'heures ou la fraction du crédit d'heures restant est inférieur à quatre heures, le représentant du personnel en bénéficie dans des conditions définies par un décret en Conseil d'État. »**

BIBL. ► COHEN, *Dr. ouvrier 1983. 378 ; Dr. soc. 1993. 656* (représentants conventionnels). – FROSSARD, *RJS 1991. 155.* – GRINSNIR, *Dr. ouvrier 1988. 455.* – LENOIR et WALLON, *Dr. soc. 1988. 213.* – MOLE, *ibid. 1990. 59.* – PETIT, *RPDS 1979. 309.* – RAY, *Dr. soc. 1986. 757.* – ROUX, *ibid. 1978. 31.* – TEYSSIÉ, *Sem. soc. Lamy 1986, suppl. n° 322, D. 33.* – VERDIER, *JCP E 1989. 15366 ; Dr. soc. 1989. 637 ; ibid. 1991. 300.*

A. DURÉE DU CRÉDIT

1. Circonstances exceptionnelles. Les circonstances exceptionnelles supposent une activité inhabituelle nécessitant de la part des représentants un surcroît d'activité débordant le cadre habituel de leurs tâches en raison notamment de la soudaineté de l'événement ou de l'urgence des mesures à prendre. • Crim. 3 juin 1986 : *Dr. soc. 1986. 757, note Ray.*

2. Il appartient au salarié d'établir l'existence de circonstances exceptionnelles justifiant, eu égard aux fonctions qui lui sont conférées par la loi, un dépassement de ses heures de délégation, de même que la conformité de l'utilisation desdites heures excédentaires avec sa mission. • Soc. 29 janv. 1992, n° 88-44.227 P : *CSB 1992. 87, S. 58 ; RJS 1992. 184, n° 302.* ♦ Le juge doit préciser pour chaque catégorie de représentants quelles circonstances exceptionnelles justifiaient un dépassement de la dotation légale et si les heures excédentaires ont été utilisées conformément à leurs fonctions. • Même arrêt.

3. Constituent des circonstances exceptionnelles : la conjoncture économique difficile dans laquelle se trouvait l'entreprise. • Soc. 26 oct. 1977 : *Bull. civ. V, n° 568.* ♦ ... La préparation d'un important licenciement économique. • Soc. 7 déc. 1977 : *JCP 1978. IV. 42.* ♦ ... L'existence d'un conflit collectif important. • Soc. 27 juin 1979 : *Bull. civ. V, n° 587* • 8 juill. 1998 : *RJS 1998. 745, n° 1238.* ♦ ... La mission effectuée auprès d'un CHSCT à la suite d'une situation révélant un danger imminent. • Soc. 29 avr. 1980 : *Bull. civ. V, n° 372.* ♦ ... L'examen d'un important projet de restructuration. • Soc. 6 juill. 1994, n° 93-41.705 P : *Dr. soc. 1994. 899, obs. Cohen.* – V. aussi • Soc. 17 mai 1979 : *Bull. civ. V, n° 423 ; D. 1980. IR 21, obs. Langlois* • 7 juin 1979 : *Bull. civ. V, n° 488.* ♦ ... L'obligation de faire face à diverses démarches consécutives au licenciement de trois salariés. • Soc. 28 oct. 2003 : *Bull. civ V, n° 265 ; D. 2003. IR 2806 ; RJS 2004. 60, n° 68.*

4. N'autorise pas un dépassement de la dotation légale : une grève de courte durée. • Soc. 14 nov. 1984 : *JCP 1985. IV. 30.* ♦ ... La préparation d'un accord d'entreprise, même si ce dernier revêt un caractère exceptionnel. • Soc. 5 nov. 1987 : *D. 1987. IR 229.* ♦ ... La préparation d'un arbre de Noël. • Soc. 22 avr. 1964 : *Bull. civ. IV, n° 307 ; Dr. soc. 1964. 579, note Savatier.* ♦ ... La participation aux élections prud'homales. • Soc. 11 juin 1987 : *D. 1987. IR 154.*

5. Le recours au dépassement exceptionnel suppose que le contingent normal soit épuisé. • Soc. 6 nov. 1985 : *Sem. soc. Lamy 1986. 108.*

6. Dispositions conventionnelles. Lorsque les dispositions n'ont pas été instituées par une convention ou un accord collectif étendu, en vertu d'une disposition expresse dans une matière déterminée, leur méconnaissance, si elle peut donner lieu à des recours civils, n'est pas susceptible de recevoir une qualification pénale. • Crim. 4 avr. 1991 (trois arrêts) : *D. 1991. IR 156 ; JCP E 1991. II. 213, note Godard ; RJS 1991. 325, n° 614 a.* ♦ *Contra* : • Crim. 14 févr. 1978 : *Bull. crim. n° 58 ; D. 1978. IR 384, obs. Pélissier ; Dr. soc. 1979. 172, note Pradel* • 22 mai 1979 : *Bull. crim. n° 181.* – V. aussi • Soc. 16 mars 1977 : *Bull. civ. V, n° 195.* ♦ Le crédit d'heures accordé conventionnellement aux délégués suppléants se cumule avec la dotation légale prévue en cas d'absence du titulaire. • Soc. 21 juill. 1986 : *Dr. ouvrier 1987. 97.* ♦ Doit être condamné l'employeur qui refuse de payer les heures de délégation qui n'avaient pas donné lieu à récupération, alors qu'une telle possibilité était prévue par un accord d'entreprise. • Soc. 23 févr. 1994 : *Dr. ouvrier 1995. 149, note Grinsnir.*

7. Usages. L'employeur est tenu de respecter l'usage en vigueur. • Soc. 8 janv. 1981 : *Bull. civ. V, n° 20 ; D. 1981. IR 424, obs. Langlois.* ♦ Pour des illustrations de dépassement de la dotation légale fondé sur l'usage, V. • Crim. 14 mai 1985 : *Dr. soc. 1986. 916, note Pecyna* • Soc. 22 avr. 1985 : *Dr. ouvrier 1986. 25* • 21 mai 1986 : *Gaz. Pal. 1986. 2. Pan. 214* • 14 janv. 1987 : *Bull. civ. V, n° 15* • 16 févr. 1994 : *RJS 1994. 276, n° 426.*

8. La violation d'un usage ne peut entrer dans la catégorie des agissements pénalement sanctionnés. • Crim. 4 avr. 1991, *Moisan : D. 1991. IR 140 ; JCP E 1991. II. 213, note Godard ; RJS 1991. 325, n° 614.* ♦ *Contra* : • Crim. 24 févr. 1977 : *Bull. crim. n° 80 ; D. 1977. IR 194* • 12 janv. 1982 : *Bull. crim. n° 12 ; D. 1983. IR 167, obs. Reinhard* • 4 nov. 1982 : *Dr. ouvrier 1983. 392.* ♦ Comp. : • Soc. 9 juill. 1986 : *Dr. soc. 1986. 890, note Savatier ; ibid. 1987. 637, note Déprez ; D. 1987. Somm. 202, obs. Rotschild-Souriac* (décision affirmant que l'employeur peut mettre fin à un usage de l'entreprise à la seule condition d'observer un délai de prévenance permettant une éventuelle conciliation). – Dans le même sens • 11 juin 1981 : *Bull. civ. V, n° 533 ; D. 1982. IR 398, obs. Langlois.* ♦ L'employeur n'est pas tenu d'entamer des négociations. • Soc. 9 juill. 1986 : *préc.* • 9 juill. 1987 : *D. 1987. IR 187.* ♦ Rappr. : • Cour supérieure d'arbitrage 9 janv. 1981 : *Dr. soc. 1981. 357, concl. Morisot* • Soc. 25 févr. 1988 : *Bull. civ. V, n° 139 ; D. 1988. Somm. 319, obs. A. Lyon-Caen.*

9. Justifie sa décision déboutant l'employeur de sa demande en remboursement d'heures de délégation le conseil de prud'hommes qui constate l'existence d'un usage d'entreprise en vertu duquel la société rémunérait le temps passé par un délégué syndical à la défense des travailleurs étrangers à l'entreprise. • Soc. 7 mars 1989 : *Bull. civ. V, n° 183.* ♦ Sur la preuve de l'usage, V. égal. • Soc. 21 mai 1986 : *JCP 1986. IV. 214* • 14 janv. 1987 : *Bull. civ. V, n° 15.*

10. Dépassement. Même non rémunéré, le dépassement du crédit d'heures légal constitue une faute grave justifiant le licenciement du représentant. • CE 16 avr. 1982 : *Lebon T. 767 ; D. 1982. IR 388* • 17 déc. 1993 : *RJS 1994. 189, n° 263.*

11. Réélection. La réélection d'un représentant n'ouvre pas droit à l'attribution d'un nouveau crédit pour le même mois. • Soc. 13 déc. 1979 : *Bull. civ. V, n° 989.*

12. Suppléant. Sur l'attribution conventionnelle d'heures de délégation aux délégués suppléants, V. • Soc. 4 févr. 1982 : *Bull. civ. V, n° 75 ; Dr. ouvrier 1983. 22* • 9 juill. 1986 : *préc. note 8.*

B. UTILISATION DU CRÉDIT

13. Utilisation personnelle du crédit. Contrairement aux délégués syndicaux, les délégués du personnel et les membres du comité d'entreprise ne peuvent se répartir entre eux leurs crédits d'heures, chaque représentant ne devant pas être limité dans ses prérogatives par les dépassements effectués par un autre. • Soc. 27 nov. 1980 : *Bull. civ. V, n° 859 ; D. 1981. IR 261, obs. Pélissier* • 11 juin 1981 : *Bull. civ. V, n° 533* • 20 oct. 1994 : *Dr. soc. 1995. 69, obs. Cohen* (illicéité d'une mise en commun fondée sur un accord ou un usage). ♦ Sur l'illégalité d'une répartition entre membres titulaires et membres suppléants du comité d'entreprise, V. • Crim. 20 juin 1985 : *Bull. crim. n° 241* • Soc. 10 déc. 1996, n° 95-45.453 P : *RJS 1997. 41, n° 52* (même solution, s'agissant d'un délégué du personnel titulaire et de son suppléant).

14. Liberté d'utilisation. L'utilisation du crédit est réputée conforme à son objet ; l'employeur ne peut, en imputant par avance le contingent d'heures de délégation d'un représentant du personnel travaillant exclusivement la nuit sur la durée du travail en vigueur dans l'entreprise, limiter sa liberté d'utilisation de son crédit d'heures de jour et de nuit. • Soc. 11 juin 2008 : *D. 2008. AJ 1833, obs. Perrin ; RDT 2008. 538, obs. Signoretto ; RJS 2008. 725, n° 912 ; JCP S 2008. 1497, obs. Kerbouc'h ; Dr. ouvrier 2009. 146, obs. Rennes et Saramito.*

15. Obligation d'information de l'employeur. Les bénéficiaires d'heures de délégation doivent indiquer, sur la demande de l'employeur, des précisions sur la nature des activités exercées pendant ces heures permettant à l'employeur de s'assurer que celles-ci ont été utilisées pour leur exercice. • Soc. 30 nov. 2004, n° 03-40.434 P : *D. 2005. IR 110 ; RJS 2005. 126, n° 169 ; JS Lamy 2004, n° 159-2 ; Sem. soc. Lamy 2005, n° 1203, p. 12.*

16. Nature du crédit. Les heures de délégation ne sont pas un forfait. • Soc. 23 oct. 1958, n° 6.210 P. ♦ Comp. • Soc. 5 mai 1993, n° 90-12.996 P : *Dr. soc. 1993. 656, note Cohen* (caractère plus favorable d'une rémunération forfaitaire prévue conventionnellement au profit d'un salarié intermittent du spectacle).

17. Modalités d'utilisation. Les heures de délégation peuvent être prises aussi bien pendant qu'en dehors des heures de travail. • Soc. 23 oct. 1958, n° 6.210 P. • 25 mai 1983 : *Dr. ouvrier 1984. 197, note Henry* • 28 févr. 1989 : *D. 1989. IR 95.* ♦ ... Nonobstant l'existence d'un horaire variable. • Soc. 20 janv. 1993 : *Dr. soc. 1993. 305 ; RJS 1993. 174, n° 288.* ♦ Les heures de délégation d'un enseignant doivent être rémunérées en supplément si elles se situent en dehors du temps de travail calculé sur la durée légale de travail en tenant compte à la fois des heures de cours et du temps de préparation et de correction qui en est le complément nécessaire. • Soc. 27 oct. 1998, n° 96-40.545 P : *Dr. soc. 1999. 106, obs. Cohen*. ♦ Sauf circonstances exceptionnelles, c'est seulement pendant leurs heures de délégation ou en dehors de leurs heures habituelles de travail que les délégués syndicaux peuvent se déplacer librement dans l'entreprise ou en dehors de celle-ci. • Crim. 8 oct. 1991 : *D. 1992. Somm. 298, obs. Borenfreund*.

18. Lorsqu'elles sont prises en dehors de l'horaire de travail en raison des nécessités du mandat, les heures de délégation doivent être payées comme des heures supplémentaires. • Soc. 12 févr. 1991, n° 88-42.353 P : *D. 1992. 282, note Bouilloux ; CSB 1991. 72, S. 40 ; RJS 1991. 177, n° 342* • 18 mai 1993 : *RJS 1993. 443, n° 758.* ♦ Les heures supplémentaires accomplies au titre d'heures de délégation ouvrent droit à repos compensateur. • Soc. 13 déc. 1995 : *Dr. soc. 1996. 433, obs. Cohen ; RJS 1996. 86, n° 134* ♦ Un représentant utilisant ses heures pendant un temps de repos compensateur est en droit de bénéficier de la quote-part des congés-repos correspondant au temps de délégation. • Soc. 20 mai 1992, n° 89-43.103 P : *D. 1992. IR 198 ; RJS 1992. 488, n° 882.* ♦ Mais le représentant qui a perçu une indemnité de congés payés ne peut la cumuler avec les sommes dues au titre des heures de délégation utilisées pendant la période de congés payés afférente. • Soc. 19 oct. 1994 : *Dr. soc. 1995. 72 ; RJS 1994. 855, n° 1419.* ♦ Lorsque la convention collective octroie aux représentants du personnel une option entre deux modes de compensation des heures de délégation prises hors du temps de travail (repos compensateur ou paiement des heures), la violation de ce droit caractérise le délit d'entrave. • Crim. 26 janv. 2016, n° 13-85.770 P : *Dalloz actualité, 2 mars 2016, obs. Siro ; RJS 4/2016, n° 257.*

19. Bons de délégation. Les bons de délégation ne doivent servir qu'à l'information préalable du chef d'entreprise et au calcul des heures utilisées sans créer au profit de l'employeur un droit de contrôle *a priori*. • Crim. 25 mai 1982 : *Bull. crim. n° 135.* ♦ Un employeur ne peut imposer aux représentants du personnel de remplir des bons de délégation à la suite de conversations téléphoniques avec les autres salariés mandatés ; la pratique des bons de délégation ne pouvant être détournée de son objet d'information préalable d'un déplacement pour l'exercice du mandat. • Soc. 10 mai 2006 : *RDT 2006. 257, obs. Grévy ; D. 2006. IR 1480 ; JS Lamy 2006, n° 191-5.* ♦ Dans le même sens : • Soc. 19 avr. 1972 : *Dr. soc. 1972. 500, note Savatier* • Crim. 28 mars 1979 : *Bull. crim. n° 126 ; Dr. ouvrier 1979. 386, note Desset ; D. 1979. IR 547* • 10 mars 1981 : *Bull. crim. n° 88* • 12 avr. 1988 : *JCP 1989. II. 21206, note Godard* (licéité du délai de prévenance, mais une telle modalité suppose une procédure de concertation) • 10 janv. 1989 : *D. 1989. IR 83.* ♦ V., pour un refus justifié du paiement des heures de délégation en raison du départ soudain et inopiné du représentant, son absence ayant été de nature à nuire à l'organisation du travail dans l'entreprise : • Soc. 12 févr. 1985 : *D. 1985. IR 270.*

20. Le refus par un délégué de se soumettre à un système licite de bons de délégation autorise l'employeur à le sanctionner disciplinairement. • Crim. 31 mars 1981 : *D. 1982. IR 77, obs. Pélissier.* ♦ ... Mais pas à lui refuser le paiement des heures. • Soc. 19 juin 1980 : *Bull. civ. V, n° 549 ; D. 1981. IR 135, obs. Langlois.*

21. Lien avec les fonctions. En assurant sa propre défense lors d'une contestation par l'employeur de l'utilisation des heures de délégation, le salarié protégé est dans l'exercice de son mandat. • Soc. 16 mai 1990, n° 87-40.763 P. et, dans la même affaire, • Cass., ass. plén., 31 oct. 1996, n° 94-44.770 P : *BICC 15 déc. 1996, concl. Monnet, note Marc ; D. 1996. IR 257 ; JCP 1996. II. 22748, note Corrignan-Carsin ; JCP 1997. I. 4006, n° 2, obs. Pétel-Teyssié ; Dr. soc. 1997. 270, note Verdier ; RJS 1996. 823, n° 1276 ; LPA 6 déc. 1996, note Picca* • Soc. 26 mai 1999, n° 97-40.966 P : *D. 1999. IR 168 ; Dr. soc. 1999. 738, obs. Radé ; RJS 1999. 573, n° 935.*

Art. L. 2315-2 **Les délégués du personnel qui exercent les attributions économiques du comité d'entreprise en l'absence de ce dernier et par suite de carence constatée aux dernières élections bénéficient, en outre, d'un crédit de vingt heures par mois.** — *[Anc. art. L. 424-1, al. 3.]*

Art. L. 2315-3 **Le temps passé en délégation est de plein droit considéré comme temps de travail et payé à l'échéance normale.**

L'employeur qui entend contester l'utilisation faite des heures de délégation saisit le juge judiciaire. – *[Anc. art. L. 424-1, al. 2.]*

A. PAIEMENT

1. Commissions. Lorsque le représentant du personnel est payé en tout ou partie par des commissions, la somme qui lui est allouée pendant une période où, du fait de ses fonctions, il ne peut travailler, doit être calculée d'après son salaire réel. • Soc. 29 mai 2001, n° 98-45.758 P : *D. 2001. IR 2085 ; RJS 2001. 706, n° 1030.* ♦ Les heures de délégation d'un salarié à temps partiel prises en dehors du temps de travail normal en raison des nécessités du mandat doivent être rémunérées comme du temps de travail effectif ; Le salarié payé en partie par commissions a droit, outre sa part de commissions, à la part fixe de son salaire calculée au prorata des heures de délégation accomplies. • Soc. 21 janv. 2004 : *RJS 2004. 221, n° 322.*

2. Primes. Lorsque des indemnités de repas constituent un élément du salaire, elles doivent être prises en compte au titre des heures de délégation. • Soc. 7 févr. 1990, n° 87-40.289 P : *RJS 1990. 162, n° 222.* ♦ Dans le même sens : • Soc. 1er avr. 1992, n° 88-40.108 P : *RJS 1992. 351, n° 628* (prime de panier) • 2 juin 1992, n° 88-45.662 P : *D. 1992. IR 182 ; RJS 1992. 489, n° 883* (prime de douche) • 15 déc. 1993 : *RJS 1994. 190, n° 264* • 7 avr. 1994 : *Dr. ouvrier 1995. 149* (pause casse-croûte). ♦ Les heures de délégation ne peuvent être prélevées sur les sommes remises pour le service par les clients. • Crim. 26 juill. 1989 : *D. 1989. IR 254* • Soc. 8 nov. 1994 : *Dr. soc. 1995. 71, obs. Cohen ; RJS 1994. 832, n° 1372.*

3. Frais professionnels. Si un représentant du personnel ou un représentant syndical ne peut être privé du fait de l'exercice de son mandat du paiement d'une indemnité compensant une sujétion particulière de son emploi qui constitue un complément de salaire, il ne peut toutefois pas réclamer le paiement de sommes correspondant au remboursement de frais professionnels qu'il n'a pas exposés. • Soc. 3 févr. 2016, n° 14-18.777 P : *Dalloz actualité, 19 févr. 2016, obs. Peyronnet ; D. 2016. Actu. 382 ; RJS 4/2016, n° 256 ; JCP S 2016. 1189, obs. Kerbouc'h* • Soc. 1er juin 2016, n° 15-15.202 P : *Dalloz actualité, 20 juin 2016, obs. Peyronnet.*

4. Établissements privés d'enseignement. Dans un établissement d'enseignement privé sous contrat, le paiement des heures de délégation est à la charge de l'employeur. • Soc. 24 oct. 1989 : *Bull. civ. V, n° 608 ; D. 1989. IR 283.* ♦ Pour le paiement des heures de délégation des enseignants représentants du personnel, compte tenu de leur horaire de service, V. • Soc. 6 oct. 1993, n° 91-43.313 P : *Dr. soc. 1993. 971 ; RJS 1993. 656, n° 1111 (2e esp.)* • 18 nov. 2008 : *RDT 2009. 120, obs. Serverin .*

5. Ancienneté. Étant considérées de plein droit comme temps de travail, les heures de délégation doivent être prises en compte pour le calcul de l'ancienneté des salariés leur permettant d'être électeurs et éligibles. • Soc. 10 nov. 1991, n° 90-60.397 P : *D. 1991. IR 290 ; Dr. soc. 1992. 85 ; RJS 1992. 50, n° 55.* ♦ Dans le même sens : • Soc. 18 nov. 1992, n° 90-60.562 P : *RJS 1993. 42, n° 49, concl. Chauvy* (calcul de l'ancienneté pour la désignation d'un délégué syndical).

6. Non-paiement des salaires. En cas de non-paiement à l'échéance, le juge des référés prud'homal est compétent pour ordonner le paiement. • Soc. 23 juin 1988 : *Dr. ouvrier 1988. 466.*

7. Paiement des heures de délégation au moyen d'un repos compensateur. Quand il est fait application dans l'entreprise d'une convention collective de branche offrant la possibilité de mettre en œuvre un repos compensateur en contrepartie des heures supplémentaires, les heures de délégation accomplies par le salarié en dehors de ses horaires de travail pour les nécessités du mandat donnent lieu à un tel repos. • Soc. 9 oct. 2012 : *Dalloz actualité, 28 oct. 2012, obs. Ines ; RJS 2012. 814, n° 958 ; JS Lamy 2012, n° 333-334-6 ; JCP S 2012. 1501, obs. Rozec.*

B. CONTESTATIONS

8. Sanctions pénales. La contestation par l'employeur de l'utilisation des heures de délégation n'est pas susceptible en elle-même d'une incrimination pénale. • Crim. 16 oct. 1990 (deux arrêts) : *D. 1990. IR 280 ; Dr. soc. 1991. 300, note Verdier ; CSB 1991. 15, A. 7 ; RJS 1990. 648, n° 989.* ♦ ... Mais l'employeur ayant interdiction de prendre en considération l'exercice des fonctions de représentant du personnel pour arrêter ses décisions en ce qui concerne la rémunération, il ne saurait priver des salariés délégués du personnel d'une prime de fin d'année en raison de l'utilisation par eux de leurs heures de délégation. • Soc. 11 juin 1997 : *RJS 1997. 616, n° 988 ; Quot. jur. 28 oct. 1997, note C.B.* ♦ Comp. : • Crim. 10 juin 1997 : *Bull. crim. n° 231 ; RJS 1997. 682, n° 1104,* cassant un arrêt ayant retenu le délit d'entrave à l'encontre d'un employeur qui avait réduit le montant des primes versées à un délégué du personnel par rapport aux années antérieures, au motif qu'il appartenait aux juges du fond de vérifier si les primes litigieuses constituaient ou non un complément de salaire dont le versement intégral s'imposait à l'employeur.

9. La résistance opposée par l'employeur à la réclamation du salarié relative au paiement de ses heures de délégation est nécessairement fautive et donne lieu à dommages et intérêts.

• Soc. 18 juin 1997, n° 94-43.415 P : *RJS 1997. 616, n° 989 ; CSB 1997. 253, S. 154.*

10. Conditions de la contestation. L'employeur ne peut contester l'usage fait du temps alloué aux représentants qu'après paiement de ce temps. • Soc. 9 déc. 1985, n° 84-44.252 P : *D. 1986. IR 385, obs. Frossard ; Dr. soc. 1986. 757, note Ray.*

11. Présomption d'utilisation conforme. La présomption légale s'applique au délégué suppléant remplaçant le titulaire. • Soc. 30 mai 1990, n° 86-43.583 P. ♦ Cette présomption ne s'étend pas aux heures prises en fonction de circonstances exceptionnelles dont il appartient au salarié d'établir l'existence préalablement à tout paiement. • Soc. 21 juill. 1986, n° 84-41.664 P : *Dr. soc. 1986. 757, note Ray* • 30 avr. 1987 : *Bull. civ. V, n° 246* • Crim. 3 juin 1986 : *Dr. soc. 1986. 757, note Ray* • Soc. 9 mai 1989 : *D. 1989. IR 170* • 29 janv. 1992 : *CSB 1992. 87, S. 58 ; RJS 1992. 184, n° 303* • 10 juin 1997, n° 94-42.546 P : *Dr. soc. 1997. 989, obs. Cohen ; RJS 1997. 531, n° 821 ; CSB 1997. 292, S. 160* (à propos des heures de délégation des représentants du personnel au CHSCT). ♦ La présomption ne s'applique pas non plus aux heures prises au-delà du contingent fixé par la loi ou l'accord collectif. • Soc. 26 juin 2001, n° 98-46.387 P : *RJS 2001. 884, n° 1302.*

12. Rôle de l'employeur. Si la loi ne dispense pas les bénéficiaires des heures de délégation de préciser les activités exercées pendant leur temps de délégation, c'est à charge pour l'employeur d'établir devant les juges du fond la non-conformité de l'utilisation de ce temps avec le mandat représentatif. • Soc. 2 mai 1989 : *Bull. civ. V, n° 320 ; GADT, 4e éd., n° 150 ; D. 1989. IR 170 ; Dr. soc. 1989. 637, note Verdier.* – Dans le même sens : • Soc. 13 nov. 1985 : *Bull. civ. V, n° 536 ; D. 1986. IR 385, obs. Frossard ; Dr. soc. 1986. 757, note Ray* • 28 mars 1989 : *Dr. soc. 1989. 637, note Verdier* • 18 avr. 1989 : *eod. loc.* • 2 mai 1989 : *eod. loc.* ♦

13. Avant de saisir les juges d'une action en remboursement des heures prétendument mal utilisées, l'employeur doit demander à l'intéressé, fût-ce par voie judiciaire, l'indication de leur utilisation. • Soc. 21 nov. 1990 : *D. 1991. IR 2 ; CSB 1991. 17, A. 8 ; RJS 1991. 26, n° 42* • 15 déc. 1993 : *D. 1994. IR 24 ; Dr. soc. 1994. 217 ; RJS 1994. 53, n° 50.* ♦ L'employeur est en droit de saisir le juge des référés pour obtenir cette indication. • Soc. 8 juill. 1992, n° 90-43.980 P. ♦ Le juge des référés est fondé à se prononcer sur la demande de l'employeur en application de l'art. 145 C. pr. civ. (C. pr. civ.). • Soc. 22 avr. 1992, n° 89-41.253 P : *RJS 1992. 411, n° 751.* ♦ Le salarié n'est tenu que d'indiquer les activités au titre desquelles ont été prises les heures de délégation et non de justifier de leur utilisation. • Même arrêt • Soc. 25 mai 1993, n° 89-45.542 P : *Dr. soc. 1993. 681 ; RJS 1993. 442, n° 757.* ♦ L'employeur qui reconnaît n'avoir aucun grief particulier quant à l'utilisation du temps de délégation abuse de son droit d'ester en justice en réclamant leur remboursement. • Soc. 21 nov. 1990 : *D. 1991. IR 2 ; Dr. soc. 1991. 300, note Verdier ; CSB 1991. 17, A. 38 ; RJS 1991. 26, n° 42.*

14. Rôle du représentant. Le représentant ne saurait se contenter d'affirmer qu'il a fait usage de ses heures dans le cadre de son mandat. • Soc. 16 mars 1994, n° 92-42.234 P : *D. 1994. IR 85 ; Dr. soc. 1994. 520 ; RJS 1994. 351, n° 562.*

Art. L. 2315-4 **Dans les entreprises de travail temporaire, les heures de délégation utilisées entre deux missions, conformément à des dispositions conventionnelles, par un délégué du personnel titulaire, pour l'exercice de son mandat, sont considérées comme des heures de travail.**

Ces heures de délégation sont réputées rattachées, en matière de rémunération et de charges sociales, au dernier contrat de mission avec l'entreprise de travail temporaire au titre de laquelle il a été élu délégué du personnel titulaire. — *[Anc. art. L. 424-1, al. 4.]*

SECTION II **DÉPLACEMENT ET CIRCULATION**

Art. L. 2315-5 **Pour l'exercice de leurs fonctions, les délégués du personnel peuvent, durant les heures de délégation, se déplacer hors de l'entreprise.**

Ils peuvent également, tant durant les heures de délégation qu'en dehors de leurs heures habituelles de travail, circuler librement dans l'entreprise et y prendre tous contacts nécessaires à l'accomplissement de leur mission, notamment auprès d'un salarié à son poste de travail, sous réserve de ne pas apporter de gêne importante à l'accomplissement du travail des salariés. — *[Anc. art. L. 424-3.]*

1. Déplacements. Sur l'illégalité des mesures de contrôle préalable instaurées par l'employeur, V. • Crim. 4 oct. 1977 : *Bull. crim. n° 287 ; D. 1977. IR 491.*

2. Sauf usage ou norme conventionnelle contraire, les frais de déplacement exposés par les représentants ne sont pas remboursés. • Soc. 26 nov. 1981 : *Bull. civ. V, n° 927* • 16 déc. 1985 : *ibid., n° 612* • 14 févr. 1989 : *D. 1989. IR 75.* – Rappr. : • Soc. 25 janv. 1984 : *D. 1984. IR 220.*

3. Sur l'absence de gêne importante résultant du fait pour les délégués de se déplacer dans l'entreprise en vue de recueillir un « cahier-questionnaire », V. • Crim. 27 sept. 1988 : *Dr. ouvrier 1989. 66.*

4. Téléphone. Pour l'accomplissement de leur mission légale et la préservation de la confidentialité qui s'y attache les salariés investis d'un mandat électif ou syndical dans l'entreprise doivent pouvoir y disposer d'un matériel ou procédé excluant l'interception de leurs communications téléphoniques et l'identification de leurs correspondants. • Soc. 6 avr. 2004, ☎ n° 02-40.498 P : *RJS 2004. 485, n° 713.*

SECTION III **LOCAL ET AFFICHAGES**

Art. L. 2315-6 **L'employeur met à la disposition des délégués du personnel le local nécessaire pour leur permettre d'accomplir leur mission et, notamment, de se réunir.** – *[Anc. art. L. 424-2, al. 1.]*

Local. Commet le délit d'entrave le chef d'entreprise qui, hors le cas de force majeure, omet de mettre à disposition des délégués un local. • Crim. 7 janv. 1981 : *Bull. crim. n° 5 ; D. 1981. IR 424, obs. Langlois.* ♦ V. aussi • Crim. 29 avr. 1980 : *Dr. ouvrier 1981. 48* (nécessité d'un local spécifique) • 17 nov. 1966 : *Bull. crim. n° 262 ; D. 1967. 201* (le local peut être commun au délégué du personnel et au comité d'entreprise).

Art. L. 2315-7 **Les délégués du personnel peuvent faire afficher les renseignements qu'ils ont pour rôle de porter à la connaissance du personnel sur des emplacements obligatoirement prévus et destinés aux communications syndicales, ainsi qu'aux portes d'entrée des lieux de travail.** – *[Anc. art. L. 424-2, al. 2.]*

1. Affichage. La liberté d'affichage n'est soumise à aucun contrôle préalable de l'employeur, à qui il appartient seulement de saisir éventuellement les tribunaux compétents de toute contestation sur le bien-fondé d'un affichage. • Crim. 8 mai 1968 : *Bull. crim. n° 145 ; D. 1968. 563, note Verdier.*

2. Sur la notion de « portes d'entrée des lieux de travail », comp. : • Crim. 15 mars 1983 : *Bull. crim. n° 85 ; D. 1983. IR 307* (une porte de bureau n'entre pas dans les prévisions de la loi) • Soc. 3 déc. 1985 : *Juri-soc. 1986, F. 11* (porte considérée comme un lieu de passage et donc comme une porte d'entrée).

3. Tracts. La distribution de tracts syndicaux n'entre pas dans les attributions des délégués du personnel. • Soc. 13 mars 1985 : *Bull. civ. V, n° 163 ; D. 1985. IR 407* • Crim. 1er févr. 1983 : *Jurispr. UIMM 1983, n° 442.* ♦ Comp., à propos d'une distribution de tracts jugée licite : • Soc. 2 févr. 1972 : *Bull. civ. V, n° 87 ; D. 1972. Somm. 130* • 9 juin 1983 : *D. 1983. IR 352* (distribution de tracts dans la cantine).

SECTION IV **RÉUNIONS**

Art. L. 2315-8 **Les délégués du personnel sont reçus collectivement par l'employeur au moins une fois par mois. En cas d'urgence, ils sont reçus sur leur demande.**

L'employeur peut se faire assister par des collaborateurs. Ensemble, ils ne peuvent être en nombre supérieur à celui des représentants du personnel titulaires.

Les délégués du personnel sont également reçus par l'employeur, sur leur demande, soit individuellement, soit par catégorie, soit par atelier, service ou spécialité professionnelle selon les questions qu'ils ont à traiter. – *[Anc. art. L. 424-4, al. 1, phrases 1 à 3 et al. 2.]*

1. Réunions mensuelles. Les dispositions de l'art. L. 424-4 [L. 2315-8 nouv.] s'imposent impérativement et, hors les cas de force majeure, leur inobservation ne peut être justifiée que si elle a pour cause le refus ou la défection des délégués eux-mêmes. • Crim. 22 oct. 1975 : *Bull. crim. n° 223 ; D. 1975. IR 234 ; JCP 1976. II. 18396, note Caleb* • 10 juill. 1979 : *Bull. crim. n° 245* • 9 mars 1977 : *ibid., n° 90 ; D. 1977. IR 238, obs. Puech* • 4 nov. 1982 : *D. 1983. IR 66.* ♦ Pour être punissable, le défaut de réunion doit être volontaire. • Crim. 20 mars 1984 : *Bull. crim. n° 118 ; D. 1984. IR 388.*

2. L'inexistence d'un régime légal de convocation des délégués du personnel à la réunion mensuelle obligatoire ne fait pas obstacle à l'exercice de poursuites pour délit d'entrave à l'encontre du chef d'entreprise, dès lors que celui-ci est tenu d'informer les délégués de la date et de l'heure de cette réunion. • Crim. 17 déc. 1996 : ☎ *Bull. crim. n° 472 ; RJS 1997. 285, n° 432.*

3. La réunion mensuelle a nécessairement un caractère collectif. • Crim. 11 oct. 1989 : *Dr. ouvrier 1991. 28.* ♦ Elle doit être réservée aux seuls délégués. • Crim. 10 juill. 1979 : *JCP 1979. IV. 314.* ♦ Mais l'employeur qui doit recueillir l'avis des délégués du personnel avant le licenciement pour inaptitude et impossibilité de reclassement d'un salarié n'a pas à le faire dans le cadre de la réunion mensuelle. • Soc. 29 avr. 2003,

♲ n° 00-46.477 P : *Dr. soc. 2003. 787, obs. Savatier* ✐ ; *D. 2003. IR 1408* ✐.

4. Ne constitue pas un fait justificatif : l'indisponibilité du représentant de l'employeur qui devait présider la réunion. • Crim. 7 janv. 1981 : *Bull. crim. n° 5 ; D. 1981. IR 424, obs. Langlois.* ♦ ... Le fait qu'aucune réclamation n'ait été exprimée dans la note écrite prévue à l'art. L. 424-5. • Crim. 22 oct. 1975 : *préc. note 1.* – Dans le même sens : • Crim. 27 sept. 1989 : *D. 1989. IR 296.*

5. L'assistance de délégués suppléants aux réunions mensuelles constitue pour l'employeur une prescription impérative. • Crim. 6 nov. 1979 : *Bull. crim. n° 307.* ♦ Sur l'impossibilité pour le suppléant de prendre part à la discussion, V. • Crim. 11 oct. 1983 : *Bull. crim. n° 242 ; D. 1984. IR 352, obs. Verdier.*

6. *Réunions exceptionnelles.* L'urgence n'autorise pas les délégués à transmettre leurs réclamations « dans des conditions d'agitation, de désordre et de violence que l'exercice normal de leurs fonctions aurait permis d'éviter ». • Soc. 27 nov. 1968 : *Bull. civ. V, n° 535.*

7. *Délit d'entrave.* Lorsque l'employeur impose aux délégués un minutage excessif empêchant l'épuisement de l'ordre du jour dans des conditions normales, il porte atteinte à l'exercice régulier de leurs fonctions en refusant de reprendre plus tard la même réunion ou d'en organiser une seconde. • Crim. 29 mars 1977 : *Bull. crim. n° 117 ; D. 1977. IR 336.*

8. Constitue une entrave le fait pour un employeur de refuser de se soumettre à l'usage établi dans l'entreprise de diffuser sous forme de notes de service les procès-verbaux des réunions. • Crim. 12 janv. 1982 : *Bull. crim. n° 12 ; D. 1983. IR 167, obs. Reinhard.* ♦ *Contra* : • Crim. 4 avr. 1991, ♲ *Moisan : D. 1991. IR 140 ; JCP E 1991. II. 213, note Godard ; RJS 1991. 325, n° 614 a,* affirmant que la violation d'un usage ne peut entrer dans la catégorie des agissements pénalement sanctionnés.

Art. L. 2315-9 **Dans une entreprise en société anonyme, lorsque les délégués du personnel présentent des réclamations auxquelles il ne pourrait être donné suite qu'après délibération du conseil d'administration, ils sont reçus par celui-ci, sur leur demande, en présence du directeur ou de son représentant ayant connaissance des réclamations présentées.** – *[Anc. art. L. 424-4, al. 1, phrase 4.]*

Art. L. 2315-10 **Dans tous les cas, les délégués du personnel suppléants peuvent assister avec les délégués du personnel titulaires aux réunions avec les employeurs.**

Les délégués du personnel peuvent, sur leur demande, se faire assister d'un représentant d'une organisation syndicale. – *[Anc. art. L. 424-4, al. 3.]*

Représentant syndical. Ne commettent pas de fraude les délégués du personnel qui désignent comme représentant syndical un ancien salarié licencié pour faute grave. • Crim. 7 févr. 1979 : *D. 1979. IR 422, obs. Pélissier.* ♦ Sur la possibilité de désigner une personne extérieure à l'entreprise, V. • Crim. 10 mai 1973 : *Bull. crim. n° 218* (mandataire d'une fédération syndicale). ♦ L'art. L. 2315-10, al. 2, C. trav. ne limite pas à un représentant le nombre de représentants syndicaux pouvant être appelés à assister les délégués du personnel lors de la réunion prévue à l'art. L. 2315-8 du même code, mais à un représentant par confédération syndicale. • Soc. 28 janv. 2015, ♲ n° 13-24.242 P : *D. 2015. Actu. 327* ✐ ; *RJS 4/2015, n° 264 ; JCP S 2015. 1069, note Teyssié.*

Art. L. 2315-11 **Le temps passé par les délégués du personnel, titulaires ou suppléants, aux réunions prévues à la présente section est rémunéré comme temps de travail.**

Ce temps n'est pas déduit du crédit d'heures dont disposent les délégués du personnel titulaires. – *[Anc. art. L. 424-4, al. 4.]*

Art. L. 2315-12 **Sauf circonstances exceptionnelles, les délégués du personnel remettent à l'employeur une note écrite exposant l'objet des demandes présentées, deux jours ouvrables avant la date à laquelle ils doivent être reçus.**

L'employeur répond par écrit à ces demandes, au plus tard dans les six jours ouvrables suivant la réunion.

Les demandes des délégués du personnel et les réponses motivées de l'employeur sont, soit transcrites sur un registre spécial, soit annexées à ce registre.

Ce registre, ainsi que les documents annexés, sont tenus à la disposition des salariés de l'établissement désirant en prendre connaissance, pendant un jour ouvrable par quinzaine et en dehors de leur temps de travail.

Ils sont également tenus à la disposition de l'*(L. n° 2016-1088 du 8 août 2016, art. 113)* **« agent de contrôle de l'inspection du travail mentionné à l'article L. 8112-1 » et des délégués du personnel.** – *[Anc. art. L. 424-5.]*

1. Obligations de l'employeur. Le fait qu'aucune réclamation n'ait été exprimée selon les formes prévues par l'art. L. 424-5 [L. 2315-12 nouv.] ne dispense pas l'employeur de tenir la réunion mensuelle, mais lui permet de ne pas répondre aux réclamations verbales. • Crim. 22 oct. 1975 : *Bull. crim. n° 223 ; D. 1975. IR 234 ; JCP 1976. II. 18396, note Caleb.*

2. Délit d'entrave. Porte atteinte à l'exercice régulier de leurs fonctions l'employeur qui impose aux délégués le respect d'un délai de six jours ouvrables pour remettre leurs notes écrites. • Crim. 9 avr. 1975 : *Bull. crim. n° 88.* ♦ Comp., lorsque l'employeur reçoit immédiatement les délégués, le délai de deux jours n'ayant pour finalité que de permettre à l'employeur de connaître à l'avance l'objet de l'entretien : • Crim. 4 oct. 1977 : *D. 1977. IR 479.*

3. Le défaut de tenue du registre constitue en lui-même une atteinte au fonctionnement régulier de l'institution des délégués du personnel. • Crim. 2 juin 1976 : *Bull. crim. n° 196 ; JCP 1977. II. 18736, note Dekeuwer.*

CHAPITRE VI **DISPOSITIONS PÉNALES**

Art. L. 2316-1 Le fait de porter ou de tenter de porter atteinte à la libre désignation des délégués du personnel *(Abrogé par L. n° 2015-990 du 6 août 2015, art. 262)* ***« ou à l'exercice régulier de leurs fonctions »*** **est puni d'un emprisonnement d'un an et d'une amende de** *(L. n° 2015-990 du 6 août 2015, art. 262)* **« 7 500 €.**

« Le fait de porter ou de tenter de porter atteinte à l'exercice régulier de leurs fonctions est puni d'une amende de 7 500 €. »

RÉP. TRAV. v^is *Représentants du personnel (Protection)*, par CHELLE et PRÉTOT ; *Entrave aux institutions représentatives des salariés et à l'exercice du droit syndical*, par AMAUGER-LATTES.

COMMENTAIRE

V. Dalloz.fr et applications mobiles Dalloz.

1. Généralités. Sur les règles générales gouvernant le délit d'entrave, V. notes ss. art. L. 2328-1. ♦ V. aussi notes ss. art. L. 2146-1.

I. ENTRAVES À LA DÉSIGNATION

2. Entreprises visées. Ne donne pas de base légale à sa décision la cour d'appel qui, pour déclarer la prévention non établie, estime qu'un GIE n'est pas soumis aux prescriptions de l'art. L. 421-1 [L. 2311-1 nouv.] au motif qu'il n'a pas de lien contractuel avec les salariés mis à sa disposition. • Crim. 29 avr. 1986 : *Bull. crim. n° 147 ; Dr. ouvrier 1986. 201.* ♦ Dans la même affaire, V. • Crim. 14 mai 1991 : *RJS 1991. 578, n° 1107.*

3. Dispositions conventionnelles. Lorsque l'institution représentative n'a pas été instituée par une convention ou un accord collectif étendu, en vertu d'une disposition expresse dans une matière déterminée, la méconnaissance des dispositions conventionnelles, si elle peut donner lieu à des recours civils, n'est susceptible de recevoir aucune qualification pénale. • Crim. 4 avr. 1991 (trois arrêts) : *D. 1991. IR 156 ; JCP E 1991. II. 213, note Godard ; RJS 1991. 325, n° 614 a.* ♦ La violation d'un usage ne peut entrer dans la catégorie des agissements pénalement sanctionnés. • Crim. 4 avr. 1991, *Moisan : D. 1991. IR 140 ; JCP E 1991. II. 213, note Godard ; RJS 1991. 325, n° 614 a ; RSC 1991. 782, obs. A. Lyon-Caen.*

4. Caractère volontaire. L'infraction est constituée indépendamment du moyen employé, dès lors qu'il est constaté qu'il a été volontairement porté atteinte à la libre désignation des délégués. • Crim. 20 oct. 1970 : *Bull. crim. n° 272* (non-renouvellement d'un contrat saisonnier).

5. Comportements incriminés. L'employeur ne peut imposer aux salariés de présenter eux-mêmes leurs réclamations. • Crim. 3 juill. 1968 : *D. 1969. 597, note Verdier ; JCP 1968. II. 15605.* ♦ Sur le délit d'entrave résultant de la mise en place par l'employeur d'un « facilitateur de communication », V. • Crim. 20 mars 1984 : *Bull. crim. n° 118 ; D. 1984. IR 388.*

6. Caractérise le délit d'entrave le fait : de refuser d'organiser des élections. • Crim. 20 oct. 1970 : *Bull. crim. n° 272* • 29 janv. 1974 : *ibid., n° 43* • 26 avr. 1986 : *ibid., n° 147.* ♦ ... De constituer une société pour faire échec à la libre désignation des délégués. • Crim. 23 avr. 1970 : *GADT, 4e éd., n° 131 ; JCP 1972. II. 17046.* ♦ ... De refuser toute négociation avec une organisation syndicale et d'écarter les candidatures présentées par ladite organisation. • Crim. 3 juin 1980 : *D. 1981. IR 123, obs. Langlois.* ♦ ... De mettre le candidat dans l'impossibilité d'exercer sa propagande. • Crim. 5 oct. 1982 : *Bull. crim. n° 207.* ♦ ... D'appeler à l'abstention au premier tour. • Crim. 20 mars 1979 : *Bull. crim. n° 114.* ♦ ... De refuser de donner suite à une demande d'élections présentée par un syndicat. • Crim. 29 janv. 1974 : *Bull. crim. n° 43.* ♦ ... De s'abstenir volontairement d'afficher la liste des candidats. • Crim. 29 avr. 1980 : *RPDS 1980. 268.*

7. Accord préélectoral. L'accord préélectoral peut fixer une date limite au dépôt des candidatures. • Crim. 3 févr. 1987 : *Bull. crim. n° 58 ; D. 1988. Somm. 94, obs. Béraud* • Soc. 19 juin 1987 : *Bull. civ. V, n° 405* • 16 mai 1990 : *ibid., n° 229.*

8. Se rend coupable du délit d'entrave l'employeur qui ne respecte pas les termes de l'accord préélectoral lui imposant d'adresser un tract avec le matériel de vote par correspondance. • Crim. 30 mai 1989 : *Bull. crim. n° 227.* ♦ Mais ne commet pas de délit d'entrave, faute d'intention de nuire au niveau local ou central, le chef d'entreprise qui, en application d'un accord préélectoral signé par toutes les organisations syndicales représentatives de l'entreprise, n'organise pas l'élection des délégués du personnel mais met en place un comité social d'établissement exerçant les compétences dévolues aux délégués du personnel. • Crim. 8 oct. 2002 : *Dr. soc. 2003. 143, obs. Duquesne.*

II. ENTRAVE À L'EXERCICE RÉGULIER DES FONCTIONS

9. Réunion mensuelle. La non-convocation d'un délégué aux réunions mensuelles constitue le délit d'entrave, nonobstant l'absence d'un régime légal de convocation obligatoire. • Crim. 17 déc. 1996 : *Bull. crim. n° 472 ; RJS 1997. 285, n° 432.* ♦ Les dispositions de l'art. L. 424-4 [L. 2315-8 s. nouv.] s'imposent impérativement et, hors les cas de force majeure, leur inobservation ne peut être justifiée que si elle a pour cause le refus ou la défection des délégués eux-mêmes. • Crim. 22 oct. 1975 : *Bull. crim. n° 223 ; D. 1975. IR 234 ; JCP 1976. II. 18396, note Caleb* • 10 juill. 1979 : *ibid., n° 245* • 9 mars 1977 : *ibid., n° 90 ; D. 1977. IR 238, obs. Puech* • 4 nov. 1982 : *D. 1983. IR 66.* ♦ Pour être punissable, le défaut de réunion doit être volontaire. • Crim. 20 mars 1984 : *Bull. crim. n° 118 ; D. 1984. IR 388.* ♦ Le délit est constitué, même si la communication avec l'employeur est assurée par l'échange de courriers électroniques. • Crim. 25 sept. 2007 : *D. 2007. AJ 2674.* ♦ Constitue également une entrave le fait d'imposer à ces réunions la présence en surnombre d'un tiers choisi par l'employeur bien qu'il n'exerce que des fonctions de secrétariat, ou de refuser de mettre à disposition le local prévu par l'art. L. 424-2 [L. 2315-6 nouv.], alors même que l'entreprise subi des travaux, ce qui ne suffit pas à caractériser la force majeure. • Même arrêt.

10. L'assistance des délégués suppléants aux réunions mensuelles constitue pour l'employeur une prescription impérative. • Crim. 6 nov. 1979 : *Bull. crim. n° 307* • 11 oct. 1983 : *ibid., n° 242 ; D. 1984. IR 352, obs. Verdier.*

11. Fait justificatif. Ne constitue pas un fait justificatif : l'indisponibilité du représentant de l'employeur qui devait présider la réunion. • Crim. 7 janv. 1981 : *Bull. crim. n° 5 ; D. 1981. IR 424, obs. Langlois.* ♦ ... Le fait qu'aucune réclamation n'ait été exprimée dans la note écrite prévue à l'art. L. 424-5. • Crim. 22 oct. 1975 : *préc. note 9.* – Dans le même sens : • Crim. 27 sept. 1989 : *D. 1989. IR 296.*

12. Lorsque l'employeur impose aux délégués un minutage excessif empêchant l'épuisement de l'ordre du jour dans des conditions normales, il porte atteinte à l'exercice régulier de leurs fonctions en refusant de reprendre plus tard la même réunion ou d'en organiser une seconde. • Crim. 29 mars 1977 : *Bull. crim. n° 117 ; D. 1977. IR 336.*

13. Réclamations. Porte atteinte à l'exercice régulier de leurs fonctions l'employeur qui impose aux délégués le respect d'un délai de six jours ouvrables pour remettre leurs notes écrites. • Crim. 4 oct. 1977 : *Bull. crim. n° 287 ; D. 1977. IR 479.* ♦ Comp., lorsque l'employeur reçoit immédiatement les délégués, le délai de deux jours n'ayant pour finalité que de permettre à l'employeur de connaître à l'avance l'objet de l'entretien : • Crim. 4 oct. 1977 : *D. 1977. IR 479.*

14. Le défaut de tenue du registre constitue en lui-même une atteinte au fonctionnement régulier de l'institution des délégués du personnel. • Crim. 2 juin 1976 : *Bull. crim. n° 196 ; JCP 1977. II. 18736, note Dekeuwer.*

15. Local. Commet le délit d'entrave le chef d'entreprise qui, hors le cas de force majeure, omet de mettre à disposition des délégués un local. • Crim. 7 janv. 1981 : *Bull. crim. n° 5 ; D. 1981. IR 424, obs. Langlois.* ♦ V. aussi • Crim. 29 avr. 1980 : *Dr. ouvrier 1981. 48* (nécessité d'un local spécifique) • 17 nov. 1966 : *Bull. crim. n° 262 ; D. 1967. 201* (le local peut être commun au délégué du personnel et au comité d'entreprise).

16. Déplacements. Sur l'illégalité des mesures de contrôle préalable des déplacements des délégués instaurées par l'employeur, V. • Crim. 4 oct. 1977 : *Bull. crim. n° 287 ; D. 1977. IR 491.*

17. Heures de délégation. La violation d'un usage ne peut entrer dans la catégorie des agissements pénalement sanctionnés. • Crim. 4 avr. 1991, *Moisan : D. 1991. IR 140 ; JCP E 1991. II. 213, note Godard ; RJS 1991. 325, n° 614 a ; RSC 1991. 782, obs. A. Lyon-Caen.*

18. Les bons de délégation ne doivent servir qu'à l'information préalable du chef d'entreprise et au calcul des heures utilisées sans créer au profit de l'employeur un droit de contrôle *a priori*. • Crim. 25 mai 1982 : *Bull. crim. n° 135.* ♦ Dans le même sens : • Soc. 19 avr. 1972 : *Dr. soc. 1972. 500, note Savatier* • Crim. 28 mars 1979 : *Bull. crim. n° 126 ; Dr. ouvrier 1979. 386, note Desset ; D. 1979. IR 547* • 10 mars 1981 : *Bull. crim. n° 88* • 25 mai 1982 : *ibid., n° 135* • 12 avr. 1988 : *JCP 1989. II. 21206, note Godard* (licéité du délai de prévenance, mais une telle modalité suppose une procédure de concertation) • 10 janv. 1989 : *D. 1989. IR 83.*

19. L'entrave est caractérisée lorsque l'employeur impose l'utilisation des bons de délégation à l'occasion des missions accomplies en dehors des heures de travail, ce qui a pour effet de les imputer sur le crédit d'heures bien que le paiement n'en ait pas été réclamé. • Crim. 28 oct. 1980 : *D. 1981. IR 262, obs. Pélissier.*

20. La contestation judiciaire de l'utilisation des heures de délégation n'est pas susceptible d'une incrimination pénale, sauf abus par l'employeur de son droit d'agir en justice. • Crim. 16 oct. 1990, deux arrêts : *Bull. crim. n° 343 ; D. 1990. IR 280 ; Dr. soc. 1991. 300, note Verdier ; CSB 1991. 15, A. 7 ; RJS 1990. 648, n° 989.*

21. Sur la possibilité de commettre le délit d'entrave en soumettant à autorisation le dépassement du crédit d'heures en cas de circonstances exceptionnelles, V. • Crim. 28 mars 1979 : *Dr. ouvrier 1979. 386, note Desset.*

22. Cassation de l'arrêt qui retient le délit d'entrave à l'encontre d'un employeur ayant réduit le montant des primes versées à un délégué du personnel à qui il était reproché d'avoir continué d'utiliser ses heures de délégation en période d'activité maximale de l'entreprise, malgré les consignes de la direction, alors qu'il appartenait aux juges du fond de vérifier si les primes litigieuses constituaient ou non un complément de salaire dont le versement intégral s'imposait à l'employeur. • Crim. 10 juin 1997 : *Bull. crim. n° 231 ; RJS 1997. 682, n° 1104.*

23. Mutation. S'il est vrai que toute mutation de poste ou de fonction imposée contre son gré à un salarié protégé est de nature à caractériser l'élément matériel d'une atteinte portée à ses prérogatives statutaires, encore faut-il, pour qu'il en soit ainsi, que l'employeur ne puisse apporter la pleine justification de la mesure critiquée. • Crim. 28 oct. 1980 : *Bull. crim. n° 282.* – Dans le même sens : • Crim. 4 janv. 1991 : *ibid., n° 10* • 28 janv. 1997 : *Dr. soc. 1997. 456, note Cohen* (justification non rapportée).

24. Réintégration. Un salarié protégé dont la réintégration est ordonnée doit être réintégré dans le même poste et l'employeur ne peut justifier une mutation entraînant une modification du contrat de travail par des agissements fautifs imputés au salarié et antérieurs au refus d'autorisation de licenciement, agissements ayant été écartés par l'autorité administrative. • Crim. 11 déc. 2001 : *JS Lamy 2002, n° 95-5.*

TITRE DEUXIÈME **COMITÉ D'ENTREPRISE**

RÉP. TRAV. v° *Comité d'entreprise (Mise en place, composition, fonctionnement)*, par De Quénaudon.

BIBL. GÉN. ▶ Bélier, *Dr. soc. 1983. 439* (mise en place) ; *Dr. ouvrier 1990. 344* (rapport sur la représentation des salariés dans les PME). – Bois, *Dr. soc. 1969. 82.* – Caire, *Dr. ouvrier 1983. 361* (participation dans les entreprises multinationales). – Borenfreund, *Sem. soc. Lamy 2003, n° 1140, suppl. p. 44.* – Chorin, *Dr. soc. 1990. 886* (entreprises publiques à statut). – Cohen, *ibid. 1989. 49* (incidences des restructurations) ; *Dr. ouvrier 2002. 55* (attributions économiques) ; *Dr. soc. 2003. 271* (loi du 3 janv. 2003 et comité d'entreprise) ; *ibid. 2005. 394* (fonctionnement du comité d'entreprise après la loi du 18 janvier 2005). – Cottereau et Cazanave, *ibid. 1986. 580 et 592* (la représentation collective). – Couturier, *Journées de législ. comparée, 1981, vol. 3, p. 305* (participation). – Despax, *BS Lefebvre 1986. 121* (notation et avancement des représentants du personnel). – Dupeyroux, *Dr. soc., n° spécial avr. 1979, p. 3.* – Franchi-Dutard, *Dr. ouvrier 1986. 197* (effectif). – Grumbach, *Dr. ouvrier 1995. 235* (citoyenneté, entreprise et contrat social). – Javillier, *Dr. soc. 1984. 31* (syndicats et représentation élue). – Laurent, *Gaz. Pal. 1976. 1. Doctr. 317* (statut des salariés titulaires de plusieurs mandats). – Le Friand et A. Lyon-Caen, *Dr. soc. 1989. 822* (comité d'entreprise et coopération européenne). – A. Lyon-Caen, *ibid. 1982. 299* (le comité d'entreprise à l'heure du changement). – G. Lyon-Caen, *Rev. sociétés 1983. 20* (concentration et institutions représentatives) ; *Dr. soc. 1983. 287* (concentration du capital et droit du travail). – Mialon, *Dr. soc. 1980. 372* (participation, autogestion et coopération) ; *ibid. 1986. 94* (responsabilité civile des représentants du personnel). – M.-A. Moreau, *ibid. 1991. 53* (activités transnationales et représentation collective) ; *ibid. 2006. 308* (restructurations et comité d'entreprise européen). – Murcier, *ibid. 1984. 107* (entreprises de moins de cinquante salariés). – Rennes, *Dr. ouvrier 1990. 329* (représentation des salariés et crise du syndicalisme). – Rey, *Dr. soc. 1991. 430* (rôle de l'administration dans la mise en place du comité d'entreprise). – Rodière, *ibid. 1983. 361* (adaptation du comité aux structures de l'entreprise). – Sachs, *ibid. 1983. 472* (seuils d'effectifs). – Saint-Jours, *Dr. ouvrier 1978. 47* (entreprises publiques) ; *ibid. 1985. 409* (démocratisation du secteur public). – Savatier, *Dr. soc. 1989. 39* (restructurations) ; *Mélanges Derruppé, 1991, p. 257* (relations patrimoniales entre entreprise et comité d'entreprise). – Soubie, *Dr. soc. 1983. 356* (évolution du comité d'entreprise). – Teyssié, *Journées de législ. comparée, 1983, vol. 5, p. 103* (participation des salariés à la gestion de l'entreprise). – Tissandier, *Dr. soc. 2015. 889* (loi du 17 août 2015. Information et consultation du comité d'entreprise). – Urban, *Dr. ouvrier 2013. 102* (défendre le droit à l'information et à la communication des salariés et de leurs représentants en temps de crise). – Verdier, *Mélanges Camerlynck, 1978, p. 249* (rapports entre représentation syndicale et représentation élue) ; *Journées de législ. comparée, 1987, vol. 9, p. 69* (participation).

▸ **Loi du 20 déc. 1993 :** Cohen, *Dr. soc. 1994. 147* ✎. – Del Sol, *ibid. 1995. 153* ✎. – Ray, *ibid. 1994. 142* ✎. – Rennes, *Dr. ouvrier 1995. 1.* – Savatier, *RJS 1996. 63.*

▸ **Cinquantenaire des comités d'entreprise :** *Dr. ouvrier 1995. 43 s.*

▸ **Loi du 20 août 2008 :** Pécaut-Rivolier, *Dr. soc. 2011. 82* ✎ (les élections professionnelles depuis la loi du 20 août 2008).

▸ **Loi du 14 juin 2013 :** Borenfreund, *RDT 2015. 17* ✎ (le comité d'entreprise : nouveaux enjeux). – Géa, *Dr. soc. 2013. 717* ✎ (réforme de l'information et de la consultation du comité d'entreprise).

CHAPITRE PREMIER **CHAMP D'APPLICATION**

Art. L. 2321-1 **Les dispositions du présent titre sont applicables aux employeurs de droit privé ainsi qu'à leurs salariés.**

Elles sont également applicables :

1° Aux établissements publics à caractère industriel et commercial ;

2° Aux établissements publics à caractère administratif lorsqu'ils emploient du personnel dans les conditions du droit privé.

Ces dispositions peuvent, compte tenu des caractères particuliers de certains des établissements mentionnés aux 1° et 2° et des instances de représentation du personnel éventuellement existantes, faire l'objet d'adaptations, par décrets en Conseil d'État, sous réserve d'assurer les mêmes garanties aux salariés de ces établissements. – *[Anc. art. L. 431-1, al. 1er début et al. 4 et 5.]*

COMMENTAIRE

V. Dalloz.fr et applications mobiles Dalloz ⌂. ❑

1. Secteur privé. La législation sur les comités d'entreprise s'applique à une entreprise à but non lucratif. • Crim. 29 mars 1973 : *D. 1973. Somm. 81 ; JCP 1974. II. 17651, 1re esp., note Catala.* ♦ ... A une fondation. • Soc. 28 avr. 1981 : *Bull. civ. V, n° 345.* ♦ ... A un GIE. • Crim. 29 avr. 1986 : *Bull. crim. n° 147.* ♦ ... Ou à une association. • Soc. 4 avr. 1990, ☏ n° 88-11.746 P : *D. 1990. IR 111 ; Dr. soc. 1990. 871, concl. Graziani* ✎ (union de syndicats de copropriétaires).

2. Secteur public. Sur la jurisprudence antérieure à la loi du 28 oct. 1982, V. notamment • T. confl. 23 janv. 1978 : *D. 1978. 384, note Delvolvé ; JCP 1978. II. 19006, note Saint-Jours* • CE 2 mai 1959 : *Lebon 282 ; Dr. soc. 1959. 533, concl. Chardeau* • Soc. 2 mars 1977 : *D. 1977. 550, note Saint-Jours.*

3. Entreprises étrangères. Les lois relatives à la représentation des salariés et à la défense de leurs droits et intérêts sont des lois de police s'imposant à toutes les entreprises et organismes assimilés qui exercent leur activité en France et qui sont tenus de mettre en place les institutions qu'elles prévoient. • Soc. 3 mars 1988 : *Bull. civ. V, n° 164.* ♦ Ces institutions remplissent l'ensemble des attributions définies par la loi à l'exception de celles qui seraient incompatibles avec la présence à l'étranger du siège social. • Même arrêt. ♦ V. aussi • CE 29 juin 1973 : *GADT, 4e éd., n° 17 ; Dr. soc. 1974. 42, concl. Questiaux, note Savatier* (instauration d'un comité central au lieu d'exercice principal des activités) • Cass., ch. mixte, 28 févr. 1986 : *Bull. civ. V, nos 1 et 2 ; D. 1987. 173, 2e et 4e esp., concl. Franck.*

CHAPITRE II **CONDITIONS DE MISE EN PLACE ET DE SUPPRESSION**

SECTION PREMIÈRE **CONDITIONS DE MISE EN PLACE**

Art. L. 2322-1 **Un comité d'entreprise est constitué dans toutes les entreprises employant** *(L. n° 2012-387 du 22 mars 2012, art. 43)* **« au moins cinquante salariés ».** – *[Anc. art. L. 431-1, al. 1er fin.]*

1. Délégation du personnel. Les dispositions légales relatives à la détermination du seuil d'effectif prévues par l'art. L. 431-1 [L. 2322-1 nouv.] s'appliquent seulement lors de la mise en place de l'institution et non lors de son renouvellement. • Soc. 7 nov. 1984 : *Bull. civ. V, n° 420 ; D. 1985. IR 440, obs. Verdier* • 21 oct. 1985 : *D. 1986. IR 167* (décisions rendues à propos de l'élection de délégués du personnel).

2. N'est pas nulle l'élection qui aboutit à la désignation d'un seul salarié. • Soc. 17 déc. 1986 : *Bull. civ. V, n° 608.*

Art. L. 2322-2 **La mise en place d'un comité d'entreprise n'est obligatoire que si l'effectif** *(L. n° 2012-387 du 22 mars 2012, art. 43)* **« d'au moins cinquante salariés » est atteint pendant douze mois, consécutifs ou non, au cours des trois années précédentes.**

(L. n° 2013-504 du 14 juin 2013, art. 23-II) **« L'employeur dispose d'un délai d'un an à compter du franchissement de ce seuil pour se conformer complètement aux obligations récurrentes d'information et de consultation du comité d'entreprise prévues au présent code** *(Abrogé par L. n° 2015-994 du 17 août 2015, art. 3)* **« , *selon des modalités déterminées par décret en Conseil d'État* ». »**

COMMENTAIRE

V. Dalloz.fr et applications mobiles Dalloz 🏛.

Seuils d'effectif. La loi ne prévoit pas d'élections complémentaires en cas d'augmentation des effectifs. • Soc. 5 juin 1975 : *Bull. civ. V, n° 310.* ♦ Les dispositions légales relatives à la détermination du seuil d'effectif prévues par l'art. L. 431-1 [L. 2322-2 nouv.] s'appliquent seulement lors de la mise en place de l'institution et non lors de son renouvellement. • Soc. 7 nov. 1984 : *Bull. civ. V, n° 420 ; D. 1985. IR 440, obs. Verdier* • 21 oct. 1985 : *D. 1986. IR 167* (décisions rendues à propos de l'élection de délégués du personnel) • 26 sept. 1990 : *RJS 1990. 580, n° 871.* ♦ La baisse des effectifs d'une entreprise ne met pas fin, à elle seule, aux institutions représentatives du personnel (transfert d'une partie du personnel à une autre entreprise). • Soc. 3 févr. 1998, n° 96-60.207 P : *RJS 1998. 201, n° 326.* ♦ De même, la durée du mandat ne peut être remise en cause par l'accroissement des effectifs. • Soc. 18 févr. 1998 : *RJS 1998. 302, n° 483.* ♦ Les salariés qui ont fait l'objet d'un transfert en application de l'art. L. 122-12, al. 2 [L. 1224-1 nouv.], sont pris en compte avec leur ancienneté antérieure. • Soc. 6 juin 2000, n° 98-60.529 P : *D. 2000. IR 186 ; RJS 2000. 742, n° 1102.*

Art. L. 2322-3 **Dans les entreprises employant moins de cinquante salariés, des comités d'entreprise peuvent être créés par convention ou accord collectif de travail.** – *[Anc. art. L. 431-1, al. 3.]*

Le manquement à l'obligation de mettre en place un conseil d'établissement, institué par une convention collective étendue dans les entreprises de moins de cinquante salariés et ayant les mêmes rôle et attributions que le comité d'entreprise, est puni de la sanction qu'entraîne la violation des dispositions obligeant la mise en place de ce comité. • Crim. 5 mars 2013 : *Dalloz actualité, 3 avr. 2013, obs. Ines.*

Art. L. 2322-4 **Lorsqu'une unité économique et sociale regroupant** *(L. n° 2012-387 du 22 mars 2012, art. 43)* **« au moins cinquante salariés » est reconnue par convention ou par décision de justice entre plusieurs entreprises juridiquement distinctes, la mise en place d'un comité d'entreprise commun est obligatoire.** – *[Anc. art. L. 431-1, al. 6.]*

COMMENTAIRE

V. Dalloz.fr et applications mobiles Dalloz 🏛.

BIBL. Unité économique et sociale : Blanc-Jouvan, *Dr. soc. 2005. 68.* – Boubli, *JS Lamy 2004, n° 150-1.* – Despax, *RJS 1990. 435.* – Glais, *Gaz. Pal. 1987. 1. Doctr. 309.* – Grangé et Crédoz-Rosier, *JCP S 2012. 1268* (la reconnaissance de l'UES : des interrogations après la loi du 20 août 2008). – Jourdan, *TPS 2001. Chron. 8.* – Lenoir, *Dr. ouvrier 1986. 164.* – R. de Lestang, *Dr. soc., n° spéc., avr. 1979, 5.* ♦ Groupe de sociétés : Despax, *JCP 1972. I. 2465.* – Grinsnir, *Dr. ouvrier 1986. 171.* – Savatier, *Mélanges A. Brun, 1974, p. 257.* – Supiot, *RTD com. 1985. 621.* – Vacarie, *Dr. soc. 1975. 23.*

A. CRITÈRES

1. Caractère cumulatif des indices économiques et sociaux. Le juge doit relever tout à la fois l'existence d'une unité sociale et d'une unité économique. • Soc. 29 avr. 1981, n° 80-60.374 P. ♦ En l'absence d'éléments caractérisant une unité économique, le juge n'a pas à rechercher une unité sociale. • Soc. 5 déc. 1985, n° 84-60.994 P. – Dans le même sens : • Soc. 23 juill. 1980, n° 80-60.041 P : *D. 1981. IR 122, obs. Langlois.* ♦ L'existence d'une unité économique et sociale résulte de la concentration des pouvoirs, de la complémentarité des sociétés qui concourent toutes, par la distribution ou l'assainissement, à la gestion des contrats d'exploitation de l'eau ; les ressources humaines sont gérées par les directions régionales soumises à la direction nationale et les salariés qui contribuent à l'activité identifiée sont mobiles entre les sociétés en cause, relèvent de la même convention collective, du même accord d'intéressement, du même accord de prévoyance obligatoire. • Soc. 26 mai 2004 : *Dr. soc. 2004. 915, obs. Savatier.*

2. Indépendance des qualifications. Si le refus de reconnaissance d'une unité économique et sociale pour l'élection des délégués du personnel n'implique pas que l'élection des membres du comité d'entreprise doive se dérouler dans le cadre d'entreprises distinctes, la finalité des institutions étant différente, les critères de l'unité économique étant les mêmes, le juge peut se référer à une précédente décision constatant l'absence d'une telle unité dès lors qu'aucune modification n'était intervenue. • Soc. 2 nov. 1993 : *D. 1994. Somm. 295, obs. Borenfreund ; CSB 1993. 320, S. 175 ; RJS 1993. 718, n° 1215.* – Dans le même sens : • Soc. 25 oct. 1995 : *RJS 1995. 801, n° 1254.* ♦ Comp. : • Soc. 18 juill. 1978, n° 78-60.589 P : *D. 1979. IR 22, obs. Langlois ; Dr. ouvrier 1979. 167, note J. H.*

3. La notion d'UES n'est pas relative et sa reconnaissance par le juge selon des critères propres indépendants de la finalité des institutions représentatives comprises dans son périmètre, même si elle modifie nécessairement la configuration des institutions existantes, n'implique pas du juge une appréciation de l'opportunité de la demande présentée par un syndicat représentatif. • Soc. 13 juill. 2004 : *Dr. soc. 2004. 944, chron. Savatier* .

4. Indices économiques. Caractérisent l'unité économique : la convergence des intérêts entre les personnes morales concernées, et la communauté de leurs dirigeants. • Soc. 20 juill. 1978, n° 78-60.579 P. • 27 févr. 1980 : *Bull. civ. V, n° 195* • 14 janv. 1982 : *D. 1982. IR 248* • 12 mars 1986, n° 85-60.518 P. • 27 juin 1990 : *D. 1990. IR 196.* ♦ ... La complémentarité des activités, l'imbrication des capitaux et l'existence de services communs. • Soc. 20 juill. 1978 : *préc.* • 17 mai 1979 : *Gaz. Pal. 1979. 2. Somm. 486* • 27 févr. 1980 : *préc.* • 14 janv. 1982 : *préc.* • 6 juill. 1982, n° 81-60.947 P. • 19 juill. 1983 : *Bull. civ. V, n° 453* • 12 mars 1986 : *préc.* • 9 juill. 1986 : *ibid., n° 366* • 24 mars 1988 : *ibid., n° 215.* ♦ ... Même si l'activité de l'une, dans son ensemble, n'est complémentaire que de l'activité d'un secteur de production de l'autre. • Soc. 12 janv. 2005, n° 03-60.477 P. ♦ Une UES peut exister entre deux sociétés même si l'activité de l'une, dans son ensemble, n'est complémentaire que de l'activité d'un secteur de production de l'autre, si tous les salariés des deux sociétés constituent une seule communauté de travailleurs ; ainsi, les éléments constitutifs d'une unité économique et sociale sont réunis entre des sociétés d'opérations et la société holding qui détient le pouvoir peut y être intégrée. • Soc. 26 janv. 2005 : *D. 2005. 521 ; Dr. soc. 2005. 479, obs. Savatier* . ♦ En revanche, l'absence de complémentarité entre l'activité d'un groupement d'employeurs et celle de ses membres fait obstacle à la reconnaissance d'une UES. • Soc. 24 juin 2014 : *pourvoi n° 13-11.593.*

5. L'unité économique nécessite la présence en son sein d'une entité juridique qui exerce le pouvoir de direction sur l'ensemble des salariés inclus dans l'unité sociale. • Soc. 23 mai 2000, n° 99-60.006 P : *D. 2000. IR 207 ; Dr. soc. 2000. 852, obs. Savatier, concl. Lyon-Caen ; RJS 2000. 567, n° 823* (absence d'unité économique entre des sociétés de syndics de copropriétés correspondant à un ensemble de résidences-services qui ne sont que des mandataires des différents syndicats de copropriétaires). ♦ Ce pouvoir peut être financier (société holding). • Soc. 26 janv. 2005, n° 04-60.192 P.

6. L'unité économique et sociale fait défaut lorsque deux sociétés ont une activité totalement différente bien que l'une soit la filiale de l'autre. • Crim. 16 mars 1982 : *D. 1983. IR 163, obs. Frossard.* ♦ Est également insuffisant : la seule identité des stratégies commerciales ou financières. • Soc. 3 mars 1988, n° 86-60.507 P. ♦ ... Ou le seul fait de poursuivre un objectif commun. • Soc. 5 mars 1981, n° 80-60.140 P. ♦ ... Ou la seule dépendance administrative et financière à l'égard d'une autorité de tutelle et la participation des mêmes personnes ès qualités aux conseils d'administration, sans que soit constatée la concentration des pouvoirs de direction. • Soc. 24 nov. 1992, n° 91-60.368 P : *D. 1993. IR 8 ; RJS 1993. 41, n° 47.* ♦ ... La seule mise en place d'un service médical commun. • Soc. 24 mai 2000 : *RJS 2000. 743, n° 1104.* – V. aussi : • Crim. 7 févr. 1978 : *Bull. crim. n° 47 ; D. 1978. IR 317* • Soc. 8 juill. 1977, n° 77-60.524 P : *D. 1977. IR 416* • 2 oct. 1985, n° 84-60.969 P : *D. 1986. IR 92.* ♦ ... L'existence d'un accord de méthode permettant d'harmoniser le régime social de l'ensemble des personnels, les diverses sociétés ayant conclu distinctement des accords ne concernant que chaque métier exercé en leur sein. • Soc. 5 mai 2004, n° 03-60.057 P : *Dr. soc. 2004. 944, note Savatier ; RJS 2004. 560, n° 824.*

7. Indices sociaux. Lorsque le juge n'est pas en mesure de caractériser l'existence d'une communauté formée par le personnel qu'auraient manifestée notamment l'identité des contrats de travail, la similitude de gestion des situations individuelles et des œuvres sociales ou la permutabilité du personnel, il ne peut reconnaître l'existence d'une unité économique et sociale. • Soc. 17 déc. 1986, n° 85-60.667 P. – Dans le même sens : • Soc. 27 mars 1985 : *D. 1985. IR 436, obs. Langlois* • 15 mai 1990, n° 89-61.521 P : *D. 1990. IR 152.*

8. Manifeste l'existence d'une unité sociale le fait que les salariés forment une communauté ayant des intérêts propres à défendre. • Soc. 29 mai 1980 : *D. 1981. IR 122, obs. Langlois* • 23 juill. 1980 : *eod. loc.* ♦ L'identité de statut peut découler : d'un règlement intérieur commun. • Soc. 12 mars 1986 : *préc. note 4.* ♦ ... De conditions de travail semblables. • Soc.

12 juin 1981, ♖ n° 80-60.444 P. • 22 juill. 1981 : ♖ *ibid., n° 742* • 14 mai 1987 : ♖ *ibid., n° 327.* ♦ ... De la soumission à un même statut conventionnel. • Soc. 14 mai 1987 : ♖ *préc.* ♦ Même si une UES peut être reconnue entre deux sociétés soumises à des accords collectifs différents. • Soc. 12 janv. 2005 : ♖ *préc. note 4.* ♦ Ne constituent pas une unité sociale, malgré l'existence d'un accord de méthode permettant d'harmoniser le régime social de l'ensemble des personnels, diverses sociétés qui ont conclu distinctement des accords ne concernant que chaque métier exercé en leur sein, seuls certains cadres ou personnels à des postes fonctionnels ayant été mutés. • Soc. 5 mai 2004 : ♖ *préc. note 6.*

9. Le fait qu'une société n'a pas de personnel ne l'exclut pas de l'unité économique et sociale. • Soc. 21 janv. 1997, ♖ n° 95-60.833 P : *Dr. soc. 1997. 347, note Savatier* ✎ ; *RJS 1997. 201, n° 300 (2e esp.) ; Dr. ouvrier 1997. 170, note Cohen (1re esp.)* • 24 nov. 2004 : ♖ *Dr. soc. 2005. 230, obs. Savatier* ✎.

10. L'UES résulte de l'interchangeabilité du personnel. • Soc. 6 mai 1985, n° 80-60.664 P : ♦ ... De la permutabilité du personnel rapprochée de l'identité des mentions du bulletin de paie. • Soc. 18 juill. 2000 : ♖ *GADT, 4e éd., n° 133D. 2000. IR 235* ✎ ; *Dr. soc. 2000. 1037, obs. Savatier* ✎ ; *RJS 2000. 743, n° 1107.* ♦ L'identité de statut social des salariés, leur permutabilité entre les sociétés caractérisent la communauté de travailleurs permettant de conclure à l'existence d'une unité sociale. • Soc. 29 oct. 1996 : ♖ *D. 1996. IR 257* ✎. ♦ Mais la conclusion d'un accord d'intéressement de participation ou de mise en place d'un plan d'épargne d'entreprise au sein d'un groupe par des entreprises juridiquement distinctes ne postule pas l'existence d'une unité économique et sociale. • Soc. 13 oct. 2010 : ♖ *Dalloz actualité, 3 nov. 2010, obs. Perrin ; RJS 2010. 848, n° 948 ; JCP S 2010. 1514, obs. Daniel.*

B. VARIÉTÉS

11. Reconnaissance admise. Des associations fédérées dans une association départementale peuvent constituer une unité économique et sociale. • Soc. 27 mars 1985 : ♖ *D. 1985. IR 436, obs. Langlois ; Dr. soc. 1985. 540, concl. Picca.* ♦ V. égal. : • Soc. 4 mars 1976 : *Bull. civ. V, n° 142* (unité économique et sociale entre deux sociétés exploitant chacune un cinéma) • 31 mars 1982 : *ibid., n° 244 ; D. 1983. IR 161, obs. Frossard* (unité économique et sociale entre trois sociétés dont une société holding) • 6 juill. 1982 : *Bull. civ. V, n° 454 ; D. 1983. IR 440, obs. Béraud* (arrêt concernant une société et ses cinq filiales) • 17 mars 1983 : *Bull. civ. V, n° 176 ; D. 1984. IR 161, obs. Frossard* (décision concernant cinq sociétés dont deux sociétés holding).

12. Entreprises juridiquement distinctes. L'unité économique et sociale ne peut réunir des établissements distincts. • Soc. 17 déc. 1984, ♖ n° 84-60.909 P : *Dr. soc. 1985. 256, note Savatier.* ♦ ... Même lorsque les établissements appartiennent à deux personnes morales distinctes. • Soc. 21 nov. 1990, ♖ n° 89-61.217 P : *D. 1990. IR 288 ; RJS 1991. 28, n° 44* • 2 avr. 1996 : ♖ *RJS 1996. 351, n° 555.*

13. Il ne peut y avoir d'unité économique et sociale reconnue par convention ou par décision de justice qu'entre des personnes juridiquement distinctes prises dans l'ensemble de leurs établissements et de leurs personnels. • Soc. 7 mai 2002, ♖ n° 00-60.424 P : *D. 2002. 3119, obs. Desbarats* ✎ ; *Dr. soc. 2002. 715, note Savatier* ✎ ; *ibid. 720, note Antonmattéi* ✎ ; *JCP E 2002. 1688, note Salgado.*

14. UES et groupe. Les notions d'UES et de groupe sont incompatibles. • Soc. 20 oct. 1999 : ♖ *JCP E 2000. 980, note Morin.* ♦ Leurs périmètres respectifs servant à la mise en place d'institutions représentatives du personnel différentes doivent être comparés à la date de la requête tendant à la reconnaissance de l'unité économique et sociale compte tenu de leur évolution depuis leur mise en place. • Soc. 25 janv. 2006 : ♖ *Dr. soc. 2006. 468, obs. Savatier* ✎. ♦ Mais la simple annonce de la constitution d'un groupe pouvant inclure les diverses sociétés en cause ne peut à elle seule faire obstacle à la reconnaissance d'une unité économique et sociale entre ces sociétés, antérieurement à la mise en place d'un comité de groupe. • Soc. 17 déc. 2003, ♖ n° 02-60.445 P. ♦ Dès lors qu'à la date de la requête introductive d'instance, aucune instance représentative commune aux sociétés du groupe n'était en place. • Soc. 4 avr. 2007 : ♖ *RDT 2007. 463, obs. Nadal* ✎.

15. Assemblée nationale. Les députés composant l'Assemblée nationale ne constituent pas une unité économique et sociale. • Soc. 18 févr. 2004, ♖ n° 02-60.567 P.

C. CONDITIONS DE LA RECONNAISSANCE

16. Reconnaissance conventionnelle. La reconnaissance ou la modification d'une unité économique et sociale ne relève pas du protocole d'accord préélectoral mais de l'accord collectif signé, aux conditions de droit commun, par les organisations syndicales représentatives au sein des entités faisant partie de cette UES et satisfaisant nécessairement aux conditions de majorité de l'art. L. 2232-12. • Soc. 14 nov. 2013 : ♖ *Dalloz actualité, 29 nov. 2013, obs. Ines ; RDT 2014. 276, obs. Odoul-Asorey* ✎ ; *Dr. soc. 2014. 186, obs. Petit* ✎ ; *RJS 1/2014, n° 54 ; JS Lamy 2014, n° 358-4.* ♦ Comp. : à défaut de l'être par décision de justice, une unité économique et sociale ne peut être reconnue que par une convention entre tous les partenaires sociaux. • Soc. 23 juin 1988, ♖

n° 87-60.245 P : *D. 1988. IR 230.* ♦ Les dispositions d'une convention collective qui améliorent le fonctionnement des institutions représentatives du personnel ne font pas obstacle à la reconnaissance postérieure d'une unité économique et sociale. • Soc. 18 juin 2003 : *RJS 2003. 888, n° 1285 ; CSB 2003. 444, A. 53.*

17. Reconnaissance judiciaire. La reconnaissance judiciaire d'une UES impose la mise en place des institutions représentatives du personnel qui lui sont appropriées ; l'action tendant à cette reconnaissance relève en conséquence de la compétence d'attribution du tribunal d'instance et il en est de même de l'action aux fins de modification, par voie d'élargissement ou de réduction, du périmètre d'une UES. • Cass., avis, 19 mars 2007 : *D. 2007. AJ 1020 ; RDT 2007. 540, obs. Waquet ; RJS 2007. 556, n° 753 ; JS Lamy 2007, n° 211-4.* ♦ Il ne résulte ni de l'art. L. 2322-4 C. trav., ni d'aucun autre texte que l'appel contre la décision statuant sur la demande de reconnaissance d'une unité économique et sociale doit être formé selon les règles de la procédure sans représentation obligatoire. • Soc. 15 avr. 2015, n° 14-16.196 P : *RJS 6/2015, n° 495 ; JCP S 2015. 1261, note Brissy.*

18. Office du juge. En l'absence d'accord, les litiges relèvent du tribunal d'instance. • Soc. 24 avr. 1980, n° 79-61.033 P. • 28 avr. 1988 : *Bull. civ. V, n° 259 ; BS Lefebvre 1988. 319, note Faucher* • 29 oct. 2003 : *RJS 2004. 61, n° 70.* ♦ En cas de disparition d'une unité économique et sociale, le tribunal compétent est celui du lieu du siège social de la société requérante. • Soc. 10 janv. 1989 : *D. 1989. Somm. 206, obs. Béraud.*

19. Est territorialement compétent pour trancher les litiges relatifs à la détermination d'une unité économique et sociale le tribunal d'instance du siège social de l'une des personnes morales concernées. • Soc. 30 mars 1978, n° 78-60.060 P : • 7 mai 1981 : *Bull. civ. V, n° 408* • 7 janv. 1982 : *D. 1983. IR 161, obs. Frossard* • 6 janv. 1984, n° 83-60.961 P. ♦ Le demandeur doit mettre en cause toutes les personnes morales concernées. • Soc. 17 déc. 1976, n° 76-60.142 P.

20. Jugement susceptible d'appel. Il ne résulte ni de l'article L. 2322-4, ni d'aucun autre texte que la décision judiciaire qui tend à la reconnaissance d'une UES est rendue en dernier ressort ; si, dans ses arrêts antérieurs, la Cour de cassation jugeait qu'étaient en dernier ressort les décisions rendues sur une demande de reconnaissance d'une UES formée à l'occasion d'un litige électoral, l'entrée en vigueur de la loi du 20 août 2008 conduit à revenir sur cette jurisprudence dès lors que la demande de reconnaissance ne peut plus désormais être formulée à l'occasion d'un contentieux en matière d'élection professionnelle ou de désignation de représentants syndicaux pour lesquels le tribunal d'instance a compétence en dernier ressort ; la demande de reconnaissance d'une UES, qu'elle ait pour objet ou pour conséquence la mise en place d'institutions représentatives correspondantes, est indéterminée et le jugement est susceptible d'appel. • Soc. 31 janv. 2012 : *Dalloz actualité, 13 mars 2012, obs. Ines ; D. 2012. Actu. 443 ; RDT 2012. 168, obs. Grumbach ; RJS 2012. 308, n° 359 ; JS Lamy 2012, n° 317-5, obs. Tourreil ; JCP S 2012. 1131, note Boubli.* ♦ Comp. : la demande étant indéterminée, la décision judiciaire qui statue sur l'existence d'une UES, en dehors de tout litige électoral, est rendue en premier ressort. • Soc. 12 sept. 2007 : *D. 2007. AJ 2392 ; RDT 2007. 743, obs. Grumbach ; RJS 2007. 940, n° 1189 ; JCP S 2007. 1817, obs. Dauxerre.*

21. La décision administrative autorisant la suppression d'un comité d'établissement à la suite d'une restructuration ne s'oppose pas à ce qu'une unité économique et sociale soit reconnue entre les trois nouvelles sociétés juridiquement distinctes. • Soc. 31 mars 1982, n° 81-60.909 P : *D. 1983. IR 161, obs. Frossard.*

22. Caractère déclaratif de la reconnaissance. L'existence d'une unité économique et sociale doit être appréciée à la date de la requête introductive. • Soc. 27 juin 1990, n° 89-60.033 P : *Dr. ouvrier 1991. 17, note Cohen ; RJS 1990. 580, n° 872* • 21 janv. 1997, n° 95-60.833 P : *Dr. soc. 1997. 347, note Savatier ; RJS 1997. 201, n° 300 (1re esp.) ; Dr. ouvrier 1997. 170, note Cohen (2e esp.)* (caractère déclaratif du jugement de reconnaissance). ♦ Comp. : • Soc. 22 oct. 1984 : *Bull. civ. V, n° 394 ; D. 1985. IR 101.*

23. Demandeurs. La mise en place d'un comité central au sein d'une unité économique et sociale est subordonnée à la création de comités d'établissement, procédure qui ne relève que de l'accord entre les partenaires sociaux ou, à défaut, du directeur départemental du travail et de l'emploi. • Soc. 14 janv. 1988 : *JCP 1988. IV. 101.*

24. Les comités des entreprises entre lesquelles est poursuivie la reconnaissance d'une unité économique et sociale ne sont pas parties intéressées, au sens de l'art. R. 433-4, à une action tendant à la mise en place d'un comité d'entreprise commun. • Soc. 15 nov. 1988 : *D. 1988. IR 291.* ♦ Mais un comité d'entreprise a qualité pour demander en justice la mise en place d'un comité d'entreprise commun. • Soc. 27 juin 1990, n° 89-60.003 P : *RJS 1990. 467, n° 690.* ♦ La reconnaissance judiciaire d'une UES ne peut être demandée par une personne étrangère à la collectivité de travail dont il s'agit d'assurer la représentation. • Soc. 16 nov. 2010 : *Dalloz actualité, 5 janv. 2011, obs. Ines ; D. 2010. AJ 2845 ; JCP S 2011. 1156, obs. Bossu.*

25. Caractère déclaratif de la reconnaissance. L'existence d'une unité économique et sociale doit être appréciée à la date de la requête introductive. • Soc. 27 juin 1990, n° 89-60.033 P : *Dr. ouvrier 1991. 17, note Cohen ; RJS 1990.*

580, n° 872 • 21 janv. 1997, ♗ n° 95-60.992 P : *Dr. soc. 1997. 347, note Savatier* ✎ ; *RJS 1997. 201, n° 300 (1re esp.) ; Dr. ouvrier 1997. 170, note Cohen (2e esp.)* (caractère déclaratif du jugement de reconnaissance). ♦ Comp. : • Soc. 22 oct. 1984 : *Bull. civ. V, n° 394 ; D. 1985. IR 101.*

D. CONSÉQUENCES DE LA RECONNAISSANCE

26. Mise en place du comité d'entreprise. La reconnaissance d'une unité économique et sociale rend obligatoire l'organisation, au sein de cette dernière, à la même date, des élections du comité d'entreprise et des délégués du personnel. • Soc. 5 avr. 1995 : ♗ *D. 1995. IR 135 ; RJS 1995. 441, n° 675.* ♦ Le tribunal d'instance qui constate que l'UES revendiquée par une société n'est pas encore reconnue ne fait qu'exercer son pouvoir en ordonnant l'organisation de ces élections. • Soc. 7 mai 2002, ♗ n° 00-60.282 P : *RJS 2002. 760, n° 995.* ♦ La reconnaissance judiciaire d'une unité économique et sociale impose la mise en place des institutions représentatives du personnel qui lui sont appropriées et les mandats en cours cessent au jour des élections organisées au sein de l'unité économique et sociale quelle que soit l'échéance de leur terme. • Soc. 26 mai 2004 : ♗ *préc. note 1.*

27. Modifications du périmètre et élections. Il appartient aux parties de définir lors de chaque scrutin la composition et le périmètre de UES ; doit donc être cassé le jugement qui rejette la demande d'annulation des élections au comité d'entreprise d'une unité économique et sociale dont il était allégué que le périmètre avait changé depuis les dernières élections, alors que cette modification n'avait fait l'objet ni d'un protocole préélectoral unanime, ni d'une décision de justice préalablement à ces élections. • Soc. 31 mars 2009 : ♗ *D. 2009. AJ 1147* ✎.

28. Absence de personnalité morale. Si la reconnaissance d'une UES permet l'expression collective de l'intérêt des travailleurs appartenant à cette collectivité, elle ne se substitue pas aux entités juridiques qui la composent, de sorte qu'elle n'a pas la personnalité morale et si un accord collectif reconnaissant une UES peut étendre ses effets au-delà des institutions représentatives du personnel et créer des obligations pour les différentes entités juridiques composant une UES, il ne peut faire d'une UES l'employeur des salariés. • Soc. 16 déc. 2008 : ♗ *D. 2009. 986, note Petit* ✎ ; *RDT 2009. 228, obs. Lardy-Pélissier* ✎ ; *RJS 2009. 219, n° 254 ; Dr. soc. 2009. 500, obs. Savatier* ✎ ; *JCP S 2009 1140, obs. Blanc-Jouvan.*

Art. L. 2322-5 Dans chaque entreprise, *(L. n° 2014-288 du 5 mars 2014, art. 30-VI)* « lorsqu' *[lorsque]* au moins une organisation syndicale a répondu à l'invitation à négocier de l'employeur et » à défaut d'accord entre l'employeur et les organisations syndicales intéressées *(L. n° 2008-789 du 20 août 2008, art. 4)* « conclu selon les conditions de l'article L. 2324-4-1 », l'autorité administrative du siège de l'entreprise a compétence pour reconnaître le caractère d'établissement distinct.

(L. n° 2014-288 du 5 mars 2014, art. 30-VI) « La saisine de l'autorité administrative mentionnée au premier alinéa suspend le processus électoral jusqu'à la décision administrative et entraîne la prorogation des mandats des élus en cours jusqu'à la proclamation des résultats du scrutin. »

La perte de la qualité d'établissement distinct *(Abrogé par L. n° 2014-288 du 5 mars 2014, art. 30-VI)* « *, reconnue par la décision administrative,* » emporte suppression du comité de l'établissement considéré, sauf si un accord conclu entre l'employeur et les organisations syndicales *(L. n° 2008-789 du 20 août 2008, art. 4)* « intéressées, conclu selon les conditions de l'article L. 2324-4-1, » prévoit que les membres du comité d'établissement achèvent leur mandat.

(L. n° 2016-1088 du 8 août 2016, art. 18) « La décision de l'autorité administrative peut faire l'objet d'un recours devant le juge judiciaire, à l'exclusion de tout autre recours administratif ou contentieux. »

V. jurispr. ss. art. L. 2314-31.

L'accord ayant pour objet d'assurer la continuité du comité d'établissement et la permanence du mandat de ses membres, et qui ne peut intervenir qu'après la décision administrative rendue et connue, produit nécessairement un effet remontant au jour de cette décision. • Soc. 13 janv. 2009 : ♗ *D. 2009. AJ 376* ✎ ; *RDT 2009. 326, obs. Signoretto* ✎ ; *RJS 2009. 220, n° 255.*

Art. L. 2322-6 Pour l'application du présent titre, les modalités de calcul des effectifs sont celles prévues aux articles L. 1111-2 et L. 1251-54. – *[Anc. art. L. 431-2.]*

SECTION II **CONDITIONS DE SUPPRESSION**

Art. L. 2322-7 *(L. n° 2015-994 du 17 août 2015, art. 22-I)* Lorsque l'effectif de cinquante salariés n'a pas été atteint pendant vingt-quatre mois, consécutifs ou non, au

cours des trois années précédant la date du renouvellement du comité d'entreprise, l'employeur peut supprimer le comité d'entreprise.

CHAPITRE III ATTRIBUTIONS

RÉP. TRAV. v° *Comité d'entreprise (Rôle et attributions en matière économique)*, par URBAN.

BIBL. GÉN. ▶ BIED-CHARRETON, *Dr. ouvrier 1993. 129* (le comité d'entreprise peut-il négocier ?). – COHEN, *Dr. soc. 1990. 799* (ordre juridique étranger et prérogatives du comité d'entreprise) ; *Dr. ouvrier 1993. 397* (dévolution des biens du comité). – DÉPREZ, *Dr. soc. 1990. 426* (révocation d'avantages acquis devant le comité d'entreprise). – DUPUY, *D. 1983. Chron. 57* (information du personnel par le comité d'entreprise). – FREYRIA, *Mélanges A. Brun, 1974, p. 209* (pouvoirs économiques du chef d'entreprise). – FROMENT-MEURICE et CHISS, *JCP S 2009. 1051* (opérations de cessions de parts ou d'actions). – OPPETIT, *Rev. sociétés 1978. 631* (transfert du contrôle d'une société). – PRÉTOT, *Dr. soc. 1994. 139* (Conseil constitutionnel et participation des travailleurs). – SAVATIER, *ibid. 1978. 369* (cession de contrôle) ; *ibid. 1987. 403* (privatisations et comité d'entreprise) ; *ibid. 1993. 870* (accords collectifs relatifs aux pouvoirs et au fonctionnement du comité d'entreprise). – VATINET, *ibid. 1982. 675* (négociation au sein du comité d'entreprise).

▶ **Fonctions économiques du comité d'entreprise :** COHEN, *Dr. soc. 1983. 165* (nouvelles fonctions). – FREYRIA, *Mélanges Camerlynck, 1978* (bilan juridique). – HARFF et HENRIET, *Dr. soc. 1998. 166* (évolution du rôle économique).

▶ **Information du comité d'entreprise :** BRUNET et GERMAIN, *Rev. sociétés 1985. 1*. – COUTURIER, *Dr. soc. 1983. 26*. – FREYRIA, *Dr. soc. avr. 1979. 35*. – HENRIET, *Dr. soc. 1990. 874*. – TÉTARD, *TPS 2003, n° 1*.

▶ **Consultation du comité d'entreprise :** BOUBLI, *Sem. soc. Lamy 1998, n° 893* (conclusion d'un accord collectif). – COHEN, *RJS 1998. 435* (avant la conclusion d'un accord collectif) ; *Dr. soc. 1999. 591* (double consultation en cas de restructuration avec licenciements). – FREYRIA, *ibid. 1983. 382*. – MARTINON, *JCP S 2013. 1263*. – MORAND, *JCP S 2013. 1106* (normes collectives et consultation des représentants du personnel).

▶ **Médiateur :** MEUNIER-BOFFA, *TPS 2003, n° 1*.

▶ **Licenciement économique et emploi :** COUTURIER, *Dr. soc. 1987. 217* (plan social). – GAUDU, *Dr. ouvrier 1990. 177* (réduction d'effectif). – LABBE, *Sem. soc. Lamy 1996, n° 785*. – LENOIR, *Dr. ouvrier 1990. 187* (emploi). – SAVATIER, *Dr. soc. 1985. 1* (licenciement collectif). – TEYSSIÉ, *ibid. 1987. 206* (licenciement économique).

▶ **Restructurations :** BONNECHÈRE, *Dr. ouvrier 1979. 273*. – A. LYON-CAEN, *Dr. soc., n° spéc. avr. 1979. 23*. – SOULIER, *ibid. 1989. 35*. – TEYSSIÉ, *ibid. 1989. 23*.

▶ **Loi du 20 déc. 1993 :** COHEN, *Dr. soc. 1994. 147*. – RAY, *ibid. 142*.

COMMENTAIRE

V. Dalloz.fr et applications mobiles Dalloz.

SECTION PREMIÈRE ATTRIBUTIONS ÉCONOMIQUES

Est reproduite ci-après la section I dans sa rédaction issue de la L. n° 2015-994 du 17 août 2015, dont les dispositions entrent en vigueur, pour l'essentiel, au 1er janv. 2016. — V. l'ancienne section, ss. art. L. 2323-67.

SOUS-SECTION 1 MISSION GÉNÉRALE D'INFORMATION ET DE CONSULTATION DU COMITÉ D'ENTREPRISE

Art. L. 2323-1 **Le comité d'entreprise a pour objet d'assurer une expression collective des salariés permettant la prise en compte permanente de leurs intérêts dans les décisions relatives à la gestion et à l'évolution économique et financière de l'entreprise, à l'organisation du travail, à la formation professionnelle et aux techniques de production.**

(L. n° 2015-994 du 17 août 2015, art. 18-I, en vigueur le 1er janv. 2016) **« Il est informé et consulté sur les questions intéressant l'organisation, la gestion et la marche générale de l'entreprise, notamment sur les mesures de nature à affecter le volume ou la structure des effectifs, la durée du travail ou les conditions d'emploi, de travail et de**

formation professionnelle, lorsque ces questions ne font pas l'objet des consultations prévues à l'article L. 2323-6. »

Il formule, à son initiative, et examine, à la demande de l'employeur, toute proposition de nature à améliorer les conditions de travail, d'emploi et de formation professionnelle des salariés, leurs conditions de vie dans l'entreprise ainsi que les conditions dans lesquelles ils bénéficient de garanties collectives complémentaires mentionnées à l'article L. 911-2 du code de la sécurité sociale. – *V. ce texte, App. I, C. Conventions collectives.*

Il exerce ses missions sans préjudice des dispositions relatives à l'expression des salariés, aux délégués du personnel et aux délégués syndicaux. – *[Anc. art. L. 431-4.]*

V. note ss. le titre de la section I.

BIBL. ▶ A. LYON-CAEN, *Dr. ouvrier 1986. 355* (comité d'entreprise, institution de représentation du personnel).

COMMENTAIRE

V. Dalloz.fr et applications mobiles Dalloz.

A. PRINCIPE DE COMPÉTENCE GÉNÉRALE

1. Qualité pour agir. Le comité d'entreprise n'a pas qualité pour intenter une action ou intervenir dans une action tendant au respect ou à l'exécution de dispositions légales ou conventionnelles, cette action étant réservée aux organisations syndicales. • Soc. 14 déc. 2016, n° 15-20.812 P.

2. Portée. L'expression « dans l'ordre économique » a une portée générale et ne saurait être limitée au cas où l'entreprise en cause poursuit un but lucratif ; elle englobe tous les problèmes de gestion propres à ladite entreprise, sans qu'il y ait lieu de distinguer entre les aspects strictement économiques et leurs incidences sociales. • Crim. 29 mars 1973 : *JCP 1974. II. 17651, note Catala.*

3. Le juge doit rechercher quelle est l'importance de la décision de l'employeur au regard de l'organisation, de la gestion et de la marche générale de l'entreprise. • Crim. 12 févr. 1991 : *RJS 1991. 255, n° 482.*

4. Ni l'urgence... • Crim. 22 juill. 1981 : *Dr. ouvrier 1982. 352.* ♦ ... Ni l'accord des salariés ne sauraient dispenser l'employeur d'informer et de consulter le comité. • Crim. 25 mai 1981 : *Dr. ouvrier 1982. 352* • 25 oct. 1988 : *ibid. 1989. 216* (le projet de dépôt d'une requête en suspension provisoire des poursuites doit être soumis au comité d'entreprise malgré l'urgence de la mesure et son caractère conservatoire). ♦ Seule la force majeure est susceptible de constituer un fait justificatif. • Crim. 30 oct. 1984 : *Bull. crim. n° 330 ; D. 1985. IR 126.*

5. Mesures imposées par la mise en œuvre d'un accord collectif étendu. Le comité d'entreprise est informé et consulté sur les questions intéressant l'organisation et la marche générale de l'entreprise sans qu'il y ait lieu de distinguer selon que la mise en œuvre de ces mesures résulte d'une décision unilatérale de l'employeur ou qu'elle lui soit imposée par un accord collectif étendu. • 21 nov. 2012 : *Dalloz actualité, 13 déc. 2012, obs. Ines ; D. 2012. Actu. 2809 ; Dr. ouvrier 2013. 118, obs. Ménard ; JS Lamy 2013, n° 335-6, obs. Hautefort ; Sem. soc. Lamy 2013, n° 1579, p. 8, obs. Stocki.*

6. Même lorsqu'il confie à un représentant le soin de présider le comité d'entreprise, le chef d'entreprise doit, lorsqu'il prend une mesure entrant dans les prévisions de l'art. L. 432-1 C. trav. [L. 2323-6 nouv.], en l'espèce l'adoption de plans de rémunération ou « pay-plans » applicables aux cadres commerciaux, s'assurer de la consultation de ce comité sans pouvoir opposer l'argument pris d'une délégation de pouvoirs. • Crim. 3 mars 1998 : *Bull. crim. n° 81 ; D. 1998. IR 121 ; JCP E 1998, n° 20-21, p. 784 ; RJS 1998. 475, n° 749 ; JS UIMM 1998. 261.*

7. Mesures provisoires, mesures ponctuelles ou individuelles. N'ont pas à être soumises à l'avis du comité les mesures présentant un caractère provisoire et exceptionnel. • Crim. 15 avr. 1982 : *Bull. crim. n° 90* • 25 mai 1982 : *D. 1982. IR 388.* ♦ ... Et qui, au surplus ne concerne qu'un petit nombre de salariés. • Crim. 20 févr. 2007 : *Dr. soc. 2007. 758, note Duquesne.* ♦ Tel est le cas de la décision de soumettre huit salariés sur trois cent cinquante aux mêmes conditions de travail que le reste du personnel. • Crim. 19 févr. 1980 : *Bull. crim. n° 65 ; JCP 1981. II. 19595, note Salvage.* ♦ ... De celle de modifier les horaires de quelques salariés. • Crim. 15 avr. 1982 : *préc.* • 25 mai 1982 : *préc.* • Soc. 1er juill. 1997 : *RJS 1997. 619, n° 991 ; CSB 1997. 239, A. 46, note Philbert* (adaptation, pour un seul salarié, de l'horaire individualisé). ♦ ... Ou de proposer à une quinzaine de jeunes salariés, précédemment titulaires de contrats d'adaptation, des contrats d'embauche à durée indéterminée avec un régime d'alternance entre des périodes de travail posté et des périodes de travail à la journée. • Crim. 12 avr. 2005 : *Dr. soc. 2005. 856, obs. Duquesne.* ♦ Comp., lorsque la mesure envisagée, tout en étant limitée, peut avoir des conséquences importantes : • Soc. 13 avr. 1976 : *Bull. civ. V, n° 207* • Crim. 7 oct. 1980 : *Dr. ouvrier 1981. 272* • 7 oct. 1980 : *D. 1981. IR 263, obs. Pélissier* • CE 3 mars 1978 : *D. 1978. 609, note Jeammaud ; Dr. soc. n° spéc. avr. 1978, 51, concl. Dondoux.*

8. Toute fermeture de l'entreprise, même provisoire, est subordonnée à une consultation préalable du comité. • Crim. 6 févr. 1979 : *Bull. crim. n° 56 ; D. 1979. IR 422, obs. Pélissier ; Dr. ouvrier 1980. 135, note Alvarez* • 23 avr. 1981 : *D. 1982. IR 77, obs. Pélissier.*

9. La décision d'avancer le calendrier d'exécution d'un plan de restructuration a nécessairement une répercussion sur la marche générale de l'entreprise et doit donc faire l'objet d'une nouvelle consultation du comité d'entreprise. • Crim. 19 sept. 2006 : *Dr. soc. 2006. 1197, obs. Duquesne ; RJS 2006. 962, n° 1293.*

10. L'incrimination prévue par l'art. L. 432-1 C. trav. [L. 2323-12 nouv.] n'est ni obscure ni imprécise. En effet, l'obligation d'informer et de consulter le comité d'entreprise, prévue par l'al. 1er de ce même texte, s'entend des mesures de nature à affecter le volume ou la structure des effectifs, la durée du travail, les conditions d'emploi, de travail et de formation professionnelle, dès lors que lesdites mesures sont importantes et ne revêtent pas un caractère ponctuel ou individuel. • Crim. 13 janv. 1998 : *Bull. crim. n° 17.*

11. Opérations complexes. Lorsque la mesure qui requiert la consultation du comité s'inscrit dans une procédure complexe comportant des décisions échelonnées, le comité doit être consulté à l'occasion de chacune d'entre elles. • Soc. 7 févr. 1996 : *Dr. soc. 1996. 539, obs. Cohen ; RJS 1996. 250, n° 417.* ♦ Sur l'articulation de la consultation du comité d'entreprise et du comité d'entreprise européen, V. • TGI Nanterre, 1er août 2003 : *D. 2004. Somm. 379, obs. Sachs* • TGI Paris, 10 oct. 2003 : *ibid.*

B. MODIFICATION DES STRUCTURES DE L'ENTREPRISE

12. Cession d'actions ou de parts. Lorsque la transmission négociée d'une partie du capital est utilisée comme un moyen de placer une société sous la dépendance d'une autre, une telle opération équivaut à la cession de l'entreprise au regard de l'art. L. 432-1 [L. 2323-19 nouv.]. • Crim. 2 mars 1978 : *Bull. crim. n° 83 ; GADT, 4e éd., n° 142 ; JCP 1979. II. 19052, note Salvage ; Dr. soc. 1978. 369, note Savatier ; RTD com. 1979. 261, n° 12, obs. Houin ; Rev. sociétés 1979. 553, note Bouloc.* – Dans le même sens : • Crim. 4 avr. 1979 : *Bull. crim. n° 140 ; D. 1980. 125, note Bousquet* • 10 nov. 1981 : *Bull. crim. n° 300 ; D. 1982. IR 313, obs. Béraud* • 22 mars 1983 : *Bull. crim. n° 90 ; D. 1984. IR 162, obs. Reinhard.*

13. Privatisation. En cas de privatisation d'une société appartenant au secteur public, seul son comité d'entreprise doit être préalablement consulté, non ceux de ses filiales. • CE 26 juill. 1996 : *RJS 1996. 670, n° 1055 ; LPA 14 août 1996, concl. Bonichot.* ♦ Lorsque le choix des acquéreurs de la participation publique dans le capital de la société à privatiser relève du ministre de l'économie, la procédure de privatisation exclut la consultation du comité d'entreprise sur le choix à opérer entre les offres des candidats à l'acquisition. • CE 13 juin 1997 : *RJS 1997. 691, n° 1111.*

14. Prise de participation. En cas de prise de participation, le chef d'entreprise est tenu de consulter le comité sans que cette obligation soit limitée aux seuls projets économiques et financiers importants. • Soc. 3 févr. 2004, n° 03-80.784 P : *D. 2004. IR 922 ; RJS 2004. 381, n° 561.* ♦ L'art. L. 432-1 [L. 2323-19 nouv.] n'établit aucune distinction selon que l'entreprise prend une participation dans une société déjà constituée ou à constituer. • Même arrêt.

15. Organisation de l'entreprise. Le comité d'entreprise doit être informé et consulté préalablement : à la réorganisation interne d'un service. • Crim. 25 oct. 1977 : *Bull. crim. n° 321 ; D. 1978. IR 243.* ♦ ... A la mise en place d'un nouveau système d'organisation des caisses. • Crim. 7 oct. 1980 : *D. 1981. IR 263, obs. Pélissier.* ♦ ... A la réalisation d'opérations de transfert. • Crim. 6 nov. 1975 : *Bull. crim. n° 242 ; Dr. soc. 1976. 392, note Savatier* • 6 déc. 1977 : *Bull. crim. n° 386 ; D. 1978. IR 210* • 25 mars 1997 : *Dr. ouvrier 1997. 382, note Cohen* (réorganisation du service entretien par recours à une entreprise extérieure). ♦ ... A la réorganisation juridique de l'entreprise dès lors qu'elle a des effets sur l'emploi. • Soc. 9 juill. 1996 : *RJS 1996. 602, n° 940.* ♦ ... A la création d'une agence, s'agissant d'un établissement bancaire et bien que concernant dans l'immédiat peu de salariés. • Crim. 13 janv. 1998 : *préc. note 10.*

16. Sur la recevabilité des recours intentés par les représentants des salariés devant le Tribunal de première instance des Communautés européennes à propos d'une opération de concentration, V. • TPICE 27 avr. 1995 : *RJS 1995. 754, n° 1192.*

C. EMPLOI

a. Chômage partiel

17. La mise au chômage technique du personnel constitue une mesure de nature à affecter la durée du travail et les conditions d'emploi du personnel, nécessitant la consultation du comité d'entreprise. • Crim. 30 oct. 1984 : *Bull. crim. n° 330 ; D. 1985. IR 126.*

b. Décision affectant le volume et la nature des effectifs

18. Le comité d'entreprise doit être consulté sur des modifications d'affectation du personnel qui, loin de revêtir un simple caractère administratif et comptable, tendent en réalité à modifier le volume et la structure de l'entreprise. • Crim. 27 nov. 1990 : *RJS 1991. 112, n° 205.*

19. Doit être soumise à la consultation du comité d'entreprise la politique de réduction des effectifs, résultant non de la conjonction inopinée de divers départs naturels mais d'une stratégie délibérée de compression des effectifs menée dans un souci d'adaptation à la conjoncture économique. • Crim. 4 nov. 1997 : *Bull. crim. n° 370 ; RJS 1998. 306, n° 48.* ♦ ... Le projet consistant à rechercher parmi les salariés ceux qui seraient candidats à des mesures n'entraînant pas la rupture du contrat de travail. • Soc. 12 janv. 1999, n° 97-12.962 P : *D. Affaires 1999. 190, obs. Gendraud ; Dr. soc. 1999. 297, obs. Favennec-Héry ; RJS 1999. 106, n° 158 ; JCP 1999. II. 10071, note Picca ; JS Lamy 1999, n° 29-2 ; TPS 1999, n° 97* (mesures telles que temps partiel indemnisé, congés sans solde indemnisés, préretraite progressive, mise en disponibilité).

20. Lorsque le comité d'entreprise est informé et consulté sur une mesure de nature à affecter le volume ou la structure des effectifs, la consultation et l'information doivent porter sur l'ensemble des salariés de l'entreprise ; les mêmes règles s'appliquent au comité d'établissement. • Soc. 3 déc. 1996, *IBM Montpellier,* n° 94-22.163 P : *JCP 1997. II. 22786, note Duquesne ; Dr. soc. 1997. 105, obs. Savatier ; Gaz. Pal. 1997. 1. 67, note Philbert ; RJS 1997. 28, n° 23 ; ibid. 14, concl. P. Lyon-Caen* (l'information et la consultation du comité ne peuvent être limitées à la seule question du service supprimé ; elles doivent porter sur les conséquences pour l'ensemble du personnel de cette réorganisation).

c. Licenciement économique

21. Cumul de procédures. Après avoir constaté qu'un comité central d'entreprise a été consulté concomitamment, selon deux procédures distinctes, sur le projet de licenciement collectif pour motif économique des salariés d'un établissement et sur le projet de fermeture de cet établissement, mesure entrant dans les prévisions de l'art. L. 432-1 [L. 2323-6 nouv.], une cour d'appel, statuant en référé, énonce exactement que le comité doit disposer, conformément aux dispositions de l'art. L. 431-5 [L. 2323-4 nouv.], d'un délai d'examen suffisant et que le chef d'entreprise n'est pas fondé à opposer au comité, à l'occasion de cette dernière consultation, le délai mentionné au troisième alinéa de l'art. L. 321-7-1 [L. 1233-35 nouv.], applicable à la seule procédure de licenciement pour motif économique. • Soc. 16 avr. 1996, *Sietam,* n° 93-20.228 P : *Dr. soc. 1996. 484, note A. Lyon-Caen (2e arrêt) ; RJS 1996. 356, n° 560 ; ibid. 311, concl. Kessous ; JCP E 1996. II. 836, note Picca ; ibid. I. 597, n° 15, obs. Coursier.* – Bélier et Legrand, *Dr. soc. 1996. 932.* ♦ Dans le même sens, sur la compétence du juge des référés : • Soc. 17 juin 1997, n° 95-18.904 P : *GADT, 4e éd., n° 111 ; Dr. soc. 1997. 742, obs. Masse-Dessen ; RJS 1997. 617, n° 990 ; ibid. 592, rapp. Frouin ; CSB 1997. 213, A. 43.* ♦ Si les deux procédures, qui sont distinctes, peuvent être conduites de manière concomitante, sous réserve du respect des délais les plus favorables, la consultation simultanée du comité d'entreprise sur un projet de fermeture d'établissement et de licenciement collectif est nulle si la décision de fermeture d'un établissement avait déjà été préalablement arrêtée par l'employeur. • Soc. 17 juin 1997 : *préc.* ♦ Sur la consultation du comité d'entreprise en cas de licenciement économique, V. notes ss. art. L. 1233-1 s.

Art. L. 2323-2 Les décisions de l'employeur sont précédées de la consultation du comité d'entreprise, sauf, en application de l'article *(L. n° 2015-994 du 17 août 2015, art. 18-I, en vigueur le 1er janv. 2016)* **« L. 2323-42 », avant le lancement d'une offre publique d'acquisition.**

(L. n° 2015-994 du 17 août 2015, art. 18-I, en vigueur le 1er janv. 2016) **« Les projets d'accord collectif, leur révision ou leur dénonciation ne sont pas soumis à l'avis du comité d'entreprise. »**

V. note ss. le titre de la section I.

1. Notion de décision. Si une décision s'entend d'une manifestation de volonté d'un organe dirigeant qui oblige l'entreprise, il ne s'en déduit pas qu'elle implique nécessairement des mesures précises et concrètes. Un projet, même formulé en termes généraux, doit être soumis à consultation du comité d'entreprise lorsque son objet est assez déterminé pour que son adoption ait une incidence sur l'organisation, la gestion et la marche générale de l'entreprise, peu important qu'il ne soit pas accompagné de mesures précises et concrètes d'application, dès lors que la discussion ultérieure de ces mesures n'est pas de nature à remettre en cause, dans son principe, le projet adopté. • Soc. 12 nov. 1997, n° 96-12.314 P : *GADT, 4e éd., n° 143 ; D. 1998. Somm. 245, obs. A. Lyon-Caen ; Dr. soc. 1998. 87, obs. Cohen ; RJS 1997. 855, n° 1391 ; ibid. 818, rapp. Frouin ; JS UIMM 1998. 138.*

Comp., antérieurement : la décision de procéder à une fusion ne revêt pas un caractère définitif du seul fait qu'elle ait été rendue publique, alors qu'elle n'avait pas encore été approuvée par les organes compétents. • Crim. 28 nov.

1984 : *Bull. crim. n° 375 ; D. 1985. IR 436, obs. Langlois ; JCP E 1985. I. 14481, note Godard.* ♦ V. aussi • Crim. 29 mai 1990 : *RJS 1990. 405, n° 593* (l'annonce à la presse d'un projet de fusion n'a pas pour effet de le transformer en décision définitive) • 4 déc. 1990 : *RJS 1991. 113, n° 206* • 6 avr. 1993 : *Bull. crim. n° 148 ; RJS 1993. 360, n° 627* (... non plus que l'information directe des salariés concernés) • 4 avr. 1995 : *RJS 1995. 435, n° 666* (annonce à la presse d'un projet de licenciement économique).

2. Négociation d'entreprise (jurisprudence remise en cause par la loi n° 2015-994 du 17 août 2015). Le comité d'entreprise doit être consulté sur toute question ou mesure visées par l'article L. 432-1 C. trav. [L. 2323-6 nouv.] sans qu'il y ait lieu de distinguer selon que la décision en cause est une décision unilatérale ou prend la forme d'un accord collectif d'entreprise. La consultation doit être concomitante à l'ouverture de la négociation ou avoir lieu au plus tard avant la signature de l'accord. Le défaut de consultation n'entraîne pas la nullité de l'accord ni son inopposabilité, mais seulement les sanctions propres au fonctionnement du comité d'entreprise. • Soc. 5 mai 1998, n° 96-13.498 P : *GADT, 4e éd., n° 159 ; JCP E 1998. 1407, note Aubert-Monpeyssen ; Dr. ouvrier 1998. 350, note Boulmier ; D. 1998. IR 144 ; Dr. soc. 1998. 579, rapp. Frouin ; CSB 1998. 167, A. 34 ; TPS 1998. 15, n° 244.* ♦ La même obligation de consultation prévaut lorsque le chef d'entreprise envisage de réviser l'accord. • Paris, 6 mars 2002 : *RJS 2002. 598.* ♦ ... Ou de la dénoncer. • Soc. 5 mars 2008 : *JS Lamy 2008, n° 231-4 ; RJS 2008. 449, n° 576.*

3. Le juge des référés ne peut donc ordonner la suspension de la procédure de conclusion de l'accord. • Soc. 19 mars 2003, n° 01-12.094 P.

4. Notion de restructuration. La transmission négociée d'une partie du capital social s'analysant comme une opération de restructuration et de réorganisation susceptible d'avoir des incidences sur les effectifs, le juge des référés est fondé à reporter la réunion de consultation pour avis du comité à une date lui permettant d'émettre un avis en connaissance de cause. • Soc. 16 avr. 1996, *Sietam*, n° 93-15.417 P : *Dr. soc. 1996. 484, note A. Lyon-Caen (1er arrêt) ; RJS 1996. 354, n° 559 ; ibid. 316, concl. Kessous ; JCP E 1996. II. 836, note Picca ; ibid. I. 597, n° 15, obs. Coursier.* ♦ Le respect de la procédure de consultation n'avait pas pour effet de différer une opération patrimoniale. • Même arrêt.

Art. L. 2323-3 Dans l'exercice de ses attributions consultatives *(Abrogé par L. n° 2015-994 du 17 août 2015, art. 18-I, à compter du 1er janv. 2016)* « ***, définies aux articles L. 2323-6 à L. 2323-60*** », le comité d'entreprise émet des avis et vœux.

(L. n° 2013-504 du 14 juin 2013, art. 8-I) « Il dispose d'un délai d'examen suffisant.

« Sauf dispositions législatives spéciales, *(L. n° 2015-994 du 17 août 2015, art. 18-I, en vigueur le 1er janv. 2016)* « l'accord défini à l'article L. 2323-7 ou, en l'absence de délégué syndical, » un accord entre l'employeur et le comité d'entreprise ou, le cas échéant, le comité central d'entreprise, adopté à la majorité des membres titulaires élus du comité, ou, à défaut d'accord, un décret en Conseil d'État fixe les délais dans lesquels les avis du comité d'entreprise *(L. n° 2015-994 du 17 août 2015, art. 15-I)* « ou, le cas échéant, du comité central d'entreprise » sont rendus dans le cadre des consultations prévues aux articles *(L. n° 2015-994 du 17 août 2015, art. 18-I, en vigueur le 1er janv. 2016)* « L. 2323-10, L. 2323-12, L. 2323-15 et *(L. n° 2016-1088 du 8 août 2016, art. 8)* « L. 3121-28 à L. 3121-39 », ainsi qu'aux consultations ponctuelles prévues à la présente section ». Ces délais, qui ne peuvent être inférieurs à quinze jours, doivent permettre au comité d'entreprise *(L. n° 2015-994 du 17 août 2015, art. 15-I)* « ou, le cas échéant, au comité central d'entreprise » d'exercer utilement sa compétence, en fonction de la nature et de l'importance des questions qui lui sont soumises et, le cas échéant, de l'information et de la consultation du ou des comités d'hygiène, de sécurité et des conditions de travail.

« A l'expiration de ces délais ou du délai mentionné au dernier alinéa de l'article L. 2323-4, le comité d'entreprise *(L. n° 2015-994 du 17 août 2015, art. 15-I)* « ou, le cas échéant, le comité central d'entreprise » est réputé avoir été consulté et avoir rendu un avis négatif. »

L'employeur rend compte, en la motivant, de la suite donnée à ces avis et vœux.

V. note ss. le titre de la section I.

COMMENTAIRE

V. Dalloz.fr et applications mobiles Dalloz. ❑

1. La consultation du comité d'entreprise nécessite un avis du comité, lequel ne peut résulter d'une simple appréciation formulée à la suite d'une communication faite en réunion par l'employeur sans transmission préalable d'informations écrites. • Crim. 27 mars 2012 : *Dalloz actualité, 18 avr. 2012, obs. Siro ; RJS 2012. 547, n° 638 ; Sem. soc. Lamy 2012, n° 1547, p. 8, obs. Cœuret et Duquesne.*

2. Si un accord conclu entre l'employeur et la majorité de leurs membres titulaires fixe les délais impartis au comité central d'entreprise et au comité d'établissement pour rendre leur avis sur le projet de réorganisation d'une partie des activités de l'employeur, ces deux institutions sont irrecevables à solliciter, après l'expiration de ces délais, tant la caducité de l'accord, que la consultation du CHSCT. • Soc. 3 nov. 2016, n° 15-16.082 P : *D. 2016. Actu. 2287 ; RJS 1/2017, n° 34.*

Art. L. 2323-4 **Pour lui permettre de formuler un avis motivé, le comité d'entreprise dispose d'informations précises et écrites transmises par l'employeur** *(L. n° 2015-990 du 6 août 2015, art. 271)* **« ou, le cas échéant, mises à disposition dans les conditions prévues à l'article** *(L. n° 2015-994 du 17 août 2015, art. 18-XIV, en vigueur le 1er janv. 2016)* **« L. 2323-9 »,** *(Abrogé par L. n° 2013-504 du 14 juin 2013, art. 8-II)* ***« , d'un délai d'examen suffisant »*** **et de la réponse motivée de l'employeur à ses propres observations.**

(L. n° 2013-504 du 14 juin 2013, art. 8-II) **« Les membres élus du comité peuvent, s'ils estiment ne pas disposer d'éléments suffisants, saisir le président du tribunal de grande instance statuant en la forme des référés, pour qu'il ordonne la communication par l'employeur des éléments manquants. Le juge statue dans un délai de huit jours.**

« Cette saisine n'a pas pour effet de prolonger le délai dont dispose le comité pour rendre son avis. Toutefois, en cas de difficultés particulières d'accès aux informations nécessaires à la formulation de l'avis motivé du comité d'entreprise, le juge peut décider la prolongation du délai prévu à l'article L. 2323-3. »

V. note ss. le titre de la section I.

1. Information du comité. Le chef d'entreprise ne peut se contenter de lire devant le comité un document complexe qu'il refuse ensuite de communiquer. • Crim. 4 nov. 1982 : *Bull. crim. n° 241.* ♦ Tenu de fournir des informations précises et écrites, il n'a pas l'obligation de communiquer le projet lui-même. • Crim. 6 avr. 1993 : *Bull. crim. n° 148 ; RJS 1993. 360, n° 627.* ♦ En matière de durée du travail, l'information du comité d'entreprise est nécessairement écrite et individualisée. • Crim. 15 févr. 2005 : *Bull. crim. n° 61.* ♦ La question de l'introduction d'un nouvel outil informatique fixée à l'ordre du jour du comité d'entreprise doit être précédée d'informations précises et écrites transmises par l'employeur, qui ne peut se contenter d'une simple communication au cours de la réunion : une appréciation et une objection formulées par le comité d'entreprise à l'issue de cette réunion ne peuvent s'analyser comme un avis motivé au sens de l'art. L. 2323-4 C. trav. • Crim. 27 mars 2012 : *Dalloz actualité, 18 avr. 2012, obs. Siro ; JCP S 2012. 1276, obs. Passerone.*

2. Le délit d'entrave est caractérisé s'il est établi que le chef d'entreprise a manifestement voulu placer le comité d'entreprise devant le fait accompli. • Crim. 7 oct. 1980 : *D. 1981. IR 263, obs. Pélissier.* – V. aussi • Crim. 21 nov. 1978 : *Bull. crim. n° 324* • 9 janv. 1990 : *JS UIMM 1990. 147.* ♦ ... A refusé de lui transmettre en temps utile un document nécessaire à la consultation. • Crim. 18 nov. 1997 : *Bull. crim. n° 390 ; GADT, 4e éd., n° 158 ; RJS 1998. 56, n° 76.*

3. Le délit d'entrave au fonctionnement régulier du comité d'entreprise, consistant notamment en une communication incomplète ou tardive des documents énumérés par l'art. D. 932-1 C. trav., est réputé commis au lieu où cette obligation aurait dû recevoir exécution, c'est-à-dire au siège social du comité et de la commission qui en est l'émanation. • Crim. 13 janv. 1998 : *Bull. crim. n° 16 ; JS UIMM 1998. 301.* ♦ Pour une solution identique dans le cas d'une omission d'information écrite et préalable, V. : • Crim. 13 janv. 1998 : *Bull. crim. n° 17.*

4. Délai d'examen suffisant. Constitue un trouble manifestement illicite la mise en œuvre de projets alors que le comité d'établissement n'a pas disposé d'un délai suffisant compte tenu de la nature et des implications des différents projets. • Soc. 25 juin 2003 : *RJS 2003. 982, n° 1411.*

5. Comité d'entreprise et comités d'établissement. Un accord-cadre définissant les dispositions essentielles concernant l'ensemble du personnel mais renvoyant pour son application pratique à une mise au point sur le plan régional nécessite une consultation des comités d'établissement ; le défaut constitue un trouble manifestement illicite auquel il peut être mis fin par la suspension de la mise en application de l'accord. • Soc. 13 nov. 2001, n° 99-10.891 P : *D. 2001. IR 3585 ; D. 2002. 764, obs. Katz ; RJS 2002. 55, n° 51 ; JS Lamy 2001, n° 92-2.*

6. Action en justice des syndicats. Les syndicats ne sont pas recevables à agir pour demander communication à leur profit de documents qui auraient dû être transmis au comité d'entreprise. • Soc. 11 sept. 2012 : *Dalloz actualité, 1er oct. 2012, obs. Ines ; Dr. soc. 2012. 1065, obs. Mazeaud ; RJS 2012. 758, n° 882 ; JCP S 2012. 1521, obs. Loiseau.*

Art. L. 2323-5 Pour l'exercice de ses missions, le comité d'entreprise a accès à l'information utile détenue par les administrations publiques et les organismes agissant pour leur compte, conformément aux dispositions légales relatives à l'accès aux documents administratifs. – *[Anc. art. L. 431-5, al. 3.]*

V. note ss. le titre de la section I.

Art. L. 2323-6 *(L. n° 2015-994 du 17 août 2015, art. 18-I, en vigueur le 1er janv. 2016)* Le comité d'entreprise est consulté chaque année dans les conditions définies à la présente section sur :

1° Les orientations stratégiques de l'entreprise ;

2° La situation économique et financière de l'entreprise ;

3° La politique sociale de l'entreprise, les conditions de travail et l'emploi.

Art. L. 2323-7 *(L. n° 2015-994 du 17 août 2015, art. 18-I, en vigueur le 1er janv. 2016)* Un accord d'entreprise, conclu dans les conditions prévues à l'article L. 2232-12, peut définir :

1° Les modalités des consultations récurrentes du comité d'entreprise prévues aux sous-sections 3 et 4 de la présente section ;

2° La liste et le contenu des informations récurrentes prévues aux sous-sections 3, 4 et 6, à l'exception des documents comptables mentionnés à l'article L. 2323-13 et des données mentionnées au 2° de l'article L. 2323-17 ;

3° Le nombre de réunions annuelles du comité d'entreprise prévues à l'article L. 2325-14, qui ne peut être inférieur à six.

L'accord d'entreprise peut également définir les délais dans lesquels les avis du comité d'entreprise mentionnés au troisième alinéa de l'article L. 2323-3 sont rendus.

V. note ss. le titre de la section I.

Art. L. 2323-8 *(L. n° 2013-504 du 14 juin 2013, art. 8-III)* Une base de données économiques et sociales, mise régulièrement à jour, rassemble un ensemble d'informations que l'employeur met à disposition du comité d'entreprise et, à défaut, des délégués du personnel *(L. n° 2015-994 du 17 août 2015, art. 18-I, en vigueur le 1er janv. 2016)* « ainsi que du comité d'hygiène, de sécurité et des conditions de travail ».

La base de données est accessible en permanence aux membres du comité d'entreprise ou, à défaut, aux délégués du personnel, ainsi qu'aux membres du comité central d'entreprise, du comité d'hygiène, de sécurité et des conditions de travail et aux délégués syndicaux.

Les informations contenues dans la base de données portent sur les thèmes suivants :

1° Investissements : investissement social (emploi, évolution et répartition des contrats précaires, des stages et des emplois à temps partiel, formation professionnelle et conditions de travail), investissement matériel et immatériel et, pour les entreprises mentionnées au sixième alinéa de l'article L. 225-102-1 du code de commerce, les informations en matière environnementale présentées en application du cinquième alinéa du même article ;

(L. n° 2015-994 du 17 août 2015, art. 18-I, en vigueur le 1er janv. 2016) « 1° *bis* Égalité professionnelle entre les femmes et les hommes au sein de l'entreprise : diagnostic et analyse de la situation *(L. n° 2016-1088 du 8 août 2016, art. 18)* « comparée » des femmes et des hommes pour chacune des catégories professionnelles de l'entreprise en matière d'embauche, de formation, de promotion professionnelle, de qualification, de classification, de conditions de travail, de sécurité et de santé au travail, de rémunération effective et d'articulation entre l'activité professionnelle et la vie personnelle *(L. n° 2016-1088 du 8 août 2016, art. 18)* « et familiale », analyse des écarts de salaires et de déroulement de carrière en fonction de l'âge, de la qualification et de l'ancienneté, évolution des taux de promotion respectifs des femmes et des hommes par métiers dans l'entreprise *(L. n° 2016-1088 du 8 août 2016, art. 18)* « , part des femmes et des hommes dans le conseil d'administration » ; »

2° Fonds propres et endettement ;

3° Ensemble des éléments de la rémunération des salariés et dirigeants ;

4° Activités sociales et culturelles ;

5° Rémunération des financeurs ;

6° Flux financiers à destination de l'entreprise, notamment aides publiques et crédits d'impôts ;

7° Sous-traitance ;

8° Le cas échéant, transferts commerciaux et financiers entre les entités du groupe.

Ces informations portent sur les deux années précédentes et l'année en cours et intègrent des perspectives sur les trois années suivantes.

Le contenu de ces informations est déterminé par un décret en Conseil d'État et peut varier selon que l'entreprise compte plus ou moins de trois cents salariés. Il peut être enrichi par un accord de branche ou d'entreprise ou, le cas échéant, un accord de groupe, en fonction de l'organisation et du domaine d'activité de l'entreprise.

Les membres du comité d'entreprise, du comité central d'entreprise, du comité d'hygiène, de sécurité et des conditions de travail, les délégués syndicaux et, le cas échéant, les délégués du personnel sont tenus à une obligation de discrétion à l'égard des informations contenues dans la base de données revêtant un caractère confidentiel et présentées comme telles par l'employeur.

V. note ss. le titre de la section I.

L'art. L. 2323-7-2 devient l'art. L. 2323-8 à compter du 1er janv. 2016 (L. n° 2015-994 du 17 août 2016, art. 18-I).

Sur la mise en place, le contenu et le fonctionnement de la base de données, V. art. R. 2323-1-2.

V. Circ. DGT 2014-1 du 18 mars 2014.

BIBL. ▶ MOREL, *Sem. soc. Lamy 2013, n° 1570, p. 9* (participation des salariés à la gestion de l'entreprise). – ODOUL-ASOREY, *RDT 2013. 192* ✐. – RICHARD, *Dr. ouvrier 2013. 530* (la loi de sécurisation de l'emploi instaure-t-elle de « nouveaux droits collectifs ? »). – URBAN, *Dr. ouvrier 2013. 381* (information-consultation sur les « orientations stratégiques de l'entreprise », un progrès en trompe-l'œil).

COMMENTAIRE

V. Dalloz.fr et applications mobiles Dalloz 🏛. ❑

Art. L. 2323-9 *(L. n° 2013-504 du 14 juin 2013, art. 8-III, en vigueur le 31 déc. 2016)* **Les éléments d'information** *(Abrogé par L. n° 2015-994 du 17 août 2015, art. 18-I, à compter du 1er janv. 2016)* ***« contenus dans les rapports et informations »*** **transmis de manière récurrente au comité d'entreprise** *(L. n° 2015-994 du 17 août 2015, art. 18-I, en vigueur le 1er janv. 2016)* **« et au comité d'hygiène, de sécurité et des conditions de travail » sont mis à la disposition de** *(L. n° 2015-994 du 17 août 2015, art. 18-I, en vigueur le 1er janv. 2016)* **« leurs » membres dans la base de données mentionnée à l'article** *(L. n° 2015-994 du 17 août 2015, art. 18-I, en vigueur le 1er janv. 2016)* **« L. 2323-8 » et cette mise à disposition actualisée vaut communication des rapports et informations au comité d'entreprise** *(L. n° 2016-1088 du 8 août 2016, art. 18)* **« et au comité d'hygiène, de sécurité et des conditions de travail », dans les conditions et limites fixées par un décret en Conseil d'État.** *– V. art. R. 2323-1-11.*

(Ord. n° 2014-699 du 26 juin 2014, art. 15) **« Lorsque les dispositions du présent code prévoient également la transmission à l'autorité administrative des rapports et informations mentionnés au premier alinéa, les éléments d'information qu'ils contiennent sont mis à la disposition de l'autorité administrative à partir de la base de données et la mise à disposition actualisée vaut transmission à cette autorité. »**

Les consultations du comité d'entreprise *(L. n° 2015-994 du 17 août 2015, art. 18-I, en vigueur le 1er janv. 2016)* **« et du comité d'hygiène, de sécurité et des conditions de travail » pour des événements ponctuels continuent de faire l'objet de l'envoi de ces rapports et informations.**

V. note ss. le titre de la section I.

L'art. L. 2323-7-3 devient l'art. L. 2323-9 à compter du 1er janv. 2016 (L. n° 2015-994 du 17 août 2016, art. 18-I).

SOUS-SECTION 2 CONSULTATION ANNUELLE SUR LES ORIENTATIONS STRATÉGIQUES DE L'ENTREPRISE *(L. n° 2015-994 du 17 août 2015, art. 18-II, en vigueur le 1er janv. 2016).*

Art. L. 2323-10 *(L. n° 2013-504 du 14 juin 2013, art. 8-III)* Chaque année, le comité d'entreprise est consulté sur les orientations stratégiques de l'entreprise, définies par l'organe chargé de l'administration ou de la surveillance de l'entreprise, et sur leurs conséquences sur l'activité, l'emploi, l'évolution des métiers et des compétences, l'organisation du travail, le recours à la sous-traitance, à l'intérim, à des contrats temporaires et à des stages. *(L. n° 2015-994 du 17 août 2015, art. 18-II, en vigueur le 1er janv. 2016)* « Cette consultation porte, en outre, sur la gestion prévisionnelle des emplois et des compétences et sur les orientations de la formation professionnelle. »

Le comité émet un avis sur *(L. n° 2015-994 du 17 août 2015, art. 18-II, en vigueur le 1er janv. 2016)* « les orientations stratégiques de l'entreprise » et peut proposer des orientations alternatives. Cet avis est transmis à l'organe chargé de l'administration ou de la surveillance de l'entreprise, qui formule une réponse argumentée. Le comité en reçoit communication et peut y répondre.

La base de données mentionnée à l'article *(L. n° 2015-994 du 17 août 2015, art. 18-II, en vigueur le 1er janv. 2016)* « L. **2323-8** » est le support de préparation de cette consultation.

Le comité d'entreprise peut se faire assister de l'expert-comptable de son choix en vue de l'examen des orientations stratégiques de l'entreprise. Cette possibilité de recours à l'expert-comptable ne se substitue pas aux autres expertises. Par dérogation à l'article L. 2325-40 et sauf accord entre l'employeur et le comité d'entreprise, le comité contribue, sur son budget de fonctionnement, au financement de cette expertise à hauteur de 20 %, dans la limite du tiers de son budget annuel.

V. note ss. le titre de la section I.

L'art. L. 2323-7-1 devient l'art. L. 2323-10 à compter du 1er janv. 2016 (L. n° 2015-994 du 17 août 2015, art. 18-II).

BIBL. ▸ LEGRAND et BEZIZ, *Sem. soc. Lamy 2013, n° 1592, p. 28* (consultation annuelle sur les orientations stratégiques et leurs conséquences).

COMMENTAIRE

V. Dalloz.fr et applications mobiles Dalloz. ❑

Art. L. 2323-11 *(L. n° 2015-994 du 17 août 2015, art. 18-II, en vigueur le 1er janv. 2016)* Un accord de groupe peut prévoir que la consultation sur les orientations stratégiques est effectuée au niveau du comité de groupe. Il prévoit les modalités de transmission de l'avis du comité de groupe :

1° Aux comités d'entreprise du groupe, qui restent consultés sur les conséquences de ces orientations stratégiques ;

2° Pour l'application de l'article L. 2323-10, à l'organe chargé de l'administration de l'entreprise dominante de ce groupe, définie à l'article L. 2331-1.

V. note ss. le titre de la section I.

SOUS-SECTION 3 CONSULTATION ANNUELLE SUR LA SITUATION ÉCONOMIQUE ET FINANCIÈRE DE L'ENTREPRISE

(L. n° 2015-994 du 17 août 2015, art. 18-III, en vigueur le 1er janv. 2016)

Art. L. 2323-12 La consultation annuelle sur la situation économique et financière de l'entreprise porte également sur la politique de recherche et de développement technologique de l'entreprise, y compris sur l'utilisation du crédit d'impôt pour les dépenses de recherche, et sur l'utilisation du crédit d'impôt pour la compétitivité et l'emploi.

L'avis du comité d'entreprise est transmis à l'organe chargé de l'administration ou de la surveillance de l'entreprise.

V. note ss. le titre de la section I.

Art. L. 2323-13 En vue de la consultation prévue à l'article L. 2323-12, l'employeur met à la disposition du comité d'entreprise, dans les conditions prévues à l'article L. 2323-9 :

1° Les informations sur l'activité et sur la situation économique et financière de l'entreprise ainsi que sur ses perspectives pour l'année à venir. Ces informations sont tenues à la disposition de l'autorité administrative ;

2° Pour toutes les sociétés commerciales, les documents obligatoirement transmis annuellement à l'assemblée générale des actionnaires ou à l'assemblée des associés *(L. n° 2016-1088 du 8 août 2016, art. 18)* « , notamment le rapport de gestion prévu à l'article L. 225-102-1 du code de commerce qui comprend les informations relatives à la responsabilité sociale et environnementale des entreprises », les communications et les copies transmises aux actionnaires dans les conditions prévues aux articles L. 225-100 à L. 225-102-2, L. 225-108 et L. 225-115 à L. 225-118 du code de commerce, ainsi que le rapport des commissaires aux comptes. Le comité peut convoquer les commissaires aux comptes pour recevoir leurs explications sur les différents postes des documents communiqués ainsi que sur la situation financière de l'entreprise ;

3° Pour les sociétés commerciales mentionnées à l'article L. 232-2 du code de commerce et les groupements d'intérêt économique mentionnés à l'article L. 251-13 du même code, les documents établis en application du même article L. 251-13 et des articles L. 232-3 et L. 232-4 dudit code. Ces documents sont réputés confidentiels, au sens de l'article L. 2325-5 du présent code ;

4° Pour les entreprises ne revêtant pas la forme de société commerciale, les documents comptables qu'elles établissent ;

5° Les informations sur les sommes reçues par l'entreprise au titre du crédit d'impôt prévu à l'article 244 *quater* C du code général des impôts et sur leur utilisation ;

6° Les informations relatives à la politique de recherche et de développement technologique de l'entreprise.

V. note ss. le titre de la section I.

Art. L. 2323-14 Un décret en Conseil d'État précise le contenu des informations prévues à la présente sous-section, qui peut varier selon que l'entreprise compte plus ou moins de trois cents salariés. – *V. art. R. 2323-8.*

V. note ss. le titre de la section I.

SOUS-SECTION 4 CONSULTATION ANNUELLE SUR LA POLITIQUE SOCIALE DE L'ENTREPRISE, LES CONDITIONS DE TRAVAIL ET L'EMPLOI *(L. n° 2015-994 du 17 août 2015, art. 18-IV).*

§ 1er DISPOSITIONS COMMUNES

(L. n° 2015-994 du 17 août 2015, art. 18-IV)

Art. L. 2323-15 La consultation annuelle sur la politique sociale de l'entreprise, les conditions de travail et l'emploi porte sur l'évolution de l'emploi, les qualifications, le programme pluriannuel de formation, les actions de prévention et de formation envisagées par l'employeur, l'apprentissage, les conditions d'accueil en stage, les conditions de travail, les congés et l'aménagement du temps de travail, la durée du travail, l'égalité professionnelle entre les femmes et les hommes et les modalités d'exercice du droit d'expression des salariés dans les entreprises où aucun délégué syndical n'a été désigné ou dans lesquelles aucun accord sur le droit d'expression n'a été conclu.

(L. n° 2016-1088 du 8 août 2016, art. 22) « Cette consultation porte également, le cas échéant, sur les conséquences pour les salariés de l'accord conclu en vue de la préservation ou du développement de l'emploi mentionné à l'article L. 2254-2. » – *V. art. R. 2323-1-12.*

V. note ss. le titre de la section I.

Art. L. 2323-16 Afin d'étudier l'incidence sur les conditions de travail des problèmes généraux résultant de l'organisation du travail, de la technologie, des conditions d'emploi, de l'organisation du temps de travail, des qualifications et des modes de rémunération, le comité d'entreprise bénéficie du concours du comité d'hygiène, de sécurité et des conditions de travail dans les matières relevant de la compétence de ce dernier.

Le comité d'entreprise peut confier au comité d'hygiène, de sécurité et des conditions de travail le soin de procéder à des études portant sur des matières de la compétence de ce dernier.

V. note ss. le titre de la section I.

Art. L. 2323-17 En vue de la consultation prévue à l'article L. 2323-15, l'employeur met à la disposition du comité d'entreprise, dans les conditions prévues à l'article L. 2323-9 :

1° Les informations sur l'évolution de l'emploi, des qualifications, de la formation et des salaires, sur les actions en faveur de l'emploi des travailleurs handicapés, sur le nombre et les conditions d'accueil des stagiaires, sur l'apprentissage et sur le recours aux contrats de travail à durée déterminée, aux contrats de mission conclus avec une entreprise de travail temporaire ou aux contrats conclus avec une entreprise de portage salarial ;

2° Les informations et les indicateurs chiffrés sur la situation comparée des femmes et des hommes au sein de l'entreprise, mentionnés au 1° *bis* de l'article L. 2323-8, ainsi que l'accord ou, à défaut, le plan d'action mentionnés au troisième alinéa du 2° de l'article L. 2242-8 en faveur de l'égalité professionnelle entre les femmes et les hommes ;

3° Les informations sur le plan de formation du personnel de l'entreprise ;

4° Les informations sur la mise en œuvre des contrats et des périodes de professionnalisation et du compte personnel de formation ;

5° Les informations sur la durée du travail, portant sur :

a) Les heures supplémentaires accomplies dans la limite et au-delà du contingent annuel applicable dans l'entreprise ;

b) A défaut de détermination du contingent annuel d'heures supplémentaires par voie conventionnelle, les modalités de son utilisation et de son éventuel dépassement dans les conditions prévues *(L. n° 2016-1088 du 8 août 2016, art. 8)* « aux articles L. 3121-28 à L. 3121-39 » ;

c) Le bilan du travail à temps partiel réalisé dans l'entreprise ;

d) Le nombre de demandes individuelles formulées par les salariés à temps partiel pour déroger à la durée hebdomadaire minimale prévue *(L. n° 2016-1088 du 8 août 2016, art. 8)* « au premier alinéa de l'article L. 3123-7 et aux articles L. 3123-19 et L. 3123-27 » ;

e) La durée, l'aménagement du temps de travail, la période de prise des congés payés prévue *(L. n° 2016-1088 du 8 août 2016, art. 8)* « aux articles L. 3141-13 à L. 3141-16 », les conditions d'application des aménagements de la durée et des horaires prévus *(L. n° 2016-1088 du 8 août 2016, art. 8)* « à l'article L. 3121-44 » lorsqu'ils s'appliquent à des salariés à temps partiel, le recours aux conventions de forfait et les modalités de suivi de la charge de travail des salariés concernés ;

6° Les éléments figurant dans le rapport et le programme annuels de prévention présentés par l'employeur au comité d'hygiène, de sécurité et des conditions de travail, prévus à l'article L. 4612-16 ;

7° Les informations sur les mesures prises en vue de faciliter l'emploi des accidentés du travail, des invalides de guerre et assimilés, des invalides civils et des travailleurs handicapés, notamment celles relatives à l'application de l'obligation d'emploi des travailleurs handicapés ;

8° Les informations sur l'affectation de la contribution sur les salaires au titre de l'effort de construction ainsi que sur les conditions de logement des travailleurs étrangers que l'entreprise se propose de recruter ;

9° Les informations sur les modalités d'exercice du droit d'expression des salariés prévues à l'article L. 2281-11.

V. note ss. le titre de la section I.

Art. L. 2323-18 Les informations mentionnées aux 1° à 9° de l'article L. 2323-17 sont mises à la disposition de l'*(L. n° 2016-1088 du 8 août 2016, art. 113)* « agent de contrôle de l'inspection du travail mentionné à l'article L. 8112-1 », accompagnées de l'avis du comité, dans les quinze jours qui suivent la réunion de ce dernier.

V. note ss. le titre de la section I.

Art. L. 2323-19 Un décret en Conseil d'État précise le contenu des informations prévues au présent paragraphe, qui peut varier selon que l'entreprise compte plus ou moins de trois cents salariés.

V. note ss. le titre de la section I.

§ 2 DISPOSITIONS COMPLÉMENTAIRES POUR LES ENTREPRISES D'AU MOINS TROIS CENTS SALARIÉS *(L. n° 2015-994 du 17 août 2015, art. 18-IV).*

Art. L. 2323-20 Dans les entreprises et organismes mentionnés au premier alinéa de l'article L. 2321-1 ainsi que dans les entreprises mentionnées à l'article *(L. n° 2015-994 du 17 août 2015, art. 18-IV)* « L. 2323-27, la consultation prévue à l'article L. 2323-15 porte, en outre, sur le bilan social de l'entreprise lorsque l'entreprise compte plus » de trois cents salariés. *(L. n° 2015-994 du 17 août 2015, art. 18-IV)* « A cette fin, l'employeur met à la disposition du comité d'entreprise, dans les conditions prévues à l'article L. 2323-9, les données relatives à ce bilan social. »

Dans les entreprises comportant des établissements distincts, *(L. n° 2015-994 du 17 août 2015, art. 18-IV)* « le comité d'établissement est consulté sur le » bilan social particulier à chaque établissement dont l'effectif habituel est au moins de trois cents salariés.

Ces obligations ne se substituent à aucune des obligations d'information et de consultation du comité d'entreprise ou d'établissement qui incombent à l'employeur en application, soit de dispositions légales, soit de stipulations conventionnelles. – *[Anc. art. L. 438-1.] – V. art. L. 2328-2 (pén.).*

V. note ss. le titre de la section I.

L'art. L. 2323-68 devient l'art. L. 2323-20 à compter du 1er janv. 2016 (L. n° 2015-994 du 17 août 2015, art. 18-IV).

Art. L. 2323-21 Lorsque l'effectif de l'entreprise ou de l'établissement atteint le seuil d'assujettissement de trois cents salariés, le premier bilan social de l'entreprise ou de l'établissement porte sur l'année suivant celle au cours de laquelle le seuil a été atteint.

Le premier bilan social peut ne concerner que l'année écoulée. Le deuxième bilan peut ne concerner que les deux dernières années écoulées.

Lorsque l'effectif de l'entreprise ou de l'établissement devient inférieur au seuil d'assujettissement de trois cents salariés, un bilan social est néanmoins présenté pour l'année en cours. – *[Anc. art. L. 438-2.]*

V. note ss. le titre de la section I.

L'art. L. 2323-69 devient l'art. L. 2323-21 à compter du 1er janv. 2016 (L. n° 2015-994 du 17 août 2015, art. 18-IV).

Art. L. 2323-22 Le bilan social récapitule *(Abrogé par L. n° 2015-994 du 17 août 2015, art. 18-IV) « en un document unique »* les principales données chiffrées permettant d'apprécier la situation de l'entreprise dans le domaine social, d'enregistrer les réalisations effectuées et de mesurer les changements intervenus au cours de l'année écoulée et des deux années précédentes.

Le bilan social comporte des informations sur l'emploi, les rémunérations et charges accessoires, les conditions de santé et de sécurité, les autres conditions de travail, la formation, les relations professionnelles *(L. n° 2014-790 du 10 juill. 2014, art. 3)* « , le nombre de salariés détachés et le nombre de travailleurs détachés accueillis » ainsi que sur les conditions de vie des salariés et de leurs familles dans la mesure où ces conditions dépendent de l'entreprise. – *[Anc. art. L. 438-3.]*

V. note ss. le titre de la section I.

L'art. L. 2323-70 devient l'art. L. 2323-22 à compter du 1er janv. 2016 (L. n° 2015-994 du 17 août 2015, art. 18-IV).

Art. L. 2323-23 Après consultation des organisations professionnelles d'employeurs et de salariés représentatives au niveau national *(L. n° 2015-994 du 17 août 2015,* *art. 18-IV)* « et interprofessionnel », un décret en Conseil d'État détermine la liste des informations figurant dans le bilan social d'entreprise et dans le bilan social d'établissement.

Le nombre et la teneur de ces informations sont adaptés à la taille de l'entreprise et de l'établissement par arrêté du ou des ministres compétents.

Certaines branches d'activité peuvent être dotées, dans les mêmes formes, de bilans sociaux spécifiques. – *[Anc. art. L. 438-4.]*

V. note ss. le titre de la section I.

L'art. L. 2323-71 devient l'art. L. 2323-23 à compter du 1er janv. 2016 (L. no 2015-994 du 17 août 2015, art. 18-IV).

Art. L. 2323-24 *(L. no 2015-994 du 17 août 2015, art. 18-IV)* Les informations du bilan social sont mises à la disposition de tout salarié qui en fait la demande.

Elles sont mises à la disposition de l'*(L. no 2016-1088 du 8 août 2016, art. 113)* « agent de contrôle de l'inspection du travail mentionné à l'article L. 8112-1 » avec l'avis du comité d'entreprise dans un délai de quinze jours à compter de la réunion du comité d'entreprise.

V. note ss. le titre de la section I.

Art. L. 2323-25 Dans les sociétés par actions, le dernier bilan social accompagné de l'avis du comité d'entreprise est adressé aux actionnaires ou mis à leur disposition dans les mêmes conditions que les documents prévus aux articles L. 225-108 et L. 225-115 du code de commerce. – *[Anc. art. L. 438-7.]*

V. note ss. le titre de la section I.

L'art. L. 2323-74 devient l'art. L. 2323-25 à compter du 1er janv. 2016 (L. no 2015-994 du 17 août 2015, art. 18-IV).

Art. L. 2323-26 Le bilan social sert de base à l'application des dispositions de l'article L. 6331-12 ainsi que de celles qui prévoient l'établissement de programmes annuels de formation. – *[Anc. art. L. 438-8.]*

V. note ss. le titre de la section I.

L'art. L. 2323-75 devient l'art. L. 2323-26 à compter du 1er janv. 2016 (L. no 2015-994 du 17 août 2015, art. 18-IV).

Art. L. 2323-26-1 *(L. no 2016-1088 du 8 août 2016, art. 18)* Le seuil de trois cents salariés mentionné au présent chapitre est réputé franchi lorsque l'effectif de l'entreprise dépasse ce seuil pendant douze mois, dans des conditions déterminées par décret en Conseil d'État. – *V. art. R. 2323-12-1.*

L'employeur dispose d'un délai d'un an à compter du franchissement de ce seuil pour se conformer complètement aux obligations d'information et de consultation du comité d'entreprise qui en découlent.

Art. L. 2323-27 *(L. no 2015-994 du 17 août 2015, art. 18-IV, en vigueur le 1er janv. 2016)* « Un décret en Conseil d'État précise le contenu des informations prévues au présent paragraphe. »

Des décrets en Conseil d'État déterminent les mesures d'adaptation nécessaires à l'application des dispositions *(L. no 2015-994 du 17 août 2015, art. 18-IV, en vigueur le 1er janv. 2016)* « des articles L. 2323-20 à L. 2323-26 » dans les entreprises tenues de constituer un comité d'entreprise ou des organismes de représentation du personnel qui en tiennent lieu en vertu soit de dispositions légales autres que celles du code du travail, soit de stipulations conventionnelles.

Ces décrets sont pris après avis des organisations syndicales représentatives dans les entreprises intéressées. – *[Anc. art. L. 438-9.]*

V. note ss. le titre de la section I.

L'art. L. 2323-77 devient l'art. L. 2323-27 à compter du 1er janv. 2016 (L. no 2015-994 du 17 août 2015, art. 18-IV).

SOUS-SECTION 5 **CONSULTATIONS ET INFORMATIONS PONCTUELLES DU COMITÉ D'ENTREPRISE** *(L. n° 2015-994 du 17 août 2015, art. 18-V, en vigueur le 1er janv. 2016).*

§ 1er ORGANISATION ET MARCHE DE L'ENTREPRISE *(L. n° 2015-994 du 17 août 2015, art. 18-V, en vigueur le 1er janv. 2016).*

SOUS-§ 1er *ORGANISATION DE L'ENTREPRISE (L. n° 2015-994 du 17 août 2015, art. 18-V, en vigueur le 1er janv. 2016).*

Art. L. 2323-28 **Un mois après chaque élection du comité d'entreprise, l'employeur lui communique une documentation économique et financière précisant :**

1° La forme juridique de l'entreprise et son organisation ;

2° Les perspectives économiques de l'entreprise telles qu'elles peuvent être envisagées ;

3° Le cas échéant, la position de l'entreprise au sein du groupe ;

4° Compte tenu des informations dont dispose l'employeur, la répartition du capital entre les actionnaires détenant plus de 10 % du capital et la position de l'entreprise dans la branche d'activité à laquelle elle appartient. – *[Anc. art. L. 432-4, al. 1er à 5.]*

V. note ss. le titre de la section I.

L'art. L. 2323-7 devient l'art. L. 2323-28 à compter du 1er janv. 2016 (L. n° 2015-994 du 17 août 2015, art. 18-V).

Sur le refus de la production spontanée des pièces, V. TGI Paris, réf., 5 févr. 2009, n° 09/51089, RDT 2009. 250, obs. Grumbach.

SOUS-§ 2 *INTRODUCTION DE NOUVELLES TECHNOLOGIES (L. n° 2015-994 du 17 août 2015, art. 18-V, en vigueur le 1er janv. 2016).*

Art. L. 2323-29 **Le comité d'entreprise est informé et consulté, préalablement à tout projet important d'introduction de nouvelles technologies, lorsque celles-ci sont susceptibles d'avoir des conséquences sur l'emploi, la qualification, la rémunération, la formation ou les conditions de travail.**

Les membres du comité reçoivent, un mois avant la réunion, des éléments d'information sur ces projets et leurs conséquences sur chacun des sujets mentionnés au premier alinéa. – *[Anc. art. L. 432-2, al. 1er.]*

V. note ss. le titre de la section I.

L'art. L. 2323-13 devient l'art. L. 2323-29 à compter du 1er janv. 2016 (L. n° 2015-994 du 17 août 2015, art. 18-V).

1. Conventionnalité de l'obligation. Sur la compatibilité de l'art. L. 432-2 [L. 2323-13 nouv.] avec l'art. 7-1 de la Convention européenne de sauvegarde des droits de l'homme et avec l'art. 15 du Pacte international relatif aux droits civils et politiques, V. • Crim. 3 mai 1994 : ♖ *Bull. crim. n° 164 ; RJS 1994. 677, n° 1148.*

2. Technologie nouvelle. Caractérisent l'introduction d'une nouvelle technologie le remplacement d'un ordinateur de la « troisième génération » par un ordinateur de même type, mais plus performant. • Soc. 2 juill. 1987 : *Bull. civ. V, n° 438 ; Dr. ouvrier 1988. 234, note D. J. ; JCP 1988. II. 20924.* ♦ ... La mise en œuvre d'un nouveau système informatique dans un ensemble de services d'une banque, système sensiblement différent du précédent et nécessitant une formation particulière. • Soc. 9 juill. 1997 : ♖ *RJS 1997. 772, n° 1252 ; TPS 1997, n° 264, obs. Teyssié.* ♦ ... Ou la mise en réseau informatique d'une société de presse, la pagination par ordinateur entraînant une inversion totale des modalités de la rédaction et de la production. • Crim. 13 déc. 1994 : ♖ *D. 1995. IR 53 ; RJS 1995. 179, n° 252 ; Gaz. Pal. 1996. 1. 43, note Berenguer-Guillon.* ♦ ... Ou l'acquisition d'une nouvelle rotative, aboutissant en fait à une nouvelle méthode de fabrication du journal. • Montpellier, 4 déc. 1995 : *RJS 1996. 87, n° 136.* ♦ Solution contraire en cas d'installation d'un micro-ordinateur dans un service. • Crim. 29 mars 1994 : ♖ *RJS 1994. 594, n° 1005.* ♦ Sur le caractère cumulatif des conditions posées par l'art. L. 432-2, V. • Soc. 15 oct. 1987 : *Bull. civ. V, n° 569 ; D. 1987. IR 218 ; Dr. ouvrier 1988. 235, note D. J.*

3. Projet. Doit être cassée la décision admettant le recours à un expert en technologie sans qu'il ait été constaté que l'étude confiée par l'employeur à un technicien avait abouti à l'établissement d'un projet. • Soc. 3 mars 1988 : *Bull. civ. V, n° 152 ; D. 1988. Somm. 312, obs. A. Lyon-Caen.* ♦ Sur l'analyse des incidences que doit présenter le projet, V. • Soc. 2 juill. 1987 : *préc. note 2.* ♦ N'est pas tardive une demande d'expertise technologique, même postérieure au choix et à l'acquisition du nouveau logiciel, dès lors que la mise en œuvre de celui-ci est encore à l'état de projet. • Soc. 28 oct. 1996, n° 94-15.914 P : *Dr. soc. 1996. 1105, obs. Cohen ; RJS 1997. 109, n° 160.*

4. Projet important. Les juges du fond ne peuvent se déterminer par des motifs d'ordre général pour estimer que le comité d'entreprise devait être saisi d'un projet d'introduction d'une nouvelle technologie sans rechercher si, compte tenu des circonstances de l'espèce, le projet était important. • Crim. 22 oct. 1991 : *CSB 1992. 62, obs. Philbert ; RJS 1992. 119, n° 174.* ♦ Est important un projet qui constitue un nouveau système informatique affectant 600 postes de travail et impliquant une nouvelle formation. • Soc. 28 oct. 1996 : *préc. note 3.*

Art. L. 2323-30 **Lorsque l'employeur envisage de mettre en œuvre des mutations technologiques importantes et rapides, il établit un plan d'adaptation.**

Ce plan est transmis, pour information et consultation, au comité d'entreprise en même temps que les autres éléments d'information relatifs à l'introduction de nouvelles technologies.

Le comité d'entreprise est régulièrement informé et consulté sur la mise en œuvre de ce plan. – *[Anc. art. L. 432-2, al. 2.]*

V. note ss. le titre de la section I.

L'art. L. 2323-14 devient l'art. L. 2323-30 à compter du 1er janv. 2016 (L. n° 2015-994 du 17 août 2015, art. 18-V).

SOUS-§ 3 *RESTRUCTURATION ET COMPRESSION DES EFFECTIFS (L. n° 2015-994 du 17 août 2015, art. 18-V, en vigueur le 1er janv. 2016).*

Art. L. 2323-31 **Le comité d'entreprise est saisi en temps utile des projets de restructuration et de compression des effectifs.**

Il émet un avis sur l'opération projetée et ses modalités d'application *(L. n° 2013-504 du 14 juin 2013, art. 18-XXIX)* **« dans les conditions et délais prévus à l'article L. 1233-30, lorsqu'elle est soumise à l'obligation d'établir un plan de sauvegarde de l'emploi ».**

Cet avis est transmis à l'autorité administrative. – *[Anc. art. L. 432-1, al. 2.]*

V. note ss. le titre de la section I.

L'art. L. 2323-15 devient l'art. L. 2323-31 à compter du 1er janv. 2016 (L. n° 2015-994 du 17 août 2015, art. 18-V).

Les dispositions issues de la L. n° 2013-504 du 14 juin 2013 sont applicables aux procédures de licenciement collectif engagées à compter du 1er juill. 2013.

Une procédure de licenciement collectif est réputée engagée à compter de la date d'envoi de la convocation à la première réunion du comité d'entreprise mentionnée à l'art. L. 1233-30 C. trav. (L. préc., art. 18-XXXIII).

Sur le cumul des procédures de consultation, V. note 7 ss. art. L. 1233-30.

Art. L. 2323-32 **Lorsque le projet de restructuration et de compression des effectifs soumis au comité d'entreprise est de nature à affecter le volume d'activité ou d'emploi d'une entreprise sous-traitante, l'entreprise donneuse d'ordre en informe immédiatement l'entreprise sous-traitante.**

Le comité d'entreprise de cette dernière, ou à défaut les délégués du personnel, en sont immédiatement informés et reçoivent toute explication utile sur l'évolution probable de l'activité et de l'emploi. – *[Anc. art. L. 432-1-2.]*

V. note ss. le titre de la section I.

L'art. L. 2323-16 devient l'art. L. 2323-32 à compter du 1er janv. 2016 (L. n° 2015-994 du 17 août 2015, art. 18-V).

SOUS-§ 4 *MODIFICATION DANS L'ORGANISATION ÉCONOMIQUE OU JURIDIQUE DE L'ENTREPRISE (L. n° 2015-994 du 17 août 2015, art. 18-V, en vigueur le 1er janv. 2016).*

Art. L. 2323-33 **Le comité d'entreprise est informé et consulté sur les modifications de l'organisation économique ou juridique de l'entreprise, notamment en cas de fusion,**

de cession, de modification importante des structures de production de l'entreprise ainsi que lors de l'acquisition ou de la cession de filiales au sens de l'article L. 233-1 du code de commerce.

L'employeur indique les motifs des modifications projetées et consulte le comité d'entreprise sur les mesures envisagées à l'égard des salariés lorsque ces modifications comportent des conséquences pour ceux-ci.

Il consulte également le comité d'entreprise lorsqu'il prend une participation dans une société et l'informe d'une prise de participation dont son entreprise est l'objet lorsqu'il en a connaissance.

V. note ss. le titre de la section I.

L'art. L. 2323-19 devient l'art. L. 2323-33 à compter du 1er janv. 2016 (L. no 2015-994 du 17 août 2015, art. 18-V).

Art. L. 2323-34 Lorsqu'une entreprise est partie à une opération de concentration, telle que définie à l'article L. 430-1 du code de commerce, l'employeur réunit le comité d'entreprise au plus tard dans un délai de trois jours à compter de la publication du communiqué relatif à la notification du projet de concentration, émanant soit de l'autorité administrative française en application de l'article L. 430-3 du même code, soit de la Commission européenne en application du règlement (CE) no 139/2004 du Conseil du 20 janvier 2004 sur les concentrations.

Au cours de cette réunion, le comité d'entreprise ou la commission économique se prononce sur le recours à un expert dans les conditions prévues aux articles L. 2325-35 et suivants. Dans ce cas, le comité d'entreprise ou la commission économique tient une deuxième réunion afin d'entendre les résultats des travaux de l'expert.

Les dispositions du premier alinéa sont réputées satisfaites lorsque le comité d'entreprise se réunit suite au dépôt d'une offre publique d'acquisition en application des dispositions *(L. no 2015-994 du 17 août 2015, art. 18-V, en vigueur le 1er janv. 2016)* « du sous-paragraphe 5 ». — *[Anc. art. L. 432-1 bis.]*

L'art. L. 2323-20 devient l'art. L. 2323-34 à compter du 1er janv. 2016 (L. no 2015-994 du17 août 2015, art. 18-V).

1. Cession. L'art. L. 432-1 *bis* [L. 2323-24 nouv.] ne prévoit pas que le comité d'entreprise puisse être assisté d'un expert rémunéré par l'entreprise en cas d'information-consultation sur un projet de cession de l'entreprise. • Soc. 14 mars 2006, no 05-13.670 P : *RDT 2006. 115, obs. Peskine.*

2. Entreprises concernées. Il résulte des dispositions combinées du règlement CE no 802/2004 du 7 avril 2004, concernant la mise en œuvre du règlement no 139/2004 relatif au contrôle des concentrations entre entreprises, et des articles L. 2323-1 et L. 2323-20 C. trav. que, pour l'application de ces textes, sont parties à l'opération de concentration l'ensemble des entités économiques qui sont affectées, directement ou indirectement, par la prise de contrôle. • Soc. 26 oct. 2010 : *Dalloz actualité, 30 nov. 2010, obs. Siro ; D. 2010. AJ 2709 ; ibid. 2011. Pan. 1246, obs. Odoul-Asorey ; RDT 2011. 123, obs. Lafuma ; JCP S 2010. 1543, obs. Lipski ; Sem. soc. Lamy 2010, no 1467, p. 11, note Olcaz-Godefert ; JS Lamy 2010, no 289.290-7, obs. Lhernould.* ♦ Tel n'est pas le cas de la filiale d'une société envisageant d'acquérir le capital d'un groupe, dès lors que n'étaient démontrées ni l'existence d'une situation de concurrence entre la filiale et les filiales du groupe, ni celle de conséquences actuelles ou futures mais certaines ou prévisibles de cette opération sur l'emploi et l'activité de cette filiale et, par là, sur la situation de ses salariés ; la filiale ne peut être retenue comme partie à l'opération de concentration et l'entreprise n'a donc pas à prendre en charge l'expert-comptable du comité d'entreprise de la filiale. • Soc. 2 juill. 2014 : *D. 2014. Actu. 1550 ; RJS 2014. 603, no 704.*

SOUS-§ 5 *OFFRE PUBLIQUE D'ACQUISITION (L. no 2015-994 du 17 août 2015, art. 18-V, en vigueur le 1er janv. 2016).*

Art. L. 2323-35 Lors du dépôt d'une offre publique d'acquisition, l'employeur de l'entreprise sur laquelle porte l'offre et l'employeur qui est l'auteur de cette offre réunissent immédiatement leur comité d'entreprise respectif pour l'en informer.

L'employeur auteur de l'offre réunit le comité d'entreprise dans les conditions prévues à l'article *(L. no 2015-994 du 17 août 2015, art. 18-V, en vigueur le 1er janv. 2016)* « L. 2323-42 ».

Au cours de la réunion du comité de l'entreprise qui fait l'objet de l'offre, *(L. n° 2014-384 du 29 mars 2014, art. 8-I)* « l'employeur indique si l'offre a été sollicitée ou non. Le comité d'entreprise décide s'il souhaite procéder à l'audition de l'auteur de l'offre et désigner un expert-comptable dans les conditions prévues à l'article L. 2325-35. Il peut également » se prononcer sur le caractère amical ou hostile de l'offre.

V. note ss. le titre de la section I.

L'art. L. 2323-21 devient l'art. L. 2323-35 à compter du 1er janv. 2016 (L. n° 2015-994 du 17 août 2015, art. 18-V).

Les dispositions issues de la L. n° 2014-384 du 29 mars 2014 sont applicables aux offres publiques d'acquisition dont le dépôt intervient à compter du 1er juill. 2014 (L. préc., art. 8-II).

Art. L. 2323-36 *(L. n° 2014-384 du 29 mars 2014, art. 8-I, en vigueur le 1er juill. 2014)* L'audition de l'auteur de l'offre mentionnée au dernier alinéa de l'article *(L. n° 2015-994 du 17 août 2015, art. 18-V, en vigueur le 1er janv. 2016)* « L. **2323-35** » se tient dans un délai d'une semaine à compter du dépôt du projet d'offre publique d'acquisition.

Lors de son audition, l'auteur de l'offre peut se faire assister des personnes de son choix. Il présente au comité d'entreprise sa politique industrielle et financière, ses plans stratégiques pour la société concernée et les répercussions de la mise en œuvre de l'offre sur l'ensemble des intérêts, l'emploi, les sites d'activité et la localisation des centres de décision de cette société.

Le comité d'entreprise peut se faire assister de l'expert-comptable désigné en application du dernier alinéa du même article L. **2323-21**.

V. note ss. le titre de la section I.

L'art. L. 2323-21-1 devient l'art. L. 2323-36 à compter du 1er janv. 2016 (L. n° 2015-994 du 17 août 2015, art. 18-V).

V. note ss. art. L. 2323-35.

Art. L. 2323-37 L'auteur de l'offre adresse au comité de l'entreprise qui en fait l'objet, dans les trois jours suivant sa publication, la note d'information mentionnée au IX de l'article L. **621-8** du code monétaire et financier. — *[Anc. art. L. 432-1, al. 4, phrases 4 et 5.]*

V. note ss. le titre de la section I.

L'art. L. 2323-22 devient l'art. L. 2323-37 à compter du 1er janv. 2016 (L. n° 2015-994 du 17 août 2015, art. 18-V).

V. note ss. art. L. 2323-35.

Art. L. 2323-38 *(L. n° 2014-384 du 29 mars 2014, art. 8-II)* L'expert-comptable désigné en application du dernier alinéa de l'article *(L. n° 2015-994 du 17 août 2015, art. 18-V, en vigueur le 1er janv. 2016)* « L. **2323-35** » établit un rapport qui évalue la politique industrielle et financière et les plans stratégiques que l'auteur de l'offre envisage d'appliquer à la société objet de l'offre, ainsi que les répercussions de leur mise en œuvre sur l'ensemble des intérêts, l'emploi, les sites d'activité et la localisation des centres de décision de cette dernière société. Il dispose d'un délai de trois semaines à compter du dépôt du projet d'offre publique d'acquisition.

V. note ss. le titre de la section I.

L'art. L. 2323-22-1 devient l'art. L. 2323-38 à compter du 1er janv. 2016 (L. n° 2015-994 du 17 août 2015, art. 18-V).

V. note ss. art. L. 2323-35.

Art. L. 2323-39 *(L. n° 2014-384 du 29 mars 2014, art. 8-I, en vigueur le 1er juill. 2014)* I. — Préalablement à l'avis motivé rendu par le conseil d'administration ou le conseil de surveillance sur l'intérêt de l'offre et sur les conséquences de celle-ci pour la société visée, ses actionnaires et ses salariés, le comité de l'entreprise faisant l'objet de l'offre est réuni et consulté sur le projet d'offre. Au cours de cette réunion, il examine le rapport établi par l'expert-comptable en application de l'article *(L. n° 2015-994 du 17 août 2015, art. 18-V, en vigueur le 1er janv. 2016)* « L. **2323-38** » et peut demander la présence de l'auteur de l'offre.

Le comité d'entreprise émet son avis dans un délai d'un mois à compter du dépôt du projet d'offre publique d'acquisition. En l'absence d'avis dans ces délais, il est réputé avoir été consulté.

L'avis du comité d'entreprise ainsi que le rapport de l'expert-comptable sont reproduits dans la note en réponse établie par la société faisant l'objet de l'offre ou, s'il y a lieu, dans la note d'information commune établie par l'auteur de l'offre et la société faisant l'objet de l'offre.

II. — Les membres élus du comité d'entreprise peuvent, s'ils estiment ne pas disposer d'éléments suffisants, saisir le président du tribunal de grande instance statuant en la forme des référés en dernier ressort pour qu'il ordonne la communication, par la société faisant l'objet de l'offre et par l'auteur de l'offre, des éléments manquants. Le juge statue dans un délai de huit jours.

Cette saisine n'a pas pour effet de prolonger le délai dont dispose le comité pour rendre son avis. Toutefois, en cas de difficultés particulières d'accès aux informations nécessaires à la formulation de l'avis du comité d'entreprise, le juge peut décider la prolongation du délai prévu au deuxième alinéa du I, sauf lorsque ces difficultés résultent d'une volonté manifeste de retenir ces informations de la part de la société faisant l'objet de l'offre.

V. note ss. le titre de la section I.

L'art. L. 2323-23 devient l'art. L. 2323-39 à compter du 1er janv. 2016 (L. n° 2015-994 du 17 août 2015, art. 18-V).

V. note ss. art. L. 2323-35.

Art. L. 2323-40 *(L. n° 2014-384 du 29 mars 2014, art. 8-I, en vigueur le 1er juill. 2014) (Abrogé par L. n° 2015-994 du 17 août 2015, art. 18-V, en vigueur le 1er janv. 2016)* « *I.* — » A la demande de l'employeur auteur de l'offre, l'employeur de l'entreprise sur laquelle porte l'offre peut réunir son comité d'entreprise dans les deux jours ouvrables suivant l'annonce de cette offre. Les articles *(L. n° 2015-994 du 17 août 2015, art. 18-V, en vigueur le 1er janv. 2016)* « L. **2323-35** à L. **2323-39** » s'appliquent. Les délais prévus à ces mêmes articles courent à compter de l'annonce de l'offre.

En cas de modification significative des informations présentées au comité d'entreprise entre l'annonce et le dépôt de l'offre, l'avis rendu, le cas échéant, par le comité d'entreprise est caduc. Le comité d'entreprise est réuni dans les deux jours suivant le dépôt de l'offre et rend un avis dans les conditions prévues auxdits articles *(L. n° 2015-994 du 17 août 2015, art. 18-V, en vigueur le 1er janv. 2016)* « L. **2323-35** à L. **2323-39** ».

V. note ss. le titre de la section I.

L'art. L. 2323-23-1 devient l'art. L. 2323-40 à compter du 1er janv. 2016 (L. n° 2015-994 du 17 août 2015, art. 18-V).

V. note ss. art. L. 2323-35.

Art. L. 2323-41 La société ayant déposé une offre et dont l'employeur, ou le représentant qu'il désigne parmi les mandataires sociaux ou les salariés de l'entreprise, ne se rend pas à la réunion du comité d'entreprise à laquelle il a été invité dans les conditions prévues aux articles *(L. n° 2015-994 du 17 août 2015, art. 18-V, en vigueur le 1er janv. 2016)* « L. **2323-35** et L. **2323-39** », ne peut exercer les droits de vote attachés aux titres de la société faisant l'objet de l'offre qu'elle détient ou viendrait à détenir. Cette interdiction s'étend aux sociétés qui la contrôlent ou qu'elle contrôle au sens de l'article L. 233-16 du code de commerce.

Une sanction identique s'applique à l'auteur de l'offre, personne physique, qui ne se rend pas à la réunion du comité d'entreprise à laquelle il a été invité dans les conditions prévues aux articles *(L. n° 2015-994 du 17 août 2015, art. 18-V, en vigueur le 1er janv. 2016)* « L. **2323-35** et L. **2323-39** ».

La sanction est levée le lendemain du jour où l'auteur de l'offre a été entendu par le comité d'entreprise de la société faisant l'objet de l'offre.

La sanction est également levée si l'auteur de l'offre n'est pas convoqué à une nouvelle réunion du comité d'entreprise dans les quinze jours qui suivent la réunion à laquelle il avait été préalablement convoqué. — *[Anc. art. L. 432-1, al. 7 et 8.]*

V. note ss. le titre de la section I.

L'art. L. 2323-24 devient l'art. L. 2323-41 à compter du 1er janv. 2016 (L. no 2015-994 du 17 août 2015, art. 18-V).

V. note ss. art. L. 2323-35.

Art. L. 2323-42 Par dérogation à l'article L. 2323-2, l'employeur qui lance une offre publique d'acquisition portant sur le capital d'une entreprise n'est pas tenu de consulter le comité d'entreprise avant ce lancement.

En revanche, il réunit le comité d'entreprise dans les deux jours ouvrables suivant la publication de l'offre *(L. no 2014-384 du 29 mars 2014, art. 8-I, en vigueur le 1er juill. 2014)* « , ou de l'annonce de l'offre dans le cas prévu à l'article *(L. no 2015-994 du 17 août 2015, art. 18-V, en vigueur le 1er janv. 2016)* « L. **2323-40** », en vue de lui transmettre des informations écrites et précises sur le contenu de l'offre et sur les conséquences en matière d'emploi qu'elle est susceptible d'entraîner. — *[Anc. art. L. 432-1 ter.]*

V. note ss. le titre de la section I.

L'art. L. 2323-25 devient l'art. L. 2323-42 à compter du 1er janv. 2016 (L. no 2015-994 du 17 août 2015, art. 18-V).

V. note ss. art. L. 2323-35.

Art. L. 2323-43 Si l'offre publique d'acquisition est déposée par une entreprise dépourvue de comité d'entreprise, et sans préjudice de l'article L. 2313-13, l'employeur en informe directement les salariés.

De même, à défaut de comité d'entreprise dans l'entreprise qui fait l'objet de l'offre, l'employeur de cette entreprise en informe directement les salariés. Dans ce cas et dans les trois jours suivant la publication de la note d'information mentionnée au IX de l'article L. 621-8 du code monétaire et financier, l'auteur de l'offre la transmet à l'employeur faisant l'objet de l'offre qui la transmet lui-même aux salariés sans délai. — *[Anc. art. L. 432-1, al. 5.]*

V. note ss. le titre de la section I.

L'art. L. 2323-26 devient l'art. L. 2323-43 à compter du 1er janv. 2016 (L. no 2015-994 du 17 août 2015, art. 18-V).

V. note ss. art. L. 2323-35.

Art. L. 2323-44 *(L. no 2014-384 du 29 mars 2014, art. 8-I, en vigueur le 1er juill. 2014)* Si, à l'issue de l'offre publique, l'auteur de l'offre a acquis le contrôle de l'entreprise faisant l'objet de l'offre au sens des articles L. 233-1, L. 233-3 et L. 233-16 du code de commerce, il rend compte au comité d'entreprise de cette société, au cours du sixième, du douzième et du vingt-quatrième mois suivant la clôture de l'offre, de la manière dont il a mis en œuvre les déclarations d'intention et, le cas échéant, les engagements qu'il a pris auprès du comité d'entreprise, dans le cadre des auditions prévues aux articles *(L. no 2015-994 du 17 août 2015, art. 18-V, en vigueur le 1er janv. 2016)* « L. **2323-36** et L. **2323-39** » du présent code, en matière d'emploi, de maintien des sites d'activité et de localisation des centres de décision exprimés dans la note d'information mentionnée au IX de l'article L. 621-8 du code monétaire et financier.

V. note ss. le titre de la section I.

L'art. L. 2323-26-1 A devient l'art. L. 2323-44 à compter du 1er janv. 2016 (L. no 2015-994 du 17 août 2015, art. 18-V).

V. note ss. art. L. 2323-35.

Art. L. 2323-45 *(L. no 2014-384 du 29 mars 2014, art. 8-I)* Les articles *(L. no 2015-994 du 17 août 2015, art. 18-V)* « L. **2323-38** à L. **2323-44** » du présent code ne s'appliquent pas aux offres mentionnées aux articles L. 225-207 et L. 225-209 du code de commerce ou lorsque la société fait l'objet d'une offre publique engagée par des entités, agissant seules ou de concert au sens de l'article L. 233-10 du même code, détenant plus de la moitié du capital ou des droits de vote de la société faisant l'objet de l'offre.

L'art. L. 2323-26-1 B devient l'art. L. 2323-45 à compter du 1er janv. 2016 (L. no 2015-994 du 17 août 2015, art. 18-V).

V. 2e note ss. art. L. 2323-35.

§ 2 CONDITIONS DE TRAVAIL *(L. n° 2015-994 du 17 août 2015, art. 18-V, en vigueur le 1er janv. 2016).*

Art. L. 2323-46 **Le comité d'entreprise est informé et consulté** *(L. n° 2015-994 du 17 août 2015, art. 18-V, en vigueur le 1er janv. 2016)* **« en cas de problème ponctuel » intéressant les conditions de travail résultant de l'organisation du travail, de la technologie, des conditions d'emploi, de l'organisation du temps de travail, des qualifications et des modes de rémunération.**

A cet effet, il étudie les incidences sur les conditions de travail des projets et décisions de l'employeur dans les domaines mentionnés au premier alinéa et formule des propositions. Il bénéficie du concours du comité d'hygiène, de sécurité et des conditions de travail dans les matières relevant de sa compétence. Les avis de ce comité lui sont transmis. – *[Anc. art. L. 432-3, al. 1er et 2.]*

V. note ss. le titre de la section I.

L'art. L. 2323-27 devient l'art. L. 2323-46 à compter du 1er janv. 2016 (L. n° 2015-994 du 17 août 2015, art. 18-V).

BIBL. ▶ PATIN, *JCP S 2010. 1425* (licenciement pour motif économique : information et consultation du CE et du CHSCT).

1. Modes de rémunération. Le comité central d'entreprise, ayant à étudier les incidences d'un nouveau mode de rémunération, peut s'informer des préférences des salariés par une consultation du personnel dont les frais s'imputent sur son budget, son information n'étant pas limitée aux renseignements dont ses membres disposent à titre individuel ou aux observations présentées par les délégués du personnel. • Soc. 19 déc. 1990 : *D. 1991. IR 22 ; Dr. soc. 1991. 267, rapp. Waquet.*

2. L'employeur est tenu de fournir au comité d'entreprise des informations précises et complètes sur les modes de rémunération de salariés sur le point d'être embauchés. • Crim. 6 oct. 1992 : *Bull. crim. n° 305.*

3. Les modalités de commercialisation d'un nouveau contrat collectif d'assurance qui affectent globalement le mode de rémunération et qui concernent les conditions de travail du personnel intéressé, relèvent de l'information-consultation du comité d'entreprise, peu important que la rémunération effective soit ou non plus avantageuse pour les salariés. • Soc. 28 nov. 2000, n° 98-19.594 P : *Dr. soc. 2001. 212, obs. Radé ; RJS 2001. 140, n° 212.*

4. Durée du travail. La consultation du comité d'entreprise est requise uniquement lors de la mise en place du temps partiel, mais non pour chaque embauche d'un salarié à temps partiel ou pour la transformation d'un emploi à temps plein en emploi à temps partiel. • Crim. 24 févr. 1987 : *JS UIMM 1987. 332.*

5. Horaire de travail. Se rend coupable d'entrave l'employeur qui, avant d'appliquer un changement dans les horaires de travail d'une agence, s'est borné à en informer le comité en se refusant à toute discussion. • Crim. 3 mars 1981 : *D. 1982. IR 77, obs. Pélissier* • Crim. 11 janv. 2000 : *Bull. crim. n° 13 ; D. 2000. IR 103* (modification du moment d'une pause par référendum sans avoir consulté le comité d'entreprise).

6. Formation professionnelle. L'employeur ne peut s'opposer aux investigations de la commission de la formation destinées à informer le comité sur les besoins du personnel. • Crim. 7 janv. 1981 : *D. 1981. IR 423, obs. Langlois.* ♦ Il ne peut s'opposer à l'entrée dans l'entreprise de personnes étrangères invitées par la commission à titre d'experts. • Crim. 12 avr. 1983 : *Dr. ouvrier 1983. 340.* ♦ Les dispositions de l'art. L. 933-3 qui prescrivent que le comité d'entreprise donne son avis tous les ans sur le projet de plan de formation professionnelle pour l'année à venir impliquent que cet avis soit donné avant la fin de l'année précédant celle de l'exécution du plan. • Crim. 26 nov. 1991 : *RJS 1992. 186, n° 305.* ♦ Sur les sanctions fiscales entraînées par la non-consultation du comité d'entreprise, V. • CE 28 juin 1989 : *Dr. soc. 1989. 712, concl. Fouquet* • 10 janv. 1990 : *RJS 1990. 169, n° 238.*

7. Mutuelle. Il n'appartient pas au comité d'entreprise d'imposer aux salariés l'adhésion à une mutuelle. • Soc. 27 mars 1996, n° 92-44.933 P : *RJS 1996. 357, n° 562.* ♦ V. aussi • Soc. 5 juin 1996, n° 93-42.653 P : *Dr. soc. 1996. 984, obs. Laigre* (inefficacité d'un avis du comité estimant que l'adhésion est obligatoire).

8. Concours du CHSCT. Lorsqu'il est consulté sur les problèmes généraux intéressant les conditions de travail, le comité d'entreprise doit disposer de l'avis du comité d'hygiène, de sécurité et des conditions de travail ; il s'ensuit que le comité d'entreprise est recevable à invoquer dans le cadre de sa propre consultation l'irrégularité de la procédure de consultation préalable du CHSCT. • Soc. 4 juill. 2012 : *Dalloz actualité, 7 sept. 2012, obs. Ines ; RJS 2012. 694, n° 814 ; Dr. ouvrier 2012. 715, obs. Durand et Mazières ; JS Lamy 2012, n° 328-4, obs. Guyader ; JCP S 2012. 1399, obs. Cailloux-Meurice.*

Art. L. 2323-47 Le comité d'entreprise est informé, préalablement à leur utilisation, sur les méthodes ou techniques d'aide au recrutement des candidats à un emploi ainsi que sur toute modification de celles-ci.

Il est aussi informé, préalablement à leur introduction dans l'entreprise, sur les traitements automatisés de gestion du personnel et sur toute modification de ceux-ci.

Le comité d'entreprise est informé et consulté, préalablement à la décision de mise en œuvre dans l'entreprise, sur les moyens ou les techniques permettant un contrôle de l'activité des salariés. – *[Anc. art. L. 432-2-1.]*

V. note ss. le titre de la section I.

L'art. L. 2323-32 devient l'art. L. 2323-47 à compter du 1er janv. 2016 (L. no 2015-994 du 17 août 2015, art. 18-V).

Sur le dispositif d'alerte professionnelle : V. Circ. DGT no 2008-22 du 19 nov. 2008.

BIBL. ▶ ADAM, *Dr. ouvrier 2006. 281* (à propos du whistleblowing). – ANTONMATTÉI et VIVIEN, *Dr. soc. 2007. 522* (chartes d'éthique, alerte professionnelle et droit du travail français : état des lieux et perspectives). – BARÈGE, *LGDJ, no 608/15* (l'éthique et le rapport du travail). – BOUTON, *RDT 2008. 182* (protection du donneur d'alerte en matière de corruption). – CŒURET et DE SÉVIN, *RJS 2006. 75* (les dispositifs d'alerte et le droit du travail français) ; *ibid. 2010. 22* (émergence de l'entreprise-marchandise). – FLAMENT, *JCP S 2013. 1133* (mise en place d'un dispositif d'alerte professionnelle). – HANNOUN, *RDT 2008. 288* (l'impact de la financiarisation de l'économie sur le droit du travail) ; *ibid 2010. 22* (émergence de l'entreprise-marchandise). – STULZ et MEIERS, *RDT 2008. Controverse. 705* (alerte financière, procédure de prévention du risque). – WAQUET, *RDT 2008. Controverse. 709* (brouillard persistant sur les systèmes d'alerte).

1. Surveillance extérieure. Illicéité du recours, à l'insu du personnel, à une société de surveillance extérieure à l'entreprise pour procéder au contrôle de l'utilisation par ses salariés des distributeurs de boissons et sandwichs. • Soc. 15 mai 2001 : *D. 2001. 3015, note Aubert-Montpeyssen*.

2. Vidéosurveillance. Licéité du système de vidéosurveillance installé par l'employeur dans un entrepôt de marchandise qui n'enregistrait pas l'activité de salariés affectés à un poste de travail déterminé. • Soc. 31 janv. 2001 : *JCP E 2001. 1145, note Puigelier.* ♦ Mais illicéité d'un système de vidéo surveillance de la clientèle également utilisé pour contrôler ses salariés. • Soc. 7 juin 2006 : *pourvoi no 04-43.866.*

3. Badges. Il résulte de la combinaison des art. 16, 27 et 34 de la loi no 78-17 du 6 janv. 1978 relative à l'informatique, aux fichiers et aux libertés, 226-16 C. pén., L. 121-8 et L. 432-2-1 C. trav. [L. 1221-9 et L. 2323-32 nouv.], qu'à défaut de déclaration à la Commission nationale de l'informatique et des libertés d'un traitement automatisé d'informations nominatives concernant un salarié, son refus de déférer à une exigence de son employeur impliquant la mise en œuvre d'un tel traitement ne peut lui être reproché. • Soc. 6 avr. 2004, no 01-45.227 P : *D. 2004. 2736, note de Quénaudon ; Dr. ouvrier 2004. 378, note Adam.*

4. Audit interne. Si un système de contrôle et d'évaluation individuels des salariés ne peut être instauré qu'après information et consultation du comité d'entreprise, tel n'est pas le cas d'un audit mis en œuvre pour apprécier, à un moment donné, l'organisation d'un service. • Soc. 12 juill. 2010 : *D. 2010. Actu. 1948 ; Dalloz actualité, 30 août 2010, obs. Ines ; D. 2011. Pan. 840, obs. Amalric ; Dr. soc. 2010. 1008, obs. Pécaut-Rivolier ; RJS 2010 664, no 719 ; JS Lamy 2010, no 285-2, obs. Hautefort ; JCP S 2010. 1457, obs. Barège.*

§ 3 PROCÉDURE DE SAUVEGARDE, DE REDRESSEMENT ET DE LIQUIDATION JUDICIAIRE

(L. no 2015-994 du 17 août 2015, art. 18-V, en vigueur le 1er janv. 2016).

Art. L. 2323-48 Le comité d'entreprise est informé et consulté :

1° Avant le dépôt au greffe d'une demande d'ouverture d'une procédure de redressement judiciaire ou de liquidation judiciaire ;

2° Lors d'une procédure de sauvegarde, dans les situations prévues aux articles L. 623-3 et L. 626-8 du code de commerce ;

3° Lors d'une procédure de redressement judiciaire, dans les situations et conditions prévues aux articles L. 631-17, L. 631-18, L. 631-19 et L. 631-22 du code de commerce ;

4° Lors d'une procédure de liquidation judiciaire, dans les situations et conditions prévues aux articles L. 641-1 (I), L. 641-4, L. 641-10, troisième alinéa, L. 642-5, dernier alinéa, et L. 642-9, deuxième alinéa, du code de commerce.

En cas de licenciements économiques prononcés dans les cas prévus aux 3° et 4°, le comité d'entreprise est réuni et consulté dans [les] conditions prévues à l'article L. 1233-58 du présent code. – *[Anc. art. L. 432-1, al. 9, phrase 1]*

V. note ss. le titre de la section I.

L'art. L. 2323-44 devient l'art. L. 2323-48 à compter du 1er janv. 2016 (L. n° 2015-994 du 17 août 2015, art. 18-V).

Art. L. 2323-49 **La ou les personnes désignées par le comité d'entreprise, selon les dispositions de l'article L. 661-10 du code de commerce, sont entendues par la juridiction compétente :**

1° Lors d'une procédure de sauvegarde dans les situations prévues aux articles L. 621-1, L. 622-10, *(Abrogé par Ord. n° 2014-326 du 12 mars 2014, art. 112)* **« L. 626-4, » L. 626-9 et L. 626-26 du code de commerce ;**

2° Lors d'une procédure de redressement judiciaire dans les situations et conditions prévues aux articles L. 631-7, L. 631-15 (II), L. 631-19 (I) et L. 631-22 du code de commerce ;

3° Lors d'une procédure de liquidation judiciaire dans les situations prévues aux articles L. 642-5, premier alinéa, L. 642-6, L. 642-13 et L. 642-17 du code de commerce. – *[Anc. art. L. 432-1, al. 9, phrase 2.]*

V. note ss. le titre de la section I.

L'art. L. 2323-45 devient l'art. L. 2323-49 à compter du 1er janv. 2016 (L. n° 2015-994 du 17 août 2015, art. 18-V).

SOUS-SECTION 6 **DROIT D'ALERTE ÉCONOMIQUE ET SOCIAL ET UTILISATION DES AIDES PUBLIQUES** *(L. n° 2015-994 du 17 août 2015, art. 18-VI, en vigueur le 1er janv. 2016).*

§ 1er DROIT D'ALERTE ÉCONOMIQUE *(L. n° 2015-994 du 17 août 2015, art. 18-VI, en vigueur le 1er janv. 2016).*

Art. L. 2323-50 **Lorsque le comité d'entreprise a connaissance de faits de nature à affecter de manière préoccupante la situation économique de l'entreprise, il peut demander à l'employeur de lui fournir des explications.**

Cette demande est inscrite de droit à l'ordre du jour de la prochaine séance du comité d'entreprise.

Si le comité d'entreprise n'a pu obtenir de réponse suffisante de l'employeur ou si celle-ci confirme le caractère préoccupant de la situation, il établit un rapport. Dans les entreprises employant au moins mille salariés, ce rapport est établi par la commission économique prévue par l'article L. 2325-23.

Ce rapport, au titre du droit d'alerte économique, est transmis à l'employeur et au commissaire aux comptes. – *[Anc. art. L. 432-5, I et II, al. 1er.]*

V. note ss. le titre de la section I.

L'art. L. 2323-78 devient l'art. L. 2323-50 à compter du 1er janv. 2016 (L. n° 2015-994 du 17 août 2015, art. 18-VI).

RÉP. TRAV. v° *Entreprises en difficulté (Règles propres aux salariés)*, par CESARO.

BIBL. ▶ MORAND, *JCP E 1988. II. 15357.* – TARAUD, *Dr. soc. 2013. 121* (montée en puissance de l'expertise). – TEYSSIÉ, *RJ com. 1986, n° spéc. févr. 69.*

COMMENTAIRE

V. Dalloz.fr et applications mobiles Dalloz. ❑

1. Droit réservé aux comités d'entreprise. L'exercice du droit d'alerte étant subordonné à l'existence de faits de nature à affecter de manière préoccupante la situation économique de l'entreprise, les comités d'établissement ne sont pas investis de cette prérogative. • Soc. 1er mars 2005 : *Dr. soc. 2005. 587, obs. Couturier ; JS Lamy 2005, n° 165-7 ; RJS 2005. 376, n° 538 ; Dr. ouvrier 2005. 435, obs. Saramito ; CSB 2005, A. 43* • 6 avr. 2005, n° 02-31.130 P : *RJS 2005. 457, n° 644* • 12 oct. 2005 : *JCP S 2005. 1377, note Neau-Leduc.*

2. La procédure d'alerte, qui n'est limitée ni dans son objet ni dans sa durée, n'interdit nullement, quand elle est engagée, le déclenchement des procédures normales d'information ou de consultation prévues par les art. L. 432-1 et L. 321-1 s. [L. 2323-6 s. et L. 1233-28 s. nouv.]. • Versailles, 6 déc. 1996 : *BICC 15 sept. 1997, n° 1061 ; JCP E 1997. Pan. 289.*

3. Notion de situation préoccupante. L'appréciation du caractère préoccupant de la situation dont se saisit le comité d'entreprise qui exerce le droit d'alerte relève du pouvoir souverain des juges du fond et échappe au contrôle de la Cour de cassation. • Soc. 11 mars 2003, n° 01-13.434 P. ♦ Le comité d'entreprise n'a pas abusé de son droit d'alerte, dès lors que les juges ont relevé, d'une part, que la réorganisation en cause était de nature à affecter la situation de l'entreprise, et, d'autre part, que les réponses de la direction aux questions du comité étaient contradictoires, insuffisantes ou incohérentes. • Soc. 18 janv. 2011 : *Dalloz actualité, 11 févr. 2011, obs. Siro ; D. 2011. Actu. 382 ; Dr. soc. 2011. 342, obs. Couturier ; Dr. ouvrier 2011.359 ; JCP S 2011. 1218, obs. Barège ; Sem. soc. Lamy 2011, n° 1478, p. 11, obs. Debourg.*

4. Trouble manifestement illicite. Le déclenchement d'une procédure d'alerte ne constitue pas un trouble manifestement illicite. • Soc. 8 mars 1995, n° 91-16.002 P : *D. 1995. IR 85 ; Dr. soc. 1995. 393, obs. Cohen ; RJS 1995. 266, n° 393* (cassation de l'arrêt ayant retenu l'existence d'un trouble manifestement illicite, tout en relevant le refus de l'employeur de fournir des explications au comité). ♦ Le recours au droit d'alerte est justifié dès lors que le comité invoque des faits qu'il estime être de nature préoccupante. • Même arrêt.

Art. L. 2323-51 Le comité d'entreprise ou la commission économique peut se faire assister, une fois par exercice comptable, de l'expert-comptable prévu à l'article L. 2325-35, convoquer le commissaire aux comptes et s'adjoindre avec voix consultative deux salariés de l'entreprise choisis pour leur compétence et en dehors du comité d'entreprise.

Ces salariés disposent de cinq heures chacun pour assister le comité d'entreprise ou la commission économique en vue de l'établissement du rapport prévu à l'article *(L. n° 2015-994 du 17 août 2015, art. 18-VI, en vigueur le 1er janv. 2016)* « **L. 2323-50** ». Ce temps est rémunéré comme temps de travail. — *[Anc. art. L. 432-5, II, al. 3 et 4.]*

V. note ss. le titre de la section I.

L'art. L. 2323-79 devient l'art. L. 2323-51 à compter du 1er janv. 2016 (L. n° 2015-994 du 17 août 2015, art. 18-VI).

Art. L. 2323-52 Le rapport du comité d'entreprise ou de la commission économique conclut en émettant un avis sur l'opportunité de saisir de ses conclusions l'organe chargé de l'administration ou de la surveillance dans les sociétés ou personnes morales qui en sont dotées, ou d'en informer les associés dans les autres formes de sociétés ou les membres dans les groupements d'intérêt économique.

Au vu de ce rapport, le comité d'entreprise peut décider, à la majorité des membres présents de procéder à cette saisine ou de faire procéder à cette information. Dans ce cas, l'avis de l'expert-comptable est joint à la saisine ou à l'information. — *[Anc. art. L. 432-5, II, al. 5 et 6.]*

V. note ss. le titre de la section I.

L'art. L. 2323-80 devient l'art. L. 2323-52 à compter du 1er janv. 2016 (L. n° 2015-994 du 17 août 2015, art. 18-VI).

Art. L. 2323-53 Dans les sociétés à conseil d'administration ou à conseil de surveillance, la demande d'explication sur le caractère préoccupant de la situation économique de l'entreprise est inscrite à l'ordre du jour de la prochaine séance du conseil d'administration ou du conseil de surveillance, à condition que celui-ci ait pu être saisi au moins quinze jours à l'avance. La réponse de l'employeur est motivée.

Dans les autres personnes morales, ces dispositions s'appliquent à l'organe chargé de l'administration ou de la surveillance, lorsqu'elles en sont dotées.

Dans les autres formes de sociétés ou dans les groupements d'intérêt économique, lorsque le comité d'entreprise a décidé d'informer les associés ou les membres de la situation de l'entreprise, le gérant ou les administrateurs leur communiquent le rapport de la commission économique ou du comité d'entreprise. — *[Anc. art. L. 432-5, III et IV.]*

V. note ss. le titre de la section I.

L'art. L. 2323-81 devient l'art. L. 2323-53 à compter du 1er janv. 2016 (L. n° 2015-994 du 17 août 2015, art. 18-VI).

Art. L. 2323-54 Les informations concernant l'entreprise communiquées en application *(L. n° 2015-994 du 17 août 2015, art. 18-VI, en vigueur le 1er janv. 2016)* « du présent paragraphe » ont par nature un caractère confidentiel. Toute personne pouvant y accéder est tenue à leur égard à une obligation de discrétion. — *[Anc. art. L. 432-5, V.]*

V. note ss. le titre de la section I.

L'art. L. 2323-82 devient l'art. L. 2323-54 à compter du 1er janv. 2016 (L. n° 2015-994 du 17 août 2015, art. 18-VI).

§ 2 AIDES PUBLIQUES *(L. n° 2015-994 du 17 août 2015, art. 18-VI, en vigueur le 1er janv. 2016).*

Art. L. 2323-55 A défaut *(L. n° 2015-994 du 17 août 2015, art. 18-VI, en vigueur le 1er janv. 2016)* « de consultation du comité d'entreprise sur la politique de recherche et de développement technologique de l'entreprise prévue à la sous-section 3 de la section I du présent chapitre », les aides publiques en faveur des activités de recherche et de développement technologique sont suspendues. — *[Anc. art. L. 432-1, al. 10.]*

V. note ss. le titre de la section I.

L'art. L. 2323-12 devient l'art. L. 2323-55 à compter du 1er janv. 2016 (L. n° 2015-994 du 17 août 2015, art. 18-VI).

Art. L. 2323-56 *(L. n° 2013-504 du 14 juin 2013, art. 8-VII)* Lorsque le comité d'entreprise constate que tout ou partie du crédit d'impôt n'a pas été utilisé conformément à l'article 244 *quater* C du code général des impôts, il peut demander à l'employeur de lui fournir des explications.

Cette demande est inscrite de droit à l'ordre du jour de la prochaine séance du comité d'entreprise.

Si le comité d'entreprise n'a pu obtenir d'explications suffisantes de l'employeur ou si celles-ci confirment l'utilisation non conforme de ce crédit d'impôt, il établit un rapport.

Ce rapport est transmis à l'employeur et au comité de suivi régional, créé par le IV de l'article 66 de la loi n° 2012-1510 du 29 décembre 2012 de finances rectificative pour 2012, qui adresse une synthèse annuelle au comité national de suivi.

V. note ss. le titre de la section I.

L'art. L. 2323-26-2 devient l'art. L. 2323-56 à compter du 1er janv. 2016 (L. n° 2015-994 du 17 août 2015, art. 18-VI).

Art. L. 2323-57 *(L. n° 2013-504 du 14 juin 2013, art. 8-VII)* Au vu de ce rapport, le comité d'entreprise peut décider, à la majorité des membres présents, de saisir de ses conclusions l'organe chargé de l'administration ou de la surveillance dans les sociétés ou personnes morales qui en sont dotées, ou d'en informer les associés dans les autres formes de sociétés ou les membres dans les groupements d'intérêt économique.

Dans les sociétés dotées d'un conseil d'administration ou d'un conseil de surveillance, la demande d'explication sur l'utilisation du crédit d'impôt est inscrite à l'ordre du jour de la prochaine séance du conseil d'administration ou du conseil de surveillance, à condition que celui-ci ait pu être saisi au moins quinze jours à l'avance. La réponse de l'employeur est motivée et adressée au comité d'entreprise.

Dans les autres formes de sociétés ou dans les groupements d'intérêt économique, lorsque le comité d'entreprise a décidé d'informer les associés ou les membres de l'utilisation du crédit d'impôt, le gérant ou les administrateurs leur communiquent le rapport du comité d'entreprise.

Dans les autres personnes morales, le présent article s'applique à l'organe chargé de l'administration ou de la surveillance.

V. note ss. le titre de la section I.

L'art. L. 2323-26-3 devient l'art. L. 2323-57 à compter du 1er janv. 2016 (L. n° 2015-994 du 17 août 2015, art. 18-VI).

§ 3 DROIT D'ALERTE SOCIALE *(L. n° 2015-994 du 17 août 2015, art. 18-VI, en vigueur le 1er janv. 2016).*

Art. L. 2323-58 Lorsque le nombre des salariés titulaires d'un contrat de travail à durée déterminée et le nombre de salariés temporaires connaît un accroissement

important par rapport à la situation existant lors de la dernière réunion du comité *(L. n° 2015-994 du 17 août 2015, art. 18-VI, en vigueur le 1er janv. 2016)* **« ayant abordé ce sujet », l'examen de cette question est inscrit de plein droit à l'ordre du jour de la prochaine réunion ordinaire du comité si la majorité des membres du comité le demande.**

Lors de cette réunion ordinaire, l'employeur communique au comité d'entreprise le nombre de salariés titulaires d'un contrat de travail à durée déterminée et de salariés temporaires, les motifs l'ayant amené à y recourir ainsi que le nombre des journées de travail accomplies par les intéressés depuis la dernière communication faite à ce sujet. *– [Anc. art. L. 432-4-1, al. 2 et 3.]*

V. note ss. le titre de la section I.

L'art. L. 2323-53 devient l'art. L. 2323-58 à compter du 1er janv. 2016 (L. n° 2015-994 du 17 août 2015, art. 18-VI).

Art. L. 2323-59 Lorsque le comité d'entreprise a connaissance de faits susceptibles de caractériser un recours abusif aux contrats de travail à durée déterminée *(Ord. n° 2015-380 du 2 avr. 2015, art. 6)* **« , aux contrats conclus avec une entreprise de portage salarial » et au travail temporaire, ou lorsqu'il constate un accroissement important du nombre de salariés titulaires de contrats de travail à durée déterminée et de contrats de mission, il peut saisir l'inspecteur du travail.**

Sans préjudice des compétences qu'il détient en vertu des articles L. 8112-1 et suivants et de l'article L. 8113-7, l'inspecteur du travail adresse à l'employeur le rapport de ses constatations.

L'employeur communique ce rapport au comité d'entreprise en même temps que sa réponse motivée aux constatations de l'inspecteur du travail. Dans sa réponse, l'employeur précise, en tant que de besoin, les moyens qu'il met en œuvre dans le cadre d'un plan de résorption de la précarité destiné à limiter le recours à ces formes de contrats de travail.

A défaut de comité d'entreprise, les délégués du personnel peuvent exercer les attributions conférées au comité d'entreprise pour l'application du présent article. *– [Anc. art. L. 432-4-1, al. 4 à 6.]*

V. note ss. le titre de la section I.

L'art. L. 2323-17 devient l'art. L. 2323-59 à compter du 1er janv. 2016 (L. n° 2015-994 du 17 août 2015, art. 18-VI).

§ 4 INFORMATIONS TRIMESTRIELLES DU COMITÉ D'ENTREPRISE *(L. n° 2015-994 du 17 août 2015, art. 18-VI, en vigueur le 1er janv. 2016).*

Art. L. 2323-60 *(L. n° 2015-994 du 17 août 2015, art. 18-VI, en vigueur le 1er janv. 2016)* **Chaque trimestre, dans les entreprises d'au moins trois cents salariés, l'employeur** *(L. n° 2016-1088 du 8 août 2016, art. 18)* **« met à la disposition du comité d'entreprise, dans les conditions prévues à l'article L. 2323-9, » des informations sur :**

1° L'évolution générale des commandes et l'exécution des programmes de production ;

2° Les éventuels retards de paiement de cotisations sociales par l'entreprise ;

3° Le nombre de contrats de mission conclus avec une entreprise de travail temporaire.

V. art. R. 2323-10.

V. note ss. le titre de la section I.

Art. L. 2323-61 *(L. n° 2015-994 du 17 août 2015, art. 18-VI, en vigueur le 1er janv. 2016)* **Un décret en Conseil d'État précise le contenu des informations énumérées à l'article L. 2323-60.**

V. note ss. le titre de la section I.

SOUS-SECTION 7 **PARTICIPATION AUX CONSEILS D'ADMINISTRATION OU DE SURVEILLANCE DES SOCIÉTÉS** *(L. n° 2015-994 du 17 août 2015, art. 18-VII et VIII, en vigueur le 1er janv. 2016).*

Art. L. 2323-62 Dans les sociétés, deux membres du comité d'entreprise, délégués par le comité et appartenant l'un à la catégorie des cadres techniciens et agents de maîtrise, l'autre à la catégorie des employés et ouvriers, assistent avec voix consultative à toutes les séances du conseil d'administration ou du conseil de surveillance, selon le cas.

Dans les sociétés où sont constitués trois collèges électoraux, en application de l'article L. 2324-11, la délégation du personnel au conseil d'administration ou au conseil de surveillance est portée à quatre membres. Deux de ces membres appartiennent à la catégorie des ouvriers et employés, le troisième à la catégorie de la maîtrise et le quatrième à la catégorie des ingénieurs, chefs de service et cadres administratifs, commerciaux ou techniques assimilés sur le plan de la classification. – *[Anc. art. L. 432-6, al. 1er.]*

V. note ss. le titre de la section I.

Art. L. 2323-63 Les membres de la délégation du personnel au conseil d'administration ou au conseil de surveillance ont droit aux mêmes documents que ceux adressés ou remis aux membres de ces instances à l'occasion de leurs réunions.

Ils peuvent soumettre les voeux du comité au conseil d'administration ou au conseil de surveillance, lequel donne un avis motivé sur ces vœux. – *[Anc. art. L. 432-6, al. 2.]*

V. note ss. le titre de la section I.

Art. L. 2323-64 Dans les entreprises mentionnées à l'article 1er de la loi n° 83-675 du 26 juillet 1983 relative à la démocratisation du secteur public, à l'exception de celles qui figurent à l'annexe III de cette loi *(Ord. n° 2014-948 du 20 août 2014, art. 37-VI)* « et dans les sociétés relevant du I de l'article 7 de l'ordonnance n° 2014-948 du 20 août 2014 relative à la gouvernance et aux opérations sur le capital des sociétés à participation publique », la représentation du comité d'entreprise auprès du conseil d'administration ou de surveillance est assurée par le secrétaire du comité d'entreprise ou de l'organe qui en tient lieu. – *[Anc. art. L. 432-6, al. 3.]*

V. note ss. le titre de la section I.

Art. L. 2323-65 Dans les sociétés anonymes *(L. n° 2013-504 du 14 juin 2013, art. 9-IV)* « et les sociétés en commandite par actions » dans lesquelles le conseil d'administration ou de surveillance comprend *(L. n° 2013-504 du 14 juin 2013, art. 9-IV)* « au moins un administrateur ou un membre élu ou désigné » par les salariés au titre des articles L. 225-27 *(L. n° 2013-504 du 14 juin 2013, art. 9-IV)* « , L. 225-27-1, L. 225-79, L. 225-79-2 et L. 226-5-1 » du code de commerce *[V. App. I, B. Contrat de travail]*, la représentation du comité d'entreprise auprès de ces conseils est assurée par un membre titulaire du comité désigné par ce dernier. – *[Anc. art. L. 432-6, al. 4.]*

V. note ss. le titre de la section I.

Art. L. 2323-66 Dans les sociétés par actions simplifiées, les statuts précisent l'organe social auprès duquel les délégués du comité d'entreprise exercent les droits définis par la présente sous-section. – *[Anc. art. L. 432-6, al. 5.]*

V. note ss. le titre de la section I.

Art. L. 2323-67 Dans les sociétés, le comité d'entreprise peut demander en justice la désignation d'un mandataire chargé de convoquer l'assemblée générale des actionnaires en cas d'urgence.

Il peut également requérir l'inscription de projets de résolutions à l'ordre du jour des assemblées.

Deux membres du comité d'entreprise, désignés par le comité et appartenant l'un à la catégorie des cadres techniciens et agents de maîtrise, l'autre à la catégorie des employés et ouvriers, ou les personnes mentionnées aux articles L. 2323-64 et L. 2323-65 peuvent assister aux assemblées générales. Ils sont entendus, à leur

demande, lors de toutes les délibérations requérant l'unanimité des associés. – *[Anc. art. L. 432-6-1.]*

V. note ss. le titre de la section I.

SECTION PREMIÈRE *[ANCIENNE]* ATTRIBUTIONS ÉCONOMIQUES

Est reproduite ci-après la section II dans sa rédaction antérieure à la L. n° 2015-994 du 17 août 2015, dont les dispositions entrent en vigueur pour l'essentiel au 1er janv. 2016.

SOUS-SECTION 1 *[ANCIENNE]* MISSION GÉNÉRALE D'INFORMATION ET DE CONSULTATION DU COMITÉ D'ENTREPRISE

Ancien art. L. 2323-1 ***Le comité d'entreprise a pour objet d'assurer une expression collective des salariés permettant la prise en compte permanente de leurs intérêts dans les décisions relatives à la gestion et à l'évolution économique et financière de l'entreprise, à l'organisation du travail, à la formation professionnelle et aux techniques de production.***

Il formule, à son initiative, et examine, à la demande de l'employeur, toute proposition de nature à améliorer les conditions de travail, d'emploi et de formation professionnelle des salariés, leurs conditions de vie dans l'entreprise ainsi que les conditions dans lesquelles ils bénéficient de garanties collectives complémentaires mentionnées à l'article L. 911-2 du code de la sécurité sociale. – V. ce texte, App. I, C. Conventions collectives.

Il exerce ses missions sans préjudice des dispositions relatives à l'expression des salariés, aux délégués du personnel et aux délégués syndicaux. – [Anc. art. L. 431-4.]

V. note ss. le titre de la section I [ancienne].

BIBL. ▶ A. LYON-CAEN, *Dr. ouvrier 1986. 355* (comité d'entreprise, institution de représentation du personnel).

Ancien art. L. 2323-2 ***Les décisions de l'employeur sont précédées de la consultation du comité d'entreprise, sauf, en application de l'article L. 2323-25, avant le lancement d'une offre publique d'acquisition.*** – [Anc. art. L. 431-5, al. 1er.]

V. note ss. le titre de la section I [ancienne].

Ancien art. L. 2323-3 ***Dans l'exercice de ses attributions consultatives, définies aux articles L. 2323-6 à L. 2323-60, le comité d'entreprise émet des avis et vœux.***

(L. n° 2013-504 du 14 juin 2013, art. 8-I) ***« Il dispose d'un délai d'examen suffisant.***

« Sauf dispositions législatives spéciales, un accord entre l'employeur et le comité d'entreprise ou, le cas échéant, le comité central d'entreprise, adopté à la majorité des membres titulaires élus du comité, ou, à défaut d'accord, un décret en Conseil d'État fixe les délais dans lesquels les avis du comité d'entreprise sont rendus dans le cadre des consultations prévues aux articles L. 2323-6 à L. 2323-60, ainsi qu'aux articles L. 2281-12, L. 2323-72 et L. 3121-11. Ces délais, qui ne peuvent être inférieurs à quinze jours, doivent permettre au comité d'entreprise d'exercer utilement sa compétence, en fonction de la nature et de l'importance des questions qui lui sont soumises et, le cas échéant, de l'information et de la consultation du ou des comités d'hygiène, de sécurité et des conditions de travail.

« A l'expiration de ces délais ou du délai mentionné au dernier alinéa de l'article L. 2323-4, le comité d'entreprise est réputé avoir été consulté et avoir rendu un avis négatif. »

L'employeur rend compte, en la motivant, de la suite donnée à ces avis et vœux.

V. note ss. le titre de la section I [ancienne].

Ancien art. L. 2323-4 ***Pour lui permettre de formuler un avis motivé, le comité d'entreprise dispose d'informations précises et écrites transmises par l'employeur*** (L. n° 2015-990 du 6 août 2015, art. 271) ***« ou, le cas échéant, mises à disposition dans les conditions prévues à l'article L. 2323-7-3, »*** (Abrogé par L. n° 2013-504 du 14 juin 2013, art. 8-II) ***« , d'un délai d'examen suffisant » et de la réponse motivée de l'employeur à ses propres observations.***

(L. n° 2013-504 du 14 juin 2013, art. 8-II) ***« Les membres élus du comité peuvent, s'ils estiment ne pas disposer d'éléments suffisants, saisir le président du tribunal de grande instance statuant en la forme des référés, pour qu'il ordonne la communication par l'employeur des éléments manquants. Le juge statue dans un délai de huit jours.***

« Cette saisine n'a pas pour effet de prolonger le délai dont dispose le comité pour rendre son avis. Toutefois, en cas de difficultés particulières d'accès aux informations nécessaires à la formulation de l'avis motivé du comité d'entreprise, le juge peut décider la prolongation du délai prévu à l'article L. 2323-3. »

V. note ss. le titre de la section I [ancienne].

Ancien art. L. 2323-5 *Pour l'exercice de ses missions, le comité d'entreprise a accès à l'information utile détenue par les administrations publiques et les organismes agissant pour leur compte, conformément aux dispositions légales relatives à l'accès aux documents administratifs.* – [Anc. art. L. 431-5, al. 3.]

SOUS-SECTION 2 *[ANCIENNE]* INFORMATION ET CONSULTATION SUR L'ORGANISATION ET LA MARCHE DE L'ENTREPRISE

§ 1er *[ANCIEN]* MARCHE GÉNÉRALE DE L'ENTREPRISE

Ancien art. L. 2323-6 *Le comité d'entreprise est informé et consulté sur les questions intéressant l'organisation, la gestion et la marche générale de l'entreprise et, notamment, sur les mesures de nature à affecter le volume ou la structure des effectifs, la durée du travail, les conditions d'emploi, de travail et de formation professionnelle.* – [Anc. art. L. 432-1, al. 1er.]

V. note ss. le titre de la section I [ancienne].

Ancien art. L. 2323-7 *Un mois après chaque élection du comité d'entreprise, l'employeur lui communique une documentation économique et financière précisant :*

1° La forme juridique de l'entreprise et son organisation ;

2° Les perspectives économiques de l'entreprise telles qu'elles peuvent être envisagées ;

3° Le cas échéant, la position de l'entreprise au sein du groupe ;

4° Compte tenu des informations dont dispose l'employeur, la répartition du capital entre les actionnaires détenant plus de 10 % du capital et la position de l'entreprise dans la branche d'activité à laquelle elle appartient. – [Anc. art. L. 432-4, al. 1er à 5.]

V. note ss. le titre de la section I [ancienne].

Sur le refus de la production spontanée des pièces, V. TGI Paris, réf., 5 févr. 2009, n° 09/51089, RDT 2009. 250, obs. Grumbach ✐.

Ancien art. L. 2323-7-1 (L. n° 2013-504 du 14 juin 2013, art. 8-III) *Chaque année, le comité d'entreprise est consulté sur les orientations stratégiques de l'entreprise, définies par l'organe chargé de l'administration ou de la surveillance de l'entreprise, et sur leurs conséquences sur l'activité, l'emploi, l'évolution des métiers et des compétences, l'organisation du travail, le recours à la sous-traitance, à l'intérim, à des contrats temporaires et à des stages.*

Le comité émet un avis sur ces orientations et peut proposer des orientations alternatives. Cet avis est transmis à l'organe chargé de l'administration ou de la surveillance de l'entreprise, qui formule une réponse argumentée. Le comité en reçoit communication et peut y répondre.

La base de données mentionnée à l'article L. 2323-7-2 est le support de préparation de cette consultation.

Le comité d'entreprise peut se faire assister de l'expert-comptable de son choix en vue de l'examen des orientations stratégiques de l'entreprise. Cette possibilité de recours à l'expert-comptable ne se substitue pas aux autres expertises. Par dérogation à l'article L. 2325-40 et sauf accord entre l'employeur et le comité d'entreprise, le comité contribue, sur son budget de fonctionnement, au financement de cette expertise à hauteur de 20 %, dans la limite du tiers de son budget annuel.

V. note ss. le titre de la section I [ancienne].

Ancien art. L. 2323-7-2 (L. n° 2013-504 du 14 juin 2013, art. 8-III) *Une base de données économiques et sociales, mise régulièrement à jour, rassemble un ensemble d'informations que l'employeur met à disposition du comité d'entreprise et, à défaut, des délégués du personnel.*

La base de données est accessible en permanence aux membres du comité d'entreprise ou, à défaut, aux délégués du personnel, ainsi qu'aux membres du comité central d'entreprise, du comité d'hygiène, de sécurité et des conditions de travail et aux délégués syndicaux.

Les informations contenues dans la base de données portent sur les thèmes suivants :

1° Investissements : investissement social (emploi, évolution et répartition des contrats précaires, des stages et des emplois à temps partiel, formation professionnelle et conditions de travail), investissement matériel et immatériel et, pour les entreprises mentionnées au sixième alinéa de l'article L. 225-102-1 du code de commerce, les informations en matière environnementale présentées en application du cinquième alinéa du même article ;

2° Fonds propres et endettement ;

3° Ensemble des éléments de la rémunération des salariés et dirigeants ;

4° Activités sociales et culturelles ;

5° Rémunération des financeurs ;
6° Flux financiers à destination de l'entreprise, notamment aides publiques et crédits d'impôts ;
7° Sous-traitance ;
8° Le cas échéant, transferts commerciaux et financiers entre les entités du groupe.

Ces informations portent sur les deux années précédentes et l'année en cours et intègrent des perspectives sur les trois années suivantes.

Le contenu de ces informations est déterminé par un décret en Conseil d'État et peut varier selon que l'entreprise compte plus ou moins de trois cents salariés. Il peut être enrichi par un accord de branche ou d'entreprise ou, le cas échéant, un accord de groupe, en fonction de l'organisation et du domaine d'activité de l'entreprise.

Les membres du comité d'entreprise, du comité central d'entreprise, du comité d'hygiène, de sécurité et des conditions de travail, les délégués syndicaux et, le cas échéant, les délégués du personnel sont tenus à une obligation de discrétion à l'égard des informations contenues dans la base de données revêtant un caractère confidentiel et présentées comme telles par l'employeur.

L'art. L. 2323-7-2 devient l'art. L. 2323-8 à compter du 1er janv. 2016 (L. n° 2015-994 du 17 août 2016, art. 18-I).

V. note ss. le titre de la section I [ancienne].

Ancien art. L. 2323-7-3 (L. n° 2013-504 du 14 juin 2013, art. 8-III, en vigueur à une date fixée par décret et au plus tard le 31 déc. 2016) *Les éléments d'information contenus dans les rapports et informations transmis de manière récurrente au comité d'entreprise sont mis à la disposition de ses membres dans la base de données mentionnée à l'article L. 2323-7-2 et cette mise à disposition actualisée vaut communication des rapports et informations au comité d'entreprise, dans les conditions et limites fixées par un décret en Conseil d'État.*

(Ord. n° 2014-699 du 26 juin 2014, art. 15) *« Lorsque les dispositions du présent code prévoient également la transmission à l'autorité administrative des rapports et informations mentionnés au premier alinéa, les éléments d'information qu'ils contiennent sont mis à la disposition de l'autorité administrative à partir de la base de données et la mise à disposition actualisée vaut transmission à cette autorité. »*

Les consultations du comité d'entreprise pour des événements ponctuels continuent de faire l'objet de l'envoi de ces rapports et informations.

L'art. L. 2323-7-3 devient l'art. L. 2323-9 à compter du 1er janv. 2016 (L. n° 2015-994 du 17 août 2016, art. 18-I).

V. note ss. le titre de la section I [ancienne].

§ 2 *[ANCIEN]* COMMUNICATION DES DOCUMENTS COMPTABLES ET FINANCIERS

BIBL. ▸ Jubé, *RDT 2009. 211* (la normativité comptable, un angle mort du droit du travail).

Ancien art. L. 2323-8 *Dans les sociétés commerciales, l'employeur communique au comité d'entreprise, avant leur présentation à l'assemblée générale des actionnaires ou à l'assemblée des associés, l'ensemble des documents transmis annuellement à ces assemblées ainsi que le rapport des commissaires aux comptes.*

Le comité peut formuler toutes observations sur la situation économique et sociale de l'entreprise. Ces observations sont transmises à l'assemblée des actionnaires ou des associés, en même temps que le rapport du conseil d'administration, du directoire ou des gérants.

Le comité peut convoquer les commissaires aux comptes pour recevoir leurs explications sur les différents postes des documents communiqués ainsi que sur la situation financière de l'entreprise.

Les membres du comité d'entreprise ont droit aux mêmes communications et copies que les actionnaires, aux mêmes époques, dans les conditions prévues par les articles L. 225-100 et suivants du code de commerce. — [Anc. art. L. 432-4, al. 9 à 12.]

V. note ss. le titre de la section I [ancienne].

Remise des documents. Le fait que les documents utiles n'aient pas été remis, avant l'assemblée générale des actionnaires, au comité d'entreprise ne peut priver celui-ci du droit qu'il tient des art. L. 432-4 et L. 434-6 [L. 2323-8 et L. 2325-35 nouv.] de procéder à l'examen annuel des comptes de la société et de se faire assister à cette fin par un expert-comptable. • Soc. 2 mars 1993, n° 90-12.868 P : *D. 1993. IR 81 ; RJS 1993. 308, n° 520.*

Ancien art. L. 2323-9 *Les entreprises ne revêtant pas la forme de société commerciale communiquent au comité d'entreprise les documents comptables qu'elles établissent.* — [Anc. art. L. 432-4, al. 13.]

V. note ss. le titre de la section I [ancienne].

Ancien art. L. 2323-10 *Dans les sociétés mentionnées à l'article L. 232-2 du code de commerce, les documents établis en application de cet article et des articles L. 232-3 et L. 232-4 du même code sont communiqués au comité d'entreprise. Il en est de même dans les sociétés non mentionnées à l'article L. 232-2 du code de commerce qui établissent ces documents.*

Les informations communiquées au comité d'entreprise, en application du présent article, sont réputées confidentielles au sens de l'article L. 2325-5.

Les dispositions qui précèdent s'appliquent aux groupements d'intérêt économique mentionnés à l'article L. 251-13 du code de commerce. – [Anc. art. L. 432-4, al. 14.]

V. note ss. le titre de la section I [ancienne].

Ancien art. L. 2323-11 *Le comité d'entreprise reçoit communication du rapport mentionné aux articles L. 223-37 et L. 225-231 du code de commerce et des réponses, rapports et délibérations dans les cas prévus aux articles L. 234-1, L. 234-2 et L. 251-15 du même code.* – [Anc. art. L. 432-4, al. 15.]

V. note ss. le titre de la section I [ancienne].

§ 3 *[ANCIEN]* POLITIQUE DE RECHERCHE ET INTRODUCTION DE NOUVELLES TECHNOLOGIES

Ancien art. L. 2323-12 *Chaque année, le comité d'entreprise est consulté sur la politique de recherche et de développement technologique de l'entreprise.*

A défaut, les aides publiques en faveur des activités de recherche et de développement technologique sont suspendues. – [Anc. art. L. 432-1, al. 10.]

V. note ss. le titre de la section I [ancienne].

Ancien art. L. 2323-13 *Le comité d'entreprise est informé et consulté, préalablement à tout projet important d'introduction de nouvelles technologies, lorsque celles-ci sont susceptibles d'avoir des conséquences sur l'emploi, la qualification, la rémunération, la formation ou les conditions de travail.*

Les membres du comité reçoivent, un mois avant la réunion, des éléments d'information sur ces projets et leurs conséquences sur chacun des sujets mentionnés au premier alinéa. – [Anc. art. L. 432-2, al. 1.]

L'art. L. 2323-13 devient l'art. L. 2323-29 à compter du 1er janv. 2016 (L. n° 2015-994 du 17 août 2016, art. 18-V).

V. note ss. le titre de la section I [ancienne].

Ancien art. L. 2323-14 *Lorsque l'employeur envisage de mettre en œuvre des mutations technologiques importantes et rapides, il établit un plan d'adaptation.*

Ce plan est transmis, pour information et consultation, au comité d'entreprise en même temps que les autres éléments d'information relatifs à l'introduction de nouvelles technologies.

Le comité d'entreprise est régulièrement informé et consulté sur la mise en œuvre de ce plan. – [Anc. art. L. 432-2, al. 2.]

L'art. L. 2323-14 devient l'art. L. 2323-30 à compter du 1er janv. 2016 (L. n° 2015-994 du 17 août 2016, art. 18-V).

V. note ss. le titre de la section I [ancienne].

§ 4 *[ANCIEN]* PROJETS DE RESTRUCTURATION ET DE COMPRESSION DES EFFECTIFS

Ancien art. L. 2323-15 *Le comité d'entreprise est saisi en temps utile des projets de restructuration et de compression des effectifs.*

Il émet un avis sur l'opération projetée et ses modalités d'application (L. n° 2013-504 du 14 juin 2013, art. 18-XXIX) *« dans les conditions et délais prévus à l'article L.* ***1233-30****, lorsqu'elle est soumise à l'obligation d'établir un plan de sauvegarde de l'emploi ».*

Cet avis est transmis à l'autorité administrative. – [Anc. art. L. 432-1, al. 2.]

L'art. L. 2323-15 devient l'art. L. 2323-31 à compter du 1er janv. 2016 (L. n° 2015-994 du 17 août 2016, art. 18-V).

V. note ss. le titre de la section I [ancienne].

Les dispositions issues de la L. n° 2013-504 du 14 juin 2013 sont applicables aux procédures de licenciement collectif engagées à compter du 1er juill. 2013.

Une procédure de licenciement collectif est réputée engagée à compter de la date d'envoi de la convocation à la première réunion du comité d'entreprise mentionnée à l'art. L. 1233-30 C. trav. (L. préc., art. 18-XXXIII).

Sur le cumul des procédures de consultation, V. note 7 ss. art. L. 1233-30.

Ancien art. L. 2323-16 *Lorsque le projet de restructuration et de compression des effectifs soumis au comité d'entreprise est de nature à affecter le volume d'activité ou d'emploi d'une entreprise sous-traitante, l'entreprise donneuse d'ordre en informe immédiatement l'entreprise sous-traitante.*

Le comité d'entreprise de cette dernière, ou à défaut les délégués du personnel, en sont immédiatement informés et reçoivent toute explication utile sur l'évolution probable de l'activité et de l'emploi. — [Anc. art. L. 432-1-2.]

L'art. L. 2323-16 devient l'art. L. 2323-32 à compter du 1er janv. 2016 (L. no 2015-994 du 17 août 2016, art. 18-V).

V. note ss. le titre de la section I [ancienne].

§ 5 *[ANCIEN]* RECOURS AUX CONTRATS DE TRAVAIL À DURÉE DÉTERMINÉE, AU TRAVAIL TEMPORAIRE ET AUX CONTRATS CONCLUS AVEC UNE ENTREPRISE DE PORTAGE SALARIAL *(Ord. no 2015-380 du 2 avr. 2015, art. 6).*

Ancien art. L. 2323-17 *Lorsque le comité d'entreprise a connaissance de faits susceptibles de caractériser un recours abusif aux contrats de travail à durée déterminée* (Ord. no 2015-380 du 2 avr. 2015, art. 6) *« , aux contrats conclus avec une entreprise de portage salarial » et au travail temporaire, ou lorsqu'il constate un accroissement important du nombre de salariés titulaires de contrats de travail à durée déterminée et de contrats de mission, il peut saisir l'inspecteur du travail.*

Sans préjudice des compétences qu'il détient en vertu des articles L. 8112-1 et suivants et de l'article L. 8113-7, l'inspecteur du travail adresse à l'employeur le rapport de ses constatations.

L'employeur communique ce rapport au comité d'entreprise en même temps que sa réponse motivée aux constatations de l'inspecteur du travail. Dans sa réponse, l'employeur précise, en tant que de besoin, les moyens qu'il met en œuvre dans le cadre d'un plan de résorption de la précarité destiné à limiter le recours à ces formes de contrats de travail.

A défaut de comité d'entreprise, les délégués du personnel peuvent exercer les attributions conférées au comité d'entreprise pour l'application du présent article. — [Anc. art. L. 432-4-1, al. 4 à 6.]

V. note ss. le titre de la section I [ancienne].

§ 6 *[ANCIEN]* INTÉRESSEMENT, PARTICIPATION ET ÉPARGNE SALARIALE

Ancien art. L. 2323-18 *Dans les entreprises disposant d'un accord d'intéressement, d'un accord de participation ou d'un plan d'épargne salariale, lorsque le comité d'entreprise n'en est pas signataire, l'employeur le consulte, avant leur prorogation ou renouvellement, sur les évolutions envisageables à leur apporter, ainsi que sur la situation de l'actionnariat salarié et sur la participation des salariés à la gestion de l'entreprise.* — [Anc. art. L. 439-17, al. 3.]

V. note ss. le titre de la section I [ancienne].

§ 7 *[ANCIEN]* MODIFICATION DANS L'ORGANISATION ÉCONOMIQUE OU JURIDIQUE DE L'ENTREPRISE

Ancien art. L. 2323-19 *Le comité d'entreprise est informé et consulté sur les modifications de l'organisation économique ou juridique de l'entreprise, notamment en cas de fusion, de cession, de modification importante des structures de production de l'entreprise ainsi que lors de l'acquisition ou de la cession de filiales au sens de l'article L. 233-1 du code de commerce.*

L'employeur indique les motifs des modifications projetées et consulte le comité d'entreprise sur les mesures envisagées à l'égard des salariés lorsque ces modifications comportent des conséquences pour ceux-ci.

Il consulte également le comité d'entreprise lorsqu'il prend une participation dans une société et l'informe d'une prise de participation dont son entreprise est l'objet lorsqu'il en a connaissance. — [Anc. art. L. 432-1.]

L'art. L. 2323-19 devient l'art. L. 2323-33 à compter du 1er janv. 2016 (L. no 2015-994 du 17 août 2016, art. 18-V).

V. note ss. le titre de la section I [ancienne].

BIBL. ▶ A. Lyon-Caen, *Dr. soc. 2004. 285* (le comité d'entreprise et les restructurations).

Conditions. Le comité d'entreprise doit être informé et consulté sur les modifications de l'organisation économique ou juridique de l'entreprise, notamment en cas de fusion ou de cession, peu important que celles-ci soient la conséquence de dispositions légales. • Soc. 26 oct. 2010 : *Dalloz actualité, 10 nov. 2010, obs. Perrin ; JCP S 2010. 1542, obs. Sébille.*

Ancien art. L. 2323-20 *Lorsqu'une entreprise est partie à une opération de concentration, telle que définie à l'article L. 430-1 du code de commerce, l'employeur réunit le comité d'entreprise au plus tard dans un délai de trois jours à compter de la publication du communiqué relatif à la notification du projet de concentration, émanant soit de l'autorité administrative française en application de l'article L. 430-3 du même code, soit de la Commission européenne en application du règlement (CE) nº 139/2004 du Conseil du 20 janvier 2004 sur les concentrations.*

Au cours de cette réunion, le comité d'entreprise ou la commission économique se prononce sur le recours à un expert dans les conditions prévues aux articles L. 2325-35 et suivants. Dans ce cas, le comité d'entreprise ou la commission économique tient une deuxième réunion afin d'entendre les résultats des travaux de l'expert.

Les dispositions du premier alinéa sont réputées satisfaites lorsque le comité d'entreprise se réunit suite au dépôt d'une offre publique d'acquisition en application des dispositions du paragraphe 8. — [Anc. art. L. 432-1 bis.]

L'art. L. 2323-20 devient l'art. L. 2323-34 à compter du 1er janv. 2016 (L. nº 2015-994 du 17 août 2016, art. 18-V).

V. note ss. le titre de la section I [ancienne].

§ 8 *[ANCIEN]* OFFRE PUBLIQUE D'ACQUISITION

Ancien art. L. 2323-21 *Lors du dépôt d'une offre publique d'acquisition, l'employeur de l'entreprise sur laquelle porte l'offre et l'employeur qui est l'auteur de cette offre réunissent immédiatement leur comité d'entreprise respectif pour l'en informer.*

L'employeur auteur de l'offre réunit le comité d'entreprise dans les conditions prévues à l'article L. 2323-25.

Au cours de la réunion du comité de l'entreprise qui fait l'objet de l'offre, (L. nº 2014-384 du 29 mars 2014, art. 8-I) *« l'employeur indique si l'offre a été sollicitée ou non. Le comité d'entreprise décide s'il souhaite procéder à l'audition de l'auteur de l'offre et désigner un expert-comptable dans les conditions prévues à l'article L. 2325-35. Il peut également » se prononcer sur le caractère amical ou hostile de l'offre.*

L'art. L. 2323-21 devient l'art. L. 2323-35 à compter du 1er janv. 2016 (L. nº 2015-994 du 17 août 2016, art. 18-V).

V. note ss. le titre de la section I [ancienne].

Ancien art. L. 2323-21-1 (L. nº 2014-384 du 29 mars 2014, art. 8-I) *L'audition de l'auteur de l'offre mentionnée au dernier alinéa de l'article L. 2323-21 se tient dans un délai d'une semaine à compter du dépôt du projet d'offre publique d'acquisition.*

Lors de son audition, l'auteur de l'offre peut se faire assister des personnes de son choix. Il présente au comité d'entreprise sa politique industrielle et financière, ses plans stratégiques pour la société concernée et les répercussions de la mise en œuvre de l'offre sur l'ensemble des intérêts, l'emploi, les sites d'activité et la localisation des centres de décision de cette société.

Le comité d'entreprise peut se faire assister de l'expert-comptable désigné en application du dernier alinéa du même article L. 2323-21.

L'art. L. 2323-21-1 devient l'art. L. 2323-36 à compter du 1er janv. 2016 (L. nº 2015-994 du 17 août 2016, art. 18-V).

V. note ss. le titre de la section I [ancienne].

V. note ss. art. L. 2323-21.

Ancien art. L. 2323-22 *L'auteur de l'offre adresse au comité de l'entreprise qui en fait l'objet, dans les trois jours suivant sa publication, la note d'information mentionnée au IX de l'article L. 621-8 du code monétaire et financier.* — [Anc. art. L. 432-1, al. 4, phrases 4 et 5.]

L'art. L. 2323-22 devient l'art. L. 2323-37 à compter du 1er janv. 2016 (L. nº 2015-994 du 17 août 2016, art. 18-V).

V. note ss. le titre de la section I [ancienne].

Ancien art. L. 2323-22-1 (L. nº 2014-384 du 29 mars 2014, art. 8-II) *L'expert-comptable désigné en application du dernier alinéa de l'article L. 2323-21 établit un rapport qui évalue la politique industrielle et financière et les plans stratégiques que l'auteur de l'offre envisage d'appliquer à la société objet de l'offre, ainsi que les répercussions de leur mise en œuvre sur l'ensemble des intérêts, l'emploi, les sites d'activité et la localisation des centres de décision de cette dernière société. Il dispose d'un délai de trois semaines à compter du dépôt du projet d'offre publique d'acquisition.*

L'art. L. 2323-22-1 devient l'art. L. 2323-38 à compter du 1er janv. 2016 (L. n° 2015-994 du 17 août 2016, art. 18-V).

V. note ss. le titre de la section I [ancienne].

V. note ss. art. L. 2323-21.

Ancien art. L. 2323-23 (L. n° 2014-384 du 29 mars 2014, art. 8-I) ***I. — Préalablement à l'avis motivé rendu par le conseil d'administration ou le conseil de surveillance sur l'intérêt de l'offre et sur les conséquences de celle-ci pour la société visée, ses actionnaires et ses salariés, le comité de l'entreprise faisant l'objet de l'offre est réuni et consulté sur le projet d'offre. Au cours de cette réunion, il examine le rapport établi par l'expert-comptable en application de l'article L. 2323-22-1 et peut demander la présence de l'auteur de l'offre.***

Le comité d'entreprise émet son avis dans un délai d'un mois à compter du dépôt du projet d'offre publique d'acquisition. En l'absence d'avis dans ces délais, il est réputé avoir été consulté.

L'avis du comité d'entreprise ainsi que le rapport de l'expert-comptable sont reproduits dans la note en réponse établie par la société faisant l'objet de l'offre ou, s'il y a lieu, dans la note d'information commune établie par l'auteur de l'offre et la société faisant l'objet de l'offre.

II. — Les membres élus du comité d'entreprise peuvent, s'ils estiment ne pas disposer d'éléments suffisants, saisir le président du tribunal de grande instance statuant en la forme des référés en dernier ressort pour qu'il ordonne la communication, par la société faisant l'objet de l'offre et par l'auteur de l'offre, des éléments manquants. Le juge statue dans un délai de huit jours.

Cette saisine n'a pas pour effet de prolonger le délai dont dispose le comité pour rendre son avis. Toutefois, en cas de difficultés particulières d'accès aux informations nécessaires à la formulation de l'avis du comité d'entreprise, le juge peut décider la prolongation du délai prévu au deuxième alinéa du I, sauf lorsque ces difficultés résultent d'une volonté manifeste de retenir ces informations de la part de la société faisant l'objet de l'offre.

L'art. L. 2323-23 devient l'art. L. 2323-39 à compter du 1er janv. 2016 (L. n° 2015-994 du 17 août 2016, art. 18-V).

V. note ss. le titre de la section I [ancienne].

V. note ss. art. L. 2323-21.

Ancien art. L. 2323-23-1 (L. n° 2014-384 du 29 mars 2014, art. 8-I, en vigueur le 1er juill. 2014) ***I. — A la demande de l'employeur auteur de l'offre, l'employeur de l'entreprise sur laquelle porte l'offre peut réunir son comité d'entreprise dans les deux jours ouvrables suivant l'annonce de cette offre. Les articles L. 2323-21 à L. 2323-23 s'appliquent. Les délais prévus à ces mêmes articles courent à compter de l'annonce de l'offre.***

En cas de modification significative des informations présentées au comité d'entreprise entre l'annonce et le dépôt de l'offre, l'avis rendu, le cas échéant, par le comité d'entreprise est caduc. Le comité d'entreprise est réuni dans les deux jours suivant le dépôt de l'offre et rend un avis dans les conditions prévues auxdits articles L. 2323-21 à L. 2323-23.

L'art. L. 2323-23-1 devient l'art. L. 2323-40 à compter du 1er janv. 2016 (L. n° 2015-994 du 17 août 2016, art. 18-V).

V. note ss. le titre de la section I [ancienne].

V. note ss. art. L. 2323-21.

Ancien art. L. 2323-24 ***La société ayant déposé une offre et dont l'employeur, ou le représentant qu'il désigne parmi les mandataires sociaux ou les salariés de l'entreprise, ne se rend pas à la réunion du comité d'entreprise à laquelle il a été invité dans les conditions prévues aux articles L. 2323-21 et L. 2323-23, ne peut exercer les droits de vote attachés aux titres de la société faisant l'objet de l'offre qu'elle détient ou viendrait à détenir. Cette interdiction s'étend aux sociétés qui la contrôlent ou qu'elle contrôle au sens de l'article L. 233-16 du code de commerce.***

Une sanction identique s'applique à l'auteur de l'offre, personne physique, qui ne se rend pas à la réunion du comité d'entreprise à laquelle il a été invité dans les conditions prévues aux articles L. 2323-21 et L. 2323-23.

La sanction est levée le lendemain du jour où l'auteur de l'offre a été entendu par le comité d'entreprise de la société faisant l'objet de l'offre.

La sanction est également levée si l'auteur de l'offre n'est pas convoqué à une nouvelle réunion du comité d'entreprise dans les quinze jours qui suivent la réunion à laquelle il avait été préalablement convoqué. — [Anc. art. L. 432-1, al. 7 et 8.]

L'art. L. 2323-24 devient l'art. L. 2323-41 à compter du 1er janv. 2016 (L. n° 2015-994 du 17 août 2016, art. 18-V).

V. note ss. le titre de la section I [ancienne].

Ancien art. L. 2323-25 ***Par dérogation à l'article L. 2323-2, l'employeur qui lance une offre publique d'acquisition portant sur le capital d'une entreprise n'est pas tenu de consulter le comité d'entreprise avant ce lancement.***

En revanche, il réunit le comité d'entreprise dans les deux jours ouvrables suivant la publication de l'offre (L. n° 2014-384 du 29 mars 2014, art. 8-I) ***« , ou de l'annonce de l'offre dans le cas prévu à l'article L. 2323-23-1, » en vue de lui transmettre des informations écrites et précises sur le contenu de l'offre et sur les conséquences en matière d'emploi qu'elle est susceptible d'entraîner.*** — [Anc. art. L. 432-1 ter.]

L'art. L. 2323-25 devient l'art. L. 2323-42 à compter du 1er janv. 2016 (L. n° 2015-994 du 17 août 2016, art. 18-V).

V. note ss. le titre de la section I [ancienne].

V. note ss. art. L. 2323-21.

Ancien art. L. 2323-26 ***Si l'offre publique d'acquisition est déposée par une entreprise dépourvue de comité d'entreprise, et sans préjudice de l'article L. 2313-13, l'employeur en informe directement les salariés.***

De même, à défaut de comité d'entreprise dans l'entreprise qui fait l'objet de l'offre, l'employeur de cette entreprise en informe directement les salariés. Dans ce cas et dans les trois jours suivant la publication de la note d'information mentionnée au IX de l'article L. 621-8 du code monétaire et financier, l'auteur de l'offre la transmet à l'employeur faisant l'objet de l'offre qui la transmet lui-même aux salariés sans délai. — [Anc. art. L. 432-1, al. 5.]

L'art. L. 2323-26 devient l'art. L. 2323-43 à compter du 1er janv. 2016 (L. n° 2015-994 du 17 août 2016, art. 18-V).

V. note ss. le titre de la section I [ancienne].

Ancien art. L. 2323-26-1 A (L. n° 2014-384 du 29 mars 2014, art. 8-I) ***Si, à l'issue de l'offre publique, l'auteur de l'offre a acquis le contrôle de l'entreprise faisant l'objet de l'offre au sens des articles L. 233-1, L. 233-3 et L. 233-16 du code de commerce, il rend compte au comité d'entreprise de cette société, au cours du sixième, du douzième et du vingt-quatrième mois suivant la clôture de l'offre, de la manière dont il a mis en œuvre les déclarations d'intention et, le cas échéant, les engagements qu'il a pris auprès du comité d'entreprise, dans le cadre des auditions prévues aux articles L. 2323-21-1 et L. 2323-23 du présent code, en matière d'emploi, de maintien des sites d'activité et de localisation des centres de décision exprimés dans la note d'information mentionnée au IX de l'article L. 621-8 du code monétaire et financier.***

L'art. L. 2323-26-1 A devient l'art. L. 2323-44 à compter du 1er janv. 2016 (L. n° 2015-994 du 17 août 2016, art. 18-V).

V. note ss. le titre de la section I [ancienne].

V. note ss. art. L. 2323-21.

Ancien art. L. 2323-26-1 B (L. n° 2014-384 du 29 mars 2014, art. 8-I) ***Les articles L. 2323-22-1 à L. 2323-26-1 A du présent code ne s'appliquent pas aux offres mentionnées aux articles L. 225-207 et L. 225-209 du code de commerce ou lorsque la société fait l'objet d'une offre publique engagée par des entités, agissant seules ou de concert au sens de l'article L. 233-10 du même code, détenant plus de la moitié du capital ou des droits de vote de la société faisant l'objet de l'offre.***

L'art. L. 2323-26-1 B devient l'art. L. 2323-45 à compter du 1er janv. 2016 (L. n° 2015-994 du 17 août 2016, art. 18-V).

V. note ss. le titre de la section I [ancienne].

V. note ss. art. L. 2323-21.

§ 9 *[ANCIEN]* CRÉDIT D'IMPÔT COMPÉTITIVITÉ EMPLOI

(L. n° 2013-504 du 14 juin 2013, art. 8-VII)

Avant le 30 juin 2015, le Gouvernement présente au Parlement un premier rapport sur la mise en œuvre de l'exercice du droit de saisine des comités d'entreprise ou des délégués du personnel sur l'utilisation du crédit d'impôt compétitivité emploi, prévu aux art. L. 2323-26-2, L. 2323-26-3 et

L. 2313-7-1 C. trav. Ce rapport est ensuite actualisé au 30 juin de chaque année (L. n° 2013-504 du 14 juin 2013, art. 8-IX).

Ancien art. L. 2323-26-1 *Les sommes reçues par l'entreprise au titre du crédit d'impôt prévu à l'article 244 quater C du code général des impôts et leur utilisation sont retracées dans la base de données économiques et sociales prévue à l'article L. 2323-7-2. Le comité d'entreprise est informé et consulté, avant le 1er juillet de chaque année, sur l'utilisation par l'entreprise de ce crédit d'impôt.*

V. note ss. le titre de la section I [ancienne].

Ancien art. L. 2323-26-2 *Lorsque le comité d'entreprise constate que tout ou partie du crédit d'impôt n'a pas été utilisé conformément à l'article 244 quater C du code général des impôts, il peut demander à l'employeur de lui fournir des explications.*

Cette demande est inscrite de droit à l'ordre du jour de la prochaine séance du comité d'entreprise.

Si le comité d'entreprise n'a pu obtenir d'explications suffisantes de l'employeur ou si celles-ci confirment l'utilisation non conforme de ce crédit d'impôt, il établit un rapport.

Ce rapport est transmis à l'employeur et au comité de suivi régional, créé par le IV de l'article 66 de la loi n° 2012-1510 du 29 décembre 2012 de finances rectificative pour 2012, qui adresse une synthèse annuelle au comité national de suivi.

V. note ss. le titre de la section I [ancienne].

Ancien art. L. 2323-26-3 *Au vu de ce rapport, le comité d'entreprise peut décider, à la majorité des membres présents, de saisir de ses conclusions l'organe chargé de l'administration ou de la surveillance dans les sociétés ou personnes morales qui en sont dotées, ou d'en informer les associés dans les autres formes de sociétés ou les membres dans les groupements d'intérêt économique.*

Dans les sociétés dotées d'un conseil d'administration ou d'un conseil de surveillance, la demande d'explication sur l'utilisation du crédit d'impôt est inscrite à l'ordre du jour de la prochaine séance du conseil d'administration ou du conseil de surveillance, à condition que celui-ci ait pu être saisi au moins quinze jours à l'avance. La réponse de l'employeur est motivée et adressée au comité d'entreprise.

Dans les autres formes de sociétés ou dans les groupements d'intérêt économique, lorsque le comité d'entreprise a décidé d'informer les associés ou les membres de l'utilisation du crédit d'impôt, le gérant ou les administrateurs leur communiquent le rapport du comité d'entreprise.

Dans les autres personnes morales, le présent article s'applique à l'organe chargé de l'administration ou de la surveillance.

V. note ss. le titre de la section I [ancienne].

SOUS-SECTION 3 *[ANCIENNE]* INFORMATION ET CONSULTATION SUR LES CONDITIONS DE TRAVAIL

Ancien art. L. 2323-27 *Le comité d'entreprise est informé et consulté sur les problèmes généraux intéressant les conditions de travail résultant de l'organisation du travail, de la technologie, des conditions d'emploi, de l'organisation du temps de travail, des qualifications et des modes de rémunération.*

A cet effet, il étudie les incidences sur les conditions de travail des projets et décisions de l'employeur dans les domaines mentionnés au premier alinéa et formule des propositions. Il bénéficie du concours du comité d'hygiène, de sécurité et des conditions de travail dans les matières relevant de sa compétence. Les avis de ce comité lui sont transmis. — [Anc. art. L. 432-3, al. 1er et 2.]

L'art. L. 2323-27 devient l'art. L. 2323-46 à compter du 1er janv. 2016 (L. n° 2015-994 du 17 août 2016, art. 18-V).

V. note ss. le titre de la section I [ancienne].

Ancien art. L. 2323-28 *Le comité d'entreprise peut confier au comité d'hygiène, de sécurité et des conditions de travail le soin de procéder à des études portant sur des matières de la compétence de ce dernier.* — [Anc. art. L. 432-3, al. 3.]

V. note ss. le titre de la section I [ancienne].

Ancien art. L. 2323-29 *Le comité d'entreprise est consulté sur la durée et l'aménagement du temps de travail ainsi que sur la période de prise des congés dans les conditions prévues à l'article L. 3141-13.*

Il délibère chaque année sur les conditions d'application des aménagements d'horaires prévus par l'article (L. n° 2008-789 du 20 août 2008, art. 24) *« L. 3122-2 lorsqu'ils s'appliquent à des salariés à temps partiel. »*

(L. n° 2008-789 du 20 août 2008, art. 19) *« Le comité d'entreprise est consulté chaque année sur le recours aux conventions de forfait ainsi que sur les modalités de suivi de la charge de travail des salariés concernés. »* – [Anc. art. L. 432-3, al. 4.]

V. note ss. le titre de la section I [ancienne].

Ancien art. L. 2323-30 *Le comité d'entreprise est consulté, en liaison avec le comité d'hygiène, de sécurité et des conditions de travail, sur les mesures prises en vue de faciliter la mise ou la remise au travail des accidentés du travail, des invalides de guerre et assimilés, des invalides civils, des travailleurs handicapés, notamment sur celles relatives à l'application de l'obligation d'emploi des travailleurs handicapés.*

Il est consulté sur les mesures intervenant dans le cadre d'une aide de l'État ou dans le cadre d'un contrat de sous-traitance et d'embauche progressive de travailleurs handicapés conclu avec un établissement de travail protégé. – [Anc. art. L. 432-3, al. 5.]

V. note ss. le titre de la section I [ancienne].

Ancien art. L. 2323-31 *Le comité d'entreprise est consulté sur l'affectation de la contribution sur les salaires au titre de l'effort de construction, quel qu'en soit l'objet, ainsi que sur les conditions de logement des travailleurs étrangers que l'entreprise se propose de recruter.* – [Anc. art. L. 432-3, al. 6.]

V. note ss. le titre de la section I [ancienne].

Ancien art. L. 2323-32 *Le comité d'entreprise est informé, préalablement à leur utilisation, sur les méthodes ou techniques d'aide au recrutement des candidats à un emploi ainsi que sur toute modification de celles-ci.*

Il est aussi informé, préalablement à leur introduction dans l'entreprise, sur les traitements automatisés de gestion du personnel et sur toute modification de ceux-ci.

Le comité d'entreprise est informé et consulté, préalablement à la décision de mise en œuvre dans l'entreprise, sur les moyens ou les techniques permettant un contrôle de l'activité des salariés. – [Anc. art. L. 432-2-1.]

L'art. L. 2323-32 devient l'art. L. 2323-47 à compter du 1er janv. 2016 (L. n° 2015-994 du 17 août 2016, art. 18-V).

V. note ss. le titre de la section I [ancienne].

SOUS-SECTION 4 *[ANCIENNE]* INFORMATION ET CONSULTATION EN MATIÈRE DE FORMATION PROFESSIONNELLE ET D'APPRENTISSAGE

§ 1er *[ANCIEN]* ORIENTATIONS DE LA FORMATION PROFESSIONNELLE

Ancien art. L. 2323-33 *Chaque année, le comité d'entreprise est consulté sur les orientations de la formation professionnelle dans l'entreprise en fonction des perspectives économiques et de l'évolution de l'emploi, des investissements et des technologies dans l'entreprise.* (L. n° 2013-504 du 14 juin 2013, art. 14-III) *« Ces orientations sont établies en cohérence avec le contenu de l'accord issu, le cas échéant, de la négociation mentionnée à l'article L. 2242-15, notamment avec les grandes orientations sur trois ans de la formation professionnelle dans l'entreprise qu'il a arrêtées. »*

Ces orientations prennent en compte l'analyse de la situation comparée des hommes et des femmes, telle qu'elle ressort des informations fournies par l'employeur en application des articles L. 2242-2 et L. 2323-57, ainsi que les mesures arrêtées en application de l'article L. 1142-4.

Le comité d'entreprise est saisi chaque fois qu'un changement important affecte l'un de ces domaines. – [Anc. art. L. 934-1, al. 1er et 2 et al. 3, phrase 1.]

V. note ss. le titre de la section I [ancienne].

§ 2 *[ANCIEN]* PLAN DE FORMATION

Ancien art. L. 2323-34 *Chaque année, au cours de deux réunions spécifiques, le comité d'entreprise émet un avis sur l'exécution du plan de formation du personnel de l'entreprise* (L. n° 2014-288 du 5 mars 2014, art. 5-I-3°) *« lors » de l'année précédente* (L. n° 2014-288 du 5 mars 2014, art. 5-I-3°) *« et de l'année en cours » et sur le projet de plan* (L. n° 2014-288 du 5 mars 2014, art. 5-I-3°) *« ou de mise en œuvre du plan » pour l'année à venir.*

(L. n° 2014-288 du 5 mars 2014, art. 5-I-3°) *« Un accord d'entreprise ou, à défaut, un décret détermine le calendrier de ces deux réunions. »*

V. note ss. le titre de la section I [ancienne].

Ancien art. L. 2323-35 *Le projet de plan de formation* (L. n° 2014-288 du 5 mars 2014, art. 5-I-4°) *« est élaboré annuellement ou si un accord d'entreprise le prévoit, tous les trois ans. Il » tient compte des orientations de la formation professionnelle dans l'entreprise dont le comité d'entreprise a eu à délibérer,* (L. n° 2013-504 du 14 juin 2013, art. 14-IV) *« des grandes orientations à trois ans de la formation professionnelle dans l'entreprise et des objectifs du plan de formation arrêtés, le cas échéant, par l'accord issu de la négociation prévue à l'article L. 2242-15 »*[,] *du résultat des négociations prévues à l'article L. 2241-6 ainsi que, le cas échéant, du plan pour l'égalité professionnelle prévu à l'article L. 1143-1.* — [Anc. art. L. 934-4, al. 2.]

V. note ss. le titre de la section I [ancienne].

Ancien art. L. 2323-36 *Afin de permettre aux membres du comité d'entreprise et, le cas échéant, aux membres de la commission de la formation de participer à l'élaboration du plan de formation et de préparer les délibérations dont il fait l'objet, l'employeur leur communique, trois semaines au moins avant les réunions du comité ou de la commission précités, les documents d'information dont la liste est établie par décret.* (L. n° 2014-288 du 5 mars 2014, art. 5-I-5°) *« Cette liste peut être complétée par un accord d'entreprise. »*

Ces documents sont également communiqués aux délégués syndicaux.

(L. n° 2009-1437 du 24 nov. 2009) *« Ils précisent notamment la nature des actions de formation proposées par l'employeur en application de l'article L. 6321-1 et distinguent :*

« 1° Les actions d'adaptation du salarié au poste de travail ou liées à l'évolution ou au maintien dans l'emploi dans l'entreprise ;

« 2° Les actions de développement des compétences du salarié. »

V. note ss. le titre de la section I [ancienne].

Ancien art. L. 2323-37 *Le comité d'entreprise émet un avis sur les conditions de mise en œuvre des contrats et périodes de professionnalisation ainsi que sur la mise en œuvre du* (L. n° 2014-288 du 5 mars 2014, art. 1er-I-4°) *« compte personnel de formation* [ancienne rédaction : droit individuel à la formation] *».* — [Anc. art. L. 934-4, al. 3.]

V. note ss. le titre de la section I [ancienne].

Ancien art. L. 2323-38 *Le comité d'entreprise est informé des conditions d'accueil en stage des jeunes en première formation technologique ou professionnelle, ainsi que des conditions d'accueil dans l'entreprise des enseignants dispensant ces formations ou des conseillers d'orientation.*

Le comité d'entreprise est consulté sur les conditions d'accueil et les conditions de mise en œuvre de la formation reçue dans les entreprises par les élèves et étudiants pour les périodes obligatoires en entreprise prévues dans les programmes des diplômes de l'enseignement technologique ou professionnel, ainsi que sur les conditions d'accueil des enseignants dans l'entreprise et sur les conditions d'exercice du congé pour enseignement prévu à l'article L. 6322-53.

Les délégués syndicaux sont également informés, notamment par la communication des documents remis au comité d'entreprise. — [Anc. art. L. 934-4, al. 4 et 5.]

V. note ss. le titre de la section I [ancienne].

Ancien art. L. 2323-39 *Dans les entreprises mentionnées à l'article 1er de la loi n° 83-675 du 26 juillet 1983 relative à la démocratisation du secteur public, le plan de formation est approuvé par délibération du comité d'entreprise.*

A défaut d'une telle approbation, le plan de formation est soumis à délibération du conseil d'administration ou du directoire de l'entreprise, après avis du conseil de surveillance. — [Anc. art. L. 934-4, al. 7, phrase 1.]

V. note ss. le titre de la section I [ancienne].

Ancien art. L. 2323-40 *Lorsqu'un programme pluriannuel de formation est élaboré par l'employeur, le comité d'entreprise est consulté au cours du dernier trimestre précédant la période couverte par le programme, lors de l'une des réunions prévues à l'article L. 2323-33.*

Le programme pluriannuel de formation prend en compte les objectifs et priorités de la formation professionnelle définis par la convention de branche ou par l'accord professionnel prévu à l'article L. 2241-6, les perspectives économiques et l'évolution des investissements, des technologies, des modes d'organisation du travail et de l'aménagement du temps de travail dans l'entreprise. — [Anc. art. L. 934-5.]

V. note ss. le titre de la section I [ancienne].

§ 3 *[ANCIEN]* APPRENTISSAGE

Ancien art. L. 2323-41 *Le comité d'entreprise est consulté sur :*

1° Les objectifs de l'entreprise en matière d'apprentissage ;

2° Le nombre d'apprentis susceptibles d'être accueillis dans l'entreprise par niveau initial de formation, par diplôme, titre homologué ou titre d'ingénieur préparés ;

3° Les conditions de mise en œuvre des contrats d'apprentissage, notamment les modalités d'accueil, d'affectation à des postes adaptés, d'encadrement et de suivi des apprentis ;

4° Les modalités de liaison entre l'entreprise et le centre de formation d'apprentis ;

5° L'affectation des sommes prélevées au titre de la taxe d'apprentissage ;

6° Les conditions de mise en œuvre des conventions d'aide au choix professionnel des élèves de classe préparatoire à l'apprentissage ;

(L. n° 2014-288 du 5 mars 2014, art. 14) *« 7° Les conditions de formation des maîtres d'apprentissage. »* — [Anc. art. L. 432-3, al. 9 à 15.]

V. note ss. le titre de la section I [ancienne].

Ancien art. L. 2323-42 *Le comité d'entreprise est informé sur :*

1° Le nombre d'apprentis engagés par l'entreprise, par âge et par sexe ;

2° Les diplômes, titres homologués ou titres d'ingénieur obtenus en tout ou partie par les apprentis et la manière dont ils l'ont été ;

3° Les perspectives d'emploi des apprentis. — [Anc. art. L. 432-3, al. 16 à 18.]

V. note ss. le titre de la section I [ancienne].

Ancien art. L. 2323-43 *La consultation et l'information du comité d'entreprise sur l'apprentissage peuvent intervenir à l'occasion des consultations du comité d'entreprise prévues aux articles L. 2323-34 et suivants.* — [Anc. art. L. 432-3, al. 19.]

V. note ss. le titre de la section I [ancienne].

SOUS-SECTION 5 *[ANCIENNE]* INFORMATION ET CONSULTATION LORS D'UNE PROCÉDURE DE SAUVEGARDE, DE REDRESSEMENT OU DE LIQUIDATION JUDICIAIRE

Ancien art. L. 2323-44 *Le comité d'entreprise est informé et consulté :*

1° Avant le dépôt au greffe d'une demande d'ouverture d'une procédure de redressement judiciaire ou de liquidation judiciaire ;

2° Lors d'une procédure de sauvegarde, dans les situations prévues aux articles L. 623-3 et L. 626-8 du code de commerce ;

3° Lors d'une procédure de redressement judiciaire, dans les situations et conditions prévues aux articles L. 631-17, L. 631-18, L. 631-19 et L. 631-22 du code de commerce ;

4° Lors d'une procédure de liquidation judiciaire, dans les situations et conditions prévues aux articles L. 641-1 (I), L. 641-4, L. 641-10, troisième alinéa, L. 642-5, dernier alinéa, et L. 642-9, deuxième alinéa, du code de commerce.

En cas de licenciements économiques prononcés dans les cas prévus aux 3° et 4°, le comité d'entreprise est réuni et consulté dans [les] *conditions prévues à l'article L. 1233-58 du présent code.* — [Anc. art. L. 432-1, al. 9, phrase 1.]

L'art. L. 2323-44 devient l'art. L. 2323-48 à compter du 1er janv. 2016 (L. n° 2015-994 du 17 août 2016, art. 18-V).

V. note ss. le titre de la section I [ancienne].

Ancien art. L. 2323-45 *La ou les personnes désignées par le comité d'entreprise, selon les dispositions de l'article L. 661-10 du code de commerce, sont entendues par la juridiction compétente :*

1° Lors d'une procédure de sauvegarde dans les situations prévues aux articles L. 621-1, L. 622-10, (Abrogé par Ord. n° 2014-326 du 12 mars 2014, art. 112, à compter du 1er juill. 2014) *« L. 626-4, » L. 626-9 et L. 626-26 du code de commerce ;*

2° Lors d'une procédure de redressement judiciaire dans les situations et conditions prévues aux articles L. 631-7, L. 631-15 (II), L. 631-19 (I) et L. 631-22 du code de commerce ;

3° Lors d'une procédure de liquidation judiciaire dans les situations prévues aux articles L. 642-5, premier alinéa, L. 642-6, L. 642-13 et L. 642-17 du code de commerce. — [Anc. art. L. 432-1, al. 9, phrase 2.]

L'art. L. 2323-45 devient l'art. L. 2323-49 à compter du 1er janv. 2016 (L. n° 2015-994 du 17 août 2016, art. 18-V).

V. note ss. le titre de la section I [ancienne].

SOUS-SECTION 6 *[ANCIENNE]* INFORMATIONS ET CONSULTATIONS PÉRIODIQUES DU COMITÉ D'ENTREPRISE

§ 1er *[ANCIEN]* RAPPORTS ET INFORMATION DANS LES ENTREPRISES DE MOINS DE TROIS CENTS SALARIÉS

SOUS-§ 1er *[ANCIEN]* *INFORMATION TRIMESTRIELLE*

Ancien art. L. 2323-46 *Chaque trimestre, dans les entreprises de moins de trois cents salariés, l'employeur communique au comité d'entreprise des informations sur :*

1° L'évolution générale des commandes et de la situation financière ;

2° L'exécution des programmes de production ;

3° Les retards éventuels dans le paiement, par l'entreprise, des cotisations de sécurité sociale ou des cotisations dues aux institutions de retraite complémentaire régies par le chapitre II du titre II du livre IX du code de la sécurité sociale et l'article L. 727-2 du code rural et de la pêche maritime ou des cotisations ou primes dues aux organismes assureurs mentionnés à l'article premier de la loi n° 89-1009 du 31 décembre 1989 renforçant les garanties offertes aux personnes assurées contre certains risques au titre des garanties collectives complémentaires mentionnées à l'article L. 911-2 du code de la sécurité sociale. — [Anc. art. L. 432-4, al. 16, phrase 1.]

V. note ss. le titre de la section I [ancienne].

SOUS-§ 2 *[ANCIEN]* *INFORMATION ANNUELLE*

Ancien art. L. 2323-47 *Chaque année, dans les entreprises de moins de trois cents salariés, l'employeur remet au comité d'entreprise un rapport sur la situation économique de l'entreprise. Ce rapport porte sur l'activité et la situation financière de l'entreprise, le bilan du travail à temps partiel dans l'entreprise, l'évolution de l'emploi, des qualifications, de la formation et des salaires, la situation comparée des conditions générales d'emploi et de formation des femmes et des hommes* (L. n° 2011-893 du 28 juill. 2011, art. 29) *« , les actions en faveur de l'emploi des travailleurs handicapés dans l'entreprise et le nombre et les conditions d'accueil des stagiaires ».*

(L. n° 2010-1330 du 9 nov. 2010, art. 99-I) *« Le rapport établit un plan d'action destiné à assurer l'égalité professionnelle entre les femmes et les hommes. Après avoir évalué les objectifs fixés et les mesures prises au cours de l'année écoulée, ce plan d'action, fondé sur des critères clairs, précis et opérationnels, détermine les objectifs de progression prévus pour l'année à venir, la définition qualitative et quantitative des actions permettant de les atteindre et l'évaluation de leur coût.* (L. n° 2012-1189 du 26 oct. 2012, art. 6) *« Ce plan d'action est déposé auprès de l'autorité administrative. »* — Les plans d'action en cours au 19 déc. 2012 sont déposés dans les conditions prévues par les art. D. 2231-2 et D. 2231-4 (Décr. n° 2012-1408 du 18 déc. 2012, art. 7).

« Ce rapport comporte une analyse permettant d'apprécier, pour chacune des catégories professionnelles de l'entreprise, la situation respective des femmes et des hommes en matière d'embauche, de formation, de promotion professionnelle, de qualification, de classification, de conditions de travail, (L. n° 2014-873 du 4 août 2014, art. 19) *« de sécurité et de santé au travail, » de rémunération effective et d'articulation entre l'activité professionnelle et l'exercice de la responsabilité familiale.* (L. n° 2014-873 du 4 août 2014, art. 19) *« Il analyse les écarts de salaires et de déroulement de carrière en fonction de leur âge, de leur qualification et de leur ancienneté. Il décrit l'évolution des taux de promotion respectifs des femmes et des hommes par métiers* [métier] *dans l'entreprise. »*

« Une synthèse de ce plan d'action, comprenant au minimum des indicateurs et objectifs de progression définis par décret, est portée à la connaissance des salariés par l'employeur, par voie d'affichage sur les lieux de travail et, éventuellement, par tout autre moyen adapté aux conditions d'exercice de l'activité de l'entreprise. Elle est également tenue à la disposition de toute personne qui la demande et publiée sur le site internet de l'entreprise lorsqu'il en existe un. » — V. art. D. 2323-9-1.

(L. n° 2008-596 du 25 juin 2008) *« A cette occasion, l'employeur informe le comité d'entreprise des éléments qui l'ont conduit à faire appel, au titre de l'année écoulée, et qui pourraient le conduire à faire appel pour l'année à venir, à des contrats de travail à durée déterminée, à des contrats de mission conclus avec une entreprise de travail temporaire ou à des contrats conclus avec une entreprise de portage salarial. »*

Les membres du comité d'entreprise reçoivent le rapport annuel quinze jours avant la réunion.

(L. n° 2009-526 du 12 mai 2009, art. 27) « *Le rapport, modifié le cas échéant à la suite de la réunion du comité d'entreprise, est tenu à la disposition de l'inspecteur du travail, accompagné de l'avis du comité, dans les quinze jours qui suivent la réunion.* »

Les modalités d'application du présent article sont déterminées par décret en Conseil d'État.

V. note ss. le titre de la section I [ancienne].

Les dispositions issues de la L. n° 2010-1330 du 9 nov. 2010 entrent en vigueur le 1er janv. 2012 ; pour les entreprises couvertes par un accord ou, à défaut, par un plan d'action tel que défini à l'art. L. 2242-5-1 C. trav., à la date de publication de ladite loi, ces dispositions entrent en vigueur à l'échéance de l'accord ou, à défaut d'accord, à l'échéance du plan d'action (L. préc., art. 99-IV).

Ancien art. L. 2323-48 *Le comité d'entreprise ou d'établissement ou, à défaut, les délégués du personnel sont informés de la conclusion des conventions ouvrant droit à des contrats initiative-emploi* (L. n° 2008-1249 du 1er déc. 2008, art. 18) « *et à des contrats d'accompagnement dans l'emploi* ».

Chaque semestre, ils reçoivent un bilan de l'ensemble des embauches et des créations nettes d'emplois effectuées au titre de ces dispositifs. — [Anc. art. L. 432-4-1-1.]

V. note ss. le titre de la section I [ancienne].

Ancien art. L. 2323-49 *A la demande du comité d'entreprise ou, à défaut, des délégués du personnel, l'employeur leur présente chaque année le rapport mentionné à l'article 15 de la loi n° 89-1009 du 31 décembre 1989 renforçant les garanties offertes aux personnes assurées contre certains risques.* — [Anc. art. L. 432-3-2.]

V. note ss. le titre de la section I [ancienne].

§ 2 *[ANCIEN]* RAPPORTS ET INFORMATION DANS LES ENTREPRISES DE TROIS CENTS SALARIÉS ET PLUS

SOUS-§ 1er *[ANCIEN]* *INFORMATION TRIMESTRIELLE*

Ancien art. L. 2323-50 *Chaque trimestre, dans les entreprises* (L. n° 2012-387 du 22 mars 2012, art. 43) « *d'au moins trois cents salariés* », *l'employeur communique au comité d'entreprise des informations sur :*

1° L'évolution générale des commandes et de la situation financière ;

2° L'exécution des programmes de production ;

3° Les retards éventuels dans le paiement, par l'entreprise, des cotisations de sécurité sociale ou des cotisations dues aux institutions de retraite complémentaire régies par le chapitre II du titre II du livre IX du code de la sécurité sociale et l'article L. 727-2 du code rural et de la pêche maritime ou des cotisations ou primes dues aux organismes assureurs mentionnés à l'article premier de la loi n° 89-1009 du 31 décembre 1989 renforçant les garanties offertes aux personnes assurées contre certains risques au titre des garanties collectives complémentaires mentionnées à l'article L. 911-2 du code de la sécurité sociale. — [Anc. art. L. 432-4, al. 16, phrase 1.]

V. note ss. le titre de la section I [ancienne].

Ancien art. L. 2323-51 *Chaque trimestre, dans les entreprises* (L. n° 2012-387 du 22 mars 2012, art. 43) « *d'au moins trois cents salariés* », *l'employeur informe le comité d'entreprise :*

1° Des mesures envisagées en matière d'amélioration, de renouvellement ou de transformation de l'équipement ou des méthodes de production et d'exploitation et de leurs incidences sur les conditions de travail et d'emploi ;

2° De la situation de l'emploi, dans des conditions déterminées par décret en Conseil d'État ;

(L. n° 2008-596 du 25 juin 2008) « *3° Des éléments qui l'ont conduit à faire appel, au titre de la période écoulée, et qui pourraient le conduire à faire appel pour la période à venir, à des contrats de travail à durée déterminée, à des contrats de mission conclus avec une entreprise de travail temporaire ou à des contrats conclus avec une entreprise de portage salarial ;* »

(L. n° 2011-893 du 28 juill. 2011, art. 29) « *4° Du nombre de stagiaires accueillis dans l'entreprise, des conditions de leur accueil et des tâches qui leur sont confiées.* »

V. note ss. le titre de la section I [ancienne].

Dans le cadre de l'examen de la situation de l'emploi prévu par l'art. L. 2323-51, le comité d'entreprise est informé des aides de l'État à l'entreprise, sauf lorsqu'il s'agit d'aides à la recherche-développement, et de leur incidence sur la situation de l'emploi (L. n° 92-1446 du 31 déc. 1992, art. 42).

Sur l'information du comité d'entreprise en matière d'emploi, V. aussi L. n° 96-126 du 21 févr. 1996, art. 2-III, App. III, Emploi.

Nature des informations. Le chef d'entreprise doit informer périodiquement le comité d'entreprise de la situation de l'emploi en faisant notamment apparaître le nombre de salariés appartenant à une entreprise extérieure ; l'indication de la valeur des prestations sous-traitées ne constitue pas l'information requise par ce texte et la circonstance que certains membres du comité d'entreprise aient pu consulter les contrats de travail temporaires n'exonère pas l'employeur de son obligation dont le non-respect est constitutif d'un délit d'entrave. • Crim. 19 juin 2001 : *Bull. crim. n° 150 ; RJS 2001. 886, n° 1306.*

Ancien art. L. 2323-52 *Lors de la réunion trimestrielle d'information sur la situation de l'emploi, l'employeur porte à la connaissance du comité d'entreprise, à la demande de celui-ci, tous les contrats passés :*

1° Avec les entreprises de travail temporaire pour la mise à disposition des salariés titulaires d'un contrat de mission ;

2° Avec les établissements de travail protégé lorsque les contrats conclus avec ces établissements prévoient la formation et l'embauche par l'entreprise de travailleurs handicapés. — [Anc. art. L. 432-4-1, al. 1, phrase 4.]

V. note ss. le titre de la section I [ancienne].

Ancien art. L. 2323-53 *Lorsque, entre deux réunions trimestrielles du comité d'entreprise sur la situation de l'emploi, le nombre des salariés titulaires d'un contrat de travail à durée déterminée et le nombre de salariés temporaires connaît un accroissement important par rapport à la situation existant lors de la dernière réunion du comité, l'examen de cette question est inscrit de plein droit à l'ordre du jour de la prochaine réunion ordinaire du comité si la majorité des membres du comité le demande.*

Lors de cette réunion ordinaire, l'employeur communique au comité d'entreprise le nombre de salariés titulaires d'un contrat de travail à durée déterminée et de salariés temporaires, les motifs l'ayant amené à y recourir ainsi que le nombre des journées de travail accomplies par les intéressés depuis la dernière communication faite à ce sujet. — [Anc. art. L. 432-4-1, al. 2 et 3.]

V. note ss. le titre de la section I [ancienne].

Ancien art. L. 2323-54 *Le comité d'entreprise ou d'établissement ou, à défaut, les délégués du personnel sont informés de la conclusion des conventions ouvrant droit à des contrats initiative-emploi* (L. n° 2008-1249 du 1er déc. 2008, art. 18) *« et à des contrats d'accompagnement dans l'emploi ».*

Ils reçoivent chaque trimestre un bilan de l'ensemble des embauches et des créations nettes d'emplois effectuées dans ce cadre. — [Anc. art. L. 432-4-1-1.]

V. note ss. le titre de la section I [ancienne].

SOUS-§ 2 *[ANCIEN]* *INFORMATION ANNUELLE*

Ancien art. L. 2323-55 *Au moins une fois par an, dans les entreprises* (L. n° 2012-387 du 22 mars 2012, art. 43) *« d'au moins trois cents salariés », l'employeur remet au comité d'entreprise un rapport d'ensemble sur la situation économique et les perspectives de l'entreprise pour l'année à venir.*

A cette occasion, l'employeur soumet un état faisant ressortir l'évolution de la rémunération moyenne horaire et mensuelle par sexe, par catégories telles qu'elles sont prévues à la convention de travail applicable et par établissement, ainsi que les rémunérations minimales et maximales horaires et mensuelles, au cours de l'exercice et par rapport à l'exercice précédent.

Le contenu du rapport prévu au premier alinéa est déterminé par décret en Conseil d'État. — [Anc. art. L. 432-4, al. 6, phrase 1 début, et al. 7 et 8.]

V. note ss. le titre de la section I [ancienne].

Ancien art. L. 2323-56 *Chaque année, dans les entreprises* (L. n° 2012-387 du 22 mars 2012, art. 43) *« d'au moins trois cents salariés », à l'occasion de la réunion prévue à l'article L. 2323-55, le comité d'entreprise est informé et consulté sur :*

1° L'évolution de l'emploi et des qualifications dans l'entreprise au cours de l'année passée ;

2° Les prévisions annuelles ou pluriannuelles et les actions, notamment de prévention et de formation, que l'employeur envisage de mettre en œuvre compte tenu de ces prévisions, particulièrement au bénéfice des salariés âgés ou présentant des caractéristiques sociales ou de qualification les exposant, plus que d'autres, aux conséquences de l'évolution économique ou technologique.

L'employeur apporte toutes explications sur les écarts éventuellement constatés entre les prévisions et l'évolution effective de l'emploi, ainsi que sur les conditions d'exécution des actions prévues au titre de l'année écoulée.

Préalablement à la réunion de consultation, les membres du comité reçoivent un rapport écrit comportant toutes informations utiles sur la situation de l'entreprise, notamment celles prévues au présent article et à l'article L. 2323-51.

Ce rapport et le procès-verbal de la réunion sont (L. n° 2009-526 du 12 mai 2009, art. 27) *« tenus à la disposition de l'autorité administrative dans un délai de quinze jours suivant la réunion. »*

V. note ss. le titre de la section I [ancienne].

GPEC et PSE. La régularité de la consultation du comité d'entreprise sur un projet de licenciement économique n'est pas subordonnée au respect préalable par l'employeur de l'obligation de consulter le comité d'entreprise sur l'évolution annuelle des emplois et des qualifications prévue par l'art. L. 2323-56 ni de celle d'engager tous les trois ans une négociation portant sur la gestion prévisionnelle des emplois et des compétences imposée par l'art. L. 2242-15. • Soc. 30 sept. 2009 : *R., p. 352 ; D. 2009. AJ 2494, obs. Ines ; ibid. 2010. Pan. 672, obs. Fabre ; RDT 2009. 715, obs. Géa ; RJS 2009. 807, n° 915 ; JS Lamy 2009, n° 264-2.*

Ancien art. L. 2323-57 *Chaque année, dans les entreprises* (L. n° 2012-387 du 22 mars 2012, art. 43) *« d'au moins trois cents salariés », l'employeur soumet pour avis au comité d'entreprise ou, à défaut, aux délégués du personnel, soit directement, soit, si elle existe, par l'intermédiaire de la commission de l'égalité professionnelle, un rapport écrit sur la situation comparée des conditions générales d'emploi et de formation des femmes et des hommes dans l'entreprise.*

Ce rapport comporte une analyse permettant d'apprécier, pour chacune des catégories professionnelles de l'entreprise, la situation respective des femmes et des hommes en matière d'embauche, de formation, de promotion professionnelle, de qualification, de classification, de conditions de travail, (L. n° 2014-873 du 4 août 2014, art. 19) *« de sécurité et de santé au travail, » de rémunération effective et d'articulation entre l'activité professionnelle et l'exercice de la responsabilité familiale.* (L. n° 2014-873 du 4 août 2014, art. 19) *« Il analyse les écarts de salaires et de déroulement de carrière en fonction de leur âge, de leur qualification et de leur ancienneté. Il décrit l'évolution des taux de promotion respectifs des femmes et des hommes par métiers* [métier] *dans l'entreprise. »*

Il est établi à partir d'indicateurs pertinents, reposant notamment sur des éléments chiffrés, définis par décret et éventuellement complétés par des indicateurs tenant compte de la situation particulière de l'entreprise.

(L. n° 2010-1330 du 9 nov. 2010, art. 99-I) *« Il établit un plan d'action destiné à assurer l'égalité professionnelle entre les femmes et les hommes. Après avoir évalué les objectifs fixés et les mesures prises au cours de l'année écoulée, ce plan d'action, fondé sur des critères clairs, précis et opérationnels, détermine les objectifs de progression prévus pour l'année à venir, la définition qualitative et quantitative des actions permettant de les atteindre et l'évaluation de leur coût.* (L. n° 2012-1189 du 26 oct. 2012, art. 6) *« Ce plan d'action est déposé auprès de l'autorité administrative. »*

« Une synthèse de ce plan d'action, comprenant au minimum des indicateurs et objectifs de progression définis par décret, est portée à la connaissance des salariés par l'employeur, par voie d'affichage sur les lieux de travail et, éventuellement, par tout autre moyen adapté aux conditions d'exercice de l'activité de l'entreprise. Elle est également tenue à la disposition de toute personne qui la demande et publiée sur le site internet de l'entreprise lorsqu'il en existe un. » — V. art. D. 2323-12-2.

Les délégués syndicaux reçoivent communication de ce rapport dans les mêmes conditions que les membres du comité d'entreprise. — [Anc. art. L. 432-3-1, al. 1er.]

V. note ss. le titre de la section I [ancienne].

Les dispositions issues de la L. n° 2010-1330 du 9 nov. 2010 entrent en vigueur à compter du 1er janv. 2012 ; pour les entreprises couvertes par un accord ou, à défaut, par un plan d'action tel que défini à l'art. L. 2242-5-1 C. trav., à la date de publication de ladite loi, ces dispositions entrent en vigueur à l'échéance de l'accord ou, à défaut d'accord, à l'échéance du plan d'action (L. préc., art. 99-IV).

Ancien art. L. 2323-58 *Lorsque des actions prévues par le rapport sur la situation comparée des femmes et des hommes de l'année précédente ou demandées par le comité n'ont pas été réalisées, le rapport de l'année écoulée donne les motifs de cette inexécution.*

Après avoir été modifié, le cas échéant, pour tenir compte de l'avis motivé du comité d'entreprise, le rapport est transmis à l'inspecteur du travail accompagné de cet avis dans les quinze jours.

Dans les entreprises comportant des établissements multiples, ce rapport est transmis au comité central d'entreprise.

Ce rapport est mis à la disposition de tout salarié qui en fait la demande. – [Anc. art. L. 432-3-1, al. 2 à 5.]

V. note ss. le titre de la section I [ancienne].

Ancien art. L. 2323-59 (Abrogé par L. n° 2010-1330 du 9 nov. 2010, art. 99-I, à compter du 1er janv. 2012) ***Les indicateurs permettant d'apprécier la situation comparée des femmes et des hommes sont portés à la connaissance des salariés par l'employeur, par voie d'affichage sur les lieux de travail et, éventuellement, par tout autre moyen adapté aux conditions d'exercice de l'activité de l'entreprise.*** – [Anc. art. L. 432-3-1, al. 6.]

V. note ss. le titre de la section I [ancienne].

Cette abrogation entre en vigueur à compter du 1er janv. 2012 ; pour les entreprises couvertes par un accord ou, à défaut, par un plan d'action tel que défini à l'art. L. 2242-5-1 C. trav., à la date de publication de la L. n° 2010-1330 du 9 nov. 2010, ces dispositions entrent en vigueur à l'échéance de l'accord ou, à défaut d'accord, à l'échéance du plan d'action (L. préc., art. 99-IV).

Ancien art. L. 2323-60 ***A la demande du comité d'entreprise ou, à défaut, des délégués du personnel, l'employeur leur présente chaque année le rapport mentionné à l'article 15 de la loi n° 89-1009 du 31 décembre 1989 renforçant les garanties offertes aux personnes assurées contre certains risques.*** – [Anc. art. L. 432-3-2.]

V. note ss. le titre de la section I [ancienne].

SOUS-SECTION 7 *[ANCIENNE]* ADAPTATION DES RÈGLES DE CONSULTATION PAR VOIE D'ACCORD

Ancien art. L. 2323-61 ***Sans préjudice des obligations de consultation du comité d'entreprise incombant à l'employeur, un accord collectif de branche, d'entreprise ou de groupe peut adapter, dans les entreprises*** (L. n° 2012-387 du 22 mars 2012, art. 43) ***« d'au moins trois cents salariés », les modalités d'information du comité d'entreprise et organiser l'échange de vues auquel la transmission de ces informations donne lieu.***

Cet accord peut substituer à l'ensemble des informations et documents à caractère économique, social et financier prévus par les articles L. 2323-51, L. 2323-55 à L. 2323-57 et L. 3123-3, un rapport dont il fixe la périodicité, au moins annuelle, portant sur :

1° L'activité et la situation financière de l'entreprise ;

2° L'évolution de l'emploi, des qualifications, de la formation et des salaires ;

3° Le bilan du travail à temps partiel dans l'entreprise ;

4° La situation comparée des conditions générales d'emploi et de formation des femmes et des hommes ;

5° Les actions en faveur de l'emploi des travailleurs handicapés dans l'entreprise.

Les membres du comité d'entreprise reçoivent ce rapport quinze jours avant la réunion.

Le rapport, modifié le cas échéant à la suite de la réunion du comité d'entreprise, est transmis à l'inspecteur du travail, accompagné de l'avis du comité, dans les quinze jours qui suivent.

L'accord définit également les conditions dans lesquelles les salariés sont directement informés sur la situation économique, sociale et financière de l'entreprise et sur les matières mentionnées aux articles L. 1233-21 à L. 1233-24, L. 2242-15 et L. 2242-16. – [Anc. art. L. 432-4-3.]

V. note ss. le titre de la section I [ancienne].

SOUS-SECTION 8 *[ANCIENNE]* PARTICIPATION AUX CONSEILS D'ADMINISTRATION OU DE SURVEILLANCE DES SOCIÉTÉS

BIBL. ▶ Blanquet, *JCP 1973. I. 2560* (place des salariés dans les organes de la société anonyme). – Rozec, *JCP S 2013. 1273.*

Ancien art. L. 2323-62 ***Dans les sociétés, deux membres du comité d'entreprise, délégués par le comité et appartenant l'un à la catégorie des cadres techniciens et agents de maîtrise, l'autre à la catégorie des employés et ouvriers, assistent avec voix consultative à toutes les séances du conseil d'administration ou du conseil de surveillance, selon le cas.***

Dans les sociétés où sont constitués trois collèges électoraux, en application de l'article L. 2324-11, la délégation du personnel au conseil d'administration ou au conseil de surveillance est portée à quatre membres. Deux de ces membres appartiennent à la catégorie des ouvriers et employés, le

troisième à la catégorie de la maîtrise et le quatrième à la catégorie des ingénieurs, chefs de service et cadres administratifs, commerciaux ou techniques assimilés sur le plan de la classification. – [Anc. art. L. 432-6, al. 1.]

V. note ss. le titre de la section I [ancienne].

1. Modalités du vote. Les représentants du comité d'entreprise au conseil d'administration sont désignés par un vote auquel ne participe pas l'employeur. • Soc. 5 mai 1983 : *Bull. civ. V, n° 235 ; D. 1984. IR 353, obs. Langlois.*

2. Représentants auprès du conseil d'administration. N'étant pas membres en tant que tels du comité d'entreprise, les représentants syndicaux visés à l'art. L. 433-1 [L. 2324-2 nouv.] ne peuvent être désignés pour représenter le comité auprès du conseil d'administration. • Paris, 16 mai 1997 : *JCP E 1997. Pan. 734 ; RJS 1997. 683, n° 1105.*

3. Présence des délégués. La présence des délégués s'impose quel que soit l'objet de la réunion du conseil d'administration et on ne saurait provoquer leur départ sous prétexte d'aborder des questions qui ne les concernent pas. • Com. 17 févr. 1975 : *GADT, 4e éd., n° 145 ; D. 1975. 466, note Bousquet ; JCP 1975. II. 18105, note Savatier.*

4. L'absence des salariés délégués par le comité d'entreprise au conseil de surveillance avec voix consultative, hors toute fraude, n'entache pas de nullité une délibération dont le seul objet est l'exercice d'une action en justice. • Soc. 26 mai 1998 : *RJS 1998. 749, n° 1243.*

Ancien art. L. 2323-63 ***Les membres de la délégation du personnel au conseil d'administration ou au conseil de surveillance ont droit aux mêmes documents que ceux adressés ou remis aux membres de ces instances à l'occasion de leurs réunions.***

Ils peuvent soumettre les vœux du comité au conseil d'administration ou au conseil de surveillance, lequel donne un avis motivé sur ces vœux. – [Anc. art. L. 432-6, al. 2.]

V. note ss. le titre de la section I [ancienne].

Ancien art. L. 2323-64 ***Dans les entreprises mentionnées à l'article 1er de la loi n° 83-675 du 26 juillet 1983 relative à la démocratisation du secteur public, à l'exception de celles qui figurent à l'annexe III de cette loi*** (Ord. n° 2014-948 du 20 août 2014, art. 37-VI) ***« et dans les sociétés relevant du I de l'article 7 de l'ordonnance n° 2014-948 du 20 août 2014 relative à la gouvernance et aux opérations sur le capital des sociétés à participation publique », la représentation du comité d'entreprise auprès du conseil d'administration ou de surveillance est assurée par le secrétaire du comité d'entreprise ou de l'organe qui en tient lieu.*** – [Anc. art. L. 432-6, al. 3.]

V. note ss. le titre de la section I [ancienne].

Ancien art. L. 2323-65 ***Dans les sociétés anonymes*** (L. n° 2013-504 du 14 juin 2013, art. 9-IV) ***« et les sociétés en commandite par actions » dans lesquelles le conseil d'administration ou de surveillance comprend*** (L. n° 2013-504 du 14 juin 2013, art. 9-IV) ***« au moins un administrateur ou un membre élu ou désigné » par les salariés au titre des articles L. 225-27*** (L. n° 2013-504 du 14 juin 2013, art. 9-IV) ***« , L. 225-27-1, L. 225-79, L. 225-79-2 et L. 226-5-1 » du code de commerce*** [V. App. I, B. Contrat de travail], ***la représentation du comité d'entreprise auprès de ces conseils est assurée par un membre titulaire du comité désigné par ce dernier.*** – [Anc. art. L. 432-6, al. 4.]

V. note ss. le titre de la section I [ancienne].

Ancien art. L. 2323-66 ***Dans les sociétés par actions simplifiées, les statuts précisent l'organe social auprès duquel les délégués du comité d'entreprise exercent les droits définis par la présente sous-section.*** – [Anc. art. L. 432-6, al. 5.]

V. note ss. le titre de la section I [ancienne].

Ancien art. L. 2323-67 ***Dans les sociétés, le comité d'entreprise peut demander en justice la désignation d'un mandataire chargé de convoquer l'assemblée générale des actionnaires en cas d'urgence.***

Il peut également requérir l'inscription de projets de résolutions à l'ordre du jour des assemblées.

Deux membres du comité d'entreprise, désignés par le comité et appartenant l'un à la catégorie des cadres techniciens et agents de maîtrise, l'autre à la catégorie des employés et ouvriers, ou les personnes mentionnées aux articles L. 2323-64 et L. 2323-65 peuvent assister aux assemblées générales. Ils sont entendus, à leur demande, lors de toutes les délibérations requérant l'unanimité des associés. – [Anc. art. L. 432-6-1.]

V. note ss. le titre de la section I [ancienne].

SOUS-SECTION 9 *[ANCIENNE]* **BILAN SOCIAL**

RÉP. TRAV. v° *Bilan social*, par TEYSSIÉ.

BIBL. GÉN. ► ALTER, *RPDS 1981. 341.* – AUBRY, *Dr. soc. 1978. 265.* – DI MAGGIO, PASCAUD, PENALVA et PRUNEAUX, *ibid. 1977. 147.* – DUMONT, *ibid. 1978. 137.* – LEROY, *RPDS 1989. 79.* – MICHAUD, *Sem. soc. Lamy 1985, suppl. n° 286.* – MOREL, *Dr. soc. 1985. 20.*

Ancien art. L. 2323-68 *Dans les entreprises et organismes mentionnés au premier alinéa de l'article L. 2321-1 ainsi que dans les entreprises mentionnées à l'article L. 2323-77, l'employeur établit et soumet annuellement au comité d'entreprise un bilan social lorsque l'effectif habituel de l'entreprise est au moins de trois cents salariés.*

Dans les entreprises comportant des établissements distincts, il est établi, outre le bilan social de l'entreprise et selon la même procédure, un bilan social particulier à chaque établissement dont l'effectif habituel est au moins de trois cents salariés.

Ces obligations ne se substituent à aucune des obligations d'information et de consultation du comité d'entreprise ou d'établissement qui incombent à l'employeur en application, soit de dispositions légales, soit de stipulations conventionnelles. – [Anc. art. L. 438-1.] – V. art. L. 2328-2 (pén.).

V. note ss. le titre de la section I [ancienne].

Ancien art. L. 2323-69 *Lorsque l'effectif de l'entreprise ou de l'établissement atteint le seuil d'assujettissement de trois cents salariés, le premier bilan social de l'entreprise ou de l'établissement porte sur l'année suivant celle au cours de laquelle le seuil a été atteint.*

Le premier bilan social peut ne concerner que l'année écoulée. Le deuxième bilan peut ne concerner que les deux dernières années écoulées.

Lorsque l'effectif de l'entreprise ou de l'établissement devient inférieur au seuil d'assujettissement de trois cents salariés, un bilan social est néanmoins présenté pour l'année en cours. – [Anc. art. L. 438-2.]

V. note ss. le titre de la section I [ancienne].

Ancien art. L. 2323-70 *Le bilan social récapitule en un document unique les principales données chiffrées permettant d'apprécier la situation de l'entreprise dans le domaine social, d'enregistrer les réalisations effectuées et de mesurer les changements intervenus au cours de l'année écoulée et des deux années précédentes.*

Le bilan social comporte des informations sur l'emploi, les rémunérations et charges accessoires, les conditions de santé et de sécurité, les autres conditions de travail, la formation, les relations professionnelles (L. n° 2014-790 du 10 juill. 2014, art. 3) « *, le nombre de salariés détachés et le nombre de travailleurs détachés accueillis* » *ainsi que sur les conditions de vie des salariés et de leurs familles dans la mesure où ces conditions dépendent de l'entreprise.* – [Anc. art. L. 438-3.]

V. note ss. le titre de la section I [ancienne].

Ancien art. L. 2323-71 *Après consultation des organisations professionnelles d'employeurs et de salariés représentatives au niveau national, un décret en Conseil d'État détermine la liste des informations figurant dans le bilan social d'entreprise et dans le bilan social d'établissement.*

Le nombre et la teneur de ces informations sont adaptés à la taille de l'entreprise et de l'établissement par arrêté du ou des ministres compétents.

Certaines branches d'activité peuvent être dotées, dans les mêmes formes, de bilans sociaux spécifiques. – [Anc. art. L. 438-4.]

V. note ss. le titre de la section I [ancienne].

Ancien art. L. 2323-72 *Le comité d'entreprise ou d'établissement émet chaque année un avis sur le bilan social.*

A cet effet, les membres du comité d'entreprise ou d'établissement reçoivent communication du projet de bilan social quinze jours au moins avant la réunion au cours de laquelle le comité émettra son avis. Cette réunion se tient dans les quatre mois suivant la fin de la dernière des années visées par le bilan social. Dans les entreprises comportant un ou plusieurs établissements tenus de présenter un bilan social d'établissement, la réunion au cours de laquelle le comité central d'entreprise émet son avis a lieu dans les six mois suivant la fin de la dernière des années visées par le bilan social.

Dans le cas prévu au deuxième alinéa de l'article L. 2323-68, les bilans sociaux particuliers et les avis émis sur ces bilans par les comités d'établissement sont communiqués aux membres du comité central d'entreprise dans les conditions prévues à l'alinéa précédent.

Les délégués syndicaux reçoivent communication du projet de bilan social dans les mêmes conditions que les membres des comités d'entreprise ou d'établissement.

Le bilan social, éventuellement modifié pour tenir compte de l'avis du comité compétent, est mis à la disposition de tout salarié qui en fait la demande. – [Anc. art. L. 438-5.]

V. note ss. le titre de la section I [ancienne].

Ancien art. L. 2323-73 *Les bilans sociaux des entreprises et établissements, éventuellement modifiés pour tenir compte de l'avis du comité compétent, ainsi que le procès-verbal de la réunion de ce comité, sont adressés à l'inspecteur du travail dans un délai de quinze jours à compter de cette réunion.* – [Anc. art. L. 438-6.]

V. note ss. le titre de la section I [ancienne].

Ancien art. L. 2323-74 *Dans les sociétés par actions, le dernier bilan social accompagné de l'avis du comité d'entreprise est adressé aux actionnaires ou mis à leur disposition dans les mêmes conditions que les documents prévus aux articles L. 225-108 et L. 225-115 du code de commerce.* – [Anc. art. L. 438-7.]

V. note ss. le titre de la section I [ancienne].

Ancien art. L. 2323-75 *Le bilan social sert de base à l'application des dispositions de l'article L. 6331-12 ainsi que de celles qui prévoient l'établissement de programmes annuels de formation.* – [Anc. art. L. 438-8.]

V. note ss. le titre de la section I [ancienne].

Ancien art. L. 2323-76 *Les dispositions de la présente sous-section ne font pas obstacle aux conventions ou accords comportant des clauses plus favorables.* – [Anc. art. L. 438-10.]

V. note ss. le titre de la section I [ancienne].

Ancien art. L. 2323-77 *Des décrets en Conseil d'État déterminent les mesures d'adaptation nécessaires à l'application des dispositions de la présente sous-section dans les entreprises tenues de constituer un comité d'entreprise ou des organismes de représentation du personnel qui en tiennent lieu en vertu soit de dispositions légales autres que celles du code du travail, soit de stipulations conventionnelles.*

Ces décrets sont pris après avis des organisations syndicales représentatives dans les entreprises intéressées. – [Anc. art. L. 438-9.]

V. note ss. le titre de la section I [ancienne].

SOUS-SECTION 10 *[ANCIENNE]* DROIT D'ALERTE ÉCONOMIQUE

Ancien art. L. 2323-78 *Lorsque le comité d'entreprise a connaissance de faits de nature à affecter de manière préoccupante la situation économique de l'entreprise, il peut demander à l'employeur de lui fournir des explications.*

Cette demande est inscrite de droit à l'ordre du jour de la prochaine séance du comité d'entreprise.

Si le comité d'entreprise n'a pu obtenir de réponse suffisante de l'employeur ou si celle-ci confirme le caractère préoccupant de la situation, il établit un rapport. Dans les entreprises employant au moins mille salariés, ce rapport est établi par la commission économique prévue par l'article L. 2325-23.

Ce rapport, au titre du droit d'alerte économique, est transmis à l'employeur et au commissaire aux comptes. – [Anc. art. L. 432-5, I et II, al. 1er.]

L'art. L. 2323-78 devient l'art. L. 2323-50 à compter du 1er janv. 2016 (L. no 2015-994 du 17 août 2016, art. 18-VI).

V. note ss. le titre de la section I [ancienne].

RÉP. TRAV. vº *Entreprises en difficulté (Règles propres aux salariés)*, par CESARO.

BIBL. ▶ MORAND, *JCP E 1988. II. 15357.* – TARAUD, *Dr. soc. 2013. 121* (montée en puissance de l'expertise). – TEYSSIÉ, *RJ com. 1986, no spéc. févr. 69.*

Ancien art. L. 2323-79 *Le comité d'entreprise ou la commission économique peut se faire assister, une fois par exercice comptable, de l'expert-comptable prévu à l'article L. 2325-35, convoquer le commissaire aux comptes et s'adjoindre avec voix consultative deux salariés de l'entreprise choisis pour leur compétence et en dehors du comité d'entreprise.*

Ces salariés disposent de cinq heures chacun pour assister le comité d'entreprise ou la commission économique en vue de l'établissement du rapport prévu à l'article L. 2323-78. Ce temps est rémunéré comme temps de travail. – [Anc. art. L. 432-5, II, al. 3 et 4.]

L'art. L. 2323-79 devient l'art. L. 2323-51 à compter du 1er janv. 2016 (L. no 2015-994 du 17 août 2016, art. 18-VI).

V. note ss. le titre de la section I [ancienne].

1. Désignation d'un expert-comptable. Si le comité d'entreprise ne peut se faire assister qu'une seule fois par un expert-comptable lorsqu'il exerce son droit d'alerte, il conserve la faculté de préciser la mission de l'expert et de la compléter lorsque des faits en relation avec ceux ayant motivé l'exercice du droit sont portés à sa connaissance pendant le cours de la mission. • Soc. 28 oct. 1996, no 95-10.274 P : *D. 1996. IR 257 ; Dr. soc. 1996. 1104, obs. Cohen ; RJS 1997. 111, no 163.* ♦ Même si elle a été précédemment évoquée, la désignation d'un expert par le comité d'entreprise intervenu en même temps que sa décision d'établir un rapport est conforme aux prévisions de l'art. L. 432-5 [L. 2323-79 nouv.]. • Soc. 19 févr. 2002, no 00-14.776 P : *D. 2002. IR 1595 ; RTD com. 2002. 720, note Macorig-Venier ; RJS 2002. 446, no 590.*

2. Mission de l'expert-comptable. La mission de l'expert s'étend aux faits de nature à conforter la situation économique préoccupante de l'entreprise, qui sont la conséquence nécessaire de ceux ayant motivé l'exercice du droit d'alerte. • Soc. 28 oct. 1996 : *préc. note 1.* ♦ Tel est le cas du projet de fusion entre le groupe SNECMA et le groupe SAGEM, annoncé alors que l'expert désigné par le comité central d'entreprise était en cours d'exécution de sa mission, ce projet était la suite directe de l'ouverture de capital décidée dans le cadre de la privatisation du groupe SNECMA qui avait justifié l'exercice par le comité central d'entreprise de son droit d'alerte. • Soc. 29 sept. 2009 : *RDT 2010. 46, obs. Leclerc ; RJS 2009. 833, no 956 ; JCP S 2009. 1598, obs. Kerbouc'h.*

Ancien art. L. 2323-80 ***Le rapport du comité d'entreprise ou de la commission économique conclut en émettant un avis sur l'opportunité de saisir de ses conclusions l'organe chargé de l'administration ou de la surveillance dans les sociétés ou personnes morales qui en sont dotées, ou d'en informer les associés dans les autres formes de sociétés ou les membres dans les groupements d'intérêt économique.***

Au vu de ce rapport, le comité d'entreprise peut décider, à la majorité des membres présents de procéder à cette saisine ou de faire procéder à cette information. Dans ce cas, l'avis de l'expert-comptable est joint à la saisine ou à l'information. — [Anc. art. L. 432-5, II, al. 5 et 6.]

L'art. L. 2323-80 devient l'art. L. 2323-52 à compter du 1er janv. 2016 (L. no 2015-994 du 17 août 2016, art. 18-VI).

V. note ss. le titre de la section I [ancienne].

Ancien art. L. 2323-81 ***Dans les sociétés à conseil d'administration ou à conseil de surveillance, la demande d'explication sur le caractère préoccupant de la situation économique de l'entreprise est inscrite à l'ordre du jour de la prochaine séance du conseil d'administration ou du conseil de surveillance, à condition que celui-ci ait pu être saisi au moins quinze jours à l'avance. La réponse de l'employeur est motivée.***

Dans les autres personnes morales, ces dispositions s'appliquent à l'organe chargé de l'administration ou de la surveillance, lorsqu'elles en sont dotées.

Dans les autres formes de sociétés ou dans les groupements d'intérêt économique, lorsque le comité d'entreprise a décidé d'informer les associés ou les membres de la situation de l'entreprise, le gérant ou les administrateurs leur communiquent le rapport de la commission économique ou du comité d'entreprise. — [Anc. art. L. 432-5, III et IV.]

L'art. L. 2323-81 devient l'art. L. 2323-53 à compter du 1er janv. 2016 (L. no 2015-994 du 17 août 2016, art. 18-VI).

V. note ss. le titre de la section I [ancienne].

Ancien art. L. 2323-82 ***Les informations concernant l'entreprise communiquées en application de la présente sous-section ont par nature un caractère confidentiel. Toute personne pouvant y accéder est tenue à leur égard à une obligation de discrétion.*** — [Anc. art. L. 432-5, V.]

L'art. L. 2323-82 devient l'art. L. 2323-54 à compter du 1er janv. 2016 (L. no 2015-994 du 17 août 2016, art. 18-VI).

V. note ss. le titre de la section I [ancienne].

SECTION II ATTRIBUTIONS EN MATIÈRE D'ACTIVITÉS SOCIALES ET CULTURELLES

SOUS-SECTION 1 ATTRIBUTIONS GÉNÉRALES

Art. L. 2323-83 Le comité d'entreprise assure, contrôle ou participe à la gestion de toutes les activités sociales et culturelles établies dans l'entreprise prioritairement au

bénéfice des salariés *(L. n° 2011-893 du 28 juill. 2011, art. 27)* **« , de leur famille et des stagiaires », quel qu'en soit le mode de financement, dans des conditions déterminées par décret en Conseil d'État.**

Ce décret détermine notamment les conditions dans lesquelles les pouvoirs du comité d'entreprise peuvent être délégués à des organismes créés par lui et soumis à son contrôle, ainsi que les règles d'octroi et d'étendue de la personnalité civile des comités d'entreprise et des organismes créés par eux. Il fixe les conditions de financement des activités sociales et culturelles. – *[Anc. art. L. 432-8, al. 1er et 2.]*

RÉP. TRAV. v° *Comité d'entreprise (Activités sociales et culturelles)*, par ODOUL-ASOREY.

BIBL. ▶ Activités sociales et culturelles : CHALARON, *Dr. soc. 1978. 1* (limites du pouvoir ouvrier intégré) ; *ibid., n° spéc. avr. 1979, p. 63* (notion d'œuvres sociales). – SAVATIER, *Dr. soc., n° spéc. avr. 1979, p. 71* (conflits entre le chef d'entreprise et le comité sur la gestion des œuvres sociales) ; *ibid. 1994. 789* (responsabilité civile du comité pour ses activités sociales) ; *RJS 1999. 199* (extension de la notion d'activités sociales et culturelles).

▶ Cotisations de sécurité sociale sur les avantages versés par les comités : BARTHÉLÉMY, *Dr. soc. 1986. 332*. – COHEN, *Dr. ouvrier 1984. 449*. – DESCAMPS, *Dr. soc. 1991. 80* . – DONNADIEU, *ibid. 1987. 37*. – DUPEYROUX, *ibid. 1988. 499*. – PRÉTOT, *ibid. 1986. 164*. – SAINT-JOURS, *RDSS 1985. 66*. – SAVATIER, *Dr. soc. 1993. 80* . – TAQUET, *Sem. soc. Lamy suppl. n° 551*. – VACHET, *JCP E 1988. II. 15345*. – VELLIEUX, *Dr. soc. 1984. 720*.

▶ Patrimoine du comité : COHEN, *Dr. soc. 1989. 49* (incidences des restructurations) ; *Dr. ouvrier 1993. 397* (dévolution). – FROMONT, *ibid. 1992. 45* (droit des procédures collectives et comité d'entreprise). – SAVATIER, *ibid. 1989. 311* (dévolution).

▶ Politique dans l'entreprise : ARDANT, *Dr. soc. 1976. 377* (organisation de réunions politiques). – G. LYON-CAEN, *JCP 1977. I. 2863* (entreprise et politique). – RONGÈRE, *Dr. soc. 1976. 483*. – SAVATIER, *ibid. 1977. 231*.

▶ Protection sociale complémentaire : BOUDIAS, *Sem. soc. Lamy 1997, n° 824*. – BROUILLET et CHALARON, *Gaz. Pal. 1991. 2. Doctr. 476* (loi Évin). – MOUSSY, *Dr. ouvrier 1991. 435*.

▶ Autres thèmes : COUTURIER, *Dr. soc. 1983. 371* (budgets des comités d'entreprise). – SAVATIER, *ibid. 1983. 395* (délibérations) ; *ibid. 1989. 206* (vote du président).

COMMENTAIRE

V. Dalloz.fr et applications mobiles Dalloz

A. CRITÈRES DES ACTIVITÉS SOCIALES ET CULTURELLES

a. Caractère social et culturel

1. Définition. Constitue une activité sociale et culturelle toute activité, non obligatoire légalement, quels que soient sa dénomination, la date de sa création et son mode de financement, exercée principalement au bénéfice du personnel de l'entreprise, sans discrimination, en vue d'améliorer les conditions collectives d'emploi, de travail et de vie du personnel au sein de l'entreprise. • Soc. 13 nov. 1975 : *Bull. civ. V, n° 533 ; Dr. ouvrier 1976. 254.*

2. Détermination des activités. Sur le caractère non limitatif de l'énumération de l'art. R. 432-2 [R. 2323-20], V. • Cass., ch. réun., 20 mai 1965 : *Dr. soc. 1965. 558, obs. J. Savatier ; JCP 1965. II. 14358, note F. R.* ♦ V. notes ss. art. R. 2323-20.

3. Entrent dans le cadre des activités sociales et culturelles : le financement des congés d'éducation ouvrière. • Cass., ch. réun., 20 mai 1965 : *préc. note 2.* ♦ ... La mise à disposition d'une cantine pour la tenue d'une réunion syndicale. • Crim. 9 nov. 1971 : *Bull. crim. n° 305 ; D. 1972. 334, note Verdier ; JCP 1972. II. 17074, note Pélissier.* ♦ Comp. : • Soc. 9 juin 1983 : *Bull. civ. V, n° 316 ; D. 1984. IR 353, obs. Langlois.* ♦ ... L'aide accordée à d'anciens salariés, licenciés dans le cadre d'un licenciement collectif pour motif économique, à effet d'agir en justice pour obtenir le respect des engagements pris par l'employeur dans le plan social dont le comité d'entreprise avait examiné les dispositions. • Soc. 26 janv. 1999, n° 97-10.522 P : *D. 1999. IR 51 ; Dr. soc. 1999. 300, obs. Cohen ; RJS 1999. 230, n° 386 ; JS Lamy 1999, n° 31-2, obs. Haller.* ♦ Mais ne peuvent être pris en charge les frais de déplacement des salariés à une manifestation syndicale. • Soc. 7 mai 1980 : *Bull. civ. V, n° 387 ; Dr. ouvrier 1981. 23* • 18 mai 1983 : *Bull. civ. V, n° 266.* ♦ ... Ni ceux liés à l'embauche par le comité d'un économiste. • Soc. 16 déc. 1980 : *Bull. civ. V, n° 900 ; D. 1981. IR 264, obs. Pélissier.*

4. Une cantine constitue une œuvre sociale fonctionnant non seulement dans l'intérêt des salariés, mais aussi dans celui de l'entreprise dans la mesure où elle contribue à sa bonne marche. • Soc. 14 janv. 1981 : *Bull. civ. V, n° 25 ; D. 1981. IR 425, obs. Langlois ; JCP 1981. II. 19663, concl.*

Gauthier (responsabilité du comité d'entreprise pour les fautes commises dans la gestion de la cantine).

5. Ne constitue pas une dépense sociale la subvention accordée à une association sportive d'intérêt général, étrangère à l'entreprise et dont le personnel n'est pas le principal bénéficiaire. • Soc. 7 mai 1987, n° 84-10.914 P : *D. 1987. 340 ; D. 1987. Somm. 461, obs. Karaquillo ; D. 1988. Somm. 93, obs. Fieschi-Vivet.* ♦ Ne relève pas d'une activité sociale et culturelle la soirée annuelle offerte par l'employeur à ses collaborateurs se déroulant dans un cadre festif mais qui a pour objet de présenter le bilan annuel et les perspectives de la société et d'assurer une cohésion au sein de l'entreprise. • Soc. 9 juill. 2014 : *D. 2014. Actu. 1594 ; RJS 2014. 604, n° 705.*

6. Est étrangère aux attributions du comité d'entreprise l'organisation d'une réunion politique dans un but de propagande et de recrutement. • Crim. 7 nov. 1979 : *D. 1980. IR 346, obs. Langlois.*

b. Caractère bénévole

7. Entrent dans les prévisions de la loi les prestations complémentaires servies au personnel par une caisse patronale financée par une cotisation de l'employeur, dès lors qu'un tel service ne correspondait pas à une obligation légale ou conventionnelle incombant à l'employeur, peu important que ces avantages puissent présenter un caractère de complément de rémunération au regard de la législation de la sécurité sociale. • Soc. 11 mai 1988, n° 84-10.617 P : *Dr. soc. 1988. 499, note Dupeyroux.* ♦ V. conf., pour la prise en charge volontaire par l'employeur d'une partie de la cotisation des salariés à une mutuelle : • Soc. 22 juin 1993, n° 91-17.686 P : *D. 1994. 160, note Saint-Jours ; D. 1995. 14, note Langlois ; Dr. soc. 1993. 777 ; RJS 1993. 444, n° 760 ; CSB 1993. 243, S. 119 ; Sem. soc. Lamy 1993, n° 655, rapp. Boubli.*

8. Aucune distinction ne pouvant être établie selon la date d'embauche des salariés, doit être cassé l'arrêt qui estime que, pour les salariés dont le contrat de travail mentionnait l'affiliation à une association de retraite complémentaire, la prise en charge des cotisations par l'employeur n'avait plus un caractère bénévole. • Soc. 18 juin 1981 : *Bull. civ. V, n° 569.*

9. *Constitutionnalité.* L'obligation faite à l'employeur de verser sa contribution au titre de sa contribution aux activités sociales et culturelles, des sommes économisées sur les activités gérées directement, ne porte pas atteinte à la liberté contractuelle de l'employeur dès lors que c'est par sa volonté qu'il décide d'agir pour le compte du comité d'entreprise, acceptant ainsi implicitement mais nécessairement un mandat tacite de ce dernier, et demeure libre de cesser à tout moment d'assurer lui-même cette gestion pour le compte d'autrui. • Soc. 29 oct. 2015, n° 15-12.525 P : *Dalloz actualité, 9 nov. 2015, obs. Doutreleau.*

c. Gestion des activités

10. *Gestion déléguée.* Un comité d'entreprise peut adhérer à une association émanant d'un syndicat et destinée à lui faciliter la gestion des œuvres sociales. • Soc. 15 mai 1984, n° 82-13.807 P. • 21 juill. 1986 : *ibid., n° 386 ; D. 1987. Somm. 199, obs. A. Lyon-Caen.*

11. La subvention versée régulièrement par l'entreprise à une crèche créée à son initiative constitue une dépense sociale, peu important que l'œuvre n'ait pas été gérée directement par la société, mais par la Croix-Rouge. • Soc. 9 mai 1979, n° 77-11.416 P : *D. 1979. IR 468.* ♦ Mais le comité d'entreprise n'est pas recevable à demander la fixation du montant de la contribution de l'employeur à l'activité sociale de restauration dont celui-ci avait la gestion alors que le comité d'entreprise n'a pas demandé le transfert de cette gestion à son profit. • Soc. 12 nov. 2003 : *RJS 2004. 65, n° 73.*

12. *Application de l'art. 136-1 C. consom.* Lorsqu'il assure, contrôle ou participe à la gestion de toutes les activités sociales et culturelles établies dans l'entreprise prioritairement au bénéfice des salariés ou de leur famille, le comité d'entreprise agit en qualité de non-professionnel et bénéficie donc des dispositions de l'art. L. 136-1 C. consom. qui permet une protection du consommateur et du non-professionnel contre les reconductions tacites. • Civ. 1re, 15 juin 2016, n° 15-17.369 P : *Dalloz actualité, 27 juin 2016, obs. Roussel.*

13. *Délégation à l'employeur.* L'employeur a la possibilité de gérer une activité sociale et culturelle pour le compte du comité. • Soc. 28 janv. 1971, n° 69-13.861 P. – V. aussi : • Crim. 28 oct. 1980 : *Bull. crim. n° 281* • 30 mars 2010 : *D. 2010. Actu. 1026 ; RDT 2010. 455, obs. Brousse ; Dalloz actualité, 22 avr. 2010, obs. Ines ; RJS 6/2010, n° 527 ; Dr. soc. 2010. 724, obs. Pécaut-Rivolier ; JS Lamy 2010, n° 277-2, obs. Hautefort ; JCP S 2010. 1233, obs. Dumont ; Sem. soc. Lamy 2012, n° 1520, p. 5, note Boubli.*

14. *Principe de neutralité politique.* Dans la gestion des œuvres sociales, le comité d'entreprise est tenu de respecter le principe de neutralité politique. • T. civ. Seine, 9 janv. 1953 : *Dr. soc. 1953. 151, concl. Albaut ; JCP 1953. II. 7718, note Brèthe de La Gressaye* • Soc. 15 mai 1984 : *préc. note 10.*

15. *Principe de non-discrimination.* Un comité d'entreprise a la possibilité d'octroyer des bourses de congé-éducation ouvrière si elles sont offertes à tous les salariés sans discrimination. • Cass., ch. réun. 20 mai 1965 : *Dr. soc. 1965.*

558, note J. Savatier ; JCP 1965. II. 14358, note F. R. ♦ N'est pas discriminatoire le versement d'une allocation de secours opéré sans intention de favoriser les grévistes et destiné à aider les seules familles dans le besoin. • Soc. 8 juin 1977 : *Bull. civ. V, n° 380 ; D. 1977. IR 315 ; JCP 1979. II. 19089, note Legrand* • 11 juin 1996 : *RJS 1996. 517, n° 804.* ♦ Solution inverse, lorsque le versement est fait sans référence à la situation de chacun des grévistes : • Soc. 15 mai 1983 : *Bull. civ. V, n° 266 ; D. 1983. IR 352.* ♦ Pour une illustration de mesure discriminatoire dans l'accès au restaurant géré par le comité, V. • Soc. 21 nov. 1990, n° 89-13.056 P : *CSB 1991. 52, S. 36.*

16. Sur la licéité d'une mesure discriminatoire lorsqu'elle est due à la seule initiative de l'employeur, V. • Soc. 24 févr. 1983, n° 81-14.118 P : *D. 1984. Somm. 162, obs. Frossard ; Dr. soc. 1983. 635, note Savatier* (la prise en charge par l'employeur des cotisations des salariés affiliés à une mutuelle de l'entreprise cesse d'être une œuvre sociale dès lors qu'elle n'est plus offerte à l'ensemble du personnel, mais seulement aux salariés ayant adhéré avant une certaine date).

17. Respect de la vie privée. Constitue une atteinte au secret de la vie privée le fait d'exiger la communication de la déclaration des revenus pour l'allocation d'une prime de vacances, dès lors que ce document contient des renseignements qui ne sont pas indispensables pour l'attribution d'une telle prime. • Civ. 1re, 29 mai 1984 : *Bull. civ. I, n° 176.*

B. PORTÉE

18. Monopole de gestion du comité. L'employeur ne peut, sans commettre le délit d'entrave, s'opposer à l'exercice par le comité de ses compétences sociales et culturelles. • Crim. 19 déc. 1963 : *Dr. soc. 1964. 355, rapp. Costa* • 7 oct. 1965 : *D. 1965. 811* • 22 nov. 1977 : *Bull. crim. n° 362 ; D. 1978. IR 52* (création par l'employeur d'une association pour tenter de supplanter le comité dans la gestion des activités sociales et culturelles). ♦ Tenu de transférer au comité les activités sociales et culturelles, l'employeur doit mettre à sa disposition un local aménagé et le matériel nécessaire à l'exercice de ses fonctions, ce qui n'entraîne pas l'obligation de fournir au comité les renseignements contenus dans le fichier de l'entreprise. • Soc. 2 juin 1993, n° 91-13.901 P : *Dr. soc. 1993. 680 ; JCP 1993. II. 22096, rapp. Waquet ; RJS 1993. 443, n° 759, concl. Picca ; CSB 1993. 195, A. 44, note Philbert.* ♦ *Contra*, sur renvoi : • Lyon, 5 déc. 1994 : *CSB 1995. 28 ; RJS 1995. 226, n° 394.*

19. L'employeur ne peut décider seul d'imputer sur sa contribution les cotisations versées à une caisse d'invalidité, dès lors que cette décision empiète sur les pouvoirs de gestion du comité central, alors même que cette œuvre est gérée paritairement et qu'il a été constaté que le régime de prévoyance n'avait pas été pris en compte pour déterminer le montant de la contribution patronale. • Soc. 17 oct. 1990 : *D. 1990. IR 257 ; JCP E 1991. II. 152, note Saint-Jours ; Dr. ouvrier 1991. 83, note Cohen.*

20. Lorsque l'employeur fournit pour l'arbre de Noël des marchandises invendues, cette dotation n'est pas à inclure dans le calcul de la contribution due par l'employeur qui n'entendait pas se créer une obligation à partir d'une gratification faite ponctuellement et en fonction des possibilités existantes. • Soc. 31 janv. 1989 : *CSB 1989. 74, S. 27.*

21. Responsabilité. L'usager d'un centre de vacances est en droit d'invoquer une responsabilité contractuelle de la part du comité d'entreprise et de son centre de vacances sur le fondement de l'obligation de sécurité. • Grenoble, 15 juin 1993 : *Dr. soc. 1994. 789, note J. Savatier.* ♦ V. aussi : • Civ. 1re, 16 mars 1994 : *Dr. soc. 1994. 789, note J. Savatier ; RJS 1994. 521, n° 873* (la responsabilité d'un comité à la suite d'une défaillance d'une agence de voyages ne peut être engagée en l'absence de faute de sa part). ♦ Un comité d'entreprise, n'étant pas lui-même un groupement sportif au sens de la loi du 16 juill. 1984, ne peut voir sa responsabilité engagée pour défaut d'information en matière d'assurance dans la pratique du sport (art. 38 de la loi précitée). • Civ. 2e, 19 mars 1997, n° 94-19.249 P : *D. 1998. Somm. 50, obs. Groutel (3e esp.) ; RJS 1997. 456, n° 703.*

22. Paiement des cotisations de sécurité sociale. Dès lors que les avantages versés par un comité d'entreprise ne présentaient pas le caractère de secours liés à des situations individuelles particulièrement dignes d'intérêt mais étaient attribués aux seuls salariés de l'entreprise, en raison de leur qualité et à l'occasion du travail accompli, ils sont soumis à cotisation, peu important qu'ils aient été versés par le comité d'entreprise sur les fonds affectés aux activités sociales et culturelles. • Soc. 11 mai 1988, n° 85-18.557 P : *D. 1988. 550, note Saint-Jours ; Dr. soc. 1988. 501, note Dupeyroux ; JCP CI 1988. II. 15345, note Vachet.* – Dans le même sens : • Soc. 11 mai 1988 : *Bull. civ. V, n° 287, arrêts nos 1 et 3* • 11 mai 1988 : *ibid., n° 282* • 11 janv. 1990 : *ibid., n° 10 ; D. 1990. 339, note Saint-Jours* • 20 déc. 1990 : *RJS 1991. 129, n° 244.* ♦ Comp. : • Soc. 9 juin 1992, n° 89-18.539 P : *D. 1993. Somm. 273, obs. Prétot ; Dr. soc. 1993. 80, note J. Savatier ; RJS 1992. 703, n° 1295* (décision affirmant qu'échappent au paiement des cotisations sociales les activités sociales et culturelles énumérées à l'art. R. 432-2, mais non les avantages non compris dans la liste de ce texte). – Dans le même sens : • Soc. 13 mai 1993, n° 91-14.362 P : *RJS 1993. 377, n° 652 (3e esp.).* ♦ Comp. cependant : • Soc. 27 janv. 1994 : *Dr. soc. 1994. 387, obs. Dupeyroux.*

23. Constituent ainsi des avantages à inclure

dans l'assiette des cotisations de sécurité sociale : la participation du comité au paiement de la part salariale des cotisations à un régime obligatoire de retraite complémentaire. • Soc. 11 mai 1988 : *Bull. civ. V, n° 287, arrêt n° 2.* ♦ ... Les bourses d'études, les aides scolaires, les primes de mariage et de naissance, de départ à la retraite, de service national, les compléments de prestations sociales, les allocations de transport scolaire, de garde d'enfants, les primes de crèche, les aides aux mères. • Soc. 11 mai 1988 : *Bull. civ. V, n° 287, arrêts nos 3, 4, 5 et 6* • 11 mai 1988 : *ibid., n° 282* • 17 avr. 1996 : *JCP 1997. II. 22762, note Daverat ; RJS 1996. 453, n° 717* (bourses). ♦ ... Les indemnités pour perte de salaires en cas de congé syndical. • Soc. 11 mai 1988 : *Bull. civ. V, n° 287, arrêt n° 4.* ♦ ... Les bons d'achat. • Même arrêt. ♦ ... Les sommes versées sur un « compte dotal » ouvert au bénéfice des enfants des salariés dont le financement est assuré par un concours financier de la société, peu important que les sommes et avantages soient perçus par l'intermédiaire de tiers. • Civ. 2e, 16 juin 2016, n° 15-18.079 P : *Dr. soc. 2016. 872, obs. Boulmier ; RJS 10/2016, n° 654 ; JCP S 2016. 1325, obs. Michalletz.* – V. déjà : • Cass., ass. plén. 28 janv. 1972 : *D. 1972. 205 ; JCP 1972. II. 17055, concl. Lindon ; Dr. soc. 1973. 64, note Groutel* • Crim. 20 nov. 1979 : *D. 1980. IR 345, obs. Langlois* • Soc. 25 mars 1985 : *D. 1985. 476, note Saint-Jours ; Dr. soc. 1986. 164, obs. Prétot.* – V. aussi • Soc. 9 juin 1992 : *préc. note 22* • 4 mars 1993 : *D. 1993. IR 79* • 20 janv. 1994 : *RJS 1994. 210, n° 304* • 5 mai 1994 : *RJS 1994. 456, n° 752.*

24. Échappent à l'assiette des cotisations les secours exceptionnels fondés sur l'état de gêne personnelle du bénéficiaire. • Civ. 2e, 9 nov. 1965 : *Dr. soc. 1966. 242, note G. Lyon-Caen* • Soc. 14 mars 1969 : *ibid. 1970. 65, note G. L.-C.* ♦ ... Ou attribués en fonction de situations individuelles particulièrement dignes d'intérêt. • Soc. 17 avr. 1996 : *préc. note 23* (allocations pour enfants handicapés).

25. *Versement des cotisations de sécurité sociale.* Le versement des cotisations incombe à l'employeur. • Soc. 11 mai 1988 : *Bull. civ. V, n° 287, arrêts nos 5 et 6.* ♦ Le comité d'entreprise est tenu de remettre à l'employeur un bordereau nominatif relatif aux sommes qu'il a versées, à l'exclusion des secours non inclus dans l'assiette. • Soc. 3 oct. 1984 : *Bull. civ. V, n° 343 ; D. 1985. IR 60.* ♦ L'employeur n'est pas tenu de supporter définitivement la charge des cotisations, dès lors que les avantages ont été attribués en dehors de toute intervention de sa part, l'initiative du comité ne pouvant avoir pour conséquence d'augmenter indirectement la contribution patronale au financement des activités sociales et culturelles. • Soc. 11 mai 1988 : *Bull. civ. V, n° 287, arrêt n° 4* • 9 juin 1992 : *préc. note 22* • 13 mai 1993 : *préc. note 22* • 27 janv. 1994 : *préc. note 22.*

Art. L. 2323-84 **Les salariés sont informés de la politique de l'entreprise concernant ses choix de mécénat et de soutien aux associations et aux fondations.** – *[Anc. art. L. 432-9-1.]*

Art. L. 2323-85 **Le comité d'entreprise assure ou contrôle la gestion des activités physiques ou sportives et peut décider de participer à leur financement.**

Il émet également un avis sur la conclusion des conventions, prévues à l'article L. 221-8 du code du sport, destinées à faciliter l'emploi d'un sportif *(L. n° 2015-1541 du 27 nov. 2015, art. 24)* **« , arbitre ou juge » de haut niveau et sa reconversion professionnelle.**

SOUS-SECTION 2 **FINANCEMENT**

Art. L. 2323-86 **La contribution versée chaque année par l'employeur pour financer des institutions sociales du comité d'entreprise ne peut, en aucun cas, être inférieure au total le plus élevé des sommes affectées aux dépenses sociales de l'entreprise atteint au cours des trois dernières années précédant la prise en charge des activités sociales et culturelles par le comité d'entreprise, à l'exclusion des dépenses temporaires lorsque les besoins correspondants ont disparu.**

Le rapport de cette contribution au montant global des salaires payés ne peut non plus être inférieur au même rapport existant pour l'année de référence définie au premier alinéa. – *[Anc. art. L. 432-9.]*

BIBL. ▶ BOULMIER, *Dr. soc. 2012. 686* (trilogie 2012 des budgets du comité d'entreprise : carence, abus de confiance, ingérence). – COHEN, *RPDS 1994. 43 ; Dr. soc. 1996. 690 ; Dr. ouvrier 1997. 195* (contribution et baisse des effectifs). – COUTURIER, *Dr. soc. 1983. 371.* – DENKIEWICZ, *LPA 6 août 1993* (contribution et réduction des effectifs). – DENKIEWICZ et LE COHU, *TPS 1997, Chron. 12* (révision de la contribution de l'employeur). – MORAND, *Dr. soc. 1989. 707.* – SAVATIER, *ibid. 1990. 205 ; ibid. 1994. 30* (réduction de la contribution) ; *ibid. 1994. 682* (incidence de la création d'un nouvel établissement).

1. Existence d'une contribution antérieure. Lorsqu'il n'est pas établi que des sommes étaient affectées aux dépenses sociales de l'entreprise avant la création des comités d'entreprise, les conditions d'application de l'art. L. 432-9 [L. 2323-86 nouv.] ne sont pas remplies. • Soc. 9 juill. 1997, n° 95-21.462 P : *D. 1997. IR 179 ; Dr. soc. 1997. 991, obs. Cohen ; RJS 1997. 687, n° 1108 ; CSB 1997. 292, S. 159.*

2. Montant de la contribution antérieure. Doit être pris en considération l'ensemble des dépenses sociales pour l'année de référence y compris celles afférentes au fonctionnement d'activités gérées par l'entreprise. • Soc. 28 janv. 1971 : *Bull. civ. V, n° 60.* ♦ Le montant de la contribution de l'employeur au financement des activités sociales et culturelles doit être fixé en tenant compte de la totalité des dépenses sociales de la période de référence, y compris la TVA facturée à l'employeur. • Soc. 21 sept. 2016, n° 14-25.847 P : *Dalloz actualité, 20 oct. 2016, obs. Ines.* ♦ Sur l'intangibilité du mode de calcul, alors même que l'employeur fournit des locaux d'une valeur d'usage supérieure, V. • Soc. 4 juin 1982 : *Bull. civ. V, n° 371 ; D. 1983. 135, note Rongère.*

3. Compte 641. Sauf engagement plus favorable, la masse salariale servant au calcul de la contribution patronale aux activités sociales et culturelles s'entend de la masse salariale brute correspondant au compte 641 à l'exception des sommes qui correspondent à la rémunération des dirigeants sociaux et à des remboursements de frais, ainsi que celles qui, hormis les indemnités légales et conventionnelles de licenciement, de retraite et de préavis, sont dues au titre de la rupture du contrat de travail. • Soc. 20 mai 2014 : *Dalloz actualité, 18 juin 2014, obs. Fraisse ; RJS 2014. 473, n° 577 ; JS Lamy 2014, n° 369-5, obs. Robinet.* ♦ Comp. • Soc. 30 mars 2011 : *RJS 6/2011, n° 534.* ♦ Seule la rémunération du mandat social peut être exclue de la masse salariale servant de calcul à la contribution patronale aux activités sociales et culturelles ; les salaires versés aux dirigeants titulaires d'un contrat de travail doivent donc y demeurer. • Soc. 3 nov. 2016, n° 15-19.385 P : *D. 2016. Actu. 2288 ; RJS 1/2017, n° 33 ; JCP S 2016. 1436, obs. Broud et Cunha.*

4. Ne sont pas prises en compte les dépenses revêtant un caractère temporaire, tels des frais de premier établissement. • Soc. 31 janv. 1989 : *CSB 1989. 74, S. 27* (aménagement d'un terrain de tennis).

5. Quelles qu'aient été les modalités de financement convenues lors de la prise en charge des précédentes œuvres sociales, le comité d'établissement peut prétendre, lors du transfert de nouvelles œuvres, au financement correspondant à celles-ci. • Soc. 13 nov. 1975 : *Bull. civ. V, n° 533 ; GADT, 4e éd., n° 146 ; Dr. ouvrier 1976. 254.*

6. Doivent être incluses dans la masse salariale les indemnités de panier, sauf s'il s'agit de frais professionnels. • Soc. 7 juill. 1988 : *Bull. civ. V, n° 430 ; Dr. ouvrier 1989. 120.* ♦ ... Les indemnités de congés payés. • Crim. 19 mars 1991 : *D. 1991. IR 147 ; RJS 1991. 319, n° 601.*

7. Baisse de la masse salariale. Le chiffre le plus avantageux atteint au cours des trois dernières années n'est maintenu qu'autant que la masse salariale reste constante, lorsqu'elle diminue la contribution doit subir la même variation. • Soc. 6 juin 2000 : *JS Lamy 2000, n° 61.*

8. Renonciation. Le comité d'entreprise ne peut renoncer conventionnellement à percevoir une partie de la contribution patronale. • Soc. 24 févr. 1983, n° 81-14.118 P : *D. 1984. IR 162, obs. Frossard ; Dr. soc. 1983. 635, note Savatier.*

9. Aménagements conventionnels. Est opposable au comité d'entreprise l'accord dans lequel le montant de la subvention, bien que calculé sur une masse salariale plus étroite que celle définie par les textes, est supérieur à celui qui aurait résulté de la simple application de la loi. • Soc. 23 mars 1982, n° 81-10.305 P.

10. Dénonciation des usages et accords. L'employeur peut dénoncer un usage ou un accord conclu avec le comité d'entreprise ou d'établissement, ayant pour objet de fixer sa contribution aux activités sociales et culturelles du comité, à la double condition, d'une part, que la dénonciation soit précédée d'une information donnée au comité dans un délai suffisant pour permettre l'ouverture de négociations, d'autre part, que cette dénonciation n'ait pas pour effet de réduire la subvention de l'entreprise en dessous des minima fixés, soit par l'art. L. 432-9 [L. 2323-86 nouv.], soit par une convention collective, soit par l'art. R. 432-11, 1°, al. 2, C. trav. • Soc. 5 déc. 1989, *Bar Lorforge*, n° 89-21.052 P : *GADT, 4e éd., n° 148 ; Dr. soc. 1990. 205, note Savatier ; Dr. ouvrier 1992. 76, note Cohen.* ♦ Il n'a pas à justifier sa décision. • Soc. 20 oct. 1993, n° 89-18.949 P : *Dr. soc. 1994. 30, note Savatier ; RJS 1993. 719, n° 1217 ; CSB 1993. 259, A. 56.* ♦ Dans ce dernier cas (minimum fixé par l'art. R. 432-11, 1°, al. 2), le chiffre le plus avantageux atteint au cours des trois dernières années n'est maintenu qu'autant que la masse salariale reste constante ; si elle diminue, la contribution subit la même variation. • Soc. 1er avr. 1997, n° 95-10.478 P : *GADT, 4e éd., n° 149 ; Dr. soc. 1997. 542, note Cohen ; RJS 1997. 364, n° 559 ; CSB 1997. 169, A. 32 ; TPS 1997, n° 152, obs. Teyssié* (cassant • Versailles, 13 oct. 1994 : *RJS 1995. 174, n° 248*) • Soc. 9 juill. 1997 : *préc. note 1.* ♦ Les trois années de référence visées par l'art. R. 432-11 s'entendent de celles précédant la dénonciation. • Soc. 1er avr. 1997 : *préc.*

11. Cas des entreprises à établissements multiples. La détermination du montant global de la subvention doit se faire dans le cadre de l'entreprise. • Soc. 18 mars 1971, n° 69-

11.020 P : *D. 1971. 527, note Dupeyroux ; Dr. soc. 1971. 466, note Savatier* • 9 juill. 1996 : *RJS 1996. 671, n° 1057* • 17 sept. 2003, n° 01-11.532 P : *Dr. soc. 2003. 1135, obs. Cohen ; RJS 2003. 885, n° 1282.* ♦ Il convient de se référer à la date de prise en charge des œuvres sociales dans les divers établissements, sauf accord plus favorable. • Soc. 26 sept. 1989, n° 88-11.796 P : *D. 1989. IR 256 ; Dr. soc. 1990. 205, note Savatier* .

12. La loi n'interdit nullement la coexistence au sein d'une même entreprise des deux modes possibles de répartition de la contribution patronale. • Soc. 27 mai 1987, n° 85-12.637 P : *D. 1987. IR 146* (répartition, pour une partie des établissements, au prorata de la masse salariale, pour une autre, au prorata des effectifs). ♦ Sur le rôle de l'usage, V. • Soc. 7 mai 1987, n° 85-14.691 P. ♦ Sur les conséquences attachées à la création d'un nouvel établissement, V. • Versailles, 11 juin 1993 : *Dr. soc. 1994. 682, note Savatier* .

13. Lorsqu'une entreprise est divisée en établissements dotés chacun d'un comité d'établissement, un accord collectif peut prévoir de répartir la contribution patronale aux activités sociales et culturelles selon les effectifs des établissements, et non selon leur masse salariale ; cette répartition ne peut priver un comité d'établissement de la contribution calculée sur la masse salariale pour la fraction de la contribution correspondant au minimum calculé selon l'art. L. 2323-86 C. trav. • Soc. 12 nov. 2015, n° 14-12.830 P : *D. 2015. Actu. 2383* .

14. Création d'une UES. La contribution au financement des activités sociales et culturelles du comité d'entreprise doit être calculée dans l'entreprise, c'est-à-dire dans l'UES, le cas échéant ; le taux légal de cette contribution est alors appliqué à chaque établissement de l'UES, en l'absence d'usage plus favorable. • Soc. 25 sept. 2012 : *Dalloz actualité, 17 oct. 2012, obs. Ines ; Dr. soc. 2012. 1074, obs. Boulmier ; RJS 2012. 816, n° 960 ; JCP S 2012. 1500, obs. Guyot.*

15. Effets d'une scission. Si par l'effet d'une scission, le comité d'établissement devient le comité d'entreprise d'une entreprise nouvelle, la contribution patronale aux activités sociales et culturelles ne peut être inférieure au total le plus élevé des sommes affectées au cours de trois dernières années. • Soc. 30 nov. 2004, n° 02-13.837 P : *Dr. soc. 2005. 352, obs. Cohen ; JS Lamy 2005, n° 159-5 ; Sem. soc. Lamy 2004, n° 1195, p. 13.*

16. Transfert partiel d'établissement. En cas de modification juridique de l'employeur au sens de l'art. L. 1224-1, le montant de la contribution de l'employeur aux activités sociales et culturelles du comité d'entreprise, s'il a été fixé dans l'entreprise d'origine par un usage ou un accord collectif à un montant supérieur à la contribution légale, n'est conservé que si l'institution se maintient dans la nouvelle entreprise. • Soc. 13 mai 2009 : *RJS 2009. 565, n° 638 ; JCP S 2009. 1376, obs. Kerbouc'h.*

17. Versement. L'employeur est en droit de fractionner le versement de la subvention, le fait qu'elle soit annuelle n'impliquant pas qu'il s'agisse d'une dette unique. • Soc. 18 mars 1971 : *préc. note 11* • 6 juill. 1976, n° 74-13.188 P : *D. 1976. IR 241.*

18. Imputations. L'employeur ne peut déduire de la subvention de fonctionnement les salaires et charges du personnel mis à disposition du comité pour la gestion des activités sociales et culturelles. • Crim. 4 oct. 1989 : *D. 1990. Somm. 158, obs. Lyon-Caen ; Dr. soc. 1990. 205, note Savatier* • Soc. 4 avr. 1990, n° 88-13.219 P : *D. 1990. IR 106* • Crim. 11 févr. 1992 : *D. 1992. IR 174 ; RJS 1992. 620, n° 1120.* – Dans le même sens : • Soc. 21 sept. 1993 : *RJS 1993. 658, n° 1114.* ♦ Tout accord autorisant l'employeur à déduire de la subvention de fonctionnement les salaires et charges du personnel mis à disposition pour la gestion des activités sociales et culturelles est illicite comme contrevenant aux dispositions d'ordre public de l'art. L. 434-8 [L. 2325-43 nouv.]. • Soc. 26 sept. 1989 : *D. 1990. Somm. 158, obs. Lyon-Caen ; CSB 1989. 221, S. 108 ; Dr. soc. 1990. 205, note Savatier* • 4 avr. 1990 : *préc.* ♦ La rémunération versée aux salariés temporaires n'a pas à être incluse dans la masse salariale brute de l'entreprise utilisatrice pour servir de base au calcul de la subvention de fonctionnement et de la contribution patronale aux activités sociales et culturelles dès lors que, lorsque la présence des salariés temporaires entraîne des dépenses supplémentaires pour le comité d'entreprise, celles-ci lui sont remboursées suivant des modalités définies au contrat de mise à disposition. • Soc. 10 mars 2010 : *Dr. soc. 2010. 724, obs. Pécaut-Rivolier ; JCP S 2010. 1233, obs. Dumont.*

19. Sort du budget en cas de carence de CE. L'obligation légale et annuelle de versement de la subvention de fonctionnement et de contribution au financement des institutions sociales à la charge de l'employeur n'est pas suspendue par la carence du comité d'entreprise, et même si l'obligation conjointe du délégué du personnel et du chef d'entreprise n'est pas assurée, le comité d'entreprise reste créancier, en principe, de ces sommes. • Soc. 13 sept. 2005 : *D. 2005. IR 2408, obs. Chevrier ; ibid. 2006. Pan. 418, obs. Leclerc ; JS Lamy 2005, n° 176-2 ; Sem. soc. Lamy 2005, n° 1232, p. 11.*

20. Gestion par l'employeur de l'activité de restauration. Le montant de la contribution patronale aux activités sociales et culturelles du comité d'entreprise doit être fixé en tenant compte de la totalité des dépenses sociales de la période de référence, y compris celles relatives à l'activité de restauration dont la gestion a été laissée à l'entreprise elle-même. • Soc. 30 mars 2010 : *D. 2010. Actu. 1026 ; RDT 2010. 455, obs. Brousse ; Dalloz actualité, 22 avr. 2010, obs. Ines ; Dr. soc. 2010. 724, obs. Pécaut-Rivolier ; JS Lamy 2010, n° 277-2 ; Sem. soc. Lamy 2012, n° 1520, p. 5, note Boubli.*

Art. L. 2323-86-1 *(L. n° 2016-1088 du 8 août 2016, art. 34)* **Dans les entreprises comportant plusieurs comités d'établissement, la détermination du montant global de la contribution patronale versée pour financer les activités sociales et culturelles du comité d'entreprise est effectuée au niveau de l'entreprise dans les conditions prévues à l'article L. 2323-86.**

La répartition de la contribution entre les comités d'établissement peut être fixée par un accord d'entreprise, conclu dans les conditions prévues à l'article L. 2232-12, au prorata des effectifs des établissements ou de leur masse salariale ou de ces deux critères combinés.

A défaut d'accord, cette répartition est effectuée au prorata de la masse salariale de chaque établissement.

Art. L. 2323-87 **En cas de reliquat budgétaire et dans la limite de 1 % de son budget, les membres du comité d'entreprise peuvent décider de verser ces fonds à une association humanitaire reconnue d'utilité publique afin de favoriser les actions locales ou régionales de lutte contre l'exclusion ou des actions de réinsertion sociale.** – *[Anc. art. L. 432-8, al. 3.]*

CHAPITRE IV COMPOSITION, ÉLECTION ET MANDAT

RÉP. TRAV. v[is] *Comité d'entreprise (Mise en place, composition, fonctionnement),* par DE QUÉNAUDON ; *Représentants du personnel (Élections),* par PETIT.

SECTION PREMIÈRE COMPOSITION

Art. L. 2324-1 **Le comité d'entreprise comprend l'employeur et une délégation du personnel comportant un nombre de membres déterminé par décret en Conseil d'État compte tenu du nombre des salariés.**

La délégation du personnel comporte un nombre égal de titulaires et de suppléants. Les suppléants assistent aux séances du comité avec voix consultative.

Le nombre de membres peut être augmenté par *(Abrogé par L. n° 2014-288 du 5 mars 2014, art. 30-XIII)* **« convention ou »** **accord entre l'employeur et les organisations syndicales** *(L. n° 2008-789 du 20 août 2008, art. 4)* **« intéressées, conclu selon les conditions de l'article L. 2324-4-1 ».** – *[Anc. art. L. 433-1, al. 1er et 3.]*

BIBL. ▸ BANCE, *Dr. soc. 1978. 14* (représentant syndical au comité). – COHEN, *RPDS 1977. 69* (représentants syndicaux).

COMMENTAIRE

V. Dalloz.fr et applications mobiles Dalloz.

1. Nombre de représentants. Le nombre des délégués à élire est fonction de l'effectif atteint à la date du premier tour de scrutin. • Soc. 15 mars 1984, n° 83-61.073 P. • 21 juill. 1986 : *Bull. civ. V, n° 409.*

2. Majoration conventionnelle. Une augmentation du nombre des sièges ne peut être imposée, ni par un syndicat. • Soc. 20 juill. 1981, n° 81-60.520 P. ♦ ... Ni par le juge. • Soc. 18 mai 1983, n° 82-60.656 P. ♦ ... Ni par un usage ou un engagement unilatéral de l'employeur. • Soc. 20 juin 2000, n° 99-60.153 P : *D. 2000. IR 195 ; RJS 2000. 744, n° 1108.* ♦ L'unanimité pour la conclusion de la convention ou l'accord augmentant le nombre des membres du comité d'entreprise n'est pas exigée. • Soc. 8 déc. 2004 : *D. 2005. IR 168 ; RJS 2005. 283, n° 399.*

3. L'augmentation par voie conventionnelle du nombre de délégués nécessite la signature du protocole d'accord préélectoral par toutes les organisations syndicales. • Soc. 19 juin 1987, n° 86-60.339 P. ♦ Mais l'al. 3, de l'art. L. 433-1 C. trav. n'exige pas l'unanimité pour la conclusion de la convention collective ou de l'accord augmentant le nombre des membres du comité d'entreprise. • Soc. 8 déc. 2004, n° 03-60.508 P.

4. L'employeur qui avait admis pendant plusieurs années la possibilité pour chaque organisation syndicale de désigner un nombre de représentants au comité d'entreprise supérieur au nombre légal, ne peut demander l'annulation de la désignation d'un représentant par un syndicat en remplacement de son second représentant faute d'avoir préalablement informé les organisations syndicales concernées de sa décision de revenir à l'application des textes légaux. • Soc. 4 mars 2009, n° 08-60.411 P : *D. 2009. Pan. 2128, obs. Amauger-Lattes ; RDT 2009. 459, obs. Tissandier ; RJS 2009. 386, n° 449.* ♦ De même, doit être annulée la désignation par un syndicat d'un second délégué syndical dès lors que l'employeur n'avait pas contesté de telles désignations antérieurement opérées par d'autres syndicats et n'alléguait pas avoir préalablement informé les organisations concernées d'une décision de revenir à l'application des textes légaux. • Soc. 4 mars 2009 : *D. 2009. AJ 955*.

Art. L. 2324-2 **Sous réserve des dispositions applicables dans les entreprises de moins de trois cents salariés, prévues à l'article L. 2143-22,** *(L. n° 2008-789 du 20 août 2008, art. 5)* **« chaque organisation syndicale »** *(L. n° 2014-288 du 5 mars 2014, art. 30-XX)* **« représentative dans l'entreprise ou l'établissement peut désigner un représentant syndical au comité. »**

Il assiste aux séances avec voix consultative. Il est choisi parmi les membres du personnel de l'entreprise et doit remplir les conditions d'éligibilité au comité d'entreprise fixées à l'article L. 2324-15. — *[Anc. art. L. 433-1, al. 4.]*

BIBL. ► PETIT, *Dr. soc. 2013. 846* (seuils d'effectifs et délais supplémentaires pour l'exercice des droits collectifs).

COMMENTAIRE

V. Dalloz.fr et applications mobiles Dalloz.

I. CONDITIONS RELATIVES AUX SYNDICATS SOUS L'EMPIRE DE LA LOI DU 20 AOÛT 2008

1. Conformité de la loi du 20 août 2008. Subordonner la désignation d'un représentant syndical au comité d'entreprise à la condition pour un syndicat d'y avoir des élus ne viole pas les dispositions des art. 4 Conv. n° 98 de l'OIT, 5 Conv. n° 135 de l'OIT, 11 Conv. EDH, 5 et 6 Charte sociale européenne des droits fondamentaux de l'Union européenne. • Soc. 14 avr. 2010 : *D. 2010. Actu. 1150, obs. Ines ; RDT 2010. 276, rapp. Béraud ; ibid. 374, obs. Akandji-Kombé ; Dr. soc. 2010. 647, note Pécaut-Rivolier ; Dr. ouvrier 2010. 405, note Braun et Rennes ; JS Lamy 2010, n° 278-5, obs. Julien-Paturle ; RJS 2010. 460, n° 529 ; JCP S 2010. 1259, obs. Gauriau ; Sem. soc. Lamy 2010, n° 1442, p. 10.* ♦ Subordonner la désignation d'un représentant syndical au comité d'entreprise à la condition pour un syndicat d'y avoir des élus ne porte atteinte à aucun des droits et libertés garantis par la Constitution. • Cass., QPC, 18 juin 2010, *n°s 10-40.005, 10-40.006 et 10-40.007 : Dalloz actualité, 8 juill. 2010, obs. Ines ; D. 2011. Pan. 840, obs. Nicod ; Sem. soc. 2010, n° 1453, p. 7, obs. Akandji-Kombé* • Cass., QPC, 18 juin 2010, n° 2010-8 : *D. 2010. Actu. 1720 ; Dalloz actualité, 8 juill. 2010, obs. Ines ; RJS 2010. 703, n° 780.* ♦ En subordonnant la désignation d'un représentant syndical au comité d'entreprise à la condition pour un syndicat d'y avoir des élus, le législateur n'a méconnu ni le principe d'égalité entre les organisations syndicales, ni la liberté syndicale, ni aucune autre exigence constitutionnelle ; par ailleurs il était loisible au législateur, sans méconnaître aucun principe, ni aucune règle constitutionnelle, de prévoir une application immédiate des nouvelles conditions de désignation du représentant syndical au comité d'entreprise. • Cons. const. 3 févr. 2012 : *D. 2012. Actu. 370 ; RJS 2012. 309, n° 360.*

2. Présence des deux élus. Les nouvelles dispositions de l'art. L. 2324-2, applicables à compter du 22 août 2008, donnent le droit à chaque organisation syndicale ayant des élus, sans autre condition, de désigner un représentant syndical au comité d'entreprise ou d'établissement. • Soc. 8 juill. 2009, *Solidaires : D. 2009. AJ 1978 ; RJS 2009. 709, n° 808 ; Dr. soc. 2009. 950, rapp. Pécaut-Rivolier et obs. Morin ; JS Lamy 2009, n° 262-5 ; JCP S 2009. 1416, note Gauriau ; Sem. soc. Lamy 2009, n° 1408, p. 6, note Pécaut-Rivolier.* ♦ Une organisation syndicale ne peut désigner un représentant au comité d'entreprise ou d'établissement que si elle a au moins deux élus au sein de ce comité. • Soc. 24 oct. 2012 : *Dalloz actualité, 22 nov. 2012, obs. Ines ; RDT 2013. 120, obs. Tissandier* • Soc. 4 nov. 2009 : *RJS 2010. 43, n° 60.* ♦ Les conditions d'ouverture du droit pour un syndicat de désigner un représentant au comité d'entreprise s'apprécient à la date des dernières élections ; le licenciement d'un des deux élus obtenus par un syndicat est sans incidence sur la désignation du représentant. • Soc. 28 sept. 2011 : *Dalloz actualité, 31 oct. 2011, obs. Ines.* ♦ Lorsqu'un candidat aux élections du comité d'entreprise est adhérent à plusieurs syndicats, il ne constitue un des élus permettant la désignation d'un représentant syndical au comité d'entreprise que pour l'organisation syndicale sous l'étiquette de laquelle il a été élu. • Soc. 14 déc. 2010 : *Dalloz actualité, 19 janv. 2011, obs. Ines ; JCP S 2011. 1173, obs. Kerbouc'h.*

3. Liste commune. En cas de constitution d'une liste commune pour les élections au comité d'entreprise ou d'établissement, un représentant syndical peut être désigné d'un commun accord entre les syndicats ayant présenté cette liste, dès lors que le nombre d'élus de la liste est au moins égal à deux. • Soc. 31 janv. 2012 : *Dalloz actualité, 15 mars 2012, obs. Ines ; D. 2012. Actu. 508 ; Dr. soc. 2012. 373, note Petit ; RJS 2012. 310, n° 361 ; JCP S 2012. 1179, obs. Kerbouc'h.* ♦ En cas de constitution de liste commune pour les élections au comité d'entreprise ou d'établissement, le nombre d'élus obtenu pour chaque organisation syndicale s'apprécie sur la base indiquée par les organisations syndicales concernées lors du dépôt de leur liste ; à défaut, il se répartit à parts égales entre les organisations concernées. • Même arrêt. ♦ L'indication de la base de répartition peut ainsi résulter de la mention sur la liste de candidature présentée aux électeurs, pour chacun des candidats de la liste commune, de leur appartenance à l'un ou l'autre des syndicats de la liste. ♦ • Soc. 13 oct. 2010 : *Dalloz actualité, 5 nov. 2010, obs. Siro ; D. 2010. AJ 2522 ; RJS 2010. 849, n° 949.*

4. *Caractère d'ordre public.* Un accord d'entreprise se référant à une condition de représentativité syndicale est contraire aux dispositions de ce texte qui impose uniquement d'avoir des élus au comité d'entreprise • Soc. 10 mars 2010 : *D. 2010. AJ 820, obs. Ines ; Dr. soc. 2010. 602, obs. Petit .* ♦ Les dispositions de l'article L. 2324-2 sont d'ordre public absolu en ce qu'elles subordonnent le droit de désigner un représentant syndical au comité d'entreprise par une organisation syndicale à ce que celle-ci dispose d'élus au comité d'entreprise ; cela fait obstacle à ce qu'un syndicat puisse procéder à cette nomination en vertu d'un accord collectif reconnaissant ce droit à une organisation ne satisfaisant pas à cette condition, alors même que l'accord aurait été conclu avant l'entrée en vigueur de la loi. • Soc. 24 oct. 2012 : *Dalloz actualité, 22 nov. 2012, obs. Ines ; D. 2012. Actu. 2612 ; RJS 2013. 53, n° 52 ; JCP S 2012. 1542, obs. Gauriau* • 4 nov. 2009 : *RJS 2010. 43, n° 60 ; Dr. ouvrier 2012. 745, note Bied-Charreton* • 24 oct. 2012 : *Dr. soc. 2013. 77, obs. Petit ; RJS 2013. 52, n° 51 ; Dr. ouvrier 2012. 745, note Bied-Charreton ; JCP S 2013. 1050, obs. François.*

5. *Désignation des représentants syndicaux.* La désignation de représentants syndicaux au comité d'entreprise est une simple faculté pour les syndicats. • Soc. 14 févr. 1984 : *Bull. civ. V, n° 69.* ♦ Cette faculté peut s'exercer à tout moment dès lors que l'entreprise compte au moins trois cents salariés. • Soc. 3 avr. 2002, n° 01-60.576 P : *RJS 2002. 549, n° 696.* ♦ Cette condition d'effectif s'appréciant à la date des dernières élections du comité d'entreprise. • Soc. 15 avr. 2015, n° 14-19.197 P : *RJS 6/2015, n° 420.* ♦ Un syndicat ne peut pas exercer les droits conférés à un autre syndicat qui ne lui est pas affilié, peu important qu'ils soient tous deux adhérents à la même union ou confédération ; un syndicat n'ayant obtenu aucun élu au comité d'établissement ne peut pas y désigner un représentant syndical en lieu et place d'un autre syndicat affilié à la même confédération en se prévalant des élus de ce dernier. • Soc. 14 janv. 2014 : *RJS 2014. 194, n° 240.*

6. *Incidence d'un changement d'affiliation.* L'affiliation confédérale sous laquelle un syndicat a présenté des candidats aux élections des membres du comité d'entreprise constitue un élément essentiel du vote des électeurs ; pour apprécier les conditions d'ouverture du droit pour un syndicat de désigner un représentant syndical au comité d'entreprise conformément à l'art. L. 2324-2 C. trav., ne peuvent être considérés comme ses élus les salariés qui n'ont pas été candidats sur les listes présentées par ce syndicat lors des dernières élections. • Soc. 18 mai 2011 : *Dalloz actualité, 8 juin 2011, obs. Perrin ; D. 2011. Actu. 1492 ; Dr. soc. 2011. 1063, note Petit ; RJS 2011. 561, n° 620 ; Dr. ouvrier 2011. 520, obs. Ménard ; JCP S 2011. 1365, obs. Gauriau.*

7. *Date d'appréciation des conditions relatives au syndicat.* Les conditions d'ouverture du droit pour un syndicat de désigner un représentant au comité d'entreprise dans une entreprise de moins de 300 salariés s'apprécient à la date des dernières élections ; elles ne peuvent pas être remises en cause par la démission postérieure ou le licenciement d'un des deux élus. • Soc. 28 sept. 2011 : *D. 2011. Actu. 2407 ; RJS 2011. 862, n° 989 ; JCP S 2011. 1585, obs. Pagnerre.*

8. *Employeur et validité de la désignation.* L'employeur n'étant pas juge de la validité de la désignation d'un représentant syndical, dès lors que le mandat d'un représentant syndical n'est pas judiciairement annulé, la méconnaissance par l'employeur des obligations lui incombant à l'égard des représentants syndicaux au comité d'entreprise résultant des dispositions des art. L. 2324-2 et L. 2143-22 C. trav. est constitutive d'un trouble manifestement illicite qu'il appartient au juge des référés de faire cesser. • Soc. 24 oct. 2012 : *D. 2012. Actu. 2612 ; JCP S 2012. 1543, obs. Gauriau.*

II. CONDITIONS RELATIVES AU REPRÉSENTANT

9. *Indépendance vis-à-vis de l'employeur.* Le salarié titulaire d'une délégation particulière d'autorité établie par écrit permettant de l'assimiler au chef d'entreprise ne peut être désigné délégué syndical ou représentant syndical au comité d'entreprise. • Soc. 29 juin 2005, n° 04-60.093 P. ♦ Il en va de même du salarié qui représente l'employeur en qualité de président du comité d'établissement. • Soc. 27 oct. 2004, n° 03-60.359 P. ♦ ... ou du CHSCT ou qui exerce au niveau de l'entreprise à l'égard des représentants du personnel les obligations relevant exclusivement du chef d'entreprise. • Soc. 24 mai

2006 : *pourvoi n° 05-60.231* • 12 juill. 2006 : *pourvoi n° 05-60.300* (directeur d'établissement qui présidait notamment les réunions de délégués du personnel de l'établissement). ♦ Le simple fait qu'un salarié soit responsable des ressources humaines ne suffit pas à s'opposer à sa désignation comme représentant syndical. • Soc. 21 mai 2003, n° 01-60.882 P.

10. Appartenance à l'entreprise. Un salarié n'appartient pas à l'entreprise (succursale parisienne d'une compagnie aérienne étrangère), et ne peut donc être désigné comme représentant syndical, s'il s'agit d'un membre du personnel navigant technique de ladite compagnie, exerçant exclusivement son activité sur des appareils ayant la nationalité ivoirienne. • Cass., ch. mixte, 28 févr. 1986 : *Bull. civ. n° 2 ; D. 1987. 173, concl. Franck ; Dr. soc. 1986. 406, note Gaudemet-Tallon.* ♦ ... S'il appartient au personnel d'un autre établissement, peu important l'existence d'une unité économique et sociale entre l'établissement dans lequel l'intéressé a été désigné et celui auquel il appartient. • Soc. 26 avr. 2000, n° 98-60.493 P : *Dr. soc. 2000. 800, obs. J. Savatier*. ♦ Le salarié désigné n'a pas à appartenir à une catégorie particulière du personnel. • Soc. 17 mars 1988 : *JCP E 1988. II. 15276, n° 12, obs. Teyssié.* ♦ Un membre élu du comité ne peut être désigné comme représentant syndical. • Soc. 26 mai 1977 : *Bull. civ. V, n° 360* • 17 juill. 1990 : *ibid., n° 374 ; D. 1990. IR 196 ; RJS 1990. 466, n° 689, 1re esp.*

11. Les démonstrateurs, étant intégrés dans la communauté des travailleurs salariés du BHV et dans l'entité du grand magasin, y sont électeurs et éligibles et en cette qualité peuvent être désignés représentants syndicaux au comité d'entreprise. • Soc. 30 avr. 2003, n° 01-60.841 P : *GADT, 4e éd., n° 138.*

12. Les salariés élus représentants du personnel, ou régulièrement candidats à ces fonctions, remplissent par là même les conditions d'ancienneté et de présence dans l'entreprise pour être désignés représentants syndicaux au comité d'entreprise. • Soc. 4 févr. 2004, n° 03-60.138 P.

13. N'étant pas membres en tant que tels du comité d'entreprise, les représentants syndicaux ne peuvent être désignés pour représenter le comité auprès du conseil d'administration. • Paris, 16 mai 1997 : *RJS 1997. 683, n° 1105 ; JCP E 1997. Pan. 734.*

14. Participation aux réunions du comité. Il incombe à l'employeur de prévoir que les représentants syndicaux quitteront leur travail pour assister aux séances du comité d'entreprise et de prendre des mesures appropriées. • Crim. 28 avr. 1977 : *D. 1977. IR 369.* – V. aussi • Crim. 7 mai 1975 : *JCP 1976. II. 18326, note Nguyen Thanh Nha.*

15. Extinction du mandat. Le mandat de représentant syndical au comité d'entreprise prend fin lors du renouvellement des membres de cette institution ; il s'ensuit que tout intéressé peut faire constater l'expiration du mandat sans que puisse lui être opposé le délai de 15 jours. • Soc. 10 mars 2010 : *D. 2010. AJ 833 ; ibid. Pan. 2029, obs. Arséguel ; RDT 2010. 453, obs. Signoretto ; JCP S 2010. 1205, obs. Kerbouc'h.*

16. Contestation de la qualité de représentant syndical de droit au comité d'entreprise. La contestation de la qualité de représentant syndical de droit au comité d'entreprise d'un délégué syndical constitue une contestation de la désignation d'un représentant syndical et se trouve en conséquence soumise au délai prévu par l'art. R. 2324-24 C. trav. • Soc. 25 janv. 2012 : *RJS 2012. 310, n° 362.*

III. CONDITIONS RELATIVES AUX SYNDICATS SOUS L'EMPIRE DE LA LOI DU 20 AOÛT 2008

17. La condition de représentativité des syndicats comme critère déterminant pour la désignation d'un représentant syndical au comité d'entreprise dans les entreprises d'au moins 300 salariés ne permet pas à un syndicat représentatif au niveau de l'entreprise de désigner un RS au CE d'un établissement dans lequel il n'a pas atteint le seuil des 10 % des suffrages exprimés lors des dernières élections des membres du comité d'établissement. • Soc. 8 juill. 2015, n° 14-60.726 P : *D. 2015. Actu. 1606 ; RDT 2016. 49, obs. Odoul-Asorey ; JCP S 2015. 1314, obs. François ; RJS 10/2015, n° 650.*

SECTION II **ÉLECTION**

Sur le protocole préélectoral, V. Circ. DGT n° 20 du 13 nov. 2008 relative à la loi portant rénovation de la démocratie sociale et du temps de travail, Fiche n° 6.

RÉP. TRAV. v° *Représentants du personnel (Élections)*, par PETIT.

SOUS-SECTION 1 **ORGANISATION DES ÉLECTIONS**

Art. L. 2324-3 **L'élection des représentants du personnel au comité d'entreprise et celle des délégués du personnel ont lieu à la même date.**

L'employeur informe le personnel tous les quatre ans *(Ord. n° 2014-699 du 26 juin 2014, art. 10)* **« par tout moyen permettant de conférer date certaine à cette information » de l'organisation des élections. Le document** *(Ord. n° 2014-699 du 26 juin 2014, art. 10)* **« diffusé » précise la date envisagée pour le premier tour. Celui-ci doit se**

tenir, au plus tard, le quarante-cinquième jour suivant *(Ord. n° 2014-699 du 26 juin 2014, art. 10)* « la diffusion », sous réserve qu'une périodicité différente n'ait pas été fixée par accord en application de l'article L. 2314-27.

(L. n° 2013-504 du 14 juin 2013, art. 23-III) « Lorsque l'organisation de l'élection est consécutive au franchissement du seuil mentionné à l'article L. 2322-2, le premier tour doit se tenir dans les quatre-vingt-dix jours suivant le jour de *(Ord. n° 2014-699 du 26 juin 2014, art. 10)* « la diffusion ». » – *V. art. L. 2328-1 (pén.).*

L'employeur qui, bien qu'il y soit légalement tenu, n'accomplit pas les diligences nécessaires à la mise en place d'institutions représentatives du personnel sans qu'un procès-verbal de carence ait été établi commet une faute qui cause nécessairement un préjudice aux salariés, privés ainsi d'une possibilité de représentation et de défense de leurs intérêts. • Soc. 17 mai 2011 : *Dalloz actualité, 10 juin 2011, obs. Siro ; D. 2011. Actu. 1424 ; RJS 2011. 645, n° 714 ; JS Lamy 2011, n° 302-5, obs. Tourreil ; Dr. ouvrier 2012. 677, avis Aldigé, obs. Saltzmann ; JCP S 2011. 1419, obs. Kerbouc'h.*

Art. L. 2324-4 *(L. n° 2008-789 du 20 août 2008, art. 3)* « Sont informées, *(Ord. n° 2014-699 du 26 juin 2014, art. 11)* « par tout moyen », de l'organisation des élections et invitées à négocier le protocole d'accord préélectoral et à établir les listes de leurs candidats aux fonctions de représentants du personnel au comité d'entreprise les organisations syndicales qui satisfont aux critères de respect des valeurs républicaines et d'indépendance, légalement constituées depuis au moins deux ans et dont le champ professionnel et géographique couvre l'entreprise ou l'établissement concernés.

« Les organisations syndicales reconnues représentatives dans l'entreprise ou l'établissement, celles ayant constitué une section syndicale dans l'entreprise ou l'établissement, ainsi que les syndicats affiliés à une organisation syndicale représentative au niveau national et interprofessionnel y sont également invités par courrier. »

Dans le cas d'un renouvellement du comité, cette invitation est faite *(L. n° 2014-288 du 5 mars 2014, art. 30-II)* « deux mois » avant l'expiration du mandat des membres en exercice. Le premier tour des élections a lieu dans la quinzaine précédant l'expiration de ce mandat.

(L. n° 2014-288 du 5 mars 2014, art. 30-II) « L'invitation à négocier mentionnée au présent article doit parvenir au plus tard quinze jours avant la date de la première réunion de négociation. » – *V. art. L. 2328-1 (pén.).*

COMMENTAIRE

V. Dalloz.fr et applications mobiles Dalloz

V. jurispr. ss. art. L. 2314-3.

Art. L. 2324-4-1 *(L. n° 2014-288 du 5 mars 2014, art. 30-IX)* « Sauf dispositions législatives contraires, » *(L. n° 2008-789 du 20 août 2008, art. 4)* la validité du protocole d'accord préélectoral conclu entre l'employeur et les organisations syndicales intéressées est subordonnée à sa signature par la majorité des organisations syndicales ayant participé à sa négociation, dont les organisations syndicales représentatives ayant recueilli la majorité des suffrages exprimés lors des dernières élections professionnelles ou, lorsque ces résultats ne sont pas disponibles, la majorité des organisations représentatives dans l'entreprise. *V. art. L. 2328-1 (pén.).*

V. jurispr. ss. art. L. 2314-3-1.

Art. L. 2324-5 Lorsque, en l'absence de comité d'entreprise, l'employeur est invité à organiser des élections à la demande d'un salarié ou d'une organisation syndicale, il engage la procédure définie à l'article L. 2324-4 dans le mois suivant la réception de cette demande. – *[Anc. art. L. 433-13, al. 4.]* – *V. art. L. 2328-1 (pén.).*

Art. L. 2324-6 *(Abrogé par L. n° 2015-994 du 17 août 2015, art. 7-V, à compter du 1er janv. 2017)* ***Lors de l'élaboration du protocole d'accord préélectoral, les organisations syndicales intéressées examinent les voies et moyens en vue d'atteindre une représentation équilibrée des femmes et des hommes sur les listes de candidatures.***

Art. L. 2324-7 Dans les entreprises de travail temporaire, et sans préjudice des dispositions relatives à la composition des collèges électoraux prévues par les articles L. 2324-11 à L. 2324-13, la répartition des sièges des membres du comité d'entreprise peut faire l'objet d'un accord entre l'employeur et les organisations syndicales intéressées *(L. nº 2014-288 du 5 mars 2014, art. 30-XI)* « , conclu selon les conditions de l'article L. 2324-4-1, » en vue d'assurer une représentation équitable du personnel permanent et du personnel temporaire. – *[Anc. art. L. 433-2, al. 11.]*

Art. L. 2324-8 Lorsque le comité n'a pas été constitué ou renouvelé, un procès-verbal de carence est établi par l'employeur. Celui-ci *(Ord. nº 2014-699 du 26 juin 2014, art. 12)* « le porte à la connaissance des salariés par tout moyen permettant de conférer date certaine à cette information » dans l'entreprise et le transmet dans les quinze jours à l'*(L. nº 2016-1088 du 8 août 2016, art. 113)* « agent de contrôle de l'inspection du travail mentionné à l'article **L. 8112-1** » *(Ord. nº 2014-699 du 26 juin 2014, art. 16)* « par tout moyen permettant de conférer date certaine à cette transmission ».

L'*(L. nº 2016-1088 du 8 août 2016, art. 113)* « agent de contrôle de l'inspection du travail mentionné à l'article **L. 8112-1** » communique une copie du procès-verbal de carence aux organisations syndicales de salariés du département intéressé. – *[Anc. art. L. 433-13, al. 5.] – V. art. L. 2328-1 (pén.).*

Art. L. 2324-9 Lorsque le juge judiciaire, saisi préalablement aux élections, décide la mise en place d'un dispositif de contrôle de leur régularité, de la liberté et de la sincérité du scrutin, les frais entraînés par ces mesures sont à la charge de l'employeur. – *[Anc. art. L. 433-3.]*

Art. L. 2324-10 Des élections partielles sont organisées à l'initiative de l'employeur si un collège électoral n'est plus représenté ou si le nombre des membres titulaires de la délégation du personnel est réduit de moitié ou plus, sauf si ces événements interviennent moins de six mois avant le terme du mandat des membres du comité d'entreprise *(L. nº 2015-994 du 17 août 2015, art. 7-VI, en vigueur le 1er janv. 2017)* « ou s'ils sont la conséquence de l'annulation de l'élection de membres du comité d'entreprise prononcée par le juge en application des deux derniers alinéas de l'article L. 2324-23 ».

Les élections partielles se déroulent dans les conditions fixées à l'article **L. 2324-22** pour pourvoir aux sièges vacants dans les collèges intéressés, sur la base des dispositions en vigueur lors de l'élection précédente.

Les candidats sont élus pour la durée du mandat restant à courir. – *[Anc. art. L. 433-12, al. 7 et 9.]*

V. jurispr. ss. art. L. 2314-7.

SOUS-SECTION 2 **COLLÈGES ÉLECTORAUX**

Art. L. 2324-11 Les représentants du personnel sont élus sur des listes établies par les organisations syndicales *(Abrogé par L. nº 2008-789 du 20 août 2008, art. 4)* « *représentatives* » pour chaque catégorie de personnel *[personnels]* :

– d'une part, par le collège des ouvriers et employés ;

– d'autre part, par le collège des ingénieurs, chefs de service, techniciens, agents de maîtrise et assimilés.

Dans les entreprises *(L. nº 2012-387 du 22 mars 2012, art. 43)* « d'au moins cinq cent un salariés », les ingénieurs, les chefs de service et cadres administratifs, commerciaux ou techniques assimilés ont au moins un délégué titulaire au sein du second collège, élu dans les mêmes conditions.

En outre, dans les entreprises, quel que soit leur effectif, dont le nombre des ingénieurs, chefs de service et cadres administratifs, commerciaux ou techniques assimilés sur le plan de la classification est au moins égal à vingt-cinq au moment de la constitution ou du renouvellement du comité, ces catégories constituent un troisième collège. – *[Anc. art. L. 433-2, al. 1er, 3 et 4.]*

1. Collège des cadres. Il ne peut être dérogé à la règle prévoyant la constitution d'un collège spécial à la catégorie des cadres dès lors que leur nombre est au moins égal à 25 dans l'entreprise.

• Soc. 13 oct. 2004, ⚖ n° 03-60.275 P : *Dr. soc. 2005. 111, obs. Savatier* ; *RJS 2004. 913, n° 1305* ; *TPS 2004, n° 368.* ♦ La création d'un collège spécial pour les cadres est obligatoire dès l'instant qu'au moins 25 cadres sont dénombrés dans l'entreprise à la date des élections au comité d'entreprise, peu important que certains d'entre eux soient exclus de l'électorat en raison des pouvoirs qu'ils exercent et qui permettent de les assimiler au chef d'entreprise. • Soc. 30 mai 2001, ⚖ n° 99-60.564 P : *RJS 2001. 711, n° 1040* ; *JS Lamy 2001, n° 87-4.* ♦ Si l'art. L. 433-2 [L. 2324-11 nouv.] s'oppose à la suppression conventionnelle du collège réservé aux cadres lorsqu'il est obligatoire, il n'interdit pas la constitution de plusieurs collèges cadres. • Soc. 9 juin 1983 : *Bull. civ. V, n° 321.*

2. Dès lors que la présence d'un cadre dans l'effectif n'était pas contestée, et en l'absence d'accord en faveur d'une dérogation au nombre légal des collèges, les élections devaient être organisées sur la base de deux collèges. • Soc. 27 mai 1997 : ⚖ *JS UIMM 1997. 371.* – V. déjà dans le même sens : • Civ. 2e, 18 avr. 1969 : *Bull. civ. II, n° 105.*

3. Effectifs. Justifie sa décision le tribunal d'instance qui s'est référé à l'effectif moyen de l'établissement au cours de l'année pour déterminer le nombre de membres du comité d'établissement. • Soc. 3 oct. 1995 : ⚖ *RJS 1995. 274, n° 1139.*

Art. L. 2324-12 **Le nombre et la composition des collèges électoraux ne peuvent être modifiés par une convention, un accord collectif de travail, étendu ou non, ou un accord préélectoral que lorsque la convention ou l'accord est signé par toutes les organisations syndicales représentatives** *(Abrogé par L. n° 2014-288 du 5 mars 2014, art. 30-XIV)* **« *existant* » dans l'entreprise.**

L'accord conclu ne fait pas obstacle à la création du troisième collège dans les conditions prévues au cinquième alinéa de l'article L. 2324-11.

L'accord préélectoral *(Ord. n° 2014-699 du 26 juin 2014, art. 17)* **« est communiqué, à sa demande, à l'***(L. n° 2016-1088 du 8 août 2016, art. 113)* **« agent de contrôle de l'inspection du travail mentionné à l'article L. 8112-1 ».** – *[Anc. art. L. 433-2, al. 5.]*

V. jurispr. ss. art. L. 2314-10.

Art. L. 2324-13 **La répartition des sièges entre les différentes catégories de personnel et la répartition du personnel dans les collèges électoraux font l'objet d'un accord entre l'employeur et les organisations syndicales intéressées** *(L. n° 2008-789 du 20 août 2008, art. 4)* **« , conclu selon les conditions de l'article L. 2324-4-1 ».**

(L. n° 2015-994 du 17 août 2015, art. 7-VII, en vigueur le 1er janv. 2017) **« Cet accord mentionne la proportion de femmes et d'hommes composant chaque collège électoral. »**

(L. n° 2014-288 du 5 mars 2014, art. 30-VII) **« Lorsqu'au moins une organisation syndicale a répondu à l'invitation à négocier de l'employeur et que l'accord mentionné au premier alinéa du présent article » ne peut être obtenu, l'autorité administrative décide de cette répartition entre les collèges électoraux. Pour ce faire, elle se conforme soit aux modalités de répartition prévues par l'accord mentionné à l'article L. 2324-12, soit, à défaut d'accord, à celles prévues à l'article L. 2324-11.**

(L. n° 2014-288 du 5 mars 2014, art. 30-VII) **« La saisine de l'autorité administrative mentionnée au** *(L. n° 2015-994 du 17 août 2015, art. 7-VII, en vigueur le 1er janv. 2017)* **« troisième » alinéa suspend le processus électoral jusqu'à la décision administrative et entraîne la prorogation des mandats des élus en cours jusqu'à la proclamation des résultats du scrutin. »**

(L. n° 2016-1088 du 8 août 2016, art. 18) **« La décision de l'autorité administrative peut faire l'objet d'un recours devant le juge judiciaire, à l'exclusion de tout autre recours administratif ou contentieux. »**

1. Compétence de l'autorité administrative. A défaut d'accord, les litiges relatifs à la détermination d'un établissement distinct sont de la compétence exclusive du directeur départemental du travail et de l'emploi. • Soc. 8 juill. 1976, ⚖ n° 76-60.045 P : *D. 1976. IR 242* • 17 mai 1978, ⚖ n° 78-60.045 P. • 31 janv. 1979, ⚖ n° 78-60-707 P. ♦ Même solution pour la détermination d'un établissement distinct au sein d'une unité économique et sociale. • Soc. 30 mars 1978, ⚖ n° 78-60.060 P. ♦ Sur la portée de la décision administrative, V. • Crim. 31 mars 1992 : ⚖ *D. 1992. IR 199* ; *RJS 1992. 621, n° 1121.*

2. La compétence reconnue au directeur départemental du travail s'applique lors d'une modification des structures de l'entreprise, justifiant l'adaptation des règles d'organisation et de fonctionnement des comités d'établissement. • CE 31 janv. 1994 : ⚖ *D. 1996. Somm. 226, obs. Chelle et Prétot* .

3. A défaut d'accord entre le chef d'entreprise

et les organisations syndicales représentatives dans l'entreprise, le directeur départemental du travail et de l'emploi est seul compétent pour reconnaître le caractère d'établissement distinct pour la constitution du comité d'établissement dans une unité économique et sociale reconnue par le tribunal d'instance. • Soc. 18 juin 2003, n° 02-60.044 P : *Dr. soc. 2003. 1134, obs. Savatier* ; *RJS 2003. 813, n° 1182.* ♦ La décision administrative s'impose au juge judiciaire. • Soc. 16 juill. 1987, n° 86-60.461 P. ♦ Comp. : • Soc. 19 févr. 1981, n° 80-60.318 P : *Gaz. Pal. 1981. 2. Pan. 219* (le tribunal d'instance doit surseoir à statuer lorsque l'employeur a demandé à l'administration de préciser sa décision).

4. Pouvoirs de l'autorité administrative. L'autorité administrative qui, lorsqu'elle est saisie en l'absence d'accord pour procéder à la répartition des sièges entre les collèges, ne peut modifier leur nombre défini par la loi, doit attribuer à chacun de ceux-ci un nombre égal de titulaires et de suppléants, ces derniers ayant vocation, en principe, à remplacer un membre titulaire appartenant au même collège en cas de cessation de fonction. • CE 17 nov. 2010 : *Lebon à paraître ; JCP S 2011. 1067, obs. Jeansen.*

5. Portée de la décision administrative. La décision administrative prise en vertu de l'art. L. 433-2 C. trav. [L. 2324-13 nouv.] étant d'application immédiate et s'imposant au juge judiciaire tant qu'elle n'a pas été annulée, le tribunal d'instance ne peut suspendre les élections. • Soc. 8 déc. 2004, n° 03-60.508 P.

SOUS-SECTION 3 ÉLECTORAT ET ÉLIGIBILITÉ

Art. L. 2324-14 **Sont électeurs les salariés des deux sexes, âgés de seize ans révolus, travaillant depuis trois mois au moins dans l'entreprise et n'ayant fait l'objet d'aucune interdiction, déchéance ou incapacité relatives à leurs droits civiques.**

1. Salariés dispensés d'activité. Les travailleurs, bien que dispensés de toute activité qui continuent à percevoir une garantie de ressources financée par l'entreprise, entrent dans le calcul des effectifs de cette entreprise, de sorte que les dispositions contraires, moins favorables, contenues au dispositif conventionnel, ne pouvaient leur être opposées. • Soc. 26 mai 2004, n° 03-60.125 P.

2. Salariés détachés. Ne sont pas électeurs, lors de la mise en place d'un comité d'entreprise au sein d'un GIE, les salariés détachés dans ce GIE, ce dernier ne se substituant pas aux sociétés participantes dans la prise en compte des intérêts de leurs salariés qui n'ont pas le même intérêt au sort et à la gestion du groupement que les salariés de ce dernier. • Soc. 11 juill. 1989 : *Dr. soc. 1989. 822, note Le Friand et A. Lyon-Caen.*

3. Statuts particuliers. Est nulle la décision du gouverneur de la Banque de France dérogeant aux conditions légales d'ancienneté qui n'étaient incompatibles ni avec les nécessités du service public, ni avec le statut de l'établissement. • CE 11 oct. 1989 : *Dr. ouvrier 1990. 112.*

4. Fonctionnaires. Les fonctionnaires sont intégrés à la communauté des travailleurs de l'entreprise et peuvent se prévaloir de la qualité de salarié pour l'expression au sein de celle-ci des droits qui y sont attachés, dès lors, ils sont électeurs et éligibles pour les élections des membres du comité d'entreprise. • Soc. 23 mai 2006 : *RDT 2006. 258, obs. Peskine* ; *D. 2006. IR 703* ; *RJS 2006. 717, n° 975 ; Dr. soc. 2006. 933, obs. Cohen* ; *JS Lamy 2006, n° 192-6.*

5. Protocole préélectoral. Un protocole préélectoral, même signé aux conditions de validité prévues par l'article L. 2324-4-1, ne peut exclure de l'éligibilité au comité d'entreprise des salariés qui remplissent les conditions légales pour en être membres. • Soc. 20 mars 2013 : *Dalloz actualité, 12 avr. 2013, obs. Ines ; JCP S 2013. 1304, obs. Pagnerre.*

Art. L. 2324-15 **Sont éligibles, à l'exception des conjoint, partenaire lié par un pacte civil de solidarité, concubin, ascendants, descendants, frères, sœurs ou alliés au même degré de l'employeur, les électeurs âgés de dix-huit ans révolus et travaillant dans l'entreprise depuis un an au moins.**

Les salariés travaillant à temps partiel simultanément dans plusieurs entreprises ne sont éligibles que dans l'une de ces entreprises. Ils choisissent celle dans laquelle ils font acte de candidature. — *[Anc. art. L. 433-5, al. 1er et 3.]*

1. Suspension du contrat. La suspension du contrat de travail ne fait pas perdre au salarié l'ancienneté acquise et le salarié dont le contrat de travail est suspendu est éligible. • Soc. 26 sept. 2002, n° 01-60.708 P.

2. Démonstrateurs. Les démonstrateurs étant intégrés dans la communauté des travailleurs salariés du BHV et dans l'entité du grand magasin, y sont électeurs et éligibles. • Soc. 30 avr. 2003 :, n° 01-60.841 P : *GADT, 4e éd., n° 138.*

3. Exclusion du critère du travail à temps partiel. Lorsque des salariés travaillent simultanément dans plusieurs entreprises, ils doivent, conformément aux articles L. 2314-16 et L. 2324-15 du code du travail, choisir celle dans laquelle ils font acte de candidature. • Soc. 16 nov. 2011 :

Dalloz actualité, 8 déc. 2011, obs. Ines; obs. Dumont • *D. 2012. Actu. 22, obs. Petit ; JCP S 2012. 1059,* Soc., QPC, 31 mai 2011 : *Dalloz actualité, 8 déc. 2011, obs. Ines.*

Art. L. 2324-16 Dans les entreprises de travail temporaire, les conditions d'ancienneté sont, pour les salariés temporaires, de trois mois pour être électeur et de six mois pour être éligible.

Ces conditions sont appréciées en totalisant les périodes pendant lesquelles ces salariés ont été liés à ces entreprises par des contrats de mission au cours des douze mois ou des dix-huit mois précédant l'élection, selon qu'il s'agit d'électorat ou d'éligibilité.

Ce délai est réduit à six mois en cas de création d'entreprise ou d'ouverture d'établissement. – *[Anc. art. L. 433-6.]*

Art. L. 2324-16-1 *(Ord. nº 2015-380 du 2 avr. 2015, art. 3, ratifiée par L. nº 2016-1088 du 8 août 2016, art. 85)* Dans les entreprises de portage salarial, les conditions d'ancienneté sont, pour les salariés en portage salarial, de trois mois pour être électeur et de six mois pour être éligible.

Ces conditions sont appréciées en totalisant les périodes pendant lesquels *[lesquelles]* ces salariés ont effectué des prestations de portage salarial dans le cadre de contrats de travail conclus avec ces entreprises au cours des douze mois ou des dix-huit mois précédant l'élection, selon qu'il s'agit d'électorat ou d'éligibilité.

Ce délai est réduit à six mois en cas de création d'entreprise ou d'ouverture d'établissement.

Art. L. 2324-17 Dans les entreprises de travail temporaire, sont électeurs ou éligibles tous les salariés temporaires satisfaisant aux conditions définies à l'article **L. 2324-16** et liés à l'entreprise de travail temporaire par un contrat de mission au moment de la confection des listes.

Toutefois, cessent de remplir ces conditions d'électorat et d'éligibilité :

1° Les salariés ayant fait connaître à l'entrepreneur de travail temporaire qu'ils ne souhaitaient plus bénéficier d'un nouveau contrat de mission ;

2° Les salariés à qui l'entrepreneur de travail temporaire a notifié sa décision de ne plus faire appel à eux par de nouveaux contrats de mission. – *[Anc. art. L. 433-7.]*

Art. L. 2324-17-1 *(L. nº 2008-789 du 20 août 2008, art. 3)* Pour les salariés mis à disposition qui remplissent les conditions mentionnées au 2° de l'article **L. 1111-2**, la condition de présence dans l'entreprise utilisatrice est de douze mois continus pour y être électeur. Les salariés mis à disposition ne sont pas éligibles dans l'entreprise utilisatrice.

Les salariés mis à disposition qui remplissent les conditions mentionnées au premier alinéa choisissent s'ils exercent leur droit de vote dans l'entreprise qui les emploie ou l'entreprise utilisatrice.

COMMENTAIRE

V. Dalloz.fr et applications mobiles Dalloz.

Art. L. 2324-17-2 *(Ord. nº 2015-380 du 2 avr. 2015, art. 3, ratifiée par L. nº 2016-1088 du 8 août 2016, art. 85)* Dans les entreprises de portage salarial, sont électeurs ou éligibles tous les salariés en portage salarial satisfaisant aux conditions d'ancienneté définies tant par l'article L. 2324-16-1 que par les autres dispositions des textes applicables et effectuant au moment de la confection des listes une prestation de portage dans le cadre d'un contrat de travail conclu avec l'entreprise.

Art. L. 2324-18 L'inspecteur du travail peut, après avoir consulté les organisations syndicales représentatives *(L. nº 2014-288 du 5 mars 2014, art. 30-XV)* « dans l'entreprise », autoriser des dérogations aux conditions d'ancienneté pour l'électorat, notamment lorsque leur application aurait pour effet de réduire à moins des deux tiers de l'effectif le nombre de salariés remplissant ces conditions.

L'inspecteur du travail peut, après avoir consulté les organisations syndicales représentatives *(L. nº 2014-288 du 5 mars 2014, art. 30-XV)* « dans l'entreprise », autoriser des dérogations aux conditions d'ancienneté pour l'éligibilité lorsque l'application de ces dispositions conduirait à une réduction du nombre des éligibles qui ne permettrait pas l'organisation normale des opérations électorales.

(L. nº 2016-1088 du 8 août 2016, art. 18) **« La décision de l'autorité administrative peut faire l'objet d'un recours devant le juge judiciaire, à l'exclusion de tout autre recours administratif ou contentieux. »**

SOUS-SECTION 4 MODE DE SCRUTIN ET RÉSULTAT DES ÉLECTIONS

Art. L. 2324-19 **L'élection a lieu au scrutin secret sous enveloppe** *(Abrogé par L. nº 2016-1088 du 8 août 2016, art. 58)* ***« ou par vote électronique, dans les conditions et selon les modalités définies par décret en Conseil d'État ».***

(L. nº 2016-1088 du 8 août 2016, art. 58) **« Elle peut également avoir lieu par vote électronique, selon les modalités fixées par un décret en Conseil d'État pris après avis de la Commission nationale de l'informatique et des libertés, si un accord d'entreprise ou, à défaut, l'employeur le décide. »**

Il est procédé à des votes séparés pour les membres titulaires et les membres suppléants, dans chacune des catégories professionnelles formant des collèges distincts.

BIBL. ▸ JEANSEN, *JCP S 2013. 1418* (vote électronique).

Sur le vote électronique, V. jurispr. ss. art. L. 2314-21.

Cumul de candidatures aux fonctions de titulaire et de suppléant. Un salarié peut se porter candidat à une même fonction en qualité de titulaire et en qualité de suppléant, mais ne peut être élu en cette double qualité, sa candidature en qualité de suppléant présentant un caractère subsidiaire ; ayant été élu comme suppléant au premier tour des élections, le salarié peut se présenter au second tour et être élu comme titulaire, perdant alors la qualité subsidiaire de suppléant. • Soc. 10 mai 2012 : *Dalloz actualité, 26 juin 2012, obs. Ines ; D. 2012. Actu. 1342 ; Dr. soc. 2012. 752, obs. Petit ; RJS 2012. 551, nº 643 ; JCP S 2012. 1300, obs. Béal.*

Art. L. 2324-20 **L'élection a lieu pendant le temps de travail. Toutefois, un accord contraire peut être conclu entre l'employeur et l'ensemble des organisations syndicales représentatives** *(Abrogé par L. nº 2014-288 du 5 mars 2014, art. 30-XIV)* ***« existant »*** **dans l'entreprise, notamment en cas de travail en continu.** – *[Anc. art. L. 433-9, al. 2.]*

Art. L. 2324-21 **Les modalités d'organisation et de déroulement des opérations électorales font l'objet d'un accord entre l'employeur et les organisations syndicales** *(L. nº 2008-789 du 20 août 2008, art. 4)* **« intéressées »** *(L. nº 2014-288 du 5 mars 2014, art. 30-XI)* **« , conclu selon les conditions de l'article L. 2324-4-1 ». Cet accord respecte les principes généraux du droit électoral.**

Les modalités sur lesquelles aucun accord n'a pu intervenir peuvent être fixées par une décision du juge judiciaire. – *[Anc. art. L. 433-9, al. 3.]*

Art. L. 2324-22 **Le scrutin est de liste et à deux tours avec représentation proportionnelle à la plus forte moyenne.**

(L. nº 2008-789 du 20 août 2008, art. 3) **« Au premier tour de scrutin, chaque liste est établie par les organisations syndicales mentionnées aux premier et deuxième alinéas de l'article L. 2324-4. Si le nombre des votants est inférieur à la moitié des électeurs inscrits, il est procédé, dans un délai de quinze jours, à un second tour de scrutin pour lequel les électeurs peuvent voter pour des listes autres que celles présentées par une organisation syndicale. »**

Lorsque le nom d'un candidat a été raturé, les ratures ne sont pas prises en compte si leur nombre est inférieur à 10 % des suffrages *(Abrogé par L. nº 2008-789 du 20 août 2008, art. 3)* ***« valablement »*** **exprimés en faveur de la liste sur laquelle figure ce candidat. Dans ce cas, les candidats sont proclamés élus dans l'ordre de présentation.**

(L. nº 2015-990 du 6 août 2015, art. 269) **« Après la proclamation des résultats, l'employeur transmet, dans les meilleurs délais, par tout moyen, une copie des procès-verbaux aux organisations syndicales de salariés qui ont présenté des listes de candidats aux scrutins concernés ainsi qu'à celles ayant participé à la négociation du protocole d'accord préélectoral. »**

BIBL. ▸ D'ORNANO, *JCP S 2013. 1169* (organisations syndicales et enjeux de la compétition électorale).

1. Présentation de listes de candidats. Un délégué syndical ne peut présenter de liste de candidats au nom de son syndicat que lorsqu'il a expressément reçu mandat à cette fin. • Soc.

15 juin 2011 : *D. 2011. Actu. 1769* ; *Dalloz actualité, 13 juill. 2011, obs. Perrin ; RDT 2011. 515, obs. Odoul-Asorey* ; *Dr. soc. 2011. 1127, obs. Petit* ; *RJS 2011. 645, n° 713 ; Dr. ouvrier 2011. 622, obs. Rennes ; JS Lamy 2011, n° 304-6, obs. Guyader ; JCP S 2011. 1430, obs. Kerbouc'h.* ♦ Ce mandat peut être verbal. • Soc. 10 déc. 2014 : *Dalloz actualité, 16 janv. 2015, obs. Fleuriot ; RJS 2/2015, n° 125.* ♦ Mais, à défaut d'avoir réclamé ce mandat lors du dépôt de la liste de candidatures, ni contesté le dépôt de cette liste, l'employeur qui est chargé de l'organisation des élections ne peut remettre en cause sur ce motif la validité de la liste après le déroulement du scrutin. • Soc. 26 sept. 2012 : *Dalloz actualité, 15 oct. 2012, obs. Siro ; Dr. soc. 2012. 1072, obs. Petit* ; *RJS 2012. 822, n° 972 ; Dr. ouvrier 2013. 30, obs. Rennes ; JCP S 2012. 1532, obs. Gauriau.* ♦ Une organisation syndicale peut présenter comme candidats, soit ses propres adhérents, soit des salariés non syndiqués ou adhérents à une autre organisation. • Soc. 28 mars 2012 : *Dalloz actualité, 3 mai 2012, obs. Ines ; Dr. soc. 2012. 532, obs. Petit* ; *RJS 2012. 490, n° 580.*

2. Atteinte au monopole syndical. La participation d'une personne morale n'ayant pas la qualité de syndicat, telle une association, au premier tour, est de droit cause de nullité de l'élection, peu important son influence sur les résultats. • Soc. 27 janv. 2010 : *D. 2010. Pan. 2029, obs. Arséguel* ; *RDT 2010. 244, obs. Odoul-Asorey* ; *Dalloz actualité, 10 févr. 2010, obs. Ines.*

3. N'est pas contraire à la loi l'usage d'entreprise permettant à chaque électeur d'insérer dans la même enveloppe autant de bulletins de vote qu'il y a de sièges à pourvoir lorsque ces bulletins sont établis au nom de chacun des candidats se présentant individuellement. • Soc. 24 sept. 2008 : *RDT 2009. 48, obs. Petit.*

SOUS-SECTION 4 *BIS* REPRÉSENTATION ÉQUILIBRÉE DES FEMMES ET DES HOMMES

(L. n° 2015-994 du 17 août 2015, art. 7-V, en vigueur le 1er janv. 2017)

Art. L. 2324-22-1 Pour chaque collège électoral, les listes mentionnées à l'article L. 2324-22 qui comportent plusieurs candidats sont composées d'un nombre de femmes et d'hommes correspondant à la part de femmes et d'hommes inscrits sur la liste électorale. Les listes sont composées alternativement d'un candidat de chaque sexe jusqu'à épuisement des candidats d'un des sexes.

Lorsque l'application du premier alinéa du présent article n'aboutit pas à un nombre entier de candidats à désigner pour chacun des deux sexes, il est procédé à l'arrondi arithmétique suivant :

1° Arrondi à l'entier supérieur en cas de décimale supérieure ou égale à 5 ;

2° Arrondi à l'entier inférieur en cas de décimale strictement inférieure à 5.

En cas de nombre impair de sièges à pourvoir et de stricte égalité entre les femmes et les hommes inscrits sur les listes électorales, la liste comprend indifféremment un homme ou une femme supplémentaire.

Le présent article s'applique à la liste des membres titulaires du comité d'entreprise et à la liste de ses membres suppléants.

Art. L. 2324-22-2 Dès qu'un accord ou une décision de l'autorité compétente sur la répartition du personnel est intervenu, l'employeur porte à la connaissance des salariés, par tout moyen permettant de donner une date certaine à cette information, la proportion de femmes et d'hommes composant chaque collège électoral.

SOUS-SECTION 5 CONTESTATIONS

Art. L. 2324-23 Les contestations relatives à l'électorat, *(L. n° 2015-994 du 17 août 2015, art. 7-VIII, en vigueur le 1er janv. 2017)* « à la composition des listes de candidats en application de l'article L. 2324-22-1, » à la régularité des opérations électorales et à la désignation des représentants syndicaux sont de la compétence du juge judiciaire.

Lorsqu'une contestation rend indispensable le recours à une mesure d'instruction, les dépenses afférentes à cette mesure sont à la charge de l'État.

(L. n° 2015-994 du 17 août 2015, art. 7-VIII, en vigueur le 1er janv. 2017) « La constatation par le juge, après l'élection, du non-respect par une liste de candidats des prescriptions prévues à la première phrase du premier alinéa de l'article L. 2324-22-1 entraîne l'annulation de l'élection d'un nombre d'élus du sexe surreprésenté égal au nombre de candidats du sexe surreprésenté en surnombre sur la liste de candidats au regard de la part de femmes et d'hommes que celle-ci devait respecter. Le juge annule l'élection des derniers élus du sexe surreprésenté en suivant l'ordre inverse de la liste des candidats.

« La constatation par le juge, après l'élection, du non-respect par une liste de candidats des prescriptions prévues à la seconde phrase du premier alinéa du même article L. 2314-24-1 entraîne l'annulation de l'élection du ou des élus dont le positionnement sur la liste de candidats ne respecte pas ces prescriptions. »

V. jurispr. ss. art. L. 2314-25.

SECTION III **DURÉE ET FIN DU MANDAT**

Art. L. 2324-24 Les membres du comité d'entreprise sont élus pour quatre ans. Leur mandat est renouvelable.

Les fonctions de ces membres prennent fin par le décès, la démission, la rupture du contrat de travail, la perte des conditions requises pour être éligible. Ils conservent leur mandat en cas de changement de catégorie professionnelle. – *[Anc. art. L. 433-12, al. 1er et 2.]*

1. Prorogation. Le tribunal qui a constaté l'absence d'accord de tous les partenaires sociaux sur la prorogation des mandats des membres élus du comité a exactement décidé qu'il ne lui appartenait pas de proroger ce mandat. • Soc. 13 juin 1989, ⛫ n° 88-60.556 P : *RJS 1989. 350, n° 593.* ♦ V., sur l'impossibilité d'une prorogation tacite : • Soc. 24 févr. 1955, n° 2-192 P : *Dr. soc. 1955. 429* • CE 6 mai 1955 : *D. 1955. 364 ; Dr. soc. 1955. 567.* ♦ ... Ou judiciaire : • Soc. 2 mai 1979, n° 78-60.781 P • 16 juin 1983 : *Bull. civ. V, n° 343 ; D. 1983. IR 351.* ♦ V., à propos de la prorogation prévue par une convention collective : • Soc. 10 avr. 1959, n° 57-40.780 P. • 26 juin 1959 : *Bull. civ. V, n° 837* • 23 mai 1960 : *ibid., n° 544.*

2. Ayant constaté la prorogation conventionnelle du mandat des membres du comité d'établissement, un tribunal peut décider que des élections partielles ont pu être organisées plus de six mois avant l'expiration des mandats, bien que plus de dix-huit mois se soient écoulés depuis les dernières élections. • Soc. 8 mars 1995, ⛫ n° 94-60.228 P : *Dr. soc. 1995. 605, obs. Cohen* ✐.

3. Cessation. La fermeture d'un établissement ne saurait par elle-même mettre fin aux mandats des membres du comité d'établissement. • CE 18 janv. 1991 : ⛫ *RJS 1991. 178, n° 343 ; Dr. soc. 1992. 39, note Savatier* ✐. ♦ Sur la cessation anticipée du mandat et sur la révocation, V. notes ss. art. L. 2314-29. ♦ La fermeture d'un établissement n'entraîne pas à elle seule la disparition du comité d'établissement, laquelle ne peut résulter que d'un accord entre l'employeur et les organisations syndicales intéressées ou, à défaut, d'une décision de l'autorité administrative. • Soc. 27 nov. 2013 : ⛫ *RJS 2013. 112, n° 143.*

4. Un membre d'un comité d'établissement, élu dans le collège ouvriers-employés, peut être élu au comité central dans ce même collège bien qu'entre-temps il soit devenu agent de maîtrise. • Soc. 9 oct. 1991 : ⛫ *RJS 1991. 718, n° 1337.*

5. Mutation. La mutation d'un salarié protégé, expressément acceptée par ce dernier, d'un établissement dans lequel il exerçait des mandats représentatifs, dans un autre établissement de la même entreprise, met fin à ses mandats ; le salarié ayant accepté une telle mutation, par avenant à son contrat de travail, il ne peut plus se prévaloir du statut protecteur attaché aux mandats exercés dans l'établissement d'origine. • Soc. 3 nov. 2016, ⛫ n° 15-16.026 P : *D. 2016. Actu. 2286* ✐ *; RJS 1/2017, n° 40 ; JCP S 2016. 1437, obs. Kerbourc'h.*

Art. L. 2324-25 Par dérogation aux dispositions de l'article L. 2324-24, un accord de branche, un accord de groupe ou un accord d'entreprise, selon le cas, peut fixer une durée du mandat des représentants du personnel aux comités d'entreprise comprise entre deux et quatre ans. – *[Anc. art. 96, VIII, L. n° 2005-882 du 2 août 2005.]*

1. Réduction de la durée des mandats. Un protocole préélectoral ne peut prévoir une dérogation à la durée légale des mandats fixée à quatre ans dans des conditions autres que celles prévues à l'art. 96, al. 4 [L. 2324-25 nouv.], de la L. n° 2005-882 du 2 août 2005. • Soc. 24 mai 2006 : ⛫ *JCP S 2006. 1646, note Césaro.*

2. Prorogation des mandats. La prorogation des mandats électifs en cours doit être décidée à l'unanimité des organisations syndicales représentatives dans l'entreprise. • Soc. 26 juin 2013 : ⛫ *Dalloz actualité, 18 juill. 2013, obs. Ines.*

Art. L. 2324-26 Lorsque survient une modification dans la situation juridique de l'employeur telle que mentionnée à l'article L. 1224-1, le mandat des membres élus du comité d'entreprise et des représentants syndicaux de l'entreprise ayant fait l'objet de la modification subsiste lorsque cette entreprise conserve son autonomie juridique.

Si cette entreprise devient un établissement au sens du présent titre ou si la modification mentionnée au premier alinéa porte sur un ou plusieurs établissements distincts qui conservent ce caractère, le mandat des représentants syndicaux subsiste et le mandat des membres élus du comité se poursuit jusqu'à son terme.

Toutefois, pour tenir compte de la date habituelle des élections dans l'entreprise d'accueil, la durée du mandat des membres élus peut être réduite ou prorogée par accord entre le nouvel employeur et les organisations syndicales représentatives existant dans le ou les établissements absorbés ou, à défaut, les membres du comité intéressés. – *[Anc. art. L. 433-14.]*

BIBL. ▶ COHEN, *Dr. soc. 1989. 49.* - SAVATIER, *ibid. 1989. 39.*

COMMENTAIRE

V. Dalloz.fr et applications mobiles Dalloz.

1. Notion d'autonomie juridique. Sur la notion d'entreprise conservant son autonomie juridique, Comp. : • Soc. 28 juin 1995 : *CSB 1995. 291, A. 55 ; RJS 1995. 593, n° 904 ; JCP 1996. I. 3901, n° 19, obs. Gatumel* • 10 oct. 2000, n° 99-60.235 P : *RJS 2001. 39, n° 63 ; D. 2000. IR 282 ; JCP 2000. IV. 2764.*

2. Conservation de l'autonomie. En relevant qu'une société avait absorbé six de ses filiales sans que cette opération n'affecte ni l'organisation du travail, ni l'organisation économique, les juges ont fait ressortir une modification dans la situation juridique de l'employeur avec conservation de l'autonomie de l'entreprise ; il en résulte que les mandats des membres du comité d'entreprise doivent être maintenus jusqu'à leur terme. • Soc. 14 févr. 1989 : *Bull. civ. V, n° 122 ; D. 1989. IR 75.* ♦ De même, dans le cas où un établissement distinct devient une entreprise autonome, l'institution se maintient dans la nouvelle entreprise, même si elle change de dénomination. • Soc. 30 nov. 2004 : *D. 2005. IR 12 ; Dr. soc. 2005. 352, obs. Cohen ; RJS 2005. 212, n° 287.* ♦ Le contrat de location-gérance n'emporte pas, en lui-même, la disparition du caractère distinct de l'entité transférée. Dès lors que son nom commercial est conservé, que sa comptabilité est autonome, le juge des référés peut retenir que l'entité économique conserve son autonomie et que l'institution représentative du personnel se maintient dans la nouvelle entreprise. • Soc. 15 nov. 2011, n° 10-23.609 P : *D. 2011. Actu. 2875 ; RJS 2/2012, n° 156 ; JCP S 2012. 1060, obs. Morand.*

3. Autonomie de fait. En cas de modification dans la situation juridique de l'employeur, le mandat de délégué syndical de l'entreprise qui a fait l'objet de la modification subsiste lorsque cette entreprise conserve en fait son autonomie, peu importe que cette entreprise ait perdu son autonomie juridique. • Soc. 18 déc. 2000 : *D. 2001. IR 358 ; Dr. soc. 2001. 326, obs. Savatier ; RJS 2001. 220, n° 310.*

4. Cession partielle. En cas de cession partielle d'une branche d'activité ne constituant pas un établissement distinct, le comité d'établissement créé dans l'entreprise cessionnaire pour l'activité cédée est sans droit sur le patrimoine du comité de l'entreprise cédante. • Soc. 22 févr. 1995 : *D. 1995. IR 110 ; Dr. soc. 1995. 392, obs. Savatier ; RJS 1995. 268, n° 395.*

Art. L. 2324-27 Tout membre du comité d'entreprise peut être révoqué en cours de mandat sur proposition faite par l'organisation syndicale qui l'a présenté avec l'accord obtenu au scrutin secret par la majorité du collège électoral auquel il appartient. – *[Anc. art. L. 433-12, al. 3.]*

Art. L. 2324-28 Lorsqu'un membre titulaire cesse ses fonctions pour l'une des raisons indiquées à la présente section ou est momentanément absent pour une cause quelconque, il est remplacé par un membre suppléant élu sur une liste présentée par la même organisation syndicale. La priorité est donnée au suppléant de la même catégorie.

S'il n'existe pas de suppléant élu sur une liste présentée par l'organisation syndicale qui a présenté le titulaire, le remplacement est assuré par le suppléant élu de la même catégorie qui a obtenu le plus grand nombre de voix.

Le suppléant devient titulaire jusqu'au retour de celui qu'il remplace ou jusqu'au renouvellement du comité d'entreprise. – *[Anc. art. L. 433-12, al. 4 à 6.]*

Remplacement. Sur les principes gouvernant l'ordre des remplacements, V. • Soc. 21 mars 1978 : *Bull. civ. V, n° 214 ; D. 1978. IR 383, obs. Pélissier* • 25 févr. 1982 : *Bull. civ. V, n° 128* • 8 juin 1983 : *ibid., n° 306* • Crim. 6 mars 1975 : *Bull. crim. n° 74 ; D. 1975. IR 85.* ♦ Si plusieurs suppléants remplissent au même degré les conditions, il faut faire appel à celui qui a bénéficié du plus grand nombre de voix. • Soc. 15 janv. 1981 : *Bull. civ. V, n° 38.*

CHAPITRE V **FONCTIONNEMENT**

RÉP. TRAV. v° *Comité d'entreprise (Mise en place, composition, fonctionnement)*, par DE QUÉNAUDON.

SECTION PREMIÈRE **DISPOSITIONS GÉNÉRALES**

Art. L. 2325-1 **Le comité d'entreprise est doté de la personnalité civile et gère son patrimoine.**

Il est présidé par l'employeur, assisté éventuellement de deux collaborateurs qui ont voix consultative.

Le comité désigne un secrétaire *(L. n° 2014-288 du 5 mars 2014, art. 32-I)* **« et un trésorier » dans des conditions déterminées par décret en Conseil d'État.** – *V. art. R. 2325-1 s.*

BIBL. ▶ SAVATIER, *Dr. soc. 1987. 101* (action en justice des comités). – RONGET, *JCP E 2004. 505* (action en justice du comité d'entreprise). – FROMONT, *ibid. 1992. 45* (droit des procédures collectives et comité d'entreprise). – MAYNIAL et KELLER, *RDT 2007. 428* (actions en justice du comité d'entreprise).

COMMENTAIRE

V. Dalloz.fr et applications mobiles Dalloz

I. REPRÉSENTATION DU COMITÉ

1. Rôle du président. Le président du comité d'entreprise n'en est pas le représentant légal s'il n'a pas été mandaté à cet effet. • Soc. 19 nov. 1986 : *Bull. civ. V, n° 527.* – V. aussi • Crim. 23 nov. 1992 : *Bull. crim. n° 383 ; CSB 1993. 113, S. 46.*

2. Représentant spécial. Le comité d'entreprise, à défaut d'avoir désigné un de ses membres pour le représenter d'une manière générale en justice, doit désigner un représentant s'il veut assurer sa défense lorsqu'il est cité devant une juridiction. • Soc. 18 mars 1997, n° 95-15.010 P : *Dr. soc. 1997. 548, note Savatier ; RJS 1997. 454, n° 700* (l'action de l'employeur contre le comité ne peut être déclarée irrecevable faute pour l'employeur d'avoir provoqué une délibération du comité en ce sens).

3. Secrétaire. Le secrétaire du comité doit être expressément habilité pour le représenter en justice. • Crim. 14 févr. 1978 : *Bull. crim. n° 57 ; D. 1978. IR 328.* – V. aussi • Soc. 20 nov. 1985 : *Bull. civ. n° 543 ; D. 1986. IR 222, obs. Julien ; Dr. soc. 1987. 101, note Savatier.* ♦ Le mandat donné par le comité pour agir en justice dans une affaire déterminée habilite le mandataire à exercer les voies de recours contre la décision rendue sur cette action. • Soc. 10 juin 1997, n° 95-19.818 P : *Dr. soc. 1997. 980, obs. Couturier ; RJS 1997. 686, n° 1107.*

4. Le secrétaire doit avoir reçu du comité une délégation expresse pour présenter valablement une demande d'autorisation de licenciement d'un salarié protégé dont le comité est l'employeur. • CE 12 févr. 1993 : *RJS 1993. 248, n° 412 ; JCP E 1993. II. 520, note Crionnet* • 31 mars 1995 : *RJS 1995. 433, n° 662.*

II. ACTIONS DU COMITÉ

A. DROITS D'ACTION DU COMITÉ

5. Exemples. Le comité est recevable pour demander une expertise portant sur le logement attribué au gérant de la société. • Soc. 16 oct. 1984, n° 82-12.387 P. ♦ Un comité peut demander la nullité d'une cession par la société mère des actions de sa filiale. • Civ. 1re, 8 mars 1988, n° 86-11.144 P. • T. com. Nanterre, 11 déc. 1986 : *D. 1987. Somm. 200, obs. Langlois.*

6. Actions relatives aux institutions représentatives du personnel de l'entreprise. Le comité d'entreprise d'une société a qualité pour demander en justice, la reconnaissance d'une unité économique et sociale permettant la mise en place d'un comité d'entreprise commun à cette société et à d'autres. • Soc. 29 janv. 2003, n° 01-60.848 P.

7. Comité d'entreprise employeur. En l'absence d'une disposition d'un règlement intérieur le prévoyant, seule une délégation spéciale donnée par le comité d'entreprise peut habiliter une personne pour l'exercice du pouvoir disciplinaire. • Soc. 12 juill. 2006 : *pourvoi n° 04-47.737.*

8. Recours en excès de pouvoir. Un comité d'entreprise a qualité pour déférer au juge de l'excès de pouvoir des mesures qui sont de nature à affecter les conditions de travail et d'emploi du personnel. • CE 22 déc. 1982, req. n° 34252 : *Lebon 435 ; Dr. soc. 1983. 676, note Dubois ; JCP 1983. II. 20072, note Lombard.* – V. aussi • CE 4 juin 1982 : *Dr. soc. 1982. 796, note Prétot.* ♦ Comp. : • CE 1er déc. 1993 : *RJS 1994. 435, n° 715.*

B. LIMITES

9. Représentation des salariés. Le comité d'entreprise ne tient d'aucune disposition légale le pouvoir d'exercer une action en justice au nom des salariés ou de se joindre à l'action de ces derniers, lorsque ses intérêts propres ne sont pas en cause. • Soc. 14 mars 2007 : *D. 2007. AJ 1081 ; RDT 2007. 401, note Andreo ; RJS 2007. 460, n° 624 ; Dr. soc. 2007. 1153, note Véricel ; JS Lamy 2007, n° 211-2* • 18 mars 1997, n° 93-43.989 P : *Dr. soc. 1997. 544, note Couturier et note Savatier ; RJS 1997. 683, n° 1106.* ♦ Il ne peut donc pas contester devant le juge prud'homal l'application de l'art. L. 122-12 [L. 1224-1 nouv.] dans une opération d'externalisation. • Soc. 14 mars 2007 : *RDT 2007. 401, note Andreo ; JS Lamy 2007, n° 211-2.* ♦ Le comité d'entreprise, n'ayant pas qualité pour représenter les intérêts individuels des salariés, ni les intérêts collectifs de la profession, ne peut demander en justice qu'il soit statué sur la force exécutoire d'une décision unilatérale de l'employeur. • Soc. 23 oct. 1985, n° 84-14.272 P : *Dr. soc. 1987. 101, note Savatier.* – V. aussi • Soc. 6 févr. 1980 : *Bull. civ. V, n° 107 ; D. 1981. IR 1, obs. Derrida.*

10. Contestation d'un accord d'entreprise. Un comité d'entreprise n'a pas qualité pour : critiquer un accord d'entreprise. • Soc. 1er juin 1994, n° 92-18.896 P : *Dr. soc. 1994. 715, obs. A. Lyon-Caen ; RJS 1994. 531, n° 884.* ♦ ... Ni pour former tierce opposition à un jugement statuant sur une liquidation judiciaire. • Com. 19 oct. 1993 : *D. 1994. Somm. 46, obs. Derrida ; RJS 1993. 720, n° 1218.*

11. Action en exécution d'un accord collectif. Le comité d'entreprise n'a pas qualité pour intenter une action visant à obtenir l'exécution des engagements résultant de la convention collective applicable ; cette action est réservée aux organisations syndicales qui ont le pouvoir de conclure une convention ou un accord collectif de travail. • Soc. 19 nov. 2014 : *Dalloz actualité, 9 janv. 2015, obs. Fraisse ; RJS 2/2015, n° 129.*

12. Constitution de partie civile. Le comité d'entreprise ne détient d'aucune disposition de la loi le droit d'exercer les pouvoirs de la partie civile sans avoir à justifier d'un préjudice personnel découlant directement des infractions poursuivies, dès lors qu'il n'a pas pour mission de représenter les différentes catégories de personnel, ni les intérêts généraux de la profession. • Crim. 28 mai 1991 : *CSB 1991. 222, S. 130.* – V. aussi • Crim. 4 janv. 1979 : *Bull. crim. n° 6* • 7 juin 1983 : *ibid. n° 172 ; D. 1983. IR 352* • 28 nov. 1984 : *Bull. crim. n° 375 ; D. 1985. IR 436, obs. Langlois* • 28 mai 1991 : *D. 1991. IR 201.*

13. Doit être déclarée nulle la délibération relative à l'exercice de poursuites correctionnelles pour entrave qui figure pas à l'ordre du jour et ne présente aucun lien avec les questions devant être débattues, les membres titulaires absents ayant été privés de toute possibilité de s'exprimer sur le sujet. • Crim. 5 sept. 2006 : *pourvoi n° 05-85.895.*

C. RESPONSABILITÉ CIVILE DU COMITÉ

14. Hypothèses. Sur la mise en œuvre de la responsabilité civile d'un comité, V. • Soc. 12 mars 1970 : *Bull. civ. V, n° 190* • 11 févr. 1971 : *D. 1971. 375, note Dupeyroux* • 14 janv. 1981 : *Bull. civ. V, n° 25 ; D. 1981. IR 425, obs. Langlois ; JCP 1981. II. 19663, concl. Gauthier* (un comité peut répondre de ses fautes dans la gestion d'une cantine) • Crim. 23 nov. 1992 : *CSB 1993. 113, S. 46 ; RJS 1993. 113, n° 161* (irrecevabilité de l'action civile de l'entreprise en cas de détournement de fonds par le secrétaire d'un comité d'établissement). ♦ Pour une mise en cause personnelle du secrétaire du comité, V. • Soc. 17 janv. 1979 : *Bull. civ. V, n° 40 ; D. 1979. IR 325, obs. Langlois.*

15. Chef d'entreprise. La présidence d'un comité d'entreprise ne peut être assurée par deux personnes simultanément. • Soc. 27 nov. 1980 : *Bull. civ. V, n° 862.* ♦ Sur les conditions permettant au chef d'entreprise de désigner un représentant permanent ou occasionnel, V. • Soc. 27 nov. 1980 : *préc.* ♦ Jugé, avant l'intervention de la loi du 20 déc. 1993, que constitue le délit d'entrave la présence permanente aux réunions du comité d'entreprise d'un membre de la direction, outre le chef d'entreprise, même à titre consultatif et nonobstant un accord, non conforme à la loi. • Crim. 16 mars 1993 : *Bull. crim. n° 117 ; Dr. soc. 1993. 653, note Cohen ; RJS 1993. 358, n° 623 ; CSB 1993. 169, A. 38.* – Déjà dans le même sens : • Crim. 23 juin 1981 : *Dr. soc. 1982. 207, note Savatier.* ♦ Au sein d'un lycée d'enseignement privé, la qualité de chef d'entreprise au sens de l'art. L. 433-1 [L. 2325-1 nouv.] n'appartient pas au chef d'établissement, mais au président de l'organisme de gestion. • Soc. 28 mars 1989 : *Bull. civ. V, n° 259 ; D. 1989. IR 130.*

16. Représentant du chef d'entreprise. Le représentant du chef d'entreprise, qui est délégué pour présider le comité d'entreprise, a nécessairement le pouvoir, en cette qualité, d'arrêter l'ordre du jour. • Soc. 10 juill. 2002 : *RJS 2002. 928, n° 1247 ; JS Lamy 2002, n° 109-5.*

17. Participation au vote du chef d'entreprise. Le chef d'établissement, membre du comité d'établissement, doit à ce titre participer à la désignation du secrétaire du comité, ce vote ne constituant pas la consultation des membres élus du comité en tant que délégation du personnel. • Soc. 10 juill. 1991 : *D. 1991. IR 209 ; CSB 1991. 187, A. 42 ; RJS 1991. 556, concl. Chauvy ; ibid. 615, note Savatier ; Dr. soc. 1991. 764, note Cohen.* – Dans le même sens : • Soc. 2 févr.

1978 : *Bull. civ. V, n° 87 ; D. 1978. IR 383, obs. Pélissier.*

18. Élection du secrétaire. En cas de partage des voix entre les candidats au poste de secrétaire, c'est le candidat le plus âgé qui doit être déclaré élu. • Soc. 7 oct. 1982 : *Bull. civ. V, n° 535 ; D. 1983. IR 442, obs. Béraud.*

19. En s'opposant à ce que le président fasse usage d'un magnétophone alors que le secrétaire disposait d'un appareil analogue, les membres du comité commettent un abus de pouvoir. • Crim. 4 févr. 1986 : *D. 1986. Somm. 383, obs. Frossard ; Dr. ouvrier 1987. 60, note M. C.* ♦ Sur le recours à un magnétophone, V. • Paris, 22 nov. 1989 : *D. 1989. IR 320.*

20. Sur la possibilité pour le comité de décider de la présence d'une sténodactylographe ou d'un salarié du comité chargé d'aider le secrétaire à établir le procès-verbal, V. • Soc. 27 nov. 1980, n° 78-15.447 P : *D. 1981. IR 264, obs. Pélissier* • 7 janv. 1988, n° 85-16.849 P : *D. 1988. IR 18 ; JCP 1988. II. 21074, note Girault ; Dr. soc. 1989. 206, note Savatier* • Crim. 30 oct. 1990 : *D. 1990. IR 296 ; CSB 1991. 23, S. 2 ; RJS 1991. 28, n° 46.*

21. Rôle du chef d'entreprise. L'employeur en tant que membre du comité d'entreprise a qualité pour demander la nullité d'une de ses délibérations. • Soc. 1er févr. 1979 : *Bull. civ. V, n° 104* • 16 déc. 1980 : *ibid., n° 900.* ♦ Comme tous les membres du comité, l'employeur a accès aux documents comptables ; le refus du comité de lui communiquer les pièces comptables afférentes à la gestion des œuvres sociales constitue un trouble manifestement illicite autorisant le juge des référés à en ordonner la mise à disposition. • Soc. 19 déc. 1990 : *D. 1991. IR 13 ; RJS 1991. 110, n° 200.*

22. En cas d'urgence, l'employeur peut demander au juge des référés de prendre des mesures conservatoires en suspendant l'application de la décision litigieuse. • Soc. 23 mars 1982 : *Bull. civ. V, n° 208 ; D. 1983. IR 164, obs. Frossard.*

23. Rôle du secrétaire. Les secrétaires de deux syndicats agissant comme mandataires de certains membres du personnel n'ont pas qualité pour demander l'annulation d'une décision du comité. • Soc. 8 oct. 1953, n° 5.056 P : *Dr. soc. 1954. 342, note Hébraud.*

Art. L. 2325-2 Le comité d'entreprise détermine, dans un règlement intérieur, les modalités de son fonctionnement et celles de ses rapports avec les salariés de l'entreprise, pour l'exercice des missions qui lui sont conférées par le présent titre. — *[Anc. art. L. 431-6, al. 2.]*

Règlement intérieur et fixation de la date de réunion. Le pouvoir de convocation de l'employeur incluant nécessairement le pouvoir de fixer la date de la réunion du comité d'entreprise, sauf accord entre la majorité des élus du comité d'entreprise et l'employeur, si le comité d'entreprise détermine, dans son règlement intérieur, les modalités de son fonctionnement, l'art. L. 2325-2 ne lui permet pas d'inclure dans ce règlement des dispositions concernant une mesure qui relève des prérogatives de l'employeur, sauf pour celui-ci à répondre d'un éventuel abus dans leur exercice. • Soc. 15 janv. 2013 : *Dalloz actualité, 11 févr. 2013, obs. Ines ; D. 2013. Actu. 255 ; JCP S 2013. 1138, obs. Daniel.*

Art. L. 2325-3 Les conditions de fonctionnement du comité d'entreprise doivent permettre une prise en compte effective des intérêts des salariés exerçant leur activité hors de l'entreprise ou dans des unités dispersées. — *[Anc. art. L. 434-11.]*

Art. L. 2325-4 Les dispositions du présent titre ne font pas obstacle aux dispositions plus favorables relatives au fonctionnement ou aux pouvoirs du comité d'entreprise résultant d'accords collectifs de travail ou d'usages. — *[Anc. art. L. 434-12.]*

BIBL. ▶ BORENFREUND, *Dr. soc. 1992. 893* (licéité des accords relatifs au droit syndical et à la représentation du personnel).

Non-discrimination. Si la participation aux organismes paritaires ou aux institutions créées par une convention ou un accord collectif est réservée aux syndicats signataires ou adhérents, les dispositions conventionnelles à caractère normatif visant à améliorer les institutions représentatives du personnel sont applicables de plein droit à tous les salariés et syndicats, sans distinction. • Soc. 20 nov. 1991, n° 89-12.787 P : *GADT, 4e éd., n° 163 ; D. 1991. IR 286 ; Dr. soc. 1992. 53, rapp. Waquet ; CSB 1992. 9, A. 3, note Philbert ; Dr. ouvrier 1992. 72, note Pascré ; RJS 1992. 52, n° 57.*

Art. L. 2325-5 Les membres du comité d'entreprise sont tenus au secret professionnel pour toutes les questions relatives aux procédés de fabrication.

Les membres du comité d'entreprise et les représentants syndicaux sont tenus à une obligation de discrétion à l'égard des informations revêtant un caractère confidentiel et présentées comme telles par l'employeur. — *[Anc. art. L. 432-7, al. 1er et 2.]*

BIBL. ▶ Dupuy, *ALD 1983. 57.* – Mialon, *Dr. soc. 1986. 94* (responsabilité civile des représentants). – Savatier, *ibid. 1985. 111* (obligation de discrétion).

1. Inefficacité de l'engagement solennel des membres. L'employeur ne peut exiger préalablement à la communication d'une information que les membres du comité s'engagent solennellement à en conserver le secret. • Crim. 4 nov. 1981 : *Dr. ouvrier 1983. 415.* ♦ Sur l'obligation de discrétion, V. aussi • TGI Lyon, réf., 11 déc. 1984 : *Dr. soc. 1985. 111, obs. Savatier.* ♦ L'obligation de discrétion s'étend aux experts et techniciens que le comité d'entreprise s'adjoint. • Versailles, 3 juill. 1997 : *RJS 1997. 667, n° 1078.*

2. Mention au procès-verbal. Le caractère confidentiel des informations données par l'employeur doit être mentionné au procès-verbal de la réunion du comité. • Soc. 12 juill. 2006 : *RDT 2006. 402, obs. Tissandier ; D. 2006. IR 2124 ; JS Lamy 2006, n° 196-2 ; RJS 2006. 884, n° 1198.*

3. Caractère confidentiel des informations. L'information donnée aux membres du comité d'entreprise doit non seulement être déclarée confidentielle par l'employeur, mais encore être de nature confidentielle, au regard des intérêts légitimes de l'entreprise, ce qu'il appartient à l'employeur de démontrer. • Soc. 5 nov. 2014 : *D. 2014. Actu. 2346 ; RJS 1/2015, n° 44 ; JS Lamy 2015, n° 379-4, obs. Pacotte et Daguerre.*

Art. L. 2325-5-1 *(L. n° 2015-994 du 17 août 2015, art. 17-I)* **Le recours à la visioconférence pour réunir le comité d'entreprise peut être autorisé par accord entre l'employeur et les membres élus du comité. En l'absence d'accord, ce recours est limité à trois réunions par année civile. Un décret détermine les conditions dans lesquelles le comité peut, dans ce cadre, procéder à un vote à bulletin secret.** – *V. art. D. 2325-1-1 s.*

SECTION II **HEURES DE DÉLÉGATION**

Art. L. 2325-6 L'employeur laisse le temps nécessaire à l'exercice de leurs fonctions, dans la limite d'une durée qui, sauf circonstances exceptionnelles, ne peut excéder vingt heures par mois :

1° Aux membres titulaires du comité d'entreprise ;

2° Aux représentants syndicaux au comité d'entreprise, dans les entreprises *(L. n° 2012-387 du 22 mars 2012, art. 43)* **« d'au moins cinq cent un salariés » ;**

3° Aux représentants syndicaux au comité central d'entreprise dans les entreprises *(L. n° 2012-387 du 22 mars 2012, art. 43)* **« d'au moins cinq cent un salariés », mais dont aucun des établissements distincts n'atteint ce seuil.**

(L. n° 2016-1088 du 8 août 2016, art. 28) **« Sauf accord collectif contraire, lorsque le représentant du personnel élu ou désigné est un salarié mentionné à l'article L. 3121-58, le crédit d'heures est regroupé en demi-journées qui viennent en déduction du nombre annuel de jours travaillés fixé dans la convention individuelle du salarié. Une demi-journée correspond à quatre heures de mandat. Lorsque le crédit d'heures ou la fraction du crédit d'heures restant est inférieur à quatre heures, le représentant du personnel en bénéficie dans des conditions définies par un décret en Conseil d'État. »**

BIBL. ▶ Heures de délégation : V. Bibl. citée à l'art. L. 2315-1. ▶ Alter, *RPDS 1981. 69* (commissions du comité d'entreprise). – Lefebvre et Coltelloni, *Dr. soc. 1983. 417* (fonctionnement des comités). – Moulinier, *Sem. soc. Lamy 1985, suppl. n° 260* (fonctionnement du comité d'entreprise). – Pélissier, *Dr. soc., n° spéc. avr. 1979, 83* (rôle du chef d'entreprise). – Savatier, *Dr. soc. 1982. 195* (difficultés de fonctionnement) ; *ibid. 1993. 870* (accords collectifs relatifs aux pouvoirs et au fonctionnement du comité d'entreprise).

1. Heures de délégation. V. notes ss. art. L. 2315-1.

2. Bons de délégation. L'employeur ne peut imposer l'utilisation de bons de délégation à l'occasion de missions accomplies en dehors des heures de travail, ce qui aurait pour effet de les imputer sur le crédit d'heures bien que le paiement n'en ait pas été demandé. • Crim. 29 oct. 1980 : *D. 1981. IR 263, obs. Pélissier.* ♦ V. aussi notes ss. art. L. 2315-1 et L. 2315-5. ♦ La pratique des bons de délégation visant à avertir le chef de service ou le supérieur de l'intention du représentant syndical de se mettre en délégation, ne peut être détournée de son seul objet d'information préalable d'un déplacement pour l'exercice du mandat dans ou en dehors de l'entreprise. • Soc. 10 mai 2006 : *D. 2006. IR 1480 ; RDT 2006. 257, obs. Grévy ; JS Lamy 2006, n° 191-5.* ♦ L'employeur, fût-il approuvé en comité d'entreprise, ne peut étendre la pratique des bons de délégation prévue par l'accord d'entreprise pour la circulation des mandatés à un cas qui n'y est pas prévu. • Même arrêt.

Art. L. 2325-7 Le temps passé en heures de délégation est de plein droit considéré comme temps de travail et payé à l'échéance normale.

L'employeur qui entend contester l'utilisation faite des heures de délégation saisit le juge judiciaire. – *[Anc. art. L. 434-1, al. 3.]*

Paiement des heures de délégation au moyen d'un repos compensateur. Quand il est fait application dans l'entreprise d'une convention collective de branche offrant la possibilité de mettre en œuvre un repos compensateur en contrepartie des heures supplémentaires, les heures de délégation accomplies par le salarié en dehors de ses horaires de travail pour les nécessités du mandat donnent lieu à un tel repos. • Soc. 9 oct. 2012 : *Dalloz actualité, 28 oct. 2012, obs. Ines ; RJS 2012. 814, n° 958 ; JS Lamy 2012, n° 333-334-6 ; JCP S 2012. 1501, obs. Rozec.*

Art. L. 2325-8 Le temps passé par les membres titulaires et suppléants aux séances du comité d'entreprise et aux réunions de la commission de la formation prévue à l'article L. 2325-26 est rémunéré comme temps de travail.

Ce temps n'est pas déduit des vingt heures de délégation prévues pour les membres titulaires. – *[Anc. art. L. 434-1, al. 4.]*

Art. L. 2325-9 Le temps passé aux séances du comité par les représentants syndicaux au comité d'entreprise est rémunéré comme temps de travail.

Ce temps n'est pas déduit des heures de délégation dans les entreprises *(L. n° 2012-387 du 22 mars 2012, art. 43)* « d'au moins cinq cent un salariés ». – *[Anc. art. L. 434-1, al. 5.]*

1. Rémunération du temps de réunion. Sauf usage contraire, le temps passé par le secrétaire du comité à établir le compte rendu ne peut être assimilé au temps passé en séance. • Soc. 9 mai 1979 : *Bull. civ. V, n° 388 ; D. 1980. IR 21, obs. Langlois.* ♦ Même solution pour le temps passé à la préparation des réunions. • Soc. 16 nov. 1983 : *Bull. civ. V, n° 549* • 14 janv. 1987 : *ibid., n° 15.* ♦ Les dispositions de l'art. L. 434-1 [L. 2325-9 nouv.] ne valent que pour les réunions qui ont été régulièrement convoquées. • Soc. 13 nov. 1985 : *Bull. civ. V, n° 525.* – V. aussi • Soc. 1er juill. 1985 : *ibid., n° 375.*

2. Sauf accord contraire, le temps passé aux séances des commissions facultatives, créées à l'initiative du comité, n'est pas considéré comme temps de travail. • Soc. 8 nov. 1978 : *Bull. civ. V, n° 741.*

3. Temps de trajet. Le temps de trajet, pris en dehors de l'horaire normal de travail et effectué en exécution des fonctions représentatives, doit être rémunéré comme du temps de travail effectif pour la part excédant le temps normal de déplacement entre le domicile et le lieu de travail. • Soc. 12 juin 2013 : *Dalloz actualité, 11 juill. 2013, obs. Ines ; D. 2013. Actu. 1556, obs. Ducloz ; Dr. ouvrier 2013. 588 ; JCP S 2013. 1347, obs. Morand.*

Art. L. 2325-10 Dans les entreprises de travail temporaire, les heures de délégation utilisées entre deux missions, conformément à des dispositions conventionnelles, par un membre titulaire du comité d'entreprise pour l'exercice de son mandat, sont considérées comme des heures de travail.

Ces heures de délégation sont réputées rattachées, en matière de rémunération et de charges sociales, au dernier contrat de mission avec l'entreprise de travail temporaire au titre de laquelle il a été élu membre titulaire du comité d'entreprise. – *[Anc. art. L. 434-1, al. 6.]*

SECTION III DÉPLACEMENT ET CIRCULATION

Art. L. 2325-11 Pour l'exercice de leurs fonctions, les membres élus du comité d'entreprise et les représentants syndicaux au comité d'entreprise peuvent, durant les heures de délégation, se déplacer hors de l'entreprise.

Ils peuvent également, tant durant les heures de délégation qu'en dehors de leurs heures habituelles de travail, circuler librement dans l'entreprise et y prendre tous contacts nécessaires à l'accomplissement de leur mission, notamment auprès d'un salarié à son poste de travail, sous réserve de ne pas apporter de gêne importante à l'accomplissement du travail des salariés. – *[Anc. art. L. 434-1, al. 1.]*

1. *Liberté de déplacement.* Sur le délit d'entrave qui résulte de toute limitation du droit de déplacement, V. • Crim. 22 févr. 1962 : *D. 1962. 253, note Rouast ; JCP 1962. II. 12633, note Blaise ; Dr. soc. 1962. 622, note Legeais ; Dr. ouvrier 1962. 100, note Cohen.*

2. Sauf circonstances exceptionnelles, c'est seulement pendant leurs heures de délégation ou en dehors de leurs heures habituelles de travail que les représentants du personnel peuvent se déplacer librement dans l'entreprise ou en dehors de celle-ci. • Crim. 8 oct. 1991 : *D. 1992. Somm. 298, obs. Borenfreund* (décision rendue à propos de délégués du personnel).

3. Sur la notion de gêne importante apportée à l'accomplissement du travail par les salariés, V. • Crim. 27 sept. 1988 : *Dr. ouvrier 1989. 66.*

4. Sur l'obligation d'informer préalablement la direction de l'absence du représentant, V. • Soc. 18 janv. 1961 : *D. 1961. Somm. 95* • CE 21 avr. 1971 : *Dr. ouvrier 1972. 445.* ♦ L'information préalable n'est pas requise si le représentant se rend à une séance du comité. • Crim. 28 avr. 1977 : *Bull. crim. n° 145 ; Dr. ouvrier 1978. 19.*

5. Constitue un accident du travail et non un accident de trajet l'accident survenu au retour d'une réunion du comité central. • Soc. 11 oct. 1990 : *JS UIMM 1990. 441 ; RJS 1990. 609, n° 927.*

6. *Frais de déplacement.* Le temps nécessaire aux déplacements pour assister aux réunions, sauf à l'imputer sur les heures de délégation, ainsi que les frais de déplacement, ne sont pas légalement à la charge de l'employeur à moins d'un accord ou d'un usage en sens contraire. • Soc. 29 nov. 1979 : *Bull. civ. V, n° 915* • 29 oct. 1980 : *ibid., n° 787 ; D. 1981. IR 263, obs. Pélissier* • 19 juin 1987 : *Bull. civ. V, n° 410* • 26 sept. 1990 : *D. 1990. IR 240 ; Dr. soc. 1991. 262, note Cohen*. ♦ Mais les frais de déplacement des membres du comité central concernant des réunions organisées à l'initiative de l'employeur doivent rester à la charge de celui-ci. • Soc. 15 juin 1994, n° 92-14.985 P : *D. 1994. IR 200 ; Dr. soc. 1994. 811, obs. Cohen ; RJS 1994. 522, n° 874* • 30 sept. 1997, n° 95-40.125 P.

SECTION IV **LOCAL**

Art. L. 2325-12 L'employeur met à la disposition du comité d'entreprise un local aménagé et le matériel nécessaire à l'exercice de ses fonctions. — *[Anc. art. L. 434-8, phrase 3.]*

1. *Local et matériel.* Le local envisagé par les textes ne peut consister en une salle de conférence. • Crim. 17 nov. 1966 : *Bull. crim. n° 261 ; D. 1967. 201* • 9 nov. 1971 : *Bull. crim. n° 305 ; JCP 1972. II. 17074, note Pélissier.* ♦ ... Ni en une salle de réfectoire. • Crim. 29 avr. 1980 : *Dr. ouvrier 1981. 48, note Alvarez.* ♦ Sur l'obligation de l'employeur de fournir un répondeur téléphonique, V. • Soc. 27 oct. 1981 : *Bull. civ. V, n° 832.* ♦ V. aussi notes ss. art. R. 2323-21.

2. *Nouveau local.* En cas de modification d'aménagement, l'employeur peut mettre à disposition du comité d'entreprise un nouveau local aménagé, dès lors que ce local lui permet d'exercer normalement ses fonctions. • Soc. 22 oct. 2014 : *Dalloz actualité, 14 nov. 2014, obs. Fleuriot ; RJS 1/2015, n° 41.*

3. *Visioconférence.* Si aucune observation ni refus n'a été exprimé quant à la tenue de la réunion par visioconférence, que les questions inscrites à l'ordre du jour n'impliquaient pas un vote à bulletin secret et qu'il n'a pas été procédé à un tel vote, l'utilisation de la visioconférence n'est pas de nature à entacher d'irrégularité les décisions du comité d'entreprise. • Soc. 26 oct. 2011 : *Dalloz actualité, 21 nov. 2011, obs. Ines ; D. 2011. Actu. 2734 ; RDT 2012. 46, obs. Signoretto ; Dr. soc. 2012. 98, obs. Petit ; RJS 2012. 51, n° 53 ; JS Lamy 2011, n° 310-2, obs. Hautefort ; JCP S 2012. 1009, obs. Kerbouc'h.*

4. *Délit d'entrave.* L'employeur qui, malgré les visites et courriers de l'inspecteur du travail, s'est contenté de mettre à disposition du comité d'entreprise un local trop exigu peut être condamné pour délit d'entrave (superficie de 10 m^2 ne permettant ni la réunion des membres du CE, ni aucune activité collégiale). • Crim. 26 janv. 2016, n° 13-85.770 P : *RJS 4/2016, n° 257 ; Dr. pénal 2016. Comm. 66, obs. Robert.*

Art. L. 2325-13 Le comité d'entreprise peut organiser, dans le local mis à sa disposition, des réunions d'information, internes au personnel, portant notamment sur des problèmes d'actualité.

Le comité peut inviter des personnalités extérieures, syndicales ou autres, dans les conditions prévues par les dispositions des articles L. 2142-10 et L. 2142-11.

Ces réunions ont lieu en dehors du temps de travail des participants. Toutefois, les membres du comité peuvent se réunir sur leur temps de délégation. — *[Anc. art. L. 431-7.]*

Présence de tiers. Si le président du comité d'entreprise ne peut imposer à la majorité de ses membres la présence de tiers aux réunions de cet organisme, cette même majorité ne peut davantage inviter des personnes étrangères au comité sans l'accord de l'employeur. • Soc. 22 nov. 1988 : *Dr. soc. 1989. 205, concl. Picca, note Cohen.*

SECTION V **RÉUNIONS**

SOUS-SECTION 1 **PÉRIODICITÉ**

Art. L. 2325-14 **Dans les entreprises** *(L. n° 2012-387 du 22 mars 2012, art. 43 ; L. n° 2015-994 du 17 août 2015, art. 22-II)* **« d'au moins trois cents salariés », le comité d'entreprise se réunit au moins une fois par mois sur convocation de l'employeur ou de son représentant.**

Dans les entreprises de moins de *(L. n° 2015-994 du 17 août 2015, art. 22-II)* **« trois cents » salariés, le comité se réunit au moins une fois tous les deux mois** *(Abrogé par L. n° 2015-994 du 17 août 2015, art. 22-II)* *« , sauf lorsque l'employeur a opté pour la mise en place de la délégation unique du personnel, prévue au chapitre VI ».*

Le comité peut tenir une seconde réunion à la demande de la majorité de ses membres.

Lorsque l'employeur est défaillant, et à la demande d'au moins la moitié des membres du comité, celui-ci peut être convoqué par l'inspecteur du travail et siéger sous sa présidence. — *[Anc. art. L. 434-3.]*

BIBL. ▸ ANTONMATTÉI, *RJS 1997. 738* (fixation de l'ordre du jour). – COHEN, *Dr. ouvrier 1989. 457* (présence aux réunions de personnes invitées) ; *ibid. 1993. 284* (règles de majorité) ; *Dr. soc. 1991. 764* ✎ (élection du secrétaire). – GIRAULT, *JCP E 1995. I. 486.* – JOURDAN, *JCP E 1998. 548* (élaboration de l'ordre du jour). – SAVATIER, *Dr. soc. 1983. 395* (délibérations du comité d'entreprise) ; *ibid. 1989. 206* (vote du président) ; *RJS 1991. 615* (élection du secrétaire) ; *Dr, soc. 1995. 261* ✎ (vote sur une décision de retrait d'un comité interentreprises).

▸ Loi du 20 déc. 1993 : COHEN, *Dr. soc. 1994. 147* ✎. – RAY, *ibid. 142* ✎.

A. PÉRIODICITÉ DES RÉUNIONS

1. Absence de réunion. Ne constitue pas une circonstance de nature à justifier l'absence de réunion le fait que l'espacement des réunions correspondait à la volonté des membres du comité. • Crim. 22 nov. 1977 : *Bull. crim. n° 362 ; D. 1978. IR 52.* ♦ ... Que ces derniers n'aient pas protesté contre l'absence de réunions mensuelles. • Crim. 25 mai 1981 : *Dr. ouvrier 1982. 352.* ♦ ... Ou qu'aucun accord n'ait pu se faire sur l'ordre du jour. • Crim. 3 févr. 1981 : *Dr. ouvrier 1984. 110.* – V. aussi : • Crim. 27 sept. 1989 : *D. 1989. IR 296* • 9 janv. 1990 : ⚖ *JS UIMM 1990. 147.* ♦ Ne constituent pas non plus des faits justificatifs l'absence de l'employeur, l'existence d'un litige sur la reddition des comptes du comité ou le refus opposé par le secrétaire du comité de fixer les dates de la réunion. • Crim. 11 févr. 1992 : ⚖ *D. 1992. IR 174.*

2. Réunion mensuelle. La réunion mensuelle (ou bimestrielle) doit être réservée aux membres du comité. • Crim. 12 mars 1970 : *Bull. crim. n° 102.* – V. aussi • Crim. 5 mai 1976 : *ibid., n° 143.*

3. Réunion supplémentaire. A la demande de la majorité des membres du comité, la loi fait obligation à l'employeur d'organiser une réunion supplémentaire avec un ordre du jour spécial. • Crim. 17 janv. 1984 : *Bull. crim. n° 23 ; D. 1984. IR 229.* ♦ Comp. : • Crim. 14 févr. 1978 : *ibid., n° 57* • 14 sept. 1988 : *BS Lefebvre 1988. 449, n° 1385.* ♦ Sur l'appréciation de l'urgence par le juge, V. • Crim. 16 mars 1982 : *Bull. crim. n° 77 ; D. 1983. IR 163.*

B. CONVOCATION

4. Règlement intérieur et fixation de la date de réunion. Le pouvoir de convocation de l'employeur incluant nécessairement le pouvoir de fixer la date de la réunion du comité d'entreprise, sauf accord entre la majorité des élus du comité d'entreprise et l'employeur ; si le comité d'entreprise détermine, dans son règlement intérieur, les modalités de son fonctionnement, l'art. L. 2325-2 ne lui permet pas d'inclure dans ce règlement des dispositions concernant une mesure qui relève des prérogatives de l'employeur, sauf pour celui-ci à répondre d'un éventuel abus dans leur exercice. • Soc. 15 janv. 2013 : ⚖ *Dalloz actualité, 11 févr. 2013, obs. Ines.*

5. Modalités. La convocation doit être envoyée à tous les participants et notamment aux suppléants. • Crim. 4 avr. 1978 : *Dr. ouvrier 1978. 385* • 18 oct. 1983 : *Bull. crim. n° 255 ; D. 1984. IR 87.* ♦ ... Aux représentants syndicaux. • Crim. 28 avr. 1977 : *Bull. crim. n° 145* • 4 juin 1985 : *ibid. n° 271 ; RSC 1986. 403, obs. Lazerges.* ♦ ... Le cas échéant, au médecin du travail. • Crim. 9 nov. 1982 : *Bull. crim. n° 250.* ♦ ... A un membre du comité, bien qu'il soit malade. • Crim. 16 juin 1970 : *Bull. crim. n° 207 ; D. 1970. 652 ; JCP 1970. II. 16551.*

6. Une réunion tenue en l'absence de toute convocation est irrégulière. • Soc. 13 avr. 1985 : *Bull. civ. V, n° 525.* ♦ Sur le délai de convocation, V. • Crim. 4 janv. 1983 : *JS UIMM 1983. 188.*

7. Sur les modalités de la convocation des membres pendant leurs congés, V. • Soc. 18 déc. 1991, ⚖ n° 89-40.288 P : *D. 1992. IR 42 ; Dr. soc. 1992. 195 ; RJS 1992. 115, n° 166.*

8. Principe. Les frais de déplacement des membres du comité d'entreprise sont à la charge de l'employeur lorsque la réunion est organisée à l'initiative de celui-ci ou, conformément aux dispositions de l'art. L. 434-3 C. trav. [L. 2325-14 nouv.], à la demande de la majorité des membres du comité. • Soc. 22 mai 2002, n° 99-43.990 P : *D. 2002. IR 2026 ; JCP E 2002. 1764, obs. Cesaro.*

Art. L. 2325-14-1 *(L. n° 2015-994 du 17 août 2015, art. 22-III)* **Le seuil de trois cents salariés mentionné** *(L. n° 2016-1088 du 8 août 2016, art. 18)* **« au présent chapitre » est réputé franchi lorsque l'effectif de l'entreprise dépasse ce seuil pendant** *(L. n° 2016-1088 du 8 août 2016, art. 18)* **« douze » mois, dans des conditions déterminées par décret en Conseil d'État.** – *V. art. R. 2325-3-3.*

L'employeur dispose d'un délai d'un an à compter du franchissement de ce seuil pour se conformer complètement aux obligations d'information du comité d'entreprise qui en découlent.

SOUS-SECTION 2 ORDRE DU JOUR

Art. L. 2325-15 L'ordre du jour des réunions du comité d'entreprise est arrêté par l'employeur et le secrétaire.

Toutefois, lorsque sont en cause des consultations rendues obligatoires par une disposition législative, réglementaire ou par un accord collectif de travail, elles y sont inscrites de plein droit par l'employeur ou le secrétaire. – *[Anc. art. L. 434-3, al. 2, phrases 1 et 2.]*

1. Élaboration conjointe de l'ordre du jour. L'élaboration conjointe de l'ordre du jour demeure la règle, l'art. L. 2325-15, al. 2, ne dispensant pas l'employeur qui entend faire inscrire une question à l'ordre du jour de la réunion du comité d'entreprise de la soumettre préalablement au secrétaire du comité, alors même que la consultation de cette institution est obligatoire. • Soc. 12 juill. 2010 : *D. 2010. Actu. 1884 ; Dr. ouvrier 2010. 683 ; JCP S 2010. 1419, obs. Dumont.*

2. Double signature. L'ordre du jour doit être signé conjointement par l'employeur et par le secrétaire du comité d'entreprise pour chaque réunion. • Soc. 25 juin 2003 : *RJS 2003. 982, n° 1411.* ♦ Le représentant du chef d'entreprise, qui est délégué pour présider le comité d'entreprise, a nécessairement le pouvoir, en cette qualité, d'arrêter l'ordre du jour. • Soc. 10 juill. 2002, n° 00-16.827 P.

3. Désaccord. Si aucun accord ne peut être obtenu entre l'employeur et le secrétaire du comité pour la fixation de l'ordre du jour, il appartient au plus diligent des deux de saisir le juge des référés pour résoudre la difficulté ; le comité ne peut valablement se réunir et délibérer sur un ordre du jour fixé unilatéralement par l'employeur. • Soc. 8 juill. 1997, n° 95-13.177 P : *Dr. soc. 1997. 982, obs. Cohen ; RJS 1997. 689, n° 1109 ; LPA 29 oct. 1997, note Picca ; Dr. ouvrier 1998. 369, note De Senga.* ♦ V. • TGI Paris, réf., 5 sept. 1997 : *RJS 1997. 773, n° 1254,* prononçant l'inscription à l'ordre du jour d'une réunion extraordinaire des questions litigieuses, entrant à l'évidence dans le cadre de l'art. L. 432-1 [L. 2323-6 nouv.], malgré l'opposition du secrétaire du comité, arguant de l'absence d'urgence • Paris, 14 avr. 1999 : *RJS 1999. 571, n° 933* (le juge des référés autorisant valablement le chef d'entreprise à convoquer le comité central et le comité d'établissement sur l'ordre du jour venant dans le prolongement des ordres des jours précédents, en assurant la continuité de la procédure légale de licenciement économique).

4. Le refus du secrétaire d'inscrire une question à l'ordre du jour ne peut à lui seul bloquer la procédure dès lors que le comité d'entreprise dispose d'éléments suffisants pour émettre un avis sur la consultation relative au plan social ; le juge des référés peut alors y suppléer en fixant l'ordre du jour de la réunion. • Soc. 25 juin 2003 : *RJS 2003. 982, n° 1411.* ♦ Commet le délit d'entrave l'employeur fixant unilatéralement l'ordre du jour. • Crim. 4 avr. 1978 : *Dr. ouvrier 1978. 385* • 16 sept. 1985 : *ibid. 1986. 448.* ♦ Sur l'obligation d'arrêter l'ordre du jour incombant conjointement au chef d'entreprise et au secrétaire du comité, V. • Crim. 4 nov. 1997 : *Bull. crim. n° 371 ; RSC 1998. 778, note Cerf .* ♦ La seule obligation à la charge de l'employeur est de communiquer l'ordre du jour trois jours au moins avant la réunion. • Soc. 17 nov. 1977 : *Bull. civ. V, n° 624 ; D. 1978. IR 53.* ♦ V. aussi : • Crim. 4 janv. 1983 : *JS UIMM 1983. 188* (le délai prescrit par l'art. L. 434-3 [L. 2325-16 nouv.] concerne la communication de l'ordre du jour et non la convocation à la réunion) • 5 nov. 1991 : *Dr. ouvrier 1992. 77, note Cohen ; RJS 1992. 187, n° 307* (les informations prévues par l'art. L. 431-5 [L. 2323-4 nouv.] peuvent, sauf si la loi en décide autrement, n'être fournies que lors de la réunion du comité).

Art. L. 2325-16 L'ordre du jour des réunions du comité d'entreprise est communiqué aux membres trois jours au moins avant la séance. – *[Anc. art. L. 434-3, al. 2, phrase 3.]*

1. Délit d'entrave. L'inobservation du délai caractérise le délit d'entrave. • Crim. 27 sept. 1988 : *Bull. crim. n° 325 ; D. 1988. IR 270.* ♦ Comp., en cas d'urgence : • Crim. 6 févr. 1979 : *Bull. crim. n° 56 ; D. 1979. IR 422 ; Dr. ouvrier 1980. 136, note Alvarez* • 23 juin 1981 : *D. 1982. IR 391, obs. Langlois ; Dr. soc. 1982. 195, note Savatier* (l'urgence ne peut être reconnue lorsqu'elle est due à la propre carence de l'employeur) • 25 oct. 1994 : *RJS 1995. 176, n° 250* • Soc. 2 mars 2004, n° 02-16.554 P : *RJS 2004. 378, n° 557.* ♦ V. aussi : • CE 31 mars 1989 : *JS UIMM 1990. 24* (le non-respect du délai n'empêche pas le comité de se prononcer en connaissance de cause sur le licenciement d'un représentant).

2. La consultation du comité n'est pas régulière s'il n'est pas constaté que la question figurait à l'ordre du jour de la réunion, la circonstance qu'elle ait déjà été abordée lors de la réunion précédente, où il avait été indiqué que le vote interviendrait à la prochaine réunion, ne pouvant valoir inscription nécessaire à l'ordre du jour de la réunion suivante. • Soc. 9 juill. 1996, n° 94-17.628 P : *RJS 1996. 767, n° 1181.*

3. Est irrégulière la délibération et, par voie de conséquence, nulles les citations délivrées par la partie civile, relative à l'exercice de poursuites correctionnelles prise alors qu'elle ne figurait pas à l'ordre du jour et ne présentait aucun lien avec les questions devant être débattues, de telle sorte que les membres titulaires absents ont été privés de toute possibilité de s'exprimer sur le sujet. • Crim. 5 sept. 2006 : *D. 2006. IR 2344 ; RJS 2006. 883, n° 1197 ; JS Lamy 2006, n° 201-5 ; Dr. soc. 2006. 1198, obs. Duquesne.*

Art. L. 2325-17 **Lorsque le comité d'entreprise se réunit à la demande de la majorité de ses membres, les questions jointes à la demande de convocation sont inscrites à l'ordre du jour de la séance.** – *[Anc. art. L. 434-3, al. 2, phrase 4.]*

SOUS-SECTION 3 VOTES ET DÉLIBÉRATIONS

Art. L. 2325-18 **Les résolutions du comité d'entreprise sont prises à la majorité des membres présents.**

Le président du comité ne participe pas au vote lorsqu'il consulte les membres élus du comité en tant que délégation du personnel. – *[Anc. art. L. 434-3, al. 3 et 4.]*

1. Présence de tiers. Si le président du comité d'entreprise ne peut imposer à la majorité de ses membres la présence de tiers aux réunions de cet organisme, cette même majorité ne peut davantage inviter des personnes étrangères au comité sans l'accord de l'employeur. • Soc. 22 nov. 1988 : *D. 1988. IR 291 ; Dr. soc. 1989. 245, concl. Picca, note Cohen ; ibid. 206, note Savatier.*

2. Ne peut être condamné pour entrave l'employeur qui refuse la participation aux réunions de prétendus membres du comité, alors que ces derniers, n'étant pas employés dans la succursale française, ne pouvaient être assimilés au personnel de l'établissement au regard des règles d'ordre public définissant la composition du comité d'entreprise et qu'aucun usage en sens contraire n'était invoqué. • Crim. 15 mai 1990 : *RJS 1990. 470, n° 692 ; ibid. 443, note Guirimand.*

3. Contestations. L'action des membres du comité d'établissement et de divers syndicats tendant à contester la régularité de la tenue de réunions du comité d'établissement doit être dirigée contre l'employeur, personne physique ou morale, l'action dirigée contre le président du comité d'établissement est irrecevable. • Soc. 7 oct. 1998, n° 96-22.248 P : *D. 1998. IR 232 ; RJS 1998. 830, n° 1376.*

4. Absence du chef d'entreprise. L'employeur ne prend pas part au vote pour : la désignation des délégués au comité central. • Soc. 21 juill. 1976 : *Bull. civ. V, n° 460 ; Dr. soc. 1976. 494, note Savatier.* ♦ ... La désignation des représentants au conseil d'administration. • Soc. 5 mai 1983 : *Bull. civ. V, n° 235 ; D. 1984. IR 353, obs. Langlois.* ♦ ... Le choix de l'expert-comptable. • Soc. 5 mai 1983 : *préc.* • 26 nov. 1987 : *Bull. civ. V, n° 679 ; D. 1987. IR 256.* ♦ ... L'instauration d'horaires individualisés. • Soc. 16 déc. 1981 : *Bull. civ. V, n° 966 ; D. 1982. IR 315, obs. Vachet.* ♦ ... Le licenciement d'un salarié protégé. • Soc. 22 nov. 1988 : *Dr. soc. 1989. 206, note Savatier.* ♦ ... La décision par laquelle un comité d'entreprise se retire d'un comité interentreprises. • Soc. 25 janv. 1995, n° 92-16.778 P : *D. 1995. IR 46 ; Dr. soc. 1995. 261, note Savatier ; RJS 1995. 178, n° 25 ; Dr. ouvrier 1995. 210, note M. C. ; CSB 1995. 86, S. 38.* ♦ *Contra :* • Crim. 4 nov. 1988 : *Bull. crim. n° 374 ; Dr. soc. 1989. 206, note Savatier* (notification de la décision de retrait à toutes les parties ayant créé le comité interentreprises).

5. Présence du chef d'entreprise. L'employeur participe au vote pour la désignation du secrétaire du comité. • Soc. 10 juill. 1991 : *D. 1991. IR 209 ; CSB 1991. 187, A. 42 ; RJS 1991. 556, concl. Chauvy ; ibid. 615, note Savatier ; Dr. soc. 1991. 764, note Cohen.* ♦ V. notes ss. art. L. 2325-1.

6. Sanctions. La délibération prise par le comité n'est nulle en raison de la participation au vote de l'employeur que si cette dernière a exercé une influence sur le scrutin. • Soc. 12 mars 1970 : *Bull. civ. V, n° 193* • 28 janv. 1988 : *ibid., n° 82*

• CE 31 oct. 1990 : ⚖ *RJS 1991. 119, n° 218.* ♦ *Contra* : • Soc. 22 nov. 1988 : *D. 1988. IR 292 ; Dr. soc. 1989. 206, note Savatier ; RJS 1989. 40, n° 60.*

7. Calcul de la majorité. Pour le calcul de la majorité nécessaire à l'adoption des résolutions du comité, il ne doit être tenu compte que des membres présents ayant le droit de voter. • Soc. 25 janv. 1995 : ⚖ *D. 1995. IR 46 ; Dr. soc. 1995. 261, note Savatier* ✐. ♦ En cas de partage des voix, celle de l'employeur n'est pas prépondérante. • Crim. 4 oct. 1977 : *Bull. crim. n° 287 ; D. 1977. IR 479.*

Art. L. 2325-19 Le comité d'entreprise peut décider que certaines de ses délibérations seront transmises à l'autorité administrative.

Les *(L. n° 2016-1088 du 8 août 2016, art. 113)* « agents de contrôle de l'inspection du travail mentionnés à l'article L. 8112-1 » peuvent, sur leur demande, et à tout moment, prendre connaissance des délibérations du comité d'entreprise. – *[Anc. art. L. 434-9.]*

SOUS-SECTION 4 PROCÈS-VERBAL

Art. L. 2325-20 *(L. n° 2015-994 du 17 août 2015, art. 17-I)* « Les délibérations du comité d'entreprise sont consignées dans un procès-verbal établi par le secrétaire du comité dans un délai et selon des modalités définis par un accord conclu dans les conditions prévues au troisième alinéa de l'article L. 2323-3 ou, à défaut, par un décret.

« A l'issue du délai mentionné au premier alinéa, le procès-verbal est transmis à l'employeur, qui fait connaître lors de la réunion du comité d'entreprise suivant cette transmission sa décision motivée sur les propositions qui lui ont été soumises. »

Les déclarations sont consignées dans le procès-verbal.

(L. n° 2015-994 du 17 août 2015, art. 17-I) « Un décret définit les conditions dans lesquelles il peut être recouru à l'enregistrement ou à la sténographie des séances du comité. » – *V. art. D. 2325-3-2 s.*

Art. L. 2325-21 Le procès-verbal des réunions du comité d'entreprise peut, après avoir été adopté, être affiché ou diffusé dans l'entreprise par le secrétaire du comité, selon des modalités précisées par le règlement intérieur du comité. – *[Anc. art. L. 433-9, al. 3.]*

1. Compétence du secrétaire. L'établissement d'un procès-verbal et le contrôle de son contenu sont réservés au seul secrétaire du comité. • Crim. 25 févr. 1986 : *Dr. ouvrier 1986. 418* • Soc. 1er déc. 1987 : *JCP 1988. IV. 52.* ♦ Rappr. : • Crim. 4 nov. 1983 : *Bull. crim. n° 285 ; D. 1984. IR 144.* ♦ L'employeur, qui ne participe pas à la rédaction des procès-verbaux, ne peut obtenir en référé la désignation d'un huissier pour pallier la carence du secrétaire du comité d'entreprise dans cette rédaction. • Soc. 25 nov. 2003 : ⚖ *RJS 2004. 153, n° 223 ; ibid. 207, note Cohen.* ♦ La diffusion du procès-verbal est faite aux frais de l'entreprise. • Soc. 4 avr. 1990 : *RJS 1990. 284, n° 385.* ♦ Le refus de l'employeur d'une transcription intégrale des informations économiques fournies trimestriellement caractérise le délit d'entrave. • Crim. 10 janv. 1989 : *D. 1989. IR 83.*

2. Portée des mentions. Les déclarations de l'employeur consignées dans le procès-verbal peuvent constituer un engagement unilatéral de sa part. • Soc. 14 juin 1984 : *Bull. civ. V, n° 251 ; Dr. soc. 1985. 188, note Savatier.*

3. Diffusion. Sur les limites fixées à la liberté de diffusion du procès-verbal par la jurisprudence antérieure à la loi du 28 oct. 1982, V. • Soc. 4 nov. 1981 (deux arrêts) : *Bull. civ. V, n° 858 ; D. 1982. IR 313, obs. Béraud ; JCP 1982. II. 19764, concl. Gauthier ; Dr. soc. 1982. 195, note Savatier* • 18 févr. 1982 : *Bull. civ. V, n° 110 ; D. 1982. IR 239.* ♦ Les procès-verbaux sont des documents internes qui ne sont pas nécessairement appelés à une diffusion ou à une publicité auprès du personnel. • Versailles, 13 juill. 1997 : *RJS 1997. 667, n° 1078* (insuffisance de la motivation d'une lettre de licenciement pour motif économique par seule référence à une réunion du comité d'entreprise).

SECTION VI COMMISSIONS

SOUS-SECTION 1 CRÉATION ET FONCTIONNEMENT

Art. L. 2325-22 Le comité d'entreprise peut créer des commissions pour l'examen de problèmes particuliers.

Il peut adjoindre aux commissions avec voix consultative des experts et des techniciens appartenant à l'entreprise et choisis en dehors du comité. Les dispositions de l'article L. 2325-5 relatives au secret professionnel et à l'obligation de discrétion leur sont applicables.

Les rapports des commissions sont soumis à la délibération du comité. – *[Anc. art. L. 434-7, al. 1er à 3.]*

Principe. Une cour d'appel énonce exactement que la liberté de choix dont dispose le comité central pour désigner les membres de ses commissions ne peut s'exercer que dans le respect des principes généraux régissant l'exercice du droit syndical dans l'entreprise. • Soc. 19 nov. 1986 : *Bull. civ. V, n° 526* (illicéité de la modification du règlement intérieur du comité destinée à éliminer un syndicat des commissions).

SOUS-SECTION 2 COMMISSION ÉCONOMIQUE

Art. L. 2325-23 Dans les entreprises *(L. n° 2012-387 du 22 mars 2012, art. 43)* « d'au moins mille salariés », une commission économique est créée au sein du comité d'entreprise ou du comité central d'entreprise.

Cette commission est chargée notamment d'étudier les documents économiques et financiers recueillis par le comité d'entreprise et toute question que ce dernier lui soumet. – *[Anc. art. L. 434-5, al. 1er.]*

BIBL. ▶ COHEN, *RPDS 1983. 3.*

Art. L. 2325-24 La commission économique comprend au maximum cinq membres représentants du personnel, dont au moins un représentant de la catégorie des cadres. Ils sont désignés par le comité d'entreprise ou le comité central d'entreprise parmi leurs membres.

La commission est présidée dans des conditions déterminées par décret. – *[Anc. art. L. 434-5, al. 2.]*

Art. L. 2325-25 La commission économique se réunit au moins deux fois par an.

Elle peut demander à entendre tout cadre supérieur ou dirigeant de l'entreprise après accord de l'employeur.

Elle peut se faire assister par l'expert-comptable qui assiste le comité d'entreprise et par les experts choisis par le comité d'entreprise dans les conditions fixées à la section VII.

L'employeur laisse aux membres de la commission le temps nécessaire pour tenir leurs réunions dans la limite d'une durée globale ne pouvant excéder quarante heures par an. Ce temps est rémunéré comme temps de travail. – *[Anc. art. L. 434-5, al. 3 à 6.]*

SOUS-SECTION 3 COMMISSION DE LA FORMATION

Art. L. 2325-26 Dans les entreprises *(L. n° 2012-387 du 22 mars 2012, art. 43 ; L. n° 2015-994 du 17 août 2015, art. 22-IV)* « d'au moins trois cents salariés », le comité d'entreprise constitue une commission de la formation.

Cette commission est chargée :

1° De préparer les délibérations du comité d'entreprise prévues aux articles *(L. n° 2015-994 du 17 août 2015, art. 18-XIV, en vigueur le 1er janv. 2016)* « **L. 2323-10** et L. 2323-15 dans les domaines qui relèvent de sa compétence » ;

2° D'étudier les moyens permettant de favoriser l'expression des salariés en matière de formation et de participer à leur information dans ce domaine ;

3° D'étudier les problèmes spécifiques concernant l'emploi et le travail des jeunes et des handicapés. – *[Anc. art. L. 434-7, al. 4 et 5.]*

SOUS-SECTION 4 COMMISSION D'INFORMATION ET D'AIDE AU LOGEMENT

Art. L. 2325-27 Dans les entreprises *(L. n° 2012-387 du 22 mars 2012, art. 43)* « d'au moins trois cents salariés », une commission d'information et d'aide au logement des salariés est créée au sein du comité d'entreprise.

Les entreprises de moins de trois cents salariés peuvent se grouper entre elles pour former cette commission. – *[Anc. art. 1, al. 1er début et al. 2, L. n° 76-463 du 31 mai 1976.]*

Art. L. 2325-28 La commission d'information et d'aide au logement facilite le logement et l'accession des salariés à la propriété et à la location des locaux d'habitation.

A cet effet, la commission :

1° Recherche les possibilités d'offre de logements correspondant aux besoins du personnel, en liaison avec les organismes habilités à collecter la participation des employeurs à l'effort de construction ;

2° Informe les salariés sur leurs conditions d'accès à la propriété ou à la location d'un logement et les assiste dans les démarches nécessaires pour l'obtention des aides financières auxquelles ils peuvent prétendre. – *[Anc. art. 1, al. 1er fin et 2, L. n° 76-463 du 31 mai 1976.]*

Art. L. 2325-29 La commission d'information et d'aide au logement des salariés aide les salariés souhaitant acquérir ou louer un logement au titre de la participation des employeurs à l'effort de construction, ou investir les fonds provenant des droits constitués en application des dispositions relatives à l'intéressement, à la participation et à l'épargne salariale.

A cet effet, la commission propose, dans chaque entreprise, des critères de classement des salariés candidats à l'accession à la propriété ou à la location d'un logement tenant compte, notamment, des charges de famille des candidats.

Priorité est accordée aux bénéficiaires des dispositions du code des pensions militaires d'invalidité et des victimes de la guerre ayant la qualité de grands mutilés de guerre, conjoints survivants, pupilles de la nation, *(Abrogé par L. n° 2013-504 du 14 juin 2013, art. 7)* « *internés et déportés de la Résistance,* » aux titulaires de pensions d'invalidité servies par un régime obligatoire de sécurité sociale, *(L. n° 2013-504 du 14 juin 2013, art. 7)* « aux bénéficiaires d'une rente d'accident du travail correspondant à un taux d'incapacité au moins égal à 66 %, aux jeunes de moins de trente ans, aux salariés en mobilité professionnelle, ainsi qu'aux salariés répondant aux critères prévus au deuxième alinéa du II de l'article L. 441-2-3 du code de la construction et de l'habitation. »

Le comité d'entreprise examine pour avis les propositions de la commission. – *[Anc. art. 1er, L. n° 76-463 du 31 mai 1976.]*

Art. L. 2325-30 Le temps passé par les membres titulaires ou par leurs suppléants aux séances de la commission d'information et d'aide au logement des salariés est rémunéré comme temps de travail dans la limite de vingt heures par an. Ce temps n'est pas déduit des vingt heures de délégation prévues à l'article L. 2325-6 au bénéfice des membres titulaires du comité d'entreprise. – *[Anc. art. 5, al. 3, L. n° 76-463 du 31 mai 1976.]*

Art. L. 2325-31 La commission peut s'adjoindre, avec l'accord de l'employeur, à titre consultatif, un ou plusieurs conseillers délégués par des organisations professionnelles, juridiques ou techniques. – *[Anc. art. 5, al. 4, L. n° 76-463 du 31 mai 1976.]*

Art. L. 2325-32 Sous réserve des dispositions de l'article L. 2325-33, un décret en Conseil d'État détermine :

1° Les conditions dans lesquelles la commission d'information et d'aide au logement des salariés est constituée ;

2° Les conditions dans lesquelles les droits constitués en application des dispositions relatives à l'intéressement, à la participation et à l'épargne salariale sont négociables ou exigibles avant l'expiration du délai prévu à l'article L. 3323-5 ou à l'article L. 3324-10, en vue de constituer ou de compléter l'apport initial nécessaire à l'acquisition du logement principal. – *[Anc. art. 4 et 5, al. 1, L. n° 76-463 du 31 mai 1976.]*

Art. L. 2325-33 Un décret détermine :

1° Le nombre maximum de membres de la commission d'information et d'aide au logement des salariés ;

2° Les conditions dans lesquelles les conseillers que s'adjoint la commission sont, le cas échéant, rémunérés. – *[Anc. art. 5, al. 2 et 4, L. n° 76-463 du 31 mai 1976.]*

SOUS-SECTION 5 COMMISSION DE L'ÉGALITÉ PROFESSIONNELLE

Art. L. 2325-34 Dans les entreprises *(L. n° 2012-387 du 22 mars 2012, art. 43 ; L. n° 2015-994 du 17 août 2015, art. 22-IV)* « d'au moins trois cents salariés », une commission de l'égalité professionnelle est créée au sein du comité d'entreprise.

Cette commission est notamment chargée de préparer les délibérations du comité d'entreprise prévues à l'article *(L. n° 2016-1088 du 8 août 2016, art. 18)* « L. 2323-15 ». – *[Anc. art. L. 434-7, al. 7.]*

SOUS-SECTION 6 COMMISSION DES MARCHÉS

(L. n° 2014-288 du 5 mars 2014, art. 32-II, en vigueur le 1er janv. 2015)

Art. L. 2325-34-1 Une commission des marchés est créée au sein du comité d'entreprise qui dépasse, pour au moins deux des trois critères mentionnés au II de l'article L. 2325-45, des seuils fixés par décret. – *V. art. D. 2325-4-1 et R. 2323-41-2 s.*

Art. L. 2325-34-2 Pour les marchés dont le montant est supérieur à un seuil fixé par décret, le comité d'entreprise détermine, sur proposition de la commission des marchés, les critères retenus pour le choix des fournisseurs et des prestataires du comité d'entreprise et la procédure des achats de fournitures, de services et de travaux.

La commission des marchés choisit les fournisseurs et les prestataires du comité d'entreprise. Elle rend compte de ces choix, au moins une fois par an, au comité d'entreprise, selon des modalités déterminées par le règlement intérieur du comité.

Art. L. 2325-34-3 Les membres de la commission des marchés sont désignés par le comité d'entreprise parmi ses membres titulaires.

Le règlement intérieur du comité d'entreprise fixe les modalités de fonctionnement de la commission, le nombre de ses membres, les modalités de leur désignation et la durée de leur mandat.

Art. L. 2325-34-4 La commission des marchés établit un rapport d'activité annuel, joint en annexe au rapport mentionné à l'article L. 2325-50.

SECTION VII RECOURS À UN EXPERT

BIBL. ▶ Boulmier, *Dr. soc. 2014. 745* (les experts-comptables du comité d'entreprise : états des lieux). – Lagesse et Bouffier, *Dr. soc. 2013. 126* (montée en puissance de l'expertise du comité d'entreprise). – Thomas et Hamel, *JCP S 2013. 1405* (honoraires des experts du comité d'entreprise et du CHSCT).

COMMENTAIRE

V. Dalloz.fr et applications mobiles Dalloz. ❑

SOUS-SECTION 1 EXPERTS RÉMUNÉRÉS PAR L'ENTREPRISE

§ 1er RECOURS À UN EXPERT-COMPTABLE

Art. L. 2325-35 *(L. n° 2013-504 du 14 juin 2013, art. 18-XXX)* « I. — » Le comité d'entreprise peut se faire assister d'un expert-comptable de son choix :

1° En vue de *(L. n° 2015-994 du 17 août 2015, art. 18-XI, en vigueur le 1er janv. 2016)* « la consultation annuelle sur la situation économique et financière prévue à l'article L. 2323-12 » ;

(L. n° 2013-504 du 14 juin 2013, art. 8-V) « 1° *bis* En vue de l'examen des orientations stratégiques de l'entreprise prévu à l'article *(L. n° 2015-994 du 17 août 2015, art. 18-XI, en vigueur le 1er janv. 2016)* « L. 2323-10 » ; »

(L. n° 2015-994 du 17 août 2015, art. 18-XI, en vigueur le 1er janv. 2016) « 2° En vue de la consultation annuelle sur la politique sociale de l'entreprise, les conditions de travail et l'emploi définie à l'article L. 2323-15 ; »

3° Dans les conditions prévues à l'article *(L. n° 2015-994 du 17 août 2015, art. 18-XI, en vigueur le 1er janv. 2016)* « L. 2323-34 », relatif aux opérations de concentration ;

4° Dans les conditions prévues aux articles *(L. n° 2015-994 du 17 août 2015, art. 18-XI, en vigueur le 1er janv. 2016)* « L. 2323-50 » et suivants, relatifs à l'exercice du droit d'alerte économique ;

5° Lorsque la procédure de consultation pour licenciement économique *(L. n° 2012-387 du 22 mars 2012, art. 43)* **« d'au moins dix salariés » dans une même période de trente jours, prévue à l'article L. 1233-30, est mise en œuvre ;**

(L. n° 2014-384 du 29 mars 2014, art. 8-I) **« 6° Dans les conditions prévues aux articles** *(L. n° 2015-994 du 17 août 2015, art. 18-XI, en vigueur le 1er janv. 2016)* **« L. 2323-35 à L. 2323-44 », relatifs aux offres publiques d'acquisition. »**

(L. n° 2013-504 du 14 juin 2013, art. 18-XXX) **« II. — Le comité peut également mandater un expert-comptable afin qu'il apporte toute analyse utile aux organisations syndicales pour préparer les négociations prévues aux articles L. 5125-1** *(L. n° 2016-1088 du 8 août 2016, art. 22)* **« , L. 2254-2 » et L. 1233-24-1. Dans ce dernier cas, l'expert est le même que celui désigné en application du 5° du I. »**

BIBL. ► Expert-comptable : BARTHÉLÉMY, *JCP E 1985. II. 14513.* - BÉLIER, *Dr. soc. 1988. 158.* - COHEN, *ibid. 1985. 560 ; ibid. 1991. 47* ; *ibid. 1993. 286* . - DAUXERRE, *JCP S 2011. 1117* (recours à un expert-comptable lors d'une opération de restructuration). - NIEL, *Sem. soc. Lamy 1996, n° 806.* - TEYSSIÉ, *JCP E 2003. 1998* (définition de la mission). - WURMSER, *Sem. soc. Lamy 1997, n° 847* (recours à l'expert-comptable dans le cadre d'une procédure collective). ► Expert en technologie : CAM et CHAUMETTE, *Dr. soc. 1989. 220.* - COCHET, *ibid. 1992. 556.* - COHEN, *RPDS 1986. 362.* - JOHANSEN, *Travail et Emploi 1987, n° 34, 71.* - TEYSSIÉ, *JCP 1988. I. 3314.* ► V. aussi : COHEN, *Dr. soc. 1984. 281.* - MARCHAND, *Sem. soc. Lamy 1985, suppl. n° 282.* - SUPIOT, *Ét. offertes à G. Lyon-Caen, 1989, p. 463.* ► Expertise de gestion : BIED-CHARRETON, *Dr. ouvrier 1994. 257 ; ibid. 1995. 39.* - TEYSSIÉ, *Dr. soc. 1994. 877* .

1. Entreprises visées. Il résulte de la combinaison des art. L. 434-6 et L. 432-4, al. 14, C. trav. [L. 2325-35 et L. 2323-10 nouv.], renvoyant aux documents visés aux art. 340-1, 340-2 et 340-3 de la loi du 24 juill. 1966, que la faculté pour le comité d'entreprise de se faire assister par un expert-comptable s'applique dans toutes les entreprises tenues d'établir de tels documents ou qui établissent ces documents, quelle que soit la forme juridique de ces entreprises. • Soc. 30 avr. 1997, n° 95-20.563 P : *Dr. soc. 1997. 626, rapp. Frouin* ; *RJS 1997. 455, n° 702.*

2. Opérations visées. La nomination d'un expert-comptable n'est pas prévue par la loi à l'occasion de la consultation du comité d'entreprise visée à l'art. L. 432-1 [L. 2323-6 nouv.] (en l'espèce, sur un projet de transfert d'activité d'une société à une autre entreprise, n'impliquant aucun licenciement économique). • Soc. 26 nov. 1996 : *RJS 1997. 110, n° 161.* ♦ L'assistance d'un expert-comptable rémunéré par l'entreprise en cas d'information-consultation sur un projet de cession de l'entreprise n'est pas prévue par l'art. L. 434-6 [L. 2325-35 nouv.]. • Soc. 14 mars 2006 : *RDT 2006. 115, obs. Peskine* .

3. Moment. Le droit pour le comité d'entreprise de procéder à l'examen annuel des comptes de l'entreprise et de se faire assister d'un expert-comptable s'exerce au moment où les comptes lui sont transmis et est indépendant de la date à laquelle ces comptes sont approuvés. • Soc. 18 déc. 2007 : *D. 2008. AJ 300* ; *RJS 2008. 238, n° 301 ; Dr. soc. 2008. 394, obs. Cohen* . ♦ Le moment de la désignation est également indépendant de la réunion d'information au cours de laquelle les comptes lui sont présentés ; l'éventuelle proximité de la date à laquelle l'assemblée générale devait examiner les comptes de la société étaient sans incidence sur le droit du comité d'entreprise de se faire assister par un expert-comptable en vue de la compréhension de ces comptes et de l'appréciation de la situation de l'entreprise, la cour d'appel a pu décider que la désignation de l'expert, qui était intervenue dans un délai raisonnable, ne présentait pas un caractère tardif. • Soc. 15 déc. 2009 : *D. 2010. AJ 155* ; *Bull. Joly 2010. 322, note Saintourens.*

4. Un comité d'établissement peut recourir à un expert-comptable pour l'examen des comptes propres aux unités regroupées dans cet établissement. • Soc. 11 mars 1992, n° 89-20.670 P : *Dr. soc. 1993. 286, note Cohen* ; *CSB 1992. 165, A. 30 ; RJS 1992. 351, n° 631.*

5. Il appartient au seul comité d'établissement d'apprécier l'opportunité de se faire assister d'un expert pour l'examen des comptes de cet établissement, sans que le droit du comité central d'entreprise d'être lui-même assisté pour l'examen annuel des comptes de l'entreprise ne soit de nature à le priver de cette prérogative. • Soc. 8 avr. 2014 : *Dalloz actualité, 9 mai 2014, obs. Peyronnet ; D. 2014. Actu. 982* ; *RJS 2014. 400, n° 495.* ♦ La carence d'un comité central ne peut priver un comité d'établissement concerné par un projet de licenciement économique du droit d'être assisté par un expert-comptable. • Soc. 25 janv. 1995, n° 92-13.546 P : *Dr. soc. 1995. 271, obs. Cohen* ; *CSB 1995. 81, A. 16 ; Dr. ouvrier 1995. 211 ; RJS 1995. 163, n° 221.*

6. Désignation. L'employeur ne participe pas au vote désignant l'expert-comptable. • Soc. 5 mai 1983 : *Bull. civ. V, n° 235 ; D. 1984. IR 353, obs. Langlois.* ♦ L'art. L. 434-6 [L. 2325-35 nouv.] ne subordonne pas la désignation de l'expert-comptable à un vote préalable du comité, vote qui ne serait nécessaire qu'en cas de désaccord entre les membres de cet organisme. • Crim. 12 avr. 1988 : *Dr. soc. 1991. 47, note Cohen* . ♦ Sur les modalités de la désignation, V. • Soc.

11 mars 1992, ⚖ n° 89-17.264 P : *Dr. soc. 1993. 286, note Cohen* ✍.

7. Recours à un expert et commande publique. La décision de recourir à un expert prise par le comité d'entreprise d'un établissement public n'est pas au nombre des marchés de service énumérés limitativement par l'art. 8 du Décr. n° 2005-1742 du 30 déc. 2005 portant application de l'Ord. n° 2005-649 du 6 juin 2005 relative aux marchés passés par certaines personnes publiques ou privées non soumises au code des marchés publics. • Soc. 8 oct. 2014 : ⚖ *RJS 2014. 747, n° 872.*

Art. L. 2325-36 **La mission de l'expert-comptable porte sur tous les éléments d'ordre économique, financier ou social nécessaires à la compréhension des comptes et à l'appréciation de la situation de l'entreprise.** – *[Anc. art. L. 434-6, al. 2.]*

BIBL. ▸ OTTAN, *Dr. ouvrier 2010. 176* (principales difficultés rencontrées dans l'accès aux informations sollicitées par les experts des comités d'entreprise et l'intervention du juge).

1. Honoraires. Ayant constaté que la mission confiée à la société d'expertise comptable avait été exécutée sous la responsabilité de celle-ci et que le travail accompli avait donné au comité tous les éléments nécessaires à l'intelligence des comptes et à l'appréciation de la situation de l'entreprise, une cour d'appel peut, dans l'exercice de son pouvoir souverain d'appréciation, refuser de réduire les honoraires réclamés par la société d'expertise comptable. • Soc. 10 juill. 1995 : ⚖ *Dr. soc. 1995. 935, obs. Cohen* ✍ *; RJS 1995. 658, n° 1027.* – V. aussi • Soc. 21 févr. 1996 : ⚖ *cité note 1 ss. art. L. 2325-37.* ♦ Le président du tribunal de grande instance est compétent pour fixer, en cas de litige, la rémunération de l'expert-comptable du comité d'entreprise ; l'ordonnance rendue est une décision au fond qui n'appartient pas à la catégorie des ordonnances de référé et la condamnation prononcée n'a pas un caractère provisionnel. • Soc. 8 janv. 2002, ⚖ n° 00-15.815 P : *D. 2002. IR 453* ✍ *; RJS 2002. 243, n° 299 ; CSB 2002, A. 13.* ♦ Lorsqu'il est saisi d'une telle action, le président du TGI a aussi pouvoir de statuer sur la demande connexe de communication de documents par une décision au fond. • Soc. 26 oct. 2010 : ⚖ *D. 2010. AJ 2710* ✍ *; Dalloz actualité, 30 nov. 2010, obs. Siro ; JCP S 2010. 1546, obs. Brissy.*

2. V. également notes ss. art. L. 1233-34 (licenciement pour motif économique).

Art. L. 2325-37 **Pour opérer toute vérification ou tout contrôle entrant dans l'exercice de ses missions, l'expert-comptable a accès aux mêmes documents que le commissaire aux comptes.**

Lorsqu'il est saisi dans le cadre d'une opération de concentration prévue à l'article *(L. n° 2015-994 du 17 août 2015, art. 18-XIV, en vigueur le 1er janv. 2016)* **« L. 2323-34 »** *(L. n° 2013-504 du 14 juin 2013, art. 19-II)* **« ou d'une opération de recherche de repreneurs prévue à** *(L. n° 2014-384 du 29 mars 2014, art. 2)* **« la section IV *bis* du chapitre III du titre III du livre II de la première partie », l'expert a accès aux documents de toutes les sociétés intéressées par l'opération.**

(L. n° 2014-384 du 29 mars 2014, art. 8-I) **« Lorsqu'il est saisi dans le cadre d'une offre publique d'acquisition dans les conditions prévues aux articles** *(L. n° 2015-994 du 17 août 2015, art. 18-XIV, en vigueur le 1er janv. 2016)* **« L. 2323-35 à L. 2323-44 », l'expert-comptable a accès aux documents nécessaires à l'élaboration du rapport prévu à l'article** *(L. n° 2015-994 du 17 août 2015, art. 18-XIV, en vigueur le 1er janv. 2016)* **« L. 2323-38 ». »**

Les dispositions issues de la L. n° 2013-504 du 14 juin 2013 sont applicables aux procédures de licenciement collectif engagées à compter du 1er juill. 2013.

Une procédure de licenciement collectif est réputée engagée à compter de la date d'envoi de la convocation à la première réunion du comité d'entreprise mentionnée à l'art. L. 1233-30 C. trav. (L. préc., 2013, art. 19-III).

Les dispositions issues de la L. n° 2014-384 du 29 mars 2014 sont applicables aux offres publiques d'acquisition dont le dépôt intervient à compter du 1er juill. 2014 (L. préc., art. 8-II).

1. Détermination des documents nécessaires. Il appartient au seul expert-comptable, dont les pouvoirs d'investigation sont assimilés à ceux du commissaire aux comptes, d'apprécier les documents qu'il estime utiles à l'exercice de sa mission, dès lors qu'elle n'excède pas l'objet défini par les textes. • Soc. 16 mai 1990, ⚖ n° 87-17.555 P : *D. 1990. IR 152 ; Dr. soc. 1991. 47, note Cohen* ✍. – V. aussi • Soc. 29 oct. 1987 : *Bull. civ. V, n° 605 ; GADT, 4e éd., n° 144 ; D. 1987. IR 228* • 21 févr. 1996 : ⚖ *Dr. soc. 1996. 640, obs. Cohen* ✍ *; RJS 1996. 248, n° 415* (expert désigné pour assister le comité d'entreprise lors de l'examen du bilan) • 8 janv. 1997 : ⚖ *RJS 1997. 202, n° 301.* ♦ ... Sauf référé éventuel devant le président du TGI. • Crim. 23 avr. 1992 : ⚖ *Bull. crim.*

n° 180 ; Dr. soc. 1993. 286, note Cohen ; RJS 1992. 618, n° 1119 (à propos de la communication d'un rapport demandé par l'employeur à un cabinet de consultants). ♦ L'expert-comptable désigné par le comité d'entreprise d'une société captive d'un groupe est en droit d'obtenir l'ensemble des informations d'ordre économique, financier ou social concernant les autres entreprises du groupe situées sur le territoire d'un autre pays. • Soc. 27 nov. 2001, n° 99-21.903 P : *D. 2002. IR 254 ; Dr. soc. 2002. 164, obs. Couturier ; RJS 2002. 155, n° 194.* ♦ V. aussi : • Soc. 22 oct. 1987 : *D. 1987. IR 218* (communication des comptes globaux de l'entreprise et de ceux détenus par les établissements). ♦ V. aussi • Crim. 26 mars 1991 : *Bull. crim. n° 145 ; D. 1991. IR 147 ; RJS 1991. 318, n° 600* (communication des comptes de la société mère à un expert examinant ceux d'une des filiales) • Soc. 8 nov. 1994 : *Dr. soc. 1995. 73, obs. Cohen ; CSB 1995. 7, A. 2* (pouvoirs d'investigation dans les sociétés du groupe auquel appartient l'entreprise dont le comité a désigné l'expert-comptable). • Soc. 21 sept. 2016, n° 15-17.658 P : *Dalloz actualité, 18 oct. 2016, obs. Siro.*

2. Limites. L'expert-comptable du comité d'entreprise peut se voir confier l'analyse des données hommes-femmes dans la structure des rémunérations du personnel, mais pas l'établissement d'un rapport sur la situation comparée des hommes et des femmes dans l'entreprise. • Soc. 10 janv. 2012 : *Dalloz actualité, 21 févr. 2012, obs. Ines ; D. 2012. Actu. 225 ; RJS 2012. 216, n° 261 ; Dr. ouvrier 2012. 646, obs. Baumgarten.* ♦ L'examen des comptes des cotisants, que l'URSSAF se borne à transmettre à l'ACOSS, n'est pas nécessaire à l'intelligence des comptes de l'URSSAF et à l'appréciation de sa situation. • Soc. 25 janv. 1995, n° 92-12.718 P : *Dr. soc. 1995. 272, obs. Cohen .* ♦ Mais la cour d'appel a pu décider que les informations relatives à la gestion financière étaient communicables car elles étaient destinées à permettre à l'expert-comptable de fournir des explications cohérentes sur la situation de l'URSSAF et sur l'organisation des services de recouvrement et des difficultés rencontrées en ce domaine. • Même arrêt.

3. Modalités de communication des documents. L'expert-comptable du comité d'entreprise peut avoir une copie de la déclaration annuelle des données sociales sous forme électronique. • Soc. 10 janv. 2012 : *Dalloz actualité, 21 févr. 2012, obs. Ines.*

4. Confidentialité des documents. L'expert-comptable étant tenu, par application de l'art. L. 2325-42 C. trav., à des obligations de secret et de discrétion, il ne peut se voir opposer le caractère confidentiel des documents demandés. • Soc. 15 déc. 2009 : *D. 2010. AJ 155 ; Bull. Joly 2010. 323, note Saintourens.*

5. L'expert-comptable ne peut exiger la production de documents n'existant pas et dont l'établissement n'est pas obligatoire dans l'entreprise. • Soc. 27 mai 1997, n° 95-20.156 P : *RJS 1997. 533, n° 827.*

6. Référé. Il appartient au seul expert-comptable désigné par le comité d'entreprise de déterminer les documents utiles à l'exercice de sa mission, laquelle porte sur tous les éléments d'ordre économique, financier ou social nécessaires à l'intelligence des comptes et à l'appréciation de la situation de l'entreprise ; à moins qu'elle soit dans l'impossibilité de produire les documents demandés, le refus opposé par l'entreprise de communiquer les documents sollicités par l'expert-comptable constitue un trouble manifestement illicite qu'il convient de faire cesser par la voie du référé. • Soc. 5 mars 2008 : *RJS 2008. 437, n° 559 ; JCP S 2008. 1323, obs. Kerbouc'h.* ♦ Le refus de l'employeur de communiquer les documents demandés par l'expert-comptable constitue un trouble manifestement illicite. • Soc. 11 mars 1992, n° 89-17.264 P : *Dr. soc. 1993. 286, note Cohen .* ♦ L'expert-comptable désigné par le comité d'entreprise dispose d'un droit de communication des documents nécessaires à l'accomplissement de ses missions légales ; il a donc qualité pour saisir le juge des référés d'une demande en communication de ces pièces. • Soc. 26 mars 2014 : *D. 2014. Actu. 830 ; RDT 2014. 566, obs. Signoretto ; RJS 2014. 399, n° 494 ; JS Lamy 2014, n° 366-4, obs. Millet.* ♦ Le fait que les documents utiles n'aient pas été remis avant l'assemblée générale des actionnaires au comité d'établissement ne peut priver celui-ci du droit qu'il tient des art. L. 432-4 et L. 434-6 [L. 2323-8 et L. 2323-25] de procéder à l'examen annuel des comptes de la société et de se faire assister à cette fin par un expert-comptable. • Soc. 2 mars 1993, n° 90-12.868 P : *D. 1993. IR 81 ; RJS 1993. 308, n° 520.*

7. Participation aux réunions. La participation à une réunion préparatoire du comité d'entreprise entre dans les missions de l'expert-comptable. • Soc. 8 nov. 1994 : *Bull. civ. V, n° 298 ; RJS 12/1994, n° 1396.*

§ 2 RECOURS À D'AUTRES EXPERTS

Art. L. 2325-38 Dans les entreprises *(L. n° 2012-387 du 22 mars 2012, art. 43)* **« d'au moins trois cents salariés », le comité d'entreprise peut recourir à un expert technique à l'occasion de tout projet important dans les cas énumérés aux articles** *(L. n° 2015-994 du 17 août 2015, art. 18-XII et XIV, en vigueur le 1er janv. 2016)*

« L. 2323-29 et L. 2323-30 et en vue de préparer la négociation sur l'égalité professionnelle ».

Le recours à cet expert fait l'objet d'un accord entre l'employeur et la majorité des membres élus du comité.

Cet expert dispose des éléments d'information prévus à ces mêmes articles.

En cas de désaccord sur la nécessité d'une expertise, sur le choix de l'expert ou sur l'étendue de la mission qui lui est confiée, la décision est prise par le président du tribunal de grande instance statuant en urgence. – *[Anc. art. L. 434-6, al. 5 et 7, phrases 1 et 2.]*

§ 3 ACCÈS DANS L'ENTREPRISE ET RÉMUNÉRATION

Art. L. 2325-39 L'expert-comptable et l'expert technique mentionné à l'article L. 2325-38 ont libre accès dans l'entreprise. – *[Anc. art. L. 434-6, al. 6, phrase 2.]*

Art. L. 2325-40 L'expert-comptable et l'expert technique mentionné à l'article L. 2325-38 sont rémunérés par l'entreprise.

Le président du tribunal de grande instance est compétent en cas de litige sur leur rémunération. – *[Anc. art. L. 434-6, al. 6, phrase 1 et al. 7, phrase 3.]*

Il résulte des art. L. 2325-40 et D. 3323-14 que l'expert-comptable désigné par le comité d'entreprise pour l'assister pour l'examen du rapport annuel relatif à la réserve spéciale de participation est rémunéré par l'employeur. • Soc. 28 janv. 2009 : *D. 2009. AJ 503 ; RJS 2009. 325, n° 388 ; JCP S 2009. 1192, obs. Kerbouc'h.*

SOUS-SECTION 2 EXPERTS RÉMUNÉRÉS PAR LE COMITÉ D'ENTREPRISE

Art. L. 2325-41 Le comité d'entreprise peut faire appel à tout expert rémunéré par ses soins pour la préparation de ses travaux.

Le recours à un expert donne lieu à délibération du comité.

L'expert choisi par le comité dispose des documents détenus par celui-ci. Il a accès au local du comité et, dans des conditions définies par accord entre l'employeur et la majorité des membres élus du comité, aux autres locaux de l'entreprise. – *[Anc. art. L. 434-6, al. 8.]*

Art. L. 2325-41-1 *(L. n° 2016-1088 du 8 août 2016, art. 31)* Le comité d'entreprise peut, à tout moment, décider de prendre en charge, au titre de sa subvention de fonctionnement prévue à l'article L. 2325-43, les frais d'une expertise du comité d'hygiène, de sécurité et des conditions de travail en application du troisième alinéa de l'article L. 4614-13.

SOUS-SECTION 3 OBLIGATION DE SECRET ET DE DISCRÉTION DES EXPERTS

Art. L. 2325-42 Les experts mentionnés dans la présente section sont tenus aux obligations de secret et de discrétion définies à l'article L. 2325-5. – *[Anc. art. L. 434-6, al. 9.]*

SOUS-SECTION 4 DÉLAI DE L'EXPERTISE

(L. n° 2013-504 du 14 juin 2013, art. 8-V)

Art. L. 2325-42-1 L'expert-comptable ou l'expert technique mentionnés à la présente section remettent leur rapport dans un délai raisonnable fixé par un accord entre l'employeur et le comité d'entreprise ou, à défaut d'accord, par décret en Conseil d'État. Ce délai ne peut être prorogé que par commun accord.

L'accord ou, à défaut, le décret mentionné au premier alinéa détermine, au sein du délai prévu au même alinéa, le délai dans lequel l'expert désigné par le comité d'entreprise peut demander à l'employeur toutes les informations qu'il juge nécessaires à la réalisation de sa mission et le délai de réponse de l'employeur à cette demande.

SECTION VIII SUBVENTION DE FONCTIONNEMENT

Art. L. 2325-43 L'employeur verse au comité d'entreprise une subvention de fonctionnement d'un montant annuel équivalent à 0,2 % de la masse salariale brute.

Ce montant s'ajoute à la subvention destinée aux activités sociales et culturelles, sauf si l'employeur fait déjà bénéficier le comité d'une somme ou de moyens en personnel équivalents à 0,2 % de la masse salariale brute.

(L. n° 2016-1088 du 8 août 2016, art. 33) **« Le comité d'entreprise peut décider, par une délibération, de consacrer une partie de son budget de fonctionnement au financement de la formation des délégués du personnel et des délégués syndicaux de l'entreprise.**

« Cette somme et ses modalités d'utilisation sont inscrites, d'une part, dans les comptes annuels du comité d'entreprise ou, le cas échéant, dans les documents mentionnés à l'article L. 2325-46 et, d'autre part, dans le rapport mentionné à l'article L. 2325-50. »

V. Circ. 6 mai 1983 (BOMT n° 83/23-24, texte n° 12106) concernant l'application de l'art. L. 434-8, mod. par Note 22 sept. 1983 (BOMT n° 83/47-48, texte n° 12373) ; Note 26 juill. 1985 (BOMT n° 85/35-36, texte n° 13783) ; Lettre n° 53 du 15 janv. 1986 (BOMT n° 86/9-10, texte n° 14245).

BIBL. ▶ CHALARON, *Dr. ouvrier 1986. 317* (ressources du comité). – COHEN, *RPDS 1994. 43* (financement des comités) ; *Dr. ouvrier 1995. 159* (demande de rappel de la subvention de fonctionnement) ; *Dr. ouvrier 1997. 309* (subvention de fonctionnement des comités d'entreprise des caisses de sécurité sociale). – COUTURIER, *Dr. soc. 1983. 371* (budgets du comité). – GUYOT, *JCP S 2010. 1452* (financement du dialogue social). – LE COHU, *JCP E 2002, suppl. n° 2, p. 10* (subvention de fonctionnement). – ROCHOIS, *RPDS 1983. 173* (subvention de fonctionnement). – VATINET, *Dr. soc. 2014. 711* (les ressources du comité d'entreprise).

1. Compte 641. Sauf engagement plus favorable, la masse salariale servant au calcul de la subvention de fonctionnement du comité d'entreprise s'entend de la masse salariale brute visée au compte 641 à l'exception des sommes qui correspondent à la rémunération des dirigeants sociaux, à des remboursements de frais, ainsi que celles qui, hormis les indemnités légales et conventionnelles de licenciement, de retraite et de préavisn sont dues à la rupture du contrat de travail ; les indemnités transactionnelles, dans leur partie supérieure à celles correspondant aux indemnités légales et conventionnelles, n'entrent pas dans cette masse salariale. • Soc. 9 juill. 2014 : *RJS 2014. 600, n° 702.* ♦ L'employeur n'est pas fondé à contester l'intégration dans l'assiette de calcul de la subvention de fonctionnement du comité d'entreprise de sommes déclarées avoir été versées à l'administration à titre de salaire. • Soc. 2 déc. 2008 : *D. 2009. AJ 106 ; RJS 2009. 168, n° 202.* ♦ La masse salariale brute comprend les indemnités de congés payés, peu important qu'elles soient directement payées par la caisse du bâtiment et des travaux publics. • Soc. 10 oct. 1990 : *D. 1990. IR 240* • Crim. 12 févr. 1991 : *D. 1991. IR 112.* ♦ Doivent être pris en considération le montant de la somme versée par l'employeur à la caisse de congés payés et correspondant aux indemnités de congés payés ainsi qu'à la part salariale des cotisations de sécurité sociale sur lesdites indemnités. • Soc. 23 sept. 1992, n° 89-16.039 P : *D. 1992. IR 237 ; Dr. soc. 1992. 1006 ; RJS 1992. 691, n° 1270.* ♦ ... Ainsi que le montant représentant la part de financement d'une convention de formation-conversion supportée par l'employeur. • Soc. 6 avr. 1994, n° 92-10.677 P : *D. 1994. IR 112 ; Dr. soc. 1994. 566, obs. Cohen ; CSB 1994. 149, S. 71 ; RJS 1994. 353, n° 565.* ♦ ... Les sommes versées par l'État à des maîtres des établissements privés sous contrat d'association, agents contractuels mis à disposition d'un établissement d'enseignement supérieur par le rectorat, dès lors qu'ils sont placés sous la subordination du chef d'établissement, se trouvent liés par un contrat de travail, sont électeurs et éligibles au comité d'entreprise et ont vocation à bénéficier de ses activités. • Soc. 2 mars 1999, n° 97-20.095 P : *D. 1999. IR 94 ; Dr. ouvrier 1999. 288, note Cohen ; RJS 1999. 332, n° 539.*

2. Salariés mis à disposition. Si pendant le temps de leur mise à disposition les salariés sont intégrés de façon étroite et permanente à la communauté de travail constituée par le personnel de la société utilisatrice, cette communauté doit être prise en compte dans sa globalité par le comité d'entreprise dans l'exercice de sa mission, et la masse salariale servant au calcul de la subvention de fonctionnement doit inclure le montant de la rémunération des salariés mis à disposition, peu important qu'elle soit payée en tout ou partie par les sociétés qui les emploient. • Soc. 7 nov. 2007 : *D. 2007. AJ 2950, obs. Ines ; RDT 2008. 116, obs. Peskine ; Dr. soc. 2008. 131, obs. Cohen* • 9 juill. 2014, n° 13-17.470 : *D. 2014. Actu. 1552 ; RJS 10/2014, n° 702 ; JCP S 2014. 1399, obs. Kerbouc'h.* ♦ Corrélativement, il appartient au comité d'entreprise de l'employeur d'origine, qui sollicite la prise en compte de leurs salaires dans la masse salariale brute servant au calcul de la subvention de fonctionnement et de la contribution aux activités sociales et culturelles, de rapporter la preuve que, malgré leur mise à disposition, ces salariés sont demeurés intégrés de façon étroite et permanente à leur entreprise d'origine. • Soc. 31 mai 2016, n° 14-25.042 P : *Dalloz actualité,*

22 juin 2016, obs. Cortot ; D. 2016. Pan. 2254, obs. Lokiec ; RJS 8-9/2016, n° 571 ; JCP S 2016. 131, obs. Icard. ♦ La rémunération versée aux salariés temporaires n'a pas à être incluse dans la masse salariale brute de l'entreprise utilisatrice pour servir de base au calcul de la subvention de fonctionnement et de la contribution patronale aux activités sociales et culturelles dès lors que, lorsque la présence des salariés temporaires entraîne des dépenses supplémentaires pour le comité d'entreprise, celles-ci lui sont remboursées suivant des modalités définies au contrat de mise à disposition. • Soc. 10 mars 2010 : *D. 2010. AJ 770 ; ibid. Pan. 2029, obs. Fadeilhe ; Dr. soc. 2010. 724, obs. Pécaut-Rivolier ; JCP S 2010. 1232, obs. Kerbouc'h.*

3. Subvention de fonctionnement. L'employeur ne peut déduire de la subvention de fonctionnement les salaires et charges du personnel mis à disposition du comité pour la gestion des activités sociales et culturelles. • Crim. 4 oct. 1989 : *D. 1990. Somm. 158, obs. A. Lyon-Caen ; Dr. soc. 1990. 205, note Savatier* • Soc. 4 avr. 1990, n° 88-13.219 P : *D. 1990. IR 106* • Crim. 11 févr. 1992 : *D. 1992. IR 174 ; RJS 1992. 620, n° 1120.* – Dans le même sens : • Soc. 21 sept. 1993 : *RJS 1993. 658, n° 1114.* ♦ Comp., lorsqu'un salarié est affecté partiellement à des tâches se rattachant au fonctionnement administratif du comité : • Soc. 5 oct. 1994 : *RJS 1994. 768, n° 1280.* ♦ V. notes ss. art. L. 2323-86.

4. Période antérieure à la création du comité d'entreprise. Le comité d'entreprise ne peut être créancier de sommes correspondant à la subvention destinée à son fonctionnement pour une période antérieure à sa création. • Soc. 27 mars 2012 : *Dalloz actualité, 10 mai 2012, obs. Perrin ; D. 2012. Actu. 950 ; RJS 2012. 484, n° 574 ; JCP S 2012. 1275, obs. d'Allende.*

5. Les frais de déplacement des membres du comité n'entrent pas dans les dépenses de fonctionnement du comité. • Soc. 26 sept. 1990 : *D. 1990. IR 241 ; Dr. soc. 1991. 262, note Cohen.* ♦ Solution identique pour des réunions organisées à l'initiative de l'employeur. • Soc. 4 avr. 1990, n° 88-13.219 P. • 15 juin 1994 : *ibid., n° 197 ; Dr. soc. 1994. 811, obs. Cohen* (ces frais doivent rester à la charge de l'employeur). ♦ Dans le même sens : • Soc. 28 mai 1996, n° 94-18.797 P : *Dr. soc. 1996. 744, obs. Cohen ; RJS 1996. 516, n° 803 ; CSB 1996. 237, A. 49.* ♦ La rémunération du temps de trajet nécessaire pour se rendre aux réunions du comité d'entreprise (comité central d'entreprise, en l'espèce) ne peut s'imputer sur la subvention de fonctionnement ; elle est due par l'employeur dès l'instant que ce trajet n'est pas effectué pendant une période de travail et qu'il dépasse, en durée, le temps normal de déplacement entre le domicile du salarié et le lieu de travail. • Soc. 30 sept. 1997, n° 95-40.125 P : *Dr. soc. 1997. 1109, concl. P. Lyon-Caen, obs. Cohen ; RJS 1997. 774, n° 1255 ; CSB 1997. 325, S. 181.*

6. Les dépenses relatives à des frais de voyage et de restaurants effectuées par des membres élus du comité d'entreprise ne sauraient être imputées sur la subvention de fonctionnement. Dès lors, commettent un abus de confiance, au sens de l'art. 314-1 C. pén., les membres du comité qui détournent une telle subvention à des fins personnelles. • Crim. 16 oct. 1997 : *Bull. crim. n° 341 ; RJS 1998. 304, n° 486 ; JS UIMM 1998. 141.*

7. Lorsque l'entreprise comporte des établissements multiples, la subvention de fonctionnement doit être versée à chaque comité d'établissement. • Crim. 11 févr. 2003 : *RJS 2003. 598, n° 905.* ♦ Aucun texte ne fait obligation au chef d'entreprise de verser une subvention de fonctionnement au comité central ni ne précise dans quelles conditions une partie des subventions allouées aux comités d'établissement pourrait être reversée au comité central. • Crim. 31 mars 1992 : *Bull. crim. n° 134 ; D. 1992. IR 199 ; JCP E 1993. II. 409, note Godard ; RJS 1992. 621, n° 1121.* ♦ Doit être cassé l'arrêt qui déclare coupable d'entrave un employeur qui a amputé le budget de fonctionnement du comité central de la part de la masse salariale des établissements non dotés d'un comité d'établissement et a imposé le calcul du budget de fonctionnement sur la masse salariale des seuls établissements dotés d'un comité d'établissement. • Même arrêt. ♦ V. aussi : • Versailles, 13 janv. 1994 : *RJS 1994. 435, n° 716* (à défaut d'accord unanime sur la répartition de la subvention entre les comités d'établissement et le comité central, il appartient au juge judiciaire, en sa qualité de juge de droit commun, de fixer une clé de répartition).

8. Aménagements conventionnels. Tout accord autorisant l'employeur à déduire de la subvention de fonctionnement les salaires et charges du personnel mis à disposition pour la gestion des activités sociales et culturelles est illicite comme contrevenant aux dispositions d'ordre public de l'art. L. 434-8 [L. 2325-43 nouv.]. • Soc. 26 sept. 1989 : *D. 1989. IR 260 ; CSB 1989. 221, S. 108 ; Dr. soc. 1990. 205, note Savatier* • 4 avr. 1990 : *D. 1990. IR 106* • 10 juill. 2001, n° 99-19.588 P : *Dr. soc. 2001. 1014, obs. Cohen ; RJS 2001. 785, n° 1155.* ♦ Pour répondre aux dispositions d'ordre public de l'art. L. 434-8 [L. 2325-43 nouv.], un accord, portant à la fois sur une répartition de la contribution patronale aux activités sociales et culturelles de l'entreprise entre le comité central d'entreprise et les différents comités d'établissement et sur les conditions dans lesquelles une partie des subventions de fonctionnement allouées aux comités d'établissement pourrait être reversée au comité central d'entreprise, doit, nécessairement opérer une distinction entre les sommes versées au titre de la contribution aux activités sociales et culturelles et celles versées au titre de la subvention de fonctionnement. • Soc. 9 nov. 2005, n° 04-15.464 P.

9. Le refus de communiquer au comité d'établissement le montant de la masse salariale annuelle brute sur laquelle est calculée la subvention de fonctionnement constitue un délit d'entrave au fonctionnement du comité. • Crim. 11 févr. 2003 : *RJS 2003. 598, n° 905.*

10. Prescription (solution antérieure à la loi du 17 juin 2008). La prescription trentenaire est applicable lorsque le comité d'entreprise ne dispose pas des éléments d'information lui permettant de déterminer le montant de la subvention de fonctionnement. • Soc. 26 sept. 2007 : *D. 2007. AJ 2610 ; RJS 2007. 1040, n° 1303.* ♦ La prescription quinquennale ne court pas lorsque la créance, même périodique, dépend d'éléments qui ne sont pas connus du créancier et doivent résulter de déclarations que le débiteur est tenu de faire. • Soc. 1er févr. 2011 : *JCP S 2011. 1192, obs. Guyot.*

11. Utilisation de la subvention. Si le comité d'entreprise décide librement de l'utilisation des fonds reçus au titre de son budget de fonctionnement, ses dépenses doivent s'inscrire dans le cadre du fonctionnement du comité d'entreprise et de ses missions économiques ; tel n'est pas le cas du financement de formations et d'abonnements lecture sans lien avec ses attributions économiques mais se rattachant à l'exercice de fonctions de nature syndicale et dont le bénéfice était en partie étendu à des représentants syndicaux extérieurs au comité. • Soc. 27 mars 2012 : *Dalloz actualité, 10 mai 2012, obs. Perrin ; D. 2012. Actu. 951 ; RJS 2012. 484, n° 575 ; Dr. ouvrier 2012. 774, note Millet ; Sem. soc. Lamy 2012, n° 1539, p. 10, obs. Loiseau ; JCP S 2012. 1247, obs. Guyot.*

SECTION IX **FORMATION DES MEMBRES DU COMITÉ D'ENTREPRISE**

Art. L. 2325-44 **Les membres titulaires du comité d'entreprise élus pour la première fois bénéficient, dans les conditions et limites prévues à l'article** *(L. n° 2016-1088 du 8 août 2016, art. 33)* **« L. 2145-11 », d'un stage de formation économique d'une durée maximale de cinq jours dispensé soit par un organisme figurant sur une liste arrêtée par l'autorité administrative dans des conditions déterminées par décret en Conseil d'État, soit par un des organismes mentionnés à l'article** *(L. n° 2016-1088 du 8 août 2016, art. 33)* **« L. 2145-5 ». Cette formation est renouvelée lorsqu'ils ont exercé leur mandat pendant quatre ans, consécutifs ou non.** – *V. Arr. du 3 déc. 2008 (JO 11 déc.).*

Le temps consacré à cette formation est pris sur le temps de travail et est rémunéré comme tel. Il n'est pas déduit des heures de délégation. Il est imputé sur la durée du congé de formation économique, sociale et syndicale prévu aux articles *(L. n° 2016-1088 du 8 août 2016, art. 33)* **« L. 2145-5 » et suivants.**

Le financement de la formation économique est pris en charge par le comité d'entreprise. – *[Anc. art. L. 434-10.]*

En application de l'art. L. 231-5 CRPA, et par exception à l'application du délai de deux mois prévu à l'art. L. 231-1 du même code, le silence gardé par l'administration pendant deux mois vaut décision de rejet pour une demande d'inscription sur la liste des organismes dispensant le stage de formation économique pour les membres titulaires du comité d'entreprise élus pour la première fois (Décr. n° 2014-1289 du 23 oct. 2014, art. 1er).

Le temps consacré à la formation des représentants du personnel au CHSCT est pris sur le temps de travail et est rémunéré comme tel ; un salarié participant, sur sa demande, à de telles formations ne peut prétendre à une rémunération supérieure à celle qu'il aurait perçue s'il ne les avait pas suivies (salarié à temps partiel suivant une formation à temps plein). • Soc. 15 juin 2010 : *Dalloz actualité, 7 juill. 2010, obs. Dechristé ; RJS 2010. 704, n° 782 ; JCP S 2010. 1433, obs. Martinon.*

SECTION X **ÉTABLISSEMENT ET CONTRÔLE DES COMPTES DU COMITÉ D'ENTREPRISE**

(L. n° 2014-288 du 5 mars 2014, art. 32-I, en vigueur le 1er janv. 2015)

Par exception, les art. L. 2325-48, L. 2325-54 et L. 2325-55 s'appliquent pour les exercices ouverts à compter du 1er janv. 2016 (L. n° 2014-288 du 5 mars 2014, art. 32-V).

COMMENTAIRE

V. Dalloz.fr et applications mobiles Dalloz. ❑

Art. L. 2325-45 **I. – Le comité d'entreprise est soumis aux obligations comptables définies à l'article L. 123-12 du code de commerce. Ses comptes annuels sont établis selon les modalités définies par un règlement de l'Autorité des normes comptables.**

II. – Le comité d'entreprise dont le nombre de salariés, les ressources annuelles et le total du bilan n'excèdent pas, à la clôture d'un exercice, pour au moins deux de ces trois critères, des seuils fixés par décret peut adopter une présentation simplifiée de ses comptes, selon des modalités fixées par un règlement de l'Autorité des normes comptables, et n'enregistrer ses créances et ses dettes qu'à la clôture de l'exercice. – *V. art. D. 2325-9 s.*

Art. L. 2325-46 Par dérogation à l'article L. 2325-45, le comité d'entreprise dont les ressources annuelles n'excèdent pas un seuil fixé par décret peut s'acquitter de ses obligations comptables en tenant un livre retraçant chronologiquement les montants et l'origine des dépenses qu'il réalise et des recettes qu'il perçoit et en établissant, une fois par an, un état de synthèse simplifié portant sur des informations complémentaires relatives à son patrimoine et à ses engagements en cours. Le contenu et les modalités de présentation de cet état sont définis par un règlement de l'Autorité des normes comptables. – *V. art. D. 2325-11.*

Art. L. 2325-47 Le comité d'entreprise fournit des informations sur les transactions significatives qu'il a effectuées. Ces informations sont fournies dans l'annexe à ses comptes, s'il s'agit d'un comité d'entreprise relevant de l'article L. 2325-45, ou dans le rapport mentionné à l'article L. 2325-50, s'il s'agit d'un comité d'entreprise relevant de l'article L. 2325-46.

Art. L. 2325-48 Lorsque l'ensemble constitué par le comité d'entreprise et les entités qu'il contrôle, au sens de l'article L. 233-16 du code de commerce, dépasse, pour au moins deux des trois critères mentionnés au II de l'article L. 2325-45 du présent code, des seuils fixés par décret, le comité d'entreprise établit des comptes consolidés, dans les conditions prévues à l'article L. 233-18 du code de commerce.

Les prescriptions comptables relatives à ces comptes consolidés sont fixées par un règlement de l'Autorité des normes comptables.

L'art. L. 2325-48, dans sa rédaction résultant de la L. n° 2014-288 du 5 mars 2014, s'applique pour les exercices ouverts à compter du 1er janv. 2016 (L. préc., art. 32-V).

Art. L. 2325-49 Les comptes annuels du comité d'entreprise sont arrêtés, selon des modalités prévues par son règlement intérieur, par des membres élus du comité d'entreprise désignés par lui et au sein de ses membres élus.

Les documents ainsi arrêtés sont mis à la disposition, le cas échéant, du ou des commissaires aux comptes mentionnés à l'article L. 2325-54.

Ils sont approuvés par les membres élus du comité réunis en séance plénière. La réunion au cours de laquelle les comptes sont approuvés porte sur ce seul sujet. Elle fait l'objet d'un procès-verbal spécifique.

Le présent article s'applique également aux documents mentionnés à l'article L. 2325-46.

Art. L. 2325-50 Le comité d'entreprise établit, selon des modalités prévues par son règlement intérieur, un rapport présentant des informations qualitatives sur ses activités et sur sa gestion financière, de nature à éclairer l'analyse des comptes par les membres élus du comité et les salariés de l'entreprise.

Lorsque le comité d'entreprise établit des comptes consolidés, le rapport porte sur l'ensemble constitué par le comité d'entreprise et les entités qu'il contrôle, mentionné à l'article L. 2325-48.

Le contenu du rapport, déterminé par décret, varie selon que le comité d'entreprise relève des I ou II de l'article L. 2325-45 ou de l'article L. 2325-46.

Ce rapport est présenté aux membres élus du comité d'entreprise lors de la réunion en séance plénière mentionnée à l'article L. 2325-49.

BIBL. ▶ VATINET, *Dr. soc. 2014. 711* (les ressources du comité d'entreprise).

Art. L. 2325-51 Le trésorier du comité d'entreprise ou, le cas échéant, le commissaire aux comptes présente un rapport sur les conventions passées, directement, indirectement ou par personne interposée, entre le comité d'entreprise et l'un de ses membres.

Ce rapport est présenté aux membres élus du comité d'entreprise lors de la réunion en séance plénière mentionnée au troisième alinéa de l'article L. 2325-49.

Art. L. 2325-52 Au plus tard trois jours avant la réunion en séance plénière mentionnée à l'article L. 2325-49, les membres du comité d'entreprise chargés d'arrêter les comptes du comité communiquent aux membres du comité d'entreprise les comptes annuels ou, le cas échéant, les documents mentionnés à l'article L. 2325-46, accompagnés du rapport mentionné à l'article L. 2325-50.

Art. L. 2325-53 Le comité d'entreprise porte à la connaissance des salariés de l'entreprise, par tout moyen, ses comptes annuels ou, le cas échéant, les documents mentionnés à l'article L. 2325-46, accompagnés du rapport mentionné à l'article L. 2325-50.

Art. L. 2325-54 Lorsque le comité d'entreprise dépasse, pour au moins deux des trois critères mentionnés au II de l'article L. 2325-45, des seuils fixés par décret, il est tenu de nommer au moins un commissaire aux comptes et un suppléant, distincts de ceux de l'entreprise.

Le comité d'entreprise tenu d'établir des comptes consolidés nomme deux commissaires aux comptes en application de l'article L. 823-2 du code de commerce.

Le coût de la certification des comptes est pris en charge par le comité d'entreprise sur sa subvention de fonctionnement.

L'art. L. 2325-54, dans sa rédaction résultant de la L. n° 2014-288 du 5 mars 2014, s'appliquent pour les exercices ouverts à compter du 1er janv. 2016 (L. préc., art. 32-V).

Art. L. 2325-55 Lorsque le commissaire aux comptes du comité d'entreprise relève, à l'occasion de l'exercice de sa mission, des faits de nature à compromettre la continuité de l'exploitation du comité d'entreprise, il en informe le secrétaire et le président du comité d'entreprise, dans des conditions fixées par décret en Conseil d'État.

A défaut de réponse du secrétaire du comité d'entreprise dans un délai fixé par décret en Conseil d'État ou si cette réponse ne lui permet pas d'être assuré de la continuité de l'exploitation du comité d'entreprise, le commissaire aux comptes établit un rapport spécial et invite l'employeur, par un document écrit dont la copie est transmise au président du tribunal de grande instance compétent et aux membres du comité d'entreprise, à réunir le comité d'entreprise afin que ce dernier délibère sur les faits relevés. Le commissaire aux comptes est convoqué à cette réunion, qui se tient dans des conditions et délais fixés par décret en Conseil d'État.

En l'absence de réunion du comité d'entreprise dans le délai prévu au deuxième alinéa du présent article, en l'absence de convocation du commissaire aux comptes ou si, à l'issue de la réunion du comité d'entreprise, le commissaire aux comptes constate que les décisions prises ne permettent pas d'assurer la continuité de l'exploitation, il informe de ses démarches le président du tribunal de grande instance et lui en communique les résultats. Le I de l'article L. 611-2 du code de commerce est applicable, dans les mêmes conditions, au comité d'entreprise. Pour l'application du présent article, le président du tribunal de grande instance est compétent et il exerce les mêmes pouvoirs que ceux qui sont attribués au président du tribunal de commerce.

Dans un délai de six mois à compter du déclenchement de la procédure d'alerte, le commissaire aux comptes peut reprendre le cours de la procédure au point où il avait estimé pouvoir y mettre un terme lorsque, en dépit des éléments ayant motivé son appréciation, la continuité de l'exploitation du comité d'entreprise demeure compromise et que l'urgence commande l'adoption de mesures immédiates.

Le présent article n'est pas applicable lorsqu'une procédure de conciliation ou de sauvegarde a été engagée par le débiteur en application des articles L. 611-6 ou L. 620-1 du code de commerce.

V. art. R. 2325-17 s.

L'art. L. 2325-55, dans sa rédaction résultant de la L. n° 2014-288 du 5 mars 2014, s'appliquent pour les exercices ouverts à compter du 1er janv. 2016 (L. préc., art. 32-V).

Art. L. 2325-56 Les comptes annuels et, le cas échéant, les documents mentionnés à l'article L. 2325-46, ainsi que les pièces justificatives qui s'y rapportent, sont conservés pendant dix ans à compter de la date de clôture de l'exercice auquel ils se rapportent.

Art. L. 2325-57 Le comité d'entreprise dont les ressources annuelles excèdent le seuil prévu à l'article L. 2325-46 et qui n'excède pas, pour au moins deux des trois

critères mentionnés au II de l'article L. 2325-45, des seuils fixés par décret confie la mission de présentation de ses comptes annuels à un expert-comptable.

Le coût de la mission de présentation de ses comptes est pris en charge par le comité d'entreprise sur sa subvention de fonctionnement.

Art. L. 2325-58 **Pour l'application de la présente section, la définition des ressources annuelles pour l'appréciation des seuils mentionnés au II de l'article L. 2325-45 et à l'article L. 2325-46 est précisée par décret.**

CHAPITRE VI **DÉLÉGATION UNIQUE DU PERSONNEL**

Est reproduit ci-dessous le chapitre VI dans sa rédaction issue de la L. n° 2015-994 du 17 août 2015 dont les dispositions entrent en vigueur le 18 août 2015.

Pour les entreprises ayant mis en place une délégation unique du personnel avant le 18 août 2015, l'employeur peut décider, après avoir recueilli l'avis de ses membres, de maintenir la délégation unique du personnel exerçant les seules attributions des délégués du personnel et du comité d'entreprise, conformément aux règles applicables avant l'entrée en vigueur de la loi du 17 août 2015, dans la limite de deux cycles électoraux suivant la fin des mandats en cours au 18 août 2015. A l'issue de cette période, il met en place sans délai, après avoir consulté les membres de la délégation unique du personnel, soit une délégation unique du personnel dans les conditions prévues ci-dessous, soit un comité d'entreprise, une délégation du personnel et un comité d'hygiène, de sécurité et des conditions de travail (L. préc., art. 13-VI). — V. l'ancien chapitre après l'art. L. 2326-9.

BIBL. ► TEYSSIÉ, *JCP S 2016. 1116.*

SECTION PREMIÈRE **MISE EN PLACE**

Art. L. 2326-1 **Dans les entreprises de moins de** *(L. n° 2015-994 du 17 août 2015, art. 13-I)* **« trois cents » salariés, l'employeur peut décider que les délégués du personnel constituent la délégation du personnel au comité d'entreprise** *(L. n° 2015-994 du 17 août 2015, art. 13-I)* **« et au comité d'hygiène, de sécurité et des conditions de travail. Il prend cette décision après avoir consulté les délégués du personnel et, s'ils existent, le comité d'entreprise et le comité d'hygiène, de sécurité et des conditions de travail. »**

La faculté de mettre en place une délégation unique est ouverte lors de la constitution *(L. n° 2015-994 du 17 août 2015, art. 13-I)* **« de l'une des institutions mentionnées au premier alinéa ou du renouvellement de l'une d'entre elles.**

« La durée du mandat des délégués du personnel, des membres du comité d'entreprise et du comité d'hygiène, de sécurité et des conditions de travail peut être prorogée ou réduite dans la limite de deux années, de manière à ce que leur échéance coïncide avec la date de mise en place de la délégation unique.

« Lorsque l'employeur met en place une délégation unique du personnel au niveau d'une entreprise comportant plusieurs établissements, une délégation unique du personnel est mise en place au sein de chaque établissement distinct, au sens de l'article L. 2327-1. »

V. note ss. le titre du chapitre VI.

COMMENTAIRE

V. Dalloz.fr et applications mobiles Dalloz.

A. CONDITIONS

1. Effectif requis. Lorsque la faculté de mettre en place une délégation unique s'exerce au moment du renouvellement du comité d'entreprise, l'effectif est apprécié à la date du premier tour. • Soc. 27 mai 1998 : *RJS 1998. 750, n° 1244.* ♦ Il découle de l'art. L. 431-1-1 [L. 2326-1 nouv.] que, par dérogation aux règles du droit commun relatives à la détermination du nombre de délégués du personnel, les effectifs de salariés à prendre en considération pour la détermination du nombre des délégués du personnel constituant la délégation du personnel au comité d'entreprise doivent être appréciés dans le cadre de l'ensemble de l'entreprise – ou, au sens de l'art. L. 435-1 [L. 2327-1 nouv.], de l'établissement distinct donnant lieu à la création d'un comité d'établissement – et non pas dans le cadre de chaque établissement au sens des dispositions de l'art. L. 421-1 [L. 2312-1 nouv.] relatives aux délégués du personnel. • CE 8 sept. 1995, *CFDT : D. 1995. IR 206 ; RJS 1995. 725, n° 1141.*

2. Consultation des délégués du personnel. Les délégués du personnel et, s'il existe, le comité d'entreprise sont seuls habilités à participer à la consultation préalable à la mise en place de la délégation unique. • Soc. 8 janv. 1997 : *RJS 1997. 112, n° 164* (exclusion des délégués syndicaux). ♦ L'entreprise n'ayant pas de délégués du personnel, il ne peut être fait grief à l'employeur de ne pas les avoir consultés sur la mise en place de la délégation unique. • Soc. 14 mai 1997 : *RJS 1997. 457, n° 704.* ♦ L'existence de procédures judiciaires opposant l'employeur au comité d'entreprise ne révèle pas l'intention de nuire constitutive de l'abus de droit de la part de l'employeur qui décide de mettre en place une délégation unique. • Soc. 13 janv. 1999 : *RJS 1999. 139, n° 228.* ♦ En l'absence de cette consultation, les élections des délégués du personnel appelés à constituer la délégation du personnel au comité d'entreprise sont entachées d'irrégularité justifiant leur annulation. • Soc. 7 déc. 2016, n° 15-25.317 P.

3. Invitation des organisations syndicales à négocier le protocole préélectoral. Le choix de mettre en place une délégation unique appartenant à l'employeur seul, le désaccord manifesté par les organisations syndicales quant à ce choix ne le dispense pas de procéder à une négociation du protocole préélectoral. • Soc. 28 sept. 2011 : *D. 2011. Actu. 2405 ; RJS 2011. 872, n° 1003 ; JCP S 2011. 1573, obs. Kerbouc'h.*

B. MISE EN PLACE

4. Élections. Les règles électorales à appliquer sont celles qui régissent les délégués du personnel et non celles relatives au comité d'entreprise pour l'élection duquel la création d'un troisième collège est prévue. • Soc. 26 sept. 2002, n° 01-60.325 P : *RJS 2002. 1042, n° 1418.*

5. Salariés mis à disposition candidats. Les travailleurs mis à disposition d'une entreprise, qui remplissent les conditions fixées par l'art. L. 2314-18-1 C. trav. pour être éligibles en qualité de délégué du personnel, peuvent à ce même titre, en l'absence de dispositions légales contraires, être candidats à la délégation unique du personnel. • Soc. 5 déc. 2012 : *D. 2012. Actu. 2969 ; Dr. ouvrier 2013. 217, obs. Lévy ; JCP S 2013. 1049, obs. Jeansen.*

6. Nombre de représentants. Détermination du nombre de membres de la délégation unique en présence de dispositions conventionnelles : V. note ss. art. R. 2314-3.

7. Délit d'entrave. Commet un délit d'entrave l'employeur qui ne procède pas au renouvellement du comité d'entreprise en l'absence d'autorisation administrative de suppression de cette institution. Commet le même délit l'employeur qui met en place une délégation unique sans consultation du comité d'entreprise et ne respecte pas les règles relatives à la périodicité des réunions de cette délégation. • Crim. 6 févr. 2007 : *JS Lamy 2007, n° 209-6.*

C. MISE EN ŒUVRE

8. Conséquences. En l'absence de comités d'établissement, la décision de l'employeur d'instituer la délégation unique du personnel fait obstacle à l'organisation d'élections de délégués du personnel au sein d'établissements distincts. • Soc. 14 déc. 1995 : *Dr. soc. 1996. 201, obs. Cohen ; RJS 1996. 88, n° 137 ; JCP 1996. I. 3925, n° 17, obs. Gatumel ; Dr. ouvrier 1996. 90, note Rennes.* – Savatier, *RJS 1996. 63.*

9. Lorsque la délégation unique n'a pas été mise en place dans tous les établissements de l'entreprise et que l'effectif de l'entreprise atteint ou dépasse deux cents salariés, il convient de procéder à de nouvelles élections dans chacun des établissements de l'entreprise conformément au droit commun, sans attendre l'échéance des mandats en cours. • Soc. 17 mars 2004, n° 02-60.579 P : *D. 2004. IR 923 ; RJS 2004. 384, n° 564.*

SECTION II **COMPOSITION ET ÉLECTION**

Art. L. 2326-2 *(L. n° 2015-994 du 17 août 2015, art. 13-III)* **La délégation unique du personnel est composée des représentants du personnel élus dans les conditions prévues à la section II du chapitre IV du présent titre.**

V. note ss. le titre du chapitre VI.

Art. L. 2326-2-1 *(L. n° 2015-994 du 17 août 2015, art. 13-III)* **Le nombre de représentants constituant la délégation unique du personnel est fixé par décret en Conseil d'État.**

Un accord conclu entre l'employeur et les organisations syndicales mentionnées aux articles L. 2314-3 et L. 2324-4 peut augmenter le nombre de représentants du personnel constituant la délégation unique du personnel.

V. note ss. le titre du chapitre VI.

SECTION III **ATTRIBUTIONS ET FONCTIONNEMENT**

(L. nº 2015-994 du 17 août 2015, art. 13-IV)

Art. L. 2326-3 Dans le cadre de la délégation unique du personnel, les délégués du personnel, le comité d'entreprise et le comité d'hygiène, de sécurité et des conditions de travail conservent l'ensemble de leurs attributions.

V. note ss. le titre du chapitre VI.

Art. L. 2326-4 Les membres de la délégation unique du personnel désignent un secrétaire et un secrétaire adjoint dans des conditions déterminées par décret en Conseil d'État.

V. note ss. le titre du chapitre VI.

Art. L. 2326-5 Les délégués du personnel, le comité d'entreprise et le comité d'hygiène, de sécurité et des conditions de travail conservent leurs règles de fonctionnement respectives, sous réserve des adaptations suivantes :

1° La délégation est réunie au moins une fois tous les deux mois sur convocation de l'employeur. Au moins quatre de ces réunions annuelles portent en tout ou partie sur des sujets relevant des attributions du comité d'hygiène, de sécurité et des conditions de travail ;

2° Le secrétaire et le secrétaire adjoint désignés en application de l'article L. 2326-4 exercent les fonctions dévolues au secrétaire du comité d'entreprise et au secrétaire du comité d'hygiène, de sécurité et des conditions de travail ;

3° Un ordre du jour commun de chaque réunion est établi par l'employeur et le secrétaire de la délégation unique du personnel. Les consultations rendues obligatoires par une disposition légale ou conventionnelle sont inscrites de plein droit. L'ordre du jour est communiqué aux membres ayant qualité pour siéger huit jours au moins avant la séance ;

4° Lorsqu'est inscrite à l'ordre du jour une question relevant à la fois des attributions du comité d'entreprise et du comité d'hygiène, de sécurité et des conditions de travail, un avis unique de la délégation unique du personnel est recueilli au titre de ces deux institutions, sous réserve que les personnes mentionnées à l'article L. 4613-2 aient été convoquées à la réunion et que l'*(L. nº 2016-1088 du 8 août 2016, art. 113)* « agent de contrôle de l'inspection du travail mentionné à l'article L. 8112-1 » en ait été prévenu en application de l'article L. 4614-11 ;

5° Lorsqu'une expertise porte à la fois sur des sujets relevant des attributions du comité d'entreprise et sur des sujets relevant des attributions du comité d'hygiène, de sécurité et des conditions de travail, la délégation unique du personnel a recours à une expertise commune, dans des conditions précisées par décret en Conseil d'État. L'expert ou les experts menant une expertise commune doivent répondre aux mêmes exigences que celles définies aux articles L. 2325-35 et L. 4614-12 ;

6° Les avis de la délégation unique du personnel sont rendus dans les délais applicables aux avis du comité d'entreprise ;

7° Les membres suppléants de la délégation unique du personnel participent aux réunions avec voix consultative ;

(L. nº 2016-1088 du 8 août 2016, art. 18) « 8° Les réunions de la délégation unique du personnel peuvent se dérouler en visioconférence, dans les conditions prévues à l'article L. 2325-5-1, y compris lorsque l'ordre du jour comporte des points relevant uniquement des attributions des délégués du personnel. » — *Ce 8° est applicable aux entreprises mentionnées au VI de l'art. 13 de la L. nº 2015-994 du 17 août 2015 dans lesquelles l'employeur a décidé le maintien de la délégation unique du personnel (L. nº 2016-1088 du 8 août 2016, art. 18-XVI).*

V. note ss. le titre du chapitre VI.

Art. L. 2326-6 Les règles en matière de crédit d'heures de délégation pour chacune des institutions sont adaptées comme suit :

1° Les membres titulaires de la délégation unique du personnel disposent du temps nécessaire à l'exercice des attributions dévolues aux délégués du personnel, au comité d'entreprise et au comité d'hygiène, de sécurité et des conditions de travail. Ce temps ne peut excéder, sauf circonstances exceptionnelles, un nombre d'heures fixé par décret en Conseil d'État en fonction des effectifs de l'entreprise ou de l'établissement et du nombre de représentants constituant la délégation unique. Ce temps peut être utilisé cumulativement dans la limite de douze mois. Cette règle ne peut conduire un membre à disposer, dans le mois, de plus d'une fois et demie le crédit d'heures de délégation dont il bénéficie. Les conditions d'utilisation des heures de délégation sont fixées par décret en Conseil d'État ;

2° Les membres titulaires de la délégation unique du personnel peuvent, chaque mois, répartir entre eux et avec les membres suppléants le crédit d'heures de délégation dont ils disposent. Ils en informent l'employeur. Cette répartition ne peut conduire un membre de la délégation à disposer, dans le mois, de plus d'une fois et demie le crédit d'heures de délégation dont bénéficie un membre titulaire en application du 1° ;

3° Un accord de branche ou d'entreprise peut comporter des dispositions plus favorables que celles mentionnées au présent article.

(L. n° 2016-1088 du 8 août 2016, art. 28) « Sauf accord collectif contraire, lorsque le représentant du personnel élu ou désigné est un salarié mentionné à l'article L. 3121-58, le crédit d'heures est regroupé en demi-journées qui viennent en déduction du nombre annuel de jours travaillés fixé dans la convention individuelle du salarié. Une demi-journée correspond à quatre heures de mandat. Lorsque le crédit d'heures ou la fraction du crédit d'heures restant est inférieur à quatre heures, le représentant du personnel en bénéficie dans des conditions définies par un décret en Conseil d'État. »

V. note ss. le titre du chapitre VI.

SECTION IV **CONDITIONS DE SUPPRESSION**

(L. n° 2015-994 du 17 août 2015, art. 13-IV)

Art. L. 2326-7 L'employeur peut, après avoir recueilli l'avis de la délégation unique du personnel, décider de ne pas la renouveler à l'échéance du mandat de ses membres. Dans ce cas, il procède sans délai à l'organisation de l'élection des délégués du personnel, des membres du comité d'entreprise ainsi qu'à la désignation des membres du comité d'hygiène, de sécurité et des conditions de travail, conformément aux dispositions du présent code relatives à chacune des institutions concernées. Le mandat des membres de la délégation unique du personnel est, le cas échéant, prorogé jusqu'à la mise en place de ces institutions.

V. note ss. le titre du chapitre VI.

Art. L. 2326-8 Lorsque l'effectif de l'entreprise passe sous le seuil de cinquante salariés dans les conditions prévues à l'article L. 2322-7 et que l'employeur fait application du même article, les délégués du personnel cessent de plein droit d'exercer les attributions reconnues à la délégation du personnel, au comité d'entreprise et au comité d'hygiène, de sécurité et des conditions de travail. Ils exercent leurs attributions propres jusqu'au terme de leur mandat si l'effectif de l'entreprise reste au moins égal à onze salariés.

V. note ss. le titre du chapitre VI.

Art. L. 2326-9 Lorsque l'effectif de l'entreprise passe au-dessus du seuil de trois cents salariés, les membres de la délégation unique du personnel continuent d'exercer leur mandat jusqu'à son terme, dans les conditions prévues au présent chapitre. A l'échéance du mandat des membres de la délégation unique du personnel, il peut être procédé à un regroupement des institutions représentatives du personnel dans les conditions prévues à l'article L. 2391-1. A défaut, l'employeur procède sans délai à l'organisation de l'élection des délégués du personnel et des membres du comité d'entreprise ainsi qu'à la désignation des membres du comité d'hygiène, de sécurité et des conditions de travail, en application des dispositions du présent code relatives à chacune des institutions concernées.

V. note ss. le titre du chapitre VI.

CHAPITRE VI *[ANCIEN]* DÉLÉGATION UNIQUE DU PERSONNEL

Est reproduit ci-après le chapitre VI dans sa rédaction antérieure à la L. n° 2015-994 du 17 août 2015, dont les dispositions entrent en vigueur pour l'essentiel au 1er janv. 2016.

BIBL. ▶ DEL SOL, *Dr. soc. 1995. 153* ✐. – SAVATIER, *RJS 1996. 63.*

SECTION PREMIÈRE *[ANCIENNE]* MISE EN PLACE

Ancien art. L. 2326-1 *Dans les entreprises de moins de deux cents salariés, l'employeur peut décider que les délégués du personnel constituent la délégation du personnel au comité d'entreprise. Il ne peut prendre cette décision qu'après avoir consulté les délégués du personnel et, s'il existe, le comité d'entreprise.*

La faculté de mettre en place une délégation unique est ouverte lors de la constitution du comité d'entreprise ou de son renouvellement.

La durée du mandat des délégués du personnel est prorogée jusqu'à la mise en place du comité d'entreprise ou son renouvellement. Elle peut être réduite lorsque le mandat du comité d'entreprise vient à échéance avant celui des délégués du personnel. — [Anc. art. L. 431-1-1, al. 1, 3 et 4.]

SECTION II *[ANCIENNE]* COMPOSITION ET ÉLECTION

Ancien art. L. 2326-2 *Le nombre des délégués du personnel constituant la délégation unique du personnel est déterminé par décret en Conseil d'État.* — [Anc. art. L. 431-1-1, al. 2, phrase 2 début.]

SECTION III *[ANCIENNE]* ATTRIBUTIONS ET FONCTIONNEMENT

Ancien art. L. 2326-3 *Dans le cadre de la délégation unique du personnel, les délégués du personnel et le comité d'entreprise conservent l'ensemble de leurs attributions.*

Les réunions de délégué du personnel et du comité d'entreprise se tiennent au moins une fois par mois sur convocation de l'employeur. Elles ont lieu à la suite l'une de l'autre selon les règles propres à chacune de ces instances.

Les membres de la délégation unique du personnel disposent du temps nécessaire à l'exercice des attributions dévolues aux délégués du personnel et au comité d'entreprise. Ce temps ne peut excéder, sauf circonstances exceptionnelles, vingt heures par mois. — [Anc. art. L. 431-1-1, al. 2.]

CHAPITRE VII COMITÉ CENTRAL D'ENTREPRISE ET COMITÉS D'ÉTABLISSEMENT

BIBL. ▶ Attributions respectives des comités d'établissement et du comité central : COHEN, *Dr. ouvrier 1984. 253.* – SAVATIER, *Dr. soc. 1976. 392.* – *Adde :* VERDON, *Dr. ouvrier 1977. 299* (comité central).

SECTION PREMIÈRE CONDITIONS DE MISE EN PLACE

Art. L. 2327-1 Des comités d'établissement et un comité central d'entreprise sont constitués dans les entreprises comportant des établissements distincts. — *[Anc. art. L. 435-1, al. 1.]*

I. CRITÈRES

1. Indifférence de l'effectif. Aucune disposition légale ne subordonne la reconnaissance ou le maintien du caractère d'établissement distinct à la condition que l'établissement ait un effectif d'au moins cinquante salariés ; si, lorsqu'il doit se prononcer sur l'existence ou la perte de ce caractère, le directeur du travail et de l'emploi peut tenir compte notamment de l'importance de l'effectif de l'établissement pour apprécier si celui-ci dispose d'une autonomie suffisante, il ne peut légalement se fonder, pour refuser de reconnaître ou de maintenir la qualité d'établissement distinct, sur le seul motif que l'établissement en cause a un effectif inférieur à cinquante salariés. • CE 15 mai 1991 : ⚖ *D. 1991. IR 168 ; JCP E 1991. II. 202, concl. Hubert ; Dr. soc. 1992. 39, note Savatier* ✐ *; RJS 1991. 553, note Chelle et Prétot.* – Dans le même sens : • CE 19 oct. 1992 : ⚖ *RJS 1992. 756, n° 1397.*

2. Critère géographique. Un établissement distinct peut être retenu dès lors qu'il a une implantation géographique distincte, qu'il présente un caractère de stabilité et dispose d'une autonomie suffisante tant pour l'exécution du service que pour la gestion du personnel ; peu importe que le territoire de chacun des établissements distincts soit relativement vaste et que les CHSCT aient une autre implantation ou que l'employeur ait proposé un nombre supérieur d'établissements. • CE 6 mars 2002 : ⚖ *RJS 2002. 647, n° 834.*

3. Autonomie. Il n'y a pas lieu d'instaurer des

comités d'établissement dès lors que les différentes structures de l'entreprise, si elles avaient bien une implantation géographique distincte et un certain caractère de stabilité, ne présentaient qu'un degré d'autonomie très réduit en ce qui concerne la gestion du personnel et l'exécution du service. • CE 29 juin 1973 : *GADT, 4e éd., no 17 ; Dr. soc. 1974. 42, concl. Questiaux, note Savatier.* ♦ Pour d'autres exemples du recours au critère de l'autonomie de l'établissement, V. • CE 1er juin 1979 : *D. 1980. 22, note Moderne ; D. 1980. IR 97, obs. Pélissier* • 10 mai 1983 : *D. 1984. IR 355, obs. Langlois* • 3 juin 1983 : *Gaz. Pal. 1984. 1. Somm. 136* • 21 nov. 1986, *Synd. national CGC*, req. n° 51807 : *Lebon 263 ; D. 1988. Somm. 79, obs. Chelle et Prétot* • 7 juin 1985 : *Dr. ouvrier 1985. 281.* ♦ Des départements fonctionnels peuvent recevoir la qualification d'établissements distincts dès lors qu'ils disposent, du fait des délégations de compétence, d'une autonomie suffisante dans la gestion du personnel, alors même qu'ils regroupent des agents travaillant en des lieux différents et n'ont pas une implantation géographique séparée. • CE 27 mars 1996 : *Dr. soc. 1996. 938, concl. Maugüé ; RJS 1996. 352, no 556 ; AJDA 1996. 802, obs. Gherari.* ♦ Dans le même sens • CE 23 juill. 2003 : *RJS 2003. 981, no 1409.*

II. RECONNAISSANCE

4. Tribunal d'instance. Lorsqu'un différend portant sur la qualité d'établissement distinct survient au moment où doivent avoir lieu les élections dans le cadre de l'établissement en cause, le tribunal d'instance doit reporter la date des élections jusqu'à la décision de l'autorité administrative. • Soc. 23 janv. 2002, n° 00-60.362 P : *RJS 2002. 348, no 451.*

5. Autorité administrative. La décision du directeur départemental du travail et de l'emploi n'a pas à être motivée. • CE 11 oct. 1985 : *RFDA 1986. 497, obs. Gaudemet* • 28 juill. 1993 : *RJS 1993. 657, no 1112.* ♦ L'annulation de la décision administrative rend sans objet les litiges relatifs aux établissements concernés. • Soc. 19 mars 1986 : *Bull. civ. V, no 99.*

6. La saisine, par les syndicats représentant le personnel de l'autorité administrative, du différend les opposant à l'employeur sur la détermination des établissements de l'entreprise implique nécessairement qu'ils ont entendu dénoncer l'accord relatif aux établissements distincts dans l'entreprise. • CE 5 juin 2002 : *RJS 2003. 43, no 53.*

7. Perte de la qualité d'établissement distinct. V. • CE 15 mai 1991 : *préc. note 1.* ♦ Le directeur du travail, intervenant à défaut d'accord constatant la perte de la qualité d'établissement distinct, n'est pas compétent lorsque aucune négociation sur ce sujet n'a été entamée dans l'entreprise. • CE 12 févr. 2003 : *RJS 2003. 596, no 903.* ♦ A défaut d'accord collectif, le directeur départemental de l'emploi a compétence pour reconnaître la perte du caractère d'établissement distinct même dans le cas où ce caractère résultait non d'une décision de cette même autorité, mais d'un accord collectif. • CE 10 mai 1993 : *RJS 1993. 527, no 881.* ♦ La perte de la qualité d'établissement distinct emporte suppression du comité d'établissement considéré. • Soc. 25 juin 2003 : *RJS 2003. 983, no 1411* (décision administrative postérieure à la reconnaissance d'une unité économique et sociale). ♦ La division d'un établissement en deux nouveaux établissements entraîne la suppression du comité d'établissement, sauf accord permettant l'achèvement des mandats. • Soc. 15 mai 1991 : *D. 1991. IR 154 ; RJS 1991. 383, no 720 ; Dr. soc. 1992. 39, note Savatier.*

8. La perte de la qualité d'établissement distinct, reconnue par décision administrative, emporte suppression du comité de l'établissement considéré, sauf accord conclu entre le chef d'entreprise et les organisations syndicales représentatives dans l'entreprise permettant aux membres du comité d'établissement d'achever leur mandat ; sauf accord, la décision du ministre rendue sur recours hiérarchique oblige l'employeur à organiser les élections pour mettre en place le ou les comités d'établissement en conformité avec la décision administrative. • Soc. 23 nov. 2005 : *RJS 2006. 138, no 231 ; Dr. soc. 2006. 237, obs. Savatier.* ♦ La perte du caractère distinct d'un établissement d'une entreprise qui en comporte deux emporte nécessairement la perte du caractère distinct de l'autre et a pour conséquence la nécessité de mettre en place un comité d'entreprise unique pour représenter l'ensemble des salariés. • Soc. 20 juin 2007 : *RJS 2007. 844, no 1080.*

9. Constitution du comité central d'entreprise. Aucune disposition ne fait obligation au chef d'entreprise de prendre l'initiative de la constitution d'un comité central lorsque aucune démarche n'a été effectuée à cet effet auprès de lui. • Crim. 14 janv. 1986 : *Bull. crim. no 24 ; D. 1986. IR 381, obs. Frossard ; RSC 1986. 887, obs. A. Lyon-Caen.*

10. Unité économique et sociale. La mise en place d'un comité central au sein d'une unité économique et sociale est subordonnée à la création de comités d'établissement, procédure qui ne relève que de l'accord entre les partenaires sociaux ou, à défaut, du directeur départemental du travail et de l'emploi. • Soc. 14 janv. 1988 : *JCP 1988. IV. 101.*

11. Comité de groupe. L'existence d'un comité de groupe n'exclut pas la mise en place d'un comité central d'entreprise dans le cadre de l'unité économique et sociale formée par certaines sociétés de ce groupe. • Soc. 30 mai 2001 : *RJS 2001. 707, no 1032.*

12. Établissements distincts. Sur la procédure de reconnaissance d'un établissement distinct, V. notes ss. art. L. 2312-1. ♦ Sur la portée de la décision administrative, V. • Crim. 31 mars 1992 : ♔ *D. 1992. IR 199 ; RJS 1992. 621, n° 1121.*

SECTION II COMITÉ CENTRAL D'ENTREPRISE

SOUS-SECTION 1 ATTRIBUTIONS

Art. L. 2327-2 **Le comité central d'entreprise exerce les attributions économiques qui concernent la marche générale de l'entreprise et qui excèdent les limites des pouvoirs des chefs d'établissement.**

Il est informé et consulté sur tous les projets économiques et financiers importants concernant l'entreprise, notamment dans les cas définis aux articles *(L. n° 2015-994 du 17 août 2015, art. 15-II)* **« L. 2323-35 à L. 2323-43.**

« Il est seul consulté sur les projets décidés au niveau de l'entreprise qui ne comportent pas de mesures d'adaptation spécifiques à un ou plusieurs établissements. Dans ce cas, son avis accompagné des documents relatifs au projet est transmis, par tout moyen, aux comités d'établissement. Le comité central d'entreprise est également seul consulté sur les projets décidés au niveau de l'entreprise lorsque leurs éventuelles mesures de mise en œuvre, qui feront ultérieurement l'objet d'une consultation spécifique au niveau approprié, ne sont pas encore définies. »

1. Compétence du comité central d'entreprise. Compétent pour exercer dans l'ordre économique les attributions légales des comités d'entreprise, un comité central aurait dû être consulté en cas de suppression de certains services d'une agence, mesure qui excédait les pouvoirs du chef d'agence. • Crim. 6 nov. 1975 : *Dr. soc. 1976. 392, note Savatier.*

2. Sur le partage des compétences entre les comités d'établissement et le comité central en matière de licenciement économique, V. • Crim. 21 mars 1979 : ♔ *Bull. crim. n° 118 ; D. 1979. IR 501* • 17 janv. 1984 : *Dr. ouvrier 1984. 273* • 31 janv. 1989 : *BS Lefebvre 1989. 184, n° 415* • 26 sept. 1990 : ♔ *D. 1990. IR 232 ; RJS 1990. 529, n° 782.*

3. Si la mise en œuvre d'une décision prise par un directeur d'établissement et les dispositions spécifiques à l'établissement nécessitées par l'application d'une décision de la direction générale doivent faire l'objet d'une information-consultation du comité d'établissement, ce dernier n'a pas à être informé et consulté sur la décision de principe emportant création de pôles dans le cadre d'une réorganisation de l'entreprise ou du groupe qui relève de la décision de la direction générale et de la compétence du comité central d'entreprise. • Soc. 5 juill. 2006 : ♔ *D. 2006. IR 2123* ✐ *; JS Lamy 2006, n° 196-4 ; RJS 2006. 885, n° 1199.*

SOUS-SECTION 2 COMPOSITION, ÉLECTION ET MANDAT

§ 1er COMPOSITION

Art. L. 2327-3 **Le comité central d'entreprise est composé d'un nombre égal de délégués titulaires et de suppléants, élus, pour chaque établissement, par le comité d'établissement parmi ses membres. Ce nombre est déterminé par décret en Conseil d'État.**

Le nombre total des membres titulaires ne peut excéder un maximum également déterminé par décret en Conseil d'État.

1. Intervention de l'autorité administrative. En tenant compte, pour répartir les sièges, tant de l'importance et de la structure des effectifs des différents établissements que de l'importance et de la structure des effectifs de chaque collège au sein de chaque établissement, le ministre n'a pas fait une appréciation erronée des faits. • CE 18 déc. 1991 : ♔ *RJS 1992. 194, n° 321.* ♦ L'autorité administrative, intervenant à défaut d'accord, n'a pas à fixer les modalités de remplacement des délégués titulaires par les délégués suppléants au sein du comité central. • Même arrêt.

2. En cas d'accord, le recours formé par une organisation syndicale contre le silence gardé par l'autorité administrative sur les demandes dont elle a été saisie ne tend qu'à remettre en cause la validité de l'accord, lequel est de droit privé et ne relève pas de la compétence du juge administratif. • CE 21 févr. 1997 : ♔ *RJS 1997. 363, n° 558.*

3. Élection. L'art. L. 433-10 [L. 2324-22 nouv.], qui concerne uniquement l'élection des comités d'entreprise ou d'établissement, n'est pas applicable à celle du comité central. • Soc. 5 juin 1985 : *Bull. civ. V, n° 326.* ♦ Le comité d'établissement forme un collège électoral unique. • Soc. 21 juill. 1976 : *Bull. civ. V, n° 461 ; Dr. soc.*

1976. 494, obs. Savatier. ♦ ... Sauf modalités particulières prévues par un accord. • Soc. 23 juill. 1980 : *Bull. civ. V, n° 679.* ♦ La conclusion d'un accord préélectoral n'est pas obligatoire. • Soc. 23 juill. 1980 : *préc.* • 7 juill. 1983 : *Bull. civ. V, n° 428.* ♦ L'employeur ne participe pas à la désignation des membres du comité central. • Soc. 21 juill. 1976 : *Bull. civ. V, n° 460 ; Dr. soc. 1976. 494, note Savatier.* ♦ Sur la possibilité d'un vote direct lorsqu'un établissement n'est pas doté de comité, V. • Soc. 28 avr. 1971 : *Bull. civ. V, n° 310.*

4. Sont seuls éligibles les membres titulaires des comités d'établissement. • Soc. 3 juin 1977 : *Bull. civ. V, n° 374 ; D. 1977. IR 315.* ♦ Même si la convention collective donne voix délibérative aux délégués suppléants du comité central d'entreprise, les membres suppléants du comité d'établissement ne peuvent faire partie de la délégation du comité central d'entreprise. • Soc. 7 mai 2002, n° 01-60.629 P : *D. 2002. IR 1882 ; RJS 2002. 930, n° 1250.* ♦ Un membre d'un comité d'établissement, élu dans le collège ouvriers-employés, peut être élu au comité central dans ce même collège bien qu'entre-temps il soit devenu agent de maîtrise. • Soc. 9 oct. 1991 : *RJS 1991. 718, n° 1337* • 3 avr. 2002, n° 00-60.431 P : *RJS 2002. 553, n° 703.*

5. Le vote se déroule au scrutin majoritaire à un tour. • Soc. 22 juill. 1976 : *Dr. soc. 1976. 494, note Savatier* • 29 mars 1994, n° 90-60.281 P : *RJS 1994. 362, n° 579.* ♦ ... Sauf modalités conventionnelles particulières. • Soc. 5 juin 1985 : *préc. note 3.* ♦ Chaque électeur doit voter simultanément pour autant de candidats qu'il y a de sièges à pourvoir. • Soc. 8 déc. 2010 : *Dr. soc. 2011. 226, obs. Petit ; JCP S 2011. 1127, obs. Pagnerre.* ♦ Sur la validité du règlement intérieur d'un comité d'établissement prévoyant un deuxième tour en cas d'égalité des voix, et, en cas de nouveau partage, l'élection du candidat le plus âgé, V. • Soc. 7 mars 1989 : *Dr. ouvrier 1990. 236.*

6. Mandat. Le mandat d'un membre du comité central cesse lorsque son mandat au comité d'établissement prend fin. • Soc. 4 juill. 1978 : *Bull. civ. V, n° 546 ; Dr. ouvrier 1979. 169, note G. C.* • 4 oct. 1983 : *D. 1984. IR 351, obs. Langlois.*

7. Contestation et qualité à agir. Les comités d'établissement ont intérêt et qualité à agir pour contester la validité du protocole préélectoral, qui organise l'élection des membres du comité central d'entreprise, ainsi que de cette dernière. • Soc. 30 oct. 2013 : *Dalloz actualité, 20 nov. 2013, obs. Ines ; RJS 1/2014, n° 55.*

Art. L. 2327-4 **Lorsqu'un ou plusieurs établissements de l'entreprise constituent trois collèges électoraux en application de l'article L. 2324-11, un délégué titulaire et un délégué suppléant au moins au comité central d'entreprise appartiennent à la catégorie des ingénieurs, chefs de service et cadres administratifs, commerciaux ou techniques assimilés sur le plan de la classification.** — *[Anc. art. L. 435-4, al. 2.]*

Représentation au CCE. Les parties à la négociation, dont les organisations syndicales répondant à la condition de double majorité, apprécient seules les conditions dans lesquelles doivent être satisfaites les dispositions de l'art. L. 2327-4 C. trav. relatives à la représentation au comité central d'entreprise des ingénieurs, chefs de service et cadres administratifs, commerciaux ou techniques assimilés sur le plan de la classification en vue d'assurer l'expression collective de l'ensemble des salariés de l'entreprise et non celle d'un établissement déterminé. • Soc. 28 janv. 2015, n° 14-15.817 P : *Dalloz actualité, 19 févr. 2015, obs. Ines ; Dr. soc. 2015. 471, note Petit ; RJS 4/2015, n° 263 ; JCPS 2015. 1186, obs. Kerbouc'h.*

Art. L. 2327-5 **Lorsqu'aucun établissement de l'entreprise ne constitue trois collèges électoraux mais que plusieurs établissements distincts groupent ensemble** *(L. n° 2012-387 du 22 mars 2012, art. 43)* **« au moins cinq cents salariés » ou au moins vingt-cinq membres du personnel appartenant à la catégorie des ingénieurs, chefs de service et cadres administratifs, commerciaux ou techniques assimilés sur le plan de la classification, au moins un délégué titulaire au comité central d'entreprise appartient à cette catégorie.** — *[Anc. art. L. 435-4, al. 3.]*

Art. L. 2327-6 **Chaque organisation syndicale représentative dans l'entreprise désigne un représentant au comité central d'entreprise choisi soit parmi les représentants de cette organisation aux comités d'établissement, soit parmi les membres élus de ces comités.**

Ce représentant assiste aux séances du comité central avec voix consultative. — *[Anc. art. L. 435-4, al. 9.]*

1. Représentant syndical. Le fait qu'un syndicat soit représentatif sur le plan national implique qu'il l'est au niveau de l'entreprise, pour désigner un représentant au comité central d'entreprise. • Soc. 16 déc. 1992, n° 91-60.214 P : *Dr. soc. 1993. 282, note Borenfreund ; RJS 1993. 43, n° 52.*

2. Les syndicats affiliés à une même organisation représentative sur le plan national ne peuvent désigner ensemble qu'un seul représentant syndical au comité central d'entreprise. • Soc. 23 juin 1993 : *RJS 1993. 529, n° 886* • 6 avr. 2005, n° 04-60.323 P.

3. Pour désigner un délégué syndical central, et un représentant au comité central d'entreprise, un syndicat doit être représentatif dans l'entreprise toute entière. • Soc. 25 janv. 2006, n° 04-60.437 P.

§ 2 ÉLECTION

Art. L. 2327-7 Dans chaque entreprise le nombre d'établissements distincts et la répartition des sièges entre les différents établissements et les différentes catégories font l'objet d'un accord entre l'employeur et les organisations syndicales *(L. n° 2008-789 du 20 août 2008, art. 4)* « intéressées, conclu selon les conditions de l'article L. 2324-4-1 ».

(L. n° 2014-288 du 5 mars 2014, art. 30-VIII) « Lorsqu'au moins une organisation syndicale a répondu à l'invitation à négocier de l'employeur et que l'accord mentionné au premier alinéa du présent article » ne peut être obtenu, l'autorité administrative dans le ressort duquel se trouve le siège de l'entreprise décide de ce nombre et de cette répartition. *(Abrogé par L. n° 2014-288 du 5 mars 2014, art. 30-VIII) « La décision administrative, même si elle intervient alors que le mandat de certains membres n'est pas expiré, est mise à exécution sans qu'il y ait lieu d'attendre la date normale de renouvellement de toutes les délégations des comités d'établissement ou de certaines d'entre elles. »*

(L. n° 2014-288 du 5 mars 2014, art. 30-VIII) « La saisine de l'autorité administrative suspend le processus électoral jusqu'à la décision administrative et entraîne la prorogation des mandats en cours des élus concernés jusqu'à la proclamation des résultats du scrutin.

« Même si elles interviennent alors que le mandat de certains membres n'est pas expiré, la détermination du nombre d'établissements distincts et la répartition des sièges entre les établissements et les différentes catégories sont appliquées sans qu'il y ait lieu d'attendre la date normale de renouvellement de toutes les délégations des comités d'établissement ou de certaines d'entre elles. »

(L. n° 2016-1088 du 8 août 2016, art. 18) « La décision de l'autorité administrative peut faire l'objet d'un recours devant le juge judiciaire, à l'exclusion de tout autre recours administratif ou contentieux. »

Art. L. 2327-8 Les contestations relatives à l'électorat, à la régularité des opérations électorales et à la désignation des représentants syndicaux sont de la compétence du juge judiciaire.

Lorsqu'une contestation rend indispensable le recours à une mesure d'instruction, les dépenses afférentes à cette mesure sont à la charge de l'État. — *[Anc. art. L. 435-6, al. 1er début et al. 2.]*

Compétence territoriale. Le tribunal compétent est celui du lieu de l'établissement où s'est déroulée l'élection contestée. • Civ. 2e, 11 juill. 1968, n° 67-60.048 P : *Dr. soc. 1969. 53, obs. Savatier.* ♦ ... Ou, s'agissant de la désignation des représentants syndicaux, celui du lieu du siège social de l'entreprise. • Soc. 1er juill. 1985 : *Bull. civ. V, n° 385.* – V. aussi • Soc. 19 juill. 1988 : *Bull. civ. V, n° 473.*

§ 3 DURÉE ET FIN DU MANDAT

Art. L. 2327-9 L'élection a lieu tous les quatre ans, après l'élection générale des membres des comités d'établissement. — *[Anc. art. L. 435-4, al. 1, phrase 3.]*

Art. L. 2327-10 Par dérogation aux dispositions de l'article L. 2327-9, un accord de branche, un accord de groupe ou un accord d'entreprise, selon le cas, peut fixer une durée du mandat des représentants du personnel au comité central d'entreprise comprise entre deux et quatre ans. — *[Anc. art. 96, VIII, L. n° 2005-882 du 2 août 2005.]*

§ 4 CIRCONSTANCES SUSCEPTIBLES D'AFFECTER LE MANDAT

Art. L. 2327-11 En cas de modification dans la situation juridique de l'employeur prévue à l'article L. 1224-1 le comité central de l'entreprise absorbée demeure en fonctions si l'entreprise conserve son autonomie juridique.

Si cette entreprise devient un établissement distinct de l'entreprise d'accueil, le comité d'entreprise désigne parmi ses membres deux représentants titulaires et suppléants au comité central de l'entreprise absorbante.

Si la modification porte sur un ou plusieurs établissements distincts qui conservent ce caractère, ces établissements sont représentés au comité central de l'entreprise d'accueil par leurs représentants au comité central de l'entreprise dont ils faisaient partie.

Dans les cas mentionnés aux deuxième et troisième alinéas, la représentation est assurée dans ces conditions pendant un délai d'un an au plus et peut entraîner le dépassement du nombre maximal de représentants au comité central d'entreprise prévu par le décret mentionné à l'article L. 2327-3. – *[Anc. art. L. 435-5.]*

BIBL. ▶ COHEN, *Dr. soc. 1989. 49.* – SAVATIER, *ibid. 1989. 39.*

SOUS-SECTION 3 **FONCTIONNEMENT**

Art. L. 2327-12 Le comité central d'entreprise est doté de la personnalité civile.

Il est présidé par l'employeur, assisté éventuellement de deux collaborateurs qui ont voix consultative.

Le comité central désigne un secrétaire *(L. nº 2014-288 du 5 mars 2014, art. 32-III)* « et un trésorier ». – *[Anc. art. L. 435-1, al. 2, et L. 435-4, al. 7.]*

Art. L. 2327-12-1 *(L. nº 2014-288 du 5 mars 2014, art. 32-III)* Le comité central d'entreprise détermine, dans un règlement intérieur, les modalités de son fonctionnement et de ses rapports avec les salariés de l'entreprise pour l'exercice des missions qui lui sont conférées par le présent titre.

Art. L. 2327-13 Le comité central d'entreprise se réunit au moins une fois tous les six mois au siège de l'entreprise sur convocation de l'employeur.

Il peut tenir des réunions exceptionnelles à la demande de la majorité de ses membres. – *[Anc. art. L. 435-4, al. 6.]*

Réunions. Les frais de déplacement des membres du comité central d'entreprise concernant des réunions organisées à l'initiative de l'employeur doivent rester à la charge de celui-ci. • Soc. 15 juin 1994, ☎ nº 92-14.985 P : *CSB 1994. 233, A. 46.*

Art. L. 2327-13-1 *(L. nº 2015-994 du 17 août 2015, art. 17-I)* Le recours à la visioconférence pour réunir le comité central d'entreprise peut être autorisé par accord entre l'employeur et les membres élus du comité. En l'absence d'accord, ce recours est limité à trois réunions par année civile. Un décret détermine les conditions dans lesquelles le comité central d'entreprise peut, dans ce cadre, procéder à un vote à bulletin secret. – *V. art. D. 2325-1-1 s. et D. 2327-4-5.*

Art. L. 2327-14 L'ordre du jour des réunions du comité central d'entreprise est arrêté par l'employeur et le secrétaire.

Toutefois, lorsque des consultations rendues obligatoires par une disposition législative, réglementaire ou par un accord collectif de travail sont en cause, elles sont inscrites de plein droit par l'un ou par l'autre.

L'ordre du jour est communiqué aux membres huit jours au moins avant la séance. – *[Anc. art. L. 435-4, al. 8.]*

Art. L. 2327-14-1 *(L. nº 2014-288 du 5 mars 2014, art. 32-III)* La section X du chapitre V du présent titre et la sous-section 6 de la section VI du même chapitre sont applicables au comité central d'entreprise, dans des conditions déterminées par décret.

SECTION III **COMITÉS D'ÉTABLISSEMENT**

SOUS-SECTION 1 **ATTRIBUTIONS**

Art. L. 2327-15 *(L. nº 2015-994 du 17 août 2015, art. 15-III)* Le comité d'établissement a les mêmes attributions que le comité d'entreprise, dans la limite des pouvoirs confiés au chef de cet établissement.

Le comité d'établissement est consulté sur les mesures d'adaptation des projets décidés au niveau de l'entreprise spécifiques à l'établissement et qui relèvent de la compétence du chef de cet établissement.

(L. n° 2016-1088 du 8 août 2016, art. 18) « Lorsqu'il y a lieu de consulter à la fois le comité central d'entreprise et un ou plusieurs comités d'établissement, un accord peut définir l'ordre et les délais dans lesquels le comité central d'entreprise et le ou les comités d'établissement rendent et transmettent leurs avis.

« A défaut d'accord, l'avis de chaque comité d'établissement est rendu et transmis au comité central d'entreprise et l'avis du comité central d'entreprise est rendu dans » des délais fixés par décret en Conseil d'État. – *V. art. R. 2323-1-1.*

1. Compétence des comités d'établissement. En relevant que les prévenus n'ignoraient pas que la restructuration allait entraîner sur les conditions de travail et d'emploi des mesures spécifiques relevant de l'autorité propre du chef d'établissement et que cependant les comités d'établissement n'avaient pas été consultés, le juge a établi le caractère volontaire de cette omission. • Crim. 27 mars 1990 : *RJS 1990. 349, n° 502.*

2. Dans le cas d'un établissement de plus de 800 salariés, doté de sa propre commission de la formation, le comité d'établissement doit être consulté en premier pour la mise en place d'un plan de formation globale qui sera ensuite soumis au comité central. • Soc. 4 avr. 1978 : *Bull. civ. V, n° 278 ; D. 1978. IR 383.*

3. Une cour d'appel ne peut condamner pour entrave un chef d'entreprise pour n'avoir pas consulté les comités d'établissement à propos d'une mesure de restructuration décidée par la direction nationale, sans vérifier si des mesures particulières d'adaptation relevant des pouvoirs des chefs d'établissement avaient été prises. • Crim. 17 janv. 1984 : *Bull. crim. n° 23 ; D. 1984. IR 229.* – Dans le même sens : • Crim. 26 juill. 1988 : *D. 1988. IR 257* • 11 févr. 1992 : *RJS 1992. 620, n° 1120.*

4. En application de l'art. L. 435-3 [L. 2327-15 nouv.], dans les entreprises à établissements multiples, le comité central d'entreprise exerce les attributions économiques qui concernent la marche générale de l'entreprise et qui excèdent les limites des pouvoirs des chefs d'établissement, la décision de recourir à un expert-comptable relève du comité central d'entreprise dans les limites de ses compétences ; toutefois, la Cour de cassation a eu l'occasion de décider qu'aux termes de l'art. L. 435-2, al. 3 [L. 2327-15 nouv.], les comités d'établissement ayant les mêmes attributions que les comités d'entreprise dans les limites des pouvoirs confiés aux chefs de ces établissements, un comité d'établissement institué dans un établissement distinct pouvait se faire assister d'un expert-comptable pour l'examen des comptes annuels de cet établissement. • Soc. 14 déc. 1999, n° 98-16.810 P : *D. 2000. IR 25 ; Dr. soc. 2000. 225, obs. Cohen ; RJS 2000. 52, n° 64.* ♦ Le droit du comité central d'entreprise d'être assisté pour l'examen annuel des comptes de l'entreprise ne prive pas le comité d'établissement du droit d'être assisté par un expert-comptable chargé de lui fournir tous éléments d'ordre économique, social et financier nécessaires à la compréhension des documents comptables de l'établissement et à l'appréciation de sa situation. • Soc. 18 nov. 2009 : *R., p. 354 ; D. 2009. AJ 2868, obs. Perrin ; RDT 2010. 180, obs. Signoretto ; RJS 2010. 152, n° 194 ; JS Lamy 2010, n° 270-4 ; Sem. soc. Lamy 2009 n° 1423, p. 13.*

5. Droit d'alerte. Si les comités d'établissements ont les mêmes attributions que le comité d'entreprise, l'exercice du droit d'alerte étant subordonné à l'existence de faits de nature à affecter de manière préoccupante la situation économique de l'entreprise, les comités d'établissements ne sont pas investis de cette prérogative. • Soc. 1er mars 2005, n° 03-20.429 P. • 6 avr. 2005, n° 02-31.130 P.

6. Pouvoirs du comité central. Le comité central d'entreprise, ayant à étudier les incidences d'un nouveau mode de rémunération, peut s'informer des préférences des salariés par une consultation du personnel dont les frais s'imputent sur son budget, son information n'étant pas limitée aux renseignements dont ses membres disposent à titre individuel ou aux observations présentées par les délégués du personnel. • Soc. 19 déc. 1990 : *D. 1991. IR 22 ; Dr. soc. 1991. 267, rapp. Waquet.*

7. Répartition de la subvention de fonctionnement. Lorsque l'entreprise comporte des établissements multiples, la subvention de fonctionnement doit être versée à chaque comité d'établissement. • Crim. 11 févr. 2003 : *RJS 2003. 598, n° 905.* ♦ Aucun texte ne fait obligation au chef d'entreprise de verser une subvention de fonctionnement au comité central ni ne précise dans quelles conditions une partie des subventions allouées aux comités d'établissement pourrait être reversée au comité central. • Crim. 31 mars 1992 : *Bull. crim. n° 134 ; D. 1992. IR 199 ; JCP E 1993. II. 409, note Godard ; RJS 1992. 621, n° 1121.* ♦ Doit être cassé l'arrêt qui déclare coupable d'entrave un employeur qui a amputé le budget de fonctionnement du comité central de la part de la masse salariale des établissements non dotés d'un comité d'établissement et a imposé le calcul du budget de fonctionnement sur la masse salariale des seuls établissements dotés d'un comité d'établissement.

• Même arrêt. ♦ V. aussi : • Versailles, 13 janv. 1994 : *RJS 1994. 435, n° 716* (à défaut d'accord unanime sur la répartition de la subvention entre les comités d'établissement et le comité central, il appartient au juge judiciaire, en sa qualité de juge de droit commun, de fixer une clé de répartition). ♦ Puisque la loi n'accorde pas au comité central d'établissement un droit propre à une subvention de fonctionnement, il est légitime que les comités d'établissement lui rétrocèdent une partie de leur subvention ; en cas de désaccord d'un de ces établissements avec le comité central, il appartient au juge d'arbitrer le différend en fixant lui-même le montant de celle-ci. • Soc. 15 mai 2001 : *RJS 2001. 605, n° 882 ; JS Lamy 2001, n° 81-2.* ♦ Mais les frais de déplacement des membres du comité central concernant des réunions organisées à l'initiative de l'employeur doivent rester à la charge de celui-ci. • Soc. 15 juin 1994 : *D. 1994. IR 200 ; Dr. soc. 1994. 811, obs. Cohen ; RJS 1994. 522, n° 874 ; CSB 1994. 233, A. 46.*

Art. L. 2327-16 Les comités d'établissement assurent et contrôlent la gestion de toutes les activités sociales et culturelles.

Toutefois, les comités d'établissement peuvent confier au comité central d'entreprise la gestion d'activités communes.

Un accord entre l'employeur et une ou plusieurs organisations syndicales de salariés représentatives dans l'entreprise, *(L. n° 2008-789 du 20 août 2008, art. 8)* « conclu dans les conditions prévues à » l'article L. 2232-12, peut définir les compétences respectives du comité central d'entreprise et des comités d'établissement.

(L. n° 2014-288 du 5 mars 2014, art. 32-III) « En cas de transfert au comité central d'entreprise de la gestion d'activités sociales et culturelles en application du présent article, ce transfert fait l'objet d'une convention entre les comités d'établissement et le comité central d'entreprise. Cette convention comporte des clauses conformes à des clauses types déterminées par décret. »

1. Transfert de la gestion des activités sociales et culturelles. Si un accord collectif entre le chef d'entreprise et l'ensemble des syndicats représentatifs peut accorder au comité central d'entreprise la gestion d'activités sociales et culturelles communes à l'ensemble de l'entreprise, il ne peut ni enlever aux comités d'établissement la gestion des activités sociales et culturelles propres à chaque établissement, ni les priver du droit de percevoir directement de l'employeur la subvention calculée sur la masse salariale de l'établissement. • Soc. 30 juin 1993, n° 90-14.895 P : *Dr. soc. 1993. 754, rapp. Waquet ; RJS 1993. 496, concl. Chauvy ; CSB 1993. 231, A. 51.* ♦ Sur la portée d'un accord entre un comité central et un comité d'établissement sur la gestion des activités sociales et culturelles, V. • Paris, 25 janv. 1995 : *D. 1995. IR 110 ; RJS 1995. 350, n° 525.*

2. Ordre du jour. L'ordre du jour du comité central est arrêté par le chef d'entreprise et par le secrétaire quel que soit l'objet de la réunion ; le comité central ne peut valablement se réunir et délibérer sur un ordre du jour fixé unilatéralement par le chef d'entreprise dans le cadre de la procédure de licenciement. • Soc. 23 juin 1999, n° 97-17.860 P : *D. 1999. IR 198 ; Dr. ouvrier 1999. 453, note Cohen ; RJS 1999. 678, n° 1081 ; TPS 1999, n° 315.*

SOUS-SECTION 2 COMPOSITION

Art. L. 2327-17 La composition des comités d'établissement est identique à celle des comités d'entreprise. – *[Anc. art. L. 435-2, al. 1.]*

SOUS-SECTION 3 FONCTIONNEMENT

Art. L. 2327-18 Les comités d'établissement sont dotés de la personnalité civile. – *[Anc. art. L. 435-1, al. 2.]*

Art. L. 2327-19 Le fonctionnement des comités d'établissement est identique à celui des comités d'entreprise. – *[Anc. art. L. 435-2, al. 1.]*

CHAPITRE VIII DISPOSITIONS PÉNALES

RÉP. TRAV. v° *Représentants du personnel (Protection)*, par Chelle et Prétot.

BIBL. ▸ Teissier, *RJS 2005. 863* (expression du délit d'entrave).

Art. L. 2328-1 Le fait d'apporter une entrave soit à la constitution d'un comité d'entreprise, d'un comité d'établissement ou d'un comité central d'entreprise, soit à la libre désignation de leurs membres *(Abrogé par L. n° 2015-990 du 6 août 2015, art. 262)* « *, soit à leur fonctionnement régulier* », notamment par la méconnaissance des dispo-

sitions des articles L. 2324-3 à L. 2324-5 et L. 2324-8, est puni d'un emprisonnement d'un an et d'une amende de *(L. n° 2015-990 du 6 août 2015, art. 262)* **« 7 500 €.**

« Le fait d'apporter une entrave à leur fonctionnement régulier est puni d'une amende de 7 500 €. »

RÉP. TRAV. v° *Entrave aux institutions représentatives des salariés et à l'exercice du droit syndical,* par AMAUGER-LATTES.

COMMENTAIRE

V. Dalloz.fr et applications mobiles Dalloz 🏛.

I. RÈGLES GÉNÉRALES

1. Droit européen. Les dispositions de l'art. L. 2328-1 offrent des garanties suffisantes quant à l'exigence de prévisibilité au sens de l'art. 7 Conv. EDH. • Crim. 22 juin 1999 : *TPS 1999. 10, n° 360.*

2. Élément moral. Pour être punissable, l'entrave suppose qu'elle ait été apportée sciemment et volontairement par l'employeur. • Crim. 9 oct. 1958 : *Bull. crim. n° 615.* ♦ L'élément intentionnel du délit d'entrave se déduit du caractère volontaire des agissements constatés. • Cass., ass. plén., 28 janv. 1983 : *D. 1983. 269, concl. Cabannes ; Dr. soc. 1984. 511, note Couvrat et Massé.* – V. aussi • Crim. 10 févr. 1972 : *D. 1972. 474, rapp. Malaval ; JCP 1972. II. 17233, note Verdier* • 16 mars 1978 : *Bull. crim. n° 102* • 23 janv. 1979 : *ibid., n° 33* • 19 mars 1991 : *D. 1991. IR 147 ; RJS 1991. 319, n° 601.*

3. Personnes punissables. Le délit d'entrave est susceptible d'être commis non seulement par le chef d'entreprise, mais aussi, le cas échéant, par d'autres personnes et notamment par un préposé investi par délégation d'une parcelle de l'autorité patronale. • Crim. 21 févr. 1978 : *Dr. ouvrier 1978. 365.* – V. aussi • Crim. 22 nov. 1988 : *RJS 1989. 38, n° 51.* ♦ Les relations existant entre un administrateur judiciaire désigné par le tribunal de commerce dans une procédure collective et le chef de l'entreprise en difficulté, qui ne sont pas des relations d'employeur à préposé, excluent toute délégation de pouvoirs du premier au second. • Crim. 30 janv. 1996 : *Bull. crim. n° 53 ; RJS 1997. 362, n° 557 ; JCP E 1996. I. 597, n° 20, obs. Cesaro.* ♦ Le délit d'entrave peut être imputé au directeur général d'une société ayant participé, aux côtés du président de celle-ci, à la consultation du comité d'entreprise dès lors qu'une faute personnelle en relation avec les faits constitutifs de l'infraction est caractérisée à son encontre. • Crim. 18 nov. 1997 : *Bull. crim. n° 390 ; GADT, 4e éd., n° 158.* ♦ Le directeur des ressources humaines qui a accepté une délégation de pouvoir pour présider le comité d'entreprise est responsable en cas de refus de consulter le comité d'entreprise sur un changement des horaires collectifs. • Crim. 16 sept. 2003 : *Bull. crim. n° 164 ; RJS 2004. 62, n° 72 ; JS Lamy 2003, n° 134-2.*

4. Délit continu. Le refus de l'employeur de réintégrer un salarié irrégulièrement licencié constitue une infraction continue qui se prolonge tant que la réintégration n'a pas été opérée. • Crim. 28 mai 1968 : *D. 1969. 471, note Verdier* • 23 avr. 1970 : *JCP 1970. II. 16486, note Michaud.* ♦ Comp. : • Crim. 26 avr. 1988 : *Bull. crim. n° 179,* affirmant que le délit d'entrave au fonctionnement régulier du comité d'entreprise n'est pas une infraction continue.

5. Action civile. Le comité d'entreprise a qualité pour exercer l'action civile en cas d'entrave apportée à son fonctionnement. • Crim. 28 nov. 1984 : *Bull. crim. n° 375 ; D. 1985. IR 436, obs. Langlois.* ♦ En revanche, l'action civile d'un ou plusieurs salariés est irrecevable, faute de préjudice direct et personnel pour les plaignants. • Crim. 18 déc. 1990 : *RJS 1991. 110, n° 199* (non-consultation du comité sur la modification des horaires de travail) • 3 déc. 1996 : *Bull. crim. n° 441 ; RJS 1997. 366, n° 563* (non-consultation du comité sur un projet de licenciement économique). ♦ L'action engagée par le président du comité d'entreprise est également irrecevable ; l'intéressé ne peut se prévaloir d'un dommage personnel découlant directement de l'infraction ; de plus en sa qualité de président du comité d'entreprise, il n'avait pas été mandaté pour le représenter. • Soc. 10 juin 1998 : *RJS 1998. 747, n° 1242.* ♦ Est encore irrecevable l'action civile du chef d'entreprise qui, s'il est fondé, en cas de mauvais fonctionnement des institutions représentatives du personnel, à demander la cessation des troubles illicites et la réparation de leurs fautes à leurs auteurs, ne subit pas, en cas d'entrave au fonctionnement du comité d'entreprise, un préjudice direct et personnel. • Paris, 16 oct. 1998 : *D. 1999. IR 2.*

6. Rétractation. La rétractation par l'employeur d'un licenciement constitutif du délit d'entrave ne fait pas disparaître l'infraction. • Crim. 26 janv. 1993 : *Bull. crim. n° 43 ; RJS 1993. 249, n° 413 ; CSB 1993. 118, S. 58.*

II. ENTRAVE AUX PRÉROGATIVES DU COMITÉ D'ENTREPRISE

7. Domaine. Le défaut de consultation par l'employeur des délégués du personnel et du comité d'entreprise pour la fixation des congés payés ou de l'ordre des départs en congés est constitutif de la contravention spécifique à la législation des congés payés et non du délit d'entrave. • Crim. 6 févr. 1990 : *D. 1991. 216, note Cerf-Hollender*.

A. ACTIVITÉS SOCIALES ET CULTURELLES

8. Illustrations. Caractérise le délit d'entrave le fait pour l'employeur : d'empêcher le fonctionnement du service social de l'entreprise. • Crim. 19 déc. 1963 : *Dr. soc. 1964. 355, rapp. Costa.* ♦ ... De gérer directement une œuvre sociale sans personnalité civile. • Même décision. ♦ ... De créer une association pour tenter de supplanter le comité. • Crim. 22 nov. 1977 : *Bull. crim. n° 362 ; D. 1978. IR 52.* ♦ ... De s'opposer à la désignation des représentants du comité aux organes de direction des œuvres dotées de la personnalité juridique. • Crim. 19 déc. 1963 : *préc.* ♦ ... De ne pas verser la contribution patronale. • Crim. 7 oct. 1965 : *D. 1965. 811 ; Dr. ouvrier 1966. 408.* ♦ ... De ne pas consulter le comité d'établissement, parallèlement au comité central d'entreprise, sur la modification de la contribution aux œuvres sociales et culturelles en raison d'une fusion-absorption. • Crim. 11 févr. 2003 : *Dr. soc. 2003. 897, obs. Cohen ; RJS 2003. 598, n° 905.*

9. Le secrétaire du comité d'entreprise commet le délit d'entrave en engageant une dépense sociale sans vote du comité. • Crim. 4 nov. 1988 : *Dr. soc. 1989. 206, note Savatier.*

B. ATTRIBUTIONS ÉCONOMIQUES

a. Obligation d'informer et de consulter

10. Principe. Ni l'urgence... • Crim. 22 juill. 1981 : *Dr. ouvrier 1982. 352.* ♦ ... Ni l'accord des salariés ne sauraient dispenser l'employeur d'informer et de consulter le comité. • Crim. 25 mai 1981 : *Dr. ouvrier 1982. 352* • 25 oct. 1988 : *ibid. 1989. 216* (le projet de dépôt d'une requête en suspension provisoire des poursuites doit être soumis au comité d'entreprise malgré l'urgence de la mesure et son caractère conservatoire).

11. Exceptions. Seule la force majeure est susceptible de constituer un fait justificatif. • Crim. 30 oct. 1984 : *Bull. crim. n° 330 ; D. 1985. IR 126.* ♦ Ne commet pas d'infraction l'employeur qui ne respecte pas les délais de convocation afin de fermer rapidement l'usine en raison de grèves tournantes de nature à créer un danger permanent d'accident pour les salariés. • Crim. 6 févr. 1979 : *Bull. crim. n° 56 ; D. 1979. IR 422, obs. Pélissier ; Dr. ouvrier 1980. 135, note Alvarez.*

12. N'ont pas à être soumises à l'avis du comité les mesures présentant un caractère provisoire et exceptionnel. • Crim. 15 avr. 1982 : *Bull. crim. n° 90* • 25 mai 1982 : *D. 1982. IR 388.* ♦ Tel est le cas de la décision de soumettre huit salariés sur trois cent cinquante aux mêmes conditions de travail que le reste du personnel. • Crim. 19 févr. 1980 : *Bull. crim. n° 65 ; JCP 1981. II. 19595, note Salvage.* ♦ ... De celle de modifier les horaires de quelques salariés. • Crim. 15 avr. 1982 : *préc.* • 25 mai 1982 : *préc.*

13. Organisation de l'entreprise. Doit être cassé l'arrêt relaxant un employeur des poursuites pour entrave, alors qu'était intervenue une prise de participation et qu'étaient projetées des modifications de l'organisation économique ou juridique de la société. • Crim. 18 juin 1991 : *RJS 1991. 577, n° 1106.* ♦ En revanche, est justifié l'arrêt déboutant les parties civiles de leurs demandes, dans les poursuites exercées contre les dirigeants d'une société pour entrave au fonctionnement régulier du comité d'entreprise, dès lors que le comité d'entreprise a été régulièrement informé et consulté au sujet d'un projet de cession d'actifs ayant fait l'objet d'un accord sous conditions par la Commission des Communautés européennes. • Crim. 30 nov. 1999 : *Bull. crim. n° 283.*

14. Illustrations. Se rend coupable d'entrave l'employeur qui, sans consulter le comité d'entreprise : ferme son entreprise. • Crim. 23 avr. 1981 : *D. 1982. IR 77, obs. Pélissier.* ♦ Comp., en cas d'urgence : • Crim. 6 févr. 1979 : *préc. note 11.* ♦ ... Opère une cession d'actions réalisant une cession de contrôle de l'entreprise. • Crim. 2 mars 1978 : *Bull. crim. n° 83 ; GADT, 4e éd., n° 142 ; Dr. soc. 1978. 369, note Savatier ; JCP 1979. II. 19052, note Salvage* • 4 avr. 1979 : *Bull. crim. n° 140 ; D. 1980. 125, note Bousquet* • 10 nov. 1981 : *Bull. crim. n° 300 ; D. 1982. IR 313, obs. Béraud* • 22 mars 1983 : *Bull. crim. n° 90 ; D. 1984. IR 162, obs. Reinhard.* ♦ ... Procède à une réorganisation interne d'un service. • Crim. 25 oct. 1977 : *Bull. crim. n° 321 ; D. 1978. IR 243.* ♦ ... Met en place un nouveau système d'organisation des caisses. • Crim. 7 oct. 1980 : *D. 1981. IR 263, obs. Pélissier.* ♦ ... Réalise des opérations de transfert. • Crim. 6 nov. 1975 : *Bull. crim. n° 242 ; Dr. soc. 1976. 392, note Savatier* • 6 déc. 1977 : *Bull. crim. n° 386 ; D. 1978. IR 210.*

15. Emploi. La mise au chômage technique du personnel constitue une mesure de nature à affecter la durée du travail et les conditions d'emploi du personnel, nécessitant la consultation du comité d'entreprise. • Crim. 30 oct. 1984 : *Bull. crim. n° 330 ; D. 1985. IR 126.*

16. Le comité d'entreprise doit être consulté sur des modifications d'affectation du personnel qui, loin de revêtir un simple caractère administratif et comptable, tendent en réalité à modifier le volume et la structure de l'entreprise. • Crim. 27 nov. 1990 : *RJS 1991. 112, n° 205.*

17. Justifie sa décision la cour d'appel qui, pour déclarer le directeur général d'une banque coupable du délit d'entrave au fonctionnement du comité d'entreprise, retient que la politique de réduction des effectifs, résultant non de la conjonction inopinée de divers départs naturels mais d'une stratégie délibérée de compression des effectifs menée dans un souci d'adaptation à la conjoncture économique, aurait dû être soumise, en vertu de l'art. L. 432-1, al. 1 et 2, C. trav. à la consultation du comité d'entreprise. • Crim. 4 nov. 1997 : *Bull. crim. n° 370.* ♦ Rejet du pourvoi contre : • Riom, 11 sept. 1996 : *Dr. ouvrier 1997. 278, note Richevaux.*

18. Doit être déclaré coupable d'entrave au fonctionnement du comité d'entreprise l'employeur qui s'est délibérément abstenu, lors d'une réunion du comité d'établissement, de transmettre l'information sur la situation de l'emploi au sein de l'entreprise dans sa totalité, même s'il a ponctuellement donné quelques informations, en vertu de l'art. L. 432-4-1 C. trav., au cours de précédentes réunions. En effet, toute information parcellaire et fractionnée équivaut à l'absence au moins partielle d'information, comme mettant obstacle à la connaissance de l'intégralité de la situation de l'emploi dans l'entreprise. • Caen, 14 déc. 1998 : *BICC 1999, n° 788.*

19. *Nouvelle technologie.* Le délit d'entrave est caractérisé lorsqu'à propos de l'introduction d'une nouvelle technologie le comité d'entreprise n'a jamais pu obtenir les informations qui lui auraient permis de formuler un avis circonstancié. • Crim. 17 juin 1986 : *Dr. ouvrier 1987. 273, note J. G.* ♦ ... Ou lorsque le comité d'entreprise n'a pas été informé de la décision d'introduire de nouvelles technologies dans le réseau informatique d'une entreprise de presse, avec des répercussions importantes sur les conditions de travail de plusieurs catégories de personnel. • Crim. 13 déc. 1994 : *D. 1995. IR 53 ; RJS 1995. 179, n° 252 ; Gaz. Pal. 1996. 1. 43, note Berenguer-Guillon.*

20. *Représentant du personnel.* Le fait pour l'employeur de ne pas faire procéder au vote par scrutin secret lorsque le comité d'entreprise se prononce sur le licenciement d'un salarié protégé est constitutif d'entrave, l'accord des membres du comité ne pouvant valoir comme fait justificatif s'agissant d'une règle d'ordre public. • Crim. 18 oct. 1983 : *Bull. crim. n° 255 ; D. 1984. IR 87.*

21. *Horaires de travail.* Se rend coupable d'entrave l'employeur qui, avant d'appliquer un changement dans les horaires de travail d'une agence, s'est borné à en informer le comité en se refusant à toute discussion. • Crim. 3 mars 1981 : *D. 1982. IR 77, obs. Pélissier.* – Dans le même sens : • Crim. 21 nov. 1978 : *Bull. crim. n° 324.* ♦ Se rend encore coupable de délit d'entrave l'employeur qui, à l'occasion d'une consultation du comité d'établissement qui n'avait d'autre objet que d'exercer des pressions sur lui afin de l'amener à se désister de son action judiciaire à son encontre, a présenté comme définitivement acquises les modifications de l'organisation du travail et la diminution des rémunérations qu'entraînerait une pause en cours de poste, alors que ces questions n'avaient fait l'objet d'aucune consultation préalable du comité en application de l'art. L. 432-3. • Crim. 11 janv. 2000 : *Bull. crim. n° 13.* ♦ Le directeur des ressources humaines se rend coupable d'entrave au fonctionnement du comité d'entreprise en cas de refus de consulter le comité d'entreprise sur un passage d'un horaire collectif à des horaires individualisés. • Crim. 16 sept. 2003 : *JS Lamy 2003, n° 134-2.*

22. *Rémunérations.* Constitue une entrave le fait, pour l'employeur, de ne pas fournir au comité d'entreprise des informations précises et complètes sur les modes de rémunération de salariés sur le point d'être embauchés. • Crim. 6 oct. 1992 : *Bull. crim. n° 305.*

23. *Formation professionnelle.* Sous peine de commettre le délit d'entrave, l'employeur ne peut : ni s'opposer à certaines investigations conduites par les membres de la commission de la formation. • Crim. 7 janv. 1981 : *D. 1981. IR 423, obs. Langlois.* ♦ ... Ni s'opposer à l'entrée dans l'entreprise de personnes invitées par cette commission à titre d'experts. • Crim. 12 avr. 1983 : *Dr. ouvrier 1983. 340.*

24. Les dispositions de l'art. L. 933-3 qui prescrivent que le comité d'entreprise donne son avis tous les ans sur le projet de plan de formation professionnelle pour l'année à venir implique que cet avis soit donné avant la fin de l'année précédant celle de l'exécution du plan. • Crim. 26 nov. 1991 : *RJS 1992. 186, n° 305.*

25. Le refus d'un congé de formation sans consultation préalable du comité caractérise le délit d'entrave. • Crim. 4 janv. 1983 : *Bull. crim. n° 6 ; Dr. ouvrier 1984. 182, note Petit.*

b. Modalités de la consultation

26. *Caractère préalable.* La décision de procéder à une fusion ne revêt pas un caractère définitif du seul fait qu'elle ait été rendue publique, alors qu'elle n'avait pas encore été approuvée par les organes compétents. • Crim. 28 nov. 1984 : *Bull. crim. n° 375 ; D. 1985. IR 436, obs. Langlois ; JCP E 1985. I. 14481, note Godard.* ♦ V. aussi • Crim. 29 mai 1990 : *RJS 1990. 405, n° 593* (l'annonce à la presse d'un projet de fusion n'a pas pour effet de le transformer en décision définitive) • 4 déc. 1990 : *RJS 1991. 113, n° 206* • 6 avr. 1993 : *Bull. crim. n° 148 ; D. 1993. IR 142 ; RJS 1993. 360, n° 627* (l'entrave n'est pas caractérisée si, avant le terme de la consultation, l'employeur annonce d'éventuelles suppressions d'emplois).

27. Le délit d'entrave est caractérisé s'il est établi que le chef d'entreprise a manifestement voulu placer le comité d'entreprise devant le fait accompli. • Crim. 7 oct. 1980 : *D. 1981. IR 263.* – V. aussi • Crim. 21 nov. 1978 : *Bull. crim. n° 324* • 11 mai 1989 : *RSC 1989. 767, obs. A. Lyon-Caen.*

28. Le chef d'entreprise ne peut se contenter de lire devant le comité un document complexe qu'il refuse ensuite de communiquer. • Crim. 4 nov. 1982 : *Bull. crim. n° 241.*

29. Instance compétente. Doit être cassé l'arrêt déclarant que le délit d'entrave n'était pas établi alors que, compétent pour exercer dans l'ordre économique les attributions légales des comités d'entreprise, un comité central aurait dû être consulté en cas de suppression de certains services d'une agence, mesure qui excédait les pouvoirs du chef d'agence. • Crim. 6 nov. 1975 : *Dr. soc. 1976. 392, note Savatier.*

30. En relevant que les prévenus n'ignoraient pas que la restructuration allait entraîner sur les conditions de travail et d'emploi des mesures spécifiques relevant de l'autorité propre du chef d'établissement et que cependant les comités d'établissement n'avaient pas été consultés, le juge a établi le caractère volontaire de cette omission. • Crim. 27 mars 1990 : ⚖ *RJS 1990. 349, n° 502.* ♦ Sur le partage des compétences entre les comités d'établissement et le comité central en matière de licenciement économique, V. • Crim. 21 mars 1979 : *Bull. crim. n° 118 ; D. 1979. IR 501* • 17 janv. 1984 : *Dr. ouvrier 1984. 273* • 31 janv. 1989 : *BS Lefebvre 1989. 184, n° 415* • 26 sept. 1990 : ⚖ *D. 1990. IR 232 ; RJS 1990. 529, n° 782.*

31. Une cour d'appel ne peut condamner pour entrave un chef d'entreprise pour n'avoir pas consulté les comités d'établissement à propos d'une mesure de restructuration décidée par la direction nationale, sans vérifier si des mesures particulières d'adaptation relevant des pouvoirs des chefs d'établissement avaient été prises. • Crim. 17 janv. 1984 : *Bull. crim. n° 23 ; D. 1984. IR 229.* – Dans le même sens : • Crim. 26 juill. 1988 : *D. 1988. IR 257.*

C. FONCTIONNEMENT DU COMITÉ

32. Application de la loi du 6 août 2015. La suppression des peines de prison encourues pour entrave au fonctionnement régulier du CE bénéficie aux dirigeants dont la condamnation n'est pas encore définitive, même si les faits ont été commis avant l'entrée en vigueur de la loi du 6 août 2015. • Crim. 26 janv. 2016, ⚖ n° 13-82.158 P : *Dalloz actualité, 17 févr. 2016, obs. Siro ; RJS 4/2016, n° 258.*

33. Caractères du délit. Le délit d'entrave au fonctionnement régulier du comité d'entreprise n'est pas une infraction continue. • Crim. 26 avr. 1988 : *Bull. crim. n° 179.*

34. Comité central. Un chef d'entreprise ne peut être condamné pour entrave, dès lors qu'aucune disposition ne l'oblige à prendre l'initiative de la constitution d'un comité central lorsque aucune démarche n'a été effectuée auprès de lui. • Crim. 14 janv. 1986 : ⚖ *Bull. crim. n° 24 ; D. 1986. IR 381, obs. Frossard ; RSC 1986. 888, obs. A. Lyon-Caen.*

35. Composition. Jugé, avant l'intervention de la loi du 20 déc. 1993 (art. L. 433-1, al. 2), que constitue le délit d'entrave la présence permanente aux réunions du comité d'entreprise d'un membre de la direction, outre le chef d'entreprise, même à titre consultatif et nonobstant un accord, non conforme à la loi. • Crim. 16 mars 1993 : ⚖ *Bull. crim. n° 117 ; Dr. soc. 1993. 653, note Cohen* ✎. – Déjà dans le même sens : • Crim. 23 juin 1981 : *Dr. soc. 1982. 207, note Savatier.* – V. aussi • Crim. 20 févr. 1996 : ⚖ *Bull. crim. n° 81.*

36. Réunions. Ne constitue pas une circonstance de nature à justifier l'absence de réunion le fait que l'espacement des réunions correspondait à la volonté des membres du comité. • Crim. 22 nov. 1977 : *Bull. crim. n° 362 ; D. 1978. IR 52.* ♦ ... Que ces derniers n'aient pas protesté contre l'absence de réunions mensuelles. • Crim. 25 mai 1981 : *Dr. ouvrier 1982. 352.* ♦ ... Ou qu'aucun accord n'ait pu se faire sur l'ordre du jour. • Crim. 3 févr. 1981 : *Dr. ouvrier 1984. 110.* – V. aussi • Crim. 27 sept. 1989 : *D. 1989. IR 296* • 9 janv. 1990 : ⚖ *JS UIMM 1990. 147.*

37. Ne constituent pas non plus des faits justificatifs l'absence de l'employeur, l'existence d'un litige sur la reddition des comptes du comité ou le refus opposé par le secrétaire du comité de fixer les dates de la réunion. • Crim. 11 févr. 1992 : ⚖ *D. 1992. IR 174.*

38. La réunion mensuelle doit être réservée aux membres du comité. • Crim. 12 mars 1970 : *Bull. crim. n° 102.* – V. aussi • Crim. 5 mai 1976 : *ibid., n° 143.*

39. A la demande de la majorité des membres du comité, la loi fait obligation à l'employeur d'organiser une réunion supplémentaire avec un ordre du jour spécial. • Crim. 17 janv. 1984 : *Bull. crim. n° 23 ; D. 1984. IR 229.* ♦ Comp. : • Crim. 14 févr. 1978 : *ibid., n° 57* • 14 sept. 1988 : *BS Lefebvre 1988. 449, n° 1385.* ♦ Sur l'appréciation de l'urgence par le juge, V. • Crim. 16 mars 1982 : *Bull. crim. n° 77 ; D. 1983. IR 163.*

40. Ordre du jour. Commet le délit d'entrave l'employeur fixant unilatéralement l'ordre du jour. • Crim. 4 avr. 1978 : *Dr. ouvrier 1978. 385* • 16 sept. 1985 : *Dr. ouvrier 1986. 448.* ♦ Le délai prescrit par l'art. L. 434-3 [L. 2325-16 nouv.] concerne la communication de l'ordre du jour et non la convocation à la réunion. • Crim. 4 janv. 1983 : *JS UIMM 1983. 188.* ♦ Les informations prévues par l'art. L. 431-5 [L. 2323-4 nouv.] peuvent, sauf si la loi en décide autrement, n'être fournies que lors de la réunion du comité. • Crim. 5 nov. 1991 : *Dr. ouvrier 1992. 77, note Cohen ; RJS 1992. 187, n° 307.*

41. Convocation. L'inobservation du délai caractérise le délit d'entrave. • Crim. 27 sept. 1988 : *Bull. crim. n° 325 ; D. 1988. IR 270.* ♦ Comp., en cas d'urgence : • Crim. 6 févr. 1979 : ⚖ *Bull. crim. n° 56 ; D. 1979. IR 422 ; Dr. ouvrier*

1980. 136, note Alvarez • 23 juin 1981 : *D. 1982. IR 391, obs. Langlois ; Dr. soc. 1982. 195, note Savatier* (l'urgence ne peut être reconnue lorsqu'elle est due à la propre carence de l'employeur). ♦ V. aussi • CE 31 mars 1989 : *JS UIMM 1990. 24* (le non-respect du délai n'empêche pas le comité de se prononcer en connaissance de cause sur le licenciement d'un représentant).

42. Sous peine de constituer une entrave, la convocation doit être envoyée à tous les participants et notamment aux suppléants. • Crim. 4 avr. 1978 : *Dr. ouvrier 1978. 385* • 18 oct. 1983 : *Bull. crim. n° 255 ; D. 1984. IR 87.* ♦ ... Aux représentants syndicaux. • Crim. 28 avr. 1977 : *Bull. crim. n° 145* • 4 juin 1985 : *ibid., n° 217 ; RSC 1986. 403, obs. Lazerges.* ♦ ... Le cas échéant, au médecin du travail. • Crim. 9 nov. 1982 : *Bull. crim. n° 250.* ♦ ... A un membre du comité, bien qu'il soit malade. • Crim. 16 juin 1970 : *Bull. crim. n° 207 ; D. 1970. 652 ; JCP 1970. II. 16551.*

43. Participation. Ne peut être condamné pour entrave l'employeur qui refuse la participation aux réunions de prétendus membres du comité, alors que ces derniers, n'étant pas employés dans la succursale française, ne pouvaient être assimilés au personnel de l'établissement au regard des règles d'ordre public définissant la composition du comité d'entreprise et qu'aucun usage en sens contraire n'était invoqué. • Crim. 15 mai 1990 : *Dr. soc. 1990. 799, note Cohen ; RJS 1990. 470, n° 692 ; ibid. 443, note Guirimand.*

44. Est pénalement répréhensible le fait de poursuivre disciplinairement un représentant syndical qui a quitté son service pour assister à une séance du comité d'établissement sans avertir ses supérieurs immédiats. • Crim. 7 mai 1975 : *JCP 1976. II. 18326, note Nguyen Thanh Nha* • 28 avr. 1977 : *D. 1977. IR 369 ; Dr. ouvrier 1978. 19* (l'employeur doit prendre les mesures appropriées pour que le service ne soit pas perturbé).

45. Commet le délit d'entrave l'employeur qui s'oppose à la présence d'une sténodactylographe admise aux réunions par un vote majoritaire. • Crim. 30 oct. 1990 : *Bull. crim. n° 367.*

46. Votes. L'employeur ne peut être poursuivi que s'il refuse de procéder à un vote et non s'il émet certaines objections alors qu'aucun vote n'est demandé. • Crim. 18 janv. 1983 : *Dr. soc. 1983. 395, note Savatier.*

47. Doit être condamné pénalement l'employeur qui, malgré un partage des voix, s'oppose à la désignation comme secrétaire du candidat le plus âgé. • Crim. 1er déc. 1987 : *Bull. crim. n° 442.* ♦ ... Ou qui donne à sa voix un caractère prépondérant. • Crim. 4 oct. 1977 : *Bull. crim. n° 287 ; D. 1977. IR 479.*

48. Procès-verbal. Le délit d'entrave est constitué dès lors que l'établissement du procès-verbal et le contrôle de son contenu ne sont pas laissés au secrétaire du comité. • Crim. 25 févr. 1986 : *Dr. ouvrier 1986. 418.*

D. MOYENS

49. Expert-comptable. Caractérise l'entrave le refus de l'employeur de communiquer à l'expert-comptable d'un comité d'établissement d'une filiale les comptes de la société mère. • Crim. 26 mars 1991 : *Bull. crim. n° 145 ; D. 1991. IR 147 ; RJS 1991. 318, n° 600.* – V. aussi • Crim. 13 févr. 1990 : *Dr. soc. 1991. 47, note Cohen* .

50. Local. L'employeur doit être condamné pour entrave lorsqu'il refuse de fournir le local. • Crim. 7 janv. 1981 : *Bull. crim. n° 5.* ♦ ... Ou qu'il se contente de mettre à disposition une salle de conférence. • Crim. 17 nov. 1966 : *Bull. crim. n° 261 ; D. 1967. 201* • 9 nov. 1971 : *Bull. crim. n° 305 ; JCP 1972. II. 17074, note Pélissier.* ♦ ... Ou une salle de réfectoire. • Crim. 29 avr. 1980 : *Dr. ouvrier 1981. 48, note Alvarez.*

51. Déplacements. Toute limitation apportée à la liberté de circulation des membres du comité constitue le délit d'entrave. • Crim. 2 mars 1961 : *JCP 1961. II. 12095, note Guérin* • 22 févr. 1962 : *D. 1962. 253, note Rouast ; JCP 1962. II. 12633, note Blaise ; Dr. soc. 1962. 622, note Legeais ; Dr. ouvrier 1962. 100, note Cohen* • 23 mai 1978 : *Dr. ouvrier 1978. 346, note Alvarez* • 12 oct. 1982 : *D. 1983. IR 45.* ♦ Le refus de prendre en charge les frais de déplacement pour se rendre aux réunions du comité d'entreprise ou du CHSCT constitue un délit d'entrave. • Crim. 22 nov. 2005 : *Bull. crim. n° 307 ; RJS 2006. 134, n° 224 ; Dr. soc. 2006. 388, obs. Duquesne ; RSC 2006. 339, obs. Cerf-Hollender* .

52. Subvention de fonctionnement. En persistant malgré les observations de l'inspection du travail à exclure de la masse salariale brute les indemnités de congés payés, l'employeur porte délibérément atteinte au fonctionnement du comité. • Crim. 12 févr. 1991 : *Bull. crim. n° 70* • 19 mars 1991 : *ibid. n° 135.* ♦ L'entrave au fonctionnement du comité d'entreprise est constituée : en présence de la globalisation de la subvention de fonctionnement, versée au comité central d'entreprise et se traduisant par l'absence de versement à un établissement. • Crim. 11 févr. 2003 : *Dr. soc. 2003. 897, obs. Cohen ; RJS 2003. 598, n° 905.* ♦ ... Par l'absence de communication de toute information sur le montant de la masse salariale brute permettant de calculer la subvention de fonctionnement. • Même arrêt.

III. ENTRAVE AUX RÈGLES DE PROTECTION DES REPRÉSENTANTS DU PERSONNEL

53. Harcèlement. Commet le délit d'entrave au fonctionnement régulier du comité d'entreprise et à l'exercice du droit syndical l'employeur qui, en l'absence d'autorisation de licenciement ou de transfert d'un salarié investi de fonctions représentatives à l'occasion de la mise en œuvre d'un projet d'externalisation de services de l'entreprise, tient le salarié isolé dans un bureau de l'entreprise sans lui fournir de tâche à exécuter, dès lors que toute mutation de poste ou de fonctions imposée contre son gré à un tel salarié, si la preuve de la pleine justification de cette mesure n'est pas rapportée, équivaut à un licenciement intervenu en dehors des dispositions protectrices du code du travail. • Crim. 22 nov. 2005 : *Dr. soc. 2006. 693, obs. Duquesne*.

54. Demande de résiliation judiciaire. En exerçant l'action en résiliation judiciaire, l'employeur commet le délit d'entrave. • Cass., ass. plén., 28 janv. 1983 : *D. 1983. 269, concl. Cabannes ; Dr. soc. 1984. 511, note Couvrat et Massé.*

55. Solution antérieure à la loi du 25 juin 2008 portant modernisation du marché du travail (art. 5). Ni l'employeur, à qui il est interdit de résilier le contrat de travail d'un représentant du personnel sans observer les formalités édictées en faveur de ce salarié, ni celui-ci, qui ne saurait renoncer à une protection qui lui est accordée pour l'exercice de sa mission, ne peuvent conclure un accord pour mettre fin au contrat en dehors des règles légales. • Crim. 26 nov. 1985 : *Bull. crim. n° 379 ; Juri-soc. 1986, F. 8, 35.* ♦ Comp. : • Crim. 3 juin 1981 : *Juri-soc. 1981. SJ 140.*

56. Lorsqu'ils ont été licenciés sans que la procédure légale ait été observée, les salariés protégés peuvent conclure avec l'employeur un accord en vue de régler les conséquences pécuniaires de la rupture du contrat ; cet accord n'interdit pas de poursuivre l'employeur pour atteinte aux fonctions des représentants du personnel, mais interdit au salarié de poursuivre l'employeur pour avoir refusé sa réintégration, mesure qui ne peut se cumuler avec la réparation et qui est nécessairement exclue par l'accord. • Crim. 4 févr. 1992 : *Bull. crim. n° 50 ; D. 1992. IR 175 ; JCP E 1993. II. 382, note Taquet ; CSB 1992. 171, A. 33 ; RJS 1992. 627, n° 1129.*

57. Si le seul fait d'inviter un représentant à choisir entre la démission et le licenciement pour faute grave ne caractérise pas nécessairement le délit d'entrave, les juges peuvent estimer la prévention établie, dès lors que l'employeur a contraint le salarié à démissionner dans le seul but de se soustraire à la procédure protectrice d'ordre public. • Crim. 9 mai 1979 : *Bull. crim. n° 170.*

58. Commet le délit d'entrave l'employeur qui licencie un salarié protégé devenu physiquement inapte à son emploi, sans respecter la procédure protectrice. • Crim. 3 févr. 1981 : *JS UIMM 1981. 255 ; D. 1981. IR 425, obs. Langlois.* – V. aussi • Crim. 28 avr. 1981 : *D. 1982. IR 78, obs. Pélissier ; Dr. ouvrier 1982. 314, note Bonnechère.*

59. Mutation. S'il est vrai que toute mutation de poste ou de fonction imposée contre son gré à un salarié protégé est de nature à caractériser l'élément matériel d'une atteinte portée à ses prérogatives statutaires, encore faut-il, pour qu'il en soit ainsi, que l'employeur ne puisse apporter la pleine justification de la mesure critiquée. • Crim. 28 oct. 1980 : *Bull. crim. n° 282* • 30 juin 1987 : *RSC 1988. 329, obs. A. Lyon-Caen.*

60. Doit être cassé l'arrêt relaxant un employeur au prétendu motif que le salarié avait refusé une mutation proposée en application d'une clause de mobilité insérée dans son contrat de travail et que la rupture du contrat devait donc s'analyser en une démission. • Crim. 21 févr. 1989 : *D. 1989. IR 143.*

61. Transfert d'entreprise. Dès lors que, aux termes de l'art. 64 du décret du 27 déc. 1985, le jugement du tribunal de commerce homologuant un plan de cession d'entreprise ne peut fixer la liste nominative des salariés repris, est constitutif du délit d'entrave le licenciement sans autorisation d'un salarié protégé, en raison du seul fait qu'il ne figurait pas sur la liste arrêtée par le tribunal de commerce. • Crim. 17 mars 1992 : *Bull. crim. n° 117.* – V. aussi • Crim. 30 janv. 1996 : *Bull. crim. n° 54 ; RJS 1997. 373, n° 572.*

62. Mise à pied. Il appartient aux juges du fond de rechercher si l'employeur a pu prononcer une mise à pied de bonne foi et au juste motif d'une faute grave, le délit d'entrave étant constitué par une sanction excessive ou injustifiée. • Crim. 4 janv. 1991 : *Bull. crim. n° 10.*

63. Réintégration. Le refus de réintégration du salarié irrégulièrement licencié constitue une voie de fait justifiant la compétence du juge des référés. • Cass., ch. mixte, 25 oct. 1968 : *Bull. ch. mixte n° 1 ; GADT, 4e éd., n° 153 ; D. 1968. 706* • Soc. 14 juin 1972, *Revêt-Sol*, n° 71-12.508 P : *GADT, 4e éd., n° 154 ; D. 1973. 114, note Catala ; Dr. soc. 1972. 465, note Savatier ; JCP 1972. II. 17275, note G. Lyon-Caen* • 6 juill. 1982, n° 81-12.655 P. ♦ Même solution en cas de refus de réintégrer le salarié après l'annulation de la mise à pied. • Crim. 15 mai 1973 : *Bull. crim. n° 223.*

64. Des salariés peuvent se rendre coupables du délit d'entrave en s'opposant à la réintégration d'un représentant irrégulièrement licencié. • Crim. 9 déc. 1986 : *Bull. crim. n° 368* (arrêt réservant le cas où l'employeur se trouverait en présence d'un obstacle insurmontable, constitutif de force majeure ; V., dans ce sens : • Crim. 8 oct. 1975 : *ibid., n° 211).*

65. L'employeur qui a licencié malgré le refus de l'inspecteur du travail ne saurait reprocher aux juges d'avoir écarté l'exception d'illégalité, dès lors que la décision administrative n'étant pas la base nécessaire de la poursuite pour entrave, son illégalité prétendue n'équivaut pas à une autorisation de licenciement. • Crim. 5 déc. 1989 : *RJS 1990. 34, n° 50 ; JCP 1990. IV. 96.*

66. L'annulation par le Conseil d'État d'un jugement mettant à néant une autorisation de licenciement a pour effet de restituer toute sa validité à cette autorisation ; l'employeur ne saurait se voir reprocher d'avoir refusé la réintégration et être condamné pour entrave. • Cass., ch. mixte, 3 déc. 1982, n° 80-90.841 P. *D. 1984. 233, note Mayaud ; Dr. soc. 1983. 89, concl. Picca, note Savatier.*

67. Délégués conventionnels. Lorsque l'institution représentative n'a pas été instituée par une convention ou un accord collectif étendu, en vertu d'une disposition expresse dans une matière déterminée, comme le prévoit l'art. L. 153-1 C. trav., la méconnaissance des dispositions conventionnelles, si elle peut donner lieu à des recours civils, n'est susceptible de recevoir aucune qualification pénale. • Crim. 4 avr. 1991 (trois arrêts) : *D. 1991. IR 156 ; JCP E 1991. II. 213, note Godard ; RSC 1991. 782, obs. A. Lyon-Caen ; RJS 1991. 325, n° 614 a ; Dr. ouvrier 1991. 313, note Alvarez-Pujana.*

Art. L. 2328-2 **Le fait, dans une entreprise d'** *(L. n° 2012-387 du 22 mars 2012, art. 43)* **« au moins » trois cents salariés ou dans un établissement distinct comportant** *(L. n° 2012-387 du 22 mars 2012, art. 43)* **« au moins » trois cents salariés, de ne pas établir et soumettre annuellement au comité d'entreprise ou d'établissement le bilan social d'entreprise ou d'établissement prévu à l'article** *(L. n° 2015-994 du 17 août 2015, art. 18-XIV, en vigueur le 1er janv. 2016)* **« L. 2323-20 » est puni** *(Abrogé par L. n° 2015-990 du 6 août 2015, art. 262)* ***« d'un emprisonnement d'un an et »*** **d'une amende de** *(L. n° 2015-990 du 6 août 2015, art. 262)* **« 7 500 € ».** — *[Anc. art. L. 483-2.]*

TITRE TROISIÈME **COMITÉ DE GROUPE**

RÉP. TRAV. v^is *Comité d'entreprise (Mise en place, composition, fonctionnement)*, par DE QUENAUDON ; ... *(Rôle et attributions économiques)*, par URBAN.

BIBL. GÉN. ▶ BÉLIER, *Dr. soc. 2006. 319* (restructurations en europe). - BORENFREUND, *Dr. soc. 1994. 688* (syndicats admis à négocier). - BOULMIER, *Dr. soc. 1998. 44* (groupes de sociétés). - CHALARON, *ALD 1983. 67.* - COHEN, *RPDS 1983. 277* (constitution et fonctionnement) ; *Dr. soc. 1983. 670 ; Dr. ouvrier 1990. 207* (personnalité civile) ; *Dr. soc. 1995. 40* (sociétés étrangères). - DESPAX, *JCP 1972. I. 2465* (groupe de sociétés). - FREYRIA, *Ét. offertes à Savatier, 1992, p. 201* (conception sociale du groupe d'entreprises). - GRINSNIR, *Dr. ouvrier 1986. 171* (groupe et entreprise). - HILLIG-POUDEVIGNE, *JCP E 2005. 1393.* - LANGLOIS, *Sem. soc. Lamy 1985, suppl. n° 266, p. XIV.* - G. LYON-CAEN, *Rev. sociétés 1983. 20* (concentration et institutions représentatives) ; *Dr. soc. 1983. 287* (concentration du capital et droit du travail). - PLANTAMP, *D. 1991. Chron. 69* (groupe de sociétés). - P. RODIÈRE, *Dr. soc. 1983. 361* (adaptation du comité d'entreprise aux structures de l'entreprise). - SAVATIER, *Mélanges A. Brun, 1974, p. 527* (groupes de sociétés et notion d'entreprise) ; *Dr. soc. 1990. 322* (action en justice du comité de groupe). - SUPIOT, *RTD com. 1985. 621* (groupes de sociétés). - STRASSER, *Ét. offertes à H. Sinay, 1994, p. 331* (comité de groupe européen). - VACARIE, *Dr. soc. 1975. 23* (groupes de sociétés). - VERKINDT, *Dr. soc. 2010. 771* (représentation du personnel dans les groupes de sociétés).

COMMENTAIRE

V. Dalloz.fr et applications mobiles Dalloz. ❑

CHAPITRE PREMIER **MISE EN PLACE**

Art. L. 2331-1 **I. — Un comité de groupe est constitué au sein du groupe formé par une entreprise appelée entreprise dominante, dont le siège social est situé sur le territoire français, et les entreprises qu'elle contrôle dans les conditions définies à l'article L. 233-1, aux I et II de l'article L. 233-3 et à l'article L. 233-16 du code de commerce.** — *V. ces art.* ***C. com.*** *ou* ***C. sociétés.***

II. — Est également considérée comme entreprise dominante, pour la constitution d'un comité de groupe, une entreprise exerçant une influence dominante sur une autre entreprise dont elle détient au moins 10 % du capital, lorsque la permanence et l'importance des relations de ces entreprises établissent l'appartenance de l'une et de l'autre à un même ensemble économique.

L'existence d'une influence dominante est présumée établie, sans préjudice de la preuve contraire, lorsqu'une entreprise, directement ou indirectement :

— peut nommer plus de la moitié des membres des organes d'administration, de direction ou de surveillance d'une autre entreprise ;

— ou dispose de la majorité des voix attachées aux parts émises par une autre entreprise ;

— ou détient la majorité du capital souscrit d'une autre entreprise.

Lorsque plusieurs entreprises satisfont, à l'égard d'une même entreprise dominée, à un ou plusieurs des critères susmentionnés, celle qui peut nommer plus de la moitié des membres des organes de direction, d'administration ou de surveillance de l'entreprise dominée est considérée comme l'entreprise dominante, sans préjudice de la preuve qu'une autre entreprise puisse exercer une influence dominante. — *[Anc. art. L. 439-1, II.]*

1. Personnalité morale. Le comité de groupe est doté d'une possibilité d'expression collective pour la défense des intérêts dont il a la charge et possède donc la personnalité civile qui lui permet d'ester en justice. • Soc. 23 janv. 1990 : ⚖ *D. 1990. IR 44 ; JCP 1990. II. 21529, note Névot ; RJS 1990. 64, concl. Picca ; Dr. soc. 1990. 322, note Savatier* ✎. ♦ Il a qualité pour contester une mesure ayant pour effet de modifier la composition du groupe et pour demander l'interdiction de toute mesure pouvant rendre irréversible une cession d'actions. • Même arrêt.

2. Groupe et UES. L'existence d'un comité de groupe n'est pas incompatible avec la désignation d'un délégué syndical au sein d'une unité économique et sociale, la finalité de ces institutions étant différente. • Soc. 9 mai 1989, ⚖ n° 88-60.632 P : *D. 1989. IR 178 ; RJS 1989. 269, concl. Picca.* ♦ En revanche, la notion d'unité économique et sociale et celle de comité de groupe sont incompatibles. • Soc. 20 oct. 1999, ⚖ n° 98-60.398 P : *GADT, 4e éd., n° 132 ; RJS 2000. 54, n° 68* (coexistence des deux institutions impossible lorsque le groupe et l'UES sont constitués exactement des mêmes sociétés et qu'un comité de groupe existe déjà). ♦ Il résulte de cette incompatibilité que les périmètres respectifs servant à la mise en place d'institutions représentatives différentes doivent être comparés à la date de la requête tendant à la reconnaissance de l'UES compte tenu de leur évolution depuis leur mise en place. • Soc. 25 janv. 2006 : *RJS 2006. 314, n° 468 ; Dr. soc. 2006. 468, obs. Savatier* ✎.

3. Filiales. Il résulte de l'art. L. 439-1 [L. 2331-1 nouv.] qu'une filiale commune, dont le capital est partagé entre deux sociétés ou groupes de sociétés qui la gèrent sur un plan de stricte égalité, n'appartient à aucun groupe. • Soc. 9 févr. 1994, ⚖ n° 91-11.429 P : *D. 1994. IR 255 ; Dr. soc. 1994. 255, rapp. Waquet* ✎ *; CSB 1994. 101, A. 19 ; Bull. Joly 1994. 399, note Jeantin ; RJS 1994. 192, n° 271.*

Art. L. 2331-2 Le comité d'entreprise d'une entreprise contrôlée ou d'une entreprise sur laquelle s'exerce une influence dominante au sens de l'article L. 2331-1 peut demander, pour l'application des dispositions du présent titre, l'inclusion de l'entreprise dans le groupe ainsi constitué. La demande est transmise par l'intermédiaire du chef de l'entreprise concernée au chef de l'entreprise dominante qui, dans un délai de trois mois, fait droit à cette demande.

La disparition, entre les deux entreprises, des relations définies à l'article L. 2331-1 fait l'objet d'une information préalable et motivée au comité de l'entreprise concernée. Celle-ci cesse d'être prise en compte pour la composition du comité de groupe.

Lorsque le comité de groupe est déjà constitué, toute entreprise qui établit avec l'entreprise dominante, de façon directe ou indirecte, les relations définies à l'article L. 2331-1, est prise en compte pour la constitution du comité de groupe lors du renouvellement de celui-ci. — *[Anc. art. L. 439-1, III.]*

Art. L. 2331-3 En cas de litige résultant de l'application des articles L. 2331-1, L. 2331-2 et L. 2331-6, le comité d'entreprise ou les organisations syndicales représentatives dans l'entreprise considérée ou d'une entreprise du groupe peuvent porter ce litige devant le juge judiciaire du siège de l'entreprise dominante. — *[Anc. art. L. 439-1, IV.]*

Art. L. 2331-4 Ne sont pas considérées comme entreprises dominantes, les entreprises mentionnées aux points *a* et *c* du paragraphe 5 de l'article 3 du règlement (CE) n° 139/2004 du Conseil du 20 janvier 2004 sur les concentrations. — *[Anc. art. L. 439-1, V.]*

Art. L. 2331-5 Les réseaux bancaires comportant un organe central, au sens des articles L. 511-30 et L. 511-31 du code monétaire et financier relatifs à l'activité et au contrôle des établissements de crédit, constituent un comité de groupe quand cet organe central n'est pas un établissement public.

Pour l'application du présent titre, l'organe central est considéré comme l'entreprise dominante. — *[Anc. art. L. 439-1-1.]*

Art. L. 2331-6 Les dispositions du présent titre sont applicables quel que soit le nombre de salariés employés. – *[Anc. art. L. 439-1, I.]*

CHAPITRE II **ATTRIBUTIONS**

Art. L. 2332-1 Le comité de groupe reçoit des informations sur l'activité, la situation financière, l'évolution et les prévisions d'emploi annuelles ou pluriannuelles et les actions éventuelles de prévention envisagées compte tenu de ces prévisions, dans le groupe et dans chacune des entreprises qui le composent. Il reçoit communication, lorsqu'ils existent, des comptes et du bilan consolidés ainsi que du rapport du commissaire aux comptes correspondant.

Il est informé, dans ces domaines, des perspectives économiques du groupe pour l'année à venir. *(L. n° 2013-504 du 14 juin 2013, art. 8-VI)* « Les avis rendus dans le cadre de la procédure fixée à l'article *(L. n° 2015-994 du 17 août 2015, art. 18-XIV, en vigueur le 1er janv. 2016)* « **L. 2323-10** » lui sont communiqués. »

Art. L. 2332-2 En cas d'annonce d'offre publique d'acquisition portant sur l'entreprise dominante d'un groupe, l'employeur de cette entreprise en informe immédiatement le comité de groupe. Sont alors appliquées, au niveau du comité de groupe, les dispositions prévues aux articles *(L. n° 2015-994 du 17 août 2015, art. 18-XIV, en vigueur le 1er janv. 2016)* « **L. 2323-35 à L. 2323-39** » pour le comité d'entreprise.

Le respect de ces dispositions dispense des obligations définies aux articles *(L. n° 2015-994 du 17 août 2015, art. 18-XIV, en vigueur le 1er janv. 2016)* « **L. 2323-26 à L. 2323-44** » pour les comités d'entreprise des sociétés appartenant au groupe.

CHAPITRE III **COMPOSITION, ÉLECTION ET MANDAT**

Art. L. 2333-1 Le comité de groupe est composé du chef de l'entreprise dominante, assisté de deux personnes de son choix ayant voix consultative et de représentants du personnel des entreprises constituant le groupe.

Le nombre maximum des représentants du personnel au comité de groupe est déterminé par décret en Conseil d'État. – *[Anc. art. L. 439-3, al. 1er et 2.]*

Art. L. 2333-2 Les représentants du personnel sont désignés par les organisations syndicales de salariés parmi leurs élus aux comités d'entreprise ou d'établissement de l'ensemble des entreprises du groupe et à partir des résultats des dernières élections. – *[Anc. art. L. 439-3, al. 3.]*

1. Représentativité syndicale. Une organisation syndicale appelée à désigner parmi ses élus les représentants au comité de groupe n'est pas tenue ensuite de justifier de sa représentativité au niveau du groupe. • Soc. 4 avr. 1990, n° 87-60.131 P : *RJS 1990. 286, n° 389.* ♦ Les syndicats qui ont valablement désigné des représentants du personnel au comité de groupe parmi leurs élus aux comités d'entreprises ou aux comités d'établissements sont par là même représentatifs au niveau du groupe pour y désigner un représentant syndical lorsqu'un accord collectif prévoit une telle désignation. • Soc. 13 mai 2003, n° 00-19.035 P : *JCP E 2004. 564, obs. Miara ; Dr. soc. 2003. 1030, obs. Cohen ; RJS 2003. 815, n° 1186.*

2. La cour d'appel qui relève qu'aucune disposition légale relative au comité de groupe n'exige une représentativité syndicale dans l'ensemble du groupe et qu'au contraire le droit de désigner des représentants à ce comité est reconnu en principe à toute organisation syndicale ayant obtenu des élus dans l'un au moins des comités d'entreprise ou d'établissement dépendant du groupe, décide à bon droit que ces syndicats doivent participer à la négociation de tout accord concernant le fonctionnement du groupe. • Soc. 4 mai 1994, n° 91-15.064 P : *D. 1994. IR 151 ; Dr. soc. 1994. 688, note Borenfreund ; RJS 1994. 524, n° 875 ; ibid. 490, rapp. Waquet.* ♦ Les accords relatifs au comité de groupe n'exigent pas une représentativité dans l'ensemble du groupe ou dans l'ensemble des entreprises concernées ; le droit de désigner des représentants au comité de groupe étant reconnu, en son principe, à toute organisation syndicale ayant obtenu des élus dans l'un au moins des comités d'entreprise ou d'établissement dépendant du groupe, ces organisations doivent être invitées à participer à la négociation de tout accord concernant le fonctionnement du comité de groupe. • Soc. 30 mars 2010 : *D. 2010. Actu. 1026 ; RJS 2010. 459, n° 528 ; Dr. soc. 2010. 865, obs. Petit ; JCP S 2010. 1206, obs. Jeansen.*

3. Contentieux de la désignation. Les litiges portant sur l'annulation de la désignation des membres du comité de groupe effectuée en vertu d'un accord entre syndicats et direction de l'entreprise dominante relèvent de la compétence du tribunal d'instance. • Soc. 16 janv. 1991, n° 89-61.520 P : *RJS 1991. 180, n° 345.*

4. Il résulte des dispositions combinées du 5° de l'art. R. 311-1 et du premier al. de l'art. R. 312-10 CJA, que les litiges relatifs à la législation régissant la réglementation du travail relèvent, lorsque la décision attaquée n'a pas un caractère réglementaire et que son champ d'application ne s'étend pas au-delà du ressort d'un seul tribunal administratif, de la compétence du tribunal administratif dans le ressort duquel se trouve l'établissement dont l'activité est à l'origine du litige. Dans le cas où le directeur départemental du travail et de l'emploi dans le ressort duquel se trouve le siège de l'entreprise dominante décide de la répartition des sièges du comité de groupe entre les élus du ou des collèges en cause, cette décision ne produit d'effet direct qu'au siège de l'entreprise dominante du groupe quelle que soit l'étendue de la compétence géographique de ce comité ; en conséquence, les recours dirigés contre de telles décisions ne sont pas au nombre de ceux dont il appartient au Conseil d'État de connaître en premier ressort et relèvent de la compétence du tribunal administratif dans le ressort duquel cette entreprise a son siège social. • CE 16 janv. 2004 : *RJS 2004. 382, n° 562.*

5. Représentants syndicaux. Aucune disposition du code du travail ne prévoit la désignation de représentants syndicaux au comité de groupe, dès lors la juridiction saisie de la contestation d'une désignation ne peut statuer qu'en premier ressort en l'absence de texte contraire et sa décision est susceptible d'appel. • Soc. 18 févr. 2004, n° 02-60.606 P : *RJS 2004. 382, n° 562.*

6. Lorsque l'accord collectif fixe des conditions permettant la désignation d'un représentant syndical au comité de groupe, il ne peut y être dérogé par voie d'usage. • Soc. 8 déc. 2004 : *Dr. soc. 2005. 353, obs. Savatier.*

7. Les représentants du personnel au comité d'entreprise de groupe sont désignés par les organisations syndicales représentatives parmi leurs élus aux comités d'entreprise ou d'établissement de l'ensemble des sociétés du groupe ; un syndicat ne peut désigner au comité de groupe qu'un représentant du personnel ayant été élu sur sa propre liste. • Soc. 31 mars 2009 : *D. 2009. AJ 1147 ; RJS 2009. 480, n° 550.*

8. Changement d'affiliation syndicale. Le changement d'affiliation syndicale d'un élu désigné pour siéger au comité de groupe n'autorise pas son syndicat d'origine à mettre fin, en cours d'exercice, au mandat de l'intéressé au sein de ce comité. • Soc. 9 juill. 2014 : *RJS 2014. 670, n° 790.*

Art. L. 2333-3 La désignation des représentants du personnel au comité de groupe a lieu tous les quatre ans.

Toutefois, un accord de branche, un accord de groupe ou un accord d'entreprise, selon le cas, peut fixer une durée du mandat des représentants du personnel aux comités de groupe comprise entre deux et quatre ans. — *[Anc. art. L. 439-3, al. 6, et art. 96, VIII, L. n° 2005-882 du 2 août 2005.]*

Art. L. 2333-4 Le nombre total des sièges au comité de groupe est réparti entre les élus des différents collèges électoraux proportionnellement à l'importance numérique de chaque collège.

Les sièges affectés à chaque collège sont répartis entre les organisations syndicales proportionnellement au nombre d'élus qu'elles ont obtenus dans ces collèges, selon la règle de la représentation proportionnelle au plus fort reste.

Lorsque, pour l'ensemble des entreprises faisant partie du groupe, la moitié au moins des élus d'un ou plusieurs collèges ont été présentés sur des listes autres que syndicales, l'autorité administrative dans le ressort duquel se trouve le siège de la société dominante répartit les sièges entre les élus du ou des collèges en cause. Elle effectue cette désignation en tenant compte de la répartition des effectifs du collège considéré entre les entreprises constitutives du groupe, de l'importance relative de chaque collège au sein de l'entreprise et du nombre des suffrages recueillis par chaque élu. — *[Anc. art. L. 439-3, al. 4 et 5.]*

1. Désignation des représentants du personnel au comité de groupe. Seul un accord unanime peut modifier le nombre et la composition des collèges électoraux selon des règles autres que les règles légales fixées pour les membres des comités d'entreprise ou d'établissements. • Soc. 19 nov. 2002, n° 01-60.563 P : *D. 2002. IR 3307 ; JS Lamy 2003, n° 114-4.*

2. La classification d'un salarié dans un collège au sein duquel il a été élu, exclut, sauf accord unanime postérieur aux élections, qu'il puisse être désigné représentant au comité de groupe pour un autre collège. • Soc. 15 févr. 2006, n° 05-60.055 P.

Art. L. 2333-5 Le comité de groupe est constitué à l'initiative de l'entreprise dominante, dès que la configuration du groupe est définie en application des dispositions du présent chapitre, soit à la suite d'un accord des parties intéressées, soit, à défaut, par une décision de justice.

Cette constitution a lieu au plus tard dans les six mois suivant la conclusion de cet accord ou l'intervention de la décision de justice. – *[Anc. art. L. 439-5.] – V. art. L. 2335-1 (pén.).*

Accord de fin de conflit. L'accord de configuration du groupe doit nécessairement être conclu avec les parties intéressées de toutes les sociétés du groupe ; l'engagement pris par le chef d'entreprise dominante dans le cadre d'un accord de fin de conflit, de réunir le comité de groupe dans un certain délai, ne saurait en tenir lieu. • Crim. 11 juin 2002 : *Bull. crim., n° 133 ; RJS 2002. 931, n° 1251.*

Art. L. 2333-6 Lorsqu'un représentant du personnel au sein du comité de groupe cesse ses fonctions, son remplaçant, pour la durée du mandat restant à courir, est désigné par les organisations syndicales dans le cas prévu à l'article L. 2333-2 ou par l'autorité administrative dans celui fixé au troisième alinéa de l'article L. 2333-4. – *[Anc. art. L. 439-3, al. 7.]*

CHAPITRE IV FONCTIONNEMENT

Art. L. 2334-1 Le comité de groupe est présidé par le chef de l'entreprise dominante. Il désigne un secrétaire. – *[Anc. art. L. 439-4, al. 1er et al. 2 début.]*

Art. L. 2334-2 Le comité de groupe se réunit au moins une fois par an sur convocation de son président.

L'ordre du jour de la réunion est arrêté par le président et le secrétaire et communiqué aux membres quinze jours au moins avant la séance.

Le temps passé par les représentants du personnel aux séances du comité de groupe est rémunéré comme temps de travail.

(L. n° 2015-994 du 17 août 2015, art. 17-I) « Le recours à la visioconférence pour réunir le comité de groupe peut être autorisé par accord entre le président et les représentants du personnel siégeant au comité. En l'absence d'accord, ce recours est limité à trois réunions par année civile. Un décret détermine les conditions dans lesquelles le comité de groupe peut, dans ce cadre, procéder à un vote à bulletin secret. » *– V. art. D. 2333-2 et D. 2325-1-1 s.*

Art. L. 2334-3 Le comité de groupe est réuni pour la première fois, à l'initiative de l'entreprise dominante, dès qu'il est constitué et au plus tard dans les six mois qui suivent sa création. – *[Anc. art. L. 439-5.] – V. art. L. 2335-1 (pén.).*

Art. L. 2334-4 Pour l'exercice des missions prévues par l'article L. 2332-1, le comité de groupe peut se faire assister par un expert-comptable. Celui-ci est rémunéré par l'entreprise dominante.

Pour opérer toute vérification ou tout contrôle entrant dans l'exercice de ces missions, l'expert-comptable a accès aux mêmes documents que les commissaires aux comptes des entreprises constitutives du groupe. – *[Anc. art. L. 439-2, al. 3.]*

1. Constitutionnalité. L'art. L. 2334-4 est conforme à la Constitution en ce que, tel qu'interprété par la jurisprudence, il ne prive pas les parties d'un recours possible au juge pour contester la nature des documents dont communication est demandée par l'expert dans le cadre de sa mission et d'une vérification de la nécessité de ces documents au regard de la mission confiée par le comité d'entreprise ; s'il ne peut être demandé au juge de contrôler l'utilité concrète de ces documents, ce que seul l'expert est en mesure de faire en réalisant sa mission, il peut sanctionner tout abus de droit caractérisé. • Soc. 12 sept. 2013 : *Dalloz actualité, 24 sept. 2013, obs. Fraisse ; D. 2013. 2599, obs. Lokiec et Porta ; RJS 2013. 673, n° 743 ; JCP S 2013. 1424, obs. Dauxerre.*

2. Pouvoirs de l'expert-comptable. Il résulte de l'art. L. 439-2 [L. 2334-4 nouv.] que l'expert-comptable du comité de groupe a accès aux mêmes documents que les commissaires aux comptes des entreprises constitutives du groupe dont la compétence s'étend, en application de l'art. 228 de la loi du 24 juill. 1966 sur les sociétés commerciales, à toutes les entreprises comprises dans la consolidation, y compris les sociétés étrangères non représentées dans le comité de groupe. • Soc. 6 déc. 1994 : *D. 1995. IR 21 ; Dr. soc. 1995. 40, note Cohen ; RJS 1995. 37, n° 38, concl. Chauvy ; Bull. Joly 1995. 242, note Barbièri*, rejetant le pourvoi contre • Riom, 9 nov. 1992 : *Dr. ouvrier 1993. 148, note Grinsnir.*

CHAPITRE V **DISPOSITIONS PÉNALES**

Art. L. 2335-1 **Le fait de ne pas constituer et réunir pour la première fois un comité de groupe dans les conditions prévues aux articles L. 2333-5 et L. 2334-3 ou d'apporter une entrave** *(Abrogé par L. nº 2015-990 du 6 août 2015, art. 262)* **« *soit* » à la désignation des membres d'un comité de groupe** *(Abrogé par L. nº 2015-990 du 6 août 2015, art. 262)* **« , *soit au fonctionnement régulier de ce comité,* » est puni d'un emprisonnement d'un an et d'une amende de** *(L. nº 2015-990 du 6 août 2015, art. 262)* **« *7 500 €.***

« Le fait d'apporter une entrave au fonctionnement régulier de ce comité est puni d'une amende de 7 500 €. »

RÉP. TRAV. vº *Entrave aux institutions représentatives des salariés et à l'exercice du droit syndical*, par AMAUGER-LATTES.

TITRE QUATRIÈME **COMITÉ D'ENTREPRISE EUROPÉEN OU PROCÉDURE D'INFORMATION ET DE CONSULTATION DANS LES ENTREPRISES DE DIMENSION COMMUNAUTAIRE**

RÉP. TRAV. vº *Comité d'entreprise européen*, par SACHS-DURAND.

BIBL. GÉN. ▸ Directive CE 94/45 : BÉLIER, *Dr. soc. 1994. 1027* ✎. – DESBARATS, *LPA 30 juin 1995.* – GUIRLET, *JCP E 1991. I. 63.* – JACQUIER, *Dr. soc. 1996. 1081* ✎. – KRIEF, *JCP S 2012. 1116* (articulation du comité d'entreprise européen et des instances nationales de représentants du personnel). – LAULOM, *Dr. soc. 1995. 1026* ✎. – RODIÈRE, *Dr. soc. 2007. 1015* ✎. – TEYSSIÉ, *JCP 1995. I. 3858.* – BÉTHOUX et BRIHI, *RDT 2012. Controverse. 9* (à quoi sert le comité d'entreprise européen ?).

▸ Loi du 12 nov. 1996 : DESBARATS, *LPA 11 avr. 1997.* – TEYSSIÉ, *JCP E 1997. I. 624.*

▸ Accords portant création anticipée : TEYSSIÉ, *JCP E 1996. I. 526.*

▸ Directive 2009/38/CE du 6 mai 2009 : GUYADER, *RDT 2009. 599* ✎. – PETERSEN, *JCP S 2012. 1189.*

▸ Directive 2009/38/CE du 6 mai 2009 et Ord. nº 2011-1328 du 20 oct. 2011 : TEYSSIÉ, *JCP S 2011. 1489* ; *ibid. 1490* (contenu des accords instituant un comité d'entreprise européen) ; *ibid. JCP S 2016. 1273* (acteurs de la négociation des accords collectifs relatifs à la création de comités d'entreprise européens).

COMMENTAIRE

V. Dalloz.fr et applications mobiles Dalloz 🏛. ☐

CHAPITRE PREMIER **CHAMP D'APPLICATION ET MISE EN PLACE**

Sauf dans le cas prévu à l'art. L. 2341-10, ne sont pas soumis aux dispositions du titre IV du livre III de la deuxième partie dans sa rédaction issue de l'Ord. nº 2011-1328 du 20 oct. 2011 :

1º Les accords applicables à l'ensemble des salariés prévoyant des instances ou autres modalités d'information, d'échanges de vues et de dialogue à l'échelon communautaire mentionnés à l'art. 5 de la L. nº 96-985 du 12 nov. 1996 ;

2º Les accords applicables à l'ensemble des salariés prévoyant des instances ou autres modalités d'information, d'échanges de vues et de dialogue à l'échelon communautaire mentionnés à l'art. 2 de l'Ord. nº 2001-176 du 22 févr. 2001 ;

3º Les accords conclus conformément à l'art. L. 2342-9 dans sa rédaction issue de la L. du 12 nov. 1996 susvisée et signés ou révisés entre le 5 juin 2009 et le 5 juin 2011. Il en va de même si, lorsque les accords mentionnés aux 1º, 2º et 3º arrivent à expiration, les parties signataires décident conjointement de les reconduire ou de les réviser (Ord. nº 2011-1328 du 20 oct. 2011, art. 5).

Art. L. 2341-1 **Pour l'application du présent titre, on entend par entreprise de dimension communautaire l'entreprise ou l'organisme qui emploie** *(L. nº 2012-387 du 22 mars 2012, art. 43)* **« au moins mille salariés » dans les États membres de la Communauté européenne** *(Ord. nº 2011-1328 du 20 oct. 2011, art. 1-1º)* **« ou de l'Espace économique européen » et qui comporte au moins un établissement employant** *(L. nº 2012-387 du 22 mars 2012, art. 43)* **« au moins cent cinquante salariés » dans au moins deux de ces États.** – *[Anc. art. L. 439-6, al. 2.]*

Directive CE n° 94/45 du 22 septembre 1994, *concernant l'institution d'un comité d'entreprise européen (JOCE n° L 254 du 30 sept.). – Mod. par Dir. CE n° 97/74 du 15 déc. 1997 (JOCE n° L 10 du 16 janv. 1998)* 🏛.

Art. L. 2341-2 Pour l'application du présent titre, on entend par groupe d'entreprises de dimension communautaire, le groupe, au sens de l'article L. 2331-1, satisfaisant aux conditions d'effectifs et d'activité mentionnées à l'article L. 2341-1 et comportant au moins une entreprise employant *(L. n° 2012-387 du 22 mars 2012, art. 43)* « au moins cent cinquante salariés » dans au moins deux des États mentionnés à ce même article. – *[Anc. art. L. 439-6, al. 3.]*

Art. L. 2341-3 Les dispositions du présent titre s'appliquent :

1° A l'entreprise ou au groupe d'entreprises de dimension communautaire dont le siège social ou celui de l'entreprise dominante est situé en France ;

2° A l'entreprise ou au groupe d'entreprises de dimension communautaire dont le siège social ou celui de l'entreprise dominante se trouve dans un État autre que ceux mentionnés à l'article L. 2341-1 et qui a désigné, pour l'application des dispositions du présent titre, un représentant en France ;

3° A l'entreprise ou au groupe d'entreprises de dimension communautaire dont le siège social ou celui de l'entreprise dominante se trouve dans un État autre que ceux mentionnés à l'article L. 2341-1, qui n'a pas procédé à la désignation d'un représentant dans aucun de ces États et dont l'établissement ou l'entreprise qui emploie le plus grand nombre de salariés au sein de ces États est situé en France. – *[Anc. art. L. 439-6, al. 5 à 8.]*

Art. L. 2341-4 Un comité d'entreprise européen ou une procédure d'information et de consultation est institué dans les entreprises ou groupes d'entreprises de dimension communautaire afin de garantir le droit des salariés à l'information et à la consultation à l'échelon européen. – *[Anc. art. L. 439-6, al. 1.]*

1. Accès effectif aux informations. Pour que la directive n° 94/45 du 22 sept. 1994 relative au comité d'entreprise européen puisse avoir un effet utile, il est indispensable de garantir aux travailleurs concernés l'accès aux informations leur permettant de déterminer s'ils ont le droit d'exiger l'ouverture de négociations entre la direction centrale une fois son existence établie, et les représentants des travailleurs ; aussi l'entreprise faisant partie d'un groupe d'entreprises doit fournir des informations aux organes internes de représentation des travailleurs, même s'il n'est pas encore établi que la direction à laquelle les travailleurs s'adressent est celle d'une entreprise exerçant le contrôle au sein d'un groupe d'entreprises. • CJCE 29 mars 2001, aff. 62/99, 6e ch. : *RJS 2001. 647, n° 948.*

2. Le comité d'entreprise européen doit être consulté avant la tenue du conseil d'administration devant arrêter le projet de fusion qui est irréversible ; les procédures de consultation du comité d'entreprise européen et du comité d'entreprise n'ayant pas le même objet, ni le même champ d'application, les renseignements fournis lors de la réunion du comité d'entreprise n'assurent pas nécessairement une complète information du comité d'entreprise européen. • Soc. 16 janv. 2008 : *RDT 2008. 191, obs. Tissandier ; D. 2008. AJ 356, obs. Perrin ; RJS 2008. 347, n° 443.*

Art. L. 2341-5 Pour l'application du présent titre, l'entreprise dominante s'entend au sens de l'article L. 2331-1.

Art. L. 2341-6 *(Ord. n° 2011-1328 du 20 oct. 2011, art. 1-2°)* La consultation prévue par le présent titre consiste, pour le chef de l'entreprise ou de l'entreprise dominante du groupe d'entreprises de dimension communautaire ou tout autre niveau de direction plus approprié, à organiser un échange de vues et à établir un dialogue avec les représentants des salariés à un moment, d'une façon et avec un contenu qui permettent à ceux-ci d'exprimer, sur la base des informations fournies et dans un délai raisonnable, un avis concernant les mesures faisant l'objet de la consultation, qui peut être pris en compte au sein de l'entreprise ou du groupe d'entreprises de dimension communautaire, sans préjudice des responsabilités de l'employeur.

Art. L. 2341-7 *(Ord. n° 2011-1328 du 20 oct. 2011, art. 1-3°)* L'information prévue par le présent titre consiste, pour le chef de l'entreprise ou de l'entreprise dominante du groupe d'entreprises de dimension communautaire ou tout autre niveau de direction plus approprié, à transmettre des données aux représentants des salariés afin de permettre à ceux-ci de prendre connaissance du sujet traité et de l'examiner. L'information s'effectue à un moment, d'une façon et avec un contenu appropriés, qui permettent notamment aux représentants des salariés de procéder à une évaluation en profondeur de l'incidence éventuelle de ces données et de préparer, le cas échéant, des consultations avec le chef de l'entreprise ou de l'entreprise dominante du groupe d'entreprises de dimension communautaire ou tout autre niveau de direction plus approprié.

Art. L. 2341-8 *(Ord. n° 2011-1328 du 20 oct. 2011, art. 1-3°)* La compétence du comité d'entreprise européen ou la procédure mentionnée à l'article L. 2341-4 porte sur les questions transnationales. Sont considérées comme telles les questions qui concernent l'ensemble de l'entreprise ou du groupe d'entreprises de dimension communautaire ou au moins deux entreprises ou établissements de l'entreprise ou du groupe situés dans deux États membres.

Art. L. 2341-9 *(Ord. n° 2011-1328 du 20 oct. 2011, art. 1-3°)* L'information et la consultation du comité d'entreprise européen sont articulées avec celles des autres institutions représentatives du personnel mentionnées au présent livre et celles mises en place en application du droit de l'État membre sur le territoire duquel est implanté l'entreprise ou l'établissement, en fonction de leurs compétences et domaines d'intervention respectifs.

Lorsque le comité d'entreprise européen est constitué en l'absence d'accord ou lorsque l'accord ne prévoit pas les modalités d'articulation visées au 4° de l'article L. 2342-9 et dans le cas où des décisions susceptibles d'entraîner des modifications importantes dans l'organisation du travail ou dans les contrats de travail sont envisagées, le processus d'information et de consultation est mené tant au sein du comité d'entreprise européen que des institutions nationales représentatives du personnel.

Art. L. 2341-10 *(Ord. n° 2011-1328 du 20 oct. 2011, art. 1-3°)* Si des modifications significatives interviennent dans la structure de l'entreprise ou du groupe d'entreprises de dimension communautaire, soit en l'absence de dispositions prévues par le ou les accords en vigueur, soit en cas de conflits entre les dispositions de deux ou plusieurs accords applicables, le chef de l'entreprise ou de l'entreprise dominante du groupe d'entreprises de dimension communautaire engage les négociations mentionnées à l'article L. 2342-1 de sa propre initiative ou à la demande écrite d'au moins cent salariés ou de leurs représentants, relevant d'au moins deux entreprises ou établissements situés dans au moins deux États différents mentionnés à l'article L. 2341-1.

Un groupe spécial de négociation est composé des membres désignés en application des articles L. 2344-2 à L. 2344-6 et d'au moins trois membres du comité d'entreprise européen existant ou de chacun des comités d'entreprise européens existants.

Le ou les comités d'entreprise européens existants continuent à fonctionner pendant la durée de cette négociation, selon des modalités éventuellement adaptées par accord conclu entre les membres du ou des comités d'entreprise européens et le chef de l'entreprise ou de l'entreprise dominante du groupe d'entreprises de dimension communautaire.

Dans le cas prévu par l'art. L. 2341-10, les dispositions du titre IV du livre III de la deuxième partie dans leur rédaction issue de la loi du 12 nov. 1996 continuent de s'appliquer aux accords conclus conformément à l'art. L. 2342-9 dans sa rédaction issue de la loi du 12 nov. 1996 et signés ou révisés entre le 5 juin 2009 et le 5 juin 2011 (Ord. n° 2011-1328 du 20 oct. 2011, art. 5-II).

Art. L. 2341-11 *(Ord. n° 2011-1328 du 20 oct. 2011, art. 1-3°)* Par dérogation aux articles L. 2341-6 et L. 2341-7, le chef de l'entreprise ou de l'entreprise dominante du groupe d'entreprises de dimension communautaire qui lance une offre publique d'acquisition portant sur le capital d'une entreprise n'est pas tenu de saisir le comité d'entreprise européen ou les représentants des salariés dans le cadre d'une procédure d'information et de consultation préalablement à ce lancement.

En revanche, il réunit le comité d'entreprise européen ou la représentation des salariés dans le délai le plus rapproché suivant la publication de l'offre permettant la présence effective de ses membres en vue de leur transmettre des informations écrites et précises sur le contenu de l'offre et sur les conséquences en matière d'emploi qu'elle est susceptible d'entraîner.

Art. L. 2341-12 *(L. n° 2015-994 du 17 août 2015, art. 17-I)* Le recours à la visioconférence pour réunir le comité d'entreprise européen peut être autorisé par accord entre le chef de l'entreprise dominante du groupe et les représentants du personnel siégeant au comité. En l'absence d'accord, ce recours est limité à trois réunions par année civile. Un décret détermine les conditions dans lesquelles le comité d'entreprise européen peut, dans ce cadre, procéder à un vote à bulletin secret. — *V. art. D. 2341-1 et D. 2325-1-1 s.*

CHAPITRE II COMITÉ OU PROCÉDURE D'INFORMATION ET DE CONSULTATION INSTITUÉ PAR ACCORD

SECTION PREMIÈRE GROUPE SPÉCIAL DE NÉGOCIATION

Art. L. 2342-1 Le chef de l'entreprise ou de l'entreprise dominante du groupe d'entreprises de dimension communautaire met en place un groupe spécial de négociation composé de représentants de l'ensemble des salariés, conformément aux dispositions de l'article L. 2344-1, en vue de la conclusion d'un accord destiné à mettre en œuvre le droit des salariés à l'information et à la consultation à l'échelon européen. — *[Anc. art. L. 439-7, al. 1.] — V. art. L. 2346-1 (pén.).*

Art. L. 2342-2 Le groupe spécial de négociation détermine avec l'employeur, par un accord écrit, d'une part les entreprises ou établissements concernés, d'autre part soit la composition, les attributions et la durée du mandat du ou des comités d'entreprise européens, soit les modalités de mise en œuvre d'une procédure d'information et de consultation. — *[Anc. art. L. 439-8, al. 1.] — V. art. L. 2346-1 (pén.).*

Art. L. 2342-3 L'employeur engage la procédure de constitution du groupe spécial de négociation lorsque les effectifs mentionnés à l'article L. 2341-1 sont atteints en moyenne sur l'ensemble des deux années précédentes.

Le calcul des effectifs s'effectue conformément aux dispositions de l'article L. 1111-2 pour les entreprises ou établissements situés en France et conformément au droit national dans les autres États.

(Ord. n° 2011-1328 du 20 oct. 2011, art. 2-1°) « Les responsables de l'obtention et de la transmission aux salariés et à leurs représentants mentionnés à l'article L. 2342-4 des informations indispensables à l'ouverture des négociations mentionnées à l'article L. 2342-1, notamment des informations relatives à la structure de l'entreprise ou du groupe et à ses effectifs, sont :

« 1° Tout chef d'une entreprise ou de l'entreprise dominante d'un groupe d'entreprises de dimension communautaire ;

« 2° Tout chef d'une entreprise appartenant à un groupe d'entreprises de dimension communautaire ;

« 3° Tout chef d'un établissement d'une entreprise de dimension communautaire ou appartenant à un groupe d'entreprises de dimension communautaire ;

« 4° En l'absence de représentant en France désigné en application du 2° de l'article L. 2341-3, le chef de l'établissement de l'entreprise de dimension communautaire ou le chef de l'entreprise dominante du groupe d'entreprises de dimension communautaire mentionnés au 3° de cet article. »

Art. L. 2342-4 A défaut d'initiative de l'employeur, la procédure de constitution du groupe spécial de négociation est engagée à la demande écrite de cent salariés ou de leurs représentants, relevant d'au moins deux entreprises ou établissements situés dans au moins deux États différents mentionnés à l'article L. 2341-1.

Aucun salarié ne peut être sanctionné ou licencié en raison de l'exercice de ce droit d'initiative. Toute décision ou tout acte contraire est nul de plein droit. — *[Anc. art. L. 439-7, al. 3, et L. 439-23, al. 2.] — V. art. L. 2346-1 (pén.).*

Art. L. 2342-5 *(Ord. n° 2011-1328 du 20 oct. 2011, art. 2-2°)* « Le chef de l'entreprise ou de l'entreprise dominante du groupe d'entreprises de dimension communautaire » invite et convoque le groupe spécial de négociation à une réunion.

(Ord. n° 2011-1328 du 20 oct. 2011, art. 2-2°) « Il informe de la composition du groupe spécial de négociation et du début des négociations les chefs des établissements de l'entreprise ou les chefs des entreprises du groupe d'entreprises de dimension communautaire et les organisations européennes de salariés et d'employeurs consultées par la Commission européenne.

« Avant et après les réunions avec le chef de l'entreprise ou de l'entreprise dominante du groupe d'entreprises de dimension communautaire, le groupe spécial de négociation peut se réunir, avec les moyens nécessaires et adaptés à la communication entre ses membres, hors la présence des représentants du chef de l'entreprise ou de l'entreprise dominante du groupe d'entreprises de dimension communautaire. » – *V. art. L. 2346-1 (pén.).*

Art. L. 2342-6 Le temps passé en réunion par les membres du groupe spécial de négociation est considéré comme temps de travail et payé à l'échéance normale.

Les dépenses nécessaires à la bonne exécution de la mission du groupe spécial de négociation sont à la charge de l'entreprise ou de l'entreprise dominante du groupe d'entreprises. – *[Anc. art. L. 439-8, al. 4.] – V. art. L. 2346-1 (pén.).*

Art. L. 2342-7 Pour négocier, le groupe spécial de négociation peut être assisté d'experts de son choix *(Ord. n° 2011-1328 du 20 oct. 2011, art. 2-3°)* « parmi lesquels peuvent figurer des représentants des organisations européennes de salariés mentionnées à l'article L. 2342-5.

« Les experts et les représentants des organisations précitées peuvent, à la demande du groupe spécial de négociation, assister, à titre consultatif, aux réunions de négociation. »

L'entreprise ou l'entreprise dominante du groupe d'entreprises de dimension communautaire prend en charge les frais afférents à l'intervention d'un expert. – *[Anc. art. L. 439-8, al. 4.] – V. art. L. 2346-1 (pén.).*

Art. L. 2342-8 La décision de conclure un accord est prise par le groupe spécial de négociation à la majorité de ses membres.

Le groupe peut décider, par au moins deux tiers des voix, de ne pas ouvrir de négociations ou de mettre fin aux négociations déjà en cours. Dans ce cas, une nouvelle demande de constitution d'un groupe spécial de négociation ne peut être introduite que deux ans au plus tôt après cette décision, sauf si les parties concernées fixent un délai plus court.

Le groupe cesse d'exister lorsqu'une procédure d'information et de consultation ou un comité d'entreprise européen est mis en place, ou s'il décide de mettre fin aux négociations dans les conditions prévues au deuxième alinéa. – *[Anc. art. L. 439-11.]*

SECTION II **COMITÉ D'ENTREPRISE EUROPÉEN INSTITUÉ PAR ACCORD**

Art. L. 2342-9 Lorsqu'il opte pour la constitution d'un comité d'entreprise européen, le groupe spécial de négociation conclut un accord qui détermine :

1° Les établissements de l'entreprise de dimension communautaire ou les entreprises membres du groupe d'entreprises de dimension communautaire concernés par l'accord ;

2° La composition du comité d'entreprise européen, en particulier le nombre de ses membres, la répartition des sièges *(Ord. n° 2011-1328 du 20 oct. 2011, art. 2-4°)* « permettant de prendre en compte le besoin de représentation équilibrée des salariés selon les activités, les catégories de salariés et le sexe, » et la durée du mandat ;

3° Les attributions du comité d'entreprise européen et les modalités selon lesquelles l'information et la consultation se déroulent en son sein ;

(Ord. n° 2011-1328 du 20 oct. 2011, art. 2-4°) « 4° Les modalités de l'articulation entre l'information et la consultation du comité d'entreprise européen et celles des autres institutions représentatives du personnel mentionnées au présent livre et celles mises en place en application du droit de l'État membre sur le territoire duquel est implanté l'entreprise ou l'établissement, en fonction de leurs compétences et domaines d'intervention respectifs ; »

5° Le lieu, la fréquence et la durée des réunions du comité d'entreprise européen ;

(Ord. n° 2011-1328 du 20 oct. 2011, art. 2-4°) « 6° Le cas échéant, la composition, les modalités de désignation, les attributions et les modalités de réunion du bureau constitué au sein du comité d'entreprise européen ; »

7° Les moyens matériels et financiers alloués au comité d'entreprise européen ;

(Ord. n° 2011-1328 du 20 oct. 2011, art. 2-4°) « 8° La date d'entrée en vigueur de l'accord et sa durée, les modalités selon lesquelles l'accord peut être amendé ou dénoncé ainsi que les cas dans lesquels l'accord doit être renégocié et la procédure de sa renégociation, notamment lorsque des modifications interviennent dans la structure de l'entreprise ou du groupe d'entreprises de dimension communautaire. » – *Les 4° et 5° sont devenus respectivement les 5° et 7° (Ord. n° 2011-1328 du 20 oct. 2011, art. 2-4°).*

Art. L. 2342-10 Les membres du comité d'entreprise européen institué par accord ainsi que les experts qui les assistent sont tenus :

1° Au secret professionnel pour toutes les questions relatives aux procédés de fabrication ;

2° A une obligation de discrétion à l'égard des informations présentant un caractère confidentiel et données comme telles par l'employeur. – *[Anc. art. L. 439-21.]*

Art. L. 2342-10-1 *(Ord. n° 2011-1328 du 20 oct. 2011, art. 2-5°)* Les membres du comité d'entreprise européen institué par accord informent les représentants du personnel des établissements ou des entreprises d'un groupe d'entreprises de dimension communautaire ou, à défaut de représentants, l'ensemble des salariés de la teneur et des résultats de la procédure d'information et de consultation mise en œuvre, dans le respect des dispositions relatives au secret professionnel et à l'obligation de discrétion mentionnées à l'article L. 2342-10.

Art. L. 2342-10-2 *(Ord. n° 2011-1328 du 20 oct. 2011, art. 2-5°)* Les membres du comité d'entreprise européen institué par accord bénéficient sans perte de salaire des formations nécessaires à l'exercice de leur mandat dans des conditions déterminées par l'accord.

SECTION III PROCÉDURE D'INFORMATION ET DE CONSULTATION INSTITUÉE PAR ACCORD

Art. L. 2342-11 Lorsque, au lieu de créer un comité d'entreprise européen, le groupe spécial de négociation opte pour l'institution d'une ou de plusieurs procédures d'information et de consultation, l'accord prévoit selon quelles modalités les représentants des salariés peuvent se réunir pour procéder à une consultation sur les informations qui leur sont communiquées et qui portent, notamment, sur des questions transnationales affectant considérablement les intérêts des salariés. – *[Anc. art. L. 439-10.]*

Art. L. 2342-12 Les représentants des salariés dans le cadre d'une procédure d'information et de consultation ainsi que les experts qui les assistent sont tenus :

1° Au secret professionnel pour toutes les questions relatives aux procédés de fabrication ;

2° A une obligation de discrétion à l'égard des informations présentant un caractère confidentiel et données comme telles par l'employeur. – *[Anc. art. L. 439-21.]*

CHAPITRE III COMITÉ INSTITUÉ EN L'ABSENCE D'ACCORD

SECTION PREMIÈRE MISE EN PLACE

Art. L. 2343-1 Un comité d'entreprise européen est institué conformément aux dispositions du présent chapitre dans les cas suivants :

1° Lorsque le chef de l'entreprise ou de l'entreprise dominante de dimension communautaire refuse de mettre en place un groupe spécial de négociation ou d'ouvrir des négociations dans un délai de six mois à compter de la réception de la demande prévue à l'article L. 2342-4 ;

2° Lorsque le groupe spécial de négociation n'a pas conclu d'accord dans un délai de trois ans à compter de la réception de la demande prévue à l'article L. 2342-4 ou de l'initiative prise par la direction de l'entreprise ou du groupe, sans préjudice des dispositions de l'article L. 2342-8.

Le comité d'entreprise européen est constitué et réuni au plus tard à l'expiration d'un délai de six mois suivant l'arrivée des termes de six mois ou de trois ans, mentionnés aux 1° et 2°. – *[Anc. art. L. 439-12.]*

SECTION II **ATTRIBUTIONS**

Art. L. 2343-2 Le comité d'entreprise européen se réunit *(Ord. n° 2011-1328 du 20 oct. 2011, art. 3-1°)* « au moins » une fois par an.

(Ord. n° 2011-1328 du 20 oct. 2011, art. 3-1°) « Il est notamment informé sur : »

1° La structure de l'entreprise ou du groupe d'entreprises ;

2° Sa situation économique et financière ;

3° L'évolution probable de ses activités ;

4° La production et les ventes ;

5° La situation et l'évolution probable de l'emploi ;

6° Les investissements ;

7° Les changements substantiels concernant l'organisation, l'introduction de nouvelles méthodes de travail ou de nouveaux procédés de production ;

8° Les transferts de production ;

9° Les fusions ;

10° La réduction de la taille ou la fermeture d'entreprises, d'établissements ou de parties importantes de ceux-ci ;

11° Les licenciements collectifs. – *[Anc. art. L. 439-14, al. 3 début.]*

L'art. L. 2343-3 devient l'art. L. 2343-2 (Ord. n° 2011-1328 du 20 oct. 2011, art. 3-1°).

Art. L. 2343-3 *(Ord. n° 2011-1328 du 20 oct. 2011, art. 3-1°)* Au moins une fois par an, le comité d'entreprise européen est consulté lors d'une réunion sur un rapport portant sur les 5° à 11° de l'article L. 2343-2.

La consultation s'effectue de façon à permettre aux représentants des salariés de se réunir avec l'employeur et d'obtenir une réponse motivée à tout avis qu'ils pourraient émettre.

Art. L. 2343-4 Lorsque surviennent des circonstances exceptionnelles *(Ord. n° 2011-1328 du 20 oct. 2011, art. 3-3°)* « ou des décisions » affectant considérablement les intérêts des salariés, notamment en cas de délocalisation, de fermeture d'entreprises ou d'établissements ou de licenciements collectifs, le bureau mentionné à l'article L. 2343-7 ou, s'il n'en n'existe pas, le comité d'entreprise européen, en est informé.

Le bureau ou le comité se réunit à sa demande avec l'employeur afin d'être informé et consulté sur les mesures affectant considérablement les intérêts des salariés.

Les membres du comité d'entreprise européen élus ou désignés par les établissements ou les entreprises directement concernés par les mesures en cause ont également le droit de participer à la réunion du bureau.

Cette réunion a lieu dans les meilleurs délais, à partir d'un rapport établi par le chef d'entreprise. Un avis peut être émis à l'issue de la réunion ou dans un délai raisonnable sur ce rapport.

Cette réunion ne porte pas atteinte aux prérogatives du chef d'entreprise.

Pour l'application de ces dispositions, l'employeur peut être remplacé par son représentant ou tout autre responsable à un niveau de direction plus approprié au sein de l'entreprise ou du groupe d'entreprises de dimension communautaire doté d'un pouvoir de décision. – *[Anc. art. L. 439-15, al. 2.]*

SECTION III **COMPOSITION**

Art. L. 2343-5 Le comité d'entreprise européen est composé :

1° Du chef de l'entreprise ou de l'entreprise dominante du groupe de dimension communautaire, assisté de deux personnes de son choix ayant voix consultative ;

2° De représentants du personnel des établissements de l'entreprise ou des entreprises constituant le groupe de dimension communautaire.

(Ord. n° 2011-1328 du 20 oct. 2011, art. 3-4°) « Le chef de l'entreprise ou de l'entreprise dominante du groupe d'entreprises de dimension communautaire et tout autre niveau de direction approprié sont informés de la désignation des représentants des salariés au comité d'entreprise européen. »

Art. L. 2343-6 Les modifications de la composition du comité d'entreprise européen qui résultent des changements intervenus dans la structure ou la dimension de l'entreprise ou du groupe d'entreprises de dimension communautaire peuvent être décidées par accord conclu en son sein entre l'employeur et les représentants des salariés. – *[Anc. art. L. 439-17, al. 1er et 2, phrases 1 et 2.]*

SECTION IV **FONCTIONNEMENT**

Art. L. 2343-7 Le comité d'entreprise européen est doté de la personnalité civile.

Il est présidé par le chef d'entreprise ou de l'entreprise dominante du groupe de dimension communautaire.

Le comité désigne un secrétaire.

(Ord. nº 2011-1328 du 20 oct. 2011, art. 3-5º) « Il élit un bureau d'au maximum cinq membres qui bénéficie de conditions matérielles lui permettant d'exercer son activité de façon régulière. »

Art. L. 2343-8 Le comité d'entreprise européen adopte un règlement intérieur qui fixe ses modalités de fonctionnement.

Ce règlement intérieur peut organiser la prise en compte des répercussions, sur le comité d'entreprise européen, des changements intervenus dans la structure ou la dimension de l'entreprise ou du groupe d'entreprises de dimension communautaire. L'examen de tels changements peut avoir lieu à l'occasion de la réunion annuelle du comité. – *[Anc. art. L. 439-17, al. 1er et 2, phrases 1 et 2.]*

Art. L. 2343-9 La réunion annuelle du comité d'entreprise européen est provoquée sur convocation de son président, à partir d'un rapport établi par celui-ci.

Ce rapport retrace l'évolution des activités de l'entreprise de dimension communautaire ou du groupe d'entreprises de dimension communautaire et ses perspectives.

Les directeurs des établissements ou les chefs d'entreprise des entreprises du groupe sont informés de ce rapport. – *[Anc. art. L. 439-14, al. 3 fin.]*

Art. L. 2343-10 L'ordre du jour de la réunion annuelle du comité d'entreprise européen est arrêté par le président et le secrétaire. Il est communiqué aux membres du comité quinze jours au moins avant la séance.

A défaut d'accord sur le contenu de l'ordre du jour, celui-ci est fixé par le président et communiqué aux membres du comité dix jours au moins avant la date de la réunion. – *[Anc. art. L. 439-14, al. 5.]*

Art. L. 2343-11 Avant les réunions, les représentants des salariés au comité d'entreprise européen ou le bureau, le cas échéant élargi conformément à l'article L. 2343-4, peuvent se réunir hors la présence des représentants de la direction de l'entreprise. – *[Anc. art. L. 439-15, al. 3.]*

Art. L. 2343-12 La délégation du personnel du comité d'entreprise européen informe les représentants du personnel des établissements ou des entreprises d'un groupe d'entreprises de dimension communautaire ou, à défaut de représentants, l'ensemble des salariés, de la teneur et des résultats *(Ord. nº 2011-1328 du 20 oct. 2011, art. 3-6º)* « de la procédure d'information et de consultation mises en œuvre conformément aux dispositions du présent chapitre », dans le respect des dispositions relatives au secret professionnel et à l'obligation de discrétion. – *[Anc. art. L. 439-14, al. 4.]*

Art. L. 2343-13 Le comité d'entreprise européen et son bureau peuvent être assistés d'experts de leur choix.

L'entreprise ou l'entreprise dominante du groupe d'entreprises de dimension communautaire prend en charge les frais afférents à l'intervention d'un expert. – *[Anc. art. L. 439-16, al. 1.]*

Art. L. 2343-14 Les dépenses de fonctionnement du comité d'entreprise européen sont supportées par l'entreprise ou l'entreprise dominante du groupe d'entreprises de dimension communautaire.

Les membres du comité sont dotés des moyens matériels ou financiers nécessaires à l'accomplissement de leurs missions.

En particulier, l'entreprise prend en charge, sauf s'il en a été convenu autrement, les frais d'organisation des réunions et d'interprétariat ainsi que les frais de séjour et de déplacement des membres du comité et du bureau. – *[Anc. art. L. 439-16, al. 2.]*

Art. L. 2343-15 L'employeur laisse au secrétaire et aux membres du bureau du comité d'entreprise européen le temps nécessaire à l'exercice de leurs fonctions dans la limite d'une durée qui, sauf circonstances exceptionnelles, ne peut excéder cent vingt heures annuelles pour chacun d'entre eux.

Ce temps est considéré comme temps de travail et payé à l'échéance normale.

Le temps passé par le secrétaire et les membres du bureau aux séances du comité et aux réunions du bureau n'est pas déduit de ces cent vingt heures.

L'employeur qui entend contester l'usage fait du temps ainsi alloué saisit le juge judiciaire. – *[Anc. art. L. 439-16, al. 4.]*

Art. L. 2343-16 Le temps passé en réunion par les membres du comité d'entreprise européen est considéré comme temps de travail et payé à l'échéance normale. – *[Anc. art. L. 439-16, al. 5.]*

Art. L. 2343-17 Les documents communiqués aux représentants des salariés comportent une version en français. – *[Anc. art. L. 439-16, al. 5.]*

Art. L. 2343-18 Quatre ans après l'institution du comité d'entreprise européen dans les cas prévus par l'article L. 2343-1, celui-ci examine s'il convient de le renouveler ou d'engager des négociations en vue de la conclusion de l'accord mentionné aux articles L. 2342-2 et L. 2342-9.

Dans cette dernière hypothèse, les membres du comité forment le groupe spécial de négociation habilité à conclure l'accord mentionné au premier alinéa.

L'employeur convoque une réunion à cet effet dans un délai de six mois à compter du terme de quatre ans.

Le comité demeure en fonction tant qu'il n'a pas été renouvelé ou remplacé. – *[Anc. art. L. 439-17, al. 3.]*

Les membres du comité d'entreprise européen sont désignés pour quatre ans par les organisations syndicales représentatives parmi leurs élus ou représentants syndicaux, en fonction des résultats aux dernières élections ; la composition du comité d'entreprise européen ne peut pas, dès lors, être modifiée en fonction d'élections postérieures à sa mise en place. • Soc. 21 janv. 2009 : 🏛 *RJS 2009. 315, n° 371 ; JCP S 2009. 1164, obs. Martinon.*

Art. L. 2343-19 Lorsqu'un groupe d'entreprises a mis en place un comité d'entreprise européen, l'accord mentionné à l'article L. 2342-2 ou un accord passé au sein du groupe peut décider d'un aménagement des conditions de fonctionnement du comité de groupe.

L'entrée en vigueur de l'accord est subordonnée à un vote favorable du comité de groupe. – *[Anc. art. L. 439-24, phrases 1 et 2.]*

CHAPITRE IV DISPOSITIONS COMMUNES AU GROUPE SPÉCIAL DE NÉGOCIATION ET AU COMITÉ INSTITUÉ EN L'ABSENCE D'ACCORD

SECTION PREMIÈRE RÉPARTITION DES SIÈGES

Art. L. 2344-1 Le nombre de sièges au groupe spécial de négociation et au comité d'entreprise européen institué en l'absence d'accord ainsi que le nombre minimum et maximum de représentants du personnel au comité d'entreprise européen institué dans les mêmes conditions sont fixés par décret en Conseil d'État.

L'employeur et les représentants des salariés peuvent décider d'associer aux travaux du groupe spécial de négociation ou du comité d'entreprise européen des représentants des salariés employés dans des États autres que ceux mentionnés à l'article L. 2341-1. Ces membres associés n'ont pas le droit de vote au sein de l'instance considérée. – *[Anc. art. L. 439-18, al. 1er, 4 et 5.]*

SECTION II DÉSIGNATION, ÉLECTION ET STATUT DES MEMBRES

Art. L. 2344-2 Les membres du groupe spécial de négociation et les représentants des salariés des établissements ou des entreprises implantés en France au comité d'entreprise européen sont désignés par les organisations syndicales de salariés parmi leurs élus aux comités d'entreprise ou d'établissement ou leurs représentants syndicaux dans l'entreprise ou le groupe, à partir des résultats des dernières élections.

Il en va de même des représentants des salariés des établissements ou entreprises situés en France appartenant à une entreprise ou un groupe de dimension communautaire pour la constitution d'un groupe spécial de négociation ou d'un comité d'entreprise européen dans un État autre que la France. – *[Anc. art. L. 439-19, al. 1.]*

Principe. Les dispositions de l'art. L. 439-19 [L. 2344-2 nouv.] ne permettent pas de modifier la composition du groupe spécial de négociation en fonction des résultats des scrutins intervenus postérieurement à sa mise en place. • Cass., avis, 21 oct. 2005, avis n° 05-000.24 : *Bull. 2005, avis n° 8 ; D. 2005. IR 2897* • Soc. 21 janv. 2009 : *JCP S 2009. 1164, obs. Martinon.*

Art. L. 2344-3 Pour les établissements ou entreprises implantés en France, les sièges sont répartis entre les collèges proportionnellement à l'importance numérique de chacun d'entre eux.

Les sièges affectés à chaque collège sont répartis entre les organisations syndicales proportionnellement au nombre d'élus qu'elles ont obtenu dans ces collèges, selon la règle de la représentation proportionnelle au plus fort reste. – *[Anc. art. L. 439-19, al. 2.]*

Art. L. 2344-4 Pour les établissements ou les entreprises implantés dans un des États mentionnés à l'article L. 2341-1, autre que la France, les membres du groupe spécial de négociation et les représentants des salariés au comité d'entreprise européen, mis en place en application de l'article L. 2343-1, sont élus ou désignés selon les règles ou usages en vigueur dans ces États. – *[Anc. art. L. 439-19, al. 3.]*

Art. L. 2344-5 Pour l'entreprise ou le groupe d'entreprises de dimension communautaire dont le siège social ou celui de l'entreprise dominante est implanté en France, lorsqu'il n'existe pas d'organisation syndicale, les représentants du personnel au groupe spécial de négociation ou au comité d'entreprise européen sont élus directement, selon les règles applicables au comité d'entreprise. – *[Anc. art. L. 439-20, phrase 1.]*

Art. L. 2344-6 Pour l'entreprise ou le groupe d'entreprise *[entreprises]* de dimension communautaire devant mettre en place un comité d'entreprise européen ou une procédure d'information et de consultation dans un des États autres que la France mentionnés à l'article L. 2341-1, les dispositions de l'article L. 2344-5 s'appliquent, lorsqu'il n'existe pas d'organisation syndicale, à l'établissement ou à l'entreprise implanté en France comprenant *(L. n° 2012-387 du 22 mars 2012, art. 43)* « au moins cinquante salariés ». – *[Anc. art. L. 439-20, phrase 2.]*

Art. L. 2344-7 Les contestations relatives à la désignation des membres du groupe spécial de négociation et des représentants au comité d'entreprise européen des salariés des établissements ou des entreprises implantés en France sont portées devant le juge judiciaire. – *[Anc. art. L. 439-19-1.]*

1. Tribunal compétent. Les contestations relatives à la désignation des membres du groupe spécial de négociation et des représentants au comité d'entreprise européen des salariés des établissements ou des entreprises implantés en France sont portées devant le tribunal d'instance du siège de l'entreprise ou de la filiale française dominante du groupe ; ces dispositions ne sont pas applicables dans les entreprises et groupes d'entreprises dans lesquels existait, à la date du 22 septembre 1996, un accord prévoyant pour l'ensemble des salariés des instances d'information, d'échange de vues et de dialogue à l'échelon communautaire ou dans lesquels les parties ont décidé de reconduire ces mêmes accords venus à expiration. • Soc. 4 nov. 2009 : *D. 2009. AJ 2812 ; RJS 2010. 54, n° 62.*

2. Appel. Il ne résulte ni de l'art. L. 2344-7, ni d'aucun autre texte, que le jugement qui tranche une contestation relative à la désignation des représentants au comité d'entreprise européen est rendu en dernier ressort ; le tribunal ayant statué sur une demande indéterminée, sa décision est susceptible d'appel sur tous les chefs de demande qui sont fondés sur les mêmes faits. • Soc. 24 sept. 2008 : *JCP S 2009. 1060, obs. Martinon ; RJS 2008. 998, n° 1206.*

Art. L. 2344-8 Les membres du groupe spécial de négociation et les membres du comité d'entreprise européen institué en vertu des dispositions de l'article L. 2343-1, ainsi que les experts qui les assistent, sont tenus :

1° Au secret professionnel pour toutes les questions relatives aux procédés de fabrication ;

2° A une obligation de discrétion à l'égard des informations présentant un caractère confidentiel et données comme telles par l'employeur. – *[Anc. art. L. 439-21.]*

Art. L. 2344-9 *(Ord. n° 2011-1328 du 20 oct. 2011, art. 4)* Les membres du groupe spécial de négociation et du comité d'entreprise européen institué en l'absence d'accord bénéficient, sans perte de salaire, des formations nécessaires à l'exercice de leur mandat.

CHAPITRE V **SUPPRESSION DU COMITÉ**

Art. L. 2345-1 Lorsque, du fait d'une baisse des effectifs, l'entreprise ou le groupe d'entreprises de dimension communautaire ne remplit plus les conditions de seuils mentionnées à l'article L. 2341-1, le comité d'entreprise européen, qu'il ait été institué ou non par accord, peut être supprimé par accord.

A défaut d'accord, l'autorité administrative peut autoriser la suppression du comité en cas de réduction importante et durable du personnel ramenant l'effectif au-dessous de ces seuils. – *[Anc. art. L. 439-22.]*

Art. L. 2345-2 Lorsqu'un groupe d'entreprises a mis en place un comité d'entreprise européen, l'accord mentionné à l'article L. 2342-2 ou un accord passé au sein du groupe peut décider de la suppression du comité de groupe. L'entrée en vigueur de l'accord est subordonnée à un vote favorable du comité de groupe.

En cas de suppression du comité de groupe, les dispositions des articles L. 2332-1, L. 2332-2 et L. 2334-4 sont applicables au comité d'entreprise européen. – *[Anc. art. L. 439-24, al. 1, phrase 3.]*

CHAPITRE VI **DISPOSITIONS PÉNALES**

Art. L. 2346-1 Le fait d'apporter une entrave soit à la constitution d'un groupe spécial de négociation, d'un comité d'entreprise européen ou à la mise en œuvre d'une procédure d'information et de consultation, soit à la libre désignation de leurs membres *(Abrogé par L. n° 2015-990 du 6 août 2015, art. 262)* « , ***soit à leur fonctionnement régulier*** », notamment par la méconnaissance des articles L. 2342-1 à L. 2342-7 et L. 2343-1, est puni d'un emprisonnement d'un an et d'une amende de *(L. n° 2015-990 du 6 août 2015, art. 262)* « 7 500 €.

« Le fait d'apporter une entrave à leur fonctionnement régulier est puni d'une amende de 7 500 €. »

RÉP. TRAV. v° *Entrave aux institutions représentatives des salariés et à l'exercice du droit syndical,* par AMAUGER-LATTES.

BIBL. ▶ GODARD, *JCP E 1997. I. 645, nos 1 s.*

TITRE CINQUIÈME **IMPLICATION DES SALARIÉS DANS LA SOCIÉTÉ EUROPÉENNE ET COMITÉ DE LA SOCIÉTÉ EUROPÉENNE**

COMMENTAIRE

V. Dalloz.fr et applications mobiles Dalloz. ❑

CHAPITRE PREMIER **DISPOSITIONS GÉNÉRALES**

Art. L. 2351-1 Les dispositions du présent titre s'appliquent :

1° Aux sociétés européennes ayant leur siège en France constituées conformément au règlement (CE) n° 2157/2001 du Conseil du 8 octobre 2001 relatif au statut de la société européenne (SE) ;

2° Aux sociétés participant à la constitution d'une société européenne et ayant leur siège en France ;

3° Aux filiales et établissements situés en France d'une société européenne située dans un autre État membre de la Communauté européenne ou de l'Espace économique européen. – *[Anc. art. L. 439-25, al. 1.]*

Art. L. 2351-2 Lorsqu'une société européenne mentionnée à l'article L. 2351-1 est une entreprise de dimension communautaire ou un groupe d'entreprises de dimension communautaire au sens de l'article L. 2341-2, les dispositions du titre IV relatif au comité d'entreprise européen ou à la procédure d'information et de consultation dans les entreprises de dimension communautaire ne sont applicables ni à la société européenne ni à ses filiales. – *[Anc. art. L. 439-43, al. 1.]*

Art. L. 2351-3 Les modalités de l'implication des salariés dans la société européenne recouvrent l'information, la consultation et, le cas échéant, la participation.

Elles sont arrêtées par accord conclu entre les dirigeants des sociétés participantes et les représentants des salariés conformément aux dispositions du présent titre.

A défaut d'accord, ces modalités sont arrêtées conformément aux dispositions du chapitre III. – *[Anc. art. L. 439-25, al. 2.]*

Art. L. 2351-4 On entend par information celle fournie par l'organe dirigeant de la société européenne à l'organe représentant les salariés sur les questions qui soit concernent la société européenne elle-même et toute filiale ou tout établissement situé dans un autre État membre, soit excèdent les pouvoirs des instances de décision situées dans un État membre.

Cette information se fait selon des modalités permettant aux représentants des salariés d'en évaluer l'incidence éventuelle et, le cas échéant, de préparer des consultations avec l'organe compétent de la société européenne. – *[Anc. art. L. 439-25, al. 3.]*

Art. L. 2351-5 On entend par consultation l'instauration d'un dialogue et d'un échange de vues entre l'organe représentant les salariés ou les représentants des salariés et l'organe compétent de la société européenne selon des modalités permettant aux représentants des salariés, à partir des informations fournies, d'exprimer un avis sur les mesures envisagées par l'organe compétent.

Cet avis peut être pris en considération dans le cadre du processus décisionnel au sein de la société européenne. – *[Anc. art. L. 439-25, al. 4.]*

Art. L. 2351-6 On entend par participation l'influence exercée par l'organe représentant les salariés ou par les représentants des salariés sur les affaires d'une société sous les formes suivantes :

– soit en exerçant leur droit d'élire ou de désigner certains membres de l'organe de surveillance ou d'administration de la société ;

– soit en exerçant leur droit de recommander la désignation d'une partie ou de l'ensemble des membres de l'organe de surveillance ou d'administration de la société ou de s'y opposer. – *[Anc. art. L. 439-25, al. 5 à 7.]*

Art. L. 2351-7 Le décompte des effectifs des sociétés participantes, filiales ou établissements concernés situés en France s'effectue conformément aux dispositions de l'article L. 1111-2. – *[Anc. art. L. 439-44.]*

CHAPITRE II **IMPLICATION DES SALARIÉS DANS LA SOCIÉTÉ EUROPÉENNE PAR ACCORD DU GROUPE SPÉCIAL DE NÉGOCIATION**

SECTION PREMIÈRE **GROUPE SPÉCIAL DE NÉGOCIATION**

SOUS-SECTION 1 **MISE EN PLACE ET OBJET**

Art. L. 2352-1 Un groupe spécial de négociation est institué dès que possible après la publication du projet de fusion ou de constitution de la holding ou après l'adoption d'un projet de constitution d'une filiale ou de transformation en une société européenne.

Il est doté de la personnalité juridique. – *[Anc. art. L. 439-26, al. 1, phrase 2, et al. 2.]*

Art. L. 2352-2 Le groupe spécial de négociation détermine avec les dirigeants des sociétés participant à la création de la société européenne ou leurs représentants, par un accord écrit, les modalités de l'implication des salariés au sein de la société européenne mentionnées à l'article L. 2351-3. – *[Anc. art. L. 439-26, al. 1, phrase 1.]*

SOUS-SECTION 2 DÉSIGNATION, ÉLECTION ET STATUT DES MEMBRES

Art. L. 2352-3 Les sièges au sein du groupe spécial de négociation sont répartis entre les États membres en proportion du nombre de salariés employés dans chacun de ces États par rapport aux effectifs des sociétés participantes et des filiales ou établissements concernés dans l'ensemble des États membres. Leur nombre est fixé par décret en Conseil d'État.

A l'issue de la répartition ainsi opérée, le nombre de salariés que chaque membre du groupe spécial de négociation représente est déterminé aux fins de procéder aux calculs et votes mentionnés à l'article L. 2352-13. – *[Anc. art. L. 439-27, al. 1er et 12.]*

Art. L. 2352-4 Lorsqu'une société européenne se constitue par voie de fusion et qu'au moins une société participante perd son existence juridique propre et n'est pas représentée directement par un membre du groupe spécial de négociation, ce dernier comprend, outre les sièges alloués conformément à l'article L. 2352-3, un ou plusieurs sièges supplémentaires.

Toutefois, quel que soit le nombre de sociétés en cause, le nombre de membres supplémentaires ne peut excéder 20 % du nombre total de membres déterminé par application de l'article L. 2352-3. Si les sièges supplémentaires sont en nombre inférieur au nombre de sociétés perdant leur existence juridique propre et n'ayant aucun salarié désigné membre du groupe spécial de négociation, ils sont attribués à ces sociétés selon l'ordre décroissant de leurs effectifs. Si cet ordre comporte successivement deux sociétés ayant leur siège social dans le même État, le siège supplémentaire suivant est attribué à la société qui a l'effectif immédiatement inférieur dans un État différent.

Il est procédé, selon des modalités fixées par décret, à la détermination du nombre de salariés représentés par chaque membre du groupe spécial de négociation. – *[Anc. art. L. 439-28.]*

Art. L. 2352-5 Les membres du groupe spécial de négociation sont désignés par les organisations syndicales de salariés parmi leurs élus aux comités d'entreprise ou d'établissement ou leurs représentants syndicaux, sur la base des résultats des dernières élections.

Il en va de même des représentants des salariés des sociétés participantes, filiales ou établissements concernés situés en France et relevant d'une société européenne située dans un État autre que la France.

Pour les sociétés situées en France, les sièges sont répartis entre les collèges proportionnellement à l'importance numérique de chacun d'entre eux. Les sièges affectés à chaque collège sont répartis selon la règle de la représentation proportionnelle au plus fort reste entre les organisations syndicales, proportionnellement au nombre d'élus qu'elles ont obtenu dans ces collèges.

Les membres du groupe spécial de négociation désignés par les sociétés participantes implantées dans un des États membres autre que la France sont élus ou désignés selon les règles en vigueur dans chaque État membre.

La désignation de ces membres est notifiée par l'organisation syndicale à l'employeur dans des conditions déterminées par voie réglementaire. – *[Anc. art. L. 439-29.]*

Art. L. 2352-6 Lorsqu'il n'existe pas d'organisation syndicale dans la société européenne dont le siège social se trouve en France, les représentants du personnel au groupe spécial de négociation sont élus directement selon les règles applicables au comité d'entreprise.

Il en va de même lorsqu'il n'existe pas d'organisation syndicale dans l'établissement ou l'entreprise implanté en France et appartenant à une société européenne. – *[Anc. art. L. 439-30.]*

Art. L. 2352-7 Si des changements substantiels interviennent durant les négociations, notamment un transfert de siège, une modification de la composition de la société européenne ou une modification dans les effectifs susceptible d'entraîner une modification dans la répartition des sièges d'un ou plusieurs États membres au sein du groupe spécial de négociation, la composition de ce dernier est modifiée en conséquence. – *[Anc. art. L. 439-31, al. 6.]*

Art. L. 2352-8 Les contestations relatives à la désignation des membres du groupe spécial de négociation et des représentants des salariés au comité de la société européenne dont le siège se situe en France, ainsi que des salariés des sociétés participantes, des établissements ou filiales implantés en France sont portées devant le juge judiciaire. – *[Anc. art. L. 439-45, al. 1er début.]*

SOUS-SECTION 3 **FONCTIONNEMENT**

Art. L. 2352-9 Les dirigeants des sociétés participant à la constitution de la société européenne invitent le groupe spécial de négociation à se réunir et communiquent à cet effet aux représentants du personnel et aux dirigeants des établissements et filiales concernés, qui en l'absence de représentants du personnel en informent directement les salariés, l'identité des sociétés participantes ainsi que le nombre de salariés qu'elles comprennent.

Les négociations débutent dès que le groupe spécial de négociation est constitué. Elles peuvent se poursuivre pendant les six mois qui suivent, sauf si les parties décident, d'un commun accord, de prolonger ces négociations dont la durée totale ne peut dépasser un an.

Durant cette période, le groupe spécial de négociation est régulièrement informé du processus de création de la société européenne. – *[Anc. art. L. 439-31, al. 1er à 3.]*

Art. L. 2352-10 Le temps passé en réunion par les membres du groupe spécial de négociation est considéré comme temps de travail et payé à l'échéance normale. – *[Anc. art. L. 439-31, al. 4, phrase 1.]*

Art. L. 2352-11 Les dépenses nécessaires à la bonne exécution de la mission du groupe spécial de négociation sont à la charge des sociétés participantes. – *[Anc. art. L. 439-31, al. 4, phrase 2.]*

Art. L. 2352-12 Pour négocier, le groupe spécial de négociation peut être assisté d'experts de son choix à tout niveau qu'il estime approprié. Ces experts participent aux réunions du groupe à titre consultatif.

L'ensemble des sociétés participantes prend en charge les dépenses relatives aux négociations et à l'assistance d'un seul expert. – *[Anc. art. L. 439-31, al. 5.]*

Art. L. 2352-13 Le groupe spécial de négociation prend ses décisions à la majorité absolue de ses membres, laquelle doit également représenter la majorité absolue des salariés des sociétés participantes, des filiales et établissements concernés.

Par dérogation à ces dispositions, la décision de ne pas entamer les négociations ou de clore des négociations déjà entamées et *(L. nº 2008-89 du 30 janv. 2008)* « d'appliquer » la réglementation relative à l'information et à la consultation dans les États membres où la société européenne emploie des salariés, est prise à la majorité des deux tiers des membres du groupe spécial de négociation, issus d'au moins deux États membres et à la condition qu'ils représentent au moins les deux tiers des salariés des sociétés participantes, des filiales et établissements concernés. Dans ce cas, les dispositions prévues par le chapitre III ne sont pas applicables. Une telle décision ne peut être prise dans le cas d'une société européenne constituée par transformation, lorsqu'il existe un système de participation dans la société qui doit être transformée.

Lorsque la participation concerne une proportion du nombre total des salariés employés par les sociétés participantes d'au moins 25 % en cas de constitution d'une société européenne par fusion, et d'au moins 50 % en cas de constitution par holding ou filiale commune, et lorsque le groupe spécial de négociation envisage de fixer un nombre ou une proportion des membres de l'organe de surveillance ou d'administration par lesquels les salariés exercent leurs droits à participation à un niveau inférieur à celui qui était le plus élevé au sein de l'une des sociétés participantes, la décision est prise dans les conditions de majorité prévues au deuxième alinéa. – *[Anc. art. L. 439-33.]*

Art. L. 2352-14 Aucun salarié ne peut être sanctionné ou licencié en raison de l'exercice du droit prévu par l'article L. 2352-13. Toute décision ou tout acte contraire est nul de plein droit. – *[Anc. art. L. 439-47, al. 2.]*

Art. L. 2352-15 Les membres du groupe spécial de négociation ainsi que les experts qui les assistent sont tenus au secret professionnel et à l'obligation de discrétion prévus à l'article L. 2325-5. – *[Anc. art. L. 439-46, début.]*

SECTION II **CONTENU DE L'ACCORD**

Art. L. 2352-16 Sous réserve des dispositions du deuxième alinéa de l'article L. 2352-13, les dirigeants de chacune des sociétés participantes et le groupe spécial de négociation négocient en vue de parvenir à un accord qui détermine :

1° Les sociétés participantes, les établissements et filiales concernés par l'accord ;

2° La composition, le nombre de membres et la répartition des sièges de l'organe de représentation qui est l'interlocuteur de l'organe dirigeant de la société européenne pour l'information et la consultation des salariés de la société européenne et de ses filiales ou établissements ;

3° Les attributions et la procédure prévue pour l'information et la consultation de l'organe de représentation ;

4° La fréquence des réunions de l'organe de représentation ;

5° Les ressources financières et matérielles à allouer à l'organe de représentation ;

6° Les modalités de mise en œuvre de procédures d'information et de consultation lorsque celles-ci ont été instituées, par accord entre les parties, en lieu et place d'un organe de représentation ;

7° La date d'entrée en vigueur de l'accord et sa durée, les cas dans lesquels l'accord doit être renégocié et la procédure pour sa renégociation. – *[Anc. art. L. 439-32, al. 1er à 7 et 9.]*

Art. L. 2352-17 Si, au cours des négociations, les parties décident de fixer des modalités de participation, l'accord détermine la teneur de ces dispositions y compris, le cas échéant, le nombre de membres de l'organe d'administration ou de surveillance de la société européenne que les salariés ont le droit d'élire, de désigner, de recommander ou à la désignation desquels ils peuvent s'opposer, les procédures à suivre pour que les salariés puissent élire, désigner ou recommander ces membres ou s'opposer à leur désignation, ainsi que leurs droits. – *[Anc. art. L. 439-32, al. 8.]*

Art. L. 2352-18 Lorsque la société européenne est constituée par transformation, l'accord prévoit un niveau d'information, de consultation et de participation au moins équivalent à celui qui existe dans la société devant être transformée en société européenne. – *[Anc. art. L. 439-32, al. 10.]*

Art. L. 2352-19 Lorsqu'il existe au sein des sociétés participantes plusieurs formes de participation, le groupe spécial de négociation qui décide de mettre en œuvre les modalités de participation prévues à l'article L. 2352-17 choisit au préalable, dans les conditions prévues à l'article L. 2352-13, laquelle de ces formes est appliquée au sein de la société européenne. – *[Anc. art. L. 439-32, al. 11.]*

Art. L. 2352-20 Les dirigeants des sociétés participantes et le groupe spécial de négociation peuvent décider, par accord, d'appliquer les dispositions de références relatives à la mise en place du comité de la société européenne prévues au chapitre III. – *[Anc. art. L. 439-32, al. 12.]*

CHAPITRE III **COMITÉ DE LA SOCIÉTÉ EUROPÉENNE ET PARTICIPATION DES SALARIÉS EN L'ABSENCE D'ACCORD**

SECTION PREMIÈRE **COMITÉ DE LA SOCIÉTÉ EUROPÉENNE**

SOUS-SECTION 1 **MISE EN PLACE**

Art. L. 2353-1 Un comité de la société européenne est institué lorsque, à l'issue de la période de négociation prévue à l'article L. 2352-9, aucun accord n'a été conclu et que le groupe spécial de négociation n'a pas pris la décision mentionnée à l'article L. 2352-13. – *[Anc. art. L. 439-35, al. 1, début.]*

Art. L. 2353-2 Dans le cas prévu à l'article L. 2353-1, l'immatriculation de la société européenne ne peut intervenir que si les parties décident de mettre en œuvre les dispositions du présent chapitre ainsi que du chapitre IV ou que si les dirigeants des sociétés participantes s'engagent à en faire application. – *[Anc. art. L. 439-34.]*

SOUS-SECTION 2 ATTRIBUTIONS

Art. L. 2353-3 La compétence du comité de la société européenne est limitée aux questions concernant la société européenne elle-même ou toute filiale ou tout établissement situé dans un autre État membre, ou excédant les pouvoirs des instances de décision dans un seul État membre. – *[Anc. art. L. 439-35, al. 2.]*

Art. L. 2353-4 Le comité de la société européenne se réunit au moins une fois par an.

La réunion annuelle porte notamment sur :

1° La situation économique et financière de la société européenne, de ses filiales et établissements ;

2° L'évolution probable des activités ;

3° La production et les ventes ;

4° La situation et l'évolution probable de l'emploi ;

5° Les investissements ;

6° Les changements substantiels intervenus concernant l'organisation, l'introduction de nouvelles méthodes de travail ou de nouveaux procédés de production ;

7° Les transferts de production ;

8° Les fusions ;

9° La réduction de taille ou la fermeture d'entreprises ou de parties de celles-ci ;

10° Les licenciements collectifs. – *[Anc. art. L. 439-39, al. 1er début et al. 5.]*

Art. L. 2353-5 Lorsque surviennent des circonstances exceptionnelles affectant considérablement les intérêts des salariés, notamment en cas de délocalisation, de fermeture d'entreprise ou d'établissement ou de licenciement collectif, le comité de la société européenne ou, s'il en décide ainsi, le bureau, est de plein droit réuni, s'il en fait la demande, par le dirigeant de la société européenne afin d'être informé et consulté sur les mesures affectant considérablement les intérêts des salariés. – *[Anc. art. L. 439-39, al. 6.]*

Art. L. 2353-6 Le dirigeant de la société européenne qui décide de lancer une offre publique d'acquisition sur une entreprise peut n'informer le comité de la société européenne qu'une fois l'offre rendue publique.

Dans ce cas, il réunit le comité dans les huit jours suivant la publication de l'offre en vue de lui transmettre des informations écrites et précises sur le contenu de l'offre et sur les conséquences qu'elle est susceptible d'entraîner sur l'emploi. – *[Anc. art. L. 439-39, al. 9.]*

SOUS-SECTION 3 COMPOSITION

Art. L. 2353-7 Le comité de la société européenne est composé :

1° Du dirigeant de la société européenne ou de son représentant, assisté de deux collaborateurs de son choix ayant voix consultative ;

2° De représentants du personnel des sociétés participantes, filiales et établissements concernés, désignés conformément à l'article L. 2353-9. – *[Anc. art. L. 439-35, al. 1er fin.]*

Art. L. 2353-8 Le nombre de sièges du comité de la société européenne est fixé conformément aux dispositions de l'article L. 2352-3. – *[Anc. art. L. 439-36.]*

Art. L. 2353-9 Les membres du comité de la société européenne représentant le personnel des sociétés participantes, filiales et établissements concernés implantés en France et relevant d'une société européenne dont le siège social est situé en France sont désignés conformément aux dispositions de l'article L. 2352-5. – *[Anc. art. L. 439-37.]*

Art. L. 2353-10 Lorsqu'il n'existe pas d'organisation syndicale dans la société européenne dont le siège social se trouve en France, les représentants du personnel au comité de la société européenne sont élus directement selon les règles applicables au comité d'entreprise.

Il en va de même lorsqu'il n'existe pas d'organisation syndicale dans l'établissement ou l'entreprise implanté en France et appartenant à une société européenne. – *[Anc. art. L. 439-38.]*

Art. L. 2353-11 Les contestations relatives à la désignation des représentants des salariés au comité de la société européenne dont le siège se situe en France, ainsi que des salariés des sociétés participantes, des établissements ou filiales implantés en France sont portées devant le juge judiciaire. – *[Anc. art. L. 439-45, al. 1er fin.]*

Art. L. 2353-12 Les modifications de la composition du comité de la société européenne résultant des changements intervenus dans la structure ou la dimension de la société européenne peuvent être décidées par accord passé en son sein. – *[Anc. art. L. 439-41, al. 2, phrase 3.]*

SOUS-SECTION 4 **FONCTIONNEMENT**

Art. L. 2353-13 Le comité de la société européenne a la personnalité juridique.

Il est présidé par le dirigeant de la société européenne.

Le comité désigne un secrétaire.

Il élit un bureau de trois membres lorsqu'il comprend au moins dix représentants du personnel. – *[Anc. art. L. 439-35, al. 3 et al. 4, phrases 2 et 3.]*

Art. L. 2353-14 Le comité de la société européenne prend ses décisions par un vote à la majorité de ses membres. – *[Anc. art. L. 439-35, al. 4, phrase 1.]*

Art. L. 2353-15 Le comité de la société européenne adopte un règlement intérieur qui fixe ses modalités de fonctionnement.

Ce règlement intérieur peut organiser la prise en compte des répercussions, sur le comité, des changements intervenus dans la structure ou la dimension de la société européenne. L'examen de tels changements peut intervenir à l'occasion de la réunion annuelle du comité de la société européenne. – *[Anc. art. L. 439-41, al. 1er et 2, phrases 1 et 2.]*

Art. L. 2353-16 La réunion annuelle du comité de la société européenne est provoquée sur convocation de son président, à partir de rapports réguliers établis par celui-ci. Ces rapports retracent l'évolution des activités de la société européenne et ses perspectives.

Les directeurs des filiales et établissements constituant la société européenne sont informés de ces rapports. – *[Anc. art. L. 439-39, al. 1er fin.]*

Art. L. 2353-17 L'ordre du jour des réunions du comité de la société européenne est arrêté par le président et le secrétaire.

Il est communiqué aux membres du comité au moins quinze jours avant la date de la réunion.

A défaut d'accord sur le contenu de l'ordre du jour de la réunion obligatoire, celui-ci est fixé par le président ou le secrétaire et communiqué aux membres du comité au moins dix jours avant la date de la réunion.

Le dirigeant de la société européenne fournit au comité l'ordre du jour des réunions de l'organe d'administration ou de surveillance ainsi que des copies de tous les documents soumis à l'assemblée générale des actionnaires. – *[Anc. art. L. 439-39, al. 2 et 3.]*

Art. L. 2353-18 Avant toute réunion, les représentants des salariés au comité de la société européenne ou, le cas échéant, son bureau, sont habilités à se réunir en l'absence de son président. – *[Anc. art. L. 439-39, al. 4.]*

Art. L. 2353-19 Lorsque la direction décide de ne pas suivre l'avis exprimé par le comité de la société européenne, ce dernier est de plein droit réuni de nouveau, s'il en fait la demande, par le dirigeant, pour tenter de parvenir à un accord. – *[Anc. art. L. 439-39, al. 7.]*

Art. L. 2353-20 Lorsqu'une réunion est organisée avec le bureau, les membres du comité de la société européenne représentant des salariés directement concernés par les mesures en question peuvent participer à cette réunion. – *[Anc. art. L. 439-39, al. 8.]*

Art. L. 2353-21 Les documents communiqués aux représentants des salariés comportent au moins une version en français. – *[Anc. art. L. 439-40, al. 4.]*

Art. L. 2353-22 Le comité de la société européenne et son bureau peuvent être assistés d'experts de leur choix à tout niveau qu'ils estiment approprié, pour autant que ce soit nécessaire à l'accomplissement de leurs tâches.

Les frais afférents à l'intervention d'un seul expert sont pris en charge par la société européenne dans le cadre de la réunion annuelle prévue à l'article L. 2353-4. – *[Anc. art. L. 439-40, al. 1, phrases 1 et 2.]*

Art. L. 2353-23 Les représentants du personnel siégeant au comité de la société européenne informent les représentants du personnel des établissements et filiales de la société européenne ou, à défaut, l'ensemble des salariés, de la teneur et des résultats des travaux de ce comité, dans le respect du secret professionnel et de l'obligation de discrétion prévus à l'article L. 2325-5. – *[Anc. art. L. 439-35, al. 5.]*

Art. L. 2353-24 Les dépenses de fonctionnement du comité de la société européenne et de son bureau sont prises en charge par la société européenne qui dote les représentants du personnel des ressources financières et matérielles nécessaires pour leur permettre de s'acquitter de leur mission d'une manière appropriée.

La société européenne prend également en charge les frais d'organisation des réunions et d'interprétariat ainsi que les frais de séjour et de déplacement des membres du comité et du bureau. – *[Anc. art. L. 439-40, al. 1, phrases 3 et 4.]*

Art. L. 2353-25 Le secrétaire et les membres du comité de la société européenne et de son bureau disposent du temps nécessaire à l'exercice de leurs fonctions dans la limite d'une durée qui, sauf circonstances exceptionnelles, ne peut excéder cent vingt heures annuelles pour chacun d'entre eux.

Ce temps est considéré comme temps de travail et payé à l'échéance normale.

Le dirigeant de la société européenne qui entend contester l'usage fait du temps ainsi alloué saisit le juge judiciaire.

Le temps passé par le secrétaire et les membres du comité et de son bureau aux séances du comité de la société européenne et aux réunions du bureau n'est pas déduit de ces cent vingt heures. – *[Anc. art. L. 439-40, al. 2.]*

Art. L. 2353-26 Les membres du comité de la société européenne ainsi que les experts qui les assistent sont tenus au secret professionnel et à l'obligation de discrétion prévus à l'article L. 2325-5. – *[Anc. art. L. 439-46 fin.]*

Art. L. 2353-27 Les membres du comité de la société européenne ont droit à un congé de formation dans les conditions fixées à l'article L. 2325-44. – *[Anc. art. L. 439-40, al. 3.]*

Art. L. 2353-27-1 *(L. nº 2015-994 du 17 août 2015, art. 17-I)* Le recours à la visioconférence pour réunir le comité de la société européenne peut être autorisé par accord entre le président et les représentants du personnel siégeant au comité. En l'absence d'accord, ce recours est limité à trois réunions par année civile. Un décret détermine les conditions dans lesquelles le comité de la société européenne peut, dans ce cadre, procéder à un vote à bulletin secret. – *V. art. D. 2353-6 et D. 2325-1-1 s.*

SECTION II **PARTICIPATION DES SALARIÉS AU CONSEIL D'ADMINISTRATION ET DE SURVEILLANCE**

Art. L. 2353-28 Lorsque aucun accord n'a été conclu et que le groupe spécial de négociation n'a pas pris la décision prévue au deuxième alinéa de l'article L. 2352-13, la participation des salariés dans la société européenne est régie par les dispositions suivantes :

1° Dans le cas d'une société européenne constituée par transformation, s'il existe un système de participation des salariés dans l'organe d'administration ou de surveillance avant l'immatriculation, tous les éléments de la participation des salariés continuent de s'appliquer à la société européenne ;

2° Dans les autres cas de constitution d'une société européenne, et lorsque la participation au sein des sociétés participant à la constitution de la société européenne atteint les seuils fixés au troisième alinéa de l'article L. 2352-13, la forme applicable de participation des salariés au conseil d'administration ou au conseil de surveillance, selon le cas, est déterminée après examen des différents systèmes nationaux existant au sein de chacune des sociétés participantes concernées avant l'immatriculation de la société européenne. – *[Anc. art. L. 439-42, al. 1er à 3.]*

Art. L. 2353-29 Si une seule forme de participation existe au sein des sociétés participantes, ce système est appliqué à la société européenne en retenant pour sa mise en place la proportion ou, selon le cas, le nombre le plus élevé de membres concernés par les droits à participation au sein de l'organe d'administration ou de surveillance.

Si plusieurs formes de participation existent au sein des sociétés participantes, le groupe spécial de négociation détermine laquelle de ces formes est instaurée dans la société européenne. – *[Anc. art. L. 439-42, al. 4 et 5.]*

Art. L. 2353-30 A défaut d'accord du groupe spécial de négociation sur le choix de la forme de participation, les dirigeants déterminent la forme de participation applicable.

Il est toujours retenu, pour la mise en place du système applicable, la proportion ou le nombre le plus élevé de membres de l'organe d'administration ou de surveillance concernés par les droits à participation. – *[Anc. art. L. 439-42, al. 6 et 7.]*

Art. L. 2353-31 Lorsque la forme de participation applicable consiste en la recommandation ou l'opposition à la désignation de membres du conseil d'administration ou du conseil de surveillance, le comité de la société européenne détermine les conditions dans lesquelles s'exerce cette forme de participation.

Lorsque la forme de participation choisie consiste en l'élection *(L. n° 2008-89 du 30 janv. 2008)* « de membres du conseil d'administration ou, le cas échéant, du conseil de surveillance », la procédure se déroule conformément aux dispositions des articles L. 225-28 à L. 225-34 et L. 225-80 du code de commerce, exception faite de l'exigence de territorialité prévue au premier alinéa de l'article L. 225-28. – *[Anc. art. L. 439-42, al. 8 et 9.]*

Art. L. 2353-32 Dès lors que le nombre de sièges au sein de l'organe de gestion concerné a été déterminé dans les conditions prévues à l'article L. 2353-31, le comité de la société européenne veille à leur répartition, proportionnellement au nombre de salariés de la société européenne employés dans chaque État membre.

Par dérogation à ces dispositions, le comité assure, dans la mesure du possible, à chaque État membre disposant d'un système de participation avant l'immatriculation de la société européenne l'attribution d'au moins un siège. – *[Anc. art. L. 439-42, al. 10 et 11.]*

CHAPITRE IV **DISPOSITIONS APPLICABLES POSTÉRIEUREMENT À L'IMMATRICULATION DE LA SOCIÉTÉ EUROPÉENNE**

Art. L. 2354-1 Lorsqu'une société européenne est immatriculée, l'accord mentionné à l'article L. 2352-16 ou un accord collectif conclu au niveau approprié peut décider de la suppression ou d'un aménagement des conditions de fonctionnement, éventuellement sous la forme d'une redéfinition de leur périmètre national d'intervention, des institutions représentatives du personnel qui auraient vocation à disparaître du fait de la perte de l'autonomie juridique d'une ou de plusieurs sociétés participantes situées en France, après immatriculation de la société européenne. – *[Anc. art. L. 439-43, al. 2.]*

Art. L. 2354-2 Quatre ans après l'institution du comité de la société européenne, celui-ci examine s'il convient d'engager des négociations en vue de conclure l'accord dans les conditions définies au chapitre II. A cet effet, le dirigeant de la société européenne convoque une réunion du comité dans un délai de six mois à compter du terme de quatre ans.

Pour mener ces négociations, le comité fait office de groupe spécial de négociation.

Le comité demeure en fonction tant qu'il n'a pas été renouvelé ou remplacé. – *[Anc. art. L. 439-48.]*

Art. L. 2354-3 Lorsque le groupe spécial de négociation a pris la décision prévue à l'article L. 2352-13, il est convoqué par le dirigeant de la société européenne à la demande écrite d'au moins 10 % des salariés de la société européenne, de ses filiales et établissements ou de leurs représentants, au plus tôt deux ans après la date de cette décision, à moins que les parties ne conviennent de rouvrir les négociations plus rapidement.

En cas d'échec des négociations, les dispositions du chapitre III ne sont pas applicables. – *[Anc. art. L. 439-49.]*

Art. L. 2354-4 Si, après l'immatriculation de la société européenne, des changements interviennent dans la structure de l'entreprise, la localisation de son siège ou le nombre de travailleurs qu'elle occupe et qu'ils sont susceptibles d'affecter substantiellement la composition du comité de la société européenne ou les modalités d'implication des travailleurs telles qu'arrêtées par l'accord issu des négociations engagées avant l'immatriculation de la société européenne ou en application de l'article L. 2353-28 et suivants, une nouvelle négociation est engagée dans les conditions prévues par le chapitre II.

Dans ce cas, l'échec des négociations entraîne l'application des dispositions des articles L. 2353-2 et suivants. – *[Anc. art. L. 439-50, al. 1er et 2.]*

CHAPITRE V **DISPOSITIONS PÉNALES**

(L. nº 2008-89 du 30 janv. 2008)

Art. L. 2355-1 Le fait d'apporter une entrave soit à la constitution d'un groupe spécial de négociation ou d'un comité de la société européenne mis en place ou non par accord, soit à la libre désignation de leurs membres *(Abrogé par L. nº 2015-990 du 6 août 2015, art. 262)* « *, soit à leur fonctionnement régulier* » est puni d'un emprisonnement d'un an et d'une amende de *(L. nº 2015-990 du 6 août 2015, art. 262)* « 7 500 €.

« Le fait d'apporter une entrave à leur fonctionnement régulier est puni d'une amende de 7 500 €. »

RÉP. TRAV. vº *Entrave aux institutions représentatives des salariés et à l'exercice du droit syndical*, par AMAUGER-LATTES.

TITRE SIXIÈME **IMPLICATION DES SALARIÉS DANS LA SOCIÉTÉ COOPÉRATIVE EUROPÉENNE ET COMITÉ DE LA SOCIÉTÉ COOPÉRATIVE EUROPÉENNE**

(L. nº 2008-89 du 30 janv. 2008)

COMMENTAIRE

V. Dalloz.fr et applications mobiles Dalloz.

CHAPITRE PREMIER **DISPOSITIONS GÉNÉRALES**

Art. L. 2361-1 Le présent titre s'applique :

1º Aux sociétés coopératives européennes constituées conformément au règlement (CE) nº 1435/2003 du Conseil du 22 juillet 2003 relatif au statut de la société coopérative européenne et ayant leur siège social et leur administration centrale en France ;

2º Aux personnes morales ayant leur siège social en France et aux personnes physiques résidant en France qui participent à la constitution d'une société coopérative européenne ;

3º Aux filiales et établissements situés en France des sociétés coopératives européennes constituées dans un autre État membre de la Communauté européenne ou de l'Espace économique européen.

Art. L. 2361-2 Lorsqu'une société coopérative européenne mentionnée à l'article L. 2361-1 est une entreprise de dimension communautaire ou un groupe d'entreprises de dimension communautaire au sens de l'article L. 2341-2, le titre IV du présent livre relatif au comité d'entreprise européen ou à la procédure d'information et de consultation dans les entreprises de dimension communautaire n'est applicable ni à la société coopérative européenne ni à ses filiales.

Par dérogation au premier alinéa, lorsque le groupe spécial de négociation prend la décision de ne pas engager de négociation ou de clore des négociations déjà engagées, le même titre IV s'applique.

Art. L. 2361-3 Les modalités de l'implication des salariés recouvrent l'information, la consultation et, le cas échéant, la participation.

Elles sont arrêtées par accord conclu entre les dirigeants des personnes morales participantes ou les personnes physiques participantes et les représentants des salariés conformément aux dispositions du présent titre.

A défaut d'accord, ces modalités sont arrêtées conformément aux dispositions du chapitre III du présent titre.

Art. L. 2361-4 Les dispositions des articles L. 2351-4 à L. 2351-6 relatives à la définition de l'information, de la consultation et de la participation des salariés dans la société européenne et le comité de la société européenne sont applicables aux sociétés coopératives européennes et aux personnes morales et personnes physiques participantes ainsi qu'à leurs filiales ou établissements entrant dans le champ d'application du présent titre.

Art. L. 2361-5 Le décompte des effectifs des sociétés participantes, filiales ou établissements concernés situés en France est effectué conformément aux dispositions de l'article L. 1111-2.

Art. L. 2361-6 Les dispositions d'application du présent titre relatives à la procédure applicable aux litiges et aux informations transmises à l'inspection du travail en cas de constitution de la société coopérative européenne par fusion sont déterminées par décret en Conseil d'État.

CHAPITRE II IMPLICATION DES SALARIÉS DANS LA SOCIÉTÉ COOPÉRATIVE EUROPÉENNE PAR ACCORD DU GROUPE SPÉCIAL DE NÉGOCIATION

SECTION PREMIÈRE GROUPE SPÉCIAL DE NÉGOCIATION

SOUS-SECTION 1 MISE EN PLACE ET OBJET

Art. L. 2362-1 Un groupe spécial de négociation est institué dès que possible après la publication du projet de fusion ou de transformation ou, s'agissant d'une société coopérative européenne constituée par tout autre moyen que la fusion de coopératives ou la transformation d'une coopérative, après l'adoption du projet de constitution de la société coopérative européenne.

Il est doté de la personnalité juridique.

Art. L. 2362-2 Le groupe spécial de négociation détermine avec les dirigeants des personnes morales ou les personnes physiques participant à la création d'une société coopérative européenne ayant son siège social et son administration centrale en France, ou leurs représentants, par un accord écrit, les modalités de l'implication des salariés mentionnées à l'article L. 2361-3.

SOUS-SECTION 2 DÉSIGNATION, ÉLECTION ET STATUT DES MEMBRES

Art. L. 2362-3 Les dispositions des articles L. 2352-3 à L. 2352-8 relatives à la désignation, à l'élection et au statut des membres du groupe spécial de négociation s'appliquent à la société coopérative européenne.

SOUS-SECTION 3 FONCTIONNEMENT

Art. L. 2362-4 Les dirigeants des personnes morales et les personnes physiques participant à la constitution de la société coopérative européenne invitent le groupe spécial de négociation à se réunir et communiquent à cet effet aux représentants du personnel et aux dirigeants des établissements et filiales concernés qui, en l'absence de représentants du personnel, en informent directement les salariés, l'identité des personnes morales participantes et, le cas échéant, des personnes physiques participantes ainsi que le nombre de salariés qu'elles emploient.

Les négociations débutent dès que le groupe spécial de négociation est constitué. Elles peuvent se poursuivre pendant les six mois qui suivent sauf si les parties décident, d'un commun accord, de prolonger ces négociations dont la durée totale ne peut dépasser un an.

Durant cette période, le groupe spécial de négociation est régulièrement informé du processus de création de la société coopérative européenne.

Le temps passé en réunion par les membres du groupe spécial de négociation est considéré comme temps de travail et payé à l'échéance normale.

Art. L. 2362-5 Les dépenses nécessaires à la bonne exécution de la mission du groupe spécial de négociation sont à la charge des personnes participantes.

Art. L. 2362-6 Pour négocier, le groupe spécial de négociation peut être assisté d'experts de son choix à tout niveau qu'il estime approprié. Ces experts participent aux réunions du groupe à titre consultatif.

L'ensemble des personnes participant à la constitution de la société coopérative européenne prend en charge les dépenses relatives à la négociation et à l'assistance d'un seul expert.

Art. L. 2362-7 Le groupe spécial de négociation prend ses décisions à la majorité absolue de ses membres, laquelle doit représenter également la majorité absolue des salariés des personnes participantes ainsi que des filiales ou établissements concernés. *(L. nº 2008-649 du 3 juill. 2008)* « Chaque membre dispose d'une voix. »

Par dérogation au premier alinéa, la décision de ne pas engager les négociations ou de clore des négociations déjà engagées et d'appliquer la réglementation relative à l'information et à la consultation en vigueur dans les États membres où la société coopérative européenne emploie des salariés est prise à la majorité des deux tiers des membres du groupe spécial de négociation, issus d'au moins deux États membres et à la condition qu'ils représentent au moins les deux tiers des salariés des personnes participantes ainsi que des filiales et établissements concernés. Dans ce cas, le chapitre III du présent titre n'est pas applicable. Une telle décision ne peut être prise dans le cas d'une société coopérative européenne constituée par transformation lorsqu'il existe un système de participation dans la coopérative qui doit être transformée.

Lorsque la participation concerne au moins 25 % du nombre total de salariés des personnes participantes en cas de constitution d'une société coopérative européenne par voie de fusion, ou au moins 50 % de ce nombre total en cas de constitution par tout autre moyen, à l'exception du cas prévu au premier alinéa de l'article L. 2362-12, la majorité requise est celle prévue au deuxième alinéa du présent article si le groupe spécial de négociation envisage de fixer un nombre ou une proportion des membres de l'organe de surveillance ou d'administration par lesquels les salariés exercent leurs droits à participation à un niveau inférieur à celui qui était le plus élevé au sein de l'une des entités participantes.

Art. L. 2362-8 Les documents communiqués aux représentants des salariés comportent au moins une version en français.

Art. L. 2362-9 Les dispositions des articles L. 2352-14 et L. 2352-15 relatives à la protection contre le licenciement et au secret professionnel des membres du groupe spécial de négociation de la société européenne s'appliquent à la société coopérative européenne.

SECTION II **CONTENU DE L'ACCORD**

Art. L. 2362-10 Sous réserve des dispositions du deuxième alinéa de l'article L. 2362-7, les dirigeants de chacune des personnes morales participantes et, le cas échéant, les personnes physiques participantes négocient avec le groupe spécial de négociation en vue de parvenir à un accord dont le contenu est fixé conformément aux dispositions des articles L. 2352-16 à L. 2352-20.

Art. L. 2362-11 L'accord inclut dans les cas de renégociation l'hypothèse des modifications intervenues postérieurement à la constitution de la société coopérative européenne et touchant à sa structure, ainsi qu'à celle de ses filiales et de ses établissements.

Art. L. 2362-12 Lorsque la société coopérative européenne est constituée par transformation d'une coopérative, l'accord prévoit un niveau d'information, de consultation et de participation au moins équivalent à celui qui existe dans la coopérative qui doit être transformée.

L'accord conclu en violation des dispositions du premier alinéa est nul. Dans un tel cas, les dispositions du chapitre III du présent titre relatives à l'implication des salariés en l'absence d'accord s'appliquent.

CHAPITRE III **COMITÉ DE LA SOCIÉTÉ COOPÉRATIVE EUROPÉENNE ET PARTICIPATION DES SALARIÉS EN L'ABSENCE D'ACCORD**

SECTION PREMIÈRE **COMITÉ DE LA SOCIÉTÉ COOPÉRATIVE EUROPÉENNE**

SOUS-SECTION 1 **MISE EN PLACE**

Art. L. 2363-1 Un comité de la société coopérative européenne est institué lorsque, à l'issue de la période de négociation prévue à l'article *(L. n° 2008-649 du 3 juill. 2008)* « L. 2362-4 », aucun accord n'a été conclu et que le groupe spécial de négociation n'a pas pris la décision prévue au deuxième alinéa de l'article L. 2362-7.

Art. L. 2363-2 Dans le cas prévu à l'article L. 2363-1, l'immatriculation de la société coopérative européenne ne peut intervenir que si les parties décident de mettre en œuvre les dispositions du présent chapitre et du chapitre IV du présent titre, ou que si les dirigeants des personnes morales participantes ou les personnes physiques participantes s'engagent à en faire application.

SOUS-SECTION 2 **ATTRIBUTIONS**

Art. L. 2363-3 Les attributions du comité de la société coopérative européenne sont fixées conformément aux dispositions des articles L. 2353-3 à L. 2353-6 relatives aux attributions du comité de la société européenne.

SOUS-SECTION 3 **COMPOSITION**

Art. L. 2363-4 La composition du comité de la société coopérative européenne est fixée conformément aux dispositions des articles L. 2353-7 à L. 2353-12 relatives à la composition du comité de la société européenne.

Art. L. 2363-5 Les membres du comité de la société coopérative européenne représentant le personnel des personnes participantes, filiales et établissements concernés implantés en France sont désignés conformément aux dispositions de l'article L. 2352-5 et, le cas échéant, de l'article L. 2352-6.

SOUS-SECTION 4 **FONCTIONNEMENT**

Art. L. 2363-6 Les dispositions des articles L. 2353-13 à *(L. n° 2016-1088 du 8 août 2016, art. 18)* « L. 2353-27-1 » relatives au fonctionnement du comité de la société européenne s'appliquent à la société coopérative européenne.

Art. L. 2363-7 Les membres du comité de la société européenne ainsi que les experts qui les assistent sont tenus au secret professionnel et à l'obligation de discrétion prévus à l'article L. 2325-5.

SECTION II **PARTICIPATION DES SALARIÉS AU CONSEIL D'ADMINISTRATION ET DE SURVEILLANCE**

Art. L. 2363-8 Lorsqu' *[Lorsque]* aucun accord n'a été conclu et que le groupe spécial de négociation n'a pas pris la décision prévue au deuxième alinéa de l'article *(L.*

n° 2008-649 du 3 juill. 2008) « L. 2362-7 », la participation des salariés dans la société coopérative européenne est régie par les dispositions suivantes :

1° Dans le cas d'une société coopérative européenne constituée par transformation, s'il existe un système de participation dans la coopérative qui doit être transformée, le niveau des droits de participation est au moins équivalent à celui dont bénéficiaient les salariés ;

2° Dans le cas d'une société coopérative européenne constituée par tout autre moyen et lorsque la participation au sein des personnes morales participantes atteint les seuils fixés au troisième alinéa de l'article L. 2362-7, la forme applicable de participation est déterminée après examen des différents systèmes nationaux existant au sein des personnes morales participantes.

Art. L. 2363-9 En l'absence d'accord, les dispositions des articles L. 2353-29 à L. 2353-32 relatives à la participation des salariés au conseil d'administration et de surveillance au sein de la société européenne s'appliquent à la société coopérative européenne.

Art. L. 2363-10 Par dérogation aux dispositions de l'article L. 2363-9 en ce qu'il fait référence au premier alinéa de l'article L. 2353-32, l'État dans lequel est situé le siège social de la société coopérative européenne bénéficie, en tout état de cause, d'au moins un siège.

Art. L. 2363-11 Les articles L. 2362-1 à L. 2363-10 ne sont pas applicables lorsque la société coopérative européenne est constituée exclusivement par des personnes physiques ou par une seule personne morale et plusieurs personnes physiques, employant ensemble moins de cinquante salariés, ou *(L. n° 2012-387 du 22 mars 2012, art. 43)* « au moins cinquante salariés » mais au sein d'un seul État membre.

SECTION III **DISPOSITIONS APPLICABLES AUX SOCIÉTÉS COOPÉRATIVES EUROPÉENNES NON SOUMISES INITIALEMENT À LA CONSTITUTION DU GROUPE SPÉCIAL DE NÉGOCIATION**

Art. L. 2363-12 Dans le cas de la société coopérative européenne mentionnée à l'article L. 2363-11, les modalités de l'implication mentionnées au chapitre Ier du présent titre sont déterminées dans les conditions suivantes :

1° Au sein de la société coopérative européenne, l'information et la consultation sont régies par les titres Ier et II du présent livre et la participation est organisée, le cas échéant, selon les articles L. 225-27 à L. 225-34, L. 225-79 et L. 225-80 du code de commerce, à l'exception de la condition de territorialité mentionnée au premier alinéa de l'article L. 225-28. La répartition des sièges au conseil d'administration ou au conseil de surveillance est effectuée proportionnellement au nombre de salariés employés dans chaque État membre ;

2° Au sein des filiales et établissements de la société coopérative européenne, l'information et la consultation sont régies par les dispositions applicables dans l'État membre dans lequel ces filiales et établissements sont situés.

Art. L. 2363-13 Si, après immatriculation d'une société coopérative européenne, au moins un tiers des salariés de la société coopérative européenne et de ses filiales et établissements, employés dans au moins deux États membres, le demandent ou si le seuil de cinquante salariés employés dans au moins deux États membres est atteint ou dépassé, un groupe spécial de négociation est institué et une négociation est organisée conformément aux dispositions du chapitre II du présent titre.

Art. L. 2363-14 Lorsque, à l'issue de la période de négociation prévue à l'article L. 2363-13, aucun accord n'a été conclu et que le groupe spécial de négociation n'a pas pris la décision prévue au deuxième alinéa de l'article L. 2362-7, il est institué un comité de la société coopérative européenne dont la mise en place, les attributions et les règles de fonctionnement sont fixées conformément aux dispositions des articles L. 2363-1 à L. 2363-7.

Art. L. 2363-15 Les membres du comité de la société coopérative européenne représentant les salariés des personnes participantes, établissements et filiales situés en

France sont désignés conformément aux dispositions du premier alinéa de l'article L. 2352-5 ou, le cas échéant, de l'article L. 2352-6.

Les membres du comité de la société coopérative européenne représentant les salariés des personnes participantes, établissements et filiales situés dans un autre État membre de la Communauté européenne sont désignés selon les règles en vigueur dans cet État.

Art. L. 2363-16 Lorsque, à l'issue de la période de négociation prévue à l'article L. 2363-14, aucun accord n'a été conclu et que le groupe spécial de négociation n'a pas pris la décision prévue au deuxième alinéa de l'article L. 2362-7, la participation des salariés est organisée conformément aux dispositions des articles L. 2363-8 à L. 2363-10.

Art. L. 2363-17 En cas de transfert dans un autre État membre de la Communauté européenne du siège d'une société coopérative européenne régie par des règles de participation, les droits de participation des salariés sont maintenus à un niveau au moins équivalent.

SECTION IV **DISPOSITIONS RELATIVES À LA PARTICIPATION DES SALARIÉS À L'ASSEMBLÉE GÉNÉRALE OU AUX ASSEMBLÉES DE SECTION OU DE BRANCHE**

Art. L. 2363-18 Dans le cas d'une société coopérative européenne dont le siège social est situé dans un État membre dont la loi admet, dans les conditions prévues au 4 de l'article 59 du règlement (CE) n° 1435/2003 du Conseil du 22 juillet 2003 relatif au statut de la société coopérative européenne, la possibilité de prévoir dans les statuts que les salariés participent, avec droit de vote, à l'assemblée générale ou aux assemblées de section ou de branche, et qui est régie par un tel système, les dirigeants des filiales ou établissements situés en France organisent, selon les modalités applicables dans la société coopérative européenne, les modalités de désignation des représentants des salariés appelés à participer aux réunions de ces assemblées.

Art. L. 2363-19 Le temps passé en réunion par les salariés participant aux réunions des assemblées mentionnées au premier alinéa de l'article L. 2363-18 est considéré comme temps de travail et payé à l'échéance normale.

CHAPITRE IV **DISPOSITIONS APPLICABLES POSTÉRIEUREMENT À L'IMMATRICULATION DE LA SOCIÉTÉ COOPÉRATIVE EUROPÉENNE**

Art. L. 2364-1 Lorsqu'une société coopérative européenne est immatriculée, l'accord mentionné à l'article L. 2362-10 ou un accord collectif conclu au niveau approprié peut décider de la suppression ou d'un aménagement des conditions de fonctionnement, éventuellement sous la forme d'une redéfinition de leur périmètre national d'intervention, des institutions représentatives du personnel qui auraient vocation à disparaître du fait de la perte de l'autonomie juridique d'une ou de plusieurs sociétés participantes situées en France, après immatriculation de la société coopérative européenne.

Art. L. 2364-2 Quatre ans après l'institution du comité de la société coopérative européenne, celui-ci examine s'il convient d'engager des négociations en vue de conclure l'accord dans les conditions définies au chapitre II du présent titre.

Pour mener ces négociations, le comité de la société coopérative européenne fait office de groupe spécial de négociation tel que prévu aux articles L. 2362-1 et L. 2362-2.

Le comité de la société coopérative européenne demeure en fonction tant qu'il n'a pas été renouvelé ou remplacé.

Art. L. 2364-3 Les articles L. 2354-3 et L. 2354-4 relatifs aux règles applicables postérieurement à l'immatriculation de la société européenne s'appliquent aux sociétés coopératives européennes.

Art. L. 2364-4 Les représentants des salariés siégeant au sein de l'organe d'administration ou de surveillance, ou participant à l'assemblée générale ou aux assemblées de section ou de branche, sont tenus au secret professionnel et à l'obligation de discrétion prévus à l'article L. 2325-5.

Art. L. 2364-5 Les représentants des salariés au conseil d'administration ou de surveillance ainsi que les représentants des salariés participant à l'assemblée générale ou aux assemblées de section ou de branche bénéficient de la protection instituée à l'article *(L. n° 2013-504 du 14 juin 2013, art. 9-V)* « L. 2411-1 ».

CHAPITRE V **DISPOSITIONS PÉNALES**

Art. L. 2365-1 Le fait d'apporter une entrave soit à la constitution d'un groupe spécial de négociation ou d'un comité de la société coopérative européenne mis en place ou non par accord, soit à la libre désignation de leurs membres *(Abrogé par L. n° 2015-990 du 6 août 2015, art. 262)* « ***, soit à leur fonctionnement régulier*** » est puni d'un emprisonnement d'un an et d'une amende de *(L. n° 2015-990 du 6 août 2015, art. 262)* « 7 500 €.

« Le fait d'apporter une entrave à leur fonctionnement régulier est puni d'une amende de 7 500 €. »

RÉP. TRAV. v° *Entrave aux institutions représentatives des salariés et à l'exercice du droit syndical,* par AMAUGER-LATTES.

TITRE SEPTIÈME **PARTICIPATION DES SALARIÉS DANS LES SOCIÉTÉS ISSUES DE FUSIONS TRANSFRONTALIÈRES**

(L. n° 2008-649 du 3 juill. 2008)

COMMENTAIRE

V. Dalloz.fr et applications mobiles Dalloz.

CHAPITRE PREMIER **DISPOSITIONS GÉNÉRALES**

Art. L. 2371-1 Le présent titre s'applique :

1° Aux sociétés ayant leur siège en France issues d'une fusion transfrontalière mentionnée à l'article L. 236-25 du code de commerce ;

2° Aux sociétés participant à une fusion transfrontalière et ayant leur siège en France ;

3° Aux filiales et établissements situés en France d'une société issue d'une fusion transfrontalière située dans un autre État membre de la Communauté européenne.

Art. L. 2371-2 La société issue d'une fusion transfrontalière n'est pas tenue d'instituer des règles relatives à la participation des salariés si, à la date de son immatriculation, aucune société participant à la fusion n'est régie par ces règles.

Art. L. 2371-3 Les modalités de la participation des salariés, au sens de l'article L. 2351-6, sont arrêtées par accord conclu entre les dirigeants des sociétés participant à la fusion transfrontalière et les représentants des salariés conformément au présent chapitre et au chapitre II du présent titre. A défaut d'accord, ces modalités sont arrêtées conformément au chapitre III du présent titre.

Par dérogation au premier alinéa, les dirigeants des sociétés participant à la fusion transfrontalière peuvent choisir de mettre en place, sans négociation préalable, les modalités de participation des salariés conformément au chapitre III du présent titre.

Art. L. 2371-4 Le décompte des effectifs des sociétés participantes, filiales ou établissements concernés situés en France est effectué conformément à l'article L. 1111-2.

Art. L. 2371-5 Les dispositions d'application du présent titre relatives à la procédure applicable aux litiges et aux informations transmises à l'inspection du travail en cas de constitution de la société issue de la fusion transfrontalière sont déterminées par décret en Conseil d'État.

CHAPITRE II **PARTICIPATION DES SALARIÉS DANS LA SOCIÉTÉ ISSUE D'UNE FUSION TRANSFRONTALIÈRE PAR ACCORD DU GROUPE SPÉCIAL DE NÉGOCIATION**

SECTION PREMIÈRE **GROUPE SPÉCIAL DE NÉGOCIATION**

SOUS-SECTION 1 **MISE EN PLACE ET OBJET**

Art. L. 2372-1 La participation des salariés est mise en œuvre conformément aux articles L. 225-28 à L. 225-56 et L. 225-79 à L. 225-93 du code de commerce.

Par dérogation au premier alinéa, un groupe spécial de négociation, doté de la personnalité juridique, est institué dès que possible après la publication du projet de fusion lorsque l'une des conditions suivantes est satisfaite :

1° Au moins une des sociétés participant à la fusion transfrontalière applique des règles relatives à la participation et emploie, pendant la période de six mois qui précède la publication du projet de fusion, au moins cinq cents salariés ;

2° En application des articles L. 225-27 et L. 225-79 du code de commerce, la société issue de la fusion transfrontalière ne garantit pas au moins le même niveau de participation des salariés, apprécié en fonction de la proportion de représentants parmi les membres du conseil d'administration, du conseil de surveillance ou du comité mentionné à l'article L. 2373-1 du présent code, que le niveau de participation des salariés qui s'applique aux sociétés participant à la fusion transfrontalière.

Art. L. 2372-2 Le groupe spécial de négociation détermine avec les dirigeants des sociétés participant à la fusion transfrontalière ou leurs représentants, par un accord écrit, les modalités de la participation des salariés au sein de la société issue de la fusion.

SOUS-SECTION 2 **DÉSIGNATION, ÉLECTION ET STATUT DES MEMBRES**

Art. L. 2372-3 Les dispositions des articles L. 2352-3 à L. 2352-8, relatives à la désignation, à l'élection et au statut des membres du groupe spécial de négociation dans la société européenne, s'appliquent à la société issue d'une fusion transfrontalière.

SOUS-SECTION 3 **FONCTIONNEMENT**

Art. L. 2372-4 Le groupe spécial de négociation prend ses décisions à la majorité absolue de ses membres, laquelle doit représenter également la majorité absolue des salariés des sociétés participantes, des filiales et des établissements concernés. Chaque membre dispose d'une voix.

Par dérogation au premier alinéa, la décision de ne pas engager les négociations ou de clore des négociations déjà engagées et de se fonder sur la réglementation relative à la participation en vigueur dans l'État membre de la Communauté européenne où la société issue de la fusion transfrontalière aura son siège est prise à la majorité des deux tiers des membres du groupe spécial de négociation, issus d'au moins deux États membres de la Communauté européenne et à la condition qu'ils représentent au moins les deux tiers des salariés des sociétés participantes, des filiales et des établissements concernés. Dans ce cas, le chapitre III n'est pas applicable.

Lorsque la participation concerne au moins 25 % du nombre total de salariés des sociétés participantes et lorsque le groupe spécial de négociation envisage de fixer un nombre ou une proportion des membres de l'organe de surveillance ou d'administration par lequel les salariés exercent leurs droits à participation à un niveau inférieur à celui qui était le plus élevé au sein de l'une des sociétés participantes, la décision est prise dans les conditions prévues au deuxième alinéa.

Art. L. 2372-5 Aucun salarié ne peut être sanctionné ou licencié en raison de sa participation à la prise d'une décision en application de l'article L. 2372-4. Toute décision ou tout acte contraire à cette interdiction est nul de plein droit.

Les autres modalités de fonctionnement du groupe spécial de négociation sont régies par les articles L. 2352-9 à L. 2352-12 et L. 2352-15.

SECTION II CONTENU DE L'ACCORD

Art. L. 2372-6 Sous réserve des dispositions du deuxième alinéa de l'article L. 2372-4, les dirigeants de chacune des sociétés participant à la fusion négocient avec le groupe spécial de négociation en vue de parvenir à un accord qui détermine :

1° Les sociétés participantes, les établissements et les filiales concernés par l'accord ;

2° Les modalités de participation, y compris, le cas échéant :

a) Le nombre de membres de l'organe d'administration ou de surveillance de la société issue d'une fusion transfrontalière que les salariés ont le droit d'élire, de désigner, de recommander ou à la désignation desquels ils peuvent s'opposer ;

b) Les procédures à suivre pour que les salariés puissent élire, désigner ou recommander ces membres ou s'opposer à leur désignation ;

c) Les droits de ces membres ;

3° La date d'entrée en vigueur de l'accord et sa durée ;

4° Les cas dans lesquels l'accord est renégocié et la procédure suivie pour sa renégociation.

Art. L. 2372-7 Lorsqu'il existe au sein des sociétés participant à la fusion plusieurs formes de participation, le groupe spécial de négociation qui décide de mettre en œuvre les modalités prévues au 2° de l'article L. 2372-6 choisit au préalable, dans les conditions prévues au premier alinéa de l'article L. 2372-4, laquelle de ces formes est appliquée au sein de la société issue de la fusion transfrontalière.

Art. L. 2372-8 Les dirigeants des sociétés participantes et le groupe spécial de négociation peuvent décider, par accord, d'appliquer le chapitre III du présent titre.

CHAPITRE III COMITÉ DE LA SOCIÉTÉ ISSUE DE LA FUSION TRANSFRONTALIÈRE ET PARTICIPATION DES SALARIÉS EN L'ABSENCE D'ACCORD

SECTION PREMIÈRE COMITÉ DE LA SOCIÉTÉ ISSUE DE LA FUSION TRANSFRONTALIÈRE

SOUS-SECTION 1 MISE EN PLACE

Art. L. 2373-1 Un comité de la société issue d'une fusion transfrontalière est institué lorsque, à l'issue de la période de négociation prévue à l'article L. 2352-9, aucun accord n'a été conclu et que le groupe spécial de négociation n'a pas pris la décision prévue au deuxième alinéa de l'article L. 2372-4 ou lorsque les dirigeants des sociétés participant à la fusion transfrontalière choisissent sans négociation préalable de mettre en place les modalités de participation des salariés.

Art. L. 2373-2 Dans le cas prévu à l'article L. 2373-1, l'immatriculation de la société issue d'une fusion transfrontalière ne peut intervenir que si les parties décident de mettre en œuvre les dispositions du présent chapitre et du chapitre IV ou que si les dirigeants des sociétés participantes s'engagent à en faire application.

SOUS-SECTION 2 ATTRIBUTIONS, COMPOSITION ET FONCTIONNEMENT

Art. L. 2373-3 Les dispositions relatives aux attributions, à la composition et au fonctionnement du comité de la société européenne, prévues aux articles L. 2353-3 à *(L. nº 2016-1088 du 8 août 2016, art. 18)* « L. 2353-27-1 », sont applicables au comité de la société issue de la fusion transfrontalière pour la mise en œuvre des modalités de la participation des salariés telle que définie à l'article L. 2351-6.

SECTION II PARTICIPATION DES SALARIÉS AU CONSEIL D'ADMINISTRATION ET DE SURVEILLANCE

Art. L. 2373-4 Lorsque la participation des salariés au sein des sociétés participant à la fusion transfrontalière concerne au moins un tiers du nombre total des salariés employés par ces sociétés, ou lorsque ce seuil n'est pas atteint et que le groupe spécial de négociation en décide ainsi, la forme de participation des salariés à l'organe d'administration ou de surveillance de la société issue de la fusion est déterminée après examen des différents systèmes nationaux existant au sein de chacune des sociétés participantes avant l'immatriculation de cette société.

Art. L. 2373-5 Si une seule forme de participation des salariés existe au sein des sociétés participantes, ce système est appliqué à la société issue de la fusion transfrontalière en retenant, pour sa mise en place, la proportion ou, selon le cas, le nombre le plus élevé de membres concernés par les droits à participation au sein de l'organe d'administration ou de surveillance. Si plusieurs formes de participation des salariés existent au sein des sociétés participantes, le groupe spécial de négociation détermine laquelle de ces formes est instaurée dans la société issue de la fusion transfrontalière.

Art. L. 2373-6 A défaut d'accord du groupe spécial de négociation sur le choix de la forme de participation des salariés, les dirigeants des sociétés participant à la fusion transfrontalière déterminent la forme de participation applicable.

Il est toujours retenu, pour la mise en place du système applicable, la proportion ou le nombre le plus élevé de membres de l'organe d'administration ou de surveillance concernés par les droits à participation des salariés.

Art. L. 2373-7 Lorsque la forme de participation des salariés applicable consiste en la recommandation ou l'opposition à la désignation de membres de l'organe d'administration ou de surveillance, le comité de la société détermine les conditions dans lesquelles s'exerce cette forme de participation des salariés.

Lorsque la forme de participation des salariés choisie consiste en l'élection, la procédure se déroule conformément aux articles L. 225-28 à L. 225-34 et L. 225-80 du code de commerce, exception faite de l'exigence de territorialité prévue au premier alinéa de l'article L. 225-28.

Art. L. 2373-8 Dès lors que le nombre de sièges au sein de l'organe d'administration ou de surveillance a été déterminé dans les conditions prévues à l'article L. 2373-7, le comité de la société issue de la fusion transfrontalière veille à leur répartition, proportionnellement au nombre de salariés de la société employés dans chaque État membre de la Communauté européenne.

Par dérogation au premier alinéa, le comité assure, dans la mesure du possible, à chaque État membre disposant d'un système de participation des salariés avant l'immatriculation de la société, l'attribution d'au moins un siège.

CHAPITRE IV **DISPOSITIONS APPLICABLES POSTÉRIEUREMENT À L'IMMATRICULATION DE LA SOCIÉTÉ ISSUE DE LA FUSION TRANSFRONTALIÈRE**

Art. L. 2374-1 Lorsqu'une société issue d'une fusion transfrontalière est immatriculée, l'accord mentionné à l'article L. 2372-6 ou un accord collectif conclu au niveau approprié peut décider de la suppression ou d'un aménagement des conditions de fonctionnement, éventuellement sous la forme d'une redéfinition de leur périmètre national d'intervention, des institutions représentatives du personnel qui auraient vocation à disparaître du fait de la perte de l'autonomie juridique d'une ou de plusieurs sociétés participantes situées en France.

Art. L. 2374-2 Lorsqu'un système de participation des salariés existe dans la société issue de la fusion transfrontalière, cette société est tenue, pendant un délai de trois ans après la fusion transfrontalière, de prendre les mesures nécessaires à la protection de la participation des salariés en cas de fusions nationales ultérieures conformément aux règles prévues au présent titre.

Art. L. 2374-3 Les représentants des salariés siégeant au sein de l'organe d'administration ou de surveillance, ou participant à l'assemblée générale ou aux assemblées de section ou de branche de la société issue de la fusion transfrontalière, sont tenus au secret professionnel et à l'obligation de discrétion prévus à l'article L. 2325-5.

Art. L. 2374-4 Les représentants des salariés siégeant au sein de l'organe d'administration ou de surveillance, ou participant à l'assemblée générale ou aux assemblées de section ou de branche de la société issue de la fusion transfrontalière, bénéficient de la protection instituée à l'article *(L. n° 2013-504 du 14 juin 2013, art. 9-V)* « L. **2411-1** ».

CHAPITRE V **DISPOSITIONS PÉNALES**

Art. L. 2375-1 Le fait d'apporter une entrave soit à la constitution d'un groupe spécial de négociation ou d'un comité de la société issue de la fusion transfrontalière mis en place ou non par accord, soit à la libre désignation de leurs membres *(Abrogé par L. n° 2015-990 du 6 août 2015, art. 262)* « ***, soit à leur fonctionnement régulier*** » est puni d'un emprisonnement d'un an et d'une amende de *(L. n° 2015-990 du 6 août 2015, art. 262)* « 7 500 €.

« Le fait d'apporter une entrave à leur fonctionnement régulier est puni d'une amende de 7 500 €. »

TITRE HUITIÈME **COMITÉ D'HYGIÈNE, DE SÉCURITÉ ET DES CONDITIONS DE TRAVAIL**

CHAPITRE UNIQUE

Art. L. 2381-1 Les dispositions relatives aux comités d'hygiène, de sécurité et des conditions de travail figurent dans la quatrième partie relative à la santé et *[à la]* sécurité au travail. – *[Anc. art. L. 2371-1.]*

Art. L. 2381-2 Les membres des comités d'hygiène, de sécurité et des conditions de travail bénéficient de la protection prévue au titre Ier du livre IV. – *[Anc. art. L. 2371-2.]*

TITRE NEUVIÈME **REGROUPEMENT PAR ACCORD DES INSTITUTIONS REPRÉSENTATIVES DU PERSONNEL**

(L. n° 2015-994 du 17 août 2015, art. 14)

BIBL. ▸ PETIT, *Dr. soc. 2016. 544* . – TEYSSIÉ, *JCP S 2016. 1126.*

COMMENTAIRE

V. Dalloz.fr et applications mobiles Dalloz.

CHAPITRE PREMIER **MISE EN PLACE ET ATTRIBUTIONS**

Art. L. 2391-1 Dans les entreprises d'au moins trois cents salariés, un accord *(Abrogé par L. n° 2016-1088 du 8 août 2016, art. 21)* « ***signé par une ou plusieurs organisations syndicales de salariés représentatives ayant recueilli au moins 50 % des suffrages exprimés, quel que soit le nombre de votants, en faveur d'organisations représentatives au premier tour des élections des titulaires au comité d'entreprise ou de la délégation unique du personnel ou, à défaut, des délégués du personnel*** » peut prévoir le regroupement des délégués du personnel, du comité d'entreprise et du comité d'hygiène, de sécurité et des conditions de travail ou de deux de ces institutions représentatives au sein d'une instance exerçant l'ensemble des attributions des institutions faisant l'objet du regroupement.

L'instance est dotée de la personnalité civile et gère, le cas échéant, son patrimoine.

Sa mise en place a lieu lors de la constitution de l'une des trois institutions représentatives mentionnées au premier alinéa ou lors du renouvellement de l'une d'entre elles.

L'accord mentionné au même premier alinéa prévoit la prorogation ou la réduction de la durée du mandat des membres des institutions faisant l'objet du regroupement, de manière à ce que leur échéance coïncide avec la date de mise en place de l'instance prévue audit premier alinéa.

L'abrogation des dispositions prévues par l'art. 21 de la L. n° 2016-1088 du 8 août 2016 s'applique à compter du 1er janv. 2017 aux accords collectifs qui portent sur la durée du travail, les repos et les congés et, dès la publication de la loi, aux accords mentionnés à l'art. L. 2254-2. Elle s'applique à compter du 1er sept. 2019 aux autres accords collectifs, à l'exception de ceux mentionnés à l'art. L. 5125-1 (L. préc., art. 21-IX).

Art. L. 2391-2 Dans les entreprises comportant des établissements distincts, l'instance mentionnée à l'article L. 2391-1 peut être mise en place au niveau d'un ou de plusieurs établissements, le cas échéant selon des modalités de regroupement distinctes en fonction des établissements.

Art. L. 2391-3 En l'absence d'accord prévu à l'article L. 2391-1, un accord conclu au niveau de l'établissement dans les conditions mentionnées au même article peut prévoir la création de l'instance mentionnée audit article.

Art. L. 2391-4 L'instance définie au présent chapitre peut être mise en place dans les entreprises appartenant à une unité économique et sociale regroupant au moins trois cents salariés, quel que soit leur effectif. L'accord défini à l'article L. 2391-1 est conclu soit au niveau d'une ou de plusieurs entreprises composant l'unité économique et sociale, soit au niveau de l'unité économique et sociale. Dans ce dernier cas, les règles de validité de l'accord sont appréciées en tenant compte des suffrages valablement exprimés dans l'ensemble des entreprises.

CHAPITRE II COMPOSITION ET ÉLECTION

Art. L. 2392-1 L'accord mentionné aux articles L. 2391-1 ou L. 2391-3 définit le nombre de représentants du personnel titulaires et suppléants élus au sein de l'instance, qui ne peut être inférieur à des seuils fixés par décret en Conseil d'État en fonction des effectifs de l'entreprise ou de l'établissement.

Art. L. 2392-2 Les représentants syndicaux mentionnés à l'article L. 2324-2 assistent aux réunions de l'instance portant sur les attributions dévolues au comité d'entreprise, dans les conditions prévues au même article.

Les personnes figurant sur la liste prévue à l'article L. 4613-2 assistent, avec voix consultative, aux réunions portant sur les attributions dévolues au comité d'hygiène, de sécurité et des conditions de travail. L'*(L. nº 2016-1088 du 8 août 2016, art. 113)* « agent de contrôle de l'inspection du travail mentionné à l'article L. 8112-1 » peut également y assister dans les conditions prévues à l'article L. 4614-11.

Art. L. 2392-3 Les élections des membres de l'instance se déroulent dans les conditions prévues à la section 2 du chapitre IV du titre II du présent livre lorsque le regroupement défini par l'accord prévu aux articles L. 2391-1 ou L. 2391-3 intègre le comité d'entreprise ou d'établissement, et dans les conditions prévues à la section II du chapitre IV du titre Ier du présent livre dans les autres cas.

Art. L. 2392-4 *(L. nº 2016-1088 du 8 août 2016, art. 18)* Par dérogation aux dispositions prévoyant la répartition en établissements distincts prévues aux articles L. 2314-31, L. 2322-5 et L. 2327-7, l'accord mentionné à l'article L. 2391-1 peut déterminer le nombre et le périmètre du ou des établissements distincts pour les élections de la ou des instances regroupées conformément à cet accord dans l'entreprise. Par dérogation aux dispositions prévoyant la répartition en établissements distincts prévues aux articles L. 2314-31 et L. 2322-5, l'accord mentionné à l'article L. 2391-3 peut déterminer le périmètre du ou des établissements distincts pour l'élection de la ou des instances regroupées conformément à cet accord dans l'établissement.

CHAPITRE III FONCTIONNEMENT

Art. L. 2393-1 L'accord mentionné aux articles L. 2391-1 ou L. 2391-3 fixe les modalités de fonctionnement de l'instance, notamment :

1° Le nombre minimal de réunions, qui ne peut être inférieur à une réunion tous les deux mois ;

2° Les modalités selon lesquelles l'ordre du jour est établi et communiqué aux représentants du personnel ;

3° Le rôle respectif des membres titulaires et des membres suppléants ;

4° Le nombre d'heures de délégation dont bénéficient les membres de l'instance pour l'exercice de leurs attributions, qui ne peut être inférieur à un seuil fixé par décret en Conseil d'État en fonction des effectifs de l'entreprise ou de l'établissement et des compétences de l'instance ;

5° Le nombre de jours de formation dont bénéficient les membres pour l'exercice de leurs attributions, qui ne peut être inférieur à un seuil fixé par décret en Conseil d'État ;

6° Lorsque l'instance inclut le comité d'hygiène, de sécurité et des conditions de travail :

a) La composition et le fonctionnement au sein de l'instance d'une commission d'hygiène, de sécurité et des conditions de travail à laquelle peuvent être confiées, par délégation, tout ou partie des attributions reconnues au comité d'hygiène, de sécurité et des conditions de travail et que la commission exerce pour le compte de l'instance ;

b) Un nombre minimal de réunions de l'instance consacrées, en tout ou partie, à l'exercice de ses attributions en matière d'hygiène, de sécurité et des conditions de travail, qui ne peut être inférieur à quatre par an.

Art. L. 2393-2 L'accord peut prévoir la mise en place des commissions prévues aux articles L. 2325-23, L. 2325-26, L. 2325-27 et L. 2325-34, dans les conditions prévues aux mêmes articles. Une commission des marchés est mise en place dès lors que l'instance remplit les critères prévus à l'article L. 2325-34-1.

Art. L. 2393-3 A défaut de stipulations de l'accord sur ces sujets, les règles de fonctionnement de l'instance relatives au nombre de représentants et au nombre de jours de formation et d'heures de délégation sont déterminées par décret en Conseil d'État.

Les autres règles de fonctionnement sont celles prévues :

1° Pour le comité d'entreprise au chapitre V du titre II du présent livre, lorsque l'instance procède au regroupement notamment du comité d'entreprise ou d'établissement ;

2° Pour le comité d'hygiène, de sécurité et des conditions de travail au chapitre IV du titre Ier du livre VI de la quatrième partie, lorsque l'instance ne procède pas au regroupement du comité d'entreprise.

(L. n° 2016-1088 du 8 août 2016, art. 28) « Sauf accord collectif contraire, lorsque le représentant du personnel élu ou désigné est un salarié mentionné à l'article L. 3121-58, le crédit d'heures est regroupé en demi-journées qui viennent en déduction du nombre annuel de jours travaillés fixé dans la convention individuelle du salarié. Une demi-journée correspond à quatre heures de mandat. Lorsque le crédit d'heures ou la fraction du crédit d'heures restant est inférieur à quatre heures, le représentant du personnel en bénéficie dans des conditions définies par un décret en Conseil d'État. »

CHAPITRE IV **SUPPRESSION**

Art. L. 2394-1 Par dérogation à l'article L. 2261-10, la dénonciation de l'accord mentionné aux articles L. 2391-1 ou L. 2391-3 prend effet dès la fin du préavis défini à l'article L. 2261-9. L'employeur procède sans délai à l'élection ou à la désignation des membres des institutions regroupées, conformément aux dispositions relatives à chacune d'elles. Le mandat des membres de l'instance est prorogé jusqu'à la date de mise en place de ces institutions.

TITRE X **RÉUNIONS COMMUNES DES INSTITUTIONS REPRÉSENTATIVES DU PERSONNEL**

(L. n° 2015-994 du 17 août 2015, art. 17-I)

CHAPITRE UNIQUE **DISPOSITIONS GÉNÉRALES**

Art. L. 23-101-1 L'employeur peut organiser des réunions communes de plusieurs des institutions représentatives du personnel définies au présent livre et à l'article L. 4616-1 lorsqu'un projet nécessite leur information ou leur consultation.

Il inscrit ce projet à l'ordre du jour de la réunion commune, qui peut comporter des points complémentaires selon les règles propres à chaque institution. Cet ordre du jour est communiqué au moins huit jours avant la séance aux membres des institutions réunies.

Les règles de composition et de fonctionnement de chaque institution sont respectées.

Lorsque l'ordre du jour prévoit le recueil d'un avis, celui-ci est valablement recueilli au cours de cette réunion commune, sous réserve que l'institution devant rendre son avis soit consultée selon ses règles propres.

Art. L. 23-101-2 Le recours à la visioconférence pour tenir les réunions communes prévues à l'article L. 23-101-1 peut être autorisé par accord entre l'employeur et les membres des institutions réunies. En l'absence d'accord, ce recours est limité à trois réunions par année civile. Un décret détermine les conditions dans lesquelles il est possible, dans ce cadre, de procéder à un vote à bulletin secret. — *V. art. D. 2325-1-1 s. et D. 2327-4-5.*

TITRE XI COMMISSIONS PARITAIRES RÉGIONALES INTERPROFESSIONNELLES POUR LES SALARIÉS ET LES EMPLOYEURS DES ENTREPRISES DE MOINS DE ONZE SALARIÉS

(L. nº 2015-994 du 17 août 2015, art. 1er-I et VII, en vigueur le 1er juill. 2017)

BIBL. ▸ BÉROUD et MORIN, *RDT 2015. Controverse.* 584 (quel droit à la participation après la mise en place de la représentation universelle ?).

COMMENTAIRE

V. Dalloz.fr et applications mobiles Dalloz. ❑

CHAPITRE PREMIER CHAMP D'APPLICATION

Art. L. 23-111-1 I. — Une commission paritaire interprofessionnelle est instituée au niveau régional afin de représenter les salariés et les employeurs d'entreprises de moins de onze salariés.

II. — Elle représente les salariés et les employeurs des entreprises de moins de onze salariés relevant des branches qui n'ont pas mis en place de commissions paritaires régionales, ou, le cas échéant, départementales lorsque leur champ de compétence géographique recouvre l'intégralité d'une région, par un accord de branche ou de niveau national et interprofessionnel ou multiprofessionnel conclu dans les conditions du présent titre :

1° Exerçant au moins les mêmes attributions que celles mentionnées à l'article L. 23-113-1 ;

2° Composées d'au moins cinq représentants des organisations professionnelles d'employeurs représentatives et d'au moins cinq représentants des organisations syndicales de salariés représentatives, issus d'entreprises de moins de onze salariés.

III. — Pendant la durée du mandat prévue à l'article L. 23-112-3, le champ de compétence professionnelle et territoriale de la commission paritaire régionale interprofessionnelle n'est pas modifié.

CHAPITRE II COMPOSITION ET MANDAT

Art. L. 23-112-1 La commission paritaire régionale interprofessionnelle est composée de vingt membres, salariés et employeurs d'entreprises de moins de onze salariés, désignés par les organisations syndicales de salariés et par les organisations professionnelles d'employeurs dans les conditions suivantes :

1° Dix sièges sont attribués aux organisations syndicales de salariés dont la vocation statutaire revêt un caractère interprofessionnel, proportionnellement à leur audience dans la région auprès des salariés que la commission représente aux élections prévues aux articles L. 2122-10-1 et L. 2122-6 ;

2° Dix sièges sont attribués aux organisations professionnelles d'employeurs dont la vocation statutaire revêt un caractère interprofessionnel, répartis proportionnellement à leur audience définie au 6° du I de l'article L. 2151-1 auprès des entreprises de moins de onze salariés implantées dans la région et appartenant aux branches couvertes par la commission.

Les organisations syndicales de salariés et les organisations professionnelles d'employeurs pourvoient les sièges qui leur sont attribués en respectant la parité entre les femmes et les hommes.

Si les sièges à pourvoir sont en nombre impair, l'écart entre le nombre de femmes et le nombre d'hommes ne peut être supérieur à un.

A titre transitoire, jusqu'au 1er juill. 2021, le 2° de l'art. L. 23-112-1 est ainsi rédigé :

« 2° Dix sièges sont attribués aux organisations professionnelles d'employeurs dont la vocation statutaire revêt un caractère interprofessionnel, répartis proportionnellement à leur audience définie au 6° du I de l'article L. 2151-1 auprès des entreprises implantées dans la région et appartenant aux branches couvertes par la commission. » (L. n° 2015-994 du 17 août 2015, art. 1er-VIII).

Art. L. 23-112-2 *(L. n° 2015-994 du 17 août 2015, art. 1er-I et VII, en vigueur le 1er juill. 2016)* **Dans le cadre du scrutin mentionné aux articles L. 2122-10-1 et L. 2122-6, les organisations syndicales de salariés candidates mentionnées à l'article L. 2122-10-6 peuvent indiquer sur leur propagande électorale l'identité des salariés qu'elles envisagent de désigner dans les commissions paritaires régionales interprofessionnelles, dans la limite de dix salariés par organisation.**

Cette propagande peut être différenciée par région.

L'identité des salariés figurant sur la propagande électorale et l'identité des salariés membres de la commission sont notifiées à leurs employeurs par les organisations syndicales de salariés.

Art. L. 23-112-3 **Les membres de la commission sont désignés pour quatre ans. Leur mandat est renouvelable.**

Art. L. 23-112-4 **Pour être désignés, les membres de la commission doivent être âgés de dix-huit ans révolus et n'avoir fait l'objet d'aucune interdiction, déchéance ou incapacité relative à leurs droits civiques.**

Art. L. 23-112-5 **La composition de la commission paritaire régionale interprofessionnelle est rendue publique par l'autorité administrative.**

Art. L. 23-112-6 **Les contestations relatives aux conditions de désignation des membres de la commission sont de la compétence du juge judiciaire. Le recours n'est recevable que s'il est introduit dans les quinze jours suivant la date où la composition de la commission a été rendue publique.**

CHAPITRE III **ATTRIBUTIONS**

Art. L. 23-113-1 **Les commissions paritaires régionales interprofessionnelles ont pour compétence :**

1° De donner aux salariés et aux employeurs toutes informations ou tous conseils utiles sur les dispositions légales ou conventionnelles qui leur sont applicables ;

2° D'apporter des informations, de débattre et de rendre tout avis utile sur les questions spécifiques aux entreprises de moins de onze salariés et à leurs salariés, notamment en matière d'emploi, de formation, de gestion prévisionnelle des emplois et des compétences, de conditions de travail, de santé au travail, d'égalité professionnelle, de travail à temps partiel et de mixité des emplois ;

3° De faciliter la résolution de conflits individuels ou collectifs n'ayant pas donné lieu à saisine d'une juridiction. La commission ne peut intervenir qu'avec l'accord des parties concernées ;

4° De faire des propositions en matière d'activités sociales et culturelles.

Art. L. 23-113-2 **Les membres de la commission ont, pour l'exercice de leurs fonctions, accès aux entreprises, sur autorisation de l'employeur.**

CHAPITRE IV **FONCTIONNEMENT**

Art. L. 23-114-1 **L'employeur laisse au salarié membre de la commission paritaire régionale interprofessionnelle le temps nécessaire à l'exercice de sa mission, dans la limite d'une durée qui, sauf circonstances exceptionnelles, ne peut excéder cinq heures par mois. Le temps de trajet pour se rendre aux réunions de la commission n'est pas imputé sur ce crédit d'heures. Le temps peut être utilisé cumulativement, au cours d'une année civile, sans que cela conduise un membre à disposer, dans le mois, de plus d'une fois et demie le crédit d'heures de délégation dont il bénéficie.**

Les membres des commissions paritaires régionales interprofessionnelles peuvent répartir entre eux le crédit d'heures de délégation dont ils disposent. Ils informent leurs employeurs respectifs de cette répartition. Cette mutualisation ne peut conduire un membre à disposer, dans le mois, de plus d'une fois et demie le crédit d'heures de délégation dont il bénéficie.

Le salarié informe son employeur de l'utilisation de son crédit d'heures au plus tard huit jours avant la date prévue pour leur utilisation.

Le temps passé par le salarié à l'exercice de sa mission, y compris le temps passé aux séances de la commission, est de plein droit considéré comme du temps de travail et payé à l'échéance normale. Il est assimilé à un temps de travail effectif pour la détermination des droits que le salarié tient de son contrat de travail, des dispositions légales et des stipulations conventionnelles.

L'employeur qui entend contester l'utilisation faite des heures de délégation saisit le juge judiciaire.

Art. L. 23-114-2 *(L. nº 2015-994 du 17 août 2015, art. 1er-I et VII, en vigueur le 1er juill. 2016)* L'exercice du mandat de membre de la commission paritaire régionale interprofessionnelle ne peut être une cause de rupture du contrat de travail. Le licenciement et la rupture du contrat à durée déterminée d'un membre de la commission sont soumis à la procédure d'autorisation administrative prévue au livre IV de la présente deuxième partie.

Les salariés dont l'identité figure sur la propagande électorale des organisations syndicales de salariés conformément à l'article L. 23-112-2 et les anciens membres de la commission bénéficient également de cette protection, dans les conditions prévues au même livre IV.

Art. L. 23-114-3 Les frais occasionnés par le fonctionnement de la commission, la participation de ses membres aux réunions et la formation, ainsi que l'indemnisation des représentants salariés, dans les conditions définies à l'article L. 23-114-1, et l'indemnisation des représentants employeurs sont exclusivement financés par les crédits versés par le fonds prévu à l'article L. 2135-9 au titre de sa mission mentionnée au 1° de l'article L. 2135-11.

Le montant de la rémunération du salarié membre d'une commission, maintenu par son employeur en application de l'article L. 23-114-1, est remboursé à ce dernier par l'organisation syndicale qui désigne ce salarié, à partir des crédits qu'elle reçoit du fonds prévu à l'article L. 2135-9.

En cas de non-remboursement par l'organisation, l'employeur peut procéder à une retenue sur salaire du salarié concerné.

Les conditions d'application du présent article sont définies par un décret en Conseil d'État.

Art. L. 23-114-4 La commission détermine, dans un règlement intérieur, les modalités de son fonctionnement.

CHAPITRE V **DISPOSITIONS D'APPLICATION**

Art. L. 23-115-1 Un décret en Conseil d'État précise les conditions d'application du présent titre, notamment :

1° Les modalités de la présentation des salariés sur la propagande électorale mentionnées à l'article L. 23-112-2 ;

2° Les modalités de la notification aux employeurs des salariés mentionnés au dernier alinéa du même article L. 23-112-2 par les organisations syndicales de salariés ;

3° Les modalités de la publicité relative à la composition de la commission, les noms, professions et appartenance syndicale éventuelle de ses membres ;

4° Les modalités selon lesquelles les crédits versés par le fonds prévu à l'article L. 2135-9 financent les frais occasionnés par le fonctionnement des commissions prévues au présent titre.

LIVRE QUATRIÈME **LES SALARIÉS PROTÉGÉS**

RÉP. TRAV. v° *Représentants du personnel (Statut protecteur)*, par Pécaut-Rivolier, Rose et Struillou.

BIBL. GÉN. ▶ Alvarez, *Dr. ouvrier 1975. 1* (entrave). – Bachelier, *RJS 1999. 631* (licenciement pour faute ou pour motif économique). – Boitel, *ibid. 1974. 189* (résiliation judiciaire). – Borricand, *D. 1980. Chron. 323*. – Boubli, *Dr. soc. 1990. 493* (mise à pied ordinaire) ; *Sem. soc. Lamy 1999, n° 944* (bilan et problématique du statut) ; *Sem. soc. Lamy 1999, n° 944* (bilan et problématique du statut). – Catala, *Ét. offertes à G.H. Camerlynck, 1978, p. 249* (protection contre les sanctions autres que le licenciement). – Chelle et Prétot, *Dr. soc. 1989. 376* (contentieux des autorisations administratives de licenciement) ; *RJS 1995. 703* (licenciement économique pour contestation de la révocation d'un usage). – Déchoz et Geynet-Bourgeon, *Dr. ouvrier 2012. 329* (salariés protégés, salariés exposés, salariés sacrifiés). – De Clausade, *ibid. 1990. 198* (transfert d'un salarié protégé). – Coez et Saint-Jevin, *ibid. 1979. 141* (bilan jurisprudentiel). – Cohen, *ibid. 1975. 412 ; Dr. ouvrier 1976. 425 ; Ét. offertes à H. Sinay, 1994, p. 207* (licenciement économique). – Coudrais, *Dr. soc. 1992. 459*. – Davico-Hoarau, *JS Lamy 2012, n° 316-1* (rupture du contrat de travail des salariés protégés : quelle indemnisation ?). – Despax, *BS Lefebvre 1986. 121* (notation et avancement des représentants du personnel). – Dupeyroux, *D. 1970. Chron. 187* (arrêt « Abisse »). – Duprilot, *JCP 1977. I. 2840* (contrôle des pouvoirs de l'inspecteur du travail). – Duquesnes, *RJS 2002. 603* (mandat et suspension du contrat de travail). – Dutheillet de Lamothe et Robineau, *AJDA 1979. 25* (contrôle du juge). – Galland, *D. 1978. Chron. 263* (rôle des juridictions administratives). – Gherari, *LPA 15 janv. 1997* (contrôle du juge administratif). – Gremaud, *Dr. soc. 1987. 492* (recours hiérarchiques). – Grinsnir, *Dr. ouvrier 1991. 159* (effectivité des droits en matière de représentation du personnel). – Guillaume, *Dr. soc. 1988. 773* (salarié étranger en situation irrégulière). – Indart et Maurel, *Sem. soc. Lamy 1991, suppl. n°s 541 et 555*. – Karaquillo, *Dr. soc. 1976. 330*. – R. Latournerie, *D. 1975. Chron. 103* (arrêts « Perrier »). – M.-A. Latournerie, *Dr. soc. 1979. 420* (conflits collectifs). – Maurin, *ALD 1984. 27 et 33* (protection statutaire des représentants). – Mialon, *JCP CI 1974. I. 11341* (mutation et délit d'entrave). – Moderne, *Gaz. Pal. 1976. 2. Doctr. 520* (pouvoirs du juge administratif) ; *RJS 1989. 400* (distinction entre licenciement disciplinaire et mise à pied préventive) ; *ibid. 1990. 55* (licenciements disciplinaires). – Moussy, *Dr. ouvrier 1990. 42* (le juge administratif et l'exercice normal des fonctions représentatives). – Ortscheidt, *Ét. offertes à H. Sinay, 1994, p. 247* (protection pénale des représentants conventionnels). – Pécaut-Rivolier et Struillou, *Dr. soc. 2010. 902* (protection des représentants du personnel, Cour de cassation et Conseil d'État : des marches parallèles à la démarche commune). – Pélissier, *D. 1969. Chron. 197* (réintégration). – Philbert, *CSB 1991. 79* (application de la loi d'amnistie du 20 juill. 1988) ; *ibid. 1995. 63* (jurisprudence criminelle). – Pralus-Dupuy, *Dr. soc. 1994. 695* (représentant impliqué dans une procédure pénale). – Prétot, *Dr. soc. 1991. 117* (étendue des pouvoirs du ministre du travail statuant sur recours hiérarchique). – Prétot et Chelle, *ibid. 1987. 686* (champ d'application de l'autorisation administrative). – Ray, *ibid. 1990. 83* (égalité et décision patronale) ; *ibid. 1993. 51* (licenciement d'un représentant du personnel gréviste). – Saint-Jours, *D. 1970. Chron. 41* (réintégration). – Saramito, *Dr. ouvrier 1977. 383* (articulation des compétences administrative et judiciaire). – Savatier, *RJS 1991. 67* (indemnisation des salariés licenciés sans autorisation). – Sciberras, *Sem. soc. Lamy 1991, n° 549, 3*. – Sinay, *D. 1974. Chron. 235* (arrêts « Perrier ») ; *Ét. offertes à G. Lyon-Caen 1989, p. 415* (réintégration) ; *Dr. soc. 1994. 552* (réintégration). – Sinay et G. Lyon-Caen, *JCP 1970. I. 2335* (réintégration). – Teyssié, *Dr. soc. 1984. 59* (limites de l'immunité). – Verdier, *JCP 1971. I. 2422* (du contrat au statut et du droit individuel aux libertés publiques). – Verkindt, *Ét. offertes à H. Sinay, 1994, p. 281* (modification du contrat). – Waquet, *Dr. soc. 1990. 498* (faute justifiant le licenciement). – Zapata, *Dr. soc. 1977. 1* (rôle de l'inspecteur du travail).

V. Circ. DGT n° 07/2012 du 30 juill. 2012 relative aux décisions administratives en matière de rupture ou de transfert du contrat de travail des salariés protégés.

COMMENTAIRE
V. Dalloz.fr et applications mobiles Dalloz.

TITRE PREMIER **CAS, DURÉES ET PÉRIODES DE PROTECTION**

CHAPITRE PREMIER **PROTECTION EN CAS DE LICENCIEMENT**

SECTION PREMIÈRE **CHAMP D'APPLICATION**

Art. L. 2411-1 **Bénéficie de la protection contre le licenciement prévue par le présent chapitre, y compris lors d'une procédure de sauvegarde, de redressement ou de liquidation judiciaire, le salarié investi de l'un des mandats suivants :**

1° Délégué syndical ;
2° Délégué du personnel ;
3° Membre élu du comité d'entreprise ;
4° Représentant syndical au comité d'entreprise ;
5° Membre du groupe spécial de négociation et membre du comité d'entreprise européen ;
6° Membre du groupe spécial de négociation et représentant au comité de la société européenne ;
(L. n° 2008-649 du 3 juill. 2008) « 6° *bis* Membre du groupe spécial de négociation et représentant au comité de la société coopérative européenne ;
« 6° *ter* Membre du groupe spécial de négociation et représentant au comité de la société issue de la fusion transfrontalière ; »
7° Représentant du personnel au comité d'hygiène, de sécurité et des conditions de travail ;
8° Représentant du personnel d'une entreprise extérieure, désigné au comité d'hygiène, de sécurité et des conditions de travail d'un établissement comprenant au moins une installation classée figurant sur la liste prévue *(L. n° 2013-619 du 16 juill. 2013, art. 11-V)* « à l'article L. 515-36 » du code de l'environnement ou mentionnée à *(Ord. n° 2011-91 du 20 janv. 2011)* « l'article L. 211-2 du code minier » ;
9° Membre d'une commission paritaire d'hygiène, de sécurité et des conditions de travail en agriculture prévue à l'article L. 717-7 du code rural et de la pêche maritime ;
10° Salarié mandaté, dans les conditions prévues à l'article *(L. n° 2008-789 du 20 août 2008, art. 9)* « L. 2232-24 », dans les entreprises dépourvues de délégué syndical ;
11° Représentant des salariés mentionné à l'article L. 662-4 du code de commerce *(Abrogé par Ord. n° 2014-326 du 12 mars 2014, art. 113)* « *lors d'un redressement ou d'une liquidation judiciaire* » ;
12° Représentant des salariés au conseil d'administration ou de surveillance des entreprises du secteur public *(L. n° 2013-504 du 14 juin 2013, art. 9-VI)* « , des sociétés anonymes et des sociétés en commandite par actions » ;
13° Membre du conseil ou administrateur d'une caisse de sécurité sociale mentionné à l'article L. 231-11 du code de la sécurité sociale ;
14° Membre du conseil d'administration d'une mutuelle, union ou fédération mentionné à l'article L. 114-24 du code de la mutualité ;
15° Représentant des salariés dans une chambre d'agriculture, mentionné à l'article L. 515-1 du code rural et de la pêche maritime ;
16° Conseiller du salarié inscrit sur une liste dressée par l'autorité administrative et chargé d'assister les salariés convoqués par leur employeur en vue d'un licenciement ;
17° Conseiller prud'homme ;
(Ord. n° 2012-1218 du 2 nov. 2012, art. 3) « 18° Assesseur maritime, mentionné à l'article 7 de la loi du 17 décembre 1926 relative à la répression en matière maritime ; »
(L. n° 2015-990 du 6 août 2015, art. 258-II, en vigueur au plus tard le 1er août 2016) « 19° Défenseur syndical mentionné à l'article L. 1453-4 ; »
(L. n° 2015-994 du 17 août 2015, art. 1er-II, en vigueur le 1er janv. 2016) « 20° Membre de la commission mentionnée à l'article L. 23-111-1. »

En application de l'art. L. 231-4-4° CRPA, et par exception à l'application du délai de deux mois prévu à l'art. L. 231-1 du même code, le silence gardé par l'administration pendant deux mois vaut décision de rejet pour une demande d'autorisation de rupture de contrat de travail des salariés bénéficiant de la protection prévue par le chapitre Ier du titre Ier du livre IV de la deuxième partie C. trav. (Décr. n° 2014-1291 du 23 oct. 2014, art. 1er).

I. CARACTÈRES DE LA PROTECTION

1. Constitutionnalité de la protection des salariés titulaires d'un mandat extérieur à l'entreprise. En accordant une protection contre le licenciement à ces salariés, le législateur entend préserver leur indépendance dans l'exercice de leur mandat ; ces dispositions ne portent pas une atteinte disproportionnée à la liberté d'entreprendre et à la liberté contractuelle mais les intéressés ne peuvent pas se prévaloir de la protection s'ils n'ont pas informé l'employeur de la détention d'un tel mandat au plus tard lors de l'entretien préalable au licenciement. • Cons. const. 14 mai 2012 : *D. 2012. Actu. 1340 ; Dr.*

soc. 2012. 1039, obs. de Sintives ; RJS 2012. 520, obs. Struillou ; Dr. ouvrier 2012. 621, obs Gahdoun ; JCP S 2012. 1311, obs. Boulmier.

2. Bénéfice de la protection. La protection légale bénéficie au titulaire du mandat indépendamment de son exercice. • Soc. 27 mai 1997, nº 94-42.414 P : *RJS 1997. 541, nº 835* (salarié désigné, sans contestation de la part de l'employeur, pour exercer en alternance avec un autre salarié un mandat unique de délégué syndical) • 4 mars 1998, nº 95-41.642 P : *RJS 1998. 310, nº 493* (salarié licencié pour inaptitude physique, cette dernière faisant seulement obstacle à l'exercice de son travail).

3. Une sanction disciplinaire ne peut être prononcée qu'en raison de faits constituant un manquement du salarié à ses obligations professionnelles envers l'employeur ; un salarié protégé ne peut être sanctionné pour des faits ayant eu lieu lors d'une réunion du comité d'entreprise européen. • Soc. 30 juin 2010 : *JCP S 2010. 1444, obs. Bossu.*

4. Institutions conventionnelles. Pour bénéficier de la protection légale, les institutions représentatives créées par voie conventionnelle doivent être de même nature que celles prévues par le code du travail ; tel n'est pas le cas d'un représentant syndical conventionnel au CHSCT. • Soc. 20 févr. 1991, nº 89-42.288 P : *D. 1991. IR 73 ; CSB 1991. 76, S. 48 ; RJS 1991. 256, nº 484* • Crim. 4 avr. 1991 : *D. 1991. IR 156 ; RJS 1991. 325, nº 614 a, 2ᵉ esp. ; JCP E 1991. II. 213, note Godard.*

5. Lorsque l'institution représentative n'a pas été instituée par une convention ou un accord collectif étendu en vertu d'une disposition expresse dans une matière déterminée, la méconnaissance des dispositions conventionnelles, si elle peut donner lieu à des recours civils, n'est susceptible de recevoir aucune qualification pénale. • Crim. 4 avr. 1991 (trois arrêts) : *D. 1991. IR 156 ; JCP E 1991. II. 213, note Godard ; RJS 1991. 325, nº 614 a.*

6. Cumul de protections. Le salarié bénéficiaire à la fois de la protection accordée aux représentants du personnel et aux victimes d'accident du travail ou d'une maladie professionnelle a droit à la réparation du préjudice subi résultant de l'inobservation par l'employeur des règles protectrices qui lui sont applicables à ce double titre. • Soc. 19 sept. 2007 : *D. 2007. AJ 2474 ; RJS 2007. 941, nº 1191 ; JS Lamy 2007, nº 220-6.*

7. Point de départ de la protection. L'application de la procédure spécifique dépend du moment de l'envoi de la convocation du salarié à l'entretien préalable à son licenciement ; si, à cette date, l'employeur n'a pas encore reçu la lettre de désignation – et n'a pas non plus connaissance de l'imminence de cette désignation –, il n'a pas à suivre de procédure de licenciement particulière. • Soc. 2 déc. 2008 : *D. 2009. AJ 105 ; RJS 2009. 158, nº 191 ; Dr. soc. 2009. 966, obs. Verdier ; JCP S 2009. 1057, obs. Drai.* ♦ Dès lors que l'employeur engage la procédure de licenciement avant d'avoir connaissance d'une candidature ou de son imminence, le salarié, même s'il est ultérieurement élu, ne bénéficie pas au titre de la procédure en cours du statut protecteur. • Soc. 28 janv. 2009 : *RDT 2009. 248, obs. Grévy ; Dr. soc. 2009. 966, obs. Verdier ; JCP S 2009. 1193, obs. Kerbouc'h ; JS Lamy 2009, nº 250-4 ; Sem. soc. Lamy 2009, nº 1390, p. 13.*

8. Désignation frauduleuse. N'est pas frauduleuse la désignation d'un salarié comme délégué syndical, dès lors qu'elle n'est pas faite dans le seul but d'assurer la protection personnelle du salarié contre une mesure de licenciement. • Soc. 26 sept. 1984 : *D. 1985. IR 458, 1ʳᵉ esp., obs. Verdier* • 3 oct. 1984 : *ibid., 2ᵉ esp.* ♦ Sur la preuve du caractère frauduleux d'une désignation, V. • Soc. 23 mai 1984 : *D. 1985. IR 458, 3ᵉ esp., obs. Verdier* • 10 juill. 1984 : *ibid., 4ᵉ esp.* • 26 sept. 1984 : *ibid., 5ᵉ esp.* ♦ L'appréciation de la fraude relève du pouvoir souverain des juges du fond. • Soc. 11 juill. 1989 : *Dr. ouvrier 1990. 288* • 7 mai 2002, nº 00-60.407 P : *RJS 2002. 652, nº 845* • 13 juill. 2004, nº 03-60.432 P : *Dr. soc. 2005. 283, note Verdier ; RJS 2004. 821, nº 1166.*

9. Transfert d'entreprise. Le transfert sans autorisation d'un délégué syndical, alors que les dispositions de l'art. L. 122-12 [L. 1224-1 nouv.] n'étaient pas applicables, ne constitue pas une méconnaissance de l'al. 7 de l'art. L. 412-18 [L. 2421-9 nouv.], mais caractérise un licenciement déguisé constitutif du délit d'entrave prévu par l'al. 1ᵉʳ du même texte [L. 2421-1 nouv.]. • Crim. 10 mai 1988 : *Bull. crim. nº 202 ; BS Lefebvre 1988. 320, note Guirimand.*

10. Lorsque la convention collective le prévoit, les représentants du personnel dont le mandat dépasse le cadre du marché repris peuvent opter pour un maintien au sein de l'entreprise sortante ; dans cette hypothèse, l'employeur qui ne peut réintégrer un représentant du personnel doit solliciter une autorisation administrative de licenciement. • Soc. 11 janv. 2005 : *D. 2005. IR 457 ; Dr. soc. 2005. 560 ; RJS 2005. 257, nº 347.*

11. Fin de la période de protection. Lorsque l'autorisation de licencier a été refusée parce que le motif de licenciement est entaché de discrimination syndicale, l'employeur qui reprend la même argumentation pour justifier un licenciement prononcé à l'issue de la période de protection s'expose à ce que le juge judiciaire lui demande de s'expliquer sur les raisons qui ont motivé le refus d'autorisation de l'administration. • Soc. 9 juill. 2014 : *D. 2014. Actu. 1594 ; RJS 2014. 672, nº 793 ; JS Lamy 2014, nº 373-6, obs. Hautefort.* ♦ Le licenciement prononcé à l'expiration de la période légale de protection ne peut être motivé par des faits invoqués devant l'autorité administrative et qui ont donné lieu à une décision de refus d'autorisation du licenciement. • Soc. 23 sept. 2015, n° 14-10.648 P : *D. 2015. Actu. 1958 ; Dr. soc. 2015. 1031, note Mouly ; JS Lamy 2015, n° 397-5, obs. Bonnet.*

12. Maintien du salaire. Les dispositions relatives au licenciement des salariés investis de fonctions représentatives instituent au profit de ces salariés, et dans l'intérêt de l'ensemble des travailleurs qu'ils représentent, une protection exceptionnelle et exorbitante de droit commun qui interdit à l'employeur de rompre le contrat de travail sans respecter le dispositif destiné à garantir cette protection ; il en résulte qu'en cas de suspension de permis de conduire nécessaire à l'exercice de ses fonctions, l'employeur est tenu, non seulement de conserver le salarié dans l'entreprise, mais aussi de le rémunérer jusqu'à l'obtention de l'autorisation de licenciement délivrée par l'inspecteur du travail. • Soc. 2 déc. 2009 : *Dr. ouvrier 2010. 221, Avis Duplat, obs. Waquet ; JS Lamy 2010, n° 269-3* • 2 déc. 2009 : *Dr. ouvrier 2010. 217, Avis Duplat, obs. Waquet ; RJS 2010. 158, n° 203 ; JS Lamy 2010, n° 269-3.* ♦ V. aussi s'agissant d'un refus d'une modification de contrat de travail fautif. • Soc. 12 janv. 2016, n° 13-26.318 P : *Dalloz actualité, 18 févr. 2016, obs. Siro ; D. 2016. Actu. 261 ; RDT 2016. 349, obs. Véricel ; JCPS 2016. 1077, obs. Morand.*

II. AUTRES MODES DE RUPTURE DU CONTRAT DE TRAVAIL

13. Autres modes de rupture du contrat de travail. La protection exceptionnelle et exorbitante du droit commun dont bénéficie le délégué syndical exclut que l'employeur puisse poursuivre par la voie judiciaire la résiliation de son contrat de travail. • Cass., ass. plén., 28 janv. 1983, n° 80-93.511 P : *D. 1983. 269, concl. Cabannes ; D. 1984. IR 254, obs. Langlois ; Dr. soc. 1984. 511, note Couvrat et Massé ; Gaz. Pal. 1983. 1. 262, note Doucet.* – V. déjà • Cass., ch. mixte, 21 juin 1974 : *GADT, 4e éd., n° 151 ; D. 1974. 593, concl. Touffait ; Dr. soc. 1974. 454.* ♦ La solution est toutefois différente lorsque la résiliation judiciaire est demandée par le salarié protégé lui-même. • Soc. 16 mars 2005 : *D. 2005. IR 915, obs. Chevrier ; JS Lamy 2005, n° 165-3.* ♦ V. antérieurement : • Soc. 18 juin 1996 : *cité note 35 ss. art. L. 1231-1.*

14. Résiliation judiciaire. Lorsqu'un licenciement a été notifié à la suite d'une autorisation administrative de licenciement accordée à l'employeur, le juge judiciaire ne peut, sans violer le principe de la séparation des pouvoirs, se prononcer sur une demande de résiliation judiciaire formée par le salarié même si sa saisine était antérieure à la rupture. S'il reste compétent pour allouer des dommages-intérêts au salarié au titre des fautes commises par l'employeur pendant la période antérieure au licenciement, il ne peut faire droit à une telle demande lorsque les manquements invoqués par le salarié ont nécessairement été pris en considération par l'autorité administrative dans le cadre de la procédure d'autorisation. • Soc. 29 sept. 2010 : *Dalloz actualité, 20 oct. 2010, obs. Ines ; D. 2010. AJ 2370 ; RDT 2010. 660, obs. Serverin et Grumbach ; RJS 2010. 855, n° 958 ; Dr. soc. 2010. 1265, obs. Struillou ; JCP S 2010. 1502, obs. Kerbouc'h.* ♦ Le salarié protégé licencié après qu'il a demandé au juge la résiliation de son contrat de travail et dont l'autorisation administrative a été annulée ne peut obtenir l'indemnité pour violation du statut protecteur résultant du prononcé de la résiliation judiciaire. • Soc. 6 avr. 2016, n° 14-13.484 : *Dalloz actualité, 9 mai 2016, obs. Cortot ; D. 2016. Actu. 843.*

15. Mise à la retraite. La mise à la retraite d'un salarié protégé doit être autorisée par l'inspecteur du travail. A défaut, la rupture du contrat de travail s'analyse en un licenciement nul et le salarié, qui ne demande pas la poursuite de son contrat illégalement rompu, a le droit d'obtenir non seulement les indemnités de rupture mais aussi une indemnité réparant l'intégralité du préjudice résultant du caractère illicite du licenciement et au moins égale à celle prévue par l'art. L. 122-14-4 [L. 1235-3 nouv.]. • Soc. 27 oct. 2004, n° 01-45.902 P : *JS Lamy 2004, n° 156-4.*

16. Rupture en période d'essai. L'employeur doit saisir l'inspecteur du travail avant de rompre le contrat de travail d'un conseiller du salarié au cours de la période d'essai. • Soc. 26 oct. 2005 : *D. 2006. 115, note Mouly.* ♦ Cette solution s'applique immédiatement, la sécurité juridique et le principe de prééminence du droit invoqués sur le fondement du droit à un procès équitable prévu par l'art. 6.1 Conv. EDH ne consacrant aucun droit acquis à une jurisprudence immuable dont l'évolution relève de l'office du juge dans l'application du droit. • Soc. 22 sept. 2010 : *Dalloz actualité, 12 oct. 2010, obs. Siro ; Dr. soc. 2010. 1150, note Radé ; Sem. soc. Lamy 2010, n° 1461, p. 9, obs. Champeaux.*

17. Accord de rupture amiable. Même solution s'agissant de l'accord de rupture amiable, de surcroît lorsque l'employeur a imposé cet accord au salarié protégé et ainsi tenté de s'affranchir du cadre légal et des formalités assurant la protection du salarié investi de mandats représentatifs. • Soc. 12 avr. 2005, n° 02-46.323 P. ♦ Ce comportement est constitutif d'un délit d'entrave. • Crim. 14 nov. 2006, n° 05-87.554.

18. Transaction. Est nulle de nullité absolue la transaction conclue avec l'employeur avant la notification du licenciement, lequel ne peut avoir lieu qu'après obtention de l'autorisation administrative. • Soc. 16 mars 2005, n° 02-45.293 P.

Art. L. 2411-2 Bénéficient également de la protection contre le licenciement prévue par le présent chapitre, le délégué syndical, le délégué du personnel, le membre du comité d'entreprise, le représentant du personnel au comité d'hygiène, de sécurité et des conditions de travail, institués par convention ou accord collectif de travail.

En application de l'art. L. 231-4-4° CRPA, et par exception à l'application du délai de deux mois prévu à l'art. L. 231-1 de ce même code, le silence gardé par l'administration pendant deux mois vaut décision de rejet pour une demande d'autorisation de rupture de contrat de travail des salariés bénéficiant de la protection prévue par le chapitre Ier du titre Ier du livre IV de la deuxième partie du code du travail (Décr. n° 2014-1291 du 23 oct. 2014, art. 1er).

SECTION II **LICENCIEMENT D'UN DÉLÉGUÉ SYNDICAL OU D'UN SALARIÉ MANDATÉ**

SOUS-SECTION 1 **DÉLÉGUÉ ET ANCIEN DÉLÉGUÉ SYNDICAL**

Art. L. 2411-3 Le licenciement d'un délégué syndical ne peut intervenir qu'après autorisation de l'inspecteur du travail.

Cette autorisation est également requise pour le licenciement de l'ancien délégué syndical, durant les douze mois suivant la date de cessation de ses fonctions, s'il a exercé ces dernières pendant au moins un an.

Elle est également requise lorsque la lettre du syndicat notifiant à l'employeur la désignation du délégué syndical a été reçue par l'employeur ou lorsque le salarié a fait la preuve que l'employeur a eu connaissance de l'imminence de sa désignation comme délégué syndical, avant que le salarié ait été convoqué à l'entretien préalable au licenciement. — *[Anc. art. L. 412-18, al. 1er, phrase 1, et al. 4.]* — *V. art. L. 2431-1 (pén.).*

Renonciation au mandat syndical. En application des art. 2003 et 2007 C. civ. régissant la rupture du contrat de mandat, un délégué syndical peut mettre fin à son mandat, de manière anticipée, par démission ou renonciation en informant l'organisation syndicale qui l'a désigné ; le mandat ne peut pas être considéré comme ayant pris fin par la seule information de l'employeur et le statut protecteur qui y est attaché demeure applicable. • Soc. 6 avr. 2016 : *Dalloz actualité, 2 mai 2016, obs. Roussel ; D. 2016. Actu. 843 ; RDT 2016. 480, note Frossard ; RJS 6/2016, n° 437 ; JCP S 2016. 1209, note Gauriau.*

SOUS-SECTION 2 **SALARIÉ ET ANCIEN SALARIÉ MANDATÉ**

Art. L. 2411-4 Le licenciement d'un salarié mandaté au titre de l'article *(L. n° 2008-789 du 20 août 2008, art. 9)* « **L. 2232-24** » ne peut intervenir qu'après autorisation de l'inspecteur du travail.

Cette autorisation est également requise dès que l'employeur a connaissance de l'imminence de sa désignation.

Il en est de même pour le licenciement d'un ancien salarié mandaté durant les douze mois suivant la date à laquelle son mandat a pris fin. Dans ce cas, lorsque aucun accord n'a été conclu à l'issue de la négociation au titre de laquelle le salarié a été mandaté, le délai de protection court à compter de la date de la fin de cette négociation, matérialisée par un procès-verbal de désaccord. — *[Anc. art. L. 132-26, III, al. 6 et 7.]*

1. Principe. Un salarié mandaté en vue de négocier un accord RTT (loi Aubry I) bénéficie de la protection spéciale pendant une période de 12 mois après la fin de son mandat ; cette période court à compter de la signature de l'accord ou, à défaut, de la fin du mandat ou de la négociation ; si aucune négociation n'a eu lieu, il appartient à l'employeur de faire constater la caducité du mandat pour que la période complémentaire de protection de 12 mois commence à courir. • Soc. 30 nov. 2004, n° 02-40.437 P : *JS Lamy 2005, n° 160-5.* ♦ Dès lors que le licenciement d'un salarié mandaté est notifié après la promulgation de la loi du 19 janv. 2000, la durée de la protection de ce salarié est de 12 mois et non de 6, à compter de la fin du mandat ; lorsque le salarié est également mandaté pour le suivi de l'accord, cette période de 12 mois commence à courir à compter du terme du mandat de suivi et non à partir de la date de signature de l'accord. • Soc. 28 mars 2006 : *RJS 2006. 511, n° 742 ; Dr. soc. 2007. 564, note Petit ; JS Lamy 2006, n° 188-6.* ♦ L'annulation d'un mandat donné dans le cadre des dispositions de la loi du 13 juin 1998 n'ayant pas d'effet rétroactif sur le statut protecteur prévu par ce texte, il en résulte que la perte de la qualité de salarié protégé n'intervient qu'à la date à laquelle le jugement d'annulation est prononcé. • Soc. 21 févr. 2007 : *RJS 2007. 448, n° 609 ; JS Lamy 2007, n° 208-3* • 28 févr. 2007 : *D. 2007. AJ*

802 ; RDT 2007. 465, obs. Grévy ; RJS 2007. 448, n° 409.

2. Mandat exprès. Il résulte de l'al. 4 de l'art. 19-VI de la L. n° 2000-37 du 19 janv. 2000 que le mandat de suivi d'un accord de réduction du temps de travail qu'un syndicat peut, le cas échéant, confier à un salarié mandaté ne se confond pas avec le mandat de négociation ; il doit être exprès pour ouvrir droit à la période de protection de 12 mois à compter de la fin du mandat de suivi prévue par l'al. 9 de ce texte. • Soc. 28 mars 2006, n° 04-45.695 P : *D. 2006. IR 1064 ; JS Lamy 2006, n° 188-6.* ♦ ... A défaut, la période de protection de 12 mois court à compter de la date de la signature de l'accord. • Soc. 7 nov. 2006 : *D. 2006. IR 2946 .*

3. Indemnisation. Le délégué syndical irrégulièrement licencié a droit, peu important l'ancienneté du mandat, à une indemnité correspondant à 12 mois de salaires à compter de son éviction. • Soc. 1er oct. 2003 : *RJS 2003. 987, n° 1416.*

♦ Le salarié protégé, dont le contrat est rompu par une mise à la retraite sans autorisation de l'inspection du travail, a droit, s'il ne demande pas la poursuite de son contrat de travail, à une indemnité égale au montant des salaires qu'il aurait perçus depuis la date de son éviction jusqu'à la fin de la période de protection, soit 12 mois à compter de son éviction. • Soc. 27 oct. 2004, n° 01-45.902 P : *RJS 2005. 53, n° 58 ; JS Lamy 2004, n° 156-4* • 6 avr. 2005, n° 03-43.629 P • 12 juill. 2006, n° 04-48.351. ♦ Seul le salarié qui présente sa demande d'indemnisation avant la fin de sa période de protection peut prétendre à une indemnité forfaitaire égale au montant des salaires qu'il aurait dû percevoir jusqu'à la fin de ladite période. • Soc. 11 juin 2013 : *Dalloz actualité, 4 juill. 2013, obs. Fleuriot ; D. 2013. Actu. 1555 ; RDT 2013. 573, obs. Grévy ; JCP S 2013. 1388, obs. Barège ; JS Lamy 2013, n° 348-4, obs. Tourreil.*

SECTION III LICENCIEMENT D'UN DÉLÉGUÉ DU PERSONNEL

SOUS-SECTION 1 DÉLÉGUÉ ET ANCIEN DÉLÉGUÉ DU PERSONNEL

Art. L. 2411-5 Le licenciement d'un délégué du personnel, titulaire ou suppléant, ne peut intervenir qu'après autorisation de l'inspecteur du travail.

Cette autorisation est également requise durant les six premiers mois suivant l'expiration du mandat de délégué du personnel ou de la disparition de l'institution. – *[Anc. art. L. 425-1, al. 2, phrase 1 et al. 4.] – V. art. L. 2432-1 (pén.).*

1. Annulation rétroactive d'une UES. L'annulation d'un jugement reconnaissant l'existence d'une unité économique et sociale ne fait perdre aux salariés élus leur qualité de membre de l'institution représentative mise en place dans ce cadre qu'à compter du jour où elle est prononcée ; ces salariés bénéficient, à partir de cette date, du délai de protection de six mois prévu à l'art. L. 2411-5, al. 2. • Soc. 2 déc. 2008 : *D. 2009. AJ 24 ; RJS 2009. 159, n° 192 ; JS Lamy 2009, n° 252-6 ; JCP S 2009. 1099, obs. Dumont.*

2. Refus d'examen d'une demande d'autorisation de licenciement. Le refus de l'inspecteur du travail d'examiner la demande d'autorisation de licenciement au motif que l'intéressé ne bénéficiait pas de la protection légale prévue pour les délégués du personnel constitue une décision administrative qui s'impose au juge judiciaire ; ce dernier est tenu de surseoir à statuer lorsque la légalité de la décision est contestée. • Soc. 19 mai 2016, n° 14-26.662 P : *D. 2016. Actu. 1142 ; RJS 8-9/2016, n° 576 ; JCP S 2016. 1266, obs. Dauxerre.*

3. Indemnité pour violation du statut protecteur. Le délégué du personnel qui ne demande pas la poursuite de son contrat de travail a droit à une indemnité pour violation du statut protecteur égale à la rémunération qu'il aurait perçue depuis son éviction jusqu'à l'expiration de la période de protection, dans la limite de deux ans, durée minimale légale de son mandat, augmentée de six mois. • Soc. 15 avr. 2015, nos 13-24.182 et 13-27.211 : *Dalloz actualité, 26 mai 2015, obs. Siro ; D. 2015. Actu. 926 ; JS Lamy 2015, n° 389-5, obs. Pacotte et Bernardeschi ; RJS 7/2015, n° 504* • 14 oct. 2015, n° 14-12.193 P : *D. 2015. Actu. 2131 ; RJS 1/2016, n° 47.*

SOUS-SECTION 2 SALARIÉ AYANT DEMANDÉ L'ORGANISATION DES ÉLECTIONS

Art. L. 2411-6 L'autorisation de licenciement est requise, pendant une durée de six mois, pour le salarié ayant demandé à l'employeur d'organiser les élections de délégués du personnel ou d'accepter d'organiser ces élections. Cette durée court à compter de l'envoi à l'employeur de la lettre recommandée par laquelle une organisation syndicale a, la première, demandé ou accepté qu'il soit procédé à des élections.

Cette protection ne bénéficie qu'à un seul salarié par organisation syndicale ainsi qu'au premier salarié, non mandaté par une organisation syndicale, qui a demandé l'organisation des élections. – *[Anc. art. L. 425-1, al. 8 et 9.] – V. art. L. 2432-1 (pén.).*

Bonne foi. Le salarié doit bénéficier du statut protecteur s'il a pu se méprendre sur la nécessité d'organiser des élections et lorsqu'une organisation syndicale intervient aux mêmes fins. • Soc. 13 oct. 2010 : *Dalloz actualité, 9 nov. 2010, obs. Siro ; D. 2010. AJ 2586 ; RJS 2010. 853, n° 956 ; Dr. soc. 2011. 111, obs. Petit ; JCP S 2011. 1158, obs. Kerbouc'h.*

SOUS-SECTION 3 CANDIDAT AUX FONCTIONS DE DÉLÉGUÉ DU PERSONNEL

Art. L. 2411-7 L'autorisation de licenciement est requise pendant six mois pour le candidat, au premier ou au deuxième tour, aux fonctions de délégué du personnel, à partir de la publication des candidatures. La durée de six mois court à partir de l'envoi par lettre recommandée de la candidature à l'employeur.

Cette autorisation est également requise lorsque la lettre du syndicat notifiant à l'employeur la candidature aux fonctions de délégué du personnel a été reçue par l'employeur ou lorsque le salarié a fait la preuve que l'employeur a eu connaissance de l'imminence de sa candidature avant que le candidat ait été convoqué à l'entretien préalable au licenciement. – *[Anc. art. L. 425-1, al. 5 et 7.] – V. art. L. 2432-1 (pén.).*

1. Connaissance par l'employeur de la candidature. Dès lors que l'employeur engage la procédure de licenciement avant d'avoir connaissance d'une candidature ou de son imminence, le salarié, même s'il est ultérieurement élu, ne bénéficie pas au titre de la procédure en cours du statut protecteur. • Soc. 28 janv. 2009 : *RJS 2009. 318, n° 377 ; JCP S 2009. 1193, obs. Kerbouc'h ; JS Lamy 2009, n° 250-4 ; Sem. soc. Lamy 2009, n° 1390, p. 13.* ♦ En cas de licenciement consécutif à un refus d'une sanction disciplinaire ayant elle-même donné lieu à un premier entretien préalable, c'est au jour de l'entretien préalable suivi du licenciement qu'il faut se placer pour apprécier la connaissance par l'employeur de la candidature. • Soc. 13 mai 2014 : *Dalloz actualité, 30 mai 2014, obs. Dechristé ; RJS 2014. 475, n° 578 ; D. 2014. Actu. 1157 .* ♦ Si la procédure de licenciement ne nécessite pas d'entretien préalable, l'employeur doit requérir l'autorisation administrative de licencier un salarié candidat aux élections professionnelles lorsqu'il a été informé de cette candidature avant la date d'envoi de la lettre de licenciement. • Soc. 6 avr. 2016, n° 14-12.724 P : *Dalloz actualité, 3 mai 2016, obs. Cortot ; D. 2016. Actu. 843 ; RJS 6/2016, n° 438 ; JCP S 2016. 1233, obs. Kerbourc'h.*

2. Retrait ultérieur de la candidature. L'autorisation de licenciement est requise pendant six mois pour le candidat au premier ou au second tour des élections aux fonctions de délégué du personnel à compter de l'envoi à l'employeur de la lettre du syndicat lui notifiant cette candidature, sans que son retrait ultérieur de la liste à l'occasion du report des élections n'ait d'incidence sur cette protection. • Soc. 26 sept. 2012 : *Dalloz actualité, 18 oct. 2012, obs. Fleuriot ; RJS 2012. 820, n° 968 ; JS Lamy 2012, n° 331-4, obs. Tourreil ; JCP S 2012. 1487, obs. Boulmier.*

SECTION IV LICENCIEMENT D'UN MEMBRE DU COMITÉ D'ENTREPRISE

SOUS-SECTION 1 MEMBRE ET ANCIEN MEMBRE DU COMITÉ D'ENTREPRISE

Art. L. 2411-8 Le licenciement d'un membre élu du comité d'entreprise, titulaire ou suppléant, ou d'un représentant syndical au comité d'entreprise, ne peut intervenir qu'après autorisation de l'inspecteur du travail.

L'ancien membre élu du comité d'entreprise ainsi que l'ancien représentant syndical qui, désigné depuis deux ans, n'est pas reconduit dans ses fonctions lors du renouvellement du comité, bénéficient également de cette protection pendant les six premiers mois suivant l'expiration de leur mandat ou la disparition de l'institution. – *[Anc. art. L. 436-1, al. 2, phrase 1 et al. 3, phrase 1.] – V. art. L. 2433-1 (pén.).*

I. CONDITIONS DE LA PROTECTION

1. Date d'appréciation. La qualité de salarié protégé s'apprécie à la date à laquelle se prononce l'autorité administrative. • CE 14 janv. 1994 : *RJS 1994. 282, n° 436.* ♦ Le salarié protégé ne peut être licencié au terme de la période de protection en raison de faits commis pendant cette période qui auraient dû être soumis à l'inspecteur du travail. • Soc. 23 nov. 2004, n° 01-46.234 P : *D. 2005. IR 13 ; RJS 2005. 172, n° 172.*

2. Élection annulée. Le jugement annulant l'élection du comité d'entreprise a pour effet de priver à compter de sa date les salariés dont l'élection est annulée de leur qualité de membres du comité. • CE 21 déc. 1994 : *D. 1996. Somm. 226, obs. Chelle et Prétot ; RJS 1995. 183, n° 260.* ♦ L'annulation des élections ne prive pas les candidats de la protection prévue par l'art. L. 425-1, al. 7 [L. 2411-7 nouv.]. • Soc. 11 mai 1999, n° 97-40.765 P : *D. 1999. IR 155 ; RJS 1999. 506, n° 828 ; D. 1999. IR 155 ; JS Lamy,* *nº 38-7.* ♦ Ceux-ci bénéficient, à compter de la même date, de la protection prévue en faveur des anciens membres. • CE 11 janv. 1995 : *Lebon 20*.

3. Fin du mandat. La protection cesse au terme du mandat de représentant de personnel ; peu importe qu'il ait été convoqué à des réunions de représentant du personnel. • Soc. 12 oct. 2004, nº 02-47.048 P : *Dr. soc. 2005. 112, obs. Verdier* ; *RJS 2005. 53, nº 57.* ♦ Aucune disposition ne permet de proroger le délai de protection qui court à l'expiration du mandat à l'égard d'un représentant ayant bénéficié d'un congé parental et dont le mandat est expiré pendant son congé. • Crim. 25 juin 1985 : *Bull. crim. nº 248.*

4. Principe. La protection n'est acquise qu'au délégué syndical régulièrement désigné. • Soc. 20 mai 1981 : *Bull. civ. V, nº 435* • CE 12 mai 1982 : *Lebon T. 766 ; D. 1982. IR 454.*

5. Preuve de la fraude. Sur les conditions permettant de retenir le caractère frauduleux d'une désignation, V. • Soc. 3 oct. 1984 : *D. 1985. IR 458, obs. Verdier* • 10 juill. 1984 : *eod. loc.* • 23 févr. 1994 : *Dr. soc. 1994. 518* ; *RJS 1994. 281, nº 435.* ♦ L'appréciation du caractère frauduleux relève du pouvoir souverain des juges du fond. • Soc. 23 mai 1984 : *Bull. civ. V, nº 223* • 5 juin 1984 : *ibid., nº 233.*

6. Sanction. La désignation d'un délégué syndical postérieure à l'entretien préalable n'est pas nulle et ne fait pas obstacle à une procédure de licenciement déjà engagée. • Soc. 15 mars 1984 : *JS UIMM 1984. 396.* ♦ Comp. : la désignation d'un salarié comme membre du CHSCT intervenue postérieurement à sa convocation à l'entretien préalable au licenciement ne peut justifier le bénéfice de la protection spéciale applicable aux représentants du personnel. • Soc. 3 avr. 2001, nº 99-40.190 P : *RJS 2001. 527, nº 763.*

7. Imminence de la désignation. La protection ne peut être accordée lorsque la lettre de convocation à l'entretien préalable de licenciement a été remise au salarié avant que la désignation ait été portée à la connaissance de l'employeur. • Soc. 18 nov. 1998, nº 96-42.810 P : *RJS 1999. 53, nº 69* (le salarié ne soutenant pas que l'employeur avait connaissance de l'imminence de sa désignation) • 1er mars 2005 : *RJS 2005. 371, nº 531.*

8. Annulation de la désignation. Un représentant au comité d'établissement ne peut bénéficier de la procédure spéciale de licenciement si, lors de l'envoi de la lettre de licenciement, sa désignation s'est trouvée rétroactivement anéantie par l'effet de l'annulation prononcée par le tribunal d'instance. • Soc. 3 déc. 2002, nº 99-44.583 P : *RJS 2003. 144, nº 215.*

9. Délégués conventionnels. Sur l'application du statut protecteur aux délégués mis en place conventionnellement, V. • CE 31 oct. 1980 : *D. 1981. IR 268, obs. Pélissier ; Dr. soc. 1981. 158, concl. M.-A. Latournerie.*

10. Sanctions pénales. Les institutions représentatives du personnel créées par voie conventionnelle doivent être de même nature que celles prévues par le code du travail pour que leurs membres puissent bénéficier de la procédure protectrice. • Soc. 20 févr. 1991, nº 89-42.288 P : *D. 1991. IR 73 ; CSB 1991. 76, S. 48 ; RJS 1991. 256, nº 484* • Crim. 4 avr. 1991 : *D. 1991. IR 156 ; RJS 1991. 325, nº 614 a, 2e esp. ; JCP E 1991. II. 213, note Godard* • Soc. 19 juin 1991 : *D. 1991. IR 186* • Soc. 1er déc. 1993 : *D. 1994. Somm. 300, obs. Verdier* ; *Dr. soc. 1994. 286 ; RJS 1994. 54, nº 52* • CE 29 déc. 1995 : *RJS 1996. 177, nº 298* • 12 juill. 2006 : *D. 2006. IR 2124* ; *RJS 2006. 809, nº 1094 ; JS Lamy 2006, nº 196-6* (membre d'un comité interétablissements chargé des œuvres sociales). ♦ N'ont pas la qualité de délégué du personnel le salarié élu pour préparer un cahier de revendications. • Soc. 13 juin 1990, nº 87-40.833 P : *D. 1990. IR 183.* ♦ ... Ni le secrétaire du CHSCT qui n'en est pas membre. • Soc. 25 janv. 1994, nº 92-40.139 P : *RJS 1994. 194, nº 275.*

11. Sanctions civiles. Lorsque l'institution représentative n'a pas été instituée par une convention ou un accord collectif étendu, en vertu d'une disposition expresse dans une matière déterminée, la méconnaissance des dispositions conventionnelles, si elle peut donner lieu à des recours civils, n'est susceptible de recevoir aucune qualification pénale. • Crim. 4 avr. 1991 (trois arrêts) : *D. 1991. IR 156 ; JCP E 1991. II. 213, note Godard ; RJS 1991. 325, nº 614 a.*

II. ÉTENDUE DE LA PROTECTION

A. RUPTURE À L'INITIATIVE DE L'EMPLOYEUR

1º LICENCIEMENT

12. Faute lourde. Les formalités protectrices doivent être respectées même en cas de faute lourde. • Soc. 19 févr. 1981 : *Bull. civ. V, nº 145.*

13. Inaptitude médicale. Commet le délit d'entrave l'employeur qui licencie un salarié protégé devenu physiquement inapte à son emploi, sans respecter la procédure protectrice. • Crim. 3 févr. 1981 : *JS UIMM 1981. 255 ; D. 1981. IR 425, obs. Langlois.* ♦ L'employeur a l'obligation de maintenir le salarié dans l'entreprise dans l'attente de la décision administrative. • Soc. 4 mai 1994, nº 92-40.738 P : *D. 1994. IR 152 ; Dr. soc. 1994. 714* ; *RJS 1994. 441, nº 726.* – V. aussi • Crim. 28 avr. 1981 : *D. 1982. IR 78, obs. Pélissier ; Dr. ouvrier 1982. 313, note Bonnechère* • CE 11 juill. 1986 : *Dr. soc. 1987. 620, concl. Guillaume.* ♦ Sur le cumul des procédures protectrices prévues en faveur des accidentés du travail et en faveur des représentants du personnel, V. • Soc. 7 juin 1995, nº 91-45.005 P : *RJS 1995.*

596, n° 909 ; CSB 1995. 259, A. 48 ; JCP 1996. I. 3901, n° 20, obs. Dubœuf.

14. *Motif économique.* Sur leur application en cas de licenciement économique, V. • Soc. 25 janv. 1979 : *Bull. civ. V, n° 82 ; Dr. soc. 1979. 427, obs. Savatier* • 12 févr. 1991 : *D. 1991. IR 79* ♦ .... Ou en cas de chômage partiel : • CE 13 nov. 1987, *Fonderies et aciéries électriques : Lebon 369 ; D. 1989. Somm. 141, obs. Chelle et Prétot ; Dr. soc. 1988. 190, concl. Robineau ; JCP 1988. II. 21013, note Moderne.*

15. Dès lors que l'inspecteur du travail a autorisé la rupture pour motif économique, il importe peu que cette rupture du contrat de travail du salarié protégé soit formalisée par un licenciement ou un départ négocié. • Soc. 27 mars 2007 : *D. 2007. AJ 1142, obs. Fabre ; RJS 2007. 560, n° 760 ; JS Lamy 2007, n° 212-2.* ♦ La saisine de l'inspecteur du travail ne peut valoir décision de licencier, celle-ci ne résultant que de sa notification aux salariés ; le juge tenu de se prononcer sur des éléments contemporains du licenciement doit se placer à cette date pour apprécier le motif économique et les possibilités de reclassement. • Soc. 30 mars 2010 : *D. 2010. Actu. 1026 ; RDT 2010. 372, obs. Géa ; Dalloz actualité, 28 avr. 2010, obs. Perrin ; JS Lamy 2010. 1260, obs. Kerbouc'h ; RJS 2010. 463, n° 533.*

16. *Liquidation judiciaire.* Le licenciement d'un représentant après le jugement de liquidation judiciaire ne peut se faire sans le respect du statut protecteur. • Soc. 9 oct. 1991, n° 89-44.106 P : *D. 1992. Somm. 287, obs. A. Lyon-Caen ; JCP E 1992. II. 256, note Taquet ; RJS 1991. 648, n° 1220* • Crim. 15 oct. 1991 : *Bull. crim. n° 349 ; D. 1992. Somm. 287, obs. A. Lyon-Caen ; RJS 1992. 49, n° 54.* ♦ Sur les licenciements opérés par un syndic, V. aussi • Soc. 25 janv. 1979 : *D. 1979. IR 305, obs. Derrida* • Crim. 30 janv. 1990 : *RJS 1990. 166, n° 232* • 26 juin 1991 : *JCP E 1992. II. 274, note Serret* • Soc. 5 mai 1993, n° 92-40.835 P : *RJS 1993. 370, n° 639* (licenciement du représentant des salariés).

17. *Portée de l'autorisation administrative de licenciement.* Est nul, faute d'autorisation administrative, le licenciement prononcé pour faute grave alors que l'autorisation a été demandée et accordée pour un motif économique tiré de la fermeture d'un établissement. • Soc. 11 juin 2002, n° 00-41.073 P : *RJS 2002. 766, n° 1001 ; CSB 2002. 378, A. 48.*

18. Est abusif le licenciement prononcé à l'expiration de la période de protection pour des motifs identiques à ceux qui avaient été invoqués sans succès devant l'inspecteur du travail. • Soc. 19 déc. 1990 : *D. 1991. IR 24* • 13 oct. 1993 : *RJS 1993. 660, n° 1118* • 26 janv. 1994, n° 92-41.978 P : *D. 1994. IR 64 ; Dr. soc. 1994. 389* , 1re esp., *obs. Waquet ; RJS 1994. 194, n° 274 ; CSB 1994. 79, A. 17.*

19. *Force majeure.* L'inobservation des formalités protectrices ne peut être invoquée en cas de force majeure. L'opposition d'un certain nombre de salariés à la réintégration d'un représentant n'est pas de nature à caractériser l'existence d'un tel cas. • Crim. 23 févr. 1973 : *Bull. crim. n° 111.*

20. *Étranger en situation irrégulière.* L'inobservation des formalités protectrices ne peut être invoquée par un salarié étranger dont l'autorisation provisoire de travail n'a pas été renouvelée. • Soc. 10 oct. 1990 : *D. 1990. IR 241.*

2° AUTRES MODES DE RUPTURE

21. *Principe d'une protection exceptionnelle et exorbitante du droit commun.* Les dispositions législatives relatives au licenciement des salariés investis de fonctions représentatives ont institué au profit de tels salariés et dans l'intérêt de l'ensemble des travailleurs qu'ils représentent une protection exceptionnelle et exorbitante du droit commun qui interdit par suite à l'employeur de poursuivre par d'autres moyens la résiliation du contrat de travail. • Cass., ch. mixte, 21 juin 1974 : *GADT, 4e éd., n° 151 ; D. 1974. 593, concl. Touffait ; Dr. soc. 1974. 454* • Cass., ass. plén., 28 janv. 1983 : *D. 1983. 269, concl. Cabannes ; D. 1984. IR 254, obs. Langlois ; Dr. soc. 1984. 511, note Couvrat et Massé* (décision affirmant qu'en exerçant l'action en résiliation judiciaire, l'employeur commet le délit d'entrave).

22. *Règles conventionnelles.* Les stipulations d'une convention collective ne sauraient faire obstacle aux dispositions d'ordre public assurant la protection des salariés. • Crim. 26 nov. 1996 : *Bull. crim. n° 428 ; RJS 1997. 204, n° 304.*

23. Impossibilité pour l'employeur de poursuivre la résolution judiciaire du contrat de travail du salarié protégé. • Cass., ch. mixte, 21 juin 1974 : *préc. note 21.*

24. *Cessation de l'entreprise.* Même en cas de cessation totale de l'entreprise, le licenciement d'un salarié protégé doit être soumis à autorisation administrative. • Soc. 1er avr. 1992, n° 88-42.981 P : *D. 1992. IR 154 ; JCP E 1992. II. 352, note Serret ; Dr. soc. 1992. 481 ; RJS 1992. 356, n° 638* • 10 janv. 1995, n° 93-42.020 P : *D. 1995. IR 95 ; Dr. soc. 1995. 196 ; RJS 1995. 111, n° 138 ; JCP E 1996. II. 781, note Lachaise ; ibid. 1995. I. 499, n° 4, obs. Coursier.*

25. *Mise à la retraite.* Même en cas de mise à la retraite régulière, la rupture du contrat d'un salarié protégé doit être autorisée par l'inspection du travail. • Soc. 5 mars 1996, n° 92-42.490 P : *Dr. soc. 1996. 537, obs. Cohen ; JCP 1996. II. 22631, note Corrignan-Carsin ; JCP E 1996. I. 597, n° 19, obs. Chevillard ; RJS 1996. 254, n° 422 ; CSB 1996. 143, A. 33* • 27 oct. 2004, n° 01-45.902 P : *RJS 2005. 53, n° 58 ; JS Lamy 2004, n° 156-4.* ♦ La circonstance que la mise en disponibilité du salarié précédant son départ à la retraite à 60 ans ait été prévue au contrat ne dispense pas l'employeur, en présence d'un refus du salarié, représentant du personnel, d'accepter cette mesure, d'obtenir une autorisation de l'inspecteur du travail de rompre le contrat. • Soc. 14 nov. 2000, ⚖ n° 99-43.270 P : *RJS 2001. 40, n° 65.* ♦ Sur la jurisprudence antérieure à la loi du 30 juill. 1987, V. notamment • Soc. 7 janv. 1988 : *Bull. civ. V, n° 8 ; D. 1988. IR 18 ; JCP E 1988. II. 15131, n° 30, obs. Teyssié* (affirmant qu'une disposition conventionnelle ne peut priver un salarié de son statut protecteur). – V. égal. • Soc. 26 oct. 1977 : *Bull. civ. V, n° 567 ; JCP 1978. II. 19011, note Karaquillo* • Crim. 2 févr. 1982 : *Bull. crim. n° 38* • Soc. 27 févr. 1985 : *Bull. civ. V, n° 125.*

26. Dispositif de préretraite. L'adhésion du salarié investi d'un mandat représentatif à un dispositif de préretraite mis en place par l'employeur dans le cadre d'un plan de réduction d'effectifs ne dispense pas ce dernier de son obligation d'obtenir l'autorisation de l'administration du travail avant la rupture du contrat de travail. • Soc. 6 juill. 2011 : ⚖ *D. 2011. Actu. 2048* ✐.

3° MODIFICATION DU CONTRAT ET CHANGEMENT DANS LES CONDITIONS DE TRAVAIL

27. Intangibilité absolue. Aucune modification de son contrat ou de ses conditions de travail ne pouvant être imposée à un salarié protégé, il appartient à l'employeur, en cas de refus du salarié, d'engager une procédure de licenciement, sauf manifestation de volonté non équivoque du salarié de démissionner. • Soc. 30 juin 1993, ⚖ n° 89-45.479 P : *D. 1994. Somm. 299, obs. Verdier* ✐ • 18 juin 1996 : ⚖ *cité note 28* • 25 nov. 1997, ⚖ n° 94-42.727 P : *RJS 1998. 49, n° 67* • 2 mai 2001, ⚖ n° 98-44.624 P : *RJS 2001. 611, n° 889.* – Déjà dans le même sens : • Soc. 12 déc. 1990 : ⚖ *D. 1991. IR 22 ; RJS 1991. 34, n° 55 ; CSB 1991. 69, A. 21* • 23 oct. 1991 : ⚖ *D. 1991. IR 263.*

28. Ont été considérés comme des modifications affectant le contrat de travail d'un salarié protégé : la rétrogradation. • Soc. 19 févr. 1981 : *Bull. civ. V, n° 154.* ♦ ... La mise au chômage partiel. • Soc. 15 févr. 1984 : *Bull. civ. V, n° 71* • 18 févr. 1988 : *ibid., n° 121* • 29 janv. 1992 : ⚖ *ibid., n° 55* • 18 juin 1996, ⚖ n° 94-44.653 P : *Dr. soc. 1996. 979, obs. Blaise* ✐ ; *RJS 1996. 605, n° 944 ; CSB 1996. 271, A. 54, note Philbert.* (condamnation de l'employeur qui n'a pas obtenu l'autorisation de licencier à reverser la partie de salaire perdue du fait du chômage partiel). ♦ ... Le changement d'affectation traduisant un déclassement. • Soc. 21 oct. 1985 : *Bull. civ. V, n° 471.* ♦ ... La perte d'avantages antérieurs. • Crim. 1er déc. 1981 : *Dr. ouvrier 1982. 280.* ♦ ... Une mutation. • Soc. 11 juill. 1989 : *D. 1989. IR 243 ; Dr. ouvrier 1989. 485* • 29 mars 1994 : ⚖ *RJS 1994. 594, n° 1005* (mutation non pleinement justifiée). ♦ ... La rétrogradation opérée à titre disciplinaire. • Soc. 3 mars 1988 : *Bull. civ. V, n° 154 ; D. 1988. IR 74.*

29. Les dispositions légales qui assurent une protection exceptionnelle et exorbitante du droit commun à certains salariés, en raison du mandat ou des fonctions qu'ils exercent dans l'intérêt de l'ensemble des travailleurs, s'appliquent à la modification des conditions de travail du salarié à l'initiative de l'employeur pendant une période probatoire. • Soc. 30 sept. 2010 : ⚖ *D. 2010. 2437, obs. B. Ines* ✐ ; *RJS 2010. 854, n° 957 ; JS Lamy 2010, n° 287-3, obs. Lhernould ; JCP S 2010. 1501, obs. Kerbouc'h.*

30. Le maintien de la modification, malgré le refus du salarié et le refus de l'administration d'autoriser le licenciement, constitue, sauf force majeure, un trouble manifestement illicite auquel le juge des référés peut mettre fin par une mesure de remise en état. • Soc. 15 févr. 1984 : *Bull. civ. V, n° 71* • 3 févr. 1993 : ⚖ *ibid. V, n° 41 ; RJS 1993. 176, n° 291.* – Dans le même sens : • Soc. 30 avr. 1997, ⚖ n° 95-40.573 P.

31. Clauses du contrat de travail. Une clause de mobilité ne saurait prévaloir sur les dispositions protectrices prévues par la loi, et aucun changement de lieu de travail ne peut être imposé à un salarié protégé sans son accord. • Soc. 23 sept. 1992, ⚖ n° 90-45.106 P. • 4 oct. 1995 : ⚖ *Dr. soc. 1995. 1044.* – Déjà dans le même sens : • Soc. 28 mars 1989 : *Bull. civ. V, n° 258 ; D. 1989. IR 130* • 28 janv. 1988 : *Bull. civ. V, n° 81 ; D. 1988. 457, note Verdier ; JCP E 1988. II. 15235, n° 19, obs. Teyssié* • Crim. 21 févr. 1989 : *Bull. crim. n° 86 ; D. 1989. IR 143* • 29 janv. 1991 : ⚖ *RJS 1991. 256, n° 485.* ♦ Pour le cas d'indivisibilité du contrat de travail de deux époux, V. • Soc. 17 mars 1993, ⚖ n° 90-41.556 P.

32. Révocation d'un usage. Si dans le cadre de l'exécution d'un contrat individuel de travail le salarié ne peut se voir imposer aucune modification de son contrat ou de ses conditions de travail, la dénonciation régulière d'un usage portant sur les conditions de sa rémunération lui est opposable. • Soc. 1er juin 1994 (1er arrêt) : ⚖ *RJS 1994. 527, n° 879* • 1er juin 1994 (2e arrêt) : ⚖ *ibid.* ♦ L'action judiciaire entreprise par un salarié protégé à l'encontre de l'employeur à la suite de la suppression d'une prime de treizième mois versée en application d'un usage équivaut au refus d'accepter la modification substantielle du contrat de travail ; la suppression de la prime résultant des difficultés économiques, l'employeur est fondé, dès lors, à solliciter l'autorisation de licencier l'intéressé pour motif économique. • CE 23 juin 1995 : ⚖ *RJS 1995. 729, n° 1148 ; ibid. 703, chron. Chelle et Prétot.*

B. RUPTURES D'UN COMMUN ACCORD

33. Accord de rupture amiable. Ni l'employeur, à qui il est interdit de résilier le contrat de travail d'un représentant du personnel sans observer les formalités édictées en faveur de ce salarié, ni celui-ci, qui ne saurait renoncer à une protection qui lui est accordée pour l'exercice de sa mission, ne peuvent conclure un accord pour mettre fin au contrat en dehors des règles légales. • Crim. 26 nov. 1985 : *Bull. crim. n° 379 ; Juri-soc. 1986, F. 8, 35.* – Dans le même sens : • Soc. 1er juin 1994 : *Dr. soc. 1994. 783, concl. Chauvy ; RJS 1994. 528, n° 880 ; Dr. ouvrier 1994. 348, note Cohen* • 21 févr. 1996 : *Dr. soc. 1996. 640, obs. Cohen ; RJS 1996. 254, n° 421 ; CSB 1996. 137, A. 30 ; JCP E 1996. II. 871, note Serret* • Crim. 6 janv. 2004 : *Bull. crim. n° 4 ; RJS 2004. 298, n° 434.* ♦ Comp. : • Crim. 3 juin 1981 : *Juri-soc. 1981. SJ 140.*

34. Doit être annulée l'autorisation de licenciement fondée uniquement sur le souhait de l'intéressé de ne pas contester son licenciement et la difficulté de maintenir les relations contractuelles. • CE 1er févr. 1995 : *RJS 1995. 185, n° 263.* – Dans le même sens : • CE 17 oct. 1997 : *RJS 1997. 859, n° 1398.*

35. Ex-convention de conversion. L'art. L. 321-6 [L. 1233-39 et L. 1233-41 nouv.] impose le respect de la procédure protectrice en cas de rupture du contrat de travail résultant de l'acceptation par un salarié protégé du bénéfice d'une convention de conversion. • Soc. 4 avr. 1990, n° 89-42.193 P : *D. 1991. 19, concl. Graziani ; ibid. Somm. 147, obs. Frossard.* – Dans le même sens : • CE 3 mai 1993 : *AJDA 1993. 828, note Prétot ; RJS 1993. 445, n° 762.* ♦ L'adhésion à une convention de conversion n'interdit pas à un représentant du personnel de former un recours contre la décision autorisant son licenciement. • CE 10 déc. 1993 : *D. 1994. Somm. 242, obs. Chelle et Prétot ; RJS 1994. 195, n° 277.*

36. Convention d'ASFNE. La protection exceptionnelle et exorbitante du droit commun instituée par le législateur au profit des salariés investis de fonctions représentatives interdit à l'employeur de poursuivre par d'autres moyens la rupture du contrat de travail ; il en est ainsi même lorsque après un licenciement collectif pour motif économique, le salarié a adhéré à une convention signée entre l'État et l'entreprise lui assurant une allocation spéciale jusqu'au jour de sa retraite. • Soc. 8 juin 1999, n° 97-41.498 P : *D. 1999. IR 175 ; Dr. soc. 1999. 850, obs. Savatier ; RJS 1999. 578, n° 942 ; JS Lamy 1999, n° 40-2.*

C. TRANSACTIONS

37. Transaction. Lorsqu'ils ont été licenciés sans que la procédure légale ait été observée, les salariés protégés peuvent conclure avec l'employeur un accord en vue de régler les conséquences pécuniaires de la rupture du contrat ; cet accord n'interdit pas de poursuivre l'employeur pour atteinte aux fonctions des représentants du personnel, mais interdit au salarié de poursuivre l'employeur pour avoir refusé sa réintégration, mesure qui ne peut se cumuler avec la réparation et qui est nécessairement exclue par l'accord. • Crim. 4 févr. 1992 : *Bull. crim. n° 50 ; D. 1992. IR 175 ; JCP E 1993. II. 382, note Taquet ; CSB 1992. 171, A. 33 ; RJS 1992. 627, n° 1129.* – Dans le même sens : • Soc. 10 janv. 1995 : *RJS 1995. 11, n° 137* • 5 févr. 2002 : *JCP E 2002. 727, note Duquesne ; RJS 2002. 352, n° 457.*

38. Mais la protection exceptionnelle et exorbitante du droit commun des salariés investis de fonctions représentatives a été instituée, non dans le seul intérêt de ces derniers, mais dans celui de l'ensemble de ces derniers ; il en résulte qu'est atteinte d'une nullité absolue d'ordre public toute transaction conclue entre l'employeur et le salarié protégé avant la notification de son licenciement prononcé après autorisation de l'autorité administrative. • Soc. 10 juill. 2002 : *D. 2002. IR 2380 ; RJS 2002. 934, n° 1255 ; JS Lamy 2002, n° 110-2.* ♦ La signature par un représentant du personnel d'une transaction dans le cadre de ses rapports de droit privé avec l'employeur ne le rend pas irrecevable à former un recours pour excès de pouvoir dirigé contre la décision administrative autorisant son licenciement. • CE 11 mars 1994 : *RJS 1994. 444, n° 731.* ♦ La fin de non-recevoir tirée de la conclusion d'une transaction doit être écartée. • CE 2 févr. 1996 : *RJS 1996. 178, n° 299.* ♦ Sur la nullité d'une transaction, V. • Soc. 3 nov. 1994 : *Dr. ouvrier 1995. 221.*

D. RUPTURE À L'INITIATIVE DU SALARIÉ

39. Démission. L'inobservation des formalités protectrices ne peut être invoquée par un salarié démissionnaire. • Soc. 8 janv. 1981, n° 79-41.102 P.

40. Résiliation judiciaire. Impossibilité pour l'employeur de poursuivre la résolution judiciaire du contrat de travail du salarié protégé. • Cass., ch. mixte, 21 juin 1974 : *préc. note 30.* ♦ Mais si la procédure de licenciement du salarié représentant du personnel est d'ordre public, ce salarié ne peut être privé de la possibilité de poursuivre la résiliation judiciaire de son contrat de travail aux torts de l'employeur en cas de manquement, par ce dernier, à ses obligations. • Soc. 16 mars 2005, n° 03-40.251 P : *RDC 2005. 763, note Radé ; Dr. soc. 2005. 861, chron. Mouly.* ♦ V. antérieurement : • Soc. 18 juin 1996 : *préc. note 28.*

41. Prise d'acte de la rupture. Lorsqu'un salarié titulaire d'un mandat électif ou de représentation prend acte de la rupture de son contrat de travail en raison de faits qu'il reproche à son employeur, cette rupture produit, soit les effets d'un licenciement nul pour violation du statut protecteur lorsque les faits invoqués par le salarié la justifiaient, soit, dans le cas contraire, les effets d'une démission. • Soc. 5 juill. 2006 : *D. 2006. Pan. 182, obs. Berthier ; ibid. 2007. 54, note Mouly ; Dr. soc. 2006. 815, chron. Ray.* ♦ Le salarié peut prétendre à une indemnité pour violation du statut protecteur égale aux salaires qu'il aurait dû percevoir jusqu'à la fin de la période de protection en cours, quand bien même l'administration du travail, saisie antérieurement à la prise d'acte du salarié, a autorisé le licenciement prononcé ultérieurement à cette prise d'acte. • Soc. 12 nov. 2015, n° 14-16.369 P : *D. 2015. Actu. 2383 ; Dr. soc. 2016. 89, obs. Mouly ; RJS 1/2016, n° 44.*

SOUS-SECTION 2 SALARIÉ AYANT DEMANDÉ L'ORGANISATION DES ÉLECTIONS

Art. L. 2411-9 L'autorisation de licenciement est requise pour le salarié ayant demandé à l'employeur d'organiser les élections au comité d'entreprise ou d'accepter d'organiser ces élections, pendant une durée de six mois, qui court à compter de l'envoi à l'employeur de la lettre recommandée par laquelle une organisation syndicale a, la première, demandé ou accepté qu'il soit procédé à des élections.

Cette protection ne bénéficie qu'à un seul salarié par organisation syndicale ainsi qu'au premier salarié, non mandaté par une organisation syndicale, qui a demandé l'organisation des élections. — *[Anc. art. L. 231-2-1, II, al. 5.] — V. art. L. 2433-1 (pén.).*

1. Demande d'organisation des élections et imminence de la candidature. La seule demande d'organisation des élections peut faire présumer une candidature imminente et reconnaître au salarié la qualité de salarié protégé. • Soc. 16 mars 2005 : *JS Lamy 2005. 9.*

2. Point de départ de la protection. La protection de six mois bénéficiant au salarié qui a demandé à l'employeur d'organiser les élections pour mettre en place l'institution des délégués du personnel lui est acquise à compter de l'envoi de la lettre recommandée par laquelle l'organisation syndicale intervient aux mêmes fins ; la date à laquelle la mise en place de l'institution est obligatoire est sans incidence sur cette protection dès lors que le délai entre la demande du syndicat tendant à l'organisation des élections et le jour où l'institution doit être mise en place est raisonnable. • Soc. 25 janv. 2006 : *D. 2006. IR 393 ; RJS 2006. 317, n° 470* • Crim. 10 déc. 1985 : *Bull. crim. n° 396 ; D. 1986. IR 389, obs. Frossard* • 30 mars 1993 : *D. 1994. Somm. 298, obs. Verdier ; RJS 1993. 365, n° 633 ; CSB 1993. 185, S. 100.* – V. aussi • Soc. 22 nov. 1988 : *Bull. civ. V, n° 614 ; D. 1989. Somm. 163, obs. Frossard* • CE 5 nov. 1993 : *D. 1994. Somm. 298, obs. Verdier ; RJS 1994. 126, n° 162 ; JCP E 1993. Pan. 1361.* ♦ La demande d'organisation d'élections formulée par un salarié ne lui confère pas le statut de salarié protégé si un syndicat a déjà présenté une demande aux mêmes fins. • Soc. 28 oct. 1996, n° 94-45.426 P : *RJS 1996. 827, n° 1285 ; Dr. ouvrier 1997. 255, note F. S.*

3. Le salarié, qui, en qualité de délégué syndical, a demandé à l'employeur l'organisation des élections des délégués du personnel, bénéficie des dispositions protectrices de l'art. L. 425-1 [L. 2411-8 nouv.] ; il importe peu que sa désignation antérieure en qualité de délégué syndical ait été par la suite annulée. • Soc. 24 mai 2006 : *JCP S 2006. 1647, note Kerbouc'h.*

4. Prolongement de la protection. Le fait pour un salarié de bénéficier de la protection résultant de l'art. L. 425-1, al. 8 [L. 2411-8 nouv.], due aux salariés qui ont pris l'initiative de demander l'organisation d'élections, ne le prive pas par la suite de la protection due à compter de sa candidature. • Crim. 18 nov. 1997 : *Bull. crim. n° 391 ; RJS 1998. 119, n° 182.* ♦ Le bénéfice de la protection prévue par l'art. L. 425-1, al. 8 [L. 2411-8 nouv.], est reconnu dès lors qu'un inspecteur du travail a refusé d'autoriser le licenciement ; la juridiction des référés ne peut par la suite se déclarer incompétente. • Soc. 26 juin 2001, n° 99-41.019 P : *RJS 2001. 788, n° 1158 ; TPS 2001, n° 367.*

5. Caractère tardif de la demande. N'entre pas dans les prévisions de l'art. L. 425-1 [L. 2411-8 nouv.] la demande émanant d'un salarié qui avait appris qu'il allait être licencié et formulée quelques semaines après que l'employeur eut vainement tenté d'organiser des élections. • CE 19 juill. 1991 : *RJS 1991. 581, n° 1110.* ♦ V. égal., sur l'étendue du contrôle du juge : • CE 19 juill. 1991 : *RJS 1991. 583, n° 1114.*

SOUS-SECTION 3 CANDIDAT AUX FONCTIONS DE MEMBRE DU COMITÉ D'ENTREPRISE

Art. L. 2411-10 L'autorisation de licenciement est requise pour le candidat aux fonctions de membre élu du comité d'entreprise, au premier ou au deuxième tour, pendant les six mois suivant l'envoi des listes de candidatures à l'employeur.

Cette autorisation est également requise lorsque la lettre du syndicat notifiant à l'employeur la candidature aux fonctions de membre élu du comité d'entreprise ou de

représentant syndical au comité d'entreprise a été reçue par l'employeur ou lorsque le salarié a fait la preuve que l'employeur a eu connaissance de l'imminence de sa candidature avant que le candidat ait été convoqué à l'entretien préalable au licenciement. – *[Anc. art. L. 436-1, al. 3, phrase 2, et al. 4.]* – *V. art. L. 2433-1 (pén.).*

1. Candidature. Un salarié élu représentant du personnel bénéficie nécessairement de la protection accordée au candidat depuis la date de sa candidature, et il appartient à l'employeur qui lui conteste le bénéfice de cette protection d'établir que la convocation à l'entretien préalable a précédé la formalisation de la candidature dont le chef d'entreprise est, en qualité d'organisateur des élections, destinataire et qu'il lui appartient d'enregistrer. • Soc. 12 juill. 2006 : *Dr. soc. 2006. 1067, obs. Couturier ; RJS 2006. 887, n° 1201.* ♦ La protection bénéficie aux candidats au premier comme au second tour. • Soc. 18 nov. 1992, n° 88-44.905 P : *D. 1993. Somm. 263, obs. Frossard ; RJS 1992. 757, n° 1399* (candidature au second tour connue avant le premier tour). ♦ Elle bénéficie à un salarié candidat individuel avant l'organisation du premier tour, peu important que pour ce tour les syndicats aient le monopole des candidatures. • Crim. 3 déc. 1996 : *Bull. crim. n° 444 ; RJS 1997. 115, n° 170 ; TPS 1997, n° 80, obs. Teyssié.* ♦ Si, en principe, la procédure protectrice ne peut recevoir application avant qu'il ait été procédé à la répartition du personnel entre les collèges et des sièges entre les catégories et à la présentation régulière des candidatures, il n'en va pas de même lorsque les élections sont retardées par une opposition injustifiée de l'employeur. • Soc. 3 déc. 1987 : *Bull. civ. V, n° 704.* ♦ La candidature même non frauduleuse dont l'employeur a eu connaissance le jour de l'entretien préalable n'a pu avoir d'effet que jusqu'au terme du contrat qui était survenu avant la date des élections. • Soc. 17 mars 1983 : *Bull. civ. V, n° 177.*

2. Candidature imminente. Fait une exacte application de la loi la cour d'appel qui énonce que, si un salarié ne peut être considéré comme candidat avant que l'accord électoral ne fixe les modalités des élections, le nombre des sièges à pourvoir ainsi que la répartition de ces sièges entre les différents collèges, en revanche la connaissance par l'employeur de l'imminence de la candidature lui impose le respect des formalités protectrices. • Crim. 21 juin 1988 : *Bull. crim. n° 283 ; D. 1989. Somm. 161, obs. Frossard.* ♦ Dans le même sens : • Soc. 23 mai 1984 : *Bull. civ. V, n° 223* • 17 oct. 1989 : *ibid., n° 596* • 4 juill. 1990 : *ibid., n° 348 ; D. 1990. IR 183 ; RJS 1990. 531, n° 788* (l'imminence de la candidature peut résulter de l'annonce faite par un salarié au cours d'un entretien avec l'employeur portant sur les modalités des futures élections) • 15 mai 2002 : *RJS 2002. 652, n° 856.* ♦ L'employeur avait connaissance de l'imminence de la candidature lorsqu'il a illicitement reporté les élections dont la date avait été fixée par le protocole préélectoral. • Soc. 7 juill. 1999 : *JS Lamy 1999, n° 44-28.* ♦ Le caractère imminent de la candidature n'est pas subordonné à la conclusion préalable d'un protocole préélectoral. • Soc. 20 nov. 1991, n° 88-42.554 P : *JCP E 1992. II. 286, note Pariente ; D. 1991. IR 290.* ♦ La notification de la candidature à l'employeur, antérieurement à l'accord préélectoral, est de nature à établir la connaissance par celui-ci de l'imminence de la candidature. • Crim. 18 nov. 1997 : *Bull. crim. n° 391 ; RJS 1998. 119, n° 182.* ♦ L'appréciation du caractère imminent d'une candidature relève du pouvoir souverain des juges du fond. • Soc. 12 juill. 1994, n° 92-41.411 P : *D. 1995. Somm. 356, obs. Frossard ; RJS 1994. 597, n° 1009.* ♦ Il revient au salarié qui se prétend protégé d'apporter la preuve que son employeur était informé de l'imminence de sa candidature aux fonctions de délégué du personnel lorsque la procédure de licenciement a été engagée. • CE 5 juill. 2006 : *JCP S 2006. 1698, note Kerbouc'h.* ♦ Toutefois, la connaissance par l'employeur de l'imminence de la candidature d'un salarié n'est de nature à le faire bénéficier de la protection que jusqu'au dépôt de sa candidature pour le second tour. • Soc. 21 déc. 2006 : *D. 2007. AJ 227 ; RJS 2006. 257, n° 357.*

3. Candidature frauduleuse. Présente un caractère frauduleux la candidature d'un salarié qui tend à assurer sa protection individuelle. • Soc. 24 nov. 1983 : *Bull. civ. V, n° 578.* ♦ Le caractère frauduleux d'une candidature ne peut être apprécié par l'employeur. • Crim. 22 oct. 1991 : *CSB 1992. 59, obs. Philbert ; Dr. pénal 1992. Comm. 48, obs. J.-H. Robert.* ♦ Il relève du pouvoir souverain d'appréciation des juges du fond. • Soc. 12 juill. 1994, n° 92-41.411 P : *D. 1995. Somm. 356, obs. Frossard ; RJS 1994. 597, n° 1009.* ♦ Une candidature ne saurait être frauduleuse lorsque l'intéressé a eu une activité en faveur de l'ensemble du personnel antérieurement à sa candidature, peu important que l'employeur n'en ait pas eu connaissance. • Soc. 14 mai 1997, n° 96-60.213 P : *D. 1997. 479, note Verdier ; Dr. soc. 1997. 753, obs. Couturier ; RJS 1997. 460, n° 709.*

4. Candidats non élus. Seule la notification à l'employeur de la liste des candidatures postérieurement à la signature du protocole d'accord préélectoral ouvre la période de protection des anciens candidats à l'élection. • Soc. 22 mars 1995 : *RJS 1995. 352, n° 529.* ♦ A défaut d'une telle notification, un candidat à l'élection des délégués du personnel ne saurait, en tout état de cause, bénéficier de la protection plus de six mois après l'élection. • CE 25 avr. 1994 : *RJS 1994. 440, n° 724.* ♦ Le retrait de candidature avant les élections ne met pas fin à la protection du salarié. • Soc. 11 mars 1971 : *Bull. civ. V, n° 198.*

5. Candidat licencié irrégulièrement avant son élection. Le salarié candidat aux élections, licencié sans autorisation administrative avant le scrutin, est protégé au moment de son licenciement ; le licenciement étant irrégulier, la protection s'est poursuivie pendant l'exercice du mandat dont il a été privé par la décision illégale de l'employeur. • Soc. 30 juin 2004, n° 01-43.821 P : *D. 2004. IR 2474* ; *RJS 2004. 734, n° 1069.*

SECTION V LICENCIEMENT D'UN MEMBRE DU GROUPE SPÉCIAL DE NÉGOCIATION OU D'UN MEMBRE DU COMITÉ D'ENTREPRISE EUROPÉEN

Art. L. 2411-11 Le licenciement d'un membre du groupe spécial de négociation ou d'un membre du comité d'entreprise européen ne peut intervenir qu'après autorisation de l'inspecteur du travail. – *[Anc. art. L. 439-23, al. 1.] – V. art. L. 2434-1 (pén.).*

Indemnisation du salarié. Le salarié membre du comité d'entreprise européen licencié par son employeur sans autorisation administrative et qui ne demande pas sa réintégration a le droit d'obtenir, d'une part, au titre de la méconnaissance du statut protecteur, le montant de la rémunération qu'il aurait dû percevoir entre son éviction et l'expiration de la période de protection, dans la limite de la durée de protection accordée aux membres du comité d'entreprise par l'art. L. 436-1 C. trav. [L. 2411-8 nouv.], d'autre part, outre ses indemnités de rupture, une indemnité réparant l'intégralité du préjudice résultant du caractère illicite du licenciement et au moins égale à celle prévue par l'art. L. 122-14-4 [L. 1235-2 nouv.]. • Soc. 16 mars 2005, n° 02-45.077 P : *D. 2005. IR 1048* ; *RJS 2005. 461, n° 651.*

SECTION VI LICENCIEMENT D'UN MEMBRE DU GROUPE SPÉCIAL DE NÉGOCIATION, D'UN REPRÉSENTANT AU COMITÉ DE LA SOCIÉTÉ EUROPÉENNE, D'UN REPRÉSENTANT AU COMITÉ DE LA SOCIÉTÉ COOPÉRATIVE EUROPÉENNE OU D'UN REPRÉSENTANT AU COMITÉ DE LA SOCIÉTÉ ISSUE D'UNE FUSION TRANSFRONTALIÈRE *(L. n° 2008-649 du 3 juill. 2008).*

Art. L. 2411-12 Le licenciement d'un membre du groupe spécial de négociation *(L. n° 2008-89 du 30 janv. 2008)* « , d'un représentant au comité de la société européenne *(L. n° 2008-649 du 3 juill. 2008)* « , d'un représentant au comité de la société coopérative européenne ou d'un représentant au comité de la société issue d'une fusion transfrontalière » ne peut intervenir qu'après autorisation de l'inspecteur du travail. – *[Anc. art. L. 439-47, al. 1.] – V. art. L. 2434-1 (pén.).*

SECTION VII LICENCIEMENT D'UN REPRÉSENTANT DU PERSONNEL AU COMITÉ D'HYGIÈNE, DE SÉCURITÉ ET DES CONDITIONS DE TRAVAIL

Art. L. 2411-13 Le licenciement d'un représentant du personnel au comité d'hygiène, de sécurité et des conditions de travail ne peut intervenir qu'après autorisation de l'inspecteur du travail.

Cette autorisation est également requise pour le salarié ayant siégé en qualité de représentant du personnel dans ce comité, pendant les six premiers mois suivant l'expiration de son mandat ou la disparition de l'institution. – *[Anc. art. L. 236-11.]*

1. Institutions conventionnelles. Pour bénéficier du statut protecteur réservé aux représentants du personnel et au syndicat, les institutions représentatives du personnel créées par voie conventionnelle doivent être de même nature que celles prévues par le code du travail. Tel n'est pas le cas de représentants syndicaux au CHSCT dont l'existence n'est pas prévue par la loi. • Soc. 20 févr. 1991, n° 89-42.288 P : *D. 1991. IR 73 ; RJS 1991. 256, n° 484.* ♦ Dans le même sens : • Crim. 4 avr. 1991 : *D. 1991. IR 156 ; JCP E 1991. II. 213, note Godard ; CSB 1991. 155, A. 36 ; RJS 1991. 325, n° 614 a, 2e esp.* (représentant syndical à un comité interentreprises d'hygiène et de sécurité).

2. Protection des candidats. Les candidats aux fonctions de membre du CHSCT bénéficient de la protection prévue au bénéfice des candidats aux élections professionnelles. • Soc. 30 avr. 2003, n° 00-46.787 P : *D. 2003. IR 1407* ; *RJS 2003. 603, n° 910.*

3. Secrétaire. Un salarié, désigné comme secrétaire du CHSCT, alors qu'il ne fait pas partie des membres de la délégation du personnel siégeant à ce comité, ne bénéficie pas de la procédure spéciale protectrice instituée par l'art. L. 236-11 [L. 2411-13 nouv.]. • Soc. 18 mai 2005 : *RJS 2005. 626, n° 867 ; JCP S 2005. 1037, note Césaro.*

4. Étendue de la protection. Toute mutation de poste ou de fonction imposée contre son gré à un membre du CHSCT est de nature à caractériser l'élément matériel d'une atteinte à ses prérogatives statutaires, à moins que l'employeur n'apporte la preuve de sa pleine justification. • Soc. 4 janv. 1990 : *RJS 1990. 158, n° 215.*

5. Refus d'autorisation de licenciement délivré après l'expiration de la période de protection. Lorsque la période de protection légale a pris fin avant que l'inspecteur du travail ne rende sa décision, l'employeur retrouve le droit de licencier le salarié sans autorisation de l'autorité administrative. • Soc. 6 janv. 2016, n° 14-12.717 P : *Dalloz actualité, 25 janv. 2016, obs. Fraisse ; Dr. soc. 2016. 294, obs. Mouly ; RJS 3/1206, n° 193 ; JCP S 2016. 1088, obs. Kerbourc'h.*

SECTION VIII **LICENCIEMENT D'UN REPRÉSENTANT DU PERSONNEL D'UNE ENTREPRISE EXTÉRIEURE AU COMITÉ D'HYGIÈNE, DE SÉCURITÉ ET DES CONDITIONS DE TRAVAIL**

Art. L. 2411-14 Le licenciement d'un représentant du personnel d'une entreprise extérieure désigné au comité d'hygiène, de sécurité et des conditions de travail d'un établissement comprenant au moins une installation classée figurant sur la liste prévue *(L. n° 2013-619 du 16 juill. 2013, art. 11-V)* « à l'article L. 515-36 » du code de l'environnement ou mentionnée à *(Ord. n° 2011-91 du 20 janv. 2011)* « l'article L. 211-2 du code minier » ne peut intervenir qu'après autorisation de l'inspecteur du travail.

Cette autorisation est également requise pour le salarié ayant siégé en qualité de représentant du personnel dans ce comité pendant les six premiers mois suivant l'expiration de son mandat ou la disparition de l'institution.

SECTION IX **LICENCIEMENT D'UN SALARIÉ MEMBRE D'UNE COMMISSION PARITAIRE D'HYGIÈNE, DE SÉCURITÉ ET DES CONDITIONS DE TRAVAIL EN AGRICULTURE**

Art. L. 2411-15 Le licenciement d'un salarié membre d'une commission paritaire d'hygiène, de sécurité et des conditions de travail en agriculture ne peut intervenir qu'après autorisation de l'inspecteur du travail.

Cette autorisation est également requise pour le salarié ayant siégé en qualité de représentant du personnel dans cette commission, pendant les six premiers mois suivant l'expiration de son mandat ou la disparition de l'institution. — *[Anc. art. L. 231-2-1, II, al. 5.]*

SECTION X **LICENCIEMENT DE SALARIÉS TITULAIRES D'AUTRES MANDATS DE REPRÉSENTATION**

SOUS-SECTION 1 **REPRÉSENTANT DES SALARIÉS EN CAS DE SAUVEGARDE, DE REDRESSEMENT OU DE LIQUIDATION JUDICIAIRES DES ENTREPRISES**

Art. L. 2411-16 La procédure d'autorisation de licenciement d'un représentant des salariés en cas de sauvegarde, de redressement ou de liquidation judiciaire et le délai au terme duquel sa protection cesse sont prévus par l'article L. 662-4 du code de commerce.

La protection dont bénéficie le représentant des salariés cesse au terme de la dernière audition ou consultation précédant l'adoption d'un plan de redressement ; dès lors que les sommes versées par l'AGS ont été reversées aux salariés et qu'un plan de continuation a été adopté, la rupture du contrat de travail du représentant des salariés n'a pas à être soumise à autorisation préalable. • Soc. 30 janv. 2013 : *D. 2013. Actu. 371 ; RJS 4/2013, n° 310 ; JCP S 2013. 1150, note François.*

SOUS-SECTION 2 **REPRÉSENTANT DES SALARIÉS AU CONSEIL D'ADMINISTRATION OU DE SURVEILLANCE DES ENTREPRISES** *(L. n° 2013-504 du 14 juin 2013, art. 9-VI).*

Art. L. 2411-17 Le licenciement d'un représentant des salariés au conseil d'administration ou de surveillance des entreprises du secteur public *(L. n° 2013-504 du 14 juin 2013, art. 9-VI)* « , des sociétés anonymes et des sociétés en commandite par actions » ne peut intervenir qu'après autorisation de l'inspecteur du travail.

Cette autorisation est également requise pour :

1° L'ancien représentant des salariés pendant les six premiers mois suivant la cessation de son mandat ;

2° Le candidat et l'ancien candidat à l'élection comme représentant des salariés pendant les trois mois suivant le dépôt des candidatures. – *[Anc. art. 29, al. 2 début et al. 8, L. n° 83-675 du 26 juill. 1983.] – V. art. L. 2435-1 (pén.).*

SOUS-SECTION 3 SALARIÉ MEMBRE DU CONSEIL OU ADMINISTRATEUR D'UNE CAISSE DE SÉCURITÉ SOCIALE

Art. L. 2411-18 Conformément à l'article L. 231-11 du code de la sécurité sociale, la procédure d'autorisation de licenciement et les périodes et durées de protection du salarié membre du conseil ou administrateur d'une caisse de sécurité sociale sont celles applicables au délégué syndical, prévues par l'article L. 2411-3.

V. note 1 ss. art. L. 2411-1.

SOUS-SECTION 4 SALARIÉ MEMBRE DU CONSEIL D'ADMINISTRATION D'UNE MUTUELLE, UNION OU FÉDÉRATION

Art. L. 2411-19 La procédure d'autorisation de licenciement et les périodes et durées de protection du salarié membre du conseil d'administration d'une mutuelle, union ou fédération sont prévues à l'article L. 114-24 du code de la mutualité.

SOUS-SECTION 5 REPRÉSENTANT DES SALARIÉS DANS UNE CHAMBRE D'AGRICULTURE

Art. L. 2411-20 Conformément à l'article L. 515-4 du code rural et de la pêche maritime, la procédure d'autorisation de licenciement et les périodes et durées de protection du représentant des salariés dans une chambre d'agriculture sont celles applicables au délégué syndical, prévues par l'article L. 2411-3.

SECTION XI LICENCIEMENT DU CONSEILLER DU SALARIÉ

Art. L. 2411-21 Le licenciement du conseiller du salarié chargé d'assister un salarié dans les conditions prévues à l'article L. 1232-4 ne peut intervenir qu'après autorisation de l'inspecteur du travail. – *[Anc. art. L. 122-14-16, al. 2.] – V. art. L. 2436-1 (pén.).*

L'exercice des fonctions de conseiller du salarié étant subordonné à l'inscription du salarié par l'autorité administrative sur la liste prévue par le 2ᵉ al. de l'art. L. 1232-4, l'employeur est tenu de solliciter une autorisation administrative de licenciement dès lors qu'il a connaissance de cette inscription avant l'envoi de la lettre de licenciement, peu important qu'elle n'ait pas encore été publiée. • Soc. 5 mai 2009 : ☎ *Dr. soc. 2010. 174, note Verdier* ✎ *; JCP S 2009. 1310, obs. Boulmier.*

SECTION XII LICENCIEMENT DU CONSEILLER PRUD'HOMME

Art. L. 2411-22 Le licenciement du conseiller prud'homme ne peut intervenir qu'après autorisation de l'inspecteur du travail.

Cette autorisation est également requise pour :

1° Le conseiller prud'homme ayant cessé ses fonctions depuis moins de six mois ;

2° Le salarié candidat aux fonctions de conseiller prud'homme dès que l'employeur a reçu notification de la candidature du salarié ou lorsque le salarié fait la preuve que l'employeur a eu connaissance de l'imminence de sa candidature, et *(Ord. n° 2016-388 du 31 mars 2016, art. 2, en vigueur le 1ᵉʳ févr. 2017)* « pendant une durée de trois mois à compter de la nomination des conseillers prud'hommes » par l'autorité administrative. Le bénéfice de cette protection ne peut être invoqué que par le candidat dont le nom figure sur la liste déposée. – *[Anc. art. L. 514-2, al. 2.] – V. art. L. 2437-1 (pén.).*

1. Constitutionnalité de la protection des salariés titulaires d'un mandat extérieur à l'entreprise. En accordant une protection contre le licenciement à ces salariés, le législateur entend préserver leur indépendance dans l'exercice de leur mandat ; ces dispositions ne portent pas une atteinte disproportionnée à la liberté d'entreprendre et à la liberté contractuelle : mais les intéressés ne peuvent pas se prévaloir de la protection s'ils n'ont pas informé l'employeur de la détention d'un tel mandat au plus tard lors de l'entretien préalable au licenciement. • Cons. const. 14 mai 2012 : *Dalloz actualité, 27 sept. 2012, obs. Siro ; D. 2012. Actu. 1340 ; RJS 2012. 520, obs. Struillou ; JCP S 2012. 1311, obs. Boulmier* • Soc., 14 sept. 2012 QPC : *Dalloz actualité, 27 sept. 2012, obs. Siro ; RJS 2012. 760, n° 883.* ♦ Le salarié, titulaire d'un mandat extérieur à l'entreprise visé par l'art. L. 2411-1 C. trav., ne peut se prévaloir de la protection que si, au plus tard lors de l'entretien préalable au licenciement, ou, s'il s'agit d'une rupture ne nécessitant pas un entretien préalable, au plus tard avant la notification de l'acte de rupture, il a informé l'employeur de l'existence de ce mandat ou s'il rapporte la preuve que l'employeur en avait alors connaissance. • Soc. 14 sept. 2012 : *Dalloz actualité, 27 sept. 2012, obs. Siro* • 30 juin 2016, n° 15-12.982 P : *Dalloz actualité, 29 juill. 2016 ; D. 2016. Actu. 1502 ; Sem. soc. Lamy 2016, n° 735, p. 12, obs. Champeaux.* ♦ De même s'agissant du défaut d'information de l'employeur du renouvellement du mandat de conseiller prud'homal même si celui-ci était informé du mandat initial. • Soc. 30 sept. 2015, n° 14-17.748 P : *Dalloz actualité, 15 oct. 2015, obs. Doutreleau ; RDT 2016. 42, obs. Moizard ; Dr. soc. 2015. 1038, note Mouly ; D. 2016. Pan. 814, obs. Porta ; RJS 12/2015, n° 780 ; JCP S 2015. 1434, obs. Turpin.*

2. *Information de l'employeur.* La seule poursuite du contrat de travail par application de l'art. L. 1224-1 n'a pas pour effet de mettre le nouvel employeur en situation de connaître l'existence d'une protection dont bénéficie un salarié en raison d'un mandat extérieur à l'entreprise ; il appartient au salarié qui se prévaut d'une telle protection d'établir qu'il a informé le nouvel employeur de l'existence de ce mandat au plus tard lors de l'entretien préalable au licenciement, ou, s'il s'agit d'une rupture ne nécessitant pas un entretien préalable, au plus tard avant la notification de l'acte de rupture, ou que le nouvel employeur en avait connaissance. • Soc. 15 avr. 2015, n° 13-25.283 : *D. 2015. Actu. 928 ; Dr. soc. 2015. 561, note Mouly ; JS Lamy 2015, n° 389-3 ; Sem. soc. Lamy 2015, n° 1673, p. 11, obs. Champeaux ; RJS 6/2015, n° 390.*

3. *Point de départ de la protection.* La protection du conseiller prud'homme court à compter de la proclamation des résultats des élections le lendemain du jour du scrutin prévue par l'art. D. 1441-162 C. trav., indépendamment de la publication au recueil des actes administratifs de la préfecture du département prévue par l'art. D. 1441-164. • Soc. 22 sept. 2010 : *Dalloz actualité, 12 oct. 2010, obs. Siro ; D. 2010. AJ 2233 ; RJS 2010. 870, n° 981 ; JS Lamy 2010, n° 287-6, obs. Tourreil ; Sem. soc. Lamy 2010, n° 1461, p. 9, obs. Champeaux ; JCP S 2010. 1474, obs. Lahalle.*

4. *Démission.* Le licenciement du salarié ayant cessé ses fonctions de conseiller prud'homme depuis moins de 6 mois est soumis à l'autorisation de l'inspecteur du travail ; en cas de démission du conseiller prud'homme, le délai durant lequel l'autorisation de l'inspecteur du travail doit être sollicitée commence à courir du jour où la démission a acquis un caractère définitif, au sens de l'art. D. 1442-17, un mois après l'expédition de la lettre du salarié informant de sa décision le président du conseil des prud'hommes et le procureur de la République, dès lors que les dispositions relatives aux conseillers prud'hommes, d'ordre public, ont été instaurées en vue d'assurer la permanence de l'institution. • Soc. 6 mai 2008 : *Bull. crim. n° 106 ; RSC 2009. 391, note Cerf-Hollender ; AJ pénal 2008. 375, obs. Lasserre Capdeville.*

5. *Annulation de l'élection.* En cas de contentieux sur la régularité de l'élection d'un conseiller prud'hommes, la date de cessation des fonctions du conseiller marquant le début de la période de prolongation de six mois de la protection est celle de la décision de justice définitive d'annulation. • Soc. 16 mars 2010 : *D. 2010. AJ 832 ; RJS 6/2010, n° 545 ; JS Lamy 2010, n° 276-6 ; JCP S 2010. 1293, obs. Lahalle ; Dalloz actualité, 12 avr. 2010, obs. Ines.*

6. *Rupture en période d'essai.* Les dispositions légales qui assurent une protection exceptionnelle et exorbitante du droit commun à certains salariés, en raison du mandat ou des fonctions qu'ils exercent dans l'intérêt de l'ensemble des travailleurs, s'appliquent à la rupture du contrat de travail à l'initiative de l'employeur pendant la période d'essai. • Soc. 22 sept. 2010 : *préc. note 3.*

7. *Indemnisation de la violation du statut protecteur du conseiller prud'homme.* L'indemnisation due à un conseiller prud'homme, ayant obtenu la résiliation judiciaire de son contrat de travail aux torts de l'employeur, est égale à la rémunération qu'il aurait dû percevoir depuis la date de la prise d'effet de la résiliation jusqu'à l'expiration de la période de protection résultant du mandat en cours à la date de la demande, dans la limite d'une durée de deux ans augmentée de six mois. • Soc. 3 févr. 2016, n° 14-17.000 P : *Dalloz actualité, 1er mars 2016, obs. Fraisse ; D. 2016. Actu. 383 ; RJS 4/2016, n° 243 ; JCP S 2016. 1165, note Gauriau.*

SECTION XIII **LICENCIEMENT D'UN ASSESSEUR MARITIME**

(Ord. n° 2012-1218 du 2 nov. 2012, art. 3, en vigueur le 1er janv. 2015)

Art. L. 2411-23 Le licenciement d'un assesseur maritime ne peut intervenir qu'après autorisation de l'inspecteur du travail.

Cette autorisation est également requise pour :

1° L'assesseur maritime ayant cessé ses fonctions depuis moins de six mois ;

2° Le salarié candidat aux fonctions d'assesseur maritime dès que l'employeur a reçu notification par l'autorité administrative de la candidature du salarié ou lorsque le salarié fait la preuve que l'employeur a eu connaissance de l'imminence de sa candidature, et pendant une durée de six mois après établissement de la liste des assesseurs maritimes mentionnée à l'article 7 de la loi du 19 décembre 1926 relative à la répression en matière maritime. Le bénéfice de cette protection ne peut être invoqué que par le candidat qui a déposé sa candidature auprès de l'autorité administrative.

Les dispositions issues de l'Ord. n° 2012-1218 du 2 nov. 2012 entrent en vigueur selon des modalités fixées par décret et au plus tard le 1er janv. 2015 (Ord. préc., art. 21).

SECTION XIV **LICENCIEMENT DU DÉFENSEUR SYNDICAL**

(L. n° 2015-990 du 6 août 2015, art. 258-II, en vigueur au plus tard le 1er août 2016)

Art. L. 2411-24 **Le licenciement du défenseur syndical ne peut intervenir qu'après autorisation de l'inspecteur du travail.**

SECTION XV **LICENCIEMENT D'UN SALARIÉ MEMBRE DE LA COMMISSION PARITAIRE RÉGIONALE INTERPROFESSIONNELLE**

(L. n° 2015-994 du 17 août 2015, art. 1er, en vigueur le 1er janv. 2016)

Art. L. 2411-25 **Le licenciement du salarié membre de la commission paritaire régionale interprofessionnelle mentionnée à l'article L. 23-111-1 ne peut intervenir qu'après autorisation de l'inspecteur du travail.**

Cette autorisation est également requise pour le licenciement du salarié figurant sur la propagande électorale, pendant une durée de six mois à compter de la notification prévue à l'article L. 23-112-2, et pour le licenciement du salarié ayant siégé dans cette commission, pendant une durée de six mois à compter de l'expiration de son mandat.

Cette autorisation est également requise dès que l'employeur a connaissance de l'imminence de la désignation du salarié sur la propagande électorale.

CHAPITRE II **PROTECTION EN CAS DE RUPTURE D'UN CONTRAT DE TRAVAIL À DURÉE DÉTERMINÉE**

SECTION PREMIÈRE **CHAMP D'APPLICATION**

RÉP. TRAV. v° *Représentants du personnel (Protection)*, par CHELLE et PRÉTOT.

Art. L. 2412-1 **Bénéficie de la protection en cas de rupture d'un contrat à durée déterminée prévue par le présent chapitre le salarié investi de l'un des mandats suivants :**

1° Délégué syndical ;

2° Délégué du personnel ;

3° Membre élu du comité d'entreprise ;

4° Représentant syndical au comité d'entreprise ;

5° Membre du groupe spécial de négociation et membre du comité d'entreprise européen ;

6° Membre du groupe spécial de négociation et représentant au comité de la société européenne ;

(L. n° 2008-649 du 3 juill. 2008) **« 6° *bis* Membre du groupe spécial de négociation et représentant au comité de la société coopérative européenne ;**

« 6° *ter* Membre du groupe spécial de négociation et représentant au comité de la société issue de la fusion transfrontalière ; »

7° Représentant du personnel au comité d'hygiène et de sécurité des conditions de travail ;

8° Représentant du personnel d'une entreprise extérieure, désigné au comité d'hygiène, de sécurité et des conditions de travail d'un établissement comprenant au moins une installation classée figurant sur la liste prévue *(L. n° 2013-619 du 16 juill. 2013, art. 11-V, en vigueur le 1er juin 2015)* **« à l'article L. 515-36 » du code de l'envi-**

ronnement ou mentionnée à *(Ord. n° 2011-91 du 20 janv. 2011)* **« l'article L. 211-2 du code minier » ;**

9° Membre d'une commission paritaire d'hygiène, de sécurité et des conditions de travail en agriculture prévue à l'article L. 717-7 du code rural et de la pêche maritime ;

10° Salarié mandaté dans les conditions prévues à l'article *(L. n° 2008-789 du 20 août 2008, art. 9)* **« L. 2232-24 », dans les entreprises dépourvues de délégué syndical ;**

11° Membre du conseil ou administrateur d'une caisse de sécurité sociale mentionné à l'article L. 231-11 du code de la sécurité sociale ;

12° Représentant des salariés dans une chambre d'agriculture, mentionné à l'article L. 515-1 du code rural et de la pêche maritime ;

13° Conseiller prud'homme ;

(Ord. n° 2012-1218 du 2 nov. 2012, art. 3) **« 14° Assesseur maritime mentionné à l'article 7 de la loi du 17 décembre 1926 relative à la répression en matière maritime ; »**

(L. n° 2015-990 du 6 août 2015, art. 258-II, en vigueur au plus tard le 1er août 2016) **« 15° Défenseur syndical mentionné à l'article L. 1453-4 ; »**

(L. n° 2015-994 du 17 août 2015, art. 1er, en vigueur le 1er janv. 2016) **« 16° Membre de la commission mentionnée à l'article L. 23-111-1. »**

En application de l'art. L. 231-4-4° CRPA, et par exception à l'application du délai de deux mois prévu à l'art. L. 231-1 du même code, le silence gardé par l'administration pendant deux mois vaut décision de rejet pour une demande d'autorisation de fin d'un contrat à durée déterminée des salariés bénéficiant de la protection prévue par le chapitre II du titre Ier du livre IV de la deuxième partie C. trav. (Décr. n° 2014-1291 du 23 oct. 2014, art. 1er).

1. Terme du CDD. Lorsque le salarié, membre du comité d'entreprise, est titulaire d'un contrat à durée déterminée, l'arrivée du terme du contrat n'entraîne la cessation du lien contractuel qu'après saisine de l'inspecteur du travail conformément à l'art. L. 436-1 [L. 2411-8 nouv.] ; cette obligation s'impose à l'employeur quelle que soit la durée du contrat. • Soc. 11 déc. 2001, n° 99-43.799 P : *D. 2002. IR 254 ; RJS 2002. 164, n° 199.*

2. Absence de terme précis. Lorsqu'un contrat à durée déterminée, conclu en vue de remplacer un salarié absent, ne comporte pas un terme précis, ce contrat doit être regardé comme étant arrivé à son terme, par réalisation de son objet, au cas où l'emploi occupé par le titulaire de ce contrat vient à être supprimé pour un motif économique, alors même que le salarié remplacé n'aurait pas été licencié ; par suite, la cessation, dans ce cas, du lien contractuel entre l'employeur et le salarié protégé est soumise aux seules prescriptions de l'art. L. 436-2, al. 2 [L. 2421-8 nouv.], qui n'impose pas la consultation du comité d'entreprise. • CE 6 oct. 1997 : *RJS 1997. 861, n° 1403 ; TPS 1997, n° 294.* ♦ L'employeur doit saisir l'autorité administrative à compter du jour où le salarié remplacé fait connaître son intention de mettre fin au contrat, le contrat est prorogé dans l'attente de la décision de l'inspecteur du travail, il ne peut être requalifié en contrat à durée indéterminée. • Soc. 20 juin 2000, n° 97-41.363 P : *RJS 2000. 654, n° 972.*

3. Moment de la saisine. L'inspecteur du travail doit être saisi par l'employeur lui-même avant la cessation du contrat de travail. • Soc. 21 sept. 1993 : *RJS 1993. 660, n° 1119 ; CSB 1993. 270, S. 139.* ♦ Si l'employeur à l'arrivée du terme du contrat à durée déterminée ne saisit pas l'inspecteur du travail, le contrat n'est pas rompu. • Soc. 16 oct. 2001, n° 98-44.269 P : *D. 2002. 772, obs. Signoretto ; Dr. soc. 2002. 124, obs. Roy-Loustaunau ; RJS 2002. 60, n° 57.*

4. Il résulte des art. L. 425-2 et L. 436-2 C. trav. [L. 2411-7 et L. 2411-10 nouv.], que lorsque le salarié fait acte de candidature moins d'un mois avant l'expiration du contrat à durée déterminée, l'arrivée du terme de ce contrat entraîne la cessation du lien contractuel sans que l'employeur soit tenu de saisir l'inspecteur du travail, cette formalité ne lui étant imposée que lorsque le salarié est protégé avant le point de départ du délai d'un mois. Il appartient au salarié qui s'estime victime d'une discrimination d'établir la disparité de situation qu'il allègue et à l'employeur de s'expliquer sur les raisons de celle-ci. • Soc. 28 mai 2003, n° 02-60.006 P : *JCP E 2004. 563, obs. Darmaisin ; Dr. soc. 2003. 899, obs. Mouly ; RJS 2003. 818, n° 1194.*

5. Contrôle. Le contrôle de l'administration doit s'exercer uniquement sur le caractère discriminatoire du non-renouvellement. • CE 25 mars 1988 : *D. 1990. Somm. 137, obs. Chelle et Prétot.* – V. aussi : • CE 13 févr. 1987 : *D. 1989. Somm. 141, obs. Chelle et Prétot ; Dr. soc. 1987. 686.*

6. Qualification du contrat. La décision administrative de refus, motivée par le fait que l'intéressé paraissait être lié par un contrat à durée indéterminée, n'est pas illégale dès lors que le conseil de prud'hommes a, par la suite, effectivement requalifié le contrat en contrat à durée indéterminée. • CE 6 mai 1996 : *Dr. soc. 1996. 943, concl. Bachelier ; RJS 1996. 522, n° 811.* ♦

La légalité de la décision administrative de refus dépendant du point de savoir si le contrat de l'intéressé était à durée déterminée ou indéterminée, il y a lieu à question préjudicielle, eu égard au caractère sérieux de la contestation. • CE 21 juin 1996 : *RJS 1996. 608, n° 948.*

7. Délit d'entrave. Lorsque l'inspecteur du travail constate que le non-renouvellement à son terme du contrat à durée déterminée d'un salarié délégué syndical constitue une mesure discriminatoire, le contrat doit être requalifié en contrat de travail à durée indéterminée ; l'employeur qui met fin au contrat, par un départ négocié malgré le défaut d'autorisation de l'autorité administrative, commet un délit d'entrave. • Crim. 14 nov. 2006 : *Dr. soc. 2007. 187, obs. Duquesne ; JS Lamy 2007, n° 208-4.*

8. Refus d'autorisation. Lorsque l'inspecteur du travail refuse à un employeur le droit de ne pas renouveler le CDD d'un salarié protégé, le contrat se transforme en CDI mais l'indemnité de requalification n'est pas due car le contrat initial n'était pas irrégulier. • Soc. 27 sept. 2007 : *JS Lamy 2007, n° 224-5 ; Dr. soc. 2008. 760, obs. Roy-Loustaunau.*

SECTION II DÉLÉGUÉ SYNDICAL

Art. L. 2412-2 La rupture du contrat de travail à durée déterminée du délégué syndical avant l'échéance du terme en raison d'une faute grave *(L. n° 2011-525 du 17 mai 2011, art. 49)* « ou de l'inaptitude constatée par le médecin du travail », ou à l'arrivée du terme lorsque l'employeur n'envisage pas de renouveler un contrat comportant une clause de renouvellement, ne peut intervenir qu'après autorisation de l'inspecteur du travail.

Cette procédure est applicable pendant les délais prévus aux articles L. 2411-5 et L. 2411-8.

Dans les branches d'activité à caractère saisonnier *(L. n° 2016-1088 du 8 août 2016, art. 86)* « définies au 3° de l'article L. 1242-2 », ces délais de protection sont prolongés d'une durée égale à la période habituelle d'interruption de l'activité du salarié. – *[Anc. art. L. 412-18, al. 8 à 10.] – V. art. L. 2431-1 (pén.).*

SECTION III DÉLÉGUÉ DU PERSONNEL

Art. L. 2412-3 La rupture du contrat de travail à durée déterminée du délégué du personnel avant l'échéance du terme en raison d'une faute grave *(L. n° 2011-525 du 17 mai 2011, art. 49)* « ou de l'inaptitude constatée par le médecin du travail », ou à l'arrivée du terme lorsque l'employeur n'envisage pas de renouveler un contrat comportant une clause de renouvellement, ne peut intervenir qu'après autorisation de l'inspecteur du travail.

Cette procédure s'applique également à l'ancien délégué ou au candidat aux fonctions de délégué durant les délais prévus aux articles L. 2411-5 et L. 2411-7.

Dans les branches d'activité à caractère saisonnier *(L. n° 2016-1088 du 8 août 2016, art. 86)* « définies au 3° de l'article L. 1242-2 », ces délais de protection sont prolongés d'une durée égale à la période habituelle d'interruption de l'activité du salarié. – *[Anc. art. L. 425-2, al. 1er et 3.] – V. art. L. 2432-1 (pén.).*

SECTION IV MEMBRE DU COMITÉ D'ENTREPRISE

Art. L. 2412-4 La rupture du contrat de travail à durée déterminée d'un membre élu du comité d'entreprise avant l'échéance du terme en raison d'une faute grave *(L. n° 2011-525 du 17 mai 2011, art. 49)* « ou de l'inaptitude constatée par le médecin du travail », ou à l'arrivée du terme lorsque l'employeur n'envisage pas de renouveler un contrat comportant une clause de renouvellement, ne peut intervenir qu'après autorisation de l'inspecteur du travail.

Cette procédure s'applique également à l'ancien membre élu du comité ou au candidat aux fonctions de membre élu du comité d'entreprise, ou au représentant syndical durant les délais prévus aux articles L. 2411-8 et L. 2411-10.

Dans les branches d'activité à caractère saisonnier *(L. n° 2016-1088 du 8 août 2016, art. 86)* « définies au 3° de l'article L. 1242-2 », ces délais de protection sont prolongés d'une durée égale à la période habituelle d'interruption de l'activité du salarié. – *[Anc. art. L. 436-2, al. 1er et 3.] – V. art. L. 2433-1 (pén.).*

SECTION V MEMBRE DU GROUPE SPÉCIAL DE NÉGOCIATION ET MEMBRE DU COMITÉ D'ENTREPRISE EUROPÉEN

Art. L. 2412-5 La rupture du contrat de travail à durée déterminée d'un membre du groupe spécial de négociation ou d'un membre du comité d'entreprise européen avant l'échéance du terme en raison d'une faute grave *(L. n° 2011-525 du 17 mai 2011, art. 49)* « ou de l'inaptitude constatée par le médecin du travail », ou à l'arrivée du terme lorsque l'employeur n'envisage pas de renouveler un contrat comportant une clause de renouvellement, ne peut intervenir qu'après autorisation de l'inspecteur du travail. – *V. art. L. 2434-1 (pén.).*

SECTION VI MEMBRE DU GROUPE SPÉCIAL DE NÉGOCIATION ET REPRÉSENTANT AU COMITÉ DE LA SOCIÉTÉ EUROPÉENNE, AU COMITÉ DE LA SOCIÉTÉ COOPÉRATIVE EUROPÉENNE OU AU COMITÉ DE LA SOCIÉTÉ ISSUE DE LA FUSION TRANSFRONTALIÈRE *(L. n° 2008-649 du 3 juill. 2008).*

Art. L. 2412-6 La rupture du contrat de travail à durée déterminée d'un membre du groupe spécial de négociation ou d'un représentant *(L. n° 2008-649 du 3 juill. 2008)* « au comité de la société européenne, d'un représentant au comité de la société coopérative européenne ou d'un représentant au comité de la société issue de la fusion transfrontalière », avant l'échéance du terme en raison d'une faute grave *(L. n° 2011-525 du 17 mai 2011, art. 49)* « ou de l'inaptitude constatée par le médecin du travail », ou à l'arrivée du terme lorsque l'employeur n'envisage pas de renouveler un contrat comportant une clause de renouvellement, ne peut intervenir qu'après autorisation de l'inspecteur du travail. – *V. art. L. 2434-1 (pén.).*

SECTION VII REPRÉSENTANT DU PERSONNEL AU COMITÉ D'HYGIÈNE, DE SÉCURITÉ ET DES CONDITIONS DE TRAVAIL

Art. L. 2412-7 La rupture du contrat de travail à durée déterminée d'un représentant du personnel au comité d'hygiène, de sécurité et des conditions de travail, avant l'échéance du terme en raison d'une faute grave *(L. n° 2011-525 du 17 mai 2011, art. 49)* « ou de l'inaptitude constatée par le médecin du travail », ou à l'arrivée du terme lorsque l'employeur n'envisage pas de renouveler un contrat comportant une clause de renouvellement, ne peut intervenir qu'après autorisation de l'inspecteur du travail.

Cette procédure s'applique également à l'ancien représentant ou au candidat durant les délais prévus aux articles L. 2411-8 et L. 2411-10.

Dans les branches d'activité à caractère saisonnier *(L. n° 2016-1088 du 8 août 2016, art. 86)* « définies au 3° de l'article L. 1242-2 », ces délais de protection sont prolongés d'une durée égale à la période habituelle d'interruption de l'activité du salarié.

SECTION VIII REPRÉSENTANT DU PERSONNEL D'UNE ENTREPRISE EXTÉRIEURE AU COMITÉ D'HYGIÈNE, DE SÉCURITÉ ET DES CONDITIONS DE TRAVAIL

Art. L. 2412-8 La rupture du contrat de travail à durée déterminée d'un représentant du personnel d'une entreprise extérieure, désigné au comité d'hygiène, de sécurité et des conditions de travail d'un établissement comprenant au moins une installation classée figurant sur la liste prévue *(L. n° 2013-619 du 16 juill. 2013, art. 11-V)* « à l'article L. 515-36 » du code de l'environnement ou mentionnée à *(Ord. n° 2011-91 du 20 janv. 2011)* « l'article L. 211-2 du code minier », avant l'échéance du terme en raison d'une faute grave *(L. n° 2011-525 du 17 mai 2011, art. 49)* « ou de l'inaptitude constatée par le médecin du travail », ou à l'arrivée du terme lorsque l'employeur n'envisage pas de renouveler un contrat comportant une clause de renouvellement, ne peut intervenir qu'après autorisation de l'inspecteur du travail.

Cette procédure s'applique également à l'ancien représentant ou au candidat durant les délais prévus aux articles L. 2411-8 et L. 2411-10.

Dans les branches d'activité à caractère saisonnier *(L. n° 2016-1088 du 8 août 2016, art. 86)* « définies au 3° de l'article L. 1242-2 », ces délais de protection sont prolongés d'une durée égale à la période habituelle d'interruption de l'activité du salarié.

SECTION IX SALARIÉ MEMBRE D'UNE COMMISSION PARITAIRE D'HYGIÈNE, DE SÉCURITÉ ET DES CONDITIONS DE TRAVAIL EN AGRICULTURE

Art. L. 2412-9 La rupture du contrat de travail à durée déterminée d'un salarié membre d'une commission paritaire d'hygiène, de sécurité et des conditions de travail en agriculture, avant l'échéance du terme en raison d'une faute grave *(L. n° 2011-525 du 17 mai 2011, art. 49)* « ou de l'inaptitude constatée par le médecin du travail », ou à l'arrivée du terme lorsque l'employeur n'envisage pas de renouveler un contrat comportant une clause de renouvellement, ne peut intervenir qu'après autorisation de l'inspecteur du travail.

Cette procédure s'applique également à l'ancien représentant ou au candidat durant les délais prévus aux articles L. 2411-8 et L. 2411-10.

Dans les branches d'activité à caractère saisonnier *(L. n° 2016-1088 du 8 août 2016, art. 86)* « définies au 3° de l'article L. 1242-2 », ces délais de protection sont prolongés d'une durée égale à la période habituelle d'interruption de l'activité du salarié. – *[Anc. art. L. 231-2-1, II, al. 5.]*

SECTION X SALARIÉ MANDATÉ

Art. L. 2412-10 La rupture du contrat de travail à durée déterminée d'un salarié mandaté au titre de l'article *(L. n° 2008-789 du 20 août 2008, art. 9)* « L. 2232-24 », avant l'échéance du terme en raison d'une faute grave *(L. n° 2011-525 du 17 mai 2011, art. 49)* « ou de l'inaptitude constatée par le médecin du travail », ou à l'arrivée du terme lorsque l'employeur n'envisage pas de renouveler un contrat comportant une clause de renouvellement, ne peut intervenir qu'après autorisation de l'inspecteur du travail.

SECTION XI MEMBRE DU CONSEIL OU ADMINISTRATEUR D'UNE CAISSE DE SÉCURITÉ SOCIALE

Art. L. 2412-11 Lorsque le salarié membre du conseil ou administrateur d'une caisse de sécurité sociale est titulaire d'un contrat de travail à durée déterminée, il bénéficie des garanties et protections prévues à l'article L. 231-11 du code de la sécurité sociale.

SECTION XII REPRÉSENTANT DES SALARIÉS DANS UNE CHAMBRE D'AGRICULTURE

Art. L. 2412-12 Lorsque le salarié représentant d'une chambre d'agriculture est titulaire d'un contrat de travail à durée déterminée, il bénéficie des garanties et protections prévues à l'article L. 515-4 du code rural et de la pêche maritime.

SECTION XIII CONSEILLER PRUD'HOMME

Art. L. 2412-13 La rupture du contrat de travail à durée déterminée du conseiller prud'homme avant l'échéance du terme en raison d'une faute grave *(L. n° 2011-525 du 17 mai 2011, art. 49)* « ou de l'inaptitude constatée par le médecin du travail », ou à l'arrivée du terme lorsque l'employeur n'envisage pas de renouveler un contrat comportant une clause de renouvellement, ne peut intervenir qu'après autorisation de l'inspecteur du travail.

Cette procédure est applicable pendant les délais prévus aux articles L. 2411-5 et L. 2411-8.

Dans les branches d'activité à caractère saisonnier *(L. n° 2016-1088 du 8 août 2016, art. 86)* « définies au 3° de l'article L. 1242-2 », ces délais de protection sont prolongés d'une durée égale à la période habituelle d'interruption de l'activité du salarié. – *[Anc. art. L. 514-2, al. 3 et 4.] — V. art. L. 2437-1 (pén.).*

SECTION XIV **ASSESSEUR MARITIME**

Art. L. 2412-14 *(Ord. n° 2012-1218 du 2 nov. 2012, art. 3)* **La rupture du contrat de travail à durée déterminée de l'assesseur maritime ou du candidat à ces fonctions, avant l'échéance du terme en raison d'une faute grave ou de l'inaptitude médicale constatée par le médecin du travail ou par le médecin des gens de mer, ou à l'arrivée du terme lorsque l'employeur n'envisage pas de renouveler un contrat comportant une clause de renouvellement, ne peut intervenir qu'après autorisation de l'inspecteur du travail.**

Cette procédure est applicable durant les six premiers mois suivant la fin des fonctions d'assesseur maritime.

SECTION XV **DÉFENSEUR SYNDICAL**

(L. n° 2015-990 du 6 août 2015, art. 258-II, en vigueur le 1er août 2016)

Art. L. 2412-15 **La rupture du contrat de travail à durée déterminée d'un défenseur syndical avant son terme, en raison d'une faute grave ou de l'inaptitude constatée par le médecin du travail, ou à l'arrivée du terme, lorsque l'employeur n'envisage pas de renouveler un contrat comportant une clause de renouvellement, ne peut intervenir qu'après autorisation de l'inspecteur du travail.**

SECTION XVI **MEMBRE DE LA COMMISSION PARITAIRE RÉGIONALE INTERPROFESSIONNELLE**

(L. n° 2015-994 du 17 août 2015, art. 1er-III, en vigueur le 1er janv. 2016)

Art. L. 2412-16 **La rupture du contrat de travail à durée déterminée d'un salarié membre de la commission paritaire régionale interprofessionnelle mentionnée à l'article L. 23-111-1 avant son terme en raison d'une faute grave ou de l'inaptitude constatée par le médecin du travail, ou à l'arrivée du terme lorsque l'employeur n'envisage pas de renouveler un contrat comportant une clause de renouvellement, ne peut intervenir qu'après autorisation de l'inspecteur du travail.**

Cette procédure s'applique également pendant une durée de six mois à compter de la notification prévue à l'article L. 23-112-2 et de six mois à compter de l'expiration du mandat du salarié ayant siégé dans cette commission.

CHAPITRE III **PROTECTION EN CAS D'INTERRUPTION OU DE NON-RENOUVELLEMENT D'UNE MISSION DE TRAVAIL TEMPORAIRE**

Art. L. 2413-1 **L'interruption ou la notification du non-renouvellement de la mission d'un salarié temporaire par l'entrepreneur de travail temporaire ne peut intervenir qu'après autorisation de l'inspecteur du travail lorsque le salarié est investi de l'un des mandats suivants :**

1° Délégué syndical et ancien délégué syndical, y compris lorsque l'entrepreneur de travail temporaire lui a notifié sa décision de ne plus faire appel à lui pour de nouveaux contrats, en application de l'article L. 2314-18 ;

2° Délégué du personnel, ancien délégué ou candidat aux fonctions de délégué ;

3° Membre ou ancien membre élu du comité d'entreprise ou candidat à ces fonctions ;

4° Représentant syndical au comité d'entreprise ;

5° Membre du groupe spécial de négociation et membre du comité d'entreprise européen ;

6° Membre du groupe spécial de négociation et représentant au comité de la société européenne ;

(L. n° 2008-649 du 3 juill. 2008) **« 6° *bis* Membre du groupe spécial de négociation et représentant au comité de la société coopérative européenne ;**

« 6° *ter* Membre du groupe spécial de négociation et représentant au comité de la société issue de la fusion transfrontalière ; »

7° Représentant ou ancien représentant du personnel au comité d'hygiène et de sécurité des conditions de travail ;

8° Représentant du personnel d'une entreprise extérieure, désigné au comité d'hygiène, de sécurité et des conditions de travail d'un établissement comprenant au moins une installation classée figurant sur la liste prévue *(L. n° 2013-619 du 16 juill. 2013, art. 11-V)* « à l'article L. 515-36 » du code de l'environnement ou mentionnée à *(Ord. n° 2011-91 du 20 janv. 2011)* « l'article L. 211-2 du code minier » ;

9° Membre d'une commission paritaire d'hygiène, de sécurité et des conditions de travail en agriculture prévue à l'article L. 717-7 du code rural et de la pêche maritime ;

10° Salarié mandaté dans les conditions prévues à l'article *(L. n° 2008-789 du 20 août 2008, art. 9)* « L. 2232-24 », dans les entreprises dépourvues de délégué syndical ;

11° Membre du conseil ou administrateur d'une caisse de sécurité sociale mentionné à l'article L. 231-11 du code de la sécurité sociale ;

12° Représentant des salariés dans une chambre d'agriculture, mentionné à l'article L. 515-1 du code rural et de la pêche maritime ;

13° Conseiller prud'homme ;

(Ord. n° 2012-1218 du 2 nov. 2012, art. 3) « 14° Assesseur maritime mentionné à l'article 7 de la loi du 17 décembre 1926 relative à la répression en matière maritime, ou ancien assesseur maritime ou candidat à ces fonctions ; »

(L. n° 2015-990 du 6 août 2015, art. 258-II, en vigueur le 1er août 2016) « 15° Défenseur syndical mentionné à l'article L. 1453-4. »

En application de l'art. L. 231-4-4° CRPA, et par exception à l'application du délai de deux mois prévu à l'art. L. 231-1 du même code, le silence gardé par l'administration pendant deux mois vaut décision de rejet pour une demande d'autorisation d'interruption ou de notification du non-renouvellement de la mission d'un salarié temporaire (Décr. n° 2014-1291 du 23 oct. 2014, art. 1er).

La recodification est intervenue à droit constant, de sorte que, comme auparavant, l'autorisation administrative s'impose aussi bien en cas d'interruption ou de non-renouvellement de mission qu'en cas de décision de ne plus confier de mission à l'intérimaire. • Soc. 13 févr. 2012 : *D. 2012. Actu. 616 ; RJS 2012. 370, n° 432 ; JCP S 2012. 1312, obs. Kerbouc'h.*

CHAPITRE IV PROTECTION EN CAS DE TRANSFERT PARTIEL D'ENTREPRISE OU D'ÉTABLISSEMENT

Art. L. 2414-1 Le transfert d'un salarié compris dans un transfert partiel d'entreprise ou d'établissement par application de l'article L. 1224-1 ne peut intervenir qu'après autorisation de l'inspecteur du travail lorsqu'il est investi de l'un des mandats suivants :

1° Délégué syndical et ancien délégué syndical ayant exercé ses fonctions pendant au moins un an ; — *V. art. L. 2431-1 (pén.).*

2° Délégué du personnel ; — *V. art. L. 2432-1 (pén.).*

3° Membre élu du comité d'entreprise ; — *V. art. L. 2433-1 (pén.).*

4° Représentant syndical au comité d'entreprise ; — *V. art. L. 2433-1 (pén.).*

5° Membre du groupe spécial de négociation et membre du comité d'entreprise européen ; — *V. art. L. 2434-1 (pén.).*

6° Membre du groupe spécial de négociation et représentant au comité de la société européenne ; — *V. art. L. 2434-1 (pén.).*

(L. n° 2008-649 du 3 juill. 2008) « 6° *bis* Membre du groupe spécial de négociation et représentant au comité de la société coopérative européenne ; — *V. art. L. 2434-3 (pén.).*

« 6° *ter* Membre du groupe spécial de négociation et représentant au comité de la société issue de la fusion transfrontalière ; » — *V. art. L. 2434-4 (pén.).*

7° Représentant du personnel ou ancien représentant au comité d'hygiène, de sécurité et des conditions de travail ;

8° Représentant du personnel d'une entreprise extérieure, désigné au comité d'hygiène, de sécurité et des conditions de travail d'un établissement comprenant au moins une installation classée figurant sur la liste prévue *(L. n° 2013-619 du 16 juill. 2013, art. 11-V)* « à l'article L. 515-36 » du code de l'environnement ou mentionnée à *(Ord. n° 2011-91 du 20 janv. 2011)* « l'article L. 211-2 du code minier » ;

9° Membre d'une commission paritaire d'hygiène, de sécurité et des conditions de travail en agriculture prévue à l'article L. 717-7 du code rural et de la pêche maritime ;

10° Représentant des salariés dans une chambre d'agriculture mentionné à l'article L. 515-1 du code rural et de la pêche maritime ;

11° Salarié mandaté dans les conditions prévues à l'article *(L. n° 2008-789 du 20 août 2008, art. 9)* **« L. 2232-24 », dès que l'employeur a connaissance de l'imminence de sa désignation, ou ancien salarié mandaté, durant les douze mois suivant la date à laquelle son mandat a pris fin. Lorsque aucun accord n'a été conclu à l'issue de la négociation au titre de laquelle le salarié a été mandaté, le délai de protection court à compter de la date de fin de cette négociation matérialisée par un procès-verbal de désaccord ;**

(Ord. n° 2012-1218 du 2 nov. 2012, art. 21) **« 12° Assesseur maritime mentionné à l'article 7 de la loi du 17 décembre 1926 relative à la répression en matière maritime ; »**

(L. n° 2015-990 du 6 août 2015, art. 258-II, en vigueur le 1er août 2016) **« 13° Défenseur syndical mentionné à l'article L. 1453-4. »**

En application de l'art. L. 231-5 CRPA, et par exception à l'application du délai de deux mois prévu à l'art. L. 231-1 du même code, le silence gardé par l'administration pendant deux mois vaut décision de rejet pour une demande d'autorisation de transfert du contrat de travail d'un salarié compris dans un transfert partiel d'entreprise ou d'établissement (Décr. n° 2014-1291 du 23 oct. 2014, art. 1er).

BIBL. ► MAZEAUD, *JCP S 2012. 1308* (transfert d'établissement distinct : de nouveaux enjeux portant sur les aspects collectifs).

1. Portée de la règle. L'art. L. 436-1, al. 5 [L. 2421-9 nouv.], énonce un principe général applicable non seulement lorsque les conditions de l'art. L. 122-12 [L. 1224-1 nouv.] sont réunies, mais aussi lorsque le salarié est transféré en exécution d'un accord collectif, en cas de perte de marché. • Soc. 16 mars 1999, ♗ n° 96-44.570 P : *RJS 1999. 424, n° 699 ; JS Lamy 1999, n° 35-34* • 20 nov. 2002, ♗ n° 00-44.498 P : *D. 2002. IR 37* ⊘ *; RJS 2003. 145, n° 216.* ♦ Les dispositions de l'art. L. 425-1, al. 6 [L. 2421-9 nouv.], qui subordonnent le transfert d'un délégué du personnel en cas de cession partielle d'entreprise ou d'établissement à l'autorisation préalable de l'inspecteur du travail étant destinées à permettre à celui-ci de s'assurer que le salarié ne fait pas l'objet d'une mesure discriminatoire, ne se limitent pas aux seuls représentants élus, et s'appliquent aux candidats aux élections qui sont exposés au même risque. • Soc. 8 juin 1999, ♗ n° 96-45.045 P : *D. 1999. IR 182* ⊘ *; JCP 1999. II. 10148, note Corrignan-Carsin ; RJS 1999. 579, n° 943 ; TPS 1999, n° 321 ; JS UIMM 1999. 396.* ♦ L'autorisation de transfert du contrat de travail du salarié protégé entraîne de plein droit ce transfert à compter de la date de la notification de la décision d'autorisation de l'administration, laquelle se trouve ainsi à cette date entièrement exécutée et ne peut, dès lors, faire l'objet d'une demande de suspension en référé. • CE 27 juin 2005 : ♗ *RJS 2005. 711, n° 1005.* ♦ A défaut d'autorisation préalable, la mesure de transfert d'un représentant du personnel est nulle. • Soc. 24 nov. 1992, ♗ n° 89-44.977 P : *Dr. soc. 1993. 65 ; RJS 1993. 44, n° 54.* ♦ ... Nonobstant les dispositions de la convention collective applicable (entreprises de nettoyage). • Crim. 26 nov. 1996 : ♗ *Bull. crim. n° 428 ; RJS 1997. 204, n° 304.* ♦ Sur l'appréciation par le Conseil d'État lui-même, sans renvoi préjudiciel à la juridiction judiciaire, des conditions d'application de l'art. L. 122-12, al. 2 [L. 1224-1 nouv.], sur le transfert d'entreprise, V. • CE 10 mars 1997 : ♗ *AJDA 1997. 706, note Gherari* ⊘ *; RJS 1997. 371, n° 568.*

2. Transfert partiel d'établissement. Le transfert de la totalité des salariés employés dans une entité économique doit être regardé comme un transfert partiel d'établissement au sens de l'art. L. 2414-1, imposant l'autorisation préalable de l'inspecteur du travail pour le transfert d'un salarié titulaire d'un mandat représentatif, dès lors que l'entité économique transférée ne constitue pas un établissement au sein duquel a été mis en place un comité d'établissement. • Soc. 15 nov. 2011 : ♗ *Dalloz actualité, 6 déc. 2011, obs. Siro ; D. 2011. Actu. 2941* ⊘ *; Dr. soc. 2012. 304, obs. Mazeaud* ⊘ *; RJS 2012. 144, n° 174 ; Dr. ouvrier 2012. 373, obs. Hamoudi ; JCP S 2012. 1182, obs. Kerbouc'h.*

3. Lorsque le tribunal de commerce a décidé la cession partielle à un repreneur d'une société en redressement judiciaire et la liquidation du surplus avec licenciement économique des salariés non repris, ni la circonstance que le salarié protégé ne travaille pas dans la branche d'activité cédée, ni le fait que son contrat de travail ne soit pas poursuivi de plein droit avec le cessionnaire n'ont pour effet de priver l'intéressé de la protection exceptionnelle qu'il tient des dispositions du code du travail. • CE 30 oct. 1995 : ♗ *RJS 1996. 89, n° 138.*

4. Contrôle par l'autorité administrative. Lorsqu'un salarié protégé est compris dans un transfert partiel d'entreprise ou d'établissement, par application de l'art. L. 122-12 [L. 1224-1 nouv.], le transfert de ce salarié doit être soumis à l'autorisation préalable de l'inspecteur du travail qui vérifie non seulement si le statut protecteur a été respecté mais également si les conditions d'application de l'art. L. 122-12 [L. 1224-1 nouv.] sont remplies et, notamment, si le salarié exécute effectivement son contrat de travail dans la branche cédée au jour de la cession. • CE 15 juin 2005 : *JCP E 2005. 1838, note Béal et Ferreira ; JS Lamy 2005, n° 177-6.* ♦ Lorsqu'une autorisation administrative pour le transfert du contrat de travail d'un délégué du personnel a été accordée à l'employeur, le juge judiciaire ne peut, sans violer le principe de la séparation des pouvoirs, remettre en cause l'appréciation par l'autorité administrative de l'application de l'art. L. 12241-1. • Soc. 3 mars 2010 : *D. 2010. AJ 711, obs. Perrin ; JS Lamy 2010, n° 275-4, obs. Tourreil ; JCP S 2010. 1221, obs. Kerbouc'h.* ♦ En cas de transfert partiel d'entreprise (art. L. 436-1, al. 5 [L. 2421-9 nouv.]), l'autorisation de transfert d'un salarié protégé ne peut être légalement refusée par l'autorité administrative que pour un motif tiré du caractère discriminatoire de la mesure de transfert. • CE 20 mai 1988 : *Lebon 201 ; D. 1990. Somm. 137, obs. Chelle et Prétot ; Dr. soc. 1989. 229, concl. de Clausade* • 12 oct. 1990 : *RJS 1991. 116, n° 214.*

5. Affectation provisoire auprès du cessionnaire. Tout transfert du contrat de travail d'un salarié protégé compris dans un transfert partiel d'entreprise nécessite une autorisation de l'inspection du travail ; l'employeur ne peut recourir, dans l'attente de l'expiration de la fin de la période de protection, à l'affectation provisoire d'un salarié protégé. • Soc. 31 mai 2011 : *Dalloz actualité, 22 juin 2011, obs. Perrin ; D. 2011. Actu. 1623 ; RJS 2011. 644, n° 712 ; JCP S 2011. 1432, obs. Kerbouc'h.*

6. Recodification à droit constant. La recodification étant, sauf dispositions expresses contraires, intervenue à droit constant, les salariés ayant demandé l'organisation des élections de délégués du personnel, et dont la demande a été reprise par une organisation syndicale, tels que visés par l'al. 8, art. L. 425-1 C. trav. en vigueur au jour de la recodification, ne peuvent être compris dans un transfert partiel d'entreprise qu'avec l'autorisation de l'inspecteur du travail sollicitée quinze jours avant la date arrêtée pour le transfert. • Soc. 28 oct. 2015, n° 14-12.598 P : *D. 2015. Actu. 2258 ; RJS 1/2016, n° 48.*

TITRE DEUXIÈME **PROCÉDURES D'AUTORISATION APPLICABLES À LA RUPTURE OU AU TRANSFERT DU CONTRAT**

CHAPITRE PREMIER **DEMANDE D'AUTORISATION ET INSTRUCTION DE LA DEMANDE**

SECTION PREMIÈRE **PROCÉDURE APPLICABLE EN CAS DE LICENCIEMENT**

SOUS-SECTION 1 **DÉLÉGUÉ SYNDICAL, SALARIÉ MANDATÉ ET CONSEILLER DU SALARIÉ**

Art. L. 2421-1 La demande d'autorisation de licenciement d'un délégué syndical, d'un salarié mandaté ou d'un conseiller du salarié est adressée à l'inspecteur du travail.

En cas de faute grave, l'employeur peut prononcer la mise à pied immédiate de l'intéressé dans l'attente de la décision définitive.

Cette décision est, à peine de nullité, motivée et notifiée à l'inspecteur du travail dans le délai de quarante-huit heures à compter de sa prise d'effet.

Si le licenciement est refusé, la mise à pied est annulée et ses effets supprimés de plein droit. – [*Anc. art. L. 412-18, al. 1er à 3.*]

Protection des représentants. Le ministre est tenu de refuser l'autorisation d'un licenciement du seul fait que l'employeur s'est borné à envisager devant le comité d'entreprise la possibilité de reclasser quinze salariés dans un autre établissement, sans avoir personnellement proposé au représentant aucun de ces postes et qu'il n'est pas établi qu'il se trouvait dans l'impossibilité de reclasser celui-ci. • CE 2 févr. 1996 : *RJS 1996. 183, n° 305, 2e esp.*

Art. L. 2421-2 La procédure prévue à la présente sous-section s'applique également au salarié investi de l'un des mandats suivants :

1° Membre du conseil ou administrateur d'une caisse de sécurité sociale mentionné à l'article L. 231-11 du code de la sécurité sociale ;

2° Membre du conseil d'administration d'une mutuelle, union ou fédération mentionné à l'article L. 114-24 du code de la mutualité ;

3° Représentant des salariés dans une chambre d'agriculture mentionné à l'article L. 515-1 du code rural et de la pêche maritime ;

4° Conseiller prud'homme ;

(*Ord. n° 2012-1218 du 2 nov. 2012, art. 3*) « 5° Assesseur maritime mentionné à l'article 7 de la loi du 17 décembre 1926 relative à la répression en matière maritime ; »

(*L. n° 2015-990 du 6 août 2015, art. 258-II, en vigueur le 1er août 2016*) « 6° Défenseur syndical mentionné à l'article L. 1453-4 ; »

(*L. n° 2015-994 du 17 août 2015, art. 1er-IV, en vigueur le 1er janv. 2016*) « 7° Membre de la commission mentionnée à l'article L. 23-111-1. »

Selon l'art. L. 114-24 C. mut., le licenciement d'un salarié exerçant un mandat d'administrateur de mutuelle ou ayant cessé son mandat depuis moins de six mois est soumis à la procédure prévue par l'art. L. 412-18 C. trav., alors applicable ; l'administrateur de mutuelle, élu pour un mandat à durée déterminée, licencié sans autorisation administrative, peut prétendre à une indemnité pour violation du statut protecteur égale à la rémunération qu'il aurait perçue depuis son éviction jusqu'au terme de son mandat, dans la limite de deux ans, durée minimale légale du mandat des représentants élus du personnel augmenté de six mois. • Soc. 1er juin 2010 : *JCP S 2010. 1337, obs. Lahalle.*

SOUS-SECTION 2 DÉLÉGUÉ DU PERSONNEL, MEMBRE DU COMITÉ D'ENTREPRISE ET MEMBRE DU COMITÉ D'HYGIÈNE, DE SÉCURITÉ ET DES CONDITIONS DE TRAVAIL

RÉP. TRAV. v° *Représentants du personnel (Protection)*, par CHELLE et PRÉTOT.

Art. L. 2421-3 Le licenciement envisagé par l'employeur d'un délégué du personnel ou d'un membre élu du comité d'entreprise titulaire ou suppléant, d'un représentant syndical au comité d'entreprise ou d'un représentant des salariés au comité d'hygiène de sécurité et des conditions de travail est soumis au comité d'entreprise, qui donne un avis sur le projet de licenciement.

Lorsqu'il n'existe pas de comité d'entreprise dans l'établissement, l'inspecteur du travail est saisi directement.

La demande d'autorisation de licenciement est adressée à l'inspecteur du travail dont dépend l'établissement dans lequel le salarié est employé.

En cas de faute grave, l'employeur peut prononcer la mise à pied immédiate de l'intéressé dans l'attente de la décision définitive.

Si le licenciement est refusé, la mise à pied est annulée et ses effets supprimés de plein droit. — [*Anc. art. L. 425-1, al. 1er à 3, et L. 436-1, al. 1er et 2.*]

I. MISE À PIED

A. MISE À PIED CONSERVATOIRE

1. Effets sur le mandat. La mise à pied d'un représentant du personnel, qu'elle soit de nature conservatoire ou disciplinaire, n'a pas pour effet de suspendre l'exécution de son mandat. • Soc. 2 mars 2004, n° 02-16.554 P : *RJS 2004. 378, n° 557 ; ibid. 335* • Crim. 11 sept. 2007 : *RJS 2007. 1048, n° 1311 ; JS Lamy 2007, n° 221-6.* ♦ Le simple prononcé d'une mise à pied injustifiée n'est pas suffisant pour caractériser un délit d'entrave. • Crim. 8 avr. 2014 : *D. 2014. Actu. 935 ; RJS 2014. 404, n° 500 ; Dalloz actualité, 2 mai 2014, obs. Fraisse ; JS Lamy 2014, n° 366-5, obs. Pacotte et Daguerre.*

2. Procédures applicables. Lorsque le salarié possède à la fois la qualité de délégué syndical et celle de représentant du personnel, sa mise à pied est soumise au respect cumulatif des procédures prévues par les art. L. 412-18 [L. 2411-3 nouv.] et R. 436-8. • CE 6 mai 1996 : *RJS 1996. 522, n° 812.*

3. Sort de la mise à pied. Lorsque l'inspecteur du travail refuse le licenciement, la mise à pied est annulée et ses effets supprimés de plein droit. • Soc. 24 oct. 1997, n° 95-40.930 P. ♦ Et le fait par l'employeur de ne pas rétablir dans ses fonctions le salarié constitue une violation du statut protecteur et une inexécution des obligations contractuelles, qui s'analyse en un licenciement atteint de nullité. • Soc. 4 févr. 2004, n° 01-44.962 P : *RJS 2004. 302, n° 437.* ♦ Lorsque l'autorisation de licenciement a été refusée, l'employeur se trouve de plein droit débiteur du salaire correspondant à la période de mise à pied, la suspension en résultant ayant alors sa cause non dans la grève, mais dans la décision de l'employeur rétroactivement annulée. • Soc. 17 déc. 2002 : *D. 2003. 1662, obs. Mallard ; Dr. soc. 2003. 177, note Duquesne.* ♦ Les juges du fond n'ont pas à se prononcer sur le bien-fondé de la mise à pied. • Soc. 23 juin 1999, n° 97-42.202 P : *D. 1999. IR 198 ; RJS 1999. 683, n° 1092* (cassation de l'arrêt ayant rejeté la demande de rappel de salaire et d'indemnité de congés payés d'un salarié mis à pied dont l'autorisation de licenciement avait été refusée, la cour d'appel se fondant sur le fait qu'un tract diffamatoire et injurieux envers l'employeur avait été distribué par ce salarié). ♦ L'employeur qui souhaite procéder à une mise à pied disciplinaire doit auparavant régler les salaires correspondant à la durée de la mise à pied conservatoire. • Soc. 7 nov. 1990, ⚖ n° 87-45.696 P : *RJS 1990. 655, n° 997.* ♦ Comp., lorsque le salarié n'a pas été à la disposition de son employeur (en raison d'une mesure de contrôle judiciaire) : • Soc. 14 avr. 1988 : *Bull. civ. V, n° 227.* ♦ L'employeur ne peut demander en référé prud'homal la suspension du contrat du salarié protégé dans l'attente du résultat du recours hiérarchique, nonobstant le fait que le salarié est dans l'impossibilité d'exercer son activité (chauffeur routier dont le permis de conduire a été annulé). • Soc. 18 juin 1997, ⚖ n° 95-43.723 P : *RJS 1997. 624, n° 998 ; CSB 1997. 281, A. 51.*

B. MISE À PIED DISCIPLINAIRE

4. Principe. La qualité de délégué syndical ne confère pas à son titulaire une immunité lui permettant d'échapper au pouvoir disciplinaire du chef d'entreprise. • Crim. 25 mai 1982 : *Bull. crim. n° 135* • Soc. 22 juill. 1982 : *Bull. civ. V, n° 501.*

5. Effets. La mise à pied disciplinaire d'un représentant élu du personnel n'a pas pour effet de suspendre son mandat représentatif. • Soc. 23 juin 1999, ⚖ n° 97-41.121 P : *D. 2000. Somm. 90, obs. Paulin ✎ ; Dr. soc. 1999. 971, obs. A. Mazeaud ✎ ; JCP 1999. II. 10216, note Duquesne ; RJS 1999. 682, n° 1090 ; JS Lamy 1999, n° 40-3.*

II. ENTRETIEN PRÉALABLE

6. Principe. L'employeur qui, en convoquant un représentant à un entretien préalable à des sanctions, ne précise pas que celles-ci peuvent éventuellement consister en un licenciement ne satisfait pas aux prescriptions de l'art. L. 122-14 [L. 1232-2 nouv.]. • CE 12 oct. 1990 : ⚖ *RJS 1991. 119, n° 219 ; JS UIMM 1991. 65.*

7. Assistance du salarié. En précisant dans la lettre de convocation à l'entretien préalable que les salariés pouvaient se faire assister par une personne de leur choix appartenant au personnel de l'entreprise, à l'exception de l'une des autres personnes convoquées, l'employeur a porté à la liberté de choix reconnue par la loi une atteinte qui a entaché d'irrégularité les procédures de licenciement. • CE 16 juin 1995 : ⚖ *RJS 1995. 599, n° 914* (rejet de la demande de l'employeur tendant à l'annulation des décisions de refus d'autorisation de licenciement).

III. NOTIFICATION

8. Motivation de la lettre de licenciement. En visant l'autorisation de l'inspecteur du travail, l'employeur a suffisamment motivé la lettre de licenciement. • Soc. 30 avr. 1997, ⚖ n° 94-45.418 P. ♦ L'office du juge consiste alors seulement à vérifier que le motif du licenciement est bien celui pour lequel l'autorisation a été donnée. • Soc. 28 oct. 2003, ⚖ n° 01-46.168 P : *D. 2003. IR 2803 ✎ ; D. 2004. 595, note Souleau-Bertrand ✎ ; RJS 2004. 68, n° 77* • 13 juill. 2004, ⚖ n° 02-43.538 P : *RJS 2004. 730, n° 1064.*

IV. PRÉAVIS

9. Incidences de la faute grave. La faute grave commise au cours du préavis interrompt immédiatement ce dernier, sans que l'employeur soit tenu de réitérer la mesure de licenciement. • Soc. 24 oct. 1989 : *Bull. civ. V, n° 611.*

V. CONSULTATION DU COMITÉ D'ENTREPRISE

10. Délai. Aucun délai n'étant prévu pour convoquer le comité d'entreprise, une cour d'appel peut estimer que l'employeur pouvait procéder, avant cette consultation, à un entretien préalable et que le délai de neuf jours entre la mise à pied et la saisine du comité d'entreprise n'était pas abusif. • Soc. 25 févr. 1982 : *Bull. civ. V, n° 125.* ♦ La méconnaissance du délai pour la communication de l'ordre du jour de la réunion du comité est sans effet sur la validité de la procédure s'il est établi que l'avis du comité a été rendu en toute connaissance de cause. • CE 7 nov. 1990 : ⚖ *RJS 1991. 35, n° 56.* ♦ Lorsque le comité d'entreprise se réunit pour donner son avis sur le projet de licenciement de l'un de ses membres ou d'un représentant syndical, aucune disposition n'impose un délai pour la convocation du salarié concerné à son audition ; l'employeur n'a pas, non plus, à communiquer à l'intéressé l'ordre du jour de cette réunion au cas où son mandat est suspendu par l'effet d'une mise à pied. • Crim. 5 mars 2002 : ⚖ *Bull. crim. n° 86 ; RJS 2002. 546, n° 695.*

11. Compétence du comité d'établissement. Même si le projet de licenciement s'inscrit dans le cadre d'une modification des structures de l'entreprise requérant la consultation du comité central d'entreprise, c'est normalement le comité de l'établissement dont fait partie le salarié protégé qui doit être consulté sur ce projet de licenciement. • CE 26 févr. 1996 : ⚖ *RJS 1996. 361, n° 568.* ♦ Pour le cas de transfert d'une entreprise perdant son autonomie juridique, V. note 3 ss. art. L. 2324-26.

12. Audition du salarié. La délibération du comité d'entreprise sans convocation ni audition de l'intéressé est nulle. • Soc. 16 mai 1974 : *Bull. civ. V, n° 302.* – V. aussi : • CE 29 juin 1990 : ⚖ *RJS 1990. 533, n° 793.* ♦ La non-convocation des membres suppléants et des représentants syndicaux constitue une méconnaissance des dispositions d'ordre public et justifie le refus du licenciement. • CE 24 mai 1991 : *RJS 1991. 451, n° 860* • 18 oct. 1991 : *Dr. ouvrier 1992. 84, note Moussy.*

13. Participation au vote. Est irrégulier le licenciement d'un représentant du personnel intervenu à la suite d'un vote auquel a participé l'employeur. • Soc. 22 nov. 1988 : *Bull. civ. V, n° 617 ; D. 1988. IR 291* • CE 23 mars 1990 : *D. 1991. Somm. 148, obs. Frossard*. ♦ Comp., lorsque la participation de l'employeur n'a eu aucune incidence sur l'avis, en l'occurrence défavorable, du comité d'entreprise : • CE 31 oct. 1990 : *RJS 1991. 119, n° 218.* ♦ Sur la nécessité d'un vote à bulletin secret, V. • Soc. 18 oct. 1983 : *D. 1984. IR 87.* ♦ Comp. : • CE 22 mars 1991 : *RJS 1991. 323, n° 609.*

14. Un délégué du personnel, membre du comité d'entreprise, est sans intérêt à invoquer comme constitutive d'une irrégularité sa participation au vote du comité d'entreprise sur le projet de son propre licenciement. • Soc. 5 nov. 1986 : *Bull. civ. V, n° 505 ; JCP E 1987. I. 16193, obs. M.G.* ♦ Comp. : • Soc. 28 janv. 1988 : *Bull. civ. V, n° 82.*

15. Régularité de la procédure. L'avis du comité d'entreprise rendu après la notification du licenciement ne peut valider la procédure. • Soc. 12 mars 1987 : *D. 1987. IR 66.*

16. Sur la nécessité de consulter une nouvelle fois le comité lorsque le salarié obtient un mandat différent après une première délibération et avant la décision de l'inspecteur du travail, V. • CE 18 mai 1979 : *D. 1979. 587, concl. M.-A. Latournerie ; D. 1980. IR 22, obs. Langlois* • 4 mars 1983 : *Lebon 95* • 11 avr. 1986 : *Dr. ouvrier 1987. 136* • 2 oct. 1991 : *RJS 1991. 719, n° 1341.*

17. Sur le caractère substantiel de la consultation, V. • TA Rennes, 31 janv. 1985 : *Dr. ouvrier 1985. 469.*

18. L'annulation de l'élection du comité d'entreprise n'a pas pour effet de remettre en cause la régularité des avis émis antérieurement par le comité, notamment sur les licenciements de salariés protégés. • CE 21 déc. 1994 : *D. 1996. Somm. 226, obs. Chelle et Prétot* ; *RJS 1995. 183, n° 260.*

VI. AUTORISATION ADMINISTRATIVE

A. PROCÉDURE

19. Décision administrative d'incompétence. La lettre par laquelle l'inspecteur du travail se déclare incompétent pour autoriser le licenciement d'un salarié protégé constitue une décision administrative faisant obstacle à ce que le juge judiciaire se prononce sur la nécessité de l'autorisation de licenciement ; il appartient par conséquent aux juges du fond, en présence d'une difficulté sérieuse sur le bénéfice du statut protecteur, d'inviter les parties à saisir la juridiction administrative. • Soc. 4 oct. 2011 : *RJS 2011. 869, n° 1000 ; JCP S 2011. 1586, obs. Kerbouc'h.*

20. Respect de la procédure. La circonstance que l'entretien n'ait pas eu lieu ou qu'il ait eu lieu après la demande d'autorisation de licenciement est de nature à rendre illégale l'autorisation de licenciement d'un salarié protégé. • CE 5 juin 1987 : *Lebon T. 978.* ♦ Il appartient à l'inspecteur du travail, sous le contrôle du juge administratif, de vérifier la motivation de la lettre de licenciement. • Soc. 30 avr. 1997, n° 94-45.418 P : *Dr. soc. 1997. 645, obs. Waquet* • 13 juill. 2004, n° 01-42.943 P : *RJS 2004. 730, n° 1064* • 27 oct. 2004, n° 02-46.935 P : *RJS 2005. 131, n° 179.* ♦ L'autorisation administrative de licenciement d'un salarié protégé compris dans un licenciement collectif pour motif économique prive ce dernier de la possibilité de contester devant le juge judiciaire la régularité de la procédure antérieure à la saisine de l'inspecteur du travail. • Soc. 27 oct. 2004, n° 02-46.935 P : *D. 2004. IR 3113*. ♦ Si à la date de demande d'autorisation de licenciement, l'employeur a déjà rompu, de son fait, les relations contractuelles avec le salarié protégé, l'inspecteur du travail est tenu, pour ce motif, de refuser cette autorisation. • CE 15 déc. 2004 : *RJS 2005. 216, n° 293.*

21. Employeur compétent. Est entachée d'irrégularité l'autorisation administrative de licenciement lorsque la demande a été présentée par une personne dépourvue de qualité pour le faire. • CE 12 févr. 1993 : *RJS 1993. 248, n° 412 ; JCP E 1993. II. 520, note Crionnet.* ♦ La simple mise à disposition d'un salarié ne transfère pas à l'entreprise bénéficiaire la qualité d'employeur. • CE 6 nov. 1995 : *RJS 1996. 31, n° 41.* ♦ Aussi, dès lors que par l'effet de l'art. L. 122-12 [L. 1224-1 nouv.], les contrats de travail des salariés compris dans un transfert d'activités ont été transférés au nouvel exploitant de cette activité, la demande d'autorisation présentée par l'ancien employeur postérieurement au transfert ne peut être que rejetée. • CE 9 avr. 2004 : *RJS 2004. 638, n° 939.*

22. Enquête contradictoire. L'inspecteur du travail devant procéder à une enquête contradictoire, est nulle l'autorisation de licenciement, dès lors qu'il n'a pas été procédé à l'audition personnelle et individuelle de chaque partie intéressée. • CE 3 janv. 1968 : *D. 1968. Somm. 124.* ♦ De simples entretiens téléphoniques ne peuvent tenir lieu de cette audition personnelle. • CE 21 août 1996 : *RJS 1996. 770, n° 1191 ; Dr. ouvrier 1997. 147, note Miné.* ♦ ... Non plus qu'une audition du salarié en présence de son employeur. • CE 28 avr. 1997 : *RJS 1997. 543, n° 838.* ♦ L'employeur ne saurait procéder à une retenue de salaires correspondant au temps passé par un salarié ayant répondu à une convocation de l'inspecteur du travail. • Soc. 3 juill. 1990 : *D. 1990. IR 197.*

23. Motivation. L'inspecteur du travail ne peut se fonder sur un grief pour lequel la procédure de licenciement n'a pas été régulièrement suivie par l'employeur. • CE 28 févr. 1992 : *Lebon T. 1346*. ♦ ... Ou sur un motif non invoqué par l'employeur dans sa demande (perte de confiance). • CE 16 juin 1995 : *RJS 1995. 597, n° 911 ; ibid. 569, concl. Arrighi de Casanova.* ♦ ... Ou sur un motif ajouté par l'employeur à sa demande initiale et sur lequel le salarié a été empêché de faire valoir ses droits (inaptitude physique). • CE 7 févr. 1992 : *RJS 1992. 415, n° 760.* ♦ ... Ou sur un motif allégué par l'employeur autre que celui qui a été invoqué lors de l'entretien préalable et lors de la consultation du comité d'entreprise. • CE 28 juin 1996 : *RJS 1996. 607, n° 946 ; RJS 2010. 65, n° 82.*

24. Cumul de procédures. Sur le cumul des procédures, V. • Soc. 30 nov. 1978 : *Bull. civ. V, n° 818* • 8 juin 1979 : *ibid., n° 512* • CE 30 janv. 1981 : *Dr. soc. 1981. 339, concl. Hagelsteen* (licenciement économique) • Soc. 6 nov. 1974 : *Bull. civ. V, n° 524 ; JCP 1975. II. 18188, note Berra* (cumul des procédures dû à un cumul des mandats) • Soc. 7 juin 1995, n° 91-45.005 P : *RJS 1995. 596, n° 909 ; CSB 1995. 259, A. 48 ; JCP 1996. I. 3901, n° 20, obs. Duboeuf* (cumul des procédures protectrices prévues pour les accidentés du travail et pour les représentants du personnel) • CE 6 mai 1996 : *RJS 1996. 522, n° 812* (cumul des procédures prévues en matière de mise à pied conservatoire pour un salarié à la fois délégué syndical et représentant du personnel) • Soc. 28 oct. 2003, n° 01-42.404 P : *RJS 2004. 68, n° 78* (cumul de procédure disciplinaire et de procédure protectrice d'un représentant du personnel : le délai d'un mois pour notifier le licenciement court à compter du jour où l'employeur a reçu notification de l'autorisation, en cas de dépassement de ce délai le licenciement est sans cause réelle et sérieuse). ♦ V. • Soc., QPC, 5 janv. 2012 : *Dalloz actualité, 10 févr. 2012, obs. Ines ; D. 2012. Actu. 155 ; Dr. ouvrier 2012. 257, rapp. Struillou* (non-renvoi d'une QPC relative à la procédure disciplinaire appliquée à un salarié protégé).

25. Refus d'autorisation de licenciement délivré après l'expiration de la période de protection. Lorsque la période de protection légale a pris fin avant que l'inspecteur du travail ne rende sa décision, l'employeur retrouve le droit de licencier le salarié sans autorisation de l'autorité administrative. • Soc. 6 janv. 2016, n° 14-12.717 P : *Dalloz actualité, 25 janv. 2016, obs. Fraisse ; Dr. soc. 2016. 294, obs. Mouly ; RJS 3/2016, n° 193.*

B. MOTIFS DE L'AUTORISATION DE LICENCIEMENT

a. Licenciement pour motif personnel

26. Principes. Le licenciement d'un salarié protégé ne doit pas être en rapport avec ses fonctions représentatives et il appartient à l'inspecteur du travail de rechercher, sous le contrôle du juge de l'excès de pouvoir, si les faits reprochés au salarié sont d'une gravité suffisante pour justifier son licenciement ; en outre, pour refuser l'autorisation, l'administration a la faculté de retenir des motifs d'intérêt général relevant de son pouvoir d'appréciation de l'opportunité, sous réserve qu'une atteinte excessive ne soit pas portée à l'un ou l'autre des intérêts en présence. • CE 5 mai 1976, *SAFER d'Auvergne : Lebon 232 ; GADT, 4e éd., n° 152 ; D. 1976. 563, note Sinay ; JCP 1976. II. 18429, note Machelon ; Gaz. Pal. 1976. 2. Doctr. 520, étude Moderne ; Dr. soc. 1976. 346, concl. Dondoux ; Dr. ouvrier 1976. 425, note Cohen.* – Dans le même sens : • CE 27 juin 1979 : *D. 1980. 337, 3e esp., note Jeammaud ; ibid. IR 85, 1re esp., obs. Pélissier.*

27. Lien avec le mandat. Dès lors que, quelle que soit la gravité de la faute invoquée, la demande de licenciement ne peut être regardée comme dépourvue de tout lien avec le mandat du salarié, l'autorité administrative est tenue de la rejeter. • CE 16 juin 1995 : *RJS 1995. 599, n° 913.* – Déjà dans le même sens : • CE 31 janv. 1975 : *Lebon 76.* ♦ V. aussi • CE 8 janv. 1997 : *RJS 1997. 119, n° 174* (licenciement en rapport avec la candidature de l'intéressé).

28. Intérêt général. Sur la référence à l'intérêt général, V. • CE 5 mai 1976 : *préc. note 26* • 16 juin 1978 : *Lebon 264* • 25 févr. 1987 : *JCP 1987. II. 20846, note Moderne* • 9 oct. 1987 : *D. 1989. Somm. 142, obs. Chelle et Prétot ; JCP 1987. II. 20964, note Moderne* • 10 févr. 1992 : *D. 1992. IR 98 ; RJS 1992. 416, n° 761* • 8 nov. 1993 : *D. 1994. Somm. 243, obs. Chelle et Prétot* (n'est pas un motif d'intérêt général celui tiré de la nécessité du maintien d'un pluralisme syndical) • 29 déc. 1995 : *RJS 1996. 184, n° 307* (... ni celui tiré de l'activité personnelle du salarié protégé) • 30 déc. 1996 : *RJS 1997. 120, n° 177* (même solution) • 31 janv. 1997 : *RJS 1997. 205, n° 305* (même solution) • TA Versailles, 5 juin 1997 : *RJS 1997. 694, n° 1114* (est un motif d'intérêt général la nécessité de maintenir une représentation du collège ouvrier dans l'entreprise). ♦ La survenance de troubles sociaux quatre années auparavant ne constitue pas un motif d'intérêt général susceptible de fonder le refus d'une demande d'autorisation de licenciement. • CE 21 déc. 1994 : *RJS 1995. 113, n° 140.*

29. Prise en compte des droits conventionnels. Lorsque la demande de licenciement est fondée sur les absences répétées pour maladie du salarié, il appartient à l'autorité administrative de rechercher si ces absences sont d'une importance suffisante pour justifier le licenciement compte tenu de l'ensemble des règles applicables au contrat de travail et des conditions de fonctionnement de l'entreprise ; au nombre des règles applicables audit contrat appartiennent, lorsqu'elles existent, les conventions collectives auxquelles le contrat de travail fait référence. • CE 13 mars 1992 : ☎ *RJS 1992. 451, obs. Chelle et Prétot, n° 4 s.* • 10 févr. 1993 : ☎ *RJS 1993. 256, n° 424.* ♦ Dans le même sens : • CE 1er avr. 1992, ☎ *Moreau : Dr. soc. 1992. 689, concl. Kessler* ; *ibid. 1993. 51, note Ray* ; *AJDA 1992. 338, obs. Maugüé et Schwartz* ; *RJS 1992. 490, n° 888 ; ibid. 460, nos 12 et 13, obs. Chelle et Prétot* (prise en compte, en cas de faits de grève, des règles de l'art. L. 521-1 [L. 2511-1 nouv.]) • 6 déc. 1996 : ☎ *RJS 1997. 44, n° 60* (... en cas de salariée enceinte, de celles de l'art. L. 122-25-2 [L. 1225-4 nouv.]).

30. Retrait du permis de conduire en dehors de la vie professionnelle. Un agissement du salarié intervenu en dehors de l'exécution du contrat de travail ne peut motiver un licenciement pour faute, sauf s'il traduit la méconnaissance par l'intéressé d'une obligation découlant de ce contrat ; le fait, pour un salarié recruté sur un emploi de chauffeur, de commettre, dans le cadre de sa vie privée, une infraction de nature à entraîner la suspension de son permis de conduire ne saurait être regardé comme une méconnaissance par l'intéressé de ses obligations contractuelles à l'égard de son employeur justificative d'un licenciement. • CE 15 déc. 2010 : ☎ *RDT 2011. 99, concl. Dumortier* ; *ibid. 116, obs. Adam* ; *AJDA 2011. 527* .

31. Gravité de la faute. Caractérise une faute suffisamment grave pour justifier le licenciement d'un salarié protégé le fait : d'exprimer en des termes injurieux des désaccords avec le chef d'entreprise. • CE 15 déc. 1978 : *D. 1979. IR 330, 1re esp., obs. Langlois.* ♦ ... De s'opposer aux déplacements du directeur de l'usine. • Soc. 27 juin 1979 : *D. 1980. 337, 2e esp., obs. Jeammaud ; ibid. IR 85, 2e esp., obs. Pélissier.* ♦ ... De commettre des actes de violence ou de séquestration. • CE 25 juill. 1980 : *JS UIMM 1980. 376* • 16 juin 1978 : *Gaz. Pal. 1979. 2. 439, note Moderne* • 23 oct. 1985 : *JCP 1986. IV. 83* • 25 févr. 1987 : *JCP 1987. II. 20846, note Moderne* • 1er févr. 1989 : *D. 1989. IR 84* • 19 juill. 1991 : ☎ *RJS 1991. 583, n° 1115* • 25 févr. 1994 : ☎ *RJS 1994. 530, n° 882.* ♦ ... De participer activement et personnellement aux piquets de grève malgré deux ordonnances de référé et de n'avoir pas eu un rôle modérateur au cours d'incidents violents. • CE 12 juill. 1995 : ☎ *RJS 1995. 660, n° 1030.* ♦ ... De partir en congé sans arrêter les écritures comptables. • CE 11 févr. 1991 : ☎ *D. 1991. IR 71.* ♦ ... De commettre un vol. • CE 7 déc. 1990 : ☎ *D. 1991. IR 5.* ♦ ... De s'octroyer à lui-même des rappels et augmentations de salaire en profitant de sa délégation de pouvoir, quel que soit le bien-fondé de ses prétentions. • CE 2 févr. 1996 : ☎ *RJS 1996. 180, n° 301.* ♦ ... D'établir de fausses factures au profit d'entreprises avec lesquelles il entretenait des relations personnelles. • CE 30 déc. 1996 : ☎ *JS UIMM 1997. 138.* ♦ ... De commettre des faits de harcèlement sexuel. • CE 2 nov. 1992 : ☎ *RJS 1993. 45, n° 56.* ♦ ... De dépasser de façon répétée le crédit d'heures. • CE 17 déc. 1993 : ☎ *RJS 1994. 189, n° 263.* ♦ ... D'avoir eu, deux jours consécutifs, des retards injustifiés et de nature à perturber le fonctionnement de l'entreprise, après plusieurs sanctions antérieures pour le même type d'agissements. • CE 15 avr. 1996 : ☎ *RJS 1996. 433, n° 686.* ♦ V. aussi • CE 28 avr. 1997 : ☎ *JS UIMM 1997. 410* (absences et retards injustifiés et répétés). ♦ ... S'agissant d'un moniteur-éducateur dans un établissement d'accueil de jeunes en difficulté, de dénoncer à la gendarmerie, en violation des instructions de la direction, des faits délictueux commis par certains jeunes. • CE 12 avr. 1995 : ☎ *Dr. soc. 1996. 150, note Hennion-Moreau* . ♦ ... De ne pas respecter une règle à caractère déontologique contenue dans une note de service, peu important qu'aucune sanction disciplinaire n'ait été antérieurement infligée au salarié. • CE 11 juin 1999 : ☎ *D. 2000. Somm. 88, obs. Giraudet* ; *RJS 1999. 631, concl. Bachelier.* ♦ V. aussi, pour un manquement à la probité, de la part d'une chef-caissière, révélé par une mise à l'épreuve organisée par l'employeur : • CE 31 janv. 1997 : ☎ *RJS 1997. 290, n° 438* (autorisation de licenciement accordée).

32. Comp., pour des hypothèses dans lesquelles la gravité de la faute a été jugée insuffisante : • CE 19 déc. 1978 : *D. 1979. IR 330, 2e esp., obs. Pélissier* • 19 nov. 1980 : *Dr. ouvrier 1981. 39, concl. Latournerie* • 6 mars 1987 : *D. 1989. Somm. 144, obs. Chelle et Prétot* • 17 juin 1987 : *D. 1987. IR 164* • 13 nov. 1987 : *JCP 1988. II. 21013, note Moderne* • 4 déc. 1987 : *Lebon T. 977 ; D. 1989. Somm. 143, obs. Chelle et Prétot* • 20 févr. 1989 : *D. 1990. Somm. 139, obs. Chelle et Prétot* (faits amnistiés) • 9 juill. 1993 : ☎ *RJS 1993. 597, n° 1002* • 29 mai 1996 : ☎ *Dr. ouvrier 1997. 40, note Miné* (« petit larcin ») • 11 févr. 1998 : ☎ *RJS 1998. 392, n° 608* (vol pour une somme de 49,50 F).

33. Refus d'une modification. Le salarié protégé commet une faute d'une gravité suffisante pour justifier son licenciement en refusant une modification de son contrat ou de ses conditions de travail ne revêtant pas un caractère substantiel et ne comportant pas d'incidence sur l'exercice de son mandat. • CE 22 juin 1990 : ☎ *RJS 1990. 588, n° 887* (refus d'un emploi équivalent quant à la rémunération et aux responsabilités) • 31 juill. 1992 : ☎ *RJS 1992. 693, n° 1275* (refus d'une nouvelle affectation) • 16 févr. 1996 : ☎ *RJS 1996. 256, n° 424* (refus d'un changement d'attributions) • 6 mai 1996 : ☎ *RJS 1996. 519, n° 807* (refus d'une mutation géographique peu importante) • 10 mars 1997 : ☎ *RJS 1997. 370, n° 567* • 27 juin 1997 : ☎ *RJS 1997. 776, n° 1258.* ♦ En revanche, n'est pas fautif le refus d'accepter une modification considérée comme substantielle. • CE 14 janv. 1994 : ☎ *RJS 1994.*

440, n° 725 (refus d'un stage d'un an destiné à accroître la qualification et les connaissances du salarié). ♦ N'est pas fautif le refus du salarié protégé d'accepter une mutation, malgré une clause de mobilité, s'il est établi que la mutation est en rapport avec l'exercice du mandat. • CE 15 nov. 1996 : *Dr. ouvrier 1997. 105, note P. M.* • 29 déc. 2000 : *D. 2001. Somm. 1918, obs. Chelle et Prétot*. ♦ Pour le cas de refus de modifications substantielles justifiant le licenciement pour motif économique, V. note 48.

34. Inaptitude physique. Il appartient à l'inspecteur du travail de rechercher si l'inaptitude du salarié est telle qu'elle justifie le licenciement, compte tenu des possibilités de reclassement. • CE 11 mars 1994 : *RJS 1994. 442, n° 728* • 2 févr. 1996 : *RJS 1996. 182, n° 304*. ♦ L'inspecteur du travail doit tenir compte de l'ensemble des règles applicables au contrat de travail, des caractéristiques de l'emploi exercé à la date à laquelle elle est constatée, des exigences propres à l'exécution normale du mandat dont est investi le salarié et de la possibilité d'assurer son reclassement dans l'entreprise. • CE 1er févr. 1995 : *RJS 1995. 185, n° 263* (doit être annulée l'autorisation de licenciement uniquement fondée sur le souhait de l'intéressé de ne pas contester son licenciement et la difficulté de maintenir les relations contractuelles).

35. Cause de l'inaptitude physique. S'il appartient à l'inspecteur du travail de vérifier que l'inaptitude physique du salarié est réelle et justifie son licenciement, il n'est pas de sa compétence de rechercher la cause de cette inaptitude, y compris dans le cas où la faute invoquée résulte d'un harcèlement moral dont l'effet serait la nullité de la rupture du contrat de travail. • CE 20 nov. 2013 : *Dalloz actualité, 4 déc. 2013, obs. Ines ; Rec. 2013. 865 ; Dr. soc. 2014. 25, concl. Dumortier ; ibid. 2014. 129, note Mouly ; RJS 2014. 71, note Struillou ; ibid. 119, n° 149 ; Sem. soc. Lamy 2014, n° 1614, p. 6* • Soc. 27 nov. 2013 : *Dalloz actualité, 4 déc. 2013, obs. Ines ; Rec. 2013. 865 ; Dr. soc. 2014. 29, rapp. Sabotier ; ibid. 2014. 129, note Mouly ; RJS 2014. 71, note Struillou ; ibid. 119, n° 149 ; Sem. soc. Lamy 2014, n° 1614, p. 6 ; JS Lamy 2014, n° 358-5, obs. Hautefort.*

36. Défaut de titre légalement exigé pour l'emploi. Lorsque la demande d'autorisation de licenciement est fondée sur le défaut d'un titre légalement exigé pour l'exercice de l'emploi, il appartient seulement à l'inspecteur du travail de vérifier la réalité de ce motif. • CE 19 juin 1996 : *RJS 1996. 606, n° 945 ; CSB 1996. 315, A. 61* (pour l'agrément administratif d'un croupier de casino). ♦ Dans le cas où la demande d'autorisation de licenciement d'un salarié protégé est motivée par la circonstance que le salarié ne remplit pas les conditions légalement exigées pour l'exercice de l'emploi pour lequel il a été embauché, il appartient à l'inspecteur du travail et, le cas échéant, au ministre, de vérifier, sous le contrôle du juge de l'excès de pouvoir, que la demande d'autorisation de licencier est sans lien avec les mandats détenus et que le motif avancé est établi et justifie le licenciement, compte tenu de l'ensemble des règles applicables au contrat de travail de l'intéressé, des caractéristiques de l'emploi exercé et des exigences propres à l'exécution normale du mandat dont il est investi. • CE 15 déc. 2010 : *RDT 2011. 99, concl.Dumortier*. ♦ V. déjà : • CE 13 avr. 1988 : *Lebon 140 ; Dr. soc. 1988. 773, concl. Guillaume* (étranger sans titre de travail). ♦ Dans ce cas, la décision administrative donnant acte de la rupture a le caractère d'une autorisation de licenciement susceptible de recours. • CE 8 janv. 1997 : *RJS 1997.122, n° 179.*

37. Insuffisance professionnelle. L'insuffisance professionnelle du salarié protégé, si sa réalité est établie, justifie l'autorisation de licenciement. • CE 29 juill. 1994 : *RJS 1994. 681, n° 1156* • 29 déc. 1995 : *RJS 1996. 181, n° 303* (insuffisance non établie en l'espèce). ♦ Comp., exigeant un contrôle très circonstancié : • CE 27 sept. 1989 : *D. 1992. Somm. 160, obs. Chelle et Prétot* (à propos du licenciement d'un salarié conseiller prud'homme).

38. Perte de confiance. La perte de confiance ne peut jamais constituer par elle-même un motif pouvant servir de base à une autorisation de licenciement ; toutefois, une telle autorisation peut être délivrée lorsque la demande de l'employeur est fondée sur des éléments se rattachant au comportement du salarié qui, sans caractériser l'existence d'une faute, rendent impossible la poursuite du contrat de travail. • CE 21 déc. 2001 : *RJS 2002. 246, n° 304.*

39. Mise à la retraite. Est illégale l'autorisation administrative de licenciement fondée sur le fait que le salarié avait atteint l'âge de la retraite fixé par la convention collective, alors qu'il ne justifiait pas de cotisations suffisantes pour prétendre au versement d'une retraite à taux plein. • CE 8 févr. 1995 : *D. 1996. Somm. 227, obs. Chelle et Prétot ; RJS 1995. 187, n° 266 ; ibid. 148, concl. Arrighi de Casanova.*

b. Licenciement pour motif économique

40. Principes. En cas de demande de licenciement pour motif économique, il appartient à l'inspecteur du travail sous le contrôle du juge de l'excès de pouvoir, de rechercher si la situation de l'entreprise justifie le licenciement du salarié, en tenant compte notamment de la nécessité des réductions envisagées d'effectifs et de la possibilité d'assurer le reclassement du salarié dans l'entreprise ; en outre, pour refuser l'autorisation sollicitée, l'autorité administrative a la faculté de retenir des motifs d'intérêt général relevant de son pouvoir d'appréciation de l'opportunité, sous réserve qu'une atteinte excessive ne soit pas portée à l'un ou l'autre des intérêts en présence. • CE 18 févr. 1977, *Abellan : D. 1978. 183, note Passelecq ; Dr. soc. 1977. 166, concl. Dondoux ; Dr. ouvrier 1977. 215, note Cohen ; Gaz. Pal. 1977. 2. 509, note Moderne.* ♦ Dans le même sens : • CE 27 juin 1979 : *D. 1980. 337, 3e esp., obs. Jeammaud ; D. 1980. IR 85, obs. Pélissier* • 16 févr. 1983 : *JS UIMM 1983. 227* • 25 oct. 1985 : *Dr. soc. 1986. 107, concl. Massot* • 15 juin 1987 : *Dr. soc. 1987. 686, note Chelle et Prétot* (entreprises en règlement judiciaire) • 21 déc. 1994 : *RJS 1995. 112, n° 139* • 20 mars 1996 : *RJS 1996. 363, n° 573* (entreprise en liquidation judiciaire) • 28 mars 1997 : *RJS 1997. 459, n° 708.*

41. L'autorisation de licenciement peut valablement être accordée pour la suppression du poste d'un cadre administratif alors que la société était déficitaire depuis plusieurs exercices et que sa situation appelait d'urgence des mesures de reclassement. • CE 11 juin 1999 : *D. 1999. IR 182 ; RJS 1999. 685, n° 1093 ; ibid. 631, concl. Bachelier.*

42. V., pour des hypothèses où le licenciement économique était en rapport avec le mandat détenu par le salarié : • CE 15 déc. 1978 : *Dr. soc. 1979. 359, note Moderne* • 30 janv. 1981 : *Dr. soc. 1981. 339, concl. Hagelsteen* • 28 janv. 1991 : *RJS 1991. 323, n° 610 ; Dr. ouvrier 1991. 137.*

43. Procédure. L'inspecteur du travail, auquel le déroulement de la procédure consultative préalable au licenciement économique doit être soumis, est tenu de refuser l'autorisation de licenciement lorsque cette procédure consultative a été entachée d'irrégularité. • CE 29 oct. 1997 : *RJS 1997. 860, n° 1401.*

44. Reclassement. Sur l'obligation de reclassement, V. • CE 24 févr. 1978 : *Lebon T. 958* • 2 oct. 1981 : *JS UIMM 1982. 73* • 16 janv. 1985 : *Dr. ouvrier 1985. 331* • 24 oct. 1990 : *RJS 1991. 118, n° 217* • 21 oct. 1991 : *Lebon T. 1233* (insuffisance de la création d'une antenne de reclassement) • 11 janv. 1993 : *RJS 1993. 256, n° 425* • 3 juin 1994 : *RJS 1994. 601, n° 1015* (la rupture du contrat au cours de l'essai ne démontre pas à elle seule le caractère fictif du reclassement dans cet emploi) • 3 juin 1994 : *RJS 1994. 681, n° 1154* • 15 avr. 1996 : *RJS 1996. 434, n° 687* (absence de précisions sur le poste offert) • 29 déc. 1997 : *RJS 1998. 204, n° 331* (proposition de transformer l'emploi à temps complet du salarié en emploi à temps partiel) • 26 juin 1994 : *RJS 2002. 936, n° 1256* (l'existence d'une période d'essai n'est pas elle seule de nature à priver le reclassement de son caractère sérieux). ♦ Pour satisfaire à son obligation de reclassement, l'employeur doit procéder à un examen individuel des possibilités de reclassement du salarié protégé. • CE 15 nov. 1996 : *RJS 1997. 45, n° 61* • 30 déc. 1996 : *RJS 1997. 120, n° 177.* ♦ Il appartient à l'autorité administrative d'examiner les possibilités de reclassement en se fondant sur la situation de l'ensemble des sociétés appartenant au même groupe. • CE 11 juin 1993 : *JCP E 1993. Pan. 817* • 25 avr. 1994 : *RJS 1994. 602, n° 1016.* ♦ La recherche des possibilités de reclassement doit avoir lieu dans les sociétés du groupe, y compris à l'étranger pour les salariés intéressés. • CE 4 févr. 2004 : *RJS 2004. 300, n° 436.* ♦ *Contra :* • CE 22 mai 1995 : *RJS 1995. 517, n° 794.* ♦ Le refus préalable par un salarié d'un reclassement pour un certain type de poste ne dispense pas l'employeur d'exprimer des propositions de reclassement concrètes, précises et personnalisées. • CE 13 avr. 2005 : *RJS 2005. 626, n° 868 ; JS Lamy 2005, n° 171-4 ; Sem. soc. Lamy 2005, n° 1218, p. 12.*

45. Une société ne peut être regardée comme ayant satisfait à l'obligation de reclassement dès lors qu'elle n'a établi ni qu'elle ait effectivement recherché le reclassement du salarié sur un emploi équivalent, ni que le reclassement fût impossible sans procéder à l'éviction d'un autre salarié. • CE 11 janv. 1995 : *RJS 1995. 353, n° 530* • 30 oct. 1995 : *RJS 1996. 89, n° 138* (nécessité d'examiner les possibilités de reclassement au sein de la branche d'activité reprise par le cessionnaire, en cas de cession partielle). ♦ ... Ou dès lors que son recours à du personnel intérimaire ou sous contrat à durée déterminée s'est fortement accru à l'époque du licenciement. • CE 30 juill. 1997 : *RJS 1997. 693, n° 1113.* ♦ ... Ou lorsque la liste des emplois disponibles n'a fait l'objet que d'une diffusion restreinte. • CE 15 déc. 1997 : *RJS 1998. 204, n° 331.* ♦ La circonstance que les représentants avaient sollicité le bénéfice de l'aide à la reconversion ne dispense pas l'employeur d'examiner les possibilités de reclassement. • CE 31 mars 1995 : *RJS 1995. 439, n° 671* • 22 janv. 1996 : *RJS 1996. 183, n° 305.* ♦ Sur la validité d'offres de reclassement sous condition de non-reprise d'ancienneté et de période d'essai, V. • CE 3 juin 1994 : *RJS 1994. 601, n° 1015.* ♦ Sur l'incompétence du juge judiciaire en ce qui intéresse l'obligation de reclassement, V. • Soc. 25 nov. 1997, n° 94-45.185 P : *RJS 1998. 52, n° 70.*

46. Fin de chantier. En cas de licenciement en fin de chantier, l'autorité administrative n'a pas à rechercher si l'employeur dispose sur un autre chantier d'un emploi équivalent qu'il pourrait proposer à ce salarié. • CE 25 mai 1983 : *Dr. soc. 1983. 622, concl. Stirn.*

47. Cessation d'activité. Lorsque la demande est fondée sur la cessation d'activité de l'entreprise, celle-ci n'a pas à être justifiée par l'existence de mutations technologiques, de difficultés économiques ou de menaces pesant sur la compétitivité de l'entreprise ; il appartient à l'autorité administrative de contrôler, outre le respect des exigences procédurales légales et des garanties conventionnelles, que la cessation d'activité de l'entreprise est totale et définitive, que l'employeur a satisfait, le cas échéant, à l'obligation de reclassement et que la demande ne présente pas de caractère discriminatoire ; il ne lui appartient pas, en revanche, de rechercher si cette cessation d'activité est due à la faute ou à la légèreté blâmable de l'employeur, sans que sa décision fasse obstacle à ce que le salarié, s'il s'y estime fondé, mette en cause devant les juridictions compétentes la responsabilité de l'employeur en demandant réparation des préjudices que lui aurait causé cette faute ou légèreté blâmable dans l'exécution du contrat de travail. • CE 18 avr. 2013 : *RDT 2013. 394, concl. Dumortier* ; *ibid. 2013. 406, obs. Sachs* .

C. OFFICE DU JUGE JUDICIAIRE

48. Existence du contrat de travail. L'octroi d'une autorisation administrative de licenciement ne prive pas – non plus – la juridiction prud'homale du pouvoir de vérifier l'existence d'un contrat de travail. • Soc. 30 nov. 2004, n° 02-43.515 P : *D. 2005. IR 168* ; *RJS 2005. 97, n° 118.*

49. Licenciement pour inaptitude. Dès lors que l'inaptitude du salarié était la conséquence exclusive du refus de l'employeur d'accepter dans l'entreprise une représentation du personnel et syndicale, la question de la légalité de cette décision, dont dépendait l'appréciation du bien-fondé des demandes du salarié, présentait un caractère sérieux, de sorte qu'il appartenait aux juges du fond d'inviter les parties à la faire trancher par la juridiction administrative en lui posant une question préjudicielle. • Soc. 12 juill. 2010 : *JS Lamy 2010, n° 284-5, obs. Tourreil ; Dr. ouvrier 2011. 145, obs. Chalon et Substelny ; JCP S 2010. 1445, obs. Brissy.* ♦ Le juge judiciaire est, toutefois, compétent pour apprécier les fautes commises par l'employeur pendant la période antérieure au licenciement. • Soc. 10 févr. 1999, n° 95-43.561 P : *D. 1999. IR 58 ; RJS 1999. 233, n° 390* (attitude discriminatoire de l'employeur fondée sur l'état de santé du salarié et sa qualité de salarié protégé).

50. Licenciement pour faute. Si la faute du salarié dont le licenciement a été autorisé ne peut être discutée devant les tribunaux judiciaires, ceux-ci ne sont pas pour autant incompétents et doivent, soit surseoir à statuer s'ils estiment que le bien-fondé de l'autorisation administrative est sérieusement contesté, soit débouter l'intéressé de sa demande de dommages-intérêts pour licenciement sans cause réelle et sérieuse et statuer sur ses demandes en paiement des indemnités de préavis et de licenciement en appréciant la gravité de la faute. • Soc. 18 mars 1982 : *Bull. civ. V, n° 190.* ♦ Le juge judiciaire peut, en revanche, apprécier le degré de gravité des faits qui sont reprochés au salarié protégé afin d'évaluer son droit aux indemnités de rupture. • Soc. 25 avr. 1990, n° 87-44.069 P : *D. 1990. IR 133* • 20 juin 2012 : *Dalloz actualité, 9 juill. 2012, obs. Siro ; D. 2012. Actu. 1746* ; *RJS 2012. 701, n° 825 ; JCP S 2012. 1386, obs. Boulmier.* ♦ Il ne peut toutefois examiner que les fautes retenues par l'autorité administrative. • Soc. 10 juill. 2001, n° 98-42.808 P : *RJS 2001. 789, n° 1159 ; TPS 2001, n° 333.* ♦ De même, il revient au juge judiciaire d'apprécier le respect de la procédure applicable pour tous les éléments postérieurs à la notification par l'administration de son autorisation. • Soc. 4 juill. 2012 : *Dalloz actualité, 12 sept. 2012, obs. Perrin ; RJS 2012. 702, n° 826 ; JCP S 2012. 1423, obs. Lahalle.*

51. Le ministre du travail qui autorise le licenciement d'un salarié protégé pour des faits fautifs commis au cours d'une grève a nécessairement reconnu à ces faits le caractère d'une faute lourde, appréciation qui ne peut être remise en cause par le juge judiciaire. • Soc. 26 janv. 1994, n° 92-42.050 P : *Dr. soc. 1994. 390 et 391, obs. Waquet* ; *CSB 1994. 79, A. 17* • 26 janv. 1994, n° 92-42.049 P.

52. Harcèlement. Si l'autorisation de licenciement accordée par l'autorité administrative ne permet plus au salarié de contester la cause ou la validité de son licenciement en raison d'un harcèlement, elle ne le prive pas du droit de demander réparation du préjudice qui en est résulté. • Soc. 15 nov. 2011 : *Dalloz actualité, 13 déc. 2011, obs. Perrin ; RJS 2012. 143, n° 173 ; JS Lamy 2012, n° 313-3, obs. Tourreil ; JCP S 2012. 1061, obs. Leborgne-Ingelaere.*

53. Transfert d'entreprise. Lorsque, à la date de la cession de l'entreprise, les contrats de travail des salariés protégés, dont le licenciement a été refusé par l'inspecteur du travail, sont toujours en cours, ils se continuent de plein droit avec le nouvel employeur. • Soc. 28 mars 1989 : *Bull. civ. V, n° 263 ; D. 1989. IR 130.*

54. Licenciement pour motif économique. Le juge judiciaire ne peut, sans violer le principe de la séparation des pouvoirs, apprécier le caractère réel et sérieux du licenciement d'un salarié protégé en se fondant sur les motifs de la décision de l'autorité administrative qui, bien que permettant de remettre en cause le bien-fondé de la rupture, n'en sont pas le soutien nécessaire. • Soc. 22 janv. 2014 : *Dalloz actualité, 17 avr. 2014, obs. Ines.* ♦ Ni apprécier le contrôle du respect des obligations conventionnelles de l'employeur fait partie des attributions de l'inspecteur du travail. • Soc. 3 mars 2010, n° 08-42.526 P : *Dalloz actualité, 24 mars 2010, obs. Ines ; D. 2010. AJ 712* ; *RDT 2010. 246, obs. Serverin* ; *Dr. soc. 2010. 726, obs. Struillou* ; *JCP S 2010. 1312, obs. Kerbouc'h* • 26 oct. 2010, n° 09-42.409 P : *D. 2010. AJ 2709* ; *JS Lamy 2011, n° 291-24, obs. Gardair-Rérolle* • 27 mai 2015, n° 13-26.985 P : *Dalloz actualité, 15 juin, obs. Ines ; D. 2015. Actu. 1213* ; *RJS 8-9/2015, n° 578.* ♦ Ni apprécier la mise en œuvre des critères retenus pour fixer l'ordre des licenciements. • Soc. 11 déc. 2001, n° 99-44.994 P : *D. 2002. IR 255* ; *RJS 2002. 168, n° 202.* ♦ ... Ou le respect de l'obligation de reclassement. • Soc. 25 nov. 1997 : *D. 1998. IR 3*.

55. Appréciation d'une situation de co-emploi. A l'expiration de la période de protection, le salarié protégé est autorisé à saisir le juge judiciaire pour la reconnaissance d'un co-emploi, dès lors que la décision administrative qui avait autorisé le licenciement du salarié ne s'était pas prononcée sur cette situation de co-emploi. • Soc. 30 sept. 2015, n° 13-27.872 P : *D. 2015. Actu. 2017* ; *RDT 2015. 651, obs. Dechristé* ; *RJS 12/2015, n° 794* ; *JCP S 2015. 1414, obs. Loiseau.*

Art. L. 2421-4 La procédure prévue à la présente sous-section s'applique également au salarié investi de l'un des mandats suivants :

1° Membre du groupe spécial de négociation et membre du comité d'entreprise européen ;

2° Membre du groupe spécial de négociation et représentant au comité de la société européenne ;

(L. n° 2008-649 du 3 juill. 2008) « 2° *bis* Membre du groupe spécial de négociation et représentant au comité de la société coopérative européenne ;

« 2° *ter* Membre du groupe spécial de négociation et représentant au comité de la société issue de la fusion transfrontalière ; »

3° Membre d'une commission paritaire d'hygiène, de sécurité et des conditions de travail en agriculture prévue à l'article L. 717-7 du code rural et de la pêche maritime ;

4° Représentant du personnel d'une entreprise extérieure, désigné au comité d'hygiène, de sécurité et des conditions de travail d'un établissement comprenant au moins une installation classée figurant sur la liste prévue *(L. n° 2013-619 du 16 juill. 2013, art. 11-V)* « à l'article L. 515-36 » du code de l'environnement ou mentionnée à *(Ord. n° 2011-91 du 20 janv. 2011)* « l'article L. 211-2 du code minier ».

SOUS-SECTION 3 **REPRÉSENTANT DES SALARIÉS AU CONSEIL D'ADMINISTRATION OU DE SURVEILLANCE DES ENTREPRISES** *(L. n° 2013-504 du 14 juin 2013, art. 9-VI).*

Art. L. 2421-5 Le licenciement d'un représentant des salariés au conseil d'administration ou de surveillance d'une entreprise du secteur public *(L. n° 2013-504 du 14 juin 2013, art. 9-VI)* « , d'une société anonyme ou d'une société en commandite par actions », envisagé par l'employeur, est soumis pour avis au conseil d'administration ou de surveillance dont il est membre.

La demande d'autorisation de licenciement est adressée à l'inspecteur du travail dont dépend l'établissement dans lequel est employé le salarié.

En cas de faute grave, l'employeur peut prononcer la mise à pied immédiate de l'intéressé dans l'attente de la décision définitive. Dans ce cas, le conseil d'administration ou de surveillance est convoqué sans délai et donne son avis sur le projet de licenciement de l'intéressé.

Si le licenciement est refusé par l'inspecteur du travail ou l'autorité qui en tient lieu, la mise à pied est annulée et ses effets sont supprimés de plein droit. – *[Anc. art. 29, al. 1er à 3, L. n° 83-675 du 26 juill. 1983.]*

SOUS-SECTION 4 **REPRÉSENTANT DES SALARIÉS LORS D'UNE PROCÉDURE DE SAUVEGARDE, DE REDRESSEMENT OU DE LIQUIDATION JUDICIAIRES**

Art. L. 2421-6 La procédure d'autorisation de licenciement d'un salarié élu désigné comme représentant des salariés dans le cadre d'une procédure de sauvegarde, de redressement ou de liquidation judiciaire *[judiciaires]* est soumise aux dispositions de l'article L. 662-4 du code de commerce.

BIBL. ▶ CHAGNY, *Dr. soc. 2008. 1003* .

SECTION II **PROCÉDURE APPLICABLE AU SALARIÉ TITULAIRE D'UN CONTRAT DE TRAVAIL À DURÉE DÉTERMINÉE**

Art. L. 2421-7 La rupture du contrat de travail à durée déterminée d'un salarié mentionné à l'article L. 2412-1 est soumise à la même procédure que celle prévue à la section 1, applicable en cas de licenciement.

Art. L. 2421-8 L'arrivée du terme du contrat de travail à durée déterminée n'entraîne sa rupture qu'après constatation par l'inspecteur du travail, saisi en application de l'article L. 2412-1, que le salarié ne fait pas l'objet d'une mesure discriminatoire.

L'employeur saisit l'inspecteur du travail un mois avant l'arrivée du terme.

L'inspecteur du travail statue avant la date du terme du contrat. – *[Anc. art. L. 425-2, al. 2, L. 436-2, al. 2 et L. 412-18, al. 8.]*

La recodification étant intervenue à droit constant, l'art. L. 2421-8 C. trav., selon lequel l'arrivée du terme du contrat à durée déterminée n'entraîne sa rupture qu'après constatation, par l'inspecteur du travail saisi par l'employeur, que le salarié ne fait pas l'objet d'une mesure discriminatoire, bénéficie – comme avant la recodification – aux conseillers prud'hommes pendant la période de six mois suivant la cessation de leur mandat. • Soc. 13 mars 2012 : *Dalloz actualité, 23 avr. 2012, obs. Ines ; D. 2012. Actu. 885 ; RJS 2012. 496, n° 587 ; JCP S 2012. 1251, obs. Boulmier.* ♦ Même solution pour un membre du CHSCT. • Soc. 23 oct. 2012 : *Dalloz actualité, 15 nov. 2012, obs. Ines ; D. 2012. Actu. 2610 ; RJS 2013. 59, n° 59 ; JS Lamy 2012, n° 333-334-7, obs. Hautefort ; JCP S 2013. 1037, obs. Puigelier.*

Art. L. 2421-8-1 *(L. n° 2015-994 du 17 août 2015, art. 49)* Pour les salariés saisonniers *(L. n° 2016-1088 du 8 août 2016, art. 86)* « définis au 3° de l'article L. 1242-2 » pour lesquels, en application d'une convention ou d'un accord collectif étendu ou du contrat de travail, l'employeur est engagé au terme du contrat à reconduire le contrat pour la saison suivante, l'article L. 2421-8 ne s'applique pas lors de l'arrivée du terme du contrat à durée déterminée.

SECTION III **PROCÉDURE APPLICABLE EN CAS DE TRANSFERT PARTIEL D'ENTREPRISE OU D'ÉTABLISSEMENT**

Art. L. 2421-9 Lorsque l'inspecteur du travail est saisi d'une demande d'autorisation de transfert, en application de l'article L. 2414-1, à l'occasion d'un transfert partiel d'entreprise ou d'établissement, il s'assure que le salarié ne fait pas l'objet d'une mesure discriminatoire.

Si l'autorisation de transfert est refusée, l'employeur propose au salarié un emploi similaire assorti d'une rémunération équivalente dans un autre établissement ou une autre partie de l'entreprise. – *[Anc. art. L. 412-18, al. 2, L. 425-1, al. 6, et L. 436-1, al. 5.]*

SECTION IV **PROCÉDURE APPLICABLE EN CAS D'INTERRUPTION OU DE NON-RENOUVELLEMENT D'UNE MISSION DE TRAVAIL TEMPORAIRE**

Art. L. 2421-10 L'interruption ou la notification du non-renouvellement par l'entrepreneur de travail temporaire de la mission d'un salarié mentionné à l'article L. 2413-1 est soumise à la même procédure que celle prévue à la section I, applicable en cas de licenciement.

CHAPITRE II **CONTESTATION DE LA DÉCISION ADMINISTRATIVE**

BIBL. ▸ ALIPRANTIS, *Dr. soc. 1976, n° spéc. sept.-oct., 338.* – DESJARDINS, *ibid. 1992. 766* (réintégration). – PICCA et SAVATIER, *ibid. 1983. 89.* – REY, *RJS 1997. 655* (recours hiérarchique). – SAVATIER, *Dr. soc. 1980. 330 ; RJS 1991. 67.* – SINAY, *Dr. soc. 1983. 413 ; ibid. 1994. 552.*

SECTION PREMIÈRE **DROIT À RÉINTÉGRATION DANS L'EMPLOI OU DANS LE MANDAT**

Art. L. 2422-1 Lorsque le ministre compétent annule, sur recours hiérarchique, la décision de l'inspecteur du travail autorisant le licenciement d'un salarié investi de l'un des mandats énumérés ci-après, ou lorsque le juge administratif annule la décision d'autorisation de l'inspecteur du travail ou du ministre compétent, le salarié concerné a le droit, s'il le demande dans un délai de deux mois à compter de la notification de la décision, d'être réintégré dans son emploi ou dans un emploi équivalent. Cette disposition s'applique aux salariés investis d'un des mandats suivants :

1° Délégué syndical ou ancien délégué syndical ;

2° Délégué du personnel, titulaire ou suppléant, ancien délégué du personnel ou candidat aux fonctions de délégué du personnel, salarié ayant demandé à l'employeur l'organisation des élections pour la désignation des délégués du personnel ;

3° Membre élu du comité d'entreprise, titulaire ou suppléant, représentant syndical au comité d'entreprise, ancien membre ou candidat aux fonctions de membre du comité d'entreprise, salarié ayant demandé à l'employeur l'organisation des élections au comité d'entreprise ;

4° Membre du groupe spécial de négociation, pour la mise en place d'un comité d'entreprise européen ou d'une instance de consultation, et membre du comité d'entreprise européen ;

(L. n° 2008-649 du 3 juill. 2008) « 5° Membre du groupe spécial de négociation et représentant au comité de la société européenne ;

« 5° *bis* Membre du groupe spécial de négociation et représentant au comité de la société coopérative européenne ;

« 5° *ter* Membre du groupe spécial de négociation et représentant au comité de la société issue de la fusion transfrontalière ; »

6° Salarié siégeant ou ayant siégé en qualité de représentant du personnel au comité d'hygiène, de sécurité et des conditions de travail ;

7° Représentant des salariés au conseil de surveillance ou d'administration des entreprises du secteur public ;

(L. n° 2015-994 du 17 août 2015, art. 1er, en vigueur le 1er janv. 2016) « 8° Membre de la commission mentionnée à l'article L. 23-111-1, ancien membre ou salarié figurant sur la propagande électorale en vue de la constitution de cette commission. » — *[Anc. art. L. 412-19, al. 3, L. 425-3, al. 4, et L. 436-3, al. 4.]*

I. LICENCIEMENTS AUTORISÉS

A. CONFIRMATION DE L'AUTORISATION

1. Principe. En constatant que le Conseil d'État avait annulé le jugement du tribunal administratif et déclaré valable l'autorisation ministérielle, une cour d'appel a justement déduit que le licenciement prononcé antérieurement reprenait effet à l'égard du salarié qui, entre-temps, avait été réintégré. • Soc. 19 janv. 1989 : *Dr. ouvrier 1989. 488, note Alvarez-Pujana.* ♦ Sur l'exception constituée par le prononcé du sursis à exécution par le Conseil d'État, V. • Soc. 17 juill. 1990 : *D. 1990. IR 197 ; RJS 1990. 475, n° 701* • 17 sept. 2003, n° 02-60.029 P.

B. RETRAIT DE L'AUTORISATION

2. Retrait de l'autorisation. Le retrait de l'autorisation administrative de licenciement produit les mêmes effets que son annulation. • Soc. 30 avr. 2002, n° 99-44.995 P : *RJS 2002. 653, n° 848 ; JCP E 2002. 1764, obs. Césaro* • 8 oct. 2003 : *RJS 2003. 987, n° 1415.* ♦ Comp. : • Soc. 12 févr. 1991, n° 88-41.475 P : *RJS 1991. 185, n° 354.*

C. ANNULATION DE L'AUTORISATION

1° CONDITIONS

a. Recours gracieux

3. Principe. Le licenciement prononcé en application d'une autorisation administrative ultérieurement rétractée par son auteur n'est pas illicite. • Soc. 1er avr. 1998 : *RJS 1998. 394, n° 610.*

b. Recours hiérarchique

4. Personnes habilitées. Le recours hiérarchique tendant à l'annulation d'une décision de refus d'autorisation de licenciement d'un salarié protégé employé par un comité d'entreprise doit être formé par des personnes ayant reçu mandat à cette fin du comité. • CE 31 mars 1995 : *RJS 1995. 433, n° 662.*

5. Modalités. L'autorisation de licenciement est soumise au contrôle hiérarchique dans les conditions de droit commun ; une décision de refus, qui crée des droits au profit du salarié, ne peut être annulée ou réformée par le ministre que pour des motifs de légalité, compte tenu des circonstances de fait et de droit existant à la date à laquelle s'est prononcé l'inspecteur du travail. • CE 6 juill. 1990 : *AJDA 1991. 230, note Belloubet-Frier ; D. 1991. Somm. 147, obs. Frossard ; ibid. 1992. Somm. 159, obs. Chelle et Prétot ; Dr. soc. 1991. 117, note Prétot ; RJS 1990. 474, n° 700.* ♦ En revanche, la légalité de la décision par laquelle le ministre, après avoir annulé la décision de l'inspecteur du travail, statue sur la demande du chef d'entreprise doit être appréciée au regard des circonstances de fait et de droit prévalant à la date de la décision ministérielle. • CE 10 mars 1997 : *RJS 1997. 372, n° 571 ; LPA 1er août 1997, note Gherari* • 28 mars 1997 : *RJS 1997. 459, n° 708.* ♦ Si, entre-temps, le salarié a perdu la qualité de représentant protégé, le ministre n'est plus compétent, après avoir annulé la décision de l'inspecteur du travail, pour refuser ou accorder l'autorisation sollicitée. • CE 30 juin 1997 : *RJS 1997. 622, n° 996 ; JCP E 1997. Pan. 849.*

6. Pouvoirs du ministre. L'expiration du délai de protection ne saurait avoir pour effet de priver le ministre du travail du pouvoir de contrôler une autorisation de licenciement antérieure. • CE 16 sept. 1983 : *Dr. soc. 1984. 120, concl. Pauti.* ♦ Mais lorsque la durée de protection est expirée après la décision de l'inspecteur du travail, le ministre n'a plus compétence, après avoir annulé cette décision, pour statuer sur l'autorisation de licenciement sollicitée. • CE 30 juin 1997 : *préc. note 5.*

7. L'amnistie étant sans effet sur la légalité des décisions de l'inspecteur du travail autorisant les licenciements, le ministre peut se prononcer sur leur légalité, mais ne peut, sans commettre d'erreur de droit, se fonder sur la loi d'amnistie pour les annuler. • CE 13 mai 1992 : *D. 1992. IR 174.*

8. Le droit à réintégration reconnu à un salarié investi d'un mandat représentatif à la suite de l'annulation sur recours hiérarchique d'une autorisation de licenciement n'est pas subordonné au caractère définitif de cette annulation. • Soc. 14 janv. 1988 : *Bull. civ. V, n° 39 ; D. 1988. IR 34* • Crim. 14 mars 2006 : *Bull. crim. n° 72.* ♦ Le caractère définitif de la décision administrative privant le licenciement d'un salarié protégé de validité n'a d'effet que sur l'exigibilité du paiement de l'indemnité prévue à l'art. L. 412-19 [L. 2422-1 nouv.] destinée à réparer le préjudice subi par le salarié évincé de l'entreprise, qui perdure tant que la réintégration qu'il a demandée ne lui est pas accordée. • Soc. 2 févr. 2006, n° 05-41.811 P : *D. 2006. IR 470.*

9. Annulation d'un recours hiérarchique confirmatif. L'annulation de la décision ministérielle confirmant l'autorisation de licencier donnée par l'inspecteur du travail n'a pas pour effet d'autoriser le salarié à demander sa réintégration, l'autorisation de licenciement accordée par l'inspecteur du travail subsistant malgré l'annulation de la décision ministérielle et n'ayant pas fait l'objet d'un recours devant le juge administratif. • Crim. 17 févr. 2004 : *Bull. crim. n° 45 ; RJS 2004. 386, n° 569.*

10. Annulation d'un recours hiérarchique infirmatif. L'annulation de l'autorisation administrative de licenciement par l'autorité hiérarchique ne laisse rien subsister de celle-ci, peu important l'annulation ultérieure par la juridiction administrative de la décision de l'autorité hiérarchique. • Soc. 27 nov. 2012 : *Dalloz actualité, 11 janv. 2013, obs. Siro ; JCP S 2013. 1073, obs. Bossu.*

c. Recours contentieux

11. Intérêt à agir des syndicats. Sur les conditions permettant à un syndicat de former un recours pour excès de pouvoir contre la décision de l'inspecteur du travail autorisant le licenciement d'un représentant, V. • CE 10 avr. 1992 : *JCP E 1992. I. 162, n° 10, obs. Dugrip ; RFDA 1993. 261, concl. Hubert.* ♦ V. aussi • CE 13 mai 1992 : *RJS 1992. 626, n° 1128* (un chef d'entreprise est sans intérêt à demander au ministre des affaires sociales de rapporter une décision d'autorisation de licenciement qui lui a donné satisfaction). ♦ Sur le défaut d'intérêt à agir de l'employeur primitif en cas de transfert d'entreprise, V. • CE 5 mai 1993 : *RJS 1993. 446, n° 763.*

12. Étendue du contrôle du juge administratif. Sur l'étendue du contrôle opéré par le juge administratif, V. note 8 ss. art. L. 2421-3.

13. Le juge administratif n'a pas à contrôler la régularité de la procédure conventionnelle préalable à un licenciement. • CE 12 mars 1993 : *RJS 1993. 366, n° 634.* ♦ Comp. • Soc. 13 juill. 2004, n° 01-42.943 P : *JS Lamy 2004, n° 153-37* (le respect de la procédure conventionnelle ne peut être apprécié que par l'autorité administrative).

14. Le contrôle exercé par la cour administrative d'appel sur la motivation des décisions de l'autorité administrative procède d'une appréciation souveraine qui ne peut être discutée devant le juge de cassation. • CE 24 mars 1999 : *RJS 1999. 509, n° 832.*

15. Griefs de l'employeur. L'employeur ne peut invoquer à l'appui de son recours contentieux un motif différent de celui invoqué initialement. • CE 8 janv. 1997 : *RJS 1997. 121, n° 178* (fautes du salarié substituées à la perte de confiance).

16. Remise en cause d'un jugement d'annulation. L'annulation par le Conseil d'État d'un jugement mettant à néant une autorisation de licenciement a pour effet de restituer toute sa validité à cette autorisation ; l'employeur ne saurait se voir reprocher d'avoir refusé la réintégration et être condamné pour entrave. • Cass., ch. mixte, 3 déc. 1982, n° 80-90.841 P : *D. 1984. 233, note Mayaud ; Dr. soc. 1983. 89, concl. Picca, note Savatier.* – Dans le même sens : • Soc. 10 janv. 1989 : *Bull. civ. V, n° 1.*

2° CONSÉQUENCES

a. Droit à réintégration

17. Caractère immédiat. Le droit à réintégration reconnu à un salarié à la suite de l'annulation d'une décision autorisant son licenciement n'est pas subordonné au caractère définitif de cette annulation. • Soc. 14 janv. 1988, n° 86-41.907 P. • 14 mars 2006 : *Bull. crim. n° 72.* ♦ Il ne trouve exception qu'en cas de sursis à exécution prononcé par le Conseil d'État. • CE 17 juill. 1990 : *RJS 1990. 475, n° 701.* ♦ Une nouvelle autorisation administrative de licencier ne peut tenir en échec le droit à réintégration que le salarié tient de l'annulation par le juge administratif d'une précédente autorisation. • Soc. 10 déc. 1997, n° 94-45.337 P : *RJS 1998. 50, n° 69.* ♦ Sur la situation d'un salarié investi de nouveaux mandats, après infirmation de la décision ordonnant sa réintégration, V. • Soc.

16 déc. 1997, n° 94-45.508 P : *RJS 1998. 121, n° 185.* ♦ Sur la proposition d'un poste équivalent, V. note 45.

18. Personnes habilitées. Doit être rejetée la demande de réintégration dès lors qu'elle n'a pas été faite pendant le délai légal et que le syndicat demandeur ne justifiait d'aucun mandat pour le faire. • Soc. 22 mars 1995, n° 93-42.183 P : *D. 1995. IR 95 ; JCP 1996. I. 3901, n° 21, obs. Chevillard.*

19. Autorité sur le juge judiciaire. L'annulation d'une autorisation administrative de licenciement, qui s'impose au juge judiciaire, emporte pour le salarié concerné droit à réintégration, même si le licenciement autorisé a été notifié à l'issue de la période de protection. • Soc. 1er oct. 2003, n° 01-42.299 P : *D. 2004. Somm. 380, obs. Verdier ; Dr. soc. 2003. 1136, obs. Savatier ; RJS 2003. 957, n° 1415.* ♦ Il ne peut être déduit, de la simple demande en référé d'une provision à valoir sur l'indemnité légale du licenciement prononcé en l'état d'une autorisation contestée devant la juridiction administrative par les salariés, une manifestation sans équivoque de leur volonté de renoncer pour l'avenir à leur droit à réintégration. • Même arrêt.

20. Mise en œuvre du droit à réintégration. L'annulation d'une autorisation administrative de licenciement emporte pour le salarié droit à réintégration dans son emploi ou, si ce dernier n'existe plus ou n'est plus vacant, dans un emploi équivalent comportant le même niveau de rémunération, la même qualification et les mêmes perspectives de carrière et permettant l'exercice du mandat représentatif. • Soc. 24 janv. 1990, n° 89-41.003 P : *D. 1991. Somm. 146, obs. Frossard ; Dr. soc. 1990. 328, rapp. Waquet .* ♦ Mais, s'agissant d'un délégué syndical, l'annulation n'entraîne pas de plein droit la réintégration du délégué dans son mandat. • Soc. 24 janv. 1990, n° 89-60.004 P : *D. 1991. Somm. 156, obs. Frossard .* ♦ Comp. : • Crim. 22 nov. 1983 : *JCP 1985. II. 20519, note Desjardins.* ♦ La nouvelle désignation en qualité de délégué syndical ne peut concerner un autre établissement que celui où le salarié est réintégré. • Crim. 17 déc. 1996 : *Bull. crim. n° 472 ; RJS 1997. 285, n° 432.*

21. Si la réintégration d'un représentant n'interdit pas à l'employeur de former une demande d'autorisation de licenciement pour motif économique, ce motif ne peut être tiré de la seule circonstance que l'emploi initialement occupé par le salarié n'est plus disponible au moment de la réintégration. • CE 3 oct. 1990 : *D. 1990. IR 270 ; RJS 1990. 656, n° 999.*

22. Droit électoral. La demande de réintégration, à condition qu'elle ait été formée dans le délai, et même si elle n'a pas été suivie d'effet, confère au salarié la qualité d'électeur et d'éligible. • Soc. 7 juill. 1983, n° 83-60.060 P : *Dr. soc. 1984. 141, note Savatier* • 31 janv. 1989 : *ibid. V, n° 86.* – Dans le même sens : • Soc. 10 déc. 1996 : *RJS 1997. 43, n° 58* (le salarié dont la réintégration a été demandée fait partie du personnel de l'entreprise pour l'appréciation de l'existence d'une section syndicale). ♦ Même solution en cas d'annulation sur recours contentieux d'une décision de l'inspecteur du travail. • Soc. 13 juill. 1993, n° 92-60.034 P : *RJS 1993. 534, n° 895* • 30 avr. 2002, n° 01-60.765 P : *RJS 2002. 653, n° 848* (électorat et éligibilité après un retrait d'autorisation). ♦ Lorsqu'un délégué syndical, licencié après autorisation, n'a pu être candidat aux élections professionnelles organisées dans l'entreprise postérieurement à son licenciement, le syndicat est en droit, si l'intéressé demande sa réintégration à la suite de l'annulation de cette autorisation, de le désigner de nouveau en qualité de délégué syndical. • Soc. 14 nov. 2013 : *Dalloz actualité, 5 déc. 2013, obs. Ines ; D. 2013. Actu. 2704 ; RJS 1/2014, n° 58.*

23. Protection du salarié réintégré. Lorsqu'une première autorisation de licenciement intervenue moins de six mois après l'expiration du mandat du salarié protégé a été annulée sur recours hiérarchique, le représentant bénéficie de la protection exceptionnelle pendant une nouvelle durée de six mois à compter de sa réintégration dans l'entreprise. • CE 13 mai 1992 : *Dr. soc. 1992. 693, concl. Froment ; RJS 1992. 557, n° 1009.*

24. Transfert d'entreprise. Le contrat de travail du salarié dont l'autorisation de licenciement a été annulée est transféré au repreneur de l'entreprise en application de l'art. L. 122-12, al. 2. • Crim. 15 oct. 1991 : *D. 1992. IR 23 .* ♦ La demande de réintégration présentée par un représentant, dont l'autorisation de licenciement a été annulée dans le délai de deux mois, à son premier employeur est opposable au nouvel employeur dès lors que l'ancien n'a informé le salarié de la cession d'activités qu'à l'expiration dudit délai. • Soc. 10 juill. 1995 : *RJS 1995. 600, n° 916.*

b. Droit à réparation

25. L'annulation de l'autorisation de licencier d'un salarié protégé titulaire de plusieurs mandats en raison de l'omission par l'employeur d'un de ces mandats dans sa demande à l'inspection du travail ne place pas le salarié licencié dans une situation identique à celle d'un salarié licencié sans autorisation. Il ne peut prétendre qu'aux indemnités retenues pour les licenciements prononcés avant que l'autorisation administrative ne soit annulée. • Soc. 3 févr. 2016, n° 14-17.886 P : *Dalloz actualité, 22 févr. 2016, obs. Cortot ; D. 2016. Actu. 383 ; RJS 4/2016, n° 270 ; JS Lamy 2016, n° 406-3, obs. Pacotte et Layat-Le Bourhis ; JCP S 2016. 1131, obs. Pagnerre.* ♦ La rupture du contrat de travail d'un représentant du personnel n'intervient pas en méconnaissance du statut protecteur, et n'ouvre pas droit à l'indemnité correspondante, dès lors qu'elle a été autorisée par l'inspecteur du travail, même si cette autorisation est ensuite annulée. • Soc. 6 avr. 2016, n° 14-13.484 P : *Dalloz actualité, 9 mai 2016, obs. Cortot.*

26. Indemnité compensatrice de la perte de salaire. L'annulation d'une autorisation de licenciement ne laisse rien subsister d'elle, de sorte que le salarié a droit à réparation à compter du licenciement et non de la date de la décision ministérielle. • Soc. 5 mars 1986 : *Bull. civ. V, n° 59 ; D. 1986. IR 212.*

27. Cette période court jusqu'à la date de la réintégration. • Soc. 28 févr. 1989 : *Bull. civ. V, n° 142 ; D. 1989. IR 108.* ♦ Comp., lorsque le salarié n'a pas demandé sa réintégration. • Soc. 24 juin 1998 : *RJS 1998. 645, n° 1019.*

28. A défaut de sursis à exécution, le jugement du tribunal administratif annulant l'autorisation de licenciement ouvre droit, au profit du salarié, à réintégration ; il en résulte que la période d'indemnisation ne peut être étendue, en cas de recours, au-delà de la date d'expiration du délai de deux mois à compter de la notification de ce jugement. • Soc. 17 sept. 2003 : *RJS 2003. 891, n° 1290* • 29 mars 2005, n° 03-43.573 P. • 19 oct. 2005 : *Bull. civ. V, n° 293.*

29. Le droit à indemnisation du salarié est subordonné au caractère définitif de l'annulation de la décision d'autorisation de licenciement. • Soc. 23 nov. 2004, n° 03-46.627 P : *RJS 2005. 129, n° 176.* ♦ Lorsque l'autorité administrative a pris une décision d'incompétence pour statuer sur la demande d'autorisation de mise à la retraite d'un salarié protégé, seul le jugement du tribunal administratif annulant cette décision prive d'effet la décision de l'employeur et permet au salarié de solliciter sa réintégration ; si bien que lorsque le salarié sollicite auprès de l'employeur sa réintégration, dans le délai de deux mois et y renonce ensuite, il a droit à une indemnité réparant le préjudice subi du jour de son éviction jusqu'à l'expiration du délai pour demander sa réintégration. • Soc. 12 oct. 2005 : *D. 2005. IR 2631 ; RJS 2006. 47, n° 64.*

30. Le salarié protégé, licencié en vertu d'une autorisation ultérieurement annulée et ne demandant pas sa réintégration, peut prétendre, s'il remplit les conditions, tant au paiement des indemnités de rupture qu'à celui de l'indemnité pour licenciement sans cause réelle et sérieuse, peu important son départ à la retraite. • Soc. 27 mars 2012 : *Dalloz actualité, 25 avr. 2012, obs. Fleuriot ; D. 2012. Actu. 1011 ; RJS 2012. 489, n° 579 ; JCP S 2012. 1317, obs. Asquinazi-Bailleux.*

31. Prescription de l'action. L'indemnisation prévue en cas d'annulation de l'autorisation de licenciement par jugement du tribunal administratif n'est due que lorsque l'annulation de la décision d'autorisation est devenue définitive. Il en résulte que le délai de prescription de l'action au titre de cette indemnisation ne court qu'à compter de cette date. • Soc. 2 juill. 2003, n° 01-40.639 P : *RJS 2003. 817, n° 1193* • 17 sept. 2003, n° 01-41.656 P.

32. Non-cumul avec les revenus de remplacement. L'indemnité compensatrice due au salarié protégé dont l'autorisation de licenciement a été annulée ne se cumule pas avec les allocations de chômage servies par l'Assedic. • Soc. 28 oct. 2003, n° 01-40.762 P : *Dr. soc. 2004. 117, obs. Verkindt ; RJS 2004. 75, n° 91* • 19 oct. 2005 : *pourvoi n° 02-46.173.*

33. Préjudice subi à la suite de l'annulation du licenciement. S'il ne demande pas sa réintégration, le salarié protégé a droit à une indemnité correspondant à la totalité du préjudice subi depuis son licenciement jusqu'à l'expiration du délai de deux mois et, le cas échéant, aux indemnités dues au salarié selon le droit commun en cas de licenciement s'il en remplit les conditions. • Soc. 30 avr. 2002, n° 99-44.995 P : *RJS 2002. 653, n° 848 ; JCP E 2002. 1764, obs. Césaro.* ♦ L'absence de cause réelle et sérieuse de licenciement ne résulte pas en soi de l'annulation de l'autorisation de licenciement. • Soc. 26 sept. 2007, n° 05-42.599 P : *D. 2007. AJ 2529, obs. Perrin ; RJS 12/2007, n° 1309.* ♦ Mais la décision du juge administratif qui annule l'autorisation en raison du lien existant entre la procédure de licenciement et les fonctions représentatives exercées par l'intéressé s'oppose à ce que le juge judiciaire considère que le licenciement repose sur une cause réelle et sérieuse. • Soc. 30 juin 2016, n° 15-11.424 P : *Dalloz actualité, 18 juill. 2016, obs. Cortot ; Dr. soc. 2016. 862 ; RJS 10/2016, n° 641 ; JS Lamy 2016, n° 416-4, obs. Hautefort.* ♦ La situation du salarié bénéficiant de la protection exceptionnelle instituée par le législateur en raison de l'exercice de fonctions représentatives, qui, licencié sur le fondement d'une autorisation administrative ultérieurement annulée pour un motif de légalité externe par le juge administratif, est différente de celle du salarié licencié en violation de son statut protecteur et de celle du salarié dont le licenciement a été déclaré par le juge administratif comme ne reposant pas sur un motif de nature à le justifier. • Soc. 11 juin 2012, n° 12-40.024 P : *Dr. soc. 2012. 929 ; RJS 8-9/2012, n° 724.*

c. Responsabilité de l'État

34. Faute simple. La faute simple suffit à engager la responsabilité de l'État du fait des autorisations administratives de licenciement des salariés protégés. • CE 6 janv. 1989 : *Lebon 5 ; Dr. soc. 1989. 376, note Chelle et Prétot* • 29 juin 1990 : *Lebon 194 ; D. 1991. Somm. 231, obs. Bon et Terneyre ; D. 1992. Somm. 161, obs. Chelle et Prétot ; RJS 1990. 518, n° 763.*

35. L'illégalité d'une décision d'autorisation de licenciement, à supposer même qu'elle soit imputable à une simple erreur d'appréciation, constitue une faute de nature à engager la responsabilité de la puissance publique ; par suite, et quelle que puisse être par ailleurs la responsabilité de l'employeur, le salarié est en droit d'obtenir la condamnation de l'État à réparer le préjudice direct et certain résultant pour lui de cette décision illégale. • Soc. 9 juin 1995 : *D. 1996. Somm. 228, obs. Chelle et Prétot* ✎ *; RJS 1995. 520, n° 797 ; ibid. 498, concl. Arrighi de Casanova.*

D. ANNULATION D'UN REFUS D'AUTORISATION

36. Conséquences. L'annulation par le juge administratif d'un refus d'autorisation de licencier ne vaut pas autorisation de licencier. • Soc. 10 déc. 1997, ♘ n° 94-45.337 P : *RJS 1998. 50, n° 69.* ♦ L'annulation sur recours contentieux d'une décision de l'inspecteur du travail se déclarant incompétent pour statuer sur une demande d'autorisation de licencier, au motif que le salarié n'est pas ou n'est plus protégé, produit les mêmes effets que l'annulation sur recours contentieux d'une décision de l'inspecteur du travail autorisant le licenciement, soit l'indemnisation et/ou la réintégration du salarié. • Soc. 10 mars 1998, ♘ n° 94-45.573 P : *RJS 1998. 311, n° 494* • 21 oct. 2008 : ♘ *RJS 2009. 64, n° 56.*

37. L'annulation de la décision refusant le licenciement ne fait pas obstacle à ce que l'inspecteur du travail, saisi d'une nouvelle demande, procède à un réexamen de la situation à la lumière des circonstances de droit et de fait existant à cette date. • CE 21 sept. 1990 : ♘ *JS UIMM 1991. 66.*

II. LICENCIEMENT PRONONCÉ SANS AUTORISATION OU EN DÉPIT D'UN REFUS D'AUTORISATION

A. REFUS D'AUTORISATION

38. Conséquences. Lorsque l'autorisation de licenciement a été refusée, l'employeur a l'obligation de conserver le salarié protégé dans l'entreprise et de le rémunérer ; doit être rejetée la demande de l'employeur au juge des référés prud'homal en suspension du contrat de travail dans l'attente du résultat du recours hiérarchique, nonobstant le fait que le salarié protégé, chauffeur routier, ne pouvait plus exercer son activité pour s'être vu retirer son permis de conduire. • Soc. 18 juin 1997, ♘ n° 95-43.723 P : *RJS 1997. 624, n° 998 ; CSB 1997. 281, A. 51.*

B. ABSENCE D'AUTORISATION

1° NULLITÉ DU LICENCIEMENT

39. Principe. Le licenciement prononcé sans le respect des formalités protectrices est nul. • Soc. 4 avr. 1974 : *Bull. civ. V, n° 203* • 19 févr. 1981 : *ibid., n° 145* (même en cas de faute lourde) • 15 févr. 1984 : *ibid., n° 71* • 9 juin 1988 : *D. 1989. Somm. 162, obs. Frossard* (assistante maternelle) • 4 juill. 1989 : *Bull. civ. V, n°s 497 et 498* • 3 oct. 1989 : *ibid., n° 558 ; D. 1989. IR 268.*

40. Un inspecteur du travail est tenu de refuser l'autorisation de licenciement d'un salarié qui, dans un premier temps, a été licencié sans autorisation, puis a fait l'objet d'une mesure de réintégration avant le déclenchement d'une nouvelle procédure et qui entend se prévaloir de tous les effets attachés au premier licenciement. • CE 14 juin 1991 : ♘ *D. 1991. IR 217 ; Dr. soc. 1992. 51, concl. Denis-Linton* ✎.

2° RÉINTÉGRATION

41. Droit à réintégration. La réintégration du représentant est de droit, peu important qu'il ait été licencié cinq ans auparavant. • Soc. 20 mai 1992, ♘ n° 90-44.725 P : *D. 1993. Somm. 263, obs. Frossard* ✎ *; Dr. soc. 1992. 714 ; RJS 1992. 494, n° 895.* ♦ ... Ou qu'il soit entré au service d'un autre employeur. • Soc. 21 oct. 1992 : ♘ *Dr. ouvrier 1993. 32.* ♦ ... Ou que l'employeur ait entendu supprimer le poste pour occuper lui-même les fonctions du salarié. • Soc. 18 nov. 1998, ♘ n° 96-43.072 P : *Dr. soc. 1999. 197, obs. Cohen* ✎ *; RJS 1999. 54, n° 71.*

42. Délai. Aucun délai n'est imparti au salarié protégé, licencié sans autorisation, pour demander sa réintégration. • Soc. 26 févr. 1992 : ♘ *RJS 1992. 268, n° 467* • 11 déc. 2001, ♘ n° 99-42.476 P : *D. 2002. IR 255* ✎ *; RJS 2002. 166, n° 200 ; JS Lamy 2002, n° 95-3.* ♦ Le simple fait, pour un salarié protégé, de demander initialement l'indemnisation du préjudice résultant pour lui de son licenciement non autorisé ne caractérise pas sa renonciation à demander ensuite sa réintégration. • Soc. 13 juill. 1993 : ♘ *Dr. soc. 1993. 881 ; CSB 1993. 248, S. 131 ; RJS 1993. 598, n° 1004.*

43. Compétence du juge des référés. Le licenciement, malgré le refus de l'inspecteur du travail, de salariés ayant demandé l'organisation d'élections constitue un trouble manifestement illicite permettant au salarié de demander sa réintégration devant le conseil de prud'hommes. • Soc. 22 nov. 1988, ♘ n° 86-40.635 P : *D. 1989. Somm. 163, obs. Frossard.* ♦ V. aussi • Soc. 10 janv. 1989 : *D. 1989. IR 38 ; Dr. ouvrier 1990. 110, note Richevaux* (réintégration sous astreinte). ♦ Dans le même sens, pour le maintien d'une mutation, malgré le refus du salarié protégé et le refus de l'administration du travail d'autoriser le licenciement : • Soc. 3 févr. 1993, ♘ n° 89-40.042 P. ♦ Le juge des référés peut décider que l'obligation de l'employeur de payer le salaire n'est pas sérieusement contestable. • Soc. 8 juill. 1997 : ♘ *RJS 1997. 623, n° 997.*

44. Réintégration et mise en disponibilité. La mise en disponibilité du salarié protégé dont le licenciement est nul pendant la période de protection restant à courir ne constitue pas une réintégration. • Soc. 30 juin 2004, n° 02-41.686 P : *D. 2004. IR 2193* ; *Dr. soc. 2004. 1040, obs. Milet* ; *RJS 2004. 732, n° 1067.*

45. Emploi équivalent. Lorsque l'emploi du salarié n'existe plus ou n'est plus vacant, l'employeur doit réintégrer l'intéressé dans un emploi équivalent. • Crim. 17 déc. 1996 : *Bull. crim. n° 472 ; RJS 1997. 285, n° 432.* ♦ Comp. • Soc. 31 mai 1995 : *Dr. soc. 1995. 683, obs. Cohen* ; *CSB 1995. 287, A. 54* (le salarié doit être réintégré dans son emploi, peu important que celui-ci soit occupé par un autre salarié). ♦ La réintégration peut avoir lieu dans un emploi équivalent comportant le même niveau de rémunération, la même qualification et les mêmes perspectives de carrière que l'emploi initial et permettant l'exercice du mandat représentatif. • Soc. 24 janv. 1990, n° 89-41.003 P : *D. 1991. Somm. 146, obs. Frossard* ; *Dr. soc. 1990. 328, rapp. Waquet* .

46. Le salarié réintégré dans un emploi équivalent par l'effet de la loi ne peut pas invoquer les dispositions de son contrat de travail telles celles prévoyant expressément et exclusivement un lieu de travail déterminé et subordonnant les mutations à certaines conditions. • Soc. 26 févr. 1992, n° 89-45.456 P : *D. 1992. IR 112 ; RJS 1992. 267, n° 465 ; CSB 1992. 115, A. 22.* ♦ Le salarié ne peut retrouver son mandat que s'il est réintégré dans son établissement d'origine, non en cas de mutation. • Crim. 17 déc. 1996 : *Bull. crim. n° 472 ; RJS 1997. 285, n° 432.*

47. Refus du salarié d'être réintégré. Le salarié est en droit de refuser la réintégration sans que la rupture lui soit imputable. • Soc. 23 oct. 1980, n° 78-41.027 P. • 4 oct. 1984 : *Bull. civ. V, n° 354.* ♦ Rappr. : • CE 14 juin 1991 : *D. 1991. IR 217 ; Dr. soc. 1992. 51, concl. Denis-Linton* .

48. La proposition de l'employeur d'annuler le licenciement et de réintégrer le salarié concerné est sans effet si le salarié ne l'accepte pas. • Soc. 10 mai 1999, n° 96-45.652 P : *RJS 1999. 507, n° 830 ; D. 1999. IR 149* ; *JS Lamy 1999, n° 39-7.*

49. Refus de l'employeur de réintégrer. Le refus de réintégration du salarié irrégulièrement licencié constitue une voie de fait justifiant la compétence du juge des référés. • Cass., ch. mixte, 25 oct. 1968, *Detœuf*, n° 66-60.054 P : *GADT, 4e éd., n° 153 ; D. 1968. 706* • Soc. 6 juill. 1982, n° 81-12.655 P. • 26 nov. 1997, n° 95-44.578 P : *RJS 1998. 50, n° 68.* ♦ Pour une réintégration dans la société cessionnaire à la suite du règlement judiciaire de la société cédante, V. • Soc. 26 juin 1991 : *CSB 1991. 207, S. 127* • Crim. 17 mars 1992 : *RJS 1992. 602, n° 1077* • Soc. 10 juill. 1995 : *Dr. soc. 1995. 834.* ♦ V. aussi • Soc. 26 sept. 1990 : *RJS 1990. 568, nos 842 et 843* • 10 oct. 1990 : *eod. loc.* (la nullité d'un licenciement intervenu avant la cession de l'entreprise entraîne la réintégration chez le nouvel employeur) • 15 déc. 1988 : *D. 1990. 87, note Penneau* (réintégration dans une des sociétés du groupe).

50. S'il n'a pas satisfait à l'obligation de réintégrer le salarié, l'employeur, qui ne justifie pas d'une impossibilité de réintégration, ne peut licencier l'intéressé une fois la période de protection expirée en raison de son refus de modification de son contrat de travail, et le licenciement prononcé en raison de ce seul refus est nul. • Soc. 30 juin 2004, n° 02-41.686 P : *D. 2004. IR 2193* ; *RJS 2004. 732, n° 1067.* ♦ La modification substantielle du contrat, refusée par le salarié, par laquelle l'employeur s'oppose à une réintégration caractérise un licenciement de fait justifiant la condamnation de l'employeur à verser des dommages-intérêts. • Soc. 10 oct. 1989 : *Bull. civ. V, n° 575.* – V. aussi • Soc. 10 juill. 1991 : *RJS 1991. 582, n° 1112 ; Dr. soc. 1991. 739.* ♦ Le maintien de la modification du contrat de travail, après refus de l'inspecteur du travail d'autoriser le licenciement consécutif au refus par le salarié de cette modification, constitue un trouble manifestement illicite, justifiant le recours en référé du salarié protégé, pour obtenir son rétablissement dans ses fonctions initiales ou tout au moins dans un emploi correspondant à sa rémunération. • Soc. 12 mai 1998, n° 96-40.378 P : *RJS 1998. 485, n° 758.* – V. aussi • Soc. 5 mai 1998, n° 95-45.190 P : *RJS 1998. 485, n° 758* • 3 févr. 1993, n° 89-40.042 P.

51. L'attitude d'une partie du personnel n'autorise pas l'employeur à se soustraire à ses obligations et ne peut constituer une contestation sérieuse faisant obstacle à la réintégration. • Soc. 9 juin 1988 : *Bull. civ. V, n° 356* • 7 juill. 1988 : *ibid., n° 432 ; Dr. ouvrier 1990. 65.* ♦ Le refus d'une partie du personnel de travailler à nouveau avec le salarié investi d'un mandat représentatif pour des motifs écartés par l'autorité administrative ne peut suffire à caractériser une impossibilité absolue de réintégrer celui-ci dans son poste. • Soc. 24 juin 2014 : *Dalloz actualité, 7 juill. 2014, obs. Avena-Robardet ; D. 2014. Actu. 1504* ; *JS Lamy 2014, n° 371-3.*

52. Réintégration matériellement impossible. L'employeur est libéré de l'obligation de réintégration uniquement dans le cas où l'entreprise a disparu ou lorsqu'il existe une impossibilité absolue de réintégration ; cette impossibilité ne peut résulter ni de la fermeture du site sur lequel le salarié travaillait, ni de l'absence d'emploi équivalent. • Soc. 13 déc. 1994 : *D. 1995. IR 22 ; Dr. soc. 1995. 513, obs. Cohen* . ♦ ... Ni la cessation de publication des revues d'une entreprise de presse. • Soc. 8 juill. 1997 : *Dr. soc. 1997. 990, obs. Couturier* (réintégration du rédacteur en chef). ♦ ... Ni les nombreux licenciements pour motif économique ayant eu lieu dans l'entreprise. • Soc. 24 juin 1998, n° 95-44.757 P. ♦ La réintégration n'est pas matériellement impossible lorsqu'il existe un groupe de personnes morales ou physiques constitutif d'une seule entreprise, ce qui est le cas lorsqu'une unité économique et sociale est reconnue, le périmètre de réintégration d'un salarié protégé s'étend à toutes les personnes juridiques constituant ce groupe. • Soc. 16 oct. 2001, n° 99-44.037 P : *D. 2002. 770, obs. Peskine ; RJS 2002. 969, n° 1446.*

53. Nouvelle demande. Si le fait qu'un salarié a été réintégré ne fait pas en soi obstacle à ce qu'il fasse ultérieurement l'objet d'une demande de licenciement pour motif économique, ce motif ne peut toutefois être tiré de ce que l'emploi qu'il occupait précédemment n'est plus disponible. • CE 30 oct. 1995 : *RJS 1996. 32, n° 44.*

3° INDEMNISATION

a. Salarié non réintégré

54. Compensation de la perte salariale. Lorsque le salarié ne demande pas sa réintégration, la sanction de son licenciement illégal est le versement de la rémunération qu'il aurait perçue jusqu'à la fin de la période de protection en cours et non la réparation du préjudice réellement subi par lui. • Soc. 25 nov. 1997, n° 94-43.651 P : *GADT, 4ᵉ éd., n° 155 ; Dr. soc. 1998. 91, obs. Cohen* (peu importe qu'il ne soit pas resté à la disposition de l'employeur). ♦ Concernant un délégué syndical, le montant de l'indemnité correspond à la période de protection prévue par l'art. L. 412-8, al. 4, soit 12 mois de salaire à compter de l'éviction de l'entreprise. • Soc. 6 juin 2000, n° 98-40.387 P : *D. 2000. IR 188 ; RJS 2000. 572, n° 829.*

55. Cette indemnisation est due nonobstant la gravité de la faute commise par le salarié. • Soc. 10 juill. 1990, *Bourdon,* n° 86-43.699 P : *D. 1990. IR 197 ; Dr. soc. 1990. 794, note H. Marie ; RJS 1990. 534, n° 794.* – Dans le même sens : • Soc. 6 avr. 1994, n° 92-42.395 P : *D. 1994. IR 112.*

56. Le départ à la retraite du salarié après le licenciement est sans incidence sur le principe et le montant de l'indemnisation. • Soc. 26 mars 2002, n° 01-42.397 P : *RJS 2002. 557, n° 711.* ♦ L'indemnisation doit viser à réparer le préjudice matériel et moral. • Soc. 30 nov. 1994 : *RJS 1995. 41, n° 42.*

57. Préjudice résultant de la rupture du contrat de travail. Cette indemnisation ne répare pas le préjudice résultant de la rupture du contrat de travail, qui peut faire l'objet d'une indemnisation particulière. • Soc. 10 juill. 1990, *Cassini,* n° 87-44.981 P : *Dr. soc. 1990. 794, note H. Marie ; RJS 1990. 534, n° 794.* ♦ ... Laquelle comprend, sauf faute grave, les indemnités de rupture et une indemnité si le licenciement est dépourvu de cause réelle et sérieuse. • Soc. 5 mai 1993, n° 92-40.835 P : *Dr. soc. 1993. 604, note P. W.* • 17 mars 1998, n° 95-42.885 P : *RJS 1998. 392, n° 607.*

58. L'indemnité pour licenciement sans cause réelle et sérieuse peut être cumulée avec l'indemnisation du préjudice résultant de la non-réintégration du salarié, la Cour de cassation a, en effet, considéré que si le salarié protégé qui, à la suite de l'annulation de l'autorisation administrative de son licenciement, ne demande pas sa réintégration, a droit à une indemnité correspondant au préjudice subi du fait de la nullité du licenciement, cette indemnité n'étant pas exclusive du droit aux indemnités dues au salarié, selon le droit commun, en cas de licenciement dès l'instant qu'il remplit les conditions pour y prétendre. • Soc. 16 nov. 1999, n° 97-42.069 P : *D. 1999. IR 281 ; RJS 2000. 40, n° 45* • 12 juin 2001 : *D. 2001. IR 2242 ; Dr. soc. 2001. 900, obs. Savatier ; RJS 2001. 720, n° 1053 ; JS Lamy 2001, n° 86-6* • 12 déc. 2001, n° 99-44.167 P : *Dr. soc. 2002. 225, obs. Couturier ; RJS 2002. 167, n° 201 ; Dr. ouvrier 2002. 125, note Milet* • 30 avr. 2002, n° 01-60.765 P : *RJS 2002. 653, n° 848* • 6 avr. 2005, n° 03-40.768 P : *D. 2005. IR 1048 ; RJS 2005. 461, n° 651.* ♦ Comp. : qu'il ait ou non demandé sa réintégration, le salarié peut prétendre au paiement des indemnités de rupture, s'il n'en a pas bénéficié au moment de son licenciement et s'il remplit les conditions requises. • Soc. 5 févr. 2002, n° 99-43.896 P : *D. 2002. IR 1322 ; RJS 2002. 353, n° 459 ; JS Lamy 2002, n° 97-2.*

b. Salarié réintégré

59. Indemnité compensant la perte salariale. Lorsque le salarié a été réintégré, il a droit à une indemnité compensatrice de la perte de ses salaires pour la période comprise entre son licenciement et sa réintégration. • Soc. 17 oct. 1989 : *Bull. civ. V, n° 596.* ♦ Lorsque la durée du mandat est supérieure à la durée de la protection accordée aux représentants du personnel, le salarié, licencié en méconnaissance du statut protecteur, a droit au montant de la rémunération qu'il aurait dû percevoir entre son éviction et l'expiration de la période de protection dans la limite de la durée de la protection accordée aux représentants du personnel. • Soc. 28 mars 2000, n° 97-44.373 P : *D. 2000. IR 129 ; Dr. soc. 2000. 658, obs. Mouly ; RJS 2000. 391, n° 567.*

60. Cumul avec les revenus de remplacement. Dans ses rapports avec l'organisme d'assurance chômage, le salarié dont le licenciement est nul pour avoir été prononcé sans autorisation administrative ou malgré un refus d'autorisation n'est pas fondé à cumuler les allocations de chômage avec ses rémunérations ou une indemnité équivalente à celles-ci. • Soc. 19 nov. 2014 :

Dalloz actualité, 15 déc. 2014, obs. Ines ; D. 2014. Actu. 2412 ; *Dr. soc. 2015. 93, obs. Mouly* ; *JS Lamy 2015, n° 380-4, obs. Pacotte et Castano ; RJS 2/2015, n° 122.* ♦ Comp. : il n'y a pas lieu de déduire de cette indemnité les revenus que le salarié a pu percevoir de tiers au cours de cette période. • Soc. 10 oct. 2006 : *D. 2006. IR 2689* ; *RJS 2006. 966, n° 1296.* ♦ Comp. ant. refusant le cumul avec les allocations de chômage servies par l'ASSEDIC : • Soc. 9 mars 1989 : *Bull. civ. V, n° 198.* ♦ ... Ni avec les salaires qui lui ont été versés pendant cette période par le repreneur suite au transfert irrégulier de son contrat. • Soc. 28 mai 2003 : *RJS 2003. 704, n° 1037.*

61. Indemnités de rupture. L'octroi d'une indemnisation pour violation des formalités légales ne dispense pas le juge de rechercher les causes de la rupture, et la faute grave prive le salarié du bénéfice des indemnités de préavis et de licenciement. • Soc. 10 juill. 1990, *Sécuritrans*, n° 86-45.754 P : *D. 1990. IR 197 ; Dr. soc. 1990. 794, note H. Marie* ; *RJS 1990. 534, n° 794.* – Dans le même sens : • Soc. 21 nov. 1990 : *RJS 1991. 35, n° 57.*

62. Conséquences du transfert d'entreprise. Si l'entreprise a été transférée entretemps, le nouvel employeur n'est pas tenu de supporter les obligations incombant à l'ancien à la date du changement. • Soc. 28 oct. 1996, n° 95-40.994 P : *Dr. soc. 1997. 263, note Cohen* ; *RJS 1996. 828, n° 1286* • 10 déc. 1996, n° 94-43.163 P : *D. 1997. IR 23* ; *JCP 1997. II. 22819, note Buy ; Dr. soc. 1997. 263, note Cohen* ; *RJS 1997. 19, n° 8.* ♦ En revanche, le cessionnaire doit paiement d'une indemnité égale au montant des salaires que l'intéressé aurait perçus entre la date d'effet de la cession et celle de sa réintégration ou de sa demande de réintégration si elle est postérieure à la cession. • Soc. 27 mai 2009 : *D. 2009. AJ 1616, obs. Perrin* ; *RJS 2009. 626, n° 690.*

4° ENTRAVE

63. Principe. L'employeur qui a licencié malgré le refus de l'inspecteur du travail ne saurait reprocher aux juges d'avoir écarté l'exception d'illégalité, dès lors que la décision administrative n'étant pas la base nécessaire de la poursuite pour entrave, son illégalité prétendue n'équivaut pas à une autorisation de licenciement. • Crim. 5 déc. 1989 : *RJS 1990. 34, n° 50.*

Art. L. 2422-2 **Le délégué du personnel ou le membre du comité d'entreprise dont la décision d'autorisation de licenciement a été annulée est réintégré dans son mandat si l'institution n'a pas été renouvelée.**

Dans le cas contraire, il bénéficie pendant une durée de six mois, à compter du jour où il retrouve sa place dans l'entreprise, de la protection prévue à l'article L. 2411-5. – *[Anc. art. L. 425-3, al. 3, et L. 436-3, al. 3.]*

1. En cas d'annulation d'une décision autorisant le licenciement d'un délégué du personnel ou d'un membre du comité d'entreprise, celui-ci est réintégré dans son mandat si l'institution n'a pas été renouvelée. Dans le cas contraire, il bénéficie pendant une durée de six mois, à compter du jour où il retrouve sa place dans l'entreprise, de la procédure prévue aux articles L. 425-1, alinéa 2, phrase 1, et L. 436-1, alinéa 2, phrase 1, recodifiés sous les articles L. 2411-5 et L. 2411-8 du code du travail ; cette protection doit également bénéficier au salarié protégé dont l'autorisation de transfert a été annulée. • Soc. 13 janv. 2009 : *R., p. 355 ; D. 2009. AJ 300, obs. Perrin* ; *RJS 2009. 223, n° 260 ; Dr. ouvrier 2009. 397, obs. Milet ; JS Lamy 2009, n° 252-3 ; JCP S 2009. 1127, obs. Kerbouc'h.*

2. Représentant syndical au comité d'entreprise. Les dispositions de l'art. L. 2422-2 C. trav. s'appliquent au délégué syndical, qui est de droit représentant syndical au CE. • Soc. 16 déc. 2014, n° 13-21.203 P : *D. 2015. Actu. 82* ; *Dr. soc. 2015. 286, note Mouly* ; *RJS 2/2015, n° 121 ; JCP S 2015. 1089, note Kerbouc'h.*

Art. L. 2422-3 **La réintégration d'un représentant des salariés au conseil de surveillance ou d'administration d'une entreprise du secteur public dans son emploi ou un emploi équivalent emporte réintégration dans son mandat, sauf en cas de renouvellement général du conseil dans lequel il siégeait. Son remplaçant cesse alors d'être membre de ce conseil.** – *[Anc. art. 29, al. 6, L. n° 83-675 du 26 juill. 1983.]*

SECTION II **INDEMNISATION DU PRÉJUDICE**

Art. L. 2422-4 **Lorsque l'annulation d'une décision d'autorisation est devenue définitive, le salarié investi d'un des mandats mentionnés à l'article L. 2422-1 a droit au paiement d'une indemnité correspondant à la totalité du préjudice subi au cours de la période écoulée entre son licenciement et sa réintégration, s'il en a formulé la demande dans le délai de deux mois à compter de la notification de la décision.**

L'indemnité correspond à la totalité du préjudice subi au cours de la période écoulée entre son licenciement et l'expiration du délai de deux mois s'il n'a pas demandé sa réintégration.

Ce paiement s'accompagne du versement des cotisations afférentes à cette indemnité qui constitue un complément de salaire. – *[Anc. art. L. 412-19, al. 3, L. 425-3, al. 4, et L. 436-3, al. 4.]*

1. L'indemnité doit correspondre à la totalité du préjudice, tant matériel que moral, subi au cours de la période écoulée entre le licenciement et la réintégration du salarié. • Soc. 12 nov. 2015, ☎ n° 14-10.640 P : *D. 2015. Actu. 2383* ✎ ; *RJS 1/2016, n° 46.*

2. Les sommes perçues à titre de pension d'invalidité doivent être prises en compte, en tant que revenus de remplacement, dans l'évaluation du préjudice subi par le salarié protégé licencié avec une autorisation de l'inspecteur du travail par la suite annulée. • Soc. 29 sept. 2014 : ☎ *Dalloz actualité, 30 oct. 2014, obs. Ines ; RJS 2014. 750, n° 876.*

TITRE TROISIÈME **DISPOSITIONS PÉNALES**

CHAPITRE PREMIER **DÉLÉGUÉ SYNDICAL**

Art. L. 2431-1 Le fait de rompre le contrat de travail d'un délégué syndical ou d'un ancien délégué syndical en méconnaissance des dispositions relatives à la procédure d'autorisation administrative prévues par le présent livre est puni d'un emprisonnement d'un an et d'une amende de 3 750 €.

Le fait de transférer le contrat de travail d'un salarié mentionné au premier alinéa compris dans un transfert partiel d'entreprise ou d'établissement, en méconnaissance des dispositions relatives à la procédure d'autorisation administrative, est puni des mêmes peines. – *[Anc. art. L. 481-2.]*

RÉP. TRAV. v° *Entrave aux institutions représentatives des salariés et à l'exercice du droit syndical,* par AMAUGER-LATTES.

CHAPITRE II **DÉLÉGUÉ DU PERSONNEL**

Art. L. 2432-1 Le fait de rompre le contrat de travail d'un salarié délégué du personnel, candidat à cette fonction, ancien délégué, ou d'un salarié ayant demandé l'organisation d'élections pour la désignation de délégués, en méconnaissance des dispositions relatives à la procédure d'autorisation administrative prévues par le présent livre, est puni d'un emprisonnement d'un an et d'une amende de 3 750 €.

Le fait de transférer le contrat de travail d'un délégué du personnel compris dans un transfert partiel d'entreprise ou d'établissement, en méconnaissance des dispositions relatives à la procédure d'autorisation administrative, est puni des mêmes peines. – *[Anc. art. L. 482-1.]*

RÉP. TRAV. v° *Entrave aux institutions représentatives des salariés et à l'exercice du droit syndical,* par AMAUGER-LATTES.

CHAPITRE III **MEMBRE DU COMITÉ D'ENTREPRISE OU REPRÉSENTANT SYNDICAL AU COMITÉ D'ENTREPRISE**

Art. L. 2433-1 Le fait de rompre le contrat de travail d'un salarié membre élu du comité d'entreprise, candidat au comité d'entreprise, ancien membre élu du comité ou d'un salarié ayant demandé l'organisation d'élections pour la mise en place d'un comité d'entreprise, en méconnaissance des dispositions relatives à la procédure d'autorisation administrative prévues par le présent livre, est puni d'un emprisonnement d'un an et d'une amende de 3 750 €.

Le fait de licencier un représentant syndical ou un ancien représentant syndical au comité d'entreprise, en méconnaissance des dispositions mentionnées au premier alinéa, est puni des mêmes peines.

Le fait de transférer le contrat de travail d'un membre élu du comité d'entreprise ou d'un représentant syndical au comité d'entreprise compris dans un transfert partiel d'entreprise ou d'établissement, en méconnaissance des dispositions relatives à la procédure d'autorisation administrative, est puni des peines prévues au premier alinéa. – *[Anc. art. L. 483-1.]*

RÉP. TRAV. v° *Entrave aux institutions représentatives des salariés et à l'exercice du droit syndical*, par AMAUGER-LATTES.

CHAPITRE IV MEMBRE DU GROUPE SPÉCIAL DE NÉGOCIATION, DU COMITÉ D'ENTREPRISE EUROPÉEN, DU COMITÉ DE LA SOCIÉTÉ EUROPÉENNE, DU COMITÉ DE LA SOCIÉTÉ COOPÉRATIVE EUROPÉENNE OU DU COMITÉ DE LA SOCIÉTÉ ISSUE DE LA FUSION TRANSFRONTALIÈRE *(L. n° 2008-649 du 3 juill. 2008).*

Art. L. 2434-1 Le fait de rompre le contrat de travail d'un salarié membre du groupe spécial de négociation pour la mise en place d'un comité d'entreprise européen ou d'une instance de consultation, ou d'un salarié membre du comité d'entreprise européen, en méconnaissance des dispositions relatives à la procédure d'autorisation administrative prévues par le présent livre, est puni d'un emprisonnement d'un an et d'une amende de 3 750 €.

Le fait de transférer le contrat de travail d'un salarié mentionné au premier alinéa compris dans un transfert partiel d'entreprise ou d'établissement, en méconnaissance des dispositions relatives à la procédure d'autorisation administrative, est puni des mêmes peines. – *[Anc. art. L. 481-1-2.]*

RÉP. TRAV. v° *Entrave aux institutions représentatives des salariés et à l'exercice du droit syndical*, par AMAUGER-LATTES.

Art. L. 2434-2 Le fait de rompre le contrat de travail d'un salarié membre du groupe spécial de négociation *(Abrogé par L. n° 2008-649 du 3 juill. 2008)* ***« pour la mise en place d'un comité de la société européenne »*** ou d'un salarié membre du comité de la société européenne, en méconnaissance des dispositions relatives à la procédure d'autorisation administrative prévues par le présent livre, est puni d'un emprisonnement d'un an et d'une amende de 3 750 €.

Le fait de transférer le contrat de travail d'un salarié mentionné au premier alinéa compris dans un transfert partiel d'entreprise ou d'établissement, en méconnaissance des dispositions relatives à la procédure d'autorisation administrative, est puni des mêmes peines. – *[Anc. art. L. 483-1-3.]*

RÉP. TRAV. v° *Entrave aux institutions représentatives des salariés et à l'exercice du droit syndical*, par AMAUGER-LATTES.

Art. L. 2434-3 *(L. n° 2008-649 du 3 juill. 2008)* Le fait de rompre le contrat de travail d'un salarié membre du groupe spécial de négociation ou d'un salarié membre du comité de la société coopérative européenne, en méconnaissance des dispositions relatives à la procédure d'autorisation administrative prévues par le présent livre, est puni d'un emprisonnement d'un an et d'une amende de 3 750 €.

Le fait de transférer le contrat de travail d'un salarié mentionné au premier alinéa compris dans un transfert partiel d'entreprise ou d'établissement, en méconnaissance des dispositions relatives à la procédure d'autorisation administrative, est puni des mêmes peines.

RÉP. TRAV. v° *Entrave aux institutions représentatives des salariés et à l'exercice du droit syndical*, par AMAUGER-LATTES.

Art. L. 2434-4 *(L. n° 2008-649 du 3 juill. 2008)* Le fait de rompre le contrat de travail d'un salarié membre du groupe spécial de négociation ou d'un salarié membre du comité de la société issue de la fusion transfrontalière, en méconnaissance des dispositions relatives à la procédure d'autorisation administrative prévues par le présent livre, est puni d'un emprisonnement d'un an et d'une amende de 3 750 €.

Le fait de transférer le contrat de travail d'un salarié mentionné au premier alinéa compris dans un transfert partiel d'entreprise ou d'établissement, en méconnaissance des dispositions relatives à la procédure d'autorisation administrative, est puni des mêmes peines.

CHAPITRE V **SALARIÉ MEMBRE DU CONSEIL D'ADMINISTRATION OU DE SURVEILLANCE D'UNE ENTREPRISE** *(L. n° 2013-504 du 14 juin 2013, art. 9-VI).*

Art. L. 2435-1 Le fait de licencier un représentant des salariés au conseil d'administration ou de surveillance *(L. n° 2013-504 du 14 juin 2013, art. 9-VI)* « d'une entreprise du secteur public, d'une société anonyme ou d'une société en commandite par actions », en méconnaissance des dispositions relatives à la procédure d'autorisation administrative prévues par le présent livre, est puni d'un emprisonnement d'un an et d'une amende de 3 750 €.

La récidive est punie d'un emprisonnement de deux ans et d'une amende de 6 000 €. – *[Anc. art. 30, L. n° 83-675 du 26 juill. 1983.]*

CHAPITRE VI **CONSEILLER DU SALARIÉ**

Art. L. 2436-1 Le fait de rompre le contrat de travail d'un salarié inscrit sur une liste dressée par le représentant de l'État dans le département, en méconnaissance des dispositions relatives à la procédure d'autorisation administrative prévues par le présent livre, est puni d'un emprisonnement d'un an et d'une amende de 3 750 €. – *[Anc. art. L. 152-1.]*

RÉP. TRAV. v° *Entrave aux institutions représentatives des salariés et à l'exercice du droit syndical,* par AMAUGER-LATTES.

CHAPITRE VII **CONSEILLER PRUD'HOMME**

Art. L. 2437-1 Le fait de rompre le contrat de travail d'un conseiller prud'homme, candidat à cette fonction ou ancien conseiller, en méconnaissance des dispositions relatives à la procédure d'autorisation administrative prévues par le présent livre, est puni d'un emprisonnement d'un an et d'une amende de 3 750 €. – *[Anc. art. L. 531-1.]*

RÉP. TRAV. v° *Entrave aux institutions représentatives des salariés et à l'exercice du droit syndical,* par AMAUGER-LATTES.

CHAPITRE VIII **ASSESSEUR MARITIME**

(Ord. n° 2012-1218 du 2 nov. 2012, art. 3, en vigueur le 1er janv. 2015)

Art. L. 2438-1 Le fait de rompre le contrat de travail d'un assesseur maritime, d'un candidat à ces fonctions ou d'un assesseur maritime ayant cessé ses fonctions depuis moins de six mois, en méconnaissance des dispositions relatives à la procédure d'autorisation administrative prévues par le présent livre, est puni d'un emprisonnement d'un an et d'une amende de 3 750 €.

RÉP. TRAV. v° *Entrave aux institutions représentatives des salariés et à l'exercice du droit syndical,* par AMAUGER-LATTES.

CHAPITRE IX **DÉFENSEUR SYNDICAL**

(L. n° 2015-990 du 6 août 2015, art. 258-II, en vigueur au plus tard le 1er août 2016)

Art. L. 2439-1 Le fait de rompre le contrat de travail d'un salarié inscrit sur la liste arrêtée par l'autorité administrative mentionnée à l'article L. 1453-4, en méconnaissance des dispositions relatives à la procédure d'autorisation administrative prévues au présent livre, est puni d'un emprisonnement d'un an et d'une amende de 3 750 €.

Le fait de transférer le contrat de travail d'un salarié mentionné au premier alinéa du présent article dans le cadre d'un transfert partiel d'entreprise ou d'établissement, en méconnaissance des dispositions relatives à la procédure d'autorisation administrative, est puni des mêmes peines.

CHAPITRE X **MEMBRE D'UNE COMMISSION PARITAIRE RÉGIONALE INTERPROFESSIONNELLE**

(L. n° 2015-994 du 17 août 2015, art. 1er-VI, en vigueur le 1er janv. 2016)

Art. L. 243-10-1 Le fait de rompre le contrat de travail d'un salarié membre de la commission paritaire régionale interprofessionnelle mentionnée à l'article L. 23-111-1,

d'un salarié figurant sur la propagande électorale des organisations syndicales en vue de la constitution de cette commission ou d'un ancien membre de la commission en méconnaissance des dispositions relatives à la procédure d'autorisation administrative prévue au présent livre est puni de la peine prévue à l'article L. 2432-1.

LIVRE CINQUIÈME **LES CONFLITS COLLECTIFS**

RÉP. TRAV. v^is *Grève dans le secteur privé,* par CRISTAU ; *Lock-out et mise en chômage technique,* par CRISTAU.

RÉP. TRAV. v° *Conflits collectifs du travail,* par MARTINON.

BIBL. ► BÉRAUD, *Dr. soc. 1988. 666* (rôle des délégués). - BERNOUX, *ibid. 1988. 624* (déclenchement des grèves). - BONNIN, *Dr. soc. 2013. 424* (limitations du droit de grève fondées sur les droits des tiers au conflit). - COUTURIER, *Dr. ouvrier 1988. 133* (réintégration) ; *Ét. offertes à H. Sinay, 1994, p. 91* (licenciements et sanctions). - CRISTAU, *Dr. soc. 2000. 404* (Force majeure). - DÉPREZ, *Dr. soc. 1987. 852* (grève et droit syndical) ; *ibid. 1988. 143* (grève de solidarité) ; *RJS 1990. 619* (droit de retrait, droit de grève, réintégration) ; *ibid. 1995. 639* (protocole de fin de conflit) ; *ibid. 564* (préavis conventionnel). - DRAGUE, *Dr. soc. 1988. 573* (conflits collectifs). - DUPEYROUX, *ibid. 1988. 619* (droit de grève). - FRAISSINIER-AMIOT, *JS Lamy 2011, n° 297-1 et n° 298-1* (les entreprises face à la grève et aux mouvements sociaux des salariés). - FROSSARD, *Dr. soc. 1987. 496* (recours à l'action unilatérale) ; *ibid. 1988. 630* (obstacles juridiques au déclenchement des grèves). - GAHDOUN, *Dr. soc. 2014. 349* (les aléas du droit de grève dans la Constitution). - HENRY, *Dr. ouvrier 1995. 371* (réintégration). - JAVILLIER, *Juri-soc. 1987, n° 10, 27* (droit jurisprudentiel de la grève). - JEAMMAUD, *Dr. soc. 1988. 689* (contentieux de la grève). - JEAMMAUD et LE FRIANT, *ibid. 1990. 167* (la grève, le juge et la négociation). - JEAMMAUD et RONDEAU-RIVIER, *D. 1988. Chron. 229* (nouvelle géométrie de l'intervention judiciaire). - LABORDE, *Dr. soc. 2001. 715* (conflits collectifs et conflits de loi). - LANGLOIS, *D. 1992. Chron. 141* (contre la suspension du contrat de travail). - LANQUETIN, *Dr. soc. 1988. 577* (conflits collectifs). - G. LYON-CAEN, *Dr. soc. 1988. 709* (réglementer le droit de grève) ; *Ét. offertes à H. Sinay, 1994, p. 127* (grève et concurrence). - MASANOVIC, *Dr. soc. 1988. 639* (procédures judiciaires de défense collective). - MATHIEU, *LPA 5 juin 1991* (grève, Constitution et contrat de travail). - MOREAU, *Dr. soc. 2001. 139* (règlements de fin de conflits). - PÉLISSIER, *Dr. ouvrier 1988. 59* (la grève, une liberté très surveillée) ; *Dr. soc. 1988. 650* (fautes des grévistes et sanctions patronales). - DE QUENAUDON, *Dr. soc. 1981. 401* (protocole de fin de conflit). - RAY, *ibid. 1986. 617* (juge et conflits collectifs) ; *ibid. 1989. 349* (réintégration) ; *ibid. 1991. 220* (droit public et droit privé en matière de conflit collectif) ; *ibid. 715* (droit jurisprudentiel de la grève) ; *ibid. 768* (pouvoirs de l'employeur) ; *Ét. offertes à H. Sinay, 1994, p. 151* (grève et sécurité des personnes). - ROCHOIS, *RPDS 1987. 58* (nullité des licenciements). - SAINT-JOURS, *Dr. ouvrier 1988. 287* (constitutionnalité du droit de grève et fonction sociale). - SALVAGE, *Dr. soc. 1986. 624* (délégué syndical). - SAVATIER, *ibid. 1984. 53* (distinction de la grève et de l'action syndicale) ; *ibid. 1986. 228* (répression d'actes de violence) ; *ibid. 1993. 251* (nullité des sanctions disciplinaires). - SINAY, *Dr. soc. 1980. 250* (neutralisation du droit de grève) ; *D. 1986. Chron. 79* (nullité du licenciement) ; *D. 1989. Chron. 297* (heurs et malheurs du droit de grève) ; *Dr. soc. 1994. 552* (réintégration). - SOURIAC, *Dr. soc. 2001. 705* (conflits du travail et négociation collective). - SOUBIRAN-PAILLET, *Dr. soc. 1989. 147* (figures de la justice et conflits du travail). - STRUILLOU, *Dr. ouvrier 2011. 485* (conflits sociaux et réquisition : finalité et modalités du contrôle exercé par le juge administratif). - TEYSSIÉ, *Cah. dr. entr. 1987, n° 5, 3* (du licite à l'illicite) ; *Dr. soc. 1988. 562* (la grève et le juge). - VERDIER, *Dr. soc. 1991. 709* (réintégration). - VERGÉ, *Mélanges O. Kahn-Freund, 1980, p. 319* (syndicalisation de la grève). - VÉRICEL, *Dr. soc. 1988. 672* (exercice normal du droit de grève). - WAGNER, *Dr. ouvrier 1995. 365* (réintégration). - WAQUET, *RJS 1995. 139* (illicéité et abus du droit de grève) ; *ibid 2003. 275* (grève dans les services publics). ► *Adde* : *CSB 1995. 307.*

► **Grève et revendications :** DÉPREZ, *Dr. soc. 1986. 610 ; ibid. 1988. 646 ; ibid. 1989. 717.* - MILET, *RPDS 1988. 168.*

► **Grève et occupation des lieux de travail :** DUGRIP, *Cah. dr. entr. 1992, n° 4, p. 3.* - SAVATIER, *Dr. soc. 1985. 15 ; ibid. 1988. 655.* - SIGNORETTO, *Dr. ouvrier 1982. 47.*

► **Grève et responsabilité :** BERNARD, *Dr. soc. 1986. 635.* - COUTURIER, *ibid. 1988. 407.* - DÉPREZ, *BS Lefebvre 1982. 117 ; ibid. 1983. 159.* - DURRY, *Dr. soc. 1984. 69.* - GOINEAU, *ibid. 1988. 702.* - JACEK, *Dr. ouvrier 1980. 227.* - RAMIN, *Dr. soc. 1980. 537.* - RAY, *ibid. 1987. 426.* - SAVATIER, *ibid. 1981. 147 ; ibid. 1983. 175.* - TEYSSIÉ, *Sem. soc. Lamy 1987, suppl. n° 374.* - VINEY, *Dr. soc. 1983. 627 ; ibid. 1988. 416.* - WIEDERKEHR, *Ét. offertes à H. Sinay, 1994, p. 169.*

► **Grève et référé :** BERTIN, *Gaz. Pal. 1988. 1. Doctr. 110 ; ibid. 1989. 1. Doctr. 54.* – DÉPREZ, *BS Lefebvre 1988. 172 ; RJS 1990. 559.* – JEAMMAUD et RONDEAU-RIVIER, *D. 1988. Chron. 229.* – RAY, *Dr. soc. 1987. 739 ; ibid. 1988. 242.* – TEYSSIÉ, *Dr. soc. 1988. 562.*

► **Grève et salaires :** LACHAUME, *Dr. soc. 1990. 534* (aide accordée par un conseil municipal). – MATHIEU et VERPAUX, *ibid. 1991. 944* (aide apportée par les collectivités locales).

► **Grève des travailleurs sans papiers :** ISIDRO, *RDT 2011. 363*.

► **Lock-out :** CATALA, *Dr. soc. 1981. 679.* – DUQUESNE, *JCP 1996. I. 3971* (critères du lock-out licite). – SPORTOUCH, *Dr. soc. 1988. 682.* – TEYSSIÉ, *Dr. soc. 1994. 795*. – VERDIER et A. LYON-CAEN, *ibid. 1995. 49*.

► **Grève et réquisitions :** BRAUN, *Dr. ouvrier 2012. 5250* (réquisitions des grévistes : recommandations musclées de l'OIT). – BRAUN et GENTILHOMME, *Dr. ouvrier 2011. 507* (réquisitoire contre les réquisitions : le Conseil d'État face aux normes de l'OIT). – GUILLET, *Dr. soc. 2012. 152*. – LECONTE, *Dr. ouvrier 2011. 499* (conflits sociaux et réquisition : défense syndicale face aux réquisitions préfectorales). – MARTINON et TARAUD, *RDT 2011. Controverse 9* (réquisitions et droit de grève).

COMMENTAIRE

V. Dalloz.fr et applications mobiles Dalloz.

TITRE PREMIER **EXERCICE DU DROIT DE GRÈVE**

CHAPITRE PREMIER **DISPOSITIONS GÉNÉRALES**

BIBL. GÉN. ► BACHY, *Dr. soc. 1976. 102.* – BOITEL, *Dr. ouvrier 1970. 450* (accords de Grenelle). – DE GIVRY, *Mélanges A. Brun, 1974, p. 257.* – EDELMAN, *D. 2009. 1547*. – JEAMMAUD, *Dr. soc. 1988. 689.* – JEAMMAUD et RONDEAU-RIVIER, *D. 1988. Chron. 229.* – KIRSCH, *Journées de la Société de législ. comparée, 1988, vol. 10, p. 337.* – LAROQUE, *Mélanges O. Kahn-Freund, 1980, p. 199.* – G. LYON-CAEN, *Dr. soc. 1977. 438.* – NARRITSENS, *Dr. ouvrier 1988. 409.* – PIGNARRE, *RDT 2010. 357* (à propos des séquestrations de dirigeants). – DE QUENAUDON, *Dr. soc. 1981. 401* (protocoles de fin de conflit). – SINAY, *Sociologie du travail, 1977, n° 4.* – STARCK, *JCP 1970. I. 2363* (accords de Grenelle). – VIANO, *Dr. soc. 1977. 94* (rôle de l'inspection du travail).

Art. L. 2511-1 **L'exercice du droit de grève ne peut justifier la rupture du contrat de travail, sauf faute lourde imputable au salarié.**

Son exercice ne peut donner lieu à aucune mesure discriminatoire telle que mentionnée à l'article L. 1132-2, notamment en matière de rémunérations et d'avantages sociaux.

Tout licenciement prononcé en absence de faute lourde est nul de plein droit. – *[Anc. art. L. 521-1.]*

COMMENTAIRE

V. Dalloz.fr et applications mobiles Dalloz.

I. GÉNÉRALITÉS

1. Absence d'infraction pénale spécifique. L'atteinte au droit de grève n'est pas à elle seule constitutive d'une infraction pénale. • Crim. 19 juin 1979 : *Bull. crim. n° 217 ; D. 1980. IR 88, obs. Pélissier.* ♦ Comp., lorsque les mesures prises par l'employeur contre les grévistes ont eu pour objet et pour résultat de briser l'action syndicale : • Crim. 15 déc. 1981 : *Bull. crim. V, n° 330 ; D. 1982. IR 321, obs. Béraud.* ♦ L'art. 414 C. pén. n'a pas pour objet la protection du travail en soi, mais seulement celle de la liberté que possèdent les travailleurs de s'associer, ou non, à une cessation concertée du travail. • Crim. 15 mai 1987 : *Bull. crim. n° 198.*

II. DÉFINITION DE LA GRÈVE

2. Critères. L'exercice du droit de grève résulte objectivement d'un arrêt collectif et concerté du travail en vue d'appuyer des revendications professionnelles. • Soc. 28 juin 1951 : *Dr. soc. 1951. 523, note Durand.* ♦ Ne constitue pas une grève le refus par un médecin de payer les cotisations à l'ordre des médecins. • Civ. 1re, 15 janv. 1991, n° 89-18. 630 P : *D. 1991. Somm. 353, obs. Penneau*. ♦ ... Ni l'appel de plusieurs organisations syndicales à établir des barrages routiers pour bloquer l'accès à des entrepôts pétroliers. • Soc. 11 janv. 2006, n° 04-16.114 P : *Dr. soc. 2006. 470, note Verkindt* ; *JCP S 2006. n° 10, p. 34, obs. Gauriau.*

A. CESSATION DU TRAVAIL

1° HYPOTHÈSES ADMISES

3. *Déclenchement.* Sur le libre choix par les salariés du moment de la grève, V. • Soc. 7 févr. 1990, n° 87-43.566 P : *RJS 1990. 170, n° 241* • 4 avr. 1990, n° 88-43.909 P : *D. 1990. IR 108 ; RJS 1990. 299, n° 419* (la licéité de la grève n'est pas subordonnée au rejet préalable des revendications) • 19 nov. 1996, n° 94-42.631 P : *RJS 1997. 58, n° 85* (2e esp.) (les juges du fond doivent s'assurer que l'employeur a eu connaissance, au moment de l'arrêt de travail, des revendications professionnelles).

4. Une grève ne saurait perdre son caractère licite du fait qu'elle n'a pas été précédée d'un avertissement ou d'une tentative de conciliation. • Soc. 26 févr. 1981 : *Bull. civ. V, n° 161 ; D. 1981. IR 428, obs. Langlois.*

5. *Préavis conventionnel.* Une convention collective ne peut avoir pour effet de limiter ou de réglementer pour les salariés l'exercice du droit de grève constitutionnellement reconnu et seule la loi peut créer un délai de préavis de grève s'imposant à eux. • Soc. 7 juin 1995, n° 93-46.448 P : *D. 1996. 75, note Mathieu ; Dr. soc. 1996. 37, note Radé ; RJS 1995. 607, n° 933 ; ibid. 564, chron. Déprez ; JCP E 1995. I. 499, n° 8, obs. Teyssié ; Dr. ouvrier 1996. 94, note Milet* • 12 mars 1996, n° 93-41.670 P : *Dr. soc. 1996. 541 ; RJS 1996. 263, n° 439.*

6. *Grèves tournantes.* En faveur de la licéité de la grève tournante, V. • Soc. 14 janv. 1960 : *Dr. soc. 1960. 491 ; JCP 1960. II. 11704, note F. D.* • 2 mars 1960 : *Dr. soc. 1960* • 22 janv. 1981 : *D. 1981. IR 428 ; Dr. ouvrier 1981. 195.*

7. *« Grèves bouchons ».* Sur la reconnaissance de la licéité de la « grève bouchon », V. • Soc. 10 janv. 1973 : *D. 1973. 453, note Sinay.*

8. *Débrayages courts et répétés.* En l'absence de tout texte légal ou réglementaire précisant les formes que doivent revêtir les arrêts de travail pour constituer la grève, la répétition d'interruptions de travail ayant chacune le caractère d'une grève licite ne peut être considérée en principe comme un abus du droit de grève. • Soc. 18 avr. 1963, n° 61-40.459 P : *GADT, 4e éd., n° 187 ; D. 1963. 505, note Rouast ; JCP 1963. II. 13370, note Bizière.* ♦ Des arrêts de travail courts et répétés, quelque dommageables qu'ils soient pour la production, ne peuvent, en principe, être considérés comme un exercice illicite du droit de grève. • Soc. 25 janv. 2011 : *Dalloz actualité, 10 févr. 2011, obs. Astaix ; D. 2011. Actu. 454 .*

9. *Désorganisation de l'entreprise.* Les débrayages qui n'ont pour effet que de désorganiser la production et non l'entreprise ne constituent pas un abus du droit de grève. • Soc. 30 mai 1989 : *D. 1990. Somm. 168, obs. Borenfreund* • 10 juill. 1991, n° 89-43.147 P : *D. 1991. IR 216* (cessation du travail pendant un quart d'heure pendant 10 jours, peu important que les répercussions sur la production soient sans rapport avec la durée des arrêts de travail effectifs) • 7 avr. 1993, n° 91-16.834 P : *D. 1993. IR 115* (arrêts de travail courts et répétés ayant contraint l'entreprise à cesser sa production mais n'ayant pas d'incidence sur la clientèle) • 5 juill. 1995, n° 93-20.402 P (arrêts de travail ayant eu pour effet de rendre la production plus onéreuse). ♦ Sur la distinction entre désorganisation de la production, conséquence normale de la grève, et désorganisation de l'entreprise rendant la grève illicite, V. • Soc. 30 mai 1989 : *D. 1990. Somm. 168, obs. Borenfreund .* • 10 juill. 1991 : *D. 1991. IR 216 ; RJS 1991. 521, n° 997* • 7 avr. 1993, n° 91-16.834 P : *RJS 1993. 316, n° 539 ; Dr. soc. 1993. 607.*

10. *Poursuite de la grève.* Mais continue d'être une grève l'arrêt de travail qui se poursuit alors qu'il n'est établi ni que toute revendication syndicale ait disparu, ni qu'un syndicat ait appelé à la reprise du travail. • Soc. 4 déc. 1996 : *JS UIMM 1997. 146.*

2° HYPOTHÈSES ÉCARTÉES

11. *Participation à une réunion.* La participation à une assemblée générale du personnel organisée pendant les heures de travail ne peut être considérée comme un arrêt de travail au sens de l'art. L. 521-1 [L. 2511-1 nouv.]. • Crim. 9 nov. 1971 : *Bull. crim. n° 305 ; JCP 1972. II. 17074, note Pélissier* • Soc. 26 mars 1980 : *Bull. civ. V, n° 297* (ne caractérise pas une grève licite l'arrêt de travail en vue de préparer une journée nationale d'action). ♦ *Contra*, lorsque l'arrêt de travail et la réunion qui le suit tendent à appuyer des revendications professionnelles : • Soc. 8 nov. 1988 : *Bull. civ. V, n° 575 ; Dr. ouvrier 1989. 240.*

12. *Grève perlée.* Le droit de grève n'autorise pas les salariés à exécuter leur travail dans des conditions autres que celles prévues à leur contrat ou pratiquées dans la profession. Il en résulte que la grève perlée, qui consiste en un ralentissement de l'activité ou une baisse de la production sans véritable arrêt de travail, ne peut être qualifiée d'exercice normal du droit de grève. • Soc. 18 févr. 1960, n° 57-40.746 P : *JCP 1960. II. 11704, note F. D. ; Dr. soc. 1960. 490, obs. H. F.* – Dans le même sens : • Soc. 22 avr. 1964, n° 61-40.673 P : *JCP 1964. II. 13883, note B. A.* (faute lourde commise par un salarié, qui en concertation avec d'autres salariés diminue volontairement la cadence de sa production).

13. *Autosatisfaction des revendications.* Le droit de grève n'autorise pas les salariés à exécuter leur travail dans les conditions qu'ils revendiquent. En conséquence, ne constitue pas une grève licite le fait pour des salariés ne voulant pas travailler le samedi de s'absenter trois samedis de suite. • Soc. 23 nov. 1978, ♔ n° 77-40.946 P : *GADT, 4e éd., n° 189 ; D. 1979. 304, note Javillier ; D. 1979. IR 226, obs. Pélissier ; Dr. ouvrier 1980. 12, note Bonnechère ; JCP CI 1980. II. 13244, note Karaquillo.* ♦ ... De ne pas travailler le dimanche après-midi dans le cadre d'un mouvement revendicatif tendant à obtenir la révision de la convention collective quant à la durée et à la rémunération du service continu. • Soc. 15 juin 1978, ♔ n° 77-40.600 P : *D. 1979. IR 25, obs. Langlois ; Dr. ouvrier 1980. 12, note Bonnechère.* ♦ En revanche, la grève est licite lorsqu'elle s'accompagne de revendications professionnelles. • Soc. 25 juin 1991, ♔ n° 89-40.029 P : *Dr. soc. 1992. 60, concl. Graziani* ✎ (arrêt de travail le week-end aux fins de satisfaire des revendications portant sur le travail le week-end ainsi que sur la sécurité et les horaires de travail). ♦ Dans le même sens : • Soc. 12 avr. 1995, ♔ n° 93-10.968 P : *Dr. soc. 1995. 607, obs. Ray* ✎ ; *RJS 1995. 370, n° 554.*

14. « Grève » des astreintes. Ne répond pas à la définition de la grève le seul fait pour des salariés de refuser d'assurer les astreintes auxquelles ils étaient tenus. • Soc. 2 févr. 2006 : ♔ *D. 2006. IR 469* ✎ ; *JS Lamy 2006, n° 184-3* • 21 oct. 2009 : ♔ *D. 2009. AJ 2691* ✎ ; *RJS 2010. 65, n° 82* • Soc. 25 nov. 2015, ♔ n° 14-20.527 P : *Dalloz actualité, 18 déc. 2015, obs. Peyronnet ; JCP S 2016. 1090, obs. Kerbouc'h.*

15. Exécution défectueuse du travail. Commet une faute justifiant des sanctions disciplinaires le salarié qui participe à une grève sans arrêter complétement son travail et en exécutant de façon défectueuse sa prestation de travail. • Soc. 22 avr. 1964, n° 61-40.673 P : *JCP 1964. II. 13883, note B. A.*

16. Grève limitée à une obligation particulière du contrat de travail. Ne constitue pas une grève la cessation du travail limitée à une obligation particulière du contrat de travail ; en diffusant des tracts incitant les salariés à refuser de signer des bons de travail, un syndicat engage sa responsabilité à l'égard de l'employeur et peut être condamné à indemniser ce dernier pour perte d'heures productives et recours à la sous-traitance. • Soc. 11 juill. 2016, ♔ n° 14-14.226 P : *D. 2016. Actu. 1655* ✎ ; *RJS 10/2016, n° 653 ; JS Lamy 2016, n° 417-1, obs. Tissandier ; JCP S 2016. 1332, obs. Duquesne.*

B. CESSATION COLLECTIVE ET CONCERTÉE DU TRAVAIL

17. Arrêt de travail d'une minorité de salariés. Un arrêt de travail ne saurait perdre le caractère de grève par le seul fait qu'il n'a pas été observé par la majorité du personnel. • Soc. 3 oct. 1963 : *GADT, 4e éd., n° 188 ; D. 1964. 3, note G. Lyon-Caen* • 21 juin 1967 : *D. 1967. 753 ; JCP 1967. II. 15256, note A. A.* (76 grévistes sur 1468 salariés).

18. Participation individuelle à un mouvement national. L'exercice du droit de grève ne peut revêtir un caractère individuel, sauf si le salarié obéit à un mot d'ordre de grève nationale. • Soc. 29 mars 1995, ♔ n° 93-41.863 P : *RJS 1995. 369, n° 553.* ♦ Le salarié qui, seul dans son entreprise, participe à une grève présentant un caractère national n'a pas à informer spécialement son employeur. • Soc. 29 mai 1979, ♔ n° 78-40.553 P : *GADT, 4e éd., n° 190.*

19. Entreprises occupant un seul salarié. Dans les entreprises ne comportant qu'un salarié, celui-ci, qui est le seul à même de présenter et de défendre ses revendications professionnelles, peut exercer le droit de grève constitutionnellement reconnu. • Soc. 13 nov. 1996, ♔ n° 93-42.247 P : *JCP 1997. II. 22754, rapp. Waquet, note Corrignan-Carsin ; Dr. soc. 1996. 1108, obs. Ray* ✎ ; *ibid. 1997. 368, note Radé* ✎ ; *CSB 1997. 11, A. 3, note Philbert ; RJS 1996. 843, n° 1312 ; ibid. 1997. 8, chron. J. Savatier ; Dr. ouvrier 1997. 143, note Saramito ; LPA 22 janv. 1997, note Picca.*

C. REVENDICATIONS PROFESSIONNELLES

20. Condition. Est illicite l'arrêt de travail qui ne correspond à aucune revendication professionnelle. • Soc. 17 déc. 1996, ♔ n° 95-41.858 P : *JCP 1997. II. 22773, rapp. Waquet ; CSB 1997. 86, S. 44.* ♦ Si la présentation des revendications professionnelles doit être préalable, la grève n'est pas soumise en principe à la condition d'un rejet desdites revendications par l'employeur. • Soc. 11 juill. 1989 :, ♔ n° 87-40.727 P : *GADT, 4e éd., n° 192 ; D. 1989. IR 233 ; Dr. soc. 1989. 717, note Déprez* • 4 avr. 1990, ♔ n° 88-43.909 P : *D. 1990. IR 108 ; RJS 1990. 299, n° 419.*

1° PRÉSENTATION DES REVENDICATIONS

21. Moment. L'employeur doit être informé de l'existence des revendications professionnelles au moins au moment de la cessation du travail. • Soc. 24 mars 1988, ♔ n° 85-43.604 P.

22. Modalités de présentation par un syndicat. Il n'est pas nécessaire que les revendications professionnelles soient présentées par les grévistes ; elles peuvent l'être par une union syndicale ayant préalablement arrêté avec un des salariés de l'entreprise la liste des revendications. • Soc. 27 juin 1990 : ♔ *RJS 1990. 483, n° 718.* ♦ L'employeur doit avoir été informé, avant l'arrêt de travail, des revendications professionnelles des salariés, peu important les modalités de cette information (revendications portées à la connaissance de l'employeur par une lettre de l'inspectrice du travail). • Soc. 28 févr. 2007 : ♔ *D. 2007. AJ 869* ✎ *D. 2007. 2269, obs. Amauger-Lattès* ✎ ; *RJS 2007. 481, n° 651* • Soc. 30 juin 2015, ♔ n° 14-11.077 P : *D. 2015. Actu. 1493* ✎ ; *D. 2015. Pan. 2349, obs. Lokiec* ✎ ; *RDT*

2016. 108, obs. Ferkane ✐ ; *RJS 10/2015, n° 663 ; JCP S 2015. 1367, note Duquesne.*

2° CARACTÈRE PROFESSIONNEL DES REVENDICATIONS

23. Conditions de travail. Constituent des revendications professionnelles les protestations contre les mauvaises conditions de chauffage des lieux de travail ainsi que la crainte sur la stabilité de l'emploi en raison de la décision de l'employeur d'ouvrir un nouveau magasin. • Soc. 4 avr. 1990, ♖ n° 88-43.909 P : *D. 1990. IR 108 ; RJS 1990. 299, n° 419.* ♦ ... La réclamation d'un moyen de transport ou de l'octroi d'indemnités de grand déplacement. • Soc. 18 juin 1996, ♖ n° 92-44.497 P : *GADT, 4e éd., n° 195 ; RJS 1996. 622, n° 970 ; Dr. ouvrier 1997. 33.*

24. Droit de retrait. Constitue l'exercice du droit de grève et non du droit de retrait l'arrêt décidé par des salariés qui, après avoir refusé d'exécuter un ordre dangereux pour leur santé et leur vie, ont présenté une revendication professionnelle en demandant le bénéfice du chômage-intempéries. • Soc. 26 sept. 1990, ♖ n° 88-41.375 P : *GADT, 4e éd., n° 206 ; D. 1990. IR 228* ✐ ; *Dr. soc. 1991. 60, concl. Waquet, note Ray* ✐ ; *Dr. ouvrier 1990. 457, note F. S.*

25. Stratégie de l'entreprise. Constitue une revendication professionnelle la crainte exprimée par des représentants sur la nouvelle politique commerciale décidée par l'employeur. • Soc. 2 juin 1992, ♖ n° 89-40.565 P : *Dr. soc. 1992. 696, rapp. Waquet, note Ray* ✐ ; *RJS 1992. 501, n° 907.* ♦ ... La contestation du refus du directeur d'un institut médico-pédagogique d'appliquer un projet pédagogique qu'il avait précédemment adopté. • Soc. 27 févr. 1985 : *Bull. civ. V, n° 118.*

26. Protection de l'emploi. Est licite la grève survenue postérieurement à des licenciements et manifestant une crainte d'ordre professionnel et social intéressant l'ensemble des salariés de l'entreprise. • Soc. 27 févr. 1974, ♖ n° 72-40.726 P. ♦ ... La grève concomitante à l'annonce d'un licenciement pour motif économique, la menace sur l'emploi caractérisant une revendication professionnelle intéressant l'ensemble du personnel. • Soc. 22 nov. 1995 : ♖ *D. 1996. IR 5 ; Dr. soc. 1996. 204 ; RJS 1996. 43, n° 61 ; CSB 1996. 41, A. 11 ; JCP 1996. I. 3925, n° 20, obs. Teyssié.* ♦ ... L'arrêt de travail résultant de craintes sur la stabilité de l'emploi en raison de l'annonce par l'employeur de l'ouverture d'un nouveau magasin. • Soc. 4 avr. 1990, ♖ n° 88-43.909 P : *D. 1990. IR 108.* ♦ ... La grève déclenchée pour protester contre la préparation d'un plan de restructuration. • Soc. 20 mai 1992 : ♖ *D. 1992. IR 185.*

27. Défense des droits collectifs. Doit être cassé l'arrêt qui retient d'abord que le motif de la cessation du travail à la suite du licenciement de deux salariés candidats aux élections professionnelles et délégué syndical était licite pour estimer ensuite que cette justification cessait à partir du moment où l'employeur saisissait le juge compétent, afin de contester les désignations. • Soc. 18 janv. 1995, ♖ n° 91-10.476 P : *GADT, 4e éd., n° 196 ; D. 1995. IR 50* ✐ ; *Dr. soc. 1995. 183, rapp. Waquet* ✐ ; *RJS 1995. 201 ; CSB 1995. 79, A. 15.* ♦ Présente un caractère professionnel la cessation collective et concertée du travail précédée de revendications qui se rattachent tant à l'exercice du droit syndical qu'à l'exigence du respect de règles légales et conventionnelles, peu important la saisine par l'employeur du juge compétent pour statuer sur la validité des désignations contestées par lui. • Même arrêt. ♦ Il en est de même lorsque, dans le tract appelant à la grève, le syndicat invoque la défense de l'exercice du droit syndical. • Soc. 30 mars 1999, ♖ n° 97-41.104 P : *RJS 1999. 440, n° 725 ; D. 1999. IR 116* ✐.

28. Rémunération. Les revendications portant sur les augmentations de salaire et la réduction d'une prime constituent des revendications professionnelles. • Soc. 18 avr. 1989, ♖ n° 88-40.724 P : *D. 1990. Somm. 167, obs. Borenfreund* ✐.

29. Régime des retraites. Caractérise l'exercice du droit de grève une cessation collective et concertée du travail en vue de soutenir un mot d'ordre national pour la défense des retraites. • Soc. 15 févr. 2006 : ♖ *RJS 2006. 431, n° 622 ; Dr. soc. 2006. 577, obs. Radé* ✐.

30. Grève politique. Sur le caractère illicite des grèves politiques, V. • Soc. 23 mars 1953, n° 1.398 P : *GADT, 4e éd., n° 186 ; D. 1954. 89, note Levasseur* (protestation contre des incidents intervenus la veille à l'Assemblée nationale) • 10 mars 1961 : *Bull. civ. IV, n° 333 ; D. 1961. Somm. 92 ; Dr. soc. 1961. 363, obs. J. Savatier* (protestation contre la politique générale du gouvernement). ♦ Comp. • 29 mai 1979, ♖ n° 78-40.553 P : *GADT, 4e éd., n° 190 ; D. 1980. IR 23, obs. Langlois* (licéité d'une grève nationale ayant pour objet le refus du blocage des salaires, la défense de l'emploi et la réduction du temps de travail, revendications étroitement liées aux préoccupations quotidiennes des salariés). ♦ La défense du mode d'exploitation du réseau des transports urbains constitue, pour les employés de la régie, établissement public industriel et commercial, une revendication d'ordre professionnel, la capacité de l'employeur à satisfaire les revendications des salariés étant sans incidence sur la légitimité de la grève. • Soc. 23 oct. 2007 : ♖ *D. 2007. AJ 2807, obs. Ines* ✐.

31. Grève de solidarité. La grève pour obtenir la réintégration d'un salarié régulièrement licencié n'ayant pour objet ni un intérêt collectif professionnel, ni la modification ou l'amélioration des conditions de travail, n'a pas le caractère d'une grève licite. • Soc. 8 janv. 1965, n° 64-40.135 P : *Dr. soc. 1965. 380, obs. J. Savatier.* ♦

Dans le même sens : • Soc. 16 nov. 1993, n° 91-41.024 P : *Dr. soc. 1994. 35, rapp. Waquet, note Ray ; CSB 1993. 293, A. 60* (licenciement n'impliquant rien d'autre que la faute personnelle de l'intéressé). ♦ Comp., lorsque la grève de solidarité s'accompagne de revendications professionnelles : • Soc. 27 nov. 1985 : *Dr. soc. 1988. 143, note Déprez.* ♦ Les juges du fond doivent rechercher si l'action entreprise par les salariés, pour soutenir un de leurs collègues menacé de licenciement, n'est pas étrangère à des revendications professionnelles qui intéressent l'ensemble du personnel. • Soc. 5 janv. 2011 : *Dalloz actualité, 28 janv. 2011, obs. Ines ; RDT 2011. 254, obs. Nadal ; RJS 3/2011, n° 268 ; JS Lamy 2011, n° 294-3, obs Tourreil ; JCP S 2011. 1188, obs. Bailly.*

3° LÉGITIMITÉ DES REVENDICATIONS

32. Absence de contrôle judiciaire. Si la grève suppose l'existence de revendications de nature professionnelle, le juge ne peut, sans porter atteinte au libre exercice d'un droit constitutionnellement reconnu, substituer son appréciation à celle des grévistes sur la légitimité ou le bien-fondé de ces revendications. Doit en conséquence être cassé l'arrêt qui déboute un salarié de ses différentes demandes en paiement alors qu'il a constaté le caractère professionnel de la revendication et qu'il n'a caractérisé aucun abus de la part des salariés. • Soc. 2 juin 1992, n° 90-41.369 P : *GADT, 4e éd., n° 193 ; Dr. soc. 1992. 696, rapp. Waquet ; CSB 1992. 225, A. 40 ; RJS 1992. 501, n° 906.* ♦ Comp. : • Cass., ass. plén., 4 juill. 1986 : *D. 1986. 477, concl. Bouyssic, note Ray ; JCP 1986. II. 20694, note Teyssié ; Dr. soc. 1986. 745, note G. Lyon-Caen* (décision affirmant que, « si la grève est licite dans son principe en cas de revendications professionnelles, il appartient au juge des référés d'apprécier souverainement si elle n'entraîne pas un trouble manifestement illicite » et approuvant la cour d'appel d'avoir retenu que les revendications étaient déraisonnables).

33. La capacité de l'employeur à satisfaire les revendications des salariés étant sans incidence sur la légitimité de la grève. • Soc. 23 oct. 2007 : *D. 2007. AJ 2807, obs. Ines.*

III. ACTES DÉTACHABLES DE L'EXERCICE DU DROIT DE GRÈVE

A. PIQUETS DE GRÈVE

34. Présence licite des salariés. Sur l'absence d'atteinte à la liberté du travail, V. • CE 2 févr. 1996 : *RJS 1996. 178, n° 299* (piquet de grève situé à l'entrée principale de l'entreprise n'interdisant pas la possibilité pour le personnel de pénétrer dans l'entreprise par d'autres voies d'accès) • Soc. 7 juin 1995, n° 93-46.448 P : *GADT, 4e éd., n° 197 ; D. 1995. IR 204* (salariés ayant remis à l'employeur les clés des camions vides qu'ils avaient garés devant l'entrée de l'entreprise).

35. Piquet de grève. Sur l'entrave à la liberté du travail, V. • Soc. 8 déc. 1983, n° 81-14.238 P (blocage total des portes de l'établissement). • Soc. 30 juin 1993, n° 91-44.824 P : *D. 1993. IR 174* (grévistes faisant obstacle à l'entrée et à la sortie des véhicules dans une usine ayant entraîné la désorganisation de l'entreprise). ♦ L'obstruction des entrées d'un magasin interdisant l'accès des clients et empêchant l'employeur et les non-grévistes de travailler porte atteinte à la liberté du travail, peu important que les éléments constitutifs du délit de l'art. 414 C. pén. soient ou non réunis, et constitue une voie de fait autorisant le recours au juge des référés. • Soc. 21 févr. 1978 : *Bull. civ. V, n° 127 ; JCP CI 1978. I. 7087, n° 14, obs. Teyssié et Descotte.*

B. OCCUPATION DES LOCAUX

36. Présence licite. En établissant que l'occupation des locaux, qui consistait dans le fait d'accompagner à travers l'usine les délégués se rendant à la direction, n'avait été que momentanée et limitée, le tribunal a pu écarter l'existence d'une faute lourde. • Soc. 11 févr. 1960 : *Bull. civ. IV, n° 170 ; D. 1960. 603 ; JCP 1960. II. 11624* • 16 mai 1989 : *Bull. civ. V, n° 361 ; D. 1989. IR 176* (absence d'atteinte à la liberté du travail) • 19 oct. 1994 : *Dr. ouvrier 1995. 146* (occupation ayant seulement porté atteinte à l'image de l'entreprise sans entraîner aucun préjudice financier).

37. Abus. Le droit de grève n'emporte pas celui de disposer arbitrairement des locaux de l'entreprise. • Soc. 21 juin 1984, n° 82-16.596 P : *GADT, 4e éd., n° 212 ; Dr. soc. 1985. 15, note J. Savatier* • 23 juin 2004, n° 02-31.999 P : *RJS 2004. 835, n° 1187.* ♦ Constitue un acte abusif le fait de se rendre sur son lieu de travail, de ne pas y travailler en se déclarant en grève et de refuser de quitter le lieu de travail. • Soc. 6 déc. 1956 : *Bull. civ. IV, n° 907 ; Dr. soc. 1957. 33.* ♦ ... D'interdire l'accès de l'usine à quiconque, notamment au directeur et au personnel non gréviste. • Soc. 21 juin 1984, n° 82-16.596 P : *préc.* ♦ ... De participer à l'immobilisation d'un train frigorifique ayant pour conséquence de porter atteinte à la liberté du travail. • Soc. 4 nov. 1992, n° 90-41.899 P : *GADT, 4e éd., n° 194.* ♦ Constitue un trouble manifestement illicite l'occupation du navire par les grévistes empêchant celui-ci de prendre le large, ce dont il résultait une entrave à la liberté de travail des salariés non grévistes. • Soc. 8 oct. 2014 : *Dalloz actualité, 30 oct. 2014, obs. Fraisse ; D. 2014. Actu. 2054.* ♦ Toutefois, l'occupation des locaux, intervenue en réaction à la fermeture de l'entreprise, peut, dans certaines circonstances, ne pas caractériser un trouble manifestement illicite. • Soc. 9 mars

2011 : *Dalloz actualité, 7 avr. 2011, obs. Ines ; Dr. soc. 2011. 734, obs. Gauriau ; JS Lamy 2011, n° 298-4, obs. Lalanne ; JCP S 2011. 1330, obs. Sébille.*

38. Désorganisation de l'entreprise. L'abus du droit de grève est caractérisé par la désorganisation de l'entreprise. • Soc. 4 nov. 1992, n° 90-41.899 P : *GADT, 4e éd., n° 194.* ♦ La désorganisation de l'entreprise doit être distinguée de la désorganisation de la production, qui constitue une conséquence normale de la grève. • Soc. 30 mai 1989, n° 87-10.994 P : *D. 1990. Somm. 168, obs. Borenfreund.*

39. Demande d'expulsion. En énonçant que le droit de grève n'emporte pas celui de disposer arbitrairement des locaux de l'entreprise, les juges constatent le caractère manifestement illicite du trouble justifiant la compétence du juge des référés pour ordonner l'expulsion des grévistes. • Soc. 21 juin 1984 : *GADT, 4e éd., n° 212 ; Dr. soc. 1985. 15, note J. Savatier* • 23 juin 2004, n° 02-31.999 P : *RJS 2004. 835, n° 1187.* ♦ Sur la possibilité de recourir parallèlement à la procédure de l'ordonnance sur requête, V. • Soc. 17 mai 1977 : *D. 1977. 645, note Jeammaud ; Dr. ouvrier 1977. 467, note G. Lyon-Caen ; Dr. soc. 1978. 119, obs. J. Savatier ; JCP CI 1979. II. 13050, note Desdevises ; RTD civ. 1977. 602, n° 6, obs. Normand.* ♦ Toutefois, l'occupation des locaux, intervenue en réaction à la fermeture de l'entreprise, peut, dans certaines circonstances, ne pas caractériser un trouble manifestement illicite ; le refus du juge des référés d'ordonner l'expulsion est alors justifié. • Soc. 9 mars 2011 : *Dalloz actualité, 7 avr. 2011, obs. Ines.*

40. Exécution d'une ordonnance d'expulsion. L'ordonnance d'expulsion prononcée à l'encontre de dirigeants de fait d'un mouvement vaut pour tous les grévistes, dès lors que ces dirigeants de fait ont la possibilité de présenter les moyens de défense communs à l'ensemble du personnel. • Soc. 17 mai 1977 : *Bull. civ. V, n° 327* • 23 juin 2004, n° 02-31.999 P : *RJS 2004. 835, n° 1187.* ♦ Si, s'agissant d'exécuter une ordonnance d'expulsion, l'autorité administrative a le devoir d'apprécier les conditions d'octroi du concours de la force publique et a la possibilité de refuser ce concours quand elle estime qu'il y a un danger pour l'ordre et la sécurité, le préjudice qui peut résulter de ce refus ne saurait être regardé comme une charge incombant à l'employeur si la situation s'est prolongée au-delà du délai normal dont l'administration dispose, compte tenu des circonstances de la cause, pour exercer son action. • CE 8 déc. 1989 : *RJS 1990. 171, n° 242.*

41. Refus d'exécuter l'ordonnance d'expulsion. Commet une faute lourde le salarié qui se maintient dans les lieux malgré une décision d'expulsion. • Soc. 30 avr. 1987 : *Bull. civ. V, n° 238 ; D. 1987. IR 120.* • 3 mai 2016, n° 14-28.353 P : *Dalloz actualité, 20 mai 2016, obs. Peyronnet ; D. 2016. Actu. 1086 ; RJS 7/2016, n° 516 ; JS Lamy 2016, n° 412-3, obs. Hautefort ; JCP S 2016. 1234, obs. Guyot.*

42. Responsabilité de l'État. Sur les conditions de mise en œuvre de la responsabilité de l'État, V. • CE 3 juin 1938 : *DP 1938. 3. 65 ; Dr. soc. 1938. 241 ; JCP 1938. II. 834, note Mihura* • 6 mai 1991 (deux arrêts) : *Lebon 171 ; D. 1992. Somm. 144, obs. Bon et Terneyre ; Dr. soc. 1991. 940, concl. Denis-Linton ; RJS 1991. 456, n° 874* (a été jugé anormal le préjudice résultant du fait que, saisie le 12 mai d'une demande de concours de la force publique, l'administration ait attendu le 1er juin pour prendre des mesures ; en revanche, le préjudice n'a pas un caractère anormal lorsque l'administration intervient le 1er juin à la suite d'une demande présentée le 27 mai) • 25 nov. 1994 : *D. 1996. Somm. 51, obs. Bon et Terneyre ; ibid. 229, obs. Chelle et Prétot ; RJS 1995. 47, n° 54* (partage de responsabilité entre l'État et la commune qui avait apporté son soutien aux grévistes).

IV. EFFETS DE LA GRÈVE

A. SALARIÉS

1° PROTECTION DU DROIT DE GRÈVE

43. Entreprises publiques. En prohibant dans l'art. L. 521-1 C. trav. [L. 2511-1 nouv.] les mesures discriminatoires, le législateur a énoncé un principe général du droit du travail applicable aux entreprises publiques dont le personnel est doté d'un statut réglementaire et qui n'est pas incompatible avec les nécessités de la mission de service public. • CE 12 nov. 1990 : *D. 1992. Somm. 159, obs. Chelle et Prétot ; RJS 1991. 141, n° 261 ; AJDA 1991. 332, obs. Hecquard-Théron* (illégalité de la disposition prévoyant la suspension des droits à l'avancement en échelon pendant les périodes d'absence dues à une grève).

44. Nullité du licenciement. La nullité du licenciement d'un salarié gréviste n'est pas limitée au cas où le licenciement est prononcé pour avoir participé à une grève ; elle s'étend à tout licenciement d'un salarié prononcé à raison d'un fait commis au cours de la grève à laquelle il participe et qui ne peut être qualifié de faute lourde. • Soc. 22 janv. 1992, n° 90-44.249 P : *D. 1992. IR 45 ; Dr. soc. 1992. 271 ; CSB 1992. 71, A. 14* • 9 mai 2012 : *Dalloz actualité, 5 juin 2012, obs. Perrin ; D. 2012. Actu. 1341 ; RJS 2012. 559, n° 653 ; JCP S 2012. 1319, obs. Duquesne.* ♦ Lorsqu'un employeur licencie un salarié à la fois pour des faits commis à l'occasion d'une grève sans invoquer de faute lourde et pour des faits distincts, le caractère illicite du motif du licenciement prononcé pour des faits liés à l'exercice du droit de grève entraîne à lui seul la nullité du licenciement. • Soc. 8 juill. 2009 : *D. 2009. AJ*

2112, obs. Perrin ; RJS 2009. 722, n° 828 ; Dr. ouvrier 2010. 53, obs. Delgado.

45. Réintégration. Le licenciement des salariés grévistes étant entaché de nullité, c'est à bon droit et sans excéder ses pouvoirs que le juge des référés, pour faire cesser un trouble manifestement illicite, a ordonné la poursuite du contrat de travail qui n'avait pu être valablement rompu. • Soc. 26 sept. 1990, n° 88-41.375 P : *GADT, 4e éd., n° 206 ; D. 1990. IR 228 ; Dr. soc. 1991. 60, rapp. Waquet, note Ray ; Dr. ouvrier 1990. 457, note F.S. ; RJS 1990. 542, n° 812.* – Dans le même sens : • 29 juin 1994, n° 91-40.656 P : *RJS 1994. 682, n° 1158 ; ibid. 650, concl. Chauvy.*

46. Indemnisation du gréviste illégalement licencié. Les salariés, dont le licenciement est nul, ont droit au paiement d'une indemnité égale au montant de la rémunération qu'ils auraient dû percevoir entre leur éviction de l'entreprise et leur réintégration, peu important qu'ils aient ou non reçu des salaires ou un revenu de remplacement pendant cette période. • Soc. 2 févr. 2006 : *RDT 2006. 42, obs. Leclerc ; JS Lamy 2006, n° 185-5 ; JCP S 2006. 1700, note Olivier ; JCP E 2006. 1579, note Béal et Rouspide* • Soc. 25 nov. 2015, n° 14-20.527 P : *D. 2015. Actu. 2508 .*

47. L'atteinte au droit de grève n'est pas à elle seule constitutive d'une infraction pénale. • Crim. 19 juin 1979 : *Bull. crim. n° 217 ; D. 1980. IR 88, obs. Pélissier* • 31 mars 1981 : *D. 1982. IR 83, obs. Pélissier.* ♦ L'art. 414 C. pén. (ancien) n'a pas pour objet la protection du travail en soi, mais seulement celle de la liberté que possèdent les travailleurs de s'associer, ou non, à une cessation concertée du travail. • Crim. 15 mai 1987 : *Bull. crim. n° 198.*

2° SUSPENSION DES OBLIGATIONS CONTRACTUELLES

a. Portée

48. Sanctions disciplinaires. L'employeur ne peut se prévaloir des dispositions du règlement intérieur, ni de celles d'une note de service, afin d'infliger une sanction disciplinaire à un gréviste pour des faits non constitutifs d'une faute lourde. • Soc. 16 déc. 1968 : *Dr. soc. 1969. 318, obs. Savatier.* – Dans le même sens : • Soc. 27 juin 1979 : *Bull. civ. V, n° 583.* ♦ Un salarié gréviste ne peut être licencié ou sanctionné à raison d'un fait commis au cours de la grève que si ce fait est constitutif d'une faute lourde. • Soc. 16 déc. 1992, n° 91-41.215 P : *GADT, 4e éd., n° 208 ; D. 1993. Somm. 265, obs. Dockès ; Dr. soc. 1993. 291, note Savatier ; RJS 1993. 119, n° 174 ; CSB 1993. 37, A. 8* • 7 juin 1995, n° 93-42.789 P : *Dr. soc. 1995. 837.* ♦ L'employeur ne peut, sauf dispositions législatives contraires, se fonder sur le règlement intérieur pour réquisitionner des salariés grévistes, même pour un motif de sécurité ; il ne peut donc sanctionner un salarié refusant de déférer à une telle réquisition. • Soc. 15 déc. 2009 : *D. 2010. AJ 154, obs. Ines ; JS Lamy 2010, n° 270-6 ; Dr. ouvrier 2010. 278.*

49. Maladie antérieure à la grève. Lorsque la maladie a suspendu l'exécution du contrat de travail antérieurement au début de la grève, celle-ci n'a aucune répercussion sur les rapports du salarié avec son employeur. • Soc. 7 oct. 1970 : *Bull. civ. V, n° 502 ; D. 1971. Somm. 59 ; Dr. soc. 1971. 136, obs. J. Savatier* • 16 juill. 1987 : *Bull. civ. V, n° 497* (le salarié malade a droit au complément de rémunération prévu par la convention collective).

50. Maladie pendant la grève. Lorsque l'exécution du contrat de travail a été suspendue par la grève, le gréviste, malade au cours de la grève, ne peut bénéficier de l'indemnité différentielle. • Soc. 1er mars 1972, n° 71-40.257 P : *D. 1972. 620, note Pélissier ; JCP 1972. II. 17262, note Groutel.* ♦ Lorsqu'un salarié tombe malade pendant une période où le personnel pratique des arrêts de travail courts et répétés, il a droit au complément de salaire prévu par la convention collective pour les heures pendant lesquelles il aurait normalement travaillé s'il n'avait pas été malade, compte tenu du fait que le contrat de travail n'était suspendu que pendant les heures de débrayage. • Soc. 20 févr. 1980, n° 78-41.116 P : *D. 1980. IR 546.* ♦ Un tribunal peut estimer, sans renverser la charge de la preuve, que la participation des salariés à la grève avant qu'ils ne tombent malades emportait en l'espèce présomption qu'ils auraient poursuivi leur participation s'ils étaient restés en bonne santé, sauf à combattre cette présomption par la manifestation de leur volonté de se désolidariser des grévistes. • Soc. 17 juin 1982, n° 80-40.973 P : *JCP CI 1982. II. 10979, n° 13, obs. Teyssié.*

51. Accident du travail. La grève suspendant l'exécution du contrat de travail, l'accident dont le salarié a été victime ne peut être considéré comme un accident du travail. • Soc. 12 mai 1964 : *Bull. civ. IV, n° 415.*

52. Ancienneté. Constitue une discrimination illégale le fait de prendre en considération la suspension du contrat de travail résultant de l'exercice du droit de grève pour retarder l'ancienneté d'un salarié et le bénéfice de l'augmentation de salaire liée à cette ancienneté alors que la convention collective prévoit que toutes les périodes d'absence, même lorsqu'elles ne donnent pas lieu à paiement total ou partiel du salaire, ne suspendent pas le droit à un avancement à l'ancienneté. • Soc. 9 févr. 2000, n° 97-40.724 P : *RJS 2000. 207, n° 314.* ♦ Pour une discrimination rendue vraisemblable par le ralentissement de la carrière après la participation du salarié à une grève : • Soc. 10 nov. 2009 : *D. 2010. Pan. 672, obs. Porta ; RJS 2010. 14, n° 6 ; Dr. soc. 2010. 111, obs. Radé ; Dr. ouvrier 2010. 208, obs. Ferrer.*

b. Incidences sur la rémunération

53. Suspension du paiement. Les salariés en grève ayant cessé d'exécuter la prestation de travail, l'employeur n'a pas à régler les salaires dépourvus de contrepartie. • Soc. 21 déc. 1977 : *Bull. civ. V, n° 726 ; D. 1978. IR 75* • 21 févr. 1990, n° 89-40.563 P : *RJS 1990. 249, n° 335* (non-versement d'une indemnité de grand déplacement) • 7 déc. 1995 : *RJS 1996. 94, n° 148* (non-versement de la prime de travail posté).

54. Proportionnalité de la retenue sur salaire. L'exercice du droit de grève ne peut donner lieu, sauf abus, qu'à un abattement de salaire proportionnel à l'arrêt de travail. • Soc. 8 juill. 1992, n° 89-42.563 P • 3 févr. 1993 : *Bull. civ. V, n° 40 ; Dr. soc. 1993. 306* (le paiement de la somme retenue en excédent peut être obtenu en référé). ♦ Pour être proportionnel à l'interruption du travail, l'abattement de salaire pour fait de grève doit être calculé sur l'horaire mensuel des salariés et non en jours calendaires même si la convention collective dispose que les nécessités inhérentes à la profession ne permettent pas de déterminer la répartition des heures de travail. • Soc. 19 mai 1998, n° 97-41.900 P : *D. 1998. IR 150*.

55. Retenue correspondant à la durée de la grève. Le temps consacré à la remise en marche des machines à l'issue d'un mouvement de grève, même répété, ne saurait justifier une retenue sur salaire au motif de la perte de production qui suit le mouvement, même à l'encontre des salariés grévistes, dès l'instant que la grève est reconnue licite. • Soc. 6 juin 1989 (trois arrêts), n° 85-46.435 P : *D. 1990. Somm. 170, obs. Borenfreund ; RJS 1989. 333, concl. Franck ; JCP 1990. II. 21452, note Saint-Jours* • 16 mai 1989 : *Bull. civ. V, n°s 362 et 364 ; GADT, 4e éd., n° 205 ; D. 1990. Somm. 170, obs. Borenfreund ; JCP 1990. II. 21452, note Saint-Jours ; Dr. ouvrier 1989. 242, note Debliquis* (le fait qu'un quotidien n'ait pas paru ne remet pas en cause le paiement des heures effectuées pour sa préparation). ♦ Comp., en cas de grève illicite : • Soc. 7 janv. 1988 : *Bull. civ. V, n° 10 ; D. 1988. Somm. 326, obs. Langlois ; Dr. soc. 1988. 153, note A. Mazeaud ; ibid. 251, note J. Savatier ; JCP 1990. II. 21452, note Saint-Jours.*

56. Convention de forfait-jours. L'absence pour fait de grève d'un salarié cadre soumis à une convention de forfait en jours sur l'année est d'une durée non comptabilisable en journées ou demi-journées, la retenue opérée doit résulter de la durée de l'absence et de la détermination, à partir du salaire annuel ou mensuel, d'un salaire horaire tenant compte du nombre de jours travaillés prévu par la convention de forfait et prenant pour base soit la durée légale du travail applicable dans l'entreprise aux cadres soumis à l'horaire collectif si elle lui est inférieure, soit la durée du travail applicable à ces cadres si elle est supérieure à la durée légale. • Soc. 13 nov. 2008 : *D. 2008. AJ 2946 ; RDT 2009. 117, obs. Grévy ; RJS 2009. 57, n° 43 ; ibid. 27, avis Petit ; JS Lamy 2008, n° 245-2.* ♦ Dans la mesure où l'accord collectif applicable prévoit, pour les salariés cadres soumis à une convention de forfait en jours, qu'aucune suspension du contrat de travail inférieure à une journée entière ou à une demi-journée ne peut entraîner une retenue sur salaire, aucune retenue ne peut être effectuée pour une absence inférieure à une demi-journée de travail. • Soc. 4 mars 2009 : *D. 2009. AJ 877, obs. Perrin ; RDT 2009. 325, obs. Tissandier ; RJS 2009. 377, n° 439.*

57. Réduction des primes. Dès lors qu'il n'est pas contesté que toute absence autorisée ou non, quelle qu'en soit la cause, entraîne la perte de la prime d'assiduité, ce qui n'est pas discriminatoire à l'encontre des grévistes, l'employeur est en droit de ne pas verser la prime aux grévistes. • Soc. 26 févr. 1981 : *Bull. civ. V, n°s 162 et 163 ; D. 1981. 509, note Mouly ; Dr. soc. 1981. 435, note J. Savatier.* – Dans le même sens : • Soc. 19 juin 1990, n° 87-40.634 P : *D. 1990. IR 187* • Soc. 26 mars 2014 : *Dalloz actualité, 15 avr. 2014, obs. Fleuriot.*

58. Lorsque seules les absences non autorisées entraînent la perte de la prime, il en résulte une discrimination prohibée au détriment des grévistes. • Soc. 21 oct. 1982 : *Bull. civ. V, n° 569.* ♦ Pour d'autres exemples de primes à caractère discriminatoire, V. • Soc. 6 nov. 1991, n° 89-42.571 P : *D. 1991. IR 274 ; Dr. soc. 1991. 930, rapp. Waquet ; JCP E 1992. II. 293, note J. Savatier ; RJS 1991. 724, n° 1352* (application du principe de non-discrimination à une prime d'intéressement) • 2 juin 1993 : *RJS 1993. 455, n° 779* • 2 mars 1994, n° 92-41.134 P : *D. 1994. IR 75 ; JCP 1994. II. 22318, note J. Savatier ; Dr. soc. 1994. 523 ; CSB 1994. 109, A. 23 ; RJS 1994. 289, n° 453* (accords de fin de conflit signés respectivement avec des grévistes et des non-grévistes et prévoyant des primes plus importantes pour les non-grévistes que pour les grévistes, alors que la quantité de travail demandée aux non-grévistes n'avait pas été plus importante qu'à l'accoutumée) • 15 févr. 2006 : *RJS 2006. 431, n° 622 ; Dr. soc. 2006. 577, obs. Radé*. ♦ Sur la dénonciation d'un usage accordant certaines primes, dans le but de faire échec à l'exercice normal du droit de grève, V. • Soc. 13 févr. 1996 : *RJS 4/1996, n° 480 ; JCP E 1996. II. 898, note Vachet.*

59. Jours fériés pendant une grève. Des salariés ne peuvent prétendre à un salaire au titre de jours fériés chômés et payés dans l'entreprise, dès lors qu'ils étaient grévistes ces jours-là. • Soc. 24 juin 1998, n° 96-44.234 P : *Dr. soc. 1998. 853, obs. Ray ; JCP E 1998. 1606, note Corrignan-Carsin ; RJS 1998. 663, n° 1045* (2e esp.). ♦ Le salarié qui s'est associé à un mouvement de grève doit être considéré, sauf preuve contraire de sa part, comme gréviste pour toute la durée du mouvement et ne peut prétendre au paiement de sa rémunération pendant cette période, peu important que certains jours il n'ait eu, normalement, aucun service à assurer. • Même arrêt. ♦ V. aussi : • 14 avr. 1999, n° 97-42.064 P : *D. 1999. IR 131* • 5 févr. 2002, n° 99-43.898 P : *D. 2002. IR 1013 ; RJS 2002. 365, n° 479* (1er mai compris dans une période de grève).

60. *Jours non travaillés pendant une grève.* Lorsque la grève se déroule à une date ou lors d'une période pendant laquelle le salarié ne travaille pas habituellement, il doit être considéré comme gréviste dès lors qu'il a adhéré au mouvement, sauf preuve contraire de sa part, pour toute la durée du mouvement. Il n'a, par conséquent, pas droit à sa rémunération pendant cette période, peu important que certains jours il n'ait eu aucun service à assurer. • Soc. 24 juin 1998, n° 97-43.876 P : *D. 1998. IR 178*.

61. *Dérogation au principe de non-paiement des grévistes.* Ce n'est que dans les cas où les salariés se sont trouvés dans une situation contraignante telle qu'ils ont été obligés de cesser le travail pour faire respecter leurs droits essentiels, directement lésés par suite d'un manquement grave et délibéré de l'employeur à ses obligations, que celui-ci peut être condamné à payer aux grévistes une indemnité compensant la perte de leurs salaires. • Soc. 20 févr. 1991, n° 89-41.148 P : *GADT, 4e éd., n° 207 ; D. 1991. IR 83 ; Dr. soc. 1991. 315, trois arrêts, rapp. Waquet, note J. Savatier ; RJS 1991. 266, n° 507* • 27 nov. 1990, n° 88-45.790 P : *D. 1990. IR 298 ; Dr. soc. 1991. 322, note J. Savatier* • 21 mai 1997, n° 95-42.542 P : *Dr. soc. 1997. 763, obs. J.-E. R.* • 3 mai 2007 : *D. 2007. AJ 1423*.

62. Il n'y a pas manquement délibéré de la part de l'employeur lorsque le retard dans le paiement des salaires est dû au redressement judiciaire de l'entreprise. • Soc. 28 oct. 1997, n° 96-41.776 P : *D. 1997. IR 248 ; RJS 1997. 869, n° 1416 ; JS UIMM 1998. 69.* – V. aussi : • Soc. 26 janv. 2000, n° 98-44.177 P : *D. 2000. IR 67 ; RJS 2000. 206, n° 313.* ♦ En revanche, constitue un manquement délibéré de l'employeur à ses obligations le retard dans le paiement des salaires lorsqu'il bénéficie d'un plan de redressement par continuation qui met fin à la période d'observation et fait recouvrer au débiteur la totalité de ses droits. • Soc. 7 juin 2006 : *D. 2006. IR 1636 ; RJS 2006. 728, n° 989 ; JCP S 2006. 1648, note Vatinet.*

63. *Interdiction des sanctions pécuniaires.* La retenue sur le salaire des intéressés à qui l'employeur reprochait une mauvaise exécution de leurs obligations contractuelles à la suite d'une baisse de rendement volontaire constitue une sanction pécuniaire interdite par l'art. L. 122-42 [L. 1331-2 nouv.], et, comme telle, elle est nulle. • Soc. 17 avr. 1991, n° 89-43.127 P : *Dr. soc. 1991. 469, note A. Mazeaud ; RJS 1991. 351, note Déprez.* ♦ Les retenues opérées sur le 13° mois à la suite d'un mouvement de grève constituent des mesures discriminatoires. • Soc. 10 déc. 2002, n° 00-44.733 P : *RJS 2003. 163, n° 241.* ♦ Comp. : • Soc. 8 oct. 1987 : *Bull. civ. V, n° 539 ; Dr. soc. 1988. 153, note A. Mazeaud.* ♦ Solution contraire lorsque le salarié est rémunéré en fonction du rendement. • Soc. 12 avr. 1995 : *D. 1995. IR 128 ; Dr. soc. 1995. 599, obs. J. Savatier*.

64. *Service minimum.* Les grévistes qui, sur la demande de l'employeur ou en vertu d'un accord d'entreprise, assurent un service minimum ont droit à la rémunération du travail effectué. • Soc. 20 févr. 1991, n° 89-40.280 P : *Dr. ouvrier 1991. 149 ; RJS 1991. 266, n° 508.* ♦ Aucun abattement ne peut être effectué sur le salaire correspondant au temps passé à ce service minimum. • Soc. 16 nov. 1993 : *Dr. soc. 1994. 54.* ♦ Le gréviste qui assure un service minimum n'a droit qu'à la rémunération de la tâche accomplie à ce titre. • Soc. 24 juin 1998, n° 97-44.175 P : *Dr. soc. 1998. 851, obs. Ray*.

65. *Secours.* Sur les conditions d'une aide financière apportée par les collectivités locales, V. • CE 11 oct. 1989 : *D. 1992. Somm. 156, obs. Chelle et Prétot ; Dr. soc. 1990. 534, note Lachaume ; AJDA 1990. 109, note Julien-Laferrière* (illicéité d'une subvention attribuée pour aider financièrement les grévistes ; licéité d'une délibération accordant la gratuité des restaurants scolaires aux enfants des grévistes). – V. aussi : • CE 12 oct. 1990 (quatre arrêts) : *JCP 1991. II. 21638, concl. Tuot, note Pacteau* • 28 juill. 1993 (quatre arrêts) : *RJS 1993. 603, n° 1014* • 25 nov. 1994 : *D. 1996. Somm. 51, obs. Bon et Terneyre ; ibid. 229, obs. Chelle et Prétot ; RJS 1995. 47, n° 54* (soutien fautif à des personnels occupant illégalement les locaux de travail) • 2 oct. 1996 : *LPA 29 janv. 1997, note Oliva* (illicéité d'une aide qui, eu égard au caractère indirect de son attribution et aux critères de revenus retenus, ne peut être regardée comme répondant exclusivement à des préoccupations d'ordre social).

3° RUPTURE DU CONTRAT

66. *Faute lourde.* Sur le caractère relatif de la notion de faute lourde, V. Couturier, note ss. • Soc. 29 nov. 1990 : *Dr. soc. 1991. 105*. ♦ Pour une référence à l'intention de nuire, V. • Soc. 25 févr. 1988 : *Bull. civ. V, n° 133 ; D. 1988. Somm. 326, obs. Langlois* • 14 févr. 1989 : *JCP 1989. IV. 140.* ♦ V. notes ss. art. L. 3141-26.

Dès lors qu'un arrêt de travail ne relève pas de l'art. L. 521-1 [L. 2511-1 nouv.], les juges du fond ont pu débouter un salarié de ses demandes d'indemnités de rupture et de dommages-intérêts pour rupture abusive en retenant contre lui l'existence d'une faute grave. • Soc. 16 nov. 1993 : *préc. note 31.*

67. Faute personnelle du gréviste. La faute lourde est uniquement celle qui est imputable au salarié ; elle est indépendante d'autres fautes qui ont pu être retenues contre l'ensemble des grévistes. • Soc. 20 mai 1955, n° 2.582 P : *GADT, 4e éd., n° 199 ; Dr. soc. 1955. 568.* ♦ Sur le caractère individuel de la faute lourde, V. • Soc. 10 oct. 1990 : *RJS 1990. 663, n° 1014* • 4 nov. 1992, n° 90-41.899 P : *GADT, 4e éd., n° 194 ; JCP E 1993. II. 420, note Savatier ; Dr. soc. 1992. 1007 ; CSB 1993. 5, A. 2.*

68. Charge de la preuve. La preuve de la faute lourde incombe à l'employeur. • Soc. 5 mai 1960 : *JCP 1960. II. 11692, note Lindon.*

69. Appréciation in concreto de la faute. Le juge ne peut aggraver la qualification de la faute retenue par l'employeur dans la lettre de licenciement. • Soc. 26 juin 2013 : *D. 2013. Actu. 1692 ; D. 2014. 302, obs. Sommé ; Dr. soc. 2013. 757, obs. Mouly ; RJS 10/2013, n° 706.* ♦ Il revient aux juges du fond d'apprécier souverainement la valeur et la portée des constats d'huissiers portant sur la présence de salariés dans les locaux malgré une ordonnance d'expulsion licite. • 3 mai 2016, n° 14-28.453 P : *Dalloz actualité, 20 mai 2016, obs. Peyronnet.* ♦ Le salarié qui a retenu le véhicule appartenant à l'entreprise n'a pas commis de faute lourde dès lors que l'employeur ne prouve pas que le salarié avait agi avec l'intention de nuire et qu'il aurait pu remettre le véhicule à d'autres salariés de l'entreprise, et qu'ainsi le salarié avait porté atteinte à la liberté du travail des autres salariés. • Soc. 8 févr. 2012 : *Dalloz actualité, 27 mars 2012, obs. Ines ; RDT 2012. 436, obs. Pontif ; RJS 2012. 412, n° 499 ; JS Lamy 2012, n° 319-3, obs. Hautefort ; JCP S 2012. 1362, obs. Martinon.* ♦ Le blocage d'un camion n'est pas constitutif d'une faute lourde justifiant le licenciement des grévistes puisqu'il ne résultait pas des constatations des juges que le blocage du camion entravait le travail des salariés ne participant pas au mouvement de grève ou qu'il entraînait une désorganisation de l'entreprise, faute d'autre accès aux locaux de l'entreprise. • Soc. 9 mai 2012 : *Dalloz actualité, 4 juin 2012, obs. Perrin ; D. 2012. 1341 ; RJS 2012. 556, n° 651 ; JCP S 2012. 1318, obs. Duquesne.*

70. Le fait de sanctionner des grévistes, non pour leur participation à la grève, mais pour des fautes lourdes, ne peut être considéré ni comme une atteinte à l'exercice du droit syndical, ni comme une discrimination syndicale, alors qu'il ne résulte pas des constatations des juges que les mesures annoncées ou prises par l'employeur aient eu pour objet de briser l'action du syndicat. • Soc. 4 avr. 1995 : *RJS 1995. 435, n° 666.*

71. Ne donne pas de base légale à sa décision la cour d'appel qui déboute des salariés licenciés pour faute lourde de leur demande d'indemnités pour rupture abusive, sans rechercher si le protocole d'accord prévoyant qu'aucune sanction pour fait de grève de quelque nature que ce soit ne serait prise n'impliquait pas la réintégration de ces salariés. • Soc. 16 févr. 1989 : *D. 1990. Somm. 162, obs. Rotschild-Souriac ; Dr. soc. 1989. 349, note Ray.*

72. Exemples. Sont notamment constitutifs d'une faute lourde : le fait, pour un représentant du personnel, d'arrêter une machine fonctionnant à l'aide de non-grévistes. • CE 1er avr. 1992, *Moreau : Dr. soc. 1992. 689, concl. Kessler ; ibid. 1993. 51, note Ray ; AJDA 1992. 338, obs. Maugüé et Schwartz ; RJS 1992. 490, n° 888 ; ibid. 460, nos 12 et 13, obs. Chelle et Prétot.* ♦ ... L'abandon des services de sécurité. • Soc. 14 juin 1958 : *Bull. civ. IV, n° 741.* ♦ ... A condition que le salarié soit affecté à un tel service. • Soc. 15 févr. 1961 : *Dr. soc. 1961. 297, obs. Savatier.* ♦ ... Les actes de violence. • Soc. 16 juin 1965 : *Bull. civ. IV, n° 469, deux arrêts* • 1er févr. 1978 : *ibid. V, n° 73 ; D. 1978. IR 213.* ♦ ... La séquestration de cadres ou dirigeants de l'entreprise. • Soc. 1er avr. 1997, n° 95-42.246 P : *RJS 1997. 385, n° 592 ; CSB 1997. 181* • 2 juill. 2014 : *Dalloz actualité, 1er oct. 2014, obs. Ines ; D. 2014. Actu. 1503 ; RJS 2014. 621, n° 730 ; JS Lamy 2014, n° 372-4, obs. Tissandier.* ♦ ... Les atteintes à la liberté du travail. • Soc. 19 juin 1987 : *D. 1988. Somm. 325, obs. Borenfreund ; BS Lefebvre 1988. 75, obs. Déprez.* ♦ ... Le blocage des lieux de travail malgré une décision du juge des référés. • Soc. 26 mai 2004 : *RJS 2004. 652, n° 953.* ♦ Sur les atteintes résultant de la participation à un piquet de grève, V. • Soc. 5 déc. 1989 : *Bull. civ. V, n° 693 ; D. 1990. IR 6* • 31 mars 1998, n° 95-42.086 P : *TPS 1998. 208 ; JS UIMM 1998. 271* (constatation de la présence du salarié parmi les membres du piquet de grève). ♦ ... L'occupation des locaux en dépit d'une décision d'expulsion. • Soc. 30 avr. 1987 : *Bull. civ. V, n° 238 ; D. 1987. IR 120.* ♦ ... Le fait pour les grévistes de s'opposer à leur remplacement par des non-grévistes. • Soc. 12 janv. 1983 : *D. 1984. 354, note Decoopman ; Dr. soc. 1983. 227, note Savatier.*

73. La seule participation à une grève qui n'a pas pour objet la modification ou l'amélioration des conditions de travail constitue une faute lourde imputable au salarié. • Soc. 20 févr. 1959, n° 2.116 P : *Dr. soc. 1959. 412* • 1er mars 1961 : *Bull. civ. IV, n° 270 ; D. 1961. 420* • 10 mars 1961 : *Bull. civ. IV, n° 333 ; Dr. soc. 1961. 363, obs. Savatier* (décisions rendues en matière de grèves politiques). ♦ Comp. • Soc. 5 mai 1960 : *JCP 1960. II. 11692, 3e et 4e esp., note Lindon* (décisions soulignant, pour écarter la faute lourde, que le salarié et le délégué du personnel n'avaient pas sciemment enfreint les dispositions conventionnelles imposant un préliminaire de conciliation). ♦ V., toutefois : • Soc. 25 juin 1987, n° 85-40.250 P : *D. 1988. Somm. 99, obs. Pélissier* (décision affirmant que la seule participation à un mouvement qui n'entre pas dans le cadre de l'exercice licite du droit de grève constitue une faute lourde). ♦ Comp. • Soc. 16 nov. 1993 : *préc. note 31.*

74. La commission par certains grévistes d'actes illicites ne modifie pas la nature de l'exercice du droit de grève ; ce n'est qu'au cas où la grève entraîne la désorganisation de l'entreprise qu'elle dégénère en abus ; dès lors, une faute lourde ne peut être imputée qu'aux seuls auteurs des actes illicites, non à d'autres salariés grévistes. • Soc. 4 nov. 1992, n° 90-41.899 P : *GADT, 4e éd., n° 194 ; JCP E 1993. II. 420, note Savatier ; Dr. soc. 1992. 1007 ; CSB 1993. 5, A. 2.*

75. Sur la possibilité pour l'employeur de sanctionner différemment des salariés ayant tous participé à des actes constitutifs d'une faute lourde, certains étant licenciés, d'autres mis à pied, V. • Soc. 15 mai 1991 (deux arrêts) : *D. 1991. IR 156 ; RJS 1991. 440, n° 841 ; Dr. soc. 1991. 619, rapp. Waquet, concl. Franck.*

76. Représentants du personnel. Ayant relevé que le salarié, délégué du personnel et membre du comité d'entreprise n'avait été l'instigateur d'aucun acte fautif grave et n'y avait pas davantage pris part, que l'exercice normal de son mandat de délégué du personnel impliquait sa présence sur les lieux du conflit et l'avait conduit à être l'interlocuteur de l'employeur, des salariés non grévistes et des tiers dans la transmission des décisions collectives prises par les participants à la grève, une cour d'appel a pu en déduire l'absence de faute lourde. • Soc. 16 juill. 1987 : *Dr. ouvrier 1988. 210, note M.R. ; JCP 1987. IV. 332.*

77. Lorsque la demande d'autorisation de licenciement d'un salarié protégé est motivée par un comportement fautif au cours d'un conflit collectif, il appartient à l'autorité administrative de rechercher si les faits reprochés au salarié sont d'une gravité suffisante pour justifier le licenciement compte tenu, d'une part, de l'ensemble des règles applicables au contrat de travail de l'intéressé, notamment, dans le cas de faits survenus à l'occasion d'une grève, des dispositions de l'art. L. 521-1 [L. 2511-1 nouv.] C. trav., et, d'autre part, des exigences propres à l'exécution normale du mandat dont celui-ci est investi. • CE 1er avr. 1992, *Moreau : Dr. soc. 1992. 689, concl. Kessler ; ibid. 1993. 51, note Ray ; AJDA 1992. 338, obs. Maugüé et Schwartz ; RJS 1992. 490, n° 888 ; ibid. 460, nos 12 et 13, obs. Chelle et Prétot* (constitue une faute suffisamment grave le fait d'arrêter une machine fonctionnant grâce à des non-grévistes). ♦ Le juge d'appel, qui n'est pas tenu de rechercher si le comportement du salarié protégé révèle une intention de nuire à l'employeur ou à l'entreprise, peut déduire que des violences lors d'un mouvement de grève revêtent le caractère d'une faute de nature à justifier le licenciement de l'intéressé. • CE 6 mars 2002, n° 214656 : *RJS 2002. 551, n° 699.*

78. Le ministre du Travail qui autorise le licenciement d'un salarié protégé pour des faits fautifs commis au cours d'une grève a nécessairement reconnu à ces faits le caractère d'une faute lourde, appréciation qui ne peut être remise en cause par le juge judiciaire. • Soc. 26 janv. 1994, n° 92-42.050 P : *Dr. soc. 1994. 390 et 391, obs. Waquet ; CSB 1994. 79, A. 17* • 26 janv. 1994, n° 92-42.049 P. ♦ La décision de l'autorité administrative sur la demande de licenciement de salariés protégés n'a d'autorité qu'en ce qui concerne ceux-ci et ne s'impose pas au juge judiciaire appelé à se prononcer sur le comportement de salariés non protégés. • Soc. 1er avr. 1997, n° 95-42.246 P : *RJS 1997. 385, n° 592 ; CSB 1997. 181.*

79. Personnel navigant et exercice du droit de grève. Malgré la mission spécifique du commandant de bord et la nécessité d'assurer la continuité des vols résultant du code de l'aviation civile, l'interruption de la mission en cours d'escale peut constituer l'exercice normal du droit de grève. • Cass., ass. plén., 23 juin 2006 : *RDT 2006. 248, obs. Olzak ; D. 2006. IR 1843 ; Dr. soc. 2006. 935, obs. Dockès ; JCP E 2006. 1102, note Vatinet ; RJS 2006. 819, n° 1112.*

B. EFFETS POUR L'EMPLOYEUR

1° MESURES D'ORGANISATION

80. Sous-traitance. La grève n'interdit pas à l'employeur de recourir à d'autres salariés ou à d'autres entreprises. • Soc. 15 févr. 1979 : *Bull. civ. V, n° 143 ; Dr. ouvrier 1980. 338, note Petit.*

81. Remplacement des grévistes. Constitue une faute lourde le fait par des grévistes de s'opposer au travail d'autrui et à ce que leur tâche soit effectuée par d'autres salariés, même si ceux-ci n'y sont pas normalement affectés. • Soc. 12 janv. 1983 : *D. 1984. 354, note Decoopman ; Dr. soc. 1983. 227, note Savatier.* ♦ Sous réserve des prohibitions prévues par les art. L. 122-3 et L. 124-2-3 [L. 1242-6 et L. 1251-9 nouv.], il n'est pas interdit à l'employeur, en cas de grève, d'organiser l'entreprise pour assurer la continuité de son activité en ayant recours à des bénévoles. • Soc. 11 janv. 2000, n° 97-22.025 P : *GADT, 4e éd., n° 208 ; D. 2000. 369, note Radé ; Dr. ouvrier 2000. 252, note De Senga ; RJS 2000. 135, n° 203* (entreprise de ramassage de lait ayant accepté le concours bénévole des producteurs de lait pour remplacer les chauffeurs routiers chargés de la collecte en grève).

82. Travailleurs temporaires. L'art. L. 124-2 (devenu art. L. 124-2-3 [L. 4154-1 nouv.]) n'a d'autre objet que d'interdire à l'employeur de recourir au travail temporaire pour remplacer les salariés grévistes et de priver leur action d'efficacité ; il ne saurait être interprété de manière extensive comme interdisant d'employer dans leur qualification professionnelle des travailleurs temporaires embauchés antérieurement à tout conflit. • Crim. 2 déc. 1980 : *Bull. crim. n° 330 ; D. 1981. 346, note Pélissier.*

83. Contrat à durée déterminée. Une grève, prolongée au-delà du terme prévu, ne peut entraîner la prorogation d'un contrat à durée déterminée qui avait pris fin. • Soc. 21 nov. 1984 : *Bull. civ. V, n° 445 ; Dr. ouvrier 1985. 35, note Y.H.N.*

84. Récupération des heures de grève. Sur le droit pour l'employeur de procéder à une récupération des heures perdues à la suite d'une grève extérieure à l'entreprise, V. • Soc. 16 janv. 1966, n° 64-40.052 P • 25 juin 1981 : *Bull. civ. V, n° 604 ; D. 1982. IR 396* (n'a pas à être indemnisé le salarié qui refuse de récupérer les heures perdues).

85. Un salarié est en droit de refuser de récupérer une journée chômée en raison d'une grève d'EDF, dès lors qu'il entendait suivre le mot d'ordre de grève générale lancé antérieurement à la décision de fermeture. • Soc. 30 mars 1971 : *Bull. civ. V, n° 265 ; Dr. soc. 1971. 547, note Savatier.*

86. Communication. Sur la licéité d'un message patronal télévisé mettant en cause un mouvement de grève, V. • Paris, 16 nov. 1995 : *D. 1996. 429, note Edelman ; D. 1997. Somm. 76, obs. Massis ; JCP 1996. II. 22609, note Teyssié ; Dr. soc. 1996. 102, obs. Ray.*

87. Chômage technique. Lorsque la grève des salariés d'un secteur de l'entreprise entraîne la paralysie de celle-ci, le juge peut décider que cette situation contraignante, empêchant la fourniture de travail aux salariés non grévistes, justifie la mise du personnel en chômage technique. • Soc. 4 juill. 2000 : *n° 98-20.537 P* • 22 févr. 2005 : *Dr. soc. 2005. 589, obs. Radé ; CSB 2005, A. 42 ; RJS 2005. 390, n° 563.*

88. Doit être débouté de sa demande en paiement d'une indemnité compensatrice de salaire le salarié non gréviste qui n'a fourni aucun travail pendant les journées de grève du fait que l'entreprise s'était trouvée dans l'impossibilité absolue de faire travailler les non-grévistes. • Soc. 6 oct. 1971, n° 71-40.105 P : *D. 1972. 23 ; Dr. soc. 1972. 124, obs. Savatier ; JCP 1973. II. 17323, note Lazerges-Rothe* (occupation des locaux et piquets de grève en interdisant l'entrée). ♦ Comp. : • Soc. 18 janv. 1979 : *Bull. civ. V, n° 52 ; GADT, 4e éd., n° 202 ; D. 1979. IR 327, obs. Langlois* (arrêt prenant en compte une situation contraignante équivalant en pratique pour l'employeur à un cas de force majeure) • 26 janv. 1983 : *Bull. civ. V, n° 32* (prolongation de la grève ayant paralysé les autres secteurs de l'établissement et obligé la société à réduire les horaires à proportion de la gravité de la situation) • 17 mars 1983 : *ibid., n° 174* (débrayages répétés entraînant, outre l'usure prématurée et anormale des machines, une désorganisation des unités de production) • 6 mars 1986 : *ibid., n° 80* (chômage technique, conséquence de la situation contraignante créée par la grève).

2° POSITION À L'ÉGARD DES NON-GRÉVISTES

89. Justifie sa décision le conseil de prud'hommes qui condamne l'employeur à verser à un non-gréviste les salaires correspondant aux journées de grève, dès lors que la société n'a pas rapporté la preuve de l'existence d'un cas de force majeure l'ayant empêché de fournir tout travail. • Soc. 24 mars 1971 : *Bull. civ. V, n° 240 ; Dr. soc. 1971. 551, obs. Savatier.* – Dans le même sens : • Soc. 22 avr. 1985 : *Bull. civ. V, n° 242.* ♦ L'entreprise de travail intérimaire est soumise à la même règle. • Soc. 27 mai 1998, n° 96-42.303 P : *RJS 1998. 600, n° 937* (l'occupation des locaux de l'entreprise utilisatrice n'est pas une situation contraignante dispensant l'entreprise de travail temporaire du paiement des salaires). ♦ A défaut de toute situation contraignante, l'employeur est tenu de verser aux salariés qui ne participent pas au mouvement de grève la rémunération contractuellement convenue. Il ne peut diminuer celle-ci sous le prétexte que les non-grévistes sont affectés à des tâches annexes de celles habituellement accomplies. • Soc. 4 oct. 2000, n° 98-43.475 P : *D. 2000. IR 262 ; RJS 2000. 823, n° 1275 ; Dr. soc. 2000. 1156, obs. Ray ; JCP 2000. IV. 2731.* ♦ Les salaires versés aux non-grévistes n'ont pas le caractère d'une libéralité discriminatoire. • Soc. 19 juin 1983 : *Bull. civ. V, n° 630.*

90. Prime aux non-grévistes. Est discriminatoire l'attribution par l'employeur d'une prime aux salariés selon qu'ils ont participé ou non à un mouvement de grève. • Soc. 1er juin 2010 : *D. 2010. Actu. 1565 ; RJS 2010. 624, n° 698 ; Dr. soc. 2010. 998, obs. Radé ; JCP S 2010. 1387, obs. Martinon.* ♦ Comp. : une cour d'appel peut, en se fondant sur des considérations de fait, estimer que l'attribution d'une prime aux non-grévistes était justifiée par le surcroît de travail qui avait été exigé d'eux et par la décision de rétablir l'égalité des salaires avec les grévistes qui avaient perçu une journée de salaire sans travailler. • Crim. 19 juin 1979 : *Bull. crim. n° 217 ; D. 1980. IR 88, obs. Pélissier.*

3° FERMETURE DE L'ENTREPRISE

91. Lock-out préventif. En constatant qu'une société avait eu recours au lock-out avec précipitation, à la seule annonce de la grève envisagée, dans le but de briser le mouvement en préparation, les juges du fond ont pu en déduire qu'elle avait commis une faute et devait réparer la perte de salaire de ses salariés. • Soc. 24 janv. 1968 : *Bull. civ. V, n° 51 ; D. 1968. 285.* – Dans le même sens : • Soc. 5 juin 1973 : *Bull. civ. V, n° 360 ; D. 1973. IR 144 et 150.*

92. En relevant que l'entreprise avait été avertie d'un mouvement de grève nationale, que certains syndicats représentés en son sein avaient appelé à la grève et qu'aucun cas de force majeure n'était établi, le conseil de prud'hommes a exactement décidé que la direction, en fermant l'entreprise, avait privé les salariés qui souhaitaient suivre le mot d'ordre national d'un droit constitutionnellement reconnu. • Soc. 27 juin 1989 : *Bull. civ. V, n° 470 ; D. 1989. IR 234.*

93. Lock-out concomitant. L'employeur, qui a l'obligation de fournir le travail promis aux salariés ne peut s'en dégager unilatéralement par une décision hâtive de fermer les ateliers ou services non intéressés par la grève, au seul motif des incidences financières de leur maintien en activité. • Soc. 10 janv. 1973 : *Bull. civ. V, n° 8 ; D. 1973. 453, note Sinay ; Dr. soc. 1973. 433, note Savatier.* ♦ V. aussi • Soc. 26 janv. 1972 : *Bull. civ. V, n° 63 ; Dr. soc. 1972. 395, note Savatier* (arrêt analysant la fermeture de l'entreprise comme une manœuvre insolite, dilatoire et dangereuse) • 1er mars 1989 : *Dr. ouvrier 1989. 415, note M.R.*

94. Lock-out a posteriori. Est illicite la décision d'une compagnie aérienne de suspendre les vols par rétorsion à titre de sanction contre l'exercice normal du droit de grève. • Soc. 29 janv. 1975 : *Bull. civ. V, n° 35.* – Dans le même sens : • Soc. 26 févr. 1975 : *Bull. civ. V, n° 96* • 26 oct. 1977 : *ibid., n° 562.* ♦ Comp., lorsque la procédure de remise en route des machines justifie une mise au chômage technique : • Soc. 25 févr. 1988 : *Sem. soc. Lamy 1988. 194.*

95. Exception d'inexécution. Il n'est pas nécessaire que l'existence même de l'entreprise soit compromise pour que l'employeur soit fondé à se prévaloir de l'inexécution par le personnel de ses propres obligations. • Soc. 26 févr. 1975 : *Bull. civ. V, n° 95* (fermeture justifiée par quelque cent arrêts de travail pendant plus de deux mois).

96. En faveur de la limitation des effets de l'exception d'inexécution aux seuls grévistes, V. • Soc. 4 avr. 1974 : *Bull. civ. V, n° 204* • 9 nov. 1978 : *D. 1979. IR 226, obs. Pélissier.*

97. Force majeure. Doit être condamné à verser les salaires perdus pendant la fermeture de l'entreprise l'employeur qui n'apporte la preuve d'aucun événement irrésistible et insurmontable susceptible d'empêcher l'exécution du contrat. • Soc. 26 févr. 1975 : *Bull. civ. V, n° 97 ; D. 1975. IR 81.*

98. Contrainte. En constatant qu'en raison de la soudaineté du déclenchement d'une grève il y avait eu pour l'employeur une situation contraignante équivalant en pratique à la force majeure, le tribunal a pu estimer que la société avait été empêchée par le fait d'un tiers de fournir du travail à un salarié qu'elle n'a pas à rémunérer. • Soc. 18 janv. 1979 : *Bull. civ. V, n° 52 ; GADT, 4e éd., n° 203.* – Dans le même sens : • Soc. 17 mars 1983 : *D. 1984. IR 166, obs. Goineau* • 7 nov. 1990, n° 89-44.264 P : *D. 1990. IR 280 ; RJS 1990. 664, n° 1016 ; JCP E 1991. I. 27, n° 14, obs. Teyssié.* ♦ Solution inverse, en l'absence de toute contrainte pour l'employeur : • Soc. 7 févr. 1990, n° 87-43.566 P : *D. 1990. IR 66 ; RJS 1990. 170, n° 241* (est abusive la fermeture de l'entreprise à la suite d'une grève d'une heure) • 26 févr. 1992, n° 89-41.673 P : *D. 1992. IR 98 ; RJS 1992. 277, n° 487, 2e esp.* • 11 mars 1992, n° 90-42.817 P.

99. L'employeur qui ne rapporte pas la preuve qu'il était dans l'impossibilité de fournir aux salariés non grévistes des tâches supplétives en rapport avec l'exécution de leurs contrats de travail, même s'il avait été contraint, du fait de la grève, d'arrêter totalement les installations d'un atelier de production pour des impératifs de sécurité, ne se trouve pas dans une situation contraignante justifiant la mise du personnel en chômage technique et doit payer leur rémunération à tous les salariés qui s'étaient tenus à sa disposition. • Soc. 30 sept. 2005 : *D. 2005. IR 2548.* ♦ Une société d'armement n'était pas dans une situation contraignante et n'était donc pas dégagée de son obligation de fournir un travail à ses salariés, dès lors que la grève n'était pas abusive, même si elle avait rendu l'exploitation des lignes très onéreuse et plus difficile. • Soc. 5 juill. 1995, n° 93-20.402 P : *RJS 1995. 669, n° 1045.* ♦ Caractérise l'existence d'une situation contraignante de nature à libérer l'employeur de son obligation de fournir du travail aux salariés la reprise du travail qui s'était effectuée dans des conditions anormales, les salariés ayant refusé de se soumettre à l'autorité de leur employeur, qui n'avait plus ni la maîtrise des outils comptables de l'entreprise, ni le libre accès à ses locaux. • Soc. 26 mars 2014 : *Dalloz actualité, 14 avr. 2014, obs. Peyronnet ; D. 2014. Actu. 830 ; JS Lamy 2014, n° 366-3, obs. Hautefort.*

100. La fermeture d'un établissement, même temporaire, envisagée à la suite de grèves tournantes constitue une mesure intéressant la marche générale de l'entreprise qui doit être préalablement soumise au comité d'entreprise. • Crim. 6 févr. 1979 : *Bull. crim. n° 56 ; D. 1979. IR 422, obs. Pélissier ; Dr. ouvrier 1980. 136, note Alvarez.*

101. Prérogatives de l'employeur. Des mesures de fermeture tout à fait limitées et temporaires ressortissent aux pouvoirs normaux et même aux devoirs d'un employeur soucieux d'assurer un minimum de sécurité et d'ordre dans son entreprise. • Soc. 2 déc. 1964, n° 63-40.558 P : *GADT, 4e éd., n° 200 ; D. 1965. 112, note G. Lyon-Caen ; JCP 1965. II. 14098, note Brun* (débrayages tournants dans une entreprise dotée d'un matériel moderne, d'utilisation délicate et parfois dangereuse). ♦ Dans le même sens : • Soc. 21 mars 1990, n° 86-44.190 P : *D. 1990. IR 99 ; RJS 1990. 300, n° 420.*

102. L'employeur n'est pas tenu de verser aux non-grévistes les salaires correspondant à la période de fermeture de l'entreprise. • Soc. 18 janv. 1979 : *préc. note 88.* ♦ Solution inverse, en cas de lock-out irrégulier : • Soc. 24 janv. 1968 : *Bull. civ. V, n° 51 ; GADT, 4e éd., n° 202* • 26 janv. 1972 : *ibid., n° 63* • Soc. 17 déc. 2013 : *Dalloz actualité, 30 janv. 2014, obs. Ines ; D. 2014. Actu. 88 ; Dr. soc. 2014. 292, obs. Boulmier ; RJS 2014. 210, n° 264 ; JS Lamy 2014, n° 360-2, obs. Lhernould.*

4° SAISINE DU JUGE DES RÉFÉRÉS

103. Illicéité du mouvement. Le juge des référés doit vérifier, au vu des circonstances particulières d'une espèce donnée, que l'exercice du droit de grève se réalise suivant des modalités qui ne le fassent pas dégénérer en abus insusceptible de protection. • Paris, 27 janv. 1988 (deux arrêts), *Air Inter : D. 1988. 351, note Javillier ; JCP 1988. II. 20978, note Teyssié ; Dr. soc. 1988. 242, note Ray* (décisions rendues dans une hypothèse où l'existence d'un préavis légal rendait possible la saisine préalable du juge des référés). ♦ Comp. : • Cass., ass. plén., 4 juill. 1986 : *D. 1986. 477, concl. Bouyssic, note Ray ; JCP 1986. II. 20694, note Teyssié ; Dr. soc. 1986. 745, note G. Lyon-Caen.* ♦ Sur l'intervention du juge des référés en cas d'occupation des locaux, V. notes 46 s.

104. Les pouvoirs attribués au juge des référés en matière de dommage imminent consécutif à l'exercice du droit de grève ne comportent pas celui de décider la réquisition de salariés grévistes. • Soc. 25 févr. 2003, n° 01-10.812 P : *GADT, 4e éd., n° 198 ; Dr. soc. 2003. 621, note Radé ; D. 2003. 1925, note Bossu .*

V. GRÈVE ET RESPONSABILITÉ

A. RESPONSABILITÉ CIVILE

1° SYNDICATS

105. Parties à l'accord. Sur la responsabilité des organisations signataires violant un accord collectif prévoyant un préavis, V. • Soc. 6 mai 1960 : *JCP 1960. II. 11692, 1re esp., note Lindon* • 21 mars 1973 : *Bull. civ. V, n° 175.*

106. Conditions de la responsabilité. Si la responsabilité civile d'un syndicat ne peut être en principe engagée à l'occasion de l'exercice du droit de grève constitutionnellement reconnu, notamment du fait du préjudice indirect subi par les tiers, il en est autrement lorsque le syndicat a effectivement participé à des agissements constitutifs d'infractions pénales ou à des faits ne pouvant se rattacher à l'exercice normal du droit de grève. • Soc. 9 nov. 1982, *Trailor : Bull. civ. V, n° 614 ; GADT, 4e éd., n° 210 ; D. 1983. 531, note Sinay ; JCP 1983. II. 19995, concl. Gauthier ; Dr. soc. 1983. 175, note Savatier* (responsabilité du syndicat dont il était démontré qu'il avait agi de concert avec ceux qui avaient commis des faits délictueux). ♦ Dans le même sens : • Soc. 8 nov. 1984 : *Bull. civ. V, n° 423* (condamnation d'un syndicat à réparer le dommage causé par une grève avec occupation des locaux) • 26 janv. 2000, n° 97-15.291 P : *D. 2000. IR 67 ; Dr. soc. 2000. 451, obs. Cristau* (responsabilité du syndicat établie, celui-ci étant l'instigateur et l'organisateur du mouvement et ayant, par des directives, incité les salariés participant au mouvement à commettre des actes fautifs).

107. Justifient leur décision d'écarter la responsabilité des syndicats les juges qui ont énoncé que les syndicats n'étaient pas les commettants des grévistes, que ceux-ci exerçaient individuellement le droit de grève, et qu'il n'apparaissait pas que les syndicats aient, par instructions ou par tout autre moyen, commis des fautes en relation avec les dommages invoqués. • Soc. 9 nov. 1982, *Dubigeon-Normandie,* n° 80-16.929 P : *D. 1983. 531, note Sinay ; JCP 1983. II. 19995, concl. Gauthier ; Dr. soc. 1983. 175, note Savatier.*

108. Commet une faute engageant sa responsabilité une association professionnelle de transporteurs routiers qui bloque l'accès à un entrepôt dans le cadre d'un mouvement collectif qui ne constitue pas une grève. • Soc. 11 janv. 2006 : *Dr. soc. 2006. 470, obs. Verkindt .*

109. Doit être cassé l'arrêt d'une cour d'appel qui retient la responsabilité d'un syndicat, alors que le tract litigieux se bornait à protester contre l'expulsion des grévistes et qu'aucune participation du syndicat aux obstacles apportés à la liberté du travail et à la résistance opposée à l'ordonnance d'expulsion n'a été relevée. • Soc. 17 juill. 1990, n° 88-13.494 P : *D. 1990. IR 200 ; Dr. ouvrier 1990. 375, concl. Waquet.* – Dans le même sens : • Soc. 30 janv. 1991 : *ibid., n° 40 ; D. 1991. IR 55.*

2° DÉLÉGUÉS

110. Conditions. La responsabilité d'une union départementale de syndicats ne pouvant être engagée du seul fait de la qualité de mandataire des deux délégués syndicaux qui avaient exercé individuellement leur droit de grève, viole l'art. 1382 C. civ. la cour d'appel qui ne constate pas la participation effective des syndicats aux agissements abusifs. • Soc. 21 janv. 1987, n° 85-13.295 P : *D. 1987. IR 23 ; Dr. soc. 1987. 426, note Ray* • 17 juill. 1990 (deux arrêts), n° 87-20.055 P • 22 juin 2004, n° 02-15.500 P : *RJS 2004. 836, n° 1188.*

111. Bien qu'une salariée, déléguée du personnel et déléguée syndicale, ait participé à des actes illicites au cours d'une grève, une cour d'appel a pu estimer qu'elle ne pouvait être condamnée à assumer la totalité du dommage causé. • Soc. 23 juin 1988 : *D. 1990. Somm. 169, obs. Borenfreund ; Dr. ouvrier 1988. 446, note Saramito.*

3° GRÉVISTES

112. Conditions. La responsabilité d'un salarié participant à une grève ne peut être engagée qu'à raison du préjudice découlant directement de sa participation personnelle à des actes illicites commis pendant l'arrêt de travail. • Soc. 19 déc. 1990, n° 89-14.576 P : *GADT, 4e éd., n° 213 ; D. 1991. IR 25.* – Dans le même sens : • Soc. 9 mars 1989 : *Bull. civ. V, n° 196 ; D. 1990. Somm. 169, obs. Borenfreund ; JCP 1989. II. 21333, concl. Gauthier* • 30 janv. 1991, n° 89-17.332 P : *RJS 1991. 200, n° 377* • 18 janv. 1995, n° 91-10.476 P : *GADT, 4e éd., n° 196 ; D. 1995. IR 50 ; Dr. soc. 1995. 183, rapp. Waquet ; RJS 1995. 201 ; CSB 1995. 79, A. 15.* ♦ Comp., lorsque les conditions de la responsabilité *in solidum* sont remplies : • Soc. 8 déc. 1983 : *Bull. civ. V, n° 598 ; D. 1984. 90, concl. Picca ; JCP 1984. II. 20220, note Le Calonnec et Bedoura* (action en responsabilité intentée par des non-grévistes) • 6 juin 1989 : *Bull. civ. V, n° 425 ; D. 1990. Somm. 169, note Borenfreund ; JCP E 1989. II. 15587, n° 20, obs. Teyssié.*

113. Responsabilité civile du syndicat lors d'une manifestation. Un syndicat n'ayant ni pour objet ni pour mission d'organiser, de diriger et de contrôler l'activité de ses adhérents au cours de mouvements ou manifestations auxquels ces derniers participent, les fautes commises personnellement par ceux-ci n'engagent pas la responsabilité de plein droit du syndicat auquel ils appartiennent. • Civ. 2e, 26 oct. 2006 : *RDT 2007. 258, obs. Leclerc.*

B. RESPONSABILITÉ PÉNALE

114. Entrave à la liberté du travail. Le préjudice tenant à l'obligation faite à l'employeur de verser les salaires aux non-grévistes empêchés de se rendre sur les lieux de leur travail n'est que la conséquence indirecte de l'entrave apportée à la liberté du travail. • Crim. 27 nov. 1979 : *Bull. crim. n° 339 ; D. 1980. IR 345, obs. Langlois.* ♦ V. aussi, sur l'irrecevabilité de l'action civile de l'employeur invoquant une diminution de la production en raison de la violation de l'art. 414 C. pén. : • Crim. 15 mai 1987 : *Bull. crim. n° 198 ; D. 1989. Somm. 208, obs. Mayaud.*

VI. ACCORDS DE FIN DE CONFLIT

115. Protocole de fin de conflit. Un accord de fin de grève s'analyse soit en un accord collectif d'entreprise lorsqu'il est signé après négociation avec les délégués syndicaux par l'un d'entre eux, soit en un engagement unilatéral de l'employeur. • Soc. 15 janv. 1997, n° 94-44.914 P : *RJS 1997. 128, n° 191 ; CSB 1997. 112, S. 60.* ♦ Si le procès-verbal de conciliation signé à l'issue d'une occupation d'entreprise ne constitue pas un accord collectif au sens de l'art. L. 131-1 [L. 2221-1 nouv.], la violation par une société de l'engagement qu'elle avait pris de reprendre une partie des salariés d'une autre société en liquidation l'oblige à réparer le dommage résultant pour les salariés de la perte d'une chance d'être repris. • Soc. 30 janv. 1991 : *Bull. civ. V, n° 46 ; JCP E 1991. I. 73, n° 21, obs. Cabrillac et Petel.* ♦ Un conseil de prud'hommes peut à bon droit décider qu'un protocole de fin de grève est valablement signé avec les délégués du personnel et qu'il oblige l'employeur envers l'ensemble du personnel, la responsabilité de l'employeur pouvant être recherchée s'il ne tient pas les engagements qu'il a pris. • Soc. 2 déc. 1992, n° 90-45.186 P : *Dr. soc. 1993. 192 ; RJS 1993. 184, n° 302.* ♦ Le protocole d'accord de fin de grève prévoyant que l'employeur ne serait pas tenu de payer aux salariés grévistes leurs salaires correspondant à la période de grève est sans effet en cas de manquement grave et délibéré de ce dernier à ses obligations ayant motivé le mouvement de grève. • Soc. 3 mai 2007 : *D. 2007. AJ 1423 ; RDT 2007. 538, obs. Leclerc ; JS Lamy 2007, n° 214-6.*

CHAPITRE II **DISPOSITIONS PARTICULIÈRES DANS LES SERVICES PUBLICS**

RÉP. TRAV. v° *Grève dans les services publics*, par Terneyre.

BIBL. GÉN. ► Bidouze, *Dr. ouvrier 1987. 265.* – Bolle, *Dr. soc. 1976. 63.* – Chorin, *Sem. soc. Lamy 1993, suppl. n° 632 ; Dr. soc. 1998. 140* (grève dans les centrales EDF) ; *Dr. soc. 2003. 569.* – Colson, *RFDA 1988. 805.* – Dugrip, *Cah. dr. entr. 1989, n° 3, 1.* – Genevois, *Dr. soc. 1989. 796* (Conseil constitutionnel). – Gilli, *D. 1964. Chron. 81.* – Hamon, *D. 1980. Chron. 333* (continuité du service public). – Lachaume, *Dr. soc. 1985. 45* (domaine d'application de l'art. L. 521-2). – De Laubadère, *AJDA 1979. 42.* – Lévy et Zonca, *Dr. ouvrier 1996. 395* (droit de grève à EDF). – Loschak, *Dr. soc. 1976. 56.* – G. Lyon-Caen, *ibid. 1963. 215* (réquisitions). – Marquis, *Dr. soc. 2003. 563* (prévention des conflits collectifs à la RATP). – Millard, *RDT 2007. 563* (loi continuité du service public). – Ortscheidt, *Journées de législation comparée, 1989, vol. 11, p. 347.* – Piquemal, *Dr. ouvrier 1978. 239.* – Ramin, *Dr. soc. 1985. 33* (situation des usagers). – Rapp, *RFDA 1988. 832.* – Ray, *Dr. soc. 1991. 220.* – Ray, *RDT 2007. 560* (loi continuité du service public). – Roche, *Mélanges Charlier, 1981, p. 873.* – Salamon, *JCP 1963. I. 1749* (réquisition). – Sinay, *JCP 1963. I. 1795* (prohibition des grèves tournantes et des grèves surprise). – Terneyre, *RFDA 1988. 815 ; Dr. soc. 1989. 804* (continuité du service public). – Touscoz, *Dr. soc. 1964. 20.* – Turpin, *ibid. 1980. 441.* – Verdier, *D. 1963. Chron. 269.*

COMMENTAIRE

V. Dalloz.fr et applications mobiles Dalloz.

Art. L. 2512-1 **Les dispositions du présent chapitre s'appliquent :**

1° Aux personnels de l'État, des régions, des départements et des communes comptant plus de 10 000 habitants ;

2° Aux personnels des entreprises, des organismes et des établissements publics ou privés lorsque ces entreprises, organismes et établissements sont chargés de la gestion d'un service public. – *[Anc. art. L. 521-2.]*

Sur l'exercice du droit de grève dans les services de la navigation aérienne, V. L. n° 84-1286 du 31 déc. 1984 (D. et ALD 1985. 76), mod. L. n° 2001-616 du 11 juill. 2001 et, en application, Décr. n° 85-1332 du 17 déc. 1985 (D. et ALD 1986. 56), mod. par Décr. n° 87-504 du 8 juill. 1987 (D. et ALD 1987. 277) ; ... dans le service public de l'audiovisuel, V. L. n° 86-1067 du 30 sept. 1986, art. 57-II et III (D. et ALD 1986. 492), mod. par L. n° 2009-258 du 5 mars 2009 (JO 5 mars).

Sur la continuité du service public dans les transports terrestres réguliers de voyageurs, V. L. n° 2007-1224 du 21 août 2007 (JO 22 août).

COMMENTAIRE

V. Dalloz.fr et applications mobiles Dalloz.

I. DOMAINE DE L'ART. L. 2512-1

1. *Principe de non-discrimination.* En prohibant dans l'art. L. 521-1 C. trav. [L. 2511-1 nouv.] les mesures discriminatoires, le législateur a énoncé un principe général du droit du travail applicable aux entreprises publiques dont le personnel est doté d'un statut réglementaire et qui n'est pas incompatible avec les nécessités de la mission de service public. • CE 12 nov. 1990 : *D. 1992. Somm. 159, obs. Chelle et Prétot ; RJS 1991. 141, n° 261 ; AJDA 1991. 332, obs. Hecquard-Théron* (illégalité de la disposition prévoyant la suspension des droits à l'avancement en échelon pendant les périodes d'absence due à une grève).

2. *Entreprises visées.* Bien que régi par le droit privé, le CEA, compte tenu de son objet, de la nature de ses activités et des règles auxquelles il est soumis, assure la gestion d'un service public soumis aux dispositions relatives à la grève dans les services publics. • Soc. 5 juill. 1984 : *Bull. civ. V, n° 297 ; Dr. soc. 1985. 45, note Lachaume.*

3. Sont également soumis à l'art. L. 521-2 [L. 2512-1 nouv.] : la COGEMA. • Soc. 5 juill. 1984 : *Bull. civ. V, n° 298 ; Dr. soc. 1985, eod. loc.* ♦ ... Air Inter. • Soc. 6 févr. 1985 : *Bull. civ. V, n° 82.* ♦ ... Un port autonome. • Soc. 16 juill. 1997, n° 95-22.276 P : *RJS 1997. 702, n° 1130 ; CSB 1997. 294, S. 165.* ♦ ... Les établissements d'enseignement privés sous contrat d'association ou les centres d'apprentis créés par une convention passée avec l'État. • Soc. 25 juin 1987 : *Bull. civ. V, n° 433.* ♦ *Contra,* à propos de la compagnie UTA : • Soc. 25 oct. 1979 : *Bull. civ. V, n° 786 ; D. 1980. 313, note Sinay ; ibid. IR 349, obs. Langlois.* ♦ Toutefois, cette décision affirme qu'il « résulte de la réglementation de l'aviation civile le principe essentiel de l'obligation d'assurer la continuité des vols, ce dont il suit la nécessité d'observer dans le déclenchement et la poursuite des arrêts de travail des modalités compatibles avec ces contraintes exceptionnelles ». • Cass., ass. plén., 23 juin 2006 : *RDT 2006. 248, obs. Olzak ; D. 2006. IR 1843 ; Dr. soc. 2006. 935, obs. Dockès ; JCP E 2006. 1102, note Vatinet ; RJS 2006. 819, n° 1112.*

4. Entreprise privée gérant un service public. Les dispositions relatives à la grève dans le service public s'appliquent notamment au personnel d'une entreprise privée gérant un service public affecté à cette activité, peu important les modalités de rémunération de l'entreprise. • Soc. 9 oct. 2012 : *Dalloz actualité, 12 nov. 2012, obs. Perrin ; D. 2012. Actu. 2454 ; RJS 2012. 829, n° 982 ; JCP S 2012. 1523, obs. Duquesne.* ♦ Les dispositions des art. L. 2512-1 et L. 2512-2 relatives à l'exercice du droit de grève dans le service public ne s'appliquent au sein d'une entreprise privée gérant un service public qu'au seul personnel affecté à cette activité de service public. • Soc. 8 oct. 2014 : *Dalloz actualité, 30 oct. 2014, obs. Fraisse ; D. 2014. Actu. 2054 ; RJS 2014. 760, n° 890.*

II. SERVICE MINIMUM

5. Principes constitutionnels. Les dispositions relatives au service minimum n'autorisent nullement à ce que, par l'institution d'un service normal et non d'un service minimal, il puisse être fait obstacle à l'exercice du droit de grève dans des cas où sa limitation ou son interdiction n'apparaissent pas justifiées. • Cons. const. 18 sept. 1986 : *JO 19 sept. ; Rec. Cons. const. 141.* ♦ Les limitations peuvent aller jusqu'à l'interdiction du droit de grève aux agents dont la présence est indispensable pour assurer le fonctionnement des éléments du service dont l'interruption porterait atteinte aux éléments essentiels du pays. • Cons. const. 25 juill. 1979 : *GADT, 4e éd., no 183 ; D. 1980. 101, note Paillet ; JCP 1981. II. 19547, note Béguin ; RD publ. 1980. 1705, note Favoreu ; AJDA 1980. 191, note Legrand ; Dr. soc. 1980. 441, note Turpin.*

6. Pouvoir des chefs de service. La reconnaissance du droit de grève ne saurait avoir pour conséquence d'exclure les limitations qui doivent être apportées à ce droit comme à tout autre en vue d'en éviter un usage abusif ou contraire aux nécessités de l'ordre public ; (...) en l'état actuel de la législation, il appartient au Gouvernement, responsable du bon fonctionnement des services publics, de fixer lui-même, sous le contrôle du juge, (...) la nature et l'étendue desdites limitations. • CE 7 juill. 1950, *Dehaene : Lebon 426* ✐ *; D. 1950. 538, note Gervais ; RD publ. 1950. 691, concl. Gazier, note Waline.* ♦ En l'absence de la réglementation annoncée par la Constitution, il appartient au Gouvernement, responsable du bon fonctionnement des services publics, de fixer lui-même, sous le contrôle du juge de l'excès de pouvoir, en ce qui concerne ces services, la nature et l'étendue des limitations qui doivent être apportées au droit de grève en vue d'en éviter un usage abusif ou contraire aux nécessités de l'ordre public. • CE 15 mai 2006 : ♔ *Lebon 252 ; RDT 2006. 250, obs. Véricel* ✐ *; JCP S 2006. 1699, note Vatinet.* ♦ Les organes dirigeants d'EDF sont compétents, sous certaines conditions, pour limiter le droit de grève des salariés de cette entreprise. • CE 12 avr. 2013, ♔ *Féd. Force Ouvrière Énergie et Mines : Lebon à paraître ; AJDA 2013. 766* ✐ *; ibid. 1052, chron. Domino et Bretonneau* ✐ *; Dr. soc. 2013. 608, note Gahdoun* ✐ *; RFDA 2013. 637, concl. Aladjidi* ✐ *; ibid. 663, chron. Roblot-Troizier et Tusseau* ✐ *; Dr. ouvrier 2013. 573, obs. Grévy ; JCP S 2013. 1283, obs. Jeansen.*

7. Proportionnalité des atteintes au droit de grève. En désignant 52 agents sur un total de 4 700, le président de l'Aéroport De Paris n'a pas retenu un effectif excédant celui du personnel dont le maintien en fonctions est indispensable pour assurer la sécurité de l'entreprise. • CE 20 avr. 1977 : ♔ *Lebon 175* ✐ *; AJDA 1978. 49, note F.H. ; RD publ. 1978. 916, no 13, obs. Drago.* ♦ Sur les critères présidant à la désignation des agents indispensables à la continuité du service public, V. • CE 23 oct. 1964 : *JCP 1965. II. 14271, note Bélorgey ; AJDA 1964. 682, obs. Puybasset et Puissochet ; RD publ. 1964. 1210, concl. Bertrand ; ibid. 1965. 701, note Waline* • 16 déc. 1966 : *D. 1967. 105, note Gilli ; JCP 1967. II. 15058, note Sinay ; Dr. ouvrier 1967. 34, note Piquemal* • 7 janv. 1976 : *Lebon 10 ; AJDA 1976. 576* • 4 févr. 1981 : *Lebon 45 ; D. 1981. IR 286, obs. Delvolvé ; Dr. soc. 1981. 412, concl. Genevois* • 13 nov. 1992 : *cité note 9.* ♦ L'administration n'épuisant pas son pouvoir en édictant par voie de circulaires les modalités d'organisation du service en cas de grève, un directeur d'administration centrale (direction de la comptabilité publique) peut légalement restreindre l'exercice du droit de grève d'agents ne figurant pas sur la liste de ceux dont la présence était exigée par une telle circulaire. • CE 25 sept. 1996 : ♔ *D. 1996. IR 248* ✐ *; RJS 1996. 844, no 1313.* ♦ Mais dès lors que, dans un service public, le service minimum a été fixé par des règles légales et réglementaires, il n'appartient plus à l'autorité administrative de prendre des décisions réglementaires pour préciser sa définition, mais seulement de veiller à l'application de ces règles. • CE 6 déc. 1996 : ♔ *RJS 1997. 71, no 106.*

8. Lorsque des circonstances exceptionnelles, telle une extrême urgence, rendent impossible l'embauche d'un personnel d'appoint, l'administration est autorisée à faire concourir à l'exécution du service public un personnel approprié fourni par un entrepreneur de travail temporaire. • CE 18 janv. 1980 : ♔ *Lebon 30* ✐ *; D. 1980. IR 302, obs. Delvolvé ; JCP 1980. II. 19450, note Zoller ; AJDA 1980. 88, chron. Robineau et Feffer ; Rev. adm. 1980. 606, obs. Bienvenu et Rials.*

9. Devoirs des chefs de service. Sur la détermination du minimum de service à assurer, V. • CE 12 mai 1989 : *Lebon T. 750 ; Dr. soc. 1989. 669, concl. Frydman* • 8 nov. 1989 : *Lebon T. 750 ; D. 1992. Somm. 155, obs. Chelle et Prétot* ✐ • 13 nov. 1992 : *D. 1993. Somm. 253, obs. Debord* ✐ *; RJS 1993. 118, no 173 ; AJDA 1993. 221, note Mathieu* ✐.

10. S'il incombe aux organes dirigeants de la RATP de prendre toute mesure, permanente ou temporaire, propre à garantir l'effectivité du principe fondamental de la continuité du service public dans l'agglomération parisienne, il ne résulte pas de ce principe qu'ils seraient tenus d'édicter à tout moment une réglementation du droit de grève. • CE 8 mars 2006 : ♔ *RDT 2006. 259, obs. Leclerc* ✐.

III. RÉQUISITION

11. Conditions. Le recours à la réquisition n'est pas justifié lorsqu'il n'est pas établi que les perturbations aient porté une atteinte suffisamment grave, soit à la continuité du service public, soit à la satisfaction des besoins de la population. • CE 24 févr. 1961 : *Lebon 150 ; AJDA 1961. 204, chron. Galabert et Gentot ; Dr. soc. 1961. 357, note Savatier.* ♦ Comp., lorsque ces conditions sont remplies : • CE 26 oct. 1962 : *Lebon 580 ; AJDA 1962. 671, chron. Gentot et*

Fourré ; Dr. soc. 1963. 224, note Savatier (réquisition du personnel navigant d'Air France) • 9 févr. 1966 : *Lebon 101 ; D. 1966. 720, note Gilli* (réquisition des agents assurant la sécurité aérienne). ♦ La réquisition des agents en grève d'un établissement de santé ne peut excéder les mesures imposées par l'urgence et proportionnées aux nécessités de l'ordre public ; le préfet ne peut réquisitionner l'ensemble du personnel en grève, ce qui assure un service complet et non un service minimum, alors qu'il n'a pas envisagé le redéploiement d'activités vers d'autres établissements de santé ou le fonctionnement réduit du service, ni recherché si les besoins essentiels de la population ne pouvaient être autrement satisfaits compte tenu des capacités sanitaires du département. • CE 9 déc. 2003 : *RJS 2004. 168, n° 248.*

IV. RESPONSABILITÉS

12. Conditions. Lorsqu'un gouvernement s'est abstenu de faire usage des possibilités de réquisition ou de sanctions qu'il tenait de la législation en vigueur et s'est contenté de poursuivre les négociations engagées avec les catégories de personnels concernées, cette attitude ne révèle pas nécessairement une carence constitutive d'une faute de nature à engager la responsabilité de l'État. • CE 6 nov. 1985, *Touraine Air Transport : Lebon 312 ; D. 1986. 584, note Rainaud* • 6 nov. 1985, *Condor-Flugdienst : Lebon 313*. – Dans le même sens : • CE 17 janv. 1986, *Ville de Paris : D. 1986. IR 461, obs. Moderne et Bon ; JCP 1987. II. 20772, note Maublanc ; AJDA 1986. 124, chron. Hubac et Azibert ; Rev. adm. 1986. 824, n° 5, concl. Stirn.* ♦ Même en l'absence de faute, la responsabilité de l'administration peut être engagée lorsqu'une grève illicite entraîne un préjudice revêtant un caractère anormal. • CE 6 nov. 1985, *Touraine Air Transport : préc.*

13. Responsabilité civile. Sur le caractère imprévisible d'une grève constitutive d'un cas de force majeure exonérant EDF de sa responsabilité contractuelle vis-à-vis des tiers, V. • Cass., ch. mixte, 4 févr. 1983, n° 80-12.977 P : *D. 1984. IR 165, obs. Goineau ; Dr. soc. 1983. 627, note Viney* • 4 févr. 1983 : *Bull. civ. n° 2 ; eod. loc.* • Soc. 24 janv. 1995 : *RJS 1995. 450, n° 691.*

Art. L. 2512-2 **Lorsque les personnels mentionnés à l'article L. 2512-1 exercent le droit de grève, la cessation concertée du travail est précédée d'un préavis.**

Le préavis émane d'une organisation syndicale représentative au niveau national, dans la catégorie professionnelle ou dans l'entreprise, l'organisme ou le service intéressé.

Il précise les motifs du recours à la grève.

Le préavis doit parvenir cinq jours francs avant le déclenchement de la grève à l'autorité hiérarchique ou à la direction de l'établissement, de l'entreprise ou de l'organisme intéressé. Il mentionne le champ géographique et l'heure du début ainsi que la durée limitée ou non, de la grève envisagée.

Pendant la durée du préavis, les parties intéressées sont tenues de négocier. – *[Anc. art. L. 521-3.]*

BIBL. ▸ FROSSARD, *Dr. soc. 1988. 630* (obstacles au déclenchement des grèves). – RAY, *ibid. 1987. 739* (juge des référés). – SELLAMI, *RPDS 1995. 203* (préavis à répétition). – SINAY, *JCP 1963. I. 1795* (prohibition des grèves tournantes et des grèves surprises).

COMMENTAIRE

V. Dalloz.fr et applications mobiles Dalloz.

A. DÉFINITION DE LA GRÈVE

1. Cessation concertée. Sur la nécessité d'une cessation concertée du travail, V. • CE 23 oct. 1964 : *Lebon 484 ; AJDA 1964. 684, chron. Puybasset et Puissochet ; RD publ. 1964. 1210, concl. Bertrand ; ibid. 1965. 701, note Waline* • 20 mai 1977 : *Lebon 230 ; D. 1979. 297, note Hamon ; RD publ. 1978. 917, obs. Drago.*

2. Réunion syndicale. Sont en conséquence prohibées : les grèves perlées. • CE 23 oct. 1964 : *préc.* ♦ ... Les grèves du zèle. • CE 28 avr. 1976 : *RD publ. 1976. 1322, obs. J. Robert.* ♦ Sur la prohibition des grèves politiques, V. concl. Braibant sur • CE 8 févr. 1961 : *Dr. ouvrier 1961. 380.*

3. L'organisation d'une réunion syndicale ne peut être regardée comme constituant une manifestation de l'exercice du droit de grève, en l'absence de toute intention des intéressés de cesser collectivement leur travail pour appuyer leurs revendications professionnelles. • CE 18 janv. 1963 : *Lebon 34 ; D. 1963. 234, concl. Méric.*

B. PRÉAVIS DE GRÈVE

4. Organisations syndicales. La représentativité des organisations syndicales doit s'apprécier en tenant compte de l'étendue du secteur professionnel dans lequel elles exercent leur influence. • CE 21 juill. 1972 : *Lebon T. 1134.*

5. La représentativité d'un syndicat doit s'apprécier eu égard à un ensemble de critères, et notamment ses effectifs, son ancienneté et son indépendance. • CE 21 janv. 1977 : *Lebon 39, concl. Denoix de Saint-Marc* • 22 juill. 1977 : *ibid., tables, 986 ; AJDA 1978. 680, obs. S.S.* ♦ Sur l'appréciation de l'audience du syndicat, notamment au travers des résultats obtenus aux élections professionnelles, V. • CE 17 nov. 1986 : *Lebon 256 ; AJDA 1987. 118, concl. Lasserre* • 20 janv. 1988 : *Lebon 26.* – V. aussi • CE 21 juill. 1972 : *Lebon T. 1134* • 29 juill. 1983 : *ibid., tables, 885.*

6. Le préavis peut être déposé par une section syndicale constituée par un syndicat représentatif. • CE 4 févr. 1976 : *Lebon T. 970 ; AJDA 1978. 49, obs. F. H. ; RD publ. 1976. 1348, obs. Drago.*

7. Aucune disposition légale n'interdit à plusieurs organisations syndicales représentatives de présenter chacune un préavis de grève prévoyant une date de cessation du travail différente. • Soc. 4 févr. 2004, n° 01-15.709 P : *D. 2004. 2190, obs. Debord ; Dr. soc. 2004. 381, note Radé ; RJS 2004. 305, n° 443 ; JCP E 2004. 1181, obs. Darmaisin.* ♦ V. également • TGI Évry, 9 déc. 1993 : *RJS 1994. 452, n° 745, note Déprez.* ♦ Comp. • TGI Paris, 17 juin 1997 : *BICC 15 nov. 1997, n° 1323* (illicéité de préavis répétitifs réalisant un préavis permanent rendant la grève possible à tout moment). ♦ Les salariés ne sont pas tenus de cesser le travail pendant toute la durée indiquée par le préavis ; l'arrêt de travail qui intervient au cours de cette période constitue l'exercice normal du droit de grève, les salariés étant seuls titulaires de ce droit. • Soc. 12 janv. 1999, n° 96-45.659 P : *D. 1999. IR 53 ; RJS 1999. 155, n° 257 ; Dr. ouvrier 1999. 76, note De Senga ; TPS 1999, n° 109.*

8. Préavis de grève successifs. Un préavis unique peut porter sur des arrêts de travail d'une durée limitée étalés sur plusieurs jours. • Soc. 7 juin 2006 : *D. 2006. IR 2211 ; RJS 2006. 818, n° 1111.* ♦ L'envoi de préavis de grève successifs pour le même motif ne caractérise aucun trouble manifestement illicite en l'absence de disposition légale l'interdisant et à défaut de manquement à l'obligation de négocier. • Soc. 25 janv. 2012 : *Dalloz actualité, 7 mars 2012 ; D. 2012. Actu. 368 ; Dr. soc. 2012. 434, obs. Chaumette ; RJS 2012. 326, n° 384 ; JCP S 2012. 1126, obs. Duquesne.*

9. Destinataire. Lorsqu'a été déposé auprès de l'autorité publique qualifiée sur le plan national un préavis de grève d'ampleur nationale, l'art. L. 521-3 [L. 2512-2 nouv.] ne saurait avoir pour effet de subordonner la licéité de la participation des agents à la grève au dépôt d'autres préavis auprès des directions des différents établissements auxquels ils appartiennent. • CE 16 janv. 1970 : *Lebon 25 ; AJDA 1970. 96, chron. Denoix de Saint-Marc* et *Labetoulle ; RD publ. 1970. 1065, n° 2, obs. Drago.*

10. La formalité du dépôt ne saurait être remplacée par une annonce de la grève faite dans la presse. • Soc. 13 oct. 1976 : *Dr. ouvrier 1977. 274.*

11. Le silence gardé par l'administration à la suite d'un dépôt de préavis de grève ne fait naître aucune décision. • CE 31 oct. 1986 : *Lebon 249 ; Dr. soc. 1987. 390, concl. Vigouroux ; AJDA 1987. 49, obs. Prétot* • 8 nov. 1989 : *D. 1992. Somm. 155, obs. Chelle et Prétot* • 20 juin 1990 : *D. 1992, eod. loc. ; RJS 1990. 542, n° 811* (la réponse éventuelle n'est pas une décision faisant grief).

12. Durée du préavis. La durée du préavis de grève dans les services publics n'est pas prescrite en vue de l'accomplissement d'un acte ou d'une formalité ; en conséquence, elle n'est pas soumise aux dispositions de l'art. 642 C. pr. civ. prévoyant la prorogation du délai jusqu'au premier jour ouvrable suivant lorsqu'il expire un samedi, un dimanche ou un jour férié ou chômé. • Soc. 30 mars 2010 : *D. 2010. Actu. 1084 ; Dalloz actualité, 20 avr. 2010, obs. Ines ; RJS 6/2010, n° 547 ; JCP S 2010. 1377, obs. Martinon.*

13. Préavis de grève et période de grève. Le fait que les salariés ne cessent pas le travail au moment fixé pour le début de la grève ne rend pas ce préavis caduc. • Soc. 11 févr. 2015, n° 13-14.607 : *Dalloz actualité, 9 mars 2015, obs. Ines ; D. 2015. Actu. 493 ; JS Lamy 2015, n° 385-3, obs. Hautefort ; RJS 5/2015, n° 360.*

14. Suspension du préavis. Si la grève suppose l'existence de revendications de nature professionnelle, le juge ne peut, sans porter atteinte au libre exercice d'un droit constitutionnellement reconnu, substituer son appréciation à celle des grévistes sur la légitimité ou le bien-fondé de ces revendications. • Soc. 2 juin 1992 : *RJS 1992. 501, n° 906.* ♦ V. déjà : • Paris, 27 janv. 1988 (deux arrêts), *Air Inter : D. 1988. 351, note Javillier ; JCP 1988. II. 20978, note Teyssié ; Dr. soc. 1988. 242, note Ray* (affirmant que « le juge judiciaire, qui n'a reçu ni de la loi, ni des parties mission d'arbitrer ou de trancher un conflit collectif du travail, n'a pas qualité ni compétence pour apprécier le bien-fondé et, par suite, la légitimité des revendications d'ordre professionnel présentées par l'une ou l'autre des parties au conflit ; (...) il ne lui appartient pas de substituer sa propre appréciation de la rationalité du mouvement collectif à celle normalement débattue entre employeur et syndicat professionnel, non plus que d'exercer un contrôle sur les problèmes d'ordre technologique, économique ou financier »).

15. Le juge des référés doit seulement vérifier, au vu des circonstances particulières d'une espèce donnée, que l'exercice du droit de grève se réalise suivant des modalités qui ne le fassent pas dégénérer en abus insusceptible de protection. • Paris, 27 janv. 1988 : *préc. note 14* (suspension, dans l'une des deux affaires, du préavis pour une durée de huit jours, dès lors que la date choisie faisait apparaître avec certitude un préjudice grave et imminent pour des milliers de voyageurs). ♦ Comp. : • Cass., ass. plén., 4 juill. 1986 : *D. 1986. 477, concl. Bouyssic, note Ray ; JCP 1986. II. 20694, note Teyssié ; Dr. soc. 1986. 745, note G. Lyon-Caen* (décision affirmant que, si la grève est licite dans son principe en cas de revendications professionnelles, il appartient au juge des référés d'apprécier souverainement si elle n'entraîne pas un trouble manifestement illicite, et approuvant la cour d'appel d'avoir retenu que les revendications étaient déraisonnables).

16. L'action tendant à déclarer un préavis irrégulier doit être dirigée contre les syndicats et non contre les seuls délégués syndicaux signataires. • Soc. 6 nov. 1991 : *D. 1991. IR 275 ; RJS 1991. 724, n° 1351.*

17. Sanctions. Dès lors que l'attention des salariés n'avait pas été attirée sur l'obligation de préavis, ils n'ont pu enfreindre sciemment les dispositions de l'art. L. 521-3 [L. 2512-2 nouv.] et aucune faute lourde ne peut leur être imputée. • Soc. 5 juin 1984 : *Bull. civ. V, n° 229* • CE 8 janv. 1992 : *Dr. soc. 1992. 469, concl. Pochard* • Crim. 10 mai 1994 : *D. 1995. Somm. 371, obs. Debord ; CSB 1994. 275, A. 54.* ♦ Comp., lorsque la violation du préavis est le fait d'une organisation syndicale : • Soc. 6 févr. 1985 : *Bull. civ. V, n° 82 ; JCP E 1986. I. 15146, n° 16, obs. Teyssié* • Crim. 10 mai 1994 : *préc.* ♦ La notification par l'employeur aux salariés du caractère illégal de la grève en raison du non-respect du délai légal de préavis rend fautive la participation de l'agent au mouvement de grève. • Soc. 11 janv. 2007 : *D. 2007. 549, note Duquesne .*

18. Préavis et cessation du travail. Les salariés ne sont pas tenus de cesser le travail pendant toute la durée indiquée par le préavis ; l'arrêt de travail qui intervient au cours de cette période constitue l'exercice normal du droit de grève, les salariés étant seuls titulaires de ce droit. • Soc. 12 janv. 1999, n° 96-45.659 P : *D. 1999. IR 53 ; RJS 1999. 155, n° 257 ; Dr. ouvrier 1999. 76, note De Senga ; TPS 1999, n° 109.* ♦ L'employeur ne peut, dans la période définie par le préavis, déduire de la constatation de l'absence de salariés grévistes que la grève est terminée, cette décision ne pouvant être prise que par le ou les syndicats représentatifs ayant déposé le préavis de grève. • Soc. 4 juill. 2012 : *Dalloz actualité, 5 sept. 2012, obs. Ines ; RJS 2012. 715, n° 841 ; JCP S 2012. 1412, obs. Duquesne.*

Art. L. 2512-3 **En cas de cessation concertée de travail des personnels mentionnés à l'article L. 2512-1, l'heure de cessation et celle de reprise du travail ne peuvent être différentes pour les diverses catégories ou pour les divers membres du personnel intéressé.**

Sont interdits les arrêts de travail affectant par échelonnement successif ou par roulement concerté les divers secteurs ou catégories professionnelles d'un même établissement ou service ou les différents établissements ou services d'une même entreprise ou d'un même organisme. – *[Anc. art. L. 521-4.]*

COMMENTAIRE

V. Dalloz.fr et applications mobiles Dalloz.

1. Prise de fonction par roulement. Les art. L. 521-3 et L. 521-4 [L. 2512-2 et L. 2512-3 nouv.], qui imposent la détermination dans le préavis de l'heure de cessation du travail, qui doit être commune à tous les membres du personnel intéressé, ne laissent place à aucune distinction selon l'organisation du travail en vigueur dans les services publics. • Soc. 3 févr. 1998, n° 95-21.735 P : *D. 1998. IR 66 ; CSB 1998. 101, A. 23 ; Dr. soc. 1998. 294, obs. Ray ; JCP 1998. II. 10030, concl. Waquet* (illicéité d'une grève par roulement).

2. Pluralité des préavis. Aucune disposition légale n'interdit à plusieurs organisations syndicales représentatives de présenter chacune un préavis de grève ; chacune peut prévoir une date de cessation du travail différente à laquelle les salariés pourront se rattacher. • Soc. 4 févr. 2004 : *Dr. soc. 2004. 381, obs. Radé .*

3. Déclenchement de la grève. Si, dans les services publics, la grève doit être précédée d'un préavis fixant le début et la fin de la grève sauf si elle est à durée indéterminée, le salarié n'est pas tenu de participer au mouvement revendicatif pendant toute la durée prévue et peut se borner à rejoindre le mouvement pendant la période fixée par le préavis. • Soc. 8 déc. 2005 : *RJS 2006. 156, n° 263 ; JS Lamy 2006, n° 182-3.*

Art. L. 2512-4 **L'inobservation des dispositions du présent chapitre entraîne l'application des sanctions prévues par les statuts ou par les règles concernant les personnels intéressés.**

Les sanctions ne peuvent être prononcées qu'après que les intéressés ont été mis à même de présenter des observations sur les faits qui leurs sont reprochés et d'avoir accès au dossier les concernant.

La révocation et la rétrogradation ne peuvent être prononcées qu'en conformité avec la procédure disciplinaire normalement applicable.

Lorsque la révocation est prononcée à ce titre, elle ne peut l'être avec perte des droits à la retraite. – *[Anc. art. L. 521-5.]*

Principe fondamental reconnu par les lois de la République. • Cons. const. 17 janv. 1989 : *Rec. Cons. const. 18 ; RFDA 1989. 215, note Genevois ; Rev. adm. 1989. 223, note Autin* (conformément au principe du respect des droits de la défense, lequel constitue un principe fondamental reconnu par les lois de la République, aucune sanction ne peut être infligée sans que l'intéressé ait été mis à même tant de présenter ses observations sur les faits qui lui sont reprochés que d'avoir accès au dossier le concernant).

Art. L. 2512-5 **En ce qui concerne les personnels mentionnés à l'article L. 2512-1 non soumis aux dispositions de l'article 1er de la loi n° 82-889 du 19 octobre 1982, l'absence de service fait par suite de cessation concertée du travail entraîne pour chaque journée une retenue du traitement ou du salaire et de ses compléments autres que les suppléments pour charges de famille. Les retenues sont opérées en fonction des durées d'absence définies à l'article 2 de la loi précitée.** – *[Anc. art. L. 521-6.]*

BIBL. ▶ Denoix de Saint Marc, *AJDA 1977, n° spéc. « Fonction publique », 602*. – Plouvin, *Rev. adm. 1977. 586* (notion de service fait). – Salicis, *RPDS 1988. 203* (notion de service fait).

COMMENTAIRE

V. Dalloz.fr et applications mobiles Dalloz.

1. Champ d'application. L'art. L. 521-6 [L. 2512-5 nouv.] ne s'applique pas à des agents qui n'ont pas exercé leur droit de grève, tout en exécutant de manière défectueuse leur travail. • Soc. 16 mars 1994 : *D. 1994. 364, note Saint-Jours ; JCP 1994. II. 22340, note Duquesne ; Dr. soc. 1994. 524 ; RJS 1994. 344, n° 548* (constitue une sanction pécuniaire illicite la retenue sur salaire décidée par la SNCF à l'égard de contrôleurs qui ne vérifiaient pas les titres de transport). – V. déjà • Soc. 20 févr. 1991, n° 90-41.119 P : *D. 1991. IR 81 ; Dr. ouvrier 1991. 217, note Bied-Charreton.* ♦ Comp. • CE 17 mars 1997 : *Dr. soc. 1997. 534, note Ray (1re esp.)* (en réduisant à 20 % la rémunération des agents grévistes requis effectuant de manière défectueuse leur contrat de travail en s'écartant du programme de production prévu, EDF n'institue pas une sanction pécuniaire prohibée, mais se borne, pour l'application des règles de retenue de salaire, à tenir compte de l'exécution partielle par les agents de leurs obligations de service).

2. Une société chargée de la gestion d'un service public doit opérer les retenues sur salaires pour fait de grève dans les conditions fixées à l'art. 2 de la loi du 19 oct. 1982 auquel renvoie l'art. L. 521-6. • Soc. 27 avr. 1989 : *Bull. civ. V, n° 308 ; D. 1989. IR 151* • 16 mai 1989 : *Bull. civ. V, n° 363.*

3. Compétence du juge administratif. Le juge administratif est compétent dès lors qu'il s'agit d'examiner la légalité d'une décision fixant les modalités de retenues sur salaires en cas de grève, décision ayant un caractère réglementaire et administratif. • T. confl. 22 juin 1992 : *RJS 1992. 634, n° 1144.*

4. Devoirs des agents. L'agent n'ayant pas participé à la grève et n'ayant pas rempli les états de service peut établir par tous moyens qu'il a normalement assuré son service. • CE 5 janv. 1973 : *Lebon T. 1018 ; AJDA 1973. 599, obs. V. S.* • 31 mai 1974 : *Lebon 331.* ♦ Comp. : • Soc. 7 mai 1987 : *Bull. civ. V, n° 399 ; D. 1988. Somm. 100, obs. Pélissier* • 19 juin 1987 : *eod. loc.* ♦ S'agissant d'un agent bénéficiaire d'une décharge totale de service pour occuper des fonctions syndicales, l'autorité administrative ne peut lui demander s'il était gréviste à une date déterminée, ni tirer aucune conséquence de son absence de réponse (illégalité de la retenue opérée sur son traitement). • TA Paris, 7 mai 1997 : *D. 1997. 499, concl. Plouvin.*

5. Enseignants. Eu égard aux conditions particulières d'exercice de leurs fonctions, les personnels enseignants de l'enseignement secondaire qui, bien que n'ayant aucun cours à assurer devant leurs élèves le jour de la grève, ont manifesté leur volonté de s'associer au mouvement de cessation concertée du travail organisé dans leur établissement peuvent légalement être regardés comme n'ayant pas accompli leurs obligations de service. • CE 6 mai 1988 : *Lebon 184 ; AJDA 1988. 585, chron. Azibert et de Boisdeffre.*

6. Absence de service. La retenue du traitement prévue par l'art. 4 de la loi du 29 juill. 1961 peut être décidée aussi bien en l'absence de service fait que dans le cas où un agent n'exécute pas certaines obligations de son service telles qu'elles résultent de son statut ; aussi, pour juger du bien-fondé d'une retenue sur salaire pour fait de grève, les juges doivent rechercher si les heures supplémentaires demandées par l'employeur (cause de la grève) s'inscrivaient ou non dans les obligations statutaires des agents. • Soc. 23 mai 2012, n° 11-12.117 P : *RJS*

8-9/2012, n° 735 ; JCP S 2012. 334, obs. Péru-Pirotte.

7. Assiette de la retenue. En application des art. L. 145-1 [L. 3252-1 nouv.] et R. 145-1 C. trav., la retenue sur traitement ne peut s'opérer que sur la fraction saisissable de la rémunération. • CE 13 févr. 1974 : *Lebon 105 ; JCP 1976. II. 18228, note Saint-Jours ; RD publ. 1976. 583, note Waline.*

8. Modalités de calcul de la retenue. V. notamment : • CE 11 juill. 1973 : *Lebon 495 ; AJDA 1974. 158, obs. V. S.* (l'assiette de calcul doit englober l'ensemble des éléments de la rémunération) • 13 févr. 1974 : *Lebon 105 ; JCP 1976. II. 18228, note Saint-Jours ; RD publ. 1976. 583, note Waline* (le salaire de référence est celui perçu au moment du conflit) • 7 juill. 1978 : *Lebon 304 ; D. 1978. IR 484, obs. Delvolvé ; AJDA 1979. 88, obs. S. S.* (prise en compte des jours fériés) • 15 févr. 1980 : *Lebon 93 ; D. 1980. IR 301 ; AJDA 1980. 282, chron. Robineau et Feffer* (modalités de calcul en cas de travail de nuit) • CE, avis, 8 sept. 1995 : *D. 1995. IR 207 ; JCP 1995. II. 22548, note Denis-Linton* (non-retenue pour pension sur la fraction de traitement non payée pour service non fait ; même solution pour la cotisation d'assurance maladie, maternité et invalidité). ♦ Illégalité des dispositions prévoyant, pour les agents à temps partiel de la SNCF, que les retenues en cas de grève devaient faire l'objet d'un décompte en heures en fonction du service non effectué. • CE 30 avr. 1997 : *JCP 1997. II. 22905, concl. Maugüé ; RJS 1997. 566, n° 876.*

9. L'art. 2 de la loi du 19 oct. 1982 s'applique à chaque jour de grève, même si celle-ci dure plusieurs jours consécutifs. • Soc. 17 mars 1993, n° 91-43.165 P : *JCP 1993. II. 22090, rapp. Waquet ; RJS 1993. 317, n° 540.*

10. Accord de fin de conflit. Un accord de fin de conflit ne saurait imposer la récupération des heures perdues à la suite d'une grève. • CE 23 mars 1973 : *Lebon 247 ; AJDA 1973. 503, obs. V. S. ; RD publ. 1974. 592, n° 4, obs. Drago.*

TITRE DEUXIÈME **PROCÉDURE DE RÈGLEMENT DES CONFLITS COLLECTIFS**

COMMENTAIRE

V. Dalloz.fr et applications mobiles Dalloz.

CHAPITRE PREMIER **DISPOSITIONS GÉNÉRALES**

SECTION PREMIÈRE **CHAMP D'APPLICATION**

Art. L. 2521-1 Les dispositions du présent titre s'appliquent aux employeurs de droit privé ainsi qu'à leurs salariés.

Elles sont également applicables :

1° Aux établissements publics à caractère industriel et commercial ;

2° Aux établissements publics assurant à la fois une mission de service public à caractère administratif et à caractère industriel et commercial, lorsqu'ils emploient du personnel dans les conditions du droit privé. – *[Anc. art. L. 522-1.]*

SECTION II **PRINCIPES**

Art. L. 2521-2 Les conflits collectifs intervenant entre les salariés et les employeurs mentionnés à l'article L. 2521-1 font l'objet de négociations soit lorsque les conventions ou accords collectifs applicables comportent des dispositions à cet effet, soit lorsque les parties intéressées en prennent l'initiative. – *[Anc. art. L. 522-2.]*

CHAPITRE II **CONCILIATION**

SECTION PREMIÈRE **PROCÉDURE DE CONCILIATION**

Art. L. 2522-1 Tous les conflits collectifs de travail peuvent être soumis aux procédures de conciliation.

Les conflits qui, pour quelque raison que ce soit, n'ont pas été soumis à une procédure conventionnelle de conciliation établie soit par la convention ou l'accord collectif de travail, soit par un accord particulier, peuvent être portés devant une commission nationale ou régionale de conciliation.

Lorsque le conflit survient à l'occasion de l'établissement, de la révision ou du renouvellement d'une convention de branche ou d'un accord professionnel ou interprofes-

sionnel, le ministre chargé du travail peut, à la demande écrite et motivée de l'une des parties ou de sa propre initiative, engager directement la procédure de médiation dans les conditions prévues au chapitre III. – *[Anc. art. L. 523-1.]*

Champ d'application. La procédure de conciliation est applicable à un établissement public d'aménagement d'une ville nouvelle, dès lors qu'il est constitué sous la forme d'une association de la loi du 1er juillet 1901, reconnue d'utilité publique. • CE 24 juin 1987 : *D. 1989. Somm. 68, obs. Chelle et Prétot.*

Art. L. 2522-2 **Les parties donnent toute facilité aux membres des commissions de conciliation pour leur permettre de remplir la fonction qui leur est dévolue.** – *[Anc. art. L. 523-5.]*

Art. L. 2522-3 **Les parties comparaissent en personne devant les commissions de conciliation ou, en cas d'empêchement grave, se font représenter par une personne ayant pouvoir pour négocier et conclure un accord de conciliation.**

Toute personne morale partie au conflit nomme un représentant dûment mandaté et ayant pouvoir pour négocier et conclure un accord de conciliation.

Lorsque l'une des parties régulièrement convoquée ne comparaît pas ou ne se fait pas représenter, le président la convoque à une nouvelle réunion qui a lieu, au plus tard, huit jours après la première. – *[Anc. art. L. 523-4.] – V. art. L. 2525-1 et R. 2525-1 (pén.).*

La personne morale, tenue de commettre un représentant dûment mandaté et ayant pouvoir pour négocier et conclure un accord de conciliation, a l'obligation de lui donner tous les pouvoirs exigés par la loi, sans pouvoir opposer à ses salariés son propre manquement à ses obligations pour refuser d'honorer les engagements pris en son nom devant la commission. • Soc. 20 févr. 1991 : ☎ *D. 1991. IR 90 ; RJS 1991. 267, n° 509.*

Art. L. 2522-4 **Lorsqu'une partie régulièrement convoquée dans des conditions prévues à l'article L. 2522-3 ne comparaît pas, sans motif légitime, devant la commission de conciliation, ou ne se fait pas représenter, le président de la commission établit un rapport. Ce rapport est remis à l'autorité administrative qui le transmet au procureur de la République.** – *[Anc. art. L. 532-1, al. 1, phrases 1 et 2.] – V. art. L. 2525-1 (pén.).*

Art. L. 2522-5 **A l'issue des réunions de la commission de conciliation, le président établit un procès-verbal qui constate l'accord, le désaccord total ou partiel des parties et leur est aussitôt notifié.**

Le procès-verbal précise les points sur lesquels les parties se sont mises d'accord et ceux sur lesquels le désaccord persiste.

L'accord de conciliation est applicable dans les conditions prévues par l'article L. 2524-5. – *[Anc. art. L. 523-5.]*

Art. L. 2522-6 **En cas d'échec de la procédure de conciliation, le conflit est soumis soit à la procédure de médiation dans les conditions prévues au chapitre III, soit à la procédure d'arbitrage prévue au chapitre IV si les deux parties en conviennent.** – *[Anc. art. L. 523-6.]*

V. • Cour supérieure d'arbitrage 19 janv. 1978 : *Dr. soc. 1978. 222.*

SECTION II **COMMISSIONS DE CONCILIATION**

Art. L. 2522-7 **Les commissions nationales ou régionales de conciliation comprennent des représentants des organisations représentatives des employeurs et des salariés en nombre égal ainsi que des représentants des pouvoirs publics dont le nombre ne peut excéder le tiers des membres de la commission.**

Des sections compétentes pour les circonscriptions départementales sont organisées au sein des commissions régionales. Leur composition correspond à celle des commissions régionales. – *[Anc. art. L. 523-2, al. 1er et 2.]*

SECTION III **ENTREPRISES PUBLIQUES ET ÉTABLISSEMENTS PUBLICS INDUSTRIELS ET COMMERCIAUX**

Art. L. 2522-8 Dans les entreprises publiques et les établissements publics industriels et commerciaux employant du personnel sous statut, les conflits collectifs de travail peuvent être soumis à des procédures de conciliation dans les conditions définies à la présente section. – *[Anc. art. L. 523-7.]*

Art. L. 2522-9 Dans chaque entreprise publique ou établissement public intéressé, un protocole établi par accord entre la direction, les organisations syndicales représentatives du personnel et le ministre dont relève l'entreprise publique ou l'établissement public fixe la procédure suivant laquelle sont examinés, aux fins de conciliation, les différends collectifs de travail. – *[Anc. art. L. 523-8.]*

Art. L. 2522-10 La procédure de conciliation fait intervenir, sous la présidence du ministre dont relève l'entreprise publique ou l'établissement public, la direction de l'entreprise publique ou de l'établissement public et les représentants des organisations syndicales représentatives du personnel.

Lorsque le différend intéresse la rémunération de personnels en activité ou en retraite, les représentants des ministres chargés du travail, du budget et de l'économie interviennent également. – *[Anc. art. L. 523-9.]*

Art. L. 2522-11 Les accords établis à l'issue de la conciliation entre les parties intervenues dans cette procédure sont enregistrés dans les procès-verbaux des séances et engagent les parties. – *[Anc. art. L. 523-10.]*

Art. L. 2522-12 A défaut de procédures particulières instituées conformément à l'article L. 2522-9, les différends collectifs de travail dans les entreprises publiques et les établissements publics industriels et commerciaux à statut peuvent être soumis à la procédure de conciliation de droit commun. – *[Anc. art. L. 523-11.]*

SECTION IV **DISPOSITIONS D'APPLICATION**

Art. L. 2522-13 Des décrets en Conseil d'État déterminent les modalités d'application du présent chapitre.

CHAPITRE III **MÉDIATION**

RÉP. TRAV. v° *Conflits collectifs du travail,* par MARTINON.

BIBL. GÉN. ▶ FLAMENT, *JCP S 2010. 1326.* - HAMMELRATH, *JS Lamy 2011, n° 302-1.* - TOUZARD, *Dr. soc. 1977. 87.* - WEISS, *Dr. ouvrier 1982. 228.*

SECTION PREMIÈRE **DÉSIGNATION DU MÉDIATEUR**

Art. L. 2523-1 La procédure de médiation peut être engagée par le président de la commission de conciliation qui, dans ce cas, invite les parties à désigner un médiateur dans un délai déterminé afin de favoriser le règlement amiable du conflit collectif.

Cette procédure peut être également engagée par l'autorité administrative à la demande écrite et motivée de l'une des parties ou de sa propre initiative. – *[Anc. art. L. 524-1, al. 1er et al. 2, phrase 1.]*

Art. L. 2523-2 Lorsque les parties ne s'entendent pas pour désigner un médiateur, ce dernier est choisi par l'autorité administrative sur une liste de personnalités désignées en fonction de leur autorité morale et de leur compétence économique et sociale. – *[Anc. art. L. 524-1, al. 2, phrase 2.]*

Art. L. 2523-3 Les listes de médiateurs sont dressées après consultation et examen des suggestions des organisations syndicales d'employeurs et de salariés représentatives au niveau national, siégeant à la commission nationale de la négociation collective. – *[Anc. art. L. 524-1, al. 3.]*

SECTION II PROCÉDURE DE MÉDIATION

Art. L. 2523-4 Le médiateur convoque les parties dans les conditions mentionnées à l'article L. 2522-3. – *[Anc. art. L. 524-3.]*

Art. L. 2523-5 Après avoir, lorsqu'il est nécessaire, essayé de concilier les parties, le médiateur leur soumet, sous forme de recommandation motivée, des propositions en vue du règlement des points en litige, dans un délai d'un mois à compter de sa désignation. Ce délai peut être prorogé avec leur accord.

Toutefois, lorsque le médiateur constate que le conflit porte sur l'interprétation ou la méconnaissance des dispositions légales ou des stipulations conventionnelles, il recommande aux parties de soumettre le conflit soit à la juridiction compétente, soit à la procédure contractuelle d'arbitrage prévue aux articles L. 2524-1 et L. 2524-2. – *[Anc. art. L. 524-4, al. 1er et 2.]*

Art. L. 2523-6 A compter de la réception de la proposition de règlement du conflit soumise par le médiateur aux parties, celles-ci peuvent, pendant un délai de huit jours, notifier au médiateur, dans des conditions prévue*[s]* par voie réglementaire, qu'elles rejettent sa proposition. Elles motivent leur rejet. Le médiateur informe aussitôt la ou les autres organisations parties au conflit de ces rejets et de leurs motivations.

Au terme du délai de huit jours prévu au premier alinéa, le médiateur constate l'accord ou le désaccord.

L'accord des parties sur la recommandation du médiateur lie celles qui ne l'ont pas rejetée, dans les conditions déterminées par le livre II relatif aux conventions et aux accords collectifs de travail. Il est applicable dans les conditions prévues par l'article L. 2524-5. – *[Anc. art. L. 524-4, al. 3 et 4.]*

Art. L. 2523-7 En cas d'échec de la tentative de médiation et après l'expiration d'un délai de quarante-huit heures à compter de la constatation du désaccord, le médiateur communique au ministre chargé du travail le texte de la recommandation motivée et signée, accompagné d'un rapport sur le différend, ainsi que les rejets motivés adressés par les parties au médiateur.

Les conclusions de la recommandation du médiateur et les rejets des parties ainsi que leurs motivations sont rendus publics, dans un délai de trois mois, par le ministre chargé du travail. – *[Anc. art. L. 524-5, al. 1er et 2.]*

Art. L. 2523-8 Lorsqu'une partie régulièrement convoquée dans les conditions prévues à l'article L. 2523-4 ne comparaît pas, sans motif légitime, devant le médiateur ou ne se fait pas représenter, le médiateur établit un rapport. Ce rapport est remis à l'autorité administrative qui le transmet au procureur de la République. – *[Anc. art. L. 532-1, al. 1, phrases 1 et 2.]*

Art. L. 2523-9 Lorsque la communication des documents utiles à l'accomplissement de sa mission est sciemment refusée au médiateur, celui-ci remet un rapport à l'autorité administrative qui le transmet au procureur de la République. – *[Anc. art. L. 532-1, al. 2, phrase 1.] – V. art. L. 2525-2 (pén.).*

SECTION III DISPOSITIONS D'APPLICATION

Art. L. 2523-10 Des décrets en Conseil d'État déterminent les modalités d'application du présent chapitre. – *V. art. R. 2523-1 s.*

CHAPITRE IV ARBITRAGE

RÉP. TRAV. v° *Conflits collectifs du travail,* par MARTINON.

BIBL. GÉN. ▸ CLAY, *Dr. soc. 2010. 930* (l'arbitrage en droit du travail : quel avenir après le rapport Barthélémy-Cette ?). - PINAULT, *Dr. soc. 1983. 230.* - PLAISANT et MOTULSKY, *Rev. arbitrage 1956. 78.*

SECTION PREMIÈRE ARBITRE

Art. L. 2524-1 La convention ou l'accord collectif de travail peut prévoir une procédure contractuelle d'arbitrage et l'établissement d'une liste d'arbitres dressée d'un commun accord entre les parties. – *[Anc. art. L. 525-1.]*

Sur la possibilité de soumettre à l'arbitrage le litige relatif à l'affiliation à un régime de retraite d'une catégorie du personnel, V. • Cour supérieure d'arbitrage 6 janv. 1983 : *Dr. soc. 1983. 230, concl. Pinault.*

Art. L. 2524-2 Lorsque la convention collective de travail ne prévoit pas de procédure contractuelle d'arbitrage, les parties intéressées peuvent décider d'un commun accord de soumettre à l'arbitrage les conflits qui subsisteraient à l'issue d'une procédure de conciliation ou de médiation.

L'arbitre est choisi soit par accord entre les parties, soit selon les modalités établies d'un commun accord entre elles. – *[Anc. art. L. 525-2.]*

Dès lors que la mission confiée à l'arbitre n'a pas été définie avec précision, l'une des parties est fondée à soutenir que la sentence attaquée a été rendue sur une procédure irrégulière et à demander son annulation. • Cour supérieure d'arbitrage, 8 déc. 1971 : *Dr. soc. 1972. 454, concl. Fleck.*

Art. L. 2524-3 Lorsque le conflit est soumis à l'arbitrage, les pièces établies dans le cadre des procédures de conciliation ou de médiation sont remises à l'arbitre. – *[Anc. art. L. 525-3.]*

Art. L. 2524-4 L'arbitre ne peut pas statuer sur d'autres objets que ceux qui sont déterminés par le procès-verbal de non-conciliation ou par la proposition du médiateur ou ceux qui, résultant d'événements postérieurs à ce procès-verbal, sont la conséquence du conflit en cours.

Il statue en droit sur les conflits relatifs à l'interprétation et à l'exécution des lois, règlements, conventions collectives ou accords en vigueur.

Il statue en équité sur les autres conflits, notamment lorsque le conflit porte sur les salaires ou sur les conditions de travail qui ne sont pas fixées par les dispositions des lois, règlements, conventions collectives ou accords en vigueur, et sur les conflits relatifs à la négociation de la révision des clauses des conventions collectives. – *[Anc. art. L. 525-4, al. 1er à 3.]*

Pour une illustration du recours à l'équité, V. • Cour supérieure d'arbitrage, 7 juill. 1971 : *Dr. soc. 1972. 31, concl. Fleck.*

Art. L. 2524-5 Les accords ou sentences arbitrales intervenant en application du présent titre ont les mêmes effets que les conventions et accords collectifs de travail.

Ils sont applicables, sauf stipulations contraires, à compter du jour suivant leur dépôt auprès de l'autorité administrative compétente dans les conditions déterminées à l'article L. 2231-6. – *[Anc. art. L. 522-3.]*

Lorsque les parties ont fixé une date d'application, l'accord entre en vigueur à cette date sans qu'il soit besoin d'une autre mesure de publicité. • Soc. 3 oct. 1962 : *Dr. soc. 1962. 630, obs. Savatier.*

Art. L. 2524-6 Les sentences arbitrales sont motivées.

Elles ne peuvent faire l'objet que du recours pour excès de pouvoir devant la cour supérieure d'arbitrage mentionnée à l'article L. 2524-7. – *[Anc. art. L. 525-4, al. 4 et 5.]*

SECTION II **COUR SUPÉRIEURE D'ARBITRAGE**

Art. L. 2524-7 La cour supérieure d'arbitrage connaît des recours pour excès de pouvoir ou violation de la loi formés par les parties contre les sentences arbitrales. – *[Anc. art. L. 525-5.]*

Art. L. 2524-8 La cour supérieure d'arbitrage est présidée par le vice-président du Conseil d'État ou par un président de section au Conseil d'État en activité ou honoraire, président.

Elle est composée de manière paritaire de conseillers d'État en activité ou honoraires et de hauts magistrats de l'ordre judiciaire en activité ou honoraires. – *[Anc. art. L. 525-6.]*

Art. L. 2524-9 Lorsque la cour supérieure d'arbitrage prononce l'annulation en tout ou partie d'une sentence arbitrale, elle renvoie l'affaire aux parties qui désignent, si elles en sont d'accord, un nouvel arbitre.

Lorsque, à la suite d'un nouveau pourvoi, la nouvelle sentence est annulée par la cour, celle-ci désigne l'un de ses rapporteurs pour procéder à une instruction complémentaire.

Elle rend, dans les quinze jours suivant le deuxième arrêt d'annulation, après avoir pris connaissance de l'enquête, et avec les mêmes pouvoirs qu'un arbitre, une sentence arbitrale qui ne peut faire l'objet d'aucun recours. – *[Anc. art. L. 525-8.]*

Art. L. 2524-10 Les actes accomplis en exécution des dispositions du présent chapitre sont dispensés des droits de timbre et d'enregistrement. – *[Anc. art. L. 525-9.]*

SECTION III **DISPOSITIONS D'APPLICATION**

Art. L. 2524-11 Des décrets en Conseil d'État déterminent les modalités d'application du présent chapitre. – *[Anc. art. L. 526-1.] – V. art. R. 2524-1 s.*

CHAPITRE V **DISPOSITIONS PÉNALES**

Art. L. 2525-1 Le fait de méconnaître les dispositions des articles L. 2522-3 et L. 2523-4 est puni d'une amende de 3 750 €. – *[Anc. art. L. 532-1, al. 1, phrase 3.]*

Art. L. 2525-2 Le fait de méconnaître les dispositions de l'article L. 2523-9 est puni d'une amende de 3 750 €. – *[Anc. art. L. 532-1, al. 2, phrase 2.]*

LIVRE SIXIÈME **DISPOSITIONS RELATIVES À L'OUTRE-MER**

TITRE PREMIER **DISPOSITIONS GÉNÉRALES**

CHAPITRE UNIQUE

Art. L. 2611-1 Les dispositions générales prévues par l'article L. 1511-1 sont également applicables aux dispositions du présent livre. – *[Anc. art. L. 800-4, al. 1er à 3.]*

TITRE DEUXIÈME **DÉPARTEMENTS D'OUTRE-MER, SAINT-BARTHÉLEMY, SAINT-MARTIN ET SAINT-PIERRE-ET-MIQUELON** *(Ord. nº 2008-205 du 27 févr. 2008).*

CHAPITRE PREMIER **DISPOSITIONS GÉNÉRALES**

Art. L. 2621-1 Les dispositions générales prévues par *(Ord. nº 2008-205 du 27 févr. 2008)* « les articles L. 1521-1 à L. 1521-4 » sont également applicables aux dispositions du présent titre.

CHAPITRE II **NÉGOCIATION COLLECTIVE — CONVENTIONS ET ACCORDS COLLECTIFS DE TRAVAIL**

Art. L. 2622-1 Outre les clauses rendues obligatoires par l'article L. 2261-22, les conventions collectives conclues au niveau d'un département d'outre-mer *(Ord. nº 2008-205 du 27 févr. 2008)* « , à Saint-Barthélemy ou à Saint-Martin » contiennent obligatoirement, pour pouvoir être étendues, des dispositions concernant l'attestation de formation professionnelle délivrée dans les unités du service militaire adapté. – *[Anc. art. L. 813-1.]*

Art. L. 2622-2 *(L. nº 2016-1088 du 8 août 2016, art. 26)* Lorsqu'une convention ou un accord collectif de travail national s'applique en Guadeloupe, en Guyane, en Martinique, à Mayotte, à La Réunion, à Saint-Barthélemy, à Saint-Martin et à Saint-Pierre-et-Miquelon, des modalités d'adaptation à la situation particulière de ces collectivités peuvent être prévues par accord collectif. Cet accord est conclu dans le délai de six mois prévu au dernier alinéa de l'article L. 2222-1 ou après l'expiration de ce délai.

Lorsqu'une convention ou un accord collectif de travail national exclut une application en Guadeloupe, en Guyane, en Martinique, à Mayotte, à La Réunion, à Saint-Barthélemy, à Saint-Martin ou à Saint-Pierre-et-Miquelon, des accords collectifs dont le champ d'application est limité à l'une de ces collectivités peuvent être conclus, le cas échéant en reprenant les stipulations de l'accord applicable à la métropole.

Art. L. 2622-3 *(L. nº 2015-994 du 17 août 2015, art. 1er-X, en vigueur le 1er juill. 2017)* Un décret fixe le nombre de représentants des organisations professionnelles d'employeurs et des organisations syndicales de salariés prévu aux articles L. 23-111-1 et L. 23-112-1 à Saint-Barthélemy et à Saint-Martin.

CHAPITRE III **LES CONFLITS COLLECTIFS**

Art. L. 2623-1 Au lieu et place des commissions régionales de conciliation prévues aux articles L. 2522-1 et L. 2522-7 du présent code et à l'article L. 718-8 du code rural et de la pêche maritime, il est créé dans chaque département d'outre-mer *(Ord. nº 2008-205 du 27 févr. 2008)* « , à Saint-Barthélemy, à Saint-Martin » et à Saint-Pierre-et-Miquelon une commission de conciliation organisée en deux sections respectivement compétentes pour les conflits collectifs de travail et pour les conflits collectifs de travail en agriculture.

Chaque section est composée de représentants des organisations représentatives des employeurs et des salariés, en nombre égal, ainsi que des représentants des pouvoirs publics dont le nombre ne peut excéder le tiers des membres de la section. – *[Anc. art. L. 852.]*

TITRE TROISIÈME **MAYOTTE, WALLIS-ET-FUTUNA ET TERRES AUSTRALES ET ANTARCTIQUES FRANÇAISES**

CHAPITRE PREMIER **NÉGOCIATION COLLECTIVE – CONVENTIONS ET ACCORDS COLLECTIFS DE TRAVAIL**

Art. L. 2631-1 Les conventions et accords collectifs de travail d'une entreprise dont le siège social est situé dans un département de métropole, dans un département d'outre-mer *(Ord. nº 2008-205 du 27 févr. 2008)* « , à Saint-Barthélemy, à Saint-Martin » ou à Saint-Pierre-et-Miquelon qui intéressent notamment ses établissements implantés à Mayotte ou à Wallis-et-Futuna sont négociés entre l'employeur et les organisations syndicales de salariés représentatives dans l'entreprise. – *[Anc. art. L. 800-7.]*

CHAPITRE II **INSTITUTIONS REPRÉSENTATIVES DU PERSONNEL**

SECTION PREMIÈRE **COMITÉ CENTRAL D'ENTREPRISE ET COMITÉS D'ÉTABLISSEMENT**

Art. L. 2632-1 L'accord ou la décision administrative prévus au deuxième alinéa de l'article L. 2327-7 instituant le comité central d'entreprise prévu à l'article L. 2327-1 assure la représentation des établissements distincts de l'entreprise lorsque ceux-ci sont établis à Mayotte, à Wallis-et-Futuna ou dans les Terres australes et antarctiques françaises. – *[Anc. art. L. 800-5, al. 1er et 5.]*

SECTION II **COMITÉ DE GROUPE**

Art. L. 2632-2 Les dispositions relatives au comité de groupe prévues aux articles L. 2331-1 à L. 2331-4 et L. 2331-6 s'appliquent aux entreprises dominantes dont le siège social se situe dans un département de métropole, un département d'outre-mer *(Ord. nº 2008-205 du 27 févr. 2008)* « , à Saint-Barthélemy, à Saint-Martin » ou à Saint-Pierre-et-Miquelon et aux entreprises qu'elles contrôlent ou sur lesquelles elles exercent une influence dominante au sens de l'article L. 2331-1 dont le siège social est situé dans ces départements ou cette collectivité, à Mayotte, à Wallis-et-Futuna ou dans les Terres australes et antarctiques françaises. – *[Anc. art. L. 800-4, al. 4.]*

TROISIÈME PARTIE **DURÉE DU TRAVAIL, SALAIRE, INTÉRESSEMENT, PARTICIPATION ET ÉPARGNE SALARIALE**

LIVRE PREMIER **DURÉE DU TRAVAIL, REPOS ET CONGÉS**

BIBL. ▸ **Loi du 8 août 2016 :** FAVENNEC-HÉRY, *Dr. soc. 2016. 892* (la négociation collective dans le droit de la durée du travail). – MORAND, *Sem. soc. Lamy 2016, n° 1742, p. 13* (loi Travail et temps de travail). – VÉRICEL, *RDT 2016. 824* (une nouvelle architecture des règles en matière de temps de travail).

TITRE PREMIER **CHAMP D'APPLICATION**

CHAPITRE UNIQUE

Art. L. 3111-1 Les dispositions du présent livre sont applicables aux employeurs de droit privé ainsi qu'à leurs salariés.

Elles sont également applicables aux établissements publics à caractère industriel et commercial. — *[Anc. art. L. 200-1 et L. 221-1, al. 1.]*

Art. L. 3111-2 Les cadres dirigeants ne sont pas soumis aux dispositions des titres II et III.

Sont considérés comme ayant la qualité de cadre dirigeant les cadres auxquels sont confiées des responsabilités dont l'importance implique une grande indépendance dans l'organisation de leur emploi du temps, qui sont habilités à prendre des décisions de façon largement autonome et qui perçoivent une rémunération se situant dans les niveaux les plus élevés des systèmes de rémunération pratiqués dans leur entreprise ou établissement. — *[Anc. art. L. 212-15-1.]*

BIBL. ▸ MORAND, *RJS 2012. 347*. – MOREAU, *Dr. soc. 2000. 263*. – ANTONMATTÉI, *ibid. 305*. – MUSTEL-GOMEZ, *RJS 2000. 158 ; Dr. soc. 1999. 996*. – ANTONMATTÉI, *Dr. soc. 1999. 996*. – BARTHÉLÉMY, *JCP E 1999. 610*. – JOFFREDO, *ibid. 1767*. – RAY, *Dr. soc. 1998. 979*. – BARTHÉLÉMY, *JCP E 1997. 662*. – TEYSSIÉ, *ibid. 1995. 505*.

COMMENTAIRE

V. Dalloz.fr et applications mobiles Dalloz.

I. CRITÈRES

1. Notion de cadre dirigeant. Seuls relèvent de la catégorie des cadres dirigeants les cadres participant à la direction de l'entreprise. • Soc. 2 juill. 2014 : *D. 2014. Actu. 1551 ; RJS 2014. 595, n° 692 ; JS Lamy 2014, n° 372-5, obs. Lhernoult.* ♦ La qualité de cadre dirigeant ne requiert ni l'existence d'un accord particulier entre l'employeur et le salarié, ni que ce dernier se situe au niveau hiérarchique le plus élevé de la classification conventionnelle. • Soc. 30 nov. 2011 : *RJS 2012. 210, n° 255 ; JS Lamy 2012, n° 313-6, obs. Lalane ; JCP S 2012. 1133, obs. Bossu.* ♦ Est considéré comme cadre dirigeant celui à qui sont confiées des responsabilités dont l'importance implique une grande indépendance dans l'organisation de son emploi du temps, qui est habilité à prendre des décisions de façon largement autonome et qui perçoit une rémunération se situant dans les niveaux les plus élevés des systèmes de rémunérations pratiquées dans l'entreprise ou son établissement. Les critères ainsi définis sont cumulatifs et le juge doit vérifier précisément les conditions réelles d'emploi du salarié concerné, peu important que l'accord collectif applicable retienne pour la fonction occupée par le salarié la qualité de cadre dirigeant. • Soc. 13 janv. 2009 : *D. 2009. AJ 302 ; RJS 2009. 250, n° 250 ; Dr. soc. 2009. 611, obs. Radé ; JS Lamy 2009, n° 251-3 ; JCP S 2009. 1096, obs. Favennec-Héry.* ♦ Ces critères cumulatifs impliquent que seuls relèvent de cette catégorie les cadres participant à la direction de l'entreprise. • Soc. 31 janv. 2012 : *Dalloz actualité, 20 févr. 2012, obs. Perrin ; D. 2012. Actu. 445 ; ibid. 1167, note Lokiec ; RDT 2012. 369, obs. Pignarre ; Dr. soc. 2012. 422, obs. Tournaux ; RJS 2012. 302, n° 349 ; JS Lamy 2012, n° 317-2, obs. Hautefort ; Sem. soc. Lamy 2012, n° 1525, p. 10, obs. Champeaux* • 26 nov. 2013 : *Dalloz actualité, 20 déc. 2013, obs. Dechristé ; D. 2013. Actu. 2856 ; RJS 2014. 93, n° 120.* ♦ Si les trois critères fixés par l'art. L. 3111-2 C. trav. impliquent que seuls relèvent de la catégorie des cadres dirigeants les cadres participant à la direction de l'entreprise, il n'en résulte pars que la participation à la direction de l'entreprise constitue un critère autonome et distinct se substituant aux trois critères légaux. • Soc. 22 juin 2016, n° 14-29.246 P : *D. 2016. Actu. 1437 ; Dalloz actualité, 12 juill. 2016, obs. Roussel ; RJS 10/2016, n° 631 ; JS Lamy 2016, n° 415-1, obs. Hautefort ; JCP S 2016. 1339, obs. Morand.*

II. RÉGIME

2. Astreinte. Un cadre dirigeant ne peut prétendre à la rémunération de l'astreinte, sauf dispositions conventionnelles ou contractuelles contraires. • Soc. 28 oct. 2008 : *D. 2008. AJ 2877 ; RJS 2009. 56, n° 42 ; JS Lamy 2008, n° 244-2.*

3. Heures supplémentaires. Le salaire forfaitaire perçu par un responsable de station service disposant d'une grande latitude dans l'organisation de son travail et exerçant des fonctions de responsabilité attestées par son degré d'autonomie exclut le paiement d'heures supplémentaires. • Soc. 21 oct. 1999 : *RJS 1999. 856, n° 1471.*

4. Discrimination syndicale et liberté d'expression. Le fait que la lettre de licenciement reproche au cadre dirigeant la création d'un syndicat d'entreprise laisse supposer l'existence d'une discrimination syndicale ; l'affichage d'un tract syndical, qui ne contient aucun propos injurieux, diffamatoire ou excessif, ne caractérise pas un abus de la liberté d'expression du salarié. • Soc. 3 juill. 2012 : *Dalloz actualité, 27 juill. 2012, obs. Siro ; RJS 2012. 696, n° 819 ; JS Lamy 2012, n° 330-4, obs. Boucheret ; JCP S 2012. 1435, obs. Mouly.*

5. Repos et jours fériés. Les cadres dirigeants ne sont pas soumis aux dispositions relatives aux repos et jours fériés, sauf stipulations contractuelles ou conventionnelles plus favorables ; il en résulte qu'en l'absence de disposition expresse visant cette catégorie de cadres, le régime de compensation financière liée au travail effectué le dimanche et les jours fériés prévu par accord collectif ne saurait s'appliquer aux cadres dirigeants. • Soc. 27 juin 2012 : *Dalloz actualité, 18 juill. 2012, obs. Siro ; D. 2012. Actu. 1830 ; RJS 2012. 687, n° 801 ; JS Lamy 2012, n° 329-2, obs. Hautefort ; JCP S 2012. 1369, obs. Corrignan-Carsin.*

Art. L. 3111-3 *(L. n° 2016-1088 du 8 août 2016, art. 8)* **A l'exception du chapitre II du titre III ainsi que des titres VI et VII, le présent livre définit les règles d'ordre public, le champ de la négociation collective et les règles supplétives applicables en l'absence d'accord.**

TITRE DEUXIÈME **DURÉE DU TRAVAIL, RÉPARTITION ET AMÉNAGEMENT DES HORAIRES**

(L. n° 2016-1088 du 8 août 2016, art. 8)

CHAPITRE PREMIER **DURÉE ET AMÉNAGEMENT DU TRAVAIL**

Le chapitre premier du livre deuxième, dans sa rédaction antérieure à la loi du 8 août 2016, est consultable en ligne, V. Dalloz.fr et applications mobiles Dalloz.

V. Circ. 3 mars 2000 relative à la réduction négociée du temps de travail (BOMT n° 2000/6 bis du 13 mars).

V. Circ. n° 2000-7 du 6 déc. 2000 relative aux questions concernant l'application de la loi du 19 janv. 2001 (BOMT n° 2001/1 du 20 janv. 2001).

RÉP. TRAV. v^is *Durée du travail (I. Réglementation du temps de travail)*, par VACHET ; *Durée du travail (II. Fixation et aménagement du temps de travail)*, par VACHET.

BIBL. GÉN. ▸ BARADEL, *Dr. ouvrier 2012. 190* (durée et charge de travail : objectifs et limites de l'exigence de rentabilité). – BARTHÉLÉMY et CETTE, *Dr. soc. 2015. 47* (approche qualitative de la durée du travail). – BONNECHÈRE, *Dr. ouvrier 2012. 175* (revisiter le droit positif par l'ajustement au droit européen). – CANUT, *Dr. soc. 2010. 379* (temps de travail : le nouvel ordonnancement juridique). – COTTEREAU, *JCP S 2011. 1208* (le temps de travail des cadres en 7 questions). – DE CASSAGNAC, *JS Lamy 2011, n° 305-1* (santé et durée du travail : une nouvelle approche jurisprudentielle). – FANTONI-QUINTON, *Dr. soc. 2010. 395* (l'évolution du temps de travail et les enjeux relatifs à la santé des salariés). – FAVENNEC-HÉRY, *Dr. soc. 2005. 794* (autoréglementation du temps de travail) ; *ibid. 2009. 251* (droit de la durée du travail, la fin d'une époque). – GOSSELIN, *Dr. soc. 2010. 374* (le temps de travail). – LOKIEC, *Dr. ouvrier 2009. 418 et 484* (les transformations du droit du temps de travail) ; *ibid. 2012. 207* (déconnection du temps de travail et de la rémunération). – MATHIEU, *RDT 2012. 677* (temps de travail et volonté du salarié). – PONTIF, *RDT 2012. 208* (les rythmes de travail). – TEYSSIÉ, *Dr. soc. 1992. 519*. – TOLLET et GAVINI, *ibid. 1994. 365*. – JAVILLIER, *ibid. 1986. 56.* – LOUBEJAC, *ibid. 1986. 91.* – G. LYON-CAEN, *ibid. 1985. 801.* – MINÉ, *Dr. ouvrier 2011. 40* (le droit du temps de travail à la lumière des droits fondamentaux de la personne). – SAVATIER, *ibid. 1984. 554.* – SINTEZ, *RDT 2012. 406* (de la subordination à la domination du salarié : la « preuve sociologique » par le temps de travail). – Van Craeynest et Masson, *RDT 2011. Controverse. 474* (comment réglementer le temps de travail des cadres ?).

▸ **Loi du 20 août 2008 :** Véricel, *RDT 2008. 574* (loi du 20 août 2008, une loi de revanche ?).

SECTION PREMIÈRE **TRAVAIL EFFECTIF, ASTREINTES ET ÉQUIVALENCES**

SOUS-SECTION 1 **TRAVAIL EFFECTIF**

BIBL. GÉN. ▸ Notion de temps de travail effectif : Bercusson, *Dr. soc. 2000. 248*. – Meyer, *Dr. ouvrier 1999. 385*. – Asquinazi-Bailleux, *RJS 2000. 95*. – Antonmattéi, *ibid. 1999. 475*. – Barthélémy, *JCP 1998. I. 114*. – Bélier, *Dr. soc. 1998. 530*. – Jeammaud, *ibid. 745*. – Ray, *Dr. soc. 2002. 939*. – Savatier, *ibid. 15*. – Supiot, *ibid. 1995. 947*. – Lokiec, *Dr. ouvrier 2009. 418* (les transformations du droit du temps de travail).

§ 1er **ORDRE PUBLIC**

Art. L. 3121-1 La durée du travail effectif est le temps pendant lequel le salarié est à la disposition de l'employeur et se conforme à ses directives sans pouvoir vaquer librement à des occupations personnelles.

Comp. anc. art. L. 3121-1.

Jurisprudence rendue sous les textes antérieurs à la loi du 8 août 2016

1. *Droit de l'Union.* Sur la non-conformité du Décr. n° 2001-1384 du 31 déc. 2001 à la directive CEE 93/104, V. • CJCE, 2e ch., 1er déc. 2005, aff. C-14/04 : *JCP 2006. II. 10194, note Lallement.* ♦ Les dispositions relatives au temps minimal de repos énoncées par les Dir. européennes n° 93/104/CE du Conseil du 23 nov. 1993 et n° 2003/88/CE du Parlement européen et du Conseil du 4 nov. 2003 constituent des règles de droit social d'une importance particulière dont doit bénéficier chaque travailleur en tant que prescription minimale nécessaire pour assurer la protection de sa sécurité et de sa santé et la notion de temps de travail doit être appréhendée par opposition à la période de repos, ces deux notions étant exclusives l'une de l'autre ; les permanences nocturnes constituent du temps de travail effectif même lorsqu'elles englobent, dans le cadre d'un régime d'équivalence, des temps d'inaction. • Soc. 29 juin 2011 : *Dalloz actualité, 20 juill. 2011, obs. Siro ; D. 2011. Actu. 1978 ; RDT 2011. 511, obs. Véricel.*

2. *Définition.* Constitue du temps de travail effectif, à défaut pour l'employeur d'invoquer un décret ou un accord collectif prévoyant un horaire d'équivalence, la période comprise entre 23 heures et 4 heures pendant laquelle une salariée, veilleuse de nuit dans une maison de retraite, devait se tenir à la disposition de l'employeur et se conformer à ses directives sans pouvoir vaquer librement à ses occupations personnelles. • Soc. 9 mars 1999, n° 96-45.590 P : *GADT, 4e éd., n° 58 ; D. 1999. IR 106 ; Dr. soc. 1999. 522, obs. Radé ; RJS 1999. 320, n° 517.*

3. Constitue également du temps de travail effectif le temps passé par un ambulancier sur un circuit automobile. • Soc. 6 avr. 1999, n° 97-40.058 P : *D. 1999. IR 126 ; RJS 1999. 413, n° 671.* ♦ ... Ou dès lors que, pendant ses permanences au lieu de travail, il assurait à tout moment la régulation du service des ambulanciers pour répondre aux sollicitations des clients de l'entreprise. • Soc. 18 oct. 2006, n° 05-41.421. ♦ ... Ou dès lors que, pendant ses temps de pause, le salarié était contraint par son employeur d'effectuer des opérations de chargement et de déchargement. • Soc. 18 mars 2015, n° 13-23.728 P : *Dalloz actualité, 15 avr. 2015, obs. Fraisse ; RJS 6/2015, n° 455.*

4. *Chambres de veille.* Constituent du travail effectif : les heures de surveillance de nuit réalisées en chambre de veille par des éducateurs. • CE 28 juill. 2000 : *D. 2001. Somm. 1916, obs. Chelle et Prétot ; RJS 2000. 740, n° 1098.* ♦ ... Les heures de présence effectuées la nuit dans une chambre spécialement mise à disposition sur le lieu de travail afin de répondre à tout moment à toute sollicitation émanant soit des pensionnaires d'un établissement pour personnes inadaptées ou handicapées, soit des veilleurs de nuit. • Soc. 29 juin 1999, n° 97-41.567 P : *D. 1999. IR 222 ; Dr. soc. 1999. 771, obs. Kœhrig ; Dr. ouvrier 1999. 347, note Poirier ; RJS 1999. 670, n° 1069 ; JS UIMM 1999. 388* • 24 avr. 2001 : *D. 2001. Somm. 312, obs. Fadeuilhe ; Dr. soc. 2001. 723, note Lhernould ; RJS 2001. 595, n° 864* • 18 déc. 2001, n° 99-40.240 P : *Dr. soc. 2002. 355, obs. Savatier ; RJS 2002. 238, n° 291 ; CSB 2002. A. 17* • 2 juin 2004, n° 02-42.618 P : *RJS 2004. 626, n° 920 ; Dr. ouvrier 2004. 565.* ♦ Même sol. pour des salariés du CEA : • Soc. 20 févr. 2013 : *Dalloz actualité, 2 avr. 2013, obs. Siro.*

5. *Permanence téléphonique.* Compte tenu de l'obligation pour la société d'assurer une permanence téléphonique continue de sécurité 7 jours sur 7, 24 heures sur 24, le salarié, qui exerce le soir et la nuit les fonctions attribuées pendant la journée à un autre membre du personnel spécialement affecté à la réception des appels d'urgence, exerce un travail effectif. • Soc. 9 nov. 2010 : *Dalloz actualité, 25 nov. 2010, obs. Siro ; Dr. soc. 2011. 214, obs. Barthélémy ; JS Lamy 2011, n° 291-6, obs. Tourreil ; JCP S 2010. 1550, obs. Lahalle.* ♦ Constitue un travail effectif le temps pendant lequel le salarié est tenu de rester sur le lieu de travail dans des locaux déterminés imposés par l'employeur, peu important les conditions d'occupation de tels locaux, afin de répondre à toute nécessité d'intervention sans pouvoir vaquer librement à des occupations personnelles. • Soc. 8 juin 2011 : *D. 2011. Actu. 1692 ; RJS 2011. 634, n° 694* (garde de nuit d'un médecin sur son lieu de travail). ♦ Les permanences nocturnes constituent du temps de travail effectif, peu important qu'elles englobent des périodes d'inaction prises en compte au titre du système d'équivalence. • Soc. 29 juin 2011 : *Dalloz actualité, 20 juill. 2011, obs. Siro ; D. 2011. Actu. 1978.*

6. Les horaires d'ouverture d'un magasin peuvent ne pas correspondre en totalité à un temps de travail effectif si le salarié n'a pas l'obligation de se tenir en permanence dans le magasin à la disposition de la clientèle et s'il peut vaquer à des occupations personnelles dans les pièces de la maison attenantes au magasin. • Soc. 16 juin 2004, n° 02-43.755 P : *D. 2004. IR 2766 ; RJS 2004. 721, n° 1049 ; Dr. soc. 2004. 1023, obs. Radé .* ♦ Même solution pour la directrice d'une résidence pour personnes âgées qui effectuait des heures de permanence, en sus de son travail à temps complet, du lundi matin au vendredi soir dans un logement de fonction situé au sein de l'établissement. • Soc. 31 mai 2006 : *D. 2006. IR 1638 ; JS Lamy 2006, n° 193-6.*

7. Le temps d'inaction d'un pilote d'hélicoptère ne constitue pas un temps de travail effectif. • Soc. 27 sept. 2006, n° 05-40.948. ♦ En revanche, le temps consacré par le personnel navigant à l'obtention du visa à finalité exclusivement professionnelle constitue une immobilisation sur ordre et doit être pris en compte dans la rémunération. • Soc. 13 janv. 2010 : *JCP S 2010. 1199, obs. Martinon.*

8. Temps de douche. Pour la révocation d'un usage assimilant le temps de douche à du travail effectif : • Soc. 10 févr. 1998, n° 95-42.543 P.

9. Déplacements des vestiaires à la pointeuse. Constituent un temps de travail effectif les déplacements des vestiaires à la pointeuse et de la pointeuse à la salle de repos où les salariés effectuent leur pause. • Soc. 13 juill. 2004, n° 02-15.142 P : *RJS 2004. 723, n° 1052 ; JCP E 2005. 32, note Petit ; Dr. ouvrier 2005. 1, note Dockès.*

10. Temps de trajet. Il appartient au juge de déterminer la contrepartie due au salarié dont le temps de trajet pour se rendre du domicile au lieu de travail excède le temps nécessaire à un travailleur pour se rendre de son domicile à son lieu de travail habituel, en l'absence d'accord collectif ou d'engagement unilatéral, sans toutefois, pour ce faire, assimiler le temps de trajet entre le domicile et le lieu de travail à un temps de travail effectif. • Soc. 14 nov. 2012 : *D. 2012. Actu. 2745 ; D. 2013. Pan. 1026, obs. Porta ; RDT 2013. 343, obs. Véricel ; JS Lamy 2013, n° 335-3, obs. Tourreil ; JCP S 2013. 1070, obs. Morand.* ♦ Par application de l'art. 9 du Règl. (CE) n° 561/2006 du 15 mars 2006, les trajets effectués par le salarié entre son domicile et les lieux de ses diverses prises de poste distincts du lieu de rattachement de l'entreprise, au moyen d'un véhicule de service, sont du temps de travail effectif quelle que soit la distance séparant ces lieux du domicile du salarié. • Soc. 12 janv. 2016, n° 13-26.318 P : *Dalloz actualité, 22 févr. 2016, obs. Siro.*

11. Paiement des temps. Le fait de payer, en vertu d'une convention collective, un travail effectif de 7 heures 30 sur la base de 8 heures n'a pas pour effet d'assimiler cette demi-heure à un temps de travail effectif. • Soc. 30 mars 1994 : *Dr. soc. 1994. 558.*

12. Temps d'attente. Les temps d'attente n'ont pas à être pris en compte dans le temps de travail effectif, dès lors que les salariés sont libres de vaquer à des occupations personnelles, et qu'ils ne demeurent pas à la disposition de l'employeur ; le juge doit rechercher si le salarié s'est trouvé dans l'impossibilité de vaquer librement à ses occupations personnelles durant ces périodes (salarié logé sur son lieu de travail, susceptible de faire des interventions de dépannage la nuit, en l'espèce). • Soc. 15 oct. 2013, n° 12-19.807. ♦ Ne peut être qualifié en temps de travail effectif le temps passé par le salarié chez lui, entre deux clients. • Soc. 2 juill. 2014 : *Dalloz actualité, 21 oct. 2014, obs. Fraisse ; D. 2014. Actu. 1550 ; RJS 2014. 595, n° 693.*

13. Astreinte. La sujétion imposée au salarié de se tenir, durant les permanences, dans un logement de fonction mis à disposition à proximité de l'établissement afin d'être en mesure d'intervenir en cas d'urgence, mais qui ne l'empêche pas de vaquer à des occupations personnelles, ne constitue pas un temps de travail effectif. • Soc. 8 sept. 2016, n° 14-23.714 : *D. 2016. Actu. 1822 ; RJS 11/2016, n° 697 ; JS Lamy 2016, n° 418-4, obs. Lalanne ; JCP S 2016. 1360, obs. Cailloux-Meurice.*

Art. L. 3121-2 Le temps nécessaire à la restauration ainsi que les temps consacrés aux pauses sont considérés comme du temps de travail effectif lorsque les critères définis à l'article L. 3121-1 sont réunis.

Comp. anc. art. L. 3121-2, al. 1er.

1. Définition. Le salarié qui pouvait, après le dépôt de sa remorque, disposer du véhicule tracteur pour ses déplacements personnels, sans être tenu, pendant les coupures correspondant aux pauses, de répondre à aucun travail ni de rester à proximité de la remorque ne peut invoquer un temps de travail effectif ; l'éloignement du centre-ville et l'heure tardive ne constituant pas en eux-mêmes des éléments permettant de déduire que le salarié ne pouvait pas vaquer librement à des occupations personnelles. • Soc. 23 mars 2007 : *RDT 2007. 532, obs. Véricel*. ♦ Les seules circonstances de lieu et d'horaire, à l'exclusion de toute constatation relative à des directives de l'employeur qui auraient pu empêcher le salarié de disposer librement de son temps et de pouvoir vaquer à des occupations personnelles, ne sont pas des éléments suffisants pour caractériser un temps de travail effectif. • Soc. 10 oct. 2007 : *RDT 2008. 187, obs.Véricel* • Soc. 7 avr. 2010 : *RDT 2010. 448, obs. Pignarre ; RJS 2010. 495, n° 569 ; JCP S 2010. 1328, obs. Lahalle ; Dr. ouvrier 2010. 505, obs. Carré.* ♦ Lorsque l'organisation du travail de la station-service, au sein de laquelle le salarié travaillait seul la nuit, ne lui permettait pas de prendre effectivement ses temps de pause mais l'obligeait à rester à la disposition de l'employeur pour recevoir les clients, de sorte qu'il ne pouvait pas vaquer librement à des occupations personnelles, le salarié n'a pas pu bénéficier de ses temps de pause. • Soc. 13 janv. 2010 : *JCP S 2010. 1198, obs. Martinon ; JS Lamy 2010, n° 274-22, obs. Gardair-Rérolle.*

2. Travail commandé. Seul un travail commandé par l'employeur est susceptible d'être qualifié de travail effectif ; la seule circonstance que le salarié n'ait pas voulu profiter de la pause dont il disposait et pendant laquelle il n'est pas allégué qu'il restait à la disposition permanente de l'employeur ne permet pas d'assimiler ces périodes à du travail effectif. • Soc. 9 mars 1999, n° 96-44.080 P : *D. 1999. IR 92 ; Dr. soc. 1999. 524, obs. Radé ; RJS 1999. 322, n° 519 ; CSB 1999. 202, A. 33 ; JS UIMM 1999. 311.*

3. Temps de repas. Le principe est celui de la non-prise en compte du temps consacré au casse-croûte. • Soc. 18 janv. 1967 : *Bull. civ. IV, n° 56* • 26 janv. 1966 : *ibid., n° 120* • 28 mars 1973 : *ibid. V, n° 201.* ♦ Mais le temps de repas peut être compris dans le temps de travail effectif, dès lors qu'en raison de la spécificité de leurs fonctions, les salariés qui travaillaient en cycle continu ne pouvaient s'éloigner de leur poste de travail et restaient à la disposition de l'employeur, même pendant le temps de repas. • Soc. 10 mars 1998, n° 95-43.003 P : *RJS 1998. 295, n° 473* • Soc. 4 janv. 2000, n° 97-43.026 P : *Dr. soc. 2000. 439, obs. Barthélémy ; RJS 2000. 120, n° 176* (cuisinier obligé de prendre ses repas sur place sans disposer d'aucune liberté pendant ce temps).

4. Temps de pause. Le temps de travail effectif ne peut être assimilé aux amplitudes de travail ; le temps de pause ne peut donc être en principe un temps de travail effectif, même s'il est rémunéré. • Soc. 12 mars 2014 : *Dalloz actualité, 21 mars 2014, obs. Peyronnet* • Soc. 12 mars 2014 : *Dalloz actualité, 8 avr. 2014, obs. Fraisse ; RDT 2014. 562, obs. Véricel ; RJS 2014. 360, n° 442.* ♦ L'accord collectif octroyant à une catégorie de personnel, en considération de ses conditions particulières de travail, une pause rémunérée de 10 minutes au cours d'un cycle de 3 heures de travail effectif, à prendre à des conditions déterminées par le chef de service, permet aux salariés concernés de bénéficier d'un temps de pause rémunéré à l'intérieur d'un cycle de 3 heures de travail effectif ; mais ce temps de pause rémunéré ne doit ni augmenter le temps de présence, ni se traduire par l'octroi d'un supplément de rémunération. • Soc. 2 mars 2016, n° 14-25.896 P : *D. 2016. Actu. 604 ; RDT 2016. 627, obs. Véricel ; RJS 5/2016, n° 340 ; JCP S 2016. 1172, note Dumont.*

Art. L. 3121-3 **Le temps nécessaire aux opérations d'habillage et de déshabillage, lorsque le port d'une tenue de travail est imposé par des dispositions légales, des stipulations conventionnelles, le règlement intérieur ou le contrat de travail et que l'habillage et le déshabillage doivent être réalisés dans l'entreprise ou sur le lieu de travail, fait l'objet de contreparties. Ces contreparties sont accordées soit sous forme de repos, soit sous forme financière.**

Comp. anc. art. L. 3121-3, al. 1er.

BIBL. ▶ VACHET, *JS Lamy 2008, n° 234-1* (temps d'habillage ou de déshabillage).

Jurisprudence rendue sous l'empire des textes antérieurs à la loi du 8 août 2016

1. Conditions cumulatives. Le bénéfice des contreparties pécuniaires aux temps d'habillage ou de déshabillage est subordonné à la réalisation cumulative des deux conditions : le caractère obligatoire du port d'une tenue de travail, d'une part, et le fait que l'habillage ou le déshabillage soient réalisés sur le lieu de travail, d'autre part. • Soc. 26 mars 2008 : *D. 2008. AJ 1049, obs. Perrin ; ibid. 2308, obs. Dupouey-Dehan ; JS Lamy 2008, n° 232-4 ; RJS 2008. 398, avis Petit ; Dr. soc. 2008. 744, obs. Savatier* • 18 nov. 2011 : *Dalloz actualité, 29 nov. 2011, obs. Siro ; D. 2011. Actu. 2874 ; RDT 2012. 104, obs. Véricel ; Dr. soc. 2012. 307, obs. Johansson ; RJS 2012. 209, n° 253 ; Dr. ouvrier 2012. 236, obs. Günel ; JS Lamy 2012, n° 313-2, obs. Lhernould ; JCP S 2011. 1578, obs. Morand.* ♦ Sous réserve de dispositions plus favorables, le temps de déshabillage et d'habillage ne peut être pris en compte dans la durée du travail. • Soc. 28 oct. 2009 : *D. 2009. AJ 2754 ; RDT 2010. 176, obs. Véricel ; Dr. soc. 2010. 238, obs. Barthélémy ; Dr. ouvrier 2010. 108, obs. Desrues ; RJS 2010. 45, n° 48 ; JS Lamy 2009, n° 267.268-5 ; JCP S 2009. 1575, obs. Martinon ; Dalloz actualité, 17 nov. 2009, obs. Ines.* ♦ Si une convention collective soumet la contrepartie à l'exigence du port d'une tenue de travail spécifique seulement, peu importe le lieu où le salarié procède à l'opération d'habillage et de déshabillage. • Soc. 13 janv. 2010 : *JS Lamy 2010, n° 274-22, obs. Gardair-Rérolle ; JCP S 2010. 1198, obs. Martinon.*

2. Tenue de travail. Le port d'une tenue de travail s'impose au salarié tant en application du règlement intérieur que des règles de sécurité propres au poste occupé. • Soc. 11 juill. 2012 : *RDT 2012. 705, obs. Bento de Carvalho .*

3. Temps d'habillage. Lorsque le port d'une tenue de travail est obligatoire, l'habillage et le déshabillage doivent être réalisés sur le lieu de travail, de sorte que les dispositions de l'art. L. 212-4, al. 3 [L. 3121-3 nouv.], sont applicables, peu importe que l'employeur autorise les salariés à porter cette tenue en dehors de l'entreprise. • Soc. 26 janv. 2005 : *RJS 2006. 278, n° 390 ; Dr. ouvrier 2005. 405, note Miné ; JS Lamy 2005, n° 162-4 ; Sem. soc. Lamy 2005, n° 1206, p. 13.*

4. Compensations financières. Lorsque le port d'une tenue de travail est obligatoire, l'habillage et le déshabillage doivent être réalisés dans l'entreprise ou sur le lieu de travail ; ce qui implique une obligation de négocier pour déterminer la nature et la quotité de la compensation. • Soc. 26 janv. 2005 : *Dr. soc. 2005. 469, obs. Waquet ; JS Lamy 2005, n° 162-4.* ♦ V. aussi • Soc. 15 avr. 2015, n° 13-28.715 P : *RDT 2015. 693, obs. Véricel .* ♦ C'est à l'employeur, qui se prétend libéré de son obligation de prévoir des contreparties, de rapporter la preuve que les temps d'habillage et de déshabillage ont été rémunérés comme du temps de travail effectif. • Soc. 12 juill. 2006 : *RDT 2007. 115, obs. Véricel ; RJS 2006. 878, n° 1187.* ♦ Lorsque le salarié est astreint au port d'un vêtement de travail et que les conditions d'insalubrité dans lesquelles il exerce son activité lui imposent pour des raisons d'hygiène de le revêtir et de l'enlever sur le lieu de travail, l'employeur lui doit une contrepartie. • Soc. 21 nov. 2012 : *D. 2012. Actu. 2808 ; D. 2013. Pan. 1026, obs. Lokiec ; RDT 2013. 114, obs. Pontif ; Dr. soc. 2013. 86, obs. Radé ; JS Lamy 2013, n° 335-5 ; Sem. soc. Lamy 2012, n° 1564, p. 11, avis Aldigé ; JCP S 2013. 1088, obs. Corrignan-Carsin.* ♦ En l'absence d'accord collectif ou de clauses dans le contrat de travail, il appartient au juge de fixer la contrepartie dont doivent bénéficier les salariés qui le saisissent. • Soc. 16 janv. 2008 : *D. 2008. 359 ; ibid. 2306, obs. Amauger-Lattes, Desbarats, Dupouey-Dehan, Lardy-Pélissier, Pélissier et Reynès .*

5. Prime d'habillement. Si l'accord collectif instituant une compensation pour le temps passé aux opérations d'habillage/déshabillage ne le prévoit pas expressément, il n'y a pas lieu de considérer que cette prime englobe également les frais d'entretien de la tenue de travail. • Soc. 5 déc. 2012 : *JCP S 2013. 1090, obs. Drai.*

Art. L. 3121-4 **Le temps de déplacement professionnel pour se rendre sur le lieu d'exécution du contrat de travail n'est pas un temps de travail effectif.**

Toutefois, s'il dépasse le temps normal de trajet entre le domicile et le lieu habituel de travail, il fait l'objet d'une contrepartie soit sous forme de repos, soit sous forme financière. La part de ce temps de déplacement professionnel coïncidant avec l'horaire de travail n'entraîne aucune perte de salaire.

Comp. anc. art. L. 3121-4.

Sur les heures d'équivalence, V. Décr. n° 78-1155 du 12 déc. 1978, App. II, B. Durée du travail.

BIBL. ▶ ANTONMATTÉI, *Dr. soc. 2005. 410* (temps de trajet). – ASQUINAZI-BAILLEUX, *JCP E 2005. 941* (temps de déplacement professionnel). – BLANDEAU, *JS Lamy 2007. 4* (régime des équivalences). – JOHANSSON, *D. 2006. 1711* (temps de travail effectif). – MORAND, *RJS 2005. 247* (déplacements professionnels après la loi de cohésion sociale).

Jurisprudence rendue sous l'empire des textes antérieurs à la loi du 8 août 2016

1. Principe. Lorsque les salariés ne sont pas tenus de repasser au lieu de leur prise de service, ne s'y rendent que pour des raisons de convenance personnelle, sans être à la disposition de l'employeur et sans avoir à se conformer à ses directives, le temps de trajet ne peut constituer un temps de travail effectif. • Soc. 26 mars 2008 : *D. 2008. AJ 1049, obs. Perrin ; ibid. Pan. 2308, obs. Dupouey-Dehan ; RJS 2008. 398, avis Petit ; Dr. soc. 2008. 744, obs. Savatier .* ♦ Comp. : le temps habituel du trajet entre le domicile et le lieu du travail d'un salarié ne constitue pas en soi un temps de travail effectif ; en revanche, le juge doit rechercher si le trajet entre le domicile et les différents lieux où le salarié exerce son activité déroge au temps normal du trajet d'un travailleur se rendant de son domicile à son lieu de travail habituel ; doivent alors être distingués le trajet accompli entre le domicile et le lieu de travail, d'une part, et celui effectué entre deux lieux de travail différents, d'autre part. • Soc. 5 nov. 2003 : *D. 2004. Somm. 391, obs. Wolmark ; JCP E 2004. 138, note Demoustier ; RJS 2004. 51, n° 52* • 31 mai 2006, n° 04-45.217 P : *RJS 2006, n° 952.*

2. Temps de mission. Le temps de trajet pour se rendre d'un lieu de travail à un autre lieu de travail constitue un temps de travail effectif. • Soc. 16 juin 2004, n° 02-43.685 P : *RJS 2004. 722, n° 1051* • 5 mai 2004, n° 01-43.918 P : *Dr. soc. 2004. 899, obs. Radé ; RJS 2004. 557, n° 819 ; JS Lamy 2004, n° 147-5.* ♦ Doit être considéré comme du temps de travail effectif le temps de trajet d'un manœuvre dans une entreprise du bâtiment pour se rendre sur les chantiers et en revenir lorsqu'il est tenu de se rendre au siège de l'entreprise avant l'heure d'embauche et après la débauche sur les chantiers afin de procéder au chargement et au déchargement de matériaux. • Soc. 12 juill. 1999 : *JS Lamy 1999, n° 45-39, obs. N. R.* ♦ Pour un chargement de matériel avant le transport sur le chantier. • Soc. 9 mars 1999 : *RJS 1999. 316, n° 509.* ♦ Le temps de trajet d'un chauffeur pour se rendre de son domicile au lieu de prise en charge d'un véhicule lorsque ce lieu n'est pas celui du siège de l'entreprise doit être considéré comme faisant partie de tous les autres temps de travail au sens de l'art. 15 du règlement n° 3821/85. • CJCE 18 janv. 2001 : *Liaisons soc. Bref n° 13323, 22 janv. 2001.*

3. Temps de déplacement au sein de l'entreprise. La circonstance que le salarié soit astreint au port d'une tenue de travail ne permet pas de considérer que le temps de déplacement au sein de l'entreprise constitue un temps de travail effectif. • Soc. 31 oct. 2007 : *D. 2007. AJ 2952 ; RDT 2008. 42, obs. Vigneau .*

4. Il résulte des art. L. 212-4 dans sa rédaction antérieure à la loi n° 2005-32 du 18 janv. 2005 et L. 3121-4 tel qu'issu de cette loi que le temps de trajet pour se rendre du domicile au lieu de travail, lorsqu'il excède le temps nécessaire à un travailleur pour se rendre de son domicile à son lieu de travail habituel, doit être considéré comme du temps de travail effectif et, à compter de l'entrée en vigueur de la loi du 18 janv. 2005, faire l'objet d'une contrepartie soit sous forme de repos soit sous forme financière. La charge de la preuve de ce temps de trajet inhabituel n'incombe spécialement au salarié que pour la demande de contrepartie. • Soc. 15 mai 2013 : *Dalloz actualité, 30 mai 2013, obs. Peyronnet ; D. 2013. Actu. 1283 ; RDT 2013. 569, obs. Véricel .*

5. Temps de déplacement domicile-travail en droit européen. L'art. 2, pt 1, de la Dir. 2003/88 du 4 nov. 2003 doit être interprété en ce sens que, dans des circonstances dans lesquelles les travailleurs n'ont pas de lieu fixe ou habituel, constitue du « temps de travail » le temps de déplacement que ces travailleurs consacrent aux déplacements quotidiens entre leur domicile et les sites du premier et du dernier clients désignés par leur employeur. • CJUE 10 sept. 2015, n° C-266/14 : *Dr. soc. 2016. 58, note Fabre ; RDT 2016. 46, obs. Véricel ; RJS 1/2016, n° 81 ; JS Lamy 2015, n° 396-3, obs. Tissandier ; JCP S 2015. 1418, note Tricoit.*

6. Rémunération du temps de trajet excédant le temps de trajet habituel. Le temps de trajet entre le domicile du salarié et son lieu de travail, lorsqu'il dépasse le temps normal de trajet, constitue du temps de travail effectif qui s'apprécie mission par mission lorsqu'elle celle-ci dépasse une journée et que le salarié ne regagne pas son domicile chaque jour ; dès lors, si le salarié fait l'aller et le retour une fois dans la semaine, c'est sur cette base-là qu'il faut calculer la rémunération de l'excédent de son temps de trajet. • Soc. 24 sept. 2014 : *Dalloz actualité, 17 oct. 2014, obs. Fraisse ; RDT 2015. 197, obs. Véricel ; RJS 2014. 742, n° 866.*

Art. L. 3121-5 Si le temps de trajet entre le domicile et le lieu habituel de travail est majoré du fait d'un handicap, il peut faire l'objet d'une contrepartie sous forme de repos.

§ 2 CHAMP DE LA NÉGOCIATION COLLECTIVE

Art. L. 3121-6 Une convention ou un accord d'entreprise ou d'établissement ou, à défaut, une convention ou un accord de branche peut prévoir une rémunération des temps de restauration et de pause mentionnés à l'article L. 3121-2, même lorsque ceux-ci ne sont pas reconnus comme du temps de travail effectif.

Comp. anc. art. L. 3123-2, al. 2.

Art. L. 3121-7 Une convention ou un accord d'entreprise ou d'établissement ou, à défaut, une convention ou un accord de branche prévoit soit d'accorder des contreparties aux temps d'habillage et de déshabillage mentionnés à l'article L. 3121-3, soit d'assimiler ces temps à du temps de travail effectif.

Une convention ou un accord d'entreprise ou d'établissement ou, à défaut, une convention ou un accord de branche prévoit des contreparties lorsque le temps de déplacement professionnel mentionné à l'article L. 3121-4 dépasse le temps normal de trajet.

Comp. anc. art. L. 3121-3, al. 2.

§ 3 DISPOSITIONS SUPPLÉTIVES

Art. L. 3121-8 A défaut d'accords prévus aux articles L. 3121-6 et L. 3121-7 :

1° Le contrat de travail peut fixer la rémunération des temps de restauration et de pause ;

2° Le contrat de travail prévoit soit d'accorder des contreparties aux temps d'habillage et de déshabillage mentionnés à l'article L. 3121-3, soit d'assimiler ces temps à du temps de travail effectif ;

3° Les contreparties prévues au second alinéa de l'article L. 3121-7 sont déterminées par l'employeur après consultation du comité d'entreprise ou, à défaut, des délégués du personnel, s'ils existent.

Comp. anc. art. L. 3121-2, al. 2.

SOUS-SECTION 2 **ASTREINTES**

§ 1er ORDRE PUBLIC

Art. L. 3121-9 Une période d'astreinte s'entend comme une période pendant laquelle le salarié, sans être sur son lieu de travail et sans être à la disposition permanente et immédiate de l'employeur, doit être en mesure d'intervenir pour accomplir un travail au service de l'entreprise.

La durée de cette intervention est considérée comme un temps de travail effectif.

La période d'astreinte fait l'objet d'une contrepartie, soit sous forme financière, soit sous forme de repos.

Les salariés concernés par des périodes d'astreinte sont informés de leur programmation individuelle dans un délai raisonnable.

Comp. anc. art. L. 3121-5.

Jurisprudence rendue sous l'empire des textes antérieurs à la loi n° 2016-1088 du 8 août 2016

1. Droit de l'Union. Sur la jurisprudence communautaire assimilant l'ensemble de l'astreinte à du temps de travail effectif. • CJCE 9 sept. 2003, *Jaeger : RJS 2003. 1011, n° 1455 ; ibid. 2003. 942, obs. Lhernould* (interprétation de la directive 93/104 à propos de médecins de garde allemands) • 1er déc. 2005, ♕ *Abdelkader Dellas c/ Premier ministre : aff. C-14/04.*

2. Application dans le temps. L'art. 3 de la L. n° 2003-47 du 17 janv. 2003 n'est pas une loi interprétative en ce qu'elle a introduit dans la législation une disposition nouvelle permettant de décompter la période d'astreinte, hors temps d'intervention, comme temps de repos journalier et comme temps de repos hebdomadaire ; les dispositions de la L. du 17 janv. 2003 relative aux salaires, au temps de travail et au développement de l'emploi permettant de décompter la période d'astreinte, hors temps d'intervention, comme temps de repos journalier et comme temps de repos hebdomadaire, ne sont pas applicables à des faits antérieurs à l'entrée en vigueur de cette loi. • Soc. 8 juin 2011 : ♕ *D. 2011. Actu. 1693* ✎ *; RJS 2011. 632, n° 693 ; Dr. ouvrier 2011. 684, obs. Meyer ; JCP S 2011. 1441, obs. Asquinazi-Bailleux.*

3. Notion. Constitue une astreinte, notamment, l'obligation pour un salarié quel que soit son niveau de responsabilité dans l'entreprise, et en contrepartie de laquelle il doit percevoir une rémunération, de demeurer à son domicile ou à proximité en vue de répondre à un appel de son employeur pour effectuer un travail au service de l'entreprise. • Soc. 9 déc. 1998, ♕ n° 96-44.789 P : *D. 1999. IR 36 ; Dr. soc. 1999. 250, note Ray* ✎ *; RJS 1999. 40, n° 45 ; TPS 1999, n° 54.* ♦ ... La période durant laquelle les salariés restent à leur domicile ou en tout lieu de leur choix dès lors qu'ils peuvent être joints par l'employeur, notamment à l'aide des moyens de téléphonie mobile mis à leur disposition en vue de répondre à un appel de l'employeur pour effectuer un service urgent au service de l'entreprise. • Soc. 10 juill. 2002 : ♕ *D. 2002. 3110, obs. Monpeyssen* ✎ *; ibid. 2003. 935, note Vachet* ✎ *; RJS 2002. 923, n° 1236 ; Dr. ouvrier 2002. 581, note Carles ; JCP E 2002. 1428, obs. Viottolo ; JS Lamy 2002, n° 109-2.* ♦ ... La sujétion imposée à la salariée de se tenir durant la nuit dans son logement de fonction personnel situé au sein de l'établissement, afin d'être en mesure d'intervenir en cas d'urgence, ce qui ne l'empêchait pas de vaquer à des occupations personnelles. • Soc. 31 mai 2006 : ♕ *D. 2006. IR 1638* ✎ *; JS Lamy 2006, n° 193-6.*

4. Astreinte et travail effectif. Les périodes d'astreinte ne constituent ni un travail effectif ni une période de repos ; lorsque le salarié ne peut vaquer librement à ses occupations personnelles, il n'est pas d'astreinte, mais en période de travail. • Soc. 4 mai 1999, ♕ n° 96-43.037 P : *GADT, 4e éd., n° 59 ; D. 1999. IR 160* ✎ *; Dr. soc. 1999. 730, obs. Gauriau* ✎ *; RJS 1999. 500, n° 820 ; TPS 1999, n° 255.*

5. La durée de présence assimilable au temps de travail effectif s'entend du temps pendant lequel un salarié est tenu de rester en permanence à la disposition de l'employeur, peu important que le local dans lequel il est tenu de demeurer, dans l'enceinte de l'entreprise soit son logement de fonction. • Soc. 19 nov. 1996 : *RJS 1997. 192, n° 287 (1re esp.)*. ♦ Dans le même sens : • Soc. 28 oct. 1997, n° 94-42.054 P : *D. 1997. IR 252* ; *Dr. soc. 1998. 15, note Savatier* ; *RJS 1997. 849, n° 1379 ; ibid. 1998. 2, concl. Chauvy* (salarié devant assurer la fermeture des portes du bâtiment, effectuer des rondes et alerter un responsable en cas d'incident) • 7 avr. 1998, n° 95-44.343 P : *D. 1998. IR 130* ; *Dr. soc. 1998. 530, obs. Bélier* ; *RJS 1998. 385, n° 593* (garde de nuit, dans un établissement accueillant des personnes âgées, tenu de ne pas s'absenter afin d'intervenir en cas de nécessité). • Soc. 15 oct. 2013 : *pourvoi n° 12-19.807*. ♦ Constitue un travail effectif le temps pendant lequel le salarié est tenu de rester sur le lieu de travail dans des locaux déterminés imposés par l'employeur, peu important les conditions d'occupation de tels locaux, afin de répondre à toute nécessité d'intervention sans pouvoir vaquer librement à des occupations personnelles. • Soc. 8 juin 2011 : *D. 2011. Actu. 1692* ; *RJS 2011. 634, n° 694 ; JCP S 2011. 1453, obs. Bossu* (garde de nuit d'un médecin sur son lieu de travail). ♦ Compte tenu de l'obligation pour la société d'assurer une permanence téléphonique continue de sécurité 7 jours sur 7, 24 heures sur 24, le salarié, qui exerce le soir et la nuit les fonctions attribuées pendant la journée à un autre membre du personnel spécialement affecté à la réception des appels d'urgence, exerce un travail effectif. • Soc. 9 nov. 2010 : *Dalloz actualité, 25 nov. 2010, obs. Siro ; Dr. soc. 2011. 214, obs. Barthélémy* ; *JS Lamy 2011, n° 291-6, obs. Tourreil ; JCP S 2010. 1550, obs. Lahalle*. ♦ Une cour d'appel ne peut rejeter une demande de rappel de salaire pour les heures effectuées par des salariés, présents à leur domicile dans l'enceinte de l'entreprise et pouvant vaquer à des occupations personnelles sans avoir recherché si les salariés, pendant leur temps d'astreinte, ont été amenés à effectuer des interventions constitutives d'un temps de travail effectif. • Soc. 18 juill. 2000 : *D. 2000. IR 229* ; *RJS 2000. 719, n° 1054*.

6. *Temps de déplacement et astreinte.* Le temps de déplacement accompli lors de périodes d'astreinte fait partie intégrante de l'intervention et constitue un temps de travail effectif. • Soc. 31 oct. 2007 : *D. 2007. AJ 2950, obs. Maillard* ; *RDT 2008. 41, obs. Vériel* ; *Dr. soc. 2008. 248, obs. Radé*.

7. *Non-assimilation à du travail effectif.* Ne sont pas assimilables à du travail effectif les périodes comprises entre les interventions pendant lesquelles les salariés d'une société de surveillance, rémunérés pour leurs interventions ponctuelles, disposent librement de leur temps. • Soc. 24 nov. 1993, n° 88-42.722 P : *D. 1994. Somm. 318, obs. A. Lyon-Caen* ; *Dr. soc. 1994. 40* ; *RJS 1994. 49, n° 41*. ♦ L'astreinte consistant pour un couple de gardiens d'usine à demeurer à domicile ou à proximité en vue de répondre à un appel de l'employeur ne peut être considérée comme du temps de travail effectif, seuls les temps d'intervention ponctuels étant pris en compte. • Soc. 3 juin 1998, n° 96-42.455 P : *D. 1998. IR 174* ; *RJS 1998. 561, n° 867* • 15 juin 1999, n° 97-41.035 P : *D. 1999. IR 202* ; *Dr. soc. 1999. 840, obs. Gauriau* ; *RJS 1999. 670, n° 1068 ; TPS 1999, n° 305* (temps de permanence au domicile du salarié pour répondre à d'éventuels appels, en revanche le temps consacré à effectuer des rondes de surveillance, à ouvrir et fermer les portes et à distribuer le courrier est du temps de travail effectif) • 31 mai 2006 : *D. 2006. IR 1639* ; *JS Lamy 2006, n° 193-6*. ♦ L'obligation faite à un concierge de demeurer sur place sans être tenu à un travail ne peut donner lieu au paiement d'heures supplémentaires. • Soc. 6 mai 1997 : *RJS 1997. 452, n° 696*. ♦ La sujétion imposée au salarié de se tenir, durant les permanences, dans un logement de fonction mis à disposition à proximité de l'établissement afin d'être en mesure d'intervenir en cas d'urgence, mais qui ne l'empêche pas de vaquer à des occupations personnelles, ne constitue pas un temps de travail effectif. • Soc. 8 sept. 2016, n° 14-23.714 P : *D. 2016. Actu. 1822* ; *RJS 11/2016, n° 697 ; JS Lamy 2016, n° 418-4, obs. Lalanne ; JCP S 2016. 1360, obs. Cailloux-Meurice*.

8. *Pas de droit acquis à l'exécution d'astreintes.* Il n'existe pas de droit acquis à l'exécution d'astreintes sauf engagement de l'employeur vis-à-vis du salarié à lui en assurer l'exécution d'un certain nombre ; à défaut d'un tel engagement, seul un abus de l'employeur dans l'exercice de son pouvoir de direction peut ouvrir droit à indemnisation. • Soc. 10 oct. 2012 : *D. 2013. Pan. 1026, obs. Lokiec* ; *RJS 2013. 43, n° 35 ; JS Lamy 2012, n° 332-5, obs. Tourreil ; Sem. soc. Lamy 2012, n° 1560, p. 11, note Fabre ; JCP S 2012. 1494, obs. Morand*.

9. *Initiative des salariés.* La mise en place de leur propre initiative par les salariés d'un service d'appel téléphonique en dehors des heures de travail ne constitue pas des périodes d'astreinte. • Soc. 8 sept. 2016, n° 14-26.825 P : *D. 2016. Actu. 1822* ; *RJS 11/2016, n° 697 ; JS Lamy 2016, n° 418-5, obs. Lhernould ; JCP S 2016. 1360, obs. Cailloux-Meurice*.

Art. L. 3121-10 **Exception faite de la durée d'intervention, la période d'astreinte est prise en compte pour le calcul de la durée minimale de repos quotidien prévue à l'article L. 3131-1 et des durées de repos hebdomadaire prévues aux articles L. 3132-2 et L. 3164-2.**

Comp. anc. art. L. 3121-6.

Jurisprudence rendue sous l'empire des textes antérieurs à la loi n° 2016-1088 du 8 août 2016

1. Solution antérieure à la loi du 17 janv. 2003. Les périodes d'astreintes, si elles ne constituent pas un temps de travail effectif, ne peuvent être considérées comme un temps de repos, lequel suppose que le salarié soit totalement dispensé directement ou indirectement, sauf cas exceptionnels, d'accomplir pour son employeur une prestation de travail même si elle n'est qu'éventuelle ou occasionnelle ; un salarié ne bénéficie donc pas de son repos hebdomadaire lorsqu'il est d'astreinte • Soc. 10 juill. 2002 : *GADT, 4e éd., n° 60 ; D. 2002. 3110, obs. Monpeyssen ; ibid. 2003. 935, obs. Vachet .*

2. Contrariété avec le droit de l'Union. Sur la jurisprudence communautaire assimilant l'ensemble de l'astreinte à du temps de travail effectif. • CJCE 9 sept. 2003, *Jaeger : RJS 2003. 1011, n° 1455 ; ibid. 2003. 942, obs. Lhernould* (interprétation de la directive 93/104 à propos de médecins de garde allemands) • 1er déc. 2005, *Abdelkader Dellas c/ Premier ministre : aff. C-14/04.*

§ 2 CHAMP DE LA NÉGOCIATION COLLECTIVE

Art. L. 3121-11 Une convention ou un accord d'entreprise ou d'établissement ou, à défaut, une convention ou un accord de branche peut mettre en place les astreintes. Cette convention ou cet accord fixe le mode d'organisation des astreintes, les modalités d'information et les délais de prévenance des salariés concernés ainsi que la compensation sous forme financière ou sous forme de repos à laquelle elles donnent lieu.

Comp. anc. art. L. 3121-7.

§ 3 DISPOSITIONS SUPPLÉTIVES

Art. L. 3121-12 A défaut d'accord prévu à l'article L. 3121-11 :

1° Le mode d'organisation des astreintes et leur compensation sont fixés par l'employeur, après avis du comité d'entreprise ou, à défaut, des délégués du personnel, s'ils existent, et après information de l'agent de contrôle de l'inspection du travail ;

2° Les modalités d'information des salariés concernés sont fixées par décret en Conseil d'État et la programmation individuelle des périodes d'astreinte est portée à leur connaissance quinze jours à l'avance, sauf circonstances exceptionnelles et sous réserve qu'ils en soient avertis au moins un jour franc à l'avance.

Comp. anc. art. L. 3121-7 et L. 3121-8.

Jurisprudence rendue sous l'empire des textes antérieurs à la loi n° 2016-1088 du 8 août 2016

1. Astreinte et refus du salarié. La décision de l'employeur de mettre en œuvre le régime des astreintes prévu par l'accord collectif qui s'imposait à la salariée n'entraîne aucune modification du contrat de travail. • Soc. 16 déc. 1998 : *D. 1999. 182, obs. Desbarats ; Dr. soc. 1999. 250, note Ray .* ♦ La mise en place d'une astreinte unilatéralement décidée par l'employeur constitue une modification de celui-ci, ne pouvant pas être imposée au salarié. • Soc. 31 mai 2000 : *RJS 10/2000, n° 956.*

2. Rémunération. Les heures d'astreinte doivent donner lieu à rémunération quel que soit le niveau de responsabilité du salarié. • Soc. 4 mai 1999, n° 96-45.453 P : *D. 1999. IR 149 ; Dr. soc. 1999. 731, obs. Radé ; RJS 1999. 502, n° 821.* ♦ La non-exécution par le salarié des permanences et des astreintes durant une période de suspension du contrat de travail pour maladie n'autorise par l'employeur à réclamer, pour l'occupation à titre personnel et professionnel du logement de fonction, le paiement d'un loyer et de charges locatives, non prévu par les dispositions contractuelles et conventionnelles. • Soc. 26 janv. 2011 : *D. 2011. Actu. 452, obs. Ines ; JCP S 2011. 1150, obs. Corrignan-Carsin.*

3. La contrepartie financière de l'astreinte, qui n'a ni la même nature, ni le même objet, ne peut se substituer au préjudice spécifique résultant de la privation du repos hebdomadaire générant pour les salariés un trouble dans leur vie personnelle et engendrant des risques pour leur santé et leur sécurité. • Soc. 8 juin 2011 : *D. 2011. Actu. 1693 ; RJS 2011. 632, n° 693 ; JCP S 2011. 1441, obs. Asquinazi-Bailleux.*

4. Cadre dirigeant. Un cadre dirigeant ne peut prétendre à la rémunération de l'astreinte, sauf dispositions conventionnelles ou contractuelles contraires. • Soc. 28 oct. 2008 : *D. 2008. AJ 2877 ; RJS 2009. 56, n° 42 ; JS Lamy 2008, n° 244-2.*

5. Contrepartie en nature. L'attribution d'un logement à titre gratuit ne peut être considérée comme une modalité de rémunération de l'astreinte que si elle est prévue par une disposition claire et précise de la convention collective. • Soc. 12 juill. 2006 : *RJS 2006. 792, n° 1071.*

6. Suppression de la contrepartie. La perte des primes d'astreinte régulièrement perçues depuis neuf ans constitue une modification du contrat de travail. • Soc. 19 juin 2009 : *JCP S 2009. 1067, obs. Bossu.* ♦ Lorsqu'une astreinte est une sujétion liée à une fonction et que le titulaire de cette fonction n'y est pas systématiquement soumis, sa suppression par l'employeur ne constitue pas une modification du contrat de travail. • Soc. 13 juill. 2010 : *RDT 2010. 712, obs. Catronovo ; RJS 2010. 761, n° 851 ; JCP S 2010. 1365, obs. Morand ; Dr. soc. 2010. 1111, obs. Barthélémy.*

SOUS-SECTION 3 ÉQUIVALENCES

§ 1er ORDRE PUBLIC

Art. L. 3121-13 **Le régime d'équivalence constitue un mode spécifique de détermination du temps de travail effectif et de sa rémunération pour des professions et des emplois déterminés comportant des périodes d'inaction.**

Comp. ancien art. L. 3121-9.

Jurisprudence rendue sous l'empire des textes antérieurs à la loi n° 2016-1088 du 8 août 2016

1. Caractère exceptionnel. L'équivalence est une exception qui ne saurait être appliquée en dehors des activités ou des emplois visés par les textes réglementaires et les conventions collectives. • Soc. 14 nov. 1990, n° 87-40.534 P : *RJS 1990. 643, n° 978* • 19 févr. 1992 : *D. 1992. IR 128 ; RJS 1992. 261, n° 454* • 16 juill. 1997, n° 96-40.294 P : *RJS 1997. 765, n° 1243* • 28 oct. 2009 : *D. 2009. AJ 2754 ; Dr. soc. 2010. 241, obs. Barthélémy ; RJS 2010. 44, n° 47 ; JCP S 2009. 1574, obs. Martinon ; Dalloz actualité, 23 nov. 2009, obs. Ines.*

2. Définition. Les heures de surveillance de nuit assurées par les éducateurs, au cours desquelles ils doivent être, de façon permanente, en mesure de répondre à toute sollicitation des pensionnaires de l'établissement afin d'assurer, le cas échéant, leur mission éducative, constituent du temps de travail effectif sans que puisse être opposé aux salariés un régime conventionnel d'heures d'équivalence qui leur soit moins favorable ; il en résulte que les dispositions d'une note technique, qui excluent ces périodes du temps de travail effectif en se fondant sur les dispositions particulières de la convention collective procède à une interprétation des règles de droit applicables qui méconnaît les dispositions de l'art. L. 212-4 [L. 3121-1 nouv.]. • CE 28 juill. 2000 : *RJS 2000. 740, n° 1098.* ♦ Le régime d'équivalence constitue un mode particulier de comptabilisation du travail effectif. En conséquence les permanences effectuées par des ambulanciers des entreprises de transport sanitaire ainsi que leurs temps de pause et de repas, constituant du temps de travail effectif puisqu'ils restent à la disposition de leur employeur, peuvent faire l'objet d'une comptabilisation dans le cadre d'un régime d'équivalence. • CE 26 févr. 2003 : *RJS 2003. 563, concl. Fombeur ; ibid. 591, n° 889.* ♦ La convention collective nationale des services de l'automobile, qui prévoit un régime d'équivalence pour le personnel de gardiennage de jour ou de nuit assurant exclusivement et à temps plein des tâches de surveillance et de garde de locaux, ne peut s'appliquer à un salarié employé la nuit et affecté exclusivement aux caisses de la station-service. • Soc. 30 juin 2004, n° 02-41.823 P : *RJS 2004. 814, n° 1152* • 16 nov. 2004, n° 02-42.551 P : *RJS 2005. 119, n° 158* (activité accessoire de pompiste).

3. Vérification du temps d'inaction. L'instauration d'un régime d'équivalence, conformément à l'art. L. 3121-9, rend sans objet la vérification concrète de l'existence effective de temps d'inaction pour les personnels concernés. • Soc. 11 mai 2016, n° 14-15.971 P : *RDT 2016. 625, obs. Véricel ; RJS 7/2016, n° 495.*

4. Mode de comptabilisation. Aucune disposition légale n'impose que le mode de comptabilisation servant à définir la durée équivalente à la durée légale soit définie sur une base hebdomadaire, dès lors que le mode de comptabilisation adopté permet de déterminer le nombre d'heures de travail effectif sur une semaine. • CE 6 déc. 2006 : *RDT 2007. 324, obs. Véricel ; RJS 2006. 327, n° 439.*

5. Le régime conventionnel d'équivalence n'est pas applicable aux horaires d'ouverture d'un magasin s'il est constaté que la salariée n'a pas l'obligation de s'y tenir en permanence et qu'elle peut vaquer à des occupations personnelles dans les pièces de la maison attenantes au magasin. • Soc. 16 juin 2004, n° 02-43.755 P : *D. 2004. IR 2766 ; Dr. soc. 2004. 1023, obs. Radé ; RJS 2004. 721, n° 1049.* ♦ Ni aux femmes de chambre. • Soc. 31 oct. 2006 : *D. 2006. IR 2949 ; Dr. soc. 2007. 239, obs. Barthélémy ; JS Lamy 2006, n° 201-4.* ♦ La convention collective étendue qui adopte une définition de l'horaire hebdomadaire identique à la définition légale écarte l'application du régime d'équivalence de source réglementaire applicable à son secteur d'activité. • Soc. 31 mai 2006 : *JCP S 2006. 1612, obs. Verkindt.*

6. Création de l'horaire d'équivalence. Une convention collective agréée ne peut créer un régime d'équivalence. • Soc. 24 avr. 2001 : *préc. note 5.* ♦ Sur la nature de la convention collective requise : • Soc. 29 juin 1999 : *préc. note 5* • 9 mars 1999, n° 96-44.747 P : *RJS 1999. 323, n° 521.*

7. Un usage ne peut à lui seul créer un régime

d'équivalence. • Soc. 14 nov. 1990 : *préc. note 1.* ♦ Dans le même sens : • Soc. 4 mai 1999, n° 96-43.037 P : *D. 1999. IR 160 ; Dr. soc. 1999. 730, obs. Gauriau ; RJS 1999. 500, n° 820.*

8. Les décrets prévus par l'art. L. 212-4 [L. 3121-15 nouv.] destinés à mettre en place des régimes d'équivalence n'ont pas à être pris en conseil des ministres. L'appréciation de la légalité d'un tel décret pris au vu d'un accord collectif ne tient pas compte de l'illégalité des dispositions de l'accord qui n'ont pas été reprises par le décret. L'art. L. 212-4 [L. 3121-15 nouv.] n'impose pas que ce décret soit pris au vu d'une convention ou d'un accord collectif étendu. • CE 26 févr. 2003 : *préc. note 2.* ♦ Le décret du 18 déc. 1958 organisant un système d'équivalence n'est applicable qu'aux entreprises dont l'activité principale est le gardiennage ou la surveillance. • Soc. 4 janv. 2000 : *RJS 2000. 121, n° 177.*

9. Les décrets prévus par l'art. L. 212-4 [L. 3121-15 nouv.] destinés à mettre en place des régimes d'équivalence doivent fixer les limites dans lesquelles doit être mis en œuvre le régime d'équivalence qu'il définit pour garantir le respect des seuils et plafonds communautaires prévus par la directive européenne du 23 nov. 1993. • CE 28 avr. 2006 : *Lebon 2006. 206 ; D. 2006. IR 1638 ; RDSS 2006. 722, note Boulmier ; JS Lamy 2006, n° 191-4.* ♦ Il ne peut être tenu compte d'un système d'équivalence pour vérifier, en matière de temps de travail effectif, le respect des seuils et plafonds communautaires fixés par la directive du 23 nov. 1993, dont celui de la durée hebdomadaire maximale de 48 heures. • Soc. 26 mars 2008 : *RJS 2008. 400, rapp. Gosselin ; JCP S 2008. 1394, note Dumont.* ♦ Le système d'heures d'équivalence institué par convention collective est sans effet sur la détermination du temps de travail effectif au regard de l'interdiction d'une amplitude journalière supérieure à 13 heures ; l'amplitude journalière se définit comme le temps séparant la prise de poste de sa fin. • Soc. 23 sept. 2009 : *RDT 2010. 114, obs. Véricel ; Dr. soc. 2010. 239, obs. Barthélémy ; RJS 2009. 822, n° 940 ; JS Lamy 2009, n° 264-3.*

10. En faveur de la rémunération de tâches distinctes effectuées pendant les heures d'équivalence : • Soc. 29 mai 1990 : *RJS 1990. 400, n° 580.*

11. Temps partiel. Les dispositions sur les heures d'équivalence ne sont pas applicables aux travailleurs à temps partiel. • Soc. 8 nov. 1995 : *Dr. soc. 1996. 91, obs. Favennec-Héry* • 24 avr. 2001, n° 98-45.366 P : *D. 2001. IR 1593 ; RJS 2001. 595, n° 864* • 27 sept. 2006 : *D. 2006. IR 2627 ; RJS 2006. 991, n° 1332.*

12. La réglementation relative à la durée hebdomadaire légale du travail et la détermination des périodes d'inaction permettant d'y déroger ne peuvent être transposées au cas du travail à temps partiel. • Crim. 11 mai 1984 : *Bull. crim. n° 171 ; Dr. soc. 1985. 811, note J. Savatier.* ♦ Dans le même sens : • Crim. 19 janv. 1978 : *Bull. crim. n° 23* • Soc. 11 févr. 1982 : *Bull. civ. V, n° 96* • 8 juin 1994, n° 90-41.895 P : *D. 1995. Somm. 374, obs. de Launay-Gallot ; RJS 1994. 587, n° 992.*

13. Durée du travail équivalente. A défaut de toute disposition réglementaire ou conventionnelle contraire, la durée de travail fixée à 37 heures dans l'entreprise ne saurait être considérée comme équivalente, au sens de l'art. L. 212-5, à la durée légale de 39 heures ; en conséquence, les heures effectuées en sus de l'horaire de 37 heures, mais dans les limites de 39 heures, ne doivent pas être majorées. • Soc. 15 févr. 1995 : *RJS 1995. 172, n° 241.*

14. Respect des durées maximales de travail. Le dépassement de la limite maximale hebdomadaire de travail de 48 heures est sans incidence sur le taux de rémunération découlant du système d'équivalence. • Soc. 7 déc. 2010, n° 07-42.712 P : *RJS 2011. 216, n° 239 ; JCP S 2011, n° 1061, note Morand.*

§ 2 CHAMP DE LA NÉGOCIATION COLLECTIVE

Art. L. 3121-14 **Une convention ou un accord de branche étendu peut instituer une durée du travail équivalente à la durée légale pour les professions et emplois mentionnés à l'article L. 3121-13.**

Cette convention ou cet accord détermine la rémunération des périodes d'inaction.

Comp. anc. art. L. 3121-9.

§ 3 DISPOSITIONS SUPPLÉTIVES

Art. L. 3121-15 **A défaut d'accord prévu à l'article L. 3121-14, le régime d'équivalence peut être institué par décret en Conseil d'État.**

Comp. anc. art. L. 3121-9.

SECTION II DURÉES MAXIMALES DE TRAVAIL

SOUS-SECTION 1 TEMPS DE PAUSE

§ 1er ORDRE PUBLIC

Art. L. 3121-16 Dès que le temps de travail quotidien atteint six heures, le salarié bénéficie d'un temps de pause d'une durée minimale de vingt minutes consécutives.

Comp. ancien art. L. 3121-33.

Jurisprudence rendue sous l'empire des textes antérieurs à la loi no 2016-1088 du 8 août 2016

1. Définition. La période de pause, qui s'analyse comme un arrêt de travail de courte durée sur le lieu de travail ou à proximité, n'est pas incompatible avec des interventions éventuelles et exceptionnelles demandées durant cette période au salarié en cas de nécessité, notamment pour des motifs de sécurité. • Soc. 12 oct. 2004, no 03-44.084 P : *RJS 2004. 908, no 1294 ; Dr. soc. 2005. 102, obs. Savatier* ; *TPS 2004, no 352 ; Dr. ouvrier 2005. 182.* ♦ Ni la brièveté du temps de pause, ni la circonstance que les salariés ne puissent quitter l'établissement à cette occasion, ne permettent de considérer que ces temps de pause constituent un temps de travail effectif. • Soc. 5 avr. 2006 : *JCP S 2006. 1425, note Dumont.*

2. Prise du temps de pause. L'octroi de deux pauses d'une durée inférieure à vingt minutes contrevenait aux dispositions légales, peu important que le temps de travail effectif soit fractionné par une interruption de quinze minutes. • Soc. 20 févr. 2012 : *Dalloz actualité, 2 avr. 2012, obs. Siro ; Sem. soc. Lamy 2013, no 1575, p. 12, obs. Florès ; JS Lamy 2013, no 342-4, obs. Lhernould.* ♦ Une interruption du travail d'une durée de sept minutes au cours d'une période de six heures ne dispensait pas l'employeur d'accorder à la salariée les vingt minutes de pause obligatoires à partir de six heures de travail quotidien. • Soc. 20 févr. 2013 : *Dalloz actualité, 2 avr. 2013, obs. Siro ; D. 2013. Actu. 575* ; *JS Lamy 2013, no 342-4, obs. Lhernould ; JCP S 2013. 1194, obs. Morand.* ♦ Constitue un temps de pause le temps de déjeuner, qui s'intercale entre deux périodes de travail effectif. • Soc. 20 juin 2013 : *D. 2013. Actu. 1630* ; *RDT 2013. 637, obs. Pontif* ; *RJS 10/2013, no 684.*

3. Liberté du salarié. Au cours de la pause, les salariés sont libres de vaquer à leurs occupations personnelles sans avoir à rendre de comptes à leur employeur quant à l'emploi qu'ils font de ce temps libre ; aussi le salarié ne détourne pas de son objet le temps de pause en formulant des revendications salariales. • Soc. 18 déc. 2001, no 01-41.036 P : *RJS 2002. 239, no 321.*

4. Mise en œuvre. L'octroi de deux pauses d'une durée inférieure à vingt minutes contrevient aux dispositions légales, peu important que le temps de travail effectif soit fractionné par une interruption de quinze minutes. • Soc. 20 févr. 2013 : *Dalloz actualité, 2 avr. 2013, obs. Siro.* ♦ Une interruption du travail d'une durée de sept minutes au cours d'une période de six heures ne dispense pas l'employeur d'accorder à la salariée les vingt minutes de pause obligatoire à partir de six heures de travail quotidien. • Soc. 20 févr. 2013 : *préc.*

5. Rémunération du temps de pause. La rémunération des temps de pause ne suffit pas à les faire considérer comme un travail effectif. • Soc. 24 janv. 1973 : *Dr. soc. 1973. 516, note Savatier.* ♦ Comp., lorsque la convention collective assimile le temps de pause à un travail effectif : • Soc. 29 avr. 1980 : *Bull. civ. V, no 386* • 26 nov. 1986 : *ibid., no 557.*

6. Respect du SMIC. Lorsque les temps de pause correspondent à un repos obligatoire durant lequel les salariés ne sont plus à la disposition de leur employeur, les primes les rémunérant, qui ne correspondent ni à un travail effectif ni à un complément de salaire, sont exclues du salaire devant être comparé au salaire minimum de croissance. • Soc. 9 nov. 2010 : *JCP S 2011. 1193, note Lahalle* • Crim. 15 févr. 2011 : *D. 2011. Actu. 683, obs. Astaix* ; *RDT 2011. 319, obs. Pignarre* ; *Dr. soc. 2011. 719, obs. Duquesne* ; *Dr. ouvrier 2011. 385, obs. Desrues ; JS Lamy 2011, no 297-5 ; JCP S 2011. 1193, note Lahalle* • 22 nov. 2011 : *D. 2012. Actu. 289* • 21 mars 2012, nos 10-27.425 et 10-21.737 : *Dalloz actualité, 5 avr. 2012, obs. Perrin ; Dr. soc. 2012. 630, obs. Radé* ; *RJS 2012. 472, no 555 ; Dr. ouvrier 2012. 453, obs. Leduc ; JCP S 2012. 1222, obs. Vachet* • 17 oct. 2012 : *Dalloz actualité, 8 nov. 2012, obs. Ines.*

7. Paiement de la pause et avantage collectif. Constitue un avantage collectif, et non un avantage individuel acquis, celui dont le maintien est incompatible avec le respect par l'ensemble des salariés concernés de l'organisation collective du temps de travail qui leur est désormais applicable ; tel est le cas de l'assimilation de la pause journalière de 45 minutes considérée comme un temps de travail effectif. • Soc. 8 juin 2011 : *Dalloz actualité, 28 juin 2011, obs. Ines ; D. 2011. Actu. 1693* ; *RDT 2011. 652, obs. Nicod* ; *JS Lamy 2011, no 304-5, obs. Tourreil ; Sem. soc. Lamy 2011, no 1507, p. 8, obs. Colin ; JCP S 2011. 1407, obs. Dumont.*

8. Charge de la preuve. Les dispositions de l'art. L. 3171-4 relatives à la répartition de la charge de la preuve des heures de travail effectuée entre l'employeur et le salarié ne sont pas applicables à la preuve du respect des seuils et plafonds prévus par le droit de l'Union européenne ; elles ne sont ainsi pas applicables à la preuve du respect du temps de pause prévu par l'art. L. 3121-33, qui incombe uniquement à l'employeur. • Soc. 20 févr. 2013 : *Dalloz actualité, 2 avr. 2013, obs. Siro ; D. 2013. Actu. 575 ; Sem. soc. Lamy 2013, n° 1575, p. 12, obs. Florès ; JS Lamy 2013, n° 342-4, obs. Lhernould.*

§ 2 CHAMP DE LA NÉGOCIATION COLLECTIVE

Art. L. 3121-17 Une convention ou un accord d'entreprise ou d'établissement ou, à défaut, une convention ou un accord de branche peut fixer un temps de pause supérieur.

Comp. anc. art. L. 3121-7.

SOUS-SECTION 2 DURÉE QUOTIDIENNE MAXIMALE

§ 1er ORDRE PUBLIC

Art. L. 3121-18 La durée quotidienne de travail effectif par salarié ne peut excéder dix heures, sauf :

1° En cas de dérogation accordée par l'inspecteur du travail dans des conditions déterminées par décret ;

2° En cas d'urgence, dans des conditions déterminées par décret ;

3° Dans les cas prévus à l'article **L. 3121-19.**

Comp. anc. art. L. 3121-7.

En application de l'art. L. 231-5 CRPA, et par exception à l'application du délai de deux mois prévu à l'art. L. 231-1 du même code, le délai à l'expiration duquel le silence gardé par l'administration vaut décision d'acceptation est fixé à quinze jours pour une demande d'autorisation de dépassement de la durée quotidienne maximale de travail effectif par salarié (Décr. n° 2014-1290 du 23 oct. 2014, art. 1er).

§ 2 CHAMP DE LA NÉGOCIATION COLLECTIVE

Art. L. 3121-19 Une convention ou un accord d'entreprise ou d'établissement ou, à défaut, une convention ou un accord de branche peut prévoir le dépassement de la durée maximale quotidienne de travail effectif, en cas d'activité accrue ou pour des motifs liés à l'organisation de l'entreprise, à condition que ce dépassement n'ait pas pour effet de porter cette durée à plus de douze heures.

SOUS-SECTION 3 DURÉES HEBDOMADAIRES MAXIMALES

§ 1er ORDRE PUBLIC

Art. L. 3121-20 Au cours d'une même semaine, la durée maximale hebdomadaire de travail est de quarante-huit heures.

Comp. anc. art. L. 3121-35, al. 1er.

Jurisprudence rendue sous l'empire des textes antérieurs à la loi n° 2016-1088 du 8 août 2016

Charge de la preuve. C'est à l'employeur uniquement qu'il appartient de prouver que la durée maximale quotidienne et la durée maximale hebdomadaire de travail sont bien respectées. • Soc. 20 févr. 2013 : *Dalloz actualité, 26 mars 2013, obs. Siro ; Sem. soc. Lamy 2013, n° 1575, p. 12, obs. Flores ; JS Lamy 2013, n° 241-2.* • Soc. 25 sept. 2013 : *D. 2013. Actu. 2277.*

Art. L. 3121-21 En cas de circonstances exceptionnelles et pour la durée de celles-ci, le dépassement de la durée maximale définie à l'article L. 3121-20 peut être autorisé par l'autorité administrative, dans des conditions déterminées par décret en Conseil d'État, sans toutefois que ce dépassement puisse avoir pour effet de porter la durée du travail à plus de soixante heures par semaine. Le comité d'entreprise ou, à défaut, les

délégués du personnel, s'ils existent, donnent leur avis sur les demandes d'autorisation formulées à ce titre. Cet avis est transmis à l'agent de contrôle de l'inspection du travail.

Comp. anc. art. L. 3121-35, al. 2.

En application de l'art. L. 231-5 CRPA, et par exception à l'application du délai de deux mois prévu à l'art. L. 231-1 du même code, le délai à l'expiration duquel le silence gardé par l'administration vaut décision d'acceptation est fixé à trente jours pour une demande d'autorisation de dépassement de la durée maximale hebdomadaire absolue du travail (Décr. n° 2014-1290 du 23 oct. 2014, art. 1er).

Jurisprudence rendue sous l'empire des textes antérieurs à la loi n° 2016-1088 du 8 août 2016

1. Définition. Ne constitue pas une circonstance exceptionnelle la simple éventualité, susceptible de se réaliser à l'occasion de chaque transport, d'un dépassement des horaires résultant d'un retard imputable à des causes que ni le chef d'entreprise, ni les chauffeurs ne peuvent prévoir et dont la durée ne peut être évaluée à l'avance. • Crim. 7 janv. 1981 : *Bull. crim. n° 5.*

2. Erreur de droit. Un tribunal a pu admettre, à bon droit, que l'erreur invoquée, par le gérant d'une entreprise de déménagement, pour expliquer la tolérance dans son entreprise, en violation de l'art. L. 212-7 C. trav. [L. 3121-36 nouv.], d'une prolongation excessive de la durée du travail effectif, résultait d'une information erronée fournie par l'administration (médiateur désigné par le gouvernement) représentée aux négociations préalables à la signature d'un accord professionnel. • Crim. 24 nov. 1998 : *JCP 1999. II. 10208, note Houtmann ; Dr. pénal 2000. Comm. 22, obs. J.-H. Robert.*

Art. L. 3121-22 **La durée hebdomadaire de travail calculée sur une période quelconque de douze semaines consécutives ne peut dépasser quarante-quatre heures, sauf dans les cas prévus aux articles L. 3121-23 à L. 3121-25.**

Comp. anc. art. L. 3121-36, al. 1er.

§ 2 CHAMP DE LA NÉGOCIATION COLLECTIVE

Art. L. 3121-23 **Une convention ou un accord d'entreprise ou d'établissement ou, à défaut, une convention ou un accord de branche peut prévoir le dépassement de la durée hebdomadaire de travail de quarante-quatre heures calculée sur une période de douze semaines consécutives, à condition que ce dépassement n'ait pas pour effet de porter cette durée, calculée sur une période de douze semaines, à plus de quarante-six heures.**

§ 3 DISPOSITIONS SUPPLÉTIVES

Art. L. 3121-24 **A défaut d'accord prévu à l'article L. 3121-23, le dépassement de la durée maximale hebdomadaire prévue à l'article L. 3121-22 est autorisé par l'autorité administrative dans des conditions déterminées par décret en Conseil d'État, dans la limite d'une durée totale maximale de quarante-six heures.** — *V. art. R. 3121-11.*

Comp. anc. art. L. 3121-36, al. 2.

Art. L. 3121-25 **A titre exceptionnel, dans certains secteurs, dans certaines régions ou dans certaines entreprises, le dépassement de la durée maximale de quarante-six heures prévue aux articles L. 3121-23 et L. 3121-24 peut être autorisé pendant des périodes déterminées, dans des conditions déterminées par décret en Conseil d'État.**

Comp. anc. art. L. 3121-36, al. 3.

Art. L. 3121-26 **Le comité d'entreprise ou, à défaut, les délégués du personnel, s'ils existent, donnent leur avis sur les demandes d'autorisation formulées auprès de l'autorité administrative en application des articles L. 3121-24 et L. 3121-25. Cet avis est transmis à l'agent de contrôle de l'inspection du travail.**

Comp. anc. art. L. 3121-37.

SECTION III **DURÉE LÉGALE ET HEURES SUPPLÉMENTAIRES**

SOUS-SECTION 1 **ORDRE PUBLIC**

Art. L. 3121-27 **La durée légale de travail effectif des salariés à temps complet est fixée à trente-cinq heures par semaine.**

Comp. anc. art. L. 3121-10, al. 1er.

BIBL. GÉN. ▶ **Réduction du temps de travail :** LAHERRE, *Sem. soc. Lamy 2000. 7* (35 heures et fusion). – BOSSU, *D. 2000. Chron. 43* ✎. – RÉMY, *Dr. soc. 1999. 1012* ✎. – FAVENNEC-HÉRY, *RJS 1999. 819*. – MORAND, *TPS 1998. 6*. – FAVENNEC-HÉRY, *Dr. soc. 1997. 1073* ✎. – BLAISE, *ibid. 1985. 634*. – SUPIOT, *ibid. 947 ; ibid. 1993. 715*. – V. aussi : numéro spécial, *Dr. soc. 1998. 744* ✎ ; *ibid. 2000. 236*.

▶ **Négociation :** ANTONMATTÉI, *Dr. soc. 2000. 305* ✎. – RAY, *ibid. 1999. 1018* ✎. – BÉLIER, *ibid. 1014* ✎. – RAY, *ibid. 1998. 99*. – GUIOMARD, *ibid. 1997. 1052* ✎. – FAVENNEC-HÉRY, *ibid. 1996. 20* ✎. – BARTHÉLÉMY, *ibid. 1994. 156* ✎. – SUPIOT, *ibid. 1981. 448*.

▶ **Effet de la réduction du temps de travail sur le contrat de travail :** QUÉTANT, *JS Lamy 2000, n° 64-1* (premières orientations prud'homales). – MOREAU, *RJS 2000. 247*. – BOUBLI, *JS Lamy 1998, n° 19*. – RAY, *Dr. soc. 1998. 347* ✎ ; *ibid. 459* ✎. – WAQUET, *Dr. soc. 1998. 1045* ✎.

▶ **Compensation financière de la réduction du temps de travail :** RADÉ, *Dr. soc. 1999. 986* ✎. – BÉLIER et FAVENNEC-HÉRY, *ibid. 1998. 978* ✎. – LANGLOIS, *ibid. 785* ✎. – MORAND, *JCP E 1998. 618*. – BARTHÉLÉMY, *Dr. soc. 1997. 581* ✎.

Jurisprudence rendue sous l'empire des textes antérieurs à la loi n° 2016-1088 du 8 août 2016

1. *Durée légale.* Il ne peut être dérogé aux dispositions fixant la durée légale du travail dans un sens défavorable au salarié. • Soc. 29 oct. 1996 : ⚖ *GADT, 4e éd., n° 71 ; D. 1996. IR 264 ; Dr. soc. 1996. 1013, note A. Lyon-Caen* ✎ *; CSB 1997. 5, A. 1, note A. P. et J. M. ; RJS 1996. 821, n° 1272.*

2. La clause selon laquelle « en tout état de cause, l'objectif des 35 heures sera atteint pour tous en 1985 », qui ne détermine pas à quelles conditions précises la durée du travail sera réduite et quels seront les effets de cette réduction sur le montant des rémunérations, ne constitue qu'un accord de principe ne liant pas les parties. • Soc. 19 déc. 1989, ⚖ n° 88-13.388 P : *GADT, 4e éd., n° 162 ; D. 1991. 62, note Schmidt-Szalewski* ✎ *; Dr. soc. 1990. 149, rapp. Waquet* ✎.

Art. L. 3121-28 **Toute heure accomplie au-delà de la durée légale hebdomadaire ou de la durée considérée comme équivalente est une heure supplémentaire qui ouvre droit à une majoration salariale ou, le cas échéant, à un repos compensateur équivalent.**

Comp. anc. art. L. 3121-22.

Jurisprudence rendue sous l'empire des textes antérieurs à la loi n° 2016-1088 du 8 août 2016

A. DISPOSITIONS D'ORDRE PUBLIC

1. *Principe.* Il ne peut être dérogé aux dispositions fixant la durée légale du travail dans un sens défavorable au salarié (droit à rappel de paiement d'heures supplémentaires, dans le cas où un accord de salaire signé en 1982 a prévu que les salariés, qui faisaient 40 heures de travail par semaine, seraient rémunérés sur la base de 175 heures par mois payées au taux normal). • Soc. 29 oct. 1996 : ⚖ *GADT, 4e éd., n° 71 ; D. 1996. IR 264 ; RDT 2008. 22, note Waquet* ✎ *; Dr. soc. 1996. 1013, note A. Lyon-Caen* ✎ *; CSB 1997. 5, A. 1, note A. P. et J. M. ; RJS 1996. 821, n° 1272 ; LPA 22 nov. 1996, note Picca* • 9 mars 1999, ⚖ n° 96-43.718 P : *Dr. soc. 1999. 630, obs. Antonmattéi* ✎ *; RJS 1999. 324, n° 524.*

2. *Champ d'application.* Les dispositions légales sur la rémunération des heures supplémentaires et celles relatives au repos compensateur, qui sont de portée générale et d'ordre public, bénéficient à tous les travailleurs des industries et des professions assujetties à la réglementation du travail. • Soc. 25 juill. 1984 : *Bull. civ. V, n° 328* (cabinet d'expert-comptable) • 3 juill. 1990 : ⚖ *ibid., n° 335* • 17 déc. 1996 : ⚖ *Dr. soc. 1997. 196, obs. J. Savatier* ✎ (industrie hôtelière, en l'absence de convention de forfait et de modalités particulières prévues par l'accord national professionnel de la branche). ♦ Le fait de payer, en vertu d'une convention collective, un travail effectif de 7 heures 30 sur la base de 8 heures, n'a pas pour effet d'assimiler cette demi-heure à un temps de travail effectif pour le calcul des heures supplémentaires. • Soc. 30 mars 1994 : ⚖ *Dr. soc. 1994. 558.*

3. *Pas de droit acquis à l'exécution d'heures supplémentaires.* Il n'existe pas de droit acquis à l'exécution d'heures supplémentaires sauf engagement de l'employeur vis-à-vis du salarié à lui en assurer l'exécution d'un certain nombre ; à défaut d'un tel engagement, seul un abus de l'employeur dans l'exercice de son pouvoir de direction peut ouvrir droit à indemnisation. • Soc. 10 oct. 2012 : ⚖ *D. 2012. Actu. 2455* ✎ *; Sem. soc. Lamy 2012, n° 1560, p. 11, note Fabre.*

4. *Renonciation.* Le fait pour un salarié de n'avoir pas fait valoir ses droits pendant l'exécution du contrat ne vaut pas de sa part renonciation au paiement des heures supplémentaires. • Soc. 9 févr. 1989 : *D. 1989. IR 78.*

B. CALCUL DE LA RÉMUNÉRATION DES HEURES SUPPLÉMENTAIRES

5. *Éléments du calcul.* Ne peuvent être prises en considération pour le calcul de la rémunération soumise à majoration ni une prime de panier représentative de frais, ni une prime de moulage ayant un caractère forfaitaire. • Soc. 24 févr. 1982 : *Gaz. Pal. 1982. 2. Pan. 222.* ♦ En faveur de l'inclusion d'une prime d'assiduité présentant les caractères d'un complément de salaire, V. • Soc. 26 oct. 1979 : *Bull. civ. V, n° 796.*

6. *Assiette de calcul.* Les jours fériés ou de congés payés, en l'absence de dispositions légales ou conventionnelles, ne peuvent être assimilés à du temps de travail effectif ; aussi ces jours ne peuvent être pris en compte dans la détermination de l'assiette de calcul des droits à majoration et bonification en repos pour heures supplémentaires. • Soc. 1er déc. 2004 : *Dr. soc. 2005. 330, obs. Radé ; RJS 2005. 279, n° 392.*

C. PAIEMENT DES HEURES SUPPLÉMENTAIRES

7. *Rémunération.* Dès lors qu'un salaire contractuel n'est pas forfaitaire, les heures supplémentaires doivent être rémunérées au taux horaire contractuel légalement majoré, et non calculé par comparaison entre le salaire contractuel perçu et le salaire conventionnel correspondant à la durée effective du travail. • Soc. 11 oct. 1990, n° 88-40.247 P.

8. *Modalités de paiement.* Le versement d'une prime ne peut être considéré comme valant paiement des heures supplémentaires. • Soc. 27 juin 2000, n° 98-41.184 P : *D. 2000. IR 220 ; Dr. soc. 2000. 1020, obs. Radé ; RJS 2000. 645, n° 959* (versement de primes peu important qu'elles soient versées selon une pratique habituelle d'un commun accord entre le salarié et l'employeur) • 1er déc. 2005 : *RJS 2006. 129, n° 217 ; Dr. soc. 2006. 451, obs. Radé .*

9. *Cadres.* La qualité de cadre n'est pas en soi exclusive du paiement d'heures supplémentaires, le seul fait pour un salarié de ne pas avoir évoqué le problème des heures supplémentaires ne saurait valoir renonciation de sa part à leur paiement. • Soc. 30 janv. 1997, n° 94-40.330 P : *RJS 1997. 193, n° 289.*

10. *Heures de délégation.* Lorsqu'elles sont prises en dehors de l'horaire de travail en raison des nécessités du mandat, les heures de délégation doivent être payées comme des heures supplémentaires. • Soc. 12 févr. 1991, n° 88-42.353 P : *D. 1992. 282, note Bouilloux ; RJS 1992. 177, n° 342.*

11. *Office du juge.* Le juge saisi d'une demande en paiement d'heures supplémentaires ne peut y substituer une condamnation à des dommages-intérêts. • Soc. 23 févr. 2005 : *Dr. soc. 2005. 575, obs. Radé ; RJS 2005. 369, n° 527.*

12. *Prise d'acte.* Les juges du fond apprécient souverainement la gravité du manquement de l'employeur à son obligation de paiement des heures supplémentaires justifiant la prise d'acte à ses torts de la rupture du contrat de travail. • Soc. 20 oct. 2010 : *Dalloz actualité, 17 nov. 2010, obs. Siro ; D. 2010. AJ 2652 ; JS Lamy 2010, n° 288-4, obs. Tourreil ; JCP S 2011. 1026, obs. Dumont.*

13. *Retard de paiement.* Le seul non-respect par l'employeur des dispositions conventionnelles en matière d'heures supplémentaires, ayant empêché la salariée de bénéficier en son temps des sommes qui lui étaient dues, ne suffit pas à caractériser l'existence d'un préjudice distinct de celui résultant du retard de paiement, causé par la mauvaise foi de l'employeur. • Soc. 14 sept. 2016, n° 14-26.101 P : *RJS 11/2016, n° 698 ; JCP S 2016. 1380, obs. Duchange.*

Art. L. 3121-29 Les heures supplémentaires se décomptent par semaine.

Comp. anc. art. L. 3121-20.

Jurisprudence rendue sous l'empire des textes antérieurs à la loi n° 2016-1088 du 8 août 2016

Semaine civile. Le décompte des heures supplémentaires doit être effectué dans le cadre de la semaine civile. • Soc. 29 nov. 1984 : *Bull. civ. V, n° 465.* ♦ Si les heures soumises à majoration se décomptent dans le cadre de la semaine civile, pour les travailleurs en continu dont la durée du travail peut être répartie sur une période plus longue que la semaine, c'est sur cette période et par rapport à l'horaire hebdomadaire moyen de travail que s'apprécient les heures supplémentaires. • Soc. 2 juin 1977 : *Bull. civ. V, n° 365* • 5 nov. 2003 : *RJS 2004. 55, n° 58.* ♦ Un accord d'entreprise ne peut instaurer un décompte des heures supplémentaires sur une période de 12 semaines consécutives. • Soc. 5 avr. 2006 : *JCP S 2006. 1425, note Dumont.*

Art. L. 3121-30 Des heures supplémentaires peuvent être accomplies dans la limite d'un contingent annuel. Les heures effectuées au-delà de ce contingent annuel ouvrent droit à une contrepartie obligatoire sous forme de repos.

Les heures prises en compte pour le calcul du contingent annuel d'heures supplémentaires sont celles accomplies au-delà de la durée légale.

Les heures supplémentaires ouvrant droit au repos compensateur équivalent mentionné à l'article L. 3121-28 et celles accomplies dans les cas de travaux urgents énumérés à l'article L. 3132-4 ne s'imputent pas sur le contingent annuel d'heures supplémentaires. – *V. art. R. 3124-6 (pén.).*

Comp. anc. art. L. 3121-15 et L. 3121-16.

Art. L. 3121-31 Dans les entreprises dont la durée collective hebdomadaire de travail est supérieure à la durée légale hebdomadaire, la rémunération mensuelle due au salarié peut être calculée en multipliant la rémunération horaire par les cinquante-deux douzièmes de cette durée hebdomadaire de travail, en tenant compte des majorations de salaire correspondant aux heures supplémentaires accomplies. – *V. art. R. 3124-7 (pén.).*

SOUS-SECTION 2 CHAMP DE LA NÉGOCIATION COLLECTIVE

Art. L. 3121-32 Une convention ou un accord collectif d'entreprise ou d'établissement ou, à défaut, une convention ou un accord de branche peut fixer une période de sept jours consécutifs constituant la semaine pour l'application du présent chapitre.

Comp. anc. art. L. 3121-21.

Art. L. 3121-33 I. – Une convention ou un accord collectif d'entreprise ou d'établissement ou, à défaut, une convention ou un accord de branche :

1° Prévoit le ou les taux de majoration des heures supplémentaires accomplies au-delà de la durée légale ou de la durée considérée comme équivalente. Ce taux ne peut être inférieur à 10 % ;

2° Définit le contingent annuel prévu à l'article L. 3121-30 ;

3° Fixe l'ensemble des conditions d'accomplissement d'heures supplémentaires au-delà du contingent annuel ainsi que la durée, les caractéristiques et les conditions de prise de la contrepartie obligatoire sous forme de repos prévue au même article L. 3121-30. Cette contrepartie obligatoire ne peut être inférieure à 50 % des heures supplémentaires accomplies au-delà du contingent annuel mentionné audit article L. 3121-30 pour les entreprises de vingt salariés au plus, et à 100 % de ces mêmes heures pour les entreprises de plus de vingt salariés.

Les heures supplémentaires sont accomplies, dans la limite du contingent annuel applicable dans l'entreprise, après information du comité d'entreprise ou, à défaut, des délégués du personnel, s'ils existent.

Les heures supplémentaires sont accomplies, au-delà du contingent annuel applicable dans l'entreprise, après avis du comité d'entreprise ou, à défaut, des délégués du personnel, s'ils existent.

II. – Une convention ou un accord collectif d'entreprise ou d'établissement ou, à défaut, une convention ou un accord de branche peut également :

1° Prévoir qu'une contrepartie sous forme de repos est accordée au titre des heures supplémentaires accomplies dans la limite du contingent ;

2° Prévoir le remplacement de tout ou partie du paiement des heures supplémentaires, ainsi que des majorations, par un repos compensateur équivalent.

III. – Une convention ou un accord d'entreprise peut adapter les conditions et les modalités d'attribution et de prise du repos compensateur de remplacement.

Comp. anc. art. L. 3121-11, al. 2, L. 3121-22 et L. 3121-24.

Art. L. 3121-34 Dans les branches d'activité à caractère saisonnier mentionnées à l'article L. 3132-7, une convention ou un accord d'entreprise ou d'établissement conclu en application de l'article L. 1244-2 ou, à défaut, une convention de branche ou un accord professionnel ou interprofessionnel peut, dans des conditions déterminées par décret, déroger aux dispositions de la présente section relatives à la détermination des périodes de référence pour le décompte des heures supplémentaires et des repos compensateurs. La convention ou l'accord organise également des procédures contradictoires de décompte des temps et périodes de travail.

Comp. anc. art. L. 3121-21.

SOUS-SECTION 3 DISPOSITIONS SUPPLÉTIVES

Art. L. 3121-35 Sauf stipulations contraires dans une convention ou un accord mentionné à l'article L. 3121-32, la semaine débute le lundi à 0 heure et se termine le dimanche à 24 heures.

Comp. anc. art. L. 3121-10, al. 2.

Art. L. 3121-36 A défaut d'accord, les heures supplémentaires accomplies au-delà de la durée légale hebdomadaire fixée à l'article L. 3121-27 ou de la durée considérée comme équivalente donnent lieu à une majoration de salaire de 25 % pour chacune des huit premières heures supplémentaires. Les heures suivantes donnent lieu à une majoration de 50 %.

Comp. anc. art. L. 3121-22, al. 1er.

Art. L. 3121-37 Dans les entreprises dépourvues de délégué syndical, le remplacement de tout ou partie du paiement des heures supplémentaires, ainsi que des majorations, par un repos compensateur équivalent peut être mis en place par l'employeur à condition que le comité d'entreprise ou, à défaut, les délégués du personnel, s'ils existent, ne s'y opposent pas.

L'employeur peut également adapter à l'entreprise les conditions et les modalités d'attribution et de prise du repos compensateur de remplacement après avis du comité d'entreprise ou, à défaut, des délégués du personnel, s'ils existent.

Comp. anc. art. L. 3121-24, al. 2 et 3.

Art. L. 3121-38 A défaut d'accord, la contrepartie obligatoire sous forme de repos mentionnée à l'article L. 3121-30 est fixée à 50 % des heures supplémentaires accomplies au-delà du contingent annuel mentionné au même article L. 3121-30 pour les entreprises de vingt salariés au plus, et à 100 % de ces mêmes heures pour les entreprises de plus de vingt salariés.

Art. L. 3121-39 A défaut d'accord, un décret détermine le contingent annuel défini à l'article L. 3121-30 ainsi que les caractéristiques et les conditions de prise de la contrepartie obligatoire sous forme de repos pour toute heure supplémentaire effectuée au-delà de ce contingent.

Comp. anc. art. L. 3121-11, al. 3.

Art. L. 3121-40 A défaut d'accord, les modalités d'utilisation du contingent annuel d'heures supplémentaires et de son éventuel dépassement donnent lieu au moins une fois par an à la consultation du comité d'entreprise ou, à défaut, des délégués du personnel, s'ils existent.

Comp. anc. art. L. 3121-11, al. 4.

SECTION IV **AMÉNAGEMENT DU TEMPS DE TRAVAIL SUR UNE PÉRIODE SUPÉRIEURE À LA SEMAINE, HORAIRES INDIVIDUALISÉS ET RÉCUPÉRATION DES HEURES PERDUES**

RÉP. TRAV. v° *Durée du travail (Fixation et aménagement du temps de travail)*, par VACHET.

SOUS-SECTION 1 **AMÉNAGEMENT DU TEMPS DE TRAVAIL SUR UNE PÉRIODE SUPÉRIEURE À LA SEMAINE**

§ 1er ORDRE PUBLIC

Art. L. 3121-41 Lorsqu'est mis en place un dispositif d'aménagement du temps de travail sur une période de référence supérieure à la semaine, les heures supplémentaires sont décomptées à l'issue de cette période de référence.

Cette période de référence ne peut dépasser trois ans en cas d'accord collectif et neuf semaines en cas de décision unilatérale de l'employeur.

Si la période de référence est annuelle, constituent des heures supplémentaires les heures effectuées au-delà de 1 607 heures.

Si la période de référence est inférieure ou supérieure à un an, constituent des heures supplémentaires les heures effectuées au-delà d'une durée hebdomadaire moyenne de trente-cinq heures calculée sur la période de référence.

Comp. anc. art. L. 3122-4.

Jurisprudence rendue sous l'empire des textes antérieurs à la loi n° 2016-1088 du 8 août 2016

1. Accord collectif visé. L'accord instituant les horaires individualisés et les conditions de leur report d'une semaine à une autre conclu entre l'employeur et le comité d'entreprise, et non avec un ou plusieurs syndicats de salariés, n'a ni la valeur ni les effets d'un accord collectif habilité à prévoir des dérogations aux limites légales et réglementaires de report. • Soc. 21 févr. 2007 : *D. 2007. AJ 801 ; RDT 2007. 462, obs. Véricel ; RJS 2007. 445, n° 606.*

2. Autorisation administrative. L'employeur qui a décompté la durée du travail sur l'année sans tenir compte des heures réellement effectuées ne peut se prévaloir de l'autorisation donnée par l'inspecteur du travail de calcul de la durée de travail par cycle de quatre semaines. • Soc. 28 sept. 2010 : *Dalloz actualité, 26 oct. 2010, obs. Siro ; JCP S 2010. 1465, note Chiss.*

3. Modification du contrat de travail. L'instauration d'une modulation du temps de travail, dont il résulte nécessairement une modification du mode de détermination des heures supplémentaires, constitue une modification du contrat de travail qui requiert l'accord exprès du salarié. • Soc. 28 sept. 2010 : *D. 2010. Actu. 2370, obs. Dechristé ; D. 2011. 219, obs. Frossard ; RDT 2010. 725, obs. Canut ; Dr. soc. 2011. 151, note Barthélémy ; RJS 2010. 841, n° 939 ; JS Lamy 2010, n° 287-2, obs. Hautefort ; Sem. soc. Lamy 2010, n° 1464, p. 10, obs. Favennec-Héry ; JCP S 2010. 1466, obs. Morand.*

4. Décompte des heures d'absence. Dans le cadre de la modulation du temps de travail, les heures d'absence accordées à un salarié doivent être déduites des mois au cours desquelles elles ont été effectuées et ne doivent pas être majorées comme des heures supplémentaires. • Soc. 9 févr. 2011 : *D. 2011. 599 ; RDT 2011. 382, obs. Véricel ; JCP S 2011 n° 1151, obs. Morand.* ♦ En revanche, sauf dispositions conventionnelles plus favorables, le seuil de déclenchement des heures supplémentaires applicable en cas de modulation annuelle du travail doit, lorsque le salarié est absent pour maladie en cours de période haute, être réduit de la durée de cette absence, évaluée sur la base de la durée hebdomadaire moyenne de modulation applicable dans l'entreprise. • Soc. 13 juill. 2010, n° 08-44.550 P : *RDT 2011. 48, obs. M. Véricel ; RJS 11/2010, n° 852 ; JCP S 2010. 1355, note Morand.*

5. Seuil de déclenchement des heures supplémentaires et horaire d'équivalence. Un accord d'entreprise ne peut fixer, comme seuil de déclenchement des heures supplémentaires, un plafond supérieur à 1 607 heures de travail par an, nonobstant l'existence, dans son secteur d'activité, d'horaires d'activité. • Soc. 26 sept. 2012 : *D. 2013. Pan. 1026, obs. Porta ; RDT 2013. 116, obs. Véricel ; RJS 2012. 808, n° 951 ; JCP S 2012. 1474, note Morand.* ♦ La dérogation conventionnelle régissant le décompte des heures supplémentaires ne peut être opérée qu'à partir des deux seuils de 1 607 heures annuelles ou de la moyenne de 35 heures calculée sur la période de référence retenue par l'accord. • Crim. 28 janv. 2014 : *Dalloz actualité, 29 avr. 2014, obs. Ines ; RJS 2014. 268, n° 326.*

Art. L. 3121-42 Dans les entreprises ayant mis en place un dispositif d'aménagement du temps de travail sur une période de référence supérieure à la semaine, les salariés sont informés dans un délai raisonnable de tout changement dans la répartition de leur durée de travail.

Comp. anc. art. L. 3122-2, al. 6.

Jurisprudence rendue sous l'empire des textes antérieurs à la loi n° 2016-1088 du 8 août 2016

Information du salarié sur son rythme de travail. En cas de non-respect des dispositions légales et conventionnelles d'aménagement du temps de travail relatives à l'information du salarié à temps partiel sur la durée et l'horaire de son activité, le contrat est présumé à temps complet. Il incombe alors à l'employeur de prouver que le salarié ne pouvait ignorer à quel rythme il devait travailler et qu'il n'avait pas à se tenir constamment à sa disposition (décision rendue sous l'empire de l'anc. art. L. 3123-25). • Soc. 12 mai 2015, n° 14-10.623 : *Dalloz actualité, 8 juin 2015, obs. Cortot ; RDT 2015. 471, obs. Canut ; RJS 7/2015, n° 534.*

Art. L. 3121-43 La mise en place d'un dispositif d'aménagement du temps de travail sur une période supérieure à la semaine par accord collectif ne constitue pas une modification du contrat de travail pour les salariés à temps complet.

Comp. anc. art. L. 3122-6.

§ 2 CHAMP DE LA NÉGOCIATION COLLECTIVE

Art. L. 3121-44 En application de l'article L. 3121-41, un accord d'entreprise ou d'établissement ou, à défaut, une convention ou un accord de branche peut définir les

modalités d'aménagement du temps de travail et organiser la répartition de la durée du travail sur une période supérieure à la semaine. Il prévoit :

1° La période de référence, qui ne peut excéder un an ou, si un accord de branche l'autorise, trois ans ;

2° Les conditions et délais de prévenance des changements de durée ou d'horaires de travail ;

3° Les conditions de prise en compte, pour la rémunération des salariés, des absences ainsi que des arrivées et des départs en cours de période de référence.

Lorsque l'accord s'applique aux salariés à temps partiel, il prévoit les modalités de communication et de modification de la répartition de la durée et des horaires de travail.

L'accord peut prévoir une limite annuelle inférieure à 1 607 heures pour le décompte des heures supplémentaires.

Si la période de référence est supérieure à un an, l'accord prévoit une limite hebdomadaire, supérieure à trente-cinq heures, au delà de laquelle les heures de travail effectuées au cours d'une même semaine constituent en tout état de cause des heures supplémentaires dont la rémunération est payée avec le salaire du mois considéré. Si la période de référence est inférieure ou égale à un an, l'accord peut prévoir cette même limite hebdomadaire. Les heures supplémentaires résultant de l'application du présent alinéa n'entrent pas dans le décompte des heures travaillées opéré à l'issue de la période de référence mentionnée au 1°.

L'accord peut prévoir que la rémunération mensuelle des salariés est indépendante de l'horairc réel et détermine alors les conditions dans lesquelles cette rémunération est calculée, dans le respect de l'avant-dernier alinéa.

Comp. anc. art. L. 3122-2.

§ 3 DISPOSITIONS SUPPLÉTIVES

Art. L. 3121-45 **A défaut d'accord mentionné à l'article L. 3121-44, l'employeur peut, dans des conditions fixées par décret, mettre en place une répartition sur plusieurs semaines de la durée du travail, dans la limite de neuf semaines pour les entreprises employant moins de cinquante salariés et dans la limite de quatre semaines pour les entreprises de cinquante salariés et plus.**

Comp. anc. art. L. 3122-2, dern. al.

En l'absence d'accord collectif prévu par l'ancien art. L. 3122-2, l'ancien art. D. 3122-7-1 donne la possibilité à l'employeur d'organiser la durée du travail sous forme de périodes de travail et d'imposer unilatéralement la répartition du travail sur une période n'excédant pas quatre semaines, sans que les salariés ne puissent s'y opposer au prétexte qu'il s'agirait d'une modification de leur contrat de travail. • Soc. 11 mai 2016, n° 15-10.025 : *D. 2016. Actu. 1085 ; RDT 2016. 571, note Canut ; JCP S 2016. 1219, obs. Morand.*

Art. L. 3121-46 **Par dérogation à l'article L. 3121-45, dans les entreprises qui fonctionnent en continu, l'employeur peut mettre en place une répartition de la durée du travail sur plusieurs semaines.**

Comp. anc. art. L. 3122-3.

Art. L. 3121-47 **A défaut de stipulations dans l'accord mentionné à l'article L. 3121-44, le délai de prévenance des salariés en cas de changement de durée ou d'horaires de travail est fixé à sept jours.**

Comp. anc. art. L. 3122-2, al. 6.

SOUS-SECTION 2 HORAIRES INDIVIDUALISÉS ET RÉCUPÉRATION DES HEURES PERDUES

§ 1er ORDRE PUBLIC

Art. L. 3121-48 **L'employeur peut, à la demande de certains salariés, mettre en place un dispositif d'horaires individualisés permettant un report d'heures d'une semaine à une autre, dans les limites et selon les modalités définies aux articles L. 3121-51 et**

L. 3121-52, après avis conforme du comité d'entreprise ou, à défaut, des délégués du personnel, s'ils existent. Dans ce cadre, et par dérogation à l'article L. 3121-29, les heures de travail effectuées au cours d'une même semaine au-delà de la durée hebdomadaire légale ou conventionnelle ne sont pas considérées comme des heures supplémentaires, pourvu qu'elles résultent d'un libre choix du salarié.

Dans les entreprises qui ne disposent pas de représentant du personnel, l'inspecteur du travail autorise la mise en place d'horaires individualisés.

Comp. anc. art. L. 3122-23 et L. 3122-24.

En application de l'art. L. 231-5 CRPA, et par exception à l'application du délai de deux mois prévu à l'art. L. 231-1 du même code, le délai à l'expiration duquel le silence gardé par l'administration vaut décision d'acceptation est fixé à trente jours pour une demande d'autorisation de pratique des horaires individualisés (Décr. n° 2014-1290 du 23 oct. 2014, art. 1er).

Art. L. 3121-49 **Les salariés mentionnés aux 1° à 4° et 9° à 11° de l'article L. 5212-13 bénéficient à leur demande, au titre des mesures appropriées prévues à l'article L. 5213-6, d'un aménagement d'horaires individualisés propre à faciliter leur accès à l'emploi, leur exercice professionnel ou le maintien dans leur emploi.**

Les aidants familiaux et les proches d'une personne handicapée bénéficient, dans les mêmes conditions, d'un aménagement d'horaires individualisés propre à faciliter l'accompagnement de cette personne.

Comp. anc. art. L. 3122-26.

Art. L. 3121-50 **Seules peuvent être récupérées les heures perdues par suite d'une interruption collective du travail résultant :**

1° De causes accidentelles, d'intempéries ou en cas de force majeure ;

2° D'inventaire ;

3° Du chômage d'un jour ou de deux jours ouvrables compris entre un jour férié et un jour de repos hebdomadaire ou d'un jour précédant les congés annuels.

Comp. anc. art. L. 3122-27.

Jurisprudence rendue sous l'empire des textes antérieurs à la loi n° 2016-1088 du 8 août 2016

1. Salarié sous forfait jours. Les dispositions de l'art. L. 3122-27 [ancien] relatives à la récupération des heures non travaillées sont applicables aux salariés sous forfait jours ; le retrait d'un jour de réduction de temps de travail en raison d'une absence pour maladie a pour effet d'entraîner une récupération des heures perdues prohibée par ces dispositions. • Soc. 3 nov. 2011 : *Dalloz actualité, 13 déc. 2011, obs. Perrin ; D. 2011. Actu. 2804 ; RDT 2012. 106, obs. Véricel ; JS Lamy 2012, n° 313-4, obs. Hautefort ; JCP S 2011. 1567, obs. Morand.*

2. Mise en chômage technique. Il appartient à l'employeur dans l'exercice de son pouvoir normal d'organisation de l'entreprise d'apprécier l'opportunité d'une modification d'horaire ou d'une fermeture totale ou partielle ; lorsqu'il ne s'est pas décidé par un intérêt autre que celui de l'entreprise, il ne peut être condamné à réparer le préjudice résultant pour les salariés du seul fait qu'ils aient refusé de récupérer les heures perdues. • Soc. 21 juill. 1981 : *Bull. civ. V, n° 724.* – V. aussi • Soc. 24 avr. 1980 : *Bull. civ. V, n° 360* • 8 mars 1978 : *ibid., n° 167.* ♦ Sur la nécessité de consulter le comité d'entreprise, V. • Crim. 21 nov. 1978 : *Bull. crim. n° 324 ; Dr. ouvrier 1979. 213, note Fourage-Liard.*

3. Faculté de récupération. La récupération des heures perdues ne constitue qu'une faculté pour l'employeur. • Soc. 25 avr. 1984 : *Bull. civ. V, n° 144.* ♦ La décision de récupération s'impose à tous les salariés. • Soc. 19 févr. 1959 : *Bull. civ. IV, n° 250* (salariés embauchés postérieurement) • 24 avr. 1980 : *préc. note 2* • 5 juill. 1982 : *Bull. civ. V, n° 449* (salariés absents pour maladie au moment de l'interruption collective du travail). ♦ Sur les conséquences du refus du salarié, V. • Soc. 6 janv. 1971 : *Cah. prud'h. 1971. 104* (sanction disciplinaire) • 11 mars 1964 : *D. 1964. 453* (refus justifié par des motifs légitimes).

4. Cas non prévus. Le chômage de la journée d'ouverture de la chasse, cas non prévu par l'art. L. 212-2-2 [ancien], ne peut donner lieu à récupération. • Soc. 13 oct. 1993 : *Dr. soc. 1993. 962 ; RJS 1993. 653, n° 1105.*

5. Ponts. En présence d'un accord d'entreprise selon lequel les ponts seront chômés, l'employeur ne peut imputer un jour de pont chômé sur la cinquième semaine de congés payés. • Soc. 17 avr. 1986 : *Bull. civ. V, n° 158.* ♦ En prévoyant, sans restriction, l'inclusion des jours chômés dans la nouvelle durée des congés payés, une convention collective a mis fin à l'usage plus favorable qui était en vigueur. • Soc. 19 déc. 1990, n° 87-43.568 P.

6. La décision régulièrement prise de récupérer les heures perdues à la suite d'un pont s'impose à tous les salariés, même à ceux qui étaient absents pour maladie au moment de l'interruption collective du travail. • Soc. 5 juill. 1982 :

Bull. civ. V, n° 449. – Dans le même sens : • Soc. 25 mai 1994 : *Dr. soc. 1994. 706 ; RJS 1994. 517, n° 864.* ♦ Dès lors qu'une interruption du travail sous la forme d'une journée de fermeture de l'entreprise n'est pas immédiatement précédée par un jour férié et ne correspond à aucun des cas limitativement énumérés par l'art. L. 212-2-2 [ancien], l'employeur ne peut en imposer la récupération. • Soc. 28 janv. 1997 : *RJS 1997. 195, n° 292, 1re esp.* ♦ Si les heures perdues à la suite du chômage d'un ou de deux jours ouvrables entre un jour férié et un jour de repos hebdomadaire peuvent être récupérées même si le ou les deux jours ouvrables précèdent le jour férié, un même jour férié, ou un même jour de repos ne peut permettre la récupération des heures perdues à la fois pour les jours ouvrables qui le précèdent et pour ceux qui le suivent. • Soc. 18 mai 1999, n° 97-13.131 P : *D. 1999. IR 166 ; RJS 1999. 566, n° 925.*

7. L'employeur qui ferme son entreprise pendant deux jours entre un dimanche et un jour férié et qui renonce à récupérer les heures perdues doit néanmoins rémunérer les salariés, ayant manqué à son obligation de leur fournir un travail à effectuer. • Soc. 23 avr. 1970 : *Dr. soc. 1971. 129, obs. Savatier ; RJS 2012. 47, n° 43.*

8. Absence pour maladie. Le retrait d'un jour de réduction de temps de travail en raison d'une absence pour maladie a pour effet d'entraîner une récupération prohibée. • Soc. 3 nov. 2011 : *Dalloz actualité, 13 déc. 2011, obs. Perrin ; D. 2011. Actu. 2804 ; RDT 2012. 106, obs. Véricel ; JS Lamy 2012, n° 313-4, obs. Hautefort ; RJS 2012. 47, n° 43 ; JCP S 2011. 1567, obs. Morand.* ♦ Mais l'accord collectif, qui octroie, en sus des jours de congés payés annuels, d'autres jours de congé dont le nombre est déterminé en fonction du temps de travail effectif dans l'année, ne prévoit pas la récupération prohibée des jours d'absence pour maladie du salarié. • Soc. 16 déc. 2015, n° 14-23.731 P : *Dalloz actualité, 11 janv. 2016, obs. Ines ; D. 2016. Actu. 17 ; RJS 3/2016, n° 180 ; JCPS 2016. 1056, obs. Morand.*

9. Sanction des irrégularités. L'absence d'avis donné immédiatement à l'inspecteur du travail lorsque le travail est interrompu collectivement par un événement imprévu constitue une faute de l'employeur pouvant donner lieu au profit des salariés à réparation en fonction du préjudice subi, mais n'affecte pas pour autant la régularité de la décision de récupération. • Soc. 16 déc. 2005, n° 04-40.905 P.

§ 2 CHAMP DE LA NÉGOCIATION COLLECTIVE

Art. L. 3121-51 **Un accord collectif d'entreprise ou d'établissement ou, à défaut, une convention ou un accord de branche peut :**

1° Prévoir les limites et modalités du report d'heures d'une semaine à une autre lorsqu'est mis en place un dispositif d'horaires individualisés en application de l'article L. 3121-48 ;

2° Fixer les modalités de récupération des heures perdues dans les cas prévus à l'article L. 3121-50.

§ 3 DISPOSITIONS SUPPLÉTIVES

Art. L. 3121-52 **A défaut d'accord collectif mentionné à l'article L. 3121-51, les limites et modalités du report d'heures en cas de mise en place d'un dispositif d'horaires individualisés et de récupération des heures perdues sont déterminées par décret en Conseil d'État.**

SECTION V **CONVENTIONS DE FORFAIT**

BIBL. ► AMALRIC, *RDT 2012. 500* (les conventions de forfait sous le contrôle de la Cour de cassation). – ANTONMATTÉI, DERUE, FABRE, MORAND, VACHET et VERKINDT, *Sem. soc. Lamy 2012, n° spécial autour du forfait-jours, suppl. au n° 1544.* – D'ORNANO et ISMAÏL, *JCP S 2008. 1490* (convention de forfait en jours sur l'année après la loi du 20 août 2008). – GAMET, *Dr. soc. 2015. 447* (Ubu et le forfait-jours) – JUEN, *Dr. soc. 2015. 528* (les irrégularités dans la mise en œuvre d'un forfait annuel en jours : quelles sanctions ?). – LHERNOUD, *RJS 2012. 779* (forfait en jours : de nouvelles perspectives contentieuses ?). – PIGNARRE, *RDT 2014. 746* (l'office du juge dans la sécurisation des conventions de forfait en jours). – VERKINDT, *Dr. soc. 2010. 387* .

► **Loi Travail (L. n° 2016-1088 du 8 août 2016) :** FLORÈS, *Dr. soc. 2016. 898* (le forfait en jours après la loi du 8 août 2016).

SOUS-SECTION 1 **ORDRE PUBLIC**

§ 1er DISPOSITIONS COMMUNES

Art. L. 3121-53 **La durée du travail peut être forfaitisée en heures ou en jours dans les conditions prévues aux sous-sections 2 et 3 de la présente section.**

BIBL. Benalcazar, *TPS 2002, n° 14* (convention de forfait et intervention du juge).

Jurisprudence rendue sous l'empire des textes antérieurs à la loi n° 2016-1088 du 8 août 2016

CONVENTION DE REMUNERATION FORFAITAIRE

1° EXISTENCE

1. Preuve. La preuve de l'existence d'une convention de forfait incombe à celui qui l'invoque. • Soc. 21 nov. 2000 : *RJS 2001. 33, n° 50* • 8 mars 2007 : *RDT 2007. 395, note Pignarre*. ♦ V. antérieurement : l'employeur a la charge de prouver l'existence d'une convention de forfait. • Soc. 12 oct. 1966 : *Bull. civ. IV, n° 767.*

2. La convention de forfait ne se présume pas. • Soc. 11 déc. 1980 : *Bull. civ. V, n° 885.* ♦ Aucune disposition légale ou réglementaire n'exige l'existence d'un écrit pour l'établissement d'une convention de forfait. • Soc. 11 janv. 1995 : *RJS 1995. 99, n° 109* (salarié d'un club de vacances ne contestant pas que ses fonctions incluaient des tâches d'animation pour l'exécution desquelles sa disponibilité auprès de la clientèle était requise sans référence à des temps de travail particuliers).

3. Éléments constitutifs. La seule fixation d'une rémunération forfaitaire, sans que soit déterminé le nombre d'heures supplémentaires inclus dans cette rémunération, ne permet pas de caractériser une convention de forfait. • Soc. 19 janv. 1999 : *JCP G 1999. II. 1441, note Del Sol* • 21 mars 2000, n° 97-45.155 P. • 15 nov. 2006 : *pourvoi n° 04-48.192* • Soc. 3 mai 2011 : *D. 2011. Actu. 1356, obs. Ines ; RJS 2011. 535, n° 580 ; Dr. soc. 2011. 865, obs. Mazeaud*.

4. Constitue une convention de forfait la clause fixant une rémunération forfaitaire et faisant référence à l'horaire de travail en vigueur dans l'entreprise dont le salarié confirme avoir pris connaissance, et alors que la rémunération était au moins égale à la rémunération qu'il aurait dû percevoir augmentée des heures supplémentaires. • Soc. 5 mai 2004, n° 01-43.918 P : *RJS 2004. 557, n° 819; Dr. soc. 2004. 899, obs. Radé*.

5. Caractère contractuel. Le forfait ne peut résulter que d'un accord entre les parties et non d'un usage d'entreprise. • Soc. 31 mars 1998, n° 96-41.878 P : *D. 1998. IR 130 ; RJS 1998. 386, n° 594.* ♦ Un accord est nécessaire même si le principe du forfait est posé par la convention collective. • Soc. 10 mars 2004, n° 01-46.369 P : *D. 2004. IR 1070 ; RJS 2004. 374, n° 549.* ♦ Le caractère contractuel de la convention de forfait implique qu'elle ne puisse être modifiée que par accord des parties ; en cas de modification unilatérale de la convention de forfait par l'employeur, le salarié est en droit de refuser la modification de son contrat de travail et d'exiger l'application de celui-ci. • Soc. 6 juill. 1999, n° 97-41.290 P : *D. 1999. IR 210 ; Dr. soc. 1999. 956, obs. Gauriou ; RJS 1999. 673, n° 1072.*

6. Contenu. Ne caractérise pas la convention de forfait la seule fixation d'une rémunération forfaitaire sans que soit déterminé le nombre d'heures supplémentaires inclus dans cette rémunération. • Soc. 19 janv. 1999, n° 96-45.628 P : *D. 1999. IR 50 ; JCP 1999. II. 10175, note Del Sol ; RJS 1999. 223, n° 376 ; JS UIMM 1999. 203.* ♦ Lorsqu'apparaît sur le bulletin de paie la rémunération des heures normales et celle des heures supplémentaires, il n'y a pas de convention de forfait entre les parties. • Soc. 13 oct. 1971 : *Bull. civ. V, n° 559.*

2° LICÉITÉ

7. Preuve. La convention de forfait est licite lorsqu'elle prévoit une rémunération forfaitaire, incluant les heures supplémentaires, supérieure à celle résultant de l'application de la convention collective. • Soc. 24 juin 1998, n° 96-41.242 P : *D. 1998. IR 187*. ♦ Le caractère plus avantageux s'apprécie en comparant le forfait convenu et le salaire minimum conventionnel augmenté des heures supplémentaires réellement effectuées. • Soc. 4 mai 1999, n° 96-44.612 P : *D. 1999. IR 154 ; Dr. soc. 1999. 731, obs. Radé*. ♦ Comp., lorsque aucun élément ne permet d'établir que les versements forfaitaires allégués par l'employeur aient assuré au personnel une rémunération au moins égale à celle à laquelle il pouvait prétendre en application du contrat de travail ou des conventions collectives : • Crim. 24 avr. 1990 : *RJS 1990. 399, n° 579.*

8. Est licite la convention de forfait qui prévoit un nombre de jours inférieurs à 217 pour une salariée à temps partiel dont la durée du temps de travail ne peut être prédéterminée compte tenu de la nature de ses fonctions, des responsabilités exercées et de l'autonomie dont elle bénéficie dans l'organisation de son emploi du temps. • Soc. 9 juill. 2003, n° 01-42.451 P : *RJS 2003. 806, n° 1175.*

3° EFFETS

9. Principe. Le salarié ne peut prétendre au paiement d'heures supplémentaires effectuées dans le cadre du forfait. • Soc. 13 oct. 1988 : *CSB 1988. 87, A. 23.* ♦ Lorsqu'un salarié rémunéré au forfait peut prétendre à des majorations pour heures supplémentaires prévues par une convention collective. • Soc. 11 oct. 1990, ♨ n° 88-40.239 P. ♦ La convention de forfait ne peut s'appliquer aux activités professionnelles imposées par l'employeur à son salarié à l'occasion des salons professionnels auxquels l'intéressé avait consacré 11 heures par jour. • Soc. 5 févr. 1997 : ♨ *RJS 1997. 280, n° 425.*

10. Limites. L'existence d'une convention de forfait n'interdit pas au salarié de prétendre au paiement des heures supplémentaires accomplies en sus du forfait convenu. • Soc. 17 janv. 1996 : ♨ *RJS 1996. 174, n° 293.*

11. La convention de forfait ne prive pas le salarié de son droit au repos compensateur au titre des heures supplémentaires réellement effectuées. • Soc. 2 févr. 1994, ♨ n° 91-45.514 P : *Dr. soc. 1994. 374 ; RJS 1994. 273, n° 422* • 10 déc. 1997 : ♨ *RJS 1998. 34, n° 41.*

Art. L. 3121-54 Le forfait en heures est hebdomadaire, mensuel ou annuel. Le forfait en jours est annuel.

Comp. anc. art. L. 3122-38.

Art. L. 3121-55 La forfaitisation de la durée du travail doit faire l'objet de l'accord du salarié et d'une convention individuelle de forfait établie par écrit.

Comp. anc. art. L. 3122-38.

Jurisprudence rendue sous l'empire des textes antérieurs à la loi n° 2016-1088 du 8 août 2016

Écrit. Les conventions de forfait doivent être passées par écrit. • Soc. 26 mars 2008 : ♨ *D. 2008. AJ 1064, obs. Maillard* ✐ *; RDT 2008. 462, obs. Véricel* ✐ *; RJS 2008. 546, n° 680 ; JS Lamy 2008, n° 232-5 ; JCP S 2008. 1375, obs. Dumont.* ♦ La seule fixation d'une rémunération forfaitaire sans que soit déterminé le nombre d'heures supplémentaires inclus dans cette rémunération ne permet pas de caractériser une convention de forfait. • Soc. 3 mai 2011 : *JCP S 2011. 1295, obs. Morand.* ♦ Le seul renvoi général fait dans le contrat de travail à l'accord d'entreprise ne peut pas constituer l'écrit permettant de caractériser l'existence d'une convention de forfait à laquelle le salarié serait soumis. • Soc. 31 janv. 2012 : ♨ *Dalloz actualité, 15 févr. 2012, obs. Siro ; D. 2012. Actu. 445* ✐ *; RJS 2012. 301, n° 348 ; JCP S 2012. 1121, obs. Morand.* ♦ La convention de forfait en jours doit nécessairement faire l'objet d'un écrit entre les parties, et ne peut résulter des mentions portées sur le bulletin de salaire du salarié. • Soc. 4 nov. 2015, ♨ n° 14-10.419 P : *Dalloz actualité, 9 déc. 2015, obs. Siro ; D. 2015. Actu. 2323* ✐ *; RJS 1/2016, n° 32 ; JCP S 2015. 1472, obs. Morand.*

§ 2 FORFAITS EN HEURES

Art. L. 3121-56 Tout salarié peut conclure une convention individuelle de forfait en heures sur la semaine ou sur le mois.

Peuvent conclure une convention individuelle de forfait en heures sur l'année, dans la limite du nombre d'heures fixé en application du 3° du I de l'article L. 3121-64 :

1° Les cadres dont la nature des fonctions ne les conduit pas à suivre l'horaire collectif applicable au sein de l'atelier, du service ou de l'équipe auquel ils sont intégrés ;

2° Les salariés qui disposent d'une réelle autonomie dans l'organisation de leur emploi du temps.

Comp. anc. art. L. 3122-42.

Jurisprudence rendue sous l'empire des textes antérieurs à la loi n° 2016-1088 du 8 août 2016

1. Cadres. La qualité de cadre ne suffit pas à exclure le droit au paiement des heures supplémentaires ; sauf à constater l'existence d'un salaire forfaitaire compensant les dépassements d'horaires résultant des impératifs de la fonction assurée, une cour d'appel ne peut débouter un cadre de sa demande en paiement d'heures supplémentaires. • Soc. 14 juin 1990, ♨ n° 88-42.783 P : *D. 1990. IR 202 ; RJS 1990. 526, n° 775.* ♦ Dans le même sens : • Soc. 23 juin 1994 : ♨ *Dr. soc. 1994. 798* ✐ *; RJS 1994. 588, n° 996* • 30 janv. 1997, ♨ n° 94-40.330 P : *RJS 1997. 193, n° 289* • 15 mai 2014 : ♨ *pourvoi n° 12-14.993.* ♦ V. aussi, pour un cadre bénéficiant des dispositions d'une convention collective prévoyant des majorations pour heures supplémentaires : • Soc. 11 oct. 1990, ♨ n° 88-40.239 P.

2. Respect du cadre conventionnel. Lorsqu'une convention collective qui instaure le forfait en heures prévoit des conditions minimales de recours à cette modalité d'organisation du temps de travail, l'accord du salarié ne les remplissant pas est sans effet. • Soc. 4 nov. 2015, ♨

nº 14-25.745 P : *Dalloz actualité, 7 déc. 2015, obs. Siro ; RDT 2016. 104, obs. Canut ; Dr. soc. 2016. 191, obs. Antonmattei ; RJS 1/2016, nº 31 ; JS Lamy 2015, nº 399-400-7, obs. Pacotte et Halimi ; JCP 2015. 1291, obs. Daniel.*

Art. L. 3121-57 **La rémunération du salarié ayant conclu une convention individuelle de forfait en heures est au moins égale à la rémunération minimale applicable dans l'entreprise pour le nombre d'heures correspondant à son forfait, augmentée, le cas échéant, si le forfait inclut des heures supplémentaires, des majorations prévues aux articles L. 3121-28, L. 3121-33 et L. 3121-36.**

Comp. anc. art. L. 3122-41.

Jurisprudence rendue sous l'empire des textes antérieurs à la loi nº 2016-1088 du 8 août 2016

L'indemnité de l'art. L. 212-15-4 [ancien] n'est due qu'au salarié susceptible d'être soumis à une convention de forfait en jours, c'est-à-dire aux cadres dont la durée du travail ne peut être prédéterminée, qui disposent d'une autonomie dans l'organisation de leur emploi du temps et qui doit bénéficier d'une grande liberté dans l'organisation de son travail à l'intérieur du forfait en jours. • Soc. 31 oct. 2007 : *D. 2007. AJ 2876, obs. Perrin ; RJS 2008. 443, note Bugada.*

§ 3 FORFAITS EN JOURS

BIBL. ▶ BOUBLI, *Sem. soc. Lamy 2013, nº 1585, p. 8* (forfaits en jours : validité et recours) ; *JCP S 2016. 1073.* – D'ORNANO et ISMAÏL, *JCP S 2008. 1490* (convention de forfait en jours sur l'année après la loi du 20 août 2008). – DUCLOZ et FLORES, *RDT 2016. 140* (la sauvegarde du forfait en jours : le juge et la combinaison des normes).

Art. L. 3121-58 **Peuvent conclure une convention individuelle de forfait en jours sur l'année, dans la limite du nombre de jours fixé en application du 3° du I de l'article L. 3121-64 :**

1° Les cadres qui disposent d'une autonomie dans l'organisation de leur emploi du temps et dont la nature des fonctions ne les conduit pas à suivre l'horaire collectif applicable au sein de l'atelier, du service ou de l'équipe auquel ils sont intégrés ;

2° Les salariés dont la durée du temps de travail ne peut être prédéterminée et qui disposent d'une réelle autonomie dans l'organisation de leur emploi du temps pour l'exercice des responsabilités qui leur sont confiées.

Comp. anc. art. L. 3121-43.

Jurisprudence rendue sous l'empire des textes antérieurs à la loi nº 2016-1088 du 8 août 2016

1. Cadres. La qualité de cadre ne suffit pas à exclure le droit au paiement des heures supplémentaires ; sauf à constater l'existence d'un salaire forfaitaire compensant les dépassements d'horaires résultant des impératifs de la fonction assurée, une cour d'appel ne peut débouter un cadre de sa demande en paiement d'heures supplémentaires. • Soc. 14 juin 1990, nº 88-42.783 P : *D. 1990. IR 202 ; RJS 1990. 526, nº 775.* ♦ Dans le même sens : • Soc. 23 juin 1994 : *Dr. soc. 1994. 798 ; RJS 1994. 588, nº 996* • 30 janv. 1997, nº 94-40.330 P : *RJS 1997. 193, nº 289.* ♦ V. aussi, pour un cadre bénéficiant des dispositions d'une convention collective prévoyant des majorations pour heures supplémentaires : • Soc. 11 oct. 1990, nº 88-40.239 P. ♦ Un régime de forfait en jours ne peut être appliqué qu'aux cadres dont la durée du travail ne peut pas être prédéterminée et qui disposent d'une grande autonomie dans l'organisation de leur emploi du temps, et que dans ce cas, le cadre doit bénéficier d'une grande liberté dans l'organisation de son travail à l'intérieur du forfait en jours ; aussi ne peut être soumis au forfait jours le cadre, dont l'emploi du temps est déterminé par la direction et le supérieur hiérarchique, lesquels définissaient le planning de ses interventions auprès des clients, et que le salarié ne disposait pas du libre choix de ses repos hebdomadaires. • Soc. 31 oct. 2007 : *RDT 2008. 110, obs. Véricel.*

2. Forfait en jours. Une convention de forfait en jours peut être conclue pour certains salariés dont la durée du temps de travail ne peut être prédéterminée compte tenu de la nature de leurs fonctions, des responsabilités exercées et de l'autonomie dont ils bénéficient dans l'organisation de leur emploi du temps. • Soc. 9 juill. 2003, nº 01-42.451 P : *RJS 2003. 806, nº 1175.* ♦ L'accord collectif qui définit les cadres autonomes comme étant ceux dont le rythme de travail ne peut, en raison de leur mission, être soumis à l'horaire collectif de travail du service qu'ils dirigent ou auquel ils sont affectés, est conforme à l'art. L. 212-15-3 [ancien]. • Soc. 26 mai 2004, nº 02-18.756 P : *D. 2004. IR 1866 ; RJS 2004. 627, nº 924.*

3. Arrêt de travail. Dans la mesure où l'accord collectif applicable prévoit, pour les salariés cadres soumis à une convention de forfait en jours, qu'aucune suspension du contrat de travail inférieure à une journée entière ou à une demi-journée ne peut entraîner une retenue sur salaire, aucune retenue ne peut être effectuée pour une absence inférieure à une demi-journée de travail. • Soc. 4 mars 2009 : ⚖ *D. 2009. AJ 877, obs. Perrin* ✎ *; RDT 2009. 325, obs. Tissandier* ✎ *; RJS 2009. 377, n° 439.*

4. Convention de forfait illicite et travail dissimulé. Le caractère intentionnel du travail dissimulé ne peut se déduire de la seule application d'une convention de forfait illicite. • Soc. 16 juin 2015, ⚖ n° 14-16.953 P : *RJS 10/2015, n° 656 ; JS Lamy 2015, n° 394-3, obs. Lhernould ; JCP S 2015. 1388, note Bossu.*

Art. L. 3121-59 **Le salarié qui le souhaite peut, en accord avec son employeur, renoncer à une partie de ses jours de repos en contrepartie d'une majoration de son salaire. L'accord entre le salarié et l'employeur est établi par écrit.**

Un avenant à la convention de forfait conclue entre le salarié et l'employeur détermine le taux de la majoration applicable à la rémunération de ce temps de travail supplémentaire, sans qu'il puisse être inférieur à 10 %. Cet avenant est valable pour l'année en cours. Il ne peut être reconduit de manière tacite.

Comp. anc. art. L. 3122-45.

Jurisprudence rendue sous l'empire des textes antérieurs à la loi n° 2016-1088 du 8 août 2016

1. Non-conformité de la convention de forfait à la Charte sociale européenne. Le Comité européen des droits sociaux (CEDS) constate que les dispositions sur le forfait en jours ne sont pas conformes à la Charte sociale européenne révisée : la loi n'impose pas que les conventions collectives prévoient une durée maximale, journalière et hebdomadaire ; il note que, même si les partenaires sociaux ont en pratique la possibilité de le faire, il n'est plus prévu que lesdites conventions fixent des modalités de suivi et notamment la durée quotidienne et la charge de travail. De ce fait, la procédure de négociation collective n'offre pas de garanties suffisantes pour que l'art. 2 § 1 de la charte soit respecté. • CEDS 14 janv. 2011, n° 55/2009 : *Sem. soc. Lamy 2011, n° 1475, obs. Miné ; RDT 2011. 233, note Akandji-Kombé* ✎ *; ibid. 298, note Laulom.*

2. Conditions du forfait-jours. Saisie d'une question prioritaire de constitutionnalité concernant l'interprétation qu'elle fait des conditions de validité des conventions de forfait en jours, notamment en exigeant l'existence de stipulations permettant d'assurer le respect des durées maximales de travail ainsi que d'une amplitude et une charge de travail raisonnable, la Haute Juridiction a considéré qu'il n'y avait pas lieu à renvoi ; il n'y a aucune atteinte à une situation légalement acquise, ni méconnaissance de principes constitutionnels. • Soc., QPC, 7 juill. 2015, ⚖ n° 15-12.417 P : *D. 2015. Actu. 1545* ✎ *; RJS 11/2015, n° 744 ; JCP 2015. 894, obs. Mathieu.* ♦ Toute convention de forfait-jours doit être prévue par un accord collectif dont les stipulations assurent la garantie du respect des durées maximales de travail ainsi que des repos, journaliers et hebdomadaires ; l'inobservation des stipulations de l'accord collectif, dont le respect est de nature à assurer la protection de la sécurité et de la santé du salarié soumis au régime du forfait en jours, prive d'effet la convention de forfait et ouvre ainsi droit pour le salarié au paiement d'heures supplémentaires dont le juge doit vérifier l'existence et le nombre. • Soc. 29 juin 2011 : ⚖ *Dalloz actualité, 19 juill. 2011, obs. Perrin ; D. 2011. Actu. 1830* ✎ *; RDT 2011. 481, note Mazars, Laulom et Dejours* ✎ *; JS Lamy 2011, n° 304-2, obs. Hautefort ; JCP S 2011. 1332, entretien Akandji-Kombé ; ibid. 1333, note Morvan ; RJS 2011. 587, chron. Favennec-Héry ; ibid. 636, n° 696 ; Sem. soc. Lamy 2011, n° 1499, p. 11, note Mazars et Florès ; Dr. ouvrier 2011. 723, obs. Richard ; ibid. 2012.171, obs. A. Lyon-Caen.* • Soc. 26 sept. 2012 : ⚖ *Dalloz actualité, 24 oct. 2012, obs. Siro ; D. 2012. Actu. 2316* ✎ *; ibid. 2013. 114, obs. Ducloz* ✎ *; D. 2013. Pan. 1026, obs. Lokiec* ✎ *; RDT 2013. 273, obs. Almaric* ✎ *; RJS 2012. 806, n° 950 ; JS Lamy 2012, n° 331-6, obs. Hautefort ; Sem. soc. Lamy 2012, n° 1558, p. 11, obs. Chenu ; JCP S 2012. 1461, obs. Blanc* • 2 juill. 2014 : ⚖ *Dalloz actualité, 21 oct. 2014, obs. Fraisse.* ♦ Pour une application de cette condition à l'accord-cadre du 8 février 1999 sur l'organisation et la durée du travail dans l'industrie chimique, V. • Soc. 31 janv. 2012 : ⚖ *Dalloz actualité, 15 févr. 2012, obs. Siro ; D. 2012. Actu. 445* ✎ *; Dr. soc. 2012. 537, obs. Antonmattéi* ✎ *; RJS 2012. 303, n° 350 ; JS Lamy 2012, n° 318-4, obs. Lhernould ; JCP S 2012. 1120, obs. Morand.* ♦ Pour une application à l'accord du 22 juin 1999 relatif à la durée du travail, pris en application de la convention SYNTEC, V. • Soc. 23 mai 2013 : *Dalloz actualité, 23 mai 2013, obs. Siro ; RDT 2013. 493, obs. Véricel* ✎. ♦ Pour une application à la convention collective nationale des cabinets d'experts-comptables. • Soc. 14 mai 2014 : ⚖ *Dalloz actualité, 27 mai 2014, obs. Fraisse ; D. 2014. Actu. 1157* ✎ *; Dr. soc. 2014. 687, obs. Antonmattéi* ✎ *; RJS 2014. 465, n° 566 ; JS Lamy 2014, n° 368-4, obs. Hautefort.* ♦ Pour une application à la convention collective nationale des notaires. • Soc. 13 nov. 2014 : ⚖ *Dalloz actualité, 1er déc. 2014, obs. Fraisse ; D. 2014. Actu. 2413* ✎ *; RDT 2015. 195, obs. Pignarre* ✎ *; RJS 2/2015, n° 102.* ♦ Pour une application à la convention collective du commerce de détail et de gros à prédominance alimentaire. • Soc. 4 févr. 2015 : ⚖ *D. 2015. Actu. 438* ✎ *; RJS 2015.*

247, n° 258 ; JS Lamy 2015, n° 384-2, obs. Pacotte et Daguerre ; JCP G 2015, n° 227, obs. Lefranc-Harmoniaux. ♦ Pour une application à la convention collective des hôtels, cafés, restaurants. • Soc. 7 juill. 2015, n° 13-26.444 P : *RJS 10/2015, n° 645 ; JCP S 2015. 1365, obs. Morand.* ♦ Pour une application à l'accord national relatif à la réduction du temps de travail dans le bâtiment • Soc. 17 déc. 2014, n° 13-23.230 : *RDT 2015. 195, note Pignarre ; RJS 3/2015, n° 191.* ♦ De même, doit être annulée la convention individuelle de forfait qui, s'agissant de l'amplitude des journées et la charge de travail qui en résulte, prévoit seulement qu'il appartient aux salariés de tenir compte des limites journalières et hebdomadaires et d'organiser leurs actions dans ce cadre et, en cas de circonstances particulières, d'en référer à leur hiérarchie de rattachement, ces dispositions n'étant pas de nature à garantir que l'amplitude et la charge de travail restent raisonnables et assurent une bonne répartition, dans le temps, du travail de l'intéressé, et, donc, à assurer la protection de la sécurité et de la santé du salarié. • Soc. 11 juin 2014 : *Dalloz actualité, 7 juill. 2014, obs. Fraisse ; D. 2014. Actu. 1331 ; RJS 2014. 527, n° 633.* ♦ De la même manière, ne sont pas de nature à garantir que l'amplitude et la charge de travail restent raisonnables et assurent une bonne répartition dans le temps du travail du salarié en forfait jours, et donc à assurer la protection de sa sécurité et de sa santé, les dispositions conventionnelles prévoyant que le salarié ayant conclu une convention de forfait en jours bénéficie, chaque année, d'un entretien avec son supérieur hiérarchique au cours duquel seront évoquées l'organisation et la charge de travail de l'intéressé et l'amplitude de ses journées d'activité ; que cette amplitude et cette charge de travail devront rester raisonnables et assurer une bonne répartition, dans le temps, du travail des intéressés et que sera instauré un document de contrôle faisant apparaître le nombre et la date des journées travaillées et la qualification des journées non travaillées au moyen d'un calendrier mensuel à remplir par le salarié lui-même. • Soc. 9 nov. 2016, n° 15-15.064 P : *Dalloz actualité, 14 déc. 2016, obs. Siro ; D. 2016. Actu. 2348 ; RJS 1/2017, n° 26 ; JS Lamy 2016, n° 421-422-5, obs. Lalanne ; JCP S 2016. 1432, obs. Morand.*

3. Forfait-jours validé. L'exigence de la protection de la santé et du repos des salariés est satisfaite si est relevé – s'agissant en l'espèce de l'accord d'aménagement et de réduction du temps de travail conclu dans le secteur des banques – que « le décompte des journées et demi-journées travaillées se fait sur la base d'un système auto-déclaratif » ; que « l'organisation du travail de ces salariés devra faire l'objet d'un suivi régulier par la hiérarchie qui veillera notamment aux éventuelles surcharges de travail » ; qu'il y a lieu, en cas de surcharge de travail, « de procéder à une analyse de la situation, et que la charge du travail confiée et l'amplitude de la journée d'activité en résultant doivent permettre à chaque salarié de prendre obligatoirement le repos quotidien de 11 heures ». • Soc. 17 déc. 2014 : *Dalloz actualité, 29 janv. 2015, obs. Fraisse ; JS Lamy 2015, n° 381-3 ; Sem. soc. Lamy 2015, n° 1661, p. 8, obs. Flores et Masson ; RJS 2/2015, n° 100.* ♦ Garantit le respect des repos et des durées maximales raisonnables de travail l'accord collectif organisant mensuellement le suivi et le contrôle de la charge de travail des salariés en forfait jours par un relevé déclaratif d'activité validé par la hiérarchie et assorti d'un dispositif d'alerte avec possibilité de demande d'entretien en cas de difficulté. • Soc. 8 sept. 2016, n° 14-26.256 : *Dalloz actualité, 7 oct. 2016, obs. Cortot ; D. 2016. Actu. 1823 ; RJS 11/2016, n° 699 ; JS Lamy 2016, n° 418-3, obs. Bonnet ; JCP S 2016. 1361, obs. Morand.*

Art. L. 3121-60 **L'employeur s'assure régulièrement que la charge de travail du salarié est raisonnable et permet une bonne répartition dans le temps de son travail.**

Comp. anc. art. L. 3122-46.

Art. L. 3121-61 **Lorsqu'un salarié ayant conclu une convention de forfait en jours perçoit une rémunération manifestement sans rapport avec les sujétions qui lui sont imposées, il peut, nonobstant toute clause conventionnelle ou contractuelle contraire, saisir le juge judiciaire afin que lui soit allouée une indemnité calculée en fonction du préjudice subi, eu égard notamment au niveau du salaire pratiqué dans l'entreprise, et correspondant à sa qualification.**

Comp. anc. art. L. 3122-47.

Jurisprudence rendue sous l'empire des textes antérieurs à la loi n° 2016-1088 du 8 août 2016

1. L'indemnité de l'art. L. 212-15-4 [ancien] n'est due qu'aux salariés susceptibles d'être soumis à une convention de forfait en jours, c'est-à-dire aux cadres dont la durée du travail ne peut être prédéterminée, qui disposent d'une autonomie dans l'organisation de leur emploi du temps et qui doivent bénéficier d'une grande liberté dans l'organisation de leur travail à l'intérieur du forfait en jours. • Soc. 31 oct. 2007 : *D. 2007. AJ 2876, obs. Perrin ; RJS 2008. 443, note Bugada.*

2. Le dépassement de la durée annuelle prévue par la convention de forfait en jours ouvre droit au bénéfice du salarié à l'indemnité pour utilisation abusive du forfait-jours prévue par l'art. L. 3121-47 [ancien]. • Soc. 7 déc. 2010 : *Dalloz actualité, 11 janv. 2011, obs. Perrin ; D. 2011. Actu. 85 ; JCP S 2011. 1060, obs. Morand.*

Art. L. 3121-62 Les salariés ayant conclu une convention de forfait en jours ne sont pas soumis aux dispositions relatives :

1° A la durée quotidienne maximale de travail effectif prévue à l'article L. 3121-18 ;

2° Aux durées hebdomadaires maximales de travail prévues aux articles L. 3121-20 et L. 3121-22 ;

3° A la durée légale hebdomadaire prévue à l'article L. 3121-27.

Comp. anc. art. L. 3122-48.

SOUS-SECTION 2 CHAMP DE LA NÉGOCIATION COLLECTIVE

Art. L. 3121-63 Les forfaits annuels en heures ou en jours sur l'année sont mis en place par un accord collectif d'entreprise ou d'établissement ou, à défaut, par une convention ou un accord de branche.

Comp. anc. art. L. 3121-39.

Non-respect des dispositions conventionnelles. Le non-respect par l'employeur des dispositions de l'accord d'entreprise relatives à l'exécution des conventions de forfait en jours n'a pas pour effet d'entraîner la nullité de la convention individuelle de forfait. • Soc. 22 juin 2016, n° 14-15.171 P : *D. 2016. Actu. 1436 ; RJS 10/2016, n° 632 ; JS Lamy 2016, n° 415-3, obs. Patin.*

Art. L. 3121-64 I. — L'accord prévoyant la conclusion de conventions individuelles de forfait en heures ou en jours sur l'année détermine :

1° Les catégories de salariés susceptibles de conclure une convention individuelle de forfait, dans le respect des articles L. 3121-56 et L. 3121-58 ;

2° La période de référence du forfait, qui peut être l'année civile ou toute autre période de douze mois consécutifs ;

3° Le nombre d'heures ou de jours compris dans le forfait, dans la limite de deux cent dix-huit jours s'agissant du forfait en jours ;

4° Les conditions de prise en compte, pour la rémunération des salariés, des absences ainsi que des arrivées et départs en cours de période ;

5° Les caractéristiques principales des conventions individuelles, qui doivent notamment fixer le nombre d'heures ou de jours compris dans le forfait.

II. — L'accord autorisant la conclusion de conventions individuelles de forfait en jours détermine :

1° Les modalités selon lesquelles l'employeur assure l'évaluation et le suivi régulier de la charge de travail du salarié ;

2° Les modalités selon lesquelles l'employeur et le salarié communiquent périodiquement sur la charge de travail du salarié, sur l'articulation entre son activité professionnelle et sa vie personnelle, sur sa rémunération ainsi que sur l'organisation du travail dans l'entreprise ;

3° Les modalités selon lesquelles le salarié peut exercer son droit à la déconnexion prévu au 7° de l'article L. 2242-8.

L'accord peut fixer le nombre maximal de jours travaillés dans l'année lorsque le salarié renonce à une partie de ses jours de repos en application de l'article L. 3121-59. Ce nombre de jours doit être compatible avec les dispositions du titre III du présent livre relatives au repos quotidien, au repos hebdomadaire et aux jours fériés chômés dans l'entreprise et avec celles du titre IV relatives aux congés payés.

SOUS-SECTION 3 DISPOSITIONS SUPPLÉTIVES

Art. L. 3121-65 I. — A défaut de stipulations conventionnelles prévues aux 1° et 2° du II de l'article L. 3121-64, une convention individuelle de forfait en jours peut être valablement conclue sous réserve du respect des dispositions suivantes :

1° L'employeur établit un document de contrôle faisant apparaître le nombre et la date des journées ou demi-journées travaillées. Sous la responsabilité de l'employeur, ce document peut être renseigné par le salarié ;

2° L'employeur s'assure que la charge de travail du salarié est compatible avec le respect des temps de repos quotidiens et hebdomadaires ;

3° L'employeur organise une fois par an un entretien avec le salarié pour évoquer sa charge de travail, qui doit être raisonnable, l'organisation de son travail, l'articulation entre son activité professionnelle et sa vie personnelle ainsi que sa rémunération.

II. – A défaut de stipulations conventionnelles prévues au 3° du II de l'article L. 3121-64, les modalités d'exercice par le salarié de son droit à la déconnexion sont définies par l'employeur et communiquées par tout moyen aux salariés concernés. Dans les entreprises d'au moins cinquante salariés, ces modalités sont conformes à la charte mentionnée au 7° de l'article L. 2242-8.

Art. L. 3121-66 En cas de renonciation, par le salarié, à des jours de repos en application de l'article L. 3121-59 et à défaut de précision dans l'accord collectif mentionné à l'article L. 3121-64, le nombre maximal de jours travaillés dans l'année est de deux cent trente-cinq.

SECTION VI **DISPOSITIONS D'APPLICATION**

BIBL. ▶ MORAND, *Sem. soc. Lamy 2016, n° 1735, p. 4* (durée du travail : l'étrange section 6).

Art. L. 3121-67 Des décrets en Conseil d'État déterminent les modalités d'application du présent chapitre pour l'ensemble des branches d'activité ou des professions ou pour une branche ou une profession particulière. Ces décrets fixent notamment :

1° La répartition et l'aménagement des horaires de travail ;

2° Les conditions de recours aux astreintes ;

3° Les dérogations permanentes ou temporaires applicables dans certains cas et pour certains emplois ;

4° Les périodes de repos ;

5° Les modalités de récupération des heures de travail perdues ;

6° Les mesures de contrôle de ces diverses dispositions.

Ces décrets sont pris et révisés après consultation des organisations d'employeurs et de salariés intéressées et au vu, le cas échéant, des résultats des négociations intervenues entre ces organisations.

Art. L. 3121-68 Il peut être dérogé par convention ou accord collectif étendu ou par convention ou accord d'entreprise ou d'établissement à celles des dispositions des décrets prévus à l'article L. 3121-67 qui sont relatives à l'aménagement et à la répartition des horaires de travail à l'intérieur de la semaine, aux périodes de repos, aux conditions de recours aux astreintes, ainsi qu'aux modalités de récupération des heures de travail perdues lorsque la loi permet cette récupération.

En cas de dénonciation ou de non-renouvellement de ces conventions ou accords collectifs, les dispositions de ces décrets auxquelles il avait été dérogé redeviennent applicables.

Art. L. 3121-69 Un décret en Conseil d'État détermine les mesures d'application des articles L. 3121-24 à L. 3121-26.

CHAPITRE II **TRAVAIL DE NUIT**

RÉP. TRAV. v° *Durée du travail (I. Fixation et aménagement du temps de travail)*, par VACHET.

BIBL. GÉN. ▶ FAVENNEC-HÉRY, *Dr. soc. 1989. 315* (droit d'opposition à un accord dérogatoire autorisant le travail de nuit des femmes). – PH. MARTIN, *ibid. 1996. 562* (discriminations sexuelles générées par la loi). – MASSE-DESSEN et MOREAU, *ibid. 1999. 391* (application des directives européennes). – MOREAU, *ibid. 1992. 174*. – PETTITI, *ibid. 1988. 302* (aspects nationaux et internationaux du travail de nuit des femmes). – SAVATIER, *ibid. 1990. 466* (travail de nuit des femmes et droit communautaire). – SUPIOT, *ibid. 1992. 382* (principe d'égalité et limites du droit du travail). – TEISSIER, *JCP E 2002, suppl. n° 2, p. 1*. – TEYSSIÉ, *JCP E 1987. I. 16580* (loi du 19 juin 1987). – VÉRICEL, *RDT 2015. 504* (les dispositions de la loi Macron sur le travail le dimanche et le travail de nuit).

SECTION PREMIÈRE **ORDRE PUBLIC**

Art. L. 3122-1 Le recours au travail de nuit est exceptionnel. Il prend en compte les impératifs de protection de la santé et de la sécurité des travailleurs et est justifié par la nécessité d'assurer la continuité de l'activité économique ou des services d'utilité sociale.

Comp. anc. art. L. 3122-32.

Jurisprudence rendue sous l'empire des textes antérieurs à la loi n° 2016-1088 du 8 août 2016

1. Conformité à la Constitution. En prévoyant que le recours au travail de nuit est exceptionnel et doit être justifié par la nécessité d'assurer la continuité de l'activité économique ou des services d'utilité sociale, le législateur, compétent en application de l'art. 34 de la Const. pour déterminer les principes fondamentaux du droit du travail, a opéré une conciliation, qui n'est pas manifestement déséquilibrée, entre la liberté d'entreprendre, découlant de l'art. 4 de la Déclaration de 1789, et les exigences du Préambule de la Const. 1946, notamment sur la protection de la santé et le repos. • Cons. const., QPC, 4 avr. 2014 : *D. 2014. Actu. 828 ; Dr. soc. 2015. 40, note Dumortier, Lallet, Vialettes et Florès ; RJS 2014. 390, n° 480.*

2. Le travail de nuit ne peut pas être le mode d'organisation normal du travail au sein d'une entreprise et ne doit être mis en œuvre que lorsqu'il est indispensable à son fonctionnement ; la société qui exerce dans un secteur, le commerce de parfumerie, où le travail de nuit n'est pas inhérent à l'activité ne démontre pas qu'il était impossible d'envisager d'autre possibilité d'aménagement du temps de travail, non plus que son activité économique supposait le recours au travail de nuit et l'ouverture de nuit du magasin des Champs-Élysées ne permettait pas de caractériser la nécessité d'assurer la continuité de l'activité. • Soc. 24 sept. 2014 : *Dalloz actualité, 26 oct. 2014, obs. Fraisse ; RDT 2015. 52, obs. Véricel ; RJS 2014. 707, rapp. Mariette ; ibid. 2014. 743, n° 867 ; Sem. soc. Lamy 2014, n° 1650, p. 10, obs. Lavallart.*

Art. L. 3122-2 Tout travail effectué au cours d'une période d'au moins neuf heures consécutives comprenant l'intervalle entre minuit et 5 heures est considéré comme du travail de nuit.

La période de travail de nuit commence au plus tôt à 21 heures et s'achève au plus tard à 7 heures.

Comp. anc. art. L. 3122-29.

Jurisprudence rendue sous l'empire des textes antérieurs à la loi n° 2016-1088 du 8 août 2016

1. Loi du 9 mai 2001. La loi du 9 mai 2001 élargissant l'amplitude de la durée du travail de nuit est un texte d'ordre public et d'application immédiate ; les entreprises sont tenues de verser les compensations salariales prévues par l'accord collectif pour tout travail accompli entre 21 heures et 6 heures. • Soc. 1er oct. 2003 : *pourvoi n° 01-45.812* • 16 déc. 2005, n° 04-46.741 P.

2. Dispositions conventionnelles. La définition du travail de nuit prévue par l'art. L. 213-1-1 [ancien] n'a pas pour effet de modifier les conditions d'attribution de la compensation salariale fixées par une convention collective pour le travail de nuit, alors même qu'elles ne prendraient pas en compte la totalité des heures entre 21 heures et 6 heures. • Soc. 21 juin 2006 : *RDT 2006. 322, obs. Véricel ; D. 2006. IR 1914 ; RJS 2006. 706, n° 954 ; JCP E 2006. 2731, note Vachet* • 12 juill. 2006 : *RDT 2007. 115, obs. Véricel ; RJS 2006. 878, n° 1187.* ♦ Ce principe d'absence d'incidence de la nouvelle définition légale sur les conditions de bénéfice des majorations prévues par l'accord collectif ne s'applique qu'autant que cet accord fixe la plage horaire couverte par le travail de nuit. • Soc. 24 janv. 2007 : *RDT 2007. 250, obs. Véricel ; Dr. soc. 2007. 649, obs. Barthélémy.*

Art. L. 3122-3 Par dérogation à l'article L. 3122-2, pour les activités de production rédactionnelle et industrielle de presse, de radio, de télévision, de production et d'exploitation cinématographiques, de spectacles vivants et de discothèque, la période de travail de nuit est d'au moins sept heures consécutives comprenant l'intervalle entre minuit et 5 heures.

Comp. anc. art. L. 3122-30.

Art. L. 3122-4 Par dérogation à l'article L. 3122-2, pour les établissements de vente au détail qui mettent à disposition des biens et des services et qui sont situés dans les zones mentionnées à l'article L. 3132-24, la période de travail de nuit, si elle débute après 22 heures, est d'au moins sept heures consécutives comprenant l'intervalle entre minuit et 7 heures.

Dans les établissements mentionnés au premier alinéa du présent article, seuls les salariés volontaires ayant donné leur accord par écrit à leur employeur peuvent travailler entre 21 heures et minuit. Une entreprise ne peut prendre en considération le refus d'une personne de travailler entre 21 heures et le début de la période de travail de nuit pour refuser de l'embaucher. Le salarié qui refuse de travailler entre 21 heures et le début de la période de travail de nuit ne peut faire l'objet d'une mesure discriminatoire dans le cadre de l'exécution de son contrat de travail. Le refus de travailler entre 21 heures et le début de la période de travail de nuit pour un salarié ne constitue pas une faute ou un motif de licenciement.

Chacune des heures de travail effectuée durant la période fixée entre 21 heures et le début de la période de travail de nuit est rémunérée au moins le double de la rémunération normalement due et donne lieu à un repos compensateur équivalent en temps.

Les articles L. 3122-10 à L. 3122-14 sont applicables aux salariés qui travaillent entre 21 heures et minuit, dès lors qu'ils accomplissent durant cette période le nombre minimal d'heures de travail prévu à l'article L. 3122-5.

Lorsque, au cours d'une même période de référence mentionnée au 2° de l'article L. 3122-5, le salarié a accompli des heures de travail entre 21 heures et le début de la période de nuit en application des deux premiers alinéas du présent article et des heures de travail de nuit en application du même article L. 3122-5, les heures sont cumulées pour l'application de l'avant-dernier alinéa du présent article et dudit article L. 3122-5. – *V. art. R. 3124-15 (pén.).*

Comp. anc. art. L. 3122-29-1.

Art. L. 3122-5 Le salarié est considéré comme travailleur de nuit dès lors que :

1° Soit il accomplit, au moins deux fois par semaine, selon son horaire de travail habituel, au moins trois heures de travail de nuit quotidiennes ;

2° Soit il accomplit, au cours d'une période de référence, un nombre minimal d'heures de travail de nuit au sens de l'article L. 3122-2, dans les conditions prévues aux articles L. 3122-16 et L. 3122-23. – *V. art. R. 3124-15 (pén.).*

Comp. anc. art. L. 3122-31.

Art. L. 3122-6 La durée quotidienne de travail accomplie par un travailleur de nuit ne peut excéder huit heures, sauf dans les cas prévus à l'article L. 3122-17 ou lorsqu'il est fait application des articles L. 3132-16 à L. 3132-19.

En outre, en cas de circonstances exceptionnelles, l'inspecteur du travail peut autoriser le dépassement de la durée quotidienne de travail mentionnée au premier alinéa du présent article après consultation des délégués syndicaux et après avis du comité d'entreprise ou, à défaut, des délégués du personnel, s'ils existent, selon des modalités déterminées par décret en Conseil d'État. – *V. art. R. 3124-15 (pén.).*

Comp. anc. art. L. 3122-34, al. 1er et 3.

En application de l'art. L. 231-5 CRPA, et par exception à l'application du délai de deux mois prévu à l'art. L. 231-1 du même code, le délai à l'expiration duquel le silence gardé par l'administration vaut décision d'acceptation est fixé à quinze jours pour une demande de dérogation à la durée quotidienne maximale de travail accompli par un travailleur de nuit (Décr. n° 2014-1290 du 23 oct. 2014, art. 1er).

Art. L. 3122-7 La durée hebdomadaire de travail du travailleur de nuit, calculée sur une période de douze semaines consécutives, ne peut dépasser quarante heures, sauf dans les cas prévus à l'article L. 3122-18. – *V. art. R. 3124-15 (pén.).*

Comp. anc. art. L. 3122-35, al. 1er.

Art. L. 3122-8 Le travailleur de nuit bénéficie de contreparties au titre des périodes de travail de nuit pendant lesquelles il est employé, sous forme de repos compensateur et, le cas échéant, sous forme de compensation salariale. – *V. art. R. 3124-15 (pén.).*

Comp. anc. art. L. 3122-39.

Jurisprudence rendue sous l'empire des textes antérieurs à la loi n° 2016-1088 du 8 août 2016

1. Application immédiate. La loi du 9 mai 2001 élargissant l'amplitude de la durée du travail de nuit est un texte d'ordre public et d'application immédiate ; les entreprises sont tenues de verser les compensations salariales prévues par l'accord collectif pour tout travail accompli entre

21 heures et 6 heures. • Soc. 1er oct. 2003 : ⚖ *pourvoi n° 01-45.812.*

2. Compensation salariale. La définition du travail de nuit issue de la loi du 9 mai 2001 n'a pas pour effet de modifier les conditions d'attribution de la compensation salariale fixée par une convention collective pour le travail de nuit, alors même qu'elles ne prendraient pas en compte la totalité des heures entre 21 heures et 6 heures. • Soc. 21 juin 2006 : ⚖ *RDT 2006. 322, obs. Véricel* ; *D. 2006. IR 1914* ; *RJS 2006. 706, n° 954.*

Art. L. 3122-9 **Pour les activités mentionnées à l'article L. 3122-3, lorsque la durée effective du travail de nuit est inférieure à la durée légale fixée en application de l'article L. 3121-27, les contreparties mentionnées à l'article L. 3122-8 ne sont pas obligatoirement données sous forme de repos compensateur.** – *V. art. R. 3124-15 (pén.).*

Comp. anc. art. L. 3122-41.

Art. L. 3122-10 **Le médecin du travail est consulté, selon des modalités précisées par décret en Conseil d'État, avant toute décision importante relative à la mise en place ou à la modification de l'organisation du travail de nuit.** – *V. art. R. 3124-15 (pén.).*

Comp. anc. art. L. 3122-38.

Art. L. 3122-11 **Tout travailleur de nuit bénéficie d'un suivi individuel régulier de son état de santé dans les conditions fixées à l'article L. 4624-1.**

Comp. anc. art. L. 3122-42.

Art. L. 3122-12 **Lorsque le travail de nuit est incompatible avec des obligations familiales impérieuses, notamment avec la garde d'un enfant ou la prise en charge d'une personne dépendante, le refus du travail de nuit ne constitue pas une faute ou un motif de licenciement et le travailleur de nuit peut demander son affectation sur un poste de jour.** – *V. art. R. 3124-15 (pén.).*

Comp. anc. art. L. 3122-44.

Art. L. 3122-13 **Le travailleur de nuit qui souhaite occuper ou reprendre un poste de jour et le salarié occupant un poste de jour qui souhaite occuper ou reprendre un poste de nuit dans le même établissement ou, à défaut, dans la même entreprise ont priorité pour l'attribution d'un emploi ressortissant à leur catégorie professionnelle ou d'un emploi équivalent.**

L'employeur porte à la connaissance de ces salariés la liste des emplois disponibles correspondants. – *V. art. R. 3124-15 (pén.).*

Comp. anc. art. L. 3122-43.

Art. L. 3122-14 **Le travailleur de nuit, lorsque son état de santé, constaté par le médecin du travail, l'exige, est transféré à titre définitif ou temporaire sur un poste de jour correspondant à sa qualification et aussi comparable que possible à l'emploi précédemment occupé.**

L'employeur ne peut prononcer la rupture du contrat de travail du travailleur de nuit du fait de son inaptitude au poste comportant le travail de nuit, au sens des articles L. 3122-1 à L. 3122-5, à moins qu'il ne justifie par écrit soit de l'impossibilité dans laquelle il se trouve de proposer un poste dans les conditions fixées au premier alinéa du présent article, soit du refus du salarié d'accepter le poste proposé dans ces mêmes conditions.

Le présent article s'applique sans préjudice des articles L. 1226-2 à L. 1226-4-3 et L. 1226-10 à L. 1226-12 applicables aux salariés déclarés inaptes à leur emploi ainsi que des articles L. 4624-3 et L. 4624-4. – *V. art. R. 3124-15 (pén.).*

Comp. anc. art. L. 3122-45.

SECTION II **CHAMP DE LA NÉGOCIATION COLLECTIVE**

Art. L. 3122-15 **Un accord d'entreprise ou d'établissement ou, à défaut, une convention ou un accord collectif de branche peut mettre en place, dans une entreprise ou un établissement, le travail de nuit, au sens de l'article L. 3122-5, ou l'étendre à de nouvelles catégories de salariés.**

Cette convention ou cet accord collectif prévoit :

1° Les justifications du recours au travail de nuit mentionnées à l'article L. 3122-1 ;

2° La définition de la période de travail de nuit, dans les limites mentionnées aux articles L. 3122-2 et L. 3122-3 ;

3° Une contrepartie sous forme de repos compensateur et, le cas échéant, sous forme de compensation salariale ;

4° Des mesures destinées à améliorer les conditions de travail des salariés ;

5° Des mesures destinées à faciliter, pour ces mêmes salariés, l'articulation de leur activité professionnelle nocturne avec leur vie personnelle et avec l'exercice de responsabilités familiales et sociales, concernant notamment les moyens de transport ;

6° Des mesures destinées à assurer l'égalité professionnelle entre les femmes et les hommes, notamment par l'accès à la formation ;

7° L'organisation des temps de pause.

Comp. anc. art. L. 3122-29, al. 2, L. 3122-33, L. 3122-34, al. 2.

Art. L. 3122-16 En application de l'article L. 3122-5, une convention ou un accord collectif de travail étendu peut fixer le nombre minimal d'heures entraînant la qualification de travailleur de nuit sur une période de référence.

Comp. anc. art. L. 3122-31, al. 4.

Art. L. 3122-17 Un accord d'entreprise ou d'établissement ou, à défaut, une convention ou un accord collectif de branche peut prévoir le dépassement de la durée maximale quotidienne de travail prévue à l'article L. 3122-6, dans des conditions déterminées par décret en Conseil d'État.

Comp. anc. art. L. 3122-34, al. 2.

Art. L. 3122-18 Un accord d'entreprise ou d'établissement ou, à défaut, une convention ou un accord de branche peut, lorsque les caractéristiques propres à l'activité d'un secteur le justifient, prévoir le dépassement de la durée maximale hebdomadaire de travail prévue à l'article L. 3122-7, à condition que ce dépassement n'ait pas pour effet de porter cette durée à plus de quarante-quatre heures sur douze semaines consécutives.

Comp. anc. art. L. 3122-35, al. 2.

Art. L. 3122-19 Dans les zones mentionnées à l'article L. 3132-24, un accord collectif de branche, de groupe, d'entreprise, d'établissement ou territorial peut prévoir la faculté d'employer des salariés entre 21 heures et minuit.

Cet accord prévoit notamment, au bénéfice des salariés employés entre 21 heures et le début de la période de travail de nuit :

1° La mise à disposition d'un moyen de transport pris en charge par l'employeur qui permet au salarié de regagner son lieu de résidence ;

2° Des mesures destinées à faciliter l'articulation entre la vie professionnelle et la vie personnelle des salariés, en particulier des mesures de compensation des charges liées à la garde d'enfants ou à la prise en charge d'une personne dépendante ;

3° La fixation des conditions de prise en compte par l'employeur de l'évolution de la situation personnelle des salariés, en particulier de leur souhait de ne plus travailler après 21 heures. Pour les salariées mentionnées à l'article L. 1225-9, le choix de ne plus travailler entre 21 heures et le début de la période de nuit est d'effet immédiat.

Comp. anc. art. L. 3122-291, II.

SECTION III **DISPOSITIONS SUPPLÉTIVES**

Art. L. 3122-20 A défaut de convention ou d'accord collectif, tout travail accompli entre 21 heures et 6 heures est considéré comme du travail de nuit et, pour les activités mentionnées à l'article L. 3122-3, tout travail accompli entre minuit et 7 heures est considéré comme du travail de nuit.

Art. L. 3122-21 A défaut de convention ou d'accord collectif et à condition que l'employeur ait engagé sérieusement et loyalement des négociations en vue de la conclusion d'un tel accord, les travailleurs peuvent être affectés à des postes de nuit sur autorisation de l'inspecteur du travail accordée notamment après vérification des contreparties qui leur sont accordées au titre de l'obligation définie à l'article L. 3122-8 et de l'existence de temps de pause, selon des modalités fixées par décret en Conseil d'État.

L'engagement de négociations loyales et sérieuses implique pour l'employeur d'avoir :

1° Convoqué à la négociation les organisations syndicales représentatives dans l'entreprise et fixé le lieu et le calendrier des réunions ;

2° Communiqué les informations nécessaires leur permettant de négocier en toute connaissance de cause ;

3° Répondu aux éventuelles propositions des organisations syndicales.

Comp. anc. art. L. 3122-36.

Art. L. 3122-22 A défaut de stipulation conventionnelle définissant la période de travail de nuit, l'inspecteur du travail peut autoriser la définition d'une période différente de celle prévue à l'article L. 3122-20, dans le respect de l'article L. 3122-2, après consultation des délégués syndicaux et avis du comité d'entreprise ou, à défaut, des délégués du personnel, s'ils existent, lorsque les caractéristiques particulières de l'activité de l'entreprise le justifient.

En application de l'art. L. 231-5 CRPA, et par exception à l'application du délai de deux mois prévu à l'art. L. 231-1 du même code, le délai à l'expiration duquel le silence gardé par l'administration vaut décision d'acceptation est fixé à trente jours pour une demande d'autorisation de substitution à la période 21 heures-6 heures, pour la définition du travail de nuit (Décr. nº 2014-1290 du 23 oct. 2014, art. 1er).

Art. L. 3122-23 A défaut de stipulation conventionnelle mentionnée à l'article L. 3122-16, le nombre minimal d'heures entraînant la qualification de travailleur de nuit est fixé à deux cent soixante-dix heures sur une période de référence de douze mois consécutifs.

Art. L. 3122-24 A défaut d'accord, un décret peut fixer la liste des secteurs pour lesquels la durée maximale hebdomadaire de travail est fixée entre quarante et quarante-quatre heures.

Comp. anc. art. L. 3122-35, al. 3.

CHAPITRE III TRAVAIL À TEMPS PARTIEL ET TRAVAIL INTERMITTENT

SECTION PREMIÈRE TRAVAIL À TEMPS PARTIEL

RÉP. TRAV. vº *Travail à temps partiel*, par LEFRANC-HAMONIAUX.

BIBL. GÉN. ▶ BARTHÉLÉMY, *Dr. soc. 1996. 924* ✐. – BARTHÉLÉMY et *al.*, *JCP E 1995. I. 474.* – BÉLIER, *Dr. soc. 1994. 176* ✐ (travail à temps partiel annualisé). – CESARO, *JCP S 2013. 1270* (contrat de travail à temps partiel et contrat de travail intermittent). – DANIEL, *JCP S 2013. 1271* (contrat de travail à temps partiel : modèle). – FAVENNEC-HÉRY, *Dr. soc. 1994. 165* ✐ (loi du 20 déc. 1993) ; *ibid. 2000. 295* ✐ (travail à temps choisi) ; *ibid. 1999. 1004* ✐ (loi Aubry II) ; *ibid. 1998. 382* ✐ (35 heures et travail à temps partiel) ; *JCP E 1997. 692* (accord-cadre européen). – A. MAZEAUD, *TPS 2000, nº 15* (pluriactivité et refus d'accepter le changement). – PESCHAUD, *Dr. ouvrier 1998. 1.* – JOURDAN, *Sem. soc. Lamy 2013, nº 1592* (temps partiel : flexibilité et sécurité). – LA PRADELLE, *RPDS 1994. 163.* – LEFRANC-HAMONIAUX et SERVERIN, *RDT 2013. Controverse 451* ✐. – SAVATIER, *Dr. soc. 1988. 438.* – SIGNORETTO, *Sem. soc. Lamy 2001, suppl. nº 1016.*

▶ Numéro spécial, *Sem. soc. Lamy 2014, nº 1652.*

SOUS-SECTION 1 ORDRE PUBLIC

§ 1er DÉFINITION

Art. L. 3123-1 Est considéré comme salarié à temps partiel le salarié dont la durée du travail est inférieure :

1° A la durée légale du travail ou, lorsque cette durée est inférieure à la durée légale, à la durée du travail fixée conventionnellement pour la branche ou l'entreprise ou à la durée du travail applicable dans l'établissement ;

2° A la durée mensuelle résultant de l'application, durant cette période, de la durée légale du travail ou, si elle est inférieure, de la durée du travail fixée conventionnellement pour la branche ou l'entreprise ou de la durée du travail applicable dans l'établissement ;

3° A la durée de travail annuelle résultant de l'application durant cette période de la durée légale du travail, soit 1 607 heures, ou, si elle est inférieure, de la durée du travail fixée conventionnellement pour la branche ou l'entreprise ou de la durée du travail applicable dans l'établissement.

Comp. anc. art. L. 3123-1.

Jurisprudence rendue sous l'empire des textes antérieurs à la loi n° 2016-1088 du 8 août 2016

1. Notion de travail à temps partiel (définition antérieure à la loi du 19 janv. 2000). En application de l'art. L. 212-4-2, al. 4 [al. 5] [ancien] (nombre d'heures arrondi), doivent être considérés comme salariés à temps partiel des salariés effectuant 32 heures par semaine pour un horaire conventionnel de 39 heures. • Soc. 23 juin 1993 : *RJS 1993. 551, n° 923.* ♦ Les VRP, engagés sous contrat à durée indéterminée sans contrat écrit, qui ne sont soumis à aucun horaire, ne sont pas des salariés à temps partiel du seul fait qu'ils ont plusieurs cartes, ils doivent être pris intégralement en compte dans l'effectif de l'entreprise. • Soc. 7 oct. 1998, n° 97-60.429 P : *D. 1998. IR 432 ; RJS 1998. 853, n° 1417.*

2. Critères distinctifs. Le salarié qui se trouve placé dans l'impossibilité de prévoir à quel rythme il devra travailler et qui doit se tenir constamment à la disposition de l'employeur ne peut être considéré comme un travailleur à temps partiel. • Soc. 25 févr. 2004, n° 01-46.394 P. ♦ Tel n'est pas le cas dès lors que l'employeur prévoit un tableau sur lequel étaient indiquées les périodes de travail et les disponibilités des salariés et qui pouvait être mis à jour par ceux-ci et consulté par les services. • Soc. 9 juill. 2003, n° 01-42.451 P. ♦ Dans le même sens : • Soc. 8 juill. 2003, n° 02-45.092 P. (guichetiers de Paris Mutuel Hippodrome).

3. Novation du contrat. La volonté certaine de nover un contrat de travail à temps complet en contrat de travail à temps partiel ne peut résulter des termes équivoques des lettres échangées par les parties, en l'absence de tout autre fait ou acte propre à caractériser cette volonté. • Soc. 10 mars 1988 : *Dr. soc. 1988. 438, note Savatier.*

4. Clause d'exclusivité. La clause d'exclusivité ne doit être utilisée que pour protéger l'intérêt légitime de l'entreprise ; en conséquence, est abusive la clause subordonnant la possibilité pour le salarié engagé à temps partiel, d'exercer une autre activité professionnelle, à l'autorisation préalable de son employeur, lequel n'établissait pas en quoi cette clause était justifiée en son principe par les intérêts légitimes de l'entreprise. • Soc. 16 sept. 2009 : *D. 2009. AJ 2284, obs. Maillard ; RJS 2009. 850, n° 987 ; JS Lamy 2009 n° 265-2.* ♦ La clause imposant à un salarié de travailler à temps partiel et à titre exclusif ne peut lui être opposée et lui interdire de se consacrer à temps complet à son activité professionnelle ; il en résulte qu'en présence de ces clauses le représentant peut réclamer le bénéfice d'une rémunération minimale normalement réservée aux salariés exerçant à temps complet. • Soc. 11 mai 2005 : *D. 2005. IR 1590 ; D. 2006. Pan. 30 ; JCP S 2005. 1005 ; RJS 2005. 565, n° 787.* ♦ Comp. • Soc. 25 févr. 2004, n° 01-43.392 P.

5. Clause de refus de mission. La clause contractuelle par laquelle le salarié à temps partiel a la faculté de refuser les missions qui lui sont confiées est sans effet sur les exigences légales relatives à la mention dans le contrat de travail de la durée du travail et de sa répartition. • Soc. 26 janv. 2011 : *Dalloz actualité, 21 févr. 2011, obs. Siro ; D. 2011. Actu. 385 .*

§ 2 PASSAGE À TEMPS PARTIEL OU À TEMPS COMPLET

Art. L. 3123-2 Le salarié qui en fait la demande peut bénéficier d'une réduction de la durée du travail sous forme d'une ou plusieurs périodes d'au moins une semaine en raison des besoins de sa vie personnelle. Sa durée de travail est fixée dans la limite annuelle prévue au 3° de l'article L. 3123-1.

Pendant les périodes travaillées, le salarié est occupé selon l'horaire collectif applicable dans l'entreprise ou l'établissement.

Les dispositions relatives au régime des heures supplémentaires et à la contrepartie obligatoire sous forme de repos s'appliquent aux heures accomplies au cours d'une semaine au-delà de la durée légale fixée en application de l'article L. 3121-27 ou, en cas d'application d'un accord collectif conclu sur le fondement de l'article L. 3121-44, aux heures accomplies au-delà des limites fixées par cet accord.

L'avenant au contrat de travail précise la ou les périodes non travaillées. Il peut également prévoir les modalités de calcul de la rémunération mensualisée indépendamment de l'horaire réel du mois.

Comp. anc. art. L. 3123-7.

Art. L. 3123-3 Les salariés à temps partiel qui souhaitent occuper ou reprendre un emploi d'une durée au moins égale à celle mentionnée au premier alinéa de l'article L. 3123-7 ou un emploi à temps complet et les salariés à temps complet qui souhaitent occuper ou reprendre un emploi à temps partiel dans le même établissement ou, à défaut, dans la même entreprise ont priorité pour l'attribution d'un emploi ressortissant à leur catégorie professionnelle ou d'un emploi équivalent ou, si une convention ou un accord de branche étendu le prévoit, d'un emploi présentant des caractéristiques différentes.

L'employeur porte à la connaissance de ces salariés la liste des emplois disponibles correspondants.

Comp. anc. art. L. 3123-8.

Jurisprudence rendue sous l'empire des textes antérieurs à la loi n° 2016-1088 du 8 août 2016

La priorité d'emploi s'exerce sur l'attribution d'un temps partiel plus long et peut jouer à l'égard d'un salarié en contrat à durée indéterminée qui demande à bénéficier d'un poste à temps partiel plus long mais en contrat à durée déterminée. • Soc. 24 sept. 2008 : *RDT 2008. 733, obs. Héas ; RJS 2008. 929, n° 1133 ; JS Lamy 2008, n° 243-5 ; Dr. soc. 2008. 1232, obs. Favennec-Héry ; JCP S 2009. 1669, obs. Barège.*

Art. L. 3123-4 Le refus par un salarié d'accomplir un travail à temps partiel ne constitue ni une faute ni un motif de licenciement.

Comp. anc. art. L. 3123-4.

§ 3 ÉGALITÉ DE TRAITEMENT AVEC LES SALARIÉS À TEMPS PLEIN

Art. L. 3123-5 Le salarié à temps partiel bénéficie des droits reconnus au salarié à temps complet par la loi, les conventions et les accords d'entreprise ou d'établissement sous réserve, en ce qui concerne les droits conventionnels, de modalités spécifiques prévues par une convention ou un accord collectif.

La période d'essai d'un salarié à temps partiel ne peut avoir une durée calendaire supérieure à celle du salarié à temps complet.

Compte tenu de la durée de son travail et de son ancienneté dans l'entreprise, la rémunération du salarié à temps partiel est proportionnelle à celle du salarié qui, à qualification égale, occupe à temps complet un emploi équivalent dans l'établissement ou l'entreprise.

Pour la détermination des droits liés à l'ancienneté, la durée de celle-ci est décomptée pour le salarié à temps partiel comme s'il avait été occupé à temps complet, les périodes non travaillées étant prises en compte en totalité.

L'indemnité de licenciement et l'indemnité de départ à la retraite du salarié ayant été occupé à temps complet et à temps partiel dans la même entreprise sont calculées proportionnellement aux périodes d'emploi accomplies selon l'une et l'autre de ces deux modalités depuis son entrée dans l'entreprise.

Comp. anc. art. L. 3123-9 à L. 3123-13.

Jurisprudence rendue sous l'empire des textes antérieurs à la loi n° 2016-1088 du 8 août 2016

1. Application de la réglementation. La réglementation relative à la durée hebdomadaire légale du travail et la détermination des périodes d'inaction permettant d'y déroger ne peuvent être transposées au cas du travail à temps partiel. • Crim. 11 mai 1984 : *Bull. crim. n° 171 ; Dr. soc. 1985. 811, note Savatier.* – Dans le même sens : • Crim. 19 janv. 1978 : *Bull. crim. n° 23* • Soc. 11 févr. 1982 : *Bull. civ. V, n° 96* • 8 juin 1994, n° 90-41.895 P : *D. 1995. Somm. 374, obs. de Launay-Gallot ; RJS 1994. 587, n° 992* • 8 nov. 1995 : *Dr. soc. 1996. 91, obs. Favennec* • 27 sept. 2006 : *D. 2006. IR 2627 ; RJS 2006. 991, n° 1332.*

A. PRINCIPE D'ÉGALITÉ

2. Accords collectifs. Les conventions et accords collectifs d'entreprise doivent, en l'absence de réserves d'ordre conventionnel, bénéficier proportionnellement aux salariés à temps partiel. • Soc. 4 févr. 1987, n° 83-44.575 P : *Dr. soc. 1988. 438, note J. Savatier.* ♦ L'art. L. 212-4-5 [L. 3123-11 nouv.] ne permet de prévoir que des modalités spécifiques d'application des droits conventionnels pour les salariés à temps partiel ; il n'autorise pas, en revanche, leur exclusion du champ de la convention. • Soc. 15 janv. 2002 : *RJS 2002. 275, n° 363* • 7 mai 2002, n° 99-45.036 P : *RJS 2002. 685, n° 912* • 24 juin 2003, n° 00-42.766 P. • 8 juill. 2003, n° 02-45.092

P. ♦ Ainsi, un accord collectif peut réserver des jours flottants et un jour de RTT supplémentaire les années bissextiles, destinés à compenser les heures effectuées au-delà de la durée légale hebdomadaire, aux seuls travailleurs à temps complet ; les salariés à temps partiel bénéficiant conventionnellement de la réduction de la durée du travail selon des modalités adaptées à leur situation. • Soc. 17 juin 2009 : *D. 2009. AJ 1833, obs. Ines ; JCP S 2009. 1402, obs. Del Sol.*

3. PSE. Un plan social établi à l'occasion d'un licenciement collectif ne peut écarter des salariés au seul motif qu'ils sont employés à temps partiel. • Soc. 10 nov. 1992, n° 89-42.884 P : *Dr. soc. 1993. 62 ; RJS 1992. 775, n° 1429* • 12 févr. 2003, n° 02-40.526 P.

4. Ordre des licenciements. La qualité de salarié à temps partiel ne peut justifier la décision de licencier l'intéressé de préférence à un salarié à temps plein de même catégorie professionnelle et dont l'ancienneté est moindre. • Soc. 3 mars 1998, n° 95-41.610 P : *D. 1998. IR 93 ; Dr. soc. 1998. 683, note F. Favennec-Héry ; RJS 1998. 342, n° 548* • 4 juill. 2012 : *D. 2012. Actu. 1894 ; JCP S 2012. 1407, obs. Béal et Marguerite.*

B. CONGÉS PAYÉS ET JOURS FÉRIÉS

5. Calcul. Dès lors que la convention collective prévoyait que les congés payés étaient calculés en jours ouvrés, une cour d'appel a pu décider que les congés des salariés à temps partiel ne devaient être imputés que sur leurs jours de travail effectif. • Soc. 23 avr. 1997 : *RJS 1997. 569, n° 880.* ♦ Le salarié à temps partiel a droit à un congé dont la durée, qui ne doit pas être réduite à proportion de l'horaire de travail, est égale à celle du congé d'un salarié à temps plein et dont la rémunération est égale au dixième de la rémunération totale qu'il a perçue au cours de la période de référence, ou si elle est plus favorable, au montant de la rémunération qu'il aurait perçue s'il avait continué à travailler. • Soc. 22 févr. 2000, n° 97-43.515 P : *D. 2000. IR 93 ; RJS 2000. 324, n° 467.* ♦ Le calcul du nombre de jours de congés payés pris par un salarié à temps partiel doit s'effectuer en prenant en compte tous les jours ouvrables compris entre le premier jour où l'intéressé aurait dû travailler s'il n'était pas parti en congé et le jour de la reprise. • Même arrêt. ♦ En application du principe de l'égalité de traitement entre les salariés à temps partiel et les salariés à temps complet, les jours ouvrables de congés d'ancienneté doivent être décomptés de la même manière que les jours de congés des salariés à temps plein, sur les six jours ouvrables de la semaine ; il n'en va autrement que si l'accord collectif prévoit que le décompte des congés est effectué en jours ouvrés. • Soc. 31 janv. 2012 : *RJS 2012. 335, n° 397 ; JCP S 2012. 1192, obs. Rosa.*

6. Congés supplémentaires. Le passage à temps partiel ne fait pas perdre au salarié le bénéfice du nombre de jours de congés supplémentaires pour ancienneté qu'il avait acquis lorsqu'il avait travaillé à temps plein. • Soc. 6 avr. 1999, n° 96-42.788 P : *D. 1999. IR 132 ; RJS 1999. 465, n° 766* (salarié en préretraite progressive). ♦ V. aussi : • Soc. 17 mars 1999, n° 96-45.167 P : *RJS 1999. 464, n° 765.*

7. Jours fériés. Si l'employeur doit accorder au salarié à temps partiel le nombre de jours fériés auquel celui-ci peut prétendre, en revanche il est fondé à rémunérer ces jours fériés sur la base de la durée théorique journalière de travail du salarié à temps partiel. • Soc. 5 juin 2008 : *D. 2008. AJ 2282, obs. Perrin .*

C. INDEMNITÉS

8. Indemnité de licenciement. Lorsqu'un salarié a été occupé successivement à temps partiel et à temps plein, l'indemnité de licenciement se calcule proportionnellement aux périodes d'emploi à temps partiel et à temps plein. • Soc. 16 févr. 1994 : *RJS 1994. 385, n° 626* • 10 janv. 1995 : *D. 1995. IR 52 ; Dr. soc. 1995. 193 ; RJS 1995. 130, n° 168.* ♦ Le montant de l'indemnité de licenciement est fonction de la durée de service des salariés tant à temps complet qu'à temps partiel, les périodes de travail à temps partiel étant prises en compte au prorata du rapport entre l'horaire à temps partiel et l'horaire à temps complet. • Soc. 4 janv. 2000, n° 97-44.923 P : *RJS 2000. 151, n° 227.*

D. RÉNUMÉRATION

9. Principe. Les salariés à temps partiel doivent bénéficier proportionnellement des avantages de rémunération consentis par l'employeur aux salariés à temps complet. • Soc. 19 nov. 1987 : *Bull. civ. V, n° 663 ; Dr. soc. 1988. 438, note J. Savatier.* ♦ La note de l'employeur fixant les conditions d'attribution d'une rémunération complémentaire sans distinguer les objectifs à atteindre et exigeant la réalisation du même chiffre d'affaires par tous les salariés porte atteinte au principe d'égalité. • Soc. 4 déc. 1990, n° 87-42.341 P : *D. 1991. IR 12.* ♦ En revanche, n'est pas entachée d'illégalité l'extension d'une convention collective instituant une rémunération mensuelle minimale indépendante du nombre d'heures effectivement accomplies. • CE 6 oct. 1999 : *RJS 1999. 864, n° 1487.*

10. Un usage d'entreprise ne peut subordonner le paiement d'une prime à l'occupation d'un emploi à temps plein. • Soc. 13 avr. 1999, n° 97-41.171 P : *RJS 1999. 464, n° 764* (prime attribuée aux salariés travaillant à temps plein en région parisienne).

11. Le principe de proportionnalité s'applique à toutes les sommes versées aux salariés présentant le caractère d'une rémunération. • Soc. 1er juin 1999, ⚖ n° 97-41.430 P : *D. 1999. IR 202* ✍ ; *RJS 1999. 868, n° 1412* ; *TPS 1999, n° 303* (prime de résidence) • 11 févr. 1998 : ⚖ *RJS 1998. 343, n° 549* (prime de vacances).

12. Dès lors qu'un supplément familial, prévu par une convention collective, constitue un élément du salaire, il est soumis, sauf mention contraire, au principe de proportionnalité et doit être proratisé pour les travailleurs à temps partiel. • Soc. 2 juill. 2014 : ⚖ *Dalloz actualité, 18 sept. 2014, obs. Peyronnet* ; *D. 2014. Actu. 1505* ✍ ; *RJS 2014. 606, n° 707* ; *JS Lamy 2014, n° 373-30.* ♦ Une convention ou un accord collectif pouvant comporter des stipulations plus favorables aux salariés, une prime d'expérience, une prime familiale et une prime de vacances conventionnelles peuvent avoir un caractère forfaitaire et être intégralement versées aux salariés à temps partiel. • Soc. 15 sept. 2010 : ⚖ *RJS 2010. 796, n° 894.*

§ 4 CONTRAT DE TRAVAIL

Art. L. 3123-6 Le contrat de travail du salarié à temps partiel est un contrat écrit.

Il mentionne :

1° La qualification du salarié, les éléments de la rémunération, la durée hebdomadaire ou mensuelle prévue et, sauf pour les salariés des associations et entreprises d'aide à domicile et les salariés relevant d'un accord collectif conclu en application de l'article L. 3121-44, la répartition de la durée du travail entre les jours de la semaine ou les semaines du mois ;

2° Les cas dans lesquels une modification éventuelle de cette répartition peut intervenir ainsi que la nature de cette modification ;

3° Les modalités selon lesquelles les horaires de travail pour chaque journée travaillée sont communiqués par écrit au salarié. Dans les associations et entreprises d'aide à domicile, les horaires de travail sont communiqués par écrit chaque mois au salarié ;

4° Les limites dans lesquelles peuvent être accomplies des heures complémentaires au-delà de la durée de travail fixée par le contrat.

L'avenant au contrat de travail prévu à l'article L. 3123-22 mentionne les modalités selon lesquelles des compléments d'heures peuvent être accomplis au-delà de la durée fixée par le contrat.

Comp. anc. art. L. 3123-14.

Jurisprudence rendue sous l'empire des textes antérieurs à la loi n° 2016-1088 du 8 août 2016

1. Rôle de l'écrit. En l'absence d'écrit, l'employeur est en droit d'exiger du salarié la régularisation du contrat, jusque-là verbal. • Soc. 12 mai 1993 : ⚖ *RJS 1993. 393, n° 680.* ♦ L'absence d'un écrit constatant l'existence d'un contrat de travail à temps partiel a pour seul effet de faire présumer que le contrat a été conclu pour un horaire normal. • Soc. 14 mai 1987 : *D. 1987. IR 134* ; *Dr. soc. 1988. 438, note J. Savatier* • 19 juin 1990, ⚖ n° 86-44.330 P : *CSB 1990. 204.* ♦ Il incombe à l'employeur, qui conteste cette présomption, de rapporter la preuve, d'une part, qu'il s'agit d'un emploi à temps partiel, d'autre part, que le salarié n'est pas placé dans l'impossibilité de prévoir à quel rythme il doit travailler et qu'il n'est pas tenu de se tenir constamment à la disposition de son employeur. • Soc. 25 févr. 2004, n° 01-46.541 P : *D. 2004. IR 1286* ✍ ; *RJS 2004. 418, n° 623* • 26 janv. 2005 : ⚖ *D. 2005. IR 858* ✍ • 9 mars 2005 : ⚖ *Dr. soc. 2005. 691, obs. Roy-Loustaunau* ✍ • 12 juill. 2005 : ⚖ *D. 2005. 344, note Mouly* ✍ ; *Dr. soc. 2005. 1045, obs. Savatier* ✍ ; *JCP S 2005. 1333, note Adom* ; *RJS 2005. 677, n° 941* ; *JS Lamy 2005, n° 176-3* • 8 févr. 2011 : ⚖ *Dalloz actualité, 3 mars 2011, obs. Dechristé* ; *D. 2011. Actu. 599* ✍ ; *JS Lamy 2011, n° 296-5, obs. Lalanne* ; *JCP S 2011. 1199, obs. Dumont.* ♦ L'exigence de l'écrit s'impose non seulement au contrat de travail initial mais aussi aux avenants modificatifs de la durée du travail ou de sa répétition. • Soc. 20 juin 2013 : ⚖ *Dalloz actualité, 12 juill. 2013, obs. Fraisse* ; *D. 2013. Actu. 1629* ✍ ; *RJS 10/2013, n° 715.* ♦ A défaut, le contrat de travail à temps partiel doit être requalifié en contrat de travail à temps plein à compter de la première irrégularité. • Soc. 23 nov. 2016, ⚖ nos 15-18.092 et 15-18.093 P : *D. 2016. Actu. 2409* ✍ ; *RJS 1/2017, n° 10.*

2. Requalification en contrat de travail à temps complet. En cas de requalification d'un contrat de travail à temps partiel en contrat à temps complet, la durée de travail en résultant correspond à la durée légale de travail ou, si elle est inférieure, à la durée fixée conventionnellement. • Soc. 3 juin 2015, ⚖ n° 13-21.671 P : *Dalloz actualité, 18 juin 2015, obs. Ines* ; *D. 2015. Actu. 1277* ✍ ; *RJS 8-9/2015, n° 604* ; *JCP S 2015. 1363, obs. Barège.* ♦ En procédant à la requalification du contrat de travail en un contrat à temps complet, l'employeur était tenu au paiement du salaire correspondant à un temps plein ;

la preuve que le salarié était occupé auprès d'un autre employeur ne peut que servir à l'appréciation de l'impossibilité pour ce dernier de prévoir à quel rythme il devait travailler. • Soc. 14 sept. 2016, ⛫ n° 15-15.944 P : *Dalloz actualité, 17 oct. 2016, obs. Fraisse.*

3. Charge de la preuve. La charge de la preuve incombe à celui qui invoque l'existence d'un temps partiel. • Soc. 25 oct. 1990 : ⛫ *CSB 1990. 277, A. 62.* ♦ L'employeur doit rapporter la preuve, d'une part, de la durée exacte hebdomadaire ou mensuelle convenue, d'autre part, de ce que le salarié n'était pas placé dans l'impossibilité de prévoir à quel rythme il devait travailler et qu'il n'avait pas à se tenir constamment à la disposition de l'employeur. • Soc. 21 nov. 2012 : ⛫ *D. 2012. Actu. 2809* ✎ *; D. 2013. Pan. 1026, obs. Lokiec* ✎ *; JCP S 2013. 1092, obs. Barège.* ♦ Il lui appartient de rapporter la preuve non seulement de la durée exacte du travail convenu, mais également de sa répartition sur la semaine ou le mois. • Soc. 29 janv. 1997, ⛫ n° 94-41.171 P : *GADT, 4ᵉ éd., n° 39 ; D. 1997. IR 60* ✎ *; Dr. soc. 1997. 311, obs. Favennec* ✎ *; RJS 1997. 226, n° 343.* ♦ Dès lors qu'un salarié a été mis dans l'impossibilité de prévoir à quel rythme il pourrait travailler chaque mois et dans l'obligation de se tenir en permanence à la disposition de l'employeur, une cour d'appel qui a fait ressortir que ce dernier n'apportait pas la preuve d'une répartition du temps de travail entre les jours de la semaine ou entre les semaines du mois justifie sa décision d'accorder au salarié un rappel de rémunération et de calculer les différentes indemnités octroyées sur la base d'un temps complet. • Soc. 12 nov. 1997, ⛫ n° 95-41.746 P : *D. 1997. IR 256* ✎ *; RJS 1997. 891, n° 1454 ; Dr. soc. 1998. 75* ✎. ♦ Le seul fait de prouver, grâce aux bulletins de paye et aux plannings, que la durée du travail a toujours été inférieure à la durée légale du travail ne suffit pas pour écarter la présomption. • Soc. 9 janv. 2013 : ⛫ *D. 2013. Actu. 182* ✎ *; D. 2013. Pan. 1026, obs. Porta* ✎ *; JCP S 2013. 1227, obs. Bousez.*

4. Associations d'aide à domicile. Si le contrat de travail des salariés des associations d'aide à domicile peut ne pas mentionner la répartition de la durée du travail entre les jours de la semaine ou les semaines du mois, il doit néanmoins mentionner la durée hebdomadaire ou, le cas échéant, la durée mensuelle de travail garantie au salarié. • Soc. 2 févr. 1999, ⛫ n° 96-44.596 P : *RJS 1999. 262, n° 443* • Soc. 4 déc. 2002, ⛫ n° 00-40.255 P : *D. 2003. IR 105* ✎ *; RJS 2003. 118, n° 163 ; JCP E 2003. 134, note Taquet ; ibid. 2003. 496, note Boulmier.* ♦ Dans les associations et entreprises d'aide à domicile, les horaires de travail sont communiqués par écrit chaque mois au salarié ; en l'absence de stipulations relatives au jour du mois auxquels sont communiqués par écrit les horaires de travail des salariés des entreprises et associations d'aide à domicile, ceux-ci doivent l'être avant le début de chaque mois. L'absence d'une telle communication fait présumer que l'emploi est à temps complet et il incombe alors à l'employeur de rapporter la preuve, d'une part de la durée exacte hebdomadaire ou mensuelle convenue, d'autre part, que le salarié n'était pas placé dans l'impossibilité de prévoir à quel rythme il devait travailler et qu'il n'avait pas à se tenir constamment à la disposition de l'employeur. • Soc. 20 févr. 2013 : ⛫ *Dalloz actualité, 13 mars 2013, obs. Fraisse ; D. 2013. Actu. 574* ✎ *; D. 2013. Pan. 1026, obs. Lokiec* ✎ *; JCP S 2013. 1226, obs. Dumont.*

5. Clause de mission. La clause contractuelle, par laquelle le salarié à temps partiel a la faculté de refuser les missions qui lui sont confiées, est sans effet sur les exigences légales relatives à la mention dans le contrat de travail de la durée de travail et de sa répartition. • Soc. 26 janv. 2011 : ⛫ *Dalloz actualité, 21 févr. 2011, obs. Siro.*

6. Clause d'exclusivité. La clause par laquelle un salarié à temps partiel se voit interdire toute autre activité professionnelle, soit pour son compte, soit pour le compte d'un tiers, porte atteinte au principe fondamental de libre exercice d'une activité professionnelle et n'est dès lors valable que si elle est indispensable à la protection des intérêts légitimes de l'entreprise et si elle est justifiée par la nature de la tâche à accomplir et proportionnée au but recherché. • Soc. 25 févr. 2004, ⛫ n° 01-43.392 P : *RJS 2004. 353, n° 504.* ♦ La clause imposant à un salarié de travailler à temps partiel et à titre exclusif ne peut lui être opposée et lui interdire de se consacrer à temps complet à son activité professionnelle ; il en résulte qu'en présence de ces clauses le représentant peut réclamer le bénéfice d'une rémunération minimale normalement réservée aux salariés exerçant à temps complet. • Soc. 11 mai 2005 : ⛫ *D. 2005. IR 1590 ; D. 2006. Pan. 30* ✎ *; JCP S 2005. 1005 ; RJS 2005. 565, n° 787.*

7. Horaire variable. Le fait que le salarié ait accepté, par un avenant à son contrat de travail, un horaire variable n'a pas d'incidence sur l'obligation de mentionner la durée du travail dans le contrat. • Soc. 16 nov. 1999, ⛫ n° 98-42.612 P : *D. 1999. IR 282* ✎ *; RJS 2000. 80, n° 112.*

8. Chèque emploi-service. Lorsque la durée hebdomadaire de travail de la salariée n'excède pas huit heures, la conclusion d'un contrat de travail écrit n'est pas obligatoire, le « chèque emploi-service » en tenant lieu. • Soc. 27 oct. 2004, ⛫ n° 03-48.234 P : *Dr. soc. 2005. 103, obs. Radé* ✎.

9. Heures complémentaires. Le seul défaut de la mention des limites dans lesquelles peuvent être effectuées les heures complémentaires au-delà du temps de travail fixé par le contrat à temps partiel n'entraîne pas sa requalification en contrat à temps complet. • Soc. 30 nov. 2010 : ⛫

Dalloz actualité, 4 janv. 2011, obs. Siro ; D. 2011. AJ 22 ; JCP S 2011. 1182, obs. Bousez.

10. Absence d'écrit et reconnaissance d'un contrat à temps partiel. Lorsqu'un contrat de travail à temps partiel est non écrit, le salarié peut revendiquer le temps partiel correspondant à l'horaire travaillé les deux premiers mois. • Soc. 30 avr. 2014 : *RJS 2014. 489, n° 597 ; JS Lamy 2014, n° 368-2, obs. Lhernould.*

11. Avenant modificatif. L'absence d'écrit conforme pour les avenants à un contrat de travail à temps partiel modifiant la durée du travail ou sa répartition emporte, dès le premier avenant irrégulier, fût-il temporaire, présomption de contrat à temps plein pour toute la suite de la relation de travail, peu importe que le contrat initial se soit conformé à l'obligation formelle. • Soc. 23 nov. 2016, n° 15-18.093 : *Dalloz actualité, 6 déc. 2016, obs. Cortot.*

§ 5 DURÉE MINIMALE DE TRAVAIL ET HEURES COMPLÉMENTAIRES

Art. L. 3123-7 Le salarié à temps partiel bénéficie d'une durée minimale de travail hebdomadaire déterminée selon les modalités fixées aux articles L. 3123-19 et L. 3123-27.

Le premier alinéa du présent article n'est pas applicable :

1° Aux contrats d'une durée au plus égale à sept jours ;

2° Aux contrats à durée déterminée conclus au titre du 1° de l'article L. 1242-2 ;

3° Aux contrats de travail temporaire conclus au titre du 1° de l'article L. 1251-6 pour le remplacement d'un salarié absent.

Une durée de travail inférieure à celle prévue au premier alinéa du présent article peut être fixée à la demande du salarié soit pour lui permettre de faire face à des contraintes personnelles, soit pour lui permettre de cumuler plusieurs activités afin d'atteindre une durée globale d'activité correspondant à un temps plein ou au moins égale à la durée mentionnée au même premier alinéa. Cette demande est écrite et motivée.

Une durée de travail inférieure à celle prévue au premier alinéa, compatible avec ses études, est fixée de droit, à sa demande, au bénéfice du salarié âgé de moins de vingt-six ans poursuivant ses études.

Comp. anc. art. L. 3123-14-1 à L. 3123-14-6.

Art. L. 3123-8 Chacune des heures complémentaires accomplies donne lieu à une majoration de salaire.

Comp. anc. art. L. 3123-17, al. 3.

Art. L. 3123-9 Les heures complémentaires ne peuvent avoir pour effet de porter la durée de travail accomplie par un salarié à temps partiel au niveau de la durée légale du travail ou, si elle est inférieure, au niveau de la durée de travail fixée conventionnellement.

Art. L. 3123-10 Le refus d'accomplir les heures complémentaires proposées par l'employeur au-delà des limites fixées par le contrat ne constitue ni une faute ni un motif de licenciement. Il en est de même, à l'intérieur de ces limites, lorsque le salarié est informé moins de trois jours avant la date à laquelle les heures complémentaires sont prévues.

Comp. anc. art. L. 3123-17, al. 2.

§ 6 RÉPARTITION DE LA DURÉE DU TRAVAIL

Art. L. 3123-11 Toute modification de la répartition de la durée de travail entre les jours de la semaine ou entre les semaines du mois est notifiée au salarié en respectant un délai de prévenance.

Comp. anc. art. L. 3123-21.

Jurisprudence rendue sous l'empire des textes antérieurs à la loi n° 2016-1088 du 8 août 2016

1. Modification des horaires. La répartition du temps de travail constitue un élément du contrat de travail à temps partiel qui ne peut être modifié sans l'accord du salarié. • Soc. 12 oct. 1999, n° 97-42.432 P : *D. 1999. IR 252 ; CSB 1999, A. 46. 364, obs. Charbonneau.* ♦ Le licenciement prononcé en raison du refus par le salarié de la modification de son contrat de travail est sans cause réelle et sérieuse. • Soc. 23 nov. 1999, n° 97-41.315 P : *RJS 2000. 86, n° 126.*

2. L'employeur qui modifie les horaires de travail d'un salarié à temps partiel sans respecter le délai de prévenance prévu au contrat de travail ne respecte pas ses engagements contractuels et la rupture qui en résulte s'analyse en un licenciement sans cause réelle et sérieuse. • Soc. 16 févr. 1999, n° 96-45.407 P : *RJS 1999. 371, n° 607* • 4 avr. 2006, n° 04-42.672 P.

3. Modification prévue par le contrat de travail. Une clause permettant de faire varier à la hausse les horaires de travail à condition d'en aviser le salarié à l'avance par écrit est licite. • Soc. 12 mars 1996, n° 92-42.331 P : *Dr. soc. 1996. 924, note Barthélémy ; RJS 1996. 347, n° 549 ; JCP 1997. II. 22779, note Puigelier ; JCP E 1996. I. 595, n° 7, obs. Chevillard.*

4. Une disposition du contrat trop générale accordant à l'employeur un pouvoir discrétionnaire de modification des clauses du contrat ne correspond pas aux exigences légales. • Soc. 7 juill. 1998, n° 95-43.443 P : *D. 1998. IR 204 ; JCP 1999. II. 10009, note Del Sol.* ♦ Il en est de même de la clause prévoyant la possibilité de modifier les horaires convenus en fonction des nécessités du service. • Soc. 6 avr. 1999, n° 96-45.790 P : *D. 1999. IR 132 ; RJS 1999. 463, n° 762.*

5. La clause ne peut valablement permettre à l'employeur de modifier l'horaire convenu qu'à la double condition, d'une part de la détermination par le contrat de la variation possible, d'autre part de l'énonciation des cas dans lesquels cette modification pourra intervenir. • Soc. 7 déc. 1999, n° 97-42.333 P : *RJS 2000. 225, n° 346.*

6. Refus d'une modification. Les dispositions de l'art. L. 212-4-2 C. trav. [ancien] ne s'opposent pas à la modification du contrat résultant de la réduction du temps de travail imposée pour une cause économique. • Soc. 24 nov. 1998, n° 96-41.740 P : *RJS 1999. 89, n° 133 ; TPS 1999, n° 21.* ♦ Le licenciement consécutif au refus par un salarié à temps partiel d'accepter la modification de la répartition de son temps de travail imposée par malignité et non dans l'intérêt de l'entreprise est sans cause réelle et sérieuse. • Soc. 14 oct. 1998, n° 96-43.539 P : *D. 1998. IR 243 .* ♦ Le refus d'un salarié d'accepter un changement de ses horaires ordonné par l'employeur dans le cadre de son pouvoir de direction, peut être légitime, même si le changement est prévu au contrat de travail, lorsque ce changement n'est pas compatible avec des obligations familiales impérieuses. • Soc. 9 mai 2001, n° 99-40.111 P : *D. 2001. IR 1849 ; RJS 2001. 644, n° 943.* ♦ Un tel refus n'est pas constitutif d'une faute grave mais peut néanmoins constituer une faute justifiant le licenciement. • Soc. 15 déc. 2004, n° 02-44.924 P : *Dr. soc. 2005. 343, obs. Lanquetin ; RJS 2005. 168, n° 242.*

7. Refus consécutif à l'entrée en vigueur d'un accord de réduction du temps de travail. Le caractère réel et sérieux du licenciement du salarié à temps partiel qui refuse la modification de son horaire de travail consécutive à l'entrée en vigueur d'un ARTT ne peut être apprécié qu'au regard des seules dispositions de l'accord collectif applicable. • Soc. 5 avr. 2006, n° 04-45.537 P : *RJS 2006. 540, n° 781.*

8. Délai de prévenance. Le délai de prévenance de l'art. L. 3123-21 C. trav. n'est applicable qu'en cas de décision unilatérale de l'employeur et non lorsque la modification intervient avec l'accord exprès du salarié. • Soc. 9 nov. 2016, n° 15-19.401 P : *Dalloz actualité, 1er déc. 2016, obs. Ines ; D. 2016. Actu. 2348 ; RJS 1/2017, n° 28.*

Art. L. 3123-12 Lorsque l'employeur demande au salarié de modifier la répartition de sa durée de travail, alors que le contrat de travail n'a pas prévu les cas et la nature de telles modifications, le refus du salarié d'accepter cette modification ne constitue ni une faute ni un motif de licenciement.

Lorsque l'employeur demande au salarié de modifier la répartition de sa durée du travail dans un des cas et selon des modalités préalablement définis dans le contrat de travail, le refus du salarié d'accepter cette modification ne constitue ni une faute ni un motif de licenciement dès lors que cette modification n'est pas compatible avec des obligations familiales impérieuses, avec le suivi d'un enseignement scolaire ou supérieur, avec l'accomplissement d'une période d'activité fixée par un autre employeur ou avec une activité professionnelle non salariée. Il en va de même en cas de modification des horaires de travail au sein de chaque journée travaillée qui figurent dans le document écrit communiqué au salarié en application du 3° de l'article L. 3123-6.

Comp. anc. art. L. 3123-24.

Jurisprudence rendue sous l'empire des textes antérieurs à la loi n° 2016-1088 du 8 août 2016

1. Respect de la vie familiale. Il appartient aux juges du fond de rechercher concrètement, d'une part, si la mise en œuvre de la clause de mobilité ne porte pas une atteinte au droit du salarié à une vie personnelle et familiale et si cette atteinte peut être justifiée par la tâche à accomplir et proportionnée au but recherché et, d'autre part, si la modification des horaires journaliers est compatible avec des obligations familiales impérieuses. • Soc. 13 janv. 2009 : *D. 2009. 1799, note*

Escande-Varniol ; RDT 2009. 300, obs. Dumery ; RJS 2009. 206, n° 228 ; Dr. soc. 2009. 614, obs. Radé ; JCP S 2009. 1162, obs. Bossu.

2. Respect de la pluriactivité salariée. N'est pas compatible avec la période d'activité fixée chez un autre employeur le changement d'horaires qui intervient alors que la salariée partageait son temps entre deux employeurs dont les cabinets n'étaient pas situés au même endroit et alors que les nouveaux horaires entraînaient un chevauchement partiel, peu important que la modification des horaires de travail de la salariée soit motivée par l'intérêt de l'entreprise. • Soc. 28 sept. 2011 : *RJS 2011. 892, n° 1027.*

Art. L. 3123-13 **Lorsque, pendant une période de douze semaines consécutives ou pendant douze semaines au cours d'une période de quinze semaines ou pendant la période prévue par un accord collectif conclu sur le fondement de l'article L. 3121-44 si elle est supérieure, l'horaire moyen réellement accompli par un salarié a dépassé de deux heures au moins par semaine, ou de l'équivalent mensuel de cette durée, l'horaire prévu dans son contrat, celui-ci est modifié, sous réserve d'un préavis de sept jours et sauf opposition du salarié intéressé.**

L'horaire modifié est égal à l'horaire antérieurement fixé auquel est ajoutée la différence entre cet horaire et l'horaire moyen réellement accompli.

Comp. anc. art. L. 3123-15.

Jurisprudence rendue sous l'empire des textes antérieurs à la loi n° 2016-1088 du 8 août 2016

Dès lors que l'horaire moyen réalisé par un salarié sur une période de 12 semaines consécutives dépasse d'au moins deux heures l'horaire contractuel hebdomadaire, ce dernier doit être réévalué en conséquence ; ce dépassement doit être calculé en fonction de l'horaire moyen réalisé par le salarié sur toute la période de référence. • Soc. 4 nov. 2015, n° 14-16.338 P : *Dalloz actualité, 8 déc. 2015, obs. Ines ; D. 2015. Actu. 2322 ; RJS 1/2016, n° 78 ; JS Lamy 2015, n° 399-400-5, obs. Bonnet.*

§ 7 EXERCICE D'UN MANDAT

Art. L. 3123-14 **Le temps de travail mensuel d'un salarié à temps partiel ne peut être réduit de plus d'un tiers par l'utilisation du crédit d'heures auquel il peut prétendre pour l'exercice de mandats qu'il détient au sein d'une entreprise. Le solde éventuel de ce crédit d'heures payées peut être utilisé en dehors des heures de travail de l'intéressé.**

Comp. anc. art. L. 3123-29.

§ 8 INFORMATION DES REPRÉSENTANTS DU PERSONNEL

Art. L. 3123-15 **Dans le cadre de la consultation sur la politique sociale de l'entreprise mentionnée à l'article L. 2323-15, l'employeur communique au moins une fois par an au comité d'entreprise ou, à défaut, aux délégués du personnel, s'ils existent, un bilan du travail à temps partiel réalisé dans l'entreprise.**

Il communique également ce bilan aux délégués syndicaux de l'entreprise.

Comp. anc. art. L. 3123-3.

Art. L. 3123-16 **L'employeur informe chaque année le comité d'entreprise ou, à défaut, les délégués du personnel, s'ils existent, du nombre de demandes de dérogation individuelle à la durée minimale de travail mentionnée au premier alinéa de l'article L. 3123-7 qui sont accordées sur le fondement des deux derniers alinéas du même article L. 3123-7.**

Comp. anc. art. L. 3123-14-2.

SOUS-SECTION 2 CHAMP DE LA NÉGOCIATION COLLECTIVE

§ 1er MISE EN PLACE D'HORAIRES À TEMPS PARTIEL

Art. L. 3123-17 **Une convention ou un accord d'entreprise ou d'établissement ou, à défaut, une convention ou un accord de branche étendu peut prévoir la mise en œuvre d'horaires de travail à temps partiel à l'initiative de l'employeur.**

Cet accord ou cette convention peut également fixer les conditions de mise en place d'horaires à temps partiel à la demande des salariés. Dans ce cas, l'accord ou la convention prévoit :

1° Les modalités selon lesquelles les salariés à temps complet peuvent occuper un emploi à temps partiel et les salariés à temps partiel occuper un emploi à temps complet dans le même établissement ou, à défaut, dans la même entreprise ;

2° La procédure à suivre par les salariés pour faire part de leur demande à leur employeur ;

3° Le délai laissé à l'employeur pour y apporter une réponse motivée, en particulier en cas de refus.

Comp. anc. art. L. 3123-11, in fine.

Art. L. 3123-18 Une convention ou un accord de branche étendu peut prévoir la possibilité pour l'employeur de :

1° Proposer au salarié à temps partiel un emploi à temps complet ou d'une durée au moins égale à la durée minimale mentionnée au premier alinéa de l'article L. 3123-7 ne ressortissant pas à sa catégorie professionnelle ou un emploi à temps complet non équivalent ;

2° Proposer au salarié à temps complet un emploi à temps partiel ne ressortissant pas à sa catégorie professionnelle ou un emploi à temps partiel non équivalent.

Comp. anc. art. L. 3123-5.

§ 2 DURÉE MINIMALE DE TRAVAIL ET HEURES COMPLÉMENTAIRES

Art. L. 3123-19 Une convention ou un accord de branche étendu fixe la durée minimale de travail mentionnée à l'article L. 3123-7. Lorsqu'elle est inférieure à celle prévue à l'article L. 3123-27, il détermine les garanties quant à la mise en œuvre d'horaires réguliers ou permettant au salarié de cumuler plusieurs activités afin d'atteindre une durée globale d'activité correspondant à un temps plein ou au moins égale à la durée mentionnée à l'article L. 3123-27.

Une convention ou un accord de branche étendu ou un accord d'entreprise ou d'établissement détermine les modalités selon lesquelles les horaires de travail des salariés effectuant une durée de travail inférieure à la durée minimale prévue à l'article L. 3123-27 sont regroupés sur des journées ou des demi-journées régulières ou complètes.

Comp. anc. art. L. 3123-14-3 et L. 3123-14-4.

Art. L. 3123-20 Une convention ou un accord d'entreprise ou d'établissement ou, à défaut, une convention ou un accord de branche étendu peut porter la limite dans laquelle peuvent être accomplies des heures complémentaires jusqu'au tiers de la durée hebdomadaire ou mensuelle de travail prévue dans le contrat du salarié à temps partiel et calculée, le cas échéant, sur la période prévue par un accord collectif conclu sur le fondement de l'article L. 3121-44.

Comp. anc. art. L. 3123-18.

Art. L. 3123-21 Une convention ou un accord de branche étendu peut prévoir le taux de majoration de chacune des heures complémentaires accomplies dans la limite fixée à l'article L. 3123-20. Ce taux ne peut être inférieur à 10 %.

Comp. anc. art. L. 3123-19, al. 2.

§ 3 COMPLÉMENTS D'HEURES PAR AVENANT

Art. L. 3123-22 Une convention ou un accord de branche étendu peut prévoir la possibilité, par un avenant au contrat de travail, d'augmenter temporairement la durée de travail prévue par le contrat.

La convention ou l'accord :

1° Détermine le nombre maximal d'avenants pouvant être conclus, dans la limite de huit par an et par salarié, en dehors des cas de remplacement d'un salarié absent nommément désigné ;

2° Peut prévoir la majoration salariale des heures effectuées dans le cadre de cet avenant ;

3° Détermine les modalités selon lesquelles les salariés peuvent bénéficier prioritairement des compléments d'heures.

Les heures complémentaires accomplies au-delà de la durée déterminée par l'avenant donnent lieu à une majoration salariale qui ne peut être inférieure à 25 %.

Comp. anc. art. L. 3123-25.

§ 4 RÉPARTITION DE LA DURÉE DU TRAVAIL

Art. L. 3123-23 Une convention ou un accord d'entreprise ou d'établissement ou, à défaut, une convention ou un accord de branche étendu ou agréé en application de l'article L. 314-6 du code de l'action sociale et des familles peut définir la répartition des horaires de travail des salariés à temps partiel dans la journée de travail.

Si cette répartition comporte plus d'une interruption d'activité ou une interruption supérieure à deux heures, la convention ou l'accord définit les amplitudes horaires pendant lesquelles les salariés peuvent exercer leur activité et prévoit des contreparties spécifiques en tenant compte des exigences propres à l'activité exercée.

Comp. anc. art. L. 3123-25.

Art. L. 3123-24 Une convention ou un accord d'entreprise ou d'établissement ou, à défaut, une convention ou un accord de branche étendu peut déterminer le délai dans lequel la modification de la répartition de la durée du travail est notifiée au salarié.

Ce délai ne peut être inférieur à trois jours ouvrés. Dans les associations et entreprises d'aide à domicile, ce délai peut être inférieur pour les cas d'urgence définis par convention ou accord de branche étendu ou par convention ou accord d'entreprise ou d'établissement.

La convention ou l'accord d'entreprise ou d'établissement ou, à défaut, la convention ou l'accord de branche étendu prévoit les contreparties apportées au salarié lorsque le délai de prévenance est inférieur à sept jours ouvrés.

Comp. anc. art. L. 3123-22.

Art. L. 3123-25 L'accord collectif permettant les dérogations prévues aux articles L. 3123-20 et L. 3123-24 comporte des garanties relatives à la mise en œuvre, pour les salariés à temps partiel, des droits reconnus aux salariés à temps complet, notamment du droit à un égal accès aux possibilités de promotion, de carrière et de formation, ainsi qu'à la fixation d'une période minimale de travail continue et à la limitation du nombre des interruptions d'activité au cours d'une même journée. – *V. art. R. 3124-7 (pén.).*

Comp. anc. art. L. 3123-23.

SOUS-SECTION 3 **DISPOSITIONS SUPPLÉTIVES**

§ 1er MISE EN PLACE D'HORAIRES À TEMPS PARTIEL

Art. L. 3123-26 A défaut de convention ou d'accord collectif, des horaires à temps partiel peuvent être pratiqués à l'initiative de l'employeur, après avis du comité d'entreprise ou, à défaut, des délégués du personnel, s'ils existent.

Dans les entreprises dépourvues d'institutions représentatives du personnel, des horaires à temps partiel peuvent être pratiqués à l'initiative de l'employeur ou à la demande des salariés, après information de l'agent de contrôle de l'inspection du travail.

A défaut de convention ou d'accord collectif, le salarié peut demander à bénéficier d'un poste à temps partiel, dans des conditions fixées par voie réglementaire.

La demande mentionnée au troisième alinéa ne peut être refusée que si l'employeur justifie de l'absence d'emploi disponible relevant de la catégorie professionnelle du salarié ou de l'absence d'emploi équivalent ou s'il peut démontrer que le changement d'emploi demandé aurait des conséquences préjudiciables à la bonne marche de l'entreprise.

Comp. anc. art. L. 3123-2, al. 2 et 3.

§ 2 DURÉE MINIMALE DE TRAVAIL ET HEURES COMPLÉMENTAIRES

Art. L. 3123-27 A défaut d'accord prévu à l'article L. 3123-19, la durée minimale de travail du salarié à temps partiel est fixée à vingt-quatre heures par semaine ou, le cas

échéant, à l'équivalent mensuel de cette durée ou à l'équivalent calculé sur la période prévue par un accord collectif conclu en application de l'article L. 3121-44.

Art. L. 3123-28 **A défaut d'accord prévu à l'article L. 3123-20, le nombre d'heures complémentaires accomplies par un salarié à temps partiel au cours d'une même semaine ou d'un même mois ou de la période prévue par un accord collectif conclu sur le fondement de l'article L. 3121-44 ne peut être supérieur au dixième de la durée hebdomadaire ou mensuelle de travail prévue dans son contrat et calculée, le cas échéant, sur la période prévue par un accord collectif conclu sur le fondement du même article L. 3121-44.**

Art. L. 3123-29 **A défaut de stipulation conventionnelle prévues** *[prévue]* **à l'article L. 3123-21, le taux de majoration des heures complémentaires est de 10 % pour chacune des heures complémentaires accomplies dans la limite du dixième des heures prévues au contrat de travail et de 25 % pour chacune des heures accomplies entre le dixième et le tiers des heures prévues au contrat de travail.**

§ 3 RÉPARTITION DE LA DURÉE DU TRAVAIL

Art. L. 3123-30 **A défaut d'accord prévu à l'article L. 3123-23, l'horaire de travail du salarié à temps partiel ne peut comporter, au cours d'une même journée, plus d'une interruption d'activité ou une interruption supérieure à deux heures.**

Art. L. 3123-31 **A défaut d'accord prévu à l'article L. 3123-24, toute modification de la répartition de la durée du travail entre les jours de la semaine ou les semaines du mois est notifiée au salarié au moins sept jours ouvrés avant la date à laquelle elle doit avoir lieu.**

SOUS-SECTION 4 DISPOSITIONS D'APPLICATION

Art. L. 3123-32 **Des décrets déterminent les modalités d'application de la présente section soit pour l'ensemble des professions ou des branches d'activité, soit pour une profession ou une branche particulière.**

Si, dans une profession ou dans une branche, la pratique du travail à temps partiel provoque un déséquilibre grave et durable des conditions d'emploi, des décrets, pris après consultation des organisations d'employeurs et de salariés intéressées, peuvent instituer des limitations du recours à cette pratique dans la branche ou la profession concernée.

SECTION II TRAVAIL INTERMITTENT

BIBL. ▶ POULAIN, *Dr. soc. 1989. 300.* – CASAUX, *ibid. 1988. 175.* – BÉLIER, *ibid. 1987. 696.* – FLORES, *RJS 2014. 67.* – PÉLISSIER, *ibid. 93.* – MORAND, *JCP E 1986. I. 15810.*

SOUS-SECTION 1 ORDRE PUBLIC

Art. L. 3123-33 **Des contrats de travail intermittent peuvent être conclus dans les entreprises couvertes par une convention ou par un accord d'entreprise ou d'établissement ou, à défaut, par une convention ou un accord de branche étendu qui le prévoit.**

Comp. anc. art. L. 3123-31.

Par dérogation à l'art. L. 3123-33 et à titre expérimental, dans les branches dans lesquelles l'emploi saisonnier au sens du 3° de l'art. L. 1242-2 est particulièrement développé, déterminées par arrêté du ministre chargé du travail, les emplois à caractère saisonnier peuvent donner lieu, jusqu'au 31 déc. 2019, à la conclusion d'un contrat de travail intermittent en l'absence de convention ou d'accord d'entreprise ou d'établissement ou en l'absence d'accord de branche, après information du comité d'entreprise ou des délégués du personnel. Le contrat indique que la rémunération versée mensuellement au salarié est indépendante de l'horaire réel et est lissée sur l'année. Les art. L. 3123-34, L. 3123-35 et L. 3123-37 sont applicables.

L'expérimentation comporte également un volet relatif à la sécurisation de la pluriactivité des salariés concernés, afin de leur garantir une activité indépendante ou salariée avec plusieurs employeurs sur une année entière en associant les partenaires intéressés au plan territorial.

Le Gouvernement remet au Parlement un rapport d'évaluation de l'expérimentation avant le 1er mars 2020.

La même dérogation est accordée aux entreprises adaptées mentionnées à l'art. L. 5213-13 (L. n° 2016-1088 du 8 août 2016, art. 87).

Jurisprudence rendue sous l'empire des textes antérieurs à la loi n° 2016-1088 du 8 août 2016

1. Définition des emplois. La convention ou l'accord collectif prévoyant le recours au travail intermittent doit désigner de façon précise les emplois permanents qui peuvent être conclus par la conclusion de contrats de travail intermittents. • Soc. 27 juin 2007 : *D. 2007. AJ 2241, obs. Dechristé ; RDT 2007. 735, obs. Véricel ; RJS 2007. 884, n° 1137 ; Dr. soc. 2008. 496, obs. Roy-Loustaunau .*

2. Requalification. Le contrat de travail intermittent conclu malgré l'absence d'une convention ou d'un accord collectif le prévoyant est illicite et doit être requalifié en contrat de travail à temps complet. • Soc. 8 juin 2011 : *Dalloz actualité, 8 juill. 2011, obs. Siro ; D. 2011. Actu. 1769 ; Dr. soc. 2011. 1205, note Roy-Loustaunau ; RJS 2011. 637, n° 697 ; JCP S 2011. 1492, obs. Bousez* • Soc. 19 mars 2014 : *Dalloz actualité, 3 avr. 2014, obs. Peyronnet ; D. 2014. Actu. 782 ; JS Lamy 2014, n° 365-4, obs. Lhernould.* ♦ La requalification judiciaire d'un contrat de travail intermittent en contrat à temps complet et le rappel de salaire subséquent qui ne sont que la conséquence de l'illicéité résultant de l'absence de convention collective ou d'accord collectif prévoyant le recours à un tel contrat et de la durée pendant laquelle l'employeur a maintenu une telle situation, ne constituent ni une sanction ayant le caractère d'une punition relevant des dispositions de l'art. 8 DDHC ni une privation de propriété au sens des art. 2 et 17 de cette Déclaration. • Soc., QPC, 10 juill. 2013 : *Dalloz actualité, 3 avr. 2014, obs. Peyronnet ; D. 2013. Actu. 1906 ; Dr. soc. 2013. 975 ; RJS 10/2013, n° 685.*

3. Travail intermittent et heures supplémentaires. Le contrat de travail intermittent ne constitue pas, en soi, une annualisation du temps de travail autorisant l'employeur à ne décompter les heures supplémentaires qu'au-delà de la durée annuelle légale ou conventionnelle ; les heures supplémentaires doivent être décomptées, sauf exception légale ou conventionnelle, par semaine travaillée. • Soc. 28 mai 2014 : *D. 2014. Actu. 1208 ; RDT 2015. 122, obs. Canut ; RJS 2014. 529, n° 635.*

Art. L. 3123-34 **Le contrat de travail intermittent est un contrat à durée indéterminée.**

Il peut être conclu afin de pourvoir un emploi permanent qui, par nature, comporte une alternance de périodes travaillées et de périodes non travaillées.

Ce contrat est écrit.

Il mentionne notamment :

1° La qualification du salarié ;

2° Les éléments de la rémunération ;

3° La durée annuelle minimale de travail du salarié ;

4° Les périodes de travail ;

5° La répartition des heures de travail à l'intérieur de ces périodes.

Comp. anc. art. L. 3123-33.

Art. L. 3123-35 **Les heures dépassant la durée annuelle minimale fixée au contrat de travail intermittent ne peuvent excéder le tiers de cette durée, sauf accord du salarié.** *– V. art. R. 3124-8 (pén.).*

Comp. anc. art. L. 3123-35.

Art. L. 3123-36 **Le salarié titulaire d'un contrat de travail intermittent bénéficie des droits reconnus aux salariés à temps complet, sous réserve, en ce qui concerne les droits conventionnels mentionnés à l'article L. 3123-38, de modalités spécifiques prévues par la convention ou l'accord collectif de travail étendu ou par une convention ou un accord d'entreprise ou d'établissement.**

Pour la détermination des droits liés à l'ancienneté, les périodes non travaillées sont prises en compte en totalité. *– V. art. R. 3124-11 (pén.).*

Comp. anc. art. L. 3123-36.

Art. L. 3123-37 **Les entreprises adaptées mentionnées à l'article L. 5213-13 peuvent conclure un contrat de travail intermittent même en l'absence de convention ou d'accord collectif de travail, dès lors que ce contrat est conclu avec un travailleur handicapé, bénéficiaire de l'obligation d'emploi au sens de l'article L. 5212-13.**

Comp. anc. art. L. 3123-32.

SOUS-SECTION 2 CHAMP DE LA NÉGOCIATION COLLECTIVE

Art. L. 3123-38 Une convention ou un accord d'entreprise ou d'établissement ou, à défaut, une convention ou un accord de branche étendu définit les emplois permanents pouvant être pourvus par des salariés titulaires d'un contrat de travail intermittent.

Cette convention ou cet accord détermine, le cas échéant, les droits conventionnels spécifiques aux salariés titulaires d'un contrat de travail intermittent.

Il peut prévoir que la rémunération versée mensuellement aux salariés titulaires d'un contrat de travail intermittent est indépendante de l'horaire réel et détermine, dans ce cas, les modalités de calcul de cette rémunération.

Dans les secteurs, dont la liste est déterminée par décret, où la nature de l'activité ne permet pas de fixer avec précision les périodes de travail et la répartition des heures de travail au sein de ces périodes, cette convention ou cet accord détermine les adaptations nécessaires, notamment les conditions dans lesquelles le salarié peut refuser les dates et les horaires de travail qui lui sont proposés. – *V. art. D. 3123-4.*

Comp. anc. art. L. 3123-35.

TITRE TROISIÈME REPOS ET JOURS FÉRIÉS

CHAPITRE PREMIER REPOS QUOTIDIEN

(L. n° 2016-1088 du 8 août 2016, art. 8)

SECTION PREMIÈRE ORDRE PUBLIC

Art. L. 3131-1 Tout salarié bénéficie d'un repos quotidien d'une durée minimale de onze heures consécutives, sauf dans les cas prévus aux articles L. 3131-2 et L. 3131-3 ou en cas d'urgence, dans des conditions déterminées par décret.

Comp. anc. art. L. 3131-1 et L. 3131-2, dern. al.

Jurisprudence rendue sous l'empire des textes antérieurs à la loi n° 2016-1088 du 8 août 2016

1. Amplitude journalière. L'amplitude du travail doit être calculée sur une même journée de 0 à 24 heures et ne peut dépasser 13 heures. • Soc. 18 déc. 2001 : *Dr. soc. 2002. 353, obs. Barthélémy.*

2. Exception pour des raisons de sécurité. La période de pause, qui s'analyse comme un arrêt de travail de courte durée sur le lieu de travail ou à proximité, n'est pas incompatible avec des interventions éventuelles et exceptionnelles demandées durant cette période au salarié en cas de nécessité, notamment pour des motifs de sécurité. • Soc. 12 oct. 2004, n° 03-44.084 P : *RJS 2004. 908, n° 1294 ; Dr. soc. 2005. 102, obs. Savatier ; TPS 2004, n° 352 ; Dr. ouvrier 2005. 182.*

3. Moment du repos quotidien. Vu l'article L. 3131-1 C. trav., interprété à la lumière de la Directive 2003/88/CE du Parlement européen et du Conseil du 4 novembre 2003, une visite médicale ne peut être imposée au salarié durant la période de repos journalier ; période qui se situe immédiatement après la fin du service. • Soc. 27 juin 2012 : *Dalloz actualité, 20 juill. 2012, obs. Siro ; D. 2012. Actu. 1830 ; D. 2013. Pan. 1026, obs. Lokiec ; RDT 2012. 569, obs. Véricel ; RJS 2012. 687, n° 802 ; JS Lamy 2012, n° 327-4, obs. Hautefort ; JCP S 2012. 1417, obs. Béal.*

SECTION II CHAMP DE LA NÉGOCIATION COLLECTIVE

Art. L. 3131-2 Une convention ou un accord d'entreprise ou d'établissement ou, à défaut, une convention ou un accord de branche peut déroger à la durée minimale de repos quotidien prévue à l'article L. 3131-1, dans des conditions déterminées par décret, notamment pour des activités caractérisées par la nécessité d'assurer une continuité du service ou par des périodes d'intervention fractionnées. – *V. art. R. 3135-1 (pén.).*

Comp. anc. art. L. 3131-2, al. 1er.

SECTION III DISPOSITIONS SUPPLÉTIVES

Art. L. 3131-3 **A défaut d'accord, en cas de surcroît exceptionnel d'activité, il peut être dérogé à la durée minimale de repos quotidien dans des conditions définies par décret.**

Comp. anc. art. L. 3131-2, al. 2.

CHAPITRE II REPOS HEBDOMADAIRE

SECTION PREMIÈRE PRINCIPES

RÉP. TRAV. v° *Repos hebdomadaire,* par VACHET.

BIBL. GÉN. ▶ D'ALLENDE, *JCP S 2009. 1385* (réforme du repos dominical). – FAVENNEC-HÉRY et GRASSI, *Dr. soc. 1993. 336* ⌀. – FAVENNEC-HÉRY, *Dr. soc. 2015. 787* ⌀ (loi du 6 août 2015. Travail dominical, travail en soirée). – FRIEDEL, *Dr. soc. 1967. 616.* – HENNION-MOREAU, *Dr. soc. 1990. 434* ⌀. – LECOQ, *RDT 2008. Controverse. 645* ⌀. – MASSÉ, *Dr. soc. 1979. 80 ; ibid. 1980. 460.* – SAVATIER, *ibid. 1994. 180* ⌀ (loi du 20 déc. 1993). – SIGNORETTO, *RPDS 1987. 198* (ouverture le dimanche des commerces non alimentaires). – TEYSSIÉ, *JCP 1982. I. 3092* (ord. du 16 janv. 1982) ; *JCP E 1987. I. 16580* (loi du 19 juin 1987). – VÉRICEL, *RDT 2008. Controverse. 642* ⌀. – VÉRICEL et D'ALLENDE, *RDT 2013. Controverse. 675* (faut-il assouplir les règles relatives au travail dominical ?).

▶ **Loi du 10 août 2009 :** BERNAUD, *Dr. soc. 2009* (le Conseil constitutionnel sacrifie la protection du salarié sur l'autel de la consommation). – MORAND, *JCP E 2009. 1912.* – POIRIER, *Dr. ouvrier 201. 22.* – VÉRICEL, *RDT 2009. 573* ⌀ (réaffirmation du principe du repos dominical ou généralisation du travail le dimanche) ; *ibid. 2015. 504* ⌀ (les dispositions de la loi Macron sur le travail le dimanche et le travail de nuit).

Art. L. 3132-1 **Il est interdit de faire travailler un même salarié plus de six jours par semaine.** – *[Anc. art. L. 221-2.] – V. art. R. 3135-2 (pén.).*

Réparation du préjudice. La privation du repos hebdomadaire qui a généré pour les salariés un trouble dans leur vie personnelle et engendré des risques pour leur santé et leur sécurité constitue un préjudice spécifique devant être réparé ; la contrepartie financière de l'astreinte qui n'a ni la même nature ni le même objet ne pouvant s'y substituer. • Soc. 8 juin 2011 : ⌂ *D. 2011. Actu. 1693* ⌀ *; RJS 2011. 632, n° 693 ; JCP S 2011. 1441, obs. Asquinazi-Bailleux.*

Art. L. 3132-2 **Le repos hebdomadaire a une durée minimale de vingt-quatre heures consécutives auxquelles s'ajoutent les heures consécutives de repos quotidien prévu au chapitre Ier.** – *[Anc. art. L. 221-4, al. 1.] – V. art. R. 3135-2 (pén.).*

Art. L. 3132-3 *(L. n° 2009-974 du 10 août 2009)* **Dans l'intérêt des salariés, le repos hebdomadaire est donné le dimanche.**

[Jurisprudence rendue sous l'empire du régime antérieur à la loi du 10 août 2009]

1. Conformité au droit communautaire. Les dispositions de l'art. L. 221-5 [L. 3132-3 nouv.], prises dans le seul intérêt des travailleurs, n'ont pas pour objet de régir les échanges entre les États membres de la CEE et ne sont pas incompatibles avec les dispositions du Traité de Rome qui interdisent les restrictions quantitatives à l'importation ainsi que les mesures d'effet équivalent. • Crim. 20 nov. 1990 : ⌂ *RJS 1991. 22, n° 34.* – Dans le même sens : • Crim. 9 oct. 1990 : ⌂ *RJS 1990. 643, n° 979* • 12 mars 1991 : ⌂ *ibid. 1991. 311, n° 585* • 26 mars 1991 : ⌂ *eod. loc.* • CJCE 28 févr. 1991 : *D. 1991. 343, note Huglo* ⌀ *; RJS 1991. 279, n° 530 b* • 16 déc. 1992 : *Dr. ouvrier 1993. 115, note Bonnechère.* ♦ ... Ni avec celles de la directive CEE n° 76/207 sur l'égalité de traitement entre hommes et femmes. • Crim. 10 janv. 1995 (1er arrêt) : ⌂ *Bull. crim. n° 9 ; RJS 1995. 261, n° 387* • 10 janv. 1995 (2e arrêt) : ⌂ *RJS 1995. 261, n° 388* • 27 juin 1995 (1er arrêt) : ⌂ *JCP 1996. II. 22573, note J.-H. Robert* • 27 juin 1995 (2e arrêt) : ⌂ *ibid.* • 4 juin 1998 : ⌂ *D. 1998. IR 210* ⌀ • 2 mars 1999 : ⌂ *Bull. crim. n° 27 ; D. 1999. IR 106* ⌀ *; Dr. pénal 1999. Comm. 73, obs. J.-H. Robert ; JCP E 1999. I. 1492, note Serret ; ibid. 2000, p. 1132, obs. Fortis.*

2. Conformité à la Constitution. Les dispositions de l'art. L. 3132-3 C. trav. fixant le dimanche comme jour de repos hebdomadaire sont conformes à la Constitution en ce qu'elles ont été adoptées par le législateur dans un but tant de préservation de la santé et de la sécurité des travailleurs que de protection des liens familiaux et répondent ainsi à des exigences constitutionnelles reconnues et garanties par les al. 10 et 11 du préambule de la Constitution de 1946 et n'ont pas pour effet de porter à la liberté contractuelle une atteinte manifestement disproportionnée au regard de l'objectif poursuivi ni ne méconnaissent le principe d'égalité. • Soc. 5 juin 2013 : ⚖ *Dalloz actualité, 25 juin 2013, obs. Ines.*

3. Salariés concernés. Aucune distinction n'étant faite entre les salariés employés pendant un seul jour de la semaine ou employés habituellement pendant les autres jours, tous constituent le personnel de l'entreprise auquel l'employeur doit le repos hebdomadaire le dimanche. • Crim. 24 mai 1976 : *Bull. crim. n° 177* • 2 oct. 1984 : *ibid., n° 281* • 14 nov. 1989 : *D. 1990. Somm. 175, obs. A. Lyon-Caen* ✎. ♦ Comp., en cas de recours à des « extras » : • Crim. 16 déc. 1981 : *D. 1982. IR 323, obs. Vachet.*

4. Dérogations. L'accord des salariés ne figure pas au nombre des dérogations à la règle du repos dominical énumérées par le code du travail et ne saurait ainsi constituer un fait justificatif. • Crim. 5 déc. 1989 : *D. 1990. Somm. 175, obs. A. Lyon-Caen* ✎ *; Dr. ouvrier 1992. 159, note Alvarez-Pujana.*

5. Sanctions. Dès lors qu'une société occupe les dimanches des salariés appartenant au personnel de l'entreprise, une cour d'appel peut reconnaître l'existence d'un trouble manifestement illicite et, sans excéder ses pouvoirs propres, sans porter atteinte à la séparation des pouvoirs et sans prononcer une peine, prendre, en application de l'art. 809 C. pr. civ., les mesures lui paraissant s'imposer pour faire cesser ce trouble. • Soc. 14 juin 1989 : *D. 1989. 589, concl. Écoutin.* ♦ Est illégale l'ouverture le dimanche pratiquée avec le concours de personnes membres de la famille du gérant, mais placées sous sa subordination. • Soc. 4 oct. 1994 : *CSB 1995. 54, S. 28.*

6. Atteinte à l'intérêt collectif de la profession. Le non-respect, par certains employeurs, du repos hebdomadaire, rompant l'égalité au préjudice de ceux qui respectent la règle légale, porte atteinte à l'intérêt collectif de la profession, et le syndicat qui représente celle-ci a qualité pour agir en référé. • Cass., ass. plén., 7 mai 1993, ⚖ n° 91-12.611 P : *D. 1993. 437, concl. Jéol* ✎ *; D. 1994. Somm. 319, obs. Verdier* ✎ *; JCP 1993. II. 22083, note Saint-Jours ; JCP E 1993. II. 470, note Savatier ; Gaz. Pal. 1er-2 déc. 1993, obs. Roubach ; RJS 1993. 357, n° 620 ; CSB 1993. 179, A. 43 ; Dr. soc. 1993. 606* • Crim. 29 oct. 1996 : ⚖ *D. 1997. IR 20* ✎. – Dans le même sens : • Soc. 17 févr. 1994 : ⚖ *RJS 1994. 274, n° 423* • 25 oct. 1994 : *Dr. soc. 1995. 54 ; RJS 1994. 834, n° 1380.*

7. Seules les organisations syndicales représentant la profession exercée par les sociétés qui n'ont pas respecté un arrêté préfectoral de fermeture sont recevables à agir. • Soc. 2 févr. 1994, ⚖ n° 90-14.771 P : *D. 1994. Somm. 319, obs. Verdier* ✎ *; Dr. soc. 1994. 377, note Savatier* ✎ *; RJS 1994. 188, n° 258.* ♦ En faveur de la recevabilité de principe d'une action intentée par une association de commerçants, V. • Soc. 11 oct. 1994 : ⚖ *RJS 1994. 764, n° 1273* • 18 janv. 1995 : ⚖ *CSB 1995. 91, S. 50.* ♦ Mais n'est pas recevable à se constituer partie civile malgré sa dénomination le syndicat des commerçants et entreprises qui ne comprenait pas des personnes exerçant la même profession, des métiers similaires ou des métiers connexes, concourant à l'établissement de produits déterminés ou la même profession libérale, et qui ne constituait donc pas, au regard des exigences posées par le texte, un syndicat ou une association professionnelle en l'absence d'habitation légale et faute de justifier d'une atteinte directement portée par l'infraction aux intérêts collectifs de l'ensemble de ses membres. • Crim. 14 juin 2000 : ⚖ *RJS 2000, n° 961.*

8. Trouble manifestement illicite. La violation de la règle du repos dominical est constitutive d'un trouble manifestement illicite. • Soc. 13 juin 2007 : ⚖ *D. 2007. AJ 1874* ✎ *; JCP S 2007. 1641, note Bugada.* ♦ La circonstance que l'employeur ait obtenu, dans un premier temps, une dérogation préfectorale n'est pas de nature à écarter cette qualification. • Soc. 16 juin 2010 : ⚖ *RDT 2010. 591, obs. Véricel* ✎ *; RJS 2010. 575, Rapp. Gosselin ; ibid. 2010. 606, n° 678 ; JCP S 2010. 1342, obs. d'Allende.*

9. Preuve de la violation de la règle du repos dominical. L'art. L. 3171-2 autorisant les délégués du personnel à consulter des documents relatifs au décompte de la durée du travail n'interdit pas à un syndicat de produire ces documents en justice ; le droit à la preuve peut justifier la production d'éléments portant atteinte à la vie personnelle d'un salarié à la condition que cette production soit nécessaire à l'exercice de ce droit et que l'atteinte soit proportionnée au but poursuivi. • Soc. 9 nov. 2016, ⚖ n° 15-10.203 : *Dalloz actualité, 25 nov. 2016, obs. Roussel ; Sem. soc. Lamy 2016, n° 1746, p. 11, obs. Champeaux.*

10. Action d'un commerçant concurrent. Dès lors que c'est en faisant illicitement travailler leurs salariés le dimanche que deux sociétés exercent un commerce similaire à proximité d'une troisième, cette dernière a un intérêt légitime à faire cesser cette situation en raison du préjudice que cette rupture d'égalité peut lui causer. • Soc. 30 mai 2012 : ⚖ *Dalloz actualité, 12 juin 2012, obs. Siro ; D. 2012. Actu. 1555* ✎ *; D. 2013. Pan. 1026, obs. Porta* ✎ *; RJS 2012. 623, n° 716 ; JCP S 2012. 1358, obs. d'Allende.*

11. Alsace-Moselle. Sur la compatibilité du code des professions en vigueur dans les départements d'Alsace et de Moselle proscrivant l'ouverture de certains commerces le dimanche avec le code du travail, V. • Crim. 15 oct. 1991 : *RJS 1992. 135, n° 204.*

[Jurisprudence rendue sous l'empire du régime de la loi du 10 août 2009]

12. La loi du 10 août 2009, qui réaffirme le principe du repos dominical et vise à adapter, sous certaines conditions, les dérogations à ce principe dans les communes et zones touristiques et thermales ainsi que dans certaines agglomérations pour les salariés volontaires, n'a pas eu pour effet de priver de support légal les infractions au repos dominical constatées avant son entrée en vigueur. • Crim. 16 mars 2010 : *D. 2010. Actu. 1026 ; Dr. soc. 2010. 1115, obs. Duquesne ; JCP S 2010. 1227, obs. d'Allende.*

Art. L. 3132-3-1 *(L. nº 2009-974 du 10 août 2009)* Le refus d'un demandeur d'emploi d'accepter une offre d'emploi impliquant de travailler le dimanche ne constitue pas un motif de radiation de la liste des demandeurs d'emploi.

Cette disposition ne s'applique pas dans les départements de la Moselle, du Bas-Rhin et du Haut-Rhin (L. nº 2009-974 du 10 août 2009). — V. art. L. 3134-1 à L. 3134-15.

SECTION II DÉROGATIONS

SOUS-SECTION 1 DÉROGATIONS AU REPOS HEBDOMADAIRE

§ 1er TRAVAUX URGENTS

Art. L. 3132-4 En cas de travaux urgents dont l'exécution immédiate est nécessaire pour organiser des mesures de sauvetage, pour prévenir des accidents imminents ou réparer des accidents survenus au matériel, aux installations ou aux bâtiments de l'établissement, le repos hebdomadaire peut être suspendu pour le personnel nécessaire à l'exécution de ces travaux.

Cette faculté de suspension s'applique non seulement aux salariés de l'entreprise où les travaux urgents sont nécessaires mais aussi à ceux d'une autre entreprise faisant les réparations pour le compte de la première.

Chaque salarié de cette seconde entreprise, de même que chaque salarié de l'entreprise où sont réalisés les travaux, affecté habituellement aux travaux d'entretien et de réparation, bénéficie d'un repos compensateur d'une durée égale au repos supprimé. — *[Anc. art. L. 221-12.] — V. art. R. 3135-2 (pén.).*

§ 2 INDUSTRIES TRAITANT DES MATIÈRES PÉRISSABLES OU AYANT À RÉPONDRE À UN SURCROÎT EXTRAORDINAIRE DE TRAVAIL

Art. L. 3132-5 Dans certaines industries traitant des matières périssables ou ayant à répondre à certains moments à un surcroît extraordinaire de travail, le repos hebdomadaire des salariés peut être suspendu deux fois au plus par mois, sans que le nombre de ces suspensions dans l'année soit supérieur à six.

Les heures de travail ainsi accomplies le jour du repos hebdomadaire sont considérées comme des heures supplémentaires et sont imputées sur le crédit d'heures supplémentaires prévu par les décrets d'application des dispositions relatives à la durée du travail.

La liste des industries pouvant bénéficier des dispositions prévues au premier alinéa est déterminée par décret en Conseil d'État. — *[Anc. art. L. 221-22.] — V. art. R. 3135-2 (pén.).*

§ 3 TRAVAUX DANS LES PORTS, DÉBARCADÈRES ET STATIONS

Art. L. 3132-6 Dans les ports, débarcadères et stations, l'emploi de salariés aux travaux de chargement et de déchargement le jour de repos hebdomadaire est autorisé dans les mêmes cas et sous les mêmes conditions que lorsque la durée du travail peut être prolongée pour ces mêmes travaux, en vertu des décrets d'application des dispositions relatives à la durée du travail. — *[Anc. art. L. 221-20.] — V. art. R. 3135-2 (pén.).*

§ 4 ACTIVITÉS SAISONNIÈRES

Art. L. 3132-7 Dans certaines industries ne fonctionnant que pendant une partie de l'année et dans certains établissements appartenant aux branches d'activité à caractère saisonnier et n'ouvrant en tout ou partie que pendant une période de l'année, le repos hebdomadaire peut être en partie différé dans les conditions prévues par l'article L. 3132-10, sous réserve que chaque travailleur bénéficie au moins de deux jours de repos par mois, autant que possible le dimanche.

La liste des industries et établissements prévues *[prévus]* au premier alinéa est déterminée par décret en Conseil d'État. — *[Anc. art. L. 221-21.] — V. art. R. 3135-2 (pén.).*

§ 5 TRAVAUX DE NETTOYAGE DES LOCAUX INDUSTRIELS ET DE MAINTENANCE

Art. L. 3132-8 Lorsqu'un établissement industriel ou commercial attribue le repos hebdomadaire le même jour à tous les salariés, ce repos peut être réduit à une demi-journée pour les salariés affectés aux travaux de nettoyage des locaux industriels et de maintenance qui doivent être réalisés nécessairement le jour de repos collectif et qui sont indispensables pour éviter un retard dans la reprise normale du travail.

Dans ce cas, un repos compensateur est attribué à raison d'une journée entière pour deux réductions d'une demi-journée. – *[Anc. art. L. 221-13.] – V. art. R. 3135-2 (pén.).*

§ 6 TRAVAUX INTÉRESSANT LA DÉFENSE NATIONALE

Art. L. 3132-9 Dans les établissements de l'État ainsi que dans ceux où sont exécutés des travaux pour le compte de l'État et dans l'intérêt de la défense nationale, le repos hebdomadaire peut être temporairement suspendu par les ministres intéressés. – *[Anc. art. L. 221-25.] – V. art. R. 3135-2 (pén.).*

§ 7 ÉTABLISSEMENTS INDUSTRIELS FONCTIONNANT EN CONTINU

Art. L. 3132-10 Dans les établissements industriels fonctionnant en continu, les repos hebdomadaires des salariés affectés aux travaux en continu peuvent être en partie différés dans les conditions suivantes :

1° Chaque salarié bénéficie, dans une période de travail donnée, d'un nombre de repos de vingt-quatre heures consécutives au moins égal au nombre de semaines comprises dans cette période ;

2° Chaque salarié bénéficie le plus possible de repos le dimanche.

Un décret en Conseil d'État détermine les conditions d'application du repos hebdomadaire aux salariés intéressés, les travaux auxquels s'appliquent cette dérogation et pour chacun de ces travaux, la durée maximale de la période de travail mentionnée au 1°. – *[Anc. art. L. 221-11.] – V. art. R. 3135-2 (pén.).*

§ 8 GARDIENS ET CONCIERGES DES ÉTABLISSEMENTS INDUSTRIELS ET COMMERCIAUX

Art. L. 3132-11 Les gardiens et concierges des établissements industriels et commerciaux auxquels le repos hebdomadaire ne peut être donné bénéficient d'un repos compensateur.

Cette dérogation n'est pas applicable aux jeunes travailleurs de moins de dix-huit ans. – *[Anc. art. L. 221-15.] – V. art. R. 3135-2 (pén.).*

SOUS-SECTION 2 **DÉROGATIONS AU REPOS DOMINICAL**

COMMENTAIRE

V. Dalloz.fr et applications mobiles Dalloz.

§ 1er DÉROGATION PERMANENTE DE DROIT

Art. L. 3132-12 Certains établissements, dont le fonctionnement ou l'ouverture est rendu nécessaire par les contraintes de la production, de l'activité ou les besoins du public, peuvent de droit déroger à la règle du repos dominical en attribuant le repos hebdomadaire par roulement.

Un décret en Conseil d'État détermine les catégories d'établissements intéressées. – *[Anc. art. L. 221-9, al. 1er et 16, et L. 221-10, al. 1er et 5.] – V. art. R. 3135-2 (pén.).*

1. Activité principale. Le bénéfice de la dérogation de droit au repos dominical, prévue par l'art. L. 3132-12, n'est accordé qu'aux entreprises exerçant, à titre principal, l'une des activités énumérées à l'art. R. 3132-5. • Soc. 16 juin 2010 : *Dalloz actualité, 2 juill. 2010, obs. Dechristé ; RDT 2010. 591, obs. Véricel ; RJS 2010. 575, Rapp. Gosselin ; ibid. 2010. 607, n° 678 ; JCP S 2010. 1342, obs. d'Allende.*

2. Rémunération du travail le dimanche et les jours fériés. Selon l'art. 5.6.1 de la convention collective nationale du golf, pour les salariés qui travaillent habituellement le dimanche et les jours fériés, le contrat de travail doit mentionner cette contrainte liée à l'organisation du temps de travail ; l'employeur ne peut être condamné à payer au salarié une certaine somme au titre de la majoration salariale pour travail le dimanche et les jours fériés, alors qu'il résultait de ses constatations que la contrainte du travail habituel ces jours-là était expressément prévue dans le contrat de travail. • Soc. 11 mai 2016, n° 14-20.826 P : *Dalloz actualité, 2 juin 2016, obs. Cortot ; RJS 7/2016, n° 498.*

Art. L. 3132-13 Dans les commerces de détail alimentaire, le repos hebdomadaire peut être donné le dimanche à partir de *(L. n° 2009-974 du 10 août 2009)* « treize heures ».

Les salariés âgés de moins de vingt et un ans logés chez leurs employeurs bénéficient d'un repos compensateur, par roulement et par semaine, d'un autre après-midi.

Les autres salariés bénéficient d'un repos compensateur, par roulement et par quinzaine, d'une journée entière.

(L. n° 2015-990 du 6 août 2015, art. 251) « Dans les commerces de détail alimentaire dont la surface de vente est supérieure au seuil mentionné au premier alinéa de l'article 3 de la loi n° 72-657 du 13 juillet 1972 instituant des mesures en faveur de certaines catégories de commerçants et artisans âgés, les salariés privés du repos dominical bénéficient d'une rémunération majorée d'au moins 30 % par rapport à la rémunération normalement due pour une durée équivalente. »

V. art. R. 3135-2 (pén.).

§ 2 DÉROGATIONS CONVENTIONNELLES

SOUS-§ 1er *TRAVAIL EN CONTINU*

Art. L. 3132-14 Dans les industries ou les entreprises industrielles, une convention ou un accord collectif étendu ou une convention ou un accord d'entreprise ou d'établissement peut prévoir la possibilité d'organiser le travail de façon continue pour des raisons économiques et d'attribuer le repos hebdomadaire par roulement.

A défaut de convention ou d'accord collectif de travail étendu ou de convention ou d'accord d'entreprise, une dérogation peut être accordée par l'inspecteur du travail après consultation des délégués syndicaux et avis du comité d'entreprise ou des délégués du personnel, s'ils existent, dans des conditions déterminées par décret en Conseil d'État. — *[Anc. art. L. 221-10, al. 1er et 4, phrases 1 et 2.] — V. art. R. 3135-2 (pén.).*

En application de l'art. L. 231-5 CRPA, et par exception à l'application du délai de deux mois prévu à l'art. L. 231-1 du même code, le délai à l'expiration duquel le silence gardé par l'administration vaut décision d'acceptation est fixé à trente jours pour une demande d'autorisation d'organiser le travail de façon continue pour des raisons économiques et d'attribuer le repos hebdomadaire par roulement (Décr. n° 2014-1290 du 23 oct. 2014, art. 1er).

Art. L. 3132-15 La durée du travail des salariés travaillant de façon permanente en équipes successives selon un cycle continu ne doit pas être supérieure en moyenne, sur une année, à trente-cinq heures par semaine travaillée. — *[Anc. art. 26, Ord. n° 82-41 du 16 janv. 1982.]*

1. Hypothèses. En relevant que seuls trois postes de travail sur les neuf des deux secteurs concernés étaient occupés d'une manière permanente sept jours sur sept par roulement au sein de chaque équipe, que la répartition horaire de l'activité dans l'ensemble des deux secteurs était différente selon la qualification des salariés et que les jours de repos du salarié concerné étaient fixes et alternés une semaine sur deux, les juges du fond ont pu déduire que celui-ci ne travaillait pas de façon permanente en équipes successives selon un cycle continu. • Soc. 6 juill. 1994 : *Dr. soc. 1994. 893, obs. Barthélémy.* ♦ Comp. : il suffit que l'entreprise fonctionne en continu par équipes successives pour que l'art. 26 soit applicable aux salariés affectés à l'une de ces équipes, peu important que, par intermittence, ils soient soumis à un horaire normal. • Soc. 14 nov. 2000, n° 98-45.456 P : *Dr. soc. 2001. 84, obs. Barthélémy ; D. 2000. IR 301 ; RJS 2001. 34, n° 54.*

2. Décompte des heures supplémentaires. Lorsqu'en vertu d'un accord de modulation, la durée du travail est organisée sous forme de cycle, les heures supplémentaires se décomptent par rapport à la durée moyenne hebdomadaire de 39 heures calculée sur la durée de ce cycle, peu important la répartition inégale dans les limites conventionnelles des heures journalières effectives de travail. • Soc. 11 oct. 1994 : *Dr. soc. 1994. 955, note Barthélémy.*

SOUS-§ 2 *ÉQUIPE DE SUPPLÉANCE*

Art. L. 3132-16 Dans les industries ou les entreprises industrielles, une convention ou un accord collectif de travail étendu ou une convention ou un accord d'entreprise ou d'établissement peut prévoir que le personnel d'exécution fonctionne en deux groupes dont l'un, dénommé équipe de suppléance, a pour seule fonction de remplacer l'autre pendant le ou les jours de repos accordés au premier groupe.

Le repos hebdomadaire des salariés de l'équipe de suppléance est attribué un autre jour que le dimanche.

Cette dérogation s'applique également au personnel nécessaire à l'encadrement de cette équipe. – *[Anc. art. L. 221-5-1, al. 1.] – V. art. R. 3135-2 (pén.).*

Art. L. 3132-17 La convention ou l'accord prévoyant la mise en place d'une équipe de suppléance comporte des dispositions concernant :

1° Les conditions particulières de mise en œuvre de la formation du personnel travaillant en équipe de suppléance et la rémunération du temps de formation ;

2° Les modalités d'exercice du droit des salariés de l'équipe de suppléance d'occuper un emploi autre que de suppléance. – *[Anc. art. L. 221-5-1, al. 2 à 4.] – V. art. R. 3135-2 (pén.).*

Art. L. 3132-18 A défaut de convention ou d'accord, le recours aux équipes de suppléance est subordonné à l'autorisation de l'inspecteur du travail donnée après consultation des délégués syndicaux et avis du comité d'entreprise ou des délégués du personnel, s'ils existent, dans des conditions déterminées par décret en Conseil d'État. – *[Anc. art. L. 221-5-1, al. 6.] – V. art. R. 3135-2 (pén.).*

En application de l'art. L. 231-5 CRPA, et par exception à l'application du délai de deux mois prévu à l'art. L. 231-1 du même code, le délai à l'expiration duquel le silence gardé par l'administration vaut décision d'acceptation est fixé à trente jours pour une demande de dérogation permettant de prévoir que le personnel d'exécution fonctionne en deux groupes dont l'un, dénommé « équipe de suppléance », a pour seule fonction de remplacer l'autre pendant le ou les jours de repos accordés au premier groupe (Décr. n° 2014-1290 du 23 oct. 2014, art. 1er).

Art. L. 3132-19 La rémunération des salariés de l'équipe de suppléance est majorée d'au moins 50 % par rapport à celle qui serait due pour une durée équivalente effectuée suivant l'horaire normal de l'entreprise. Cette majoration ne s'applique pas lorsque les salariés de l'équipe de suppléance sont amenés à remplacer durant la semaine les salariés partis en congé. – *[Anc. art. L. 221-5-1, al. 5.] – V. art. R. 3135-2 (pén.).*

§ 3 AUTRES DÉROGATIONS AU REPOS DOMINICAL *(L. n° 2015-990 du 6 août 2015, art. 241-I).*

SOUS-§ 1er *DÉROGATIONS ACCORDÉES PAR LE PRÉFET*

Art. L. 3132-20 Lorsqu'il est établi que le repos simultané, le dimanche, de tous les salariés d'un établissement serait préjudiciable au public ou compromettrait le fonctionnement normal de cet établissement, le repos peut être autorisé par le préfet, soit toute l'année, soit à certaines époques de l'année seulement suivant l'une des modalités suivantes :

1° Un autre jour que le dimanche à tous les salariés de l'établissement ;

2° Du dimanche midi au lundi midi ;

3° Le dimanche après-midi avec un repos compensateur d'une journée par roulement et par quinzaine ;

4° Par roulement à tout ou partie des salariés. – *[Anc. art. L. 221-6, al. 1er à 5.] – V. art. R. 3135-2 (pén.).*

En application de l'art. L. 231-4- 4° CRPA, et par exception à l'application du délai de deux mois prévu à l'art. L. 231-1 du même code, le silence gardé par l'administration pendant deux mois vaut décision de rejet pour une demande de dérogation temporaire au repos dominical accordée par le préfet lorsqu'il est établi que le repos simultané, le dimanche, de tous les salariés d'un établissement serait préjudiciable au public ou compromettrait le fonctionnement normal de cet établissement (Décr. n° 2014-1291 du 23 oct. 2014, art. 1er).

1. Conformité à la Constitution. Les dispositions des art. L. 3132-12, L. 3132-20 et L. 3132-25-1 C. trav., dont l'objet est d'encadrer les dérogations au repos dominical, répondent à l'objectif de prévisibilité de la loi et ne méconnaissent pas la liberté d'entreprendre ni le principe d'égalité, et sont dès lors conformes à la Constitution. • Soc. 5 juin 2013 : *Dalloz actualité, 25 juin 2013, obs. Ines.*

2. Conditions de la dérogation. Est légalement justifiée la décision du préfet refusant la dérogation à la règle du repos hebdomadaire, dès lors qu'il n'apparaît pas que la fermeture dominicale d'un bureau de vente compromettrait le fonctionnement normal de l'établissement ou serait préjudiciable au public, la société ne pouvant utilement se prévaloir, ni de l'avantage tiré d'une ouverture sans autorisation, ni de la circonstance que d'autres commerces du département bénéficient de dérogations. • CE 6 juill. 1984 : *Gaz. Pal. 1985. 2. Pan. 268.* ♦ Le caractère préjudiciable au public d'une fermeture le dimanche doit s'apprécier eu égard notamment à la nature des produits mis en vente. • CE 16 oct. 1995 : *RJS 1995. 797, n° 1249 (2e, 3e et 4e esp.).* ♦ Une entreprise ne saurait se prévaloir, pour obtenir une dérogation à la règle du repos dominical, de l'importance de son chiffre d'affaires dominical, qui a été réalisé grâce à son maintien dans une situation irrégulière de nature à fausser la concurrence. • Mêmes arrêts. – V. aussi • CE 18 févr. 1991 : *D. 1992. Somm. 152, obs. Chelle et Prétot ; RJS 1991. 249, n° 471* • 8 juill. 1994 : *RJS 1994. 674, n° 1140.* ♦ Sur le contrôle de la régularité externe de l'arrêté préfectoral, V. • CE 16 mars 1988 : *D. 1988. 491, note Moderne* • 16 oct. 1995 : *RJS 1995. 797, n° 1249 (4 arrêts).*

3. Dans la mesure où la circonstance que le public visé n'est disponible qu'en dehors des temps scolaires ne suffit pas à établir que le refus d'ouverture de cette société le dimanche causerait un préjudice à ce public, que la société n'indique pas en quoi son fonctionnement normal ne pourrait être assuré par une activité concentrée sur les fins de journée, samedi et vacances scolaires et qu'il ne ressort pas des pièces du dossier qu'un fonctionnement normal impliquerait pour la société une activité s'étendant sur plus de trois journées pleines, le Préfet a légalement justifié sa décision de refuser la dérogation à la règle du repos dominical et n'a, en tout état de cause, pas porté atteinte à la liberté de l'enseignement. • CE 30 déc. 2002 : *RJS 2003. 321, n° 471.*

4. La dérogation à la règle du repos dominical ne peut être accordée à un établissement déterminé qu'en raison de sa situation propre ; son emplacement au sein d'un centre commercial est sans incidence quand bien même cette structure offrirait simultanément en un même lieu de larges possibilités de vente et d'activités de loisir. La circonstance selon laquelle la fermeture le dimanche de ces établissements risquerait d'entraîner des licenciements ou des baisses de rémunération compte tenu des embauches réalisées pour répondre au surcroît d'activités résultant de l'ouverture dominicale n'est pas à elle seule de nature à justifier la dérogation à la règle du repos dominical en l'absence d'atteinte au fonctionnement normal de ces établissements. • CE 9 déc. 2005 : *JCP 2006. 1186, note Bugada.*

5. Une dérogation individuelle peut être légalement accordée, sur le fondement de l'art. L. 221-6 [L. 3132-20 nouv.], à une usine de fabrication de pneumatiques expérimentant des techniques de production originales, nonobstant le fait que cette branche industrielle ne figure pas dans la nomenclature prévue à l'art. L. 221-10 [R. 3132-1 nouv.]. • CE 20 oct. 1993 : *CSB 1993. 307, A. 65, note Philbert ; RJS 1993. 715, n° 1206, concl. Schwartz.*

6. L'absence de conclusion d'une convention au titre de l'art. L. 221-10, 3° [R. 3132-1 nouv.], dans une entreprise, quelles qu'en soient les raisons, ne fait pas obstacle à la mise en œuvre d'une dérogation fondée sur l'art. L. 221-6 [L. 3132-20 nouv.]. • CE 20 oct. 1993 : *préc. note 5.*

7. Recours contre la décision préfectorale. Une cour d'appel n'est pas tenue de se prononcer sur la légalité de l'arrêté préfectoral contesté par le prévenu, dès lors que ce dernier se borne à lui demander de surseoir à statuer jusqu'à la solution du recours administratif. • Crim. 2 oct. 1981 : *D. 1982. IR 323, obs. Vachet.*

Art. L. 3132-21 *(L. n° 2015-990 du 6 août 2015, art. 241-II)* **Les autorisations prévues à l'article L. 3132-20 sont accordées pour une durée qui ne peut excéder trois ans, après avis du conseil municipal et, le cas échéant, de l'organe délibérant de l'établissement public de coopération intercommunale à fiscalité propre dont la commune est membre, de la chambre de commerce et d'industrie, de la chambre de métiers et de l'artisanat, ainsi que des organisations professionnelles d'employeurs et des organisations syndicales de salariés intéressées de la commune.**

En cas d'urgence dûment justifiée et lorsque le nombre de dimanches pour lesquels l'autorisation prévue au même article L. 3132-20 n'excède pas trois, les avis préalables mentionnés au premier alinéa du présent article ne sont pas requis.

Durée de la dérogation. Une durée de validité de trois ans satisfait à la condition de durée limitée posée par l'art. L. 221-6 [L. 3132-21 nouv.]. • CE 20 oct. 1993 : *V. note 5 ss. art. L. 3132-20.*

Art. L. 3132-22 Les dispositions de l'article L. 3132-20 ne sont pas applicables aux clercs, commis et employés des études et greffes dans les offices ministériels. — *[Anc. art. L. 221-6, al. 7.] — V. art. R. 3135-2 (pén.).*

Art. L. 3132-23 L'autorisation accordée à un établissement par le préfet peut être étendue à plusieurs ou à la totalité des établissements de la même localité exerçant la même activité, s'adressant à la même clientèle, une fraction d'établissement ne pouvant, en aucun cas, être assimilée à un établissement.

Ces autorisations d'extension *(L. n° 2009-974 du 10 août 2009)* « sont toutes retirées lorsque, dans la localité, » la majorité des établissements intéressés le demande. — *[Anc. art. L. 221-7, al. 1er et 2.] — V. art. R. 3132-16 s. et R. 3135-2 (pén.).*

En application de l'art. L. 231-5 CRPA, et par exception à l'application du délai de deux mois prévu à l'art. L. 231-1 du même code, le silence gardé par l'administration pendant deux mois vaut décision de rejet pour :

— une demande d'extension de la dérogation temporaire au repos dominical ;

— une demande de retrait de l'autorisation d'extension de la dérogation temporaire au repos dominical (Décr. n° 2014-1291 du 23 oct. 2014, art. 1er).

SOUS-§ 2 ***DÉROGATIONS SUR UN FONDEMENT GÉOGRAPHIQUE*** *(L. n° 2015-990 du 6 août 2015, art. 242).*

COMMENTAIRE

V. Dalloz.fr et applications mobiles Dalloz

Art. L. 3132-24 *(L. n° 2015-990 du 6 août 2015, art. 242)* I. — Les établissements de vente au détail qui mettent à disposition des biens et des services et qui sont situés dans les zones touristiques internationales peuvent donner le repos hebdomadaire par roulement pour tout ou partie du personnel, dans les conditions prévues aux articles L. 3132-25-3 et L. 3132-25-4.

II. — Les zones touristiques internationales sont délimitées par les ministres chargés du travail, du tourisme et du commerce, après avis du maire et, le cas échéant, du président de l'établissement public de coopération intercommunale à fiscalité propre dont la commune est membre ainsi que des organisations professionnelles d'employeurs et des organisations syndicales de salariés intéressées, compte tenu du rayonnement international de ces zones, de l'affluence exceptionnelle de touristes résidant hors de France et de l'importance de leurs achats.

III. — Trois ans après la délimitation d'une zone touristique internationale, le Gouvernement remet au Parlement une évaluation économique et sociale des pratiques d'ouverture des commerces qui se sont développées à la suite de cette délimitation.

IV. — Un décret en Conseil d'État détermine les modalités d'application du présent article. — *V. art. R. 3132-21-1.*

Les communes d'intérêt touristique ou thermales et les zones touristiques d'affluence exceptionnelle ou d'animation culturelle permanente créées avant la publication de la L. n° 2015-990 du 6 août 2015 en application de l'art. L. 3132-25 du code du travail, dans sa rédaction antérieure à la loi du 6 août 2015, constituent de plein droit des zones touristiques, au sens du même art. L. 3132-25, dans sa rédaction résultant de la loi du 6 août 2015 (L. préc., art. 257).

V. Arr. du 5 févr. 2016 délimitant les zones touristiques internationales à Cannes, Deauville, Nice, Saint-Laurent-du-Var, Cagnes-sur-Mer et Serris (Val d'Europe) (JO 7 févr).

Art. L. 3132-25 *(L. n° 2015-990 du 6 août 2015, art. 243)* « Les établissements de vente au détail qui mettent à disposition des biens et des services et qui sont situés dans les zones touristiques caractérisées par une affluence particulièrement importante de touristes peuvent donner le repos hebdomadaire par roulement pour tout ou partie du personnel, dans les conditions prévues aux articles L. 3132-25-3 et L. 3132-25-4. »

(L. n° 2009-974 du 10 août 2009) Un décret en Conseil d'État détermine les modalités d'application du présent article. — *V. art. R. 3132-19 et R. 3132-20.*

V. note ss. art. L. 3132-24.

Ancien art. L. 3132-25 (L. n° 2009-974 du 10 août 2009) *Sans préjudice des dispositions de l'article L. 3132-20, les établissements de vente au détail situés dans les communes d'intérêt tou-*

ristique ou thermales et dans les zones touristiques d'affluence exceptionnelle ou d'animation culturelle permanente peuvent, de droit, donner le repos hebdomadaire par roulement pour tout ou partie du personnel.

La liste des communes d'intérêt touristique ou thermales intéressées et le périmètre des zones touristiques d'affluence exceptionnelle ou d'animation culturelle permanente sont établis par le préfet sur proposition de l'autorité administrative visée au premier alinéa de l'article L. 3132-26 [Dispositions résultant de la décision du Conseil constitutionnel n° 2009-588 DC du 6 août 2009], *après avis du comité départemental du tourisme, des syndicats d'employeurs et de salariés intéressés, ainsi que des communautés de communes, des communautés d'agglomération* (L. n° 2010-1563 du 16 déc. 2010, art. 17-XIII) *«, des métropoles» et des communautés urbaines, lorsqu'elles existent.*

Un décret en Conseil d'État détermine les modalités d'application du présent article. — V. art. R. 3132-19.

V. Circ. DGT n° 2009-20 du 31 août 2009.

Art. L. 3132-25-1 *(L. n° 2015-990 du 6 août 2015, art. 244)* **Les établissements de vente au détail qui mettent à disposition des biens et des services et qui sont situés dans les zones commerciales caractérisées par une offre commerciale et une demande potentielle particulièrement importantes, le cas échéant en tenant compte de la proximité immédiate d'une zone frontalière, peuvent donner le repos hebdomadaire par roulement pour tout ou partie du personnel, dans les conditions prévues aux articles L. 3132-25-3 et L. 3132-25-4.**

Un décret en Conseil d'État détermine les modalités d'application du présent article. *— V. art. R. 3132-20-1.*

Les périmètres d'usage de consommation exceptionnelle (PUCE) créés avant le 7 août 2015 en application de l'art. L. 3132-25-2 du code du travail, dans sa rédaction antérieure, constituent de plein droit des zones commerciales au sens de l'art. L. 3132-25-1.

Les accords collectifs et les décisions unilatérales de l'employeur mentionnés à l'ancien art. L. 3132-25-3 demeurent applicables dans les établissements situés dans les PUCE jusqu'au 1er août 2017.

Au cours de cette période, lorsqu'un accord collectif est régulièrement négocié, dans les conditions prévues aux II et III de l'art. L. 3132-25-3, dans sa rédaction résultant de la loi du 6 août 2015, postérieurement à la décision unilatérale prise en application du premier alinéa du même article, dans sa rédaction antérieure à la présente loi, cet accord s'applique dès sa signature en lieu et place de cette décision.

Art. L. 3132-25-2 *(L. n° 2015-990 du 6 août 2015, art. 245)* **I. — La demande de délimitation ou de modification des zones définies aux articles L. 3132-25 et L. 3132-25-1 est faite par le maire ou, après consultation des maires concernés, par le président de l'établissement public de coopération intercommunale à fiscalité propre, lorsque celui-ci existe et que le périmètre de la zone concernée excède le territoire d'une seule commune.**

La demande de délimitation ou de modification de ces zones est transmise au représentant de l'État dans la région. Elle est motivée et comporte une étude d'impact justifiant notamment l'opportunité de la création ou de la modification de la zone.

II. — Les zones mentionnées au I sont délimitées ou modifiées par le représentant de l'État dans la région après avis :

1° Du conseil municipal des communes dont le territoire est concerné ;

2° Des organisations professionnelles d'employeurs et des organisations syndicales de salariés intéressées ;

3° De l'organe délibérant des établissements publics de coopération intercommunale à fiscalité propre dont sont membres les communes dont le territoire est concerné ;

4° Du comité départemental du tourisme, pour les zones touristiques mentionnées à l'article L. 3132-25 ;

5° De la chambre de commerce et d'industrie et de la chambre de métiers et de l'artisanat, pour les zones commerciales mentionnées à l'article L. 3132-25-1.

L'avis de ces organismes est réputé donné à l'issue d'un délai de deux mois à compter de leur saisine en cas de demande de délimitation d'une zone et d'un mois en cas de demande de modification d'une zone existante.

III. – Le représentant de l'État dans la région statue dans un délai de six mois sur la demande de délimitation dont il est saisi. Il statue dans un délai de trois mois sur une demande de modification d'une zone.

Art. L. 3132-25-3 I. – *(L. n° 2009-974 du 10 août 2009)* Les autorisations prévues *(L. n° 2015-990 du 6 août 2015, art. 246-I)* « à l'article L. 3132-20 » sont accordées au vu d'un accord collectif ou, à défaut, d'une décision unilatérale de l'employeur prise après référendum.

L'accord collectif fixe les contreparties accordées aux salariés privés du repos dominical ainsi que les engagements pris en termes d'emploi ou en faveur de certains publics en difficulté ou de personnes handicapées.

En l'absence d'accord collectif applicable, les autorisations sont accordées au vu d'une décision unilatérale de l'employeur, prise après avis du comité d'entreprise ou des délégués du personnel, lorsqu'ils existent, approuvée par référendum organisé auprès des personnels concernés par cette dérogation au repos dominical. La décision de l'employeur approuvée par référendum fixe les contreparties accordées aux salariés privés du repos dominical ainsi que les engagements pris en termes d'emploi ou en faveur de certains publics en difficulté ou de personnes handicapées. Dans ce cas, chaque salarié privé du repos du dimanche bénéficie d'un repos compensateur et perçoit pour ce jour de travail une rémunération au moins égale au double de la rémunération normalement due pour une durée équivalente.

Lorsqu'un accord collectif est régulièrement négocié postérieurement à la décision unilatérale prise sur le fondement de l'alinéa précédent, cet accord s'applique dès sa signature en lieu et place des contreparties prévues par cette décision.

(L. n° 2015-990 du 6 août 2015, art. 246-I) « II. – Pour bénéficier de la faculté de donner le repos hebdomadaire par roulement pour tout ou partie du personnel, prévue aux articles L. 3132-24, L. 3132-25, L. 3132-25-1 et L. 3132-25-6, les établissements doivent être couverts soit par un accord collectif de branche, de groupe, d'entreprise ou d'établissement, soit par un accord conclu à un niveau territorial, soit par un accord conclu dans les conditions mentionnées aux II à IV de l'article L. 5125-4.

« Les accords collectifs de branche, de groupe, d'entreprise et d'établissement et les accords territoriaux prévoient une compensation déterminée afin de tenir compte du caractère dérogatoire du travail accompli le dimanche.

« L'accord mentionné au premier alinéa du présent II fixe les contreparties, en particulier salariales, accordées aux salariés privés du repos dominical ainsi que les engagements pris en termes d'emploi ou en faveur de certains publics en difficulté ou de personnes handicapées. Il prévoit également les mesures destinées à faciliter la conciliation entre la vie professionnelle et la vie personnelle des salariés privés du repos dominical. Le présent alinéa s'applique également aux établissements autres que ceux mentionnés à l'article L. 3132-12 pour leurs salariés qui travaillent dans la surface de vente d'un établissement situé dans l'une des zones mentionnées aux articles L. 3132-24, L. 3132-25 et L. 3132-25-1 ou dans l'une des gares mentionnées à l'article L. 3132-25-6.

« L'accord fixe les contreparties mises en œuvre par l'employeur pour compenser les charges induites par la garde des enfants pour les salariés privés du repos dominical.

« Dans les établissements de moins de onze salariés, à défaut d'accord collectif ou d'accord conclu à un niveau territorial, la faculté mentionnée au premier alinéa du présent II est ouverte après consultation par l'employeur des salariés concernés sur les mesures prévues au titre des deuxième à quatrième alinéas et approbation de la majorité d'entre eux.

« En cas de franchissement du seuil de onze salariés mentionné au cinquième alinéa, le premier alinéa est applicable à compter de la troisième année consécutive au cours de laquelle l'effectif de l'établissement employé dans la zone atteint ce seuil.

« III. – Dans les cas prévus aux I et II du présent article, l'accord ou la décision unilatérale de l'employeur prise en application de l'article L. 3132-20 fixent les conditions dans lesquelles l'employeur prend en compte l'évolution de la situation personnelle des salariés privés du repos dominical. »

L'art. L. 3132-25-3, dans sa rédaction issue de la loi du 6 août 2015, s'applique aux salariés employés au 7 août 2015 dans les établissements mentionnés à ce même art. L. 3132-25-3 situés dans les communes d'intérêt touristique ou thermales et les zones touristiques d'affluence exceptionnelle ou d'animation culturelle permanente créées avant le 7 août 2015 en application de l'art. L. 3132-25 anc. C. trav., à compter du 1er août 2017 (L. n° 2015-990 du 6 août 2015, art. 257-I).

Les organisations liées par une convention de branche ou, à défaut, par des accords professionnels dont les stipulations s'appliquent aux établissements de vente au détail qui mettent à disposition des biens et des services ouvrent des négociations sur les thèmes mentionnés aux art. L. 3132-25-3 et L. 3132-25-4 dans les six mois à compter de la promulgation de la L. n° 2015-990 du 6 août 2015 (L. préc., art. 246-II).

Ancien art. L. 3132-25-3 (L. n° 2009-974 du 10 août 2009) ***Les autorisations prévues aux articles L. 3132-20 et L. 3132-25-1 sont accordées au vu d'un accord collectif ou, à défaut, d'une décision unilatérale de l'employeur prise après référendum.***

L'accord collectif fixe les contreparties accordées aux salariés privés du repos dominical ainsi que les engagements pris en termes d'emploi ou en faveur de certains publics en difficulté ou de personnes handicapées.

En l'absence d'accord collectif applicable, les autorisations sont accordées au vu d'une décision unilatérale de l'employeur, prise après avis du comité d'entreprise ou des délégués du personnel, lorsqu'ils existent, approuvée par référendum organisé auprès des personnels concernés par cette dérogation au repos dominical. La décision de l'employeur approuvée par référendum fixe les contreparties accordées aux salariés privés du repos dominical ainsi que les engagements pris en termes d'emploi ou en faveur de certains publics en difficulté ou de personnes handicapées. Dans ce cas, chaque salarié privé du repos du dimanche bénéficie d'un repos compensateur et perçoit pour ce jour de travail une rémunération au moins égale au double de la rémunération normalement due pour une durée équivalente.

Lorsqu'un accord collectif est régulièrement négocié postérieurement à la décision unilatérale prise sur le fondement de l'alinéa précédent, cet accord s'applique dès sa signature en lieu et place des contreparties prévues par cette décision.

V. Circ. DGT n° 2009-20 du 31 août 2009.

Art. L. 3132-25-4 *(L. n° 2015-990 du 6 août 2015, art. 247)* « Pour l'application des articles L. 3132-20, L. 3132-24, L. 3132-25, L. 3132-25-1 et L. 3132-25-6, » *(L. n° 2009-974 du 10 août 2009)* seuls les salariés volontaires ayant donné leur accord par écrit à leur employeur peuvent travailler le dimanche. Une entreprise ne peut prendre en considération le refus d'une personne de travailler le dimanche pour refuser de l'embaucher. Le salarié qui refuse de travailler le dimanche ne peut faire l'objet d'une mesure discriminatoire dans le cadre de l'exécution de son contrat de travail. Le refus de travailler le dimanche pour un salarié ne constitue pas une faute ou un motif de licenciement.

(L. n° 2015-990 du 6 août 2015, art. 247) « L'accord collectif ou les mesures proposées par l'employeur mentionnés au II de l'article L. 3132-25-3 déterminent les modalités de prise en compte d'un changement d'avis du salarié privé du repos dominical. »

(L. n° 2015-990 du 6 août 2015, art. 247) « Pour l'application de l'article L. 3132-20, » à défaut d'accord collectif applicable, l'employeur demande chaque année à tout salarié qui travaille le dimanche s'il souhaite bénéficier d'une priorité pour occuper ou reprendre un emploi ressortissant à sa catégorie professionnelle ou un emploi équivalent ne comportant pas de travail le dimanche dans le même établissement ou, à défaut, dans la même entreprise. L'employeur l'informe également, à cette occasion, de sa faculté de ne plus travailler le dimanche s'il ne le souhaite plus. En pareil cas, le refus du salarié prend effet trois mois après sa notification écrite à l'employeur.

En outre, le salarié qui travaille le dimanche peut à tout moment demander à bénéficier de la priorité définie à l'alinéa précédent.

En l'absence d'accord collectif, le salarié privé de repos dominical conserve la faculté de refuser de travailler trois dimanches de son choix par année civile. Il doit en informer préalablement son employeur en respectant un délai d'un mois.

(L. n° 2015-990 du 6 août 2015, art. 247) « L'employeur prend toute mesure nécessaire pour permettre aux salariés d'exercer personnellement leur droit de vote au titre des scrutins nationaux et locaux lorsque ceux-ci ont lieu le dimanche. »

L'art. L. 3132-25-4, dans sa rédaction issue de la loi du 6 août 2015, s'applique aux salariés employés au 7 août 2015 dans les établissements mentionnés à ce même art. L. 3132-25-4 situés dans les communes d'intérêt touristique ou thermales et les zones touristiques d'affluence exceptionnelle ou d'animation culturelle permanente créées avant le 7 août 2015 en application de l'art. L. 3132-25 anc. C. trav., à compter du 1er août 2017 (L. n° 2015-990 du 6 août 2015, art. 257-I).

Les organisations liées par une convention de branche ou, à défaut, par des accords professionnels dont les stipulations s'appliquent aux établissements de vente au détail qui mettent à disposition des biens et des services ouvrent des négociations sur les thèmes mentionnés aux art. L. 3132-25-3 et L. 3132-25-4 dans les six mois à compter de la promulgation de la L. n° 2015-990 du 6 août 2015 (L. préc., art. 246-II).

Ancien art. L. 3132-25-4 (L. n° 2009-974 du 10 août 2009) ***Les autorisations prévues aux articles L. 3132-20 et L. 3132-25-1 sont accordées pour une durée limitée, après avis du conseil municipal, de la chambre de commerce et d'industrie, de la chambre des métiers et des syndicats d'employeurs et de salariés intéressés de la commune.***

Seuls les salariés volontaires ayant donné leur accord par écrit à leur employeur peuvent travailler le dimanche sur le fondement d'une telle autorisation. Une entreprise bénéficiaire d'une telle autorisation ne peut prendre en considération le refus d'une personne de travailler le dimanche pour refuser de l'embaucher. Le salarié d'une entreprise bénéficiaire d'une telle autorisation qui refuse de travailler le dimanche ne peut faire l'objet d'une mesure discriminatoire dans le cadre de l'exécution de son contrat de travail. Le refus de travailler le dimanche pour un salarié d'une entreprise bénéficiaire d'une telle autorisation ne constitue pas une faute ou un motif de licenciement.

L'accord collectif prévu au premier alinéa de l'article L. 3132-25-3 fixe les conditions dans lesquelles l'employeur prend en compte l'évolution de la situation personnelle des salariés privés de repos dominical.

A défaut d'accord collectif applicable, l'employeur demande chaque année à tout salarié qui travaille le dimanche s'il souhaite bénéficier d'une priorité pour occuper ou reprendre un emploi ressortissant à sa catégorie professionnelle ou un emploi équivalent ne comportant pas de travail le dimanche dans le même établissement ou, à défaut, dans la même entreprise. L'employeur l'informe également, à cette occasion, de sa faculté de ne plus travailler le dimanche s'il ne le souhaite plus. En pareil cas, le refus du salarié prend effet trois mois après sa notification écrite à l'employeur.

En outre, le salarié qui travaille le dimanche peut à tout moment demander à bénéficier de la priorité définie à l'alinéa précédent.

En l'absence d'accord collectif, le salarié privé de repos dominical conserve la faculté de refuser de travailler trois dimanches de son choix par année civile. Il doit en informer préalablement son employeur en respectant un délai d'un mois.

V. Circ. DGT n° 2009-20 du 31 août 2009.

BIBL. ▶ ODOUL-ASOREY, *RDT 2010. 91* ✐ (le volontariat du salarié).

Art. L. 3132-25-5 *(L. n° 2009-974 du 10 août 2009)* Les articles L. 3132-25 et L. 3132-25-1 ne sont pas applicables aux commerces de détail alimentaire qui bénéficient des dispositions de l'article L. 3132-13.

(L. n° 2015-990 du 6 août 2015, art. 248) « Les commerces de détail alimentaire situés dans les zones mentionnées à l'article L. 3132-24 ou dans les emprises des gares mentionnées à l'article L. 3132-25-6 sont soumis, pour la période du dimanche s'achevant à treize heures, à l'article L. 3132-13. Après treize heures, ils peuvent donner le repos hebdomadaire par roulement pour tout ou partie du personnel selon les modalités définies aux II et III de l'article L. 3132-25-3 et à l'article L. 3132-25-4. »

Art. L. 3132-25-6 *(L. n° 2015-990 du 6 août 2015, art. 249)* Un arrêté conjoint des ministres chargés des transports, du travail et du commerce peut, après avis du maire, le cas échéant du président de l'établissement public de coopération intercommunale dont la commune est membre, et des représentants des employeurs et des salariés des établissements concernés, autoriser les établissements de vente au détail qui mettent à disposition des biens et des services et qui sont situés dans l'emprise d'une gare qui n'est pas incluse dans l'une des zones mentionnées à l'article L. 3132-24 à donner le repos hebdomadaire par roulement pour tout ou partie du personnel, compte tenu de

l'affluence exceptionnelle de passagers dans cette gare, dans les conditions prévues aux II et III de l'article L. 3132-25-3 et à l'article L. 3132-25-4.

Les avis requis en application du premier alinéa du présent article sont réputés donnés à l'issue d'un délai de deux mois à compter de la saisine des personnes et des organisations concernées.

Arrêté du 9 février 2016,

Pris pour l'application de l'article L. 3132-25-6 du code du travail et autorisant l'ouverture dominicale des commerces de détail situés dans des gares.

Art. 1er Les établissements de vente au détail qui mettent à disposition des biens et des services à l'intérieur des gares, hors parvis et parking, dont la liste est fixée ci-après sont autorisés à donner le repos hebdomadaire par roulement dans les conditions prévues à l' article L. 3132-25-6 du code du travail :

I. — A Paris :
1) Gare Saint-Lazare ;
2) Gare du Nord ;
3) Gare de l'Est ;
4) Gare Montparnasse ;
5) Gare de Lyon ;
6) Gare d'Austerlitz.
II. — En province :
7) Avignon-TGV ;
8) Bordeaux Saint-Jean ;
9) Lyon Part-Dieu ;
10) Marseille Saint-Charles ;
11) Montpellier Saint-Roch ;
12) Nice-Ville.

SOUS-§ 3 *DÉROGATIONS ACCORDÉES PAR LE MAIRE*

Le sous-§ 2 devient le sous-§ 3 (L. nº 2015-990 du 6 août 2015, art. 242-1º).

Art. L. 3132-26 **Dans les établissements de commerce de détail où le repos hebdomadaire a lieu normalement le dimanche, ce repos peut être supprimé les dimanches désignés, pour chaque commerce de détail, par décision du maire** *(L. nº 2015-990 du 6 août 2015, art. 250)* **« prise après avis du conseil municipal ». Le nombre de ces dimanches ne peut excéder** *(L. nº 2015-990 du 6 août 2015, art. 250)* **« douze » par** *(L. nº 2016-1088 du 8 août 2016, art. 8)* **« année civile ».** *(L. nº 2015-990 du 6 août 2015, art. 250)* **« La liste des dimanches est arrêtée avant le 31 décembre, pour l'année suivante.** *(L. nº 2016-1088 du 8 août 2016, art. 8)* **« Elle peut être modifiée dans les mêmes formes en cours d'année, au moins deux mois avant le premier dimanche concerné par cette modification. »**

« Lorsque le nombre de ces dimanches excède cinq, la décision du maire est prise après avis conforme de l'organe délibérant de l'établissement public de coopération intercommunale à fiscalité propre dont la commune est membre. A défaut de délibération dans un délai de deux mois suivant sa saisine, cet avis est réputé favorable.

« Pour les commerces de détail alimentaire dont la surface de vente est supérieure au seuil mentionné au premier alinéa de l'article 3 de la loi nº 72-657 du 13 juillet 1972 instituant des mesures en faveur de certaines catégories de commerçants et artisans âgés, lorsque les jours fériés mentionnés à l'article L. 3133-1, à l'exception du 3º, sont travaillés, ils sont déduits par l'établissement des dimanches désignés par le maire au titre du présent article, dans la limite de trois. »

*(Abrogé par Cons. const. 24 juin 2016, nº 2016-547 QPC) A Paris, (L. nº 2015-990 du 6 août 2015, art. 250) **« la décision mentionnée aux trois premiers alinéas » est prise par le préfet de Paris. »** — V. art. R. 3135-2 (pén.).*

L'art. L. 3132-26 C. trav., dans sa rédaction résultant de la L. nº 2015-990 du 6 août 2015, s'applique, pour la première fois, au titre de l'année 2016. Par dérogation à l'art. L. 3132-26 anc., pour l'année 2015, le maire ou, à Paris, le préfet peut désigner neuf dimanches durant lesquels, dans les établissements de commerce de détail, le repos hebdomadaire est supprimé (L. préc., art. 257-III).

1. Pouvoirs du maire. L'art. L. 221-19 [L. 3132-26 nouv.] n'autorise pas un maire à accorder des dérogations aux dispositions d'un arrêté préfectoral ordonnant en application de l'art. L. 221-17, la fermeture des établissements d'une profession déterminée. • Crim. 8 août 1994 : *D. 1994. IR 230 ; RJS 1994. 762, n° 1270 ; CSB 1994. 288, S. 158.*

2. Nature des compensations. Le salarié privé du repos dominical doit bénéficier d'un repos compensateur et d'une majoration de salaire, l'employeur ne pouvant y substituer le versement de primes exceptionnelles. • Soc. 12 nov. 1991, n° 90-42.944 P : *D. 1992. IR 3.*

3. La dérogation au repos dominical autorisée par l'art. L. 3132-26 doit être accordée le même jour à tous les commerces exerçant une même activité. • CE 29 oct. 2008 : *RJS 2009. 152, n° 178 ; Dr. soc. 2008. 1235, concl. Derepas.*

Art. L. 3132-26-1 *(L. n° 2015-990 du 6 août 2015, art. 252)* **Lorsque le repos dominical a été supprimé le jour d'un scrutin national ou local, l'employeur prend toute mesure nécessaire pour permettre aux salariés d'exercer personnellement leur droit de vote.**

Art. L. 3132-27 *(L. n° 2009-974 du 10 août 2009)* **« Chaque salarié privé de repos dominical perçoit une rémunération au moins égale au double de la rémunération normalement due pour une durée équivalente, ainsi qu'un repos compensateur équivalent en temps. »** — *Cette disposition ne s'applique pas dans les départements de la Moselle, du Bas-Rhin et du Haut-Rhin (L. n° 2009-974 du 10 août 2009). — V. art. L. 3134-1 à L. 3134-15.*

L'arrêté pris en application de l'article L. 3132-26 détermine les conditions dans lesquelles ce repos est accordé, soit collectivement, soit par roulement dans la quinzaine qui précède ou suit la suppression du repos.

Si le repos dominical est supprimé un dimanche précédant une fête légale, le repos compensateur est donné le jour de cette fête. — *[Anc. art. L. 221-19, al. 2.] — V. art. R. 3135-2 (pén.).*

Les salariés qui travaillent exceptionnellement le dimanche doivent bénéficier, d'une part, d'une rémunération au moins égale au double de la rémunération normalement due pour une durée équivalente et, d'autre part, d'un repos compensateur équivalent en temps. • Crim. 22 sept. 2015, n° 13-82.284 : *RDT 2016. 190, obs. Véricel ; JCP S 2015. 1407, obs. Morand ; Dr. pén. 2015. 147, obs. Robert.*

Art. L. 3132-27-1 *(L. n° 2015-990 du 6 août 2015, art. 253)* **Le premier alinéa de l'article L. 3132-25-4 est applicable aux salariés privés du repos dominical en application de l'article L. 3132-26.**

§ 4 CONCERTATION LOCALE

(L. n° 2015-990 du 6 août 2015, art. 256)

Art. L. 3132-27-2 **Dans le périmètre de chaque schéma de cohérence territoriale, le représentant de l'État dans la région réunit annuellement les maires, les présidents d'établissement public de coopération intercommunale à fiscalité propre, les associations de commerçants et les organisations représentatives des salariés et des employeurs du commerce de détail, et organise une concertation sur les pratiques d'ouverture dominicale des commerces de détail au regard des dérogations au repos dominical prévues à la présente sous-section et de leur impact sur les équilibres en termes de flux commerciaux et de répartition des commerces de détail sur le territoire.**

SOUS-SECTION 3 DISPOSITIONS D'APPLICATION

Art. L. 3132-28 **Les décrets en Conseil d'État prévus par les articles L. 3132-5, L. 3132-7, L. 3132-10 et L. 3132-13 sont pris dans les mêmes formes que celles prévues à l'article** *(L. n° 2016-1088 du 8 août 2016, art. 8)* **« L. 3121-67 » pour les décrets d'application des dispositions relatives à la durée du travail.** — *[Anc. art. L. 221-24.] — V. art. R. 3135-2 (pén.).*

SECTION III **DÉCISIONS DE FERMETURE**

Art. L. 3132-29 Lorsqu'un accord est intervenu entre les organisations syndicales de salariés et les organisations d'employeurs d'une profession et d'une zone géographique déterminées sur les conditions dans lesquelles le repos hebdomadaire est donné aux salariés, le préfet peut, par arrêté, sur la demande des syndicats intéressés, ordonner la fermeture au public des établissements de la profession ou de la zone géographique concernée pendant toute la durée de ce repos. Ces dispositions ne s'appliquent pas aux activités dont les modalités de fonctionnement et de paiement sont automatisées.

(L. n° 2015-990 du 6 août 2015, art. 255) « A la demande des organisations syndicales représentatives des salariés ou des organisations représentatives des employeurs de la zone géographique concernée exprimant la volonté de la majorité des membres de la profession de cette zone géographique, le préfet abroge l'arrêté mentionné au premier alinéa, sans que cette abrogation puisse prendre effet avant un délai de trois mois. » — *V. art. R. 3135-2 (pén.).*

I. VALIDITÉ DU DISPOSITIF

1. Conformité au droit communautaire. Les dispositions de l'art. L. 221-17 [L. 3132-29 nouv.] ne sont pas incompatibles avec l'art. 30 du Traité de Rome prohibant les mesures d'effet équivalent aux restrictions quantitatives à l'importation, ni à son art. 85 interdisant les accords et pratiques concertés. • CE 7 déc. 1992 : *RJS 1993. 172, n° 283 ; Dr. ouvrier 1993. 347.* ♦ Les accords entre syndicats d'employeurs et de salariés pour l'application combinée des art. L. 221-5 et L. 221-17 [L. 3132-3 et L. 3132-29 nouv.] ne constituent pas des ententes ou pratiques prohibées par l'art. 85 du Traité de Rome. • Crim. 31 mars 1992 : *Bull. crim. n° 133* • Soc. 11 oct. 1994 : *RJS 1994. 762, n° 1271, 1re esp.*

2. Conformité à la Constitution. V. • Cons. const. 21 janv. 2011, n° 2010-89 QPC : *Constitutions 2011. 241, chron. Radé.*

II. ACCORD COLLECTIF

3. Accord collectif. Remplit les conditions fixées par la loi l'accord qui est signé par un syndicat patronal groupant 65 adhérents sur 170 entreprises et employant 90 % des salariés. • Crim. 11 juin 1969 : *Bull. crim. n° 197, 1er arrêt ; D. 1969. 564.*

4. Les juges du fond doivent rechercher si les organisations professionnelles consultées ont exprimé la volonté de la majorité des membres de la profession concernée. • Crim. 14 nov. 1984 : *JCP 1985. IV. 32* • 22 nov. 1988 : *Bull. crim. n° 397 ; JCP E 1989. II. 15447, n° 20, obs. Godard* • Soc. 11 oct. 1994 : *D. 1994. IR 245 ; RJS 1994. 762, n° 1271, 2e esp.* ♦ Saisis d'une exception d'illégalité faisant valoir que la seule organisation patronale ayant donné son accord n'exprimait pas la volonté de la majorité de la profession, les juges doivent dire en quoi cette exception n'est pas sérieuse avant de la rejeter. • Soc. 25 oct. 1990, n° 88-20.405 P : *RJS 1990. 645, n° 982.* ♦ Doit être cassé le jugement qui a appliqué au gérant d'un magasin les dispositions d'un arrêté de fermeture sans rechercher si, conformément aux allégations du prévenu, celui-ci exerçait un commerce multiple et si l'accord syndical intervenu exprimait l'opinion de la majorité des professionnels concernés, y compris ceux exerçant un tel commerce, ou si, à défaut, l'arrêté avait été pris après consultation des intéressés, syndiqués ou non, ayant permis de constater l'existence d'une majorité favorable à la fermeture des commerces en cause. • Crim. 1er juill. 1997 : *Bull. crim. n° 261 ; RJS 1997. 676, n° 1099, 1re esp.*

5. Un accord conclu en application de l'art. L. 221-17 [L. 3132-29 nouv.] a pour seul objet de permettre l'édiction d'un arrêté préfectoral réglementant la fermeture hebdomadaire, il n'a pas d'effet juridique propre et n'a pas la nature d'un accord collectif régi par le titre III du livre Ier du code du travail ; une entreprise ne peut pas soutenir que l'accord local ayant précédé un arrêté préfectoral doit être écarté en ce qu'il contiendrait en matière de repos hebdomadaire des dispositions moins favorables que celles d'un accord collectif national de travail postérieur. • CE 15 mai 2006 : *D. 2006. IR 1639 ; RJS 2006. 799, n° 1077* • Soc. 12 juill. 2006 : *D. 2006. IR 2419 ; RJS 2006. 800, n° 1077.*

6. Si l'accord mentionné à l'art. L. 221-17 [L. 3132-29 nouv.] n'a pas à prendre la forme d'un document écrit et signé dans les conditions prévues au titre III du livre I, ces dispositions impliquent que l'accord entre les organisations syndicales d'employeurs et de salariés résulte d'échanges et de discussions menés simultanément et collectivement entre les organisations et non de simples avis recueillis séparément auprès de chacune d'entre elles. • CE 30 mars 2005 : *RJS 2006. 620, n° 859.*

7. Notion de profession. Sur l'interprétation stricte de la notion de profession au sens de l'art. L. 221-17 [L. 3132-29 nouv.], V. notamment : • CE 18 déc. 1964 : *JCP 1965. II. 14141, concl. Rigaud ; Dr. soc. 1965. 355* • Crim. 15 déc. 1965 : *Bull. crim. n° 278* • CE 14 déc. 1979 : *Lebon 465.* ♦ Cependant, un « terminal de cuisson », établissement ayant pour activité la vente du pain, est soumis à l'arrêté préfectoral rédigé en termes généraux et visant expressément cette activité.

• Crim. 21 août 1996 : *Bull. crim. n° 310 ; CSB 1996. 333, S. 150.* ♦ N'est pas conforme à l'art. L. 221-17 C. trav. [L. 3132-29 nouv.] l'arrêté préfectoral qui définit son champ d'application par la vente du pain au détail à titre principal ou accessoire, sans autre précision, et non par une profession dans la mesure où une profession ne peut se définir seulement par un produit. • Limoges, 21 oct. 1998 : *D. 1998. IR 265.* ♦ Les boulangeries, boulangeries-pâtisseries et dépôts de pain constituent une même profession, quel que soit le mode de production, artisanal ou industriel des denrées. • CE 28 mai 2003 : *RJS 2003. 883, n° 1278.*

8. Application de l'accord. Dans un magasin où s'exercent deux commerces distincts, chacun d'eux doit être fermé le jour prévu par l'arrêté qui le réglemente. • Crim. 8 mars 1972 : *Bull. crim. n° 90 ; Dr. ouvrier 1973. 106* • CE 14 déc. 1979 : *préc. note 7* • Crim. 15 oct. 1991 : *D. 1992. IR 28 ; RJS 1992. 41, n° 40.* ♦ Les magasins à commerces multiples sont rangés dans une catégorie professionnelle autre que les magasins d'ameublement et de décoration ; dès lors, est inapplicable au rayon ameublement d'un tel magasin un arrêté imposant la fermeture le dimanche des établissements de vente au détail d'articles d'ameublement et de décoration. • Crim. 21 juill. 1976 : *Bull. crim. V, n° 266 ; D. 1976. IR 300.* ♦ Des arrêtés visant les commerces spécialisés ne peuvent être appliqués à des magasins à commerces multiples. • Soc. 23 mars 1989 (1re esp.) : *JCP 1990. II. 21466, note Parléani* • 25 oct. 1994 : *Dr. soc. 1995. 54 ; RJS 1994. 834, n° 1380.* ♦ V. aussi : • Crim. 1er juill. 1997 : *Bull. crim. n° 261 ; Dr. pénal 1998. 9, obs. J.-H. Robert.* ♦ Un arrêté préfectoral mentionnant tous les établissements ou parties d'établissement dans lesquels s'effectue la vente ou la distribution de pain, conçu en termes généraux, s'applique aux boulangeries traditionnelles ou industrielles ainsi qu'aux grandes surfaces. • Soc. 23 mars 1989 (2e esp.) : *JCP 1990. II. 21466, note Parléani* • 25 mars 1997, n° 95-15.248 P : *D. 1997. IR 120 ; RJS 1997. 678, n° 1100, 1re esp.* ♦ Même solution lorsque l'activité s'exerce au sein d'une catégorie d'établissements qui n'existait pas à la date de parution de l'arrêté. • Soc. 1er juill. 1997 : *RJS 1997. 676, n° 1099, 3e esp.* ♦ Rappr., lorsque l'entreprise est incluse dans un établissement commercial à grande surface, tout en conservant son entière liberté de gestion : • Soc. 2 nov. 1978 : *D. 1979. IR 148.* – V. aussi • Soc. 18 oct. 1988 : *RJS 1989. 28, n° 25.*

III. ARRÊTÉ PRÉFECTORAL

9. Légalité. Le préfet ne peut prendre un arrêté de fermeture que sur demande des professionnels concernés ; cette demande pouvant être prévue par l'accord, transmis au préfet ; un tel arrêté est une décision réglementaire et n'a pas à être motivée. • CE 6 mars 2002 : *RJS 2002. 640, n° 822.* ♦ Les terminaux de cuisson et les boulangeries industrielles pratiquant la vente au détail en magasin ne peuvent être regardés comme des activités dont les modalités de fonctionnement et de paiement sont automatisées ; dès lors les dispositions de l'art. L. 221-17 [L. 3132-29 nouv.] ne font pas obstacle à ce que le préfet, conformément aux termes de l'accord préalablement conclu, assortisse l'obligation de fermeture de certaines dérogations. ♦ Sur les questions de dérogations, comp. : • CE 1er févr. 1985 : *Gaz. Pal. 1985. 1. 322, note Plichon* • Crim. 13 nov. 1985 : *Bull. crim. n° 352* • Soc. 18 oct. 1988 : *CSB 1988. 91, A. 25* • CE 2 mars 1992 : *D. 1992. IR 128.* ♦ La règle de fermeture des établissements peut prévoir dans ses modalités d'application des exceptions générales applicables à tous les établissements remplissant les conditions qu'elle énonce. • CE 6 mars 2002 : *préc.* ♦ Mais l'arrêté n'est pas illégal du seul fait qu'il laisse aux commerçants le choix du jour de fermeture hebdomadaire. • Crim. 19 nov. 1991 : *RJS 1992. 179, n° 293* • Soc. 6 mai 1996 : *RJS 1996. 429, n° 678.*

10. La légalité d'un arrêté de fermeture n'est pas subordonnée à la condition que l'accord des syndicats concernés exprime la volonté de la majorité des professionnels concernés, il suffit qu'une majorité d'entre eux se soit exprimée en faveur de la fermeture. • Soc. 9 avr. 2002 : *RJS 2002. 639, n° 822.* ♦ Est illégal un arrêté applicable à tous les établissements pratiquant un certain commerce (fourrure), y compris à titre accessoire, alors que l'accord n'est intervenu qu'entre les organisations représentant les commerces spécialisés. • CE 7 déc. 1992 : *RJS 1993. 171, n° 282 (2e esp.).* ♦ Mais lorsqu'une société exerce à titre principal deux activités distinctes dans son magasin, le dépôt de pain et de viennoiserie et la restauration rapide, le défaut de consultation du syndicat regroupant les professionnels exerçant cette dernière activité ne peut avoir d'incidence sur la légalité des arrêtés concernant la fermeture des dépôts de pain. • Soc. 1er juill. 1997 : *RJS 1997. 676, n° 1099, 2e esp.*

11. Faute de preuve de l'absence d'une majorité favorable, l'exception d'illégalité d'un arrêté préfectoral ne peut être accueillie que s'il résulte des éléments du dossier qu'une telle volonté faisait défaut à la date de l'arrêté litigieux ou à celle des faits poursuivis. • Crim. 8 avr. 2014 : *Dalloz actualité, 9 mai 2014, obs. Fraisse ; RDT 2014. 630, obs. Bourdon ; RJS 2014. 393, n° 484 ; JCP S 2014. 1351, obs. d'Allende.*

12. Les dispositions de l'art. L. 221-17 [L. 3132-29 nouv.] étant expressément applicables à tous les modes de repos hebdomadaire, n'est pas illégal un arrêté qui s'applique aux établissements autorisés de plein droit à donner le repos hebdomadaire par roulement. • CE 7 déc. 1992 : *RJS 1993. 171, n° 282 (1re esp.).*

13. Modalités de la fermeture. Lorsqu'un arrêté préfectoral prévoit la fermeture de certains commerces un jour par semaine, ne satisfait pas à cette obligation le commerçant qui ferme deux demi-journées consécutives. • Crim. 15 oct. 1991 : *préc. note 8.*

14. Il résulte de l'art. L. 221-17 [L. 3132-29 nouv.] que la fermeture obligatoire qu'il prévoit ne peut être imposée par le préfet que pendant la durée du repos minimum. • CE 18 févr. 1991, *SARL Agen Coiffure : Lebon 51 ; RJS 1991. 312, n° 586* (illégalité de l'arrêté ordonnant la fermeture des salons de coiffure le lundi, alors que l'accord collectif avait pour objet, non de fixer au lundi le jour de repos, mais d'accorder aux membres de la profession un jour de repos supplémentaire). – Dans le même sens : • Crim. 7 déc. 1993 : *RJS 1994. 122, n° 155.*

15. Repos dominical et arrêté de fermeture hebdomadaire. L'article L. 3132-29 C. trav., dont les dispositions tendent à préserver la concurrence entre les établissements d'une même profession, n'a ni pour objet ni pour effet de déroger au principe fondamental du repos dominical ; la fixation d'un jour de fermeture des établissements d'une profession ou d'une zone géographique donnée, laquelle correspond à un jour de repos hebdomadaire, ne peut priver les salariés de leur repos dominical. • Soc. 17 oct. 2012 : *Dalloz actualité, 9 nov. 2012, obs. Ines ; D. 2012. Actu. 2526 ; RDT 2013. 117, obs. Véricel ; RJS 2012. 809, n° 952 ; JCP S 2013. 1068, obs. d'Allende.*

16. Maintien de l'arrêté. Il appartient à l'autorité administrative d'apprécier à tout moment, dans le cadre des pouvoirs qu'elle tient des dispositions de l'art. L. 221-17 [L. 3132-29 nouv.], si elle doit maintenir sa réglementation. • CE 5 mars 1986 : *D. 1988. Somm. 77, obs. Chelle et Prétot.*

17. Infractions aux arrêtés. Les infractions aux arrêtés préfectoraux pris en application de l'art. L. 221-17 [L. 3132-29 nouv.] rompent l'égalité que la loi a entendu établir entre tous les professionnels employant ou non du personnel. • Crim. 26 mai 1976 : *Bull. crim. n° 187.* ♦ L'inspecteur du travail a la faculté de mettre en œuvre la procédure de référé dominical dans toutes les hypothèses dans lesquelles des salariés sont employés de façon illicite le dimanche ; peu important que l'art. L. 3132-31 ne renvoie pas formellement à l'art. L. 3132-29. • Soc. 6 avr. 2011 : *D. 2011. Actu. 2011. 1147, obs. Perrin ; RDT 2011. 383, obs. Véricel ; JS Lamy 2011, n° 300-3, obs. Tourreil ; JCP S 2011. 1255, obs. Pagnerre.*

18. Cumul de peines. L'infraction consistant en la violation d'un arrêté préfectoral pris en application de l'art. L. 3132-29 et celle portant atteinte à la règle de repos dominical, sur le fondement de l'art. L. 3132-3, comportent des éléments constitutifs spécifiques et doivent être réprimées distinctement. • Crim. 16 mars 2010 : *Bull. crim. n° 51 ; RSC 2011. 865, obs. Cerf-Hollander ; Dr. soc. 2010. 989, obs. Duquesne.*

19. L'exception relative au défaut de publicité de l'arrêté préfectoral peut être soulevée pour la première fois devant la juridiction d'appel. • Crim. 19 juin 1990 : *RJS 1990. 525, n° 774.* ♦ V. aussi • Crim. 5 mars 1991 : *RJS 1991. 312, n° 587* (la seule insertion de l'arrêté au recueil des actes administratifs d'un département n'établit pas que cet acte a été porté à la connaissance des personnes concernées).

20. Le fait qu'une partie allègue devant le juge civil que le juge administratif est saisi d'un recours en appréciation de la légalité d'un acte réglementaire ne constitue pas, par lui-même, une question préjudicielle motivant un sursis à statuer. • Soc. 23 mars 1989 (2e esp.) : *préc. note 8.* ♦ L'exception d'illégalité doit être écartée lorsqu'elle n'est pas de nature à enlever à la contravention son caractère punissable. • Crim. 20 déc. 1988 : *D. 1989. IR 80.*

21. Responsabilité de l'État. Si l'illégalité commise par l'administration, dont l'arrêté de fermeture a été annulé, constitue une faute susceptible d'engager la responsabilité de l'État, ce dernier ne saurait être condamné à rembourser à des employeurs les sommes qu'ils ont été condamnés à verser à des syndicats d'employeurs, dès lors que le préjudice n'est pas la conséquence directe de la faute commise par l'administration, mais trouve son origine dans la décision des employeurs d'ouvrir leurs établissements le dimanche malgré l'interdiction à laquelle ils devaient se soumettre. • CE 15 mai 1995 : *RJS 1995. 514, n° 786.*

22. Abrogation de l'arrêté. Lorsqu'une juridiction administrative annule la décision implicite de rejet née du silence gardé par le préfet de région sur la demande tendant à l'abrogation d'un arrêté ordonnant la fermeture hebdomadaire des commerces de détail alimentaire dans le département et que le préfet de région procède consécutivement à l'abrogation de cet arrêté, l'arrêt rendu postérieurement à cette annulation par une cour d'appel imposant la fermeture hebdomadaire d'une société en raison de cet arrêté viole les art. L. 3132-29 C. trav. et 1351 C. civ. • Soc. 16 févr. 2012 : *RJS 2012. 386, n° 463.*

Art. L. 3132-30 La fermeture prévue à l'article L. 3132-29 ne s'applique pas aux stands des exposants dans l'enceinte des expositions, foires ou salons figurant sur une liste déterminée, après consultation des organisations d'employeurs et de salariés intéressées, par arrêté conjoint des ministres chargés du travail et du commerce.

Les exposants bénéficiant de ces dispositions peuvent accorder le repos hebdomadaire à leurs salariés par roulement. – *[Anc. art. L. 221-18, al. 1er et 3.] – V. art. R. 3135-2 (pén.).*

SECTION IV PROCÉDURE DE RÉFÉRÉ DE L'INSPECTEUR DU TRAVAIL

Art. L. 3132-31 L'inspecteur du travail peut, nonobstant toutes poursuites pénales, saisir en référé le juge judiciaire pour voir ordonner toutes mesures propres à faire cesser dans les établissements de vente au détail et de prestations de services au consommateur l'emploi illicite de salariés en infraction aux dispositions des articles L. 3132-3 et L. 3132-13.

Le juge judiciaire peut notamment ordonner la fermeture le dimanche du ou des établissements concernés. Il peut assortir sa décision d'une astreinte liquidée au profit du Trésor. – *[Anc. art. L. 221-16-1.] – V. art. R. 3135-2 (pén.).*

1. Champ d'application. L'inspecteur du travail a la faculté de mettre en œuvre la procédure de référé dominical dans toutes les hypothèses dans lesquelles des salariés sont employés de façon illicite le dimanche ; peu important que l'art. L. 3132-31 ne renvoie pas formellement à l'art. L. 3132-29. • Soc. 6 avr. 2011 : *D. 2011. Actu. 1147, obs. Perrin ; JS Lamy 2011, no 300-3, obs. Tourreil ; JCP S 2011. 1255, obs. Pagnerre.*

2. Établissement de l'emploi illicite. L'inspecteur du travail qui saisit en référé le président du tribunal de grande instance afin qu'il prenne toutes mesures propres à faire cesser le travail illicite du dimanche de salariés d'établissements de vente au détail et de prestations de services au consommateur n'est pas tenu de dresser le procès-verbal prévu par l'article L. 8113-7 au soutien d'éventuelles poursuites pénales ; il lui appartient seulement d'établir par tous moyens, et en usant des pouvoirs qu'il tient des articles L. 8113-1, L. 8113-2 et L. 8113-4, l'emploi illicite qu'il entend faire cesser et dont il atteste dans le cadre de l'assignation. • Soc. 10 mars 2010 : *RDT 2010. 302, obs. Véricel* • 19 mars 2014 : *Dalloz actualité, 19 sept. 2014, obs. Ines ; D. 2014. Actu. 783 ; ibid. 1404, chron. Mariette, Sommé, Ducloz, Wurtz, Contamine et Flores ; ibid. 2478, obs. Bretzner, Aynès et Darret-Courgeon ; RJS 2014. 394, no 485.* ♦ La simple constatation, par le contrôleur ou l'inspecteur du travail, du non-respect du repos dominical dans le cadre de la procédure de référé de l'art. L. 3132-31 constitue une preuve admissible qui ne tombe pas sous le coup du principe selon lequel nul ne peut se constituer un titre à soi-même. • Même arrêt.

CHAPITRE III JOURS FÉRIÉS

(L. no 2016-1088 du 8 août 2016, art. 8)

RÉP. TRAV. vo *Jours fériés,* par VACHET.

SECTION PREMIÈRE DISPOSITIONS GÉNÉRALES

SOUS-SECTION 1 ORDRE PUBLIC

Art. L. 3133-1 Les fêtes légales ci-après désignées sont des jours fériés :

1° Le 1er janvier ;
2° Le lundi de Pâques ;
3° Le 1er mai ;
4° Le 8 mai ;
5° L'Ascension ;
6° Le lundi de Pentecôte ;
7° Le 14 juillet ;
8° L'Assomption ;
9° La Toussaint ;
10° Le 11 novembre ;
11° Le jour de Noël.

Comp. anc. art. L. 3133-1.

En ce qui concerne la journée fériée, instituée par la L. no 83-550 du 30 juin 1983 pour la commémoration de l'abolition de l'esclavage, dans les départements de la Guadeloupe, de la Guyane, de la Martinique, de la Réunion et à Mayotte, V. Décr. no 83-1003 du 23 nov. 1983 (D. et ALD 1983. 522).

Art. L. 3133-2 **Les heures de travail perdues par suite de chômage des jours fériés ne donnent pas lieu à récupération.**

Comp. anc. art. L. 3133-2.

Jurisprudence rendue sous l'empire des textes antérieurs à la loi n° 2016-1088 du 8 août 2016

La pratique consistant à établir automatiquement un horaire de travail sur la base d'heures de travail fixées forfaitairement à partir des heures accomplies théoriquement lorsqu'un jour férié est chômé au cours de la semaine de travail a pour effet de faire récupérer au salarié des heures effectivement chômées et viole ainsi l'art. L. 3133-2 C. trav. • Soc. 13 juin 2012 : *Dalloz actualité, 16 juill. 2012, obs. Ines ; D. 2012. Actu. 1621 ; RJS 2012. 622, n° 715 ; JCP S 2012. 1432, obs. Dumont.*

Art. L. 3133-3 **Le chômage des jours fériés ne peut entraîner aucune perte de salaire pour les salariés totalisant au moins trois mois d'ancienneté dans l'entreprise ou l'établissement.**

Ces dispositions s'appliquent aux salariés saisonniers si, du fait de divers contrats successifs ou non, ils cumulent une ancienneté totale d'au moins trois mois dans l'entreprise.

Ces dispositions ne s'appliquent ni aux personnes travaillant à domicile, ni aux salariés intermittents, ni aux salariés temporaires.

Comp. anc. art. L. 3133-3.

Jurisprudence rendue sous l'empire des textes antérieurs à la loi n° 2016-1088 du 8 août 2016

1. Chômage des jours fériés. Les jours fériés ne sont pas, à l'exception du 1er mai, nécessairement chômés ; le salarié qui travaille un jour férié n'a droit, sauf disposition contractuelle ou conventionnelle contraire, qu'à son salaire. • Soc. 4 déc. 1996, n° 94-40.693 P : *D. 1997. IR 26 ; RJS 1997. 38, n° 47* (cassation de l'arrêt qui statue en équité sur une demande de majoration de salaire).

2. Régimes conventionnels. Sur le calcul du paiement des heures travaillées un jour férié lorsque la convention collective prévoit leur majoration, V. • Soc. 27 mars 1996 : *RJS 1996. 430, n° 680.* ♦ Dès lors qu'aucune disposition de la convention collective n'exclut les travailleurs de nuit du bénéfice de cette majoration, les majorations de salaires prévues par la convention collective ne sont pas réservées aux seuls salariés appelés à accomplir de manière exceptionnelle leur travail un jour férié. • Soc. 21 févr. 2007 : *D. 2007. AJ 802 ; RDT 2007. 322, obs. Véricel.*

3. La clause de la convention collective nationale des banques prévoyant que sont « chômées, sans récupération, les demi-veilles de fêtes légales » concerne exclusivement la non-récupération de certains jours chômés, et non la détermination de ceux-ci ; en étendant cette disposition à des demi-veilles de fêtes légales qu'il n'était pas d'usage de chômer lorsque a été conclue ladite convention collective, le conseil de prud'hommes en a méconnu la portée. • Cass., ass. plén., 12 mai 1989 : *D. 1989. 377, concl. Cabannes ; JCP 1989. II. 21322, concl. Cabannes, note G. Lyon-Caen.*

4. Jours fériés et congés payés. Lorsque la convention collective applicable à l'entreprise prévoit que le repos des jours fériés légaux n'entraîne aucune diminution de salaire, et qu'en cas d'annualisation ou de modulation le salarié qui travaille un jour férié bénéficie d'un repos d'égale valeur, ces jours fériés légaux doivent être considérés comme chômés et payés. • Soc. 26 janv. 2011 : *JCP S 2011. 1185, obs. Lahalle.* ♦ Sur la coïncidence entre le 1er mai et l'Ascension, V. aussi • Soc. 30 nov. 2010 : *Dalloz actualité, 14 déc. 2010, obs. Astaix* • Soc. 29 juin 2011 : *D. 2011. Actu. 1979 ; RDT 2011. 579, obs. Canut ; JS Lamy 2011, n° 308-37, obs. Gardair-Rérolle* • Soc. 7 mars 2012 : *D. 2012. Actu. 821.*

5. Un salarié dont la rémunération comprend une partie fixe et une partie variable peut prétendre pour un jour chômé, s'il est soumis à l'accord de mensualisation du 10 déc. 1977, au paiement de la partie variable de sa rémunération. • Soc. 7 mai 1996, n° 92-45.148 P : *RJS 1996. 429, n° 679.*

6. Coïncidence jour férié et jour de repos. L'accord d'entreprise stipulant que « les salariés dont le jour de repos coïncide avec un jour férié bénéficieront d'un jour supplémentaire de congé » peut s'interpréter en ce sens que le jour de repos coïncidant avec un jour férié donne au salarié droit à un jour de congé supplémentaire, que ce jour férié soit ou non inclus dans une période de congé du salarié. • Soc. 6 oct. 2010 : *D. 2010. 2522 ; JCP S 2011. 1024, obs. Barège.* ♦ Lorsqu'une convention collective accorde, en plus du congé annuel, un nombre précis de jours de congés correspondant aux fêtes légales en prévoyant des compensations en cas de travail l'un de ces jours, le salarié est fondé à prétendre à ce nombre précis de jours de congés et aux compensations y afférentes en cas de travail, peu important que deux jours fériés tombent le même jour. • Soc. 30 nov. 2010 : *JCP S 2011. 1154, obs. Barège.*

7. Dès lors que l'employeur a reconnu le droit pour des salariés de ne pas travailler les jours fériés, il ne peut retenir à des salariés mensualisés qui n'avaient pas été volontaires pour travailler le 8 mai, jour férié légal, le salaire de cette journée. • Soc. 21 mai 1996, n° 94-45.024 P.

8. Coïncidence de deux jours fériés. En cas de coïncidence de deux jours fériés, le salarié ne peut prétendre à l'octroi de deux jours de repos ou au paiement d'une indemnité qu'à la condition qu'une convention collective garantisse un nombre précis de jours chômés équivalent aux jours fériés légaux ou qu'elle prévoie le paiement d'un nombre déterminé de jours fériés dans l'année. • Soc. 20 nov. 2013 : *RJS 2014. 109, n° 139.*

SOUS-SECTION 2 CHAMP DE LA NÉGOCIATION COLLECTIVE

Art. L. 3133-3-1 Un accord d'entreprise ou d'établissement ou, à défaut, une convention ou un accord de branche définit les jours fériés chômés.

SOUS-SECTION 3 DISPOSITIONS SUPPLÉTIVES

Art. L. 3133-3-2 A défaut d'accord, l'employeur fixe les jours fériés chômés.

SECTION II JOURNÉE DU 1er MAI

Art. L. 3133-4 Le 1er mai est jour férié et chômé. – *V. art. R. 3135-4 (pén.).*

Comp. anc. art. L. 3133-4.

Art. L. 3133-5 Le chômage du 1er mai ne peut être une cause de réduction de salaire.

Les salariés rémunérés à l'heure, à la journée ou au rendement ont droit à une indemnité égale au salaire perdu du fait de ce chômage. Cette indemnité est à la charge de l'employeur. – *V. art. R. 3135-4 (pén.).*

Comp. anc. art. L. 3133-5.

Jurisprudence rendue sous l'empire des textes antérieurs à la loi n° 2016-1088 du 8 août 2016

1. 1er mai. Le « 1er mai », qui se définit par sa date et non simplement par une durée consécutive de 24 heures, ne peut s'entendre que comme un jour civil calendaire commençant à 0 heure et finissant à 24 heures sans qu'il puisse en être donné une définition variable en fonction des horaires en vigueur dans l'entreprise. • Soc. 8 mars 2007 : *D. 2007. AJ 1020.*

2. 1er mai et RTT. Le 1er mai, jour férié et chômé, ne peut constituer, lorsqu'il n'est pas travaillé, une journée de temps libre comptabilisée parmi les jours de repos attribués au titre de l'accord d'annualisation/réduction du temps de travail. • Soc. 11 juill. 2007 : *D. 2007. AJ 2167 ; RJS 2007. 839, n° 1074 ; JS Lamy 2007, n° 218-3.*

Art. L. 3133-6 Dans les établissements et services qui, en raison de la nature de leur activité, ne peuvent interrompre le travail, les salariés occupés le 1er mai ont droit, en plus du salaire correspondant au travail accompli, à une indemnité égale au montant de ce salaire. Cette indemnité est à la charge de l'employeur. – *V. art. R. 3135-4 (pén.).*

Comp. anc. art. L. 3133-6.

Jurisprudence rendue sous l'empire des textes antérieurs à la loi n° 2016-1088 du 8 août 2016

1. Caractère d'ordre public. Les dispositions légales relatives au 1er mai sont d'ordre public ; un employeur ne peut pas remplacer l'indemnité légale applicable par un repos compensateur, même en présence d'une convention collective prévoyant cette possibilité. • Soc. 30 nov. 2004, n° 02-45.785 P : *D. 2005. IR 115 ; RJS 2005. 121, n° 162 ; JS Lamy 2005, n° 160-42.* ♦ Comp. antérieurement : • Soc. 8 oct. 1996 : *RJS 1996. 762, n° 1181 ; CSB 1997. 22, S. 9.*

2. Sanctions pénales. Il appartient aux juges du fond d'apprécier souverainement si le prévenu apporte la preuve que la nature de son activité ne lui permettait pas d'interrompre le travail un 1er mai, en application des conditions définies par l'art. L. 222-7 [L. 3133-6 nouv.], auxquelles ne déroge pas la convention collective invoquée. • Crim. 8 févr. 2000 : *Bull. crim. n° 60.*

SECTION III JOURNÉE DE SOLIDARITÉ

SOUS-SECTION 1 ORDRE PUBLIC

Art. L. 3133-7 La journée de solidarité instituée en vue d'assurer le financement des actions en faveur de l'autonomie des personnes âgées ou handicapées prend la forme :

1° D'une journée supplémentaire de travail non rémunérée pour les salariés ;

2° De la contribution prévue au 1° de l'article L. 14-10-4 du code de l'action sociale et des familles pour les employeurs.

Comp. anc. art. L. 3133-7.

Jurisprudence rendue sous l'empire des textes antérieurs à la loi n° 2016-1088 du 8 août 2016

1. Conformité à la Constitution de la journée de solidarité. Est conforme à la Constitution l'ensemble des dispositions contestées relatives à la journée de solidarité, le législateur peut faire spécialement appel à l'effort des salariés du secteur privé et du secteur public bénéficiant d'un régime de rémunération assorti d'une limitation de la durée légale du temps de travail ; la différence de traitement qui en résulte avec les retraités et les travailleurs exerçant leur activité de façon indépendante est en rapport direct avec l'objet de la loi ; en retenant l'avantage tiré de l'allongement de la durée légale du travail comme critère de la capacité contributive des contribuables, le législateur n'a commis aucune erreur manifeste d'appréciation. • Cons. const. 22 juill. 2011 : *RDT 2011. 645, obs. Véricel* ; *Constitutions 2011. 559, chron. Radé* ; *AJDA 2011. 1526* .

2. Mise en œuvre. Il n'apparaît pas, eu égard à l'office du juge des référés pour l'application de la procédure d'urgence, que la mise en œuvre de la « journée de solidarité » porte une atteinte grave et manifestement illégale à la liberté du travail du salarié, à la liberté de religion ou d'association ou au droit au respect de la vie privée. • CE, ord., 3 mai 2005, n° 279999 : *D. 2005. 1465, note Guillemin* ; *RJS 2006. 619, n° 858.*

Art. L. 3133-8 Le travail accompli, dans la limite de sept heures, durant la journée de solidarité ne donne pas lieu à rémunération :

1° Pour les salariés mensualisés, dans cette limite de sept heures ;

2° Pour les salariés dont la rémunération est calculée par référence à un nombre annuel de jours de travail conformément à l'article L. 3121-58, dans la limite de la valeur d'une journée de travail.

Pour les salariés à temps partiel, la limite de sept heures prévue au 1° du présent article est réduite proportionnellement à la durée contractuelle.

Comp. anc. art. L. 3133-10.

Jurisprudence rendue sous l'empire des textes antérieurs à la loi n° 2016-1088 du 8 août 2016

Absence du salarié. Lorsque la journée de solidarité est fixée un jour précédemment chômé pour lequel le salarié aurait normalement été rémunéré, l'absence du salarié ce jour-là autorise l'employeur à pratiquer une retenue sur salaire. • Soc. 16 janv. 2008 (2 arrêts) : *RDT 2008. 240, obs. Aubert-Monpeyssen* ; *D. 2008. AJ 345, obs. Cortot* ; *RJS 2008. 229, n° 293.*

Art. L. 3133-9 Les heures correspondant à la journée de solidarité, dans la limite de sept heures ou de la durée proportionnelle à la durée contractuelle pour les salariés à temps partiel, ne s'imputent ni sur le contingent annuel d'heures supplémentaires ni sur le nombre d'heures complémentaires prévu au contrat de travail du salarié travaillant à temps partiel. Elles ne donnent pas lieu à contrepartie obligatoire sous forme de repos.

Comp. anc. art. L. 3133-11.

Art. L. 3133-10 Lorsqu'un salarié qui a déjà accompli, au titre de l'année en cours, une journée de solidarité s'acquitte d'une nouvelle journée de solidarité en raison d'un changement d'employeur, les heures travaillées ce jour donnent lieu à rémunération supplémentaire et s'imputent sur le contingent annuel d'heures supplémentaires ou sur le nombre d'heures complémentaires prévu au contrat de travail du salarié travaillant à temps partiel. Ces heures donnent lieu à contrepartie obligatoire sous forme de repos.

Toutefois, le salarié peut aussi refuser d'exécuter cette journée supplémentaire de travail sans que ce refus constitue une faute ou un motif de licenciement.

Comp. anc. art. L. 3133-12.

SOUS-SECTION 2 CHAMP DE LA NÉGOCIATION COLLECTIVE

Art. L. 3133-11 Un accord d'entreprise ou d'établissement ou, à défaut, une convention ou un accord de branche fixe les modalités d'accomplissement de la journée de solidarité.

Cet accord peut prévoir :

1° Soit le travail d'un jour férié précédemment chômé autre que le 1er mai ;

2° Soit le travail d'un jour de repos accordé au titre de l'accord collectif conclu en application de l'article L. 3121-44 ;

3° Soit toute autre modalité permettant le travail de sept heures précédemment non travaillées en application de stipulations conventionnelles ou des modalités d'organisation des entreprises.

Comp. anc. art. L. 3133-8, al. 1 à 5.

SOUS-SECTION 3 DISPOSITIONS SUPPLÉTIVES

Art. L. 3133-12 A défaut de stipulation dans la convention ou l'accord conclu en application de l'article L. 3133-11, les modalités d'accomplissement de la journée de solidarité sont définies par l'employeur, après consultation du comité d'entreprise ou, à défaut, des délégués du personnel, s'ils existent.

Comp. anc. art. L. 3133-8, al. 6.

Jurisprudence rendue sous l'empire des textes antérieurs à la loi n° 2016-1088 du 8 août 2016

En l'absence d'une convention ou d'un accord de branche ou d'entreprise en vue de fixer la date de la journée de solidarité un autre jour que le lundi de Pentecôte, les dispositions du code local des professions s'appliquent. • Crim. 8 avr. 2008 : *RJS 2009. 658, n° 829 ; JCP S 2008. 1596, obs. Martinon.*

CHAPITRE IV DISPOSITIONS PARTICULIÈRES AUX DÉPARTEMENTS DE LA MOSELLE, DU BAS-RHIN ET DU HAUT-RHIN

COMMENTAIRE

V. Dalloz.fr et applications mobiles Dalloz.

Art. L. 3134-1 Les dispositions du présent chapitre s'appliquent dans les départements de la Moselle, du Bas-Rhin et du Haut-Rhin.

Toutefois, elles ne s'appliquent pas aux professions agricoles et de la pêche, aux entreprises de chemin de fer, aux concessions de bacs publics, à l'éducation des enfants et à l'enseignement, aux professions libérales, aux entreprises d'assurance, aux emplois à domicile par une personne physique, aux professions artistiques, aux professions médicales et paramédicales, ainsi qu'à la vente de médicaments.

Les dispositions des chapitres II et III ne sont pas applicables, à l'exception de celles des articles L. 3132-1 à L. 3132-3, L. 3132-14 à L. 3132-19 *(L. n° 2016-1088 du 8 août 2016, art. 8)* « , L. 3133-2, L. 3133-3 et L. 3133-4 à L. 3133-12 ». – *[Anc. art. 6, L. 26 juill. 1900.]*

Conformité à la Constitution. En maintenant, par dérogation, à certaines dispositions du titre III du livre Ier de la troisième partie du code du travail, le régime local particulier en vertu duquel le droit au repos hebdomadaire des salariés s'exerce le dimanche, le législateur a opéré une conciliation qui n'est pas manifestement disproportionnée entre la liberté d'entreprendre et les exigences du dixième alinéa du Préambule de la Constitution de 1946. • Cons. const., QPC, 5 août 2011 : *RDT 2011. 574, obs. E. Sander ; AJDA 2011. 1590 ; ibid. 1880, étude M. Lombard, S. Nicinski et E. Glaser ; RJS 2011. 800, n° 909.*

Art. L. 3134-2 L'emploi de salariés dans les entreprises industrielles, commerciales ou artisanales est interdit les dimanches et jours fériés, sauf dans les cas prévus par le présent chapitre. – *[Anc. art. 105 a, al. 1, L. 26 juill. 1900.]*

Art. L. 3134-3 Dans les exploitations de mines, salines et carrières, établissements industriels, chantiers du bâtiment et du génie civil, chantiers navals, le repos donné aux salariés est de :

1° Vingt-quatre heures pour chaque dimanche ou jour férié ;

2° Trente-six heures pour un dimanche et un jour férié consécutifs ;

3° Quarante-huit heures pour les fêtes de Noël, Pâques et Pentecôte.

La période de repos est calculée à partir de minuit et, dans le cas d'un dimanche et d'un jour férié consécutifs, se prolonge jusqu'à dix-huit heures le second jour.

Dans les exploitations où l'on travaille régulièrement par équipe de jour et de nuit, lorsque l'activité est interrompue pendant les vingt-quatre heures qui suivent le commencement de la période de repos, cette dernière ne peut débuter avant dix-huit heures du jour ouvrable précédent ni après six heures du dimanche ou du jour férié. – *[Anc. art. 105 b, al. 1, L. 26 juill. 1900.] – V. art. R. 3135-6 (pén.).*

Art. L. 3134-4 Dans les exploitations commerciales, les salariés ne peuvent être employés le premier jour des fêtes de Noël, de Pâques ou de Pentecôte.

Les autres dimanches et jours fériés, leur travail ne peut dépasser cinq heures.

Par voie de statuts ayant force obligatoire, adoptés après consultation des employeurs et des salariés et publiés selon les formes prescrites, les départements ou communes peuvent réduire la durée du travail ou interdire complètement le travail pour toutes les exploitations commerciales ou pour certaines branches d'activité.

Pendant les quatre dernières semaines précédant Noël ou pour certains dimanches et jours fériés pour lesquels les circonstances locales rendent nécessaire une activité accrue, l'autorité administrative peut porter le nombre d'heures travaillées jusqu'à dix.

Les heures pendant lesquelles le travail a lieu sont déterminées, compte tenu des horaires des services religieux publics, par les dispositions statutaires qui ont réduit la durée des heures de travail et, dans les autres cas, par l'autorité administrative. Elles peuvent être fixées de façon différente pour chaque branche d'activité commerciale.

Les dispositions du présent article sont également applicables à l'emploi des salariés dans les coopératives de consommation et les associations. – *[Anc. art. 105 b, al. 2 et 3, L. 26 juill. 1900.] – V. art. R. 3135-4 (pén.).*

Art. L. 3134-5 Les dispositions des articles L. 3134-3 et L. 3134-4 ne sont pas applicables :

1° Aux travaux qui, en cas de nécessité grave ou dans l'intérêt public, doivent être réalisés immédiatement ;

2° Pour un dimanche, à la réalisation d'un inventaire prescrit par la loi ;

3° A la surveillance des installations de l'exploitation, aux travaux de nettoyage et de maintenance nécessaires à la poursuite régulière de l'exploitation elle-même ou d'une autre exploitation, ainsi qu'aux travaux nécessaires à la reprise de la pleine activité les jours ouvrables, si ces travaux ne peuvent être exécutés un jour ouvrable ;

4° Aux travaux nécessaires pour éviter que les matières premières soient altérées ou que les résultats d'une fabrication en cours soient compromis, si ces travaux ne peuvent être exécutés un jour ouvrable ;

5° A la surveillance de l'exploitation, lorsque celle-ci se poursuit les dimanches et jours fériés en application des 1° à 4°.

Pour les travaux mentionnés aux 3° et 4°, durant plus de trois heures ou empêchant les salariés d'assister au service religieux, l'employeur accorde à chaque salarié soit un congé de trente-six heures pleines chaque troisième dimanche, soit le libère de 6 heures à 18 heures au moins chaque deuxième dimanche.

Toutefois, l'autorité administrative peut accorder des dérogations si les salariés ne sont pas empêchés d'assister au service religieux et qu'il leur est accordé, au lieu du dimanche, un repos de vingt-quatre heures pendant un jour de semaine. – *[Anc. art. 105 c, al. 1er à 6 et al. 8 et 9.] – V. art. R. 3135-4 (pén.).*

Art. L. 3134-6 Des dérogations aux dispositions de l'article L. 3134-3 peuvent être accordées par voie réglementaire pour des catégories d'activités déterminées, notamment pour des exploitations où sont accomplis des travaux qui, par nature, ne peuvent être interrompus ou ajournés, ainsi que pour les activités qui, par nature, sont limitées à certaines périodes de l'année ou sont soumises à une activité d'une intensité inhabituelle à certaines périodes de l'année.

La détermination des travaux autorisés les dimanches et jours fériés dans ces exploitations et les conditions dans lesquelles ils sont autorisés intervient de manière uniforme pour toutes les exploitations de même catégorie et en tenant compte des dispositions du septième alinéa de l'article L. 3134-5. – *[Anc. art. 105 d, L. 26 juill. 1900.] – V. art. R. 3135-4 (pén.).*

Art. L. 3134-7 Des dérogations aux dispositions des articles L. 3134-3 et L. 3134-4 peuvent être accordées par l'autorité administrative pour les catégories d'activités dont l'exercice complet ou partiel est nécessaire les dimanches ou les jours fériés pour la satisfaction de besoins de la population présentant un caractère journalier ou se manifestant particulièrement ces jours-là.

Il en est de même pour les exploitations fonctionnant exclusivement ou de manière prépondérante avec des moteurs animés par l'énergie éolienne ou par une énergie hydraulique irrégulière.

Le régime de ces dérogations tient compte des dispositions du huitième alinéa de l'article L. 3134-5. Un décret peut préciser les conditions et modalités de ces dérogations. – *[Anc. art. 105 e, L. 26 juill. 1900.] – V. art. R. 3135-4 (pén.).*

Art. L. 3134-8 Des dérogations temporaires aux dispositions de l'article L. 3134-3 peuvent être accordées par l'autorité administrative, selon des modalités déterminées par voie réglementaire, lorsque l'emploi de salariés les dimanches ou jours fériés est nécessaire de façon imprévisible pour éviter un dommage disproportionné. – *[Anc. art. 105 f, al. 1, L. 26 juill. 1900.] – V. art. R. 3135-4 (pén.).*

Art. L. 3134-9 L'interdiction d'employer les salariés le dimanche ou jours fériés peut être étendue par voie réglementaire à d'autres catégories d'activité.

Les dispositions des articles L. 3134-5 à L. 3134-8 s'appliquent également aux dérogations à cette interdiction. – *[Anc. art. 105 g, L. 26 juill. 1900.] – V. art. R. 3135-4 (pén.).*

Art. L. 3134-10 Les articles L. 3134-2 à L. 3134-9 ne s'appliquent pas aux activités de restauration, d'hôtellerie et de débits de boissons, aux représentations musicales et théâtrales, aux expositions ou à d'autres divertissements, ainsi qu'aux entreprises de transport.

Dans ces secteurs d'activité, les employeurs ne peuvent obliger les salariés durant les dimanches et les jours fériés qu'aux seuls travaux qui, en raison de la nature de l'exploitation intéressée, ne peuvent être ajournés ou interrompus. – *[Anc. art. 105 i, L. 26 juill. 1900.]*

Art. L. 3134-11 Lorsqu'il est interdit, en application des articles L. 3134-4 à L. 3134-9, d'employer des salariés dans les exploitations commerciales, il est également interdit durant ces jours de procéder à une exploitation industrielle, commerciale ou artisanale dans les lieux de vente au public. Cette disposition s'applique également aux activités commerciales des coopératives de consommation ou associations. – *[Anc. art. 41 a, L. 26 juill. 1900.]*

Par décision n° 2011-157 QPC du 5 août 2011, le Conseil constitutionnel a déclaré conforme aux droits et libertés que la Constitution garantit l'art. L. 3134-11 C. trav., qui fait interdiction, dans les départements de la Moselle, du Bas-Rhin et du Haut-Rhin, notamment le dimanche et dans les lieux où il est interdit d'employer des salariés, de procéder, même sans recours à ces derniers, à une exploitation industrielle, commerciale ou artisanale dans les lieux de vente au public ; toutefois, il se déduit du principe d'interprétation stricte de la loi pénale que, d'une part, en l'absence de mention expresse de ce texte, dans l'article R. 3135-4 du même code et, d'autre part, en l'état de l'abrogation, par l'Ord. du 12 mars 2007 ratifiée par la loi du 21 janvier 2008, de l'article 41 *a* du code local des professions applicable dans ces départements, la violation de ces prescriptions est dépourvue de sanction pénale. • Crim. 31 janv. 2012 : *D. 2012. Actu. 615 ; ibid. 1047, note Hennion-Jacquet ; JCP S 2012. 1193, obs. d'Allende.*

Art. L. 3134-12 Pour des activités dont l'exercice est nécessaire de manière complète ou partielle pour la satisfaction des besoins de la population présentant un caractère journalier ou se manifestant particulièrement les dimanches et jours fériés, l'autorité administrative peut, pour une ou plusieurs communes présentant une continuité territoriale, prescrire, sur demande d'au moins deux tiers des entrepreneurs, l'exploitation les dimanches et jours fériés si les dérogations aux dispositions de l'article L. 3134-3 ont été accordées. L'autorisation peut être délivrée sur demande d'au moins deux tiers des entrepreneurs intéressés.

Les entrepreneurs intéressés et la procédure suivant laquelle le nombre d'entrepreneurs requis est constaté sont déterminés par voie réglementaire. – *[Anc. art. 41 b, L. 26 juill. 1900.]*

Art. L. 3134-13 Les jours fériés ci-après désignés sont des jours chômés :

1° Le 1er Janvier ;

2° Le Vendredi Saint dans les communes ayant un temple protestant ou une église mixte ;

3° Le lundi de Pâques ;

4° Le 1er Mai ;

5° Le 8 Mai ;

6° L'Ascension ;

7° Le lundi de Pentecôte ;

8° Le 14 Juillet ;

9° L'Assomption ;

10° La Toussaint ;

11° Le 11 Novembre ;

12° Le premier et le second jour de Noël.

Un décret peut compléter la liste de ces jours fériés compte tenu des situations locales et confessionnelles. – *[Anc. art. 105 a, al. 2, L. 26 juill. 1900, art. 1er, Ord. 16 août 1892, et art. 1, L. no 2005-296 du 31 mars 2005.]*

Art. L. 3134-14 Dans le département de la Moselle, l'autorité administrative peut, dans des conditions déterminées par voie réglementaire, autoriser ou interdire l'ouverture des établissements commerciaux le Vendredi Saint et ceci de manière uniforme dans le département, indépendamment de la présence d'un temple protestant ou d'une église mixte dans les communes. – *[Anc. art. L. 222-4-1.]*

Art. L. 3134-15 L'inspecteur du travail peut, nonobstant toutes poursuites pénales, saisir en référé le juge judiciaire pour voir ordonner toutes mesures propres à faire cesser dans les établissements de vente au détail et de prestations de services au consommateur l'emploi illicite de salariés en infraction aux articles L. 3134-10 à L. 3134-12.

Le juge judiciaire peut notamment ordonner la fermeture le dimanche du ou des établissements concernés. Il peut assortir sa décision d'une astreinte liquidée au profit du Trésor. – *[Anc. art. L. 221-16-1.]*

Le pouvoir reconnu à l'inspecteur du travail peut s'exercer dans tous les cas où, alors que l'emploi dans l'établissement de salariés le dimanche est interdit, il est procédé néanmoins à une exploitation industrielle, commerciale ou artisanale dans les lieux de vente au public, quels que soient la taille de l'établissement ou le statut juridique des personnes qui y travaillent. • Soc. 12 déc. 2012 : *Dalloz. actualité, 24 janv. 2013 ; D. 2013. Actu. 21 ; JCP S 2013. 1067, obs. d'Allende.*

Art. L. 3134-16 *(L. no 2016-1088 du 8 août 2016, art. 8)* L'accord mentionné à l'article L. 3133-11 ou la décision de l'employeur mentionnée à l'article L. 3133-12 ne peut désigner ni le premier ou le second jour de Noël ni, indépendamment de la présence d'un temple protestant ou d'une église mixte dans les communes, le Vendredi Saint comme la date de la journée de solidarité.

CHAPITRE V **DISPOSITIONS PÉNALES**

Le présent chapitre ne comprend pas de dispositions législatives.

TITRE QUATRIÈME **CONGÉS PAYÉS ET AUTRES CONGÉS**

CHAPITRE PREMIER **CONGÉS PAYÉS**

(L. no 2016-1088 du 8 août 2016, art. 8)

Ce chapitre, dans sa rédaction antérieure à la L. no 2016-1088 du 8 août 2016, est consultable en ligne, V. Dalloz.fr et les les applications mobiles Dalloz.

SECTION PREMIÈRE **DROIT AU CONGÉ**

Art. L. 3141-1 Tout salarié a droit chaque année à un congé payé à la charge de l'employeur. – *V. art. R. 3143-1 (pén.).*

Comp. anc. art. L. 3141-1.

Jurisprudence rendue sous l'empire des textes antérieurs à la loi n° 2016-1088 du 8 août 2016

1. *Droit au congé annuel payé.* Le droit au congé annuel payé de chaque travailleur doit être considéré comme un principe du droit social de l'Union revêtant une importance particulière, auquel il ne saurait être dérogé et dont la mise en œuvre par les autorités nationales compétentes ne peut être effectuée que dans les limites expressément énoncées par la directive n° 2003/88. • CJUE 26 juin 2001 : *D. 2002. 444, note Clergerie* • 21 juin 2012 : *Dalloz actualité, 6 juill. 2012, obs. Siro ; D. 2012. Actu. 1745 ; JCP S 2012. 1359, obs. Andréo.* ♦ Il appartient à l'employeur de prendre des mesures propres à assurer au salarié la possibilité d'exercer effectivement son droit à congé, et, en cas de contestation, de justifier qu'il a accompli à cette fin les diligences qui lui incombent légalement ; en cas de litige sur la prise des congés payés, ce n'est pas exclusivement au salarié d'établir qu'il s'est trouvé dans l'impossibilité de les poser du fait de l'employeur. • Soc. 13 juin 2012 : *Dalloz actualité, 29 juin 2012, obs. Siro ; D. 2012. Actu. 1621 ; RDT 2012. 565, obs. Vérícel ; RJS 2012. 624, n° 718 ; JS Lamy 2012, n° 328-2, obs. Hautefort ; JCP S 2012. 1370, obs. Morand* • Soc. 16 déc. 2015, n° 14-11.294 P : *D. 2016. Actu. 83 ; ibid. Pan. 814, obs. Porta ; Dalloz actualité, 12 janv. 2016, obs. Peyronnet ; RJS 3/2016, n° 159 ; JCP S 2016. 1097, note Daniel.*

2. *Congés payés conventionnels non pris.* Les congés non pris, accordés par une convention collective en plus des congés payés annuels d'une durée minimale de quatre semaines, ne peuvent donner lieu à indemnisation que si le salarié rapporte la preuve qu'il n'a pu les prendre du fait de l'employeur. • Soc. 12 mai 2015, n° 13-20.349 P : *Dalloz actualité, 22 mai 2015, obs. Ines ; RDT 2015. 547, obs. Vérícel ; JS Lamy 2015, n° 391-2, obs. Lhernould ; RJS 7/2015, n° 490.*

3. *Entreprises à statut.* Incompatibilité des dispositions du code du travail relatives aux congés payés avec les nécessités du service public ferroviaire : V. • CE, Ass., 7 juill. 1995, *Damiens : Lebon 290 ; D. 1996. Somm. 230, obs. Chelle et Prétot ; Dr. soc. 1996. 175, note Chorin ; RJS 1995. 749, n° 1188* • 1er déc. 1995, *Muthuon : RJS 1996. 114, n° 178.* ♦ Comp. : les dispositions du livre II C. trav. et spécialement celles des art. L. 223-1 s. [L. 3141-1 s. nouv.] sur les congés annuels sont, en principe, applicables aux agents de la SNCF et d'EDF-GDF, lesquels sont en outre soumis aux dispositions d'un statut, qui comporte des règles spécifiques aux congés payés ; en vertu du principe fondamental en droit du travail, selon lequel la situation des salariés doit être régie, en cas de conflit de normes, par celle qui leur est la plus favorable, il convient de déterminer si les dispositions de ce statut concernant les congés payés sont plus favorables que celles résultant du régime légal et cette appréciation doit être globale à raison du caractère indivisible de ce régime de congés payés institué en tenant compte des nécessités du service public ; il apparaît que l'ensemble du régime des congés payés prévu par le statut accorde aux agents des avantages supérieurs à ceux qui résulteraient de l'application du code du travail. • Soc. 17 juill. 1996 (1er arrêt), n° 95-41.745 P : *GADT, 4e éd., n° 180 ; Dr. soc. 1996. 1049, concl. P. Lyon-Caen, note Savatier ; RJS 1996. 708, n° 1115 ; CSB 1996. 277, A. 56 ; JCP 1997. II. 22798, note Chorin* • 17 juill. 1996 (2e arrêt), n° 95-41.313 P : *Dr. soc. 1996. 1049, concl. P. Lyon-Caen, note Savatier ; RJS 1996. 708, n° 1115 ; CSB 1996. 277, A. 56 ; JCP 1997. II. 22798, note Chorin.*

Art. L. 3141-2 **Les salariés de retour d'un congé de maternité prévu à l'article L. 1225-17 ou d'un congé d'adoption prévu à l'article L. 1225-37 ont droit à leur congé payé annuel, quelle que soit la période de congé payé retenue pour le personnel de l'entreprise.** — *V. art. R. 3143-1 (pén.).*

Comp. anc. art. L. 3141-2.

Jurisprudence rendue sous l'empire des textes antérieurs à la loi n° 2016-1088 du 8 août 2016

1. *Congés payés et maternité.* Les congés annuels doivent être pris au cours d'une période distincte du congé de maternité. • Soc. 2 juin 2004, n° 02-42.405 P : *Dr. soc. 2004. 1028, obs. Lhernould ; RJS 2004. 630, n° 930.*

2. *Congés payés, congé de maternité et protection contre le licenciement.* La période de protection de quatre semaines suivant le congé de maternité étant suspendue par la prise des congés payés, son point de départ est reporté à la date de la reprise du travail par la salariée. • Soc. 30 avr. 2014 : *Dalloz actualité, 22 mai 2014, obs. Fraisse.*

SECTION II DURÉE DU CONGÉ

SOUS-SECTION 1 ORDRE PUBLIC

Art. L. 3141-3 **Le salarié a droit à un congé de deux jours et demi ouvrables par mois de travail effectif chez le même employeur.**

La durée totale du congé exigible ne peut excéder trente jours ouvrables. — *V. art. R. 3143-1 (pén.).*

Comp. anc. art. L. 3141-3.

Jurisprudence rendue sous l'empire des textes antérieurs à la loi n° 2016-1088 du 8 août 2016

1. Non-respect du droit aux congés. Seule l'impossibilité pour un salarié d'exercer le droit à congé annuel pendant la période prévue par la convention collective, du fait de l'employeur, ouvre droit à son profit à la réparation du préjudice qui en est résulté. • Soc. 25 févr. 1988 : *Bull. civ. V, n° 146 ; D. 1988. Somm. 331, obs. Langlois.* ♦ Dans le même sens : • Soc. 29 mai 1990, n° 89-40.675 P. • 7 nov. 1995 : *RJS 1996. 24, n° 31.*

2. Champ d'application. L'art. L. 223-2 [L. 3141-3 nouv.] ne concerne que le calcul de la durée du congé payé légal. • Soc. 25 mai 1994 : *Dr. soc. 1994. 705.*

3. Durée de travail minimale (jurisprudence antérieure à la loi du 22 mars 2012). Le salarié qui n'a pas travaillé un temps équivalent à un mois de travail effectif n'a pas droit à des congés payés. • Soc. 11 déc. 1997 : *RJS 1998. 39, n° 49.* ♦ Comp. : le droit au congé annuel payé doit être considéré comme un principe du droit social communautaire revêtant une importance particulière, auquel il ne saurait être dérogé et dont la mise en œuvre par les autorités nationales ne peut être effectuée que dans les limites expressément énoncées par la directive 93/104. • CJCE, 6e ch., 26 juin 2001, aff. 173/99, *Bectu : RJS 2001. 832, n° 1232.* • CJUE 24 janv. 2012 : *D. 2012. Actu. 369 ; RDT 2012. 371, obs. Véricel ; RJS 2012. 261, obs. Tissandier ; Sem. soc. Lamy 2012, n° 1525, p. 7, obs. Laulom ; JCP S 2012. 1135, obs. Andréo.*

4. La période d'essai ouvre droit à congé dès lors que le salarié a travaillé plus d'un mois dans l'entreprise. • Soc. 11 mars 1998 : *RJS 1998. 302, n° 481.*

5. Point de départ. Le point de départ du congé payé est le premier jour où l'intéressé aurait dû travailler et non le jour chômé dans l'entreprise en raison de la répartition de l'horaire sur cinq jours. • Crim. 31 mars 1960 : *Bull. crim. n° 198 ; D. 1960. 616 ; Dr. soc. 1961. 110, obs. Savatier* • 2 mars 1989 : *RJS 1989. 179, n° 336.* ♦ Cette règle est applicable même en cas de fractionnement de congé. • Soc. 19 mars 1992, n° 88-41.421 P. ♦ Mais si le dernier jour de congé correspond à une journée non travaillée dans l'entreprise, il compte pour le calcul du congé. • Soc. 8 nov. 1983 : *Bull. civ. V, n° 545.* ♦ ... Sauf s'il est férié. • Soc. 7 janv. 1988 : *Dr. ouvrier 1989. 63.*

6. Décompte. Sur le décompte des congés payés en demi-journées, V. • Soc. 19 nov. 1997, n° 95-40.932 P : *RJS 1998. 39, n° 50.* ♦ Sur l'impossibilité de substituer par accord collectif un décompte horaire au décompte en jours ouvrables, V. • Soc. 11 mars 1998 : *RJS 1998. 300, n° 478.*

7. Jours fériés. En retenant que le jour férié du 15 août, compris dans la période réglementaire des congés annuels, n'était pas un jour ouvrable, les juges ont pu décider qu'il fallait reconnaître au salarié une journée supplémentaire de congé. • Soc. 12 nov. 1987 : *Bull. civ. V, n° 645 ; D. 1987. IR 242.* – V. aussi • Soc. 29 nov. 1961 : *Dr. soc. 1962. 233, obs. Savatier.* ♦ Mais le salarié ne peut prétendre à une indemnité de congés payés correspondant à une journée de « pont ». • Soc. 3 déc. 1980 : *Bull. civ. V, n° 871 ; JCP 1982. II. 19767, note Vachet.* ♦ Dans le cadre du décompte en jours ouvrables, le jour de repos hebdomadaire accordé en sus du jour de repos légal et compris dans une période de congés doit être compté comme jour de congé. • Soc. 7 mai 1998 : *RJS 1998. 473, n° 745.*

8. En prévoyant, sans restriction, l'inclusion des jours chômés dans la nouvelle durée des congés payés, une convention collective a pu mettre fin à un usage plus favorable. • Soc. 19 déc. 1990, n° 87-43.568 P.

9. Jours ouvrés. Si, lorsque le décompte des congés payés est effectué en jours ouvrables ou selon des modalités ne remettant pas en cause la notion de jour ouvrable, le congé doit être prolongé d'un jour quand un jour férié tombe un jour ouvrable, même s'il est chômé dans l'entreprise, il n'en est pas ainsi dès lors que, les congés étant calculés en jours ouvrés, le jour férié intervient un jour non ouvré et est alors sans incidence sur le décompte du congé. • Soc. 13 févr. 1991, n° 89-45.423 P : *RJS 1991. 259, n° 490.* – Dans le même sens : • Cass., ass. plén., 21 mars 1997, n° 92-44.778 P : *BICC 15 juin 1997, concl. Monnet, rapp. Cachelot ; Dr. soc. 1997. 644, obs. Couturier* • 27 oct. 2004, n° 02-44.149 P : *D. 2004. IR 2974 ; RJS 2005. 47, n° 51.* ♦ Pour un décompte en jours ouvrés, V. • Soc. 27 mai 1992, n° 91-40.423 P : *D. 1992. IR 192 ; Dr. soc. 1992. 705 ; RJS 1992. 485, n° 877* • 8 juill. 1992, n° 90-42.746 P. ♦ Les salariés ne peuvent s'opposer au mode de calcul en jours ouvrés appliqué par l'employeur que dans la mesure où il leur est moins favorable que le calcul légal en jours ouvrables ; le juge est tenu de rechercher concrètement, compte tenu du rythme de travail du salarié, le mode de calcul le plus favorable. • Soc. 27 mars 1996 : *RJS 1996. 515, n° 800.* ♦ La comparaison entre les deux modes de décompte doit se faire globalement sur l'ensemble de la durée des congés et non sur les différentes périodes fractionnées des congés. • Soc. 30 oct. 1997 : *RJS 1997. 853, n° 1388.*

10. Maladie, accident et report. Le travailleur en arrêt maladie durant sa période de congés payés ne peut se voir interdire, après son rétablissement, de bénéficier de son congé annuel à une autre période. • CJCE 10 sept. 2009 : *RDT 2009. 725, obs. Véricel* ; *JS Lamy 2009 n° 264-4.* ♦ L'art. 7, § 1, de la Dir. 2003/88/CE du 4 nov. 2003 doit être interprété en ce sens qu'il s'oppose à des dispositions nationales prévoyant qu'un travailleur, en incapacité de travail survenue durant la période de congé annuel payé, n'a pas le droit de bénéficier ultérieurement de ce congé annuel coïncidant avec la période d'incapacité de travail. • CJUE 21 juin 2012 : *D. 2012. Actu. 1745, obs. Siro* ; *RJS 2012. 577, obs. Lhernould ; JCP S 2012. 1359, obs. Andréo.* ♦ Le juge doit vérifier si le salarié a été effectivement en mesure de prendre ses congés payés. • Soc. 28 mai 2014 : *RDT 2014. 696, obs. Véricel* ; *JS Lamy 2014, n° 369-3.*

11. Des dispositions nationales peuvent prévoir une période maximale de report du droit au congé annuel, à l'expiration de laquelle ce droit sera perdu ; une période de report de quinze mois est conforme à la directive européenne du 4 nov. 2003. • CJUE 22 nov. 2011 : *RDT 2012. 371, obs. Véricel* ; *RTD eur. 2012. 490, obs. Robin-Olivier* ; *RMCUE 2014. 243, chron. Sabatakakis*.

12. *Assimilation de l'accident de trajet.* Pour l'ouverture du droit au congé annuel payé, l'absence du travailleur pour cause d'accident de trajet doit être assimilée à l'absence pour cause d'accident du travail. • Soc. 3 juill. 2012 : *Dalloz actualité, 24 juill. 2012, obs. Perrin ; RJS 2012. 691, n° 811 ; Dr. ouvrier 2012. 719, obs. Durand ; JS Lamy 2012, n° 328-6, obs. Tourreil ; JCP S 2012. 1385, obs. R. Favre.*

13. Eu égard à la finalité qu'assigne aux congés payés annuels la directive communautaire du 23 novembre 1993 sur l'aménagement du temps de travail, lorsque le salarié s'est trouvé dans l'impossibilité de prendre ses congés au cours de l'année prévue en raison d'absences liées à un accident de travail ou une maladie professionnelle, les congés payés acquis doivent être reportés après la date de reprise du travail. • Soc. 27 sept. 2007 : *D. 2007. AJ 2609* ; *RDT 2007. 732, obs. Véricel* ; *RJS 2007. 1036, n° 1296 ; JS Lamy 2007, n° 221-4.* ♦ De même, si un salarié n'a pas pu prendre ses congés payés annuels parce qu'il était en arrêt maladie pendant la période de référence, il ne peut perdre son droit à congés payés. • CJCE 20 janv. 2009, aff. C-350/06 et C-520/06 : *RDT 2009. 170, obs. Véricel* ; *RJS 2009. 338, n° 406 ; JS Lamy 2009, n° 250-3* • Soc. 24 févr. 2009 : *D. 2009. Pan. 2128, obs. Desbarats* ; *RDT 2009. 241, obs. Véricel* ; *RJS 2009. 380, n° 442 ; JS Lamy 2009, n° 252-5* • 25 mars 2009 : *D. 2009. AJ 1094* ; *RJS 2009. 464, n° 519.* ♦ Les congés annuels payés doivent à nouveau être reportés quand le salarié s'est trouvé dans l'impossibilité de prendre l'intégralité des congés payés acquis en raison d'une rechute d'accident du travail. • Soc. 16 févr. 2012 : *Dalloz actualité, 28 févr. 2012, obs. Perrin ; D. 2012. Actu. 616* ; *RDT 2012. 371* , *obs. Véricel ; RJS 2012. 388, n° 466.* ♦ Comp. : • Soc. 11 oct. 1995 : *RJS 1996. 24, n° 31 (2e esp.)* • 20 mai 1998 : *RJS 1998. 563, n° 873* • 10 févr. 1998, n° 95-42.334 P : *RJS 1998. 199, n° 324* • 16 févr. 1999, n° 96-45.364 P : *JCP 1999. IV. 1664 ; RJS 1999, n° 532.*

14. En précisant sans aucune réserve que les congés non pris à la date initialement fixée pourraient être reportés à l'issue du congé de maladie et même ultérieurement en cas de nécessité de service, la convention collective déroge dans un sens plus favorable au salarié à l'impossibilité légale de reporter les congés payés d'une année sur l'autre. • Soc. 13 janv. 1998, n° 95-40.226 P : *RJS 1998. 116, n° 179.*

15. Les périodes d'accident du travail ou de maladie professionnelle d'une durée ininterrompue d'un an ne sont considérées comme périodes de travail effectif que pour le calcul de la durée des congés et n'entrent pas en compte pour l'ouverture du droit à congés. • Soc. 11 mai 2005 : *D. 2005. IR 1448, obs. Chevrier* ; *RJS 2005. 547, n° 755.*

16. *Calcul des jours de congés au regard des périodes d'absence sur la période de référence.* Tout salarié, qu'il soit en congé de maladie pendant ladite période de référence à la suite d'un accident survenu sur le lieu du travail ou ailleurs, ou à la suite d'une maladie de quelque nature ou origine qu'elle soit, ne peut voir affecter son droit au congé annuel payé pour sa fraction égale à 4 semaines ; la directive n° 2003/88/CE fixe des prescriptions minimales et ne porte pas atteinte à la faculté des États membres d'appliquer des dispositions nationales plus favorables à la protection des travailleurs. Dans la mesure où cette disposition fixe la durée minimale des congés payés à quatre semaines, le droit interne ne peut distinguer selon l'origine professionnelle ou non professionnelle de l'arrêt de travail s'agissant du droit à ces quatre semaines, mais peut opérer cette distinction s'agissant des droits à congés qui, en application de cette législation, se situent au-delà de cette durée minimale. • CJUE 24 janv. 2012 : *Dalloz actualité, 24 févr. 2012, obs. Perrin ; D. 2012. Actu. 369* . ♦ Mais la directive 2003/88/CE ne pouvant permettre, dans un litige entre des particuliers, d'écarter les effets d'une disposition de droit national contraire, un salarié ne peut prétendre au paiement d'une indemnité compensatrice de congés payés au titre d'une période de suspension du contrat de travail ne relevant pas de l'article L. 3141-5. • Soc. 13 mars 2013 : *Dalloz actualité, 8 avr. 2013, obs. Ines ; D. 2013. Actu. 778* ; *RDT 2013. 341, obs. Véricel* ; *JS Lamy 2013, n° 342-5, obs. Hautefort.*

17. *Préavis.* La période de préavis doit être considérée comme période de travail effectif, pour l'ouverture du droit à congés payés, même lorsque le salarié est dispensé d'effectuer ce préavis. • Soc. 24 nov. 1992, n° 90-42.764 P : *Dr. soc. 1993. 60.*

18. Récupération. L'employeur est en droit d'exiger la récupération des jours de congés indûment accordés à des employés par une décision de justice annulée. • Orléans, 28 sept. 1994 : *Dr. soc. 1995. 266, obs. Hennion-Moreau*.

19. Chômage partiel. Sont exclues les périodes de chômage partiel. • Soc. 19 févr. 1992, n° 88-42.632 P : *D. 1992. IR 120 ; CSB 1992. 118, S. 69 ; RJS 1992. 263, n° 458.*

20. Grève. Ne peuvent être considérées comme des journées de travail effectif celles où le salarié a été en grève. • Soc. 16 déc. 1981 : *Bull. civ. V, n° 980 ; D. 1982. IR 322, obs. Vachet.*

21. Le salarié, dont le contrat n'est pas rompu, qui, pour un motif ne résultant pas du fait de l'employeur, n'a pas pris son congé avant l'expiration de la période des congés, ne peut prétendre à une indemnité compensatrice de congés payés. • Soc. 28 janv. 2004, n° 01-46.314 P : *Dr. soc. 2004. 431, obs. Radé ; RJS 2004. 294, n° 423* (indemnité exclue pour un salarié en congé parental d'éducation). ♦ Seule l'impossibilité pour un salarié d'exercer le droit à congé annuel pendant la période prévue par la convention collective, du fait de l'employeur, ouvre droit à son profit à la réparation du préjudice qui en est résulté. • Soc. 25 févr. 1988 : *Bull. civ. V, n° 146 ; D. 1988. Somm. 331, obs. Langlois.* – Dans le même sens : • Soc. 29 mai 1990, n° 89-40.675 P.

Art. L. 3141-4 Sont assimilées à un mois de travail effectif pour la détermination de la durée du congé les périodes équivalentes à quatre semaines ou vingt-quatre jours de travail. — *V. art. R. 3143-1 (pén.).*

Comp. anc. art. L. 3141-4.

Jurisprudence rendue sous l'empire des textes antérieurs à la loi n° 2016-1088 du 8 août 2016

Période de référence. Le salarié qui, au cours de la période de référence, a travaillé douze fois quatre semaines, a droit à un congé de 24 jours, selon l'art. L. 223-2 [L. 3141-3 nouv.] alors applicable, peu important qu'il n'ait pas travaillé quatre semaines ou 24 jours au cours d'un mois. • Cass., ass. plén., 9 janv. 1987 : *D. 1987. 189, concl. Cabannes ; JCP E 1987. II. 14996, note Vachet* • Soc. 19 mars 1991 : *RJS 1991. 316, n° 595.*

Art. L. 3141-5 Sont considérées comme périodes de travail effectif pour la détermination de la durée du congé :

1° Les périodes de congé payé ;

2° Les périodes de congé de maternité, de paternité et d'accueil de l'enfant et d'adoption ;

3° Les contreparties obligatoires sous forme de repos prévues aux articles L. 3121-30, L. 3121-33 et L. 3121-38 ;

4° Les jours de repos accordés au titre de l'accord collectif conclu en application de l'article L. 3121-44 ;

5° Les périodes, dans la limite d'une durée ininterrompue d'un an, pendant lesquelles l'exécution du contrat de travail est suspendue pour cause d'accident du travail ou de maladie professionnelle ;

6° Les périodes pendant lesquelles un salarié se trouve maintenu ou rappelé au service national à un titre quelconque. — *V. art. R. 3143-1 (pén.).*

Comp. anc. art. L. 3141-5.

Jurisprudence rendue sous l'empire des textes antérieurs à la loi n° 2016-1088 du 8 août 2016

1. Accident ou maladie. La durée de la suspension du contrat de travail imputable à un accident du travail ne peut être assimilée en totalité à une période de travail effectif qu'à la double condition d'avoir été ininterrompue et de n'avoir pas excédé un an. • Soc. 26 mai 1981 : *Bull. civ. V, n° 476* • 13 mars 1991 : *RJS 1991. 316, n° 596* (n'est pas prise en compte la période de suspension à la suite d'une rechute). ♦ Comp. : • Soc. 4 déc. 2001, n° 99-45.911 P : *D. 2002. IR 140 ; Dr. soc. 2002. 356, obs. Savatier ; RJS 2002. 152, n° 188* (suppression de l'exigence de durée ininterrompue s'agissant d'un arrêt de travail pris en charge au titre de la rechute de l'accident du travail). ♦ Le fait que le salarié ait cessé d'envoyer les certificats de prolongation d'arrêt de travail ne fait pas obstacle à l'application de la règle de l'assimilation à une période de travail effectif. • Soc. 24 oct. 1996 : *RJS 1996. 856, n° 1340.* ♦ Sont exclues les absences dues à un accident de trajet. • Soc. 14 mai 1984 : *Bull. civ. V, n° 195 ; JS UIMM 1985. 390* • 31 mars 1994 : *RJS 1994. 351, n° 561.* ♦ ... Ou les absences pour accident ou maladie non professionnels. • Soc. 29 avr. 1975 : *D. 1975. IR 128* • 8 juin 1994 : *CSB 1994. 253, S. 134* • Soc. 13 mars 2011 : *Dalloz actualité, 8 avr. 2013, obs. Ines.* ♦ Les périodes d'accident du travail ou de maladie professionnelle d'une durée ininterrompue d'un an ne sont considérées comme périodes de travail effectif que pour le calcul de la durée des congés et n'entrent pas en compte pour l'ouverture du droit à congés. • Soc. 11 mai 2005 : *D. 2005. IR 1448, obs. Chevrier ; RJS 2005. 547, n° 755* • 7 mars 2007 : *D. 2007. AJ 1019 ; RJS 2007. 455, n° 616 ; Dr. soc. 2007. 652, obs. Savatier.*

2. Application directe de la Dir. de 2003 à certains employeurs. La Dir. 2003/88/CE donnant au travailleur un droit à congé annuel payé de quatre semaines peut être invoquée directement devant le juge français lorsque l'employeur, sans être directement une personne publique, peut y être assimilé ; dès lors, tout travailleur, ayant été absent pour maladie plus d'un an ou pas, a droit, lors de la rupture du contrat, à une indemnité compensatrice de congé payé s'il n'a pas pu exercer, pour cause de maladie, tout ou partie de son droit au congé annuel payé d'une durée minimale de quatre semaines. • Soc. 22 juin 2016, n° 15-20.111 P : *Dalloz actualité, 7 juill. 2016, obs. Cortot ; D. 2016. Actu. 1437 ; RDT 2016. 712, obs. Véricel ; Dr. soc. 2016. 782, note Mouly ; RJS 11/2016, n° 701 ; Sem. soc. Lamy 2016, n° 1731, note Florès ; JS Lamy 2016, n° 415-4, obs. Lhernould ; JCP S 2016. 1276, obs. Cavallini.*

Art. L. 3141-6 L'absence du salarié ne peut avoir pour effet d'entraîner une réduction de ses droits à congé plus que proportionnelle à la durée de cette absence. — *V. art. R. 3143-1 (pén.).*

Comp. anc. art. L. 3141-6.

Jurisprudence rendue sous l'empire des textes antérieurs à la loi n° 2016-1088 du 8 août 2016

Salariés à temps partiel. La durée de congé du salarié étant déterminée en fonction de ses mois de travail ou des périodes qui leur sont assimilées, il en résulte que l'étendue des droits du salarié ne peut être appréciée en équivalence d'heures de travail. • Soc. 4 juin 1987 : *Bull. civ. V, n° 367* (illicéité de la diminution de moitié du congé supplémentaire d'ancienneté pour une salariée à mi-temps).

Art. L. 3141-7 Lorsque le nombre de jours ouvrables calculé conformément aux articles L. 3141-3 et L. 3141-6 n'est pas un nombre entier, la durée du congé est portée au nombre entier immédiatement supérieur. — *V. art. R. 3143-1 (pén.).*

Comp. anc. art. L. 3141-7.

Art. L. 3141-8 Les salariés de moins de vingt et un ans au 30 avril de l'année précédente bénéficient de deux jours de congé supplémentaires par enfant à charge. Ce congé est réduit à un jour si le congé légal n'excède pas six jours.

Les salariés âgés de vingt et un ans au moins à la date précitée bénéficient également de deux jours de congé supplémentaires par enfant à charge, sans que le cumul du nombre des jours de congé supplémentaires et des jours de congé annuel puisse excéder la durée maximale du congé annuel prévu à l'article L. 3141-3.

Est réputé enfant à charge l'enfant qui vit au foyer et est âgé de moins de quinze ans au 30 avril de l'année en cours et tout enfant sans condition d'âge dès lors qu'il vit au foyer et qu'il est en situation de handicap. — *V. art. R. 3143-1 (pén.).*

Comp. anc. art. L. 3141-9.

Art. L. 3141-9 Les dispositions de la présente section ne portent atteinte ni aux stipulations des conventions et des accords collectifs de travail ou des contrats de travail ni aux usages qui assurent des congés payés de plus longue durée. — *V. art. R. 3143-1 (pén.).*

Comp. anc. art. L. 3141-10.

SOUS-SECTION 2 **CHAMP DE LA NÉGOCIATION COLLECTIVE**

Art. L. 3141-10 Sous réserve de modalités particulières fixées en application de l'article L. 3141-32, un accord d'entreprise ou d'établissement ou, à défaut, une convention un accord de branche peut :

1° Fixer le début de la période de référence pour l'acquisition des congés ;

2° Majorer la durée du congé en raison de l'âge, de l'ancienneté ou du handicap.

Comp. anc. art. L. 3141-8.

SOUS-SECTION 3 DISPOSITIONS SUPPLÉTIVES

Art. L. 3141-11 A défaut de stipulation dans la convention ou l'accord conclu en application de l'article L. 3141-10, le début de la période de référence pour l'acquisition des congés est fixé par un décret en Conseil d'État. – *V. art. R. 3143-1 (pén.) et R. 3141-3.*

Comp. anc. art. L. 3141-11.

SECTION III PRISE DES CONGÉS

SOUS-SECTION 1 PÉRIODE DE CONGÉS ET ORDRE DES DÉPARTS

§ 1er ORDRE PUBLIC

Art. L. 3141-12 Les congés peuvent être pris dès l'embauche, sans préjudice des règles de détermination de la période de prise des congés et de l'ordre des départs et des règles de fractionnement du congé fixées dans les conditions prévues à la présente section. – *V. art. R. 3143-1 (pén.).*

Comp. anc. art. L. 3141-12.

Jurisprudence rendue sous l'empire des textes antérieurs à la loi nº 2016-1088 du 8 août 2016

1. Modalités de la prise des congés. Les congés payés étant destinés à permettre aux salariés de se reposer de leurs travaux, ils ne peuvent être pris par anticipation. • Soc. 10 juill. 1980 : *Bull. civ. V, nº 658* • 27 nov. 1991, ☎ nº 87-43.059 P : *D. 1992. IR 40 ; CSB 1992. 20, S. 3 ; RJS 1992. 113, nº 161.* ♦ Comp. : • Soc. 12 janv. 1989 : *Liaisons soc. Lég. soc., nº 6238, 6* (affirmant que c'est à l'employeur qu'il appartient de démontrer que le congé a été pris par anticipation) • 7 mars 1990, ☎ nº 87-40.629 P. (étendant aux congés pris par anticipation le droit aux congés supplémentaires pour fractionnement).

2. Étendue des droits au congé. Le droit aux congés ne devenant effectif que le jour où le salarié est admis à en jouir, l'étendue de ses droits doit être déterminée par application des dispositions légales ou conventionnelles en vigueur à cette date. • Soc. 22 juin 1994, ☎ nº 92-40.752 P : *CSB 1994. 252, S. 133.*

Art. L. 3141-13 Les congés sont pris dans une période qui comprend dans tous les cas la période du 1er mai au 31 octobre de chaque année. – *V. art. R. 3143-1 (pén.).*

Comp. anc. art. L. 3141-13.

Art. L. 3141-14 Les conjoints et les partenaires liés par un pacte civil de solidarité travaillant dans une même entreprise ont droit à un congé simultané. – *V. art. R. 3143-1 (pén.).*

Comp. anc. art. L. 3141-15.

§ 2 CHAMP DE LA NÉGOCIATION COLLECTIVE

Art. L. 3141-15 Un accord d'entreprise ou d'établissement ou, à défaut, une convention ou un accord de branche fixe :

1º La période de prise des congés ;

2º L'ordre des départs pendant cette période ;

3º Les délais que doit respecter l'employeur s'il entend modifier l'ordre et les dates de départs.

Comp. anc. art. L. 3141-13 et L. 3141-14.

§ 3 DISPOSITIONS SUPPLÉTIVES

Art. L. 3141-16 A défaut de stipulation dans la convention ou l'accord conclus en application de l'article L. 3141-15, l'employeur :

1º Définit après avis, le cas échéant, du comité d'entreprise ou, à défaut, des délégués du personnel :

a) La période de prise des congés ;

b) L'ordre des départs, en tenant compte des critères suivants :

– la situation de famille des bénéficiaires, notamment les possibilités de congé, dans le secteur privé ou la fonction publique, du conjoint ou du partenaire lié par un pacte civil de solidarité, ainsi que la présence au sein du foyer d'un enfant ou d'un adulte handicapé ou d'une personne âgée en perte d'autonomie ;

– la durée de leurs services chez l'employeur ;

– leur activité chez un ou plusieurs autres employeurs ;

2° Ne peut, sauf en cas de circonstances exceptionnelles, modifier l'ordre et les dates de départ moins d'un mois avant la date de départ prévue.

Comp. anc. art. L. 3141-13, L. 3141-14 et L. 3141-16.

Jurisprudence rendue sous l'empire des textes antérieurs à la loi n° 2016-1088 du 8 août 2016

1° ORDRE DES DÉPARTS

1. Défaillance de l'employeur. Une absence non déclarée du salarié parti en congé ne caractérise pas une faute grave compte tenu de la défaillance de l'employeur dans l'organisation des congés payés et son absence de réponse aux courriers du salarié. • Soc. 11 juill. 2007 : *D. 2007. AJ 2241 ; RDT 2007. 594, obs. Véricel ; RJS 2007. 842, n° 1079 ; JCP S 2007. 1668, note Puigelier.*

2. Consultation des délégués du personnel. Il résulte des dispositions de l'art. L. 223-7 [L. 3141-14 à L. 3141-16 nouv.] que le défaut de consultation par l'employeur des délégués du personnel et du comité d'entreprise est constitutif de la contravention spécifique à la législation des congés payés que sanctionnent les art. R. 260-2 et R. 262-6 C. trav., et non du délit d'entrave prévu et réprimé par les art. L. 482-1 et L. 483-1 du même code [L. 2316-1 et L. 2328-1 nouv.]. • Crim. 6 févr. 1990 : *D. 1991. 216, note Cerf-Hollender ; Dr. ouvrier 1991. 138, note Pujana.* – V. aussi • Crim. 22 févr. 1983 : *Bull. crim. n° 64 ; D. 1984. IR 169, obs. Vachet.*

2° SITUATION DES CONJOINTS

3. Intérêt de l'entreprise. Lorsque des dispositions conventionnelles prévoient que l'employeur doit tenir compte du congé du conjoint, elles n'imposent pas à l'employeur de chacun des deux époux de calquer la date des congés sur ceux de son conjoint si l'activité de l'entreprise ne peut s'en accommoder. • Soc. 19 juin 1997 : *RJS 1997. 615, n° 987.*

SOUS-SECTION 2 RÈGLES DE FRACTIONNEMENT ET DE REPORT

§ 1er ORDRE PUBLIC

Art. L. 3141-17 La durée des congés pouvant être pris en une seule fois ne peut excéder vingt-quatre jours ouvrables. Il peut être dérogé individuellement à cette limite pour les salariés qui justifient de contraintes géographiques particulières ou de la présence au sein du foyer d'un enfant ou d'un adulte handicapé ou d'une personne âgée en perte d'autonomie. – *V. art. R. 3143-1 (pén.).*

Comp. anc. art. L. 3141-17.

Art. L. 3141-18 Lorsque le congé ne dépasse pas douze jours ouvrables, il doit être continu. – *V. art. R. 3143-1 (pén.).*

Comp. anc. art. L. 3141-18, al. 1er.

Jurisprudence rendue sous l'empire des textes antérieurs à la loi n° 2016-1088 du 8 août 2016

Sanction. Le fait pour un salarié de ne pas bénéficier d'un congé de douze jours ouvrables continus constitue un trouble manifestement illicite autorisant le juge des référés à y mettre fin en accordant un jour de congé supplémentaire. • Soc. 7 nov. 1989 : *Bull. civ. V, n° 648 ; RJS 1989. 575, n° 936.*

Art. L. 3141-19 Lorsque le congé principal est d'une durée supérieure à douze jours ouvrables, il peut être fractionné avec l'accord du salarié. Cet accord n'est pas nécessaire lorsque le congé a lieu pendant la période de fermeture de l'établissement.

Une des fractions est au moins égale à douze jours ouvrables continus compris entre deux jours de repos hebdomadaire. – *V. art. R. 3143-1 (pén.).*

Comp. anc. art. L. 3141-18, al. 2 et 3.

Jurisprudence rendue sous l'empire des textes antérieurs à la loi n° 2016-1088 du 8 août 2016

1. Acceptation du salarié. Il appartient à l'employeur de rapporter la preuve de l'assentiment exprès du salarié au fractionnement de son congé payé, l'absence de réclamation de l'intéressé ne valant pas acquiescement à cet égard. • Aix-en-Provence, 7 janv. 1997 : *BICC 1er mai 1997, n° 558.* ♦ Les dérogations prévues par convention collective ou accord d'entreprise ne concernent que les modalités du fractionnement ; il ne peut être dérogé au principe selon lequel le fractionnement n'est possible qu'avec l'agrément du salarié. • Soc. 10 mars 2004, ⚖ n° 01-44.941 P : *RJS 2004. 376, n° 553.*

2. Cinquième semaine. Le fractionnement de la cinquième semaine de congés payés n'entre pas dans les prévisions de l'art. L. 223-8 [L. 3141-18 nouv.]. • Crim. 25 févr. 1992 : ⚖ *Bull. crim. n° 87 ; D. 1992. IR 168 ; CSB 1992. 131, A. 23 ; RJS 1992. 486, n° 878* • Cass., ch. mixte, 10 déc. 1993, ⚖ n° 87-45.188 P : *D. 1994. IR 24* ✎ ; *Dr. soc. 1994. 211 ; Dr. ouvrier 1994. 59 concl. Kessous, note A. Lyon-Caen ; CSB 1994. 37, A. 9, note Philbert ; JCP 1994. II. 22233, note Corrignan-Carsin ; RJS 1994. 50, n° 45.* – V. aussi • Soc. 4 avr. 1990, ⚖ n° 87-40.267 P : *RJS 1990. 283, n° 383.*

Art. L. 3141-20 **Il peut être dérogé aux règles de fractionnement des congés prévues à la présente sous-section selon les modalités définies aux paragraphes 2 et 3.**

§ 2 CHAMP DE LA NÉGOCIATION COLLECTIVE

Art. L. 3141-21 Un accord d'entreprise ou d'établissement ou, à défaut, une convention ou un accord de branche fixe la période pendant laquelle la fraction continue d'au moins douze jours ouvrables est attribuée ainsi que les règles de fractionnement du congé au-delà du douzième jour.

Art. L. 3141-22 Si, en application d'une disposition légale, la durée du travail d'un salarié est décomptée à l'année, une convention ou un accord d'entreprise ou d'établissement ou, à défaut, une convention ou un accord de branche peut prévoir que les congés ouverts au titre de l'année de référence peuvent faire l'objet de reports.

Dans ce cas, les reports de congés peuvent être effectués jusqu'au 31 décembre de l'année suivant celle pendant laquelle la période de prise de ces congés a débuté.

L'accord précise :

1° Les modalités de rémunération des congés payés reportés, sans préjudice de l'article L. 3141-24 ;

2° Les cas précis et exceptionnels de report ;

3° Les conditions dans lesquelles ces reports peuvent être effectués, à la demande du salarié après accord de l'employeur ;

4° Les conséquences de ces reports sur le respect des seuils annuels fixés au sixième alinéa de l'article L. 3121-44, au 3° du I de l'article L. 3121-64 et à l'article L. 3123-1. Ce report ne doit pas avoir pour effet de majorer ces seuils dans une proportion plus importante que celle correspondant à la durée ainsi reportée.

Le présent article s'applique sans préjudice des reports également prévus aux articles L. 3142-118 et L. 3142-120 à L. 3142-124 relatifs au congé pour création d'entreprise, aux articles L. 3142-33 et L. 3142-35 relatifs au congé sabbatique et aux articles L. 3151-1 à L. 3151-3 relatifs au compte épargne-temps. — *V. art. R. 3143-1 (pén.).*

Comp. anc. art. L. 3141-21.

§ 3 DISPOSITIONS SUPPLÉTIVES

Art. L. 3141-23 A défaut de stipulation dans la convention ou l'accord conclu en application de l'article L. 3141-22 :

1° La fraction continue d'au moins douze jours ouvrables est attribuée pendant la période du 1er mai au 31 octobre de chaque année ;

2° Le fractionnement des congés au-delà du douzième jour est effectué dans les conditions suivantes :

a) Les jours restant dus en application du second alinéa de l'article L. 3141-19 peuvent être accordés en une ou plusieurs fois en dehors de la période du 1er mai au 31 octobre de chaque année ;

b) Deux jours ouvrables de congé supplémentaire sont attribués lorsque le nombre de jours de congé pris en dehors de cette période est au moins égal à six et un seul lorsque ce nombre est compris entre trois et cinq jours. Les jours de congé principal dus au-delà de vingt-quatre jours ouvrables ne sont pas pris en compte pour l'ouverture du droit à ce supplément.

Il peut être dérogé au présent article après accord individuel du salarié.

SECTION IV INDEMNITÉ DE CONGÉS

SOUS-SECTION UNIQUE ORDRE PUBLIC

Art. L. 3141-24 I. – Le congé annuel prévu à l'article L. 3141-3 ouvre droit à une indemnité égale au dixième de la rémunération brute totale perçue par le salarié au cours de la période de référence.

Pour la détermination de la rémunération brute totale, il est tenu compte :

1° De l'indemnité de congé de l'année précédente ;

2° Des indemnités afférentes à la contrepartie obligatoire sous forme de repos prévues aux articles L. 3121-30, L. 3121-33 et L. 3121-38 ;

3° Des périodes assimilées à un temps de travail par les articles L. 3141-4 et L. 3141-5 qui sont considérées comme ayant donné lieu à rémunération en fonction de l'horaire de travail de l'établissement.

Lorsque la durée du congé est différente de celle prévue à l'article L. 3141-3, l'indemnité est calculée selon les règles fixées au présent I et proportionnellement à la durée du congé effectivement dû.

II. – Toutefois, l'indemnité prévue au I du présent article ne peut être inférieure au montant de la rémunération qui aurait été perçue pendant la période de congé si le salarié avait continué à travailler.

Cette rémunération, sous réserve du respect des dispositions légales, est calculée en fonction :

1° Du salaire gagné dû pour la période précédant le congé ;

2° De la durée du travail effectif de l'établissement.

III. – Un arrêté du ministre chargé du travail détermine les modalités d'application du présent article dans les professions mentionnées à l'article L. 3141-32. – *V. art. R. 3143-1 (pén.).*

Comp. anc. art. L. 3141-22.

Jurisprudence rendue sous l'empire des textes antérieurs à la loi n° 2016-1088 du 8 août 2016

1. Caractère d'ordre public. Le mode de calcul de l'indemnité de congés payés étant d'ordre public, un accord d'entreprise ne peut contenir de stipulations moins favorables au salarié. • Soc. 11 févr. 1982 : *Bull. civ. V, n° 95 ; D. 1983. IR 205, obs. Vachet.* ♦ De même, s'agissant de congés supplémentaires d'origine conventionnelle, un employeur ne peut se prévaloir d'un usage pour imposer aux salariés des mesures moins favorables. • Soc. 26 févr. 1997, n° 93-46.579 P : *D. 1997. IR 78*. ♦ Les dispositions du code du travail étant applicables de plein droit aux salariés d'EDF toutes les fois qu'elles sont plus favorables que les règles statutaires, des dispositions du statut de cette entreprise publique, même agréées par l'autorité administrative, ne font pas obstacle à l'application de l'art. L. 223-11 [L. 3141-22 nouv.], si elles ne sont pas plus favorables. • Soc. 11 mai 1993 : *Dr. ouvrier 1993. 348, note Saramito ; Dr. soc. 1993. 953, note Chorin*.

I. ASSIETTE DE L'INDEMNITÉ

2. Primes incluses. Sont prises en compte dans l'assiette de l'indemnité de congés payés : les primes d'ancienneté. • Soc. 6 déc. 1979 : *Bull. civ. V, n° 970.* ♦ ... Les indemnités représentatives de frais ayant une nature salariale. • Soc. 21 mars 1972 : *Bull. civ. V, n° 236 ; JCP 1972. II. 17229, note P. L.* • 24 janv. 1980 : *Bull. civ. V, n° 76.* ♦ ... Les primes d'expatriement. • Soc. 22 nov. 1979 : *Bull. civ. V, n° 897* • 25 mars 1998 : *RJS 1998. 474, n° 746.* ♦ ... Une indemnité d'astreinte à domicile. • Soc. 4 juill. 1983 : *Bull. civ. V, n° 379.* ♦ ... Ou une prime de soirée. • Soc. 3 juill. 1990, n° 89-40.340 P : *CSB 1990. 221.*

3. Primes exclues. Sont exclus de l'assiette de calcul : les frais professionnels. • Soc. 29 oct. 1980 : *Bull. civ. V, n° 792.* ♦ ... L'indemnité de repas prévue par une convention collective, et ayant pour objet de compenser le surcoût du repas consécutif au déplacement. • Soc. 17 déc. 2014, n° 13-14.855 : *Dalloz actualité, 10 févr. 2015, obs. Fraisse ; RJS 3/2015, n° 224 ; JCP S 2015. 1047, obs. Drai.* ♦ ... Les primes annuelles. • Soc. 10 juill. 1961 : *Bull. civ. V, n° 770 ; Dr. soc. 1962. 101, obs. Savatier* • 9 mai 1962 : *ibid. 1963. 41, obs. Savatier* • 2 avr. 1997 : *RJS 1997. 360, n° 554* • 8 juin 2011 : *RJS 2011. 638, n° 699 ; JCP S 2011. 1451, obs. d'Allende.* ♦ ... Les sommes attribuées au salarié en fonction d'une production globale annuelle sans distinction entre les périodes de travail et celles des congés payés.

• Soc. 18 févr. 1988 : *Bull. civ. V, n° 128 ; D. 1988. Somm. 331, obs. Langlois* • 1er juill. 1998 : *RJS 1998. 635, n° 1000.* ♦ ... La prime d'intéressement. • Soc. 15 juin 1978 : *Bull. civ. V, n° 489.* ♦ ... Les indemnités journalières de maladie. • Soc. 8 juin 1994 : *RJS 1994. 518, n° 806.* ♦ ... Les indemnités de chômage partiel, les périodes de chômage partiel n'étant pas assimilées à un temps de travail effectif. • Soc. 19 févr. 1992 : *D. 1992. IR 10 ; CSB 1992. 118, S. 69 ; RJS 1992. 263, n° 458* • 19 nov. 1997, n° 95-44.093 P : *RJS 1998. 41, n° 52.* ♦ *Contra*, lorsqu'une prime annuelle est assise uniquement sur les périodes de travail en sorte que sa prise en considération n'aurait pas pour effet de la faire payer, même en partie, une deuxième fois : • Soc. 25 mars 1982 : *Bull. civ. V, n° 228.*

II. CALCUL

4. Maintien du salaire. Les dispositions de l'art. L. 223-11 [L. 3141-22 nouv.] impliquent que le total de la rémunération des jours travaillés et de l'indemnité de congé payé peut, dans certains cas, être supérieur au salaire mensuel. • Soc. 12 janv. 1994 : *RJS 1994. 123, n° 157.* ♦ Lorsque la rémunération d'un salarié est constituée d'un salaire fixe et d'un intéressement sur la vente, ce salarié est en droit d'obtenir à titre d'indemnité compensatrice une somme au moins égale à la rémunération totale qu'il aurait reçue s'il avait travaillé ce mois. • Soc. 11 mai 1988 : *Bull. civ. V, n° 288.* ♦ Une rémunération pour travaux supplémentaires peut inclure forfaitairement les congés payés à condition que cette convention soit expresse et que ses modalités n'aboutissent pas pour le salarié à un résultat moins favorable que la stricte application des dispositions légales. • Soc. 2 avr. 1997, n° 95-42.320 P : *Dr. soc. 1997. 528, obs. Couturier ; RJS 1997. 361, n° 555.*

5. Le juge a l'obligation de prendre en considération le seul mois précédant les congés payés, même si la rémunération du salarié a été affectée par une grève. • Soc. 14 oct. 1982 : *Cah. prud'h. 1983, n° 5, 61.* ♦ ... Ou par une mise au chômage partiel. • Soc. 10 juill. 1988 : *Liaisons soc. Lég. soc., n° 6238.* ♦ En faveur de la prise en compte des heures supplémentaires accomplies de façon habituelle dans l'entreprise : • Soc. 13 déc. 1955 : *Dr. soc. 1956. 33.* ♦ *Contra*, lorsqu'il s'agit d'heures supplémentaires accomplies à titre exceptionnel pendant la période de congé de certains salariés : • Soc. 23 oct. 1963 : *Bull. civ. V, n° 718 ; JCP 1963. II. 13438, note G.H.C.* • 21 oct. 1970 : *Bull. civ. V, n° 544.*

6. En cas d'horaire alterné, l'indemnité doit être calculée en tenant compte de l'horaire qui aurait été appliqué pendant les congés. • Soc. 2 juin 1988 : *Bull. civ. V, n° 341.*

7. Lorsque l'horaire hebdomadaire de travail est réparti sur cinq jours, le samedi étant chômé et non payé, ce sixième jour demeure ouvrable pour la détermination du congé, sans l'être pour le calcul de l'indemnité. • Soc. 8 juin 1978 : *Bull. civ. V, n° 462 ; D. 1979. IR 29, obs. Langlois* • 4 déc. 1990, n° 85-41.289 P.

8. Dans une entreprise où est appliqué un régime de salaire mensualisé, il convient d'affecter le salaire mensuel correspondant à la durée légale du travail d'un coefficient égal au rapport existant entre le nombre d'heures de travail que le salarié aurait accompli pendant la période de congé et le nombre d'heures correspondant à la durée légale effective du travail pendant le mois considéré. • Comm. sup. arbitrage 27 nov. 1972 : *Cah. prud'h. 1973, n° 3, 57 ; Dr. ouvrier 1973. 319.* – V. aussi • Soc. 16 janv. 1974 : *Cah. prud'h. 1974, n° 5, 94* • 11 févr. 1982 : *Bull. civ. V, n° 95 ; D. 1983. IR 205, obs. Vachet.*

III. CLAUSE D'INCLUSION

9. Salaire forfaitaire. S'il est possible d'inclure l'indemnité de congés payés dans la rémunération forfaitaire lorsque des conditions particulières le justifient, cette inclusion doit résulter d'une convention expresse entre les parties et ne pas être défavorable au salarié. • Soc. 25 mars 2009 : *Dr. ouvrier 2009. 257.* ♦ L'incorporation de l'indemnité de congés payés dans la rémunération forfaitaire n'est envisageable que si elle résulte d'une convention écrite, témoignant de l'accord de chacune des parties. • Soc. 9 nov. 1988 : *pourvoi n° 88-12.458.* ♦ La convention de forfait ne se présume pas et ni le caractère intermittent de l'activité exercée, ni l'absence de protestation du salarié ne permettent de caractériser une telle convention. • Soc. 7 déc. 1994 : *D. 1995. 285, concl. Chauvy* . ♦ Dès lors que le contrat de travail se borne à stipuler l'inclusion des congés payés dans la rémunération globale du salarié, ce dont il résulte que cette clause n'est ni transparente ni compréhensible, l'employeur doit être condamné au paiement d'une indemnité compensatrice de congés payés si, lors de la rupture du contrat, le salarié n'a pas pris effectivement un reliquat de congés payés. • Soc. 14 nov. 2013 : *D. 2013. Actu. 2703 ; ibid. 2014. 302, chron. Flores, Ducloz, Sommé, Wurtz, Mariette et Contamine ; RDT 2014. 346, obs. Véricel ; Dr. soc. 2014. 94, obs. Mouly ; RTD eur. 2014. 460, obs. de Clavière ; RJS 2014. 111, n° 142.*

IV. PAIEMENT

10. Paiement. Les congés payés s'acquièrent mois par mois et constituent un élément du salaire à paiement différé. • Soc. 19 mars 1954 : *JCP 1954. II. 8221, note G.B. ; Dr. soc. 1954. 409* • CE 29 mai 1970 : *Dr. soc. 1971. 121, concl. Dufour, note Savatier.*

11. Jugé, avant l'entrée en vigueur de la loi du 23 juin 1983, que, si l'indemnité de congés payés n'est due au salarié qu'au moment où s'ouvre la période des vacances, il ne résulte pas de l'art. L. 122-12 [L. 1224-1 nouv.] que le nouvel employeur doive conserver la charge de la totalité de l'indemnité, procurant ainsi au précédent employeur un enrichissement sans cause. • Soc. 2 févr. 1984 : *Bull. civ. V, n°s 43, 44 et 45 ; D. 1984. 321, concl. Picca et Écoutin ; Dr. soc. 1984. 271, note Savatier.* – V. aussi : • Soc. 17 janv. 1989 : *Bull. civ. V, n° 30 ; D. 1990. IR 53* • 10 oct. 1990, n° 88-41.644 P.

12. Indemnisation du salarié. Aucune indemnité ne peut être accordée au salarié dès lors que ce dernier n'a pas personnellement réclamé le bénéfice des congés et n'établit pas avoir été mis dans l'impossibilité de les prendre du fait de l'employeur. • Soc. 6 mai 2002 : *RJS 2002. 643, n° 828.* ♦ En revanche, dès lors qu'il est établi que le salarié a été empêché de les prendre du fait de l'employeur, le préjudice nécessaire qui en résulte doit être indemnisé. • Soc. 6 mai 2002 : *RJS 2002. 644, n° 828 (2e esp.).*

Art. L. 3141-25 Pour la fixation de l'indemnité de congé, il est tenu compte des avantages accessoires et des prestations en nature dont le salarié ne continuerait pas à jouir pendant la durée de son congé.

La valeur de ces avantages et prestations ne peut être inférieure à celle fixée par l'autorité administrative. – *V. art. R. 3143-1 (pén.).*

Comp. anc. art. L. 3141-23.

Art. L. 3141-26 Dans les professions où, d'après les stipulations du contrat de travail, la rémunération des salariés est constituée en totalité ou en partie de pourboires, la rémunération à prendre en considération pour la détermination de l'indemnité de congé est évaluée conformément aux règles applicables en matière de sécurité sociale.

L'indemnité de congé ne peut être prélevée sur la masse des pourboires ou du pourcentage perçu pour le service. – *V. art. R. 3143-1 (pén.).*

Comp. anc. art. L. 3141-24.

Art. L. 3141-27 Les dispositions de la présente section ne portent atteinte ni aux stipulations contractuelles ni aux usages qui assurent des indemnités de congé d'un montant plus élevé. – *V. art. R. 3143-1 (pén.).*

Comp. anc. art. L. 3141-25.

Art. L. 3141-28 Lorsque le contrat de travail est rompu avant que le salarié ait pu bénéficier de la totalité du congé auquel il avait droit, il reçoit, pour la fraction de congé dont il n'a pas bénéficié, une indemnité compensatrice de congé déterminée d'après les articles L. 3141-24 à L. 3141-27.

L'indemnité est due que cette rupture résulte du fait du salarié ou du fait de l'employeur.

Cette indemnité est également due aux ayants droit du salarié dont le décès survient avant qu'il ait pris son congé annuel payé. L'indemnité est versée à ceux des ayants droit qui auraient qualité pour obtenir le paiement des salaires arriérés. – *V. art. R. 3143-1 (pén.).*

Comp. anc. art. L. 3141-26.

Jurisprudence rendue sous l'empire des textes antérieurs à la loi n° 2016-1088 du 8 août 2016

1° INDEMNITÉ COMPENSATRICE

1. Nature. L'indemnité compensatrice de congés payés a un caractère salarial et est soumise comme telle à la prescription quinquennale. • Soc. 7 mars 1990, n° 86-43.406 P.

2. Conditions. L'indemnité compensatrice est due dès lors que le licenciement est intervenu au cours de la période légale de prise de congés, sans que le salarié ait à démontrer qu'il a été empêché par l'employeur de prendre ses congés. • Soc. 25 mars 1998 : *RJS 1998. 388, n° 600.* ♦ L'employeur ne peut imposer au salarié la prise par anticipation des congés afférents à la période au cours de laquelle intervient la rupture du contrat. • Soc. 30 avr. 2003 : *RJS 2003. 593, n° 898.* ♦ L'indemnité compensatrice est due dès lors que la rupture est imputable à l'employeur qui ne fournit plus de travail ; elle est exigible à la date où le contrat prend fin. • Soc. 7 mars 1990 : *D. 1990. IR 84.* ♦ Mais son attribution suppose qu'un droit à congés payés a été acquis dans les conditions prévues à l'art. L. 223-2 [L. 3141-3 nouv.] (salarié occupé chez le même employeur pendant au minimum un mois de travail effectif pendant l'année de référence). • Soc. 12 nov. 1992, n° 90-45.892 P : *RJS 1992. 754, n° 1393.*

3. Calcul. L'indemnité compensatrice doit être calculée sur l'ensemble de la rémunération perçue par le salarié entre le 1er juin et le 31 mai, période pendant laquelle se situe la rupture du contrat de travail avant que le salarié ait pu bénéficier de son congé. • Soc. 20 févr. 1990, n° 87-40.498 P. ♦ Mais l'indemnité compensatrice de congés payés versée au titre d'une période de référence ne peut être prise en compte pour le calcul de l'indemnité compensatrice due pour la période de référence suivante. • Soc. 17 févr. 1993 : *RJS 1993. 246, n° 407.*

4. *Assiette et contrepartie financière de l'obligation de non-concurrence.* La contrepartie financière de l'obligation de non-concurrence, ayant la nature d'une indemnité compensatrice de salaires, ouvre droit à congés payés et, partant, au paiement d'une indemnité de congés payés. • Soc. 23 juin 2010 : *Dalloz actualité, 9 juill. 2010, obs. Perrin ; D. 2010. AJ 1795 ; RJS 2010. 689, n° 754 ; Dr. soc. 2010. 1254, obs. Mouly ; JCP S 2010. 1540, obs. Beyneix.*

2° FAUTE LOURDE DU SALARIÉ

Jurisprudence rendue sous l'empire de l'ancien art. L. 3141-26, al. 2 : « L'indemnité est due dès lors que la rupture du contrat de travail n'a pas été provoquée par la faute lourde du salarié, que cette rupture résulte du fait du salarié ou du fait de l'employeur ».

5. *Notion.* La faute lourde requiert de la part du salarié l'intention de nuire vis-à-vis de l'employeur ou de l'entreprise. • Soc. 29 nov. 1990 : *D. 1991. IR 6 ; Dr. soc. 1991. 105, note Couturier .* – Dans le même sens : • Soc. 12 mars 1991, n° 89-41.941 P : *D. 1991. IR 101 ; JCP E 1991. I. 180, note Taquet* • 23 sept. 1992, n° 91-41.312 P. – V. aussi : • Soc. 5 avr. 1990, n° 88-40.245 P : *D. 1990. IR 113* • 16 mai 1990, n° 88-41.565 P : *D. 1990. IR 154* • 31 mai 1990, n° 88-41.419 P. • 28 juin 1990 : *RJS 1990. 517, n° 759* • 25 mai 1994 (deux arrêts) : *RJS 1994. 508, n° 847* (tentative de débauchage ; destruction de fichiers informatiques) • 5 déc. 1996, n° 93-44.073 P : *RJS 1997. 25, n° 17.* ♦ Si la fraude comporte un élément intentionnel, celui-ci n'implique pas par lui-même, l'intention de nuire à l'employeur. • Soc. 3 oct. 2000 : *RJS 2000. 803, n° 1236* • 6 juill. 1999 : *D. 1999. IR 208 ; RJS 1999. 766, n° 1235 ; Dr. soc. 1999. 961, obs. Savatier* (vol). ♦ Caractérisée par l'intention de nuire à l'employeur, la faute lourde implique la volonté du salarié de lui porter préjudice dans la commission du fait fautif ; elle ne résulte pas dès lors de la seule commission d'un acte préjudiciable à l'entreprise. • Soc. 22 oct. 2015, n°s 14-11.801 P et 14-11.291 P : *Dalloz actualité, 23 nov. 2015, obs. Fraisse ; D. 2015. Actu. 2186 ; RDT 2016. 100, obs. Adam ; JS Lamy 2015, n° 399-400-3, obs. Lhernould.*

6. *Condamnation pénale.* Lorsqu'un salarié, licencié pour faute lourde, a été relaxé des fins de poursuite pour recel au seul motif qu'aucun élément de la procédure ne permettait d'établir péremptoirement le caractère frauduleux de ses agissements, cette décision ne fait pas obstacle à ce que le juge prud'homal recherche si la perception de la somme litigieuse ne pouvait pas caractériser une faute civile de nature à le priver des indemnités de licenciement. • Soc. 21 juin 1989 : *D. 1990. 132, note Pralus-Dupuy (1re esp.) .* ♦ Dans le même sens : • Soc. 14 nov. 1991, n° 90-44.663 P : *D. 1991. IR 292* (maintien du licenciement malgré la relaxe au pénal du chef de vol, dès lors que le salarié avait emporté chez lui des documents contrairement aux instructions de l'employeur). ♦ En sens inverse, lorsqu'il résulte de la décision de relaxe que la matérialité des faits n'est pas établie : • Soc. 12 juill. 1989 : *D. 1990. 132, note Pralus-Dupuy (2e esp.)* • 18 avr. 1991, n° 89-45.069 P : *Dr. soc. 1991. 626, note Savatier .*

7. *Perte de l'indemnité compensatrice.* Les indemnités de licenciement et de congés payés étant acquises au jour de la décision de licenciement, le salarié qui commet une faute lourde pendant le préavis ne peut en être privé. • Soc. 23 oct. 1991, n° 88-43.008 P : *RJS 1991. 713, n° 1329.* ♦ La faute lourde commise pendant le préavis ne peut priver le salarié de l'indemnité compensatrice de congés payés acquise au jour de sa démission et afférente à la période antérieure à la rupture du préavis causée par cette faute, mais elle l'en prive pour la période postérieure à cette rupture. • Soc. 10 oct. 1995 : *CSB 1995. 321, A. 58.*

8. La loi ne prive le salarié, auteur d'une faute lourde, de son indemnité compensatrice de congés payés que pour la partie afférente à la fraction du congé dont il n'a pas bénéficié en raison de la rupture de son contrat. • Soc. 7 mai 1969, n° 68-40.274 P. • 28 oct. 1975 : *Bull. civ. V, n° 490.* ♦ La faute lourde prive le salarié de l'indemnité de congés payés seulement pour la période de l'année en cours lors du licenciement. • Soc. 28 févr. 2001 : *Dr. soc. 2001. 551, obs. Radé .*

9. Sur les rapports entre indemnité de congés payés et indemnité de préavis, V. notes ss. art. L. 1234-1.

10. *Faute lourde et responsabilité pécuniaire du salarié.* La responsabilité pécuniaire du salarié à l'égard de l'employeur ne peut résulter que de sa faute lourde ; les juges du fond ne peuvent pas condamner un salarié à payer des sommes à l'employeur en réparation du préjudice qu'il aurait subi sans caractériser la faute lourde. • Soc. 13 févr. 2013 : *RJS 5/2013, n° 413 ; JCP S 2013. 1395, obs. Hodez* • 6 mai 2009 : *D. 2009. Actu. 1486 ; Dr. soc. 2009. 865, obs. Radé ; JCP S 2009. 1370, obs. Bousez.*

Art. L. 3141-29 Lorsque, à l'occasion de la rupture de son contrat de travail, un salarié, par suite de l'ordre fixé pour les départs en congé, a pris un congé donnant

lieu à une indemnité de congé d'un montant supérieur à celle à laquelle il avait droit au moment de la rupture, il rembourse le trop-perçu à l'employeur.

Le remboursement n'est pas dû si la rupture du contrat de travail par le salarié est provoquée par une faute lourde de l'employeur. – *V. art. R. 3143-1 (pén.).*

Comp. anc. art. L. 3141-27.

Art. L. 3141-30 **Les articles L. 3141-28 et L. 3141-29 ne sont pas applicables lorsque l'employeur est tenu d'adhérer à une caisse de congés en application de l'article L. 3141-32.** – *V. art. R. 3143-1 (pén.).*

Comp. anc. art. L. 3141-28.

Art. L. 3141-31 **Lorsqu'un établissement ferme pendant un nombre de jours dépassant la durée des congés légaux annuels, l'employeur verse aux salariés, pour chacun des jours ouvrables de fermeture excédant cette durée, une indemnité qui ne peut être inférieure à l'indemnité journalière de congés.**

Cette indemnité journalière ne se confond pas avec l'indemnité de congés. – *V. art. R. 3143-1 (pén.).*

Comp. anc. art. L. 3141-29.

Jurisprudence rendue sous l'empire des textes antérieurs à la loi n° 2016-1088 du 8 août 2016

1. Motifs de la fermeture. Les dispositions de l'art. L. 223-15 [L. 3141-29 nouv.] sont applicables lorsque la fermeture de l'entreprise au-delà de la durée des congés payés est motivée par des circonstances extérieures. • Soc. 17 déc. 1987 : *Bull. civ. V, n° 771 ; D. 1988. IR 37* • 14 nov. 1991, ♔ n° 87-45.135 P : *RJS 1992. 39, n° 36* • 17 déc. 1997, ♔ n° 94-43.718 P : *RJS 1998. 118, n° 181 ; D. 1998. IR 54* ✐. ♦ V., pour l'application du texte à une association s'occupant de handicapés : • Soc. 26 sept. 1990, ♔ n° 87-40.520 P : *D. 1990. IR 238.*

2. Bénéfice de l'indemnité spécifique. Lorsque l'employeur répartit sur douze mois et non pas seulement sur la période d'activité le salaire qu'il a déterminé en fonction des seules semaines d'activité, il en résulte que le paiement de la période d'inactivité est assuré par le fractionnement du salaire et non par le versement, en sus du salaire, de l'indemnité spécifique prévu par l'art. L. 223-15 [L. 3141-29 nouv.] ; cette méthode est contraire aux dispositions dudit article. • Soc. 21 mai 1996, ♔ n° 92-11.901 P.

3. Temps partiel. La loi du 19 janvier 2000 ayant abrogé les dispositions légales relatives au temps partiel annualisé, les seuls modes d'annualisation du temps de travail applicables aux salariés à temps partiel pendant la période litigieuse étaient ceux prévus par les articles L. 212-4-12 et L. 212-4-6 alors en vigueur ; aussi le salarié qui ne peut bénéficier d'un contrat de travail intermittent, ce dont il résultait que l'employeur ne pouvait lui appliquer un système d'annualisation du temps de travail et de lissage de sa rémunération, fût-il prévu par une convention de forfait, doit bénéficier de l'indemnité prévue par l'art. L. 3141-29. • Soc. 23 sept. 2009 : ♔ *RJS 2009. 830, n° 948.*

SECTION V **CAISSES DE CONGÉS PAYÉS**

Art. L. 3141-32 **Des décrets déterminent les professions, industries et commerces pour lesquels l'application des dispositions relatives aux congés payés comporte des modalités particulières, telles que la constitution de caisses de congés auxquelles les employeurs intéressés s'affilient obligatoirement.**

Ces décrets fixent la nature et l'étendue des obligations des employeurs, les règles d'organisation et de fonctionnement des caisses ainsi que la nature et les conditions d'exercice du contrôle de l'État à leur égard.

Comp. anc. art. L. 3141-30.

En application de l'art. L. 231-5 CRPA, et par exception à l'application du délai de deux mois prévu à l'art. L. 231-1 du même code, le silence gardé par l'administration pendant deux mois vaut décision de rejet pour :

– une demande d'autorisation d'exercice des caisses de congés payés pour les professions du bâtiment et des travaux publics ;

– une demande d'agrément de la caisse de congés payés du spectacle ;

– une demande d'agrément des caisses de congés payés des personnels des entreprises de manutention des ports ;

— une demande d'autorisation d'exercice des caisses de congés payés des travailleurs intermittents des transports (Décr. nº 2014-1289 du 23 oct. 2014, art. 1er).

Art. L. 3141-33 **Les caisses de congés payés peuvent nommer des contrôleurs chargés de collaborer à la surveillance de l'application de la législation sur les congés payés par les employeurs intéressés. Ceux-ci fournissent à tout moment aux contrôleurs toutes justifications établissant qu'ils se sont acquittés de leurs obligations.**

Pour l'accomplissement de leur mission, les contrôleurs disposent des mêmes pouvoirs que ceux attribués aux agents de contrôle de l'inspection du travail. Tout obstacle à l'accomplissement de cette mission est passible des sanctions prévues à l'article L. 8114-1.

Les contrôleurs sont agréés. Cet agrément est révocable à tout moment.

Les contrôleurs ne doivent rien révéler des secrets de fabrication ni des procédés et résultats d'exploitation dont ils pourraient prendre connaissance dans l'exercice de leur mission.

Comp. anc. art. L. 3141-30.

CHAPITRE II **AUTRES CONGÉS**

RÉP. TRAV. vº *Congés*, par BOUSIGES.

SECTION PREMIÈRE **CONGÉS D'ARTICULATION ENTRE LA VIE PROFESSIONNELLE ET LA VIE PERSONNELLE ET FAMILIALE**

(L. nº 2016-1088 du 8 août 2016, art. 9)

Cette section, dans sa rédaction antérieure à la L. nº 2016-1088 du 8 août 2016, est consultable en ligne, V. Dalloz.fr et les applications mobiles Dalloz.

SOUS-SECTION 1 **CONGÉS POUR ÉVÉNEMENTS FAMILIAUX**

§ 1er ORDRE PUBLIC

Art. L. 3142-1 **Le salarié a droit, sur justification, à un congé :**

1º Pour son mariage ou pour la conclusion d'un pacte civil de solidarité ;

2º Pour le mariage d'un enfant ;

3º Pour chaque naissance survenue à son foyer ou pour l'arrivée d'un enfant placé en vue de son adoption. Ces jours d'absence ne se cumulent pas avec les congés accordés pour ce même enfant dans le cadre du congé de maternité ;

4º Pour le décès d'un enfant, du conjoint, du concubin ou du partenaire lié par un pacte civil de solidarité, du père, de la mère, du beau-père, de la belle-mère, d'un frère ou d'une sœur ;

5º Pour l'annonce de la survenue d'un handicap chez un enfant.

Comp. anc. art. L. 3142-1.

Jurisprudence rendue sous l'empire des textes antérieurs à la loi nº 2016-1088 du 8 août 2016

1. Cumul des congés. Doit être cassé l'arrêt qui affirme que le congé pour événement familial n'est pas limité à la seule période où le salarié est en activité et qui accorde le paiement d'un congé pour naissance alors que celle-ci était survenue pendant le congé annuel du salarié. • Soc. 11 oct. 1994 : *RJS 1994. 767, nº 1277.*

2. Mise en œuvre de l'autorisation d'absence. Le jour d'autorisation d'absence accordé n'a pas à être nécessairement pris le jour de l'événement le justifiant mais pendant une période qui doit être raisonnable durant laquelle le jour chômé et rémunéré est accordé. • Soc. 16 déc. 1998, nº 96-43.323 P : *D. 1999. IR 36 ; JCP 1999. II. 10034, note Puigelier ; JCP E 1999, p. 404, note Bonijoly.*

3. Non-discrimination (jurisprudence antérieure à la loi nº 2014-873 du 4 août 2014). Les salariés qui concluaient un pacte civil de solidarité avec un partenaire de même sexe se trouvaient, avant l'entrée en vigueur de la L. nº 2013-404 du 17 mai 2013 ouvrant le mariage aux couples de personnes de même sexe, dans une situation identique au regard des avantages en cause à celle des salariés contractant un mariage ; les dispositions conventionnelles qui excluaient un travailleur salarié ayant conclu un pacs avec une personne de même sexe du droit d'obtenir des avantages, tels que des jours de congés spéciaux et une prime salariale, octroyés aux salariés à l'occasion de leur mariage, instauraient dès lors une discrimination directement fondée sur leur orientation sexuelle. • Soc. 9 juill. 2014 : *RJS 2014. 574, nº 666.*

Art. L. 3142-2 Les congés mentionnés à l'article L. 3142-1 n'entraînent pas de réduction de la rémunération et sont assimilés à du temps de travail effectif pour la détermination de la durée du congé payé annuel.

La durée de ces congés ne peut être imputée sur celle du congé payé annuel.

Comp. anc. art. L. 3142-2.

Jurisprudence rendue sous l'empire des textes antérieurs à la loi nº 2016-1088 du 8 août 2016

Aucune rémunération, qu'elle soit légale, contractuelle ou conventionnelle, ne peut être réduite en raison de la prise de congé pour événement familial. Par suite, une convention collective, qui peut librement fixer les conditions d'attribution de la prime trimestrielle de présence qu'elle institue, ne peut cependant disposer que la prise de jours d'absence autorisée par la loi entraînera privation de cette prime. • Soc. 10 déc. 1997 : *RJS 1998. 42, nº 54.*

Art. L. 3142-3 En cas de différend, le refus de l'employeur peut être directement contesté par le salarié devant le conseil de prud'hommes, statuant en la forme des référés, dans des conditions fixées par décret en Conseil d'État.

§ 2 CHAMP DE LA NÉGOCIATION COLLECTIVE

Art. L. 3142-4 Pour mettre en œuvre le droit à congé du salarié défini à l'article L. 3142-1, une convention ou un accord collectif d'entreprise ou, à défaut, une convention ou un accord de branche détermine la durée de chacun des congés mentionnés au même article L. 3142-1 qui ne peut être inférieure à :

1º Quatre jours pour son mariage ou pour la conclusion d'un pacte civil de solidarité ;

2º Un jour pour le mariage d'un enfant ;

3º Trois jours pour chaque naissance survenue à son foyer ou pour l'arrivée d'un enfant placé en vue de son adoption ;

4º Cinq jours pour le décès d'un enfant ;

5º Trois jours pour le décès du conjoint, du partenaire lié par un pacte civil de solidarité, du concubin, du père, de la mère, du beau-père, de la belle-mère, d'un frère ou d'une sœur ;

6º Deux jours pour l'annonce de la survenue d'un handicap chez un enfant.

Comp. anc. art. L. 3142-1.

§ 3 DISPOSITIONS SUPPLÉTIVES

Art. L. 3142-5 A défaut de convention ou d'accord, le salarié a droit au congé mentionné à l'article L. 3142-4, dont la durée ne peut être inférieure à celle prévue au même article L. 3142-4.

Comp. anc. art. L. 3142-1.

SOUS-SECTION 2 CONGÉ DE SOLIDARITÉ FAMILIALE

§ 1er ORDRE PUBLIC

Art. L. 3142-6 Le salarié dont un ascendant, un descendant, un frère, une sœur ou une personne partageant le même domicile souffre d'une pathologie mettant en jeu le pronostic vital ou est en phase avancée ou terminale d'une affection grave et incurable a droit à un congé de solidarité familiale.

Ce droit bénéficie, dans les mêmes conditions, au salarié ayant été désigné comme personne de confiance, au sens de l'article L. 1111-6 du code de la santé publique.

Comp. anc. art. L. 3142-16, al. 1er et 3.

Sur l'allocation d'accompagnement d'une personne en fin de vie, V. CSS, art. L. 168-1 s. et D. 168-1 s. — **CSS.**

Art. L. 3142-7 Le congé débute ou est renouvelé à l'initiative du salarié. La durée du congé est fixée par le salarié, dans la limite prévue au 1º de l'article L. 3142-26 *[L. 3142-14]* ou, à défaut d'accord, dans la limite prévue au 1º de l'article L. 3142-27 *[L. 3142-15]*.

En cas d'urgence absolue constatée par écrit par le médecin, le congé débute ou peut être renouvelé sans délai.

Le congé prend fin soit à l'expiration de la durée mentionnée au premier alinéa du présent article, soit dans les trois jours qui suivent le décès de la personne assistée, sans préjudice du bénéfice des dispositions relatives aux congés pour événements personnels et aux congés pour événements familiaux, soit à une date antérieure choisie par le salarié.

Comp. anc. art. L. 3142-17, al. 2.

Art. L. 3142-8 Le salarié peut, avec l'accord de son employeur, transformer ce congé en période d'activité à temps partiel ou le fractionner.

Comp. anc. art. L. 3142-16, al. 2.

Art. L. 3142-9 Le salarié bénéficiant des droits prévus aux articles L. 3142-6 à L. 3142-8 ne peut exercer aucune autre activité professionnelle.

Comp. anc. art. L. 3142-18.

Art. L. 3142-10 A l'issue du congé ou de la période d'activité à temps partiel mentionnée à l'article L. 3142-8, le salarié retrouve son emploi ou un emploi similaire assorti d'une rémunération au moins équivalente.

Comp. anc. art. L. 3142-19.

Art. L. 3142-11 Avant et après son congé, le salarié a droit à l'entretien professionnel mentionné au I de l'article L. 6315-1.

Art. L. 3142-12 La durée de ce congé ne peut être imputée sur celle du congé payé annuel.

Elle est prise en compte pour la détermination des avantages liés à l'ancienneté.

Le salarié conserve le bénéfice de tous les avantages qu'il avait acquis avant le début du congé.

Comp. anc. art. L. 3142-20.

Art. L. 3142-13 En cas de différend, le refus de l'employeur peut être directement contesté par le salarié devant le conseil de prud'hommes, statuant en la forme des référés, dans des conditions fixées par décret en Conseil d'État.

§ 2 CHAMP DE LA NÉGOCIATION COLLECTIVE

Art. L. 3142-14 Pour mettre en œuvre le droit à congé du salarié mentionné à l'article L. 3142-6, une convention ou un accord collectif d'entreprise ou, à défaut, une convention ou un accord de branche détermine :

1° La durée maximale du congé ;

2° Le nombre de renouvellements possibles ;

3° Les conditions de fractionnement du congé ou de sa transformation en période d'activité à temps partiel ;

4° Les délais d'information de l'employeur par le salarié sur la prise du congé, sa durée prévisible, son renouvellement et la durée du préavis en cas de retour du salarié avant le terme prévu du congé ;

5° Les mesures permettant le maintien d'un lien entre l'entreprise et le salarié pendant la durée du congé et les modalités d'accompagnement du salarié à son retour.

§ 3 DISPOSITIONS SUPPLÉTIVES

Art. L. 3142-15 A défaut de convention ou d'accord mentionné à l'article L. 3142-14, les dispositions suivantes sont applicables :

1° La durée maximale du congé est de trois mois, renouvelable une fois ;

2° Les modalités de fractionnement du congé et de sa transformation en période d'activité à temps partiel sont définies par décret ;

3° Les délais d'information de l'employeur par le salarié sur la prise du congé, sa durée prévisible, son renouvellement ainsi que les conditions du retour du salarié avant le terme prévu sont fixés par décret.

Comp. anc. art. L. 3142-17, al. 1er.

SOUS-SECTION 3 CONGÉ DE PROCHE AIDANT

§ 1er ORDRE PUBLIC

Art. L. 3142-16 Le salarié ayant au moins un an d'ancienneté dans l'entreprise a droit à un congé de proche aidant lorsque l'une des personnes suivantes présente un handicap ou une perte d'autonomie d'une particulière gravité :

1° Son conjoint ;

2° Son concubin ;

3° Son partenaire lié par un pacte civil de solidarité ;

4° Un ascendant ;

5° Un descendant ;

6° Un enfant dont il assume la charge au sens de l'article L. 512-1 du code de la sécurité sociale ;

7° Un collatéral jusqu'au quatrième degré ;

8° Un ascendant, un descendant ou un collatéral jusqu'au quatrième degré de son conjoint, concubin ou partenaire lié par un pacte civil de solidarité ;

9° Une personne âgée ou handicapée avec laquelle il réside ou avec laquelle il entretient des liens étroits et stables, à qui il vient en aide de manière régulière et fréquente, à titre non professionnel, pour accomplir tout ou partie des actes ou des activités de la vie quotidienne.

Comp. anc. art. L. 3142-22.

Art. L. 3142-17 La personne aidée doit résider en France de façon stable et régulière.

Comp. anc. art. L. 3142-22.

Art. L. 3142-18 Le salarié ne peut exercer aucune autre activité professionnelle pendant la durée du congé.

Toutefois, il peut être employé par la personne aidée dans les conditions prévues au deuxième alinéa des articles L. 232-7 ou L. 245-12 du code de l'action sociale et des familles.

Comp. anc. art. L. 3142-26.

Art. L. 3142-19 Le congé débute ou est renouvelé à l'initiative du salarié.

Il ne peut excéder, renouvellement compris, la durée d'un an pour l'ensemble de la carrière.

En cas de dégradation soudaine de l'état de santé de la personne aidée, de situation de crise nécessitant une action urgente du proche aidant ou de cessation brutale de l'hébergement en établissement dont bénéficiait la personne aidée, le congé débute ou peut être renouvelé sans délai.

Le salarié peut mettre fin de façon anticipée au congé ou y renoncer dans les cas suivants :

1° Décès de la personne aidée ;

2° Admission dans un établissement de la personne aidée ;

3° Diminution importante des ressources du salarié ;

4° Recours à un service d'aide à domicile pour assister la personne aidée ;

5° Congé de proche aidant pris par un autre membre de la famille.

Comp. anc. art. L. 3142-24, al. 1 et 4, in fine, L. 3142-25.

Art. L. 3142-20 Le salarié peut, avec l'accord de son employeur, transformer ce congé en période d'activité à temps partiel ou le fractionner. Dans cette hypothèse, le salarié doit avertir son employeur au moins quarante-huit heures avant la date à laquelle il entend prendre chaque période de congé. Cette transformation ou ce fractionnement est accordé sans délai dans les cas mentionnés au troisième alinéa de l'article L. 3142-19.

Comp. anc. art. L. 3142-24, al. 3 et 4.

Art. L. 3142-21 La durée de ce congé ne peut être imputée sur celle du congé payé annuel. Elle est prise en compte pour la détermination des avantages liés à l'ancienneté. Le salarié conserve le bénéfice de tous les avantages qu'il avait acquis avant le début du congé.

Comp. anc. art. L. 3142-24, al. 1er et al. 4, in fine, L. 3142-28.

Art. L. 3142-22 A l'issue du congé ou de la période d'activité à temps partiel mentionnée à l'article L. 3142-20, le salarié retrouve son emploi ou un emploi similaire assorti d'une rémunération au moins équivalente.

Comp. anc. art. L. 3142-27.

Art. L. 3142-23 Avant et après son congé, le salarié a droit à l'entretien professionnel mentionné au I de l'article L. 6315-1.

Comp. anc. art. L. 3142-29.

Art. L. 3142-24 Un décret détermine les conditions d'application du présent paragraphe, notamment les critères d'appréciation de la particulière gravité du handicap ou de la perte d'autonomie de la personne aidée.

Comp. anc. art. L. 3142-31.

Art. L. 3142-25 En cas de différend, le refus de l'employeur peut être directement contesté par le salarié devant le conseil de prud'hommes, statuant en la forme des référés, dans des conditions fixées par décret en Conseil d'État.

§ 2 CHAMP DE LA NÉGOCIATION COLLECTIVE

Art. L. 3142-26 Pour mettre en œuvre le droit à congé du salarié mentionné à l'article L. 3142-16, une convention ou un accord collectif d'entreprise ou, à défaut, une convention ou un accord de branche détermine :

1° La durée maximale du congé ;

2° Le nombre de renouvellements possibles ;

3° Les délais d'information de l'employeur par le salarié sur la prise du congé et son renouvellement ainsi que la durée du préavis en cas de retour du salarié avant la fin du congé ;

4° Les délais de demande du salarié et de réponse de l'employeur sur le fractionnement du congé ou sa transformation en période d'activité à temps partiel.

§ 3 DISPOSITIONS SUPPLÉTIVES

Art. L. 3142-27 A défaut de convention ou d'accord mentionné à l'article L. 3142-26, les dispositions suivantes sont applicables :

1° La durée maximale du congé est de trois mois, renouvelable dans la limite mentionnée à l'article L. 3142-19 ;

2° Les délais d'information de l'employeur par le salarié sur la prise du congé et son renouvellement, la durée du préavis en cas de retour du salarié avant le terme prévu du congé, ainsi que les délais de demande du salarié et de réponse de l'employeur sur le fractionnement du congé ou sa transformation en période d'activité à temps partiel sont fixés par décret.

SOUS-SECTION 4 CONGÉ SABBATIQUE

§ 1er ORDRE PUBLIC

Art. L. 3142-28 Le salarié a droit à un congé sabbatique pendant lequel son contrat de travail est suspendu.

Le droit à ce congé est ouvert au salarié justifiant, à la date de départ en congé, d'une ancienneté minimale dans l'entreprise, cumulée, le cas échéant, sur plusieurs périodes non consécutives, ainsi que de six années d'activité professionnelle et n'ayant pas bénéficié depuis une durée minimale, dans la même entreprise, d'un congé sabbatique, d'un congé pour création d'entreprise ou d'un congé individuel de formation d'une durée d'au moins six mois. L'ancienneté acquise dans toute autre entreprise du

même groupe, au sens de l'article L. 2331-1, est prise en compte au titre de l'ancienneté dans l'entreprise.

Comp. anc. art. L. 3142-91 et L. 3142-92.

Sur l'indemnisation éventuelle de ce congé par un compte épargne-temps, V. art. L. 3151-2.

Jurisprudence rendue sous l'empire des textes antérieurs à la loi n° 2016-1088 du 8 août 2016

Aucune interdiction d'avoir une activité salariée ou non ne s'impose au bénéficiaire d'un congé sabbatique, qui demeure cependant tenu de respecter les obligations de loyauté et de non-concurrence à l'égard de son employeur. • Soc. 27 nov. 1991, ♁ n° 88-43.161 P : *D. 1992. IR 25 ; CSB 1992. 7, A. 2 ; RJS 1992. 42, n° 43, 2e esp.* • 5 juin 1996, ♁ n° 93-42.588 P : *RJS 1996. 600, n° 937.*

Art. L. 3142-29 **L'employeur peut différer le départ en congé dans la limite de six mois à compter de la demande, en fonction de la proportion de salariés absents dans l'entreprise au titre du congé ou en fonction du nombre de jours d'absence prévus au titre du même congé. Dans les entreprises de moins de trois cents salariés, cette limite est portée à neuf mois.**

L'employeur peut également différer ce congé sur le fondement de l'article L. 3142-114 et, pour les entreprises de moins de trois cents salariés, le refuser sur le fondement du 1° de l'article L. 3142-113 selon les modalités prévues aux deux derniers alinéas du même article L. 3142-113.

Comp. anc. art. L. 3142-91, L. 3142-94, L. 3142-96 et L. 3142-97.

Jurisprudence rendue sous l'empire des textes antérieurs à la loi n° 2016-1088 du 8 août 2016

1. Départ différé. Dans les entreprises de plus de 200 salariés, l'employeur ne peut que différer la date de départ en congé sabbatique retenue par le salarié ; aussi l'information de la date et de la durée de son départ faite par le salarié hors du délai de trois mois ne peut que conduire l'employeur à différer la date de départ du salarié, elle ne saurait le dispenser de lui répondre dans les délais des art. L. 3142-98 et D. 3142-53. • Soc. 12 mars 2008 : ♁ *JS Lamy 2008, n° 231 ; JCP S 2008. 1480, note Bossu.*

2. Renonciation. Lorsque l'accord des parties s'est réalisé sur la suspension du contrat de travail pour congé sabbatique, l'employeur conserve, sauf abus, le droit de s'opposer à la dénonciation unilatérale de cet accord par le salarié. • Soc. 7 mai 1996, ♁ n° 92-43.545 P : *JCP 1996. II. 22683, note Corrignan-Carsin ; Dr. soc. 1996. 975, obs. Couturier* ✎ *; RJS 1996. 432, n° 682.*

Art. L. 3142-30 **L'employeur informe le salarié soit de son accord sur la date de départ choisie par l'intéressé, soit du report de cette date, soit de son refus.**

Comp. anc. art. L. 3142-98.

Art. L. 3142-31 **A l'issue du congé, le salarié retrouve son précédent emploi ou un emploi similaire assorti d'une rémunération au moins équivalente et bénéficie de l'entretien professionnel mentionné au I de l'article L. 6315-1.**

Il ne peut invoquer aucun droit à être réemployé avant l'expiration du congé.

Comp. anc. art. L. 3142-95.

Jurisprudence rendue sous l'empire des textes antérieurs à la loi n° 2016-1088 du 8 août 2016

1. Obligations de l'employeur. Doit être cassé l'arrêt qui considère qu'un employeur pouvait imposer au salarié un nouvel emploi impliquant un changement de résidence, alors qu'à l'issue du congé sabbatique, le salarié doit retrouver son emploi ou un emploi similaire. • Soc. 26 févr. 1997 : ♁ *RJS 1997. 453, n° 699.*

2. Sanctions. Le seul fait pour l'employeur de ne pas réintégrer le salarié dans l'emploi qu'il occupait avant son départ en congé sabbatique ou de ne pas lui proposer un emploi similaire donne lieu à l'attribution de dommages-intérêts. • Soc. 16 mars 1989 : *Liaisons soc. Lég. soc. n° 6224, p. 15.* – V. aussi • Soc. 2 mars 1993 : ♁ *CSB 1993. 131, B. 76.*

3. Doit être cassé l'arrêt qui rejette la demande d'indemnisation du salarié muté dans un autre service sans rechercher s'il n'aurait pas pu être réintégré dans son précédent emploi alors même que son contrat prévoyait qu'il pourrait être affecté à un autre emploi ou muté dans un autre service. • Soc. 8 juin 1994 : ♁ *CSB 1994. 199, A. 41.*

4. Démission. L'absence du salarié à l'issue du congé sabbatique ne caractérise pas, à elle seule, la volonté claire et non équivoque de démissionner. • Soc. 20 oct. 1993 : *RJS 1993. 718, n° 1214.* ♦ Mais les juges du fond peuvent déduire du silence gardé par le salarié pendant un mois sa volonté claire et non équivoque de démissionner. • Soc. 14 déc. 1995 : *RJS 1996. 86, n° 131.*

5. Refus d'un emploi similaire. Si au retour d'un congé sabbatique le salarié doit retrouver son précédent emploi, ou un emploi similaire, lorsque l'emploi précédent n'est plus disponible, le refus par le salarié de plusieurs postes similaires peut justifier un licenciement. • Soc. 3 juin 2015, n° 14-12.245 P : *Dalloz actualité, 21 juill. 2015, obs. Siro ; D. 2015. Actu. 1278 ; RDT 2015. 761, obs. Véricel ; RJS 8-9/2015, n° 574 ; JCP S 2015. 1311, obs. Dumont.*

§ 2 CHAMP DE LA NÉGOCIATION COLLECTIVE

Art. L. 3142-32 Pour mettre en œuvre le droit à congé du salarié mentionné à l'article L. 3142-28, une convention ou un accord collectif d'entreprise ou, à défaut, une convention ou un accord de branche détermine :

1° Les durées minimale et maximale du congé et le nombre de renouvellements ;

2° La condition d'ancienneté requise dans l'entreprise pour ouvrir droit à ce congé ;

3° La durée minimale dans l'entreprise durant laquelle le salarié ne doit pas avoir bénéficié des dispositifs mentionnés au second alinéa de l'article L. 3142-28 ;

4° Les plafonds mentionnés aux articles L. 3142-29, L. 3142-114 et L. 3142-115 ;

5° Les conditions et délais d'information de l'employeur par le salarié sur sa demande de congé ainsi que sur la date de son départ et sur la durée envisagée de ce congé.

Art. L. 3142-33 Cette convention ou cet accord détermine également les modalités de report des congés payés dus au salarié qui bénéficie du congé.

§ 3 DISPOSITIONS SUPPLÉTIVES

SOUS-§ 1er RÈGLES GÉNÉRALES DE PRISE DU CONGÉ

Art. L. 3142-34 A défaut de convention ou d'accord mentionné à l'article L. 3142-32, les dispositions suivantes sont applicables :

1° La durée minimale du congé est de six mois et sa durée maximale est de onze mois ;

2° Le droit à ce congé est ouvert au salarié justifiant, à la date de départ en congé, d'une ancienneté dans l'entreprise d'au moins trente-six mois, consécutifs ou non, et n'ayant pas bénéficié dans l'entreprise, au cours des six années précédentes, des dispositifs mentionnés au second alinéa de l'article L. 3142-28 ;

3° Les conditions et délais mentionnés au 5° de l'article L. 3142-32 sont fixés par décret ;

4° Les plafonds mentionnés à l'article L. 3142-29 sont fixés par décret.

SOUS-§ 2 REPORT DE CONGÉS PAYÉS

Art. L. 3142-35 A défaut de stipulation dans la convention ou l'accord mentionné à l'article L. 3142-32, les articles L. 3142-120 à L. 3142-124 s'appliquent.

Comp. anc. art. L. 3142-100.

SECTION II **CONGÉS POUR ENGAGEMENT ASSOCIATIF, POLITIQUE OU MILITANT** *(L. n° 2016-1088 du 8 août 2016, art. 9).*

RÉP. TRAV. v° *Congés*, par Bousiges.

SOUS-SECTION 1 **CONGÉ MUTUALISTE DE FORMATION**

(L. n° 2016-1088 du 8 août 2016, art. 9)

§ 1er ORDRE PUBLIC

Art. L. 3142-36 Tout administrateur d'une mutuelle, d'une union ou d'une fédération, au sens de l'article L. 114-16 du code de la mutualité, a droit, chaque année, à un congé de formation.

Comp. anc. art. L. 3142-47.

Art. L. 3142-37 La durée du congé ne peut être imputée sur la durée du congé payé annuel. Elle est assimilée à une période de travail effectif pour la détermination des droits à congés payés ainsi que pour l'ensemble des autres droits résultant pour l'intéressé de son contrat de travail.

Comp. anc. art. L. 3142-47.

Art. L. 3142-38 Un décret en Conseil d'État détermine les modalités d'application de la présente sous-section, notamment :

1° Les conditions dans lesquelles l'employeur peut différer le congé en raison des nécessités propres de l'entreprise ou de son exploitation ;

2° Les conditions dans lesquelles est établie la liste des stages ouvrant droit au congé mutualiste de formation et des organismes susceptibles de dispenser ces stages ;

3° Les conditions dans lesquelles le congé est attribué aux agents des services publics et des entreprises publiques ;

4° Les conditions dans lesquelles le congé est attribué au salarié bénéficiant d'un régime de congé plus avantageux que celui qui résulte du chapitre Ier.

Comp. anc. art. L. 3142-50.

Art. L. 3142-39 En cas de différend, le refus de l'employeur peut être directement contesté par le salarié devant le conseil de prud'hommes, statuant en la forme des référés, dans des conditions fixées par décret en Conseil d'État.

§ 2 CHAMP DE LA NÉGOCIATION COLLECTIVE

Art. L. 3142-40 Pour mettre en œuvre le droit à congé du salarié mentionné à l'article L. 3142-36, une convention ou un accord collectif d'entreprise ou, à défaut, une convention ou un accord de branche détermine :

1° La durée totale maximale du congé ;

2° Le délai dans lequel le salarié informe l'employeur de sa demande de congé ;

3° Les règles selon lesquelles est déterminé, par établissement, le nombre maximal de salariés susceptibles de bénéficier de ce congé au cours d'une année.

§ 3 DISPOSITIONS SUPPLÉTIVES

Art. L. 3142-41 A défaut de convention ou d'accord mentionné à l'article L. 3142-40, les dispositions suivantes sont applicables :

1° Le nombre maximal de jours pouvant être pris au titre du congé est de neuf jours ouvrables par an ;

2° Le délai dans lequel le salarié informe l'employeur de sa demande de congé est fixé par décret ;

3° Les règles selon lesquelles est déterminé, par établissement, le nombre maximal de salariés susceptibles de bénéficier de ce congé au cours d'une année sont définies par décret en Conseil d'État.

SOUS-SECTION 2 **CONGÉ DE PARTICIPATION AUX INSTANCES D'EMPLOI ET DE FORMATION PROFESSIONNELLE OU À UN JURY D'EXAMEN**

(L. n° 2016-1088 du 8 août 2016, art. 9)

§ 1er ORDRE PUBLIC

Art. L. 3142-42 Lorsqu'un salarié est désigné pour siéger dans une commission, un conseil ou un comité administratif ou paritaire appelé à traiter des problèmes d'emploi et de formation, l'employeur lui accorde le temps nécessaire pour participer aux réunions de ces instances.

La liste de ces instances est fixée par arrêté interministériel.

Lorsqu'un salarié est désigné pour participer à un jury d'examen ou de validation des acquis de l'expérience, l'employeur lui accorde une autorisation d'absence pour participer à ce jury.

Comp. anc. art. L. 3142-3.

Art. L. 3142-43 La participation du salarié aux réunions et jurys mentionnés à l'article L. 3142-42 n'entraîne aucune réduction de la rémunération.

La durée des congés correspondants ne peut être imputée sur celle du congé payé annuel.

Comp. anc. art. L. 3142-5.

Art. L. 3142-44 Un décret détermine les conditions dans lesquelles les dépenses afférentes au maintien du salaire et au remboursement des frais de déplacement sont supportées par les instances et jurys mentionnés à l'article L. 3142-42 ou par l'entreprise.

Dans ce dernier cas, le salaire ainsi que les cotisations sociales obligatoires et, s'il y a lieu, la taxe sur les salaires qui s'y rattachent sont pris en compte au titre de la participation des employeurs au financement de la formation professionnelle prévue à l'article L. 6331-1.

Comp. anc. art. L. 3142-6.

Art. L. 3142-45 Le bénéfice du congé peut être refusé par l'employeur s'il estime que cette absence est susceptible d'avoir des conséquences préjudiciables à la bonne marche de l'entreprise.

Le refus de l'employeur intervient après avis du comité d'entreprise ou, à défaut, des délégués du personnel, s'ils existent. Il est motivé.

En cas de différend, le refus de l'employeur peut être directement contesté par le salarié devant le conseil de prud'hommes, statuant en la forme des référés, dans des conditions fixées par décret en Conseil d'État.

Comp. anc. art. L. 3142-4.

§ 2 CHAMP DE LA NÉGOCIATION COLLECTIVE

Art. L. 3142-46 Pour mettre en œuvre le droit à congé du salarié mentionné à l'article L. 3142-42, une convention ou un accord collectif d'entreprise ou, à défaut, une convention ou un accord de branche détermine les délais dans lesquels le salarié adresse sa demande de congé.

§ 3 DISPOSITIONS SUPPLÉTIVES

Art. L. 3142-47 A défaut de convention ou d'accord mentionné à l'article L. 3142-46, un décret fixe les délais dans lesquels le salarié adresse sa demande de congé.

SOUS-SECTION 3 CONGÉ POUR CATASTROPHE NATURELLE

(L. n° 2016-1088 du 8 août 2016, art. 9)

§ 1er ORDRE PUBLIC

Art. L. 3142-48 Le salarié résidant ou habituellement employé dans une zone touchée par une catastrophe naturelle a droit à un congé, pris en une ou plusieurs fois, pour participer aux activités d'organismes apportant une aide aux victimes de catastrophes naturelles.

Comp. anc. art. L. 3142-41, al. 1er.

Art. L. 3142-49 En cas d'urgence, le congé peut être pris sous préavis de vingt-quatre heures.

Comp. anc. art. L. 3142-5, al. 2.

Art. L. 3142-50 La durée du congé ne peut être imputée sur la durée du congé payé annuel.

Art. L. 3142-51 Le bénéfice du congé peut être refusé par l'employeur s'il estime que cette absence est susceptible d'avoir des conséquences préjudiciables à la bonne marche de l'entreprise.

Le refus de l'employeur intervient après avis du comité d'entreprise ou, à défaut, des délégués du personnel, s'ils existent. Il est motivé.

En cas de différend, le refus de l'employeur peut être directement contesté devant le conseil de prud'hommes, statuant en la forme des référés, dans des conditions fixées par décret en Conseil d'État.

Comp. anc. art. L. 3142-42.

§ 2 CHAMP DE LA NÉGOCIATION COLLECTIVE

Art. L. 3142-52 Pour mettre en œuvre le droit à congé du salarié mentionné à l'article L. 3142-48, une convention ou un accord collectif d'entreprise ou, à défaut, une convention ou un accord de branche détermine :

1° La durée totale maximale du congé ;

2° Les délais dans lesquels le salarié adresse sa demande de congé.

§ 3 DISPOSITIONS SUPPLÉTIVES

Art. L. 3142-53 A défaut de convention ou d'accord mentionné à l'article L. 3142-52 :

1° La durée maximale du congé est de vingt jours par an ;

2° Les délais dans lesquels le salarié adresse sa demande de congé sont fixés par décret.

Comp. anc. art. L. 3142-41, al. 1er.

SOUS-SECTION 4 CONGÉS DE FORMATION DE CADRES ET D'ANIMATEURS POUR LA JEUNESSE

(L. n° 2016-1088 du 8 août 2016, art. 9)

§ 1er ORDRE PUBLIC

Art. L. 3142-54 Le salarié âgé de moins de vingt-cinq ans souhaitant participer aux activités des organisations de jeunesse et d'éducation populaire et des fédérations et associations sportives agréées par l'autorité administrative destinées à favoriser la préparation et la formation ou le perfectionnement de cadres et animateurs a droit, chaque année, à un congé de formation de cadres et d'animateurs pour la jeunesse pouvant être pris en une ou deux fois à la demande du bénéficiaire.

Comp. anc. art. L. 3142-43.

Art. L. 3142-54-1 *V. **Addendum**.*

Art. L. 3142-55 La durée du congé ne peut être imputée sur la durée du congé payé annuel et est assimilée à une période de travail effectif pour la détermination des droits à congés payés ainsi que pour l'ensemble des autres droits résultant pour l'intéressé de son contrat de travail.

Comp. anc. art. L. 3142-44.

Art. L. 3142-56 Un décret en Conseil d'État détermine, pour l'application de la présente sous-section :

1° Les conditions dans lesquelles l'employeur peut différer le congé en raison des nécessités propres de l'entreprise ou de son exploitation ;

2° Les conditions dans lesquelles les salariés âgés de plus de vingt-cinq ans peuvent être exceptionnellement admis à bénéficier du congé ;

3° Les conditions dans lesquelles le congé est attribué aux agents des services publics et des entreprises publiques ;

4° Les conditions dans lesquelles le congé est attribué au salarié bénéficiant d'un régime de congés payés plus avantageux que celui qui résulte du chapitre Ier.

Comp. anc. art. L. 3142-46.

Art. L. 3142-57 En cas de différend, le refus de l'employeur peut être directement contesté par le salarié devant le conseil de prud'hommes, statuant en la forme des référés, dans des conditions fixées par décret en Conseil d'État.

§ 2 CHAMP DE LA NÉGOCIATION COLLECTIVE

Art. L. 3142-58 Pour mettre en œuvre le droit à congé du salarié mentionné à l'article L. 3142-54, une convention ou un accord collectif d'entreprise ou, à défaut, une convention ou un accord de branche détermine :

1° La durée totale maximale du congé et les conditions de son cumul avec le congé de formation économique, sociale et syndicale prévu aux articles L. 2145-5 à L. 2145-13 ;

2° Le délai dans lequel le salarié adresse sa demande de congé à l'employeur ;

3° Les règles selon lesquelles est déterminé, par établissement, le nombre maximal de salariés susceptibles de bénéficier de ce congé au cours d'une année. – *V.* ***Addendum.***

Art. L. 3142-58-1 *V.* ***Addendum.***

§ 3 DISPOSITIONS SUPPLÉTIVES

Art. L. 3142-59 A défaut de convention ou d'accord mentionné à l'article L. 3142-58, les dispositions suivantes sont applicables :

1° Le nombre maximal total de jours pouvant être pris au titre du congé est de six jours ouvrables par an ;

2° Le congé ne peut se cumuler avec le congé de formation économique, sociale et syndicale qu'à concurrence de douze jours ouvrables pour une même année ;

3° Le délai dans lequel le salarié adresse sa demande de congé à l'employeur est fixé par décret ;

4° Les règles selon lesquelles est déterminé, par établissement, le nombre maximal de salariés susceptibles de bénéficier de ce congé sont fixées par décret en Conseil d'État.

SOUS-SECTION 5 **CONGÉ DE REPRÉSENTATION**

(L. n° 2016-1088 du 8 août 2016, art. 9)

§ 1er ORDRE PUBLIC

Art. L. 3142-60 Lorsqu'un salarié est désigné représentant d'une association régie par la loi du 1er juillet 1901 relative au contrat d'association ou inscrite au registre des associations en application du code civil local applicable aux départements du Bas-Rhin, du Haut-Rhin et de la Moselle ou d'une mutuelle au sens du code de la mutualité pour siéger dans une instance, que celle-ci soit consultative ou non, instituée par une disposition législative ou réglementaire auprès d'une autorité de l'État ou d'une collectivité territoriale, l'employeur lui accorde le temps nécessaire pour participer aux réunions de cette instance.

Comp. anc. art. L. 3142-51.

Art. L. 3142-61 Le salarié bénéficiant du congé de représentation qui subit, à cette occasion, une diminution de rémunération reçoit de l'État ou de la collectivité territoriale une indemnité compensant, en totalité ou partiellement, le cas échéant sous forme forfaitaire, la diminution de sa rémunération.

L'employeur peut décider de maintenir cette rémunération en totalité ou en partie, au-delà de l'indemnité compensatrice. Dans ce cas, les sommes versées peuvent faire l'objet d'une déduction fiscale, dans les conditions fixées à l'article 238 *bis* du code général des impôts.

Comp. anc. art. L. 3142-52.

Art. L. 3142-62 Le congé de représentation peut être fractionné en demi-journées.

Sa durée ne peut être imputée sur la durée du congé payé annuel et est assimilée à une période de travail effectif pour la détermination des droits à congés payés ainsi que pour l'ensemble des autres droits résultant pour l'intéressé de son contrat de travail.

Comp. anc. art. L. 3142-53.

Art. L. 3142-63 Le bénéfice du congé peut être refusé par l'employeur s'il estime que cette absence est susceptible d'avoir des conséquences préjudiciables à la bonne marche de l'entreprise.

Le refus de l'employeur intervient après avis du comité d'entreprise ou, à défaut, des délégués du personnel, s'ils existent. Il est motivé.

En cas de différend, le refus de l'employeur peut être directement contesté par le salarié devant le conseil de prud'hommes, statuant en la forme des référés, dans des conditions fixées par décret en Conseil d'État.

Comp. anc. art. L. 3142-54.

Art. L. 3142-64 Un décret en Conseil d'État détermine les modalités d'application de la présente sous-section, notamment les conditions d'indemnisation du salarié par l'État.

Comp. anc. art. L. 3142-55.

§ 2 CHAMP DE LA NÉGOCIATION COLLECTIVE

Art. L. 3142-65 Pour mettre en œuvre le droit à congé du salarié mentionné à l'article L. 3142-60, une convention ou un accord collectif d'entreprise ou, à défaut, une convention ou un accord de branche détermine :

1° La durée totale maximale du congé ;

2° Le délai dans lequel le salarié adresse sa demande de congé à l'employeur ;

3° Le nombre maximal par établissement de salariés susceptibles de bénéficier du congé au cours d'une année.

§ 3 DISPOSITIONS SUPPLÉTIVES

Art. L. 3142-66 A défaut de convention ou d'accord conclu en application de l'article L. 3142-65, les dispositions suivantes sont applicables :

1° La durée totale maximale du congé est de neuf jours ouvrables par an ;

2° Le délai dans lequel le salarié adresse sa demande de congé à l'employeur et les règles selon lesquelles est déterminé, par établissement, le nombre maximal de salariés susceptibles de bénéficier du congé au cours d'une année sont fixés par décret.

SOUS-SECTION 6 CONGÉ DE SOLIDARITÉ INTERNATIONALE

(L. n° 2016-1088 du 8 août 2016, art. 9)

§ 1er ORDRE PUBLIC

Art. L. 3142-67 Le salarié participant à une mission hors de France pour le compte d'une association à objet humanitaire régie par la loi du 1er juillet 1901 relative au contrat d'association ou inscrite au registre des associations en application du code civil local applicable aux départements du Bas-Rhin, du Haut-Rhin et de la Moselle, ou pour le compte d'une organisation internationale dont la France est membre, a droit à un congé de solidarité internationale.

La liste des associations et organisations mentionnées au premier alinéa est fixée par l'autorité administrative. – *V. Arr. du 16 juill. 1996 (JO 30 juill.).*

Comp. anc. art. L. 3142-32.

Art. L. 3142-68 La durée du congé ne peut être imputée sur la durée du congé payé annuel et est assimilée à une période de travail effectif pour la détermination des avantages légaux et conventionnels liés à l'ancienneté.

Comp. anc. art. L. 3142-37.

Art. L. 3142-69 Le bénéfice du congé peut être refusé par l'employeur s'il estime que cette absence est susceptible d'avoir des conséquences préjudiciables à la bonne marche de l'entreprise.

Le refus de l'employeur intervient après avis du comité d'entreprise ou, à défaut, des délégués du personnel, s'ils existent. Il est motivé.

En cas de différend, le refus de l'employeur peut être directement contesté par le salarié devant le conseil de prud'hommes, statuant en la forme des référés, dans des conditions fixées par décret en Conseil d'État.

A défaut de réponse de l'employeur dans un délai fixé par décret, son accord est réputé acquis.

Comp. anc. art. L. 3142-34.

Art. L. 3142-70 En cas d'urgence, l'employeur n'est pas tenu de motiver son refus et son silence ne vaut pas accord.

Comp. anc. art. L. 3142-35.

Art. L. 3142-71 A l'issue du congé de solidarité internationale ou à la suite de son interruption pour cas de force majeure, le salarié retrouve son précédent emploi ou un emploi similaire assorti d'une rémunération au moins équivalente.

Comp. anc. art. L. 3142-38.

Art. L. 3142-72 A l'issue du congé, le salarié remet à l'employeur une attestation constatant l'accomplissement de la mission, délivrée par l'association ou l'organisation concernée.

Comp. anc. art. L. 3142-39.

§ 2 CHAMP DE LA NÉGOCIATION COLLECTIVE

Art. L. 3142-73 Pour mettre en œuvre le droit à congé du salarié mentionné à l'article L. 3142-67, une convention ou un accord collectif d'entreprise ou, à défaut, une convention ou un accord de branche détermine :

1° La durée maximale du congé ;

2° L'ancienneté requise pour bénéficier de ce congé ;

3° En fonction de l'effectif de l'établissement, le nombre maximal de salariés susceptibles de bénéficier simultanément du congé de solidarité internationale ;

4° Les délais dans lesquels le salarié adresse sa demande de congé à son employeur ;

5° Les mesures permettant le maintien d'un lien entre l'entreprise et le salarié pendant la durée du congé et, le cas échéant, les modalités d'accompagnement du salarié à son retour.

§ 3 DISPOSITIONS SUPPLÉTIVES

Art. L. 3142-74 A défaut de convention ou d'accord mentionné à l'article L. 3142-73, les dispositions suivantes sont applicables :

1° La durée maximale du congé est de six mois. Elle est de six semaines en cas d'urgence ;

2° L'ancienneté requise dans l'entreprise pour ouvrir droit au congé est de douze mois, consécutifs ou non ;

3° Les règles selon lesquelles sont déterminés, en fonction de l'effectif de l'établissement, le nombre maximal de salariés susceptibles de bénéficier simultanément du congé et les délais mentionnés au 4° de l'article L. 3142-73 dans lesquels le salarié adresse sa demande de congé à son employeur sont fixées par décret.

SOUS-SECTION 7 **CONGÉ POUR ACQUISITION DE LA NATIONALITÉ**

(L. n° 2016-1088 du 8 août 2016, art. 9)

§ 1er ORDRE PUBLIC

Art. L. 3142-75 Le salarié a le droit de bénéficier, sur justification, d'un congé pour assister à sa cérémonie d'accueil dans la citoyenneté française.

Bénéficie de ce droit, dans les mêmes conditions, le conjoint de la personne mentionnée au premier alinéa.

La durée de ce congé ne peut être imputée sur celle du congé payé annuel.

Comp. anc. art. L. 3142-116.

Art. L. 3142-76 En cas de différend, le refus de l'employeur peut être directement contesté par le salarié devant le conseil de prud'hommes, statuant en la forme des référés, dans des conditions fixées par décret en Conseil d'État.

§ 2 CHAMP DE LA NÉGOCIATION COLLECTIVE

Art. L. 3142-77 Pour mettre en œuvre le droit à congé du salarié mentionné à l'article L. 3142-75, une convention ou un accord collectif d'entreprise ou, à défaut, une convention ou un accord de branche déterminent la durée de ce congé.

§ 3 DISPOSITIONS SUPPLÉTIVES

Art. L. 3142-78 A défaut de convention ou d'accord mentionné à l'article L. 3142-77, la durée du congé est d'une demi-journée.

Comp. anc. art. L. 3142-38.

SOUS-SECTION 8 **CONGÉS DES SALARIÉS CANDIDATS OU ÉLUS À UN MANDAT PARLEMENTAIRE OU LOCAL**

RÉP. TRAV. v° *Suspension du contrat de travail*, par FIN-LANGER.

Les art. L. 3142-56 à L. 3142-64-1, dans leur rédaction antérieure à la L. n° 2016-1088 du 8 août 2016, deviennent, respectivement, les art. L. 3142-79 à L. 3142-88 (L. préc., art. 9).

Art. L. 3142-79 L'employeur laisse au salarié, candidat à l'Assemblée nationale ou au Sénat, le temps nécessaire pour participer à la campagne électorale dans la limite de vingt jours ouvrables.

Le même droit est accordé, sur sa demande, dans la limite de dix jours ouvrables au salarié candidat :

1° Au Parlement européen ;

2° Au conseil municipal dans une commune d'au moins *(L. n° 2015-366 du 31 mars 2015, art. 6)* « 1 000 » habitants ;

3° Au conseil départemental ou au conseil régional ;

4° A l'Assemblée de Corse.

Comp. anc. art. L. 3142-56.

Pour l'application de l'art. L. 3142-79 à certains élus locaux, V. CGCT, art. L. 2123-9 et L. 2123-10 (commune), L. 3123-7 et L. 3123-8 (département), L. 4135-7 et L. 4135-8 (région). – **CGCT.**

Art. L. 3142-80 Le salarié bénéficie à sa convenance des dispositions de l'article *(L. n° 2016-1088 du 8 août 2016, art. 9)* « L. 3142-79 », à condition que chaque absence soit au moins d'une demi-journée entière. Il avertit son employeur vingt-quatre heures au moins avant le début de chaque absence.

Comp. anc. art. L. 3142-57.

Art. L. 3142-81 Sur demande du salarié, la durée des absences est imputée sur celle du congé payé annuel dans la limite des droits qu'il a acquis à ce titre à la date du premier tour de scrutin.

Lorsqu'elles ne sont pas imputées sur le congé payé annuel, les absences ne sont pas rémunérées. Elles donnent alors lieu à récupération en accord avec l'employeur.

Comp. anc. art. L. 3142-58.

Art. L. 3142-82 La durée des absences est assimilée à une période de travail effectif pour la détermination des droits à congés payés ainsi que des droits liés à l'ancienneté résultant des dispositions légales et des stipulations conventionnelles.

Comp. anc. art. L. 3142-59.

Art. L. 3142-83 Le contrat de travail d'un salarié membre de l'Assemblée nationale ou du Sénat est, sur sa demande, suspendu jusqu'à l'expiration de son mandat, s'il justifie d'une ancienneté minimale d'une année chez l'employeur à la date de son entrée en fonction.

Comp. anc. art. L. 3142-60.

Art. L. 3142-84 A l'expiration de son mandat, le salarié retrouve son précédent emploi, ou un emploi analogue assorti d'une rémunération équivalente, dans les deux mois suivant la date à laquelle il a avisé son employeur de son intention de reprendre cet emploi.

Il bénéficie de tous les avantages acquis par les salariés de sa catégorie durant l'exercice de son mandat.

Il bénéficie, en tant que de besoin, d'une réadaptation professionnelle en cas de changement de techniques ou de méthodes de travail.

Comp. anc. art. L. 3142-61.

Art. L. 3142-85 Les dispositions de l'article *(L. n° 2016-1088 du 8 août 2016, art. 9)* « L. 3142-84 » ne sont pas applicables lorsque le mandat a été renouvelé, sauf si la durée de la suspension prévue à l'article *(L. n° 2016-1088 du 8 août 2016, art. 9)* « L. 3142-83 » a été, pour quelque cause que ce soit, inférieure à cinq ans.

Ces dispositions ne s'appliquent pas non plus lorsque le salarié membre de l'Assemblée nationale ou du Sénat est élu dans l'autre de ces deux assemblées.

A l'expiration du ou des mandats renouvelés, le salarié peut cependant solliciter sa réembauche dans des conditions déterminées par voie réglementaire.

Le salarié bénéficie alors pendant un an d'une priorité de réembauche dans les emplois auxquels sa qualification lui permet de prétendre. En cas de réemploi, l'employeur lui accorde le bénéfice de tous les avantages qu'il avait acquis au moment de son départ.

Comp. anc. art. L. 3142-62.

Art. L. 3142-86 Un décret détermine les conditions dans lesquelles les droits des salariés, notamment en matière de prévoyance et de retraite, leur sont conservés durant la durée du mandat.

Comp. anc. art. L. 3142-63.

Art. L. 3142-87 Les dispositions de la présente sous-section sont applicables aux fonctionnaires et aux agents non titulaires de l'État, des collectivités territoriales et de leurs établissements publics ainsi qu'aux personnels des entreprises publiques, sauf s'ils bénéficient de dispositions plus favorables.

Comp. anc. art. L. 3142-64.

Art. L. 3142-88 Les maires et les adjoints au maire, les présidents et les vice-présidents de conseil départemental, les présidents et les vice-présidents de conseil régional bénéficient des dispositions des articles *(L. n° 2016-1088 du 8 août 2016, art. 9)* « L. 3142-83 à L. 3142-87 » dans les conditions prévues, respectivement, aux articles L. 2123-9, L. 3123-7 et L. 4135-7 du code général des collectivités territoriales.

Comp. anc. art. L. 3142-64-1.

SOUS-SECTION 9 RÉSERVE OPÉRATIONNELLE ET SERVICE NATIONAL

§ 1er RÉSERVE OPÉRATIONNELLE

Les art. L. 3142-65 à L. 3142-70, dans leur rédaction antérieure à la L. n° 2016-1088 du 8 août 2016, deviennent, respectivement, les art. L. 3142-89 à L. 3142-94 (L. préc., art. 9).

Art. L. 3142-89 Tout salarié ayant souscrit un engagement à servir dans la réserve opérationnelle bénéficie d'une autorisation d'absence de cinq jours par année civile au titre de ses activités dans la réserve.

Comp. anc. art. L. 3142-65.

En ce qui concerne les salariés qui sont sapeurs-pompiers volontaires, V. L. n° 96-370 du 3 mai 1996, art. 2 à 8 (JO 4 mai), L. n° 2004-811 du 13 août 2004, art. 79 et 80 (JO 17 août), mod. par L. n° 2011-851 du 21 juill. 2011 (JO 21 juill.) et V. Circ. 14 nov. 2005 relative au développement du volontariat chez les sapeurs-pompiers (JO 6 déc.).

Art. L. 3142-90 Le réserviste salarié souhaitant bénéficier de l'autorisation d'absence au titre de la réserve opérationnelle présente sa demande par écrit à son employeur un mois au moins à l'avance, en indiquant la date et la durée de l'absence envisagée.

Au-delà de cette durée, le réserviste requiert l'accord de son employeur avec un préavis d'un mois en précisant la date de son départ et la durée de la période qu'il sou-

haite accomplir, sous réserve de dispositions plus favorables résultant notamment de conventions conclues entre l'employeur et le ministre de la défense.

Lorsque les circonstances l'exigent, le délai de préavis peut, sur arrêté du ministre chargé des armées, être réduit à quinze jours pour les réservistes ayant souscrit avec l'accord de l'employeur la clause de réactivité prévue à l'article 8 de la loi n° 99-894 du 22 octobre 1999 portant organisation de la réserve militaire et du service de défense.

Comp. anc. art. L. 3142-66.

Art. L. 3142-91 **Les périodes d'activité dans la réserve opérationnelle sont considérées comme des périodes de travail effectif pour les avantages légaux et conventionnels en matière d'ancienneté, d'avancement, de congés payés et de droits aux prestations sociales.**

Comp. anc. art. L. 3142-67.

Art. L. 3142-92 **L'employeur ne peut rompre le contrat de travail d'un salarié en raison des absences résultant d'une activité exercée au titre d'un engagement à servir dans la réserve opérationnelle ou faisant suite à un appel ou un rappel des personnes soumises à l'obligation de disponibilité.**

A l'issue d'une période exécutée au titre du premier alinéa, le salarié retrouve son précédent emploi.

Comp. anc. art. L. 3142-68.

RÉP. TRAV. v° *Suspension du contrat de travail,* par FIN-LANGER.

Art. L. 3142-93 **La rupture du contrat de travail ne peut être notifiée ou prendre effet pendant l'accomplissement d'une période d'activité dans la réserve opérationnelle.**

Comp. anc. art. L. 3142-69.

Art. L. 3142-94 **Lorsque son accord préalable est requis, le refus de l'employeur d'accorder à un salarié l'autorisation de participer à une activité dans la réserve opérationnelle intervient dans des conditions déterminées par voie réglementaire.**

Comp. anc. art. L. 3142-70.

§ 2 SERVICE NATIONAL

Les art. L. 3142-71 à L. 3142-77, dans leur rédaction antérieure à la L. n° 2016-1088 du 8 août 2016, deviennent, respectivement, les art. L. 3142-95 à L. 3142-101 (L. préc., art. 9).

Art. L. 3142-95 **Le contrat de travail d'un salarié appelé au service national en application du livre II du code du service national est suspendu pendant toute la durée du service national actif.**

Lorsqu'il connaît la date de sa libération du service national actif, et au plus tard dans le mois suivant celle-ci, le salarié désirant reprendre l'emploi qu'il occupait précédemment en avertit son ancien employeur.

La réintégration dans l'entreprise est de droit.

Le salarié réintégré bénéficie de tous les avantages acquis au moment de son départ.

Comp. anc. art. L. 3142-71.

BIBL. ▶ BRONDY, *Dr. ouvrier 1983. 215.* – DOLL, *JCP 1967. I. 2077.* – ENCLOS, *RJS 1995. 481.* – GAUDEMET, *RFDA 1988. 725.*

1. Champ d'application. L'art. L. 122-18 [L. 3142-16 nouv.] ne s'applique pas, sauf convention internationale contraire, aux salariés de nationalité étrangère ayant exécuté leurs obligations militaires dans leur pays. • Soc. 25 févr. 1992 : ⚖ *D. 1992. IR 100 ; RJS 1992. 170, n° 277.* ♦ Il ne s'applique pas non plus au salarié qui, à l'issue de sa période de service obligatoire, prolonge volontairement son service national actif. • Soc. 1er juill. 1998, ⚖ n° 96-40.895 P : *RJS 1998. 629, n° 982 ; D. 1998. IR 189* ✎. ♦ Mais une convention collective peut, sans introduire une discrimination prohibée fondée sur la nationalité, prévoir une suspension du contrat de travail pour les salariés, quelle que soit leur nationalité, qui accomplissent leurs obligations du service national prévues par le code français du service national. • Soc. 1er mars 1995, ⚖ n° 91-41.390 P : *D. 1995. IR 86 ; RJS 1995. 300, n° 451 ; JCP 1996. I. 3899, n° 11, obs. Mazière.*

2. Résiliation du contrat. Sauf dispositions conventionnelles plus favorables, le contrat de travail se trouve résilié et non pas seulement suspendu par l'accomplissement du service national. • Soc. 9 déc. 1960 : *D. 1961. 60 ; JCP 1961. II. 12330, note Sinay* • 14 mars 1983 : *Bull. civ. V, n° 147* • 4 mars 1992 : ⚖ *ibid., n° 156.*

3. Retour du salarié. Justifie son refus de réintégrer le salarié l'employeur qui produit une attestation démontrant que le salarié avait en partant exprimé sa volonté de ne pas reprendre son emploi. • Soc. 12 déc. 1979 : *Bull. civ. V, n° 973.*

4. L'employeur a seulement l'obligation de reprendre le salarié à sa libération du service national dans la même catégorie d'emplois et non de l'affecter au même poste. • Soc. 3 juill. 1979 : *Bull. civ. V, n° 600.* ♦ Cette obligation de réintégration est transférée au nouvel employeur, en application de l'article L. 122-18. • Soc. 10 déc. 1997, ⚖ n° 95-41.382 P : *D. 1998. IR 29* ; *Dr. soc. 1998. 201, obs. A. Mazeaud* ; *RJS 1998. 108, n° 167 ; JCP 1998. II. 10106, note Mouly.*

5. Le salarié réintégré bénéficiant de tous les avantages qu'il avait acquis avant son départ, le calcul de son ancienneté doit prendre en compte l'ancienneté acquise antérieurement, mais non la durée du service national. • Soc. 28 juin 1973 : *Bull. civ. V, n° 422* • 22 juill. 1985 : *ibid., n° 425.*

6. La violation par l'employeur de son obligation de réintégration ne peut donner lieu qu'à des dommages-intérêts, le juge des référés ne pouvant ordonner la réintégration du salarié. • Soc. 14 mars 1983 : *Bull. civ. V, n° 147 ; D. 1983. IR 354.*

7. Une cour d'appel peut considérer que le licenciement d'un salarié engagé pour une durée indéterminée ne procède pas d'une cause réelle et sérieuse et présente un caractère abusif lorsqu'il est prononcé uniquement pour permettre la réintégration d'un autre salarié à l'issue de son service national. • Soc. 7 nov. 1990 : ⚖ *CSB 1990. 275, A. 61.* ♦ Comp. : • Soc. 8 déc. 1955 : *Bull. civ. IV, n° 884.*

8. Suppression de l'emploi. Le salarié n'a pas à être réintégré lorsque l'emploi qu'il occupait ou un emploi ressortissant à la même catégorie que le sien a été supprimé. • Soc. 22 juin 1977 : *Bull. civ. V, n° 413* • 17 oct. 1979 : *ibid., n° 743* • 16 déc. 1980 : *ibid., n° 903* • 28 mars 1990 : ⚖ *CSB 1990. 149, S. 89.*

9. La suppression du poste n'est pas établie lorsqu'il a seulement été occupé par un remplaçant. • Soc. 12 juin 1981 : *Bull. civ. V, n° 542.* ♦ ... Ou lorsque l'employeur, bien qu'ayant fermé une succursale de son entreprise, a maintenu localement la même activité. • Soc. 18 juill. 1962 : *Dr. soc. 1962. 628, obs. Savatier.*

10. La preuve de la suppression de l'emploi occupé par le salarié avant son départ au service national incombe à l'employeur. • Soc. 7 mars 1985 : *JCP E 1985. I. 14858, p. 349, n° 9, obs. Teyssié.*

11. Le salarié qui, en raison d'un manque de travail, n'a pas pu être réintégré n'a droit ni à l'indemnité de préavis... • Soc. 26 févr. 1964 : *Bull. civ. IV, n° 173 ; JCP 1964. II. 13808, note B. P.* • 17 oct. 1979 : *Bull. civ. V, n° 743 ; D. 1980. IR 174.* ♦ ... Ni à l'indemnité de licenciement. • Soc. 22 juin 1977 : *Bull. civ. V, n° 413 ; D. 1977. IR 469.*

Art. L. 3142-96 **Les dispositions de l'article** *(L. n° 2016-1088 du 8 août 2016, art. 9)* **« L. 3142-95 » sont applicables, lors de leur renvoi dans leurs foyers, aux personnes qui, ayant accompli leur service actif, ont été maintenues au service national.**

Comp. anc. art. L. 3142-72.

Art. L. 3142-97 **Tout salarié âgé de seize à vingt-cinq ans, qui participe à l'appel de préparation à la défense, bénéficie d'une autorisation d'absence exceptionnelle d'un jour.**

Cette absence exceptionnelle a pour but exclusif de permettre au salarié de participer à l'appel de préparation à la défense. Elle n'entraîne pas de réduction de rémunération. Elle est assimilée à une période de travail effectif pour la détermination de la durée de congé annuel.

Comp. anc. art. L. 3142-73.

Art. L. 3142-98 **Aucun employeur ne peut rompre le contrat de travail d'un salarié au motif que lui-même ou le salarié se trouve astreint aux obligations du service national, ou se trouve appelé au service national en exécution d'un engagement pour la durée de la guerre, ou rappelé au service national à un titre quelconque.**

Toutefois, l'employeur peut rompre le contrat s'il justifie d'une faute grave de l'intéressé, non liée aux obligations du premier alinéa, ou s'il se trouve dans l'impossibilité de maintenir le contrat pour un motif étranger à ces obligations.

Comp. anc. art. L. 3142-74.

Art. L. 3142-99 **Lorsque le contrat de travail est rompu pour une autre cause légitime par l'une des parties, la rupture du contrat ne peut être notifiée ni prendre effet pendant la période passée au service national.**

Ces dispositions ne sont pas applicables si l'objet pour lequel le contrat de travail a été conclu arrive à échéance pendant cette période.

Comp. anc. art. L. 3142-75.

Art. L. 3142-100 **En cas de méconnaissance des dispositions du présent paragraphe, la partie lésée a droit à des dommages-intérêts fixés par le juge judiciaire, en plus de l'indemnité de licenciement.**

Comp. anc. art. L. 3142-76.

Les dommages-intérêts sanctionnant la violation des dispositions spécifiques doivent être calculés en fonction du préjudice subi par le salarié du fait de sa non-réintégration dans l'entreprise. • Soc. 11 avr. 1991 : ⚖ *D. 1991. IR 131 ; CSB 1991. 137, A. 35 ; RJS 1991. 370, n° 692.*

Art. L. 3142-101 **Toute stipulation contraire aux dispositions du présent paragraphe est nulle de plein droit.**

Comp. anc. art. L. 3142-77.

SOUS-SECTION 10 RÉSERVE DANS LA SÉCURITÉ CIVILE, OPÉRATIONS DE SECOURS ET RÉSERVE SANITAIRE

La sous-section 11, dans sa rédaction antérieure à la L. n° 2016-1088 du 8 août 2016, devient la sous-section 10 (L. préc., art. 9).

§ 1er RÉSERVE DANS LA SÉCURITÉ CIVILE

Art. L. 3142-102 *(Ord. n° 2012-351 du 12 mars 2012, art. 11)* **Les dispositions applicables aux salariés servant dans la réserve de sécurité civile sont définies aux articles L. 724-7 à L. 724-10 du code de la sécurité intérieure.**

Comp. anc. art. L. 3142-108.

§ 2 PARTICIPATION AUX OPÉRATIONS DE SECOURS

Art. L. 3142-103 *(Ord. n° 2012-351 du 12 mars 2012, art. 11)* **Les dispositions applicables aux salariés membres d'une association agréée en matière de sécurité civile sont définies aux articles L. 725-7 à L. 725-9 du code de la sécurité intérieure.**

Comp. anc. art. L. 3142-112.

§ 3 RÉSERVE SANITAIRE

Art. L. 3142-104 **Les dispositions applicables aux réservistes sanitaires sont définies au chapitre III du titre III du livre Ier de la troisième partie du code de la santé publique.**

Comp. anc. art. L. 3142-115.

SECTION III CONGÉ ET PÉRIODE DE TRAVAIL À TEMPS PARTIEL POUR LA CRÉATION OU LA REPRISE D'ENTREPRISE

(L. n° 2016-1088 du 8 août 2016, art. 9)

RÉP. TRAV. v^is *Congés*, par BOUSIGES ; *Suspension du contrat de travail*, par FIN-LANGER.

SOUS-SECTION 1 ORDRE PUBLIC

Art. L. 3142-105 **Le salarié qui crée ou reprend une entreprise a droit, sous réserve d'une condition d'ancienneté dans l'entreprise et dans les conditions fixées à la présente section :**

1° Soit à un congé ;

2° Soit à une période de travail à temps partiel.

L'ancienneté acquise dans toute autre entreprise du même groupe, au sens de l'article L. 2331-1, est prise en compte au titre de l'ancienneté dans l'entreprise.

Comp. anc. art. L. 3142-78 et L. 3142-81.

Sur l'indemnisation éventuelle de ce congé par un compte épargne-temps, V. art. L. 3151-2.

Art. L. 3142-106 L'article L. 3142-105 s'applique également au salarié qui exerce des responsabilités de direction au sein d'une entreprise répondant, au moment où il sollicite son congé, aux critères de jeune entreprise innovante définie à l'article 44 *sexies*-0 A du code général des impôts.

Comp. anc. art. L. 3142-79.

Art. L. 3142-107 L'employeur peut différer le départ en congé ou le début de la période de travail à temps partiel, dans la limite de six mois à compter de la demande du salarié, sans préjudice de l'application des articles L. 3142-113 et L. 3142-114.

Comp. anc. art. L. 3142-83.

Art. L. 3142-108 A l'issue du congé, le salarié retrouve son précédent emploi ou un emploi similaire assorti d'une rémunération au moins équivalente.

Comp. anc. art. L. 3142-84, al. 1er.

Jurisprudence rendue sous l'empire des textes antérieurs à la loi n° 2016-1088 du 8 août 2016

1. Conditions de la réintégration. L'art. L. 122-32-16 [L. 3142-108 nouv.] ne subordonne à aucune condition la réintégration du salarié à l'issue d'un congé pour création d'entreprise. • Soc. 21 nov. 1995 : ⚖ *RJS 1996. 25, n° 34* (salarié ayant conservé son activité dans l'entreprise créée). ♦ Aussi, l'employeur ne peut subordonner cette réintégration à la condition que le salarié justifie du respect de la finalité du congé. • Soc. 1er déc. 2005 : ⚖ *D. 2006. IR 102* ✐ ; *RJS 2006. 137, n° 230 ; JS Lamy 2005, n° 180-3.*

2. Modalités de la réintégration. Dès lors que la cour d'appel constate que la société n'avait proposé au salarié que des emplois entraînant une perte de qualification et une réduction de son autorité, elle a pu en déduire que la société n'avait pas proposé au salarié un emploi similaire à celui qu'il occupait avant son départ. • Soc. 2 oct. 1997 : ⚖ *RJS 1997. 771, n° 1251.*

Art. L. 3142-109 A l'issue du congé ou de la période de travail à temps partiel, si le salarié souhaite mettre fin à la relation de travail, les conditions de la rupture sont celles prévues par son contrat de travail, à l'exception de celles relatives au préavis. Le salarié est, de ce fait, dispensé de payer une indemnité de rupture.

Le salarié ne peut invoquer aucun droit à être réemployé avant l'expiration du congé.

Comp. anc. art. L. 3142-84, al. 2, et L. 3142-85, al. 2.

Jurisprudence rendue sous l'empire des textes antérieurs à la loi n° 2016-1088 du 8 août 2016

L'inobservation du délai de trois mois n'est pas sanctionnée par une rupture automatique du contrat imputable au salarié. • Soc. 23 oct. 1991, ⚖ n° 88-43.819 P : *D. 1991. IR 265 ; RJS 1991. 715, n° 1333* • 2 juin 1992, ⚖ n° 91-42.791 P : *D. 1992. IR 184 ; RJS 1992. 473, n° 881.* ♦ Il incombe à l'employeur qui soutient que le non-respect du délai de trois mois constitue un empêchement à la réintégration de prononcer le licenciement, dont le juge devra apprécier si la cause est réelle et sérieuse. • Soc. 13 déc. 1995 : ⚖ *Dr. soc. 1996. 427* ✐ ; *RJS 1996. 85, n° 130.*

Art. L. 3142-110 Le salarié qui reprend son activité dans l'entreprise à l'issue de son congé bénéficie en tant que de besoin d'une réadaptation professionnelle, notamment en cas de changement de techniques ou de méthodes de travail. Il n'est pas comptabilisé dans le plafond de salariés pouvant bénéficier simultanément d'un congé individuel de formation prévu à l'article L. 6322-7.

Comp. anc. art. L. 3142-86.

Art. L. 3142-111 Lorsqu'il est envisagé une période de travail à temps partiel, un avenant au contrat de travail fixe la durée de cette période conformément à l'article L. 3123-6.

Toute prolongation de la période de travail à temps partiel à la demande du salarié donne lieu à la signature d'un nouvel avenant dans les mêmes conditions.

Comp. anc. art. L. 3142-87.

Art. L. 3142-112 Le salarié dont un avenant au contrat de travail prévoit le passage à temps partiel ne peut invoquer aucun droit à être réemployé à temps plein avant le terme de cet avenant.

A l'issue de la période de travail à temps partiel, le salarié retrouve une activité à temps plein assortie d'une rémunération au moins équivalente à celle qui lui était précédemment servie.

Comp. anc. art. L. 3142-90.

Art. L. 3142-113 Dans les entreprises de moins de trois cents salariés, l'employeur peut refuser le congé ou le passage à temps partiel :

1° S'il estime, après avis du comité d'entreprise ou, à défaut, des délégués du personnel, s'ils existent, que ce congé ou cette activité à temps partiel aura des conséquences préjudiciables à la bonne marche de l'entreprise ;

2° Si le salarié demande ce congé ou cette période d'activité à temps partiel moins de trois ans après une précédente création ou reprise d'entreprise ou après le début de l'exercice de précédentes responsabilités de direction au sein d'une entreprise répondant aux critères de jeune entreprise innovante.

L'employeur précise le motif de son refus et le porte à la connaissance du salarié.

Ce refus peut être contesté par le salarié directement devant le conseil de prud'hommes, statuant en la forme des référés, dans des conditions déterminées par décret en Conseil d'État.

Comp. anc. art. L. 3142-88.

Art. L. 3142-114 L'employeur peut différer le départ en congé du salarié lorsque ce départ aurait pour effet de porter l'effectif des salariés simultanément absents ou le nombre de jours d'absence au titre de ce congé et au titre du congé sabbatique à un niveau excessif au regard, respectivement, de l'effectif total et du nombre de jours travaillés dans l'entreprise.

Art. L. 3142-115 Dans les entreprises d'au moins trois cents salariés, l'employeur peut différer le début de la période de travail à temps partiel lorsque celle-ci aurait pour effet de porter l'effectif de salariés employés simultanément à temps partiel au titre de la présente section à un niveau excessif au regard de l'effectif total de l'entreprise.

Comp. anc. art. L. 3142-89.

Art. L. 3142-116 L'employeur informe le salarié de sa décision relative à la date de départ choisie par ce dernier.

A défaut de réponse de la part de l'employeur dans un délai fixé par décret, son accord est réputé acquis.

SOUS-SECTION 2 **CHAMP DE LA NÉGOCIATION COLLECTIVE**

Art. L. 3142-117 Pour mettre en œuvre le droit à congé du salarié mentionné à l'article L. 3142-105, une convention ou un accord collectif d'entreprise ou, à défaut, une convention ou un accord de branche détermine :

1° La durée maximale du congé ou de la période de travail à temps partiel ;

2° Le nombre de renouvellements possibles de ce congé ou de cette période ;

3° La condition d'ancienneté requise pour avoir droit à ce congé ou à cette période ;

4° Les délais dans lesquels le salarié informe l'employeur de la date à laquelle il souhaite partir en congé ou, en cas de passage à temps partiel, de la date de début de la période de travail à temps partiel et de l'amplitude de la réduction souhaitée de son temps de travail, ainsi que de la durée envisagée de ce congé ou de cette période ;

5° Les conditions et délais de la demande de prolongation de ce congé ou de cette période de travail à temps partiel ;

6° Les conditions dans lesquelles le salarié informe l'employeur de son intention de poursuivre ou de rompre son contrat de travail à l'issue de son congé ou de sa période de travail à temps partiel ;

7° Les plafonds ou niveaux mentionnés à l'article L. 3142-114 et, pour les entreprises d'au moins trois cents salariés, le niveau mentionné à l'article L. 3142-115 ;

8° Les conditions permettant le maintien d'un lien entre l'entreprise et le salarié pendant la durée du congé et, le cas échéant, les modalités d'accompagnement et de réadaptation professionnelle à son retour.

Art. L. 3142-118 Cette convention ou cet accord détermine également les modalités de report des congés payés dus au salarié qui bénéficie du congé.

SOUS-SECTION 3 DISPOSITIONS SUPPLÉTIVES

§ 1er RÈGLES GÉNÉRALES DE PRISE DU CONGÉ ET DE PASSAGE À TEMPS PARTIEL

Art. L. 3142-119 A défaut de convention ou d'accord mentionné à l'article L. 3142-117, les dispositions suivantes sont applicables :

1° La durée maximale du congé ou de la période de travail à temps partiel est d'un an. Elle peut être prolongée au plus d'un an ;

2° L'ancienneté requise pour ouvrir droit au congé ou à la période de travail à temps partiel est de vingt-quatre mois, consécutifs ou non, dans l'entreprise ;

3° Les conditions et délais d'information mentionnés aux 4° à 6° de l'article L. 3142-117 sont fixés par décret ;

4° Le niveau de salariés absents au titre du congé dans l'entreprise et de jours d'absence prévus au titre de ce congé, pour lequel l'employeur peut différer le départ ou le début de la période de travail à temps partiel, sont fixés par décret.

§ 2 REPORT DE CONGÉS PAYÉS

Art. L. 3142-120 A défaut de stipulation dans la convention ou l'accord mentionné à l'article L. 3142-117, les congés payés annuels dus au salarié en plus de vingt-quatre jours ouvrables peuvent être reportés, à sa demande, jusqu'au départ en congé, dans les conditions prévues au présent paragraphe.

Le cumul de ces congés payés porte au maximum sur six années.

Art. L. 3142-121 Une indemnité compensatrice est perçue par le salarié lors de son départ pour l'ensemble des congés payés dont il n'a pas bénéficié.

Le premier alinéa du présent article ne s'applique pas lorsque l'employeur est tenu d'adhérer à une caisse de congés payés mentionnée à l'article L. 3141-32.

Art. L. 3142-122 En cas de renonciation au congé, les congés payés du salarié reportés en application de l'article L. 3142-120 sont ajoutés aux congés payés annuels.

Ces congés payés reportés sont ajoutés chaque année aux congés payés annuels, par fraction de six jours et jusqu'à épuisement, à compter de la renonciation.

Jusqu'à épuisement des congés payés reportés, tout report au titre de l'article L. 3142-120 est exclu.

Art. L. 3142-123 En cas de rupture du contrat de travail, le salarié perçoit une indemnité compensatrice pour les droits à congés payés reportés.

Ces dispositions ne s'appliquent pas lorsque l'employeur est tenu d'adhérer à une caisse de congés payés mentionnée à l'article L. 3141-32.

Art. L. 3142-124 Les indemnités compensatrices prévues au présent paragraphe sont calculées conformément aux articles L. 3141-24 à L. 3141-27.

CHAPITRE III DISPOSITIONS PÉNALES

Le présent chapitre ne comprend pas de dispositions législatives.

TITRE CINQUIÈME COMPTE ÉPARGNE-TEMPS

(L. no 2016-1088 du 8 août 2016, art. 11)

Ce titre V, dans sa rédaction antérieure à la L. no 2016-1088 du 8 août 2016, est consultable en ligne, V. Dalloz.fr et les applications mobiles Dalloz.

V. Circ. DGT no 20 du 13 nov. 2008 relative à la loi portant rénovation de la démocratie sociale et du temps de travail, Fiche no 13.

BIBL. GÉN. ▶ DEDESSUS-LE-MOUSTIER, *Dr. soc. 1998. 547* (fonctions du compte épargne-temps).

CHAPITRE PREMIER **ORDRE PUBLIC**

Art. L. 3151-1 Le compte épargne-temps peut être mis en place par une convention ou un accord d'entreprise ou d'établissement ou, à défaut, par une convention ou un accord de branche.

A titre expérimental, la convention ou l'accord collectif prévu à l'art. L. 3151-1 C. trav. peut autoriser le salarié à utiliser une partie des droits affectés sur le compte épargne-temps, dans la limite maximale de 50 % de ces droits, pour financer l'une des prestations de services prévues à l'art. L. 1271-1 C. trav. au moyen d'un chèque emploi-service universel.

Un décret définit les modalités de mise en œuvre de cette disposition et les conditions dans lesquelles cette expérimentation est évaluée. L'expérimentation est d'une durée de deux ans à compter de la publication de ce décret, et au plus tard à compter du 1er oct. 2014 (L. no 2014-873 du 4 août 2014, art. 18, et Décr. no 2014-1535 du 17 déc. 2014).

Comp. anc. art. L. 3152-1.

Art. L. 3151-2 Le compte épargne-temps permet au salarié d'accumuler des droits à congé rémunéré ou de bénéficier d'une rémunération, immédiate ou différée, en contrepartie des périodes de congé ou de repos non pris ou des sommes qu'il y a affectées.

Le congé annuel ne peut être affecté au compte épargne-temps que pour sa durée excédant vingt-quatre jours ouvrables.

Comp. anc. art. L. 3151-1 et L. 3252-2 in fine.

Jurisprudence rendue sous l'empire des textes antérieurs à la loi n° 2016-1088 du 8 août 2016

L'art. 7 de la Dir. n° 2003/88/CE, qui prévoit que la période minimale de congé annuel de quatre semaines ne peut être remplacée par une indemnité financière qu'en cas de fin de la relation de travail, ne s'oppose pas à ce que des droits à congés supplémentaires puissent être utilisés par le salarié dans des conditions fixées par le droit national. • Soc. 25 sept. 2013 : *Dalloz actualité, 17 oct. 2013, obs. Fleuriot ; D. 2014. 302, obs. Flores ; RJS 12/2013, n° 827 ; JCP S 2013. 1464, obs. Morand.*

Art. L. 3151-3 Tout salarié peut, sur sa demande et en accord avec son employeur, utiliser les droits affectés sur le compte épargne-temps pour compléter sa rémunération ou pour cesser de manière progressive son activité.

L'utilisation sous forme de complément de rémunération des droits versés sur le compte épargne-temps au titre du congé annuel n'est autorisée que pour ceux de ces droits correspondant à des jours excédant la durée de trente jours fixée à l'article L. 3141-3.

Comp. anc. art. L. 3153-1.

Art. L. 3151-4 Les droits acquis dans le cadre du compte épargne-temps sont garantis dans les conditions prévues à l'article L. 3253-8.

Comp. anc. art. L. 3154-1.

CHAPITRE II **CHAMP DE LA NÉGOCIATION COLLECTIVE**

Art. L. 3152-1 La convention ou l'accord collectif détermine dans quelles conditions et limites le compte épargne-temps peut être alimenté en temps ou en argent à l'initiative du salarié ou, pour les heures accomplies au-delà de la durée collective, à l'initiative de l'employeur.

Art. L. 3152-2 La convention ou l'accord collectif définit les modalités de gestion du compte épargne-temps et détermine les conditions d'utilisation, de liquidation et de transfert des droits d'un employeur à un autre.

Art. L. 3152-3 Pour les droits acquis, convertis en unités monétaires, qui excèdent le plus élevé des montants fixés par décret en application de l'article L. 3253-17, la convention ou l'accord collectif établit un dispositif d'assurance ou de garantie.

Art. L. 3152-4 La convention ou l'accord collectif prévoit que les droits affectés sur le compte épargne-temps sont utilisés, en tout ou partie :

1° Pour contribuer au financement de prestations de retraite qui revêtent un caractère collectif et obligatoire déterminé dans le cadre d'une des procédures mentionnées à l'article L. 911-1 du code de la sécurité sociale. Dans ce cas, les droits qui correspondent à un abondement de l'employeur en temps ou en argent bénéficient des régimes prévus aux 2° ou 2°-0 *bis* de l'article 83 du code général des impôts et au sixième alinéa et au 1° de l'article L. 242-1 du code de la sécurité sociale ou à l'article L. 741-10 du code rural et de la pêche maritime ;

2° Pour réaliser des versements sur un ou plusieurs plans d'épargne pour la retraite collectifs. Dans ce cas, les droits qui correspondent à un abondement de l'employeur en temps ou en argent bénéficient du régime prévu aux articles L. 3332-11 à L. 3332-13 et L. 3332-27 du présent code.

Les droits utilisés selon les modalités prévues aux 1° et 2° du présent article qui ne sont pas issus d'un abondement en temps ou en argent de l'employeur bénéficient, dans la limite d'un plafond de dix jours par an :

a) De l'exonération prévue à l'article L. 242-4-3 du code de la sécurité sociale ou aux articles L. 741-4 et L. 741-15 du code rural et de la pêche maritime en tant qu'ils visent l'article L. 242-4-3 du code de la sécurité sociale ;

b) Et, selon le cas, des régimes prévus aux 2° ou 2°-0 *bis* de l'article 83 du code général des impôts, pour ceux utilisés selon les modalités prévues au 1° du présent article, ou de l'exonération prévue au *b* du 18° de l'article 81 du même code, pour ceux utilisés selon les modalités prévues au 2° du présent article.

CHAPITRE III **DISPOSITIONS SUPPLÉTIVES**

Art. L. 3153-1 A défaut de convention ou d'accord collectif mentionné à l'article L. 3152-3, un dispositif de garantie est mis en place par décret.

Dans l'attente de la mise en place d'un dispositif de garantie, lorsque les droits acquis, convertis en unités monétaires, excèdent le plafond mentionné à l'article L. 3152-3, une indemnité correspondant à la conversion monétaire de l'ensemble des droits est versée au salarié.

Art. L. 3153-2 A défaut de stipulation conventionnelle prévoyant les conditions de transfert des droits d'un employeur à un autre, le salarié peut :

1° Percevoir, en cas de rupture du contrat de travail, une indemnité correspondant à la conversion monétaire de l'ensemble des droits qu'il a acquis ;

2° Demander, en accord avec l'employeur, la consignation auprès d'un organisme tiers de l'ensemble des droits, convertis en unités monétaires, qu'il a acquis. Le déblocage des droits consignés se fait au profit du salarié bénéficiaire ou de ses ayants droit dans des conditions fixées par décret.

TITRE SIXIÈME **DISPOSITIONS PARTICULIÈRES AUX JEUNES TRAVAILLEURS**

BIBL. ▶ KERBOUC'H et WILLMANN, *RDT 2010. Controverse. 342* (faut-il un droit du travail des jeunes ?). – PAULIN, *RDT 2011. 500* (emploi des jeunes : quelques aménagements de crise).

CHAPITRE PREMIER **DÉFINITIONS**

Art. L. 3161-1 Pour l'application des dispositions du présent titre, sont considérés comme des jeunes travailleurs :

1° Les salariés âgés de moins de dix-huit ans ;

2° Les stagiaires âgés de moins de dix-huit ans qui accomplissent des stages d'initiation ou d'application en milieu professionnel dans le cadre d'un enseignement alterné ou du déroulement de leur scolarité.

CHAPITRE II **DURÉE DU TRAVAIL**

Art. L. 3162-1 Les jeunes travailleurs ne peuvent être employés à un travail effectif excédant huit heures par jour et trente-cinq heures par semaine.

A titre exceptionnel, des dérogations à ces dispositions peuvent être accordées dans la limite de cinq heures par semaine par l'inspecteur du travail après avis conforme du médecin du travail de l'établissement.

La durée du travail des intéressés ne peut en aucun cas être supérieure à la durée quotidienne ou hebdomadaire normale du travail des adultes employés dans l'établissement. – *[Anc. art. L. 212-13, al. 1, phrase 1, et al. 2 et 3.] – V. art. R. 3165-2 (pén.).*

En application de l'art. L. 231-5 CRPA, et par exception à l'application du délai de deux mois prévu à l'art. L. 231-1 du même code, le délai à l'expiration duquel le silence gardé par l'administration vaut décision d'acceptation est fixé à trente jours pour des demandes de dérogations aux durées quotidienne et hebdomadaire maximales de travail effectif des jeunes travailleurs (Décr. n° 2014-1290 du 23 oct. 2014, art. 1er).

Art. L. 3162-2 L'employeur laisse aux jeunes travailleurs soumis à l'obligation de suivre des cours professionnels pendant la journée de travail le temps et la liberté nécessaires au respect de cette obligation.

Le temps consacré à la formation dans un établissement d'enseignement est considéré comme un temps de travail effectif. – *[Anc. art. L. 212-13, al. 1, phrase 2, et al. 4.] – V. art. R. 3165-2 (pén.).*

Art. L. 3162-3 Aucune période de travail effectif ininterrompue ne peut excéder, pour les jeunes travailleurs, une durée maximale de quatre heures et demie. Lorsque le temps de travail quotidien est supérieur à quatre heures et demie, les jeunes travailleurs bénéficient d'un temps de pause d'au moins trente minutes consécutives. – *[Anc. art. L. 212-14.] – V. art. R. 3165-1 (pén.).*

CHAPITRE III **TRAVAIL DE NUIT**

Art. L. 3163-1 Pour l'application du présent chapitre, est considéré comme travail de nuit :

1° Pour les jeunes travailleurs de plus de seize ans et de moins de dix-huit ans, tout travail entre 22 heures et 6 heures ;

2° Pour les jeunes travailleurs de moins de seize ans, tout travail entre 20 heures et 6 heures. – *[Anc. art. L. 213-8.] – V. art. R. 3124-15 (pén.).*

Art. L. 3163-2 Le travail de nuit est interdit pour les jeunes travailleurs.

Pour les jeunes salariés des établissements commerciaux et de ceux du spectacle, des dérogations peuvent être accordées, à titre exceptionnel, par l'inspecteur du travail.

Un décret en Conseil d'État détermine en outre la liste des secteurs pour lesquels les caractéristiques particulières de l'activité justifient une dérogation. Une convention ou un accord collectif de travail étendu ou une convention ou un accord d'entreprise ou d'établissement peut définir les conditions dans lesquelles cette autorisation peut être accordée dans ces secteurs.

Il ne peut être accordé de dérogation entre minuit et 4 heures, sous réserve des cas d'extrême urgence prévus à l'article **L. 3163-3**.

Il ne peut être accordé de dérogation pour l'emploi de mineurs de moins de seize ans que s'il s'agit de ceux mentionnés à l'article **L. 7124-1** dans les entreprises de spectacle, de cinéma, de radiophonie, de télévision ou d'enregistrements sonores. – *[Anc. art. L. 213-7.] – V. art. R. 3124-15 (pén.).*

En application de l'art. L. 231-5 CRPA, et par exception à l'application du délai de deux mois prévu à l'art. L. 231-1 du même code, le délai à l'expiration duquel le silence gardé par l'administration vaut décision d'acceptation est fixé à trente jours pour une demande de dérogation à l'interdiction du travail de nuit pour les jeunes travailleurs salariés des établissements commerciaux et de ceux du spectacle (Décr. n° 2014-1290 du 23 oct. 2014, art. 1er).

Art. L. 3163-3 En cas d'extrême urgence, si des travailleurs adultes ne sont pas disponibles, il peut être dérogé aux dispositions des articles **L. 3163-1** et **L. 3163-2**, en ce qui concerne les jeunes travailleurs de seize à dix-huit ans, pour des travaux passagers destinés à prévenir des accidents imminents ou à réparer les conséquences des accidents survenus. – *V. art. R. 3124-16 (pén.).*

Une période équivalente de repos compensateur leur est accordée dans un délai de trois semaines. – *[Anc. art. L. 213-10.] – V. art. R. 3124-15 (pén.).*

CHAPITRE IV **REPOS ET CONGÉS**

SECTION PREMIÈRE **REPOS QUOTIDIEN**

Art. L. 3164-1 La durée minimale du repos quotidien des jeunes travailleurs ne peut être inférieure à douze heures consécutives. Cette durée minimale est portée à quatorze heures consécutives s'ils ont moins de seize ans.

La durée minimale de repos continu quotidien des jeunes salariés ne peut être inférieure à douze heures dans le cas des dérogations prévues à l'article L. 3163-2. – *[Anc. art. L. 213-9.]*

SECTION II **REPOS HEBDOMADAIRE ET DOMINICAL**

Art. L. 3164-2 Les jeunes travailleurs ont droit à deux jours de repos consécutifs par semaine.

Lorsque les caractéristiques particulières de l'activité le justifient, une convention ou un accord collectif de travail étendu ou une convention ou un accord d'entreprise ou d'établissement peut définir les conditions dans lesquelles il peut être dérogé aux dispositions du premier alinéa pour les jeunes libérés de l'obligation scolaire, sous réserve qu'ils bénéficient d'une période minimale de repos de trente-six heures consécutives.

A défaut d'accord, un décret en Conseil d'État définit les conditions dans lesquelles cette dérogation peut être accordée par l'inspecteur du travail.

(L. n° 2015-994 du 17 août 2015, art. 37) « Une convention ou un accord collectif de travail étendu ou une convention ou un accord d'entreprise ou d'établissement peut définir les conditions dans lesquelles il peut être dérogé au premier alinéa pour les jeunes travailleurs de moins de seize ans employés par un entrepreneur du spectacle, à condition qu'ils bénéficient d'une période minimale de repos de trente-six heures, dont au moins vingt-quatre heures consécutives, et que leur participation à une répétition ou à un spectacle soit de nature à contribuer à leur développement et s'effectue dans des conditions garantissant la préservation de leur santé.

« A défaut d'accord et si les conditions mentionnées à l'avant-dernier alinéa du présent article sont remplies, cette dérogation peut être accordée par l'inspecteur du travail, après avis de la commission chargée d'accorder les autorisations mentionnées à l'article L. 7124-1. » – *V. art. R. 3135-5 (pén.).*

En application de l'art. L. 231-5 CRPA, et par exception à l'application du délai de deux mois prévu à l'art. L. 231-1 du même code, le délai à l'expiration duquel le silence gardé par l'administration vaut décision d'acceptation est fixé à trente jours pour une demande de dérogation à l'obligation d'accorder deux jours de repos consécutifs par semaine aux jeunes travailleurs (Décr. n° 2014-1290 du 23 oct. 2014, art. 1er).

Art. L. 3164-3 Les dérogations au repos hebdomadaire prévues par les articles L. 3132-4 et L. 3132-8 ne sont pas applicables aux jeunes travailleurs de moins de dix-huit ans. – *[Anc. art. L. 221-14.] – V. art. R. 3135-5 (pén.).*

Art. L. 3164-4 Un décret en Conseil d'État établit la nomenclature des industries autorisées à bénéficier des dérogations au repos hebdomadaire prévues aux articles L. 3132-5 à L. 3132-7 et pour les jeunes salariés.

Ce décret est pris dans les formes prévues à l'article *(L. n° 2016-1088 du 8 août 2016, art. 8)* « L. 3121-67 » pour les décrets d'application des dispositions relatives à la durée du travail. – *[Anc. art. L. 221-23 et L. 221-24.] – V. art. R. 3135-5 (pén.).*

Art. L. 3164-5 L'interdiction de travail le dimanche prévue à l'article L. 3132-3 n'est pas applicable aux apprentis âgés de moins de dix-huit ans employés dans les secteurs pour lesquels les caractéristiques particulières de l'activité le justifient et dont la liste est déterminée par décret en Conseil d'État. – *[Anc. art. L. 221-3, al. 1er et 3.]*

SECTION III **JOURS FÉRIÉS**

Art. L. 3164-6 Les jeunes travailleurs ne peuvent travailler les jours de fête reconnus par la loi. – *[Anc. art. L. 222-2.] – V. art. R. 3165-4 (pén.).*

L'interdiction de faire travailler un apprenti les jours fériés est de portée absolue ; des circulaires à caractère interprétatif ne sont pas de nature à empêcher l'application d'une disposition pénale. • Crim. 18 janv. 2005 : *Bull. crim., n° 22 ; JS Lamy 2005, n° 165-5.*

Art. L. 3164-7 Dans les établissement industriels fonctionnant en continu, les jeunes travailleurs peuvent être employés tous les jours de la semaine, sous réserve de bénéficier du repos minimal prévu aux articles L. 3132-2 et L. 3164-2. – *[Anc. art. L. 222-3.] – V. art. R. 3165-5 (pén.).*

Art. L. 3164-8 Dans les secteurs pour lesquels les caractéristiques particulières de l'activité le justifient et dont la liste est fixée par décret en Conseil d'État, une convention ou un accord collectif de travail étendu ou une convention ou un accord d'entreprise ou d'établissement peut définir les conditions dans lesquelles il peut être dérogé aux dispositions de l'article L. 3164-6, sous réserve que les jeunes travailleurs intéressés par ces dérogations bénéficient des dispositions relatives au repos hebdomadaire fixées aux articles L. 3132-2 et L. 3164-2. – *[Anc. art. L. 222-4, al. 2.] – V. art. R. 3165-6 (pén.).*

SECTION IV CONGÉS ANNUELS

Art. L. 3164-9 Quelle que soit leur ancienneté dans l'entreprise, les salariés de moins de vingt et un ans au 30 avril de l'année précédente, ont droit, s'ils le demandent, à un congé de trente jours ouvrables.

Ils ne peuvent exiger aucune indemnité de congé pour les journées de vacances dont ils réclament le bénéfice en plus de celles qu'ils ont acquises à raison du travail accompli au cours de la période de référence. – *[Anc. art. L. 223-3, al. 2.]*

CHAPITRE V DISPOSITIONS PÉNALES

Le présent chapitre ne comprend pas de dispositions législatives.

TITRE SEPTIÈME CONTRÔLE DE LA DURÉE DU TRAVAIL ET DES REPOS

CHAPITRE PREMIER CONTRÔLE DE LA DURÉE DU TRAVAIL

SECTION PREMIÈRE INFORMATION DES SALARIÉS ET AFFICHAGES

Art. L. 3171-1 L'employeur affiche les heures auxquelles commence et finit le travail ainsi que les heures et la durée des repos.

Lorsque la durée du travail est organisée *(L. n° 2008-789 du 20 août 2008)* « dans les conditions fixées par l'article *(L. n° 2016-1088 du 8 août 2016, art. 8)* « L. 3121-44 », l'affichage comprend la répartition de la durée du travail dans le cadre de cette organisation ».

La programmation individuelle des périodes d'astreinte est portée à la connaissance de chaque salarié dans des conditions déterminées par voie réglementaire. – *[Anc. art. L. 620-2, al. 1er et 2, et L. 212-4 bis, al. 3, phrase 3.] – V. art. R. 3173-2 (pén.).*

1. Conventions de forfait. Exception faite de certains emplois de cadres supérieurs rémunérés par un forfait ne comportant aucune référence à un horaire quelconque, l'existence d'une convention de forfait ne dispense pas l'employeur des obligations prévues par l'art. L. 620-2 [L. 3171-1 nouv.]. • Crim. 14 déc. 1993 : *Bull. crim. n° 387 ; RJS 1994. 279, n° 422.*

2. Modalités de l'affichage. L'horaire de travail doit être affiché sur tous les lieux de travail où il s'applique. • Crim. 17 janv. 1995 : *D. 1995. IR 84 ; RJS 1995. 281, n° 414.*

3. Sanctions pénales. Pour une condamnation d'un employeur d'une entreprise de distribution de documents publicitaires ou commerciaux à la contravention de défaut de décompte de la durée du travail, prévue et réprimée par les art. D. 3171-8 à D. 3171-10 et et R. 3124-3, dès lors que les salariés ne se trouvaient pas, de fait, dans une situation spécifique au regard du décompte de la durée du travail. • Crim. 7 sept. 1999 : *D. 1999. IR 251 ; TPS 1999. 12, n° 414.*

4. Géolocalisation. Un système de géolocalisation ne peut être utilisé pour contrôler la durée du temps de travail d'un salarié que lorsque aucun autre moyen n'est possible ; si le salarié dispose d'une liberté d'organisation dans son travail, un tel usage est, de surcroît, prohibé. • Soc.

3 nov. 2011 : *Dalloz actualité, 14 nov. 2011, obs. Astaix ; D. 2011. Actu. 2803 ; RDT 2012. 156, obs. Bossu et Morgenroth ; Dr. soc. 2012. 61, note Ray ; RJS 2012. 22, n° 4 ; Sem. soc. Lamy 2011, n° 1518, p. 7, note Flores ; JS Lamy 2011, n° 311-312-4, obs. Hautefort ; JCP S 2012. 1054, obs. Loiseau.*

SECTION II **REGISTRES ET DOCUMENTS OBLIGATOIRES**

Art. L. 3171-2 Lorsque tous les salariés occupés dans un service ou un atelier ne travaillent pas selon le même horaire collectif, l'employeur établit les documents nécessaires au décompte de la durée de travail, des repos compensateurs acquis et de leur prise effective, pour chacun des salariés concernés.

Les délégués du personnel peuvent consulter ces documents. – *[Anc. art. L. 620-2, al. 3.]*

L'art. L. 3171-2 autorisant les délégués du personnel à consulter des documents relatifs au décompte de la durée du travail n'interdit pas à un syndicat de produire ces documents en justice ; le droit à la preuve peut justifier la production d'éléments portant atteinte à la vie personnelle d'un salarié à la condition que cette production soit nécessaire à l'exercice de ce droit et que l'atteinte soit proportionnée au but poursuivi. • Soc. 9 nov. 2016, n° 15-10.203 : *Dalloz actualité, 25 nov. 2016, obs. Roussel.*

SECTION III **DOCUMENTS FOURNIS À L'INSPECTEUR DU TRAVAIL**

Art. L. 3171-3 L'employeur tient à la disposition de l'*(L. n° 2016-1088 du 8 août 2016, art. 113)* « agent de contrôle de l'inspection du travail mentionné à l'article L. 8112-1 » les documents permettant de comptabiliser le temps de travail accompli par chaque salarié.

La nature des documents et la durée pendant laquelle ils sont tenus à disposition sont déterminées par voie réglementaire. – *[Anc. art. L. 611-9, al. 2, L. 212-15-3, III, al. 4, phrase 1, et L. 212-4 bis, al. 3, phrase 3.] – V. art. R. 3173-1 (pén.).*

SECTION IV **DOCUMENTS FOURNIS AU JUGE**

Art. L. 3171-4 En cas de litige relatif à l'existence ou au nombre d'heures de travail accomplies, l'employeur fournit au juge les éléments de nature à justifier les horaires effectivement réalisés par le salarié.

Au vu de ces éléments et de ceux fournis par le salarié à l'appui de sa demande, le juge forme sa conviction après avoir ordonné, en cas de besoin, toutes les mesures d'instruction qu'il estime utiles.

Si le décompte des heures de travail accomplies par chaque salarié est assuré par un système d'enregistrement automatique, celui-ci doit être fiable et infalsifiable. – *[Anc. art. L. 212-1-1.]*

BIBL. ▸ GASSER, *RJS 2005. 175* (preuve des heures supplémentaires).

1. Champ d'application. Si les dispositions du code du travail relatives à la durée du travail ne sont pas applicables aux assistants maternels employés par des particuliers qui sont soumis à la convention collective nationale des assistants maternels du particulier employeur, il n'en va pas de même de celles de l'art. L. 3171-4 relatives à la preuve de l'existence ou du nombre d'heures de travail effectuées. • Soc. 8 juin 2011 : *Dalloz actualité, 20 juin 2011, obs. Astaix ; D. 2011. Actu. 1692 ; JCP S 2011. 1375, obs. Lahalle.* ♦ L'utilisation du chèque emploi-service universel ne fait pas obstacle à l'application des dispositions de l'art. L. 3171-4 relatives à la preuve de l'existence ou du nombre d'heures de travail accomplies. • Soc. 17 oct. 2012 : *D. 2012. Actu. 2526 ; RJS 2013. 72, n° 77 ; JCP S 2012. 1519, obs. Boulmier.*

2. Respect des seuils et plafonds. Les dispositions de l'art. L. 3171-4 relatives à la répartition de la charge de la preuve des heures de travail effectuée entre l'employeur et le salarié ne sont pas applicables à la preuve du respect des seuils et plafonds prévus par le droit de l'Union européenne, qui incombe à l'employeur. • Soc. 17 oct. 2012 : *D. 2012. Actu. 2525, obs. Siro ; D. 2013. Pan. 1026, obs. Lokiec ; RDT 2012. 707, obs. Véricel ; RJS 2013. 44, n° 36 ; JS Lamy 2012, n° 333-334-4, obs. Lhernould ; JCP S 2013. 1031, obs. Andréo.* ♦ Les dispositions de l'art. L. 3171-4 ne sont pas non plus applicables à la preuve du respect des seuils et plafonds prévus par les art. L. 3121-34 et L. 3121-35 relatifs aux durées quotidienne et hebdomadaire maximales, qui incombe uniquement à l'employeur. • Soc. 20 févr. 2013 : *Dalloz actualité, 26 mars 2013, obs. Siro ; JCP S 2013. 1170, obs. Puigelier.* ♦ Les dispositions de l'art. L. 3171-4 ne sont pas non plus applicables à la preuve du respect du temps de pause prévu par l'art. L. 3121-33, qui incombe uniquement à l'employeur. • Soc. 20 févr. 2013 : *Dalloz actualité, 2 avr. 2013, obs. Siro ; D. 2013. Actu. 575*.

3. Principes. Il résulte de l'art. L. 212-1-1 [L. 3171-4 nouv.] que la preuve des heures de travail effectuées n'incombe spécialement à aucune des parties. Le juge ne peut donc, pour rejeter une demande en paiement d'heures supplémentaires, se fonder exclusivement sur l'insuffisance des preuves apportées par le salarié ; il doit examiner les éléments que l'employeur est tenu de lui fournir, de nature à justifier les horaires effectivement réalisés. • Soc. 3 juill. 1996, n° 93-41.645 P : *JCP 1996. II. 22697, note Corrignan-Carsin ; Dr. soc. 1996. 974, obs. Couturier ; RJS 1996. 595, n° 929 ; CSB 1996. 279, A. 57* • 27 oct. 1998 : *RJS 1998. 909, n° 1493* • 9 mai 2006 : *RDT 2006. 182, obs. Pignarre* • 30 sept. 2003, n° 02-42.730 P.

4. Le juge doit examiner les éléments de nature à justifier les horaires effectivement réalisés par le salarié et que l'employeur est tenu de lui fournir. • Soc. 23 mars 1999 : *RJS 1999. 415, n° 677* • 30 sept. 2003, n° 02-42.730 P : *RJS 2003. 1010, n° 1452.* ♦ Il n'en va pas de même de la preuve de l'existence d'une convention de forfait dont la charge incombe à celui qui l'invoque. • Soc. 21 nov. 2000, n° 98-44.026 P : *RJS 2001. 33, n° 50.*

5. Obligations du salarié. Il appartient au salarié qui demande le paiement d'heures supplémentaires de fournir préalablement au juge des éléments de nature à étayer sa demande. • Soc. 25 févr. 2004, n° 01-45.441 P : *D. 2004. IR 926 ; Dr. soc. 2004. 665, obs. Radé ; RJS 2004. 373, n° 548* • 31 mai 2006 : *pourvoi n° 04-47.376* • 10 mai 2007 : *Dr. soc. 2007. 1183, obs. Jourdan et Barthélémy ; JS Lamy 2007, n° 213-5* (preuve des heures complémentaires).

6. Obligations de l'employeur. L'obligation pour l'employeur de verser des éléments de nature à justifier les horaires effectivement réalisés par le salarié n'est pas subordonnée à la production préalable par celui-ci d'un décompte précis des heures supplémentaires dont il réclame le paiement. • Soc. 10 mai 2001, n° 99-42.200 P : *D. 2001. IR 1672 ; Dr. soc. 2001. 768, obs. Radé ; RJS 2001. 599, n° 871.*

7. L'employeur est tenu d'établir les documents nécessaires pour le décompte de la durée du travail. • Crim. 7 sept. 1999 : *RJS 1999. 854, n° 1467.* ♦ L'employeur doit être en mesure de produire les feuilles d'enregistrement, dans la limite de la prescription quinquennale, lorsqu'il existe une contestation sur le nombre d'heures effectuées par le salarié. • Soc. 2 juin 2004, n° 02-46.811 P.

8. Obligations conventionnelles en matière de décompte du temps de travail. En présence de mécanismes conventionnels de décompte du temps de travail et de leur effet impératif, l'employeur doit être en mesure de présenter ces justificatifs ; à défaut, le salarié qui produit de simples feuilles de présence apporte la preuve de ses horaires de travail effectivement réalisés. • Soc. 10 janv. 2012 : *Dalloz actualité, 2 févr. 2012, obs. Siro ; RJS 2012. 231, n° 282 ; JCP S 2012. 1130, obs. Lahalle.*

9. Quantification préalable conventionnelle. La quantification préalable de l'ensemble des missions confiées et accomplies par les distributeurs de journaux, dans le cadre de l'exécution de son métier, en fonction des critères associés à un référencement horaire du temps de travail prévue par l'art. 2.2.1.2 du chap. IV de la convention collective nationale de la distribution directe ne saurait, à elle seule, satisfaire aux exigences de l'art. L. 3171-4 C. trav. ; en cas de litige relatif à l'existence ou au nombre d'heures de travail accomplies, il appartient au salarié d'étayer sa demande par la production d'éléments suffisamment précis quant aux horaires effectivement réalisés pour permettre à l'employeur de répondre en fournissant ses propres éléments. • Soc. 24 sept. 2014 : *Dalloz actualité, 21 oct. 2014, obs. Fraisse ; RJS 2014. 745, n° 868.*

10. Heures supplémentaires. La preuve de l'accomplissement d'heures supplémentaires peut être établie par des fiches de présence remplies par le salarié à la demande de l'employeur. • Soc. 19 janv. 1999, n° 95-45.628 P : *D. 1999. IR 50 ; JCP 1999. II. 10175, note Del Sol ; RJS 1999. 223, n° 376 ; JS UIMM 1999.* ♦ Les documents permettant le contrôle ne doivent pas être dépourvus d'exactitude et de sincérité. • Crim. 30 mars 1999 : *RJS 1999. 585, n° 956.* ♦ Il appartient au salarié d'étayer sa demande par la production d'éléments suffisamment précis quant aux horaires effectivement réalisés pour permettre à l'employeur de répondre en fournissant ses propres éléments ; un décompte mensuel établi à la main suffit, sans autre explication ni indication complémentaire portée par le salarié. • Soc. 24 nov. 2010 : *D. 2010. AJ 2915 ; JCP S 2011. 1081, obs. Dumont.* ♦ Tel est également le cas d'un document récapitulatif dactylographié non circonstancié produit, alors que des heures supplémentaires figurent sur les bulletins de salaire. • Soc. 15 déc. 2010, n° 08-45.242 P : *RJS 2011, n° 359 ; JCP S 2011, n° 1130, note Sébille.* ♦ V. aussi : • Soc. 26 sept. 2012 : *D. 2012. Actu. 2316 ; RJS 2012. 805, n° 944.* ♦ Les attestations de collègues de travail produites à l'appui d'une demande de rappel de salaires pour heures supplémentaires ne sont pas suffisantes à prouver les horaires effectivement réalisés dès lors qu'elles ne font pas état de faits directement constatés. • Soc. 15 janv. 2014 : *Dalloz actualité, 10 févr. 2014, obs. Fraisse ; RDT 2014. 267, obs. Pignarre.*

11. Convention de forfait-jours. En cas de litige relatif à l'existence ou au nombre d'heures de travail effectuées dans le cadre de la conclusion d'une convention de forfait-jours, l'employeur doit fournir au juge les éléments de nature à justifier les horaires effectivement réalisés par le salarié afin que le juge forme sa conviction au vu de ces éléments et de ceux fournis par le salarié à l'appui de sa demande après avoir ordonné, en cas de besoin, toutes les mesures d'instruction qu'il estime utiles, sans que la preuve en incombe en particulier à l'une ou l'autre des parties. • Soc. 23 sept. 2009 : *R., p. 336 ; D. 2009. 2350, obs. Perrin ; RDT 2010. 112, obs. Canut ; RJS 2009. 824, n° 942 ; JS Lamy 2009 n° 265-6 ; Sem. soc. Lamy 2009, n° 1420, rapp. Gosselin.*

12. Office du juge. Il résulte de l'art. L. 212-1-1 [L. 3171-4 nouv.] que la possibilité de réparer une perte de chance de prouver le nombre d'heures supplémentaires effectuées est exclue. • Soc. 15 oct. 2002, n° 00-40.728 P : *D. 2002. IR 2989 ; Dr. soc. 2002. 1144, obs. Radé ; RJS 2002. 1033, n° 1404 ; JS Lamy 2002, n° 113-6.*

13. Appréciation souveraine des juges du fond. Les juges du fond qui constatent l'existence d'heures supplémentaires en évaluent souverainement l'importance et fixent en conséquence les créances salariales s'y rapportant, en fonction des éléments de fait qui leur sont soumis et qu'ils ont analysés. • Soc. 4 déc. 2013 (4 arrêts, n°s 12-17.525, 12-11.886, 12-22.344, 11-28.314) : *Dalloz actualité, 14 janv. 2014, obs. Fraisse ; D. 2013. Actu. 2920 ; RDT 2014. 267, obs. Pignarre ; RJS 2014. 106, n° 136 ; JS Lamy 2014, n° 359-5, obs. Chuilon.*

14. Le juge saisi d'une demande en paiement d'heures supplémentaires ne peut y substituer une condamnation à des dommages-intérêts. • Soc. 23 févr. 2005 : *Dr. soc. 2005. 575, obs. Radé .*

CHAPITRE II **CONTRÔLE DU REPOS HEBDOMADAIRE**

Art. L. 3172-1 Des décrets en Conseil d'État déterminent :

1° Les conditions dans lesquelles est organisé le contrôle des jours de repos pour tous les établissements, que le repos hebdomadaire soit collectif ou organisé par roulement ;

2° Les conditions dans lesquelles l'employeur avise l'*(L. n° 2016-1088 du 8 août 2016, art. 113)* « agent de contrôle de l'inspection du travail mentionné à l'article L. 8112-1 » de la mise en œuvre des dérogations au repos hebdomadaire. — *[Anc. art. L. 221-26.] — V. art. R. 3135-4 (pén.).*

Art. L. 3172-2 Les chambres de discipline dont relèvent les offices ministériels assurent, sous le contrôle du procureur de la République, l'application des dispositions relatives au repos hebdomadaire aux clercs, commis et employés des études et greffes dans ces offices. — *[Anc. art. L. 221-27.] — V. art. R. 3135-4 (pén.).*

CHAPITRE III **DISPOSITIONS PÉNALES**

Le présent chapitre ne comprend pas de dispositions législatives.

LIVRE DEUXIÈME **SALAIRE ET AVANTAGES DIVERS**

RÉP. TRAV. v^{is} *Salaire (Définition, forme)*, par Escande-Varniol ; *Salaire (Fixation, montant)*, par Bouilloux ; *Salaire (Paiement)*, par Debord ; *Taxes et impôts sur les salaires*, par Grégoire.

BIBL. ▸ Ahumada, *RPDS 1983. 119* (frais de transport) ; *ibid. 1985. 113* (primes et usages). – Alter, *ibid. 1981. 187* (primes d'ancienneté). – Antonmattéi, *Dr. soc. 1997. 571* (qualification de salaire). – Auzero, *Dr. soc. 2006. 822* (égalité de traitement dans l'entreprise). – Barthélémy, *ibid. 1997. 581* (salaire et temps de travail). – Chauchard, *Dr. soc. 2011. 32* (l'évitement du salaire). – Chevillard, *ibid. 1997. 561* (contentieux). – Couturier, *Dr. soc. 2011. 10* (de quoi le salaire est-il la contrepartie ?). – Dupeyroux, *Ét. offertes à G.H. Camerlynck, 1978, p. 149* (contrat de travail et garanties de ressources). – Eustache, *Travail et Emploi, 1986, n° 20, p. 17* (individualisation des salaires). – Gaudu, *Dr. soc. 2011. 24* (salaire et hiérarchie des normes). – Grandjean, *ibid. 1987, n° 32, p. 17* (individualisation des salaires). – Guilhamon, *Dr. soc. 1989. 792* (négociation des salaires dans le secteur public). – Javillier, *ibid. 1988. 68* (négociation en matière de rémunération). – Katz, *Dr. ouvrier 2005. 151* (rémunération variable). – Langlois, *Dr. soc. 1998. 785* (réduction du temps de travail et rémunération). – Milhau, *ibid. 1969. 424* (indexation). – Morvan, *Dr. soc. 2008. 643* (le nouveau droit de la rémunération). – Olcaz-Godefert et Bonnet, *RJS 2012. 571* (rémunération variable). – Pélissier, *ibid. 1984. 678* (négociation des salaires). – Pignarre, *ibid. 1997. 589* (régime juridique de la créance de salaire). – Ray, *ibid. 1990. 83* (égalité). – Riandey, *Dr. ouvrier 2012. 213* (fixation unilatérale des objectifs en matière de rémunération). – Rodière, *Dr. soc. 2011. 6* (le salaire dans les écrits de G. Lyon-Caen). – Saglio, *Travail et Emploi, 1986, 7* (hiérarchies de salaires et négociations de classifications). – SAINT-JOURS, *Ét. offertes à G. Lyon-Caen, 1989, p. 317* (du salaire au revenu salarial). – SARAMITO, *Dr. ouvrier 1961. 146* (forfait). – SAVATIER, *Dr. soc. 1977. 485* (nullité des clauses d'indexation) ; *ibid. 1983. 221* (prohibition de l'indexation) ; *ibid. 1984. 710* (salaires d'inactivité) ; *ibid. 1991. 756* (interdiction de substituer un intéressement à un élément de salaire) ; *ibid. 1993. 641* (treizième mois et primes analogues) ; *ibid. 1997. 575* (minima de salaire). – SINAY, *JCP 1960. I. 1586* (forfait). – SOUBIE, *Dr. soc. 1984. 674* (évolution des politiques de rémunérations). – TEYSSIÉ, *ibid. 695* (réduction du salaire) ; *ibid. 1997. 606* (entreprise, salaire et norme). ▶ V. aussi : *JCP E 1994. I. 366* (clauses contractuelles relatives à la rémunération). – VERKINDT, *Dr. soc. 2011. 18* (vivre dignement de son travail : entre salaire et revenu garanti).

COMMENTAIRE

V. Dalloz.fr et applications mobiles Dalloz ❑

TITRE PREMIER **CHAMP D'APPLICATION**

CHAPITRE UNIQUE

Art. L. 3211-1 **Les dispositions du présent livre sont applicables aux employeurs de droit privé et à leurs salariés.** – *[Anc. art. L. 140-1.]*

I. GÉNÉRALITÉS

1. Définition du salaire. Une cour d'appel relève exactement que par salaire il faut entendre toute rémunération d'un travailleur en état de subordination, quelle que soit l'appellation employée pour la désigner. • Soc. 10 oct. 1979 : *Bull. civ. V, n° 704.* ♦ La rémunération, contrepartie du travail du salarié, résulte en principe du contrat de travail sous réserve, d'une part du SMIC et, d'autre part, des avantages résultant des accords collectifs, des usages de l'entreprise ou des engagements unilatéraux de l'employeur. • Soc. 20 oct. 1998, n° 95-44.290 P : *D. 1998. IR 260 ; RJS 1998. 884, n° 1448.*

2. Conditions du droit à rémunération. En raison du caractère synallagmatique du contrat de travail, tout salaire est la contrepartie de la prestation de travail et, en principe, aucun salaire n'est dû lorsque le travail n'a pas été accompli. • Soc. 11 janv. 1962 : *GADT, 4e éd., n° 78 ; JCP 1962. II. 12564.* ♦ Sur l'assimilation à un travail effectif le fait pour un salarié de s'être tenu à la disposition de l'employeur, V. • Soc. 28 févr. 1962 : *D. 1962. 605, note G. Lyon-Caen.* ♦ Il appartient au salarié réclamant le paiement d'un salaire ne correspondant à aucune contrepartie de travail d'apporter la preuve de l'existence de l'usage sur lequel il fonde sa prétention. • Soc. 22 oct. 1981 : *Bull. civ. V, n° 823.*

3. Il appartient au salarié réclamant le paiement d'un salaire ne correspondant à aucune contrepartie de travail d'apporter la preuve de l'existence de l'usage sur lequel il fonde sa prétention. • Soc. 22 oct. 1981 : *Bull. civ. V, n° 823.* ♦ Le salarié qui se tient à la disposition de son employeur et qui ne refuse pas d'exécuter son travail a droit à son salaire peu important que l'employeur ne lui fournisse pas de travail. • Soc. 17 juin 1960 : *Bull. civ. IV, n° 647* • 28 févr. 1962 : *D. 1962. 605* • 16 juin 1982 : *D. 1982. IR 341* • 3 juill. 2001 : *Dr. soc. 2001. 1009, obs. Radé.* ♦ Sur l'assimilation à un travail effectif le fait pour un salarié de s'être tenu à la disposition de l'employeur, V. • Soc. 28 févr. 1962 : *D. 1962. 605, note G. Lyon-Caen.*

4. L'employeur n'est tenu de verser la rémunération convenue que pour un travail fourni dans des conditions d'exécution normales prévues par le contrat. – Jurisprudence constante : • Soc. 15 oct. 1981 : *Bull. civ. V, n° 789* • 8 déc. 1982 : *ibid., n° 695.*

5. Responsabilité contractuelle de l'employeur. L'employeur est tenu de s'acquitter de l'intégralité du salaire dû au salarié ; à défaut, il engage sa responsabilité contractuelle, peu important que ce manquement résulte d'une erreur dans la détermination du précompte des charges sociales salariales. • Soc. 31 oct. 2006 : *D. 2006. IR 2951 ; RDT 2007. 44, obs. Véricel ; RJS 2006. 33, n° 11.*

6. Sanctions pécuniaires prohibées. Est justifiée la décision du juge des référés affirmant que la retenue pratiquée sur les salaires des agents de la SNCF en raison de la mauvaise exécution de leurs obligations constitue une sanction pécuniaire interdite et qu'il convient de faire cesser le trouble illicite qui en résulte. • Soc. 20 févr. 1991, n° 90-41.119 P : *D. 1991. IR 81 ; Dr. ouvrier 1991. 217, note Bied-Charreton ; RJS 1991. 246, n° 461.* – Dans le même sens : • Soc. 17 avr. 1991, n° 89-43.127 P : *Dr. soc. 1991. 469, note Mazeaud ; RJS 1991. 309, n° 580.* ♦ Comp. : • Soc. 12 avr. 1995 : *D. 1995. IR 128 ; Dr. soc. 1995. 599, obs. Savatier* (considérant que la réduction pour baisse de la production ne s'analyse en une sanction pécuniaire qu'à l'égard des salariés qui ne sont pas rémunérés en fonction du rendement).

7. Répétition de l'indu. Dès lors que le paiement d'un complément de salaire ne procède pas de la décision de l'employeur d'appliquer volontairement une convention collective prévoyant ce complément, le paiement est sujet à répétition. • Soc. 24 nov. 1993, n° 89-44.820 P : *Dr. soc. 1994. 41.*

II. ÉLÉMENTS DU SALAIRE

A. PRIMES ET GRATIFICATIONS

1° SOURCES

a. Libéralités

8. Notion. Lorsque le caractère bénévole d'une prime liée aux résultats de l'entreprise a été indiqué au personnel, elle ne peut constituer une obligation pour l'employeur dès lors que son montant est pour partie fonction d'éléments subjectifs et discrétionnaires non déterminés par avance avec certitude et ne présentant pas un caractère de fixité. • Soc. 22 janv. 1981, n° 79-40.050 P : *D. 1981. IR 434, obs. Langlois.* – Jurisprudence constante : • 6 déc. 1979 : *Bull. civ. V, n° 956* • 21 févr. 1980 : *ibid., n° 166* • 2 juill. 1981 : *ibid., n° 637.*

9. Ne justifie pas légalement sa décision la cour d'appel qui estime qu'un salarié a droit à une prime d'un montant déterminé après avoir constaté que cette prime avait chaque année varié, tantôt en hausse, tantôt en baisse. • Soc. 26 juin 1968 : *Bull. civ. V, n° 330.* – Dans le même sens : • Soc. 30 nov. 1972 : *Bull. civ. V, n° 662* • 7 mai 1981 : *JS UIMM 1981. 506.*

10. Sur le régime juridique des primes et gratifications constitutives d'une libéralité, V. • Soc. 25 janv. 1979 : *D. 1979. IR 331, obs. Langlois.*

b. Usage

11. Principe. Le paiement d'une prime est obligatoire pour l'employeur lorsque son versement résulte d'un usage répondant à des caractères de généralité, de constance et de fixité. • Soc. 28 févr. 1996, n° 93-40.883 P.

12. Généralité. Ont répondu aux conclusions dont ils étaient saisis les juges du fond qui ont condamné l'employeur à payer à un salarié la totalité d'une prime de fin d'année, affectée unilatéralement par lui de restrictions nouvelles, dès lors qu'ils ont constaté les caractères de constance et de continuité de la prime versée depuis plus de dix ans à tous les salariés proportionnellement à leur coefficient hiérarchique. • Soc. 22 mars 1979 : *Bull. civ. V, n° 265.* – Dans le même sens : • Soc. 4 janv. 1978 : *Bull. civ. V, n° 6* • 20 juill. 1978 : *ibid., n° 611* • 19 déc. 1979 : *ibid., n° 1023.* ♦ Dans le cas où la rémunération du salarié résulterait exclusivement de l'usage ou de l'engagement unilatéral de l'employeur, la dénonciation régulière de cet usage ou de l'engagement unilatéral ne permet pas à l'employeur de fixer unilatéralement le salaire ; celui-ci doit alors résulter d'un accord contractuel, à défaut duquel il incombe au juge de se prononcer. • Soc. 20 oct. 1998 : *préc. note 1.*

13. Constance. Ne présente pas un caractère de constance la prime versée une seule fois auparavant. • Soc. 3 nov. 1976 : *D. 1976. IR 335* • 9 déc. 1976 : *D. 1977. IR 18* • 12 nov. 1987 : *Bull. civ. V, n° 639.* – V. aussi • Soc. 4 janv. 1978 : *préc. note 12* • 20 juill. 1978 : *ibid.* • 22 mars 1979 : *ibid.* ♦ Comp., pour une prime de soirée : • Soc. 3 juill. 1990, n° 89-40.340 P. ♦ En cas de cession d'entreprise, le nouvel employeur ne peut se prévaloir de l'absence de versement de la prime l'année de la cession pour lui dénier le caractère de constance. • Soc. 7 juin 1995 : *Defrénois 1997. 105, note Quétant.*

14. Fixité. Est dépourvue de tout caractère obligatoire la prime variable dans son montant et déterminée sans référence à un critère fixe et précis. • Soc. 26 févr. 1976 : *D. 1976. IR 111.* – Dans le même sens : • Soc. 7 juin 1979 : *Bull. civ. V, n° 489* • 22 janv. 1981 : *préc. note 8* • 2 juill. 1987 : *Bull. civ. V, n° 442* • 16 juill. 1987 : *ibid., n° 499.* ♦ Ne peut être réduite la prime qui, loin d'avoir un caractère discrétionnaire, n'a jamais cessé de progresser pendant 15 années, a toujours été calculée, sinon suivant des règles arithmétiques précises, du moins selon une évolution sensiblement parallèle à celle des salaires et du coût de la vie. • Soc. 20 juill. 1978 : *préc. note 12.* – Dans le même sens : • Soc. 22 mars 1979 : *préc. note 12* • 19 déc. 1979 : *préc. note 12.*

c. Engagement unilatéral

15. Dès lors qu'elle est payée en exécution d'un engagement unilatéral de l'employeur, une prime constitue un élément du salaire et elle est obligatoire dans les conditions fixées par cet engagement, peu important son caractère variable. • Soc. 5 juin 1996, n° 92-43.480 P : *GADT, 4e éd., n° 56 ; Dr. soc. 1996. 973, obs. Couturier ; RJS 1996. 666, n° 1047.* – Dans le même sens : • Soc. 28 oct. 1997, n° 95-41.873 P : *D. 1997. IR 251 ; Dr. soc. 1998. 77, obs. Couturier ; RJS 1997. 847, n° 1373 ; CSB 1998. 17, A. 6.*

d. Contrat de travail

16. Conditions. Dès lors que la lettre d'engagement du salarié prévoyait une gratification attribuée selon les résultats de l'entreprise, le salarié a droit à ces gratifications, l'employeur ne pouvant en refuser le versement en raison de la qualité du travail du salarié, ce qui aurait en toute hypothèse constitué une sanction pécuniaire. • Soc. 17 juill. 1996, n° 93-43.963 P : *GADT, 4e éd., n° 57 ; RJS 1996. 594, n° 923 ; CSB 1996. 329, S. 142 ; Defrénois 1997. 974, note Quétant.* ♦ La prime due en vertu du contrat de travail ne peut être supprimée unilatéralement par l'employeur. • Soc. 9 oct. 1996 : *RJS 1996. 760, n° 1177.* ♦ La prime prévue par un avenant est de nature contractuelle et présente un caractère obligatoire, peu important dès lors que son versement fut ou non constant. • Soc. 1er juill. 1997 : *RJS 1997. 675, n° 1093.* ♦ Lorsque le montant d'une prime dont l'octroi est prévu au contrat de travail doit résulter d'un accord annuel des parties, il incombe au juge à défaut de conclusion d'un accord sur ce point, de déterminer cette prime en fonction des critères visés au contrat de travail et des accords conclus les années précédentes. • Soc. 27 mai 1998, n° 96-41.152 P : *RJS 1998. 557, n° 860.* ♦ Dans le même sens : • Soc. 20 oct. 1998, n° 96-40.908 P : *Dr. soc. 1999. 125, note Langlois ; RJS 1998. 886, n° 1448 ; CBP 1998. 317, A. 47* • Soc. 22 févr. 2000, n° 97-43.465 P : *Dr. soc. 2000. 438, obs. Radé ; RJS 2000. 295, n° 411.*

2° RÉGIME JURIDIQUE

17. Paiement prorata temporis. Le droit au paiement *prorata temporis* d'une prime de treizième mois à un salarié ayant quitté l'entreprise, quel qu'en soit le motif, avant la date de son versement ne peut résulter que d'une convention ou d'un usage dont il appartient au salarié de rapporter la preuve. • Cass., ass. plén., 5 mars 1993, n° 89-43.464 P : *D. 1993. 245, concl. Jéol ; JCP 1993. II. 22030, concl. Jéol ; JCP E 1994. II. 531, note Pignarre ; Dr. ouvrier 1993. 195, note Rochois* • 18 oct. 2007 : *RDT 2007. 736, obs. Pignarre ; RJS 2007. 1026, n° 1279.* ♦ Dans le même sens, pour une prime annuelle sur le chiffre d'affaires faisant l'objet de versements trimestriels à titre d'avance : • Soc. 7 avr. 1993 : *RJS 1993. 521, n° 868.* ♦ ... Pour une prime d'objectifs. • Soc. 17 oct. 2000 : *Dr. soc. 2000. 86, obs. Radé* • 9 avr. 2002 : *Dr. soc. 2002. 777, obs. Radé .* ♦ ... Ou pour une prime de treizième mois. • Soc. 28 mai 2003, n° 01-40.591 P : *Dr. soc. 2003. 886, obs. Radé .* ♦ V. aussi, à propos de la nécessité de respecter les conditions d'attribution d'une prime : • Soc. 26 oct. 1978 : *Bull. civ. V, n° 718* (réduction de la prime d'assiduité à la suite d'une absence pour maladie) • 21 févr. 1979 : *D. 1979. IR 420* • 18 avr. 1980 : *Bull. civ. V, n° 328* • 3 oct. 1980 : *ibid., n° 705.*

18. Lorsque le contrat de travail stipule, non pas une prime de treizième mois, mais un salaire annuel égal à treize mois, le salarié quittant l'entreprise a droit à la partie de treizième mois de salaire qui ne lui a pas été versée pendant son temps de présence. • Soc. 19 déc. 1990, n° 88-41.075 P : *RJS 1991. 103, n° 184.*

19. Disparition. Même si une prime constitue un complément de salaire, elle ne représente pas un élément stable et certain de rémunération lui donnant le caractère d'un droit acquis et irréversible devant être maintenu même après la disparition des circonstances économiques qui ont motivé sa création. • Soc. 5 mars 1980 : *Bull. civ. V, n° 222.*

20. Sanction pécuniaire prohibée. Le salarié privé d'une prime de fin d'année en raison de faits qualifiés de fautifs par l'employeur subit une sanction pécuniaire prohibée. • Soc. 7 mai 1991 : *RJS 1991. 377, n° 705.* ♦ Mais la seule circonstance que le versement d'une prime ayant le caractère d'un élément de salaire soit subordonné à la condition d'un défaut d'absence ne constitue pas une sanction pécuniaire. • Soc. 10 juin 1992, n° 88-44.717 P : *RJS 1992. 479, n° 683.*

B. AUTRES ÉLÉMENTS

21. Avantages en nature. Constitue un avantage en nature, obéissant au régime juridique du salaire la fourniture : d'un véhicule. • Soc. 31 mars 1981 : *Bull. civ. V, n° 290.* ♦ ... D'un logement. • Soc. 6 mars 1985 : *Bull. civ. V, n° 148.* ♦ ... Ou celle d'un chèque-restaurant. • Soc. 2 mars 1983 : *Bull. civ. V, n° 121.*

22. Prime de panier. La prime dite de casse-croûte, uniformément et forfaitairement fixée à une demi-heure de salaire, ne correspond pas à la valeur du repas apporté par les salariés eux-mêmes et constitue un véritable complément de rémunération versé indépendamment de son utilisation. • Soc. 20 avr. 1972 : *Bull. civ. V, n° 279.* – V. aussi • Soc. 7 juin 1967 : *ibid. IV, n° 455* • 19 oct. 1983 : *ibid. V, n° 513* • 16 juill. 1987 : *ibid., n° 504.* ♦ L'indemnité de repas constitue un remboursement de frais que le salarié dispensé d'exécuter son préavis n'a pas à exposer ; l'employeur ne peut donc être tenu de verser à ce titre un complément d'indemnité de préavis. • Soc. 17 janv. 1980 : *Bull. civ. V, n° 55.*

23. Indemnités de déplacement. Lorsque l'indemnité de petit déplacement est fixée depuis plusieurs années et qu'elle est versée à l'ensemble du personnel quel que soit l'éloignement de son domicile et qu'il ne résulte d'aucun élément qu'elle a été attribuée forfaitairement en vue de rembourser des frais, le conseil de prud'hommes a pu estimer que cette indemnité était un élément du salaire. • Soc. 11 déc. 1980 : *Bull. civ. V, n° 890.* – Déjà dans le même sens : • Soc. 24 janv. 1980 : *Bull. civ. V, n° 76* • 20 mai 1976 : *ibid., n° 302.* ♦ Sur l'indemnité de grand déplacement prévue par l'additif du 7 juin 1963 à la convention collective nationale du 15 déc. 1954 dans le secteur du bâtiment et des travaux publics, V. • Soc. 17 févr. 1971 : *Bull. civ. V, n° 118* • 8 avr. 1976 : *ibid., n° 200* • 7 mai 1991 : *RJS 1991. 400, n° 758.* ♦ Le salarié qui s'installe à proximité de son lieu de travail, de sorte que le lieu de résidence figurant sur son bulletin d'embauche ne correspond plus à la situation réelle, ne peut plus bénéficier de l'indemnité de grand déplacement. • Soc. 14 nov. 1990, n° 87-43.469 P : *RJS 1990. 640, n° 970.* ♦ Pour une indemnité de détachement, V. • Soc. 12 déc. 1991, n° 88-40.450 P : *RJS 1992. 109, n° 150.*

III. FIXATION DU SALAIRE

A. NÉGOCIATION COLLECTIVE

24. Principe de liberté. La fixation des rémunérations salariales, ainsi que de leurs accessoires de toute nature, par des contrats librement passés entre employeurs et salariés relève des principes fondamentaux du droit du travail. • Cons. const. 11 juin 1963 : *D. 1964. 109, note L. Hamon.*

25. Salaire minimum conventionnel. V. jurispr., ss. art. L. 3231-1, notes 10 et 11.

26. Une prime d'ancienneté peut être calculée conformément à la convention collective sur le salaire minimum de base conventionnel même si ce dernier est inférieur au SMIC. • Soc. 12 avr. 1995 : *RJS 1995. 428, n° 651.*

27. Office du juge. Le juge doit constater que la rémunération perçue par le salarié au titre de chacun des mois est au moins égale au salaire minimum conventionnel, primes comprises. • Soc. 7 mai 1991 : *RJS 1991. 380, n° 712* • 18 mars 1992 : *RJS 1992. 405, n° 737.*

28. Augmentation des minima. Le salarié qui pendant six ans a perçu une rémunération supérieure à celle à laquelle il pouvait prétendre en application de la convention collective n'a pas de droit acquis au maintien de la proportion existant en sa faveur lorsqu'une augmentation conventionnelle est décidée. • Soc. 4 oct. 1978 : *JS UIMM 1979. 132.* – V. aussi : • Soc. 24 janv. 1985 : *Bull. civ. V, n° 61* • 13 juin 1984 : *ibid., n° 244* • 12 mai 1980 : *D. 1981. IR 132, obs. Langlois.* ♦ *Contra,* lorsque la convention prévoit l'augmentation des salaires réels : • Soc. 24 juin 1970 : *Bull. civ. V, n° 436* • 31 mai 1978 : *ibid., n° 417.*

29. Modification du contrat. Une modification du contrat de travail ne peut avoir pour effet de ramener la rémunération des salariés au-dessous des minima légaux ou conventionnels. • Soc. 27 mai 1997 : *D. 1997. IR 143 ; Dr. soc. 1997. 733, note Savatier ; RJS 1997. 515, n° 793.*

30. Révision conventionnelle. La majoration des taux minimaux ne s'impose pas dans une entreprise payant son personnel à des salaires supérieurs aux taux minimaux fixés conventionnellement. • Soc. 19 déc. 1961 : *Dr. soc. 1962. 287, obs. Savatier.*

31. Indexation. Pour une illustration de la nullité absolue frappant les clauses d'indexation prohibées, V. • Soc. 2 mars 1977 : *Dr. soc. 1977. 485, obs. Savatier* • 3 mai 1979 : *D. 1980. IR 27, obs. Langlois* • 27 févr. 1980 : *Bull. civ. V, n° 197* • 23 sept. 1982 : *D. 1982. IR 508 ; Dr. soc. 1983. 221, note Savatier* • 7 déc. 1983 et • 15 févr. 1984 : *Dr. soc. 1984. 687, note Savatier* • 18 mars 1992, n° 88-43.434 P : *D. 1992. IR 119 ; RJS 1992. 348, n° 618.*

32. L'employeur peut unilatéralement suspendre l'indexation automatique appliquée pendant plus de dix ans, le salarié ayant le droit de considérer le contrat de travail comme rompu du fait de la modification importante qui lui est imposée. • Soc. 26 janv. 1978 : *Bull. civ. V, n° 69 ; Dr. soc. 1979. 287, note Savatier.* ♦ Rappr. : • Soc. 16 mai 1984 : *Dr. soc. 1984. 687, note Savatier.*

33. Peut être indexée sur le taux de change du pays dans lequel le salarié exécute son contrat la partie de salaire qui lui est versée dans ce pays. • Soc. 25 oct. 1990, n° 87-40.852 P : *D. 1990. IR 278 ; RJS 1990. 640, n° 971.*

34. Recommandation patronale. Ne donne pas de base légale à sa décision le conseil de prud'hommes qui impose à un employeur le respect d'une recommandation patronale sans rechercher si cette recommandation présentait ou non pour lui un caractère impératif. • Soc. 7 nov. 1985 : *Bull. civ. V, n° 520 ; JS UIMM 1986. 141.* ♦ Une recommandation patronale revêt un caractère obligatoire lorsque l'employeur reconnaît être adhérent d'une organisation l'ayant prise et que la recommandation, intervenue après l'échec de tout accord entre les partenaires sociaux sur la question des salaires, a été diffusée à l'ensemble des entreprises adhérentes et que les termes utilisés étaient clairs et précis. • Soc. 29 juin 1999, n° 98-44.348 P : *Dr. soc. 1999. 795, concl. Dupat ; RJS 1999. 667, n° 1063.* ♦ En relevant que le syndicat patronal conseillait des majorations de salaires aux entreprises qui étaient en mesure de le faire, mais ne donnait pas de directives contraignantes, et que l'entreprise ne suivait pas systématiquement ces recommandations, une cour d'appel a pu en déduire que celles-ci n'avaient pas un caractère impératif. • Soc. 28 avr. 1988, n° 85-44.378 P : *D. 1989. 85, note Véricel ; JS UIMM 1988. 319.*

35. Ont un caractère impératif les recommandations patronales constituant le minimum de relèvement des salaires envisagé par la fédération dans ses rapports avec les salariés et ayant le même caractère impératif que des accords paritaires pour les employeurs adhérents aux organismes patronaux les appliquant habituellement. • Soc. 4 mars 1981 : *Bull. civ. V, n° 180 ; D. 1982. IR 82, obs. Pélissier ; JS UIMM 1981. 350.* – V. aussi : • Soc. 8 oct. 1987 : *D. 1989. 85, note Véricel ; Dr. ouvrier 1989. 32, note Darves-Bornoz.* ♦ Le caractère obligatoire d'une recommandation peut découler de l'application de règles statutaires du groupement des employeurs. • Soc. 6 juill. 1961, n° 3.831 P : *Dr. soc. 1961. 550, obs. Savatier ; JCP 1961. II. 12331, note J. Blaise.* ♦ Revêt une force contraignante la recommandation patronale diffusée à l'ensemble des entreprises adhérentes dont les termes utilisés sont clairs et précis en ce qui concerne le montant de la prime et les modalités de son versement. • Soc. 6 janv. 2011 : *RDT 2011. 388, obs. Tissandier .*

36. L'engagement pris par l'employeur de se conformer aux prescriptions de la convention collective s'applique aux accords de salaire, sans impliquer l'acceptation par avance de recommandations unilatérales émanant d'une organisation patronale dont il n'est pas membre. • Soc. 4 janv. 1978 : *Bull. civ. V, n° 8 ; D. 1978. IR 91.*

B. CONTRAT DE TRAVAIL

37. Éléments variables. Lorsque le montant de la partie variable du salaire n'a pas été fixé par les parties, contrairement aux prévisions du contrat, il appartient au juge de fixer la rémunération en fonction des critères visés au contrat et des accords conclus précédemment. • Soc. 22 mai 1995, n° 91-41.584 P : *GADT, 4e éd., n° 55 ; Dr. soc. 1995. 668 ; RJS 1995. 513.* ♦ Dans le même sens : • Soc. 27 mai 1998, n° 96-41.152 P : *RJS 1998. 557, n° 860* • Soc. 20 oct. 1998, n° 96-40.908 P : *Dr. soc. 1999. 125, note Langlois ; RJS 1998. 886, n° 1448* • Soc. 22 févr. 2000, n° 97-43.465 P : *Dr. soc. 2000. 438, obs. Radé ; RJS 2000. 295, n° 411.* ♦ A défaut d'un accord entre l'employeur et le salarié sur le montant de cette rémunération variable, il incombe au juge de déterminer en fonction des critères visés au contrat et des accords conclus les années précédentes, de sorte que, si l'objectif de résultats dont le contrat de travail fait dépendre la rémunération variable n'a pas été déterminé, il appartient au juge de le fixer par référence aux années antérieures. • Soc. 4 juin 2009 : *RDT 2009. 524, obs. Pignarre ; RJS 2009. 636, n° 711 ; Dr. ouvrier 2009. 515, obs. Sabatté ; JCP S 2009. 1308, obs. Beyneix.*

38. Condition de présence dans l'entreprise. Un contrat peut prévoir que les commissions ne seront versées que si le salarié est présent dans l'entreprise au moment où les conditions d'exigibilité de ces commissions sont remplies ; une telle clause n'est pas purement potestative dès lors que son application dépend d'éléments qui sont pour partie étrangers à la volonté de l'employeur. • Soc. 7 janv. 1992 : *Dr. soc. 1992. 190 ; RJS 1992. 108, n° 149* • 19 juill. 1995 : *RJS 1995. 719, n° 1131.* ♦ Une telle clause ne peut être écartée que si le salarié démontre soit la faute de l'employeur ayant empêché la réalisation de l'une des conditions, soit la réduction du salaire à un montant inférieur au minimum légal ou conventionnel. • Soc. 7 janv. 1992 : *préc.* ♦ Dans le même sens : • Soc. 13 nov. 2002 : *Dr. soc. 2003. 228, obs. Radé* (licenciement sans cause réelle et sérieuse).

39. Si l'employeur peut assortir la prime qu'il institue de conditions, il convient, dans ce cas, que celles-ci ne portent pas atteinte aux libertés et droits fondamentaux du salarié (maintien de la présence du salarié dans l'entreprise au cours des six mois suivant le versement de la prime). • Soc. 18 avr. 2000, n° 97-44.235 P : *D. 2000. IR 150 ; Dr. soc. 2000. 646, obs. Radé.*

40. Rémunération proportionnelle. Il n'est pas illicite de convenir d'une rémunération proportionnelle au chiffre d'affaires réalisé par le salarié, déduction faite des différentes charges d'exploitation de l'employeur, y compris les charges sociales. • Soc. 10 nov. 1993, n° 89-44.063 P. ♦ Dès lors que la lettre d'engagement du salarié prévoyait une gratification attribuée selon les résultats de l'entreprise, le salarié a droit à cette gratification, l'employeur ne pouvant en refuser le versement en raison de la qualité du travail du salarié, ce qui aurait en toute hypothèse constitué une sanction pécuniaire. • Soc. 17 juill. 1996, n° 93-43.963 P : *GADT, 4e éd., n° 57 ; RJS 1996. 594, n° 923 ; CSB 1996. 329, S. 142 ; Defrénois 1997. 974, note Quétant.*

41. Forfait. Ni l'absence de mention d'heures supplémentaires sur les fiches de paie, ni le fait que des accords fussent intervenus sur la réduction d'horaires n'implique nécessairement l'existence d'un accord sur une rémunération forfaitaire. • Soc. 28 oct. 1981 : *Bull. civ. V, n° 839.* ♦ V. aussi : • Soc. 11 déc. 1980 : *ibid., n° 885* (la convention de forfait ne se présume pas) • 11 oct. 1984 : *ibid., n° 371* (la preuve d'une convention de forfait peut être apportée conformément au droit commun).

42. La seule fixation d'une rémunération forfaitaire, sans que soit déterminé le nombre d'heures supplémentaires inclus dans cette rémunération, ne permet pas de caractériser une convention de forfait, peu important à cet égard que le salarié ait disposé d'une liberté dans l'organisation de son travail. • Soc. 9 avr. 2002 : *Dr. soc. 2002. 777, obs. Radé.*

43. Aucune disposition légale ou réglementaire n'exige l'existence d'un écrit pour l'établissement d'une convention de forfait. • Soc. 11 janv. 1995 : *RJS 1995. 99, n° 109* (salarié d'un club de vacances ne contestant pas que ses fonctions incluaient des tâches d'animation pour l'exécution desquelles sa disponibilité auprès de la clientèle était requise sans référence à des temps de travail particuliers).

44. Renonciation. La renonciation à un salaire ou à des compléments de salaire fixés par des dispositions d'ordre public ne se présume pas et ne peut résulter, sauf circonstances particulières, de la simple perception, même prolongée, par le salarié des paiements qui lui sont faits. • Soc. 3 juill. 1973 : *Bull. civ. V, n° 438* • 25 janv. 1989 : *ibid., n° 59.*

45. Le fait pour un salarié d'avoir travaillé plusieurs années sans percevoir la rémunération convenue n'emporte pas renonciation au paiement des sommes dues. • Soc. 7 oct. 1987 : *JS UIMM 1988. 630 ; Dr. ouvrier 1989. 31.* – Dans le même sens : • Soc. 2 févr. 1983 : *Bull. civ. V, n° 69.* ♦ Comp., en cas d'adhésion implicite à un blocage des salaires répondant à une nécessité économique : • Soc. 22 juin 1983 : *D. 1984. IR 19* • 28 févr. 1985 : *Bull. civ. V, n° 139 ; D. 1985. IR 454, obs. A. Lyon-Caen.* – V. aussi : • Soc. 21 oct. 1976 : *D. 1976. IR 292.*

46. Attestation de l'employeur. L'attestation destinée à un tiers, en l'espèce un établissement bancaire, indiquant que le salarié percevra un minimum annuel de 328 507 F ne suffit pas à constituer un engagement de l'employeur envers son salarié. • Soc. 17 mars 1999 : *RJS 1999. 411, n° 666 ; Dr. soc. 1999. 503, note Couturier.*

TITRE DEUXIÈME **ÉGALITÉ DE RÉMUNÉRATION ENTRE LES FEMMES ET LES HOMMES**

COMMENTAIRE

V. Dalloz.fr et applications mobiles Dalloz.

CHAPITRE PREMIER **PRINCIPES**

RÉP. TRAV. v^is *Salaire (Fixation, montant)*, par Bouilloux ; *Femmes (Travail et emploi)*, par Gaillard.

BIBL. GÉN. ▸ Aubert-Monpeyssen, *Dr. soc. 2005. 18* (principe « A travail égal, salaire égal » et politiques de gestion des rémunérations) ; *JCP E 2009. 1884.* – Aubert-Monpeyssen et Gasser, *RDT 2007. Contr. 632.* – Auzero et Chonnier, *Dr. soc. 2011. 52* (conventions et accords collectifs à l'épreuve de l'égalité de traitement). – Auzero, *RDT 2012. 269* (avantages catégoriels, principe d'égalité et négociation collective). – Bailly, *RJS 2014. 299* (égalité dans les relations individuelles de travail). – Bughin et Payen, *Travail et Emploi, 1985, n° 23, p. 49.* – Byre, *Dr. soc. 1988. 815* (droit anglais). – Cesaro, *JCP S 2011. 1206* (le statut des cadres à l'épreuve du principe d'égalité). – Devaud, *ibid. 1976, n° spéc. janv., S 39.* – Hannelais, *JS Lamy 2005, n° 173-2.* – Jeansen et Pagnerre, *JCP S 2012. 1338* (les avantages catégoriels contenus dans les accords collectifs, une espèce en voie d'extinction). – Junter-Loiseau, *ibid. 1990, n° 109.* – Lanquetin, *Dr. soc. 2006. 624.* – Leroy, *RJS 2002. 887* (égalité professionnelle). – Loschak, *ibid. 1987. 778* (notion de discrimination). – Morand, *JCP E 2008. 1754* (statut collectif et égalité de rémunération). – Poirier, *Dr. ouvrier 2009. 425 et 491* (égalité de traitement et différences de statut). – Ray, *Dr. soc. 1990. 83* ; *ibid. 2011. 42* (à travail inégal, salaire inégal). – Rongère, *ibid. 1990. 99.* – Serizay, *JS Lamy 2015, n° 384-1* (égalité : le retour vers la raison ?). – Sousi-Roubi, *ibid. 1980. 31.* – Tillié, *Dr. ouvrier 1981. 367.* – Vachet, *Dr. soc. 2008. 1046* (à travail égal, salaire égal). – Van Raepenbusch, *RJS 1994. 3* (jurisprudence de la CJCE) ; *ibid. 1999. 7* (égalité de traitement). – Vergne, *JS Lamy 2008, n° 232-1* (principe « A travail égal, salaire égal »).

Art. L. 3221-1 Les dispositions des articles L. 3221-2 à L. 3221-7 sont applicables, outre aux employeurs et salariés mentionnés à l'article L. 3211-1, à ceux non régis par le code du travail et, notamment, aux agents de droit public. — *[Anc. art. L. 140-5.]*

Art. L. 3221-2 Tout employeur assure, pour un même travail ou pour un travail de valeur égale, l'égalité de rémunération entre les femmes et les hommes. — *[Anc. art. L. 140-2, al. 1er.]* — *V. art. L. 3222-1 (pén.).*

COMMENTAIRE

V. Dalloz.fr et applications mobiles Dalloz.

I. ÉGALITÉ ENTRE LES FEMMES ET LES HOMMES

1. Champ d'application. Le principe selon lequel un même travail doit être rémunéré de la même façon, qu'il soit accompli par un travailleur masculin ou par un travailleur féminin, n'est pas applicable lorsque les différences observées dans les conditions de rémunération de travailleurs de sexe différent effectuant un même travail ne peuvent être attribuées à une source unique (législateur, parties à une convention collective ou direction de l'entreprise). • CJCE 17 sept. 2002, aff. C-320/00, *Lawrence et Regent Office Care Ltd et a. : RJS 2002. 1065, n° 1454.*

2. Travail égal, ou de valeur égale. V jurispr. ss. art. L. 3221-4.

3. Différences de traitement injustifiées. Les art. 3, § 1, et 2, § 4, de la Dir. 76/207/CEE du Conseil du 9 févr. 1976, relative à la mise en œuvre du principe de l'égalité de traitement entre hommes et femmes en ce qui concerne l'accès à l'emploi, à la formation et à la promotion professionnelles, et les conditions de travail, doivent être interprétés en ce sens qu'ils s'opposent à une réglementation nationale qui réserve l'inopposabilité des limites d'âge pour l'accès aux emplois publics aux veuves non remariées qui se trouvent dans l'obligation de travailler, à l'exclusion des veufs non remariés qui sont dans la même situation. • CJCE 30 sept. 2004, aff. C-319/03,

Serge X... c/ Min. de l'Intérieur et a. : BICC n° 608 du 15 nov. 2004, n° 1667.

4. L'épouse d'un gardien d'immeuble doit recevoir une rémunération identique à celle de son mari dès lors que tous les deux ont été engagés comme gardiens d'immeuble et qu'aucun document ne comportait une spécification de leurs tâches et qu'ils accomplissaient en la même qualité le même travail. • Soc. 19 févr. 1992, n° 88-45.217 P : *CSB 1992. 111, A. 20 ; RJS 1992. 259, n° 447.* ♦ L'attribution de prime de crèche aux mères de famille prévue par accord collectif doit bénéficier aux pères de famille remplissant les conditions prévues par l'accord. • Soc. 27 févr. 1991, n° 90-42.239 P : *D. 1991. IR 89 ; RJS 1991. 227, concl. Picca* • 8 oct. 1996 : *D. 1996. IR 243 ; RJS 1996. 760, n° 1178 ; CSB 1997. 20, S. 5 et 6.* ♦ Dans le même sens pour un complément d'indemnité de congés payés. • Soc. 9 avr. 1996, n° 94-43.279 P : *CSB 1996. 201, A. 43.* ♦ Dans la mesure où les dispositions d'une convention collective prévoyant le versement d'une prime familiale à chaque salarié du réseau, chef de famille, ne sont assorties d'aucune restriction, tout salarié dont le conjoint, salarié d'un autre employeur, perçoit un supplément de rémunération au titre des enfants dont ils ont la charge ou dont ils contribuent à l'entretien, doit percevoir cette prime. • Soc. 10 mars 2004, n° 02-40.010 P : *Dr. soc. 2004. 558, obs. Radé .*

5. Un texte réglementaire ne peut accorder une priorité absolue et inconditionnelle aux candidatures de certaines catégories de femmes, au nombre desquelles figurent les femmes divorcées non remariées qui se trouvent dans l'obligation de travailler, en réservant à celles-ci le bénéfice de l'inopposabilité des limites d'âge pour l'accès au statut d'agent permanent de la RATP, à l'exclusion des hommes divorcés non remariés qui sont dans la même situation. • Soc. 18 déc. 2007, n° 06-45.132 P : *RJS 2008. 251, n° 319 ; JS Lamy 2008, n° 226-5 ; Dr. soc. 2008. 246, obs. Radé .*

6. Différences de traitement justifiées. Le principe « à travail égal, salaire égal », qui est également consacré par l'art. 11 du Traité CE, ne s'oppose pas au versement d'une allocation forfaitaire aux seuls travailleurs féminins qui partent en congé de maternité, dès lors que cette allocation est destinée à compenser les désavantages professionnels qui résultent pour ces travailleurs de leur éloignement du travail. • CJCE 16 sept. 1999, aff. C-218/98 : *RJS 1999. 844, n° 1375* • Soc. 21 mars 2000, n° 98-45.485 P : *D. 2000. IR 124 ; Dr. soc. 2000. 645, obs. Radé ; RJS 2000. 372, n° 536.*

7. Ancienneté. Le recours au critère de l'ancienneté étant, en règle générale, apte à atteindre le but légitime de récompenser l'expérience acquise qui met le travailleur en mesure de mieux s'acquitter de ses prestations, l'employeur ne doit pas spécialement établir que le recours à ce critère est apte à atteindre ledit but en ce qui concerne un emploi donné, à moins que le travailleur fournisse des éléments susceptibles de faire naître des doutes sérieux à cet égard. • CJCE 3 oct. 2006, aff. C-17-05 : *RDT 2006. 393, obs. Aubert-Monpeyssen ; RJS 2006. 199, n° 298.*

II. PRINCIPE « À TRAVAIL ÉGAL, SALAIRE ÉGAL »

A. PRINCIPE

8. Principe. Le principe « à travail égal, salaire égal », énoncé par les art. L. 133-5, 4, et L. 136-2, 8° [L. 2261-22 et L. 2271-1 nouv.], dont la règle de l'égalité des rémunérations entre hommes et femmes n'est qu'une application, impose à l'employeur d'assurer l'égalité de rémunération entre tous les salariés de l'un ou l'autre sexe, pour autant que les salariés en cause sont placés dans une situation identique. • Soc. 29 oct. 1996, n° 92-43.680 P : *GADT, 4e éd., n° 71 ; D. 1998. Somm. 259, note Lanquetin ; Dr. soc. 1996. 1013, note A. Lyon-Caen ; CSB 1997. 5, A. 1, note A. P. et J. M. ; RJS 1996. 821, n° 1272 ; LPA 22 nov. 1996, note Picca.* – Langlois, *D. 1997. Chron. 45 (III, C)* . – V. aussi • Soc. 15 déc. 1998, n° 95-43.630 P : *Dr. soc. 1999. 187, obs. Bonnechère .*

9. Ne viole pas la règle « à travail égal, salaire égal » et ne constitue pas une mesure discriminatoire le fait pour un employeur de subordonner l'octroi d'un avantage en nature, résultant d'un engagement unilatéral de sa part, à des conditions particulières, dès lors que tous les salariés de l'entreprise peuvent bénéficier, dans les mêmes conditions, de l'avantage accordé. • Soc. 18 mai 1999, n° 98-40.201 P : *Dr. soc. 1999. 747, obs. Radé .* ♦ Les règles déterminant l'octroi de cet avantage doivent être préalablement définies et contrôlables. • Soc. 18 janv. 2000, n° 98-44.745 P : *D. 2000. IR 118 ; Dr. soc. 2000. 436, obs. Radé ; RJS 2000. 190, n° 277* • 27 mars 2007 : *RDT 2007. 393, note Aubert-Monpeyssen .*

10. Prime de précarité. Dans la comparaison de rémunération entre des salariés effectuant un même travail ou un travail de valeur égale, il ne faut pas tenir compte de l'indemnité de précarité qui compense la situation dans laquelle le salarié est placé du fait de son CDD ; il faut se placer sur le terrain de l'existence d'une différence de traitement au regard de la rémunération. • Soc. 10 oct. 2012 : *Dalloz actualité, 31 oct. 2012, obs. Siro ; RJS 2013. 29, n° 10 ; JCP S 2012. 1529, obs. Sébille.*

11. Égalité de traitement et prime discrétionnaire. Le contrat de travail peut prévoir, outre la rémunération fixe, une prime laissée à la libre appréciation de l'employeur ; mais le caractère discrétionnaire de la prime ne doit pas permettre à l'employeur de traiter différemment des salariés placés dans une situation comparable au regard de l'avantage en cause. • Soc. 10 oct. 2012 : *Dalloz actualité, 31 oct. 2012, obs. Siro ; D. 2012. Actu. 2456 ; D. 2013. Pan. 1026, obs. Porta ; RJS 2012. 803, n° 941 ; JCP S 2012. 1530, obs. Dauxerre.*

B. CHAMP D'APPLICATION

12. Salariés appartenant à une même entreprise. Le principe « à travail égal, salaire égal » ne s'applique pas dans la mesure où les salariés qui revendiquaient le bénéfice d'un jour de congé supplémentaire n'appartenaient pas aux entreprises au sein desquelles ce droit était reconnu en vertu d'un usage ou d'un engagement unilatéral de l'employeur ou d'un statut de droit public. • Soc. 6 juill. 2005, n° 03-43.074 P : *D. 2005. IR 2105 ; Dr. soc. 2006. 98, obs. Radé ; RJS 2005. 697, n° 979.* ♦ Le principe « à travail égal, salaire égal » s'applique entre les salariés d'une société entrante sur un marché de nettoyage et les salariés de la société sortante, dont les contrats de travail stipulant des avantages différents, sont transférés en application de dispositions conventionnelles. • Soc. 15 janv. 2014 : *JS Lamy 2014, n° 361-4, obs. Pacotte et Layat-le-Bourhis.* ♦ Le principe d'égalité de traitement n'est pas applicable entre salariés d'entreprises différentes, peu important qu'elles appartiennent au même groupe. • Soc. 16 sept. 2015, n° 13-28.415 P : *D. 2015. Actu. 1898 ; RJS 12/2015, n° 779 ; JS Lamy 2015, n° 396-2, obs. Lhernould ; JCP S 2015. 1408, obs. Daniel.*

13. Différence de traitement entre établissements. Les différences de traitement entre des salariés appartenant à la même entreprise mais à des établissements distincts, opérées par voie d'accords d'établissement négociés et signés par les organisations syndicales représentatives au sein de ces établissements, investies de la défense des droits et intérêts des salariés de l'établissement et à l'habilitation desquelles ces derniers participent directement par leur vote, sont présumées justifiées de sorte qu'il appartient à celui qui les conteste de démontrer qu'elles sont étrangères à toute considération de nature professionnelle. • Soc. 3 nov. 2016, n° 15-18.444 P : *Dalloz actualité, 21 nov. 2016, obs. Peyronnet ; D. 2016. Actu. 2286 ; RJS 1/2017, n° 7 ; JS Lamy 2016, n° 421-422-1, obs. Tissandier ; JCP S 2016. 1392, obs. Cesaro.* ♦ Comp. *ante* : Il ne peut y avoir de différences de traitement entre salariés d'établissements différents d'une même entreprise exerçant un travail égal ou de valeur égale, que si elles reposent sur des raisons objectives dont le juge doit contrôler concrètement la réalité et la pertinence. • Soc. 21 janv. 2009, n° 07-43.452 P : *D. 2009. Pan. 2128, obs. Aubert ; RDT 2009. 321, obs. Aubert-Monpeyssen ; Dr. soc. 2009. 399, note Radé ; RJS 2009. 299, n° 350 ; Dr. ouvrier 2009. 399 ; JS Lamy 2009, n° 251-5.* ♦ Il ne peut y avoir de différences de traitement entre salariés d'établissements différents d'une même entreprise exerçant un travail égal ou de valeur égale fondé sur la seule allégation d'un niveau du coût de la vie plus élevé à Paris qu'en Province. • Soc. 5 mai 2010, n° 08-45.502. ♦ Un plan de sauvegarde de l'emploi ne peut réserver le bénéfice d'une indemnité spécifique aux salariés concernés par la fermeture d'un site. • Soc. 12 juill. 2010 : *D. 2011. Pan. 840, obs. Khodri ; RDT 2010. 580, obs. Fabre RJS 2010. 679, n ° 739 ; JCP S 2010. 1505, note Morvan.* ♦ ... Dès lors que l'employeur n'avance aucune explication objective et pertinente qui justifie l'exclusion de salariés, dont le poste a été supprimé, qui ont été exposés au même titre à un licenciement économique. • Soc. 23 oct. 2013 : *RJS 1/2014, n° 27 ; JCP 2013. 1183, note Miara.* ♦ Est justifiée la différence de traitement résultant du fait que l'accord collectif, qui prévoyait les avantages dont les salariés ne bénéficient pas, n'a pu prendre effet en raison d'un défaut d'agrément ministériel. • Soc. 23 oct. 2013 : *D. 2013. Actu. 2526 ; RJS 1/2014, n° 43.*

14. Salariés d'une même UES. Au sein d'une UES, qui est composée de personnes juridiques distinctes, pour la détermination des droits à rémunération d'un salarié, il ne peut y avoir comparaison entre les conditions de rémunération de ce salarié et celles d'autres salariés compris dans l'UES que si ces conditions sont fixées par la loi, une convention ou un accord collectif commun, ainsi que dans le cas où le travail de ces salariés est accompli dans un même établissement. • Soc. 1er juin 2005, n° 04-42.143 P : *D. 2006. Pan. 32, obs. Escande-Varniol ; Dr. soc. 2005. 1049, obs. Radé ; RJS 2005. 611, n° 546 ; Dr. ouvrier 2005, A. 69, obs. Charbonneau ; JS Lamy 2005, n° 171-2 ; Sem. soc. Lamy 2005, n° 1219.*

15. Comparaison entre salariés. Un salarié qui se prévaut du principe d'égalité de traitement ne peut utilement invoquer la comparaison de sa situation avec des non-salariés ; il ne peut y avoir une comparaison utile entre un médecin exerçant à titre libéral et les médecins salariés d'un établissement. • Soc. 16 déc. 2015, n° 14-11.294 P : *D. 2016. Actu. 83 ; ibid. Pan. 814, obs. Porta ; Dalloz actualité, 12 janv. 2016, obs. Peyronnet ; RJS 3/2016, n° 159 ; JCP S 2016. 1097, note Daniel.*

C. PREUVE

16. Principes. En application de l'art. 1315 C. civ., s'il appartient au salarié qui invoque une atteinte au principe « à travail égal, salaire égal » de soumettre au juge les éléments de faits susceptibles de caractériser une inégalité de rémunération, il incombe à l'employeur de rapporter la preuve d'éléments objectifs justifiant cette différence. • Soc. 13 janv. 2004, n° 01-46.407 P : *Dr. soc. 2004. 307, obs. Radé* • 28 sept. 2004, n° 03-41.825 P : *Dr. soc. 2004. 1144, obs.*

Radé ; *RJS 2004. 905, n° 1287 ; Dr. ouvrier 2005. 65* • 25 mai 2005, n° 04-40.169 P : *D. 2005. IR 1655* ; *D. 2006. Pan. 33, obs. Jeammaud*. ♦ Lorsque le salarié soutient que la preuve des inégalités de rémunération est détenue par un tiers, il lui appartient de demander au juge d'en ordonner la production, et ce dernier peut ensuite tirer les conséquences du refus de l'autre partie. • Soc. 12 juin 2013 : *Dalloz actualité, 1er juill. 2013, obs. Peyronnet ; JS Lamy 2013, n° 348-2, obs. Lhernould ; JCP S 2013. 1397, obs. Manigot.*

D. JUSTIFICATION DES INÉGALITÉS SALARIALES

17. Nécessité. L'employeur ne peut opposer son pouvoir discrétionnaire pour se soustraire à son obligation de justifier de façon objective et pertinente une différence de rémunération. • Soc. 30 avr. 2009, n° 07-40.527 P : *D. 2009. AJ 1420, obs. Perrin* ; *ibid. Pan. 2128, obs. Auber* ; *RDT 2009. 516, obs. Aubert-Monpeyssen* ; *RJS 2009. 561, n° 631 ; Dr. soc. 2009. 1006, obs. Radé* ; *JS Lamy 2009, n° 256-5 ; Dr. ouvrier 2009. 459, obs. Ménard ; Sem. soc. Lamy 2009, n° 1399, p. 10.*

18. Fonctions. Un salaire inégal peut être justifié par des responsabilités plus importantes. • Soc. 30 avr. 2009 : *préc. note 17.*

19. Formation, diplôme. La seule différence de diplômes, alors qu'ils sont de niveau équivalent, ne permet pas de fonder une différence de rémunération entre des salariés qui exercent les mêmes fonctions, sauf s'il est démontré par des justifications, dont il appartient au juge de contrôler la réalité et la pertinence, que la possession d'un diplôme spécifique atteste de connaissances particulières utiles à l'exercice de la fonction occupée. • Soc. 16 déc. 2008, n° 07-42.107 P : *D. 2009. AJ 172* ; *RDT 2009. 173, obs. Aubert-Monpeyssen* ; *RJS 2009. 151, n° 177 ; Dr. soc. 2009. 361, obs. Radé* ; *JS Lamy 2009, n° 248-3 ; JCP S 2009. 1005, obs. Cesaro* • Soc. 13 nov. 2014 : *Dalloz actualité, 13 nov. 2014, obs. Peyronnet ; D. 2014. Actu. 2414* ; *JS Lamy 2015, n° 380-2 ; RJS 2/2015, n° 100* (l'expérience acquise pendant plus de vingt ans par le salarié au sein de la société compensait très largement la différence de niveau de diplôme invoquée et la détention du diplôme d'ingénieur, dont il n'était pas démontré qu'il était utile à l'exercice de la fonction occupée par les salariés, n'était pas de nature à justifier la disparité de traitement litigieuse). ♦ Le fait que des salariés ne disposent pas contrairement à leurs autres collègues du diplôme requis par la convention collective pour l'exercice des fonctions exercées constitue un élément objectif et pertinent justifiant la différence de traitement. • Soc. 10 nov. 2009, n° 07-45.528 P : *Dr. soc. 2010. 345, obs. Radé* ; *RJS 2010. 39, n° 42.* ♦ Des diplômes, utiles à l'exercice des fonctions occupées, sanctionnant des formations professionnelles de niveaux et de durées inégaux, constituent une raison objective et pertinente justifiant la différence de rémunération. • Soc. 17 mars 2010, n° 08-43.088 P : *RDT 2010. 377, obs. Laulier* ; *Dr. soc. 2010. 583, obs. Radé* ; *RJS 6/2010, n° 519 ; JCP S 2010. 1257, obs. Puigelier.*

20. Carrière. La carrière conventionnelle qui n'est pas fondée sur des données tenant à la formation, à la nature des fonctions exercées ou à l'ancienneté dans l'emploi des salariés n'est pas de nature à justifier des disparités de traitement. • 4 févr. 2009, n° 07-41.406 P : *R., p. 343 et 350 ; D. 2009. AJ 571* ; *Dr. soc. 2009. 399, note Radé* ; *RJS 2009. 300, n° 351 ; JCP S 2009. 1198, obs. d'Allende.*

21. Statut juridique. Au regard du principe d'égalité de traitement, la seule différence de statut juridique ne permet pas de fonder une différence de rémunération entre des salariés qui effectuent un même travail ou un travail de valeur égale, sauf s'il est démontré, par des justifications dont le juge contrôle la réalité et la pertinence, que la différence de rémunération résulte de l'application de règles de droit public. • Soc. 16 févr. 2012, n° 10-21.864 P : *Dalloz actualité, 3 avr. 2012, obs. Perrin ; D. 2012. Actu. 615* ; *D. 2013. Pan. 1026, obs. Porta* ; *RJS 2012. 381, n° 454 ; JCP S 2012. 1147, obs. Daniel* • Soc. 12 juin 2013 : *Dalloz actualité, 1er juill. 2013, obs. Peyronnet ; D. 2013. Actu. 1555* ; *Dr. soc. 2013. 762, obs. Mouly* ; *JCP S 2013. 1348, obs. Lahalle* (application facultative aux agents de droit public d'éléments de rémunération fondés sur un texte réglementaire). ♦ Une différence de statut ne suffit pas, à elle seule, à caractériser une différence de situation ; le juge doit rechercher concrètement si des différences de rémunération constatées sont justifiées par des raisons objectives matériellement vérifiables. • Soc. 15 mai 2007, n° 05-42.894 P : *D. 2007. AJ 1506* ; *RJS 2007. 641, n° 848 ; Dr. soc. 2007. 896, obs. Radé* ; *JS Lamy 2007, n° 215-4.* ♦ Mais la différence de rémunération peut compenser la précarité du statut (intermittent du spectacle). • Soc. 28 avr. 2006, n° 03-47.171 P : *D. 2007. Pan. 185, obs. Jeammaud* ; *JS Lamy 2006, n° 189-2.* ♦ L'employeur qui emploie à la fois des fonctionnaires, des agents de droit public et des agents de droit privé est fondé à justifier une différence de rémunération entre ces catégories de personnels dont la rémunération de base et certains éléments sont calculés en fonction, pour les premiers, de règles de droit public et, pour les seconds, de dispositions conventionnelles de droit privé, il en va autrement s'agissant d'un complément de rémunération fixé par décision de l'employeur applicable à l'ensemble du personnel sur le critère de la fonction ou du poste de travail occupé. • Cass., ass. plén., 27 févr. 2009 : *R., p. 340 ; D. 2009. Pan. 2128,* *obs. Auber ; RDT 2009. 316, obs. Tissandier ; RJS 2009. 407, n° 475 ; JS Lamy 2009, n° 253-3 ; Dr. soc. 2009. 792, rapp. Mas ; JCP S 2009. 1228, obs. Daïoglou ; RDC 2009, p. 1501, note C. Neau-Leduc.* ♦ Le « champ de normalité » qui organise l'inégalité de traitement entre les agents en fonction de leur statut juridique n'est pas une raison objective pertinente permettant de justifier une différence de traitement. • Soc. 6 févr. 2013 : *Dalloz actualité, 21 févr. 2013, obs. Peyronnet ; D. 2013. Actu. 441 ; D. 2013. Pan. 1026, obs. Porta ; D. 2013. 1770, obs. Mariette ; Dr. soc. 2013. 378, obs. Radé .* ♦ La nécessité de maintenir au bénéfice des fonctionnaires les primes qui leur étaient versées n'est pas de nature à justifier une différence de salaire au titre du « complément Poste » entre les fonctionnaires et les agents de droit privé (à propos du complément Poste). • Soc. 9 déc. 2015, n°s 14-18.033 P, 14-24.948 P, 14-23.558 P, 14-22.430 P : *D. 2016. Actu. 15 ; RJS 2/2016, p. 111, obs. Dutheillet de Lamotte ; JCPS 2016. 1057, obs. Bossu.* ♦ V. aussi : • Soc. 9 nov. 2016, n° 15-10.373 : *Dalloz actualité, 29 nov. 2016, obs. Peyronnet.*

22. Travailleur de nuit et travailleur de jour. Les jours de repos aménagé et les jours de réduction de temps de travail n'ont ni le même objet, ni la même nature, ni la même finalité, ni le même régime ; les premiers ne correspondant pas à du temps de travail effectif mais visant à répartir des heures de travail au sein d'un cycle de 8 semaines, alors que les seconds constituent la contrepartie d'un travail supérieur à 35 heures hebdomadaires, en sorte que les infirmiers de nuit et les infirmiers de jour ne se trouvent pas dans une situation identique au regard de décompte des congés payés, la règle « à travail égal, salaire égal » ne peut être invoquée. • Soc. 24 avr. 2013 : *RDT 2013. 710, obs. Almaric .*

23. Expérience. L'employeur peut tenir compte de l'expérience acquise dans d'autres relations contractuelles. • Soc. 15 nov. 2006, n° 04-47.156 P : *RJS 2007, n° 220.*

24. Ancienneté. La différence d'ancienneté ne saurait constituer la justification d'une inégalité de rémunération dès lors qu'il est constaté que l'ancienneté est prise en compte par une prime d'ancienneté distincte du salaire de base. • Soc. 29 oct. 1996, n° 92-43.680 P : *GADT, 4e éd., n° 71 ; D. 1998. Somm. 259, note Lanquetin ; Dr. soc. 1996. 1013, note A. Lyon-Caen ; CSB 1997. 5, A. 1, note A. P. et J. M. ; RJS 1996. 821, n° 1272 ; LPA 22 nov. 1996, note Picca.*

25. Date d'embauche. La seule circonstance que les salariés aient été engagés avant ou après l'entrée en vigueur d'un accord collectif ne saurait suffire à justifier des différences de traitement entre eux, pour autant que cet accord n'a pas pour objet de compenser un préjudice subi par les salariés présents dans l'entreprise lors de son entrée en vigueur. • Soc. 21 févr. 2007 : *RDT 2007. 320, obs. Aubert-Monpeyssen ; Dr. soc. 2007. 651, obs. Barthélémy* • 4 févr. 2009, n° 07-41.406 P : *R., p. 343 et 350 ; D. 2009. AJ 571 ; Dr. soc. 2009. 399, note Radé ; RJS 2009. 300, n° 351 ; JCP S 2009. 1198, obs. d'Allende.* ♦ L'engagement pris par le nouveau concessionnaire, à l'intention du seul personnel en fonction au jour du changement d'employeur, qui ne résulte pas de l'application de la loi, qui n'est pas destiné à compenser un préjudice spécifique à cette catégorie de salariés, qui a pour seul objet de maintenir des avantages à caractère collectif, crée au détriment des salariés engagés par la suite et affectés dans la même entité, pour y exercer des travaux de même nature, une différence de traitement qui n'est pas justifiée par des raisons objectives et constitue un trouble illicite. • Soc. 19 juin 2007, n° 06-44.047 P : *D. 2007. AJ 1964 ; Dr. soc. 2007. 1045, obs. Radé .*

26. L'employeur peut justifier une disparité de traitement fondée sur la date d'embauche : un salarié, engagé postérieurement à la mise en œuvre d'un accord collectif de réduction du temps de travail, ne se trouve pas dans une situation identique à celle des salariés présents dans l'entreprise à la date de conclusion de l'accord et ayant subi une diminution de leur salaire de base compensée par une indemnité différentielle. • Soc. 1er déc. 2005, n° 03-47.197 P : *D. 2006. IR 15 ; ibid. 2006. Pan. 420, obs. Guiomard ; RJS 2006. 131, n° 221 ; Dr. soc. 2006. 224, obs. Radé* • 31 oct. 2006, n° 03-42.641 P : *D. 2006. IR 2951 ; JS Lamy 2006, n° 201-4 ; RJS 2006. 97, n° 121 ; Sem. soc. Lamy 2006, n° 1282, p. 11* • 21 févr. 2007, n° 05-43.136 P : *D. 2007. AJ 729, obs. Pahlawan-Sentilhes ; D. 2007. Pan. 2269 ; RJS 2007. 439, n° 598 ; Dr. soc. 2007. 647, obs. Radé* • 24 sept. 2008, n° 06-43.529 P : *D. 2009. Pan. 590, obs. Porta ; RJS 2008. 896, n° 1077 ; Dr. soc. 2008. 1271, obs. Radé ; JS Lamy 2008, n° 246-4 ; JCP S 2009. 1040, obs. Cesaro.*

27. Avantages acquis. L'employeur peut justifier une différence de traitement par l'existence d'avantages individuels acquis à des salariés transférés compte tenu de l'absence d'accord d'adaptation faisant suite à l'absorption. • Soc. 11 janv. 2005, n° 02-45.608 P : *Dr. soc. 2005. 323, obs. Radé ; RJS 2005. 220, n° 299.* ♦ Le maintien d'un avantage acquis en cas de mise en cause de l'application d'un accord collectif dans les conditions prévues à l'art. L. 132-8, al. 7 [art. L. 2261-14 nouv.], du code du travail ne méconnaît pas le principe « à travail égal, salaire égal », que ce maintien résulte d'une absence d'accord de substitution ou d'un tel accord. • Soc. 4 déc. 2007, n° 06-44.041 P : *Dr. soc. 2008. 244, obs. Radé .*

28. Rétablissement de l'égalité. L'employeur peut valablement faire bénéficier, par engagement unilatéral, les salariés engagés postérieurement à la dénonciation d'un accord collectif d'avantages identiques à ceux dont bénéficient, au titre des avantages individuels acquis, les salariés engagés antérieurement à la dénonciation de l'accord. • Soc. 24 avr. 2013, n° 12-10.219 P : *D. 2013. Pan. 2599, obs. Lokiec ; RJS 7/2013, n° 540 ; RDT 2013. 497, obs. Souriac ; Dr. soc. 2013. 567, obs. Radé ; Sem. soc. Lamy 2013, n° 1583, p. 9, obs. Ducloz.*

29. Obligation de maintenir les usages en cas de transfert. L'obligation à laquelle est légalement tenu le nouvel employeur, en cas de transfert d'une entité économique, de maintenir au bénéfice des salariés qui y sont attachés les droits qu'ils tiennent d'un usage en vigueur au jour du transfert, justifie la différence de traitement qui en résulte. • Soc. 11 janv. 2012, n° 10-14.614 P : *Dalloz actualité, 23 janv. 2012, obs. Fleuriot ; D. 2012. Actu. 290 ; RDT 2012. 294, obs. Icard ; Dr. soc. 2012. 428, obs. Radé ; RJS 2012. 188, n° 219 ; JS Lamy 2012, n° 316-6, obs. Guyader ; JCP S 2012. 1148, obs. Daniel.*

30. Accords d'établissements différents. Une différence de traitement, au sein d'une même entreprise, peut être justifiée par l'existence d'accords collectifs propres à certains établissements. • Soc. 27 oct. 1999, n° 98-40.769 P : *GADT, 4e éd., n° 72 ; Dr. soc. 2000. 189, chron. Couturier* • 18 janv. 2006, n° 03-45.422 P : *RDT 2006. 38, obs. Tissandier ; RJS 2006. 322, n° 478 ; Dr. soc. 2006. 449, obs. Radé ; JS Lamy 2006, n° 183-2.* ♦ Ainsi, la différence de rémunération peut être justifiée par l'application conjointe d'une convention collective et d'un protocole d'accord qui procèdent à un redéploiement des échelons au sein de chaque niveau de qualification et qui génèrent des disparités de rémunérations. • Soc. 3 mai 2006, n° 03-42.920 P : *D. 2006. IR 1404, obs. Pahlawan-Sentilhes ; ibid. Pan. 185, obs. Jeammeaud ; RDT 2006. 108, obs. Pignarre ; Dr. soc. 2006. 1048, obs. Lanquetin ; JS Lamy 2006, n° 191-31.* ♦ Un accord d'entreprise ne peut prévoir de différences de traitement entre salariés d'établissements différents d'une même entreprise exerçant un travail égal ou de valeur égale, que si elles reposent sur des raisons objectives dont le juge doit contrôler concrètement la réalité et la pertinence ; le choix des partenaires sociaux de priver un certain nombre de salariés du bénéfice de la prime anniversaire aux fins de permettre au plus grand nombre de salariés des autres établissements de bénéficier sans délai de la plupart des avantages issus de l'accord-cadre, choix que l'employeur justifiait par l'insuffisance de ses capacités financières, ne reposait sur aucune explication objective. • Soc. 28 oct. 2009, n° 08-40.457 P : *RJS 2010. 38, n° 41 ; JS Lamy 2009, n° 266-4 ; Dr. ouvrier 2010. 94, obs. Meyrat ; JCP S 2011. 1579, obs. Daniel* • 8 juin 2011, n° 10-30.162 P : *Dalloz actualité, 29 juin 2011, obs. Perrin ; RJS 2011. 631, n° 689 ; JS Lamy 2011, n° 304-4, obs. Lhernould.*

31. Contraintes particulières de recrutement. Ne méconnaît pas le principe « à travail égal, salaire égal », dont s'inspirent les art. L. 133-5-4°-*d*, L. 136-2-8°, et L. 140-2 [L. 2261-22-9°, L. 2271-1-8° et L. 3221-2 nouv.], l'employeur qui justifie par des raisons objectives et matériellement vérifiables la différence de rémunération entre des salariés effectuant un même travail ou un travail de valeur égale ; ainsi constitue une raison objective justifiant une disparité de traitement la nécessité pour une entreprise de recruter d'urgence en remplacement de la directrice en congé maladie, une directrice qualifiée au tarif imposé par celle-ci. • Soc. 21 juin 2005, n° 02-42.658 P : *D. 2005. IR 1807 ; D. 2006. Pan. 33, obs. Escande-Varniol ; Dr. soc. 2005. 1047, obs. Radé ; RJS 2005. 695, n° 978 ; JS Lamy 2005, n° 174-2.* ♦ Est justifiée l'attribution d'une prime aux seuls salariés étrangers dès lors qu'elle vise non seulement à compenser les inconvénients résultant de l'installation d'un individu en pays étranger, mais aussi à faciliter l'embauche de salariés ressortissants non français afin de contribuer à la création d'un pôle d'excellence scientifique. • Soc. 9 nov. 2005, n° 03-47.720 P : *D. 2005. IR 2972 ; ibid. 2006. Pan. 419, obs. F. Guiomard ; RJS 2006. 127, n° 210 ; Sem. soc. Lamy 2005, n° 1243* • 17 avr. 2008, n° 06-45.270 P : *D. 2008. 1519, note Petit et Cohen ; ibid. 1339, obs. Perrin .*

32. Disparité du coût de la vie. La disparité du coût de la vie, invoquée par l'employeur pour justifier la différence de traitement qu'il a mise en place entre les salariés de deux sites, est une justification objective pertinente, dès lors qu'elle est établie. • Soc. 14 sept. 2016, n° 15-11.386 P : *Dalloz actualité, 20 sept. 2016, obs. Peyronnet ; D. 2016. Actu. 1823 ; RJS 11/20216, n° 676 ; Sem. soc. Lamy 2016, n° 1737, p. 9, obs. Champeaux ; JCP S 2016. 1362, obs. Dumont ; JS Lamy 2016, n° 418-1, obs. Tissandier.*

33. Contraintes budgétaires. Les contraintes budgétaires imposées par l'autorité de tutelle ne constituent pas une justification pertinente, ces impératifs financiers n'impliquant pas nécessairement une différence de traitement entre les salariés en fonction de leur date d'engagement. • Soc. 4 févr. 2009, n° 07-11.884 P : *Dr. soc. 2009. 399, note Radé ; RJS 2009. 300, n° 351.*

E. RÉPARATION DES INÉGALITÉS SALARIALES

34. Alignement par le haut. Ce principe ne saurait conduire à réduire la rémunération d'un salarié au motif qu'un autre salarié assurant un travail d'une valeur supérieure percevrait la même rémunération. • Soc. 29 juin 1999, n° 97-41.567 P : *RJS 1999. 670, n° 1069 ; Dr. soc. 1999. 771, obs. Kehrig ; Dr. ouvrier 1999. 347, note Poirier.* ♦ Mais l'accord national applicable à l'ensemble du réseau des caisses d'épargne et de prévoyance, qui instituait deux avantages familiaux : une prime familiale versée à tout salarié « chef de famille » selon qu'il est sans enfant ou avec enfant et majorée selon le nombre d'enfants, et une prime de vacances versée à chaque salarié du réseau, s'applique aux salariés divorcés auxquels le jugement de divorce confie la garde des enfants ou impose le paiement d'une pension alimentaire pour pourvoir à leurs besoins ; l'accord ne permet pas le versement des primes au salarié de ces caisses au titre d'enfant du concubin dont celui-ci n'a pas la garde et pour lequel il verse une pension alimentaire. • Soc. 17 févr. 2010, nº 08-41.949 P : *JCP S 2010. 1200, obs. Lahalle.*

III. PRINCIPE D'ÉGALITÉ DE TRAITEMENT

35. Reconnaissance. Le principe d'égalité de traitement impose de rechercher si des retenues opérées pour fait de grève entre deux catégories de personnels aboutissent à des résultats différents au regard du mode de rémunération applicable à chacune des deux catégories de personnels. • Soc. 10 juin 2008, nº 06-46.000 P : *D. 2008. 1770 ; ibid. 2009. 191, obs. Centre de recherche en droit social de l'Institut d'études du travail de Lyon ; Dr. soc. 2008. 981, obs. Radé ; Sem. soc. Lamy 2008, nº 1359, p. 10, entretien avec P. Bailly.*

36. Appréciation. Lorsque la différence de traitement entre des salariés placés dans une situation identique au regard de l'avantage considéré résulte des termes mêmes de l'accord collectif, il y a lieu de faire application du principe d'égalité de traitement sans recourir nécessairement à une comparaison entre salariés de l'entreprise effectuant le même travail ou un travail de valeur égale. • Soc. 23 mars 2011, nº 09-42.666 P : *D. 2011. Actu. 1021, obs. Ines ; RJS 2011. 458, nº 496 ; Dr. soc. 2011. 592, obs. Radé ; JCP S 2011. 1243, obs. Cesaro.*

37. Différences conventionnelles. Les différences de traitement entre catégories professionnelles opérées par voie de conventions ou d'accords collectifs, négociés et signés par des organisations syndicales représentatives, investies de la défense des droits et intérêts des salariés et à l'habilitation desquelles ces derniers participent directement par leur vote, sont présumées justifiées de sorte qu'il appartient à celui qui les conteste de démontrer qu'elles sont étrangères à toute considération de nature professionnelle. • Soc. 27 janv. 2015, nos 13-22.179, 13-25.437 et 13-14.773 (3 arrêts) : *Dalloz actualité, 6 févr. 2015, obs. Peyronnet ; ibid. 2015. Actu. 270 ; RDT 2015. 339, obs. Peskine ; ibid. 472, obs. Pignarre ; Dr. soc. 2015. 237, note Fabre ; Sem. soc. Lamy 2015, nº 1663, p. 7, obs. Pécaut-Rivolier ; RJS 3/2015, nº 172.* ♦ La même solution prévaut pour les différences de traitement entre salariés exerçant, au sein d'une même catégorie professionnelle, des fonctions distinctes. • Soc. 8 juin 2016, nº 15-11.324 P : *Dalloz actualité, 15 juin 2016, obs. Peyronnet ; D. 2016. Actu. 1259 ; RJS 8-9/2016, nº 542 ; D. 2016. 1593, obs. Ducloz ; JS Lamy 2016, nº 414-2, obs. Tissandier ; JCP S 2016. 1321, note Bossu.* ♦ N'est pas étrangère à des considérations professionnelles, s'agissant du bénéfice d'une indemnité de logement, de vouloir prendre en compte les spécificités de la fonction de chef d'agence et de cadre de direction. • Même arrêt.

38. Différences de traitement établies par engagement unilatéral. Pour l'attribution d'un avantage particulier, une différence de statut juridique entre des salariés placés dans une situation comparable au regard dudit avantage ne suffit pas, à elle seule, à exclure l'application du principe d'égalité de traitement ; il appartient à l'employeur de démontrer que la différence de traitement entre des salariés placés dans la même situation au regard de l'avantage litigieux repose sur des raisons objectives dont le juge doit contrôler la réalité et la pertinence. • Soc. 27 janv. 2015, nº 13-17.622 : *D. 2015. Actu. 327 ; RJS 3/2015, nº 172.* ♦ Une différence de traitement établie par un engagement unilatéral peut être pratiquée entre salariés d'une même entreprise, lorsque ceux-ci relèvent d'établissements différents et qu'ils exercent un travail égal ou de valeur égale, si elle repose sur des raisons objectives dont le juge contrôle la réalité et la pertinence ; tel est le cas de la différence fondée sur une disparité du coût de la vie, invoquée par l'employeur pour justifier la différence de traitement qu'il a mise en place entre les salariés de deux sites. • Soc. 14 sept. 2016, nº 15-11.386 P : *Dalloz actualité, 20 sept. 2016, obs. Peyronnet ; Sem. soc. Lamy 2016, nº 1737, p. 9, obs. Champeaux.*

39. Régime catégoriel de prévoyance. Les différences de traitement dans la prise en charge par l'employeur, qu'elle soit totale pour une catégorie et partielle pour une autre, des cotisations dues au titre de la mutuelle de la société sont admises. • Soc. 13 mars 2013 : *Dalloz actualité, 29 mars 2013, obs. Fraisse ; D. 2013. Pan. 1026, obs. Porta ; Dr. ouvrier 2013. 402, obs. Bagnard.* ♦ L'employeur peut souscrire à un régime de prévoyance complémentaire maladie-invalidité au profit des seuls cadres de la société. • Soc. 13 mars 2013 : *Dalloz actualité, 29 mars 2013, obs. Fraisse.* ♦ L'employeur peut reconnaître le bénéfice des cotisations et d'une couverture de mutuelle distincte selon les catégories professionnelles. • Soc. 13 mars 2013 : *Dalloz actualité, 29 mars 2013, obs. Fraisse.* ♦ En raison des particularités des régimes de prévoyance incluant la protection sociale complémentaire, qui reposent sur une évaluation des risques garantis, en fonction des spécificités de chaque catégorie professionnelle, prennent en compte un objectif de solidarité et requièrent dans leur mise en œuvre la garantie d'un organisme extérieur à l'entreprise, l'égalité de traitement ne s'applique qu'entre les salariés relevant d'une même catégorie professionnelle. • Soc. 9 juill. 2014 : RJS *2014. 651, n° 764.*

40. Égalité de traitement et transaction. Un salarié ne peut invoquer le principe d'égalité de traitement pour remettre en cause les droits et avantages d'une transaction revêtue de l'autorité de la chose jugée et dont il ne conteste pas la validité. • Soc. 30 nov. 2011, n° 10-21.119 P : *RJS 2012. 125, n° 143.*

41. Égalité de traitement effet relatif de la chose jugée. Des salariés ne peuvent revendiquer un avantage sur le seul fondement des effets d'une décision rendue dans une instance où ils ne sont ni parties ni représentés, la différence de traitement trouvant dans ce cas son origine et sa justification dans l'effet relatif de la chose jugée. • Soc. 23 oct. 2013 : *RJS 1/2014, n° 42.*

Art. L. 3221-3 **Constitue une rémunération au sens du présent chapitre, le salaire ou traitement ordinaire de base ou minimum et tous les autres avantages et accessoires payés, directement ou indirectement, en espèces ou en nature, par l'employeur au salarié en raison de l'emploi de ce dernier.** — *[Anc. art. L. 140-2, al. 2.] — V. art. L. 3222-1 (pén.).*

Art. L. 3221-4 **Sont considérés comme ayant une valeur égale, les travaux qui exigent des salariés un ensemble comparable de connaissances professionnelles consacrées par un titre, un diplôme ou une pratique professionnelle, de capacités découlant de l'expérience acquise, de responsabilités et de charge physique ou nerveuse.** — *[Anc. art. L. 140-2, al. 3.] — V. art. L. 3222-1 (pén.).*

COMMENTAIRE

V. Dalloz.fr et applications mobiles Dalloz.

1. Méthode. Est victime d'une inégalité de traitement – dès lors que l'employeur ne rapportait pas la preuve d'éléments étrangers à toute discrimination justifiant cette inégalité – la salariée, membre du comité de direction comme ses collègues avec lesquels elle se comparait, qui connaît une identité de niveau hiérarchique, de classification, de responsabilités, ainsi qu'une importance comparable dans le fonctionnement de l'entreprise, chacune d'elles exigeant en outre des capacités comparables et représentant une charge nerveuse du même ordre, qui perçoit une rémunération inférieure. • Soc. 6 juill. 2010 : *D. 2010. Actu. 1883, obs. Perrin ; RDT 2010. 723, obs. Aubert-Monpeyssen ; Dr. ouvrier 2010. 538, obs. Lanquetin ; RJS 2010. 694, n° 764 ; JS Lamy 2010, n° 285-3, obs. Tourreil ; Dr. soc. 2010. 1076, avis Zientara-Logeay.* ♦ Les juges du fond ne peuvent exclure l'application du principe d'égalité de traitement sans se livrer à une analyse comparée de la situation, des fonctions et des responsabilités d'une salariée, membre du comité de direction, avec celles des autres membres du comité de direction et sans rechercher si les fonctions respectivement exercées par les uns et les autres n'étaient pas de valeur égale à celles de l'intéressée. • Soc. 22 oct. 2014 : *Dalloz actualité, 3 déc. 2014, obs. Fraisse ; RJS 1/2015, n° 4 ; JS Lamy 2014, n° 377-378-7.* ♦ Comp. : l'employeur n'est tenu d'assurer l'égalité de rémunération entre hommes et femmes que pour un même travail ou pour un travail de valeur égale, et tel n'est pas le cas de salariés qui exercent des fonctions différentes ; le versement à une salariée exerçant les fonctions de directeur des ressources humaines d'une rémunération inférieure à celles de ses collègues masculins employés en qualité de directeur commercial, directeur industrie et directeur de projet n'est pas de nature à laisser présumer une discrimination fondée sur le sexe. • Soc. 26 juin 2008 : *D. 2008. AJ 2084 ; RDT 2008. 747, obs. Laulom ; RJS 2008. 1129, obs. Lanquetin ; RJS 2008. 814, n° 996 ; JS Lamy 2008, n° 241-3.*

2. Illustration. N'est pas justifiée la différence de rémunération entre opérateurs de laboratoire alors que les femmes travaillaient principalement de nuit comme les hommes, qu'elles avaient une ancienneté au moins égale à celle des hommes et que leurs fonctions réelles étaient de valeur égale à celles des hommes, l'apport de nouvelles techniques ayant pour effet de rendre les différents postes de travail sur machines d'une technicité équivalente. • Soc. 19 déc. 2000 : *D. 2001. IR 358 ; RJS 2001. 218, n° 305 ; Dr. soc. 2001. 314, obs. Radé.*

Art. L. 3221-5 **Les disparités de rémunération entre les établissements d'une même entreprise ne peuvent pas, pour un même travail ou pour un travail de valeur égale, être fondées sur l'appartenance des salariés de ces établissements à l'un ou l'autre sexe.** — *[Anc. art. L. 140-2, al. 4.] — V. art. L. 3222-1 (pén.).*

Art. L. 3221-6 **Les différents éléments composant la rémunération sont établis selon des normes identiques pour les femmes et pour les hommes.**

Les catégories et les critères de classification et de promotion professionnelles ainsi que toutes les autres bases de calcul de la rémunération, notamment les modes d'évaluation des emplois, *(L. n° 2014-873 du 4 août 2014, art. 2 et 5)* « sont établis selon des règles qui assurent l'application du principe fixé à l'article L. 3221-2.

« A l'issue des négociations mentionnées à l'article L. 2241-7, les organisations liées par une convention de branche ou, à défaut, par des accords professionnels remettent à la Commission nationale de la négociation collective et au Conseil supérieur de l'égalité professionnelle entre les femmes et les hommes un rapport sur la révision des catégories professionnelles et des classifications, portant sur l'analyse des négociations réalisées et sur les bonnes pratiques. » – *V. art. L. 3222-1 (pén.).*

Art. L. 3221-7 Est nulle de plein droit toute disposition figurant notamment dans un contrat de travail, une convention ou accord collectif de travail, un accord de salaires, un règlement ou barème de salaires résultant d'une décision d'un employeur ou d'un groupement d'employeurs et qui, contrairement aux articles L. 3221-2 à L. 3221-6, comporte, pour un ou des salariés de l'un des deux sexes, une rémunération inférieure à celle de salariés de l'autre sexe pour un même travail ou un travail de valeur égale.

La rémunération plus élevée dont bénéficient ces derniers salariés est substituée de plein droit à celle que comportait la disposition entachée de nullité. – *[Anc. art. L. 140-4.] – V. art. L. 3222-1 (pén.).*

COMMENTAIRE

V. Dalloz.fr et applications mobiles Dalloz.

Art. L. 3221-8 Lorsque survient un litige relatif à l'application du présent chapitre, les règles de preuve énoncées à l'article L. 1144-1 s'appliquent. – *[Anc. art. L. 140-8.]*

COMMENTAIRE

V. Dalloz.fr et applications mobiles Dalloz.

Principe. Il appartient au salarié qui se prétend lésé par une mesure discriminatoire de soumettre au juge des éléments de fait susceptibles de caractériser une atteinte au principe d'égalité de traitement entre hommes et femmes et il incombe à l'employeur, s'il conteste le caractère discriminatoire de cette mesure, d'établir que la disparité de situation ou la différence de rémunération constatée est justifiée par des critères objectifs, étrangers à toute discrimination fondée sur le sexe. • Soc. 28 sept. 2004, n° 03-41.825 P : *Dr. soc. 2004. 1144, obs. Radé ; RJS 2004. 905, n° 1287 ; Dr. ouvrier 2005. 65* • 23 nov. 1999, n° 97-42.940 P : *D. 2000. IR 46 ; RJS 2000. 350, n° 498 (1re esp.) ; Dr. soc. 2000. 589, obs. Lanquetin* (discrimination fondée sur le sexe) • 28 mars 2000, n° 97-45.258 P : *RJS 2000. 350, n° 498 (2e esp.) ; Dr. soc. 2000. 589, obs. Lanquetin.*

Art. L. 3221-9 Les *(L. n° 2016-1088 du 8 août 2016, art. 113)* « agents de contrôle de l'inspection du travail mentionnés à l'article L. 8112-1 » *(Abrogé par L. n° 2011-525 du 17 mai 2011, art. 170) « , les inspecteurs des lois sociales en agriculture »* ou, le cas échéant, les autres fonctionnaires de contrôle assimilés sont chargés, dans le domaine de leurs compétences respectives, concurremment avec les officiers et agents de police judiciaire, de constater les infractions à ces dispositions. – *[Anc. art. L. 140-6.]*

Art. L. 3221-10 Un décret en Conseil d'État détermine les modalités d'application du présent chapitre. – *V. art. R. 3221-1 s.*

CHAPITRE II **DISPOSITIONS PÉNALES**

Art. L. 3222-1 Les dispositions des articles 132-58 à 132-62 du code pénal relatives à l'ajournement du prononcé de la peine sont applicables dans le cas de poursuites pour infraction aux dispositions des articles L. 3221-2 à L. 3221-7, sous réserve des mesures particulières prévues par le présent article.

L'ajournement comporte injonction à l'employeur de définir, après consultation du comité d'entreprise ou, à défaut, des délégués du personnel, et dans un délai déterminé, les mesures propres à assurer dans l'entreprise en cause le rétablissement de l'égalité professionnelle entre les femmes et les hommes. L'ajournement peut comporter également injonction à l'employeur d'exécuter dans le même délai les mesures définies.

Le juge peut ordonner l'exécution provisoire de sa décision. – *[Anc. art. L. 154-1.]*

Art. L. 3222-2 A l'audience de renvoi et au vu des mesures définies et, le cas échéant, exécutées par l'employeur, la juridiction apprécie s'il y a lieu de prononcer une dispense de peine ou d'infliger les peines prévues par la loi.

Toutefois, dans le cas où le délai prévu au deuxième alinéa de l'article L. 3222-1 n'a pas été respecté, la juridiction peut prononcer un nouvel et dernier ajournement et impartir un nouveau délai au prévenu pour exécuter l'injonction. – *[Anc. art. L. 154-1.]*

TITRE TROISIÈME **DÉTERMINATION DU SALAIRE**

CHAPITRE PREMIER **SALAIRE MINIMUM INTERPROFESSIONNEL DE CROISSANCE**

COMMENTAIRE

V. Dalloz.fr et applications mobiles Dalloz 🏛.

SECTION PREMIÈRE **CHAMP D'APPLICATION**

Art. L. 3231-1 Les dispositions du présent chapitre sont applicables, outre aux employeurs et salariés mentionnés à l'article L. 3211-1, au personnel des établissements publics à caractère industriel et commercial et au personnel de droit privé des établissements publics administratifs. – *V. art. R. 3233-1 (pén.).*

RÉP. TRAV. v° *Salaire (Fixation, montant),* par Bouilloux.

BIBL. GÉN. ▸ Boubli, *Dr. soc. 1985. 489 ; JCP S 2005. 1346* (SMIC et distributeurs de prospectus). - Bughin, *Travail et Emploi, 1989, n° 4, 69.* - Bughin et Payen, *Dr. soc. 1984. 747.* - Courthéoux, *ibid. 1978. 276 ; ibid. 1984. 100.* - Courthéoux et Lacombe, *ibid. 1972. 449.* - H. Duval, *JCP E 1989. II. 15464.* - G. Lyon-Caen, *D. 1970. Chron. 33.* - Milano, *Dr. soc. 1988. 523* (SMIC dans la CEE). - Roche, *ibid. 1988. 291.* - Savatier, *ibid. 1985. 811.*

COMMENTAIRE

V. Dalloz.fr et applications mobiles Dalloz 🏛.

I. CHAMP D'APPLICATION

1. Principe général du droit. L'obligation de rémunérer un salarié à un niveau au moins égal au salaire minimum de croissance est un principe général du droit. • CE 23 avr. 1982 : *D. 1983. 8, note J.-B. Auby.*

2. Principe d'ordre public. Un salarié a droit, quelles que soient les stipulations de son contrat de travail, à une rémunération au moins égale au SMIC. • Soc. 11 avr. 1996, n° 92-42.847 P : *D. 1996. IR 128* • 13 oct. 2004, n° 01-45.325 P : *Dr. soc. 2004. 1141, obs. Radé.* ♦ Et ce, sauf les cas où la loi en dispose autrement. • Soc. 10 nov. 2004, n° 02-41.881 P : *Dr. soc. 2005. 216, obs. Radé.*

3. Les arrêtés ministériels sur les salaires ne restent en vigueur, selon la loi du 11 févr. 1950, que jusqu'à l'intervention de conventions collectives quels qu'aient été les usages de la profession et peu important qu'ils eussent été plus ou moins avantageux pour les salariés. • Soc. 26 oct. 1979 : *Juri-social 1980, F. 9.*

4. Travailleurs concernés. Le SMIC s'applique notamment aux : agents non titulaires d'une commune. • CE 23 avr. 1982 : *préc. note 1.* ♦ ... Concierges d'immeuble. • Soc. 23 juin 1982 : *Bull. civ. V, n° 411.* ♦ ... Employés de maison. • Soc. 31 mars 1982 : *Bull. civ. V, n° 242.* ♦ ... Gérants de station-service. • Soc. 7 mars 1979 : *Bull. civ. V, n° 213 ; D. 1979. IR 395.* ♦ ... Aux contrats de travail maritime. • Soc. 1er avr. 1992 : *Dr. soc. 1992. 665, note Eoche-Duval.* ♦ ... Aux agents commerciaux. • Soc. 11 avr. 1996 : *préc. note 2.* ♦ ... Au démarcheur salarié ou conseiller financier stagiaire ayant un superviseur attitré, qui effectue une partie de son travail dans les locaux de l'entreprise et dont le contrat prévoit une activité exclusive au service de l'employeur. • Soc. 13 oct. 2004, n° 01-45.325 P : *Dr. soc. 2004. 1141, obs. Radé.*

5. Les gérants non salariés de succursales de maisons d'alimentation ont droit au SMIC quelle que soit l'importance du déficit imputable à leur gestion, sauf faute lourde ; mais ils doivent, sauf convention contraire, assumer la charge de tout déficit d'inventaire. • Soc. 4 juill. 1987 : *Dr. soc. 1985. 811, note Savatier* • 4 déc. 1990, n° 88-18.497 P. ♦ Sur cette question, V. aussi • Soc. 19 nov. 1959 : *D. 1960. 74, note Lindon ; JCP 1960. II. 11397, note Bizière* • 28 avr. 1976 : *D. 1976. IR 153.* ♦ Un distributeur de prospectus payé au rendement doit percevoir une rémunération au moins équivalente au SMIC et ce, même s'il est libre de fixer ses périodes de distribution et qu'il n'est pas tenu d'exécuter sa prestation de travail dans une plage de temps déterminée par l'employeur. • Soc. 25 mai 2005 : *D. 2005. IR 1734* ; *Dr. soc. 2005. 924, obs. Radé* ; *RJS 2005. 610, n° 544* ; *JCP S 2005. 1033, note Darmaisin* ; *Dr. ouvrier 2005. 460, obs. Gourdol.*

6. *Exclusion.* Un représentant de commerce, libre d'organiser son activité sans être soumis à un horaire déterminé, ne peut prétendre au SMIC. • Soc. 10 nov. 1993 : *RJS 1993. 734, n° 1245.* ♦ Il peut y prétendre s'il est soumis à un horaire de travail déterminé. • Soc. 22 mai 1996, n° 95-40.200 P : *RJS 1996. 546, n° 857.*

II. CONDITION

7. *Salaire horaire.* Les termes « salaire horaire » ne sauraient être interprétés dans un sens restrictif comme désignant un mode de rémunération unique ; ils doivent s'entendre de salaires perçus par le salarié pour une heure de travail effectif quel que soit le mode de rémunération pratiqué. • Soc. 28 avr. 1956 : *Dr. soc. 1956. 485* • 16 déc. 1981 : *Bull. civ. V, n° 971* • 25 sept. 1990 : *ibid., n° 383* ; *D. 1990. IR 230* (salaires à la tâche).

8. *Travail effectif.* Sur la nécessité d'un travail effectif, V. • Soc. 18 mars 1970 : *Bull. civ. V, n° 206* • 11 févr. 1971 : *ibid., n° 112* • 30 juin 1988 : *ibid., n° 408.* ♦ En faveur de l'imputabilité sur le SMIC des indemnités de compensation pour réduction d'horaires, V. • Soc. 15 oct. 1987 : *Bull. civ. V, n° 576* ; *JS UIMM 1987. 522.*

9. *Aptitude.* La seule inexpérience ne saurait être assimilée à l'inaptitude physique. • Soc. 20 nov. 1959, n° 58-40.390 P.

III. ASSIETTE DE CALCUL

A. MINIMA CONVENTIONNELS

10. *Critères conventionnels.* Lorsqu'une convention collective détermine d'une manière limitative la liste des sommes devant être incluses dans l'assiette de calcul du minimum conventionnel, les compléments de rémunération qui ne sont pas mentionnés doivent logiquement être exclus par le juge. • Soc. 22 mai 2001 : *Dr. soc. 2001. 766, obs. Radé*. ♦ Lorsqu'une convention collective détermine d'une manière limitative la liste des sommes devant être exclues de l'assiette de calcul du minimum conventionnel, les juges d'appel ne peuvent exclure d'autres commissions perçues par le salarié. • Soc. 7 mai 2002 : *Dr. soc. 2002. 776, obs. Radé* • 2 avr. 2003 : *Dr. soc. 2003. 661, obs. Radé*.

11. *Critères judiciaires.* Toutes les sommes perçues par le salarié en contrepartie ou à l'occasion de son travail doivent être prises en considération pour apprécier s'il a perçu le salaire minimum prévu par la convention collective. • Soc. 15 févr. 1979 : *Bull. civ. V, n° 140.* ♦ Sont inclus dans le calcul du minimum conventionnel : la prime de chiffre d'affaires et la prime de rendement. • Soc. 8 nov. 1972, (2 arrêts) : *Bull. civ. V, n° 604.* ♦ ... La prime de treizième mois. • Soc. 13 oct. 1971 : *Bull. civ. V, n° 560* • 15 févr. 1979 : *préc.* • 16 mars 1989 : *JS UIMM 1989. 238.* ♦... Sauf volonté contraire des parties. • Soc. 3 juill. 1990 : *JS UIMM 1990. 313* • 22 janv. 1991, n° 87-45.285 P. ♦ ... Les pourcentages sur les ventes. • Soc. 23 juin 1971 : *Bull. civ. V, n° 470.* ♦ ... Les tantièmes versés aux vendeuses. • Cass., ass. plén., 6 févr. 1976 : *GADT, 4e éd., n° 20* ; *Dr. soc. 1976. 472, note Savatier* ; *JCP 1976. II. 18481, note Groutel.* ♦ ... Les indemnités de compensation en cas de réduction d'horaires. • Soc. 19 mars 1985 : *Bull. civ. V, n° 192* ; *Dr. soc. 1985. 489, rapp. Boubli* • 15 oct. 1987 : *D. 1987. IR 233.* ♦ ... L'avantage versé mensuellement mais calculé annuellement selon le mérite du salarié. • Soc. 6 juill. 1994 : *RJS 1994. 672, n° 1138.* ♦ ... La prime contractuelle allouée en fonction de la réalisation d'objectifs, pour les mois où elle est versée. • Soc. 4 juin 2002, n° 00-41.140 P : *Dr. soc. 2002. 895, obs. Radé* ; *RJS 2002. 747, n° 974.* ♦ Sont exclues les primes de rendement ou d'assiduité prévues au contrat de travail. • Soc. 19 mars 1986 : *JS UIMM 1986. 237.* ♦ ... Une prime d'ancienneté. • Soc. 1er juin 1983 : *JS UIMM 1983. 300.* ♦ ... Une prime « manifestant la reconnaissance de l'effort et/ou de la performance au cours de l'année passée ». • Soc. 20 avr. 2005 : *RJS 2005. 537, n° 739.*

B. SMIC

1° SOMMES VERSÉES EN CONTREPARTIE DU TRAVAIL

a. Sommes exclues

12. *Primes.* Une prime d'ancienneté, qui n'est pas versée en contrepartie du travail mais pour récompenser la stabilité des salariés, n'a pas à être prise en compte pour le calcul du SMIC. • Soc. 19 juin 1996 : *RJS 1996. 667, n° 1048.* – Déjà dans le même sens : • Soc. 1er juin 1983 : *D. 1984. IR 367, obs. Langlois* ; *JCP E 1984. II. 14312, note Vachet* • 7 janv. 1985 : *Bull. civ. V, n° 3* ; *Dr. soc. 1985. 811, note Savatier* • Crim. 3 janv. 1986 : *Bull. crim. n° 4* ; *JS UIMM 1986. 27* • 27 janv. 1987 : *Bull. crim. n° 46.* ♦ Même solution pour la prime d'assiduité. • Soc. 6 févr. 1985 : *Dr. soc. 1985. 811, note Savatier* • 19 mars 1955 : *Bull. civ. IV, n° 192* • Crim. 27 janv. 1987 : *préc.* • Soc. 19 juin 1996 : *préc.* • 27 mai 1997 : *D. 1997. IR 143* ; *Dr. soc. 1997. 733, note Savatier* ; *RJS 1997. 515, n° 793.* ♦ ... Une prime de fin d'année. • Soc. 29 nov. 1988 : *CSB 1989. 41.* ♦ ... Une prime de rythme liée au caractère contraignant du rythme de travail imposé, ou la majoration de rémunération pour travail des dimanches ou des jours fériés déterminée en fonction du rythme, dès lors qu'elles ne constituent pas une contrepartie du travail, mais la compensation de sujétions particulières. • Soc. 29 mars 1995 : *D. 1995. Somm. 372, obs. Bouilloux ; Dr. soc. 1995. 503 ; RJS 1995. 346, n° 514.* ♦ ... La prime fondée sur les résultats financiers de l'entreprise et dépendant de facteurs sur lesquels les salariés n'avaient pas d'influence et qui était susceptible d'être remise en cause, voire suspendue, en cas de mauvais résultats de la société. • Crim. 5 nov. 1996 : *Bull. crim. n° 393 ; RJS 1997. 101, n° 145.* ♦ ... Une prime d'activité. • Soc. 27 mai 1997 : *préc.* ♦ ... La prime compensatrice de l'obligation de non-concurrence. • Soc. 14 janv. 1988, n° 85-42.047 P.

13. Rémunération des temps de pause. Lorsque les pauses ne constituent pas du temps de travail effectif, les primes les rémunérant, qui ne sont pas la contrepartie du travail et dont la détermination dépend de facteurs généraux sur lesquels les salariés n'influent pas, sont exclues du salaire devant être comparé au SMIC. • Soc. 13 juill. 2010 : *Dalloz actualité, 3 sept. 2010, obs. Perrin ; RJS 2010. 693, n° 762 ; Dr. soc. 2010. 1112, obs. Radé.* ♦ Lorsque les temps de pause correspondent à un repos obligatoire durant lequel les salariés ne sont plus à la disposition de leur employeur, les primes les rémunérant, qui ne correspondent ni à un travail effectif ni à un complément de salaire, sont exclues du salaire devant être comparé au salaire minimum de croissance. • Soc. 9 nov. 2010 : *JCP S 2011. 1193, note Lahalle* • Crim. 15 févr. 2011 : *D. 2011. Actu. 683, obs. Astaix ; RDT 2011. 319, obs. Pignarre ; Dr. soc. 2011. 719, obs. Duquesne ; Dr. ouvrier 2011. 385, obs. Desrues ; JS Lamy 2011, n° 297-5 ; JCP S 2011. 1193, note Lahalle.*

14. Frais professionnels. Les frais qu'un salarié justifie avoir exposés pour les besoins de son activité professionnelle et dans l'intérêt de l'employeur doivent être remboursés sans qu'ils puissent être imputés sur la rémunération qui lui est due, à moins qu'il n'ait été contractuellement prévu qu'il en conserverait la charge moyennant le versement d'une somme fixée à l'avance de manière forfaitaire et à la condition que la rémunération proprement dite du travail reste au moins égale au SMIC. • Soc. 10 nov. 2004, n° 02-41.881 P : *Dr. soc. 2005, obs. Radé ; Sem. soc. Lamy 2004, n° 1193, p. 12* • 9 janv. 2001 : *Dr. soc. 2001. 441, obs. Mouly ; RTD civ. 2001. 699, obs. Molfessis.*

b. Sommes incluses

15. Variétés. Sont constitutifs d'un complément de salaire : l'indemnité compensatrice de réduction d'horaire et l'indemnité de transport. • Soc. 12 févr. 1985 : *Dr. soc. 1985. 811, note Savatier.* ♦ ... La prime de chauffage. • Soc. 9 mars 1989 : *JS UIMM 1989. 278.* ♦ ... L'indemnité de panier pour la fraction représentant un complément de salaire. • Soc. 26 mai 2004 : *RJS 2004. 623, n° 913.* ♦ ... La prime d'hôtesse enquêtrice. • Soc. 13 mars 1990, n° 87-41.726 P : *D. 1990. IR 114.* ♦ ... La prime de polyvalence compensant la formation du salarié à plusieurs postes de travail et la part de rémunération résultant de ses performances de travail. • Soc. 29 mars 1995 : *D. 1995. Somm. 372, obs. Bouilloux ; Dr. soc. 1995. 503.* ♦ ... La prime de bilan. • Soc. 14 mai 1987, n° 84-43.769 P. • 4 juin 2002 : *Dr. soc. 2002. 895, obs. Radé.* ♦ ... Le « complément métier perçu dès lors que l'agent « exécute, pendant au moins la moitié de son temps, ses tâches au contact de la clientèle ». • Soc. 14 nov. 2012 : *Dalloz actualité, 11 déc. 2012, obs. Siro ; D. 2012. Actu. 2743 ; Dr. soc. 2013. 88, obs. Radé.* ♦ Le fait qu'une prime ait pour objectif le maintien du pouvoir d'achat n'exclut pas qu'elle soit versée en contrepartie du travail ; elle doit donc être prise en compte dans la rémunération à comparer avec le salaire minimum garanti. • Soc. 7 avr. 2010 : *Dr. soc. 2010. 712, obs. Radé ; RJS 6/2010, n° 516 ; JCP S 2010. 1286, obs. Everaert-Dumont.* ♦ ... La prime de bonus déterminée en fonction du tonnage produit auquel participait le salarié constitue la contrepartie d'un travail et doit être prise en compte au titre du SMIC. • Soc. 4 févr. 2015, n° 13-18.523 P : *Dalloz actualité, 20 févr. 2015, obs. Peyronnet ; D. 2015. Pan. 834, obs. Lokiec ; RJS 4/2015, n° 257 ; JCP S 2015. 1202, obs. Chenu.*

2° CARACTÈRE PÉRIODIQUE OU ALÉATOIRE DU PAIEMENT

16. Inclusion. Une rémunération mensuelle forfaitaire compensant l'amplitude de la journée de travail doit être incluse dans le calcul du SMIC, dès lors qu'elle était garantie dans les mêmes conditions que le salaire de base, qu'elle présentait un caractère uniforme et forfaitaire et constituait une rémunération sur laquelle le salarié pouvait compter. • Crim. 18 juill. 1991 : *CSB 1991. 205, S. 123 ; RJS 1991. 605, n° 1155.*

17. Exclusion. Ne peut être prise en considération la prime de treizième mois devant être payée annuellement et par référence à un salaire qui n'est connu qu'à la fin de l'année. • Crim. 27 janv. 1987 : *Bull. crim. n° 46 ; Dr. ouvrier 1987. 404.* ♦ V. aussi : • Soc. 18 mars 1986 : *JS UIMM 1987. 237* • 15 oct. 1987 : *Bull. civ. V, n° 576 ; JS UIMM 1987. 522* • 3 mars 1988 : *JS UIMM 1988. 125* (non-inclusion d'une prime de treizième mois instituée par un accord d'entreprise qui en faisait une obligation contractuelle pour l'employeur). ♦ Comp. • Soc. 17 mars 1988 : *Bull. civ. V, n° 187 ; JS UIMM 1988. 317,* admettant la prise en compte des primes de treizième mois et de vacances les mois où elles sont versées. – Dans le même sens : • Soc. 2 mars 1994, n° 89-45.881 P : *Dr. soc. 1994. 372 ; RJS 1994. 269, n° 412.* ♦ Comp. notes ss. art. L. 3211-1. ♦ Une prime de « non-accident » qui présente un caractère aléatoire dès lors qu'un simple accident entraîne la suppression de son paiement même si l'intéressé n'a commis aucun manquement à ses obligations professionnelles ou s'il n'encourt aucune responsabilité dans l'accident ne constitue pas un complément de salaire. • Soc. 3 juill. 2001 : *Dr. soc. 2001. 1004, obs. Radé*. ♦ La prime conventionnelle ayant pour objet de compenser la cherté de la vie dans les départements d'outre-mer ne constitue pas un complément de salaire puisque non perçue en contrepartie du travail. • Soc. 4 mars 2003 : *Dr. soc. 2003. 658, obs. Radé*.

IV. PAIEMENT

18. L'employeur n'a pas la faculté de différer le paiement du SMIC en pratiquant une compensation d'une période de paie sur l'autre. • Soc. 29 janv. 2002, nº 99-44.842 P : *Dr. soc. 2002. 460, obs. Radé*.

SECTION II **PRINCIPES**

Art. L. 3231-2 Le salaire minimum de croissance assure aux salariés dont les rémunérations sont les plus faibles :

1º La garantie de leur pouvoir d'achat ;

2º Une participation au développement économique de la nation. — *[Anc. art. L. 141-2.] — V. art. R. 3233-1 (pén.).*

Art. L. 3231-3 Sont interdites, dans les conventions ou accords collectifs de travail, les clauses comportant des indexations sur le salaire minimum de croissance ou des références à ce dernier en vue de la fixation et de la révision des salaires prévus par ces conventions ou accords. — *[Anc. art. L. 141-9.] — V. art. R. 3233-1 (pén.).*

SECTION III **MODALITÉS DE FIXATION**

SOUS-SECTION 1 **GARANTIE DU POUVOIR D'ACHAT DES SALARIÉS**

Art. L. 3231-4 La garantie du pouvoir d'achat des salariés prévue au 1º de l'article L. 3231-2 est assurée par l'indexation du salaire minimum de croissance sur l'évolution de l'indice national des prix à la consommation institué comme référence par voie réglementaire. — *[Anc. art. L. 141-3, al. 1er début.] — V. art. R. 3231-2, R.* 3231-2-1 et R. 3233-1 (pén.).*

Art. L. 3231-5 Lorsque l'indice national des prix à la consommation atteint un niveau correspondant à une hausse d'au moins 2 % par rapport à l'indice constaté lors de l'établissement du salaire minimum de croissance immédiatement antérieur, le salaire minimum de croissance est relevé dans la même proportion à compter du premier jour du mois qui suit la publication de l'indice entraînant ce relèvement. — *[Anc. art. L. 141-3, al. 2.] — V. art. R. 3233-1 (pén.).*

SOUS-SECTION 2 **PARTICIPATION DES SALARIÉS AU DÉVELOPPEMENT ÉCONOMIQUE DE LA NATION**

Art. L. 3231-6 La participation des salariés au développement économique de la nation prévue au 2º de l'article L. 3231-2 est assurée, indépendamment de l'application de l'article L. 3231-4, par la fixation du salaire minimum de croissance, chaque année avec effet au *(L. nº 2008-1258 du 3 déc. 2008)* « 1er janvier ». — *[Anc. art. L. 141-4, al. 1.] — V. art. R. 3233-1 (pén.).*

Art. L. 3231-7 Le taux du salaire minimum de croissance est fixé par voie réglementaire à l'issue d'une procédure déterminée par décret. — *[Anc. art. L. 141-4, al. 4.] — V. art. R. 3231-7 et R. 3233-1 (pén.).*

A compter du 1er janv. 2017, pour les catégories de travailleurs mentionnés à l'art. L. 2211-1, le montant du salaire minimum de croissance est porté à 9,76 € l'heure (Décr. nº 2016-1818 du 22 déc. 2016, JO 23 déc.).

Art. L. 3231-8 En aucun cas, l'accroissement annuel du pouvoir d'achat du salaire minimum de croissance ne peut être inférieur à la moitié de l'augmentation du pouvoir d'achat des salaires horaires moyens enregistrés par l'enquête trimestrielle du ministère chargé du travail.

L'indice de référence peut être modifié par voie réglementaire. – *[Anc. art. L. 141-5.] – V. art. R. 3233-1 (pén.).*

Art. L. 3231-9 Les relèvements annuels successifs du salaire minimum de croissance doivent tendre à éliminer toute distorsion durable entre sa progression et l'évolution des conditions économiques générales et des revenus. – *V. art. R. 3233-1 (pén.).*

SOUS-SECTION 3 AUTRES MODALITÉS DE FIXATION

Art. L. 3231-10 En cours d'année, le salaire minimum de croissance peut être porté, par voie réglementaire, à un niveau supérieur à celui qui résulte de l'application des dispositions de l'article L. 3231-5. – *V. art. R. 3233-1 (pén.).*

Art. L. 3231-11 Les améliorations du pouvoir d'achat intervenues en application de l'article L. 3231-10 depuis le *(L. n° 2008-1258 du 3 déc. 2008)* « 1er janvier » de l'année précédente entrent en compte pour l'application, lors de la fixation annuelle du salaire minimum de croissance, de la règle fixée à l'article L. 3231-8. – *V. art. R. 3233-1 (pén.).*

SECTION IV MINIMUM GARANTI

Art. L. 3231-12 Un minimum garanti est déterminé en fonction de l'évolution de l'indice national des prix à la consommation par application des dispositions de l'article L. 3231-4. Il intervient notamment pour l'évaluation des avantages en nature.

Ce minimum garanti peut être porté, par voie réglementaire, à un niveau supérieur à celui résultant de l'application du premier alinéa. – *V. art. R. 3231-17 et R. 3233-1 (pén.).*

A compter du 1er janv. 2017, le montant du minimum garanti est fixé à 3,54 € (Décr. n° 2016-1818 du 22 déc. 2016, JO 23 déc.).

CHAPITRE II RÉMUNÉRATION MENSUELLE MINIMALE

RÉP. TRAV. v° *Salaire (Fixation, montant)*, par BOUILLOUX.

SECTION PREMIÈRE DISPOSITIONS GÉNÉRALES

Art. L. 3232-1 Tout salarié dont l'horaire de travail est au moins égal à la durée légale hebdomadaire, perçoit, s'il n'est pas apprenti, une rémunération au moins égale au minimum fixé dans les conditions prévues à la section II.

Ces dispositions ne s'appliquent pas aux salariés temporaires. – *[Anc. art. L. 141-10.] – V. art. R. 3233-1 (pén.).*

Art. L. 3232-2 Le gouvernement présente chaque année, en annexe au projet de loi de finances, un rapport sur l'application du présent chapitre indiquant notamment :

1° Le nombre de salariés bénéficiaires de l'allocation complémentaire établie par l'article L. 3232-5 ;

2° Le coût du versement de l'allocation prévue au 1° pour l'année écoulée ;

3° Le nombre de bénéficiaires des allocations publiques de chômage total et des allocations publiques *(L. n° 2013-504 du 14 juin 2013, art. 16-VII)* « d'activité partielle » ainsi que les mesures prises en application de l'article L. 3232-9. – *[Anc. art. L. 141-17.]*

SECTION II MODALITÉS DE FIXATION

Art. L. 3232-3 La rémunération mensuelle minimale est égale au produit du montant du salaire minimum de croissance tel qu'il est fixé en application des articles L. 3231-2 à L. 3231-12, par le nombre d'heures correspondant à la durée légale hebdomadaire pour le mois considéré.

Elle ne peut excéder, après déduction des cotisations obligatoires retenues par l'employeur, la rémunération nette qui aurait été perçue pour un travail effectif de même durée payé au taux du salaire minimum de croissance. – *[Anc. art. L. 141-11, al. 1.]*

Période de référence. L'employeur qui verse certains mois une rémunération supérieure au minimum mensuel ne se libère pas pour autant de sa dette relative aux périodes pendant lesquelles une rémunération insuffisante a été acquittée. • Soc. 29 janv. 2002, ☏ n° 99-44.842 P : *D. 2002. IR 866* ✎ ; *RJS 2002. 338, n° 437.*

Art. L. 3232-4 La rémunération mensuelle minimale est réduite à due concurrence lorsque :

1° Au cours du mois considéré, le salarié a accompli un nombre d'heures inférieur à celui qui correspond à la durée légale hebdomadaire en cas de suspension du contrat de travail ;

2° Le contrat de travail a débuté ou s'est terminé au cours du mois considéré. – *[Anc. art. L. 141-11, al. 2 à 5.]*

1. Causes de réduction. Le salaire ne peut être réduit pour une autre cause que celles figurant à l'art. L. 141-11 [L. 3232-4 nouv.] ; l'affectation sur un chantier où l'horaire de travail est inférieur à la durée légale ne figure pas au nombre de ces causes. • Soc. 11 déc. 1990 : ☏ *RJS 1991. 104, n° 185 ; CSB 1991. 41, A. 14* • 25 mai 1993, ☏ n° 89-45.167 P : *RJS 1993. 452, n° 773.*

2. La rémunération mensuelle minimale d'un salarié étant réduite en cas de fermeture de l'entreprise pour congé annuel, le salarié ne peut prétendre qu'à une allocation pour privation partielle d'emploi, compte tenu de ses droits à congé. • Soc. 2 avr. 1992, ☏ n° 88-42.817 P : *D. 1992. IR 159 ; Dr. soc. 1992. 475.*

SECTION III **ALLOCATION COMPLÉMENTAIRE**

Art. L. 3232-5 Lorsque, par suite d'une réduction de l'horaire de travail au-dessous de la durée légale hebdomadaire pour des causes autres que celles énumérées à l'article L. 3232-4, un salarié a perçu au cours d'un mois, à titre de salaire et *(L. n° 2013-504 du 14 juin 2013, art. 16-VIII)* « d'indemnité d'activité partielle », une somme totale inférieure à la rémunération minimale, il lui est alloué une allocation complémentaire égale à la différence entre la rémunération minimale et la somme qu'il a effectivement perçue.

Pour l'application du présent chapitre, sont assimilées *(L. n° 2013-504 du 14 juin 2013, art. 16-VIII)* « à l'indemnité d'activité partielle » les indemnités pour intempéries prévues aux articles L. 5424-6 et suivants. – *[Anc. art. L. 141-12.] – V. art. R. 3232-1.*

Art. L. 3232-6 Les dispositions fiscales et sociales relatives aux allocations et contributions prévues à l'article L. 5428-1 sont applicables à l'allocation complémentaire. – *[Anc. art. L. 141-13.]*

Art. L. 3232-7 L'allocation complémentaire est à la charge de l'employeur. – *[Anc. art. L. 141-14, al. 1, phrase 1.]*

SECTION IV *[ABROGÉE]* **REMBOURSEMENT PAR L'ÉTAT**

(Abrogée par L. n° 2013-504 du 14 juin 2013, art. 16-IX)

Art. L. 3232-8 *L'État rembourse à l'employeur une fraction de l'allocation complémentaire. Le montant cumulé de ce remboursement et de l'allocation de chômage partiel prévue à l'article L. 5122-1 ne peut excéder la moitié de la différence entre la rémunération mensuelle minimale et le salaire net perçu par un travailleur. Ce salaire correspond au nombre d'heures pendant lesquelles celui-ci a effectivement travaillé au cours du mois considéré.* – [Anc. art. L. 141-14, al. 1, phrase 2, et al. 2.]

SECTION V **DISPOSITIONS D'APPLICATION**

Art. L. 3232-9 Des décrets en Conseil d'État déterminent les modalités d'application du présent chapitre, notamment :

1° Les conditions, les modalités et les délais de remboursement par l'État de la part lui incombant dans l'allocation complémentaire ;

2° En tant que de besoin, les modalités particulières applicables aux salariés de l'agriculture, aux salariés du bâtiment et des travaux publics, aux marins professionnels, aux dockers professionnels, aux salariés travaillant à domicile, aux salariés intermittents, aux travailleurs handicapés, ainsi qu'aux salariés saisonniers pendant la période normale de leur activité. Ces décrets peuvent prévoir le calcul de la rémunération minimale sur une période autre que mensuelle. – *[Anc. art. L. 141-16.] – V. art. R. 3232-1.*

CHAPITRE III **DISPOSITIONS PÉNALES**

Le présent chapitre ne comprend pas de dispositions législatives.

TITRE QUATRIÈME **PAIEMENT DU SALAIRE**

RÉP. TRAV. v° *Salaire (Paiement)*, par DEBORD.

CHAPITRE PREMIER **DISPOSITIONS GÉNÉRALES**

Art. L. 3241-1 Sous réserve des dispositions législatives imposant le paiement des salaires sous une forme déterminée, le salaire est payé en espèces ou par chèque barré ou par virement à un compte bancaire ou postal.

Toute stipulation contraire est nulle.

En dessous d'un montant mensuel déterminé par décret, le salaire est payé en espèces au salarié qui le demande.

Au-delà d'un montant mensuel déterminé par décret, le salaire est payé par chèque barré ou par virement à un compte bancaire ou postal. – *[Anc. art. L. 143-1.] – V. art. R. 3246-1 (pén.).*

Au-delà d'un montant mensuel fixé par décret, le paiement des traitements et salaires doit être effectué par chèque barré ou par virement à un compte bancaire ou postal ou à un compte tenu par un établissement de paiement (art. L. 112-6, al. 2, C. mon. fin.) – Montant fixé à 1 500 € par Décr. n° 85-1073 du 7 oct. 1985, mod. par Décr. n° 2001-96 du 2 févr. 2001.

COMMENTAIRE

V. Dalloz.fr et applications mobiles Dalloz

1. Salaires visés. L'art. L. 143-1 [L. 3241-1 nouv.] ne vise pas les salaires non échus dont le paiement peut être réalisé au moyen d'effets de commerce. • Soc. 11 oct. 1957 : *Bull. civ. IV, n° 949.*

2. Paiement en monnaie étrangère. Sur le paiement du salaire en monnaie étrangère, V. • Soc. 20 janv. 1961 : *Bull. civ. IV, n° 96* • 22 juin 1993 : *RJS 1993. 589, n° 987* (règles de conversion).

3. Salaire quérable. A défaut de convention entre les parties, le salaire est quérable. • Soc. 11 avr. 1991, n° 89-43.337 P : *RJS 1991. 442, n° 844.*

4. Inscription à un compte courant. L'inscription d'une créance de salaire en compte courant, qui équivaut à un paiement, fait perdre à la créance son individualité et la transforme en simple article du compte courant dont seul le solde peut constituer une créance exigible entre les parties. • Soc. 15 oct. 2002, n° 00-41.975 P : *Dr. soc. 2002. 1142, obs. Radé.* ♦ Un compte courant ne peut fonctionner qu'en vertu d'une convention entre les parties ; les remises sur le compte doivent être faites avec l'accord exprès du salarié. • Soc. 23 févr. 2005, n° 03-40.482 P : *D. 2005. IR 799 ; RJS 2005. 410, n° 584.*

5. Salaire et groupe de sociétés. La reconnaissance d'une UES entre plusieurs sociétés n'a pas pour effet de transférer les contrats de travail et le salarié d'une entreprise, ferait-elle partie, d'un groupe ne peut diriger une demande salariale que contre son employeur. • Soc. 12 juill. 2006 : *D. 2006. IR 2210 ; Dr. soc. 2006. 1065, obs. Savatier ; JS Lamy 2006, n° 197-6.*

CHAPITRE II **MENSUALISATION**

COMMENTAIRE

V. Dalloz.fr et applications mobiles Dalloz

Art. L. 3242-1 La rémunération des salariés est mensuelle et indépendante, pour un horaire de travail effectif déterminé, du nombre de jours travaillés dans le mois. Le paiement mensuel neutralise les conséquences de la répartition inégale des jours entre les douze mois de l'année.

Pour un horaire équivalent à la durée légale hebdomadaire, la rémunération mensuelle due au salarié se calcule en multipliant la rémunération horaire par les 52/12 de la durée légale hebdomadaire.

Le paiement de la rémunération est effectué une fois par mois. Un acompte correspondant, pour une quinzaine, à la moitié de la rémunération mensuelle, est versé au salarié qui en fait la demande.

Ces dispositions ne s'appliquent pas aux salariés travaillant à domicile, aux salariés saisonniers, aux salariés intermittents et aux salariés temporaires. – *[Anc. art. 1, al. 1er, 2 et 6, L. n° 78-49 du 19 janv. 1978.]*

BIBL. ▶ BURNOT, *Dr. soc. 1979. 396* (bilan de la mensualisation). – DESSET, *RPDS 1978. 319.*

COMMENTAIRE

V. Dalloz.fr et applications mobiles Dalloz.

1. Exclusion des gratifications annuelles. Les dispositions de l'art. L. 143-2 [L. 3242-1 nouv.] ne sont pas applicables aux gratifications annuelles variables dans leur montant. • Soc. 18 juin 1981 : *Bull. civ. V, n° 571.*

2. Salariés mensualisés. La rémunération d'un salarié mensualisé revêt un caractère forfaitaire et est indépendante du nombre de jours travaillés dans le mois, peu important la répartition des jours ouvrables selon les mois et les années. • Soc. 22 juin 1983 : *Bull. civ. V, n° 351 ; D. 1984. IR 363, obs. Langlois* • 16 févr. 1994 : *Dr. soc. 1994. 373 ; RJS 1994. 269, n° 414.* ♦ Pour apprécier si le salarié a reçu la rémunération minimale résultant de la mensualisation, il convient de se référer à l'horaire hebdomadaire de travail. • Soc. 29 mars 1995 : *Dr. soc. 1995. 504.*

3. La loi sur la mensualisation du 19 janv. 1978 n'exclut pas les salariés sous contrat à durée déterminée du bénéfice de ses dispositions. • Soc. 9 avr. 1996, n° 92-43.458 P.

4. Paiement à l'échéance. L'employeur n'a pas la faculté de différer le paiement du salaire au-delà du délai mensuel prévu. • Soc. 17 déc. 1987 : *Dr. ouvrier 1988. 346, note Henry.* – Dans le même sens : • Soc. 2 déc. 1992 : *Dr. soc. 1993. 183.* ♦ Les créances salariales ne sont pas susceptibles de délai de paiement au titre de l'art. 1244 (1244-1) C. civ. • Soc. 18 nov. 1992, n° 91-40.596 P : *Dr. soc. 1993. 61 ; RJS 1993. 38, n° 39.*

Art. L. 3242-2 **La mensualisation n'exclut pas les divers modes de calcul du salaire aux pièces, à la prime ou au rendement.** – *[Anc. art. 1, al. 1, 2 et 6, L. n° 78-49 du 19 janv. 1978.]*

Art. L. 3242-3 **Les salariés ne bénéficiant pas de la mensualisation sont payés au moins deux fois par mois, à seize jours au plus d'intervalle.** – *[Anc. art. 1, al. 5, L. n° 78-49 du 19 janv. 1978.] – V. art. R. 3246-1 (pén.).*

Art. L. 3242-4 **Pour tout travail aux pièces dont l'exécution dure plus d'une quinzaine, les dates de paiement peuvent être fixées d'un commun accord. Toutefois, le salarié reçoit des acomptes chaque quinzaine et est intégralement payé dans la quinzaine qui suit la livraison de l'ouvrage.** – *[Anc. art. L. 143-2, al. 2, phrase 1.] – V. art. R. 3246-1 (pén.).*

CHAPITRE III **BULLETIN DE PAIE**

Art. L. 3243-1 **Les dispositions du présent chapitre s'appliquent à toutes les personnes salariées ou travaillant à quelque titre ou en quelque lieu que ce soit pour un ou plusieurs employeurs et quels que soient le montant et la nature de leurs rémunérations, la forme, ou la validité de leur contrat.** – *[Anc. art. L. 143-3, al. 1.] – V. art. R. 3243-1 et R. 3246-3 (pén.).*

V. Circ. 30 juin 2005 relative à la simplification du bulletin de paie (JO 7 sept.).

BIBL. ▶ H. BLAISE et LORANS, *Dr. soc. 1992. 16.* – P. LYON-CAEN, *Dr. soc. 1999. 255* (présomption de paiement et acceptation du bulletin de paie). – SIGNORETTO, *RPDS 1986. 361.* – SINAY, *JCP 1960. I. 1586* (forfait). – WALLON, *Juri-soc. 1987, n° 10, 51.*

Existence d'un contrat de travail. L'obligation de délivrer un bulletin de paie n'existe qu'à l'égard des personnes unies à l'employeur par un contrat de travail. • Crim. 22 nov. 1956 : *Bull. crim. n° 775.* • 22 oct. 2002 : *Bull. crim. n° 192 ; JCP E 2004. 330, note Pomart* (conjoint de l'employeur travaillant dans une situation de subordination). ♦ Cette obligation subsiste après le décès du salarié au profit de ses ayants droit. • Crim. 5 déc. 1989 : *Bull. crim. n° 462.*

Art. L. 3243-2 **Lors du paiement du salaire, l'employeur remet aux personnes mentionnées à l'article L. 3243-1 une pièce justificative dite bulletin de paie.** *(Abrogé par L.*

nº 2016-1088 du 8 août 2016, art. 54, à compter du 1er janv. 2017) (L. nº 2009-526 du 12 mai 2009, art. 26) ***« Avec l'accord du salarié concerné, cette remise peut être effectuée sous forme électronique, dans des conditions de nature à garantir l'intégrité des données. »*** **Il ne peut exiger aucune formalité de signature ou d'émargement autre que celle établissant que la somme reçue correspond bien au montant net figurant sur ce bulletin.**

(L. nº 2016-1088 du 8 août 2016, art. 54, en vigueur le 1er janv. 2017) **« Sauf opposition du salarié, l'employeur peut procéder à la remise du bulletin de paie sous forme électronique, dans des conditions de nature à garantir l'intégrité, la disponibilité pendant une durée fixée par décret et la confidentialité des données ainsi que leur accessibilité dans le cadre du service associé au compte mentionné au 2° du II de l'article L. 5151-6. Un décret en Conseil d'État pris après avis de la Commission nationale de l'informatique et des libertés détermine les modalités de cette accessibilité afin de préserver la confidentialité des données. »** – *V. art. D. 3243-7 s.*

Les mentions devant figurer sur le bulletin ou y être annexées sont déterminées par décret en Conseil d'État. – *V. art. R. 3243-1.* – *V. art. R. 3246-2 (pén.).*

BIBL. ▸ Piette-Coudol, *JCP S 2010. 1440* (remise électronique du bulletin de paie).

COMMENTAIRE

V. Dalloz.fr et applications mobiles Dalloz.

1. Chèque emploi-service. L'utilisation d'un commun accord du chèque emploi-service dispense l'employeur de la remise d'un contrat de travail écrit et du bulletin de paie. • Soc. 27 oct. 2004, nº 03-48.234 P : *Dr. soc. 2005. 103, obs. Radé.*

2. Modalités de la remise. La loi n'imposant pas la remise en main propre, un bulletin de paie peut être envoyé par voie postale. • Soc. 7 juin 1995, nº 91-44.919 P : *Dr. soc. 1995. 1043 ; RJS 1995. 591, nº 901.* ♦ A défaut de remise du bulletin de paie au salarié, l'employeur doit le lui faire parvenir par tous moyens ; il ne peut se contenter de tenir le bulletin de paie à la disposition du salarié. • Soc. 19 mai 1998, nº 97-41.814 P : *Dr. soc. 1998. 723, obs. Marraud ; RJS 1998. 558, nº 865.*

3. Rémunération. Ni l'absence de mention d'heures supplémentaires sur les fiches de paie, ni le fait que des accords fussent intervenus sur la réduction d'horaires n'implique nécessairement l'existence d'un accord sur une rémunération forfaitaire. • Soc. 28 oct. 1981 : *Bull. civ. V, nº 839.* ♦ V. aussi : • Soc. 11 déc. 1980 : *Bull. civ. V, nº 885* (la convention de forfait ne se présume pas) • 11 oct. 1984 : *ibid., nº 371* (la preuve d'une convention de forfait peut être apportée conformément au droit commun). ♦ V. note 36 ss. art. L. 3211-1.

4. Emploi. La mention de l'emploi sur le bulletin de paie doit permettre de contrôler que la rémunération versée au salarié est conforme à sa qualification professionnelle ; le conseil de prud'hommes apprécie souverainement le montant du préjudice causé au salarié par l'omission de cette mention. • Soc. 22 mai 1986 : *Bull. civ. V, nº 243.* ♦ La modification de la qualification du salarié sur le bulletin de paie ne suffit pas à établir un accord de volonté des parties sur cette nouvelle classification. • Soc. 6 juill. 1976 : *Bull. civ. V, nº 415 ; D. 1978. 274, note J. Mouly.* – V. aussi : • Soc. 12 mai 1980 : *D. 1981. IR 132.*

5. C'est à l'employeur qui conteste la mention relative à l'emploi portée sur le bulletin de paie, de rapporter la preuve de son inexactitude au regard des fonctions exercées par la salariée. • Soc. 19 mars 2003 : *Dr. soc. 2003. 662, obs. Radé.*

6. Un rappel de primes dues sur plusieurs mois peut figurer sur un seul bulletin de paie établi lors de leur paiement. • Soc. 30 nov. 2010 : *JCP S 2011. 1093, obs. Tricoit.*

7. Convention collective. La mention de la convention collective sur le bulletin de paie vaut présomption de l'applicabilité de la convention collective à l'égard du salarié, l'employeur étant admis à apporter la preuve contraire. • Soc. 15 nov. 2007 : *GADT, 4e éd., nº 168 ; D. 2008. 325, note Reynès ; RDT 2008. 44, obs. Tissandier.* ♦ Comp. : La mention de la convention collective sur le bulletin de paie fait irréfragablement présumer la volonté de l'employeur d'en faire application dans l'entreprise. • Soc. 18 nov. 1998, nº 96-42.991 P : *JCP G 1999. II. 10088, note Lhernould* • 18 juill. 2000, nº 97-44.897 P : *Dr. soc. 2000. 921, obs. Frouin ; ibid. 1024, obs. Lhernould ; D. 2001. 1201, note Reynès.*

8. Mais l'application volontaire par un employeur d'une convention collective résultant de la mention dans un contrat de travail n'implique pas à elle seule l'engagement d'appliquer à l'avenir les dispositions de ses avenants, même lorsque cette mention est reproduite sur les bulletins de salaire ultérieurs. • Soc. 21 oct. 1998, nº 97-44.337 P : *Dr. soc. 1999. 103, obs. Bélier* • 2 avr. 2003, nº 00-43.601 P : *Dr. soc. 2003. 901, obs. Radé.*

9. Prohibition des mentions discriminatoires. Aucune mention du bulletin de paie ne doit permettre d'établir une distinction entre les heures travaillées et les heures de délégation dont bénéficient les salariés protégés. • Soc. 3 févr. 1993 : *Dr. soc. 1993. 304* • 18 févr. 2004, n° 01-46.565 P : *Dr. soc. 2004. 559, obs. Radé*.

10. Responsabilité civile. L'employeur engage sa responsabilité en cas de non-délivrance du bulletin de paie. • Soc. 21 févr. 1979 : *Bull. civ. V, n° 159 ; JCP 1981. II. 19525, note Hertzog.* ♦ Comp. • Soc. 15 oct. 1969 : *D. 1970. 90* (une erreur unique n'engage pas la responsabilité de l'employeur). ♦ Le chef d'entreprise qui a, dès l'origine, entendu dissimuler partiellement le salaire convenu sur le bulletin de paie est responsable de la rupture du contrat de travail. • Soc. 24 mars 1971 : *JCP 1971. IV. 122.* ♦ L'existence d'un préjudice et l'évaluation de celui-ci relevant du pouvoir souverain d'appréciation des juges du fond, le salarié qui n'apporte aucun élément pour justifier le préjudice allégué n'obtiendra pas réparation en cas de délivrance tardive du bulletin de paie. • Soc. 13 avr. 2016, n° 14-28.293 P : *Dalloz actualité, 17 mai 2016, obs. Ines ; D. 2016. Actu. 900 ; RJS 6/2016, n° 423 ; Sem. soc. Lamy 2016, n° 1721, p. 12, obs. Florès et Saada ; JS Lamy 2016, n° 411-2, obs. Dejean de la Bâtie ; JCP S 2016. 1213, obs. Turpin.*

11. Délit de travail dissimulé. L'employeur qui délivre un bulletin de paie ne mentionnant qu'une partie de la rémunération des heures de travail se rend coupable du chef de travail clandestin. • Crim. 27 sept. 1994 : *D. 1994. IR 253 ; JCP 1995. II. 22444, note Taquet ; Dr. pénal 1994. Comm. 266, obs. J.-H. Robert.* ♦ Mais la dissimulation d'emploi salarié n'est caractérisée que si l'employeur a, de manière intentionnelle, mentionné sur le bulletin de paie un nombre d'heures de travail inférieur à celui réellement effectué. • Crim. 22 févr. 2000, n° 99-84.643 • Soc. 21 mai 2002, n° 99-45.890 P. • 4 mars 2003, n° 00-46.906 P : *Dr. soc. 2003. 528, obs. Radé* • 24 mars 2004, n° 01-43.875 P : *Dr. soc. 2004. 664, obs. Radé*.

Art. L. 3243-3 L'acceptation sans protestation ni réserve d'un bulletin de paie par le travailleur ne peut valoir de sa part renonciation au paiement de tout ou partie du salaire et des indemnités ou accessoires de salaire qui lui sont dus en application de la loi, du règlement, d'une convention ou d'un accord collectif de travail ou d'un contrat.

Cette acceptation ne peut valoir non plus compte arrêté et réglé au sens *(L. n° 2008-561 du 17 juin 2008)* **« de l'article » 1269 du code de procédure civile.** — *[Anc. art. L. 143-4.]*

COMMENTAIRE

V. Dalloz.fr et applications mobiles Dalloz.

1. Absence de présomption de paiement. Nonobstant la délivrance d'une fiche de paie, l'acceptation sans protestation ni réserve du bulletin de paie par le salarié ne vaut pas présomption de paiement au profit du salarié ; c'est à l'employeur de prouver le paiement du salaire notamment par la production des pièces comptables. • Soc. 2 févr. 1999, n° 96-44.798 P : *D. 1999. IR 78 ; RJS 1999. 221, n° 370 ; Dr. soc. 1999. 257, concl. A. Lyon-Caen* • 16 févr. 1999, n° 96-41.838 P : *D. 1999. IR 84 ; RJS 1999. 221, n° 370 ; Dr. soc. 1999. 411, obs. Roy-Loustaunau*. ♦ V. jurisprudence antérieure : la présomption de paiement résultant de l'acceptation du bulletin de paie par le salarié, sans protestation ni réserve, est une présomption simple. • Soc. 20 mai 1966 : *JCP 1966. IV. 94* • 5 mars 1987 : *Bull. civ. V, n° 116* • 27 oct. 1993 : *Dr. soc. 1993. 964.* ♦ Il appartient au salarié qui détient des fiches de paie faisant apparaître le paiement d'un salaire de détruire par la preuve contraire la présomption qui en résulte. • Soc. 11 févr. 1997 : *D. 1997. IR 82*.

2. En relevant que sur les bulletins de paie la signature du salarié, malhabile, émanait d'une personne ne sachant ni lire ni écrire, sauf tracer son nom, une cour d'appel a pu en déduire que leur délivrance n'emportait pas la preuve du paiement des sommes qu'ils mentionnaient. • Soc. 26 nov. 1987 : *Bull. civ. V, n° 685.*

3. Preuve positive du paiement. Les agissements tardifs du salarié qui n'a pas protesté au moment de la remise de la paie, ajoutés à d'autres éléments, constituent des présomptions précises et concordantes que les sommes remises correspondent à celles portées sur les bulletins de salaire. • Soc. 19 déc. 1979 : *Bull. civ. V, n° 1025.*

4. En l'absence de mention expresse de paiement d'une prime sur le bulletin de paie, un tribunal peut estimer, par une appréciation souveraine des éléments de la cause, que la preuve d'un tel paiement n'est pas rapportée. • Soc. 8 févr. 1979 : *Bull. civ. V, n° 131 ; Dr. ouvrier 1979. 352.* – V. aussi : • Soc. 21 nov. 1973 : *D. 1973. IR 252* • 3 déc. 1975 : *D. 1976. IR 6* • 4 mai 1983 : *Bull. civ. V, n° 228.* ♦ Comp. • Soc. 5 juin 1991 : *D. 1991. IR 191 ; Dr. soc. 1992. 16, note H. Blaise et Lorans ; RJS 1991. 441, n° 842,* affirmant que les dispositions de l'art. R. 143-2 n'interdisent pas à l'employeur de rapporter la preuve du paiement d'une prime dont le montant ne figure pas au bulletin de paie. ♦ Mais la preuve du versement d'une prime d'ancienneté ne peut résulter ni du fait que le salaire effectif était supérieur au salaire minimum conventionnel augmenté du montant de cette prime, ni de l'absence de réclamation du salarié pendant la durée d'exécution du contrat. • Soc. 5 janv. 1994 : *RJS 1994. 121, n° 153, 1re esp.* ♦ Le salarié qui perçoit un salaire supérieur à la rémunération globale à laquelle il peut prétendre au regard de son ancienneté doit démontrer ne pas avoir été rempli de ses droits au regard de la convention collective. • Soc. 16 nov. 2004 : *Dr. soc. 2005. 218, obs. Radé*.

5. *Preuve du contrat de travail.* La délivrance de bulletins de paie mentionnant des retenues pour cotisations de sécurité sociale fait présumer l'existence d'un contrat de travail et d'un lien de subordination. • Soc. 7 oct. 1976 : *Bull. civ. V, n° 478.* ♦ Pour la preuve de la qualification, V. • Soc. 6 déc. 1973 : *Bull. civ. V, n° 635.*

6. *Arrêté de compte.* Au sens de l'art. 541 C. pr. civ., un compte n'est arrêté que s'il a été discuté, approuvé ou ratifié dans des conditions impliquant, dans la commune intention des parties appréciée souverainement par les juges du fond, la volonté de fixer définitivement leur situation respective. • Soc. 6 nov. 1953 : *D. 1954. 170 ; JCP 1954. II. 7929* • 13 mars 1958 : *Bull. civ. IV, n° 392* • 5 juin 1958 : *ibid., n° 684.* ♦ La clause du contrat de travail d'un VRP prévoyant un arrêté de compte le dernier jour du trimestre, la communication du compte au salarié et la possibilité pour le salarié de contester l'arrêté qui lui est communiqué dans le mois qui suit, est licite ; l'absence de contestation du salarié sur le relevé détaillé transmis par l'employeur concrétise l'accord définitif sur le montant des commissions. • Soc. 30 sept. 2003 : *RJS 2003. 971, n° 1389.*

Art. L. 3243-4 **L'employeur conserve un double des bulletins de paie des salariés** *(L. n° 2009-526 du 12 mai 2009, art. 26)* **« ou les bulletins de paie remis aux salariés sous forme électronique » pendant cinq ans.** — *[Anc. art. L. 143-3, al. 4.]*

Art. L. 3243-5 **Il peut être dérogé à la conservation des bulletins de paie, pour tenir compte du recours à d'autres moyens, notamment informatiques, dans les conditions prévues au deuxième alinéa de l'article L. 8113-6.**

CHAPITRE IV **POURBOIRES**

Art. L. 3244-1 **Dans tous les établissements commerciaux où existe la pratique du pourboire, toutes les perceptions faites « pour le service » par l'employeur sous forme de pourcentage obligatoirement ajouté aux notes des clients ou autrement, ainsi que toutes sommes remises volontairement par les clients pour le service entre les mains de l'employeur, ou centralisées par lui, sont intégralement versées au personnel en contact avec la clientèle et à qui celle-ci avait coutume de les remettre directement.** — *[Anc. art. L. 147-1.] — V. art. R. 3246-2 (pén.).*

COMMENTAIRE

V. Dalloz.fr et applications mobiles Dalloz.

1. *Établissements concernés.* L'activité d'un casino entre dans le champ d'application de ce texte. • Soc. 9 mars 1994, n° 91-17.543 P : *RJS 1994. 268, n° 409.*

2. *Principe du reversement intégral.* Il ne peut être dérogé aux règles de répartition fixées par l'art. L. 147-1 [L. 3244-1 nouv.]. • Soc. 19 juin 1990, n° 87-41.769 P : *D. 1990. IR 194.* – Dans le même sens : • Soc. 5 nov. 1970 : *Bull. civ. V, n° 592* • 26 janv. 1972 : *ibid., n° 61.*

3. L'obligation de reversement intégral n'exclut toutefois pas la possibilité pour l'employeur, s'il justifie avoir dû régler la TVA sur ces sommes, d'en déduire au préalable le montant. • Soc. 6 mai 1998, n° 96-40.077 P : *D. 1998. IR 152 ; RJS 1998. 470, n° 737.*

4. Ni les sommes payées comme temps de travail au titre des heures de délégation, ni les indemnités garantissant le maintien du salaire pendant les périodes d'arrêt de travail pour maladie ne rémunèrent le service de la clientèle et ne peuvent en conséquence être imputées sur les pourboires. • Crim. 26 juill. 1989 : *Bull. crim. n° 302 ; D. 1989. IR 254.*

5. *Travail dissimulé.* Les retenues pécuniaires constatées sur le cahier des pourboires et effectuées par l'employeur, en fonction du travail fourni, démontre une volonté de l'employeur de soustraire ces sommes des déclarations sociales obligatoires et des versements des cotisations et contributions sociales, et constituent aussi l'infraction de travail dissimulé. • Crim. 1er déc. 2015, n° 14-85.480 P : *D. 2015. Actu. 2568 ; RJS 2/2016, n° 141 ; JCP S 2015. 1035, obs. Duquesne.*

6. *Personnel en contact avec la clientèle.* Sur la détermination du personnel en contact avec la clientèle, V. • Soc. 3 mars 1976 : *D. 1976. IR 110* • 24 janv. 1980 : *Bull. civ. V, n° 77* • 4 févr. 1981 : *ibid., n° 103* • 4 juill. 1984 : *ibid., n° 288* • 3 mars 1993 : *CSB 1993. 159, S. 85* • 18 juin 1997 : *RJS 1997. 795, n° 1295.* ♦ La répartition des pourboires doit bénéficier à l'ensemble des personnels en contact avec la clientèle, quelle que soit la catégorie du personnel à qui les sommes sont matériellement remises. • Soc. 9 mai 2000, n° 98-20.146 P : *D. 2000. IR 166 ; Dr. soc. 2000. 773, obs. Radé ; RJS 2000. 460, n° 672* • 18 juill. 2001, n° 99-41.214 P : *RJS 2001. 876, n° 1287.* ♦ Et ce, indépendamment des pourboires qui peuvent leur être remis personnellement à l'occasion de leurs propres fonctions. • Soc. 29 sept. 2004, n° 02-43.500 P : *D. 2004. IR 2894 ; Dr. soc. 2004. 1142, obs. Radé ; RJS 2004. 904, n° 1285.* ♦ Sont exclus de la répartition des pourboires les directeurs régionaux d'une chaîne de restaurants qui ne sont pas habituellement en contact avec la clientèle et dont la mission principale consiste à encadrer et contrôler des établissements et dont les fonctions de service, limitées aux hypothèses de remplacement d'un salarié absent, ne sont qu'accessoires. • Soc. 14 nov. 2013 : *Dalloz actualité, 2 déc. 2013, obs. Peyronnet ; D. 2013. Actu. 2704 ; RJS 1/2014, p. 8, Avis Liffran.*

7. Respect du SMIC. L'employeur, tenu de verser chaque mois le montant du salaire minimum, doit supporter la charge éventuelle de l'insuffisance des pourboires et ne peut se dispenser de verser l'intégralité des pourboires de chaque mois en reportant le déficit d'un mois sur un autre. • Soc. 17 janv. 1962 : *JCP 1962. II. 12922, note Bizière.*

8. Assiette de calcul et indemnités. Les indemnités de rupture devant être calculées sur les sommes réellement perçues par le salarié, il convient d'y intégrer les pourboires. • Soc. 21 févr. 1980 : *Bull. civ. V, n° 174.*

Art. L. 3244-2 Les sommes mentionnées à l'article L. 3244-1 s'ajoutent au salaire fixe, sauf dans le cas où un salaire minimum a été garanti par l'employeur. — *[Anc. art. L. 147-2.] — V. art. R. 3246-2 (pén.).*

En l'absence de disposition contractuelle ou conventionnelle relative au régime des pourboires susceptibles d'être perçus par la salariée de la part des usagers des toilettes de l'aérogare d'Orly, le montant des pourboires s'ajoute au salaire garanti. • Soc. 16 déc. 2015, n° 14-19.073 P : *D. 2016. Actu. 82 ; JCP S 2016. 1076, obs. Vachet.*

CHAPITRE V ACTION EN PAIEMENT ET PRESCRIPTION

Art. L. 3245-1 *(L. n° 2008-561 du 17 juin 2008)* **L'action en paiement ou en répétition du salaire se prescrit par** *(L. n° 2013-504 du 14 juin 2013, art. 21-IV)* **« trois ans à compter du jour où celui qui l'exerce a connu ou aurait dû connaître les faits lui permettant de l'exercer. La demande peut porter sur les sommes dues au titre des trois dernières années à compter de ce jour ou, lorsque le contrat de travail est rompu, sur les sommes dues au titre des trois années précédant la rupture du contrat. »**

Les dispositions issues de la L. n° 2013-504 du 14 juin 2013 s'appliquent aux prescriptions en cours à compter du 16 juin 2013, sans que la durée totale de la prescription puisse excéder la durée prévue par la loi antérieure.

Lorsqu'une instance a été introduite avant le 16 juin 2013, date de promulgation de la L. n° 2013-504 du 14 juin 2013, l'action est poursuivie et jugée conformément à la loi ancienne. Cette loi s'applique également en appel et en cassation (L. préc., art. 21-V).

RÉP. TRAV. v° *Salaire (Paiement)*, par DEBORD.

BIBL. ▶ CAMERLYNCK, *D. 1971. Chron. 237.* - HUSSON, *RPDS 1988. 369.* - RADÉ, *Dr. soc. 2012. 164 .* - SAVATIER, *Dr. soc. 1992. 882 .*

COMMENTAIRE

V. Dalloz.fr et applications mobiles Dalloz.

1. Conformité aux droits fondamentaux. Sur la constitutionnalité, V. • Cass., QPC, 25 juin 2010, n° 10-40.009. ♦ Sur la conformité de la prescription quinquennale aux art. 6, § 1, et 7 du Pacte international relatif aux droits économiques, sociaux et culturels du 16 déc. 1966, ainsi qu'à l'art. 6, § 1, de la Conv. EDH, V. • Soc. 12 janv. 2011, n° 09-69.348.

2. Action en répétition de l'indu. L'absence de faute de celui qui a payé ne constitue pas une condition de mise en œuvre de l'action en répétition de l'indu ; la répétition de l'indu se trouve légalement justifiée s'agissant d'un salarié qui a perçu indûment en salaire net la rémunération prévue contractuellement en brut. • Soc. 30 sept. 2010 : *Dalloz actualité, 14 oct. 2010, obs. Dechristé ; RJS 2010. 829, n° 917 ; JCP S 2010. 1513, obs. Dumont.*

[Jurisprudence rendue antérieurement à la loi du 17 juin 2008]

I. CRÉANCES VISÉES

A. CRÉANCES SOUMISES À LA PRESCRIPTION (QUINQUENNALE) DES GAINS ET SALAIRES

3. Principe. La prescription quinquennale s'applique aux sommes constituant des salaires ou payables par année ou à des termes périodiques plus courts. • Soc. 29 mai 1991 : *D. 1991. IR 180 ; CSB 1991. 206, S. 124 ; RJS 1991. 442,* n° 845. ♦ Les juges du fond ne peuvent appliquer la prescription en se bornant à énoncer que la prime réclamée avait le caractère d'un salaire sans préciser s'il s'agissait d'une créance payable par année ou à des termes périodiques plus courts. • Soc. 5 mai 1993 : *RJS 1993. 355, n° 615.*

4. L'application de la prescription quinquennale n'est pas subordonnée à une condition de fixité de la créance. • Soc. 10 oct. 1985 : *Bull. civ. V, n° 455 ; JCP E 1986. I. 15273, n° 4, obs. Teyssié.*

5. *Rémunération.* Sont notamment concernés : les commissions dues à un VRP. • Soc. 28 mars 1966 : *Bull. civ. IV, n° 330.* ♦ ... Les avantages en nature. • Soc. 16 juill. 1963 : *Bull. civ. IV, n° 605.* ♦ ... Une allocation de déplacement. • Soc. 4 janv. 1990 : *D. 1990. IR 41 ; RJS 1990. 156, n° 209.* ♦ ... Les primes. • Soc. 25 oct. 1990 : *D. 1990. IR 261.* ♦ ... Les indemnités de préavis. • Soc. 7 mars 1990, n° 86-43.406 P. ♦ ... Des « indemnités compensatrices de réduction d'horaire ». • Soc. 6 déc. 1995 : *CSB 1996. 79, A. 19.* ♦ ... Les sommes compensant l'absence de prise de repos hebdomadaire • Soc. 13 janv. 2004 : *JS Lamy 2004, n° 139-2 ; RJS 2004. 215, n° 311 ; Dr. soc. 2004. 307, obs. Radé.* ♦ ... La partie variable de la rémunération déterminée annuellement sur les honoraires des missions exécutées en totalité et menées à bonne fin. • Soc. 10 mars 2004 : *Dr. soc. 2004. 558, obs. Radé.* ♦ ... Le complément de salaire constitué par l'indemnité de départ et d'installation prévu par la convention collective. • Soc. 15 mars 2005 : *Dr. soc. 2005. 820, obs. Radé ; RJS 2005. 365, n° 521.* ♦ ... Le remboursement des frais professionnels. • Soc. 20 mai 2009 : *Dr. soc. 2009. 866, obs. Couturier ; Sem. soc. Lamy 2009, n° 1417, p. 11, obs. Rousseau.*

6. *Cotisations sociales indûment précomptées.* En cas de précompte de cotisations de retraite erroné en défaveur du salarié, l'action dirigée contre l'employeur constitue une demande en rappel de salaires soumise à la prescription de cinq ans, et non une action en répétition de l'indu, laquelle ne pourrait être engagée qu'à l'encontre de la caisse de retraite. • Soc. 31 janv. 1996, n° 93-43.801 P : *D. 1997. 306, note Thullier ; RJS 1996. 173, n° 291* • 19 mai 1998, n° 96-40.799 P : *RJS 1998. 559, n° 866* • 6 avr. 1999, n° 96-44.162 P. • 26 oct. 2000, n° 98-21.450 P. • 2 déc. 2003 : *Dr. soc. 2004. 204, obs. Jeammaud ; RJS 2004. 144, n° 209.*

7. *Actions en remboursement.* La prescription quinquennale édictée par l'art. 2277 C. civ. pour les actions en paiement des sommes payables par année ou à des termes périodiques plus courts s'applique également aux actions relatives à la répétition de ces sommes. • Soc. 12 janv. 1999 : *Dr. soc. 1999. 312, obs. Radé* • 23 juin 2004, n° 02-41.877 P : *Dr. soc. 2004. 1030, obs. Radé ; Dr. ouvrier 2005. 81.* ♦ *Contra* • Civ. 1re, 27 févr. 1996, n° 94-12.645 P : *Defrénois 1996, art. 36365, rapp. P. Sargos ; RTD civ. 1997. 428, obs. Mestre* (art. L. 114-1, C. assur.) • Civ. 3e, 21 févr. 1996, n° 93-12.675 P : *Defrénois 1996. 1436, obs. Bénabent ; RTD civ. 1997. 428, obs. Mestre* (paiement des loyers) • Civ. 2e, 22 nov. 2001, n° 99-16.052 P : *Defrénois 2002. 268, obs. Savau ; ibid. 684, note Massip ; D. 2002. IR 45* (créance alimentaire) • 18 mars 2004, n° 03-10.620 P : *RCA 2004, chron. 16, Groutel* (art. L. 114-1, C. assur.) • Cass., ch. mixte, 12 avr. 2002 : *Bull. mixte n° 2 ; BICC 557 du 1er juin 2002, concl. Guérin, rapp. Duvernier* (charges locatives) • Soc. 12 juill. 2006 : *RDT 2006. 324, obs. Pignarre ; JCP S 2006. 1693, note Verkindt ; RJS 2006. 790, n° 1068* (remboursement d'indemnités kilométriques et de repas). ♦ L'action en paiement et en répétition de l'allocation de remplacement versée dans le cadre d'un dispositif de cessation anticipée d'activité est soumise à la prescription quinquennale prévue par l'art. 2224 C. civ. • Soc. 27 mai 2015, n° 14-10.864 P : *D. 2015. Actu. 1214 ; JCP S 2015. 1303, obs. Guyot.*

B. CRÉANCES EXCLUES DE LA PRESCRIPTION QUINQUENNALE

8. *Gérant.* La prescription de l'art. L. 143-14 [L. 3245-1 nouv.] n'est pas applicable à la créance d'un gérant de SARL. • Com. 19 juill. 1965 : *D. 1965. 666.* ♦ Comp., lorsque le gérant est titulaire d'un contrat de travail : • Soc. 23 oct. 1958, n° 5.204 P.

9. *Créances indemnitaires.* Sont en revanche exclus : les indemnités de licenciement. • Soc. 9 mars 1957 : *Dr. soc. 1957. 278, concl. Blanchet* • Com. 5 févr. 1958 : *JCP 1958. II. 10441, note Nectoux* • Soc. 7 juill. 1961 : *JCP 1961. II. 12287 bis, note Lindon.* ♦ ... Les avances sur commissions qui sont payables à terme périodique et dont le montant est insusceptible d'être déterminé à l'avance. • Soc. 23 juin 1988 : *Bull. civ. V, n° 387 ; Dr. ouvrier 1990. 34.* ♦ Dans le même sens : • Soc. 8 juill. 1992, n° 89-40.051 P : *D. 1992. IR 229 ; Dr. soc. 1992. 882, note Savatier ; RJS 1992. 752, n° 1387.* ♦ ... Une allocation de fin de carrière. • Soc. 4 mars 1992, n° 88-45.753 P : *D. 1992. IR 128 ; Dr. soc. 1992. 882, note Savatier ; RJS 1992. 243, n° 414.* ♦ ... Le remboursement de « frais kilométriques ». • Soc. 29 mai 1991 : *préc. note 3.* ♦ ... L'indemnité forfaitaire pour travail dissimulé. • Soc. 10 mai 2006 : *D. 2006. IR 1486.* ♦ ... Les dommages-intérêts en réparation du préjudice résultant d'une discrimination syndicale. • Soc. 15 mars 2005 : *RJS 2005. 376, n° 540.* ♦ ...L'indemnisation d'un préjudice spécifique né de l'atteinte portée à la liberté individuelle des salariés. • Soc. 4 avr. 2012 : *RDT 2012. 297, obs. G. et L.-F. Pignarre.*

10. *Éléments inconnus du débiteur.* La prescription quinquennale ne court pas lorsque la créance, même périodique, dépend d'éléments qui ne sont pas connus du créancier et doivent résulter de déclarations que le débiteur est tenu de faire. • Cass., ass. plén., 7 juill. 1978 : *JCP 1978. II. 18948, rapp. Ponsard, concl. Baudouin.* ♦ ... Des cotisations versées à des caisses de congés payés. • Soc. 22 avr. 1982 : *pourvoi n° 81-11.091.* ♦ ... Des créances relatives à la participation. • Soc. 26 janv. 1989 : *n° 86-43.081* ♦ ... Des commissions sur ventes. • Soc. 12 févr. 1992 : *pourvoi n° 89-41.082* ♦ ... Des rappels de salaires consécutifs à la restitution de cotisations indûment versées. • Soc. 31 janv. 1996 : *RJS 1996, n° 291 ; D. 1997. 306, note Thullier ; Bull civ. V, n° 37* • Soc. 1er févr. 2011, n° 10-30.160 P : *D. 2011. Actu. 525 ; JCP S 2011, n° 1192, note Guyot ; RJS 2011, n° 342* (subventions du comité d'entreprise). ♦ Dans cette hypothèse, il convient d'appliquer la prescription de droit commun. • Soc. 26 sept. 2007, n° 06-44.246 P : *Actu. 2610.*

II. RÉGIME JURIDIQUE

11. Point de départ. La prescription d'une action en responsabilité résultant d'un manquement aux obligations nées du contrat de travail ne court qu'à compter de la réalisation du dommage ou de la date à laquelle il est révélé à la victime si celle-ci établit qu'elle n'en avait pas eu précédemment connaissance. • Soc. 1er avr. 1997, n° 94-43.381 P : *D. 1997. IR 116* (faute de l'employeur qui avait omis de payer les cotisations vieillesse sur une certaine période, cette faute n'ayant été connue du salarié qu'au moment où il voulut valider ses droits). ♦ La prescription de l'action en paiement du salaire court à compter de la date à laquelle ce dernier devient exigible. • Soc. 1er févr. 1961, n° 60-40.329 P. • 16 juill. 1963 : *Bull. civ. V, n° 605.* ♦ Le délai court à compter de chacune des fractions de la somme réclamée. • Soc. 14 avr. 1988 : *Bull. civ. V, n° 228 ; D. 1988. IR 127.* ♦ Si des salariés n'ont été en mesure de connaître la convention collective dont relevait leur entreprise qu'à l'issue d'une procédure judiciaire, le délai de prescription de leurs actions visant à faire fixer leurs créances salariales correspondant à un rappel de primes sur la base de ladite convention ne commence pas à courir antérieurement. • Soc. 25 sept. 2013 : *D. 2013. Actu. 2279 ; RJS 12/2013, n° 820 ; Sem. soc. Lamy 2013, n° 1608, p. 4.* ♦ Pour les salariés payés au mois, la date d'exigibilité du salaire correspond à la date habituelle du paiement des salaires en vigueur dans l'entreprise et concerne l'intégralité du salaire afférent au mois considéré et, s'agissant de l'indemnité de congés payés, le point de départ du délai de prescription doit être fixé à l'expiration de la période légale ou conventionnelle au cours de laquelle les congés payés auraient pu être pris. • Soc. 14 nov. 2013 : *D. 2013. Actu. 2703 ; D. 2014. 302, obs. Ducloz ; RDT 2014. 475, obs. Pignarre ; RJS 1/2014, n° 44.*

12. Impossibilité d'agir. Le refus opposé par une entreprise de reconnaître à des gérants de succursales le statut de salariés ne place pas ces derniers dans l'impossibilité d'agir en justice et ne suspend donc pas le cours de la prescription quinquennale. • Soc. 26 nov. 2008 : *D. 2009. 1251, note Gaba ; RDT 2009. 159, obs. Ferrier ; Dr. soc. 2009. 372, obs. Radé .* ♦ ... Dès lors que les contrats conclus ne présentaient pas de caractère frauduleux. • Soc. 12 janv. 2011 : *D. 2011. 1198, note Khodri ; JCP S 2011. 1167, note Lahalle ; Dr. soc. 2011. 392, note Gaba .*

13. Effet libératoire extinctif. La prescription de cinq ans est une prescription libératoire extinctive. • Soc. 25 oct. 1990, n° 87-40.584 P : *D. 1990. IR 261.* ♦ L'écoulement du délai prévu par l'art. 2277 C. civ. met fin à toute contestation relative au paiement du salaire, qu'elle émane du salarié ou de l'employeur. • Soc. 18 juin 1980 : *D. 1980. 542.* ♦ Doit être rejetée une demande qui ne tend, sous couvert de dommages-intérêts, qu'à obtenir le paiement de salaires prescrits. • Soc. 9 oct. 1996 : *RJS 1996. 762, n° 1180.*

14. Effet interruptif. L'effet interruptif de prescription attaché à une demande en rappel de salaire ne s'étend pas à une seconde demande tendant au paiement d'heures supplémentaires. • Soc. 15 avr. 1992 : *D. 1992. IR 157 ; Dr. soc. 1992. 882, note Savatier ; RJS 1992. 406, n° 741.*

15. L'effet interruptif d'une action en responsabilité contractuelle s'étend également à l'action en paiement des salaires lorsque ces actions procèdent des mêmes relations contractuelles ayant lié les parties, peu important que ces relations aient fait l'objet d'une autre qualification. • Soc. 11 févr. 2004 : *Dr. soc. 2004. 562, obs. Radé* • 8 avr. 2010 : *D. 2010. 1084 ; CSBP 2010. 221, note Pansier* (exécution du même contrat de travail) • Soc. 15 mai 2014 : *RJS 2014. 465, n° 565.*

16. Interruption de la prescription. En cas de redressement judiciaire de l'employeur, la production d'une créance en rappel de salaire auprès du représentant des créanciers vaut interruption de la prescription à l'instar d'une demande en justice. • Aix-en-Provence, 21 nov. 1995 : *RJS 1996. 22, n° 27.* ♦ Le jugement d'ouverture, indépendant de toute interpellation du débiteur par le créancier, ne constitue pas une cause d'interruption. • Même arrêt. ♦ La prescription est interrompue par la lettre de l'employeur reconnaissant le principe d'une dette. • Soc. 22 oct. 1996, n° 93-44.148 P : *RJS 1997. 190, n° 285.*

17. Une première citation déclarée caduque n'a pu interrompre la prescription. • Soc. 21 mai 1996, n° 92-44.347 P : *RJS 1996. 512, n° 795.*

18. Office du juge. Le juge n'a pas à rechercher d'office si la prescription doit être appliquée. • Soc. 17 juill. 1962 : *Bull. civ. IV, n° 648.*

19. Renonciation. L'employeur peut renoncer expressément ou tacitement au moyen tiré de l'exception de prescription. • Soc. 17 oct. 1958 : *Bull. civ. IV, n° 1056* • 15 déc. 1961 : *Dr. ouvrier 1963. 71.*

20. Ayants droit. Les héritiers et conjoints survivants sont recevables dans leur action en paiement du salaire pour la prestation de travail effectuée par le salarié avant son décès ; peu importe que le salarié lui-même n'ait pas intenté d'action avant son décès pour réclamer les sommes litigieuses. • Soc. 29 oct. 2002, n° 00-41.269 P : *D. 2002. IR 3189 ; RJS 2003. 34, n° 36.*

CHAPITRE V *BIS* **OBLIGATIONS ET RESPONSABILITÉ FINANCIÈRE DU DONNEUR D'ORDRE**

(L. n° 2014-790 du 10 juill. 2014, art. 5)

Art. L. 3245-2 Le maître d'ouvrage ou le donneur d'ordre, informé par écrit par l'un des agents de contrôle mentionnés à l'article L. 8271-1-2 du non-paiement partiel ou total du salaire minimum légal ou conventionnel dû au salarié de son cocontractant, d'un sous-traitant direct ou indirect ou d'un cocontractant d'un sous-traitant, enjoint aussitôt, par écrit, à ce sous-traitant ou à ce cocontractant de faire cesser sans délai cette situation.

Le sous-traitant ou le cocontractant mentionné au premier alinéa du présent article informe, par écrit, le maître d'ouvrage ou le donneur d'ordre de la régularisation de la situation. Ce dernier en transmet une copie à l'agent de contrôle mentionné au même premier alinéa.

En l'absence de réponse écrite du sous-traitant ou du cocontractant dans un délai fixé par décret en Conseil d'État, le maître d'ouvrage ou le donneur d'ordre en informe aussitôt l'agent de contrôle.

Pour tout manquement à ses obligations d'injonction et d'information mentionnées aux premier et troisième alinéas, le maître d'ouvrage ou le donneur d'ordre est tenu solidairement avec l'employeur du salarié au paiement des rémunérations, indemnités et charges dues, dans des conditions fixées par décret en Conseil d'État.

Le présent article ne s'applique pas au particulier qui contracte avec une entreprise pour son usage personnel, celui de son conjoint, de son partenaire lié par un pacte civil de solidarité, de son concubin ou de ses ascendants ou descendants.

CHAPITRE VI **DISPOSITIONS PÉNALES**

Le présent chapitre ne comprend pas de dispositions législatives.

TITRE CINQUIÈME **PROTECTION DU SALAIRE**

CHAPITRE PREMIER **RETENUES**

RÉP. TRAV. v° *Salaire (Paiement)*, par DEBORD.

Art. L. 3251-1 L'employeur ne peut opérer une retenue de salaire pour compenser des sommes qui lui seraient dues par un salarié pour fournitures diverses, quelle qu'en soit la nature. – *[Anc. art. L. 144-1, al. 1er.]*

BIBL. ▶ ALVAREZ-PUJANA, *RPDS 1990. 131* (compensation). – DÉPREZ, *RJS 1989. 155* (compensation). – SAVATIER, *Dr. soc. 1994. 864* (remboursement de prêts). – VACHET, *Dr. soc. 1997. 600* (compensation).

COMMENTAIRE

V. Dalloz.fr et applications mobiles Dalloz.

A. RÈGLES GÉNÉRALES DE LA COMPENSATION

1. Conditions générales de la compensation. La compensation implique l'existence d'obligations réciproques entre les parties ; dans une action en paiement de salaires, la compensation n'est possible que si le ou les salariés, personnes physiques, sont endettés par rapport à l'employeur. V. • Soc. 12 janv. 2011 : *Dalloz actualité, 31 janv. 2011, obs. Astaix ; JCP S 2011. 1167, obs. Lahalle.*

2. Lorsqu'un logement n'est pas l'accessoire d'un contrat de travail, il ne peut y avoir compensation entre les salaires et certaines charges payées par l'employeur. • Soc. 12 juin 1986 : *Bull. civ. V, n° 301* • 13 oct. 1998 : *RJS 1998. 827, n° 1370.* — Comp., dans l'hypothèse d'un logement de fonction : • Soc. 17 mars 1982 : *JCP CI 1982. I. 10885, n° 8, obs. Teyssié.*

3. Il est interdit à tout employeur d'opérer, sur le salaire d'un étranger venu travailler en France, des retenues, sous quelque dénomination que ce soit, à l'occasion de son engagement. • Soc. 17 juill. 2001 : *Dr. soc. 2001. 1010, obs. Radé.*

4. Lorsque la dette du salarié envers l'employeur n'a ni la même cause, ni le même objet que la créance de salaire alléguée, la compensation ne peut être opérée avec cette éventuelle créance salariale. • Soc. 3 déc. 1981 : *Bull. civ. V, n° 936 ; D. 1982. IR 320, obs. Vachet.*

5. Une cour d'appel ne peut déclarer applicable un accord conclu au sein du comité d'entreprise prévoyant une compensation entre les sommes qui auraient dû être versées au titre de la prime d'ancienneté et le trop-perçu au titre de la prime annuelle, alors que la décision contenue dans le procès-verbal du comité d'entreprise n'est pas opposable au salarié. • Soc. 7 févr. 1990 : *JS UIMM 1990. 181.*

6. Compensation judiciaire. V. : • Soc. 24 févr. 1961 : *Dr. soc. 1961. 359, obs. Savatier* (compensation entre rappel de salaire et dommages-intérêts dus par le salarié pour faute lourde) • 3 févr. 1971 : *D. 1971. 203* (compensation entre salaire et dommages-intérêts dus par le salarié dont la responsabilité était engagée) • 10 janv. 1974 : *D. 1974. IR 43* (compensation entre l'indemnité de congés payés et les cotisations de sécurité sociale non précomptées).

7. Déchéance du terme. L'art. L. 144-1 [L. 3251-1 nouv.] n'interdit pas à l'employeur de stipuler à son profit la déchéance du terme pour le remboursement d'un prêt à échéances successives dans le cas où le salarié cesse ses fonctions. • Civ. 1re, 9 mai 1994 : *D. 1994. IR 139 ; Dr. soc. 1994. 864, note Savatier.* — Comp. : sur la validité des clauses du contrat de prêt prévoyant l'exigibilité immédiate des sommes restant dues en cas de cessation du contrat de travail, il a été jugé que le juge des référés était incompétent pour admettre la compensation entre, d'une part, l'indemnité de licenciement due au salarié et, d'autre part, une partie des sommes restant dues sur le prêt, l'existence de la créance invoquée par l'employeur n'étant pas certaine car fondée sur une cause dont la licéité est discutable. • Soc. 7 avr. 1998, n° 96-40.145 P : *JS Lamy 1998. 8, note Riolacci.*

B. DOMAINE DE L'INTERDICTION

8. Créances protégées. L'interdiction s'applique à l'indemnité de congés payés. • Soc. 4 févr. 1988 : *RJS 1989. 155, note Déprez.* ♦ ... A l'indemnité de préavis. • Soc. 23 juin 1988 : *cité note 9 ss. art. L. 3245-1.* ♦ En faveur du refus de la compensation entre le salaire et l'indemnité de préavis due par le salarié, V. • Soc. 9 mars 1988 : *RJS 1989. 155, note Déprez* • 29 oct. 1991 : *RJS 1991. 710, n° 1321* • 28 avr. 1994 : *D. 1994. IR 132 ; Dr. soc. 1994. 704 ; RJS 1994. 427, n° 703.* – V. aussi • Soc. 6 mars 1969 : *D. 1969. Somm. 111 ; Dr. soc. 1969. 460, note Savatier.*

9. Créances non protégées. L'interdiction de la compensation ne concerne pas : l'indemnité de licenciement. • Soc. 10 déc. 1975 : *Bull. civ. V, n° 598* • 23 juin 1988 : *ibid., n° 383 ; D. 1988. IR 213 ; RJS 1989. 155, note Déprez ; Dr. soc. 1989. 125, note Savatier* (compensation entre un déficit d'inventaire et l'indemnité de licenciement). ♦ .... Ni la retenue sur salaires pour absence. • Soc. 27 mai 1992, n° 89-44.166 P. ♦ .... Ni le montant des cotisations salariales payées par l'employeur pour le compte du salarié. • Soc. 25 févr. 1997, n° 94-44.788 P : *Dr. soc. 1997. 451, note Savatier ; ibid. 415, obs. Couturier.*

10. Viole l'art. L. 144-1 [L. 3251-1 nouv.] le jugement qui refuse d'opérer une compensation entre le montant d'une caution dont le remboursement est réclamé par un gérant non salarié et le montant du déficit d'inventaire. • Soc. 4 févr. 1988 : *préc.*

11. L'employeur qui s'est porté caution d'un de ses salariés et qui a désintéressé le créancier se trouve subrogé dans les droits de ce dernier et peut retenir, sur le salaire, une somme correspondante dans les limites de la partie saisissable. • Soc. 6 mars 1980 : *Dr. ouvrier 1981. 232.*

12. La créance issue d'un prêt accordé par le chef d'entreprise est entièrement compensable avec les dommages-intérêts mis à sa charge et peut être compensée dans les limites fixées par la loi avec le salaire et l'indemnité compensatrice de préavis. • Soc. 21 nov. 1984 : *JS UIMM 1984. 260.*

13. Dettes concernées. L'art. L. 144-1 [L. 3251-1 nouv.] concerne seulement les dettes contractées par les salariés envers leurs employeurs « pour fournitures diverses quelle qu'en soit la nature ». • Soc. 16 nov. 1960 : *D. 1961. 219* • 5 mars 1987 : *RJS 1989. 155, note Déprez.* ♦ Des créances de salaire ne peuvent être compensées avec des sommes réclamées au salarié, vendeur en laisser sur place, pour des manquants dans des marchandises fournies par l'employeur, le salarié n'ayant pas l'usage de ces marchandises. • Soc. 24 mars 1993, n° 90-44.491 P : *JCP 1993. II. 22141, note Meunier-Le Querrec ; RJS 1993. 306, n° 515 ; CSB 1993. 159, S. 86 ; Dr. soc. 1993. 455.*

14. La responsabilité pécuniaire d'un salarié à l'égard de son employeur ne peut résulter que de sa faute lourde, même en ce qui concerne le droit à compensation prévu à l'art. L. 144-1 C. trav. [L. 3251-1 nouv.] (s'agissant d'un badge considéré comme un outil nécessaire au travail).

• Soc. 20 avr. 2005, n° 03-40.069 P : *D. 2006. 1346, note Mouly ; JS Lamy 2005, n° 168-3 ; JCP E 2006. 1261, note Vachet.* ♦ La retenue sur salaire pour le remboursement des contraventions afférentes à un véhicule professionnel mis au service du salarié est illégale, même si elle est prévue par le contrat de travail. • Soc. 11 janv. 2006 : *D. 2006. 2013, note Mouly* • 6 mai 2009 : *D. 2009. AJ 1486 ; Dr. soc. 2009. 865, obs. Radé ; RJS 2009. 540, n° 603 ; JCP S 2009. 1372, obs. Bossu.* ♦ De même, il ne peut y avoir compensation entre la dette salariale due par l'employeur et la perte des recettes encaissées résultant de la négligence du salarié alors que sa faute lourde n'est pas invoquée. • Soc. 21 oct. 2008 : *RDT 2009. 112, obs. Pignarre ; JCP S 2009. 1084, obs. Bossu ; RJS 2008. 977, n° 1174 ; Dr. ouvrier 2009. 213, note Matthieu-Géniaut.*

C. LIMITES À LA COMPENSATION

15. Respect du salaire minimum. Le salaire minimum ne peut être réduit par l'imputation sur la paie ou sur le cautionnement des risques normaux d'exploitation. • Soc. 19 nov. 1959 : *D. 1960. 74, note Lindon ; JCP 1960. II. 11397, note Bizière.*

16. Fraction saisissable. La compensation pratiquée par un employeur entre le salaire et les sommes dues par un salarié ne peut s'appliquer que sur la fraction saisissable du salaire en application de l'art. L. 145-2 [L. 3252-2 nouv.]. • Soc. 21 mars 2000, n° 99-40.003 P : *D. 2000. IR 117 ; Dr. soc. 2000. 594, note Radé ; RJS 2000. 462, n° 676.*

Art. L. 3251-2 **Par dérogation aux dispositions de l'article L. 3251-1, une compensation entre le montant des salaires et les sommes qui seraient dues à l'employeur peut être opérée dans les cas de fournitures suivants :**

1° Outils et instruments nécessaires au travail ;

2° Matières ou matériaux dont le salarié a la charge et l'usage ;

3° Sommes avancées pour l'acquisition de ces mêmes objets. — *[Anc. art. L. 144-1, al. 2 à 4.]*

Art. L. 3251-3 **En dehors des cas prévus au 3° de l'article L. 3251-2, l'employeur ne peut opérer de retenue de salaire pour les avances en espèces qu'il a faites, que s'il s'agit de retenues successives ne dépassant pas le dixième du montant des salaires exigibles.**

La retenue opérée à ce titre ne se confond pas avec la partie saisissable ou cessible.

Les acomptes sur un travail en cours ne sont pas considérés comme des avances. — *[Anc. art. L. 144-2.]*

COMMENTAIRE

V. Dalloz.fr et applications mobiles Dalloz.

1. Paiement de cotisations sociales. Lorsque l'employeur a payé des cotisations sociales pour le compte du salarié, il ne s'agit pas d'avance en espèces consentie au salarié et l'art. L. 144-2 [L. 3251-3 nouv.] est inapplicable en la cause. • Soc. 25 févr. 1997, n° 94-44.788 P : *Dr. soc. 1997. 451, note Savatier ; ibid. 415, obs. Couturier* (la compensation ne peut s'appliquer que sur la fraction saisissable du salaire).

2. Trop-perçu. Le trop-perçu par un salarié constaté lors de la régularisation annuelle du salaire s'analyse en une avance en espèces et ne peut donner lieu à une retenue excédant le dixième du salaire. • Soc. 3 nov. 2011 : *RJS 2012. 45, n° 41.*

3. Opérations de prêt. Des conventions de prêt avec intérêt, d'avances moyennant intérêt et d'ouverture de crédit à des salariés n'ont pas pour objet le versement d'acomptes sur travail en cours au sens de l'art. L. 144-2 [L. 3251-3 nouv.]. • Soc. 5 mai 1993, n° 90-40.801 P : *RJS 1993. 356, n° 616.*

4. Portée de l'interdiction. L'interdiction faite à l'employeur de se rembourser des avances faites au-delà de la limite fixée par l'art. L. 144-2 [L. 3251-3 nouv.] s'impose également au juge. • Soc. 2 déc. 1970 : *Bull. civ. V, n° 681 ; D. 1971. 553.*

5. Viole l'art. L. 144-2 [L. 3251-3 nouv.] la cour d'appel qui admet une compensation entre un prêt consenti par l'employeur et les salaires, sans respecter les limites imposées par le texte. • Soc. 7 déc. 1989 : *Bull. civ. V, n° 701 ; D. 1990. IR 19 ; RJS 1990. 80, n° 115.*

Art. L. 3251-4 **Il est interdit à l'employeur, sous réserve des dispositions de** *(Ord. n° 2016-131 du 10 févr. 2016, art. 6, en vigueur le 1er oct. 2016)* **« l'article 1240** *[ancienne rédaction : l'article 1382]* **» du code civil, d'imposer aux salariés des versements d'argent ou d'opérer des retenues d'argent sous la dénomination de frais ou sous toute autre dénomination pour quelque objet que ce soit, à l'occasion de l'exercice normal de leur travail dans les secteurs suivants :**

1° Hôtels, cafés, restaurants et établissements similaires ;

2° Entreprises de spectacle, cercles et casinos ;

3° Entreprises de transport. – *[Anc. art. L. 144-3.]*

1. Sanction. L'art. L. 144-3 [L. 3251-4 nouv.] interdit, sans aucune exception, à tout employeur d'imposer au personnel de restaurants, cafés ou établissements similaires, des prélèvements sous quelque dénomination ou pour quelque objet que ce soit, la convention ou l'usage illicite ne pouvant produire aucun effet. • Soc. 26 janv. 1972 : *D. 1972. 230.*

2. Recours au droit commun. Une entreprise de chemin de fer peut, en vertu du contrat conclu entre les parties, refacturer à un agent le coût de ses communications téléphoniques personnelles excédant le forfait, et dispose de la faculté de recouvrer sa créance par les voies du droit commun, mais ne peut, en revanche, procéder à une retenue illégale sur la rémunération de cet agent. • Soc. 18 févr. 2003, n° 00-45.931 P : *Dr. soc. 2003. 459, note Radé.* ♦ Comp. • Soc. 7 mai 1987, n° 83-45.871 P.

CHAPITRE II **SAISIES ET CESSIONS**

RÉP. TRAV. v° *Salaire (Paiement)*, par Debord.

BIBL. GÉN. ▶ Ahumada, *RPDS 1984. 283.* – Alter, *ibid. 1980. 5.* – Bizière, *Inf. chef d'entrepr. 1975. 132.* – Bongrand, *Gaz. Pal. 1986. 1. Doctr. 363.* – Courtier, *Rev. huissiers 1995. 897.* – Le Bayon, *Mélanges H. Blaise, 1995, p. 287.* – Vanoverschelde, *Gaz. Pal. 1974. 2. Doctr. 839.*

▶ Cession des rémunérations : Crevel, *JCP E 1995. I. 511.*

Art. L. 3252-1 Les dispositions du présent chapitre sont applicables aux sommes dues à titre de rémunération à toute personne salariée ou travaillant, à quelque titre ou en quelque lieu que ce soit, pour un ou plusieurs employeurs, quels que soient le montant et la nature de sa rémunération, la forme et la nature de son contrat. – *[Anc. art. L. 145-1.]*

1. Existence d'un contrat de travail. La saisie des rémunérations dues par un employeur est soumise aux dispositions du code du travail, que le contrat de travail soit ou non en cours d'exécution. • Civ. 2e, 30 sept. 1999, n° 97-19.732 P. • Cass., ass. plén., 9 juill. 2004 : *Bull. civ., n° 11 ; D. 2004. 3161, note Bugada ; Dr. soc. 2004. 1031, obs. Radé.*

2. Gérant. En estimant que le régime d'insaisissabilité prévu par l'art. L. 145-1 [L. 3252-1 nouv.] s'étend à la rémunération d'un gérant de SARL, sans rechercher si, quelle qu'ait été la qualification juridique donnée dans la convention, le gérant se trouvait dans un état de subordination, une cour d'appel n'a pas donné de base légale à sa décision. • Soc. 11 mars 1982 : *Bull. civ. V, n° 169.* – V. aussi : • Soc. 23 mars 1977 : *D. 1977. IR 307.*

3. Protection sociale. La procédure spéciale prévue pour le recouvrement des cotisations et majorations de retard dues au titre des régimes de protection sociale agricole ne fait pas obstacle à l'application des dispositions des art. L. 145-1 [L. 3252-1 nouv.] et R. 145-1 C. trav. relatifs à la saisissabilité des rémunérations dues par un employeur. • Soc. 3 juin 1993, n° 88-15.344 P.

4. En raison des termes de l'art. L. 355-2 CSS selon lequel les sommes qu'il vise sont cessibles et saisissables dans les mêmes conditions que les salaires, la saisie des pensions de vieillesse du régime général de la sécurité sociale ne peut être effectuée que par la procédure de saisie des rémunérations des art. L. 145-1 s. C. trav. [L. 3252-1 s. nouv.]. • Cass., avis, 21 juill. 1995 : *Bull. civ., n° 11 ; JCP 1996. I. 3923, n° 14, obs. Pétel-Teyssié.* ♦ Même solution pour la saisie de la pension de retraite complémentaire. • Civ. 2e, 16 mars 2000, n° 98-18.728 P. ♦ *Contra*, antérieurement : • Civ. 2e, 8 janv. 1992 : *D. 1993. 42, note Camproux ; D. 1993. Somm. 281, obs. Julien.*

Art. L. 3252-2 Sous réserve des dispositions relatives aux pensions alimentaires prévues à l'article L. 3252-5, les sommes dues à titre de rémunération ne sont saisissables ou cessibles que dans des proportions et selon des seuils de rémunération affectés d'un correctif pour toute personne à charge, déterminés par décret en Conseil d'État.

Ce décret précise les conditions dans lesquelles ces seuils et correctifs sont révisés en fonction de l'évolution des circonstances économiques. – *[Anc. art. L. 145-2, al. 1er.] – V. art. R. 3252-2.*

COMMENTAIRE

V. Dalloz.fr et applications mobiles Dalloz.

1. Étendue de la protection. L'insaisissabilité concerne les sommes ayant une nature salariale, telles les indemnités de préavis. • Soc. 18 juin 1963 : *D. 1963. 643, note Minjoz.* ♦ ... Ou l'indemnité de non-concurrence. • Soc. 2 févr. 1972 : *Bull. civ. V, n° 89.*

2. La procédure de l'art. L. 145-1 [L. 3252-1 nouv.] est inapplicable : aux indemnités de licenciement légales ou conventionnelles. • Com. 5 févr. 1958 : *JCP 1958. II. 10441, note Nectoux.* ♦ ... Ou aux allocations familiales. • Soc. 28 avr. 1980 : *Bull. civ. V, n° 370 ; D. 1980. IR 487.*

3. A propos du régime susceptible d'être appliqué aux indemnités versées en cas d'accidents professionnels ou non, V. • Cass., ass. plén., 15 avr. 1983 : *D. 1983. 461, concl. Dontenwille, note Derrida ; RTD civ. 1983. 799, obs. Perrot ; JCP 1984. II. 20126, note Chartier* • Civ. 2e, 23 nov. 1983 : *D. 1984. IR 300 ; JCP E 1985. II. 14475, note Chartier,* relevant que l'appréciation du caractère alimentaire d'une indemnité relève du pouvoir souverain des juges du fond.

Art. L. 3252-3 **Pour la détermination de la fraction insaisissable, il est tenu compte du montant de la rémunération, de ses accessoires ainsi que de la valeur des avantages en nature, après déduction des cotisations et contributions sociales obligatoires** *(L. n° 2016-1917 du 29 déc. 2016, art. 60-I-E, en vigueur le 1er janv. 2018)* **« et de la retenue à la source prévue à l'article 204 A du code général des impôts ».**

(L. n° 2008-1249 du 1er déc. 2008, art. 18) **« Il est en outre tenu compte d'une fraction insaisissable égale au montant forfaitaire mentionné** *(L. n° 2015-994 du 17 août 2015, art. 59-V, en vigueur le 1er janv. 2016)* **« à » l'article L. 262-2 du code de l'action sociale et des familles applicable »** *(L. n° 2011-1862 du 13 déc. 2011, art. 3)* **« à un foyer composé d'une seule personne ».**

Il n'est pas tenu compte des indemnités insaisissables, des sommes allouées à titre de remboursement de frais exposés par le travailleur et des allocations ou indemnités pour charges de famille. – *[Anc. art. L. 145-2, al. 2.]*

L'art. 3 de l'Ord. n° 2011-1895 du 19 déc. 2011 modifie, dans les mêmes termes que la L. n° 2011-1862 du 13 déc. 2011, l'art. L. 3252-3 C. trav. La seule différence réside dans la date d'entrée en vigueur de cette modification, l'ordonnance prévoyant pour l'ensemble de ses dispositions une entrée en vigueur au 1er juin 2012 alors que la loi fixait cette date au 1er janv. 2013. L'ordonnance restant cependant de nature réglementaire jusqu'à sa ratification, en l'état actuel, seule prévaut la date du 1er janv. 2013 jusqu'à l'adoption de la loi de ratification qui doit intervenir au plus tard le 31 mars 2012 (L. n° 2010-1609 du 22 déc. 2010, art. 7-IV).

Calcul. S'agissant d'un représentant payé à la commission, le taux de la quotité saisissable doit être calculé sur le montant de la rémunération acquise par l'intéressé et afférente à une année. • Soc. 27 mars 1968 : *Bull. civ. V, n° 183.*

Art. L. 3252-4 **Lorsqu'un débiteur perçoit de plusieurs payeurs des sommes saisissables ou cessibles dans les conditions prévues par le présent chapitre, la fraction saisissable est calculée sur l'ensemble de ces sommes.**

Les retenues sont opérées selon les modalités déterminées par *(L. n° 2011-1862 du 13 déc. 2011, art. 3)* **« décret en Conseil d'État ».**

Art. L. 3252-5 **Le prélèvement direct du terme mensuel courant et des six derniers mois impayés des pensions alimentaires** *(L. n° 2015-1702 du 21 déc. 2015, art. 44-III, en vigueur le 1er avr. 2016)* **« ou des vingt-quatre derniers mois lorsque l'organisme débiteur des prestations familiales agit pour le compte du créancier » peut être poursuivi sur l'intégralité de la rémunération. Il est d'abord imputé sur la fraction insaisissable et, s'il y a lieu, sur la fraction saisissable.**

Toutefois, une somme est, dans tous les cas, laissée à la disposition du salarié dans des conditions déterminées par décret en Conseil d'État. – *[Anc. art. L. 145-4.] – V. art. R. 3252-5.*

COMMENTAIRE

V. Dalloz.fr et applications mobiles Dalloz. ❑

Art. L. 3252-6 *(L. n° 2010-1609 du 22 déc. 2010, art. 12)* **Le juge du tribunal d'instance connaît de la saisie des rémunérations dans les conditions prévues à l'article L. 221-8 du code de l'organisation judiciaire.**

Art. L. 3252-7 **Les rémunérations ne peuvent faire l'objet d'une saisie conservatoire.** – *[Anc. art. L. 145-6.]*

L'art. L. 145-6 n'est pas applicable aux sommes versées sur un compte bancaire, même si elles proviennent des rémunérations du travail, la saisie de ces sommes étant réglementée par l'art. 44 du décret du 31 juill. 1992. • Civ. 2e, 24 juin 2004, n° 02-14.813 P.

Art. L. 3252-8 En cas de pluralité de saisies, les créanciers viennent en concours sous réserve des causes légitimes de préférence.

(L. n° 2011-1862 du 13 déc. 2011, art. 3) « Toutefois, les créances résiduelles les plus faibles, prises dans l'ordre croissant de leur montant, sans que celles-ci puissent excéder un montant fixé par décret, sont payées prioritairement dans les conditions fixées par ce décret. » — *V. art. D. 3252-34-1.*

Art. L. 3252-9 Le tiers saisi fait connaître :

1° La situation de droit existant entre lui-même et le débiteur saisi ;

2° Les cessions, saisies, avis à tiers détenteur ou paiement direct de créances d'aliments en cours d'exécution.

Le tiers employeur saisi qui s'abstient sans motif légitime de faire cette déclaration ou fait une déclaration mensongère peut être condamné par le juge au paiement d'une amende civile sans préjudice d'une condamnation à des dommages et intérêts et de l'application des dispositions du deuxième alinéa de l'article L. 3252-10. — *[Anc. art. L. 145-8.]*

1. Atteinte à la vie privée. Une cour d'appel retient exactement que la divulgation par l'administration du domicile d'un agent, sans son accord, à un créancier voulant procéder à une saisie-arrêt constituerait une atteinte à la vie privée justifiant le refus de l'administration. • Civ. 1re, 6 nov. 1990 : *Dr. ouvrier 1991. 150.*

2. Responsabilité du tiers saisi. Seule une absence de déclaration ou une déclaration mensongère peut entraîner la condamnation du tiers saisi au paiement des retenues qui auraient dû être opérées, et non une simple déclaration incomplète. • Civ. 2e, 11 juill. 2002, n° 01-00.757 P.

3. Identité de l'employeur. Aucun texte n'exige que l'identité de l'employeur soit indiquée dans le jugement qui autorise la saisie des rémunérations. • Civ. 2e, 16 déc. 2004, n° 03-11.803 P : *D. 2005. IR 246.*

Art. L. 3252-10 Le tiers saisi verse mensuellement les retenues pour lesquelles la saisie est opérée dans les limites des sommes disponibles.

(L. n° 2011-1862 du 13 déc. 2011, art. 3) « A défaut, le juge, même d'office, le déclare débiteur des retenues qui auraient dû être opérées. Il peut, pour déterminer le montant de ces retenues, s'adresser aux organismes fiscaux et sociaux dans les conditions prévues à l'article 39 de la loi n° 91-650 du 9 juillet 1991 portant réforme des procédures civiles d'exécution pour obtenir les informations relatives au montant de la rémunération perçue par le débiteur ainsi que sur la composition de sa famille. »

Le recours du tiers saisi contre le débiteur ne peut être exercé qu'après mainlevée de la saisie. — *[Anc. art. L. 145-9.]*

Art. L. 3252-11 Les parties peuvent se faire représenter par :

1° Un avocat ;

2° Un officier ministériel du ressort, lequel est dispensé de produire une procuration ;

3° Un mandataire de leur choix muni d'une procuration.

Si ce mandataire représente le créancier saisissant, sa procuration doit être spéciale à l'affaire pour laquelle il représente son mandant. — *[Anc. art. L. 145-11.]*

Art. L. 3252-12 En cas de saisie portant sur une rémunération sur laquelle une cession a été antérieurement consentie et régulièrement notifiée, le cessionnaire est de droit réputé saisissant pour les sommes qui lui restent dues, tant qu'il est en concours avec d'autres créanciers saisissants. — *[Anc. art. L. 145-12.]*

Art. L. 3252-13 Le juge peut décider, à la demande du débiteur ou du créancier et en considération de la quotité saisissable de la rémunération, du montant de la créance et du taux des intérêts dus, que la créance cause de la saisie produira intérêt à un taux réduit à compter de l'autorisation de saisie ou que les sommes retenues sur la rémunération s'imputeront d'abord sur le capital.

Les majorations de retard prévues par l'article 3 de la loi n° 75-619 du 11 juillet 1975 relative au taux de l'intérêt légal cessent de s'appliquer aux sommes retenues à compter du jour de leur prélèvement sur la rémunération. — *[Anc. art. L. 145-13.]*

CHAPITRE III **PRIVILÈGES ET ASSURANCE**

SECTION PREMIÈRE **DISPOSITIONS GÉNÉRALES**

Art. L. 3253-1 Les créances résultant du contrat de travail sont garanties dans les conditions prévues au 4° de l'article 2331 et au 2° de l'article 2375 du code civil, relatifs aux privilèges sur les biens mobiliers et immobiliers du débiteur.

En outre, en cas de sauvegarde, de redressement ou de liquidation judiciaire, elles sont garanties, conformément aux articles L. 625-7 et L. 625-8 du code de commerce, dans les conditions prévues aux articles L. 3253-2 à L. 3253-21. – *[Anc. art. L. 143-7 et L. 143-9.]*

COMMENTAIRE

V. Dalloz.fr et applications mobiles Dalloz.

1. Assedic. Une cour d'appel décide exactement qu'il y a lieu d'appliquer les termes clairs et précis des art. 2101-4° C. civ. et L. 143-10 C. trav. [L. 3253-2 et L. 3253-3 nouv.], sans ajouter une limitation qu'ils ne comportent plus, de sorte que l'Assedic soit admise à titre privilégié et superprivilégié, peu important que le contrat de travail ait cessé plus de six mois avant le jugement déclaratif. • Soc. 15 mars 1983 : *Bull. civ. V, n° 159 ; D. 1983. IR 342, obs. A. Honorat.* – V. déjà • Soc. 25 oct. 1972 : *Bull. civ. V, n° 574 ; D. 1973. 218, note G. Lyon-Caen.*

2. Sommes visées. Le délai de six mois édicté par l'art. 2101-4° C. civ. ne concerne que les salaires et non l'indemnité de délai-congé. • Soc. 6 nov. 1968 : *Bull. civ. V, n° 484 ; D. 1969. Somm. 52.* ♦ ... Ni l'indemnité de congés payés. • Soc. 5 févr. 1969 : *Bull. civ. V, n° 76.*

3. L'indemnité de clientèle, n'étant pas de même nature que l'indemnité de licenciement, n'est pas comprise dans l'énumération limitative des art. 2101 et 2104 C. civ. • Soc. 19 mars 1986 : *Bull. civ. V, n° 108 ; D. 1986. IR 239, obs. A. Honorat.* ♦ Les cotisations afférentes à un contrat d'assurance ne sont pas comprises dans l'énumération limitative des art. 2101, 4° C. civ., 128 L. 1985 et L. 143-7 C. trav. [L. 3253-1 nouv.], de sorte qu'elles ne peuvent être couvertes par le privilège général sur les salaires. • Com. 9 juin 1998 : *RJS 1998. 741, n° 1225.*

4. La liquidation judiciaire de l'employeur après le retrait de l'agrément accordé à une entreprise d'assurance ne prive pas les salariés du bénéfice de la garantie contre le risque de non-paiement des sommes dues en exécution du contrat de travail. • Soc. 15 juin 2010 : *D. 2010. Actu. 1721 ; Dalloz actualité, 9 juill. 2010, obs. Cortot ; RJS 2010. 590, n° 651.* ♦ Comp. antérieurement. • Soc. 22 mars 1995, n° 93-42.531 P : *RJS 1995. 347, n° 517.*

SECTION II **PRIVILÈGES ET ASSURANCE EN CAS DE PROCÉDURE DE SAUVEGARDE, DE REDRESSEMENT OU DE LIQUIDATION JUDICIAIRE**

RÉP. TRAV. v^is *Entreprises en difficulté (Règles propres aux salariés)*, par CESARO ; *Salaire (Paiement)*, par DEBORD.

BIBL. GÉN. ► Protection des créances salariales dans les entreprises en difficultés : ARSEGUEL, *Dr. soc. 1987. 807 ; Ann. Université sc. soc. Toulouse, t. XXXIV, p. 133.* – BARBÉ, *Sem. soc. Lamy 1996, n° 794, suppl.* – BELL'ASSINOT, *Gaz. Pal. 1986. 2. Doctr. 590.* – BEZIAN, *Dr. soc. 1991. 678.* – BLAISE, *ibid. 1982. 185 ; ibid. 1985. 449 ; ibid. 1987. 616 ; ibid. 1994. 778.* – BONGRAND, *CSB 1998. 209.* – CANTENOT, *ibid. 1978, n° spéc. févr., S 103.* – CARDI-BRODA, *Gaz. Pal. 1986. 2. Doctr. 425.* – CHAGNY, *Sem. soc. Lamy 2003, n° 1138, suppl. p. 30* (jurisprudence de la Cour de cassation en matière de garantie des créances salariales). – DELEBECQUE, *Sem. soc. Lamy 1988, n° 419, D. 73.* – DERRIDA, *D. 1973. Chron. 59 ; ibid. 1974. Chron. 119.* – DERRIDA, GODÉ et SORTAIS, *D. 1986, n° spéc., 106.* – GUYON, *Dr. soc. 1974. 138.* – HENRY, *Dr. ouvrier 1985. 172 ; Dr. soc. 1986. 678.* – LAFARGE, *ibid. 1986. 672 ; RJ com. 1987. 178.* – LAFARGE et MÉTÉYÉ, *Gaz. Pal. 1987. 1. Doctr. 391.* – LANGLOIS, *Dr. soc. 1987. 799.* – MÉTÉYÉ, *ibid. 1987. 827 ; Gaz. Pal. 1994. 2. Doctr. 1293* (loi du 10 juin 1994), *Dr. soc. 2002. 972.* – MORVILLE, *CSB 1992. 213.* – PANSIER, *CSB 1999, suppl. n° 112, p. 37* (un an d'actualité en matière d'AGS). – QUETANT, *Sem. soc. Lamy 2003, n° 1138, suppl. p. 26* (contentieux prud'homal de l'AGS). – RAMACKERS, *D. 1989. Chron. 301.* – SAINT-ALARY-HOUIN, *Dr. soc. 1987. 842.* – SAINT-GENIEST, *ibid. 1987. 836.* – SARAMITO, *Dr. ouvrier 1995. 497.* – SOINNE, *Dr. soc. 1986. 685.* – TEYSSIÉ, *JCP 1986. I. 3239.* – TILLHET-PRETNAR, *Dr. soc. 1981. 150.* – Adde : *Cah. dr. soc., 1993. 285 ; JCP E 1992. I. 198.* – VATINET, *Dr. soc. 2003. 287* (garantie de l'AGS et sort du contrat de travail).

SOUS-SECTION 1 **PRIVILÈGES**

Art. L. 3253-2 Lorsqu'une procédure de sauvegarde, de redressement ou de liquidation judiciaire est ouverte, les rémunérations de toute nature dues aux salariés pour les soixante derniers jours de travail sont, déduction faite des acomptes déjà perçus, payées, nonobstant l'existence de toute autre créance privilégiée, jusqu'à concurrence d'un plafond mensuel identique pour toutes les catégories de bénéficiaires.

Ce plafond est fixé par voie réglementaire sans pouvoir être inférieur à deux fois le plafond retenu pour le calcul des cotisations de sécurité sociale. — *[Anc. art. L. 143-10, al. 1er et 2.]* — *V. art. D. 3253-1.*

1. Créances concernées. Est seule garantie par le superprivilège institué par l'art. L. 3253-2 la créance résultant du contrat de travail pesant sur l'employeur faisant l'objet d'une procédure collective ; la société cessionnaire « *in bonis* » est seule obligée au paiement des indemnités de congés payés, elle n'est pas subrogée dans les droits des salariés. • Com. 3 nov. 2010 : *D. 2010. AJ 2701, obs. Lienhard ; JCP S 2011. 1155, obs. Fin-Langer.* ♦ Les salaires dus pour la période de poursuite de l'exploitation postérieure au jugement de règlement judiciaire ne conservent pas le caractère superprivilégié. • Soc. 7 mai 1987 : *Bull. civ. V, n° 285.*

2. Plafond. Le plafond étant identique pour toutes les catégories de bénéficiaires, il s'ensuit que les acomptes déjà perçus doivent venir en diminution dudit plafond pour ne pas rompre l'égalité entre salariés créanciers auxquels la loi a voulu assurer le seul règlement de la portion insaisissable et incessible de leur rémunération. • Soc. 29 avr. 1975 : *D. 1975. 678, note F. D.*

3. Concours. Les créances superprivilégiées de salaires l'emportent sur toutes les autres créances, même postérieures au jugement d'ouverture de la procédure collective. • Com. 6 juill. 1993 : *D. 1993. 530, note Ramackers ; RJS 1993. 588, n° 988.* ♦ Une ASSEDIC subrogée dans les droits des créanciers superprivilégiés bénéficie de cette priorité de paiement. • Même arrêt. ♦ Mais il en va différemment en cas de poursuites individuelles du Trésor public exercées par voie d'avis à tiers détenteur. • Poitiers, 8 mars 1995 : *D. 1996. 256, note Derrida.*

4. Dans le cas d'une seconde procédure collective s'ouvrant après résolution du plan de continuation de la première, aucun texte ne prévoit la disparition du privilège ou du superprivilège des créances salariales. • Poitiers, 23 avr. 1996 : *D. 1996. Somm. 284, obs. A. Honorat.*

Art. L. 3253-3 Les rémunérations prévues au premier alinéa de l'article L. 3253-2 comprennent :

1° Les salaires, appointements ou commissions proprement dites ;

2° Les accessoires et notamment l'indemnité compensatrice prévue à l'article L. 1226-14, l'indemnité compensatrice de préavis prévue à l'article L. 1234-5, l'indemnité de fin de contrat prévue à l'article L. 1243-8 et l'indemnité de fin de mission prévue à l'article L. 1251-32. — *[Anc. art. L. 143-10, al. 3.]*

Art. L. 3253-4 Les indemnités de congés payés sont, nonobstant l'existence de toute créance privilégiée, payées jusqu'à concurrence d'un plafond identique à celui établi pour une période de trente jours de rémunération par l'article L. 3253-1. — *[Anc. art. L. 143-11.]*

Art. L. 3253-5 Les sommes dues aux façonniers par leurs donneurs d'ordres sont payées, lorsque ces derniers font l'objet d'une procédure de sauvegarde, de redressement ou de liquidation judiciaire, nonobstant l'existence de toute autre créance privilégiée à l'exception de celles garanties par l'article L. 3253-2, à due concurrence du montant total des rémunérations de toute nature dues aux salariés de ces façonniers, au titre des soixante derniers jours de travail ou d'apprentissage précédant l'ouverture de la procédure. — *[Anc. art. L. 786-1.]*

SOUS-SECTION 2 **ASSURANCE CONTRE LE RISQUE DE NON-PAIEMENT**

COMMENTAIRE

V. Dalloz.fr et applications mobiles Dalloz.

§ 1er PRINCIPES

Art. L. 3253-6 Tout employeur de droit privé assure ses salariés, y compris ceux détachés à l'étranger ou expatriés mentionnés à l'article L. 5422-13, contre le risque

de non-paiement des sommes qui leur sont dues en exécution du contrat de travail, en cas de procédure de sauvegarde, de redressement ou de liquidation judiciaire. – *[Anc. art. L. 143-11-1, al. 1er.]*

COMMENTAIRE

V. Dalloz.fr et applications mobiles Dalloz

A. ENTREPRISES ASSUJETTIES

1. Commerçants. Est assujetti à la garantie des salaires un agent général d'assurances, dès lors que la loi ne fait pas de distinction entre le caractère principal ou accessoire d'une activité commerciale et que l'agent exerçait accessoirement l'activité de courtier d'assurances, ce qui lui conférait la qualité de commerçant. • Soc. 3 nov. 1977 : *Bull. civ. V, n° 583 ; D. 1978. IR 42.*

2. Entreprises privées gérant un service public. Sont notamment concernés : les caisses d'allocations familiales. • Soc. 12 janv. 1978 : *Bull. civ. V, n° 38 ; D. 1978. IR 115 ; Dr. soc. 1979. 30, note Derrida.* ♦ ... Les URSSAF. • Soc. 21 avr. 1988 : *Bull. civ. V, n° 245 ; D. 1989. Somm. 240, obs. Prétot.* ♦ ... Les sociétés civiles professionnelles d'huissiers. • Soc. 7 nov. 1990 : *RJS 1990. 641, n° 973.*

3. Entreprises à statut. L'assujettissement de l'employeur à l'obligation d'assurance des salariés contre le risque de non-paiement des sommes qui leur sont dues en exécution du contrat de travail, en cas de procédure collective, résulte de sa seule qualité de personne morale de droit privé, sans qu'il y ait lieu de tenir compte de son statut particulier, et notamment de l'origine de son capital, de la nature de ses ressources, du contrôle économique et financier de l'État auquel il est soumis, du mode de désignation de ses administrateurs et de la mission de service public dont il est investi. • Soc. 2 juill. 2014 : *RJS 2014. 591, n° 688* (Radio France) • Soc. 2 juill. 2014 : *RJS 2014. 591, n° 688* (France Télévision). ♦ Une société de télévision, soumise à la législation sur les sociétés anonymes, a la qualité de personne morale de droit privé et doit donc assurer ses salariés contre le risque de non-paiement des sommes dues en exécution du contrat de travail, même si certaines règles applicables en matière de procédures collectives ne lui sont pas applicables. • Soc. 29 févr. 2000, n° 98-13.264 P : *Dr. soc. 2000. 560, obs. Radé ; Dr. soc. 2001. 149, chron. Hatoux* • Lyon, 6e ch., 5 mars 2003, R. G. n° 02/00978 : *BICC 579 du 15 juin 2003, n° 737* (GIAT industrie) • 7 sept. 2004, n° 02-21.384 P : *Dr. soc. 2004. 1033, obs. Radé* (France Télécom). • Soc. 2 juill. 2014 : *Dalloz actualité, 26 sept. 2014, obs. Fraisse* (France 2 et RFO).

4. Jurisprudence antérieure au revirement. Même soumises à la législation sur les sociétés anonymes, les sociétés de programmes qui ont pour objectif le service public de la radiodiffusion et de la télévision et comme unique actionnaire l'État ne sont pas soumises aux procédures collectives d'apurement du passif et ne sont pas, en conséquence, tenues des obligations découlant de l'art. L. 143-11-1 [L. 3253-6 nouv.]. • Soc. 16 déc. 1987 : *Bull. civ. V, n° 730 ; D. 1988. IR 15 ; Dr. soc. 1988. 489, concl. Picca.* ♦ Même solution pour la SNCF et Air France. • Soc. 16 déc. 1987 : *Bull. civ. V, n° 731 ; D. 1988. IR 37 ; Dr. soc. 1988. 489, concl. Picca* • 17 avr. 1991, n° 89-16.708 P : *D. 1991. IR 134 ; Dr. soc. 1991. 497, concl. Picca ; Rev. sociétés 1991. 593, note Maleville ; RJS 1991. 310, n° 582.* ♦ ... La SEITA. • Soc. 6 nov. 1991, n° 88-17.869 P : *RJS 1991. 711, n° 1323.*

5. Syndicat de copropriété. Depuis l'entrée en vigueur de la loi n° 94-624 du 21 juill. 1994 sur l'habitat, les syndicats de copropriété sont exclus du champ d'application de la garantie des salaires (V. Instr. UNEDIC n° 96-11 du 21 févr. 1996, *JCP E 1996. Pan. 338*).

6. Entreprises non assujetties. Est recevable la demande en répétition de l'indu en cas de paiement, par erreur, de cotisations au GARP. • Soc. 3 mai 1995, n° 92-20.372 P.

B. PROCÉDURE COLLECTIVE

7. Principe. Pour que la garantie puisse être mise en œuvre, il est nécessaire de constater que l'employeur a fait l'objet d'une procédure de règlement judiciaire. • Soc. 7 févr. 1990, n° 87-40.780 P : *RJS 1990. 157, n° 210.* ♦ Ainsi, la garantie est acquise dès lors que les jugements ouvrant la procédure de redressement ou de liquidation judiciaire ont l'autorité absolue de chose jugée et sont opposables à tous, même si le Tribunal de commerce n'aurait pas dû prononcer la liquidation judiciaire d'une personne exerçant une activité libérale. • Soc. 6 juin 2000 : *RJS 2000. 562, n° 812.* ♦ La garantie est due dès lors que le représentant des créanciers ne dispose pas des sommes nécessaires pour régler les salaires, peu important qu'un tiers soit susceptible de garantir également en tout ou partie ces créances. • Soc. 1er déc. 1993, n° 91-40.761 P : *D. 1994. IR 20 ; Dr. soc. 1994. 221 ; CSB 1994. 15, A. 5 ; RJS 1994. 48, n° 39.*

8. Société d'assurance. La liquidation judiciaire de l'employeur après le retrait de l'agrément accordé à une entreprise d'assurance ne prive pas les salariés du bénéfice de la garantie contre le risque de non-paiement des sommes dues en exécution du contrat de travail. • Soc. 15 juin 2010 : *D. 2010. Actu. 1721 ; Dalloz* *actualité, 9 juill. 2010, obs. Cortot ; RJS 2010. 590, n° 651* • Soc. 22 mars 1995, n° 93-42.531 P : *RJS 1995. 347, n° 517.*

C. SALARIÉS

9. *Salariés expatriés.* Si sont inclus dans la protection légale les salariés détachés à l'étranger ainsi que les travailleurs français expatriés, le régime d'assurance ne s'étend, en revanche, pas aux salariés engagés à l'étranger et y travaillant. • Paris, 26 nov. 1986 : *D. 1988. Somm. 41, obs. A. Honorat.*

10. *Employeur étranger.* Lorsque l'employeur est établi dans un État membre de la CEE et que le salarié réside et exécute son travail dans un autre État membre, l'institution de garantie compétente pour le paiement des créances salariales en cas d'insolvabilité de l'employeur est l'institution de l'État sur lequel soit, l'ouverture de la procédure collective est décidée soit, la fermeture de l'entreprise ou de l'établissement est constatée. • CJCE 17 sept. 1997 : *aff. n° S-117/96* • Soc. 20 janv. 1998, n° 96-43.577 P : *JCP 1998. II. 10086, note Kerckhove ; Dr. soc. 1998. 298, obs. Vatinet ; D. 1998. IR 53 ; RJS 1998. 294, n° 468.* ♦ La Dir. n° 80/987 ne s'oppose pas à ce que la législation d'un État membre prévoie qu'un travailleur salarié puisse se prévaloir de la garantie salariale de l'institution nationale, conformément au droit de cet État membre, à titre complémentaire ou substitutif, par rapport à celle offerte par l'institution désignée comme étant compétente en application de cette directive, pour autant, toutefois que ladite garantie donne lieu à un niveau supérieur de protection du travailleur. • CJUE, 10 mars 2011 : *JCP S 2011. 1275, obs. Jeansen* • Soc. 21 sept. 2011 : *RJS 2011. 777, n° 878 ; JCP S 2011. 1581, obs. Fin-Langer* • 11 avr. 2012 : *Dalloz actualité, 16 mai 2012, obs. Perrin ; RDT 2012. 422, obs. Driguez ; RJS 2012. 474, n° 557 ; JCP S 2012. 1310, obs. Vachet.*

11. La garantie de l'AGS s'applique aux créances d'un salarié de la succursale française d'une entreprise constituée selon le droit d'un autre État membre de l'Union européenne, dans lequel elle a son siège social et y est mise en redressement judiciaire. • CJCE, 16 déc. 1999 : *n° C-198/98, sp. § 23 et 24* • Soc. 2 juill. 2002, n° 99-46.140 P : *Dr. soc. 2002. 1004, obs. Radé* • 3 juin 2003, n° 01-41.697 P : *Dr. soc. 2003. 837, rapp. Chagny ; RJS 2003. 691, n° 1020 (2e esp.).*

12. Cette garantie s'applique également lorsqu'une procédure collective d'apurement du passif a été ouverte hors de l'Union européenne mais a fait l'objet d'une décision *d'exequatur*. • Soc. 3 juin 2003, n° 00-45.948 P : *Dr. soc. 2003. 837, rapp. Chagny ; RJS 2003. 691, n° 1020 (1re esp.).*

13. *Salariés étrangers.* La règle de non-discrimination entre les ressortissants des États membres de la CEE s'appliquant à tous les rapports juridiques qui peuvent être localisés sur le territoire de la Communauté, il en résulte qu'un salarié belge dont le contrat de travail a été conclu en France avec une société française doit bénéficier des dispositions de l'art. L. 143-11-1 [L. 3253-6 nouv.]. • Soc. 21 nov. 1990 : *D. 1990. IR 288 ; CSB 1991. 19, A. 9 ; RJS 1991. 18, n° 23 ; JS UIMM 1991. 47.* ♦ Lorsque les travailleurs victimes de l'insolvabilité de leur employeur exercent leur activité salariée dans un État membre pour le compte de la succursale d'une société constituée selon le droit d'un autre État membre, dans lequel cette société a son siège social et y est mise en liquidation, l'institution compétente, au regard de l'art. 3 de la directive CEE n° 80-987 du 20 oct. 1980, pour le paiement des créances de ces travailleurs, est celle de l'État sur le territoire duquel ils exerçaient leur activité salariée. • CJCE 16 déc. 1999, aff. 198/999, *Everson c/ Bell : RJS 2000. 327, n° 471* • Soc. 2 juill. 2002 : *D. 2002. IR 2778 ; RJS 2002. 846, n° 1128 ; JS Lamy 2002, n° 109-6.*

Art. L. 3253-7 **Le droit du salarié est garanti indépendamment de l'observation par l'employeur tant des prescriptions de la présente section que des obligations dont il est tenu à l'égard des institutions prévues à l'article L. 3253-14.** — *[Anc. art. L. 143-11-5.]*

§ 2 CRÉANCES COUVERTES PAR L'ASSURANCE

Art. L. 3253-8 **L'assurance mentionnée à l'article L. 3253-6 couvre :**

1° Les sommes dues aux salariés à la date du jugement d'ouverture de toute procédure de redressement ou de liquidation judiciaire, ainsi que les contributions dues par l'employeur dans le cadre *(L. n° 2011-893 du 28 juill. 2011)* **« du contrat de sécurisation professionnelle » ;**

2° Les créances résultant de la rupture des contrats de travail intervenant :

***a)* Pendant la période d'observation ;**

***b)* Dans le mois suivant le jugement qui arrête le plan de sauvegarde, de redressement ou de cession ;**

***c)* Dans les quinze jours** *(L. n° 2013-504 du 14 juin 2013, art. 18-XXI)* **« , ou vingt et un jours lorsqu'un plan de sauvegarde de l'emploi est élaboré, » suivant le jugement de liquidation ;**

d) Pendant le maintien provisoire de l'activité autorisé par le jugement de liquidation judiciaire *(Ord. nº 2008-1345 du 18 déc. 2008, art. 167)* « et dans les quinze jours *(L. nº 2013-504 du 14 juin 2013, art. 18-XXI)* « , ou vingt et un jours lorsqu'un plan de sauvegarde de l'emploi est élaboré, » suivant la fin de ce maintien de l'activité » ;

3º Les créances résultant de la rupture du contrat de travail des salariés auxquels a été *(L. nº 2011-893 du 28 juill. 2011)* « proposé le contrat de sécurisation professionnelle », sous réserve que l'administrateur, l'employeur ou le liquidateur, selon le cas, ait proposé *(L. nº 2011-893 du 28 juill. 2011)* « ce contrat » aux intéressés au cours de l'une des périodes indiquées au 2º, y compris les contributions dues par l'employeur dans le cadre de *(L. nº 2011-893 du 28 juill. 2011)* « ce contrat » et les salaires dus pendant le délai de réponse du salarié ;

(L. nº 2013-504 du 14 juin 2013, art. 18-XXI) « 4º Les mesures d'accompagnement résultant d'un plan de sauvegarde de l'emploi déterminé par un accord collectif majoritaire ou par un document élaboré par l'employeur, conformément aux articles L. 1233-24-1 à L. 1233-24-4, dès lors qu'il a été validé ou homologué dans les conditions prévues à l'article L. 1233-58 avant ou après l'ouverture de la procédure de redressement ou de liquidation judiciaire ;

« 5º » Lorsque le tribunal prononce la liquidation judiciaire, dans la limite d'un montant maximal correspondant à un mois et demi de travail, les sommes dues :

a) Au cours de la période d'observation ;

b) Au cours des quinze jours *(L. nº 2013-504 du 14 juin 2013, art. 18-XXI)* « , ou vingt et un jours lorsqu'un plan de sauvegarde de l'emploi est élaboré, » suivant le jugement de liquidation;

c) Au cours du mois suivant le jugement de liquidation pour les représentants des salariés prévus par les articles L. 621-4 et L. 631-9 du code de commerce ;

d) Pendant le maintien provisoire de l'activité autorisé par le jugement de liquidation *(Ord. nº 2008-1345 du 18 déc. 2008, art. 167)* « et au cours des quinze jours *(L. nº 2013-504 du 14 juin 2013, art. 18-XXI)* « , ou vingt et un jours lorsqu'un plan de sauvegarde de l'emploi est élaboré, » suivant la fin de ce maintien de l'activité ».

La garantie des sommes et créances mentionnées aux 1º, 2º et *(L. nº 2013-504 du 14 juin 2013, art. 18-XXI)* « 5º » inclut les cotisations et contributions sociales et salariales d'origine légale, ou d'origine conventionnelle imposée par la loi *(L. nº 2016-1917 du 29 déc. 2016, art. 60-I-E, en vigueur le 1er janv. 2018)* « , ainsi que la retenue à la source prévue à l'article 204 A du code général des impôts ». — *[Anc. art. L. 143-11-1, al. 2 à 7.]*

Les dispositions issues de la L. nº 2013-504 du 14 juin 2013 sont applicables aux procédures de licenciement collectif engagées à compter du 1er juill. 2013.

Une procédure de licenciement collectif est réputée engagée à compter de la date d'envoi de la convocation à la première réunion du comité d'entreprise mentionnée à l'art. L. 1233-30 C. trav. (L. préc., art. 18-XXXIII).

BIBL. ▶ Arlie, *JCP S 2016. 1053* (Protection des salariés en cas de jugement de conversion d'une procédure de sauvegarde en une autre procédure collective). - Arséguel et Reynès, *D. 2003. Chron. 502*. - Météyé, *Dr. soc. 2002. 972*. - Périès, *JCP E 2002, suppl. nº 2, p. 15*. - Vatinet, *Dr. soc. 2003. 287*.

COMMENTAIRE

V. Dalloz.fr et applications mobiles Dalloz.

I. PÉRIODE GARANTIE

A. ART. L. 3253-8-1º

1º CRÉANCES GARANTIES

1. Effet d'une conversion de la sauvegarde en liquidation judiciaire. La garantie prévue par le 1º de l'art. L. 3253-8 ne dépend que de la seule ouverture d'une procédure de redressement ou de liquidation judiciaire sans qu'il y ait lieu d'établir une distinction entre les diverses causes d'ouverture de cette procédure. • Soc. 22 sept. 2015, nº 1417.837 : *RDT 2015. 753, obs. Driguez*.

2. Licenciement abusif. Le régime de la garantie des salaires s'applique à l'indemnité accordée à un salarié abusivement licencié avant la date du jugement ayant déclaré l'employeur en règlement judiciaire, peu important que la décision ayant condamné l'employeur soit postérieure au jugement déclaratif. • Soc. 13 mai 1981 : *Dr. soc. 1982. 193, obs. H. Blaise*.

3. Résiliation du contrat d'apprentissage. Le juge qui prononce la résiliation d'un contrat d'apprentissage peut en fixer la date au jour où l'une des parties a manqué à ses obligations ou au jour de la demande de résiliation. Cette date étant alors antérieure à la liquidation judiciaire, la créance indemnitaire du salarié relève de la garantie de l'AGS. • Soc. 1er oct. 2003 : *RJS 2003. 992, n° 1421.*

4. Accord de rupture amiable. La créance du salarié qui résulte d'un accord de rupture amiable du contrat de travail conclu avant le jugement d'ouverture doit être garantie par l'AGS dès lors que la somme convenue était due à la date de ce jugement, et ce même si l'employeur devait rembourser ces sommes postérieurement au jugement d'ouverture. • Soc. 23 nov. 2004, n° 02-41.836 P : *Dr. soc. 2005. 221, obs. Radé ; RJS 2005. 118, n° 157.*

5. Préjudice d'anxiété. Les dommages et intérêts accordés en réparation du préjudice d'anxiété des salariés des sites classés exposés à l'amiante sont garantis par l'AGS. • Soc. 25 sept. 2013 : *Dalloz actualité, 8 oct. 2013, obs. Fraisse ; Sem. soc. Lamy 2013, n° 1599, p. 9, Rapp. Sabotier ; JS Lamy 2013, n° 353-2, obs. Boeuf et Mo.* ♦ Le préjudice d'anxiété nait à la date à laquelle les salariés ont eu connaissance de l'arrêté ministériel d'inscription de l'activité en cause sur la liste des établissements permettant la mise en œuvre de l'ACAATA ; la garantie de l'AGS dépend alors de l'antériorité de cette inscription à l'ouverture de la procédure collective. • Soc. 2 juill. 2014 : *RJS 2014. 617, n° 725 ; JS Lamy 2014, n° 373-4, obs. Pacotte et Layat-Le-Bourhis.*

2° CRÉANCES NON GARANTIES

6. Arrérages d'une rente invalidité-décès. Si les arrérages de rente invalidité-décès résultant d'une assurance collective souscrite par l'employeur au profit de ses salariés sont dus en exécution du contrat de travail, le bénéficiaire n'en devient créancier qu'au fur et à mesure des échéances ; ils sont dès lors exclus du régime d'assurance de l'art. L. 143-11-1 [L. 3253-8 nouv.] si cette échéance est postérieure à la date d'ouverture de la procédure collective. • Soc. 2 juin 1992, n° 90-15.370 P. • 5 mars 1996 : *D. 1996. IR 99.* ♦ Pour la contrepartie pécuniaire d'une clause de non-concurrence, V. • Soc. 6 mai 1997 (1er arrêt), n° 95-43.166 P : *Dr. soc. 1997. 751 et 752, obs. Vatinet ; RJS 1997. 614, n° 984 ; JCP E 1997. II. 1001, note Serret* • 6 mai 1997 (2e arrêt) : *ibid.*

7. Indemnité de départ à la retraite. Est exclue de la garantie l'indemnité de départ à la retraite, dès lors que les salariés n'ont atteint l'âge de 60 ans fixé par la convention collective qu'après l'ouverture de la procédure collective. • Soc. 12 avr. 1995, n° 92-18.005 P : *D. 1995. Somm. 307, obs. A. Honorat ; Dr. soc. 1995. 603, obs. Blaise .* ♦ De même, l'indemnité de départ à la retraite est exclue de la garantie lorsque la rupture se produit après le jugement d'ouverture et à la seule initiative du salarié qui n'a pas informé son employeur de son intention. • Soc. 20 avr. 2005, n° 02-47.063 P : *RJS 2005. 538, n° 743 ; JCP S 2005. 1009, note Morvan.*

8. Prime de fin d'année. Doit être cassé le jugement qui, pour condamner l'AGS à garantir le paiement d'une prime de fin d'année, retient que l'art. L. 143-11-1 [L. 3253-8 nouv.] doit être applicable pour la prime de 1992 puisque le jugement d'ouverture est du 10 déc. 1992 et que la créance ne résulte pas de la rupture du contrat du travail, alors, d'une part, que le droit à la prime de treizième mois ne naissant que le 31 décembre de l'année concernée, cette prime est due par l'employeur à cette date, et alors, d'autre part, que cette créance, née postérieurement au jugement d'ouverture pendant la période d'observation, n'est pas garantie par l'AGS. • Soc. 14 mai 1997, n° 95-43.735 P : *D. 1997. IR 145 .*

9. Indemnités compensatrices de non-concurrence. En cas de redressement judiciaire, la contrepartie pécuniaire de la clause de non-concurrence étant une créance due mois par mois pendant la durée de l'interdiction de concurrence à compter du jour du licenciement, l'AGS ne doit garantir que les seuls versements dus au jour du jugement d'ouverture. • Soc. 6 mai 1997 : *préc. note 6* • 6 mai 1997, n° 94-42.699 P : *eod. loc.* • 27 oct. 1999, n° 96-43.941 P : *Dr. soc. 2000. 123, obs. Radé .*

B. ART. L. 3253-8-2°

10. Constitutionnalité. Ne présente pas de caractère sérieux la question tendant à considérer que l'obligation imposée au liquidateur judiciaire de procéder tout à la fois à la mise en place de mesures préalables de reclassement et au licenciement des salariés, dans le délai de quinze jours suivant le jugement de liquidation, est contraire au principe d'égalité devant la loi. • Soc., QPC, 6 oct. 2011 : *Dalloz actualité, 4 nov. 2011, obs. Ines ; JS Lamy 2011, n° 311-312-3, obs. Millet et Rivet.*

11. Principe. L'assurance des créances des salariés ne concerne que les créances attachées au contrat de travail rompu dans les quinze jours suivant le jugement de liquidation. • Soc. 21 nov. 1989, n° 88-43.446 P : *D. 1990. Somm. 217, obs. Honorat ; BS Lefebvre 1990. 40, n° 102* • 24 janv. 1990, n° 89-40.867 P. ♦ La garantie AGS n'est pas due pour les indemnités de rupture d'un contrat de travail qui n'a pas été rompu par le liquidateur dans le délai de 15 jours du jugement de liquidation. • Soc. 3 avr. 2002, n° 99-44.288 P : *D. 2002. IR 1534 ; RJS 2002. 532, n° 668 ; Dr. soc. 2002. 527, obs. P. Lyon-Caen (3 arrêts).* ♦ ... La liquidation judiciaire n'entraînant pas en soi la rupture des contrats de travail. • Soc. 18 nov. 1992, n° 91-43.960 P : *RJS 1993. 37, n° 38.* ♦ Lorsque le salarié a été licencié plus de quinze jours après le prononcé de la liquidation judiciaire, la garantie de l'AGS ne peut couvrir les indemnités de préavis, de licenciement et de congés payés concernant la période postérieure à l'ouverture de la procédure collective. • Soc. 10 oct. 1990, n° 88-43.927 P : *RJS 1990. 577, n° 864, 2e esp.* ♦ Même solution pour les salaires correspondant à une période de travail postérieure à l'adoption du plan de redressement. • Soc. 18 déc. 1991, n° 88-43.567 P : *RJS 1992. 111, n° 154.* ♦ Sur la responsabilité du liquidateur envers le salarié licencié tardivement, V. • Com. 6 juill. 1993 : *RJS 1993. 590, n° 991.* ♦ Mais la seule manifestation de l'intention de l'employeur de rompre les contrats de travail des salariés dans le délai de 15 jours suivant le jugement de liquidation judiciaire permet, dans les rapports avec l'AGS, de considérer les contrats comme rompus. • Soc. 6 juin 2007 : *Dr. soc. 2007. 984, note Radé ; JCP S 2007. 1761, obs. Lahalle.* ♦ Cette manifestation de volonté existe dès lors que les salariés protégés ont été convoqués à leur entretien individuel. • Soc. 8 févr. 2012 : *RJS 2012. 299, n° 346 ; JCP S 2012. 1153, obs. Fin-Langer.*

12. Modification du plan de redressement. La garantie de l'AGS s'applique aux créances résultant de la rupture des contrats de travail intervenue dans le mois suivant le jugement qui a modifié le plan de redressement, lequel fait corps avec le jugement arrêtant ce plan. • Soc. 17 oct. 1990 : *CSB 1990. 287, S. 187 ; RJS 1990. 642, n° 974* • 3 avr. 1991, n° 90-41.566 P : *RJS 1991. 311, n° 581.* ♦ Mais, dès lors que le plan de redressement ne prévoit aucun licenciement, le contrat de travail se poursuit de plein droit avec le cessionnaire et l'AGS n'a pas à garantir les conséquences d'un licenciement inexistant. • Soc. 6 juill. 1999 : *D. 1999. IR 226 ; RJS 1999. 648, n° 1027 ; Dr. soc. 1999. 959, obs. Radé .*

13. Sommes prévues par le PSE. La garantie de l'AGS s'étend aux sommes prévues par le PSE pour favoriser le reclassement des salariés, y compris à l'extérieur de l'entreprise ou du groupe auquel elle appartient, ainsi qu'aux dommages-intérêts réparant l'inexécution d'un engagement tendant à ces reclassements. • Soc. 8 févr. 2012 : *JCP S 2012. 1153, obs. Fin-Langer.*

14. Viole l'art. L. 143-11-1 (2°) [L. 3253-8, 2° nouv.] la cour d'appel qui, pour retenir la garantie de l'AGS, estime que, si le jugement de liquidation judiciaire n'a pas autorisé expressément la poursuite d'activité, celle-ci a eu lieu, en fait, jusqu'à la date des licenciements, alors qu'elle a constaté, d'une part, que les licenciements sont intervenus plus de quinze jours après le jugement de liquidation judiciaire et, d'autre part, que ce jugement n'a pas autorisé le maintien provisoire de l'activité de l'entreprise. • Soc. 20 mai 1992, n° 91-41.822 P : *D. 1992. IR 187.*

15. Liquidation judiciaire et licenciement économique d'un salarié inapte. Le liquidateur tenu de licencier dans le délai prévu par l'art. L. 3253-8, 2°, n'est pas tenu d'organiser un second examen médical avant de procéder au licenciement d'un salarié inapte dès lors que le motif économique ressortissait à la cessation totale de l'activité de l'entreprise et que celle-ci n'appartenait à aucun groupe. • Soc. 9 déc. 2014 : *pourvoi n° 13-12.535.*

C. ART. L. 3253-8-4°

16. Liquidation judiciaire. Il résulte de l'art. L. 143-11-1, 3° [L. 3253-8, 4° nouv.], que les sommes dues en exécution du contrat de travail au cours de la période d'observation ne sont couvertes par l'AGS que lorsque le tribunal prononce la liquidation judiciaire. • Soc. 7 févr. 1990, n° 87-40.780 P : *D. 1990. Somm. 217, obs. A. Honorat .* ♦ La garantie ne peut donc jouer lorsque la société intéressée a fait l'objet d'un plan de cession. • Soc. 3 oct. 1995 : *JCP E 1996. Pan. 24.*

17. Bénéficient de la garantie les salariés engagés au cours de la période d'observation et licenciés pendant cette même période. • Soc. 20 mai 1992, n° 91-41.516 P : *RJS 1992. 481, n° 871* • 12 nov. 1997, n° 94-43.354 P.

II. CRÉANCES

A. RATTACHEMENT AU CONTRAT DE TRAVAIL

1° CRÉANCES GARANTIES

18. Frais professionnels. Les frais professionnels sont garantis dans la mesure où la protection est accordée indépendamment de la qualification de salaire de la somme en cause, le critère n'étant pas la nature salariale de la créance, mais son rattachement au contrat de travail. • Soc. 17 déc. 1991, n° 88-40.638 P : *D. 1992. IR 47.*

19. Rémunération. Sont garanties les gratifications annuelles portées sur un compte de dépôt. ♦ ... Est garantie l'indemnité de non-concurrence, dans la limite d'un montant maximal correspondant à un mois et demi de travail. • Soc. 28 juin 1995 : *RJS 1995. 722, n° 1136.*

20. Lorsqu'elles revêtent la forme d'un droit de créance sur l'entreprise, les sommes dues au titre de l'intéressement conformément aux dispositions des art. L. 441-1 s. [L. 3311-1 s. nouv.], au titre de la participation des salariés aux fruits de l'expansion conformément aux dispositions des art. L. 442-1 s. [L. 3322-1 s. nouv.], ou en application d'un accord créant un fonds salarial dans les conditions prévues par les art. L. 471-1 s. [non repris] sont couvertes. • Soc. 30 sept. 2004, n° 02-16.439 P : *TPS 2004, n° 358 ; Dr. soc. 2004. 1149, obs. Savatier.*

21. Statut de cadre. L'AGS doit garantir le paiement des dommages-intérêts dus par l'employeur à raison de l'inexécution de son obligation d'affiliation à une caisse de retraite complémentaire des cadres en méconnaissance des obligations mises à sa charge par le contrat de travail de l'intéressée qui lui conférait le statut de cadre. • Soc. 8 janv. 2002 : *Dr. soc. 2002. 371, obs. Radé.*

2° CONVENTIONS COLLECTIVES

22. Rémunération. Sont garanties les sommes dues en vertu d'un accord d'entreprise. • Soc. 5 avr. 1995 : *RJS 1995. 429, n° 652 (1re esp.).*

23. Protection sociale. La garantie de ressources et le remboursement de frais médicaux prévus par la convention collective applicable sont des sommes dues en exécution du contrat de travail et du statut collectif qu'il implique, couvertes par l'assurance de garantie des salaires. • Soc. 28 oct. 1997, n° 94-42.272 P : *D. 1998. IR 16.* ♦ L'indemnité due en réparation du préjudice subi par le salarié du fait du non-paiement par l'employeur des cotisations à la caisse complémentaire de prévoyance, obligation conventionnelle de l'employeur, doit être garantie par l'AGS, sous réserve de son exigibilité dans un délai de 15 jours en cas de liquidation judiciaire. • Soc. 31 mars 1998, n° 95-44.333 P : *D. 1998. IR 125.* ♦ Peu important le taux de cotisation choisi par l'employeur qui n'est qu'une modalité de l'exécution de son obligation conventionnelle. • Soc. 25 janv. 2005 : *Dr. soc. 2005. 477, obs. Radé ; CSB 2005, A. 33, obs. Charbonneau.*

24. En ce sens que le capital-décès, lorsqu'il est dû en vertu d'une convention collective, étant directement rattaché au contrat de travail, la protection de l'art. L. 143-11-1 [L. 3253-8 nouv.] doit bénéficier aux ayants droit de salariés cadres, V. • Soc. 8 nov. 1994 :, n° 93-11.239 P : *D. 1995. 143, note A. Honorat ; JCP 1995. II. 22383, note Saint-Jours ; Dr. soc. 1995. 58, obs. Blaise ; RJS 1995. 30, n° 27.* ♦ Il ne saurait être reproché à une cour d'appel de décider que l'AGS doit garantir le paiement d'une allocation-décès, au prétendu motif que la créance résultant pour la veuve d'un salarié du défaut de souscription par l'employeur d'un contrat d'assurance garantissant le paiement d'un capital-décès prévu par la convention collective, relève d'une action en responsabilité. • Soc. 8 juill. 1997 : *D. 1997. IR 200 ; RJS 1997. 765, n° 1242 ; CSB 1997. 289, A. 54.*

3° USAGE

25. Prime. L'AGS doit garantir le paiement d'une prime de treizième mois devenue obligatoire par voie d'usage dans l'entreprise. • Soc. 23 sept. 1992 : *Gaz. Pal. 1992. 2. Pan. 264.* ♦ L'AGS doit garantir le paiement d'une prime d'objectifs et d'indemnités de rupture dues en application d'une transaction mais résultant tant dans leur principe que dans leur montant des stipulations du contrat de travail. • Soc. 3 avr. 2001, n° 99-42.183 P : *D. 2001. IR 1852 ; RJS 2001. 513, n° 745 ; Dr. soc. 2001. 672, obs. Radé.*

4° LOI

26. Emploi. Doivent être garantis les dommages-intérêts réparant les conséquences du prêt illicite de main-d'œuvre pratiqué au détriment du salarié qui caractérise un manquement de l'employeur à son obligation d'exécuter de bonne foi le contrat de travail. • Soc. 9 nov. 2004, n° 02-45.048 P : *RJS 2005. 42, n° 43.*

27. Durée du travail. Les dommages-intérêts dus aux salariés résultant de la condamnation de l'employeur pour violation des règles relatives au repos dominical. • Soc. 8 juin 1999 : *Dr. soc. 1999. 847, obs. Radé ; RJS 1999. 565, n° 922.* ♦ L'indemnité compensatrice de congés payés fait partie des créances résultant de la rupture du contrat de travail. • Soc. 2 juin 1992, n° 89-41.675 P : *D. 1993. Somm. 75, obs. A. Honorat.*

28. Documents. De même doit être garantie la créance de dommages-intérêts allouée en réparation de l'inexécution par l'employeur de son obligation de délivrer aux salariés des bulletins de paie, des certificats de travail et attestations Assedic. • Soc. 4 déc. 2002, n° 00-44.303 P : *RJS 2003. 136, n° 199.* ♦ Comp. : • Versailles, 2 déc. 1994 : *cité note 39.*

5° RUPTURE DU CONTRAT DE TRAVAIL

29. Rupture abusive. Sont garantis les dommages-intérêts dus pour rupture abusive. • Soc. 20 mai 1992 : *RJS 1993. 108, n° 155.* ♦ ... Les dommages-intérêts alloués en raison de la rupture du contrat avant la prise de fonctions. • Soc. 22 mars 1995 : *Gaz. Pal. 1995. 1 Pan. 106.* ♦ ... Le paiement de dommages-intérêts alloués à un salarié sur le fondement de l'art. L. 122-14-5 C. trav. [L. 1235-5 nouv.] en réparation du préjudice moral lorsque le licenciement a été prononcé avant le jugement d'ouverture de la procédure collective. • Soc. 8 juin 1999 : *Dr. soc. 1999. 847, obs. Radé ; RJS 1999. 565, n° 922.* ♦ ... Ou sanctionnant un licenciement vexatoire. • Soc. 29 janv. 2003, n° 00-42.630 P.

30. L'AGS doit garantir le paiement des dommages-intérêts auxquels l'employeur a été condamné en réparation du préjudice moral causé à un salarié à l'occasion de son licenciement dans la mesure où il a manqué à son obligation d'exécuter le contrat de bonne foi. • Soc. 24 oct. 2000 : *Dr. soc. 2001. 206, obs. Radé.*

31. Primes. La garantie s'applique aux primes prévues par le plan social pour faciliter le reclassement professionnel des salariés, primes qui concourent à l'indemnisation du préjudice causé par la rupture du contrat de travail. • Soc. 30 avr. 2003 : *D. 2003. IR 1139 ; RJS 2003. 589, n° 886 (3ᵉ esp.).*

32. Paiement tardif des indemnités de rupture. La créance de dommages-intérêts allouée en raison du retard apporté au paiement des indemnités de rupture, somme due en exécution du contrat de travail. • Soc. 10 juill. 2001, n° 99-43.912 P : *D. 2001. IR 2462 ; Dr. soc. 2001. 1127, obs. Couturier ; RJS 2001. 878, n° 1292.* ♦ ... La créance de dommages-intérêts allouée en raison de la transmission tardive par le représentant des créanciers des documents nécessaires pour adhérer à la convention de conversion qui se rattache directement à une obligation prise par l'employeur lors de la rupture du contrat de travail résultant de l'adhésion du salarié à une convention de conversion. • Soc. 2 mars 1999 : *D. 1999. IR 91 ; RJS 1999. 412, n° 670 ; Dr. soc. 1999. 532, obs. Radé* • 16 mars 1999 : *D. 1999. IR 102 ; RJS 1999. 412, n° 670.*

33. Exécution tardive du plan social. L'AGS doit garantir la dette de l'employeur résultant de sa condamnation pour avoir exécuté avec retard les engagements contenus dans un plan social concernant la sollicitation auprès des pouvoirs publics la conclusion d'une convention de conversion. • Soc. 14 nov. 2001 : *Dr. soc. 2002. 117, obs. Couturier.*

34. Contrepartie pécuniaire de la clause de non-concurrence. L'AGS doit garantir le paiement de la contrepartie financière de la clause de non-concurrence, peu important que toutes les échéances ne soient pas encore exigibles. • Soc. 20 juin 2006 : *RJS 2006. 791, n° 1070 ; Dr. soc. 2006. 1054, obs. Radé.*

B. EXCLUSION

35. Dette de l'entreprise. Sont exclues de la garantie les créances d'une caisse complémentaire de prévoyance qui ne constituent pas une créance du salarié, mais une dette de l'entreprise. • Soc. 31 mars 1998, n° 95-44.333 P : *D. 1998. IR 125* • 30 mars 1999 : *Dr. soc. 1999. 646, obs. Radé* • 28 mars 2000 : *Dr. soc. 2000. 664, obs. Radé.*

36. Dette de la sécurité sociale. Sont exclues les sommes dues en réparation du préjudice causé par les souffrances physiques et morales endurées par la victime d'un accident de travail dû à la faute inexcusable de son employeur, le versement de ces sommes incombant à la caisse de sécurité sociale et non à l'employeur. • Soc. 21 oct. 1998, n° 96-20.978 P : *RJS 1998. 908, n° 1491.* ♦ ... Les sommes dues par l'employeur à la suite d'une astreinte prononcée contre lui pour l'obliger à remettre certains documents. • Soc. 7 nov. 1990 (deux arrêts) ; *D. 1990. IR 285 ; RJS 1990. 642, n° 376.*

37. La créance résultant du non-paiement par l'employeur des cotisations d'assurance décès ne résulte pas de l'exécution du contrat de travail, mais d'une action en responsabilité contre l'employeur qui ne peut être couverte par l'assurance de garantie des salaires. • Soc. 6 avr. 1994, n° 91-43.912 P : *CSB 1994. 181, A. 39 ; JCP 1994. II. 22335, note Saint-Jours ; RJ com. 1995. 53, note A. Honorat ; RJS 1994. 347, n° 554.*

38. De même, sont exclues de la garantie les sommes retenues par l'employeur sur le salaire et qui n'ont pas été versées à une caisse de prévoyance. • Soc. 5 avr. 1995 : *RJS 1995. 429, n° 652.* ♦ ... Ou à une mutuelle. • Soc. 21 févr. 1995 : *D. 1995. Somm. 305, obs. A. Honorat.* ♦ V. aussi, pour des sommes non reversées par l'employeur : • Soc. 22 févr. 1994 : *RJS 1994. 271, n° 418* • 15 mars 1994 : *ibid.*

39. Sont également exclus de la garantie les dommages-intérêts dus par l'employeur du fait de l'illégalité d'une clause de non-concurrence. • Soc. 16 déc. 1992, n° 91-41.550 P : *D. 1993. Somm. 193, obs. A. Honorat.* ♦ ... Ou du fait de la rupture d'une promesse d'embauche. • Versailles, 2 déc. 1994 : *D. 1996. Somm. 87, obs. Honorat.* ♦ ... Ou du fait de la violation d'une clause de garantie d'emploi prévue dans l'acte de vente d'une entreprise. • Soc. 7 mai 2003 : *RJS 2003. 589, n° 886 (2ᵉ esp.).*

40. Frais judiciaires. Les sommes dues en application de l'art. 700 C. pr. civ. sont nées d'une procédure judiciaire, n'étant pas dues en exécution du contrat de travail, elles ne peuvent être garanties par l'AGS. • Soc. 2 mars 1999, n° 97-40.044 P : *D. 1999. IR 98 ; RJS 1999. 319, n° 515 ; Dr. soc. 1999. 532, obs. Radé.* ♦ Ne sont pas garanties les sommes au titre des frais d'huissier de justice dues à la suite de la résistance opposée par le débiteur à l'exécution d'une décision de justice. • Soc. 12 janv. 1999, n° 96-42.585 P : *D. 1999. IR 50.*

41. Fonction publique. Ne sont pas garanties les sommes versées à un fonctionnaire détaché auprès d'une société d'économie mixte en vertu de dispositions statutaires relatives à la fonction publique et non d'un contrat de travail. • Soc. 7 juill. 1998, n° 95-43.419 P : *RJS 1998. 742, n° 1226.*

42. Accords collectifs irréguliers. Les sommes versées à l'entreprise par les salariés en application d'un accord créant un fonds salarial, en l'absence d'agrément de cet accord par le ministre du travail. • Soc. 1ᵉʳ déc. 1993 : *RJS 1994. 47, n° 38.*

43. Actionnariat. Les sommes versées par le salarié à l'entreprise en vue de l'acquisition de parts sociales. • Soc. 7 juill. 1998, n° 96-40.249 P : *D. 1998. IR 209.*

44. Prestations sociales. Ne sont pas garanties les sommes que, selon le plan social, l'employeur s'est engagé à verser aux salariés licenciés âgés de plus de 50 ans pour compléter l'allocation de fin de droit ou de solidarité jusqu'à 60 ans, sommes qui ont le caractère d'une prestation sociale. • Soc. 25 mai 1993 : *D. 1994. Somm. 80, obs. A. Honorat ; RJS 1993. 440, n° 749 ; Dr. soc. 1993. 679.* ♦ ... Les « aides au retour » des travailleurs immigrés, dues en application, non du contrat de travail, mais d'une convention passée entre l'employeur et l'OMI. • Soc. 24 févr. 1993, n° 89-42.863 P : *D. 1993. Somm. 322, obs. A. Honorat ; RJS 1993. 243, n° 402 ; CSB 1993. 121, S. 65.*

45. Novation. En présence de sommes laissées en « compte courant » par le salarié actionnaire de la société qui l'emploie, les juges du fond apprécient souverainement, pour décider de la garantie de l'AGS, si, selon la commune intention des parties, ces sommes ont gardé leur nature salariale ou si les éléments constitutifs d'une novation sont réunis. • Soc. 22 juin 1993, n° 90-46.005 P : *D. 1994. Somm. 80, obs. A. Honorat ; RJS 1993. 523, n° 873* (3 arrêts) • 1er oct. 2003 : *RJS 2003. 978, n° 1399.* ♦ V. aussi, excluant la garantie après avoir relevé la novation des créances salariales en créances de prêt (avances de trésorerie à la société employeur) : • Paris, 2 mai 1994 : *D. 1994. IR 217.*

III. CONTENTIEUX

A. DROIT PROPRE

46. Principe. L'AGS et l'Assedic ont un droit propre pour contester le principe et l'étendue de leurs garanties dans tous les cas où les conditions de celles-ci ne seraient pas remplies. • Soc. 2 mai 1978 et • 3 mai 1978 : *Dr. soc. 1979. 33, note Derrida* • 12 mai 1980 : *ibid. 1982. 185, note H. Blaise* • 1er févr. 1983 : *Bull. civ. V, n° 67.*

47. Créances attestées. L'AGS dispose d'un droit propre à contester le principe et l'étendue du bénéfice net et ceux des capitaux propres établis par une attestation de l'inspecteur des impôts ou du commissaire aux comptes. • Soc. 10 févr. 1999 : *Dr. soc. 1999. 413, obs. Radé .*

48. Requalification. Lorsque l'AGS, en vertu de son droit propre à contester le principe et l'étendue de sa garantie, a demandé la requalification d'un contrat à durée déterminée en contrat à durée indéterminée, celle-ci est opposable à tous, y compris au salarié. • Soc. 15 juin 1999, n° 96-43.750 P : *D. 1999. IR 187 ; RJS 1999. 647, n° 1028.*

49. A ce titre, l'AGS peut se prévaloir de l'inobservation des dispositions prévues par les art. L. 122-1 s. pour demander la requalification du contrat. • Soc. 12 avr. 1995 : *D. 1995. 461, note Roy-Loustaunau ; Dr. soc. 1995. 601, obs. Blaise* • 12 nov. 1997 : *RJS 1997. 825, n° 1341.* – V. déjà : • Soc. 1er déc. 1993 : *RJS 1994. 28, n° 8* • 1er mars 1994 : *ibid. 253, n° 381 ; D. 1994. 577, note Roy-Loustaunau .* ♦ Les dispositions prévues par les art. L. 122-1 s. C. trav. [L. 1242-1 s. nouv.] relatives au contrat à durée déterminée ont été édictées dans un souci de protection du salarié, qui peut seul se prévaloir de leur inobservation ; l'AGS n'est pas recevable, sauf fraude qu'il lui appartient de démontrer, à demander la requalification d'un contrat de travail à durée déterminée en contrat à durée indéterminée. • Soc. 4 déc. 2002 : *Dr. soc. 2003. 293, avis Lyon-Caen* • 18 oct. 2007 : *D. 2007. AJ 2733, obs. Perrin ; Dr. soc. 2008. 742, obs. Roy-Loustaunau .*

50. Nullité de la clause de non-concurrence. L'AGS, qui a un droit propre pour contester le principe et l'étendue de sa garantie, dans tous les cas où les conditions de celle-ci ne paraissent pas remplies, peut se prévaloir de l'inobservation des dispositions de l'art. L. 121-1 C. trav. [L. 1221-1 nouv.] et de la nullité d'une clause de non-concurrence. • Soc. 13 juin 2001 : *Dr. soc. 2001. 891, obs. Radé .*

B. TIERCE OPPOSITION

51. Principe. L'AGS et l'Assedic ne peuvent être considérées comme représentées à l'instance par l'employeur ou le salarié ou comme ayant la qualité de créancières ou ayant droit de l'employeur ; il s'ensuit qu'elles sont recevables à former tierce opposition à un jugement condamnant l'employeur à payer des créances salariales. • Soc. 2 juill. 1992, n° 90-40.581 P : *D. 1992. IR 246.*

Art. L. 3253-9 **Sont également couvertes les créances résultant du licenciement des salariés bénéficiaires d'une protection particulière relative au licenciement dès lors que l'administrateur, l'employeur ou le liquidateur, selon le cas, a manifesté, au cours des périodes mentionnées au 2° de l'article L. 3253-8, son intention de rompre le contrat de travail.** – *[Anc. art. L. 143-11-2.]*

1. Rupture du contrat de travail. Le mandateur-liquidateur doit avoir manifesté son intention de rompre le contrat dans les quinze jours qui suivent le jugement de liquidation judiciaire. • Soc. 18 déc. 1991, n° 89-42.188 P : *D. 1992. IR 47 ; CSB 1992. 45, A. 10 ; RJS 1992. 112, n° 156.* ♦ Les créances dues à un salarié bénéficiant d'une protection particulière relatives au licenciement, qui ne résultent pas de la rupture de son contrat de travail mais concernent des salaires pour une période postérieure à l'expiration du délai de 15 jours suivant la liquidation judiciaire, ne sont pas garanties par l'AGS. • Soc. 2 juin 1992, n° 89-44.415 P : *D. 1993. Somm. 75, obs. A. Honorat .*

2. Salariés bénéficiant d'une protection particulière. Le salarié dont le contrat de travail est suspendu en raison d'un accident du travail ou d'une maladie professionnelle bénéficie d'une protection particulière en matière de licenciement pendant la durée de la suspension du contrat de travail. En conséquence, les dommages-intérêts alloués au salarié au titre de l'absence de cause réelle et sérieuse de son licenciement et de la violation des dispositions de l'art. L. 122-32-5 [L. 143-11-2 nouv.] sont garantis par l'AGS, dès lors que l'administrateur a manifesté son intention de rompre le contrat de travail de l'intéressé dans le mois suivant le jugement arrêtant le plan de cession. • Soc. 2 oct. 2001, n° 99-45.346 P : *D. 2001. IR 3090* ; *RJS 2001. 960, n° 1420.*

Art. L. 3253-10 **Sont également couvertes, lorsqu'elles revêtent la forme d'un droit de créance sur l'entreprise, les sommes dues aux titres de l'intéressement, de la participation des salariés aux fruits de l'expansion ou d'un fonds salarial.** – *[Anc. art. L. 143-11-3, al. 1.]*

BIBL. ▸ AUZERO, *RDT 2009. 358* (détermination des créances garanties par l'AGS en matière d'épargne salariale).

1. Intéressement. La garantie de l'AGS s'applique aux versements volontaires effectués par les salariés sur le plan d'épargne d'entreprise, ces sommes revêtant la forme d'un droit de créances sur l'entreprise. • Soc. 17 mai 1995 : *Rev. proc. coll. 1996. 272, obs. Taquet.*

2. Participation. Les droits constitués au profit des salariés au titre de la participation aux résultats de l'entreprise, constitués en exécution du contrat de travail et du statut collectif qu'il implique, revêtent la forme d'un droit de créance sur l'entreprise quel que soit leur emploi pendant le temps de leur indisponibilité. • Soc. 30 sept. 2004, n° 02-16.439 P : *pourvoi n° 02-16.439* (parts du capital ne conférant pas la qualité d'associé).

3. Droit propre de contestation. L'AGS, tiers au contrat de travail, dispose d'un droit propre pour contester le principe et l'étendue du bénéfice net et des capitaux propres établis par une attestation de l'inspecteur des impôts ou du commissaire aux comptes. • Soc. 10 févr. 1999, n° 96-22.157 P : *D. 1999. IR 70* ; *RJS 1999. 239, n° 402* ; *Dr. soc. 1999. 413, obs. Radé* .

Art. L. 3253-11 **Sont également couverts les arrérages de préretraite dus à un salarié ou à un ancien salarié en application d'un accord professionnel ou interprofessionnel, d'une convention collective ou d'un accord d'entreprise.**

Ces dispositions s'appliquent lorsque l'accord ou la convention prévoit le départ en préretraite à cinquante-cinq ans au plus tôt.

La garantie prévue par le présent article est limitée dans des conditions déterminées par décret. – *[Anc. art. L. 143-11-3, al. 2.] – V. art. D. 3253-3.*

Arrérages de préretraite. N'entrent pas dans les prévisions de l'art. L. 143-11-3 [L. 3253-11 nouv.] les arrérages de préretraite versés en application d'une note et d'un procès-verbal d'une réunion du comité d'entreprise, la note prise en application de l'accord entre l'employeur et le comité d'entreprise ne constituant pas un accord collectif au sens des art. L. 131-1 s. C. trav. [L. 2221-1 s. nouv.]. • Soc. 10 avr. 1991, n° 88-45.688 P : *D. 1993. Somm. 75, obs. A. Honorat* ; *RJS 1991. 311, n° 584.* – Dans le même sens : • Soc. 2 nov. 1993 : *RJS 1993. 714, n° 1203.*

Art. L. 3253-12 **Les créances mentionnées aux articles L. 3253-10 et L. 3253-11 sont garanties :**

1° Lorsqu'elles sont exigibles à la date du jugement d'ouverture de la procédure ;

2° Lorsque, si un plan organisant la sauvegarde ou le redressement judiciaire de l'entreprise intervient à l'issue de la procédure, elles deviennent exigibles du fait de la rupture du contrat de travail, dans les délais prévus au 2° de l'article L. 3253-8 ;

3° Lorsque intervient un jugement de liquidation judiciaire ou un jugement arrêtant le plan de cession totale de l'entreprise. – *[Anc. art. L. 143-11-3, al. 3 à 6.]*

Art. L. 3253-13 **L'assurance prévue à l'article L. 3253-6 ne couvre pas les sommes qui concourent à l'indemnisation du préjudice causé par la rupture du contrat de travail dans le cadre d'un licenciement pour motif économique, en application d'un accord d'entreprise ou d'établissement ou de groupe** *(L. n° 2013-504 du 14 juin 2013, art. 18-XXII)* **« , d'un accord collectif validé » ou d'une décision unilatérale de l'employeur** *(L. n° 2013-504 du 14 juin 2013, art. 18-XXII)* **« homologuée conformément à l'article L. 1233-57-3 », lorsque l'accord a été conclu et déposé ou la décision notifiée moins de dix-huit mois avant la date du jugement d'ouverture de la procédure de sauvegarde, de redressement ou de liquidation judiciaire** *(L. n° 2013-504 du 14 juin*

2013, art. 18-XXII) « , ou l'accord conclu ou la décision notifiée postérieurement à l'ouverture de la procédure de sauvegarde, de redressement ou de liquidation judiciaire ». – *[Anc. art. L. 143-11-3, al. 7.]*

Les dispositions issues de la L. n° 2013-504 du 14 juin 2013 sont applicables aux procédures de licenciement collectif engagées à compter du 1er juill. 2013.

Une procédure de licenciement collectif est réputée engagée à compter de la date d'envoi de la convocation à la première réunion du comité d'entreprise mentionnée à l'art. L. 1233-30 C. trav. (L. préc., art. 18-XXXIII).

Les garanties supplémentaires prévues dans un plan de sauvegarde de l'emploi conclu postérieurement au jugement arrêtant le plan de cession sont couvertes par la garantie AGS. • Soc. 30 sept. 2009 : *RJS 2009. 822, n° 939.*

§ 3 INSTITUTIONS DE GARANTIE CONTRE LE RISQUE DE NON-PAIEMENT

Art. L. 3253-14 **L'assurance prévue à l'article L. 3253-6 est mise en œuvre par une association créée par les organisations nationales professionnelles d'employeurs représentatives et agréée par l'autorité administrative.** – *Cette association a pris le nom d'Association pour la gestion du régime d'assurance des créances des salariés (AGS).*

Cette association conclut une convention de gestion avec *(L. n° 2008-126 du 13 févr. 2008)* **« l'organisme gestionnaire » du régime d'assurance chômage** *(L. n° 2008-126 du 13 févr. 2008)* **« et avec l'Agence centrale des organismes de sécurité sociale pour le recouvrement des cotisations mentionnées à l'article L. 3253-18.**

« En cas de dissolution de cette association, l'autorité administrative confie à l'organisme prévu à l'article L. 5427-1 la gestion du régime d'assurance institué à l'article L. 3253-6, à l'exception du recouvrement des cotisations mentionnées à l'article L. 3253-18 confié aux organismes mentionnés à l'article L. 5422-16. »

Cette association et l'organisme précité constituent les institutions de garantie contre le risque de non-paiement.

La date du transfert du recouvrement de cotisations et contributions aux organismes mentionnés à l'art. L. 5427-1 a été fixée au 1er janv. 2011 (Décr. n° 2009-1708 du 30 déc. 2009, mod. par Décr. n° 2010-1736 du 30 déc. 2010, JO 31 déc.).

V. Circ. Unedic n° 2011-14 du 9 mars 2011 sur le recouvrement des contributions d'assurance chômage et les cotisations AGS à compter du 1er janv. 2011.

Le salarié auquel est reconnu le droit d'agir contre les institutions mentionnées à l'art. L. 143-11-4 [L. 3253-14 nouv.] lorsque celles-ci refusent de régler une créance figurant sur le relevé des créances salariales, est recevable à appeler en cause ces mêmes institutions pour les entendre condamner à garantir la créance, qui, sur sa réclamation, serait jugée devoir figurer sur ledit relevé. • Soc. 30 mai 1990, n° 87-43.422 P.

Art. L. 3253-15 **Les institutions de garantie mentionnées à l'article L. 3253-14 avancent les sommes comprises dans le relevé établi par le mandataire judiciaire, même en cas de contestation par un tiers.**

Elles avancent également les sommes correspondant à des créances établies par décision de justice exécutoire, même si les délais de garantie sont expirés.

Les décisions de justice sont de plein droit opposables à l'association prévue à l'article L. 3253-14.

Lorsque le mandataire judiciaire a cessé ses fonctions, le greffier du tribunal ou le commissaire à l'exécution du plan, selon le cas, adresse un relevé complémentaire aux institutions de garantie mentionnées à l'article L. 3253-14, à charge pour lui de reverser les sommes aux salariés et organismes créanciers. – *[Anc. art. L. 143-11-7, al. 13 et 14.]*

Art. L. 3253-16 **Les institutions de garantie mentionnées à l'article L. 3253-14 sont subrogées dans les droits des salariés pour lesquels elles ont réalisé des avances :**

1° Pour l'ensemble des créances, lors d'une procédure de sauvegarde ;

2° Pour les créances garanties par le privilège prévu aux articles L. 3253-2, L. 3253-4 et L. 7313-8 et les créances avancées au titre du 3° de l'article L. 3253-8, lors d'une procédure de redressement ou de liquidation judiciaire. Les autres sommes avancées dans le cadre de ces procédures leur sont remboursées dans les conditions prévues par

les dispositions du livre VI du code de commerce pour le règlement des créances nées antérieurement au jugement d'ouverture de la procédure. Elles bénéficient alors des privilèges attachés à celle-ci. — *[Anc. art. L. 143-11-9.]*

L'AGS, légalement subrogée dans les droits des salariés au titre des avances effectuées pour les créances superprivilégiées dans le cadre d'une première procédure, ne perd pas le bénéfice de cette subrogation du fait de l'ouverture de la seconde procédure et demeure en conséquence dispensée de l'obligation de déclarer cette créance. • Com. 3 févr. 2009 : *JCP S 2009. 1229, obs. Lahalle.*

Directive CE 2008/94/CE du Parlement européen et du conseil du 22 octobre 2008, *relative à la protection des travailleurs en cas d'insolvabilité de l'employeur (JOCE L 283 du 28 pct.)*.

Art. L. 3253-17 **La garantie des institutions de garantie mentionnées à l'article L. 3253-14 est limitée, toutes** *(L. n° 2016-1547 du 18 nov. 2016, art. 99-XIII)* **« sommes et créances avancées » confondues, à un ou des montants déterminés par décret, en référence au plafond mensuel retenu pour le calcul des contributions du régime d'assurance chômage** *(L. n° 2016-1547 du 18 nov. 2016, art. 99-XIII)* **« , et inclut les cotisations et contributions sociales et salariales d'origine légale, ou d'origine conventionnelle imposée par la loi »** *(L. n° 2016-1917 du 29 déc. 2016, art. 60-I-E, en vigueur le 1er janv. 2018)* **« , ainsi que la retenue à la source prévue à l'article 204 A du code général des impôts ».**

Les dispositions issues de la L. n° 2016-1547 du 19 nov. 2016 ne sont pas applicables aux procédures en cours au 19 nov. 2016 (L. préc., art. 114-XVI).

BIBL. ▶ SARAMITO, *Dr. ouvrier 1995. 497* (plafonnement de la garantie de l'AGS).

COMMENTAIRE

V. Dalloz.fr et applications mobiles Dalloz.

Les cotisations et contributions sociales et salariales n'étant pas des créances du salarié, elles ne sont pas prises en compte pour apprécier le montant maximum de la garantie de l'AGS. • Soc. 2 juill. 2014 : *RJS 2014. 592, n° 690.*

§ 4 FINANCEMENT

Art. L. 3253-18 **L'assurance est financée par des cotisations des employeurs assises sur les rémunérations servant de base au calcul des contributions au régime d'assurance-chômage.**

(L. n° 2008-126 du 13 févr. 2008) **« Le recouvrement, le contrôle de ces cotisations et leur contentieux suivent les règles prévues à l'article L. 5422-16. »**

§ 5 DISPOSITIONS APPLICABLES DANS LE CAS OÙ L'EMPLOYEUR EST ÉTABLI DANS UN AUTRE ÉTAT MEMBRE DE LA COMMUNAUTÉ EUROPÉENNE OU DE L'ESPACE ÉCONOMIQUE EUROPÉEN

(L. n° 2008-89 du 30 janv. 2008)

Art. L. 3253-18-1 **Les institutions de garantie mentionnées à l'article L. 3253-14 assurent le règlement des créances impayées des salariés qui exercent ou exerçaient habituellement leur activité sur le territoire français, pour le compte d'un employeur dont le siège social, s'il s'agit d'une personne morale, ou, s'il s'agit d'une personne physique, l'activité ou l'adresse de l'entreprise est situé dans un autre État membre de la Communauté européenne ou de l'Espace économique européen, lorsque cet employeur se trouve en état d'insolvabilité.**

Art. L. 3253-18-2 **Un employeur est considéré comme se trouvant en état d'insolvabilité au sens de l'article L. 3253-18-1 lorsqu'a été demandée l'ouverture d'une procédure collective fondée sur son insolvabilité, prévue par les dispositions législatives, réglementaires et administratives d'un État membre de la Communauté européenne ou de l'Espace économique européen, qui entraîne le dessaisissement partiel ou total de**

cet employeur ainsi que la désignation d'un syndic ou de toute personne exerçant une fonction similaire à celle du mandataire judiciaire, de l'administrateur judiciaire ou du liquidateur, et que l'autorité compétente en application de ces dispositions a :

1° Soit décidé l'ouverture de la procédure ;

2° Soit constaté la fermeture de l'entreprise ou de l'établissement de l'employeur ainsi que l'insuffisance de l'actif disponible pour justifier l'ouverture de la procédure.

Art. L. 3253-18-3 La garantie due en application de l'article L. 3253-18-1 porte sur les créances impayées mentionnées à l'article L. 3253-8.

Toutefois, les délais prévus aux 2° et 3° de l'article L. 3253-8 sont portés à trois mois à compter de toute décision équivalente à une décision de liquidation ou arrêtant un plan de redressement.

Art. L. 3253-18-4 Si les créances ne peuvent être payées en tout ou partie sur les fonds disponibles, les institutions de garantie mentionnées à l'article L. 3253-14 procèdent au versement des fonds sur présentation par le syndic étranger ou par toute autre personne exerçant une fonction similaire à celle du mandataire judiciaire, de l'administrateur judiciaire ou du liquidateur, des relevés des créances impayées.

Le dernier alinéa de l'article L. 3253-19 est applicable.

Art. L. 3253-18-5 Les sommes figurant sur ces relevés et restées impayées sont directement versées au salarié dans les huit jours suivant la réception des relevés des créances.

Par dérogation au premier alinéa, l'avance des contributions dues par l'employeur dans le cadre *(L. n° 2011-893 du 28 juill. 2011)* « du contrat de sécurisation professionnelle » mentionnées au 1° de l'article L. 3253-8 est versée à l'*(L. n° 2008-126 du 13 févr. 2008)* « organisme gestionnaire du régime d'assurance chômage ».

Art. L. 3253-18-6 L'article L. 3253-15 est applicable à l'exception du dernier alinéa.

Lorsque le mandataire judiciaire, l'administrateur judiciaire ou le liquidateur reçoit d'une institution située dans un autre État membre équivalente aux institutions de garantie mentionnées à l'article L. 3253-14 les sommes dues aux salariés, il reverse immédiatement ces sommes aux salariés concernés.

Le mandataire judiciaire ou le liquidateur transmet à toute institution située dans un autre État membre équivalente aux institutions de garantie mentionnées à l'article L. 3253-14 les relevés des créances impayées.

Art. L. 3253-18-7 Les articles L. 3253-7, L. 3253-10 à L. 3253-13 et L. 3253-17 sont applicables aux procédures définies aux articles L. 3253-18-1 et L. 3253-18-2. Les jugements mentionnés à l'article L. 3253-12 s'entendent de toute décision équivalente prise par l'autorité étrangère compétente.

Les institutions mentionnées à l'article L. 3253-14 sont subrogées dans les droits des salariés pour lesquels elles ont réalisé des avances.

Art. L. 3253-18-8 Lorsque le syndic étranger ou toute personne exerçant une fonction similaire à celle du mandataire judiciaire, de l'administrateur judiciaire ou du liquidateur a cessé ses fonctions ou dans le cas mentionné au 2° de l'article L. 3253-18-2, les institutions de garantie versent les sommes dues au salarié sur présentation, par celui-ci, des pièces justifiant du montant de sa créance. Dans ce cas, les dispositions relatives aux relevés des créances ne sont pas applicables.

Art. L. 3253-18-9 Les institutions mentionnées à l'article L. 3253-14 informent, en cas de demande, toutes autres institutions de garantie des États membres de la Communauté européenne ou de l'Espace économique européen sur la législation et la réglementation nationales applicables en cas de mise en œuvre d'une procédure d'insolvabilité définie aux articles L. 3253-18-1 et L. 3253-18-2.

SOUS-SECTION 3 **ÉTABLISSEMENT ET LIQUIDATION DES CRÉANCES**

Art. L. 3253-19 Le mandataire judiciaire établit les relevés des créances dans les conditions suivantes :

1° Pour les créances mentionnées aux articles L. 3253-2 et L. 3253-4, dans les dix jours suivant le prononcé du jugement d'ouverture de la procédure ;

2° Pour les autres créances également exigibles à la date du jugement d'ouverture de la procédure, dans les trois mois suivant le prononcé du jugement ;

3° Pour les salaires et les indemnités de congés payés couvertes en application du 3° de l'article L. 3253-8 et les salaires couverts en application du dernier alinéa de ce même article, dans les dix jours suivant l'expiration des périodes de garantie prévues à ce 3° et ce, jusqu'à concurrence du plafond mentionné aux articles L. 3253-2, L. 3253-4 et L. 7313-8 ;

4° Pour les autres créances, dans les trois mois suivant l'expiration de la période de garantie.

Les relevés des créances précisent le montant des cotisations et contributions mentionnées au dernier alinéa de l'article L. 3253-8 dues au titre de chacun des salariés intéressés. – *[Anc. art. L. 143-11-7, al. 1er à 6.]*

BIBL. ▶ SARAMITO, *Dr. ouvrier 2002. 383* (AGS et garantie des créances établies après l'ouverture de la procédure collective).

1. Absence de relevé. Le salarié dont les relevés résultant du contrat de travail n'ont pas été établis dans les délais légaux est recevable à demander le paiement desdites créances directement devant le bureau de jugement du conseil de prud'hommes. • Soc. 26 févr. 2003, n° 00-46.174 P.

2. Avances de l'AGS. La présentation des relevés de créances salariales est suffisante au paiement par l'AGS des sommes y figurant ; il n'incombe pas au salarié d'apporter la preuve de l'absence ou de l'insuffisance de fonds disponibles dans l'entreprise. • Soc. 21 oct. 1998, n° 96-19.865 P : *RJS 1999. 127, n° 206.* ♦ L'AGS doit faire l'avance des sommes nécessaires dès lors que le représentant des créanciers ne dispose pas des fonds nécessaires, peu important que les associés du groupement placé en liquidation judiciaire soient solidairement responsables du passif salarial. • Soc. 9 mars 2004, n° 02-41.852 P.

3. Absence d'action directe. Les juges du fond ne peuvent condamner l'AGS à verser directement au salarié les sommes litigieuses. • Soc. 21 mars 1990, n° 87-41.404 P. • 10 oct. 1990 : *Bull. civ. V, n° 439 ; RJS 1990. 577, n° 864* • 11 juin 1992, n° 89-43.138 P. ♦ Les salariés ne peuvent que demander l'inscription des créances litigieuses sur l'état dressé par le syndic. • Soc. 19 nov. 1987 : *Bull. civ. V, n° 659* • 30 mai 1990 : *ibid., n° 253* • 12 déc. 1991 : *RJS 1991. 177, n° 342* • 26 janv. 2000, n° 96-42.376 P.

4. La fin de non-recevoir à opposer aux demandes de salariés dirigées contre l'Assedic a un caractère d'ordre public et doit être relevée d'office. • Soc. 12 févr. 1991 : *RJS 1991. 177, n° 342.*

5. Refus de paiement. Aucune disposition ne prévoit que le refus de l'AGS de payer les sommes figurant sur les relevés des créances salariales doive être formulé dans les délais fixés par l'art. L. 143-11-7, al. 3 [L. 3253-19, al. 3 nouv.]. • Soc. 20 mai 1992, n° 90-44.061 P : *D. 1993. Somm. 367, obs. A. Honorat.*

6. Les litiges relatifs au refus de paiement par l'Assedic des créances salariales sont de la compétence exclusive du conseil de prud'hommes et les salariés concernés ont seuls qualité pour engager l'action. • Soc. 21 mars 1989 : *Bull. civ. V, n° 233 ; D. 1991. Somm. 108, obs. Derrida* • 4 juin 2003, n° 01-41.791 P. (compétence exclusive du bureau de jugement) • 23 oct. 2012 : *Dalloz actualité, 6 nov. 2012, obs. Siro ; Dr. ouvrier 2013. 214, obs. Ondze ; RJS 2013. 42, n° 34 ; JCP S 2013. 1039, obs. Fin-Langer.* ♦ Peu important que le salarié ait appelé en garantie une partie étrangère à la procédure collective de l'employeur. • Soc. 21 juin 2005 : *D. 2005. IR 2039 ; RJS 2005. 698, n° 984.*

7. Créances définitivement établies. Une créance fixée par un arrêt d'appel, passé en force de chose jugée, est définitivement établie, au sens de l'art. L. 143-11-7 [L. 3253-19 nouv.], dernier alinéa, nonobstant pourvoi en cassation contre cet arrêt. • Cass., ord., 13 oct. 1992 : *Bull. civ., n° 13 ; Dr. soc. 1993. 760, note Derrida* • Soc. 1er juin 1994, n° 91-43.477 P : *D. 1995. 76, note Souweine ; Dr. soc. 1994. 814, obs. Derrida ; RJS 1994. 586, n° 991.*

8. Délai de forclusion. Le délai imparti au salarié pour agir en relevé de forclusion ne court pas à son encontre si le représentant des créanciers a déposé le relevé de créance postérieurement à ce délai. • Soc. 8 janv. 2002, n° 99-41.520 P : *RJS 2002. 237, n° 289.* ♦ Le délai de forclusion ne court pas lorsque le représentant des créanciers n'a pas informé le salarié de son existence et de son point de départ. • Soc. 25 juin 2002, n° 00-44.704 P : *RJS 2002. 845, n° 1127* • 9 nov. 2004 : *RJS 2005. 42, n° 43.*

9. Aucune forclusion n'est opposable au salarié qui saisit la juridiction prud'homale afin de contester le refus de l'AGS de régler tout ou partie d'une créance figurant sur un relevé de créances résultant d'un contrat de travail. • Soc. 1er févr. 2001, n° 97-45.009 P.

Art. L. 3253-20 Si les créances ne peuvent être payées en tout ou partie sur les fonds disponibles avant l'expiration des délais prévus par l'article L. 3253-19, le man-

dataire judiciaire demande, sur présentation des relevés, l'avance des fonds nécessaires aux institutions de garantie mentionnées à l'article L. 3253-14.

Dans le cas d'une procédure de sauvegarde, le mandataire judiciaire justifie à ces institutions, lors de sa demande, que l'insuffisance des fonds disponibles est caractérisée. Ces institutions peuvent contester, dans un délai déterminé par décret en Conseil d'État, la réalité de cette insuffisance devant le juge-commissaire. Dans ce cas, l'avance des fonds est soumise à l'autorisation du juge-commissaire. – *[Anc. art. L. 143-11-7, al. 7.] – V. art. R. 3253-6.*

Art. L. 3253-21 Les institutions de garantie mentionnées à l'article L. 3253-14 versent au mandataire judiciaire les sommes figurant sur les relevés et restées impayées :

1° Dans les cinq jours suivant la réception des relevés mentionnés aux 1° et 3° de l'article L. 3253-19 ;

2° Dans les huit jours suivant la réception des relevés mentionnés aux 2° et 4° du même article.

Par dérogation, l'avance des contributions de l'employeur au financement *(L. nº 2011-893 du 28 juill. 2011)* « du contrat de sécurisation professionnelle » est versée directement *(L. nº 2008-126 du 13 févr. 2008)* « aux organismes chargés du recouvrement mentionnés à l'article L. 5427-1 ».

Le mandataire judiciaire reverse immédiatement les sommes qu'il a reçues aux salariés et organismes créanciers, à l'exclusion des créanciers subrogés, et en informe le représentant des salariés. – *[Anc. art. L. 143-11-7, al. 8 à 12.]*

SECTION III **PRIVILÈGES SPÉCIAUX**

Art. L. 3253-22 Les sommes dues aux entrepreneurs de travaux publics ne peuvent être frappées de *(Ord. nº 2011-1895 du 19 déc. 2011, art. 3-13º)* « saisie » ni d'opposition au préjudice soit des salariés, soit des fournisseurs créanciers à raison de fournitures de matériaux de toute nature servant à la construction des ouvrages.

Les sommes dues aux salariés à titre de salaire sont payées de préférence à celles dues aux fournisseurs. – *[Anc. art. L. 143-6.]*

Art. L. 3253-23 Peuvent faire valoir une action directe ou des privilèges spéciaux :

1° Dans les conditions fixées à l'article 1798 du code civil, les salariés des secteurs du bâtiment et des travaux publics ;

2° Dans les conditions fixées aux 1° et 3° de l'article 2332 du code civil, les salariés des entreprises agricoles ;

3° Dans les conditions fixées au 9° de l'article 2332 du code civil, les auxiliaires salariés des travailleurs à domicile ;

4° Les caisses de congé pour le paiement des cotisations qui leur sont dues en application des articles *(L. nº 2016-1088 du 8 août 2016, art. 8)* « L. 3141-32 » et L. 5424-6 et suivants. Ce privilège qui garantit le recouvrement de ces cotisations pendant un an à dater de leur exigibilité porte sur les biens meubles des débiteurs et prend rang immédiatement après celui des salariés établis par le 4° de l'article 2331 du code civil. Les immeubles des débiteurs sont également grevés d'une hypothèque légale prenant rang à la date de son inscription ;

5° Dans les conditions fixées à l'article 89 du code du domaine public fluvial et de la navigation intérieure, les salariés employés à la construction, à la réparation, l'armement et à l'équipement du bateau. – *[Anc. art. L. 143-8.]*

CHAPITRE IV **ÉCONOMATS**

Art. L. 3254-1 Il est interdit à tout employeur :

1° D'annexer à son établissement un économat destiné à la vente, directe ou indirecte, aux salariés et à leurs familles de denrées ou marchandises de quelque nature que ce soit ;

2° D'imposer au salarié l'obligation de dépenser tout ou partie de leur salaire dans des magasins désignés par lui. – *[Anc. art. L. 148-1, al. 1er à 3.] – V. art. L. 3255-1 (pén.).*

Art. L. 3254-2 L'interdiction prévue à l'article L. 3254-1 ne vise pas les cas suivants :

1° Lorsque le contrat de travail stipule que le salarié logé et nourri reçoit en outre un salaire déterminé en argent ;

2° Lorsque, pour l'exécution d'un contrat de travail, l'employeur cède au salarié des fournitures à prix coûtant. – *[Anc. art. L. 148-1, al. 4.]*

CHAPITRE V **DISPOSITIONS PÉNALES**

Art. L. 3255-1 Le fait de méconnaître les dispositions de l'article L. 3254-1, relatives aux économats, est puni d'une amende de 3 750 €. – *[Anc. art. L. 154-3.]*

TITRE SIXIÈME **AVANTAGES DIVERS**

CHAPITRE PREMIER **FRAIS DE TRANSPORT**

COMMENTAIRE

V. Dalloz.fr et applications mobiles Dalloz 🏛. ❑

SECTION PREMIÈRE **CHAMP D'APPLICATION**

Art. L. 3261-1 Les dispositions du présent chapitre s'appliquent, outre aux employeurs mentionnés à l'article L. 3211-1, aux employeurs du secteur public. – *[Anc. art. 1, al. 1er et 2, milieu, L. n° 82-684 du 4 août 1982.]*

SECTION II **PRISE EN CHARGE DES FRAIS DE TRANSPORTS PUBLICS**

(L. n° 2008-1330 du 17 déc. 2008, art. 20-I)

Art. L. 3261-2 L'employeur prend en charge, dans une proportion et des conditions déterminées par voie réglementaire, le prix des titres d'abonnements souscrits par ses salariés pour leurs déplacements entre leur résidence habituelle et leur lieu de travail accomplis au moyen de transports publics de personnes ou de services publics de location de vélos.

L'art. L. 3261-2 impose aux employeurs la prise en charge partielle du prix des titres d'abonnements souscrits par leurs salariés pour leurs déplacements accomplis au moyen de transports publics entre leur résidence habituelle et leur lieu de travail, sans distinguer selon la situation géographique de cette résidence. • Soc. 12 déc. 2012 : *D. 2013. Actu. 22* ; *JS Lamy 2013, n° 337-5, obs. Taquet*; *JCP S 2013. 1091, obs. Giovenal.*

SECTION III **PRISE EN CHARGE DES FRAIS DE TRANSPORTS PERSONNELS**

(L. n° 2008-1330 du 17 déc. 2008, art. 20-I)

Art. L. 3261-3 L'employeur peut prendre en charge, dans les conditions prévues à l'article L. 3261-4, tout ou partie des frais de carburant engagés pour leurs déplacements entre leur résidence habituelle et leur lieu de travail par ceux de ses salariés :

1° Dont la résidence habituelle ou le lieu de travail est situé en dehors de la région d'Île-de-France et d'un périmètre de transports urbains défini par l'article 27 de la loi n° 82-1153 du 30 décembre 1982 d'orientation des transports intérieurs ;

2° Ou pour lesquels l'utilisation d'un véhicule personnel est rendue indispensable par des conditions d'horaires de travail particuliers ne permettant pas d'emprunter un mode collectif de transport.

Dans les mêmes conditions, l'employeur peut prendre en charge les frais exposés pour l'alimentation de véhicules électriques *(L. n° 2010-788 du 12 juill. 2010, art. 57-III)* « ou hybrides rechargeables et permettre la recharge desdits véhicules sur le lieu de travail ».

Le bénéfice de cette prise en charge ne peut être cumulé avec celle prévue à l'article L. 3261-2.

Cet art. s'applique sans préjudice des dispositions des conventions et accords collectifs existants prévoyant une prise en charge des frais de transport personnels des salariés exonérée dans les conditions en vigueur au 18 déc. 2008, date de publication de la L. n° 2008-1330 du 17 déc. 2008 (L. préc., art. 20-IV).

Art. L. 3261-3-1 *(L. n° 2015-992 du 17 août 2015, art. 50-I)* L'employeur *(L. n° 2015-1786 du 29 déc. 2015, art. 15-III, en vigueur le 1er janv. 2016)* « peut prendre » en

charge, dans les conditions prévues à l'article L. 3261-4, tout ou partie des frais engagés par ses salariés *(L. nº 2015-1786 du 29 déc. 2015, art. 15-III, en vigueur le 1er janv. 2016)* **« pour leurs déplacements » à vélo ou à vélo à assistance électrique entre leur résidence habituelle et leur lieu de travail, sous la forme d'une "indemnité kilométrique vélo", dont le montant est fixé par décret.** – *V. art. D. 3261-15-1.*

Le bénéfice de cette prise en charge peut être cumulé, dans des conditions fixées par décret, avec celle prévue à l'article L. 3261-2 *(Abrogé par L. nº 2015-1786 du 29 déc. 2015, art. 15-III)* ***« et avec le remboursement de l'abonnement de transport »*** **lorsqu'il s'agit d'un trajet de rabattement vers une gare ou une station** *(Abrogé par L. nº 2015-1786 du 29 déc. 2015, art. 15-III)* ***« ou lorsque le salarié réside hors du périmètre de transport urbain ».***

V. Décr. nº 2016-1184 du 31 août 2016 instituant à titre expérimental une prise en charge de l'indemnité kilométrique vélo prévue à l'art. L. 3261-3-1 C. trav. relative aux trajets effectués à vélo par les agents relevant des ministères chargés du développement durable et du logement ainsi que de leurs établissements publics entre leur résidence habituelle et leur lieu de travail (JO 1er sept.).

Art. L. 3261-4 La prise en charge des frais de carburant mentionnée à l'article L. 3261-3 est mise en œuvre :

1º Pour les entreprises entrant dans le champ d'application de l'article L. 2242-1, par accord entre l'employeur et les représentants d'organisations syndicales représentatives dans l'entreprise ;

2º Pour les autres entreprises, par décision unilatérale de l'employeur après consultation du comité d'entreprise ou, à défaut, des délégués du personnel s'il en existe.

Cet art. s'applique sans préjudice des dispositions des conventions et accords collectifs existants prévoyant une prise en charge des frais de transport personnels des salariés exonérée dans les conditions en vigueur au 18 déc. 2008, date de publication de la L. nº 2008-1330 du 17 déc. 2008 (L. préc., art. 20-IV).

SECTION IV **DISPOSITIONS D'APPLICATION**

(L. nº 2008-1330 du 17 déc. 2008, art. 20-I)

Art. L. 3261-5 Un décret en Conseil d'État détermine les modalités des prises en charge prévues par les articles L. 3261-2 et L. 3261-3, notamment pour les salariés ayant plusieurs employeurs et les salariés à temps partiel, ainsi que les sanctions pour contravention aux dispositions du présent chapitre. – *V. art. R. 3261-1 s.*

CHAPITRE II **TITRES-RESTAURANT**

COMMENTAIRE
V. Dalloz.fr et applications mobiles Dalloz. ❑

SECTION PREMIÈRE **ÉMISSION**

Art. L. 3262-1 Le titre-restaurant est un titre spécial de paiement remis par l'employeur aux salariés pour leur permettre d'acquitter en tout ou en partie le prix du repas consommé au restaurant ou *(L. nº 2009-879 du 21 juill. 2009, art. 113 ; L. nº 2010-874 du 27 juill. 2010, art. 2)* **« acheté auprès d'une personne ou d'un organisme mentionné au deuxième alinéa de l'article L. 3262-3. Ce repas peut être composé de fruits et légumes, qu'ils soient ou non directement consommables. »**

Ces titres sont émis :

1º Soit par l'employeur au profit des salariés directement ou par l'intermédiaire du comité d'entreprise ;

2º Soit par une entreprise spécialisée qui les cède à l'employeur contre paiement de leur valeur libératoire et, le cas échéant, d'une commission.

Un décret détermine les conditions d'application du présent article. – *[Anc. art. 19, al. 1er à 5 et al. 19, L. nº 67-830 du 27 sept. 1967.]* – *V. art. R. 3262-1 s.*

Art. L. 3262-2 L'émetteur de titres-restaurant ouvre un compte bancaire ou postal sur lequel sont uniquement versés les fonds qu'il perçoit en contrepartie de la cession de ces titres.

Toutefois, cette règle n'est pas applicable à l'employeur émettant ses titres au profit des salariés lorsque l'effectif n'excède par vingt-cinq salariés.

Le montant des versements est égal à la valeur libératoire des titres mis en circulation. Les fonds provenant d'autres sources, et notamment des commissions éventuellement perçues par les émetteurs ne peuvent être versés aux comptes ouverts en application du présent article. – *[Anc. art. 23, L. n° 67-830 du 27 sept. 1967.] – V. art. R. 3262-46 (pén.).*

Art. L. 3262-3 Les comptes prévus à l'article L. 3262-2 sont des comptes de dépôts de fonds intitulés "comptes de titres-restaurant".

Sous réserve des dispositions des articles L. 3262-4 et L. 3262-5, ils ne peuvent être débités qu'au profit de personnes ou d'organismes exerçant la profession de restaurateur, d'hôtelier restaurateur ou une activité assimilée *(L. n° 2009-879 du 21 juill. 2009, art. 113)* « , ou la profession de détaillant en fruits et légumes ».

Les émetteurs spécialisés mentionnés au 2° de l'article L. 3262-1, qui n'ont pas déposé à l'avance à leur compte de titres-restaurant le montant de la valeur libératoire des titres-restaurant qu'ils cèdent à des employeurs, ne peuvent recevoir de ces derniers, en contrepartie de cette valeur, que des versements effectués au crédit de leur compte, à l'exclusion d'espèces, d'effets ou de valeurs quelconques. – *[Anc. art. 24, L. n° 67-830 du 27 sept. 1967.] – V. art. R. 3262-46 (pén.).*

SECTION II **UTILISATION**

Art. L. 3262-4 En cas de procédure de sauvegarde, de redressement ou de liquidation judiciaire de l'émetteur, les salariés détenteurs de titres non utilisés mais encore valables et échangeables à la date du jugement déclaratif peuvent, par priorité à toute autre créance privilégiée ou non, se faire rembourser immédiatement, sur les fonds déposés aux comptes ouverts en application de l'article L. 3262-2, le montant des sommes versées pour l'acquisition de ces titres-restaurant. – *[Anc. art. 21, L. n° 67-830 du 27 sept. 1967.]*

Art. L. 3262-5 Les titres qui n'ont pas été présentés au remboursement par un restaurant *(L. n° 2009-879 du 21 juill. 2009, art. 113)* « ou un détaillant en fruits et légumes » avant la fin du deuxième mois suivant l'expiration de leur période d'utilisation sont définitivement périmés.

Sous réserve de prélèvements autorisés par le décret prévu à l'article L. 3262-7, la contre-valeur des titres périmés est versée au budget des activités sociales et culturelles des entreprises auprès desquelles les salariés se sont procuré leurs titres. – *[Anc. art. 22, al. 1er et 4, L. n° 67-830 du 27 sept. 1967.] – V. art. R. 3262-46 (pén.).*

SECTION III **EXONÉRATIONS**

Art. L. 3262-6 *(L. n° 2008-1443 du 30 déc. 2008)* Conformément à l'article 81 du code général des impôts, lorsque l'employeur contribue à l'acquisition des titres par le salarié bénéficiaire, le complément de rémunération qui en résulte pour le salarié est exonéré d'impôt sur le revenu dans la limite prévue au 19° dudit article.

Le plafond d'exonération de charges fiscales et sociales sur la contribution de l'employeur à l'acquisition de titres-restaurant est fixé à 5,38 € à compter du 1er janv. 2017 (V. art. 81-19° CGI et Communiqué URSSAF).

SECTION IV **DISPOSITIONS D'APPLICATION**

Art. L. 3262-7 Un décret en Conseil d'État détermine les modalités d'application du présent titre, notamment :

1° Les mentions qui figurent sur les titres-restaurant et les conditions d'apposition de ces mentions ;

2° Les conditions d'utilisation et de remboursement de ces titres ;

3° Les règles de fonctionnement des comptes bancaires ou postaux spécialement affectés à l'émission et à l'utilisation des titres-restaurant ;

4° Les conditions du contrôle de la gestion des fonds mentionnées à l'article L. 3262-2. – *[Anc. art. 28, al. 1er à 5, L. n° 67-830 du 27 sept. 1967.] – V. art. R. 3262-1 s.*

CHAPITRE III **CHÈQUES-VACANCES**

Art. L. 3263-1 Les dispositions relatives aux chèques-vacances sont prévues aux articles L. 411-1 à L. 411-17 du code du tourisme. – *V. App. II, C.*

LIVRE TROISIÈME **DIVIDENDE DU TRAVAIL, INTÉRESSEMENT, PARTICIPATION ET ÉPARGNE SALARIALE**

(L. n° 2008-1258 du 3 déc. 2008, art. 1er).

V. Circ. DSS/5B/DGT/RT3/2007/199 du 15 mai 2007.

V. Circ. interministérielle 6 avr. 2005 relative à l'épargne salariale (BOMT 2005/5, p. 68).

RÉP. TRAV. v° *Épargne salariale,* par DENKIEWICZ et MAURIN.

BIBL. ▸ Participation et intéressement : CAIRE, *Dr. ouvrier 1983. 61* (entreprises multinationales). – COURET et AUBERT-MONPEYSSEN, *Bull. Joly 1986. 1069.* – COUTURIER, *Journées de législ. comparée 1981, vol. 3, p. 305.* – DAUBLER, *Dr. ouvrier 1984. 333* (entreprises transnationales). – DESPAX, *Dr. soc. 1969. 378.* – LE GALL et COUDIN, *Dr. soc. 1987. 437.* – SAVATIER, *ibid. 1988. 89.* – TEYSSIÉ, *Journées de législ. comparée, 1983, vol. 5, p. 103.*

▸ Actionnariat : LARONZE, TUFFERY-ANDRIEU, LIEUTIER, BOURDEAU, GÉNIAUT, LACROIX-DE SOUSA, KEIM-BAGOT, NICOLAS, KOCHER, LAFARGE, BENHAMOU, SCHMITT et MOIZARD, *Dr. soc. 2014. 492* ✎. – MADIOT, *AJDA 1974. 60* (entreprises publiques). – MOUCHTOURIS, *Gaz. Pal. 1981. 1. Doctr. 56.* – MUZELLEC, *Dr. soc. 1974. 85* (entreprises publiques).

▸ SCOP : GRELON, *Dr. ouvrier 1983. 400.* – MIALON, *Dr. soc. 1979. 211.*

▸ Loi du 19 févr. 2001 sur l'épargne salariale : FAVENNEC-HÉRY, *RJS 2002. 2.* – IACONO, *D. 2001. 1259* ✎. – PANSIER, *CSB 2001. 191.* – SAURET, *JCP E 2001. 552.* – TAQUET, *JCP 2001. 737.* – SAINT-JOURS, *D. 2001. 1179* ✎.

▸ Loi du 30 décembre 2006 sur la participation, l'intéressement, l'actionnariat et le PEE : JOURDAN et MORAND, *JCP E 2007. 1395.* – VATINET, *JCP S 2007. 1001 et 1032.*

COMMENTAIRE

V. Dalloz.fr et applications mobiles Dalloz 🏛. ❑

TITRE PREMIER **INTÉRESSEMENT**

V. Circ. du 14 sept. 2005 relative à l'épargne salariale, dossier intéressement (JO 1er nov.).

V. Instr. min. n° DGT/RT3/DSS/DGTRESOR/2016/5 du 18 févr. 2016 (http :/circulaire.legifrance.gouv.fr).

BIBL. GÉN. ▸ ARSÉGUEL et ISOUX, *Dr. soc. 1991. 126* ✎ (dépôt des accords d'intéressement). – AUZERO, *RDT 2009. 358* ✎ (détermination des créances garanties par l'AGS en matière d'épargne salariale). – BOULMIER, *Sem. soc. Lamy 1996, n° 780.* – DE LESTAPIS, *BS Lefebvre 1989. 66.* – SAURET, *JCP E 1987. I. 16496.* – SAURET et LIPISKI, *JCP S 2009. 1279* (intéressement et impact de la recodification). – SAVATIER, *Dr. soc. 1991. 756* ✎ (interdiction de substituer un intéressement à un élément du salaire). – TAQUET, *Dr. trav. 1990, n° 3, 1* (substitution d'un intéressement à des primes). – DERUE, *TPS 1998. Chron. 2* (caractère collectif).

COMMENTAIRE

V. Dalloz.fr et applications mobiles Dalloz 🏛. ❑

CHAPITRE PREMIER **CHAMP D'APPLICATION**

Art. L. 3311-1 Les dispositions du présent titre sont applicables aux employeurs de droit privé ainsi qu'à leurs salariés.

Elles sont également applicables :

1° Aux établissements publics à caractère industriel et commercial ;

2° Aux établissements publics administratifs lorsqu'ils emploient du personnel de droit privé.

Un décret en Conseil d'État détermine les conditions dans lesquelles les dispositions du présent titre sont applicables aux entreprises publiques et aux sociétés nationales ne

pouvant pas conclure une convention ou un accord collectif de travail mentionné à l'article L. 3312-5. – *[Anc. art. L. 441-1, al. 1er fin et al. 7 et 8.]* – *V. art. R. 3311-1.*

Lorsqu'un accord d'intéressement défini à l'art. L. 3311-1 bénéficie au chef d'entreprise ou, s'il s'agit de personnes morales, aux présidents, directeurs généraux, gérants ou membres du directoire, ou au conjoint du chef d'entreprise s'il a le statut de conjoint collaborateur ou de conjoint associé, la date de conclusion de l'accord mentionnée au huitième alinéa de l'art. L. 3314-4 est portée, en 2005, au premier jour du dixième mois suivant la date de sa prise d'effet. L'accord doit être déposé par la partie la plus diligente au plus tard dans les quinze jours suivant la conclusion à la direction départementale du travail, de l'emploi et de la formation professionnelle du lieu où il a été conclu (L. nº 2005-842 du 26 juill. 2005, art. 36).

CHAPITRE II **MISE EN PLACE DE L'INTÉRESSEMENT**

Art. L. 3312-1 L'intéressement a pour objet d'associer collectivement les salariés aux résultats ou aux performances de l'entreprise.

Il présente un caractère aléatoire et résulte d'une formule de calcul liée à ces résultats ou performances.

Il est facultatif.

1. Caractère salarial. La loi réservant aux seuls salariés le bénéfice de l'intéressement, doit être réintégré dans l'assiette des cotisations sociales l'intéressement versé à un gérant de SARL non lié à la société par un contrat de travail. • Versailles, 23 janv. 1996 : *RJS 1996. 613, nº 957.* ♦ Tout mandataire social cumulant un contrat de travail peut bénéficier de l'intéressement, mais uniquement au titre de son contrat de travail. • Paris, 24 sept. 1997 : *D. 1997. IR 235.* ♦ Un accord d'intéressement peut exclure les stagiaires non titulaires d'un contrat de travail. • Soc. 27 juin 2000, nº 98-11.909 P.

2. Caractère collectif. S'appuyant sur le caractère collectif de l'intéressement, la Cour de cassation interdit d'écarter des salariés pour un motif autre que l'ancienneté sous peine de réintégration des primes dans l'assiette des cotisations sociales et fiscales, les clauses écartant les salariés du bénéfice de l'intéressement pour un motif autre que celui de l'ancienneté sont interdites et ne sont pas opposables aux salariés ainsi écartés. • Soc. 23 nov. 1999, nº 97-42.979 P : *D. 2000. IR 3 ; Dr. soc. 2000. 216, obs. Radé ; RJS 2000. 60, nº 77.* ♦ Ne sont pas conformes au caractère collectif de l'intéressement et, dès lors, n'ouvrent pas droit aux exonérations de cotisations sociales les clauses d'accords d'intéressement permettant de minorer la part revenant à un salarié ayant fait preuve d'insuffisance caractérisée dans son travail ou de la supprimer en cas de faute grave. • Soc. 26 oct. 1995 : *RJS 1995. 806, nº 1264.* – V. aussi : • Soc. 5 janv. 1995 : *Dr. soc. 1995. 194, obs. Savatier* • 9 mars 1995 : *ibid. 514, obs. Savatier.* ♦ ... Subordonnant les versements à une condition de présence continue dans l'entreprise pendant la totalité de l'exercice. • Soc. 9 mai 1996, nº 94-12.650 P : *Dr. soc. 1996. 953 (4e esp.), concl. P. Lyon-Caen ; RJS 1996. 437, nº 692 (2e esp.)* • 13 mars 1997 : *RJS 1997. 378, nº 578* (exigence d'une présence effective et continue de six mois dans l'entreprise). ♦ ... Pouvant conduire à priver des salariés de tout intéressement pour un exercice donné. • Soc. 11 juill. 1996 : *RJS 1996. 614, nº 958.* ♦ ... Faisant dépendre tout ou partie de l'intéressement, pour chaque salarié, de ses performances individuelles. • Soc. 9 mai 1996, nº 93-21.888 P : *D. 1997. 137, note Keller ; Dr. soc. 1996. 953 (5e esp.), concl. P. Lyon-Caen ; RJS 1996. 438, nº 693.* ♦ ... Instituant une pénalisation des absences. • Soc. 1er avr. 1999, nº 97-17.515 P : *RJS 1999. 512, nº 837* • 21 oct. 2003 : *Bull. civ V, nº 257 ; RJS 2003. 72, nº 85 ; Dr. ouvrier 2004. 405, note Wauquier.* ♦ ... Excluant les apprentis. • Soc. 27 juin 2000, nº 98-11.909 P. ♦ N'est pas non plus autorisée l'application de modalités différentes de calcul et de répartition de l'intéressement à une catégorie professionnelle (en l'espèce des VRP). • Soc. 20 juin 2006 : *RJS 2006. 813, nº 1102.* ♦ Un accord ne peut exclure les concierges et employés d'immeubles à usage d'habitation. • Soc. 20 janv. 2010 : *D. 2010. AJ 385 ; Dalloz actualité, 8 févr. 2010, obs. Ines.*

3. Les salariés ne peuvent être privés, en raison des motifs de leur licenciement, des droits à l'intéressement. • Soc. 12 avr. 1995, nº 93-18.391 P : *Dr. soc. 1995. 1039, obs. Savatier ; RJS 1995. 731, nº 1154* • 9 mai 1996, nº 94-17.175 P : *Dr. soc. 1996. 953 (1re esp.), concl. P. Lyon-Caen.*

4. La méconnaissance de l'exigence du caractère collectif du mode de rémunération mis en place entraîne une perte totale du droit à exonération. • Soc. 23 mai 1996, nº 94-15.177 P : *Dr. soc. 1996. 746, obs. Saint-Jours ; RJS 1996. 527, nº 819.*

5. Caractère aléatoire. L'appréciation du caractère aléatoire de l'accord d'intéressement est soumis à l'exercice du pouvoir souverain des juges du fond. • Soc. 17 déc. 2002, nº 01-20.472 P : *Dr. soc. 2003. 337, obs. Savatier ; RJS 2003. 245, nº 370.* ♦ Un mode de calcul qui ne laisse pas la maîtrise des paramètres servant à déterminer la prime aux unités de travail, mais comporte l'intervention en dernier ressort de la direction de la société, n'est pas contraire aux art. L. 441-1 s. [L. 3311-1 s. nouv.]. • Soc. 10 oct. 1996 : *RJS 1996. 773, n° 1195.* ♦ De même, un accord prévoyant une prime calculée en pourcentage de la valeur ajoutée réalise un intéressement conforme aux dispositions légales. • Soc. 24 oct. 1996, n° 94-16.484 P : *RJS 1996. 835, n° 1297.* – Boulmier, *Dr. ouvrier 1997. 233.* ♦ ... Ainsi qu'un accord prévoyant des primes calculées en pourcentage du chiffre d'affaires consolidé des sociétés du groupe auquel appartient la société, du fait du caractère variable de cet élément. • Soc. 5 juin 1997 : *JCP 1997. II. 22920, note Renard.* ♦ ... Ou un accord retenant le chiffre d'affaires comme base de calcul dès lors qu'est exclue toute garantie d'un montant minimum ou forfaitaire des primes. • Soc. 11 juin 1998 : *RJS 1998. 656, n° 1035* • 25 mars 1999 : *RJS 432, n° 708.*

6. En revanche, il n'y a pas conformité aux exigences de la loi lorsque le seuil à partir duquel le plan d'intéressement peut être appliqué ne résulte pas de l'accord lui-même, mais est laissé à l'entière discrétion de l'employeur. • Soc. 20 mars 1997, n° 95-16.930 P : *RJS 1997. 377, n° 577.* ♦ ... Ou lorsque la notion d'objectifs à laquelle se réfère l'accord n'est pas définie. • Soc. 27 juin 2000, n° 98-11.909 P.

Art. L. 3312-2 Toute entreprise qui satisfait aux obligations incombant à l'employeur en matière de représentation du personnel peut instituer, par voie d'accord, un intéressement collectif des salariés.

(L. n° 2015-990 du 6 août 2015, art. 155) « Toute entreprise employant moins de cinquante salariés peut bénéficier d'un dispositif d'intéressement conclu par la branche. »

(L. n° 2008-1258 du 3 déc. 2008, art. 7) « Le salarié d'un groupement d'employeurs peut bénéficier du dispositif d'intéressement mis en place dans chacune des entreprises adhérentes du groupement auprès de laquelle il est mis à disposition dans des conditions fixées par décret. » – *V. art. D. 3311-4.*

BIBL. Fadeuilhe, *JCP S 2009. 1062* (groupements d'employeurs et dispositifs d'épargne salariale).

1. CCI. Une chambre de commerce et d'industrie peut conclure un accord d'intéressement avec son personnel dans les conditions de droit commun, et le directeur départemental du travail et de l'emploi est tenu d'accuser réception de cet accord. • CE, avis, 8 nov. 1996 : *JO 7 janv. 1997 ; LPA 17 janv. 1997, concl. Bonichot.*

2. Capitaux publics. Une entreprise privée qui exerce une activité purement commerciale est assujettie à la participation, quelle que soit l'origine de son capital. • Soc. 6 juin 2000 : *RJS 2000. 575, n° 835* (entreprise privée détenue à plus de 50 % par une entreprise publique ou des sociétés nationales).

3. GIE. Un groupement d'intérêt économique peut conclure un accord d'intéressement ; un tel accord peut prendre en compte les résultats des entreprises, membres du groupement. • Soc. 1er juin 2005 : *D. 2005. IR 1732 ; Dr. soc. 2005. 925, obs. Savatier ; RJS 2005. 633, n° 881.*

Art. L. 3312-3 Dans les entreprises dont l'effectif habituel est compris entre un et *(L. n° 2008-1258 du 3 déc. 2008, art. 12)* « deux cent cinquante » salariés, peuvent bénéficier des dispositions du présent titre :

1° Les chefs de ces entreprises ;

2° Les présidents, directeurs généraux, gérants ou membres du directoire s'il s'agit de personnes morales ;

3° Le conjoint du chef d'entreprise s'il a le statut de conjoint collaborateur ou de conjoint associé mentionné à l'article L. 121-4 du code de commerce *(L. n° 2012-387 du 22 mars 2012, art. 79)* « ou à l'article L. 321-5 du code rural et de la pêche maritime ».

Toutefois, un accord d'intéressement ne peut être conclu dans une entreprise dont l'effectif est limité à un salarié si celui-ci a également la qualité de président, directeur général, gérant ou membre du directoire. – *[Anc. art. L. 441-1, al. 6.]*

Art. L. 3312-4 Les sommes attribuées aux bénéficiaires en application de l'accord d'intéressement ou au titre du supplément d'intéressement mentionné à l'article L. 3314-10 n'ont pas le caractère de rémunération, au sens de l'article L. 242-1 du code de la sécurité sociale et de l'article L. 741-10 du code rural et de la pêche maritime, ni de revenu professionnel au sens de l'article L. 131-6 du code de la sécurité sociale et de l'article L. 731-14 du code rural et de la pêche maritime pour l'application de la législation de la sécurité sociale. Ces sommes ne peuvent se substituer à aucun des éléments de rémunération, au sens des mêmes articles, en vigueur dans l'entreprise ou qui deviennent obligatoires en vertu de dispositions légales ou de clauses contractuelles.

Toutefois, en cas de suppression totale ou partielle d'un élément de rémunération, cette règle de non-substitution ne peut avoir pour effet de remettre en cause les exonérations prévues tant au présent article qu'aux articles L. 3315-1 à L. 3315-3, dès lors qu'un délai de douze mois s'est écoulé entre le dernier versement de cet élément de rémunération et la date d'effet de cet accord.

Les sommes mentionnées au premier alinéa n'ont pas le caractère d'élément de salaire pour l'application de la législation du travail. — *[Anc. art. L. 441-4, al. 1er à 3.]*

BIBL. ► LEJEUNE et PONCET, *JS Lamy 2014, n° 364-1* (le principe de non-substitution et la mise en place d'un accord d'intéressement).

1. Substitution prohibée. Sur l'interdiction de substituer une prime d'intéressement à une prime de fin d'année prévue par un accord d'entreprise et considérée comme un élément du salaire, V. • Douai, 26 avr. 1991 : *Dr. soc. 1991. 756, note Savatier* ✐. – V. aussi • Paris, 7 oct. 1992 : *JCP E 1993. I. 259, n° 2, obs. Gatumel ; RJS 1993. 179, n° 295* • Soc. 13 avr. 1995 : ⚖ *RJS 1995. 362, n° 543* • 21 mars 1996, ⚖ n° 94-11.611 P : *RJS 1996. 439, n° 695* (aucune substitution, même partielle, n'est possible) • 9 mai 1996, ⚖ n° 93-21.874 P : *Dr. soc. 1996. 953 (6e esp.), concl. P. Lyon-Caen* ✐ ; *RJS 1996. 439, n° 694.* ♦ Guillemot, *Sem. soc. Lamy* 1993, n° 634. – Chonnier, *ibid. 1997, n° 849.*

2. Portée à l'égard du salarié. Un accord d'intéressement conclu en même temps qu'un accord supprimant le paiement d'une prime réalise la substitution prohibée et un salarié peut être reçu en sa demande de rappel de salaire au titre de l'accord salarial dénoncé. • Soc. 9 oct. 2001, ⚖ n° 98-43.905 P : *Dr. soc. 2001. 1120, obs. Savatier* ✐ ; *RJS 2001. 971, n° 1448.*

Art. L. 3312-5 Les accords d'intéressement sont conclus pour une durée de trois ans, selon l'une des modalités suivantes :

1° Par convention ou accord collectif de travail ;

2° Par accord entre l'employeur et les représentants d'organisations syndicales représentatives dans l'entreprise ;

3° Par accord conclu au sein du comité d'entreprise ;

4° A la suite de la ratification, à la majorité des deux tiers du personnel, d'un projet d'accord proposé par l'employeur. Lorsqu'il existe dans l'entreprise une ou plusieurs organisations syndicales représentatives ou un comité d'entreprise, la ratification est demandée conjointement par l'employeur et une ou plusieurs de ces organisations ou ce comité.

(L. n° 2008-1258 du 3 déc. 2008, art. 8) « Si aucune des parties habilitées à négocier ou à ratifier un accord d'intéressement dans les conditions prévues *(L. n° 2015-990 du 6 août 2015, art. 166)* « au présent article » ne demande de renégociation dans les trois mois précédant la date d'échéance de l'accord, ce dernier est renouvelé par tacite reconduction *(L. n° 2015-990 du 6 août 2015, art. 166)* « pour une durée de trois ans », si l'accord d'origine en prévoit la possibilité. »

Art. L. 3312-6 Dans les entreprises ou les groupes disposant d'un accord d'intéressement et concourant avec d'autres entreprises à une activité caractérisée et coordonnée, un accord peut être conclu pour prévoir que tout ou partie des salariés bénéficie d'un intéressement de projet.

Cet accord d'intéressement de projet est négocié dans les conditions prévues au présent chapitre s'il n'implique que tout ou partie des salariés d'une même entreprise ou d'un même groupe. Il est négocié selon des modalités identiques à celles prévues au premier alinéa de l'article L. 3333-2 s'il concerne tout ou partie des salariés d'entreprises qui ne constituent pas un groupe.

Dans les deux cas, la majorité des deux tiers requise pour la ratification s'entend sur les personnels entrant dans le champ d'application du projet.

L'accord définit un champ d'application et une période de calcul spécifiques, qui peuvent différer de ceux prévus aux articles L. 3311-1 et L. 3312-5 sans pouvoir excéder trois ans.

L'application à l'intéressement de projet des dispositions du premier alinéa de l'article L. 3312-4 ne donne pas lieu à application de l'article L. 131-7 du code de la sécurité sociale. — *[Anc. art. L. 441-1, al. 9 et 10.]*

Art. L. 3312-7 (Abrogé par L. n° 2015-994 du 17 août 2015, art. 18-XIII, à compter du 1er janv. 2016) ***Lorsqu'il existe un comité d'entreprise, le projet d'accord d'intéressement lui est soumis pour avis avant sa signature, dans un délai déterminé par voie réglementaire.***

Art. L. 3312-8 *(L. nº 2008-1258 du 3 déc. 2008, art. 3)* Un régime d'intéressement peut être établi au niveau de la branche. *(Abrogé par L. nº 2015-990 du 6 août 2015, art. 155) « Les entreprises de la branche qui le souhaitent bénéficient de ce régime. »* Elles concluent à cet effet un accord dans les conditions prévues à l'article L. 3312-5.

Art. L. 3312-9 *(L. nº 2015-990 du 6 août 2015, art. 155)* Un régime d'intéressement, établi selon les modalités prévues aux articles L. 3312-1 à L. 3312-4, est négocié par branche, au plus tard le 30 décembre 2017. Il est adapté aux spécificités des entreprises employant moins de cinquante salariés au sein de la branche.

Les entreprises de la branche mentionnées à l'article L. 3312-8 peuvent opter pour l'application de l'accord ainsi négocié.

A défaut d'initiative de la partie patronale au plus tard le 31 décembre 2016, la négociation s'engage dans les quinze jours suivant la demande d'une organisation de salariés représentative.

CHAPITRE III CONTENU ET RÉGIME DES ACCORDS

SECTION PREMIÈRE CONTENU DES ACCORDS

Art. L. 3313-1 L'accord d'intéressement institue un système d'information du personnel et de vérification des modalités d'exécution de l'accord.

Il comporte notamment un préambule indiquant les motifs de l'accord ainsi que les raisons du choix des modalités de calcul de l'intéressement et des critères de répartition de ses produits. – *[Anc. art. L. 441-2, al. 3.]*

Art. L. 3313-2 L'accord d'intéressement définit notamment :

1° La période pour laquelle il est conclu ;

2° Les établissements concernés ;

3° Les modalités d'intéressement retenues ;

4° Les modalités de calcul de l'intéressement et les critères de répartition de ses produits dans le respect des dispositions prévues aux articles L. 3314-1 à L. 3314-7 ;

5° Les dates de versement ;

6° Les conditions dans lesquelles le comité d'entreprise ou une commission spécialisée créée par lui ou, à défaut, les délégués du personnel disposent des moyens d'information nécessaires sur les conditions d'application des clauses du contrat ;

7° Les procédures convenues pour régler les différends qui peuvent surgir dans l'application de l'accord ou lors de sa révision. – *[Anc. art. L. 441-3, al. 1er à 6, phrase 1, et al. 7 à 8.]*

SECTION II RÉGIME DES ACCORDS

SOUS-SECTION 1 DÉPÔT ET CONTRÔLE ADMINISTRATIF

Art. L. 3313-3 L'accord d'intéressement est déposé auprès de l'autorité administrative dans un délai déterminé par voie réglementaire. – *[Anc. art. L. 441-2, al. 10.] – V. art. D. 3313-1.*

1. Dépôt. Est justifiée la réintégration dans l'assiette des cotisations sociales de primes versées en application d'un accord d'intéressement non déposé. • Soc. 14 mars 1996 : ☎ *RJS 1996. 260, nº 429* • 20 févr. 1997 : ☎ *RJS 1997. 297, nº 447* • 30 avr. 1997 : ☎ *RJS 1997. 464, nº 716.*

2. Réserve faite des entreprises publiques à statut, les accords d'intéressement ne peuvent, à l'occasion de leur dépôt, être soumis à un contrôle préalable de leur validité. • CE, avis, 8 nov. 1996 : ☎ *RJS 1997. 50, nº 70.*

3. Le fait que l'accord d'intéressement et un avenant organisant son renouvellement par tacite reconduction aient été déposés n'est pas suffisant pour ouvrir droit à l'exonération de charges sociales : le renouvellement par tacite reconduction doit lui-même faire l'objet d'un dépôt. • Soc. 5 nov. 1999, ☎ nº 97-22.485 P : *RJS 1999. 866, nº 1490, p. 866.*

SOUS-SECTION 2 MODIFICATION DANS LA SITUATION JURIDIQUE DE L'ENTREPRISE

Art. L. 3313-4 En cas de modification survenue dans la situation juridique de l'entreprise, par fusion, cession ou scission et lorsque cette modification rend impossible l'application de l'accord d'intéressement, cet accord cesse de produire effet entre le nouvel employeur et les salariés de l'entreprise.

En l'absence d'accord d'intéressement applicable à la nouvelle entreprise, celle-ci engage dans un délai de six mois une négociation, selon l'une des modalités prévues à l'article L. 3312-5, en vue de la conclusion éventuelle d'un nouvel accord. – *[Anc. art. L. 441-7.]*

L'impossibilité d'appliquer un accord d'intéressement au sens de l'art. L. 441-7 relève de l'appréciation souveraine des juges du fond. • Soc. 13 mai 2003, ♔ nº 01-14.565 P : *RJS 2003. 615, nº 922.*

CHAPITRE IV CALCUL, RÉPARTITION ET DISTRIBUTION DE L'INTÉRESSEMENT

SECTION PREMIÈRE CALCUL DE L'INTÉRESSEMENT

Art. L. 3314-1 Les modalités de calcul de l'intéressement peuvent varier selon les établissements et les unités de travail. A cet effet, l'accord d'intéressement peut renvoyer à des accords d'établissement. – *[Anc. art. L. 441-2, al. 4.]*

Art. L. 3314-2 Pour ouvrir droit aux exonérations prévues aux articles L. 3315-1 à L. 3315-3, l'intéressement collectif des salariés doit présenter un caractère aléatoire et résulter d'une formule de calcul liée :

1º Soit aux résultats ou aux performances de l'entreprise au cours d'une année ou d'une période d'une durée inférieure, exprimée en nombre entier de mois au moins égal à trois ;

2º Soit aux résultats de l'une ou plusieurs de ses filiales au sens de l'article L. 233-16 du code de commerce, dès lors que, à la date de conclusion de l'accord, au moins deux tiers des salariés de ces filiales situées en France sont couverts par un accord d'intéressement. – *[Anc. art. L. 441-2, al. 1.]*

Art. L. 3314-3 L'intéressement aux résultats des salariés d'un groupement d'intérêt économique ou d'un groupement d'employeurs peut prendre en compte les résultats ou les performances des entreprises membres du groupement. – *[Anc. art. L. 441-2, al. 5.]*

Art. L. 3314-4 Pour ouvrir droit aux exonérations prévues aux articles L. 3315-1 à L. 3315-3, l'accord d'intéressement doit avoir été conclu avant le premier jour de la deuxième moitié de la période de calcul suivant la date de sa prise d'effet. – *[Anc. art. L. 441-2, al. 9.]*

SECTION II RÉPARTITION DE L'INTÉRESSEMENT

Art. L. 3314-5 La répartition de l'intéressement entre les bénéficiaires peut être uniforme, proportionnelle à la durée de présence dans l'entreprise au cours de l'exercice ou proportionnelle aux salaires. L'accord peut également retenir conjointement ces différents critères. Ces critères peuvent varier selon les établissements et les unités de travail. A cet effet, l'accord peut renvoyer à des accords d'établissement.

Sont assimilées à des périodes de présence :

1º Les périodes de congé de maternité prévu à l'article L. 1225-17 et de congé d'adoption prévu à l'article L. 1225-37 ;

2º Les périodes de suspension du contrat de travail consécutives à un accident du travail ou à une maladie professionnelle en application de l'article L. 1226-7. – *[Anc. art. L. 441-2, al. 7, phrases 1 et 2 début et phrases 3 à 5.]*

Art. L. 3314-6 Pour les personnes mentionnées à l'article L. 3312-3, lorsqu'elle est proportionnelle aux salaires, la répartition prend en compte la rémunération annuelle ou le revenu professionnel imposé à l'impôt sur le revenu au titre de l'année précédente, dans la limite d'un plafond égal au salaire le plus élevé versé dans l'entreprise. – *[Anc. art. L. 441-2, al. 7, phrase 2 fin.]*

Art. L. 3314-7 L'accord d'intéressement homologué en application de l'ordonnance n° 59-126 du 7 janvier 1959 tendant à favoriser l'association ou l'intéressement des travailleurs à l'entreprise peut continuer de retenir les critères de répartition fondés sur l'ancienneté et la qualification tel qu'il a été homologué dans ce cadre, dès lors qu'il aura été renouvelé sans discontinuité depuis sa dernière homologation. – *[Anc. art. L. 441-2, al. 7, phrase 6.]*

SECTION III **DISTRIBUTION DE L'INTÉRESSEMENT**

Art. L. 3314-8 Le montant global des primes distribuées aux bénéficiaires ne doit pas dépasser annuellement 20 % du total des salaires bruts et, le cas échéant, de la rémunération annuelle ou du revenu professionnel des bénéficiaires mentionnés à l'article L. 3312-3 imposé à l'impôt sur le revenu au titre de l'année précédente versés aux personnes concernées.

Le montant des primes distribuées à un même bénéficiaire ne peut, au titre d'un même exercice, excéder une somme égale à la moitié du montant du plafond annuel moyen retenu pour le calcul des cotisations de sécurité sociale. – *[Anc. art. L. 441-2, al. 6 et 8.]*

Art. L. 3314-9 Toute somme versée aux bénéficiaires en application de l'accord d'intéressement au-delà du *(L. n° 2015-990 du 6 août 2015, art. 153-I)* « dernier jour du cinquième mois suivant la clôture de l'exercice produit un intérêt de retard égal à 1,33 fois le taux fixé à l'article 14 de la loi n° 47-1775 du 10 septembre 1947 portant statut de la coopération ». Ces intérêts, à la charge de l'entreprise, sont versés en même temps que le principal et bénéficient du régime d'exonération prévu aux articles L. 3315-1 à L. 3315-3.

Lorsque la formule de calcul de l'intéressement retient une période inférieure à une année, les intérêts commencent à courir le premier jour du troisième mois suivant la fin de la période de calcul de l'intéressement.

Les dispositions issues de la L. n° 2015-990 du 6 août 2015 sont applicables aux droits à intéressement et à participation des salariés aux résultats de l'entreprise attribués au titre des exercices clos après le 7 août 2015 (L. préc., art. 153-III).

Art. L. 3314-10 Le conseil d'administration ou le directoire peut décider de verser un supplément d'intéressement collectif au titre de l'exercice clos, dans le respect des plafonds mentionnés à l'article L. 3314-8 et selon les modalités de répartition prévues par l'accord d'intéressement ou par un accord spécifique conclu selon les modalités prévues à l'article L. 3312-5.

Ces sommes peuvent notamment être affectées à la réalisation d'un plan d'épargne d'entreprise, d'un plan d'épargne interentreprises ou d'un plan d'épargne pour la retraite collectif.

Dans une entreprise où il n'existe ni conseil d'administration, ni directoire, l'employeur peut décider le versement d'un supplément d'intéressement, dans les conditions prévues au présent article.

L'application au supplément d'intéressement des dispositions du premier alinéa de l'article L. 3312-4 ne donne pas lieu à application de l'article L. 131-7 du code de la sécurité sociale. – *[Anc. art. L. 444-12, al. 1, 2 et 4.]*

CHAPITRE V **RÉGIME SOCIAL ET FISCAL DE L'INTÉRESSEMENT**

Art. L. 3315-1 Les entreprises qui mettent en œuvre l'intéressement dans les conditions prévues au présent titre peuvent déduire des bases retenues pour l'assiette de l'impôt sur les sociétés ou de l'impôt sur le revenu le montant des sommes versées en espèces aux bénéficiaires en application de l'accord d'intéressement.

Ces sommes sont soumises à l'impôt sur le revenu selon les règles fixées au *a* du 5 de l'article 158 du code général des impôts.

Ces dispositions ne sont pas applicables aux sommes versées aux exploitants individuels, aux associés de sociétés de personnes et assimilées n'ayant pas opté pour leur

assujettissement à l'impôt sur les sociétés et aux conjoints collaborateurs et associés. – *[Anc. art. L. 441-5.]*

Art. L. 3315-2 Lorsqu'un bénéficiaire a adhéré à un plan d'épargne d'entreprise mentionné au titre III et qu'il affecte, dans un délai prévu par voie réglementaire, à la réalisation de ce plan tout ou partie des sommes qui lui sont attribuées par l'entreprise au titre de l'intéressement, ces sommes sont exonérées d'impôt sur le revenu dans la limite d'un montant égal à la moitié du plafond annuel moyen retenu pour le calcul des cotisations de sécurité sociale.

(L. n° 2015-990 du 6 août 2015, art. 150-I) **« Lorsque le salarié et, le cas échéant, le bénéficiaire mentionné au 1° de l'article L. 3312-3 ne demandent pas le versement, en tout ou partie, des sommes qui leur sont attribuées au titre de l'intéressement, ni leur affectation au plan prévu au premier alinéa du présent article, leur quote-part d'intéressement y est affectée dans les conditions prévues par l'accord mentionné à l'article L. 3312-5. Cet accord précise les modalités d'information du salarié sur cette affectation. A défaut de précision dans l'accord, ces conditions et ces modalités sont déterminées par décret. »** – *Al. applicable aux versements effectués sur un plan d'épargne pour la retraite collectif à compter du 1er janv. 2016.*

Pour les droits à intéressement attribués entre le 1er janv. 2016 et le 31 déc. 2017, le salarié et, le cas échéant, le bénéficiaire mentionné au 1° de l'art. L. 3312-3 C. trav. peuvent demander le déblocage de leur intéressement dans un délai de trois mois à compter de la notification de leur affectation sur un plan d'épargne salariale dans les conditions prévues au I du présent art. Le cas échéant, les droits correspondants sont calculés sur la base de la valeur liquidative applicable à la date de la démarche de rétractation prévue au même I (L. n° 2015-990 du 6 août 2015, art. 150-III).

La demande du salarié et, le cas échéant, du bénéficiaire mentionné au 1° de l'article L. 3312-3 C. trav. qui souhaitent bénéficier du déblocage des droits constitués à leur profit est présentée par l'intéressé dans un délai de trois mois à compter de la notification de l'affectation de l'intéressement dans le plan d'épargne d'entreprise ou, à défaut, dans le plan d'épargne du groupe ou, en l'absence de l'un et de l'autre de ces plans, dans le plan d'épargne interentreprises. La levée anticipée de l'indisponibilité intervient sous forme d'un versement unique. Si une contribution de l'entreprise a été versée, conformément aux dispositions de l'art. L. 3332-11 C. trav., dans le plan concomitamment à l'intéressement, les droits générés par celle-ci sont reversés à l'entreprise par le teneur de compte-conservateur. Ces droits sont calculés sur la base de la première valeur liquidative applicable à compter de la date de la demande de liquidation (Décr. n° 2015-1606 du 7 déc. 2015, art. 5, en vigueur le 1er janv. 2016).

Art. L. 3315-3 Lorsqu'un bénéficiaire mentionné au troisième alinéa de l'article L. 3315-1 qui a adhéré à un plan d'épargne salariale prévu au titre III affecte à la réalisation de ce plan tout ou partie des sommes qui lui sont attribuées par l'entreprise au titre de l'intéressement, ces sommes sont exclues de l'assiette des bénéfices non commerciaux et de l'assiette des bénéfices industriels et commerciaux, dans la limite d'un plafond égal à la moitié du plafond annuel moyen retenu pour le calcul des cotisations de sécurité sociale. – *[Anc. art. L. 441-6, al. 2.]*

Art. L. 3315-4 Les accords d'intéressement conclus au sein d'un groupe de sociétés établies dans plusieurs États membres de la Communauté européenne ouvrent droit aux exonérations prévues aux articles L. 3315-1 à L. 3315-3 pour les primes versées à leurs salariés ainsi qu'aux personnes mentionnées à l'article L. 3312-3 par les entreprises situées en France, parties à ces accords. – *[Anc. art. L. 441-2, al. 2.]*

Art. L. 3315-5 Lorsqu'un accord, valide au sens de l'article L. 2232-2, a été conclu ou déposé hors délai, il produit ses effets entre les parties mais n'ouvre droit aux exonérations que pour les périodes de calcul ouvertes postérieurement au dépôt. – *[Anc. art. L. 441-2, al. 11.] – Sur les irrégularités de fait susceptibles de donner lieu à une remise en cause rétroactive par l'URSSAF des exonérations, V. Circ. ACOSS n° 2001-056 du 10 avr. 2001.*

TITRE DEUXIÈME **PARTICIPATION AUX RÉSULTATS DE L'ENTREPRISE**

V. Circ. DSS/5B/DGT/RT3/2007/199 du 15 mai 2007.

V. Instr. min. n° DGT/RT3/DSS/DGTRESOR/2016/5 du 18 févr. 2016 (http :/circulaire.legifrance.gouv.fr).

COMMENTAIRE

V. Dalloz.fr et applications mobiles Dalloz.

CHAPITRE PREMIER CHAMP D'APPLICATION

Art. L. 3321-1 **Les dispositions du présent titre sont applicables aux employeurs de droit privé et à leurs salariés.**

(L. nº 2008-1258 du 3 déc. 2008, art. 9-I) **« Un décret en Conseil d'État détermine les établissements publics de l'État à caractère industriel et commercial et les sociétés, groupements ou personnes morales, quel que soit leur statut juridique, dont plus de la moitié du capital est détenue directement par l'État, qui sont soumis aux dispositions du présent titre. Ce décret fixe les conditions dans lesquelles ces dispositions leur sont applicables.**

« Les dispositions du présent titre sont également applicables aux sociétés, groupements ou personnes morales, quel que soit leur statut juridique, dont plus de la moitié du capital est détenue, ensemble ou séparément, indirectement par l'État et directement ou indirectement par ses établissements publics, s'ils ne bénéficient pas de subventions d'exploitation, ne sont pas en situation de monopole et ne sont pas soumis à des prix réglementés.

« Un décret en Conseil d'État peut déterminer les sociétés, groupements ou personnes morales, quel que soit leur statut juridique, dont plus de la moitié du capital est détenue, ensemble ou séparément, indirectement par l'État et directement ou indirectement par ses établissements publics, bénéficiant de subventions d'exploitation, étant en situation de monopole ou soumis à des prix réglementés, qui sont soumis aux dispositions du présent titre. Ce décret fixe les conditions dans lesquelles ces dispositions leur sont applicables. » – *V. art. R. 3321-1.*

Les dispositions issues de la L. nº 2008-1258 du 3 déc. 2008 sont applicables à compter du 1er mai 2008. Les entreprises et établissements publics qui entraient légalement dans le champ de la participation à cette date demeurent soumis au même régime (L. préc., art. 9-II).

Art. L. 3321-2 **Un décret en Conseil d'État détermine les conditions dans lesquelles le présent titre est appliqué aux sociétés mères et aux sociétés filiales.** – *[Anc. art. L. 442-2, al. 6, phrase 2.]*

CHAPITRE II MISE EN PLACE DE LA PARTICIPATION

SECTION PREMIÈRE MISE EN PLACE DANS L'ENTREPRISE

Art. L. 3322-1 **La participation a pour objet de garantir collectivement aux salariés le droit de participer aux résultats de l'entreprise.**

Elle prend la forme d'une participation financière à effet différé, calculée en fonction du bénéfice net de l'entreprise, constituant la réserve spéciale de participation.

Elle est obligatoire dans les entreprises mentionnées au présent chapitre.

(L. nº 2008-1258 du 3 déc. 2008, art. 6) **« Elle concourt à la mise en œuvre de la gestion participative dans l'entreprise. »**

BIBL. ▶ SAVATIER, *Dr. soc. 1989. 381* (détermination des bénéficiaires : salariés à temps partiel ; salariés mis à disposition).

V. Circ. du 14 sept. 2005 relative à l'épargne salariale, dossier participation (JO 1er nov.).

1. Indifférence des motifs du licenciement. Un salarié ne peut être privé de ses droits à participation en raison des motifs de son licenciement. • Soc. 9 mars 1989 : *CSB 1989. 103, S. 56 ; JCP E 1989. I. 15578, nº 11, obs. Gatumel* (illicéité de la décision d'un comité d'entreprise prévoyant qu'un salarié licencié pour vol serait privé de ses droits à participation).

2. Indisponibilité. Les droits constitués au profit des salariés au titre de la participation aux résultats de l'entreprise, en exécution du contrat de travail et du statut collectif de l'entreprise qu'il implique, revêtent la forme d'un droit de créance sur l'entreprise quel que soit leur emploi pendant le temps de leur indisponibilité. • Soc. 30 sept. 2004, nº 02-16.439 P : *Dr. soc. 2004. 1149, obs. Savatier.*

3. Performance individuelle des salariés. Le caractère collectif du système d'épargne d'entreprise s'oppose à ce que le montant des versements de l'employeur soit fondé sur des critères de performance individuelle des salariés. • Soc.

26 oct. 2000, ♘ n° 99-11.401 P : *RJS 2001. 45, n° 73 ; JCP 2000. IV. 2856.*

4. Participation et entreprise étrangère disposant d'un établissement en France. Une entreprise étrangère disposant d'un établissement en France peut être tenue de constituer une réserve spéciale de participation dès lors qu'elle est imposable en France à raison des opérations qu'elle y réalise. • Soc. 8 févr. 2012 : ♘ *D. 2012. Actu. 560* ✐ ; *RJS 2012. 404, n° 486 ; JCP S 2012. 1165, obs. Lipski.*

5. Action du syndicat relative à la participation. L'action exercée par le syndicat tendant à la constitution d'une réserve spéciale de participation en raison d'une fraude alléguée aux droits des salariés à la participation aux résultats de l'entreprise, qui résulterait d'une mise en location-gérance, suppose au préalable que le juge se prononce sur la validité du transfert des contrats de travail intervenu en application de l'art. L. 1224-1 C. trav. ; l'action en contestation du transfert d'un contrat de travail étant un droit exclusivement attaché à la personne du salarié, l'action du syndicat est irrecevable. • Soc. 9 mars 2016, ♘ n° 14-11.837 P : *D. 2016. Actu. 659* ✐ ; *RJS 5/2016, n° 350 ; Sem. soc. Lamy 2016, n° 1732, p. 12, obs. Métin et Chevallier ; JCP S 2016. 1243, obs. Gauriau.*

Art. L. 3322-2 *(L. n° 2015-990 du 6 août 2015, art. 158)* **« Les entreprises employant habituellement au moins cinquante salariés pendant douze mois, consécutifs ou non, au cours des trois derniers exercices, garantissent le droit de leurs salariés à participer aux résultats de l'entreprise au titre du troisième exercice. » Il en va de même pour les entreprises constituant une unité économique et sociale** *(L. n° 2012-387 du 22 mars 2012, art. 43)* **« d'au moins cinquante salariés » reconnue dans les conditions prévues à l'article L. 2322-4.**

La base, les modalités de calcul, ainsi que les modalités d'affectation et de gestion de la participation sont fixées par accord dans les conditions prévues par le présent titre.

(L. n° 2008-1258 du 3 déc. 2008, art. 7) **« Le salarié d'un groupement d'employeurs peut bénéficier du dispositif de participation mis en place dans chacune des entreprises adhérentes du groupement auprès de laquelle il est mis à disposition dans des conditions fixées par décret. »**

BIBL. Fadeuilhe, *JCP S 2009. 1062* (groupements d'employeurs et dispositifs d'épargne salariale).

1. Effectif de l'entreprise. Un accord de participation n'étant obligatoire que dans les entreprises de plus de cinquante salariés, un tel accord peut valablement prévoir, par une clause particulière, qu'il cessera de s'appliquer en cas d'abaissement des effectifs en dessous de cinquante salariés. • Soc. 18 sept. 2002, ♘ n° 99-15.454 P : *D. 2002. IR 2717* ✐ ; *RJS 2002. 942, n° 1264.* ♦ L'effectif à partir duquel la participation est obligatoire s'apprécie au niveau de l'entreprise. • Soc. 24 janv. 2006 : ♘ *RJS 2006. 325, n° 480 ; Dr. soc. 2006. 454, obs. Savatier* ✐. ♦ Le calcul de l'effectif doit être effectué mois par mois au cours des 12 mois précédents, il se calcule nécessairement à la fin de la période considérée ; les salariés titulaires d'un contrat à durée indéterminée à temps plein sont pris en compte pour une unité dans l'effectif du mois au cours duquel ils ont été engagés. • Soc. 8 déc. 2010 : ♘ *Dalloz actualité, 13 janv. 2011, obs. Siro ; D. 2011. Actu. 85* ✐ ; *JS Lamy 2011, n° 293-4, obs. Tourreil ; JCP S 2011. 1064, obs. Vatinet.*

2. Fusion. Une société absorbante est tenue de constituer une réserve de participation calculée sur l'ensemble des bénéfices pris en compte par elle du fait de la fusion, peu important que la société absorbée n'ait pas été elle-même soumise au régime légal de la participation. • Soc. 23 févr. 1983 : *Dr. soc. 1983. 634, note Savatier.*

3. Salariés mis à disposition. Le comité d'une entreprise accueillant des salariés mis à sa disposition ne peut demander la création d'une réserve spéciale de participation, dès lors que les autres sociétés ont continué d'assumer leurs obligations d'employeur et qu'elles ont fait bénéficier le personnel détaché de leur réserve de participation. • Soc. 23 juin 1988 : *Dr. soc. 1989. 381, note Savatier.*

4. Salariés à temps partiel. Les salariés à temps partiel doivent être compris dans l'effectif habituel de l'entreprise. • Soc. 26 janv. 1989 : *Bull. civ. V, n° 81 ; Dr. soc. 1989. 381, note Savatier.*

5. Participation et abus de biens sociaux. La diminution du montant des primes perçues au titre de la participation n'étant qu'une conséquence indirecte des abus de biens sociaux, la cour d'appel ne peut allouer des dommages-intérêts à des salariés et à une section syndicale d'une société réparant le préjudice résultant de ces abus. • Crim. 28 janv. 2004 : ♘ *RJS 2004. 826, n° 1176.*

Art. L. 3322-3 *(L. n° 2015-990 du 6 août 2015, art. 156)* **« Lorsqu'une entreprise ayant conclu un accord d'intéressement vient à employer au moins cinquante salariés, les obligations prévues à la présente section ne s'appliquent qu'au troisième exercice**

clos après le franchissement du seuil d'assujettissement à la participation, si l'accord est appliqué sans discontinuité pendant cette période. »

A cette date, un accord de participation peut être conclu dans les conditions de l'article L. 3324-2 sur une base de calcul et de répartition reprenant celle de l'accord d'intéressement ayant expiré.

Art. L. 3322-4 Pour l'appréciation du seuil de cinquante salariés, l'effectif des salariés employés habituellement par les entreprises de travail temporaire est calculé en ajoutant au nombre des salariés permanents le nombre moyen par jour ouvrable des salariés qui ont été liés par un contrat de travail temporaire au cours de l'exercice. – *[Anc. art. L. 442-1, al. 3.]*

Art. L. 3322-4-1 *(Ord. n° 2015-380 du 2 avr. 2015, art. 4)* Pour l'appréciation du seuil de cinquante salariés, l'effectif des salariés employés habituellement par les entreprises de portage salarial mentionnées aux articles L. 1254-1 et suivants est calculé en ajoutant au nombre des salariés permanents de l'entreprise de portage salarial le nombre moyen par jour ouvrable des salariés qui ont effectué des prestations de portage salarial dans le cadre d'un contrat de travail conclu avec cette entreprise au cours de l'exercice.

Art. L. 3322-5 Dans les entreprises nouvelles dont la création ne résulte pas d'une fusion, totale ou partielle, d'entreprises préexistantes, les accords de participation sont conclus à partir du troisième exercice clos après leur création. – *[Anc. art. L. 442-16.]*

Art. L. 3322-6 Les accords de participation sont conclus selon l'une des modalités suivantes :

1° Par convention ou accord collectif de travail ;

2° Par accord entre l'employeur et les représentants d'organisations syndicales représentatives dans l'entreprise ;

3° Par accord conclu au sein du comité d'entreprise ;

4° A la suite de la ratification, à la majorité des deux tiers du personnel, d'un projet de contrat proposé par l'employeur. S'il existe dans l'entreprise une ou plusieurs organisations syndicales représentatives ou un comité d'entreprise, la ratification est demandée conjointement par l'employeur et une ou plusieurs de ces organisations ou ce comité. – *[Anc. art. L. 442-10.]*

1. Domaine. Ce n'est que lorsque les plans d'épargne entreprise sont établis en vertu d'accords avec le personnel qu'ils doivent être conclus selon l'une des procédures énumérées à l'art. L. 442-10 [L. 3322-6 nouv.]. • Soc. 21 nov. 2000, ☎ n° 98-18.605 P : *D. 2001. IR 281* ✐.

2. Droit applicable. Il résulte de l'art. 2 C. civ. qu'en l'absence de modification, autre que de forme, de l'accord au sens de l'art. L. 3322-6 C. trav. instaurant un plan d'épargne d'entreprise, et de nouveau dépôt de cet accord auprès de l'administration du travail, les dispositions de cet accord ne peuvent être contestées qu'au regard des dispositions légales en vigueur au moment de sa conclusion. • Soc. 21 sept. 2016, ☎ n° 13-24.437 P : *Dalloz actualité, 6 oct. 2016, obs. Peyronnet ; D. 2016. Actu. 1935* ✐ *; RJS 12/2016, n° 800 ; JCP S 2016. 1370, obs. Kovac.*

Art. L. 3322-7 Par dérogation à l'article L. 3322-6, un accord de groupe peut être passé entre les sociétés d'un même groupe ou seulement certaines d'entre elles.

Cet accord est conclu selon l'une des modalités suivantes :

1° Entre le mandataire des sociétés intéressées et le ou les salariés appartenant à l'une des entreprises du groupe mandatés à cet effet par une ou plusieurs organisations syndicales représentatives ;

2° Entre le mandataire des sociétés intéressées et les représentants mandatés par chacun des comités d'entreprise concernés ;

3° A la suite de la ratification, à la majorité des deux tiers du personnel, d'un projet d'accord proposé par le mandataire des sociétés du groupe. S'il existe dans les sociétés intéressées une ou plusieurs organisations syndicales représentatives ou, lorsque toutes les sociétés du groupe sont intéressées, s'il existe un comité de groupe, la ratification est demandée conjointement par le mandataire des sociétés du groupe et soit une ou plusieurs de ces organisations, soit la majorité des comités d'entreprise des sociétés concernées, soit le comité de groupe. La majorité des deux tiers est appréciée au niveau de l'ensemble des sociétés concernées. – *[Anc. art. L. 442-11.]*

Art. L. 3322-8 Un décret en Conseil d'État détermine les modalités de calcul de l'effectif de l'entreprise pour l'application de l'article L. 3322-2. – *[Anc. art. L. 442-2, al. 6, phrase 1.] – V. art. R. 3322-1.*

SECTION II **MISE EN PLACE DANS LA BRANCHE**

Art. L. 3322-9 Un régime de participation, établi selon les modalités prévues à l'article L. 3324-1 ou à l'article L. 3324-2, est négocié par branche, au plus tard le 30 décembre *(L. n° 2015-990 du 6 août 2015, art. 154)* « **2017** ».

Les entreprises de la branche *(L. n° 2015-990 du 6 août 2015, art. 154)* « mentionnées à l'article L. 3323-6 » peuvent opter pour l'application de l'accord ainsi négocié *(Abrogé par L. n° 2015-990 du 6 août 2015, art. 154)* « *, selon les modalités prévues à l'article L. 3322-6* ».

Si l'accord de branche prévoit, conformément aux dispositions du chapitre III du titre III, la mise en place d'un plan d'épargne interentreprises, l'entreprise est libre d'opter pour l'adhésion à celui-ci dans les conditions prévues à cet article.

A défaut d'initiative de la partie patronale au plus tard le 31 décembre *(L. n° 2015-990 du 6 août 2015, art. 154)* « **2016** », la négociation s'engage dans les quinze jours suivant la demande d'une organisation de salariés représentative.

CHAPITRE III **CONTENU ET RÉGIME DES ACCORDS**

SECTION PREMIÈRE **CONTENU DES ACCORDS**

Art. L. 3323-1 L'accord de participation détermine :

1° Les conditions dans lesquelles les salariés sont informés de l'application des dispositions du présent titre ;

2° La nature et les modalités de gestion des droits reconnus aux salariés sur les sommes constituant la réserve spéciale de participation prévue à l'article L. 3324-1. – *[Anc. art. L. 442-5, al. 1.]*

Art. L. 3323-2 L'accord de participation peut prévoir l'affectation des sommes constituant la réserve spéciale de participation :

1° A des comptes ouverts au nom des intéressés en application d'un plan d'épargne salariale remplissant les conditions fixées au titre III ;

2° A un compte que l'entreprise doit consacrer à des investissements. Les salariés ont sur l'entreprise un droit de créance égal au montant des sommes versées.

(L. n° 2010-1330 du 9 nov. 2010, art. 110) « **Tout accord de participation existant à la date de promulgation de la loi n° 2010-1330 du 9 novembre 2010 portant réforme des retraites doit être mis en conformité avec le présent article et l'article L. 3323-3 au plus tard le 1er janvier 2013.** » – *V. Circ. Questions-réponses du 19 avr. 2012 sur l'alimentation du plan d'épargne pour la retraite collectif par des jours de repos non pris et par la moitié de la réserve spéciale de participation, NOR : ETST1221259C.*

Art. L. 3323-3 Un accord de participation ne peut prévoir l'affectation des sommes constituant la réserve spéciale de participation uniquement à un compte courant bloqué.

(L. n° 2012-387 du 22 mars 2012, art. 26) « Toutefois, les accords de participation conclus au sein des *(L. n° 2014-856 du 31 juill. 2014, art. 30)* « sociétés coopératives de production » peuvent prévoir l'emploi de la totalité de la réserve spéciale de participation en parts sociales ou en comptes courants bloqués. Les mêmes accords peuvent stipuler que, en cas d'emploi de la réserve spéciale de participation en comptes courants bloqués, les associés qui sont employés dans l'entreprise sont en droit, nonobstant l'article L. 225-128 du code de commerce, d'affecter leur créance à la libération de parts sociales qui restent soumises à la même indisponibilité. »

SECTION II **RÉGIME DES ACCORDS**

SOUS-SECTION 1 **DÉPÔT**

Art. L. 3323-4 Les accords de participation sont déposés auprès de l'autorité administrative.

Ce dépôt conditionne l'ouverture du droit aux exonérations prévues au chapitre V. – *[Anc. art. L. 442-8.]*

En l'absence d'accord de participation déposé pour la période de contrôle, la totalité des sommes versées au titre de la participation doit être réintégrée dans l'assiette des cotisations. • Civ. 2e, 3 juill. 2008 : *RJS 2008. 915, no 1109 ; JS Lamy 2008, no 246-5, note Kesztenbaum et Rault ; JCP S 2008. 1555, note Tauran.*

SOUS-SECTION 2 DISPOSITIONS APPLICABLES EN L'ABSENCE D'ACCORD

Art. L. 3323-5 Lorsque, dans un délai d'un an suivant la clôture de l'exercice au titre duquel sont nés les droits des salariés, un accord de participation n'a pas été conclu, cette situation est constatée par l'inspecteur du travail et les dispositions du 2° de l'article L. 3323-2 sont applicables.

Les sommes ainsi attribuées aux salariés sont versées à des comptes courants qui, sous réserve des cas prévus par décret en application de l'article L. 3324-10, sont bloqués pour huit ans *(L. no 2008-1258 du 3 déc. 2008, art. 4-I)* « , sauf si le salarié demande le versement de tout ou partie des sommes correspondantes dans des conditions fixées par décret. La demande peut être présentée à l'occasion de chaque versement effectué au titre de la répartition de la réserve spéciale de participation. Les sommes précitées, versées à des comptes courants, » portent intérêt à un taux fixé par arrêté du ministre chargé du budget et de l'économie.

La provision pour investissement prévue à l'article L. 3325-3 ne peut être constituée. *– [Anc. art. L. 442-12.] – V. art. R. 3324-22.*

Les dispositions issues de la loi no 2008-1258 du 3 déc. 2008 sont applicables aux droits à participation des salariés aux résultats de l'entreprise attribués au titre des exercices clos après le 4 déc. 2008, date de publication de la loi (L. préc., art. 4).

1. Juridictions compétentes. Les litiges relatifs à la constatation par l'inspecteur du travail du défaut d'accord de participation ne relèvent pas des juridictions administratives compte tenu de l'art. L. 442-13 [L. 3323-5 nouv.]. • CE 18 juin 2003 : *RJS 2003. 823, no 1198.*

2. Application du régime légal. L'absence de constat par l'inspecteur du travail du défaut de conclusion d'un contrat de participation dans le délai d'un an suivant la clôture de l'exercice au titre duquel sont nés les droits des salariés d'une entreprise ne prive pas ces derniers du droit de demander au juge de faire application du régime légal de participation prévu par l'art. L. 442-12 [L. 3323-5 nouv.] lorsque les conditions de sa mise en œuvre sont réunies. • Soc. 13 sept. 2005 : *D. 2005. IR 2411 ; Dr. soc. 2005. 1051, obs. Savatier.*

SOUS-SECTION 3 PARTICIPATION VOLONTAIRE

Art. L. 3323-6 Les entreprises qui ne sont pas tenues de mettre en application un régime de participation peuvent, par un accord de participation, se soumettre volontairement aux dispositions du présent titre.

(L. no 2008-1258 du 3 déc. 2008, art. 11-I) « Les chefs de ces entreprises ou, s'il s'agit de personnes morales, leurs présidents, directeurs généraux, gérants ou membres du directoire, ainsi que le conjoint du chef d'entreprise s'il bénéficie du statut de conjoint collaborateur ou de conjoint associé mentionné à l'article L. 121-4 du code de commerce, peuvent bénéficier de ce régime. »

En cas d'échec des négociations, l'employeur peut mettre en application unilatéralement un régime de participation conforme aux dispositions du présent titre. Le comité d'entreprise ou, à défaut, les délégués du personnel sont consultés sur le projet d'assujettissement unilatéral à la participation au moins quinze jours avant son dépôt auprès de l'autorité administrative.

Ces entreprises *(L. no 2008-1258 du 3 déc. 2008, art. 11-I)* « , leurs salariés et les bénéficiaires visés au deuxième alinéa se voient appliquer le » régime social et fiscal prévu au chapitre V. – *[Anc. art. L. 442-15, al. 1, 2 et 4.]*

SOUS-SECTION 4 PARTICIPATION DANS LES ENTREPRISES AGRICOLES

Art. L. 3323-7 Une convention ou un accord de branche étendu peut prévoir la mise en application d'un régime de participation dans les entreprises agricoles employant des salariés mentionnés aux 1° à 3°, 6° et 7° de l'article L. 722-20 du code rural et de la pêche maritime selon des modalités dérogeant aux dispositions de l'article L. 3324-1.

Ces entreprises et leurs salariés bénéficient alors, dans les mêmes conditions, du régime social et fiscal prévu au chapitre V. – *[Anc. art. L. 442-15, al. 3 et 4.]*

SOUS-SECTION 5 **MODIFICATION DANS LA SITUATION JURIDIQUE DE L'ENTREPRISE**

Art. L. 3323-8 Lorsque survient une modification dans la situation juridique de l'entreprise, par fusion, cession ou scission, rendant impossible l'application d'un accord de participation, cet accord cesse de produire effet entre le nouvel employeur et le personnel de l'entreprise.

En l'absence d'accord de participation applicable à la nouvelle entreprise, celle-ci engage, dans un délai de six mois à compter de la clôture de l'exercice au cours duquel est intervenue la modification, une négociation en vue de la conclusion d'un nouvel accord, selon l'un des modes prévus à l'article L. 3322-6. – *[Anc. art. L. 442-17.]*

SOUS-SECTION 6 **SOCIÉTÉS COOPÉRATIVES OUVRIÈRES DE PRODUCTION, COOPÉRATIVES AGRICOLES ET ENTREPRISES PUBLIQUES**

Art. L. 3323-9 Les dispositions du présent titre ainsi que celles régissant les *(L. n° 2014-856 du 31 juill. 2014, art. 30)* « sociétés coopératives de production » et les coopératives agricoles sont adaptées, par décret en Conseil d'État, pour les rendre applicables à ces sociétés. – *V. art. R. 3323-9.*

(L. n° 2008-1258 du 3 déc. 2008, art. 4-II) « Par dérogation à l'article L. 3324-10, l'accord de participation applicable dans ces sociétés peut prévoir que tout ou partie de la réserve spéciale de participation n'est exigible qu'à l'expiration d'un délai de cinq ans à compter de l'ouverture de ces droits. »

Les dispositions issues de la L. n° 2008-1258 du 3 déc. 2008 sont applicables aux droits à participation des salariés aux résultats de l'entreprise attribués au titre des exercices clos après le 4 déc. 2008, date de publication de la loi (L. préc., art. 4).

Art. L. 3323-10 Les dispositions du présent titre ne sont pas applicables aux exercices antérieurs à l'exercice suivant *(L. n° 2008-1258 du 3 déc. 2008, art. 9-I)* « le 1er janvier 2005 » pour les sociétés, groupements ou personnes morales, quel que soit leur statut juridique, dont plus de la moitié du capital est détenue, ensemble ou séparément, directement ou indirectement, par les établissements publics et les entreprises publiques mentionnées au deuxième alinéa de l'article L. 3321-1, à l'exception de celles et ceux pour lesquels ces dispositions s'appliquaient en vertu du décret n° 87-948 du 26 novembre 1987 dans sa rédaction antérieure *(L. n° 2008-1258 du 3 déc. 2008, art. 9-I)* « au 1er janvier 2005 ». – *[Anc. art. L. 442-9, al. 2, phrase 2.]*

Les dispositions issues de la L. n° 2008-1258 du 3 déc. 2008 sont applicables à compter du 1er mai 2008. Les entreprises et établissements publics qui entraient légalement dans le champ de la participation à cette date demeurent soumis au même régime (L. préc., art. 9-II).

CHAPITRE IV **CALCUL ET GESTION DE LA PARTICIPATION**

SECTION PREMIÈRE **CALCUL DE LA RÉSERVE SPÉCIALE DE PARTICIPATION**

Art. L. 3324-1 La réserve spéciale de participation des salariés est constituée comme suit :

1° Les sommes affectées à cette réserve spéciale sont, après clôture des comptes de l'exercice, calculées sur le bénéfice réalisé en France métropolitaine et dans les départements d'outre-mer *(Ord. n° 2008-205 du 27 févr. 2008)* « , à Saint-Barthélemy et à Saint-Martin », tel qu'il est retenu pour être imposé à l'impôt sur le revenu ou aux taux de l'impôt sur les sociétés prévus au deuxième alinéa et au *b* du I de l'article 219 du code général des impôts et majoré des bénéfices exonérés en application des dispositions des articles 44 *sexies*, 44 *sexies* A, 44 *septies*, 44 *octies*, 44 *octies* A, 44 *undecies* *(L. n° 2011-1977 du 28 déc. 2011, art. 10-II)* « et 208 C » du code général des impôts *(Abrogé par L. n° 2011-1977 du 28 déc. 2011, art. 17)* « *sans que, pour les entreprises qui n'ont pas conclu d'accord de participation conformément à l'article L. 3324-2, ce bénéfice puisse être diminué des déficits constatés au cours des exercices antérieurs de plus de cinq ans à l'exercice en cours ».* Ce bénéfice est diminué de l'impôt correspondant qui, pour les entreprises soumises à l'impôt sur le revenu, est déterminé dans les conditions déterminées par décret en Conseil d'État ; – *V. art. D. 3324-2.*

2° Une déduction représentant la rémunération au taux de 5 % des capitaux propres de l'entreprise est opérée sur le bénéfice net ainsi défini ;

3° Le bénéfice net est augmenté du montant de la provision pour investissement prévue à l'article L. 3325-3. Si cette provision est rapportée au bénéfice imposable d'un exercice déterminé, son montant est exclu, pour le calcul de la réserve de participation, du bénéfice net à retenir au titre de l'exercice au cours duquel ce rapport a été opéré ;

4° La réserve spéciale de participation des salariés est égale à la moitié du chiffre obtenu en appliquant au résultat des opérations effectuées conformément aux dispositions des 1° et 2° le rapport des salaires à la valeur ajoutée de l'entreprise. – *[Anc. art. L. 442-2, al. 1er à 5.]*

1. Impôt concerné. L'impôt qui correspond au bénéfice réalisé par l'entreprise et qui doit être retranché de ce bénéfice ne peut s'entendre que de l'impôt sur les sociétés, au taux de droit commun, résultant des règles d'assiette et de liquidation régissant l'impôt sur les bénéfices ; dans le cas d'une société imposée suivant le régime du « bénéfice consolidé », il faut retenir le montant de l'imposition qui aurait été dû par elle si elle n'avait pas été soumise à ce régime. • CE 26 janv. 1990 : *D. 1990. IR 52 ; RJS 1990. 139, concl. Liébert-Champagne.* ♦ V. aussi • Soc. 2 mars 1989 : *RJS 1989. 194, n° 373* (exclusion des sociétés de courses dès lors que, constituées en association, elles ne sont pas soumises à l'impôt sur les sociétés).

2. RSP et crédit d'impôt recherche. Pour le calcul de la RSP, il n'y a pas lieu de déduire le crédit d'impôt recherche du montant de l'impôt à retrancher au bénéfice fiscal. • Cass., avis, 14 sept. 2015, n° 1570003 P : *Dalloz actualité, 9 oct. 2015, obs. Siro ; D. 2015. Actu. 1899.*

Art. L. 3324-2 L'accord de participation peut établir un régime de participation comportant une base de calcul et des modalités différentes de celles définies à l'article L. 3324-1. Cet accord ne dispense de l'application des règles définies à cet article que si, respectant les principes posés par le présent titre, il comporte pour les salariés des avantages au moins équivalents. La base de calcul retenue peut ainsi être le tiers du bénéfice net fiscal. La réserve spéciale de participation peut être calculée en prenant en compte l'évolution de la valeur des actions ou parts sociales de l'entreprise ou du groupe au cours du dernier exercice clos.

Lorsqu'un accord est conclu au sein d'un groupe de sociétés, l'équivalence des avantages consentis aux salariés s'apprécie globalement au niveau du groupe et non entreprise par entreprise.

(L. n° 2008-1258 du 3 déc. 2008, art. 11-II) « Dans les entreprises dont l'effectif habituel est compris entre un et deux cent cinquante salariés, la part de la réserve spéciale de participation excédant le montant qui aurait résulté d'un calcul effectué en application de l'article L. 3324-1 peut être répartie entre les salariés et les chefs de ces entreprises, les présidents, directeurs généraux, gérants ou membres du directoire s'il s'agit de personnes morales, le conjoint du chef d'entreprise s'il a le statut de conjoint collaborateur ou de conjoint associé mentionné à l'article L. 121-4 du code de commerce. »

L'accord n'ouvre droit au régime social et fiscal prévu au chapitre V que si la réserve spéciale de participation n'excède pas la moitié du bénéfice net comptable, ou, au choix des parties, l'un des trois plafonds suivants :

1° Le bénéfice net comptable diminué de 5 % des capitaux propres ;

2° Le bénéfice net fiscal diminué de 5 % des capitaux propres ;

3° La moitié du bénéfice net fiscal.

L'accord précise le plafond retenu.

Art. L. 3324-3 Dans les entreprises relevant de l'impôt sur le revenu, le bénéfice à retenir, avant déduction de l'impôt correspondant, est égal au bénéfice imposable de cet exercice, diminué :

1° De la rémunération normale du travail du chef d'entreprise lorsque cette rémunération n'est pas admise dans les frais généraux pour l'assiette de l'impôt de droit commun ;

2° Des résultats déficitaires enregistrés au cours des cinq années antérieures qui ont été imputés sur des revenus d'une autre nature mais n'ont pas déjà été pris en compte pour le calcul de la participation afférente aux exercices précédents. – *[Anc. art. L. 442-3.]*

Art. L. 3324-4 Un décret en Conseil d'État détermine le mode de calcul, éventuellement forfaitaire, de la réduction opérée au titre de l'impôt sur le revenu prévue à l'article L. 3324-3. – *[Anc. art. L. 442-2, al. 6, phrase 1.] – V. art. R. 3324-7.*

SECTION II **RÉPARTITION DE LA RÉSERVE SPÉCIALE DE PARTICIPATION**

Art. L. 3324-5 La répartition de la réserve spéciale de participation entre les *(L. n° 2008-1258 du 3 déc. 2008, art. 11-II)* « bénéficiaires » est calculée proportionnellement au salaire perçu dans la limite de plafonds déterminés par décret. *(L. n° 2008-1258 du 3 déc. 2008, art. 11-II)* « Pour les bénéficiaires visés au deuxième alinéa de l'article L. 3323-6 et au troisième alinéa de l'article L. 3324-2, la répartition est calculée proportionnellement à la rémunération annuelle ou au revenu professionnel imposé à l'impôt sur le revenu au titre de l'année précédente, plafonnés au niveau du salaire le plus élevé versé dans l'entreprise, et dans les limites de plafonds de répartition individuelle déterminés par le même décret. »

Toutefois, l'accord de participation peut décider que cette répartition entre les *(L. n° 2008-1258 du 3 déc. 2008, art. 11-II)* « bénéficiaires » est uniforme, proportionnelle à la durée de présence dans l'entreprise au cours de l'exercice, ou retenir conjointement plusieurs de ces critères.

L'accord peut fixer un salaire plancher servant de base de calcul à la part individuelle.

Le plafond de répartition individuelle déterminé par le décret prévu au premier alinéa ne peut faire l'objet d'aucun aménagement, à la hausse ou à la baisse, y compris par un accord mentionné à l'article L. 3323-1. – *[Anc. art. L. 442-4, al. 1, phrases 1 et 2, et al. 2 et 3.] – V. art. D. 3324-10 et D. 3324-12.*

1. Bénéficiaires. Tous les salariés de l'entreprise où a été conclu un accord de participation doivent pouvoir bénéficier de la répartition des résultats sans que puisse leur être opposé le fait que leur salaire n'est pas assujetti à la taxe sur les salaires et n'est pas pris en compte pour le calcul de la réserve spéciale de participation. • Soc. 22 mai 2001, n° 99-12.902 P : *RJS 2001. 716, n° 1047* • 29 oct. 2002, n° 00-14.787 P : *D. 2002. IR 3060 ; Dr. soc. 2003. 138, obs. Savatier ; RJS 2003. 47, n° 60.* ♦ Les journalistes pigistes, dès lors qu'ils sont collaborateurs réguliers de l'entreprise de presse, doivent bénéficier de l'accord de participation conclu dans leur entreprise. • Soc. 10 janv. 2001, P 54 F-D, *Sté Emap international Magazines Téléstar c/ Mérigeau : RJS 2001. 235, n° 323* • 1er juill. 1998, n° 96-17.076 P : *RJS 1998. 655, n° 1033* (enseignants sous contrat mis à disposition par l'État).

2. Modalités de calcul. Les modalités de calcul et la répartition de la réserve spéciale de participation entre les salariés bénéficiaires ne peuvent faire l'objet d'une distinction suivant que les salariés d'une même entreprise travaillent en France ou à l'étranger. • Soc. 29 oct. 2002, n° 00-14.787 P : *D. 2002. IR 3060 ; Dr. soc. 2003. 138, obs. Savatier ; RJS 2003. 47, n° 60.*

Art. L. 3324-6 Sont assimilées à des périodes de présence, quel que soit le mode de répartition retenu par l'accord :

1° Les périodes de congé de maternité prévu à l'article L. 1225-17 et de congé d'adoption prévu à l'article L. 1225-37 ;

2° Les périodes de suspension du contrat de travail consécutives à un accident du travail ou à une maladie professionnelle en application de l'article L. 1226-7. – *[Anc. art. L. 442-4, al. 1, phrase 3.]*

Art. L. 3324-7 Les sommes qui n'auraient pu être mises en distribution en raison des règles définies aux articles L. 3324-5 et L. 3324-6 font l'objet d'une répartition immédiate entre tous les salariés *(L. n° 2008-1258 du 3 déc. 2008, art. 11-IV)* « et, le cas échéant, les bénéficiaires visés au deuxième alinéa de l'article L. 3323-6 et au troisième alinéa de l'article L. 3324-2, » auxquels ont été versées, en application de ces articles, des sommes d'un montant inférieur au plafond des droits individuels déterminé par décret. Ce plafond ne peut être dépassé du fait de cette répartition supplémentaire. – *V. art. D. 3324-12.*

Les sommes qui, en raison des règles définies par l'article précité et celles du premier alinéa du présent article, n'auraient pu être mises en distribution demeurent dans la réserve spéciale de participation des salariés pour être réparties au cours des exercices ultérieurs. – *[Anc. art. L. 442-4, al. 4 et 5.]*

Art. L. 3324-8 Lorsqu'un accord unique est conclu au sein d'une unité économique et sociale en application de l'article L. 3322-2 pour les entreprises qui n'entrent pas dans un même périmètre de consolidation ou de combinaison des comptes au sens du deuxième alinéa de l'article L. 3344-1, la répartition des sommes est effectuée entre tous les salariés *(L. nº 2008-1258 du 3 déc. 2008, art. 11-IV)* « et, le cas échéant, les bénéficiaires visés au deuxième alinéa de l'article L. 3323-6 et au troisième alinéa de l'article L. 3324-2, » employés dans les entreprises sur la base du total des réserves de participation constituées dans chaque entreprise. – *[Anc. art. L. 442-4, al. 6.]*

Art. L. 3324-9 Le conseil d'administration ou le directoire peut décider de verser un supplément de réserve spéciale de participation au titre de l'exercice clos, dans le respect des plafonds mentionnés à l'article L. 3324-5 et selon les modalités de répartition prévues par l'accord de participation ou par un accord spécifique conclu selon les modalités prévues à l'article L. 3322-6.

Si l'entreprise dispose d'un accord de participation conclu conformément à l'article L. 3324-2, la réserve spéciale de participation, y compris le supplément, ne peut excéder le plafond prévu au dernier alinéa de cet article. En l'absence d'un tel accord, elle ne peut excéder le plus élevé des plafonds mentionnés à l'avant-dernier alinéa du même article.

Dans une entreprise où il n'existe ni conseil d'administration, ni directoire, l'employeur peut décider le versement d'un supplément de réserve spéciale de participation, dans les conditions prévues au présent article.

L'application au supplément de réserve spéciale de participation des dispositions du second alinéa de l'article L. 3325-1 ne donne pas lieu à application de l'article L. 131-7 du code de la sécurité sociale. – *[Anc. art. L. 444-12, al. 1, 3 et 4.]*

SECTION III **RÈGLES DE DISPONIBILITÉ DES DROITS DES SALARIÉS** *(L. nº 2008-1258 du 3 déc. 2008, art. 4-III).*

Art. L. 3324-10 Les droits constitués *(Abrogé par L. nº 2008-1258 du 3 déc. 2008, art. 11-V)* « ***au profit des salariés*** » en application des dispositions du présent titre sont négociables ou exigibles à l'expiration d'un délai de cinq ans à compter *(L. nº 2015-990 du 6 août 2015, art. 153-II)* « du premier jour du sixième mois suivant l'exercice au titre duquel les droits sont nés » *(L. nº 2008-1258 du 3 déc. 2008, art. 11-IV)* « , sauf si le salarié demande le versement de tout ou partie des sommes correspondantes dans des conditions fixées par décret. La demande peut être présentée à l'occasion de chaque versement effectué au titre de la répartition de la réserve spéciale de participation. Toutefois, un accord collectif qui, en application de l'article L. 3324-2, établit un régime de participation comportant une base de calcul différente de celle établie à l'article L. 3324-1, peut prévoir que tout ou partie de la part des sommes versées aux salariés au titre de la participation aux résultats de l'entreprise supérieure à la répartition d'une réserve spéciale de participation calculée selon les modalités de l'article L. 3324-1 n'est négociable ou exigible qu'à l'expiration d'un délai de cinq ans à compter *(L. nº 2015-990 du 6 août 2015, art. 153-II)* « du premier jour du sixième mois suivant l'exercice au titre duquel les droits sont nés ».

« Lorsque les sommes ont été affectées dans les conditions prévues à l'article L. 3323-2, » un décret en Conseil d'État détermine les conditions liées à la situation ou aux projets du salarié, dans lesquelles ces droits peuvent être exceptionnellement liquidés ou transférés avant l'expiration de ces délais. – *V. art. R. 3324-22.*

Les dispositions issues de la L. nº 2008-1258 du 3 déc. 2008 sont applicables aux droits à participation des salariés aux résultats de l'entreprise attribués au titre des exercices clos après le 4 déc. 2008, date de publication de la loi (L. préc., art. 4).

Les dispositions issues de la L. nº 2015-990 du 6 août 2015 sont applicables aux droits à intéressement et à participation des salariés aux résultats de l'entreprise attribués au titre des exercices clos après le 7 août 2015 (L. préc., art. 153-III).

SECTION IV **PAIEMENT ET DÉBLOCAGE ANTICIPÉ**

Art. L. 3324-11 Les entreprises peuvent payer directement aux salariés *(L. nº 2008-1258 du 3 déc. 2008, art. 11-VI)* « et, le cas échéant, aux bénéficiaires visés au deuxième alinéa de l'article L. 3323-6 et au troisième alinéa de l'article L. 3324-2, » les sommes leur revenant lorsque celles-ci n'atteignent pas un montant fixé par un arrêté ministériel. – *[Anc. art. L. 442-5, al. 7.]*

SECTION V **AFFECTATION À UN PLAN D'ÉPARGNE SALARIALE**

Art. L. 3324-12 *(L. nº 2010-1330 du 9 nov. 2010, art. 110)* « Lorsque le salarié, et le cas échéant le bénéficiaire visé au deuxième alinéa de l'article L. 3323-6 et au troisième alinéa de l'article L. 3324-2, ne demande pas le versement en tout ou partie des sommes qui lui sont attribuées au titre de la participation dans les conditions prévues à l'article L. 3324-10 ou qu'il ne décide pas de les affecter dans l'un des dispositifs prévus par l'article L. 3323-2, sa quote-part de réserve spéciale de participation, dans la limite de celle calculée à l'article L. 3324-1, est affectée, pour moitié, dans un plan d'épargne pour la retraite collectif lorsqu'il a été mis en place dans l'entreprise et, pour moitié, dans les conditions prévues par l'accord mentionné à l'article L. 3323-1. Les modalités d'information du salarié sur cette affectation sont déterminées par décret. *(L. nº 2015-990 du 6 août 2015, art. 151-I)* « La fraction de la quote-part affectée dans le plan d'épargne pour la retraite collectif est investie conformément au second alinéa de l'article L. 3334-11. »

« Les modalités d'affectation de la part des sommes versées aux salariés au titre de la participation aux résultats de l'entreprise supérieure à celle calculée selon les modalités de l'article L. 3324-1 peuvent être fixées par l'accord de participation. »

Le plan peut également être alimenté, suivant les modalités qu'il fixe, par les versements complémentaires de l'entreprise et les versements opérés volontairement par les salariés.

Les dispositions issues de la L. nº 2010-1330 du 9 nov. 2010 sont applicables aux droits à participation attribués au titre des exercices clos après le 10 nov. 2010, date de promulgation de la loi nº 2010-1330 (L. préc., art. 118-VII).

Les dispositions issues de la L. nº 2015-990 du 6 août 2015 sont applicables aux versements effectués sur un plan d'épargne pour la retraite collectif à compter du 1er janv. 2016 (L. préc., art. 151-II).

V. Circ. Questions-réponses du 19 avr. 2012 sur l'alimentation du plan d'épargne pour la retraite collectif par des jours de repos non pris et par la moitié de la réserve spéciale de participation, NOR : ETST1221259C.

CHAPITRE V **RÉGIME SOCIAL ET FISCAL DE LA PARTICIPATION**

Art. L. 3325-1 Les sommes portées à la réserve spéciale de participation au cours d'un exercice sont déductibles pour l'assiette de l'impôt sur les sociétés ou de l'impôt sur le revenu exigible au titre de l'exercice au cours duquel elles sont réparties entre les salariés.

Elles ne sont pas prises en considération pour l'application de la législation du travail et de la sécurité sociale. – *[Anc. art. L. 442-8, I.]*

Art. L. 3325-2 Les sommes *(L. nº 2008-1258 du 3 déc. 2008, art. 4-V)* « affectées dans les conditions prévues à l'article L. 3323-2 » sont exonérées d'impôt sur le revenu.

Les revenus provenant des sommes attribuées au titre de la participation et recevant la même affectation qu'elles sont exonérés dans les mêmes conditions. Ils se trouvent alors frappés de la même indisponibilité que ces sommes et sont définitivement exonérés à l'expiration de la période d'indisponibilité correspondante.

Après l'expiration de la période d'indisponibilité, l'exonération est toutefois maintenue pour les revenus provenant de sommes utilisées pour acquérir des actions de l'entreprise ou versées à des organismes de placement extérieurs à l'entreprise tels que ceux énumérés au 1° de l'article L. 3323-2, tant que les salariés *(L. n° 2008-1258 du 3 déc. 2008, art. 11-VII)* « et, le cas échéant, les bénéficiaires visés au deuxième alinéa de l'article L. 3323-6 et au troisième alinéa de l'article L. 3324-2 » ne demandent pas la délivrance des droits constitués à leur profit.

Cette exonération est maintenue dans les mêmes conditions lorsque les salariés transfèrent sans délai au profit des organismes de placement mentionnés au 1° de l'article L. 3323-2 les sommes initialement investies dans l'entreprise conformément aux dispositions du 2° de cet article.

Cette exonération est également maintenue dans les mêmes conditions lorsque ces mêmes sommes sont retirées par les salariés pour être affectées à la constitution du capital d'une société ayant pour objet exclusif de racheter tout ou partie du capital de leur entreprise dans les conditions prévues à l'article 83 *bis* du code général des impôts. — *Cet alinéa est abrogé à compter du 1er janv. 2017 (L. n° 2013-1278 du 29 déc. 2013, art. 26-XI-5). — [Anc. art. L. 442-8-II.]*

Les dispositions issues de la L. n° 2008-1258 du 3 déc. 2008 sont applicables aux droits à participation des salariés aux résultats de l'entreprise attribués au titre des exercices clos après le 4 déc. 2008, date de publication de la loi (L. préc., art. 4).

Art. L. 3325-3 Les conditions dans lesquelles les entreprises peuvent constituer en franchise d'impôt une provision pour investissement sont fixées par le code général des impôts. — *[Anc. art. L. 442-8, III.]*

Art. L. 3325-4 Les dispositions du présent chapitre sont applicables au supplément de réserve spéciale de participation mentionné à l'article L. 3324-9. — *[Anc. art. L. 442-8, V.]*

CHAPITRE VI CONTESTATIONS ET SANCTIONS

Art. L. 3326-1 Le montant du bénéfice net et celui des capitaux propres de l'entreprise sont établis par une attestation de l'inspecteur des impôts ou du commissaire aux comptes. Ils ne peuvent être remis en cause à l'occasion des litiges nés de l'application du présent titre.

Les contestations relatives au montant des salaires et au calcul de la valeur ajoutée prévus au 4° de l'article L. 3324-1 sont réglées par les procédures stipulées par les accords de participation. A défaut, elles relèvent des juridictions compétentes en matière d'impôts directs. Lorsqu'un accord de participation est intervenu, les juridictions ne peuvent être saisies que par les signataires de cet accord.

Tous les autres litiges relatifs à l'application du présent titre sont de la compétence du juge judiciaire. — *[Anc. art. L. 442-13.]*

1. Juridiction compétente. Le juge judiciaire est en principe compétent pour tous les litiges portant sur un accord de participation, dès lors qu'ils ne portent pas sur le montant des salaires déclarés à l'administration fiscale. • Soc. 2 déc. 2008 : *JCP S 2009. 1074, obs. Kerbouc'h.*

2. Attestation. Le document délivré par les commissaires aux comptes doit comporter les informations relatives au montant des capitaux propres, à l'excédent net répartissable retenu et à l'exercice auquel ces montants se rapportent, une attestation d'ordre général, certifiant que le calcul de la réserve spéciale de participation respecte les dispositions légales et réglementaires est insuffisante. • Soc. 30 janv. 2011 : *Dalloz actualité, 21 févr. 2013, obs. Siro.* ♦ Le montant du bénéfice net étant établi par une attestation de l'inspecteur des impôts, il ne peut être remis en cause à l'occasion de litiges nés de l'application des dispositions relatives à la participation. • Soc. 24 nov. 1982 : *Bull. civ. V, n° 636.* ♦ Cette impossibilité est limitée aux litiges opposant le salarié à l'employeur. • Soc. 10 févr. 1999, n° 96-22.157 P : *D. 1999. IR 70 ; Dr. soc. 1999. 413, obs. Radé ; RJS 1999. 239, n° 402.* ♦ Le montant des capitaux propres attesté par le commissaire aux comptes de la société ne peut être remis en cause à l'occasion de litiges nés de l'application des dispositions relatives à la participation. • Soc. 8 déc. 2010 : *Dalloz actualité, 13 janv. 2010, obs. Siro ; JCP S 2011. 1063, obs. Vatinet.*

3. L'attestation de l'inspecteur des impôts a pour seul objet de garantir la correspondance entre le montant des bénéfices et des capitaux propres déclarés à l'administration et ceux utilisés par l'entreprise pour le calcul de la réserve spéciale de participation. • CE 5 déc. 1984 : *JCP E 1985. II. 14616, concl. Bissara, note D. F.* ♦ L'attestation n'interdit pas à l'administration de procéder à un contrôle des déclarations faites par l'entreprise. • Même arrêt.

Art. L. 3326-2 Des astreintes peuvent être prononcées par le juge judiciaire contre les entreprises qui n'exécutent pas les obligations qui leur incombent en application du présent titre.

Les salariés de l'entreprise en cause et le procureur de la République dans le ressort duquel cette entreprise est située ont seuls qualité pour agir.

L'astreinte a un caractère provisoire et est liquidée par le juge après exécution par l'entreprise de ses obligations. Il est tenu compte, lors de sa liquidation, notamment du préjudice effectivement causé et de la résistance opposée par l'entreprise. – *[Anc. art. L. 442-14.]*

TITRE TROISIÈME **PLANS D'ÉPARGNE SALARIALE**

V. Circ. du 14 sept. 2005 relative à l'épargne salariale, dossier plan d'épargne d'entreprise (PEE) (JO 1er nov.).

BIBL. GÉN. ▶ LPA 22 févr. 2001, n° spécial réalisé avec le concours du cabinet J. Barthélémy et associés. – Bordier et Salomé, *JCP S 2010. 1478* (restructurations juridiques et épargne salariale). – Lieutier, *Dr. soc. 2015. 777* (réforme de l'épargne salariale, de l'épargne retraite et de l'actionnariat salarié).

RÉP. TRAV. v° *Épargne salariale*, par Denkiewicz et Maurin.

CHAPITRE PREMIER **CHAMP D'APPLICATION**

Art. L. 3331-1 Les dispositions du présent titre sont applicables aux employeurs de droit privé ainsi qu'à leurs salariés.

CHAPITRE II **PLAN D'ÉPARGNE D'ENTREPRISE**

SECTION PREMIÈRE **CONDITIONS DE MISE EN PLACE**

SOUS-SECTION 1 **BÉNÉFICIAIRES**

Art. L. 3332-1 Le plan d'épargne d'entreprise est un système d'épargne collectif ouvrant aux salariés de l'entreprise la faculté de participer, avec l'aide de celle-ci, à la constitution d'un portefeuille de valeurs mobilières. – *[Anc. art. L. 443-1, al. 1.]*

Droit applicable. En l'absence de modification, autre que de forme, de l'accord instaurant un plan d'épargne d'entreprise, et de nouveau dépôt de cet accord auprès de l'administration du travail, les dispositions de cet accord ne peuvent être contestées qu'au regard des dispositions légales en vigueur au moment de sa conclusion. • Soc. 21 sept. 2016, n° 13-24.437 P : *Dalloz actualité, 6 oct. 2016, obs. Peyronnet ; D. 2016. Actu. 1935 ; RJS 12/2016, n° 800 ; JCP S 2016. 1370, obs. Kovac.*

Art. L. 3332-2 Les anciens salariés ayant quitté l'entreprise à la suite d'un départ à la retraite ou en préretraite peuvent continuer à effectuer des versements au plan d'épargne d'entreprise.

Dans les entreprises dont l'effectif habituel est compris entre un et *(L. n° 2008-1258 du 3 déc. 2008, art. 12)* « deux cent cinquante » salariés, peuvent également participer aux plans d'épargne d'entreprise :

1° Les chefs de ces entreprises ;

2° Les présidents, directeurs généraux, gérants ou membres du directoire, s'il s'agit de personnes morales ;

3° Le conjoint du chef d'entreprise s'il a le statut de conjoint collaborateur ou de conjoint associé mentionné à l'article L. 121-4 du code de commerce *(L. n° 2012-387 du 22 mars 2012, art. 79)* « ou à l'article L. 321-5 du code rural et de la pêche maritime ».

(L. n° 2008-1258 du 3 déc. 2008, art. 7 et 13) « Le salarié d'un groupement d'employeurs peut bénéficier du plan d'épargne salariale mis en place dans chacune des entreprises adhérentes du groupement auprès de laquelle il est mis à disposition dans des conditions fixées par décret.

« Les travailleurs non salariés visés à l'article L. 134-1 du code de commerce ou au titre IV du livre V du code des assurances ayant un contrat individuel avec une entre-

prise dont ils commercialisent des produits peuvent bénéficier du plan d'épargne salariale mis en place dans l'entreprise, si le règlement le prévoit, dans des conditions fixées par décret. »

BIBL. ▶ FADEUILHE, *JCP S 2009. 1062* (groupements d'employeurs et dispositifs d'épargne salariale).

SOUS-SECTION 2 MISE EN PLACE

Art. L. 3332-3 **Le plan d'épargne d'entreprise peut être établi dans l'entreprise à l'initiative de celle-ci ou par un accord avec le personnel** *(L. n° 2015-990 du 6 août 2015, art. 157)* **« , conclu dans les conditions prévues à l'article L. 3322-6 », notamment en vue de recevoir les versements effectués en application des titres Ier et II relatifs à l'intéressement et à la participation des salariés aux résultats de l'entreprise.** – *[Anc. art. L. 443-1, al. 4.]*

Art. L. 3332-4 **Lorsque l'entreprise compte au moins un délégué syndical ou est dotée d'un comité d'entreprise, le plan d'épargne d'entreprise est négocié dans les conditions prévues à l'article L. 3322-6. Si, au terme de la négociation, aucun accord n'a été conclu, un procès-verbal de désaccord est établi dans lequel sont consignées en leur dernier état les propositions respectives des parties et les mesures que l'employeur entend appliquer unilatéralement.**

Toutefois, ces dispositions ne sont pas applicables à la modification des plans d'épargne d'entreprise mis en place à l'initiative de l'entreprise avant la date de publication de la loi n° 2004-804 du 9 août 2004 pour le soutien à la consommation et à l'investissement. – *[Anc. art. L. 443-1, al. 5.]*

Art. L. 3332-5 **Lorsque le plan d'épargne d'entreprise n'est pas établi en vertu d'un accord avec le personnel, le comité d'entreprise, quand il existe, ou, à défaut, les délégués du personnel sont consultés sur le projet de règlement du plan au moins quinze jours avant son dépôt auprès de l'autorité administrative.** – *[Anc. art. L. 443-1, al. 6.]*

Art. L. 3332-6 **Lors de la négociation des accords prévus aux titres Ier et II, la question de l'établissement d'un plan d'épargne d'entreprise est examinée.** – *[Anc. art. L. 443-1, al. 3, phrase 2.]*

SOUS-SECTION 3 INFORMATION DES SALARIÉS

Art. L. 3332-7 **Le règlement du plan d'épargne d'entreprise détermine les conditions dans lesquelles le personnel est informé de son existence et de son contenu.** – *[Anc. art. L. 443-1, al. 7.]*

Étendue de l'obligation d'information. L'employeur est, en vertu de l'art. L. 3332-7, dès la souscription d'un plan d'épargne d'entreprise, débiteur d'une obligation d'information qui ne porte pas seulement sur l'existence de ce plan, mais doit aussi concerner son contenu. • Soc. 5 mars 2008 : ☏ *RJS 2008. 451, n° 577.* ♦ Il en résulte qu'il lui appartient d'informer en temps utile chacun des salariés des modifications intervenues par rapport au règlement initial portant sur les dates auxquelles les versements des salariés doivent être réalisés. • Soc. 17 juin 2009 : ☏ *D. 2009. AJ 1835* ✎.

Art. L. 3332-8 **Lorsque le plan d'épargne d'entreprise n'est pas établi en vertu d'un accord avec le personnel, les entreprises communiquent la liste nominative de la totalité de leurs salariés à l'établissement habilité pour les activités de conservation ou d'administration d'instruments financiers, en application de l'article L. 542-1 du code monétaire et financier, auquel elles ont confié la tenue des comptes des adhérents. Cet établissement informe nominativement par courrier chaque salarié de l'existence d'un plan d'épargne d'entreprise dans l'entreprise.**

Ces dispositions ne s'appliquent pas aux entreprises ayant remis à l'ensemble de leurs salariés une note d'information individuelle sur l'existence et le contenu du plan prévue par le règlement du plan d'épargne d'entreprise. – *[Anc. art. L. 443-1, al. 8 et 9.]*

SOUS-SECTION 4 **DÉPÔT**

Art. L. 3332-9 Les règlements des plans d'épargne d'entreprise sont déposés auprès de l'autorité administrative.

SECTION II **VERSEMENTS**

Art. L. 3332-10 Les versements annuels d'un salarié ou d'une personne mentionnée à l'article L. 3332-2 aux plans d'épargne d'entreprise auxquels il participe ne peuvent excéder un quart de sa rémunération annuelle ou de son revenu professionnel imposé à l'impôt sur le revenu au titre de l'année précédente.

Pour le conjoint du chef d'entreprise mentionné au 3° du même article et pour le salarié dont le contrat de travail est suspendu, qui n'ont perçu aucune rémunération au titre de l'année *(L. n° 2012-387 du 22 mars 2012, art. 52)* « de versement », les versements ne peuvent excéder le quart du montant annuel du plafond prévu à l'article L. 241-3 du code de la sécurité sociale.

Le montant des droits inscrits à un compte épargne-temps *(L. n° 2015-990 du 6 août 2015, art. 162-II)* « ainsi que le montant des sommes correspondant à des jours de repos non pris » et qui sont utilisés pour alimenter un plan d'épargne pour la retraite collectif défini au chapitre IV *(L. n° 2015-990 du 6 août 2015, art. 162-II)* « ne sont » pas pris en compte pour l'appréciation du plafond mentionné au premier alinéa. Il en est de même des droits utilisés pour alimenter un plan d'épargne d'entreprise, à condition qu'ils servent à l'acquisition de titres de l'entreprise ou d'une entreprise qui lui est liée au sens des articles L. 3344-1 et L. 3344-2, ou de parts ou d'actions *(Ord. n° 2013-676 du 25 juill. 2013, art. 44)* « de fonds d'épargne salariale mentionnés aux articles L. 214-165 et L. 214-166 » du code monétaire et financier.

Art. L. 3332-11 Les sommes versées annuellement par une ou plusieurs entreprises pour un salarié ou une personne mentionnée à l'article L. 3332-2 ne peuvent excéder un plafond fixé par voie réglementaire pour les versements à un plan d'épargne d'entreprise, sans pouvoir excéder le triple de la contribution du bénéficiaire. *(L. n° 2008-1258 du 3 déc. 2008, art. 14)* « Cette contribution peut être constituée des sommes provenant de l'intéressement, de la participation aux résultats de l'entreprise et des versements volontaires des bénéficiaires. »

L'entreprise peut majorer ces sommes à concurrence du montant consacré par le salarié ou la personne mentionnée à l'article L. 3332-2 à l'acquisition d'actions ou de certificats d'investissement émis par l'entreprise ou par une entreprise liée à celle-ci au sens de l'article L. 225-180 du code de commerce, sans que cette majoration puisse excéder 80 %. – *[Anc. art. L. 443-7, al. 1, phrases 1 et 2, et al. 2.] – V. art. R. 3332-8.*

Art. L. 3332-12 La modulation éventuelle des sommes versées par l'entreprise ne saurait résulter que de l'application de règles à caractère général, qui ne peuvent, en outre, en aucun cas avoir pour effet de rendre le rapport entre le versement de l'entreprise et celui du salarié ou de la personne mentionnée à l'article L. 3332-2 croissant avec la rémunération de ce dernier. – *[Anc. art. L. 443-7, al. 3.]*

Ordre public absolu (non). Un plan d'épargne d'entreprise résultant d'un accord signé le 2 mars 2000 au sein du comité central d'entreprise conformément aux art. L. 443-1 et R. 443-1 C. trav. alors applicables, et n'ayant pas été dénoncé, ne peut être contesté au regard des dispositions postérieures de l'art. L. 3332-12 issues de la L. n° 2001-152 du 19 févr. 2001, lesquelles ne sont pas d'ordre public absolu. • Soc. 21 sept. 2016, ☎ n° 13-24.437 P : *Dalloz actualité, 6 oct. 2016, obs. Peyronnet ; D. 2016. Actu. 1935 ✎ ; RJS 12/2016, n° 800 ; JCP S 2016. 1370, obs. Kovac.*

Art. L. 3332-13 Les sommes versées par l'entreprise ne peuvent se substituer à aucun des éléments de rémunération, au sens de l'article L. 242-1 du code de la sécurité sociale, en vigueur dans l'entreprise au moment de la mise en place d'un plan mentionné au présent article ou qui deviennent obligatoires en vertu de règles légales ou contractuelles. Toutefois, cette règle ne peut avoir pour effet de remettre en cause les exonérations fiscales et sociales prévues à l'article L. 3332-27, dès lors qu'un délai de douze mois s'est écoulé entre le dernier versement de l'élément de rémunération en tout ou partie supprimé et la date de mise en place du plan. – *[Anc. art. L. 443-7, al. 4.]*

Principe de non-substitution. L'employeur ne peut pas s'acquitter de son obligation de paiement de tout ou partie du salaire sous forme de versement au plan d'épargne d'entreprise. • Soc. 10 mai 2007 : *Dr. soc. 2007. 1047, obs. Savatier ; RJS 2007. 667, n° 879 ; JCP S 2007. 1818, obs. Vatinet.*

Art. L. 3332-14 Les actions gratuites attribuées aux salariés dans les conditions prévues aux articles L. 225-197-1 à L. 225-197-3 du code de commerce, sans préjudice des dispositions particulières prévues par le présent alinéa, peuvent être versées, à l'expiration de la période d'acquisition mentionnée au *(L. n° 2015-990 du 6 août 2015, art. 135-V)* « sixième » alinéa du I de l'article L. 225-197-1 du même code, sur un plan d'épargne d'entreprise, dans la limite d'un montant égal à 7,5 % du plafond annuel de la sécurité sociale par adhérent, sous réserve d'une attribution à l'ensemble des salariés de l'entreprise.

La répartition des actions entre les salariés fait l'objet d'un accord d'entreprise. A défaut d'accord, elle fait l'objet d'une décision du conseil d'administration, du directoire ou du chef d'entreprise.

La répartition peut être uniforme, proportionnelle à la durée de présence dans l'entreprise au cours de l'exercice ou proportionnelle aux salaires ou retenir conjointement ces différents critères. – *[Anc. art. L. 443-6, al. 3, phrases 1 à 4.]*

SECTION III **COMPOSITION ET GESTION DU PLAN**

Art. L. 3332-15 Les sommes recueillies par un plan d'épargne d'entreprise peuvent être affectées à l'acquisition :

1° De titres émis par des sociétés d'investissement à capital variable régies par les *(Ord. n° 2011-915 du 1er août 2011, art. 29)* « articles L. 214-7 à L. 214-7-4 » *(Ord. n° 2013-676 du 25 juill. 2013, art. 44)* « et L. 214-24-29 à L. 214-24-33 » du code monétaire et financier ;

2° De parts de fonds communs de placement ou des titres émis par des sociétés d'investissement à capital variable régis par les articles *(Ord. n° 2013-676 du 25 juill. 2013, art. 44)* « L. 214-164 et L. 214-165 » du code monétaire et financier ;

3° D'actions émises par des sociétés mentionnées au paragraphe II de l'article 83 *bis* et à l'article 220 *quater* A du code général des impôts ;

4° D'actions émises par des sociétés créées dans les conditions prévues à l'article 220 *nonies* du code général des impôts.

Les actifs des fonds communs de placement peuvent également comprendre soit exclusivement des valeurs mobilières émises par l'entreprise ou par une entreprise du même groupe au sens des articles L. 3344-1 et L. 3344-2, soit des valeurs mobilières diversifiées émises par une personne morale ayant son siège dans un État partie à l'accord sur l'Espace économique européen comprenant ou non des titres de l'entreprise, y compris les titres de capital émis par les entreprises régies par la loi n° 47-1775 du 10 septembre 1947 portant statut de la coopération, sans préjudice des dispositions spécifiques qui régissent, le cas échéant, la souscription de ces titres par les salariés.

Lorsque tout ou partie de l'épargne recueillie par le plan est destinée à être consacrée à l'acquisition de valeurs mobilières émises par l'entreprise ou par une entreprise du même groupe au sens des articles L. 3344-1 et L. 3344-2, l'institution d'un fonds commun de placement n'est pas obligatoire pour la gestion de cet investissement.

Le règlement du plan d'épargne d'entreprise peut prévoir que les fonds communs de placement régis par l'article *(Ord. n° 2013-676 du 25 juill. 2013, art. 44)* « L. 214-164 » du code monétaire et financier qui peuvent recevoir les sommes versées dans le plan disposent d'un conseil de surveillance commun. Il peut également fixer la composition des conseils de surveillance des fonds communs de placement régis par les articles *(Ord. n° 2013-676 du 25 juill. 2013, art. 44)* « L. 214-164 et L. 214-165 » du même code. En ce cas, il est fait application des dispositions de ces articles. Le règlement précise les modalités de désignation de ces conseils.

L'entreprise dont les titres ne sont pas admis aux négociations sur un marché réglementé et qui a proposé ses titres aux adhérents de son plan d'épargne d'entreprise sans déterminer le prix de cession conformément aux dispositions légales relatives à l'évaluation de ses titres ne bénéficie pas, au titre de cette opération, des exonérations fiscales et sociales prévues aux articles L. 3332-22 et L. 3332-27. – *[Anc. art. L. 443-3.]*

Art. L. 3332-16 Un plan d'épargne d'entreprise établi par accord avec le personnel peut prévoir l'affectation des sommes versées à un fonds dédié au rachat des titres de cette entreprise ou d'actions émises par des sociétés créées dans les conditions prévues à l'article 220 *nonies* du code général des impôts, ainsi que de titres d'une entreprise du même groupe au sens du deuxième alinéa de l'article L. 3344-1, dans le cadre d'une opération de rachat réservée aux salariés.

Les sommes ou valeurs inscrites aux comptes des participants, sur décision individuelle de ces derniers, doivent être détenues jusqu'au terme de l'opération de rachat mentionnée au 2°, sans que la durée de détention puisse être inférieure à cinq ans. Toutefois, un décret précise les cas dans lesquels les sommes ou valeurs mentionnées ci-dessus peuvent être exceptionnellement débloquées avant l'expiration de ce délai.

Par dérogation aux dispositions de l'article L. 3332-17, l'actif de ce fonds peut être investi à 95 % en titres de l'entreprise.

Par dérogation aux dispositions de l'article *(Ord. n° 2013-676 du 25 juill. 2013, art. 44)* « L. 214-165 » du code monétaire et financier, les membres du conseil de surveillance sont élus par l'ensemble des salariés porteurs de parts.

La mise en place de ce fonds est subordonnée aux conditions suivantes :

1° Au moins quinze salariés, ou au moins 30 % des salariés si les effectifs de l'entreprise n'excèdent pas cinquante salariés, sont impliqués dans l'opération de rachat réservée aux salariés ;

2° L'accord avec le personnel précise l'identité des salariés impliqués dans l'opération, le contrôle final de l'entreprise au sens de l'article L. 233-16 du code de commerce et le terme de l'opération. – *[Anc. art. L. 443-3-1.] – V. art. R. 3332-29.*

Art. L. 3332-17 *(L. n° 2008-776 du 4 août 2008, art. 81-I)* « Le règlement du plan d'épargne d'entreprise prévoit qu'une partie des sommes recueillies peut être affectée à l'acquisition de parts de fonds investis, dans les limites prévues à l'article *(Ord. n° 2013-676 du 25 juill. 2013, art. 44)* « L. 214-164 » du code monétaire et financier, dans les entreprises solidaires au sens de l'article L. 3332-17-1 du présent code. »

Le règlement du plan d'épargne d'entreprise ouvre à ses participants au moins une possibilité d'acquérir soit des titres émis par des sociétés d'investissement à capital variable mentionnés au 1° de l'article L. 3332-15, soit des parts de fonds communs de placement d'entreprise dont l'actif est composé de valeurs mobilières admises aux négociations sur un marché réglementé et, à titre accessoire, de liquidités, selon les règles fixées en application de l'article *(Ord. n° 2013-676 du 25 juill. 2013, art. 44)* « L. 214-24-55 du code monétaire et financier, ou de parts d'organismes de placement collectif en valeurs mobilières ou de placements collectifs relevant des paragraphes 1, 2 et 6 de la sous-section 2, du paragraphe 2 ou du sous-paragraphe 1 du paragraphe 1 de la sous-section 3 de la section II du chapitre IV du titre Ier du livre II du code monétaire et financier » dont l'actif est ainsi composé. Cette disposition n'est pas exigée lorsqu'un plan d'épargne de groupe ou un plan d'épargne interentreprises de même durée minimum de placement offre aux participants de l'entreprise la possibilité de placer les sommes versées dans un organisme de placement collectif en valeurs mobilières *(Ord. n° 2013-676 du 25 juill. 2013, art. 44)* « ou dans un placement collectif relevant des paragraphes 1, 2 et 6 de la sous-section 2, du paragraphe 2 ou du sous-paragraphe 1 du paragraphe 1 de la sous-section 3, ou de la sous-section 4 de la section II du chapitre IV du titre Ier du livre II du code monétaire et financier » présentant les mêmes caractéristiques.

Lorsqu'un fonds commun de placement d'entreprise mentionné au 2° de l'article L. 3332-15 est investi en titres de l'entreprise et que ceux-ci ne sont pas admis aux négociations sur un marché réglementé, l'actif de ce fonds doit comporter au moins un tiers de titres liquides. Cette condition n'est pas exigée dans l'un des cas suivants :

1° Lorsqu'il est instauré un mécanisme garantissant la liquidité de ces valeurs dans des conditions déterminées par décret ;

2° Lorsque, pour l'application du présent livre, l'entreprise, la société qui la contrôle ou toute société contrôlée par elle au sens de l'article L. 233-16 du code de commerce s'est engagée à racheter, dans la limite de 10 % de son capital social, les titres non admis aux négociations sur un marché réglementé détenus par le fonds commun de placement d'entreprise.

Dans ce dernier cas, la valeur liquidative du fonds commun de placement d'entreprise est publiée au moins une fois par an. Après communication de la valeur d'expertise de l'entreprise, les salariés disposent d'un délai de deux mois avant la publication de la valeur liquidative du fonds pour présenter leur demande de souscription, de rachat ou d'arbitrage de leurs avoirs.

Un fonds commun de placement peut détenir au plus 30 % de titres émis par un fonds commun de placement mentionné *(Ord. n° 2013-676 du 25 juill. 2013, art. 44)* « à l'article L. 214-28 ou L. 214-30 » du code monétaire et financier *(L. n° 2015-990 du 6 août 2015, art. 159)* « ou par un organisme de placement collectif immobilier mentionné au paragraphe 3 de la sous-section 2 de la section II du chapitre IV du titre Ier du livre II du même code ». — *V. art. R. 3332-19.*

Art. L. 3332-17-1 *(L. n° 2014-856 du 31 juill. 2014, art. 11)* I. — Peut prétendre à l'agrément "entreprise solidaire d'utilité sociale" l'entreprise qui relève de l'article 1er de la loi n° 2014-856 du 31 juillet 2014 relative à l'économie sociale et solidaire et qui remplit les conditions cumulatives suivantes :

1° L'entreprise poursuit comme objectif principal la recherche d'une utilité sociale, définie à l'article 2 de la même loi ;

2° La charge induite par son objectif d'utilité sociale a un impact significatif sur le compte de résultat ou la rentabilité financière de l'entreprise ; — *V. art. R. 3332-21-1.*

3° La politique de rémunération de l'entreprise satisfait aux deux conditions suivantes :

a) La moyenne des sommes versées, y compris les primes, aux cinq salariés ou dirigeants les mieux rémunérés n'excède pas, au titre de l'année pour un emploi à temps complet, un plafond fixé à sept fois la rémunération annuelle perçue par un salarié à temps complet sur la base de la durée légale du travail et du salaire minimum de croissance, ou du salaire minimum de branche si ce dernier est supérieur ;

b) Les sommes versées, y compris les primes, au salarié ou dirigeant le mieux rémunéré n'excèdent pas, au titre de l'année pour un emploi à temps complet, un plafond fixé à dix fois la rémunération annuelle mentionnée au *a* ; — *V. art. D. 3332-21-2.*

4° Les titres de capital de l'entreprise, lorsqu'ils existent, ne sont pas admis aux négociations sur un marché d'instruments financiers, français ou étranger, dont le fonctionnement est assuré par une entreprise de marché ou un prestataire de services d'investissement ou tout autre organisme similaire étranger ;

5° Les conditions mentionnées aux 1° et 3° figurent dans les statuts.

II. — Bénéficient de plein droit de l'agrément mentionné au I, sous réserve de satisfaire aux conditions fixées à l'article 1er de la loi n° 2014-856 du 31 juillet 2014 précitée et à la condition fixée au 4° du I du présent article :

1° Les entreprises d'insertion ;

2° Les entreprises de travail temporaire d'insertion ;

3° Les associations intermédiaires ;

4° Les ateliers et chantiers d'insertion ;

5° Les organismes d'insertion sociale relevant de l'article L. 121-2 du code de l'action sociale et des familles ;

6° Les services de l'aide sociale à l'enfance ;

7° Les centres d'hébergement et de réinsertion sociale ;

8° Les régies de quartier ;

9° Les entreprises adaptées ;

10° Les centres de distribution de travail à domicile ;

11° Les établissements et services d'aide par le travail ;

12° Les organismes agréés mentionnés à l'article L. 365-1 du code de la construction et de l'habitation ;

13° Les associations et fondations reconnues d'utilité publique et considérées comme recherchant une utilité sociale au sens de l'article 2 de la loi n° 2014-856 du 31 juillet 2014 précitée ;

14° Les organismes agréés mentionnés à l'article L. 265-1 du code de l'action sociale et des familles ;

15° Les établissements et services accompagnant et accueillant des enfants et des adultes handicapés mentionnés aux 2°, 3° et 7° du I de l'article L. 312-1 du même code.

III. — Sont assimilés aux entreprises solidaires d'utilité sociale agréées en application du présent article :

1° Les organismes de financement dont l'actif est composé pour au moins 35 % de titres émis par des entreprises de l'économie sociale et solidaire définies à l'article 1er de la loi n° 2014-856 du 31 juillet 2014 précitée dont au moins cinq septièmes de titres émis par des entreprises solidaires d'utilité sociale définies au présent article ;

2° Les établissements de crédit dont au moins 80 % de l'ensemble des prêts et des investissements sont effectués en faveur des entreprises solidaires d'utilité sociale.

IV. — Les entreprises solidaires d'utilité sociale sont agréées par l'autorité compétente.

V. — Un décret en Conseil d'État précise les conditions d'application du présent article. — *V. art. R. 3332-21-1 à R. 3332-21-5.*

Les entreprises bénéficiant, au 1er août 2014, de l'agrément prévu à l'art. L. 3332-17-1, dans sa rédaction antérieure à la loi du 31 juill. 2014 sont réputées bénéficier de l'agrément « entreprise solidaire d'utilité sociale » prévu à l'art. L. 3332-17-1, pour la durée restante de validité de l'agrément lorsque celle-ci dépasse deux ans et pour une durée de deux ans dans le cas contraire (L. n° 2014-856 du 31 juill. 2014, art. 97).

Ancien art. L. 3332-17-1 (L. n° 2008-776 du 4 août 2008, art. 81-I) *Sont considérées comme entreprises solidaires au sens du présent article les entreprises dont les titres de capital, lorsqu'ils existent, ne sont pas admis aux négociations sur un marché réglementé et qui :*

— soit emploient des salariés dans le cadre de contrats aidés ou en situation d'insertion professionnelle ;

— soit, si elles sont constituées sous forme d'associations, de coopératives, de mutuelles, d'institutions de prévoyance ou de sociétés dont les dirigeants sont élus par les salariés, les adhérents ou les sociétaires, remplissent certaines règles en matière de rémunération de leurs dirigeants et salariés. Ces règles sont définies par décret.

Les entreprises solidaires sont agréées par l'autorité administrative.

Sont assimilés à ces entreprises les organismes dont l'actif est composé pour au moins 35 % de titres émis par des entreprises solidaires ou les établissements de crédit (Ord. n° 2013-544 du 27 juin 2013, art. 20 et 36) *« ou les sociétés de financement » dont 80 % de l'ensemble des prêts et des investissements sont effectués en faveur des entreprises solidaires.*

V. note ss. art. L. 3332-17-1

SECTION IV **AUGMENTATION DE CAPITAL**

Art. L. 3332-18 Les sociétés peuvent procéder à des augmentations de capital réservées aux adhérents d'un plan d'épargne d'entreprise. — *[Anc. art. L. 443-5, al. 1.]*

Art. L. 3332-19 Lorsque les titres sont admis aux négociations sur un marché réglementé, le prix de cession est fixé d'après les cours de bourse.

La décision fixant la date de souscription est prise par le conseil d'administration, le directoire ou leur délégué.

Lorsque l'augmentation de capital est concomitante à une première introduction sur un marché réglementé, le prix de souscription est déterminé par référence au prix d'admission sur le marché, à condition que la décision du conseil d'administration ou du directoire, ou de leur délégué, intervienne au plus tard dix séances de bourse après la date de la première cotation.

Le prix de souscription ne peut être supérieur à ce prix d'admission sur le marché ni, lorsqu'il s'agit de titres déjà cotés sur un marché réglementé, à la moyenne des cours cotés aux vingt séances de bourse précédant le jour de la décision fixant la date d'ouverture de la souscription. Il ne peut, en outre, être inférieur de plus de 20 % à ce prix d'admission ou à cette moyenne, ou de 30 % lorsque la durée d'indisponibilité prévue par le plan en application des articles L. 3332-25 et L. 3332-26 est supérieure ou égale à dix ans. – *[Anc. art. L. 443-5, al. 2.]*

Art. L. 3332-20 Lorsque les titres ne sont pas admis aux négociations sur un marché réglementé, le prix de cession est déterminé conformément aux méthodes objectives retenues en matière d'évaluation d'actions en tenant compte, selon une pondération appropriée à chaque cas, de la situation nette comptable, de la rentabilité et des perspectives d'activité de l'entreprise. Ces critères sont appréciés, le cas échéant, sur une base consolidée ou, à défaut, en tenant compte des éléments financiers issus de filiales significatives.

A défaut, le prix de cession est déterminé en divisant par le nombre de titres existants le montant de l'actif net réévalué d'après le bilan le plus récent. Celui-ci est ainsi déterminé à chaque exercice sous le contrôle du commissaire aux comptes.

(L. n° 2008-1258 du 3 déc. 2008, art. 21) « A compter du troisième exercice clos, le prix de cession des titres émis par des entreprises employant moins de cinq cents salariés peut être déterminé, au choix de l'entreprise, selon l'une des méthodes décrites aux deux alinéas précédents. »

Le prix de souscription ne peut être ni supérieur au prix de cession ainsi déterminé, ni inférieur de plus de 20 % à celui-ci ou de 30 % lorsque la durée d'indisponibilité prévue par le plan, en application des articles L. 3332-25 et L. 3332-26, est supérieure ou égale à dix ans.

Art. L. 3332-21 L'assemblée générale qui décide l'augmentation de capital peut prévoir l'attribution gratuite d'actions ou d'autres titres donnant accès au capital.

L'avantage total résultant de cette attribution et, le cas échéant, de l'écart entre le prix de souscription et la moyenne des cours mentionnée à l'article L. 3332-19, ou entre le prix de souscription et le prix de cession déterminé en application de l'article L. 3332-20, ne peut pas dépasser l'avantage dont auraient bénéficié les adhérents au plan d'épargne si cet écart avait été de 20 % ou de 30 % lorsque la durée d'indisponibilité prévue par le plan en application des articles L. 3332-25 et L. 3332-26 est supérieure ou égale à dix ans.

Par ailleurs, l'assemblée générale peut également prévoir une attribution gratuite d'actions ou d'autres titres donnant accès au capital, sous réserve que la prise en compte de leur contre-valeur pécuniaire, évaluée au prix de souscription, n'ait pour effet de dépasser les limites prévues à l'article L. 3332-11. – *[Anc. art. L. 443-5, al. 4.]*

Art. L. 3332-22 L'avantage constitué par l'écart entre le prix de souscription et la moyenne des cours mentionnés à l'article L. 3332-19, par l'écart entre le prix de souscription et le prix de cession déterminé en application de l'article L. 3332-20 et, le cas échéant, par l'attribution gratuite d'actions ou de titres donnant accès au capital est exonéré d'impôt sur le revenu et de taxe sur les salaires et n'entre pas dans l'assiette des cotisations sociales définie à l'article L. 242-1 du code de la sécurité sociale. – *[Anc. art. L. 443-5, al. 5.]*

Art. L. 3332-23 Lorsqu'une société propose aux adhérents d'un plan d'épargne d'entreprise de souscrire des obligations qu'elle a émises, le prix de cession est fixé selon des conditions déterminées par décret en Conseil d'État. – *[Anc. art. L. 443-5, al. 6.]*

Art. L. 3332-24 La présente section s'applique aux cessions par une société de ses titres, dans la limite de 10 % du total des titres qu'elle a émis, aux adhérents d'un plan d'épargne d'entreprise. – *[Anc. art. L. 443-5, al. 7.]*

SECTION V **INDISPONIBILITÉ DES SOMMES, DÉBLOCAGE ANTICIPÉ ET LIQUIDATION**

Art. L. 3332-25 Sauf dans les cas énumérés par le décret en Conseil d'État prévu à l'article L. 3324-10, les actions ou parts acquises pour le compte des salariés et des anciens salariés leur sont délivrées à l'expiration d'un délai minimum de cinq ans courant à compter de la date d'acquisition des titres.

Ce délai ne s'applique pas si la liquidation des avoirs acquis dans le cadre du plan d'épargne d'entreprise sert à lever des options consenties dans les conditions prévues à l'article L. 225-177 ou à l'article L. 225-179 du code de commerce. Les actions ainsi souscrites ou achetées sont versées dans le plan d'épargne et ne sont disponibles qu'à l'expiration d'un délai minimum de cinq ans à compter de ce versement. Toutefois, les actions peuvent être apportées à une société ou à un fonds commun de placement dont l'actif est exclusivement composé de titres de capital ou donnant accès au capital émis par l'entreprise ou par une entreprise du même groupe au sens du deuxième alinéa de l'article L. 3344-1. Le délai de cinq ans mentionné au présent alinéa reste applicable, pour la durée restant à courir à la date de l'apport, aux actions ou parts reçues en contrepartie de l'apport. – *[Anc. art. L. 443-6, al. 1er et 2.]* – *V. art. R. 3324-22.*

Art. L. 3332-26 Les actions gratuites mentionnées à l'article L. 3332-14 ne sont disponibles qu'à l'expiration d'un délai minimum de cinq ans à compter de leur versement sur le plan.

Les dispositions des articles L. 225-197-4 et L. 225-197-5 du code de commerce sont applicables. – *[Anc. art. L. 443-6, al. 3, phrases 5 et 6.]*

SECTION VI RÉGIME SOCIAL ET FISCAL

Art. L. 3332-27 Les sommes mentionnées à l'article L. 3332-11 peuvent être déduites par l'entreprise de son bénéfice pour l'assiette de l'impôt sur les sociétés ou de l'impôt sur le revenu, selon le cas.

Elles ne sont pas prises en considération pour l'application de la législation du travail et de la sécurité sociale.

Elles sont exonérées de l'impôt sur le revenu des bénéficiaires.

Pour ouvrir droit à ces exonérations fiscales et sociales, les règlements des plans d'épargne d'entreprise établis à compter de la publication de la loi n° 2001-152 du 19 février 2001 sur l'épargne salariale doivent être déposés dans les conditions prévues à l'article L. 3332-9. – *[Anc. art. L. 443-8.]*

Toute modification, autre que de forme, apportée au règlement d'un plan d'épargne équivaut à l'établissement d'un règlement nouveau qui doit être déposé à la DDTEFP. • Soc. 16 déc. 2008 : *RJS 2009. 229, n° 267 ; Dr. soc. 2009. 370, obs. Logeais et Jonin.*

SECTION VII DISPOSITIONS D'APPLICATION

Art. L. 3332-28 Un décret en Conseil d'État détermine les modalités d'application du présent chapitre. – *[Anc. art. L. 443-9.]* – *V. art. R. 3332-1.*

CHAPITRE III PLAN D'ÉPARGNE INTERENTREPRISES

V. Circ. du 14 sept. 2005 relative à l'épargne salariale, dossier plan d'épargne interentreprises (PEI) (JO 1er nov.).

Art. L. 3333-1 Sous réserve des dispositions particulières du présent chapitre, les dispositions relatives au plan d'épargne d'entreprise sont applicables au plan d'épargne interentreprises. – *[Anc. art. L. 443-1-1, al. 13.]*

Art. L. 3333-2 Un plan d'épargne interentreprises peut être institué par accord collectif conclu dans les conditions prévues au livre II de la deuxième partie.

Si ce plan est institué entre plusieurs employeurs pris individuellement, il peut également être conclu au sein du comité d'entreprise ou à la suite de la ratification à la majorité des deux tiers du personnel de chaque entreprise du projet d'accord instituant le plan. Dans ce cas, l'accord est approuvé dans les mêmes termes au sein de chacune des entreprises et celles qui souhaitent y adhérer ou en sortir doivent recueillir l'accord de leur comité d'entreprise ou de la majorité des deux tiers de leur personnel. – *[Anc. art. L. 443-1-1, al. 1, phrases 1 à 3.]*

Art. L. 3333-3 L'accord fixe le règlement du plan d'épargne interentreprises.

Ce règlement détermine notamment :

1° Les entreprises signataires ou le champ d'application professionnel et géographique ;

2° La nature des sommes qui peuvent être versées ;

3° Les différentes possibilités d'affectation des sommes recueillies, en particulier le nombre, l'orientation de gestion et le profil de risque des fonds utilisés ;

4° Les conditions dans lesquelles les frais de tenue de compte sont pris en charge par les employeurs ;

5° La liste de différents taux et plafonds d'abondement parmi lesquels les entreprises souhaitant effectuer des versements complémentaires à ceux de leurs salariés pourront opter ;

6° Les conditions dans lesquelles sont désignés les membres des conseils de surveillance des fonds communs de placement prévus par le règlement du plan et les modalités de fonctionnement des conseils. – *[Anc. art. L. 443-1-1, al. 1, phrase 4, et al. 2 à 7.]*

Art. L. 3333-4 Le plan d'épargne interentreprises peut recueillir des sommes provenant de l'intéressement, de la participation aux résultats de l'entreprise, de versements volontaires des salariés et des personnes mentionnées à l'article L. 3332-2 appartenant aux entreprises entrant dans le champ de l'accord et, le cas échéant, des versements complémentaires de ces entreprises. – *[Anc. art. L. 443-1-1, al. 8.]*

Art. L. 3333-5 Le règlement peut prévoir que les sommes issues de la participation mise en place dans une entreprise peuvent être affectées à un fonds d'investissement créé dans l'entreprise en application du 2° de l'article L. 3323-2.

Lorsqu'il prévoit de recueillir les sommes issues de la participation, l'accord instituant le plan d'épargne interentreprises dispense les entreprises mentionnées aux articles L. 3323-6 et L. 3323-7 de conclure un accord de participation. Son règlement inclut alors les clauses prévues aux articles L. 3323-1 à L. 3323-3 et L. 3324-5. – *[Anc. art. L. 443-1-1, al. 8.]*

Art. L. 3333-6 Par dérogation aux dispositions du 2° de l'article L. 3332-15, le plan d'épargne interentreprises ne peut pas prévoir l'acquisition de parts de fonds communs de placement régis par l'article *(Ord. nº 2013-676 du 25 juill. 2013, art. 44)* « L. 214-165 » du code monétaire et financier.

Lorsque le plan prévoit l'acquisition de parts de fonds communs de placement régis par l'article *(Ord. nº 2013-676 du 25 juill. 2013, art. 44)* « L. 214-164 » du même code, ceux-ci ne peuvent détenir plus de 10 % de titres non admis aux négociations sur un marché réglementé. Cette limitation ne s'applique pas aux parts et actions d'organismes de placement collectif en valeurs mobilières *(Ord. nº 2013-676 du 25 juill. 2013, art. 44)* « ou de placements collectifs relevant des paragraphes 1, 2 et 6 de la sous-section 2, du paragraphe 2 ou du sous-paragraphe 1 du paragraphe 1 de la sous-section 3 de la section II du chapitre IV du titre Ier du livre II du code monétaire et financier » éventuellement détenus par le fonds. – *[Anc. art. L. 443-1-1, al. 11.]*

Art. L. 3333-7 Un avenant au plan d'épargne interentreprises peut être conclu selon les modalités prévues au présent chapitre.

Toutefois, le règlement d'un plan institué entre plusieurs employeurs pris individuellement et ouvert à l'adhésion d'autres entreprises peut *(L. nº 2015-990 du 6 août 2015, art. 160)* « valablement être modifié pour intégrer des dispositions législatives ou réglementaires postérieures à l'institution du plan ou de nouvelles dispositions relatives aux 2°, 3° et 5° du règlement de ce plan conformément à l'article L. 3333-3, si cette modification fait l'objet d'une information » des entreprises parties prenantes au plan. *(Abrogé par L. nº 2009-1255 du 19 oct. 2009, art. 18) (L. nº 2008-1258 du 3 déc. 2008, art. 15)* ***« Ce règlement peut également prévoir des modalités de conclusion identiques des avenants rendus nécessaires par des dispositions législatives ou réglementaires postérieures à l'institution du plan. »***

(L. nº 2015-990 du 6 août 2015, art. 160) « La modification prévue au deuxième alinéa du présent article s'applique à la condition que la majorité des entreprises parties prenantes ne s'y oppose pas dans un délai d'un mois à compter de la date d'envoi de l'information et, pour chaque entreprise, à compter du premier exercice suivant la date d'envoi de l'information. » En cas contraire, le plan est fermé à tout nouveau versement. *(Abrogé par L. nº 2015-990 du 6 août 2015, art. 160)* ***« Ces modifications ne sont pas opposables aux entreprises qui n'en ont pas été préalablement informées. »***

Art. L. 3333-8 Un décret en Conseil d'État détermine les modalités d'application du présent chapitre. – *[Anc. art. L. 443-1-2.]* – *V. art. R. 3333-1 s.*

CHAPITRE IV **PLAN D'ÉPARGNE POUR LA RETRAITE COLLECTIF**

BIBL. ▶ Rigaud, *JCP S 2010. 1526* (réforme des retraites, épargne retraite et épargne salariale).

V. Circ. NOR : ETST 1221259C du 19 avr. 2012, Questions-Réponses relatif à l'alimentation et à la gestion du plan d'épargne pour la retraite collectif et à l'information des bénéficiaires.

V. Instr. min. n° DGT/RT3/DSS/DGTRESOR/2016/5 du 18 févr. 2016 (http :/circulaire. legifrance.gouv.fr).

SECTION PREMIÈRE **MISE EN PLACE**

Art. L. 3334-1 Sous réserve des dispositions particulières du présent chapitre et des articles L. 3332-18 à L. 3332-24, les dispositions relatives au plan d'épargne d'entreprise sont applicables au plan d'épargne pour la retraite collectif. – *[Anc. art. L. 443-1-2.]*

Art. L. 3334-2 Un plan d'épargne pour la retraite collectif peut être mis en place *(L. n° 2008-1258 du 3 déc. 2008, art. 16)* « à l'initiative de l'entreprise ou » *(L. n° 2015-990 du 6 août 2015, art. 161)* « selon l'une des modalités mentionnées à l'article L. 3322-6. Le plan peut être mis en place » sans recourir aux services de l'institution mentionnée au I de l'article 8 de l'ordonnance n° 2006-344 du 23 mars 2006, lorsque ce plan n'est pas proposé sur le territoire d'un autre État membre ou dans un autre État partie à l'accord sur l'Espace économique européen. Dans ce cas, l'accord mettant en place le plan précise les modalités d'exécution des obligations mentionnées au dernier alinéa du I et aux premier et deuxième alinéas du II de cet article.

(L. n° 2008-1258 du 3 déc. 2008, art. 16) « Lorsque l'entreprise compte au moins un délégué syndical ou est dotée d'un comité d'entreprise, le plan d'épargne pour la retraite collectif est négocié dans les conditions prévues à l'article L. 3322-6. Si, au terme de la négociation, aucun accord n'a été conclu, un procès-verbal de désaccord est établi dans lequel sont consignées en leur dernier état les propositions respectives des parties et les mesures que l'employeur entend *(L. n° 2015-990 du 6 août 2015, art. 161)* « soumettre à la ratification du personnel dans les conditions prévues au 4° du même article L. 3322-6 ou » appliquer unilatéralement. »

Art. L. 3334-3 L'entreprise qui a mis en place un plan d'épargne d'entreprise depuis plus de *(L. n° 2008-1258 du 3 déc. 2008, art. 18)* « trois » ans ouvre une négociation en vue de la mise en place d'un plan d'épargne pour la retraite collectif ou d'un contrat mentionné au *b* du 1 du I de l'article 163 *quatervicies* du code général des impôts ou d'un régime mentionné au 2° de l'article 83 du même code. – *[Anc. art. L. 443-1-2, I, al. 1, phrase 3.]*

Art. L. 3334-4 Le plan d'épargne pour la retraite collectif peut également être créé en tant que plan d'épargne interentreprises dans les conditions prévues au chapitre III. – *[Anc. art. L. 443-1-2, I, al. 5.]*

Art. L. 3334-5 Le plan d'épargne pour la retraite collectif ne peut être mis en place que si les salariés et les personnes mentionnées à l'article L. 3332-2 ont la possibilité d'opter pour un plan de durée plus courte régi par cet article ou par le plan d'épargne interentreprises. – *[Anc. art. L. 443-1-2, I, al. 6.]*

Art. L. 3334-5-1 *(L. n° 2008-1258 du 3 déc. 2008, art. 17)* Un plan d'épargne pour la retraite collectif peut prévoir l'adhésion par défaut des salariés de l'entreprise, sauf avis contraire de ces derniers. Les salariés sont informés de cette clause dans des conditions prévues par décret.

SECTION II **VERSEMENTS**

Art. L. 3334-6 Le plan d'épargne pour la retraite collectif peut recevoir, à l'initiative des participants, les versements des sommes issues de l'intéressement, de la participation ainsi que d'autres versements volontaires et des contributions des entreprises prévues aux articles L. 3332-11 à L. 3332-13 et L. 3334-10.

(L. n° 2015-990 du 6 août 2015, art. 152) « En outre, si le règlement du plan le prévoit, les entreprises peuvent, même en l'absence de contribution du salarié :

« 1° Effectuer un versement initial sur ce plan ;

« 2° Effectuer des versements périodiques sur ce plan, sous réserve d'une attribution uniforme à l'ensemble des salariés. La périodicité de ces versements est précisée dans le règlement du plan.

« Les plafonds de versement annuel sont fixés par décret.

« Ces versements sont soumis au même régime social et fiscal que les contributions des entreprises mentionnées au premier alinéa du présent article. Ils respectent l'article L. 3332-13. »

Art. L. 3334-7 Un ancien salarié peut continuer à effectuer des versements sur le plan d'épargne pour la retraite collectif. Ces versements ne bénéficient pas des versements complémentaires de l'entreprise et les frais afférents à leur gestion sont à la charge exclusive de l'ancien salarié qui effectue ces versements.

Cette possibilité n'est pas ouverte au salarié qui a accès à un plan d'épargne pour la retraite collectif dans la nouvelle entreprise où il est employé. – *[Anc. art. L. 443-1-2, II, al. 1er, phrases 2 et 3.]*

Art. L. 3334-8 Les droits inscrits au compte épargne-temps peuvent être versés sur le plan d'épargne pour la retraite collectif *(L. n° 2010-1330 du 9 nov. 2010, art. 108)* « ou contribuer au financement de prestations de retraite qui revêtent un caractère collectif et obligatoire déterminé dans le cadre d'une des procédures mentionnées à l'article L. 911-1 du code de la sécurité sociale.

« En l'absence de compte épargne-temps dans l'entreprise, le salarié peut, dans la limite de *(L. n° 2015-990 du 6 août 2015, art. 162-I)* « dix » jours par an, verser les sommes correspondant à des jours de repos non pris sur le plan d'épargne pour la retraite collectif ou faire contribuer ces sommes au financement de prestations de retraite qui revêtent un caractère collectif et obligatoire déterminé dans le cadre d'une des procédures mentionnées à l'article L. 911-1 du code de la sécurité sociale. Le congé annuel ne peut être affecté à l'un de ces dispositifs que pour sa durée excédant vingt-quatre jours ouvrables.

« Les sommes ainsi épargnées bénéficient de l'exonération prévue à l'article L. 242-4-3 du même code ou aux articles L. 741-4 et L. 741-15 du code rural et de la pêche maritime en tant qu'ils visent l'article L. 242-4-3 du code de la sécurité sociale.

« Elles bénéficient également, selon le cas, des régimes prévus aux 2° ou 2° 0 *bis* de l'article 83 du code général des impôts ou de l'exonération prévue au *b* du 18° de l'article 81 du même code. »

V. Circ. intermin. du 19 avr. 2012 n° NOR ETST1221259C sur l'alimentation du plan d'épargne pour la retraite collectif par des jours de repos non pris et par la moitié de la réserve spéciale de participation, ainsi que sur la sécurisation de sa gestion, Sem. soc. Lamy 2012, n° 1547, p. 5.

Art. L. 3334-9 Par dérogation aux dispositions des articles L. 3332-11 à L. 3332-13 et L. 3334-10, les sommes issues de la participation qui sont versées au plan d'épargne pour la retraite collectif peuvent donner lieu à versement complémentaire de l'entreprise dans les limites prévues à ces articles. – *[Anc. art. L. 443-1-2, II, al. 2.]*

Art. L. 3334-10 Les sommes provenant d'un compte épargne-temps dans les conditions mentionnées au *(L. n° 2016-1088 du 8 août 2016, art. 11)* « 2° de l'article L. 3152-4 », correspondant à un abondement de l'employeur et transférées sur un ou plusieurs plans d'épargne pour la retraite collectifs, sont assimilées à des versements des employeurs à un ou plusieurs de ces plans. – *[Anc. art. L. 443-7, al. 1er, phrase 3.]*

SECTION III **COMPOSITION ET GESTION DU PLAN**

Art. L. 3334-11 Les participants au plan d'épargne pour la retraite collectif bénéficient d'un choix entre au moins trois organismes de placement collectif *(L. n° 2014-1 du 2 janv. 2014, art. 25-IV)* « mentionnés à l'article L. 3332-15, présentant différents profils d'investissement, sous réserve des restrictions prévues à l'article L. 3334-12 ».

(L. n° 2010-1330 du 9 nov. 2010, art. 109) « Il leur est également proposé une allocation de l'épargne permettant de réduire progressivement les risques financiers dans des conditions fixées par décret. » *(L. n° 2015-990 du 6 août 2015, art. 151-I)* « A défaut de choix explicite du participant, ses versements dans le plan d'épargne pour la retraite collectif sont affectés selon cette allocation. »

Les dispositions issues de la L. n° 2015-990 du 6 août 2015 sont applicables aux versements effectués sur un plan d'épargne pour la retraite collectif à compter du 1er janv. 2016 (L. préc., art. 151-II).

V. CSS, art. L. 137-16.

Art. L. 3334-12 Par dérogation aux dispositions du 2° de l'article L. 3332-15, le plan d'épargne pour la retraite collectif ne peut pas prévoir l'acquisition de parts de fonds communs de placement régis par l'article *(Ord. n° 2013-676 du 25 juill. 2013, art. 44)* « L. 214-165 » du code monétaire et financier, ni d'actions de sociétés d'investissement à capital variable régies par l'article *(Ord. n° 2013-676 du 25 juill. 2013, art. 44)* « L. 214-166 » du même code, ni de titres de l'entreprise ou d'une société qui lui est liée au sens des articles L. 3344-1 et L. 3344-2.

Lorsque le plan prévoit l'acquisition de parts de fonds communs de placement régis par l'article *(Ord. n° 2013-676 du 25 juill. 2013, art. 44)* « L. 214-164 » du code monétaire et financier et sans préjudice des dispositions du seizième alinéa de cet article, ceux-ci ne peuvent détenir plus de 5 % de titres non admis aux négociations sur un marché réglementé ou plus de 5 % de titres de l'entreprise qui a mis en place le plan ou de sociétés qui lui sont liées au sens des articles L. 3344-1 et L. 3344-2. Cette limitation ne s'applique pas aux parts et actions d'organismes de placement collectif en valeurs mobilières *(Ord. n° 2013-676 du 25 juill. 2013, art. 44)* « ou de placements collectifs relevant des paragraphes 1, 2 et 6 de la sous-section 2, du paragraphe 2 ou du sous paragraphe 1 du paragraphe 1 de la sous-section 3 de la section II du chapitre IV du titre Ier du livre II du code monétaire et financier » éventuellement détenues par le fonds. – *[Anc. art. L. 443-1-2, I, al. 8.]*

Art. L. 3334-13 Le règlement du plan d'épargne pour la retraite collectif prévoit qu'une partie des sommes recueillies peut être affectée à l'acquisition de parts de fonds investis, dans les limites prévues à l'article *(Ord. n° 2013-676 du 25 juill. 2013, art. 44)* « L. 214-164 » du code monétaire et financier, dans les entreprises solidaires *(L. n° 2008-776 du 4 août 2008, art. 81-I)* « au sens de l'article L. 3332-17-1 du présent code ». – *[Anc. art. L. 443-1-2, III, al. 1.]*

SECTION IV **INDISPONIBILITÉ, DÉBLOCAGE ANTICIPÉ ET DÉLIVRANCE DES SOMMES**

Art. L. 3334-14 Les sommes ou valeurs inscrites aux comptes des participants sont détenues jusqu'au départ à la retraite.

Toutefois, dans des cas liés à la situation ou au projet du participant, ces sommes ou valeurs peuvent être exceptionnellement débloquées avant le départ en retraite. – *[Anc. art. L. 443-1-2, I, al. 2 et 3.]*

Art. L. 3334-15 Sans préjudice des cas de déblocage anticipé prévus à l'article L. 3334-14, la délivrance des sommes ou valeurs inscrites aux comptes des participants s'effectue sous forme de rente viagère acquise à titre onéreux.

Toutefois, l'accord qui établit le plan d'épargne pour la retraite collectif peut prévoir des modalités de délivrance en capital et de conversion en rente de ces sommes ou valeurs, ainsi que les conditions dans lesquelles chaque participant au plan exprime son choix. – *[Anc. art. L. 443-1-2, IV.]*

SECTION V **DISPOSITIONS D'APPLICATION**

Art. L. 3334-16 Un décret en Conseil d'État détermine les modalités d'application du présent chapitre. – *[Anc. art. L. 443-9 et L. 443-1-2, III, al. 2.] – V. art. R. 3334-1.*

CHAPITRE V **TRANSFERTS**

Art. L. 3335-1 En cas de modification survenue dans la situation juridique d'une entreprise ayant mis en place un plan d'épargne d'entreprise, notamment par fusion, cession, absorption ou scission, rendant impossible la poursuite de l'ancien plan d'épargne, les sommes qui y étaient affectées peuvent être transférées dans le plan d'épargne de la nouvelle entreprise, après information des représentants du personnel dans des conditions prévues par décret.

Dans ce cas, le délai d'indisponibilité écoulé des sommes transférées s'impute sur la durée de blocage prévue par le nouveau plan. – *[Anc. art. L. 444-9, al. 5.]*

V. Circ. du 14 sept. 2005 relative à l'épargne salariale, dossier transfert : information des salariés sur leurs avoirs (JO 1er nov.).

En cas de transfert d'un salarié au sens de l'art. L. 1224-1 C. trav., le salarié conserve ses droits au sein du PEE mis en place par l'employeur sortant mais dispose seulement de la faculté de transférer ses avoirs au sein du plan d'épargne d'entreprise, s'il existe, de son nouvel employeur. • Soc. 19 mai 2016, ⚖ n° 14-29.786 P : *Dalloz actualité, 7 juin 2016, obs. Roussel.*

Art. L. 3335-2 *(L. n° 2008-1258 du 3 déc. 2008, art. 10-I)* **Les sommes détenues par un salarié, au titre de la réserve spéciale de la participation des salariés aux résultats de l'entreprise, dont il n'a pas demandé la délivrance au moment de la rupture de son contrat de travail, peuvent être affectées dans le plan d'épargne mentionné aux articles L. 3332-1, L. 3333-1 et L. 3334-1 de son nouvel employeur. Dans ce cas, le délai d'indisponibilité écoulé des sommes transférées s'impute sur la durée de blocage prévue par le plan d'épargne mentionné aux articles L. 3332-1 et L. 3333-1 sur lequel elles ont été transférées, sauf si ces sommes sont utilisées pour souscrire à une augmentation de capital prévue à l'article L. 3332-18.**

Les sommes détenues par un salarié dans un plan d'épargne mentionné aux articles L. 3332-1 et L. 3333-1 peuvent être transférées, à la demande du salarié, avec ou sans rupture de son contrat de travail, dans un autre plan d'épargne mentionné aux mêmes articles, comportant dans son règlement une durée de blocage d'une durée minimale équivalente à celle figurant dans le règlement du plan d'origine. Dans ce cas, le délai d'indisponibilité déjà écoulé des sommes transférées s'impute sur la durée de blocage prévue par le plan sur lequel elles ont été transférées, sauf si ces sommes sont utilisées pour souscrire à une augmentation de capital prévue à l'article L. 3332-18.

Les sommes détenues par un salarié dans un plan d'épargne mentionné aux articles L. 3332-1, L. 3333-1 et L. 3334-1 peuvent être transférées, à la demande du salarié, avec ou sans rupture de son contrat de travail, dans un plan d'épargne mentionné à l'article L. 3334-1.

Les sommes transférées ne sont pas prises en compte pour l'appréciation du plafond mentionné au premier alinéa de l'article L. 3332-10. Elles ne donnent pas lieu au versement complémentaire de l'entreprise prévu à l'article L. 3332-11, sauf si le transfert a lieu à l'expiration de leur délai d'indisponibilité ou si les sommes sont transférées d'un plan d'épargne mentionné aux articles L. 3332-1, L. 3333-1 vers un plan d'épargne mentionné à l'article L. 3334-1. Les sommes qui ont bénéficié du supplément d'abondement dans les conditions prévues au deuxième alinéa de l'article L. 3332-11 ne peuvent être transférées, sauf si le règlement du plan au titre duquel le supplément d'abondement a été versé l'autorise.

TITRE QUATRIÈME **DISPOSITIONS COMMUNES**

CHAPITRE PREMIER **REPRÉSENTATION ET INFORMATION DES SALARIÉS**

SECTION PREMIÈRE **PARTICIPATION AUX ASSEMBLÉES GÉNÉRALES DES ACTIONNAIRES DE LA SOCIÉTÉ**

Art. L. 3341-1 **Les dispositions de la présente section sont applicables aux salariés de l'entreprise, membres des conseils de surveillance des fonds communs de placement d'entreprise prévus aux articles** *(Ord. n° 2013-676 du 25 juill. 2013, art. 44)* **« L. 214-164 et L. 214-165 » du code monétaire et financier.** – *[Anc. art. L. 444-1, al. 3.]*

SECTION II **FORMATION ÉCONOMIQUE, FINANCIÈRE ET JURIDIQUE DES REPRÉSENTANTS DES SALARIÉS**

Art. L. 3341-2 **Les administrateurs ou les membres du conseil de surveillance représentant les salariés actionnaires ou élus par les salariés bénéficient, dans les conditions et les limites prévues à l'article** *(L. n° 2016-1088 du 8 août 2016, art. 33)* **« L. 2145-**

11 », d'un stage de formation économique, financière et juridique d'une durée maximale de cinq jours dispensé par un organisme figurant sur une liste arrêtée par l'autorité administrative dans des conditions prévues par voie réglementaire. – *[Anc. art. L. 444-1, al. 1er.] – V. art. D. 3341-4.*

Art. L. 3341-3 Le temps consacré à la formation économique, financière et juridique est pris sur le temps de travail et est rémunéré comme tel. Il est imputé sur la durée du congé de formation économique, sociale et syndicale prévu aux articles *(L. nº 2016-1088 du 8 août 2016, art. 33)* « L. **2145-5** » et suivants.

Les dépenses correspondantes des entreprises sont déductibles du montant de la participation des employeurs au financement de la formation professionnelle continue prévu à l'article L. **6331-1**. – *[Anc. art. L. 444-1, al. 2.]*

Art. L. 3341-4 Les dispositions de la présente section sont applicables aux salariés de l'entreprise, membres des conseils de surveillance des fonds communs de placement d'entreprise prévus aux articles *(Ord. nº 2013-676 du 25 juill. 2013, art. 44)* « **L. 214-164** et **L. 214-165** » du code monétaire et financier. – *[Anc. art. L. 444-1, al. 3.]*

SECTION III **INFORMATION DES REPRÉSENTANTS DU PERSONNEL**

Art. L. 3341-5 L'accord de participation ou le règlement d'un plan d'épargne salariale peuvent prévoir les conditions dans lesquelles le comité d'entreprise ou une commission spécialisée créée par lui ou, à défaut, les délégués du personnel disposent des moyens d'information nécessaires sur les conditions d'application de cet accord ou de ce règlement. – *[Anc. art. L. 444-10.]*

SECTION IV **INFORMATION DES SALARIÉS**

Art. L. 3341-6 Tout salarié d'une entreprise proposant un dispositif d'intéressement, de participation, un plan d'épargne entreprise, un plan d'épargne interentreprises ou un plan d'épargne pour la retraite collectif reçoit, lors de la conclusion de son contrat de travail, un livret d'épargne salariale présentant *(L. nº 2015-990 du 6 août 2015, art. 163)* « les dispositifs mis en place au sein de l'entreprise.

« Le livret d'épargne salariale est également porté à la connaissance des représentants du personnel, le cas échéant en tant qu'élément de la base de données économiques et sociales établie en application de l'article *(L. nº 2015-994 du 17 août 2015, art. 18-XIV, en vigueur le 1er janv. 2016)* « **L. 2323-8** ». »

Art. L. 3341-7 Tout bénéficiaire quittant l'entreprise reçoit un état récapitulatif de l'ensemble des sommes et valeurs mobilières épargnées ou transférées au sein de l'entreprise dans le cadre des dispositifs prévus aux titres II et III.

Cet état distingue les actifs disponibles, en mentionnant tout élément utile au salarié pour en obtenir la liquidation ou le transfert, et ceux qui sont affectés au plan d'épargne pour la retraite collectif, en précisant les échéances auxquelles ces actifs seront disponibles ainsi que tout élément utile au transfert éventuel vers un autre plan.

L'état récapitulatif est inséré dans un livret d'épargne salariale dont les modalités de mise en place et le contenu sont fixés par un décret en Conseil d'État. – *V. art. R. 3341-6.*

Le numéro d'inscription au répertoire national d'identification des personnes physiques est la référence pour la tenue du livret du salarié. Il peut figurer sur les relevés de compte individuels et l'état récapitulatif.

(L. nº 2015-990 du 6 août 2015, art. 164) « Lors du départ de l'entreprise, cet état récapitulatif informe le bénéficiaire que les frais de tenue de compte-conservation sont pris en charge soit par l'entreprise, soit par prélèvements sur les avoirs. »

Art. L. 3341-8 Les références de l'ensemble des établissements habilités pour les activités de conservation ou d'administration d'instruments financiers en application de l'article L. 542-1 du code monétaire et financier, gérant des sommes et valeurs mobilières épargnées ou transférées par le salarié dans le cadre des dispositifs prévus au présent livre, figurent sur chaque relevé de compte individuel et chaque état récapitulatif.

CHAPITRE II CONDITIONS D'ANCIENNETÉ

Art. L. 3342-1 Tous les salariés d'une entreprise compris dans le champ des accords d'intéressement et de participation ou des plans d'épargne salariale bénéficient de leurs dispositions.

Toutefois, une condition d'ancienneté dans l'entreprise ou dans le groupe d'entreprises défini aux articles L. 3344-1 et L. 3344-2 peut être exigée. Elle ne peut excéder trois mois. Pour la détermination de l'ancienneté éventuellement requise, sont pris en compte tous les contrats de travail exécutés au cours de la période de calcul et des douze mois qui la précèdent. Le salarié temporaire est réputé compter trois mois d'ancienneté dans l'entreprise ou dans le groupe qui l'emploie s'il a été mis à la disposition d'entreprises utilisatrices pendant une durée totale d'au moins soixante jours au cours du dernier exercice.

(Ord. n° 2015-380 du 2 avr. 2015, art. 5) « Le salarié porté mentionné aux articles L. 1254-1 et suivants est réputé compter trois mois d'ancienneté dans l'entreprise de portage ou dans le groupe qui l'emploie s'il a réalisé une prestation dans une entreprise cliente pendant une durée totale d'au moins soixante jours au cours du dernier exercice. »

La condition maximale d'ancienneté de trois mois, prévue au premier alinéa, remplace de plein droit, à compter de la date de publication de la loi n° 2001-152 du 19 février 2001 sur l'épargne salariale, toute condition maximale d'ancienneté supérieure figurant dans les accords d'intéressement et de participation et dans les règlements de plan d'épargne d'entreprise en vigueur à cette même date.

CHAPITRE III VERSEMENTS SUR LE COMPTE ÉPARGNE-TEMPS

Art. L. 3343-1 Si la convention ou l'accord instituant un compte épargne-temps le prévoit, le salarié peut verser dans ce compte tout ou partie des primes qui lui sont attribuées en application d'un accord d'intéressement, ainsi que, à l'issue de leur période d'indisponibilité, tout ou partie des sommes issues de la répartition de la réserve de participation, les sommes qu'il a versées dans un plan d'épargne d'entreprise et celles versées par l'entreprise en application des articles L. 3332-11 à L. 3332-13 et L. 3334-10.

Lorsque des droits à congé rémunéré ont été accumulés en contrepartie du versement des sommes énumérées au premier alinéa, les indemnités compensatrices correspondantes ne bénéficient pas de l'exonération de cotisations sociales prévues aux articles L. 3312-4, L. 3325-1 à L. 3325-3 et L. 3332-27. Elles sont exonérées de l'impôt sur le revenu des bénéficiaires.

L'accord d'intéressement précise les modalités selon lesquelles le choix du salarié s'opère lors de la répartition de l'intéressement. – *[Anc. art. L. 444-6.]*

CHAPITRE IV MISE EN PLACE DANS UN GROUPE D'ENTREPRISES ET DANS LES ENTREPRISES DÉPOURVUES D'ÉPARGNE SALARIALE

SECTION PREMIÈRE MISE EN PLACE DANS UN GROUPE D'ENTREPRISES

Art. L. 3344-1 L'intéressement, la participation ou un plan d'épargne d'entreprise peut être mis en place au sein d'un groupe constitué par des entreprises juridiquement indépendantes, mais ayant établi entre elles des liens financiers et économiques.

Toutefois, les dispositifs d'augmentation du capital prévus aux articles L. 3332-18 et suivants ainsi que de majoration des sommes versées annuellement par une ou plusieurs entreprises prévus au deuxième alinéa de l'article L. 3332-11 ne peuvent s'appliquer qu'au sein d'un groupe d'entreprises incluses dans le même périmètre de consolidation ou de combinaison des comptes en application des dispositions suivantes :

1° Article L. 345-2 du code des assurances pour les entreprises régies par ce code ;

2° Article L. 233-16 du code de commerce pour les entreprises régies par ce code ;

3° Article L. 511-36 du code monétaire et financier pour les établissements de crédit *(Ord. n° 2013-544 du 27 juin 2013, art. 20 et 36)* « et les sociétés de financement » ;

4° Dispositions du code de la mutualité pour les mutuelles ;

5° Article L. 931-34 du code de la sécurité sociale pour les institutions de prévoyance. – *[Anc. art. L. 444-3, al. 1er et al. 2, phrase 1.]*

BIBL. ▶ MORVAN, *Dr. soc. 2010. 748* (groupe d'entreprises et rémunération).

Art. L. 3344-2 Les dispositifs d'augmentation du capital mentionnés à l'article L. 3344-1 peuvent également être mis en place au sein d'un groupe constitué par des sociétés régies par la loi n° 47-1775 du 10 septembre 1947 portant statut de la coopération, les unions qu'elles ont constituées et les filiales que celles-ci détiennent. – *[Anc. art. L. 444-3, al. 2, phrase 2.]*

SECTION II **ENTREPRISES DÉPOURVUES DE DISPOSITIF D'ÉPARGNE SALARIALE**

Art. L. 3344-3 Dans les entreprises dépourvues de délégué syndical dans lesquelles un ou des délégués du personnel sont présents et aucun accord d'intéressement ou de participation n'est en vigueur, l'employeur propose, tous les trois ans, un examen des conditions dans lesquelles pourraient être mis en œuvre un ou plusieurs des dispositifs mentionnés aux titres Ier à III. – *[Anc. art. L. 444-8.]*

CHAPITRE V **DÉPÔT ET CONTRÔLE DE L'AUTORITÉ ADMINISTRATIVE**

SECTION PREMIÈRE **DÉPÔT**

Art. L. 3345-1 L'accord d'intéressement, l'accord de participation et le règlement d'un plan d'épargne salariale, lorsqu'ils sont conclus concomitamment, peuvent faire l'objet d'un dépôt commun dans les conditions applicables aux accords d'intéressement. – *[Anc. art. L. 132-27, al. 6.]*

SECTION II **CONTRÔLE DE L'AUTORITÉ ADMINISTRATIVE**

Art. L. 3345-2 L'autorité administrative dispose d'un délai de quatre mois à compter du dépôt d'un accord d'intéressement, d'un accord de participation ou d'un règlement d'un plan d'épargne salariale pour demander, après consultation de l'organisme en charge du recouvrement des cotisations de sécurité sociale dont relève l'entreprise, le retrait ou la modification des dispositions contraires aux dispositions légales.

Sur le fondement de cette demande, l'accord ou le règlement peut être dénoncé à l'initiative d'une des parties en vue de la renégociation d'un accord conforme aux dispositions légales. – *[Anc. art. L. 444-11, al. 1er et 2.]*

Art. L. 3345-3 En l'absence de demande de l'autorité administrative pendant le délai de quatre mois, aucune contestation ultérieure de la conformité des termes de l'accord ou du règlement aux dispositions légales en vigueur au moment de sa conclusion ne peut avoir pour effet de remettre en cause les exonérations fiscales et sociales attachées aux avantages accordés aux salariés au titre des exercices en cours ou antérieurs à la contestation. – *[Anc. art. L. 444-11, al. 3.]*

Art. L. 3345-4 La présente section est également applicable aux accords de participation et aux accords instituant des plans d'épargne interentreprises conclus dans une branche. – *[Anc. art. L. 444-11, al. 4.]*

CHAPITRE VI **CONSEIL D'ORIENTATION DE LA PARTICIPATION, DE L'INTÉRESSEMENT, DE L'ÉPARGNE SALARIALE ET DE L'ACTIONNARIAT SALARIÉ** *(L. n° 2008-1258 du 3 déc. 2008, art. 20).*

Art. L. 3346-1 *(L. n° 2008-1258 du 3 déc. 2008, art. 20)* Le Conseil d'orientation de la participation, de l'intéressement, de l'épargne salariale et de l'actionnariat salarié a pour missions :

1° De promouvoir auprès des entreprises et des salariés les dispositifs de participation, d'intéressement, d'épargne salariale et d'actionnariat salarié ;

2° D'évaluer ces dispositifs et de formuler toute proposition susceptible de favoriser leur diffusion.

(L. n° 2015-990 du 6 août 2015, art. 165) « Il est saisi par le Gouvernement de tout projet de loi ou d'ordonnance de déblocage de l'épargne salariale. » Il peut en outre être saisi par le Gouvernement et par les commissions compétentes de chaque assemblée de toute question entrant dans son champ de compétences. Les rapports et recommandations établis par le conseil d'orientation sont communiqués au Parlement et rendus publics.

Le conseil d'orientation est présidé par le Premier ministre ou par son représentant. Un décret détermine sa composition et ses modalités de fonctionnement, dans des conditions de nature à assurer son indépendance et sa représentativité et à garantir la qualité de ses travaux.

LIVRE QUATRIÈME **DISPOSITIONS RELATIVES À L'OUTRE-MER**

TITRE PREMIER **DISPOSITIONS GÉNÉRALES**

CHAPITRE UNIQUE

Art. L. 3411-1 Les dispositions générales prévues par l'article L. 1511-1 sont également applicables aux dispositions du présent livre. – *[Anc. art. L. 800-4, al. 1er à 3.]*

TITRE DEUXIÈME **DÉPARTEMENTS D'OUTRE-MER, SAINT-BARTHÉLEMY, SAINT-MARTIN ET SAINT-PIERRE-ET-MIQUELON** *(Ord. n° 2008-205 du 27 févr. 2008).*

CHAPITRE PREMIER **DISPOSITIONS GÉNÉRALES**

Art. L. 3421-1 Les dispositions générales prévues par *(Ord. n° 2008-205 du 27 févr. 2008)* « les articles L. 1521-1 à L. 1521-4 » sont également applicables aux dispositions du présent titre.

CHAPITRE II **DURÉE DU TRAVAIL, REPOS ET CONGÉS**

Art. L. 3422-1 Les articles *(L. n° 2016-1088 du 8 août 2016, art. 8)* « L. 3133-7 à L. 3133-9, L. 3133-11 et L. 3133-12 », relatifs à la journée de solidarité, ne sont pas applicables à Saint-Pierre-et-Miquelon. – *[Anc. art. L. 821-1.]*

Art. L. 3422-2 *(L. n° 2016-1088 du 8 août 2016, art. 8)* Dans les départements d'outre-mer, à Saint-Barthélemy et à Saint-Martin, les journées de commémoration de l'abolition de l'esclavage ci-après désignées sont des jours fériés :

1° Le 22 mai en Martinique ;
2° Le 27 mai en Guadeloupe ;
3° Le 10 juin en Guyane ;
4° Le 20 décembre à La Réunion ;
5° Le 9 octobre à Saint-Barthélemy ;
6° Le 28 mars à Saint-Martin.

CHAPITRE III **SALAIRE ET AVANTAGES DIVERS**

SECTION PREMIÈRE **SALAIRE MINIMUM DE CROISSANCE**

Art. L. 3423-1 Lorsque le salaire minimum applicable en métropole est relevé en application des articles L. 3231-4 et L. 3231-5, le salaire minimum de chaque département d'outre-mer *(Ord. n° 2008-205 du 27 févr. 2008)* « , de Saint-Barthélemy et de Saint-Martin » est relevé à la même date et dans les mêmes proportions. – *[Anc. art. L. 814-1.]*

Art. L. 3423-2 Le salaire minimum de croissance de chaque département d'outremer *(Ord. n° 2008-205 du 27 févr. 2008)* « , de Saint-Barthélemy et de Saint-Martin » est fixé chaque année compte tenu de la situation économique locale telle qu'elle résulte notamment des comptes économiques du département considéré par décret en conseil des ministres. – *[Anc. art. L. 814-2.]*

Art. L. 3423-3 En cours d'année, le salaire minimum de croissance de chaque département d'outre-mer *(Ord. n° 2008-205 du 27 févr. 2008)* « , de Saint-Barthélemy et de Saint-Martin » peut être porté par voie réglementaire à un niveau supérieur à celui qui résulte de l'application des dispositions de l'article L. 3423-1. – *[Anc. art. L. 814-3.]*

Art. L. 3423-4 Les améliorations du pouvoir d'achat intervenues en cours d'année entrent en compte pour la fixation annuelle du salaire minimum de croissance de chaque département d'outre-mer *(Ord. n° 2008-205 du 27 févr. 2008)* « , de Saint-Barthélemy et de Saint-Martin » en application de la règle fixée à l'article L. 3423-2. – *[Anc. art. L. 814-4.]*

SECTION II **RÉMUNÉRATION MENSUELLE MINIMALE**

SOUS-SECTION 1 **DISPOSITIONS GÉNÉRALES**

Art. L. 3423-5 Les dispositions relatives à la rémunération mensuelle minimale prévues aux articles L. 3232-1 et suivants sont applicables dans les départements d'outre-mer *(Ord. n° 2008-205 du 27 févr. 2008)* « , à Saint-Barthélemy et à Saint-Martin », sous réserve des adaptations prévues par la présente section. – *[Anc. art. L. 832-1, al. 1.]*

Art. L. 3423-6 Tout salarié mentionné à l'article L. 3211-1 qui ne perçoit pas d'allocations légales et conventionnelles pour privation partielle d'emploi et qui est lié à son employeur par un contrat de travail comportant un horaire de travail hebdomadaire au moins égal à vingt heures de travail effectif, perçoit une rémunération minimale. – *[Anc. art. L. 832-1, al. 2.]*

SOUS-SECTION 2 **MODALITÉS DE FIXATION**

Art. L. 3423-7 La rémunération mensuelle minimale est égale au produit du montant du salaire minimum de croissance tel qu'il est fixé en application des articles L. 3231-2 à L. 3231-12 et L. 3423-1 à L. 3423-4, par le nombre d'heures correspondant à la durée contractuelle du travail pour le mois considéré.

Elle ne peut excéder, après déduction des cotisations obligatoires retenues par l'employeur, la rémunération nette qui aurait été perçue pour un travail effectif égal à la durée légale du travail payé au taux du salaire minimum de croissance. – *[Anc. art. L. 832-1, al. 3, et L. 141-11, al. 1.]*

Art. L. 3423-8 La rémunération mensuelle minimale est réduite à due concurrence lorsque :

1° Au cours du mois considéré, le travailleur a accompli un nombre d'heures inférieur à la durée contractuelle du travail pour l'un des motifs suivants :

a) Suspension du contrat de travail, notamment par suite d'absence du salarié ou par suite de maladie, d'accident ou de maternité ;

b) Effet direct d'une cessation collective du travail ;

2° Le contrat de travail a débuté ou s'est terminé au cours du mois considéré. – *[Anc. art. L. 832-1, al. 3, et L. 141-11, al. 2 à 5.]*

SOUS-SECTION 3 **ALLOCATION COMPLÉMENTAIRE**

Art. L. 3423-9 Lorsque, par suite d'une réduction de l'horaire de travail au-dessous de la durée contractuelle pour des causes autres que celles qui sont énumérées au 1° de l'article L. 3423-8, un salarié a perçu au cours d'un mois, à titre de salaire et d'allocations légales ou conventionnelles pour privation partielle d'emploi, une somme totale inférieure à la rémunération minimale, il lui est alloué une allocation complémentaire égale à la différence entre la rémunération minimale et la somme qu'il a effectivement perçue.

Ces dispositions s'appliquent sans préjudice de celles prévues au deuxième alinéa de l'article L. 3232-5. – *[Anc. art. L. 832-1, al. 3.]* – *V. art. R. 3423-4.*

TITRE TROISIÈME **MAYOTTE, WALLIS-ET-FUTUNA ET TERRES AUSTRALES ET ANTARCTIQUES FRANÇAISES**

CHAPITRE UNIQUE **INTÉRESSEMENT, PARTICIPATION ET ÉPARGNE SALARIALE**

Art. L. 3431-1 Les salariés des entreprises soumises aux dispositions du livre III, exerçant leur activité à Mayotte, à Wallis-et-Futuna ou dans les Terres australes et antarctiques françaises bénéficient de l'intéressement, de la participation et du plan d'épargne salariale dans les mêmes conditions que les salariés de ces entreprises travaillant dans les départements de métropole, d'outre-mer *(Ord. n° 2008-205 du 27 févr. 2008)* « , à Saint-Barthélemy, à Saint-Martin » ou à Saint-Pierre-et-Miquelon. – *[Anc. art. L. 800-5, al. 1er et 6.]*

QUATRIÈME PARTIE **SANTÉ ET SÉCURITÉ AU TRAVAIL**

LIVRE PREMIER **DISPOSITIONS GÉNÉRALES**

TITRE PREMIER **CHAMP ET DISPOSITIONS D'APPLICATION**

RÉP. TRAV. v^is *Santé et sécurité au travail,* par SEGONDS ; *Travail (Droit pénal du),* par CERF-HOLLENDER.

BIBL. GÉN. ▶ BONNECHÈRE, *Dr. ouvrier 2003. 453* (Santé-sécurité dans l'entreprise et dignité de la personne au travail). – CESARO, *Dr. soc. 2007. 729* (sanctions pénales de l'insécurité). – CHAUMETTE, *ALD 1985. 139* (protection sanitaire des personnels des établissements publics à caractère sanitaire et social) ; *Dr. soc. 1992. 337* (loi du 31 déc. 1991). – COMBREXELLE, *Dr. soc. 2011. 778* (vérités simples sur la santé au travail). – CROZAFON, *JCP S 2013. 1245* (santé au travail et nouveau cadre réglementaire). – DEJEAN DE LA BATIE, *JS Lamy 2013, n° 340-1* (santé au travail et réorganisation). – DUGUET, *RPDS 1989. 89.* – GAUDU, *Dr. soc. 1991. 30* (impact des difficultés économiques). – DEDESSUS-LE-MOUSTIER et LEROUGE, *RDT 2011. 627* (une réflexion syndicale contrastée sur la prévention des risques psychosociaux). – DE GIVRY, *Mélanges O. Kahn-Freund, 1980, p. 445* (amélioration des conditions de travail). – FABRE, *RDT 2008. 145* (à la découverte du nouveau code). – FANTONI-QUINTON, *JCP S 2013. 1452* (impact des TIC sur la santé au travail). – FANTONI-QUINTON, LECLERCQ, VERKINDT et FRIMAT, *JCP S 2011. 1541* (un avenir pour la santé au travail sans « aptitude périodique » est possible...). – GAURIAU, *Dr. soc. 2007. 719* (sanctions civiles de l'insécurité). – GRINSNIR, *Dr. ouvrier 1989. 335* (sécurité et conditions de travail). – GUIRIMAND, *RJS 1989. 111* (obligation de sécurité du chef d'entreprise). – HÉAS, *RDT 2009. 565* (la protection de l'environnement en droit du travail) ; *JCP S 2010. 1284* (le bien-être au travail). – KEIM-BAGOT, *RDT 2016. Controverse. 222* (quel devenir pour l'obligation patronale ?). – KRYNEN, *Dr. soc. 1980. 523* (droit des conditions et du milieu de travail). – LAFAY, *Mélanges A. Brun, 1974, p. 305* (loi du 27 déc. 1973). – LANOUZIÈRE, *Sem. soc. Lamy 2011, n° 1480, p. 6* (prévention des risques psychosociaux). – LENOIR, *RDT 2016. 318* (prévenir les conduites addictives au travail). – LEROUGE (dir.), *Sem. soc. Lamy 2012, suppl. n° 1536* (approche institutionnelle de la prévention des risques psychosociaux) ; *JS Lamy 2016, n° 411, p. 4* (santé mentale au travail). – LOKIEC, *Dr. soc. 2011. 771* (la mesure du travail). – MAZEAUD, *Dr. soc. 2007. 738* (sécurité dans l'entreprise). – MEYER et KESSLER, *Dr. ouvrier 1992. 161* (transposition de la directive CEE 89/391). – MEYER et GUILLON, *Sem. soc. Lamy 2011, n° 1492, p. 4* (reconnaissance des pathologies psychiques). – MEYER et SACHS-DURAND, *RDT 2012. 633* . – MOREAU, *Dr. soc. 2013. 410* (obligation générale de préserver la santé des travailleurs). – MURCIER, *Dr. soc. 1988. 610* (obligation générale de sécurité). – MRAOUAHI, *RDT 2012. 703* (procédures d'urgence et prévention des risques psychosociaux). – L.-F. PIGNARRE, *RDT 2016. 152* (la prévention : pierre angulaire ou/et maillon faible de l'obligation de santé et sécurité au travail de l'employeur ?). – PRÉTOT, *Dr. soc. 2007. 707* (sanctions administratives de l'insécurité au travail). – SCHRAMM, *RJS 1/2014, p. 2* (qualité de vie au travail et prévention des risques psychosociaux). – SEILLAN, *Dr. soc. 1989. 369* (sécurité du travail et ordre public). – SPIROPOULOS, *ibid. 1990. 851* . – TEYSSIÉ, *ibid. 2007. 671* (sécurité dans l'entreprise). – TONIN, *JCP E 1987. I. 16138* (nouvelles technologies et négociation en matière d'hygiène, de sécurité et des conditions de travail). – VACARIE et SUPIOT, *Dr. soc. 1993. 18* (santé, sécurité et libre circulation des marchandises) ; *JS Lamy 2008, n° 239-1* (santé au travail : l'ère de la maturité). – VERKINDT, *Dr. soc. 2007. 697* (rôle des instances de représentation du personnel en matière de sécurité). – VIEILLE, *ibid. 1988. 185* (obligation générale de sécurité du chef d'entreprise).

▸ **Risques psychosociaux dans l'entreprise :** ADAM, *Dr. ouvrier 2011. 345* (restructurations, risques psychosociaux et CHSCT). – DAOUD et DESPLANQUES, *AJ pénal 2010. 532* (gestion pénale des risques psychosociaux en entreprise). – DURIEU, *JS Lamy 2015, n° 389-1* (risques psychosociaux et enquête dans l'entreprise). – LEROUGE, *Dr. soc. 2014. 152* (les « risques psychosociaux » en droit : retour sur un terme controversé). – PLAC, *AJ pénal 2010. 536* (risques psychosociaux : communication et management). – ROUSSEL, *AJ pénal 2010. 526* (prévention des risques psychosociaux). – SANSEVERINO-GODFRIN, *JS Lamy 2013, n° 339-1* (contours juridiques des risques liés au travail). – TILMAN et FRIMAT, *JCP S 2013. 1453* (TIC et santé au travail : protection des données de santé). – VANULS, *RDT 2016. 16* (regards sur la précaution en droit du travail). – WALLACH, *Dr. ouvrier 2011. 33* (prévention des risques psychosociaux : l'exemple de la SNCF). – WOLFF et CLOT, *RDT 2015. Controverse. 228* (faut-il encore parler des RPS ?).

▸ **Loi du 8 août 2016 :** AYADI, *Sem. soc. Lamy 2016, n° 1743, p. 3* (la réforme tant attendue de la santé au travail). – FANTONI, HÉAS et VERKINDT, *Dr. soc. 2016. 921* .

CHAPITRE UNIQUE

SECTION PREMIÈRE **CHAMP D'APPLICATION**

Art. L. 4111-1 **Sous réserve des exceptions prévues à l'article L. 4111-4, les dispositions de la présente partie sont applicables aux employeurs de droit privé ainsi qu'aux travailleurs.**

Elles sont également applicables :

1° Aux établissements publics à caractère industriel et commercial ;

2° Aux établissements publics administratifs lorsqu'ils emploient du personnel dans les conditions du droit privé ;

3° Aux établissements de santé, sociaux et médico-sociaux mentionnés à l'article 2 de la loi n° 86-33 du 9 janvier 1986 portant dispositions statutaires relatives à la fonction publique hospitalière. *(Ord. n° 2017-28 du 12 janv. 2017, art. 5)* **« ainsi qu'aux groupements de coopération sanitaire de droit public mentionnés au 1° de l'article L. 6133-3 du code de la santé publique ».**

Les dispositions issues de l'Ord. n° 2017-28 du 12 janv. 2017 s'appliquent au plus tard à compter du prochain renouvellement général des organismes consultatifs de la fonction publique hospitalière (Ord. préc., art. 7-III).

Art. L. 4111-2 **Pour les établissements** *(Ord. n° 2017-28 du 12 janv. 2017, art. 5)* **« et les groupements » mentionnés aux 1° à 3° de l'article L. 4111-1, les dispositions de la présente partie peuvent faire l'objet d'adaptations, par décret pris, sauf dispositions particulières, en Conseil d'État, compte tenu des caractéristiques particulières de certains de ces établissements et des organismes de représentation du personnel existants. Ces adaptations assurent les mêmes garanties aux salariés.** – *[Anc. art. L. 231-1, al. 3, phrase 2.]*

V. note ss. art. L. 4111-1.

Art. L. 4111-3 **Les ateliers des établissements publics** *(Ord. n° 2016-413 du 7 avr. 2016, art. 1er, en vigueur le 1er juill. 2016)* **« ou privés » dispensant un enseignement technique ou professionnel** *(L. n° 2011-901 du 28 juill. 2011, art. 15)* **« , ainsi que ceux des établissements et services sociaux et médico-sociaux mentionnés aux 2°, *a* du 5° et 12° du I de l'article L. 312-1 du code de l'action sociale et des familles accueillant des jeunes handicapés ou présentant des difficultés d'adaptation et au 4° du même I, de même que ceux des établissements et services conventionnés ou habilités par la protection judiciaire de la jeunesse, dispensant des formations professionnelles au sens du V du même article, » sont soumis, pour leurs personnels comme pour** *(L. n° 2011-901 du 28 juill. 2011, art. 15)* **« les jeunes accueillis en formation professionnelle », aux dispositions suivantes de la présente partie :**

1° Dispositions particulières applicables aux femmes enceintes, venant d'accoucher ou allaitant, et aux jeunes travailleurs prévues par les chapitres II et III du titre V ;

2° Obligations des employeurs pour l'utilisation des lieux de travail prévues par le titre II du livre II ;

3° Dispositions relatives aux équipements de travail et moyens de protection prévues par le livre III ;

4° Dispositions applicables à certains risques d'exposition prévues par le livre IV ;

5° Dispositions relatives à la prévention des risques de manutention des charges prévues par le titre IV du livre V.

Un décret détermine les conditions de mise en œuvre de ces dispositions compte tenu des finalités spécifiques des établissements d'enseignement. – *[Anc. art. L. 231-1, al. 4.] – V. Décr. n° 82-453 du 28 mai 1982, mod. par. Décr. n° 2015-1583 du 3 déc. 2015 ; Décr. n° 91-1162 du 7 nov. 1991 (JO 14 nov.) relatif au rôle de l'inspection du travail dans les ateliers des établissements publics dispensant un enseignement technique ou professionnel, et, pour le secteur agricole, Décr. n° 93-602 du 27 mars 1993 (JO 28 mars), mod. par Décr. n° 2010-429 du 29 avr. 2010 (JO 1er mai).*

Art. L. 4111-4 *(L. n° 2009-526 du 12 mai 2009, art. 33)* Les dispositions de la présente partie peuvent être complétées ou adaptées par décret pour tenir compte des spécificités des entreprises et établissements relevant des mines, des carrières et de leurs dépendances.

Sur les compléments et adaptations spécifiques pour les mines et carrières en matière de poussières alvéolaires, V. Décr. n° 2013-797 du 30 août 2013, App. VII. B, v° Mines.

En ce qui concerne la Société nationale des chemins de fer français, V. Décr. n° 60-72 du 15 janv. 1960 (D. 1960. 76 ; BLD 1960. 152) ; ... les chemins de fer secondaires d'intérêt général, les réseaux de voies ferrées d'intérêt local et de tramways, V. Décr. n° 60-73 du 15 janv. 1960 (D. 1960. 76 ; BLD 1960. 153) ; ... les entreprises de transport public par route, V. Décr. n° 81-208 du 3 mars 1981 (D. et BLD 1981. 139) ; ... les entreprises de transports privés, V. Décr. n° 62-120 du 27 janv. 1962 (BLD 1962. 93 ; JO 2 févr.) ; ... les entreprises de transport et de travail aériens, V. Décr. n° 62-197 du 19 févr. 1962 (BLD 1962. 130 ; JO 23 févr.).

Les dispositions relatives à l'information et à la formation des travailleurs sur les risques pour leur santé et leur sécurité issues du Décr. n° 2008-1347 du 17 déc. 2008 (art. R. 4121-4, R. 4141-2, R. 4141-3-1, R. 4141-5, R. 4141-6) sont applicables aux entreprises et établissements mentionnés à l'art. L. 4111-4. Pour leur application au 1° de l'art. L. 4111-4, les expressions : « document unique d'évaluation des risques » ainsi que « délégués du personnel » et « agents de l'inspection du travail » désignent respectivement le « document de sécurité et de santé », les « délégués mineurs, délégués permanents de la surface ou délégués du personnel concernés » selon le cas et s'ils existent et les « agents de l'autorité administrative compétents en matière de police des mines et carrières exerçant les fonctions de l'inspection du travail » (Décr. préc., art. 7 et 8).

Art. L. 4111-5 Pour l'application de la présente partie, les travailleurs sont les salariés, y compris temporaires, et les stagiaires, ainsi que toute personne placée à quelque titre que ce soit sous l'autorité de l'employeur.

SECTION II **DISPOSITIONS D'APPLICATION**

Art. L. 4111-6 Des décrets en Conseil d'État déterminent :

1° Les modalités de l'évaluation des risques et de la mise en œuvre des actions de prévention pour la santé et la sécurité des travailleurs prévues aux articles L. 4121-3 à L. 4121-5 ;

2° Les mesures générales de santé et de sécurité ;

3° Les prescriptions particulières relatives soit à certaines professions, soit à certains modes de travail, soit à certains risques ;

4° Les conditions d'information des travailleurs sur les risques pour la santé et la sécurité et les mesures prises pour y remédier ;

5° Les conditions dans lesquelles les formations à la sécurité sont organisées et dispensées. – *[Anc. art. L. 231-2, al. 1er à 4, L. 231-3-1, al. 8, L. 231-3-2, phrase 1 début, et L. 231-3-3.]*

TITRE DEUXIÈME **PRINCIPES GÉNÉRAUX DE PRÉVENTION**

V. Circ. DRT n° 2002-6 du 18 avr. 2002, Dr. ouvrier 2003. 10.

BIBL. GÉN. ▶ Antonmattéi, *Dr. soc. 2012. 491* (obligation de sécurité de résultat : les suites de la jurisprudence SNECMA). – Fantoni-Quinton, *RDT 2016. 472* (le maintien en emploi au cœur des missions des services de santé au travail). – Favennec-Héry, *Dr. soc. 2007. 687* (obligation de sécurité du salarié). – Martinez, *JCP S 2009. 1170* (les mouvements d'extension du droit de la santé). – Meyer, *Dr. ouvrier 1995. 12* (les valeurs limites d'exposition aux risques). – Meyer et Kessler, *Dr. ouvrier 1992. 161* (transposition de la directive CEE 89/391). – Morvan, *Dr. soc. 2007. 674* (obligation patronale de protection de la santé et de la sécurité). – Pignarre, *RDT 2006. 150* (obligation de sécurité patronale). – Saada, *Dr. ouvrier 2003. 90.* – Savatier, *Dr. soc. 2005. 971* (protection contre le tabagisme sur les lieux de travail). – Seillan, *ALD 1993. 1* (commentaire de la loi du 31 déc. 1991). – Siffermann, *Dr. soc. 1993. 33* (réglementation communautaire et pratique de l'inspecteur du travail). – VACHET, *JCP S 2016. 1136* (obligation de sécurité de résultat).

COMMENTAIRE

V. Dalloz.fr et applications mobiles Dalloz.

CHAPITRE PREMIER **OBLIGATIONS DE L'EMPLOYEUR**

Art. L. 4121-1 **L'employeur prend les mesures nécessaires pour assurer la sécurité et protéger la santé physique et mentale des travailleurs.**

Ces mesures comprennent :

1° Des actions de prévention des risques professionnels *(L. n° 2010-1330 du 9 nov. 2010, art. 61)* **« et de la pénibilité au travail » ;**

2° Des actions d'information et de formation ;

3° La mise en place d'une organisation et de moyens adaptés.

L'employeur veille à l'adaptation de ces mesures pour tenir compte du changement des circonstances et tendre à l'amélioration des situations existantes. – *[Anc. art. L. 230-2, I.]*

BIBL. ▶ BABIN, *JCP S 2016. 1011* (obligation de sécurité de résultat, nouvelle approche). – BLATMAN, *Dr. soc. 2011. 743* (obligation de sécurité). – BŒUF et MO, *JS Lamy n° 348-1* (bien-fondé de l'indemnisation du préjudice résultant du bouleversement des conditions d'existence). – BOULMIER, *Dr. ouvrier 2012. 590* (le référé sur la santé). – FRANGIE-MOUKANAS et POTIER, *JS Lamy 2014, n° 366-1* (obligation de sécurité de résultat). – GACIA, *JCP S 2008. 1373* (responsabilité de l'employeur en raison du suicide du salarié). – GARAND, *JCP S 2011. 1281* (obligation de sécurité de résultat et santé mentale). – JOLY, *Dr. soc. 2010. 258* (la prise en compte du suicide au titre des risques professionnels). – LAPÉROU-SCHENEIDER, *Dr. soc. 2012. 273* (responsabilité pénale de l'employeur personne physique et présomption de faute). – LEROUGE, *JS Lamy 2010, n° 283-4* (protection de la santé mentale au travail et responsabilité de l'employeur). – PETIT, *Dr. soc. 2013. 42* (obligation de sécurité et outils de prévention de la pénibilité). – ROZEC, *JCP S 2012. 1080* (lutte contre le travail sous l'emprise de drogues). – SAINT-JOURS, *D. 2007. 3024* (de l'obligation contractuelle de sécurité de résultat de l'employeur). – TOURNAUX, *Dr. ouvrier 2012. 571* (l'intensité de l'obligation de sécurité de l'employeur : un traitement aux effets mal assurés). – VIAL, *Dr. ouvrier 2011. 28* (travail et droit à un environnement sain).

COMMENTAIRE

V. Dalloz.fr et applications mobiles Dalloz.

Directive CE n° 89/391 du 12 juin 1989, *concernant la mise en œuvre de mesures visant à promouvoir l'amélioration de la sécurité et de la santé des travailleurs au travail (JOCE n° L 183 du 19 juin).*

V. aussi Dir. CE n° 91/383 du 25 juin 1991 complétant les mesures visant à promouvoir l'amélioration de la sécurité et de la santé au travail des travailleurs ayant une relation de travail à durée déterminée ou une relation de travail intérimaire (JOCE n° L 206 du 29 juill.).

I. ÉTENDUE DE L'OBLIGATION DE SÉCURITÉ

A. SALARIÉS CONCERNÉS

1. Étendue de l'obligation de sécurité. Ne méconnaît pas l'obligation légale lui imposant de prendre les mesures nécessaires pour assurer la sécurité et protéger la santé physique et mentale des travailleurs l'employeur qui justifie avoir pris toutes les mesures prévues par les art. L. 4121-1 et L. 4121-2 C. trav. • Soc. 25 nov. 2015, n° 14-24.444 P : *D. 2015. Actu. 2507 ; Dr. soc. 2016. 457, note Antonmattéi ; RJS 2/2016, p. 99, obs. Gardin ; JS Lamy 2016, n° 401-1, obs. Dejean de la Bâtie.* ♦ Le juge ne peut refuser de prononcer la résiliation judiciaire du contrat de travail d'un salarié, et ses demandes indemnitaires, victime de faits de harcèlement dans l'entreprise, sans qu'il résulte de ses constatations que l'employeur avait pris toutes les mesures de prévention visées aux art. L. 4121-1 et L. 4121-2 et, notamment, avait mis en œuvre des actions d'information et de formation propres à prévenir la survenance de faits de harcèlement moral. • Soc. 1er juin 2016, n° 14-19.702 P : *Dalloz actualité, 14 juin 2016, obs. Peyronnet ; D. 2016. Actu. 1258 ; Sem. soc. Lamy 2016, n° 1726, p. 11, obs. Verkindt ; JS Lamy 2016,* *n° 413-2, obs. Verkindt ; JCP S 2016. 1220, obs. Loiseau.* ♦ Comp. jurispr. antérieure : En vertu du contrat de travail, l'employeur est tenu envers le salarié d'une obligation de sécurité de résultat, notamment en ce qui concerne les accidents du travail ; le manquement à cette obligation a le caractère d'une faute inexcusable lorsque l'employeur avait ou aurait dû avoir conscience du danger auquel était exposé le salarié, et qu'il n'a pas pris les mesures nécessaires pour l'en préserver. • Soc. 11 avr. 2002, n° 00-16.535 P : *D. 2002. 2215, note Saint-Jours ; ibid. 2696, note Prétot ; RJS 2002. 565, n° 727 ; Dr. soc. 2002. 676, obs. Chaumette* • Civ. 2e, 12 mai 2003, n° 01-21.071 P : *RJS 2003. 728, n° 1071.* ♦ ... Et ceci même en présence d'une faute de la victime. • Même arrêt. ♦ V. aussi • Civ. 2e, 2 nov. 2004, n° 03-30.206 P : *RJS 2005. 67, n° 77.* ♦ De même, l'employeur est tenu envers le salarié d'une obligation de sécurité de résultat, not. en ce qui concerne les maladies professionnelles contractées par ce salarié lorsque l'employeur avait ou aurait dû avoir conscience du danger auquel était exposé le salarié, et qu'il n'a pas pris les mesures nécessaires pour l'en préserver. • Civ. 2e, 31 mai 2006 : *D. 2006. IR 1701 ; JCP S 2006. 1701, note Coursier.* ♦ L'employeur, tenu d'une obligation de sécurité de résultat en matière de protection de la santé et de la sécurité des travailleurs, manque à cette obligation lorsqu'un salarié est victime sur le lieu de travail d'agissements de harcèlement moral ou sexuel, exercés par l'un ou l'autre de ses salariés, quand bien même il aurait pris des mesures pour faire cesser ces agissements. • Soc. 11 mars 2015, n° 13-18.603 P : *Dalloz actualité, 25 mars 2015, obs. Peyronnet ; Dr. soc. 2015. 384, obs. Mouly ; RJS 5/2015, n° 319 ; JS Lamy 2015, n° 386-6, obs. Hautefort ; JCP 2015. 375, obs. Dedessus-Le-Moustier.*

2. Salariés expatriés. L'obligation de sécurité de résultat à laquelle l'employeur est tenu s'applique aux salariés expatriés, y compris dans le cadre de leur vie privée si des dangers sont prévisibles. • Soc. 7 déc. 2011 : *RJS 2012. 161, n° 194 ; Sem. soc. Lamy 2012, n° 1520, p. 10, obs. Marcon.*

3. Travail temporaire. L'entreprise de travail temporaire et l'entreprise utilisatrice sont tenues, à l'égard des salariés mis à disposition, d'une obligation de sécurité de résultat dont elles doivent assurer l'effectivité, chacune au regard des dispositions que les textes mettent à leur charge en matière de prévention des risques. • Soc. 30 nov. 2010 : *Dalloz actualité, 6 janv. 2011, obs. Ines ; D. 2011. AJ 22 ; JS Lamy 2011, n° 292-2, obs. Hautefort ; JCP S 2011. 1183, obs. Bousez.*

B. HYPOTHÈSES

4. Visite de reprise. L'employeur, tenu d'une obligation de sécurité de résultat en matière de protection de la santé et de la sécurité des travailleurs dans l'entreprise, doit en assurer l'effectivité ; il ne peut pas laisser un salarié reprendre son travail, après une période d'absence pour accident du travail d'au moins 8 jours, sans le faire bénéficier d'une visite médicale par le médecin du travail, destinée à apprécier son aptitude ; à défaut, l'employeur ne peut rompre le contrat de travail que s'il justifie d'une faute grave ou de l'impossibilité, pour un motif non lié à l'accident, de poursuivre le contrat. • Soc. 28 févr. 2006 : *D. 2006. IR 746 ; RDT 2006. 23, obs. Lardy-Pélissier ; RJS 2006. 392, n° 555 ; Dr. soc. 2006. 653, note Blatman ; ibid. 2006. 514, obs. Savatier ; JS Lamy 2006, n° 186-6 ; JCP E 2006. 1990, note Miné* • 25 mars 2009 : *D. 2009. Pan. 2128, obs. Desbarats ; RJS 2009. 558, n° 626 ; Dr. soc. 2009. 741, obs. Savatier ; JS Lamy 2009, n° 258-5 ; JCP S 2009. 1227, obs. Verkindt.* ♦ L'employeur ne peut laisser un salarié reprendre son travail après une succession d'arrêts de travail pour maladie, ni lui proposer une mutation géographique sans lui avoir fait passer une visite de reprise auprès du médecin du travail afin de s'assurer de son aptitude à l'emploi envisagé. • Soc. 16 juin 2009 : *RDT 2010. 30, obs. Véricel ; RJS 2009. 632, n° 706 ; JS Lamy 2009, n° 263-6 ; Sem. soc. Lamy 2009, n° 1417, p. 12, obs. Toureil.*

5. Manque aussi à son obligation de sécurité l'employeur qui, pour décider du placement en position de détachement d'un salarié déclaré apte avec réserve, ne justifie pas s'être rapproché du médecin du travail pour savoir si les recommandations faites par celui-ci, concernant not. l'examen médical complémentaire, avaient été suivies et pour solliciter éventuellement son avis sur le changement de poste envisagé. • Soc. 26 sept. 2012 : *Dalloz actualité, 19 oct. 2012, obs. Siro ; JS Lamy 2012, n° 332-6, obs. Boucheret ; JCP S 2012. 1509, obs. Jacotot.*

6. Lutte contre le tabagisme. L'employeur doit prendre des mesures efficaces pour éviter le tabagisme passif ; à défaut la prise d'acte de la rupture d'un salarié non-fumeur est justifiée. • Soc. 29 juin 2005 : *D. 2005. IR 2565 ; Dr. soc. 2005. 971, note Savatier ; JS Lamy 2005, n° 172-2.* ♦ Le non-respect des dispositions du CSP sur l'interdiction de fumer dans les lieux publics constitue un manquement à l'obligation de sécurité de résultat, et ce, malgré l'insuffisance du taux de nicotine trouvé dans le sang du salarié (barman) exposé aux fumées de cigarettes. • Soc. 6 oct. 2010 : *Dalloz actualité, 25 oct. 2010, obs. Ines ; D. 2010. AJ 2439 ; ibid. 2011. Pan. 1246, obs. Porta ; RDT 2011. 322, obs. Véricel ; RJS 2010. 842, n° 940 ; JS Lamy 2010, n° 287-4, obs. Tourreil ; JCP S 2011. 1043, obs. Verkindt.*

7. Harcèlement moral. La responsabilité de l'employeur, tenu de prendre les mesures nécessaires à la prévention des risques professionnels liés au harcèlement moral n'exclut pas la responsabilité du travailleur auquel il incombe, selon l'art. L. 230-3 [L. 4121-1 nouv.], de prendre soin de la sécurité et de la santé des personnes concernées du fait de ses actes ou de ses omissions au travail. • Soc. 21 juin 2006 : *RDT 2006. 245, obs. Adam ; D. 2006. 2831, note Miné ; ibid. 2007. Pan. 183, obs. Dockès ; RJS 2006. 679, n° 916 ; Dr. soc. 2006. 826, note Radé ; JS Lamy 2006, n° 193-2 ; JCP E 2006. 2315, note Prieur.*

8. Agression d'un salarié. L'obligation patronale de protection de la santé et de la sécurité est méconnue, lorsque l'employeur, averti de la situation de danger, s'est abstenu d'y mettre fin et de garantir la santé physique et morale d'un salarié agressé. • Soc. 7 févr. 2007 : *RDT 2007. 249, obs. Véricel.*

II. RÉGIME

A. RESPONSABILITÉ PÉNALE

9. Absence de responsabilité pénale. Les dispositions de l'art. L. 230-2 [L. 4121-1 nouv.] ne sont pas pénalement sanctionnées. • Crim. 14 oct. 1997 : *Bull. crim. n° 334 ; Dr. pénal 1998. 25, note J.-H. Robert.* ♦ Comp : l'employeur qui a contribué à créer la situation ayant permis la réalisation du dommage et n'a pas pris les mesures permettant de l'éviter, a commis une faute caractérisée, au sens de l'art. 121-3 C. pén. • Crim. 16 janv. 2001 : *Dr. soc. 2001. 654, note Morvan.* ♦ Sans preuve de l'existence effective d'une délégation de pouvoirs, ni précisions concernant le statut et les attributions des agents mis en cause, la responsabilité pénale de l'employeur pour des faits commis par ses salariés ne peut être engagée (au sens de l'article 121-2 C. pénal). • Crim. 11 oct. 2011 : *Dr. soc. 2012. 93, obs. Duquesne.*

B. SUSPENSION DES MESURES

10. Pouvoirs du juge des référés. L'employeur est tenu d'une obligation de sécurité de résultat qui lui interdit, dans l'exercice de son pouvoir de direction, de prendre des mesures qui auraient pour objet ou pour effet de compromettre la santé et la sécurité des salariés ; aussi, la mise en œuvre de l'organisation mise en place par l'employeur de nature à compromettre la santé et la sécurité des travailleurs concernés doit être suspendue. • Soc. 5 mars 2008 : *RDT 2008. 316, obs. Lerouge ; D. 2008. Pan. 2315, obs. Desbarats ; JCP E 2008. 1834, note Babin ; JS Lamy 2008, n° 231-2 ; RJS 2008. 403, n° 509 ; Dr. soc. 2008. 605, obs. Chaumette.* ♦ Il n'y a pas lieu d'interdire la mise en œuvre d'un projet d'externalisation de l'activité d'un service lorsque l'employeur a prévu un processus de reclassement, un plan global de prévention des risques psycho-sociaux et de poursuivre cette démarche dans la durée avec un suivi mensuel. • Soc. 22 oct. 2015, n° 14-20.173 P : *Dalloz actualité, 1er déc. 2015, obs. Peyronnet ; D. 2015. Actu. 2324 ; RJS 1/2016, n° 33 ; JS Lamy 2016, n° 402-1, obs. Bonnet ; Sem. soc. Lamy 2016, n° 1697, p. 5, obs. Champeaux et Levannier-Gouël.*

C. FAUTE INEXCUSABLE

11. Caractères. Commet une faute inexcusable l'employeur qui, par ses actes de harcèlement, compromet gravement l'équilibre psychologique d'un salarié, à tel point que celui-ci tente de se suicider. • Civ. 2e, 22 févr. 2007 : *D. 2007. AJ 791, obs. Fabre ; ibid. 1767, note Gaba ; ibid. Pan. 2264, obs. Lardy-Pélissier ; RDT 2007. 306, obs. Lardy-Pélissier ; RJS 2007. 489, n° 666 ; Dr. soc. 2007. 836, note Milet ; JS Lamy 2007, n° 208-1.* ♦ En vertu du contrat de travail le liant à son salarié, l'employeur est tenu envers ce dernier d'une obligation de sécurité de résultat, notamment en ce qui concerne les accidents du travail, le manquement à cette obligation a le caractère d'une faute inexcusable lorsque l'employeur avait ou aurait dû avoir conscience du danger auquel était exposé le salarié, et qu'il n'a pas pris les mesures nécessaires pour l'en préserver. • Soc. 27 nov. 2014 : *RDT 2014. 764, obs. Pignarre.* ♦ Il appartient aux juges du fond de rechercher si les circonstances dans lesquelles est intervenu un suicide, conséquence directe du harcèlement moral subi par la victime dans l'entreprise, ne conduisent pas à le qualifier d'accident du travail. • Civ. 2e, 10 mai 2007 : *D. 2007. AJ 1598, obs. Fabre ; JCP S 2007. 1547, note Leborgne-Ingelaere.* ♦ En revanche, l'employeur n'a pas commis de faute inexcusable lorsqu'il n'avait pas et ne pouvait pas avoir conscience du danger auquel était exposé un salarié qui ne participait pas habituellement à des travaux comportant l'usage direct de l'amiante. • Civ. 2e, 31 mai 2006 : *D. 2006. IR 1768.*

D. PRÉJUDICE D'ANXIÉTÉ DES VICTIMES DE L'AMIANTE

12. Modalités d'indemnisation. Selon l'art. 41 de la L. n° 98-1194 du 23 déc. 1998, qui crée un dispositif spécifique destiné à compenser la perte d'espérance de vie que peuvent connaître des salariés en raison de leur exposition à l'amiante, une allocation de cessation anticipée d'activité (dite ACAATA) est versée aux salariés et anciens salariés des établissements de fabrication de matériaux contenant de l'amiante, des établissements de flocage et de calorifugeage à l'amiante ou de construction et de réparations navales, sous réserve qu'ils cessent toute activité professionnelle, lorsqu'ils remplissent certaines conditions ; le salarié qui est admis au bénéfice de l'allocation de cessation anticipée d'activité présente sa démission à son employeur. Le salarié qui a demandé le bénéfice de l'allocation n'est pas fondé à obtenir de l'employeur fautif, sur le fondement des règles de la responsabilité civile, réparation d'une perte de revenu résultant de la mise en œuvre du dispositif légal. • Soc. 11 mai 2010, n° 09-42.241 P : *D. 2010. 2048, note Bernard ; D. 2011. 35, obs. Brun et Gout ; JCP 2010, n° 568, obs. Miara ; ibid., n° 733, note Colonna et Renaux-Personnic ; ibid., n° 1015, obs. Bloch ; RLDC 2010/73, n° 3876, obs. Le Nestour-Drelon ; RTD civ. 2010. 564, obs. Jourdain ; Dr. soc. 2010. 839 , avis Duplat* • Soc. 25 sept. 2013 : *Dalloz actualité, 8 oct. 2013, obs. Fraisse ; Sem. soc. Lamy 2013, n° 1599, Rapp. Sabotier ; JS Lamy 2013, n° 353-2, obs. Bœuf et Mo.*

13. Conformité. Sur la conformité au droit de l'Union européenne, V. • Soc. 10 févr. 2016, n° 14-26.909 P : *RJS 4/2016, n° 253 ; RDC 2016. 441, note Viney ; JCP S 2016. 1111, obs. Babin ; JCP E 2016. 1580, obs. Colonna et Renaux-Personnic.* ♦ Sur la conformité de cette jurisprudence aux droits et libertés que la Constitution garantit, V. • Soc. 17 févr. 2016, n° 15-40.042 P : *JCP 2016. 901, obs. Mathieu.* ♦ Les salariés qui n'exercent pas des métiers figurant sur la liste des métiers pouvant donner droit au bénéfice de l'ACAATA sont exclus de la réparation du préjudice d'anxiété. • Soc. 25 mars 2015, n° 13-21.716 : *Dalloz actualité, 20 avr. 2015, obs. Fraisse ; RJS 6/2015, n° 431.*

14. Conditions générales. Est caractérisé un préjudice spécifique d'anxiété à l'égard des salariés qui avaient travaillé dans un des établissements mentionnés à l'art. 41 de la L. du 23 déc. 1998 et figurant sur une liste établie par arrêté ministériel pendant une période où y étaient fabriqués ou traités l'amiante ou des matériaux contenant de l'amiante, et qui se trouvaient par le fait de l'employeur dans une situation d'inquiétude permanente face au risque de déclaration à tout moment d'une maladie liée à l'amiante et étaient amenés à subir des contrôles et examens réguliers propres à réactiver cette angoisse. • Soc. 11 mai 2010 : *préc. note 12* • 3 mars 2015, n° 13-20.474 : *Dalloz actualité, 26 mars 2015, obs. Fraisse ; JS Lamy 2015, n° 387-6 ; RJS 5/2015, n° 358.* ♦ Les salariés qui n'exercent pas des métiers figurant sur la liste des métiers pouvant donner droit au bénéfice de l'ACAATA sont exclus de la réparation du préjudice d'anxiété. • Soc. 25 mars 2015 : *préc. note 13.* ♦ Même s'il est éligible à l'allocation de cessation anticipée d'activité des travailleurs de l'amiante, le salarié ne peut obtenir réparation d'un préjudice spécifique d'anxiété par une demande dirigée contre une société qui n'entrait pas dans les prévisions de l'art. 41 de la L. n° 98-1194 du 23 déc. 1998 (L. de financement de la sécurité sociale pour 1999). • Soc. 22 juin 2016, n° 14-28.175 P : *D. 2016. Actu. 1436 ; RJS 10/2016, n° 652 ; JCP S 2016. 1333, obs. Asquinazi-Bailleux.*

15. Éléments constitutifs. L'indemnisation accordée au titre du préjudice d'anxiété répare l'ensemble des troubles psychologiques, y compris ceux liés au bouleversement dans les conditions d'existence, résultant du risque de déclaration à tout moment d'une maladie liée à l'amiante, et intègre le trouble lié au bouleversement dans les conditions d'existence et au changement de situation sociale, par suite de la cessation d'activité intervenue en application de la L. du 23 déc. 1998. • Soc. 25 sept. 2013 : *préc. note 12* • 3 mars 2015, n° 13-21.832 : *Dalloz actualité, 26 mars 2015, obs. Fraisse ; Dr. soc. 2015. 360, note Keim-Bagot ; JS Lamy 2015, n° 387-6 ; RJS 6/2015, n° 432.* ♦ Le préjudice d'anxiété d'un salarié ayant été exposé à l'amiante est caractérisé du fait même de l'exposition et de l'inquiétude permanente face au risque de déclaration d'une maladie qui en découle, sans qu'il ait besoin de se soumettre à des contrôles ou examens médicaux qui réactiveraient cette angoisse. • Soc. 4 déc. 2012 : *Dalloz actualité, 16 janv. 2013, obs. Peyronnet ; JCP S 2013. 1042, obs. Plichon* • Soc. 25 sept. 2013 : *préc. note 12.* ♦ Il faut et il suffit que le salarié remplisse les conditions d'adhésion à la préretraite amiante prévue par l'art. 41 de la L. n° 98-1194 du 23 déc. 1998 pour bénéficier d'une réparation pour préjudice d'anxiété ; il importe peu que le salarié ait adhéré à ce régime légal, ce qui compte, c'est la situation d'inquiétude permanente face au risque de déclaration à tout moment d'une maladie grave pouvant résulter de l'exposition à l'amiante. • Soc. 3 mars 2015, n° 13-20.486 : *Dalloz actualité, 26 mars 2015, obs. Fraisse ; JS Lamy 2015, n° 387-6 ; RJS 5/2015, n° 358.* ♦ Les salariés ayant travaillé dans un établissement où y était fabriqué ou traité de l'amiante ou des matériaux contenant de l'amiante n'ont pas à démontrer la réalité de leur anxiété par examen médical régulier pour être indemnisés à ce titre. • Soc. 2 avr. 2014 : *Dalloz actualité, 2 mai 2014, obs. Fraisse ; D. 2014. 1404, obs. Wurtz ; JS Lamy 2014, n° 367-4, obs. Tissandier* • Soc. 2 avr. 2014 : *même solution.* ♦ La réparation du préjudice résultant du manquement de l'employeur à son obligation de sécurité de résultat est prise en compte par les mécanismes d'indemnisation spécifique (ACAATA) ; dès lors, les juges du fond, qui ont constaté que les salariés avaient renoncé à la demande d'indemnisation du préjudice d'anxiété ont, à bon droit, écarté l'indemnisation d'un préjudice, présenté comme distinct, résultant du manquement de l'employeur à son obligation de sécurité de résultat. • Soc. 27 janv. 2016, n° 15-10.640 P : *Dalloz actualité, 23 févr. 2016, obs. Fraisse ; RDT 2016. 272 ; JS Lamy 2016, n° 405-5, obs. Mo ; RDT 2016. 272, note Meyer ; RJS 4/2016, n° 284 ; JCP S 2016. 1101, note Asquinazi-Bailleux.*

E. RUPTURE DU CONTRAT DE TRAVAIL

16. Impossibilité d'invoquer la désorganisation de l'activité. L'absence prolongée pour maladie du salarié qui perturbe le fonctionnement de l'entreprise ne peut être invoquée pour justifier un licenciement si cette absence résulte d'une situation de surcharge de travail ; l'absence résulte d'un manquement de l'employeur à l'obligation de sécurité de résultat et ses conséquences sur le fonctionnement de l'entreprise ne peuvent être invoquées pour justifier un licenciement. • Soc. 13 mars 2013 : *D. 2013. Actu. 778 ; RDT 2013. 328, obs. Pélissier ; JS Lamy 2013, n° 342-6, obs. Tourreil ; Sem. soc. Lamy 2013, n° 1582, p. 11, obs. Chandivert ; JCP S 2013. 1315, obs. Pelletier.*

F. EXONÉRATION

17. Manquement du salarié à son obligation de sécurité. Les obligations des travailleurs dans le domaine de la sécurité et de la santé au travail n'affectent pas le principe de responsabilité de l'employeur. • Soc. 10 févr. 2016, n° 14-24.350 P : *Dalloz actualité, 26 févr. 2016, obs. Cortot ; D. 2016. Actu. 432 ; ibid. Pan. 814, obs. Lokiec ; RDT 2016. 425, obs. Véricel ; RJS 4/2016, n° 254 ; Sem. soc. Lamy 2016, n° 1717, obs. Tissandier ; Gaz. Pal. 2016. 66, obs. Bugada ; JCP S 2016. 1128, obs. Asquinazi-Bailleux.*

18. Cause étrangère exonératoire. Ne constitue pas une cause étrangère exonératoire, imprévisible et irrésistible, permettant d'écarter un manquement de l'employeur à son obligation de sécurité, le fait d'agression à l'encontre d'une salariée commis par son conjoint, tiers à la relation de travail, alors que l'employeur n'était pas présent lors des faits et n'avait jamais été prévenu d'un risque quelconque encouru par sa salariée. • Soc. 4 avr. 2012 : *Dalloz actualité, 25 avr. 2012, obs. Siro ; D. 2012. Actu. 1064 ; RDT 2012. 709, obs. Véricel ; RJS 2012. 448, n° 521 ; JCP S 2012. 1330, obs. Boulmier.*

Art. L. 4121-2 **L'employeur met en œuvre les mesures prévues à l'article L. 4121-1 sur le fondement des principes généraux de prévention suivants :**

1° Éviter les risques ;

2° Évaluer les risques qui ne peuvent pas être évités ;

3° Combattre les risques à la source ;

4° Adapter le travail à l'homme, en particulier en ce qui concerne la conception des postes de travail ainsi que le choix des équipements de travail et des méthodes de travail et de production, en vue notamment de limiter le travail monotone et le travail cadencé et de réduire les effets de ceux-ci sur la santé ;

5° Tenir compte de l'état d'évolution de la technique ;

6° Remplacer ce qui est dangereux par ce qui n'est pas dangereux ou par ce qui est moins dangereux ;

7° Planifier la prévention en y intégrant, dans un ensemble cohérent, la technique, l'organisation du travail, les conditions de travail, les relations sociales et l'influence des facteurs ambiants, notamment les risques liés au harcèlement moral » *(L. n° 2012-954 du 6 août 2012)* **« et au harcèlement sexuel, tels qu'ils sont définis aux articles L. 1152-1 et L. 1153-1** *(L. n° 2016-1088 du 8 août 2016, art. 5)* **« , ainsi que ceux liés aux agissements sexistes définis à l'article L. 1142-2-1 » ;**

8° Prendre des mesures de protection collective en leur donnant la priorité sur les mesures de protection individuelle ;

9° Donner les instructions appropriées aux travailleurs. – *[Anc. art. L. 230-2, II.]*

Art. L. 4121-3 **L'employeur, compte tenu de la nature des activités de l'établissement, évalue les risques pour la santé et la sécurité des travailleurs, y compris dans le choix des procédés de fabrication, des équipements de travail, des substances ou préparations chimiques, dans l'aménagement ou le réaménagement des lieux de travail ou des installations et dans la définition des postes de travail.** *(L. n° 2014-873 du 4 août 2014, art. 20)* **« Cette évaluation des risques tient compte de l'impact différencié de l'exposition au risque en fonction du sexe. »**

A la suite de cette évaluation, l'employeur met en œuvre les actions de prévention ainsi que les méthodes de travail et de production garantissant un meilleur niveau de protection de la santé et de la sécurité des travailleurs. Il intègre ces actions et ces méthodes dans l'ensemble des activités de l'établissement et à tous les niveaux de l'encadrement.

(L. n° 2012-387 du 22 mars 2012, art. 53) **« Lorsque les documents prévus par les dispositions réglementaires prises pour l'application du présent article doivent faire l'objet d'une mise à jour, celle-ci peut être moins fréquente dans les entreprises de moins de onze salariés, sous réserve que soit garanti un niveau équivalent de protection de la santé et de la sécurité des travailleurs, dans des conditions fixées par décret**

en Conseil d'État après avis des organisations professionnelles concernées. » – *V. art. R. 4121-1.*

Art. L. 4121-3-1 *(L. n° 2010-1330 du 9 nov. 2010, art. 60)* Pour chaque travailleur exposé à un ou plusieurs facteurs de risques professionnels déterminés par décret et liés à des contraintes physiques marquées, à un environnement physique agressif ou à certains rythmes de travail susceptibles de laisser des traces durables identifiables et irréversibles sur sa santé, l'employeur consigne dans une fiche, selon des modalités déterminées par décret, les conditions de pénibilité auxquelles le travailleur est exposé, la période au cours de laquelle cette exposition est survenue ainsi que les mesures de prévention mises en œuvre par l'employeur pour faire disparaître ou réduire ces facteurs durant cette période. Cette fiche individuelle est établie en cohérence avec l'évaluation des risques prévue à l'article L. 4121-3. Elle est communiquée au service de santé au travail qui la transmet au médecin du travail. Elle complète le dossier médical en santé au travail de chaque travailleur. Elle précise de manière apparente et claire le droit pour tout salarié de demander la rectification des informations contenues dans ce document. Le modèle de cette fiche est fixé par arrêté du ministre chargé du travail après avis du Conseil d'orientation sur les conditions de travail.

Une copie de cette fiche est remise au travailleur à son départ de l'établissement, en cas d'arrêt de travail excédant une durée fixée par décret ou de déclaration de maladie professionnelle. Les informations contenues dans ce document sont confidentielles et ne peuvent pas être communiquées à un autre employeur auprès duquel le travailleur sollicite un emploi. En cas de décès du travailleur, ses ayants droit peuvent obtenir cette copie. – *V. art. R. 4121-1-1, R. 4741-1-1 (pén.).*

A compter du 1er janv. 2015, l'art. L. 4121-3-1 devient l'art. L. 4161-1 (L. n° 2014-40 du 20 janv. 2014, art. 7-II).

BIBL. ▶ Fieschi, *JCP S 2013. 1041* (suivi des fiches de prévention). - Héas, *Dr. ouvrier 2012. 348* (le rôle des partenaires sociaux en matière de régulation de la pénibilité). - Jolivet et Pueyo, *RDT 2010. 686* (pénibilité au travail : de quoi parle-t-on ?). - Lanouzière, *Sem. soc. Lamy 2011, n° 1513, p. 5* (prévention de la pénibilité : comment donner corps aux textes ?). - Platel, *JCP S 2010. 1523* (réforme des retraites et conséquences pour l'entreprise).

Art. L. 4121-4 Lorsqu'il confie des tâches à un travailleur, l'employeur, compte tenu de la nature des activités de l'établissement, prend en considération les capacités de l'intéressé à mettre en œuvre les précautions nécessaires pour la santé et la sécurité. – *[Anc. art. L. 230-2, III, al. 3.]*

Art. L. 4121-5 Lorsque dans un même lieu de travail les travailleurs de plusieurs entreprises sont présents, les employeurs coopèrent à la mise en œuvre des dispositions relatives à la santé et à la sécurité au travail. – *[Anc. art. L. 230-2, IV, al. 1.]*

CHAPITRE II **OBLIGATIONS DES TRAVAILLEURS**

Art. L. 4122-1 Conformément aux instructions qui lui sont données par l'employeur, dans les conditions prévues au règlement intérieur pour les entreprises tenues d'en élaborer un, il incombe à chaque travailleur de prendre soin, en fonction de sa formation et selon ses possibilités, de sa santé et de sa sécurité ainsi que de celles des autres personnes concernées par ses actes ou ses omissions au travail.

Les instructions de l'employeur précisent, en particulier lorsque la nature des risques le justifie, les conditions d'utilisation des équipements de travail, des moyens de protection, des substances et préparations dangereuses. Elles sont adaptées à la nature des tâches à accomplir.

Les dispositions du premier alinéa sont sans incidence sur le principe de la responsabilité de l'employeur. – *[Anc. art. L. 230-3, L. 122-34, al. 2, phrase 2, et L. 230-4.]*

BIBL. ▶ Gaba, *Dr. ouvrier 2011. 114* (obligation de sécurité du salarié : ombres et lumières jurisprudentielles). - Cousseau, *JS Lamy 2015, n° 382-382-5* (quelle obligation de prévention imposer au salarié ?). - Radé, *Dr. ouvrier 2012. 578* (obligation de sécurité du salarié).

COMMENTAIRE

V. Dalloz.fr et applications mobiles Dalloz

1. *Responsabilité.* Selon l'art. L. 230-3 [L. 4122-1 nouv.], il incombe à chaque travailleur de prendre soin, en fonction de sa formation et selon ses possibilités, de sa sécurité et de sa santé ainsi que de celles des autres personnes concernées du fait de ses actes ou de ses omissions au travail ; dès lors, même s'il n'a pas reçu de délégation de pouvoir, un salarié répond des fautes qu'il a commises dans l'exécution de son contrat de travail. • Soc. 28 févr. 2002, n° 00-41.220 P : *D. 2002. IR 1118 ; RJS 2002. 440, n° 582 ; Dr. soc. 2002. 533, obs. Vatinet ; JS Lamy 2002, n° 99-5* • 30 sept. 2005 : *D. 2006. 973, note Gaba ; Dr. soc. 2006. 102, obs. Savatier ; JCP E 2006. 1632, note Brissy.* ♦ Le salarié est investi d'une obligation de ne pas mettre en danger d'autres membres du personnel ; la responsabilité du salarié commence dès qu'il pénètre dans l'enceinte de l'entreprise. • Soc. 4 oct. 2011 : *RJS 2011. 840, n° 949 ; JS Lamy 2011, n° 309-2, obs. Hautefort ; JCP S 2011. 1533, obs. Dauxerre.*

2. *Faute grave.* En cas de manquement à l'obligation qui lui est faite par l'art. L. 230-3 [L. 4122-1 nouv.] de prendre soin de sa sécurité et de sa santé, ainsi que celle des autres personnes concernées du fait de ses actes ou de ses omissions au travail, un salarié engage sa responsabilité et une faute grave peut être retenue contre lui, notamment s'il refuse de porter un casque de sécurité. • Soc. 23 mars 2005 : *D. 2005. 1758, note Gaba ; JS Lamy 2005, n° 166-3 ; RJS 2005. 454, n° 641.* ♦ Constitue une faute grave le comportement du salarié surpris en train de fumer dans les locaux de l'entreprise alors que l'interdiction de fumer résultait d'une décision préfectorale justifiée par la sécurité des personnes et des biens, et que cette interdiction avait bien été portée à la connaissance de tous les salariés. • Soc. 1er juill. 2008 : *RJS 2008. 819, n° 1003 ; JCP S 2008. 1509, obs. Bugada ; Sem. soc. Lamy 2008, n° 136, p. 14.* ♦ Le salarié, titulaire d'une délégation de pouvoirs, qui ne prend aucune mesure pour prévenir un accident et ne fait pas procéder aux réparations qui s'imposent, commet un manquement grave à son obligation de sécurité, rendant impossible son maintien dans l'entreprise. • Soc. 23 juin 2010 : *Dalloz actualité, 8 juill. 2010, obs. Maillard ; D. 2011. Pan. 840, obs. Mazuyer ; RJS 2010. 700, n° 776 ; Dr. soc. 2010. 954, note Duquesne .*

3. *Absence d'incidence sur la responsabilité de l'employeur.* Le juge ne peut limiter le montant des dommages-intérêts alloués pour manquements de l'employeur à son obligation de sécurité de résultat en raison de l'attitude du salarié qui avait accepté le risque qu'elle dénonçait dans le même temps. • Soc. 10 févr. 2016, n° 14-24.350 P : *Dalloz actualité, 26 févr. 2016, obs. Cortot ; D. 2016. Actu. 432 ; ibid. Pan. 814, obs. Lokiec ; RDT 2016. 425, obs. Véricel ; RJS 4/2016, n° 254 ; Sem. soc. Lamy 2016, n° 1717, obs. Tissandier ; Gaz. Pal. 2016. 66, obs. Bugada ; JCP S 2016. 1128, obs. Asquinazi-Bailleux.*

Art. L. 4122-2 **Les mesures prises en matière de santé et de sécurité au travail ne doivent entraîner aucune charge financière pour les travailleurs.** — *[Anc. art. L. 230-3, L. 122-34, al. 2, phrase 2 et L. 230-4.]*

Frais professionnels. Les frais exposés par un salarié pour les besoins de son activité professionnelle et dans l'intérêt de l'employeur doivent être supportés par ce dernier ; l'employeur doit assumer la charge de l'entretien du vêtement de travail dont le port est obligatoire et inhérent à l'emploi des salariés concernés. • Soc. 21 mai 2008 : *RDT 2008. 536, obs. Frouin ; JS Lamy 2008, n° 238-5 ; RJS 2008. 718, n° 896 ; JCP S 2008. 1538, obs. Bossu ; Dr. ouvrier 2008. 533, obs. Taraud.* ♦ Pour le Conseil d'État, cette obligation s'étend au nettoyage des vêtements ordinairement portés par le salarié. • CE 17 juin 2014 : *AJDA 2014. 1295 ; ibid. 1963, note Seurot .* ♦ Le facteur, qui n'est pas statutairement soumis au port d'une tenue de travail spécifique, n'a pas le droit au remboursement des frais exposés pour l'entretien des vêtements de travail qui lui sont fournis. • Soc. 3 mai 2016, n° 15-12.549 : *D. 2016. Actu. 1005 ; RJS 7/2016, n° 494 ; JCP S 2016. 1275, obs. Pagani.*

TITRE TROISIÈME **DROITS D'ALERTE ET DE RETRAIT**

Sur les modalités d'exercice du droit d'alerte et de retrait des gens de mer à bord des navires, V. Décr. n° 2016-303 du 15 mars 2016 (JO 17 mars).

COMMENTAIRE

V. Dalloz.fr et applications mobiles Dalloz.

CHAPITRE PREMIER **PRINCIPES**

Art. L. 4131-1 **Le travailleur alerte immédiatement l'employeur de toute situation de travail dont il a un motif raisonnable de penser qu'elle présente un danger grave et imminent pour sa vie ou sa santé ainsi que de toute défectuosité qu'il constate dans les systèmes de protection.**

Il peut se retirer d'une telle situation.

L'employeur ne peut demander au travailleur qui a fait usage de son droit de retrait de reprendre son activité dans une situation de travail où persiste un danger grave et imminent résultant notamment d'une défectuosité du système de protection. – *[Anc. art. L. 231-8, al. 1er et 2.]*

BIBL. ▶ AMIARD, LIBERT et FANTONI QUINTON, *Sem. soc. Lamy 2015, no 1688, p. 8* (droit de retrait et fortes chaleurs). – BOUSIGES, *Dr. soc. 1991. 279* . – CHAUMETTE, *ibid. 1983. 425*. – DÉPREZ, *RJS 1990. 619* (droit de retrait et droit de grève). – FROSSARD, *Dr. soc. 1987. 496*. – DESAIN et BELJEAN, *JS Lamy 2010, no 286-1* (panorama de jurisprudence en matière de droit de retrait). – GODARD, *JCP E 1984. II. 14215* (responsabilités en cas de danger grave et imminent). – GRÉVY, *Dr. soc. 2011. 764* (les procédures d'urgences). – LACHAISE, *JCP E 1991. I. 88*. – LEVANNIER-GOUËL, *Sem. soc. Lamy 2012, no 1548, p. 11* (la retenue immédiate sur salaire est-elle compatible avec le droit de retrait ?).

COMMENTAIRE

V. Dalloz.fr et applications mobiles Dalloz.

1. *Notion de danger.* La condition d'extériorité du danger n'est pas exigée d'une manière exclusive par les art. L. 231-8 et L. 231-8-1 [L. 4131-1 et L. 4131-3 nouv.]. • Soc. 20 mars 1996, no 93-40.111 P : *JCP E 1996. II. 850, note Lachaise ; Dr. soc. 1996. 684, obs. Savatier ; RJS 1996. 350, no 554 ; ibid. 319, concl. Chauvy ; CSB 1996. 169, A. 37.*

2. *Pouvoir souverain des juges du fond.* C'est par une appréciation souveraine des éléments de la cause qu'une cour d'appel a pu estimer que le salarié avait un motif raisonnable de penser que le maintien à son poste de travail présentait un danger grave et imminent pour sa santé. • Soc. 11 déc. 1986 : *D. 1987. IR 4 ; JCP 1987. II. 20807, note Godard* • 20 janv. 1993, no 91-42.028 P : *RJS 1993. 173, no 285 ; CSB 1993. 96, S. 44 ; JCP E 1993. II. 494, note Lachaise* (défaut de motif raisonnable) • 23 avr. 2003, no 01-44.806 P : *Dr. soc. 2003. 805, note Savatier.*

3. *Signalement à l'employeur.* Si l'art. L. 231-8 [L. 4131-1 nouv.] oblige le salarié à signaler immédiatement à l'employeur l'existence d'une situation de travail qu'il estime dangereuse, il ne lui impose pas de le faire par écrit. • CE 12 juin 1987 : *D. 1987. IR 162 ; Dr. soc. 1987. 645, note Savatier* • 11 juill. 1990 : *RJS 1990. 520, no 767* • Soc. 28 mai 2008 : *JCP S 2008. 1506, note Barège et Bossu ; RJS 2008. 717, no 894 ; JS Lamy 2008, no 236-2 ; Dr. ouvrier 2008. 74, note Meyrat.*

4. *CHSCT.* L'exercice par un salarié de son droit d'alerte ou de retrait n'est pas subordonné à la procédure d'intervention du CHSCT. • Soc. 10 mai 2001 : *RJS 2001. 600, no 872.*

5. *Revendications professionnelles.* Constitue l'exercice du droit de grève et non du droit de retrait l'arrêt de travail décidé par les salariés qui, après avoir refusé d'exécuter un ordre dangereux pour leur santé et leur vie, ont présenté une revendication professionnelle en demandant le bénéfice de la position chômage intempéries. • Soc. 26 sept. 1990 : *GADT, 4e éd., no 206 ; D. 1990. IR 228 ; Dr. soc. 1991. 60, concl. Waquet, note Ray ; Dr. ouvrier 1990. 457, note F. S. ; CSB 1990. 237, A. 52 ; RJS 1990. 542, no 812 et note Déprez, ibid. 619.*

6. *Agents publics.* Sur la reconnaissance à un agent public communal du droit de retrait, considéré comme inspiré d'un principe général du droit, V. • TA Besançon, 10 oct. 1996 : *Dr. soc. 1996. 1034, concl. Moulin ; LPA 23 juill. 1997, note Portet.*

7. *Exercice illégitime.* Un employeur peut opérer une retenue sur la rémunération d'un salarié qui a, de façon illégitime, invoqué son droit de retrait, sans qu'il soit nécessaire de saisir préalablement la juridiction prud'homale pour faire constater l'absence pour le salarié de motif raisonnable de penser que sa situation de travail présentait un danger grave et imminent pour sa vie ou sa santé ; lorsque les conditions du droit de retrait ne sont pas réunies, le salarié s'expose à une retenue sur salaire, peu important qu'il reste à la disposition de l'employeur. • Soc. 25 nov. 2008 : *D. 2009. AJ 25 ; RJS 2009. 153, no 180 ; Dr. soc. 2009. 369, obs. Chaumette ; JS Lamy 2009, no 248-5.*

8. *Droit de retrait et suspension du contrat de travail.* Le droit de retrait ne pouvant être exercé que pendant l'exécution du contrat de travail, un salarié ne peut demander un rappel de salaire au titre de l'exercice du droit de retrait pour les périodes où il se trouvait en arrêt maladie. • Soc. 9 oct. 2013 : *Dalloz actualité, 25 oct. 2013, obs. Peyronnet ; D. 2013. Actu. 2404 ; RJS 12/2013, no 783 ; JS Lamy 2013, no 354-3, obs. Hautefort.*

9. *Compétence du juge des référés.* La formation des référés, qui a relevé que le CHSCT d'un établissement avait constaté un danger grave et imminent d'exposition des travailleurs à l'amiante et qu'un recours de l'employeur sur la validité de la procédure initiée par ce comité n'avait pas abouti, n'a pas excédé ses pouvoirs tirés de l'art. R. 1455-7 C. trav. en allouant aux salariés une provision sur le salaire qui leur avait été retenu par l'employeur. • Soc. 31 mars 2016, n° 14-25.237 P : *Dalloz actualité, 9 mai 2016, obs. Fraisse.*

10. Nullité du licenciement. L'exercice du droit de retrait par le salarié rend nul le licenciement fondé sur l'exercice de ce droit, peu important qu'il ait obtenu l'accord de son employeur pour quitter son poste de travail, et dès lors que l'un des reproches formulés par l'employeur dans la lettre de licenciement reposait sur l'exercice de ce droit de retrait. • Soc. 25 nov. 2015, n° 14-21.272 P : *D. 2015. Actu. 2508 ; RDT 2016. 183, obs. Pontif ; RJS 2/2016, n° 126 ; JCP S 2016. 1037, obs. Bossu.*

Art. L. 4131-2 **Le représentant du personnel au comité d'hygiène, de sécurité et des conditions de travail, qui constate qu'il existe une cause de danger grave et imminent, notamment par l'intermédiaire d'un travailleur, en alerte immédiatement l'employeur selon la procédure prévue au premier alinéa de l'article L. 4132-2.** – *[Anc. art. L. 231-9, al. 1, phrase 1.]*

BIBL. ▶ GRÉVY, *Dr. soc. 2011. 764* (les procédures d'urgences).

1. Mise à disposition de moyens. L'employeur étant tenu de procéder sur-le-champ à une enquête avec le membre du CHSCT qui lui a signalé le danger, il ne saurait refuser au représentant de se rendre sur les lieux, ni de lui fournir à cet effet les moyens nécessaires (véhicule). • Soc. 10 oct. 1990, n° 89-61.351 P : *D. 1990. IR 280.*

2. Danger grave et imminent. L'admission dans un établissement hospitalier de malades porteurs du virus HIV ou de l'hépatite virale B ne présente pas par elle-même le caractère d'un danger grave et imminent. • TA Versailles, 2 juin 1994 : *RJS 1994. 675, n° 1142.*

Art. L. 4131-3 **Aucune sanction, aucune retenue de salaire ne peut être prise à l'encontre d'un travailleur ou d'un groupe de travailleurs qui se sont retirés d'une situation de travail dont ils avaient un motif raisonnable de penser qu'elle présentait un danger grave et imminent pour la vie ou pour la santé de chacun d'eux.** – *[Anc. art. L. 231-8-1, phrase 1.]*

COMMENTAIRE

V. Dalloz.fr et applications mobiles Dalloz.

1. Non-respect du droit de retrait. Le fait, pour un grutier intérimaire d'être obligé de rester en position de travail alors qu'il a, à plusieurs reprises, averti sa hiérarchie du danger existant pour la sécurité des personnes sur un chantier de travaux en raison de la violence du vent, et alors même qu'il n'a pas été informé des dispositions de l'art. L. 231-8-1 [L. 4131-3 nouv.], constitue, dans le contexte de la précarité de sa situation professionnelle, une contrainte irrésistible au sens de l'art. 122-2 C. pén. de nature à exonérer le prévenu de sa responsabilité pénale du chef des infractions de violences et homicide involontaires. • T. corr. Nancy, 7 juill. 1997 : *LPA 27 févr. 1998, p. 22, note Besanger.*

2. Retenue de salaire. Les salariés qui se retirent d'une situation qu'ils estiment dangereuse n'exercent pas leur droit de grève, mais peuvent néanmoins faire l'objet, indépendamment de toute sanction, d'une retenue sur salaire s'ils n'avaient pas un motif raisonnable de penser que la situation présentait un danger grave et imminent. • Soc. 11 juill. 1989 : *D. 1989. IR 235 ; Dr. ouvrier 1989. 492 ; JCP 1989. IV. 347.*

3. Exercice non fondé. L'exercice non fondé du droit de retrait ne caractérise pas l'existence d'une faute grave, mais constitue une cause réelle et sérieuse de licenciement. • Soc. 6 déc. 1990 : *CSB 1991. 47, S. 25.*

4. Est justifié le licenciement d'un salarié qui, exposé à des courants d'air, se retire de son poste de travail, alors qu'il n'existait pas de motif raisonnable de penser qu'une telle situation présentait un danger grave et imminent pour sa vie ou sa santé. • Soc. 17 oct. 1989 : *JS UIMM 1990. 54.*

5. Exercice fondé. Le licenciement prononcé par l'employeur pour un motif lié à l'exercice légitime par le salarié du droit de retrait de son poste de travail dans une situation de danger est nul. • Soc. 28 janv. 2009 : *RDT 2009. 167, obs. Miné ; D. 2009. Pan. 2128, obs. Amauger-Lattes ; Dr. soc. 2009. 489, obs. Chaumette ; RJS 2009. 308, n° 361 ; JCP S 2009. 1226, obs. Verkindt ; JCP E 2009. 1638, note Pochet ; JS Lamy 2009, n° 250-2.* ♦ Comp. : le licenciement d'un salarié fondé sur son seul refus de conduire le camion de l'entreprise est dépourvu de cause réelle et sérieuse, dès lors que le véhicule présentait un système de freinage défectueux, qu'après une interdiction de circulation émise par le service des mines l'employeur était tenu de présenter le camion à une contre-visite, et que dans l'attente de celle-ci le salarié était en droit d'exercer son droit de retrait, la conduite du véhicule présentant un danger grave et imminent pour sa vie. • Montpellier, 30 avr. 1998 : *JCP 1999. IV. 2620.*

6. Fonctions à risques. Dès lors que le risque est inhérent à la fonction exercée et initialement acceptée par le salarié, convoyeur de fonds, la cessation du travail ne constitue pas l'exercice justifié du droit de retrait, en l'absence de menace particulière d'agression et alors que l'employeur n'a méconnu aucune mesure légale de sécurité. • Aix-en-Provence, 8 nov. 1995 : *JCP E 1996. II. 859, note Cohen-Donsimoni.*

Art. L. 4131-4 Le bénéfice de la faute inexcusable de l'employeur prévue à l'article L. 452-1 du code de la sécurité sociale est de droit pour le ou les travailleurs qui seraient victimes d'un accident du travail ou d'une maladie professionnelle alors qu'eux-mêmes ou un représentant du personnel au comité d'hygiène, de sécurité et des conditions de travail avaient signalé à l'employeur le risque qui s'est matérialisé. – *[Anc. art. L. 231-8-1, phrase 2.]*

Bénéfice de la faute inexcusable. Le bénéfice de la faute inexcusable de l'employeur est de droit pour le salarié qui a signalé un risque qui s'est matérialisé. • Soc. 17 juill. 1998, n° 96-20.988 P : *RJS 1998. 777, n° 1286.*

CHAPITRE II CONDITIONS D'EXERCICE DES DROITS D'ALERTE ET DE RETRAIT

Art. L. 4132-1 Le droit de retrait est exercé de telle manière qu'elle *[il]* ne puisse créer pour autrui une nouvelle situation de danger grave et imminent. – *[Anc. art. L. 231-8-2.]*

Art. L. 4132-2 Lorsque le représentant du personnel au comité d'hygiène, de sécurité et des conditions de travail alerte l'employeur en application de l'article L. 4131-2, il consigne son avis par écrit dans des conditions déterminées par voie réglementaire.

L'employeur procède immédiatement à une enquête avec le représentant du comité d'hygiène, de sécurité et des conditions de travail qui lui a signalé le danger et prend les dispositions nécessaires pour y remédier. – *[Anc. art. L. 231-9, al. 1er, phrase 1 fin et phrase 2.] – V. art. D. 4132-1.*

Art. L. 4132-3 En cas de divergence sur la réalité du danger ou la façon de le faire cesser, notamment par arrêt du travail, de la machine ou de l'installation, le comité d'hygiène, de sécurité et des conditions de travail est réuni d'urgence, dans un délai n'excédant pas vingt-quatre heures.

L'employeur informe immédiatement l'*(L. n° 2016-1088 du 8 août 2016, art. 113)* « agent de contrôle de l'inspection du travail mentionné à l'article L. 8112-1 » et l'agent du service de prévention de la caisse régionale d'assurance maladie, qui peuvent assister à la réunion du comité d'hygiène, de sécurité et des conditions de travail. – *[Anc. art. L. 231-9, al. 2.]*

Art. L. 4132-4 A défaut d'accord entre l'employeur et la majorité du comité d'hygiène, de sécurité et des conditions de travail sur les mesures à prendre et leurs conditions d'exécution, l'inspecteur du travail est saisi immédiatement par l'employeur.

L'inspecteur du travail met en œuvre soit l'une des procédures de mise en demeure prévues à l'article L. 4721-1, soit la procédure de référé prévue aux articles L. 4732-1 et L. 4732-2. – *[Anc. art. L. 231-9, al. 3.]*

Art. L. 4132-5 L'employeur prend les mesures et donne les instructions nécessaires pour permettre aux travailleurs, en cas de danger grave et imminent, d'arrêter leur activité et de se mettre en sécurité en quittant immédiatement le lieu de travail. – *[Anc. art. L. 231-10.]*

CHAPITRE III DROIT D'ALERTE EN MATIÈRE DE SANTÉ PUBLIQUE ET D'ENVIRONNEMENT

(L. n° 2013-316 du 16 avr. 2013, art. 8)

BIBL. ▶ BOUTON, *RDT 2014. 471* (vers une généralisation du lanceur d'alerte en droit français). – VÉRICEL, *RDT 2013. 415*.

COMMENTAIRE

V. Dalloz.fr et applications mobiles Dalloz.

Art. L. 4133-1 Le travailleur alerte immédiatement l'employeur s'il estime, de bonne foi, que les produits ou procédés de fabrication utilisés ou mis en œuvre par l'établissement font peser un risque grave sur la santé publique ou l'environnement.

L'alerte est consignée par écrit dans des conditions déterminées par voie réglementaire.

L'employeur informe le travailleur qui lui a transmis l'alerte de la suite qu'il réserve à celle-ci. – *V. art. D. 4133-1 s.*

Toute personne physique ou morale qui lance une alerte de mauvaise foi ou avec l'intention de nuire ou avec la connaissance au moins partielle de l'inexactitude des faits rendus publics ou diffusés est punie des peines prévues au premier alinéa de l'art. 226-10 C. pén.

Tout employeur saisi d'une alerte en matière de santé publique ou d'environnement qui n'a pas respecté les obligations lui incombant en application des art. L. 4133-1 et L. 4133-2 C. trav. perd le bénéfice des dispositions du 4° de l'art. 1386-11 C. civ. (L. n° 2013-316 du 16 avr. 2013, art. 12 et 13).

Art. L. 4133-2 Le représentant du personnel au comité d'hygiène, de sécurité et des conditions de travail qui constate, notamment par l'intermédiaire d'un travailleur, qu'il existe un risque grave pour la santé publique ou l'environnement en alerte immédiatement l'employeur.

L'alerte est consignée par écrit dans des conditions déterminées par voie réglementaire.

L'employeur examine la situation conjointement avec le représentant du personnel au comité d'hygiène, de sécurité et des conditions de travail qui lui a transmis l'alerte et l'informe de la suite qu'il réserve à celle-ci.

Art. L. 4133-3 En cas de divergence avec l'employeur sur le bien-fondé d'une alerte transmise en application des articles L. 4133-1 et L. 4133-2 ou en l'absence de suite dans un délai d'un mois, le travailleur ou le représentant du personnel au comité d'hygiène, de sécurité et des conditions de travail peut saisir le représentant de l'État dans le département.

Art. L. 4133-4 Le comité d'hygiène, de sécurité et des conditions de travail est informé des alertes transmises à l'employeur en application des articles L. 4133-1 et L. 4133-2, de leurs suites ainsi que des saisines éventuelles du représentant de l'État dans le département en application de l'article L. 4133-3.

Art. L. 4133-5 *Abrogé par L. n° 2016-1691 du 9 déc. 2016, art. 15-III.*

TITRE QUATRIÈME **INFORMATION ET FORMATION DES TRAVAILLEURS**

CHAPITRE PREMIER **OBLIGATION GÉNÉRALE D'INFORMATION ET DE FORMATION**

Art. L. 4141-1 L'employeur organise et dispense une information des travailleurs sur les risques pour la santé et la sécurité et les mesures prises pour y remédier.

(L. n° 2013-316 du 16 avr. 2013, art. 9) « Il organise et dispense également une information des travailleurs sur les risques que peuvent faire peser sur la santé publique ou l'environnement les produits ou procédés de fabrication utilisés ou mis en œuvre par l'établissement ainsi que sur les mesures prises pour y remédier. »

Art. L. 4141-2 L'employeur organise une formation pratique et appropriée à la sécurité au bénéfice :

1° Des travailleurs qu'il embauche ;

2° Des travailleurs qui changent de poste de travail ou de technique ;

3° Des salariés temporaires, à l'exception de ceux auxquels il est fait appel en vue de l'exécution de travaux urgents nécessités par des mesures de sécurité et déjà dotés de la qualification nécessaire à cette intervention ;

4° A la demande du médecin du travail, des travailleurs qui reprennent leur activité après un arrêt de travail d'une durée d'au moins vingt et un jours.

Cette formation est répétée périodiquement dans des conditions déterminées par voie réglementaire ou par convention ou accord collectif de travail. – *[Anc. art. L. 231-3-1, al. 1.] – V. art. R. 4141-2.*

1. Limites à l'obligation. Il ne peut être reproché à un employeur d'avoir omis de donner la formation pratique et appropriée en matière de sécurité au bénéfice d'un salarié changeant de poste de travail, alors que le changement provisoire s'est fait à la seule initiative du salarié, à l'insu de l'employeur, dont la faute personnelle n'est ainsi pas caractérisée. • Crim. 23 oct. 1990 : *Bull. crim. n° 354.*

2. Responsabilité de l'employeur. Doit être déclaré coupable d'infraction à l'art. L. 231-3-1 C. trav. [L. 4141-2 nouv.] l'employeur qui n'a pas organisé une formation pratique et appropriée en matière de sécurité au bénéfice de son salarié. En effet, le dirigeant d'une entreprise qui met des salariés à la disposition d'une autre entreprise ne s'exonère pas de l'obligation préalable qui lui est faite de donner une formation appropriée à la sécurité. • Crim. 16 sept. 1997 : *Bull. crim. n° 299.* ♦ Est coupable de l'infraction d'homicide involontaire en raison d'un accident du travail subi par un salarié mortellement blessé la société, personne morale du fait de ses organes ou représentants, qui a mis à la disposition du salarié une nacelle autoportée de location sans la formation à la sécurité correspondant, un tel manquement à une obligation de sécurité ou de prudence imposée par la loi ou le règlement rentrant dans les prévisions de l'article 221-6 du code pénal qui définit et réprime le délit d'homicide involontaire, il n'importe pas que la société ait elle-même préalablement bénéficié d'une décision de non-lieu partiel s'agissant de l'infraction distincte prévue en matière de formation à la sécurité par l'article L. 231-3-1 [L. 4141-2] du code du travail, infraction pour laquelle, à l'époque des faits, la responsabilité pénale de la personne morale n'était pas encourue. • Crim. 15 janv. 2008 : *JCP S 2008. 1287, obs. Cesaro.*

Art. L. 4141-3 **L'étendue de l'obligation d'information et de formation à la sécurité varie selon la taille de l'établissement, la nature de son activité, le caractère des risques qui y sont constatés et le type d'emploi des travailleurs.** – *[Anc. art. L. 231-3-1, al. 6, phrase 1, et L. 231-3-2, phrase 2.]*

Art. L. 4141-4 **Le financement des actions de formation à la sécurité est à la charge de l'employeur.**

Il ne peut imputer ce financement sur la participation prévue à l'article L. 6331-1 que pour les actions de formation mentionnées à l'article L. 6313-1. – *[Anc. art. L. 231-3-1, al. 4 début et fin.]*

CHAPITRE II **FORMATIONS ET MESURES D'ADAPTATION PARTICULIÈRES**

Art. L. 4142-1 **En fonction des risques constatés, des actions particulières de formation à la sécurité sont conduites dans certains établissements avec le concours, le cas échéant, des organismes professionnels d'hygiène, de sécurité et des conditions de travail prévus à l'article L. 4643-1 et des services de prévention des caisses régionales d'assurance maladie.** – *[Anc. art. L. 231-3-1, al. 5.]*

Art. L. 4142-2 **Les salariés titulaires d'un contrat de travail à durée déterminée et les salariés temporaires affectés à des postes de travail présentant des risques particuliers pour leur santé ou leur sécurité bénéficient d'une formation renforcée à la sécurité, dans les conditions prévues à l'article L. 4154-2.**

Par dérogation aux dispositions de l'article L. 4141-4, le financement de ces actions de formation est à la charge de l'entreprise utilisatrice. – *[Anc. art. L. 231-3-1, al. 6, phrase 2, al. 4 début.]*

Art. L. 4142-3 **Dans les établissements comprenant au moins une installation figurant sur la liste prévue** *(L. n° 2013-619 du 16 juill. 2013, art. 11-V)* **« à l'article L. 515-36 » du code de l'environnement ou mentionnée à** *(Ord. n° 2011-91 du 21 janv. 2011)* **« l'article L. 211-2 du code minier », l'employeur définit et met en œuvre une formation aux risques des chefs d'entreprises extérieures et de leurs salariés ainsi que des travailleurs indépendants qu'il accueille, dans les conditions prévues à l'article L. 4522-2.**

Par dérogation aux dispositions à l'article L. 4141-4, le financement de ces actions de formation est à la charge de l'entreprise utilisatrice. – *[Anc. art. L. 231-3-1, al. 2 et al. 4 début.]*

Art. L. 4142-3-1 *(L. nº 2015-988 du 5 août 2015, art. 2)* Dans les établissements recevant du public dont la capacité d'accueil est supérieure à deux cents personnes, l'employeur met en œuvre une formation à l'accueil et à l'accompagnement des personnes handicapées à destination des professionnels en contact avec les usagers et les clients.

Art. L. 4142-4 Toute modification apportée au poste de travail pour des raisons de sécurité, qui entraînerait une diminution de la productivité, est suivie d'une période d'adaptation de deux semaines au moins pendant laquelle tout mode de rémunération au rendement est interdit. La rémunération est établie sur la moyenne des deux semaines précédant la modification. – *[Anc. art. L. 231-3-1, al. 9.]*

CHAPITRE III CONSULTATION DES REPRÉSENTANTS DU PERSONNEL

Art. L. 4143-1 Le comité d'entreprise ou, à défaut, les délégués du personnel et le comité d'hygiène, de sécurité et des conditions de travail sont consultés sur les programmes de formation et veillent à leur mise en œuvre effective.

Ils sont également consultés :

1° Sur le programme et les modalités pratiques de la formation renforcée des salariés titulaires d'un contrat de travail à durée déterminée et des salariés temporaires affectés à des postes de travail présentant des risques particuliers, prévue à l'article L. 4142-2 ainsi que sur les conditions d'accueil de ces salariés à ces postes ;

2° Sur la formation prévue à l'article L. 4142-3 dans les établissements comprenant une installation figurant sur la liste prévue *(L. nº 2013-619 du 16 juill. 2013, art. 11-V)* « à l'article L. 515-36 » du code de l'environnement ou mentionnée à *(Ord. nº 2011-91 du 21 janv. 2011)* « l'article L. 211-2 du code minier ». – *[Anc. art. L. 231-3-1, al. 3.]*

TITRE CINQUIÈME DISPOSITIONS PARTICULIÈRES À CERTAINES CATÉGORIES DE TRAVAILLEURS

CHAPITRE PREMIER CHAMP D'APPLICATION

Art. L. 4151-1 Les dispositions du présent titre sont applicables aux employeurs de droit privé ainsi qu'aux travailleurs.

Elles sont également applicables :

1° Aux établissements mentionnés aux 1° à 3° de l'article L. 4111-1 ;

2° Aux mines et carrières ainsi qu'à leurs dépendances ;

3° Aux entreprises de transports dont le personnel est régi par un statut.

CHAPITRE II FEMMES ENCEINTES, VENANT D'ACCOUCHER OU ALLAITANT

Art. L. 4152-1 Il est interdit d'employer les femmes enceintes, venant d'accoucher ou allaitant à certaines catégories de travaux qui, en raison de leur état, présentent des risques pour leur santé ou leur sécurité.

Ces catégories de travaux sont déterminées par voie réglementaire. – *[Anc. art. L. 234-2.] – V. art. L. 4743-1 (pén.) et D. 4152-3 s.*

Art. L. 4152-2 Conformément aux dispositions des articles L. 1225-12 et suivants, l'employeur propose à la salariée en état de grossesse médicalement constatée, venant d'accoucher ou allaitant, qui occupe un poste l'exposant à des risques déterminés par voie réglementaire, un autre emploi compatible avec son état de santé. – *V. art. D. 4152-3 s.*

CHAPITRE III JEUNES TRAVAILLEURS

SECTION PREMIÈRE ÂGE D'ADMISSION

RÉP. TRAV. v[is] *Apprentissage*, par SELLIER ; *Âge du salarié*, par LEROY.

BIBL. GÉN. ▶ RIMBAUD, *RF aff. soc. 1979.* 115 (travail des enfants).

Art. L. 4153-1 Il est interdit d'employer des travailleurs de moins de seize ans, sauf s'il s'agit :

1° De mineurs de quinze ans et plus titulaires d'un contrat d'apprentissage, dans les conditions prévues à l'article L. 6222-1 ;

2° D'élèves de l'enseignement général lorsqu'ils font des visites d'information organisées par leurs enseignants ou, durant les deux dernières années de leur scolarité obligatoire, lorsqu'ils suivent *(L. n° 2011-893 du 28 juill. 2011)* « des périodes d'observation mentionnées à l'article L. 332-3-1 du code de l'éducation ou » des séquences d'observation et selon des modalités déterminées par décret ;

3° D'élèves qui suivent un enseignement alterné ou un enseignement professionnel durant les deux dernières années de leur scolarité obligatoire, lorsqu'ils accomplissent des stages d'initiation, d'application ou des périodes de formation en milieu professionnel selon des modalités déterminées par décret. – *[Anc. art. L. 211-1, I, al. 1er à 3.] – V. art. L. 4743-1 (pén.) et D. 4153-41 s.*

Art. L. 4153-2 Dans les cas prévus aux 2° et 3° de l'article L. 4153-1, une convention est passée entre l'établissement d'enseignement dont relève l'élève et l'entreprise.

Aucune convention ne peut être conclue avec une entreprise pour l'admission ou l'emploi d'un élève dans un établissement lorsque les services de contrôle ont établi que les conditions de travail sont de nature à porter atteinte à la sécurité, à la santé ou à l'intégrité physique ou morale des personnes qui y sont présentes. – *[Anc. art. L. 211-1, I, al. 4.]*

Art. L. 4153-3 Les dispositions de l'article L. 4153-1 ne font pas obstacle à ce que les mineurs de plus de quatorze ans soient autorisés pendant leurs vacances scolaires à exercer des travaux adaptés à leur âge, à condition de leur assurer un repos effectif d'une durée au moins égale à la moitié de chaque période de congés.

Les modalités d'application de ces dispositions sont déterminées par décret. – *[Anc. art. L. 211-1, I, al. 5, phrase 1 et al. 6.] – V. art. D. 4153-1 s.*

Art. L. 4153-4 L'inspecteur du travail peut à tout moment requérir un examen médical d'un jeune travailleur âgé de quinze ans et plus pour constater si le travail dont il est chargé excède ses forces.

Dans ce cas, l'inspecteur du travail peut exiger son renvoi de l'établissement.

Les conditions d'application du présent article sont déterminées par décret. – *[Anc. art. L. 211-2.] – V. art. D. 4153-14.*

Art. L. 4153-5 Les dispositions des articles L. 4153-1 à L. 4153-3 ne sont pas applicables dans les établissements où ne sont employés que les membres de la famille sous l'autorité soit du père, soit de la mère, soit du tuteur, sous réserve qu'il s'agisse de travaux occasionnels ou de courte durée, ne pouvant présenter des risques pour leur santé ou leur sécurité.

La liste de ces travaux est déterminée par décret. – *[Anc. art. L. 211-1, II.]*

Art. L. 4153-6 Il est interdit d'employer ou de recevoir en stage des mineurs dans les débits de boissons à consommer sur place. Cette interdiction ne s'applique pas au conjoint du débitant et de ses parents et alliés jusqu'au quatrième degré inclusivement.

Dans les débits de boissons agréés, cette interdiction ne s'applique pas aux mineurs de plus de seize ans s'ils bénéficient d'une formation comportant une ou plusieurs périodes accomplies en entreprise leur permettant d'acquérir une qualification professionnelle sanctionnée par un diplôme ou un titre à finalité professionnelle enregistré dans le répertoire national des certifications professionnelles dans les conditions prévues au II de l'article L. 335-6 du code de l'éducation.

L'agrément est accordé, refusé, non renouvelé ou retiré dans des conditions déterminées par décret en Conseil d'État. – *[Anc. art. L. 211-5.] – V. art. R. 4153-8.*

Art. L. 4153-7 Il est interdit aux père, mère, tuteurs ou employeurs, et généralement à toute personne ayant autorité sur un enfant ou en ayant la garde, de le placer sous la conduite de vagabonds, de personnes sans moyens de subsistance ou se livrant à la mendicité. – *[Anc. art. L. 211-12.]*

SECTION II TRAVAUX INTERDITS

Art. L. 4153-8 Il est interdit d'employer des travailleurs de moins de dix-huit ans à certaines catégories de travaux les exposant à des risques pour leur santé, leur sécurité, leur moralité ou excédant leurs forces.

Ces catégories de travaux sont déterminées par voie réglementaire. – *[Anc. art. L. 234-2.] – V. art. D. 4153-15 s.*

SECTION III TRAVAUX RÉGLEMENTÉS

Art. L. 4153-9 Par dérogation aux dispositions de l'article L. 4153-8, les travailleurs de moins de dix-huit ans ne peuvent être employés à certaines catégories de travaux mentionnés à ce même article que sous certaines conditions déterminées par voie réglementaire. – *[Anc. art. L. 234-3.] – V. art. R. 4153-40 s.*

CHAPITRE IV SALARIÉS TITULAIRES D'UN CONTRAT DE TRAVAIL À DURÉE DÉTERMINÉE ET SALARIÉS TEMPORAIRES

SECTION PREMIÈRE TRAVAUX INTERDITS

Art. L. 4154-1 Il est interdit de recourir à un salarié titulaire d'un contrat de travail à durée déterminée ou à un salarié temporaire pour l'exécution de travaux particulièrement dangereux figurant sur une liste établie par voie réglementaire. Cette liste comporte notamment certains des travaux qui font l'objet d'une surveillance médicale renforcée au sens de la réglementation relative à la médecine du travail. – *V. art. D. 4154-1.*

L'autorité administrative peut exceptionnellement autoriser une dérogation à cette interdiction dans des conditions déterminées par voie réglementaire. – *[Anc. art. L. 122-3, al. 1er et 3, et L. 124-2-3, al. 1er et 3.] – V. art. D. 4154-2 s.*

SECTION II OBLIGATIONS PARTICULIÈRES D'INFORMATION ET DE FORMATION

Art. L. 4154-2 *(L. no 2009-526 du 12 mai 2009, art. 34)* Les salariés titulaires d'un contrat de travail à durée déterminée, les salariés temporaires et les stagiaires en entreprise affectés à des postes de travail présentant des risques particuliers pour leur santé ou leur sécurité bénéficient d'une formation renforcée à la sécurité ainsi que d'un accueil et d'une information adaptés dans l'entreprise dans laquelle ils sont employés.

La liste de ces postes de travail est établie par l'employeur, après avis du médecin du travail et du comité d'hygiène, de sécurité et des conditions de travail ou, à défaut, des délégués du personnel, s'il en existe. Elle est tenue à la disposition de l'*(L. no 2016-1088 du 8 août 2016, art. 113)* « agent de contrôle de l'inspection du travail mentionné à l'article L. 8112-1 ».

Art. L. 4154-3 *(L. no 2009-526 du 12 mai 2009, art. 34)* La faute inexcusable de l'employeur prévue à l'article L. 452-1 du code de la sécurité sociale est présumée établie pour les salariés titulaires d'un contrat de travail à durée déterminée, les salariés temporaires et les stagiaires en entreprise victimes d'un accident du travail ou d'une maladie professionnelle alors qu'affectés à des postes de travail présentant des risques particuliers pour leur santé ou leur sécurité ils n'auraient pas bénéficié de la formation à la sécurité renforcée prévue par l'article L. 4154-2.

1. Salariés sous contrat à durée déterminée. En cas d'accident dont les circonstances sont indéterminées, l'employeur ne s'exonère pas de la présomption de faute inexcusable que l'art. L. 231-8, 3e al., fait peser sur lui. • Soc. 4 avr. 1996 : *Dr. soc. 1996. 636, obs. Roy-Loustaunau ; RJS 1996. 333, no 521.*

2. Salariés mis à disposition. L'existence de la faute inexcusable est présumée établie pour les salariés mis à la disposition d'une entreprise utilisatrice par une entreprise de travail temporaire, victimes d'un accident du travail alors que, affectés à un poste présentant des risques particuliers pour leur santé ou leur sécurité, ils n'ont pas bénéficié de la formation à la sécurité renforcée prévue par l'art. L. 231-3-1 [L. 4154-2 nouv.]. • Soc. 27 juin 2002, no 00-14.744 P : *RJS 2002. 880, no 1190.*

Art. L. 4154-4 Lorsqu'il est fait appel, en vue de l'exécution de travaux urgents nécessités par des mesures de sécurité, à des salariés temporaires déjà dotés de la qualification nécessaire à cette intervention, le chef de l'entreprise utilisatrice leur donne toutes les informations nécessaires sur les particularités de l'entreprise et de son environnement susceptibles d'avoir une incidence sur leur sécurité. — *[Anc. art. L. 231-3-1, al. 7.]*

TITRE SIXIÈME **DISPOSITIONS PARTICULIÈRES À CERTAINS FACTEURS DE RISQUES PROFESSIONNELS ET À LA PÉNIBILITÉ**

(L. nº 2014-40 du 20 janv. 2014, art. 7).

CHAPITRE PREMIER **DÉCLARATION DES EXPOSITIONS** *(L. nº 2014-40 du 20 janv. 2014, art. 7 ; L. nº 2015-994 du 17 août 2015).*

Art. L. 4161-1 *(L. nº 2015-994 du 17 août 2015, art. 28-I)* **« I. — L'employeur déclare de façon dématérialisée aux caisses mentionnées au II les facteurs de risques professionnels liés à des contraintes physiques marquées, à un environnement physique agressif ou à certains rythmes de travail, susceptibles de laisser des traces durables, identifiables et irréversibles sur la santé auxquels les travailleurs susceptibles d'acquérir des droits au titre d'un compte personnel de prévention de la pénibilité, dans les conditions fixées au chapitre II du présent titre, sont exposés au-delà de certains seuils, appréciés après application des mesures de protection collective et individuelle.**

« II. — La déclaration mentionnée au I du présent article est effectuée, selon les modalités prévues à l'article L. 133-5-3 du code de la sécurité sociale, auprès de la caisse mentionnée aux articles L. 215-1, L. 222-1-1 ou L. 752-4 du même code ou à l'article L. 723-2 du code rural et de la pêche maritime dont relève l'employeur. Un décret précise ces modalités.

« III. — Les informations contenues dans cette déclaration sont confidentielles et ne peuvent pas être communiquées à un autre employeur auprès duquel le travailleur sollicite un emploi. — *V. art. R. 4741-1-1 (pén.).*

IV. — » *(L. nº 2014-40 du 20 janv. 2014, art. 7)* **« Les entreprises utilisatrices mentionnées à l'article L. 1251-1 transmettent à l'entreprise de travail temporaire les informations nécessaires à l'établissement par cette dernière de la** *(L. nº 2015-994 du 17 août 2015, art. 28-I)* **« déclaration mentionnée au I ». Les conditions dans lesquelles les entreprises utilisatrices transmettent ces informations et les modalités selon lesquelles l'entreprise de travail temporaire établit la** *(L. nº 2015-994 du 17 août 2015, art. 28-I)* **« déclaration » sont définies par décret en Conseil d'État. »**

(L. nº 2015-994 du 17 août 2015, art. 28-I) **« V. — Un décret détermine :**

« 1° Les facteurs de risques professionnels et les seuils mentionnés au I du présent article ;

« 2° Les modalités d'adaptation de la déclaration mentionnée au même I pour les travailleurs qui ne sont pas susceptibles d'acquérir des droits au titre du compte personnel de prévention de la pénibilité dans les conditions fixées au chapitre II du présent titre et exposés à des facteurs de risques dans les conditions prévues audit I. »

V. art. D. 4161-1 s.

L'art. L. 4121-3-1 devient l'art. L. 4161-1 (L. nº 2014-40 du 20 janv. 2014, art. 7-II).

Par dérogation au II de l'art. L. 4161-1, les entreprises tenues à l'obligation mentionnée à l'art. L. 133-5-4 CSS déclarent, au moyen de la déclaration mentionnée au même art. L. 133-5-4, les facteurs de risques professionnels auxquels leurs salariés sont exposés (L. nº 2015-994 du 17 août 2015, art. 28-II).

BIBL. ▶ Fieschi, *JCP S 2013. 1041* (suivi des fiches de prévention). - Héas, *Dr. ouvrier 2012. 348* (le rôle des partenaires sociaux en matière de régulation de la pénibilité) ; *Dr. soc. 2014. 598* (la pénibilité, un enjeu de santé au croisement du travail et de la retraite). - Jolivet et Pueyo, *RDT 2010. 686* (pénibilité au travail : de quoi parle-t-on ?) - Lanouzière, *Sem. soc. Lamy 2011, nº 1513, p. 5* (prévention de la pénibilité : comment donner corps aux textes ?). - Platel, *JCP S 2010. 1523* (réforme des retraites et conséquences pour l'entreprise).

Art. L. 4161-2 *(L. nº 2014-40 du 20 janv. 2014, art. 7)* **L'accord collectif de branche étendu mentionné à l'article L. 4163-4 peut** *(L. nº 2015-994 du 17 août 2015, art. 29)*

« déterminer » l'exposition des travailleurs à un ou plusieurs des facteurs de risques professionnels au-delà des seuils mentionnés à l'article L. 4161-1 *(L. n° 2015-994 du 17 août 2015, art. 29)* « , en faisant » notamment référence aux postes *(L. n° 2015-994 du 17 août 2015, art. 29)* « , métiers ou situations de travail » occupés et aux mesures de protection collective et individuelle appliquées.

(L. n° 2015-994 du 17 août 2015, art. 29) « En l'absence d'accord collectif de branche étendu, ces postes, métiers ou situations de travail exposés peuvent également être définis par un référentiel professionnel de branche homologué par un arrêté conjoint des ministres chargés du travail et des affaires sociales, dans des conditions fixées par décret.

« L'employeur qui applique le référentiel de branche pour déterminer l'exposition de ses salariés est présumé de bonne foi.

« Un décret définit les conditions dans lesquelles l'employeur peut établir la déclaration mentionnée à l'article L. 4161-1 à partir de ces postes, de ces métiers ou de ces situations de travail.

« L'employeur qui applique les stipulations d'un accord de branche étendu ou d'un référentiel professionnel de branche homologué mentionnés aux deux premiers alinéas du présent article pour déclarer l'exposition de ses travailleurs ne peut se voir appliquer ni la pénalité mentionnée au second alinéa de l'article L. 4162-12, ni les pénalités et majorations de retard applicables au titre de la régularisation de cotisations mentionnée au même alinéa. »

Art. L. 4161-3 *(L. n° 2015-994 du 17 août 2015, art. 30)* Le seul fait pour l'employeur d'avoir déclaré l'exposition d'un travailleur aux facteurs de pénibilité dans les conditions et formes prévues à l'article L. 4161-1 ne saurait constituer une présomption de manquement à son obligation résultant du titre II du présent livre d'assurer la sécurité et de protéger la santé physique et mentale des travailleurs résultant du titre II du présent livre.

CHAPITRE II COMPTE PERSONNEL DE PRÉVENTION DE LA PÉNIBILITÉ

(L. n° 2014-40 du 20 janv. 2014, art. 10)

V. Instr. DGT-DSS n° 1 du 13 mars 2015 relative à la mise en place du compte personnel de prévention de la pénibilité en 2015, n° NOR : ETST1504534J.

V. Instr. DGT/DSS/SAFSL/2016/178 du 20 juin 2016 relative à la mise en place du compte personnel de prévention de la pénibilité.

V. http ://circulaires.legifrance.gouv.fr/.

COMMENTAIRE

V. Dalloz.fr et applications mobiles Dalloz 🏛. ❑

SECTION PREMIÈRE OUVERTURE ET ABONDEMENT DU COMPTE PERSONNEL DE PRÉVENTION DE LA PÉNIBILITÉ

BIBL. ▸ PHILIPPEAU, *JS Lamy 2015, n° 382-382-2* (le compte pénibilité : une fausse bonne idée).

Art. L. 4162-1 Les salariés des employeurs de droit privé ainsi que le personnel des personnes publiques employé dans les conditions du droit privé peuvent acquérir des droits au titre d'un compte personnel de prévention de la pénibilité, dans les conditions définies au présent chapitre.

Les salariés affiliés à un régime spécial de retraite comportant un dispositif spécifique de reconnaissance et de compensation de la pénibilité n'acquièrent pas de droits au titre du compte personnel de prévention de la pénibilité. Un décret fixe la liste des régimes concernés.

V. Décr. n° 2014-1617 du 24 déc. 2014 (JO 27 déc.).

V. Décr. n° 2016-1102 du 11 août 2016 (JO 13 août), mod. par Décr. n° 2016-1950 du 28 déc. 2016 (JO 30 déc.).

Art. L. 4162-2 Le compte personnel de prévention de la pénibilité est ouvert dès lors qu'un salarié a acquis des droits dans les conditions définies au présent chapitre. Les droits constitués sur le compte lui restent acquis jusqu'à leur liquidation ou jusqu'à son admission à la retraite.

L'exposition d'un travailleur, après application des mesures de protection collective et individuelle, à un ou plusieurs des facteurs de risques professionnels mentionnés à l'article L. 4161-1 au-delà des seuils d'exposition définis par décret, consignée dans la *(L. n° 2015-994 du 17 août 2015, art. 28-I)* « déclaration » prévue au même article, ouvre droit à l'acquisition de points sur le compte personnel de prévention de la pénibilité.

Un décret en Conseil d'État fixe les modalités d'inscription des points sur le compte. Il précise le nombre maximal de points pouvant être acquis par un salarié au cours de sa carrière et définit le nombre de points auquel ouvrent droit les expositions simultanées à plusieurs facteurs de risques professionnels.

Art. L. 4162-3 Les points sont attribués au vu des expositions du salarié déclarées par l'employeur, sur la base de la *(L. n° 2015-994 du 17 août 2015, art. 28-I)* « déclaration » mentionnée à l'article L. 4161-1 du présent code, auprès de la caisse mentionnée aux articles L. 215-1 ou L. 222-1-1 du code de la sécurité sociale ou à l'article L. 723-2 du code rural et de la pêche maritime dont il relève.

(Abrogé par L. n° 2015-994 du 17 août 2015, art. 28-I) « Chaque année, l'employeur transmet au salarié une copie de la fiche mentionnée à l'article L. 4161-1 du présent code. »

SECTION II **UTILISATIONS DU COMPTE PERSONNEL DE PRÉVENTION DE LA PÉNIBILITÉ**

Art. L. 4162-4 I. — Le titulaire du compte personnel de prévention de la pénibilité peut décider d'affecter en tout ou partie les points inscrits sur son compte à une ou plusieurs des trois utilisations suivantes :

1° La prise en charge de tout ou partie des frais d'une action de formation professionnelle continue en vue d'accéder à un emploi non exposé ou moins exposé à des facteurs de pénibilité ;

2° Le financement du complément de sa rémunération et des cotisations et contributions sociales légales et conventionnelles en cas de réduction de sa durée de travail ;

3° Le financement d'une majoration de durée d'assurance vieillesse et d'un départ en retraite avant l'âge légal de départ en retraite de droit commun.

II. — La demande d'utilisation des points peut intervenir à tout moment de la carrière du titulaire du compte pour l'utilisation mentionnée au 2° du I et, que celui-ci soit salarié ou demandeur d'emploi, pour l'utilisation mentionnée au 1° du même I. Pour les droits mentionnés au 3° dudit I, la liquidation des points acquis, sous réserve d'un nombre suffisant, peut intervenir à partir de cinquante-cinq ans.

Les droits mentionnés aux 1° et 2° du même I ne peuvent être exercés que lorsque le salarié relève, à la date de sa demande, des catégories définies au premier alinéa de l'article L. 4162-1.

III. — Un décret en Conseil d'État fixe les modalités suivant lesquelles le salarié est informé des possibilités d'utilisation du compte et détermine les conditions d'utilisation des points inscrits sur le compte. Il fixe le barème de points spécifique à chaque utilisation du compte. Il précise les conditions et limites dans lesquelles les points acquis ne peuvent être affectés qu'à l'utilisation mentionnée au 1° du I du présent article. — *V. art. R. 4162-1 s. et Arr. du 30 déc. 2015, JO 31 déc., p. 25364.*

IV. — Pour les personnes âgées d'au moins cinquante-deux ans au 1er janvier 2015, le barème d'acquisition des points portés au compte personnel de prévention de la pénibilité et les conditions d'utilisation des points acquis peuvent être aménagés par décret en Conseil d'État afin de faciliter le recours aux utilisations prévues aux 2° et 3° du I. — *V. art. R. 4162-3, R. 4162-23.*

SOUS-SECTION 1 **UTILISATION DU COMPTE POUR LA FORMATION PROFESSIONNELLE**

Art. L. 4162-5 Lorsque le titulaire du compte personnel de prévention de la pénibilité décide de mobiliser tout ou partie des points inscrits sur le compte pour l'utilisation mentionnée au 1° du I de l'article L. 4162-4, ces points sont convertis en heures de formation pour abonder son compte personnel de formation prévu à l'article L. 6111-1.

SOUS-SECTION 2 **UTILISATION DU COMPTE POUR LE PASSAGE À TEMPS PARTIEL**

Art. L. 4162-6 Le salarié titulaire d'un compte personnel de prévention de la pénibilité a droit, dans les conditions et limites prévues aux articles L. 4162-2 et L. 4162-4, à une réduction de sa durée de travail.

Art. L. 4162-7 Le salarié demande à l'employeur à bénéficier d'une réduction de sa durée de travail, dans des conditions fixées par décret.

Cette demande ne peut être refusée que si ce refus est motivé et si l'employeur peut démontrer que cette réduction est impossible compte tenu de l'activité économique de l'entreprise.

Art. L. 4162-8 En cas de différend avec son employeur dû à un refus de celui-ci de faire droit à la demande du salarié d'utiliser son compte pour un passage à temps partiel tel que précisé à l'article L. 4162-7, le salarié peut saisir le conseil de prud'hommes dans les conditions mentionnées au titre Ier du livre IV de la première partie.

Art. L. 4162-9 Le complément de rémunération mentionné au 2° du I de l'article L. 4162-4 est déterminé dans des conditions et limites fixées par décret. Il est assujetti à l'ensemble des cotisations et contributions sociales légales et conventionnelles, selon les modalités en vigueur à la date de son versement.

SOUS-SECTION 3 **UTILISATION DU COMPTE POUR LA RETRAITE**

Art. L. 4162-10 Les titulaires du compte personnel de prévention de la pénibilité décidant, à compter de l'âge fixé en application du II de l'article L. 4162-4, d'affecter des points à l'utilisation mentionnée au 3° du I du même article bénéficient de la majoration de durée d'assurance mentionnée à l'article L. 351-6-1 du code de la sécurité sociale.

SECTION III **GESTION DES COMPTES, CONTRÔLE ET RÉCLAMATIONS**

Art. L. 4162-11 La gestion du compte personnel de prévention de la pénibilité est assurée par la Caisse nationale d'assurance vieillesse des travailleurs salariés et le réseau des organismes régionaux chargés du service des prestations d'assurance vieillesse du régime général de sécurité sociale. Une convention entre l'État, la Caisse nationale d'assurance vieillesse et la Caisse centrale de la mutualité sociale agricole peut prévoir que l'information des salariés mentionnés à l'article L. 722-20 du code rural et de la pêche maritime, comme celle des entreprises mentionnées à l'article L. 722-1 du même code, est mise en œuvre par les organismes prévus à l'article L. 723-1 dudit code.

Les organismes gestionnaires enregistrent sur le compte les points correspondant aux données déclarées par l'employeur en application de l'article L. 4162-3 et portent annuellement à la connaissance du travailleur les points acquis au titre de l'année écoulée *(L. n° 2015-994 du 17 août 2015, art. 28-I)* « dans un relevé précisant chaque contrat de travail ayant donné lieu à déclaration et les facteurs d'exposition ainsi que les modalités de contestation mentionnées à l'article L. 4162-14. Ils mettent à la disposition du travailleur un service d'information sur internet lui permettant de connaître le nombre de points qu'il a acquis et consommés au cours de l'année civile précédente, le nombre total de points inscrits sur son compte ainsi que les utilisations possibles de ces points. »

Ils versent les sommes représentatives des points que le travailleur souhaite affecter aux utilisations mentionnées aux 1°, 2° et 3° du I de l'article L. 4162-4, respectivement, aux financeurs des actions de formation professionnelle suivies, aux employeurs concernés ou au régime de retraite compétent.

Un décret fixe les conditions d'application du présent article.

Art. L. 4162-12 Dans des conditions définies par décret, les organismes gestionnaires mentionnés à l'article L. 4162-11 du présent code ainsi que, pour les entreprises et établissements mentionnés aux articles L. 722-20 et L. 722-24 du code rural et de la pêche maritime, les caisses de mutualité sociale agricole peuvent, notamment pour l'application de l'article L. 4162-14 du présent code, procéder à des contrôles de l'effectivité et de l'ampleur de l'exposition aux facteurs de risques professionnels ainsi que de l'exhaustivité des données déclarées, sur pièces et sur place, ou faire procéder à ces contrôles par des organismes habilités dans des conditions définies par décret. Ils peuvent demander aux services de l'administration du travail, aux personnes chargées des missions mentionnées au 2° de l'article L. 215-1 du code de la sécurité sociale et aux caisses de mutualité sociale agricole de leur communiquer toute information utile. Le cas échéant, ils notifient à l'employeur et au salarié les modifications qu'ils souhaitent apporter aux éléments ayant conduit à la détermination du nombre de points inscrits sur le compte du salarié. Ce redressement ne peut intervenir qu'au cours des *(L. n° 2015-994 du 17 août 2015, art. 31-I)* « trois » années civiles suivant la fin de l'année au titre de laquelle des points ont été ou auraient dû être inscrits au compte.

En cas de déclaration inexacte, le montant des cotisations mentionnées à l'article L. 4162-20 et le nombre de points sont régularisés. L'employeur peut faire l'objet d'une pénalité prononcée par le directeur de l'organisme gestionnaire, dans la limite de 50 % du plafond mensuel mentionné à l'article L. 241-3 du code de la sécurité sociale, au titre de chaque salarié ou assimilé pour lequel l'inexactitude est constatée. L'entreprise utilisatrice, au sens de l'article L. 1251-1 du présent code, peut, dans les mêmes conditions, faire l'objet d'une pénalité lorsque la déclaration inexacte de l'employeur résulte d'une méconnaissance de l'obligation mise à sa charge par l'article L. 4161-1. La pénalité est recouvrée selon les modalités définies aux sixième, septième, neuvième et avant-dernier alinéas du I de l'article L. 114-17 du code de la sécurité sociale.

Art. L. 4162-13 Sous réserve des articles L. 4162-14 à L. 4162-16, les différends relatifs aux décisions de l'organisme gestionnaire prises en application des sections I et II du présent chapitre et de la présente section III sont réglés suivant les dispositions régissant le contentieux général de la sécurité sociale. Les différends portant sur *(L. n° 2015-994 du 17 août 2015, art. 28-I)* « la déclaration » mentionnée à l'article L. 4161-1 ne peuvent faire l'objet d'un litige distinct de celui mentionné au présent article. *(Abrogé par L. n° 2016-1547 du 18 nov. 2016, art. 12, au plus tard à compter du 1er janv. 2019)* « *Par dérogation à l'article L. 144-5 du code de la sécurité sociale,* » Les dépenses liées aux frais des expertises demandées par les juridictions dans le cadre de ce contentieux sont prises en charge par le fonds mentionné à l'article L. 4162-18 du présent code.

Art. L. 4162-14 Lorsque le différend est lié à un désaccord avec son employeur sur l'effectivité ou l'ampleur de son exposition aux facteurs de risques professionnels mentionnés à l'article L. 4161-1, le salarié ne peut saisir la caisse d'une réclamation relative à l'ouverture du compte personnel de prévention de la pénibilité ou au nombre de points enregistrés sur celui-ci que s'il a préalablement porté cette contestation devant l'employeur, dans des conditions précisées par décret en Conseil d'État. Le salarié peut être assisté ou représenté par une personne de son choix appartenant au personnel de l'entreprise.

En cas de rejet de cette contestation par l'employeur, l'organisme gestionnaire se prononce sur la réclamation du salarié, après avis motivé d'une commission dont la composition, le fonctionnement et le ressort territorial sont fixés par décret en Conseil d'État. Cette commission dispose de personnels mis à disposition par ces caisses. Elle peut demander aux services de l'administration du travail, aux personnes chargées des missions mentionnées au 2° de l'article L. 215-1 du code de la sécurité sociale et aux caisses de mutualité sociale agricole de lui communiquer toute information utile.

Art. L. 4162-15 En cas de recours juridictionnel contre une décision de l'organisme gestionnaire, le salarié et l'employeur sont parties à la cause. Ils sont mis en mesure, l'un et l'autre, de produire leurs observations à l'instance. Le présent article n'est pas applicable aux recours dirigés contre les pénalités mentionnées à l'article L. 4162-12.

Un décret détermine les conditions dans lesquelles le salarié peut être assisté ou représenté.

Art. L. 4162-16 L'action du salarié en vue de l'attribution de points ne peut intervenir qu'au cours des *(L. n° 2015-994 du 17 août 2015, art. 31-I)* « deux » années civiles suivant la fin de l'année au titre de laquelle des points ont été ou auraient dû être portés au compte. La prescription est interrompue par une des causes prévues par le code civil. L'interruption de la prescription peut, en outre, résulter de l'envoi à l'organisme gestionnaire d'une lettre recommandée avec demande d'avis de réception, quels qu'en aient été les modes de délivrance.

SECTION IV **FINANCEMENT**

Art. L. 4162-17 I. – Il est institué un fonds chargé du financement des droits liés au compte personnel de prévention de la pénibilité.

Ce fonds est un établissement public de l'État.

II. – Le conseil d'administration du fonds comprend :

1° Des représentants de l'État ;

2° Des représentants des salariés, désignés par les organisations syndicales de salariés représentatives au niveau national et interprofessionnel ;

3° Des représentants des employeurs, désignés par les organisations professionnelles d'employeurs représentatives au niveau national et interprofessionnel ;

4° Des personnalités qualifiées, désignées par arrêté des ministres chargés du travail et de la sécurité sociale.

La composition, les modes de désignation des membres et les modalités de fonctionnement du conseil d'administration sont fixés par décret.

III. – Un décret définit le régime comptable et financier du fonds. Il précise les relations financières et comptables entre le fonds et les organismes gestionnaires du compte personnel de prévention de la pénibilité.

Art. L. 4162-18 Les dépenses du fonds sont constituées par :

1° La prise en charge de tout ou partie des sommes exposées par les financeurs des actions de formation professionnelle suivies dans le cadre de l'utilisation mentionnée au 1° du I de l'article L. 4162-4, dans des conditions fixées par décret ;

2° La prise en charge des compléments de rémunération et des cotisations et contributions légales et conventionnelles correspondantes mentionnés au 2° du même I, selon des modalités fixées par décret ;

3° Le remboursement au régime général de sécurité sociale, dans des conditions fixées par décret, des sommes représentatives de la prise en charge des majorations de durée d'assurance mentionnées au 3° dudit I, calculées sur une base forfaitaire ;

4° La prise en charge des dépenses liées aux frais d'expertise exposés par les commissions mentionnées à l'article L. 4162-14, dans la limite d'une fraction, fixée par décret, du total des recettes du fonds, ainsi que la prise en charge des dépenses liées aux frais des expertises mentionnées à l'article L. 4162-13 ;

5° Le remboursement aux caisses mentionnées au premier alinéa de l'article L. 4162-11 des frais exposés au titre de la gestion du compte personnel de prévention de la pénibilité.

Art. L. 4162-19 Les recettes du fonds sont constituées par :

1° Une cotisation due par les employeurs au titre des salariés qu'ils emploient et qui entrent dans le champ d'application du compte personnel de prévention de la pénibilité défini à l'article L. 4162-1, dans les conditions définies au I de l'article L. 4162-20 ;

2° Une cotisation additionnelle due par les employeurs ayant exposé au moins un de leurs salariés à la pénibilité, au sens du deuxième alinéa de l'article L. 4162-2, dans les conditions définies au II de l'article L. 4162-20 ; *– Disposition annulée par Décis. CE du 4 mars 2016, n° 386354, en tant que le Décr. du 9 oct. 2014 relatif au fonds de financement des droits liés au compte personnel de prévention de la pénibilité n'a pas fixé à un niveau plus élevé les taux de la cotisation additionnelle due par les employeurs dont au moins un des salariés est exposé à un facteur de pénibilité.*

3° Toute autre recette autorisée par les lois et règlements.

Art. L. 4162-20 I. – La cotisation mentionnée au 1° de l'article L. 4162-19 est égale à un pourcentage, fixé par décret, dans la limite de 0,2 % des rémunérations ou gains, au sens du premier alinéa de l'article L. 242-1 du code de la sécurité sociale, perçus par les salariés entrant dans le champ d'application du compte personnel de prévention de la pénibilité défini à l'article L. 4162-1 du présent code.

II. – La cotisation additionnelle mentionnée au 2° de l'article L. 4162-19 est égale à un pourcentage fixé par décret et compris entre *(L. n° 2015-994 du 17 août 2015, art. 31-I)* « 0,1 % » et 0,8 % des rémunérations ou gains mentionnés au I du présent article perçus par les salariés exposés à la pénibilité, au sens du deuxième alinéa de l'article L. 4162-2, au cours de chaque période. Un taux spécifique, compris entre *(L. n° 2015-994 du 17 août 2015, art. 31-I)* « 0,2 % » et 1,6 %, est appliqué au titre des salariés ayant été exposés simultanément à plusieurs facteurs de pénibilité.

III. – La section I du chapitre VII du titre III du livre Ier du code de la sécurité sociale est applicable à la cotisation définie au I du présent article et à la cotisation additionnelle définie au II.

Aucune cotisation mentionnée au I de l'art. L. 4162-20 n'est due en 2015 et 2016 (L. n° 2015-994 du 17 août 2015, art. 31-II).

Art. L. 4162-21 Pour la fixation du taux des cotisations définies aux 1° et 2° de l'article L. 4162-19 et du barème de points spécifique à chaque utilisation du compte défini à l'article L. 4162-4, il est tenu compte des prévisions financières du fonds pour les cinq prochaines années et, le cas échéant, des recommandations du comité de suivi mentionné à l'article L. 114-4 du code de la sécurité sociale.

SECTION V **DISPOSITIONS D'APPLICATION**

Art. L. 4162-22 Sauf dispositions contraires, les modalités d'application du présent chapitre sont déterminées par décret en Conseil d'État.

CHAPITRE III **ACCORDS EN FAVEUR DE LA PRÉVENTION DE LA PÉNIBILITÉ** *(L. n° 2014-40 du 20 janv. 2014, art. 13, en vigueur le 1er janv. 2015).*

Art. L. 4163-1 *(L. n° 2014-40 du 20 janv. 2014, art. 13)* Le présent chapitre est applicable aux employeurs de droit privé, aux établissements publics à caractère industriel et commercial et aux établissements publics administratifs lorsqu'ils emploient des personnels dans les conditions du droit privé.

Art. L. 4163-2 *(L. n° 2010-1330 du 9 nov. 2010, art. 77-I)* Pour les salariés exposés aux facteurs de risques professionnels mentionnés *(L. n° 2014-40 du 20 janv. 2014, art. 13-IV)* « à l'article L. 4161-1 au-delà des seuils d'exposition définis par décret », les entreprises employant une proportion minimale fixée par décret de ces salariés, y compris les établissements publics, mentionnées aux articles L. 2211-1 et L. 2233-1 employant au moins cinquante salariés, ou appartenant à un groupe au sens de l'article L. 2331-1 dont l'effectif comprend au moins cinquante salariés, sont soumises à une pénalité à la charge de l'employeur lorsqu'elles ne sont pas couvertes par un accord ou *(L. n° 2014-40 du 20 janv. 2014, art. 13-IV)* « , à défaut d'accord attesté par un procès-verbal de désaccord dans les entreprises pourvues de délégués syndicaux ou dans lesquelles une négociation a été engagée dans les conditions prévues aux articles L. 2232-21 et L. 2232-24, par » un plan d'action relatif à la prévention de la pénibilité.

Le montant de cette pénalité est fixé à 1 % au maximum des rémunérations ou gains, au sens du premier alinéa de l'article L. 242-1 *(L. n° 2014-40 du 20 janv. 2014, art. 13-IV)* « du code de la sécurité sociale » et du premier alinéa de l'article L. 741-10 du code rural et de la pêche maritime, versés aux travailleurs salariés ou assimilés concernés au cours des périodes au titre desquelles l'entreprise n'est pas couverte par l'accord ou le plan d'action mentionné au premier alinéa du présent article.

Le montant est fixé par l'autorité administrative, dans des conditions fixées par décret en Conseil d'État, en fonction des efforts constatés dans l'entreprise en matière de prévention de la pénibilité.

Le produit de cette pénalité est affecté à la branche accidents du travail et maladies professionnelles de la sécurité sociale.

Les articles L. **137-3** et L. **137-4** *(L. nº 2014-40 du 20 janv. 2014, art. 13-IV)* « du code de la sécurité sociale » sont applicables à cette pénalité.

L'art. L. 138-29 CSS devient l'art. L. 4163-2 C. trav. (L. nº 2014-40 du 20 janv. 2014, art. 13-III).

V. Circ. DGT nº 08 du 28 oct. 2011 relative aux accords et plans d'action en faveur de la prévention de la pénibilité prévus à l'art. L. 138-29 CSS.

Art. L. 4163-3 *(L. nº 2010-1330 du 9 nov. 2010, art. 77-V)* L'accord d'entreprise ou de groupe portant sur la prévention de la pénibilité mentionné à l'article *(L. nº 2014-40 du 20 janv. 2014, art. 13-V)* « L. **4163-2** » est conclu pour une durée maximale de trois ans. Une liste de thèmes obligatoires devant figurer dans ces accords est fixée par décret.

L'art. L. 138-30 CSS devient l'art. L. 4163-3 C. trav. (L. nº 2014-40 du 20 janv. 2014, art. 13-III).

Art. L. 4163-4 *(L. nº 2010-1330 du 9 nov. 2010, art. 77-I)* Les entreprises mentionnées au premier alinéa de l'article *(L. nº 2014-40 du 20 janv. 2014, art. 13-VI)* « L. **4163-2** » ne sont pas soumises à la pénalité lorsque, en l'absence d'accord d'entreprise ou de groupe, elles ont élaboré, après avis du comité d'entreprise ou, à défaut, des délégués du personnel, un plan d'action établi au niveau de l'entreprise ou du groupe relatif à la prévention de la pénibilité dont le contenu est conforme à celui mentionné à l'article *(L. nº 2014-40 du 20 janv. 2014, art. 13-VI)* « L. **4163-3** ». La durée maximale de ce plan d'action est de trois ans. Il fait l'objet d'un dépôt auprès de l'autorité administrative.

En outre, les entreprises dont l'effectif comprend au moins cinquante salariés et est inférieur à trois cents salariés ou appartenant à un groupe dont l'effectif comprend au moins cinquante salariés et est inférieur à trois cents salariés ne sont pas soumises à cette pénalité lorsqu'elles sont couvertes par un accord de branche étendu dont le contenu est conforme au décret mentionné à l'article *(L. nº 2014-40 du 20 janv. 2014, art. 13-VI)* « L. **4163-3** ».

L'art. L. 138-31 CSS devient l'art. L. 4163-4 C. trav. (L. nº 2014-40 du 20 janv. 2014, art. 13-III).

LIVRE DEUXIÈME **DISPOSITIONS APPLICABLES AUX LIEUX DE TRAVAIL**

TITRE PREMIER **OBLIGATIONS DU MAÎTRE D'OUVRAGE POUR LA CONCEPTION DES LIEUX DE TRAVAIL**

CHAPITRE PREMIER **PRINCIPES GÉNÉRAUX**

Art. L. 4211-1 Le maître d'ouvrage entreprenant la construction ou l'aménagement de bâtiments destinés à recevoir des travailleurs se conforme aux dispositions légales visant à protéger leur santé et sécurité au travail. – *[Anc. art. L. 235-19, al. 1.] – V. art. L. 4744-1 (pén.).*

Art. L. 4211-2 Pour l'application des dispositions relatives à la conception des lieux de travail, des décrets en Conseil d'État, pris en application de l'article L. **4111-6** déterminent :

1º Les règles de santé et de sécurité auxquelles se conforment les maîtres d'ouvrage lors de la construction ou l'aménagement de bâtiments destinés à recevoir des travailleurs ;

2º Les locaux et dispositifs ou aménagements de toute nature dont sont dotés les bâtiments que ces décrets désignent en vue d'améliorer les conditions de santé et de sécurité des travailleurs affectés à leur construction ou à leur entretien.

Ces décrets sont pris après avis des organisations professionnelles d'employeurs et de salariés intéressées. – *[Anc. art. L. 235-17, L. 235-19, al. 2.] – V. art. L. 4744-1 (pén.) et R. 4211-1 s.*

CHAPITRE II AÉRATION ET ASSAINISSEMENT

Le présent chapitre ne comprend pas de dispositions législatives.

CHAPITRE III ÉCLAIRAGE, INSONORISATION ET AMBIANCE THERMIQUE

Le présent chapitre ne comprend pas de dispositions législatives.

CHAPITRE IV SÉCURITÉ DES LIEUX DE TRAVAIL

Le présent chapitre ne comprend pas de dispositions législatives.

CHAPITRE V INSTALLATIONS ÉLECTRIQUES

Le présent chapitre ne comprend pas de dispositions législatives.

CHAPITRE VI RISQUES D'INCENDIES ET D'EXPLOSIONS ET ÉVACUATION

Le présent chapitre ne comprend pas de dispositions législatives.

CHAPITRE VII INSTALLATIONS SANITAIRES, RESTAURATION

Le présent chapitre ne comprend pas de dispositions législatives.

TITRE DEUXIÈME OBLIGATIONS DE L'EMPLOYEUR POUR L'UTILISATION DES LIEUX DE TRAVAIL

CHAPITRE PREMIER PRINCIPES GÉNÉRAUX

Art. L. 4221-1 Les établissements et locaux de travail sont aménagés de manière à ce que leur utilisation garantisse la sécurité des travailleurs.

Ils sont tenus dans un état constant de propreté et présentent les conditions d'hygiène et de salubrité propres à assurer la santé des intéressés.

Les décrets en Conseil d'État prévus à l'article L. 4111-6 déterminent les conditions d'application du présent titre. – *[Anc. art. L. 232-1, L. 233-1.] – V. art. L. 4741-4 (pén.) et R. 4221-1 s.*

BIBL. ▶ LEROY, *RPDS 1981. 309.*

CHAPITRE II AÉRATION, ASSAINISSEMENT

Le présent chapitre ne comprend pas de dispositions législatives.

CHAPITRE III ÉCLAIRAGE, AMBIANCE THERMIQUE

Le présent chapitre ne comprend pas de dispositions législatives.

CHAPITRE IV SÉCURITÉ DES LIEUX DE TRAVAIL

Le présent chapitre ne comprend pas de dispositions législatives.

CHAPITRE V AMÉNAGEMENT DES POSTES DE TRAVAIL

Le présent chapitre ne comprend pas de dispositions législatives.

CHAPITRE VI INSTALLATIONS ÉLECTRIQUES

Le présent chapitre ne comprend pas de dispositions législatives.

CHAPITRE VII RISQUES D'INCENDIES ET D'EXPLOSIONS ET ÉVACUATION

Le présent chapitre ne comprend pas de dispositions législatives.

CHAPITRE VIII **INSTALLATIONS SANITAIRES, RESTAURATION ET HÉBERGEMENT**

Le présent chapitre ne comprend pas de dispositions législatives.

TITRE TROISIÈME **VIGILANCE DU DONNEUR D'ORDRE EN MATIÈRE D'HÉBERGEMENT**

(L. n° 2014-790 du 10 juill. 2014, art. 4)

CHAPITRE UNIQUE **OBLIGATION DE VIGILANCE ET RESPONSABILITÉ DU DONNEUR D'ORDRE**

Art. L. 4231-1 Tout maître d'ouvrage ou tout donneur d'ordre, informé par écrit, par un agent de contrôle mentionné à l'article L. 8271-1-2 du présent code, du fait que des salariés de son cocontractant ou d'une entreprise sous-traitante directe ou indirecte sont soumis à des conditions d'hébergement collectif incompatibles avec la dignité humaine, mentionnées à l'article 225-14 du code pénal, lui enjoint aussitôt, par écrit, de faire cesser sans délai cette situation.

A défaut de régularisation de la situation signalée, le maître d'ouvrage ou le donneur d'ordre est tenu de prendre à sa charge l'hébergement collectif des salariés, dans des conditions respectant les normes prises en application de l'article L. 4111-6 du présent code *(L. n° 2016-1088 du 8 août 2016, art. 111)* « ou, le cas échéant, de l'article L. 716-1 du code rural et de la pêche maritime ».

Le présent article ne s'applique pas au particulier qui contracte avec une entreprise pour son usage personnel, celui de son conjoint, de son partenaire lié par un pacte civil de solidarité, de son concubin ou de ses ascendants ou descendants.

Conformité à la Constitution de l'art. L. 4231-1. Les dispositions du deuxième alinéa de l'art. L. 4231-1 sont conformes à la Constitution avec deux réserves d'interprétation : la mise en œuvre de la responsabilité du maître d'ouvrage ou du donneur d'ordre est nécessairement subordonnée au constat par les agents de contrôle compétents d'une infraction aux dispositions de l'art. 225-14 C. pén. imputable à l'un de ses cocontractants ou d'une entreprise sous-traitante directe ou indirecte ; l'obligation de prise en charge de l'hébergement collectif des salariés de l'entreprise cocontractante ou sous-traitante par le maître d'ouvrage ou le donneur d'ordre est limitée aux salariés qui sont employés à l'exécution du contrat direct ou de sous-traitance et à la durée d'exécution dudit contrat. • Cons. const. 22 janv. 2016, n° 2015-517 QPC : *D. 2016. Actu. 206 ; RDT 2016. 276, obs. Lapin ; Dr. soc. 2016. 372, note Muller ; RJS 4/2016, n° 252 ; JS Lamy 2016, n° 405-3 ; JCP G 2016. 208, obs. Mathieu.*

LIVRE TROISIÈME **ÉQUIPEMENTS DE TRAVAIL ET MOYENS DE PROTECTION**

TITRE PREMIER **CONCEPTION ET MISE SUR LE MARCHÉ DES ÉQUIPEMENTS DE TRAVAIL ET DES MOYENS DE PROTECTION**

CHAPITRE PREMIER **RÈGLES GÉNÉRALES**

SECTION PREMIÈRE **PRINCIPES**

Art. L. 4311-1 Les équipements de travail destinés à être exposés, mis en vente, vendus, importés, loués, mis à disposition ou cédés à quelque titre que ce soit sont conçus et construits de sorte que leur mise en place, leur utilisation, leur réglage, leur maintenance, dans des conditions conformes à leur destination, n'exposent pas les personnes à un risque d'atteinte à leur santé ou leur sécurité *(L. n° 2012-387 du 22 mars 2012, art. 54)* « et assurent, le cas échéant, la protection des animaux domestiques, des biens ainsi que de l'environnement ».

Les moyens de protection, qui font l'objet des opérations mentionnées au premier alinéa, sont conçus et fabriqués de manière à protéger les personnes, dans des conditions d'utilisation et de maintenance conformes à leur destination, contre les risques pour lesquels ils sont prévus. – *[Anc. art. L. 233-5, al. 1er fin et al. 2 fin.] – V. art. L. 4741-9 et L. 4744-6 (pén.).*

Art. L. 4311-2 Les équipements de travail sont les machines, appareils, outils, engins, matériels et installations.

Les moyens de protection sont les protecteurs et dispositifs de protection, les équipements et produits de protection individuelle. – *[Anc. art. L. 233-5, I, al. 1er début et al. 2 début.] – V. art. L. 4741-9 et L. 4744-6 (pén.).*

Art. L. 4311-3 Il est interdit d'exposer, de mettre en vente, de vendre, d'importer, de louer, de mettre à disposition ou de céder à quelque titre que ce soit des équipements de travail et des moyens de protection qui ne répondent pas aux règles techniques du chapitre II et aux procédures de certification du chapitre III. – *[Anc. art. L. 233-5, II.] – V. art. L. 4741-9 et L. 4744-6 (pén.).*

Art. L. 4311-4 Par dérogation aux dispositions de l'article L. 4311-3, sont permises, pour une durée déterminée, l'exposition et l'importation aux fins d'exposition dans les foires et salons autorisés d'équipements de travail ou de moyens de protection neufs ne satisfaisant pas aux dispositions de l'article L. 4311-1.

Dans ce cas, un avertissement dont les caractéristiques sont déterminées par arrêté conjoint du ministre chargé du travail et du ministre chargé de l'agriculture est placé à proximité de l'équipement de travail ou du moyen de protection faisant l'objet de l'exposition, pendant toute la durée de celle-ci. – *[Anc. art. L. 233-5-3, I et II.] – V. art. L. 4741-9 (pén.). – V. Arr. du 22 oct. 2009 (JO 21 nov.).*

Art. L. 4311-5 L'acheteur ou le locataire d'un équipement de travail ou d'un moyen de protection qui a été livré dans des conditions contraires aux dispositions des articles L. 4311-1 et L. 4311-3 peut, nonobstant toute clause contraire, demander la résolution de la vente ou du bail dans le délai d'une année à compter du jour de la livraison.

Le tribunal qui prononce cette résolution peut accorder des dommages et intérêts à l'acheteur ou au locataire. – *[Anc. art. L. 233-6, VI.]*

Art. L. 4311-6 Outre les *(L. nº 2016-1088 du 8 août 2016, art. 113)* « agents de contrôle de l'inspection du travail mentionnés à l'article L. 8112-1 », les agents des douanes, les agents de la concurrence, de la consommation et de la répression des fraudes, les ingénieurs des mines, les ingénieurs de l'industrie et des mines sont compétents pour constater par procès-verbal, en dehors des lieux d'utilisation des équipements de travail et moyens de protection, les infractions aux dispositions des articles L. 4311-1 à L. 4311-4 commises à l'occasion de leur exposition, leur mise en vente, leur vente, leur importation, leur location, leur mise à disposition ou leur cession à quelque titre que ce soit.

Les agents de la concurrence, de la consommation et de la répression des fraudes disposent à cet effet des pouvoirs prévus *(Ord. nº 2016-301 du 14 mars 2016, art. 21, en vigueur le 1er juill. 2016)* « au I de l'article L. 511-22 » du code de la consommation. – *[Anc. art. L. 611-16.]*

SECTION II **DISPOSITIONS D'APPLICATION**

Art. L. 4311-7 Pour l'application des dispositions du présent titre, des décrets en Conseil d'État, pris après avis des organisations professionnelles d'employeurs et de salariés intéressées, déterminent :

1º Les équipements de travail et les moyens de protection soumis aux obligations de sécurité définies à l'article L. 4311-1 ;

2º Les règles techniques auxquelles satisfait chaque type d'équipement de travail et de moyen de protection, prévues au chapitre II ;

3º Les procédures de certification de conformité aux règles techniques auxquelles sont soumis les fabricants, importateurs et cédants, selon le type d'équipement de travail et de moyen de protection, ainsi que les garanties dont ils bénéficient prévues au chapitre III ;

4º Les conditions dans lesquelles l'autorité administrative habilitée à contrôler la conformité peut demander au fabricant ou à l'importateur, en application de l'article L. 4313-1, communication d'une documentation technique ;

5° Les conditions dans lesquelles est organisée la procédure de sauvegarde prévue à l'article L. 4314-1 ;

6° Les conditions dans lesquelles le respect de normes est réputé satisfaire aux règles techniques ainsi que celles dans lesquelles certaines d'entre elles peuvent être rendues obligatoires. – *[Anc. art. L. 233-5, III, al. 1er à 3 et al. 7 et 8, phrase 1, al. 10, et IV.] – V. art. R. 4311-1 s.*

CHAPITRE II **RÈGLES TECHNIQUES DE CONCEPTION**

Le présent chapitre ne comprend pas de dispositions législatives.

CHAPITRE III **PROCÉDURES DE CERTIFICATION DE CONFORMITÉ**

Art. L. 4313-1 L'autorité administrative habilitée à contrôler la conformité des équipements de travail et des moyens de protection peut demander au fabricant ou à l'importateur communication d'une documentation technique dont le contenu est déterminé par voie réglementaire.

Les personnes ayant accès à cette documentation technique sont tenues au secret professionnel pour toutes les informations relatives aux procédés de fabrication et d'exploitation. – *[Anc. art. L. 233-5, III, al. 8, phrase 1, al. 9.] – V. art. R. 4313-1 s.*

CHAPITRE IV **PROCÉDURE DE SAUVEGARDE**

Art. L. 4314-1 Une procédure de sauvegarde est organisée permettant :

1° Soit de s'opposer à ce que des équipements de travail ou des moyens de protection ne répondant pas aux obligations de sécurité et à tout ou partie des règles techniques auxquelles doit satisfaire chaque type d'équipement de travail et de moyen de protection fassent l'objet des opérations mentionnées aux articles L. 4311-3 et L. 4321-2 ;

2° Soit de subordonner l'accomplissement de ces opérations à des vérifications, épreuves, règles d'entretien, modifications des modes d'emploi des équipements de travail ou moyens de protection concernés. – *[Anc. art. L. 233-5, III, al. 10 à 12.] – V. art. L. 4741-9 (pén.).*

TITRE DEUXIÈME **UTILISATION DES ÉQUIPEMENTS DE TRAVAIL ET DES MOYENS DE PROTECTION**

CHAPITRE PREMIER **RÈGLES GÉNÉRALES**

SECTION PREMIÈRE **PRINCIPES**

Art. L. 4321-1 Les équipements de travail et les moyens de protection mis en service ou utilisés dans les établissements destinés à recevoir des travailleurs sont équipés, installés, utilisés, réglés et maintenus de manière à préserver la santé et la sécurité des travailleurs, y compris en cas de modification de ces équipements de travail et de ces moyens de protection. – *[Anc. art. L. 233-5-1, I.] – V. art. L. 4744-6 (pén.).*

Accessibilité et intelligibilité de l'art. L. 4321-1. L'art. L. 4321-1 définit, en des termes suffisamment clairs et précis pour exclure l'arbitraire, les principes régissant l'utilisation des équipements de travail et des moyens de protection mis en service dans les établissements recevant des travailleurs, dont l'application est déterminée par décret. • Crim., QPC, 3 janv. 2012 : *D. 2012. Actu. 222.*

Art. L. 4321-2 Il est interdit de mettre en service ou d'utiliser des équipements de travail et des moyens de protection qui ne répondent pas aux règles techniques de conception du chapitre II et aux procédures de certification du chapitre III du titre Ier. – *[Anc. art. L. 233-5-1, II.] – V. art. L. 4741-9 et L. 4744-6 (pén.).*

Art. L. 4321-3 Par dérogation aux dispositions de l'article L. 4321-2, est permise, aux seules fins de démonstration, l'utilisation des équipements de travail neufs ne répondant pas aux dispositions de l'article L. 4311-1. Les mesures nécessaires, destinées à éviter toute atteinte à la sécurité et la santé des travailleurs chargés de la démonstration et des personnes exposées aux risques qui en résultent, sont alors mises en œuvre.

Dans ce cas, un avertissement dont les caractéristiques sont déterminées par arrêté conjoint du ministre chargé du travail et du ministre chargé de l'agriculture est placé à proximité de l'équipement de travail faisant l'objet de la démonstration, pendant toute la durée de celle-ci. – *[Anc. art. L. 233-5-3, II et III.] – V. art. L. 4741-9 (pén.). – V. Arr. du 22 oct. 2009 (JO 21 nov.).*

SECTION II DISPOSITIONS D'APPLICATION

Art. L. 4321-4 Pour l'application des dispositions du présent titre, des décrets en Conseil d'État, pris après avis des organisations professionnelles d'employeurs et de salariés intéressées, déterminent les mesures d'organisation, les conditions de mise en œuvre et les prescriptions techniques auxquelles est subordonnée l'utilisation des équipements de travail et moyens de protection soumis aux obligations de sécurité définies à l'article L. 4321-1. – *[Anc. art. L. 233-5-1, III, al. 1er et 2.] – V. art. R. 4321-1 s.*

Art. L. 4321-5 Les modalités d'application des décrets en Conseil d'État mentionnés à l'article L. 4321-4 peuvent être définies par des conventions ou des accords conclus entre l'autorité administrative et les organisations professionnelles nationales d'employeurs représentatives. – *[Anc. art. L. 233-5-1, IV.]*

CHAPITRE II MAINTIEN EN ÉTAT DE CONFORMITÉ

Le présent chapitre ne comprend pas de dispositions législatives.

CHAPITRE III MESURES D'ORGANISATION ET CONDITIONS D'UTILISATION DES ÉQUIPEMENTS DE TRAVAIL ET DES ÉQUIPEMENTS DE PROTECTION INDIVIDUELLE

Le présent chapitre ne comprend pas de dispositions législatives.

CHAPITRE IV UTILISATION DES ÉQUIPEMENTS DE TRAVAIL NON SOUMIS À DES RÈGLES DE CONCEPTION LORS DE LEUR PREMIÈRE MISE SUR LE MARCHÉ

Le présent chapitre ne comprend pas de dispositions législatives.

LIVRE QUATRIÈME PRÉVENTION DE CERTAINS RISQUES D'EXPOSITION

TITRE PREMIER RISQUES CHIMIQUES

CHAPITRE PREMIER MISE SUR LE MARCHÉ DES SUBSTANCES ET MÉLANGES DANGEREUX *(Ord. nº 2011-1922 du 22 déc. 2011).*

SECTION PREMIÈRE MESURES GÉNÉRALES ET DISPOSITIONS D'APPLICATION

Art. L. 4411-1 Dans l'intérêt de la santé et de la sécurité au travail, la fabrication, la mise en vente, la vente, l'importation, la cession à quelque titre que ce soit ainsi que l'utilisation des substances et *(Ord. nº 2011-1922 du 22 déc. 2011)* « mélanges dangereux » pour les travailleurs peuvent être limitées, réglementées ou interdites.

Ces limitations, réglementations ou interdictions peuvent être établies même lorsque l'utilisation de ces substances et préparations est réalisée par l'employeur lui-même ou par des travailleurs indépendants. – *[Anc. art. L. 231-7, al. 1er et 2.] – V. art. L. 4741-9 et L. 4744-6 (pén.).*

Art. L. 4411-2 Des décrets en Conseil d'État, pris après avis des organisations professionnelles d'employeurs et de salariés intéressées, déterminent les mesures d'application du présent chapitre et peuvent notamment organiser des procédures spéciales lorsqu'il y a urgence à suspendre la commercialisation ou l'utilisation des substances et *(Ord. nº 2011-1922 du 22 déc. 2011)* « mélanges dangereux », et prévoir les modalités d'indemnisation des travailleurs atteints d'affections causées par ces produits. – *[Anc. art. L. 231-7, al. 4, phrase 1 milieu et phrase 2 et al. 7, phrase 1 fin et phrase 2, et al. 10.] – V. art. L. 4741-9, L. 4744-6 (pén.) et R. 4411-1 s.*

SECTION II **FABRICATION, IMPORTATION ET VENTE**

SOUS-SECTION 1 **DÉCLARATION DES SUBSTANCES ET PRÉPARATIONS**

§ 1er MISE SUR LE MARCHÉ

Art. L. 4411-3 *(Ord. nº 2011-1922 du 22 déc. 2011)* La fabrication, la mise sur le marché, l'utilisation des substances, telles quelles ou contenues dans des mélanges ou des articles, et la mise sur le marché des mélanges sont soumises aux dispositions du règlement (CE) nº 1907/2006 du Parlement européen et du Conseil du 18 décembre 2006 concernant l'enregistrement, l'évaluation et l'autorisation des substances chimiques ainsi que les restrictions applicables à ces substances (REACH) et aux dispositions du règlement (CE) nº 1272/2008 du Parlement européen et du Conseil du 16 décembre 2008 relatif à la classification, à l'étiquetage et à l'emballage des substances et des mélanges.

§ 2 INFORMATION DES AUTORITÉS

Art. L. 4411-4 Les fabricants, les importateurs ou *(Ord. nº 2009-229 du 26 févr. 2009, art. 2-II)* « tout responsable de la mise sur le marché » de substances ou de *(Ord. nº 2011-1922 du 22 déc. 2011)* « mélanges dangereux destinés à être utilisés » dans des établissements employant des travailleurs fournissent à un organisme compétent désigné par l'autorité administrative toutes les informations nécessaires sur ces produits, notamment leur composition.

Il peut leur être imposé de participer à la conservation et à l'exploitation de ces informations et de contribuer à la couverture des dépenses qui en résultent. – *[Anc. art. L. 231-7, al. 4 et 8.] – V. art. L. 4741-9 et L. 4744-6 (pén.).*

§ 3 EXCEPTIONS

Art. L. 4411-5 *(Ord. nº 2009-229 du 26 févr. 2009, art. 2-III)* Les dispositions du paragraphe 2 ne s'appliquent pas au fabricant, à l'importateur ou à tout responsable de la mise sur le marché de certaines catégories de *(Ord. nº 2011-1922 du 22 déc. 2011)* « mélanges » soumises à d'autres procédures de déclaration lorsque ces procédures prennent en compte les risques encourus par les travailleurs.

SOUS-SECTION 2 **PROTECTION DES UTILISATEURS ET ACHETEURS**

§ 1er INFORMATION DES UTILISATEURS

Art. L. 4411-6 Sans préjudice de l'application des dispositions légales non prévues par le présent code, les vendeurs ou distributeurs de substances ou de *(Ord. nº 2011-1922 du 22 déc. 2011)* « mélanges dangereux », ainsi que les employeurs qui en font usage, procèdent à l'étiquetage de ces substances ou *(Ord. nº 2011-1922 du 22 déc. 2011)* « mélanges » dans des conditions déterminées *(Ord. nº 2011-1922 du 22 déc. 2011)* « par le règlement (CE) nº 1272/2008 du Parlement européen et du Conseil du 16 décembre 2008 relatif à la classification, à l'étiquetage et à l'emballage des substances et des mélanges et » par voie réglementaire. – *V. art. L. 4741-9 et L. 4744-6 (pén.).*

§ 2 RÉSOLUTION DE LA VENTE

Art. L. 4411-7 L'acheteur d'une substance ou d'*(Ord. nº 2011-1922 du 22 déc. 2011)* « un mélange dangereux » qui a été livré dans des conditions contraires aux dispositions des articles L. 4411-1 et L. 4411-3 peut, même en présence d'une clause contraire, dans le délai d'une année à compter du jour de la livraison, demander la résolution de la vente.

La juridiction qui prononce cette résolution peut accorder des dommages et intérêts à l'acheteur. – *[Anc. art. L. 233-6.] – V. art. L. 4741-4 (pén.).*

CHAPITRE II **MESURES DE PRÉVENTION DES RISQUES CHIMIQUES**

Art. L. 4412-1 Les règles de prévention des risques pour la santé et la sécurité des travailleurs exposés à des risques chimiques sont déterminées par décret en Conseil d'État pris en application de l'article L. 4111-6.

CHAPITRE II *BIS* **RISQUES D'EXPOSITION À L'AMIANTE : REPÉRAGES AVANT TRAVAUX**

(L. n° 2016-1088 du 8 août 2016, art. 113)

Art. L. 4412-2 En vue de renforcer le rôle de surveillance dévolu aux agents de contrôle de l'inspection du travail, le donneur d'ordre, le maître d'ouvrage ou le propriétaire d'immeubles par nature ou par destination, d'équipements, de matériels ou d'articles y font rechercher la présence d'amiante préalablement à toute opération comportant des risques d'exposition des travailleurs à l'amiante. Cette recherche donne lieu à un document mentionnant, le cas échéant, la présence, la nature et la localisation de matériaux ou de produits contenant de l'amiante. Ce document est joint aux documents de la consultation remis aux entreprises candidates ou transmis aux entreprises envisageant de réaliser l'opération.

Les conditions d'application ou d'exemption, selon la nature de l'opération envisagée, du présent article sont déterminées par décret en Conseil d'État. – *V. C. trav., art. L. 4741-9 et L. 4754-1 (pén.).*

TITRE DEUXIÈME **PRÉVENTION DES RISQUES BIOLOGIQUES**

CHAPITRE PREMIER **DISPOSITIONS GÉNÉRALES**

Art. L. 4421-1 Les règles de prévention des risques pour la santé et la sécurité des travailleurs exposés à des agents biologiques sont déterminées par décret en Conseil d'État pris en application de l'article L. 4111-6. – *V. art. R. 4421-1 s.*

CHAPITRE II **PRINCIPES DE PRÉVENTION**

Le présent chapitre ne comprend pas de dispositions législatives.

CHAPITRE III **ÉVALUATION DES RISQUES**

Le présent chapitre ne comprend pas de dispositions législatives.

CHAPITRE IV **MESURES ET MOYENS DE PRÉVENTION**

Le présent chapitre ne comprend pas de dispositions législatives.

CHAPITRE V **INFORMATION ET FORMATION DES TRAVAILLEURS**

Le présent chapitre ne comprend pas de dispositions législatives.

CHAPITRE VI **SURVEILLANCE MÉDICALE**

Le présent chapitre ne comprend pas de dispositions législatives.

CHAPITRE VII **DÉCLARATION ADMINISTRATIVE**

Le présent chapitre ne comprend pas de dispositions législatives.

TITRE TROISIÈME **PRÉVENTION DES RISQUES D'EXPOSITION AU BRUIT**

CHAPITRE PREMIER **DISPOSITIONS GÉNÉRALES**

Art. L. 4431-1 Les règles de prévention des risques pour la santé et la sécurité des travailleurs exposés au bruit sont déterminées par décret en Conseil d'État pris en application de l'article L. 4111-6. – *V. art. R. 4431-1 s.*

CHAPITRE II **PRINCIPES DE PRÉVENTION**

Le présent chapitre ne comprend pas de dispositions législatives.

CHAPITRE III **ÉVALUATION DES RISQUES**

Le présent chapitre ne comprend pas de dispositions législatives.

CHAPITRE IV **MESURES ET MOYENS DE PRÉVENTION**

Le présent chapitre ne comprend pas de dispositions législatives.

CHAPITRE V **SURVEILLANCE MÉDICALE**

Le présent chapitre ne comprend pas de dispositions législatives.

CHAPITRE VI **INFORMATION ET FORMATION DES TRAVAILLEURS**

Le présent chapitre ne comprend pas de dispositions législatives.

CHAPITRE VII **DÉROGATIONS**

Le présent chapitre ne comprend pas de dispositions législatives.

TITRE QUATRIÈME **PRÉVENTION DES RISQUES D'EXPOSITION AUX VIBRATIONS MÉCANIQUES**

CHAPITRE PREMIER **DISPOSITIONS GÉNÉRALES**

Art. L. 4441-1 Les règles de prévention des risques pour la santé et la sécurité des travailleurs exposés aux vibrations mécaniques sont déterminées par décret en Conseil d'État pris en application de l'article L. 4111-6. – *V. art. R. 4441-1 s.*

CHAPITRE II **PRINCIPES DE PRÉVENTION**

Le présent chapitre ne comprend pas de dispositions législatives.

CHAPITRE III **VALEURS LIMITES D'EXPOSITION**

Le présent chapitre ne comprend pas de dispositions législatives.

CHAPITRE IV **ÉVALUATION DES RISQUES**

Le présent chapitre ne comprend pas de dispositions législatives.

CHAPITRE V **MESURES ET MOYENS DE PRÉVENTION**

Le présent chapitre ne comprend pas de dispositions législatives.

CHAPITRE VI **SURVEILLANCE MÉDICALE**

Le présent chapitre ne comprend pas de dispositions législatives.

CHAPITRE VII **INFORMATION ET FORMATION DES TRAVAILLEURS**

Le présent chapitre ne comprend pas de dispositions législatives.

TITRE CINQUIÈME **PRÉVENTION DES RISQUES D'EXPOSITION AUX RAYONNEMENTS** *(L. n° 2009-526 du 12 mai 2009, art. 35).*

CHAPITRE PREMIER **PRÉVENTION DES RISQUES D'EXPOSITION AUX RAYONNEMENTS IONISANTS** *(L. n° 2009-526 du 12 mai 2009, art. 35).*

Art. L. 4451-1 Les règles de prévention des risques pour la santé et la sécurité des travailleurs *(L. n° 2009-526 du 12 mai 2009, art. 36)* « , y compris les travailleurs indépendants et les employeurs, » exposés aux rayonnements ionisants sont fixées dans le respect des principes généraux de radioprotection des personnes énoncés à l'article L. 1333-1 du code de la santé publique et des obligations prévues à l'article L. 1333-10 du même code. – *[Anc. art. L. 231-7-1, al. 1.] – V. art. L. 4741-9 (pén.).*

Art. L. 4451-2 Un décret en Conseil d'État détermine les modalités d'application aux travailleurs des dispositions de l'article L. 4451-1, notamment :

1° Les valeurs limites que doit respecter l'exposition de ces travailleurs ;

2° Les références d'exposition et les niveaux qui leur sont applicables, compte tenu des situations particulières d'exposition ;

3° Les éventuelles restrictions ou interdictions concernant les activités, procédés, dispositifs ou substances dangereux pour les travailleurs ;

(L. n° 2015-992 du 17 août 2015, art. 125-I) « 4° Les modalités de suivi médical spécifiques et adaptées pour les travailleurs exposés à des rayonnements ionisants, en particulier pour les travailleurs mentionnés à l'article L. 4511-1. » – *[Anc. art. L. 231-7-1, al. 2.] – V. art. L. 4741-9 (pén.) et R. 4451-1 s.*

CHAPITRE II **PRÉVENTION DES RISQUES D'EXPOSITION AUX RAYONNEMENTS OPTIQUES ARTIFICIELS** *(L. n° 2009-526 du 12 mai 2009, art. 35).*

Le présent chapitre ne comprend pas de dispositions législatives.

CHAPITRE III **PRÉVENTION DES RISQUES D'EXPOSITION AUX CHAMPS ÉLECTROMAGNÉTIQUES** *(L. n° 2009-526 du 12 mai 2009, art. 35).*

Art. L. 4453-1 *(L. n° 2010-788 du 12 juill. 2010, art. 183-V)* Les règles de prévention des risques pour la santé et la sécurité des travailleurs exposés aux champs électromagnétiques sont déterminées par décret en Conseil d'État pris en application de l'article L. 4111-6.

Ce décret se conforme aux principes de prévention fixés aux articles L. 4121-1 et L. 4121-2.

CHAPITRE IV **SURVEILLANCE MÉDICALE**

Le présent chapitre ne comprend pas de dispositions législatives.

CHAPITRE V **SITUATIONS ANORMALES DE TRAVAIL**

Le présent chapitre ne comprend pas de dispositions législatives.

CHAPITRE VI **ORGANISATION DE LA RADIOPROTECTION**

Le présent chapitre ne comprend pas de dispositions législatives.

CHAPITRE VII **RÈGLES APPLICABLES EN CAS D'EXPOSITION PROFESSIONNELLE LIÉE À LA RADIOACTIVITÉ NATURELLE**

Le présent chapitre ne comprend pas de dispositions législatives.

TITRE SIXIÈME **AUTRES RISQUES** *(L. n° 2009-526 du 12 mai 2009, art. 35).*

CHAPITRE PREMIER **PRÉVENTION DES RISQUES EN MILIEU HYPERBARE** *(L. n° 2009-526 du 12 mai 2009, art. 35).*

Le présent chapitre ne comprend pas de dispositions législatives.

LIVRE CINQUIÈME **PRÉVENTION DES RISQUES LIÉS À CERTAINES ACTIVITÉS OU OPÉRATIONS**

TITRE PREMIER **TRAVAUX RÉALISÉS DANS UN ÉTABLISSEMENT PAR UNE ENTREPRISE EXTÉRIEURE**

CHAPITRE PREMIER **DISPOSITIONS GÉNÉRALES**

Art. L. 4511-1 Les règles de prévention des risques pour la santé et la sécurité des travailleurs, liés aux travaux réalisés dans un établissement par une entreprise extérieure, sont déterminées par décret en Conseil d'État pris en application des articles L. 4111-6 et L. 4611-8. – *V. art. R. 4511-1 s.*

CHAPITRE II **MESURES PRÉALABLES À L'EXÉCUTION D'UNE OPÉRATION**

Le présent chapitre ne comprend pas de dispositions législatives.

CHAPITRE III **MESURES À PRENDRE PENDANT L'EXÉCUTION DES OPÉRATIONS**

Le présent chapitre ne comprend pas de dispositions législatives.

CHAPITRE IV **RÔLE DES INSTITUTIONS REPRÉSENTATIVES DU PERSONNEL**

Le présent chapitre ne comprend pas de dispositions législatives.

CHAPITRE V **DISPOSITIONS PARTICULIÈRES AUX OPÉRATIONS DE CHARGEMENT ET DE DÉCHARGEMENT**

Le présent chapitre ne comprend pas de dispositions législatives.

TITRE DEUXIÈME **INSTALLATIONS NUCLÉAIRES DE BASE ET INSTALLATIONS SUSCEPTIBLES DE DONNER LIEU À DES SERVITUDES D'UTILITÉ PUBLIQUE**

CHAPITRE PREMIER **CHAMP D'APPLICATION**

Art. L. 4521-1 Les dispositions du présent titre sont applicables dans les établissements comprenant au moins une installation nucléaire de base au sens de *(Ord. n° 2012-6 du 5 janv. 2012, art. 5)* « l'article L. 593-1 du code de l'environnement » ou une installation figurant sur la liste prévue *(L. n° 2013-619 du 16 juill. 2013, art. 11-V)* « à l'article L. 515-36 » du même code ou soumise aux *(Ord. n° 2011-91 du 21 janv. 2011)* « dispositions des articles L. 211-2 et L. 211-3, des titres II à VII et du chapitre II du titre VIII du livre II du code minier ».

CHAPITRE II **COORDINATION DE LA PRÉVENTION**

Art. L. 4522-1 Dans les établissements mentionnés à l'article L. 4521-1, lorsqu'un travailleur ou le chef d'une entreprise extérieure ou un travailleur indépendant est appelé à réaliser une intervention pouvant présenter des risques particuliers en raison de sa nature ou de la proximité de cette installation, le chef d'établissement de l'entreprise utilisatrice et le chef de l'entreprise extérieure définissent conjointement les mesures de prévention prévues aux articles L. 4121-1 à L. 4121-4.

Le chef d'établissement de l'entreprise utilisatrice veille au respect par l'entreprise extérieure des mesures que celle-ci a la responsabilité d'appliquer, compte tenu de la spécificité de l'établissement, préalablement à l'exécution de l'opération, durant son déroulement et à son issue. – *[Anc. art. L. 230-2, IV, al. 2.]*

Art. L. 4522-2 L'employeur définit et met en œuvre au bénéfice des chefs d'entreprises extérieures et des travailleurs qu'ils emploient ainsi que des travailleurs indépendants, avant le début de leur première intervention dans l'enceinte de l'établissement, une formation pratique et appropriée aux risques particuliers que leur intervention peut présenter en raison de sa nature ou de la proximité de l'installation classée.

Cette formation est dispensée sans préjudice de celles prévues par les articles L. 4141-2 et L. 4142-1. Ses modalités de mise en œuvre, son contenu et les conditions de son renouvellement peuvent être précisés par convention ou accord collectif de branche ou par convention ou accord collectif d'entreprise ou d'établissement. – *[Anc. art. L. 231-3-1, al. 2.]*

CHAPITRE III **COMITÉ D'HYGIÈNE, DE SÉCURITÉ ET DES CONDITIONS DE TRAVAIL**

SECTION PREMIÈRE **ATTRIBUTIONS PARTICULIÈRES**

Art. L. 4523-1 Les dispositions du présent chapitre s'appliquent sans préjudice de celles prévues au titre Ier du livre VI relatives au comité d'hygiène, de sécurité et des conditions de travail.

Art. L. 4523-2 Le comité d'hygiène, de sécurité et des conditions de travail est consulté sur la liste des postes de travail liés à la sécurité de l'installation. Cette liste est établie par l'employeur dans des conditions déterminées par décret en Conseil d'État.

Le comité est également consulté avant toute décision de sous-traiter une activité, jusqu'alors réalisée par les salariés de l'établissement, à une entreprise extérieure appelée à réaliser une intervention pouvant présenter des risques particuliers en raison de sa nature ou de la proximité de l'installation. – *[Anc. art. L. 236-2, al. 10 et al. 11, phrases 1 et 2.] – V. art. R. 4523-1.*

Art. L. 4523-3 Le comité d'hygiène, de sécurité et des conditions de travail est informé à la suite de tout incident qui aurait pu entraîner des conséquences graves. Il peut procéder à l'analyse de l'incident et proposer toute action visant à prévenir son renouvellement. Le suivi de ces propositions fait l'objet d'un examen dans le cadre de la réunion de bilan et de programme annuels, prévue à l'article L. 4612-16. – *[Anc. art. L. 236-2-1, al. 4.]*

Art. L. 4523-4 Dans les établissements comportant une ou plusieurs installations nucléaires de base, le comité d'hygiène, de sécurité et des conditions de travail est informé par l'employeur de la politique de sûreté et peut lui demander communication des informations sur les risques liés à l'exposition aux rayonnements ionisants et sur les mesures de sûreté et de radioprotection prises pour prévenir ou réduire ces risques ou expositions, dans les conditions définies aux articles L. 124-1 à L. 124-6 du code de l'environnement.

Le comité est consulté par l'employeur sur la définition et les modifications ultérieures du plan d'urgence interne mentionné à l'article L. 1333-6 du code de la santé publique. Il peut proposer des modifications de ce plan à l'employeur qui justifie auprès du comité les suites qu'il donne à ces propositions.

Un décret en Conseil d'État détermine le délai dans lequel le comité formule son avis. – *[Anc. art. L. 236-2, al. 9, phrases 5 à 8.]*

Art. L. 4523-5 Le comité d'hygiène, de sécurité et des conditions de travail peut faire appel à un expert en risques technologiques, dans des conditions déterminées par décret en Conseil d'État.

Toutefois, ces dispositions ne sont pas applicables dans les établissements comprenant au moins une installation nucléaire de base. – *[Anc. art. L. 236-9, II, début.] – V. art. R. 4523-3.*

La possibilité reconnue au CHSCT d'avoir recours à un expert en risques technologiques ne peut résulter de la seule activité soumise à la législation sur les installations classées. • Soc. 15 janv. 2013 : *Dalloz actualité, 13 févr. 2013, obs. Siro ; D. 2013. Actu. 255 ; JCP S 2013. 1103, obs. Dauxerre.*

SECTION II **COMPOSITION**

Art. L. 4523-6 Le nombre de représentants du personnel au comité d'hygiène, de sécurité et des conditions de travail est augmenté par voie de convention collective ou d'accord collectif de travail entre l'employeur et les organisations syndicales représentatives dans l'entreprise. – *[Anc. art. L. 236-5, al. 3.]*

SECTION III **FONCTIONNEMENT**

Art. L. 4523-7 Le nombre d'heures de délégation prévu à l'article L. 4614-3, accordé aux représentants du personnel au comité d'hygiène, de sécurité et des conditions de travail pour exercer leurs fonctions, est majoré de 30 %. – *[Anc. art. L. 236-7, al. 2.]*

Art. L. 4523-8 L'autorité chargée de la police des installations est prévenue des réunions du comité d'hygiène, de sécurité et des conditions de travail et peut y assister dès lors que des questions relatives à la sécurité des installations sont inscrites à l'ordre du jour. – *[Anc. art. L. 236-7, al. 7, phrase 2.]*

Art. L. 4523-9 Les représentants du personnel au comité d'hygiène, de sécurité et des conditions de travail sont informés par l'employeur de la présence de l'autorité chargée de la police des installations, lors de ses visites, et peuvent présenter leurs observations écrites. – *[Anc. art. L. 236-7, al. 8, phrase 2.]*

SECTION IV **FORMATION DES REPRÉSENTANTS**

Art. L. 4523-10 Les représentants du personnel au comité d'hygiène, de sécurité et des conditions de travail, y compris, le cas échéant, les représentants des salariés des entreprises extérieures, bénéficient d'une formation spécifique correspondant aux risques ou facteurs de risques particuliers, en rapport avec l'activité de l'entreprise.

Les conditions dans lesquelles cette formation est dispensée et renouvelée peuvent être définies par convention ou accord collectif de branche, d'entreprise ou d'établissement. – *[Anc. art. L. 236-10, al. 5.]*

SECTION V **COMITÉ ÉLARGI**

Art. L. 4523-11 Lorsque la réunion du comité d'hygiène, de sécurité et des conditions de travail a pour objet de contribuer à la définition des règles communes de sécurité dans l'établissement et à l'observation des mesures de prévention définies en application de l'article L. 4522-1, le comité est élargi à une représentation des chefs d'entreprises extérieures et des travailleurs qu'ils emploient selon des conditions déterminées par convention ou accord collectif de branche, d'entreprise ou d'établissement. Cette convention ou cet accord détermine également les modalités de fonctionnement du comité élargi.

A défaut de convention ou d'accord, le comité est élargi et fonctionne dans des conditions déterminées par décret en Conseil d'État. – *[Anc. art. L. 236-1, al. 7, phrases 1 et 2.] – V. art. R. 4523-4.*

Art. L. 4523-12 Les dispositions de l'article L. 4523-11 ne sont pas applicables aux établissements comprenant au moins une installation nucléaire de base dans lesquels les chefs d'entreprises extérieures et les représentants de leurs salariés sont associés à la prévention des risques particuliers liés à l'activité de l'établissement, selon des modalités mises en œuvre avant la publication de la loi n° 2006-686 du 13 juin 2006 relative à la transparence et à la sécurité en matière nucléaire et répondant à des caractéristiques définies par décret. – *[Anc. art. L. 236-1, al. 7, phrase 3.]*

Art. L. 4523-13 Le comité d'hygiène, de sécurité et des conditions de travail élargi se réunit au moins une fois par an. Il est également réuni lorsque s'est produit un accident du travail dont la victime est une personne extérieure intervenant dans l'établissement. – *[Anc. art. L. 236-2-1, al. 3.]*

Art. L. 4523-14 La représentation des entreprises extérieures au comité d'hygiène, de sécurité et des conditions de travail élargi est fonction de la durée de leur intervention, de la nature de cette dernière et de leur effectif intervenant dans l'établissement.

Les salariés des entreprises extérieures sont désignés, parmi les salariés intervenant régulièrement sur le site, par le comité d'hygiène, de sécurité et des conditions de travail de leur établissement ou, à défaut, par les délégués du personnel ou, en leur absence, par les membres de l'équipe appelés à intervenir dans l'établissement. – *[Anc. art. L. 236-1, al. 8, phrases 1 et 2.]*

Art. L. 4523-15 L'employeur et les chefs des entreprises extérieures prennent respectivement les dispositions relevant de leurs prérogatives pour permettre aux salariés des entreprises extérieures désignés au comité d'hygiène, de sécurité et des conditions de travail élargi d'exercer leurs fonctions.

Le comité peut inviter, à titre consultatif et occasionnel, le chef d'une entreprise extérieure. – *[Anc. art. L. 236-1, al. 8, phrase 3.]*

Art. L. 4523-16 Les salariés d'entreprises extérieures qui siègent ou ont siégé en qualité de représentants du personnel dans un comité d'hygiène, de sécurité et des conditions de travail élargi sont tenus à une obligation de discrétion à l'égard des informations présentant un caractère confidentiel et données comme telles par l'employeur.

Ils sont tenus au secret professionnel pour toutes les questions relatives aux procédés de fabrication. – *[Anc. art. L. 236-1, al. 8, phrase 4.]*

Art. L. 4523-17 Les salariés d'entreprises extérieures qui siègent ou ont siégé en qualité de représentants du personnel dans un comité d'hygiène, de sécurité et des conditions de travail élargi bénéficient de la protection prévue par le livre IV de la deuxième partie. – *[Anc. art. L. 236-1, al. 8, phrase 4.]*

CHAPITRE IV **COMITÉ INTERENTREPRISES DE SANTÉ ET DE SÉCURITÉ AU TRAVAIL**

Art. L. 4524-1 Dans le périmètre d'un plan de prévention des risques technologiques mis en place en application de l'article L. 515-15 du code de l'environnement, un comité interentreprises de santé et de sécurité au travail est institué par l'autorité administrative.

Il assure la concertation entre les comités d'hygiène, de sécurité et des conditions de travail des établissements comprenant au moins une installation figurant sur la liste prévue *(L. n° 2013-619 du 16 juill. 2013, art. 11-V)* « à l'article L. 515-36 » du code de l'environnement ou soumise aux *(Ord. n° 2011-91 du 21 janv. 2011)* « dispositions des articles L. 211-2 et L. 211-3, des titres II à VII et du chapitre II du titre VIII du livre II du code minier » situés dans ce périmètre.

Il contribue à la prévention des risques professionnels susceptibles de résulter des interférences entre les activités et les installations des différents établissements.

La composition du comité interentreprises, les modalités de sa création, de la désignation de ses membres et de son fonctionnement sont déterminées par décret en Conseil d'État. – *[Anc. art. L. 236-1, al. 9.]* – *V. art. R. 4524-1 s.*

CHAPITRE V **DISPOSITIONS PARTICULIÈRES EN MATIÈRE D'INCENDIE ET DE SECOURS**

Art. L. 4525-1 Sans préjudice de l'application des autres mesures prévues par le présent code, relatives à la prévention des incendies et des explosions, des moyens appropriés, humains et matériels, de prévention, de lutte contre l'incendie et de secours sont prévus afin de veiller en permanence à la sécurité des personnes occupées dans l'enceinte de l'établissement.

L'employeur définit ces moyens en fonction du nombre de personnes employées dans l'enceinte de l'établissement et des risques encourus.

Il consulte le comité d'hygiène, de sécurité et des conditions de travail sur la définition et la modification de ces moyens. – *[Anc. art. L. 233-1-1.]* – *V. art. L. 4741-4 (pén.).*

CHAPITRE VI **DISPOSITIONS PARTICULIÈRES EN CAS DE DANGER GRAVE ET IMMINENT ET DROIT DE RETRAIT**

Art. L. 4526-1 En cas de danger grave et imminent, l'employeur informe, dès qu'il en a connaissance, l'*(L. nº 2016-1088 du 8 août 2016, art. 113)* « agent de contrôle de l'inspection du travail mentionné à l'article L. 8112-1 », le service de prévention des organismes de sécurité sociale et, selon le cas, l'Autorité de sûreté nucléaire, l'inspection des installations classées ou l'ingénieur chargé de l'exercice de la police des installations mentionnées à *(Ord. nº 2011-91 du 21 janv. 2011)* « l'article L. 211-2 du code minier », de l'avis émis par le représentant du comité d'hygiène, de sécurité et des conditions de travail en application de l'article L. 4132-2.

L'employeur précise à cette occasion les suites qu'il entend donner à cet avis. – *[Anc. art. L. 231-9, al. 4.]*

TITRE TROISIÈME **BÂTIMENT ET GÉNIE CIVIL**

CHAPITRE PREMIER **PRINCIPES DE PRÉVENTION**

Art. L. 4531-1 Afin d'assurer la sécurité et de protéger la santé des personnes qui interviennent sur un chantier de bâtiment ou de génie civil, le maître d'ouvrage, le maître d'œuvre et le coordonnateur en matière de sécurité et de protection de la santé mentionné à l'article L. 4532-4 mettent en œuvre, pendant la phase de conception, d'étude et d'élaboration du projet et pendant la réalisation de l'ouvrage, les principes généraux de prévention énoncés aux 1° à 3° et 5° à 8° de l'article L. 4121-2.

Ces principes sont pris en compte notamment lors des choix architecturaux et techniques ainsi que dans l'organisation des opérations de chantier, en vue :

1° De permettre la planification de l'exécution des différents travaux ou phases de travail se déroulant simultanément ou successivement ;

2° De prévoir la durée de ces phases ;

3° De faciliter les interventions ultérieures sur l'ouvrage. – *[Anc. art. L. 235-1, al. 3.]*

Art. L. 4531-2 Pour les opérations de bâtiment ou de génie civil entreprises par les communes ou groupements de communes de moins de 5 000 habitants, le maître d'œuvre peut se voir confier, sur délégation du maître d'ouvrage, l'application des principes généraux de prévention prévus au premier alinéa de l'article L. 4531-1 ainsi que les règles de coordination prévues au chapitre II. – *[Anc. art. L. 235-1, al. 3.]*

Art. L. 4531-3 Lorsque, sur un même site, plusieurs opérations de bâtiment ou de génie civil doivent être conduites dans le même temps par plusieurs maîtres d'ouvrage, ceux-ci se concertent afin de prévenir les risques résultant de l'interférence de ces interventions. – *[Anc. art. L. 235-10.]*

CHAPITRE II **COORDINATION LORS DES OPÉRATIONS DE BÂTIMENT ET DE GÉNIE CIVIL**

SECTION PREMIÈRE **DÉCLARATION PRÉALABLE**

Art. L. 4532-1 Lorsque la durée ou le volume prévus des travaux d'une opération de bâtiment ou de génie civil excède certains seuils, le maître d'ouvrage adresse avant le début des travaux une déclaration préalable :

1° A l'autorité administrative ;

2° A l'organisme professionnel de santé, de sécurité et des conditions de travail prévu par l'article L. 4111-6 dans la branche d'activité du bâtiment et des travaux publics ;

3° Aux organismes de sécurité sociale compétents en matière de prévention des risques professionnels.

Le texte de cette déclaration, dont le contenu est précisé par arrêté ministériel, est affiché sur le chantier. – *[Anc. art. L. 235-2.] – V. art. L. 4744-2 (pén.). – V. Arr. du 7 mars 1995 (JO 18 mars).*

SECTION II MISSION DE COORDINATION ET COORDONNATEUR EN MATIÈRE DE SÉCURITÉ ET DE PROTECTION DE LA SANTÉ

Art. L. 4532-2 Une coordination en matière de sécurité et de santé des travailleurs est organisée pour tout chantier de bâtiment ou de génie civil où sont appelés à intervenir plusieurs travailleurs indépendants ou entreprises, entreprises sous-traitantes incluses, afin de prévenir les risques résultant de leurs interventions simultanées ou successives et de prévoir, lorsqu'elle s'impose, l'utilisation des moyens communs tels que les infrastructures, les moyens logistiques et les protections collectives. – *[Anc. art. L. 235-3.]*

Art. L. 4532-3 La coordination en matière de sécurité et de santé est organisée tant au cours de la conception, de l'étude et de l'élaboration du projet qu'au cours de la réalisation de l'ouvrage. – *[Anc. art. L. 235-4, al. 1, phrase 1.] – V. art. L. 4744-4 (pén.).*

Art. L. 4532-4 Le maître d'ouvrage désigne un coordonnateur en matière de sécurité et de protection de la santé pour chacune des deux phases de conception et de réalisation ou pour l'ensemble de celles-ci. – *[Anc. art. L. 235-4, al. 1, phrase 2.]*

Lorsque plusieurs entreprises sont présentes sur un chantier, un coordonnateur en matière de sécurité et de santé doit toujours être désigné lors de l'élaboration du projet de l'ouvrage ou, en tout état de cause, avant l'exécution des travaux. • CJUE, 7 oct. 2010 : *JCP S 2010. 1467, obs. Jeanssen.*

Art. L. 4532-5 Sauf dans les cas prévus à l'article L. 4532-7, les dispositions nécessaires pour assurer aux personnes chargées d'une mission de coordination, l'autorité et les moyens indispensables à l'exercice de leur mission sont déterminées par voie contractuelle, notamment par les contrats de maîtrise d'œuvre. – *[Anc. art. L. 235-5, al. 2.] – V. art. L. 4744-4 (pén.).*

Art. L. 4532-6 L'intervention du coordonnateur ne modifie ni la nature ni l'étendue des responsabilités qui incombent, en application des autres dispositions du présent code, à chacun des participants aux opérations de bâtiment et de génie civil. – *[Anc. art. L. 235-5, al. 1.]*

La responsabilité du maître d'ouvrage peut être engagée alors même qu'il a désigné un coordinateur de la sécurité et de la protection de la santé s'il a omis d'indiquer dans la liste des entreprises appelées à intervenir sur le chantier le nom d'un artisan. • Civ. 3e, 17 juin 2015, ☎ n° 14-13.350 P.

Art. L. 4532-7 Pour les opérations de bâtiment ou de génie civil entreprises par un particulier pour son usage personnel, celui de son conjoint, partenaire lié par un pacte civil de solidarité, concubin ou de ses ascendants ou descendants, la coordination est assurée :

1° Lorsqu'il s'agit d'opérations soumises à l'obtention d'un permis de construire, par la personne chargée de la maîtrise d'œuvre pendant la phase de conception, d'étude et d'élaboration du projet, et par la personne qui assure effectivement la maîtrise du chantier pendant la phase de réalisation de l'ouvrage ;

2° Lorsqu'il s'agit d'opérations non soumises à l'obtention d'un permis de construire, par l'un des entrepreneurs présents sur le chantier au cours des travaux. – *[Anc. art. L. 235-4, al. 2 à 4.]*

SECTION III PLAN GÉNÉRAL DE COORDINATION EN MATIÈRE DE SÉCURITÉ ET DE PROTECTION DE LA SANTÉ

Art. L. 4532-8 Lorsque plusieurs entreprises sont appelées à intervenir sur un chantier qui, soit fait l'objet de la déclaration préalable prévue à l'article L. 4532-1, soit nécessite l'exécution d'un ou de plusieurs des travaux inscrits sur une liste de travaux comportant des risques particuliers déterminée par arrêté des ministres chargés du travail et de l'agriculture, le maître d'ouvrage fait établir par le coordonnateur un plan général de coordination en matière de sécurité et de protection de la santé.

Ce plan est rédigé dès la phase de conception, d'étude et d'élaboration du projet et tenu à jour pendant toute la durée des travaux. – *[Anc. art. L. 235-6.] – V. art. L. 4744-4 (pén.). – V. Arr. du 25 févr. 2003, JO 6 mars.*

SECTION IV **PLAN PARTICULIER DE SÉCURITÉ ET DE PROTECTION DE LA SANTÉ**

Art. L. 4532-9 Sur les chantiers soumis à l'obligation d'établir un plan général de coordination, chaque entreprise, y compris les entreprises sous-traitantes, appelée à intervenir à un moment quelconque des travaux, établit, avant le début des travaux, un plan particulier de sécurité et de protection de la santé. Ce plan est communiqué au coordonnateur.

Toute entreprise appelée à exécuter seule des travaux dont la durée et le volume prévus excèdent certains seuils établit également ce plan. Elle le communique au maître d'ouvrage. – *[Anc. art. L. 235-7.] – V. art. L. 4744-5 (pén.).*

SECTION V **COLLÈGE INTERENTREPRISES DE SÉCURITÉ, DE SANTÉ ET DES CONDITIONS DE TRAVAIL**

Art. L. 4532-10 Lorsque le nombre des entreprises, travailleurs indépendants et entreprises sous-traitantes inclus, et l'effectif des travailleurs dépassent certains seuils, le maître d'ouvrage constitue un collège interentreprises de sécurité, de santé et des conditions de travail. – *[Anc. art. L. 235-11, al. 1.]*

Art. L. 4532-11 Les opinions que les travailleurs employés sur le chantier émettent dans l'exercice de leurs fonctions au sein du collège interentreprises ne peuvent motiver une sanction ou un licenciement. – *[Anc. art. L. 235-11, al. 3.]*

Art. L. 4532-12 Le maître d'ouvrage ainsi que l'entrepreneur qui entend sous-traiter une partie des travaux mentionnent dans les contrats conclus respectivement avec les entrepreneurs ou les sous-traitants l'obligation de participer à un collège interentreprises de sécurité, de santé et des conditions de travail. – *[Anc. art. L. 235-12.]*

Art. L. 4532-13 Le collège interentreprises de sécurité, de santé et des conditions de travail peut définir, notamment sur proposition du coordonnateur, certaines règles communes destinées à assurer le respect des mesures de sécurité et de protection de la santé applicables au chantier.

Il vérifie que l'ensemble des règles prescrites, soit par lui-même, soit par le coordonnateur, sont effectivement mises en œuvre. – *[Anc. art. L. 235-13, al. 1.]*

Art. L. 4532-14 L'intervention du collège interentreprises de sécurité, de santé et des conditions de travail ne modifie pas la nature et l'étendue des responsabilités qui incombent aux participants à l'opération de bâtiment ou de génie civil en application des autres dispositions du présent code, ni les attributions des institutions représentatives du personnel compétentes en matière de santé, de sécurité et des conditions de travail. – *[Anc. art. L. 235-13, al. 2.]*

Art. L. 4532-15 Les salariés désignés comme membres du collège interentreprises disposent du temps nécessaire, rémunéré comme temps de travail, pour assister aux réunions de ce collège. – *[Anc. art. L. 235-14, al. 2.]*

SECTION VI **INTERVENTIONS ULTÉRIEURES SUR L'OUVRAGE**

Art. L. 4532-16 Sauf dans les cas prévus à l'article L. 4532-7, au fur et à mesure du déroulement des phases de conception, d'étude et d'élaboration du projet puis de la réalisation de l'ouvrage, le maître d'ouvrage fait établir et compléter par le coordonnateur un dossier rassemblant toutes les données de nature à faciliter la prévention des risques professionnels lors d'interventions ultérieures. – *[Anc. art. L. 235-15, al. 1.] – V. art. L. 4744-4 (pén.).*

SECTION VII **TRAVAUX D'EXTRÊME URGENCE**

Art. L. 4532-17 En cas de travaux d'extrême urgence dont l'exécution immédiate est nécessaire pour prévenir des accidents graves et imminents ou organiser des mesures de sauvetage, les obligations suivantes ne s'appliquent pas :

1° Envoi de la déclaration préalable prévue à l'article L. 4532-1 ;

2° Établissement d'un plan général de coordination en matière de sécurité et de protection de la santé prévu à l'article L. 4532-8 ;

3° Établissement et envoi d'un plan particulier de sécurité et de protection de la santé prévu à l'article L. 4532-9. – *[Anc. art. L. 235-8.]*

SECTION VIII **DISPOSITIONS D'APPLICATION**

Art. L. 4532-18 Des décrets en Conseil d'État déterminent les conditions d'application du présent *(L. n° 2009-526 du 12 mai 2009, art. 37)* « chapitre ». – *[Anc. art. L. 235-5, al. 3, L. 235-4, al. 5, L. 235-9, L. 235-15, al. 2, L. 235-14, al. 1, L. 235-16, al. 2, L. 235-2, L. 235-7, L. 235-11, al. 1er, et L. 235-18.] – V. art. L. 4744-3, L. 4744-4 (pén.) et R. 4532-1 s. – V. Décr. n° 95-607 du 6 mai 1995, App. VII, D. Bâtiment et travaux publics.*

CHAPITRE III **PRESCRIPTIONS TECHNIQUES APPLICABLES AVANT L'EXÉCUTION DES TRAVAUX**

Le présent chapitre ne comprend pas de dispositions législatives.

CHAPITRE IV **PRESCRIPTIONS TECHNIQUES DE PROTECTION DURANT L'EXÉCUTION DES TRAVAUX**

Le présent chapitre ne comprend pas de dispositions législatives.

CHAPITRE V **DISPOSITIONS APPLICABLES AUX TRAVAILLEURS INDÉPENDANTS**

Art. L. 4535-1 Les travailleurs indépendants, ainsi que les employeurs lorsqu'ils exercent directement une activité sur un chantier de bâtiment et de génie civil, mettent en œuvre, vis-à-vis des autres personnes intervenant sur le chantier comme d'eux-mêmes, les principes généraux de prévention fixés aux 1°, 2°, 3°, 5° et 6° de l'article L. 4121-2 ainsi que les dispositions des articles L. 4111-6, L. 4311-1, L. 4321-1, L. 4321-2, L. 4411-1 et L. 4411-6. – *[Anc. art. L. 235-18.] – V. art. L. 4744-6 (pén.).*

TITRE QUATRIÈME **AUTRES ACTIVITÉS ET OPÉRATIONS**

CHAPITRE PREMIER **MANUTENTION DES CHARGES**

Art. L. 4541-1 Les règles de prévention des risques pour la santé et la sécurité des travailleurs résultant de la manutention des charges sont déterminées par décret en Conseil d'État pris en application de l'article L. 4111-6. – *V. art. R. 4541-1 s.*

CHAPITRE II **UTILISATION D'ÉCRANS DE VISUALISATION**

Le présent chapitre ne comprend pas de dispositions législatives.

CHAPITRE III **INTERVENTIONS SUR LES ÉQUIPEMENTS ÉLÉVATEURS ET INSTALLÉS À DEMEURE** *(L. n° 2009-526 du 12 mai 2009, art. 35).*

Le présent chapitre ne comprend pas de dispositions législatives.

CHAPITRE IV **OPÉRATIONS SUR LES INSTALLATIONS ÉLECTRIQUES ET DANS LEUR VOISINAGE** *(L. n° 2009-526 du 12 mai 2009, art. 35).*

Le présent chapitre ne comprend pas de dispositions législatives.

CHAPITRE V **SURVEILLANCE MÉDICALE**

Le présent chapitre ne comprend pas de dispositions législatives.

LIVRE SIXIÈME **INSTITUTIONS ET ORGANISMES DE PRÉVENTION**

TITRE PREMIER **COMITÉ D'HYGIÈNE, DE SÉCURITÉ ET DES CONDITIONS DE TRAVAIL**

BIBL. GÉN. ▸ ADAM, *Dr. ouvrier 2010. 629* (CHSCT et souffrance au travail). – ALVAREZ, *Dr. ouvrier 1983. 123*. – AYADI et DU JONCHAY, *JS Lamy 2010, nº 269-1* (l'heure de gloire du CHSCT ?). – BOSSY, FRANCIA et SALAMAND, *JCP S 2012. 1315* (les CHSCT à l'épreuve des marchés publics). – CARIO, *RD rur. 1984. 183* (CHSCT dans l'agriculture). – CHARBONNEAU, *Dr. ouvrier 2012. 583* (CHSCT : une institution en attente de réforme ?) ; *JS Lamy 2015, nº 382-383-6* (le CHSCT : des moyens à la hauteur des compétences ?). – CHAUMETTE, *Dr. soc. 1983. 425*. – COTTIN, *JS Lamy 2008, nº 239-4* (le CHSCT face au risque professionnel) ; *RJS 2014. 643* (périmètres du CHSCT) ; *Dr. soc. 2014. 721* (le financement des activités du CHSCT) ; *JS Lamy 2015, nº 391-1* (l'action en justice du CHSCT). – COTTIN et LAFUMA, *RDT 2013. 2013, Controverse 379* (CHSCT : quel contrôle de l'expertise ?). – EMERAS, *Dr. soc. 2015. 868* (le patrimoine du CHSCT). – FILOCHE, *Sem. soc. Lamy 2001, nº 1052, p. 4*. – GRINSNIR, *Dr. ouvrier 1992. 170 ; ibid. 1996. 15* (expert). – GUEDES DA COSTA et LAFUMA, *RDT 2010. 419* (le CHSCT dans la décision d'organisation du travail). – GUYOT, *JCP S 2010. 1340* (CHSCT central). – LEROUGE et VERKINDT, *Dr. soc. 2015. 365* (sauvegarder et renforcer le CHSCT : un enjeu majeur de santé au travail). – LEROY, *RPDS 1983. 67 ; ibid. 1986. 73 et 135*. – MOULINIER, *Sem. soc. Lamy 1983, suppl. nº 189*. – NANSOT, *Travail et Emploi 1987, nº 32, 57*. – PATIN, *JCP S 2013. 1246* (concours CHSCT et comité d'entreprise). – PESCHAUD, *Dr. ouvrier 2001. 317* (mise en place). – SEILLAN, *ALD 1983. 33 et 135*. – TEYSSIÉ, *JCP 1984. I. 3129*. – TEYSSIÉ, CESARO et MARTINON, *JCP S 2011. 1291* (du CHSCT à la commission santé et sécurité du comité d'entreprise). – ZANNOU et FÉVRIER, *RDT 2015. Controverse. 725* (quels moyens pour le CHSCT ?).

COMMENTAIRE

V. Dalloz.fr et applications mobiles Dalloz. ❑

CHAPITRE PREMIER **RÈGLES GÉNÉRALES**

SECTION PREMIÈRE **CONDITIONS DE MISE EN PLACE**

Art. L. 4611-1 *(L. nº 2015-994 du 17 août 2015, art. 16-I)* **« Les entreprises d'au moins cinquante salariés mettent en place un comité d'hygiène, de sécurité et des conditions de travail dans leurs établissements d'au moins cinquante salariés et, lorsqu'elles sont constituées uniquement d'établissements de moins de cinquante salariés, dans au moins l'un d'entre eux. Tous les salariés de ces entreprises sont rattachés à un comité d'hygiène, de sécurité et des conditions de travail. »**

La mise en place d'un comité n'est obligatoire que si l'effectif d'au moins cinquante salariés a été atteint pendant douze mois consécutifs ou non au cours des trois années précédentes.

COMMENTAIRE

V. Dalloz.fr et applications mobiles Dalloz. ❑

1. *Personnalité juridique.* Les CHSCT institués par les art. L. 236-1 s. [L. 4611-1 s. nouv.] ont pour mission de contribuer à la protection de la santé et de la sécurité des salariés de l'établissement ainsi qu'à l'amélioration de leurs conditions de travail et sont dotés, dans ce but, d'une possibilité d'expression collective pour la défense des intérêts dont ils ont la charge ; viole, en conséquence, les textes précités la cour d'appel qui retient qu'un CHSCT n'est pas doté de la personnalité civile. • Soc. 17 avr. 1991, nº 89-17.993 P : *D. 1991. IR 152 ; JCP E 1991. II. 229, note H. Blaise ; Dr. soc. 1991. 516 ; RJS 1991. 314, nº 592 ; Dr. ouvrier 1992. 139, note Grinsnir.*

2. *Cadre de mise en place.* Le CHSCT est institué dans le cadre de l'établissement et, le cas échéant, par secteur d'activités ; l'existence d'une UES n'a de conséquence ni sur le cadre de désignation du CHSCT, ni sur la composition du collège désignatif. • Soc. 16 janv. 2008 : *Dr. soc.*

2008. 560, note Petit ; *JCP S 2008. 1255, obs. Cottin.* ♦ Sauf accord collectif, un même CHSCT ne peut regrouper les salariés dépendant de plusieurs établissements dotés chacun d'un comité d'établissement. • Soc. 17 juin 2009 : *R., p. 351 ; RJS 2009. 644, n° 728 ; JS Lamy 2009, n° 259-3.*

3. Tout salarié employé par une entreprise dont l'effectif est au moins égal à cinquante salariés doit relever d'un CHSCT ; la société qui emploie environ mille salariés répartis sur une quarantaine de sites et qui dispose d'un comité d'entreprise unique doit mettre en place le CHSCT au niveau de l'entreprise. • Soc. 19 févr. 2014 : *Dalloz actualité, 18 mars 2014, obs. Fraisse ; D. 2014. Actu. 547* ; *RJS 2014. 336, n° 407 ; JS Lamy 2014, n° 363-3, obs. Pacotte et Bloch* • Soc. 17 déc. 2014, n° 14-60.165 : *D. 2015. Actu. 83* ; *RJS 3/2015, n° 195 ; JCP 2015. 95, note Auzero.* ♦ N'entre pas dans les prévisions de l'art. L. 4611-7 un accord collectif qui, en procédant à une répartition des sièges par site, restreint cette capacité que les salariés tiennent de la loi, peu important que l'accord augmente par ailleurs le nombre des sièges offerts. • Soc. 28 sept. 2016, n° 15-60.201 : *RJS 12/2016, n° 788 ; JCP S 2016. 1396, obs. Cottin.*

4. Composition du collège désignatif. En l'absence d'accord, le collège, désignant les membres du personnel du CHSCT, est constitué de tous les membres titulaires du comité d'établissement et de tous les délégués du personnel élus dans le périmètre de comité. • Soc. 8 déc. 2010 : *Dalloz actualité, 18 janv. 2011, obs. Ines ; Dr. soc. 2011. 227, obs. Petit* : *JCP S 2011. 1111, obs. Cottin* • Soc. 17 avr. 2013 : *Dalloz actualité, 22 mai 2013, obs. Fraisse.*

5. Travailleurs temporaires. Les travailleurs temporaires, même s'ils sont mis à la disposition permanente d'entreprises utilisatrices, sont admis à siéger au sein du CHSCT de l'entreprise de travail temporaire. • Soc. 22 sept. 2010 : *D. 2010. AJ 2298* ; *RJS 2010. 795, n° 893 ; Dr. soc. 2010. 1262, obs. Petit* ; *JS Lamy 2010, n° 2856-4, obs. Lalanne ; Sem. soc. Lamy 2010, n° 1460, p. 9, avis Duplat ; JCP S 2010. 1472, obs. Cottin.* ♦ Comp. (solution antérieure à la loi du 20 août 2008) : • Soc. 26 sept. 2002, n° 01-60.715 P : *D. 2002. IR 2918* ; *RJS 2003. 77, n° 106 ; Dr. soc. 2002. 1163, obs. Roy-Loustaunau* ; *ibid. 2003. 241, obs. Cristau* ; *JS Lamy 2002, n° 111-6.*

6. Constitution de partie civile. Les CHSCT ne sont en droit de se constituer partie civile qu'à la condition de justifier de la possibilité d'un préjudice direct et personnel découlant des infractions poursuivies. • Crim. 11 oct. 2005 : *RJS 2006. 42, n° 56 ; Dr. soc. 2006. 43, note Duquesne* .

Art. L. 4611-2 A défaut de comité d'hygiène, de sécurité et des conditions de travail dans les établissements *(L. n° 2012-387 du 22 mars 2012, art. 43)* « d'au moins cinquante salariés », les délégués du personnel ont les mêmes missions et moyens que les membres de ces comités. Ils sont soumis aux mêmes obligations. — *[Anc. art. L. 236-1, al. 2, phrase 2.]*

Art. L. 4611-3 Dans les établissements de moins de cinquante salariés, *(L. n° 2015-994 du 17 août 2015, art. 16-II)* « lorsque les salariés ne sont pas rattachés à un comité d'hygiène, de sécurité et des conditions de travail, » les délégués du personnel sont investis des missions dévolues aux membres du comité d'hygiène, de sécurité et des conditions de travail qu'ils exercent dans le cadre des moyens prévus aux articles L. 2315-1 et suivants. Ils sont soumis aux mêmes obligations. — *[Anc. art. L. 236-1, al. 4.]*

Les dispositions de l'art. L. 236-1, al. 2, [L. 4611-1, al. 2 nouv.] ne sont applicables qu'à la mise en place du CHSCT et non à la détermination du crédit d'heures alloué aux membres de cette institution. • Soc. 6 nov. 1991, n° 88-42.895 P : *D. 1991. IR 282 ; Dr. soc. 1992. 85 ; RJS 1991. 711, n° 1325.*

Art. L. 4611-4 L'inspecteur du travail peut imposer la création d'un comité d'hygiène, de sécurité et des conditions de travail dans les établissements de moins de cinquante salariés lorsque cette mesure est nécessaire, notamment en raison de la nature des travaux, de l'agencement ou de l'équipement des locaux.

Cette décision peut être contestée devant le *(L. n° 2011-525 du 17 mai 2011, art. 170)* « directeur régional des entreprises, de la concurrence, de la consommation, du travail et de l'emploi ». — *[Anc. art. L. 236-1, al. 3, phrase 1 et phrase 2 début.]*

Art. L. 4611-5 Dans la branche d'activité du bâtiment et des travaux publics, les dispositions de l'article L. 4611-4 ne s'appliquent pas.

Dans les entreprises de cette branche employant au moins cinquante salariés dans lesquelles aucun établissement n'est tenu de mettre en place un comité, l'autorité administrative peut en imposer la création lorsque cette mesure est nécessaire en raison du danger particulier de l'activité ou de l'importance des risques constatés. Cette décision intervient sur proposition de l'inspecteur du travail saisi par le comité d'entreprise ou, en l'absence de celui-ci par les délégués du personnel.

La mise en place d'un comité d'hygiène, de sécurité et des conditions de travail ne dispense pas les entreprises de leur obligation d'adhérer à un organisme professionnel d'hygiène, de sécurité et des conditions de travail prévu par l'article L. 4643-2. – *[Anc. art. L. 236-1, al. 6.]*

Art. L. 4611-6 Les entreprises de moins de cinquante salariés peuvent se regrouper sur un plan professionnel ou interprofessionnel en vue de constituer un comité d'hygiène, de sécurité et des conditions de travail. – *[Anc. art. L. 236-1, al. 5.]*

Art. L. 4611-7 Les dispositions du présent titre ne font pas obstacle aux dispositions plus favorables concernant le fonctionnement, la composition ou les pouvoirs des comités d'hygiène, de sécurité et des conditions de travail qui résultent d'accords collectifs ou d'usages. – *[Anc. art. L. 236-13.]*

V. Circ. n° 93-15 du 25 mars 1993 relative aux CHSCT (BOMT n° 93/10, texte n° 416).

1. Amélioration conventionnelle. Si la participation aux organismes paritaires ou aux institutions créés par une convention ou un accord collectif est réservée aux syndicats signataires ou adhérents, les dispositions conventionnelles à caractère normatif, visant à améliorer les institutions représentatives du personnel, sont applicables de plein droit à tous les salariés et syndicats, sans distinction. • Soc. 20 nov. 1991, n° 89-12.787 P : *GADT, 4e éd., n° 163 ; D. 1991. IR 286 ; Dr. soc. 1992. 53, rapp. Waquet ; Dr. ouvrier 1992. 72, note Pascré ; CSB 1992. 9, A. 3, note Philbert ; RJS 1992. 52, n° 57.* ♦ L'employeur lié par un accord collectif prévoyant la désignation d'un représentant syndical au CHSCT ne peut refuser à un syndicat le bénéfice de cette disposition sous le prétexte qu'il n'en est pas signataire. • Même arrêt.

2. L'accord instituant dans l'établissement plusieurs comités d'hygiène, de sécurité et des conditions de travail peut exiger que les membres de chacune de ces instances soient exclusivement du secteur d'activité correspondant, cette disposition étant plus favorable à l'ensemble des salariés. • Soc. 7 mai 2002, n° 00-60.342 P : *RJS 2002. 642, n° 825.*

3. Lorsqu'un seul CHSCT à compétence nationale est institué au sein d'un établissement, les salariés de cet établissement sont éligibles à la délégation du personnel au CHSCT, quel que soit le site géographique sur lequel ils travaillent ; n'entre pas dans les prévisions de l'art. L. 4611-7 C. trav. un accord collectif qui, en procédant à une répartition des sièges par site, restreint cette capacité que les salariés tiennent de la loi, peu important que l'accord augmente par ailleurs le nombre des sièges offerts. • Soc. 28 sept. 2016, n° 15-60.201 P : *RJS 12/2016, n° 788 ; JCP S 2016. 1396, obs. Cottin.*

4. Usages. Un juge des référés décide exactement que la loi du 23 déc. 1982 n'a pas rendu caducs les usages antérieurs invoqués par le salarié pour obtenir le paiement des heures dépassant les heures de délégation. • Soc. 10 déc. 1987 : *D. 1988. IR 8.* ♦ ... Ni ceux concernant la composition du comité. • Soc. 18 juin 1986 : *Bull. civ. V, n° 318.*

5. Arrêté. Un arrêté pris par l'autorité responsable d'un établissement public à caractère administratif ne saurait être regardé comme un accord collectif ou un usage au sens de l'art. L. 236-13 [L. 4611-7 nouv.]. • CE 5 mai 1993 : *RJS 1993. 441, n° 754* (arrêté instaurant des délégués suppléants avant la loi du 23 déc. 1982).

SECTION II **DISPOSITIONS D'APPLICATION**

Art. L. 4611-8 Des décrets en Conseil d'État déterminent les mesures nécessaires à l'application du présent titre.

Ils en adaptent les dispositions aux entreprises ou établissements où le personnel est dispersé, ainsi qu'aux entreprises ou établissements opérant sur un même site, dans un même immeuble ou un même local. – *[Anc. art. L. 236-12.]*

CHAPITRE II **ATTRIBUTIONS**

SECTION PREMIÈRE **MISSIONS**

Art. L. 4612-1 Le comité d'hygiène, de sécurité et des conditions de travail a pour mission :

1° De contribuer à *(L. n° 2016-41 du 26 janv. 2016, art. 37)* « la prévention et à » la protection de la santé physique et mentale et de la sécurité des travailleurs de l'établissement et de ceux mis à sa disposition par une entreprise extérieure ;

2° De contribuer à l'amélioration des conditions de travail, notamment en vue de faciliter l'accès des femmes à tous les emplois et de répondre aux problèmes liés à la maternité ;

(L. n° 2016-1088 du 8 août 2016, art. 32) « 2° *bis* De contribuer à l'adaptation et à l'aménagement des postes de travail afin de faciliter l'accès des personnes handicapées à tous les emplois et de favoriser leur maintien dans l'emploi au cours de leur vie professionnelle ; »

3° De veiller à l'observation des prescriptions légales prises en ces matières.

1. Périmètre d'implantation du CHSCT. Le CHSCT est compétent, pour exercer ses prérogatives, à l'égard de toute personne placée à quelque titre que ce soit sous l'autorité de l'employeur. • Soc. 7 déc. 2016, n° 15-16.769 P.

2. Mandat pour agir en justice. Le mandat donné par le CHSCT à l'un de ses membres pour agir en justice dans une affaire déterminée habilite celui-ci à intenter les voies de recours contre la décision rendue sur cette action. • Soc. 19 mai 2015, n° 13-24.887 : *Dalloz actualité, 12 juin 2015, obs. Fraisse ; D. 2015. Actu. 1162 ; RJS 8-9/2015, n° 571.*

3. Compétence écartée. Il n'entre pas dans le mandat d'un membre du CHSCT d'organiser une réunion ayant pour objet de contester des projets ne concernant pas directement l'entreprise et relatifs à des modifications éventuelles du droit du travail ; est donc justifiée la mise à pied prononcée contre un membre du CHSCT, abstraction faite du motif erroné, mais surabondant, concernant le droit de circuler dans l'entreprise des membres du CHSCT. • Soc. 26 févr. 1992, n° 88-45.284 P : *Dr. soc. 1992. 464, rapp. Waquet ; RJS 1992. 262, n° 456.*

4. Dispositif d'évaluation des salariés. L'entreprise qui met en place un nouveau système d'évaluation des salariés doit consulter le CHSCT, les modalités et les enjeux de l'entretien étant manifestement de nature à générer une pression psychologique entraînant des répercussions sur les conditions de travail. • Soc. 28 nov. 2007 : *RDT 2008. 112, obs. Lerouge ; ibid. 180, obs. Adam ; RJS 2007. 109, n° 135 ; JS Lamy 2007, n° 224-2.*

5. Action en justice et frais de procédure. En l'absence d'abus, lorsque l'action judiciaire engagée par le CHSCT n'est pas étrangère à sa mission, les frais de procédure et honoraires d'avocat exposés par le CHSCT doivent être pris en charge par l'employeur. • Soc. 2 déc. 2009 : *D. 2010. AJ 23 ; RJS 2010. 148, n° 190 ; Dalloz actualité, 7 janv. 2010, obs. Maillard* • Soc. 25 nov. 2015, n° 14-11.865 P : *D. 2015. Actu. 2508 ; RJS 2/2016, n° 136 ; JS Lamy 2016, n° 402-4 ; Sem. soc. Lamy 2016, n° 1713, p. 9, obs. Crépin ; JCP S 2015. 1015, obs. Jeansen.*

Art. L. 4612-2 Le comité d'hygiène, de sécurité et des conditions de travail procède à l'analyse des risques professionnels auxquels peuvent être exposés les travailleurs de l'établissement ainsi qu'à l'analyse des conditions de travail. Il procède également à l'analyse des risques professionnels auxquels peuvent être exposées les femmes enceintes. *(L. n° 2010-1330 du 9 nov. 2010, art. 62)* « Il procède à l'analyse de l'exposition des salariés à des facteurs de pénibilité. »

Fait une exacte application des textes la cour d'appel qui estime que le CHSCT doit avoir une vision globale des problèmes, ce qui implique l'étude de l'ensemble des risques dans un atelier. • Soc. 19 déc. 1990 : *RJS 1991. 106, n° 191.*

Art. L. 4612-3 Le comité d'hygiène, de sécurité et des conditions de travail contribue à la promotion de la prévention des risques professionnels dans l'établissement et suscite toute initiative qu'il estime utile dans cette perspective. Il peut proposer notamment des actions de prévention du harcèlement moral *(L. n° 2016-1088 du 8 août 2016, art. 6)* « , du harcèlement sexuel et des agissements sexistes définis à l'article L. 1142-2-1 ». Le refus de l'employeur est motivé. — *[Anc. art. L. 236-2, al. 4 et 6.]*

Art. L. 4612-4 Le comité d'hygiène, de sécurité et des conditions de travail procède, à intervalles réguliers, à des inspections.

La fréquence de ces inspections est au moins égale à celle des réunions ordinaires du comité. — *[Anc. art. L. 236-2, al. 3, phrase 1.]*

Art. L. 4612-5 Le comité d'hygiène, de sécurité et des conditions de travail réalise des enquêtes en matière d'accidents du travail ou de maladies professionnelles ou à caractère professionnel. — *[Anc. art. L. 236-2, al. 3, phrase 2.]*

Art. L. 4612-6 Le comité d'hygiène, de sécurité et des conditions de travail peut demander à entendre le chef d'un établissement voisin dont l'activité expose les tra-

vailleurs de son ressort à des nuisances particulières. Il est informé des suites réservées à ses observations. – *[Anc. art. L. 236-2, al. 14.]*

Art. L. 4612-7 **Lors des visites de l'***(L. nº 2016-1088 du 8 août 2016, art. 113)* **« agent de contrôle de l'inspection du travail mentionné à l'article L. 8112-1 », les représentants du personnel au comité d'hygiène, de sécurité et des conditions de travail sont informés de sa présence par l'employeur et peuvent présenter leurs observations.** – *[Anc. art. L. 236-7, al. 8, phrase 1.]*

SECTION II **CONSULTATIONS OBLIGATOIRES**

Art. L. 4612-8 *(L. nº 2015-994 du 17 août 2015, art. 16-IV)* **Dans l'exercice de leurs attributions consultatives, le comité d'hygiène, de sécurité et des conditions de travail et l'instance temporaire de coordination mentionnée à l'article L. 4616-1 disposent d'un délai d'examen suffisant leur permettant d'exercer utilement leurs attributions, en fonction de la nature et de l'importance des questions qui leur sont soumises.**

Sauf dispositions législatives spéciales, un accord collectif d'entreprise conclu dans les conditions prévues à l'article L. 2232-6 ou, en l'absence de délégué syndical, un accord entre l'employeur et le comité d'hygiène, de sécurité et des conditions de travail ou, le cas échéant, l'instance temporaire de coordination mentionnée à l'article L. 4616-1 ou, à défaut d'accord, un décret en Conseil d'État fixe les délais, qui ne peuvent être inférieurs à quinze jours, dans lesquels les avis sont rendus, ainsi que le délai dans lequel le comité d'hygiène, de sécurité et des conditions de travail transmet son avis au comité d'entreprise lorsque les deux comités sont consultés sur le même projet.

A l'expiration de ces délais, le comité d'hygiène, de sécurité et des conditions de travail et, le cas échéant, l'instance temporaire de coordination mentionnée à l'article L. 4616-1 sont réputés avoir été consultés et avoir rendu un avis négatif.

COMMENTAIRE

V. Dalloz.fr et applications mobiles Dalloz 🏛. ❑

Art. L. 4612-8-1 **Le comité d'hygiène, de sécurité et des conditions de travail est consulté avant toute décision d'aménagement important modifiant les conditions de santé et de sécurité ou les conditions de travail et, notamment, avant toute transformation importante des postes de travail découlant de la modification de l'outillage, d'un changement de produit ou de l'organisation du travail, avant toute modification des cadences et des normes de productivité liées ou non à la rémunération du travail.** – *[Anc. art. L. 236-2, al. 7, phrase 1.]*

L'art. L. 4612-8 devient l'art. L. 4612-8-1 (L. nº 2015-994 du 17 août 2015, art. 16-III).

BIBL. ▶ D'ORNANO, *Dr. soc. 2010. 1226* ✐ (consultation du CHSCT en cas d'aménagement important modifiant les conditions de travail). – LAFUMA, *Dr. soc. 2011. 75* ✐ 8 (charge du travail et représentants du personnel). – LOKIEC, *JS Lamy 2012, nº 317-1* (notion de projet important). – PATIN, *JCP S 2010. 1285* (information et consultation relatives à la santé au travail en cas de transfert d'entreprise).

1. Obligations de l'employeur. Même lorsqu'il confie à un représentant le soin de présider le CHSCT, le chef d'établissement doit s'assurer que ce comité a été consulté avant de prendre une décision modifiant les conditions d'hygiène et de sécurité ou les conditions de travail ; il est sans intérêt de rechercher si les présidents successifs du CHSCT auraient dû être seuls poursuivis, dès lors qu'il est reproché au prévenu d'avoir fait commencer les travaux avant la consultation du comité. • Crim. 28 nov. 1989 : *RJS 1990. 83, nº 121.* – Dans le même sens : • Crim. 15 mars 1994 : ⚖ *D. 1995. 30, note Reinhard* ✐.

2. Délégation de pouvoir. Même en présence d'une délégation de pouvoir, les juges doivent rechercher si dans l'exercice de ses fonctions de président du CHSCT, la personne poursuivie a personnellement porté atteinte à son fonctionnement régulier. • Crim. 14 oct. 2003 : ⚖ *RJS 2004. 58, nº 64.*

3. Notion de projet important. Le seul nombre de salariés concernés ne suffit pas pour qualifier un projet d'important ; mais si le nombre de salariés concernés ne détermine pas, à lui seul, l'importance du projet, le projet doit être de nature à modifier les conditions de santé et de sécurité des salariés ou leurs conditions de travail. • Soc. 10 févr. 2010 : ⚖ *RDT 2010. 380, obs. Véricel* ✐ *; JS Lamy 2010, nº 275-6, obs. Tourreil ; Sem. soc. Lamy 2010, nº 1438, p. 8.* ♦ Constitue un projet important modifiant les conditions de travail et nécessitant à ce titre la consultation préalable du comité un projet de regroupement de sites concernant un nombre significatif de salariés et impactant leur mobilité ainsi que leurs attributions, les CHSCT de chaque site concerné par le regroupement doivent impérativement être consultés. • Soc. 30 juin 2010 : *Dalloz actualité, 20 juill. 2010, obs. Ines ; D. 2010. Actu. 1796 ; RDT 2011. 323, obs. Véricel ; RJS 2010. 699, n° 775 ; Dr. soc. 2010. 1006, obs. Pécaut-Rivolier ; JS Lamy 2010, n° 284-6, obs. Guillot-Bouhours et Asser ; JCP S 2010. 1458, obs. Cottin.* ♦ Constitue un projet important modifiant les conditions de travail et nécessitant à ce titre la consultation préalable du CHSCT, la décision d'un employeur d'avoir recours à des tests de dépistage de stupéfiant, exposant éventuellement les salariés à des sanctions disciplinaires, sans intervention médicale (tests salivaires). • Soc. 8 févr. 2012 : *Dr. soc. 2012. 431, obs. Pécaut-Rivolier ; RJS 2012. 303, n° 354 ; JS Lamy 2012, n° 319-5, obs. Ferté ; JCP S 2012. 1200, obs. Cottin.*

4. Contenu de l'information de l'employeur. Pour que le CHSCT puisse rendre un avis utile sur un projet de réorganisation, l'employeur doit, d'une part, leur présenter son projet de manière détaillée et, d'autre part, traiter de ses conséquences sur les conditions de travail des salariés. • Soc. 25 sept. 2013 : *D. 2013. Actu. 2277 ; RDT 2013. 773, obs. Pontif ; RJS 12/2013, n° 825 ; JCP S 2013. 1447, obs. Loiseau.*

5. Avis du CHSCT. L'avis du CHSCT ne peut résulter que d'une décision prise à l'issue d'une délibération collective et non de l'expression d'opinions individuelles. • Soc. 10 janv. 2012 : *Dalloz actualité, 21 févr. 2012, obs. Fleuriot ; D. 2012. Actu. 226 ; RDT 2012. 233, obs. Signoretto ; Dr. soc. 2012. 318, obs. Petit ; RJS 2012. 215, n° 260 ; Dr. ouvrier 2012. 715, obs. Durand et Mazières ; JCP S 2012. 1101, obs. Cottin.*

6. Droit à demander réparation du préjudice subi pour atteinte à ses prérogatives. Le CHSCT, qui a pour mission de contribuer à la protection de la santé et de la sécurité des salariés de l'entreprise ainsi qu'à l'amélioration de leurs conditions de travail, et qui est doté dans ce but de la personnalité morale, est en droit de poursuivre contre l'employeur la réparation d'un dommage que lui cause l'atteinte portée par ce dernier à ses prérogatives. • Soc. 3 mars 2015, n° 13-26.258 : *Dalloz actualité, 9 avr. 2015, obs. Siro ; D. 2015. Actu. 634 ; ibid. 2015. 1356, note Dondero ; RDT 2015. 415, obs. Odoul-Asorey ; JS Lamy 2015, n° 386-5, obs. Gaba ; RJS 5/2015, n° 347.*

Art. L. 4612-8-2 Le comité d'hygiène, de sécurité et des conditions de travail peut faire appel à titre consultatif et occasionnel au concours de toute personne de l'établissement qui lui paraîtrait qualifiée.

L'art. L. 4612-8-1 devient l'art. L. 4612-8-2 (L. n° 2015-994 du 17 août 2015, art. 16-III).

Art. L. 4612-9 Le comité d'hygiène, de sécurité et des conditions de travail est consulté sur le projet d'introduction et lors de l'introduction de nouvelles technologies mentionnés à l'article *(L. n° 2015-994 du 17 août 2015, art. 18-XIV, en vigueur le 1er janv. 2016)* « L. 2323-29 » sur les conséquences de ce projet ou de cette introduction sur la santé et la sécurité des travailleurs.

Dans les entreprises dépourvues de comité d'hygiène, de sécurité et des conditions de travail, les délégués du personnel ou, à défaut, les salariés sont consultés. — *[Anc. art. L. 236-2, al. 7, phrase 2 et L. 230-2, III, al. 4.]*

Art. L. 4612-10 Le comité d'hygiène, de sécurité et des conditions de travail est consulté sur le plan d'adaptation établi lors de la mise en œuvre de mutations technologiques importantes et rapides prévues à l'article *(L. n° 2015-994 du 17 août 2015, art. 18-XIV, en vigueur le 1er janv. 2016)* « L. 2323-30 ». — *[Anc. art. L. 236-2, al. 8.]*

Art. L. 4612-11 Le comité d'hygiène, de sécurité et des conditions de travail est consulté sur les mesures prises en vue de faciliter la mise, la remise ou le maintien au travail des accidentés du travail, des invalides de guerre, des invalides civils et des travailleurs handicapés, notamment sur l'aménagement des postes de travail. — *[Anc. art. L. 236-2, al. 12.]*

Art. L. 4612-12 Le comité d'hygiène, de sécurité et des conditions de travail est consulté sur les documents se rattachant à sa mission, notamment sur le règlement intérieur. — *[Anc. art. L. 236-2, al. 5.]*

Art. L. 4612-13 Indépendamment des consultations obligatoires prévues par la présente section, le comité d'hygiène, de sécurité et des conditions de travail se prononce sur toute question de sa compétence dont il est saisi par l'employeur, le comité d'entreprise et les délégués du personnel. — *[Anc. art. L. 236-2, al. 13.]*

Art. L. 4612-14 Lorsqu'il tient de la loi un droit d'accès aux registres mentionnés à l'article L. 8113-6, le comité d'hygiène, de sécurité et des conditions de travail est consulté préalablement à la mise en place d'un support de substitution dans les conditions prévues à ce même article. – *[Anc. art. L. 620-7, al. 3.] – V. Circ. n° 90-16 du 27 juill. 1990, § II-1 (BOMT n° 90/22, texte n° 518).*

Art. L. 4612-15 Dans les établissements comportant une ou plusieurs installations soumises à autorisation au titre de l'article L. 512-1 du code de l'environnement ou soumise aux *(Ord. n° 2011-91 du 21 janv. 2011)* « dispositions des articles L. 211-2 et L. 211-3, des titres II à VII et du chapitre II du titre VIII du livre II du code minier », les documents établis à l'intention des autorités publiques chargées de la protection de l'environnement sont portés à la connaissance du comité d'hygiène, de sécurité et des conditions de travail par l'employeur, dans des conditions déterminées par voie réglementaire. – *[Anc. art. L. 236-2, al. 9, phrase 1.]*

SECTION III **RAPPORT ET PROGRAMME ANNUELS**

Art. L. 4612-16 Au moins une fois par an, l'employeur présente au comité d'hygiène, de sécurité et des conditions de travail :

1° Un rapport annuel écrit faisant le bilan de la situation générale de la santé, de la sécurité et des conditions de travail dans son établissement et des actions menées au cours de l'année écoulée dans les domaines définis aux sections I et II. *(L. n° 2014-40 du 20 janv. 2014, art. 7-V)* « Les questions du travail de nuit et de *[la]* prévention de la pénibilité sont traitées spécifiquement. »

2° Un programme annuel de prévention des risques professionnels et d'amélioration des conditions de travail. Ce programme fixe la liste détaillée des mesures devant être prises au cours de l'année à venir *(L. n° 2014-40 du 20 janv. 2014, art. 7-V)* « *[,]* qui comprennent les mesures de prévention en matière de pénibilité », ainsi que, pour chaque mesure, ses conditions d'exécution et l'estimation de son coût. – *[Anc. art. L. 236-4, al. 1er à 3.]*

Art. L. 4612-17 Le comité d'hygiène, de sécurité et des conditions de travail émet un avis sur le rapport et sur le programme annuels de prévention. Il peut proposer un ordre de priorité et l'adoption de mesures supplémentaires.

Lorsque certaines des mesures prévues par l'employeur ou demandées par le comité n'ont pas été prises au cours de l'année concernée par le programme, l'employeur énonce les motifs de cette inexécution, en annexe au rapport annuel.

L'employeur transmet pour information le rapport et le programme annuels au comité d'entreprise accompagnés de l'avis du comité d'hygiène, de sécurité et des conditions de travail.

Le procès-verbal de la réunion du comité consacrée à l'examen du rapport et du programme est joint à toute demande présentée par l'employeur en vue d'obtenir des marchés publics, des participations publiques, des subventions, des primes de toute nature ou des avantages sociaux ou fiscaux. – *[Anc. art. L. 236-4, al. 5, phrase 1, et al. 6 à 8.]*

Art. L. 4612-18 Dans les entreprises du bâtiment et des travaux publics employant entre cinquante et deux cent quatre-vingt-dix-neuf salariés et n'ayant pas de comité d'hygiène, de sécurité et des conditions de travail, les dispositions de la présente section sont mises en œuvre par le comité d'entreprise. – *[Anc. art. L. 236-4, al. 9.]*

CHAPITRE III **COMPOSITION ET DÉSIGNATION**

RÉP. TRAV. v° *Représentants du personnel (Élections)*, par PETIT.

Art. L. 4613-1 Le comité d'hygiène, de sécurité et des conditions de travail comprend l'employeur et une délégation du personnel dont les membres sont désignés *(L. n° 2015-994 du 17 août 2015, art. 16-V)* « pour une durée qui prend fin avec celle du mandat des membres élus du comité d'entreprise les ayant désignés » par un collège constitué par les membres élus du comité d'entreprise et les délégués du personnel.

L'employeur transmet à l'*(L. n° 2016-1088 du 8 août 2016, art. 113)* « agent de contrôle de l'inspection du travail mentionné à l'article L. 8112-1 » le procès-verbal de la réunion de ce collège. – *[Anc. art. L. 236-5, al. 1.]*

Les membres du CHSCT sont désignés pour la durée mentionnée à l'art. L. 4613-1 à compter du prochain renouvellement du comité en place (L. n° 2015-994 du 17 août 2015, art. 16-VII).

BIBL. ▶ Désignation des membres du CHSCT : DUGUET, *RPDS 1989. 361.* – SAVATIER, *Dr. soc. 1988. 297 ; ibid. 1989. 645.*

Représentant syndical au CHSCT : VERKINDT, *Dr. soc. 2009. 181.*

COMMENTAIRE

V. Dalloz.fr et applications mobiles Dalloz.

1. Modalités de désignation. Il n'appartient qu'aux membres du collège désignatif et non aux organisations syndicales d'arrêter, conformément aux dispositions de l'article L. 4613-1, les modalités de désignation, parmi lesquelles les modalités du scrutin, des membres de la délégation du personnel du CHSCT. • Soc. 16 déc. 2009 : *JCP S 2010. 1130, obs. Cottin.* ♦ Le fait, pour l'employeur, d'inviter les organisations syndicales, par courriel, à remettre la liste de leurs candidats à des huissiers par lui choisis pour assurer la surveillance des opérations électorales, n'emporte pas substitution de l'employeur aux collèges désignatifs dans l'organisation des élections. • Soc. 14 déc. 2010 : *Dalloz actualité, 17 janv. 2011, obs. Astaix ; D. 2011. Actu. 84 ; Dr. soc. 2011. 231, obs. Pécaut-Rivolier.* ♦ L'accord unanime par lequel les membres du collège électoral appelés à procéder à la désignation des membres du CHSCT adoptent expressément un mode de scrutin autre que le scrutin proportionnel n'est pas nécessairement passé par écrit. • Soc. 22 sept. 2010 : *Dalloz actualité, 13 oct. 2010, obs. Ines ; RJS 2010. 775, n° 869 ; Dr. soc. 2010. 1258, obs. Petit ; JCP S 2010. 1473, obs. Cottin.* ♦ Aucune disposition légale ne s'oppose à ce que le collège spécial unique procède à la désignation des membres du comité d'hygiène, de sécurité et des conditions de travail par deux scrutins séparés. • Soc. 29 févr. 2012 : *Dalloz actualité, 6 avr. 2012, obs. Ines ; D. 2012. Actu. 687 ; Dr. soc. 2012. 542, obs. Pécaut-Rivolier ; RJS 2012. 401, n° 481 ; JCP S 2012. 1199, obs. Cottin.*

2. Accord unanime. L'accord unanime par lequel les membres du collège électoral appelés à procéder à la désignation des membres du CHSCT adoptent expressément une règle particulière de départage des candidats à égalité peut intervenir à l'issue du premier tour et prendre la forme de l'organisation, acceptée par tous les membres du collège désignatif, d'un second tour de scrutin. • Soc. 20 mars 2013 : *Dalloz actualité, 16 avr. 2013, obs. Fraisse ; JCP S 2013. 1198, obs. Dauxerre.*

3. Scrutin de liste. Le droit de rayer les noms de candidats est inhérent au scrutin de liste dans les élections des représentants du personnel de sorte que, sauf accord unanime des membres du collège désignatif, chaque électeur peut en faire usage lors de la désignation des membres du CHSCT. • Soc. 30 nov. 2011 : *Dalloz actualité, 18 janv. 2012, obs. Ines ; Dr. soc. 2012. 207, obs. Petit ; RJS 2012. 145, n° 177 ; JCP S 2012. 1031, obs. Cottin.*

4. Bureau de vote. Si la constitution d'un bureau de vote ne s'impose pas pour les élections de la délégation du personnel au CHSCT, la présence, parmi les personnes en exerçant les attributions, de l'employeur ou de ses représentants constitue une irrégularité entraînant nécessairement la nullité du scrutin. • Soc. 17 avr. 2013 : *Dalloz actualité, 22 mai 2013, obs. Fraisse ; D. 2013. Actu. 1073.*

5. Secret du vote. Si les dispositions de l'art. L. 59 C. élect. aux termes duquel le scrutin est secret doivent être respectées, les modalités du vote prévues par les art. L. 60 et L. 65 du même code ne sont pas applicables à la désignation des membres du CHSCT ; conformément à l'accord unanime des membres du collège désignatif, les bulletins de vote avaient été collectés après avoir été pliés par les électeurs et le secret du vote avait été ainsi assuré. • Même arrêt.

6. Qualité de représentant du personnel au CHSCT. Peut être désigné en qualité de représentant du personnel au CHSCT tout salarié travaillant dans le cadre duquel le comité est mis en place peu important qu'il exerce ses fonctions à l'extérieur de l'établissement ; un ingénieur commercial exerçant des fonctions commerciales itinérantes peut être candidat. • Soc. 4 mars 2009 : *Dr. soc. 2009. 543, note Petit ; RJS 2009. 378, n° 440 ; JCP S 2009. 1254, obs. Cottin.* ♦ Lorsqu'un seul CHSCT à compétence nationale est institué au sein d'un établissement, les salariés de cet établissement sont éligibles à la délégation du personnel au CHSCT, quel que soit le site géographique sur lequel ils travaillent ; un accord collectif ne peut déroger à cette règle, en procédant à une répartition des sièges par site, peu important que l'accord augmente par ailleurs le nombre des sièges offerts. • Soc. 28 sept. 2016, n° 15-60.201 P : *RJS 12/2016, n° 788 ; JCP S 2016. 1396, obs. Cottin.*

7. Pluralité de CHSCT au sein d'un établissement distinct et éligibilité des salariés. Tout salarié d'un établissement distinct peut être désigné membre d'un CHSCT correspondant au sein de cet établissement à un secteur d'activité, peu important qu'il n'y travaille pas, dès lors qu'il relève du secteur géographique d'implantation de ce CHSCT. • Soc. 25 nov. 2015, n° 14-29.850 P :

RJS 2/2016, n° 132 ; JCP S 2016. 1039, obs. Pagnerre.

8. Annulation des élections professionnelles et impact sur la désignation des membres du CHSCT. La désignation des membres du CHSCT effectuée par les nouveaux membres élus du comité d'entreprise et des délégués du personnel avant l'annulation de leur élection demeure valable. • Soc. 15 avr. 2015, ⚖ n° 14-19.139 : *JS Lamy 2015, n° 389-4, obs. Patin ; RJS 7/2015, n° 496.*

Art. L. 4613-2 La composition de la délégation des représentants du personnel, en fonction de l'effectif de l'entreprise, les autres conditions de désignation des représentants du personnel ainsi que la liste des personnes qui assistent avec voix consultative aux séances du comité, compte tenu des fonctions qu'elles exercent dans l'établissement, sont déterminées par décret en Conseil d'État.

Le ou les médecins du travail chargés de la surveillance médicale du personnel figurent obligatoirement sur la liste mentionnée au premier alinéa. *(L. n° 2015-994 du 17 août 2015, art. 32)* « Ils peuvent donner délégation à un membre de l'équipe pluridisciplinaire du service de santé au travail ayant compétence en matière de santé au travail ou de conditions de travail. » — *[Anc. art. L. 236-5, al. 2 et 6.] — V. art. R. 4613-1.*

1. Conditions de la désignation. Aucune condition de capacité électorale ne figure à l'art. L. 236-5 [L. 4613-2 nouv.] pour la désignation des membres de la délégation du personnel au CHSCT. • Soc. 9 juill. 1996, ⚖ n° 95-60.797 P : *RJS 1996. 597, n° 931.* ♦ Aucun texte ne prohibe le cumul des fonctions de délégué syndical et de membre du CHSCT. • Soc. 13 janv. 1999, ⚖ n° 97-60.483 P : *RJS 1999. 136, n° 222.*

2. Un salarié peut être désigné comme membre d'un CHSCT correspondant, au sein de l'établissement dans lequel il est affecté, à un secteur d'activité dans lequel il ne travaille pas. • Soc. 17 avr. 1991, ⚖ n° 90-60.387 P : *RJS 1991. 313, n° 591.* ♦ Une personne qui à la date du scrutin n'est plus salariée de l'entreprise, ne peut plus être désignée comme membre du CHSCT. • Soc. 15 nov. 1995 : ⚖ *D. 1996. IR 16 ; RJS 1995. 799, n° 1250 ; JCP 1996. I. 3925, n° 19, obs. Teyssié.*

3. Organisation de la désignation. Il appartient à l'employeur de convoquer le collège désignatif ; la convocation des suppléants est une formalité substantielle dont l'absence entraîne la nullité de la désignation. • Soc. 17 mars 1998, ⚖ n° 96-60.363 P : *D. 1998. IR 114 ; RJS 1998. 398, n° 617.* ♦ La présence d'un représentant de l'employeur, en l'absence de violation de son obligation de neutralité, n'entraîne pas à elle seule la nullité de la désignation. • Soc. 17 mars 1998, ⚖ n° 96-60.362 P : *D. 1998. IR 110 ; RJS 1998. 399, n° 618.*

4. Lieu et date de la désignation. Les membres du collège désignatif doivent se réunir en un même lieu et à la même date pour procéder par voie d'élections à la désignation des membres du CHSCT, sauf accord unanime. • Soc. 14 janv. 2004 : ⚖ *RJS 2004. 219, n° 319.* ♦ L'employeur peut réunir le collège désignatif avant le terme ultime des mandats en cours, les désignations ne prenant effet qu'à ce terme. • Soc. 8 oct. 2014 : ⚖ *Dalloz actualité, 12 nov. 2014, obs. Ines ; D. 2014. Actu. 2054 ; Dr. soc. 2015. 191, note Petit ; RJS 2014. 751, n° 878.* ♦ Comp. antérieurement : • Soc. 14 janv. 2004 : ⚖ *D. 2004. IR 254 ; RJS 2004. 219, n° 319.*

5. Modalités de désignation. Aucune disposition légale n'autorise à ce qu'il soit dérogé au mode de désignation des membres de la délégation du personnel. • Soc. 10 janv. 1989 : *D. 1989. IR 40 ; Dr. soc. 1989. 645, note Savatier* • 24 juin 1998, ⚖ n° 97-60.631 P : *RJS 1998. 649, n° 1024* (impossibilité de déroger par accord collectif).

6. L'art. L. 236-5 [L. 4613-2 nouv.] ayant instauré un collège unique, doivent être annulées les élections qui se sont déroulées séparément dans un collège ouvriers et employés et dans un collège cadres et agents de maîtrise. • Soc. 14 mars 1989 : *Dr. soc. 1989. 645, note Savatier.* – Dans le même sens : • Soc. 10 déc. 1987 : *Dr. soc. 1988. 297, note Savatier.* ♦ Mais aucune disposition légale ne s'oppose à ce que le collège unique procède par deux scrutins séparés, l'un pour désigner le représentant du personnel de maîtrise et des cadres, l'autre celui des ouvriers. • Soc. 17 oct. 1989 : *Bull. civ. V, n° 598 ; D. 1989. IR 288* • 21 sept. 1993 : ⚖ *RJS 1993. 654, n° 1107.* ♦ ... A condition que cette modalité de désignation résulte d'un accord unanime des membres du collège électoral. • Soc. 26 janv. 1999 : ⚖ *RJS 1999. 235, n° 393.*

7. Lorsque l'entreprise est dotée d'une délégation unique du personnel, seuls les représentants titulaires composant cette délégation peuvent prendre part à la désignation des membres du CHSCT. • Soc. 7 mai 2002, ⚖ n° 01-60.505 P : *D. 2002. IR 1960 ; RJS 2002. 642, n° 826.*

8. Il n'appartient qu'au collège mentionné à l'art. L. 236-5 [L. 4613-1 nouv.] et non à l'employeur d'arrêter les modalités de désignation de la délégation du personnel. • Soc. 21 nov. 1990 : ⚖ *D. 1990. IR 293 ; RJS 1991. 23, n° 35.*

9. Le collège chargé de désigner les membres du CHSCT, dont la composition s'apprécie à sa date de réunion, ne peut comprendre d'anciens élus dont le mandat ne saurait être prorogé par le règlement intérieur du comité. • Soc. 13 juin 1990 : ⚖ *RJS 1990. 401, n° 584.*

10. Lorsqu'il existe plusieurs CHSCT dans des établissements distincts et qu'il n'existe qu'un comité d'entreprise commun, le collège désignatif doit comprendre chacun des membres de ce comité d'entreprise ainsi que les délégués du personnel de l'établissement correspondant au CHSCT. • Soc. 31 janv. 2001, ♙ nº 99-60.526 P : *RJS 2001. 521, nº 753.* ♦ Même si le CHSCT ne couvre qu'un secteur d'activité au sein de l'établissement, le collège désignatif comprend les membres élus du comité d'établissement et les délégués du personnel élus dans le périmètre d'implantation de ce comité d'établissement. • Soc. 30 mai 2001, ♙ nº 99-60.474 P : *RJS 2001. 780, nº 1149.* ♦ Comp. : lorsque deux secteurs d'activité d'une entreprise sont dotés d'un comité d'établissement commun, de délégués du personnel élus séparément dans chaque secteur et de cinq CHSCT, les membres de la délégation du personnel de chaque comité sont désignés par un collège comprenant tous les représentants du personnel en fonctions dans le secteur d'activité sur lequel chaque comité étend sa compétence. • Soc. 7 févr. 1989 : *Dr. soc. 1989. 645, note Savatier.* ♦ Lorsqu'au sein d'un établissement doté d'un comité d'établissement ont été institués deux CHSCT correspondant à deux secteurs d'activité, le collège chargé de la désignation des membres du CHSCT doit comprendre tous les élus du comité d'établissement. • Soc. 19 oct. 1994, ♙ nº 93-60.339 P : *D. 1995. Somm. 377, obs. Frossard* ✐.

11. Les délégués du personnel suppléants et les membres suppléants du comité d'entreprise ne participent pas à la désignation de la délégation du personnel, sauf s'ils remplacent un délégué titulaire. • Soc. 19 nov. 1986 : *Bull. civ. V, nº 548* • 1er déc. 1987 : *JCP E 1988. II. 15276, nº 14, obs. Teyssié.*

12. La désignation des membres du CHSCT, y compris les membres suppléants, ne peut résulter que d'un vote du collège désignatif. • Soc. 4 juill. 1990, ♙ nº 89-60.158 P : *RJS 1990. 461, nº 680.* ♦ Le vote doit avoir lieu au scrutin secret sous enveloppe. • 24 juin 1998 : ♙ *RJS 1998. 650, nº 1025.* ♦ Pour ce vote, il n'y a pas lieu de prendre en considération le nombre de voix obtenues aux élections du premier degré. • Soc. 10 avr. 1991, ♙ nº 90-60.353 P : *D. 1991. IR 152 ; RJS 1991. 313, nº 590.*

13. Lorsqu'un accord s'est fait sur le scrutin majoritaire, il convient, en cas de partage des voix, d'appliquer les principes généraux du droit électoral et de déclarer élu le candidat le plus âgé. • Soc. 10 juill. 1990, ♙ nº 89-61.121 P : *D. 1990. IR 210 ; RJS 1990. 462, nº 681.*

14. A défaut d'accord unanime entre les membres du collège, la délégation du personnel est élue au scrutin de liste avec représentation proportionnelle à la plus forte moyenne et à un seul tour. • Soc. 24 juin 1998 : ♙ *RJS 1998. 651, nº 1026* • 16 mai 1990 : ♙ *RJS 1990. 347, nº 497.* – Dans le même sens : • Soc. 21 janv. 1988 : *Dr. soc. 1988. 297, note Savatier* • 7 févr. 1989 : *Dr. soc. 1989. 645, note Savatier* • 28 févr. 1989 : *ibid.* • 3 oct. 1989 : *Bull. civ. V, nº 563 ; D. 1989. IR 280.* ♦ Toute candidature individuelle constitue une liste et, le panachage des listes n'étant pas admis, sont nuls les votes exprimés au moyen de plusieurs bulletins différents dans une même enveloppe. • Soc. 13 juill. 1993, ♙ nº 92-60.344 P : *RJS 1993. 526, nº 877 ; CSB 1993. 269, S. 138.*

15. La répartition des sièges entre les catégories de personnel n'emporte aucune modification des règles de l'élection, ni du nombre de sièges revenant à chaque liste ; il convient donc de répartir les sièges entre les listes avant de les attribuer aux candidats selon la catégorie du personnel à laquelle ils appartiennent. • Soc. 8 janv. 1997, ♙ nº 95-60.864 P : *RJS 1997. 104, nº 152* • 16 avr. 2008 : ♙ *RJS 2008. 551, nº 685 ; JCP S 2008. 1379, obs. Cottin* • Soc. 14 déc. 2015, ♙ nº 14-26.992 P : *Dalloz actualité, 21 janv. 2016, obs. Siro ; RJS 2/2016, nº 133 ; JCPS 2016. 1070, obs. Kerbouc'h.*

16. Durée du mandat. La perte du mandat de délégué du personnel n'entraîne pas la cessation des fonctions de membre élu du CHSCT. • Soc. 7 févr. 1990, ♙ nº 89-60.590 P : *D. 1990. IR 56 ; RJS 1990. 160, nº 216.* ♦ La suspension du contrat de travail n'est pas un cas de cessation des fonctions. • Soc. 8 juill. 1998, ♙ nº 97-60.333 P : *RJS 1998. 634, nº 999.*

Art. L. 4613-3 Les contestations relatives à la délégation des représentants du personnel au comité sont de la compétence du juge judiciaire.

Lorsqu'une contestation rend indispensable le recours à une mesure d'instruction, les dépenses afférentes à cette mesure sont à la charge de l'État. — *[Anc. art. L. 236-5, al. 4 et 5.]*

1. Droits des salariés. Tout salarié de l'entreprise ayant vocation à être membre du CHSCT a qualité pour contester la régularité des opérations électorales, même s'il n'est ni électeur, ni candidat. • Soc. 10 oct. 1989 : *Bull. civ. V, nº 579 ; D. 1989. IR 310.* – V. aussi • Soc. 4 juill. 1990, ♙ nº 89-60.158 P : *RJS 1990. 461, nº 680.* ♦ L'employeur est recevable à contester la désignation d'une salariée en tant que membre du CHSCT de la société dans laquelle elle est démonstratrice, dès lors qu'il fonde sa contestation sur l'existence d'une fraude. • Soc. 2 mars 1999, ♙ nº 97-60.736 P : *D. 1999. IR 106* ✐ ; *RJS 1999. 338, nº 552 (2e esp.).* ♦ Les contestations relatives à la désignation de la délégation du personnel sont de la compétence du tribunal d'instance qui statue en dernier ressort. • Soc. 8 janv. 1997 : *Bull. civ V, n° 12 ; RJS 1997. 104, n° 152* (CHSCT de la Banque de France). ♦ Le jugement du tribunal d'instance annulant la désignation d'un représentant syndical conventionnel au CHSCT est rendu en premier ressort. • Soc. 16 févr. 2005 : *D. 2005. IR 672 ; RJS 2005. 369, n° 529.*

2. Droits de l'employeur. Un employeur ne peut, en cette matière d'ordre public que constituent les élections professionnelles, et même avec l'accord des organisations syndicales, se faire juge de leur validité et déclarer nulle une désignation des membres du CHSCT. • Soc. 12 mars 1991 : *CSB 1991. 139, S. 72 ; RJS 1991. 252, n° 476.*

3. Annulation partielle. Lors d'un scrutin de liste, si une liste présentée comporte un nombre suffisant de candidats, l'annulation de la désignation d'un candidat en raison de son inéligibilité ne porte pas atteinte au nombre de sièges obtenus par la liste sur laquelle il figurait, le second candidat de la liste doit être déclaré élu. • Soc. 6 févr. 2002, n° 00-60.490 P : *RJS 2002. 3545, n° 447.*

Art. L. 4613-4 Dans les établissements *(L. n° 2012-387 du 22 mars 2012, art. 43)* « d'au moins cinq cents salariés », le comité d'entreprise détermine, en accord avec l'employeur, le nombre des *[de]* comités d'hygiène, de sécurité et des conditions de travail devant être constitués, eu égard à la nature, la fréquence et la gravité des risques, aux dimensions et à la répartition des locaux ou groupes de locaux, au nombre des travailleurs occupés dans ces locaux ou groupes de locaux ainsi qu'aux modes d'organisation du travail. Il prend, le cas échéant, les mesures nécessaires à la coordination de l'activité des différents comités d'hygiène, de sécurité et des conditions de travail.

En cas de désaccord avec l'employeur, le nombre des *[de]* comités distincts ainsi que les mesures de coordination sont fixés par l'inspecteur du travail. Cette décision est susceptible d'un recours hiérarchique devant le *(L. n° 2011-525 du 17 mai 2011, art. 170)* « directeur régional des entreprises, de la concurrence, de la consommation, du travail et de l'emploi ». – *[Anc. art. L. 236-6.]*

1. Nécessité d'un accord. En l'absence d'accord du comité d'entreprise avec l'employeur déterminant le nombre de CHSCT et de décision de l'inspecteur du travail statuant dans les conditions ainsi définies, il ne peut être procédé à la désignation de la délégation du personnel au sein d'un CHSCT, peu important l'existence d'un accord collectif ayant fixé le nombre de CHSCT dans l'établissement. • Soc. 28 sept. 2011 : *Dalloz actualité, 12 oct. 2011, obs. Siro ; Dr. soc. 2011. 1308, obs. Petit ; RJS 2011. 853, n° 970 ; JCP S 2011. 1508, obs. Cottin.*

2. Critère géographique. Le critère géographique peut être pris en compte pour décider de l'implantation des CHSCT ; lorsqu'un tel critère est retenu, sauf accord en disposant autrement, seuls les salariés travaillant effectivement dans les périmètres ainsi déterminés sont éligibles au CHSCT géographiquement correspondant. • Soc. 12 avr. 2012 : *Dalloz actualité, 14 mai 2012, obs. Siro ; D. 2012. Actu. 1067 ; RJS 2012. 479, n° 564 ; JCP S 2012. 1249, obs. Cottin ; Sem. soc. Lamy 2012, n° 1536, p. 10, obs. Champeaux.*

CHAPITRE IV **FONCTIONNEMENT**

SECTION PREMIÈRE **PRÉSIDENCE ET MODALITÉS DE DÉLIBÉRATION**

Art. L. 4614-1 Le comité d'hygiène, de sécurité et des conditions de travail est présidé par l'employeur. – *[Anc. art. L. 236-5, al. 7, phrase 1.]*

Art. L. 4614-2 *(L. n° 2015-994 du 17 août 2015, art. 16-VI)* Le comité d'hygiène, de sécurité et des conditions de travail détermine, dans un règlement intérieur, les modalités de son fonctionnement et l'organisation de ses travaux.

Les décisions du comité d'hygiène, de sécurité et des conditions de travail portant sur ses modalités de fonctionnement et l'organisation de ses travaux ainsi que ses résolutions sont prises à la majorité des membres présents.

Le président du comité ne participe pas au vote lorsqu'il consulte les membres élus du comité en tant que délégation du personnel.

1. Délibération collective. L'avis du CHSCT ne peut résulter que d'une décision prise à l'issue d'une délibération collective et non de l'expression d'opinions individuelles. • Soc. 10 janv. 2012 : *Dalloz actualité, 21 févr. 2012, obs. Fleuriot ; D. 2012. Actu. 226 ; RDT 2012. 233, obs. Signoretto ; Dr. soc. 2012. 318, obs. Petit ; RJS 2012. 215, n° 60 ; JCP S 2012. 1101, obs. Cottin.*

2. Délibération donnant mandat d'agir en justice. Un CHSCT peut mandater l'un de ses membres aux fins d'agir en justice du chef d'entrave, sous réserve d'une désignation formellement régulière, sans avoir à préciser dans sa délibération les faits d'entrave pour lesquels il décide d'engager des poursuites. • Crim. 28 oct. 2014 : ☎ *JS Lamy 2015, n° 379-2, obs. Farzam-Rochon et Genty.*

3. Vote de l'employeur et recours à un expert. La décision de recourir à un expert prise par le CHSCT dans le cadre d'une consultation sur un projet important modifiant les conditions de santé et de sécurité constitue une délibération sur laquelle les membres élus du CHSCT doivent seuls se prononcer en tant que délégation du personnel, à l'exclusion du chef d'entreprise, président du comité. • Soc. 26 juin 2013 : ☎ *Dalloz actualité, 18 juill. 2013, obs. Peyronnet ; Dr. soc. 2013. 866, obs. Boulmier* ✐ *; JS Lamy 2013, n° 350-6, obs. Tourreil ; JCP S 2013. 1375, obs. Cottin ; RJS 10/2013, n° 687.*

SECTION II HEURES DE DÉLÉGATION

Art. L. 4614-3 L'employeur laisse à chacun des représentants du personnel au comité d'hygiène, de sécurité et des conditions de travail le temps nécessaire à l'exercice de leurs fonctions.

Ce temps est au moins égal à :

1° Deux heures par mois dans les établissements employant jusqu'à 99 salariés ;

2° Cinq heures par mois dans les établissements employant de 100 à 299 salariés ;

3° Dix heures par mois dans les établissements employant de 300 à 499 salariés ;

4° Quinze heures par mois dans les établissements employant de 500 à 1 499 salariés ;

5° Vingt heures par mois dans les établissements employant *(L. n° 2012-387 du 22 mars 2012, art. 43)* « au moins mille cinq cents salariés ».

Ce temps peut être dépassé en cas de circonstances exceptionnelles *(L. n° 2013-504 du 14 juin 2013, art. 8-XI)* « ou de participation à une instance de coordination prévue à l'article L. 4616-1 ».

(L. n° 2016-1088 du 8 août 2016, art. 28) « Sauf accord collectif contraire, lorsque le représentant du personnel élu ou désigné est un salarié mentionné à l'article L. 3121-58, le crédit d'heures est regroupé en demi-journées qui viennent en déduction du nombre annuel de jours travaillés fixé dans la convention individuelle du salarié. Une demi-journée correspond à quatre heures de mandat. Lorsque le crédit d'heures ou la fraction du crédit d'heures restant est inférieur à quatre heures, le représentant du personnel en bénéficie dans des conditions définies par un décret en Conseil d'État. »

1. Appréciation de l'effectif. La variation de l'effectif au-delà ou en deçà d'un des seuils fixé par l'art. L. 236-7 [L. 4614-3 nouv.] doit être prise en compte dès le mois suivant pour la fixation du nombre d'heures de délégation, les dispositions de l'art. L. 236-1, al. 2 [L. 4611-1 s. nouv.], n'étant applicables qu'à la mise en place du CHSCT et non à la détermination du crédit d'heures alloué aux membres de cette institution. • Soc. 6 nov. 1991, ☎ n° 88-42.895 P : *D. 1991. IR 282 ; Dr. soc. 1992. 85 ; RJS 1991. 711, n° 1325.*

2. Objet des heures de délégation. Il n'entre pas dans le mandat d'un membre du CHSCT d'organiser une réunion ayant pour objet de contester des projets ne concernant pas directement l'entreprise et relatifs à des modifications éventuelles du droit du travail ; est donc justifiée la mise à pied prononcée contre un membre du CHSCT, abstraction faite du motif erroné, mais surabondant, concernant le droit de circuler dans l'entreprise des membres du CHSCT. • Soc. 26 févr. 1992, ☎ n° 88-45.284 P : *Dr. soc. 1992. 464, rapp. Waquet* ✐ *; RJS 1992. 262, n° 456.* ♦ Les contrôles effectués par les membres du CHSCT dans un établissement avec les sociétés qui sont chargées de faire des réparations ou d'assurer l'entretien sur l'ensemble des bâtiments ne constituent pas des réunions au sens des art. L. 236-2-1 et L. 236-7 [L. 4614-3 et L. 4614-7 nouv.] ; le temps qui y est consacré doit donc s'imputer sur le temps de délégation. • Soc. 20 déc. 2006 : ☎ *JCP S 2007. 1610, note Kerbouc'h.* ♦ V. aussi : • Soc. 5 oct. 1994 : ☎ *D. 1994. IR 254 ; RJS 1994. 764, n° 1274* (exclusion du temps passé par le membre d'un CHSCT à son information personnelle).

3. Le temps passé aux enquêtes menées après un accident du travail grave doit être rémunéré, en l'absence de contestation sur le principe de la rémunération du temps passé à l'enquête, avant toute contestation sur la durée de celle-ci. • Soc. 25 nov. 1997, ☎ n° 95-42.139 P : *RJS 1998. 36, n° 45.*

4. Le temps passé à des inspections organisées à intervalles réguliers conformément à l'art. L. 236-2, al. 3, C. trav. [L. 4612-4 nouv.] n'entre pas dans les prévisions de l'art. L. 236-7, al. 5 [L. 4523-9 nouv.]. • Crim. 17 févr. 1998 : ☎ *Bull. crim. n° 63 ; D. 1998. IR 130* ✐ *; RSC 1998. 780, note Cerf* ✐ *; RJS 1998. 472, n° 743 ; JCP E 1998, n° 21, p. 787.*

5. Dépassement du crédit d'heures. Il appartient au salarié d'apporter la preuve de circonstances exceptionnelles justifiant le dépassement du crédit d'heures légalement prévu.

• Soc. 25 nov. 1997, ☎ n° 95-43.412 P : *RJS 1998. 35, n° 44.*

6. Heures de délégation et temps de trajet. En l'absence de prévision contraire par la loi, un usage ou un engagement unilatéral de l'employeur, le temps de trajet pris pendant l'horaire normal de travail en exécution des fonctions représentatives s'impute sur les heures de délégation. • Soc. 10 déc. 2014 : ☎ *pourvoi n° 13-22.212.*

Art. L. 4614-4 Lorsque plusieurs comités d'hygiène, de sécurité et des conditions de travail sont créés dans un même établissement, dans les conditions prévues à l'article L. 4613-4, les heures de délégation attribuées aux représentants du personnel sont calculées en fonction de l'effectif de salariés relevant de chaque comité. — *[Anc. art. L. 236-7, al. 3.]*

Art. L. 4614-5 Les représentants du personnel peuvent répartir entre eux les heures de délégation dont ils disposent. Ils en informent l'employeur. — *[Anc. art. L. 236-7, al. 4.]*

Art. L. 4614-6 Le temps passé en heures de délégation est de plein droit considéré comme temps de travail et payé à l'échéance normale. Lorsque l'employeur conteste l'usage fait de ce temps, il lui appartient de saisir la juridiction compétente.

Est également payé comme temps de travail effectif et n'est pas déduit des heures de délégation, le temps passé :

1° Aux réunions ;

2° Aux enquêtes menées après un accident du travail grave ou des incidents répétés ayant révélé un risque grave ou une maladie professionnelle ou à caractère professionnel grave ;

3° A la recherche de mesures préventives dans toute situation d'urgence et de gravité, notamment lors de la mise en œuvre de la procédure de danger grave et imminent prévue à l'article L. 4132-2. — *[Anc. art. L. 236-7, al. 5 et 6.]*

1. Contestation. L'obligation de payer à l'échéance normale le temps alloué aux membres du CHSCT pour l'exercice de leurs fonctions ne les dispense pas d'indiquer l'utilisation faite du temps pour lequel ils ont été payés. • Soc. 4 févr. 2004, ☎ n° 01-46.478 P : *RJS 2004. 293, n° 421.*

2. Paiement des heures de délégation au moyen d'un repos compensateur. Quand il est fait application dans l'entreprise d'une convention collective de branche offrant la possibilité de mettre en œuvre un repos compensateur en contrepartie des heures supplémentaires, les heures de délégation accomplies par le salarié en dehors de ses horaires de travail pour les nécessités du mandat donnent lieu à un tel repos. • Soc. 9 oct. 2012 : ☎ *Dalloz actualité, 28 oct. 2012, obs. Ines ; RJS 2012. 814, n° 958 ; JS Lamy 2012, n° 333-334-6 ; JCP S 2012. 1501, obs. Rozec.*

SECTION III **RÉUNIONS**

Art. L. 4614-7 Le comité d'hygiène, de sécurité et des conditions de travail se réunit au moins tous les trimestres à l'initiative de l'employeur, plus fréquemment en cas de besoin, notamment dans les branches d'activité présentant des risques particuliers. — *[Anc. art. L. 236-2-1, al. 1.]*

Art. L. 4614-8 L'ordre du jour de chaque réunion est établi par le président et le secrétaire.

(L. n° 2015-990 du 6 août 2015, art. 270) « Les consultations rendues obligatoires par une disposition législative ou réglementaire ou par un accord collectif de travail sont inscrites de plein droit à l'ordre du jour par le président ou le secrétaire.

« L'ordre du jour » est transmis aux membres du comité et à l'*(L. n° 2016-1088 du 8 août 2016, art. 113)* « agent de contrôle de l'inspection du travail mentionné à l'article L. 8112-1 » dans des conditions déterminées par voie réglementaire.

1. Délibérations. Le CHSCT ne peut valablement délibérer que sur un sujet en lien avec une question inscrite à l'ordre du jour. • Soc. 22 janv. 2008 : ☎ *JCP S 2008. 1239, obs. Cottin.*

2. Entrave. La disposition de l'art. L. 236-5 [L. 4614-8 nouv.] relative à l'établissement de l'ordre du jour est impérative ; son inobservation par l'employeur modifiant unilatéralement l'ordre du jour est constitutive du délit d'entrave. • Crim. 4 janv. 1990 : ☎ *RJS 1990. 158, n° 215.*

Art. L. 4614-9 Le comité d'hygiène, de sécurité et des conditions de travail reçoit de l'employeur les informations qui lui sont nécessaires pour l'exercice de ses missions, ainsi que les moyens nécessaires à la préparation et à l'organisation des réunions et aux déplacements imposés par les enquêtes ou inspections.

Les membres du comité sont tenus à une obligation de discrétion à l'égard des informations présentant un caractère confidentiel et données comme telles par l'employeur.

Ils sont tenus au secret professionnel pour toutes les questions relatives aux procédés de fabrication. – *[Anc. art. L. 236-3.]*

Frais de déplacement. Le salarié peut prétendre au remboursement de ses frais de déplacement, même si l'employeur avait mis à sa disposition un véhicule de fonction qu'il n'a pas utilisé, dans l'hypothèse où compte tenu de l'heure de la réunion et du temps de trajet, le départ la veille s'imposait. • Soc. 5 oct. 1999 : *D. 1999. IR 262 ; Dr. soc. 1999. 1118, obs. Cohen ; RJS 1999. 856, n° 1385.* ♦ Le membre du CHSCT qui ne justifie pas d'une mission individuelle à lui confiée par le comité, conformément à l'art. L. 236-2, ne peut prétendre au remboursement de ses frais de déplacement. • Soc. 21 juill. 1993 : *RJS 1993. 526, n° 878.*

Art. L. 4614-10 Le comité d'hygiène, de sécurité et des conditions de travail est réuni à la suite de tout accident ayant entraîné ou ayant pu entraîner des conséquences graves ou à la demande motivée de deux de ses membres représentants du personnel.

(L. n° 2013-316 du 16 avr. 2013, art. 10) « Il est réuni en cas d'événement grave lié à l'activité de l'établissement ayant porté atteinte ou ayant pu porter atteinte à la santé publique ou à l'environnement. »

Lorsque le chef d'entreprise est saisi d'une demande motivée présentée par deux membres au moins du comité, il doit réunir cet organisme sans pouvoir se faire juge du bien-fondé de la demande. • Crim. 4 janv. 1990 : *RJS 1990. 158, n° 215* • Soc. 26 juin 2013 : *Dalloz actualité, 17 juill. 2013, obs. Peyronnet ; RJS 10/2013, n° 688.*

Art. L. 4614-11 L'*(L. n° 2016-1088 du 8 août 2016, art. 113)* « agent de contrôle de l'inspection du travail mentionné à l'article L. 8112-1 » est prévenu de toutes les réunions du comité d'hygiène, de sécurité et des conditions de travail et peut y assister. – *[Anc. art. L. 236-7, al. 7, phrase 1.]*

Art. L. 4614-11-1 *(L. n° 2015-994 du 17 août 2015, art. 17-II)* Le recours à la visioconférence pour réunir le comité d'hygiène, de sécurité et des conditions de travail peut être autorisé par accord entre l'employeur et les membres désignés du comité. En l'absence d'accord, ce recours est limité à trois réunions par année civile. Un décret détermine les conditions dans lesquelles le comité peut, dans ce cadre, procéder à un vote à bulletin secret. – *V. art. D. 4616-6-1 et D. 2325-1-1 s.*

SECTION IV **RECOURS À UN EXPERT**

BIBL. ▸ Caron et Verkindt, *Dr. soc. 2012. 383* (notion de projet important justifiant la demande d'expertise du CHSCT). – Cochet, *Dr. soc. 2013. 733* (expertise du CHSCT après la loi du 14 juin 2013). – Cottin, *JCP S 2011. 1437* (panorama jurisprudentiel sur l'expertise du CHSCT) ; *Sem. soc. Lamy 2013, n° 1571, p. 4.* – Ferre, *RDT 2016. 629* . – Poncet, *JS Lamy 2011, nos 300-1 et 301-1* (conditions de désignation d'un expert par le CHSCT). – Thomas et Hamel, *JCP S 2013. 1405* (honoraires des experts du comité d'entreprise et du CHSCT). – Verkindt, *Dr. soc. 2013. 726* (conditions de travail et sécurisation de l'emploi).

Art. L. 4614-12 Le comité d'hygiène, de sécurité et des conditions de travail peut faire appel à un expert agréé :

1° Lorsqu'un risque grave, révélé ou non par un accident du travail, une maladie professionnelle ou à caractère professionnel est constaté dans l'établissement ;

2° En cas de projet important modifiant les conditions de santé et de sécurité ou les conditions de travail, prévu à l'article *(L. n° 2015-994 du 17 août 2015, art. 16-VIII)* « L. 4612-8-1 ».

Les conditions dans lesquelles l'expert est agréé par l'autorité administrative et rend son expertise sont déterminées par voie réglementaire. – *[Anc. art. L. 236-9, al. 1er et 2, al. 3, phrase 1, et al. 4.]* – *V. art. R. 4614-6.*

En application de l'art. L. 231-5 CRPA, et par exception à l'application du délai de deux mois prévu à l'art. L. 231-1 du même code, le délai à l'expiration duquel le silence gardé par l'administration vaut décision de rejet est fixé à quatre mois pour une demande d'agrément des experts auxquels le comité d'hygiène, de sécurité et des conditions de travail peut faire appel (Décr. n° 2014-1289 du 23 oct. 2014, art. 1er).

1. Expertise justifiée par un projet important. Le recours à un expert est justifié en présence d'un projet qui aboutit à la définition d'un nouveau métier de la logistique, dont les orientations sont définies, la durée programmée, la date de mise en œuvre prévue et qui concerne la majorité des postes du service touché. • Soc. 1er mars 2000 : *JS Lamy 2000, n° 62-34.* ♦ ... Ou en présence d'un projet entraînant la disparition d'une société appelée à devenir un simple établissement, une nouvelle organisation des établissements et le transfert d'une partie de son personnel au service d'une société relevant d'un autre groupe. • Soc. 29 sept. 2009 : *RDT 2010. 48, obs. Signoretto ; RJS 2009. 828, n° 946 ; JCP S 2009. 1586, obs. Cottin.* ♦ ... Ou en présence d'une décision de changement d'horaires affectant directement les salariés postés, le travail posté étant en soi perturbateur. • Soc. 24 oct. 2000, n° 98-18.240 P : *RJS 2001. 36, n° 56 ; JCP 2000. IV. 2852.* ♦ En revanche, le réaménagement de l'organigramme prévoyant la restructuration de l'encadrement mais aucune transformation des postes de travail n'est pas un projet important autorisant le CHSCT à recourir à un expert. • Soc. 26 juin 2001, n° 99-16.096 P : *D. 2001. IR 2244 ; RJS 2001. 781, n° 1150 ; JS Lamy 2001, n° 84-4.* ♦ Le seul nombre de salariés concernés ne suffit pas pour qualifier un projet d'important ; mais si le nombre de salariés concernés ne détermine pas, à lui seul, l'importance du projet, le projet doit être de nature à modifier les conditions de santé et de sécurité des salariés ou leurs conditions de travail. • Soc. 10 févr. 2010 : *Sem. soc. Lamy 2010, n° 1438, p. 8.* ♦ Le déploiement de nouveaux logiciels ainsi que la fourniture aux salariés occupant des fonctions de consultants dans les entreprises clientes d'ordinateurs portables sans que ces modifications n'entraînent des répercussions importantes sur les conditions de travail des salariés en termes d'horaires, de tâches et de moyens mis à leur disposition ne constitue pas pas un projet important au sens de l'art. L. 4614-12. • Soc. 8 févr. 2012 : *RDT 2012. 300, obs. Signoretto ; RJS 2012. 212, n° 258.* ♦ Une baisse significative du chiffre d'affaires d'un établissement et la disparition de certaines productions attribuées à ce site, résultat prévisible de la fin de certains marchés et de difficultés conjoncturelles qui a suscité un conflit social conclu par un protocole d'accord par lequel l'entreprise s'est engagée notamment à ne pas remettre en cause la vocation industrielle du site et à maintenir sur le site un effectif de cent trente salariés, ne caractérisent pas un projet important modifiant les conditions de santé et de sécurité ou les conditions de travail. • Soc. 14 oct. 2015, n° 14-17.224 : *RJS 12/2015, n° 789 ; ibid, p. 729, Avis Weissmann ; JCP S 2015. 1444, note Cottin.*

2. Expertise justifiée par un risque grave. Ce n'est qu'au cas où un risque grave est constaté dans l'établissement qu'une expertise peut être ordonnée. • Soc. 3 avr. 2001, n° 99-14.002 P : *D. 2001. IR 1774 ; RJS 2001. 522, n° 755.* ♦ L'analyse de l'exposition des salariés à des facteurs de pénibilité ne confère pas au CHSCT un droit général à l'expertise ; il ne peut donc faire appel à un expert agréé qu'en cas de risque grave et actuel constaté dans l'établissement. • Soc. 25 nov. 2015, n° 14-11.865 P : *D. 2015. Actu. 2508 ; RJS 2/2016, n° 136 ; JS Lamy 2016, n° 402-4 ; Sem. Soc. Lamy 2016, n° 1713, p. 9, obs. Crépin ; JCP S 2015. 1015, obs. Jeansen.* ♦ Le CHSCT est fondé à recourir à une expertise dès lors qu'il a été alerté par le médecin du travail sur le risque grave encouru par les salariés en situation de grande souffrance au travail, corroboré par une forte augmentation des arrêts de travail pour maladie dans l'entreprise. • Soc. 17 févr. 2016, n° 14-22.097 P : *RJS 4/2016, n° 264 ; JCP S 2016. 1100, obs. Cottin.*

3. Objet de l'expertise. Fait une exacte application de l'art. L. 236-9 [L. 4614-12 nouv.] la cour d'appel qui estime que le CHSCT doit avoir une vision globale des questions relevant de sa compétence, ce qui implique l'étude par l'expert de l'ensemble des risques existant dans un atelier. • Soc. 19 déc. 1990 : *RJS 1991. 106, n° 191.*

4. Choix de l'expert. Sauf abus manifeste, le juge n'a pas à contrôler le choix de l'expert auquel le CHSCT a décidé de faire appel. • Soc. 26 juin 2001, n° 99-11.563 P : *RJS 2001. 782, n° 1150 ; Sem. soc. Lamy 2001, n° 1036, p. 12.*

5. Établissement public. La décision de recourir à un expert, prise par le CHSCT d'un établissement public en application de l'art. L. 4614-12 C. trav., n'est pas au nombre des marchés de service énumérés limitativement par l'art. 8 de l'Ord. n° 2005-649 du 6 juin 2005 relative aux marchés passés par certaines personnes publiques ou privées non soumises au code des marchés publics. • Soc. 14 déc. 2011 : *D. 2012. Actu. 156 ; Dr. ouvrier 2012. 607, obs. Mazières ; JCP S 2012. 1102, obs. Cottin.*

6. Délai de contestation de l'expertise par l'employeur. En l'absence de textes spécifiques, l'action de l'employeur en contestation de l'expertise décidée par le CHSCT est soumise au délai de prescription de droit commun de 5 ans, prévu à l'art. 2224 C. civ. • Soc. 17 févr. 2016, n° 14-15.178 P : *D. 2016. Actu. 488 ; RJS 4/2016, n° 264 ; JS Lamy 2016, n° 407-5, obs. Pacotte et Daguerre ; JCP S 2016, n° 1100, note J.-B. Cottin.*

Art. L. 4614-12-1 *(L. n° 2013-504 du 14 juin 2013, art. 18-XXXI)* **L'expert, désigné lors de sa première réunion par le comité d'hygiène, de sécurité et des conditions de travail ou par l'instance de coordination prévue à l'article L. 4616-1 dans le cadre d'une consultation sur un projet de restructuration et de compression des effectifs**

mentionné à l'article *(L. n° 2015-994 du 17 août 2015, art. 18-XIV, en vigueur le 1er janv. 2016)* « L. 2323-31 », présente son rapport au plus tard quinze jours avant l'expiration du délai mentionné à l'article L. 1233-30.

L'avis du comité et, le cas échéant, de l'instance de coordination est rendu avant la fin du délai prévu au même article L. 1233-30. A l'expiration de ce délai, ils sont réputés avoir été consultés.

Ces dispositions sont applicables aux procédures de licenciement collectif engagées à compter du 1er juill. 2013.

Une procédure de licenciement collectif est réputée engagée à compter de la date d'envoi de la convocation à la première réunion du comité d'entreprise mentionnée à l'art. L. 1233-30 C. trav. (L. n° 2013-504 du 14 juin 2013, art. 18-XXXIII).

Art. L. 4614-13 Lorsque l'expert a été désigné sur le fondement de l'article L. 4614-12-1, toute contestation relative à l'expertise avant transmission de la demande de validation ou d'homologation prévue à l'article L. 1233-57-4 est adressée à l'autorité administrative, qui se prononce dans un délai de cinq jours. Cette décision peut être contestée dans les conditions prévues à l'article L. 1235-7-1.

(L. n° 2016-1088 du 8 août 2016, art. 31) « Dans les autres cas, l'employeur qui entend contester la nécessité de l'expertise, la désignation de l'expert, le coût prévisionnel de l'expertise tel qu'il ressort, le cas échéant, du devis, l'étendue ou le délai de l'expertise saisit le juge judiciaire dans un délai de quinze jours à compter de la délibération du comité d'hygiène, de sécurité et des conditions de travail ou de l'instance de coordination mentionnée à l'article L. 4616-1. Le juge statue, en la forme des référés, en premier et dernier ressort, dans les dix jours suivant sa saisine. Cette saisine suspend l'exécution de la décision du comité d'hygiène, de sécurité et des conditions de travail ou de l'instance de coordination mentionnée à l'article L. 4616-1, ainsi que les délais dans lesquels ils sont consultés en application de l'article L. 4612-8, jusqu'à la notification du jugement. Lorsque le comité d'hygiène, de sécurité et des conditions de travail ou l'instance de coordination mentionnée au même article L. 4616-1 ainsi que le comité d'entreprise sont consultés sur un même projet, cette saisine suspend également, jusqu'à la notification du jugement, les délais dans lesquels le comité d'entreprise est consulté en application de l'article L. 2323-3. — *V. art. R. 4614-19.*

« Les frais d'expertise sont à la charge de l'employeur. Toutefois, en cas d'annulation définitive par le juge de la décision du comité d'hygiène, de sécurité et des conditions de travail ou de l'instance de coordination, les sommes perçues par l'expert sont remboursées par ce dernier à l'employeur. Le comité d'entreprise peut, à tout moment, décider de les prendre en charge dans les conditions prévues à l'article L. 2325-41-1. »

L'employeur ne peut s'opposer à l'entrée de l'expert dans l'établissement. Il lui fournit les informations nécessaires à l'exercice de sa mission.

L'expert est tenu aux obligations de secret et de discrétion définies à l'article L. 4614-9.

BIBL. ▶ Charbonneau et Lerouge, *Dr. soc. 2016. 928* (frais d'expertise).

Jurisprudence rendue sous l'empire des textes antérieurs à la loi n° 2016-1088 du 8 août 2016

1. Conformité à la Constitution. En raison de l'absence d'effet suspensif du recours de l'employeur et de l'absence de délai d'examen de ce recours, l'employeur est privé de toute protection de son droit de propriété en dépit de l'exercice d'une voie de recours. Sont déclarées inconstitutionnelles les dispositions obligeant l'employeur à prendre en charge les frais d'expertise du CHSCT lorsqu'il obtient l'annulation de la décision de recours à un expert. • Cons. const. 27 nov. 2015, n° 2015-500 QPC : *D. 2015. 2449 ; RJS 2/2016, n° 137 ; JCP 2016. 208, obs. Mathieu.* ♦ Jusqu'à ce que le législateur remédie à l'inconstitutionnalité constatée, et au plus tard jusqu'au 1er janv. 2017, les frais d'expertise demeurent à la charge de l'employeur, même lorsque ce dernier obtient l'annulation en justice de la délibération du CHSCT ayant décidé de recourir à l'expertise. • Soc. 15 mars 2016, n° 14-16.242 P : *Dalloz actualité, 7 avr. 2016, obs. Fraisse ; D. 2016. 864, concl. Gadhoun ; RDT 2016. 499, note Guiomard ; Dr. soc. 2016. 478, note Mouly ; RJS 5/2016, n° 348 ; JS Lamy 2016, n° 408-3, obs. Lhernould ; Sem. soc. Lamy 2016, n° 1717, obs. Laherre et Fontanille ; JCP S 2016. 1199, obs. Cottin.*

2. Frais. L'employeur supporte les frais d'expertise et les frais de la procédure de contestation éventuelle, en l'absence d'abus du CHSCT. • Soc. 12 janv. 1999, n° 97-12.794 P : *RJS 1999. 133, n° 215 ; Dr. soc. 1999. 301, obs. Cohen.* ♦ L'exercice par le CHSCT d'une voie de recours ne constitue pas un abus qui lui interdit de demander le remboursement de ses frais à l'employeur. • Soc. 8 déc. 2004, n° 03-15.535 P : *RJS 2005. 122, n° 163* • 6 avr. 2005, n° 02-19.414 P : *JCP S 2005. 1038, note Boubli ; RJS 2005. 454, n° 640.*

3. Contestation de l'employeur. La contestation par l'employeur, prévue par l'art. L. 236-9 [L. 4614-12 nouv.], de la nécessité pour le CHSCT de recourir à l'expertise ne peut concerner que le point de savoir si le projet litigieux est un projet important modifiant les conditions d'hygiène et de sécurité ou les conditions de travail ; si l'employeur entend contester la nécessité de l'expertise, la désignation de l'expert, le coût, l'étendue ou le délai de l'expertise, cette contestation est portée devant le Président du TGI statuant en urgence. • Soc. 14 févr. 2001 : *RJS 2001. 521, n° 754 ; JS Lamy 2001, n° 76-3.* ♦ La nécessité de l'expertise relève de l'appréciation souveraine des juges du fond. • Soc. 25 juin 2003, n° 01-13.826 P : *RJS 2003. 810, n° 1177 ; JS Lamy 2003, n° 130-5.*

4. Contestation des honoraires. L'éventuelle acceptation par les parties intéressées, avant expertise, du tarif proposé, qui ne fait pas l'objet de l'agrément prévu par les art. R. 4614-6 s., ne peut faire échec au pouvoir que le juge tient de l'art. L. 4614-13 de procéder, après expertise, à une réduction du montant des honoraires de l'expert au vu du travail effectivement réalisé par ce dernier. • Soc. 15 janv. 2013 : *Dalloz actualité, 20 févr. 2013, obs. Siro ; D. 2013. Actu. 255.*

5. Honoraires et annulation de la mission de l'expert. Tenu de respecter un délai qui court de sa désignation, pour exécuter la mesure d'expertise, l'expert ne manque pas à ses obligations en accomplissant sa mission avant que la cour d'appel se soit prononcée sur le recours formé contre une décision rejetant une demande d'annulation du recours à un expert ; l'expert ne disposant d'aucune possibilité effective de recouvrement de ses honoraires contre le comité qui l'a désigné, ses honoraires doivent être supportés par l'expert. • Soc. 15 mai 2013 : *Dalloz actualité, 4 juin 2013, obs. Fraisse ; D. 2013. Actu. 1285 ; Dr. ouvrier 2013. 663, obs. Hamoudi ; JCP S 2013. 1324, obs. Cottin.*

Art. L. 4614-13-1 *(L. n° 2016-1088 du 8 août 2016, art. 31)* **L'employeur peut contester le coût final de l'expertise devant le juge judiciaire, dans un délai de quinze jours à compter de la date à laquelle l'employeur a été informé de ce coût.** — *V. art. R. 4614-20.*

SECTION V **FORMATION**

Art. L. 4614-14 Les représentants du personnel au comité d'hygiène, de sécurité et des conditions de travail bénéficient de la formation nécessaire à l'exercice de leurs missions. Cette formation est renouvelée lorsqu'ils ont exercé leur mandat pendant quatre ans, consécutifs ou non.

Dans les établissements où il n'existe pas de comité d'hygiène, de sécurité et des conditions de travail, et dans lesquels les délégués du personnel sont investis des missions de ce comité, les délégués du personnel bénéficient de la formation prévue au premier alinéa. — *[Anc. art. L. 236-10, al. 1er et 2.]*

BIBL. ▸ DUGUET, *RPDS 1988. 169* (formation dans les entreprises de moins de trois cents salariés).

1. Étendue de l'obligation de prise en charge. Les art. R. 236-15 à R. 236-22 imposent l'application de l'art. L. 236-10 [L. 4614-14 nouv.] et ne limitent pas la prise en charge financière par l'employeur de la formation des représentants du personnel au CHSCT. • Soc. 8 juin 1999, n° 96-45.833 P : *RJS 1999. 569, n° 929.*

2. Maintien du salaire. Le temps consacré à la formation des représentants du personnel au CHSCT est pris sur le temps de travail et est rémunéré comme tel ; un salarié participant, sur sa demande, à de telles formations ne peut prétendre à une rémunération supérieure à celle qu'il aurait perçue s'il ne les avait pas suivies (salarié à temps partiel suivant une formation à temps plein). • Soc. 15 juin 2010 : *Dalloz actualité, 7 juill. 2010, obs. Dechristé ; RJS 2010. 704, n° 782 ; JCP S 2010. 1433, obs. Martinon.*

Art. L. 4614-15 Dans les établissements *(L. n° 2012-387 du 22 mars 2012, art. 43)* **« d'au moins trois cents salariés », la formation est assurée dans les conditions prévues à l'article L. 2325-44.**

Pour les établissements de moins de trois cents salariés, ces conditions sont fixées par convention ou accord collectif de travail ou, à défaut, par des dispositions spécifiques déterminées par voie réglementaire. — *[Anc. art. L. 236-10, al. 3 et 4.]* — *V. art. R. 4614-21.*

Art. L. 4614-16 La charge financière de la formation des représentants du personnel au comité d'hygiène, de sécurité et des conditions de travail incombe à l'employeur

dans des conditions et limites déterminées par voie réglementaire. – *[Anc. art. L. 236-10, al. 6.] – V. art. R. 4614-33 s.*

CHAPITRE V COMITÉ D'HYGIÈNE, DE SÉCURITÉ ET DES CONDITIONS DE TRAVAIL DANS CERTAINS ÉTABLISSEMENTS DE SANTÉ, SOCIAUX ET MÉDICO-SOCIAUX

Le présent chapitre ne comprend pas de dispositions législatives.

CHAPITRE VI INSTANCE DE COORDINATION DES COMITÉS D'HYGIÈNE, DE SÉCURITÉ ET DES CONDITIONS DE TRAVAIL

(L. n° 2013-504 du 14 juin 2013, art. 8-X)

BIBL. ▶ COTTIN, *JCP S 2013. 1264.* – TARAUD, *Sem. soc. Lamy 2013, n° 1592, p. 31.*

COMMENTAIRE

V. Dalloz.fr et applications mobiles Dalloz ❑

Art. L. 4616-1 **Lorsque les consultations prévues aux articles** *(L. n° 2015-994 du 17 août 2015, art. 16-VIII)* **« L. 4612-8-1 », L. 4612-9, L. 4612-10 et L. 4612-13 portent sur un projet commun à plusieurs établissements, l'employeur peut mettre en place une instance temporaire de coordination de leurs comités d'hygiène, de sécurité et des conditions de travail, qui a pour mission d'organiser le recours à une expertise unique par un expert agréé dans** *(L. n° 2015-994 du 17 août 2015, art. 15-IV)* **« le cas mentionné au 2° de l'article L. 4614-12 et selon les modalités prévues » à l'article L. 4614-13.** *(L. n° 2015-994 du 17 août 2015, art. 15-IV)* **« L'instance est seule compétente pour désigner cet expert. Elle rend » un avis au titre des articles** *(L. n° 2015-994 du 17 août 2015, art. 16-VIII)* **« L. 4612-8-1 », L. 4612-9, L. 4612-10 et L. 4612-13.**

(L. n° 2015-994 du 17 août 2015, art. 15-IV) **« L'instance temporaire de coordination, lorsqu'elle existe, est seule consultée sur les mesures d'adaptation du projet communes à plusieurs établissements. Les comités d'hygiène, de sécurité et des conditions de travail concernés sont consultés sur les éventuelles mesures d'adaptation du projet spécifiques à leur établissement et qui relèvent de la compétence du chef de cet établissement. »**

Art. L. 4616-2 **L'instance de coordination est composée :**

1° De l'employeur ou de son représentant ;

2° De trois représentants de chaque comité d'hygiène, de sécurité et des conditions de travail concerné par le projet en présence de moins de sept comités, ou de deux représentants de chaque comité en présence de sept à quinze comités, et d'un au-delà de quinze comités. Les représentants sont désignés par la délégation du personnel de chaque comité d'hygiène, de sécurité et des conditions de travail en son sein, pour la durée de leur mandat ;

3° Des personnes suivantes : médecin du travail, *(L. n° 2016-1088 du 8 août 2016, art. 113)* **« agent de contrôle de l'inspection du travail mentionné à l'article L. 8112-1 », agent des services de prévention de l'organisme de sécurité sociale et, le cas échéant, agent de l'organisme professionnel de prévention du bâtiment et des travaux publics et responsable du service de sécurité et des conditions de travail ou, à défaut, agent chargé de la sécurité et des conditions de travail. Ces personnes sont celles territorialement compétentes pour l'établissement dans lequel se réunit l'instance de coordination s'il est concerné par le projet et, sinon, celles territorialement compétentes pour l'établissement concerné le plus proche du lieu de réunion.**

Seules les personnes mentionnées aux 1° et 2° ont voix délibérative.

Art. L. 4616-3 **L'expert mentionné à l'article L. 4616-1 est désigné lors de la première réunion de l'instance de coordination.**

Il remet son rapport et l'instance de coordination se prononce *(Abrogé par L. n° 2015-994 du 17 août 2015, art. 15-V)* **«, *le cas échéant,* » dans les délais prévus par un décret en Conseil d'État. A l'expiration de ces délais, l'instance de coordination est réputée avoir été consultée.**

(L. nº 2015-994 du 17 août 2015, art. 15-V) **« Lorsqu'il y a lieu de consulter à la fois l'instance de coordination et un ou plusieurs comités d'hygiène, de sécurité et des conditions de travail, »** *(L. nº 2016-1088 du 8 août 2016, art. 18)* **« un accord peut définir l'ordre et les délais dans lesquels l'instance de coordination et le ou les comités d'hygiène, de sécurité et des conditions de travail rendent et transmettent leur avis.**

« A défaut d'accord, l'avis de chaque comité d'hygiène, de sécurité et des conditions de travail est rendu et transmis à l'instance de coordination des comités d'hygiène, de sécurité et des conditions de travail et l'avis de cette dernière est rendu dans des délais fixés par décret en Conseil d'État. »

Art. L. 4616-4 **Les articles L. 4614-1, L. 4614-2, L. 4614-8 et L. 4614-9 s'appliquent à l'instance de coordination.**

Art. L. 4616-5 **Un accord d'entreprise peut prévoir des modalités particulières de composition et de fonctionnement de l'instance de coordination, notamment si un nombre important de comités d'hygiène, de sécurité et des conditions de travail sont concernés.**

Art. L. 4616-6 *(L. nº 2015-994 du 17 août 2015, art. 17-II)* **Le recours à la visioconférence pour réunir l'instance de coordination peut être autorisé par accord entre l'employeur et les représentants de chaque comité d'hygiène, de sécurité et des conditions de travail. En l'absence d'accord, ce recours est limité à trois réunions par année civile. Un décret détermine les conditions dans lesquelles l'instance de coordination peut, dans ce cadre, procéder à un vote à bulletin secret.**

TITRE DEUXIÈME SERVICES DE SANTÉ AU TRAVAIL

RÉP. TRAV. vº *Services de santé au travail,* par VÉRICEL.

BIBL. GÉN. ▸ ALVAREZ, *Dr. ouvrier 1980. 307.* – BABIN, *Dr. soc. 2005. 653* ✎. – BENOÎT, *RDSS 1977. 175.* – CHAUMETTE, *ALD 1986. 165.* – DORÉ, *Dr. soc. 2004. 931* ✎ (évolution de la médecine du travail). – DORLHAC DE BORNE, *Dr. soc. 1987. 565.* – FANTONI-QUINTON, *RDT 2016. 472* ✎ (le maintien en emploi au cœur des missions des services de santé au travail). – FRIMAT et GUILLON, *RDT 2011. Controverse. 86* (la médecine du travail est-elle menacée ?). – FROMONT, *ibid. 1987. 584* (statut des médecins du travail). – HUSSON, *RPDS 1980. 277.* – JAVILLIER, *Dr. soc., nº spéc., avr. 1980, 40* (statut des médecins du travail). – LOIRET, ARNAUD et SAUX, *Gaz. Pal. 5-6 oct. 1994* (bases juridiques ; principes généraux et fonctionnement). – LOIRET, ARNAUD, CHEVALIER, MÉTOIS-BOURRIQUEN et autres, *Gaz. Pal. 1998. 1. Doctr. 159* (examens complémentaires médicaux). – LORIOT, *Dr. soc. 1987. 592* (rôle du médecin du travail dans l'organisation du travail). – MARTINEZ, *Sem. soc. Lamy 1989, suppl. nº 460.* – NUTTE, *Dr. soc. 1979. 449.* – PELLETIER et MARINIER, *JCP S 2012. 1314* (d'une médecine de l'aptitude à la médecine de prévention des risques professionnels). – PÉLISSIER, *ibid. 1991. 678* (inaptitude et modification de l'emploi). – SAVATIER, *ibid. 1986. 779 ; ibid. 1987. 604.* – SOULA, *Dr. ouvrier 2003. 98.*

▸ *Adde :* P. LOIRET, Le secret médical et la médecine du travail (histoire et textes), *Documents pour le médecin du travail, 1991, nº 48, p. 313 ;...* (jurisprudence), *ibid., 1992, nº 49, p. 23.*

▸ **Loi du 20 juillet 2011 :** BABIN, *JCP S 2011. 1422* (la réforme de la médecine du travail : quels changements pour l'entreprise ?). – CARON et VERKINDT, *JCP S 2011. 1421* (la réforme de la médecine du travail n'est plus tout à fait un serpent de mer). – CHATZILAOU, ALVES-CONDÉ, GOMES et ROUSSEL, *RDT 2012. 200* ✎. – MEYER, *Dr. ouvrier 2013. 12* (nature juridique des interventions du médecin du travail). – VÉRICEL, *RDT 2011. 682* ✎.

▸ **Loi du 8 août 2016 :** MEYER, *RDT 2016. 821* ✎.

COMMENTAIRE

V. Dalloz.fr et applications mobiles Dalloz ☐

CHAPITRE PREMIER CHAMP D'APPLICATION

Art. L. 4621-1 **Les dispositions du présent livre sont applicables aux employeurs de droit privé ainsi qu'aux travailleurs.**

(L. nº 2009-526 du 12 mai 2009, art. 33) **« Elles sont également applicables aux établissements mentionnés aux 1º, 2º et 3º de l'article L. 4111-1. »** — *V. art. L. 4745-1 (pén.). — V. en ce qui concerne les entreprises de transport par eau, Décr. nº 58-924 du 8 oct. 1958*

(D. 1958. 338 ; BLD 1958. 678) ; ... les chemins de fer secondaires d'intérêt général, les réseaux de voies ferrées d'intérêt local et de tramways, Décr. n° 58-1221 du 11 déc. 1958 (D. 1959. 6 ; BLD 1958. 863) ; ... les entreprises de transports publics par route, Décr. n° 58-1222 du 11 déc. 1958 (D. 1959. 6 ; BLD 1958. 863) ; ... les entreprises privées de transport aérien, Décr. n° 59-664 du 20 mai 1959 (D. 1959. 502 ; BLD 1959. 918) ; ... la Compagnie nationale Air France, Décr. n° 64-346 du 18 avr. 1964 (JO 23 avr.) ; ... la SNCF, Décr. n° 60-965 du 9 sept. 1960 (JO 10 sept.).

CHAPITRE II **MISSIONS ET ORGANISATION**

SECTION PREMIÈRE **PRINCIPES**

Art. L. 4622-1 **Les employeurs relevant du présent titre organisent des services de santé au travail.** – *[Anc. art. L. 241-1, al. 3.] – V. art. L. 4745-1 (pén.).*

Art. L. 4622-2 *(L. n° 2011-867 du 20 juill. 2011)* **Les services de santé au travail ont pour mission exclusive d'éviter toute altération de la santé des travailleurs du fait de leur travail. A cette fin, ils :**

1° Conduisent les actions de santé au travail, dans le but de préserver la santé physique et mentale des travailleurs tout au long de leur parcours professionnel ;

2° Conseillent les employeurs, les travailleurs et leurs représentants sur les dispositions et mesures nécessaires afin d'éviter ou de diminuer les risques professionnels, d'améliorer les conditions de travail, de prévenir la consommation d'alcool et de drogue sur le lieu de travail, *(L. n° 2012-954 du 6 août 2012)* **« de prévenir le harcèlement sexuel ou moral, » de prévenir ou de réduire la pénibilité au travail et la désinsertion professionnelle et de contribuer au maintien dans l'emploi des travailleurs ;**

3° Assurent la surveillance de l'état de santé des travailleurs en fonction des risques concernant leur *(L. n° 2015-994 du 17 août 2015, art. 26-II)* **« santé au travail et leur sécurité et celle des tiers », de la pénibilité au travail et de leur âge ;**

4° Participent au suivi et contribuent à la traçabilité des expositions professionnelles et à la veille sanitaire. – *V. art. L. 4745-1 (pén.).*

Art. L. 4622-3 **Le rôle du médecin du travail est exclusivement préventif. Il consiste à éviter toute altération de la santé des travailleurs du fait de leur travail, notamment en surveillant leurs conditions d'hygiène au travail, les risques de contagion et leur état de santé ainsi que** *(L. n° 2016-1088 du 8 août 2016, art. 102, en vigueur le 1er janv. 2017)* **« tout risque manifeste d'atteinte à la sécurité des tiers évoluant dans l'environnement immédiat de travail** *[rédaction applicable jusqu'au 31 déc. 2016 au plus tard : toute atteinte à la sécurité des tiers]* **».** – *V. art. L. 4745-1 (pén.).*

Les dispositions issues de la L. n° 2016-1088 du 7 août 2016 entrent en vigueur à la date de publication des décrets pris pour leur application, et au plus tard le 1er janv. 2017 (L. préc., art. 102-V).

BIBL. ▶ MOUCHIKHINE, *JS Lamy 2015, n° 382-383-7* (la médecine du travail : prévention des risques ou accompagnement des salariés ?).

La prescription par un médecin du travail d'un médicament destiné au traitement de l'obésité contrevient à ses obligations et engage sa responsabilité civile et celle du service interentreprises de médecine du travail en cas d'effets nocifs du médicament prescrit. • Civ. 1re, 24 janv. 2006 : *Dr. soc. 2006. 458, obs. Savatier.*

Art. L. 4622-4 *(L. n° 2011-867 du 20 juill. 2011)* **Dans les services de santé au travail autres que ceux mentionnés à l'article L. 4622-7, les missions définies à l'article L. 4622-2 sont exercées par les médecins du travail en toute indépendance. Ils mènent leurs actions en coordination avec les employeurs, les membres du comité d'hygiène, de sécurité et des conditions de travail ou les délégués du personnel et les personnes ou organismes mentionnés à l'article L. 4644-1.** – *[Anc. art. L. 241-2, al. 2 et 3.] – V. art. L. 4745-1 (pén.) et R. 4623-26 s.*

Art. L. 4622-5 **Selon l'importance des entreprises, les services de santé au travail peuvent être propres à une seule entreprise ou communs à plusieurs.** – *[Anc. art. L. 241-3.] – V. art. L. 4745-1 (pén.).*

BIBL. ▶ Services médicaux d'entreprise ou interentreprises : AMOUROUX, *Dr. soc. 1987. 569.* – GRAND, *ibid. 571.*

1. Consultation du comité d'entreprise. Le comité d'entreprise doit être consulté avant toute décision de résiliation du contrat liant une entreprise à un service médical interentreprises. • Crim. 4 janv. 1979 : *Dr. soc. 1979. 456, note Javillier.*

2. Juge compétent. Le litige entre une association gestionnaire d'un service médical et social interentreprises et une entreprise adhérente relève du juge judiciaire. • T. confl. 24 févr. 1992 : *RJS 1992. 410, n° 747.*

Art. L. 4622-6 Les dépenses afférentes aux services de santé au travail sont à la charge des employeurs.

Dans le cas de services communs à plusieurs entreprises, ces frais sont répartis proportionnellement au nombre des salariés.

(L. n° 2016-925 du 7 juill. 2016, art. 43) « Par dérogation au deuxième alinéa, dans le cas des dépenses effectuées pour les journalistes rémunérés à la pige relevant de l'article L. 7111-3, pour les salariés relevant des professions mentionnées à l'article L. 5424-22 et pour ceux définis à l'article L. 7123-2, ces frais sont répartis proportionnellement à la masse salariale. » – *V. art. L. 4745-1 (pén.).*

SECTION II SERVICES DE SANTÉ AU TRAVAIL INTERENTREPRISES

Art. L. 4622-7 Lorsque le service de santé au travail est assuré par un groupement ou organisme distinct de l'établissement employant les travailleurs bénéficiaires de ce service, les responsables de ce groupement ou de cet organisme sont soumis, dans les mêmes conditions que l'employeur et sous les mêmes sanctions, aux prescriptions du présent titre. – *[Anc. art. L. 241-9.] – V. art. L. 4745-1 (pén.).*

Art. L. 4622-8 *(L. n° 2011-867 du 20 juill. 2011)* Les missions des services de santé au travail sont assurées par une équipe pluridisciplinaire de santé au travail comprenant des médecins du travail, *(L. n° 2016-1088 du 8 août 2016, art. 102-II)* « des collaborateurs médecins, des internes en médecine du travail, » des intervenants en prévention des risques professionnels et des infirmiers. Ces équipes peuvent être complétées par des assistants de services de santé au travail et des professionnels recrutés après avis des médecins du travail. Les médecins du travail animent et coordonnent l'équipe pluridisciplinaire.

Art. L. 4622-9 *(L. n° 2011-867 du 20 juill. 2011)* Les services de santé au travail comprennent un service social du travail ou coordonnent leurs actions avec celles des services sociaux du travail prévus à l'article L. 4631-1.

Art. L. 4622-10 *(L. n° 2011-867 du 20 juill. 2011)* Les priorités des services de santé au travail sont précisées, dans le respect des missions générales prévues à l'article L. 4622-2, des orientations de la politique nationale en matière de protection et de promotion de la santé et de la sécurité au travail, d'amélioration des conditions de travail, ainsi que de son volet régional, et en fonction des réalités locales, dans le cadre d'un contrat pluriannuel d'objectifs et de moyens conclu entre le service, d'une part, l'autorité administrative et les organismes de sécurité sociale compétents, d'autre part, après avis des organisations d'employeurs, des organisations syndicales de salariés représentatives au niveau national et des agences régionales de santé.

Les conventions prévues à l'article L. 422-6 du code de la sécurité sociale sont annexées à ce contrat.

La durée, les conditions de mise en œuvre et les modalités de révision des contrats d'objectifs et de moyens prévus au premier alinéa sont déterminées par décret.

Art. L. 4622-11 *(L. n° 2011-867 du 20 juill. 2011)* Le service de santé au travail est administré paritairement par un conseil composé :

1° De représentants des employeurs désignés par les entreprises adhérentes ;

2° De représentants des salariés des entreprises adhérentes, désignés par les organisations syndicales représentatives au niveau national et interprofessionnel.

Le président, qui dispose d'une voix prépondérante en cas de partage des voix, est élu parmi les représentants mentionnés au 1°. Il doit être en activité.

Le trésorier est élu parmi les représentants mentionnés au 2°.

Les modalités d'application du présent article sont déterminées par décret.

Art. L. 4622-12 *(L. n° 2011-867 du 20 juill. 2011)* L'organisation et la gestion du service de santé au travail sont placées sous la surveillance :

1° Soit d'un comité interentreprises constitué par les comités d'entreprise intéressés ;

2° Soit d'une commission de contrôle composée pour un tiers de représentants des employeurs et pour deux tiers de représentants des salariés. Son président est élu parmi les représentants des salariés.

Art. L. 4622-13 *(L. n° 2011-867 du 20 juill. 2011)* Dans le service de santé au travail interentreprises, une commission médico-technique a pour mission de formuler des propositions relatives aux priorités du service et aux actions à caractère pluridisciplinaire conduites par ses membres.

Art. L. 4622-14 *(L. n° 2011-867 du 20 juill. 2011)* Le service de santé au travail interentreprises élabore, au sein de la commission médico-technique, un projet de service pluriannuel qui définit les priorités d'action du service et qui s'inscrit dans le cadre du contrat d'objectifs et de moyens prévu à l'article L. 4622-10. Le projet est soumis à l'approbation du conseil d'administration.

Art. L. 4622-15 *(L. n° 2011-867 du 20 juill. 2011)* Toute convention intervenant directement ou par personne interposée entre le service de santé au travail et son président, son directeur ou l'un de ses administrateurs doit être soumise à l'autorisation préalable du conseil d'administration.

Il en est de même des conventions auxquelles une des personnes visées au premier alinéa est indirectement intéressée.

Sont également soumises à autorisation préalable les conventions intervenant entre le service de santé au travail et une entreprise si le président, le directeur ou l'un des administrateurs du service de santé au travail est propriétaire, associé indéfiniment responsable, gérant, administrateur, membre du conseil de surveillance ou, de façon générale, dirigeant de cette entreprise.

Lorsque les trois premiers alinéas sont applicables au président du service de santé au travail ou à l'un de ses administrateurs, il ne peut prendre part au vote sur l'autorisation sollicitée.

Lorsque les conventions portent sur des opérations courantes ou conclues à des conditions usuelles, elles font uniquement l'objet d'une communication au président et aux membres du conseil d'administration.

Art. L. 4622-16 *(L. n° 2011-867 du 20 juill. 2011)* Le directeur du service de santé au travail interentreprises met en œuvre, en lien avec l'équipe pluridisciplinaire de santé au travail et sous l'autorité du président, les actions approuvées par le conseil d'administration dans le cadre du projet de service pluriannuel.

SECTION III **DISPOSITIONS D'APPLICATION**

Art. L. 4622-17 Des décrets déterminent les conditions d'organisation et de fonctionnement des services de santé au travail ainsi que les adaptations à ces conditions dans les services de santé des établissements de santé, sociaux et médico-sociaux. – *[Anc. art. L. 4622-8.] – V. art. L. 4745-1 (pén.) et R. 4621-1 s.*

CHAPITRE III **PERSONNELS CONCOURANT AUX SERVICES DE SANTÉ AU TRAVAIL**

SECTION UNIQUE **MÉDECIN DU TRAVAIL**

BIBL. ▶ Adam, *Dr. soc. 2015. 541* (médecins du travail : le temps du silence ?). – Amauger-Lattes, *Dr. soc. 2011. 352* (pénurie de médecins du travail et visites médicales obligatoires).

SOUS-SECTION 1 **RECRUTEMENT ET CONDITIONS D'EXERCICE**

Art. L. 4623-1 Un diplôme spécial est obligatoire pour l'exercice des fonctions de médecin du travail.

(L. n° 2011-867 du 20 juill. 2011, art. 12) « Par dérogation au premier alinéa, un décret fixe les conditions dans lesquelles les services de santé au travail peuvent recru-

ter, après délivrance d'une licence de remplacement et autorisation par les conseils départementaux compétents de l'ordre des médecins, à titre temporaire, un interne de la spécialité qui exerce sous l'autorité d'un médecin du travail du service de santé au travail expérimenté. »

(L. n° 2016-41 du 26 janv. 2016, art. 36) « Par dérogation au premier alinéa, un décret fixe les conditions dans lesquelles un collaborateur médecin, médecin non spécialiste en médecine du travail et engagé dans une formation en vue de l'obtention de cette qualification auprès de l'ordre des médecins, exerce, sous l'autorité d'un médecin du travail d'un service de santé au travail et dans le cadre d'un protocole écrit et validé par ce dernier, les fonctions dévolues aux médecins du travail. » — *V. art. R. 4623-25 s.*

Art. L. 4623-2 Un décret détermine les conditions dans lesquelles les fonctions de médecins du travail peuvent être déclarées incompatibles avec l'exercice de certaines autres activités médicales. — *[Anc. art. L. 241-7.] — V. art. L. 4745-1 (pén.) et R. 4623-2.*

La fonction de médecin du travail est interdite aux médecins spécialistes. • CE 3 nov. 1967 : *Dr. soc. 1968. 510, concl. Galmot.*

Art. L. 4623-3 Le médecin du travail est un médecin autant que possible employé à temps complet qui ne pratique pas la médecine de clientèle courante. — *[Anc. art. L. 241-8.] — V. art. L. 4745-1 (pén.).*

SOUS-SECTION 2 **PROTECTION**

Art. L. 4623-4 Tout licenciement d'un médecin du travail envisagé par l'employeur est soumis pour avis, soit au comité d'entreprise, soit au comité interentreprises ou à la commission de contrôle du service interentreprises.

Dans les services interentreprises administrés paritairement, le projet de licenciement est soumis au conseil d'administration. — *[Anc. art. L. 241-6-2, al. 1er et 2.] — V. art. L. 4745-1 (pén.).*

Art. L. 4623-5 Le licenciement d'un médecin du travail ne peut intervenir qu'après autorisation de l'inspecteur du travail dont dépend le service de santé au travail, après avis du médecin inspecteur du travail.

Toutefois, en cas de faute grave, l'employeur peut prononcer la mise à pied immédiate de l'intéressé dans l'attente de la décision définitive. En cas de refus de licenciement, la mise à pied est annulée et ses effets supprimés de plein droit. — *[Anc. art. L. 241-6-2, al. 3 et 4.] — V. art. L. 4745-1 (pén.).*

En application de l'art. L. 231-4-4° CRPA, et par exception à l'application du délai de deux mois prévu à l'art. L. 231-1 du même code, le silence gardé par l'administration pendant deux mois vaut décision de rejet pour une demande d'autorisation de licenciement du médecin du travail (Décr. n° 2014-1291 du 23 oct. 2014, art. 1er).

1. Procédure. Les dispositions de l'article L. 4623-5 instituent, au profit du médecin du travail, en raison des fonctions qu'il exerce dans l'intérêt de l'ensemble des travailleurs, une protection exceptionnelle et exorbitante du droit commun qui interdit à l'employeur de rompre le contrat de travail sans obtenir l'autorisation préalable de l'inspecteur du travail ; le licenciement d'un médecin du travail ne peut intervenir qu'après autorisation de l'inspecteur du travail dont dépend le service de santé au travail, après avis du médecin inspecteur du travail et ce même en cas de faute lourde. • Soc. 6 juill. 2011 : *D. 2011. Actu. 2048 ; JCP S 2011. 1456, obs. Barège.*

2. Indemnités. Le médecin du travail licencié sans autorisation administrative et qui ne demande pas sa réintégration a droit à une indemnité pour violation du statut protecteur égale aux salaires qu'il aurait dû percevoir entre son éviction et la fin de la période de protection, dans la limite de trente mois, durée de la protection minimale légale accordée aux représentants du personnel. • Avis, 15 déc. 2014, n° 14-70.009 P : *D. 2015. Actu. 82 ; Dr. soc. 2015. 227, note Mouly .*

Art. L. 4623-5-1 *(L. n° 2011-867 du 20 juill. 2011)* La rupture du contrat de travail à durée déterminée d'un médecin du travail avant l'échéance du terme en raison d'une faute grave ou de son inaptitude médicale, ou à l'arrivée du terme lorsque l'employeur n'envisage pas de renouveler un contrat comportant une clause de renouvellement, ne peut intervenir qu'après autorisation de l'inspecteur du travail dont dépend le service

de santé au travail, après avis du médecin inspecteur du travail, dans les conditions prévues à l'article L. 4623-5.

En application de l'art. L. 231-4- 4° CRPA, et par exception à l'application du délai de deux mois prévu à l'art. L. 231-1 du même code, le silence gardé par l'administration pendant deux mois vaut décision de rejet pour une demande d'autorisation de rupture du contrat de travail à durée déterminée d'un médecin du travail (Décr. n° 2014-1291 du 23 oct. 2014, art. 1er).

Art. L. 4623-5-2 *(L. n° 2011-867 du 20 juill. 2011)* **L'arrivée du terme du contrat de travail à durée déterminée n'entraîne sa rupture qu'après constatation par l'inspecteur du travail que celle-ci n'est pas en lien avec l'exercice des missions de médecin du travail et ne constitue pas une mesure discriminatoire.**

L'employeur saisit l'inspecteur du travail un mois avant l'arrivée du terme.

L'inspecteur du travail statue avant la date du terme du contrat.

En application de l'art. L. 231-4- 4° CRPA, et par exception à l'application du délai de deux mois prévu à l'art. L. 231-1 du même code, le silence gardé par l'administration pendant deux mois vaut décision de rejet pour une demande d'autorisation de rupture du contrat de travail à durée déterminée, au terme du contrat, d'un médecin du travail (Décr. n° 2014-1291 du 23 oct. 2014, art. 1er).

Art. L. 4623-5-3 *(L. n° 2011-867 du 20 juill. 2011)* **Le transfert d'un médecin du travail compris dans un transfert partiel de service de santé au travail par application de l'article L. 1224-1 ne peut intervenir qu'après autorisation de l'inspecteur du travail dont dépend le service de santé au travail, après avis du médecin inspecteur du travail. L'inspecteur du travail s'assure que le transfert n'est pas en lien avec l'exercice des missions du médecin du travail et ne constitue pas une mesure discriminatoire.**

En application de l'art. L. 231-4-4° CRPA, et par exception à l'application du délai de deux mois prévu à l'art. L. 231-1 du même code, le silence gardé par l'administration pendant deux mois vaut décision de rejet pour une demande d'autorisation de transfert d'un médecin du travail compris dans un transfert partiel de service de santé au travail (Décr. n° 2014-1291 du 23 oct. 2014, art. 1er).

Art. L. 4623-6 **Lorsque le ministre compétent annule, sur recours hiérarchique, la décision de l'inspecteur du travail autorisant le licenciement d'un médecin du travail, celui-ci a le droit, s'il le demande dans un délai de deux mois à compter de la notification de la décision, d'être réintégré dans son emploi ou dans un emploi équivalent conformément aux dispositions de l'article L. 2422-1.**

Il en est de même lorsque le juge administratif a annulé une décision de l'inspecteur du travail ou du ministre compétent autorisant un tel licenciement. – *[Anc. art. L. 241-6-2, al. 5.] – V. art. L. 4745-1 (pén.).*

Art. L. 4623-7 **Lorsque l'annulation d'une décision d'autorisation est devenue définitive, le médecin du travail a droit au paiement d'une indemnité correspondant à la totalité du préjudice subi au cours de la période écoulée entre son licenciement et sa réintégration s'il a demandé cette dernière dans le délai de deux mois à compter de la notification de la décision.**

L'indemnité correspond à la totalité du préjudice subi au cours de la période écoulée entre son licenciement et l'expiration du délai de deux mois s'il n'a pas demandé sa réintégration.

Ce paiement s'accompagne du versement des cotisations correspondant à cette indemnité qui constitue un complément de salaire. – *[Anc. art. L. 241-6-2, al. 5.] – V. art. L. 4745-1 (pén.).*

Art. L. 4623-8 *(L. n° 2011-867 du 20 juill. 2011)* **Dans les conditions d'indépendance professionnelle définies et garanties par la loi, le médecin du travail assure les missions qui lui sont dévolues par le présent code.**

Commet une faute l'employeur qui fait établir et produit en justice une attestation du médecin du travail comportant des éléments tirés du dossier médical du salarié, hormis les informations que le médecin du travail est légalement tenu de communiquer à l'employeur. • Soc. 30 juin 2015, n° 13-28.201 P : *D. 2015. Actu. 1493 ; RDT 2015. 763, obs. Véricel ; RJS 10/2015, n° 648 ; JS Lamy 2016, n° 401-4 ; JCP S 2015. 1344, note Verkindt.*

CHAPITRE IV ACTIONS ET MOYENS DES MEMBRES DES ÉQUIPES PLURIDISCIPLINAIRES DE SANTÉ AU TRAVAIL *(L. n° 2011-867 du 20 juill. 2011).*

Art. L. 4624-1 *(L. n° 2016-1088 du 8 août 2016, art. 102, en vigueur le 1er janv. 2017)* **Tout travailleur bénéficie, au titre de la surveillance de l'état de santé des travailleurs prévue à l'article L. 4622-2, d'un suivi individuel de son état de santé assuré par le médecin du travail et, sous l'autorité de celui-ci, par le collaborateur médecin mentionné à l'article L. 4623-1, l'interne en médecine du travail et l'infirmier.**

Ce suivi comprend une visite d'information et de prévention effectuée après l'embauche par l'un des professionnels de santé mentionnés au premier alinéa du présent article. Cette visite donne lieu à la délivrance d'une attestation. Un décret en Conseil d'État fixe le délai de cette visite. Le modèle de l'attestation est défini par arrêté.

Le professionnel de santé qui réalise la visite d'information et de prévention peut orienter le travailleur sans délai vers le médecin du travail, dans le respect du protocole élaboré par ce dernier.

Les modalités et la périodicité de ce suivi prennent en compte les conditions de travail, l'état de santé et l'âge du travailleur, ainsi que les risques professionnels auxquels il est exposé.

Tout travailleur qui déclare, lors de la visite d'information et de prévention, être considéré comme travailleur handicapé au sens de l'article L. 5213-1 du présent code et être reconnu par la commission des droits et de l'autonomie des personnes handicapées mentionnée à l'article L. 146-9 du code de l'action sociale et des familles, ainsi que tout travailleur qui déclare être titulaire d'une pension d'invalidité attribuée au titre du régime général de sécurité sociale ou de tout autre régime de protection sociale obligatoire, est orienté sans délai vers le médecin du travail et bénéficie d'un suivi individuel adapté de son état de santé.

Tout salarié peut, lorsqu'il anticipe un risque d'inaptitude, solliciter une visite médicale dans l'objectif d'engager une démarche de maintien dans l'emploi.

Tout travailleur de nuit bénéficie d'un suivi individuel régulier de son état de santé. La périodicité de ce suivi est fixée par le médecin du travail en fonction des particularités du poste occupé et des caractéristiques du travailleur, selon des modalités déterminées par décret en Conseil d'État.

Le rapport annuel d'activité, établi par le médecin du travail, pour les entreprises dont il a la charge, comporte des données présentées par sexe. Un arrêté du ministre chargé du travail fixe les modèles de rapport annuel d'activité du médecin du travail et de synthèse annuelle de l'activité du service de santé au travail.

Ces dispositions entrent en vigueur à la date de publication des décrets pris pour leur application, et au plus tard le 1er janv. 2017 (L. n° 2016-1088 du 8 août 2016, art. 102-V).

Ancien art. L. 4624-1 ***Le médecin du travail est habilité à proposer des mesures individuelles telles que mutations ou transformations de postes, justifiées par des considérations relatives notamment à l'âge, à la résistance physique ou à l'état de santé physique et mentale des travailleurs.*** (L. n° 2015-994 du 17 août 2015, art. 26-IV) ***« Il peut proposer à l'employeur l'appui de l'équipe pluridisciplinaire du service de santé au travail ou celui d'un organisme compétent en matière de maintien dans l'emploi. »***

L'employeur est tenu de prendre en considération ces propositions et, en cas de refus, de faire connaître les motifs qui s'opposent à ce qu'il y soit donné suite.

En cas de difficulté ou de désaccord, l'employeur ou le salarié peut exercer un recours devant l'inspecteur du travail. (L. n° 2015-994 du 17 août 2015, art. 26-IV) ***« Il en informe l'autre partie. L'inspecteur du travail » prend sa décision après avis du médecin inspecteur du travail.***

(L. n° 2016-41 du 26 janv. 2016, art. 38) ***« Le rapport annuel d'activité, établi par le médecin du travail, pour les entreprises dont il a la charge, comporte des données selon le sexe. Un arrêté du ministre chargé du travail fixe les modèles de rapport annuel d'activité du médecin du travail et de synthèse annuelle de l'activité du service de santé au travail.***

COMMENTAIRE

V. Dalloz.fr et applications mobiles Dalloz 🏛. ❑

RÔLE DE L'INSPECTEUR DU TRAVAIL

1. Cas de recours. En l'absence de recours, exercé devant l'inspecteur du travail, contre les avis du médecin du travail, ceux-ci s'imposent au juge ; le juge ne peut alors refuser de donner effet aux avis donnés par ce médecin. • Soc. 17 déc. 2014, ♔ nº 13-12.277 : *Dalloz actualité, 21 janv. 2015, obs. Fleuriot ; RJS 3/2015, nº 183 ; JCP S 2015. 1088, obs. Verkindt.* ♦ Le refus par le salarié de la proposition de reclassement ne constitue pas un différend rendant nécessaire l'intervention de l'inspecteur du travail. • Soc. 13 nov. 1984 : *JS UIMM 1985. 173.* ♦ Solution identique en l'absence de contestation de la part de l'employeur de l'avis du médecin du travail. • Soc. 24 avr. 1980 : *Bull. civ. V, nº 350.* ♦ Sur le cas particulier des représentants du personnel, V. • CE 27 juill. 1984 : *JS UIMM 1984. 472* • 6 juill. 1984 : *Dr. soc. 1985. 52, concl. Boyon* • 11 juill. 1986 : *ibid. 1987. 620, concl. Guillaume.* ♦ Le recours administratif devant l'inspecteur du travail n'est ouvert qu'en cas de difficulté ou de désaccord sur l'avis du médecin du travail portant sur l'inaptitude physique du salarié à son poste de travail antérieur, son aptitude physique au poste de reclassement proposé, la nécessité d'une adaptation des conditions de travail ou d'une réadaptation du salarié. • Soc. 28 juin 2006 : ♔ *D. 2006. IR 2056* ⌀. ♦ En cas de désaccord concernant les propositions du médecin du travail, l'inspecteur du travail doit se prononcer lui-même sur l'aptitude du salarié à tenir son poste de travail sans pouvoir se borner à annuler les propositions du médecin du travail et à lui enjoindre d'en formuler de nouvelles. • CE 27 sept. 2006 : ♔ *D. 2006. IR 2628* ⌀ *; Dr. soc. 2006. 1117, note Savatier* ⌀. ♦ Le recours administratif devant l'inspecteur du travail couvre la visite médicale d'embauche. • CE 17 juin 2009 : ♔ *Dr. soc. 2009. 941, concl. Struillou* ⌀ *; ibid. 1137, obs. Chaumette* ⌀ *; Sem. soc. Lamy 2009, nº 1407, p. 12.*

2. Recours. L'avis du médecin du travail ne peut faire l'objet, tant de la part de l'employeur que de la part du salarié, que d'un recours administratif devant l'inspecteur du travail. • Soc. 2 févr. 1994, ♔ nº 88-42.711 P : *CSB 1994. 153, S. 79 ; RJS 1994. 181, nº 245.* ♦ Il n'appartient pas aux juges du fond de substituer leur appréciation à celle du médecin du travail. • Soc. 10 nov. 2009 : ♔ *R., p. 341 ; D. 2009. AJ 2867, obs. Maillard* ⌀ *; Dr. ouvrier 2010. 265 ; RJS 2010. 32, nº 30.* ♦ Le juge judiciaire, et plus particulièrement le juge des référés, ne peut ordonner une expertise afin de contester le bien-fondé de cet avis. • Soc. 12 mars 1987 : *Dr. soc. 1987. 604, note Savatier.* – V. aussi • CE 4 oct. 1991 : ♔ *RJS 1991. 712, nº 1326* • Soc. 9 oct. 2001, ♔ nº 98-46.144 P : *RJS 2001. 957 ; Dr. soc. 2002. 217, obs. Savatier* ⌀ *; JS Lamy 2001, nº 91-2.*

3. Information du recours. Lorsqu'un salarié déclaré inapte à son poste de travail conteste cet avis d'inaptitude devant l'inspecteur du travail, il n'a pas à en avertir l'employeur ; son silence lors de l'entretien préalable à son licenciement ne caractérise pas sa mauvaise foi. • Soc. 3 févr. 2010 : ♔ *RDT 2010. 304, obs. Véricel* ⌀ *; JS Lamy 2010, nº 274-2 ; Sem. soc. Lamy 2010, nº 1433, p. 11, avis Duplat.*

4. Objet de la contestation de la décision de l'inspecteur du travail. L'appréciation donnée par l'inspecteur du travail confirmative ou infirmative de l'avis du médecin du travail se substitue à ce dernier ; seule cette appréciation est susceptible de recours pour excès de pouvoir et les éventuelles irrégularités dans la procédure prévue à l'art. R. 4624-31 C. trav. ayant conduit à l'avis du médecin du travail sont sans incidence sur la légalité de la décision rendue par l'inspecteur du travail. • CE 22 mai 2015, ♔ req. nº 377001 : *Dalloz actualité, 16 sept. 2015, obs. Siro.*

5. Recours et salariés protégés. L'inspecteur du travail, lorsqu'il est saisi tout à la fois d'un recours formé par un salarié sur le fondement de l'art. L. 4624-1 et d'une demande d'autorisation de licencier ce salarié pour inaptitude physique, ne peut se prononcer sur la demande d'autorisation de licenciement sans avoir statué sur le recours, après avis du médecin-inspecteur du travail. • CE 7 oct. 2009 : ♔ *Dr. soc. 2010. 168, concl. Struillou* ⌀.

6. Incidences sur le contrat de travail. La procédure de contestation n'impose pas la suspension du contrat de travail et l'employeur ne peut empêcher le salarié qui en fait la demande de reprendre son poste. • Soc. 14 janv. 1998 : ♔ *RJS 1998. 280, nº 448.* ♦ En présence d'un avis d'inaptitude temporaire délivré par le médecin du travail, en l'absence de recours de l'employeur, le salarié peut refuser de se soumettre à une contre-visite. • Soc. 10 févr. 1998, ♔ nº 95-41.600 P.

7. Le recours auprès de l'inspecteur du travail ne subordonne pas le licenciement du salarié à une autorisation préalable et ne suspend pas le délai d'un mois imparti à l'employeur pour procéder au licenciement du salarié déclaré inapte à son emploi ; mais est dépourvu de cause réelle et sérieuse le licenciement notifié prématurément, sans prendre en considération la possibilité retenue par l'inspecteur du travail de reclasser sur un poste aménagé moyennant une aide financière qu'il appartient à l'employeur de solliciter. • Soc. 28 janv. 2004, ♔ nº 01-46.913 P : *RJS 2004. 282, nº 401.*

8. L'appréciation de l'inspecteur du travail, qui se substitue entièrement à celle du médecin du travail, doit être regardée comme portée dès la date à laquelle l'avis du médecin du travail a été émis, qu'elle la confirme ou qu'elle l'infirme, et nonobstant la circonstance que l'inspecteur du travail doive se prononcer en fonction des circonstances de fait et de droit à la date à laquelle il prend sa décision. • CE 16 avr. 2010 : *Dr. soc. 2010. 629, concl. Dumortier*.

9. Infirmation de l'avis d'inaptitude. Le principe du contradictoire doit être respecté dans le cadre de la procédure de contestation auprès de l'inspecteur du travail. Lorsque l'inspecteur du travail envisage d'infirmer l'avis d'inaptitude, il doit avertir l'employeur et recueillir au préalable ses observations sous peine de nullité de sa décision. • CE 21 janv. 2015, n° 365124 : *Dalloz actualité, 27 févr. 2015, obs. Fraisse ; RDT 2015. 100, concl. Dumortier ; RJS 4/2015, n° 248.*

10. Conséquences sur la décision. Lorsque l'inspecteur du travail décide de ne pas reconnaître l'inaptitude, ou lorsque, sur recours contentieux, sa décision la reconnaissant est annulée, le licenciement n'est pas nul mais devient privé de cause ; le salarié a droit non à sa réintégration dans l'entreprise mais à une indemnité qui ne peut être inférieure au salaire des six derniers mois prévue par l'art. L. 122-14-4 [L. 1235-4 nouv.]. • Soc. 8 avr. 2004, n° 01-45.693 P : *D. 2004. IR 1124 ; Dr. soc. 2004. 788, obs. Savatier ; RJS 2004. 470, n° 681, et ibid. 2004. 435, note Bourgeot* • 9 févr. 2005 : *RJS 2005. 281, n° 395 ; Dr. soc. 2005. 696, obs. Savatier* • 26 nov. 2008 : *D. 2009. AJ 25 ; Dr. soc. 2009. 257, note Savatier ; RJS 2009. 146, n° 168 ; JS Lamy 2008, n° 246-2 ; JCP S 2009. 1054, obs. Verkindt ; Sem. soc. Lamy 2009, n° 1383, p. 10.*

11. L'annulation par l'inspecteur du travail de l'avis d'inaptitude délivré par le médecin du travail et déclarant un salarié apte à un poste d'employé commercial pour tout rayon n'a pas pour effet de suspendre à nouveau le contrat de travail. • Soc. 26 nov. 2008 : *RJS 2009. 146, n° 168 ; JS Lamy 2008, n° 246-2.* ♦ Comp. : lorsque l'inspecteur du travail décide d'annuler les avis sur l'aptitude du salarié délivrés par le médecin du travail dans le cadre de la visite médicale de reprise du travail, le contrat de travail est de nouveau suspendu de sorte que le salarié ne peut prétendre au paiement des salaires. • Soc. 10 nov. 2004, n° 02-44.926 P : *D. 2004. IR 3037 ; Dr. soc. 2005. 223, obs. Savatier ; RJS 2005. 38, n° 33 ; JCP E 2005. 408, note Waquet ; JS Lamy 2004, n° 157-6.*

Art. L. 4624-2 *(L. n° 2016-1088 du 8 août 2016, art. 102, en vigueur le 1er janv. 2017)* **I. — Tout travailleur affecté à un poste présentant des risques particuliers pour sa santé ou sa sécurité ou pour celles de ses collègues ou des tiers évoluant dans l'environnement immédiat de travail bénéficie d'un suivi individuel renforcé de son état de santé. Ce suivi comprend notamment un examen médical d'aptitude, qui se substitue à la visite d'information et de prévention prévue à l'article L. 4624-1.**

II. — L'examen médical d'aptitude permet de s'assurer de la compatibilité de l'état de santé du travailleur avec le poste auquel il est affecté, afin de prévenir tout risque grave d'atteinte à sa santé ou à sa sécurité ou à celles de ses collègues ou des tiers évoluant dans l'environnement immédiat de travail. Il est réalisé avant l'embauche et renouvelé périodiquement. Il est effectué par le médecin du travail, sauf lorsque des dispositions spécifiques le confient à un autre médecin.

Ces dispositions entrent en vigueur à la date de publication des décrets pris pour leur application, et au plus tard le 1er janv. 2017 (L. n° 2016-1088 du 8 août 2016, art. 102-V).

Art. L. 4624-3 *(L. n° 2016-1088 du 8 août 2016, art. 102, en vigueur le 1er janv. 2017)* **Le médecin du travail peut proposer, par écrit et après échange avec le salarié et l'employeur, des mesures individuelles d'aménagement, d'adaptation ou de transformation du poste de travail ou des mesures d'aménagement du temps de travail justifiées par des considérations relatives notamment à l'âge ou à l'état de santé physique et mental du travailleur.**

Ces dispositions entrent en vigueur à la date de publication des décrets pris pour leur application, et au plus tard le 1er janv. 2017 (L. n° 2016-1088 du 8 août 2016, art. 102-V).

Art. L. 4624-4 *(L. n° 2016-1088 du 8 août 2016, art. 102, en vigueur le 1er janv. 2017)* **Après avoir procédé ou fait procéder par un membre de l'équipe pluridisciplinaire à une étude de poste et après avoir échangé avec le salarié et l'employeur, le médecin du travail qui constate qu'aucune mesure d'aménagement, d'adaptation ou de transformation du poste de travail occupé n'est possible et que l'état de santé du travailleur justifie un changement de poste déclare le travailleur inapte à son poste de travail. L'avis d'inaptitude rendu par le médecin du travail est éclairé par des conclusions écrites, assorties d'indications relatives au reclassement du travailleur.**

Ces dispositions entrent en vigueur à la date de publication des décrets pris pour leur application, et au plus tard le 1er janv. 2017 (L. n° 2016-1088 du 8 août 2016, art. 102-V).

Art. L. 4624-5 *(L. n° 2016-1088 du 8 août 2016, art. 102, en vigueur le 1er janv. 2017)* Pour l'application des articles L. 4624-3 et L. 4624-4, le médecin du travail reçoit le salarié, afin d'échanger sur l'avis et les indications ou les propositions qu'il pourrait adresser à l'employeur.

Le médecin du travail peut proposer à l'employeur l'appui de l'équipe pluridisciplinaire ou celui d'un organisme compétent en matière de maintien en emploi pour mettre en œuvre son avis et ses indications ou ses propositions.

Ces dispositions entrent en vigueur à la date de publication des décrets pris pour leur application, et au plus tard le 1er janv. 2017 (L. n° 2016-1088 du 8 août 2016, art. 102-V).

Art. L. 4624-6 *(L. n° 2016-1088 du 8 août 2016, art. 102, en vigueur le 1er janv. 2017)* L'employeur est tenu de prendre en considération l'avis et les indications ou les propositions émis par le médecin du travail en application des articles L. 4624-2 à L. 4624-4. En cas de refus, l'employeur fait connaître par écrit au travailleur et au médecin du travail les motifs qui s'opposent à ce qu'il y soit donné suite.

Ces dispositions entrent en vigueur à la date de publication des décrets pris pour leur application, et au plus tard le 1er janv. 2017 (L. n° 2016-1088 du 8 août 2016, art. 102-V).

Art. L. 4624-7 *(L. n° 2016-1088 du 8 août 2016, art. 102, en vigueur le 1er janv. 2017)* I. — Si le salarié ou l'employeur conteste les éléments de nature médicale justifiant les avis, propositions, conclusions écrites ou indications émis par le médecin du travail en application des articles L. 4624-2, L. 4624-3 et L. 4624-4, il peut saisir le conseil de prud'hommes d'une demande de désignation d'un médecin-expert inscrit sur la liste des experts près la cour d'appel. L'affaire est directement portée devant la formation de référé. Le demandeur en informe le médecin du travail.

II. — Le médecin-expert peut demander au médecin du travail la communication du dossier médical en santé au travail du salarié prévu à l'article L. 4624-8, sans que puisse lui être opposé l'article 226-13 du code pénal.

III. — La formation de référé ou, le cas échéant, le conseil de prud'hommes saisi au fond peut en outre charger le médecin inspecteur du travail d'une consultation relative à la contestation, dans les conditions prévues aux articles 256 à 258 du code de procédure civile.

IV. — La formation de référé peut décider de ne pas mettre les frais d'expertise à la charge de la partie perdante, dès lors que l'action en justice n'est pas dilatoire ou abusive.

Ces dispositions entrent en vigueur à la date de publication des décrets pris pour leur application, et au plus tard le 1er janv. 2017 (L. n° 2016-1088 du 8 août 2016, art. 102-V).

1. Cas de recours. En l'absence de recours, exercé devant l'inspecteur du travail, contre les avis du médecin du travail, ceux-ci s'imposent au juge ; le juge ne peut alors refuser de donner effet aux avis donnés par ce médecin. • Soc. 17 déc. 2014, ☎ n° 13-12.277 : *Dalloz actualité, 21 janv. 2015, obs. Fleuriot ; RJS 3/2015, n° 183 ; JCP S 2015. 1088, obs. Verkindt.* ♦ Le refus par le salarié de la proposition de reclassement ne constitue pas un différend rendant nécessaire l'intervention de l'inspecteur du travail. • Soc. 13 nov. 1984 : *JS UIMM 1985. 173.* ♦ Solution identique en l'absence de contestation de la part de l'employeur de l'avis du médecin du travail. • Soc. 24 avr. 1980 : *Bull. civ. V, n° 350.* ♦ Sur le cas particulier des représentants du personnel, V. • CE 27 juill. 1984 : *JS UIMM 1984. 472* • 6 juill. 1984 : *Dr. soc. 1985. 52, concl. Boyon* • 11 juill. 1986 : *ibid. 1987. 620, concl. Guillaume.* ♦ Le recours administratif devant l'inspecteur du travail n'est ouvert qu'en cas de difficulté ou de désaccord sur l'avis du médecin du travail portant sur l'inaptitude physique du salarié à son poste de travail antérieur, son aptitude physique au poste de reclassement proposé, la nécessité d'une adaptation des conditions de travail ou d'une réadaptation du salarié. • Soc. 28 juin 2006 : ☎ *D. 2006. IR 2056* ✎. ♦ En cas de désaccord concernant les propositions du médecin du travail, l'inspecteur du travail doit se prononcer lui-même sur l'aptitude du salarié à tenir son poste de travail sans pouvoir se borner à annuler les propositions du médecin du travail et à lui enjoindre d'en formuler de nouvelles. • CE 27 sept. 2006 : ☎ *D. 2006. IR 2628* ✎ *; Dr. soc. 2006. 1117, note Savatier* ✎. ♦ Le recours administratif devant l'inspecteur du travail couvre la visite médicale d'embauche. • CE 17 juin 2009 : ☎ *Dr. soc. 2009. 941, concl. Struillou* ✎ *; ibid. 1137, obs. Chaumette* ✎ *; Sem. soc. Lamy 2009, n° 1407, p. 12.*

2. Recours. L'avis du médecin du travail ne peut faire l'objet, tant de la part de l'employeur que de la part du salarié, que d'un recours administratif devant l'inspecteur du travail. • Soc. 2 févr. 1994, ☎ n° 88-42.711 P : *CSB 1994. 153, S. 79 ; RJS 1994. 181, n° 245.* ♦ Il n'appartient pas aux juges du fond de substituer leur appréciation à celle du médecin du travail. • Soc. 10 nov. 2009 : ⚖ *R., p. 341 ; D. 2009. AJ 2867, obs. Maillard* ✎ *; Dr. ouvrier 2010. 265 ; RJS 2010. 32, n° 30.* ♦ Le juge judiciaire, et plus particulièrement le juge des référés, ne peut ordonner une expertise afin de contester le bien-fondé de cet avis. • Soc. 12 mars 1987 : *Dr. soc. 1987. 604, note Savatier.* – V. aussi • CE 4 oct. 1991 : ⚖ *RJS 1991. 712, n° 1326* • Soc. 9 oct. 2001, ⚖ n° 98-46.144 P : *RJS 2001. 957 ; Dr. soc. 2002. 217, obs. Savatier* ✎ *; JS Lamy 2001, n° 91-2.*

3. Information du recours. Lorsqu'un salarié déclaré inapte à son poste de travail conteste cet avis d'inaptitude devant l'inspecteur du travail, il n'a pas à en avertir l'employeur ; son silence lors de l'entretien préalable à son licenciement ne caractérise pas sa mauvaise foi. • Soc. 3 févr. 2010 : ⚖ *RDT 2010. 304, obs. Véricel* ✎ *; JS Lamy 2010, n° 274-2 ; Sem. soc. Lamy 2010, n° 1433, p. 11, avis Duplat.*

4. Objet de la contestation de la décision de l'inspecteur du travail. L'appréciation donnée par l'inspecteur du travail confirmative ou infirmative de l'avis du médecin du travail se substitue à ce dernier ; seule cette appréciation est susceptible de recours pour excès de pouvoir et les éventuelles irrégularités dans la procédure prévue à l'art. R. 4624-31 C. trav. ayant conduit à l'avis du médecin du travail sont sans incidence sur la légalité de la décision rendue par l'inspecteur du travail. • CE 22 mai 2015, ⚖ req. n° 377001 : *Dalloz actualité, 16 sept. 2015, obs. Siro.*

5. Recours et salariés protégés. L'inspecteur du travail, lorsqu'il est saisi tout à la fois d'un recours formé par un salarié sur le fondement de l'art. L. 4624-1 et d'une demande d'autorisation de licencier ce salarié pour inaptitude physique, ne peut se prononcer sur la demande d'autorisation de licenciement sans avoir statué sur le recours, après avis du médecin-inspecteur du travail. • CE 7 oct. 2009 : ⚖ *Dr. soc. 2010. 168, concl. Struillou* ✎.

6. Incidences sur le contrat de travail. La procédure de contestation n'impose pas la suspension du contrat de travail et l'employeur ne peut empêcher le salarié qui en fait la demande de reprendre son poste. • Soc. 14 janv. 1998 : ⚖ *RJS 1998. 280, n° 448.* ♦ En présence d'un avis d'inaptitude temporaire délivré par le médecin du travail, en l'absence de recours de l'employeur, le salarié peut refuser de se soumettre à une contre-visite. • Soc. 10 févr. 1998, ⚖ n° 95-41.600 P.

7. Le recours auprès de l'inspecteur du travail ne subordonne pas le licenciement du salarié à une autorisation préalable et ne suspend pas le délai d'un mois imparti à l'employeur pour procéder au licenciement du salarié déclaré inapte à son emploi ; mais est dépourvu de cause réelle et sérieuse le licenciement notifié prématurément, sans prendre en considération la possibilité retenue par l'inspecteur du travail de reclasser sur un poste aménagé moyennant une aide financière qu'il appartient à l'employeur de solliciter. • Soc. 28 janv. 2004, ⚖ n° 01-46.913 P : *RJS 2004. 282, n° 401.*

8. L'appréciation de l'inspecteur du travail, qui se substitue entièrement à celle du médecin du travail, doit être regardée comme portée dès la date à laquelle l'avis du médecin du travail a été émis, qu'elle la confirme ou qu'elle l'infirme, et nonobstant la circonstance que l'inspecteur du travail doive se prononcer en fonction des circonstances de fait et de droit à la date à laquelle il prend sa décision. • CE 16 avr. 2010 : ⚖ *Dr. soc. 2010. 629, concl. Dumortier* ✎.

9. Infirmation de l'avis d'inaptitude. Le principe du contradictoire doit être respecté dans le cadre de la procédure de contestation auprès de l'inspecteur du travail. Lorsque l'inspecteur du travail envisage d'infirmer l'avis d'inaptitude, il doit avertir l'employeur et recueillir au préalable ses observations sous peine de nullité de sa décision. • CE 21 janv. 2015, ⚖ n° 365124 : *Dalloz actualité, 27 févr. 2015, obs. Fraisse ; RDT 2015. 100, concl. Dumortier* ✎ *; RJS 4/2015, n° 248.*

10. Conséquences sur la décision. Lorsque l'inspecteur du travail décide de ne pas reconnaître l'inaptitude, ou lorsque, sur recours contentieux, sa décision la reconnaissant est annulée, le licenciement n'est pas nul mais devient privé de cause ; le salarié a droit non à sa réintégration dans l'entreprise mais à une indemnité qui ne peut être inférieure au salaire des six derniers mois prévue par l'art. L. 122-14-4 [L. 1235-4 nouv.]. • Soc. 8 avr. 2004, ⚖ n° 01-45.693 P : *D. 2004. IR 1124* ✎ *; Dr. soc. 2004. 788, obs. Savatier* ✎ *; RJS 2004. 470, n° 681, et ibid. 2004. 435, note Bourgeot* • 9 févr. 2005 : ⚖ *RJS 2005. 281, n° 395 ; Dr. soc. 2005. 696, obs. Savatier* ✎ • 26 nov. 2008 : ⚖ *D. 2009. AJ 25* ✎ *; Dr. soc. 2009. 257, note Savatier* ✎ *; RJS 2009. 146, n° 168 ; JS Lamy 2008, n° 246-2 ; JCP S 2009. 1054, obs. Verkindt ; Sem. soc. Lamy 2009, n° 1383, p. 10.*

11. L'annulation par l'inspecteur du travail de l'avis d'inaptitude délivré par le médecin du travail et déclarant un salarié apte à un poste d'employé commercial pour tout rayon n'a pas pour effet de suspendre à nouveau le contrat de travail. • Soc. 26 nov. 2008 : ⚖ *RJS 2009. 146, n° 168 ; JS Lamy 2008, n° 246-2.* ♦ Comp. : lorsque l'inspecteur du travail décide d'annuler les avis sur l'aptitude du salarié délivrés par le médecin du travail dans le cadre de la visite médicale de reprise du travail, le contrat de travail est de nouveau suspendu de sorte que le salarié ne peut prétendre au paiement des salaires. • Soc. 10 nov. 2004, ⚖ n° 02-44.926 P : *D. 2004. IR 3037* ✎ *; Dr. soc. 2005. 223, obs. Savatier* ✎ *; RJS 2005. 38, n° 33 ; JCP E 2005. 408, note Waquet ; JS Lamy 2004, n° 157-6.*

Art. L. 4624-8 *(L. nº 2010-1330 du 9 nov. 2010, art. 60-I)* Un dossier médical en santé au travail, constitué par le médecin du travail, retrace dans le respect du secret médical les informations relatives à l'état de santé du travailleur, aux expositions auxquelles il a été soumis ainsi que les avis et propositions du médecin du travail, notamment celles formulées en application *(L. nº 2016-1088 du 8 août 2016, art. 102-II)* « des articles L. 4624-3 et L. 4624-4 ». Ce dossier ne peut être communiqué qu'au médecin de son choix, à la demande de l'intéressé. En cas de risque pour la santé publique ou à sa demande, le médecin du travail le transmet au médecin inspecteur du travail. Ce dossier peut être communiqué à un autre médecin du travail dans la continuité de la prise en charge, sauf refus du travailleur. Le travailleur, ou en cas de décès de celui-ci toute personne autorisée par les articles L. 1110-4 et L. 1111-7 du code de la santé publique, peut demander la communication de ce dossier.

L'art. L. 4624-2 devient l'art. L. 4624-8 à compter du 1er janv. 2017 (L. nº 2016-1088 du 8 août 2016, art. 102-II et V).

Art. L. 4624-9 *(L. nº 2011-867 du 20 juill. 2011)* I. — Lorsque le médecin du travail constate la présence d'un risque pour la santé des travailleurs, il propose par un écrit motivé et circonstancié des mesures visant à la préserver.

L'employeur prend en considération ces propositions et, en cas de refus, fait connaître par écrit les motifs qui s'opposent à ce qu'il y soit donné suite.

II. — Lorsque le médecin du travail est saisi par un employeur d'une question relevant des missions qui lui sont dévolues en application de l'article L. 4622-3, il fait connaître ses préconisations par écrit.

III. — Les propositions et les préconisations du médecin du travail et la réponse de l'employeur, prévues aux I et II du présent article, sont *(L. nº 2015-994 du 17 août 2015, art. 26-V)* « transmises au comité d'hygiène, de sécurité et des conditions de travail ou, à défaut, aux délégués du personnel, à l'*(L. nº 2016-1088 du 8 août 2016, art. 113)* « agent de contrôle de l'inspection du travail mentionné à l'article L. 8112-1 », au médecin inspecteur du travail ou aux agents des services de prévention des organismes de sécurité sociale et des organismes mentionnés à l'article L. 4643-1 ».

L'art. L. 4624-3 devient l'art. L. 4624-9 à compter du 1er janv. 2017 (L. nº 2016-1088 du 8 août 2016, art. 102-II).

Art. L. 4624-10 *(L. nº 2011-867 du 20 juill. 2011)* Des décrets en Conseil d'État précisent les modalités d'action des personnels concourant aux services de santé au travail ainsi que les conditions d'application du présent chapitre *(L. nº 2016-1088 du 8 août 2016, art. 102-II)* « , notamment les modalités du suivi individuel prévu à l'article L. 4624-1, les modalités d'identification des travailleurs mentionnés à l'article L. 4624-2 et les modalités du suivi individuel renforcé dont ils bénéficient ».

L'art. L. 4624-5 devient l'art. L. 4624-10 à compter du 1er janv. 2017 (L. nº 2016-1088 du 8 août 2016, art. 102-II).

CHAPITRE V **SURVEILLANCE MÉDICALE DE CATÉGORIES PARTICULIÈRES DE TRAVAILLEURS** *(L. nº 2011-867 du 20 juill. 2011).*

Art. L. 4625-1 *(L. nº 2011-867 du 20 juill. 2011)* Un décret détermine les règles relatives à l'organisation, au choix et au financement du service de santé au travail ainsi qu'aux modalités de surveillance de l'état de santé des travailleurs applicables aux catégories de travailleurs suivantes :

1° Salariés temporaires ;

2° Stagiaires de la formation professionnelle ;

3° Travailleurs des associations intermédiaires ;

4° Travailleurs exécutant habituellement leur contrat de travail dans une entreprise autre que celle de leur employeur ;

5° Travailleurs éloignés exécutant habituellement leur contrat de travail dans un département différent de celui où se trouve l'établissement qui les emploie ;

6° Travailleurs détachés temporairement par une entreprise non établie en France ;

7° Travailleurs saisonniers.

Ces travailleurs bénéficient d'une protection égale à celle des autres travailleurs.

Des règles et modalités de surveillance adaptées ne peuvent avoir pour effet de modifier la périodicité des examens médicaux définie par le présent code.

Des règles adaptées relatives à l'organisation du service de santé au travail ne peuvent avoir pour effet de modifier les modalités de composition et de fonctionnement du conseil d'administration prévues à l'article L. 4622-11.

Pour tenir compte de spécificités locales en matière de recours à des travailleurs saisonniers, l'autorité administrative peut approuver des accords adaptant les modalités définies par décret sous réserve que ces adaptations garantissent un niveau au moins équivalent de protection de la santé aux travailleurs concernés.

Art. L. 4625-1-1 *(L. n° 2016-1088 du 8 août 2016, art. 102, en vigueur le 1er janv. 2017)* **Un décret en Conseil d'État prévoit les adaptations des règles définies aux articles L. 4624-1 et L. 4624-2 pour les salariés temporaires et les salariés en contrat à durée déterminée.**

Ces adaptations leur garantissent un suivi individuel de leur état de santé d'une périodicité équivalente à celle du suivi des salariés en contrat à durée indéterminée.

Ce décret en Conseil d'État prévoit les modalités d'information de l'employeur sur le suivi individuel de l'état de santé de son salarié et les modalités particulières d'hébergement des dossiers médicaux en santé au travail et d'échanges d'informations entre médecins du travail.

Ces dispositions entrent en vigueur à la date de publication des décrets pris pour leur application, et au plus tard le 1er janv. 2017 (L. n° 2016-1088 du 8 août 2016, art. 102-V).

Art. L. 4625-2 *(L. n° 2011-867 du 20 juill. 2011, art. 10)* **Un accord collectif de branche étendu peut prévoir des dérogations aux règles relatives à l'organisation et au choix du service de santé au travail ainsi qu'aux modalités de surveillance de l'état de santé des travailleurs dès lors que ces dérogations n'ont pas pour effet de modifier la périodicité des examens médicaux définie par le présent code.**

Ces dérogations concernent les catégories de travailleurs suivantes :

1° Artistes et techniciens intermittents du spectacle ;

2° Mannequins ;

3° Salariés du particulier employeur ;

4° Voyageurs, représentants et placiers.

L'accord collectif de branche étendu après avis du Conseil national de l'ordre des médecins peut prévoir que le suivi médical des salariés du particulier employeur et des mannequins soit effectué par des médecins non spécialisés en médecine du travail qui signent un protocole avec un service de santé au travail interentreprises. Ces protocoles prévoient les garanties en termes de formation des médecins non spécialistes, les modalités de leur exercice au sein du service de santé au travail ainsi que l'incompatibilité entre la fonction de médecin de soin du travailleur ou de l'employeur et le suivi médical du travailleur prévu par le protocole. Ces dispositions ne font pas obstacle à l'application de l'article L. 1133-3.

En cas de difficulté ou de désaccord avec les avis délivrés par les médecins mentionnés au septième alinéa du présent article, l'employeur ou le travailleur peut solliciter un examen médical auprès d'un médecin du travail appartenant au service de santé au travail interentreprises ayant signé le protocole.

En l'absence d'accord étendu dans un délai de douze mois à compter du 24 juill. 2011, un décret en Conseil d'État pris après avis du Conseil national de l'ordre des médecins détermine les règles applicables à ces catégories de travailleurs (L. n° 2011-867 du 20 juill. 2011, art. 10-II).

CHAPITRE VI **SERVICES DE SANTÉ AU TRAVAIL DES ÉTABLISSEMENTS DE SANTÉ, SOCIAUX ET MÉDICO-SOCIAUX**

Le présent chapitre ne comprend pas de dispositions législatives.

TITRE TROISIÈME **SERVICE SOCIAL DU TRAVAIL**

CHAPITRE PREMIER **MISE EN PLACE ET MISSIONS**

Art. L. 4631-1 Un service social du travail est organisé dans tout établissement employant habituellement *(L. n° 2012-387 du 22 mars 2012, art. 43)* « au moins deux cent cinquante salariés ». – *[Anc. art. R. 250-1.]*

Art. L. 4631-2 Le service social du travail agit sur les lieux mêmes du travail pour suivre et faciliter la vie personnelle des travailleurs.

Il collabore étroitement avec le service de santé au travail. Il se tient en liaison constante avec les organismes de prévoyance, d'assistance et de placement en vue de faciliter aux travailleurs l'exercice des droits que leur confère la législation sociale. – *[Anc. art. R. 250-2, al. 1er et 2.]*

CHAPITRE II **ORGANISATION ET FONCTIONNEMENT**

Le présent chapitre ne comprend pas de dispositions législatives.

TITRE QUATRIÈME **INSTITUTIONS ET PERSONNES CONCOURANT À L'ORGANISATION DE LA PRÉVENTION**

(L. n° 2011-867 du 20 juill. 2011).

CHAPITRE PREMIER **CONSEIL D'ORIENTATION DES CONDITIONS DE TRAVAIL ET COMITÉS RÉGIONAUX D'ORIENTATION DES CONDITIONS DE TRAVAIL**

(L. n° 2015-994 du 17 août 2015, art. 26-VIII)

SECTION PREMIÈRE **CONSEIL D'ORIENTATION DES CONDITIONS DE TRAVAIL**

Art. L. 4641-1 Le conseil d'orientation des conditions de travail est placé auprès du ministre chargé du travail. Il assure les missions suivantes en matière de santé et de sécurité au travail et d'amélioration des conditions de travail :

1° Il participe à l'élaboration des orientations stratégiques des politiques publiques nationales ;

2° Il contribue à la définition de la position française sur les questions stratégiques au niveau européen et international ;

3° Il est consulté sur les projets de textes législatifs et réglementaires concernant cette matière ;

4° Il participe à la coordination des acteurs intervenant dans ces domaines.

Art. L. 4641-2 Le conseil d'orientation des conditions de travail comprend des représentants de l'État, des représentants des organisations professionnelles d'employeurs représentatives au niveau national et des organisations syndicales de salariés représentatives au niveau national, des représentants des organismes nationaux de sécurité sociale, des représentants des organismes nationaux d'expertise et de prévention, ainsi que des personnalités qualifiées.

Art. L. 4641-3 Un décret en Conseil d'État détermine l'organisation, les missions, la composition et le fonctionnement des formations du conseil d'orientation des conditions de travail.

SECTION II **COMITÉS RÉGIONAUX D'ORIENTATION DES CONDITIONS DE TRAVAIL**

Art. L. 4641-4 Un comité régional d'orientation des conditions de travail est placé auprès de chaque représentant de l'État dans la région.

Il participe à l'élaboration et au suivi des politiques publiques régionales en matière de santé, de sécurité au travail et de conditions de travail ainsi qu'à la coordination des acteurs intervenant dans cette matière au niveau régional.

Un décret en Conseil d'État détermine son organisation, ses missions, sa composition et son fonctionnement. – *V. art. R. 4641-1 s.*

CHAPITRE II **AGENCE NATIONALE POUR L'AMÉLIORATION DES CONDITIONS DE TRAVAIL**

SECTION PREMIÈRE **MISSIONS**

Art. L. 4642-1 L'Agence nationale pour l'amélioration des conditions de travail a pour mission :

1° De contribuer au développement et à l'encouragement de recherches, d'expériences ou réalisations en matière d'amélioration des conditions de travail ;

2° De rassembler et de diffuser les informations concernant, en France et à l'étranger, toute action tendant à améliorer les conditions de travail ;

3° D'appuyer les démarches d'entreprise en matière d'évaluation et de prévention des risques professionnels. – *[Anc. art. L. 200-6, al. 1er à 3 et al. 4 début.]*

SECTION II **COMPOSITION**

Art. L. 4642-2 L'Agence nationale pour l'amélioration des conditions de travail est administrée par un conseil d'administration qui comprend en nombre égal :

1° Des représentants des organisations d'employeurs représentatives au niveau national ;

2° Des représentants des organisations syndicales de salariés représentatives au niveau national ;

3° Des représentants des ministres intéressés et de personnes qualifiées.

En outre, participent au conseil d'administration, à titre consultatif, un représentant de chacune des commissions chargées des affaires sociales au Parlement, ainsi qu'un représentant de la section chargée des affaires sociales au *(L. nº 2010-704 du 28 juin 2010, art. 21)* « Conseil économique, social et environnemental ». – *[Anc. art. L. 200-7, al. 1er à 5.]*

SECTION III **DISPOSITIONS D'APPLICATION**

Art. L. 4642-3 Un décret en Conseil d'État détermine les modalités d'application du présent chapitre. – *[Anc. art. L. 200-9.] – V. art. R. 4642-1 s.*

CHAPITRE III **ORGANISMES ET COMMISSIONS DE SANTÉ ET DE SÉCURITÉ**

SECTION PREMIÈRE **ORGANISMES PROFESSIONNELS DE SANTÉ, DE SÉCURITÉ ET DES CONDITIONS DE TRAVAIL**

Art. L. 4643-1 Des organismes professionnels de santé, de sécurité et des conditions de travail sont constitués dans les branches d'activités présentant des risques particuliers.

Ces organismes sont chargés notamment :

1° De promouvoir la formation à la sécurité ;

2° De déterminer les causes techniques des risques professionnels ;

3° De susciter les initiatives professionnelles en matière de prévention ;

4° De proposer aux pouvoirs publics toutes mesures dont l'expérience a fait apparaître l'utilité. – *[Anc. art. L. 231-2, al. 5, phrase 2 fin.]*

Art. L. 4643-2 Les organismes professionnels de santé, de sécurité et des conditions de travail associent les représentants des organisations professionnelles d'employeurs et de salariés représentatives.

Leur activité est coordonnée par l'Agence nationale pour l'amélioration des conditions de travail. – *[Anc. art. L. 231-2, al. 5, phrase 2 début.]*

Art. L. 4643-3 Des décrets en Conseil d'État déterminent l'organisation, le fonctionnement ainsi que les modalités de participation des employeurs au financement des organismes prévus par la présente section. – *[Anc. art. L. 231-2, al. 1er et al. 5, phrase 1.] – V. art. R. 4643-1 s.*

SECTION II COMMISSIONS DE SANTÉ ET DE SÉCURITÉ

Art. L. 4643-4 Des commissions de santé et de sécurité, instituées par conventions et accords collectifs de travail et composées de représentants des employeurs et des salariés, sont chargées de promouvoir la formation à la sécurité et de contribuer à l'amélioration des conditions de santé et de sécurité.

Ces dispositions ne sont pas applicables aux exploitations et aux entreprises agricoles qui ne disposent pas de comité d'hygiène, de sécurité et des conditions de travail. Ces exploitations et entreprises relevant de l'article L. 717-7 du code rural et de la pêche maritime, relatif aux commissions paritaires d'hygiène, de sécurité et des conditions de travail en agriculture.

A défaut de constitution de commissions dans les conditions prévues au premier alinéa, leur mission est assurée par des organismes professionnels de santé, de sécurité et des conditions de travail constitués dans les branches d'activité présentant des risques particuliers prévus à l'article L. 4643-1. – *[Anc. art. L. 231-2-1, I, al. 1er et 2.]*

CHAPITRE IV AIDE À L'EMPLOYEUR POUR LA GESTION DE LA SANTÉ ET DE LA SÉCURITÉ AU TRAVAIL

(L. no 2011-867 du 20 juill. 2011, art. 1er)

Art. L. 4644-1 I. – L'employeur désigne un ou plusieurs salariés compétents pour s'occuper des activités de protection et de prévention des risques professionnels de l'entreprise.

Le ou les salariés ainsi désignés par l'employeur bénéficient, à leur demande, d'une formation en matière de santé au travail dans les conditions prévues aux articles L. 4614-14 à L. 4614-16.

A défaut, si les compétences dans l'entreprise ne permettent pas d'organiser ces activités, l'employeur peut faire appel, après avis du comité d'hygiène, de sécurité et des conditions de travail ou, en son absence, des délégués du personnel, aux intervenants en prévention des risques professionnels appartenant au service de santé au travail interentreprises auquel il adhère ou dûment enregistrés auprès de l'autorité administrative disposant de compétences dans le domaine de la prévention des risques professionnels et de l'amélioration des conditions de travail.

L'employeur peut aussi faire appel aux services de prévention des caisses de sécurité sociale avec l'appui de l'Institut national de recherche et de sécurité dans le cadre des programmes de prévention mentionnés à l'article L. 422-5 du code de la sécurité sociale, à l'organisme professionnel de prévention du bâtiment et des travaux publics et à l'Agence nationale pour l'amélioration des conditions de travail et son réseau.

Cet appel aux compétences est réalisé dans des conditions garantissant les règles d'indépendance des professions médicales et l'indépendance des personnes et organismes mentionnés au présent I. Ces conditions sont déterminées par décret en Conseil d'État.

II. – Les modalités d'application du présent article sont déterminées par décret. – *V. art. D. 4644-6.*

L'habilitation d'intervenant en prévention des risques professionnels délivrée avant la date d'entrée en vigueur de la L. no 2011-867 du 20 juill. 2011 vaut enregistrement, au sens de l'art. L. 4644-1 C. trav., pendant une durée de trois ans à compter du 24 juill. 2011 (L. préc., art. 1er-III).

A l'issue d'un délai de 18 mois à compter du 24 juill. 2011, les clauses des accords collectifs comportant des obligations en matière d'examens médicaux réalisés par le médecin du travail différentes de celles prévues par le code du travail ou le code rural et de la pêche maritime sont réputées caduques (L. préc., art. 1er-IV).

En application de l'art. L. 231-5 CRPA, et par exception à l'application du délai de deux mois prévu à l'art. L. 231-1 du même code, le délai à l'expiration duquel le silence gardé par l'administration vaut décision d'acceptation est fixé à trente jours pour une demande d'enregistrement des intervenants en prévention des risques professionnels (Décr. no 2014-1290 du 23 oct. 2014, art. 1er).

BIBL. ▶ KAPP, *Dr. ouvrier 2012. 253* (le mystérieux salarié qui apporte son aide à l'employeur pour la gestion de la santé et de la sécurité au travail).

LIVRE SEPTIÈME CONTRÔLE

TITRE PREMIER DOCUMENTS ET AFFICHAGES OBLIGATOIRES

CHAPITRE UNIQUE

Art. L. 4711-1 Les attestations, consignes, résultats et rapports relatifs aux vérifications et contrôles mis à la charge de l'employeur au titre de la santé et de la sécurité au travail comportent des mentions obligatoires déterminées par voie réglementaire. – *[Anc. art. L. 620-6, al. 1er début.] – V. art. D. 4711-2 et R. 4741-3 (pén.).*

Art. L. 4711-2 Les observations et mises en demeure notifiées par l'inspection du travail en matière de santé et de sécurité, de médecine du travail et de prévention des risques sont conservées par l'employeur. – *[Anc. art. L. 620-6, al. 2.] – V. art. R. 4741-3 (pén.).*

Art. L. 4711-3 Au cours de leurs visites, les *(L. nº 2016-1088 du 8 août 2016, art. 113)* « agents de contrôle de l'inspection du travail mentionnés à l'article L. 8112-1 » et les agents du service de prévention des organismes de sécurité sociale ont accès aux documents mentionnés aux articles L. 4711-1 et L. 4711-2. – *[Anc. art. L. 620-6, al. 3.] – V. art. R. 4741-3 (pén.).*

Art. L. 4711-4 Les documents mentionnés aux articles L. 4711-1 et L. 4711-2 sont communiqués, dans des conditions déterminées par voie réglementaire, aux membres des comités d'hygiène, de sécurité et des conditions de travail, aux délégués du personnel, au médecin du travail et, le cas échéant, aux représentants des organismes professionnels d'hygiène, de sécurité et des conditions de travail prévues à l'article L. 4643-2. – *[Anc. art. L. 620-6, al. 4.] – V. art. R. 4741-3 (pén.).*

Art. L. 4711-5 Lorsqu'il est prévu que les informations énumérées aux articles L. 4711-1 et L. 4711-2 figurent dans des registres distincts, l'employeur est autorisé à réunir ces informations dans un registre unique dès lors que cette mesure est de nature à faciliter la conservation et la consultation de ces informations. – *[Anc. art. L. 620-6, al. 6.] – V. art. R. 4741-3 (pén.).*

TITRE DEUXIÈME MISES EN DEMEURE ET DEMANDES DE VÉRIFICATION

CHAPITRE PREMIER MISES EN DEMEURE

SECTION PREMIÈRE MISES EN DEMEURE DU DIRECTEUR DÉPARTEMENTAL DU TRAVAIL, DE L'EMPLOI ET DE LA FORMATION PROFESSIONNELLE

Art. L. 4721-1 Le *(L. nº 2011-525 du 17 mai 2011, art. 170)* « directeur régional des entreprises, de la concurrence, de la consommation, du travail et de l'emploi », sur le rapport de l'*(L. nº 2016-1088 du 8 août 2016, art. 113)* « agent de contrôle de l'inspection du travail mentionné à l'article L. 8112-1 » constatant une situation dangereuse, peut mettre en demeure l'employeur de prendre toutes mesures utiles pour y remédier, si ce constat résulte :

1° D'un non-respect par l'employeur des principes généraux de prévention prévus par les articles L. 4121-1 à L. 4121-5 et L. 4522-1 ;

2° D'une infraction à l'obligation générale de santé et de sécurité résultant des dispositions de l'article L. 4221-1. – *[Anc. art. L. 230-5, phrase 1, et L. 231-5, al. 1er, phrase 1 début et fin.] – V. art. R. 4741-2 (pén.).*

BIBL. ▶ Grévy, *Dr. soc. 2011. 764* (les procédures d'urgences).

Art. L. 4721-2 Les mises en demeure du *(L. nº 2011-525 du 17 mai 2011, art. 170)* « directeur régional des entreprises, de la concurrence, de la consommation, du travail et de l'emploi », établies selon des modalités déterminées par voie réglementaire, fixent un délai d'exécution tenant compte des difficultés de réalisation.

Si, à l'expiration de ce délai, l'*(L. n° 2016-1088 du 8 août 2016, art. 113)* « agent de contrôle de l'inspection du travail mentionné à l'article L. 8112-1 » constate que la situation dangereuse n'a pas cessé, il peut dresser procès-verbal à l'employeur. – *[Anc. art. L. 230-5, phrase 2 fin et phrase 3 début, et art. L. 231-5, al. 2, phrase 1.] – V. art. R. 4721-3.*

Art. L. 4721-3 Les dispositions du 2° de l'article L. 4721-1 ne sont pas applicables aux établissements mentionnés aux 2° et 3° de l'article L. 4111-1. – *[Anc. art. L. 263-7.]*

SECTION II **MISES EN DEMEURE DE L'INSPECTEUR DU TRAVAIL ET DU CONTRÔLEUR DU TRAVAIL**

SOUS-SECTION 1 **MISE EN DEMEURE PRÉALABLE AU PROCÈS-VERBAL**

Art. L. 4721-4 Lorsque cette procédure est prévue, *(L. n° 2016-1088 du 8 août 2016, art. 113)* « les agents de contrôle de l'inspection du travail mentionnés à l'article L. 8112-1 », avant de dresser procès-verbal, mettent l'employeur en demeure de se conformer aux prescriptions des décrets mentionnés aux articles L. 4111-6 et L. 4321-4. – *[Anc. art. L. 231-4, al. 1er.] – V. art. L. 4741-4 (pén.).*

Art. L. 4721-5 Par dérogation aux dispositions de l'article L. 4721-4, *(L. n° 2016-1088 du 8 août 2016, art. 113)* « les agents de contrôle de l'inspection du travail mentionnés à l'article L. 8112-1 » sont autorisés à dresser immédiatement procès-verbal, sans mise en demeure préalable, lorsque les faits qu'ils constatent présentent un danger grave ou imminent pour l'intégrité physique des travailleurs.

Le procès-verbal précise les circonstances de fait et les dispositions légales applicables à l'espèce.

Ces dispositions ne font pas obstacle à la mise en œuvre de la procédure de référé prévue aux articles L. 4732-1 et L. 4732-2. – *[Anc. art. L. 231-4, al. 2 et 3.]*

Art. L. 4721-6 La mise en demeure indique les infractions constatées et fixe un délai à l'expiration duquel ces infractions doivent avoir disparu.

Ce délai est fixé en tenant compte des circonstances. Il est établi à partir du délai minimum prévu dans chaque cas par les décrets pris en application des articles L. 4111-6 et L. 4321-4. Il ne peut être inférieur à quatre jours. – *[Anc. art. L. 231-4, al. 4, phrase 1, 3 et 4.]*

Art. L. 4721-7 Les dispositions de l'article L. 4721-4 ne sont pas applicables aux établissements mentionnés aux 2° et 3° de l'article L. 4111-1. – *[Anc. art. L. 263-7.]*

SOUS-SECTION 2 **MISE EN DEMEURE PRÉALABLE À L'ARRÊT TEMPORAIRE D'ACTIVITÉ**

Art. L. 4721-8 *(Ord. n° 2016-413 du 7 avr. 2016, art. 2-I, en vigueur le 1er juill. 2016)* « Lorsque l'agent de contrôle de l'inspection du travail mentionné à l'article L. 8112-1 constate que le travailleur est exposé à un agent chimique cancérogène, mutagène ou toxique pour la reproduction, et qu'il se trouve dans une situation dangereuse avérée résultant de l'une des infractions mentionnées au présent article, il met en demeure l'employeur de remédier à cette situation. Dans le cas où cette mise en demeure est infructueuse, il procède à un arrêt temporaire de l'activité en application de l'article L. 4731-2.

« Les infractions justifiant les mesures mentionnées au premier alinéa sont :

« 1° Le dépassement d'une valeur limite d'exposition professionnelle déterminée par un décret pris en application de l'article L. 4111-6 ;

« 2° Le défaut ou l'insuffisance de mesures et moyens de prévention tels que prévus par le chapitre II du titre Ier du livre IV de la quatrième partie en ce qui concerne les agents chimiques cancérogènes, mutagènes ou toxiques pour la reproduction. »

La mise en demeure est établie selon des modalités prévues par voie réglementaire.

(Abrogé par Ord. n° 2016-413 du 7 avr. 2016, art. 2-I, à compter du 1er juill. 2016) ***« Le contrôleur du travail peut mettre en œuvre ces dispositions par délégation de l'inspecteur du travail dont il relève et sous son autorité. »*** – *V. art. R. 4721-6.*

CHAPITRE II **DEMANDES DE VÉRIFICATIONS, DE MESURES ET D'ANALYSES** *(Ord. n° 2016-413 du 7 avr. 2016, art. 2-II).*

Art. L. 4722-1 *(Ord. n° 2016-413 du 7 avr. 2016, art. 2-III, en vigueur le 1er juill. 2016)* **« L'agent de contrôle de l'inspection du travail mentionné à l'article L. 8112-1** *[ancienne rédaction applicable jusqu'au 30 juin 2016 : L'inspecteur du travail ou le contrôleur du travail]* **» peut, dans des conditions déterminées par décret en Conseil d'État, demander à l'employeur de faire procéder à des contrôles techniques, consistant notamment :**

1° A faire vérifier l'état de conformité de ses installations et équipements avec les dispositions qui lui sont applicables ;

2° A faire procéder à la mesure de l'exposition des travailleurs à des nuisances physiques, à des agents physiques, chimiques ou biologiques donnant lieu à des limites d'exposition ;

(Ord. n° 2016-413 du 7 avr. 2016, art. 2-III, en vigueur le 1er juill. 2016) **« 3° A faire procéder à l'analyse de toutes matières, y compris substances, mélanges, matériaux, équipements, matériels ou articles susceptibles de comporter ou d'émettre des agents physiques, chimiques ou biologiques dangereux pour les travailleurs** *[ancienne rédaction applicable jusqu'au 30 juin 2016 : 3° A faire procéder à l'analyse de substances et préparations dangereuses]*. **»** — *V. art. R. 4722-1 s.*

Art. L. 4722-2 **Les vérifications** *(Ord. n° 2016-413 du 7 avr. 2016, art. 2-IV, en vigueur le 1er juill. 2016)* **« , mesures et analyses prévues à » l'article L. 4722-1 sont réalisées par des organismes ou des personnes désignés dans des conditions déterminées par décret en Conseil d'État.**

CHAPITRE III **RECOURS**

Art. L. 4723-1 *(L. n° 2011-525 du 17 mai 2011, art. 170)* **S'il entend contester la mise en demeure prévue à l'article L. 4721-1, l'employeur exerce un recours devant le ministre chargé du travail.**

S'il entend contester la mise en demeure prévue *(Ord. n° 2016-413 du 7 avr. 2016, art. 2-V, en vigueur le 1er juill. 2016)* **« aux articles L. 4721-4 ou L. 4721-8 » ainsi que la demande de vérification** *(Ord. n° 2016-413 du 7 avr. 2016, art. 2-V, en vigueur le 1er juill. 2016)* **« , de mesure et d'analyse » prévue à l'article L. 4722-1, l'employeur exerce un recours devant le directeur régional des entreprises, de la concurrence, de la consommation, du travail et de l'emploi.**

Le refus opposé à ces recours est motivé.

N'est pas saisi hors délai le directeur régional du travail qui reconnaît avoir reçu la réclamation en télécopie avant l'expiration du délai, même si elle ne lui est parvenue par lettre recommandée qu'après l'expiration du délai. • CE 6 mai 1996 : *RJS 1996. 531, n° 825.*

Art. L. 4723-2 (Abrogé par Ord. n° 2016-413 du 7 avr. 2016, art. 2-VI, à compter du 1er juill. 2016) ***En cas de contestation par l'employeur de la réalité du danger ou de la façon de le faire cesser, notamment à l'occasion de la mise en demeure préalable à l'arrêt temporaire d'activité prévu à l'article L. 4721-8, celui-ci saisit le juge judiciaire dans des conditions déterminées par voie réglementaire.***

CHAPITRE IV **ORGANISMES DE MESURES ET DE VÉRIFICATIONS**

Le présent chapitre ne comprend pas de dispositions législatives.

TITRE TROISIÈME **MESURES ET PROCÉDURES D'URGENCE**

CHAPITRE PREMIER **ARRÊTS TEMPORAIRES DE TRAVAUX OU D'ACTIVITÉ**

Art. L. 4731-1 *(Ord. n° 2016-413 du 7 avr. 2016, art. 2-VII, en vigueur le 1er juill. 2016)* **« L'agent de contrôle de l'inspection du travail mentionné à l'article L. 8112-1 » peut prendre toutes mesures utiles visant à soustraire immédiatement un** *(Ord. n° 2016-413 du 7 avr. 2016, art. 2-VII, en vigueur le 1er juill. 2016)* **« travailleur » qui ne s'est pas retiré d'une situation de danger grave et imminent pour sa vie ou sa santé,**

constituant une infraction aux obligations des décrets pris en application *(Ord. n° 2016-413 du 7 avr. 2016, art. 2-VII, en vigueur le 1er juill. 2016)* **« des articles L. 4111-6, L. 4311-7 ou L. 4321-4 », notamment en prescrivant l'arrêt temporaire de la partie des travaux** *(Ord. n° 2016-413 du 7 avr. 2016, art. 2-VII, en vigueur le 1er juill. 2016)* **« ou de l'activité » en cause, lorsqu'il constate que la cause de danger résulte :**

1° Soit d'un défaut de protection contre les chutes de hauteur ;

2° Soit de l'absence de dispositifs de nature à éviter les risques d'ensevelissement ;

3° Soit de l'absence de dispositifs de protection de nature à éviter les risques liés aux *(Ord. n° 2016-413 du 7 avr. 2016, art. 2-VII, en vigueur le 1er juill. 2016)* **« travaux de retrait ou d'encapsulage d'amiante et de matériaux, d'équipements et de matériels ou d'articles en contenant, y compris dans les cas de démolition, ainsi qu'aux interventions sur des matériaux, des équipements, des matériels ou des articles susceptibles de provoquer l'émission de fibres d'amiante » ;**

« 4° Soit de l'utilisation d'équipements de travail dépourvus de protecteurs, de dispositifs de protection ou de composants de sécurité appropriés ou sur lesquels ces protecteurs, dispositifs de protection ou composants de sécurité sont inopérants ;

« 5° Soit du risque résultant de travaux ou d'une activité dans l'environnement des lignes électriques aériennes ou souterraines ;

« 6° Soit du risque de contact électrique direct avec des pièces nues sous tension en dehors des opérations prévues au chapitre IV du titre IV du livre V de la présente partie. »

(Abrogé par Ord. n° 2016-413 du 7 avr. 2016, art. 2-VII, à compter du 1er juill. 2016) ***« Le contrôleur du travail peut également, par délégation de l'inspecteur du travail dont il relève et sous son autorité, mettre en œuvre ces dispositions. »*** *— V. art. L. 4741-3-1 (pén.).*

BIBL. ▸ GRÉVY, *Dr. soc. 2011. 764* (les procédures d'urgences). – SILHOL, *RDT 2008. 459* (protection de l'intégrité physique du salarié : un exemple méconnu).

Art. L. 4731-2 **Si, à l'issue du délai fixé dans une mise en demeure notifiée en application de l'article L. 4721-8** *(Ord. n° 2016-413 du 7 avr. 2016, art. 2-VIII, en vigueur le 1er juill. 2016)* **« , la situation dangereuse persiste, l'agent de contrôle de l'inspection du travail mentionné à l'article L. 8112-1 » peut ordonner l'arrêt temporaire de l'activité concernée.**

(Abrogé par Ord. n° 2016-413 du 7 avr. 2016, art. 2-VIII, à compter du 1er juill. 2016) ***« Le contrôleur du travail peut également, par délégation de l'inspecteur du travail dont il relève et sous son autorité, mettre en œuvre ces dispositions. »*** *— V. art. L. 4741-3-1 (pén.).*

Art. L. 4731-3 **Lorsque toutes les mesures ont été prises pour faire cesser la situation de danger grave et imminent ou la situation dangereuse ayant donné lieu à un arrêt temporaire de travaux ou d'activité, l'employeur informe l'***(Ord. n° 2016-413 du 7 avr. 2016, art. 2-IX, en vigueur le 1er juill. 2016)* **« agent de contrôle de l'inspection du travail mentionné à l'article L. 8112-1 ».**

Après vérification, l'*(Ord. n° 2016-413 du 7 avr. 2016, art. 2-IX, en vigueur le 1er juill. 2016)* **« agent de contrôle » autorise la reprise des travaux ou de l'activité concernée.**

(Abrogé par Ord. n° 2016-413 du 7 avr. 2016, art. 2-IX, à compter du 1er juill. 2016) ***« Le contrôleur du travail peut également, par délégation de l'inspecteur du travail dont il relève et sous son autorité, mettre en œuvre ces dispositions. »***

Art. L. 4731-4 **En cas de contestation par l'employeur de la réalité du danger ou de la façon de le faire cesser, notamment à l'occasion de la mise en œuvre de la procédure d'arrêt des travaux ou de l'activité, celui-ci saisit le juge** *(Ord. n° 2016-413 du 7 avr. 2016, art. 2-X, en vigueur le 1er juill. 2016)* **« administratif par la voie du référé ».**

Art. L. 4731-5 **La décision d'arrêt temporaire de travaux** *(Ord. n° 2016-413 du 7 avr. 2016, art. 2-XI, en vigueur le 1er juill. 2016)* **« ou d'activité » de l'***(Ord. n° 2016-413 du 7 avr. 2016, art. 2-XI, en vigueur le 1er juill. 2016)* **« agent de contrôle de l'inspection du travail mentionné à l'article L. 8112-1 » prise en application du présent chapitre ne peut entraîner ni rupture, ni suspension du contrat de travail, ni aucun préjudice pécuniaire à l'encontre des salariés concernés.**

Art. L. 4731-6 **Un décret en Conseil d'État détermine les modalités d'application des articles L. 4731-1 à L. 4731-4.** — *[Anc. art. L. 231-12.] — V. art. R. 4731-1 s.*

CHAPITRE II **RÉFÉRÉ JUDICIAIRE** *(Ord. nº 2016-413 du 7 avr. 2016, art. 2-XII, en vigueur le 1er juill. 2016).*

Jusqu'au 30 juin 2016, l'intitulé du chapitre II demeure : « Procédures de référé ».

Art. L. 4732-1 Indépendamment de la mise en œuvre des dispositions de l'article L. 4721-5, l'inspecteur du travail saisit le *(Ord. nº 2016-413 du 7 avr. 2016, art. 2-XII, en vigueur le 1er juill. 2016)* « juge judiciaire statuant en référé *[ancienne rédaction applicable jusqu'au 30 juin 2016 : juge des référés]* » pour voir ordonner toutes mesures propres à faire cesser le risque, telles que la mise hors service, l'immobilisation, la saisie des matériels, machines, dispositifs, produits ou autres, lorsqu'il constate un risque sérieux d'atteinte à l'intégrité physique d'un travailleur résultant de l'inobservation des dispositions suivantes de la présente partie ainsi que des textes pris pour leur application :

1° Titres Ier, III et IV et chapitre III du titre V du livre Ier ;

2° Titre II du livre II ;

3° Livre III ;

4° Livre IV ;

5° Titre Ier, chapitres III et IV du titre III et titre IV du livre V.

Le juge peut également ordonner la fermeture temporaire d'un atelier ou chantier.

Il peut assortir sa décision d'une astreinte qui est liquidée au profit du Trésor. – *[Anc. art. L. 263-1, al. 1er, 3 et 4.]*

BIBL. ▸ GRÉVY, *Dr. soc. 2011. 764* ✎ (les procédures d'urgences).

Art. L. 4732-2 Pour les opérations de bâtiment ou de génie civil, lorsqu'un risque sérieux d'atteinte à l'intégrité physique d'un intervenant sur le chantier résulte, lors de la réalisation des travaux, ou peut résulter, lors de travaux ultérieurs, de l'inobservation des dispositions incombant au maître d'ouvrage prévues au titre Ier du livre II et de celles du titre III du livre V ainsi que des textes pris pour leur application, l'inspecteur du travail saisit le *(Ord. nº 2016-413 du 7 avr. 2016, art. 2-XII, en vigueur le 1er juill. 2016)* « juge judiciaire statuant en référé *[ancienne rédaction applicable jusqu'au 30 juin 2016 : juge des référés]* » pour voir ordonner toutes mesures propres à faire cesser ou à prévenir ce risque.

Ces mesures peuvent consister notamment en la mise en œuvre effective d'une coordination en matière de sécurité et de santé sur le chantier ou la détermination de délais de préparation et d'exécution des travaux compatibles avec la prévention des risques professionnels.

Le juge peut, en cas de non-respect des dispositions de l'article L. 4531-3, provoquer la réunion des maîtres d'ouvrage intéressés et la rédaction en commun d'un plan général de coordination.

Il peut ordonner la fermeture temporaire d'un atelier ou chantier.

Il peut assortir sa décision d'une astreinte liquidée au profit du Trésor.

La procédure de référé prévue au présent article s'applique sans préjudice de celle prévue à l'article L. 4732-1.

Art. L. 4732-3 Les décisions du *(Ord. nº 2016-413 du 7 avr. 2016, art. 2-XII, en vigueur le 1er juill. 2016)* « juge judiciaire statuant en référé *[ancienne rédaction applicable jusqu'au 30 juin 2016 : juge des référés]* » prévues au présent chapitre ne peuvent entraîner ni rupture, ni suspension du contrat de travail, ni aucun préjudice pécuniaire à l'encontre des salariés concernés.

Art. L. 4732-4 Les dispositions du présent chapitre ne sont pas applicables aux établissements mentionnés aux 2° et 3° de l'article L. 4111-1. – *[Anc. art. L. 263-7.]*

CHAPITRE III **PROCÉDURES D'URGENCES ET MESURES CONCERNANT LES JEUNES ÂGÉS DE MOINS DE DIX-HUIT ANS**

(Ord. nº 2016-413 du 7 avr. 2016, art. 2-XIII, en vigueur le 1er juill. 2016)

SECTION PREMIÈRE **RETRAIT D'AFFECTATION À CERTAINS TRAVAUX**

Art. L. 4733-1 Les jeunes travailleurs âgés de moins de dix-huit ans relevant de la présente section sont ceux mentionnés aux articles L. 4153-8 et L. 4153-9.

Art. L. 4733-2 Tout jeune travailleur de moins de dix-huit ans affecté à un ou plusieurs travaux interdits prévus à l'article L. 4153-8 est retiré immédiatement de cette affectation lorsque l'agent de contrôle de l'inspection du travail mentionné à l'article L. 8112-1 le constate. – *V. art. L. 4743-3 (pén.).*

Art. L. 4733-3 Lorsque l'agent de contrôle de l'inspection du travail mentionné à l'article L. 8112-1 constate que, par l'affectation à un ou plusieurs travaux réglementés prévus à l'article L. 4153-9, un jeune travailleur âgé de moins de dix-huit ans est placé dans une situation l'exposant à un danger grave et imminent pour sa vie ou sa santé, il procède à son retrait immédiat. – *V. art. L. 4743-3 (pén.).*

Art. L. 4733-4 Les décisions de retrait prises en application des articles L. 4733-2 et L. 4733-3 ne peuvent entraîner aucun préjudice pécuniaire à l'encontre du jeune concerné ni la suspension ou la rupture du contrat de travail ou de la convention de stage.

Art. L. 4733-5 Lorsque toutes les mesures ont été prises pour faire cesser la situation de danger grave et imminent ayant donné lieu à la décision de retrait prévue à l'article L. 4733-3, l'employeur ou le chef d'établissement informe l'agent de contrôle de l'inspection du travail. Après vérification, l'agent de contrôle de l'inspection du travail autorise la reprise des travaux réglementés concernés.

Art. L. 4733-6 Les décisions prévues aux articles L. 4733-2 à L. 4733-5 peuvent être contestées devant le juge administratif par la voie du référé.

SECTION II **SUSPENSION ET RUPTURE DU CONTRAT DE TRAVAIL OU DE LA CONVENTION DE STAGE**

Art. L. 4733-7 Les jeunes concernés par la présente section sont les travailleurs mentionnés à l'article L. 4111-5 âgés de moins de dix-huit ans.

Art. L. 4733-8 Lorsque l'agent de contrôle de l'inspection du travail constate un risque sérieux d'atteinte à la santé, à la sécurité ou à l'intégrité physique ou morale du jeune dans l'entreprise, il peut proposer au directeur régional des entreprises, de la concurrence, de la consommation, du travail et de l'emploi de suspendre le contrat de travail ou la convention de stage. Cette suspension s'accompagne du maintien par l'employeur de la rémunération ou de la gratification due au jeune. Elle ne peut pas entraîner la rupture du contrat de travail ou de la convention de stage.

Art. L. 4733-9 Dans le délai de quinze jours à compter du constat de l'agent de contrôle de l'inspection du travail, le directeur régional des entreprises, de la concurrence, de la consommation, du travail et de l'emploi se prononce sur la reprise de l'exécution du contrat de travail ou de la convention de stage.

Le refus d'autoriser la reprise de l'exécution du contrat de travail ou de la convention de stage entraîne sa rupture à la date de notification du refus aux parties. Dans ce cas, l'employeur verse au jeune les sommes dont il aurait été redevable si le contrat de travail ou la convention de stage s'était poursuivi jusqu'à son terme.

En cas de recrutement du jeune sous contrat à durée indéterminée, l'employeur lui verse les sommes dont il aurait été redevable si le contrat de travail s'était poursuivi jusqu'au terme de la formation professionnelle suivie.

Art. L. 4733-10 La décision de refus du directeur régional des entreprises, de la concurrence, de la consommation, du travail et de l'emploi peut s'accompagner de l'interdiction faite à l'employeur de recruter ou d'accueillir de nouveaux jeunes âgés de moins de dix-huit ans, travailleurs ou stagiaires, pour une durée qu'elle détermine.

Art. L. 4733-11 En cas de refus d'autoriser la reprise de l'exécution du contrat du travail ou de la convention de stage, l'établissement de formation où est inscrit le jeune est informé de cette décision afin de pouvoir prendre les dispositions nécessaires pour lui permettre de suivre provisoirement la formation dispensée par l'établissement et de trouver un nouvel employeur susceptible de contribuer à l'achèvement de sa formation.

Pour un jeune suivant une formation sous statut scolaire, l'établissement d'enseignement prend les dispositions nécessaires pour assurer la continuité de sa formation.

SECTION III **DISPOSITIONS D'APPLICATION**

Art. L. 4733-12 Un décret en Conseil d'État détermine les modalités d'application du présent chapitre.

TITRE QUATRIÈME **DISPOSITIONS PÉNALES**

CHAPITRE PREMIER **INFRACTIONS AUX RÈGLES DE SANTÉ ET DE SÉCURITÉ**

SECTION PREMIÈRE **INFRACTIONS COMMISES PAR L'EMPLOYEUR OU SON DÉLÉGATAIRE** *(L. n° 2011-525 du 17 mai 2011, art. 170).*

Art. L. 4741-1 Est puni d'une amende de *(Ord. n° 2016-413 du 7 avr. 2016, art. 2-XIV)* « 10 000 euros », le fait pour l'employeur ou *(L. n° 2011-525 du 17 mai 2011, art. 170)* « son délégataire » de méconnaître par sa faute personnelle les dispositions suivantes et celles des décrets en Conseil d'État pris pour leur application :

1° Titres Ier, III et IV ainsi que *(Abrogé par L. n° 2009-526 du 12 mai 2009, art. 39)* « *chapitre III et* » section II du chapitre IV du titre V du livre Ier ;

2° Titre II du livre II ;

3° Livre III ;

4° Livre IV ;

5° Titre Ier, *(Ord. n° 2016-413 du 7 avr. 2016, art. 2- XIV)* « chapitres II et IV à VI du titre II, chapitre IV » du titre III et titre IV du livre V ;

6° Chapitre II du titre II du présent livre.

La récidive est punie d'un emprisonnement d'un an et d'une amende de *(Ord. n° 2016-413 du 7 avr. 2016, art. 2- XIV)* « 30 000 euros ».

L'amende est appliquée autant de fois qu'il y a de *(Ord. n° 2016-413 du 7 avr. 2016, art. 2- XIV)* « travailleurs » de l'entreprise concernés *(L. n° 2011-525 du 17 mai 2011, art. 170)* « indépendamment du nombre d'infractions » relevées dans le procès-verbal prévu à l'article L. 8113-7.

BIBL. ► FERRÉ, *RDT 2008. 583* (les cancers professionnels et la sanction pénale). – ROUSSEAU, *RSC 2011. 804* (répartition des responsabilités dans l'entreprise).

COMMENTAIRE

V. Dalloz.fr et applications mobiles Dalloz

I. RESPONSABILITÉ PÉNALE DU CHEF D'ENTREPRISE

1. Office du juge. Les prescriptions du code du travail en matière d'hygiène et de sécurité sont impératives, sauf dérogation légale ; la circonstance qu'elles rendraient plus difficile l'exécution du travail n'est pas de nature à exonérer le chef d'entreprise de sa responsabilité et les juges n'ont donc pas à apprécier l'utilité ou l'efficacité de ces prescriptions, ni à rechercher dans quelles conditions elles peuvent être mises en œuvre. • Crim. 27 nov. 1990 : *Bull. crim. n° 409 ; RJS 1991. 108, n° 195.*

2. Illustrations. Sur la responsabilité d'un entrepreneur de forage, chef d'une société de fait constituée avec deux autres puisatiers, V. • Crim. 16 mars 1971 : *Bull. crim. n° 88.* ♦ Pour un gérant de fait, V. • Crim. 11 janv. 1972 : *Bull. crim. n° 14.* ♦ Sur la responsabilité d'un chef de chantier, dirigeant de fait, postérieurement à la démission du gérant de la société dont il est le salarié, V. : • Crim. 10 mars 1998 : *Bull. crim. n° 94 ; RSC 1998. 764, obs. Bouloc ; RTD com. 1998. 959, obs. Bouloc.* ♦ Sur la faute caractérisée. V. • Crim. 6 nov. 2007 : *RDT 2008. 464, obs. Dreuille ; RJS 2008. 235, n° 298 ; Dr. soc. 2008. 449, note Duquesne.*

3. L'entrepreneur qui s'immisce dans l'exécution des travaux confiés à un sous-traitant en donnant directement des ordres aux salariés de ce dernier commet une faute pour ne pas s'être assuré que toutes les conditions de sécurité étaient réunies. • Crim. 24 janv. 1989 : *Bull. crim. n° 27.* ♦ Sur la responsabilité d'un entrepreneur invoquant de prétendus contrats de sous-traitance, V. • Crim. 29 oct. 1985 : *Bull. crim. n° 335.*

4. Le dirigeant d'une entreprise en redressement judiciaire, dessaisi de l'administration de celle-ci en application de l'art. 31, al. 2, 3°, de la loi du 25 janv. 1985, qui effectue, à l'insu de l'administrateur, des actes étrangers aux pouvoirs propres qui lui sont attribués par la loi, reste tenu au respect des obligations légales et conventionnelles incombant au chef d'entreprise, susceptibles d'engager sa responsabilité pénale. • Crim. 12 juin 1996 : *Bull. crim. n° 251.* ♦ Mais doit être cassé l'arrêt qui déclare pénalement responsable, pour infraction à la réglementation relative à la sécurité du travail et blessures involontaires, le président du directoire d'une société, alors qu'à la date de l'accident, la société se trouvait en état de redressement judiciaire et l'administrateur était seul investi, en vertu de l'art. 31 de la loi du 25 janv. 1985, des obligations du chef d'entreprise. • Crim. 3 mars 1998 : *Bull. crim. n° 82 ; RTD com. 1998. 959, obs. Bouloc ; RSC 1998. 764, obs. Bouloc.* ♦ Sur la responsabilité pénale de l'administrateur judiciaire, pour infraction à la réglementation du travail, lorsqu'un « responsable par intérim » intervient au sein de l'entreprise concernée, V. : • Crim. 7 avr. 1999 : *Dr. pénal 1999. Comm. 131, note J.-H. Robert.*

5. Étendue de la responsabilité. Il appartient au chef d'entreprise de veiller personnellement à la stricte et constante exécution des dispositions édictées par le code du travail ou les règlements pris pour son application en vue d'assurer l'hygiène et la sécurité des travailleurs. • Crim. 22 mai 1973 : *Bull. crim. n° 230.* – Jurisprudence constante : • Crim. 16 juin 1971 : *Bull. crim. n° 192* • 23 janv. 1975 : *ibid., n° 30* • 29 janv. 1985 : *JCP E 1985. II. 14531, note Godard.* ♦ La faute du constructeur d'une machine, qu'il a à tort certifiée conforme, n'est pas de nature à exonérer le chef d'entreprise. • Crim. 23 juin 1993 : *RJS 1993. 591, n° 993.* ♦ Une cour d'appel ne peut prononcer la relaxe d'un chef d'entreprise en constatant que la machine était conforme aux normes de sécurité, sans rechercher s'il avait accompli les diligences normales lui incombant au sens de l'art. L. 121-3 C. pén., notamment en veillant à l'application effective des consignes de sécurité et sans constater que l'accident avait pour cause exclusive la faute de la victime. • Crim. 19 nov. 1996 : *Bull. crim. n° 413 ; D. 1997. IR 48 ; RJS 1997. 106, n° 154.* ♦ L'indisponibilité du dirigeant n'a pas pour effet de le soustraire à son obligation de veiller personnellement à la stricte et constante exécution des dispositions édictées en vue d'assurer l'hygiène et la sécurité des travailleurs en l'absence de toute délégation de pouvoirs. • Soc. 7 juin 2006 : *Dr. soc. 2006. 1058, obs. Duquesne.*

6. Caractérise la faute personnelle du chef d'entreprise, poursuivi pour homicide involontaire, la cour d'appel qui, relevant que le prévenu n'avait pas délégué ses pouvoirs, en déduit qu'il avait conservé l'obligation qui lui était personnellement imposée de prendre toutes les mesures pour que les dispositifs de protection individuelle prévus par le décret du 8 janv. 1965 soient effectivement utilisés. • Crim. 24 janv. 1978 : *Bull. crim. n° 30* • 4 oct. 1978 : *ibid., n° 257* • 27 févr. 1979 : *ibid., n° 88* (défaut de contrôle du respect des prescriptions de sécurité) • 10 juin 1980 : *ibid., n° 184* (absence de consignes précises et défaut du matériel et des équipements de sécurité nécessaires) • 20 oct. 1992 : *Dr. ouvrier 1993. 37, obs. Alvarez Pujana.*

7. Est pénalement responsable l'importateur de machines dangereuses italiennes dépourvues du visa technique requis, alors que l'intéressé n'a pas mis les juges en mesure d'apprécier si les exigences de sécurité imposées par la loi italienne étaient équivalentes à celles de la loi française. • Crim. 23 juin 1992 : *JCP E 1993. 397, note Godard.*

8. La faute personnelle du chef d'entreprise ne saurait exclure celle qu'aurait pu commettre de son côté un agent subalterne. • Crim. 17 oct. 1979 : *D. 1980. IR 296.* ♦ Mais justifient leur décision de condamnation pour blessures involontaires et infraction à l'art. R. 233-3 ancien C. trav. les juges du fond qui relèvent que le prévenu, titulaire d'une délégation de pouvoirs en matière d'hygiène et de sécurité, a laissé à la disposition des salariés une machine insuffisamment protégée, la circonstance que le salarié n'ait pas fait un usage de celle-ci conforme à sa destination n'étant pas de nature à exonérer le prévenu de sa responsabilité, dès lors que cette faute n'a pas été la cause exclusive du dommage. • Crim. 30 juin 1998 : *Bull. crim. n° 210 ; D. 1998. IR 225 ; JCP 1999. II. 10067, note Chevallier ; RJS 1999. 43, n° 53.*

9. L'employeur doit répondre des agissements des personnes qui exercent, de fait ou de droit, une autorité sur les salariés ; il peut être condamné à réparer le préjudice moral résultant du mauvais traitement infligé à un salarié et des insultes proférées à son égard par son épouse. • Soc. 10 mai 2001, n° 99-40.059 P : *Dr. soc. 2001. 921, obs. Gauriau ; RJS 2001. 681, n° 989 ; JCP E 2001. 1679, note Puigelier.*

II. IRRESPONSABILITÉ PÉNALE DU CHEF D'ENTREPRISE

A. DIRECTION UNIQUE

10. Principe. L'employeur peut s'exonérer lorsqu'en raison de la participation de plusieurs entreprises le travail a été placé sous une direction unique autre que la sienne. • Crim. 18 janv. 1973 : *Bull. crim. n° 25 ; RSC 1973. 692, obs. Levasseur* • 5 janv. 1977 : *Dr. ouvrier 1977. 361* • 25 mai 1982 : *Bull. crim. n° 136.* ♦ V., au contraire, en cas de pluralité de fautes : • Crim. 27 janv. 1971 : *Bull. crim. n° 28* • 20 sept. 1980 : *Dr. soc. 1981. 719, note Roger.*

B. FAUTE DE LA VICTIME

11. Faute exclusive de la victime. N'est pas responsable de l'accident dont est victime un salarié l'employeur qui a pris toutes les dispositions pour faire respecter les mesures de sécurité, l'accident étant dû à la seule faute du salarié qui a enfreint les consignes de sécurité et échappé à la vigilance des surveillants. • Crim. 14 mars 1979 : *Bull. crim. n° 109*. – Dans le même sens : • Crim. 14 oct. 1986 : *Bull. crim. n° 288*.

C. DÉLÉGATION DE POUVOIR

BIBL. Albiol et Boucaya, *JCP S 2010. 1512* (admission de la délégation de pouvoir dans les SAS). – Aubry, *Rev. soc. 2005. 793* (la responsabilité des dirigeants dans la société par action simplifiée). – Leport et Guyot, *JCP S 2010. 1067* (polémiques autour du pouvoir de licencier dans la société par action simplifiée). – Robé, *Sem. soc. Lamy 2010, n° 1434, p. 10* (des délégations de pouvoirs dans les SAS. Remarques sur quelques arrêts récents). – Coeuret et Duquesne, *Dr. soc. 2012. 35* (actualité de la délégation de pouvoir de licencier dans l'entreprise ou le groupe d'entreprises). – Coeuret, *RJS 2012. 3* (la délégation de pouvoirs et les responsabilités pénales dans l'entreprise). – Moreau, *D. 2006. 290* ✐. – Desportes, *RJS 2002. 711* (faute pénale et responsabilité civile du préposé).

1° PRINCIPE

12. Principes. Le chef d'établissement ne peut s'exonérer que lorsqu'il démontre qu'il a délégué ses pouvoirs à un préposé désigné par lui et pourvu de la compétence et de l'autorité nécessaires pour veiller efficacement à l'observation des dispositions en vigueur. – Jurisprudence constante : • Crim. 18 janv. 1973 : *Bull. crim. n° 25* • 22 mai 1973 : *ibid., n° 230* • 23 janv. 1975 : *ibid., n° 30* • 21 oct. 1975 : *ibid., n° 222* • 18 oct. 1977 : *ibid., n° 305* • 17 juin 1997 : ⚖ *Bull. crim. n° 237 ; RJS 1997. 679, n° 1101* • 8 déc. 2009 : ⚖ *D. 2010. AJ 212* ✐ *; RSC 2010. 433, note Cerf-Hollender* ✐ *; Dr. ouvrier 2010. 381 ; JS Lamy 2010, n° 274-4, obs. Tourreil.* ♦ Rien n'interdit au chef d'un groupe de sociétés, qui est en outre le chef de l'entreprise exécutant les travaux, de déléguer ses pouvoirs au dirigeant d'une autre société du groupe sur lequel il exerce son autorité hiérarchique. • Crim. 26 mai 1994 : ⚖ *D. 1995. 110, note Reinhard* ✐ *; Dr. soc. 1995. 344, note Cœuret* ✐ *; RJS 1994. 765, n° 1275.* – Dans le même sens : • Crim. 11 oct. 1994 : *RJS ibid.* • Soc. 7 févr. 1995 : ⚖ *RJS 1995. 431, n° 657* (le dirigeant d'une filiale peut invoquer la délégation faite à un préposé d'une autre société du groupe). ♦ Le représentant légal de chacune des entreprises, membres d'une société en participation, intervenant sur un chantier peut consentir une délégation de pouvoirs en matière de sécurité à un préposé (directeur de chantier) de l'une d'entre elles disposant effectivement des pouvoirs, de la compétence et des moyens nécessaires à l'exécution de sa mission. • Crim. 14 déc. 1999 : ⚖ *Bull. crim. n° 306 ; RJS 2000. 240, n° 350* • 23 nov. 2010 : ⚖ *Dalloz actualité, 21 janv. 2011, obs. Bombled ; D. 2011. Actu. 170* ✐ *; Dr. soc. 2011. 361, note Duquesne* ✐ (application au domaine du travail temporaire).

13. Le moyen de défense tiré de l'existence d'une délégation de pouvoir peut être invoqué en cause d'appel. • Crim. 1er déc. 1992 : ⚖ *Bull. crim. n° 398 ; RJS 1993. 229, n° 369* • 5 janv. 1993 : ⚖ *Bull. crim. n° 6 ; RJS 1993. 245, n° 406.* ♦ *Contra*, antérieurement : • Crim. 23 févr. 1988 : ⚖ *Bull. crim. n° 93* • 26 juin 1952 : *Bull. crim. n° 168 ; Dr. soc. 1952. 602, rapp. Patin.*

14. Lorsque la délégation est établie, la responsabilité pénale du chef d'entreprise est transférée à son délégué ; il s'ensuit que la même infraction ne peut être retenue à la fois contre le chef d'entreprise et contre le préposé délégué par lui. • Crim. 12 janv. 1988 : ⚖ *Bull. crim. n° 15* • 14 mars 2006 : ⚖ *Dr. soc. 2006. 1057, obs. Duquesne* ✐ *; JS Lamy 2006, n° 189-3.* ♦ Mais la délégation n'interdit pas de rechercher si le chef d'entreprise n'a pas commis, au regard de l'art. 319 C. pén., une imprudence ou une négligence en omettant de prendre les mesures que les circonstances commandaient comme relevant de ses propres obligations. • Crim. 18 oct. 1977 : *D. 1978. 472, note Benoît.* – V. aussi • Crim. 23 janv. 1975 : *D. 1976. 375, note Savatier.* ♦ Le titulaire d'une délégation n'engage pas sa responsabilité civile à l'égard des tiers pour le délit de tromperie et de publicité mensongère commis dans l'exercice normal de ses attributions ; l'employeur est, dans ce cas, seul responsable des conséquences civiles de l'infraction. • Soc. 23 janv. 2001 : ⚖ *Bull. crim., n° 21 ; RJS 2001. 680, n° 988.* ♦ La délégation de pouvoir n'exonère pas l'employeur de sa responsabilité pénale pour les mesures qui ressortent de son pouvoir propre de direction. • Crim. 15 mai 2007 : ⚖ *RJS 2007. 747, n° 969 ; JS Lamy 2007, n° 215-2.*

15. Même s'il confie à un représentant le soin de présider le comité central d'entreprise, le chef d'entreprise engage sa responsabilité à l'égard de cet organisme, s'agissant des mesures ressortissant à son pouvoir propre de direction (présentation d'un bilan social incomplet), sans pouvoir opposer l'argumentation prise d'une délégation de pouvoir. • Crim. 15 mai 2007 : ⚖ *pourvoi n° 06-84.318.* ♦ Même solution pour le président de la société qui confie à un représentant le soin de présider les institutions représentatives du personnel et qui engage sa responsabilité personnelle pour avoir affiché un protocole préélectoral n'ayant pas été signé par l'ensemble des syndicats. • Crim. 6 nov. 2007 : ⚖ *Bull. crim. n° 266 ; Dr. soc. 2008. 449, obs. Duquesne* ✐ *; RTD com. 2008. 641* ✐*, note Bouloc ; RJS 3/2008, n° 307.*

16. Multidélégations. La délégation à « deux préposés au moins » rend incertaine la réalité d'une délégation à un préposé ayant autorité sur les autres, le cumul de plusieurs délégations pour l'exécution du même travail étant de nature à restreindre l'autorité et à entraver les initiatives de chacun des prétendus délégataires. • Crim. 2 oct. 1979 : *Bull. crim. n° 267* • 6 juin 1990 : *Dr. ouvrier 1990. 458, note Pujana* • Crim. 30 oct. 1996 : *Bull. crim. n° 389 ; D. 1997. IR 20 ; RJS 1997. 197, n° 296.*

17. Subdélégation. Aucune règle de droit n'interdit à l'employeur qui délègue ses pouvoirs à un cadre d'autoriser ce dernier à investir de ces mêmes pouvoirs un préposé pleinement pourvu de l'autorité, de la compétence et des moyens nécessaires pour remplir sa mission. • Crim. 8 févr. 1983 : *Bull. crim. n° 48 ; D. 1983. 639, note Seillan ; D. 1984. IR 172, note Reinhard.* ♦ L'autorisation du chef d'entreprise n'est pas nécessaire à la validité d'une subdélégation régulièrement consentie à un subdélégataire doté de la compétence, de l'autorité et des moyens requis. • Crim. 30 oct. 1996 : *Bull. crim. n° 389 ; D. 1997. IR 20 ; RJS 1997. 197, n° 296.*

18. Délégation de pouvoir et groupement d'entreprises. En cas d'accident du travail, les infractions en matière d'hygiène et de sécurité des travailleurs commises par les délégataires de pouvoirs désignés par chacune des sociétés constituant un groupement d'entreprises à l'occasion de l'attribution d'un marché engagent le responsabilité pénale de la seule personne morale, membre du groupement, qui est l'employeur de la victime. • Crim. 13 oct. 2009 : *D. 2010. 557, note Planque ; RJS 2010. 78, n° 105 ; JS Lamy 2010, n° 269-6 ; Dr. ouvrier 2010. 543, obs. Lafuma ; Dr. soc. 2010. 144, note Duquesne ; Sem. soc. Lamy 2010, n° 1428, p. 11, note Cœuret.*

19. Responsabilité des personnes morales. V. • TGI Paris, 3 nov. 1995 : *Dr. soc. 1996. 157, note Coeuret ; RSC 1996. 392, obs. Giudicelli-Delage ; JCP E 1997. I. 645, chron. Godard.* ♦ Sur l'absence de responsabilité pénale des personnes morales pour infractions à la réglementation du travail sur le fondement de l'art. L. 263-2 [L. 4732-2 nouv.] C. trav., V. : • Crim. 1er déc. 1998 : *Bull. crim. n° 325 ; D. 2000. 34, note Houtmann ; RSC 1999. 336, note Giudicelli-Delage ; RTD com. 1999. 774, obs. Bouloc ; JCP E 1999. 1930, note Leroy.* ♦ Sur la qualité de représentant d'une personne morale d'un délégataire de pouvoir pourvu, en matière d'hygiène et de sécurité, des pouvoirs, de la compétence et des moyens nécessaires à l'exécution de sa mission, V. : • Crim. 14 déc. 1999 : *Bull. crim. n° 306 ; JCP 2000. I. 235, obs. Véron ; ibid. IV. 1597 ; Dr. pénal 2000. Comm. 56, obs. Véron* • 30 mai 2000 : *Bull. crim. n° 206.*

20. Procédure. Encourt la censure l'arrêt d'une chambre d'accusation qui, à l'occasion d'une information ouverte pour blessures involontaires et infraction aux règles relatives à la sécurité des travailleurs, rejette la nullité d'une commission rogatoire délivrée par un juge d'instruction à la gendarmerie avec pour mission de procéder à des saisies ayant pour objet de caractériser le délit de marchandage. • Crim. 24 nov. 1998 : *Bull. crim. n° 315 ; RSC 1999. 342, obs. Giudicelli-Delage ; Dr. pénal 1999. Comm. 49 et 50, note Maron.*

2° FORMES

21. Absence d'exigence d'écrit. La délégation n'a pas à être écrite et peut résulter des circonstances de fait. • Crim. 27 févr. 1979 : *Bull. crim. n° 88.* ♦ Ne constitue pas la preuve d'une délégation la note de service qui n'est qu'un relevé des consignes courantes et qui ne comporte aucun transfert de responsabilité. • Crim. 17 oct. 1979 : *D. 1980. IR 296.* – V. aussi • Crim. 26 juin 1979 : *D. 1979. IR 527, obs. Puech.*

22. Rôle du conseil d'administration. Dans les rapports internes de la société, le directeur général ne dispose des pouvoirs de direction qu'en vertu d'une délégation du conseil d'administration décidée en accord avec le président ; en l'absence d'une telle délégation, le président est à bon droit déclaré coupable des infractions relevées (en l'espèce, travail clandestin et emploi irrégulier d'étrangers). • Crim. 23 juill. 1996 : *Bull. crim. n° 301 ; JCP E 1997. II. 909, note Robert.* ♦ La délibération du conseil d'administration conférant au directeur général des pouvoirs identiques à ceux du président, exercés concurremment aux siens, ne constitue pas une délégation de pouvoir de ce dernier, susceptible de l'exonérer de sa responsabilité. • Crim. 17 oct. 2000 : *RJS 2001. 559, n° 816.*

23. Délégation de pouvoir et coordinateur de travaux. La délégation de pouvoir en tant que cause d'exonération ne se présume pas, même à l'égard d'un coordinateur de travaux pourvu, par définition, de la compétence, de l'autorité et des moyens nécessaires. • Crim. 8 avr. 2008 : *Bull. crim. n° 96 ; RDT 2008. 670, obs. Héas ; RSC 2009. 388 ; RDI 2008. 336, obs. G. Roujou de Boubée ; Dr. soc. 2008. 809, note Duquesne.*

3° RÉPRESSION

24. Peines. L'exception apportée par l'al. 2 de l'art. L. 263-2 [L. 4741-1 nouv.] à la règle générale du non-cumul des peines édictée par l'art. 5 C. pén. doit être appliquée restrictivement et ne saurait être étendue au-delà de ses termes. • Crim. 17 mai 1977 : *Bull. crim. n° 176.* ♦ Doit en conséquence être cassé l'arrêt qui prononce cinq amendes, alors que seuls trois salariés étaient concernés par les infractions retenues. • Même arrêt.

25. Les amendes prononcées pour le délit de l'art. L. 263-2 [L. 4741-1 nouv.] et les délits d'atteinte à l'intégrité physique (art. 221-6, 222-19 et 222-20, C. pén.) se cumulent. • Crim. 13 sept. 2005 : *Bull. crim. n° 2004.* ♦ Lorsque à l'occasion d'une même procédure, la personne poursuivie est reconnue coupable de plusieurs infractions en concours, les unes visées par l'art. L. 4741-1, les autres prévues par les art. 221-6, 221-19 et 222-20 du C. pén., les peines de même nature se cumulent, dès lors que leur total n'excède pas le maximum légal de la peine la plus élevée qui est encourue. • Crim. 2 mars 2010 : *Dr. soc. 2010. 1125, obs. Duquesne ; JCP S 2010. 1242, obs. Brissy.*

4° RESPONSABILITÉ PERSONNELLE DU DÉLÉGATAIRE

26. Responsabilité personnelle du salarié. Le salarié qui agit sans excéder les limites de la mission qui lui est impartie par son employeur n'engage pas sa responsabilité à l'égard des tiers. • Cass., ass. plén., 25 févr. 2000 : *GADT, 4e éd., n° 48 ; RJS 2000. 439, n° 630.* ♦ Un salarié titulaire d'une délégation de pouvoir ne peut se voir reprocher une faute dans l'accomplissement de la mission d'organisation et de surveillance qui lui a été confiée lorsque le chef d'entreprise ou l'un de ses supérieurs hiérarchiques s'immisce dans le déroulement des tâches en rapport avec cette mission, supprimant ainsi l'autonomie d'initiative inhérente à toute délégation effective. • Soc. 21 nov. 2000, n° 98-45.420 P : *D. 2001. IR 429 ; Dr. soc. 2001. 210, obs. Savatier ; RJS 2001. 123, n° 175.* ♦ Mais le préposé, titulaire d'une délégation de pouvoir, auteur d'une faute qualifiée au sens de l'art. 121-3 C. pén., engage sa responsabilité civile à l'égard du tiers victime de l'infraction, celle-ci fût-elle commise dans l'exercice de ses fonctions. • Crim. 28 mars 2006 : *JCP G 2006. II. 10188, note Mouly.*

27. Responsabilité pécuniaire du salarié. Lorsque le certificat d'immatriculation d'un véhicule verbalisé pour excès de vitesse est établi au nom d'une personne morale, seul le représentant légal de celle-ci peut être déclaré redevable pécuniairement de l'amende encourue ; la délégation de pouvoir du salarié ne permet pas de le déclarer pécuniairement responsable de l'amende encourue. • Crim. 13 oct. 2010 : *Dalloz actualité, 25 nov. 2010, obs. Léna.*

Art. L. 4741-2 Lorsqu'une des infractions énumérées à l'article L. 4741-1, qui a provoqué la mort ou des blessures dans les conditions définies aux articles 221-6, 222-19 et 222-20 du code pénal ou, involontairement, des blessures, coups ou maladies n'entraînant pas une incapacité totale de travail personnelle supérieure à trois mois, a été commise par un *(L. n° 2011-525 du 17 mai 2011, art. 170)* « délégataire », la juridiction peut, compte tenu des circonstances de fait et des conditions de travail de l'intéressé, décider que le paiement des amendes prononcées sera mis, en totalité ou en partie, à la charge de l'employeur *(L. n° 2011-525 du 17 mai 2011, art. 170)* « si celui-ci a été cité à l'audience ». — *[Anc. art. L. 263-2-1.]*

Art. L. 4741-3 Le fait pour l'employeur de ne pas s'être conformé aux mesures prises par *(Ord. n° 2016-413 du 7 avr. 2016, art. 2-XV, en vigueur le 1er juill. 2016)* « le directeur régional des entreprises, de la concurrence, de la consommation, du travail et de l'emploi en application de l'article L. 4721-1 est puni » d'une amende de 3 750 €.

Art. L. 4741-3-1 *(Ord. n° 2016-413 du 7 avr. 2016, art. 2-XVI, en vigueur le 1er juill. 2016)* Le fait pour l'employeur de ne pas s'être conformé aux mesures prises par l'agent de contrôle en application des articles L. 4731-1 ou L. 4731-2 est puni d'un emprisonnement d'un an et d'une amende de 3 750 euros.

Art. L. 4741-4 En cas d'infraction aux dispositions de l'article L. 4221-1, de celles du livre III ainsi que des articles L. 4411-7, L. 4525-1 et L. 4721-4 et des décrets pris en application, le jugement fixe, en outre, le délai dans lequel sont exécutés les travaux de sécurité et de salubrité imposés par ces dispositions. Ce délai ne peut excéder dix mois. — *[Anc. art. L. 263-3.]*

Art. L. 4741-5 En cas de condamnation prononcée en application de l'article L. 4741-1, la juridiction peut ordonner, à titre de peine complémentaire, l'affichage du jugement aux portes des établissements de la personne condamnée, aux frais de celle-ci, dans les conditions prévues à l'article 131-35 du code pénal, et son insertion, intégrale ou par extraits, dans les journaux qu'elle désigne. Ces frais ne peuvent excéder le montant de l'amende encourue.

En cas de récidive, la juridiction peut prononcer contre l'auteur de l'infraction l'interdiction d'exercer, pendant une durée maximale de cinq ans, certaines fonctions qu'elle énumère soit dans l'entreprise, soit dans une ou plusieurs catégories d'entreprises qu'elle définit.

Le fait de méconnaître cette interdiction est puni d'un emprisonnement de deux ans et d'une amende de 9 000 €. – *[Anc. art. L. 263-6.]*

Art. L. 4741-6 Les dispositions des articles L. 4741-1 à L. 4741-5 et L. 4741-9 à L. 4742-1 ne sont pas applicables aux établissements mentionnés aux 2° et 3° de l'article L. 4111-1. – *[Anc. art. L. 263-7.]*

Art. L. 4741-7 L'employeur est civilement responsable des condamnations prononcées contre ses directeurs, gérants ou *(L. n° 2011-525 du 17 mai 2011, art. 170)* « délégataires ». – *[Anc. art. L. 260-1.]*

RÉP. TRAV. v° *Responsabilité des commettants,* par Bénac-Schmidt et Larroumet.

L'art. L. 260-1 [L. 4741-7 nouv.] déclarant que le chef d'entreprise est civilement responsable des condamnations prononcées contre ses préposés ne s'applique qu'aux condamnations civiles. • Crim. 3 mars 1981 : *JCP 1982. II. 19769, note Reinhard.*

Art. L. 4741-8 Le fait d'employer des mineurs à la mendicité habituelle, soit ouvertement, soit sous l'apparence d'une profession, est puni des peines prévues aux articles 225-12-6 et 227-29 du code pénal. – *[Anc. art. L. 261-3.]*

SECTION II **INFRACTIONS COMMISES PAR UNE PERSONNE AUTRE QUE L'EMPLOYEUR OU SON DÉLÉGATAIRE** *(L. n° 2011-525 du 17 mai 2011, art. 170).*

Art. L. 4741-9 Est puni d'une amende de 3 750 €, le fait pour toute personne autre que celles mentionnées à l'article L. 4741-1, de méconnaître par sa faute personnelle les dispositions des articles L. 4311-1 à L. 4311-4, L. 4314-1, L. 4321-2, L. 4321-3, *(Ord. n° 2009-229 du 26 févr. 2009, art. 2-IV)* « L. 4411-1, L. 4411-2, L. 4411-4 à L. 4411-6 » *(L. n° 2016-1088 du 8 août 2016, art. 113)* « , L. 4412-2 », L. 4451-1 et L. 4451-2 et celles des décrets en Conseil d'État pris pour leur application.

La récidive est punie d'un emprisonnement d'un an et d'une amende de 9 000 €.

L'amende est appliquée autant de fois qu'il y a de salariés de l'entreprise concernés par la ou les infractions relevées dans le procès-verbal mentionné à l'article L. 8113-7. – *[Anc. art. L. 263-2, al. 1er fin et al. 2 et 3, L. 263-4, al. 1er.]*

Sur les infractions pénales d'atteinte involontaire à la vie ou à l'intégrité de la personne, V. C. pén., art. 221-6, 222-19, 222-20, R. 622-1, R. 625-2 et R. 625-3. — Sur l'infraction pénale de mise en danger de la personne, V. C. pén., art. 223-1. — Sur l'exclusion du bénéfice de l'amnistie, V. L. n° 2002-1062 du 6 août 2002, art. 14, App. I, B. Contrat de travail. — Sur la responsabilité pénale des personnes morales à raison de ces infractions, V. C. pén., art. 221-7, 222-21, 223-2, R. 622-1. — ***C. pén.***

Art. L. 4741-10 En cas de condamnation prononcée en application de l'article L. 4741-9, la juridiction peut ordonner, à titre de peine complémentaire, l'affichage du jugement aux portes des établissements de la personne condamnée, aux frais de celle-ci, dans les conditions prévues à l'article 131-35 du code pénal, et son insertion, intégrale ou par extraits, dans les journaux qu'elle désigne. Ces frais ne peuvent excéder le montant maximum de l'amende encourue.

En cas de récidive, la juridiction peut prononcer contre l'auteur de l'infraction l'interdiction d'exercer, pendant une durée maximale de cinq ans, certaines fonctions qu'elle énumère soit dans l'entreprise, soit dans une ou plusieurs catégories d'entreprises qu'il définit.

Le fait de méconnaître cette interdiction est puni d'un emprisonnement de deux ans et d'une amende de 9 000 €. – *[Anc. art. L. 263-6.]*

SECTION III **DISPOSITIONS PARTICULIÈRES AUX PERSONNES MORALES**

Art. L. 4741-11 Lorsqu'un accident du travail survient dans une entreprise où ont été relevés des manquements graves ou répétés aux règles de santé et sécurité au travail, la juridiction saisie, qui relaxe la ou les personnes physiques poursuivies sur le fondement des articles 221-6, 221-19 et 221-20 *[229-19 et 222-20]* du code pénal, fait obligation à l'entreprise de prendre toutes mesures pour rétablir des conditions normales de santé et sécurité au travail.

A cet effet, la juridiction enjoint à l'entreprise de présenter, dans un délai qu'elle fixe, un plan de réalisation de ces mesures, accompagné de l'avis motivé du comité d'entreprise et du comité d'hygiène et de sécurité ou, à défaut, des délégués du personnel.

La juridiction adopte le plan présenté après avis du *(L. n° 2011-525 du 17 mai 2011, art. 170)* « directeur régional des entreprises, de la concurrence, de la consommation, du travail et de l'emploi ». A défaut de présentation ou d'adoption d'un tel plan, elle condamne l'entreprise à exécuter, pendant une période qui ne peut excéder cinq ans, un plan de nature à faire disparaître les manquements mentionnés au premier alinéa.

Dans ce dernier cas, les dépenses mises à la charge de l'entreprise ne peuvent annuellement dépasser le montant annuel moyen des cotisations d'accidents du travail prélevé au cours des cinq années antérieures à celle du jugement, dans le ou les établissements où ont été relevés les manquements.

Le contrôle de l'exécution des mesures prescrites est exercé par l'inspecteur du travail. S'il y a lieu, celui-ci saisit le juge des référés, qui peut ordonner la fermeture totale ou partielle de l'établissement pendant le temps nécessaire pour assurer cette exécution.

L'employeur qui, dans les délais prévus, n'a pas présenté le plan mentionné au deuxième alinéa ou n'a pas pris les mesures nécessaires à la réalisation du plan arrêté par la juridiction en vertu du troisième alinéa, est puni d'une amende de 18 000 € ainsi que des peines prévues à l'article L. 4741-14. — *[Anc. art. L. 263-3-1.]*

BIBL. ▸ SAINT-JOURS, *Dr. soc. 1979. 49.*

L'ordonnance du juge d'instruction faisant obligation à l'employeur, sur le fondement de l'art. L. 263-3-1 [L. 4741-11 nouv.], de prendre toutes les mesures pour rétablir les conditions normales d'hygiène et de sécurité du travail excède les pouvoirs de ce magistrat. • Crim. 24 févr. 1981 : *D. 1981. 469, note Malaval ; JCP 1981. II. 19689, note Jeandidier.* ♦ Une telle ordonnance, même si elle n'entre pas dans les prévisions des dispositions des art. 186 s. C. pr. pén., peut cependant, en vertu du principe général du double degré de juridiction, être frappée d'appel par les personnes qui y sont désignées, auxquelles elle fait directement grief. • Même arrêt.

Art. L. 4741-12 Lorsqu'il a été fait application de l'article L. 4741-11, aucune infraction nouvelle ne peut être relevée pour la même cause durant le délai qui a été, le cas échéant, accordé.

En cas de récidive constatée par procès-verbal, après une condamnation prononcée en vertu de l'article précité, la juridiction peut ordonner la fermeture totale ou partielle, définitive ou temporaire, de l'établissement dans lequel n'ont pas été faits les travaux de sécurité ou de salubrité imposés par les dispositions légales.

Le jugement est susceptible d'appel. Dans ce cas, la juridiction statue d'urgence. — *[Anc. art. L. 263-4, al. 2 à 4.]*

Art. L. 4741-13 Les condamnations prononcées en application de l'article L. 4741-12 ne peuvent, sous réserve des dispositions du second alinéa, entraîner ni rupture, ni suspension du contrat de travail, ni aucun préjudice pécuniaire à l'encontre des salariés concernés.

Lorsque la fermeture totale et définitive entraîne le licenciement du personnel, elle donne lieu, en dehors de l'indemnité de préavis et de l'indemnité de licenciement, aux dommages et intérêts prévus aux articles L. 1235-2 à L. 1235-5 en cas de rupture du contrat de travail. — *[Anc. art. L. 263-5, al. 1er et 2.]*

Art. L. 4741-14 En cas de condamnation prononcée en application de l'article L. 4741-12, la juridiction peut ordonner, à titre de peine complémentaire, l'affichage du jugement aux portes des établissements de la personne condamnée, aux frais de celle-ci, dans les conditions prévues à l'article 131-35 du code pénal, et son insertion, intégrale ou par extraits, dans les journaux qu'elle désigne. Ces frais ne peuvent excéder le montant maximum de l'amende encourue.

En cas de récidive, la juridiction peut prononcer contre l'auteur de l'infraction l'interdiction d'exercer, pendant une durée maximale de cinq ans, certaines fonctions qu'elle énumère soit dans l'entreprise, soit dans une ou plusieurs catégories d'entreprises qu'elle définit.

Le fait de méconnaître cette interdiction est puni d'un emprisonnement de deux ans et d'une amende de 9 000 €. – *[Anc. art. L. 263-6.]*

CHAPITRE II **INFRACTIONS AUX RÈGLES DE REPRÉSENTATION DES SALARIÉS**

Art. L. 4742-1 Le fait de porter atteinte ou de tenter de porter atteinte soit à la constitution, soit à la libre désignation des membres *(Abrogé par L. n° 2015-990 du 6 août 2015, art. 262)* « ***, soit au fonctionnement régulier*** » du comité d'hygiène, de sécurité et des conditions de travail, notamment par la méconnaissance des dispositions du livre IV de la deuxième partie relatives à la protection des représentants du personnel à ce comité, est puni d'un emprisonnement d'un an et d'une amende de *(L. n° 2015-990 du 6 août 2015, art. 262)* « 7 500 €.

« Le fait de porter atteinte au fonctionnement régulier du comité est puni d'une amende de 7 500 €. »

RÉP. TRAV. v° *Entrave aux institutions représentatives des salariés et à l'exercice du droit syndical,* par AMAUGER-LATTES.

1. Compétence d'ordre public. Justifie sa décision condamnant un employeur pour entrave au fonctionnement du CHSCT la cour d'appel qui écarte l'argumentation du prévenu soutenant que les questions relatives à la sécurité étaient généralement traitées par le comité d'entreprise ou qu'elles faisaient l'objet d'informations données aux délégués du personnel et relève que le CHSCT avait été réuni seulement à l'initiative de l'inspecteur du travail. • Crim. 27 sept. 1989 : *D. 1989. IR 296.*

2. Mandat d'ester en justice délivré par le CHSCT à l'un de ses membres. La citation directe d'un employeur par le secrétaire du comité d'hygiène, de sécurité et des conditions de travail est recevable dès lors que des délibérations régulièrement adoptées ont donné mandat d'agir en justice du chef d'entrave au représentant du comité. • Crim. 28 oct. 2014 : *Dalloz actualité, 26 nov. 2014, obs. Ines.*

3. Responsabilité de l'employeur. Même s'il confie à un représentant le soin de présider le CHSCT, le chef d'entreprise doit, avant de prendre une décision modifiant les conditions d'hygiène et de sécurité ou les conditions de travail, s'assurer de la consultation du CHSCT. • Crim. 15 mars 1994 : *Bull. crim. n° 100 ; D. 1995. 30, note Reinhard ; RJS 1994. 429, n° 708.*

4. Élément intentionnel. La violation, en connaissance de cause, des dispositions de l'art. R. 236-5 C. trav. relatif au renouvellement du CHSCT, suffit à caractériser, en tous ses éléments tant matériels qu'intentionnels, le délit prévu par l'art. L. 263-2-2 du même code. • Crim. 3 mars 1998 : *Bull. crim. n° 81 ; D. 1998. IR 121 ; RSC 1998. 763, obs. Bouloc ; RTD com. 1998. 959, obs. Bouloc ; JCP E 1998, n° 20-21, p. 784.*

5. Interprétation stricte. Dès lors que les dispositions, d'interprétation stricte, de l'art. L. 263-2-2 C. trav. [L. 4742-1 nouv.], qui répriment le délit d'entrave à la constitution et au fonctionnement régulier des comités d'hygiène, de sécurité et des conditions de travail, ne contiennent aucune référence aux atteintes au fonctionnement des structures de coordination de ces comités, les faits allégués à l'encontre du président d'un comité local de coordination de CHSCT ne peuvent recevoir la qualification d'entraves au fonctionnement d'un CHSCT. • Crim. 12 avr. 2005 : *Bull. crim. n° 129 ; RSC 2005, n° 4, p. 864.*

6. Exemple d'entrave. Toute mutation de poste ou de fonctions imposée contre son gré à un membre du CHSCT est de nature à caractériser l'élément matériel d'une atteinte portée à ses prérogatives statutaires, à moins que l'employeur n'apporte la preuve de sa pleine justification. • Crim. 4 janv. 1990 : *Bull. crim. n° 11.*

CHAPITRE III **INFRACTIONS AUX RÈGLES CONCERNANT LE TRAVAIL DES JEUNES ET DES FEMMES ENCEINTES, VENANT D'ACCOUCHER OU ALLAITANT**

Art. L. 4743-1 En cas d'infraction aux dispositions relatives au travail des jeunes et des femmes enceintes, venant d'accoucher ou allaitant, l'affichage du jugement peut, suivant les circonstances et en cas de récidive seulement, être ordonné par la juridiction.

La juridiction peut également ordonner, dans le même cas, l'insertion du jugement, aux frais du contrevenant, dans un ou plusieurs journaux du département. – *[Anc. art. L. 260-2.]*

Art. L. 4743-2 *(L. n° 2009-526 du 12 mai 2009, art. 40)* Est puni d'un emprisonnement de cinq ans et d'une amende de 75 000 € le fait, pour le père, la mère, le tuteur ou l'employeur, et généralement toute personne ayant autorité sur un enfant ou en ayant la garde, de le placer sous la conduite de vagabonds, de personnes sans moyen de subsistance ou se livrant à la mendicité, en méconnaissance des dispositions de l'article L. 4153-7.

La condamnation entraîne de plein droit, pour les tuteurs, la destitution de la tutelle. Les pères et mères peuvent être privés de l'autorité parentale.

Art. L. 4743-3 *(Ord. n° 2016-413 du 7 avr. 2016, art. 2-XVII, en vigueur le 1er juill. 2016)* Est puni d'un emprisonnement d'un an et d'une amende de 3 750 euros le fait de ne pas se conformer aux mesures prises par l'agent de contrôle en application de l'article L. 4733-2 ou de l'article L. 4733-3.

CHAPITRE IV **OPÉRATIONS DE BÂTIMENT ET DE GÉNIE CIVIL**

Art. L. 4744-1 Le fait pour un maître d'ouvrage de faire construire ou aménager un ouvrage en méconnaissance des obligations mises à sa charge en application des articles L. 4211-1 et L. 4211-2 est puni des peines prévues aux articles L. 480-4 et L. 480-5 du code de l'urbanisme. – *[Anc. art. L. 263-8.]*

Art. L. 4744-2 Le fait pour un maître d'ouvrage de ne pas adresser à l'autorité administrative la déclaration préalable prévue à l'article L. 4532-1 est puni d'une amende de 4 500 €. – *[Anc. art. L. 263-10, I et III, 1°.]*

Art. L. 4744-3 Le fait pour un maître d'ouvrage de faire ouvrir un chantier ne disposant pas de voies et réseaux divers satisfaisant aux dispositions *(Ord. n° 2016-413 du 7 avr. 2016, art. 2-XVIII, en vigueur le 1er juill. 2016)* « réglementaires du chapitre III du titre III du livre V de la présente partie » est puni d'une amende de 22 500 €.

L'interruption du travail peut être ordonnée dans les conditions prévues à l'article L. 480-2 du code de l'urbanisme.

Sur l'application de cette disposition, V. • Crim. 8 août 1994 : *RJS 1994. 766, n° 1276.*

Art. L. 4744-4 Est puni d'une amende de *(Ord. n° 2016-413 du 7 avr. 2016, art. 2-XVIII, en vigueur le 1er juill. 2016)* « 10 000 euros » le fait pour un maître d'ouvrage :

1° De ne pas désigner de coordonnateur en matière de sécurité et de santé, en méconnaissance de l'article L. 4532-4, ou de ne pas assurer au coordonnateur l'autorité et les moyens indispensables à l'exercice de sa mission, en méconnaissance de l'article L. 4532-5 ;

2° De désigner un coordonnateur ne répondant pas à des conditions définies par décret pris en application de l'article L. 4532-18 ;

3° De ne pas faire établir le plan général de coordination prévu à l'article L. 4532-8 ;

4° De ne pas faire constituer le dossier des interventions ultérieures sur l'ouvrage prévu à l'article L. 4532-16.

La récidive est punie d'un emprisonnement d'un an et d'une amende de 15 000 €. La juridiction peut, en outre, prononcer les peines prévues à l'article L. 4741-5. – *[Anc. art. L. 263-10, II, 1° et III, 2°.]*

Art. L. 4744-5 Le fait pour l'entrepreneur de ne pas remettre au maître d'ouvrage ou au coordonnateur le plan particulier de sécurité et de protection de la santé des travailleurs prévu à l'article L. 4532-9 est puni d'une amende de 9 000 €.

La récidive est punie d'un emprisonnement d'un an et d'une amende de 15 000 €. La juridiction peut, en outre, prononcer les peines prévues à l'article L. 4741-5. – *[Anc. art. L. 263-10, II, 2°, et III, 2°.]*

Art. L. 4744-6 Le fait pour les travailleurs indépendants, ainsi que pour les employeurs lorsqu'ils exercent eux-mêmes une activité sur un chantier de bâtiment ou de génie civil, de ne pas mettre en œuvre les obligations qui leur incombent, *(Ord. n° 2016-413 du 7 avr. 2016, art. 2-XVIII, en vigueur le 1er juill. 2016)* « des dispositions législatives et réglementaires du chapitre V du titre III du livre V de la présente partie », est puni d'une amende de 4 500 €.

Art. L. 4744-7 Outre les officiers de police judiciaire et les *(L. n° 2016-1088 du 8 août 2016, art. 113)* « agents de contrôle de l'inspection du travail mentionnés à l'article L. 8112-1 », les infractions définies aux articles L. 4744-1 à L. 4744-5 sont constatées par les personnes prévues à l'article L. 480-1 du code de l'urbanisme. — *[Anc. art. L. 263-12.]*

CHAPITRE V INFRACTIONS AUX RÈGLES RELATIVES À LA MÉDECINE DU TRAVAIL

Art. L. 4745-1 Le fait de méconnaître les dispositions des articles L. 4621-1 à *(L. n° 2016-1088 du 8 août 2016, art. 102, en vigueur le 1er janv. 2017)* « L. 4624-9 *[rédaction applicable jusqu'au 31 déc. 2016 : L. 4624-3]* » *(L. n° 2011-867 du 20 juill. 2011)* et L. 4644-1 » et des règlements pris pour leur application est puni, en cas de récidive dans le délai de trois ans, d'un emprisonnement de quatre mois et d'une amende de 3 750 €.

La juridiction peut également ordonner, à titre de peine complémentaire, l'affichage du jugement aux portes de l'établissement de la personne condamnée, aux frais de celle-ci, dans les conditions prévues à l'article 131-35 du code pénal, et son insertion, intégrale ou par extraits, dans les journaux qu'elle désigne. Ces frais ne peuvent excéder le montant maximum de l'amende encourue. — *[Anc. art. L. 264-1.]*

TITRE CINQUIÈME AMENDES ADMINISTRATIVES

(Ord. n° 2016-413 du 7 avr. 2016, art. 3, en vigueur le 1er juill. 2016)

CHAPITRE PREMIER DISPOSITIONS COMMUNES

Art. L. 4751-1 Les amendes prévues au présent titre sont prononcées et recouvrées par l'autorité administrative compétente dans les conditions définies aux articles L. 8115-4, L. 8115-5 et L. 8115-7, sur rapport de l'agent de contrôle de l'inspection du travail mentionné à l'article L. 8112-1.

La décision de l'autorité administrative peut être contestée conformément à l'article L. 8115-6.

Art. L. 4751-2 L'autorité administrative informe le comité d'hygiène, de sécurité et des conditions de travail ou, à défaut, les délégués du personnel, des amendes qu'elle prononce à l'encontre de l'employeur en application du présent titre.

CHAPITRE II MANQUEMENTS AUX DÉCISIONS PRISES PAR L'INSPECTION DU TRAVAIL EN MATIÈRE DE SANTÉ ET DE SÉCURITÉ AU TRAVAIL

Art. L. 4752-1 Le fait pour l'employeur de ne pas se conformer aux décisions prises par l'agent de contrôle de l'inspection du travail mentionné à l'article L. 8112-1 en application des articles L. 4731-1 ou L. 4731-2 est passible d'une amende au plus égale à 10 000 euros par travailleur concerné par l'infraction.

V. Circ. min. du 18 juill. 2016, NOR : JUSD1620181C, et Instr. DEGT n° 2016/03 du 12 juill. 2016.

Art. L. 4752-2 Le fait pour l'employeur de ne pas se conformer aux demandes de vérifications, de mesures ou d'analyses prises par l'agent de contrôle de l'inspection du travail mentionné à l'article L. 8112-1 en application de l'article L. 4722-1 et aux dispositions réglementaires prises pour l'application du même article est passible d'une amende maximale de 10 000 euros.

V. Circ. min. du 18 juill. 2016, NOR : JUSD1620181C, et Instr. DEGT n° 2016/03 du 12 juill. 2016.

CHAPITRE III MANQUEMENTS CONCERNANT LES JEUNES ÂGÉS DE MOINS DE DIX-HUIT ANS

Art. L. 4753-1 Le fait de ne pas se conformer aux décisions prises par l'agent de contrôle de l'inspection du travail mentionné à l'article L. 8112-1 en application de l'article L. 4733-2 ou de l'article L. 4733-3 est passible d'une amende au plus égale à 10 000 euros par jeune concerné.

Art. L. 4753-2 Le fait d'employer un travailleur âgé de moins de dix-huit ans à un ou plusieurs travaux interdits prévus à l'article L. 4153-8 et aux dispositions réglementaires prises pour son application ou à des travaux réglementés prévus à l'article L. 4153-9 en méconnaissance des conditions énoncées à ce même article et des dispositions réglementaires prises pour son application est passible d'une amende de 2 000 euros par travailleur concerné.

CHAPITRE IV **MANQUEMENTS AUX RÈGLES CONCERNANT LES REPÉRAGES AVANT TRAVAUX**

(L. n° 2016-1088 du 8 août 2016, art. 113)

Art. L. 4754-1 Le fait pour le donneur d'ordre, le maître d'ouvrage ou le propriétaire de ne pas se conformer aux obligations prévues à l'article L. 4412-2 et aux dispositions réglementaires prises pour son application est passible d'une amende maximale de 9 000 €.

LIVRE HUITIÈME **DISPOSITIONS RELATIVES À L'OUTRE-MER**

TITRE PREMIER **DISPOSITIONS GÉNÉRALES**

CHAPITRE UNIQUE

Art. L. 4811-1 Les dispositions générales prévues par l'article L. 1511-1 sont également applicables aux dispositions du présent livre. – *[Anc. art. L. 800-4, al. 1er à 3.]*

TITRE DEUXIÈME **DISPOSITIONS PARTICULIÈRES AUX DÉPARTEMENTS D'OUTRE-MER, SAINT-BARTHÉLEMY, SAINT-MARTIN ET À SAINT-PIERRE-ET-MIQUELON** *(Ord. n° 2008-205 du 27 févr. 2008).*

CHAPITRE PREMIER **DISPOSITIONS GÉNÉRALES**

Art. L. 4821-1 Les dispositions générales prévues par *(Ord. n° 2008-205 du 27 févr. 2008)* « les articles L. 1521-1 à L. 1521-4 » sont également applicables aux dispositions du présent titre.

CHAPITRE II **SERVICES DE SANTÉ AU TRAVAIL**

Art. L. 4822-1 A Saint-Pierre-et-Miquelon, en l'absence de médecin du travail, l'autorité administrative peut autoriser un médecin à y exercer l'activité de médecin du travail sans être titulaire du diplôme spécial prévu à l'article L. 4623-1.

En application de l'art. L. 231-5 CRPA, et par exception à l'application du délai de deux mois prévu à l'art. L. 231-1 du même code, le silence gardé par l'administration pendant deux mois vaut décision de rejet pour une demande d'autorisation d'exercice de la médecine du travail à Saint-Pierre-et-Miquelon (Décr. n° 2014-1289 du 23 oct. 2014, art. 1er).

TITRE TROISIÈME **DISPOSITIONS RELATIVES À MAYOTTE, À WALLIS-ET-FUTUNA ET AUX TERRES AUSTRALES ET ANTARCTIQUES FRANÇAISES**

CHAPITRE UNIQUE

Art. L. 4831-1 L'Agence pour l'amélioration des conditions de travail ainsi que les organismes professionnels d'hygiène, de sécurité et des conditions de travail mentionnés à l'article L. 4643-2 dont elle coordonne l'activité peuvent exercer leurs missions à Mayotte, à Wallis-et-Futuna et dans les Terres australes et antarctiques françaises.

CINQUIÈME PARTIE **L'EMPLOI**

COMMENTAIRE
V. Dalloz.fr et applications mobiles Dalloz.

LIVRE PREMIER **LES DISPOSITIFS EN FAVEUR DE L'EMPLOI**

TITRE PREMIER **POLITIQUE DE L'EMPLOI**

CHAPITRE PREMIER **OBJET**

Art. L. 5111-1 Les aides à l'emploi ont pour objet :

1° De faciliter la continuité de l'activité des salariés face aux transformations consécutives aux mutations économiques et de favoriser, à cette fin, leur adaptation à de nouveaux emplois en cas de changements professionnels dus à l'évolution technique ou à la modification des conditions de la production ;

2° De favoriser la mise en place d'actions de prévention permettant de préparer l'adaptation professionnelle des salariés à l'évolution de l'emploi et des qualifications dans les entreprises et les branches professionnelles ;

3° De favoriser la qualification et l'insertion de demandeurs d'emploi ;

4° De contribuer à l'égalité professionnelle entre les femmes et les hommes.

Art. L. 5111-2 L'action des pouvoirs publics s'exerce en liaison avec celle des partenaires sociaux organisée par des accords professionnels ou interprofessionnels.

Art. L. 5111-3 Un décret en Conseil d'État détermine les conditions d'application du présent titre. — *V. art. R. 5111-3 s.*

CHAPITRE II **INSTANCES CONCOURANT À LA POLITIQUE DE L'EMPLOI**

Art. L. 5112-1 (Abrogé par L. n° 2014-288 du 5 mars 2014, art. 24-II) *Le Conseil national de l'emploi est présidé par le ministre chargé de l'emploi et comprend des représentants des organisations professionnelles d'employeurs et de travailleurs, des collectivités territoriales, des maisons de l'emploi, des administrations intéressées et des principaux opérateurs du service public de l'emploi, notamment l'institution publique mentionnée à l'article L. 5312-1, l'organisme gestionnaire du régime d'assurance chômage mentionné à l'article L. 5427-1 et l'Association nationale pour la formation professionnelle des adultes, et des personnalités qualifiées.*

Le Conseil national de l'emploi concourt à la définition des orientations stratégiques des politiques de l'emploi. Il veille à la mise en cohérence des actions des différentes institutions et organismes mentionnés à l'article L. 5311-2 et à l'évaluation des actions engagées.

A cette fin, il émet un avis :

1° Sur les projets de loi, d'ordonnance et de décret relatifs à l'emploi ;

2° Sur le projet de convention pluriannuelle d'objectifs et de gestion définie à l'article L. 5312-3 ;

3° Sur l'agrément de la convention d'assurance chômage mentionnée à l'article L. 5422-20, dans des conditions fixées par décret ;

4° Sur l'adaptation et la cohérence des systèmes d'information du service public de l'emploi.

(L. n° 2011-893 du 28 juill. 2011) *« A titre exceptionnel, le Conseil national de l'emploi peut être consulté et émettre un avis par voie écrite ou électronique. »*

Dans chaque région, un conseil régional de l'emploi est présidé par le préfet de région et comprend des représentants des organisations professionnelles d'employeurs et de travailleurs, du conseil régional et des principales collectivités territoriales intéressées, des administrations intéressées et des universités, des représentants d'organisations participant au service public local de l'emploi, notamment des maisons de l'emploi, ainsi que le directeur régional de l'institution mentionnée à l'article L. 5312-1. Il est consulté sur l'organisation territoriale du service public de l'emploi en région et émet un avis sur la convention prévue à l'article L. 5312-11.

Art. L. 5112-1-1 *(L. n° 2008-776 du 4 août 2008, art. 7-I)* L'administration chargée des dispositifs en faveur de l'emploi mentionnés dans le présent livre et définis par décret doit se prononcer de manière explicite sur toute demande formulée par un employeur sur une situation de fait au regard des dispositions contenues dans le présent livre, à l'exception de celles ayant un caractère purement fiscal ou social.

Art. L. 5112-2 Un décret en Conseil d'État précise les conditions d'application *(L. n° 2014-288 du 5 mars 2014, art. 24-II)* « du présent chapitre ».

TITRE DEUXIÈME MAINTIEN ET SAUVEGARDE DE L'EMPLOI

(L. n° 2013-504 du 14 juin 2013, art. 17-I).

CHAPITRE PREMIER AIDES À L'ADAPTATION DES SALARIÉS AUX ÉVOLUTIONS DE L'EMPLOI ET DES COMPÉTENCES ET À LA GESTION DES ÂGES *(L. n° 2013-185 du 1er mars 2013).*

SECTION PREMIÈRE AIDE AU DÉVELOPPEMENT DE L'EMPLOI ET DES COMPÉTENCES

Art. L. 5121-1 L'État peut apporter une aide technique et financière à des organisations professionnelles de branche ou à des organisations interprofessionnelles par le moyen de conventions, dénommées "engagements de développement de l'emploi et des compétences", qui ont pour objet d'anticiper et d'accompagner l'évolution des emplois et des qualifications des actifs occupés.

Ces engagements sont annuels ou pluriannuels. – *[Anc. art. L. 322-10, al. 1er et al. 2, phrase 1.]*

Art. L. 5121-2 Un décret détermine les modalités d'application de la présente section. – *[Anc. art. L. 322-10, al. 11.] – V. art. D. 5121-1 s.*

SECTION II AIDE À L'ÉLABORATION D'UN PLAN DE GESTION PRÉVISIONNELLE DES EMPLOIS ET DES COMPÉTENCES

Art. L. 5121-3 Les entreprises qui souhaitent élaborer un plan de gestion prévisionnelle des emplois et des compétences, peuvent bénéficier d'un dispositif d'appui à la conception de ce plan. Ce dispositif ouvre droit à une prise en charge financière par l'État.

(L. n° 2013-185 du 1er mars 2013) « Le dispositif d'appui à la conception prévu au premier alinéa est ouvert aux entreprises mentionnées aux articles L. 5121-7 et L. 5121-8 pour la mise en œuvre du contrat de génération. »

Un décret détermine l'effectif maximal des entreprises éligibles et les conditions de prise en charge par l'État. – *[Anc. art. L. 322-7, al. 6, phrase 1 début et phrase 2 début.] – V. art. D. 5121-7.*

BIBL. ▶ DALMASSO, DIRRINGER, JOLY et SACHS, *RDT 2007. 513* ✐ (GPEC). – MARTINON, *Dr. soc. 2011. 613* ✐.

SECTION III AIDE AUX ACTIONS DE FORMATION POUR L'ADAPTATION DES SALARIÉS

Art. L. 5121-4 Afin de favoriser l'adaptation des salariés aux évolutions de l'emploi dans l'entreprise, notamment de ceux qui présentent des caractéristiques sociales les exposant plus particulièrement aux conséquences des mutations économiques, des accords d'entreprise ouvrant droit à une aide de l'État, conclus dans le cadre d'une convention de branche ou d'un accord professionnel sur l'emploi national, régional ou local, peuvent prévoir la réalisation d'actions de formation de longue durée.

Ces accords peuvent étendre le bénéfice de ces actions aux salariés dont l'entreprise envisage le reclassement externe, à condition que ce reclassement soit expressément accepté par le salarié et intervienne par contrat à durée indéterminée ou dans les conditions prévues pour l'emploi des salariés du secteur public ou des collectivités territoriales. – *[Anc. art. L. 322-7, al. 1er et 2.]*

Art. L. 5121-5 Les entreprises dépourvues de représentants syndicaux bénéficient de l'aide de l'État lorsqu'elles appliquent une convention de branche ou un accord professionnel sur l'emploi qui en prévoit la possibilité et en détermine les modalités d'application directe.

L'aide est attribuée après avis du comité d'entreprise ou, à défaut, des délégués du personnel, lorsqu'ils existent. – *[Anc. art. L. 322-7, al. 5.]*

SECTION IV **CONTRAT DE GÉNÉRATION**

(L. nº 2013-185 du 1er mars 2013)

BIBL. ▶ AMAUGER-LATTES et DESBARATS, *RDT 2013. 331* ✐. – DAUXERRE, *JCP S 2013. 1119.* – KAPP, *JCP S 2013. 1176* (rôle de l'administration et contrôle des accords collectifs ou plans d'action portant sur le contrat de génération).

Art. L. 5121-6 Le contrat de génération a pour objectifs :

1º De faciliter l'insertion durable des jeunes dans l'emploi par leur accès à un contrat à durée indéterminée ;

2º De favoriser l'embauche et le maintien dans l'emploi des salariés âgés ;

3º D'assurer la transmission des savoirs et des compétences.

Il est mis en œuvre, en fonction de la taille des entreprises, dans les conditions prévues à la présente section.

Le contrat de génération est applicable aux employeurs de droit privé ainsi qu'aux établissements publics à caractère industriel et commercial mentionnés à l'article L. 5121-9.

SOUS-SECTION 1 **MODALITÉS DE MISE EN ŒUVRE**

Art. L. 5121-7 Les entreprises dont l'effectif est inférieur à cinquante salariés ou qui appartiennent à un groupe, au sens de l'article L. 2331-1, dont l'effectif est inférieur à cinquante salariés bénéficient d'une aide dès lors qu'elles remplissent les conditions prévues *(L. nº 2014-288 du 5 mars 2014, art. 20-I)* « à » l'article L. 5121-17.

Art. L. 5121-8 *(L. nº 2013-185 du 1er mars 2013)* Les entreprises dont l'effectif est compris entre cinquante et moins de trois cents salariés ou qui appartiennent à un groupe, au sens de l'article L. 2331-1, dont l'effectif est compris entre cinquante et moins de trois cents salariés bénéficient d'une aide dès lors qu'elles remplissent les conditions prévues à l'article L. 5121-17 *(Abrogé par L. nº 2014-288 du 5 mars 2014, art. 20-I) « et qu'en outre »* :

(L. nº 2014-288 du 5 mars 2014, art. 20-I) « Elles sont soumises à une pénalité, dans les conditions prévues à l'article L. 5121-14, lorsqu'elles ne sont pas couvertes par un accord collectif d'entreprise ou de groupe conclu dans les conditions prévues aux articles L. 5121-10 et L. 5121-11 ou lorsque, à défaut d'accord collectif, attesté par un procès-verbal de désaccord dans les entreprises pourvues de délégués syndicaux, l'employeur n'a pas élaboré un plan d'action dans les conditions prévues à l'article L. 5121-12 ou lorsqu'elles ne sont pas couvertes par un accord de branche étendu conclu dans les conditions prévues aux articles L. 5121-10 et L. 5121-11. »

Un décret en Conseil d'État détermine les conditions de mise en œuvre de la pénalité prévue à cet art. ainsi que sa date d'entrée en vigueur, qui intervient au plus tard le 31 mars 2015 (L. nº 2014-288 du 5 mars 2014, art. 20-V).

Art. L. 5121-9 Les entreprises employant au moins trois cents salariés ou qui appartiennent à un groupe, au sens de l'article L. 2331-1, employant au moins trois cents salariés, ainsi que les établissements publics à caractère industriel et commercial employant au moins trois cents salariés sont soumis à une pénalité, dans les conditions prévues à l'article L. 5121-14, lorsqu'ils ne sont pas couverts par un accord collectif d'entreprise ou de groupe conclu dans les conditions prévues aux articles L. 5121-10 et L. 5121-11 et lorsque, à défaut d'accord collectif, attesté par un procès-verbal de désaccord dans les entreprises pourvues de délégués syndicaux, l'employeur n'a pas élaboré un plan d'action dans les conditions prévues à l'article L. 5121-12.

La pénalité prévue au présent art. est applicable aux entreprises et aux établissements publics qui n'ont déposé ni accord collectif, ni plan d'action auprès de l'autorité administrative compétente au 30 sept. 2013 (L. nº 2013-185 du 1er mars 2013, art. 5-I).

SOUS-SECTION 2 ACCORDS COLLECTIFS ET PLANS D'ACTION

Art. L. 5121-10 Un diagnostic est réalisé préalablement à la négociation d'un accord collectif d'entreprise, de groupe ou de branche mentionné à l'article L. 5121-11. Il évalue la mise en œuvre des engagements pris antérieurement par l'entreprise, le groupe ou la branche concernant l'emploi des salariés âgés. Il s'appuie sur les objectifs et mesures relatifs à l'égalité professionnelle entre les femmes et les hommes mentionnés *(L. nº 2015-994 du 17 août 2015, art. 19-VI, en vigueur le 1er janv. 2016)* « à l'article L. 2241-3 et au 2° de l'article L. 2242-8 ». Le diagnostic est joint à l'accord. Son contenu est précisé par décret. — *V. art. D. 5121-27.*

Art. L. 5121-11 L'accord collectif d'entreprise, de groupe ou de branche est applicable pour une durée maximale de trois ans. Il comporte :

1° Des engagements en faveur de la formation et de l'insertion durable des jeunes dans l'emploi, de l'emploi des salariés âgés et de la transmission des savoirs et des compétences. Ces engagements sont associés à des objectifs et, le cas échéant, des indicateurs chiffrés, selon des modalités fixées par décret en Conseil d'État. L'accord collectif comporte des objectifs chiffrés en matière d'embauche de jeunes en contrat à durée indéterminée ainsi que d'embauche et de maintien dans l'emploi des salariés âgés. Il précise les modalités d'intégration, d'accompagnement et d'accès des jeunes, en particulier les moins qualifiés, des salariés âgés et des référents au plan de formation mentionné au 1° de l'article L. 6312-1 ainsi que les modalités retenues pour la mise en œuvre de la transmission des savoirs et des compétences ;

2° Le calendrier prévisionnel de mise en œuvre des engagements mentionnés au 1° ainsi que les modalités de suivi et d'évaluation de leur réalisation ;

3° Les modalités de publicité de l'accord, notamment auprès des salariés.

L'accord collectif d'entreprise, de groupe ou de branche comporte des mesures destinées à favoriser l'amélioration des conditions de travail des salariés âgés et la prévention de la pénibilité.

Il assure, dans le cadre de son objet mentionné à l'article L. 5121-6, la réalisation des objectifs :

a) D'égalité professionnelle entre les femmes et les hommes dans l'entreprise et de mixité des emplois ;

b) D'égalité d'accès à l'emploi dans le cadre de la lutte contre les discriminations à l'embauche et durant le déroulement de carrière.

L'accord de branche comporte des engagements visant à aider les petites et moyennes entreprises à mettre en œuvre une gestion active des âges.

Un décret en Conseil d'État précise les autres domaines d'action dans lesquels des engagements peuvent être prévus par l'accord collectif. — *V. art. R. 5121-28.*

Art. L. 5121-12 L'élaboration d'un plan d'action est précédée de la réalisation du diagnostic mentionné à l'article L. 5121-10. Ce diagnostic est joint au plan d'action.

Le plan d'action est applicable pour une durée maximale de trois ans et comporte les éléments prévus à l'article L. 5121-11.

L'employeur soumet le plan d'action à l'avis du comité d'entreprise ou, à défaut, des délégués du personnel, lorsqu'ils existent.

Le plan d'action, le procès-verbal de désaccord ainsi que l'avis mentionné au troisième alinéa du présent article font l'objet d'un dépôt auprès de l'autorité administrative dans les conditions prévues à l'article L. 2231-6. Le procès-verbal de désaccord est signé par l'employeur et des délégués syndicaux ou, en leur absence, par les représentants du personnel mentionnés à l'article L. 2232-21 avec lesquels une négociation a été ouverte. Il mentionne le nombre et les dates des réunions qui se sont tenues, les points de désaccord ainsi que les propositions respectives des parties.

L'employeur consulte chaque année le comité d'entreprise ou, à défaut, les délégués du personnel, lorsqu'ils existent, sur la mise en œuvre du plan d'action et la réalisation des objectifs fixés.

Art. L. 5121-13 I. — L'accord collectif d'entreprise ou de groupe, ou le plan d'action, et le diagnostic annexé font l'objet d'un contrôle de conformité aux articles L. 5121-10, L. 5121-11 et L. 5121-12 par l'autorité administrative compétente, dans des conditions fixées par décret en Conseil d'État. — *V. art. R. 5121-32.*

II. – La conformité de l'accord de branche aux articles L. 5121-10 et L. 5121-11 est examinée à l'occasion de son extension.

Art. L. 5121-14 Lorsque l'autorité administrative compétente constate qu'une entreprise ou un établissement public mentionnés à l'article L. 5121-9 ne sont pas couverts par un accord collectif ou un plan d'action, ou sont couverts par un accord collectif ou un plan d'action non conforme aux articles L. 5121-10, L. 5121-11 et L. 5121-12, elle met en demeure l'entreprise ou l'établissement public de régulariser sa situation.

(L. n° 2014-288 du 5 mars 2014, art. 20-I) « Lorsqu'elle constate qu'une entreprise mentionnée à l'article L. 5121-8 n'est pas couverte par un accord collectif ou un plan d'action ou un accord de branche étendu, ou est couverte par un accord collectif ou un plan d'action non conforme aux articles L. 5121-10 à L. 5121-12, elle met en demeure l'entreprise de régulariser sa situation. »

En cas d'absence de régularisation par l'entreprise ou l'établissement public, la pénalité prévue *(L. n° 2014-288 du 5 mars 2014, art. 20-I)* « aux articles L. 5121-8 et » L. 5121-9 s'applique. Le montant de la pénalité est plafonné à 1 % des rémunérations ou gains, au sens du premier alinéa de l'article L. 242-1 du code de la sécurité sociale ou du premier alinéa de l'article L. 741-10 du code rural et de la pêche maritime, versés aux travailleurs salariés ou assimilés au cours des périodes pendant lesquelles l'entreprise ou l'établissement public n'est pas couvert par un accord collectif ou un plan d'action conforme aux articles L. 5121-10, L. 5121-11 et L. 5121-12 du présent code ou, lorsqu'il s'agit d'un montant plus élevé, à 10 % du montant de la réduction dégressive prévue à l'article L. 241-13 du code de la sécurité sociale, pour les rémunérations versées au cours des périodes pendant lesquelles l'entreprise ou l'établissement public n'est pas couvert par un accord collectif ou un plan d'action conforme aux articles L. 5121-10, L. 5121-11 et L. 5121-12 du présent code. Pour fixer le montant de la pénalité, l'autorité administrative évalue les efforts constatés pour conclure un accord collectif ou établir un plan d'action conforme aux mêmes articles L. 5121-10, L. 5121-11 et L. 5121-12 ainsi que la situation économique et financière de l'entreprise ou de l'établissement public.

La pénalité est recouvrée dans les conditions prévues à la section I du chapitre VII du titre III du livre Ier du code de la sécurité sociale.

Le produit de la pénalité est affecté à l'État.

Art. L. 5121-15 L'entreprise ou l'établissement public mentionnés à l'article L. 5121-9 transmettent chaque année à l'autorité administrative compétente, à compter de la date d'entrée en vigueur de l'accord collectif ou du plan d'action, un document d'évaluation sur la mise en œuvre de l'accord collectif ou du plan d'action, dont le contenu est fixé par décret en Conseil d'État. Ce document est également transmis, d'une part, aux délégués syndicaux et, d'autre part, aux membres du comité d'entreprise ou, à défaut, aux délégués du personnel ou, à défaut, aux salariés.

A défaut de transmission ou en cas de transmission incomplète, l'entreprise ou l'établissement public sont mis en demeure de communiquer ce document ou de le compléter dans un délai d'un mois.

A défaut d'exécution de la mise en demeure, l'autorité administrative compétente prononce une pénalité dont le montant est fixé par décret.

La pénalité est recouvrée dans les conditions prévues à la section I du chapitre VII du titre III du livre Ier du code de la sécurité sociale.

Le produit de la pénalité est affecté à l'État.

Art. L. 5121-16 Les branches couvertes par un accord étendu transmettent chaque année au ministre chargé de l'emploi un document d'évaluation sur la mise en œuvre de l'accord, dont le contenu est fixé par décret en Conseil d'État. – *V. art. R. 5121-36.*

SOUS-SECTION 3 MODALITÉS DE L'AIDE

Art. L. 5121-17 I. – Les entreprises mentionnées aux articles L. 5121-7 et L. 5121-8 bénéficient d'une aide, pour chaque binôme de salariés, lorsqu'elles remplissent les conditions cumulatives suivantes :

1° Elles embauchent en contrat à durée indéterminée à temps plein et maintiennent dans l'emploi pendant la durée de l'aide un jeune âgé de moins de vingt-six ans ou un jeune de moins de trente ans bénéficiant de la reconnaissance de la qualité de travailleur handicapé. Lorsque son parcours ou sa situation le justifie, le jeune peut être employé à temps partiel, avec son accord. La durée hebdomadaire du travail du jeune ne peut alors être inférieure à quatre cinquièmes de la durée hebdomadaire du travail à temps plein ;

2° Elles maintiennent dans l'emploi en contrat à durée indéterminée, pendant la durée de l'aide ou jusqu'à son départ en retraite :

a) Un salarié âgé d'au moins cinquante-sept ans ; ou

b) Un salarié âgé d'au moins cinquante-cinq ans au moment de son embauche ; ou

c) Un salarié âgé d'au moins cinquante-cinq ans bénéficiant de la reconnaissance de la qualité de travailleur handicapé.

II. — L'aide ne peut être accordée à l'entreprise lorsque celle-ci :

1° A procédé, dans les six mois précédant l'embauche du jeune, à un licenciement pour motif économique sur les postes relevant de la catégorie professionnelle dans laquelle est prévue l'embauche, ou à une rupture conventionnelle homologuée ou à un licenciement pour un motif autre que la faute grave ou lourde ou l'inaptitude sur le poste pour lequel est prévue l'embauche ; ou

2° N'est pas à jour de ses obligations déclaratives et de paiement à l'égard des organismes de recouvrement des cotisations et des contributions de sécurité sociale ou d'assurance chômage.

III. — La rupture conventionnelle homologuée du contrat de travail ou le licenciement pour un motif autre que la faute grave ou lourde ou l'inaptitude de l'un des salariés ouvrant à l'entreprise le bénéfice d'une aide entraîne son interruption.

IV. — Le licenciement pour un motif autre que la faute grave ou lourde ou l'inaptitude d'un salarié âgé de cinquante-sept ans ou plus ou d'un salarié âgé de cinquante-cinq ans ou plus bénéficiant de la reconnaissance de la qualité de travailleur handicapé entraîne la perte d'une aide associée à un binôme.

V. — Un décret en Conseil d'État définit les cas dans lesquels le départ des salariés mentionnés aux I à IV n'entraîne pas la perte d'une aide associée à un binôme.

(Abrogé par L. n° 2014-288 du 5 mars 2014, art. 20-I) ***« VI. — Pour les entreprises mentionnées à l'article L. 5121-8 couvertes par un accord collectif d'entreprise ou de groupe ou par un plan d'action, l'aide est accordée, après validation par l'autorité administrative compétente de l'accord collectif ou du plan d'action, pour les embauches réalisées à compter de la date de transmission à l'autorité administrative compétente de l'accord collectif ou du plan d'action. Pour les entreprises mentionnées au même article couvertes par un accord de branche étendu, l'aide est accordée pour les embauches réalisées à compter de la date de transmission à l'autorité administrative compétente du diagnostic mentionné à l'article L. 5121-10. »***

L'aide est ouverte aux entreprises mentionnées à l'art. L. 5121-7 à compter du 1er mars 2013, date de promulgation de la L. n° 2013-185 du 1er mars 2013, pour les embauches réalisées à compter du 1er janv. 2013.

Art. L. 5121-18 Les entreprises mentionnées à l'article L. 5121-7 bénéficient également d'une aide lorsque le chef d'entreprise, âgé d'au moins cinquante-sept ans, embauche un jeune *(L. n° 2014-288 du 5 mars 2014, art. 20-I)* « âgé de moins de trente ans, en respectant les autres conditions » prévues au 1° du I de l'article L. 5121-17, dans la perspective de lui transmettre l'entreprise.

Art. L. 5121-19 Le versement de l'aide est assuré par l'institution mentionnée à l'article L. 5312-1, selon les modalités prévues au 4° de ce même article.

Art. L. 5121-20 Le comité d'entreprise ou, à défaut, les délégués du personnel, lorsqu'ils existent, sont informés des aides attribuées au titre du contrat de génération *(Abrogé par L. n° 2015-994 du 17 août 2015, art. 18-XIV, à compter du 1er janv. 2016)* ***« dans le cadre du rapport annuel mentionné à l'article L. 2323-47 ».***

Art. L. 5121-21 La durée et le montant de l'aide sont fixés par décret. Le montant de l'aide est calculé au prorata de la durée hebdomadaire du travail des salariés ouvrant droit à cette aide. — *V. art. D. 5121-42 et D. 5121-44.*

SECTION V **DISPOSITIONS D'APPLICATION**

Art. L. 5121-22 Sauf dispositions contraires, un décret en Conseil d'État détermine les conditions d'application du présent chapitre. – *[Anc. art. L. 322-6.] – V. art. D. 5121-1.*

L'art. L. 5121-7 devient l'art. L. 5121-22 (L. n° 2013-185 du 1er mars 2013, art. 1er).

CHAPITRE II **AIDE AUX SALARIÉS PLACÉS EN ACTIVITÉ PARTIELLE** *(L. n° 2013-504 du 14 juin 2013, art. 16-I).*

Dans un délai d'un an à compter du 16 juin 2013, le Gouvernement remet au Parlement un rapport présentant des propositions pour renforcer l'attractivité du régime de l'activité partielle (L. n° 2013-504 du 14 juin 2013, art. 16-XIII).

V. Circ. DGEFP n° 2013-12 du 12 juill. 2013 relative à la mise en œuvre de l'activité partielle, NOR : ETSD1317839C.

BIBL. ▶ BAUGARD, *Dr. soc. 2013. 798* (indemnisation de l'activité partielle après la loi du 14 juin 2013 et le décret du 26 juin 2013). – FRIEDERICH, *JCP S 2013. 1357.* – WILLMANN, *Dr. soc. 2013. 57* (chômage partiel et APLD).

COMMENTAIRE

V. Dalloz.fr et applications mobiles Dalloz.

Art. L. 5122-1 *(L. n° 2009-1437 du 24 nov. 2009) (L. n° 2013-504 du 14 juin 2013, art. 16-III)* « I. – » Les salariés sont placés en position *(L. n° 2013-504 du 14 juin 2013, art. 16-III)* « d'activité partielle, après autorisation expresse ou implicite de l'autorité administrative, » s'ils subissent une perte de *(L. n° 2013-504 du 14 juin 2013, art. 16-III)* « rémunération » imputable :

– soit à la fermeture temporaire de leur établissement ou partie d'établissement ;

– soit à la réduction de l'horaire de travail pratiqué dans l'établissement ou partie d'établissement en deçà de la durée légale de travail.

(L. n° 2013-504 du 14 juin 2013, art. 16-III) « En cas de réduction collective de l'horaire de travail, les salariés peuvent être placés en position d'activité partielle individuellement et alternativement.

« II. – Les salariés reçoivent une indemnité horaire, versée par leur employeur, correspondant à une part de leur rémunération antérieure dont le pourcentage est fixé par décret en Conseil d'État. L'employeur perçoit une allocation financée conjointement par l'État et l'organisme gestionnaire du régime d'assurance chômage. Une convention conclue entre l'État et cet organisme détermine les modalités de financement de cette allocation. – *V. art. D. 5122-13, R. 5122-18.*

« Le contrat de travail des salariés placés en activité partielle est suspendu pendant les périodes où ils ne sont pas en activité.

« III. – L'autorité administrative peut définir des engagements spécifiquement souscrits par l'employeur en contrepartie de l'allocation qui lui est versée, en tenant compte des stipulations de l'accord collectif d'entreprise relatif à l'activité partielle, lorsqu'un tel accord existe. Un décret en Conseil d'État fixe les modalités selon lesquelles sont souscrits ces engagements. » – *V. art. R. 5122-9.*

Art. L. 5122-2 *(L. n° 2013-504 du 14 juin 2013, art. 16-IV)* Les salariés placés en activité partielle peuvent bénéficier, pendant les périodes où ils ne sont pas en activité, de l'ensemble des actions et de la formation mentionnées aux articles L. 6313-1 et L. 6314-1 réalisées notamment dans le cadre du plan de formation.

Dans ce cas, le pourcentage mentionné au II de l'article L. 5122-1 est majoré dans des conditions prévues par décret en Conseil d'État. – *V. art. R. 5122-18.*

Art. L. 5122-3 *Abrogé par L. n° 2013-504 du 14 juin 2013, art. 16-V.*

Art. L. 5122-4 Le régime social et fiscal applicable aux contributions mentionnées à l'article L. 5422-10 est applicable *(L. n° 2013-504 du 14 juin 2013, art. 16-VI)* « à l'indemnité versée au salarié.

« Cette indemnité est cessible et saisissable dans les mêmes conditions et limites que les salaires. »

Art. L. 5122-5 Un décret en Conseil d'État détermine les autres conditions d'application du présent chapitre. – *V. art. R. 5122-1.*

CHAPITRE III AIDES AUX ACTIONS DE RECLASSEMENT ET DE RECONVERSION PROFESSIONNELLE

Art. L. 5123-1 Dans les territoires ou à l'égard des professions atteints ou menacés d'un grave déséquilibre de l'emploi, l'autorité administrative engage des actions de reclassement, de placement et de reconversion professionnelle. Elle en assure ou coordonne l'exécution.

Les maisons de l'emploi prévues à l'article L. 5313-1 participent à la mise en œuvre des actions de reclassement prévues au présent chapitre. – *[Anc. art. L. 322-4, al. 1er, et L. 322-4-1, al. 1.]*

Art. L. 5123-2 Dans les cas prévus à l'article L. 5123-1, peuvent être attribuées par voie de conventions conclues entre l'État et les organismes professionnels ou interprofessionnels, les organisations syndicales ou avec les entreprises :

1° Des allocations temporaires dégressives en faveur des travailleurs qui ne peuvent bénéficier d'un stage de formation et ne peuvent être temporairement occupés que dans des emplois entraînant un déclassement professionnel ; – *V. Arr. du 26 mai 2004 (JO 12 juin), mod. par Arr. du 19 sept. 2005 (JO 15 oct.).*

2° *(Abrogé par L. n° 2011-1977 du 28 déc. 2011, art. 152-I)* ***« Des allocations spéciales en faveur de certaines catégories de travailleurs âgés lorsqu'il est établi qu'ils ne sont pas aptes à bénéficier de mesures de reclassement. Les droits de ces travailleurs à l'égard de la sécurité sociale sont déterminés par décret en Conseil d'État ; »*** – *Abrogation applicable aux conventions signées à compter du 1er janv. 2012 en application du 1er al. de l'art. L. 5123-1 C. trav. (L. n° 2011-1977 du 28 déc. 2011, art. 152-II).*

3° Des allocations de conversion en faveur des salariés auxquels est accordé un congé en vue de bénéficier d'actions destinées à favoriser leur reclassement et dont le contrat de travail est, à cet effet, temporairement suspendu ;

4° Des allocations en faveur des salariés dont l'emploi à temps plein est transformé, avec leur accord, en emploi à temps partiel dans le cadre d'une convention d'aide au passage à temps partiel conclue en vue d'éviter des licenciements économiques. Le montant des ressources nettes garanties des salariés adhérents à ces conventions ne pourra dépasser 90 % de leur rémunération nette antérieure. – *[Anc. art. L. 322-4, al. 2 à 7.]*

A moins d'établir une fraude de l'employeur ou un vice du consentement, les salariés licenciés pour motif économique qui ont personnellement adhéré à la convention passée entre leur employeur et l'État, laquelle, compte tenu de leur classement dans une catégorie de salariés non susceptibles de reclassement, leur assure le versement d'une allocation spéciale jusqu'au jour de la retraite, ne peuvent remettre en cause la régularité et la légitimité de la rupture de leur contrat de travail, alors même que cette adhésion se situe après la notification du licenciement pour motif économique. • Soc. 3 mars 2010 : *JCP S 2010. 1312, obs. Kerbouc'h ; RDT 2010. 246, obs. Serverin.*

Art. L. 5123-3 L'autorité administrative peut accorder des aides individuelles au reclassement en faveur de certaines catégories de travailleurs sans emploi reprenant un emploi à temps partiel. – *[Anc. art. L. 322-4, al. 8.]*

Art. L. 5123-4 Les allocations versées en application du présent chapitre sont cessibles et saisissables dans les mêmes conditions et limites que les salaires. – *[Anc. art. L. 322-4, al. 9.]*

Art. L. 5123-5 Les contributions des employeurs aux allocations prévues par le présent chapitre ne sont passibles ni de la taxe sur les salaires, ni des cotisations de sécurité sociale. – *[Anc. art. L. 322-4, al. 10.]*

Art. L. 5123-6 Lorsqu'une indemnisation résultant d'accords professionnels ou interprofessionnels, nationaux ou régionaux, vise à permettre à certains salariés de bénéficier d'un avantage de préretraite, elle doit, pour ouvrir droit au bénéfice des

exonérations et déductions prévues à l'article L. 5422-10, être mise en œuvre dans le respect de conditions déterminées par décret en Conseil d'État, liées à l'âge et aux caractéristiques, notamment la pénibilité, de l'activité des bénéficiaires. – *[Anc. art. L. 352-3, al. 4, phrase 2.] – V. art. R. 5123-23.*

Art. L. 5123-7 *Abrogé par L. n° 2011-1977 du 28 déc. 2011, art. 152-I. – Abrogation applicable aux conventions signées à compter du 1er janv. 2012 en application du 1er al. de l'art. L. 5123-1 C. trav. (L. n° 2011-1977 du 28 déc. 2011, art. 152-II).*

Art. L. 5123-8 La pénalité administrative prévue à l'article L. 5426-5 est applicable en cas de déclarations délibérément inexactes ou incomplètes faites pour le bénéfice des allocations prévues par le présent chapitre et en cas d'absence de déclaration d'un changement dans la situation justifiant le bénéfice de ces allocations, ayant abouti à des versements indus.

Art. L. 5123-9 Un décret détermine les conditions dans lesquelles les maisons de l'emploi participent à la mise en œuvre des actions de reclassement prévues au présent chapitre.

Les autres dispositions du présent chapitre sont déterminées par décret en Conseil d'État. – *[Anc. art. L. 322-4-1, al. 1er milieu et art. L. 322-6.] – V. art. R. 5123-1 s.*

CHAPITRE IV **DISPOSITIONS PÉNALES**

Art. L. 5124-1 *(L. n° 2013-1203 du 23 déc. 2013, art. 86-VI-1°)* **Sauf constitution éventuelle du délit d'escroquerie, défini et sanctionné à l'article 313-1, au 5° de l'article 313-2 et à l'article 313-3 du code pénal, le fait de bénéficier ou de tenter de bénéficier frauduleusement des allocations mentionnées à l'article L. 5123-2 du présent code est puni des peines prévues à l'article 441-6 du code pénal. Le fait de faire obtenir frauduleusement ou de tenter de faire obtenir frauduleusement ces allocations est puni de la même peine.** – *[Anc. art. L. 365-1.]*

[Jurisprudence rendue sous l'empire du régime antérieur à la loi n° 2008-126 du 13 févr. 2008]

1. Fausse déclaration. Doit être condamné celui qui, ayant regagné son pays d'origine, commet une fraude en vue de percevoir le revenu de remplacement en revenant chaque mois en France pour renouveler sa demande d'emploi et en déclarant y être domicilié. • Crim. 18 déc. 1990 : *RJS 1991. 125, n° 230.* ♦ Se rend coupable du délit sanctionné par l'art. L. 365-1 le chômeur qui participe activement aux opérations commerciales d'un commerce appartenant à son beau-père. • Crim. 28 juin 1983 : *Dr. soc. 1984. 236, note Savatier.* ♦ V. aussi • Crim. 17 janv. 1983 : *eod. loc.* (fausse qualité de chômeur prise par un salarié devenu, après son licenciement, dirigeant d'une société de fait) • 15 nov. 1983 : *eod. loc.* • 7 avr. 1994 : *RJS 1994. 688, n° 1166* (chômeur occupant les fonctions de gérant de société).

2. Fraude. A obtenu frauduleusement des allocations de chômage la personne qui exerce une activité, même bénévole, ne lui permettant pas d'accomplir des actes positifs de recherche d'emploi. • Crim. 27 févr. 1996 : *Bull. crim. n° 95 ; Dr. soc. 1996. 593, note Savatier ; RJS 1996. 260, n° 431 ; CSB 1996. 165, A. 35.* ♦ En revanche, ne commet pas le délit d'obtention frauduleuse des prestations de l'ASSEDIC le bénéficiaire qui a fait paraître 3 annonces dans 2 journaux spécialisés, dès lors, d'une part, que la perception d'un revenu grâce à l'une de ces annonces, eu égard à son montant et son caractère ponctuel, ne permet pas de caractériser une activité professionnelle, et d'autre part que l'intéressé demeurait disponible pour un emploi, l'accomplissement de missions pour le compte de sociétés de travail temporaire suffisant à démontrer, compte tenu des difficultés de reclassement professionnel du prévenu et de l'état du marché régional du travail, que celui-ci demeurait à la recherche d'un emploi, et alors même qu'il n'est pas établi qu'il se soit abstenu de tout acte en ce sens. • Toulouse, 2 déc. 1999 : *BICC 2000, n° 653.* ♦ Le fait, pour un bénéficiaire des allocations d'aide aux travailleurs privés d'emploi, de ne pas déclarer à l'Assedic l'exercice d'une activité professionnelle caractérise la fraude en vue d'obtenir les allocations. • Crim. 27 mars 2007 : *D. 2007. AJ 1275 ; RJS 2007. 670, n° 883.*

3. Allocations indues. Le délit de fraude ou de fausse déclaration pour obtenir des allocations de chômage n'est caractérisé que si ces prestations ne sont pas dues ; le caractère indu des allocations ne peut se déduire de la seule fausseté de la déclaration effectuée par le prévenu. • Crim. 16 juin 2004 : *Bull. crim. n° 161 ; RJS 2004. 832, n° 1183 ; JCP E 2005. 136, note J.-H. Robert.*

CHAPITRE V ACCORDS DE MAINTIEN DE L'EMPLOI

(L. n° 2013-504 du 14 juin 2013, art. 17-I)

Chaque année, le Gouvernement remet au Parlement un rapport portant évaluation des accords de maintien de l'emploi (L. n° 2013-504 du 14 juin 2013, art. 17-II).

BIBL. ▸ ANTONMATTÉI, *Dr. soc. 2015. 811* (loi du 6 août 2015. Accord de maintien de l'emploi). – BÉAL, *Sem. soc. Lamy 2013, n° 1592, p. 38.* – BORENFREUND, *RDT 2013. 316* (refus du salarié et accords collectifs de maintien de l'emploi). – BRAUN, *Sem. soc. Lamy 2013, n° 1592, p. 43.* – COUTURIER, *Dr. soc. 2013. 805* . – LOISEAU, *JCP S 2013. 1260.* – MORAND, *Sem. soc. Lamy 2013, n° 1570, p. 12.* – PESKINE, *RDT 2013. 168* .

COMMENTAIRE
V. Dalloz.fr et applications mobiles Dalloz.

Art. L. 5125-1 I. — En cas de graves difficultés économiques conjoncturelles dans l'entreprise dont le diagnostic est analysé avec les organisations syndicales de salariés représentatives, un accord d'entreprise peut, en contrepartie de l'engagement de la part de l'employeur de maintenir les emplois pendant la durée de validité de l'accord, aménager, pour les salariés occupant ces emplois, la durée du travail, ses modalités d'organisation et de répartition ainsi que la rémunération au sens de l'article L. 3221-3, dans le respect du premier alinéa de l'article L. 2253-3 et des articles *(L. n° 2016-1088 du 8 août 2016, art. 8)* « L. 3121-16 à L. 3121-39, L. 3122-6, L. 3122-7, L. 3122-17, L. 3122-18 et L. 3122-24 », L. 3131-1 à L. 3132-2, L. 3133-4, L. 3141-1 à L. 3141-3 et L. 3231-2.

Un expert-comptable peut être mandaté par le comité d'entreprise pour accompagner les organisations syndicales dans l'analyse du diagnostic et dans la négociation, dans les conditions prévues à l'article L. 2325-35.

II. — L'application des stipulations de l'accord ne peut avoir pour effet ni de diminuer la rémunération, horaire ou mensuelle, des salariés lorsque le taux horaire de celle-ci, à la date de conclusion de cet accord, est égal ou inférieur au taux horaire du salaire minimum interprofessionnel de croissance majoré de 20 %, ni de ramener la rémunération des autres salariés en dessous de ce seuil.

L'accord prévoit les conditions dans lesquelles fournissent des efforts proportionnés à ceux demandés aux autres salariés :

1° Les dirigeants salariés exerçant dans le périmètre de l'accord ;

2° Les mandataires sociaux et les actionnaires, dans le respect des compétences des organes d'administration et de surveillance.

L'accord prévoit les modalités de l'organisation du suivi de l'évolution de la situation économique de l'entreprise et de la mise en œuvre de l'accord, notamment auprès des organisations syndicales de salariés représentatives signataires et des institutions représentatives du personnel.

III. — La durée de l'accord ne peut excéder *(L. n° 2015-990 du 6 août 2015, art. 287-I)* « cinq *[ancienne rédaction : deux]* » ans. Pendant sa durée, l'employeur ne peut procéder à aucune rupture du contrat de travail pour motif économique des salariés auxquels l'accord s'applique. *(L. n° 2015-990 du 6 août 2015, art. 287-I)* « Un bilan de son application est effectué par les signataires de l'accord deux ans après son entrée en vigueur.

L'accord prévoit les conséquences d'une amélioration de la situation économique de l'entreprise sur la situation des salariés, à l'issue de sa période d'application ou dans l'hypothèse d'une suspension de l'accord pendant son application, pour ce motif, dans les conditions fixées à l'article L. 5125-5.

(L. n° 2015-990 du 6 août 2015, art. 287-I) « Il peut prévoir les conditions et modalités selon lesquelles il peut, sans préjudice de l'article L. 5125-5, être suspendu, pour une durée au plus égale à la durée restant à courir à la date de la suspension, en cas d'amélioration ou d'aggravation de la situation économique de l'entreprise. Dans cette hypothèse, l'accord prévoit les incidences de cette suspension sur la situation des salariés et sur les engagements pris en matière de maintien de l'emploi. »

*(Abrogé par L. n° 2015-990 du 6 août 2015, art. 287-I) « **IV. — L'accord détermine le délai et les modalités de l'acceptation ou du refus par le salarié de l'application des stipulations de l'accord à son contrat de travail. A défaut, l'article L. 1222-6 s'applique.** »*

Les dispositions issues de la L. n° 2015-990 du 6 août 2015 sont applicables aux accords de maintien de l'emploi conclus après le 6 août 2015 (L. préc., art. 287-III).

BIBL. ▸ GÉA, *RDT 2014. 760* (et maintenant des accords de maintien de l'emploi « offensifs » ?). – LOISEAU et DUFRESNE-CASTETS, *RDT 2015. Controverse. 499* (les accords de maintien de l'emploi ont-ils un avenir ?).

Art. L. 5125-2 *(L. n° 2015-990 du 6 août 2015, art. 287-I)* **« L'accord mentionné à l'article L. 5125-1 détermine les modalités selon lesquelles chaque salarié est informé de son droit d'accepter ou de refuser l'application des stipulations de l'accord à son contrat de travail. A défaut, cette information est faite par l'employeur par lettre recommandée avec demande d'avis de réception précisant que le salarié dispose d'un délai d'un mois à compter de sa réception pour faire connaître son refus. Le salarié, en l'absence de réponse dans ce délai, est réputé avoir accepté l'application de l'accord à son contrat de travail. »**

Pour les salariés qui l'acceptent, les stipulations de l'accord mentionné à l'article L. 5125-1 sont applicables au contrat de travail. Les clauses du contrat de travail contraires à l'accord sont suspendues pendant la durée d'application de celui-ci.

Lorsqu'un ou plusieurs salariés refusent l'application de l'accord à leur contrat de travail, leur licenciement repose sur un motif économique, est prononcé selon les modalités d'un licenciement individuel pour motif économique *(L. n° 2015-990 du 6 août 2015, art. 287-I)* **« et il repose sur une cause réelle et sérieuse. L'employeur n'est pas tenu aux obligations d'adaptation et de reclassement prévues aux articles L. 1233-4 et L. 1233-4-1. Le salarié bénéficie soit du congé de reclassement prévu à l'article L. 1233-71, soit du contrat de sécurisation professionnelle prévu à l'article L. 1233-66 ».**

L'accord contient une clause pénale au sens de *(Ord. n° 2016-131 du 10 févr. 2016, art. 6, en vigueur le 1er oct. 2016)* **« l'article 1231-5** *[ancienne rédaction : l'article 1226]* **» du code civil. Celle-ci s'applique lorsque l'employeur n'a pas respecté ses engagements, notamment ceux de maintien de l'emploi mentionnés à l'article L. 5125-1 du présent code. Elle donne lieu au versement de dommages et intérêts aux salariés lésés, dont le montant et les modalités d'exécution sont fixés dans l'accord.**

L'accord prévoit les modalités d'information des salariés quant à son application et son suivi pendant toute sa durée.

Les dispositions issues de la L. n° 2015-990 du 6 août 2015 sont applicables aux accords de maintien de l'emploi conclus après le 6 août 2015 (L. préc., art. 287-III).

COMMENTAIRE

V. Dalloz.fr et applications mobiles Dalloz. ❑

Art. L. 5125-3 Les organes d'administration et de surveillance de l'entreprise sont informés du contenu de l'accord mentionné à l'article L. 5125-1 lors de leur première réunion suivant sa conclusion.

Art. L. 5125-4 I. — Par dérogation à l'article L. 2232-12, la validité de l'accord mentionné à l'article L. 5125-1 est subordonnée à sa signature par une ou plusieurs organisations syndicales de salariés représentatives ayant recueilli au moins 50 % des suffrages exprimés en faveur d'organisations représentatives au premier tour des dernières élections des titulaires au comité d'entreprise ou de la délégation unique du personnel ou, à défaut, des délégués du personnel, quel que soit le nombre de votants.

II. — Lorsque l'entreprise est dépourvue de délégué syndical, l'accord peut être conclu par un ou plusieurs représentants élus du personnel expressément mandatés à cet effet par une ou plusieurs organisations syndicales de salariés représentatives dans la branche dont relève l'entreprise ou, à défaut, par une ou plusieurs organisations syndicales de salariés représentatives au niveau national et interprofessionnel.

A défaut de représentants élus du personnel, l'accord peut être conclu avec un ou plusieurs salariés expressément mandatés à cet effet par une ou plusieurs organisations syndicales de salariés représentatives dans la branche dont relève l'entreprise ou, à défaut, par une ou plusieurs organisations syndicales de salariés représentatives au niveau national et interprofessionnel, dans le respect de l'article L. 2232-26.

L'accord signé par un représentant élu du personnel mandaté ou par un salarié mandaté est approuvé par les salariés à la majorité des suffrages exprimés, dans les conditions déterminées par cet accord et dans le respect des principes généraux du droit électoral.

III. – Le temps passé aux négociations de l'accord mentionné au premier alinéa du II du présent article n'est pas imputable sur les heures de délégation prévues aux articles L. 2315-1 et L. 2325-6.

Chaque représentant élu du personnel mandaté et chaque salarié mandaté dispose du temps nécessaire à l'exercice de ses fonctions, dans les conditions prévues à l'article L. 2232-25.

IV. – Le représentant élu du personnel mandaté ou le salarié mandaté bénéficie de la protection contre le licenciement prévue au chapitre Ier du titre Ier du livre IV de la deuxième partie du présent code pour les salariés mandatés dans les conditions fixées à l'article L. 2232-24.

Art. L. 5125-5 L'accord peut être suspendu par décision du président du tribunal de grande instance, statuant en la forme des référés, à la demande de l'un de ses signataires, lorsque le juge estime que les engagements souscrits, notamment en matière de maintien de l'emploi, ne sont pas appliqués de manière loyale et sérieuse ou que la situation économique de l'entreprise a évolué de manière significative.

Lorsque le juge décide cette suspension, il en fixe le délai. A l'issue de ce délai, à la demande de l'une des parties et au vu des éléments transmis relatifs à l'application loyale et sérieuse de l'accord ou à l'évolution de la situation économique de l'entreprise, il autorise, selon la même procédure, la poursuite de l'accord ou le résilie.

(L. n° 2015-990 du 6 août 2015, art. 287-II) « Saisi par un des signataires de l'accord d'un recours portant sur l'application du premier alinéa de l'article L. 5125-2, le président du tribunal de grande instance statue également en la forme des référés. »

Les dispositions issues de la L. n° 2015-990 du 6 août 2015 sont applicables aux accords de maintien de l'emploi conclus après le 6 août 2015 (L. préc., art. 287-III).

Art. L. 5125-6 En cas de rupture du contrat de travail, consécutive notamment à la décision du juge de suspendre les effets de l'accord mentionné à l'article L. 5125-1, le calcul des indemnités légales, conventionnelles ou contractuelles de préavis et de licenciement ainsi que de l'allocation d'assurance mentionnée à l'article L. 5422-1, dans les conditions prévues par les accords mentionnés à l'article L. 5422-20, se fait sur la base de la rémunération du salarié au moment de la rupture ou, si elle est supérieure, sur la base de la rémunération antérieure à la conclusion de l'accord.

Art. L. 5125-7 L'allocation mentionnée à l'article L. 5122-1 est cumulable avec les dispositions prévues au présent chapitre.

TITRE TROISIÈME **AIDES À L'INSERTION, À L'ACCÈS ET AU RETOUR À L'EMPLOI**

RÉP. TRAV. v° *Chômage (III. Aide au retour à l'emploi)*, par DOMERGUE.

CHAPITRE PREMIER **ACCOMPAGNEMENT PERSONNALISÉ POUR L'ACCÈS À L'EMPLOI**

BIBL. ▶ PETIT, *Dr. soc. 2008. 413* (droit à l'accompagnement).

SECTION PREMIÈRE **OBJET ET CONVENTIONS**

Art. L. 5131-1 L'accompagnement personnalisé pour l'accès à l'emploi a pour objet de faciliter l'accès et le maintien dans l'emploi des personnes qui, rencontrant des difficultés particulières d'insertion professionnelle, ont besoin d'un accompagnement social.

A cette fin, l'État peut conclure des conventions avec des organismes compétents. – *[Anc. art. L. 322-4-17, al. 1.]*

SECTION II **PLAN LOCAL PLURIANNUEL POUR L'INSERTION ET L'EMPLOI**

Art. L. 5131-2 Afin de faciliter l'accès à l'emploi des personnes en grande difficulté d'insertion sociale et professionnelle dans le cadre de parcours individualisés en associant accueil, accompagnement social, orientation, formation, insertion et suivi, les communes et leurs groupements peuvent établir des plans locaux pluriannuels pour l'insertion et l'emploi dans le ressort géographique le plus approprié à la satisfaction des besoins locaux.

Les autres collectivités territoriales, les entreprises et les organismes intervenant dans le secteur de l'insertion et de l'emploi peuvent s'associer à ces plans. – *[Anc. art. L. 322-4-16-6, phrases 1 et 2.]*

SECTION III **DROIT À L'ACCOMPAGNEMENT DES JEUNES VERS L'EMPLOI ET L'AUTONOMIE** *(L. n° 2016-1088 du 8 août 2016, art. 46, en vigueur le 1er janv. 2017).*

Cette section, dans sa rédaction résultant de la L. n° 2016-1088 du 8 août 2016, est applicable à compter du 1er janv. 2017 (L. préc., art. 46-IV).

Art. L. 5131-3 Tout jeune de seize à vingt-cinq ans révolus en difficulté et confronté à un risque d'exclusion professionnelle a droit à un accompagnement *(L. n° 2016-1088 du 8 août 2016, art. 46, en vigueur le 1er janv. 2017)* « vers l'emploi et l'autonomie, organisé par l'État ».

Art. L. 5131-4 *(L. n° 2016-1088 du 8 août 2016, art. 46, en vigueur le 1er janv. 2017)* L'accompagnement mentionné à l'article L. 5131-3 peut prendre la forme d'un parcours contractualisé d'accompagnement vers l'emploi et l'autonomie conclu avec l'État, élaboré avec le jeune et adapté à ses besoins identifiés lors d'un diagnostic. Ce parcours est mis en œuvre par les organismes mentionnés à l'article L. 5314-1. Toutefois, par dérogation, un autre organisme peut être désigné par le représentant de l'État dans le département, lorsque cela est justifié par les besoins de la politique d'insertion sociale et professionnelle des jeunes. Le contrat d'engagements est signé préalablement à l'entrée dans le parcours contractualisé d'accompagnement vers l'emploi et l'autonomie.

Art. L. 5131-5 *(L. n° 2016-1088 du 8 août 2016, art. 46, en vigueur le 1er janv. 2017)* Afin de favoriser son insertion professionnelle, le jeune qui s'engage dans un parcours contractualisé d'accompagnement vers l'emploi et l'autonomie peut bénéficier d'une allocation versée par l'État et modulable en fonction de la situation de l'intéressé.

Cette allocation est incessible et insaisissable.

Elle peut être suspendue ou supprimée en cas de non-respect par son bénéficiaire des engagements du contrat.

Art. L. 5131-6 *(L. n° 2016-1088 du 8 août 2016, art. 46, en vigueur le 1er janv. 2017)* La garantie jeunes est une modalité spécifique du parcours contractualisé d'accompagnement vers l'emploi et l'autonomie.

Elle est mise en œuvre par les organismes mentionnés à l'article L. 5314-1. Toutefois, par dérogation, un autre organisme peut être désigné par le représentant de l'État dans le département, lorsque cela est justifié par les besoins de la politique d'insertion sociale et professionnelle des jeunes.

Elle comporte un accompagnement intensif du jeune, ainsi qu'une allocation dégressive en fonction de ses ressources d'activité, dont le montant est défini par décret. Cette allocation est incessible et insaisissable. Elle peut être suspendue ou supprimée en cas de non-respect par son bénéficiaire des engagements du contrat.

La garantie jeunes est un droit ouvert aux jeunes de seize à vingt-cinq ans qui vivent hors du foyer de leurs parents ou au sein de ce foyer sans recevoir de soutien financier de leurs parents, qui ne sont pas étudiants, ne suivent pas une formation et n'occupent pas un emploi et dont le niveau de ressources ne dépasse pas un montant fixé par décret, dès lors qu'ils s'engagent à respecter les engagements conclus dans le cadre de leur parcours contractualisé d'accompagnement vers l'emploi et l'autonomie.

Art. L. 5131-6-1 *V. **Addendum**.*

SECTION III *[ANCIENNE]* ACCOMPAGNEMENT DES JEUNES VERS L'EMPLOI

Cette section dans sa rédaction antérieure à la L. n° 2016-1088 du 8 août 2016 est applicable jusqu'au 31 déc. 2016, V. nouvelle section III ci-dessous.

SOUS-SECTION 1 *[ANCIENNE]* DROIT À L'ACCOMPAGNEMENT

Ancien art. L. 5131-3 *Tout jeune de seize à vingt-cinq ans révolus en difficulté et confronté à un risque d'exclusion professionnelle a droit à un accompagnement, organisé par l'État, ayant pour but l'accès à la vie professionnelle.* — [Anc. art. L. 322-4-17-1.]

SOUS-SECTION 2 *[ANCIENNE]* CONTRAT D'INSERTION DANS LA VIE SOCIALE

Ancien art. L. 5131-4 *Tout jeune de seize à vingt-cinq ans révolus rencontrant des difficultés particulières d'insertion sociale et professionnelle bénéficie à sa demande d'un accompagnement personnalisé sous la forme d'un contrat d'insertion dans la vie sociale conclu avec l'État.* — [Anc. art. L. 322-4-17-3, al. 1er.]

Les contrats d'insertion dans la vie sociale conclus avant le 1er janv. 2017 continuent à produire effet dans les conditions applicables avant cette date, jusqu'à leur terme (L. n° 2016-1088 du 8 août 2016, art. 46-IV).

Ancien art. L. 5131-5 *Le titulaire d'un contrat d'insertion dans la vie sociale est affilié au régime général de sécurité sociale dans les conditions prévues aux articles L. 6342-1 et L. 6342-3, pour les périodes pendant lesquelles il n'est pas affilié à un autre titre à un régime de sécurité sociale.* — [Anc. art. L. 322-4-17-3, al. 8.]

Ancien art. L. 5131-6 *Afin de favoriser son insertion professionnelle, le titulaire d'un contrat d'insertion dans la vie sociale peut bénéficier d'une allocation versée par l'État pendant les périodes durant lesquelles l'intéressé ne perçoit ni une rémunération au titre d'un emploi ou d'un stage, ni une autre allocation.*

Cette allocation est incessible et insaisissable.

Elle peut être suspendue ou supprimée en cas de non-respect par son bénéficiaire des engagements du contrat. — [Anc. art. L. 322-4-17-4, al. 1er et 2.]

SECTION IV DISPOSITIONS D'APPLICATION

Art. L. 5131-7 *(L. n° 2016-1088 du 8 août 2016, art. 46, en vigueur le 1er janv. 2017)* Un décret en Conseil d'État détermine les modalités d'application du présent chapitre, en particulier :

1° Les modalités du parcours contractualisé d'accompagnement vers l'emploi et l'autonomie, ainsi que la nature des engagements de chaque partie au contrat ;

2° Les modalités de fixation de la durée et de renouvellement du parcours contractualisé d'accompagnement vers l'emploi et l'autonomie ;

3° Les modalités d'orientation vers les différentes modalités du parcours contractualisé d'accompagnement vers l'emploi et l'autonomie, ainsi que leurs caractéristiques respectives ;

4° Les modalités d'attribution, de modulation, de suppression et de versement de l'allocation prévue aux articles L. 5131-5 et L. 5131-6.

Art. L. 5131-8 (Abrogé par L. n° 2016-1088 du 8 août 2016, art. 46-I) *Sous réserve des dispositions de l'article L. 5131-7, un décret en Conseil d'État détermine les autres conditions d'application du présent chapitre* (Abrogé par L. n° 2015-990 du 6 août 2015, art. 276) *« , notamment les conditions dans lesquelles les institutions représentatives du personnel sont informées sur les conventions conclues dans le cadre des contrats emploi-jeune ».*

CHAPITRE II INSERTION PAR L'ACTIVITÉ ÉCONOMIQUE

BIBL. ▶ MOLLA, *JCP S 2009. 1076* (structures d'insertion par l'activité économique : CDD d'insertion et autres dispositions).

SECTION PREMIÈRE OBJET

Art. L. 5132-1 L'insertion par l'activité économique a pour objet de permettre à des personnes sans emploi, rencontrant des difficultés sociales et professionnelles particulières, de bénéficier de contrats de travail en vue de faciliter leur insertion professionnelle. Elle met en œuvre des modalités spécifiques d'accueil et d'accompagnement.

(L. n° 2008-1249 du 1er déc. 2008, art. 20) « L'insertion par l'activité économique, notamment par la création d'activités économiques, contribue également au développement des territoires. »

SECTION II **CONVENTIONS**

Art. L. 5132-2 L'État peut conclure des conventions prévoyant, le cas échéant, des aides financières avec :

1° Les employeurs dont l'activité a spécifiquement pour objet l'insertion par l'activité économique ;

2° Les employeurs autorisés à mettre en œuvre, pour l'application des dispositions prévues à l'article L. 5132-15, un atelier ou un chantier d'insertion ;

3° Les organismes relevant des articles L. 121-2, L. 222-5 et L. 345-1 du code de l'action sociale et des familles pour mettre en œuvre des actions d'insertion sociale et professionnelle au profit des personnes bénéficiant de leurs prestations ;

4° Les régies de quartiers *[quartier]*.

(L. n° 2013-1278 du 29 déc. 2013, art. 142) « Lorsque le département participe au financement de ces aides financières, le président du conseil général conclut une convention avec la structure concernée, selon des modalités fixées par décret. » – *[Anc. art. L. 322-4-16, I, al. 2, L. 322-4-16-7, L. 322-4-16-2, al. 1er début, et L. 322-4-16-3, al. 1.]*

Art. L. 5132-3 Seules les embauches de personnes agréées par l'*(L. n° 2008-126 du 13 févr. 2008)* « institution mentionnée à l'article L. 5312-1 » ouvrent droit :

1° Aux aides relatives aux contrats d'accompagnement dans l'emploi pour les ateliers et chantiers d'insertion ;

(L. n° 2008-1249 du 1er déc. 2008, art. 18) « 2° Aux aides financières aux entreprises d'insertion, aux entreprises de travail temporaire d'insertion et aux ateliers et chantiers d'insertion mentionnées au premier alinéa de l'article L. 5132-2 ».

Art. L. 5132-3-1 *(L. n° 2013-1278 du 29 déc. 2013, art. 142)* La convention annuelle d'objectifs et de moyens signée avec l'État, prévue à l'article L. 5134-19-4, comporte un volet relatif au cofinancement par le département des aides financières prévues à l'article L. 5132-2.

En cas d'accord des parties, ce volet fixe le nombre prévisionnel d'aides cofinancées par le département, la manière dont ces aides sont attribuées aux structures d'insertion par l'activité économique et les montants financiers associés. Il peut également prévoir des modalités complémentaires de coordination des financements attribués au secteur de l'insertion par l'activité économique.

A défaut d'accord des parties sur ces points, le conseil général participe au financement des aides financières mentionnées à l'article L. 5132-2, pour les employeurs relevant du 4° de l'article L. 5132-4 lorsque ces aides sont attribuées pour le recrutement de salariés qui étaient, avant leur embauche, bénéficiaires du revenu de solidarité active financé par le département.

La participation mentionnée au troisième alinéa du présent article est déterminée, dans des conditions fixées par décret, par référence au montant forfaitaire mentionné *(L. n° 2015-994 du 17 août 2015, art. 59-V, en vigueur le 1er janv. 2016)* « à » l'article L. 262-2 du code de l'action sociale et des familles applicable à une personne isolée. Dans ce cas, la convention prévoit le nombre prévisionnel d'aides attribuées aux ateliers et chantiers d'insertion au titre de l'embauche de ces personnes.

SECTION III **MISE EN ŒUVRE DES ACTIONS D'INSERTION PAR L'ACTIVITÉ ÉCONOMIQUE**

SOUS-SECTION 1 **STRUCTURES D'INSERTION PAR L'ACTIVITÉ ÉCONOMIQUE**

Art. L. 5132-4 Les structures d'insertion par l'activité économique pouvant conclure des conventions avec l'État sont :

1° Les entreprises d'insertion ;

2° Les entreprises de travail temporaire d'insertion ;
3° Les associations intermédiaires ;
4° Les ateliers et chantiers d'insertion.

SOUS-SECTION 2 ENTREPRISES D'INSERTION

Art. L. 5132-5 *(L. n° 2008-1249 du 1er déc. 2008, art. 18)* Les entreprises d'insertion concluent avec des personnes sans emploi rencontrant des difficultés sociales et professionnelles particulières des contrats à durée déterminée en application de l'article L. 1242-3.

(L. n° 2014-288 du 5 mars 2014, art. 20-I) « Pendant l'exécution de ces contrats, une ou plusieurs conventions conclues en vertu de l'article L. 5135-4 peuvent prévoir une période de mise en situation en milieu professionnel auprès d'un autre employeur dans les conditions prévues au chapitre V du présent titre. »

La durée de ces contrats ne peut être inférieure à quatre mois *(L. n° 2015-994 du 17 août 2015, art. 46)* « , sauf pour les personnes ayant fait l'objet d'une condamnation et bénéficiant d'un aménagement de peine ».

Ces contrats peuvent être renouvelés dans la limite d'une durée totale de vingt-quatre mois.

A titre dérogatoire, ces contrats peuvent être renouvelés au-delà de la durée maximale prévue en vue de permettre d'achever une action de formation professionnelle en cours de réalisation à l'échéance du contrat. La durée de ce renouvellement ne peut excéder le terme de l'action concernée.

A titre exceptionnel, lorsque des salariés âgés de cinquante ans et plus ou des personnes reconnues travailleurs handicapés rencontrent des difficultés particulières qui font obstacle à leur insertion durable dans l'emploi, ce contrat de travail peut être prolongé au-delà de la durée maximale prévue. Cette prolongation peut être accordée par l'institution mentionnée à l'article L. 5312-1 après examen de la situation du salarié au regard de l'emploi, de la capacité contributive de l'employeur et des actions d'accompagnement et de formation conduites dans le cadre de la durée initialement prévue du contrat.

La durée hebdomadaire de travail du salarié embauché dans ce cadre ne peut être inférieure à vingt heures. Elle peut varier sur tout ou partie de la période couverte par le contrat sans dépasser la durée légale hebdomadaire. Les périodes travaillées permettent de valider des trimestres de cotisations d'assurance vieillesse dans les conditions de l'article L. 351-2 du code de la sécurité sociale.

Ce contrat peut être suspendu, à la demande du salarié, afin de lui permettre :

1° En accord avec son employeur, d'effectuer une *(L. n° 2014-288 du 5 mars 2014, art. 20-I)* « période de mise en situation en milieu professionnel dans les conditions prévues au chapitre V du présent titre » ou une action concourant à son insertion professionnelle ;

2° D'accomplir une période d'essai afférente à une offre d'emploi visant une embauche en contrat de travail à durée indéterminée ou à durée déterminée au moins égale à six mois.

En cas d'embauche à l'issue de cette *(L. n° 2014-288 du 5 mars 2014, art. 20-I)* « période de mise en situation en milieu professionnel, d'une action concourant à son insertion professionnelle, » ou de cette période d'essai, le contrat est rompu sans préavis.

(L. n° 2015-994 du 17 août 2015, art. 46) « Par dérogation aux dispositions relatives à la rupture avant terme du contrat de travail à durée déterminée prévues à l'article L. 1243-2, le contrat peut être rompu avant son terme, à l'initiative du salarié, lorsque la rupture a pour objet de lui permettre de suivre une formation conduisant à une qualification prévue à l'article L. 6314-1. »

V. art. D. 5132-10-1 s.

SOUS-SECTION 3 ENTREPRISES DE TRAVAIL TEMPORAIRE D'INSERTION

Art. L. 5132-6 Les entreprises de travail temporaire dont l'activité exclusive consiste à faciliter l'insertion professionnelle des personnes sans emploi rencontrant des dif-

ficultés sociales et professionnelles particulières concluent avec ces personnes des contrats de mission.

(L. n° 2013-504 du 14 juin 2013, art. 12-X) **« Une durée de travail hebdomadaire inférieure à la durée** *(L. n° 2016-1088 du 8 août 2016, art. 8)* **« minimale mentionnée à l'article L. 3123-6 » peut être proposée à ces personnes lorsque le parcours d'insertion le justifie. »**

L'activité des entreprises de travail temporaire d'insertion est soumise à l'ensemble des dispositions relatives au travail temporaire prévues au chapitre Ier du titre V du livre II de la première partie. Toutefois, par dérogation aux dispositions de l'article L. 1251-12, la durée des contrats de mission peut être portée à vingt-quatre mois, renouvellement compris. – *[Anc. art. L. 322-4-16-2, al. 1er fin et al. 2.] – V. Décr. n° 99-108 du 18 févr. 1999 relatif aux entreprises de travail temporaire d'insertion (JO 19 févr.).*

SOUS-SECTION 4 ASSOCIATIONS INTERMÉDIAIRES

BIBL. ▸ MOLLA, *JCP S 2008. 1329* (associations intermédiaires : contrat de mise à disposition et contrat de travail) ; *JCP S 2008. 1489* (associations intermédiaires : responsabilités).

Art. L. 5132-7 **Les associations intermédiaires sont des associations conventionnées par l'État ayant pour objet l'embauche des personnes sans emploi, rencontrant des difficultés sociales et professionnelles particulières, en vue de faciliter leur insertion professionnelle en les mettant à titre onéreux à disposition de personnes physiques ou de personnes morales.**

(L. n° 2013-504 du 14 juin 2013, art. 12-X) **« Une durée de travail hebdomadaire inférieure à la durée** *(L. n° 2016-1088 du 8 août 2016, art. 8)* **« minimale mentionnée à l'article L. 3123-6 » peut être proposée aux salariés lorsque le parcours d'insertion le justifie. »**

L'association intermédiaire assure l'accueil des personnes ainsi que le suivi et l'accompagnement de ses salariés en vue de faciliter leur insertion sociale et de rechercher les conditions d'une insertion professionnelle durable.

Une association intermédiaire ne peut mettre une personne à disposition d'employeurs ayant procédé à un licenciement économique sur un emploi équivalent ou de même qualification dans les six mois précédant cette mise à disposition. – *[Anc. art. L. 322-4-16-3, 1, al. 2 et al. 4 et 6.] – V. Décr. n° 99-109 du 18 févr. 1999 relatif aux associations intermédiaires, App. III, A. Emploi.*

1. Conformité à la Constitution. Sur la conformité à la Constitution de la loi n° 95-116 du 4 févr. 1995, art. 95, modifiant le régime des associations intermédiaires fixé par l'art. L. 128 C. trav., V. • Cons. const., 25 janv. 1995, Décis. n° 94-357 DC : *JO 31 janv. ; D. 1997. Somm. 136, obs. Oliva ; ibid. 139, obs. Mélin-Soucramanien ; RJS 1995. 212, n° 309.*

2. Qualification. Les contrats de travail conclus par les associations intermédiaires, en application de l'art. L. 5132-7 ne sont pas soumis aux dispositions des art. L. 122-1 et suivants régissant les contrats de travail à durée déterminée ; de tels contrats ne peuvent être considérés comme rompus en application de l'art. L. 122-3-8. • Soc. 14 juin 2006 : *D. 2006. IR 1988 ; RJS 2006. 732, n° 997 ; JCP S 2006. 1690, note Lahalle.*

3. Requalification. Dès lors qu'une association est une association intermédiaire soumise aux dispositions de l'art. L. 5132-7, la violation des art. L. 124-1, L. 124-3 et L. 124-4 n'est pas susceptible d'entraîner la requalification des contrats de travail temporaires en contrats de travail à durée indéterminée. • Soc. 23 févr. 2005 : *D. 2005. IR 666 ; Dr. soc. 2005. 817, obs. Roy-Loustaunau ; RJS 2005. 408, n° 583 ; JS Lamy 2005, n° 166-6.* ♦ Une association intermédiaire ne peut pourvoir, au moyen de mises à disposition successives d'un salarié en voie d'insertion professionnelle, à un emploi lié à l'activité normale et permanente de l'entreprise utilisatrice ; le salarié mis à disposition peut, dans ce cas, faire valoir auprès de cette entreprise les droits tirés d'un contrat à durée déterminée. • Soc. 2 mars 2011 : *Dalloz actualité, 4 mars 2011, obs. Astaix ; RDT 2011.497, obs. Marié ; Dr. ouvrier 2011. 616, obs. Cao ; JCP S 2011. 1270, obs. Molla* • Soc. 23 mai 2013 : *Dalloz actualité, 7 juin 2013, obs. Fraisse ; D. 2013. Actu. 1353.*

4. Obligations des prestataires. L'absence de convention entre l'État et une association intermédiaire, qui a pour objet d'embaucher des personnes afin de faciliter leur insertion professionnelle en les mettant à titre onéreux à la disposition de personnes physiques ou de personnes morales, ne peut avoir pour effet de dispenser les bénéficiaires des travaux ou des prestations de leur paiement à l'association. • Soc. 30 mars 2005, n° 03-12.057 P : *D. 2005. IR 1177 ; RJS 2005. 484, n° 682.*

5. Mission d'accompagnement en vue de favoriser une réinsertion professionnelle. L'augmentation du nombre d'heures travaillées et la délivrance d'un certificat de validation des compétences professionnelles ne sont pas de nature à établir que l'association intermédiaire a accompli sa mission d'assurer l'accompagnement du salarié en vue de favoriser une réinsertion professionnelle. • Soc. 23 mai 2013 : *Dalloz actualité, 7 juin 2013, obs. Fraisse ; D. 2013. Actu. 1354 ; JCP S 2013. 1371, obs. Molla.*

Art. L. 5132-8 Une convention de coopération peut être conclue entre l'association intermédiaire et l'*(L. nº 2008-126 du 13 févr. 2008)* « institution mentionnée à l'article L. 5312-1 » définissant notamment les conditions de recrutement et de mise à disposition des salariés de l'association intermédiaire.

Cette convention de coopération peut également porter sur l'organisation des fonctions d'accueil, de suivi et d'accompagnement des salariés.

Cette convention peut mettre en œuvre des actions expérimentales d'insertion ou de réinsertion. – *[Anc. art. L. 322-4-16-3, 1, al. 5.]*

Art. L. 5132-9 Seules les associations intermédiaires qui ont conclu une convention de coopération avec l'*(L. nº 2008-126 du 13 févr. 2008)* « institution mentionnée à l'article L. 5312-1 » peuvent effectuer des mises à disposition auprès des employeurs mentionnés à l'article L. 2212-1 dans les conditions suivantes :

1º La mise à disposition pour l'exécution d'une tâche précise et temporaire d'une durée supérieure à un seuil déterminé par décret en Conseil d'État n'est autorisée que pour les personnes ayant fait l'objet de l'agrément de l'*(L. nº 2008-126 du 13 févr. 2008)* « institution mentionnée à l'article L. 5312-1 » ;

2º *(L. nº 2008-1249 du 1er déc. 2008, art. 19)* « La durée totale des mises à disposition d'un même salarié ne peut excéder une durée déterminée par décret, pour une durée de vingt-quatre mois à compter de la première mise à disposition. Dans l'attente du décret susmentionné, cette durée est fixée à 480 heures. »

Ces dispositions ne sont pas applicables en cas de mise à disposition auprès de personnes physiques pour des activités ne ressortissant pas à leurs exercices professionnels et de personnes morales de droit privé à but non lucratif. – *[Anc. art. L. 322-4-16-3, 2, al. 1er à 4.] – V. art. R. 5132-18.*

Art. L. 5132-10 Une personne mise à disposition par une association intermédiaire ne peut en aucun cas être embauchée pour accomplir des travaux particulièrement dangereux qui figurent sur une liste établie par l'autorité administrative. – *[Anc. art. L. 322-4-16-3, 5, al. 2.]*

Art. L. 5132-11 Pour les mises à disposition entrant dans le champ de l'article L. 5132-9, la rémunération du salarié, au sens de l'article L. 3221-3, ne peut être inférieure à celle que percevrait un salarié de qualification équivalente occupant le même poste de travail dans l'entreprise, après période d'essai.

Le salarié d'une association intermédiaire peut être rémunéré soit sur la base du nombre d'heures effectivement travaillées chez l'utilisateur, soit sur la base d'un nombre d'heures forfaitaire déterminé dans le contrat pour les activités autres que celles mentionnées à l'article L. 5132-9.

Le paiement des jours fériés est dû au salarié d'une association intermédiaire mis à disposition des employeurs mentionnés à l'article L. 2212-1 *[L. 2211-1]* dès lors que les salariés de cette personne morale en bénéficient. – *[Anc. art. L. 322-4-16-3, 2, al. 5 et 6, phrases 2 et 3, et al. 3.]*

Art. L. 5132-11-1 *(L. nº 2008-1249 du 1er déc. 2008, art. 18)* Les associations intermédiaires peuvent conclure avec des personnes sans emploi rencontrant des difficultés sociales et professionnelles particulières des contrats à durée déterminée en application de l'article L. 1242-3.

(L. nº 2014-288 du 5 mars 2014, art. 20-I) « Pendant l'exécution de ces contrats, une ou plusieurs conventions conclues en vertu de l'article L. 5135-4 peuvent prévoir une période de mise en situation en milieu professionnel auprès d'un autre employeur dans les conditions prévues au chapitre V du présent titre. »

La durée de ces contrats ne peut être inférieure à quatre mois *(L. nº 2015-994 du 17 août 2015, art. 46)* « , sauf pour les personnes ayant fait l'objet d'une condamnation et bénéficiant d'un aménagement de peine ».

Ces contrats peuvent être renouvelés dans la limite d'une durée totale de vingt-quatre mois.

A titre dérogatoire, ces contrats peuvent être renouvelés au-delà de la durée maximale prévue en vue de permettre d'achever une action de formation professionnelle en cours de réalisation à l'échéance du contrat. La durée de ce renouvellement ne peut excéder le terme de l'action concernée.

A titre exceptionnel, lorsque des salariés âgés de cinquante ans et plus ou des personnes reconnues travailleurs handicapés rencontrent des difficultés particulières qui font obstacle à leur insertion durable dans l'emploi, ce contrat de travail peut être prolongé au-delà de la durée maximale prévue. Cette prolongation peut être accordée par l'institution mentionnée à l'article L. 5312-1 après examen de la situation du salarié au regard de l'emploi, de la capacité contributive de l'employeur et des actions d'accompagnement et de formation conduites dans le cadre de la durée initialement prévue du contrat.

La durée hebdomadaire de travail du salarié embauché dans ce cadre ne peut être inférieure à vingt heures. Elle peut varier sur tout ou partie de la période couverte par le contrat sans dépasser la durée légale hebdomadaire. Les périodes travaillées permettent de valider des trimestres de cotisations d'assurance vieillesse dans les conditions de l'article L. 351-2 du code de la sécurité sociale.

Ce contrat peut être suspendu, à la demande du salarié, afin de lui permettre :

1° En accord avec son employeur, d'effectuer une *(L. nº 2014-288 du 5 mars 2014, art. 20-I)* « période de mise en situation en milieu professionnel dans les conditions prévues au chapitre V du présent titre » ou une action concourant à son insertion professionnelle ;

2° D'accomplir une période d'essai afférente à une offre d'emploi visant une embauche en contrat de travail à durée indéterminée ou à durée déterminée au moins égale à six mois.

En cas d'embauche à l'issue de cette *(L. nº 2014-288 du 5 mars 2014, art. 20-I)* « période de mise en situation en milieu professionnel, d'une action concourant à son insertion professionnelle, » ou de cette période d'essai, le contrat est rompu sans préavis.

(L. nº 2015-994 du 17 août 2015, art. 46) « Par dérogation aux dispositions relatives à la rupture avant terme du contrat de travail à durée déterminée prévues à l'article L. 1243-2, le contrat peut être rompu avant son terme, à l'initiative du salarié, lorsque la rupture a pour objet de lui permettre de suivre une formation conduisant à une qualification prévue à l'article L. 6314-1. » — *V. art. D. 5132-26-1 s.*

Art. L. 5132-12 *(Abrogé par L. nº 2011-867 du 20 juill. 2011, art. 16) La surveillance de la santé des personnes employées par une association intermédiaire, au titre de leur activité, est assurée par un examen de médecine préventive.* — [Anc. art. L. 322-4-16-3, 5, al. 3.]

Art. L. 5132-13 Les salariés des associations intermédiaires ont droit à la formation professionnelle continue :

1° Soit à l'initiative de l'employeur, dans le cadre du plan de formation de l'association ou des actions de formation en alternance ;

2° Soit à l'initiative du salarié, dans le cadre d'un congé individuel de formation ou d'un congé de bilan de compétences. — *[Anc. art. L. 322-4-16-3, 4.]*

Art. L. 5132-14 Lorsque l'activité de l'association intermédiaire est exercée dans les conditions de la présente sous-section, ne sont pas applicables :

1° Les sanctions relatives au travail temporaire, prévues aux articles *(L. nº 2016-1088 du 8 août 2016, art. 85)* « L. 1255-1 à L. 1255-12 » ;

2° Les sanctions relatives au marchandage, prévues aux articles L. 8234-1 et L. 8234-2 ;

3° Les sanctions relatives au prêt illicite de main-d'œuvre, prévues aux articles L. 8243-1 et L. 8243-2.

Les sanctions prévues en cas de non-respect des dispositions auxquelles renvoie l'article L. 8241-2, relatives aux opérations de prêt de main-d'œuvre à but non lucratif, sont applicables. — *[Anc. art. L. 322-4-16-3, 5, al. 1er.]*

SOUS-SECTION 5 **ATELIERS ET CHANTIERS D'INSERTION**

Art. L. 5132-15 Les ateliers et chantiers d'insertion conventionnés par l'État sont organisés par les employeurs figurant sur une liste.

Ils ont pour mission :

1° D'assurer l'accueil, l'embauche et la mise au travail sur des actions collectives des personnes sans emploi rencontrant des difficultés sociales et professionnelles particulières ;

2° D'organiser le suivi, l'accompagnement, l'encadrement technique et la formation de leurs salariés en vue de faciliter leur insertion sociale et de rechercher les conditions d'une insertion professionnelle durable. – *[Anc. art. L. 322-4-16-8, al. 1er et 2.]*

Art. L. 5132-15-1 *(L. n° 2008-1249 du 1er déc. 2008, art. 18)* Les ateliers et chantiers d'insertion *(L. n° 2014-288 du 5 mars 2014, art. 20-I)* « , quel que soit leur statut juridique, » peuvent conclure avec des personnes sans emploi rencontrant des difficultés sociales et professionnelles particulières des contrats à durée déterminée en application de l'article L. 1242-3.

(L. n° 2014-288 du 5 mars 2014, art. 20-I) « Pendant l'exécution de ces contrats, une ou plusieurs conventions conclues en vertu de l'article L. 5135-4 peuvent prévoir une période de mise en situation en milieu professionnel auprès d'un autre employeur dans les conditions prévues au chapitre V du présent titre. »

La durée de ces contrats ne peut être inférieure à quatre mois *(L. n° 2015-994 du 17 août 2015, art. 46)* « , sauf pour les personnes ayant fait l'objet d'une condamnation et bénéficiant d'un aménagement de peine ».

Ces contrats peuvent être renouvelés dans la limite d'une durée totale de vingt-quatre mois.

A titre dérogatoire, ces contrats peuvent être renouvelés au-delà de la durée maximale prévue en vue de permettre d'achever une action de formation professionnelle en cours de réalisation à l'échéance du contrat. La durée de ce renouvellement ne peut excéder le terme de l'action concernée.

(L. n° 2016-1088 du 8 août 2016, art. 53) « A titre exceptionnel, ce contrat de travail peut être prolongé par Pôle emploi, au-delà de la durée maximale prévue, après examen de la situation du salarié au regard de l'emploi, de la capacité contributive de l'employeur et des actions d'accompagnement et de formation conduites dans le cadre de la durée initialement prévue du contrat :

« *a)* Lorsque des salariés âgés de cinquante ans et plus ou des personnes reconnues travailleurs handicapés rencontrent des difficultés particulières qui font obstacle à leur insertion durable dans l'emploi, quel que soit leur statut juridique ;

« *b)* Lorsque des salariés rencontrent des difficultés particulièrement importantes dont l'absence de prise en charge ferait obstacle à leur insertion professionnelle, par décisions successives d'un an au plus, dans la limite de soixante mois. »

La durée hebdomadaire de travail du salarié embauché dans ce cadre ne peut être inférieure à vingt heures *(L. n° 2014-288 du 5 mars 2014, art. 20-I)* « , sauf lorsque le contrat le prévoit pour prendre en compte les difficultés particulièrement importantes de l'intéressé ». Elle peut varier sur tout ou partie de la période couverte par le contrat sans dépasser la durée légale hebdomadaire. Les périodes travaillées permettent de valider des trimestres de cotisations d'assurance vieillesse dans les conditions de l'article L. 351-2 du code de la sécurité sociale.

Ce contrat peut être suspendu, à la demande du salarié, afin de lui permettre :

1° En accord avec son employeur, d'effectuer une *(L. n° 2014-288 du 5 mars 2014, art. 20-I)* « période de mise en situation en milieu professionnel dans les conditions prévues au chapitre V du présent titre » ou une action concourant à son insertion professionnelle ;

2° D'accomplir une période d'essai afférente à une offre d'emploi visant une embauche en contrat de travail à durée indéterminée ou à durée déterminée au moins égale à six mois.

En cas d'embauche à l'issue de cette *(L. n° 2014-288 du 5 mars 2014, art. 20-I)* « période de mise en situation en milieu professionnel, d'une action concourant à son insertion professionnelle, » ou de cette période d'essai, le contrat est rompu sans préavis.

(L. n° 2014-288 du 5 mars 2014, art. 20-I) « Un décret définit les conditions dans lesquelles la dérogation à la durée hebdomadaire de travail minimale prévue au septième alinéa peut être accordée. » – *V. art. R. 5132-43-5 s.*

(L. n° 2015-994 du 17 août 2015, art. 46) **« Par dérogation aux dispositions relatives à la rupture avant terme du contrat de travail à durée déterminée prévues à l'article L. 1243-2, le contrat peut être rompu avant son terme, à l'initiative du salarié, lorsque la rupture a pour objet de lui permettre de suivre une formation conduisant à une qualification prévue à l'article L. 6314-1. »** — *V. art. D. 5132-43-3.*

Les embauches réalisées en contrat à durée déterminée en application de l'art. L. 5132-15-1 et ouvrant droit au versement de l'aide mentionnée à l'art. L. 5132-2 donnent lieu, sur la part de la rémunération inférieure ou égale au salaire minimum de croissance, pendant la durée d'attribution de cette aide, à une exonération :

1° Des cotisations à la charge de l'employeur au titre des assurances sociales et des allocations familiales ;

2° De la taxe sur les salaires ;

3° De la taxe d'apprentissage ;

4° Des participations dues par les employeurs au titre de l'effort de construction (L. n° 2013-1203 du 23 déc. 2013, art. 20-IV).

SOUS-SECTION 6 GROUPES ÉCONOMIQUES SOLIDAIRES

(L. n° 2008-1249 du 1er déc. 2008, art. 20)

Art. L. 5132-15-2 **Afin de favoriser la coordination, la complémentarité et le développement économique du territoire et de garantir la continuité des parcours d'insertion, une personne morale de droit privé peut porter ou coordonner une ou plusieurs actions d'insertion telles que visées à la sous-section 1 de la présente section.**

SECTION IV DISPOSITIONS D'APPLICATION

Art. L. 5132-16 **Sous réserve des dispositions de l'article L. 5132-17, un décret en Conseil d'État détermine les conditions d'application du présent chapitre, notamment :**

1° Les conditions d'exécution, de suivi, de renouvellement et de contrôle des conventions conclues avec l'État et les modalités de leur suspension ou de leur dénonciation ;

2° Les conditions d'application de l'article L. 5132-3. Ce décret précise les modalités spécifiques d'accueil et d'accompagnement ainsi que les modalités des aides de l'État. — *[Anc. art. L. 322-6 et L. 322-4-16, VI.] — V. art. R. 5132-1 s.*

Art. L. 5132-17 *(L. n° 2011-867 du 20 juill. 2011)* **Un décret détermine la liste des employeurs habilités à mettre en œuvre les ateliers et chantiers d'insertion mentionnée à l'article L. 5132-15.**

CHAPITRE III PRIME DE RETOUR À L'EMPLOI ET AIDE PERSONNALISÉE DE RETOUR À L'EMPLOI *(L. n° 2008-1249 du 1er déc. 2008, art. 8).*

SECTION PREMIÈRE *[ABROGÉE]* PRIME DE RETOUR À L'EMPLOI *(L. n° 2008-1249 du 1er déc. 2008, art. 8).*

(Abrogée par L. n° 2010-1657 du 29 déc. 2010, art. 202-I)

Art. L. 5133-1 à L. 5133-7 *Abrogés par L. n° 2010-1657 du 29 déc. 2010, art. 202-I.*

SECTION II AIDE PERSONNALISÉE DE RETOUR À L'EMPLOI

(L. n° 2008-1249 du 1er déc. 2008, art. 8)

Art. L. 5133-8 **Une aide personnalisée de retour à l'emploi peut être attribuée par l'organisme au sein duquel le référent mentionné à l'article L. 262-27 du code de l'action sociale et des familles a été désigné. Elle a pour objet de prendre en charge tout ou partie des coûts exposés par l'intéressé lorsqu'il débute ou reprend une activité professionnelle.**

L'aide personnalisée de retour à l'emploi est incessible et insaisissable.

Art. L. 5133-9 *(L. n° 2016-1917 du 29 déc. 2016, art. 152-III, en vigueur le 1er janv. 2017)* **L'aide personnalisée de retour à l'emploi est financée par l'État. Les crédits**

affectés à l'aide sont répartis entre les organismes au sein desquels les référents mentionnés à l'article L. 262-27 du code de l'action sociale et des familles sont désignés.

Art. L. 5133-10 Un décret en Conseil d'État détermine les modalités d'application de la présente section.

SECTION III *[ABROGÉE]* AIDE À L'EMBAUCHE DES SENIORS

(Abrogée par L. n° 2013-185 du 1er mars 2013)

Art. L. 5133-11 *Les employeurs qui se trouvent dans le champ d'éligibilité de la réduction prévue à l'article L. 241-13 du code de la sécurité sociale perçoivent sur leur demande une aide à l'embauche, en contrat à durée indéterminée ou à durée déterminée d'au moins six mois, de demandeurs d'emploi âgés de cinquante-cinq ans ou plus, inscrits sur la liste des demandeurs d'emploi mentionnée à l'article L. 5411-1 du présent code.*

L'aide ne peut être accordée lorsque l'entreprise a procédé, dans les six mois précédents, à un licenciement économique au sens de l'article L. 1233-3, sur le poste pour lequel est prévue l'embauche, ni lorsque l'entreprise n'est pas à jour de ses obligations déclaratives et de paiement à l'égard des organismes de recouvrement des cotisations et des contributions de sécurité sociale ou d'assurance chômage.

L'aide, à la charge de l'État, représente, pour une durée déterminée, une fraction du salaire brut versé chaque mois au salarié dans la limite du plafond mentionné à l'article L. 241-3 du code de la sécurité sociale.

Un décret en Conseil d'État précise les conditions et modalités d'application de l'aide.

CHAPITRE IV CONTRATS DE TRAVAIL AIDÉS

BIBL. ▶ BAUGARD, *RDT 2012. 492* (panorama des contrats aidés).

SECTION PREMIÈRE *[ABROGÉE]* CONTRAT EMPLOI-JEUNE

(Abrogée par L. n° 2015-990 du 6 août 2015, art. 276)

SOUS-SECTION 1 *[ABROGÉE]* OBJET

Art. L. 5134-1 *Le contrat emploi-jeune a pour objet de promouvoir le développement d'activités créatrices d'emplois pour les jeunes répondant à des besoins émergents ou non satisfaits et présentant un caractère d'utilité sociale, notamment dans les domaines des activités sportives, culturelles, éducatives, d'environnement et de proximité.*

Il permet l'accès à l'emploi :

1° Des jeunes de dix-huit à vingt-cinq ans révolus lors de leur embauche, y compris ceux qui sont titulaires d'un contrat d'accompagnement dans l'emploi prévu à l'article L. 5134-20 et les personnes titulaires d'un contrat d'insertion par l'activité mentionné à l'article L. 522-8 du code de l'action sociale et des familles ;

2° Des personnes de moins de trente ans reconnues handicapées ou qui ne remplissent pas la condition d'activité antérieure ouvrant droit au bénéfice de l'allocation d'assurance prévue à l'article L. 5422-1. — [Anc. art. L. 322-4-18, al. 1er début, et L. 322-4-19, al. 1er, phrase 1.]

Art. L. 5134-2 *Le contrat emploi-jeune donne lieu :*

1° A la conclusion d'une convention entre l'État et l'un des employeurs mentionnés à la sous-section 2 ;

2° A la conclusion d'un contrat de travail entre l'employeur et le jeune bénéficiaire de la convention dans les conditions prévues à la sous-section 3 ;

3° A l'attribution d'une aide financière dans les conditions prévues à la sous-section 4.

SOUS-SECTION 2 *[ABROGÉE]* CONVENTION

Art. L. 5134-3 *L'État conclut des conventions pluriannuelles avec :*

1° Les collectivités territoriales et leurs établissements publics ;

2° Les personnes morales de droit public autres que celles mentionnées au 1° ;

3° Les organismes de droit privé à but non lucratif ;

4° Les personnes morales de droit privé chargées de la gestion d'un service public ;

5° Des groupements constitués sous la forme d'associations régies par la loi du 1er juillet 1901 relative au contrat d'association ou par la loi du 19 avril 1908 applicable au contrat d'association dans les départements de la Moselle, du Bas-Rhin et du Haut-Rhin, de personnes morales mentionnées au présent article. – [Anc. art. L. 322-4-18, al. 1er fin et al. 2.]

Art. L. 5134-4 *Les conventions ne peuvent s'appliquer aux services rendus aux personnes physiques à leur domicile mentionnés aux articles L. 7231-1 et* (L. n° 2010-853 du 23 juill. 2010, art. 31-I) *« L. 7232-1-2 ».*

Toutefois, elles peuvent s'appliquer aux activités favorisant le développement et l'animation de services aux personnes répondant à des besoins émergents ou non satisfaits. – [Anc. art. L. 322-4-18, al. 3.]

Art. L. 5134-5 *Lorsque les conventions sont conclues avec une personne morale de droit public, elles ne peuvent s'appliquer qu'à des activités non assurées jusqu'alors par celle-ci.*

Les collectivités territoriales et leurs établissements publics peuvent conclure ces conventions pour les emplois autres que ceux relevant de leurs compétences. – [Anc. art. L. 322-4-18, al. 4.]

Art. L. 5134-6 *Les projets de développement d'activités présentés par les personnes morales de droit privé à but lucratif chargées de la gestion d'un service public ne peuvent faire l'objet d'une convention que si les activités proposées ne sont pas assurées à la date de la demande et entrent dans le cadre de la mission de service public qui leur a été confiée.* – [Anc. art. L. 322-4-18, al. 5.]

Art. L. 5134-7 *Le contenu et la durée des conventions, les conditions dans lesquelles leur exécution est suivie et contrôlée ainsi que les modalités de dénonciation de la convention en cas de non-respect de celle-ci sont déterminés par décret.* – [Anc. art. L. 322-4-18, al. 8.] – V. art. D. 5134-1 s. – V. Circ. DGEFP n° 97-25 du 24 oct. 1997 (BOMT n° 97/23, p. 39) relative au développement d'activités pour l'emploi des jeunes.

Art. L. 5134-8 *Les institutions représentatives du personnel, lorsqu'elles existent, et les* (L. n° 2010-751 du 5 juill. 2010, art. 35-II) *« comités techniques » sont informés sur les conventions conclues en application de la présente sous-section et saisis annuellement d'un rapport sur leur exécution.*

SOUS-SECTION 3 *[ABROGÉE]* CONTRAT DE TRAVAIL

§ 1er *[ABROGÉ]* DISPOSITIONS COMMUNES

Art. L. 5134-9 *Le contrat emploi-jeune est un contrat de travail de droit privé établi par écrit.*

Il peut être à durée indéterminée ou à durée déterminée en application du 1° de l'article L. 1242-3.

Les collectivités territoriales et les autres personnes morales de droit public, à l'exclusion des établissements publics à caractère industriel et commercial, ne peuvent conclure que des contrats à durée déterminée. – [Anc. art. L. 322-4-20, I, al. 1er, phrase 1, et al. 3.]

Art. L. 5134-10 *Le contrat emploi-jeune ne peut être conclu par les services de l'État.* – [Anc. art. L. 322-4-20, I, al. 4.]

Art. L. 5134-11 *Le contrat emploi-jeune est conclu pour la durée légale du travail ou pour la durée collective inférieure applicable à l'organisme employeur.*

Il peut être conclu à temps partiel, à condition que la durée du travail soit au moins égale à un mi-temps, et sur dérogation accordée par l'autorité administrative signataire de la convention, lorsque la nature de l'emploi ou le volume de l'activité ne permettent pas l'emploi d'un salarié à temps complet. – [Anc. art. L. 322-4-20, I, al. 1er, phrases 2 et 3.]

Art. L. 5134-12 *Lorsqu'à l'issue du contrat emploi-jeune le contrat se poursuit, l'emploi pour lequel le contrat emploi-jeune a été conclu est intégré dans les grilles de classification des conventions ou accords collectifs dont relève l'activité lorsque ces conventions ou accords existent.* – [Anc. art. L. 322-4-20, I, al. 2.]

Art. L. 5134-13 *Le contrat de travail peut être suspendu à l'initiative du salarié avec l'accord de l'employeur afin de lui permettre d'accomplir la période d'essai afférente à une offre d'emploi.*

En cas d'embauche à l'issue de cette période d'essai, le contrat est rompu sans préavis. – [Anc. art. L. 322-4-20, III.]

§ 2 *[ABROGÉ]* DISPOSITIONS PARTICULIÈRES AU CONTRAT EMPLOI-JEUNE À DURÉE DÉTERMINÉE

Art. L. 5134-14 *Lorsque le contrat emploi-jeune est à durée déterminée, il est conclu pour une durée de soixante mois.*

Il comporte une période d'essai d'un mois renouvelable une fois. – [Anc. art. L. 322-4-20, II, al. 1er et 2.]

Art. L. 5134-15 *Sans préjudice des dispositions de l'article L. 1243-1, le contrat emploi-jeune à durée déterminée peut être rompu à l'expiration de chacune des périodes annuelles de son exécution à l'initiative du salarié, moyennant le respect d'un préavis de deux semaines, ou de l'employeur, s'il justifie d'une cause réelle et sérieuse.*

Dans ce dernier cas, les dispositions relatives à l'entretien préalable au licenciement, prévues aux articles L. 1232-2 à L. 1232-4, L. 1233-11 à L. 1233-13 et L. 1233-38, et celles relatives au préavis, prévues à l'article L. 1234-1, sont applicables.

En outre, l'employeur qui décide de rompre le contrat pour une cause réelle et sérieuse notifie cette rupture par lettre recommandée avec avis de réception. Cette lettre ne peut être expédiée au salarié moins d'un jour franc après la date fixée pour l'entretien préalable. La date de présentation de la lettre recommandée avec avis de réception fixe le point de départ du préavis. – [Anc. art. L. 322-4-20, II, al. 3 et 4.]

1. Date de rupture. Lorsque l'employeur a rompu avant son terme pour faute grave un contrat emploi-jeune, et que la juridiction écarte la faute grave, mais retient que le salarié a eu un comportement fautif justifiant une rupture pour cause réelle et sérieuse, cette rupture ne peut prendre effet qu'à la date d'expiration de la période annuelle en cours. • Soc. 10 mars 2004, nº 01-47.306 P : *Dr. soc. 2004. 662, obs. Roy-Loustaunau ; RJS 2004. 392, nº 586* • 30 mai 2007 : *D. 2007. AJ 1786 ; Dr. soc. 2008. 600, obs. Roy-Loustaunau.*

2. Rupture anticipée. La méconnaissance par l'employeur des dispositions relatives à la rupture d'un contrat emploi-jeune avant l'échéance du terme de soixante mois ouvre droit à une indemnisation correspondant au préjudice subi par le salarié et non aux rémunérations qu'il aurait perçues jusqu'à ce terme. • Soc. 13 juill. 2004, nº 02-43.739 P : *Dr. soc. 2004. 662, obs. Roy-Loustaunau ; RJS 2004. 827, nº 1178 ; JS Lamy 2004, nº 153-4.*

3. Convention collective. Le titulaire d'un emploi-jeune ne peut, en cours d'exécution du contrat, se prévaloir de la grille de classification de la convention collective. • Soc. 23 févr. 2005 : *JCP S 2005. 1036, note Verkindt.*

4. Requalification. La sanction de l'irrégularité d'un contrat emploi-jeune ne peut être que sa requalification en CDI et non en un CDD relevant de l'art. L. 1243-1 ; la méconnaissance par l'employeur des exigences posées par l'al. 3 de l'art. L. 5134-9 ouvre droit à des dommages-intérêts correspondant au préjudice subi. • Soc. 1er déc. 2005 : *RJS 2006. 152, nº 258 ; Dr. soc. 2006. 442, obs. Roy-Loustaunau.*

Art. L. 5134-16 *Le salarié dont le contrat à durée déterminée est rompu par son employeur dans les conditions prévues au premier alinéa de l'article L. 5134-15 bénéficie d'une indemnité calculée sur la base de la rémunération perçue. Le montant retenu pour le calcul de cette indemnité ne saurait cependant excéder celui qui aura été perçu par le salarié au titre des dix-huit derniers mois d'exécution de son contrat. Son taux est identique à celui prévu au deuxième alinéa de l'article L. 1243-8.* – [Anc. art. L. 322-4-20, al. 5.]

Art. L. 5134-17 *En cas de rupture avant terme du contrat à durée déterminée, l'employeur ne peut conclure, pour le même poste, un nouveau contrat à durée déterminée.* – [Anc. art. L. 322-4-20, al. 6.]

Art. L. 5134-18 *Par dérogation aux dispositions relatives à la rupture avant terme du contrat de travail à durée déterminée prévues à l'article L. 1243-2, la méconnaissance par l'employeur des dispositions relatives à la rupture du contrat emploi-jeune à durée déterminée prévues à l'article L. 5134-15 ouvre droit pour le salarié à des dommages et intérêts correspondant au préjudice subi.*

Il en est de même lorsque la rupture du contrat intervient suite à la dénonciation de la convention du fait de son non-respect par l'employeur. – [Anc. art. L. 322-4-20, II, al. 7.]

SOUS-SECTION 4 *[ABROGÉE]* AIDE FINANCIÈRE

Art. L. 5134-19 *Pour chaque poste de travail créé et occupé par une personne répondant aux conditions prévues par l'article L. 5134-1, l'État verse à l'organisme employeur une aide forfaitaire.*

La convention prévoit les conditions dans lesquelles l'organisme employeur peut verser une rémunération supérieure au salaire minimum de croissance. L'État peut prendre en charge tout ou partie des coûts d'étude des projets mentionnés à l'article L. 5134-6.

Cette aide ne donne lieu à aucune charge fiscale.

Elle ne peut se cumuler, pour un même poste de travail, avec une autre aide de l'État à l'emploi, avec une exonération totale ou partielle des cotisations patronales de sécurité sociale ou avec l'application de taux spécifiques, d'assiettes ou de montants forfaitaires de cotisations de sécurité sociale.

Elle ne peut être accordée lorsque l'embauche est en rapport avec la fin du contrat de travail d'un salarié, quel qu'en soit le motif.

L'employeur peut recevoir, pour la part de financement restant à sa charge, des cofinancements provenant notamment des collectivités territoriales, des établissements publics locaux ou territoriaux ainsi que de toute autre personne morale de droit public ou de droit privé.

Un décret détermine les conditions d'attribution et de versement de l'aide de l'État. — [Anc. art. L. 322-4-19, al. 2 à 7.] — V. art. D. 5134-8 s.

SECTION PREMIÈRE-1 CONTRAT UNIQUE D'INSERTION

(L. n° 2008-1249 du 1er déc. 2008, art. 21)

BIBL. ▸ WILLMANN, *JCP S 2009. 1077.*

Art. L. 5134-19-1 *(L. n° 2012-1189 du 26 oct. 2012, art. 7)* **Le contrat unique d'insertion est un contrat de travail conclu entre un employeur et un salarié dans les conditions prévues à la sous-section 3 des sections II et V du présent chapitre, au titre duquel est attribuée une aide à l'insertion professionnelle dans les conditions prévues à la sous-section 2 des mêmes sections II et V. La décision d'attribution de cette aide est prise par :**

1° Soit, pour le compte de l'État, l'institution mentionnée à l'article L. 5312-1, les organismes mentionnés à l'article L. 5314-1 ou, selon des modalités fixées par décret, un des organismes mentionnés au 1° *bis* de l'article L. 5311-4 ;

2° Soit le président du conseil départemental lorsque cette aide concerne un bénéficiaire du revenu de solidarité active financé par le département ;

3° Soit, pour le compte de l'État, les recteurs d'académie pour les contrats mentionnés au I de l'article L. 5134-125.

Le montant de cette aide résulte d'un taux, fixé par l'autorité administrative, appliqué au salaire minimum de croissance.

Le montant de l'aide de l'État pour les emplois d'avenir conclus sous forme de contrats d'accompagnement dans l'emploi (CAE) est fixé à 75 % du taux horaire brut du salaire minimum de croissance.

Le montant de l'aide de l'État pour les emplois d'avenir conclus sous forme de contrats initiative-emploi (CIE) est fixé, dans le cas général, à 35 % du taux horaire brut du salaire minimum de croissance. Pour les groupements d'employeurs pour l'insertion et la qualification, et les entreprises d'insertion, qui sont éligibles au contrat initiative-emploi, le taux de prise en charge est fixé à 47 % du taux horaire brut du salaire minimum de croissance (Arr. du 31 oct. 2012, JO 1er nov.).

Art. L. 5134-19-2 **Le président du conseil départemental peut déléguer tout ou partie** *(L. n° 2012-1189 du 26 oct. 2012, art. 7)* **« de la décision d'attribution de l'aide à l'insertion professionnelle mentionnée à » l'article L. 5134-19-1 à l'institution mentionnée à l'article L. 5312-1 ou à tout autre organisme qu'il désigne à cet effet.**

Art. L. 5134-19-3 **Le contrat unique d'insertion prend la forme :**

1° Pour les employeurs du secteur non marchand mentionnés à l'article L. 5134-21, du contrat d'accompagnement dans l'emploi défini par la section II ;

2° Pour les employeurs du secteur marchand mentionnés à l'article L. 5134-66, du contrat initiative-emploi défini par la section V.

Les actions de formation destinées aux personnes bénéficiant d'un contrat d'accompagnement dans l'emploi mentionné à l'art. L. 5134-19-3 dans les collectivités territoriales ou les établissements publics en relevant peuvent être financées, pour tout ou partie, au moyen de la cotisation obligatoire versée par les collectivités territoriales et leurs établissements publics en application de l'art. 12-2 de la loi n° 84-53 du 26 janv. 1984 portant dispositions statutaires relatives à la fonction publique territoriale (L. n° 2008-1249 du 1er déc. 2008, art. 22-II).

Art. L. 5134-19-4 *(L. n° 2012-1189 du 26 oct. 2012, art. 7)* **« Le président du conseil départemental » signe, préalablement à** *(L. n° 2012-1189 du 26 oct. 2012, art. 7)* **« l'attribution des aides à l'insertion professionnelle prévues à » l'article L. 5134-19-1** *(L. n° 2013-1278 du 29 déc. 2013, art. 142)* **« et à la signature des conventions prévues à l'article L. 5132-2 », une convention annuelle d'objectifs et de moyens avec l'État.**

Cette convention fixe :

1° Le nombre prévisionnel *(L. n° 2012-1189 du 26 oct. 2012, art. 7)* **« d'aides à l'insertion professionnelle attribuées » au titre de l'embauche, dans le cadre d'un contrat unique d'insertion, de bénéficiaires du revenu de solidarité active financé par le département ;**

2° Les modalités de financement des *(L. n° 2012-1189 du 26 oct. 2012, art. 7)* **« aides à l'insertion professionnelle » et les taux d'aide applicables.**

Lorsque le département participe au financement de l'aide, les taux mentionnés au dernier alinéa de l'article L. 5134-19-1 peuvent être majorés, en fonction des critères énoncés aux 1°, 2° et 4° des articles L. 5134-30 et L. 5134-72.

Lorsque l'aide est en totalité à la charge du département, le conseil départemental en fixe le taux sur la base des critères mentionnés aux articles L. 5134-30 et L. 5134-72, dans la limite du plafond prévu aux articles L. 5134-30-1 et L. 5134-72-1 ;

3° Les actions d'accompagnement et les autres actions ayant pour objet de favoriser l'insertion durable des salariés embauchés en contrat unique d'insertion *(L. n° 2013-1278 du 29 déc. 2013, art. 142)* **« et dans les structures d'insertion par l'activité économique ».**

A l'occasion de chaque renouvellement de la convention annuelle d'objectifs et de moyens, l'État et le département procèdent au réexamen de leur participation financière au financement du contrat unique d'insertion *(L. n° 2013-1278 du 29 déc. 2013, art. 142)* **« et des aides financières aux structures d'insertion par l'activité économique, » en tenant compte des résultats constatés en matière d'insertion durable des salariés embauchés dans ce cadre ainsi que des contraintes économiques qui pèsent sur certains territoires.** – *V. art. R. 5134-16.*

Art. L. 5134-19-5 **Le président du conseil départemental transmet à l'État, dans des conditions fixées par décret, toute information permettant le suivi du contrat unique d'insertion.**

SECTION II **CONTRAT D'ACCOMPAGNEMENT DANS L'EMPLOI**

V. Circ. DGEFP n° 2005/12 du 21 mars 2005 relative à la mise en œuvre du Contrat d'Accompagnement dans l'Emploi – CAE (BOMT 2005/5, p. 21).

V. Instr. DGEFP n° 2005-23 du 27 juin 2005 relative à la mise en œuvre du contrat d'accompagnement dans l'emploi en faveur des jeunes en 2005 (BOMT 2005/8, p. 68).

BIBL. ▶ VERKINDT, *Dr. soc. 2005. 440* ✎.

SOUS-SECTION 1 **OBJET**

Art. L. 5134-20 *(L. n° 2008-1249 du 1er déc. 2008, art. 22-I)* **Le contrat d'accompagnement dans l'emploi a pour objet de faciliter l'insertion professionnelle des personnes sans emploi rencontrant des difficultés sociales et professionnelles particulières d'accès à l'emploi. A cette fin, il comporte des actions d'accompagnement professionnel.** *(L. n° 2014-288 du 5 mars 2014, art. 20-I)* **« Pendant l'exécution de ces contrats, une ou plusieurs conventions conclues en vertu de l'article L. 5135-4 peuvent prévoir une période de mise en situation en milieu professionnel auprès d'un autre employeur dans les conditions prévues au chapitre V du présent titre. » Un décret détermine la durée et les conditions d'agrément et d'exécution de cette période d'immersion.**

Le non-respect par l'employeur de son obligation de mettre en œuvre des actions de formation, d'orientation professionnelle et de validation des acquis est de nature à causer au salarié un préjudice dont ce dernier peut lui demander réparation. • Soc. 30 sept. 2014 : *D. 2014. Actu. 2002*.

SOUS-SECTION 2 **DÉCISION D'ATTRIBUTION DE L'AIDE À L'INSERTION PROFESSIONNELLE** *(L. nº 2012-1189 du 26 oct. 2012, art. 7).*

Art. L. 5134-21 *(L. nº 2012-1189 du 26 oct. 2012, art. 7)* **« Les aides à l'insertion professionnelle au titre d'un contrat d'accompagnement dans l'emploi peuvent être accordées aux employeurs suivants : »**

1º Les collectivités territoriales ;

2º Les autres personnes morales de droit public ;

3º Les organismes de droit privé à but non lucratif ;

4º Les personnes morales de droit privé chargées de la gestion d'un service public ;

(L. nº 2014-856 du 31 juill. 2014, art. 34) **« 5º Les sociétés coopératives d'intérêt collectif. »** — *[Anc. art. L. 322-4-7, I, al. 1er.]*

Art. L. 5134-21-1 *(L. nº 2012-1189 du 26 oct. 2012, art. 7)* **« La décision d'attribution d'une nouvelle aide à l'insertion professionnelle »** *(L. nº 2008-1249 du 1er déc. 2008, art. 22-I)* **mentionnée à l'article L. 5134-19-1 est subordonnée au bilan préalable des actions d'accompagnement et des actions visant à l'insertion durable des salariés, réalisées dans le cadre** *(Abrogé par L. nº 2012-1189 du 26 oct. 2012, art. 7)* ***« de conventions individuelles conclues au titre »*** **d'un contrat aidé antérieur.**

Art. L. 5134-21-2 *(L. nº 2012-1189 du 26 oct. 2012, art. 7)* **Il ne peut être attribué d'aide à l'insertion professionnelle dans les cas suivants :**

1º Lorsque l'embauche vise à procéder au remplacement d'un salarié licencié pour un motif autre que la faute grave ou lourde. S'il apparaît que l'embauche a eu pour conséquence le licenciement d'un autre salarié, la décision d'attribution de l'aide est retirée par l'État ou par le président du conseil départemental. La décision de retrait de l'attribution de l'aide emporte obligation pour l'employeur de rembourser l'intégralité des sommes perçues au titre de l'aide ;

2º Lorsque l'employeur n'est pas à jour du versement de ses cotisations et contributions sociales.

Art. L. 5134-22 *(L. nº 2008-1249 du 1er déc. 2008 ; L. nº 2012-1189 du 26 oct. 2012, art. 7)* **La demande d'aide à l'insertion professionnelle indique les modalités d'orientation et d'accompagnement professionnel de la personne sans emploi et prévoit des actions de formation professionnelle et de validation des acquis de l'expérience nécessaires à la réalisation de son projet professionnel.**

Les actions de formation peuvent être menées pendant le temps de travail ou en dehors de celui-ci.

Art. L. 5134-23 *(L. nº 2008-1249 du 1er déc. 2008, art. 22-I ; L. nº 2012-1189 du 26 oct. 2012, art. 7)* **La durée de l'aide à l'insertion professionnelle attribuée au titre du contrat d'accompagnement dans l'emploi ne peut excéder le terme du contrat de travail.**

L'attribution de l'aide peut être prolongée dans la limite d'une durée totale de vingt-quatre mois.

Art. L. 5134-23-1 *(L. nº 2008-1249 du 1er déc. 2008, art. 22-I)* **Il peut être dérogé, selon des modalités fixées par voie réglementaire, à la durée maximale** *(L. nº 2012-1189 du 26 oct. 2012, art. 7)* **« pour laquelle est attribuée une aide à l'insertion professionnelle », soit lorsque celle-ci concerne un salarié âgé de cinquante ans et plus** *(L. nº 2015-994 du 17 août 2015, art. 43)* **« rencontrant des difficultés particulières qui font obstacle à son insertion durable dans l'emploi » ou une personne reconnue travailleur handicapé, soit pour permettre d'achever une action de formation professionnelle en cours de réalisation et** *(L. nº 2012-1189 du 26 oct. 2012, art. 7)* **« prévue au titre de l'aide attribuée ». La durée de cette prolongation ne peut excéder le terme de l'action concernée.**

(Abrogé par L. nº 2014-288 du 5 mars 2014, art. 20-I) ***« A titre exceptionnel, lorsque des salariés âgés de cinquante ans et plus ou des personnes reconnues travailleurs handicapés***

embauchés dans les ateliers et chantiers d'insertion rencontrent des difficultés particulières qui font obstacle à leur insertion durable dans l'emploi, *(L. n° 2012-1189 du 26 oct. 2012, art. 7)* ***« l'attribution des aides peut être prolongée » au-delà de la durée maximale prévue. Cette prolongation peut être accordée par l'institution mentionnée à l'article L. 5312-1 ou, pour*** *(L. n° 2012-1189 du 26 oct. 2012, art. 7)* ***« les aides mentionnées à l'article L. 5134-19-1 qu'il attribue », par le président du conseil général après examen de la situation du salarié au regard de l'emploi, de la capacité contributive de l'employeur et des actions d'accompagnement et de formation conduites*** *(L. n° 2012-1189 du 26 oct. 2012, art. 7)* ***« durant la période pour laquelle l'aide initiale a été attribuée ». »***

Art. L. 5134-23-2 *(L. n° 2008-1249 du 1er déc. 2008, art. 22-I ; L. n° 2012-1189 du 26 oct. 2012, art. 7-III-9°)* **La prolongation de l'attribution de l'aide à l'insertion professionnelle et, s'il est à durée déterminée, du contrat de travail au titre duquel l'aide est attribuée est subordonnée à l'évaluation des actions réalisées au cours du contrat en vue de favoriser l'insertion durable du salarié.**

SOUS-SECTION 3 **CONTRAT DE TRAVAIL**

Art. L. 5134-24 *(L. n° 2008-1249 du 1er déc. 2008, art. 22-I)* **« Le contrat de travail, associé à** *(L. n° 2012-1189 du 26 oct. 2012, art. 7)* **« une aide à l'insertion professionnelle attribuée au titre d'un » contrat d'accompagnement dans l'emploi, est un contrat de travail de droit privé, soit à durée déterminée, conclu en application de l'article L. 1242-3, soit à durée indéterminée. Il porte sur des emplois visant à satisfaire des besoins collectifs non satisfaits. »**

Il ne peut être conclu pour pourvoir des emplois dans les services de l'État.

Art. L. 5134-25 **La durée du contrat d'accompagnement dans l'emploi ne peut être inférieure à six mois, ou trois mois pour les personnes ayant fait l'objet d'une condamnation et bénéficiant d'un aménagement de peine.**

Les dispositions relatives au nombre maximum des renouvellements, prévues par l'article L. 1243-13, ne sont pas applicables. – *[Anc. art. L. 322-4-7, I, al. 4, phrases 2 et 3.]*

A compter du 1er janv. 2009, à titre exceptionnel, lorsque des salariés âgés de 50 ans et plus ou des personnes reconnues travailleurs handicapés embauchés dans des entreprises d'insertion, des ateliers et chantiers d'insertion ou des associations intermédiaires rencontrent des difficultés particulières qui font obstacle à leur insertion durable dans l'emploi, le contrat de travail conclu en application de l'art. L. 1242-3, le contrat d'avenir ou le contrat d'accompagnement dans l'emploi qu'ils ont conclu peut être prolongé au-delà de la durée maximale. Cette prolongation est accordée par l'institution mentionnée à l'art. L. 5312-1 ou par le président du conseil général lorsque, dans le cas des contrats d'avenir, celui-ci a conclu la convention individuelle mentionnée à l'art. L. 5314-38 associée à ce contrat, après examen de la situation du salarié au regard de l'emploi, de la capacité contributive de l'employeur et des actions d'accompagnement ou de formation conduites dans le cadre de la durée initialement prévue du contrat (L. n° 2008-1249 du 1er déc. 2008, art. 28-IV).

Art. L. 5134-25-1 *(L. n° 2008-1249 du 1er déc. 2008, art. 22-I)* **Le contrat de travail, associé à** *(L. n° 2012-1189 du 26 oct. 2012, art. 7)* **« l'attribution d'une aide à l'insertion professionnelle au titre d'un » contrat d'accompagnement dans l'emploi, conclu pour une durée déterminée, peut être prolongé dans la limite d'une durée totale de vingt-quatre mois, ou de cinq ans pour les salariés âgés de cinquante ans et plus** *(L. n° 2015-994 du 17 août 2015, art. 43)* **« rencontrant des difficultés particulières qui font obstacle à leur insertion durable dans l'emploi », ainsi que pour les personnes reconnues travailleurs handicapés.**

A titre dérogatoire, ce contrat de travail peut être prolongé au-delà de la durée maximale prévue, en vue de permettre d'achever une action de formation professionnelle en cours de réalisation à l'échéance du contrat et *(L. n° 2012-1189 du 26 oct. 2012, art. 7)* **« prévue au titre de l'aide attribuée »** *(L. n° 2015-994 du 17 août 2015, art. 43)* **« , sans que cette prolongation puisse excéder le terme de l'action concernée ou, pour les salariés âgés de cinquante-huit ans ou plus, jusqu'à la date à laquelle ils sont autorisés à faire valoir leurs droits à la retraite ».**

(Abrogé par L. n° 2014-288 du 5 mars 2014, art. 20-I) ***« A titre exceptionnel, lorsque des salariés âgés de cinquante ans et plus ou des personnes reconnues travailleurs handicapés***

embauchés dans les ateliers et chantiers d'insertion rencontrent des difficultés particulières qui font obstacle à leur insertion durable dans l'emploi, ce contrat de travail peut être prolongé au-delà de la durée maximale prévue. Cette prolongation peut être accordée par l'institution mentionnée à l'article L. 5312-1 ou par le président du conseil général, lorsque celui-ci a (L. n° 2012-1189 du 26 oct. 2012, art. 7) « attribué l'aide à l'insertion professionnelle mentionnée à » l'article L. 5134-19-1 associée à ce contrat après examen de la situation du salarié au regard de l'emploi, de la capacité contributive de l'employeur et des actions d'accompagnement et de formation conduites dans le cadre de la durée initialement prévue du contrat. »

Art. L. 5134-26 **La durée hebdomadaire du travail du titulaire d'un contrat d'accompagnement dans l'emploi ne peut être inférieure à vingt heures, sauf lorsque** *(L. n° 2012-1189 du 26 oct. 2012, art. 7)* **« la décision d'attribution de l'aide » le prévoit en vue de répondre aux difficultés particulièrement importantes de l'intéressé.**

(L. n° 2008-1249 du 1er déc. 2008, art. 22-I) **« Lorsque le contrat de travail, associé à** *(L. n° 2012-1189 du 26 oct. 2012, art. 7)* **« l'attribution d'une aide à l'insertion professionnelle accordée au titre d'un » contrat d'accompagnement dans l'emploi, a été conclu pour une durée déterminée avec une collectivité territoriale ou une autre personne de droit public, la durée hebdomadaire du travail peut varier sur tout ou partie de la période couverte par le contrat, sans être supérieure à la durée légale hebdomadaire. Cette variation est sans incidence sur le calcul de la rémunération due au salarié. »**

L'art. L. 5134-26, dans sa rédaction issue de la loi du 17 mars 2005, n'autorise pas l'employeur à faire varier la durée hebdomadaire du travail sur tout ou partie de la période couverte par le contrat d'accompagnement dans l'emploi ; la clause contractuelle prévoyant une telle modulation est inopposable au salarié et il appartient au juge du fond de décompter les heures de travail par semaine. • Soc. 25 janv. 2012 : *D. 2012. Actu. 443 ; RJS 2012. 279, n° 311 ; JCP S 2012. 1161, obs. Drai.*

Art. L. 5134-27 *(Abrogé par L. n° 2012-1189 du 26 oct. 2012, art. 7) « Sous réserve de clauses contractuelles ou conventionnelles plus favorables, »* **Le titulaire d'un contrat d'accompagnement dans l'emploi perçoit un salaire au moins égal au produit du montant du salaire minimum de croissance par le nombre d'heures de travail accomplies.** — *[Anc. art. L. 322-4-7, I, al. 8.]*

Il résulte de l'art. L. 5134-27 que le salarié, engagé selon un contrat d'accompagnement dans l'emploi, doit bénéficier de l'ensemble des dispositions des conventions et accords collectifs applicables dans l'organisme employeur. • Soc. 6 avr. 2011 : *D. 2011. Actu. 1146, obs. Siro ; JCP S 2011. 1271, obs. Brissy.*

Art. L. 5134-28 **Par dérogation aux dispositions relatives à la rupture avant terme du contrat de travail à durée déterminée prévues à l'article L. 1243-2, le contrat d'accompagnement dans l'emploi peut être rompu avant son terme, à l'initiative du salarié, lorsque la rupture a pour objet de lui permettre :**

1° D'être embauché par un contrat de travail à durée indéterminée ;

2° D'être embauché par un contrat de travail à durée déterminée d'au moins six mois ;

3° De suivre une formation conduisant à une qualification prévue à l'article L. 6314-1. — *[Anc. art. L. 322-4-7, II, al. 7, phrase 1.]*

Art. L. 5134-28-1 *(L. n° 2008-1249 du 1er déc. 2008, art. 22-I)* **Une attestation d'expérience professionnelle est établie par l'employeur et remise au salarié à sa demande ou au plus tard un mois avant la fin du contrat d'accompagnement dans l'emploi.**

Art. L. 5134-29 *(L. n° 2008-1249 du 1er déc. 2008, art. 22-I)* **Le contrat d'accompagnement dans l'emploi peut être suspendu, à la demande du salarié, afin de lui permettre :**

1° En accord avec son employeur, d'effectuer une *(L. n° 2014-288 du 5 mars 2014, art. 20-I)* **« période de mise en situation en milieu professionnel dans les conditions prévues au chapitre V du présent titre » ou une action concourant à son insertion professionnelle ;**

2° D'accomplir une période d'essai afférente à une offre d'emploi visant une embauche en contrat de travail à durée indéterminée ou à durée déterminée au moins égale à six mois.

En cas d'embauche à l'issue de cette *(L. n° 2014-288 du 5 mars 2014, art. 2-I)* « période de mise en situation en milieu professionnel, d'une action concourant à son insertion professionnelle, » ou de cette période d'essai, le contrat est rompu sans préavis.

(Abrogé par L. n° 2014-288 du 5 mars 2014, art. 20-I) (L. n° 2012-1189 du 26 oct. 2012, art. 7) ***« L'aide à l'insertion professionnelle n'est pas versée pendant la période de suspension du contrat d'accompagnement dans l'emploi. »***

SOUS-SECTION 4 AIDE FINANCIÈRE ET EXONÉRATIONS

Art. L. 5134-30 *(Abrogé par L. n° 2012-1189 du 26 oct. 2012, art. 7) (L. n° 2008-1249 du 1er déc. 2008, art. 22-I)* ***« La convention individuelle prévue à la sous-section 2 de la présente section, conclue pour permettre une embauche en contrat d'accompagnement dans l'emploi, ouvre droit à une aide financière. »***

(L. n° 2012-1189 du 26 oct. 2012, art. 7) « L'aide à l'insertion professionnelle attribuée au titre d'un contrat d'accompagnement dans l'emploi » peut être modulée en fonction :

1° De la catégorie et du secteur d'activité de l'employeur ;

2° Des actions prévues en matière d'accompagnement professionnel et des actions visant à favoriser l'insertion durable du salarié ;

3° Des conditions économiques locales ;

4° Des difficultés d'accès à l'emploi antérieurement rencontrées par le salarié.

Art. L. 5134-30-1 *(L. n° 2008-1249 du 1er déc. 2008, art. 22-I)* Le montant de *(L. n° 2012-1189 du 26 oct. 2012, art. 7)* « l'aide à l'insertion professionnelle versée au titre d'un contrat d'accompagnement dans l'emploi » ne peut excéder 95 % du montant brut du salaire minimum de croissance par heure travaillée, dans la limite de la durée légale hebdomadaire du travail. Elle n'est soumise à aucune charge fiscale.

(Abrogé par L. n° 2013-1278 du 29 déc. 2013, art. 142-I) (L. n° 2009-1673 du 30 déc. 2009, art. 139) ***« Toutefois, pour les ateliers et chantiers d'insertion conventionnés par l'État au titre de l'article L. 5132-2, le montant de*** *(L. n° 2012-1189 du 26 oct. 2012, art. 7)* ***« l'aide à l'insertion professionnelle versée au titre d'un contrat d'accompagnement dans l'emploi » peut être porté jusqu'à 105 % du montant brut du salaire minimum de croissance par heure travaillée, dans la limite de la durée légale hebdomadaire du travail. »***

Le second al., dans sa rédaction antérieure à la L. n° 2013-1278 du 29 déc. 2013, demeure applicable aux contrats de travail conclus avant le 1er juill. 2014 (L. préc., art. 142-II).

Art. L. 5134-30-2 *(L. n° 2008-1249 du 1er déc. 2008, art. 22-I)* Lorsque *(L. n° 2012-1189 du 26 oct. 2012, art. 7)* « l'aide à l'insertion professionnelle prévue à la sous-section 2 de la présente section a été attribuée pour le recrutement d'un » salarié qui était, avant son embauche, bénéficiaire du revenu de solidarité active financé par le département, le département participe au financement de l'aide mentionnée à l'article L. 5134-19-1. Cette participation est déterminée, dans des conditions fixées par décret, par référence au montant forfaitaire mentionné *(L. n° 2015-994 du 17 août 2015, art. 59-V, en vigueur le 1er janv. 2016)* « à » l'article L. 262-2 du code de l'action sociale et des familles applicable à une personne isolée et en fonction de la majoration des taux prévue par la convention mentionnée à l'article L. 5134-19-4.

Art. L. 5134-31 Les embauches réalisées en contrat d'accompagnement dans l'emploi donnent droit à l'exonération :

1° Des cotisations à la charge de l'employeur au titre des assurances sociales et des allocations familiales, pendant la durée *(L. n° 2012-1189 du 26 oct. 2012, art. 7-III-18°)* « d'attribution de l'aide à l'insertion professionnelle », sans qu'il soit fait application des dispositions de l'article L. 131-7 du code de la sécurité sociale. Toutefois, les cotisations afférentes à la partie de la rémunération qui excède un montant fixé par décret ne donnent pas lieu à exonération ;

2° De la taxe sur les salaires ;

3° De la taxe d'apprentissage ;

4° Des participations dues par les employeurs au titre de l'effort de construction. – *V. art. D. 5134-9.*

Art. L. 5134-32 L'État peut contribuer au financement des actions de formation professionnelle et de validation des acquis de l'expérience prévues à l'article L. 5134-22. – *[Anc. art. L. 322-4-7, II, al. 4 début.]*

Art. L. 5134-33 Les aides et les exonérations prévues par la présente sous-section ne peuvent être cumulées avec une autre aide de l'État à l'emploi. – *[Anc. art. L. 322-4-7, II, al. 5.]*

SOUS-SECTION 5 DISPOSITIONS D'APPLICATION

Art. L. 5134-34 Un décret en Conseil d'État détermine les conditions d'application de la présente section. – *[Anc. art. L. 322-6, L. 322-4-7, I, al. 3, phrase 2, L. 322-4-7, II, al. 4 fin, L. 322-4-7, II, al. 1, phrase 3.] – V. art. R. 5134-26.*

SECTION III *[ABROGÉE]* CONTRAT D'AVENIR

Art. L. 5134-35 à L. 5134-53 *Abrogés par L. n° 2008-1249 du 1er déc. 2008, art. 23-I.*

SECTION IV *[ABROGÉE]* CONTRAT JEUNE EN ENTREPRISE

Art. L. 5134-54 à L. 5134-64 *Abrogés par L. n° 2007-1822 du 24 déc. 2007, art. 127-II.*

Ces art. demeurent toutefois applicables aux contrats de travail ayant ouvert le droit au soutien de l'État mentionné à l'art. L. 322-4-6 du code du travail avant l'entrée en vigueur de la L. n° 2007-1822 du 24 déc. 2007 (L. préc., art. 127-III).

V. art. L. 5134-59, mod. par L. n° 2010-1657 du 29 déc. 2010, art. 201-II.

V. art. L. 5134-54, L. 5134-60 et L. 5134-63, mod. par L. n° 2016-1088 du 8 août 2016, art. 46.

SECTION V CONTRAT INITIATIVE-EMPLOI

V. Circ. DGEFP n° 2005/11 du 21 mars 2005 relative à la mise en œuvre du Contrat Initiative Emploi (CIE) rénové (BOMT 2005/5, p. 9).

SOUS-SECTION 1 OBJET

Art. L. 5134-65 *(L. n° 2008-1249 du 1er déc. 2008, art. 23-III)* **Le contrat initiative-emploi a pour objet de faciliter l'insertion professionnelle des personnes sans emploi rencontrant des difficultés sociales et professionnelles d'accès à l'emploi. À cette fin, il comporte des actions d'accompagnement professionnel. Les actions de formation nécessaires à la réalisation du projet professionnel de la personne peuvent être mentionnées dans la** *(L. n° 2012-1189 du 26 oct. 2012, art. 7)* **« demande d'aide à l'insertion professionnelle » ; elles sont menées dans le cadre défini à l'article L. 6312-1.**

[Jurisprudence rendue sous l'empire de l'ancien art. L. 5134-65]

1. Convention de CIE. Le refus de l'ANPE de conclure une convention de contrat initiative-emploi ne saurait être constitutif d'une faute de nature à engager la responsabilité de l'ANPE et à justifier sa condamnation à réparer le préjudice qui en est résulté ; le directeur d'une ANPE doit être regardé comme agissant pour le compte de l'État et non en qualité d'exécutif de cet établissement. • CE 29 nov. 2004 : *RJS 2005. 224, n° 302.*

2. Durée du travail. Le paiement des heures complémentaires en repos compensateur doit être accepté par le salarié engagé par contrat emploi-solidarité. • Soc. 9 juill. 1996, n° 93-41.145 P : *Dr. soc. 1996. 920, note Savatier ; RJS 1996. 616, n° 961* (rupture imputable à l'employeur en cas de refus du salarié).

3. Nature des embauches. Les contrats initiative-emploi, réservés à des travailleurs qui rencontrent des difficultés particulières d'accès à l'emploi, qui sont conclus pour une durée déterminée, peuvent par exception au régime de droit commun des contrats à durée déterminée, être contractés pour pourvoir durablement des emplois liés à l'activité normale et permanente de l'entreprise. • Soc. 26 janv. 2005 : *Dr. soc. 2005. 467, obs. Roy-Loustaunau ; RJS 2005. 298, n° 426.*

SOUS-SECTION 2 **DÉCISION D'ATTRIBUTION DE L'AIDE À L'INSERTION PROFESSIONNELLE** *(L. n° 2012-1189 du 26 oct. 2012, art. 7).*

Art. L. 5134-66 *(L. n° 2012-1189 du 26 oct. 2012, art. 7)* « Les aides à l'insertion professionnelle au titre d'un contrat initiative-emploi peuvent être accordées aux employeurs suivants : »

1° Les employeurs mentionnés à l'article L. 5422-13 et aux 3° et 4° de l'article L. 5424-1 ;

2° Les groupements d'employeurs *(L. n° 2014-288 du 5 mars 2014, art. 20-IV)* « pour l'insertion et la qualification mentionnés à l'article L. 1253-1 » ;

3° Les employeurs de pêche maritime non couverts par l'article L. 5422-13, les 3° et 4° de l'article L. 5424-1 et l'article L. 1253-1.

Art. L. 5134-66-1 *(L. n° 2008-1249 du 1er déc. 2008, art. 23-II ; L. n° 2012-1189 du 26 oct. 2012, art. 7)* La décision d'attribution d'une nouvelle aide à l'insertion professionnelle est subordonnée au bilan préalable des actions d'accompagnement et des actions visant à l'insertion durable des salariés, réalisées dans le cadre d'un contrat aidé antérieur.

Art. L. 5134-67 Les particuliers employeurs *(L. n° 2012-1189 du 26 oct. 2012, art. 7-IV-5°)* « ne sont pas éligibles aux aides attribuées au titre d'un contrat initiative-emploi ».

Art. L. 5134-67-1 *(L. n° 2008-1249 du 1er déc. 2008, art. 23-II)* La durée de *(L. n° 2012-1189 du 26 oct. 2012, art. 7)* « l'aide à l'insertion professionnelle attribuée au titre » du contrat initiative-emploi ne peut excéder le terme du contrat de travail.

(L. n° 2012-1189 du 26 oct. 2012, art. 7) « L'attribution de l'aide » peut être prolongée dans la limite d'une durée totale de vingt-quatre mois.

Il peut être dérogé, selon des modalités fixées par voie réglementaire, à la durée maximale *(L. n° 2012-1189 du 26 oct. 2012, art. 7)* « pour laquelle est attribuée une aide à l'insertion professionnelle », soit lorsque celle-ci concerne un salarié âgé de cinquante ans et plus *(L. n° 2015-994 du 17 août 2015, art. 43)* « rencontrant des difficultés particulières qui font obstacle à son insertion durable dans l'emploi » ou une personne reconnue travailleur handicapé, soit pour permettre d'achever une action de formation professionnelle en cours de réalisation et *(L. n° 2012-1189 du 26 oct. 2012, art. 7)* « prévue au titre de l'aide attribuée ». La durée de cette prolongation ne peut excéder le terme de l'action concernée.

Art. L. 5134-67-2 *(L. n° 2008-1249 du 1er déc. 2008, art. 23-II)* La prolongation de *(L. n° 2012-1189 du 26 oct. 2012, art. 7)* « l'attribution de l'aide à l'insertion professionnelle » et, s'il est à durée déterminée, du contrat de travail *(L. n° 2012-1189 du 26 oct. 2012, art. 7)* « au titre duquel l'aide est attribuée » est subordonnée à l'évaluation des actions réalisées au cours du contrat en vue de favoriser l'insertion durable du salarié.

Art. L. 5134-68 *(L. n° 2008-1249 du 1er déc. 2008, art. 23-II)* Il ne peut être *(L. n° 2012-1189 du 26 oct. 2012, art. 7)* « attribué d'aide à l'insertion professionnelle » dans les cas suivants :

1° Lorsque l'établissement a procédé à un licenciement économique dans les six mois précédant la date d'embauche ;

2° Lorsque l'embauche vise à procéder au remplacement d'un salarié licencié pour un motif autre que la faute grave ou lourde. S'il apparaît que l'embauche a eu pour conséquence le licenciement d'un autre salarié, *(L. n° 2012-1189 du 26 oct. 2012, art. 7)* « la décision d'attribution de l'aide peut être retirée » par l'État ou par le président du conseil départemental. *(L. n° 2012-1189 du 26 oct. 2012, art. 7)* « La décision de retrait de l'attribution de l'aide » emporte obligation pour l'employeur de rembourser l'intégralité des sommes perçues *(Abrogé par L. n° 2012-1189 du 26 oct. 2012, art. 7)* ***« au titre de l'aide prévue par la convention »*** ;

3° Lorsque l'employeur n'est pas à jour du versement de ses cotisations et contributions sociales.

SOUS-SECTION 3 **CONTRAT DE TRAVAIL**

Art. L. 5134-69 Le contrat initiative-emploi est un contrat de travail de droit privé à durée indéterminée ou à durée déterminée conclu en application de l'article L. 1242-3.

Lorsqu'il est conclu pour une durée déterminée les règles de renouvellement prévues à l'article L. 1243-13 ne sont pas applicables. – *[Anc. art. L. 322-4-8, III, al. 1.]*

Requalification. Le non-respect par l'employeur des obligations relatives à la formation et à l'orientation professionnelle entraîne la requalification du contrat emploi-solidarité en contrat à durée déterminée. • Soc. 30 nov. 2004, n° 01-45.613 P : *Dr. soc. 2005. 212, obs. Roy-Loustaunau ; JS Lamy 2004, n° 158-3.*

Art. L. 5134-69-1 *(L. n° 2008-1249 du 1er déc. 2008, art. 23-II)* Le contrat de travail associé à une *(L. n° 2012-1189 du 26 oct. 2012, art. 7)* « aide à l'insertion professionnelle attribuée au titre d'un » contrat initiative-emploi, conclu pour une durée déterminée, peut être prolongé dans la limite d'une durée totale de vingt-quatre mois, ou de cinq ans pour les salariés âgés de cinquante ans et plus *(L. n° 2015-994 du 17 août 2015, art. 43)* « rencontrant des difficultés particulières qui font obstacle à leur insertion durable dans l'emploi », ainsi que pour les personnes reconnues travailleurs handicapés.

(L. n° 2015-994 du 17 août 2015, art. 43) « A titre dérogatoire, pour les salariés âgés de cinquante-huit ans ou plus, ce contrat de travail peut être prolongé jusqu'à la date à laquelle ils sont autorisés à faire valoir leurs droits à la retraite. »

Art. L. 5134-69-2 *(L. n° 2008-1249 du 1er déc. 2008, art. 23-II)* La durée du contrat initiative-emploi ne peut être inférieure à six mois, ou trois mois pour les personnes ayant fait l'objet d'une condamnation et bénéficiant d'un aménagement de peine.

Art. L. 5134-70 Par dérogation aux dispositions relatives à la rupture avant le terme du contrat de travail à durée déterminée prévues à l'article L. 1243-2, le contrat initiative emploi peut être rompu avant son terme, à l'initiative du salarié, lorsque la rupture a pour objet de lui permettre :

1° D'être embauché par un contrat à durée déterminée d'au moins six mois ;

2° D'être embauché par un contrat à durée indéterminée ;

3° De suivre une formation conduisant à une qualification telle que prévue à l'article L. 6314-1. – *[Anc. art. L. 322-4-8, III, al. 2, phrase 1.]*

Art. L. 5134-70-1 *(L. n° 2008-1249 du 1er déc. 2008, art. 23-II)* La durée hebdomadaire du travail *(L. n° 2015-994 du 17 août 2015, art. 43)* « du titulaire d'un contrat initiative-emploi ne peut être inférieure à vingt heures, sauf lorsque la décision d'attribution de l'aide le prévoit pour répondre aux besoins d'un salarié âgé de soixante ans ou plus et éligible à un dispositif d'intéressement à la reprise d'activité des bénéficiaires des allocations du régime de solidarité ».

Art. L. 5134-70-2 *(L. n° 2008-1249 du 1er déc. 2008, art. 23-II)* Une attestation d'expérience professionnelle est établie par l'employeur et remise au salarié à sa demande ou au plus tard un mois avant la fin du contrat initiative-emploi.

Art. L. 5134-71 *(L. n° 2008-1249 du 1er déc. 2008, art. 23-II)* Le contrat initiative-emploi peut être suspendu, à la demande du salarié, afin de lui permettre :

1° En accord avec son employeur, d'effectuer une *(L. n° 2014-288 du 5 mars 2014, art. 20-I)* « période de mise en situation en milieu professionnel dans les conditions prévues au chapitre V du présent titre » ou une action concourant à son insertion professionnelle ;

2° D'accomplir une période d'essai afférente à une offre d'emploi visant une embauche en contrat de travail à durée indéterminée ou à durée déterminée au moins égale à six mois.

En cas d'embauche à l'issue de cette *(L. n° 2014-288 du 5 mars 2014, art. 20-I)* « période de mise en situation en milieu professionnel, d'une action concourant à son insertion professionnelle, » ou de cette période d'essai, le contrat est rompu sans préavis.

SOUS-SECTION 4 AIDE FINANCIÈRE

Art. L. 5134-72 *(Abrogé par L. n° 2012-1189 du 26 oct. 2012, art. 7) (L. n° 2008-1249 du 1er déc. 2008, art. 23-II)* « *La convention individuelle prévue à la sous-section 2 de la présente section, conclue pour permettre une embauche en contrat initiative-emploi, ouvre droit à une aide financière.* »

(L. n° 2012-1189 du 26 oct. 2012, art. 7) « L'aide à l'insertion professionnelle attribuée au titre d'un contrat initiative-emploi » peut être modulée en fonction :

1° De la catégorie et du secteur d'activité de l'employeur ;

2° Des actions prévues en matière d'accompagnement professionnel et des actions visant à favoriser l'insertion durable du salarié ;

3° Des conditions économiques locales ;

4° Des difficultés d'accès à l'emploi antérieurement rencontrées par le salarié.

Art. L. 5134-72-1 *(L. n° 2008-1249 du 1er déc. 2008, art. 23-II)* Le montant de *(L. n° 2012-1189 du 26 oct. 2012, art. 7)* « l'aide à l'insertion professionnelle versée au titre d'un contrat initiative-emploi » ne peut excéder 47 % du montant brut du salaire minimum de croissance par heure travaillée, dans la limite de la durée légale hebdomadaire du travail.

Art. L. 5134-72-2 *(L. n° 2008-1249 du 1er déc. 2008, art. 23-II)* Lorsque *(L. n° 2012-1189 du 26 oct. 2012, art. 7)* « l'aide à l'insertion professionnelle a été attribuée pour le recrutement d'un » salarié qui était, avant son *(L. n° 2012-1189 du 26 oct. 2012, art. 7)* « recrutement », bénéficiaire du revenu de solidarité active financé par le département, le département participe au financement de l'aide mentionnée à l'article L. 5134-19-1. Cette participation est déterminée, dans des conditions fixées par décret, par référence au montant forfaitaire mentionné *(L. n° 2015-994 du 17 août 2015, art. 59-V, en vigueur le 1er janv. 2016)* « à » l'article L. 262-2 du code de l'action sociale et des familles applicable à une personne isolée et en fonction de la majoration des taux prévue par la convention mentionnée à l'article L. 5134-19-4.

SOUS-SECTION 5 DISPOSITIONS D'APPLICATION

Art. L. 5134-73 Un décret en Conseil d'État détermine les conditions d'application de la présente section. – *[Anc. art. L. 322-4-8, I, al. 3 et II, al. 1, phrase 2, et L. 322-6.] – V. art. R. 5134-88.*

SECTION VI *[ABROGÉE]* CONTRAT INSERTION-REVENU MINIMUM D'ACTIVITÉ

(Abrogée par L. n° 2008-1249 du 1er déc. 2008, art. 23-III)

Les contrats d'avenir et les contrats insertion-revenu minimum d'activité conclus antérieurement au 1er janv. 2010 continuent à produire leurs effets dans les conditions applicables antérieurement à cette date, jusqu'au terme de la convention individuelle en application de laquelle ils ont été signés. Cette convention et ces contrats ne peuvent faire l'objet d'aucun renouvellement ni d'aucune prolongation au-delà du 1er janv. 2010 (L. n° 2008-1249 du 1er déc. 2008, art. 31-I). – V. ces dispositions abrogées dans les éditions précédentes du ***C. trav.***

SECTION VII CONTRAT RELATIF AUX ACTIVITÉS D'ADULTES-RELAIS

SOUS-SECTION 1 OBJET

Art. L. 5134-100 Le contrat relatif aux activités d'adultes-relais a pour objet d'améliorer, dans les *(L. n° 2014-173 du 21 févr. 2014, art. 26-I)* « quartiers prioritaires de la politique de la ville » et les autres territoires prioritaires des contrats de ville, les relations entre les habitants de ces quartiers et les services publics, ainsi que les rapports sociaux dans les espaces publics ou collectifs.

Il donne lieu :

1° A la conclusion d'une convention entre l'État et l'employeur dans les conditions prévues à la sous-section 2 ;

2° A la conclusion d'un contrat de travail entre l'employeur et le bénéficiaire de la convention dans les conditions prévues à la sous-section 3 ;

3° A l'attribution d'une aide financière dans les conditions prévues à la sous-section 4. – *[Anc. art. L. 12-10-1, al. 1er milieu et al. 2.]*

SOUS-SECTION 2 CONVENTION

Art. L. 5134-101 L'État peut conclure des conventions ouvrant droit au bénéfice de contrats relatifs à des activités d'adultes-relais avec :

1° Les collectivités territoriales et les établissements publics de coopération intercommunale, ainsi que leurs établissements publics ;

2° Les établissements publics locaux d'enseignement ;

3° Les établissements publics de santé ;

4° Les offices publics d'habitations à loyer modéré et les offices publics d'aménagement et de construction ;

5° Les organismes de droit privé à but non lucratif ;

6° Les personnes morales de droit privé chargées de la gestion d'un service public. – *[Anc. art. L. 12-10-1, al. 1er début.]*

SOUS-SECTION 3 CONTRAT DE TRAVAIL

Art. L. 5134-102 Le contrat de travail relatif à des activités d'adultes-relais peut être conclu avec des personnes âgées d'au moins trente ans, sans emploi ou bénéficiant, sous réserve qu'il soit mis fin à ce contrat, *(L. no 2015-990 du 6 août 2015, art. 298-II)* « d'un contrat d'accompagnement dans l'emploi » et résidant *(L. no 2014-173 du 21 févr. 2014, art. 26-VI)* « dans un quartier prioritaire de la politique de la ville » ou dans un autre territoire prioritaire des contrats de ville. – *[Anc. art. L. 12-10-1, al. 1er fin.]*

Art. L. 5134-103 Le contrat relatif à des activités d'adultes-relais est un contrat de travail de droit privé à durée indéterminée ou à durée déterminée conclu en application du 1° de l'article L. 1242-3 dans la limite d'une durée de trois ans renouvelable une fois.

Les collectivités territoriales et les autres personnes morales de droit public mentionnées à l'article L. 5134-101, à l'exception des établissements publics industriels et commerciaux, ne peuvent conclure que des contrats de travail à durée déterminée dans les conditions mentionnées à la présente section.

Le contrat à durée déterminée comporte une période d'essai d'un mois renouvelable une fois. – *[Anc. art. L. 12-10-1, al. 4 et 5.]*

1. Irrégularités du contrat. Lorsqu'une personne est engagée dans le cadre d'un contrat relatif à des activités d'adultes-relais mais que le contrat à durée déterminée ne mentionne pas qu'il s'agit d'un contrat « adulte-relais » et ne fait pas référence aux dispositions légales relatives à ce type de contrat, ce dernier doit être requalifié en contrat à durée indéterminée. • Soc. 13 juin 2012 : *Dalloz actualité, 9 juill. 2012, obs. Fleuriot ; RDT 2012. 553, obs. Marié ; RJS 2012. 632, no 731 ; JCP S 2012. 1405, obs. Bousez.*

2. Requalification en CDI. La sanction de l'irrégularité d'un contrat adultes-relais ne peut être que sa requalification en contrat de travail à durée indéterminée et non en un contrat à durée déterminée relevant de l'art. L. 1243-1 C. trav. • Soc. 8 juill. 2015, no 13-25.209 P : *Dalloz actualité, 11 sept. 2015, obs. Doutreleau ; D. 2015. Actu. 1605 ; RDT 2015. 604, obs. Auzero ; RJS 10/2015, no 655.*

Art. L. 5134-104 Sans préjudice des cas prévus aux articles L. 1243-1 et L. 1243-2, le contrat de travail relatif à des activités d'adultes-relais peut être rompu, à l'expiration de chacune des périodes annuelles de leur exécution, à l'initiative du salarié, sous réserve du respect d'un préavis de deux semaines, ou de l'employeur, s'il justifie d'une cause réelle et sérieuse.

Dans ce dernier cas, les dispositions relatives à l'entretien préalable au licenciement, prévues aux articles L. 1232-2 à L. 1232-4, L. 1233-11 à L. 1233-13 et L. 1233-38, et celles relatives au préavis, prévues à l'article L. 1234-1, sont applicables. – *[Anc. art. L. 12-10-1, al. 6 et al. 7, phrase 1.]*

Art. L. 5134-105 L'employeur qui décide de rompre le contrat du salarié pour une cause réelle et sérieuse notifie cette rupture par lettre recommandée avec avis de réception. Cette lettre ne peut être expédiée au salarié moins de deux jours francs après la date fixée pour l'entretien préalable. La date de présentation de la lettre fixe le point de départ du préavis. – *[Anc. art. L. 12-10-1, al. 7, phrases 2 à 4.]*

Art. L. 5134-106 Le salarié dont le contrat est rompu par son employeur dans les conditions prévues à l'article L. 5134-104 bénéficie d'une indemnité calculée sur la base de la rémunération perçue.

Le montant retenu pour le calcul de cette indemnité ne peut cependant excéder le montant perçu par le salarié au titre des dix-huit derniers mois d'exécution de son contrat de travail. Son taux est identique à celui de l'indemnité de fin de contrat prévue à l'article L. 1243-8. – *[Anc. art. L. 12-10-1, al. 8.]*

Art. L. 5134-107 Par dérogation aux dispositions de l'article L. 1243-2, la méconnaissance par l'employeur des dispositions relatives à la rupture du contrat de travail à durée déterminée prévues par la présente sous-section ouvre droit pour le salarié à des dommages et intérêts correspondant au préjudice subi.

Il en est de même lorsque la rupture du contrat intervient suite au non-respect de la convention mentionnée à l'article L. 5134-101 ayant entraîné sa dénonciation. – *[Anc. art. L. 12-10-1, al. 9.]*

SOUS-SECTION 4 AIDE FINANCIÈRE

Art. L. 5134-108 Les employeurs mentionnés à l'article L. 5134-101 bénéficient d'une aide financière de l'État.

Cette aide n'est pas imposable pour les personnes non assujetties à l'impôt sur les sociétés.

Cette aide ne peut être cumulée avec une autre aide de l'État à l'emploi. – *[Anc. art. L. 12-10-1, al. 3.]*

SOUS-SECTION 5 DISPOSITIONS D'APPLICATION

Art. L. 5134-109 Un décret détermine les conditions d'application de la présente section. – *[Anc. art. L. 12-10-1, al. 10.]*

SECTION VIII EMPLOI D'AVENIR

(L. nº 2012-1189 du 26 oct. 2012, art. 1er)

V. Instr. PE nº 2012-156 du 14 déc. 2012, BOPE nº 129-2012 du 14 déc. 2012.

V. DGEFP, Questions-réponses relatives aux emplois d'avenir, 29 mai 2013.

BIBL. ▶ PETIT et GAMET, *RDT 2013. Controverse 76* (les emplois d'avenir ont-ils un avenir ?). – WILLMANN, *Dr. soc. 2013. 24* ✐.

SOUS-SECTION 1 DISPOSITIONS GÉNÉRALES

Art. L. 5134-110 I. – L'emploi d'avenir a pour objet de faciliter l'insertion professionnelle et l'accès à la qualification des jeunes sans emploi âgés de seize à vingt-cinq ans au moment de la signature du contrat de travail soit sans qualification, soit peu qualifiés et rencontrant des difficultés particulières d'accès à l'emploi, par leur recrutement dans des activités présentant un caractère d'utilité sociale ou environnementale ou ayant un fort potentiel de création d'emplois. Les personnes bénéficiant de la reconnaissance de la qualité de travailleur handicapé et remplissant ces mêmes conditions peuvent accéder à un emploi d'avenir lorsqu'elles sont âgées de moins de trente ans.

II. – L'emploi d'avenir est destiné en priorité aux jeunes mentionnés au I qui résident soit dans les *(L. nº 2014-173 du 21 févr. 2014, art. 26-VI)* « quartiers prioritaires de la politique de la ville » ou les zones de revitalisation rurale au sens de l'article 1465 A du code général des impôts, soit dans les départements d'outre-mer, à Saint-Barthélemy, à Saint-Martin ou à Saint-Pierre-et-Miquelon, soit dans les territoires dans lesquels les jeunes connaissent des difficultés particulières d'accès à l'emploi. – *V. art. R. 5134-161 s.*

Le Gouvernement transmet chaque année au Parlement un rapport d'évaluation dressant le bilan de la mise en œuvre des emplois d'avenir. Ce rapport comporte un volet relatif à la situation des jeunes reconnus travailleurs handicapés et un volet relatif à la répartition par sexe et par niveau de qualification des jeunes dans les différents secteurs d'activité. Il est soumis, au préalable, à l'avis du Conseil national de l'emploi (L. nº 2012-1189 du 26 oct. 2012, art. 5).

Art. L. 5134-111 L'aide relative à l'emploi d'avenir peut être attribuée aux employeurs suivants :

1° Les organismes de droit privé à but non lucratif ;

2° Les collectivités territoriales et leurs groupements ;

3° Les autres personnes morales de droit public, à l'exception de l'État ;

4° Les groupements d'employeurs *(L. nº 2014-288 du 5 mars 2014, art. 20-IV)* « pour l'insertion et la qualification mentionnés à l'article L. 1253-1 » ;

5° Les structures d'insertion par l'activité économique mentionnées à l'article L. 5132-4 ;

6° Les personnes morales de droit privé chargées de la gestion d'un service public ;

(L. nº 2014-856 du 31 juill. 2014, art. 34) « 7° Les sociétés coopératives d'intérêt collectif. »

Par exception, lorsqu'ils ne relèvent pas d'une des catégories mentionnées aux 1° à *(L. nº 2014-856 du 31 juill. 2014, art. 34)* « 7° » du présent article, les employeurs relevant de l'article L. 5422-13 et des 3° et 4° de l'article L. 5424-1 sont éligibles à l'aide relative aux emplois d'avenir s'ils remplissent les conditions fixées par décret en Conseil d'État relatives à leur secteur d'activité et au parcours d'insertion et de qualification proposé au futur bénéficiaire.

Les particuliers employeurs ne sont pas éligibles à l'aide attribuée au titre d'un emploi d'avenir. — *V. art. R. 5134-164.*

Pour être éligible à une aide relative à l'emploi d'avenir, l'employeur doit pouvoir justifier de sa capacité, notamment financière, à maintenir l'emploi au moins le temps de son versement.

BIBL. ▶ Fadeuilhe, *JCP S 2012. 1528* (les groupements d'employeurs qui organisent des parcours d'insertion et de qualification).

Art. L. 5134-112 L'emploi d'avenir est conclu sous la forme, selon le cas, d'un contrat d'accompagnement dans l'emploi régi par la section II du présent chapitre ou d'un contrat initiative-emploi régi par la section V du même chapitre. Les dispositions relatives à ces contrats s'appliquent à l'emploi d'avenir, sous réserve des dispositions spécifiques prévues par la présente section.

Un suivi personnalisé professionnel et, le cas échéant, social du bénéficiaire d'un emploi d'avenir est assuré pendant le temps de travail par l'institution mentionnée à l'article L. 5312-1 ou par l'un des organismes mentionnés à l'article L. 5314-1 ou au 1° *bis* de l'article L. 5311-4 ou par la personne mentionnée au 2° de l'article L. 5134-19-1. Un bilan relatif au projet professionnel du bénéficiaire et à la suite donnée à l'emploi d'avenir est notamment réalisé deux mois avant l'échéance de l'aide relative à l'emploi d'avenir.

SOUS-SECTION 2 **AIDE À L'INSERTION PROFESSIONNELLE**

Art. L. 5134-113 L'aide relative à l'emploi d'avenir est accordée pour une durée minimale de douze mois et pour une durée maximale de trente-six mois, sans pouvoir excéder le terme du contrat de travail.

Lorsque l'aide a été initialement accordée pour une durée inférieure à trente-six mois, elle peut être prolongée jusqu'à cette durée maximale.

A titre dérogatoire, afin de permettre au bénéficiaire d'achever une action de formation professionnelle, une prolongation de l'aide au-delà de la durée maximale de trente-six mois peut être autorisée par les personnes mentionnées aux 1° et 2° de l'article L. 5134-19-1. La durée de la prolongation ne peut excéder le terme de l'action concernée.

Art. L. 5134-114 L'aide relative à l'emploi d'avenir est attribuée au vu des engagements de l'employeur sur le contenu du poste proposé et sa position dans l'organisation de la structure employant le bénéficiaire de l'emploi d'avenir, sur les conditions d'encadrement et de tutorat ainsi que sur la qualification ou les compétences dont l'acquisition est visée pendant la période en emploi d'avenir. Ces engagements portent obligatoirement sur les actions de formation, réalisées prioritairement pendant le temps de travail, ou en dehors de celui-ci, qui concourent à l'acquisition de cette qualification ou de ces compétences et les moyens à mobiliser pour y parvenir. Ils précisent les modalités d'organisation du temps de travail envisagées afin de permettre la réalisation des actions de formation. Ces actions de formation privilégient l'acquisition de compétences de base et de compétences transférables permettant au bénéficiaire de l'emploi d'avenir d'accéder à un niveau de qualification supérieur.

L'aide est également attribuée au vu des engagements de l'employeur sur les possibilités de pérennisation des activités et les dispositions de nature à assurer la professionnalisation des emplois.

En cas de non-respect de ses engagements par l'employeur, notamment en matière de formation, le remboursement de la totalité des aides publiques perçues est dû à l'État.

La décision d'attribution d'une nouvelle aide à l'insertion professionnelle mentionnée à l'article L. 5134-113 est subordonnée au contrôle du respect par l'employeur des engagements qu'il avait souscrits au titre d'une embauche antérieure en emploi d'avenir.

SOUS-SECTION 3 **CONTRAT DE TRAVAIL**

Art. L. 5134-115 Le contrat de travail associé à un emploi d'avenir peut être à durée indéterminée ou à durée déterminée.

Lorsqu'il est à durée déterminée, il est conclu pour une durée de trente-six mois.

En cas de circonstances particulières liées soit à la situation ou au parcours du bénéficiaire, soit au projet associé à l'emploi, il peut être conclu initialement pour une durée inférieure, qui ne peut être inférieure à douze mois.

S'il a été initialement conclu pour une durée inférieure à trente-six mois, il peut être prolongé jusqu'à cette durée maximale.

Sans préjudice des dispositions de l'article L. 1243-1, il peut être rompu à l'expiration de chacune des périodes annuelles de son exécution à l'initiative du salarié, moyennant le respect d'un préavis de deux semaines, ou de l'employeur, s'il justifie d'une cause réelle et sérieuse, moyennant le respect d'un préavis d'un mois et de la procédure prévue à l'article L. 1232-2.

Dans le cas prévu au dernier alinéa de l'article L. 5134-113, les personnes mentionnées aux 1° et 2° de l'article L. 5134-19-1 peuvent autoriser une prolongation du contrat au-delà de la durée maximale de trente-six mois, sans que cette prolongation puisse excéder le terme de l'action de formation concernée.

Le bénéficiaire d'un emploi d'avenir en contrat à durée déterminée bénéficie d'une priorité d'embauche durant un délai d'un an à compter du terme de son contrat. L'employeur l'informe de tout emploi disponible et compatible avec sa qualification ou ses compétences. Le salarié ainsi recruté est dispensé de la période d'essai mentionnée à l'article L. 1221-19.

Art. L. 5134-116 Le bénéficiaire d'un emploi d'avenir occupe un emploi à temps plein.

Toutefois, lorsque le parcours ou la situation du bénéficiaire le justifient, notamment pour faciliter le suivi d'une action de formation, ou lorsque la nature de l'emploi ou le volume de l'activité ne permettent pas l'emploi d'un salarié à temps complet, la durée hebdomadaire de travail peut être fixée à temps partiel, avec l'accord du salarié, après autorisation des personnes mentionnées aux 1° et 2° de l'article L. 5134-19-1. Elle ne peut alors être inférieure à la moitié de la durée hebdomadaire de travail à temps plein. Dès lors que les conditions rendent possible une augmentation de la durée hebdomadaire de travail, le contrat ainsi que la demande associée peuvent être modifiés en ce sens avec l'accord des personnes mentionnées aux mêmes 1° et 2°.

SOUS-SECTION 4 **RECONNAISSANCE DES COMPÉTENCES ACQUISES**

Art. L. 5134-117 Les compétences acquises dans le cadre de l'emploi d'avenir sont reconnues par une attestation de formation, une attestation d'expérience professionnelle ou une validation des acquis de l'expérience prévue à l'article L. 6411-1. Elles peuvent également faire l'objet d'une certification inscrite au répertoire national des certifications professionnelles.

La présentation à un examen pour acquérir un diplôme ou à un concours doit être favorisée pendant ou à l'issue de l'emploi d'avenir.

A l'issue de son emploi d'avenir, le bénéficiaire qui souhaite aboutir dans son parcours d'accès à la qualification peut prétendre aux contrats de travail mentionnés au livre II et au chapitre V du titre II du livre III de la sixième partie ainsi qu'aux actions de formation professionnelle mentionnées à l'article L. 6313-1, selon des modalités définies dans le cadre d'une concertation annuelle du comité de coordination régional de l'emploi et de la formation professionnelle.

SOUS-SECTION 5 DISPOSITIONS D'APPLICATION

Art. L. 5134-118 Un décret en Conseil d'État fixe les conditions d'application de la présente section, notamment les niveaux de qualification et les critères d'appréciation des difficultés particulières d'accès à l'emploi mentionnés au I de l'article L. 5134-110, qui peuvent différer selon que les jeunes résident ou non dans des *(L. n° 2014-173 du 21 févr. 2014, art. 26-I)* « quartiers prioritaires de la politique de la ville » ou des zones de revitalisation rurale ou dans les départements d'outre-mer, à Saint-Barthélemy, à Saint-Martin ou à Saint-Pierre-et-Miquelon.

A titre exceptionnel, dans les départements d'outre-mer, à Saint-Barthélemy, à Saint-Martin et à Saint-Pierre-et-Miquelon, dans les *(L. n° 2014-173 du 21 févr. 2014, art. 26-I)* « quartiers prioritaires de la politique de la ville » et les zones de revitalisation rurale, les jeunes ayant engagé des études supérieures et confrontés à des difficultés particulières d'insertion professionnelle peuvent être recrutés en emploi d'avenir, sur décision de l'autorité administrative compétente.

Art. L. 5134-119 Les autres textes encadrant la mise en œuvre des emplois d'avenir comportent :

1° Des mesures de nature à favoriser une répartition équilibrée des femmes et des hommes par secteur d'activité ;

2° Des dispositions particulières applicables aux emplois d'avenir créés dans le secteur de l'aide aux personnes handicapées ou aux personnes âgées dépendantes, de nature à favoriser l'amélioration de la qualité de vie de ces personnes ;

3° Les adaptations nécessaires pour tenir compte de la situation particulière des collectivités territoriales d'outre-mer entrant dans son champ d'application.

SECTION IX EMPLOI D'AVENIR PROFESSEUR

(L. n° 2012-1189 du 26 oct. 2012, art. 4)

SOUS-SECTION 1 DISPOSITIONS GÉNÉRALES

Art. L. 5134-120 I. – Pour faciliter l'insertion professionnelle et la promotion sociale des jeunes dans les métiers du professorat, les établissements publics locaux d'enseignement et les établissements publics locaux d'enseignement et de formation professionnelle agricoles peuvent proposer des emplois d'avenir professeur.

II. – L'emploi d'avenir professeur est destiné à des étudiants titulaires de bourses de l'enseignement supérieur relevant du chapitre Ier du titre II du livre VIII de la troisième partie du code de l'éducation inscrits en deuxième année de licence ou, le cas échéant, en troisième année de licence ou en première année de master dans un établissement d'enseignement supérieur, âgés de vingt-cinq ans au plus et se destinant aux métiers du professorat. La limite d'âge est portée à trente ans lorsque l'étudiant présente un handicap reconnu par la commission des droits et de l'autonomie des personnes handicapées.

III. – Les étudiants mentionnés au II bénéficient d'une priorité d'accès aux emplois d'avenir professeur lorsqu'ils effectuent leurs études dans une académie ou dans une discipline connaissant des besoins particuliers de recrutement et qu'ils justifient :

1° Soit d'avoir résidé pendant une durée minimale dans *(L. n° 2014-173 du 21 févr. 2014, art. 26-VI)* « un quartier prioritaire de la politique de la ville », dans une zone de revitalisation rurale au sens de l'article 1465 A du code général des impôts, dans un département d'outre-mer, à Saint-Barthélemy, à Saint-Martin ou à Saint-Pierre-et-Miquelon ;

2° Soit d'avoir effectué pendant une durée minimale leurs études secondaires dans un établissement situé dans l'une de ces zones ou relevant de l'éducation prioritaire.

Les durées minimales mentionnées aux 1° et 2° du présent III sont fixées par décret. *– V. art. D. 5134-177 et D. 5134-178.*

V. Arr. du 18 janv. 2013 (JO 26 janv.).

Le Gouvernement transmet chaque année au Parlement un rapport d'évaluation dressant le bilan des emplois d'avenir professeur. Le rapport est soumis, au préalable, à l'avis du Conseil supérieur de l'éducation (L. n° 2012-1189 du 26 oct. 2012, art. 5).

Art. L. 5134-121 Les bénéficiaires des emplois d'avenir professeur sont recrutés par les établissements publics locaux d'enseignement ou les établissements publics locaux d'enseignement et de formation professionnelle agricoles, après avis d'une commission chargée de vérifier leur aptitude. Lorsqu'ils sont recrutés par un établissement public local d'enseignement, ils peuvent exercer leurs fonctions dans les conditions fixées au second alinéa de l'article L. 421-10 du code de l'éducation.

SOUS-SECTION 2 AIDE À LA FORMATION ET À L'INSERTION PROFESSIONNELLE

Art. L. 5134-122 Les établissements publics locaux d'enseignement et les établissements publics locaux d'enseignement et de formation professionnelle agricoles qui concluent des contrats pour le recrutement d'un étudiant au titre d'un emploi d'avenir professeur bénéficient d'une aide financière et des exonérations déterminées dans les conditions prévues à la sous-section 4 de la section II du présent chapitre.

Art. L. 5134-123 La demande d'aide à la formation et à l'insertion professionnelle décrit le contenu du poste proposé, sa position dans l'organisation de l'établissement d'affectation ainsi que les compétences dont l'acquisition est visée pendant la durée du contrat. Elle mentionne obligatoirement la formation dans laquelle est inscrit l'étudiant concerné et le ou les concours de recrutement d'enseignants du premier ou du second degré organisés par l'État auxquels il se destine. L'étudiant bénéficie d'un tutorat au sein de l'établissement dans lequel il exerce son activité. Les modalités d'organisation du tutorat sont fixées par décret.

Art. L. 5134-124 L'aide définie à l'article L. 5134-123 est accordée pour une durée de douze mois, renouvelable chaque année, dans la limite d'une durée totale de trente-six mois, sans pouvoir excéder le terme du contrat de travail.

SOUS-SECTION 3 CONTRAT DE TRAVAIL

Art. L. 5134-125 I. – Le contrat associé à un emploi d'avenir professeur est conclu, sous réserve des dispositions spécifiques prévues par la présente section, sous la forme d'un contrat d'accompagnement dans l'emploi régi par la section II du présent chapitre.

II. – Le contrat associé à un emploi d'avenir professeur est conclu pour une durée de douze mois, renouvelable s'il y a lieu, dans la limite d'une durée totale de trente-six mois, en vue d'exercer une activité d'appui éducatif compatible, pour l'étudiant bénéficiaire, avec la poursuite de ses études universitaires et la préparation aux concours.

Le bénéficiaire d'un emploi d'avenir professeur s'engage à poursuivre sa formation dans un établissement d'enseignement supérieur et à se présenter à un des concours de recrutement d'enseignants du premier ou du second degré organisés par l'État. En cas de réussite au concours, le contrat prend fin de plein droit, avant son échéance normale, à la date de nomination dans des fonctions d'enseignement.

Art. L. 5134-126 Le bénéficiaire d'un emploi d'avenir professeur effectue une durée hebdomadaire de travail adaptée à la poursuite de ses études et à la préparation des concours auxquels il se destine. Le contrat de travail mentionne la durée de travail moyenne hebdomadaire, qui ne peut excéder la moitié de la durée fixée à l'article *(L. n° 2016-1088 du 8 août 2016, art. 8)* « L. 3121-27 ».

Le contrat de travail peut prévoir que la durée hebdomadaire peut varier sur tout ou partie de la période couverte par le contrat.

Art. L. 5134-127 La rémunération versée au titre d'un emploi d'avenir professeur est cumulable avec les bourses de l'enseignement supérieur dont l'intéressé peut par ailleurs être titulaire.

A sa demande, le bénéficiaire d'un emploi d'avenir professeur se voit délivrer une attestation d'expérience professionnelle.

SOUS-SECTION 4 **DISPOSITIONS APPLICABLES AUX ÉTABLISSEMENTS D'ENSEIGNEMENT PRIVÉS AYANT PASSÉ UN CONTRAT AVEC L'ÉTAT**

Art. L. 5134-128 Les sous-sections 1 à 3 de la présente section sont applicables aux établissements d'enseignement privés mentionnés aux articles L. 442-5 et L. 442-12 du code de l'éducation et à l'article L. 813-1 du code rural et de la pêche maritime, sous réserve des adaptations nécessaires fixées, le cas échéant, par décret en Conseil d'État.

SOUS-SECTION 5 **DISPOSITIONS D'APPLICATION**

Art. L. 5134-129 Un décret en Conseil d'État détermine les conditions d'application de la présente section. – *V. art. R. 5134-169 s.*

CHAPITRE V **PÉRIODES DE MISE EN SITUATION EN MILIEU PROFESSIONNEL**

(L. n° 2014-288 du 5 mars 2014, art. 20-I)

Art. L. 5135-1 Les périodes de mise en situation en milieu professionnel ont pour objet de permettre à un travailleur, privé ou non d'emploi, ou à un demandeur d'emploi :

1° Soit de découvrir un métier ou un secteur d'activité ;

2° Soit de confirmer un projet professionnel ;

3° Soit d'initier une démarche de recrutement.

Art. L. 5135-2 Les périodes de mise en situation en milieu professionnel sont ouvertes à toute personne faisant l'objet d'un accompagnement social ou professionnel personnalisé, sous réserve d'être prescrites par l'un des organismes suivants :

1° L'institution mentionnée à l'article L. 5312-1 ;

2° Les organismes mentionnés à l'article L. 5314-1 ;

3° Les organismes mentionnés au 1° *bis* de l'article L. 5311-4 ;

4° Les organismes mentionnés au 2° du même article L. 5311-4 ;

5° Les organismes employant ou accompagnant des bénéficiaires de périodes de mise en situation en milieu professionnel, lorsqu'ils sont liés à l'un des organismes mentionnés aux 1° à 3° du présent article par une convention leur ouvrant la possibilité de prescrire ces périodes dans des conditions définies par décret.

Art. L. 5135-3 Le bénéficiaire d'une période de mise en situation en milieu professionnel conserve le régime d'indemnisation et le statut dont il bénéficiait avant cette période. Il n'est pas rémunéré par la structure dans laquelle il effectue une période de mise en situation en milieu professionnel.

Il a accès dans la structure d'accueil aux moyens de transport et aux installations collectifs dont bénéficient les salariés.

Lorsqu'il est salarié, le bénéficiaire retrouve son poste de travail à l'issue de cette période.

Art. L. 5135-4 Les périodes de mise en situation en milieu professionnel font l'objet d'une convention entre le bénéficiaire, la structure dans laquelle il effectue la mise en situation en milieu professionnel, l'organisme prescripteur de la mesure mentionné à l'article L. 5135-2 et la structure d'accompagnement, lorsqu'elle est distincte de l'organisme prescripteur. Un décret détermine les modalités de conclusion de cette convention et son contenu.

Art. L. 5135-5 Une période de mise en situation en milieu professionnel dans une même structure ne peut être supérieure à une durée définie par décret.

Art. L. 5135-6 La personne effectuant une période de mise en situation en milieu professionnel suit les règles applicables aux salariés de la structure dans laquelle s'effectue la mise en situation pour ce qui a trait :

1° Aux durées quotidienne et hebdomadaire de présence ;

2° A la présence de nuit ;

3° Au repos quotidien, au repos hebdomadaire et aux jours fériés ;

4° A la santé et à la sécurité au travail.

Art. L. 5135-7 Aucune convention de mise en situation en milieu professionnel ne peut être conclue pour exécuter une tâche régulière correspondant à un poste de travail permanent, pour faire face à un accroissement temporaire de l'activité de la structure d'accueil, pour occuper un emploi saisonnier *(L. nº 2016-1088 du 8 août 2016, art. 86)* « défini au 3° de l'article L. 1242-2 » ou pour remplacer un salarié en cas d'absence ou de suspension de son contrat de travail.

Art. L. 5135-8 Le bénéficiaire d'une période de mise en situation en milieu professionnel bénéficie des protections et droits mentionnés aux articles L. 1121-1, L. 1152-1 et L. 1153-1, dans les mêmes conditions que les salariés.

CHAPITRE VI **DISPOSITIONS PÉNALES**

Ce chapitre ne contient aucune disposition.

TITRE QUATRIÈME **AIDES À LA CRÉATION D'ENTREPRISE ET APPUI AUX ENTREPRISES** *(L. nº 2016-1088 du 8 août 2016, art. 61).*

V. Arr. du 7 déc. 2007 fixant les conditions d'attribution des chéquiers-conseils (JO 15 déc.).

CHAPITRE PREMIER **AIDES À LA CRÉATION OU À LA REPRISE D'ENTREPRISE**

BIBL. ▸ ARTUS, *LPA 6 janv. 1995.* – REY, *AJDA 1996. 91* ✎.

SECTION PREMIÈRE **EXONÉRATION DE COTISATIONS DE SÉCURITÉ SOCIALE SOCIALES** *(L. nº 2016-1827 du 23 déc. 2016, art. 6-II).*

Art. L. 5141-1 Peuvent bénéficier des exonérations de *(L. nº 2016-1827 du 23 déc. 2016, art. 6-II)* « cotisations de sécurité sociale » prévues à l'article L. 161-1-1 du code de la sécurité sociale, lorsqu'elles créent ou reprennent une activité économique, industrielle, commerciale, artisanale, agricole ou libérale, soit à titre individuel, soit sous la forme d'une société, à condition d'en exercer effectivement le contrôle, ou entreprennent l'exercice d'une autre profession non salariée :

1° Les demandeurs d'emploi indemnisés ;

2° Les demandeurs d'emploi non indemnisés inscrits à l'*(L. nº 2008-126 du 13 févr. 2008)* « institution mentionnée à l'article L. 5312-1 » six mois au cours des dix-huit derniers mois ;

3° Les bénéficiaires *(Abrogé par L. nº 2008-1249 du 1er déc. 2008, art. 24-I)* ***« de l'allocation de revenu minimum d'insertion, »*** de l'allocation de solidarité spécifique ou *(L. nº 2008-1249 du 1er déc. 2008, art. 24-I)* « du revenu de solidarité active » ;

(L. nº 2015-1702 du 21 déc. 2015, art. 21-IV) « 4° Les personnes âgées de 18 ans à moins de 26 ans ;

« 5° Les personnes de moins de 30 ans handicapées mentionnées à l'article L. 5212-13 ou qui ne remplissent pas la condition de durée d'activité antérieure pour ouvrir des droits à l'allocation d'assurance mentionnée à l'article L. 5422-1 ; »

6° Les personnes salariées ou les personnes licenciées d'une entreprise soumise à l'une des procédures de sauvegarde, de redressement ou de liquidation judiciaires prévues aux titres II, III et IV du livre VI du code de commerce qui reprennent tout ou partie *(L. nº 2016-1827 du 23 déc. 2016, art. 6-II)* « d'une entreprise » ;

7° Les personnes ayant conclu un contrat d'appui au projet d'entreprise mentionné à l'article L. 127-1 du code de commerce, sous réserve qu'elles remplissent l'une des conditions prévues aux 1° à 6° à la date de conclusion de ce contrat ;

8° Les personnes physiques créant *(L. n° 2016-1827 du 23 déc. 2016, art. 6-II)* **« ou reprenant » une entreprise implantée au sein** *(L. n° 2014-173 du 21 févr. 2014, art. 26-VI)* **« d'un quartier prioritaire de la politique de la ville » ;**

9° Les bénéficiaires du complément de libre choix d'activité mentionné à l'article L. 531-4 du code de la sécurité sociale.

Les dispositions issues de la L. n° 2016-1827 du 23 déc. 2016 sont applicables aux cotisations sociales dues au titre des périodes courant à compter du 1er janv. 2017 (L. préc., art. 6).

1. Licéité de l'activité. L'activité des magasins dits « sex-shops » n'étant pas constitutive d'une activité commerciale illicite, fait une inexacte application de l'art. L. 351-24, alors en vigueur, l'administration qui refuse le bénéfice de l'aide à la création d'entreprise à un chômeur qui entend exercer une telle activité. • CE 8 sept. 1995 : *D. 1995. IR 206 ; Dr. soc. 1995. 1046, obs. X. P. ; RJS 1995. 733, n° 1156.*

2. Exercice effectif du contrôle sur l'entreprise reprise ou créée. La condition d'exercice effectif du contrôle n'est remplie s'agissant d'une personne ayant la qualité d'agent commercial que si elle entretient avec son mandant des relations de travail constitutives d'un lien de subordination permanente à son égard, assimilable par la suite à un lien salarial. • CE 18 juin 2010 : *JCP S 2010. 1341, obs. Cesaro.*

3. Sur les conditions d'attribution de l'aide à la création d'entreprise par les travailleurs privés d'emploi, V. • CE 22 avr. 1992 : *RJS 1992. 497, n° 900* • 28 déc. 1992 : *RJS 1993. 183, n° 299* (notion de création d'entreprise) • 8 nov. 1993 : *D. 1994. IR 1 ; RJS 1994. 62, n° 65* • 31 janv. 1994 : *RJS 1994. 286, n° 446* • 8 sept. 1995 : *RJS 1995. 733, n° 1157* • 18 oct. 1995 : *RJS 1995. 809, n° 1269.*

4. Régularité de la situation. Faute d'avoir été mis en œuvre par des dispositions d'application, le principe selon lequel sont exclues des aides publiques les personnes ne pouvant justifier de la régularité de leur situation fiscale et sociale n'est pas applicable à l'aide à la création d'entreprise. • CE 1er mars 1996 : *D. 1996. 568, note Markus.*

5. Le droit à l'exonération de cotisations prévues par l'art. L. 161-1-1 CSS en faveur de certaines catégories de chômeurs ayant créé leur propre entreprise n'est pas subordonné par les textes à l'octroi ou à la demande de l'aide instituée par l'art. L. 5141-1 C. trav. • Soc. 11 juill. 2002 : *RJS 2002. 863, n° 1159.*

SECTION II **AVANCE REMBOURSABLE**

Art. L. 5141-2 Les personnes remplissant l'une des conditions mentionnées aux 3° à 7° de l'article L. 5141-1 ainsi que les personnes de cinquante ans et plus inscrites sur la liste des demandeurs d'emploi peuvent bénéficier d'une aide financière de l'État.

La décision d'attribution de cette aide emporte décision d'attribution des droits mentionnés à l'article L. 161-1-1 du code de la sécurité sociale. — *[Anc. art. L. 351-24, al. 9 et 10.]*

SECTION III **MAINTIEN D'ALLOCATIONS**

Art. L. 5141-3 *(L. n° 2016-1827 du 23 déc. 2016, art. 6-II)* **« Les personnes qui remplissent l'une des conditions mentionnées aux 1° à 9° de l'article L. 5141-1 » et qui perçoivent l'allocation de solidarité spécifique ou l'allocation veuvage prévue à l'article L. 356-1 du code de la sécurité sociale reçoivent une aide de l'État, attribuée pour une durée courant à compter de la date de création ou de reprise d'une entreprise.** — *[Anc. art. L. 351-24-2, al. 1er.] — V. art. R. 5141-28.*

V. note ss. art. L. 5141-1.

Art. L. 5141-4 *(L. n° 2016-1827 du 23 déc. 2016, art. 6-II)* **« Les personnes qui remplissent l'une des conditions mentionnées aux 1° à 9° de l'article L. 5141-1 » et qui perçoivent** *(Abrogé par L. n° 2008-1249 du 1er déc. 2008, art. 24-I) « l'allocation de revenu minimum d'insertion, l'allocation de parent isolé, »* **l'allocation d'insertion ou l'allocation de veuvage ont droit au maintien du versement de leur allocation dans des conditions prévues par décret.** — *[Anc. art. 9, L. n° 98-657 du 29 juill. 1998.]*

V. note ss. art. L. 5141-1.

SECTION IV **FINANCEMENT D'ACTIONS DE CONSEIL, DE FORMATION ET D'ACCOMPAGNEMENT**

Art. L. 5141-5 *(L. n° 2015-991 du 7 août 2015, art. 7-II, en vigueur le 1er janv. 2017)* **« La région participe, par convention, » au financement d'actions d'accompagnement**

et de conseil organisées avant la création ou la reprise d'une entreprise et pendant les trois années suivantes. Ces actions peuvent bénéficier *[rédaction issue de la L. n° 2015-991 du 7 août 2015, art. 7-II, applicable à compter du 1er janv. 2017 : « bénéficient »]* à des personnes sans emploi ou rencontrant des difficultés pour s'insérer durablement dans l'emploi, pour lesquelles la création ou la reprise d'entreprise est un moyen d'accès, de maintien ou de retour à l'emploi. »

(Abrogé par L. n° 2015-991 du 7 août 2015, art. 7-II, à compter du 1er janv. 2017) ***« Les régions peuvent contribuer à la mise en place d'une ingénierie dans le cadre de l'aide à la création ou la reprise d'entreprise prévue par le présent chapitre. »***

Pour le financement des actions prévues à l'art. L. 5141-5 C. trav., les collectivités territoriales visées reçoivent une compensation financière dans les conditions prévues à l'art. 133 de la L. n° 2015-991 du 7 août 2015 (L. préc., art. 7-IV).

SECTION V DISPOSITIONS D'APPLICATION

Art. L. 5141-6 Un décret en Conseil d'État détermine les conditions d'application du présent chapitre, notamment les conditions dans lesquelles la décision d'attribution des aides peut être déléguée à des organismes habilités par l'État. – *[Anc. art. L. 351-24-1, al. 2 à 5, et L. 351-24-2, al. 2.] – V. art. R. 5141-29 s.*

CHAPITRE II CONTRAT D'APPUI AU PROJET D'ENTREPRISE

Art. L. 5142-1 La personne physique liée par un contrat d'appui au projet d'entreprise pour la création ou la reprise d'une activité économique, dans les conditions prévues à l'article L. 127-1 du code de commerce, bénéficie des dispositions de la quatrième partie relative à la santé et à la sécurité au travail, à l'exclusion de celles figurant au titre IV du livre VII, ainsi que des dispositions du titre II du livre IV relatives aux garanties de ressources du travailleur privé d'emploi. Cette personne bénéficie également des dispositions du code de la sécurité sociale prévues aux articles L. 311-3 et L. 412-8.

Les obligations mises à la charge de l'employeur par les dispositions mentionnées au premier alinéa incombent à la personne morale responsable de l'appui qui a conclu le contrat prévu aux articles L. 127-1 à L. 127-7 du code de commerce. – *[Anc. art. L. 783-1.]*

Art. L. 5142-2 Les aides de l'État et des collectivités publiques peuvent être mobilisées au bénéfice de l'appui et de la préparation à la création ou la reprise d'une activité économique défini à l'article L. 127-1 du code de commerce. – *[Anc. art. L. 322-8, al. 1.]*

Art. L. 5142-3 Un décret en Conseil d'État précise les modalités d'application du présent chapitre. – *[Anc. art. L. 783-2 et L. 322-8, al. 2.] – V. art. R. 5142-1 s.*

CHAPITRE III APPUI AUX ENTREPRISES

(L. n° 2016-1088 du 8 août 2016, art. 61)

Art. L. 5143-1 Tout employeur d'une entreprise de moins de trois cents salariés a le droit d'obtenir une information précise et délivrée dans un délai raisonnable lorsqu'il sollicite l'administration sur une question relative à l'application d'une disposition du droit du travail ou des stipulations des accords et conventions collectives qui lui sont applicables.

Ce droit à l'information peut porter sur les démarches et les procédures légales à suivre face à une situation de fait. Si la demande est suffisamment précise et complète, le document formalisant la prise de position de l'administration peut être produit par l'entreprise en cas de contentieux pour attester de sa bonne foi.

Pour assurer la mise en œuvre de ce droit, un service public territorial de l'accès au droit est mis en place par le directeur régional des entreprises, de la concurrence, de la consommation, du travail et de l'emploi, qui y associe des représentants des organisations syndicales et professionnelles, les chambres consulaires mentionnées à l'article L. 710-1 du code de commerce, à l'article L. 511-1 du code rural et de la pêche maritime et à l'article 5-1 du code de l'artisanat, les commissions paritaires interprofessionnelles mentionnées à l'article L. 23-111-1 du présent code, les conseils départementaux de l'accès au droit mentionnés à l'article 54 de la loi n° 91-647 du 10 juillet 1991 relative à l'aide juridique et toute autre personne compétente.

TITRE CINQUIÈME COMPTE PERSONNEL D'ACTIVITÉ

(L. n° 2016-1088 du 8 août 2016, art. 39, en vigueur le 1er janv. 2017)

BIBL. ▶ Dossier spécial Compte personnel d'activité, *Dr. soc. 2016. 788* : DAYAN, *Dr. soc. 2016. 840* (CPA et sécurité professionnelle). – DIF-PRADALIER, HIGÉLÉ et VIVES, *Dr. soc. 2016. 823* (CPA et sécurisation des parcours professionnels). – GAZIER, *Dr. soc. 2016. 829* (CPA et sécurisation des transitions professionnelles). – GUIOMARD, *RDT 2016. 770* (le CPA : l'utopie d'un nouveau modèle d'emploi). – JUBERT, *RDT 2016. 551* (le CPA : un compte entre droit du travail et droit de la protection sociale). – LABORDE, *Dr. soc. 2016. 829* (CPA : annonciateur de la réforme du système de protection sociale). – MAGGI-GERMAIN, *Dr. soc. 2016. 792* (CPA : à la croisée des chemins). – MAHFOUZ, *Dr. soc. 2016. 789* (CPA : de l'utopie au contrat). – LUTTRINGER, *Dr. soc. 2016. 800* (naissance du CPA). – CAILLAUD, *Dr. soc. 2016. 806* (notion de compte en droit du travail). – WILLMANN, *Dr. soc. 2016. 812* .

CHAPITRE UNIQUE

SECTION PREMIÈRE DISPOSITIONS GÉNÉRALES

Art. L. 5151-1 Le compte personnel d'activité a pour objectifs, par l'utilisation des droits qui y sont inscrits, de renforcer l'autonomie et la liberté d'action de son titulaire et de sécuriser son parcours professionnel en supprimant les obstacles à la mobilité. Il contribue au droit à la qualification professionnelle mentionné à l'article L. 6314-1. Il permet la reconnaissance de l'engagement citoyen.

Le titulaire du compte personnel d'activité décide de l'utilisation de ses droits dans les conditions définies au présent chapitre, au chapitre III du titre II du livre III de la sixième partie ainsi qu'au chapitre II du titre VI du livre Ier de la quatrième partie.

Le titulaire du compte personnel d'activité a droit à un accompagnement global et personnalisé destiné à l'aider à exercer ses droits pour la mise en œuvre de son projet professionnel. Cet accompagnement est fourni notamment dans le cadre du conseil en évolution professionnelle mentionné à l'article L. 6111-6.

Art. L. 5151-2 Un compte personnel d'activité est ouvert pour toute personne âgée d'au moins seize ans se trouvant dans l'une des situations suivantes :

1° Personne occupant un emploi, y compris lorsqu'elle est titulaire d'un contrat de travail de droit français et qu'elle exerce son activité à l'étranger ;

2° Personne à la recherche d'un emploi ou accompagnée dans un projet d'orientation et d'insertion professionnelles ;

3° Personne accueillie dans un établissement et service d'aide par le travail mentionné au *a* du 5° du I de l'article L. 312-1 du code de l'action sociale et des familles ;

4° Personne ayant fait valoir l'ensemble de ses droits à la retraite.

Par dérogation au premier alinéa du présent article, un compte personnel d'activité est ouvert dès l'âge de quinze ans pour le jeune qui signe un contrat d'apprentissage sur le fondement du deuxième alinéa de l'article L. 6222-1 du présent code.

Les personnes âgées d'au moins seize ans mais ne relevant pas des situations mentionnées aux 1° à 3° du présent article peuvent ouvrir un compte personnel d'activité afin de bénéficier du compte d'engagement citoyen et d'accéder aux services en ligne mentionnés à l'article L. 5151-6.

Le compte est fermé à la date du décès de la personne. A compter de la date à laquelle son titulaire a fait valoir l'ensemble de ses droits à la retraite, le compte personnel de formation cesse d'être alimenté, sauf en application de l'article L. 5151-9. Les heures inscrites sur le compte personnel de formation au titre du compte d'engagement citoyen, à l'exclusion des autres heures inscrites sur ce compte, peuvent être utilisées pour financer les actions de formation destinées à permettre aux bénévoles et aux volontaires en service civique d'acquérir les compétences nécessaires à l'exercice de leurs missions mentionnées à l'article L. 6313-13.

Art. L. 5151-3 Les droits inscrits sur le compte personnel d'activité, y compris en cas de départ du titulaire à l'étranger, demeurent acquis par leur titulaire jusqu'à leur utilisation ou à la fermeture du compte.

Art. L. 5151-4 Le compte ne peut être mobilisé qu'avec l'accord exprès de son titulaire. Le refus du titulaire du compte de le mobiliser ne constitue pas une faute.

Art. L. 5151-5 Le compte personnel d'activité est constitué :

1° Du compte personnel de formation ;

2° Du compte personnel de prévention de la pénibilité ;

3° Du compte d'engagement citoyen.

Il organise la conversion des droits selon les modalités prévues par chacun des comptes le constituant.

Art. L. 5151-6 I. – Chaque titulaire d'un compte personnel d'activité peut consulter les droits inscrits sur celui-ci et peut les utiliser en accédant à un service en ligne gratuit. Ce service en ligne est géré par la Caisse des dépôts et consignations, sans préjudice de l'article L. 4162-11. La Caisse des dépôts et consignations et la Caisse nationale d'assurance vieillesse des travailleurs salariés concluent une convention définissant les modalités d'articulation des différents comptes et de mobilisation par leur titulaire.

II. – Chaque titulaire d'un compte a également accès à une plateforme de services en ligne qui :

1° Lui fournit une information sur ses droits sociaux et la possibilité de les simuler ;

2° Lui donne accès à un service de consultation de ses bulletins de paie, lorsqu'ils ont été transmis par l'employeur sous forme électronique dans les conditions mentionnées à l'article L. 3243-2 ;

3° Lui donne accès à des services utiles à la sécurisation des parcours professionnels et à la mobilité géographique et professionnelle.

Le gestionnaire de la plateforme met en place des interfaces de programmation permettant à des tiers de développer et de mettre à disposition ces services.

III. – Un décret en Conseil d'État, pris après avis de la Commission nationale de l'informatique et des libertés, détermine les conditions dans lesquelles les données à caractère personnel afférentes au compte personnel de formation et au compte personnel de prévention de la pénibilité, ainsi que celles issues de la déclaration sociale nominative mentionnée à l'article L. 133-5-3 du code de la sécurité sociale, peuvent être utilisées pour fournir les services mentionnés aux I et II du présent article. – *V. art. R. 5151-1 s.*

SECTION II COMPTE D'ENGAGEMENT CITOYEN

Art. L. 5151-7 Le compte d'engagement citoyen recense les activités bénévoles ou de volontariat de son titulaire. Il permet d'acquérir :

1° Des heures inscrites sur le compte personnel de formation à raison de l'exercice de ces activités ;

2° Des jours de congés destinés à l'exercice de ces activités.

Art. L. 5151-8 Les activités bénévoles ou de volontariat sont recensées dans le cadre du traitement de données à caractère personnel mentionné au II de l'article L. 6323-8.

Le titulaire du compte décide des activités qu'il souhaite y recenser.

Art. L. 5151-9 Les activités bénévoles ou de volontariat permettant d'acquérir des heures inscrites sur le compte personnel de formation sont :

1° Le service civique mentionné à l'article L. 120-1 du code du service national ;

2° La réserve militaire mentionnée à l'article L. 4211-1 du code de la défense ;

3° La réserve communale de sécurité civile mentionnée à l'article L. 724-3 du code de la sécurité intérieure ;

4° La réserve sanitaire mentionnée à l'article L. 3132-1 du code de la santé publique ;

5° L'activité de maître d'apprentissage mentionnée à l'article L. 6223-5 du présent code ;

6° Les activités de bénévolat associatif, lorsque les conditions suivantes sont remplies :

a) L'association fait partie des associations mentionnées au cinquième alinéa de l'article 6 de la loi du 1er juillet 1901 relative au contrat d'association ;

b) Le bénévole siège dans l'organe d'administration ou de direction de l'association ou participe à l'encadrement d'autres bénévoles, dans des conditions, notamment de durée, fixées par décret ;

7° Le volontariat dans les armées mentionné aux articles L. 4132-11 et L. 4132-12 du code de la défense et aux articles 22 et 23 de la loi n° 2015-917 du 28 juillet 2015 actualisant la programmation militaire pour les années 2015 à 2019 et portant diverses dispositions concernant la défense ;

(L. n° 2016-1867 du 27 déc. 2016, art. 7) « 8° Le volontariat dans les corps de sapeurs-pompiers mentionné aux articles L. 723-3 à L. 726-20 du code de la sécurité intérieure et dans la loi n° 96-370 du 3 mai 1996 relative au développement du volontariat dans les corps de sapeurs-pompiers. »

Toutefois, les activités mentionnées au présent article ne permettent pas d'acquérir des heures inscrites sur le compte personnel de formation lorsqu'elles sont effectuées dans le cadre des formations secondaires mentionnées au code de l'éducation.

Un décret en Conseil d'État définit les modalités d'application du 6° du présent article. – *V. **Addendum**.*

Art. L. 5151-10 Un décret définit, pour chacune des activités mentionnées à l'article L. 5151-9, la durée nécessaire à l'acquisition de vingt heures inscrites sur le compte personnel de formation.

Les heures acquises au titre du compte d'engagement citoyen sont inscrites dans la limite d'un plafond de soixante heures.

Art. L. 5151-11 La mobilisation des heures mentionnées à l'article L. 5151-10 est financée :

1° Par l'État, pour les activités mentionnées aux 1°, 2°, 5°, 6° et 7° de l'article L. 5151-9 ;

2° Par la commune, pour l'activité mentionnée au 3° du même article L. 5151-9 ;

3° Par l'établissement public chargé de la gestion de la réserve sanitaire, mentionné à l'article L. 1413-1 du code de la santé publique, pour l'activité mentionnée au 4° de l'article L. 5151-9 du présent code ;

(L. n° 2016-1867 du 27 déc. 2016, art. 7) « 4° Par l'autorité de gestion du sapeur-pompier volontaire, soit l'État, le service d'incendie et de secours, la commune ou l'établissement public de coopération intercommunale, pour l'activité mentionnée au 8° du même article L. 5151-9. » – *V. **Addendum**.*

Art. L. 5151-12 L'employeur a la faculté d'accorder des jours de congés payés consacrés à l'exercice d'activités bénévoles ou de volontariat. Ces jours de congés peuvent être retracés sur le compte d'engagement citoyen.

LIVRE DEUXIÈME **DISPOSITIONS APPLICABLES À CERTAINES CATÉGORIES DE TRAVAILLEURS**

COMMENTAIRE

V. Dalloz.fr et applications mobiles Dalloz.

TITRE PREMIER **TRAVAILLEURS HANDICAPÉS**

CHAPITRE PREMIER **OBJET DES POLITIQUES EN FAVEUR DE L'EMPLOI DES PERSONNES HANDICAPÉES**

Art. L. 5211-1 Le reclassement des travailleurs handicapés comporte :

1° La réadaptation fonctionnelle, complétée éventuellement par un ré-entraînement à l'effort ;

2° L'orientation ;

3° La rééducation ou la formation professionnelle pouvant inclure un ré-entraînement scolaire ;

4° Le placement. – *[Anc. art. L. 323-9, al. 2 à 5.]*

Art. L. 5211-2 *(L. n° 2014-288 du 5 mars 2014, art. 21-I)* « La région est chargée, dans le cadre du service public régional de la formation professionnelle défini à l'article L. 6121-2, de l'accès à la formation et à la qualification professionnelle des personnes handicapées.

« Elle définit et met en œuvre un programme régional d'accès à la formation et à la qualification professionnelle des personnes handicapées en concertation avec : »

1° L'État ;

2° Le service public de l'emploi ;

3° L'association de gestion du fonds pour l'insertion professionnelle des handicapés ;

4° Le fonds pour l'insertion des personnes handicapées dans la fonction publique ;

5° *Abrogé par L. n° 2014-288 du 5 mars 2014, art. 21-I, à compter du 1er janv. 2015.*

6° Les organismes de protection sociale ;

7° Les organisations syndicales et associations représentatives des personnes handicapées.

Les dispositions issues de la L. n° 2014-288 du 5 mars 2014 entrent en vigueur le 1er janv. 2015 sous réserve de l'entrée en vigueur des dispositions relevant de la loi de finances prévues au I de l'art. 27 de la L. n° 2014-288 du 5 mars 2014 conformément au § II dudit article (L. préc., art. 27-II). — V. cet art., App. IX, v° Formation professionnelle.

Art. L. 5211-3 *(L. n° 2014-288 du 5 mars 2014, art. 21-I, en vigueur le 1er janv. 2015)* « Le programme régional d'accès à la formation et à la qualification professionnelle des personnes handicapées a pour objectif de répondre à leurs besoins de développement de compétences afin de faciliter leur insertion professionnelle.

« Il recense et quantifie les besoins en s'appuyant sur le diagnostic intégré dans le plan régional pour l'insertion des travailleurs handicapés défini à l'article L. 5211-5 et l'analyse contenue dans le contrat de plan régional de développement des formations et de l'orientation professionnelles défini au I de l'article L. 214-13 du code de l'éducation.

« Il favorise » l'utilisation efficiente des différents dispositifs en facilitant la coordination entre les organismes de formation ordinaires et les organismes spécialement conçus pour la compensation des conséquences du handicap ou la réparation du préjudice.

(L. n° 2014-288 du 5 mars 2014, art. 21-I, en vigueur le 1er janv. 2015) « Il est soumis pour avis au comité régional de l'emploi, de la formation et de l'orientation professionnelles.

« Les établissements et services sociaux et médico-sociaux de réadaptation, de préorientation et de rééducation professionnelle mentionnés au *b* du 5° du I de l'article L. 312-1 du code de l'action sociale et des familles participent au service public régional de la formation professionnelle dans le cadre du programme régional. »

V. note ss. art. L. 5211-2.

Art. L. 5211-4 Afin de tenir compte des contraintes particulières des personnes handicapées ou présentant un trouble de santé invalidant, les actions de formation professionnelle prévues à la sixième partie prévoient un accueil à temps partiel ou discontinu ainsi qu'une durée et des modalités adaptées de validation de la formation professionnelle, dans des conditions déterminées par décret. — *[Anc. art. L. 323-11-1, al. 4.]*

Art. L. 5211-5 *(L. n° 2011-901 du 28 juill. 2011, art. 11)* Tous les cinq ans, le service public de l'emploi élabore, sous l'autorité du représentant de l'État dans la région, un plan régional pour l'insertion des travailleurs handicapés. Ce plan, coordonné avec *(L. n° 2014-288 du 5 mars 2014, art. 21, en vigueur le 1er janv. 2015)* « le programme régional défini à l'article L. 5211-3 », comprend :

1° Un diagnostic régional englobant les diagnostics locaux établis avec la collaboration des référents pour l'insertion professionnelle des maisons départementales des personnes handicapées ;

2° Un plan d'action régional pour l'insertion des travailleurs handicapés comportant des axes d'intervention et des objectifs précis ;

3° Des indicateurs régionaux de suivi et d'évaluation des actions menées au niveau régional.

(L. n° 2014-288 du 5 mars 2014, art. 21-I, en vigueur le 1er janv. 2015) « Les conventions prévues à l'article L. 6123-4 contribuent à mettre en œuvre ce plan. »

V. note ss. art. L. 5211-2.

CHAPITRE II OBLIGATION D'EMPLOI DES TRAVAILLEURS HANDICAPÉS, MUTILÉS DE GUERRE ET ASSIMILÉS

SECTION PREMIÈRE CHAMP D'APPLICATION

Art. L. 5212-1 **Les dispositions du présent chapitre s'appliquent à tout employeur, occupant** *(L. n° 2012-387 du 22 mars 2012, art. 43)* **« au moins vingt salariés », y compris les établissements publics industriels et commerciaux.** – *[Anc. art. L. 323-1, al. 1er début et 5, et L. 323-4, al. 1er.]*

SECTION II OBLIGATION D'EMPLOI

RÉP. TRAV. v° *Travailleurs handicapés,* par LATTES.

BIBL. GÉN. ▶ ARSÉGUEL et ISOUX, *Ann. Univ. sc. soc. Toulouse, 1989, p. 123* (droit du travail relatif aux handicapés). – AUVERGNON, *Dr. soc. 1991. 596* (obligation d'emploi des handicapés). – CHABROL, *Dr. soc. 2004. 993* (compensation des conséquences du handicap). – CROS-COURTIAL, *ibid. 1988. 598* (obligations patronales à l'égard des handicapés après la loi du 10 juill. 1987). – LABORDE, *Dr. soc. 2004. 986*. – VILLEVAL, *ibid. 1984. 227* (État et emploi des handicapés).

Art. L. 5212-2 **Tout employeur emploie, dans la proportion de 6 % de l'effectif total de ses salariés, à temps plein ou à temps partiel, des travailleurs handicapés, mutilés de guerre et assimilés, mentionnés à l'article L. 5212-13.** – *[Anc. art. L. 323-1, al. 1er fin.]*

Art. L. 5212-3 **Dans les entreprises à établissements multiples, l'obligation d'emploi s'applique établissement par établissement.**

Les entreprises de travail temporaire ne sont assujetties à l'obligation d'emploi que pour leurs salariés permanents. – *[Anc. art. L. 323-1, al. 2 et 3.]*

Art. L. 5212-4 **Toute entreprise qui occupe** *(L. n° 2012-387 du 22 mars 2012, art. 43)* **« au moins vingt salariés » au moment de sa création ou en raison de l'accroissement de son effectif dispose, pour se mettre en conformité avec l'obligation d'emploi, d'un délai déterminé par décret qui ne peut excéder trois ans.** – *[Anc. art. L. 323-1, al. 4.] – V. art. D. 5212-3.*

Art. L. 5212-5 *(L. n° 2010-1657 du 29 déc. 2010, art. 208-I)* **L'employeur adresse une déclaration annuelle relative à l'obligation d'emploi des travailleurs handicapés à l'association mentionnée à l'article L. 5214-1 qui assure la gestion de cette déclaration dans des conditions fixées par décret.**

Il justifie également qu'il s'est, le cas échéant, acquitté de l'obligation d'emploi selon les modalités prévues aux articles L. 5212-6 à L. 5212-11.

A défaut de toute déclaration, l'employeur est considéré comme ne satisfaisant pas à l'obligation d'emploi.

Ces dispositions sont applicables à la déclaration annuelle obligatoire d'emploi des travailleurs handicapés, victimes de guerre et assimilés effectuée à compter de l'année 2012 (L. n° 2010-1657 du 29 déc. 2010, art. 208-VII).

Art. L. 5212-5-1 *(Ord. n° 2015-1628 du 10 déc. 2015, art. 5, en vigueur le 1er janv. 2016)* **L'association mentionnée à l'article L. 5214-1 se prononce de manière explicite sur toute demande d'un employeur ayant pour objet de connaître l'application à sa situation de la législation relative :**

1° A l'effectif d'assujettissement à l'obligation d'emploi calculé selon l'article L. 1111-2 ;

2° A la mise en œuvre de l'obligation d'emploi prévue aux articles L. 5212-2 à L. 5212-5 ;

3° Aux modalités d'acquittement de l'obligation d'emploi prévues aux articles L. 5212-6, L. 5212-7, L. 5212-7-1 et L. 5212-9 à L. 5212-11 ;

4° Aux bénéficiaires de l'obligation d'emploi visés aux articles L. 5212-13 à L. 5212-15.

La décision ne s'applique qu'à l'employeur demandeur et est opposable pour l'avenir à l'association mentionnée à l'article L. 5214-1 tant que la situation de fait exposée

dans la demande ou la législation au regard de laquelle sa situation a été appréciée n'ont pas été modifiées.

Il ne peut être procédé à la mise en œuvre de la pénalité prévue à l'article L. 5212-12, fondée sur une prise de position différente de celle donnée dans la réponse à compter de la date de notification de celle-ci.

Lorsque l'association mentionnée à l'article L. 5214-1 entend modifier pour l'avenir sa réponse, elle en informe l'employeur selon des conditions et des modalités fixées par décret en Conseil d'État.

Un décret en Conseil d'État précise les modalités de contenu et de dépôt de la demande, ainsi que le délai dans lequel doit intervenir la décision explicite.

SECTION III **MODALITÉS DE MISE EN ŒUVRE DE L'OBLIGATION**

SOUS-SECTION 1 **MISE EN ŒUVRE PARTIELLE**

Art. L. 5212-6 L'employeur peut s'acquitter partiellement de l'obligation d'emploi en passant des contrats de *(L. n° 2015-990 du 6 août 2015, art. 272)* « fourniture, » de sous-traitance ou de prestations de services avec :

1° Soit des entreprises adaptées ;

2° Soit des centres de distribution de travail à domicile ;

3° Soit des établissements ou services d'aide par le travail ;

(L. n° 2015-990 du 6 août 2015, art. 272) « 4° Soit des travailleurs indépendants handicapés reconnus bénéficiaires de l'obligation d'emploi au sens de l'article L. 5212-13. Est présumée travailleur indépendant au sens du présent article toute personne remplissant les conditions mentionnées au I de l'article L. 8221-6 ou à l'article L. 8221-6-1. »

Cet acquittement partiel est proportionnel au volume de travail fourni à ces ateliers, centres, établissements *(L. n° 2015-990 du 6 août 2015, art. 272)* « , services ou travailleurs indépendants. Toutefois, cet acquittement partiel est déterminé soit en tenant compte du nombre de salariés exerçant pour le compte des travailleurs indépendants mentionnés au 4°, soit de façon forfaitaire pour les travailleurs indépendants mentionnés au même 4° relevant du régime prévu à l'article L. 133-6-8 du code de la sécurité sociale. »

Les modalités et les limites de cet acquittement partiel sont déterminées par voie réglementaire.

Art. L. 5212-7 *(L. n° 2008-1249 du 1er déc. 2008, art. 26-I)* L'employeur peut s'acquitter partiellement de l'obligation d'emploi en accueillant en stage, dans des conditions fixées par un décret précisant la durée minimale de ce stage, des personnes handicapées, dans la limite de 2 % de l'effectif total des salariés de l'entreprise. – *V. art. R. 5212-10.*

(L. n° 2015-990 du 6 août 2015, art. 274) « Cette possibilité s'applique également en cas d'accueil en périodes d'observation mentionnées au 2° de l'article L. 4153-1 d'élèves de l'enseignement général pour lesquels est versée la prestation de compensation du handicap, l'allocation compensatrice pour tierce personne ou l'allocation d'éducation de l'enfant handicapé et disposant d'une convention de stage. Cette possibilité est prise en compte pour le calcul de la limite fixée au premier alinéa du présent article. »

(L. n° 2011-901 du 28 juill. 2011, art. 17) « L'ouverture de droits à la prestation de compensation du handicap, à l'allocation compensatrice pour tierce personne ou à l'allocation d'éducation de l'enfant handicapé à l'égard des jeunes de plus de seize ans qui disposent d'une convention de stage vaut reconnaissance de la qualité de travailleur handicapé. Cette reconnaissance de la qualité de travailleur handicapé n'est valable que pendant la durée du stage. »

Art. L. 5212-7-1 *(L. n° 2015-990 du 6 août 2015, art. 273)* L'employeur peut s'acquitter partiellement de l'obligation d'emploi en accueillant des personnes handicapées pour des périodes de mise en situation en milieu professionnel dans les conditions fixées au chapitre V du titre III du livre Ier de la présente partie.

Cet acquittement est pris en compte pour le calcul de la limite fixée au premier alinéa de l'article L. 5212-7.

Les modalités et les limites de cet acquittement partiel sont déterminées par voie réglementaire.

SOUS-SECTION 2 **MISE EN ŒUVRE PAR APPLICATION D'UN ACCORD**

Art. L. 5212-8 L'employeur peut s'acquitter de l'obligation d'emploi en faisant application d'un accord de branche, de groupe, d'entreprise ou d'établissement agréé prévoyant la mise en œuvre d'un programme annuel ou pluriannuel en faveur des travailleurs handicapés. – *[Anc. art. L. 323-8-1, al. 1er début.]*

SOUS-SECTION 3 **MISE EN ŒUVRE PAR LE VERSEMENT D'UNE CONTRIBUTION ANNUELLE**

Art. L. 5212-9 L'employeur peut s'acquitter de l'obligation d'emploi en versant au fonds de développement pour l'insertion professionnelle des handicapés prévu à l'article L. 5214-1 une contribution annuelle pour chacun des bénéficiaires de l'obligation qu'il aurait dû employer.

Le montant de cette contribution peut être modulé en fonction de l'effectif de l'entreprise et des emplois, déterminés par décret, exigeant des conditions d'aptitude particulières, occupés par des salariés de l'entreprise. Il tient également compte de l'effort consenti par l'entreprise en matière de maintien dans l'emploi ou de recrutement direct des bénéficiaires mentionnés à l'article L. 5212-13, notamment ceux pour lesquels *(L. nº 2010-1657 du 29 déc. 2010, art. 208-II)* « l'association mentionnée à l'article L. 5214-1 », a reconnu la lourdeur du handicap, ou de ceux rencontrant des difficultés particulières d'accès à l'emploi. – *[Anc. art. L. 323-8-2, al. 2 et 3.] – V. art. D. 5212-19 et R. 5213-39.*

Art. L. 5212-10 Les modalités de calcul de la contribution annuelle, qui ne peut excéder la limite de 600 fois le salaire horaire minimum de croissance par bénéficiaire non employé, sont déterminées par décret. – *V. art. D. 5212-19.*

Pour les entreprises qui n'ont occupé aucun bénéficiaire de l'obligation d'emploi, n'ont passé aucun contrat prévu à l'article L. 5212-6 *(L. nº 2011-901 du 28 juill. 2011, art. 18)* « d'un montant supérieur à un montant fixé par décret » ou n'appliquent aucun accord collectif mentionné à l'article L. 5212-8 pendant une période supérieure à trois ans, la limite de la contribution est portée, dans des conditions définies par décret, à 1 500 fois le salaire horaire minimum de croissance. – *[Anc. art. L. 323-8-2, al. 4.]*

Art. L. 5212-11 Peuvent être déduites du montant de la contribution annuelle, en vue de permettre à l'employeur de s'acquitter partiellement de l'obligation d'emploi, des dépenses supportées directement par l'entreprise et destinées à favoriser l'accueil, l'insertion ou le maintien dans l'emploi des travailleurs handicapés au sein de l'entreprise *(L. nº 2014-288 du 5 mars 2014, art. 1er-I)* « , l'abondement du compte personnel de formation au bénéfice des personnes mentionnées à l'article L. 5212-13 » ou l'accès de personnes handicapées à la vie professionnelle qui ne lui incombent pas en application d'une disposition législative ou réglementaire.

L'avantage représenté par cette déduction ne peut se cumuler avec une aide accordée pour le même objet par l'association mentionnée à l'article L. 5214-1.

La nature des dépenses mentionnées au premier alinéa ainsi que les conditions dans lesquelles celles-ci peuvent être déduites du montant de la contribution sont déterminées par décret. – *[Anc. art. L. 323-8-2, al. 5.] – V. art. D. 5212-28.*

SOUS-SECTION 4 **SANCTION ADMINISTRATIVE**

Art. L. 5212-12 Lorsqu'ils ne satisfont à aucune des obligations définies aux articles L. 5212-2 et L. 5212-6 à L. 5212-11, les employeurs sont astreints à titre de pénalité au versement au Trésor public d'une somme dont le montant est égal à celui de la contribution instituée par le second alinéa de l'article L. 5212-10, majoré de 25 %. – *[Anc. art. L. 323-8-6, début.]*

1. Procédure. Le versement prévu à l'art. L. 323-8-6 [L. 5212-12 nouv.] ayant le caractère d'une sanction, la décision administrative qui le prononce doit être motivée et prise au terme d'une procédure contradictoire. • CE 4 juin 1997 : *JCP E 1997. Pan. 1138.*

2. Interprétation stricte. Les dispositions de l'art. L. 323-8-6 [L. 5212-5 nouv.] doivent être interprétées strictement. Elles ne peuvent être étendues à la méconnaissance par les employeurs de leurs obligations déclaratives que pour autant que les intéressés s'abstiendraient, comme il est précisé au second alinéa de l'art. L. 323-8-5, de « toute déclaration » ; la pénalité ne peut donc être appliquée à l'employeur qui a satisfait à l'obligation légale d'emploi mais a souscrit la déclaration annuelle lui incombant sans respecter la date de dépôt mentionnée à l'art. R. 323-9. • CE 26 mars 1999 : *JCP E 1999. Pan. 653 ; RJS 1999. 531, n° 876.*

SECTION IV BÉNÉFICIAIRES DE L'OBLIGATION D'EMPLOI

SOUS-SECTION 1 CATÉGORIES DE BÉNÉFICIAIRES

Art. L. 5212-13 Bénéficient de l'obligation d'emploi instituée par l'article L. 5212-2 :

1° Les travailleurs reconnus handicapés par la commission des droits et de l'autonomie des personnes handicapées mentionnée à l'article L. 146-9 du code de l'action sociale et des familles ;

2° Les victimes d'accidents du travail ou de maladies professionnelles ayant entraîné une incapacité permanente au moins égale à 10 % et titulaires d'une rente attribuée au titre du régime général de sécurité sociale ou de tout autre régime de protection sociale obligatoire ;

3° Les titulaires d'une pension d'invalidité attribuée au titre du régime général de sécurité sociale, de tout autre régime de protection sociale obligatoire ou au titre des dispositions régissant les agents publics à condition que l'invalidité des intéressés réduise au moins des deux tiers leur capacité de travail ou de gain ;

(L. n° 2008-492 du 26 mai 2008) « 4° Les bénéficiaires mentionnés à l' article L. 394 du code des pensions militaires d' invalidité et des victimes de la guerre ;

« 5° Les bénéficiaires mentionnés aux articles L. 395 et L. 396 du même code ; »

(Abrogé par L. n° 2008-492 du 26 mai 2008) « 6° Les orphelins de guerre âgés de moins de vingt et un ans et les conjoints survivants non remariés ou les parents célibataires, dont respectivement la mère, le père ou l'enfant, militaire ou assimilé, est décédé des suites d'une blessure ou d'une maladie imputable à un service de guerre ou alors qu'il était en possession d'un droit à pension d'invalidité d'un taux au moins égal à 85 % ;

« 7° Les conjoints survivants remariés ayant au moins un enfant à charge issu du mariage avec le militaire ou assimilé décédé, lorsque ces conjoints ont obtenu ou auraient été en droit d'obtenir, avant leur remariage, une pension dans les conditions prévues au 5° ;

« 8° Les conjoints d'invalides internés pour aliénation mentale imputable à un service de guerre, s'ils bénéficient de l'article L. 124 du code des pensions militaires d'invalidité et des victimes de la guerre ; »

9° Les titulaires d'une allocation ou d'une rente d'invalidité attribuée dans les conditions définies par la loi n° 91-1389 du 31 décembre 1991 relative à la protection sociale des sapeurs-pompiers volontaires en cas d'accident survenu ou de maladie contractée en service ;

10° Les titulaires de la *(L. n° 2016-1321 du 7 oct. 2016, art. 107-VII, en vigueur le 1er janv. 2017)* « carte "mobilité inclusion" portant la mention "invalidité" *[rédaction applicable jusqu'au 31 déc. 2016 : carte d'invalidité]* » définie à l'article L. 241-3 du code de l'action sociale et des familles ;

11° Les titulaires de l'allocation aux adultes handicapés. — *[Anc. art. L. 323-3.]*

SOUS-SECTION 2 CALCUL DU NOMBRE DE BÉNÉFICIAIRES

Art. L. 5212-14 *(L. n° 2008-1249 du 1er déc. 2008, art. 27-I)* Pour le calcul du nombre de bénéficiaires de l'obligation d'emploi, chaque personne est prise en compte à due proportion de son temps de présence dans l'entreprise au cours de l'année civile, quelle que soit la nature ou la durée de son contrat de travail, dans la limite d'une unité et dans les conditions suivantes :

— les salariés dont la durée de travail est supérieure ou égale à la moitié de la durée légale ou conventionnelle sont décomptés dans la limite d'une unité comme s'ils avaient été employés à temps complet ;

— les salariés dont la durée de travail est inférieure à la moitié de la durée légale ou conventionnelle sont décomptés dans des conditions fixées par décret sans que leur prise en compte puisse dépasser une demi-unité.

(L. n° 2011-893 du 28 juill. 2011) « Les personnes mises à disposition de l'entreprise par un groupement d'employeurs sont prises en compte dans les mêmes conditions que les salariés de l'entreprise. »

Ces dispositions sont applicables à l'obligation d'emploi des travailleurs handicapés des années 2009 et suivantes (L. n° 2008-1249 du 1er déc. 2008, art. 27-II).

Art. L. 5212-15 Les titulaires d'un emploi réservé attribué en application des dispositions du chapitre IV du titre III du livre III du code des pensions militaires d'invalidité et des victimes de la guerre sont pris en compte pour le calcul du nombre de bénéficiaires de l'obligation d'emploi. — *[Anc. art. L. 323-5, al. 1.]*

SECTION V **ACTIONS EN JUSTICE**

Art. L. 5212-16 Les associations ayant pour objet principal la défense des intérêts des bénéficiaires du présent chapitre peuvent exercer une action civile fondée sur l'inobservation des dispositions de ce même chapitre, lorsque cette inobservation porte un préjudice certain à l'intérêt collectif qu'elles représentent. — *[Anc. art. L. 323-8-7.]*

SECTION VI **DISPOSITIONS D'APPLICATION**

Art. L. 5212-17 Un décret en Conseil d'État détermine les modalités d'application du présent chapitre, notamment les conditions dans lesquelles l'accord collectif prévu à l'article L. 5212-8 est agréé par l'autorité administrative. — *[Anc. art. L. 323-34, al. 1, L. 323-8-1, al. 5 et 6, L. 323-8-8.]* — *V. art. R. 5212-1 s.*

CHAPITRE III **RECONNAISSANCE ET ORIENTATION DES TRAVAILLEURS HANDICAPÉS**

RÉP. TRAV. v° *Travailleurs handicapés*, par LATTES.

BIBL. ▸ MANANGA, *RDT 2008. 89* (statut du travailleur handicapé en ESAT).

SECTION PREMIÈRE **RECONNAISSANCE DE LA QUALITÉ DE TRAVAILLEUR HANDICAPÉ**

Art. L. 5213-1 Est considérée comme travailleur handicapé toute personne dont les possibilités d'obtenir ou de conserver un emploi sont effectivement réduites par suite de l'altération d'une ou plusieurs fonctions physique, sensorielle, mentale ou psychique. — *[Anc. art. L. 323-10, al. 1.]*

1. Monopole de la Cotorep. Seul peut être considéré comme un travailleur handicapé au sens de l'art. L. 323-10 [L. 5213-1 nouv.] celui qui a été reconnu comme tel par la Cotorep. • Soc. 19 juin 1991 : *D. 1991. IR 187 ; Dr. soc. 1991. 636.*

2. Notion de travailleur handicapé. Une Cotorep ne saurait refuser la qualité de travailleur handicapé à un accident du travail au motif qu'à ce titre il bénéficie déjà de l'obligation d'emploi prévue à l'art. L. 323-3, 2°, alors que cette circonstance n'est pas de nature à le priver des autres avantages afférents à la qualité de travailleur handicapé énumérés aux art. L. 323-9 s. • CE 25 oct. 1996 : *D. 1996. IR 255 ; RJS 1996. 854, n° 1334.*

Art. L. 5213-2 *(L. n° 2008-1425 du 27 déc. 2008, art. 182-II)* La qualité de travailleur handicapé est reconnue par la commission des droits et de l'autonomie des personnes handicapées mentionnée à l'article L. 241-5 du code de l'action sociale et des familles. Cette reconnaissance s'accompagne d'une orientation vers un établissement ou service d'aide par le travail, vers le marché du travail ou vers un centre de rééducation professionnelle. L'orientation vers un établissement ou service d'aide par le travail, vers le marché du travail ou vers un centre de rééducation professionnelle vaut reconnaissance de la qualité de travailleur handicapé.

Art. L. 5213-2-1 *(L. n° 2016-1088 du 8 août 2016, art. 52)* I. — Les travailleurs handicapés reconnus au titre de l'article L. 5213-2 peuvent bénéficier d'un dispositif d'emploi accompagné comportant un accompagnement médico-social et un soutien à l'insertion professionnelle, en vue de leur permettre d'accéder et de se maintenir dans l'emploi rémunéré sur le marché du travail. Sa mise en œuvre comprend un soutien et un accompagnement du salarié, ainsi que de l'employeur.

Ce dispositif, mis en œuvre par une personne morale gestionnaire qui respecte les conditions d'un cahier des charges prévu par décret, peut être sollicité tout au long du parcours professionnel par le travailleur handicapé et, lorsque celui-ci occupe un emploi, par l'employeur.

Le dispositif d'emploi accompagné est mobilisé en complément des services, aides et prestations existants.

II. — Le dispositif d'emploi accompagné est mis en œuvre sur décision de la commission mentionnée à l'article L. 146-9 du code de l'action sociale et des familles en complément d'une décision d'orientation, le cas échéant sur proposition des organismes désignés aux articles L. 5214-3-1, L. 5312-1 et L. 5314-1 du présent code. Cette commission désigne, après accord de l'intéressé ou de ses représentants légaux, un dispositif d'emploi accompagné.

Une convention individuelle d'accompagnement conclue entre la personne morale gestionnaire du dispositif d'emploi accompagné, la personne accompagnée ou son représentant légal et son employeur, précise notamment les modalités d'accompagnement et de soutien du travailleur handicapé et de l'employeur, notamment sur le lieu de travail.

III. — Pour la mise en œuvre du dispositif, la personne morale gestionnaire du dispositif d'emploi accompagné conclut une convention de gestion :

1° D'une part, avec l'un des organismes désignés aux articles L. 5214-3-1, L. 5312-1 et L. 5314-1 ;

2° Et, d'autre part, lorsqu'il ne s'agit pas d'un établissement ou service mentionné aux 5° ou 7° du I de l'article L. 312-1 du code de l'action sociale et des familles, avec au moins une personne morale gestionnaire d'un de ces établissement ou service.

Cette convention précise les engagements de chacune des parties.

IV. — Le décret mentionné au I du présent article précise notamment les modalités de mise en œuvre du dispositif d'emploi accompagné, de contractualisation entre le salarié, l'employeur et la personne morale gestionnaire du dispositif, les financements pouvant être mobilisés dans ce cadre, ainsi que les conditions dans lesquelles la personne morale gestionnaire du dispositif d'emploi accompagné ou, le cas échéant, la personne morale gestionnaire d'un établissement ou service conclut avec le directeur de l'agence régionale de santé une convention de financement ou un avenant au contrat mentionné à l'article L. 313-11 du code de l'action sociale et des familles. Le modèle de ces conventions est fixé par arrêté des ministres chargés des affaires sociales et de l'emploi.

SECTION II **RÉADAPTATION, RÉÉDUCATION ET FORMATION PROFESSIONNELLE**

Art. L. 5213-3 Tout travailleur handicapé peut bénéficier d'une réadaptation, d'une rééducation ou d'une formation professionnelle. — *[Anc. art. L. 323-15, al. 1er début.]*

Art. L. 5213-4 Le travailleur handicapé bénéficie des aides financières accordées aux stagiaires de la formation professionnelle et prévues par le titre IV du livre III de la sixième partie, sous réserve d'adaptations à leur situation particulière.

(L. n° 2010-1657 du 29 déc. 2010, art. 208-III) « En outre, le travailleur handicapé peut bénéficier, à l'issue de son stage, de primes destinées à faciliter son reclassement dont le montant et les conditions d'attribution sont déterminés par l'association mentionnée à l'article L. 5214-1. »

Ces primes ne se cumulent pas avec les primes de même nature dont le travailleur handicapé pourrait bénéficier au titre de la législation dont il relève. — *[Anc. art. L. 323-16.] — V. art. D. 5213-15.*

Art. L. 5213-5 Tout établissement ou groupe d'établissements appartenant à une même activité professionnelle de plus de cinq mille salariés assure, après avis médical, le ré-entraînement au travail et la rééducation professionnelle de ses salariés malades et blessés.

Les *(L. nº 2016-1088 du 8 août 2016, art. 113)* « agents de contrôle de l'inspection du travail mentionnés à l'article L. 8112-1 » peuvent mettre les chefs d'entreprise en demeure de se conformer à ces prescriptions. – *[Anc. art. L. 323-17, al. 1er et 2.] – V. art. L. 5215-1 (pén.) et R. 5215-1 (pén.).*

L'obligation de ré-entraînement prévue par l'art. L. 5213-5, inclus dans un chapitre du code du travail relatif à la reconnaissance et à l'orientation des travailleurs handicapés sous un titre intitulé « travailleurs handicapés », ne concerne que les salariés blessés ou malades reconnus comme travailleurs handicapés. • Soc. 12 janv. 2011 : *Dalloz actualité, 7 févr. 2011, obs. Ines ; D. 2011. Actu. 310 ; JCP S 2011. 1120, obs. Verkindt.*

SECTION III **ORIENTATION EN MILIEU PROFESSIONNEL**

SOUS-SECTION 1 **DROITS ET GARANTIES DES TRAVAILLEURS HANDICAPÉS**

Art. L. 5213-6 Afin de garantir le respect du principe d'égalité de traitement à l'égard des travailleurs handicapés, l'employeur prend, en fonction des besoins dans une situation concrète, les mesures appropriées pour permettre aux travailleurs mentionnés aux 1° à 4° et 9° à 11° de l'article L. 5212-13 d'accéder à un emploi ou de conserver un emploi correspondant à leur qualification, de l'exercer ou d'y progresser ou pour qu'une formation adaptée à leurs besoins leur soit dispensée.

Ces mesures sont prises sous réserve que les charges consécutives à leur mise en œuvre ne soient pas disproportionnées, compte tenu de l'aide prévue à l'article L. 5213-10 qui peuvent compenser en tout ou partie les dépenses supportées à ce titre par l'employeur.

Le refus de prendre des mesures au sens du premier alinéa peut être constitutif d'une discrimination au sens de l'article *(L. nº 2008-496 du 27 mai 2008, art. 6, 8º)* « L. 1133-3 ». – *[Anc. art. L. 323-9-1.]*

Art. L. 5213-7 Le salaire des bénéficiaires mentionnés à l'article L. 5212-13 ne peut être inférieur à celui qui résulte de l'application des dispositions légales ou des stipulations de la convention ou de l'accord collectif de travail. – *[Anc. art. L. 323-6, al. 1.]*

Art. L. 5213-8 Les travailleurs handicapés embauchés en application des dispositions du chapitre II ne peuvent, en cas de rechute de l'affection invalidante, bénéficier des avantages spéciaux accordés en cas de maladie par un statut particulier ou une convention ou accord collectif de travail.

Toutefois, ces statuts ou conventions collectives peuvent prévoir des dérogations aux dispositions mentionnées au premier alinéa.

Dans le cas d'accident ou de maladie autre que l'affection invalidante, les intéressés peuvent bénéficier des avantages spéciaux dès leur embauche dans les mêmes conditions que les autres membres du personnel.

Lorsque l'affection du travailleur handicapé est dite consolidée, celui-ci peut, s'il est à nouveau atteint de la maladie qui était à l'origine de son invalidité, bénéficier des avantages spéciaux mentionnés au premier alinéa à l'expiration d'un délai d'un an, à compter de la date de la consolidation. – *[Anc. art. L. 323-21, al. 1er à 4.]*

Art. L. 5213-9 En cas de licenciement, la durée du préavis déterminée en application de l'article L. 1234-1 est doublée pour les bénéficiaires du chapitre II, sans toutefois que cette mesure puisse avoir pour effet de porter au-delà de trois mois la durée de ce préavis.

Toutefois, ces dispositions ne sont pas applicables lorsque les conventions ou accords collectifs de travail ou, à défaut, les usages prévoient un préavis d'une durée au moins égale à trois mois. – *[Anc. art. L. 323-7.]*

1. Salariés concernés. L'exclusion de certaines catégories d'emplois prévue à l'art. D. 323-3 n'est édictée que pour le calcul des effectifs à prendre en compte pour l'obligation d'emploi des handicapés définie par l'art. L. 323-1 [L. 5212-1 nouv.]. Il en résulte qu'un travailleur handicapé occupant un emploi qui relève de l'une des catégories figurant sur la liste annexée à l'art. D. 323-3 peut se prévaloir des dispositions de l'art. L. 323-7 [L. 5213-9 nouv.] relatives au doublement de la durée du délai-congé. • Soc. 28 mars 2000, nº 98-40.216 P : *Dr. soc. 2000. 656, obs. Chaumette ; JS Lamy 2000, nº 58-14.*

2. Obligations des salariés. Les renseignements relatifs à l'état de santé du salarié ne peuvent être confiés qu'au médecin du travail ; aussi, le salarié ne commet aucune faute en ne révélant pas sa qualité de travailleur handicapé avant la notification de son licenciement et ne peut se voir priver des droits qu'il tient de l'art. L. 323-7 [L. 5213-9 nouv.]. • Soc. 7 nov. 2006 : *D. 2006. IR 2873 ; RDT 2007. 116, obs. Véricel ; RJS 2006. 96, n° 119.*

3. Indemnité compensatrice de préavis. L'art. L. 5213-9, qui a pour but de doubler la durée du délai-congé en faveur des salariés handicapés, n'est pas applicable à cette indemnité compensatrice de préavis qui doit être versée par l'employeur au salarié déclaré par le médecin du travail inapte à reprendre l'emploi occupé précédemment et dont le contrat a été rompu. • Soc. 10 mars 2009 : *D. 2009. AJ 954 ; RJS 2009. 373, n° 429.*

SOUS-SECTION 2 AIDES FINANCIÈRES

Art. L. 5213-10 L'État peut attribuer une aide financière du fonds de développement pour l'insertion professionnelle des handicapés à tout employeur soumis à l'obligation d'emploi de travailleurs handicapés afin de faciliter la mise ou la remise au travail en milieu ordinaire de production des personnes handicapées.

Cette aide peut également être destinée à compenser les charges supplémentaires d'encadrement. — *[Anc. art. L. 323-9, al. 6, phrases 1 et 3.]*

Art. L. 5213-11 Pour l'application des dispositions de l'article L. 5213-7 relatives au salaire du travailleur handicapé, une aide financée par le fonds de développement pour l'insertion professionnelle des handicapés peut être attribuée sur décision de *(L. n° 2010-1657 du 29 déc. 2010, art. 208-II)* « l'association mentionnée à l'article L. 5214-1 ».

Cette aide, demandée par l'employeur, peut être allouée en fonction des caractéristiques des bénéficiaires.

Elle ne peut être cumulée avec la minoration de la contribution prévue pour l'embauche d'un travailleur mentionnée à l'article L. 5212-9. — *[Anc. art. L. 323-6, al. 2, phrase 1 début et fin et phrase 2 début et phrases 3 et 4.] — V. art. R. 5213-39.*

Art. L. 5213-12 Les travailleurs handicapés qui font le choix d'exercer une activité professionnelle non salariée peuvent bénéficier d'une aide du fonds de développement pour l'insertion professionnelle des handicapés lorsque, du fait de leur handicap, leur productivité se trouve notoirement diminuée. — *[Anc. art. L. 323-6, al. 3 fin.]*

SOUS-SECTION 3 ENTREPRISES ADAPTÉES ET CENTRES DE DISTRIBUTION DE TRAVAIL À DOMICILE

Art. L. 5213-13 Les entreprises adaptées et les centres de distribution de travail à domicile peuvent être créés par les collectivités ou organismes publics ou privés, notamment par des sociétés commerciales. Pour ces dernières, ils sont constitués en personnes morales distinctes.

(L. n° 2011-901 du 28 juill. 2011, art. 16-I) « Leurs effectifs de production comportent au moins 80 % de travailleurs handicapés orientés vers le marché du travail par la commission des droits et de l'autonomie des personnes handicapées et qui soit sont recrutés sur proposition du service public de l'emploi ou d'un organisme de placement spécialisé, soit répondent aux critères fixés par arrêté du ministre chargé de l'emploi.

« Les entreprises adaptées et les centres de distribution de travail à domicile permettent à ces salariés d'exercer une activité professionnelle dans des conditions adaptées à leurs possibilités. Grâce à l'accompagnement spécifique qu'ils leur proposent, ils favorisent la réalisation de leur projet professionnel en vue de la valorisation de leurs compétences, de leur promotion et de leur mobilité au sein de la structure elle-même ou vers d'autres entreprises.

« Ils concluent avec l'autorité administrative un contrat d'objectif triennal valant agrément. »

Art. L. 5213-14 Les dispositions du présent code sont applicables aux travailleurs handicapés salariés des entreprises adaptées et des centres de distribution de travail à domicile. — *[Anc. art. L. 323-32, al. 1.]*

Art. L. 5213-15 Le travailleur handicapé employé dans une entreprise adaptée reçoit un salaire fixé compte tenu de l'emploi qu'il occupe et de sa qualification par référence aux dispositions légales ou stipulations conventionnelles applicables dans la branche d'activité.

Ce salaire ne peut être inférieur au salaire minimum de croissance déterminé en application des articles L. 3231-1 et suivants.

Le travailleur en entreprise adaptée bénéficie en outre des dispositions prévues au livre III de la troisième partie relatives à l'intéressement, à la participation et à l'épargne salariale. — *[Anc. art. L. 323-32, al. 2 à 4.]*

1. Licenciement pour motif économique. Sur le licenciement économique d'un salarié handicapé employé dans un atelier protégé, V. • Soc. 8 juin 1994, ☎ n° 90-45.703 P.

2. ESAT. Les travailleurs handicapés ne sont pas liés par un contrat de travail aux centres d'aide par le travail. • Soc. 18 mars 1997, ☎ n° 94-41.716 P : *Dr. soc. 1997. 525, obs. Verkindt* ; *RJS 1997. 489, n° 765.*

3. Garantie de ressources. Les accessoires de salaire sont dus en sus de la garantie de ressources. • Soc. 24 nov. 2004, ☎ n° 02-45.662 P : *Dr. soc. 2005. 220, obs. Savatier* ; *RJS 2005. 163, n° 233.*

Art. L. 5213-16 Un ou plusieurs travailleurs handicapés employés dans une entreprise adaptée peuvent être mis à la disposition provisoire d'un autre employeur dans des conditions prévues par l'article L. 8241-2 et suivant des modalités précisées par décret. — *[Anc. art. L. 323-32, al. 5.]*

Art. L. 5213-17 En cas de départ volontaire vers l'entreprise ordinaire, le salarié handicapé démissionnaire bénéficie, au cas où il souhaiterait réintégrer l'entreprise adaptée, d'une priorité d'embauche dont les modalités sont déterminées par décret. — *[Anc. art. L. 323-33.]*

Art. L. 5213-18 Bénéficient de l'ensemble des dispositifs prévus au livre Ier, les entreprises adaptées et les centres de distribution de travail.

Toutefois, le bénéfice de ces dispositifs ne peut se cumuler, pour un même poste, ni avec l'aide au poste mentionnée à l'article L. 5213-19, ni avec aucune aide spécifique portant sur le même objet. — *[Anc. art. L. 323-31, al. 3.]*

Art. L. 5213-19 *(L. n° 2011-901 du 28 juill. 2011, art. 16-II)* Les entreprises adaptées et les centres de distribution de travail à domicile perçoivent pour chaque travailleur handicapé employé, dès lors que celui-ci remplit les conditions mentionnées à l'article L. 5213-13, une aide au poste forfaitaire versée par l'État, dans la limite d'un effectif de référence fixé annuellement par la loi de finances.

En outre, compte tenu des surcoûts résultant de l'emploi majoritaire de ces travailleurs handicapés, les entreprises adaptées et les centres de distribution de travail à domicile reçoivent de l'État une subvention spécifique, destinée notamment au suivi social, à l'accompagnement et à la formation spécifiques de la personne handicapée, pour favoriser son adaptation à son poste de travail.

Les modalités d'attribution de l'aide au poste et de la subvention spécifique sont précisées par décret. — *V. art. D. 5213-77 s.*

SECTION IV **AUTRES ORIENTATIONS**

Art. L. 5213-20 Les personnes handicapées pour lesquelles une orientation sur le marché du travail par la commission des droits et de l'autonomie des personnes handicapées s'avère impossible peuvent être admises dans un établissement ou service d'aide par le travail mentionné au *a* du 5° du I de l'article L. 312-1 du code de l'action sociale et des familles. — *[Anc. art. L. 323-30, al. 1.]*

1. Compétence exclusive de la commission départementale des handicapés (jurisprudence antérieure à la loi n° 2005-102 du 11 février 2005 ayant transféré le contentieux des décisions de la Cotorep aux juridictions administratives). La commission départementale des handicapés est seule compétente pour statuer sur les contestations relatives à la décision d'une Cotorep concernant l'orientation d'une personne handicapée et les mesures propres à assurer son reclassement. • T. confl. 14 mars 1988 : *RDSS 1988. 604, note Lévy.* ♦ ... Ainsi que sur les recours contre une décision en matière de reconnaissance de la qualité de travailleur handicapé. • CE 10 juin 1988 : *Lebon 236.* ♦ Comp., lorsque la Cotorep se prononce sur l'aptitude d'un travailleur handicapé candidat à un concours de recrutement : • CE 9 oct. 1987 : *D. 1989. Somm. 210, obs. Chelle et Prétot* (compétence du juge administratif de droit commun).

2. Les recours contre les décisions prises tant par la commission départementale de l'éducation spéciale que par la Cotorep aux fins de prolonger le placement dans un établissement d'éducation spéciale de personnes handicapées qui ne peuvent être immédiatement admises dans un établissement pour adultes, doivent être portés devant la juridiction du contentieux technique de la sécurité sociale, sans qu'il y ait lieu de distinguer suivant que le litige porte sur le bien-fondé de la mesure ou sur le non-respect de la procédure déterminée par la loi. • T. confl. 5 avr. 1993 : *D. 1994. Somm. 245, obs. Chelle et Prétot*. ♦ La contestation d'une décision de la commission technique d'orientation et de reclassement professionnel, relative au point de départ de la période au titre de laquelle le taux d'incapacité d'une personne handicapée justifiait l'attribution de cette allocation, ne peut relever, quels que soient les motifs de cette décision, que de la compétence des juridictions du contentieux technique de la sécurité sociale. • T. confl. 18 avr. 2005 : *Bull. n° 11.*

3. Incidence du classement sur le contrat de travail. La décision de la Cotorep de modifier le classement en invalidité d'un travailleur handicapé employé par un atelier protégé, déclaré apte à un emploi en milieu ordinaire, constitue une cause réelle et sérieuse de licenciement, dès lors que l'employeur a démontré l'impossibilité du reclassement de l'intéressé sur un poste de travail correspondant à la nouvelle capacité du salarié. • Soc. 2 juin 2004, n° 02-44.015 P : *Dr. soc. 2004. 895, obs. Savatier ; RJS 2004. 664, n° 974 ; D. 2004. 2082 ; Dr. ouvrier 2004. 571 ; JS Lamy 2004, n° 149-5.*

4. La décision de la Cotorep de modifier le classement en invalidité d'un travailleur handicapé employé par un atelier protégé, et de proposer en raison de son classement en catégorie C un essai en centre d'aide par le travail, constitue une cause réelle et sérieuse de licenciement, l'employeur ne pouvant le maintenir dans son établissement qui n'est plus habilité à le recevoir. • Soc. 20 sept. 2006 : *RDT 2007. 116, obs. Véricel ; RJS 2006. 986, n° 1328 ; Dr. soc. 2006. 1117, note Savatier ; JCP E 2006. 2848, obs. Verkindt.*

5. Travailleurs handicapés et transfert conventionnel des contrats. L'affectation des travailleurs handicapés dans un atelier protégé, aujourd'hui dénommé entreprise adaptée, dépend d'une décision de la Cotorep, devenue depuis la Commission des droits et de l'autonomie des personnes handicapées ; le statut de ces structures et du personnel handicapé qu'elles emploient est incompatible avec l'application des dispositions de l'annexe VII de la convention collective nationale des entreprises de propreté organisant à l'égard d'autres employeurs, qui ne sont pas soumis aux mêmes dispositions, la reprise du personnel en cas de perte d'un marché. • Soc. 11 mars 2009 : *RDT 2009. 661, obs. Canut et Cros-Courtial.*

SECTION V **ACTIONS EN JUSTICE**

Art. L. 5213-21 Les associations ayant pour objet principal la défense des intérêts des bénéficiaires du présent chapitre peuvent exercer une action civile fondée sur l'inobservation des dispositions des articles L. 5213-7 et L. 5213-9 à L. 5213-12, lorsque cette inobservation porte un préjudice certain à l'intérêt collectif qu'elles représentent. – *[Anc. art. L. 323-8-7.]*

SECTION VI **DISPOSITIONS D'APPLICATION**

Art. L. 5213-22 Un décret en Conseil d'État détermine les modalités d'application du présent chapitre. – *[Anc. art. L. 323-34, al. 1er et 6 à 8, L. 323-17, al. 2, L. 323-6, al. 2, phrase 2 fin, et al. 3 début, L. 323-8-8, L. 323-31, al. 2, L. 323-31, al. 5 fin.]* – *V. art. R. 5213-1 s.*

CHAPITRE IV **INSTITUTIONS ET ORGANISMES CONCOURANT À L'INSERTION PROFESSIONNELLE DES HANDICAPÉS**

SECTION PREMIÈRE A **PILOTAGE DES POLITIQUES EN FAVEUR DE L'EMPLOI DES PERSONNES HANDICAPÉES**

(L. n° 2011-901 du 28 juill. 2011, art. 12-II)

Art. L. 5214-1 A L'État assure le pilotage de la politique de l'emploi des personnes handicapées. Il fixe, en lien avec le service public de l'emploi, *(L. n° 2014-288 du 5 mars 2014, art. 21-I)* « les régions chargées du service public régional de la formation professionnelle, » l'association chargée de la gestion du fonds de développement pour l'insertion professionnelle des handicapés et le fonds d'insertion des personnes handicapées dans la fonction publique, les objectifs et priorités de cette politique.

V. note ss. art. L. 5211-2.

Art. L. 5214-1 B Une convention pluriannuelle d'objectifs et de moyens est conclue entre l'État, l'institution mentionnée à l'article L. 5312-1, l'association chargée de la gestion du fonds de développement pour l'insertion professionnelle des handicapés, le fonds d'insertion des personnes handicapées dans la fonction publique et la Caisse nationale de solidarité pour l'autonomie.

Cette convention prévoit :

1° Les modalités de mise en œuvre par les parties à la convention des objectifs et priorités fixés en faveur de l'emploi des personnes handicapées ;

2° Les services rendus aux demandeurs d'emploi bénéficiaires de l'obligation d'emploi et aux employeurs privés et publics qui souhaitent recruter des personnes handicapées ;

3° Les modalités de mise en œuvre de l'activité de placement et les conditions du recours aux organismes de placement spécialisés mentionnés à l'article L. 5214-3-1, en tenant compte de la spécificité des publics pris en charge ;

4° Les actions, prestations, aides ou moyens mis à disposition du service public de l'emploi et des organismes de placement spécialisés par l'association et le fonds mentionnés au premier alinéa du présent article ;

5° Les modalités du partenariat que les maisons départementales des personnes handicapées mettent en place avec le service public de l'emploi, l'association et le fonds mentionnés au premier alinéa et les moyens qui leur sont alloués dans ce cadre pour leur permettre de s'acquitter de leur mission d'évaluation et d'orientation professionnelles ;

6° Les conditions dans lesquelles un comité de suivi, composé des représentants des parties à la convention, assure l'évaluation des actions dont elle prévoit la mise en œuvre.

(L. nº 2014-288 du 5 mars 2014, art. 21-I) « Avant sa signature, la convention est transmise pour avis au Conseil national de l'emploi, de la formation et de l'orientation professionnelles. »

Pour son application, la convention fait l'objet de déclinaisons régionales *(Abrogé par L. nº 2014-288 du 5 mars 2014, art. 21-I) « ou locales »* associant les maisons départementales des personnes handicapées et l'ensemble des acteurs concourant à l'insertion des personnes les plus éloignées de l'emploi. Les organismes de placement spécialisés sont consultés pour avis. Ces conventions régionales *(Abrogé par L. nº 2014-288 du 5 mars 2014, art. 21) « et locales »* s'appuient sur les plans régionaux d'insertion professionnelle des travailleurs handicapés.

V. note ss. art. L. 5211-2.

SECTION PREMIÈRE **FONDS DE DÉVELOPPEMENT POUR L'INSERTION PROFESSIONNELLE DES HANDICAPÉS**

Art. L. 5214-1 Le fonds de développement pour l'insertion professionnelle des handicapés a pour objet d'accroître les moyens consacrés à l'insertion des handicapés en milieu ordinaire de travail.

La gestion de ce fonds est confiée à une association administrée par des représentants des salariés, des employeurs et des personnes handicapées ainsi que par des personnalités qualifiées.

Les statuts de l'association sont agréés par l'autorité administrative. – *[Anc. art. L. 323-8-2, al. 1er, et L. 323-8-3, al. 1er.] – V. art. R. 5214-1 s.*

Art. L. 5214-1-1 *Abrogé par L. nº 2014-288 du 5 mars 2014, art. 21-I.*

Art. L. 5214-2 Une convention d'objectifs est conclue, tous les trois ans, entre l'État et l'association chargée de la gestion du fonds de développement pour l'insertion professionnelle des handicapés. – *[Anc. art. L. 323-8-3, al. 3, phrase 1.]*

Art. L. 5214-3 Les ressources du fonds de développement pour l'insertion professionnelle des handicapés sont destinées à favoriser toutes les formes d'insertion professionnelle des handicapés en milieu ordinaire de travail.

Elles sont affectées notamment :

1° A la compensation du coût supplémentaire des actions de formation et au financement d'actions d'innovation et de recherche dont bénéficient les intéressés dans l'entreprise ;

(*L. n° 2016-1088 du 8 août 2016, art. 101, en vigueur le 1er janv. 2018*) « 2° A des mesures nécessaires à l'insertion professionnelle, au suivi durable et au maintien dans l'emploi des travailleurs handicapés dans l'objectif de favoriser la sécurisation de leurs parcours professionnels ; »

(*L. n° 2014-288 du 5 mars 2014, art. 21-I*) « 3° Au financement de tout ou partie des actions de formation professionnelle préqualifiantes et certifiantes des demandeurs d'emploi handicapés. »

Les actions définies au présent article peuvent concerner les entreprises non assujetties à l'obligation d'emploi prévue par l'article L. 5212-2 lorsqu'elles emploient des bénéficiaires de cette obligation, ainsi que les travailleurs handicapés qui exercent une activité indépendante.

V. note ss. art. L. 5211-2.

SECTION PREMIÈRE *BIS* ORGANISMES DE PLACEMENT SPÉCIALISÉS DANS L'INSERTION PROFESSIONNELLE DES PERSONNES HANDICAPÉES

(*L. n° 2011-901 du 28 juill. 2011, art. 14*)

Art. L. 5214-3-1 Des organismes de placement spécialisés, chargés de la préparation, de l'accompagnement (*L. n° 2016-1088 du 8 août 2016, art. 101, en vigueur le 1er janv. 2018*) « , du suivi durable et du maintien » dans l'emploi des personnes handicapées, participent au dispositif d'insertion professionnelle et d'accompagnement spécifique prévu pour les travailleurs handicapés mis en œuvre par l'État, le service public de l'emploi, l'association chargée de la gestion du fonds de développement pour l'insertion professionnelle des handicapés et le fonds pour l'insertion professionnelle des personnes handicapées dans la fonction publique.

Ils sont conventionnés à cet effet et peuvent, à cette condition, mobiliser les aides, actions et prestations proposées par l'association et le fonds mentionnés au premier alinéa.

Les organismes de placement spécialisés assurent, en complémentarité avec l'institution mentionnée à l'article L. 5312-1, une prise en charge adaptée des demandeurs d'emploi bénéficiaires de l'obligation d'emploi dans des conditions définies par une convention.

SECTION II ACTIONS EN JUSTICE

Art. L. 5214-4 Les associations ayant pour objet principal la défense des intérêts des bénéficiaires du présent chapitre peuvent exercer une action civile fondée sur l'inobservation des dispositions de ce même chapitre, lorsque cette inobservation porte un préjudice certain à l'intérêt collectif qu'elles représentent. – [*Anc. art. L. 323-8-7.*]

SECTION III DISPOSITIONS D'APPLICATION

Art. L. 5214-5 Un décret en Conseil d'État détermine les modalités d'application du présent chapitre, notamment :

1° *Abrogé par L. n° 2011-525 du 17 mai 2011, art. 67.*

2° Les modalités du contrôle de la répartition et de l'utilisation des contributions versées au fonds de développement pour l'insertion professionnelle des handicapés. – [*Anc. art. L. 323-34, al. 1er et 4, L. 323-8-8, L. 323-8-4, al. 3.*]

CHAPITRE V DISPOSITIONS PÉNALES

Art. L. 5215-1 En cas de méconnaissance des dispositions de l'article L. 5213-5 relatives au réentraînement au travail et à la rééducation professionnelle des malades et blessés, les dispositions des articles L. 4741-4, L. 4741-5 et L. 4741-12 sont applicables. – [*Anc. art. L. 362-1.*]

TITRE DEUXIÈME TRAVAILLEURS ÉTRANGERS

RÉP. TRAV. v° *Travailleur étranger*, par WOLMARK.

BIBL. GÉN. ▸ BONNECHÈRE, *Dr. ouvrier 1985. 77 ; ibid. 1986. 393* (réglementation de l'immigration) ; *ibid. 1990. 461* (vers un droit à l'intégration). – COMBREXELLE, *Gaz. Pal. 1988. 2.*

Doctr. 648 (évolution du droit des étrangers). – COMBREXELLE et CHABANOL, *ibid. 1987. 2. Doctr. 613*. – GUIMEZANES, *JCP 1987. I. 3270* (loi du 9 sept. 1986) ; *JCP 1990. I. 3424* (loi n° 89-548 du 2 août 1989). – LOSCHAK, *Dr. soc. 1990. 76* ✐ (licéité des discriminations frappant les étrangers ?). – MANGEMATIN, *Dr. soc. 2013. 402* ✐ (rupture de la relation de travail du travailleur étranger en situation irrégulière). – MOTTIN, *JCP 1989. I. 3380* (une priorité d'emploi aux travailleurs français est-elle possible en droit ?). – SAVATIER, *Dr. soc. 1986. 424* (sanctions civiles à l'emploi des salariés étrangers).

CHAPITRE PREMIER **EMPLOI D'UN SALARIÉ ÉTRANGER**

SECTION PREMIÈRE **ACCORDS INTERNATIONAUX**

Art. L. 5221-1 **Les dispositions du présent titre sont applicables, sous réserve de celles des traités, conventions ou accords régulièrement ratifiés ou approuvés et publiés, et notamment des traités instituant les communautés européennes ainsi que de celles des actes des autorités de ces communautés pris pour l'application de ces traités.** – *[Anc. art. L. 341-1.]*

SECTION II **INTRODUCTION D'UN TRAVAILLEUR ÉTRANGER**

Art. L. 5221-2 **Pour entrer en France en vue d'y exercer une profession salariée, l'étranger présente :**

1° Les documents et visas exigés par les conventions internationales et les règlements en vigueur ;

2° Un contrat de travail visé par l'autorité administrative ou une autorisation de travail. — *[Anc. art. L. 341-2, al. 1.] — V. CESEDA, art. L. 211-1 et L. 212-2, App. III, B. Étrangers.*

En application de l'art. L. 231-5 CRPA, et par exception à l'application du délai de deux mois prévu à l'art. L. 231-1 du même code, le silence gardé par l'administration pendant deux mois vaut décision de rejet pour une demande d'autorisation de travail délivrée à un étranger en vue d'exercer une activité salariée en France (Décr. n° 2014-1292 du 23 oct. 2014, art. 1er).

1. Rupture imputable au travailleur. En présence d'un refus de renouvellement d'un permis de travail mettant le salarié dans l'impossibilité de continuer à effectuer un travail au service d'une entreprise, la rupture du contrat n'est pas imputable à cette dernière. • Soc. 4 juill. 1978 : *Bull. civ. V, n° 545 ; D. 1980. 30, 2e esp., note G. Lyon-Caen.* ♦ Comp., lorsque le non-renouvellement est dû à une faute de l'employeur : • Soc. 13 févr. 1991 : ⚖ *RJS 1991. 265, n° 505.*

2. Admission exceptionnelle au séjour et accès au marché du travail. La demande présentée par un étranger sur le fondement de l'art. L. 313-14 CESEDA n'a pas à être instruite dans les règles fixées par le code du travail relativement à la délivrance de l'autorisation de travail mentionnée à l'art. L. 5221-2 ; à Paris, le préfet de police n'est pas tenu de saisir le préfet de Paris afin que ce dernier accorde ou refuse, préalablement à ce qu'il soit statué sur la délivrance de la carte de séjour temporaire, l'autorisation de travail visée à l'art. L. 5221-5 C. trav. ; la demande d'autorisation de travail pourra, en tout état de cause, être présentée auprès de l'administration compétente lorsque l'étranger disposera d'un récépissé de demande de titre de séjour ou même de la carte sollicitée. • CE 8 juin 2010, ⚖ *Sacko : Lebon à paraître ; AJDA 2010. 1123* ✐.

Art. L. 5221-2-1 *(L. n° 2016-274 du 7 mars 2016, art. 19)* **Par dérogation à l'article L. 5221-2, l'étranger qui entre en France afin d'y exercer une activité salariée pour une durée inférieure ou égale à trois mois dans un domaine figurant sur une liste fixée par décret n'est pas soumis à la condition prévue au 2° du même article.** — *V. art. D. 5221-2-1.*

Art. L. 5221-3 **L'étranger qui souhaite entrer en France en vue d'y exercer une profession salariée et qui manifeste la volonté de s'y installer durablement atteste d'une connaissance suffisante de la langue française sanctionnée par une validation des acquis de l'expérience ou s'engage à l'acquérir après son installation en France.** — *[Anc. art. L. 341-2, al. 2 début.]*

Art. L. 5221-4 **Sous réserve des accords internationaux, il est interdit à une entreprise de travail temporaire de mettre à la disposition de quelque personne que ce soit**

des travailleurs étrangers si la prestation de service s'effectue hors du territoire français. – *[Anc. art. L. 341-3.] – V. art. L. 5224-1 (pén.).*

SECTION III CONDITIONS D'EXERCICE D'UNE ACTIVITÉ SALARIÉE

Art. L. 5221-5 Un étranger autorisé à séjourner en France ne peut exercer une activité professionnelle salariée en France sans avoir obtenu au préalable l'autorisation de travail mentionnée au 2° de l'article L. 5221-2.

(L. n° 2009-1437 du 24 nov. 2009) « L'autorisation de travail est accordée de droit à l'étranger autorisé à séjourner en France pour la conclusion d'un contrat d'apprentissage ou de professionnalisation à durée déterminée. »

L'autorisation de travail peut être retirée si l'étranger ne s'est pas fait délivrer un certificat médical dans les trois mois suivant la délivrance de cette autorisation.

En application de l'art. L. 231-5 CRPA, et par exception à l'application du délai de deux mois prévu à l'art. L. 231-1 du même code, le silence gardé par l'administration pendant deux mois vaut décision de rejet pour une demande d'autorisation de travail délivrée à un étranger en vue d'exercer une activité salariée en France (Décr. n° 2014-1292 du 23 oct. 2014, art. 1er).

Le pouvoir d'apprécier la situation du demandeur d'une carte de séjour, au regard de l'exercice d'une activité salariée, appartient au préfet et, le cas échéant, au directeur départemental du travail en vertu d'une délégation de signature et non au préfet délégué pour la police. • CE 24 févr. 1989 : *D. 1989. IR 113 ; AJDA 1989. 404, obs. Prétot.*

Art. L. 5221-6 La délivrance d'un titre de séjour ouvre droit, dans les conditions fixées aux chapitres III à VI du titre Ier du livre III du code de l'entrée et du séjour des étrangers et du droit d'asile, à l'exercice d'une activité professionnelle salariée.

Art. L. 5221-7 L'autorisation de travail peut être limitée à certaines activités professionnelles ou zones géographiques.

L'autorisation délivrée en France métropolitaine ne confère de droits qu'en France métropolitaine.

Pour l'instruction de la demande d'autorisation de travail, l'autorité administrative peut échanger tous renseignements et documents relatifs à cette demande avec les organismes concourant au service public de l'emploi mentionnés à l'article L. 5311-2, avec les organismes gérant un régime de protection sociale, avec l'établissement mentionné à l'article L. 767-1 du code de la sécurité sociale ainsi qu'avec les caisses de congés payés prévues à l'article *(L. n° 2016-1088 du 8 août 2016, art. 8)* « L. 3141-32 ». – *[Anc. art. L. 341-4, al. 2 à 4.]*

Art. L. 5221-8 L'employeur s'assure auprès des administrations territorialement compétentes de l'existence du titre autorisant l'étranger à exercer une activité salariée en France, sauf si cet étranger est inscrit sur la liste des demandeurs d'emploi tenue par l'*(L. n° 2008-126 du 13 févr. 2008)* « institution mentionnée à l'article L. 5312-1 ». – *[Anc. art. L. 341-6, al. 3 fin.] – V. art. R. 5224-1 (pén.).*

Art. L. 5221-9 L'embauche d'un salarié étranger titulaire de la carte de séjour temporaire prévue à l'article L. 313-7 du code de l'entrée et du séjour des étrangers et du droit d'asile ne peut intervenir qu'après déclaration nominative effectuée par l'employeur auprès de l'autorité administrative. – *[Anc. art. L. 341-4-1.] – V. art. R. 5224-1 (pén.).*

Art. L. 5221-10 *Abrogé par L. n° 2008-1425 du 27 déc. 2008, art. 155.*

Art. L. 5221-11 Un décret en Conseil d'État détermine les modalités d'application des articles L. 5221-3 et L. 5221-5 à L. 5221-8. – *[Anc. art. L. 341-4, al. 6, L. 341-6, al. 3 début, L. 341-2, al. 2 fin.] – V. art. D. 5221-37.*

CHAPITRE II INTERDICTIONS

Art. L. 5222-1 Il est interdit, sous réserve des dispositions de l'article L. 7121-18 de se faire remettre ou tenter de se faire remettre, de manière occasionnelle ou renouvelée, des fonds, des valeurs ou des biens mobiliers en vue ou à l'occasion de l'introduction en France d'un travailleur étranger ou de son embauche. – *[Anc. art. L. 341-7-2.] – V. art. L. 5224-2 (pén.).*

Art. L. 5222-2 Il est interdit à tout employeur de se faire rembourser la redevance forfaitaire qu'il a versée à l' *(Décr. n° 2009-331 du 25 mars 2009)* « Office français de l'immigration et de l'intégration » ou les frais de voyage qu'il a réglés pour la venue d'un travailleur étranger en France ainsi que d'opérer sur le salaire de celui-ci des retenues, sous quelque dénomination que ce soit, à l'occasion de son embauche. – *[Anc. art. L. 341-7-1.] – V. art. L. 5224-4 (pén.).*

En sa qualité de travailleur étranger, le salarié ne peut faire l'objet d'aucune retenue sur son salaire, l'employeur ne peut pas pratiquer une retenue en contrepartie de la mise à disposition du logement. • Soc. 17 juill. 2001, n° 98-43.981 P : *D. 2001. IR 2460 ; Dr. soc. 2001. 1010, obs. Radé ; RJS 2001. 922, n° 1370.*

CHAPITRE III **OFFICE FRANÇAIS DE L'IMMIGRATION ET DE L'INTÉGRATION**

SECTION PREMIÈRE **MISSIONS ET EXERCICE DES MISSIONS**

Art. L. 5223-1 L'*(Décr. n° 2009-331 du 25 mars 2009)* « Office français de l'immigration et de l'intégration » est chargé, sur l'ensemble du territoire, du service public de l'accueil des étrangers titulaires, pour la première fois, d'un titre les autorisant à séjourner durablement en France.

Il a également pour mission de participer à toutes actions administratives, sanitaires et sociales relatives :

1° A l'entrée et au séjour d'une durée inférieure ou égale à trois mois des étrangers ;

2° A l'accueil des demandeurs d'asile *(L. n° 2015-925 du 29 juill. 2015, art. 27)* « et à la gestion de l'allocation pour demandeur d'asile mentionnée à l'article L. 744-9 du code de l'entrée et du séjour des étrangers et du droit d'asile » ;

3° A l'introduction en France, au titre du regroupement familial *(L. n° 2007-1631 du 20 nov. 2007)* « , du mariage avec un Français » ou en vue d'y effectuer un travail salarié, d'étrangers ressortissants de pays tiers à l'Union européenne ;

4° Au contrôle médical des étrangers admis à séjourner en France pour une durée supérieure à trois mois ;

5° Au retour et à la réinsertion des étrangers dans leur pays d'origine ;

(L. n° 2009-323 du 25 mars 2009, art. 67-IV) « 6° A l'intégration en France des étrangers, pendant une période de cinq années au plus à compter de la délivrance d'un premier titre de séjour les autorisant à séjourner durablement en France ou, pour la mise en œuvre des dispositifs d'apprentissage de la langue française adaptés à leurs besoins, le cas échéant en partenariat avec d'autres opérateurs, quelle que soit la durée de leur séjour » ;

(L. n° 2016-274 du 7 mars 2016, art. 20, en vigueur le 1er janv. 2017) « 7° A la procédure d'instruction des demandes de titre de séjour en qualité d'étranger malade prévue au 11° de l'article L. 313-11 du code de l'entrée et du séjour des étrangers et du droit d'asile. »

(L. n° 2015-925 du 29 juill. 2015, art. 27) « Le conseil d'administration de l'Office français de l'immigration et de l'intégration délibère sur le rapport annuel d'activité présenté par le directeur général, qui comporte des données quantitatives et qualitatives par sexe ainsi que des données sur les actions de formation des agents, en particulier sur la prise en compte des enjeux relatifs au sexe et à la vulnérabilité dans l'accueil des demandeurs d'asile. » – *V.* ***Addendum.***

Des agents non titulaires de l'Agence nationale pour la cohésion sociale et l'égalité des chances affectés aux missions antérieurement exercées par celle-ci en matière d'intégration sont transférés à l'organisme mentionné à l'art. L. 5223-1, dans des conditions fixées par arrêté des ministres concernés. Ils conservent, lors de ce transfert, le bénéfice de leurs contrats (L. n° 2009-323 du 25 mars 2009, art. 67-V).

Les dispositions issues de la L. n° 2015-925 du 29 juill. 2015 s'appliquent aux demandeurs d'asile dont la demande a été enregistrée à compter du 1er nov. 2015 (L. préc., art. 35-V ; Décr. n° 2015-1166 du 21 sept. 2015, art. 30-II).

SECTION II **STATUT, ORGANISATION ET FONCTIONNEMENT**

Art. L. 5223-2 L'*(Décr. n° 2009-331 du 25 mars 2009)* « Office français de l'immigration et de l'intégration » est un établissement public administratif de l'État. – *[Anc. art. L. 341-9, al. 1er, phrase 1.]*

Art. L. 5223-3 L'*(Décr. n° 2009-331 du 25 mars 2009)* « Office français de l'immigration et de l'intégration » est administré par un conseil d'administration composé :

1° D'un président nommé par décret ;

(L. n° 2015-925 du 29 juill. 2015, art. 27) « 1° *bis* De deux parlementaires, désignés l'un par l'Assemblée nationale et l'autre par le Sénat ; »

2° De représentants de l'État ;

3° De représentants du personnel de l'office ;

4° De personnalités qualifiées. – *[Anc. art. L. 341-10, al. 1er début et al. 2 et al. 3 début.]*

Art. L. 5223-4 (Abrogé par L. n° 2015-925 du 29 juill. 2015, art. 34-I) *Pour l'exercice de ses missions, l'*(Décr. n° 2009-331 du 25 mars 2009) *« Office français de l'immigration et de l'intégration » peut recruter des agents non titulaires par contrat de travail à durée indéterminée.*

Art. L. 5223-5 Les règles d'organisation et de fonctionnement de l'*(Décr. n° 2009-331 du 25 mars 2009)* « Office français de l'immigration et de l'intégration » sont déterminées par décret en Conseil d'État. – *[Anc. art. L. 341-10, al. 6.] – V. art. R. 5223-4 s.*

SECTION III **RESSOURCES**

Art. L. 5223-6 Les ressources de l'*(Décr. n° 2009-331 du 25 mars 2009)* « Office français de l'immigration et de l'intégration » sont constituées par des taxes, des redevances et des subventions de l'État. – *[Anc. art. L. 341-10, al. 4.]*

CHAPITRE IV **DISPOSITIONS PÉNALES**

Art. L. 5224-1 Le fait de méconnaître les dispositions de l'article L. 5221-4 est puni d'une amende de 3 000 €.

La juridiction peut également prononcer à titre de peines complémentaires :

1° L'interdiction d'exercer l'activité d'entrepreneur de travail temporaire pour une durée de dix ans au plus ;

2° L'affichage du jugement aux frais de la personne condamnée dans les conditions prévues à l'article 131-35 du code pénal et son insertion, intégrale ou par extraits, dans les journaux qu'elle désigne. Ces frais ne peuvent excéder le montant maximum de l'amende encourue. – *[Anc. art. L. 364-1 et L. 364-7.]*

BIBL. GÉN. ▸ RAULINE, *Dr. soc. 1994. 123* (loi du 20 déc. 1993).

Art. L. 5224-2 Le fait de méconnaître les dispositions de l'article L. 5222-1 est puni d'un emprisonnement de trois ans et d'une amende de 45 000 €.

La juridiction peut également prononcer à titre de peines complémentaires :

1° L'interdiction, pour une durée de cinq ans au plus, d'exercer directement ou par personne interposée l'activité professionnelle dans l'exercice ou à l'occasion de l'exercice de laquelle l'infraction a été commise, selon les modalités prévues par l'article 131-27 du code pénal ;

2° L'exclusion des marchés publics pour une durée de cinq ans au plus ;

3° La confiscation des objets ayant servi, directement ou indirectement, à commettre l'infraction ou qui ont été utilisés à cette occasion, à quelque personne qu'ils appartiennent dès lors que leur propriétaire ne pouvait en ignorer l'utilisation frauduleuse, ainsi que des objets qui sont le produit de l'infraction et qui appartiennent au condamné ;

4° L'affichage du jugement aux frais de la personne condamnée dans les conditions prévues à l'article 131-35 du code pénal et son insertion, intégrale ou par extraits, dans les journaux qu'elle désigne. Ces frais ne peuvent excéder le montant maximum de l'amende encourue ;

5° L'interdiction, suivant les modalités prévues par l'article 131-26 du code pénal, des droits civiques, civils et de la famille ;

6° L'interdiction de séjour pour une durée de cinq ans au plus. – *[Anc. art. L. 364-5 et L. 364-8, al. 1er à 7.]*

Art. L. 5224-3 L'interdiction du territoire français peut être prononcée, dans les conditions prévues par les articles 131-30 à 131-30-2 du code pénal, pour une durée de dix ans au plus ou à titre définitif à l'encontre de tout étranger coupable des infractions définies à l'article L. 5224-2. – *[Anc. art. L. 364-9.]*

Art. L. 5224-4 Le fait de méconnaître les dispositions de l'article L. 5222-2 est puni d'un emprisonnement de deux ans et d'une amende de 3 000 €.

La juridiction peut également ordonner, à titre de peine complémentaire, l'affichage du jugement aux frais de la personne condamnée dans les conditions prévues à l'article 131-35 du code pénal et son insertion, intégrale ou par extraits, dans les journaux qu'elle désigne. Ces frais ne peuvent excéder le montant maximum de l'amende encourue. – *[Anc. art. L. 364-4, L. 364-8, al. 9.]*

LIVRE TROISIÈME **SERVICE PUBLIC DE L'EMPLOI ET PLACEMENT**

COMMENTAIRE

V. Dalloz.fr et applications mobiles Dalloz.

TITRE PREMIER **LE SERVICE PUBLIC DE L'EMPLOI**

CHAPITRE PREMIER **MISSIONS ET COMPOSANTES DU SERVICE PUBLIC DE L'EMPLOI**

RÉP. TRAV. v° *Agences d'emploi*, par ROUSSEAU.

BIBL. GÉN. ▸ BALMARY, *Dr. soc. 2006. 594* (un nouveau service public de l'emploi ?). – DE LA TOUR, *RDT 2008. Controverse. 568* (avons-nous besoin d'agences privées d'emploi ?). – HAMONIAUX, *Dr. soc. 1995. 851* (ANPE et droit communautaire). – ROUSSEAU, *Dr. soc. 2005. 456* (nouveau service public de l'emploi) ; *RDT 2008. Controverse. 568* (avons-nous besoin d'agences privées d'emploi ?). – SOLDINI, *Dr. soc. 2006. 599* (le service public de l'emploi et le droit de la concurrence). – VÉRICEL, *Dr. soc. 2000. 95* ; *ibid. 2008. 406* (la nouvelle réforme de l'organisation du service public de l'emploi). – WILLMANN, *JCP S 2008. 1475* (fusion ANPE-UNEDIC et nouveaux droits et devoirs du demandeur d'emploi).

▸ **Loi du 13 février 2008 :** VÉRICEL, *Dr. ouvrier 2009. 503* (difficile démarrage pour le dispositif d'aide à l'accès à l'emploi).

Art. L. 5311-1 Le service public de l'emploi a pour mission l'accueil, l'orientation, la formation et l'insertion ; il comprend le placement, le versement d'un revenu de remplacement, l'accompagnement des demandeurs d'emploi et l'aide à la sécurisation des parcours professionnels de tous les salariés.

1. Compétence juridictionnelle. Le juge judiciaire répressif est incompétent pour statuer sur la demande de dommages-intérêts provoquée par la discrimination engageant la responsabilité d'une personne morale de droit public à l'occasion de la gestion d'un service public administratif. • Crim. 30 sept. 2008 : *RDT 2009. 109, obs. Ecly*.

2. Information des demandeurs. Les organismes d'assurance chômage ont l'obligation d'assurer une information complète des demandeurs d'emploi. • Soc. 8 févr. 2012 : *RJS 2012. 407, n° 493 ; Dr. ouvrier 2012. 614, obs. L. C. ; JCP S 2012. 1488, obs. Willmann.*

Art. L. 5311-2 Le service public de l'emploi est assuré par :

1° Les services de l'État chargés de l'emploi et de l'égalité professionnelle ;

(L. n° 2008-126 du 13 févr. 2008) « 2° L'institution publique mentionnée à l'article L. 5312-1 ; »

3° *(Ord. n° 2016-1519 du 10 nov. 2016, art. 7, en vigueur le 1er janv. 2017)* « L'établissement mentionné à l'article L. 5315-1 du code du travail ».

Il est également assuré par *(L. n° 2008-126 du 13 févr. 2008)* « l'organisme gestionnaire du régime d'assurance chômage mentionné à l'article L. 5427-1 dans le cadre des dispositions légales qui lui » sont propres. – *[Anc. art. L. 311-1, al. 1er, phrases 2 et 3.]*

Art. L. 5311-3 *(L. n° 2015-991 du 7 août 2015, art. 6-I)* La région participe à la coordination des acteurs du service public de l'emploi sur son territoire, dans les conditions prévues aux articles L. 6123-3 et L. 6123-4.

Les départements, les communes et leurs groupements peuvent concourir au service public de l'emploi, dans les conditions prévues aux articles L. 5322-1 à L. 5322-4.

Art. L. 5311-3-1 *(L. n° 2015-991 du 7 août 2015, art. 7-I)* L'État peut déléguer à la région, dans les conditions prévues à l'article L. 1111-8-1 du code général des collectivités territoriales et après avis du comité régional de l'emploi, de la formation et de l'orientation professionnelles, la mission de veiller à la complémentarité et de coordonner l'action des différents intervenants, notamment les missions locales, les plans locaux pluriannuels pour l'insertion et l'emploi, Cap emploi et les maisons de l'emploi, ainsi que de mettre en œuvre la gestion prévisionnelle territoriale des emplois et des compétences, sans préjudice des prérogatives de l'institution mentionnée à l'article L. 5312-1 du présent code. La région évalue le taux d'insertion dans l'emploi.

La convention de délégation signée entre les présidents des régions délégataires et le représentant de l'État précise les objectifs et les conditions d'exercice et de suivi de la délégation, notamment les conditions de transfert par l'État aux régions délégataires des crédits affectés hors dispositifs nationaux des politiques de l'emploi.

Art. L. 5311-4 Peuvent également participer au service public de l'emploi :

1° Les organismes publics ou privés dont l'objet consiste en la fourniture de services relatifs au placement, à l'insertion, à la formation et à l'accompagnement des demandeurs d'emploi ;

(L. n° 2011-901 du 28 juill. 2011, art. 12) « 1° *bis* Les organismes de placement spécialisés dans l'insertion professionnelle des personnes handicapées, avec avis consultatif ; »

2° Les organismes liés à l'État par une convention mentionnée à l'article L. 5132-2, relative à l'insertion par l'activité économique de personnes rencontrant des difficultés sociales et professionnelles particulières ;

3° Les entreprises de travail temporaire ;

4° *Abrogé par L. n° 2010-853 du 23 juill. 2010, art. 29-I.*

Art. L. 5311-5 *Abrogé par L. n° 2008-126 du 13 févr. 2008, art. 16.*

Art. L. 5311-6 Des décrets en Conseil d'État déterminent les conditions d'application du présent chapitre, notamment les modalités de coordination des actions des services de l'État, de l'*(L. n° 2008-126 du 13 févr. 2008)* « institution mentionnée à l'article L. 5312-1 » et de l' *(L. n° 2008-126 du 13 févr. 2008)* « organisme gestionnaire du régime d'assurance chômage » en l'absence de la convention pluriannuelle prévue à l'article L. 5311-5. – *[Anc. art. L. 311-12 et L. 311-1, al. 7, phrase 2.]*

CHAPITRE II **PLACEMENT ET EMPLOI**

(L. n° 2008-126 du 13 févr. 2008)

Art. L. 5312-1 *(L. n° 2014-288 du 5 mars 2014, art. 20-I)* « Pôle emploi est » une institution nationale publique dotée de la personnalité morale et de l'autonomie financière *(L. n° 2014-288 du 5 mars 2014, art. 20-I)* « qui » a pour mission de :

1° Prospecter le marché du travail, développer une expertise sur l'évolution des emplois et des qualifications, procéder à la collecte des offres d'emploi, aider et conseiller les entreprises dans leur recrutement, assurer la mise en relation entre les offres et les demandes d'emploi et participer activement à la lutte contre les discriminations à l'embauche et pour l'égalité professionnelle ;

2° Accueillir, informer, orienter et accompagner les personnes, qu'elles disposent ou non d'un emploi, à la recherche d'un emploi, d'une formation ou d'un conseil professionnel, prescrire toutes actions utiles pour développer leurs compétences professionnelles et améliorer leur employabilité, favoriser leur reclassement et leur promotion

professionnelle, faciliter leur mobilité géographique et professionnelle et participer aux parcours d'insertion sociale et professionnelle ;

3° Procéder aux inscriptions sur la liste des demandeurs d'emploi, tenir celle-ci à jour dans les conditions prévues au titre Ier du livre IV de la présente partie et assurer à ce titre le contrôle de la recherche d'emploi dans les conditions prévues au chapitre VI du titre II du livre IV ;

4° Assurer, pour le compte de l'organisme gestionnaire du régime d'assurance chômage, le service de l'allocation d'assurance et, pour le compte de l'État *(Abrogé par L. n° 2016-1918 du 29 déc. 2016, art. 143-I, à compter du 1er janv. 2018)* ***« ou du Fonds de solidarité prévu à l'article L. 5423-24 »*, le service des allocations de solidarité prévues à la section I du chapitre III du titre II du livre IV de la présente partie,** *(Abrogé par L. n° 2016-1917 du 29 déc. 2016, art. 87, en vigueur à compter d'une date fixée par décret et au plus tard le 1er sept. 2017)* ***« , de la prime forfaitaire mentionnée à l'article L. 5425-3 »*, des allocations mentionnées à l'article L. 5424-21 ainsi que de toute autre allocation ou aide dont l'État lui confierait le versement par convention ;**

5° Recueillir, traiter, diffuser et mettre à la disposition des services de l'État et de l'organisme gestionnaire du régime d'assurance chômage les données relatives au marché du travail et à l'indemnisation des demandeurs d'emploi ;

6° Mettre en œuvre toutes autres actions qui lui sont confiées par l'État, les collectivités territoriales et l'organisme gestionnaire du régime d'assurance chômage en relation avec sa mission.

(L. n° 2014-288 du 5 mars 2014, art. 20-I) **« Pôle emploi » agit en collaboration avec les instances territoriales intervenant dans le domaine de l'emploi, en particulier les maisons de l'emploi, ainsi qu'avec les associations nationales et les réseaux spécialisés d'accueil et d'accompagnement, par des partenariats adaptés.**

1. Sur la compatibilité du monopole confié à un service public pour le placement des travailleurs sans emploi avec le traité de Rome, V. • CJCE 23 avr. 1991 : *RJS 1991. 474, n° 908.*

2. Les carences graves de Pôle emploi dans sa mission d'accompagnement d'un demandeur d'emploi durant sa recherche d'emploi constituent, au sens de l'article L. 521-2 du code de la justice administrative, une atteinte au droit d'obtenir un emploi consacré par l'alinéa 5 du Préambule de la Constitution de 1946. • TA Paris, 11 sept. 2012 : *D. 2012. Actu. 2249, obs. Ines ; RDT 2012. 558, obs. Fabre.* ♦ Mais la carence de Pôle emploi dans le suivi d'un chômeur ne caractérise pas l'urgence, au sens du référé-liberté, permettant au juge des référés de prendre, dans les quarante-huit heures, les mesures de sauvegarde utiles. • CE, réf., 4 oct. 2012 : *D. 2012. Actu. 2526, obs. de Montecler ; RDT 2013. 33, obs. Grévy ; RJS 2012. 827, n° 979 ; Dr. ouvrier 2013. 77, note Camaji ; Sem. soc. Lamy 2012, n° 1555, p. 11, obs. Champeaux.*

Art. L. 5312-2 **L'institution mentionnée à l'article L. 5312-1 est administrée par un conseil d'administration et dirigée par un directeur général.**

Art. L. 5312-3 *(L. n° 2015-991 du 7 août 2015, art. 6-I)* **« Après concertation au sein du Conseil national de l'emploi, de la formation et de l'orientation professionnelles, » une convention pluriannuelle conclue entre l'État, l'organisme gestionnaire du régime d'assurance chômage mentionné à l'article L. 5427-1 et l'institution publique mentionnée à l'article L. 5312-1 définit les objectifs assignés à celle-ci au regard de la situation de l'emploi et au vu des moyens prévisionnels qui lui sont alloués par l'organisme gestionnaire du régime d'assurance chômage et l'État.**

Elle précise notamment :

1° Les personnes devant bénéficier prioritairement des interventions de l'institution mentionnée à l'article L. 5312-1 ;

2° Les objectifs d'amélioration des services rendus aux demandeurs d'emploi et aux entreprises et en particulier le nombre de demandeurs d'emplois suivis en moyenne par conseiller et les objectifs de réduction de ce ratio ;

3° L'évolution de l'organisation territoriale de l'institution ;

(L. n° 2015-991 du 7 août 2015, art. 6-I) **« 3° *bis* Les conditions dans lesquelles l'institution coopère au niveau régional avec les autres intervenants du service public de l'emploi, le cas échéant au moyen des conventions régionales pluriannuelles de coordination de l'emploi, de l'orientation et de la formation ; »**

4° Les conditions de recours aux organismes privés exerçant une activité de placement mentionnés à l'article L. 5311-4 ;

5° Les conditions dans lesquelles les actions de l'institution sont évaluées à partir d'indicateurs de performance qu'elle définit.

Un comité de suivi veille à l'application de la convention et en évalue la mise en œuvre.

Art. L. 5312-4 Le conseil d'administration comprend :

1° Cinq représentants de l'État ;

2° Cinq représentants des employeurs et cinq représentants des salariés ;

3° Deux personnalités qualifiées choisies en raison de leurs compétences dans les domaines d'activité de l'institution ;

(L. n° 2015-991 du 7 août 2015, art. 6-I) « 4° Un représentant des régions, désigné sur proposition de l'Association des régions de France ;

« 5° Un représentant des autres collectivités territoriales, désigné sur proposition conjointe des associations des collectivités concernées. »

Les représentants des employeurs et les représentants des salariés sont désignés par les organisations syndicales d'employeurs et de salariés représentatives au niveau national et interprofessionnel, mentionnées à l'article L. 5422-22.

Les personnalités qualifiées sont désignées par le ministre chargé de l'emploi.

Le président est élu par le conseil d'administration en son sein.

Art. L. 5312-5 Le conseil d'administration règle par ses délibérations les affaires relatives à l'objet de l'institution.

Les décisions relatives au budget et aux emprunts ainsi qu'aux encours maximaux des crédits de trésorerie sont prises à la majorité des deux tiers des membres présents.

Le conseil d'administration désigne en son sein un comité d'audit et un comité d'évaluation.

Art. L. 5312-6 Le directeur général exerce la direction de l'institution dans le cadre des orientations définies par le conseil d'administration ; il prépare les délibérations de ce conseil et en assure l'exécution.

Le directeur général est nommé par décret, après avis du conseil d'administration. Le conseil d'administration peut adopter, à la majorité des deux tiers de ses membres, une délibération demandant sa révocation.

Art. L. 5312-7 Le budget de l'institution comporte quatre sections non fongibles qui doivent chacune être présentées à l'équilibre :

1° La section "Assurance chômage" retrace en dépenses les allocations d'assurance prévues à la section I du chapitre II du titre II du livre IV de la présente partie, qui sont versées pour le compte de l'organisme gestionnaire du régime d'assurance chômage, ainsi que les cotisations sociales afférentes à ces allocations dans les conditions prévues par les lois et règlements en vigueur, et en recettes une contribution de l'organisme gestionnaire du régime d'assurance chômage prévue à l'article L. 5422-20 permettant d'assurer l'équilibre ;

2° La section "Solidarité" retrace en dépenses les allocations et aides versées pour le compte de l'État *(Abrogé par L. n° 2016-1918 du 29 déc. 2016, art. 143-I, à compter du 1er janv. 2018)* ***« ou du Fonds de solidarité prévu à l'article L. 5423-24 »***, ainsi que les cotisations sociales afférentes à ces allocations dans les conditions prévues par les lois et règlements en vigueur, et en recettes une contribution de l'État et du Fonds de solidarité susmentionné *[nouvelle rédaction issue de la L. n° 2016-1918 du 29 déc. 2016, art. 143-I, en vigueur le 1er janv. 2018 : « la contribution exceptionnelle de solidarité définie à l'article L. 5423-26 du présent code et à l'article L. 327-28 du code du travail applicable à Mayotte ainsi qu'une contribution de l'État »]* permettant d'assurer l'équilibre ;

3° La section "Intervention" comporte en dépenses les dépenses d'intervention concourant au placement, à l'orientation, à l'insertion professionnelle, à la formation et à l'accompagnement des demandeurs d'emploi ;

4° La section "Fonctionnement et investissement" comporte en dépenses les charges de personnel et de fonctionnement, les charges financières et les charges exceptionnelles et les dépenses d'investissement.

Le financement de ces deux dernières sections est assuré par une contribution de l'État et une contribution de l'organisme gestionnaire du régime d'assurance chômage dans les conditions prévues à l'article L. 5422-24 ainsi que, le cas échéant, les subventions des collectivités territoriales et autres organismes publics et les produits reçus au titre des prestations pour services rendus, toutes autres recettes autorisées par les lois et règlements en vigueur, les produits financiers et les produits exceptionnels.

L'institution peut en outre créer toute autre section pour compte de tiers.

La contribution de l'État et la contribution de l'organisme gestionnaire du régime d'assurance chômage sont fixées à un niveau compatible avec la poursuite des activités de l'institution, compte tenu de l'évolution du marché du travail.

L'institution est autorisée à placer ses fonds disponibles dans des conditions fixées par les ministres chargés de l'emploi et du budget.

Art. L. 5312-8 L'institution est soumise en matière de gestion financière et comptable aux règles applicables aux entreprises industrielles et commerciales.

Elle est soumise à l'ordonnance n° 2005-649 du 6 juin 2005 relative aux marchés passés par certaines personnes publiques ou privées non soumises au code des marchés publics.

Art. L. 5312-9 Les agents de l'institution nationale, qui sont chargés d'une mission de service public, sont régis par le présent code dans les conditions particulières prévues par une convention collective étendue agréée par les ministres chargés de l'emploi et du budget. Cette convention comporte des stipulations, notamment en matière de stabilité de l'emploi et de protection à l'égard des influences extérieures, nécessaires à l'accomplissement de cette mission.

Les règles relatives aux relations collectives de travail prévues par la deuxième partie du présent code s'appliquent à tous les agents de l'institution, sous réserve des garanties justifiées par la situation particulière de ceux qui restent contractuels de droit public. Ces garanties sont définies par décret en Conseil d'État.

Répartition des compétences. La définition des principes généraux d'ouverture des sites mixtes, les décisions d'engagement des travaux, de mouvement de personnel et d'ouverture des sites mixtes qui s'inscrivent dans le processus de réorganisation du service public de l'emploi consécutif à la création de Pôle emploi, en vue d'assurer les services d'indemnisation et de placement des demandeurs d'emploi, constituent des décisions structurelles d'organisation du service public ; le juge de l'ordre administratif est donc seul compétent pour trancher un litige relatif à la procédure de consultation préalable des institutions représentatives du personnel. • Soc. 5 janv. 2011 : *Dalloz actualité, 2 févr. 2011, obs. Perrin ; JCP S 2011. 1115, obs. Brissy.* ♦ En revanche, le juge judiciaire est compétent pour trancher un litige relatif à une procédure de consultation préalable des institutions représentatives du personnel lorsque est en cause une décision qui ne se rapporte pas à l'organisation de ce service public. • Soc. 16 déc. 2014, n° 13-20.443 : *Dalloz actualité, 21 janv. 2015, obs. Ines ; D. 2015. Actu. 83 ; JCP S 2015. 1094, obs. Brissy ; JS Lamy 2015, n° 384-6, obs. Levavasseur.*

Art. L. 5312-10 L'institution est organisée en une direction générale et des directions régionales.

Au sein de chaque direction régionale, une instance paritaire, composée de représentants des employeurs et des salariés désignés par les organisations syndicales d'employeurs et de salariés représentatives au niveau national et interprofessionnel, veille à l'application *(L. n° 2016-1088 du 8 août 2016, art. 121)* « des accords d'assurance chômage prévus » à l'article L. 5422-20 *(L. n° 2016-1088 du 8 août 2016, art. 121)* « , statue dans les cas prévus par ces accords selon les modalités d'examen qu'ils définissent » et est consultée sur la programmation des interventions au niveau territorial.

(L. n° 2016-1088 du 8 août 2016, art. 121) « Il peut, en outre, être créé au sein de Pôle emploi, par délibération de son conseil d'administration, des instances paritaires territoriales ou spécifiques exerçant tout ou partie des missions prévues au deuxième alinéa du présent article. »

Art. L. 5312-11 (Abrogé par L. n° 2015-991 du 7 août 2015, art. 6-I) *Une convention annuelle est conclue au nom de l'État par l'autorité administrative et le représentant régional de l'institution.*

Cette convention, compte tenu des objectifs définis par la convention prévue à l'article L. 5312-3, détermine la programmation des interventions de l'institution au regard de la situation locale de l'emploi et du marché du travail et précise les conditions dans lesquelles elle participe à la mise en œuvre des actions prévues à l'article L. 5111-1. Elle fixe également les conditions d'évaluation de son action et encadre les conditions dans lesquelles l'institution coopère avec les maisons de l'emploi, les missions locales, l'Association nationale pour la formation professionnelle des adultes et les autres intervenants du service public de l'emploi.

Art. L. 5312-12 Les litiges relatifs aux prestations dont le service est assuré par l'institution, pour le compte de l'organisme chargé de la gestion du régime d'assurance chômage, de l'État ou du Fonds de solidarité prévu à l'article L. 5423-24 *[nouvelle rédaction issue de la L. n° 2016-1918 du 29 déc. 2016, art. 143-I, en vigueur le 1er janv. 2018 : « ou de l'État »]* sont soumis au régime contentieux qui leur était applicable antérieurement à la création de cette institution.

L'allocation temporaire d'attente, versée par Pôle emploi pour le compte de l'État en application d'une convention passée avec lui, ne relève pas du régime de l'assurance chômage mais du régime de la solidarité, de sorte que les litiges relatifs à son attribution sont de la compétence de l'ordre administratif. • T. confl. 7 avr. 2014 : *AJDA 2014. 827 ; RJS 2014. 411, n° 510.*

Art. L. 5312-12-1 *(L. n° 2008-758 du 1er août 2008)* Il est créé, au sein de l'institution mentionnée à l'article L. 5312-1, un médiateur national dont la mission est de recevoir et de traiter les réclamations individuelles relatives au fonctionnement de cette institution, sans préjudice des voies de recours existantes. Le médiateur national, placé auprès du directeur général, coordonne l'activité de médiateurs régionaux, placés auprès de chaque directeur régional, qui reçoivent et traitent les réclamations dans le ressort territorial de la direction régionale. Les réclamations doivent avoir été précédées de démarches auprès des services concernés.

Le médiateur national est le correspondant du *(L. n° 2011-334 du 29 mars 2011, art. 17-I-2°)* « Défenseur des droits ».

Il remet chaque année au conseil d'administration de l'institution mentionnée à l'article L. 5312-1 un rapport dans lequel il formule les propositions qui lui paraissent de nature à améliorer le fonctionnement du service rendu aux usagers. Ce rapport est transmis au ministre chargé de l'emploi, au *(L. n° 2014-288 du 5 mars 2014, art. 24-II)* « Conseil national de l'emploi, de la formation et de l'orientation professionnelles mentionné à l'article L. 6123-1 » et au *(L. n° 2011-334 du 29 mars 2011, art. 17-I-2°)* « Défenseur des droits ».

(L. n° 2011-334 du 29 mars 2011, art. 15) « En dehors de celles qui mettent en cause l'institution mentionnée à l'article L. 5312-1, les réclamations qui relèvent de la compétence du Défenseur des droits en application de la loi organique n° 2011-333 du 29 mars 2011 relative au Défenseur des droits sont transmises à ce dernier. »

La saisine du *(L. n° 2011-334 du 29 mars 2011, art. 17-I-2°)* « Défenseur des droits », dans son champ de compétences, met fin à la procédure de réclamation.

Art. L. 5312-13 Les biens immobiliers de l'institution mentionnée à l'article L. 5312-1 relèvent en totalité de son domaine privé. Sont déclassés les biens immobiliers qui lui sont transférés, lorsqu'ils appartiennent au domaine public. Lorsqu'un ouvrage ou terrain appartenant à l'institution est nécessaire à la bonne exécution de ses missions de service public ou au développement de celles-ci, l'État peut s'opposer à sa cession, à son apport, sous quelque forme que ce soit, à la création d'une sûreté sur cet ouvrage ou terrain, ou subordonner la cession, la réalisation de l'apport ou la création de la sûreté à la condition qu'elle ne soit pas susceptible de porter préjudice à l'accomplissement de ces missions. Est nul de plein droit tout acte de cession, apport ou création de sûreté réalisé sans que l'État ait été mis à même de s'y opposer, en violation de son opposition ou en méconnaissance des conditions fixées à la réalisation de l'opération.

Art. L. 5312-13-1 *(L. n° 2011-267 du 14 mars 2011, art. 105)* Au sein de l'institution mentionnée à l'article L. 5312-1, des agents chargés de la prévention des fraudes sont assermentés et agréés dans des conditions définies par arrêté du ministre chargé de l'emploi. Ces agents ont qualité pour dresser, en cas d'infraction aux dispositions du présent code entrant dans le champ de compétence de ladite institution, des procès-verbaux faisant foi jusqu'à preuve du contraire. Ils les transmettent, aux fins de poursuite, au procureur de la République s'il s'agit d'infractions pénalement sanctionnées. *— V. Arr. du 16 juin 2011 (JO 30 juin).*

Le fait de faire obstacle à l'accomplissement des fonctions des agents mentionnés au premier alinéa, quel que soit leur cadre d'action, est puni de six mois d'emprisonnement et de 7 500 € d'amende.

Ces dispositions ne sont pas applicables dans les îles Wallis-et-Futuna, en Polynésie française et en Nouvelle-Calédonie (L. nº 2011-267 du 14 mars 2011, art. 125).

Art. L. 5312-14 **Un décret en Conseil d'État précise les modalités d'application du présent chapitre.**

CHAPITRE III **MAISONS DE L'EMPLOI**

Art. L. 5313-1 *(L. nº 2008-126 du 13 févr. 2008)* **Les maisons de l'emploi, dont le ressort, adapté à la configuration des bassins d'emploi, ne peut excéder la région ou, en Corse, la collectivité territoriale, concourent à la coordination des politiques publiques et du partenariat local des acteurs publics et privés qui agissent en faveur de l'emploi, de la formation, de l'insertion et du développement économique.**

A partir d'un diagnostic partagé, elles exercent notamment une mission d'observation de la situation de l'emploi et d'anticipation des mutations économiques.

Elles contribuent à la coordination des actions du service public de l'emploi et participent en complémentarité avec l'institution mentionnée à l'article L. 5312-1, les réseaux spécialisés et les acteurs locaux dans le respect des compétences des régions et des départements :

— à l'accueil, l'information, l'orientation et l'accompagnement des personnes à la recherche d'une formation ou d'un emploi ;

— au maintien et au développement de l'activité et de l'emploi ainsi qu'à l'aide à la création et à la reprise d'entreprise.

En lien avec les entreprises, les partenaires sociaux, les chambres consulaires et les branches professionnelles, elles contribuent au développement de la gestion territorialisée des ressources humaines. Elles mènent également des actions d'information et de sensibilisation aux phénomènes des discriminations à l'embauche et dans l'emploi ainsi que relatives à l'égalité professionnelle et à la réduction des écarts de rémunération entre les femmes et les hommes.

Les maisons de l'emploi qui respectent les missions qui leur sont attribuées bénéficient d'une aide de l'État selon un cahier des charges dans des conditions fixées par décret en Conseil d'État.

V. Arr. du 21 déc. 2009 portant cahier des charges des maisons de l'emploi (JO 30 déc.).

Art. L. 5313-2 **Les maisons de l'emploi associent obligatoirement l'État, l'***(L. nº 2008-126 du 13 févr. 2008)* **« institution mentionnée à l'article L. 5312-1 » et au moins une collectivité territoriale ou un établissement public de coopération intercommunale.** — *[Anc. art. L. 311-10-1, al. 2.]*

Art. L. 5313-3 *(L. nº 2011-525 du 17 mai 2011, art. 119-VIII)* **Les maisons de l'emploi peuvent prendre la forme de groupements d'intérêt public régis par le chapitre II de la loi nº 2011-525 du 17 mai 2011 de simplification et d'amélioration de la qualité du droit.**

Les dispositions abrogées continuent de régir les groupements créés sur leur fondement jusqu'à la mise en conformité de la convention constitutive de ces groupements avec les dispositions issues de la L. nº 2011-525 du 17 mai 2011 qui doit intervenir dans les 2 ans suivant sa promulgation (L. préc., art. 120).

Art. L. 5313-4 *(Abrogé par L. nº 2011-525 du 17 mai 2011, art. 119-VIII)* ***Pour l'exercice de leurs missions, les membres du groupement peuvent créer ou gérer ensemble des équipements ou des services d'intérêt commun.***

Ils s'appuient sur les personnels mis à leur disposition par leurs membres.

Ils peuvent également, sur décision de leur conseil d'administration, recruter des personnels qui leur sont propres, régis par le présent code. — [Anc. art. L. 311-10-1, al. 6.]

V. note ss. art. L. 5313-3.

Art. L. 5313-5 **Des décrets en Conseil d'État déterminent les conditions d'application du présent chapitre.** — *[Anc. art. L. 311-12.]*

CHAPITRE IV MISSIONS LOCALES POUR L'INSERTION PROFESSIONNELLE ET SOCIALE DES JEUNES

Art. L. 5314-1 Des missions locales pour l'insertion professionnelle et sociale des jeunes peuvent être constituées entre l'État, des collectivités territoriales, des établissements publics, des organisations professionnelles et syndicales et des associations.

Elles prennent la forme d'une association ou d'un groupement d'intérêt public. Dans ce dernier cas, elles peuvent recruter des personnels qui leur sont propres, régis par le présent code. – *[Anc. art. L. 311-10-2, al. 1er et 2.]*

V. Circ. DGEFP n° 2005-09 du 19 mars 2005 relative à l'insertion professionnelle et sociale des jeunes.

Art. L. 5314-2 Les missions locales pour l'insertion professionnelle et sociale des jeunes, dans le cadre de leur mission de service public pour l'emploi, ont pour objet d'aider les jeunes de seize à vingt-cinq ans révolus à résoudre l'ensemble des problèmes que pose leur insertion professionnelle et sociale en assurant des fonctions d'accueil, d'information, d'orientation et d'accompagnement *(L. n° 2014-288 du 5 mars 2014, art. 21-I, en vigueur le 1er janv. 2015)* « à l'accès à la formation professionnelle initiale ou continue, ou à un emploi ».

Elles favorisent la concertation entre les différents partenaires en vue de renforcer ou compléter les actions conduites par ceux-ci, notamment pour les jeunes rencontrant des difficultés particulières d'insertion professionnelle et sociale.

Elles contribuent à l'élaboration et à la mise en œuvre, dans leur zone de compétence, d'une politique locale concertée d'insertion professionnelle et sociale des jeunes. *(L. n° 2016-41 du 26 janv. 2016, art. 6)* « A ce titre, les missions locales sont reconnues comme participant au repérage des situations qui nécessitent un accès aux droits sociaux, à la prévention et aux soins, et comme mettant ainsi en œuvre les actions et orientant les jeunes vers des services compétents qui permettent la prise en charge du jeune concerné par le système de santé de droit commun et la prise en compte par le jeune lui-même de son capital santé. »

(L. n° 2009-1437 du 24 nov. 2009) « Les résultats obtenus par les missions locales en termes d'insertion professionnelle et sociale, ainsi que la qualité de l'accueil, de l'information, de l'orientation et de l'accompagnement qu'elles procurent aux jeunes sont évalués dans des conditions qui sont fixées par convention avec l'État *(L. n° 2014-288 du 5 mars 2014, art. 21-I, en vigueur le 1er janv. 2015)* «, la région et les autres » collectivités territoriales qui les financent. Les financements accordés tiennent compte de ces résultats. »

V. note ss. art. L. 5211-2.

Art. L. 5314-3 Les missions locales pour l'insertion professionnelle et sociale des jeunes participent aux maisons de l'emploi. – *[Anc. art. L. 311-10-2, al. 3.]*

Art. L. 5314-4 Des décrets en Conseil d'État déterminent les conditions d'application du présent chapitre. – *[Anc. art. L. 311-12.]*

CHAPITRE V ÉTABLISSEMENT PUBLIC CHARGÉ DE LA FORMATION PROFESSIONNELLE DES ADULTES

(Ord. n° 2016-1519 du 10 nov. 2016, art. 1er)

Les dispositions de ce chap. entrent en vigueur à la date d'effet de la décision portant dissolution de l'Association nationale pour la formation professionnelle des adultes et au plus tard le 1er janv. 2017 (Ord. n° 2016-1519 du 10 nov. 2016, art. 9).

Art. L. 5315-1 Un établissement public de l'État à caractère industriel et commercial contribue au service public de l'emploi mentionné à l'article L. 5311-1. A ce titre :

1° Il participe à la formation et à la qualification des personnes les plus éloignées de l'emploi et contribue à leur insertion sociale et professionnelle ;

2° Il contribue à la politique de certification menée par le ministre chargé de l'emploi ;

3° Il contribue à l'égal accès des femmes et des hommes à la formation professionnelle et à la promotion de la mixité des métiers ;

4° Il contribue à l'égal accès, sur l'ensemble du territoire, aux services publics de l'emploi et de la formation professionnelle.

V. note ss. chapitre V.

I. — L'établissement public mentionné à l'art. L. 5315-1, dans sa rédaction résultant de l'Ord. n° 2016-1519 du 10 nov. 2016, est substitué à l'Association nationale pour la formation professionnelle des adultes dans les droits et obligations de toute nature qui pèsent sur cette association à compter de la date d'effet de la dissolution de celle-ci et dans des conditions fixées par décret.

Cette substitution est réalisée de plein droit, nonobstant toute disposition ou stipulation contraire. Elle n'a aucune incidence sur ces droits et obligations et n'entraîne ni la modification des contrats, conventions en cours conclues par l'Association nationale pour la formation professionnelle des adultes, ni leur résiliation, ni, le cas échéant, le remboursement anticipé des dettes qui en constituent l'objet. Elle entraîne le transfert de plein droit et sans formalité des accessoires des créances cédées et des sûretés réelles et personnelles les garantissant.

Les hypothèques consenties par l'Association nationale pour la formation professionnelle des adultes sur les droits réels issus de baux emphytéotiques administratifs conclus avec l'État sont transférées et se reportent directement sur les biens objets desdits baux lorsque ces biens sont apportés en pleine propriété à l'établissement public.

En cas de réalisation des sûretés ou des hypothèques susmentionnées, et si cette réalisation est de nature à porter préjudice à la bonne exécution ou au développement des missions de service public de l'établissement public, l'État peut s'y opposer.

II. — L'établissement mentionné à l'art. L. 5315-1 se substitue à l'Association nationale pour la formation professionnelle des adultes en tant qu'employeur des personnels titulaires d'un contrat de travail conclu antérieurement.

Le cas échéant, la ou les filiales de l'Association nationale pour la formation des adultes deviennent filiales de ce même établissement et s'y substituent en tant qu'employeurs des personnels titulaires d'un contrat de travail conclu antérieurement.

III. — Les conventions et accords collectifs applicables, avant la date d'entrée en vigueur de l'Ord. n° 2016-1519 du 10 nov. 2016, à l'Association nationale pour la formation professionnelle des adultes et à ses filiales s'appliquent, après cette date, à l'ensemble des personnels de l'établissement mentionné à l'art. L. 5315-1 C. trav. et, le cas échéant, à ses filiales.

IV. — Le directeur général de l'établissement public mentionné à l'art. L. 5315-1 prend toutes les mesures utiles à l'exercice des missions et activités de l'établissement public jusqu'à l'installation du conseil d'administration. Il rend alors compte de sa gestion à ce dernier (Ord. préc., art. 3).

Art. L. 5315-2 Dans le respect des compétences des régions chargées du service public régional de la formation professionnelle, l'établissement mentionné à l'article L. 5315-1 a également pour missions :

1° De contribuer à l'émergence et à l'organisation de nouveaux métiers et de nouvelles compétences, notamment par le développement d'une ingénierie de formation adaptée aux besoins ;

2° De développer une expertise prospective de l'évolution des compétences adaptées au marché local de l'emploi ;

3° De fournir un appui aux opérateurs chargés des activités de conseil en évolution professionnelle mentionné à l'article L. 6111-6 ;

4° D'exercer les activités qui constituent le complément normal de ses missions de service public et sont directement utiles à l'amélioration des conditions d'exercice de celles-ci, notamment :

_a)_ En contribuant à la politique de certification de l'État exercée par d'autres ministres que celui chargé de l'emploi, en application du chapitre V du titre III du livre III de la deuxième partie du code de l'éducation ;

_b)_ En participant à la formation des personnes en recherche d'emploi ;

_c)_ En participant à la formation des personnes en situation d'emploi ;

Les activités prévues aux _b_ et _c_ sont mises en œuvre au moyen des filiales créées dans les conditions mentionnées à l'article L. 5315-6 ;

5° De contribuer au développement des actions de formation en matière de développement durable et de transition énergétique prévues à l'article L. 6313-15.

V. note ss. chapitre V.

Art. L. 5315-3 L'établissement public est dirigé par un directeur général nommé par décret, après avis du Conseil national de l'emploi, de la formation et de l'orientation professionnelles.

Il est administré par un conseil d'administration composé de représentants de l'État, des régions, des organisations syndicales de salariés et des organisations professionnelles d'employeurs représentatives au niveau national et interprofessionnel, de personnalités qualifiées et de représentants du personnel. Pour la détermination du nombre de représentants de cette dernière catégorie, il peut être dérogé au cinquième alinéa de l'article 5 de la loi n° 83-675 du 26 juillet 1983 relative à la démocratisation du secteur public.

A l'exception de son président, nommé par décret parmi les personnalités qualifiées, les membres du conseil d'administration sont nommés par arrêté des ministres de tutelle.

Les représentants de l'État et des régions disposent chacun d'au plus deux voix.

V. note ss. chapitre V.

Art. L. 5315-4 Un médiateur national est chargé au sein de l'établissement public d'instruire les réclamations individuelles des usagers, sans préjudice des voies de recours existantes.

Le médiateur national est le correspondant du Défenseur des droits.

V. note ss. chapitre V.

Art. L. 5315-5 Les ressources de l'établissement public sont constituées par des dotations de l'État, des redevances pour service rendu, le produit des ventes et des locations ainsi que par des emprunts autorisés, dons et legs et recettes diverses.

Les dotations de l'État sont calculées pour compenser au plus la charge financière des missions et sujétions de service public résultant de l'application de l'article L. 5315-1 et des 1° à 3° et du *a* du 4° de l'article L. 5315-2.

V. note ss. chapitre V.

Art. L. 5315-6 L'établissement public peut créer des filiales ou prendre des participations dans des sociétés, groupements ou organismes en vue de réaliser toute opération utile à ses missions.

V. note ss. chapitre V.

Art. L. 5315-7 Les biens de l'établissement public relèvent de son domaine privé. Ils peuvent être librement gérés et aliénés dans les conditions du droit commun.

Lorsqu'un bien appartenant à l'établissement public est nécessaire à la bonne exécution de ses missions de service public ou au développement de celles-ci, l'État peut s'opposer à la disposition de ce bien par cession ou apport sous quelque forme que ce soit, à la création d'une sûreté sur ce bien, ou subordonner la cession, la réalisation de l'apport ou la création de la sûreté à la condition qu'elle ne soit pas susceptible de porter préjudice à l'accomplissement de ces missions. Est nul de plein droit tout acte de cession, apport ou création de sûreté réalisé sans que l'État ait été mis à même de s'y opposer, en violation de son opposition ou en méconnaissance des conditions fixées à la réalisation de l'opération.

Le produit des cessions des biens immobiliers transférés à l'établissement public, mentionnés dans l'arrêté prévu à l'article 2 de l'ordonnance n° 2016-1519 du 10 novembre 2016 est exclusivement réservé au financement des investissements destinés à l'exercice de la mission de service public prévue au 4° de l'article L. 5315-1 ou, à défaut, affecté au budget de l'État.

Il en est de même des produits des cessions des biens immobiliers financés en remploi du produit des ventes des biens visés au troisième alinéa.

Toutefois les produits issus de la réalisation des sûretés réelles portant sur des biens mentionnés au troisième alinéa sont destinés aux créanciers.

V. note ss. chapitre V.

Art. L. 5315-8 Les organismes de formation bénéficiant d'une habilitation au titre de l'article L. 6121-2-1 ont accès aux locaux et équipements de l'établissement public dans des conditions objectives, transparentes et non discriminatoires, selon des modalités fixées par une convention signée entre l'État, la région et l'établissement public.

Cette convention est conforme à la stratégie coordonnée de la région et de l'État prévue à l'article L. 6123-4-1.

Cette convention est conclue dans le respect d'un cahier des charges défini par décret en Conseil d'État qui fixe notamment les modalités du versement par l'organisme bénéficiaire à l'établissement public d'une redevance pour service rendu. Cette redevance est fixée en fonction du coût d'entretien et de fonctionnement des installations, après déduction des coûts liés aux actifs immobiliers mentionnés à l'article L. 5315-7.

V. note ss. chapitre V.

Art. L. 5315-9 Pour la mise en œuvre des dispositions prévues au 2° de l'article L. 5315-1 et au 1° de l'article L. 5315-2, les organismes de formation concourant au service public régional de la formation professionnelle défini à l'article L. 6121-2 ont accès aux locaux et équipements mentionnés à l'article L. 5315-7 dans des conditions objectives, transparentes et non discriminatoires selon un cahier des charges, défini par décret en Conseil d'État. Ce cahier des charges détermine notamment les modalités du versement par l'organisme bénéficiaire d'une redevance pour service rendu à l'établissement public.

V. note ss. chapitre V.

Art. L. 5315-10 Un décret en Conseil d'État définit les modalités d'application du présent chapitre.

V. note ss. chapitre V.

TITRE DEUXIÈME **PLACEMENT**

RÉP. TRAV. v° *Agences d'emploi*, par ROUSSEAU.

BIBL. GÉN. ▶ BUISSON, HAUTEFORT et MARTINEZ-RANDÉ, *Sem. soc. Lamy 1993, suppl. n° 655* (recrutement, embauche). – DUNES, *BS Lefebvre 1989. 257* (responsabilité du conseil en recrutement de personnel). – ROUSSEAU, *Dr. soc. 1990. 545* ✐ (conseils en recrutement, chasseurs de têtes et notion de placement).

CHAPITRE PREMIER **PRINCIPES**

Art. L. 5321-1 L'activité de placement consiste à fournir, à titre habituel, des services visant à rapprocher les offres et les demandes d'emploi, sans que la personne assurant cette activité ne devienne partie aux relations de travail susceptibles d'en découler.

(L. n° 2010-853 du 23 juill. 2010, art. 29-I) « La fourniture de services de placement peut être exercée à titre lucratif. Les entreprises de travail temporaire peuvent fournir des services de placement au sens du présent article. »

Art. L. 5321-2 Aucun service de placement ne peut être refusé à une personne à la recherche d'un emploi ou à un employeur fondé sur l'un des motifs de discrimination énumérés à l'article L. 1132-1. Aucune offre d'emploi ne peut comporter de référence à l'une des caractéristiques mentionnées à cet article. – *[Anc. art. L. 310-2, al. 1.]*

Art. L. 5321-3 Aucune rétribution, directe ou indirecte, ne peut être exigée des personnes à la recherche d'un emploi en contrepartie de la fourniture de services de placement, sous réserve des dispositions :

1° *(Ord. n° 2015-1682 du 17 déc. 2015, art. 15, en vigueur le 1er janv. 2016)* « De l'article L. 7121-9 », relatives aux conditions de placement, à titre onéreux, des artistes du spectacle ;

2° De l'article L. 222-6 du code du sport, relatives aux conditions d'exercice de l'activité d'agent sportif. – *[Anc. art. L. 310-2, al. 2.]*

CHAPITRE II **RÔLE DES COLLECTIVITÉS TERRITORIALES**

Art. L. 5322-1 Dans les localités où il n'existe pas de bureau de l'*(L. n° 2008-126 du 13 févr. 2008)* « institution mentionnée à l'article L. 5312-1 » ou de bureau des organismes ayant conclu une convention avec l'*(L. n° 2008-126 du 13 févr. 2008)* « institution mentionnée à l'article L. 5312-1 » en application des dispositions de l'article L. 5312-3, les maires sont chargés de recevoir et de consigner les déclarations des demandeurs d'emploi et de les transmettre à ces organismes ou, en l'absence de convention, à l'*(L. nº 2008-126 du 13 févr. 2008)* « institution mentionnée à l'article L. 5312-1 ». – *[Anc. art. L. 311-6.]*

Art. L. 5322-2 Les communes peuvent recevoir des offres d'emploi et réaliser des opérations de placement en faveur de leurs administrés à la recherche d'un emploi, après avoir conclu à cet effet une convention avec l'État et l'*(L. nº 2008-126 du 13 févr. 2008)* « institution mentionnée à l'article L. 5312-1 ». – *[Anc. art. L. 311-9.]*

Art. L. 5322-3 A leur demande, les maires, pour les besoins du placement ou pour la détermination des avantages sociaux auxquels peuvent prétendre les intéressés, ont communication de la liste des demandeurs d'emploi domiciliés dans leur commune. – *[Anc. art. L. 311-11.]*

Art. L. 5322-4 Des décrets en Conseil d'État déterminent les conditions d'application du présent chapitre, notamment les conditions de transmission aux maires de la liste des demandeurs d'emploi inscrits sur leur commune, en application de l'article L. 5322-3. – *[Anc. art. L. 311-12.]*

CHAPITRE III CONTRÔLE

Art. L. 5323-1 *(L. nº 2010-853 du 23 juill. 2010, art. 29-I)* « Les fonctionnaires et agents chargés du contrôle de l'application du droit du travail sont habilités à constater les manquements aux dispositions du chapitre Ier. »

Lorsque l'activité de placement est exercée en méconnaissance de ces dispositions ou en cas d'atteinte à l'ordre public, l'autorité administrative peut, après mise en demeure, ordonner la fermeture de l'organisme en cause pour une durée n'excédant pas trois mois. – *[Anc. art. L. 312-2.]*

Art. L. 5323-2 à L. 5323-3 *Abrogés par L. nº 2010-853 du 23 juill. 2010, art. 29-I.*

CHAPITRE IV DISPOSITIONS PÉNALES

Art. L. 5324-1 Le fait d'exiger une rétribution, directe ou indirecte, des personnes à la recherche d'un emploi, en contrepartie de la fourniture de services de placement, en méconnaissance des dispositions de l'article L. 5321-3, est puni d'un emprisonnement de six mois et d'une amende de 3 750 €. – *[Anc. art. L. 361-1.]*

TITRE TROISIÈME DIFFUSION ET PUBLICITÉ DES OFFRES ET DEMANDES D'EMPLOI

BIBL. ▸ ROUSSEAU, *Dr. soc. 1992. 323* ✎. – VERKINDT et WACONGNE, *ibid. 1993. 932* (travailleur vieillissant). – WALLON, *ibid. 1989. 488* (télématique et offres d'emploi).

CHAPITRE PREMIER INTERDICTIONS

Art. L. 5331-1 Il est interdit de vendre des offres ou des demandes d'emploi, quel que soit le support utilisé.

Toutefois, cette interdiction ne fait pas obstacle à l'insertion, à titre onéreux, d'offres ou de demandes d'emploi dans une publication ou un autre moyen de communication payant. – *[Anc. art. L. 311-4, al. 1.]*

Art. L. 5331-2 Il est interdit de faire publier dans un journal, revue ou écrit périodique ou de diffuser par tout autre moyen de communication accessible au public une insertion d'offres d'emploi ou d'offres de travaux à domicile comportant la mention d'une limite d'âge supérieure exigée du postulant à un emploi.

Cette interdiction ne concerne pas les offres qui fixent des conditions d'âge imposées par les dispositions légales. – *[Anc. art. L. 311-4, al. 5 et 6.]*

Art. L. 5331-3 Il est interdit de faire publier dans un journal, revue ou écrit périodique ou de diffuser par tout autre moyen de communication accessible au public une insertion d'offres d'emploi ou d'offres de travaux à domicile comportant des allégations fausses ou susceptibles d'induire en erreur et portant en particulier sur un ou plusieurs éléments suivants :

1° L'existence, le caractère effectivement disponible, l'origine, la nature et la description de l'emploi ou du travail à domicile offert ;

2° La rémunération et les avantages annexes proposés ;

3° Le lieu du travail. – *[Anc. art. L. 311-4, al. 5 et 7.] – V. art. L. 5334-1 (pén.).*

Art. L. 5331-4 Il est interdit de faire publier dans un journal, revue ou écrit périodique ou de diffuser par tout autre moyen de communication accessible au public une insertion d'offres d'emploi ou d'offres de travaux à domicile comportant un texte rédigé en langue étrangère.

Lorsque l'emploi ou le travail offert ne peut être désigné que par un terme étranger sans correspondant en français, le texte français en comporte une description suffisamment détaillée pour ne pas induire en erreur au sens de l'article L. 5331-3.

Ces prescriptions s'appliquent aux services à exécuter sur le territoire français, quelle que soit la nationalité de l'auteur de l'offre ou de l'employeur, et aux services à exécuter hors du territoire français lorsque l'auteur de l'offre ou l'employeur est français, alors même que la parfaite connaissance d'une langue étrangère serait une des conditions requises pour tenir l'emploi proposé.

Toutefois, les directeurs de publications et les personnes responsables de moyens de communication utilisant, en tout ou partie, une langue étrangère peuvent, en France, recevoir des offres d'emploi rédigées dans cette langue. – *[Anc. art. L. 311-4, al. 5 et 8 à 10.]*

Art. L. 5331-5 Il est interdit de faire publier dans un journal, revue ou écrit périodique, ou de diffuser par tout autre moyen de communication accessible au public une insertion de prestation de services concernant les offres d'emploi ou les carrières et comportant des allégations fausses ou susceptibles d'induire en erreur, notamment sur le caractère gratuit de ce service. – *[Anc. art. L. 311-4-1.] – V. art. L. 5334-1 (pén.).*

Art. L. 5331-6 Des décrets en Conseil d'État déterminent les conditions d'application du présent chapitre. – *[Anc. art. L. 311-12.]*

CHAPITRE II CONDITIONS DE PUBLICATION ET DE DIFFUSION DES OFFRES D'EMPLOI

Art. L. 5332-1 Toute offre d'emploi publiée ou diffusée est datée. – *[Anc. art. L. 311-4, al. 2.]*

Art. L. 5332-2 Tout employeur qui fait insérer dans un journal, revue ou écrit périodique ou fait diffuser par tout autre moyen de communication accessible au public une offre anonyme d'emploi fait connaître son nom ou sa raison sociale et son adresse au directeur de la publication ou au responsable du moyen de communication.

Lorsque l'insertion est demandée par une agence de publicité, un organisme de sélection ou tout autre intermédiaire, celui-ci fournit au directeur de la publication ou au responsable du moyen de communication les renseignements concernant l'employeur mentionnés au premier alinéa. – *[Anc. art. L. 311-4, al. 3.]*

Art. L. 5332-3 Les publicités faites en faveur d'une ou plusieurs entreprises de travail temporaire et les offres d'emploi provenant de celles-ci mentionnent expressément leur dénomination et leur caractère d'entreprise de travail temporaire. – *[Anc. art. L. 311-4, al. 11.]*

Art. L. 5332-4 Dans le cas d'offre anonyme, l'autorité administrative et les services de l'*(L. n° 2008-126 du 13 févr. 2008)* « institution mentionnée à l'article L. 5312-1 » peuvent, sur simple demande de leur part, obtenir du directeur de la publication ou du responsable du moyen de communication le nom ou la raison sociale et l'adresse de l'employeur.

Ces renseignements peuvent être utilisés pour l'information des candidats éventuels à l'offre d'emploi publiée ou diffusée. – *[Anc. art. L. 311-4, al. 4.]*

Art. L. 5332-5 Des décrets en Conseil d'État déterminent les conditions d'application du présent chapitre, notamment, les conditions d'utilisation des informations nomina-

tives que les organismes exerçant une activité de placement peuvent demander, détenir, conserver, diffuser et céder pour les besoins de cette activité. – *[Anc. art. L. 311-12, L. 312-3.]*

CHAPITRE III **CONTRÔLE**

Art. L. 5333-1 Les agents de la concurrence, de la consommation et de la répression des fraudes sont habilités à rechercher et constater, dans les conditions prévues à l'article *(Ord. nº 2016-301 du 14 mars 2016, art. 21)* **« L. 511-5 » du code de la consommation :**

1º Les infractions aux dispositions de l'article L. 5331-3 ;

2º Les infractions aux dispositions de l'article L. 5331-5. – *[Anc. art. L. 311-4-2.]*

Art. L. 5333-2 Des décrets en Conseil d'État déterminent les conditions d'application du présent chapitre. – *[Anc. art. L. 311-12.]*

CHAPITRE IV **DISPOSITIONS PÉNALES**

Art. L. 5334-1 Le fait d'insérer une offre d'emploi ou une offre de travaux à domicile, en méconnaissance des dispositions de l'article L. 5331-3, est puni d'un emprisonnement d'un an et d'une amende de 37 500 €.

Le fait d'insérer une offre de service concernant les emplois et carrières, en méconnaissance des dispositions de l'article L. 5331-5, est puni des mêmes peines.

L'annonceur qui a demandé la diffusion de l'offre est responsable de l'infraction commise. Le directeur de la publication ou le fournisseur du service ayant communiqué l'offre au public est responsable lorsqu'il a agi sans demande expresse d'insertion de l'offre émanant de l'annonceur. – *[Anc. art. L. 631-4.]*

LIVRE QUATRIÈME **LE DEMANDEUR D'EMPLOI**

RÉP. TRAV. vº *Chômage (I, II, III, IV)*, par DOMERGUE.

BIBL. GÉN. ▸ Indemnisation du chômage : DANIEL, *Dr. soc. 1999. 1065* ✐.

▸ ARSÉGUEL, *Dr. soc. 1996. 586* ✐ (missions du régime d'assurance-chômage). - ARSÉGUEL et ISOUX, *Dr. soc. 1991. 438* ✐ (effets de la transaction sur l'indemnisation du chômage). - BARTHÉLÉMY, *JCP E 1991. I. 47* (loi du 3 janv. 1991). - CAMAJI, *Dr. ouvrier 2013. 65* (droits du chômeur, usager du service public de l'emploi). - CASAUX-LABRUNÉE, *Dr. soc. 1996. 577* ✐ (qu'est-ce qu'un chômeur ?). - DEL SOL, *JCP E 1996. I. 577* (droit à allocations de chômage et exercice d'une activité). - DOMERGUE, *Dr. soc. 1997. 463* ✐ (droit du chômage). - FAURE-MURET, *Dr. soc. 1989. 677* (raisons d'une précarité). - MARTIN, *ibid. 1985. 769* (protection sociale des travailleurs privés d'emploi). - PICCA, *LPA 2 déc. 1996* (le droit, arme contre le chômage). - TALBOT, *JCP E 1993. I. 216* (contentieux administratif des aides aux chômeurs). - TEYSSIÉ, *JCP CI 1980. I. 8891* (assurance-chômage des chefs d'entreprise). - THÉRY, *Dr. soc. 2000. 739* ✐ (adaptation de l'assurance-chômage). - TRIBOULET, *Dr. soc. 1987. 526* (recours contre les décisions des ASSEDIC).

COMMENTAIRE

V. Dalloz.fr et applications mobiles Dalloz. ❑

TITRE PREMIER **DROITS ET OBLIGATIONS DU DEMANDEUR D'EMPLOI**

BIBL. ▸ CAMAJI, *Dr. soc. 2010. 666* ✐ (le demandeur d'emploi à la recherche de ses obligations). - VÉRICEL, *RDT 2009. 101* ✐ (droits et devoirs du demandeur d'emploi : loi du 1er août 2008).

CHAPITRE PREMIER **INSCRIPTION DU DEMANDEUR D'EMPLOI ET RECHERCHE D'EMPLOI**

SECTION PREMIÈRE **INSCRIPTION SUR LA LISTE DES DEMANDEURS D'EMPLOI**

Art. L. 5411-1 A la qualité de demandeur d'emploi toute personne qui recherche un emploi et demande son inscription sur la liste des demandeurs d'emploi auprès de l'*(L.*

n° 2008-126 du 13 févr. 2008) **« institution mentionnée à l'article L. 5312-1 ».** – *[Anc. art. L. 311-2, L. 311-5, al. 1er, phrase 1.] – V. art. L. 5413-1 (pén.).*

En application de l'art. L. 231-5 CRPA, et par exception à l'application du délai de deux mois prévu de l'art. L. 231-1 du même code, le silence gardé par l'administration pendant deux mois vaut décision de rejet pour une demande d'inscription sur la liste des demandeurs d'emploi (Décr. n° 2014-1289 du 23 oct. 2014, art. 1er).

Art. L. 5411-2 Les demandeurs d'emploi renouvellent périodiquement leur inscription selon des modalités fixées par arrêté du ministre chargé de l'emploi et la catégorie dans laquelle ils ont été inscrits. – *Pour l'année 2016, V. Arr. du 22 déc. 2015 (JO 27 déc.).*

Ils portent également à la connaissance de l'*(L. n° 2008-126 du 13 févr. 2008)* **« institution mentionnée à l'article L. 5312-1 » les changements affectant leur situation susceptibles d'avoir une incidence sur leur inscription comme demandeurs d'emploi.** – *[Anc. art. L. 311-5, al. 3, phrases 3 et 4.]*

1. Obligations du chômeur. Un demandeur d'emploi ne peut se plaindre de n'avoir pas reçu de document d'actualisation mensuelle de demande d'emploi, s'il n'a pas fait connaître préalablement son changement d'adresse aux services de l'ANPE. • CE 16 oct. 1998, n° 161094 : *D. 2000. Somm. 349, obs. Erizo.*

2. Valeur du document d'actualisation. Le document d'actualisation adressé chaque mois aux demandeurs d'emploi n'a d'autre objet que de faciliter les démarches des intéressés et n'a pas pour objet, ni ne saurait avoir légalement pour effet d'entraîner, lorsque l'intéressé n'a pas reçu le document, un renouvellement automatique de son inscription en l'absence de toute démarche de sa part. • CE 15 oct. 2001, n° 226713, *ANPE : RJS 2002. 68, n° 72.*

Art. L. 5411-3 Les personnes inscrites sur la liste des demandeurs d'emploi sont classées dans des catégories déterminées par arrêté du ministre chargé de l'emploi en fonction de l'objet de leur demande et de leur disponibilité pour occuper un emploi. – *[Anc. art. L. 311-5, al. 1er, phrase 2.] – V. 1er Arr. du 5 févr. 1992, App. III, C. Chômage.*

Art. L. 5411-4 Lors de l'inscription d'une personne étrangère sur la liste des demandeurs d'emplois, l'*(L. n° 2008-126 du 13 févr. 2008)* **« institution mentionnée à l'article L. 5312-1 » vérifie la validité de ses titres de séjour et de travail.**

L'*(L. n° 2008-126 du 13 févr. 2008)* **« institution » peut avoir accès aux fichiers des services de l'État pour obtenir les informations nécessaires à cette vérification.**

Lorsque ces informations sont conservées sur support informatique, elles peuvent faire l'objet d'une transmission autorisée dans les conditions prévues au chapitre IV de la loi n° 78-17 du 6 janvier 1978 relative à l'informatique, aux fichiers et aux libertés. – *[Anc. art. L. 311-5-1.]*

Art. L. 5411-5 Les personnes invalides mentionnées aux 2° et 3° de l'article L. 341-4 du code de la sécurité sociale, bénéficiaires à ce titre d'un avantage social lié à une incapacité totale de travail, ne peuvent être inscrites sur la liste des demandeurs d'emploi pendant la durée de leur incapacité. – *[Anc. art. L. 311-5, al. 2.]*

SECTION II **RECHERCHE D'EMPLOI**

BIBL. ▶ Del Sol, *JCP E 1996. I. 577* (droit à allocations de chômage et exercice d'une activité). – Moussy, *Dr. ouvrier 1996. 147* (contrôle des demandeurs d'emploi). – Rousseau et Wallon, *Dr. soc. 1990. 27* (droit pour un chômeur de refuser un emploi).

Art. L. 5411-6 *(L. n° 2008-758 du 1er août 2008)* **Le demandeur d'emploi immédiatement disponible pour occuper un emploi est orienté et accompagné dans sa recherche d'emploi par l'institution mentionnée à l'article L. 5312-1. Il est tenu de participer à la définition et à l'actualisation du projet personnalisé d'accès à l'emploi mentionné à l'article L. 5411-6-1, d'accomplir des actes positifs et répétés de recherche d'emploi et d'accepter les offres raisonnables d'emploi telles que définies aux articles L. 5411-6-2 et L. 5411-6-3.**

Art. L. 5411-6-1 *(L. n° 2008-758 du 1er août 2008)* **Un projet personnalisé d'accès à l'emploi est élaboré et actualisé conjointement par le demandeur d'emploi et l'institution mentionnée à l'article L. 5312-1 ou, lorsqu'une convention passée avec l'institution précitée le prévoit, un organisme participant au service public de l'emploi. Le**

projet personnalisé d'accès à l'emploi et ses actualisations sont alors transmis pour information à l'institution mentionnée à l'article L. 5312-1.

Ce projet précise, en tenant compte de la formation du demandeur d'emploi, de ses qualifications, de ses connaissances et compétences acquises au cours de ses expériences professionnelles, de sa situation personnelle et familiale ainsi que de la situation du marché du travail local, la nature et les caractéristiques de l'emploi ou des emplois recherchés, la zone géographique privilégiée et le niveau de salaire attendu.

Le projet personnalisé d'accès à l'emploi retrace les actions que l'institution mentionnée à l'article L. 5312-1 s'engage à mettre en œuvre dans le cadre du service public de l'emploi, notamment en matière d'accompagnement personnalisé et, le cas échéant, de formation et d'aide à la mobilité.

Art. L. 5411-6-2 *(L. n° 2008-758 du 1er août 2008)* La nature et les caractéristiques de l'emploi ou des emplois recherchés, la zone géographique privilégiée et le salaire attendu, tels que mentionnés dans le projet personnalisé d'accès à l'emploi, sont constitutifs de l'offre raisonnable d'emploi.

Art. L. 5411-6-3 *(L. n° 2008-758 du 1er août 2008)* Le projet personnalisé d'accès à l'emploi est actualisé périodiquement. Lors de cette actualisation, les éléments constitutifs de l'offre raisonnable d'emploi sont révisés, notamment pour accroître les perspectives de retour à l'emploi.

Lorsque le demandeur d'emploi est inscrit sur la liste des demandeurs d'emploi depuis plus de trois mois, est considérée comme raisonnable l'offre d'un emploi compatible avec ses qualifications et compétences professionnelles et rémunéré à au moins 95 % du salaire antérieurement perçu. Ce taux est porté à 85 % après six mois d'inscription. Après un an d'inscription, est considérée comme raisonnable l'offre d'un emploi compatible avec les qualifications et les compétences professionnelles du demandeur d'emploi et rémunéré au moins à hauteur du revenu de remplacement prévu à l'article L. 5421-1.

Lorsque le demandeur d'emploi est inscrit sur la liste des demandeurs d'emploi depuis plus de six mois, est considérée comme raisonnable une offre d'emploi entraînant, à l'aller comme au retour, un temps de trajet en transport en commun, entre le domicile et le lieu de travail, d'une durée maximale d'une heure ou une distance à parcourir d'au plus trente kilomètres.

Si le demandeur d'emploi suit une formation prévue dans son projet personnalisé d'accès à l'emploi, les durées mentionnées au présent article sont prorogées du temps de cette formation.

Pour les personnes inscrites sur la liste des demandeurs d'emploi antérieurement au 2 août 2008, date d'entrée en vigueur de la loi du 1er août 2008, les délais fixés à l'art. L. 5411-6-3 sont décomptés à partir de la date où leur projet personnalisé d'accès à l'emploi est défini ou actualisé pour la première fois dans les conditions prévues aux articles L. 5411-6-1 et L. 5411-6-3 (L. n° 2008-758 du 1er août 2008, art. 6).

Art. L. 5411-6-4 *(L. n° 2008-758 du 1er août 2008)* Les dispositions de la présente section et du 2° de l'article L. 5412-1 ne peuvent obliger un demandeur d'emploi à accepter un niveau de salaire inférieur au salaire normalement pratiqué dans la région et pour la profession concernée. Elles s'appliquent sous réserve des autres dispositions légales et des stipulations conventionnelles en vigueur, notamment celles relatives au salaire minimum de croissance. Si le projet personnalisé d'accès à l'emploi prévoit que le ou les emplois recherchés sont à temps complet, le demandeur d'emploi ne peut être obligé d'accepter un emploi à temps partiel.

Art. L. 5411-7 Lorsqu'elles satisfont à des conditions déterminées par décret en Conseil d'État, les personnes qui ne peuvent occuper sans délai un emploi, notamment en raison d'une activité occasionnelle ou réduite ou d'une formation, peuvent être réputées immédiatement disponibles. — *[Anc. art. L. 311-5, al. 3, phrase 2.]*

Art. L. 5411-8 (Abrogé par L. n° 2008-758 du 1er août 2008) ***Les personnes inscrites comme demandeurs d'emploi qui ne peuvent bénéficier de la dispense de recherche d'emploi dans les conditions prévues au deuxième alinéa de l'article L. 5421-3 et âgées d'au moins cinquante-six ans et demi en 2009, d'au moins cinquante-huit ans en 2010 et d'au moins***

soixante ans en 2011, sont dispensées, à leur demande et à partir de ces âges, des obligations mentionnées à l'article L. 5411-6.

A compter du 1er janv. 2012, cet article est supprimé. Mais toute personne bénéficiant d'une dispense de recherche d'emploi avant le 1er janv. 2012 continue à en bénéficier (L. no 2008-758 du 1er août 2008, art. 4-II et III).

SECTION III **REPRÉSENTATION DU DEMANDEUR D'EMPLOI**

Art. L. 5411-9 Afin d'améliorer l'information des demandeurs d'emploi et leur capacité à exercer leurs droits, l'État ainsi que les organismes chargés du placement et de la formation des demandeurs d'emploi fixent les règles de constitution de comités de liaison auprès de leurs échelons locaux dans lesquels siègent des demandeurs d'emploi représentant les organisations syndicales représentatives au plan national et les organisations ayant spécifiquement pour objet la défense des intérêts ou l'insertion des personnes privées d'emploi. — *[Anc. art. L. 353-3.]*

SECTION IV **DISPOSITIONS D'APPLICATION**

Art. L. 5411-10 Un décret en Conseil d'État détermine les conditions d'application du présent chapitre, notamment :

1° La liste des changements affectant la situation des demandeurs d'emploi que ceux-ci sont tenus de signaler à l'*(L. no 2008-126 du 13 févr. 2008)* « institution mentionnée à l'article L. 5312-1 » ;

2° Les conditions dans lesquelles cessent d'être inscrites sur la liste des demandeurs d'emploi les personnes :

a) Qui ne renouvellent pas leur demande d'emploi ;

b) Pour lesquelles l'employeur ou l'organisme compétent informe l'*(L. no 2008-126 du 13 févr. 2008)* « institution mentionnée à l'article L. 5312-1 » d'une reprise d'emploi ou d'activité, d'une entrée en formation ou de tout changement affectant leur situation au regard des conditions d'inscription. — *[Anc. art. L. 311-12 et L. 311-5, al. 3 phrase 5.] — V. art. R. 5411-6.*

CHAPITRE II **RADIATION DE LA LISTE DES DEMANDEURS D'EMPLOI**

Art. L. 5412-1 *(L. no 2008-758 du 1er août 2008)* Est radiée de la liste des demandeurs d'emploi, dans des conditions déterminées par un décret en Conseil d'État, la personne qui :

1° Soit ne peut justifier de l'accomplissement d'actes positifs et répétés en vue de retrouver un emploi, de créer ou de reprendre une entreprise ;

2° Soit, sans motif légitime, refuse à deux reprises une offre raisonnable d'emploi mentionnée à l'article L. 5411-6-2 ;

3° Soit, sans motif légitime :

a) Refuse d'élaborer ou d'actualiser le projet personnalisé d'accès à l'emploi prévu à l'article L. 5411-6-1 ;

b) Refuse de suivre une action de formation ou d'aide à la recherche d'emploi proposée par l'un des services ou organismes mentionnés à l'article L. 5311-2 et s'inscrivant dans le cadre du projet personnalisé d'accès à l'emploi ;

c) Refuse de répondre à toute convocation des services et organismes mentionnés à l'article L. 5311-2 ou mandatés par ces services et organismes ;

d) Refuse de se soumettre à une visite médicale auprès des services médicaux de main-d'œuvre destinée à vérifier son aptitude au travail ou à certains types d'emploi ;

e) Refuse une proposition de contrat d'apprentissage ou de contrat de professionnalisation ;

f) Refuse une action d'insertion ou une offre de contrat aidé prévues aux chapitres II et IV du titre III du livre Ier de la présente partie.

Art. L. 5412-2 *(L. no 2008-758 du 1er août 2008)* Est radiée de la liste des demandeurs d'emploi, dans des conditions déterminées par un décret en Conseil d'État, la personne qui a fait de fausses déclarations pour être ou demeurer inscrite sur cette liste.

CHAPITRE III **DISPOSITIONS PÉNALES**

Art. L. 5413-1 Le fait d'établir de fausses déclarations ou de fournir de fausses informations pour être inscrit ou demeurer inscrit sur la liste des demandeurs d'emploi mentionnée à l'article L. 5411-1 est puni *(L. n° 2013-1203 du 23 déc. 2013, art. 86-VI-3°)* « des peines prévues à l'article 441-6 du code pénal ». – *[Anc. art. L. 361-2.]*

TITRE DEUXIÈME **INDEMNISATION DES TRAVAILLEURS INVOLONTAIREMENT PRIVÉS D'EMPLOI**

CHAPITRE PREMIER **DISPOSITIONS GÉNÉRALES**

Art. L. 5421-1 En complément des mesures tendant à faciliter leur reclassement ou leur conversion, les travailleurs involontairement privés d'emploi *(L. n° 2008-596 du 25 juin 2008)* « ou dont le contrat de travail a été rompu conventionnellement selon les modalités prévues aux articles L. 1237-11 et suivants » *(L. n° 2015-990 du 6 août 2015, art. 78-II)* « du présent code ou à l'article L. 421-12-2 du code de la construction et de l'habitation », aptes au travail et recherchant un emploi, ont droit à un revenu de remplacement dans les conditions fixées au présent titre. – *[Anc. art. L. 351-1.]* – *V. art. L. 5429-1 (pén.).*

BIBL. ▶ CHAGNY, *Sem. soc. Lamy 2003, n° 1138, suppl. p. 14* (indemnisation du chômage). – TAQUET, *Sem. soc. Lamy 2003, n° 1138, suppl. p. 8* (contentieux de l'assurance chômage).

COMMENTAIRE

V. Dalloz.fr et applications mobiles Dalloz 🏛. ❑

1. *Privation involontaire d'emploi.* La qualité de membre d'un GIE ne peut avoir, en soi, aucune incidence quant au bénéfice du régime de l'assurance-chômage ; les allocations sont dues pour les périodes où les intéressés n'exercent aucune activité professionnelle tant en dehors du GIE qu'au sein de ce groupement. • Soc. 27 mars 1990 : *RJS 1990. 248, n° 332.*

2. Seuls les salariés involontairement privés d'emploi, aptes au travail et recherchant un emploi, ont droit aux allocations de chômage. • Soc. 13 oct. 1988 : *Bull. civ. V, n° 517 ; D. 1988. IR 245 ; Dr. soc. 1989. 176.* ♦ Doit être cassé l'arrêt qui a débouté l'Assedic de sa demande en remboursement des allocations à un salarié en arrêt de travail pour maladie et qui a bénéficié de prestations en espèces de la sécurité sociale durant toute sa période d'indisponibilité. • Même arrêt. ♦ Ne peut être considéré comme involontairement privé d'emploi celui qui volontairement refuse un nouvel engagement militaire. • CE 2 juin 1995 : *RJS 1995. 605, n° 927.* ♦ De même, ne peut prétendre au revenu de remplacement entre la date de fin de son contrat de travail et la date de la fin théorique de son préavis le salarié qui a été dispensé de ce dernier à sa demande. • Soc. 26 juin 2008 : *RJS 2008. 830, n° 1017.*

3. Sont assimilés aux travailleurs involontairement privés d'emploi ceux qui, volontairement, ont quitté leur dernière activité pour un motif reconnu légitime par la commission paritaire de l'Assedic. • Soc. 20 mars 1990 : *RJS 1990. 295, n° 407 ; Sem. soc. Lamy 1990, n° 500, 16.* ♦ Un tribunal décide à bon droit qu'il ne peut substituer son appréciation à celle de la commission paritaire. • Même arrêt. ♦ S'agissant d'un agent d'une collectivité locale, il appartient à l'autorité administrative compétente d'apprécier si la démission équivaut à une privation involontaire d'emploi. • CE 25 sept. 1996 : *D. 1996. IR 222 ; Quot. jur. 9 janv. 1997.* ♦ Est un motif légitime de démission le fait, pour une employée de collectivité locale, de quitter son emploi pour suivre la personne avec qui elle vit depuis plusieurs années en concubinage notoire et qui fait l'objet d'une mutation professionnelle dans une ville éloignée. • Même arrêt.

4. *Recherche d'emploi.* Pour satisfaire à la condition de recherche d'emploi, un demandeur d'emploi qui accomplit les démarches qui lui sont proposées par les services de l'ANPE n'est pas dispensé, par principe, d'accomplir en outre des démarches de recherche d'emploi de sa propre initiative. • CE 12 juin 1995 : *RJS 1995. 605, n° 928.* ♦ Constituent des actes positifs de recherche d'emploi, les démarches accomplies en vue de la création d'une entreprise. • Soc. 18 mars 1997, n° 95-11.127 P : *Dr. soc. 1997. 550, obs. Verkindt ; CSB 1997. 165, A. 30 ; RJS 1997. 465, n° 720.* ♦ L'exercice d'une activité professionnelle régulière et permanente non déclarée, même bénévole, par un chômeur indemnisé le prive du revenu de remplacement. • CAA Nancy, 21 nov. 2002 : *D. 2003. 2925, obs. Labouz.*

5. *Radiation.* L'acte administratif prononçant la radiation d'un chômeur de la liste des demandeurs d'emploi s'impose au juge judiciaire qui ne peut en apprécier la légalité et estimer que la radiation est due à une erreur de l'administration. • Soc. 6 janv. 1984 : *Dr. soc. 1984. 236, note Savatier.*

6. Union européenne. Une direction départementale du travail et de l'emploi commet une faute en omettant de faire connaître à un travailleur licencié qu'en application du règlement CEE n° 1408-71 du 14 juin 1971, il a le choix, pour les prestations de chômage, entre l'État de son dernier emploi ou l'État de sa résidence et en l'incitant à choisir l'État de son dernier emploi. • CE 20 janv. 1988 : *D. 1989. Somm. 113, obs. Moderne et Bon.*

7. Le règlement CEE n° 1408-71 du 14 juin 1971 ne s'oppose pas à ce qu'un État membre refuse à un travailleur le bénéfice des allocations de chômage au-delà de la période maximale de trois mois prévue par l'art. 69 de ce règlement, lorsque le travailleur n'a pas accompli en dernier lieu des périodes d'assurance ou d'emploi dans cet État. • CJCE 16 mai 1991 : *D. 1991. IR 168.*

8. Travailleurs frontaliers. Les conditions d'attribution des prestations de chômage doivent être mises en œuvre en tenant compte des particularités du régime de la rupture du contrat de travail résultant de la loi étrangère applicable au contrat ; il ne peut ainsi être imposé au travailleur de justifier d'une condition incompatible avec la loi étrangère dont relève le contrat (salarié de nationalité allemande ayant démissionné en raison du non-paiement de ses salaires). • Soc. 21 janv. 2014 : *Dalloz actualité, 12 févr. 2014, obs. Fraisse ; RJS 2014. 278, n° 340.*

Art. L. 5421-2 **Le revenu de remplacement prend, selon le cas, la forme :**

1° D'une allocation d'assurance, prévue au chapitre II ;

2° Des allocations de solidarité, prévues au chapitre III ;

3° D'allocations et d'indemnités régies par les régimes particuliers, prévus au chapitre IV. — *[Anc. art. L. 351-2.]*

Art. L. 5421-3 **La condition de recherche d'emploi requise pour bénéficier d'un revenu de remplacement est satisfaite dès lors que les intéressés sont inscrits comme demandeurs d'emploi et accomplissent, à leur initiative ou sur proposition de l'un des organismes mentionnés à l'article L. 5311-2, des actes positifs et répétés en vue de retrouver un emploi, de créer ou de reprendre une entreprise.**

(Abrogé par L. n° 2008-758 du 1er août 2008) ***« Les personnes inscrites comme demandeurs d'emploi et bénéficiaires de l'allocation d'assurance mentionnée à l'article L. 5422-1, âgées d'au moins cinquante-huit ans en 2009, d'au moins cinquante-neuf ans en 2010 et d'au moins soixante ans en 2011, sont dispensées, à leur demande et à partir de ces âges, de la condition de recherche d'emploi. Les personnes inscrites comme demandeurs d'emploi, bénéficiaires de l'allocation de solidarité spécifique mentionnée à l'article L. 5423-1, âgées d'au moins cinquante-six ans et demi en 2009, d'au moins cinquante-huit ans en 2010 et d'au moins soixante ans en 2011, sont dispensées, à leur demande et à partir de ces âges, de la condition de recherche d'emploi. »***

Un décret en Conseil d'État détermine les mesures d'application du présent article. — *[Anc. art. L. 351-16.]*

A compter du 1er janv. 2012, le deuxième alinéa de cet art. est supprimé. Mais toute personne bénéficiant d'une dispense de recherche d'emploi avant le 1er janv. 2012 continue à en bénéficier (L. n° 2008-758 du 1er août 2008, art. 4-II et III).

Art. L. 5421-4 **Le revenu de remplacement cesse d'être versé :**

1° Aux allocataires *(L. n° 2010-1330 du 9 nov. 2010, art. 32)* **« ayant atteint l'âge prévu à l'article L. 161-17-2 du code de la sécurité sociale » justifiant de la durée d'assurance, définie au deuxième alinéa de l'article L. 351-1 du code de la sécurité sociale, requise pour l'ouverture du droit à une pension de vieillesse à taux plein ;**

2° Aux allocataires atteignant l'âge *(L. n° 2010-1330 du 9 nov. 2010, art. 32)* **« prévu à l'article L. 161-17-2 du même code augmenté de cinq ans » ;**

(L. n° 2014-40 du 20 janv. 2014, art. 21) **« 3° Aux allocataires bénéficiant d'une retraite attribuée en application des articles L. 161-17-4, L. 351-1-1, L. 351-1-3 et L. 351-1-4 du code de la sécurité sociale et des troisième et septième alinéas du I de l'article 41 de la loi de financement de la sécurité sociale pour 1999 (n° 98-1194 du 23 décembre 1998). »**

CHAPITRE II **RÉGIME D'ASSURANCE**

SECTION PREMIÈRE **CONDITIONS ET MODALITÉS D'ATTRIBUTION DE L'ALLOCATION D'ASSURANCE**

SOUS-SECTION 1 **CONDITIONS D'ATTRIBUTION**

Art. L. 5422-1 Ont droit à l'allocation d'assurance les travailleurs involontairement privés d'emploi *(L. n° 2008-596 du 25 juin 2008)* **« ou dont le contrat de travail a été rompu conventionnellement selon les modalités prévues aux articles L. 1237-11 et suivants »** *(L. n° 2015-990 du 6 août 2015, art. 78-II)* **« du présent code ou à l'article L. 421-12-2 du code de la construction et de l'habitation », aptes au travail et recherchant un emploi qui satisfont à des conditions d'âge et d'activité antérieure.** – *[Anc. art. L. 351-3, al. 1.] – V. art. L. 5429-1 (pén.). – V. Conv. et Règl. du 14 mai 2014 d'indemnisation du chômage, App. III. C.*

1. Réintégration. La nullité du licenciement n'a pas pour effet de priver rétroactivement un travailleur de l'allocation d'assurance que l'ASSEDIC lui a servie pendant la période comprise entre son licenciement et sa réintégration pendant laquelle il était involontairement privé d'emploi, apte au travail et à la recherche d'un emploi. • Soc. 11 mars 2009 : *D. 2009. AJ 1022, obs. Ines*.

2. Mise à la retraite irrégulière. L'agent SNCF mis à la retraite d'office à 55 ans, en application du statut des relations collectives entre la SNCF et son personnel, alors qu'il ne justifiait que de 130 trimestres validés au titre de l'assurance vieillesse est involontairement privé d'emploi, au sens de la convention de l'Unedic du 1er janv. 2004 ; il a ainsi vocation à bénéficier de l'allocation d'aide au retour à l'emploi. • Soc. 25 janv. 2012 : *Dalloz actualité, 16 févr. 2012, obs. Fleuriot ; RJS 2012. 334, n° 395.*

3. Nullité du licenciement. Le remboursement des indemnités de chômage ne peut être ordonné en cas de nullité du licenciement. • Soc. 13 mai 2014 : *pourvoi n° 13-14.537.*

Art. L. 5422-2 L'allocation d'assurance est accordée pour des durées limitées qui tiennent compte de l'âge des intéressés et de leurs conditions d'activité professionnelle antérieure. Ces durées ne peuvent être inférieures aux durées déterminées par décret en Conseil d'État.

Le temps consacré, avec l'accord de l'*(L. n° 2008-126 du 13 févr. 2008)* **« institution mentionnée à l'article L. 5312-1 », à des actions de formation rémunérées s'impute partiellement ou totalement sur la durée de versement de l'allocation d'assurance.** – *[Anc. art. L. 351-3, al. 3 et 4.]*

Art. L. 5422-2-1 *(L. n° 2013-504 du 14 juin 2013, art. 10-I)* **Les droits à l'allocation d'assurance non épuisés, issus de périodes antérieures d'indemnisation, sont pris en compte, en tout ou partie, dans le calcul de la durée et du montant des droits lors de l'ouverture d'une nouvelle période d'indemnisation, dans les conditions définies dans les accords relatifs à l'assurance chômage mentionnés à l'article L. 5422-20.**

BIBL. ▶ WILLMANN, *Dr. soc. 2013. 772* (loi de sécurisation de l'emploi et assurance chômage : l'essentiel et l'accessoire).

COMMENTAIRE

V. Dalloz.fr et applications mobiles Dalloz.

SOUS-SECTION 2 **MODALITÉS DE CALCUL ET DE PAIEMENT**

Art. L. 5422-3 L'allocation d'assurance est calculée soit en fonction de la rémunération antérieurement perçue dans la limite d'un plafond, soit en fonction de la rémunération ayant servi au calcul des contributions mentionnées aux articles L. 5422-9 et L. 5422-11.

Elle ne peut excéder le montant net de la rémunération antérieurement perçue.

Elle peut comporter un taux dégressif en fonction de l'âge des intéressés et de la durée de l'indemnisation. – *[Anc. art. L. 351-3, al. 2.]*

Art. L. 5422-4 La demande en paiement de l'allocation d'assurance est déposée auprès *(L. n° 2008-126 du 13 févr. 2008)* **« de l'institution mentionnée à l'article**

L. 5312-1 » par le travailleur involontairement privé d'emploi dans un délai de deux ans à compter de sa date d'inscription comme demandeur d'emploi.

L'action en paiement est précédée du dépôt de la demande en paiement. Elle se prescrit par deux ans à compter de la date de notification de la décision prise par *(L. n° 2008-126 du 13 févr. 2008)* « l'institution mentionnée à l'article L. 5312-1 ». – *[Anc. art. L. 351-6-2, al. 1er et 2.]*

Point de départ de la prescription. La télécopie avisant un demandeur d'emploi d'un refus de prise en charge au titre de l'indemnisation du chômage ne constitue pas une notification au sens de l'art. L. 5422-4 C. trav., de sorte qu'elle ne fait pas courir le délai de prescription de deux ans. • Soc. 25 sept. 2012 : *RJS 2012. 828, n° 980 ; JCP S 2013. 1038, obs. Willmann.*

Art. L. 5422-5 L'action en remboursement de l'allocation d'assurance indûment versée se prescrit par trois ans.

En cas de fraude ou de fausse déclaration, elle se prescrit par dix ans.

Ces délais courent à compter du jour de versement de ces sommes. – *[Anc. art. L. 351-6-2, al. 3.]*

Art. L. 5422-6 Lorsque, du fait des modalités particulières d'exercice d'une profession, les conditions d'activité antérieure pour l'admission à l'allocation d'assurance ne sont pas remplies, des aménagements peuvent être apportés à ces conditions d'activité ainsi qu'à la durée d'indemnisation et aux taux de l'allocation dans des conditions fixées selon le cas par l'accord prévu à l'article L. 5422-20 ou par décret en Conseil d'État. – *[Anc. art. L. 351-14, al. 1.]*

Art. L. 5422-7 Les travailleurs privés d'emploi bénéficient de l'allocation d'assurance, indépendamment du respect par l'employeur des obligations qui pèsent sur lui en application de la section III, des dispositions réglementaires et des stipulations conventionnelles prises pour son exécution. – *[Anc. art. L. 351-7.]*

Art. L. 5422-8 Par dérogation aux dispositions des articles L. 5421-1 et L. 5421-3, le bénéfice de l'allocation d'assurance peut être maintenu, sur leur demande, aux travailleurs étrangers involontairement privés d'emploi qui quittent la France pour s'installer dans leur pays d'origine.

Le versement du revenu de remplacement se fait alors en une fois, dans la limite maximum des droits constitués à la date du départ.

Les mesures d'application du présent article sont prises par l'accord prévu à l'article L. 5422-20. – *[Anc. art. L. 351-15.]*

Sur l'aide conventionnelle à la réinsertion en faveur de travailleurs étrangers, V. Arr. du 17 déc. 2003 (JO 27 déc.).

SECTION II FINANCEMENT DE L'ALLOCATION D'ASSURANCE

Art. L. 5422-9 L'allocation d'assurance est financée par des contributions des employeurs et des salariés assises sur les rémunérations brutes dans la limite d'un plafond.

Toutefois, l'assiette des contributions peut être forfaitaire pour les catégories de salariés pour lesquelles les cotisations à un régime de base de sécurité sociale sont ou peuvent être calculées sur une assiette forfaitaire. – *[Anc. art. L. 351-3-1, al. 1.] – V. art. R. 5429-2 (pén.).*

Par anticipation à la date d'entrée en vigueur fixée par le décret visé au III de l'art. 5 de la L. n° 2008-126 du 13 févr. 2008 relative à la réforme de l'organisation du service public de l'emploi, les contributions mentionnées à l'art. L. 5422-9 peuvent, pour l'ensemble ou certaines catégories de cotisants, être recouvrées, selon les dispositions de l'art. L. 5422-16, dans sa rédaction issue de l'art. 17 de la loi n° 2008-126 du 13 févr. 2008, dès l'année 2010 par l'un ou plusieurs des organismes mentionnés au troisième alinéa de l'article L. 5427-1, dans des conditions définies par décret (L. n° 2009-1646 du 24 déc. 2009, art. 24). – V. Décr. n° 2010-907 du 2 août 2010 (JO 4 août).

Art. L. 5422-10 Les contributions des employeurs ne sont passibles ni du versement forfaitaire sur les salaires ni des cotisations de sécurité sociale. Elles sont déductibles des bénéfices industriels et commerciaux, agricoles ou non commerciaux pour l'établissement de l'impôt sur le revenu ou de l'impôt sur les sociétés dû par ces employeurs.

Les contributions payées dans les mêmes conditions par les travailleurs sont déductibles pour l'établissement de l'impôt sur le revenu des personnes physiques dû par les intéressés. – *[Anc. art. L. 352-3, al. 2 et 3.]*

Art. L. 5422-11 L'allocation d'assurance peut être financée par des contributions forfaitaires à la charge de l'employeur à l'occasion de la fin d'un contrat de travail dont la durée permet l'ouverture du droit à l'allocation.

Ces contributions forfaitaires ne sont pas applicables :

1° Au contrat d'apprentissage, au contrat d'accompagnement dans l'emploi et au contrat de professionnalisation ;

2° Au contrat conclu par une personne physique pour un service rendu à son domicile ;

3° Au contrat conclu par une personne physique pour un emploi d'assistant maternel agréé. – *[Anc. art. L. 351-3-1, al. 2 à 5.]*

Par anticipation à la date d'entrée en vigueur fixée par le décret visé au III de l'art. 5 de la L. n° 2008-126 du 13 févr. 2008 relative à la réforme de l'organisation du service public de l'emploi, les contributions mentionnées à l'art. L. 5422-11 peuvent, pour l'ensemble ou certaines catégories de cotisants, être recouvrées, selon les dispositions de l'art. L. 5422-16, dans sa rédaction issue de l'art. 17 de la loi n° 2008-126 du 13 févr. 2008, dès l'année 2010 par l'un ou plusieurs des organismes mentionnés au troisième alinéa de l'article L. 5427-1, dans des conditions définies par décret (L. n° 2009-1646 du 24 déc. 2009, art. 24). – V. Décr. n° 2010-907 du 2 août 2010 (JO 4 août).

Art. L. 5422-12 Les taux des contributions et de l'allocation sont calculés de manière à garantir l'équilibre financier du régime.

(L. n° 2013-504 du 14 juin 2013, art. 11-I) « Les accords prévus à l'article L. 5422-20 peuvent majorer ou minorer les taux des contributions en fonction de la nature du contrat de travail, de sa durée, du motif de recours à un contrat d'une telle nature, de l'âge du salarié ou de la taille de l'entreprise. »

Avant le 1er juill. 2015, le Gouvernement remet au Parlement un rapport dressant un bilan des effets sur la diminution des emplois précaires de la mise en œuvre de la modulation des taux de contribution à l'assurance chômage, afin de permettre, le cas échéant, une amélioration de son efficacité (L. n° 2013-504 du 14 juin 2013, art. 11-II).

BIBL. ▸ WILLMANN, *Dr. soc. 2013. 778* (modulation des cotisations d'assurance chômage, un nouvel instrument des politiques de l'emploi ?).

SECTION III OBLIGATIONS D'ASSURANCE ET DE DÉCLARATION DES RÉMUNÉRATIONS

Art. L. 5422-13 Sauf dans les cas prévus à l'article L. 5424-1, dans lesquels l'employeur assure lui-même la charge et la gestion de l'allocation d'assurance, tout employeur assure contre le risque de privation d'emploi tout salarié, y compris les travailleurs salariés détachés à l'étranger ainsi que les travailleurs salariés français expatriés. – *V. art. R. 5429-1 (pén.).*

L'adhésion au régime d'assurance ne peut être refusée. – *[Anc. art. L. 351-4.]*

L'obligation d'assurance contre le risque de privation d'emploi ne s'impose qu'au profit des salariés dont l'engagement résulte d'un contrat de travail et n'est par conséquent pas applicable au statut de gérant de succursales. • Soc. 16 sept. 2015, n° 14-14.525 P : *D. 2015. Actu. 1898* ; *RJS 12/2015, n° 822 ; JCP S 2015. 1384, obs. Cesaro.*

Art. L. 5422-14 Les employeurs soumis à l'obligation d'assurance déclarent les rémunérations servant au calcul de la contribution incombant tant aux employeurs qu'aux salariés.

Ces contributions sont dues à compter de la date d'embauche de chaque salarié. – *[Anc. art. L. 351-5.] – V. art. R. 5429-1 (pén.).*

SECTION IV MODALITÉS DE RECOUVREMENT ET DE CONTRÔLE DES CONTRIBUTIONS

Art. L. 5422-15 Toute action ou poursuite intentée contre un employeur pour manquement aux dispositions du présent titre, à l'exception de celles des articles L. 5422-

10, L. 5422-21, L. 5422-22 et L. 5422-24 ainsi que de celles du chapitre IV, est précédée d'une mise en demeure.

Les modalités d'application du présent article sont déterminées par décret en Conseil d'État. – *[Anc. art. L. 351-6, al. 1er début et al. 5.]*

Art. L. 5422-16 *(L. no 2008-126 du 13 févr. 2008 ; L. no 2012-1189 du 26 oct. 2012, art. 9)* Les contributions prévues aux articles L. 5422-9, L. 5422-11 et L. 5424-20 sont recouvrées et contrôlées par les organismes chargés du recouvrement mentionnés à l'article L. 5427-1 pour le compte de l'organisme gestionnaire du régime d'assurance chômage mentionné à ce même article, selon les règles et sous les garanties et sanctions applicables au recouvrement des cotisations du régime général de la sécurité sociale assises sur les rémunérations. *(L. no 2011-525 du 17 mai 2011, art. 41-I)* « Pour l'application des dispositions prévues aux *(L. no 2012-1189 du 26 oct. 2012, art. 9)* « articles L. 1233-66, L. 1233-69 ainsi qu'aux » *a* et *e* de l'article L. 5427-1, le directeur de l'institution mentionnée à l'article L. 5312-1 dispose de la faculté prévue à l'article L. 244-9 du code de la sécurité sociale. » Les différends relatifs au recouvrement de ces contributions relèvent du contentieux de la sécurité sociale.

Par dérogation à l'alinéa précédent :

1° Les contributions dues au titre de l'emploi des salariés mentionnés à l'article L. 722-20 du code rural et de la pêche maritime sont recouvrées et contrôlées selon les règles et sous les garanties et sanctions applicables au recouvrement des cotisations dues au titre des assurances sociales agricoles obligatoires, dans des conditions définies par convention entre l'organisme gestionnaire du régime d'assurance chômage et la Caisse centrale de la mutualité sociale agricole ;

2° Les différends relatifs au recouvrement des contributions dues au titre de l'emploi de salariés à Saint-Pierre-et-Miquelon relèvent de la compétence des juridictions mentionnées à l'article 8 de l'ordonnance n° 77-1102 du 26 septembre 1977 portant extension et adaptation au département de Saint-Pierre-et-Miquelon de diverses dispositions relatives aux affaires sociales.

Une convention conclue entre l'Agence centrale des organismes de sécurité sociale et l'organisme gestionnaire du régime d'assurance chômage mentionné à l'article L. 5427-1 précise les conditions garantissant à ce dernier la pleine autonomie de gestion, notamment de sa trésorerie grâce à une remontée quotidienne des fonds, ainsi que l'accès aux données nécessaires à l'exercice de ses activités. Elle fixe également les conditions dans lesquelles est assuré le suivi de la politique du recouvrement et définit les objectifs de la politique de contrôle et de lutte contre la fraude. Elle prévoit enfin les modalités de rémunération du service rendu par les organismes chargés du recouvrement des cotisations du régime général.

Art. L. 5422-17 à L. 5422-19 *Abrogés par Décr. no 2009-1708 du 30 déc. 2009, mod. par Décr. no 2010-1736 du 30 déc. 2010.*

SECTION V **ACCORDS RELATIFS À L'ASSURANCE CHÔMAGE**

Art. L. 5422-20 Les mesures d'application des dispositions du présent chapitre *(L. no 2008-126 du 13 févr. 2008)* « , à l'exception des articles L. 5422-14 à L. 5422-16 » *(L. no 2014-1653 du 29 déc. 2014, art. 29)* « et de l'article L. 5422-25, » font l'objet d'accords conclus entre les organisations représentatives d'employeurs et de salariés.

Ces accords sont agréés dans les conditions définies par la présente section.

En l'absence d'accord ou d'agrément de celui-ci, les mesures d'application sont déterminées par décret en Conseil d'État.

V. L. no 2011-893 du 28 juill. 2011, art. 43, App. III, C.

Pouvoirs du gestionnaire. Le règlement d'assurance chômage, conclu en vertu de l'art. L. 351-8 [L. 5422-20 nouv.], qui donne compétence aux employeurs et aux travailleurs pour fixer les mesures d'application des dispositions légales relatives à ce régime, confère aux institutions gestionnaires de ce régime, personnes morales de droit privé, un pouvoir propre d'interrompre le service de l'allocation d'assurance en cas d'extinction du droit à l'allocation et d'agir en répétition des sommes indûment versées. • Soc. 22 févr. 2005, ☎ n° 03-13.942 P : *RJS 2005. 385, n° 553.*

Art. L. 5422-21 L'agrément rend obligatoires les dispositions de l'accord pour tous les employeurs et salariés compris dans le champ d'application professionnel et territorial de cet accord.

L'agrément est délivré pour la durée de la validité de l'accord.

Les accords présentés à l'agrément de l'autorité administrative sont soumis aux conditions de publicité des arrêtés d'extension et d'élargissement des conventions et accords collectifs de travail. – *[Anc. art. L. 352-2, al. 3, 4 et 6, L. 351-8 et L. 352-1.]*

BIBL. ▶ BARTHÉLÉMY, *Dr. soc. 1987. 623* (agrément des accords collectifs). - DOMERGUE, *Sem. soc. Lamy 2003, n° 1138, suppl. p. 5* (élaboration des décisions de l'UNEDIC). - LASSERRE, *ibid. 1985. 285* (possibilité d'agréer un accord adaptant à la situation particulière d'une profession les règles d'indemnisation du chômage prévues par une convention nationale et interprofessionnelle).

1. Conditions de l'agrément ministériel. V. • CE 10 juill. 1987 : *D. 1989. Somm. 210, obs. Chelle et Prétot* • 21 oct. 1991 : *D. 1991. IR 278 ; RJS 1992. 122, n° 179 ; Dr. ouvrier 1992. 75, note Pascré.*

2. Compétence judiciaire. Compétence pour connaître de la validité des stipulations des accords ou avenants, V. • CE 29 juill. 1994 : *Dr. soc. 1994. 900 ; D. 1995. Somm. 353, obs. Soubise ; D. 1996. Somm. 229, obs. Chelle et Prétot .* – Dans le même sens : • CE 21 juin 1996 : *RJS 1996. 618, n° 964.* ♦ *Contra* : • CE 18 mai 1998 : *RJS 1998. 660, n° 1041.*

3. Principe de faveur. Les accords conclus en vertu des art. L. 352-1 s. ne peuvent restreindre les droits que les travailleurs privés d'emploi tiennent de la loi. • Soc. 2 févr. 1999, n° 96-20.696 P : *D. 1999. IR 58 ; RJS 1999. 242, n° 408 ; JCP 1999 éd. E 604, note Taquet* (cessation de l'arrêt d'une cour d'appel qui avait admis la réduction des allocations versées à un ancien militaire percevant un avantage de vieillesse, la loi ne prévoyant aucune réduction de ce type).

Art. L. 5422-22 Pour pouvoir être agréés, les accords ayant pour objet exclusif le versement d'allocations spéciales aux travailleurs sans emploi et, éventuellement, aux travailleurs partiellement privés d'emploi doivent avoir été négociés et conclus sur le plan national et interprofessionnel entre organisations représentatives d'employeurs et de salariés.

Ces accords ne doivent comporter aucune stipulation incompatible avec les dispositions légales en vigueur, en particulier avec celles relatives au contrôle de l'emploi, à la compensation des offres et des demandes d'emploi, au contrôle des travailleurs privés d'emploi, et à l'organisation du placement de l'orientation ou du reclassement des travailleurs sans emploi. – *[Anc. art. L. 352-2, al. 1.]*

Art. L. 5422-23 Lorsque l'accord prévu à l'article L. 5422-20 n'a pas été signé par la totalité des organisations représentatives d'employeurs et de salariés, le ministre chargé de l'emploi peut procéder à son agrément selon une procédure déterminée par décret en Conseil d'État, en l'absence d'opposition exprimée dans des conditions prévues par ce même décret. – *[Anc. art. L. 352-2-1, al. 1er début.]*

Art. L. 5422-24 *(L. n° 2008-126 du 13 févr. 2008)* Les contributions des employeurs et des salariés mentionnées aux articles L. 5422-9, L. 5422-11 et L. 5424-20 financent, pour la part définie par la convention mentionnée à l'article L. 5422-20 et qui ne peut être inférieure à 10 % des sommes collectées, une contribution globale versée à la section "Fonctionnement et investissement" et à la section "Intervention" du budget de l'institution mentionnée à l'article L. 5312-1, dont la répartition est décidée annuellement par le conseil d'administration de cette institution.

SECTION VI SUIVI FINANCIER DU RÉGIME D'ASSURANCE CHÔMAGE

(L. n° 2014-1653 du 29 déc. 2014, art. 29)

Art. L. 5422-25 L'organisme gestionnaire de l'assurance chômage mentionné à l'article L. 5427-1 transmet chaque année au Parlement et au Gouvernement, au plus tard le 30 juin, ses perspectives financières triennales, en précisant notamment les effets de la composante conjoncturelle de l'évolution de l'emploi salarié et du chômage sur l'équilibre financier du régime d'assurance chômage.

Au vu de ce rapport et des autres informations disponibles, le Gouvernement transmet au Parlement et aux partenaires sociaux gestionnaires de l'organisme mentionné au premier alinéa du présent article, avant le 31 décembre, un rapport sur la situation financière de l'assurance chômage, précisant notamment les mesures mises en œuvre et celles susceptibles de contribuer à l'atteinte de l'équilibre financier à moyen terme.

CHAPITRE III RÉGIME DE SOLIDARITÉ

SECTION PREMIÈRE ALLOCATIONS

SOUS-SECTION 1 ALLOCATION DE SOLIDARITÉ SPÉCIFIQUE

Art. L. 5423-1 Ont droit à une allocation de solidarité spécifique les travailleurs privés d'emploi qui ont épuisé leurs droits à l'allocation d'assurance ou à l'allocation de fin de formation prévue par l'article L. 5423-7 et qui satisfont à des conditions d'activité antérieure et de ressources. – *[Anc. art. L. 351-10, al. 1.] – V. art. L. 5429-1 (pén.).*

Art. L. 5423-2 Ont également droit à l'allocation de solidarité spécifique les bénéficiaires de l'allocation d'assurance âgés de cinquante ans au moins qui satisfont aux conditions mentionnées à l'article L. 5423-1 et qui optent pour la perception de cette allocation.

Dans ce cas, le versement de l'allocation d'assurance est interrompu. – *[Anc. art. L. 351-10, al. 2.]*

Art. L. 5423-3 Les artistes non salariés, dès lors qu'ils ne peuvent prétendre au bénéfice de l'allocation d'assurance, ont également droit à l'allocation de solidarité spécifique, selon des conditions d'âge et d'activité antérieure. – *[Anc. art. L. 351-13, al. 1er et 4.]*

Art. L. 5423-4 Lorsque, du fait des modalités particulières d'exercice d'une profession, les conditions d'activité antérieure pour l'admission à l'allocation de solidarité spécifique ne sont pas remplies, des aménagements peuvent être apportés à ces conditions ainsi qu'à la durée d'indemnisation et aux taux de l'allocation dans des conditions déterminées, selon le cas, par l'accord prévu à l'article L. 5422-20 ou par décret en Conseil d'État. – *[Anc. art. L. 351-14, al. 1.]*

Art. L. 5423-5 *(L. no 2011-1977 du 28 déc. 2011, art. 61-4o)* « Sous réserve des dispositions prévues aux articles L. 5426-8-1 à L. 5426-8-3, l'allocation » de solidarité spécifique est incessible et insaisissable.

Al. abrogé par L. no 2011-1977 du 28 déc. 2011, art. 61-4o.

Les blocages de comptes courants de dépôts ou d'avances ne peuvent avoir pour effet de faire obstacle à son insaisissabilité.

Nonobstant toute opposition, le bénéficiaire dont l'allocation est versée sur un compte courant de dépôts ou d'avances peut effectuer mensuellement des retraits de ce compte dans la limite du montant de son allocation.

Art. L. 5423-6 Le taux de l'allocation de solidarité spécifique est *(L. no 2015-1785 du 29 déc. 2015, art. 67-III, en vigueur le 1er janv. 2016)* « revalorisé le 1er avril de chaque année par application du coefficient mentionné à l'article L. 161-25 du code de la sécurité sociale » et est fixé par décret.

Le montant journalier de l'allocation de solidarité spécifique est fixé à 16,27 € à compter du 1er avr. 2016 (Décr. no 2016-540 du 3 mai 2016, art. 2).

Sur le montant de l'ASS pour l'année en cours, V. www.service-public.fr>Social-Santé

Art. L. 5423-7 *(L. no 2016-1917 du 29 déc. 2016, art. 87-V, en vigueur le 1er janv. 2017)* L'allocation de solidarité spécifique ne peut être cumulée avec l'allocation aux adultes handicapés mentionnée aux articles L. 821-1 et L. 821-2 du code de la sécurité sociale dès lors qu'un versement a été effectué au titre de cette dernière allocation et tant que les conditions d'éligibilité à celle-ci demeurent remplies.

Pour la récupération des sommes trop perçues à ce titre, l'institution mentionnée à l'article L. 5312-1 du présent code est subrogée dans les droits du bénéficiaire vis-à-vis des organismes payeurs mentionnés à l'article L. 821-7 du code de la sécurité sociale.

Les allocataires ayant, au 31 déc. 2016, des droits ouverts simultanément à l'allocation de solidarité spécifique et à l'allocation mentionnée aux art. L. 821-1 et L. 821-2 CSS continuent à bénéficier de ces allocations dans les conditions antérieures à la L. n° 2016-1917 du 29 déc. 2016 tant que les conditions d'éligibilité à ces allocations demeurent remplies, dans la limite d'une durée de dix ans (L. préc., art. 87-V).

SOUS-SECTION 2 *[ABROGÉE]* ALLOCATION DE FIN DE FORMATION

(Abrogée par L. n° 2008-1425 du 27 déc. 2008, art. 188-I)

SOUS-SECTION 3 ALLOCATION TEMPORAIRE D'ATTENTE

Art. L. 5423-8 Sous réserve des dispositions de l'article L. 5423-9, peuvent bénéficier d'une allocation temporaire d'attente :

(Abrogé par L. n° 2015-925 du 29 juill. 2015, art. 27) (L. n° 2014-891 du 8 août 2014, art. 31-I) ***« 1° Les ressortissants étrangers ayant été admis provisoirement au séjour en France au titre de l'asile ou bénéficiant du droit de s'y maintenir à ce titre et ayant déposé une demande d'asile auprès de l'Office français de protection des réfugiés et apatrides, s'ils satisfont à des conditions d'âge et de ressources ;***

« 1° bis Les ressortissants étrangers dont la demande d'asile entre dans le cas mentionné au 1° de l'article L. 741-4 du code de l'entrée et du séjour des étrangers et du droit d'asile, s'ils satisfont à des conditions d'âge et de ressources ;

« 2° Les ressortissants étrangers bénéficiaires de la protection temporaire, dans les conditions prévues au titre Ier du livre VIII du code de l'entrée et du séjour des étrangers et du droit d'asile ; »

3° Les ressortissants étrangers bénéficiaires de la protection subsidiaire, pendant une durée déterminée ;

(Abrogé par L. n° 2015-925 du 29 juill. 2015, art. 27) ***« 4° Les ressortissants étrangers auxquels une carte de séjour temporaire a été délivrée en application de l'article L. 316-1 du code de l'entrée et du séjour des étrangers et du droit d'asile, pendant une durée déterminée ; »***

5° Les apatrides, pendant une durée déterminée ;

6° Certaines catégories de personnes en attente de réinsertion, pendant une durée déterminée. – *V. art. L. 5429-1 (pén.).*

Les abrogations issues de la L. n° 2015-925 du 29 juill. 2015 s'appliquent aux demandeurs d'asile dont la demande a été enregistrée à compter du 1er nov. 2015. Les personnes qui, à cette même date, bénéficient de l'allocation temporaire d'attente en application des 1° à 4° de l'art. L. 5423-8 C. trav., dans sa rédaction antérieure à la L. n° 2015-925 du 29 juill. 2015, bénéficient de l'allocation prévue à l'art. L. 744-9 du CESEDA (L. préc., art. 35-V et VI ; Décr. n° 2015-1166 du 21 sept. 2015, art. 30-II).

Art. L. 5423-9 Ne peuvent bénéficier de l'allocation temporaire d'attente :

(Abrogé par L. n° 2014-891 du 8 août 2014, art. 31-I) ***« 1°*** *(L. n° 2008-1425 du 27 déc. 2008, art. 156)* ***Les demandeurs d'asile qui, à la suite d'une décision de rejet devenue définitive, présentent une demande de réexamen à l'Office français de protection des réfugiés et apatrides, à l'exception des cas humanitaires signalés par l'Office français de protection des réfugiés et apatrides dans les conditions prévues par voie réglementaire ; »***

2° Les personnes mentionnées à l'article L. 5423-8 dont le séjour dans un centre d'hébergement est pris en charge au titre de l'aide sociale ;

(Abrogé par L. n° 2015-925 du 29 juill. 2015, art. 27) ***« 3° Les personnes mentionnées à l'article L. 5423-8 qui refusent une offre de prise en charge répondant aux conditions fixées au 1° de ce même article. Si ce refus est manifesté après que l'allocation a été préalablement accordée, le bénéfice de l'allocation est perdu au terme du mois qui suit l'expression de ce refus. »***

L'abrogation issue de la L. n° 2015-925 du 29 juill. 2015 s'applique aux demandeurs d'asile dont la demande a été enregistrée à compter du 1er nov. 2015 (L. préc., art. 35-V ; Décr. n° 2015-1166 du 21 sept. 2015, art. 30-II).

Art. L. 5423-10 Les personnes mentionnées à l'article L. 5423-8 auxquelles une offre de prise en charge répondant aux conditions fixées au 2° de l'article L. 5423-9 n'a pas été formulée attestent de leur adresse de domiciliation effective auprès des organismes chargés du service de l'allocation, sous peine d'en perdre le bénéfice. – *[Anc. art. L. 351-9-1, al. 3.]*

Art. L. 5423-11 *(L. n° 2015-925 du 29 juill. 2015, art. 27)* **L'allocation temporaire d'attente est versée mensuellement, à terme échu.**

Les dispositions issues de la L. n° 2015-925 du 29 juill. 2015 s'appliquent aux demandeurs d'asile dont la demande a été enregistrée à compter du 1er nov. 2015 (L. préc., art. 35-V ; Décr. n° 2015-1166 du 21 sept. 2015, art. 30-II).

Art. L. 5423-12 **Le montant de l'allocation temporaire d'attente est déterminé par décret.**

(L. n° 2015-1785 du 29 déc. 2015, art. 67-III, en vigueur le 1er janv. 2016) **« Il est revalorisé le 1er avril de chaque année par application du coefficient mentionné à l'article L. 161-25 du code de la sécurité sociale. »**

Le montant journalier de l'allocation temporaire d'attente est fixé à 11, 46 € à compter du 1er avr. 2016 (Décr. n° 2016-540 du 3 mai 2016, art. 1er).

Art. L. 5423-13 *(L. n° 2011-1977 du 28 déc. 2011, art. 61-4°)* **« Sous réserve des dispositions prévues aux articles L. 5426-8-1 à L. 5426-8-3, l'allocation » temporaire d'attente est incessible et insaisissable.**

Al. abrogé par L. n° 2011-1977 du 28 déc. 2011, art. 61-4°.

Les blocages de comptes courants de dépôts ou d'avances ne peuvent avoir pour effet de faire obstacle à son insaisissabilité.

Nonobstant toute opposition, le bénéficiaire dont l'allocation temporaire d'attente est versée sur un compte courant de dépôts ou d'avances peut effectuer mensuellement des retraits de ce compte dans la limite du montant de son allocation. – *[Anc. art. L. 351-10 bis.]*

Art. L. 5423-14 **L'allocation temporaire d'attente est versée par** *(L. n° 2008-126 du 13 févr. 2008)* **« l'institution mentionnée à l'article L. 5312-1, avec laquelle » l'État conclut une convention.** – *[Anc. art. L. 351-9-4.]*

SOUS-SECTION 4 *[ABROGÉE]* ALLOCATION FORFAITAIRE DU CONTRAT NOUVELLES EMBAUCHES

(Abrogée par L. n° 2008-596 du 25 juin 2008, art. 9)

Les contrats « nouvelles embauches » en cours à la date de publication de la présente loi sont requalifiés en contrats à durée indéterminée de droit commun dont la période d'essai est fixée par voie conventionnelle ou, à défaut, à l'article L. 1221-19 du code du travail (L. n° 2008-596 du 25 juin 2008, art. 9).

SOUS-SECTION 5 *[ABROGÉE]* ALLOCATION ÉQUIVALENT RETRAITE

(Abrogée par L. n° 2007-1822 du 24 déc. 2007, art. 132-I, à compter du 1er janv. 2009)

SECTION II FINANCEMENT DES ALLOCATIONS

SOUS-SECTION 1 *[ABROGÉE]* FONDS DE SOLIDARITÉ

(Abrogée par L. n° 2016-1918 du 29 déc. 2016, art. 143-I, à compter du 1er janv. 2018)

Art. L. 5423-24 ***Le fonds de solidarité gère les moyens de financement :***

(Abrogé par L. n° 2010-1657 du 29 déc. 2010, art. 202-I) ***« 1° De la prime de retour à l'emploi prévue à l'article L. 5133-1 ; »***

(Abrogé par L. n° 2009-1673 du 30 déc. 2009) (L. n° 2008-1249 du 1er déc. 2008) ***« 2° Des aides mentionnées aux articles L. 5134-30 et L. 5134-72 en tant qu'elles concernent les employeurs qui ont conclu un contrat unique d'insertion avec une personne qui était, avant son embauche, bénéficiaire de l'allocation de solidarité spécifique » ;***

3° De l'allocation de solidarité spécifique prévue à l'article L. 5423-1 ;

(Abrogé par L. n° 2008-596 du 25 juin 2008, art. 9-I) ***« 4° De l'allocation forfaitaire du contrat nouvelles embauches prévue à l'article L. 5423-15 ; »***

5° De l'allocation équivalent retraite prévue à l'article L. 5423-18 ;

(Abrogé par L. n° 2016-1917 du 29 déc. 2016, art. 87-III, à compter d'une date fixée par décret et au plus tard le 1er sept. 2017) *« 6° De la prime forfaitaire prévue à l'article L. 5425-3 » ;*

7° De l'aide prévue au II de l'article 136 de la loi de finances pour 1997 n° 96-1181 du 30 décembre 1996.

Art. L. 5423-25 *Le fonds de solidarité reçoit la contribution exceptionnelle de solidarité prévue à l'article L. 5423-26 ainsi que, le cas échéant, une subvention de l'État.*

(Abrogé par L. n° 2016-1917 du 29 déc. 2016, art. 152-III, à compter du 1er janv. 2017) (L. n° 2014-1654 du 29 déc. 2014, art. 45-V) *« Le fonds de solidarité reverse au fonds national des solidarités actives une fraction, fixée à 15,20 %, du produit de la contribution exceptionnelle de solidarité. Ce reversement est effectué lors de l'encaissement de la contribution par le fonds de solidarité. »*

SOUS-SECTION 2 CONTRIBUTION EXCEPTIONNELLE DE SOLIDARITÉ

La division et l'intitulé de la sous-section 2 sont abrogés à compter du 1er janv. 2018 (L. n° 2016-1918 du 29 déc. 2016, art. 143-I).

Art. L. 5423-26 Les salariés des employeurs du secteur public et parapublic mentionnés aux articles L. 5424-1 et L. 5424-2, lorsque ceux-ci ne sont pas placés sous le régime de l'article L. 5422-13, versent une contribution exceptionnelle de solidarité. – *[Anc. art. 2, al. 1er, L. n° 82-939 du 4 nov. 1982.]*

Art. L. 5423-27 La contribution exceptionnelle de solidarité est assise sur la rémunération nette totale des salariés, y compris l'ensemble des éléments ayant le caractère d'accessoire du traitement, de la solde ou du salaire, à l'exclusion des remboursements de frais professionnels, dans la limite du plafond mentionné à l'article L. 5422-3. – *[Anc. art. 2, al. 2 phrase 2, L. n° 82-939 du 4 nov. 1982.]*

Art. L. 5423-28 (Abrogé par L. n° 2016-1918 du 29 déc. 2016, art. 143-I, à compter du 1er janv. 2018) *A défaut de versement de la contribution exceptionnelle de solidarité dans un délai déterminé par décret en Conseil d'État, la contribution est majorée de 10 %.*

Art. L. 5423-29 (Abrogé par L. n° 2016-1918 du 29 déc. 2016, art. 143-I, à compter du 1er janv. 2018) *L'absence de précompte ou de versement par l'employeur de la contribution exceptionnelle de solidarité le rend débiteur du montant de l'ensemble des sommes en cause.*

Art. L. 5423-30 Le fonds de solidarité recouvre la contribution exceptionnelle de solidarité et, le cas échéant, la majoration auprès des employeurs mentionnés à l'article L. 5423-26, pour les périodes d'emploi correspondant aux cinq années civiles précédant celle au cours de laquelle le fonds de solidarité a demandé à l'employeur de justifier ses versements ou de régulariser sa situation.

La mise en demeure adressée à l'employeur interrompt cette prescription. – *[Anc. art. 3, al. 2 et 3, L. n° 82-939 du 4 nov. 1982.]*

Nouvel art. L. 5423-30 (L. n° 2016-1918 du 29 déc. 2016, art. 143-I, en vigueur le 1er janv. 2018) *Le recouvrement de la contribution mentionnée à l'article L. 5423-26 est effectué dans les conditions prévues par la section I du chapitre VII du titre III du livre Ier du code de la sécurité sociale.*

Art. L. 5423-30-1 *(L. n° 2016-1918 du 29 déc. 2016, art. 143-I, en vigueur le 1er janv. 2018)* La contribution exceptionnelle de solidarité est affectée à la section "Solidarité" prévue à l'article L. 5312-7 de l'institution mentionnée à l'article L. 5312-1 en vue de financer :

1° L'allocation de solidarité spécifique prévue à l'article L. 5423-1 ;

2° Les sommes restant dues au titre du versement de l'allocation équivalent retraite prévue à l'article L. 5423-18 dans sa rédaction antérieure à l'entrée en vigueur de l'article 132 de la loi n° 2007-1822 du 24 décembre 2007 de finances pour 2008 ;

3° L'aide prévue au II de l'article 136 de la loi n° 96-1181 du 30 décembre 1996 de finances pour 1997 ;

4° Les allocations spécifiques prévues à l'article L. 5424-21 ;

5° Les sommes restant dues au titre du versement de la prime forfaitaire prévue à l'article L. 5425-3 dans sa rédaction antérieure à l'entrée en vigueur du 3° du B du III de l'article 49 de la loi n° 2016-1917 du 29 décembre 2016 de finances pour 2017.

Art. L. 5423-31 Un décret en Conseil d'État détermine les conditions de recouvrement de la contribution exceptionnelle de solidarité *(Abrogé par L. n° 2016-1918 du 29 déc. 2016, art. 143-I, à compter du 1er janv. 2018)* ***« et les dérogations à la périodicité de son versement compte tenu du nombre de salariés des collectivités et organismes intéressés »***.

Art. L. 5423-32 Le taux de la contribution exceptionnelle de solidarité est fixé à 1 % du montant de l'assiette prévue à l'article L. 5423-27.

Sont exonérés du versement de la contribution les salariés dont la rémunération mensuelle nette définie au troisième alinéa est inférieure à un montant déterminé par décret en Conseil d'État.

La rémunération mensuelle nette comprend la rémunération de base mensuelle brute augmentée de l'indemnité de résidence et diminuée des cotisations de sécurité sociale obligatoires, des prélèvements pour pension et, le cas échéant, des prélèvements au profit des régimes de retraite complémentaire obligatoires. — *[Anc. art. 4 et 5, L. n° 82-939 du 4 nov. 1982.]*

SECTION III **DISPOSITIONS D'APPLICATION**

Art. L. 5423-33 Un décret en Conseil d'État détermine les conditions d'application du présent chapitre, notamment :

1° Les délais après l'expiration desquels l'inscription comme demandeur d'emploi est réputée tardive pour l'ouverture du droit à indemnisation ;

2° Le délai au terme duquel le reliquat des droits antérieurement constitués ne peut plus être utilisé ;

3° Le délai dans lequel doit être présentée la demande de paiement de cette indemnisation ;

4° Le montant au-dessous duquel l'indemnisation différentielle n'est plus versée ;

5° Le montant au-dessous duquel l'indemnisation indûment versée ne donne pas lieu à remboursement. — *[Anc. art. L. 351-9-5, L. 351-10, al. 5 phrase 1, L. 351-10-1, al. 1, L. 351-10-2, L. 351-11, L. 351-13.]*

CHAPITRE IV **RÉGIMES PARTICULIERS**

SECTION PREMIÈRE **DISPOSITIONS PARTICULIÈRES À CERTAINS SALARIÉS** *(L. n° 2010-1488 du 7 déc. 2010, art. 26-I)*.

Art. L. 5424-1 Ont droit à une allocation d'assurance dans les conditions prévues aux articles L. 5422-2 et L. 5422-3 :

1° Les agents fonctionnaires et non fonctionnaires de l'État et de ses établissements publics administratifs, les agents titulaires des collectivités territoriales ainsi que les agents statutaires des autres établissements publics administratifs ainsi que les militaires ;

2° Les agents non titulaires des collectivités territoriales et les agents non statutaires des établissements publics administratifs autres que ceux de l'État et ceux mentionnés au 4° ainsi que les agents non statutaires des groupements d'intérêt public ;

3° Les salariés des entreprises inscrites au répertoire national des entreprises contrôlées majoritairement par l'État, les salariés relevant soit des établissements publics à caractère industriel et commercial des collectivités territoriales, soit des sociétés d'économie mixte dans lesquelles ces collectivités ont une participation majoritaire ;

4° Les salariés non statutaires des chambres de métiers, des services à caractère industriel et commercial gérés par les chambres de commerce et d'industrie territoriales, des chambres d'agriculture, ainsi que les salariés des établissements et services d'utilité agricole de ces chambres ;

5° Les fonctionnaires de France Télécom placés hors de la position d'activité dans leurs corps en vue d'assurer des fonctions soit dans l'entreprise, en application du cinquième alinéa de l'article 29 de la loi n° 90-568 du 2 juillet 1990 relative à l'organisation du service public de la poste et des télécommunications, soit dans l'une de ses filiales ;

(L. nº 2010-1488 du 7 déc. 2010, art. 26-II) « 6° Les salariés des entreprises de la branche professionnelle des industries électriques et gazières soumis au statut national du personnel des industries électriques et gazières. »

1. Agent non fonctionnaire. A acquis la qualité d'agent non fonctionnaire de l'État, au sens de l'art. L. 351-12 [L. 5424-1 nouv.], l'agent non titulaire qui a été licencié à la suite de son stage en raison de son échec aux épreuves professionnelles. • CE 11 mars 1994 : *RJS 1994. 368, nº 590.*

2. Militaires. Ne peut être considéré comme involontairement privé d'emploi celui qui volontairement refuse un nouvel engagement militaire. • CE 2 juin 1995 : *RJS 1995. 605, nº 927.*

3. Agent hospitalier. Un agent visé au 1° de l'art. L. 351-12 [L. 5424-1 nouv.] a droit aux allocations d'assurance chômage dès lors que, apte au travail, il peut être regardé comme ayant été involontairement privé d'emploi et à la recherche d'un emploi. • CE 30 sept. 2002 : *D. 2003. 2922, obs. Rousseau* (agent hospitalier titulaire mise en disponibilité d'office après avoir sollicité sa réintégration, qui était de droit, à l'issue d'une période de mise en disponibilité pour convenances personnelles).

Art. L. 5424-2 Les employeurs mentionnés à l'article L. 5424-1 assurent la charge et la gestion de l'allocation d'assurance. *(L. nº 2008-126 du 13 févr. 2008)* « Ceux-ci peuvent, par convention conclue avec l'institution mentionnée à l'article L. 5312-1, pour le compte de l'organisme mentionné à l'article L. 5427-1, lui confier cette gestion. »

Toutefois, peuvent adhérer au régime d'assurance :

1° Les employeurs mentionnés au 2° de l'article L. 5424-1 ;

2° Par une option irrévocable, les employeurs mentionnés aux 3° *(L. nº 2010-1488 du 7 déc. 2010, art. 26-III)* « , 4° et 6° » de ce même article ;

3° Pour leurs agents non titulaires, les établissements publics d'enseignement supérieur et les établissements publics à caractère scientifique et technologique ;

4° Pour les assistants d'éducation, les établissements d'enseignement mentionnés à l'article L. 916-1 du code de l'éducation.

(L. nº 2010-1488 du 7 déc. 2010, art. 26-III) « Les entreprises de la branche professionnelle des industries électriques et gazières soumises au statut national du personnel des industries électriques et gazières, adhérentes, avant leur assujettissement au statut national, au régime d'assurance chômage prévu par les articles L. 5422-1 et suivants, ainsi que les entreprises en création sont considérées comme ayant exercé leur option irrévocable mentionnée au 2°. »

Art. L. 5424-3 Les employeurs mentionnés à la présente section adhèrent au régime d'assurance pour les salariés engagés à titre temporaire qui relèvent des professions de la production cinématographique, de l'audiovisuel ou du spectacle, lorsque l'activité exercée bénéficie de l'aménagement des conditions d'indemnisation prévues par l'article L. 5424-20. — *[Anc. art. L. 351-12, al. 11.]*

Art. L. 5424-4 Un décret en Conseil d'État fixe les règles de coordination applicables pour l'indemnisation des travailleurs dont les activités antérieures prises en compte pour l'ouverture des droits ont été exercées auprès d'employeurs relevant les uns de l'article L. 5422-13, les autres de la présente section. — *[Anc. art. L. 351-12, al. 10.]*

Art. L. 5424-5 Les litiges résultant de l'adhésion au régime d'assurance *(L. nº 2008-126 du 13 févr. 2008 ; Décr. nº 2009-1708 du 30 déc. 2009)* « suivent les règles de compétence prévues à l'article L. 5422-16 ».

SECTION II **ENTREPRISES DU BÂTIMENT ET DES TRAVAUX PUBLICS PRIVÉES D'EMPLOI PAR SUITE D'INTEMPÉRIES**

RÉP. TRAV. vº *Chômage*, par DOMERGUE.

BIBL. GÉN. ▸ BENAMARA-BOUAZIZ, *Dr. ouvrier 1990. 12* (indemnité de licenciement des ouvriers du bâtiment et des travaux publics).

Art. L. 5424-6 Les dispositions de la présente section déterminent les règles suivant lesquelles les entreprises du bâtiment et des travaux publics relevant de certaines activités professionnelles déterminées par décret indemnisent les travailleurs qu'elles occupent habituellement en cas d'arrêt de travail occasionné par les intempéries. — *[Anc. art. L. 731-1, al. 1er et 6.]* — *V. art. D. 5424-7 ; L. 5429-3 (pén.).*

Les cotisations chômage-intempéries doivent être assises sur l'ensemble des salaires versés à tout le personnel occupé dans la branche d'activité professionnelle de l'entreprise donnant lieu à son assujettissement à la caisse des congés payés, sans que puissent être exclus les salaires versés aux travailleurs dont l'activité est de nature à n'être affectée qu'indirectement par ce risque. • Soc. 1er mars 1984 : *Bull. civ. V, n° 89 ; JCP E 1984. I. 13686, n° 7, obs. Teyssié.*

Art. L. 5424-7 Dans les zones où les conditions climatiques entraînent un arrêt saisonnier pour diverses catégories d'entreprises mentionnées à l'article L. 5424-6, l'autorité administrative, après avis des organisations d'employeurs et de salariés, intéressées, détermine par région pour chaque catégorie d'entreprises les périodes où il n'y a pas lieu à l'indemnisation du fait de l'arrêt habituel de l'activité. – *[Anc. art. L. 731-1, al. 8.]*

Art. L. 5424-8 Sont considérées comme intempéries, les conditions atmosphériques et les inondations lorsqu'elles rendent dangereux ou impossible l'accomplissement du travail eu égard soit à la santé ou à la sécurité des salariés, soit à la nature ou à la technique du travail à accomplir. – *[Anc. art. L. 731-2.]*

La notion d'intempéries ne se réduit pas aux conditions atmosphériques anormales mais s'entend des circonstances extérieures qui rendent effectivement impossible l'accomplissement du travail compte tenu de sa nature, de sorte que la période de chômage partiel peut dépasser la période d'intempéries réelles. • Soc. 8 juill. 1997, n° 95-12.870 P : *D. 1997. IR 190 ; RJS 1997. 642, n° 1036 ; CSB 1997. 291, S. 157.*

Art. L. 5424-9 L'arrêt du travail en cas d'intempéries est décidé par l'entrepreneur ou par son représentant sur le chantier après consultation des délégués du personnel.

Lorsque les travaux sont exécutés pour le compte d'une administration, d'une collectivité publique, d'un service concédé ou subventionné, le représentant du maître d'*(L. n° 2009-526 du 12 mai 2009, art. 41)* « ouvrage » sur le chantier peut s'opposer à l'arrêt du travail. – *[Anc. art. L. 731-8.]*

Art. L. 5424-10 Les salariés bénéficient de l'indemnisation pour intempéries, quels que soient le montant et la nature de leur rémunération. – *[Anc. art. L. 731-3.]*

Art. L. 5424-11 Le salarié a droit à l'indemnisation pour intempéries s'il justifie avoir accompli avant l'arrêt du travail un nombre minimum d'heures de travail durant une période déterminée dans l'une des entreprises définies à l'article L. 5424-6. – *[Anc. art. L. 731-4.]*

Art. L. 5424-12 L'indemnité journalière d'intempéries est due pour chaque heure perdue après expiration d'un délai de carence fixé par décret.

Ce décret détermine également :

1° La limite d'indemnisation des heures perdues en fonction du salaire afférent à ces heures ;

2° Le nombre maximum des indemnités journalières susceptibles d'être attribuées au cours d'une année civile. – *[Anc. art. L. 731-5.]*

Art. L. 5424-13 L'indemnité journalière d'intempéries est versée au salarié par son entreprise à l'échéance normale de la paie dans les mêmes conditions que cette dernière.

Elle n'est pas due au salarié momentanément inapte.

Elle ne se cumule pas avec les indemnités journalières d'accident du travail, de maladie, des assurances sociales et de congés payés.

Elle est exclusive de toute indemnité de chômage.

Elle cesse d'être due dans le cas où le salarié exerce une autre activité salariée pendant la période d'arrêt du travail. – *[Anc. art. L. 731-6.]*

Art. L. 5424-14 Les indemnités journalières d'intempéries ne constituent pas un salaire et ne donnent pas lieu en conséquence au versement de cotisations sociales, à l'exception de celles concernant l'application de la législation sur les congés payés et de celles qui sont prévues à l'article 6 de la loi n° 82-1 du 4 janvier 1982 portant diverses mesures d'ordre social.

Toutefois, les dispositions des titres III, IV et V du livre II de la troisième partie du présent code et de l'article 2101 du code civil sont applicables au paiement des indemnités d'intempéries.

En vue de la détermination du droit des intéressés aux diverses prestations de la sécurité sociale, les périodes pour lesquelles ils ont bénéficié des indemnités journalières d'intempéries sont assimilées à des périodes de chômage involontaire. – *[Anc. art. L. 731-7.]*

Art. L. 5424-15 La charge du paiement des indemnités journalières d'intempéries, y compris les charges sociales, sont réparties au plan national entre les entreprises prévues à l'article L. 5424-6 en fonction des salaires payés par celles-ci à leurs salariés.

La péréquation des charges est opérée par des organismes et dans des conditions déterminées par décret. – *[Anc. art. L. 731-9, al. 1er et al. 2 début et fin.]*

Art. L. 5424-16 Le contrôle de l'application par les employeurs des dispositions de la présente section est confié aux *(L. n° 2016-1088 du 8 août 2016, art. 113)* « agents de contrôle de l'inspection du travail mentionnés à l'article L. 8112-1 » et aux contrôleurs des caisses de congés payés du bâtiment. – *[Anc. art. L. 731-10.]*

Art. L. 5424-17 En cas de retard dans le paiement des cotisations et dans la production des déclarations de salaires servant d'assiette aux cotisations, les cotisations échues et non payées ou correspondant aux déclarations non produites en temps utile sont majorées selon un taux et dans des conditions fixées par décret. – *[Anc. art. L. 731-11, phrase 1 début.]*

Art. L. 5424-18 En cas d'arrêt pour cause d'intempéries, les salariés que leur employeur ne peut occuper peuvent être mis par leur entreprise à la disposition de collectivités publiques pour l'exécution de travaux d'intérêt général.

Dans ce cas, les intéressés perçoivent le salaire correspondant aux travaux accomplis auxquels *[auquel]* s'ajoute, le cas échéant, une indemnité égale à la différence entre le salaire servant de base au calcul de l'indemnité d'intempéries et le salaire perçu pour ces travaux occasionnels. – *[Anc. art. L. 731-12, al. 1er phrase 1 et al. 2 phrase 1.]*

Art. L. 5424-19 Un décret détermine les modalités d'application de la présente section, notamment les conditions dans lesquelles les contestations nées de son application peuvent être soumises à des organismes paritaires de conciliation dont il peut rendre l'intervention obligatoire. – *[Anc. art. L. 731-13.]*

SECTION III **PROFESSIONS DE LA PRODUCTION CINÉMATOGRAPHIQUE, DE L'AUDIOVISUEL OU DU SPECTACLE**

SOUS-SECTION 1 **CONTRIBUTIONS ET ALLOCATIONS** *(L. n° 2015-994 du 17 août 2015, art. 34-I).*

Art. L. 5424-20 Du fait de l'aménagement de leurs conditions d'indemnisation, l'allocation d'assurance versée aux travailleurs involontairement privés d'emploi relevant des professions de la production cinématographique, de l'audiovisuel ou du spectacle peut, en sus de la contribution prévue à l'article L. 5422-9, être financée par une contribution spécifique à la charge des employeurs, y compris ceux mentionnés à l'article L. 5424-3 et des salariés relevant de ces professions, assise sur la rémunération brute dans la limite d'un plafond, dans des conditions fixées par l'accord prévu à l'article L. 5422-20. – *[Anc. art. L. 351-14, al. 2 phrase 1.]*

(L. n° 2008-126 du 13 févr. 2008) « La contribution spécifique est recouvrée et contrôlée par les organismes chargés du recouvrement mentionnés à l'article L. 5427-1 selon les règles applicables aux contributions mentionnées à l'article L. 5422-9. » Les différends relatifs au recouvrement de cette contribution suivent les règles de compétence prévues à l'article L. 5422-16.

Par anticipation à la date d'entrée en vigueur fixée par le décret visé au III de l'art. 5 de la L. n° 2008-126 du 13 févr. 2008 relative à la réforme de l'organisation du service public de l'emploi, les contributions mentionnées à l'art. L. 5424-20 peuvent, pour l'ensemble ou certaines catégories de cotisants, être recouvrées, selon les dispositions de l'art. L. 5422-16, dans sa rédaction issue de l'art. 17 de la L. n° 2008-126 du 13 févr. 2008, dès l'année 2010 par l'un ou plusieurs des organismes mentionnés au troisième alinéa de l'article L. 5427-1, dans des conditions définies par décret (L. n° 2009-1646 du 24 déc. 2009, art. 24). — V. Décr. n° 2010-907 du 2 août 2010 (JO 4 août).

Art. L. 5424-21 Les travailleurs involontairement privés d'emploi et qui ont épuisé leurs droits à l'assurance chômage au titre des dispositions spécifiques relatives aux artistes du spectacle et aux ouvriers et techniciens de l'édition d'enregistrement sonore, de la production cinématographique et audiovisuelle, de la radio, de la diffusion et du spectacle, annexées au règlement général annexé à la convention relative à l'aide au retour à l'emploi et à l'indemnisation du chômage peuvent bénéficier d'allocations spécifiques d'indemnisation du chômage au titre de la solidarité nationale dans les conditions suivantes :

1° Ne pas satisfaire aux conditions pour bénéficier de l'allocation de solidarité spécifique prévue à l'article L. 5423-1 ;

2° Satisfaire à des conditions d'activité professionnelle antérieure et de prise en charge au titre d'un revenu de remplacement.

Ces allocations sont à la charge du fonds de solidarité mentionné à l'article L. 5423-24 *[nouvelle rédaction issue de la L. n° 2016-1918 du 29 déc. 2016, art. 143-I, en vigueur le 1er janv. 2018 : « de l'État »]*. Leur gestion est assuré*[e]* par *(L. n° 2008-126 du 13 févr. 2008)* « l'institution mentionnée à l'article L. 5312-1 » dans les conditions prévues par une convention conclue avec l'État.

Ces allocations sont cessibles et saisissables dans les mêmes conditions et limites que les salaires.

Un décret détermine les modalités d'application du présent article. — *[Anc. art. L. 351-13-1.] — V. Décr. n° 2007-483 du 30 mars 2007 (JO 31 mars), mod. par Décr. n° 2008-2 du 2 janv. 2008 (JO 3 janv.).*

SOUS-SECTION 2 RÈGLES SPÉCIFIQUES EN MATIÈRE DE NÉGOCIATION DES ACCORDS RELATIFS À L'ASSURANCE CHÔMAGE

(L. n° 2015-994 du 17 août 2015, art. 34-I)

BIBL. ▶ BAUGARD, *Dr. soc. 2015. 915* (Régime d'assurance-chômage des intermittents du spectacle).

Art. L. 5424-22 I. — Pour tenir compte des modalités particulières d'exercice des professions de la production cinématographique, de l'audiovisuel ou du spectacle, les accords relatifs au régime d'assurance chômage mentionnés à l'article L. 5422-20 comportent des règles spécifiques d'indemnisation des artistes et des techniciens intermittents du spectacle, annexées au règlement général annexé à la convention relative à l'indemnisation du chômage.

II. — Les organisations d'employeurs et de salariés représentatives de l'ensemble des professions mentionnées à l'article L. 5424-20 négocient entre elles les règles spécifiques définies au I du présent article. A cette fin, dans le cadre de la négociation des accords relatifs au régime d'assurance chômage mentionnés à l'article L. 5422-20, les organisations professionnelles d'employeurs et les organisations syndicales de salariés représentatives au niveau national et interprofessionnel leur transmettent en temps utile un document de cadrage.

Ce document précise les objectifs de la négociation en ce qui concerne la trajectoire financière et le respect de principes généraux applicables à l'ensemble du régime d'assurance chômage. Il fixe le délai dans lequel cette négociation doit aboutir.

Les règles spécifiques prévues par un accord respectant les objectifs définis par le document de cadrage et conclu dans le délai fixé par le même document sont reprises dans les accords relatifs au régime d'assurance chômage mentionnés à l'article L. 5422-20. A défaut de conclusion d'un tel accord, les organisations professionnelles d'employeurs et les organisations syndicales de salariés représentatives au niveau national et interprofessionnel fixent les règles d'indemnisation du chômage applicables aux artistes et aux techniciens intermittents du spectacle.

Art. L. 5424-23 I. — Il est créé un comité d'expertise sur les règles spécifiques applicables en matière d'indemnisation des artistes et des techniciens intermittents du spectacle, composé de représentants de services statistiques de l'État, de l'institution mentionnée à l'article L. 5312-1 et de l'organisme chargé de la gestion du régime d'assurance chômage mentionné à l'article L. 5427-1, ainsi que de personnalités qualifiées. Ces représentants sont désignés par l'État. Un décret précise les modalités de désignation des membres du comité ainsi que ses règles de fonctionnement. – *V. art. D. 5424-66 s.*

II. – Le comité évalue toutes les propositions qui lui sont transmises en cours de négociation par une organisation d'employeurs ou de salariés représentative de l'ensemble des professions mentionnées à l'article L. 5424-20. Il peut également être saisi d'une telle demande d'évaluation par une organisation professionnelle d'employeurs ou par une organisation syndicale de salariés représentative au niveau national et interprofessionnel. Le décret mentionné au I du présent article détermine les modalités de communication de cette évaluation.

III. – Lorsque les organisations d'employeurs et de salariés représentatives de l'ensemble des professions mentionnées à l'article L. 5424-20 ont conclu un accord, le comité évalue le respect par celui-ci de la trajectoire financière figurant dans le document de cadrage mentionné au II de l'article L. 5424-22, dans un délai fixé par le décret mentionné au I du présent article.

IV. – L'institution mentionnée à l'article L. 5312-1 et l'organisme chargé de la gestion de l'assurance chômage mentionné à l'article L. 5427-1 fournissent au comité d'expertise les informations nécessaires à l'exercice de ses missions.

CHAPITRE V **MAINTIEN DES DROITS AU REVENU DE REMPLACEMENT DU DEMANDEUR INDEMNISÉ**

SECTION PREMIÈRE **CUMUL D'UN REVENU DE REMPLACEMENT AVEC D'AUTRES REVENUS**

Art. L. 5425-1 Les allocations du présent titre, à l'exception de celles prévues à la section II du chapitre IV, pour les salariés du bâtiment et des travaux publics privés d'emploi par suite d'intempéries, peuvent se cumuler avec les revenus tirés d'une activité occasionnelle ou réduite ainsi qu'avec les prestations de sécurité sociale ou d'aide sociale dans les conditions et limites fixées :

1° Pour l'allocation d'assurance, par l'accord prévu à l'article L. 5422-20 ;

2° Pour les allocations de solidarité, par décret en Conseil d'État.

Ces dispositions s'appliquent notamment au cas des revenus tirés de travaux saisonniers. – *[Anc. art. L. 351-20, al. 1er et 2.]*

Les personnes qui, au 24 mars 2006, perçoivent à la fois des revenus tirés d'une activité professionnelle ou de stages de formation et l'une des allocations instituées par les articles L. 5423-1 du code du travail, L. 262-1 du code de l'action sociale et des familles et L. 524-1 du code de la sécurité sociale, et bénéficient des dispositions applicables avant cette date autorisant un cumul des revenus tirés d'une activité professionnelle ou d'un stage de formation avec leur allocation, continuent de bénéficier de ces mêmes dispositions pour les durées et selon les conditions qu'elles prévoient (L. n° 2006-339 du 23 mars 2006, art. 18).

Art. L. 5425-2 Les personnes mentionnées à l'article L. 5421-4 de moins de soixante-cinq ans et ne pouvant percevoir qu'une pension de vieillesse à taux plein calculée sur une durée de cotisation inférieure à 150 trimestres bénéficient sous condition de ressources d'une allocation complémentaire à la charge de l'État jusqu'à la date à laquelle elles peuvent faire liquider au taux plein l'ensemble des pensions auxquelles elles peuvent prétendre, dans des conditions déterminées par décret en Conseil d'État.

La période pendant laquelle cette allocation complémentaire est versée n'est pas prise en considération en vue de l'ouverture de droits à pension. – *[Anc. art. L. 351-19, al. 2.]*

SECTION II **ACCÈS DES BÉNÉFICIAIRES DE L'ALLOCATION DE SOLIDARITÉ SPÉCIFIQUE À LA PRIME D'ACTIVITÉ**

(L. n° 2016-1917 du 29 déc. 2016, art. 87-III, en vigueur à une date fixée par décret et au plus tard le 1er sept. 2017)

Art. L. 5425-3 Lorsqu'il exerce, prend ou reprend une activité professionnelle, le bénéficiaire de l'allocation de solidarité spécifique est réputé avoir formulé une

demande de prime d'activité mentionnée à l'article L. 841-1 du code de la sécurité sociale, sauf mention contraire de sa part.

SECTION II *[ANCIENNE]* PRIME FORFAITAIRE POUR REPRISE D'ACTIVITÉ

Les allocataires qui, à une date fixée par décret et au plus tard le 1er sept. 2017, ont des droits ouverts à la prime forfaitaire pour reprise d'activité prévue aux art. L. 5425-3 à L. 5425-7, dans leur rédaction antérieure à la L. nº 2016-1917 du 29 déc. 2016, continuent à bénéficier de cette prime dans les conditions antérieures à ladite loi jusqu'à expiration de leurs droits. Les coûts afférents au maintien du bénéfice de cette prime restent à la charge du fonds de solidarité mentionné à l'art. L. 5423-24. La gestion de cette prime reste assurée par l'institution mentionnée à l'art. L. 5312-1 (L. préc., art. 87-III, en vigueur à une date fixée par décret et au plus tard le 1er sept. 2017).

Ancien art. L. 5425-3 ***Le bénéficiaire de l'allocation de solidarité spécifique qui reprend une activité professionnelle a droit à une prime forfaitaire.*** — [Anc. art. L. 351-20, al. 3 phrase 1.] — V. art. L. 5429-1 (pén.).

Ancien art. L. 5425-4 Abrogé par L. nº 2008-1249 du 1er déc. 2008, art. 24-I.

Ancien art. L. 5425-5 ***La prime forfaitaire est versée chaque mois pendant une période dont la durée est déterminée par voie réglementaire, y compris s'il a été mis fin au droit à l'allocation de solidarité spécifique.*** — [Anc. art. L. 351-20, al. 3 phrase 2.]

Ancien art. L. 5425-6 ***La prime forfaitaire est soumise aux règles applicables à l'allocation de solidarité spécifique relatives au contentieux, à la prescription, à la récupération des indus, à l'insaisissabilité et l'incessibilité.*** — [Anc. art. L. 351-20, al. 4.]

Ancien art. L. 5425-7 ***Un décret en Conseil d'État détermine les conditions d'attribution de cette prime, notamment la durée de travail minimale et le nombre de mois d'activité consécutifs auxquels son versement est subordonné, ainsi que son montant.*** — [Anc. art. L. 351-20, al. 8.]

SECTION III EXERCICE D'UNE ACTIVITÉ BÉNÉVOLE

Art. L. 5425-8 **Tout demandeur d'emploi peut exercer une activité bénévole.**

Cette activité ne peut s'accomplir chez un précédent employeur, ni se substituer à un emploi salarié, et doit rester compatible avec l'obligation de recherche d'emploi.

L'exercice d'une activité bénévole n'est pas considéré comme un motif légitime pour écarter l'application des dispositions prévues par l'article L. 5426-2. — *[Anc. art. L. 351-17-1.]*

BIBL. ▶ WILLMANN, *Dr. soc. 1999. 162* ✐.

1. Gérant bénévole. Le fait d'être gérant bénévole de sociétés civiles immobilières n'est pas incompatible avec l'obligation de recherche d'emploi, selon la Cour de cassation, ceci n'implique pas nécessairement, et en soi, l'exercice d'une activité professionnelle interdisant la recherche effective et permanente d'un emploi, il appartient aux juges du fond de vérifier si, malgré sa qualité de gérant bénévole, l'intéressé justifiait avoir procédé à une telle recherche. • Soc. 10 nov. 1998, nº 96-22.103 P : *D. 1999. 348, note Willmann* ✐ • Crim. 20 mars 2007 : *D. 2007. AJ 1274* ✐ *; RJS 2007. 670, nº 883 ; JCP S 2007. 1548, note Willmann.*

2. Poursuite de l'activité à titre bénévole. En revanche, le demandeur d'emploi qui, après une période d'embauche rémunérée auprès d'une association comme trésorier, a continué la même activité à titre bénévole auprès du même employeur ne peut prétendre au bénéfice des allocations d'assurance chômage. • Soc. 29 juin 1999, nº 97-14.581 P : *D. 1999. IR 215* ✐ *; RJS 1999. 782, nº 1269.*

SECTION IV EXERCICE D'UNE ACTIVITÉ D'INTÉRÊT GÉNÉRAL

Art. L. 5425-9 **Les travailleurs involontairement privés d'emploi, bénéficiaires d'un revenu de remplacement, peuvent accomplir pendant une durée limitée des tâches d'intérêt général agréées par l'autorité administrative.**

Leur indemnisation peut être complétée par une rémunération directement versée par l'organisme qui les emploie.

Un décret en Conseil d'État détermine les mesures d'application du présent article. — *[Anc. art. L. 351-23.]*

CHAPITRE VI CONTRÔLE ET SANCTIONS

SECTION PREMIÈRE AGENTS CHARGÉS DU CONTRÔLE DE LA RECHERCHE D'EMPLOI

Art. L. 5426-1 *(L. n° 2008-126 du 13 févr. 2008)* **Le contrôle de la recherche d'emploi est exercé par les agents de l'institution mentionnée à l'article L. 5312-1.** – *[Anc. art. L. 351-18, al. 1.]*

L'autorité administrative est seule compétente pour contrôler le respect des conditions nécessaires au maintien du droit à un revenu de remplacement. • Soc. 3 juill. 1990 : *RJS 1990. 538, n° 800.*

SECTION PREMIÈRE *BIS* PÉRIODES D'ACTIVITÉS NON DECLARÉES

(L. n° 2016-1088 du 8 août 2016, art. 119)

Art. L. 5426-1-1 **I. – Les périodes d'activité professionnelle d'une durée supérieure à trois jours, consécutifs ou non, au cours du même mois civil, non déclarées par le demandeur d'emploi à Pôle emploi au terme de ce mois ne sont pas prises en compte pour l'ouverture ou le rechargement des droits à l'allocation d'assurance. Les rémunérations correspondant aux périodes non déclarées ne sont pas incluses dans le salaire de référence.**

II. – Sans préjudice de l'exercice d'un recours gracieux ou contentieux par le demandeur d'emploi, lorsque l'application du I du présent article fait obstacle à l'ouverture ou au rechargement des droits à l'allocation d'assurance, le demandeur d'emploi peut saisir l'instance paritaire de Pôle emploi mentionnée à l'article L. 5312-10.

SECTION II RÉDUCTION, SUSPENSION OU SUPPRESSION DU REVENU DE REMPLACEMENT

Art. L. 5426-2 **Le revenu de remplacement est supprimé ou réduit par l'autorité administrative dans les cas mentionnés aux** *(L. n° 2008-758 du 1er août 2008)* **« 1° à 3° de l'article L. 5412-1 et à l'article L. 5412-2. »**

Il est également supprimé en cas de fraude ou de fausse déclaration. Les sommes indûment perçues donnent lieu à remboursement. – *[Anc. art. L. 351-17, al. 1er début et al. 2 et L. 351-18, al. 3.]*

[Jurisprudence rendue avant la loi du 18 janv. 2005]

1. Formation non rémunérée. L'administration commet une erreur de droit en excluant de la liste des allocataires du revenu de remplacement une personne ayant participé à une formation non rémunérée, en considérant qu'elle n'était pas en situation réelle de recherche d'emploi sans vérifier si elle avait effectué des démarches suffisantes pendant cette période. • CE 10 oct. 1993 : *RJS 1994. 205, n° 292.*

2. Les dispositions des art. L. 351-17 et R. 351-28 ne prévoient pas la privation des droits au revenu de remplacement en cas d'accomplissement, par le bénéficiaire, d'une formation non rémunérée ; l'accord conclu sur ce point entre les partenaires sociaux, même s'il a fait l'objet d'un agrément par arrêté ministériel, ne saurait prévaloir sur ces dispositions. • Soc. 18 mars 1997, n° 95-11.627 P : *Dr. soc. 1997. 552, obs. Verkindt ; CSB 1997. 167, A. 31 ; RJS 1997. 382, n° 585.*

Art. L. 5426-3 *et* L. 5426-4 *Abrogés par L. n° 2008-126 du 13 févr. 2008, art. 16-II, 32°.*

SECTION III PÉNALITÉ ADMINISTRATIVE

Art. L. 5426-5 **Sans préjudice des actions en récupération des allocations indûment versées et des poursuites pénales, l'inexactitude ou le caractère incomplet, lorsqu'ils sont délibérés, des déclarations faites pour le bénéfice des allocations d'aide aux travailleurs privés d'emploi** *(Abrogé par L. n° 2010-1657 du 29 déc. 2010, art. 202-I)* ***« , de la prime de retour à l'emploi mentionnée à l'article L. 5133-1 »*** *(Abrogé par L. n° 2016-1917 du 29 déc. 2016, art. 87-III, à compter d'une date fixée par décret et au plus tard le 1er sept. 2017)* ***« et de la prime forfaitaire mentionnée à l'article L. 5425-3 »*****, ainsi que l'absence de déclaration d'un changement dans la situation justifiant ce bénéfice, ayant**

abouti à des versements indus, peuvent être sanctionnés par une pénalité prononcée par l'autorité administrative.

Le montant de la pénalité ne peut excéder 3 000 €. – *[Anc. art. L. 365-3, al. 1er phrase 1 début et phrase 2 et al. 2 phrase 1.]*

Art. L. 5426-6 La pénalité est recouvrée par l'État comme une créance étrangère à l'impôt et au domaine. Son produit est reversé à la personne morale ou au fonds à la charge duquel ont été les versements indus. – *[Anc. art. L. 365-3, al. 2 phrase 2.]*

Art. L. 5426-7 Aucune pénalité ne peut être prononcée à raison de faits remontant à plus de deux ans, ni lorsque la personne intéressée a, pour les mêmes faits, déjà été définitivement condamnée par le juge pénal ou a bénéficié d'une décision définitive de non-lieu ou de relaxe déclarant que la réalité de l'infraction n'est pas établie ou que cette infraction ne lui est pas imputable.

Si une telle décision de non-lieu ou de relaxe intervient postérieurement au prononcé d'une pénalité par l'autorité administrative, la révision de cette pénalité est de droit.

Si, à la suite du prononcé d'une pénalité par l'autorité administrative, une amende pénale est infligée pour les mêmes faits, la pénalité s'impute sur cette amende. – *[Anc. art. L. 365-3, al. 3.]*

Art. L. 5426-8 La personne à l'égard de laquelle est susceptible d'être prononcée la pénalité est informée préalablement des faits qui lui sont reprochés et de la pénalité envisagée, afin qu'elle puisse présenter ses observations écrites et orales, le cas échéant assistée d'une personne de son choix, dans un délai qui ne peut être inférieur à un mois. – *[Anc. art. L. 365-3, al. 4 phrase 1.]*

SECTION IV **RÉPÉTITION DES PRESTATIONS INDUES**

(L. no 2011-1977 du 28 déc. 2011, art. 61)

Art. L. 5426-8-1 Pour le remboursement des allocations, aides, ainsi que de toute autre prestation indûment versées par *(L. no 2016-1088 du 8 août 2016, art. 119)* « Pôle emploi », pour son propre compte, pour le compte de l'État *(Abrogé par L. no 2016-1918 du 29 déc. 2016, art. 143-I, à compter du 1er janv. 2018)* « *, du fonds de solidarité prévu à l'article L. 5423-24* » ou des employeurs mentionnés à l'article L. 5424-1, *(L. no 2016-1088 du 8 août 2016, art. 119)* « Pôle emploi » peut, si le débiteur n'en conteste pas le caractère indu, procéder par retenues sur les échéances à venir dues à quelque titre que ce soit *(L. no 2016-1088 du 8 août 2016, art. 119)* « , à l'exclusion des allocations mentionnées au deuxième alinéa du présent article.

« Pour le remboursement des allocations indûment versées par Pôle emploi pour le compte de l'organisme chargé de la gestion du régime d'assurance chômage mentionné à l'article L. 5427-1, Pôle emploi peut, si le débiteur n'en conteste pas le caractère indu, procéder par retenues sur les échéances à venir dues à ce titre.

« Le montant des retenues prévues aux deux premiers alinéas du présent article ne peut dépasser un plafond fixé selon des modalités définies par voie réglementaire, sauf en cas de remboursement intégral de la dette en un seul versement si le bénéficiaire opte pour cette solution. » – *V. art. R. 5426-18 à R. 5426-24.*

Art. L. 5426-8-2 Pour le remboursement des allocations, aides, ainsi que de toute autre prestation indûment versées par *(L. no 2016-1088 du 8 août 2016, art. 119)* « Pôle emploi », pour son propre compte, *(L. no 2016-1088 du 8 août 2016, art. 119)* « pour le compte de l'organisme chargé de la gestion du régime d'assurance chômage mentionné à l'article L. 5427-1, » pour le compte de l'État *(Abrogé par L. no 2016-1918 du 29 déc. 2016, art. 143-I, à compter du 1er janv. 2018)* « *, du fonds de solidarité prévu à l'article L. 5423-24* » ou des employeurs mentionnés à l'article L. 5424-1, le directeur général de *(L. no 2016-1088 du 8 août 2016, art. 119)* « Pôle emploi » ou la personne qu'il désigne en son sein peut, dans les délais et selon les conditions fixés par voie réglementaire, et après mise en demeure, délivrer une contrainte qui, à défaut d'opposition du débiteur devant la juridiction compétente, comporte tous les effets d'un jugement et confère le bénéfice de l'hypothèque judiciaire.

Art. L. 5426-8-3 L'institution mentionnée à l'article L. 5312-1 est autorisée à différer ou à abandonner la mise en recouvrement des allocations, aides, ainsi que de toute autre prestation indûment versées pour son propre compte, pour le compte de l'État *(Abrogé par L. n° 2016-1918 du 29 déc. 2016, art. 143-I, à compter du 1er janv. 2018)* « *, du fonds de solidarité prévu à l'article L. 5423-24* » ou des employeurs mentionnés à l'article L. 5424-1.

SECTION V **DISPOSITIONS D'APPLICATION**

La section IV devient la section V (L. n° 2011-1977 du 28 déc. 2011, art. 61).

Art. L. 5426-9 Un décret en Conseil d'État détermine les modalités d'application du présent chapitre, notamment :

1° Les conditions dans lesquelles les agents chargés du contrôle ont accès, pour l'exercice de leur mission, aux renseignements détenus par les administrations sociales et fiscales *(Abrogé par L. n° 2008-126 du 13 févr. 2008)* « *, ainsi que par les organismes gestionnaires du régime d'assurance chômage* » ;

2° Les conditions dans lesquelles le revenu de remplacement peut être supprimé ou réduit en application du premier alinéa de l'article L. 5426-2 ;

(L. n° 2011-1977 du 28 déc. 2011, art. 61) « 3° Les conditions dans lesquelles l'institution prévue à l'article L. 5312-1 procède à la répétition des prestations indues en application des articles L. 5426-8-1 à L. 5426-8-3 ainsi que la part des échéances mensuelles mentionnée au même article L. 5426-8-1 ; »

4° Les conditions dans lesquelles l'autorité administrative prononce la pénalité prévue à l'article L. 5426-5. – *[Anc. art. L. 351-17, al. 1er fin, L. 351-18, al. 5, et L. 365-3, al. 1er, phrase 1 fin, et al. 4, phrase 2.]*

CHAPITRE VII **ORGANISME GESTIONNAIRE DU RÉGIME D'ASSURANCE CHÔMAGE** *(L. n° 2008-126 du 13 févr. 2008).*

SECTION PREMIÈRE **GESTION CONFIÉE À DES ORGANISMES DE DROIT PRIVÉ PAR VOIE D'ACCORD OU DE CONVENTION**

Art. L. 5427-1 *(L. n° 2008-126 du 13 févr. 2008)* Les parties signataires de l'accord prévu à l'article L. 5422-20 confient la gestion du régime d'assurance chômage à un organisme de droit privé de leur choix.

Le service de l'allocation d'assurance est assuré, pour le compte de cet organisme, par l'institution mentionnée à l'article L. 5312-1.

(L. n° 2012-1189 du 26 oct. 2012, art. 9) « Le recouvrement des contributions mentionnées aux articles L. 5422-9 et L. 5422-11 est assuré, pour le compte de cet organisme, par les unions pour le recouvrement des cotisations de sécurité sociale et d'allocations familiales et les caisses générales de sécurité sociale mentionnées aux articles L. 213-1 et L. 752-1 du code de la sécurité sociale. »

Par dérogation, le recouvrement de ces contributions est assuré pour le compte de l'organisme gestionnaire du régime d'assurance chômage :

a) Par *(L. n° 2011-525 du 17 mai 2011, art. 41-II)* « l'institution mentionnée à l'article L. 5312-1 du présent code », lorsqu'elles sont dues au titre des salariés expatriés, des travailleurs frontaliers résidant en France et ne remplissant pas les conditions pour bénéficier des dispositions du règlement (CEE) n° 1408/71 du Conseil, du 14 juin 1971, relatif à l'application des régimes de sécurité sociale aux travailleurs salariés, aux travailleurs non salariés et aux membres de leur famille qui se déplacent à l'intérieur de la Communauté, notamment en matière d'assurance chômage, et des marins embarqués sur des navires battant pavillon d'un État étranger autre qu'un État membre de l'Union européenne, de l'Espace économique européen ou de la Confédération helvétique, ressortissants de ces États, inscrits à un quartier maritime français et admis au bénéfice de l'Établissement national des invalides de la marine ;

b) Par les organismes mentionnés à l'article L. 723-1 du code rural et de la pêche maritime, lorsqu'elles sont dues au titre de l'emploi de salariés mentionnés à l'article L. 722-20 du même code ;

c) Par la Caisse nationale de compensation des cotisations de sécurité sociale des voyageurs, représentants et placiers de commerce à cartes multiples travaillant pour deux employeurs au moins, *(L. n° 2011-525 du 17 mai 2011, art. 41-II)* « pour l'encaissement des contributions dues au titre de l'emploi de ces salariés » ;

d) Par la caisse de prévoyance sociale prévue par l'ordonnance n° 77-1102 du 26 septembre 1977 portant extension et adaptation au département de Saint-Pierre-et-Miquelon de diverses dispositions relatives aux affaires sociales, lorsqu'elles sont dues au titre de l'emploi de salariés à Saint-Pierre-et-Miquelon ;

e) Par l'institution mentionnée à l'article L. 5312-1 du présent code, lorsqu'elles sont dues au titre des salariés engagés à titre temporaire qui relèvent des professions de la production cinématographique, de l'audiovisuel ou du spectacle et lorsque l'activité exercée bénéficie de l'aménagement des conditions d'indemnisation mentionné à l'article L. 5424-20.

*(Abrogé par L. n° 2015-1702 du 21 déc. 2015, art. 16-II) (L. n° 2014-1554 du 22 déc. 2014, art. 30-III) **« f) Par l'organisme gestionnaire du régime spécial de sécurité sociale des marins lorsqu'elles sont dues au titre des salariés affiliés audit régime. »***

Sur les conséquences pour l'assurance chômage des dispositions de l'art. 41 de la L. du 17 mai 2011, V. Circ. Unedic n° 2011-24 du 28 juin 2011.

Art. L. 5427-2 *(L. n° 2008-126 du 13 févr. 2008)* Les agents *(Abrogé par L. n° 2009-1674 du 30 déc. 2009, art. 17-III) **« des services des impôts ainsi que ceux »*** des organismes de sécurité sociale peuvent communiquer à l'institution mentionnée à l'article L. 5312-1 les renseignements nécessaires au calcul des prestations. *(Abrogé par L. n° 2009-1674 du 30 déc. 2009, art. 17-III) **« Les agents des services des impôts peuvent également communiquer aux organismes de sécurité sociale les renseignements nécessaires à l'assiette des contributions. »***

Art. L. 5427-3 *(L. n° 2008-126 du 13 févr. 2008)* Les informations détenues par les organismes de sécurité sociale peuvent être rapprochées de celles détenues par l'institution mentionnée à l'article L. 5312-1 pour garantir le respect des règles d'inscription et vérifier les droits des salariés au revenu de remplacement prévu à l'article L. 5421-2.

Art. L. 5427-4 *(L. n° 2008-126 du 13 févr. 2008)* Pour procéder à la vérification des droits des salariés au revenu de remplacement prévu à l'article L. 5421-2, les informations détenues par la caisse de congés payés des professions de la production cinématographique et audiovisuelle et des spectacles ainsi que par les institutions des régimes complémentaires de retraite de ces professions peuvent être rapprochées de celles détenues par l'institution mentionnée à l'article L. 5312-1.

Art. L. 5427-5 *(L. n° 2008-126 du 13 févr. 2008)* La caisse de congés payés des professions de la production cinématographique et audiovisuelle et des spectacles, les institutions des régimes complémentaires de retraite de ces professions et les organismes de sécurité sociale se communiquent les informations nécessaires à la vérification des droits des salariés et des demandeurs d'emploi, et des obligations des employeurs.

Art. L. 5427-6 Un décret en Conseil d'État, pris après avis de la Commission nationale de l'informatique et des libertés, détermine les conditions d'application des articles L. 5427-1 à L. 5427-5. – *[Anc. art. L. 351-21, al. 6.] – V. Décr. n° 2004-1332 du 6 déc. 2004 (JO 8 déc.).*

SECTION II **GESTION CONFIÉE À UN ÉTABLISSEMENT PUBLIC EN L'ABSENCE DE CONVENTION**

Art. L. 5427-7 En l'absence de la convention prévue au *(L. n° 2008-126 du 13 févr. 2008)* « premier » alinéa de l'article L. 5427-1, un établissement public national à caractère administratif exerce les compétences définies au *(L. n° 2008-126 du 13 févr. 2008)* « premier » alinéa de cet article.

Les missions nécessaires à l'exercice de ces compétences peuvent être confiées, en tout ou partie, à un ou des organismes ayant conclu avec l'établissement public une convention délibérée par le conseil d'administration et approuvée dans les conditions déterminées par décret.

Le décret portant création de l'établissement public détermine, en outre, l'ensemble des règles d'organisation et de fonctionnement nécessaires à l'application du présent article. – *[Anc. art. L. 351-22, al. 1er, 2 et 6.]*

Art. L. 5427-8 Le conseil d'administration de l'établissement public mentionné par l'article L. 5427-7 comprend un nombre égal de représentants des travailleurs et des employeurs, désignés par le ministre chargé de l'emploi sur proposition des organisations syndicales représentatives au plan national.

Le conseil d'administration élit son président parmi ses membres. – *[Anc. art. L. 351-22, al. 3 et al. 4, phrase 1.]*

Art. L. 5427-9 Les conditions du contrôle auquel *(L. n° 2008-126 du 13 févr. 2008)* « est soumis l'organisme mentionné à l'article L. 5427-1 » sont déterminées par voie réglementaire. – *[Anc. art. L. 352-5.]*

SECTION III **DISPOSITIONS COMMUNES**

Art. L. 5427-10 Les mesures propres à assurer la sécurité et la liquidité des fonds de l' *(L. n° 2008-126 du 13 févr. 2008)* « organisme gestionnaire du régime d'assurance chômage » et de l'établissement public mentionné à l'article L. 5427-7 sont déterminées par arrêté conjoint du ministre chargé du budget et du ministre chargé de l'emploi. – *[Anc. art. L. 352-4.]*

CHAPITRE VIII **DISPOSITIONS FINANCIÈRES**

Art. L. 5428-1 *(L. n° 2011-893 du 28 juill. 2011)* « L'allocation perçue dans le cadre du contrat de sécurisation professionnelle », *(Abrogé par L. n° 2013-504 du 14 juin 2013, art. 16-X)* ***« l'allocation de chômage partiel, »*** l'allocation d'assurance et l'allocation de préretraite sont cessibles et saisissables dans les mêmes conditions et limites que les salaires.

Ces prestations ainsi que *(L. n° 2013-504 du 14 juin 2013, art. 16-X)* « l'indemnité d'activité partielle, » l'allocation de solidarité spécifique et l'allocation temporaire d'attente sont exonérées de la taxe sur les salaires et des cotisations de sécurité sociale, sous réserve de l'application des dispositions des articles L. 131-2, L. 241-2, L. 242-13 et L. 711-2 du code de la sécurité sociale et de l'article L. 741-9 du code rural et de la pêche maritime.

Les règles fixées au 5 de l'article 158 du code général des impôts sont applicables. – *[Anc. art. L. 352-3, al. 1.]*

CHAPITRE IX **DISPOSITIONS PÉNALES**

Art. L. 5429-1 *(L. n° 2013-1203 du 23 déc. 2013, art. 86-VI-2°)* Sauf constitution éventuelle du délit d'escroquerie défini et sanctionné à l'article 313-1, au 5° de l'article 313-2 et à l'article 313-3 du code pénal, le fait de bénéficier ou de tenter de bénéficier frauduleusement des allocations d'aide aux travailleurs privés d'emploi définies au présent livre *(Abrogé par L. n° 2016-1917 du 29 déc. 2016, art. 87-III, à compter d'une date fixée par décret et au plus tard le 1er sept. 2017)* ***« , y compris la prime forfaitaire instituée par l'article L. 5425-3 du présent code, »*** est puni des peines prévues à l'article 441-6 du code pénal. Le fait de faire obtenir frauduleusement ou de tenter de faire obtenir frauduleusement ces allocations et cette prime est puni de la même peine. – *[Anc. art. L. 365-1.]*

Art. L. 5429-2 En cas de récidive dans le délai de trois ans, l'employeur qui a indûment retenu la contribution prévue à l'article L. 5422-9 et précomptée sur le salaire, est puni d'un emprisonnement de deux ans et d'une amende de 3 750 €. – *[Anc. art. L. 365-2.]*

Art. L. 5429-3 (Abrogé par L. n° 2013-1203 du 23 déc. 2013, art. 86-VI-4°) ***Le fait de se rendre coupable de fraudes ou de fausses déclarations pour obtenir ou tenter de faire obtenir par suite d'intempéries des indemnités, prévues à la section II du chapitre IV, qui ne sont pas dues, est puni d'un emprisonnement de trois mois et d'une amende de 3 750 €.*** – [Anc. art. L. 793-1.]

LIVRE CINQUIÈME **DISPOSITIONS RELATIVES À L'OUTRE-MER**

TITRE PREMIER **DISPOSITIONS GÉNÉRALES**

CHAPITRE UNIQUE

Art. L. 5511-1 Les dispositions générales prévues par l'article L. 1511-1 sont également applicables aux dispositions du présent livre. – *[Anc. art. L. 800-4, al. 1er à 3.]*

TITRE DEUXIÈME **DÉPARTEMENTS D'OUTRE-MER, SAINT-BARTHÉLÉMY, SAINT-MARTIN ET SAINT-PIERRE-ET-MIQUELON** *(Ord. nº 2008-205 du 27 févr. 2008).*

CHAPITRE PREMIER **DISPOSITIONS GÉNÉRALES**

Art. L. 5521-1 Les dispositions générales prévues par *(Ord. nº 2008-205 du 27 févr. 2008)* « les articles L. 1521-1 à L. 1521-4 » sont également applicables aux dispositions du présent titre.

CHAPITRE II **DISPOSITIFS EN FAVEUR DE L'EMPLOI**

SECTION PREMIÈRE **AIDES À L'INSERTION, À L'ACCÈS ET AU RETOUR À L'EMPLOI**

SOUS-SECTION 2 **CONTRAT UNIQUE D'INSERTION**

(Ord. nº 2010-686 du 24 juin 2010, art. 4)

Art. L. 5522-2 *(L. nº 2012-1189 du 26 oct. 2012, art. 8)* Pour son application dans les départements d'outre-mer, à Saint-Barthélemy, à Saint-Martin et à Saint-Pierre-et-Miquelon, l'article L. 5134-19-1 est ainsi rédigé :

Art. L. 5134-19-1 Le contrat unique d'insertion est un contrat de travail conclu entre un employeur et un salarié dans les conditions prévues à la sous-section 3 des sections II et V du présent chapitre et au paragraphe 3 de la sous-section 4 de la section I du chapitre II du titre II du livre V, au titre duquel est attribuée une aide à l'insertion professionnelle dans les conditions prévues à la sous-section 2 des sections II et V du présent chapitre et au paragraphe 2 de la sous-section 4 de la section I du chapitre II du titre II du livre V. La décision d'attribution de cette aide est prise par :

1° Soit, pour le compte de l'État, l'institution mentionnée à l'article L. 5312-1, les organismes mentionnés à l'article L. 5314-1 ou, selon des modalités fixées par décret, un des organismes mentionnés au 1° *bis* de l'article L. 5311-4 ;

2° Soit le président du conseil général lorsque cette aide concerne un bénéficiaire du revenu de solidarité active financé par le département ;

3° Soit, pour le compte de l'État, les recteurs d'académie pour les contrats mentionnés au I de l'article L. 5134-125.

Le montant de cette aide résulte d'un taux, fixé par l'autorité administrative, appliqué au salaire minimum de croissance.

Art. L. 5522-2-1 Pour son application dans les départements d'outre-mer, à Saint-Barthélemy, à Saint-Martin et à Saint-Pierre-et-Miquelon, l'article L. 5134-19-3 est ainsi rédigé :

Art. L. 5134-19-3 Le contrat unique d'insertion prend la forme :

1° Pour les employeurs du secteur non marchand mentionnés à l'article L. 5134-21, du contrat d'accompagnement dans l'emploi défini par la section II du chapitre IV du titre III du livre Ier de la présente partie ;

(L. nº 2012-1189 du 26 oct. 2012, art. 8) « 2° Pour les employeurs du secteur marchand *(Ord. nº 2015-1578 du 3 déc. 2015, art. 1er, en vigueur le 1er janv. 2016)* « mention-

nés à l'article L. 5134-66, du contrat initiative-emploi défini par la section V du même chapitre IV. »

(Abrogé par Ord. n° 2015-1578 du 3 déc. 2015, art. 1er, à compter du 1er janv. 2016) *« a) Du contrat d'accès à l'emploi défini à la sous-section 4 de la présente section pour les employeurs mentionnés aux articles L. 5522-8 et L. 5522-9 ;*

« b) Dans le cadre des emplois d'avenir prévus à la section VIII du chapitre IV du titre III du livre Ier de la présente partie, du contrat initiative-emploi défini à la section V du même chapitre IV pour les employeurs mentionnés à l'article L. 5134-66. »

Art. L. 5522-2-2 *(Ord. n° 2015-1578 du 3 déc. 2015, art. 1er, en vigueur le 1er janv. 2016)* Pour son application en Guadeloupe, en Guyane, en Martinique, à La Réunion, à Saint-Barthélemy, à Saint-Martin et à Saint-Pierre-et-Miquelon, l'article L. 5134-72 est complété par deux alinéas ainsi rédigés :

Lorsque le contrat initiative-emploi associe l'exercice d'une activité professionnelle et le bénéfice d'une formation liée à cette activité et dispensée pendant le temps de travail, l'État peut prendre en charge tout ou partie des frais engagés pour dispenser cette formation, selon des modalités déterminées par décret.

Sauf disposition contraire, un décret en Conseil d'État détermine les modalités d'application du présent article.

Art. L. 5522-2-3 *(L. n° 2012-1189 du 26 oct. 2012, art. 8)* La section V du chapitre IV du titre III du livre Ier de la présente partie ne s'applique aux départements d'outre-mer, à Saint-Barthélemy, à Saint-Martin et à Saint-Pierre-et-Miquelon que dans le cadre des emplois d'avenir prévus à la section VIII du même chapitre IV.

SECTION II AIDES À LA CRÉATION D'ENTREPRISE

SOUS-SECTION 1 AIDE AU CONSEIL ET À LA FORMATION

Art. L. 5522-21 Dans les départements d'outre-mer *(Ord. n° 2008-205 du 27 févr. 2008)* « , à Saint-Barthélemy, à Saint-Martin » et à Saint-Pierre-et-Miquelon, pour l'application *(L. n° 2015-991 du 7 août 2015, art. 7-III, en vigueur le 1er janv. 2017)* « de l'article L. 5141-1 relatif » à la création ou à la reprise d'entreprise, l'État peut participer au financement des actions de conseil ou de formation à la gestion d'entreprise qui sont organisées avant la création ou la reprise d'entreprise et pendant trois années après.

(L. n° 2015-991 du 7 août 2015, art. 7-III, en vigueur le 1er janv. 2017) « Pour l'application de l'article L. 5141-5, la région ou la collectivité territoriale régie par l'article 73 de la Constitution participe, par convention, au financement d'actions d'accompagnement et de conseil organisées avant la création ou la reprise d'une entreprise et pendant les trois années suivantes. »

Pour le financement des actions prévues au 2e al. de l'art. L. 5522-21, les collectivités territoriales visées reçoivent une compensation financière dans les conditions prévues à l'art. 133 de la L. n° 2015-991 du 7 août 2015 (L. préc., art. 7-IV).

SOUS-SECTION 2 AIDE AU PROJET INITIATIVE-JEUNE

(L. n° 2009-594 du 27 mai 2009, art. 51)

Art. L. 5522-22 Dans les départements d'outre-mer, à Saint-Barthélemy, à Saint-Martin et à Saint-Pierre-et-Miquelon, en vue de faciliter la réalisation d'un projet professionnel, les jeunes âgés de dix-huit à trente ans *(Abrogé par L. n° 2015-990 du 6 août 2015, art. 276-I)* ***« ainsi que les bénéficiaires du contrat emploi-jeune arrivant au terme de leur contrat »*** peuvent bénéficier d'une aide financière de l'État dénommée "aide au projet initiative-jeune". – *V. art. L. 5522-8 (pén.).*

Art. L. 5522-23 L'aide au projet initiative-jeune bénéficie aux jeunes qui créent ou reprennent une entreprise à but lucratif dont le siège et l'établissement principal sont situés dans un département d'outre-mer, à Saint-Barthélemy, à Saint-Martin ou à Saint-Pierre-et-Miquelon et dont ils assurent la direction effective.

Art. L. 5522-24 L'aide prévue à l'article L. 5522-23, dont le montant maximum est déterminé par décret, est versée à compter de la date de la création ou de la reprise effective de l'entreprise. – *V. art. L. 5522-28 (pén.).*

Art. L. 5522-25 L'aide prévue à l'article L. 5522-23 est exonérée de toutes charges sociales et fiscales. – *V. art. L. 5522-28 (pén.).*

Art. L. 5522-26 Les jeunes bénéficiant ou ayant bénéficié de l'aide au projet initiative-jeune au titre de la présente sous-section peuvent également bénéficier des aides à la création ou à la reprise d'entreprise prévues au titre IV du livre Ier de la présente partie. – *V. art. L. 5522-26 (pén.).*

Art. L. 5522-27 Un décret en Conseil d'État détermine les conditions d'application de la présente sous-section, notamment celles du versement, de la suspension ou de la suppression de l'aide, ainsi que celles relatives au non-cumul de cette aide avec d'autres aides publiques. – *V. art. L. 5522-28 (pén.) et R. 5522-27 s.*

SECTION III **DISPOSITIONS PÉNALES**

Art. L. 5522-28 Le fait de bénéficier ou de tenter de bénéficier frauduleusement de l'aide au projet initiative-jeune, en méconnaissance des dispositions des articles L. 5522-22 à L. 5522-25, est puni des peines prévues aux articles 313-1 à 313-3 du code pénal. – *[Anc. art. L. 832-6, al. 9.]*

CHAPITRE III **DISPOSITIONS APPLICABLES À CERTAINES CATÉGORIES DE TRAVAILLEURS**

Art. L. 5523-1 A l'exception des dispositions du deuxième alinéa de l'article L. 5221-7, les dispositions du titre II du livre II relatives au travailleurs étrangers sont applicables dans les départements d'outre-mer. – *[Anc. art. L. 831-1.]*

Art. L. 5523-2 *(L. n° 2016-274 du 7 mars 2016, art. 61, en vigueur le 1er nov. 2016)* L'autorisation de travail accordée à l'étranger est limitée au département ou à la collectivité dans lequel elle a été délivrée lorsqu'il s'agit :

1° De la carte de séjour temporaire portant la mention "vie privée et familiale" prévue aux articles L. 313-11 à L. 313-13 du code de l'entrée et du séjour des étrangers et du droit d'asile ;

2° De la carte de séjour temporaire portant la mention "stagiaire ICT (famille)" et "stagiaire mobile ICT (famille)", délivrées en application de l'article L. 313-7-2 du même code ;

3° De la carte de séjour pluriannuelle prévue à l'article L. 313-21 dudit code ;

4° De la carte de séjour pluriannuelle portant la mention "salarié détaché ICT (famille)" et "salarié détaché mobile ICT (famille)", délivrées en application de l'article L. 313-24 du même code ;

5° De la carte de résident prévue aux articles L. 314-1 à L. 314-13 du même code.

Art. L. 5523-3 L'autorisation de travail accordée à l'étranger lui confère le droit d'exercer, sur le territoire du département *(Ord. n° 2008-205 du 27 févr. 2008)* « ou de la collectivité », toute activité professionnelle salariée de son choix dans le cadre de la législation en vigueur. – *[Anc. art. L. 831-2, phrase 2.]*

CHAPITRE IV **LE DEMANDEUR D'EMPLOI**

SECTION PREMIÈRE *[ABROGÉE]* **ALLOCATION DE RETOUR À L'ACTIVITÉ**

(Abrogée par Ord. n° 2010-686 du 24 juin 2010, art. 6)

Art. L. 5524-1 *Dans les départements d'outre-mer* (Ord. n° 2008-205 du 27 févr. 2008) *« , à Saint-Barthélemy, à Saint-Martin » et à Saint-Pierre-et-Miquelon, les bénéficiaires du revenu minimum d'insertion, de l'allocation de solidarité spécifique, de l'allocation de veuvage ou de l'allocation de parent isolé ainsi que les bénéficiaires des primes forfaitaires mentionnées aux articles L. 5425-3 du présent code, L. 262-11 du code de l'action sociale et des familles et L. 524-5 du code de la sécurité sociale bénéficient, à leur demande, d'une allo-*

cation de retour à l'activité pour leur réinsertion dans une activité professionnelle salariée ou indépendante. – [Anc. art. L. 832-9, al. 1.]

Art. L. 5524-2 *L'État accorde l'allocation de retour à l'activité soit lorsque l'intéressé crée ou reprend une entreprise, soit lorsqu'il exerce une activité au domicile de particuliers ou en entreprise.* – [Anc. art. L. 832-9, al. 2.]

Art. L. 5524-3 *Le montant de l'allocation de retour à l'activité évolue comme le revenu minimum d'insertion.*

Art. L. 5524-4 *La gestion de l'allocation de retour à l'activité est confiée à la caisse générale de sécurité sociale dans les départements d'outre-mer* (Ord. n° 2008-205 du 27 févr. 2008) *« , à Saint-Barthélemy et à Saint-Martin » et à la caisse de prévoyance sociale à Saint-Pierre-et-Miquelon.*

Art. L. 5524-5 *L'allocation de retour à l'activité ne peut être cumulée avec les primes forfaitaires instituées par les articles L. 5425-3 du présent code, L. 262-11 du code de l'action sociale et des familles et L. 524-5 du code de la sécurité sociale ou avec une autre aide à l'emploi.*

Toutefois elle peut être cumulée avec :

1° Les exonérations de cotisations patronales en cas d'embauche en contrat de travail ordinaire ;

2° Les aides afférentes au contrat d'accès à l'emploi ;

3° Les aides à la création ou à la reprise d'activité perçues en application de l'article L. 5141-1 ;

4° L'avantage prévu à l'article L. 1522-10 en matière de calcul des cotisations sociales.

Art. L. 5524-6 *L'accès à l'allocation de retour à l'activité met fin de plein droit au bénéfice du revenu minimum d'insertion, de l'allocation de solidarité spécifique ou de l'allocation de parent isolé ainsi qu'au bénéfice des primes forfaitaires instituées par les articles L. 5425-3 du présent code, L. 262-11 du code de l'action sociale et des familles et L. 524-5 du code de la sécurité sociale.*

Art. L. 5524-7 *Pour bénéficier de l'allocation de retour à l'activité, le demandeur doit avoir perçu une des allocations mentionnées à l'article L. 5524-1 pendant une durée minimale précédant la date de reprise d'une activité professionnelle.*

Art. L. 5524-8 *L'allocation de retour à l'activité est versée à un seul membre du foyer bénéficiaire de l'allocation de revenu minimum d'insertion.*

Art. L. 5524-9 *Un décret en Conseil d'État détermine les modalités d'application de la présente section, notamment :*

1° La durée minimale pendant laquelle le demandeur de l'allocation de retour à l'activité doit avoir bénéficié de l'une des allocations prévues à l'article L. 5524-1 ;

2° La durée de versement, les modalités et le montant de l'allocation.

SECTION II **DISPOSITIONS D'ADAPTATION**

Art. L. 5524-10 Un décret en Conseil d'État apporte aux dispositions du titre II du livre IV, relatives à l'indemnisation des travailleurs involontairement privés d'emploi, les adaptations nécessaires à leur application dans les départements d'outre-mer *(Ord. n° 2008-205 du 27 févr. 2008)* « , à Saint-Barthélemy, à Saint-Martin et » à Saint-Pierre-et-Miquelon. – *[Anc. art. L. 833-1.] – V. art. R. 5524-1.*

TITRE TROISIÈME **MAYOTTE, WALLIS-ET-FUTUNA ET TERRES AUSTRALES ET ANTARCTIQUES FRANÇAISES**

CHAPITRE UNIQUE

Art. L. 5531-1 L'*(L. n° 2008-126 du 13 févr. 2008)* « institution mentionnée à l'article L. 5312-1 » peut exercer ses missions à Wallis-et-Futuna et dans les Terres australes et antarctiques françaises. – *[Anc. art. L. 830-1, al. 2.]*

SIXIÈME PARTIE LA FORMATION PROFESSIONNELLE TOUT AU LONG DE LA VIE

RÉP. TRAV. v° *Formation professionnelle continue,* par GOMEZ-MUSTEL.

BIBL. GÉN. ▶ AUDIBERT, *RD publ. 1978. 141* (formation des adultes et droit public). – BARTHÉLÉMY, *Dr. soc. 2014. 1007* (le rôle de la jurisprudence dans le droit de la formation). – BROUSSOLLE, *Dr. soc. 1987. 50* (formation continue et service public). – CAILLAUD, *Dr. soc. 2012. 281* (la formation continue a-t-elle remis en cause le diplôme ?). – CHAUCHARD, *ibid. 1989. 388* (clause de dédit-formation). – CORREIA et MAGGI-GERMAIN, *ibid. 2001. 830* (évolution de la formation professionnelle continue). – DEJEAN, *ibid. 1998. 233* (formation et pouvoirs de l'employeur). – DEL SOL, *ibid. 1994. 412* (droit à une formation qualifiante). – DOUGADOS et PÉLICIER-LOEVENBRUCK, *Sem. soc. Lamy 2010, n° 1431* (numéro spécial). – DUTERTRE, *ibid. 1982. 127* (séquences éducatives en entreprise). – FAVENNEC-HÉRY, *Dr. soc. 2004. 866* (droit à la formation professionnelle) ; *ibid. 2007. 1105* (sécurisation des parcours professionnels). – GAUDU, *ibid. 1991. 419* (clause de dédit-formation). – GUILLOUX, *ibid. 1986. 151* (négociation de branche) ; *ibid. 1990. 818* (négociation collective et adaptation professionnelle). – GUIOMARD, *RDT 2010. 106* (loi du 24 nov. 2009 : toilettage ou mutation de la formation professionnelle ?) ; *ibid. 2013. 616* (sécurisation des parcours professionnels). – JUNTER-LOISEAU et GUILLOUX, *ibid. 1979. 435* (formation continue des femmes). – KOECHLIN, *Dr. soc. 1973. 369 ; ibid. 1979, n° spéc. févr.* – LE GALL et BLANLUET, *ibid. 1989. 683* (crédit d'impôt). – LUTTRINGER, *ibid. 1981. 425 ; ibid. 1984. 355* (réforme du droit de la formation professionnelle) ; *ibid. 1986. 145* (obligation de négocier la formation continue dans l'entreprise) ; *ibid. 1987. 234* (formation et reclassement) ; *ibid. 1991. 326* (crédit-formation) ; *ibid. 1991. 800* (accord national interprofessionnel du 3 juill. 1991) ; *ibid. 1994. 192* (loi du 20 déc.1993) ; *ibid. 1994. 283* (entreprise formatrice) ; *Ét. offertes à H. Sinay, 1994, p. 43* (formation continue et négociation collective) ; *Dr. soc. 2013. 701* (grille de lecture pour la réforme annoncée de la formation professionnelle). – LUTTRINGER et WILLEMS, *Dr. soc. 2010. 417* (loi du 24 nov. 2009). – A. LYON-CAEN, *Dr. soc. 1985. 660* (congé de conversion). – MAGGI-GERMAIN, *ibid. 2002. 334* (loi de modernisation sociale et formation professionnelle continue). – MAZAUD, *ibid. 1978. 242* (rôle des groupements professionnels) ; *ibid. 1994. 343* (clause pénale et clause de dédit-formation). – MONTALESCOT, *ibid. 1984. 366* (distanciation de l'accord et de la loi). – P. H. MOUSSERON, *ibid. 1989. 479* (clause de dédit-formation). – MURCIER, *ibid. 1982. 179* (droit à l'orientation professionnelle continue). – RAYNAL, *ibid. 1977, n° spéc. févr., 56* (convention de formation). – SANTELMANN, *ibid. 1998. 463* (formation professionnelle continue : la fin des illusions) ; *ibid. 2000. 521* (relations État/partenaires sociaux). – SIGNORETTO, *RPDS 1984. 339* (formation professionnelle). – TARBY, *Dr. soc. 1994. 570* (formation et démarche « qualité ») ; *ibid. 1995. 914* (paritarisme). – TISSIER, *ibid. 1984. 562* (évolution de la formation professionnelle). – VINCENS, *Mélanges Marty, 1978, p. 1137* (formation et systèmes éducatifs). – M. WAGNER, *Dr. soc. 1976. 516* (formation professionnelle des travailleurs immigrés) ; *Travail et Emploi, 1991, n° 34* (formation professionnelle continue).

V. aussi numéro spécial : *Dr. soc. 2008. 1163* s. (formation professionnelle : les nouveaux chantiers).

Loi du 5 mars 2014 : Numéro spécial : *Cahiers de droit de l'entreprise 2014, n° 3* (la formation professionnelle : une réforme de plus ?).

▶ BEAUVOIS, *Dr. soc. 2014. 992* (la formation des demandeurs d'emploi, enjeu de la réforme de la formation professionnelle ?). – BOTERDAEL, *Dr. soc. 2014. 1013* (caractéristiques de la négociation collective de branche en matière de formation professionnelle). – CAILLAUD, *Dr. soc. 2014. 1000* (un « droit à la qualification » enfin effectif ?). – DUBAR, NASSER et ISSEHNANE, *RDT 2014. Controverse. 380* (la loi du 5 mars 2014, un nouveau souffle pour la formation professionnelle ?). – SEILER, *Dr. soc. 2014. 1020* (la négociation collective d'entreprise sur la formation : enjeux juridiques et stratégiques).

▶ **Numéro spécial :** *Dr. soc. 2016. 972* (mutations de la formation professionnelle).

COMMENTAIRE

V. Dalloz.fr et applications mobiles Dalloz. ❑

LIVRE PREMIER PRINCIPES GÉNÉRAUX ET ORGANISATION INSTITUTIONNELLE DE LA FORMATION ET DE L'ORIENTATION PROFESSIONNELLES *(L. n° 2014-288 du 5 mars 2014, art. 22-I, en vigueur le 1er janv. 2015).*

TITRE PREMIER PRINCIPES GÉNÉRAUX

CHAPITRE PREMIER OBJECTIFS ET CONTENU DE LA FORMATION ET DE L'ORIENTATION PROFESSIONNELLES *(L. n° 2014-288 du 5 mars 2014, art. 22-II).*

SECTION PREMIÈRE LA FORMATION PROFESSIONNELLE TOUT AU LONG DE LA VIE

(L. n° 2014-288 du 5 mars 2014, art. 22-II)

Art. L. 6111-1 La formation professionnelle tout au long de la vie constitue une obligation nationale. *(L. n° 2009-1437 du 24 nov. 2009)* « Elle vise à permettre à chaque personne, indépendamment de son statut, d'acquérir et d'actualiser des connaissances et des compétences favorisant son évolution professionnelle, ainsi que de progresser d'au moins un niveau de qualification au cours de sa vie professionnelle. *(L. n° 2013-504 du 14 juin 2013, art. 5-I)* « Elle constitue un élément déterminant de sécurisation des parcours professionnels et de la promotion des salariés. » Une stratégie nationale coordonnée est définie et mise en œuvre par l'État, les régions et les partenaires sociaux » *(L. n° 2014-288 du 5 mars 2014, art. 24-II)* « , dans les conditions prévues au 2° de l'article L. 6123-1. Cette stratégie est déclinée dans chaque région dans le cadre du comité régional de l'emploi, de la formation et de l'orientation professionnelles ».

Elle comporte une formation initiale, comprenant notamment l'apprentissage, et des formations ultérieures, qui constituent la formation professionnelle continue, destinées aux adultes et aux jeunes déjà engagés dans la vie active ou qui s'y engagent.

En outre, toute personne engagée dans la vie active est en droit de faire valider les acquis de son expérience, notamment professionnelle *(L. n° 2008-789 du 20 août 2008, art. 7)* « ou liée à l'exercice de responsabilités syndicales ».

(L. n° 2013-504 du 14 juin 2013, art. 5-I) « Afin de favoriser son accès à la formation professionnelle tout au long de la vie, chaque personne dispose dès son entrée sur le marché du travail *(L. n° 2014-288 du 5 mars 2014, art. 1er-I)* « et jusqu'à la retraite », indépendamment de son statut, d'un compte personnel de formation *(L. n° 2014-288 du 5 mars 2014, art. 1er-I)* « qui contribue à l'acquisition d'un premier niveau de qualification ou au développement de ses compétences et de ses qualifications en lui permettant, à son initiative, de bénéficier de formations ». *(Abrogé par L. n° 2014-288 du 5 mars 2014, art. 1er-I) « Le compte personnel de formation est comptabilisé en heures et mobilisé par la personne lorsqu'elle accède à une formation à titre individuel, qu'elle soit salariée ou demandeuse d'emploi. Il est intégralement transférable en cas de changement ou de perte d'emploi et ne peut en aucun cas être débité sans l'accord exprès de son titulaire. Le service public de l'orientation mentionné à l'article L. 6111-3 est organisé pour assurer l'information, le conseil et l'accompagnement des personnes qui envisagent de mobiliser leur compte personnel de formation. Le compte est alimenté :*

« 1° Chaque année selon les modalités prévues aux articles L. 6323-1 à L. 6323-5 ;

« 2° Par des abondements complémentaires, notamment par l'État ou la région, en vue de favoriser l'accès à l'une des qualifications mentionnées à l'article L. 6314-1, en particulier pour les personnes qui ont quitté le système scolaire de manière précoce ou qui, à l'issue de leur formation initiale, n'ont pas obtenu de qualification professionnelle reconnue ;

« 3° En cas d'utilisation des points inscrits sur le compte personnel de prévention de la pénibilité, dans les conditions prévues à l'article L. 4162-5. »

(L. n° 2013-504 du 14 juin 2013, art. 5-I) « Peuvent être mobilisés en complément du compte les autres dispositifs de formation auxquels son titulaire peut prétendre. »

Une concertation est engagée avant le 1er juill. 2013 entre l'État, les régions et les organisations syndicales d'employeurs et de salariés représentatives au niveau national et interprofessionnel sur la mise en œuvre du compte personnel de formation.

Avant le 1er janv. 2014, les organisations syndicales d'employeurs et de salariés représentatives au niveau national et interprofessionnel procèdent aux adaptations nécessaires des stipulations conventionnelles interprofessionnelles en vigueur et le Gouvernement présente un rapport au Parlement sur les modalités de fonctionnement du compte personnel de formation et sur les modalités de sa substitution au droit individuel à la formation mentionné au chapitre III du titre II du livre III de la sixième partie du code du travail et du transfert intégral au sein du compte personnel de formation des heures acquises au titre du droit individuel à la formation (L. n° 2013-504 du 14 juin 2013, art. 5-IV et V).

BIBL. ▶ DERUE, *Sem. soc. Lamy 2013, n° 1570, p. 5* (sécurisation des parcours professionnels). – MAGGI-GERMAIN, *Dr. soc. 2013. 687* (compte personnel de formation).

Art. L. 6111-2 *(L. n° 2009-1437 du 24 nov. 2009)* « Les connaissances et les compétences mentionnées au premier alinéa de l'article L. 6111-1 prennent appui sur le socle mentionné à l'article L. 122-1-1 du code de l'éducation, qu'elles développent et complètent. »

Les actions de lutte contre l'illettrisme et en faveur de l'apprentissage de la langue française *(L. n° 2016-1321 du 7 oct. 2016, art. 109)* « ainsi que de compétences numériques » font *(L. n° 2009-1437 du 24 nov. 2009)* « également » partie de la formation professionnelle tout au long de la vie. – *V.* ***Addendum***.

SECTION II L'ORIENTATION PROFESSIONNELLE TOUT AU LONG DE LA VIE

(L. n° 2014-288 du 5 mars 2014, art. 22-II)

Art. L. 6111-3 *(L. n° 2009-1437 du 24 nov. 2009)* Toute personne dispose du droit à être informée, conseillée et accompagnée en matière d'orientation professionnelle, au titre du droit à l'éducation garanti à chacun par l'article L. 111-1 du code de l'éducation.

Le service public de l'orientation tout au long de la vie *(L. n° 2014-288 du 5 mars 2014, art. 22-II, en vigueur le 1er janv. 2015)* « garantit » à toute personne l'accès à une information gratuite, complète et objective sur les métiers, les formations, les certifications, les débouchés et les niveaux de rémunération, ainsi que l'accès à des services de conseil et d'accompagnement en orientation de qualité et organisés en réseaux. *(L. n° 2014-288 du 5 mars 2014, art. 22-II, en vigueur le 1er janv. 2015)* « Il concourt à la mixité professionnelle en luttant contre les stéréotypes de genre.

« L'État et les régions assurent le service public de l'orientation tout au long de la vie.

« L'État définit, au niveau national, la politique d'orientation des élèves et des étudiants dans les établissements scolaires et les établissements d'enseignement supérieur. Avec l'appui, notamment, des centres publics d'orientation scolaire et professionnelle et des services communs internes aux universités chargés de l'accueil, de l'information et de l'orientation des étudiants mentionnés, respectivement, aux articles L. 313-5 et L. 714-1 du même code, il met en œuvre cette politique dans ces établissements scolaires et d'enseignement supérieur et délivre à cet effet l'information nécessaire sur toutes les voies de formation aux élèves et aux étudiants.

« La région coordonne les actions des autres organismes participant au service public régional de l'orientation ainsi que la mise en place du conseil en évolution professionnelle, assure un rôle d'information et met en place un réseau de centres de conseil sur la validation des acquis de l'expérience.

« Les organismes mentionnés au dernier alinéa de l'article L. 6111-6 du présent code ainsi que les organismes consulaires participent au service public régional de l'orientation.

« Une convention annuelle conclue entre l'État et la région dans le cadre du contrat de plan régional de développement des formations et de l'orientation professionnelles prévu au I de l'article L. 214-13 du code de l'éducation détermine les conditions dans lesquelles l'État et la région coordonnent l'exercice de leurs compétences respectives dans la région. » – *V.* ***Addendum***.

Les dispositions issues de la L. n° 2014-288 du 5 mars 2014 entrent en vigueur à compter du 1er janv. 2015 sous réserve de l'entrée en vigueur des dispositions relevant de la loi de finances prévues au I de l'art. 27 de la L. n° 2014-288 du 5 mars 2014 conformément au § II dudit art. (L. n° 2014-288 du 5 mars 2014, art. 27-II). — V. cet art., App. IX, v° Formation professionnelle.

Art. L. 6111-4 *(L. n° 2009-1437 du 24 nov. 2009)* **Il est créé** *(Abrogé par L. n° 2014-288 du 5 mars 2014, art. 22)* **« ,** ***sous l'autorité du délégué à l'information et à l'orientation visé à l'article L. 6123-3,*** **» un service dématérialisé gratuit et accessible à toute personne, lui permettant :**

1° De disposer d'une première information et d'un premier conseil personnalisé en matière d'orientation et de formation professionnelles ;

2° D'être orientée vers les structures susceptibles de lui fournir les informations et les conseils nécessaires à sa bonne orientation professionnelle.

Une convention peut être conclue entre l'État, les régions et le fonds visé à l'article L. 6332-18 pour concourir au financement de ce service.

Sur le service dématérialisé gratuit favorisant le développement de la formation en alternance, V. L. n° 2011-893 du 28 juill. 2011, art. 4.

V. note ss. art. L. 6111-3.

Art. L. 6111-5 *(L. n° 2014-288 du 5 mars 2014, art. 22-II, en vigueur le 1er janv. 2015)* **« Sur le fondement de normes de qualité élaborées par la région à partir d'un cahier des charges qu'elle arrête, peuvent être reconnus comme participant au service public régional de l'orientation tout au long de la vie les organismes qui proposent à toute personne un ensemble de services lui permettant : »**

1° De disposer d'une information exhaustive et objective sur les métiers, les compétences et les qualifications nécessaires pour les exercer, les dispositifs de formation et de certification, ainsi que les organismes de formation et les labels de qualité dont ceux-ci bénéficient ;

2° De bénéficier de conseils personnalisés afin de pouvoir choisir en connaissance de cause un métier, une formation ou une certification adapté à ses aspirations, à ses aptitudes et aux perspectives professionnelles liées aux besoins prévisibles de la société, de l'économie et de l'aménagement du territoire et, lorsque le métier, la formation ou la certification envisagé fait l'objet d'un service d'orientation ou d'accompagnement spécifique assuré par un autre organisme, d'être orientée de manière pertinente vers cet organisme. — *V.* ***Addendum.***

V. note ss. art. L. 6111-3.

SECTION III **LE CONSEIL EN ÉVOLUTION PROFESSIONNELLE**

(L. n° 2014-288 du 5 mars 2014, art. 22-II)

BIBL. ▶ DOLE, *Dr. soc. 2014. 986* (le conseil en évolution professionnelle : nouvel espace public de construction de projet).

Les dispositions de cette section entrent en vigueur à compter du 1er janv. 2015 sous réserve de l'entrée en vigueur des dispositions relevant de la loi de finances prévues au I de l'art. 27 de la L. n° 2014-288 du 5 mars 2014 conformément au § II dudit art. (L. n° 2014-288 du 5 mars 2014, art. 27-II). — V. cet art., App. IX, v° Formation professionnelle.

Art. L. 6111-6 **Toute personne peut bénéficier tout au long de sa vie professionnelle d'un conseil en évolution professionnelle, dont l'objectif est de favoriser l'évolution et la sécurisation de son parcours professionnel. Ce conseil gratuit est mis en œuvre dans le cadre du service public régional de l'orientation mentionné à l'article L. 6111-3.**

Le conseil accompagne les projets d'évolution professionnelle, en lien avec les besoins économiques existants et prévisibles dans les territoires. Il facilite l'accès à la formation, en identifiant les qualifications et les formations répondant aux besoins exprimés par la personne et les financements disponibles, et il facilite le recours, le cas échéant, au compte personnel de formation.

L'offre de service du conseil en évolution professionnelle est définie par un cahier des charges publié par voie d'arrêté du ministre chargé de la formation professionnelle. Cette offre prend notamment en compte l'émergence de nouvelles filières et de nouveaux métiers dans le domaine de la transition écologique et énergétique. *(L. n° 2016-1088 du 8 août 2016, art. 39, en vigueur le 1er janv. 2017)* **« Elle peut être pro-**

posée à distance, dans des conditions définies par le cahier des charges. » — *V. Arr. du 16 juill. 2014, JO 24 juill.*

Le conseil en évolution professionnelle est assuré par les institutions et organismes mentionnés au 1° *bis* de l'article L. 5311-4 et aux articles L. 5312-1, L. 5314-1 et L. 6333-3, par l'institution chargée de l'amélioration du fonctionnement du marché de l'emploi des cadres créée par l'accord national interprofessionnel du 12 juillet 2011 relatif à l'Association pour l'emploi des cadres, ainsi que par les opérateurs régionaux désignés par la région, après concertation au sein du bureau du comité régional de l'emploi, de l'orientation et de la formation professionnelles mentionné à l'article L. 6123-3. *(L. n° 2016-1088 du 8 août 2016, art. 39, en vigueur le 1er janv. 2017)* « Ces institutions, organismes et opérateurs assurent l'information directe des personnes sur les modalités d'accès à ce conseil et sur son contenu, selon des modalités définies par voie réglementaire. »

SECTION IV **SUPPORTS D'INFORMATION**

(L. n° 2014-288 du 5 mars 2014, art. 22-II)

Les dispositions de cette section entrent en vigueur à compter du 1er janv. 2015 sous réserve de l'entrée en vigueur des dispositions relevant de la loi de finances prévues au I de l'art. 27 de la L. n° 2014-288 du 5 mars 2014 conformément au § II dudit art. (L. n° 2014-288 du 5 mars 2014, art. 27-II). — V. cet art., App. IX, v° Formation professionnelle.

Art. L. 6111-7 Les informations relatives à l'offre de formation professionnelle sur l'ensemble du territoire national *(L. n° 2016-1088 du 8 août 2016, art. 81)* « , aux tarifs des organismes de formation » et aux perspectives du marché de l'emploi correspondant à ces formations sont intégrées à un système d'information national, dont les conditions de mise en œuvre *(L. n° 2016-1088 du 8 août 2016, art. 81)* « et de publicité » sont déterminées par décret en Conseil d'État.

Art. L. 6111-8 *(L. n° 2016-1088 du 8 août 2016, art. 81)* Chaque année, les résultats d'une enquête nationale qualitative et quantitative relative au taux d'insertion professionnelle à la suite des formations dispensées dans les centres de formation d'apprentis, dans les sections d'apprentissage et dans les lycées professionnels sont rendus publics. Le contenu des informations publiées et leurs modalités de diffusion sont déterminés par arrêté conjoint des ministres chargés de la formation professionnelle et de l'éducation nationale.

CHAPITRE II **ÉGALITÉ D'ACCÈS À LA FORMATION**

SECTION PREMIÈRE **ÉGALITÉ D'ACCÈS ENTRE LES FEMMES ET LES HOMMES**

Art. L. 6112-1 Pour l'application de la présente partie, aucune distinction entre les femmes et les hommes ne peut être faite *(Abrogé par L. n° 2014-288 du 5 mars 2014, art. 2)* *« , sauf dans le cas où l'appartenance à l'un ou l'autre sexe est la condition déterminante de l'exercice de l'emploi ou de l'activité professionnelle donnant lieu à formation ».*

Art. L. 6112-2 Le principe de non-discrimination énoncé à l'article L. 6112-1 ne fait pas obstacle à l'intervention, à titre transitoire, par voie réglementaire ou conventionnelle, de mesures prises au seul bénéfice des femmes en vue d'établir l'égalité des chances entre les femmes et les hommes en matière de formation.

Ces mesures sont destinées notamment à corriger les déséquilibres constatés au détriment des femmes dans la répartition des femmes et des hommes dans les actions de formation et à favoriser l'accès à la formation des femmes souhaitant reprendre une activité professionnelle interrompue pour des motifs familiaux. — *[Anc. art. L. 900-5, al. 2.]*

SECTION II **ÉGALITÉ D'ACCÈS DES PERSONNES HANDICAPÉES ET ASSIMILÉES**

Art. L. 6112-3 Les personnes handicapées et assimilées, mentionnées à l'article L. 5212-13, ont accès à l'ensemble des dispositifs de formation prévus dans la présente partie dans le respect du principe d'égalité de traitement, en prenant les mesures appropriées.

Elles bénéficient, le cas échéant, d'actions spécifiques de formation ayant pour objet de permettre leur insertion ou leur réinsertion professionnelle ainsi que leur maintien dans l'emploi, de favoriser le développement de leurs compétences et l'accès aux différents niveaux de la qualification professionnelle et de contribuer au développement économique et culturel et à la promotion sociale.

(L. n° 2013-504 du 14 juin 2013, art. 5-II) « La stratégie nationale définie à l'article L. 6111-1 comporte un volet consacré à l'accès et au développement de la formation professionnelle des personnes en situation de handicap. »

SECTION III **ÉGALITÉ D'ACCÈS DES REPRÉSENTANTS DU PERSONNEL ET DES DÉLÉGUÉS SYNDICAUX**

(L. n° 2015-994 du 17 août 2015, art. 5-I)

Art. L. 6112-4 Les ministres chargés du travail et de la formation professionnelle établissent une liste des compétences correspondant à l'exercice d'un mandat de représentant du personnel ou d'un mandat syndical. Après avis de la Commission nationale de la certification professionnelle, ces compétences font l'objet d'une certification inscrite à l'inventaire mentionné au dixième alinéa du II de l'article L. 335-6 du code de l'éducation. La certification est enregistrée en blocs de compétences qui permettent d'obtenir des dispenses dans le cadre notamment d'une démarche de validation des acquis de l'expérience permettant, le cas échéant, l'obtention d'une autre certification.

Un recensement des certifications ou parties de certification comportant ces compétences et enregistrées au répertoire national des certifications professionnelles est annexé à la liste mentionnée au premier alinéa du présent article.

TITRE DEUXIÈME **RÔLE DES RÉGIONS, DE L'ÉTAT ET DES INSTITUTIONS DE LA FORMATION PROFESSIONNELLE**

BIBL. ▶ Soldini, *Dr. soc. 2014. 1045* (la consécration légale des services publics régionaux de formation professionnelle).

CHAPITRE PREMIER **RÔLE DES RÉGIONS**

SECTION PREMIÈRE **COMPÉTENCES DES RÉGIONS**

(L. n° 2014-288 du 5 mars 2014, art. 21-II, en vigueur le 1er janv. 2015)

Ces dispositions entrent en vigueur le 1er janv. 2015 sous réserve de l'entrée en vigueur des dispositions relevant de la loi de finances prévues au I de l'art. 27 de L. n° 2014-288 du 5 mars 2014 conformément au § II dudit art. (L. n° 2014-288 du 5 mars 2014, art. 27-II). — V. cet art., App. IX, v° Formation professionnelle.

Art. L. 6121-1 Sans préjudice des compétences de l'État en matière de formation professionnelle initiale des jeunes sous statut scolaire et universitaire et en matière de service militaire adapté prévu à l'article L. 4132-12 du code de la défense, la région est chargée de la politique régionale d'accès à l'apprentissage et à la formation professionnelle des jeunes et des adultes à la recherche d'un emploi ou d'une nouvelle orientation professionnelle.

Elle assure, dans le cadre de cette compétence, les missions suivantes :

1° Conformément aux orientations précisées à l'article L. 6111-1 du présent code, elle définit et met en œuvre la politique d'apprentissage et de formation professionnelle, élabore le contrat de plan régional de développement des formations et de l'orientation professionnelles défini au I de l'article L. 214-13 du code de l'éducation et adopte la carte régionale des formations professionnelles initiales prévue au troisième alinéa de l'article L. 214-13-1 du même code ;

2° Dans le cadre du service public régional défini à l'article L. 6121-2 du présent code, elle peut accorder des aides individuelles à la formation et coordonne les interventions contribuant au financement d'actions de formation au bénéfice du public mentionné au premier alinéa du présent article ;

3° Elle conclut, avec les départements qui souhaitent contribuer au financement de formations collectives pour la mise en œuvre de leur programme départemental d'insertion prévu à l'article L. 263-1 du code de l'action sociale et des familles, une convention qui détermine l'objet, le montant et les modalités de ce financement ;

4° Elle organise l'accompagnement des jeunes et des adultes à la recherche d'un emploi qui sont candidats à la validation des acquis de l'expérience et participe à son financement. Cet accompagnement recouvre les actions d'assistance et de préparation de ces candidats après la recevabilité de leur dossier de candidature. Un décret en Conseil d'État en définit les modalités ;

5° Elle pilote la concertation sur les priorités de sa politique et sur la complémentarité des interventions en matière de formation professionnelle et d'apprentissage, notamment au sein du bureau du comité régional de l'emploi, de la formation et de l'orientation professionnelles mentionné à l'article L. 6123-3 ;

6° Elle contribue à l'évaluation de la politique d'apprentissage et de formation professionnelle prévue au 6° de l'article L. 6123-1.

V. note avant art. L. 6121-1.

Art. L. 6121-2 I. — La région organise et finance le service public régional de la formation professionnelle selon les principes ci-après.

Toute personne cherchant à s'insérer sur le marché du travail dispose, quel que soit son lieu de résidence, du droit d'accéder à une formation professionnelle afin d'acquérir un premier niveau de qualification, de faciliter son insertion professionnelle, sa mobilité ou sa reconversion. A cette fin, la région assure, selon des modalités définies par décret, l'accès gratuit à une formation professionnelle conduisant à un diplôme ou à un titre à finalité professionnelle classé au plus au niveau IV et enregistré au répertoire national des certifications professionnelles prévu à l'article L. 335-6 du code de l'éducation.

Des conventions conclues entre les régions concernées ou, à défaut, un décret fixent les conditions de la prise en charge par la région de résidence du coût de la formation et, le cas échéant, des frais d'hébergement et de restauration d'une personne accueillie dans une autre région. — *V. art. R. 6121-9 s.*

II. — La région exerce, dans le cadre du service public régional de la formation professionnelle, les missions spécifiques suivantes :

1° En application de l'article L. 121-2 du code de l'éducation, la région contribue à la lutte contre l'illettrisme sur le territoire régional, en organisant des actions de prévention et d'acquisition d'un socle de connaissances et de compétences défini par décret ; — *V. art. D. 6113-1 s.*

2° Elle favorise l'égal accès des femmes et des hommes aux filières de formation et contribue à développer la mixité de ces dernières ;

3° Elle assure l'accès des personnes handicapées à la formation, dans les conditions fixées à l'article L. 5211-3 du présent code ;

4° Elle finance et organise la formation professionnelle des personnes sous main de justice. Une convention conclue avec l'État précise les conditions de fonctionnement du service public régional de la formation professionnelle au sein des établissements pénitentiaires ;

5° Elle finance et organise la formation professionnelle des Français établis hors de France et l'hébergement des bénéficiaires. Une convention conclue avec l'État précise les modalités de leur accès au service public régional de la formation professionnelle ;

6° Elle peut conduire des actions de sensibilisation et de promotion de la validation des acquis de l'expérience et contribuer au financement des projets collectifs mis en œuvre sur le territoire afin de favoriser l'accès à cette validation.

V. note avant art. L. 6121-1.

Concernant les établissements dans lesquels la gestion de la formation professionnelle fait l'objet d'un contrat en cours de délégation à une personne morale tierce, le 4° du II de cet art. s'applique à compter de la date d'expiration de ce contrat (L. n° 2014-288 du 5 mars 2014, art. 21-IX).

Art. L. 6121-2-1 Dans le cadre du service public régional de la formation professionnelle défini à l'article L. 6121-2 et sous réserve des compétences du département, la région peut financer des actions d'insertion et de formation professionnelle à destination des jeunes et des adultes rencontrant des difficultés d'apprentissage ou d'insertion, afin de leur permettre de bénéficier, à titre gratuit, d'un parcours individualisé comportant un accompagnement à caractère pédagogique, social ou professionnel.

A cette fin, elle peut, par voie de convention, habiliter des organismes chargés de mettre en œuvre ces actions, en contrepartie d'une juste compensation financière. L'habilitation, dont la durée ne peut pas excéder cinq ans, précise notamment les obligations de service public qui pèsent sur l'organisme.

Cette habilitation est délivrée, dans des conditions de transparence et de non-discrimination et sur la base de critères objectifs de sélection, selon une procédure définie par décret en Conseil d'État. – *V. art. R. 6121-1 s.*

V. note avant art. L. 6121-1.

SECTION II **COORDINATION AVEC LES BRANCHES PROFESSIONNELLES, LE SERVICE PUBLIC DE L'EMPLOI ET LE SERVICE PUBLIC DE L'ORIENTATION**

(L. nº 2014-288 du 5 mars 2014, art. 21-II, en vigueur le 1er janv. 2015)

Ces dispositions entrent en vigueur le 1er janv. 2015 sous réserve de l'entrée en vigueur des dispositions relevant de la loi de finances prévues au I de l'art. 27-II de la L. nº 2014-288 du 5 mars 2014 conformément au § II dudit art. (L. nº 2014-288 du 5 mars 2014, art. 27-II). – V. cet art., App. IX, vº Formation professionnelle.

Art. L. 6121-3 Des conventions conclues avec les organismes collecteurs paritaires agréés au titre de la participation des employeurs *(L. nº 2012-387 du 22 mars 2012, art. 43)* « d'au moins *(L. nº 2015-1785 du 29 déc. 2015, art. 15-II)* « onze » salariés » au développement de la formation professionnelle continue déterminent l'étendue et les conditions de participation des régions au financement des actions de formation définies à l'article L. 6313-1 ainsi qu'à la rémunération des bénéficiaires d'un congé individuel de formation. – *[Anc. art. L. 931-11, al. 1er.]*

Les dispositions issues de la L. nº 2015-1785 du 29 déc. 2015 s'appliquent à la collecte des contributions dues au titre de l'année 2016 et des années suivantes (L. préc., art. 15-VIII).

Art. L. 6121-4 *(L. nº 2014-288 du 5 mars 2014, art. 21-II, en vigueur le 1er janv. 2015)* L'institution mentionnée à l'article L. 5312-1 attribue des aides individuelles à la formation.

Lorsqu'elle procède ou contribue à l'achat de formations collectives, elle le fait dans le cadre d'une convention conclue avec la région, qui en précise l'objet et les modalités.

V. note avant art. L. 6121-3.

Art. L. 6121-5 *(L. nº 2014-288 du 5 mars 2014, art. 21-II)* La région et les autres structures contribuant au financement de formations au bénéfice de demandeurs d'emploi s'assurent que les organismes de formation qu'ils retiennent informent, préalablement aux sessions de formation qu'ils organisent, les opérateurs du service public de l'emploi et du conseil en évolution professionnelle mentionnés au titre Ier du livre III de la cinquième partie et à l'article L. 6111-6 des sessions d'information et des modalités d'inscription en formation.

Ces organismes informent, dans des conditions précisées par décret, l'institution mentionnée à l'article L. 5312-1 de l'entrée effective en stage de formation *(L. nº 2016-1088 du 8 août 2016, art. 81)* « , de l'interruption et de la sortie effective » d'une personne inscrite sur la liste des demandeurs d'emploi.

V. note avant art. L. 6121-3.

Art. L. 6121-6 *(L. nº 2014-288 du 5 mars 2014, art. 21-II, en vigueur le 1er janv. 2015)* La région organise sur son territoire, en coordination avec l'État et les membres du comité paritaire interprofessionnel régional pour l'emploi et la formation et en lien avec les organismes de formation, la diffusion de l'information relative à l'offre de formation professionnelle continue.

V. note avant art. L. 6121-3.

Art. L. 6121-7 *(L. nº 2014-288 du 5 mars 2014, art. 21-II)* Un décret en Conseil d'État détermine les modalités de mise en œuvre du présent chapitre. – *V. art. R. 6121-1 s.*

V. note avant art. L. 6121-3.

CHAPITRE II **RÔLE DE L'ÉTAT**

Art. L. 6122-1 *(L. n° 2016-1691 du 9 déc. 2016, art. 126)* « I. – L'État peut organiser et financer, au profit des personnes à la recherche d'un emploi, des formations dont le faible développement ou le caractère émergent justifient, temporairement ou durablement, des actions définies au niveau national pour répondre aux besoins de compétences. »

« II. – » Lorsque l'État contribue au financement des actions de formation professionnelle, à travers les dépenses de rémunération des stagiaires, de financement des stages ou d'investissement des centres, il conclut avec les organismes des conventions qui prennent en compte les types d'actions de formation définis à l'article L. 6313-1, les publics accueillis, les objectifs poursuivis et les résultats obtenus, notamment en matière d'insertion professionnelle. Les modalités particulières de ces conventions sont définies par décret. – *V. art. D. 6122-4 s.*

Lorsque ces conventions concernent des centres de formation gérés par une ou plusieurs entreprises, elles font l'objet d'une consultation du ou des comités d'entreprise intéressés, conformément à l'article *(L. n° 2015-994 du 17 août 2015, art. 18-XIV, en vigueur le 1er janv. 2016)* « L. **2323-15** ». – *[Anc. art. L. 941-1 et L. 941-2.]*

Art. L. 6122-2 L'étendue et les conditions de participation de l'État au financement des actions de formation définies à l'article L. 6313-1 ainsi qu'à la rémunération des bénéficiaires d'un congé individuel de formation sont déterminées par des conventions conclues avec les organismes collecteurs paritaires agréés au titre de la participation des employeurs *(L. n° 2012-387 du 22 mars 2012, art. 43)* « d'au moins *(L. n° 2015-1785 du 29 déc. 2015, art. 15-II)* « onze » salariés » au développement de la formation professionnelle continue. – *[Anc. art. L. 931-11, al. 1er.]*

Les dispositions issues de la L. n° 2015-1785 du 29 déc. 2015 s'appliquent à la collecte des contributions dues au titre de l'année 2016 et des années suivantes (L. préc., art. 15-VIII).

Art. L. 6122-3 Afin de faciliter l'accès aux fonctions de chef d'entreprise du secteur des métiers et d'assurer le perfectionnement et la qualification professionnelle des chefs d'entreprise de ce secteur et de leurs salariés, l'État concourt, dans les conditions fixées au présent titre, au financement des stages qui leur sont destinés.

En outre, l'État peut participer au financement des fonds d'assurance-formation de non-salariés prévus à l'article L. 6332-9 créés pour ce secteur professionnel. – *[Anc. art. L. 992-2.]*

Art. L. 6122-4 L'État concourt financièrement, dans le cadre de conventions conclues en application de l'article L. 6353-2, à la formation des travailleurs du secteur des métiers mentionnés à l'article L. 6122-3 du code du travail et à l'article L. 718-2-2 du code rural et de la pêche maritime, appelés à exercer des responsabilités dans des organisations syndicales ou professionnelles.

Cette formation peut être assurée par des centres créés par les organisations professionnelles ou syndicales ou reconnus par celles-ci, sous réserve que ces centres obtiennent la délivrance d'un agrément des ministères intéressés. – *[Anc. art. L. 992-3, al. 1er et 2.]*

CHAPITRE III **COORDINATION DES POLITIQUES DE L'EMPLOI, DE L'ORIENTATION ET DE LA FORMATION PROFESSIONNELLES**

(L. n° 2014-288 du 5 mars 2014, art. 24-I)

SECTION PREMIÈRE **CONSEIL NATIONAL DE L'EMPLOI, DE LA FORMATION ET DE L'ORIENTATION PROFESSIONNELLES**

Art. L. 6123-1 Le Conseil national de l'emploi, de la formation et de l'orientation professionnelles est chargé :

1° D'émettre un avis sur :

a) Les projets de loi, d'ordonnance et de dispositions réglementaires dans le domaine de la politique de l'emploi, de l'orientation et de la formation professionnelle initiale et continue ;

b) Le projet de convention pluriannuelle définie à l'article L. 5312-3 ;

c) L'agrément des accords d'assurance chômage mentionnés à l'article L. 5422-20 ;

d) Le programme d'études des principaux organismes publics d'étude et de recherche de l'État dans le domaine de l'emploi, de la formation et de l'orientation professionnelles ;

(L. n° 2015-994 du 17 août 2015, art. 5-II) « *e)* La liste des compétences et son annexe mentionnées à l'article L. 6112-4 ; »

(L. n° 2016-1691 du 9 déc. 2016, art. 126) « *f)* Les plans de formations *[formation]* organisés par l'État en application du I de l'article L. 6122-1 ; »

2° D'assurer, au plan national, la concertation entre l'État, les régions, les départements, les organisations syndicales de salariés et les organisations professionnelles d'employeurs représentatives au niveau national et interprofessionnel pour la définition des orientations pluriannuelles et d'une stratégie nationale coordonnée en matière d'orientation, de formation professionnelle, d'apprentissage, d'insertion, d'emploi et de maintien dans l'emploi et, dans ce cadre, de veiller au respect de l'objectif d'égalité entre les femmes et les hommes en matière d'emploi, de formation et d'orientation professionnelles ;

3° De contribuer au débat public sur l'articulation des actions en matière d'orientation, de formation professionnelle et d'emploi ;

4° De veiller à la mise en réseau des systèmes d'information sur l'emploi, la formation et l'orientation professionnelles ;

5° De suivre les travaux des comités régionaux de l'emploi, de la formation et de l'orientation professionnelles et la mise en œuvre des conventions régionales pluriannuelles de coordination prévues à l'article L. 6123-4 du présent code, des contrats de plan régional de développement des formations et de l'orientation professionnelles définis à l'article L. 214-13 du code de l'éducation et des conventions annuelles conclues pour leur application ;

6° D'évaluer les politiques d'information et d'orientation professionnelle, de formation professionnelle initiale et continue et d'insertion et de maintien dans l'emploi, aux niveaux national et régional. A ce titre, il recense les études et les travaux d'observation réalisés par l'État, les branches professionnelles et les régions. Il élabore et diffuse également une méthodologie commune en vue de l'établissement de bilans régionaux des actions financées au titre de l'emploi, de l'orientation et de la formation professionnelles, dont il établit la synthèse ;

7° D'évaluer le suivi de la mise en œuvre et de l'utilisation du compte personnel de formation ;

8° De contribuer à l'évaluation de la qualité des formations dispensées par les organismes de formation.

Les administrations et les établissements publics de l'État, les régions, les organismes consulaires et les organismes paritaires participant aux politiques de l'orientation, de l'emploi et de la formation professionnelle sont tenus de communiquer au Conseil national de l'emploi, de la formation et de l'orientation professionnelles les éléments d'information et les études dont ils disposent et qui lui sont nécessaires pour l'exercice de ses missions.

En cas d'urgence, le Conseil national de l'emploi, de la formation et de l'orientation professionnelles peut être consulté et émettre un avis soit par voie électronique, soit en réunissant son bureau dans des conditions définies par voie réglementaire. — *V. art. R. 6123-1 à R. 6123-1-11.*

Art. L. 6123-2 Le Conseil national de l'emploi, de la formation et de l'orientation professionnelles est placé auprès du Premier ministre. Son président est nommé par décret en Conseil des ministres. Le conseil comprend des représentants élus des régions et des collectivités ultramarines exerçant les compétences dévolues aux conseils régionaux en matière de formation professionnelle, des représentants des départements, des représentants de l'État et du Parlement, des représentants des organisations syndicales de salariés et des organisations professionnelles d'employeurs représentatives au niveau national et interprofessionnel ou multi-professionnel, ou intéressées, des chambres consulaires, des personnalités qualifiées, ainsi que, avec voix consultative, des représentants des principaux opérateurs de l'emploi, de l'orientation et de la formation professionnelles. Pour chaque institution ou organisation pour laquelle le nombre de représentants est supérieur à un, le principe de parité entre les femmes et les hommes doit être respecté.

SECTION II **COMITÉ RÉGIONAL DE L'EMPLOI, DE LA FORMATION ET DE L'ORIENTATION PROFESSIONNELLES**

Art. L. 6123-3 Le comité régional de l'emploi, de la formation et de l'orientation professionnelles a pour mission d'assurer la coordination entre les acteurs des politiques d'orientation, de formation professionnelle et d'emploi et la cohérence des programmes de formation dans la région. *(L. n° 2015-991 du 7 août 2015, art. 6-I)* « A ce titre, il organise la concertation sur la stratégie prévue à l'article L. 6123-4-1 et en assure le suivi. »

Il comprend le président du conseil régional, des représentants de la région *(Ord. n° 2016-1562 du 21 nov. 2016, art. 24, en vigueur le 1er janv. 2018)* « , ou, en Corse, le président du conseil exécutif et des conseillers à l'Assemblée de Corse élus en son sein », des représentants de l'État dans la région et des représentants des organisations syndicales de salariés et des organisations professionnelles d'employeurs représentatives au niveau national et interprofessionnel ou multi-professionnel, ou intéressées, et des chambres consulaires, ainsi que, avec voix consultative, des représentants des principaux opérateurs de l'emploi, de l'orientation et de la formation professionnelles. Pour chaque institution ou organisation pour laquelle le nombre de représentants est supérieur à un, le principe de parité entre les femmes et les hommes doit être respecté.

Il est présidé conjointement par le président du conseil régional et le représentant de l'État dans la région *(Ord. n° 2016-1562 du 21 nov. 2016, art. 24, en vigueur le 1er janv. 2018)* « , ou, en Corse, par le président du conseil exécutif et le représentant de l'État dans la collectivité de Corse ». La vice-présidence est assurée par un représentant des organisations professionnelles d'employeurs et par un représentant des organisations syndicales de salariés.

Il est doté d'un bureau, composé de représentants de l'État, de la région *(Ord. n° 2016-1562 du 21 nov. 2016, art. 24, en vigueur le 1er janv. 2018)* « , ou, en Corse, de la collectivité de Corse », de représentants régionaux des organisations syndicales de salariés et des organisations professionnelles d'employeurs représentatives au niveau national et interprofessionnel.

(L. n° 2015-991 du 7 août 2015, art. 6-I) « Il est doté également d'une commission chargée de la concertation relative aux politiques de l'emploi sur le territoire, qui assure la coordination des acteurs du service public de l'emploi défini à l'article L. 5311-1 en fonction de la stratégie prévue à l'article L. 6123-4-1. »

Le bureau est notamment le lieu de la concertation sur la désignation des opérateurs régionaux mentionnés à l'article L. 6111-6, sur la répartition des fonds de la taxe d'apprentissage non affectés par les entreprises, mentionnée à l'article L. 6241-2, et sur les listes des formations éligibles au compte personnel de formation mentionnées au 3° du I de l'article L. 6323-16 et au 2° du I de l'article L. 6323-21.

Un décret en Conseil d'État précise la composition, le rôle et le fonctionnement du bureau.

Art. L. 6123-4 *(L. n° 2015-991 du 7 août 2015, art. 6-I)* Le président du conseil régional et le représentant de l'État dans la région *(Ord. n° 2016-1562 du 21 nov. 2016, art. 24, en vigueur le 1er janv. 2018)* « ou, en Corse, le président du conseil exécutif et le représentant de l'État dans la collectivité de Corse » signent avec l'institution mentionnée à l'article L. 5312-1, les représentants régionaux des missions locales mentionnées à l'article L. 5314-1, des organismes spécialisés dans l'insertion professionnelle des personnes handicapées et des présidents de maisons de l'emploi et de structures gestionnaires de plans locaux pluriannuels pour l'insertion et l'emploi une convention régionale pluriannuelle de coordination de l'emploi, de l'orientation et de la formation.

Cette convention détermine pour chaque signataire, en cohérence avec les orientations définies dans la stratégie prévue à l'article L. 6123-4-1 et dans le schéma régional de développement économique, d'innovation et d'internationalisation, dans le respect de ses missions et, s'agissant de l'institution mentionnée à l'article L. 5312-1, de la convention tripartite pluriannuelle mentionnée à l'article L. 5312-3 :

1° Les conditions dans lesquelles il mobilise de manière coordonnée les outils des politiques de l'emploi et de la formation professionnelle de l'État et de la région *(Ord. n° 2016-1562 du 21 nov. 2016, art. 24, en vigueur le 1er janv. 2018)* « , ou, en Corse, de la collectivité de Corse », au regard de la situation locale de l'emploi et dans le cadre de la politique nationale de l'emploi ;

2° Les conditions dans lesquelles il participe, le cas échéant, au service public régional de l'orientation ;

3° Les conditions dans lesquelles il conduit, le cas échéant, son action au sein du service public régional de la formation professionnelle ;

4° Les modalités d'évaluation des actions entreprises.

Un plan de coordination des outils qui concourent au service public de l'emploi et à la mise en œuvre de ses objectifs, visant à rationaliser et à mutualiser les interventions à l'échelle des bassins d'emploi, est inscrit dans la convention régionale pluriannuelle.

Art. L. 6123-4-1 *(L. n° 2015-991 du 7 août 2015, art. 6-I)* Le président du conseil régional et le représentant de l'État dans la région *(Ord. n° 2016-1562 du 21 nov. 2016, art. 24, en vigueur le 1er janv. 2018)* « , ou, en Corse, le président du conseil exécutif et le représentant de l'État dans la collectivité de Corse » élaborent une stratégie coordonnée en matière d'emploi, d'orientation et de formation professionnelles, en cohérence avec le schéma régional de développement économique, d'innovation et d'internationalisation.

SECTION III **COMITÉ PARITAIRE INTERPROFESSIONNEL NATIONAL POUR L'EMPLOI ET LA FORMATION**

Art. L. 6123-5 Le Comité paritaire interprofessionnel national pour l'emploi et la formation est constitué des organisations syndicales de salariés et des organisations professionnelles d'employeurs représentatives au niveau national et interprofessionnel. Pour chaque institution ou organisation pour laquelle le nombre de représentants est supérieur à un, le principe de parité entre les femmes et les hommes doit être respecté. Le comité définit les orientations politiques paritaires en matière de formation et d'emploi et assure leur suivi et leur coordination avec les politiques menées par les autres acteurs. Il élabore, après concertation avec les organisations professionnelles d'employeurs représentatives au niveau national et multi-professionnel, la liste nationale des formations éligibles au compte personnel de formation au niveau national et interprofessionnel, dans les conditions prévues aux articles L. **6323-16** et L. **6323-21**. – *V. art. R. 6123-5.*

Dans l'attente de la mesure de la représentativité des organisations syndicales et professionnelles d'employeurs prévue par la loi n° 2014-288 du 5 mars 2014, le pouvoir réglementaire a pris en compte la répartition des sièges appliquée au sein d'organismes intervenant dans le champ de la formation professionnelle, notamment le Conseil national de la formation professionnelle tout au long de la vie et le Fonds paritaire de sécurisation des parcours professionnels, ainsi que les conditions de répartition, entre ces organisations, des financements issus du Fonds national de gestion paritaire de la formation professionnelle continue ; eu égard au caractère transitoire de ces dispositions, ces critères ne méconnaissent pas les art. L. 6123-5 et L. 6123-6 C. trav., ils sont en rapport direct avec l'objet de la législation en cause, et la répartition ainsi opérée n'est pas manifestement disproportionnée à l'importance respective des trois organisations dans le champ de la formation professionnelle. • CE 29 juin 2016, n° 384080.

SECTION IV **COMITÉ PARITAIRE INTERPROFESSIONNEL RÉGIONAL POUR L'EMPLOI ET LA FORMATION**

Art. L. 6123-6 Le comité paritaire interprofessionnel régional pour l'emploi et la formation est constitué des représentants régionaux des organisations syndicales et des organisations professionnelles d'employeurs représentatives au niveau national et interprofessionnel. Pour chaque institution ou organisation pour laquelle le nombre de représentants est supérieur à un, le principe de parité entre les femmes et les hommes doit être respecté.

Il assure le déploiement des politiques paritaires définies par les accords nationaux interprofessionnels en matière de formation et d'emploi, en coordination avec les autres acteurs régionaux. Il est consulté, notamment, sur la carte régionale des formations professionnelles initiales mentionnée au troisième alinéa de l'article L. 214-13-1 du code de l'éducation. Il établit, après concertation avec les représentants régionaux des organisations professionnelles d'employeurs représentatives au niveau national et multi-professionnel, les listes régionales des formations éligibles au compte personnel de formation, dans les conditions prévues aux articles L. 6323-16 et L. 6323-21 du présent code.

SECTION V **DISPOSITIONS D'APPLICATION**

Art. L. 6123-7 Les modalités d'application du présent chapitre sont définies par décret en Conseil d'État. – *V. art. R. 6123-6.*

LIVRE DEUXIÈME **L'APPRENTISSAGE**

COMMENTAIRE

V. Dalloz.fr et applications mobiles Dalloz 🏛. ❑

TITRE PREMIER **DISPOSITIONS GÉNÉRALES**

CHAPITRE UNIQUE

RÉP. TRAV. v° *Apprentissage*, par SELLIER.

BIBL. GÉN. ▶ BALLET, *Dr. ouvrier 1988. 493* (réforme de l'apprentissage). – KERBOUC'H, *Dr. soc. 2005. 427* ✎. – PAILLISSER, *Sem. soc. Lamy 1996, n° 798, suppl.*

Art. L. 6211-1 L'apprentissage concourt aux objectifs éducatifs de la nation.

Il a pour objet de donner à des jeunes travailleurs, ayant satisfait à l'obligation scolaire, une formation générale, théorique et pratique, en vue de l'obtention d'une qualification professionnelle sanctionnée par un diplôme ou un titre à finalité professionnelle enregistré au répertoire national des certifications professionnelles. – *[Anc. art. L. 115-1, al. 1er et 2.]*

Art. L. 6211-2 L'apprentissage est une forme d'éducation alternée associant :

1° Une formation dans une ou plusieurs entreprises, fondée sur l'exercice d'une ou plusieurs activités professionnelles en relation directe avec la qualification objet du contrat entre l'apprenti et l'employeur ;

2° Des enseignements dispensés pendant le temps de travail dans un centre de formation d'apprentis ou une section d'apprentissage *(L. n° 2016-1088 du 8 août 2016, art. 72)* « , dont tout ou partie peut être effectué à distance ».

Art. L. 6211-3 *(L. n° 2014-288 du 5 mars 2014, art. 13-I)* Pour le développement de l'apprentissage, la région peut conclure des contrats d'objectifs et de moyens avec :

1° L'État ;

2° Les organismes consulaires ;

3° Une ou plusieurs organisations syndicales de salariés et organisations professionnelles d'employeurs représentatives.

D'autres parties peuvent également être associées à ces contrats.

Ces contrats doivent intégrer le développement de la mixité professionnelle et des mesures visant à lutter contre la répartition sexuée des métiers.

L'exécution des contrats d'objectifs et de moyens conclus avant le 6 mars 2014, en application de l'art. L. 6211-3, dans sa rédaction applicable avant cette date, se poursuit jusqu'au 31 déc. 2014 (L. n° 2014-288 du 5 mars 2014, art. 13-II).

Art. L. 6211-4 Les chambres de commerce et d'industrie territoriales, les chambres de métiers et les chambres d'agriculture exercent leurs attributions en matière d'apprentissage dans le cadre du présent livre. – *[Anc. art. L. 119-2, al. 1er.]*

Art. L. 6211-5 *(L. n° 2008-776 du 4 août 2008, art. 49)* Le contenu des relations conventionnelles qui lient l'employeur, l'apprenti et la ou les entreprises d'un État membre de la Communauté européenne susceptibles d'accueillir temporairement l'apprenti est fixé par décret en Conseil d'État. – *V. **Addendum**.*

TITRE DEUXIÈME **CONTRAT D'APPRENTISSAGE**

RÉP. TRAV. v° *Apprentissage,* par SELLIER.

BIBL. GÉN. ▶ CRÉMIEUX, *D. 1972. Chron. 235.* – PAILLISSER, *Sem. soc. Lamy 1996, n° 798, suppl.* – LARDY-PÉLISSIER, *RDT 2006. 20* (formation d'apprenti junior).

CHAPITRE PREMIER **DÉFINITION ET RÉGIME JURIDIQUE**

Art. L. 6221-1 Le contrat d'apprentissage est un contrat de travail de type particulier conclu entre un apprenti ou son représentant légal et un employeur.

L'employeur s'engage, outre le versement d'un salaire, à assurer à l'apprenti une formation professionnelle complète, dispensée pour partie en entreprise et pour partie en centre de formation d'apprentis ou section d'apprentissage.

L'apprenti s'oblige, en retour, en vue de sa formation, à travailler pour cet employeur, pendant la durée du contrat, et à suivre cette formation. – *[Anc. art. L. 117-1 et L. 115-1, al. 3 phrase 1.] – V. art. R. 6227-1 (pén.).*

Pour le bénéfice d'une aide de l'État pour toute embauche d'un jeune en alternance, V. Décr. n° 2011-523 du 16 mai 2011, App. I. A.

Art. L. 6221-2 *(L. n° 2014-288 du 5 mars 2014, art. 14-III)* Aucune contrepartie financière ne peut être demandée ni à l'apprenti à l'occasion de la conclusion, de l'enregistrement ou de la rupture du contrat d'apprentissage, ni à l'employeur à l'occasion de l'enregistrement du contrat d'apprentissage.

CHAPITRE II **CONTRAT DE TRAVAIL ET CONDITIONS DE TRAVAIL**

SECTION PREMIÈRE **FORMATION, EXÉCUTION ET RUPTURE DU CONTRAT DE TRAVAIL**

SOUS-SECTION 1 **CONDITIONS DE FORMATION DU CONTRAT**

Art. L. 6222-1 Nul ne peut être engagé en qualité d'apprenti s'il n'est âgé de seize ans au moins à vingt-cinq ans au début de l'apprentissage.

(L. n° 2011-893 du 28 juill. 2011) « Toutefois, les jeunes âgés d'au moins quinze ans *(Abrogé par L. n° 2013-595 du 8 juill. 2013, art. 56) « **au cours de l'année civile** »* peuvent souscrire un contrat d'apprentissage s'ils justifient avoir accompli la scolarité du premier cycle de l'enseignement secondaire *(Abrogé par L. n° 2013-595 du 8 juill. 2013, art. 56) « **ou avoir suivi une formation prévue à l'article L. 337-3-1 du code de l'éducation** ».* »

(L. n° 2014-288 du 5 mars 2014, art. 14-III) « Les jeunes qui atteignent l'âge de quinze ans avant le terme de l'année civile peuvent être inscrits, sous statut scolaire, dans un lycée professionnel ou dans un centre de formation d'apprentis pour débuter leur formation, dans des conditions fixées par décret en Conseil d'État. »

A titre expérimental, dans les régions volontaires, il est dérogé à la limite d'âge de 25 ans. Elle est portée à 30 ans.

Cette expérimentation est mise en place du 1er janv. 2017 au 31 déc. 2019.

La région ou la collectivité territoriale de Corse adresse au représentant de l'État dans la région le bilan au 31 déc. 2019 de l'expérimentation qui lui a été, le cas échéant, confiée.

Le Gouvernement remet au Parlement, au cours du premier semestre 2020, un rapport portant sur les expérimentations afin de préciser les conditions éventuelles de leur généralisation (L. n° 2016-1088 du 8 août 2016, art. 77).

Art. L. 6222-2 La limite d'âge de vingt-cinq ans n'est pas applicable dans les cas suivants :

(L. n° 2014-288 du 5 mars 2014, art. 14-III) « 1° Lorsque le contrat ou la période d'apprentissage proposés fait *[font]* suite à un contrat ou à une période d'apprentissage

précédemment exécutés et conduit *[conduisent]* à un niveau de diplôme supérieur à celui obtenu à l'issue du contrat ou de la période d'apprentissage précédents ; »

2° Lorsqu'il y a eu rupture de contrat pour des causes indépendantes de la volonté de l'apprenti ou suite à une inaptitude physique et temporaire de celui-ci ;

3° Lorsque le contrat d'apprentissage est souscrit par une personne à laquelle la qualité de travailleur handicapé est reconnue *(Abrogé par L. nº 2008-1425 du 27 déc. 2008, art. 187-II) « et dont l'âge maximal, fixé par décret, ne peut être supérieur à trente ans »* ;

4° Lorsque le contrat d'apprentissage est souscrit par une personne qui a un projet de création ou de reprise d'entreprise dont la réalisation est subordonnée à l'obtention du diplôme ou titre sanctionnant la formation poursuivie ;

(L. nº 2015-1541 du 27 nov. 2015, art. 10) « 5° Lorsque le contrat d'apprentissage est souscrit par une personne inscrite en tant que sportif de haut niveau sur la liste mentionnée au premier alinéa de l'article L. 221-2 du code du sport. »

— *[Anc. art. L. 117-3, al. 2 à 6.] — V. art. D. 6222-1, D. 6222-26 et R. 6227-1 (pén.).*

Art. L. 6222-3 Un décret détermine les conditions d'application des dérogations prévues à l'article L. 6222-2, notamment le délai maximum dans lequel le contrat d'apprentissage mentionné au 1° de ce même article est souscrit après l'expiration du contrat précédent.

Les autres mesures d'application de la présente sous-section sont déterminées par décret en Conseil d'État. — *[Anc. art. L. 117-3, al. 7, et L. 119-4, al. 2.] — V. art. D. 6222-1.*

SOUS-SECTION 2 **CONCLUSION DU CONTRAT**

Art. L. 6222-4 Le contrat d'apprentissage est un contrat écrit qui comporte des clauses et des mentions obligatoires.

Il est signé par les deux parties contractantes préalablement à l'emploi de l'apprenti. — *[Anc. art. L. 117-12, al. 1er et 3.]*

1. Nécessité d'un écrit. Faute d'être constaté par écrit, le contrat d'apprentissage est nul. • Soc. 29 janv. 1953 : *D. 1953. 237* • 20 oct. 1965 : *D. 1965. 811.*

2. En l'absence d'écrit, le juge peut ordonner une expertise afin de déterminer la nature des relations entre l'employeur et l'apprenti. • Civ. 2e, 10 févr. 1960, nº 57-50.922 P.

3. Lorsque son contrat est nul, l'apprenti a droit à une rémunération calculée sur le salaire minimum conventionnel avec les abattements tenant à l'âge. • Soc. 1er avr. 1992 : ♔ *D. 1992. IR 153 ; CSB 1992. 147, S. 84.* – V. aussi : • Soc. 8 avr. 1957 : *D. 1958. 221, note Malaurie* • 27 oct. 1959 : *D. 1960. 109* • 9 mars 1978 : *Bull. civ. V, nº 178* • 26 mars 1981 : *ibid., nº 263.*

4. Le défaut d'écrit rend le contrat d'apprentissage inopposable à une caisse d'allocations familiales. • Soc. 7 oct. 1970 : *Bull. civ. V, nº 509.* ♦ ... Et interdit le calcul des cotisations de sécurité sociale sur la base du salaire d'un apprenti. • Soc. 17 avr. 1969 : *Bull. civ. V, nº 243.*

5. Nécessité d'une signature. Un contrat d'apprentissage non signé par les parties ne peut valablement être enregistré par l'administration ; il doit par conséquent être requalifié en contrat de droit commun. • Soc. 15 juin 1999 : ♔ *JS Lamy 1999, nº 42-34.*

Art. L. 6222-5 Lorsque l'apprenti mineur est employé par un ascendant, le contrat d'apprentissage est remplacé par une déclaration souscrite par l'employeur. Cette déclaration est assimilée dans tous ses effets à un contrat d'apprentissage.

Elle comporte l'engagement de satisfaire aux conditions prévues par les articles :

1° L. 6221-1, relatif à la définition et au régime juridique du contrat ;

2° L. 6222-1 à L. 6222-3, relatifs aux conditions de formation du contrat ;

3° L. 6222-4, relatif à la conclusion du contrat ;

4° L. 6222-11 et L. 6222-12, relatifs à la durée du contrat ;

5° L. 6222-16, relatif au contrat d'apprentissage suivi d'un contrat de travail à durée indéterminée ;

6° L. 6222-27 à L. 6222-29, relatifs au salaire ;

7° L. 6223-1 à L. 6223-8, relatifs aux obligations de l'employeur en matière d'organisation de l'apprentissage et de formation ;

8° L. 6225-1, relatif à l'opposition à l'engagement d'apprentis ;

9° L. 6225-4 à L. 6225-7, relatifs à la suspension de l'exécution du contrat et à l'interdiction de recruter de nouveaux apprentis.

L'ascendant verse une partie du salaire à un compte ouvert à cet effet au nom de l'apprenti. – *[Anc. art. L. 117-15, al. 1er et al. 2 fin et al. 3.] – V. art. R. 6227-2 (pén.).*

Art. L. 6222-5-1 *(L. no 2011-893 du 28 juill. 2011)* Par dérogation à l'article L. 6221-1 et au second alinéa de l'article L. 6222-4 et pour l'exercice d'activités saisonnières au sens du 3° de l'article L. 1242-2, deux employeurs peuvent conclure conjointement un contrat d'apprentissage avec toute personne éligible à ce contrat en application des articles L. 6222-1 et L. 6222-2. Par dérogation à l'article L. 6211-1, ce contrat peut avoir pour finalité l'obtention de deux qualifications professionnelles sanctionnées par un diplôme ou un titre à finalité professionnelle enregistré au répertoire national des certifications professionnelles.

Une convention tripartite signée par les deux employeurs et l'apprenti est annexée au contrat d'apprentissage. Elle détermine :

1° L'affectation de l'apprenti entre les deux entreprises au cours du contrat selon un calendrier prédéfini, ainsi que le nombre d'heures effectuées dans chaque entreprise ;

2° Les conditions de mise en place du tutorat entre les deux entreprises ;

3° La désignation de l'employeur tenu de verser la rémunération due au titre de chaque période consacrée par l'apprenti à la formation dispensée dans les centres de formation d'apprentis et les sections d'apprentissage.

Le premier alinéa de l'article L. 6222-18 est applicable, à l'initiative de l'apprenti ou de l'un des employeurs *(Abrogé par L. no 2015-994 du 17 août 2015, art. 53-II)* ***« , pendant deux mois à compter du début de la première période de travail effectif chez cet employeur ».***

L'apprenti bénéficie d'un maître d'apprentissage, au sens de l'article L. 6223-5, dans chacune des entreprises.

Le contrat peut être rompu, dans les conditions prévues à l'article L. 6222-18, à l'initiative des deux employeurs ou de l'un d'entre eux, lequel prend en charge les conséquences financières d'une rupture à ses torts.

Art. L. 6222-6 Un décret en Conseil d'État détermine les conditions d'application de la présente sous-section. – *[Anc. art. L. 117-12, al. 3, L. 117-15, al. 3 et L. 119-4, al. 2.] – V. art. R. 6222-2.*

SOUS-SECTION 3 **DURÉE DU CONTRAT**

Art. L. 6222-7 *(L. no 2014-288 du 5 mars 2014, art. 14-III)* Le contrat d'apprentissage peut être conclu pour une durée limitée ou pour une durée indéterminée.

Lorsqu'il est conclu pour une durée indéterminée, le contrat débute par la période d'apprentissage, pendant laquelle il est régi par le présent titre. A l'issue de cette période, la relation contractuelle est régie par les titres II et III du livre II de la première partie, à l'exception de l'article L. 1221-19.

[Jurisprudence antérieure à la loi no 2014-288 du 5 mars 2014]

La durée du contrat d'apprentissage se calcule à compter du jour de l'entrée effective en fonctions de l'apprenti. • Soc. 5 juin 1985 : *Bull. civ. V, no 322.*

Art. L. 6222-7-1 *(L. no 2014-288 du 5 mars 2014, art. 14-III)* La durée du contrat d'apprentissage, lorsqu'il est conclu pour une durée limitée, ou de la période d'apprentissage, lorsque le contrat d'apprentissage est conclu pour une durée indéterminée, est égale à celle du cycle de formation préparant à la qualification qui fait l'objet du contrat.

Elle peut varier entre un et trois ans, sous réserve des cas de prolongation prévus à l'article L. 6222-11.

Elle est fixée en fonction du type de profession et du niveau de qualification préparés.

Art. L. 6222-8 La durée du contrat *(L. no 2014-288 du 5 mars 2014, art. 14-III)* « ou de la période d'apprentissage » peut être adaptée pour tenir compte du niveau initial de compétence de l'apprenti.

Cette durée est alors fixée par les cocontractants en fonction de l'évaluation des compétences et après autorisation du service de l'inspection de l'apprentissage compétent. Cette autorisation est réputée acquise dans des conditions déterminées par décret en Conseil d'État. – *[Anc. art. L. 115-2, al. 2, phrases 1 et 2 et 3 début.]* – *V. art. R. 6222-7.*

Art. L. 6222-9 Par dérogation aux dispositions de l'article *(L. n° 2014-288 du 5 mars 2014, art. 14-III)* « L. 6222-7-1 », la durée du contrat *(L. n° 2014-288 du 5 mars 2014, art. 14)* « ou de la période d'apprentissage » peut varier entre six mois et un an lorsque la formation a pour objet l'acquisition d'un diplôme ou d'un titre :

1° De même niveau et en rapport avec un premier diplôme ou titre obtenu dans le cadre d'un précédent contrat d'apprentissage ;

2° De niveau inférieur à un diplôme ou titre déjà obtenu ;

3° Dont une partie a été obtenue par la validation des acquis de l'expérience ;

4° Dont la préparation a été commencée sous un autre statut.

Dans ces cas, le nombre d'heures de formation dispensées dans les centres de formation d'apprentis ne peut être inférieur à celui fixé dans les conditions prévues à l'article L. 6233-8 calculé en proportion de la durée du contrat *(L. n° 2014-288 du 5 mars 2014, art. 14-III)* « ou de la période d'apprentissage ». – *[Anc. art. L. 115-2, al. 4 à 9.]*

Art. L. 6222-10 Les modalités de prise en compte du niveau initial de compétence de l'apprenti permettant d'adapter la durée du contrat *(L. n° 2014-288 du 5 mars 2014, art. 14-III)* « ou de la période d'apprentissage » en application de l'article L. 6222-8 sont arrêtées par la région lorsque celle-ci est signataire de la convention de création d'un centre de formation d'apprentis. – *[Anc. art. L. 115-2, al. 10.]*

Art. L. 6222-11 En cas d'échec à l'examen, l'apprentissage peut être prolongé pour une durée d'un an au plus :

1° Soit par prorogation du contrat initial *(L. n° 2014-288 du 5 mars 2014, art. 14-III)* « ou de la période d'apprentissage » ;

2° Soit par conclusion d'un nouveau contrat avec un autre employeur dans des conditions fixées par décret. – *[Anc. art. L. 117-9.]* – *V. art. R. 6227-1 (pén.).*

Art. L. 6222-12 Le contrat d'apprentissage fixe la date du début de l'apprentissage.

Sauf dérogation accordée dans des conditions déterminées par décret, cette date ne peut être antérieure de plus de trois mois, ni postérieure de plus de trois mois au début du cycle du centre de formation d'apprentis que suit l'apprenti.

En cas de dérogation ou de suspension du contrat pour une raison indépendante de la volonté de l'apprenti, la durée du contrat *(L. n° 2014-288 du 5 mars 2014, art. 14-III)* « ou de la période d'apprentissage » est prolongée jusqu'à l'expiration de ce cycle. – *[Anc. art. L. 117-13.]*

Il résulte de l'art. L. 117-13 [L. 6222-12 nouv.] que si la suspension du contrat d'apprentissage causée par un accident ou une maladie compromet la formation de l'apprenti, le contrat peut être prolongé jusqu'au terme du cycle suivant de formation : • Soc. 1er juill. 1998, n° 96-41.014 P : *D. 1999. Somm. 30, obs. Escande-Varniol* ; *JS UIMM 1999. 94 ; TPS 1998, n° 308.*

Art. L. 6222-12-1 *(L. n° 2011-893 du 28 juill. 2011)* Par dérogation à l'article L. 6222-12, un jeune âgé de seize à vingt-cinq ans, ou ayant au moins quinze ans et justifiant avoir accompli la scolarité du premier cycle de l'enseignement secondaire, peut, à sa demande, s'il n'a pas été engagé par un employeur, suivre en centre de formation d'apprentis ou en section d'apprentissage une formation visant à l'obtention d'une qualification professionnelle mentionnée à l'article L. 6211-1, dans la limite d'un an et des capacités d'accueil du centre ou de la section fixées par les conventions mentionnées aux articles L. 6232-1 et L. 6232-7.

Il bénéficie du statut de stagiaire de la formation professionnelle.

Lors des périodes réservées à la formation en entreprise, le centre de formation d'apprentis ou la section d'apprentissage organise à son intention des stages professionnalisants en entreprise.

Une même entreprise ne peut accueillir un jeune en stage plus d'une fois par an.

(L. n° 2014-288 du 5 mars 2014, art. 14-III) « A tout moment, le bénéficiaire du présent article peut signer un contrat d'apprentissage. Dans ce cas, la durée du contrat ou de la période d'apprentissage est réduite du nombre de mois écoulés depuis le début du cycle de formation. »

Art. L. 6222-13 Lorsqu'un salarié est titulaire d'un contrat de travail à durée indéterminée, ce contrat peut, par accord entre le salarié et l'employeur, être suspendu pendant la durée d'un contrat d'apprentissage conclu avec le même employeur.

La durée de la suspension du contrat de travail est égale à la durée de la formation nécessaire à l'obtention de la qualification professionnelle recherchée, prévue à l'article L. 6233-8. – *[Anc. art. L. 115-3.]*

Art. L. 6222-14 Un décret en Conseil d'État détermine les conditions d'application de la présente sous-section. – *[Anc. art. L. 115-2, al. 1er, phrase 2 milieu, et L. 119-4, al. 2.] – V. art. R. 6222-6.*

SOUS-SECTION 4 SUCCESSION DE CONTRATS

Art. L. 6222-15 Tout jeune travailleur peut souscrire des contrats d'apprentissage successifs pour préparer des diplômes ou titres sanctionnant des qualifications différentes.

Lorsque l'apprenti a déjà conclu deux contrats successifs de même niveau, il doit obtenir l'autorisation du directeur du dernier centre de formation d'apprentis qu'il a fréquenté pour conclure un troisième contrat d'apprentissage du même niveau.

Il n'est exigé aucune condition de délai entre deux contrats. – *[Anc. art. L. 115-2, al. 13 à 15.]*

Art. L. 6222-16 Si le contrat d'apprentissage est suivi de la signature d'un contrat de travail à durée indéterminée *(L. nº 2011-893 du 28 juill. 2011, art. 8)* « , d'un contrat à durée déterminée ou d'un contrat de travail temporaire » dans la même entreprise, aucune période d'essai ne peut être imposée, sauf dispositions conventionnelles contraires.

La durée du contrat d'apprentissage est prise en compte pour le calcul de la rémunération et l'ancienneté du salarié. – *[Anc. art. L. 117-10, al. 4.]*

Disposition conventionnelle. Aucune disposition conventionnelle ne peut faire obstacle à l'application de l'art. L. 6222-16 ; lorsqu'un contrat d'apprentissage est suivi d'un contrat à durée indéterminée dans la même entreprise, la durée du contrat d'apprentissage est prise en compte pour le calcul de la rémunération et de l'ancienneté du salarié. • Soc. 27 mars 2013 : *Dalloz actualité, 12 avr. 2013, obs. Fleuriot ; D. 2013. Actu. 924 ; JCP S 2013. 1215, obs. Flament.*

Art. L. 6222-17 Un décret en Conseil d'État détermine les mesures d'application de la présente sous-section. – *[Anc. art. L. 119-4, al. 2.] – V. art. R. 6222-6.*

SOUS-SECTION 5 RUPTURE DU CONTRAT

Art. L. 6222-18 Le contrat d'apprentissage peut être rompu par l'une ou l'autre des parties *(L. nº 2015-994 du 17 août 2015, art. 53-I)* « jusqu'à l'échéance des quarante-cinq premiers jours, consécutifs ou non, de formation pratique en entreprise effectuée par l'apprenti ».

Passé ce délai, la rupture du contrat *(L. nº 2014-288 du 5 mars 2014, art. 14-III)* « , pendant le cycle de formation, » ne peut intervenir que sur accord écrit signé des deux parties. A défaut, la rupture *(L. nº 2014-288 du 5 mars 2014, art. 14-III)* « du contrat conclu pour une durée limitée ou, pendant la période d'apprentissage, du contrat conclu pour une durée indéterminée, » ne peut être prononcée que par le conseil de prud'hommes *(L. nº 2014-288 du 5 mars 2014, art. 14-III)* « , statuant en la forme des référés, » en cas de faute grave ou de manquements répétés de l'une des parties à ses obligations ou en raison de l'inaptitude de l'apprenti à exercer le métier auquel il voulait se préparer.

(Ord. nº 2014-326 du 12 mars 2014, art. 114) « En cas de liquidation judiciaire sans maintien de l'activité ou lorsqu'il est mis fin au maintien de l'activité en application du dernier alinéa de l'article L. 641-10 du code de commerce et qu'il doit être mis fin au contrat d'apprentissage, le liquidateur notifie la rupture du contrat à l'apprenti. Cette rupture ouvre droit pour l'apprenti à des dommages et intérêts d'un montant au moins égal aux rémunérations qu'il aurait perçues jusqu'au terme du contrat. »

(L. nº 2014-288 du 5 mars 2014, art. 14-III) **« Les articles L. 1221-19 et L. 1242-10 sont applicables lorsque »** *(L. nº 2009-1437 du 24 nov. 2009)* **« , après la rupture d'un contrat d'apprentissage, un nouveau contrat est conclu entre l'apprenti et un nouvel employeur pour achever la formation ».**

Les dispositions issues de la L. nº 2015-994 du 17 août 2015 s'appliquent aux contrats d'apprentissage conclus après le 18 août 2015, date de publication de la loi (L. préc., art. 53-III).

1. Rupture unilatérale par l'employeur. La rupture par l'employeur d'un contrat d'apprentissage hors des cas prévus par l'art. L. 177-17 est sans effet ; l'employeur doit dès lors payer les salaires jusqu'au jour où le juge statue sur la résiliation. • Soc. 4 mai 1999, nº 97-40.049 P : *D. 1999. IR 147 ; Dr. soc. 1999. 1096, obs. Roy-Loustaunau ; RJS 1999. 513, nº 838 ; TPS 1999, nº 253* • 4 juill. 2006 : *RDT 2006. 239, obs. Lardy-Pélissier* .

2. Démission. La démission d'un apprenti intervenant après les deux premiers mois d'apprentissage ne met pas fin au contrat et seule une résiliation judiciaire est possible. • Soc. 23 sept. 2008 : *RDT 2008. 735, obs. Vigneau ; JCP S 2008. 1612, note Brissy.*

3. Rupture d'un commun accord. Doit être cassé l'arrêt qui retient que la rupture du contrat d'apprentissage résultait de l'accord exprès et bilatéral des cosignataires, alors qu'il relevait que l'imprimé destiné à constater l'accord des parties sur la rupture n'avait été signé que par l'employeur. • Soc. 5 févr. 1992, nº 88-44.370 P : *D. 1992. IR 89 ; JCP E 1992. II. 308, note Taquet ; CSB 1992. 117, S. 66 ; RJS 1992. 197, nº 326.* ♦ Lorsque la résiliation du contrat d'apprentissage intervient sur accord exprès des parties, elle doit être constatée par écrit signé par l'employeur, par l'apprenti ainsi que, s'il est mineur, par son représentant légal. • Soc. 1er févr. 2005 : *Dr. soc. 2005. 682, obs. Roy-Loustaunau ; RJS 2005. 297, nº 424.*

4. Résiliation judiciaire. Quel que soit le bien-fondé des motifs invoqués, l'employeur ne peut rompre unilatéralement le contrat d'apprentissage avant que le conseil de prud'hommes ne se soit prononcé sur sa demande de résiliation. • Soc. 22 avr. 1997 : *D. 1998. 91, note Karaquillo* . ♦ Le contrat d'apprentissage ne pouvant, après les deux premiers mois, être rompu que par le juge prud'homal, un apprenti ne saurait être condamné à dommages-intérêts pour procédure abusive au motif que, par suite de ses manquements, il aurait contraint son employeur à engager des frais pour sa défense. • Soc. 7 mai 1996, nº 93-40.926 P : *RJS 1996. 441, nº 697.* ♦ En cas de rupture provoquée par le comportement de l'employeur, le juge est seul compétent pour prononcer la résiliation du contrat d'apprentissage, il doit vérifier la réalité du motif de rupture invoqué et sanctionner l'inexécution ou la mauvaise exécution du contrat après en avoir constaté le fait générateur. • Soc. 2 févr. 2005 : *Dr. soc. 2005. 683, obs. Roy-Loustaunau ; RJS 2005. 298, nº 425.* ♦ Le juge des référés n'est pas compétent pour prononcer la résiliation d'un contrat d'apprentissage. • Soc. 28 juin 1989 : *JCP 1989. IV. 330.*

5. Entreprises en redressement ou liquidation judiciaires. Selon les dispositions combinées des art. L. 117-17 et L. 143-11-1 C. trav., ainsi que des art. 148-4 et 153 de la loi du 25 janv. 1985, en cas de liquidation judiciaire de l'employeur, le liquidateur, qui met fin au contrat d'apprentissage dans les 15 jours du jugement de liquidation ou pendant la période de maintien provisoire de l'activité de l'entreprise, agit en exécution du jugement de liquidation et n'a pas à demander au Conseil de prud'hommes la résiliation du contrat. • Soc. 23 mai 2000, nº 97-40.631 P : *RJS 2000. 577, nº 838.* ♦ Dans cette hypothèse, l'apprenti a droit à une indemnité égale aux rémunérations qu'il aurait perçues jusqu'au terme de son contrat, l'AGS ne peut donc être mise hors de cause au motif que le liquidateur n'a pas respecté la procédure de résiliation du contrat d'apprentissage. • Soc. 23 mai 2000, nº 97-45.187 P : *D. 2000. IR 179 ; Dr. soc. 2000. 910, obs. Vatinet ; RJS 2000. 577, nº 838.*

6. Faute de l'apprenti. Un employeur ne peut être condamné pour rupture anticipée du contrat, alors que l'apprenti a refusé de lui obéir, l'a injurié et lui a porté un coup de poing. • Soc. 24 nov. 1966 : *Bull. civ. IV, nº 887.* ♦ ... Ou a refusé de terminer sa période de stage. • Soc. 22 mai 1984 : *Bull. civ. V, nº 210.* ♦ En revanche, ne caractérise pas la faute grave le fait d'avoir agi avec désinvolture en ne tenant pas son employeur informé de ses prolongations successives d'arrêts de travail. • Soc. 23 mars 1989 : *Bull. civ. V, nº 245 ; D. 1989. IR 129.*

7. Mise à pied conservatoire. La gravité des fautes commises par l'apprenti peut justifier une mise à pied conservatoire dans l'attente de la décision judiciaire à venir. • Soc. 30 mars 1994, nº 90-43.809 P : *D. 1994. IR 127 ; Dr. soc. 1994. 557 ; RJS 1994. 448, nº 740.* ♦ L'apprenti, mis à pied conservatoire dans l'attente de l'issue de la procédure judiciaire intentée par l'employeur en vue de la résiliation de son contrat d'apprentissage, a droit au paiement de ses salaires durant cette période si la résiliation n'est pas prononcée à ses torts. • Soc. 26 mars 2002, nº 00-41.218 P : *Dr. soc. 2002. 768, obs. Roy-Loustaunau ; RJS 2002. 663, nº 864.*

8. Faute de l'employeur. L'employeur est responsable de la rupture prématurée du contrat d'apprentissage lorsque les tâches confiées à l'apprenti excédaient ses capacités. • Soc. 8 nov.

1984 : *Bull. civ. V, n° 422.* ♦ ... Ou en cas de voies de fait exercées sur l'apprenti par le maître d'apprentissage. • Soc. 28 avr. 1994, n° 90-45.472 P : *Dr. soc. 1994. 798* . ♦ ... Ou par une personne à laquelle le maître d'apprentissage avait délégué ses pouvoirs. • Soc. 5 févr. 1992, n° 88-40.597 P : *D. 1992. IR 89* ; *CSB 1992. 81, S. 44 ; RJS 1992. 197, n° 325.*

9. Non-respect des obligations. N'est pas abusive la rupture par l'apprenti de son contrat, alors qu'il n'était pas initié au métier qu'il souhaitait apprendre et qu'il n'était pas rémunéré pour la tâche accomplie. • Soc. 5 déc. 1963 : *Bull. civ. IV, n° 852.* ♦ L'inexécution du contrat d'apprentissage du fait de l'employeur entraîne nécessairement un préjudice pour l'apprenti. • Soc. 6 mai 1998, n° 95-40.913 P : *RJS 1998. 490, n° 771 ; JCP E 1999. 74, obs. Alliot ; TPS 1998. 8, n° 227.*

10. Inaptitude de l'apprenti. L'inaptitude de l'apprenti à exercer le métier auquel il se prépare est caractérisée par l'impossibilité de continuer sa formation théorique à la suite de son échec à l'examen de première année avec interdiction de redoubler. • Soc. 5 mai 1999 : *RJS 1999. 514, n° 839 ; JS Lamy 1999, n° 38-43.*

11. Inaptitude de l'employeur. L'art. L. 117-17 [L. 6222-18 nouv.] ne s'applique pas à une rupture justifiée par la maladie du gérant, seule personne capable d'assurer la formation de l'apprenti, cette circonstance rendant impossible la continuation de l'exécution du contrat. • Soc. 6 mars 1985 : *Bull. civ. V, n° 142.* ♦ Il en est de même si l'employeur devient inapte à la pratique de son métier à la suite d'un accident du travail. • Soc. 16 juill. 1987 : *Bull. civ. V, n° 476.*

12. Délai de deux mois. Le délai de 2 mois pendant lequel le contrat peut être résilié par l'une ou l'autre des parties est suspendu pendant les périodes d'absence pour maladie de l'apprenti. • Soc. 16 mars 2004, n° 01-44.456 P : *Dr. soc. 2004. 661, obs. Radé* ; *D. 2004. 2186, obs. Paulin* ; *RJS 2004. 392, n° 584.* ♦ La résiliation unilatérale du contrat d'apprentissage par l'une ou l'autre des parties durant les deux premiers mois de l'apprentissage est autorisée, que le contrat soit ou non déjà enregistré à cette date. • Soc. 30 sept. 2009 : *R., p. 335 ; D. 2009. AJ 2492, obs. Maillard* ; *RJS 2009. 840, n° 967.* ♦ L'employeur doit pouvoir justifier avoir porté par écrit à la connaissance de l'apprenti, dans le délai des deux premiers mois du contrat d'apprentissage, sa décision de rompre unilatéralement le contrat. • Soc. 29 sept. 2014 : *D. 2014. Actu. 2004* ; *RJS 2014. 753, n° 881.*

13. Réparation du préjudice subi. Le juge qui prononce la résiliation du contrat d'apprentissage aux torts de l'employeur doit le condamner à payer une indemnité réparant le préjudice subi par l'apprenti du fait de la rupture anticipée du contrat. • Soc. 4 mai 1999 : *préc. note 1.*

Art. L. 6222-19 **En cas d'obtention du diplôme ou du titre préparé, le contrat d'apprentissage peut prendre fin, à l'initiative de l'apprenti, avant le terme fixé initialement, à condition d'en avoir informé l'employeur.** – *[Anc. art. L. 115-2, al. 12 début.]*

Art. L. 6222-20 (Abrogé par L. n° 2013-595 du 8 juill. 2013, art. 56) ***Lorsque le contrat d'apprentissage est conclu dans le cadre de la formation d'apprenti junior mentionnée à l'article L. 337-3 du code de l'éducation, il peut être rompu, dans les conditions prévues au troisième alinéa du même article, par l'apprenti qui demande à reprendre sa scolarité.*** – [Anc. art. L. 117-17, al. 2.]

Art. L. 6222-21 **La rupture pendant les deux premiers mois d'apprentissage** *(Abrogé par L. n° 2013-595 du 8 juill. 2013, art. 56)* ***« ou en application de l'article L. 6222-20 »*** **ne peut donner lieu à indemnité à moins d'une stipulation contraire dans le contrat.** – *[Anc. art. L. 117-17, al. 4.]*

Art. L. 6222-22 **Un décret en Conseil d'État détermine les mesures d'application de la présente sous-section.** – *[Anc. art. L. 119-4, al. 2, L. 117-17, al. 1, phrase 2 fin.]*

SOUS-SECTION 6 CONTRAT D'APPRENTISSAGE PRÉPARANT AU BACCALAURÉAT PROFESSIONNEL

(L. n° 2011-893 du 28 juill. 2011)

Art. L. 6222-22-1 **Un apprenti engagé dans la préparation d'un baccalauréat professionnel peut, à sa demande ou à celle de son employeur, au terme de la première année du contrat, poursuivre sa formation en vue d'obtenir un certificat d'aptitude professionnelle, un certificat d'aptitude professionnelle agricole ou un brevet professionnel agricole.**

Lorsque la spécialité du certificat d'aptitude professionnelle, du certificat d'aptitude professionnelle agricole ou du brevet professionnel agricole appartient au même domaine professionnel que celle du baccalauréat professionnel initialement visée, la

durée du contrat *(L. n° 2014-288 du 5 mars 2014, art. 14-III)* « ou de la période d'apprentissage » est réduite d'une année.

Un avenant au contrat d'apprentissage précisant le diplôme préparé et la durée du contrat *(L. n° 2014-288 du 5 mars 2014, art. 14-III)* « ou de la période d'apprentissage » correspondante est signé entre l'apprenti, ou son représentant légal, et l'employeur.

Il est enregistré dans les conditions fixées au chapitre IV du présent titre.

SECTION II **CONDITIONS DE TRAVAIL DE L'APPRENTI**

BIBL. GÉN. ▶ Paillisser, *Sem. soc. Lamy 1996, n° 798, suppl.*

SOUS-SECTION 1 **GARANTIES**

Art. L. 6222-23 L'apprenti bénéficie des dispositions applicables à l'ensemble des salariés dans la mesure où elles ne sont pas contraires à celles qui sont liées à sa situation de jeune travailleur en formation. – *[Anc. art. L. 117 bis-1, phrase 2.]*

Les apprentis, en tant que tels, ne peuvent être exclus par une disposition générale du champ d'application d'une convention collective, d'un accord collectif, d'un usage ou d'un engagement unilatéral de l'employeur ; les seules dispositions dont les apprentis ne peuvent réclamer le bénéfice sont celles qui réservent spécifiquement un avantage déterminé à une catégorie particulière de salariés pour lequel ils ne remplissent pas les conditions objectives d'attribution. • Soc. 12 juill. 1999, n° 97-43.400 P : *D. 2000. Somm. 82, obs. Escande-Varniol ; RJS 1999. 784, n° 1270 ; Dr. soc. 1999. 949, obs. J. Savatier ; JS UIMM 1999. 375 ; Dr. ouvrier 2000. 23, note De Senga* (droit au bénéfice d'une prime de vacances profitant à l'ensemble des salariés).

SOUS-SECTION 2 **DURÉE DU TRAVAIL**

Art. L. 6222-24 Le temps consacré par l'apprenti à la formation dispensée dans les centres de formation d'apprentis est compris dans l'horaire de travail, sauf lorsqu'il s'agit de modules complémentaires au cycle de formation, librement choisis par l'apprenti et acceptés par le centre de formation d'apprentis.

Pour le temps restant, et dans la limite de l'horaire de travail applicable dans l'entreprise, l'apprenti accomplit le travail qui lui est confié par l'employeur. Ce travail doit être en relation directe avec la formation professionnelle prévue au contrat. – *[Anc. art. L. 117 bis-2.] – V. art. R. 6227-1 (pén.).*

Art. L. 6222-25 L'apprenti de moins de dix-huit ans ne peut être employé à un travail effectif excédant ni huit heures par jour ni la durée légale hebdomadaire fixée par l'article *(L. n° 2016-1088 du 8 août 2016, art. 8)* « L. 3121-27 ».

Toutefois, à titre exceptionnel, des dérogations peuvent être accordées, dans la limite de cinq heures par semaine, par l'inspecteur du travail, après avis conforme du médecin du travail. – *[Anc. art. L. 117 bis-3.]*

En application de l'art. L. 231-5 CRPA, et par exception à l'application du délai de deux mois prévu à l'art. L. 231-1 du même code, le délai à l'expiration duquel le silence gardé par l'administration vaut décision d'acceptation est fixé à trente jours pour une demande de dérogation aux durées quotidienne et hebdomadaire maximales de travail effectif des apprentis de moins de 18 ans (Décr. n° 2014-1290 du 23 oct. 2014, art. 1er).

Art. L. 6222-26 Le travail de nuit défini à l'article L. 3163-1 est interdit pour l'apprenti de moins de dix-huit ans.

Toutefois, des dérogations peuvent être accordées dans les conditions prévues à l'article L. 3163-2 pour les établissements mentionnés à ce même article. – *[Anc. art. L. 117 bis-4.] – V. art. R. 6227-3 (pén.).*

En application de l'art. L. 231-5 CRPA, et par exception à l'application du délai de deux mois prévu à l'art. L. 231-1 du même code, le délai à l'expiration duquel le silence gardé par l'administration vaut décision d'acceptation est fixé à trente jours pour une demande de dérogation à l'interdiction du travail de nuit pour les apprentis de moins de 18 ans (Décr. n° 2014-1290 du 23 oct. 2014, art. 1er).

SOUS-SECTION 3 SALAIRE

Art. L. 6222-27 Sous réserve de dispositions contractuelles ou conventionnelles plus favorables, l'apprenti perçoit un salaire déterminé en pourcentage du salaire minimum de croissance et dont le montant varie en fonction de l'âge du bénéficiaire et de sa progression dans le ou les cycles de formation faisant l'objet de l'apprentissage. – *[Anc. art. L. 117-10, al. 1er début.]*

1. Apprenti à disposition. C'est à tort qu'a été rejetée la demande en paiement des salaires d'un apprenti formée contre un employeur qui, après avoir engagé un apprenti, a fermé son entreprise, alors que l'apprenti était resté à sa disposition. • Soc. 17 juin 1960 : *Bull. civ. IV, n° 647.*

2. Augmentation du salaire. Le salaire minimum d'un apprenti variant en fonction du salaire minimum de croissance, l'augmentation de celui-ci au cours d'un semestre doit s'appliquer au salaire mensuel pour la période restant à courir. • Soc. 12 mars 1987 : *Bull. civ. V, n° 138.*

3. Garantie par l'AGS. En cas de procédure de redressement ou de liquidation judiciaires, les sommes dues à l'apprenti en exécution du contrat d'apprentissage bénéficient de la garantie de l'AGS. • Soc. 6 juin 2000, ☎ n° 98-42.083 P : *RJS 2000. 562, n° 812.*

Art. L. 6222-28 Les modalités de rémunération des heures supplémentaires sont celles applicables aux salariés de l'entreprise. – *[Anc. art. L. 117-10, al. 2.]*

La majoration pour heures supplémentaires doit être calculée sur la base du salaire de l'intéressé déterminé en pourcentage du SMIC, compte tenu de son âge et du taux fixé réglementairement. • Soc. 30 mars 1993 : ☎ *RJS 1993. 371, n° 640 ; CSB 1993. 129, B. 63.*

Art. L. 6222-29 Un décret détermine le montant du salaire prévu à l'article L. 6222-27 et les conditions dans lesquelles les avantages en nature peuvent être déduits du salaire. – *[Anc. art. L. 117-10, al. 1er milieu et al. 3.]*

SOUS-SECTION 4 SANTÉ ET SÉCURITÉ

Art. L. 6222-30 Il est interdit d'employer l'apprenti à des travaux dangereux pour sa santé ou sa sécurité. – *[Anc. art. L. 234-5.] – V. art. R. 6227-5 (pén.).*

Art. L. 6222-31 *(L. n° 2009-1437 du 24 nov. 2009)* Pour certaines formations professionnelles limitativement énumérées par décret et dans des conditions fixées par ce décret, l'apprenti peut accomplir tous les travaux que peut nécessiter sa formation, sous la responsabilité de l'employeur.

L'employeur adresse à cette fin une déclaration à la *(Décr. n° 2009-1377 du 10 nov. 2009, art. 11-II)* « direction régionale des entreprises, de la concurrence, de la consommation, du travail et de l'emploi ».

Ces dispositions s'appliquent sans préjudice des pouvoirs de contrôle en cours d'exécution du contrat de travail par l'inspection du travail.

Art. L. 6222-32 Lorsque l'apprenti fréquente le centre de formation, il continue à bénéficier du régime de sécurité sociale sur les accidents du travail et les maladies professionnelles dont il relève en tant que salarié. – *[Anc. art. L. 117 bis-7.]*

SOUS-SECTION 5 DISPOSITIONS D'APPLICATION

Art. L. 6222-33 Les mesures d'application de la présente section sont déterminées par décret en Conseil d'État, notamment les conditions dans lesquelles l'apprenti peut accomplir des travaux dangereux ainsi que les formations spécifiques à la sécurité que doit dispenser le centre de formation d'apprentis. – *[Anc. art. L. 119-4, al. 2, et L. 117 bis-6, phrases 1 début et 2.] – V. art. R. 6222-41.*

SECTION III PRÉSENTATION ET PRÉPARATION AUX EXAMENS

Art. L. 6222-34 L'apprenti est tenu de se présenter aux épreuves du diplôme ou du titre prévu par le contrat d'apprentissage. – *[Anc. art. L. 117 bis-5, al. 1, phrase 1.] – V. art. R. 6227-6 (pén.).*

Art. L. 6222-35 *(L. nº 2009-1437 du 24 nov. 2009)* « Pour la préparation directe des épreuves, l'apprenti a droit à un congé supplémentaire de cinq jours ouvrables. Il doit suivre les enseignements spécialement dispensés dans le centre de formation d'apprentis dès lors que la convention mentionnée à l'article L. 6232-1 en prévoit l'organisation. »

Ce congé, qui donne droit au maintien du salaire, est situé dans le mois qui précède les épreuves. Il s'ajoute au congé payé prévu à l'article L. 3141-1 et au congé annuel pour les salariés de moins de vingt et un ans prévu à l'article L. 3164-9, ainsi qu'à la durée de formation en centre de formation d'apprentis fixée par le contrat. – *V. art. R. 6227-7 (pén.).*

Art. L. 6222-36 Un décret en Conseil d'État détermine les mesures d'application de la présente section. – *[Anc. art. L. 119-4, al. 2, et L. 117 bis-5, al. 2.] – V. art. R. 6222-41.*

SECTION III *BIS* CARTE D'ÉTUDIANT DES MÉTIERS

(L. nº 2011-893 du 28 juill. 2011, art. 1er)

Art. L. 6222-36-1 Une carte portant la mention : "Étudiant des métiers" est délivrée à l'apprenti par l'organisme qui assure sa formation. Cette carte permet à l'apprenti de faire valoir sur l'ensemble du territoire national la spécificité de son statut auprès des tiers, notamment en vue d'accéder à des réductions tarifaires identiques à celles dont bénéficient les étudiants de l'enseignement supérieur.

La carte d'étudiant des métiers est établie conformément à un modèle déterminé par voie réglementaire. – *V. Arr. du 30 déc. 2011 (JO 31 déc.).*

SECTION IV AMÉNAGEMENTS EN FAVEUR DES PERSONNES HANDICAPÉES

Art. L. 6222-37 En ce qui concerne les personnes handicapées, des aménagements sont apportés aux dispositions des articles :

1° L. 6222-1 à L. 6222-3, relatifs aux conditions de formation du contrat d'apprentissage ;

2° L. 6222-7 à L. 6222-10, relatifs à la durée du contrat ;

3° L. 6222-15, relatif à la succession de contrats d'apprentissage ;

4° L. 6222-19, relatif à la rupture du contrat avant le terme fixé en cas d'obtention du diplôme ou du titre préparé ;

5° L. 6223-3 et L. 6223-4, relatifs aux obligations de l'employeur en matière de formation ;

(L. nº 2014-288 du 5 mars 2014, art. 14-III) « 6° Et du second alinéa de l'article L. 6222-24, relatif à la durée du temps de travail dans l'entreprise. »

Art. L. 6222-38 Un décret en Conseil d'État détermine les aménagements prévus à l'article L. 6222-37 pour les personnes handicapées ainsi que les conditions et les modalités d'octroi aux chefs d'entreprise formant des apprentis handicapés de primes destinées à compenser les dépenses supplémentaires ou le manque à gagner pouvant en résulter. – *[Anc. art. L. 119-5, phrase 2.] – V. art. R. 6222-45 s.*

SECTION V MÉDIATEUR CONSULAIRE

Art. L. 6222-39 Dans les entreprises ressortissant des chambres consulaires, un médiateur désigné par celles-ci peut être sollicité par les parties pour résoudre les différends entre les employeurs et les apprentis ou leur famille, au sujet de l'exécution ou de la rupture du contrat d'apprentissage. – *[Anc. art. L. 117-17, al. 3.]*

A titre expérimental, pour une durée de 2 ans à compter du 29 juill. 2011 et dans les départements définis par arrêté du ministre chargé de l'apprentissage, la mission des médiateurs prévus à l'art. L. 6222-39 C. trav. est étendue à l'accompagnement de l'entreprise ou de l'apprenti dans la mise en œuvre de la réglementation relative à l'apprentissage par les entreprises artisanales et industrielles, commerciales et de services qui accueillent un ou plusieurs apprentis (L. nº 2011-893 du 28 juill. 2011, art. 12).

SECTION VI AMÉNAGEMENTS EN FAVEUR DES SPORTIFS DE HAUT NIVEAU

(L. n° 2015-1541 du 27 nov. 2015, art. 10)

Art. L. 6222-40 En ce qui concerne les sportifs de haut niveau, des aménagements sont apportés :

1° Aux articles L. 6222-7 à L. 6222-10, relatifs à la durée du contrat ;

2° Et au second alinéa de l'article L. 6222-24, relatif à la durée du temps de travail dans l'entreprise.

Art. L. 6222-41 Un décret en Conseil d'État détermine les aménagements prévus à l'article L. 6222-40 pour les sportifs de haut niveau.

CHAPITRE III OBLIGATIONS DE L'EMPLOYEUR

SECTION PREMIÈRE ORGANISATION DE L'APPRENTISSAGE

Art. L. 6223-1 Toute entreprise peut engager un apprenti si l'employeur déclare à l'autorité administrative prendre les mesures nécessaires à l'organisation de l'apprentissage et s'il garantit que l'équipement de l'entreprise, les techniques utilisées, les conditions de travail, de santé et de sécurité, les compétences professionnelles et pédagogiques ainsi que la moralité des personnes qui sont responsables de la formation sont de nature à permettre une formation satisfaisante.

Cette déclaration devient caduque si l'entreprise n'a pas conclu de contrat d'apprentissage dans la période de cinq ans écoulée à compter de sa notification. – *[Anc. art. L. 117-5, al. 1er et 3.] – V. art. R. 6227-8 (pén.).*

Lorsque le contrat d'apprentissage est nul en raison du défaut d'agrément de l'employeur (régime antérieur à la loi du 20 déc. 1993), l'apprenti a droit à une rémunération calculée sur le salaire minimum conventionnel avec application des abattements d'âge. • Soc. 1er avr. 1992, n° 88-40.438 P : *D. 1993. Somm. 256, obs. Escande-Varniol ; CSB 1992. 147, S. 84.*

SECTION II ENGAGEMENTS DANS LE CADRE DE LA FORMATION

Art. L. 6223-2 L'employeur inscrit l'apprenti dans un centre de formation d'apprentis assurant l'enseignement correspondant à la formation prévue au contrat.

Le choix du centre de formation d'apprentis est précisé par le contrat d'apprentissage. – *[Anc. art. L. 117-6.] – V. art. R. 6227-1 (pén.).*

L'employeur qui, en violation de ses engagements, n'inscrit pas l'apprenti dans un centre de formation professionnelle engage sa responsabilité à l'égard des parents privés du bénéfice des allocations familiales. • Soc. 19 déc. 1972 : *Bull. civ. V, n° 706.*

Art. L. 6223-3 L'employeur assure dans l'entreprise la formation pratique de l'apprenti.

Il lui confie notamment des tâches ou des postes permettant d'exécuter des opérations ou travaux conformes à une progression annuelle définie par accord entre le centre de formation d'apprentis et les représentants des entreprises qui inscrivent des apprentis dans celui-ci. – *[Anc. art. L. 117-7, al. 1.] – V. art. R. 6227-1 (pén.).*

Art. L. 6223-4 L'employeur s'engage à faire suivre à l'apprenti la formation dispensée par le centre et à prendre part aux activités destinées à coordonner celle-ci et la formation en entreprise.

Il veille à l'inscription et à la participation de l'apprenti aux épreuves du diplôme ou du titre sanctionnant la qualification professionnelle prévue par le contrat. – *[Anc. art. L. 117-7, al. 2.] – V. art. R. 6227-1 (pén.).*

SECTION III MAÎTRE D'APPRENTISSAGE

Art. L. 6223-5 La personne directement responsable de la formation de l'apprenti et assumant la fonction de tuteur est dénommée maître d'apprentissage.

Le maître d'apprentissage a pour mission de contribuer à l'acquisition par l'apprenti dans l'entreprise des compétences correspondant à la qualification recherchée et au titre ou diplôme préparés, en liaison avec le centre de formation d'apprentis.

(L. nº 2016-1088 du 8 août 2016, art. 91) **« Lorsque l'apprenti est recruté par un groupement d'employeurs mentionné aux articles L. 1253-1 à L. 1253-23, les dispositions relatives au maître d'apprentissage sont appréciées au niveau de l'entreprise utilisatrice membre de ce groupement. »** – *V. art. R. 6227-1 (pén.).*

BIBL. ▶ Petit, *Dr. soc. 2006. 1136* (accompagnement dans l'emploi).

Art. L. 6223-6 **La fonction tutorale peut être partagée entre plusieurs salariés.** – *[Anc. art. L. 117-4, al. 3 début.] – V. art. R. 6227-1 (pén.).*

Art. L. 6223-7 **L'employeur permet au maître d'apprentissage de dégager sur son temps de travail les disponibilités nécessaires à l'accompagnement de l'apprenti et aux relations avec le centre de formation d'apprentis.** – *[Anc. art. L. 117-4, al. 4.] – V. art. R. 6227-1 (pén.).*

Art. L. 6223-8 **L'employeur veille à ce que le maître d'apprentissage bénéficie de formations lui permettant d'exercer correctement sa mission et de suivre l'évolution du contenu des formations dispensées à l'apprenti et des diplômes qui les valident.** – *V. art. R. 6227-1 (pén.).*

(L. nº 2014-288 du 5 mars 2014, art. 14-III) **« Un accord collectif d'entreprise ou de branche peut définir les modalités de mise en œuvre et de prise en charge de ces formations. »**

SECTION IV DISPOSITIONS D'APPLICATION

Art. L. 6223-9 **Un décret en Conseil d'État détermine les mesures d'application du présent chapitre.** – *[Anc. art. L. 119-4, al. 2.] – V. art. R. 6223-1 s.*

CHAPITRE IV ENREGISTREMENT DU CONTRAT

Art. L. 6224-1 *(L. nº 2008-776 du 4 août 2008, art. 50)* **Le contrat d'apprentissage** *(Abrogé par L. nº 2014-288 du 5 mars 2014, art. 14-III)* **«** ***, revêtu de la signature de l'employeur et de l'apprenti ou de son représentant légal,*** **» est adressé pour enregistrement à une chambre consulaire dans des conditions fixées par décret en Conseil d'État.**

1. Enregistrement. L'existence d'un contrat d'apprentissage est subordonnée à son enregistrement et son exécution ne peut se poursuivre au-delà du terme fixé par le service ayant procédé à cette formalité substantielle. • Soc. 18 févr. 1988 : *Bull. civ. V, nº 113.*

2. Lorsque le contrat d'apprentissage est nul pour défaut d'enregistrement, il ne peut recevoir exécution et ne peut être requalifié ; le jeune travailleur peut prétendre au paiement des salaires sur la base du SMIC ou du salaire minimum conventionnel pour la période où le contrat a cependant été exécuté ainsi qu'à l'indemnisation du préjudice résultant de la rupture. • Soc. 28 mai 2008 : *RDT 2008. 596, obs. Lardy-Pélissier ; RJS 2008. 729, nº 919 ; JCP S 2008. 1535, obs. Puigelier.* ♦ V. en faveur d'une irrégularité : Faute d'être enregistré, le contrat est irrégulier en la forme ; l'employeur doit verser à l'apprenti le SMIC minoré et calculer sur cette masse les cotisations de sécurité sociale. • Soc. 21 oct. 1976 : *Bull. civ. V, nº 513* • 26 mai 1982 : *ibid., nº 356* • 12 juill. 1994 : *ibid., 231 ; D. 1995. 311, note Roy-Loustaunau ; CSB 1994. 231, A. 45* (versement de rappels de salaires et d'indemnités de rupture).

Art. L. 6224-2 **L'enregistrement du contrat d'apprentissage est refusé si le contrat ne satisfait pas toutes les conditions prévues par les articles :**

1º L. 6221-1, relatif à la définition et au régime juridique du contrat ;

2º L. 6222-1 à L. 6222-3, relatifs aux conditions de formation du contrat ;

3º L. 6222-4, relatif à la conclusion du contrat ;

4º L. 6222-11 et L. 6222-12, relatifs à la durée du contrat ;

5º L. 6222-16, relatif au contrat d'apprentissage suivi d'un contrat de travail à durée indéterminée ;

6º L. 6222-27 à L. 6222-29, relatifs au salaire ;

7º L. 6223-1 à L. 6223-8, relatifs aux obligations de l'employeur en matière d'organisation de l'apprentissage et de formation ;

8º L. 6225-1, relatif à l'opposition à l'engagement d'apprentis ;

9º L. 6225-4 à L. 6225-7, relatifs à la suspension de l'exécution du contrat et à l'interdiction de recruter de nouveaux apprentis. – *[Anc. art. L. 117-14, al. 1, phrase 2.]*

Refus d'enregistrement. Le refus d'enregistrement peut être motivé par le fait que l'employeur ne présente pas les garanties suffisantes pour assurer à l'apprenti une formation satisfaisante ; tel est le cas lorsque, pour des contrats d'apprentissage antérieurs, l'employeur n'a pas respecté les congés, a refusé de prendre en compte les heures de cours au CFA comme temps d'exécution du contrat et n'a pas versé de rémunération. • Soc. 1er juin 1999, n° 97-40.914 P : *D. 1999. IR 175 ; RJS 1999. 583, n° 951 ; JS Lamy 1999, n° 40-30 ; Liaisons soc. 1999, n° 644-5 ; TPS 1999, n° 299.*

Art. L. 6224-3 Sous réserve des dispositions de l'article L. 6224-7, le refus d'enregistrement du contrat d'apprentissage fait obstacle à ce que le contrat reçoive ou continue de recevoir exécution. – *[Anc. art. L. 117-14, al. 1, phrase 3.]*

Art. L. 6224-4 L'enregistrement du contrat d'apprentissage ne donne lieu à aucun *[aucuns]* frais. – *[Anc. art. L. 117-14, al. 2.]*

Art. L. 6224-5 *(Abrogé par L. n° 2011-893 du 28 juill. 2011)* ***La mission d'enregistrement confiée aux chambres consulaires est assurée sans préjudice du contrôle de la validité de l'enregistrement par l'autorité administrative.*** – [Anc. art. L. 117-14, al. 3.]

Art. L. 6224-6 Lorsque l'apprenti mineur est employé par un ascendant, la déclaration prévue à l'article L. 6222-5 est enregistrée dans les conditions fixées au présent chapitre. – *[Anc. art. L. 117-15, al. 1er début.]*

Art. L. 6224-7 Les litiges relatifs à l'enregistrement du contrat d'apprentissage ou de la déclaration qui en tient lieu sont portés devant le conseil de prud'hommes. – *[Anc. art. L. 117-16.]*

Le conseil de prud'hommes est seul compétent pour statuer sur la validité du contrat d'apprentissage dont l'enregistrement a été refusé par le directeur départemental du travail. • T. confl. 7 juin 1982 : *Dr. soc. 1982. 776, concl. Labetoulle.*

Art. L. 6224-8 Un décret en Conseil d'État détermine les mesures d'application du présent chapitre. – *[Anc. art. L. 119-4, al. 2.]* – *V. art. R. 6224-1 s.*

CHAPITRE V **PROCÉDURES D'OPPOSITION, DE SUSPENSION ET D'INTERDICTION DE RECRUTEMENT**

SECTION PREMIÈRE **OPPOSITION À L'ENGAGEMENT D'APPRENTIS**

Art. L. 6225-1 L'autorité administrative peut s'opposer à l'engagement d'apprentis par une entreprise lorsqu'il est établi par les autorités chargées du contrôle de l'exécution du contrat d'apprentissage que l'employeur méconnaît les obligations mises à sa charge, soit par le présent livre, soit par les autres dispositions du présent code applicables aux jeunes travailleurs ou aux apprentis, soit par le contrat d'apprentissage. – *[Anc. art. L. 117-5, al. 4.]* – *V. art. R. 6227-9 (pén.).*

Art. L. 6225-2 En cas d'opposition à l'engagement d'apprentis, l'autorité administrative décide si les contrats en cours peuvent *(L. n° 2014-288 du 5 mars 2014, art. 14-III)* « continuer à être exécutés ».

Il en va de même en cas de transfert des contrats de travail dans le cas prévu à l'article L. 1224-1, en l'absence de déclaration par l'employeur de la nouvelle entreprise. – *[Anc. art. L. 117-18, al. 1er.]*

Transfert d'entreprise. Le contrat d'apprentissage est soumis à l'art. L. 122-12, al. 2 [L. 1242-2 nouv.], relatif à la modification de la situation juridique de l'employeur. • Soc. 4 mars 1982 : *Bull. civ. V, n° 146 ; D. 1982. IR 312* • 31 oct. 1989 : *Bull. civ. V, n° 621* • 23 oct. 1996 : *D. 1996. IR 253*. ♦ L'absence d'agrément du nouvel employeur au moment de la modification ou le retard apporté à l'octroi de cet agrément n'entraîne pas la caducité du contrat d'apprentissage. • Mêmes arrêts (régime antérieur à la loi du 20 déc. 1993). ♦ La convention constatant la rupture du contrat d'apprentissage conclue postérieurement à la cession est inopposable au cessionnaire. • Soc. 28 mars 1996, n° 93-40.716 P : *RJS 1996. 368, n° 582.*

Art. L. 6225-3 Lorsque l'autorité administrative décide que les contrats en cours ne peuvent *(L. n° 2014-288 du 5 mars 2014, art. 14-III)* « continuer à être exécutés », la décision entraîne la rupture des contrats à la date de notification de ce refus aux parties en cause.

L'employeur verse aux apprentis les sommes dont il aurait été redevable si le contrat s'était poursuivi jusqu'à son terme *(L. n° 2014-288 du 5 mars 2014, art. 14-III)* « ou jusqu'au terme de la période d'apprentissage ». — *[Anc. art. L. 117-18, al. 2.]*

SECTION II **SUSPENSION DE L'EXÉCUTION DU CONTRAT ET INTERDICTION DE RECRUTEMENT**

Art. L. 6225-4 En cas de risque sérieux d'atteinte à la santé ou à l'intégrité physique ou morale de l'apprenti, l'*(L. n° 2016-1088 du 8 août 2016, art. 113)* « agent de contrôle de l'inspection du travail mentionné à l'article L. 8112-1 » ou le fonctionnaire de contrôle assimilé propose au *(L. n° 2011-525 du 17 mai 2011, art. 170)* « directeur régional des entreprises, de la concurrence, de la consommation, du travail et de l'emploi » la suspension du contrat d'apprentissage.

Cette suspension s'accompagne du maintien par l'employeur de la rémunération de l'apprenti. — *[Anc. art. L. 117-5-1, al. 1er, phrases 1 début et 2.]*

Art. L. 6225-5 Dans le délai de quinze jours à compter du constat de l'agent de contrôle, le *(L. n° 2011-525 du 17 mai 2011, art. 170)* « directeur régional des entreprises, de la concurrence, de la consommation, du travail et de l'emploi » se prononce sur la reprise de l'exécution du contrat d'apprentissage.

Le refus d'autoriser la reprise de l'exécution du contrat d'apprentissage entraîne la rupture de ce contrat à la date de notification du refus aux parties. Dans ce cas, l'employeur verse à l'apprenti les sommes dont il aurait été redevable si le contrat s'était poursuivi jusqu'à son terme *(L. n° 2014-288 du 5 mars 2014, art. 14-III)* « ou jusqu'au terme de la période d'apprentissage ». — *[Anc. art. L. 117-5-1, al. 2 et 3.]*

Art. L. 6225-6 La décision de refus du *(L. n° 2011-525 du 17 mai 2011, art. 170)* « directeur régional des entreprises, de la concurrence, de la consommation, du travail et de l'emploi » peut s'accompagner de l'interdiction faite à l'employeur de recruter de nouveaux apprentis ainsi que des jeunes titulaires d'un contrat d'insertion en alternance, pour une durée qu'elle détermine. — *[Anc. art. L. 117-5-1, al. 4.]*

Art. L. 6225-7 En cas de refus d'autoriser la reprise de l'exécution du contrat d'apprentissage, le centre de formation d'apprentis où est inscrit l'apprenti prend les dispositions nécessaires pour lui permettre de suivre provisoirement la formation dispensée par le centre et de trouver un nouvel employeur susceptible de contribuer à l'achèvement de sa formation. — *[Anc. art. L. 117-5-1, al. 5.]*

SECTION III **DISPOSITIONS D'APPLICATION**

Art. L. 6225-8 Un décret en Conseil d'État détermine les mesures d'application du présent chapitre. — *[Anc. art. L. 119-4, al. 2.]* — *V. art. R. 6225-1 s.*

CHAPITRE VI **ENTREPRISES DE TRAVAIL TEMPORAIRE**

(L. n° 2011-893 du 28 juill. 2011)

Art. L. 6226-1 Les entreprises de travail temporaire mentionnées à l'article L. 1251-45 peuvent conclure des contrats d'apprentissage. Ces contrats assurent à l'apprenti une formation professionnelle dispensée pour partie en entreprise dans le cadre des missions de travail temporaire définies au chapitre Ier du titre V du livre II de la première partie et pour partie en centre de formation d'apprentis ou section d'apprentissage dans les conditions prévues à l'article L. 1251-57.

La durée minimale de chaque mission de travail temporaire effectuée dans le cadre de l'apprentissage est de six mois. Le temps consacré aux enseignements dispensés en centre de formation d'apprentis ou en section d'apprentissage et afférents à ces missions est pris en compte dans cette durée.

La fonction tutorale mentionnée à l'article L. 6223-6 est assurée par un maître d'apprentissage dans l'entreprise de travail temporaire et par un maître d'apprentissage dans l'entreprise utilisatrice.

CHAPITRE VII DÉVELOPPEMENT DE L'APPRENTISSAGE DANS LE SECTEUR PUBLIC NON INDUSTRIEL ET COMMERCIAL

(L. nº 2016-1088 du 8 août 2016, art. 73)

Art. L. 6227-1 Les personnes morales de droit public dont le personnel ne relève pas du droit privé peuvent conclure des contrats d'apprentissage selon les modalités définies au présent titre, sous réserve du présent chapitre.

Art. L. 6227-2 Par dérogation à l'article L. 6222-7, le contrat d'apprentissage est conclu pour une durée limitée.

Art. L. 6227-3 Les personnes morales mentionnées à l'article L. 6227-1 peuvent conclure avec une autre personne morale de droit public ou avec une entreprise des conventions prévoyant qu'une partie de la formation pratique est dispensée par cette autre personne morale de droit public ou par cette entreprise. Un décret fixe les clauses que comportent ces conventions ainsi que les autres dispositions qui leur sont applicables.

Art. L. 6227-4 Les conditions générales d'accueil et de formation des apprentis font l'objet d'un avis du comité technique ou de toute autre instance compétente au sein de laquelle siègent les représentants du personnel. Cette instance examine annuellement un rapport sur l'exécution des contrats d'apprentissage.

Art. L. 6227-5 Pour la mise en œuvre du présent chapitre, un centre de formation d'apprentis peut conclure avec un ou plusieurs centres de formation gérés par une personne mentionnée à l'article L. 6227-1 ou avec le Centre national de la fonction publique territoriale une convention aux termes de laquelle ces établissements assurent une partie des formations normalement dispensées par le centre de formation d'apprentis et peut mettre à sa disposition des équipements pédagogiques ou d'hébergement. Dans ce cas, les centres de formation d'apprentis conservent la responsabilité administrative et pédagogique des enseignements dispensés.

Art. L. 6227-6 Les personnes morales mentionnées à l'article L. 6227-1 prennent en charge les coûts de la formation de leurs apprentis dans les centres de formation d'apprentis qui les accueillent, sauf lorsque ces personnes morales sont redevables de la taxe d'apprentissage. A cet effet, elles concluent une convention avec ces centres pour définir les conditions de cette prise en charge.

Art. L. 6227-7 L'apprenti perçoit un salaire dont le montant, déterminé en pourcentage du salaire minimum de croissance et fixé par décret, varie en fonction de l'âge du bénéficiaire, de l'ancienneté dans le contrat et du niveau du diplôme préparé. Ce salaire est déterminé pour chaque année d'apprentissage.

Art. L. 6227-8 L'apprenti est affilié au régime général de la sécurité sociale pour tous les risques et au régime complémentaire de retraite institué au profit des agents non titulaires de l'État et des collectivités territoriales ou au profit des agents des autres personnes morales de droit public mentionnées à l'article L. 6227-1. Les validations de droit à l'assurance vieillesse sont opérées selon les conditions fixées au second alinéa du II de l'article L. 6243-2.

Art. L. 6227-9 L'État prend en charge les cotisations d'assurance sociale et les allocations familiales dues par l'employeur ainsi que les cotisations et contributions salariales d'origine légale et conventionnelle rendues obligatoires par la loi dues au titre des salaires versés aux apprentis, y compris les contributions d'assurance chômage versées par l'employeur qui a adhéré au régime mentionné à l'article L. 5422-13. Par dérogation, cette adhésion peut être limitée aux apprentis.

Art. L. 6227-10 Les services accomplis par l'apprenti au titre de son ou de ses contrats d'apprentissage ne peuvent ni être pris en compte comme services publics au sens des dispositions applicables aux fonctionnaires, aux agents publics ou aux agents employés par les personnes morales mentionnées à l'article L. 6227-1, ni au titre de l'un des régimes spéciaux de retraite applicables à ces agents.

Art. L. 6227-11 Le contrat d'apprentissage, revêtu de la signature de l'employeur et de l'apprenti, autorisé, le cas échéant, par son représentant légal, est adressé pour enregistrement au représentant de l'État dans le département du lieu d'exécution du contrat.

Art. L. 6227-12 Les articles L. 6211-4, L. 6222-5, L. 6222-13, L. 6222-16, L. 6222-31, L. 6222-39, L. 6223-1, L. 6224-1, le 5° de l'article L. 6224-2, les articles L. 6224-6, L. 6225-1, L. 6225-2, L. 6225-3, L. 6243-1 à L. 6243-1-2 ne s'appliquent pas aux contrats d'apprentissage conclus par les personnes mentionnées à l'article L. 6227-1.

Un décret en Conseil d'État détermine les modalités de mise en œuvre du présent chapitre.

TITRE TROISIÈME **CENTRES DE FORMATION D'APPRENTIS ET SECTIONS D'APPRENTISSAGE**

CHAPITRE PREMIER **MISSIONS DES CENTRES DE FORMATION D'APPRENTIS**

BIBL. GÉN. ▶ PAILLISSER, *Sem. soc. Lamy 1996, n° 798, suppl.*

Art. L. 6231-1 *(L. n° 2014-288 du 5 mars 2014, art. 15)* Les centres de formation d'apprentis :

1° Dispensent aux jeunes travailleurs titulaires d'un contrat d'apprentissage une formation générale associée à une formation technologique et pratique, qui complète la formation reçue en entreprise et s'articule avec elle dans un objectif de progression sociale ;

2° Concourent au développement des connaissances, des compétences et de la culture nécessaires à l'exercice de la citoyenneté ;

3° Assurent la cohérence entre la formation dispensée en leur sein et celle dispensée au sein de l'entreprise, en particulier en organisant la coopération entre les formateurs et les maîtres d'apprentissage ;

4° Développent l'aptitude des apprentis à poursuivre des études par les voies de l'apprentissage, de l'enseignement professionnel ou technologique ou par toute autre voie ;

5° Assistent les postulants à l'apprentissage dans leur recherche d'un employeur, et les apprentis en rupture de contrat dans la recherche d'un nouvel employeur, en lien avec le service public de l'emploi ;

6° Apportent, en lien avec le service public de l'emploi, en particulier avec les missions locales, un accompagnement aux apprentis pour prévenir ou résoudre les difficultés d'ordre social et matériel susceptibles de mettre en péril le déroulement du contrat d'apprentissage ;

7° Favorisent la mixité au sein de leurs structures en sensibilisant les formateurs, les maîtres d'apprentissage et les apprentis à la question de l'égalité entre les sexes et en menant une politique d'orientation et de promotion des formations qui met en avant les avantages de la mixité. Ils participent à la lutte contre la répartition sexuée des métiers ;

8° Encouragent la mobilité internationale des apprentis, en mobilisant en particulier les programmes de l'Union européenne ;

(L. n° 2016-1088 du 8 août 2016, art. 72) « 9° Assurent le suivi et l'accompagnement des apprentis quand la formation prévue au 2° de l'article L. 6211-2 est dispensée en tout ou partie à distance. » — *V.* ***Addendum.***

Art. L. 6231-2 Un centre de formation d'apprentis peut conclure avec une entreprise habilitée par l'inspection de l'apprentissage, dans des conditions déterminées par décret, une convention aux termes de laquelle cette entreprise assure une partie des formations technologiques et pratiques normalement dispensées par le centre de formation d'apprentis. — *[Anc. art. L. 116-1-1, al. 1er et 2.]*

Art. L. 6231-3 Un centre de formation d'apprentis peut conclure avec des établissements une convention aux termes de laquelle ces derniers assurent tout ou partie des enseignements normalement dispensés par le centre de formation d'apprentis et mettent à disposition des équipements pédagogiques ou d'hébergement.

De telles conventions peuvent être conclues avec :

1° Un ou plusieurs établissements d'enseignement publics ou privés sous contrat ;

2° Des établissements d'enseignement technique ou professionnel reconnus ou agréés par l'État ;

3° Des établissements habilités à délivrer un titre d'ingénieur diplômé ou des établissements de formation et de recherche relevant de ministères autres que celui chargé de l'éducation nationale. – *[Anc. art. L. 116-1-1, al. 1er et 3.]*

Art. L. 6231-4 Dans les cas prévus aux articles L. 6231-2 et L. 6231-3, les centres de formation d'apprentis conservent la responsabilité administrative et pédagogique des enseignements dispensés. – *[Anc. art. L. 116-1-1, al. 4.]*

Art. L. 6231-4-1 *(L. n° 2011-893 du 28 juill. 2011, art. 2)* Les centres de formation d'apprentis délivrent aux apprentis qui y sont inscrits la carte portant la mention "Étudiant des métiers" prévue à l'article L. **6222-36-1.**

Art. L. 6231-4-2 *(L. n° 2014-288 du 5 mars 2014, art. 16)* La devise de la République, le drapeau tricolore et le drapeau européen sont apposés sur la façade des centres de formation d'apprentis. La Déclaration des droits de l'homme et du citoyen du 26 août 1789 est affichée de manière visible dans les locaux des mêmes établissements.

Art. L. 6231-5 Un décret en Conseil d'État détermine les mesures d'application du présent chapitre. – *[Anc. art. L. 119-4, al. 2.] – V. art. R. 6231-1 s.*

CHAPITRE II CRÉATION DE CENTRES DE FORMATION D'APPRENTIS ET DE SECTIONS D'APPRENTISSAGE

SECTION PREMIÈRE CRÉATION DE CENTRES DE FORMATION D'APPRENTIS

Art. L. 6232-1 *(L. n° 2014-288 du 5 mars 2014, art. 13-I)* « La création des centres de formation d'apprentis fait l'objet de conventions conclues, sur le territoire régional, entre la région et : »

1° Les organismes de formation gérés paritairement par les organisations professionnelles d'employeurs et les syndicats de salariés ;

(L. n° 2014-288 du 5 mars 2014, art. 13-I) « 2° Les autres collectivités territoriales ; »

3° Les établissements publics ;

4° Les chambres de commerce et d'industrie territoriales, les chambres des métiers et les chambres d'agriculture ;

5° Les établissements d'enseignement privés sous contrat ;

6° Les organisations professionnelles ou interprofessionnelles représentatives d'employeurs ;

7° Les associations ;

8° Les entreprises ou leurs groupements ;

9° Toute autre personne. – *[Anc. art. L. 116-2, al. 1er.]*

Les conventions en cours conclues entre l'État et une ou plusieurs des personnes mentionnées à l'art. L. 6232-1 C. trav. produisent des effets et peuvent être reconduites dans les conditions applicables avant le 6 mars 2014 jusqu'à la conclusion, le cas échéant, d'une convention entre la région et ces mêmes personnes sur le fondement du même art. L. 6232-1, dans sa rédaction résultant de la L. n° 2014-288 du 5 mars 2014. Cette convention s'accompagne d'un transfert de compétences de l'État à la région, dans les conditions prévues à l'art. 27 de cette loi (L. préc., art. 13-III).

Art. L. 6232-2 *(L. n° 2014-288 du 5 mars 2014, art. 13-I)* Les conventions créant les centres de formation d'apprentis doivent être conformes à une convention type établie par la région.

V. note ss. art. L. 6232-1.

Art. L. 6232-3 Les conventions créant les centres de formation d'apprentis prévoient l'institution d'un conseil de perfectionnement. – *[Anc. art. L. 116-2, al. 5 début.]*

Art. L. 6232-4 Il est interdit de donner le nom de centre de formation d'apprentis à un établissement qui ne fait pas l'objet d'une convention répondant aux règles prévues par le présent titre. – *[Anc. art. L. 116-7, al. 1er fin.]*

Art. L. 6232-5 Sous réserve des dispositions des articles L. 6232-4, L. 6234-1 et L. 6234-2, les centres de formation d'apprentis ne sont pas soumis aux dispositions relatives aux établissements d'enseignement privés prévues au titre IV du livre IV du code de l'éducation. – *[Anc. art. L. 116-8.]*

SECTION II CRÉATION DE SECTIONS D'APPRENTISSAGE ET D'UNITÉS DE FORMATION PAR APPRENTISSAGE

Art. L. 6232-6 Les enseignements dispensés par le centre de formation d'apprentis peuvent être dispensés dans un établissement d'enseignement public ou privé sous contrat ou dans un établissement de formation et de recherche relevant d'un ministère autre que celui chargé de l'éducation, au sein d'une section d'apprentissage créée dans les conditions prévues par une convention conclue entre cet établissement, toute personne morale mentionnée à l'article L. 6232-1 et la région.

Le contenu de la convention est déterminé par *(L. n° 2014-288 du 5 mars 2014, art. 13-I)* « la région ». – *[Anc. art. L. 115-1, al. 4 et 5.] – V. art. R. 6232-3 s.*

Art. L. 6232-7 Les conventions créant les sections d'apprentissage doivent être conformes à une convention type établie par la région *(Abrogé par L. n° 2014-288 du 5 mars 2014, art. 13-I)* « **, *comportant des clauses à caractère obligatoire*** ». – *[Anc. art. L. 116-2, al. 4, phrase 4.]*

Art. L. 6232-8 Les enseignements dispensés par le centre de formation d'apprentis peuvent être dispensés dans un établissement d'enseignement public ou privé sous contrat ou dans un établissement de formation et de recherche relevant d'un ministère autre que celui chargé de l'éducation au sein d'une unité de formation par apprentissage.

Cette unité est créée dans le cadre d'une convention entre cet établissement et un centre de formation d'apprentis.

Le contenu de la convention est déterminé par *(L. n° 2014-288 du 5 mars 2014, art. 13-I)* « la région ». – *[Anc. art. L. 115-1, al. 4 et al. 6, phrase 1.] – V. art. R. 6232-3 s.*

Art. L. 6232-9 Les conventions de création de sections d'apprentissage et d'unité de formation par apprentissage sont conclues avec les établissements en application du *(L. n° 2009-1437 du 24 nov. 2009)* « contrat de » plan régional de développement des formations *(L. n° 2014-288 du 5 mars 2014, art. 23-XII)* « et de l'orientation » professionnelles mentionné à l'article L. 214-13 du code de l'éducation. – *[Anc. art. L. 115-1, al. 7.]*

Art. L. 6232-10 Sont applicables aux établissements mentionnés aux articles L. 6232-6 et L. 6232-8 les dispositions des articles :

1° L. 6231-1 à L. 6231-5, relatives aux missions des centres de formation d'apprentis ;

2° L. 6232-1 à L. 6232-3 et L. 6232-7, relatives à la création de centres de formation d'apprentis et de sections d'apprentissage ;

3° L. 6233-3 à L. 6233-7, relatives au personnel des centres de formation d'apprentis. Toutefois, ces dispositions ne sont pas applicables aux personnels de l'État concourant à l'apprentissage dans ces établissements ;

4° L. 6233-8 et L. 6233-9, relatives au fonctionnement pédagogique des centres de formation d'apprentis ;

5° L. 6252-1 à L. 6252-3, relatives au contrôle des centres de formation d'apprentis. – *[Anc. art. L. 115-1, al. 8.]*

SECTION III DISPOSITIONS D'APPLICATION

Art. L. 6232-11 Un décret en Conseil d'État détermine les mesures d'application du présent chapitre. – *[Anc. art. L. 119-4, al. 2, L. 116-2, al. 5 fin, et L. 118-2-2, al. 9 début.] – V. art. D. 6232-17 s.*

CHAPITRE III **FONCTIONNEMENT DES CENTRES DE FORMATION D'APPRENTIS ET DES SECTIONS D'APPRENTISSAGE**

SECTION PREMIÈRE **RESSOURCES**

Art. L. 6233-1 Les ressources annuelles d'un centre de formation d'apprentis ou d'une section d'apprentissage ne peuvent être supérieures à un maximum correspondant au produit du nombre d'apprentis inscrits par leurs coûts de formation. *(L. n° 2014-288 du 5 mars 2014, art. 17-I)* « Dans le cadre de la convention mentionnée à l'article L. 6232-1, ces coûts sont déterminés, par la région et par la collectivité territoriale de Corse, par spécialité et par niveau de diplôme préparé, selon une méthode de calcul proposée par le Conseil national de l'emploi, de la formation et de l'orientation professionnelles et fixée par arrêté du ministre chargé de la formation professionnelle. »

Lorsque les ressources annuelles d'un centre de formation d'apprentis sont supérieures à ce montant maximum *[maximal]*, les sommes excédentaires sont reversées au fonds régional de l'apprentissage et de la formation professionnelle continue.

Art. L. 6233-1-1 *(L. n° 2014-288 du 5 mars 2014, art. 14-III)* Sauf accord de la région, les organismes gestionnaires de centres de formation d'apprentis et de sections d'apprentissage ne peuvent conditionner l'inscription d'un apprenti au versement, par son employeur, d'une contribution financière de quelque nature qu'elle soit.

Art. L. 6233-2 Il est interdit aux établissements bénéficiaires de fonds versés par les organismes collecteurs de la taxe d'apprentissage et aux organismes gestionnaires de centres de formation d'apprentis de rémunérer les services d'un tiers dont l'entremise aurait pour objet de leur permettre de recevoir des fonds des organismes collecteurs mentionnés aux articles L. 6242-1 et L. 6242-2 ou de bénéficier d'une prise en charge de dépenses de fonctionnement par les organismes collecteurs mentionnés à l'article L. 6332-14 dans les conditions définies à l'article L. 6332-16. – *[Anc. art. L. 119-1-3.]*

SECTION II **PERSONNEL**

Art. L. 6233-3 Les membres du personnel de direction, d'enseignement et d'encadrement des centres de formation d'apprentis doivent posséder les qualifications nécessaires à l'exercice de leurs missions.

Les personnels dispensant des enseignements techniques et pratiques accomplissent périodiquement des stages pratiques en entreprise dans des conditions et selon des modalités définies par décret. – *[Anc. art. L. 116-5, al. 1er.] – V. art. R. 6233-13 s.*

Art. L. 6233-4 Les personnels mentionnés à l'article L. 6233-3, déjà en fonctions dans les cours professionnels ou organismes de formation d'apprentis publics ou privés existants, qui ne satisfont pas aux règles définies par l'article précité mais aux qualifications exigées avant le 1er juillet 1972, sont, sous certaines conditions, admis à exercer leurs fonctions dans les centres de formation issus des cours professionnels. – *[Anc. art. L. 116-5, al. 2, phrase 1.]*

Art. L. 6233-5 Un fonctionnaire peut être détaché à temps complet dans un centre de formation d'apprentis. – *[Anc. art. L. 116-5, al. 3.]*

Art. L. 6233-6 En cas de faute professionnelle, les personnels mentionnés à l'article L. 6233-3 sont passibles de sanction prononcée par l'organisme responsable du centre.

Il peut en outre être déféré par les autorités chargées d'exercer le contrôle technique et pédagogique de ces centres au conseil académique de l'éducation nationale qui peut prononcer contre lui, sous réserve d'appel devant le Conseil supérieur de l'éducation :

1° Le blâme ;

2° La suspension temporaire ;

3° L'interdiction d'exercer des fonctions dans les centres de formation d'apprentis. – *[Anc. art. L. 116-6, al. 1er et 2.]*

Art. L. 6233-7 La procédure disciplinaire prévue au deuxième alinéa de l'article L. 6233-6 n'est pas applicable :

1° Aux fonctionnaires de l'État et des collectivités locales ;

2° Au personnel d'un établissement public. – *[Anc. art. L. 116-6, al. 3.]*

SECTION III **FONCTIONNEMENT PÉDAGOGIQUE DES CENTRES DE FORMATION D'APPRENTIS**

Art. L. 6233-8 La durée de la formation dispensée dans les centres de formation d'apprentis est fixée par la convention prévue à l'article L. 6232-1, sans pouvoir être inférieure à un seuil déterminé. Elle tient compte des exigences propres à chaque niveau de qualification et des orientations prévues par les conventions ou les accords de branches nationaux ou conclus à d'autres niveaux territoriaux mentionnés à l'article L. 2261-23. – *[Anc. art. L. 116-3, al. 1, phrases 1 et 2 début.]*

Art. L. 6233-9 Pour les apprentis dont l'apprentissage a été prolongé en application des dispositions de l'article L. 6222-11, l'horaire minimum est fixé par la convention prévue à l'article L. 6232-1, sans pouvoir être inférieur à un seuil déterminé.

Ce minimum peut être réduit à due proportion dans l'hypothèse d'une prolongation d'une durée inférieure. – *[Anc. art. L. 116-3, al. 2.]*

SECTION IV **DISPOSITIONS D'APPLICATION**

Art. L. 6233-10 Un décret en Conseil d'État détermine les mesures d'application du présent chapitre. – *[Anc. art. L. 119-4, al. 2.]* – *V. art. R. 6233-1 s.*

CHAPITRE IV **DISPOSITIONS PÉNALES**

Art. L. 6234-1 Le fait de donner le nom de centre de formation d'apprentis à un établissement qui n'a pas fait l'objet d'une convention répondant aux règles prévues par le présent titre, en méconnaissance des dispositions de l'article L. 6232-4, est puni des peines prévues à l'article L. 441-13 du code de l'éducation. – *[Anc. art. L. 116-7, al. 1er début.]*

Art. L. 6234-2 Le fait d'exercer des fonctions de direction, d'enseignement ou de formation dans un centre de formation d'apprentis, en étant sous le coup d'une des mesures de suspension ou d'interdiction prévues à l'article L. 6233-6, est puni des peines prévues à l'article L. 441-13 du code de l'éducation. – *[Anc. art. L. 116-7, al. 2.]*

TITRE QUATRIÈME **FINANCEMENT DE L'APPRENTISSAGE**

CHAPITRE PREMIER **TAXE D'APPRENTISSAGE**

SECTION PREMIÈRE **PRINCIPES**

Art. L. 6241-1 La taxe d'apprentissage est régie par les articles *(L. n° 2013-1279 du 29 déc. 2013, art. 60-II-1°)* « 1599 *ter* A à 1599 *ter* M » du code général des impôts.

(L. n° 2013-1279 du 29 déc. 2013, art. 60-II-1°) « Les dispositions du présent chapitre déterminent les conditions dans lesquelles l'employeur s'acquitte de la contribution supplémentaire à l'apprentissage et des fractions de la taxe d'apprentissage réservées au développement de l'apprentissage. »

Art. L. 6241-2 *(L. n° 2014-891 du 8 août 2014,art. 8-I)* I.– Une première fraction du produit de la taxe d'apprentissage mentionnée à l'article 1599 *ter* A du code général des impôts, dénommée : "fraction régionale pour l'apprentissage", est versée au Trésor public avant le 30 avril de l'année concernée, par l'intermédiaire des organismes collecteurs de la taxe d'apprentissage mentionnés au chapitre II du présent titre IV. Le montant de cette fraction est égal à 51 % du produit de la taxe due.

(Abrogé par L. n° 2014-1654 du 29 déc. 2014, art. 41-IV) « Par dérogation au 2° du I de l'article 23 de la loi n° 2011-900 du 29 juillet 2011 de finances rectificative pour 2011, » Cette fraction est reversée aux régions, à la collectivité territoriale de Corse et au Département de Mayotte pour le financement du développement de l'apprentissage, selon les modalités définies au présent I.

Elle est complétée par une part du produit de la taxe intérieure de consommation sur les produits énergétiques versée aux régions, à la collectivité territoriale de Corse et au Département de Mayotte pour le financement du développement de l'apprentissage, dans les conditions et selon les modalités de revalorisation prévues par *(L. n° 2014-1654 du 29 déc. 2014, art. 29)* « l'article 29 de la loi n° 2014-1654 du 29 décembre 2014 de finances pour 2015 ».

L'ensemble des recettes mentionnées aux deuxième et troisième alinéas du présent I constitue la ressource régionale pour l'apprentissage.

Une part fixe de la ressource régionale pour l'apprentissage, arrêtée à la somme totale de 1 544 093 400 €, est répartie conformément au tableau suivant :

(en euros)

RÉGION	MONTANT
Auvergne-Rhône-Alpes	171 919 332
Bourgogne-Franche-Comté	68 326 924
Bretagne	68 484 265
Centre-Val de Loire	64 264 468
Corse	7 323 133
Grand Est	142 151 837
Hauts-de-France	133 683 302
Île-de-France	237 100 230
Normandie	84 396 951
Nouvelle-Aquitaine	145 763 488
Occitanie	114 961 330
Pays de la Loire	98 472 922
Provence-Alpes-Côte d'Azur	104 863 542
Guadeloupe	25 625 173
Guyane	6 782 107
Martinique	28 334 467
La Réunion	41 293 546
Mayotte	346 383

Tableau modifié par L. n° 2016-1918 du 29 déc. 2016, art. 1er-I.

Si le produit de la ressource régionale pour l'apprentissage est inférieur au montant total mentionné au cinquième alinéa du présent I, ce produit est réparti au prorata des parts attribuées à chaque région ou collectivité dans le tableau du sixième alinéa.

Si le produit de la ressource régionale pour l'apprentissage est supérieur à ce même montant, le solde est réparti entre les mêmes régions ou collectivités selon les critères et taux suivants :

1° Pour 60 %, à due proportion du résultat du produit calculé à partir du nombre d'apprentis inscrits dans les centres de formation d'apprentis et les sections d'apprentissage dans la région au 31 décembre de l'année précédente selon un quotient :

a) Dont le numérateur est la taxe d'apprentissage par apprenti perçue l'année précédente par les centres de formation d'apprentis et les sections d'apprentissage pour l'ensemble du territoire national ;

b) Dont le dénominateur est la taxe d'apprentissage par apprenti perçue lors de cette même année par les centres de formation d'apprentis et les sections d'apprentissage dans la région ;

2° Pour 26 %, au prorata du nombre d'apprentis inscrits dans les centres de formation d'apprentis et les sections d'apprentissage dans la région au 31 décembre de l'année précédente et préparant un diplôme ou un titre à finalité professionnelle équivalant au plus au baccalauréat professionnel, enregistré au répertoire national des certifications professionnelles mentionné à l'article L. 335-6 du code de l'éducation ;

3° Pour 14 %, au prorata du nombre d'apprentis inscrits dans les centres de formation d'apprentis et les sections d'apprentissage dans la région au 31 décembre de l'année précédente et préparant un diplôme ou un titre à finalité professionnelle supérieur au baccalauréat professionnel, enregistré au répertoire national des certifications professionnelles.

II. — Une deuxième fraction du produit de la taxe d'apprentissage, dénommée : "quota", dont le montant est égal à 26 % du produit de la taxe due, est attribuée aux personnes morales gestionnaires des centres de formation d'apprentis et des sections d'apprentissage au titre de ces centres et sections.

Après versement au Trésor public de la fraction régionale pour l'apprentissage prévue au I du présent article, l'employeur peut se libérer du versement de la fraction prévue au présent II en apportant des concours financiers dans les conditions prévues aux articles L. 6241-4 à L. 6241-6 du présent code.

Pour la part de cette fraction qui n'a pas fait l'objet de concours financiers mentionnés au deuxième alinéa du présent II, la répartition entre les centres de formation d'apprentis et les sections d'apprentissage s'opère en application de l'article L. 6241-3.

III. — Le solde, soit 23 % du produit de la taxe d'apprentissage due, est destiné à des dépenses libératoires effectuées par l'employeur en application de l'article L. 6241-8. Ces dépenses sont réalisées par l'intermédiaire des organismes collecteurs de la taxe d'apprentissage mentionnés au chapitre II du présent titre IV, après versement des fractions prévues aux I et II du présent article.

Les dispositions issues de la L. n° 2014-891 du 8 août 2014 s'appliquent aux impositions dues au titre des rémunérations versées à compter du 1er janv. 2014.

Toutefois, les exonérations attachées aux dépenses libératoires engagées, au titre de ces mêmes impositions, du 1er janv. 2014 au 9 août 2014 sont maintenues sur le fondement des dispositions en vigueur à la date du versement effectif de ces dépenses (L. n° 2014-891 du 8 août 2014, art. 8-VI).

Art. L. 6241-3 *(L. n° 2014-288 du 5 mars 2014, art. 17-I)* Les organismes collecteurs de la taxe d'apprentissage mentionnés aux articles L. 6242-1 et L. 6242-2 transmettent à chaque région ou à la collectivité territoriale de Corse une proposition de répartition sur leur territoire des fonds du solde du quota *(L. n° 2014-891 du 8 août 2014, art. 8-I-2°)* « et de la contribution supplémentaire à l'apprentissage » non affectés par les entreprises. Cette proposition fait l'objet, au sein du bureau mentionné à l'article L. 6123-3, d'une concertation au terme de laquelle le président du conseil régional ou du conseil exécutif de Corse notifie aux organismes collecteurs de la taxe d'apprentissage ses recommandations sur cette répartition. A l'issue de cette procédure, dont les délais sont précisés par décret, les organismes collecteurs de la taxe d'apprentissage procèdent au versement des sommes aux centres de formation d'apprentis et aux sections d'apprentissage par décision motivée si le versement n'est pas conforme aux recommandations qui lui ont été transmises.

V. note ss. art. L. 6241-2.

A titre expérimental, dans deux régions volontaires, il est dérogé aux règles de répartition des fonds non affectés par les entreprises de la fraction « quota » de la taxe d'apprentissage et de la contribution supplémentaire à l'apprentissage, définies à l'art. L. 6241-3, selon les modalités suivantes. Les organismes collecteurs de la taxe d'apprentissage mentionnés aux art. L. 6242-1 et L. 6242-2 transmettent à chaque région volontaire une proposition de répartition sur son territoire des fonds non affectés par les entreprises. Cette proposition fait l'objet, au sein du bureau mentionné à l'art. L. 6123-3, d'une concertation au terme de laquelle le président du conseil régional notifie aux organismes collecteurs de la taxe d'apprentissage sa décision de répartition. Les organismes collecteurs de la taxe d'apprentissage procèdent au versement des sommes aux centres de formation d'apprentis et aux sections d'apprentissage conformément à la décision de répartition notifiée par la région, dans les délais mentionnés à l'art. L. 6241-3.

Cette expérimentation est mise en place du 1er janv. 2017 au 31 déc. 2019.

Chaque région volontaire adresse au représentant de l'État dans la région le bilan de l'expérimentation qui lui a été confiée, établi au 31 déc. 2019.

Le Gouvernement remet au Parlement, avant le 1er juill. 2020, un rapport portant sur les expérimentations mises en œuvre afin de préciser les conditions de leur éventuelle généralisation (L. n° 2016-1088 du 8 août 2016, art. 76).

SECTION II **VERSEMENTS LIBÉRATOIRES**

Art. L. 6241-4 **Lorsqu'il emploie un apprenti, l'employeur apporte un concours financier au centre de formation ou à la section d'apprentissage où est inscrit cet apprenti, par l'intermédiaire d'un des organismes collecteurs de la taxe d'apprentissage mentionnés au chapitre II.** *(L. n° 2014-288 du 5 mars 2014, art. 17-I)* **« Lorsqu'il apporte son concours financier à plusieurs centres de formation ou sections d'apprentissage, il le fait par l'intermédiaire d'un seul de ces organismes. »**

Le montant de ce concours s'impute sur la fraction prévue *(L. n° 2014-891 du 8 août 2014, art. 8-I)* **« au II de l'article L. 6241-2 ». Il est** *(Abrogé par L. n° 2014-288 du 5 mars 2014, art. 17-I) « au moins »* **égal, dans la limite de cette fraction, au coût par apprenti fixé par la convention de création du centre de formation d'apprentis ou de la section d'apprentissage,** *(L. n° 2014-288 du 5 mars 2014, art. 17-I)* **« selon les modalités prévues à l'article L. 6233-1 ».** *(L. n° 2009-1437 du 24 nov. 2009)* **« A défaut de publication de ce coût, le montant de ce concours est égal à un montant forfaitaire fixé par arrêté du ministre chargé de la formation professionnelle. »**

A défaut de publication dans la liste prévue à l'art. R. 6241-3 des coûts par apprenti, le concours financier est fixé à 3 000 euros par apprenti inscrit dans un centre de formation d'apprentis ou dans une section d'apprentissage au 31 déc. de l'année au titre de laquelle est due la taxe d'apprentissage. L'employeur doit se libérer de ce versement avant le 1er mars de l'année suivant l'année d'imposition (Arr. du 10 janv. 2010, JO 23 janv.).

Art. L. 6241-5 **Les concours financiers apportés, par l'intermédiaire d'un** *(L. n° 2014-288 du 5 mars 2014, art. 17-I)* **« seul des organismes collecteurs de la taxe d'apprentissage mentionnés aux articles L. 6242-1 et L. 6242-2, » aux écoles d'enseignement technologique et professionnel qui ont bénéficié au 12 juillet 1977 d'une dérogation au titre du régime provisoire prévu par l'article L. 119-3 alors en vigueur, sont exonérés de la taxe d'apprentissage et imputés sur la fraction prévue** *(L. n° 2014-891 du 8 août 2014, art. 8-I)* **« au II de l'article L. 6241-2 ».** – *[Anc. art. L. 118-2-1.]*

Art. L. 6241-6 **Les employeurs relevant du secteur des banques et des assurances où existaient, avant le 1er janvier 1977, des centres de formation qui leur étaient propres, sont exonérés de la fraction prévue** *(L. n° 2014-891 du 8 août 2014, art. 8-I)* **« au II de l'article L. 6241-2 » s'ils apportent des concours financiers à ces centres, par l'intermédiaire d'un** *(L. n° 2014-288 du 5 mars 2014, art. 17-I)* **« seul des organismes collecteurs de la taxe d'apprentissage mentionnés aux articles L. 6242-1 et L. 6242-2, » et s'engagent à assurer à leurs salariés entrant dans la vie professionnelle et âgés de** *(L. n° 2016-1088 du 8 août 2016, art. 71)* **« vingt-six » ans au plus, une formation générale théorique et pratique, en vue de l'obtention d'une qualification professionnelle sanctionnée par un des diplômes de l'enseignement technologique.** – *[Anc. art. L. 118-3-2, al. 1er.]*

Art. L. 6241-7 **L'employeur bénéficie des exonérations s'ajoutant à celles prévues aux articles L. 6241-4 et L. 6241-5 dès lors qu'il a participé à la formation des apprentis pour un montant au moins égal à la fraction prévue** *(L. n° 2014-891 du 8 août 2014, art. 8-I)* **« au II de l'article L. 6241-2 » :**

1° Soit en apportant des concours dans les conditions fixées aux articles précités ;
2° Soit par des versements au Trésor public ;
3° Soit sous ces deux formes. – *[Anc. art. L. 118-3, al. 1er début.]*

Art. L. 6241-8 *(L. n° 2014-288 du 5 mars 2014, art. 19-I)* **Sous réserve d'avoir satisfait aux dispositions des articles L. 6241-1 et L. 6241-2, les employeurs mentionnés**

au 2 de l'article 1599 *ter* A du code général des impôts bénéficient d'une exonération totale ou partielle de la taxe d'apprentissage à raison :

1° Des dépenses réellement exposées afin de favoriser des formations technologiques et professionnelles dispensées hors du cadre de l'apprentissage ;

2° Des subventions versées au centre de formation d'apprentis ou à la section d'apprentissage *(L. n° 2015-994 du 17 août 2015, art. 50)* « , soit » au titre du concours financier obligatoire mentionné à l'article L. 6241-4 et en complément du montant déjà versé au titre du solde du quota mentionné *(L. n° 2014-891 du 8 août 2014, art. 8-I)* « au II de l'article L. 6241-2 », lorsque ce montant déjà versé est inférieur à celui des concours financiers obligatoires dus à ce centre de formation d'apprentis ou à cette section d'apprentissage *(L. n° 2015-994 du 17 août 2015, art. 50)* « , soit sous forme de matériels à visée pédagogique de qualité conforme aux besoins de la formation en vue de réaliser des actions de formation ».

Les formations technologiques et professionnelles mentionnées au 1° sont celles qui, dispensées dans le cadre de la formation initiale, conduisent à des diplômes ou titres enregistrés au répertoire national des certifications professionnelles et classés dans la nomenclature interministérielle des niveaux de formation. Ces formations sont dispensées, à temps complet et de manière continue ou selon un rythme approprié, dans le cadre de l'article L. 813-9 du code rural et de la pêche maritime.

Ces dispositions s'appliquent à la taxe d'apprentissage due au titre des rémunérations versées à compter du 1er janv. 2014.

Toutefois, l'exonération attachée aux dépenses de formations technologiques et professionnelles initiales engagées entre le 1er janv. et le 31 mars 2014 en application de l'art. 1er de la L. n° 71-578 du 16 juill. 1971 sur la participation des employeurs au financement des premières formations technologiques et professionnelles, dans sa rédaction antérieure à la L. n° 2014-288 du 5 mars 2014, est maintenue (L. n° 2014-288 du 5 mars 2014, art. 19-V).

Art. L. 6241-8-1 *(L. n° 2014-288 du 5 mars 2014, art. 19-I)* Entrent seuls en compte au titre des dépenses mentionnées au 1° de l'article L. 6241-8 :

1° Les frais de premier équipement, de renouvellement de matériel existant et d'équipement complémentaire des écoles et des établissements en vue d'assurer les actions de formation initiales dispensées hors du cadre de l'apprentissage ;

2° Les subventions versées aux établissements mentionnés à l'article L. 6241-8, y compris sous forme de matériels à visée pédagogique de qualité conforme aux besoins de la formation en vue de réaliser des actions de formation technologique et professionnelle initiales *(Abrogé par L. n° 2014-891 du 8 août 2014, art. 8-I)* « *Les organismes collecteurs mentionnés aux articles L. 6242-1 et L. 6242-2 proposent l'attribution de ces subventions selon des modalités fixées par décret en Conseil d'État* » ;

3° Les frais de stage organisés en milieu professionnel en application des articles L. 331-4 et *(L. n° 2014-788 du 10 juill. 2014, art. 1er-VII)* « L. 124-1 » du code de l'éducation, dans la limite d'une fraction, définie par voie réglementaire, de la taxe d'apprentissage due.

(L. n° 2014-891 du 8 août 2014, art. 8-I) « Les entreprises mentionnées au I de l'article 1609 *quinvicies* du code général des impôts qui dépassent, au titre d'une année, le seuil d'effectif prévu au cinquième alinéa du même I bénéficient d'une créance égale au pourcentage de l'effectif qui dépasse ledit seuil, retenu dans la limite de 2 points, multiplié par l'effectif annuel moyen de l'entreprise au 31 décembre de l'année et divisé par 100 puis multiplié par un montant, compris entre 250 et 500 €, défini par arrêté des ministres chargés du budget et de la formation professionnelle.

« Cette créance est imputable sur la taxe d'apprentissage due au titre de la même année après versement des fractions prévues aux I et II de l'article L. 6241-2 du présent code. Le surplus éventuel ne peut donner lieu ni à report ni à restitution. »

Les dispositions issues de la L. n° 2014-891 du 8 août 2014 s'appliquent aux impositions dues au titre des rémunérations versées à compter du 1er janv. 2014.

Toutefois, les exonérations attachées aux dépenses libératoires engagées, au titre de ces mêmes impositions, du 1er janv. 2014 au 9 août 2014 sont maintenues sur le fondement des dispositions en vigueur à la date du versement effectif de ces dépenses (L. préc., art. 8-VI).

Pour l'entrée en vigueur des dispositions issues de la L. n° 2014-288 du 5 mars 2014, V. note ss. art. L. 6241-8.

Art. L. 6241-9 *(L. nº 2014-288 du 5 mars 2014, art. 19-I)* Sont habilités à percevoir la part de la taxe d'apprentissage correspondant aux dépenses mentionnées au 1º de l'article L. 6241-8 :

1º Les établissements publics d'enseignement du second degré ;

(L. nº 2016-1088 du 8 août 2016, art. 71) « 2º Les établissements d'enseignement privés du second degré gérés par des organismes à but non lucratif et qui remplissent l'une des conditions suivantes :

« *a)* Être lié à l'État par l'un des contrats d'association mentionnés à l'article L. 442-5 du code de l'éducation ou à l'article L. 813-1 du code rural et de la pêche maritime ;

« *b)* Être habilité à recevoir des boursiers nationaux conformément aux procédures prévues à l'article L. 531-4 du code de l'éducation ;

« *c)* Être reconnu conformément à la procédure prévue à l'article L. 443-2 du même code ; »

3º Les établissements publics d'enseignement supérieur ;

4º Les établissements gérés par une chambre consulaire ;

5º Les établissements privés relevant de l'enseignement supérieur gérés par des organismes à but non lucratif ;

6º Les établissements publics ou privés dispensant des formations conduisant aux diplômes professionnels délivrés par les ministères chargés de la santé, des affaires sociales, de la jeunesse et des sports.

V. note ss. art. L. 6241-8.

Conformité à la Constitution. Est conforme à la Constitution l'art. L. 6241-9 C. trav. qui établit une liste d'établissements qui, soit en raison de leur statut, soit en raison de leur mode de gestion, soit en raison de leurs obligations pédagogiques et des contrôles qui s'y rattachent, se trouvent dans une situation différente de celle des autres établissements d'enseignement ; la détermination de cette liste est fondée sur des critères objectifs et rationnels, en rapport direct avec l'objet de la loi et ne porte pas atteinte au principe d'égalité, à la liberté d'enseigner et à la liberté d'entreprendre, engendré par le fait d'écarter d'une source de financement les établissements absents de la liste. • Cons. const. 21 oct. 2015, nº 2015-496 QPC : *D. 2015. Actu. 2132*.

SECTION III **AFFECTATION DES FONDS**

Art. L. 6241-10 *(L. nº 2014-288 du 5 mars 2014, art. 19-I)* Par dérogation à l'article L. 6241-9, peuvent également bénéficier de la part de la taxe d'apprentissage correspondant aux dépenses mentionnées au 1º de l'article L. 6241-8, dans la limite d'un plafond fixé par voie réglementaire, les établissements, organismes et services suivants :

1º Les Écoles de la deuxième chance, mentionnées à l'article L. 214-14 du code de l'éducation, les centres de formation gérés et administrés par l'établissement public d'insertion de la défense, mentionnés à l'article L. 130-1 du code du service national, et les établissements à but non lucratif concourant, par des actions de formation professionnelle, à offrir aux jeunes sans qualification une nouvelle chance d'accès à la qualification ;

2º Les établissements ou services d'enseignement qui assurent, à titre principal, une éducation adaptée et un accompagnement social ou médico-social aux mineurs ou jeunes adultes handicapés ou présentant des difficultés d'adaptation, mentionnés au 2º du I de l'article L. 312-1 du code de l'action sociale et des familles, ainsi que les établissements délivrant l'enseignement adapté prévu au premier alinéa de l'article L. 332-4 du code de l'éducation ;

3º Les établissements ou services mentionnés aux *a* et *b* du 5º du I de l'article L. 312-1 du code de l'action sociale et des familles ;

4º Les établissements ou services à caractère expérimental accueillant des jeunes handicapés ou présentant des difficultés d'adaptation, mentionnés au 12º du I du même article L. 312-1 ;

5º Les organismes mentionnés à l'article L. 6111-5 du présent code reconnus comme participant au service public de l'orientation tout au long de la vie, défini à l'article L. 6111-3 ;

6° Les organismes figurant sur une liste établie par arrêté des ministres chargés de l'éducation nationale et de la formation professionnelle, agissant au plan national pour la promotion de la formation technologique et professionnelle initiale et des métiers.

Chaque année, après concertation au sein du bureau mentionné à l'article L. 6123-3, un arrêté du représentant de l'État dans la région fixe la liste des formations dispensées par les établissements mentionnés à l'article L. 6241-9 et des organismes et services mentionnés aux 1° à 5° du présent article, implantés dans la région, susceptibles de bénéficier des dépenses libératoires mentionnées au premier alinéa de l'article L. 6241-8.

V. note ss. art. L. 6241-8.

Art. L. 6241-11 Les sommes excédentaires reversées au fonds régional de l'apprentissage et de la formation professionnelle continue en application du deuxième alinéa de l'article L. 6233-1 sont affectées au financement des centres de formation d'apprentis et des sections d'apprentissage *(Abrogé par L. n° 2014-288 du 5 mars 2014, art. 19-I)* ***« mentionnés au** (L. n° 2011-900 du 29 juill. 2011, art. 23-IV-2°)* ***« premier alinéa de l'article L. 6241-10 »**. — [Anc. art. L. 118-2-2, al. 11, phrase 2.]*

V. note ss. art. L. 6241-8.

SECTION IV **DISPOSITIONS D'APPLICATION**

Art. L. 6241-12 Un décret en Conseil d'État détermine les mesures d'application du présent chapitre *(L. n° 2011-893 du 28 juill. 2011)* « , notamment les modalités selon lesquelles les redevables de la taxe d'apprentissage informent les centres de formation d'apprentis et les sections d'apprentissage des sommes qu'ils doivent leur affecter en application de l'article L. 6241-4 ou décident de leur affecter ». — *V. art. R. 6241-20 s.*

SECTION V **DISPOSITIONS APPLICABLES AUX EMPLOYEURS OCCUPANT DES SALARIÉS INTERMITTENTS DU SPECTACLE**

(L. n° 2014-288 du 5 mars 2014, art. 17-III)

Art. L. 6241-13 Par dérogation au présent chapitre, lorsque des employeurs occupent un ou plusieurs salariés intermittents du spectacle qui relèvent des secteurs du spectacle vivant et du spectacle enregistré, pour lesquels il est d'usage constant de ne pas recourir au contrat à durée indéterminée en raison de la nature de l'activité exercée et du caractère par nature temporaire de ces emplois, une convention ou un accord professionnel national étendu peut prévoir, pour ces employeurs, le versement de la taxe d'apprentissage à un seul organisme collecteur de la taxe d'apprentissage mentionné au I de l'article L. 6242-1.

CHAPITRE II **ORGANISMES COLLECTEURS DE LA TAXE D'APPRENTISSAGE**

Art. L. 6242-1 *(L. n° 2014-288 du 5 mars 2014, art. 17-I)* I. — Les organismes mentionnés à l'article L. 6332-1 peuvent être habilités par l'État à collecter, sur le territoire national et dans leur champ de compétence professionnelle ou interprofessionnelle, les versements des entreprises donnant lieu à exonération de la taxe d'apprentissage et à les reverser aux établissements autorisés à les recevoir.

Ils répartissent les fonds collectés non affectés par les entreprises en application de l'article L. 6241-2 et selon des modalités fixées par décret.

II. — Les organismes mentionnés au I, le cas échéant conjointement avec les organisations couvrant une branche ou un secteur d'activité, peuvent conclure avec l'autorité administrative une convention-cadre de coopération définissant les conditions de leur participation à l'amélioration et à la promotion des formations technologiques et professionnelles initiales, notamment l'apprentissage. Les fonds de la taxe d'apprentissage non affectés par les entreprises, à l'exclusion de la fraction mentionnée *(L. n° 2014-891 du 8 août 2014, art. 8-I)* « au II de l'article L. 6241-2 », concourent au financement de ces conventions, dans des conditions fixées par décret.

La validité de l'habilitation, en cours au 6 mars 2014, d'un organisme collecteur de la taxe d'apprentissage expire à la date de la délivrance de la nouvelle habilitation et, au plus tard, le 31 déc. 2015.

Les biens des organismes collecteurs dont l'habilitation n'est pas renouvelée sont dévolus dans les conditions fixées à l'art. L. 6242-9 C. trav. avant le 31 déc. 2016 (L. n° 2014-288 du 5 mars 2014, art. 17-II).

Art. L. 6242-2 *(L. n° 2014-288 du 5 mars 2014, art. 17-I)* Une convention entre chambres consulaires régionales définit les modalités de collecte et de répartition de la taxe d'apprentissage au niveau régional. Cette convention désigne la chambre consulaire régionale qui, après habilitation par l'autorité administrative, collecte les versements donnant lieu à exonération de la taxe d'apprentissage auprès des entreprises ayant leur siège social ou un établissement dans la région et les reverse aux établissements autorisés à les recevoir.

Elle prévoit, le cas échéant, la délégation à des chambres consulaires de la collecte et de la répartition des fonds affectés de la taxe d'apprentissage. Dans ce cas, une convention de délégation est conclue après avis du service chargé du contrôle de la formation professionnelle.

Art. L. 6242-3 Lorsqu'un organisme collecteur a fait l'objet d'une habilitation délivrée au niveau national il ne peut être habilité au niveau régional. – *[Anc. art. L. 118-2-4, al. 8.]*

Art. L. 6242-3-1 *(L. n° 2014-288 du 5 mars 2014, art. 17-I)* L'entreprise verse à un organisme collecteur unique de son choix, parmi ceux mentionnés aux articles L. 6242-1 et L. 6242-2 du présent code, la totalité de la taxe d'apprentissage et de la contribution supplémentaire à l'apprentissage prévue à l'article *(L. n° 2014-891 du 8 août 2014, art. 8-I)* « 1609 *quinvicies* » du code général des impôts dont elle est redevable, sous réserve des dispositions de l'article 1599 *ter* J du même code.

Art. L. 6242-4 Il est interdit de recourir à un tiers pour collecter ou répartir des versements exonératoires de la taxe d'apprentissage.

Toutefois, *(L. n° 2014-288 du 5 mars 2014, art. 17-I)* « les organismes mentionnés au I de l'article L. 6242-1 peuvent, dans des conditions définies par décret, déléguer la collecte et la répartition des fonds affectés de la taxe d'apprentissage » dans le cadre d'une convention conclue après avis du service chargé du contrôle de la formation professionnelle. – *[Anc. art. L. 119-1-1, al. 2, phrases 1 et 2.]*

Art. L. 6242-5 Il est interdit aux organismes collecteurs de rémunérer les services d'un tiers dont l'entremise aurait pour objet de leur permettre de percevoir des versements des entreprises pouvant donner lieu à exonération de la taxe d'apprentissage. – *[Anc. art. L. 119-1-1, al. 3.]*

Art. L. 6242-6 (Abrogé par L. n° 2016-1088 du 8 août 2016, art. 71) (L. n° 2014-288 du 5 mars 2014, art. 17-I) *Une convention triennale d'objectifs et de moyens est conclue entre chacun des organismes collecteurs habilités mentionnés aux articles L. 6242-1 et L. 6242-2 et l'État. Elle définit les modalités de financement et de mise en œuvre des missions de l'organisme collecteur habilité. Les parties signataires assurent son suivi et réalisent une évaluation à l'échéance de la convention, dont les conclusions sont transmises au Conseil national de l'emploi, de la formation et de l'orientation professionnelles. Celui-ci établit et rend public, tous les trois ans, un bilan des politiques et de la gestion des organismes collecteurs habilités.*

Lorsque l'organisme collecteur habilité est un organisme collecteur paritaire agréé mentionné à l'article L. 6242-1, les modalités de son financement et de la mise en œuvre de ses missions sont intégrées à la convention mentionnée au dernier alinéa de l'article L. 6332-1-1.

Art. L. 6242-7 *(L. n° 2014-288 du 5 mars 2014, art. 17-I)* Lorsqu'une personne exerce une fonction d'administrateur ou de salarié dans un centre de formation d'apprentis, une unité ou une section d'apprentissage, elle ne peut exercer une fonction d'administrateur ou de salarié dans un organisme collecteur habilité mentionné aux articles L. 6242-1 et L. 6242-2 ou son délégataire.

Art. L. 6242-8 *(L. n° 2014-288 du 5 mars 2014, art. 17-I)* Les organismes collecteurs de la taxe d'apprentissage à activités multiples tiennent une comptabilité distincte pour leur activité de collecte des versements donnant lieu à exonération de la taxe d'apprentissage.

Art. L. 6242-9 *(L. nº 2014-288 du 5 mars 2014, art. 17-I)* Les biens de l'organisme collecteur habilité qui cesse son activité sont dévolus, sur décision de son conseil d'administration, à un organisme de même nature mentionné aux articles L. 6242-1 et L. 6242-2.

Cette dévolution est soumise à l'accord préalable du ministre chargé de la formation professionnelle. La décision est publiée au *Journal officiel*.

A défaut, les biens sont dévolus à l'État.

Art. L. 6242-10 Un décret en Conseil d'État détermine les mesures d'application du présent chapitre, notamment les règles comptables applicables aux organismes collecteurs de la taxe d'apprentissage. – *[Anc. art. L. 118-2-4, al. 9, et L. 119-4, al. 2.] – V. art. R. 6242-1 s.*

L'art. L. 6242-6 devient l'art. L. 6242-10 (L. nº 2014-288 du 5 mars 2014, art. 17-I-10º).

CHAPITRE III AIDES À L'APPRENTISSAGE

SECTION PREMIÈRE PRIME À L'APPRENTISSAGE

(L. nº 2013-1278 du 29 déc. 2013, art. 140)

Art. L. 6243-1 Les contrats d'apprentissage conclus dans les entreprises de moins de onze salariés ouvrent droit à une prime versée par la région à l'employeur. La région détermine le montant de cette prime, qui ne peut être inférieur à 1 000 € par année de formation, ainsi que ses modalités d'attribution.

A titre transitoire, les contrats d'apprentissage signés dans l'ensemble des entreprises avant le 1er janv. 2014 continuent à ouvrir droit au versement d'une prime versée par les régions à l'employeur dans les conditions suivantes :

1º Pour la première année de formation, cette prime est versée selon les modalités en vigueur à la date de la signature du contrat ;

2º Pour la deuxième année de formation, le montant de cette prime est égal à 500 € si le contrat a été conclu dans une entreprise d'au moins onze salariés et est égal à 1 000 € si le contrat a été conclu dans une entreprise de moins de onze salariés ;

3º Pour la troisième année de formation, le montant de cette prime est égal à 200 € si le contrat a été conclu dans une entreprise d'au moins onze salariés et est égal à 1 000 € si le contrat a été conclu dans une entreprise de moins de onze salariés (L. nº 2013-1278 du 29 déc. 2013, art. 140-IV).

Art. L. 6243-1-1 *(L. nº 2014-1654 du 29 déc. 2014, art. 123-I)* La conclusion d'un contrat d'apprentissage dans une entreprise de moins de deux cent cinquante salariés ouvre droit, à l'issue de la période mentionnée au premier alinéa de l'article L. 6222-18, à une aide au recrutement des apprentis d'un montant qui ne peut pas être inférieur à 1 000 €.

Cette aide est versée par la région ou par la collectivité territoriale de Corse dès lors que l'une des conditions suivantes est remplie :

1º L'entreprise justifie, à la date de conclusion de ce contrat, ne pas avoir employé d'apprentis en contrat d'apprentissage ou en période d'apprentissage depuis le 1er janvier de l'année précédente dans l'établissement du lieu de travail de l'apprenti ;

2º L'entreprise justifie, à la date de conclusion d'un nouveau contrat, employer dans le même établissement au moins un apprenti dont le contrat est en cours à l'issue de la période mentionnée au premier alinéa du même article L. 6222-18. Le nombre de contrats en cours dans cet établissement après le recrutement de ce nouvel apprenti doit être supérieur au nombre de contrats en cours dans ce même établissement le 1er janvier de l'année de conclusion du nouveau contrat.

(Abrogé par L. nº 2015-994 du 17 août 2015, art. 52) ***« A compter du 1er juillet 2015, l'entreprise doit également relever d'un accord de branche comportant des engagements en faveur de l'alternance. L'accord collectif comporte des engagements qualitatifs et quantitatifs en matière de développement de l'apprentissage, notamment des objectifs chiffrés en matière d'embauche d'apprentis. »***

La région et *[ou]* la collectivité territoriale de Corse déterminent les modalités de versement.

Cette aide est ouverte aux entreprises à compter du 30 déc. 2014 pour les contrats d'apprentissage conclus à compter du 1er juill. 2014.

La prise en charge, par les régions et par la collectivité territoriale de Corse, de l'aide au recrutement des apprentis fait l'objet d'une compensation par l'État. Son montant est déterminé chaque année en fonction du nombre d'aides versées par les régions entre le 1er juill. de l'année n - 1 et le 30 juin de l'année n et sur la base de 1 000 € par contrat, pour les contrats d'apprentissage répondant aux conditions mentionnées à l'art. L. 6243-1-1 (L. n° 2014-1654 du 29 déc. 2014, art. 123-II et III).

Art. L. 6243-1-2 *(L. n° 2014-1545 du 20 déc. 2014, art. 3)* Le ministère chargé de l'emploi et de la formation professionnelle transmet à l'institution mentionnée à l'article L. 5312-1 du présent code la liste annuelle nominative des entreprises qui ont versé la contribution supplémentaire à l'apprentissage en application de l'article 1609 *quinvicies* du code général des impôts, à l'exclusion de toute information financière. Cette institution aide et conseille les entreprises mentionnées sur cette liste dans leur recrutement de jeunes ou d'adultes par la voie de l'apprentissage ou de la professionnalisation.

SECTION II **COTISATIONS DUES AU TITRE DE L'EMPLOI DES APPRENTIS** *(L. n° 2014-40 du 20 janv. 2014, art. 30).*

Art. L. 6243-2 *(L. n° 2014-40 du 20 janv. 2014, art. 30)* « I. – A l'exception des cotisations d'assurance vieillesse et veuvage de base, l'assiette des cotisations et contributions sociales dues » sur le salaire versé aux apprentis est égale à la rémunération après abattement d'un pourcentage, déterminé par décret, du salaire minimum de croissance.

(L. n° 2014-40 du 20 janv. 2014, art. 30) « II. – » Pour les employeurs inscrits au répertoire des métiers, ainsi que pour ceux employant moins de onze salariés au 31 décembre précédant la date de conclusion du contrat, non compris les apprentis, *(L. n° 2014-40 du 20 janv. 2014, art. 30)* « l'employeur est exonéré de » la totalité des cotisations sociales patronales et salariales d'origine légale et conventionnelle, à l'exclusion de celles dues au titre des accidents du travail et des maladies professionnelles.

Pour les employeurs autres que ceux mentionnés au deuxième alinéa, *(L. n° 2014-40 du 20 janv. 2014, art. 30)* « l'employeur est exonéré uniquement des » cotisations patronales de sécurité sociale, à l'exclusion de celles dues au titre des accidents du travail et des maladies professionnelles, *(L. n° 2014-40 du 20 janv. 2014, art. 30)* « et des cotisations » salariales d'origine légale et conventionnelle. — *[Anc. art. L. 118-5 et L. 118-6, al. 1, L. n° 87-572 du 23 juill. 1987, art. 18.] — V. art. D. 6243-5.*

Art. L. 6243-3 *(L. n° 2013-1203 du 23 déc. 2013, art. 20-I)* L'État prend en charge les cotisations et contributions sociales des apprentis qui font l'objet d'exonérations, dans les conditions suivantes :

1° Sur une base forfaitaire globale, pour les cotisations dues au titre des articles L. 3253-14, L. 5423-3 et L. 5424-15 ;

2° Sur la base d'un taux forfaitaire déterminé par décret, pour le versement pour les transports prévu aux articles L. 2333-64 et L. 2531-2 du code général des collectivités territoriales ;

3° Sur une base forfaitaire suivant des modalités déterminées par décret, pour les autres cotisations et contributions.

(L. n° 2014-40 du 20 janv. 2014, art. 30) « Le fonds mentionné à l'article L. 135-1 du code de la sécurité sociale prend à sa charge, dans des conditions fixées par décret, le versement d'un complément de cotisations d'assurance vieillesse afin de valider auprès des régimes de base un nombre de trimestres correspondant à la durée du contrat d'apprentissage. »

SECTION III **DISPOSITIONS D'APPLICATION**

Art. L. 6243-4 Un décret en Conseil d'État détermine les mesures d'application du présent chapitre, notamment :

(Abrogé par L. n° 2013-1278 du 29 déc. 2013, art. 140-II) « *1° **Le montant minimal de l'indemnité compensatrice forfaitaire prévue à l'article L. 6243-1 ;*** »

2° Les conditions dans lesquelles l'employeur reverse à la région les sommes indûment perçues en application du même article. – *[Anc. art. L. 118-7, al. 3 début et 4 et 5, L. 119-4, al. 2.]* – *V. art. R. 6243-1 s.*

CHAPITRE IV **DISPOSITIONS PÉNALES**

Art. L. 6244-1 Le fait, pour le responsable d'un des organismes collecteurs mentionnés aux articles L. 6242-1 et L. 6242-2, d'utiliser frauduleusement les fonds collectés est puni d'un emprisonnement de cinq ans et d'une amende de 37 500 €.

TITRE CINQUIÈME **INSPECTION ET CONTRÔLE DE L'APPRENTISSAGE**

CHAPITRE PREMIER **INSPECTION DE L'APPRENTISSAGE**

Art. L. 6251-1 Un décret en Conseil d'État détermine :

1° Les corps de fonctionnaires assurant l'inspection de l'apprentissage ;

2° Les conditions spécifiques dans lesquelles les missions de l'inspection de l'apprentissage sont exercées, notamment en matière de contrôle de la formation dispensée aux apprentis, tant dans les centres de formation d'apprentis que sur les lieux de travail. – *[Anc. art. L. 119-1, al. 1er début et 3.]* – *V. art. R. 6251-1 s.*

CHAPITRE II **CONTRÔLE**

SECTION PREMIÈRE **CONTRÔLE DES CENTRES DE FORMATION D'APPRENTIS**

Art. L. 6252-1 Les centres de formation d'apprentis sont soumis au contrôle pédagogique de l'État et au contrôle technique et financier de l'État pour les centres à recrutement national, de la région pour les autres centres. – *[Anc. art. L. 116-4, al. 1.]*

Art. L. 6252-2 Si les contrôles révèlent des insuffisances graves ou des manquements aux obligations résultant du présent code et des textes pris pour son application, ou de la convention prévue à l'article L. 6232-1, cette dernière peut être dénoncée par l'État ou la région.

Dans le cadre de ces contrôles, il est procédé à l'évaluation de l'application du principe de non-discrimination prévu à l'article L. 1132-1 à l'occasion du recrutement des apprentis. – *[Anc. art. L. 116-4, al. 2.]*

Art. L. 6252-3 La dénonciation de la convention entraîne la fermeture du centre.

L'État ou la région peut imposer à l'organisme gestionnaire l'achèvement des formations en cours.

Le cas échéant, l'État ou la région peut désigner un administrateur provisoire chargé d'assurer, pour le compte de l'organisme gestionnaire, l'achèvement des formations en cours. – *[Anc. art. L. 116-4, al. 3 et 4.]*

SECTION II **CONTRÔLE ADMINISTRATIF ET FINANCIER**

SOUS-SECTION 1 **OBJET DU CONTRÔLE ET FONCTIONNAIRES DE CONTRÔLE**

Art. L. 6252-4 L'État exerce un contrôle administratif et financier, dans les conditions et suivant la procédure prévue aux articles L. 6362-8 et suivants, sur :

1° Les organismes collecteurs de la taxe d'apprentissage mentionnés aux articles L. 6242-1 et L. 6242-2 en ce qui concerne les procédures de collecte et l'utilisation des ressources qu'ils collectent à ce titre ;

2° *(L. n° 2014-288 du 5 mars 2014, art. 34-I)* « Les organismes gestionnaires de centres de formation d'apprentis ainsi que les établissements bénéficiaires de fonds de l'apprentissage et de subventions versées, respectivement, par les organismes collecteurs de la taxe d'apprentissage et par les collectivités territoriales. » Ce contrôle porte sur l'origine et l'emploi des fonds versés par ces organismes ;

3° Les dépenses de fonctionnement des organismes gestionnaires de centres de formation d'apprentis prises en charge dans les conditions définies à l'article L. 6332-16 ;

(L. nº 2014-288 du 5 mars 2014, art. 34-I) « 4º Les entreprises et les établissements qui concluent une convention, en application des articles L. 6231-2 et L. 6231-3, avec les organismes ou les établissements mentionnés au 2º du présent article. Ce contrôle porte sur les moyens mis en œuvre pour assurer les prestations définies par la convention, sur la réalité de l'exécution de ces prestations ainsi que sur toutes les dépenses qui s'y rattachent et sur leur utilité. En cas de manquement, il est fait application de l'article L. 6252-12 ».

Art. L. 6252-4-1 *(L. nº 2011-893 du 28 juill. 2011)* Sans préjudice des prérogatives de l'administration fiscale résultant de l'article *(L. nº 2014-891 du 8 août 2014, art. 8-I)* « 1609 *quinvicies* » du code général des impôts, les agents chargés du contrôle de la formation professionnelle continue en application de l'article L. 6361-5 du présent code sont habilités à contrôler les informations déclarées par les entreprises aux organismes collecteurs de la taxe d'apprentissage mentionnés aux articles L. 6242-1 et L. 6242-2 au titre de la contribution supplémentaire à l'apprentissage prévue à l'article *(L. nº 2014-891 du 8 août 2014, art. 8-I)* « 1609 *quinvicies* » du code général des impôts, selon les procédures et sous peine des sanctions prévues au chapitre II du titre VI du livre III de la présente partie. Aux fins de ce contrôle, les entreprises remettent à ces agents tous documents et pièces justifiant le respect de leur obligation.

A défaut, les entreprises versent au comptable public, par décision de l'autorité administrative, les sommes mentionnées à la seconde phrase du V de l'article *(L. nº 2014-891 du 8 août 2014, art. 8-I)* « 1609 *quinvicies* » du code général des impôts. Ce versement est recouvré conformément à l'article L. 6252-10 du présent code.

Art. L. 6252-5 Le contrôle prévu au 1º de l'article L. 6252-4 est exercé par les agents de contrôle mentionnés à l'article L. 6361-5. – *[Anc. art. L. 119-1-1, al. 1er, phrase 2.]*

Art. L. 6252-6 Le contrôle prévu aux 2º *(L. nº 2014-288 du 5 mars 2014, art. 34-I)* « à 4º » de l'article L. 6252-4 est exercé concurremment par les corps d'inspection compétents en matière d'apprentissage et les agents de contrôle mentionnés à l'article L. 6361-5.

Lorsque le contrôle porte sur les établissements bénéficiaires des fonds de l'apprentissage mentionnés au 1º de l'article L. 6252-4, ils exercent leur mission en collaboration avec les agents des administrations compétentes à l'égard de ces établissements.

Des contrôles peuvent être réalisés conjointement. – *[Anc. art. L. 119-1-2, al. 4.]*

SOUS-SECTION 2 DÉROULEMENT DES OPÉRATIONS DE CONTRÔLE

Art. L. 6252-7 Les organismes collecteurs de la taxe d'apprentissage présentent aux agents de contrôle les documents et pièces établissant l'origine des fonds reçus et la réalité des emplois de fonds ainsi que la conformité de leur utilisation aux dispositions légales régissant leur activité.

A défaut, ces emplois de fonds sont regardés comme non conformes aux obligations résultant du présent livre. – *[Anc. art. L. 119-1-1, al. 4.]*

Art. L. 6252-7-1 *(L. nº 2014-288 du 5 mars 2014, art. 34-I)* Les employeurs, les organismes de sécurité sociale, les organismes collecteurs, les établissements et les entreprises mentionnés aux 1º, 2º et 4º de l'article L. 6252-4, l'institution mentionnée à l'article L. 5312-1, l'administration fiscale, les collectivités territoriales et les administrations qui financent l'apprentissage communiquent aux agents de contrôle mentionnés à l'article L. 6361-5 les renseignements nécessaires à l'accomplissement de leurs missions mentionnées aux articles L. 6252-4 et L. 6252-4-1.

Art. L. 6252-8 Les administrations compétentes pour réaliser des inspections administratives et financières dans les établissements bénéficiaires des fonds de l'apprentissage *(L. nº 2014-288 du 5 mars 2014, art. 34)* « , dans les organismes gestionnaires de centres de formation d'apprentis ainsi que dans les entreprises et les établissements mentionnés, respectivement, aux 2º, 3º et 4º de l'article L. 6252-4 » communiquent aux agents de contrôle mentionnés à l'article L. 6361-5 les renseignements et documents nécessaires à l'accomplissement de leur mission. – *[Anc. art. L. 119-1-2, al. 5.]*

Art. L. 6252-9 Les établissements bénéficiaires des fonds de l'apprentissage et les organismes gestionnaires de centres de formation d'apprentis présentent aux agents de contrôle mentionnés à l'article L. 6361-5 les documents et pièces établissant l'origine des fonds reçus, la nature, la réalité et le bien-fondé des dépenses exposées ainsi que la conformité de leur utilisation aux dispositions légales régissant leur activité.

(L. n° 2014-288 du 5 mars 2014, art. 34-I) « Les entreprises et les établissements mentionnés au 4° de l'article L. 6252-4 présentent également aux agents de contrôle mentionnés au premier alinéa du présent article tous les documents et pièces relatifs aux moyens mis en œuvre et aux charges se rattachant aux activités d'enseignement qu'ils assurent et qu'ils facturent à ce titre. »

SECTION III **SANCTIONS**

Art. L. 6252-10 Sur décision de l'autorité administrative, les sommes indûment collectées, utilisées ou conservées et celles correspondant à des emplois de fonds non conformes aux obligations résultant du présent livre donnent lieu à un versement d'égal montant au Trésor public.

Ce versement est recouvré par le Trésor public selon les modalités ainsi que sous les sûretés, garanties et pénalités applicables aux taxes sur le chiffre d'affaires.

Les sanctions prévues aux articles 1741 et 1750 du code général des impôts sont applicables. – *[Anc. art. L. 119-1-1, al. 6 et 7.]*

Art. L. 6252-11 Les manquements aux dispositions légales applicables aux organismes collecteurs de la taxe d'apprentissage ou aux conditions prévues par la décision d'habilitation prise en application de l'article L. 6242-1 dans le cadre de la procédure de contrôle mentionnée à l'article L. 6252-4 peuvent donner lieu à une mise en demeure ou à un retrait de l'habilitation par l'autorité administrative compétente. – *[Anc. art. L. 119-1-1, al. 8.]*

Art. L. 6252-12 Les fonds indûment reçus, utilisés ou conservés, les dépenses et les prises en charge non justifiées ne sont pas admis par l'autorité administrative et donnent lieu à rejet.

Sur décision de cette dernière, les établissements bénéficiaires des fonds de l'apprentissage *(L. n° 2014-288 du 5 mars 2014, art. 34-I)* « , les organismes gestionnaires des centres de formation d'apprentis, les entreprises et les établissements mentionnés aux 2° à 4° de l'article L. 6252-4 » versent au Trésor public une somme égale au montant des rejets.

Ces versements au Trésor public sont recouvrés selon les modalités ainsi que sous les sûretés, garanties et pénalités applicables aux taxes sur le chiffre d'affaires.

Les sanctions prévues aux articles 1741 et 1750 du code général des impôts sont applicables. – *[Anc. art. L. 119-1-2, al. 7, phrases 1 à 3, et al. 8 et 9.]*

SECTION IV **DISPOSITIONS D'APPLICATION**

Art. L. 6252-13 Un décret en Conseil d'État détermine les mesures d'application du présent chapitre. – *[Anc. art. L. 119-4, al. 2.]*

CHAPITRE III **DISPOSITIONS PÉNALES**

Le présent chapitre ne comprend pas de dispositions législatives.

TITRE SIXIÈME **DISPOSITIONS PARTICULIÈRES AUX DÉPARTEMENTS DE LA MOSELLE, DU BAS-RHIN ET DU HAUT-RHIN**

CHAPITRE UNIQUE

Art. L. 6261-1 Dans les départements de la Moselle, du Bas-Rhin et du Haut-Rhin, les dispositions des articles L. 6243-2 et L. 6243-3 sont applicables aux employeurs inscrits au registre des entreprises. – *[Anc. art. L. 118-6.]*

L'art. L. 6261-1 continue de s'appliquer, pendant l'année au titre de laquelle cet effectif est atteint ou dépassé et pendant les deux années suivantes, aux employeurs qui, en raison de l'accroissement de leurs effectifs, atteignent ou dépassent au titre de l'année 2008, 2009 ou 2010, pour la première fois, l'effectif de onze salariés (L. n° 2008-776 du 4 août 2008, art. 48-III).

Art. L. 6261-2 Dans les départements de la Moselle, du Bas-Rhin et du Haut-Rhin, un décret en Conseil d'État détermine les modalités particulières d'application du présent livre pour tenir compte des circonstances locales. – *[Anc. art. L. 119-4, al. 4.]*

LIVRE TROISIÈME **LA FORMATION PROFESSIONNELLE CONTINUE**

TITRE PREMIER **DISPOSITIONS GÉNÉRALES**

CHAPITRE PREMIER **OBJET DE LA FORMATION PROFESSIONNELLE CONTINUE**

Art. L. 6311-1 La formation professionnelle continue a pour objet de favoriser l'insertion ou la réinsertion professionnelle des travailleurs, de permettre leur maintien dans l'emploi, de favoriser le développement de leurs compétences et l'accès aux différents niveaux de la qualification professionnelle, de contribuer au développement économique et culturel *(L. n° 2009-1437 du 24 nov. 2009)* « , à la sécurisation des parcours professionnels » et à leur promotion sociale.

Elle a également pour objet de permettre le retour à l'emploi des personnes qui ont interrompu leur activité professionnelle pour s'occuper de leurs enfants ou de leur conjoint ou ascendants en situation de dépendance. – *[Anc. art. L. 900-1, al. 2 à 4.]*

CHAPITRE II **ACCÈS À LA FORMATION PROFESSIONNELLE CONTINUE**

Art. L. 6312-1 L'accès des salariés à des actions de formation professionnelle continue est assuré :

1° A l'initiative de l'employeur, le cas échéant, dans le cadre d'un plan de formation ;

2° A l'initiative du salarié notamment *(L. n° 2014-288 du 5 mars 2014, art. 1er-I)* « par la mobilisation du compte personnel de formation prévu à l'article L. 6323-1 et » dans le cadre du congé individuel de formation défini à l'article L. 6322-1 ;

(Abrogé par L. n° 2014-288 du 5 mars 2014, art. 1er-I) « 3° A l'initiative du salarié avec l'accord de son employeur dans le cadre du droit individuel à la formation prévu à l'article L. 6323-1 ; »

3° Dans le cadre des périodes de professionnalisation prévues à l'article L. 6324-1 ;

4° Dans le cadre des contrats de professionnalisation prévus à l'article L. 6325-1.

Les 4° et 5° deviennent les 3° et 4° (L. n° 2014-288 du 5 mars 2014, art. 1er-I).

Art. L. 6312-2 Les travailleurs indépendants, les membres des professions libérales et des professions non salariées, y compris ceux n'employant aucun salarié, ainsi que leur conjoint collaborateur ou leur conjoint associé mentionné à l'article L. 121-4 du code de commerce, bénéficient personnellement du droit à la formation professionnelle continue.

Le même droit est ouvert aux travailleurs privés d'emploi. – *[Anc. art. L. 953-1, al. 1er.]*

CHAPITRE III **CATÉGORIES D'ACTIONS DE FORMATION**

Art. L. 6313-1 Les actions de formation qui entrent dans le champ d'application des dispositions relatives à la formation professionnelle continue sont :

1° Les actions de préformation et de préparation à la vie professionnelle ;

2° Les actions d'adaptation et de développement des compétences des salariés ;

(L. n° 2014-873 du 4 août 2014, art. 6) « 2° *bis* Les actions de promotion de la mixité dans les entreprises, de sensibilisation à la lutte contre les stéréotypes sexistes et pour l'égalité professionnelle entre les femmes et les hommes ; »

3° Les actions de promotion professionnelle ;

4° Les actions de prévention ;

5° Les actions de conversion ;

6° Les actions d'acquisition, d'entretien ou de perfectionnement des connaissances ;

7° Les actions de formation continue relative à la radioprotection des personnes prévues à l'article L. 1333-11 du code de la santé publique ;

8° Les actions de formation relatives à l'économie *(L. n° 2008-1258 du 3 déc. 2008, art. 5)* « et à la gestion » de l'entreprise ;

9° Les actions de formation relatives à l'intéressement, à la participation et aux dispositifs d'épargne salariale et d'actionnariat salarié ;

10° Les actions permettant de réaliser un bilan de compétences ;

11° Les actions permettant aux travailleurs de faire valider les acquis de leur expérience ;

12° Les actions d'accompagnement, d'information et de conseil dispensées aux créateurs ou repreneurs d'entreprises *(L. n° 2009-1437 du 24 nov. 2009)* « agricoles, » artisanales, commerciales ou libérales, exerçant ou non une activité ;

13° Les actions de lutte contre l'illettrisme et l'apprentissage de la langue française ;

(L. n° 2015-992 du 17 août 2015, art. 182-I) « 14° Les actions de formation continue relatives au développement durable et à la transition énergétique. »

(L. n° 2009-1437 du 24 nov. 2009) « Entre également dans le champ d'application des dispositions relatives à la formation professionnelle continue la participation *(L. n° 2016-1088 du 8 août 2016, art. 75)* « d'un salarié, d'un travailleur non salarié ou d'un retraité » à un jury d'examen ou de validation des acquis de l'expérience mentionné *(L. n° 2016-1088 du 8 août 2016, art. 9)* « au dernier alinéa de l'article L. 3142-42 » lorsque ce jury intervient pour délivrer des certifications professionnelles inscrites au répertoire national des certifications professionnelles dans les conditions prévues à l'article L. 335-6 du code de l'éducation. » — *V.* ***Addendum.***

Sur la formation économique et financière des salariés bénéficiaires d'une distribution d'actions réalisée en application de la L. n° 80-834 du 24 oct. 1980, V. l'art. 13 de cette loi (D. et BLD 1980. 381), et l'art. 12 du Décr. n° 80-935 du 26 nov. 1980 (D. et BLD 1980. 419) fixant les modalités d'application de cette loi. — ***C. sociétés.***

Les actions qui tendent à favoriser ou permettre l'adaptation des salariés à l'évolution de leurs emplois, entrent dans le champ d'application de l'article L. 932-2 et constituent un temps de travail effectif. • Soc. 11 juill. 2007 : *D. 2007. AJ 2167 ; RDT 2007. 733, obs. Véricel ; RJS 2007. 803, note Gosselin.*

Art. L. 6313-2 Les actions de préformation et de préparation à la vie professionnelle ont pour objet de permettre à toute personne, sans qualification professionnelle et sans contrat de travail, d'atteindre le niveau nécessaire pour suivre un stage de formation professionnelle ou pour entrer directement dans la vie professionnelle. — *[Anc. art. L. 900-2, al. 2.]*

Art. L. 6313-3 Les actions d'adaptation et de développement des compétences des salariés ont pour objet de favoriser leur adaptation au poste de travail, à l'évolution des emplois, ainsi que leur maintien dans l'emploi, et de participer au développement de leurs compétences. — *[Anc. art. L. 900-2, al. 3.]*

Art. L. 6313-4 Les actions de promotion professionnelle ont pour objet de permettre à des travailleurs d'acquérir une qualification plus élevée. — *[Anc. art. L. 900-2, al. 4.]*

Art. L. 6313-5 Les actions de prévention ont pour objet de réduire, pour les salariés dont l'emploi est menacé, les risques résultant d'une qualification inadaptée à l'évolution des techniques et des structures des entreprises, en les préparant à une mutation d'activité, soit dans le cadre, soit en dehors de leur entreprise. — *[Anc. art. L. 900-2, al. 5.]*

Art. L. 6313-6 Les actions de conversion ont pour objet de permettre à des salariés dont le contrat de travail est rompu d'accéder à des emplois exigeant une qualification différente, ou à des non-salariés d'accéder à de nouvelles activités professionnelles. — *[Anc. art. L. 900-2, al. 6.]*

Art. L. 6313-7 Les actions d'acquisition, d'entretien ou de perfectionnement des connaissances ont pour objet d'offrir aux travailleurs les moyens d'accéder à la culture, de maintenir ou de parfaire leur qualification et leur niveau culturel ainsi que d'assumer des responsabilités accrues dans la vie associative. — *[Anc. art. L. 900-2, al. 7.]*

Art. L. 6313-8 Les actions de formation continue relatives à la radioprotection des personnes exposées dans les conditions de l'article L. 1333-11 du code de la santé publique ont pour objet la formation théorique et pratique des professionnels pratiquant les actes prévus à cet article. – *[Anc. art. L. 900-2, al. 8.]*

Art. L. 6313-9 Les actions de formation relatives à l'économie de l'entreprise ont notamment pour objet la compréhension par les salariés du fonctionnement et des enjeux de l'entreprise. – *[Anc. art. L. 900-2, al. 9.]*

Art. L. 6313-10 Les actions permettant de réaliser un bilan de compétences ont pour objet de permettre à des travailleurs d'analyser leurs compétences professionnelles et personnelles ainsi que leurs aptitudes et leurs motivations afin de définir un projet professionnel et, le cas échéant, un projet de formation.

Ce bilan ne peut être réalisé qu'avec le consentement du travailleur. Le refus d'un salarié d'y consentir ne constitue ni une faute ni un motif de licenciement.

Les informations demandées au bénéficiaire du bilan doivent présenter un lien direct et nécessaire avec son objet. Le bénéficiaire est tenu d'y répondre de bonne foi. Il est seul destinataire des résultats détaillés et d'un document de synthèse qui ne peuvent être communiqués à un tiers qu'avec son accord.

Les personnes chargées de réaliser et de détenir les bilans sont soumises aux dispositions des articles 226-13 et 226-14 du code pénal en ce qui concerne les informations qu'elles détiennent à ce titre. – *[Anc. art. L. 900-2, al. 11, et L. 900-4-1.]*

Art. L. 6313-11 Les actions permettant aux travailleurs de faire valider les acquis de leur expérience ont pour objet l'acquisition d'un diplôme, d'un titre à finalité professionnelle ou d'un certificat de qualification figurant sur une liste établie par la commission paritaire nationale de l'emploi d'une branche professionnelle et enregistrés dans le répertoire national des certifications professionnelles mentionné à l'article L. 335-6 du code de l'éducation. – *[Anc. art. L. 900-2, al. 12.]*

Art. L. 6313-12 *(L. n° 2009-1437 du 24 nov. 2009)* Les dépenses afférentes à la participation d'un salarié à un jury d'examen ou de validation des acquis de l'expérience mentionné au dernier alinéa de l'article L. 6313-1 couvrent, selon des modalités fixées par accord de branche ou par accord collectif conclu entre les organisations syndicales de salariés et d'employeurs signataires de l'accord constitutif d'un organisme collecteur paritaire agréé interprofessionnel :

1° Les frais de transport, d'hébergement et de restauration ;

2° La rémunération du salarié ;

3° Les cotisations sociales obligatoires ou conventionnelles qui s'y rattachent ;

4° Le cas échéant, la taxe sur les salaires qui s'y rattache.

Pour les travailleurs indépendants, les membres des professions libérales et des professions non salariées, une indemnité forfaitaire ainsi que le remboursement des frais de transport, d'hébergement et de restauration pour la participation à un jury d'examen ou de validation des acquis de l'expérience mentionné au dernier alinéa de l'article L. 6313-1 peuvent être pris en charge par les fonds d'assurance formation de non-salariés mentionnés à l'article L. 6332-9.

(L. n° 2016-1088 du 8 août 2016, art. 75) « Pour les retraités, le remboursement des frais de transport, d'hébergement et de restauration pour la participation à un jury d'examen ou de validation des acquis de l'expérience mentionné au dernier alinéa de l'article L. 6313-1 peut être pris en charge par les organismes collecteurs paritaires agréés mentionnés à l'article L. 6332-14, selon les modalités fixées par accord de branche. »

Art. L. 6313-13 *(L. n° 2014-288 du 5 mars 2014, art. 5-I)* Les formations destinées à permettre aux bénévoles du mouvement coopératif, associatif ou mutualiste et aux volontaires en service civique d'acquérir les compétences nécessaires à l'exercice de leurs missions sont considérées comme des actions de formation.

Art. L. 6313-14 *(L. n° 2014-288 du 5 mars 2014, art. 5-I)* Les formations destinées aux salariés en arrêt de travail et organisées dans le cadre des articles L. 323-3-1 et L. 433-1 du code de la sécurité sociale sont considérées comme des actions de formation. Elles peuvent faire l'objet, à la demande du salarié, d'une prise en charge, par les organismes collecteurs paritaires agréés, de tout ou partie des coûts pédagogiques ainsi que, le cas échéant, des frais de transport, de garde d'enfant, de repas et d'hébergement nécessités par la formation.

Art. L. 6313-15 *(L. n° 2015-992 du 17 août 2015, art. 182-I)* Les actions de formation continue relatives au développement durable et à la transition énergétique ont pour objet de permettre l'acquisition des compétences nécessaires à la connaissance des techniques de mise en œuvre et de maintenance des énergies renouvelables, ainsi que des dispositifs d'efficacité énergétique et de recyclage.

CHAPITRE IV **DROIT À LA QUALIFICATION PROFESSIONNELLE** *(L. n° 2014-288 du 5 mars 2014, art. 22-III, en vigueur le 1er janv. 2015).*

Art. L. 6314-1 Tout travailleur engagé dans la vie active ou toute personne qui s'y engage a droit à *(L. n° 2014-288 du 5 mars 2014, art. 22)* « la qualification professionnelle » et doit pouvoir suivre, à son initiative, une formation lui permettant, quel que soit son statut, *(L. n° 2009-1437 du 24 nov. 2009)* « de progresser au cours de sa vie professionnelle d'au moins un niveau en acquérant » une qualification correspondant aux besoins de l'économie prévisibles à court ou moyen terme :

1° Soit enregistrée dans le répertoire national des certifications professionnelles prévu à l'article L. 335-6 du code de l'éducation ;

2° Soit reconnue dans les classifications d'une convention collective nationale de branche ;

3° *(L. n° 2014-288 du 5 mars 2014, art. 1er-I, en vigueur le 1er janv. 2015)* « Soit ouvrant droit à un certificat de qualification professionnelle de branche ou interbranche ».

V. note ss. art. L. 6111-3.

Art. L. 6314-2 *(L. n° 2009-1437 du 24 nov. 2009)* Les certificats de qualification professionnelle sont établis par une ou plusieurs commissions paritaires nationales de l'emploi d'une branche professionnelle.

Ils s'appuient, d'une part, sur un référentiel d'activités qui permet d'analyser les situations de travail et d'en déduire les connaissances et les compétences nécessaires et, d'autre part, sur un référentiel de certification qui définit les modalités et les critères d'évaluation des acquis.

Les certificats de qualification professionnelle ainsi que les référentiels mentionnés à l'alinéa précédent sont transmis à la Commission nationale de la certification professionnelle.

Art. L. 6314-3 *Abrogé par L. n° 2014-288 du 5 mars 2014, art. 22-IV.*

CHAPITRE V **ENTRETIEN PROFESSIONNEL**

(L. n° 2014-288 du 5 mars 2014, art. 5-I)

Art. L. 6315-1 I. — A l'occasion de son embauche, le salarié est informé qu'il bénéficie tous les deux ans d'un entretien professionnel avec son employeur consacré à ses perspectives d'évolution professionnelle, notamment en termes de qualifications et d'emploi. Cet entretien ne porte pas sur l'évaluation du travail du salarié. *(L. n° 2016-1088 du 8 août 2016, art. 78)* « Cet entretien comporte également des informations relatives à la validation des acquis de l'expérience. »

Cet entretien professionnel, qui donne lieu à la rédaction d'un document dont une copie est remise au salarié, est proposé systématiquement au salarié qui reprend son activité à l'issue d'un congé de maternité, d'un congé parental d'éducation, d'un *(L. n° 2016-1088 du 8 août 2016, art. 9)* « congé de proche aidant », d'un congé d'adoption, d'un congé sabbatique, d'une période de mobilité volontaire sécurisée mentionnée à l'article L. 1222-12, d'une période d'activité à temps partiel au sens de l'article L. 1225-47 du présent code, d'un arrêt longue maladie prévu à l'article L. 324-1 du code de la sécurité sociale ou à l'issue d'un mandat syndical.

II. — Tous les six ans, l'entretien professionnel mentionné au I du présent article fait un état des lieux récapitulatif du parcours professionnel du salarié. Cette durée s'apprécie par référence à l'ancienneté du salarié dans l'entreprise.

Cet état des lieux, qui donne lieu à la rédaction d'un document dont une copie est remise au salarié, permet de vérifier que le salarié a bénéficié au cours des six dernières années des entretiens professionnels prévus au I et d'apprécier s'il a :

1° Suivi au moins une action de formation ;

2° Acquis des éléments de certification par la formation ou par une validation des acquis de son expérience ;

3° Bénéficié d'une progression salariale ou professionnelle.

Dans les entreprises d'au moins cinquante salariés, lorsque, au cours de ces six années, le salarié n'a pas bénéficié des entretiens prévus et d'au moins deux des trois mesures mentionnées aux 1° à 3° du présent II, son compte personnel est abondé dans les conditions définies à l'article L. 6323-13.

CHAPITRE VI **QUALITÉ DES ACTIONS DE LA FORMATION PROFESSIONNELLE CONTINUE**

(L. n° 2014-288 du 5 mars 2014, art. 8)

Art. L. 6316-1 Les organismes collecteurs paritaires agréés mentionnés à l'article L. 6332-1, les organismes paritaires agréés mentionnés à l'article L. 6333-1, l'État, les régions, Pôle emploi et l'institution mentionnée à l'article L. 5214-1 s'assurent, lorsqu'ils financent une action de formation professionnelle continue et sur la base de critères définis par décret en Conseil d'État, de la capacité du prestataire de formation mentionné à l'article L. 6351-1 à dispenser une formation de qualité.

TITRE DEUXIÈME **DISPOSITIFS DE FORMATION PROFESSIONNELLE CONTINUE**

CHAPITRE PREMIER **FORMATIONS À L'INITIATIVE DE L'EMPLOYEUR ET PLAN DE FORMATION**

SECTION PREMIÈRE **OBLIGATIONS DE L'EMPLOYEUR ET PLAN DE FORMATION**

Art. L. 6321-1 L'employeur assure l'adaptation des salariés à leur poste de travail.

Il veille au maintien de leur capacité à occuper un emploi, au regard notamment de l'évolution des emplois, des technologies et des organisations.

(Abrogé par L. n° 2014-288 du 5 mars 2014, art. 5-I) (L. n° 2009-1437 du 24 nov. 2009) « ***Dans les entreprises et les groupes d'entreprises au sens de l'article L. 2331-1 employant au moins cinquante salariés, il organise pour chacun de ses salariés dans l'année qui suit leur quarante-cinquième anniversaire un entretien professionnel au cours duquel il informe le salarié notamment sur ses droits en matière d'accès à un bilan d'étape professionnel, à un bilan de compétences ou à une action de professionnalisation.*** »

Il peut proposer des formations qui participent au développement des compétences, *(L. n° 2016-1321 du 7 oct. 2016, art. 109)* « y compris numériques, » ainsi qu'à la lutte contre l'illettrisme *(L. n° 2016-1088 du 8 août 2016, art. 40)* « , notamment des actions d'évaluation et de formation permettant l'accès au socle de connaissances et de compétences défini par décret ».

Les actions de formation mises en œuvre à ces fins sont prévues, le cas échéant, par le plan de formation mentionné au 1° de l'article L. 6312-1. *(L. n° 2016-1088 du 8 août 2016, art. 40)* « Elles peuvent permettre d'obtenir une partie identifiée de certification professionnelle, classée au sein du répertoire national des certifications professionnelles et visant à l'acquisition d'un bloc de compétences. »

1. Obligation d'adaptation. Le manquement de l'employeur à son obligation d'assurer l'adaptation des salariés à leur poste de travail et de veiller au maintien de leur capacité à occuper un emploi entraîne un préjudice distinct de celui résultant de la rupture. • Soc. 23 oct. 2007 : *D. 2007. AJ 2874, obs. Perrin ; RDT 2008. 33, obs. Fabre ; Dr. soc. 2008. 126, obs. Savatier ; Sem. soc. Lamy 2007, n° 1334, p. 10.* ♦ Le fait de ne pas faire bénéficier les salariés d'une formation pendant toute la durée de l'emploi établit un manquement de l'employeur à son obligation de maintien de leur capacité à occuper un emploi ; il appartient au juge d'évaluer le préjudice subi par les salariés. • Soc. 2 mars 2010 : *Dr. ouvrier 2010. 537, obs. Mazières ; Dr. soc. 2010. 714, obs. Barthélémy*. ♦ De même s'agissant d'un employeur qui n'a fait bénéficier son salarié d'aucune formation en seize ans. • Soc. 5 juin 2013 : *Dalloz actualité, 4 juill. 2013, obs. Peyronnet ; Sem. soc. Lamy 2013, n° 1589, p. 12, obs. Champeaux ; JS Lamy 2013, n° 348-3, obs. Hautefort ; JCP S 2013. 1322, obs. Cailloux-Meurice.* ♦ L'employeur a l'obligation de veiller au maintien de la capacité des salariés à occuper un emploi, même si les salariés n'ont formulé aucune demande de formation au cours de l'exécution de leur contrat de travail. • Soc. 18 juin 2014 : *Dalloz actualité, 10 juill. 2014, obs. Peyronnet ; D. 2014. Actu. 1386 ; RJS 2014. 614, n° 718 ; JS Lamy 2014, n° 371-4.*

2. Obtention d'une formation qualifiante. L'employeur d'un salarié qui a suivi la formation qualifiante exigée doit lui faire bénéficier de la qualification qu'il a obtenue par la validation des acquis de l'expérience. • Soc. 13 juill. 2010 : *JCP S 2010. 1386, obs. Favennec-Héry ; RJS 2010. 663, n° 717.*

SECTION II **RÉGIMES APPLICABLES AUX HEURES DE FORMATION**

SOUS-SECTION 1 **ACTIONS D'ADAPTATION AU POSTE DE TRAVAIL OU LIÉES À L'ÉVOLUTION OU AU MAINTIEN DANS L'EMPLOI** *(L. n° 2009-1437 du 24 nov. 2009, art. 8).*

Art. L. 6321-2 *(L. n° 2009-1437 du 24 nov. 2009)* **Toute action de formation suivie par un salarié pour assurer son adaptation au poste de travail ou liée à l'évolution ou au maintien dans l'emploi dans l'entreprise constitue un temps de travail effectif et donne lieu pendant sa réalisation au maintien par l'entreprise de la rémunération.**

1. Travail effectif. Constitue un trouble manifestement illicite l'imputation sur un compte épargne formation individuel, créé par un accord collectif, d'actions de formation, quelle que soit leur nature, qui n'ont pas été demandées par le salarié, alors que, selon cet accord et les dispositions de l'article L. 932-2 alors applicables, le temps passé par le salarié pour assurer son adaptation à son poste de travail est un temps de travail effectif. • Soc. 16 janv. 2008 : *RDT 2008. 245, obs. Vérícel ; RJS 2008. 362, n° 464.*

2. Clause de dédit-formation. La clause de dédit-formation, qui prévoit qu'en cas de départ prématuré, le salarié devra rembourser les rémunérations qu'il a perçues durant sa formation, est nulle. • Soc. 23 oct. 2013 : *D. 2013. Actu. 2527 ; JS Lamy 2013, n° 355-356-3, obs. Lhernould ; RJS 1/2014, n° 65.*

SOUS-SECTION 2 *[ABROGÉE]* **ACTIONS LIÉES À L'ÉVOLUTION DES EMPLOIS OU PARTICIPANT AU MAINTIEN DANS L'EMPLOI**

(Abrogée par L. n° 2009-1437 du 24 nov. 2009, art. 8)

Art. L. 6321-3 *à* L. 6321-5 *Abrogés par L. n° 2009-1437 du 24 nov. 2009, art. 8.*

SOUS-SECTION 3 **ACTIONS DE DÉVELOPPEMENT DES COMPÉTENCES**

Art. L. 6321-6 Les actions de formation ayant pour objet le développement des compétences des salariés peuvent, en application d'un accord entre le salarié et l'employeur, se dérouler hors du temps de travail effectif :

1° Soit dans la limite de quatre-vingts heures par an et par salarié ;

2° Soit, pour les salariés dont la durée de travail est fixée par une convention de forfait en jours ou en heures sur l'année, dans la limite de 5% du forfait.

Cet accord est formalisé et peut être dénoncé dans des conditions déterminées par décret en Conseil d'État. — *[Anc. art. L. 932-1, III, al. 1.] — V. art. R. 6251-1 s.*

Art. L. 6321-7 Le refus du salarié de participer à des actions de formation de développement des compétences ou la dénonciation de l'accord dans les conditions prévues à l'article L. 6321-6, ne constitue ni une faute ni un motif de licenciement. — *[Anc. art. L. 932-1, III, al. 4.]*

Art. L. 6321-8 Lorsque *(L. n° 2014-288 du 5 mars 2014, art. 5-I)* **« le salarié suit une action de formation dans le cadre du plan de formation ayant pour objet le développement des compétences », l'entreprise définit avec le salarié, avant son départ en formation, la nature des engagements auxquels elle souscrit dès lors que l'intéressé aura suivi avec assiduité la formation et satisfait aux évaluations prévues.**

Les engagements de l'entreprise portent sur :

1° Les conditions dans lesquelles le salarié accède en priorité, dans un délai d'un an, à l'issue de la formation aux fonctions disponibles correspondant aux connaissances ainsi acquises et sur l'attribution de la classification correspondant à l'emploi occupé ;

2° Les modalités de prise en compte des efforts accomplis par le salarié. – *[Anc. art. L. 932-1-IV.]*

Art. L. 6321-9 *Abrogé par L. n° 2009-1437 du 24 nov. 2009, art. 8.*

Art. L. 6321-10 Les heures de formation accomplies en dehors du temps de travail, en application de la présente sous-section et ayant pour objet le développement des compétences des salariés donnent lieu au versement par l'entreprise d'une allocation de formation dont le montant est égal à un pourcentage de la rémunération nette de référence du salarié concerné.

Ce pourcentage et les modalités de détermination du salaire horaire de référence sont fixés par décret. – *[Anc. art. L. 932-1, III, al. 2, phrases 1 et 2.] – V. art. D. 6321-6.*

Art. L. 6321-11 Pendant la durée de la formation accomplie en dehors du temps de travail, le salarié bénéficie de la législation de la sécurité sociale relative à la protection en matière d'accidents du travail et de maladies professionnelles. – *[Anc. art. L. 932-1, III, al. 3, phrase 2.]*

Art. L. 6321-12 Pour l'application de la législation de sécurité sociale, l'allocation de formation et, le cas échéant, sa majoration ne revêtent pas le caractère de rémunération au sens de l'article L. 3221-3, de l'article L. 741-10 du code rural et de la pêche maritime et de l'article L. 242-1 du code de la sécurité sociale. – *[Anc. art. L. 932-1, III, al. 2, phrase 3, et L. 932-1, III, al. 5, phrase 2.]*

SECTION III **ACTIONS DE FORMATION DU SALARIÉ OCCUPANT UN EMPLOI SAISONNIER**

Art. L. 6321-13 Sans préjudice des dispositions de la section II, lorsque, en application d'une convention ou d'un accord collectif étendu ou du contrat de travail, l'employeur s'engage à reconduire le contrat d'un salarié occupant un emploi à caractère saisonnier *(L. n° 2016-1088 du 8 août 2016, art. 86)* « défini au 3° de l'article L. 1242-2 » pour la saison suivante, un contrat de travail à durée déterminée peut être conclu, sur le fondement de l'article L. 1242-3, pour permettre au salarié de participer à une action de formation prévue au plan de formation de l'entreprise. La durée du contrat est égale à la durée prévue de l'action de formation.

Pour la détermination de la rémunération perçue par le salarié, les fonctions mentionnées à l'article L. 1242-15 sont celles que le salarié doit exercer au cours de la saison suivante.

(L. n° 2016-1088 du 8 août 2016, art. 86) « Les saisonniers pour lesquels l'employeur s'engage à reconduire le contrat la saison suivante, en application d'un accord de branche ou d'entreprise ou du contrat de travail, peuvent également bénéficier, pendant leur contrat, de périodes de professionnalisation, selon les modalités définies au chapitre IV du présent titre. »

Art. L. 6321-14 Une convention ou un accord collectif de travail étendu détermine les conditions dans lesquelles l'employeur propose au salarié de participer à une action de formation et, en particulier, dans quel délai avant le début de la formation cette proposition doit être faite. – *[Anc. art. L. 932-1-1, al. 3.]*

Art. L. 6321-15 Le refus du salarié de participer à une action de formation dans les conditions fixées à la présente section n'exonère pas l'employeur de son obligation de reconduction du contrat pour la saison suivante. – *[Anc. art. L. 932-1-1, al. 4.]*

SECTION IV **SECTEUR PUBLIC**

Art. L. 6321-16 Dans les entreprises mentionnées à l'article 1er de la loi n° 83-675 du 26 juillet 1983 relative à la démocratisation du secteur public, tout plan de formation contient un programme d'actions, notamment avec le service public de l'éducation, portant notamment sur l'accueil d'élèves et de stagiaires dans l'entreprise, la formation dispensée au personnel de l'entreprise par les établissements d'enseignement et un programme de collaboration dans le domaine de la recherche scientifique et technique. – *[Anc. art. L. 934-4, al. 7, phrase 2.]*

CHAPITRE II FORMATIONS À L'INITIATIVE DU SALARIÉ

BIBL. GÉN. ▶ BELLENGER, *Dr. soc. 1978. 239.* – DÉJEAN, *ibid. 1986. 524.* – DOUNOT-SOBRAQUES, *Gaz. Pal. 1979. 1. Doctr. 337.* – LASSERRE, *Dr. soc. 1986. 471* (pouvoir de l'inspecteur du travail). – LUTTRINGER, *ibid. 1975. 33* (droit au congé de formation) ; *ibid. 1979, n° spéc. févr., 4* (évolution du système français). – SAINT-JEVIN, *ibid. 1981. 213* (rôle de l'inspecteur du travail).

SECTION PREMIÈRE CONGÉ INDIVIDUEL DE FORMATION

SOUS-SECTION 1 OBJET

Art. L. 6322-1 Le congé individuel de formation a pour objet de permettre à tout salarié, au cours de sa vie professionnelle, de suivre à son initiative et à titre individuel, des actions de formation, indépendamment de sa participation aux stages compris, le cas échéant, dans le plan de formation de l'entreprise dans laquelle il exerce son activité.

Ces actions de formation doivent permettre au salarié :

1° D'accéder à un niveau supérieur de qualification ;

2° De changer d'activité ou de profession ;

3° De s'ouvrir plus largement à la culture, à la vie sociale et à l'exercice des responsabilités associatives bénévoles. – *[Anc. art. L. 931-1, al. 1er et 2, phrase 1.]*

Art. L. 6322-2 Les actions de formation du congé individuel de formation s'accomplissent en tout ou partie pendant le temps de travail. – *[Anc. art. L. 931-1, al. 2, phrase 2.]*

Art. L. 6322-3 Le congé individuel de formation peut également être accordé à un salarié pour préparer et pour passer un examen pour l'obtention d'un titre ou diplôme enregistré dans le répertoire national des certifications professionnelles, dans les conditions prévues au II de l'article L. 335-6 du code de l'éducation. – *[Anc. art. L. 931-1, al. 3.]*

SOUS-SECTION 2 CONDITIONS D'OUVERTURE

Art. L. 6322-4 Le salarié a droit, sur demande adressée à son employeur, à un congé individuel de formation pour suivre des actions de formation du type de celles mentionnées à l'article L. 6313-1.

Pour bénéficier de ce congé, le salarié doit justifier d'une ancienneté minimale en qualité de salarié, déterminée par décret en Conseil d'État. – *[Anc. art. L. 931-2, al. 1er et 2 début.] – V. art. R. 6322-1.*

Art. L. 6322-5 Pour bénéficier d'un congé individuel de formation, le salarié d'une entreprise artisanale de moins de *(L. n° 2016-1088 du 8 août 2016, art. 80)* « onze » salariés doit justifier d'une ancienneté minimale en qualité de salarié, déterminée par décret en Conseil d'État.

La condition d'ancienneté n'est pas exigée du salarié qui a changé d'emploi à la suite d'un licenciement pour motif économique et qui n'a pas suivi un stage de formation entre le moment de son licenciement et celui de son réemploi. – *[Anc. art. L. 931-2, al. 3 début et 4.] – V. art. R. 6322-2.*

Art. L. 6322-6 Le bénéfice du congé individuel de formation demandé est de droit, sauf dans le cas où l'employeur estime, après avis du comité d'entreprise ou, s'il n'en existe pas, des délégués du personnel, que cette absence pourrait avoir des conséquences préjudiciables à la production et à la marche de l'entreprise.

En cas de différend, l'inspecteur du travail peut être saisi par l'une des parties et peut être pris pour arbitre. – *[Anc. art. L. 931-6.]*

1. Entrave. Le refus d'un congé de formation sans consultation préalable du comité d'entreprise caractérise le délit d'entrave. • Crim. 4 janv. 1983 : *Bull. crim. n° 6 ; Dr. ouvrier 1984. 182, note Petit.*

2. Licenciement. Le salarié qui quitte l'entreprise pour prendre un congé de formation qui lui a été refusé par son employeur ne saurait être licencié que si son absence était de nature à entraîner des conséquences préjudiciables à la production et à la marche de l'entreprise. • Soc. 7 nov. 1989 : *Bull. civ. V, n° 649 ; D. 1989. IR 324.*

3. Rôle de l'inspecteur du travail. Le législateur n'a entendu conférer à l'inspecteur du travail, lorsqu'il est saisi d'un différend, qu'un rôle de conciliation et non le pouvoir de statuer sur ce différend par une décision administrative. • CE 20 oct. 1985 : *D. 1986. IR 387, obs. Goineau ; Dr. soc. 1986. 471, concl. Lasserre.*

Art. L. 6322-7 Dans les établissements *(L. n° 2012-387 du 22 mars 2012, art. 43)* « d'au moins deux cents salariés », lorsque plusieurs salariés remplissant les conditions requises demandent un congé individuel de formation, l'autorisation accordée à certaines demandes peut être différée afin que le pourcentage de salariés simultanément absents au titre de ce congé ne dépasse pas 2 % de l'effectif total de cet établissement. — *[Anc. art. L. 931-3.]*

Art. L. 6322-8 Dans les établissements de moins de deux cents salariés, l'autorisation accordée à la demande individuelle de formation peut être différée si le nombre d'heures de congé demandées dépasse 2 % du nombre total des heures accomplies dans l'année.

Toutefois, le nombre d'heures de congé auxquelles un salarié a droit peut être sur sa demande reporté d'une année sur l'autre, sans que le cumul des reports puisse dépasser quatre ans. — *[Anc. art. L. 931-4, al. 1er et 2.]*

Art. L. 6322-9 Dans les entreprises de moins de *(L. n° 2016-1088 du 8 août 2016, art. 80)* « onze » salariés, l'autorisation accordée à la demande de congé individuel de formation peut être différée lorsqu'elle aboutit à l'absence simultanée, au titre du congé individuel de formation, d'au moins deux salariés de l'entreprise. — *[Anc. art. L. 931-4, al. 3.]*

Art. L. 6322-10 Les congés de formation pour les salariés de ving*[t]*-cinq ans et moins prévus à l'article L. 6322-59 ne sont pas pris en compte pour le calcul des pourcentages fixés aux articles L. 6322-7 et L. 6322-8. — *[Anc. art. L. 931-10.]*

Art. L. 6322-11 Pour les salariés des entreprises qui ne relèvent pas d'un accord conclu en ce domaine entre organisations professionnelles d'employeurs et organisations syndicales de salariés représentatives sur le plan national, un décret en Conseil d'État détermine notamment :

1° Les conditions et les délais de présentation de la demande de congé individuel de formation à l'employeur en fonction de la durée de la formation ainsi que les délais de réponse motivée de l'employeur ;

2° Les conditions dans lesquelles l'employeur peut, le cas échéant, différer le congé en raison des nécessités propres de son entreprise ou de son exploitation ;

3° Les règles selon lesquelles est déterminée, pour un salarié, la périodicité des congés auxquels il peut prétendre en application du présent titre et du livre IV relatif à la validation des acquis de l'expérience, compte non tenu des congés dont il a pu bénéficier antérieurement par application de l'article L. 6322-59. — *[Anc. art. L. 931-12.] — V. art. R. 6322-2.*

SOUS-SECTION 3 **DURÉE DU CONGÉ**

Art. L. 6322-12 La durée du congé individuel de formation correspond à la durée du stage, sans pouvoir excéder :

1° Un an lorsqu'il s'agit d'un stage continu à temps plein ;

2° 1 200 heures lorsqu'il s'agit de stages constituant un cycle pédagogique comportant des enseignements discontinus ou à temps partiel.

Ces dispositions ne font pas obstacle à la conclusion d'accords stipulant des durées plus longues pour les congés. — *[Anc. art. L. 931-5.]*

Art. L. 6322-13 La durée du congé individuel de formation ne peut être imputée sur la durée du congé payé annuel.

Ce congé est assimilé à une période de travail :

1° Pour la détermination des droits des intéressés en matière de congé payé annuel ;

2° A l'égard des droits que le salarié tient de son ancienneté dans l'entreprise. – *[Anc. art. L. 931-7.]*

SOUS-SECTION 4 CONDITIONS DE PRISE EN CHARGE ET RÉMUNÉRATION

Art. L. 6322-14 Un accord national interprofessionnel ou une convention de branche ou un accord professionnel lorsque la profession n'entre pas dans le champ d'application d'un accord interprofessionnel étendu, détermine :

1° Les règles de prise en charge des dépenses afférentes au congé individuel de formation par les organismes collecteurs paritaires agréés à ce titre ;

2° Le montant de la rémunération due aux salariés pendant la durée du congé individuel de formation ainsi que les modalités de versement de cette rémunération ;

3° La composition et la compétence de l'instance nationale paritaire chargée d'appliquer l'accord ou la convention, notamment de définir les catégories d'actions ou de publics considérés comme prioritaires et les critères relatifs à l'ordre de satisfaction des demandes. – *[Anc. art. L. 931-8-1, al. 1er à 4.]*

Art. L. 6322-15 L'extension de l'accord ou de la convention mentionné à l'article L. 6322-14 est subordonnée au respect des dispositions du premier alinéa de l'article L. 6322-20 et de l'article L. 6322-22. – *[Anc. art. L. 931-8-1, al. 5.]*

Art. L. 6322-16 En l'absence de l'accord ou de la convention prévu à l'article L. 6322-14, les dispositions des articles L. 6322-17, L. 6322-18 et L. 6322-20 à L. 6322-22 sont applicables. – *[Anc. art. L. 931-8-1, al. 6.]*

Art. L. 6322-17 Le salarié bénéficiaire d'un congé individuel de formation a droit, dès lors qu'il a obtenu l'accord de l'organisme collecteur paritaire agréé pour la prise en charge de sa formation, à une rémunération.

Celle-ci est égale à un pourcentage, déterminé par décret, du salaire qu'il aurait perçu s'il était resté à son poste de travail, sauf dispositions conventionnelles plus favorables concernant les salariés à temps partiel et prévues dans le cadre d'un accord national interprofessionnel étendu ou d'une convention ou d'un accord collectif de branche étendu.

Toutefois, l'application de ce pourcentage ne doit pas conduire à l'attribution d'une rémunération inférieure à un montant déterminé par décret ou au salaire antérieur lorsqu'il est lui-même inférieur à ce montant. Ce décret peut déterminer les cas et les conditions dans lesquels la rémunération versée à un salarié en congé individuel de formation est ou non plafonnée. – *[Anc. art. L. 931-8-2, al. 1er et 4.]*

Art. L. 6322-18 L'organisme collecteur paritaire agréé ne peut refuser de prendre en charge le bénéficiaire du congé individuel de formation que lorsque sa demande n'est pas susceptible de se rattacher à une action de formation au sens de l'article L. 6313-1 ou lorsque les demandes de prise en charge présentées à l'organisme paritaire ne peuvent être toutes simultanément satisfaites. – *[Anc. art. L. 931-8-2, al. 2.]*

Art. L. 6322-19 Pendant la durée du congé pour examen, accordé au titre de l'article L. 6322-3, la rémunération antérieure est intégralement maintenue quel que soit son montant. – *[Anc. art. L. 931-8-3.]*

Art. L. 6322-20 La rémunération due au bénéficiaire d'un congé individuel de formation est versée par l'employeur. Celui-ci est remboursé par l'organisme paritaire agréé.

Cet organisme supporte, en outre, tout ou partie des charges correspondant au stage suivi par le bénéficiaire du congé, conformément aux règles qui régissent les conditions de son intervention. – *[Anc. art. L. 931-9, al. 1er et 2.]*

Art. L. 6322-21 La demande de prise en charge du salarié bénéficiaire d'un congé individuel de formation est adressée à l'organisme paritaire agréé *(L. n° 2014-288 du 5 mars 2014, art. 11)* « pour la prise en charge du congé individuel de formation ».

Pour les salariés des entreprises non assujetties à l'obligation de financement des actions de formation définie à l'article L. 6331-9, l'organisme compétent est celui de la branche professionnelle ou du secteur d'activité dont relève l'entreprise ou, s'il n'existe pas, l'organisme interprofessionnel régional. – *[Anc. art. L. 931-9, al. 4 et 5.]*

Art. L. 6322-22 Les dispositions des articles L. 6322-17 à L. 6322-21 sont applicables sans qu'il y ait à distinguer selon que l'employeur est ou non soumis à l'obligation de participation au financement des actions de formation définie à l'article L. 6331-9. – *[Anc. art. L. 931-9, al. 3.]*

Art. L. 6322-23 La participation financière des régions et de l'État à la rémunération des bénéficiaires d'un congé individuel de formation, susceptible d'être accordée en application des articles L. 6121-3 et L. 6122-2 tient compte :

1° De l'effort accompli par l'organisme paritaire agréé pour accroître le nombre de prises en charge de bénéficiaires du congé individuel de formation ;

2° De la durée des congés effectivement pris en charge ;

3° De la situation financière de l'organisme ;

4° Du niveau et de la valeur des qualifications proposées ;

5° De la part des ressources que l'organisme consacre à la formation de salariés relevant d'employeurs non soumis à l'obligation de participation au financement des actions de formation définies à l'article L. 6331-9 ;

6° Des dépenses que l'organisme supporte au titre du 3° de l'article L. 6331-11. – *[Anc. art. L. 931-11, al. 2.]*

Art. L. 6322-24 Un décret en Conseil d'État détermine :

1° Les conditions dans lesquelles les organismes collecteurs paritaires agréés sont admis à déclarer prioritaires certaines catégories d'actions ou de publics ;

2° Les modalités suivant lesquelles les salariés qui n'ont pas obtenu l'accord pour la prise en charge de leur formation peuvent faire réexaminer leur demande par l'organisme paritaire agréé. – *[Anc. art. L. 931-8-2, al. 3.] – V. art. R. 6322-12.*

SOUS-SECTION 5 SALARIÉS TITULAIRES DE CONTRATS À DURÉE DÉTERMINÉE OU DE CONTRATS NOUVELLES EMBAUCHES

§ 1er CONDITIONS D'ANCIENNETÉ

Art. L. 6322-25 Sans préjudice des dispositions de la présente section, toute personne qui, au cours de sa vie professionnelle, a été titulaire d'un contrat de travail à durée déterminée a droit à un congé individuel de formation. – *[Anc. art. L. 931-13.]*

Art. L. 6322-26 *Abrogé par L. n° 2008-596 du 25 juin 2008, art. 9-I.*

Art. L. 6322-27 L'ouverture du droit au congé individuel de formation est subordonnée pour les intéressés à des conditions minimales d'ancienneté déterminées par décret en Conseil d'État.

Les durées d'ancienneté sont prises en compte selon des modalités déterminées par décret. – *[Anc. art. L. 931-15, al. 1er et 4.] – V. art. R. 6322-20. – V. Décr. n° 91-205 du 25 févr. 1991, art. 1er (JO 27 févr.).*

Art. L. 6322-28 Une convention ou un accord collectif étendu peut fixer des conditions d'ancienneté ouvrant droit au congé individuel de formation inférieures à celles prévues par le décret en Conseil d'État mentionné à l'article L. 6322-27. – *[Anc. art. L. 931-15, al. 6.]*

§ 2 PÉRIODE DE PRISE DU CONGÉ

Art. L. 6322-29 Le congé individuel de formation, qui correspond à la durée de l'action de formation, se déroule en dehors de la période d'exécution du contrat de travail à durée déterminée. L'action de formation débute au plus tard douze mois après le terme du contrat.

Toutefois, à la demande du salarié, la formation peut être suivie, après accord de l'employeur, en tout ou partie avant le terme du contrat de travail.

Dans les mêmes conditions, le congé individuel ayant pour objet de préparer et passer un examen pour l'obtention d'un titre ou diplôme au sens du II de l'article

L. 335-6 du code de l'éducation peut être accordé avant le terme du contrat de travail. – *[Anc. art. L. 931-14.]*

§ 3 CONDITIONS DE PRISE EN CHARGE ET RÉMUNÉRATION

Art. L. 6322-30 Les dépenses liées à la réalisation du congé individuel de formation sont prises en charge par l'organisme collecteur paritaire agréé à ce titre dont relève l'entreprise dans laquelle a été exécuté son dernier contrat de travail à durée déterminée.

Cet organisme vérifie si les conditions d'ouverture du droit au congé individuel de formation prévues aux articles L. 6322-27 et L. 6322-28 sont réunies. – *[Anc. art. L. 931-16.]*

Art. L. 6322-31 L'organisme collecteur paritaire agréé ne peut refuser de prendre en charge le bénéficiaire du congé individuel de formation que lorsque sa demande n'est pas susceptible de se rattacher à une action de formation au sens de l'article L. 6313-1 ou lorsque les demandes de prise en charge qui lui ont été présentées ne peuvent être toutes simultanément satisfaites. – *[Anc. art. L. 931-17.]*

Art. L. 6322-32 L'organisme paritaire définit des priorités et des critères de prise en charge de nature à privilégier les formations permettant aux intéressés :

1° Soit d'accéder à un niveau supérieur de qualification ;

2° Soit de changer d'activité ou de profession ;

3° Soit d'entretenir leurs connaissances. – *[Anc. art. L. 931-17, al. 2.]*

Art. L. 6322-33 En l'absence de l'accord ou de la convention prévus à l'article L. 6322-14, un décret en Conseil d'État détermine les conditions dans lesquelles les organismes collecteurs paritaires agréés sont admis à déclarer prioritaires certaines catégories d'actions ou de publics. – *[Anc. art. L. 931-17, al. 3.]*

Art. L. 6322-34 Le bénéficiaire du congé individuel de formation a droit à une rémunération versée par l'organisme collecteur paritaire agréé dont le montant est égal à un pourcentage du salaire moyen perçu au cours des quatre derniers mois sous contrats de travail à durée déterminée autres que les contrats déterminés par voie réglementaire.

En l'absence de l'accord ou de la convention prévus à l'article L. 6322-14, ce pourcentage est déterminé par décret. – *[Anc. art. L. 931-18, al. 2.] – V. Décr. n° 91-205 du 25 févr. 1991, art. 2 (JO 27 févr.).*

Art. L. 6322-35 L'organisme collecteur paritaire agréé assure la prise en charge de tout ou partie des dépenses afférentes au congé individuel de formation conformément aux règles qui régissent les conditions de son intervention. – *[Anc. art. L. 931-19.]*

Art. L. 6322-36 Pendant la durée de son congé individuel de formation, le travailleur est considéré comme stagiaire de la formation professionnelle.

Il bénéficie du maintien de la protection sociale qui lui était assurée lorsqu'il était titulaire d'un contrat de travail à durée déterminée, en matière de sécurité sociale, d'assurance chômage et de retraite complémentaire.

L'organisme collecteur paritaire agréé verse aux régimes concernés les cotisations sociales afférentes à ces garanties. – *[Anc. art. L. 931-20, al. 1.]*

§ 4 FINANCEMENT DU CONGÉ

Art. L. 6322-37 Pour financer le congé individuel de formation, les entreprises ou établissements, *(L. n° 2014-288 du 5 mars 2014, art. 10-I)* « quel que soit leur effectif », font à l'organisme collecteur paritaire agréé *(L. n° 2014-288 du 5 mars 2014, art. 10-I)* « pour assurer la collecte de la contribution mentionnée aux articles L. 6331-2 et L. 6331-9 » un versement dont le montant est égal à 1 % du montant des rémunérations versées aux titulaires d'un contrat à durée déterminée pendant l'année en cours.

Le montant de ces rémunérations s'entend au sens des règles prévues aux chapitres premier et II du titre IV du livre II du code de la sécurité sociale, ou aux titres IV, V et VI du livre VII du code rural et de la pêche maritime, pour les employeurs de salariés mentionnés à l'article L. 722-20 de ce code.

Les contrats déterminés par voie réglementaire et ceux mentionnés à l'article L. 6321-13 ne donnent pas lieu à ce versement.

(L. n° 2014-288 du 5 mars 2014, art. 10-I) « Les sommes collectées sur le fondement du présent article sont versées aux organismes agréés pour prendre en charge le congé individuel de formation en application des articles L. 6333-1 et L. 6333-2 dans des conditions déterminées par décret en Conseil d'État. » – *V. art. L. 6355-24 (pén.) et D. 6322-28.*

Les dispositions issues de la L. n° 2014-288 du 5 mars 2014 entrent en vigueur le 1er janv. 2015 et s'appliquent à la collecte des contributions dues au titre de l'année 2015 (L. préc., art. 10-III).

Art. L. 6322-38 Un décret détermine les modalités de paiement du versement, distinct de tous les autres, auquel les entreprises sont tenues pour la formation par des dispositions légales ou des stipulations contractuelles. – *[Anc. art. L. 931-20, al. 2.] – V. art. L. 6355-24 (pén.).*

Art. L. 6322-39 Lorsque le contrat à durée déterminée s'est poursuivi par un contrat à durée indéterminée, le versement n'est pas dû. Lorsqu'un tel versement a été opéré, ses modalités de restitution par l'organisme paritaire agréé sont fixées par décret. – *[Anc. art. L. 931-20, al. 3.] – V. art. L. 6355-24 (pén.) et D. 6322-30.*

Art. L. 6322-40 Lorsqu'un employeur n'a pas opéré le versement selon les modalités prévues à l'article L. 6322-38 ou a opéré un versement d'un montant insuffisant, le montant de son obligation est majoré de l'insuffisance constatée. L'employeur verse au Trésor public un montant égal à la différence constatée entre sa participation ainsi majorée au financement de la formation professionnelle continue et son versement à l'organisme collecteur. – *[Anc. art. L. 931-20, al. 5.] – V. art. L. 6355-24 (pén.).*

Art. L. 6322-41 Les dispositions du deuxième alinéa de l'article L. 6331-28 et du quatrième alinéa *[de l'article]* L. 6331-31 s'appliquent à l'obligation prévue au présent paragraphe. – *[Anc. art. L. 931-20, al. 6.] – V. art. L. 6355-24 (pén.).*

SOUS-SECTION 6 AFFECTATION DES FONDS COLLECTÉS AU TITRE DU CONGÉ INDIVIDUEL DE FORMATION

Art. L. 6322-41-1 Pour les salariés mentionnés à l'article L. 722-20 du code rural et de la pêche maritime ainsi que pour les salariés du tourisme, les sommes collectées au titre de la présente section peuvent, par accord de branche étendu, être utilisées indifféremment au bénéfice des salariés titulaires d'un contrat de travail à durée indéterminée ou d'un contrat de travail à durée déterminée, dans la limite de 15 % des montants prélevés au titre d'une des deux collectes.

SECTION II CONGÉ DE BILAN DE COMPÉTENCES

SOUS-SECTION 1 CONDITIONS D'ANCIENNETÉ

Art. L. 6322-42 Le salarié a droit, sur demande adressée à son employeur, à un congé pour réaliser le bilan de compétences mentionné au 10° de l'article L. 6313-1.

Pour bénéficier de ce congé, le salarié doit justifier d'une ancienneté en qualité de salarié d'au moins cinq ans, consécutifs ou non, quelle qu'ait été la nature des contrats de travail successifs, dont douze mois dans l'entreprise. – *[Anc. art. L. 931-21.]*

Art. L. 6322-43 Les personnes qui ont été titulaires de contrats à durée déterminée ont droit au congé de bilan de compétences.

Toutefois, les conditions d'ancienneté sont celles fixées par les articles L. 6322-27 et L. 6322-28. Les conditions de rémunération sont celles prévues par l'article L. 6322-34. – *[Anc. art. L. 931-26.]*

SOUS-SECTION 2 DURÉE DU CONGÉ

Art. L. 6322-44 La durée du congé de bilan de compétences ne peut excéder vingt-quatre heures de temps de travail, consécutives ou non, par bilan. – *[Anc. art. L. 931-22, al. 1.]*

Art. L. 6322-45 Le congé de bilan de compétences n'interrompt pas le délai de franchise séparant deux congés individuels de formation, prévu au 3° de l'article L. 6322-11. – *[Anc. art. L. 931-22, al. 2.]*

Art. L. 6322-46 La durée du congé de bilan de compétences ne peut être imputée sur la durée du congé payé prévu à l'article L. 3141-1.

Ce congé est assimilé à une période de travail :

1° Pour la détermination des droits des intéressés en matière de congé payé annuel ;

2° A l'égard des droits que le salarié tient de son ancienneté dans l'entreprise. – *[Anc. art. L. 931-23.]*

SOUS-SECTION 3 CONDITIONS DE PRISE EN CHARGE ET RÉMUNÉRATION

Art. L. 6322-47 Le salarié bénéficiaire d'un congé de bilan de compétences peut présenter une demande de prise en charge des dépenses afférentes à ce congé à l'organisme *(Abrogé par L. n° 2016-1088 du 8 août 2016, art. 80)* *« collecteur »* paritaire agréé au titre du congé individuel de formation *(L. n° 2016-1088 du 8 août 2016, art. 80)* « destinataire de la contribution versée par l'employeur d'au moins onze salariés au titre de ce congé ».

Pour les salariés des entreprises non assujetties à l'obligation de financement du congé individuel de formation, l'organisme *(Abrogé par L. n° 2016-1088 du 8 août 2016, art. 80)* *« collecteur »* compétent est celui de la branche professionnelle ou du secteur d'activité dont relève l'entreprise ou, s'il n'existe pas, l'organisme interprofessionnel régional.

Art. L. 6322-48 L'organisme collecteur paritaire agréé peut refuser de prendre en charge le bénéficiaire du congé uniquement lorsque sa demande n'est pas susceptible de se rattacher à une action permettant de réaliser le bilan de compétences, lorsque les demandes de prise en charge ne peuvent être toutes simultanément satisfaites ou lorsque l'organisme chargé de la réalisation de ce bilan de compétences ne figure pas sur la liste arrêtée par l'organisme collecteur. – *[Anc. art. L. 931-24, al. 3.]*

Art. L. 6322-49 Le salarié dont le bilan de compétences est pris en charge par un organisme collecteur paritaire agréé a droit à une rémunération égale à celle qu'il aurait perçue s'il était resté à son poste de travail, dans la limite par bilan de compétences d'une durée déterminée par décret en Conseil d'État.

La rémunération due au bénéficiaire d'un congé de bilan de compétences est versée par l'employeur. Celui-ci est remboursé par l'organisme paritaire agréé. – *[Anc. art. L. 931-25, al. 1er et 2.] – V. art. R. 6322-48.*

Art. L. 6322-50 L'organisme collecteur paritaire agréé assure la prise en charge de tout ou partie des dépenses afférentes au congé *[de]* bilan de compétences conformément aux règles qui régissent les conditions de son intervention. – *[Anc. art. L. 931-25, al. 3.]*

SOUS-SECTION 4 FINANCEMENT DU CONGÉ

Art. L. 6322-51 Les versements prévus à l'article L. 6322-37 pour le financement du congé individuel de formation contribuent également au financement du congé de bilan de compétences. – *[Anc. art. L. 931-20.]*

SOUS-SECTION 5 DISPOSITIONS D'APPLICATION

Art. L. 6322-52 Un décret en Conseil d'État détermine les conditions d'application de la présente section. – *[Anc. art. L. 931-24, al. 4, L. 931-27 et L. 951-13, al. 3.] – V. art. R. 6322-32 s.*

SECTION III AUTRES CONGÉS

SOUS-SECTION 1 CONGÉS D'ENSEIGNEMENT OU DE RECHERCHE

Art. L. 6322-53 Sous réserve de dispositions contractuelles plus favorables, tout salarié qui justifie d'une ancienneté d'un an dans son entreprise a droit à une autorisation d'absence, d'une durée maximale d'un an, en vue de dispenser à temps plein ou à temps partiel un enseignement technologique ou professionnel en formation initiale ou continue. La durée de ce congé peut dépasser un an par accord entre l'entreprise et le centre de formation.

Ce congé est également accordé au salarié qui souhaite se livrer à une activité de recherche et d'innovation dans un établissement public de recherche, une entreprise publique ou privée. – *[Anc. art. L. 931-28, I, al. 1er et 2.]*

Art. L. 6322-54 Dans les établissements *(L. n° 2012-387 du 22 mars 2012, art. 43)* « d'au moins deux cents salariés », lorsque plusieurs salariés demandent un congé d'enseignement ou de recherche, l'autorisation accordée à certaines demandes peut être différée afin que le pourcentage de salariés simultanément absents au titre de ce congé ne dépasse pas 2 % de l'effectif total de cet établissement. – *[Anc. art. L. 931-28, II.]*

Art. L. 6322-55 Dans les établissements de moins de deux cents salariés, l'autorisation accordée à certaines demandes peut être différée si le nombre d'heures de congé demandées dépasse 2 % de l'effectif total des heures de travail accomplies dans l'année.

Toutefois, le nombre d'heures de congé auquel un salarié a droit peut être sur sa demande reporté d'une année sur l'autre, sans que le cumul des reports puisse dépasser quatre ans. – *[Anc. art. L. 931-28, III, al. 1er et 2.]*

Art. L. 6322-56 Les salariés en congé d'enseignement ou de recherche ne sont pas pris en compte pour la détermination du nombre des bénéficiaires du congé individuel de formation pouvant être simultanément absents tel qu'il est fixé par application des dispositions des articles L. 6322-7 à L. 6322-9. – *[Anc. art. L. 931-28, III, al. 3.]*

Art. L. 6322-57 Un accord national interprofessionnel, une convention de branche, ou un accord professionnel, lorsque la profession n'entre pas dans le champ d'application d'un accord professionnel étendu, détermine, notamment en faveur du personnel d'encadrement :

1° Des dispositions contractuelles plus favorables que celles mentionnées à la présente sous-section ;

2° Des règles de prise en charge, au titre de la participation des employeurs au développement de la formation professionnelle continue, de tout ou partie de la rémunération des salariés en congé d'enseignement et des cotisations de sécurité sociale y afférentes. – *[Anc. art. L. 931-28, IV, al. 1er à 3.]*

Art. L. 6322-58 Un décret en Conseil d'État détermine les conditions d'application de la présente sous-section, notamment les conditions dans lesquelles l'employeur a la faculté de s'opposer à l'exercice du droit au congé de recherche s'il établit que celui-ci compromet directement la politique de recherche et de développement technologique de l'entreprise. – *[Anc. art. L. 931-28, III, al. 4 à 6.]* – *V. art. R. 6322-64 s.*

SOUS-SECTION 2 CONGÉS DE FORMATION POUR LES SALARIÉS DE VINGT-CINQ ANS ET MOINS

Art. L. 6322-59 Le salarié qui n'est pas titulaire d'un diplôme professionnel, ou qui n'est pas lié par un contrat de travail prévoyant une formation professionnelle répondant à des conditions fixées par voie légale, a droit, jusqu'à ce qu'il atteigne l'âge de vingt-cinq ans révolus, à un congé lui permettant de suivre des actions de formation du type de celles mentionnées aux articles L. 6313-1.

Le bénéfice de ce congé ne peut être refusé. – *[Anc. art. L. 931-29, I, al. 1.]*

Art. L. 6322-60 Pendant le congé de formation, la rémunération est maintenue par l'employeur.

Les frais de formation peuvent être pris en compte par l'employeur, qui peut imputer cette dépense dans la participation prévue à l'article L. 6331-9, ou par l'organisme paritaire agréé, après son accord, auquel l'entreprise verse la fraction de cette participation consacrée au congé individuel de formation. – *[Anc. art. L. 931-29, I, al. 2.]*

Art. L. 6322-61 La durée du congé de formation ne peut excéder deux cents heures par an.

Elle ne peut être imputée sur la durée du congé payé annuel.

Ce congé est assimilé à une période de travail :

1° Pour la détermination des droits des intéressés en matière de congé payé annuel ;

2° Pour les droits que le salarié tient de son ancienneté dans l'entreprise. – *[Anc. art. L. 931-29, II, al. 1er et 2.]*

Art. L. 6322-62 En cas de différend relatif à l'application de la présente sous-section, l'inspecteur du travail peut être saisi par l'une des parties et pris pour arbitre. – *[Anc. art. L. 931-29, III.]*

Art. L. 6322-63 Un décret en Conseil d'État détermine les mesures d'application de la présente sous-section, notamment :

1° La durée minimum de présence dans l'entreprise pour que le droit à congé soit ouvert ;

2° Les conditions et délais de présentation de la demande à l'employeur ainsi que les délais de réponse motivée de celui-ci ;

3° Les conditions dans lesquelles l'employeur peut différer le congé en raison des nécessités propres de son entreprise ou de son exploitation. – *[Anc. art. L. 931-29, IV.]* – *V. art. R. 6322-70 s.*

SECTION IV FORMATIONS SE DÉROULANT EN DEHORS DU TEMPS DE TRAVAIL

(L. n° 2009-1437 du 24 nov. 2009)

Art. L. 6322-64 Dès lors que le salarié dispose d'une ancienneté d'un an dans l'entreprise et à sa demande, l'organisme collecteur paritaire agréé au titre du congé individuel de formation désigné en application de l'article L. 6322-47 peut assurer la prise en charge de tout ou partie des frais liés à la réalisation d'une formation se déroulant en dehors du temps de travail, selon les mêmes modalités que celles prévues au dernier alinéa de l'article L. 6322-20. Pendant la durée de cette formation, le salarié bénéficie de la législation de la sécurité sociale relative à la protection en matière d'accidents du travail et de maladies professionnelles.

Un décret fixe la durée minimum de la formation ouvrant le droit à l'organisme collecteur paritaire agréé au titre du congé individuel de formation d'assurer la prise en charge de la formation dans les conditions définies au premier alinéa.

CHAPITRE III COMPTE PERSONNEL DE FORMATION

(L. n° 2014-288 du 5 mars 2014, art. 1er-I)

Les droits à des heures de formation acquis jusqu'au 31 déc. 2014 au titre du droit individuel à la formation obéissent au régime applicable aux heures inscrites sur le compte personnel de formation par le chap. III du titre II du livre III de la sixième partie du code du travail à compter du 1er janv. 2015. Ces heures peuvent être mobilisées jusqu'au 1er janv. 2021, le cas échéant complétées par les heures inscrites sur le compte personnel de formation, dans la limite d'un plafond total de 150 heures et dans des conditions définies par décret en Conseil d'État. Leur utilisation est mentionnée dans le compte personnel de formation.

Elles ne sont prises en compte ni pour le calcul du plafond, ni pour le mode de calcul des heures créditées sur le compte mentionnés au nouvel l'art. L. 6323-11 C. trav. (L. n° 2014-288 du 5 mars 2014, art. 1er-V).

BIBL. ▶ GAUTIÉ, MAGGI-GERMAIN, PÉREZ, Dr. soc. 2015. 169 (Fondements et enjeux des comptes de formation). – LUTTRINGER, *Dr. soc. 2014. 972* (le compte personnel de formation : genèse, droit positif, socio-dynamique).

SECTION PREMIÈRE PRINCIPES COMMUNS

Art. L. 6323-1 *(L. n° 2016-1088 du 8 août 2016, art. 39, en vigueur le 1er janv. 2017)* Le compte personnel de formation est ouvert et fermé dans les conditions définies à l'article L. 5151-2.

Art. L. 6323-2 Le compte personnel de formation est comptabilisé en heures et mobilisé par la personne, qu'elle soit salariée ou à la recherche d'un emploi, afin de suivre, à son initiative, une formation. Le compte ne peut être mobilisé qu'avec l'accord exprès de son titulaire. Le refus du titulaire du compte de le mobiliser ne constitue pas une faute.

Nouvel art. L. 6323-2 (L. n° 2014-288 du 5 mars 2014, art. 1er-I) *Le compte personnel de formation est comptabilisé en heures et mobilisé par la personne, qu'elle soit salariée* (L. n° 2016-1088 du 8 août 2016, art. 39, en vigueur le 1er janv. 2018) *« , » à la recherche d'un emploi,* (L. n° 2016-1088 du 8 août 2016, art. 39, en vigueur le 1er janv. 2018) *« travailleur indépendant, membre d'une profession libérale ou d'une profession non salariée ou conjoint collaborateur, » afin de suivre, à son initiative, une formation. Le compte ne peut être mobilisé qu'avec l'accord exprès de son titulaire. Le refus du titulaire du compte de le mobiliser ne constitue pas une faute.*

Art. L. 6323-3 Les heures de formation inscrites sur le compte demeurent acquises en cas de changement de situation professionnelle ou de perte d'emploi de son titulaire.

Art. L. 6323-4 I. – Les heures inscrites sur le compte permettent à son titulaire de financer une formation éligible au compte, au sens des articles L. 6323-6, L. 6323-16 et L. 6323-21.

II. – Lorsque la durée de cette formation est supérieure au nombre d'heures inscrites sur le compte, celui-ci peut faire l'objet, à la demande de son titulaire, d'abondements en heures complémentaires pour assurer le financement de cette formation. Ces heures complémentaires peuvent être financées par :

1° L'employeur, lorsque le titulaire du compte est salarié ;

2° Son titulaire lui-même ;

3° Un organisme collecteur paritaire agréé ;

4° Un organisme paritaire agréé au titre du congé individuel de formation ;

5° L'organisme mentionné à l'article L. 4162-11, chargé de la gestion du compte personnel de prévention de la pénibilité, à la demande de la personne, dans des conditions déterminées par décret en Conseil d'État ;

6° L'État ;

7° Les régions ;

8° L'institution mentionnée à l'article L. 5312-1 ;

9° L'institution mentionnée à l'article L. 5214-1 ;

(L. n° 2016-1088 du 8 août 2016, art. 39, en vigueur le 1er janv. 2017) « 10° Un fonds d'assurance-formation de non-salariés défini à l'article L. 6332-9 du présent code ou à l'article L. 718-2-1 du code rural et de la pêche maritime ;

« 11° Une chambre régionale de métiers et de l'artisanat ou une chambre de métiers et de l'artisanat de région ;

« 12° Une commune ;

« 13° L'établissement public chargé de la gestion de la réserve sanitaire, mentionné à l'article L. 1413-1 du code de la santé publique. »

(Abrogé par L. n° 2016-1088 du 8 août 2016, art. 43) *« III. – Un décret précise les conditions dans lesquelles le compte personnel de formation des travailleurs handicapés accueillis dans un établissement et service d'aide par le travail mentionné au a du 5° du I de l'article L. 312-1 du code de l'action sociale et des familles fait l'objet d'abondements en heures complémentaires. »*

Art. L. 6323-5 Les heures complémentaires mobilisées à l'appui d'un projet de formation sur le fondement du II de l'article L. 6323-4 sont mentionnées dans le compte sans y être inscrites. Elles ne sont pas prises en compte pour le calcul du plafond mentionné à l'article L. 6323-11.

Art. L. 6323-6 *(L. n° 2016-1088 du 8 août 2016, art. 39, en vigueur le 1er janv. 2017)* « I. – Les formations permettant d'acquérir le socle de connaissances et de compétences défini par décret ainsi que les actions permettant d'évaluer les compétences d'une personne préalablement ou postérieurement à ces formations sont éligibles au compte personnel de formation. »

(L. n° 2014-288 du 5 mars 2014, art. 1er-I) « II. — Les autres formations éligibles au compte personnel de formation sont déterminées, dans les conditions définies aux articles L. 6323-16 et L. 6323-21, parmi les formations suivantes :

1° Les formations sanctionnées par une certification enregistrée dans le répertoire national des certifications professionnelles prévu à l'article L. 335-6 du code de l'éducation ou permettant d'obtenir une partie identifiée de certification professionnelle, classée au sein du répertoire, visant à l'acquisition d'un bloc de compétences ;

2° Les formations sanctionnées par un certificat de qualification professionnelle mentionné à l'article L. 6314-2 du présent code ;

3° Les formations sanctionnées par les certifications inscrites à l'inventaire mentionné au dixième alinéa du II de l'article L. 335-6 du code de l'éducation ;

4° Les formations concourant à l'accès à la qualification des personnes à la recherche d'un emploi et financées par les régions et les institutions mentionnées aux articles L. 5312-1 et L. 5214-1 du présent code. »

(L. n° 2016-1088 du 8 août 2016, art. 39, en vigueur le 1er janv. 2017) « III. — Sont également éligibles au compte personnel de formation, dans des conditions définies par décret :

« 1° L'accompagnement à la validation des acquis de l'expérience mentionnée à l'article L. 6313-11 ;

« 2° Les actions de formation permettant de réaliser un bilan de compétences ; — *V. art. D. 6323-8-1.*

« 3° Les actions de formation dispensées aux créateurs ou repreneurs d'entreprises mentionnées à l'article L. 6313-1 ; — *V. art. D. 6323-8-2.*

« 4° Les actions de formation destinées à permettre aux bénévoles et aux volontaires en service civique d'acquérir les compétences nécessaires à l'exercice de leurs missions, mentionnées à l'article L. 6313-13 *(L. n° 2016-1867 du 27 déc. 2016, art. 7)* « , ainsi que celles destinées à permettre aux sapeurs-pompiers volontaires d'acquérir des compétences nécessaires à l'exercice des missions mentionnées à l'article L. 1424-2 du code général des collectivités territoriales ». Seules les heures acquises au titre du compte d'engagement citoyen peuvent financer ces actions. » — *V.* ***Addendum***.

Art. L. 6323-6-1 *(L. n° 2016-1088 du 8 août 2016, art. 39, en vigueur le 1er janv. 2017)* Le compte peut être mobilisé par son titulaire pour la prise en charge d'une formation à l'étranger dans les conditions fixées à l'article L. 6323-6.

Art. L. 6323-7 *(L. n° 2016-1088 du 8 août 2016, art. 39, en vigueur le 1er janv. 2017)* Le droit à une durée complémentaire de formation qualifiante, mentionné à l'article L. 122-2 du code de l'éducation, se traduit, lorsque cette formation est dispensée sous le statut de stagiaire de la formation professionnelle, par l'abondement du compte personnel de formation à hauteur du nombre d'heures nécessaires au suivi de cette formation.

Ces heures sont financées par la région au titre du droit d'accès à un premier niveau de qualification mentionné au deuxième alinéa du I de l'article L. 6121-2 du présent code. Le cas échéant, l'abondement mentionné au premier alinéa du présent article vient en complément des droits déjà inscrits sur le compte personnel de formation pour atteindre le nombre d'heures nécessaire à la réalisation de la formation qualifiante.

Cet abondement n'entre pas en compte dans les modes de calcul des heures créditées chaque année sur le compte et du plafond de cent cinquante heures du compte personnel de formation mentionné à l'article L. 6323-11.

Par dérogation à l'article L. 6323-6, les formations éligibles au titre du présent article sont celles inscrites au programme régional de formation professionnelle.

Art. L. 6323-8 I. — Chaque titulaire d'un compte a connaissance du nombre d'heures créditées sur ce compte en accédant à un service dématérialisé gratuit. Ce service dématérialisé donne également des informations sur les formations éligibles et sur les abondements complémentaires susceptibles d'être sollicités.

II. — Un traitement automatisé de données à caractère personnel, dénommé "système d'information du compte personnel de formation", dont les modalités de mise en œuvre sont fixées par décret en Conseil d'État après avis de la Commission nationale de l'informatique et des libertés, permet la gestion des droits inscrits ou mentionnés sur le compte personnel de formation. – *V. art. R. 5151-1 s.*

Ce traitement intègre la possibilité, pour chaque titulaire du compte, de disposer d'un passeport d'orientation, de formation et de compétences, dont la consultation est autorisée exclusivement par le titulaire, qui recense les formations et les qualifications suivies dans le cadre de la formation initiale ou continue ainsi que les acquis de l'expérience professionnelle, selon des modalités déterminées par décret. – *V. art. R. 6323-12 à R. 6323-21.*

III. – Le service dématérialisé mentionné au I et le traitement automatisé mentionné au II sont gérés par la Caisse des dépôts et consignations.

Art. L. 6323-9 Tous les ans, à compter du 1er juin 2015, le Conseil national de l'emploi, de la formation et de l'orientation professionnelles remet au Parlement un rapport évaluant la mise en œuvre et l'utilisation du compte personnel de formation.

SECTION II **MISE EN ŒUVRE DU COMPTE PERSONNEL DE FORMATION POUR LES SALARIÉS**

SOUS-SECTION 1 **ALIMENTATION ET ABONDEMENT DU COMPTE**

Art. L. 6323-10 Le compte est alimenté en heures de formation à la fin de chaque année et, le cas échéant, par des abondements supplémentaires, selon les modalités définies par la présente sous-section.

Art. L. 6323-11 L'alimentation du compte se fait à hauteur de vingt-quatre heures par année de travail à temps complet jusqu'à l'acquisition d'un crédit de cent vingt heures, puis de douze heures par année de travail à temps complet, dans la limite d'un plafond total de cent cinquante heures.

Lorsque le salarié n'a pas effectué une durée de travail à temps complet sur l'ensemble de l'année, l'alimentation est calculée à due proportion du temps de travail effectué, sous réserve de dispositions plus favorables prévues par un accord d'entreprise, de groupe ou de branche qui prévoit un financement spécifique à cet effet, selon des modalités fixées par décret en Conseil d'État. *(L. nº 2016-1088 du 8 août 2016, art. 39, en vigueur le 1er janv. 2017)* « L'accord ou une décision unilatérale de l'employeur peut en particulier porter l'alimentation du compte personnel de formation des salariés à temps partiel jusqu'au niveau de celui des salariés à temps plein.

« Les salariés à caractère saisonnier, au sens du 3° de l'article L. 1242-2, peuvent bénéficier, en application d'un accord ou d'une décision unilatérale de l'employeur, de droits majorés sur leur compte personnel de formation. »

Art. L. 6323-11-1 *(L. nº 2016-1088 du 8 août 2016, art. 39, en vigueur le 1er janv. 2017)* Pour le salarié qui n'a pas atteint un niveau de formation sanctionné par un diplôme classé au niveau V, un titre professionnel enregistré et classé au niveau V du répertoire national des certifications professionnelles ou une certification reconnue par une convention collective nationale de branche, l'alimentation du compte se fait à hauteur de quarante-huit heures par an et le plafond est porté à quatre cents heures. – *V. art. D. 6323-3-1.*

Art. L. 6323-12 La période d'absence du salarié pour un congé de maternité, de paternité et d'accueil de l'enfant, d'adoption, de présence parentale, de *(L. nº 2016-1088 du 8 août 2016, art. 39, en vigueur le 1er janv. 2017)* « proche aidant *[ancienne rédaction : soutien familial]* » ou un congé parental d'éducation ou pour une maladie professionnelle ou un accident du travail est intégralement prise en compte pour le calcul de ces heures.

Art. L. 6323-13 Dans les entreprises d'au moins cinquante salariés, lorsque le salarié n'a pas bénéficié, durant les six ans précédant l'entretien mentionné au II de l'article L. 6315-1, des entretiens prévus au I du même article et d'au moins deux des trois mesures mentionnées aux 1°, 2° et 3° du II dudit article, cent heures de formation supplémentaires sont inscrites à son compte ou cent trente heures pour un salarié à temps partiel, dans des conditions définies par décret en Conseil d'État, et l'entreprise verse à l'organisme paritaire agréé pour collecter sa contribution due au titre de l'article L. 6331-9 une somme forfaitaire, dont le montant est fixé par décret en Conseil d'État, correspondant à ces heures.

Dans le cadre des contrôles menés par les agents mentionnés à l'article L. 6361-5, lorsque l'entreprise n'a pas opéré le versement prévu au premier alinéa du présent article ou a opéré un versement insuffisant, elle est mise en demeure de procéder au versement de l'insuffisance constatée à l'organisme paritaire agréé.

A défaut, l'entreprise verse au Trésor public un montant équivalent à l'insuffisance constatée majorée de 100 %. Les deux derniers alinéas de l'article L. 6331-30 s'appliquent à ce versement.

Art. L. 6323-14 Le compte personnel de formation peut être abondé en application d'un accord d'entreprise ou de groupe, un accord de branche ou un accord conclu par les organisations syndicales de salariés et d'employeurs signataires de l'accord constitutif d'un organisme collecteur paritaire agréé interprofessionnel, portant notamment sur la définition des formations éligibles et les salariés prioritaires, en particulier les salariés les moins qualifiés, les salariés exposés à des facteurs de risques professionnels mentionnés à l'article L. 4121-3-1, les salariés occupant des emplois menacés par les évolutions économiques ou technologiques et les salariés à temps partiel.

Art. L. 6323-15 Les abondements supplémentaires mentionnés aux articles *(L. n° 2016-1088 du 8 août 2016, art. 39, en vigueur le 1er janv. 2017)* « L. 5151-9, » L. 6323-13 et L. 6323-14 n'entrent pas en compte dans les modes de calcul des heures qui sont créditées sur le compte du salarié chaque année et du plafond mentionnés à l'article L. 6323-11.

SOUS-SECTION 2 FORMATIONS ÉLIGIBLES ET MOBILISATION DU COMPTE

Art. L. 6323-16 I. – Les formations éligibles au compte personnel de formation sont les formations mentionnées aux I et III de l'article L. 6323-6. Sont également éligibles au compte personnel de formation les formations mentionnées au II du même article qui figurent sur au moins une des listes suivantes :

1° La liste élaborée par la commission paritaire nationale de l'emploi de la branche professionnelle dont dépend l'entreprise ou, à défaut, par un accord collectif conclu entre les organisations représentatives d'employeurs et les organisations syndicales de salariés signataires d'un accord constitutif de l'organisme collecteur paritaire des fonds de la formation professionnelle continue à compétence interprofessionnelle auquel l'entreprise verse la contribution qu'elle doit sur le fondement du chapitre Ier du titre III du présent livre ;

2° Une liste élaborée par le Comité paritaire interprofessionnel national pour l'emploi et la formation, après consultation du Conseil national de l'emploi, de la formation et de l'orientation professionnelles ;

3° Une liste élaborée par le comité paritaire interprofessionnel régional pour l'emploi et la formation de la région où travaille le salarié, après consultation des commissions paritaires régionales de branche, lorsqu'elles existent, et concertation au sein du bureau du comité régional de l'emploi, de la formation et de l'orientation professionnelles mentionné à l'article L. 6123-3 dans des conditions fixées par décret en Conseil d'État.

Les listes mentionnées aux 1° et 2° recensent les qualifications utiles à l'évolution professionnelle des salariés au regard des métiers et des compétences recherchées ; elles recensent notamment les formations facilitant l'évolution professionnelle des salariés exposés à des facteurs de risques professionnels mentionnés à l'article L. 4121-3-1 et susceptibles de mobiliser leur compte personnel de prévention de la pénibilité mentionné à l'article L. 4162-1.

(L. n° 2016-1088 du 8 août 2016, art. 79) « II. – Pour l'établissement des listes mentionnées aux 1° à 3° du I du présent article, les instances concernées déterminent les critères selon lesquels les formations sont inscrites et publient ces listes. Celles-ci sont actualisées de façon régulière. »

III. – Le Conseil national de l'emploi, de la formation et de l'orientation professionnelles et l'organisme gestionnaire mentionné à l'article L. 6323-8 sont destinataires des listes mentionnées aux 1° à 3° du I du présent article.

Art. L. 6323-17 Les formations financées dans le cadre du compte personnel de formation ne sont pas soumises à l'accord de l'employeur lorsqu'elles sont suivies en dehors du temps de travail.

Lorsqu'elles sont suivies en tout ou partie pendant le temps de travail, le salarié doit demander l'accord préalable de l'employeur sur le contenu et le calendrier de la formation et l'employeur lui notifie sa réponse dans des délais déterminés par décret. L'absence de réponse de l'employeur vaut acceptation. L'accord préalable de l'employeur sur le contenu de la formation n'est toutefois pas requis lorsque la formation est financée au titre des heures créditées sur le compte personnel de formation en application de l'article L. 6323-13, ou lorsqu'elle vise les formations mentionnées aux I et III de l'article L. 6323-6, ainsi que dans des cas prévus par accord de branche, d'entreprise ou de groupe. – *V.* ***Addendum***.

SOUS-SECTION 3 RÉMUNÉRATION ET PROTECTION SOCIALE

Art. L. 6323-18 Les heures consacrées à la formation pendant le temps de travail constituent un temps de travail effectif et donnent lieu au maintien par l'employeur de la rémunération du salarié.

Art. L. 6323-19 Pendant la durée de la formation, le salarié bénéficie du régime de sécurité sociale relatif à la protection en matière d'accidents du travail et de maladies professionnelles.

SOUS-SECTION 4 PRISE EN CHARGE DES FRAIS DE FORMATION

Art. L. 6323-20 I. – Les frais pédagogiques et les frais annexes afférents à la formation du salarié qui mobilise son compte personnel de formation, pendant son temps de travail ou hors temps de travail, sont pris en charge par l'employeur lorsque celui-ci, en vertu d'un accord d'entreprise conclu sur le fondement de l'article L. 6331-10, consacre au moins 0,2 % du montant des rémunérations versées pendant l'année de référence au financement du compte personnel de formation de ses salariés et à son abondement.

En l'absence d'accord mentionné au premier alinéa du présent I, les frais de formation du salarié qui mobilise son compte sont pris en charge, selon des modalités déterminées par décret, par l'organisme collecteur paritaire agréé pour collecter la contribution mentionnée aux articles L. 6331-2 et L. 6331-9.

II. – Lorsque le salarié mobilise son compte personnel de formation à l'occasion d'un congé individuel de formation, le fonds paritaire de sécurisation des parcours professionnels prend en charge le financement des frais pédagogiques associés au congé individuel de formation, selon les modalités déterminées au 4° de l'article L. 6332-21.

III. – Les prises en charge mentionnées au présent article se font dans la limite du nombre d'heures inscrites sur le compte personnel de formation du salarié.

(L. n° 2016-1088 du 8 août 2016, art. 39, en vigueur le 1er janv. 2017) « Toutefois, afin de favoriser la mise en œuvre du compte personnel de formation, le conseil d'administration des organismes collecteurs paritaires agréés peut décider de financer l'abondement du compte personnel de formation des salariés, avec la contribution relative au compte personnel de formation, dans des conditions définies par celui-ci. »

Art. L. 6323-20-1 *(L. n° 2016-1088 du 8 août 2016, art. 39, en vigueur le 1er janv. 2017)* Lorsque le salarié qui mobilise son compte personnel de formation est employé par une personne publique qui ne verse pas la contribution mentionnée à l'article L. 6331-9 à un organisme collecteur paritaire agréé, cette personne publique prend en charge les frais mentionnés au I de l'article L. 6323-20.

Les personnes publiques mentionnées à l'article 2 de la loi n° 84-53 du 26 janvier 1984 portant dispositions statutaires relatives à la fonction publique territoriale peuvent choisir une prise en charge de ces frais par le Centre national de la fonction publique territoriale. Dans ce cas, ces personnes publiques versent une cotisation assise sur les rémunérations des bénéficiaires des contrats de droit privé qu'elles emploient. Le taux de cette cotisation, qui ne peut excéder 0,2 %, est fixé par décret. – *V. art. D. 6323-22.*

Les établissements mentionnés à l'article 2 de la loi n° 86-33 du 9 janvier 1986 portant dispositions statutaires relatives à la fonction publique hospitalière peuvent choisir une prise en charge par l'organisme paritaire agréé par l'État mentionné à l'article 22 de la loi n° 90-579 du 4 juillet 1990 relative au crédit-formation, à la qualité et au contrôle de la formation professionnelle continue et modifiant le livre IX du code du travail.

SECTION III **MISE EN ŒUVRE DU COMPTE PERSONNEL DE FORMATION POUR LES DEMANDEURS D'EMPLOI**

SOUS-SECTION 1 **FORMATIONS ÉLIGIBLES ET MOBILISATION DU COMPTE**

Art. L. 6323-21 I. – Les formations éligibles au compte personnel de formation sont, pour les demandeurs d'emploi, les formations mentionnées aux I et III de l'article L. 6323-6. Sont également éligibles les formations mentionnées au II du même article qui figurent sur au moins une des listes suivantes :

1° La liste arrêtée par le Comité paritaire interprofessionnel national pour l'emploi et la formation mentionnée au 2° du I de l'article L. 6323-16 ;

2° Une liste élaborée par le comité paritaire interprofessionnel régional pour l'emploi et la formation de la région dans laquelle le demandeur d'emploi est domicilié, après diagnostic et concertation au sein du bureau du comité régional de l'emploi, de la formation et de l'orientation professionnelles et consultation des commissions paritaires régionales de branche, lorsqu'elles existent. Cette liste est élaborée à partir du programme régional de formation professionnelle pour les personnes à la recherche d'un emploi financé par la région et les institutions mentionnées aux articles L. 5312-1 et L. 5214-1. Le comité paritaire interprofessionnel régional peut, eu égard à la situation de l'emploi dans la région, ajouter ou, par décision motivée, retrancher des formations par rapport à ce programme régional. A défaut d'adoption de cette liste, les formations figurant sur le programme régional de formation professionnelle pour les personnes à la recherche d'un emploi financé par la région et les institutions mentionnées aux mêmes articles L. 5312-1 et L. 5214-1 sont éligibles. Cette liste est actualisée de façon régulière.

II. – Le Conseil national de l'emploi, de la formation et de l'orientation professionnelles et l'organisme gestionnaire mentionné à l'article L. 6323-8 sont destinataires des listes mentionnées aux 1° et 2° du I du présent article.

III. – Un décret en Conseil d'État fixe les conditions d'application du présent article.

Art. L. 6323-22 Lorsqu'un demandeur d'emploi bénéficie d'un nombre d'heures inscrites sur son compte personnel de formation suffisant pour suivre une formation, son projet est réputé validé au titre du projet personnalisé d'accès à l'emploi prévu à l'article L. 5411-6.

Dans le cas contraire, l'institution mentionnée à l'article L. 5312-1 ou l'une des autres institutions chargées du conseil en évolution professionnelle mobilise, après validation du projet de formation, les financements complémentaires disponibles prévus au II de l'article L. 6323-4.

SOUS-SECTION 2 **PRISE EN CHARGE DES FRAIS DE FORMATION**

Art. L. 6323-23 Les frais pédagogiques et les frais annexes afférents à la formation du demandeur d'emploi qui mobilise son compte personnel sont pris en charge par le fonds paritaire de sécurisation des parcours professionnels, dans la limite du nombre d'heures inscrites sur le compte personnel de formation du demandeur d'emploi, et selon les modalités déterminées au 4° de l'article L. 6332-21.

Art. L. 6323-24 *(L. n° 2016-1088 du 8 août 2016, art. 39, en vigueur le 1er janv. 2017)* Le compte peut être mobilisé par son titulaire à la recherche d'emploi dans un État membre de l'Union européenne autre que la France s'il n'est pas inscrit auprès de l'institution mentionnée à l'article L. 5312-1, sous réserve de la conclusion d'une convention entre cette institution et l'organisme chargé du service public de l'emploi dans le pays de la recherche d'emploi. Cette convention détermine les conditions de prise en charge des formations mobilisées par le demandeur d'emploi dans le cadre de son compte.

SECTION IV **MISE EN ŒUVRE DU COMPTE PERSONNEL DE FORMATION POUR LES TRAVAILLEURS INDÉPENDANTS, LES MEMBRES DES PROFESSIONS LIBÉRALES ET DES PROFESSIONS NON SALARIÉES, LEURS CONJOINTS COLLABORATEURS ET LES ARTISTES AUTEURS**

(L. n° 2016-1088 du 8 août 2016, art. 39, en vigueur le 1er janv. 2018)

SOUS-SECTION 1 **ALIMENTATION ET ABONDEMENT DU COMPTE**

Art. L. 6323-25 La contribution prévue aux articles L. 6331-48, L. 6331-53 et L. 6331-65 du présent code et à l'article L. 718-2-1 du code rural et de la pêche maritime finance les heures de formation inscrites dans le compte personnel de formation des travailleurs indépendants, des membres des professions libérales et des professions non salariées, de leurs conjoints collaborateurs et des artistes auteurs.

Art. L. 6323-26 Le compte est alimenté en heures de formation à la fin de chaque année et, le cas échéant, par des abondements supplémentaires, selon les modalités définies à la présente sous-section.

Art. L. 6323-27 L'alimentation du compte se fait à hauteur de vingt-quatre heures par année d'exercice de l'activité jusqu'à l'acquisition d'un crédit de cent vingt heures, puis de douze heures par année de travail, dans la limite d'un plafond total de cent cinquante heures.

L'alimentation du compte est subordonnée à l'acquittement effectif de la contribution mentionnée aux articles L. 6331-48 et L. 6331-53 et au 1° de l'article L. 6331-65 du présent code ainsi qu'à l'article L. 718-2-1 du code rural et de la pêche maritime.

Lorsque le travailleur n'a pas versé cette contribution au titre d'une année entière, le nombre d'heures mentionné au premier alinéa du présent article est diminué au prorata de la contribution versée.

Art. L. 6323-28 La période d'absence du travailleur indépendant, du membre d'une profession libérale ou d'une profession non salariée, du conjoint collaborateur ou de l'artiste auteur pour un congé de maternité, de paternité et d'accueil de l'enfant, d'adoption, de présence parentale ou de proche aidant, pour un congé parental d'éducation ou pour une maladie professionnelle ou un accident du travail est intégralement prise en compte pour le calcul des heures mentionnées au premier alinéa de l'article L. 6323-27.

Art. L. 6323-29 Le compte personnel de formation peut être abondé en application de l'accord constitutif du fonds d'assurance-formation de non-salariés mentionné à l'article L. 6332-9 du présent code ou à l'article L. 718-2-1 du code rural et de la pêche maritime. Il peut également être abondé par les chambres de métiers et de l'artisanat de région et les chambres régionales de métiers et de l'artisanat mentionnées à l'article 5-1 du code de l'artisanat, grâce aux contributions à la formation professionnelle versées dans les conditions prévues aux articles L. 6331-48 et L. 6331-50 du présent code.

Le compte personnel de formation des travailleurs indépendants de la pêche maritime, des employeurs de pêche maritime de moins de onze salariés, ainsi que des travailleurs indépendants et des employeurs de cultures marines de moins de onze salariés peut être abondé en application d'une décision du conseil d'administration de l'organisme collecteur paritaire agréé mentionné au troisième alinéa de l'article L. 6331-53 du présent code.

Le compte personnel de formation des artistes auteurs peut être abondé en application d'une décision du conseil d'administration de l'organisme collecteur paritaire agréé mentionné au premier alinéa de l'article L. 6331-68.

Art. L. 6323-30 Les abondements supplémentaires mentionnés à l'article L. 6323-29 n'entrent pas en compte dans les modes de calcul des heures créditées sur le compte chaque année et du plafond mentionnés à l'article L. 6323-27.

SOUS-SECTION 2 **FORMATIONS ÉLIGIBLES ET MOBILISATION DU COMPTE**

Art. L. 6323-31 Les formations éligibles au compte personnel de formation sont les formations mentionnées aux I et III de l'article L. 6323-6.

Le fonds d'assurance-formation auquel adhère le titulaire du compte définit les autres formations éligibles au compte personnel de formation. Pour les artisans, les chambres régionales de métiers et de l'artisanat et les chambres de métiers et de l'artisanat de région peuvent également définir, de manière complémentaire, d'autres formations éligibles.

Pour les travailleurs indépendants de la pêche maritime, les employeurs de pêche maritime de moins de onze salariés, ainsi que les travailleurs indépendants et les employeurs de cultures marines de moins de onze salariés, les autres formations éligibles sont définies par l'organisme collecteur paritaire agréé mentionné au troisième alinéa de l'article L. 6331-53, sur proposition de la section particulière chargée de gérer la contribution mentionnée au même article.

Pour les artistes auteurs, les autres formations éligibles sont définies par l'organisme collecteur paritaire agréé mentionné au premier alinéa de l'article L. 6331-68, sur proposition de la section particulière mentionnée au même article L. 6331-68.

La liste des formations mentionnées au deuxième alinéa du présent article est transmise à l'organisme gestionnaire mentionné au III de l'article L. 6323-8.

SOUS-SECTION 3 PRISE EN CHARGE DES FRAIS DE FORMATION

Art. L. 6323-32 Les frais pédagogiques et les frais annexes afférents à la formation du travailleur indépendant, du membre d'une profession libérale ou d'une profession non salariée, du conjoint collaborateur ou de l'artiste auteur qui mobilise son compte personnel de formation sont pris en charge, selon des modalités déterminées par décret, par le fonds d'assurance-formation de non-salariés auquel il adhère ou par la chambre régionale de métiers et de l'artisanat ou la chambre de métiers et de l'artisanat de région dont il relève.

Pour les travailleurs indépendants de la pêche maritime, les employeurs de pêche maritime de moins de onze salariés, ainsi que les travailleurs indépendants et les employeurs de cultures marines de moins de onze salariés, ces frais sont pris en charge par l'organisme collecteur paritaire agréé mentionné au troisième alinéa de l'article L. 6331-53.

Pour les artistes auteurs, ces frais sont pris en charge par l'organisme collecteur paritaire agréé mentionné au premier alinéa de l'article L. 6331-68.

SECTION V MISE EN ŒUVRE DU COMPTE PERSONNEL DE FORMATION POUR LES PERSONNES HANDICAPÉES ACCUEILLIES DANS UN ÉTABLISSEMENT OU SERVICE D'AIDE PAR LE TRAVAIL

(L. n° 2016-1088 du 8 août 2016, art. 43)

SOUS-SECTION 1 ALIMENTATION ET ABONDEMENT DU COMPTE

Art. L. 6323-33 Le compte personnel de formation du bénéficiaire d'un contrat de soutien et d'aide par le travail mentionné à l'article L. 311-4 du code de l'action sociale et des familles est alimenté en heures de formation à la fin de chaque année et mobilisé par le titulaire ou son représentant légal afin qu'il puisse suivre, à son initiative, une formation. Le compte ne peut être mobilisé qu'avec l'accord exprès de son titulaire ou de son représentant légal.

Art. L. 6323-34 L'alimentation du compte se fait à hauteur de vingt-quatre heures par année d'admission à temps plein ou à temps partiel dans un établissement ou un service d'aide par le travail jusqu'à l'acquisition d'un crédit de cent vingt heures, puis de douze heures par année d'admission à temps plein ou à temps partiel, dans la limite d'un plafond total de cent cinquante heures. Les heures inscrites sur le compte permettent à son titulaire de financer une formation éligible au compte, au sens de l'article L. 6323-6.

Art. L. 6323-35 La période d'absence de la personne handicapée pour un congé de maternité, de paternité et d'accueil de l'enfant, d'adoption, de présence parentale, de soutien familial ou un congé parental d'éducation ou pour une maladie professionnelle ou un accident du travail est intégralement prise en compte pour le calcul de ces heures.

Art. L. 6323-36 L'établissement ou le service d'aide par le travail verse à l'organisme collecteur paritaire agréé dont il relève une contribution égale à 0,2 % d'une partie forfaitaire de la rémunération garantie versée aux travailleurs handicapés concernés dont le montant est défini par décret.

Art. L. 6323-37 Lorsque la durée de la formation est supérieure au nombre d'heures inscrites sur le compte, celui-ci peut faire l'objet, à la demande de son titulaire ou de son représentant légal, d'abondements en heures complémentaires pour assurer le financement de cette formation. Ces heures complémentaires peuvent être financées par :

1° Un organisme collecteur paritaire agréé ;

2° Les régions, lorsque la formation suivie par la personne handicapée est organisée avec leur concours financier ;

3° Les entreprises dans le cadre d'une mise à disposition par l'établissement ou le service d'aide par le travail mentionnée à l'article L. 344-2-4 du code de l'action sociale et des familles ;

4° L'institution mentionnée à l'article L. 5312-1 du présent code ;

5° L'institution mentionnée à l'article L. 5214-1.

SOUS-SECTION 2 **MOBILISATION DU COMPTE ET PRISE EN CHARGE DES FRAIS DE FORMATION**

Art. L. 6323-38 Les heures complémentaires mobilisées à l'appui d'un projet de formation sont mentionnées dans le compte sans y être inscrites. Elles ne sont pas prises en compte pour le calcul du plafond mentionné à l'article L. 6323-34.

Art. L. 6323-39 Lorsque la formation financée dans le cadre du compte personnel de formation est suivie pendant le temps d'exercice d'une activité à caractère professionnel au sein de l'établissement ou du service d'aide par le travail, le travailleur handicapé doit demander l'accord préalable dudit établissement ou service sur le contenu et le calendrier de la formation.

Art. L. 6323-40 En cas d'acceptation par l'établissement ou le service d'aide par le travail, le travailleur handicapé bénéficie pendant la durée de la formation du maintien de sa rémunération garantie et du régime de sécurité sociale relatif à la protection en matière d'accidents du travail et de maladies professionnelles.

Art. L. 6323-41 Les frais de formation sont pris en charge par l'organisme collecteur paritaire agréé mentionné à l'article L. 6323-36.

CHAPITRE IV **PÉRIODES DE PROFESSIONNALISATION**

SECTION PREMIÈRE **OBJET ET CONDITIONS D'OUVERTURE**

Art. L. 6324-1 Les périodes de professionnalisation ont pour objet de favoriser par des actions de formation le maintien dans l'emploi de salariés en contrat à durée indéterminée *(L. n° 2015-1541 du 27 nov. 2015, art. 16)* « , de salariés en contrat de travail à durée déterminée conclu en application de l'article L. 222-2-3 du code du sport, » *(L. n° 2014-288 du 5 mars 2014, art. 7-I)* « , de salariés en contrat de travail à durée déterminée conclu en application de l'article L. 1242-3 *(L. n° 2015-1541 du 27 nov. 2015, art. 16)* « du présent code » avec un employeur relevant de l'article L. 5132-4 » *(L. n° 2009-1437 du 24 nov. 2009)* « et de salariés bénéficiaires d'un contrat à durée déterminée ou indéterminée conclu en application de l'article L. 5134-19-1 ».

(L. n° 2014-288 du 5 mars 2014, art. 7-I) « Les actions de formation mentionnées au premier alinéa sont :

« 1° Des formations qualifiantes mentionnées à l'article L. 6314-1 *(L. n° 2016-1088 du 8 août 2016, art. 40)* « et des formations permettant d'obtenir une partie identifiée de certification professionnelle, classée au sein du répertoire national des certifications professionnelles et visant à l'acquisition d'un bloc de compétences » ;

« 2° Des actions *(L. n° 2016-1088 du 8 août 2016, art. 40)* « d'évaluation et de formation » permettant l'accès au socle de connaissances et de compétences défini par décret ; – *V. art. D. 6113-1 s.*

« 3° Des actions permettant l'accès à une certification inscrite à l'inventaire mentionné au dixième alinéa du II de l'article L. 335-6 du code de l'éducation.

« Les périodes de professionnalisation peuvent abonder le compte personnel de formation du salarié, dans les conditions prévues au II de l'article L. 6323-4 et à l'article L. 6323-15 du présent code. »

Art. L. 6324-2 (Abrogé par L. n° 2014-288 du 5 mars 2014, art. 7-I) *Les périodes de professionnalisation sont ouvertes :*

1° Au salarié dont la qualification est insuffisante au regard de l'évolution des technologies et de l'organisation du travail, conformément aux priorités définies par accord de branche ou, à défaut, par accord collectif conclu entre les organisations représentatives d'employeurs et les organisations syndicales représentatives de salariés signataires d'un accord constitutif d'un organisme collecteur paritaire des fonds de la formation professionnelle continue à compétence interprofessionnelle ;

2° Au salarié qui répond à des conditions minimales d'activité, d'âge et d'ancienneté ;

3° Au salarié qui envisage la création ou la reprise d'une entreprise ;

4° A la femme qui reprend une activité professionnelle après un congé de maternité ou à l'homme et à la femme après un congé parental ;

5° Aux bénéficiaires de l'obligation d'emploi mentionnés à l'article L. 5212-13 ; — [Anc. art. L. 982-1, al. 2 à 7.]

(L. n° 2009-1437 du 24 nov. 2009) *« 6° Aux salariés bénéficiaires d'un contrat conclu en application de l'article L. 5134-19-1 ».*

Art. L. 6324-3 (Abrogé par L. n° 2014-288 du 5 mars 2014, art. 7-I) *La période de professionnalisation doit permettre à son bénéficiaire d'acquérir une des qualifications mentionnées à l'article L. 6314-1 ou de participer à une action de formation dont l'objectif est défini par la commission paritaire nationale de l'emploi de la branche professionnelle dont relève l'entreprise.* — [Anc. art. L. 982-2, al. 1.]

Art. L. 6324-4 (Abrogé par L. n° 2014-288 du 5 mars 2014, art. 7-I) *Une convention ou un accord de branche détermine la liste des qualifications accessibles au titre de la période de professionnalisation.*

A défaut, cette liste est déterminée par un accord collectif conclu entre les organisations représentatives d'employeurs et de salariés signataires d'un accord constitutif d'un organisme collecteur paritaire des fonds de la formation professionnelle continue interprofessionnel.

La convention ou l'accord de branche détermine les conditions dans lesquelles la commission paritaire nationale de l'emploi de la branche professionnelle concernée définit les objectifs des actions de formation mentionnés à l'article L. 6324-3. — [Anc. art. L. 982-2, al. 2.]

Art. L. 6324-5 Les périodes de professionnalisation associent des enseignements généraux, professionnels et technologiques dispensés dans des organismes publics ou privés de formation ou, lorsqu'elle dispose d'un service de formation, par l'entreprise, et l'acquisition d'un savoir-faire par l'exercice en entreprise d'une ou plusieurs activités professionnelles en relation avec les qualifications recherchées.

(Abrogé par L. n° 2014-288 du 5 mars 2014, art. 7-I) (L. n° 2009-1437 du 24 nov. 2009) « La durée minimale de la formation reçue par les salariés bénéficiaires d'un contrat conclu en application de l'article L. 5134-19-1 est fixée par décret. »

Art. L. 6324-5-1 *(L. n° 2014-288 du 5 mars 2014, art. 7-I)* La durée minimale de la formation reçue dans le cadre de la période de professionnalisation est fixée par décret. — *V. art. D. 6324-1.*

Art. L. 6324-6 Le pourcentage de salariés simultanément absents au titre de la période de professionnalisation ne peut, sauf accord de l'employeur, dépasser 2 % de l'effectif total de salariés de l'entreprise ou de l'établissement.

Dans l'entreprise ou l'établissement de moins de cinquante salariés, le bénéfice d'une période de professionnalisation peut être différé lorsqu'il aboutit à l'absence simultanée au titre des périodes de professionnalisation d'au moins deux salariés. — *[Anc. art. L. 982-3.]*

SECTION II **DÉROULEMENT DES PÉRIODES DE PROFESSIONNALISATION**

Art. L. 6324-7 Les actions de la période de professionnalisation peuvent se dérouler pour tout ou partie en dehors du temps de travail à l'initiative soit du salarié dans le cadre du *(L. n° 2014-288 du 5 mars 2014, art. 1er-I-4°)* « compte personnel de formation » prévu à l'article L. 6323-1, soit de l'employeur, après accord écrit du salarié, en application de l'article L. 6321-6.

Dans les deux cas, l'employeur définit avec le salarié avant son départ en formation la nature des engagements auxquels l'entreprise souscrit si l'intéressé suit avec assiduité la formation et satisfait aux évaluations prévues. – *[Anc. art. L. 982-4, al. 1er.]*

Art. L. 6324-8 Les actions de formation mises en œuvre pendant la période de professionnalisation et pendant le temps de travail donnent lieu au maintien par l'employeur de la rémunération du salarié. – *[Anc. art. L. 982-4, al. 2.]*

Art. L. 6324-9 Par accord écrit entre le salarié et l'employeur, les heures de formation accomplies en dehors du temps de travail dans le cadre d'une période de professionnalisation peuvent excéder le montant des droits ouverts par le salarié au titre du *(L. n° 2014-288 du 5 mars 2014, art. 1er-I-4°)* « compte personnel de formation » dans la limite de quatre-vingts heures sur une même année civile.

Dans ce cas, les dispositions de l'article L. 6321-8 sont applicables. – *[Anc. art. L. 982-4, al. 3 phrases 1 et 2.]*

Art. L. 6324-10 Pendant la durée des formations, le salarié bénéficie de la législation de la sécurité sociale relative à la protection en matière d'accidents du travail et de maladies professionnelles. – *[Anc. art. L. 982-4, al. 3 phrase 3.]*

CHAPITRE V **CONTRATS DE PROFESSIONNALISATION**

V. Circ. n° 2007/21 du 23 juill. 2007 et Instr. DGEFP du 3 mars 2010 relatives à la mise en œuvre du contrat de professionnalisation.

V. Instr. DGEFP du 3 mars 2010 relative à la mise en œuvre du contrat de professionnalisation.

SECTION PREMIÈRE **OBJET ET CONDITIONS D'OUVERTURE**

Art. L. 6325-1 Le contrat de professionnalisation a pour objet de permettre d'acquérir une des qualifications prévues à l'article L. 6314-1 et de favoriser l'insertion ou la réinsertion professionnelle.

Ce contrat est ouvert :

1° Aux personnes âgées de seize à vingt-cinq ans révolus afin de compléter leur formation initiale ;

2° Aux demandeurs d'emploi âgés de vingt-six ans et plus ;

(L. n° 2009-1437 du 24 nov. 2009) « 3° Aux bénéficiaires du revenu de solidarité active, de l'allocation de solidarité spécifique ou de l'allocation aux adultes handicapés ou aux personnes ayant bénéficié d'un contrat conclu en application de l'article L. 5134-19-1 ; »

(Abrogé par L. n° 2015-994 du 17 août 2015, art. 59-V, à compter du 1er janv. 2016) ***« 4° Dans les départements d'outre-mer et les collectivités de Saint-Barthélemy, Saint-Martin et Saint-Pierre-et-Miquelon, aux bénéficiaires du revenu minimum d'insertion et de l'allocation de parent isolé. »***

A titre expérimental jusqu'au 31 déc. 2017, le contrat de professionnalisation peut être conclu par les demandeurs d'emploi, y compris ceux écartés pour inaptitude et ceux qui disposent d'une reconnaissance de la qualité de travailleur handicapé, notamment les moins qualifiés et les plus éloignés du marché du travail, en vue d'acquérir des qualifications autres que celles mentionnées à l'art. L. 6314-1 (L. n° 2016-1088 du 8 août 2016, art. 74).

Art. L. 6325-1-1 *(L. n° 2009-1437 du 24 nov. 2009)* Les personnes mentionnées au 1° de l'article L. 6325-1 qui n'ont pas validé un second cycle de l'enseignement secondaire et qui ne sont pas titulaires d'un diplôme de l'enseignement technologique ou professionnel, *(L. n° 2015-994 du 17 août 2015, art. 42)* « les personnes mentionnées aux 1° et 2° du même article L. 6325-1 inscrites depuis plus d'un an sur la liste des demandeurs d'emploi définie à l'article L. 5411-1, » ainsi que les personnes mentionnées *(L. nº 2015-994 du 17 août 2015, art. 42)* « au 3º de l'article L. 6325-1 » bénéficient du contrat de professionnalisation selon les modalités prévues aux articles L. 6325-11, L. 6325-14, L. 6332-14 et L. 6332-15.

Art. L. 6325-2 Le contrat de professionnalisation associe des enseignements généraux, professionnels et technologiques dispensés dans des organismes publics ou privés de formation ou, lorsqu'elle dispose d'un service de formation, par l'entreprise, et l'acquisition d'un savoir-faire par l'exercice en entreprise d'une ou plusieurs activités professionnelles en relation avec les qualifications recherchées.

(L. nº 2015-994 du 17 août 2015, art. 54) « Le contrat de professionnalisation peut comporter des périodes d'acquisition d'un savoir-faire dans plusieurs entreprises. Une convention est conclue à cet effet entre l'employeur, les entreprises d'accueil et le salarié en contrat de professionnalisation. Les modalités de l'accueil et le contenu de la convention sont fixés par décret. » – *V. art. D. 6325-30 s.*

Art. L. 6325-2-1 *(L. nº 2014-288 du 5 mars 2014, art. 7-I)* Les organismes publics ou privés de formation mentionnés à l'article L. 6325-2 ne peuvent conditionner l'inscription d'un salarié en contrat de professionnalisation au versement par ce dernier d'une contribution financière de quelque nature qu'elle soit.

Art. L. 6325-3 L'employeur s'engage à assurer une formation au salarié lui permettant d'acquérir une qualification professionnelle et à lui fournir un emploi en relation avec cet objectif pendant la durée du contrat à durée déterminée ou de l'action de professionnalisation du contrat à durée indéterminée.

Le salarié s'engage à travailler pour le compte de son employeur et à suivre la formation prévue au contrat. – *[Anc. art. L. 981-3, al. 1er, phrases 2 et 3.]*

Exclusion du centre de formation. Le contrat de professionnalisation à durée déterminée ne peut être rompu de manière anticipée, à défaut d'accord des parties, qu'en cas de faute grave ou de force majeure ; l'exclusion du salarié du centre de formation n'est pas un cas de force majeure autorisant de ce seul fait l'employeur à rompre ou à suspendre l'exécution du contrat. • Soc. 31 oct. 2012 : *D. 2012. Actu. 2669 ; Dr. soc. 2013. 67, obs. Mouly ; RJS 2013. 64, nº 64.*

Art. L. 6325-3-1 *(L. nº 2014-288 du 5 mars 2014, art. 7-I)* L'employeur désigne, pour chaque salarié en contrat de professionnalisation, un tuteur chargé de l'accompagner. Un décret fixe les conditions de cette désignation ainsi que les missions et les conditions d'exercice de la fonction de tuteur.

Art. L. 6325-4 Les titulaires d'un contrat de professionnalisation ne sont pas pris en compte pour le calcul du nombre de salariés simultanément absents au titre de congés de formation pour l'application des articles L. 6322-7 à L. 6322-9, L. 6331-10, L. 6331-11, L. 6331-22, L. 6331-30 et L. 6332-5 ainsi que des périodes de professionnalisation pour l'application de l'article L. 6324-6. – *[Anc. art. L. 981-7, al. 3.]*

Art. L. 6325-4-1 *(L. nº 2011-893 du 28 juill. 2011)* Pour l'exercice d'activités saisonnières au sens du 3º de l'article L. 1242-2, deux employeurs peuvent conclure conjointement un contrat de professionnalisation à durée déterminée avec toute personne mentionnée au 1º de l'article L. 6325-1, en vue de l'acquisition d'une ou, par dérogation au même article L. 6325-1, de deux qualifications mentionnées à l'article L. 6314-1.

Une convention tripartite signée par les deux employeurs et le titulaire du contrat est annexée au contrat de professionnalisation. Elle détermine :

1º L'affectation du titulaire entre les deux entreprises au cours du contrat, selon un calendrier prédéfini ;

2º La désignation de l'employeur tenu de verser la rémunération due au titre de chaque période consacrée par le titulaire aux actions et aux enseignements mentionnés à l'article L. 6325-13 ;

3º Les conditions de mise en place du tutorat.

La période d'essai prévue à l'article L. 1242-10 est applicable au début de la première période de travail effectif chez chacun des employeurs.

Ce contrat peut être rompu, dans les conditions applicables aux contrats à durée déterminée, à l'initiative de chacune des parties, laquelle prend en charge les conséquences financières éventuelles de cette rupture.

SECTION II **FORMATION ET EXÉCUTION DU CONTRAT**

Art. L. 6325-5 Le contrat de professionnalisation est un contrat de travail à durée déterminée ou à durée indéterminée. Il est établi par écrit.

Lorsqu'il est à durée déterminée, il est conclu en application de l'article L. 1242-3.

Le contrat de professionnalisation est déposé auprès de l'autorité administrative. – *[Anc. art. L. 981-2, al. 1er.]*

Art. L. 6325-6 Le titulaire d'un contrat de professionnalisation bénéficie de l'ensemble des dispositions applicables aux autres salariés de l'entreprise dans la mesure où elles ne sont pas incompatibles avec les exigences de la formation. – *[Anc. art. L. 981-7, al. 1er.]*

Art. L. 6325-6-1 *(L. n° 2009-1437 du 24 nov. 2009)* Les mineurs titulaires d'un contrat de professionnalisation peuvent être autorisés à utiliser au cours de leur formation professionnelle les équipements de travail dont l'usage est interdit aux jeunes travailleurs, dans des conditions définies par décret.

Art. L. 6325-6-2 *(L. n° 2011-893 du 28 juill. 2011)* Une carte portant la mention "Étudiant des métiers" est délivrée par l'organisme ou le service chargé de leur formation aux personnes qui sont mentionnées au 1° de l'article L. 6325-1 et dont le contrat de professionnalisation a pour objet d'acquérir une qualification enregistrée dans le répertoire national des certifications professionnelles mentionné à l'article L. 335-6 du code de l'éducation et comporte une action de professionnalisation, au sens de l'article L. 6325-11 du présent code, d'une durée minimale de douze mois. Cette carte permet à son titulaire de faire valoir sur l'ensemble du territoire national la spécificité de son statut auprès des tiers, notamment en vue d'accéder à des réductions tarifaires identiques à celles dont bénéficient les étudiants de l'enseignement supérieur.

La carte d'étudiant des métiers est établie conformément à un modèle déterminé par voie réglementaire. – *V. Arr. du 30 déc. 2011 (JO 31 déc.).*

Art. L. 6325-7 *(L. n° 2011-893 du 28 juill. 2011)* Le contrat de professionnalisation à durée déterminée peut être renouvelé une fois si :

1° Le bénéficiaire, ayant obtenu la qualification visée, prépare une qualification supérieure ou complémentaire ;

2° Le bénéficiaire n'a pu obtenir la qualification visée pour cause d'échec aux épreuves d'évaluation de la formation suivie, de maternité, de maladie, d'accident du travail, de maladie professionnelle ou de défaillance de l'organisme de formation.

SECTION III **SALAIRE ET DURÉE DU TRAVAIL**

Art. L. 6325-8 Sauf dispositions conventionnelles ou contractuelles plus favorables, le salarié âgé de moins de vingt-six ans et titulaire d'un contrat de professionnalisation perçoit pendant la durée du contrat à durée déterminée ou de l'action de professionnalisation du contrat à durée indéterminée une rémunération calculée en fonction du salaire minimum de croissance.

Le montant de cette rémunération peut varier en fonction de l'âge du bénéficiaire et du niveau de sa formation.

Un décret détermine ce montant et les conditions de déduction des avantages en nature. – *[Anc. art. L. 981-5, al. 1.] – V. art. D. 6325-14 s.*

Art. L. 6325-9 Le titulaire d'un contrat de professionnalisation âgé d'au moins vingt-six ans perçoit, pendant la durée du contrat à durée déterminée ou de l'action de professionnalisation du contrat à durée indéterminée, une rémunération qui ne peut être inférieure ni au salaire minimum de croissance ni à un pourcentage déterminé par décret de la rémunération minimale prévue par les dispositions de la convention ou de l'accord collectif de branche dont relève l'entreprise. – *[Anc. art. L. 981-5, al. 2.] – V. art. D. 6325-15.*

N'est pas sérieuse la QPC contestant la conformité au principe d'égalité de l'art. L. 6325-9 C. trav. qui détermine le salaire minimum légal et aménage la mise en œuvre du principe de faveur au salaire minimum conventionnel applicables aux salariés sous contrat de professionnalisation. • Soc., QPC, 5 mars 2014 : *Dalloz actualité, 17 juin 2014, obs. Ines; RJS 2014. 346, n° 418.*

Art. L. 6325-10 La durée du travail du salarié, incluant le temps passé en formation, ne peut excéder la durée hebdomadaire de travail pratiquée dans l'entreprise ni la durée quotidienne maximale du travail fixée par l'article *(L. n° 2016-1088 du 8 août 2016, art. 8)* « L. 3121-18 ».

Il bénéficie du repos hebdomadaire dans les conditions fixées au présent code et au I de l'article L. 714-1 du code rural et de la pêche maritime. – *[Anc. art. L. 981-7, al. 2.]*

SECTION IV DURÉE ET MISE EN ŒUVRE DES ACTIONS DE PROFESSIONNALISATION

Art. L. 6325-11 L'action de professionnalisation d'un contrat de professionnalisation à durée déterminée ou qui se situe au début d'un contrat de professionnalisation à durée indéterminée est d'une durée minimale comprise entre six et douze mois. *(L. n° 2009-1437 du 24 nov. 2009)* « Elle peut être allongée jusqu'à vingt-quatre mois pour les personnes mentionnées à l'article L. 6325-1-1. »

Art. L. 6325-12 La durée minimale de l'action de professionnalisation peut être allongée jusqu'à vingt-quatre mois *(L. n° 2009-1437 du 24 nov. 2009)* « pour d'autres personnes que celles mentionnées à l'article L. 6325-11 » ou lorsque la nature des qualifications prévues l'exige.

Ces bénéficiaires et la nature de ces qualifications sont définis par convention ou accord collectif de branche ou, à défaut, par accord collectif conclu entre les organisations représentatives d'employeurs et de salariés signataires de l'accord constitutif d'un organisme collecteur paritaire interprofessionnel agréé *(Abrogé par L. n° 2014-288 du 5 mars 2014, art. 11-I) « au titre de la professionnalisation et du droit individuel à la formation »*.

La nature de ces qualifications peut être définie par un accord conclu au niveau national et interprofessionnel. – *[Anc. art. L. 981-2, al. 2, phrases 2 à 4.]*

Art. L. 6325-13 Dans le cadre du contrat de professionnalisation à durée déterminée ou d'actions de professionnalisation engagées dans le cadre de contrats à durée indéterminée, les actions *(L. n° 2016-1088 du 8 août 2016, art. 82)* « de positionnement, » d'évaluation et d'accompagnement ainsi que les enseignements généraux, professionnels et technologiques sont mis en œuvre par un organisme de formation ou, lorsqu'elle dispose d'un service de formation, par l'entreprise elle-même.

Ils sont d'une durée minimale comprise entre 15 %, sans être inférieure à cent cinquante heures, et 25 % de la durée totale du contrat. – *[Anc. art. L. 981-3, al. 2, phrases 1 et 3.]*

Art. L. 6325-14 Un accord de branche peut porter au-delà de 25 % la durée des actions pour certaines catégories de bénéficiaires, notamment pour *(L. n° 2009-1437 du 24 nov. 2009)* « ceux mentionnés à l'article L. 6325-1-1 » ou pour ceux qui visent des formations diplômantes.

A défaut d'accord de branche, un accord peut être conclu entre les organisations représentatives d'employeurs et de salariés signataires de l'accord constitutif d'un organisme collecteur paritaire des fonds de la formation professionnelle continue à compétence interprofessionnelle mentionné à l'article L. 6325-12.

Art. L. 6325-14-1 *(L. n° 2011-893 du 28 juill. 2011)* Un accord de branche ou un accord collectif conclu entre les organisations syndicales de salariés et d'employeurs signataires de l'accord constitutif d'un organisme collecteur paritaire agréé interprofessionnel peut définir les modalités de continuation et de financement, pour une durée n'excédant pas trois mois, des actions d'évaluation et d'accompagnement et des enseignements mentionnés à l'article L. 6325-13, au bénéfice des personnes dont le contrat de professionnalisation comportait une action de professionnalisation, au sens de l'article L. 6325-11, d'une durée minimale de douze mois et a été rompu sans que ces personnes soient à l'initiative de cette rupture.

Art. L. 6325-15 Est nulle, toute clause prévoyant le remboursement à l'employeur par le titulaire d'un contrat de professionnalisation des dépenses de formation en cas de rupture du contrat de travail. – *[Anc. art. L. 981-7, al. 4.]*

SECTION V **EXONÉRATION DE COTISATIONS SOCIALES**

Art. L. 6325-16 *(L. n° 2007-1822 du 24 déc. 2007, art. 128-III)* Les contrats à durée déterminée et les actions de professionnalisation ouvrent droit à une exonération des cotisations à la charge de l'employeur au titre des assurances sociales et des allocations familiales, applicable aux gains et rémunérations tels que définis à l'article L. 242-1 du code de la sécurité sociale et à l'article L. 741-10 du code rural et de la pêche maritime, versés par les employeurs aux demandeurs d'emploi âgés de quarante-cinq ans et plus. – *[Anc. art. L. 981-6, al. 1er.]*

Art. L. 6325-17 *(L. n° 2007-1822 du 24 déc. 2007, art. 128-III)* Les contrats à durée déterminée et les actions de professionnalisation conclus par les groupements d'employeurs *(L. n° 2014-288 du 5 mars 2014, art. 20-IV)* « pour l'insertion et la qualification mentionnés à l'article L. 1253-1 » qui organisent des parcours d'insertion et de qualification au profit soit de jeunes âgés de seize à vingt-cinq ans révolus sortis du système scolaire sans qualification ou rencontrant des difficultés particulières d'accès à l'emploi, soit de demandeurs d'emploi âgés de quarante-cinq ans et plus, ouvrent droit à une exonération des cotisations à la charge de l'employeur au titre des accidents du travail et des maladies professionnelles, applicable aux gains et rémunérations tels que définis à l'article L. 242-1 du code de la sécurité sociale et à l'article L. 741-10 du code rural et de la pêche maritime. Un décret précise les conditions dans lesquelles un groupement d'employeurs peut bénéficier de cette exonération.

Art. L. 6325-18 Le montant de l'exonération *(L. n° 2007-1822 du 24 déc. 2007, art. 128-III)* « applicable au titre des articles L. 6325-16 ou L. 6325-17 » est égal à celui des cotisations afférentes à la fraction de la rémunération n'excédant pas le produit du salaire minimum de croissance par le nombre d'heures rémunérées, dans la limite de la durée légale du travail calculée sur le mois, ou, si elle est inférieure, la durée conventionnelle applicable dans l'établissement. – *[Anc. art. L. 981-6, al. 3.]*

Art. L. 6325-19 L'exonération *(L. n° 2007-1822 du 24 déc. 2007, art. 128-III)* « applicable au titre des articles L. 6325-16 ou L. 6325-17 » porte sur les cotisations afférentes aux rémunérations dues jusqu'à la fin du contrat de professionnalisation lorsqu'il est à durée déterminée, ou de l'action de professionnalisation lorsqu'il est à durée indéterminée. – *[Anc. art. L. 981-6, al. 5.]*

Art. L. 6325-20 Un décret précise les modalités de calcul de l'exonération *(L. n° 2007-1822 du 24 déc. 2007, art. 128-III)* « applicable au titre des articles L. 6325-16 ou L. 6325-17 » pour les salariés :

1° Dont la rémunération ne peut être déterminée selon un nombre d'heures de travail accomplies ;

2° Dont le contrat de travail est suspendu avec maintien de tout ou partie de la rémunération. – *[Anc. art. L. 981-6, al. 4.] – V. art. D. 6325-19 s.*

Art. L. 6325-21 *(L. n° 2007-1822 du 24 déc. 2007, art. 128-III)* « Le bénéfice de l'exonération prévue à l'article L. 6325-16 ne peut être cumulé avec celui d'une autre exonération totale ou partielle de cotisations patronales ou l'application de taux spécifiques, d'assiettes ou de montants forfaitaires de cotisations, à l'exception de l'exonération prévue à l'article L. 6325-17 et de la déduction forfaitaire prévue à l'article L. 241-18 du code de la sécurité sociale. Le bénéfice de l'exonération prévue à l'article L. 6325-17 du présent code est cumulable avec le régime de réductions prévu à l'article L. 241-13 du code de la sécurité sociale. »

Il est subordonné au respect par l'employeur des obligations mises à sa charge par le présent chapitre. – *[Anc. art. L. 981-6, al. 6 et al. 7, phrase 1.]*

Art. L. 6325-22 Un décret en Conseil d'État détermine les conditions dans lesquelles le bénéfice de l'exonération *(L. n° 2007-1822 du 24 déc. 2007, art. 128-III)* « applicable au titre des articles L. 6325-16 ou L. 6325-17 » peut être retiré en cas de manquement aux obligations mentionnées au présent chapitre. – *[Anc. art. L. 981-6, al. 7, phrase 2.]* – *V. art. D. 6325-19 s.*

SECTION VI **ENTREPRISES DE TRAVAIL TEMPORAIRE**

Art. L. 6325-23 Les entreprises de travail temporaire peuvent conclure des contrats de professionnalisation à durée déterminée en application de l'article L. 1242-3.

Les activités professionnelles en relation avec les enseignements reçus sont alors exercées dans le cadre des missions de travail temporaire définies par le chapitre Ier du titre V du livre II de la première partie. – *[Anc. art. L. 981-4, al. 1er, phrases 1 et 2.]*

Art. L. 6325-24 Un accord, conclu au niveau de la branche professionnelle entre les organisations représentatives d'employeurs et de salariés du travail temporaire et l'État, peut prévoir qu'une partie des fonds *(L. n° 2014-288 du 5 mars 2014, art. 1er-I)* « affectés aux actions de professionnalisation soit utilisée pour le » financement d'actions de formation réalisées dans le cadre de l'article L. 1251-57 et ayant pour objet la professionnalisation des salariés intérimaires ou l'amélioration de leur insertion professionnelle. – *[Anc. art. L. 981-4, al. 1er, phrase 3.]*

CHAPITRE VI **PRÉPARATION OPÉRATIONNELLE À L'EMPLOI**

(L. n° 2009-1437 du 24 nov. 2009)

Art. L. 6326-1 La préparation opérationnelle à l'emploi *(L. n° 2011-893 du 28 juill. 2011)* « individuelle » permet à un demandeur d'emploi *(L. n° 2014-288 du 5 mars 2014, art. 7-III)* « ou à un salarié recruté en contrat à durée déterminée ou indéterminée conclu en application de l'article L. 5134-19-1, ou en contrat à durée déterminée conclu en application de l'article L. 1242-3 avec un employeur relevant de l'article L. 5132-4 » de bénéficier d'une formation nécessaire à l'acquisition des compétences requises pour occuper un emploi correspondant à une offre déposée par une entreprise auprès de l'institution mentionnée à l'article L. 5312-1. L'offre d'emploi est située dans la zone géographique privilégiée définie par le projet personnalisé d'accès à l'emploi du demandeur d'emploi. A l'issue de la formation, qui est dispensée préalablement à l'entrée dans l'entreprise, le contrat de travail qui peut être conclu par l'employeur et le demandeur d'emploi est un contrat à durée indéterminée, un contrat de professionnalisation *(L. n° 2011-893 du 28 juill. 2011)* « d'une durée minimale de douze mois, un contrat d'apprentissage ou » un contrat à durée déterminée d'une durée minimale de douze mois.

Art. L. 6326-2 Dans le cadre de la préparation opérationnelle à l'emploi, la formation est financée par l'institution mentionnée à l'article L. 5312-1. Le fonds mentionné à l'article L. 6332-18 et l'organisme collecteur paritaire agréé dont relève l'entreprise concernée peuvent contribuer au financement du coût pédagogique et des frais annexes de la formation.

L'entreprise, en concertation avec l'institution mentionnée à l'article L. 5312-1 et avec l'organisme collecteur paritaire agréé dont elle relève, définit les compétences que le demandeur d'emploi acquiert au cours de la formation pour occuper l'emploi proposé.

Art. L. 6326-3 *(L. n° 2011-893 du 28 juill. 2011)* La préparation opérationnelle à l'emploi collective permet à plusieurs demandeurs d'emploi *(L. n° 2014-288 du 5 mars 2014, art. 7-III)* « et salariés recrutés en contrat à durée déterminée ou indéterminée conclu en application de l'article L. 5134-19-1, ou en contrat à durée déterminée conclu en application de l'article L. 1242-3 avec un employeur relevant de l'article L. 5132-4 » de bénéficier d'une formation nécessaire à l'acquisition des compétences requises pour occuper des emplois correspondant à des besoins identifiés par un accord de branche ou, à défaut, par un conseil d'administration d'un organisme collecteur paritaire agréé.

Le contrat de travail qui peut être conclu à l'issue de la préparation opérationnelle à l'emploi collective est un contrat à durée indéterminée, un contrat de professionnalisation d'une durée minimale de douze mois, un contrat d'apprentissage ou un contrat à durée déterminée d'une durée minimale de douze mois.

La formation est financée par l'organisme collecteur paritaire agréé compétent. L'institution mentionnée à l'article L. 5312-1 et le fonds mentionné à l'article L. 6332-18 peuvent également contribuer au financement de la formation dans des conditions fixées par une convention avec l'organisme collecteur paritaire agréé.

Pour les demandeurs d'emploi âgés de moins de vingt-six ans, la formation peut être dispensée dans un centre de formation d'apprentis.

Art. L. 6326-4 *(L. nº 2014-288 du 5 mars 2014, art. 7-III)* Dans le cadre de la préparation opérationnelle à l'emploi, la rémunération du salarié recruté en contrat à durée déterminée ou indéterminée conclu en application de l'article L. 5134-19-1, ou en contrat à durée déterminée conclu en application de l'article L. 1242-3 avec un employeur relevant de l'article L. 5132-4 est maintenue par l'employeur.

Elle peut être prise en charge par l'organisme collecteur paritaire agréé compétent, déduction faite des aides financières et exonérations de cotisations sociales dont bénéficie l'employeur au titre du contrat mentionné au premier alinéa.

TITRE TROISIÈME **FINANCEMENT DE LA FORMATION PROFESSIONNELLE CONTINUE**

BIBL. ▶ EMSELLEM et PERRIN-PILLOT, *Dr. soc. 2014. 1033* (les nouvelles règles de financement, un enjeu essentiel de la réforme de la formation professionnelle continue).

CHAPITRE PREMIER **PARTICIPATION DES EMPLOYEURS AU DÉVELOPPEMENT DE LA FORMATION PROFESSIONNELLE CONTINUE**

SECTION PREMIÈRE **OBLIGATION DE FINANCEMENT**

Art. L. 6331-1 Tout employeur concourt au développement de la formation professionnelle continue en participant, chaque année, au financement des actions mentionnées aux articles L. 6313-1 et L. 6314-1.

(L. nº 2014-288 du 5 mars 2014, art. 10-I) « Ce financement est assuré par :

« 1° Le financement direct par l'employeur d'actions de formation, notamment pour remplir ses obligations définies à l'article L. 6321-1, le cas échéant dans le cadre du plan de formation prévu à l'article L. 6312-1 ;

« 2° Le versement des contributions prévues au présent chapitre. »

Ces dispositions ne s'appliquent pas à l'État, aux collectivités locales et à leurs établissements publics à caractère administratif.

Les dispositions issues de la L. nº 2014-288 du 5 mars 2014 entrent en vigueur le 1er janv. 2015 et s'appliquent à la collecte des contributions dues au titre de l'année 2015 (L. préc., art. 10-III).

SECTION II **EMPLOYEURS DE MOINS DE ONZE SALARIÉS** *(L. nº 2015-1785 du 29 déc. 2015, art. 15-II).*

SOUS-SECTION 1 **MONTANT ET MISE EN ŒUVRE DE LA PARTICIPATION**

Art. L. 6331-2 *(L. nº 2014-288 du 5 mars 2014, art. 10-I)* « L'employeur de moins de *(L. nº 2015-1785 du 29 déc. 2015, art. 15-II)* « onze » salariés verse à l'organisme collecteur paritaire agréé désigné par l'accord de la branche dont il relève ou, à défaut, à l'organisme collecteur paritaire agréé au niveau interprofessionnel un pourcentage minimal du montant des rémunérations versées pendant l'année en cours s'élevant à 0,55 %. »

Les rémunérations sont entendues au sens des règles prévues aux chapitres Ier et II du titre IV du livre II du code de la sécurité sociale, ou au chapitre II du titre II et au chapitre Ier du titre IV du livre VII du code rural et de la pêche maritime, pour les employeurs des salariés mentionnés à l'article L. 722-20 de ce code.

Les modalités de versement de cette participation sont déterminées par décret en Conseil d'État. – *V. art. L. 6355-24 (pén.) et R. 6331-2.*

Les dispositions issues de la L. nº 2015-1785 du 29 déc. 2015 s'appliquent à la collecte des contributions dues au titre de l'année 2016 et des années suivantes (L. préc., art. 15-VIII).

SOUS-SECTION 2 *[ABROGÉE]* **DÉPENSES LIBÉRATOIRES**

(Abrogée par L. nº 2009-1437 du 24 nov. 2009, art. 41)

Art. L. 6331-4 *à* L. 6331-5 *Abrogés par L. nº 2009-1437 du 24 nov. 2009, art. 41.*

SOUS-SECTION 3 **MAJORATION DE LA CONTRIBUTION**

Art. L. 6331-6 **Lorsqu'un employeur n'a pas opéré les versements à l'organisme collecteur dans les conditions du décret prévu au troisième alinéa de l'article L. 6331-2 ou a opéré un versement insuffisant, le montant de sa participation au financement de la formation professionnelle continue est majoré de l'insuffisance constatée.**

(L. nº 2007-1787 du 20 déc. 2007, art. 12-III) **« L'employeur verse au Trésor public, selon les modalités définies au III de l'article 1678 *quinquies* du code général des impôts, » un montant égal à la différence constatée entre sa participation ainsi majorée et son versement à l'organisme collecteur. Le montant de ce versement est établi et recouvré selon les modalités ainsi que sous les sûretés, garanties et sanctions applicables en matière de taxe sur le chiffre d'affaires.** – *[Anc. art. L. 952-3, al. 1.]*

SOUS-SECTION 4 *[ABROGÉE]* **DÉCLARATION FISCALE**

(Abrogée par L. nº 2009-1437 du 24 nov. 2009, art. 41)

Art. L. 6331-7 *Abrogé par L. nº 2007-1787 du 20 déc. 2007, art. 12-III.*

SOUS-SECTION 5 **CONTRÔLE ET CONTENTIEUX**

Art. L. 6331-8 **Le contrôle et le contentieux de la participation des employeurs sont opérés selon les règles applicables en matière de taxe sur le chiffre d'affaires.**

Toutefois, ces dispositions ne s'appliquent pas aux litiges relatifs à la réalité et à la validité des versements faits aux organismes collecteurs paritaires agréés *(L. nº 2014-288 du 5 mars 2014, art. 11-I)* **« par les employeurs de moins de** *(L. nº 2015-1785 du 29 déc. 2015, art. 15-II)* **« onze » salariés »** *(L. nº 2014-288 du 5 mars 2014, art. 11-I)* **« en application du présent chapitre ».**

Les dispositions issues de la L. nº 2015-1785 du 29 déc. 2015 s'appliquent à la collecte des contributions dues au titre de l'année 2016 et des années suivantes (L. préc., art. 15-VIII).

SECTION III **EMPLOYEURS DE ONZE SALARIÉS ET PLUS** *(L. nº 2015-1785 du 29 déc. 2015, art. 15-II).*

SOUS-SECTION 1 **MONTANT ET MISE EN ŒUVRE DE LA PARTICIPATION**

§ 1er DISPOSITIONS GÉNÉRALES

Art. L. 6331-9 *(L. nº 2014-288 du 5 mars 2014, art. 10-I)* **« Sous réserve de l'article L. 6331-10, l'employeur d'au moins** *(L. nº 2015-1785 du 29 déc. 2015, art. 15-II)* **« onze » salariés verse à l'organisme collecteur paritaire agréé désigné par l'accord de la branche dont il relève ou, à défaut, à l'organisme collecteur paritaire agréé au niveau interprofessionnel un pourcentage minimal du montant des rémunérations versées pendant l'année en cours s'élevant à 1 %. »**

Pour les entreprises de travail temporaire, ce taux est fixé à *(L. nº 2014-1655 du 29 déc. 2014, art. 19-I)* **« 1,3 % » des rémunérations versées pendant l'année en cours, quelles que soient la nature et la date de la conclusion des contrats de mission.** *(L. nº 2014-1655 du 29 déc. 2014, art. 19-I)* **« Un accord conclu entre les organisations syndicales de salariés et les organisations professionnelles d'employeurs de la branche du travail temporaire détermine la répartition de la contribution versée par les employeurs au titre de leur participation au financement de la formation professionnelle continue sans que, en fonction de la taille des entreprises, cette représentation puisse déroger aux parts minimales consacrées, en vertu de dispositions légales ou réglementaires, au financement du fonds paritaire de sécurisation des parcours professionnels, du congé individuel de formation, des actions de professionnalisation, du plan de formation et du compte personnel de formation. »**

Les rémunérations sont entendues au sens des règles prévues aux chapitres Ier et II du titre IV du livre II du code de la sécurité sociale ou au chapitre II du titre II et au chapitre Ier du titre IV du livre VII du code rural et de la pêche maritime pour les employeurs des salariés mentionnés à l'article L. 722-20 de ce code.

Les modalités de versement de cette participation sont déterminées par décret en Conseil d'État. — *V. art. L. 6355-24 (pén.) et R. 6331-9.*

Les dispositions issues de la L. n° 2015-1785 du 29 déc. 2015 s'appliquent à la collecte des contributions dues au titre de l'année 2016 et des années suivantes (L. préc., art. 15-VIII).

[Jurisprudence antérieure à la loi n° 2014-288 du 5 mars 2014]

1. Versements au FAF. Les dispositions des art. L. 951-1, L. 951-3 et L. 951-9 [art. L. 6331-10, L. 6331-13 à L. 6331-22, L. 6331-28, L. 6331-30, L. 6331-31 et L. 6331-33] ne dispensent pas l'employeur de ses versements obligatoires à un fonds d'assurance-formation et ne privent pas ce dernier du droit d'obtenir le recouvrement de ses créances impayées. • CE 12 déc. 1990 : *D. 1991. IR 25 ; RJS 1991. 124, n° 227.*

2. Effectif. Sur le décompte des VRP multicartes pour le calcul du seuil de dix salariés, V. • CE 16 déc. 1991 (deux arrêts) : *Dr. soc. 1992. 312, concl. Fouquet ; RJS 1992. 121, n° 178.*

Art. L. 6331-10 *(L. n° 2014-288 du 5 mars 2014, art. 10-I)* **Un accord d'entreprise, conclu pour une durée de trois ans, peut prévoir que l'employeur consacre au moins 0,2 % du montant des rémunérations versées pendant chacune des années couvertes par l'accord au financement du compte personnel de formation de ses salariés et à son abondement.**

Dans ce cas, le pourcentage prévu au premier alinéa de l'article L. 6331-9 est fixé à 0,8 %.

Pendant la durée de l'accord, l'employeur ne peut bénéficier d'une prise en charge par l'organisme collecteur paritaire agréé auquel il verse la contribution mentionnée à l'article L. 6331-9 des formations financées par le compte personnel de formation de ses salariés. — *V. art. D. 6331-10.*

Ces dispositions entrent en vigueur le 1er janv. 2015 et s'appliquent à la collecte des contributions dues au titre de l'année 2015 (L. n° 2014-288 du 5 mars 2014, art. 10-III).

Art. L. 6331-11 *(L. n° 2014-288 du 5 mars 2014, art. 10-I)* **Lorsqu'un accord d'entreprise a été conclu sur le fondement de l'article L. 6331-10, l'employeur adresse chaque année à l'organisme collecteur paritaire agréé auquel il verse la contribution mentionnée à l'article L. 6331-9 une déclaration faisant état des dépenses qu'il consacre au financement du compte personnel de formation des salariés et à son abondement. Cette déclaration est transmise pour information à l'autorité administrative.**

A l'issue d'une période de trois années civiles qui suit l'entrée en vigueur de l'accord, les fonds que l'employeur n'a pas consacrés au financement du compte personnel de formation et à son abondement sont reversés à l'organisme collecteur paritaire agréé mentionné au premier alinéa du présent article, au titre des financements destinés au financement du compte personnel de formation, dans des conditions et délai fixés par voie réglementaire. A défaut de reversement dans ce délai, l'article L. 6331-28 s'applique. — *V. art. R. 6332-37.*

Ces dispositions entrent en vigueur le 1er janv. 2015 et s'appliquent à la collecte des contributions dues au titre de l'année 2015 (L. n° 2014-288 du 5 mars 2014, art. 10-III).

Art. L. 6331-12 **Les employeurs** *(L. n° 2012-387 du 22 mars 2012, art. 43)* **« d'au moins cinquante salariés » ne peuvent être regardés comme s'étant conformés aux dispositions du présent chapitre que si, ayant satisfait à l'obligation prévue à l'article L. 6331-9, ils justifient que le comité d'entreprise a délibéré sur les problèmes propres à l'entreprise, relatifs à la formation professionnelle continue dans les conditions prévues aux articles L. 2323-33 à L. 2323-39.**

Les employeurs sont dispensés de cette justification lorsqu'ils produisent le procès-verbal de carence prévu à l'article L. 2324-8. — *[Anc. art. L. 951-8.]*

Sur la notion de procès-verbal de carence, V. • CE 28 juin 1989 : *Dr. soc. 1989. 715, concl. Fouquet.* – V. aussi • CE 10 janv. 1990 : *RJS 1990. 169, n° 238.*

Art. L. 6331-13 et L. 6331-14 *Abrogés par L. n° 2014-288 du 5 mars 2014, art. 10-I.*

§ 2 PRISE EN COMPTE D'UN ACCROISSEMENT D'EFFECTIF

Art. L. 6331-15 Les employeurs qui, en raison de l'accroissement de leur effectif, atteignent ou dépassent au titre d'une année, pour la première fois, l'effectif de *(L. n° 2015-1785 du 29 déc. 2015, art. 15-II)* « onze » salariés restent soumis, pour cette année et les deux années suivantes, à l'obligation de financement prévue à l'article L. 6331-2.

Un décret en Conseil d'État détermine les réductions de versement, à quelque titre que ce soit, qui résultent de cette situation. – *[Anc. art. L. 951-1, III, al. 1er, phrase 1.] – V. art. R. 6331-11.*

Les dispositions issues de la L. n° 2015-1785 du 29 déc. 2015 s'appliquent à la collecte des contributions dues au titre de l'année 2016 et des années suivantes (L. préc., art. 15-VIII).

Art. L. 6331-16 *Abrogé par L. n° 2014-288 du 5 mars 2014, art. 10-I.*

Art. L. 6331-17 Les dispositions *(L. n° 2014-288 du 5 mars 2014, art. 10-I)* « de l'article L. 6331-15 » ne sont pas applicables lorsque l'accroissement de l'effectif résulte de la reprise ou de l'absorption d'une entreprise ayant employé *(L. n° 2012-387 du 22 mars 2012, art. 43)* « au moins *(L. n° 2015-1785 du 29 déc. 2015, art. 15-II)* « onze » salariés » au cours de l'une des trois années précédentes.

Dans ce cas, les modalités de versement prévues à l'article L. 6331-9 *(Abrogé par L. n° 2014-288 du 5 mars 2014, art. 10-I)* ***« ou, le cas échéant, à l'article L. 6331-14 »*** s'appliquent dès l'année au titre de laquelle l'effectif de *(L. n° 2015-1785 du 29 déc. 2015, art. 15-II)* « onze » salariés *(Abrogé par L. n° 2014-288 du 5 mars 2014, art. 10-I)* ***« ou de vingt salariés, selon le cas, »*** est atteint ou dépassé. – *[Anc. art. L. 951-1-III, al. 6 et 7.]*

Les dispositions issues de la L. n° 2015-1785 du 29 déc. 2015 s'appliquent à la collecte des contributions dues au titre de l'année 2016 et des années suivantes (L. préc., art. 15-VIII).

Art. L. 6331-18 *Abrogé par L. n° 2014-288 du 5 mars 2014, art. 10-I.*

§ 3 VERSEMENT AU TRÉSOR PUBLIC

Art. L. 6331-28 *(L. n° 2014-288 du 5 mars 2014, art. 10-I)* Lorsque l'employeur n'a pas effectué les reversements prévus à l'article L. 6331-11, il verse au Trésor public une somme égale à la différence entre le montant prévu au premier alinéa de l'article L. 6331-10 et le montant des dépenses effectivement consacrées au compte personnel de formation et à son abondement.

Les deux derniers alinéas de l'article L. 6331-30 s'appliquent à ce versement.

Ces dispositions entrent en vigueur le 1er janv. 2015 et s'appliquent à la collecte des contributions dues au titre de l'année 2015 (L. n° 2014-288 du 5 mars 2014, art. 10-III).

SOUS-SECTION 2 MAJORATION DE LA CONTRIBUTION

Art. L. 6331-30 Lorsqu'un employeur n'a pas opéré *(L. n° 2014-288 du 5 mars 2014, art. 10-I)* « le versement auquel » il est assujetti dans les conditions prévues à l'article L. 6331-9 *(L. n° 2014-288 du 5 mars 2014, art. 10-I)* « à l'organisme collecteur paritaire agréé pour collecter ce versement » ou a opéré un versement insuffisant, le montant de sa contribution est majoré de l'insuffisance constatée *(L. n° 2014-288 du 5 mars 2014, art. 10-I)* « et l'employeur verse au Trésor public une somme égale à la différence entre le montant des sommes versées à l'organisme collecteur et le montant de la contribution ainsi majorée.

« Ce versement est établi et recouvré selon les modalités ainsi que sous les sûretés, garanties et sanctions applicables aux taxes sur le chiffre d'affaires.

« L'article L. 6331-33 s'applique à ce versement et au complément d'obligation. »

Art. L. 6331-31 *Abrogé par L. n° 2014-288 du 5 mars 2014, art. 10-I.*

SOUS-SECTION 3 DÉCLARATION À L'AUTORITÉ ADMINISTRATIVE

Art. L. 6331-32 *(L. n° 2014-288 du 5 mars 2014, art. 10-I)* L'employeur transmet à l'autorité administrative des informations relatives aux modalités d'accès à la formation professionnelle de ses salariés dont le contenu est défini par décret en Conseil d'État.

SOUS-SECTION 4 CONTRÔLE ET CONTENTIEUX

Art. L. 6331-33 Le contrôle et le contentieux de la participation des employeurs sont réalisés selon les règles applicables en matière de taxe sur le chiffre d'affaires.

Toutefois, ces dispositions ne s'appliquent pas aux litiges relatifs à la réalité et à la validité des versements faits aux organismes collecteurs paritaires agréés au titre de la participation des employeurs de moins de *(L. n° 2015-1785 du 29 déc. 2015, art. 15-II)* « onze » salariés au développement de la formation professionnelle continue. – *[Anc. art. L. 951-9-II.]*

Les dispositions issues de la L. n° 2015-1785 du 29 déc. 2015 s'appliquent à la collecte des contributions dues au titre de l'année 2016 et des années suivantes (L. préc., art. 15-VIII).

SOUS-SECTION 5 DISPOSITIONS D'APPLICATION

Art. L. 6331-34 Un décret en Conseil d'État détermine les dispositions d'application de la présente section. – *[Anc. art. L. 951-13, al. 1er, 2, 4 et 5.] – V. art. R. 6331-1 s.*

SECTION IV DISPOSITIONS APPLICABLES À CERTAINES CATÉGORIES D'EMPLOYEURS

SOUS-SECTION 1 EMPLOYEURS DU BÂTIMENT ET DES TRAVAUX PUBLICS

Art. L. 6331-35 Les entreprises appartenant aux professions du bâtiment et des travaux publics entrant dans le champ d'application des articles *(L. n° 2016-1088 du 8 août 2016, art. 8)* « L. 3141-32 et L. 3141-33 », relatifs à la caisse de congés payés, ainsi que des articles L. 5424-6 à L. 5424-19, relatifs au régime particulier applicable à ces entreprises en cas d'intempéries, versent une cotisation créée par accord entre les organisations représentatives au niveau national des employeurs et des salariés du bâtiment et des travaux publics.

Cette cotisation est versée au profit du comité de concertation et de coordination de l'apprentissage du bâtiment et des travaux publics. – *[Anc. art. L. 951-10-1, I, al. 1.]*

Art. L. 6331-36 La cotisation prévue à l'article L. 6331-35 concourt au développement de la formation professionnelle initiale, notamment de l'apprentissage, et de la formation professionnelle continue dans les métiers des professions du bâtiment et des travaux publics.

Cette cotisation contribue :

1° A l'information des jeunes, de leurs familles et des entreprises, sur la formation professionnelle initiale ou sur les métiers du bâtiment et des travaux publics ;

2° Au développement de la formation professionnelle dans les métiers du bâtiment et des travaux publics ;

3° Au financement d'actions particulières visant, d'une part, la préformation et l'insertion professionnelle des publics de moins de vingt-six ans, d'autre part, l'animation et l'accompagnement connexes à la formation des apprentis ;

4° Aux frais de fonctionnement du comité de concertation et de coordination de l'apprentissage du bâtiment et des travaux publics, dans certaines limites ;

5° A la prise en charge des dépenses exposées pour la gestion paritaire de cette cotisation par les organisations, siégeant au comité de concertation et de coordination de l'apprentissage du bâtiment et des travaux publics, dans la limite d'un pourcentage du montant des sommes collectées au titre de la cotisation. – *[Anc. art. L. 951-10-1, I, al. 2 à 8.]*

Art. L. 6331-37 La cotisation prévue à la présente sous-section est assise sur les rémunérations versées pendant l'année en cours entendues au sens des règles prévues aux chapitres Ier et II du titre IV du livre II du code de la sécurité sociale. – *[Anc. art. L. 951-10-1, II.]*

Art. L. 6331-38 *(L. n° 2014-1655 du 29 déc. 2014, art. 19)* « Le taux de cotisation est fixé comme suit :

« 1° Pour les entreprises dont l'effectif moyen de l'année au titre de laquelle la cotisation est due est d'au moins *(L. n° 2015-1785 du 29 déc. 2015, art. 15-II)* « onze » salariés, 0,15 % pour les entreprises relevant des secteurs des métiers du bâtiment et des travaux publics ;

« 2° Pour les entreprises dont l'effectif moyen de l'année au titre de laquelle la cotisation est due est inférieur à *(L. n° 2015-1785 du 29 déc. 2015, art. 15-II)* « onze » salariés :

« *a)* 0,30 % pour les entreprises relevant du secteur des métiers du bâtiment ;

« *b)* 0,15 % pour les entreprises relevant du secteur des métiers des travaux publics. »

Le nombre de salariés pris en compte pour la détermination du taux applicable est celui de l'année au titre de laquelle la cotisation est due. – *[Anc. art. L. 951-10-1-III.]*

Les dispositions issues de la L. n° 2015-1785 du 29 déc. 2015 s'appliquent à la collecte des contributions dues au titre de l'année 2016 et des années suivantes (L. préc., art. 15-VIII).

Art. L. 6331-39 La cotisation donne lieu au versement d'acomptes provisionnels dont la périodicité et la quotité sont déterminées par décret en Conseil d'État. – *[Anc. art. L. 951-10-1-IV, al. 1er phrase 1.] – V. art. R. 6331-37.*

Art. L. 6331-40 La caisse BTP Prévoyance recouvre la cotisation affectée au bénéfice du comité de concertation et de coordination de l'apprentissage du bâtiment et des travaux publics, sous la responsabilité de cet organisme.

A ce titre, l'institution de prévoyance assure la gestion du fichier des entreprises redevables et est chargée de l'émission des bordereaux d'appel de la cotisation et de l'encaissement des versements des entreprises redevables. – *[Anc. art. L. 951-10-1-V, al. 1er et 2.]*

Art. L. 6331-41 Le montant de la cotisation constitue une dépense déductible *(L. n° 2014-1655 du 29 déc. 2014, art. 19)* « des obligations prévues aux articles L. 6331-2 et L. 6331-9 au titre du plan de formation et de la professionnalisation dans des conditions déterminées par un accord de branche ».

Art. L. 6331-42 La caisse BTP Prévoyance met en œuvre toute action précontentieuse ou contentieuse relative au recouvrement de la cotisation à l'encontre des entreprises redevables défaillantes.

A défaut, le recouvrement de cette cotisation est opéré selon les règles ainsi que sous les sûretés, garanties et sanctions applicables aux taxes sur le chiffre d'affaires telles qu'elles sont prévues par l'article L. 137-4 du code de la sécurité sociale pour *(L. n° 2011-1906 du 21 déc. 2011, art. 12-V)* « les contributions mentionnées au chapitre VII du titre III du livre Ier » du même code. – *[Anc. art. L. 951-10-1, VI, al. 2 et 3.]*

Art. L. 6331-43 Le comité de concertation et de coordination de l'apprentissage du bâtiment et des travaux publics est constitué sous la forme d'une association régie par la loi du 1er juillet 1901 relative au contrat d'association.

Il est géré paritairement par les organisations syndicales d'employeurs et de salariés représentatives au plan national du bâtiment et des travaux publics. – *[Anc. art. L. 951-10-1, VII, al. 1.]*

Art. L. 6331-44 Les statuts du comité de concertation et de coordination de l'apprentissage du bâtiment et des travaux publics sont élaborés par les organisations syndicales d'employeurs et de salariés représentatives au plan national du bâtiment et des travaux publics.

Les frais de gestion correspondant aux missions de ce comité ainsi que les dépenses liées à la gestion du paritarisme au sein de l'organisme sont respectivement fixés par arrêté conjoint des ministres chargés de la formation professionnelle et de l'éducation nationale, dans la limite d'un plafond déterminé en pourcentage de la collecte annuelle encaissée par l'association. – *[Anc. art. L. 951-10-1, VII, al. 2 et 3.]*

Art. L. 6331-45 Le comité de concertation et de coordination de l'apprentissage du bâtiment et des travaux publics est soumis au contrôle économique et financier de l'État. – *[Anc. art. L. 951-10-1, VII, al. 4.]*

Art. L. 6331-46 Les dispositions de la présente sous-section ne sont pas applicables aux départements de la Moselle, du Bas-Rhin et du Haut-Rhin. – *[Anc. art. L. 951-10-1, VII, al. 7.]*

Art. L. 6331-47 Un décret en Conseil d'État détermine les conditions d'application de la présente sous-section. – *[Anc. art. L. 951-13.] – V. art. R. 6331-36 s.*

SOUS-SECTION 2 TRAVAILLEURS INDÉPENDANTS, MEMBRES DES PROFESSIONS LIBÉRALES ET PROFESSIONS NON SALARIÉES

Art. L. 6331-48 *(L. n° 2008-776 du 4 août 2008, art. 17)* Les travailleurs indépendants, les membres des professions libérales et des professions non salariées, y compris ceux n'employant aucun salarié, consacrent chaque année au financement des actions définies à l'article L. 6331-1 une contribution qui ne peut être inférieure à *(L. n° 2012-958 du 16 août 2012, art. 38)* « 0,25 % » du montant annuel du plafond de la sécurité sociale.

Cette contribution ne peut être inférieure à *(L. n° 2012-958 du 16 août 2012, art. 38)* « 0,34 % » du même montant, lorsque le travailleur indépendant ou le membre des professions libérales et des professions non salariées bénéficie du concours de son conjoint collaborateur dans les conditions prévues au premier alinéa du I de l'article L. 121-4 du code de commerce.

(L. n° 2010-1657 du 29 déc. 2010, art. 137-V) « Les travailleurs indépendants *(L. n° 2014-626 du 18 juin 2014, art. 25-II)* « bénéficiant du » régime prévu à l'article L. 133-6-8 du code de la sécurité sociale consacrent chaque année au financement des actions définies à l'article L. 6313-1 du présent code, en sus des cotisations et contributions acquittées au titre de ce régime, une contribution égale à 0,1 % du montant annuel de leur chiffre d'affaires pour ceux qui relèvent du secteur du commerce et 0,2 % du montant annuel de leur chiffre d'affaires pour ceux qui ont une activité de prestation de services ou qui sont membres des professions libérales. »

(L. n° 2012-958 du 16 août 2012, art. 38) « Un décret en Conseil d'État détermine les modalités de mise en œuvre des deux premiers alinéas du présent article. »

V. Arr. du 24 avr. 2015 (JO 23 juill.).

Les dispositions issues de la L. n° 2014-626 du 18 juin 2014 s'appliquent aux cotisations et aux contributions de sécurité sociale dues au titre des périodes courant à compter du 1er janv. 2015 (L. préc., art. 25-VI).

Nouvel art. L. 6331-48 (L. n° 2016-1088 du 8 août 2016, art. 41, en vigueur le 1er janv. 2018) *Les travailleurs indépendants, y compris ceux n'employant aucun salarié, ainsi que les chefs d'entreprise immatriculés au répertoire des métiers et affiliés au régime général de sécurité sociale en application des 11°, 12° et 23° de l'article L. 311-3 du code de la sécurité sociale, consacrent chaque année au financement des actions définies à l'article L. 6331-1 du présent code :*

1° Une contribution qui ne peut être inférieure à 0,25 % du montant annuel du plafond de la sécurité sociale pour les personnes (L. n° 2016-1827 du 23 déc. 2016, art. 50-III) *« mentionnées au premier alinéa, à l'exception de celles mentionnées au 2° du présent article ». Ce taux est porté à 0,34 % lorsque ces personnes bénéficient du concours de leur conjoint collaborateur dans les conditions prévues au premier alinéa du I de l'article L. 121-4 du code de commerce ;*

2° Une contribution égale à 0,29 % du montant annuel du plafond de la sécurité sociale pour les personnes (L. n° 2016-1827 du 23 déc. 2016, art. 50-III) *« immatriculées au répertoire des métiers » dont :*

a) Une fraction correspondant à 0,12 point est affectée, en application de l'article L. 6331-50 du présent code, aux chambres mentionnées au a de l'article 1601 du code général des impôts pour le financement d'actions de formation au sens des articles L. 6313-1 à L. 6313-11 et L. 6353-1 du présent code. Ces actions de formation font l'objet d'une comptabilité analytique et sont gérées sur un compte annexe. Cette fraction n'est pas due dans les départements du Bas-Rhin et du Haut-Rhin ;

b) Une fraction correspondant à 0,17 point est affectée, en application de l'article L. 6331-50, au fonds d'assurance-formation des chefs d'entreprise mentionné au III de l'article 8 de l'ordonnance n° 2003-1213 du 18 décembre 2003 relative aux mesures de simplification des formalités concernant les entreprises, les travailleurs indépendants, les associations et les particuliers employeurs.

(Abrogé par L. n° 2016-1827 du 23 déc. 2016, art. 50-III) *« Les personnes relevant du groupe des professions industrielles et commerciales mentionné au b du 1° de l'article L. 613-1 du code de la sécurité sociale et immatriculées au répertoire des métiers ainsi que les chefs d'entreprise immatriculés au répertoire des métiers et affiliés au régime général de sécurité sociale en application des 11°, 12° et 23° de l'article L. 311-3 du même code acquittent la contribution au financement des actions définies à l'article L. 6331-1 du présent code au taux mentionné au 2° du présent article. »*

Les travailleurs indépendants bénéficiant du régime prévu à l'article L. 133-6-8 du code de la sécurité sociale consacrent chaque année au financement des actions définies à l'article L. 6313-1 du présent code, en sus des cotisations et contributions acquittées au titre de ce régime, une contribution égale à 0,1 % du montant annuel de leur chiffre d'affaires pour ceux mentionnés au 1° du présent article qui relèvent de la première catégorie définie au dernier alinéa du 1 de l'article 50-0 du code général des impôts, à 0,2 % du montant annuel de leur chiffre d'affaires pour les autres travailleurs indépendants mentionnés au même 1° et à 0,3 % du montant annuel de leur chiffre d'affaires pour les travailleurs indépendants mentionnés au 2° du présent article. Pour cette dernière catégorie, la contribution est répartie dans les conditions mentionnées au même 2°, au prorata des valeurs qui y sont indiquées.

Un décret en Conseil d'État détermine les modalités de mise en œuvre du présent article.

Ces dispositions s'appliquent à la contribution à la formation professionnelle due par les travailleurs indépendants pour les périodes courant à compter du 1er janv. 2018 (L. n° 2016-1088 du 8 août 2016, art. 41).

Art. L. 6331-48-1 *(L. n° 2014-626 du 18 juin 2014, art. 30)* **Les travailleurs indépendants mentionnés au troisième** *[nouvelle rédaction issue de la L. n° 2016-1088 du 8 août 2016, art. 41, applicable à compter du 1er janv. 2018 : « à l'avant-dernier »]* **alinéa de l'article L. 6331-48 qui ont déclaré un montant de chiffre d'affaires ou de recettes nul pendant une période de douze mois civils consécutifs précédant le dépôt de la demande de prise en charge de la formation ne peuvent bénéficier du droit prévu à l'article L. 6312-2.**

V. notes ss. art. L. 6331-48.

Art. L. 6331-49 (Abrogé par L. n° 2014-626 du 18 juin 2014, art. 25-II) ***Sont dispensées du versement*** (L. n° 2010-1657 du 29 déc. 2010, art. 137-V) ***« des contributions » prévues à l'article L. 6331-48, les personnes dispensées du versement de la cotisation personnelle d'allocations familiales qui justifient d'un revenu professionnel non salarié non agricole inférieur à un montant déterminé dans les conditions prévues à l'article L. 242-11 du code de la sécurité sociale.***

Al. abrogé par L. n° 2010-1657 du 29 déc. 2010, art. 137-V.

Cette abrogation s'applique aux cotisations et aux contributions de sécurité sociale dues au titre des périodes courant à compter du 1er janv. 2015 (L. n° 2014-626 du 18 juin 2014, art. 25-VI).

Art. L. 6331-50 *(L. n° 2010-1657 du 29 déc. 2010, art. 137-V)* **« Les contributions » prévues à l'article L. 6331-48, à l'exclusion de celle due par les assujettis mentionnés à l'article L. 6331-54,** *(L. n° 2010-1657 du 29 déc. 2010, art. 137-V)* **« sont versées » à un fonds d'assurance-formation de non-salariés.** — *[Anc. art. L. 953-1, al. 3.]*

Nouvel art. L. 6331-50 (L. n° 2016-1088 du 8 août 2016, art. 41, en vigueur le 1er janv. 2018) ***Les contributions prévues à l'article L. 6331-48, à l'exclusion de celle mentionnée au a du 2° du même article, sont versées à un fonds d'assurance-formation de non-salariés.***

La contribution mentionnée au même a est affectée aux chambres mentionnées au a de l'article 1601 du code général des impôts.

La contribution mentionnée au b du 2° de l'article L. 6331-48 du présent code est affectée au fonds d'assurance-formation des chefs d'entreprise mentionné au III de l'article 8 de l'ordonnance n° 2003-1213 du 18 décembre 2003 relative aux mesures de simplification des formalités concernant les entreprises, les travailleurs indépendants, les associations et les particuliers employeurs.

Ces dispositions s'appliquent à la contribution à la formation professionnelle due par les travailleurs indépendants pour les périodes courant à compter du 1er janv. 2018 (L. n° 2016-1088 du 8 août 2016, art. 41).

Art. L. 6331-51 La contribution *(L. n° 2010-1657 du 29 déc. 2010, art. 137-V)* **« prévue aux premier et deuxième alinéas de l'article L. 6331-48 » est recouvrée et contrôlée conformément aux dispositions prévues à l'article** *(L. n° 2016-1827 du 23 déc. 2016, art. 16)* **« L. 133-1-1 » du code de la sécurité sociale selon les règles et sous les garanties et sanctions applicables au recouvrement des cotisations personnelles d'allocations familiales. Elle fait l'objet d'un versement unique s'ajoutant à l'échéance provi-**

sionnelle des cotisations et contributions sociales du mois de février de l'année qui suit celle au titre de laquelle elle est due.

(L. n° 2010-1657 du 29 déc. 2010, art. 137-V) « Les versements de la contribution mentionnée au troisième alinéa de l'article L. **6331-48** sont effectués suivant la périodicité, selon les règles et sous les garanties et sanctions applicables au recouvrement des cotisations et contributions de sécurité sociale visées à l'article L. **133-6-8** du code de la sécurité sociale. »

Les organismes chargés du recouvrement reversent le montant de leur collecte aux fonds d'assurance-formation de non-salariés, agréés à cet effet par l'État, dans des conditions déterminées par décret en Conseil d'État.

Les règles applicables en cas de contentieux sont celles prévues au chapitre II du titre IV du livre Ier du code de la sécurité sociale. – *[Anc. art. L. 953-1, al. 4 à 6.]*

Nouvel art. L. 6331-51 (L. n° 2016-1088 du 8 août 2016, art. 41, en vigueur le 1er janv. 2018) *Les contributions prévues à l'article L.* ***6331-48****, à l'exception de celle mentionnée à l'avant-dernier alinéa, sont recouvrées et contrôlées selon les règles et sous les garanties et sanctions applicables au recouvrement des cotisations personnelles d'allocations familiales. Elles font l'objet d'un versement unique s'ajoutant à l'échéance provisionnelle des cotisations et contributions sociales du mois de novembre de l'année au titre de laquelle elles sont dues.*

Pour les chefs d'entreprise immatriculés au répertoire des métiers et affiliés au régime général de sécurité sociale en application des 11°, 12° et 23° de l'article L. 311-3 du code de la sécurité sociale, la contribution est recouvrée et contrôlée selon les règles et sous les garanties et sanctions applicables au recouvrement des cotisations du régime général de sécurité sociale assises sur les rémunérations. Elle fait l'objet d'un versement unique complémentaire aux cotisations du régime général de sécurité sociale versées sur l'exigibilité du mois d'octobre de l'année au titre de laquelle elle est due.

Les versements de la contribution mentionnée à l'avant-dernier alinéa de l'article L. ***6331-48*** *du présent code sont effectués suivant la périodicité, selon les règles et sous les garanties et sanctions applicables au recouvrement des cotisations et contributions de sécurité sociale mentionnées à l'article L.* ***133-6-8*** *du code de la sécurité sociale.*

Les organismes chargés du recouvrement reversent le montant de leur collecte aux fonds d'assurance[-]formation de non-salariés, agréés à cet effet par l'État et aux organismes mentionnés au a de l'article ***1601*** *du code général des impôts, dans des conditions déterminées par décret en Conseil d'État. Ce décret prévoit les modalités de fixation des frais afférents au recouvrement et au reversement de la contribution mentionnée à l'article L.* ***6331-48*** *du présent code.*

Les règles applicables en cas de contentieux sont celles prévues au chapitre II du titre IV du livre Ier du code de la sécurité sociale.

Ces dispositions s'appliquent à la contribution à la formation professionnelle due par les travailleurs indépendants pour les périodes courant à compter du 1er janv. 2018 (L. n° 2016-1088 du 8 août 2016, art. 41).

Art. L. 6331-52 Les organismes chargés du recouvrement *(L. n° 2010-1657 du 29 déc. 2010, art. 137-V)* « des contributions prévues à l'article L. **6331-48** » peuvent percevoir des frais de gestion dont les modalités et le montant sont déterminés par arrêté conjoint du ministre chargé de la sécurité sociale et du ministre chargé de la formation professionnelle. – *[Anc. art. L. 953-1, al. 7.] – V. Arr. du 23 avr. 2007 (JO 17 mai).*

Art. L. 6331-53 Les travailleurs indépendants de la pêche maritime et les employeurs de pêche maritime de moins de *(L. n° 2015-1785 du 29 déc. 2015, art. 15-II)* « onze » salariés ainsi que les travailleurs indépendants et les employeurs de cultures marines de moins de *(L. n° 2015-1785 du 29 déc. 2015, art. 15-II)* « onze » salariés affiliés au régime social des marins et, le cas échéant, leurs conjoints, partenaires liés par un pacte civil de solidarité ou concubins, collaborateurs ou associés, consacrent chaque année, pour le financement de leurs propres actions de formation, telles que définies à l'article L. **6313-1**, une contribution qui ne peut être inférieure à 0,15 % du montant annuel du plafond de la sécurité sociale.

Cette contribution est directement recouvrée en une seule fois et contrôlée par *(L. n° 2014-1554 du 22 déc. 2014, art. 30-III, en vigueur le 1er janv. 2016 ; L. n° 2015-1702 du 21 déc. 2015, art. 16-II)* « l'organisme mentionné à l'article L. **213-4** du code de la sécurité sociale », selon les règles et sous les garanties et sanctions applicables au recouvrement des cotisations dues au titre du régime de protection sociale maritime.

S'agissant des chefs d'entreprise de pêche maritime et des travailleurs indépendants du même secteur, *(L. n° 2014-1554 du 22 déc. 2014, art. 30-III, en vigueur le 1er janv. 2016 ; L. n° 2015-1702 du 21 déc. 2015, art. 16-II)* « l'organisme mentionné à l'article L. 213-4 du code de la sécurité sociale » reverse le montant annuel de la collecte de la contribution prévue au premier alinéa à l'organisme collecteur paritaire agréé à cet effet, dans les conditions déterminées par décret en Conseil d'État.

S'agissant des chefs d'entreprise de cultures marines et des travailleurs indépendants du même secteur et, le cas échéant, de leurs conjoints collaborateurs ou associés, la caisse de mutualité sociale agricole reverse le montant de leur collecte à l'organisme collecteur paritaire agréé mentionné au troisième alinéa. – *[Anc. art. L. 953-4 et L. 953-3, al. 5.]*

Les dispositions issues de la L. n° 2015-1785 du 29 déc. 2015 s'appliquent à la collecte des contributions dues au titre de l'année 2016 et des années suivantes (L. préc., art. 15-VIII).

Art. L. 6331-54 Pour les travailleurs indépendants inscrits au répertoire des métiers, la contribution *(L. n° 2010-1657 du 29 déc. 2010, art. 137-V)* « prévue aux premier et deuxième alinéas de l'article L. 6331-48 » est versée dans les conditions de l'article 1601 B *(L. n° 2010-1657 du 29 déc. 2010, art. 137-V)* « et du *c* de l'article 1601 » du code général des impôts.

(L. n° 2010-1657 du 29 déc. 2010, art. 137-V) « Pour les chefs d'entreprise exerçant une activité artisanale *(L. n° 2014-626 du 18 juin 2014, art. 25-II)* « bénéficiant du » régime prévu à l'article L. 133-6-8 du code de la sécurité sociale, la contribution mentionnée au troisième alinéa de l'article L. 6331-48 du présent code est versée dans les conditions prévues à l'article 1609 *quatervicies* B du code général des impôts. » – *V. art. R. 6331-55 s.*

Les dispositions issues de la L. n° 2014-626 du 18 juin 2014 s'appliquent aux cotisations et aux contributions de sécurité sociale dues au titre des périodes courant à compter du 1er janv. 2015 (L. préc., art. 25-VI).

Ces dispositions sont abrogées par la L. n° 2016-1088 du 8 août 2016 pour la contribution à la formation professionnelle due par les travailleurs indépendants pour les périodes courant à compter du 1er janv. 2018 (L. préc., art. 41).

Art. L. 6331-54-1 *(L. n° 2014-626 du 18 juin 2014, art. 30)* Les travailleurs indépendants mentionnés au second alinéa de l'article L. 6331-54 qui ont déclaré un montant de chiffre d'affaires ou de recettes nul pendant une période de douze mois civils consécutifs précédant le dépôt de la demande de prise en charge de la formation ne peuvent bénéficier du droit prévu à l'article L. 6312-2.

V. note ss. art. L. 6331-54.

Ces dispositions sont abrogées par la L. n° 2016-1088 du 8 août 2016 pour la contribution à la formation professionnelle due par les travailleurs indépendants pour les périodes courant à compter du 1er janv. 2018 (L. préc., art. 41).

SOUS-SECTION 3 EMPLOYEURS OCCUPANT DES SALARIÉS INTERMITTENTS DU SPECTACLE

Art. L. 6331-55 Par dérogation aux dispositions relatives au financement du congé individuel de formation, prévues par l'article L. 6322-37, à l'obligation de financement pour les employeurs de moins de *(L. n° 2015-1785 du 29 déc. 2015, art. 15-II)* « onze » salariés, prévue par *(L. n° 2014-288 du 5 mars 2014, art. 3-1°)* « l'article L. 6331-2 », et à l'obligation de financement pour les employeurs de *(L. n° 2015-1785 du 29 déc. 2015, art. 15-II)* « onze » salariés et plus, prévue par les articles L. 6331-9, L. 6331-14 à L. 6331-20, lorsque des employeurs occupent un ou plusieurs salariés intermittents du spectacle qui relèvent des secteurs d'activités *[activité]* *(L. n° 2014-288 du 5 mars 2014, art. 3-1°)* « du spectacle vivant et du spectacle enregistré », pour lesquels il est d'usage constant de ne pas recourir au contrat à durée indéterminée en raison de la nature de l'activité exercée et du caractère par nature temporaire de ces emplois, une convention ou un accord professionnel national étendu peut prévoir pour ce ou ces salariés intermittents une participation unique au développement de la formation professionnelle, quel que soit le nombre de salariés occupés. Cette contribution est due à compter du premier salarié intermittent.

Le pourcentage de la contribution ne peut être inférieur à 2 % des rémunérations versées pendant l'année en cours. Les rémunérations sont entendues au sens des règles prévues aux chapitres Ier et II du titre IV du livre II du code de la sécurité sociale.

(L. n° 2014-288 du 5 mars 2014, art. 3-2°) « Pour permettre la gestion des droits inscrits ou mentionnés dans le compte personnel de formation de ces salariés, le décret prévu à l'article L. 6323-8 peut prévoir des aménagements spécifiques. »

Les dispositions issues de la L. n° 2015-1785 du 29 déc. 2015 s'appliquent à la collecte des contributions dues au titre de l'année 2016 et des années suivantes (L. préc., art. 15-VIII).

Art. L. 6331-56 La convention ou l'accord mentionné à l'article L. 6331-55, qui détermine la répartition de la contribution au titre du congé individuel de formation, du plan de formation *(L. n° 2014-1655 du 29 déc. 2014, art. 19)* « , des contrats ou des périodes de professionnalisation, du compte personnel de formation et du financement du fonds paritaire de sécurisation des parcours professionnels, » ne peut avoir pour effet d'abaisser le taux en dessous de :

1° 0,6 %, au titre de congé individuel de formation, des rémunérations de l'année de référence ;

2° 0,6 %, au titre du plan de formation, des rémunérations de l'année de référence ;

3° *(L. n° 2014-1655 du 29 déc. 2014, art. 19)* « 0,15 % », au titre des contrats ou des périodes de professionnalisation ;

(L. n° 2014-1655 du 29 déc. 2014, art. 19) « 4° 0,20 % au titre du compte personnel de formation ;

« 5° 0,10 % au titre du fonds paritaire de sécurisation des parcours professionnels, par dérogation aux articles L. 6332-3-3 et L. 6332-3-4. »

Les dispositions issues de la L. n° 2014-1655 s'appliquent aux contributions assises sur les rémunérations versées à compter du 1er janv. 2015 (L. n° 2014-1655 du 29 déc. 2014, art. 19-III).

SOUS-SECTION 4 **PARTICULIERS EMPLOYEURS**

Art. L. 6331-57 Sont redevables d'une contribution versée au titre de la participation au développement de la formation professionnelle continue et égale à 0,15 % des rémunérations de l'année de référence les particuliers employeurs occupant un ou plusieurs :

1° *(L. n° 2016-1088 du 8 août 2016, art. 93)* « Salariés du particulier employeur » mentionnés à l'article L. 7221-1 ;

2° Assistants maternels mentionnés *[à l'article]* L. 421-1 du code de l'action sociale et des familles ;

3° Salariés mentionnés aux 2° et 3° de l'article L. 722-20 du code rural et de la pêche maritime. – *[Anc. art. L. 952-6, al. 1er, phrase 1.]*

Art. L. 6331-58 La contribution prévue à l'article L. 6331-57 est calculée sur l'assiette retenue en application :

1° Pour les employés de maison, de l'article L. 133-7 du code de la sécurité sociale ;

2° Pour les assistants maternels, de l'article L. 242-1 du même code. – *[Anc. art. L. 952-6, al. 3, phrase 1.]*

Art. L. 6331-59 La contribution est recouvrée et contrôlée par les organismes chargés du recouvrement des cotisations de sécurité sociale et d'allocations familiales en même temps que les cotisations de sécurité sociale dues sur les rémunérations versées aux travailleurs salariés et assimilés, selon les mêmes règles et sous les mêmes garanties et sanctions. – *[Anc. art. L. 952-6, al. 3, phrase 2.]*

Art. L. 6331-60 La contribution est versée à un organisme collecteur paritaire agréé.

Elle est versée après déduction de frais de gestion, selon des modalités déterminées par arrêté conjoint du ministre chargé de la sécurité sociale et du ministre chargé de la formation professionnelle. – *[Anc. art. L. 952-6, al. 2 et al. 3, phrase 4.]*

Art. L. 6331-61 Le produit de la contribution est reversé à l'organisme collecteur paritaire agréé, après déduction de frais de gestion, selon des modalités déterminées par arrêté conjoint du ministre chargé de la sécurité sociale et du ministre chargé de la formation professionnelle. – *[Anc. art. L. 952-6, al. 3, phrase 4.]*

Art. L. 6331-62 Les règles applicables en cas de contentieux sont celles prévues au chapitre II du titre IV du livre Ier du code de la sécurité sociale. – *[Anc. art. L. 952-6, al. 3, phrase 3.]*

SOUS-SECTION 5 EMPLOYEURS DE LA PÊCHE MARITIME ET DES CULTURES MARINES

Art. L. 6331-63 Dans les entreprises de pêche maritime et de cultures marines de moins de *(L. n° 2015-1785 du 29 déc. 2015, art. 15-II)* « onze » salariés, l'employeur reverse le montant de la contribution prévue à l'article L. 6331-2 à l'organisme collecteur paritaire agréé mentionné au troisième alinéa de l'article L. 6331-53. – *[Anc. art. L. 952-1, al. 6.]*

Les dispositions issues de la L. n° 2015-1785 du 29 déc. 2015 s'appliquent à la collecte des contributions dues au titre de l'année 2016 et des années suivantes (L. préc., art. 15-VIII).

Art. L. 6331-64 Dans les entreprises de pêche maritime et de cultures marines *(L. n° 2012-387 du 22 mars 2012, art. 43)* « d'au moins *(L. n° 2015-1785 du 29 déc. 2015, art. 15-II)* « onze » salariés », l'employeur verse à l'organisme collecteur paritaire agréé mentionné au troisième alinéa de l'article L. 6331-53 la fraction de la contribution qui n'a pas été utilisée directement au financement de la formation professionnelle au profit de ses salariés. – *[Anc. art. L. 951-1, I, al. 11.]*

Les dispositions issues de la L. n° 2015-1785 du 29 déc. 2015 s'appliquent à la collecte des contributions dues au titre de l'année 2016 et des années suivantes (L. préc., art. 15-VIII).

SOUS-SECTION 6 ARTISTES AUTEURS

(L. n° 2011-1978 du 28 déc. 2011, art. 89-I)

Art. L. 6331-65 Pour le financement des actions prévues à l'article L. 6331-1 au profit des artistes auteurs définis à l'article L. 382-1 du code de la sécurité sociale, il est créé :

1° Une contribution annuelle des artistes auteurs assise sur les revenus définis à l'article L. 382-3 du même code. Le taux de cette contribution est de 0,35 % ;

2° Une contribution annuelle des personnes physiques ou morales mentionnées à l'article L. 382-4 du même code, assise sur les éléments mentionnés au deuxième alinéa du même article. Le taux de cette contribution est de 0,1 %.

Les contributions prévues aux 1° et 2° du présent article ne sont pas exclusives de financements par les sociétés d'auteurs.

(L. n° 2014-288 du 5 mars 2014, art. 4) « Pour permettre la gestion des droits inscrits ou mentionnés dans le compte personnel de formation des artistes auteurs et leur compatibilité avec les droits mis en place au titre du présent article, le décret prévu à l'article L. 6323-8 peut prévoir des aménagements spécifiques. »

Art. L. 6331-66 Les contributions mentionnées aux 1° et 2° de l'article L. 6331-65 sont recouvrées et contrôlées selon les règles et sous les garanties et sanctions applicables au recouvrement des cotisations de sécurité sociale dues sur les revenus et éléments mentionnés à ces mêmes 1° et 2°.

Art. L. 6331-67 Les organismes agréés visés aux articles L. 382-4 et L. 382-5 du code de la sécurité sociale ainsi que les organismes de recouvrement mentionnés à l'article L. 213-1 du même code, chargés du recouvrement des contributions mentionnées à l'article L. 6331-65 du présent code, peuvent percevoir des frais de gestion dont les modalités et le montant sont déterminés par arrêté conjoint des ministres chargés de la sécurité sociale, de la culture et de la formation professionnelle.

Art. L. 6331-68 Les contributions prévues à l'article L. 6331-65 sont affectées à l'organisme paritaire collecteur agréé au titre des contributions versées en application de l'article L. 6331-55 et gérées au sein de ce dernier dans une section particulière. Elles lui sont reversées par les organismes mentionnés à l'article L. 6331-67 selon des modalités déterminées par arrêté conjoint des ministres chargés de la sécurité sociale, de la culture et de la formation professionnelle. Elles sont mutualisées dès réception.

Un décret en Conseil d'État détermine les modalités d'organisation et de fonctionnement de la section particulière mentionnée au premier alinéa du présent article.

CHAPITRE II **ORGANISMES COLLECTEURS AGRÉÉS**

BIBL. ▸ Willems, *Dr. soc. 2014. 1026* (nouvelles frontières, nouveaux défis pour les OPCA).

SECTION PREMIÈRE **DISPOSITIONS GÉNÉRALES**

SOUS-SECTION 1 **AGRÉMENT**

Art. L. 6332-1 *(L. nº 2014-288 du 5 mars 2014, art. 11-I)* « I. – » *(L. nº 2009-1437 du 24 nov. 2009)* L'organisme collecteur paritaire habilité à recevoir les contributions des employeurs au titre du chapitre Ier est agréé par l'autorité administrative. Il a une compétence nationale, interrégionale ou régionale.

L'agrément est accordé aux organismes collecteurs paritaires en fonction :

1º De leur capacité financière et de leurs performances de gestion ;

2º De la cohérence de leur champ d'intervention géographique et professionnel ou interprofessionnel ;

3º De leur mode de gestion paritaire ;

4º De leur aptitude à assurer leur mission compte tenu de leurs moyens ;

5º De leur aptitude à assurer des services de proximité au bénéfice des très petites, petites et moyennes entreprises ainsi qu'à développer les compétences, au niveau des territoires, notamment en milieu agricole et rural ;

6º De l'application d'engagements relatifs à la transparence de la gouvernance, à la publicité des comptes et à l'application de la charte des bonnes pratiques mentionnée à l'article *(L. nº 2014-288 du 5 mars 2014, art. 11-I)* « L. 6332-1-3 ».

L'agrément des organismes collecteurs paritaires *(L. nº 2014-288 du 5 mars 2014, art. 11-I)* « pour collecter les contributions mentionnées au chapitre Ier du présent titre » n'est accordé que lorsque le montant des collectes annuelles réalisées est supérieur à un montant fixé par décret en Conseil d'État.

(L. nº 2014-288 du 5 mars 2014, art. 11-I) « Ces organismes peuvent être habilités à collecter les versements des entreprises donnant lieu à exonération de la taxe d'apprentissage et à les reverser dans les conditions prévues au I de l'article L. 6242-1.

« II. – L'organisme collecteur paritaire agréé prend en charge ou finance des organismes prenant en charge, notamment :

« 1º Les formations relevant du plan de formation mentionné à l'article L. 6321-1 ;

« 2º Le congé individuel de formation mentionné à l'article L. 6322-1 ;

« 3º Les formations financées par le compte personnel de formation mentionné à l'article L. 6323-1 ;

« 4º Les périodes de professionnalisation mentionnées à l'article L. 6324-1 ;

« 5º Le contrat de professionnalisation mentionné à l'article L. 6325-1 ;

« 6º La préparation opérationnelle à l'emploi mentionnée aux articles L. 6326-1 et L. 6326-3 ;

« 7º Si un accord de branche le prévoit, pendant une durée maximale de deux ans, les coûts de formation engagés pour faire face à de graves difficultés économiques conjoncturelles.

« III. – Il n'assure aucun financement, direct ou indirect, des organisations syndicales de salariés et des organisations professionnelles d'employeurs. Ces interdictions s'entendent sous la seule réserve de la possibilité de rembourser, sur présentation de justificatifs, les frais de déplacement, de séjour et de restauration engagés par les personnes qui siègent au sein des organes de direction de cet organisme. – *Pendant une durée maximale fixée par décret et ne pouvant excéder 3 ans, les dispositions du III de l'art. L. 6332-1, dans sa rédaction résultant de la L. nº 2014-288 du 5 mars 2014, s'entendent sous réserve des stipulations des accords professionnels conclus avant la publication de cette même loi (L. préc., art. 11-V).*

« IV. – » L'agrément est subordonné à l'existence d'un accord conclu à cette fin entre les organisations syndicales de salariés et d'employeurs représentatives dans le champ d'application de l'accord. S'agissant d'un organisme collecteur paritaire interprofessionnel, cet accord est valide et peut être agréé même s'il n'est signé, en ce qui concerne la représentation des employeurs, que par une organisation syndicale.

Art. L. 6332-1-1 *(L. n° 2009-1437 du 24 nov. 2009)* Les organismes collecteurs paritaires agréés ont pour mission :

1° De contribuer au développement de la formation professionnelle continue *(L. n° 2014-288 du 5 mars 2014, art. 11-I)* « et de l'apprentissage » ;

2° D'informer, de sensibiliser et d'accompagner les entreprises dans l'analyse et la définition de leurs besoins en matière de formation professionnelle ;

3° De participer à l'identification des compétences et des qualifications mobilisables au sein de l'entreprise et à la définition des besoins collectifs et individuels au regard de la stratégie de l'entreprise, en prenant en compte les objectifs définis par les accords de gestion prévisionnelle des emplois et des compétences ;

(L. n° 2014-288 du 5 mars 2014, art. 11-I) « 4° De s'assurer de la qualité des formations dispensées, notamment en luttant contre les dérives thérapeutiques et sectaires. »

Pour l'accomplissement de leurs missions, les organismes collecteurs paritaires agréés assurent un service de proximité au bénéfice des très petites, petites et moyennes entreprises et des entreprises du milieu agricole et rural, *(L. n° 2014-288 du 5 mars 2014, art. 11-I)* « permettant d'améliorer l'information et l'accès des salariés de ces entreprises à la formation professionnelle. Ils » peuvent contribuer au financement de l'ingénierie de certification et peuvent prendre en charge les coûts des diagnostics de ces entreprises selon les modalités définies par accord de branche ou accord collectif conclu entre les organisations d'employeurs et de salariés signataires de l'accord constitutif d'un organisme collecteur paritaire agréé interprofessionnel.

Ils peuvent conclure avec l'État des conventions dont l'objet est de définir la part des ressources qu'ils peuvent affecter au cofinancement d'actions en faveur de la formation professionnelle et du développement des compétences des salariés et des demandeurs d'emploi.

Une convention triennale d'objectifs et de moyens est conclue entre chaque organisme collecteur paritaire agréé et l'État. Elle définit les modalités de financement et de mise en œuvre des missions des organismes collecteurs paritaires agréés. Les parties signataires s'assurent de son suivi et réalisent une évaluation à l'échéance de la convention dont les conclusions sont transmises au *(L. n° 2014-288 du 5 mars 2014, art. 11-I)* « Conseil national de l'emploi, de la formation et de l'orientation professionnelles ». Celui-ci établit et rend public, tous les trois ans, un bilan des politiques et de la gestion des organismes collecteurs paritaires agréés. — *V. art. R. 6332-37-4 s.*

Les dispositions du dern. al. relatives aux conventions triennales d'objectifs et de moyens sont applicables au 24 sept. 2010, date de publication du Décr. n° 2010-1116 du 22 sept. 2010 relatif aux organismes collecteurs paritaires agréés des fonds de la formation professionnelle continue, aux organismes qui ont déjà fait l'objet d'un agrément au titre du plan de formation et de la professionnalisation, dont le seuil de collecte dépasse le seuil mentionné à l'art. R. 6332-9 et qui ont fait connaître qu'ils solliciteront l'agrément cité à l'art. 48 de ce même décret (Décr. n° 2010-1116 du 22 sept. 2010, art. 49), V. note ss. art. L. 6332-7.

Art. L. 6332-1-2 *(L. n° 2014-288 du 5 mars 2014, art. 11-I)* Les organismes paritaires agréés pour collecter la contribution mentionnée au chapitre Ier du présent titre peuvent collecter des contributions supplémentaires ayant pour objet le développement de la formation professionnelle continue.

Ces contributions sont versées soit en application d'un accord professionnel national conclu entre les organisations représentatives d'employeurs et de salariés et mutualisées dès réception par l'organisme, soit sur une base volontaire par l'entreprise.

Elles font l'objet d'un suivi comptable distinct.

Art. L. 6332-1-3 *(L. n° 2009-1437 du 24 nov. 2009)* Le fonds paritaire de sécurisation des parcours professionnels prévu à l'article L. 6332-18 établit et publie une charte des bonnes pratiques pour les organismes *(Abrogé par L. n° 2014-288 du 5 mars 2014, art. 11-I) « collecteurs »* paritaires agréés et les entreprises.

L'art. L. 6332-1-2 devient l'art. L. 6332-1-3 (L. n° 2014-288 du 5 mars 2014, art. 11-I-3°).

Art. L. 6332-2 L'organisme collecteur paritaire agréé peut conclure avec toute personne morale, et notamment les chambres consulaires, des conventions dont l'objet est de leur permettre de percevoir les contributions des employeurs au titre du chapitre Ier.

Les chambres consulaires peuvent percevoir auprès de toutes les entreprises les fonds destinés à des actions de formation professionnelle, en application de conventions de formation annuelles ou pluriannuelles conclues dans le cadre des dispositions de l'article L. 6353-2. – *[Anc. art. L. 961-12, al. 5.]*

Art. L. 6332-2-1 *(L. n° 2009-1437 du 24 nov. 2009)* Lorsqu'une personne exerce une fonction d'administrateur ou de salarié dans un établissement de formation, elle ne peut exercer une fonction d'administrateur ou de salarié dans un organisme collecteur paritaire agréé ou un organisme délégué par ce dernier.

Lorsqu'une personne exerce une fonction de salarié dans un établissement de crédit, elle ne peut exercer une fonction de salarié dans un organisme collecteur paritaire agréé ou un organisme délégué par ce dernier.

Le cumul des fonctions d'administrateur dans un organisme collecteur paritaire agréé et d'administrateur ou de salarié dans un établissement de crédit est porté à la connaissance des instances paritaires de l'organisme collecteur ainsi qu'à celle du commissaire aux comptes qui établit, s'il y a lieu, un rapport spécial.

SOUS-SECTION 2 **GESTION DES FONDS**

Art. L. 6332-3 *(L. n° 2014-288 du 5 mars 2014, art. 11-I)* L'organisme collecteur paritaire agréé gère la contribution mentionnée aux articles L. 6331-2 et L. 6331-9 paritairement au sein de sections consacrées au financement, respectivement :

1° Du fonds paritaire de sécurisation des parcours professionnels ;

2° Du congé individuel de formation ;

3° Du compte personnel de formation ;

4° Des actions de professionnalisation mentionnées aux articles L. 6332-14 à L. 6332-16-1 ;

5° Du plan de formation.

Art. L. 6332-3-1 *(L. n° 2014-288 du 5 mars 2014, art. 11-I)* La section consacrée au financement du plan de formation comporte quatre sous-sections qui regroupent les sommes versées, respectivement, par :

1° Les employeurs de moins de *(L. n° 2015-1785 du 29 déc. 2015, art. 15-II)* « onze » salariés ;

2° Les employeurs de *(L. n° 2015-1785 du 29 déc. 2015, art. 15-II)* « onze » à moins de cinquante salariés ;

3° Les employeurs de cinquante à moins de trois cents salariés ;

4° Le cas échéant, les employeurs d'au moins trois cents salariés.

Les dispositions issues de la L. n° 2015-1785 du 29 déc. 2015 s'appliquent à la collecte des contributions dues au titre de l'année 2016 et des années suivantes (L. préc., art. 15-VIII).

Art. L. 6332-3-2 *(L. n° 2014-288 du 5 mars 2014, art. 11-I)* Les versements reçus par l'organisme collecteur paritaire agréé sont mutualisés dès leur réception au sein de chacune des sections mentionnées aux 1° à 4° de l'article L. 6332-3.

Les versements dédiés au financement du plan de formation sont mutualisés au sein de chacune des sous-sections mentionnées à l'article L. 6332-3-1. L'organisme collecteur paritaire agréé peut affecter des versements des employeurs d'au moins cinquante salariés au financement des plans de formation présentés par les employeurs de moins de cinquante salariés adhérant à l'organisme.

Art. L. 6332-3-3 *(L. n° 2014-288 du 5 mars 2014, art. 11-I)* La répartition de la contribution mentionnée au premier alinéa de l'article L. 6331-9 versée par les employeurs d'au moins cinquante salariés est opérée par l'organisme collecteur paritaire de la façon suivante :

1° 0,2 % du montant des rémunérations mentionné au même premier alinéa est affecté au fonds paritaire de sécurisation des parcours professionnels mentionné à l'article L. 6332-18 ;

2° 0,2 % de ce même montant est affecté aux organismes agréés pour prendre en charge le congé individuel de formation, dans les conditions fixées à l'article L. 6332-3-6 ;

3° La part restante du produit de la contribution est gérée directement par l'organisme collecteur paritaire pour financer des actions de professionnalisation, du plan de formation et du compte personnel de formation.

Art. L. 6332-3-4 *(L. n° 2014-288 du 5 mars 2014, art. 11-I)* La répartition de la contribution mentionnée au premier alinéa de l'article L. 6331-9 versée par les employeurs de *(L. n° 2015-1785 du 29 déc. 2015, art. 15-II)* « onze » à quarante-neuf salariés est opérée par l'organisme collecteur paritaire de la façon suivante :

1° 0,15 % du montant des rémunérations mentionné au même premier alinéa est affecté au fonds paritaire de sécurisation des parcours professionnels mentionné à l'article L. 6332-18 ;

2° 0,15 % de ce même montant est affecté aux organismes agréés pour prendre en charge le congé individuel de formation, dans les conditions fixées à l'article L. 6332-3-6 ;

3° La part restante du produit de la contribution est gérée directement par l'organisme collecteur paritaire pour financer des actions de professionnalisation, du plan de formation et du compte personnel de formation.

Les dispositions issues de la L. n° 2015-1785 du 29 déc. 2015 s'appliquent à la collecte des contributions dues au titre de l'année 2016 et des années suivantes (L. préc., art. 15-VIII).

Art. L. 6332-3-5 *(L. n° 2014-288 du 5 mars 2014, art. 11-I)* La contribution mentionnée à l'article L. 6331-2 est gérée directement par l'organisme collecteur paritaire pour financer des actions de professionnalisation et du plan de formation.

Art. L. 6332-3-6 *(L. n° 2014-288 du 5 mars 2014, art. 11-I)* Sauf lorsqu'il est agréé sur le fondement de l'article L. 6333-2, l'organisme collecteur paritaire verse la part des rémunérations mentionnée au 2° des articles L. 6332-3-3 et L. 6332-3-4 et la part des rémunérations mentionnée à l'article L. 6322-37 au fonds paritaire de sécurisation des parcours professionnels, qui les reverse aux organismes agréés pour prendre en charge le congé individuel de formation.

Art. L. 6332-3-7 *(L. n° 2014-288 du 5 mars 2014, art. 11-I)* Un décret en Conseil d'État fixe, au sein de la part mentionnée au 3° des articles L. 6332-3-3 et L. 6332-3-4 et de la contribution mentionnée à l'article L. 6332-3-5, la répartition des sommes gérées directement par l'organisme collecteur paritaire pour financer des actions de professionnalisation, du plan de formation et du compte personnel de formation.

Art. L. 6332-4 Les emplois de fonds qui ne répondent pas aux règles posées par l'article L. 6332-3 donnent lieu par l'organisme collecteur paritaire agréé à un reversement de même montant au Trésor public.

Ce reversement est soumis aux dispositions des articles L. 6331-6 et L. 6331-8. – *[Anc. art. L. 952-2, al. 4, et L. 952-3, al. 3.]*

Art. L. 6332-5 *Abrogé par L. n° 2014-288 du 5 mars 2014, art. 11-I.*

Art. L. 6332-5-1 *(L. n° 2009-1437 du 24 nov. 2009)* L'organisme collecteur paritaire agréé est assujetti aux neuvième et dixième alinéas de l'article L. 441-6 du code de commerce pour le délai de règlement des sommes dues aux organismes de formation.

SOUS-SECTION 3 DISPOSITIONS D'APPLICATION

Art. L. 6332-6 Un décret en Conseil d'État détermine les conditions d'application de la présente section, ainsi que :

1° Les règles relatives à la constitution, aux attributions, au fonctionnement et aux contrôles auxquels est soumis un organisme collecteur paritaire ainsi qu'aux modalités de reversement au Trésor public des fonds non utilisés et des dépenses non admises par les agents de contrôle mentionnés à l'article L. 6361-5 ;

2° Les modalités de mise en œuvre du principe de transparence dans le fonctionnement de l'organisme collecteur paritaire, notamment en ce qui concerne l'égalité de traitement des entreprises, des salariés et des prestataires de formation ou de prestations entrant dans le champ d'application du présent livre ;

3° Les modalités d'information, sur chacun des points mentionnés aux 1° et 2°, des entreprises ayant contribué au financement de la formation professionnelle *(L. n° 2009-1437 du 24 nov. 2009)* « et des prestataires de formation » ;

4° Les conditions dans lesquelles l'agrément de l'organisme collecteur paritaire peut être accordé ou retiré ;

5° *(L. n° 2009-1437 du 24 nov. 2009)* « Les règles applicables aux excédents financiers dont est susceptible de disposer l'organisme collecteur paritaire agréé et les conditions d'utilisation de ces fonds pour le financement des actions mentionnées à l'article L. 6332-21 » ;

6° Les conditions d'utilisation des versements *(Abrogé par L. n° 2014-288 du 5 mars 2014, art. 11-I)* « ***, les règles applicables aux excédents financiers est susceptible de disposer l'organisme collecteur paritaire agréé au titre*** *(L. n° 2009-1437 du 24 nov. 2009)* « ***des sections particulières prévues aux articles L. 6332-3 et L. 6332-3-1*** » ainsi que les modalités de fonctionnement *(L. n° 2014-288 du 5 mars 2014, art. 11-I)* « des sections prévues à l'article L. 6332-3 » ;

7° *(L. n° 2014-288 du 5 mars 2014, art. 11-I)* « La définition et les modalités de fixation du plafond des dépenses pouvant être négociées dans le cadre de la convention prévue au dernier alinéa de l'article L. 6332-1-1 relatives aux frais de gestion et d'information des organismes collecteurs paritaires agréés ; – *V. art. R. 6332-36.*

« 8° Les règles d'affectation à chacune des sections mentionnées à l'article L. 6332-3 des fonds collectés par les organismes collecteurs paritaires agréés ;

« 9° Les modalités selon lesquelles s'opère le versement au fonds paritaire de sécurisation des parcours professionnels des fonds destinés au financement du congé individuel de formation prévu à l'article L. 6332-3-6 ; »

(L. n° 2015-990 du 6 août 2015, art. 277) « 10° Les modalités de prise en charge par les organismes collecteurs paritaires agréés de la rémunération des salariés en formation dans le cadre du plan de formation des entreprises de moins de *(L. n° 2015-1785 du 29 déc. 2015, art. 15-II)* « onze » salariés. »

Les dispositions issues de la L. n° 2015-1785 du 29 déc. 2015 s'appliquent à la collecte des contributions dues au titre de l'année 2016 et des années suivantes (L. préc., art. 15-VIII).

SECTION II FONDS D'ASSURANCE-FORMATION

SOUS-SECTION 1 FONDS D'ASSURANCE-FORMATION DE SALARIÉS

Art. L. 6332-7 *(L. n° 2014-288 du 5 mars 2014, art. 11-I)* « Les fonds d'assurance formation destinés aux salariés d'une ou plusieurs branches professionnelles remplissent les missions mentionnées aux deuxième à sixième alinéas de l'article L. 6332-1-1. »

Ils sont dotés de la personnalité morale.

Ils sont créés par accords conclus entre les organisations syndicales de salariés et d'employeurs représentatives dans le champ d'application professionnel ou territorial de l'accord.

(L. n° 2009-1437 du 24 nov. 2009) « Ils sont agréés par l'autorité administrative, dans les conditions prévues *(L. n° 2014-288 du 5 mars 2014, art. 11-I, en vigueur le 1er janv. 2015)* « au IV de l'article L. 6332-1 pour collecter les contributions mentionnées au chapitre Ier ». »

Ils sont gérés paritairement.

Ils mutualisent les sommes qu'ils perçoivent des entreprises.

Art. L. 6332-8 Les contributions versées par l'employeur aux fonds d'assurance-formation ne sont soumises ni aux cotisations de sécurité sociale ni à la taxe sur les salaires.

Elles sont déductibles pour l'établissement de l'impôt sur le revenu ou de l'impôt sur les sociétés dû par l'employeur. – *[Anc. art. L. 961-9, al. 4.]*

SOUS-SECTION 2 FONDS D'ASSURANCE-FORMATION DE NON-SALARIÉS

Art. L. 6332-9 Les travailleurs indépendants, les membres des professions libérales et des professions non salariées peuvent créer dans les professions ou les branches professionnelles considérées des fonds d'assurance-formation de non-salariés.

Ces fonds sont dotés de la personnalité morale. – *[Anc. L. 961-8, phrase 1, et L. 961-10, al. 1er.]*

Art. L. 6332-10 Les fonds d'assurance-formation de non-salariés sont alimentés par des ressources dégagées par voie de concertation entre les organisations professionnelles intéressées ou les chambres consulaires. – *[Anc. art. L. 961-10, al. 2.]*

Art. L. 6332-11 Un pourcentage de la collecte, déterminé par l'autorité administrative, est réservé au financement des actions de formation des créateurs ou repreneurs d'entreprise, ainsi qu'aux prestations complémentaires de formation ou d'accompagnement dont ils peuvent bénéficier avant l'échéance de trois ans suivant leur installation par :

1° Les fonds d'assurance-formation des travailleurs *(L. nº 2016-1827 du 23 déc. 2016, art. 50-III)* « indépendants » non agricoles immatriculés au répertoire des métiers ou, dans les départements de la Moselle, du Bas-Rhin et du Haut-Rhin au registre des entreprises, ou au registre du commerce et des sociétés ;

2° Le fonds interprofessionnel de formation des professions libérales immatriculées auprès des organismes mentionnés à l'article L. 213-1 du code de la sécurité sociale ;

3° Le fonds d'assurance-formation des professions médicales. – *[Anc. art. L. 961-10, al. 3 et 4.]*

Art. L. 6332-12 A défaut d'être déjà financées par un organisme de financement de la formation professionnelle continue des professions salariées ou des demandeurs d'emploi, les dépenses de formation engagées par le bénéficiaire du stage d'initiation à la gestion prévu à l'article 59 de la loi nº 73-1193 du 27 décembre 1973 d'orientation du commerce et de l'artisanat sont éligibles au financement du fonds d'assurance-formation, à condition que ce bénéficiaire soit immatriculé au registre du commerce et des sociétés dans un délai déterminé par décret et courant à compter de la fin du stage. – *[Anc. art. L. 961-10, al. 5.]*

SOUS-SECTION 3 **DISPOSITIONS D'APPLICATION**

Art. L. 6332-13 *(L. nº 2009-1437 du 24 nov. 2009)* Un décret en Conseil d'État détermine les conditions d'application de la présente section selon les modalités définies à l'article L. 6332-6.

SECTION III **ORGANISMES COLLECTEURS PARITAIRES AGRÉÉS POUR LA PRISE EN CHARGE DE LA PROFESSIONNALISATION ET DU COMPTE PERSONNEL DE FORMATION** *(L. nº 2014-288 du 5 mars 2014, art. 11-I)*.

Art. L. 6332-14 Les organismes collecteurs paritaires agréés *(Abrogé par L. nº 2014-288 du 5 mars 2014, art. 11-I)* « ***au titre des contrats ou des périodes de professionnalisation et du droit individuel à la formation*** » prennent en charge les *(L. nº 2016-1088 du 8 août 2016, art. 82)* « parcours comprenant des actions de positionnement, » d'évaluation, d'accompagnement et de formation prévues aux articles L. 6325-13 et L. 6325-23 sur la base de forfaits *(Abrogé par L. nº 2016-1088 du 8 août 2016, art. 82)* « ***horaires*** » déterminés par convention ou accord collectif de branche ou, à défaut, par un accord collectif conclu entre les organisations représentatives d'employeurs et de salariés signataires d'un accord constitutif d'un organisme paritaire interprofessionnel collecteur des fonds de la formation professionnelle continue.

(L. nº 2009-1437 du 24 nov. 2009) « A défaut d'un tel accord, un montant forfaitaire horaire est déterminé par décret.

« La convention ou l'accord collectif mentionné au premier alinéa détermine des forfaits *(Abrogé par L. nº 2016-1088 du 8 août 2016, art. 82)* « ***horaires*** » spécifiques pour les contrats de professionnalisation conclus avec les personnes mentionnées à l'article L. 6325-1-1.

« Les organismes collecteurs paritaires agréés mentionnés au premier alinéa du présent article peuvent poursuivre la prise en charge des actions d'évaluation, d'accompagnement et de formation des bénéficiaires du contrat prévu à l'article L. 6325-5 dans les cas de rupture du contrat définis aux articles L. 1233-3 et L. 1243-4 et dans les cas de redressement ou de liquidation judiciaires de l'entreprise. »

Un nouvel agrément est subordonné à l'existence d'un accord conclu à cette fin entre les organisations syndicales de salariés et d'employeurs représentatives dans le champ d'application de l'accord (L. nº 2009-1437 du 24 nov. 2009, art. 43).

Art. L. 6332-15 Les organismes collecteurs paritaires agréés mentionnés à l'article L. 6332-14 prennent en charge les dépenses exposées pour chaque salarié, ou pour tout employeur de moins de *(L. n° 2015-1785 du 29 déc. 2015, art. 15-II)* « onze » salariés, lorsqu'il bénéficie d'une action de formation en qualité de tuteur de bénéficiaires des contrats de professionnalisation ou des périodes de professionnalisation. Cette prise en charge est limitée à un plafond horaire et à une durée maximale déterminés par décret.

Ces organismes peuvent également prendre en charge, dans la limite *(L. n° 2009-1437 du 24 nov. 2009)* « de plafonds mensuels et de durées maximales » déterminés par décret, *(L. n° 2014-288 du 5 mars 2014, art. 11-I)* « les dépenses engagées par l'entreprise pour la formation pédagogique des maîtres d'apprentissage ainsi que » les coûts liés à l'exercice de la fonction tutorale engagés par les entreprises pour les salariés bénéficiaires de contrats de professionnalisation ou de périodes de professionnalisation. *(L. n° 2009-1437 du 24 nov. 2009)* « Cette prise en charge fait l'objet d'un plafond spécifique lorsque les contrats de professionnalisation sont conclus avec les personnes mentionnées à l'article L. 6325-1-1. – *V. art. D. 6332-87.*

« Ces organismes peuvent également prendre en charge, dans les mêmes conditions, une partie des dépenses de tutorat externe à l'entreprise engagées pour les personnes mentionnées à l'article L. 6325-1-1, les personnes qui ont été suivies par un référent avant la signature du contrat de professionnalisation et les personnes qui n'ont exercé aucune activité professionnelle à plein temps et en contrat à durée indéterminée au cours des trois années précédant la signature du contrat de professionnalisation. »

Les dispositions issues de la L. n° 2015-1785 du 29 déc. 2015 s'appliquent à la collecte des contributions dues au titre de l'année 2016 et des années suivantes (L. préc., art. 15-VIII).

Art. L. 6332-16 Les organismes collecteurs paritaires agréés mentionnés à l'article L. 6332-14 peuvent prendre en charge les dépenses de fonctionnement des centres de formation d'apprentis conventionnés par l'État ou les régions *(L. n° 2015-994 du 17 août 2015, art. 51)* « ainsi que les dépenses de fonctionnement des écoles d'enseignement technologique et professionnel mentionnées à l'article L. 6241-5, » selon des modalités arrêtées dans le cadre d'un accord de branche ou, à défaut, d'un accord collectif conclu entre les organisations représentatives d'employeurs et de salariés signataires d'un accord constitutif d'un organisme collecteur paritaire des fonds de la formation professionnelle continue à compétence interprofessionnelle.

(L. n° 2016-1088 du 8 août 2016, art. 71) « Dans les mêmes conditions, les organismes collecteurs paritaires agréés peuvent prendre en charge, selon des critères définis par décret, les dépenses de fonctionnement des établissements d'enseignement privés du second degré à but non lucratif remplissant l'une des conditions prévues aux *b* et *c* du 2° de l'article L. 6241-9 et qui concourent, par leurs enseignements technologiques et professionnels, à l'insertion des jeunes sans qualification. Un arrêté des ministres chargés de la formation professionnelle et de l'éducation nationale établit la liste de ces établissements. »

Art. L. 6332-16-1 *(L. n° 2014-288 du 5 mars 2014, art. 11-I)* Les organismes collecteurs paritaires mentionnés à l'article L. 6332-14 peuvent également concourir à la prise en charge :

1° Des coûts de formation liés à la mise en œuvre des périodes de professionnalisation mentionnées à l'article L. 6324-1 ;

2° Des coûts de la formation liés à la mise en œuvre du compte personnel de formation ;

3° De tout ou partie des coûts pédagogiques et des frais annexes de la formation dans le cadre de la préparation opérationnelle à l'emploi mentionnée aux articles L. 6326-1 et L. 6326-3. – *V.* ***Addendum.***

Art. L. 6332-17 Dans la limite d'un plafond déterminé par décret, les contributions prévues à l'article L. 5422-9 peuvent être utilisées pour participer au financement des contrats de professionnalisation des demandeurs d'emploi de vingt-six ans et plus.

Dans ce cas, *(L. n° 2008-126 du 13 févr. 2008)* « l'institution mentionnée à l'article L. 5312-1, pour le compte de l'organisme mentionné à l'article L. 5427-1, peut » prendre en charge, directement ou par l'intermédiaire des organismes collecteurs paritaires agréés mentionnés à l'article L. 6332-14, les dépenses afférentes à ces contrats de professionnalisation dans les conditions prévues à ce même article. – *[Anc. art. L. 983-2.]*

SECTION IV **FONDS PARITAIRE DE SÉCURISATION DES PARCOURS PROFESSIONNELS**

(L. nº 2009-1437 du 24 nov. 2009)

Art. L. 6332-18 Le fonds paritaire de sécurisation des parcours professionnels, habilité à recevoir les ressources mentionnées aux articles L. 6332-19 et L. 6332-20, est créé par un accord conclu entre les organisations représentatives d'employeurs et de salariés au niveau national et interprofessionnel qui détermine son organisation.

Le fonds est soumis à l'agrément de l'autorité administrative. L'agrément est accordé si le fonds respecte les conditions légales et réglementaires relatives à son fonctionnement et à ses dirigeants.

A compter du 25 nov. 2009, le fonds national de péréquation est agréé en tant que fonds paritaire de sécurisation des parcours professionnels (L. nº 2009-1437 du 24 nov. 2009, art. 18).

Sur l'institution par la loi de finances pour 2012 de trois prélèvements sur le fonds, V. L. nº 2011-1977 du 28 déc. 2011, art. 153.

Art. L. 6332-19 *(L. nº 2009-1437 du 24 nov. 2009, art. 18)* Le fonds paritaire de sécurisation des parcours professionnels dispose des ressources suivantes :

(L. nº 2014-288 du 5 mars 2014, art. 11-I) « 1° Un pourcentage de la contribution obligatoire prévue à l'article L. 6331-9, déterminé dans les conditions prévues aux articles L. 6332-3-3 et L. 6332-3-4 ;

« 2° Les sommes issues de la collecte des contributions mentionnées au chapitre Ier du présent titre dont disposent les organismes paritaires agréés au 31 décembre de chaque année, en tant qu'elles excèdent, pour les sommes destinées à financer le compte personnel de formation, un quart de leurs charges comptabilisées au cours du dernier exercice clos selon les règles du plan comptable applicable aux organismes paritaires agréés et, pour les autres sommes, le tiers de ces charges. »

Dans les professions agricoles visées aux 1° à 4° de l'article L. 722-1 du code rural et de la pêche maritime ainsi que dans les coopératives d'utilisation de matériel agricole, une part *(L. nº 2014-288 du 5 mars 2014, art. 11-I)* « de la somme mentionnée au 1° » du présent article, fixée par arrêté, après avis des organisations nationales d'employeurs et de salariés représentatives de l'agriculture, abonde le fonds paritaire de sécurisation des parcours professionnels. La part non affectée au fonds paritaire contribue au financement d'actions de formation professionnelle concourant à la qualification et à la requalification des salariés et demandeurs d'emploi déterminées par un accord entre les organisations représentatives d'employeurs et de salariés de l'agriculture. La déclinaison de cet accord donne lieu à une convention-cadre signée entre l'État et les organisations d'employeurs et de salariés de l'agriculture. En cas de non-utilisation de la totalité des fonds affectés à ces actions, le solde abonde le fonds paritaire de sécurisation des parcours professionnels.

(L. nº 2014-288 du 5 mars 2014, art. 11-I) « La somme mentionnée au 1° est versée par l'intermédiaire des organismes collecteurs paritaires agréés pour collecter la contribution mentionnée à l'article L. 6331-9. »

Les sommes mentionnées au *(L. nº 2014-288 du 5 mars 2014, art. 11-I)* « 2° » sont liquidées par les organismes collecteurs paritaires agréés et versées spontanément au fonds paritaire de sécurisation des parcours professionnels.

A défaut de versement au 30 avril de l'année suivant la clôture de l'exercice, le recouvrement des ressources mentionnées au *(L. nº 2014-288 du 5 mars 2014, art. 11-I)* « 2° » est effectué par le comptable public compétent de la direction générale des finances publiques.

Ces impositions sont recouvrées sur la base de la notification faite audit comptable par le fonds paritaire de sécurisation des parcours professionnels.

Elles sont recouvrées selon les mêmes procédures et sous les mêmes sanctions, garanties, sûretés et privilèges que les taxes sur le chiffre d'affaires. Les réclamations sont présentées, instruites et jugées selon les règles applicables à ces mêmes taxes.

Un décret fixe les conditions d'application du présent article. – *V. art. D. 6332-107-1.*

Art. L. 6332-20 *Abrogé par L. n° 2014-288 du 5 mars 2014, art. 11-I.*

Art. L. 6332-21 *(L. n° 2009-1437 du 24 nov. 2009)* Les ressources du fonds paritaire de sécurisation des parcours professionnels permettent :

1° De contribuer au financement d'actions de formation professionnelle concourant à la qualification et à la requalification des salariés et demandeurs d'emploi, au bénéfice de publics dont les caractéristiques sont déterminées par la convention-cadre prévue au présent article ;

2° D'assurer la péréquation des fonds par des versements complémentaires aux organismes collecteurs paritaires agréés *(L. n° 2014-288 du 5 mars 2014, art. 11-I)* « pour collecter la contribution mentionnée au chapitre Ier du présent titre » pour le financement *(L. n° 2014-288 du 5 mars 2014, art. 11-I)* « de formations organisées dans le cadre des contrats de professionnalisation ;

« 3° De contribuer au développement de systèmes d'information concourant au développement de la formation professionnelle ;

« 4° De financer les heures acquises et mobilisées au titre du compte personnel de formation mentionné à l'article L. 6323-1, par des versements, dans le cas mentionné au II de l'article L. 6323-20, aux organismes mentionnés aux articles L. 6333-1 et L. 6333-2 et, dans le cas mentionné à l'article L. 6323-23, à l'institution mentionnée à l'article L. 5312-1 et aux régions ;

« 5° De contribuer au développement de la formation des salariés des entreprises de moins de *(L. n° 2015-1785 du 29 déc. 2015, art. 15-II)* « onze » salariés organisée dans le cadre du plan de formation par des versements complémentaires aux organismes collecteurs paritaires agréés, calculés en fonction de la part de ces entreprises parmi les adhérents de l'organisme ;

« 6° De contribuer au développement de la formation des salariés des entreprises de *(L. n° 2015-1785 du 29 déc. 2015, art. 15-II)* « onze » à quarante-neuf salariés, par le versement complémentaire aux organismes collecteurs paritaires agréés d'une part des sommes versées au fonds en application du 2° de l'article L. 6332-19 ;

« 7° De procéder à la répartition des fonds destinés au financement du congé individuel de formation en application de l'article L. 6332-3-6. »

L'affectation des ressources du fonds est déterminée par un accord conclu entre les organisations représentatives d'employeurs et de salariés au niveau national et interprofessionnel, qui reçoivent et prennent en compte, dans des conditions fixées par décret, l'avis des autres organisations syndicales d'employeurs ou employeurs signataires de l'accord constitutif d'un organisme collecteur paritaire agréé.

La déclinaison de cet accord donne lieu à une convention-cadre signée entre l'État et le fonds. Cette convention-cadre peut prévoir une participation de l'État au financement des actions de formation professionnelle mentionnées au 1° du présent article.

Cette convention détermine le cadre dans lequel des conventions peuvent être conclues entre le fonds et les organisations représentatives d'employeurs et de salariés au niveau professionnel ou interprofessionnel, les conseils régionaux ou l'institution mentionnée à l'article L. 5312-1.

Un comité composé des signataires de la convention-cadre assure le suivi de l'emploi des ressources du fonds et en évalue l'impact. Cette évaluation est rendue publique chaque année.

(L. n° 2014-288 du 5 mars 2014, art. 11-I) « Tous les deux ans, le fonds paritaire de sécurisation des parcours professionnels remet un rapport d'activité au Parlement sur sa contribution au financement de la formation professionnelle des demandeurs d'emploi, en décrivant notamment les actions financées. »

Les dispositions issues de la L. n° 2015-1785 du 29 déc. 2015 s'appliquent à la collecte des contributions dues au titre de l'année 2016 et des années suivantes (L. préc., art. 15-VIII).

Art. L. 6332-22 *(L. n° 2009-1437 du 24 nov. 2009)* Les versements mentionnés au 2° de l'article L. 6332-21 sont accordés *(L. n° 2014-288 du 5 mars 2014, art. 11-I)* « à l'organisme collecteur paritaire agréé lorsque » :

1° L'organisme collecteur paritaire agréé affecte au moins 50 % des fonds *(L. n° 2014-288 du 5 mars 2014, art. 11-I)* « destinés à financer des actions de professionnalisation » aux contrats de professionnalisation et *(L. n° 2014-288 du 5 mars 2014, art. 11-I)* « au financement des dépenses de fonctionnement des centres de formation des apprentis mentionnées à l'article L. 6332-16. La part de ces fonds affectés aux contrats de professionnalisation doit être supérieure à un taux déterminé par décret en Conseil d'État ;

« 2° Les fonds recueillis par l'organisme collecteur paritaire agréé destinés au financement d'actions de professionnalisation sont » insuffisants pour assurer la prise en charge prévue à l'article L. 6332-14.

Art. L. 6332-22-1 Les sommes dont dispose le fonds paritaire de sécurisation des parcours professionnels au 31 décembre de chaque année constituent, l'année suivante, des ressources de ce fonds.

Art. L. 6332-22-2 Un décret en Conseil d'État détermine les conditions d'application de la présente section, notamment :

1° Les modalités de reversement par les organismes collecteurs paritaires agréés des sommes mentionnées *(L. n° 2014-288 du 5 mars 2014, art. 11-I)* « au 1° » de l'article L. 6332-19 ;

2° La nature des disponibilités et des charges mentionnées au *(L. n° 2014-288 du 5 mars 2014, art. 11-I)* « 2° » de l'article L. 6332-19 ;

3° Les conditions dans lesquelles les sommes reçues par le fonds paritaire de sécurisation des parcours professionnels sont affectées par l'accord mentionné au *(L. n° 2014-288 du 5 mars 2014, art. 11-I)* « neuvième » alinéa de l'article L. 6332-21 ;

4° Les documents et pièces relatifs à leur gestion que les organismes collecteurs paritaires agréés communiquent au fonds paritaire de sécurisation des parcours professionnels et ceux qu'ils présentent aux personnes commissionnées par ce dernier pour les contrôler. Ces dispositions s'appliquent sans préjudice des contrôles exercés par les agents mentionnés à l'article L. 6361-5 ;

5° Les modalités d'application au fonds paritaire de sécurisation des parcours professionnels du principe de transparence prévu au 2° de l'article L. 6332-6 ;

6° Les règles relatives aux contrôles auxquels est soumis le fonds paritaire de sécurisation des parcours professionnels ainsi qu'aux modalités de reversement au Trésor public des dépenses non admises par les agents mentionnés à l'article L. 6361-5 ;

7° Les conditions d'affectation des fonds en l'absence d'accord ou de convention-cadre mentionnés à l'article L. 6332-21 ;

8° Les conditions dans lesquelles, en l'absence de fonds agréé, les organismes collecteurs paritaires agréés déposent leurs disponibilités sur un compte unique ;

(L. n° 2014-288 du 5 mars 2014, art. 11-I) « 9° Les modalités de la répartition des fonds mentionnée au 7° de l'article L. 6332-21. »

SECTION V **INFORMATION DE L'ÉTAT**

Art. L. 6332-23 Les organismes collecteurs paritaires agréés et le *(L. n° 2009-1437 du 24 nov. 2009)* « fonds paritaire de sécurisation des parcours professionnels » transmettent à l'État, dans des conditions déterminées par décret en Conseil d'État :

1° Des données physiques et comptables relatives aux actions qu'ils contribuent à financer ;

2° Des données agrégées et sexuées sur les caractéristiques des bénéficiaires des actions menées ;

3° Des informations relatives aux bénéficiaires des actions menées et destinées à la constitution d'échantillons statistiquement représentatifs.

Art. L. 6332-24 Lorsqu'un organisme collecteur paritaire agréé ou le *(L. n° 2009-1437 du 24 nov. 2009)* « fonds paritaire de sécurisation des parcours professionnels » n'établit pas ou ne transmet pas les informations prévues à l'article L. 6332-23, l'autorité administrative peut le mettre en demeure d'y procéder.

CHAPITRE III **ORGANISMES PARITAIRES AGRÉÉS POUR LA PRISE EN CHARGE DU CONGÉ INDIVIDUEL DE FORMATION**

(L. n° 2014-288 du 5 mars 2014, art. 11-I)

Art. L. 6333-1 Des organismes paritaires interprofessionnels à compétence régionale peuvent être agréés par l'autorité administrative pour prendre en charge le congé individuel de formation. L'agrément est accordé au regard des critères fixés au I de l'article L. 6332-1.

Art. L. 6333-2 Lorsqu'un organisme agréé au titre de l'article L. 6332-1 ne relève pas du champ d'application d'accords relatifs à la formation professionnelle continue conclus au niveau interprofessionnel et qu'un accord conclu par les organisations syndicales de salariés et d'employeurs le désigne comme gestionnaire du congé individuel de formation, ou lorsqu'il relève d'un secteur faisant l'objet de dispositions législatives particulières relatives au financement du congé individuel de formation, il peut être agréé également au titre du présent chapitre.

Art. L. 6333-3 Les organismes agréés pour prendre en charge le congé individuel de formation ont pour mission d'accompagner les salariés et les demandeurs d'emploi qui ont été titulaires d'un contrat à durée déterminée dans l'élaboration de leur projet de formation au titre du congé individuel de formation.

Pour remplir leur mission, ces organismes :

1° Concourent à l'information des salariés et des demandeurs d'emploi qui ont été titulaires d'un contrat à durée déterminée ;

2° Délivrent le conseil en évolution professionnelle défini à l'article L. 6111-6 ;

3° Accompagnent les salariés et les demandeurs d'emploi dans leur projet professionnel lorsque celui-ci nécessite la réalisation d'une action de formation, d'un bilan de compétences ou d'une validation des acquis de l'expérience ;

4° Financent les actions organisées dans le cadre du congé individuel de formation, en lien, le cas échéant, avec la mobilisation du compte personnel de formation ;

5° S'assurent de la qualité des formations financées.

Art. L. 6333-4 I. – Les organismes mentionnés au présent chapitre peuvent financer, à l'exclusion de toute autre dépense :

1° Dans les limites fixées par l'autorité administrative, les dépenses d'information des salariés sur le congé individuel de formation, les dépenses relatives au conseil en évolution professionnelle et les autres dépenses d'accompagnement des salariés et des personnes à la recherche d'un emploi dans le choix de leur orientation professionnelle et dans l'élaboration de leur projet ;

2° La rémunération des salariés en congé, les cotisations de sécurité sociale afférentes, à la charge de l'employeur, les charges légales et contractuelles assises sur ces rémunérations, les frais de formation, de bilan de compétences et de validation des acquis de l'expérience exposés dans le cadre de ces congés et, le cas échéant, tout ou partie des frais de transport, de garde d'enfant et d'hébergement ;

3° Le remboursement aux employeurs de moins de cinquante salariés de tout ou partie de l'indemnité de fin de contrat versée en application de l'article L. 1243-8 au salarié recruté par contrat à durée déterminée pour remplacer un salarié parti en congé individuel de formation ;

4° Dans les limites fixées par l'autorité administrative, leurs frais de gestion ainsi que les études et recherches sur les formations.

II. – Ils n'assurent aucun financement, direct ou indirect, des organisations syndicales de salariés et des organisations professionnelles d'employeurs. Ces interdictions s'entendent sous la seule réserve de la possibilité de rembourser, sur présentation de justificatifs, les frais de déplacement, de séjour et de restauration engagés par les personnes qui siègent au sein des organes de direction de ces organisations.

Art. L. 6333-5 Les organismes agréés sur le fondement du présent chapitre bénéficient de sommes, versées par les organismes collecteurs mentionnés au chapitre Ier du présent titre, correspondant à un pourcentage de la contribution obligatoire prévue à l'article L. 6331-9 déterminé dans les conditions prévues aux articles L. 6332-3-3 et L. 6332-3-4.

Art. L. 6333-6 Une convention triennale d'objectifs et de moyens est conclue entre chaque organisme agréé et l'État en application du dernier alinéa de l'article L. 6332-1-1.

Art. L. 6333-7 Les incompatibilités mentionnées à l'article L. 6332-2-1 s'appliquent aux administrateurs et salariés des organismes mentionnés au présent chapitre.

Art. L. 6333-8 Les emplois de fonds qui ne répondent pas aux règles posées par le présent chapitre donnent lieu à un reversement de même montant par l'organisme agréé au Trésor public.

Ce reversement est soumis aux articles L. 6331-6 et L. 6331-8.

CHAPITRE IV **DISPOSITIONS PÉNALES**

Le chap. III devient le chap. IV à compter du 1er janv. 2015 (L. no 2014-288 du 5 mars 2014, art. 11-I-20o).

Le présent chapitre ne comprend pas de dispositions législatives.

TITRE QUATRIÈME **STAGIAIRE DE LA FORMATION PROFESSIONNELLE**

RÉP. TRAV. v° *Stages et stagiaires*, par PAULIN.

CHAPITRE PREMIER **RÉMUNÉRATION DU STAGIAIRE**

SECTION PREMIÈRE **FINANCEMENT DES STAGES RÉMUNÉRÉS PAR L'ÉTAT OU LA RÉGION**

Art. L. 6341-1 L'État, les régions, les employeurs et les organismes collecteurs paritaires agréés concourent au financement de la rémunération des stagiaires de la formation professionnelle.

(L. no 2008-126 du 13 févr. 2008) « L'institution mentionnée à l'article L. 5312-1 y concourt également, le cas échéant pour le compte de l'organisme mentionné à l'article L. 5427-1, notamment dans les conditions prévues » *(L. no 2011-893 du 28 juill. 2011)* « à l'article L. 1233-68 ». — *[Anc. art. L. 961-1, al. 1er et 2.]*

Art. L. 6341-2 Les stages pour lesquels l'État et les régions concourent au financement de la rémunération du stagiaire, lorsqu'il suit un stage agréé dans les conditions fixées à l'article L. 6341-4, sont :

1° Les stages suivis par les salariés à l'initiative de leur employeur ;

2° Les stages suivis par les travailleurs non salariés prévus à l'article L. 6341-8 ;

(L. no 2014-288 du 5 mars 2014, art. 21-V, en vigueur le 1er janv. 2015) « 3° Les stages en direction des demandeurs d'emploi qui ne relèvent plus du régime d'assurance chômage, mentionnés à l'article L. 6341-7. »

Les dispositions issues de la L. no 2014-288 du 5 mars 2014 entrent en vigueur le 1er janv. 2015 sous réserve de l'entrée en vigueur des dispositions relevant de la loi de finances prévues au I de l'art. 27 de la L. no 2014-288 du 5 mars 2014 conformément au § II dudit art. (L. no 2014-288 du 5 mars 2014, art. 27). — V. cet art., App. IX, vo Formation professionnelle.

Art. L. 6341-3 Les stages pour lesquels *(Abrogé par L. no 2014-288 du 5 mars 2014, art. 21-V) « l'État et »* les régions assurent le financement de la rémunération du stagiaire, lorsqu'il suit un stage agréé dans les conditions fixées à l'article L. 6341-4, sont :

(Abrogé par L. no 2014-288 du 5 mars 2014, art. 21-V) « 1o Les stages en direction des demandeurs d'emploi qui ne relèvent plus du régime d'assurance chômage, mentionnés à l'article L. 6341-7 ; »

2° Les stages en direction des travailleurs reconnus handicapés en application de l'article L. 5213-1 ;

(L. no 2009-1437 du 24 nov. 2009) « 3° Les formations suivies en centre de formation d'apprentis par les apprentis dont le contrat a été rompu sans qu'ils soient à l'initiative de cette rupture, pour une durée n'excédant pas trois mois » ;

(L. n° 2014-288 du 5 mars 2014, art. 21-V) **« 4° Les stages en direction des personnes sous main de justice. »**

Sans préjudice des dispositions de l'art. L. 6341-3, peuvent être agréées, dans les conditions fixées à l'art. L. 6341-4, les formations, dont la durée ne peut excéder deux mois, entamées jusqu'au 31 oct. 2010 dans les centres de formation d'apprentis volontaires par des jeunes à la recherche d'un employeur susceptible de les recruter en qualité d'apprentis (L. n° 2009-1437 du 24 nov. 2009, art. 25).

Les dispositions issues de la L. n° 2014-288 du 5 mars 2014 entrent en vigueur le 1er janv. 2015 sous réserve de l'entrée en vigueur des dispositions relevant de la loi de finances prévues au I de l'art. 27 de la L. n° 2014-288 du 5 mars 2014 conformément au § II dudit art. (L. n° 2014-288 du 5 mars 2014, art. 27-II). — V. cet art., App. IX, v° Formation professionnelle.

Art. L. 6341-4 **Dans la limite de leurs compétences respectives, l'agrément des stages est accordé :**

1° En ce qui concerne l'État, par l'autorité administrative ;

2° En ce qui concerne les régions, par décision du conseil régional. — *[Anc. art. L. 961-3.]*

En application de l'art. L. 231-5 CRPA, et par exception à l'application du délai de deux mois prévu à l'art. L. 231-1 du même code, le silence gardé par l'administration pendant deux mois vaut décision de rejet pour une demande d'agrément des stages de la formation professionnelle financés par l'État (Décr. n° 2014-1289 du 23 oct. 2014, art. 1er).

Art. L. 6341-5 *(Abrogé par L. n° 2014-288 du 5 mars 2014, art. 21-V)* **« *L'État et* » Les régions peuvent concourir, en outre, dans les conditions prévues à l'article L. 6322-23, à la rémunération des stagiaires bénéficiant d'un congé individuel de formation.** — *[Anc. art. L. 961-2, al. 7.]*

V. note ss. art. L. 6341-2.

Art. L. 6341-6 *(Ord. n° 2009-325 du 25 mars 2009, art. 11)* **Les collectivités territoriales responsables de la gestion de la rémunération des stagiaires de la formation professionnelle assurent l'accueil et l'information des stagiaires, le respect de délais rapides de paiement de cette rémunération, la conservation des archives nécessaires au calcul de leurs droits à pension et la transmission aux services de l'État des informations relatives aux stagiaires, dont la liste est fixée par décret.**

(L. n° 2016-1088 du 8 août 2016, art. 81) **« Les collectivités territoriales mentionnées au premier alinéa du présent article transmettent chaque mois à Pôle emploi les informations individuelles nominatives relatives aux stagiaires de la formation professionnelle inscrits sur la liste mentionnée à l'article L. 5411-1 dont elles financent la rémunération. »**

SECTION II **MONTANT DE LA RÉMUNÉRATION**

Art. L. 6341-7 **Lorsqu'elles suivent des stages agréés dans les conditions prévues à l'article L. 6341-4, les personnes inscrites comme demandeurs d'emploi perçoivent une rémunération dont le montant minimum est déterminé par décret.**

Cette rémunération est déterminée à partir du salaire antérieur :

1° Lorsque les intéressés se sont vu reconnaître la qualité de travailleurs handicapés et satisfont à des conditions de durée d'activité salariée définies par décret ;

2° Lorsqu'ils suivent des formations d'une durée minimum déterminée par décret et remplissent des conditions relatives à la durée de leur activité professionnelle et à leur situation définies par le même décret. — *V. art. R. 6341-25 s.*

(L. n° 2014-288 du 5 mars 2014, art. 21-V) **« Elle peut se cumuler avec une rémunération perçue par le demandeur d'emploi au titre d'une activité salariée exercée à temps partiel, sous réserve du respect des obligations de la formation, dans des conditions déterminées par l'autorité agréant ces formations sur le fondement de l'article L. 6341-4. »**

V. Décr. n° 88-368 du 15 avr. 1988 fixant les taux et les montants des rémunérations versées aux stagiaires de formation professionnelle, App. IX, v° Formation professionnelle.

V. note ss. art. L. 6341-2.

Art. L. 6341-8 Les travailleurs non salariés bénéficient d'une rémunération déterminée par décret, à condition d'avoir exercé pendant une durée minimale une activité professionnelle salariée ou non salariée. – *[Anc. art. L. 961-6.]* – *V. art. R. 6341-25 s.*

SECTION III **REMBOURSEMENT DES FRAIS DE TRANSPORT**

Art. L. 6341-9 Les frais de transport supportés par les stagiaires qui reçoivent une rémunération de l'État ou des régions pour les déplacements de toute nature nécessités par les stages donnent lieu à un remboursement total ou partiel par l'État ou la région. – *[Anc. art. L. 961-7.]*

SECTION IV **PRÊTS AU STAGIAIRE**

Art. L. 6341-10 Sous certaines conditions définies par décret en Conseil d'État, le stagiaire peut bénéficier d'un prêt accordé par l'État ou par les organismes agréés bénéficiant du concours de l'État.

Ce prêt peut se cumuler avec les indemnités éventuellement perçues en vertu des dispositions du présent titre. – *[Anc. art. L. 961-1, al. 3 et 4.]*

SECTION V **RÈGLEMENT DES LITIGES**

Art. L. 6341-11 Tous les litiges auxquels peuvent donner lieu la liquidation, le versement et le remboursement des rémunérations et indemnités prévues au présent chapitre relèvent de la compétence du juge judiciaire. – *[Anc. art. L. 961-11.]*

SECTION VI **DISPOSITIONS D'APPLICATION**

Art. L. 6341-12 Un décret en Conseil d'État détermine les conditions d'application du présent chapitre. – *[Anc. art. L. 961-2, al. 5, phrase 1, et 6.]* – *V. art. R. 6341-1.*

CHAPITRE II **PROTECTION SOCIALE DU STAGIAIRE**

SECTION PREMIÈRE **AFFILIATION À UN RÉGIME DE SÉCURITÉ SOCIALE**

Art. L. 6342-1 Toute personne qui suit un stage de formation professionnelle continue en vertu du présent livre est obligatoirement affiliée à un régime de sécurité sociale.

Le stagiaire qui, avant son stage, relevait, à quelque titre que ce soit, d'un régime de sécurité sociale, reste affilié à ce régime pendant la durée de son stage.

Celui qui ne relevait d'aucun régime est affilié au régime général de sécurité sociale.

Toutefois, des exceptions peuvent, par décret, être apportées à la règle posée par les deuxième et troisième alinéas lorsque le stage de formation suivi prépare exclusivement et directement à une profession relevant d'un régime de sécurité sociale plus favorable que le régime général. – *[Anc. art. L. 962-1.]*

BIBL. ▶ CHAUCHARD, *Dr. soc. 1990. 566* ⊘. – SAISI, *ibid. 1980. 48.*

SECTION II **PRISE EN CHARGE DES COTISATIONS PAR L'ÉTAT OU LA RÉGION**

Art. L. 6342-2 Lorsque le stagiaire de la formation professionnelle relevant d'un régime de sécurité sociale de salariés est rémunéré par son employeur, l'État participe aux cotisations de sécurité sociale incombant à l'employeur dans la même proportion qu'aux rémunérations. – *[Anc. art. L. 962-2.]*

Art. L. 6342-3 Les cotisations de sécurité sociale d'un stagiaire qui est rémunéré par l'État ou par la région pendant la durée du stage ou qui ne bénéficie d'aucune rémunération sont intégralement prises en charge au même titre que le financement de l'action de formation, selon le cas, par l'État ou la région.

(L. n° 2014-288 du 5 mars 2014, art. 21-V) « Pour les formations financées par le fonds de développement pour l'insertion professionnelle des handicapés mentionné à l'article L. 5214-1 ou cofinancées avec le fonds d'insertion des personnes handicapées dans la fonction publique mentionné à l'article L. 5214-1 A, les cotisations de sécurité

sociale d'un stagiaire, qu'il soit rémunéré ou non par le ou les fonds, sont prises en charge par ce ou ces fonds. »

Ces cotisations sont calculées sur la base de taux forfaitaires fixés par voie réglementaire et révisés annuellement compte tenu de l'évolution du plafond retenu pour le calcul des cotisations du régime général de sécurité sociale. – *[Anc. art. L. 962-3.]*

V. note ss. art. L. 6341-2.

V. Circ. DGEFP n°s 2005-01 du 6 janv. 2005 et 2005-03 du 26 janv. 2005 relatives à la protection sociale des stagiaires de la formation professionnelle (BOMT 2005, n° 2, p. 15).

SECTION III **DROITS AUX PRESTATIONS**

Art. L. 6342-4 Les droits aux prestations de sécurité sociale d'un salarié qui a bénéficié d'un congé non rémunéré au titre de la formation professionnelle continue sont garantis dans des conditions identiques à celles qui leur étaient appliquées antérieurement à ce congé. – *[Anc. art. L. 962-5.]*

Art. L. 6342-5 Les dispositions applicables en matière d'accidents du travail et de maladies professionnelles aux personnes mentionnées au 2° de l'article L. 412-8 du code de la sécurité sociale sont applicables à l'ensemble des stagiaires de la formation professionnelle continue, réserve faite des fonctionnaires de l'État et des collectivités territoriales qui restent régis par les dispositions qui leur sont propres. – *[Anc. art. L. 962-4.] – V. art. R. 6342-1 s.*

SECTION IV **RÈGLEMENT DES LITIGES**

Art. L. 6342-6 Tous les litiges auxquels peuvent donner lieu le versement et la prise en charge des cotisations de sécurité sociale en application du présent chapitre relèvent de la compétence du juge judiciaire. – *[Anc. art. L. 962-6.]*

SECTION V **DISPOSITIONS D'APPLICATION**

Art. L. 6342-7 Un décret en Conseil d'État détermine les mesures d'application du présent chapitre autres que celles qui portent fixation des taux forfaitaires prévus à l'article L. 6342-3. – *[Anc. art. L. 962-7.]*

CHAPITRE III **CONDITIONS DE TRAVAIL DU STAGIAIRE**

Art. L. 6343-1 Pendant la durée de sa présence en entreprise au titre de l'une des actions de formation mentionnées à l'article L. 6313-1, le stagiaire non titulaire d'un contrat de travail bénéficie des dispositions du présent code et, le cas échéant, du code rural et de la pêche maritime relatives :

1° A la durée du travail, à l'exception de celles relatives aux heures supplémentaires ;

2° Au repos hebdomadaire ;

3° A la santé et à la sécurité. – *[Anc. art. L. 900-2-1, al. 1.]*

Se rend coupable du délit d'obtention abusive, de la part d'une personne vulnérable ou en situation de dépendance, de services insuffisamment rétribués par rapport au travail accompli le directeur d'un hôtel, titulaire d'une délégation de pouvoir, qui a employé, dans le cadre d'un stage obligatoire, trois personnes 7 nuits sur 7, soit plus de 242 heures par mois, en contrepartie d'une faible rémunération. • Crim. 3 déc. 2002 : *Bull. crim., n° 215 ; Dr. soc. 2003. 428, obs. Duquesne ; CSB 2003. 134, A. 18 ; JS Lamy 2003, n° 116-2.*

Art. L. 6343-2 La durée du travail applicable au stagiaire non titulaire d'un contrat de travail ne peut excéder la durée légale hebdomadaire et la durée quotidienne du travail respectivement fixées par les articles *(L. n° 2016-1088 du 8 août 2016, art. 8)* « L. 3121-27 et L. 3121-18 ».

La durée maximale hebdomadaire ci-dessus fixée s'entend de toute heure de travail effectif ou de présence sur les lieux de travail. – *[Anc. art. L. 900-2-1, al. 2 et 3.]*

Art. L. 6343-3 Le stagiaire non titulaire d'un contrat de travail ne peut accomplir d'heures supplémentaires. – *[Anc. art. L. 900-2-1, al. 4, phrase 1.]*

Art. L. 6343-4 Le stagiaire non titulaire d'un contrat de travail bénéficie du repos dominical. – *[Anc. art. L. 900-2-1, al. 4, phrase 2.]*

TITRE CINQUIÈME ORGANISMES DE FORMATION

CHAPITRE PREMIER DÉCLARATION D'ACTIVITÉ

SECTION PREMIÈRE PRINCIPES GÉNÉRAUX

(L. n° 2009-1437 du 24 nov. 2009)

Art. L. 6351-1 A L'employeur est libre de choisir l'organisme de formation, enregistré conformément aux dispositions de la section II ou en cours d'enregistrement, auquel il confie la formation de ses salariés.

SECTION II RÉGIME JURIDIQUE DE LA DÉCLARATION D'ACTIVITÉ *(L. n° 2009-1437 du 24 nov. 2009).*

Art. L. 6351-1 Toute personne qui réalise des prestations de formation professionnelle continue au sens de l'article L. 6313-1 dépose auprès de l'autorité administrative une déclaration d'activité, dès la conclusion de la première convention de formation professionnelle ou du premier contrat de formation professionnelle, conclus respectivement en application des articles L. 6353-2 et L. 6353-3.

(L. n° 2009-1437 du 24 nov. 2009) « L'autorité administrative procède à l'enregistrement de la déclaration sauf dans les cas prévus par l'article L. 6351-3. »

Art. L. 6351-2 La déclaration d'activité comprend les informations administratives d'identification du déclarant, ainsi que les éléments descriptifs de son activité. – *[Anc. art. L. 920-4, 3 phrase 1.]*

Art. L. 6351-3 *(L. n° 2009-1437 du 24 nov. 2009)* L'enregistrement de la déclaration d'activité peut être refusé de manière motivée, avec indication des modalités de recours, par décision de l'autorité administrative dans les cas suivants :

1° Les prestations prévues à la première convention de formation professionnelle ou au premier contrat de formation professionnelle ne correspondent pas aux actions mentionnées à l'article L. 6313-1 ;

2° Les dispositions du chapitre III du présent titre relatives à la réalisation des actions de formation ne sont pas respectées ;

3° L'une des pièces justificatives n'est pas produite.

Art. L. 6351-4 *(L. n° 2009-1437 du 24 nov. 2009)* L'enregistrement de la déclaration d'activité est annulé par décision de l'autorité administrative lorsqu'il est constaté, au terme d'un contrôle réalisé en application du 1° de l'article L. 6361-2 :

1° Soit que les prestations réalisées ne correspondent pas aux actions mentionnées à l'article L. 6313-1 ;

2° Soit que l'une des dispositions du chapitre III du présent titre relatives à la réalisation des actions de formation n'est pas respectée ;

3° Soit que, après mise en demeure de se mettre en conformité avec les textes applicables dans un délai fixé par décret, l'une des dispositions du chapitre II du présent titre relatives au fonctionnement des organismes de formation n'est pas respectée.

Avant toute décision d'annulation, l'intéressé est invité à faire part de ses observations.

Art. L. 6351-5 *(L. n° 2009-1437 du 24 nov. 2009)* « Une déclaration rectificative est souscrite en cas de modification d'un ou des éléments de la déclaration initiale. »

La cessation d'activité fait l'objet d'une déclaration. – *[Anc. art. L. 920-4, al. 3 phrase 7.]*

Art. L. 6351-6 *(L. n° 2009-1437 du 24 nov. 2009)* La déclaration d'activité devient caduque lorsque le bilan pédagogique et financier prévu à l'article L. 6352-11 ne fait apparaître aucune activité de formation, ou lorsque ce bilan n'a pas été adressé à l'autorité administrative.

Art. L. 6351-7 Le conseil régional a communication des éléments de la déclaration d'activité et de ses éventuelles modifications.

Il a communication du bilan pédagogique et financier de l'activité, du bilan, du compte de résultat et de l'annexe du dernier exercice clos par les organismes dont les actions de formation au sens de l'article L. 6313-1 bénéficient de son concours financier. – *[Anc. art. L. 920-4, al. 3 phrases 8 et 9.]*

Art. L. 6351-7-1 *(L. nº 2009-1437 du 24 nov. 2009)* La liste des organismes déclarés dans les conditions fixées au présent chapitre et à jour de leur obligation de transmettre le bilan pédagogique et financier mentionné à l'article L. 6352-11 est rendue publique et comporte les renseignements relatifs à la raison sociale de l'organisme, à ses effectifs, à la description des actions de formation dispensées et au nombre de salariés et de personnes formées.

V. http ://www.data.gouv.fr/fr/datasets/liste-publique-des-organismes-de-formation-l-6351-7-1-du-code-du-travail-2/.

Art. L. 6351-8 Un décret en Conseil d'État détermine les modalités d'application du présent chapitre. – *[Anc. art. L. 920-4, al. 5.]* – *V. art. R. 6351-1 s.*

CHAPITRE II **FONCTIONNEMENT**

SECTION PREMIÈRE **PERSONNELS**

Art. L. 6352-1 La personne mentionnée à l'article L. 6351-1 doit justifier des titres et qualités des personnels d'enseignement et d'encadrement *(L. nº 2009-1437 du 24 nov. 2009, art. 49)* « qui interviennent à quelque titre que ce soit dans les prestations de formation qu'elle réalise », et de la relation entre ces titres et qualités et les prestations réalisées dans le champ de la formation professionnelle. – *[Anc. art. L. 920-4, al. 4.]*

Art. L. 6352-2 Nul ne peut, même de fait, exercer une fonction de direction ou d'administration dans un organisme de formation s'il a fait l'objet d'une condamnation pénale pour des faits constituant des manquements à la probité, aux bonnes mœurs et à l'honneur. – *[Anc. art. L. 920-4, al. 2.]*

SECTION II **RÈGLEMENT INTÉRIEUR**

Art. L. 6352-3 Tout organisme de formation établit un règlement intérieur applicable aux stagiaires. – *[Anc. art. L. 920-5-1, al. 1er.]*

Art. L. 6352-4 Le règlement intérieur est un document écrit par lequel l'organisme de formation détermine :

1° Les principales mesures applicables en matière de santé et de sécurité dans l'établissement ;

2° Les règles applicables en matière de discipline, notamment la nature et l'échelle des sanctions applicables aux stagiaires ainsi que les droits de ceux-ci en cas de sanction ;

3° Les modalités selon lesquelles est assurée la représentation des stagiaires pour les actions de formation d'une durée totale supérieure à cinq cents heures. – *[Anc. art. L. 920-5-1, al. 2 à 5.]*

Art. L. 6352-5 Un décret en Conseil d'État détermine les mesures d'application de la présente section. – *[Anc. art. L. 920-5-1, al. 6.]* – *V. art. R. 6352-1 s.*

SECTION III **OBLIGATIONS COMPTABLES**

SOUS-SECTION 1 **DISPENSATEURS DE DROIT PRIVÉ**

Art. L. 6352-6 Les dispensateurs de formation de droit privé établissent, chaque année, un bilan, un compte de résultat et une annexe dans des conditions déterminées par décret. – *[Anc. art. L. 920-8, al. 1er.]* – *V. art. D. 6352-16 s.*

Art. L. 6352-7 Les organismes de formation à activités multiples suivent d'une façon distincte en comptabilité l'activité exercée au titre de la formation professionnelle continue. – *[Anc. art. L. 920-8, al. 2.]*

Art. L. 6352-8 Un décret en Conseil d'État pris conformément aux articles L. 221-9, L. 223-35 et L. 612-1 du code de commerce détermine des seuils particuliers aux dispensateurs de formation en ce qui concerne l'obligation de désigner un commissaire aux comptes. – *[Anc. art. L. 920-8, al. 3.] – V. art. R. 6352-19.*

Art. L. 6352-9 Le contrôle des comptes des dispensateurs de formation de droit privé constitués en groupement d'intérêt économique est exercé par un commissaire aux comptes, dans les conditions fixées par l'article L. 251-12 du code de commerce lorsque leur chiffre d'affaires annuel est supérieur à un montant déterminé par décret en Conseil d'État. – *[Anc. art. L. 920-8, al. 4.] – V. art. R. 6352-21.*

SOUS-SECTION 2 **DISPENSATEURS DE DROIT PUBLIC**

Art. L. 6352-10 Les dispensateurs de formation de droit public tiennent un compte séparé de leur activité en matière de formation professionnelle continue. – *[Anc. art. L. 920-8, al. 5.]*

SECTION IV **BILAN PÉDAGOGIQUE ET FINANCIER**

Art. L. 6352-11 Une personne qui réalise des actions entrant dans le champ de la formation professionnelle continue défini à l'article L. 6313-1 adresse chaque année à l'autorité administrative un document retraçant l'emploi des sommes reçues et dressant un bilan pédagogique et financier de leur activité.

Ce document est accompagné du bilan, du compte de résultat et de l'annexe du dernier exercice clos.

Un décret en Conseil d'État détermine les conditions d'application du présent article. – *[Anc. art. L. 920-5.] – V. art. R. 6352-22 s.*

SECTION V **PUBLICITÉ**

Art. L. 6352-12 Lorsque la publicité réalisée par un organisme de formation fait mention de la déclaration d'activité, elle doit l'être sous la seule forme : "Enregistrée sous le numéro... Cet enregistrement ne vaut pas agrément de l'État." – *[Anc. art. L. 920-6, al. 1.]*

Art. L. 6352-13 La publicité réalisée par un organisme de formation ne doit pas faire état du caractère imputable des dépenses afférentes aux actions dont elle assure la promotion sur l'obligation de participer au financement de la formation professionnelle prévue par l'article L. 6331-1.

La publicité ne doit comporter aucune mention de nature à induire en erreur sur les conditions d'accès aux formations proposées, leurs contenus, leurs sanctions ou leurs modalités de financement. – *[Anc. art. L. 920-6, al. 2 et 3.]*

CHAPITRE III **RÉALISATION DES ACTIONS DE FORMATION**

SECTION PREMIÈRE **CONVENTION DE FORMATION ENTRE L'ACHETEUR DE FORMATION ET L'ORGANISME DE FORMATION**

Art. L. 6353-1 Les actions de formation professionnelle mentionnées à l'article L. 6313-1 sont réalisées conformément à un programme préétabli qui, en fonction d'objectifs déterminés, précise *(L. n° 2014-288 du 5 mars 2014, art. 5-I)* « le niveau de connaissances préalables requis pour suivre la formation, » les moyens pédagogiques, techniques et d'encadrement mis en œuvre ainsi que les moyens permettant de suivre son exécution et d'en apprécier les résultats.

(L. n° 2016-1088 du 8 août 2016, art. 82) « Les actions de formation peuvent être organisées sous la forme d'un parcours comprenant, outre les séquences de formation, le positionnement pédagogique, l'évaluation et l'accompagnement de la personne qui suit la formation et permettant d'adapter le programme et les modalités de déroulement de la formation. »

(L. nº 2014-288 du 5 mars 2014, art. 5-I) « Elle peut s'effectuer en tout ou partie à distance, le cas échéant en dehors de la présence des personnes chargées de l'encadrement. Dans ce cas, le programme mentionné au premier alinéa précise :

« 1° La nature des travaux demandés au stagiaire et le temps estimé pour les réaliser ;

« 2° Les modalités de suivi et d'évaluation spécifiques aux séquences de formation ouverte ou à distance ;

« 3° Les moyens d'organisation, d'accompagnement ou d'assistance, pédagogique et technique, mis à disposition du stagiaire. »

(L. nº 2009-1437 du 24 nov. 2009) « A l'issue de la formation, le prestataire délivre au stagiaire une attestation mentionnant les objectifs, la nature et la durée de l'action et les résultats de l'évaluation des acquis de la formation. »

(L. nº 2014-288 du 5 mars 2014, art. 5-I) « Un décret précise les modalités d'application du présent article. »

Art. L. 6353-2 Pour la réalisation des actions de formation professionnelle mentionnées au présent chapitre, les conventions et, en l'absence de conventions, les bons de commande ou factures contiennent des mentions obligatoires déterminées par décret en Conseil d'État. *(L. nº 2009-1437 du 24 nov. 2009)* « Ce décret fixe en outre les caractéristiques des actions de formation pour lesquelles les conventions sont conclues entre l'acheteur de formation, le dispensateur de formation et la personne physique qui entreprend la formation. » – *V. art. R. 6353-1.*

SECTION II **CONTRAT DE FORMATION ENTRE UNE PERSONNE PHYSIQUE ET UN ORGANISME DE FORMATION**

Art. L. 6353-3 Lorsqu'une personne physique entreprend une formation, à titre individuel et à ses frais, un contrat est conclu entre elle et le dispensateur de formation. – *[Anc. art. L. 920-13, al. 1er, phrase 1.]*

(L. nº 2009-1437 du 24 nov. 2009) « Ce contrat est conclu avant l'inscription définitive du stagiaire et tout règlement de frais. »

Art. L. 6353-4 Le contrat conclu entre la personne physique qui entreprend une formation et le dispensateur de formation précise, à peine de nullité :

1° La nature, la durée, le programme et l'objet des actions de formation qu'il prévoit ainsi que les effectifs qu'elles concernent ;

2° Le niveau de connaissances préalables requis pour suivre la formation et obtenir les qualifications auxquelles elle prépare ;

3° Les conditions dans lesquelles la formation est donnée aux stagiaires, notamment les modalités de formation dans le cas des formations réalisées en tout ou en partie à distance, les moyens pédagogiques et techniques mis en œuvre ainsi que les modalités de contrôle des connaissances et la nature de la sanction éventuelle de la formation ;

4° Les diplômes, titres ou références des personnes chargées de la formation prévue par le contrat ;

5° Les modalités de paiement ainsi que les conditions financières prévues en cas de cessation anticipée de la formation ou d'abandon en cours de stage. – *[Anc. art. L. 920-13, al. 1er, phrase 2 à al. 6.]*

Art. L. 6353-5 Dans le délai de dix jours à compter de la signature du contrat, le stagiaire peut se rétracter par lettre recommandée avec avis de réception. – *[Anc. art. L. 920-13, al. 7, phrase 1.]*

Art. L. 6353-6 Aucune somme ne peut être exigée du stagiaire avant l'expiration du délai de rétractation prévu à l'article L. 6353-5.

Il ne peut être payé à l'expiration de ce délai une somme supérieure à 30 % du prix convenu.

Le solde donne lieu à échelonnement des paiements au fur et à mesure du déroulement de l'action de formation. – *[Anc. art. L. 920-13, al. 8.]*

Art. L. 6353-7 Si, par suite de force majeure dûment reconnue, le stagiaire est empêché de suivre la formation, il peut rompre le contrat. Dans ce cas, seules les prestations effectivement dispensées sont rémunérées à due proportion de leur valeur prévue au contrat. – *[Anc. art. L. 920-13, al. 7, phrases 2 et 3.]*

SECTION III **OBLIGATIONS VIS-À-VIS DU STAGIAIRE**

Art. L. 6353-8 *(L. nº 2009-1437 du 24 nov. 2009)* Le programme et les objectifs de la formation, la liste des formateurs avec la mention de leurs titres ou qualités, les horaires, les modalités d'évaluation de la formation, les coordonnées de la personne chargée des relations avec les stagiaires par l'entité commanditaire de la formation et le règlement intérieur applicable à la formation sont remis au stagiaire avant son inscription définitive.

Dans le cas des contrats conclus en application de l'article L. 6353-3, les informations mentionnées au premier alinéa du présent article ainsi que les tarifs, les modalités de règlement et les conditions financières prévues en cas de cessation anticipée de la formation ou d'abandon en cours de stage sont remis au stagiaire potentiel avant son inscription définitive et tout règlement de frais.

Art. L. 6353-9 Les informations demandées, sous quelque forme que ce soit, par un organisme de formation au candidat à un stage ou à un stagiaire ne peuvent avoir comme finalité que d'apprécier son aptitude à suivre l'action de formation, qu'elle soit sollicitée, proposée ou poursuivie.

Ces informations doivent présenter un lien direct et nécessaire avec l'action de formation.

Le candidat à un stage ou le stagiaire est tenu d'y répondre de bonne foi. – *[Anc. art. L. 920-5-2.]*

SECTION IV **OBLIGATIONS VIS-À-VIS DES ORGANISMES FINANCEURS**

(L. nº 2016-1088 du 8 août 2016, art. 81)

Art. L. 6353-10 Les organismes de formation informent les organismes qui financent la formation, dans des conditions définies par décret, du début, des interruptions et de l'achèvement de la formation, pour chacun de leurs stagiaires, et leur communiquent les données relatives à l'emploi et au parcours de formation professionnelle dont ils disposent sur ces stagiaires.

Les organismes financeurs, l'organisme gestionnaire du système d'information du compte personnel de formation mentionné au III de l'article L. 6323-8 et les institutions et organismes chargés du conseil en évolution professionnelle mentionnés à l'article L. 6111-6 partagent les données mentionnées au premier alinéa du présent article, ainsi que celles relatives aux coûts des actions de formation, sous forme dématérialisée et dans des conditions définies par décret en Conseil d'État pris après avis de la Commission nationale de l'informatique et des libertés.

CHAPITRE IV **SANCTIONS FINANCIÈRES**

Art. L. 6354-1 En cas d'inexécution totale ou partielle d'une prestation de formation, l'organisme prestataire rembourse au cocontractant les sommes indûment perçues de ce fait. – *[Anc. art. L. 991-6, al. 1.]*

Art. L. 6354-2 *Abrogé par L. nº 2009-1437 du 24 nov. 2009, art. 61.*

Art. L. 6354-3 Les dépenses des organismes mentionnés au 2° de l'article L. 6361-2 qui ne sont pas conformes à leur objet ou aux stipulations des conventions conclues avec l'État donnent lieu à reversement à ce dernier, à due proportion de sa participation financière, dans les conditions prévues par les textes qui régissent ces conventions ou les stipulations de ces dernières. – *[Anc. art. L. 991-7.]*

CHAPITRE V **DISPOSITIONS PÉNALES**

Art. L. 6355-1 Le fait de réaliser des prestations de formation professionnelle continue sans déposer auprès de l'autorité administrative une déclaration d'activité, dès la conclusion de la première convention de formation professionnelle ou du premier contrat de formation professionnelle, en méconnaissance des dispositions de l'article L. 6351-1, est puni d'une amende de 4 500 €. – *[Anc. art. L. 993-2, al. 1.] – V. art. R. 6363-1 (pén.).*

Art. L. 6355-2 Le fait de procéder à une déclaration d'activité, en méconnaissance des dispositions de l'article L. 6351-2, est puni d'une amende de 4 500 €. – *[Anc. art. L. 993-2, al. 1.] – V. art. R. 6363-1 (pén.).*

Art. L. 6355-3 Le fait de ne pas souscrire une déclaration rectificative en cas de modification d'un ou des éléments de la déclaration initiale, en méconnaissance des dispositions *(L. n° 2009-1437 du 24 nov. 2009)* « du premier alinéa de l'article L. 6351-5 », est puni d'une amende de 4 500 €. – *V. art. R. 6363-1 (pén.).*

Art. L. 6355-4 Le fait de ne pas déclarer la cessation d'activité, en méconnaissance des dispositions de l'article L. 6351-5, est puni d'une amende de 4 500 €. – *[Anc. art. L. 993-2, al. 1.] – V. art. R. 6363-1 (pén.).*

Art. L. 6355-5 Le fait de ne pas communiquer au conseil régional, en méconnaissance du premier alinéa de l'article L. 6351-7, les éléments de la déclaration d'activité et de ses éventuelles modifications est puni d'une amende de 4 500 €.

Est puni des mêmes peines le fait de ne pas communiquer au conseil régional, en méconnaissance du deuxième alinéa de l'article L. 6351-7, le bilan pédagogique et financier de l'activité, le bilan, le compte de résultat et l'annexe du dernier exercice clos. – *[Anc. art. L. 993-2, al. 1.] – V. art. R. 6363-1 (pén.).*

Art. L. 6355-6 Le fait de ne pas justifier des titres et qualités des personnels d'enseignement et d'encadrement employés et de la relation entre ces titres et qualités et les prestations réalisées dans le champ de la formation professionnelle, en méconnaissance des dispositions de l'article L. 6352-1, est puni d'une amende de 4 500 €. – *[Anc. art. L. 993-2, al. 1.] – V. art. R. 6363-1 (pén.).*

Art. L. 6355-7 Le fait, pour toute personne qui a fait l'objet d'une condamnation pénale pour des faits constituant des manquements à la probité, aux bonnes mœurs et à l'honneur, d'exercer, même de fait, une fonction de direction ou d'administration dans un organisme de formation, en méconnaissance des dispositions de l'article L. 6352-2, est puni d'une amende de 4 500 €. – *[Anc. art. L. 993-2, al. 1.] – V. art. R. 6363-1 (pén.).*

Art. L. 6355-8 Le fait de ne pas établir un règlement intérieur applicable aux stagiaires, en méconnaissance des dispositions de l'article L. 6352-3, est puni d'une amende de 4 500 €. – *[Anc. art. L. 993-2, al. 1.] – V. art. R. 6363-1 (pén.).*

Art. L. 6355-9 Le fait d'établir un règlement intérieur ne comportant pas les prescriptions exigées par l'article L. 6352-4 est puni d'une amende de 4 500 €. – *[Anc. art. L. 993-2, al. 1.] – V. art. R. 6363-1 (pén.).*

Art. L. 6355-10 Le fait, pour tout dispensateur de formation de droit privé, de ne pas avoir établi un bilan, un compte de résultat et une annexe, en méconnaissance des dispositions de l'article L. 6352-6, est puni d'une amende de 4 500 €. – *[Anc. art. L. 993-2, al. 1.] – V. art. R. 6363-1 (pén.).*

Art. L. 6355-11 Le fait, pour tout dispensateur de formation de droit privé, lorsque l'organisme de formation exerce des activités multiples, de ne pas suivre d'une façon distincte en comptabilité l'activité au titre de la formation professionnelle continue, en méconnaissance des dispositions de l'article L. 6352-7, est puni d'une amende de 4 500 €. – *[Anc. art. L. 993-2, al. 1.] – V. art. R. 6363-1 (pén.).*

Art. L. 6355-12 Le fait, pour tout dispensateur de formation de droit privé, de ne pas désigner un commissaire aux comptes, en méconnaissance des dispositions de l'article L. 6352-8, est puni d'une amende de 4 500 €. – *[Anc. art. L. 993-2, al. 1.] – V. art. R. 6363-1 (pén.).*

Art. L. 6355-13 Le fait, pour tout dispensateur de formation de droit privé, constitué en groupement d'intérêt économique, de ne pas confier le contrôle des comptes à un commissaire aux comptes, en méconnaissance des dispositions de l'article L. 6352-9, est puni d'une amende de 4 500 €. – *[Anc. art. L. 993-2, al. 1.] – V. art. R. 6363-1 (pén.).*

Art. L. 6355-14 Le fait, pour tout dispensateur de formation de droit public, de ne pas tenir un compte séparé de son activité en matière de formation professionnelle continue, en méconnaissance des dispositions de l'article L. 6352-10, est puni d'une amende de 4 500 €. – *[Anc. art. L. 993-2, al. 1.] – V. art. R. 6363-1 (pén.).*

Art. L. 6355-15 Le fait de réaliser des actions entrant dans le champ de la formation professionnelle continue sans adresser à l'autorité administrative le document retraçant l'emploi des sommes reçues et dressant le bilan pédagogique et financier de son activité, le bilan, le compte de résultat et l'annexe du dernier exercice clos, en méconnaissance des dispositions de l'article L. 6352-11, est puni d'une amende de 4 500 €. – *[Anc. art. L. 993-2, al. 1.] – V. art. R. 6363-1 (pén.).*

Art. L. 6355-16 Le fait de réaliser une publicité mentionnant la déclaration d'activité, en méconnaissance des formes prescrites par l'article L. 6352-12, est puni d'un emprisonnement d'un an et d'une amende de 4 500 €. – *[Anc. art. L. 993-2, al. 2.] – V. art. R. 6363-1 (pén.).*

Art. L. 6355-17 Le fait de réaliser une publicité faisant état du caractère imputable des dépenses afférentes aux actions dont elle assure la promotion sur l'obligation de participer au financement de la formation professionnelle, en méconnaissance des dispositions du premier alinéa de l'article L. 6352-13, est puni d'un emprisonnement d'un an et d'une amende de 4 500 €.

Est puni des mêmes peines le fait de réaliser, en méconnaissance des dispositions du deuxième alinéa de l'article L. 6352-13, une publicité comportant une mention de nature à induire en erreur sur les conditions d'accès aux formations proposées, leurs contenus, leurs sanctions ou leurs modalités de financement. – *[Anc. art. L. 993-2, al. 2.] – V. art. R. 6363-1 (pén.).*

Art. L. 6355-18 Le fait, pour tout dispensateur de formation, de ne pas conclure un contrat avec la personne physique qui entreprend une formation à titre individuel et à ses frais, en méconnaissance des dispositions de l'article L. 6353-3, est puni d'une amende de 4 500 €. – *[Anc. art. L. 993-2, al. 1.] – V. art. R. 6363-1 (pén.).*

Art. L. 6355-19 Le fait, pour tout dispensateur de formation, d'établir un contrat ne comportant pas les prescriptions exigées par l'article L. 6353-4 est puni d'une amende de 4 500 €. – *[Anc. art. L. 993-2, al. 1.] – V. art. R. 6363-1 (pén.).*

Art. L. 6355-20 Le fait, pour tout dispensateur de formation, d'exiger du stagiaire, avant l'expiration du délai de rétractation prévu à l'article L. 6353-5, le paiement de sommes en méconnaissance des dispositions du premier alinéa de l'article L. 6353-6 est puni d'une amende de 4 500 €.

Est puni de la même peine le dispensateur de formation qui exige le paiement à l'expiration de ce délai de rétractation une somme supérieure à 30 % du prix convenu, en méconnaissance du deuxième alinéa de l'article L. 6353-6.

Est également puni de la même peine le dispensateur de formation qui n'échelonne pas les paiements du solde du prix convenu, en méconnaissance du troisième alinéa de l'article L. 6353-6. – *[Anc. art. L. 993-2, al. 1.] – V. art. R. 6363-1 (pén.).*

Art. L. 6355-21 Le fait de demander au stagiaire empêché de suivre la formation par suite de force majeure dûment reconnue le paiement de prestations, en méconnaissance des dispositions de l'article L. 6353-7, est puni d'une amende de 4 500 €. – *[Anc. art. L. 993-2, al. 1.] – V. art. R. 6363-1 (pén.).*

Art. L. 6355-22 Le fait, pour tout dispensateur de formation, de ne pas remettre au stagiaire avant son inscription définitive et tout règlement de frais *(L. n° 2009-1437 du 24 nov. 2009)* « le document mentionné » à l'article L. 6353-8 est puni d'une amende de 4 500 €. – *V. art. R. 6363-1 (pén.).*

Art. L. 6355-23 La condamnation aux peines prévues aux articles L. 6355-1 à L. 6355-22 peut être assortie, à titre de peine complémentaire, d'une interdiction d'exercer temporairement ou définitivement l'activité de dirigeant d'un organisme de formation professionnelle.

Toute infraction à cette interdiction est punie d'un emprisonnement de deux ans et d'une amende de 15 000 €.

En outre, en cas de récidive, la juridiction peut, pour l'application des peines prévues aux articles L. 6355-16 et L. 6355-17 ainsi qu'au deuxième alinéa du présent article, ordonner l'insertion du jugement, aux frais du contrevenant, dans un ou plusieurs journaux. – *[Anc. art. L. 993-2, al. 3 à 5.] – V. art. R. 6363-1 (pén.).*

Art. L. 6355-24 Est punie d'un emprisonnement de cinq ans et d'une amende de 37 500 €, toute personne qui :

1° En qualité d'employeur, de travailleur indépendant, de membre des professions libérales et des professions non salariées a, par des moyens ou agissements frauduleux, éludé les obligations qui lui incombent en vertu des articles **L. 6322-37** à **L. 6322-41**, **L. 6331-2**, *(Abrogé par L. nº 2014-288 du mars 2014, art. 10-I)* « **L. 6331-3**, » **L. 6331-9**, *(L. nº 2014-288 du mars 2014, art. 10-I)* « **L. 6331-15**, **L. 6331-17** », **L. 6331-48** à **L. 6331-52**, **L. 6331-55** et **L. 6331-56** ;

2° En qualité de responsable d'un organisme collecteur paritaire agréé, y compris d'un fonds d'assurance-formation, du *(L. nº 2009-1437 du 24 nov. 2009)* « fonds paritaire de sécurisation des parcours professionnels », a frauduleusement utilisé les fonds collectés dans des conditions non conformes aux dispositions légales régissant l'utilisation de ces fonds. – *V. art. R. 6363-1 (pén.).*

TITRE SIXIÈME **CONTRÔLE DE LA FORMATION PROFESSIONNELLE CONTINUE**

BIBL. ▶ RÉMY, *Dr. soc. 2014. 1039* (la régulation et le contrôle du système de formation professionnelle).

CHAPITRE PREMIER **OBJET DU CONTRÔLE ET FONCTIONNAIRES DE CONTRÔLE**

SECTION PREMIÈRE **OBJET DU CONTRÔLE**

SOUS-SECTION 1 **CONTRÔLE DES DÉPENSES ET ACTIVITÉS DE FORMATION**

Art. L. 6361-1 L'État exerce un contrôle administratif et financier sur les dépenses de formation exposées par les employeurs au titre de leur obligation de participation au développement de la formation professionnelle continue instituée par l'article **L. 6331-1** et sur les actions prévues aux articles **L. 6313-1** et **L. 6314-1** qu'ils conduisent, financées par l'État, *(L. nº 2009-1437 du 24 nov. 2009)* « les collectivités territoriales, le fonds paritaire de sécurisation des parcours professionnels, l'institution mentionnée à l'article **L. 5312-1** ou les organismes *(L. nº 2014-288 du 5 mars 2014, art. 11-I)* « agréés pour collecter ou gérer les » fonds de la formation professionnelle continue ».

Art. L. 6361-2 L'État exerce un contrôle administratif et financier sur :

1° Les activités en matière de formation professionnelle continue conduites par :

a) Les organismes *(L. nº 2014-288 du 5 mars 2014, art. 11-I)* « paritaires agréés pour collecter ou gérer les fonds de la formation professionnelle continue » ;

b) Les organismes habilités à percevoir la contribution de financement mentionnée aux articles **L. 6331-48** et **L. 6331-54** *[nouvelle rédaction issue de la L. nº 2016-1088 du 8 août 2016, art. 41, applicable à compter du 1er janv. 2018 : « à l'article L. 6331-48 »]* ;

c) Les organismes de formation et leurs sous-traitants ;

d) Les organismes chargés de réaliser les bilans de compétences ;

e) Les organismes qui interviennent dans le déroulement des actions destinées à la validation des acquis de l'expérience ;

2° Les activités d'accueil, d'information, d'orientation et d'évaluation, en matière de formation professionnelle continue, au financement desquelles l'État concourt par voie de convention, conduites par tout organisme. – *[Anc. art. L. 991-1, al. 1er, 3 et 4, et L. 953-5, al. 2.]*

Agents chargés du contrôle. Le contrôle des organismes de formation exercé par les contrôleurs et inspecteurs de la formation professionnelle ou du travail n'est pas exclusif d'un contrôle exercé par le fonds de gestion du congé individuel de formation (Fongecif). • Soc. 4 oct. 2011 : *Dalloz actualité, 25 oct. 2011, obs. Siro ; D. 2011. Actu. 2546 ; RJS 2011. 877, nº 1010 ; JCP S 2012. 1043, obs. Masnou.*

Art. L. 6361-3 Le contrôle administratif et financier des dépenses et activités de formation porte sur l'ensemble des moyens financiers, techniques et pédagogiques, à l'exclusion des qualités pédagogiques, mis en œuvre pour la formation professionnelle continue.

Ce contrôle peut porter sur tout ou partie de l'activité, des actions de formation ou des dépenses de l'organisme.

(L. nº 2014-288 du 5 mars 2014, art. 34-II) « Les agents de contrôle peuvent solliciter, en tant que de besoin, l'avis ou l'expertise d'autorités publiques ou professionnelles pour les aider à apprécier les moyens financiers, techniques et pédagogiques mis en œuvre pour la formation professionnelle continue. »

SOUS-SECTION 2 CONTRÔLE DE L'OBLIGATION DE FINANCEMENT DES EMPLOYEURS

Art. L. 6361-4 Les agents de contrôle mentionnés à l'article L. 6361-5 sont habilités à vérifier que les employeurs ont satisfait aux obligations imposées par les dispositions du chapitre Ier du titre III, à l'exception des dispositions de la sous-section 2 de la section IV. – *[Anc. art. L. 991-4, al. 1er.]*

SECTION II AGENTS DE CONTRÔLE

Art. L. 6361-5 *(L. nº 2009-1437 du 24 nov. 2009)* Sans préjudice des attributions propres des corps d'inspection compétents à l'égard des établissements concernés, les contrôles prévus au présent titre sont réalisés par les *(L. nº 2016-1088 du 8 août 2016, art. 113)* « agents de contrôle de l'inspection du travail mentionnés à l'article L. 8112-1 », les inspecteurs de la formation professionnelle et les agents de la fonction publique de l'État de catégorie A placés sous l'autorité du ministre chargé de la formation professionnelle, formés préalablement pour assurer les contrôles prévus au présent titre, assermentés et commissionnés à cet effet.

Ils peuvent se faire assister par des agents de l'État.

Les agents participant aux contrôles sont tenus au secret professionnel dans les termes des articles 226-13 et 226-14 du code pénal.

Il résulte de l'art. L. 6361-5 que le contrôle de la formation professionnelle continue, exercé par les inspecteurs et les contrôleurs de la formation professionnelle, entre également dans les attributions des inspecteurs du travail. • Crim. 14 oct. 2008 : ☎ *Bull. crim. nº 209 ; RSC 2009. 393, note Cerf-Hollender* ✐ *; AJ pénal 2008. 508, obs. Charbonnier* ✐.

SECTION III DISPOSITIONS D'APPLICATION

Art. L. 6361-6 Un décret en Conseil d'État détermine les conditions d'application du présent chapitre. – *[Anc. art. L. 991-9.] – V. art. R. 6361-1 s.*

CHAPITRE II DÉROULEMENT DES OPÉRATIONS DE CONTRÔLE

SECTION PREMIÈRE ACCÈS AUX DOCUMENTS ET JUSTIFICATIONS À APPORTER

Art. L. 6362-1 L'administration fiscale, *(L. nº 2007-1787 du 20 déc. 2007, art. 12-III)* « les organismes de sécurité sociale, » les organismes *(L. nº 2014-288 du 5 mars 2014, art. 11-I)* « paritaires agréés pour collecter ou gérer les fonds de la formation professionnelle continue », *(L. nº 2009-1437 du 24 nov. 2009)* « le fonds paritaire de sécurisation des parcours professionnels, l'institution mentionnée à l'article L. 5312-1, les collectivités territoriales, les employeurs, les organismes prestataires de formation » et les administrations qui financent des actions de formation communiquent aux agents de contrôle mentionnés à l'article L. 6361-5 les renseignements nécessaires à l'accomplissement de leur mission.

Art. L. 6362-2 *(L. nº 2014-288 du 5 mars 2014, art. 34-II)* Les employeurs présentent aux agents de contrôle mentionnés à l'article L. 6361-5 les documents et pièces établissant la réalité et le bien-fondé des dépenses mentionnées aux articles L. 6323-13, L. 6331-2, L. 6331-9 à L. 6331-11 et L. 6331-28.

A défaut, ces dépenses sont regardées comme non justifiées et l'employeur n'est pas regardé comme ayant rempli les obligations qui lui incombent en application des mêmes articles L. 6323-13, L. 6331-2, L. 6331-9 à L. 6331-11 et L. 6331-28.

Art. L. 6362-3 *(L. n° 2014-288 du 5 mars 2014, art. 34-II)* En cas de contrôle d'un organisme de formation, d'un organisme qui intervient dans les actions destinées à la validation des acquis de l'expérience ou d'un organisme chargé de réaliser les bilans de compétences, lorsqu'il est constaté que des actions financées par des fonds de la formation professionnelle continue ont poursuivi d'autres buts que la réalisation d'actions relevant du champ d'application défini à l'article L. 6313-1, ces actions sont réputées inexécutées et donnent lieu à remboursement des fonds auprès de l'organisme ou de la personne qui les a financées.

A défaut de remboursement dans le délai fixé à l'intéressé pour faire valoir ses observations, l'organisme mentionné au premier alinéa du présent article est tenu de verser au Trésor public, par décision de l'autorité administrative, un montant équivalent aux sommes non remboursées.

Art. L. 6362-4 Les employeurs justifient de la réalité des actions de formation qu'ils conduisent lorsqu'elles sont financées par l'État, *(L. n° 2009-1437 du 24 nov. 2009)* « les collectivités territoriales, le fonds paritaire de sécurisation des parcours professionnels, l'institution mentionnée à l'article L. 5312-1 ou les organismes *(L. n° 2014-288 du 5 mars 2014, art. 11-I)* « agréés pour collecter ou gérer les » fonds de la formation professionnelle continue ».

A défaut, ces actions sont réputées ne pas avoir été exécutées et donnent lieu à remboursement auprès de l'organisme ou de la collectivité qui les a financées.

Art. L. 6362-5 Les organismes mentionnés à l'article L. 6361-2 sont tenus, à l'égard des agents de contrôle mentionnés à l'article L. 6361-5 :

1° De présenter les documents et pièces établissant l'origine des produits et des fonds reçus ainsi que la nature et la réalité des dépenses exposées pour l'exercice des activités conduites en matière de formation professionnelle continue ;

2° De justifier le rattachement et le bien-fondé de ces dépenses à leurs activités ainsi que la conformité de l'utilisation des fonds aux dispositions légales régissant ces activités.

A défaut de remplir ces conditions, les organismes font, pour les dépenses considérées, l'objet de la décision de rejet prévue à l'article L. 6362-10. – *[Anc. art. L. 991-5, I, al. 1er à 4.]*

Art. L. 6362-6 Les organismes prestataires d'actions de formation entrant dans le champ de la formation professionnelle continue au sens de l'article L. 6313-1 présentent tous documents et pièces établissant la réalité de ces actions.

A défaut, celles-ci sont réputées ne pas avoir été exécutées *(L. n° 2009-1437 du 24 nov. 2009)* « et donnent lieu à remboursement au cocontractant des sommes perçues conformément à l'article L. 6354-1 ». – *[Anc. art. L. 991-5, I, al. 5.]*

Art. L. 6362-7 Les organismes prestataires d'actions de formation entrant dans le champ de la formation professionnelle continue au sens de l'article L. 6313-1 versent au Trésor public, solidairement avec leurs dirigeants de fait ou de droit, une somme égale au montant des dépenses ayant fait l'objet d'une décision de rejet en application de l'article L. 6362-10.

(Abrogé par L. n° 2009-1437 du 24 nov. 2009) ***« En cas de soupçon de mauvaise foi ou de manœuvres frauduleuses, l'autorité administrative porte plainte. Dans ce cas, les sanctions prévues aux articles 1741, 1743 et 1750 du code général des impôts sont applicables. »*** – *[Anc. art. L. 991-5, II.]*

Art. L. 6362-7-1 *(L. n° 2009-1437 du 24 nov. 2009)* En cas de contrôle, les remboursements mentionnés aux articles L. 6362-4 et L. 6362-6 interviennent dans le délai fixé à l'intéressé pour faire valoir ses observations.

A défaut, l'intéressé verse au Trésor public, par décision de l'autorité administrative, une somme équivalente aux remboursements non effectués.

Art. L. 6362-7-2 *(L. n° 2009-1437 du 24 nov. 2009)* Tout employeur ou prestataire de formation qui établit ou utilise intentionnellement des documents de nature à éluder l'une de ses obligations en matière de formation professionnelle ou à obtenir indûment le versement d'une aide, le paiement ou la prise en charge de tout ou partie du prix des prestations de formation professionnelle est tenu, par décision de l'autorité administrative, solidairement avec ses dirigeants de fait ou de droit, de verser au Trésor public une somme égale aux montants imputés à tort sur l'obligation en matière de formation ou indûment reçus.

Art. L. 6362-7-3 *(L. nº 2009-1437 du 24 nov. 2009)* Sans préjudice des dispositions des articles L. 8114-1 et L. 8114-2, le refus de se soumettre aux contrôles prévus au présent chapitre donne lieu à évaluation d'office par l'administration des sommes faisant l'objet des remboursements ou des versements au Trésor public prévus au présent livre.

Un décret en Conseil d'État détermine les modalités d'application du présent article.

SECTION II **PROCÉDURE**

Art. L. 6362-8 Les contrôles en matière de formation professionnelle continue peuvent être opérés soit sur place, soit sur pièces. — *[Anc. art. L. 991-8, al. 1.]*

Art. L. 6362-9 Les résultats du contrôle sont notifiés à l'intéressé.

Cette notification interrompt la prescription courant à l'encontre du Trésor public, au regard des versements dus et des pénalités fiscales correspondantes. — *[Anc. art. L. 991-8, al. 2.]*

Art. L. 6362-10 Les décisions de rejet de dépenses et de versement mentionnées *(L. nº 2009-1437 du 24 nov. 2009)* « au présent livre » prises par l'autorité administrative ne peuvent intervenir, après la notification des résultats du contrôle, que si une procédure contradictoire a été respectée. — *[Anc. art. L. 991-8, al. 3, phrase 1.]*

Art. L. 6362-11 *(L. nº 2009-1437 du 24 nov. 2009)* Lorsque les contrôles ont porté sur des prestations de formation financées par l'État, les collectivités territoriales, le fonds paritaire de sécurisation des parcours professionnels, l'institution publique mentionnée à l'article L. 5312-1, les employeurs ou les organismes *(L. nº 2014-288 du 5 mars 2014, art. 11-I)* « agréés pour collecter ou gérer les » fonds de la formation professionnelle continue, l'autorité administrative les informe, chacun pour ce qui le concerne, des constats opérés.

Le cas échéant, les constats opérés sont adressés au service chargé du contrôle de l'application de la législation du travail.

SECTION III **SANCTIONS**

Art. L. 6362-12 Le recouvrement des versements exigibles au titre des contrôles réalisés en application des articles L. 6361-1 à L. 6361-3 est établi et poursuivi selon les modalités ainsi que sous les sûretés, garanties et sanctions applicables aux taxes sur le chiffre d'affaires. — *[Anc. art. L. 991-8, al. 4 phrase 2.]*

SECTION IV **DISPOSITIONS D'APPLICATION**

Art. L. 6362-13 Un décret en Conseil d'État détermine les conditions d'application du présent chapitre. — *[Anc. art. L. 991-9.]* — *V. art. R. 6362-1 s.*

CHAPITRE III **CONSTATATION DES INFRACTIONS ET DISPOSITIONS PÉNALES**

SECTION PREMIÈRE **CONSTATATION DES INFRACTIONS**

Art. L. 6363-1 Les *(L. nº 2016-1088 du 8 août 2016, art. 113)* « agents de contrôle de l'inspection du travail mentionnés à l'article L. 8112-1 », concurremment avec les inspecteurs de la formation professionnelle *(L. nº 2009-1437 du 24 nov. 2009)* « et les agents de la fonction publique de l'État de catégorie A placés sous l'autorité du ministre chargé de la formation professionnelle », habilités dans des conditions prévues par décret en Conseil d'État, peuvent rechercher et constater par procès-verbal les infractions prévues aux articles L. 6355-1 à L. 6355-22, L. 6355-24 et L. 6363-2.

Les contrôles s'exercent dans les conditions prévues au présent titre.

Le procureur de la République est préalablement informé des opérations envisagées en cas de recherche d'une infraction. Il peut s'opposer à ces opérations.

Les procès-verbaux lui sont transmis dans les cinq jours suivant leur établissement. Une copie est remise à l'intéressé.

SECTION II **DISPOSITIONS PÉNALES**

Art. L. 6363-2 *(L. n° 2009-1437 du 24 nov. 2009)* Les articles L. 8114-1 et L. 8114-2 sont applicables aux faits et gestes commis à l'égard des agents en charge des contrôles prévus au présent titre.

LIVRE QUATRIÈME **VALIDATION DES ACQUIS DE L'EXPÉRIENCE**

TITRE PREMIER **OBJET DE LA VALIDATION DES ACQUIS DE L'EXPÉRIENCE ET RÉGIME JURIDIQUE**

CHAPITRE PREMIER **OBJET DE LA VALIDATION DES ACQUIS DE L'EXPÉRIENCE**

Art. L. 6411-1 La validation des acquis de l'expérience mentionnée à l'article L. 6111-1 a pour objet l'acquisition d'un diplôme, d'un titre à finalité professionnelle ou d'un certificat de qualification figurant sur une liste établie par la commission paritaire nationale de l'emploi d'une branche professionnelle, enregistrés dans le répertoire national des certifications professionnelles prévu par l'article L. 335-6 du code de l'éducation.

(L. n° 2016-1088 du 8 août 2016, art. 78) « Dans les entreprises dont l'effectif dépasse cinquante salariés, un accord d'entreprise peut déterminer des modalités de promotion de la validation des acquis de l'expérience au bénéfice des employés. »

CHAPITRE II **RÉGIME JURIDIQUE**

Art. L. 6412-1 *(L. n° 2014-288 du 5 mars 2014, art. 6-III)* La validation des acquis de l'expérience est régie par le II de l'article L. 335-5, le premier alinéa de l'article L. 613-3 et l'article L. 613-4 du code de l'éducation.

Art. L. 6412-2 *(L. n° 2014-288 du 5 mars 2014, art. 6-III)* L'autorité ou l'organisme qui délivre la certification professionnelle se prononce sur la recevabilité de la demande du candidat à la validation des acquis de l'expérience au regard des conditions fixées aux articles L. 335-5 et L. 613-3 du code de l'éducation.

TITRE DEUXIÈME **MISE EN ŒUVRE DE LA VALIDATION DES ACQUIS DE L'EXPÉRIENCE**

CHAPITRE PREMIER **GARANTIES**

Art. L. 6421-1 La validation des acquis de l'expérience ne peut être réalisée qu'avec le consentement du travailleur. – *[Anc. art. L. 900-4-2, phrase 1.]*

Art. L. 6421-2 Le refus d'un salarié de consentir à une action de validation des acquis de l'expérience ne constitue ni une faute ni un motif de licenciement. – *[Anc. art. L. 900-4-2, phrase 4.]*

Art. L. 6421-3 Les informations demandées au bénéficiaire d'une action de validation des acquis de l'expérience présentent un lien direct et nécessaire avec l'objet de la validation tel qu'il est défini à l'article L. 6411-1. – *[Anc. art. L. 900-4-2, phrase 2.]*

Art. L. 6421-4 Les personnes dépositaires d'informations communiquées par le candidat dans le cadre de sa demande de validation sont soumises aux dispositions des articles 226-13 et 226-14 du code pénal. – *[Anc. art. L. 900-4-2, phrase 3.]*

CHAPITRE II CONGÉ POUR VALIDATION DES ACQUIS DE L'EXPÉRIENCE

SECTION PREMIÈRE CONDITIONS D'ANCIENNETÉ

Art. L. 6422-1 Lorsqu'un salarié fait valider les acquis de son expérience, il peut bénéficier d'un congé à cet effet. – *[Anc. art. L. 900-1, al. 5 phrase 2.]*

Art. L. 6422-2 Une personne qui a été titulaire de contrats à durée déterminée a droit au congé pour validation des acquis de l'expérience.

(L. n° 2016-1088 du 8 août 2016, art. 78) « Les conditions de rémunération sont celles prévues à l'article L. 6422-8. »

SECTION II DURÉE DU CONGÉ

Art. L. 6422-3 La durée du congé pour validation des acquis de l'expérience ne peut excéder vingt-quatre heures de temps de travail, consécutives ou non, par validation.

(L. n° 2016-1088 du 8 août 2016, art. 78) « La durée de ce congé peut être augmentée par convention ou accord collectif de travail pour les salariés n'ayant pas atteint un niveau IV de qualification, au sens du répertoire national des certifications professionnelles, ou dont l'emploi est menacé par les évolutions économiques ou technologiques. »

Art. L. 6422-4 Le congé pour validation des acquis de l'expérience n'interrompt pas le délai prévu au 3° de l'article L. 6322-11. – *[Anc. art. L. 931-22, al. 2.]*

Art. L. 6422-5 La durée du congé pour validation des acquis de l'expérience ne peut être imputée sur la durée du congé payé annuel.

Ce congé est assimilé à une période de travail :

1° Pour la détermination des droits des intéressés en matière de congé payé annuel ;

2° A l'égard des droits que le salarié tient de son ancienneté dans l'entreprise. – *[Anc. art. L. 931-23.]*

SECTION III CONDITIONS DE PRISE EN CHARGE ET RÉMUNÉRATION

Art. L. 6422-6 Le salarié bénéficiaire d'un congé pour validation des acquis de l'expérience peut présenter une demande de prise en charge des dépenses afférentes à ce congé à l'organisme collecteur paritaire agréé auquel l'employeur verse la contribution destinée au financement des congés individuels de formation.

Pour les salariés des entreprises non assujetties à l'obligation de financement du congé individuel de formation, l'organisme collecteur compétent est celui de la branche professionnelle ou du secteur d'activité dont relève l'entreprise ou, s'il n'existe pas, l'organisme interprofessionnel régional. – *[Anc. art. L. 931-24, al. 1er et 2.]*

Art. L. 6422-7 L'organisme collecteur paritaire agréé peut refuser de prendre en charge le bénéficiaire du congé uniquement lorsque sa demande n'est pas susceptible de se rattacher à une action permettant de réaliser les actions de validation des acquis de l'expérience, lorsque les demandes de prise en charge ne peuvent être toutes simultanément satisfaites ou lorsque l'organisme chargé de la réalisation de cette validation ne figure pas sur la liste arrêtée par l'organisme collecteur. – *[Anc. art. L. 931-24, al. 3.]*

Art. L. 6422-8 Le salarié dont l'action de validation des acquis de l'expérience est prise en charge par l'un des organismes collecteurs paritaires agréés a droit à une rémunération égale à la rémunération qu'il aurait reçue s'il était resté à son poste de travail, dans la limite par action de validation d'une durée déterminée par décret pour chaque action de validation.

La rémunération due au bénéficiaire d'un congé pour validation des acquis de l'expérience est versée par l'employeur. Celui-ci est remboursé par l'organisme collecteur paritaire agréé. – *[Anc. art. L. 931-25, al. 1er et 2.]*

Art. L. 6422-9 Les frais afférents à l'action de validation des acquis de l'expérience sont pris en charge par l'organisme collecteur paritaire agréé conformément aux règles qui régissent les conditions de son intervention. – *[Anc. art. L. 931-25, al. 3.]*

SECTION IV **DISPOSITIONS D'APPLICATION**

Art. L. 6422-10 Un décret en Conseil d'État détermine les conditions d'application du présent chapitre. – *[Anc. art. L. 900-1, al. 5, phrase 3, et L. 931-24, al. 4.] – V. art. R. 6422-1 s.*

CHAPITRE III **ACCOMPAGNEMENT À LA VALIDATION DES ACQUIS DE L'EXPÉRIENCE**

(L. n° 2014-288 du 5 mars 2014, art. 6-III)

Art. L. 6423-1 Toute personne dont la candidature a été déclarée recevable en application de l'article L. 6412-2 peut bénéficier d'un accompagnement dans la préparation de son dossier et de son entretien avec le jury en vue de la validation des acquis de son expérience.

La région organise cet accompagnement pour les jeunes et les adultes à la recherche d'un emploi selon les modalités définies au 4° de l'article L. 6121-1.

Un décret en Conseil d'État détermine les modalités de cet accompagnement.

(L. n° 2016-1088 du 8 août 2016, art. 78) « Un accompagnement renforcé pour certains publics peut être prévu et financé par un accord de branche. »

Art. L. 6423-2 Le comité régional de l'emploi, de la formation et de l'orientation professionnelles et le Conseil national de l'emploi, de la formation et de l'orientation professionnelles assurent le suivi statistique des parcours de validation des acquis de l'expérience, selon des modalités définies par décret en Conseil d'État.

LIVRE CINQUIÈME **DISPOSITIONS RELATIVES À L'OUTRE-MER**

TITRE PREMIER **DISPOSITIONS GÉNÉRALES**

CHAPITRE UNIQUE

Art. L. 6511-1 Les dispositions générales prévues par l'article L. 1511-1 sont également applicables aux dispositions du présent livre. – *[Anc. art. L. 800-4, al. 1er à 3.]*

TITRE DEUXIÈME **DÉPARTEMENTS D'OUTRE-MER, SAINT-BARTHÉLEMY, SAINT-MARTIN ET SAINT-PIERRE-ET-MIQUELON** *(Ord. n° 2008-205 du 27 févr. 2008).*

CHAPITRE PREMIER **DISPOSITIONS GÉNÉRALES**

Art. L. 6521-1 Les dispositions générales prévues par *(Ord. n° 2008-205 du 27 févr. 2008)* « les articles L. 1521-1 à L. 1521-4 » sont également applicables aux dispositions du présent titre.

Art. L. 6521-2 *(L. n° 2014-288 du 5 mars 2014, art. 21-VI)* Les personnes ayant leur résidence habituelle en Guadeloupe, en Guyane, à la Martinique, à La Réunion, à Mayotte, à Saint-Barthélemy, à Saint-Martin, à Saint-Pierre-et-Miquelon, en Nouvelle-Calédonie, en Polynésie française ou à Wallis-et-Futuna qui poursuivent une formation professionnelle en dehors de leur territoire de résidence peuvent bénéficier des aides versées par l'État, notamment dans le cadre de la mise en œuvre de la politique nationale de continuité territoriale prévue au chapitre III du titre préliminaire du livre VIII de la première partie du code des transports. – *V. note ss. art. L. 6341-2.*

CHAPITRE II **L'APPRENTISSAGE**

Art. L. 6522-1 Dans les départements d'outre-mer *(Ord. n° 2008-205 du 27 févr. 2008)* « , à Saint-Barthélemy, à Saint-Martin » et à Saint-Pierre-et-Miquelon, les modalités particulières d'application du livre II relatif à l'apprentissage sont déterminées par décret. – *[Anc. art. L. 811-1, al. 1er.] – V. art. D. 6522-1 s.*

Art. L. 6522-2 Dans les départements d'outre-mer *(Ord. n° 2008-205 du 27 févr. 2008)* « , à Saint-Barthélemy, à Saint-Martin » et à Saint-Pierre-et-Miquelon, l'employeur peut assurer dans l'entreprise la formation pratique d'un apprenti dans les mêmes conditions de parrainage que celles prévues aux articles L. 6523-3 et suivants. – *[Anc. art. L. 811-2, al. 1er.]*

CHAPITRE III LA FORMATION PROFESSIONNELLE CONTINUE

SECTION PREMIÈRE FINANCEMENT DE LA FORMATION PROFESSIONNELLE CONTINUE

Art. L. 6523-1 Dans chacun des départements d'outre-mer *(Ord. n° 2008-205 du 27 févr. 2008)* « , à Saint-Barthélemy et à Saint-Martin », les *(L. n° 2014-288 du 5 mars 2014, art. 11-II)* « contributions mentionnées au chapitre Ier du titre III du livre III de la présente partie ne peuvent être collectées » que par des organismes agréés à compétence interprofessionnelle, à l'exception des contributions des entreprises relevant du *(L. n° 2014-288 du 5 mars 2014, art. 11-II)* « champ professionnel des organismes collecteurs paritaires agréés autorisés à collecter dans ces territoires par arrêté conjoint des ministres chargés de la formation professionnelle et de l'outre-mer.

« Un décret détermine les modalités et les critères selon lesquels cette autorisation est accordée, en fonction notamment de la collecte et des services de proximité aux entreprises que les organismes collecteurs paritaires agréés sont en mesure d'assurer sur les territoires concernés. »

(L. n° 2015-994 du 17 août 2015, art. 36) « Le présent article n'est pas applicable aux secteurs d'activité employant les salariés mentionnés aux articles L. 6331-55, L. 6331-65 et L. 7111-1. La liste des secteurs concernés est fixée par arrêté du ministre du travail. »

Art. L. 6523-2 Dans les départements d'outre-mer *(Ord. n° 2008-205 du 27 févr. 2008)* « , à Saint-Barthélemy et à Saint-Martin », les organismes collecteurs paritaires agréés à compétence interprofessionnelle rendent compte aux organismes collecteurs paritaires agréés à compétence nationale et professionnelle de l'utilisation des fonds collectés auprès d'entreprises relevant du champ professionnel de ces organismes. – *[Anc. art. L. 961-12, al. 6.]*

SECTION II PARRAINAGE

Art. L. 6523-3 Dans les départements d'outre-mer *(Ord. n° 2008-205 du 27 févr. 2008)* « , à Saint-Barthélemy, à Saint-Martin » et à Saint-Pierre-et-Miquelon, pour assurer dans l'entreprise la formation pratique d'un salarié en contrat de professionnalisation, l'employeur peut, pour une durée limitée, bénéficier du concours de personnes qui le parrainent.

Ces personnes sont choisies parmi les salariés concernés par une mesure de retraite anticipée au sens de l'article L. 5123-2, les travailleurs involontairement privés d'emploi, bénéficiaires d'un des revenus de remplacement dont la liste est déterminée par décret ou parmi les personnes retraitées. – *[Anc. art. L. 811-2, al. 1er, et al. 2 phrase 1.]*

Art. L. 6523-4 Les personnes habilitées à exercer les fonctions de parrain sont agréées par l'autorité administrative, compte tenu notamment de leur expérience en matière de tutorat au sens des articles L. 6223-5, relatif au maître d'apprentissage, et L. 6325-1 et suivants, relatifs au contrat de professionnalisation.

Pendant l'exercice de leur mission, elles bénéficient de la législation de sécurité sociale relative à la protection en matière d'accident du travail et de maladie professionnelle dans les conditions prévues à l'article L. 754-5 du code de la sécurité sociale. – *[Anc. art. L. 811-2, al. 2, phrase 2 et al. 3.]*

Art. L. 6523-5 Un décret en Conseil d'État détermine les mesures d'application de la présente section. – *[Anc. art. L. 811-2, al. 4.]* – *V. art. R. 6523-3 s.*

SECTION III STAGIAIRE DE LA FORMATION PROFESSIONNELLE

Art. L. 6523-6 A Saint-Pierre-et-Miquelon, en vue d'améliorer la qualification et de faciliter l'insertion professionnelle des personnes sans emploi rencontrant des difficultés particulières d'accès à l'emploi ou l'adaptation des salariés à l'évolution de l'emploi dans les entreprises, l'État peut prendre en charge, en application de conventions conclues avec des organismes de formation pour l'organisation de stages de formation et d'insertion professionnelles, les frais de formation ainsi que les dépenses afférentes à la rémunération et à la protection sociale des stagiaires. – *[Anc. art. L. 832-9-1.]*

SECTION III *BIS* COMITÉ RÉGIONAL DE L'EMPLOI, DE LA FORMATION ET DE L'ORIENTATION PROFESSIONNELLES

(L. n° 2014-288 du 5 mars 2014, art. 25)

Art. L. 6523-6-1 Pour son application dans les départements d'outre-mer, à Saint-Barthélemy, à Saint-Martin et à Saint-Pierre-et-Miquelon, l'article L. 6123-3, dans sa rédaction résultant de la loi n° 2014-288 du 5 mars 2014 relative à la formation professionnelle, à l'emploi et à la démocratie sociale, est ainsi modifié :

1° Au deuxième alinéa, après le mot : "intéressées", sont insérés les mots : "et des représentants des organisations syndicales de salariés et des organisations professionnelles d'employeurs les plus représentatives au niveau régional et interprofessionnel ou intéressées" ;

2° Le quatrième alinéa est complété par les mots : "ainsi que des représentants régionaux des organisations syndicales de salariés et des organisations professionnelles d'employeurs les plus représentatives au niveau régional et interprofessionnel".

SECTION III *TER* COMITÉ PARITAIRE INTERPROFESSIONNEL RÉGIONAL POUR L'EMPLOI ET LA FORMATION

(L. n° 2014-288 du 5 mars 2014, art. 25)

Art. L. 6523-6-2 Pour son application dans les départements d'outre-mer, à Saint-Barthélemy, à Saint-Martin et à Saint-Pierre-et-Miquelon, le premier alinéa de l'article L. 6123-6, dans sa rédaction résultant de la loi n° 2014-288 du 5 mars 2014 relative à la formation professionnelle, à l'emploi et à la démocratie sociale, est remplacé par trois alinéas ainsi rédigés :

"Le comité paritaire interprofessionnel régional pour l'emploi et la formation est constitué :

"1° Des représentants régionaux des organisations syndicales et des organisations professionnelles d'employeurs représentatives au niveau national et interprofessionnel ;

"2° Des représentants des organisations syndicales et des organisations professionnelles d'employeurs les plus représentatives au niveau régional et interprofessionnel. "

SECTION IV DISPOSITIONS D'ADAPTATION

Art. L. 6523-7 Un décret en Conseil d'État apporte les adaptations nécessaires à l'application dans les départements d'outre-mer *(Ord. n° 2008-205 du 27 févr. 2008)* « , à Saint-Barthélemy et à Saint-Martin », des dispositions des articles :

1° L. 6312-1 et L. 6312-2 relatifs à l'accès à la formation professionnelle continue ;

2° L. 6321-1 à L. 6323-20 relatifs aux dispositifs de formation professionnelle continue ;

3° L. 6331-1 à L. 6331-62, relatifs à la participation des employeurs au financement de la formation professionnelle continue. – *[Anc. art. L. 992-7.] – V. art. R. 6523-1 s.*

CHAPITRE IV VALIDATION DES ACQUIS DE L'EXPÉRIENCE

Art. L. 6524-1 Un décret en Conseil d'État apporte les adaptations nécessaires à l'application dans les départements d'outre-mer *(Ord. n° 2008-205 du 27 févr. 2008)* « , à Saint-Barthélemy et à Saint-Martin », des dispositions des articles L. 6422-1 à L. 6422-9 relatifs au congé pour validation des acquis de l'expérience. – *[Anc. art. L. 992-7.]*

SEPTIÈME PARTIE **DISPOSITIONS PARTICULIÈRES À CERTAINES PROFESSIONS ET ACTIVITÉS**

COMMENTAIRE

V. Dalloz.fr et applications mobiles Dalloz.

LIVRE PREMIER **JOURNALISTES PROFESSIONNELS, PROFESSIONS DU SPECTACLE, DE LA PUBLICITÉ ET DE LA MODE**

TITRE PREMIER **JOURNALISTES PROFESSIONNELS**

RÉP. TRAV. v° *Journalistes,* par DERIEUX.

BIBL. GÉN. ▶ DERIEUX, *LPA 19 mars 1997* (journaliste – internaute ?). – J.-L. DURAND, *Dr. soc. 1994. 256* (clause de conscience). – LINDON, *JCP 1960. I. 1548* (pigiste) ; *ibid. 1962. I. 1669* (clause de conscience). – RIALLAND, *Gaz. Pal. 1997. 2. Doctr. 881* (pigiste). – VILLEBRUN, *Gaz. Pal. 1960. 2. Doctr. 77* (compétence prud'homale).

CHAPITRE PREMIER **CHAMP D'APPLICATION ET DÉFINITIONS**

SECTION PREMIÈRE **CHAMP D'APPLICATION**

Art. L. 7111-1 **Les dispositions du présent code sont applicables aux journalistes professionnels et assimilés, sous réserve des dispositions particulières du présent titre.** – *[Anc. art. L. 761-1.]*

Constitue des dispositions impératives de la loi française le statut légal des journalistes professionnels institué par les art. L. 761-1 s. [L. 7111-1 s. nouv.], et il s'applique donc au correspondant de presse, qu'il travaille sur le territoire français ou à l'étranger. • Soc. 31 janv. 2007, n° 05-44.203 P : *D. 2007. AJ 583 ; RDT 2007. 398, note Tissandier ; RJS 2007. 416, n° 560 ; JS Lamy 2007, n° 206-5.*

Art. L. 7111-2 **Est nulle toute convention contraire aux dispositions du présent chapitre, du chapitre II ainsi qu'à celles de l'article L. 7113-1.** – *[Anc. art. L. 761-3.]*

SECTION II **DÉFINITIONS**

Art. L. 7111-3 **Est journaliste professionnel toute personne qui a pour activité principale, régulière et rétribuée, l'exercice de sa profession dans une ou plusieurs entreprises de presse, publications quotidiennes et périodiques ou agences de presse et qui en tire le principal de ses ressources.**

Le correspondant, qu'il travaille sur le territoire français ou à l'étranger, est un journaliste professionnel s'il perçoit des rémunérations fixes et remplit les conditions prévues au premier alinéa. – *[Anc. art. L. 761-2, al. 1er et 2.]*

1. Journaliste et entreprises de presse. Sont journalistes, au sens de l'art. L. 761-2 [L. 7111-3 nouv.], ceux qui apportent une collaboration intellectuelle et personnelle à une publication périodique en vue de l'information des lecteurs, peu important qu'une carte professionnelle leur ait été remise. • Soc. 1er avr. 1992, n° 88-42.951 P : *D. 1992. IR 157 ; CSB 1992. 137, A. 25.* ♦ Mais il n'en est pas de même si leur employeur n'est pas une entreprise de presse (collaborateurs de publications internes d'entreprises industrielles et commerciales). • Soc. 24 févr. 1993 (1er arrêt), n° 89-19.948 P : *D. 1993. 389, concl. Chauvy ; RJS 1993. 270, n° 446* • 24 févr. 1993 (2e arrêt) : *ibid.* ♦ Dans le cas où l'employeur n'est pas une entreprise de presse ou une agence de presse, la qualité de journaliste professionnel peut être retenue si la personne exerce son activité dans une publication de presse disposant d'une indépendance éditoriale. • Soc. 25 sept. 2013 : *Dalloz actualité, 10 oct. 2013, obs. Ines ; D. 2013. Actu. 2278 ; RDT 2013. 699, obs. Auzero ; RJS 12/2013, n° 859 ; JS Lamy 2013, n° 353-6, avis Richard.* ♦ V. aussi note 7 • Soc. 1er déc. 2016, n° 15-19.177 P : *Dalloz actualité, 12 déc. 2016, obs. de Korodi ; D. 2016. Actu. 2523.*

2. Agent contractuel d'une CCI. N'a pas la qualité de journaliste professionnel une personne qui est agent public contractuel d'une chambre de commerce et d'industrie, même si elle est affectée à des tâches de journaliste au sein d'une publication. • CE 24 oct. 1997 : *RJS 1997. 888, n° 1451.* ♦ De même, n'a pas la qualité de journaliste une personne qui n'apporte qu'une contribution technique dans un reportage audiovisuel. • CE 20 avr. 2005 : *RJS 2006. 659, n° 922.*

3. Faisceau d'indices. En relevant que l'intéressée avait depuis son engagement exercé des fonctions de rédactrice, procédant à des coupures et rajouts dans les récits proposés, modifiant des scénarios pour les rendre conformes à la ligne éditoriale et éthique de l'éditeur, les juges du fond ont pu déduire qu'elle exerçait des fonctions assimilées à celles de journaliste. • Soc. 25 oct. 1989 : *Bull. civ. V, n° 617.* – V. aussi • Soc. 9 févr. 1989 : *Bull. civ. V, n° 109 ; D. 1989. IR 77.* ♦ V., pour un reporter-photographe de presse pigiste : • CE 15 nov. 1995 : *RJS 1996. 114, n° 179.* ♦ ... Pour un reporter photographe fournissant, sur instructions, de manière constante et habituelle, des reportages photographiques sur des événements précis traités dans le journal. • Soc. 8 juill. 1997 : *CSB 1997. 295, S. 167.*

4. Cadres. L'exercice de fonctions d'autorité et de direction générale au sein d'une publication ne fait pas obstacle à la reconnaissance de la qualité de journaliste, dès lors que les activités rédactionnelles de l'intéressé constituaient son activité principale et lui procuraient l'essentiel de ses ressources. • CE 26 avr. 1985 : *JCP 1986. II. 20541, concl. Lasserre.*

5. Ressources. L'art. L. 761-2 [L. 7111-3 nouv.] ne comporte pas de condition relative à un montant minimum des ressources. • Soc. 7 févr. 1990, n° 86-45.551 P : *D. 1990. IR 52* • 13 juill. 1993 : *CSB 1993. 272, S. 143.*

6. Illustrations. En démontrant que le travail d'une personne ne portait que sur des sujets de son choix, qu'elle les traitait à son initiative, sans instruction, ni même orientation ou directive de l'employeur, ce dernier a renversé la présomption établie par l'art. L. 761-2 [L. 7111-3 nouv.]. • Soc. 9 févr. 1989 : *Bull. civ. V, n° 108 ; D. 1989. IR 77.* – Dans le même sens : • Soc. 30 juin 1988 : *Bull. civ. V, n° 399 ; D. 1988. IR 215.*

7. Ne peut se voir reconnaître la qualité de journaliste professionnel le dessinateur qui s'est toujours borné à illustrer des textes de fiction ou de pure imagination. • Soc. 4 févr. 1988 : *Bull. civ. V, n° 100 ; D. 1988. IR 49.* ♦ Il n'y a pas lieu de distinguer l'absence de rapport avec l'actualité des œuvres publiées et le fait que celles-ci n'étaient pas destinées à l'information des lecteurs, ces deux éléments étant équivalents. • Même arrêt. – V. aussi • Soc. 4 juin 1987 : *Bull. civ. V, n° 363.* ♦ Comp., pour une personne collaborant à la rédaction d'almanachs : • CE 22 mai 1992 : *CSB 1993. 9, A. 3.* ♦ ... Pour le dessinateur illustrant les fiches d'une revue de jardinage : • CE 24 oct. 1997 : *RJS 1997. 888, n° 1451.* ♦ ... Pour le rédacteur en chef de publications présentant les programmes des chaînes de télévision. • CE 24 oct. 2001 : *RJS 2002. 192, n° 242.*

8. Ne peut se voir reconnaître la qualité de journaliste la personne rédacteur d'une revue interne à l'entreprise, distribuée gratuitement, sans ressources propres, et sans que cette activité puisse être dissociable de l'ensemble de l'objet de la société. • Soc. 29 avr. 1969 : *Bull. civ. V, n° 275.* – Dans le même sens : • Soc. 24 févr. 1993 (1er arrêt) : *préc. note 1* • 24 févr. 1993 (2e arrêt) : *ibid.* • 22 oct. 1996, n° 94-17.199 P : *RJS 1996. 854, n° 1337 ; CSB 1997. 22, S. 8.* ♦ Le statut de journaliste ne peut être reconnu aux salariés participant à une entreprise qui a pour activité principale des essais, recherches, informations et documentation dans le domaine de la consommation et dont la publication « 50 millions de consommateurs » a pour objectif unique l'information des consommateurs et ne constitue pas un établissement autonome au sein de l'entreprise. • Soc. 17 mars 1999 : *RJS 1999. 460, n° 759.* ♦ De même, la qualité de journaliste professionnel ne peut être reconnue au salarié d'une entreprise de communication audiovisuelle dont l'activité principale est la publicité. • Soc. 6 juill. 2011 : *RJS 2011. 801, n° 910 ; JCP S 2011. 1461, obs. Dauxerre.*

9. Correspondant de presse. Les correspondants de presse ne figurent pas au nombre des collaborateurs de la rédaction visés par l'art. L. 761-2 [L. 7111-3 nouv.]. • Soc. 14 nov. 1991, n° 89-15.267 P : *D. 1992. IR 47.* ♦ Le collaborateur d'un journal qui fournit des articles et photographies de manifestations sportives locales mais ne participe pas à la politique rédactionnelle du journal, à la hiérarchisation et à la vérification de l'information et dont la rémunération – variable – est versée sous forme d'honoraires n'est pas un journaliste professionnel mais un correspondant local de presse qui, faute d'appointements fixes, a un statut de travailleur indépendant. • Soc. 20 déc. 2006 : *D. 2007. AJ 446, obs. Favre*. ♦ Comp. : • Soc. 14 mai 1997, n° 94-43.966 P : *RJS 1997. 490, n° 767.*

10. C'est à l'employeur qu'il appartient de renverser la présomption édictée par l'art. L. 761-2 [L. 7111-3 nouv.]. • Soc. 16 mars 1983 : *Bull. civ. V, n° 163* • 1er févr. 1995 : *ibid. V, n° 47 ; D. 1996. Somm. 26, obs. Karaquillo ; RJS 1995. 216, n° 315 ; CSB 1995. 132, S. 68.*

11. Pour l'application du statut à des collaborateurs d'une entreprise de presse étrangère, V. • Paris, 9 juin 1993 : *RJS 1993. 619, n° 1042.*

12. Pigistes. La qualité de journaliste pigiste ne fait pas obstacle à ce que l'intéressé revendique le bénéfice de la présomption de salariat attachée à l'exercice de l'activité de journaliste professionnel. • Soc. 17 oct. 2012 : *Dalloz actualité, 8 nov. 2012, obs. Ines ; D. 2012. Actu. 2526 ; RDT 2012. 692, obs. Auzero ; RJS 2013. 74, n° 79.* ♦ L'employeur d'un journaliste pigiste employé comme collaborateur régulier est tenu de lui fournir régulièrement du travail sauf à engager la procédure de licenciement, il n'est, en revanche, pas tenu de lui fournir un volume de travail constant ; aussi en cas de baisse importante de la rémunération pendant une certaine période alors que des modalités de dédommagement avaient été prévues, la baisse des commandes et de la rémunération intervenue ne constituait pas une modification du contrat de travail du salarié. • Soc. 29 sept. 2009 : *D. 2009. AJ 2495 ; RJS 2009. 848, n° 985.* ♦ Lorsque la collaboration d'un pigiste n'a pas de caractère permanent et que la société n'a pas l'obligation de lui assurer la parution et la rémunération d'un nombre d'articles déterminé dans un temps donné, la baisse du niveau des piges puis l'interruption du versement de celles-ci ne s'analyse pas en un licenciement. • Soc. 6 oct. 1998 : *RJS 1998. 852, n° 1415.* ♦ Il n'en est pas de même si, en fournissant régulièrement du travail à un journaliste pigiste pendant une longue période, une entreprise de presse a fait de ce dernier, même rémunéré à la pige, un collaborateur régulier auquel l'entreprise est tenue de fournir du travail. Dans ce cas, l'interruption de la relation de travail, du fait de l'employeur, s'analyse en un licenciement. • Soc. 1er févr. 2000, n° 98-40.195 P : *D. 2000. IR 76 ; RJS 2000. 224, n° 345.*

Art. L. 7111-4 **Sont assimilés aux journalistes professionnels les collaborateurs directs de la rédaction, rédacteurs-traducteurs, sténographes-rédacteurs, rédacteurs-réviseurs, reporters-dessinateurs, reporters-photographes, à l'exclusion des agents de publicité et de tous ceux qui n'apportent, à un titre quelconque, qu'une collaboration occasionnelle.** — *[Anc. art. L. 761-2, al. 3.]*

Art. L. 7111-5 **Les journalistes exerçant leur profession dans une ou plusieurs entreprises de communication au public par voie électronique ont la qualité de journaliste professionnel.** — *[Anc. art. 93, al. 1, L. n° 82-652 du 29 juill. 1982.]*

Entreprise de communication audiovisuelle. Une entreprise qui a pour activité la création d'œuvres audiovisuelles destinées à être diffusées dans le public doit être regardée, pour l'application des dispositions relatives à la délivrance de la carte d'identité professionnelle des journalistes, comme une entreprise de communication, alors même qu'elle n'assure pas directement la diffusion des œuvres qu'elle produit. • CE 5 avr. 2002 : *RJS 2002. 683, n° 909.*

Art. L. 7111-5-1 *(L. n° 2009-669 du 12 juin 2009, art. 20-II)* **La collaboration entre une entreprise de presse et un journaliste professionnel porte sur l'ensemble des supports du titre de presse tel que défini au premier alinéa de l'article L. 132-35 du code de la propriété intellectuelle, sauf stipulation contraire dans le contrat de travail ou dans toute autre convention de collaboration ponctuelle.**

Art. L. 7111-5-2 *(L. n° 2016-1524 du 14 nov. 2016, art. 2)* **Un exemplaire de la charte déontologique prévue à l'article 2 *bis* de la loi du 29 juillet 1881 sur la liberté de la presse est remis à tout journaliste lors de son embauche et à tout journaliste déjà employé dans une entreprise de presse, de publication quotidienne ou périodique, une agence de presse, une entreprise de communication au public par voie électronique ou de communication audiovisuelle, dans un délai de trois mois suivant l'adoption de la charte par cette entreprise ou cette agence.**

SECTION III **CARTE D'IDENTITÉ PROFESSIONNELLE**

Art. L. 7111-6 **Le journaliste professionnel dispose d'une carte d'identité professionnelle dont les conditions de délivrance, la durée de validité, les conditions et les formes dans lesquelles elle peut être annulée sont déterminées par décret en Conseil d'État.**

L'ancien journaliste professionnel peut bénéficier d'une carte d'identité de journaliste professionnel honoraire dans des conditions déterminées par ce même décret. — *[Anc. art. L. 761-15, al. 2, et L. 761-16, al. 2.] — V. art. R. 7111-1 s.*

En application de l'art. L. 231-5 CRPA, et par exception à l'application du délai de deux mois prévu à l'art. L. 231-1 du même code, le silence gardé par l'administration pendant deux mois vaut décision de rejet pour une demande de délivrance et renouvellement de la carte d'identité de journaliste professionnel ou honoraire (Décr. n° 2014-1304 du 23 oct. 2014, art. 1er).

SECTION IV **REPRÉSENTATION PROFESSIONNELLE**

(L. n° 2008-789 du 20 août 2008, art. 2 et 8)

Art. L. 7111-7 Dans les entreprises mentionnées aux articles L. 7111-3 et L. 7111-5, lorsqu'un collège électoral spécifique est créé pour les journalistes professionnels et assimilés, est représentative à l'égard des personnels relevant de ce collège l'organisation syndicale qui satisfait aux critères de l'article L. 2121-1 et qui a recueilli au moins 10 % des suffrages exprimés au premier tour des dernières élections des titulaires au comité d'entreprise ou de la délégation unique du personnel ou, à défaut, des délégués du personnel dans ce collège.

1. Accord collectif unanime. La création d'un collège électoral spécifique aux journalistes prévu par la loi n'est pas soumise à la conclusion d'un accord unanime. • Soc. 2 mars 2011 : *Dalloz actualité, 17 mars 2011, obs. Siro ; D. 2011. Actu. 759.*

2. Collège spécifique. La condition de spécificité du collège des journalistes, préalable au privilège de l'art. L. 7111-7, n'impose pas que ce collège soit composé des seuls journalistes ; la condition tenant à la création d'un collège électoral spécifique est satisfaite dès lors qu'un accord préélectoral impose l'inscription de tous les journalistes dans un seul et même collège et interdit, par là même, à un syndicat de journalistes de présenter des candidats dans d'autres collèges, peu important que ce collège, au sein duquel sont inscrits les journalistes, puisse aussi comprendre d'autres salariés. • Soc. 2 mars 2011 : *Dalloz actualité, 17 mars 2011, obs. Siro ; Dr. soc. 2011. 874, obs. Petit ; Dr. ouvrier 2011. 373, obs. Masson ; JCP S 2011. 1231, obs. Dauxerre.*

Art. L. 7111-8 Dans les branches qui couvrent les activités des entreprises de presse, publications quotidiennes ou périodiques et agences de presse, ainsi que les activités des entreprises de communication au public par voie électronique ou de communication audiovisuelle, sont représentatives à l'égard des personnels mentionnés à l'article L. 7111-1 les organisations syndicales qui remplissent les conditions de l'article L. 2122-5 dans les collèges électoraux de journalistes *(Abrogé par L. n° 2010-1215 du 15 oct. 2010)* ***« ou bien les conditions de l'article L. 2122-6 ».***

Art. L. 7111-9 Dans les entreprises dans lesquelles un collège électoral spécifique est créé pour les journalistes professionnels et assimilés, lorsque la convention ou l'accord ne concerne que les journalistes ou assimilés, sa validité est subordonnée à sa signature par *(L. n° 2016-1088 du 8 août 2016, art. 21)* « , d'une part, l'employeur ou son représentant et, d'autre part, » une ou plusieurs organisations syndicales de salariés représentatives ayant recueilli *(L. n° 2016-1088 du 8 août 2016, art. 21)* « plus de 50 % » des suffrages exprimés *(L. n° 2016-1088 du 8 août 2016, art. 21)* « en faveur d'organisations représentatives » dans ce collège spécifique au premier tour des dernières élections des titulaires au comité d'entreprise ou de la délégation unique du personnel *(L. n° 2016-1088 du 8 août 2016, art. 21)* « ou, à défaut, des délégués du personnel », quel que soit le nombre de votants *(Abrogé par L. n° 2016-1088 du 8 août 2016, art. 21)* ***« , et à l'absence d'opposition d'une ou de plusieurs organisations syndicales de salariés représentatives ayant recueilli la majorité des suffrages exprimés dans ce collège à ces élections, quel que soit le nombre de votants ».***

(L. 2016-1088 du 8 août 2016, art. 21) « Les règles de sa validité sont celles prévues à l'article L. 2232-12. Les taux de 30 % et de 50 % mentionnés au même article sont appréciés à l'échelle du collège des journalistes. »

Les dispositions issues de la L. n° 2016-1088 du 8 août 2016 s'appliquent à compter du 1er janv. 2017 aux accords collectifs qui portent sur la durée du travail, les repos et les congés et, dès la publication de la loi, aux accords mentionnés à l'art. L. 2254-2. Elles s'appliquent à compter du 1er sept. 2019 aux autres accords collectifs, à l'exception de ceux mentionnés à l'art. L. 5125-1 (L. préc., art. 21-IX).

Art. L. 7111-10 Lorsque la convention de branche ou l'accord ne concerne que les journalistes professionnels et assimilés, sa validité est subordonnée à sa signature par une ou plusieurs organisations syndicales de salariés représentatives ayant recueilli, aux élections prises en compte pour la mesure de l'audience prévue au 3° de l'article L. 2122-5 *(Abrogé par L. n° 2010-1215 du 15 oct. 2010)* ***« ou, le cas échéant, dans le cadre de la mesure de l'audience prévue à l'article L. 2122-6 »***, au moins 30 % des suffrages exprimés dans le collège de journalistes en faveur d'organisations reconnues représentatives à ce niveau, quel que soit le nombre de votants, et à l'absence d'opposition d'une ou de plusieurs organisations syndicales de salariés représentatives ayant recueilli la majorité des suffrages exprimés dans ce collège à ces élections *(Abrogé par L. n° 2010-1215 du 15 oct. 2010)* ***« ou, le cas échéant, dans le cadre de la même mesure d'audience »***, quel que soit le nombre de votants.

Art. L. 7111-11 *(L. n° 2016-1524 du 14 nov. 2016, art. 3)* Le comité d'entreprise de toute entreprise de presse, de toute publication quotidienne ou périodique, de toute agence de presse ou de toute entreprise de communication au public en ligne ou de communication audiovisuelle est informé chaque année sur le respect par celle-ci de l'article 2 *bis* de la loi du 29 juillet 1881 sur la liberté de la presse.

CHAPITRE II **CONTRAT DE TRAVAIL**

SECTION PREMIÈRE **PRÉSOMPTION DE SALARIAT**

Art. L. 7112-1 Toute convention par laquelle une entreprise de presse s'assure, moyennant rémunération, le concours d'un journaliste professionnel est présumée être un contrat de travail.

Cette présomption subsiste quels que soient le mode et le montant de la rémunération ainsi que la qualification donnée à la convention par les parties. – *[Anc. art. L. 761-2, al. 4.]*

1. Essentiel des ressources. Seul peut avoir la qualité de journaliste professionnel celui qui apporte à l'entreprise de presse une collaboration constante et régulière et qui en tire l'essentiel de ses ressources ; bien qu'apportant une collaboration constante et régulière à une société éditrice, un avocat ne tirait pas de cette collaboration l'essentiel de ses ressources, de sorte qu'il ne pouvait prétendre au statut de journaliste professionnel et au bénéfice de la présomption de salariat. • Soc. 7 déc. 2011 : *Dalloz actualité, 21 déc. 2011, obs. Siro ; RJS 2012. 236, n° 289 ; JCP S 2012. 1095, obs. Lahalle.*

2. Présomption de salariat et journaliste pigiste. La qualité de journaliste pigiste ne fait pas obstacle à ce que l'intéressé revendique le bénéfice de la présomption de salariat attachée à l'exercice de l'activité de journaliste professionnel. • Soc. 17 oct. 2012 : *Dalloz actualité, 8 nov. 2012, obs. Ines ; D. 2012. Actu. 2526 ; RDT 2012. 692, obs. Auzero ; RJS 2013. 74, n° 79 ; JCP S 2013. 1190, obs. Dauxerre.*

3. Journaliste professionnel et agence de presse. Le journaliste professionnel exerçant son activité auprès d'une agence de presse bénéficie de la présomption de salariat de l'art. L. 7112-1 mais il ne peut se voir appliquer l'indemnité de licenciement prévue à l'art. L. 7112-3. • Soc. 13 avr. 2016, n° 11-28.713 P : *Dalloz actualité, 4 mai 2016, obs. Roussel ; D. 2016. Actu. 900 ; RJS 6/2016, n° 46 ; JCP S 2016. 1228, obs. Lahalle.*

SECTION II **RUPTURE DU CONTRAT**

Art. L. 7112-2 Dans les entreprises de journaux et périodiques, en cas de rupture par l'une ou l'autre des parties du contrat de travail à durée indéterminée d'un journaliste professionnel, la durée du préavis, sous réserve du 3° de l'article L. 7112-5, est fixée à :

1° Un mois pour une ancienneté inférieure ou égale à trois ans ;

2° Deux mois pour une ancienneté supérieure à trois ans.

Toutefois, lorsque la rupture est à l'initiative de l'employeur et que le salarié a une ancienneté de plus de deux ans et de moins de trois ans, celui-ci bénéficie du préavis prévu au 3° de l'article L. 1234-1. – *[Anc. art. L. 761-4.]*

Art. L. 7112-3 Si l'employeur est à l'initiative de la rupture, le salarié a droit à une indemnité qui ne peut être inférieure à la somme représentant un mois, par année ou fraction d'année de collaboration, des derniers appointements. Le maximum des mensualités est fixé à quinze. – *[Anc. art. L. 761-5, al. 1er, phrase 1.]*

1. Constitutionnalité du régime d'indemnisation des journalistes. Les journalistes sont, compte tenu de la nature particulière de leur travail, placés dans une situation différente de celles des autres salariés ; l'art. L. 7112-3, propre à l'indemnisation des journalistes professionnels salariés, vise à prendre en compte les conditions particulières dans lesquelles s'exerce leur profession ; aussi le législateur ne méconnaît pas le principe d'égalité devant la loi en instaurant un mode de détermination de l'indemnité de rupture du contrat de travail applicable aux seuls journalistes à l'exclusion des autres salariés. • Cons. const. 14 mai 2012 : *Dalloz actualité, 4 juin 2012, obs. Perrin ; Dr. soc. 2012. 1039, obs. de Sintives ; D. 2012. Actu. 1340 ; RJS 2012. 642, n° 746.*

2. Conditions. Il résulte des art. L. 761-4 et L. 761-5 [L. 7112-2 à L. 7112-4 nouv.] que seules les personnes liées par un contrat de travail à une entreprise de journaux et périodiques peuvent prétendre à l'indemnité de congédiement. • Soc. 24 févr. 1993 (1er arrêt), n° 89-19.948 P : *D. 1993. 389, concl. Chauvy* • 24 févr. 1993 (2e arrêt) : *ibid. ; RJS 1993. 270, n° 446.*

3. Montant. L'indemnité de congédiement est calculée en fonction des seules années passées dans l'exercice de la profession de journaliste, sauf à l'intéressé à choisir l'indemnité légale si elle est plus favorable. • Soc. 11 déc. 1991, n° 88-41.103 P : *D. 1992. IR 37 ; CSB 1992. 54, S. 35 ; RJS 1992. 136, n° 205.* ♦ L'indemnité de congédiement ne se cumule pas avec une indemnité conventionnelle de licenciement. • Même arrêt.

Art. L. 7112-4 **Lorsque l'ancienneté excède quinze années, une commission arbitrale est saisie pour déterminer l'indemnité due.**

Cette commission est composée paritairement d'arbitres désignés par les organisations professionnelles d'employeurs et de salariés. Elle est présidée par un fonctionnaire ou par un magistrat en activité ou retraité.

Si les parties ou l'une d'elles ne désignent pas d'arbitres, ceux-ci sont nommés par le président du tribunal de grande instance, dans des conditions déterminées par voie réglementaire.

Si les arbitres désignés par les parties ne s'entendent pas pour choisir le président de la commission arbitrale, celui-ci est désigné à la requête de la partie la plus diligente par le président du tribunal de grande instance.

En cas de faute grave ou de fautes répétées, l'indemnité peut être réduite dans une proportion qui est arbitrée par la commission ou même supprimée.

La décision de la commission arbitrale est obligatoire et ne peut être frappée d'appel. – *[Anc. art. L. 761-5, al. 2 à 4 début et 5 à 7.] – V. art. R. 7111-1 s.*

BIBL. ▶ *Gaz. Pal. 1996. 2. Doctr. 1368* (commission arbitrale).

1. Constitutionnalité de la commission arbitrale des journalistes. Le législateur a pu prendre en compte la spécificité de la profession de journaliste pour l'évaluation, lors de la rupture du contrat de travail, des sommes dues aux journalistes les plus anciens ou à qui il est reproché une faute grave ou des fautes répétées ; en conséquence, il a pu confier la fixation de ces sommes à une commission arbitrale, juridiction spéciale composée majoritairement de personnes désignées par des organismes professionnels. Et les dispositions contestées permettent que les décisions de cette commission fassent l'objet d'un recours en annulation. • Cons. const. 14 mai 2012 : *Dalloz actualité, 4 juin 2012, obs. Perrin ; D. 2012. Actu. 1340 ; RDT 2012. 438, obs. Serverin ; RJS 2012. 642, n° 746 ; JCP S 2012. 1343, obs. Dauxerre* • Cons. const. 14 mai 2012 : *ibid.*

2. Pouvoirs de la commission. La commission arbitrale des journalistes doit pour fixer le quantum ou supprimer l'indemnité de congédiement, apprécier la gravité ou l'existence des fautes alléguées, sans que la décision de la juridiction prud'homale statuant sur les autres indemnités réclamées au titre de la rupture du contrat de travail, ne s'impose à elle. • Soc. 29 oct. 2002, n° 00-13.413 P : *RJS 2003. 261, n° 397 ; CSB 2003. 5, A. 1 ; TPS 2003, n° 1, p. 15.* ♦ V. aussi • Soc. 6 juill. 1961 : *JCP 1961. II. 12319, concl. Lindon* • 12 oct. 1961 : *JCP 1961. II. 12361, note R.L. ; Dr. soc. 1962. 98, obs. Savatier* • 19 févr. 1969 : *D. 1969. Somm. 123 ; JCP 1969. II. 15872, note Lindon.*

3. La commission arbitrale des journalistes a seulement compétence pour déterminer l'indemnité de licenciement et la cour d'appel, saisie d'un recours en annulation d'une sentence arbitrale, ne peut connaître du fond du litige que dans la limite de la compétence de l'arbitre. • Soc. 20 févr. 1991, n° 89-16.188 P : *D. 1991. IR 83 ; CSB 1992. 229, A. 42 ; RJS 1991. 276, n° 527.* ♦ La commission arbitrale est seule compétente pour décider si une indemnité de licenciement est due et pour déterminer son montant ; les juges ne peuvent condamner l'employeur à payer une indemnité de licenciement au motif que, n'ayant pas saisi la commission arbitrale, il était redevable de cette indemnité. • Soc. 13 avr. 1999, n° 96-45.028 P : *D. 1999. IR 129 ; RJS 1999. 433, n° 877.*

4. Compétences du conseil de prud'hommes. La juridiction prud'homale garde la plénitude de sa compétence en ce qui concerne toute indemnité, autre que l'indemnité de licenciement, réclamée au titre de la rupture du contrat de travail. • Soc. 8 juill. 1992, n° 89-41.343 P. • 17 mars 1993 : *RJS 1993. 329, n° 561.*

5. La saisine de la commission arbitrale, compétente lorsqu'est rompu le contrat à durée indéterminée d'un journaliste professionnel, suppose une rupture à l'initiative de l'employeur, ce qui exclut le départ volontaire dans le cadre d'un plan de sauvegarde de l'emploi. • Soc. 9 avr. 2015 : *Dalloz actualité, 6 mai 2015, obs. Ines ; D. 2015. Actu. 870 ; RJS 6/2015, n° 452.*

6. Procédure devant la commission. Le caractère obligatoire de l'arbitrage et l'exclusion de l'appel contre la décision rendue par la commission arbitrale ne sont pas contraires à l'art. 6 § 1 Conv. EDH. • Soc. 29 oct. 2002, ♕ n° 00-13.413 P : *RJS 2003. 261, n° 397 ; CSB 2003. 5, A. 1 ; TPS 2003, n° 1, p. 15.*

7. Les dispositions de l'art. 1456 C. pr. civ. limitant à six mois la durée de la mission des arbitres ne sont pas applicables à la procédure légale d'arbitrage instituée par l'art. L. 761-5. • Soc. 11 janv. 2000, ♕ n° 98-42.487 P : *D. 2000. IR 51* ✎ *; RJS 2000. 151, n° 226.*

Art. L. 7112-5 Si la rupture du contrat de travail survient à l'initiative du journaliste professionnel, les dispositions des articles L. 7112-3 et L. 7112-4 sont applicables, lorsque cette rupture est motivée par l'une des circonstances suivantes :

1° Cession du journal ou du périodique ;

2° Cessation de la publication du journal ou périodique pour quelque cause que ce soit ;

3° Changement notable dans le caractère ou l'orientation du journal ou périodique si ce changement crée, pour le salarié, une situation de nature à porter atteinte à son honneur, à sa réputation ou, d'une manière générale, à ses intérêts moraux. Dans ces cas, le salarié qui rompt le contrat n'est pas tenu d'observer la durée du préavis prévue à l'article L. 7112-2. – *[Anc. art. L. 761-7.]*

BIBL. ▸ JEANTIN, *Dr. soc. 1990. 539* ✎ (cession indirecte du contrôle d'une société de presse).

1. Constitutionnalité de l'art. L. 7112-5. N'est pas sérieuse et ne doit pas donner lieu à renvoi au Conseil constitutionnel la question prioritaire de constitutionnalité tendant à faire constater que l'art. L. 7112-5 C. trav. relatif à la mise en œuvre de la clause de conscience, telb qu'interprété par la Cour de cassation, crée un droit imprescriptible pour les journalistes, dès lors qu'elle prête à l'interprétation jurisprudentielle une portée qu'elle n'a pas. • Soc. QPC, 7 juill. 2015, ♕ n° 15-40.019 : *RJS 11/2015, n° 738.*

2. Cession et location-gérance. La mise en location-gérance d'un journal ou d'un périodique ne constitue pas une cession au sens de l'art. L. 761-7. • Soc. 29 mai 1991, ♕ n° 87-45.677 P : *D. 1991. IR 173 ; RJS 1991. 470, n° 900 ; CSB 1991. 202, S. 115.* ♦ Même solution en cas de cessation d'une gérance libre. • Soc. 4 avr. 1960 : *JCP 1960. II. 11818, 2e esp., note R.L.*

3. Cession et prise de contrôle. Ni la connaissance par le journaliste de la cession du journal, fût-elle ancienne, ni l'application par les employeurs successifs de l'art. L. 122-12 [L. 1224-1 nouv.] C. trav. ne peuvent à elles seules priver le journaliste du droit qu'il tient des dispositions de l'art. L. 761-7. • Soc. 15 nov. 1989 : *Bull. civ. V, n° 666 ; D. 1989. IR 313.* ♦ Les juges du fond qui relèvent qu'une société, possédant la moitié des actions d'une société de presse, en avait acquis l'autre moitié, prenant ainsi le contrôle de la société et du journal, ont décidé à bon droit que cette transmission équivalait à la « cession » du journal au sens de l'art. L. 761-7. • Soc. 21 juin 1984, ♕ n° 81-42.857 P : *Rev. sociétés 1985. 127, note Jeantin.* ♦ Sur la prise de contrôle résultant d'une cession d'actions, V. • Soc. 12 janv. 1994, ♕ n° 90-42.783 P. • 12 janv. 1994 : ♕ *Bull. civ. V, n° 6 ; D. 1994. IR 42 ; Dr. soc. 1994. 278 ; RJS 1994. 149, n° 198 ; ibid. 97, concl. Kessous.*

4. Cession et procédure collective. La cession du titre d'un journal intervenue dans le cadre d'une procédure collective s'analyse en une cession de périodique, au sens de l'art. L. 761-7 [L. 7112-5 nouv.], peu important que le cessionnaire exploitait déjà ce journal depuis plusieurs années en vertu d'un contrat de licence. • Soc. 26 févr. 2002, ♕ n° 00-40.763 P : *RJS 2002. 482, n° 635 ; CSB 2002, A. 27.*

5. Cessation de publication. Il n'y a pas cessation mais interruption momentanée de la publication lorsqu'un quotidien n'a pas paru pendant deux à trois semaines en raison de troubles sociaux dans l'entreprise. • Soc. 8 juill. 1997 : ♕ *RJS 1997. 725, n° 1174 ; CSB 1997. 296, S. 168.*

6. Changement notable d'orientation. Pour bénéficier des dispositions de l'art. L. 761-7 [L. 7112-5 nouv.], le journaliste doit apporter la preuve d'un changement notable dans le caractère ou l'orientation du journal, créant une situation de nature à porter atteinte à son honneur, à sa conscience ou à ses intérêts moraux. • Soc. 21 juin 1978 : *Bull. civ. V, n° 497.* – Dans le même sens : • Soc. 9 nov. 1961 (trois arrêts) : *JCP 1962. II. 12433.* ♦ Constitue un changement notable d'orientation d'un journal, auparavant exclusif de tout caractère scandaleux, le fait qu'il s'oriente délibérément, pour élargir sa diffusion, vers la publication d'articles privilégiant le sensationnel et portant atteinte à la vie privée. • Soc. 17 avr. 1996, ♕ n° 93-42.409 P : *D. 1997. 126, note Edelman* ✎ *; Dr. soc. 1996. 638, note Savatier* ✎ *; RJS 1996. 545, n° 856 ; CSB 1996. 205, A. 45.*

7. Délai d'exercice de la clause. L'art. L. 761-7 n'impose aucun délai aux journalistes pour mettre en œuvre la clause de conscience et il suffit, pour que les dispositions de ce texte puissent être invoquées, que la résiliation du contrat de travail ait été motivée par l'une des circonstances qu'il énumère. • Soc. 30 nov. 2004, ♕ n° 02-42.437 P : *D. 2005. IR 15* ✎ *; Dr. soc. 2005. 335, obs. Mouly* ✎ *; RJS 2005. 164, n° 234.*

8. Préavis. La rupture par le journaliste se prévalant de l'art. L. 761-7 reste de son fait et, dispensé légalement de préavis, il ne peut réclamer une indemnité compensatrice de préavis. • Soc. 17 avr. 1996 : *préc. note 6.*

CHAPITRE III **RÉMUNÉRATION**

Art. L. 7113-1 **Tout travail non prévu au contrat de travail conclu entre une entreprise de journal et périodique et un journaliste professionnel entraîne une rémunération spéciale.** – *[Anc. art. L. 761-8.]*

Art. L. 7113-2 *(L. n° 2009-669 du 12 juin 2009, art. 20-II)* **Tout travail commandé ou accepté par l'éditeur d'un titre de presse au sens de l'article L. 132-35 du code de la propriété intellectuelle, quel qu'en soit le support, est rémunéré, même s'il n'est pas publié.**

1. Conditions du droit à rémunération. Il n'y a pas lieu à application de l'art. L. 761-9, al. 2 [L. 7113-2, al. 2 nouv.], dans le cas où un article n'a pu être publié dans un journal mais a paru dans un autre quotidien du même groupe. • Soc. 8 juill. 1997 : *RJS 1997. 725, n° 1174 ; CSB 1997. 296, S. 168.*

2. Violation du droit à rémunération. La transgression des dispositions de l'art. L. 761-9 [L. 7113-2 nouv.] est de nature à porter atteinte aux intérêts collectifs de la profession représentée par un syndicat de journalistes, ce qui autorise ce dernier à se constituer partie civile. • Crim. 7 janv. 1995 : *RJS 1995. 388, n° 589.*

Art. L. 7113-3 *(L. n° 2009-669 du 12 juin 2009, art. 20-II)* **Lorsque le travail du journaliste professionnel donne lieu à publication dans les conditions définies à l'article L. 132-37 du code de la propriété intellectuelle, la rémunération qu'il perçoit est un salaire.**

Art. L. 7113-4 *(L. n° 2009-669 du 12 juin 2009, art. 20-II)* **La négociation obligatoire visée aux articles L. 2241-1 et L. 2241-8 porte également sur les salaires versés aux journalistes professionnels qui contribuent, de manière permanente ou occasionnelle, à l'élaboration d'un titre de presse.**

CHAPITRE IV **DISPOSITIONS PÉNALES**

Art. L. 7114-1 **Est puni d'un emprisonnement de deux ans et d'une amende de 3 750 €, le fait :**

1° Soit de faire sciemment une déclaration inexacte en vue d'obtenir la carte d'identité de journaliste professionnel ou la carte d'identité de journaliste professionnel honoraire ;

2° Soit de faire usage d'une carte frauduleusement obtenue, périmée ou annulée, en vue de bénéficier des avantages offerts par ces cartes ;

3° Soit de délivrer sciemment des attestations inexactes en vue de faire attribuer l'une de ces cartes.

Est puni des mêmes peines le fait de fabriquer, de distribuer ou d'utiliser une carte présentant avec l'une de ces cartes ou les documents délivrés par l'autorité administrative aux journalistes une ressemblance de nature à prêter à confusion. – *[Anc. art. L. 796-1.]*

TITRE DEUXIÈME **PROFESSIONS DU SPECTACLE, DE LA PUBLICITÉ ET DE LA MODE**

CHAPITRE PREMIER **ARTISTES DU SPECTACLE**

BIBL. GÉN. ▶ DEBONNE-PENET, *D. 1980. Chron. 17.* – PALLANTZA, *RDT 2015. 597* (Rémunération des artistes-interprètes). – SAINT-JOURS, *D. 1970. Chron. 17.* – VEYSSIÈRE, *Gaz. Pal. 1996. 1. Doctr. 528* (comédiens et mannequins de films publicitaires).

SECTION PREMIÈRE **CHAMP D'APPLICATION**

Art. L. 7121-1 **Les dispositions du présent code sont applicables aux artistes du spectacle, sous réserve des dispositions particulières du présent chapitre.**

SECTION II DÉFINITIONS

Art. L. 7121-2 **Sont considérés comme artistes du spectacle, notamment :**

1° L'artiste lyrique ;

2° L'artiste dramatique ;

3° L'artiste chorégraphique ;

4° L'artiste de variétés ;

5° Le musicien ;

6° Le chansonnier ;

7° L'artiste de complément ;

8° Le chef d'orchestre ;

9° L'arrangeur-orchestrateur ;

10° Le metteur en scène *(L. n° 2016-925 du 7 juill. 2016, art. 46)* **« , le réalisateur et le chorégraphe, pour l'exécution matérielle de leur » conception artistique ;**

(L. n° 2016-925 du 7 juill. 2016, art. 46) **« 11° L'artiste de cirque ;**

« 12° Le marionnettiste ;

« 13° Les personnes dont l'activité est reconnue comme un métier d'artiste-interprète par les conventions collectives du spectacle vivant étendues. »

Si elles ne sont pas expressément désignées comme telles par l'art. L. 7121-2 fixant une liste non limitative d'artistes du spectacle, les personnes employées pour participer à une manifestation tauromachique doivent être regardées comme des artistes du spectacle régis par les dispositions du chap. Ier du titre II du livre Ier de la septième partie de ce code, et non des règles générales posées par les art. L. 4153-8, D. 4153-16 et D. 4153-17 C. trav. qui ne régissent pas la situation des artistes du spectacle mineurs. • CE 8 juill. 2016, ♘ n° 388609.

SECTION III CONTRAT DE TRAVAIL

Art. L. 7121-3 **Tout contrat par lequel une personne s'assure, moyennant rémunération, le concours d'un artiste du spectacle en vue de sa production, est présumé être un contrat de travail dès lors que cet artiste n'exerce pas l'activité qui fait l'objet de ce contrat dans des conditions impliquant son inscription au registre du commerce.** – *[Anc. art. L. 762-1, al. 1.]*

BIBL. ▶ Kerbouc'h et Vincent, *Dr. soc. 2007. 808* ⌀ (contrats de production et d'édition et limitation de la liberté de travailler).

1. Conditions indifférentes. L'art. L. 762-1 [L. 7121-3 nouv.] n'exige pas que le contrat conclu en vue de la production de l'artiste soit passé directement avec celui-ci, ni que la rémunération qu'il reçoit lui soit de même versée directement par l'entrepreneur de spectacles. • Soc. 22 mars 1984 : *Bull. civ. V, n° 112 ; D. 1984. IR 406* • 25 janv. 1990, ♘ n° 86-10.188 P : *D. 1992. 161, note Daverat* ⌀. – Dans le même sens : • Soc. 1er avr. 1993, ♘ n° 91-11.649 P : *RJS 1993. 323, n° 554.*

2. Faisceau d'indices. Doit être considérée comme un artiste du spectacle la personne chargée de fournir la sonorisation et l'éclairage d'un spectacle en liaison avec le metteur en scène, son rôle étant d'autant plus important qu'il travaillait pour une association de bénévoles et n'était pas un simple exécutant ; l'intéressé est lié par un contrat de travail sans qu'il soit nécessaire de caractériser l'existence d'un lien de subordination. • Soc. 8 juill. 1999 : ♘ *D. 1999. IR 212* ⌀ *; RJS 1999. 801, n° 1310.*

3. Portée de la présomption. La présomption de contrat de travail posée par l'art. L. 762-1 [L. 7121-3 nouv.] ne vaut qu'entre les organisateurs de spectacles et les artistes y participant. • Soc. 3 oct. 2007 : ♘ *D. 2007. AJ 2674* ⌀ *; RJS 2007. 1059, n° 1326.* ♦ N'est de nature à exclure l'application de la présomption légale ni le fait que le contrat passé par l'organisateur de spectacles et les artistes ne fasse pas mention du nom de chacun d'eux, ni la preuve de l'absence de subordination des artistes à l'organisateur. • Soc. 14 nov. 1991, ♘ n° 89-15.909 P : *D. 1991. IR 286 ; RJS 1991. 737, n° 1376.* ♦ ... Ni les irrégularités que présente le contrat. • Soc. 19 mai 1998, ♘ n° 96-41.138 P : *D. 1998. IR 148* ⌀ *, RJS 1998. 685, n° 1084.* ♦ La présomption subsiste quels que soient le mode et le montant de la rémunération, ainsi que la qualification donnée au contrat par les parties ; elle n'est pas détruite par la preuve que l'artiste emploie lui-même une ou plusieurs personnes pour le seconder, dès lors qu'il participe personnellement au spectacle ; le contrat de travail peut être commun à plusieurs artistes. • Soc. 20 sept. 2006 : ♘ *D. 2006. IR 2344* ⌀. ♦ Il appartient au juge de vérifier si l'intéressé, disc-jockey, dont la qualité d'artiste n'est pas discutée, exerçait son activité dans des conditions impliquant son inscription au registre du commerce. • Soc. 14 oct. 2009 : ♘ *JCP S 2009. 1577, obs. Lahalle.*

4. N'a pas la qualité d'employeur le chef d'orchestre qui, non inscrit au registre du commerce, signe les contrats d'engagement remplissant les conditions exigées par l'art. L. 762-1, agit en tant que mandataire et traduit le mécontentement général en déclarant qu'il ne voulait plus jouer en compagnie d'un musicien, sans qu'il soit établi qu'il exerçait une autorité quelconque sur les autres musiciens. • Soc. 30 juin 1988 : *Bull. civ. V, n° 400 ; D. 1989. Somm. 164, note Fieschi-Vivet.* – Dans le même sens : • Soc. 4 janv. 1990, n° 86-45.681 P : *D. 1990. IR 24.* ♦ *Contra*, lorsque l'existence d'un lien de dépendance est établie : • Soc. 7 juill. 1979 : *Bull. civ. V, n° 490* • 8 juill. 1980 : *ibid., n° 615.* ♦ Rappr. : • Soc. 13 mai 1980 : *Bull. civ. V, n° 420 ; D. 1981. IR 124, obs. Langlois.*

5. Qualité de co-entrepreneur. La constitution entre un artiste et un organisateur de spectacles d'une société en participation dans laquelle est prévu le partage des bénéfices et des pertes manifeste de la part de l'artiste la volonté de se comporter en co-entrepreneur de spectacles lui interdisant de bénéficier de la présomption de l'art. L. 762-1. • Soc. 31 oct. 1991, n° 89-11.763 P : *D. 1991. IR 272 ; RJS 1991. 737, n° 1376.*

6. Concours artiste-mannequin. Il résulte des art. L. 762-1 et L. 763-1 et de la loi du 12 juill. 1990 que la distinction des fonctions de mannequin et d'artiste passe par la notion d'interprétation qui caractérise l'artiste à la différence du mannequin. • Paris, 27 janv. 1995 : *RJS 1995. 297, n° 448* (la finalité publicitaire d'un message ne permet de qualifier de mannequin la personne qui s'y prête qu'autant que cette personne n'assure qu'une « présentation » directe ou indirecte). ♦ Dans le même sens, sur la distinction des fonctions de mannequin et d'artiste : • CE 17 mars 1997 : *D. 1997. 467, concl. Maugüé ; RJS 1997. 490, n° 768* • Soc. 10 févr. 1998, n° 95-43.510 P : *D. 1998. IR 73 ; RJS 1998. 233, n° 381.*

7. Artistes de complément. V. • Paris, 18 févr. 1993 : *D. 1993. 397, note Wekstein-Steg.*

8. Droit de l'Union européenne et présomption de salariat. En soumettant l'octroi d'une licence aux agents de placement des artistes établis dans un autre État membre de l'UE aux besoins de placement des artistes et en imposant une présomption de salariat aux artistes qui sont reconnus comme prestataires de services établis dans leur État membre d'origine où ils fournissent habituellement des services analogues, la République française a manqué aux obligations qui lui incombent en vertu de l'art. 49 CE. • CJCE 15 juin 2006, *Commission c/ République française*, aff. C-255/04, pt 55 : *Rec. CJCE, p. I-5254 ; D. 2006. IR 1988 ; JCP S 2006. 1611, note Cavallini.* ♦ Il incombe à la partie soutenant que les artistes sont reconnus comme prestataires de services dans leur État d'origine d'en rapporter la preuve. • Soc. 14 mai 2014 : *Dalloz actualité, 3 juin 2014, obs. Ines ; RJS 2014. 486, n° 592.*

Art. L. 7121-4 La présomption de l'existence d'un contrat de travail subsiste quels que soient le mode et le montant de la rémunération, ainsi que la qualification donnée au contrat par les parties.

Cette présomption subsiste même s'il est prouvé que l'artiste conserve la liberté d'expression de son art, qu'il est propriétaire de tout ou partie du matériel utilisé ou qu'il emploie lui-même une ou plusieurs personnes pour le seconder, dès lors qu'il participe personnellement au spectacle. – *[Anc. art. L. 762-1, al. 2.]*

Art. L. 7121-5 La présomption de salariat prévue à l'article L. 7121-3 ne s'applique pas aux artistes reconnus comme prestataires de services établis dans un État membre de la Communauté européenne ou dans un autre État partie à l'accord sur l'Espace économique européen où ils fournissent habituellement des services analogues et qui viennent exercer leur activité en France, par la voie de la prestation de services, à titre temporaire et indépendant.

Art. L. 7121-6 Le contrat de travail d'un artiste du spectacle est individuel. – *[Anc. art. L. 762-1, al. 4, phrase 1.]*

Art. L. 7121-7 Le contrat de travail peut être commun à plusieurs artistes lorsqu'il concerne des artistes se produisant dans un même numéro ou des musiciens appartenant au même orchestre.

Dans ce cas, le contrat de travail désigne nominativement tous les artistes engagés et comporte le montant du salaire attribué à chacun d'eux. Il peut être revêtu de la signature d'un seul artiste, à condition que le signataire ait reçu mandat écrit de chacun des artistes figurant au contrat.

L'artiste contractant dans ces conditions conserve la qualité de salarié. – *[Anc. art. L. 762-1, al. 4, phrase 2 et al. 5 à 7.]*

L'artiste dont les agissements excèdent les éléments inhérents à l'exécution du mandat donné à lui par un autre artiste en application de l'art. L. 7121-7 C. trav. peut être l'employeur de ce dernier s'il est établi l'existence d'un lien de subordination caractérisant le contrat de travail. • Soc. 4 déc. 2013 : *Dalloz actualité, 6 janv. 2014, obs. Ines.*

Art. L. 7121-7-1 *(L. n° 2011-525 du 17 mai 2011, art. 8)* **Les employeurs relevant du champ d'application du guichet unique fixé à l'article L. 7122-22 doivent, en l'absence de dispositions conventionnelles spécifiques aux artistes et techniciens du spectacle au titre de leur activité principale, lorsqu'ils emploient un artiste ou un technicien du spectacle, les faire bénéficier des dispositions d'une convention collective des activités du spectacle et s'y référer dans le formulaire de déclaration d'emploi.**

SECTION IV **RÉMUNÉRATION**

Art. L. 7121-8 **La rémunération due à l'artiste à l'occasion de la vente ou de l'exploitation de l'enregistrement de son interprétation, exécution ou présentation par l'employeur ou tout autre utilisateur n'est pas considérée comme salaire dès que la présence physique de l'artiste n'est plus requise pour exploiter cet enregistrement et que cette rémunération n'est pas fonction du salaire reçu pour la production de son interprétation, exécution ou présentation, mais est fonction du produit de la vente ou de l'exploitation de cet enregistrement.** — *[Anc. art. L. 762-2.]*

Sur les droits des artistes-interprètes, V. CPI, art. L. 212-4 à L. 212-7.

1. Jurisprudence antérieure à la loi du 17 juin 2008 portant réforme de la prescription en matière civile. Dès lors que le contrat d'enregistrement conclu par un artiste prévoit une cession de droits rémunérés par des redevances calculées sur les ventes des enregistrements, non liées à la présence de l'artiste et ne présentant pas le caractère de salaire, l'action en paiement n'est pas soumise à la prescription quinquennale mais à la prescription trentenaire. • Soc. 17 mai 2006 : *D. 2006. IR 1634* ; *JCP S 2006. 1613, obs. Lahalle.*

2. Avance requalifiée en salaire. Doivent être requalifiées en salaire, les avances de redevances dont le versement, d'une part, était conditionné par la présence physique de l'artiste nécessairement présent lors de son entrée en studio et lors de l'achèvement de l'enregistrement d'un album et, d'autre part, n'était fonction ni du produit de la vente, ni du produit de l'exploitation de cet enregistrement. • Soc. 8 juill. 2015, n° 13-25.681 P : *D. 2015. Actu. 1546* ; *RJS 10/2015, n° 680.*

SECTION V **PLACEMENT**

BIBL. ▶ Flament, *JCP S 2012. 1036* (nouveau régime de l'activité d'agent artistique).

SOUS-SECTION 1 **ACTIVITÉ D'AGENT ARTISTIQUE** *(Ord. n° 2015-1682 du 17 déc. 2015, art. 15).*

Art. L. 7121-9 *(L. n° 2010-853 du 23 juill. 2010, art. 21-I)* **L'activité d'agent artistique, qu'elle soit exercée sous l'appellation d'impresario, de manager ou sous toute autre dénomination, consiste à recevoir mandat à titre onéreux d'un ou de plusieurs artistes du spectacle aux fins de placement et de représentation de leurs intérêts professionnels.**

Un décret en Conseil d'État fixe les modalités du mandat écrit visé au premier alinéa et les obligations respectives à la charge des parties.

Nul ne peut exercer l'activité d'agent artistique s'il exerce, directement ou par personne interposée, l'activité de producteur d'œuvres cinématographiques ou audiovisuelles. — *V. art. R. 7121-50 (pén.).*

Le placement d'un orchestre équivaut au placement d'un seul artiste, s'il n'est pas accompli d'actes de courtage distincts pour le chef d'orchestre et les musiciens. • Crim. 14 avr. 1992 : *Bull. crim. n° 164.*

Art. L. 7121-10 (Abrogé par Ord. n° 2015-1682 du 17 déc. 2015, art. 15, à compter du 1er janv. 2016) (L. n° 2010-853 du 23 juill. 2010, art. 21-I) ***Il est créé un registre national sur lequel les agents artistiques doivent s'inscrire, destiné à informer les artistes et le public ainsi qu'à faciliter la coopération entre États membres de l'Union européenne et autres États parties à l'Espace économique européen. L'inscription sur ce registre est de droit.***

Un décret en Conseil d'État précise les conditions d'inscription sur le registre ainsi que les modalités de sa tenue par l'autorité administrative compétente.

Art. L. 7121-11 L'activité d'agent artistique présente un caractère commercial au sens des dispositions du code de commerce. – *[Anc. art. L. 762-4.]*

Art. L. 7121-12 Sous réserve du respect *(L. nº 2010-853 du 23 juill. 2010, art. 21-I)* « de l'incompatibilité prévue à l'article L. 7121-9 », un agent artistique peut produire un spectacle vivant au sens du chapitre II, lorsqu'il est titulaire d'une licence d'entrepreneur de spectacles vivants.

Dans ce cas, il ne peut percevoir aucune commission sur l'ensemble des artistes composant la distribution du spectacle. – *[Anc. art. L. 762-5, al. 5.] – V. art. R. 7121-51 (pén.).*

SOUS-SECTION 2 RÉMUNÉRATION DES SERVICES DE PLACEMENT

Art. L. 7121-13 *(L. nº 2010-853 du 20 juill. 2010, art. 21-I)* Les sommes que les agents artistiques peuvent percevoir en rémunération de leurs services et notamment du placement se calculent en pourcentage sur l'ensemble des rémunérations de l'artiste. Un décret fixe la nature des rémunérations prises en compte pour le calcul de la rétribution de l'agent artistique ainsi que le plafond et les modalités de versement de sa rémunération. – *V. art. L. 7121-17 (pén.).*

Ces sommes peuvent, par accord entre l'agent artistique et l'artiste du spectacle bénéficiaire du placement, être en tout ou partie mises à la charge de l'artiste. Dans ce cas, l'agent artistique donne quittance à l'artiste du paiement opéré par ce dernier. – *V. art. R. 7121-52 (pén.).*

SOUS-SECTION 3 AGENCES ARTISTIQUES

Art. L. 7121-14 Le maire surveille les agences artistiques, leurs succursales et leurs bureaux annexes pour y assurer le maintien de l'ordre et le respect des règles d'hygiène.

SECTION VI DISPOSITIONS PÉNALES

Art. L. 7121-15 Le fait, pour un agent artistique, de produire un spectacle vivant sans être titulaire d'une licence d'entrepreneur de spectacles vivants, en méconnaissance des dispositions de *(L. nº 2010-853 du 23 juill. 2010, art. 21-II)* « l'article L. 7121-12 », est puni, en cas de récidive, d'un emprisonnement de six mois et d'une amende de 3 750 €. – *[Anc. art. L. 796-2.]*

Art. L. 7121-16 Le fait, pour un agent artistique titulaire d'une licence d'entrepreneur de spectacles vivants et produisant un spectacle vivant, de percevoir une commission sur l'ensemble des artistes composant la distribution du spectacle, en méconnaissance des dispositions de *(L. nº 2010-853 du 23 juill. 2010, art. 21-II)* « l'article L. 7121-12 », est puni, en cas de récidive, d'un emprisonnement de six mois et d'une amende de 3 750 €.

Art. L. 7121-17 *(L. nº 2010-853 du 23 juill. 2010, art. 21-II)* Le fait, pour un agent artistique établi sur le territoire national, de percevoir des sommes en méconnaissance du premier alinéa de l'article L. 7121-13 est puni, en cas de récidive, d'un emprisonnement de six mois et d'une amende de 3 750 €.

CHAPITRE II ENTREPRISES DE SPECTACLES VIVANTS

SECTION PREMIÈRE ACTIVITÉ D'ENTREPRENEUR DE SPECTACLES VIVANTS TITULAIRE D'UNE LICENCE

SOUS-SECTION 1 CHAMP D'APPLICATION

Art. L. 7122-1 Les dispositions de la présente section s'appliquent aux entrepreneurs de spectacles vivants qui, en vue de la représentation en public d'une œuvre de l'esprit, s'assurent la présence physique d'au moins un artiste du spectacle percevant une rémunération. – *[Anc. art. 1, Ord. nº 45-2339 du 13 oct. 1945.]*

SOUS-SECTION 2 DÉFINITIONS

Art. L. 7122-2 Est entrepreneur de spectacles vivants toute personne qui exerce une activité d'exploitation de lieux de spectacles, de production ou de diffusion de spectacles, seul ou dans le cadre de contrats conclus avec d'autres entrepreneurs de spectacles vivants, quel que soit le mode de gestion, public ou privé, à but lucratif ou non, de ces activités.

Les différentes catégories d'entrepreneurs de spectacles vivants sont déterminées par voie réglementaire. – *[Anc. art. 1-1, al. 1, Ord. n° 45-2339 du 13 oct. 1945.]*

SOUS-SECTION 3 LICENCE D'ENTREPRENEUR DE SPECTACLES VIVANTS

Art. L. 7122-3 *(L. n° 2011-302 du 22 mars 2011, art. 12-1°)* « Toute personne établie sur le territoire national qui exerce l'activité » d'entrepreneur de spectacles vivants *(L. n° 2011-302 du 22 mars 2011, art. 12-1°)* « doit détenir une » licence d'entrepreneur de spectacles vivants d'une ou plusieurs des catégories mentionnées à l'article L. 7122-2 *(L. n° 2011-302 du 22 mars 2011, art. 12-1°)* « , sous réserve des dispositions de l'article L. 7122-10 ». – *[Anc. art. 4, al. 1, Ord. n° 45-2339 du 13 oct. 1945.]*

Art. L. 7122-4 Lorsque l'activité d'entrepreneur de spectacles vivants est exercée par une personne physique, la licence est délivrée à cette personne sur justification de son immatriculation au registre du commerce et des sociétés ou au répertoire des métiers. – *[Anc. art. 5, al. 2, Ord. n° 45-2339 du 13 oct. 1945.]*

Art. L. 7122-5 Lorsque l'activité d'entrepreneur de spectacles vivants est exercée par une personne morale, la licence est accordée au représentant légal ou statutaire de celle-ci, sous réserve des dispositions suivantes :

1° Pour les associations et pour les établissements publics, la licence est accordée au dirigeant désigné par l'organe délibérant prévu par les statuts ;

2° Pour les salles de spectacles exploitées en régie directe par les collectivités publiques, la licence est accordée à la personne physique désignée par l'autorité compétente.

En cas de cessation de fonctions du détenteur de la licence d'entrepreneur de spectacles vivants, les droits attachés à cette licence sont transférés à la personne désignée par l'entreprise, l'autorité compétente ou l'organe délibérant, pour une durée déterminée. L'identité de la personne ainsi désignée est transmise pour information à l'autorité administrative. – *[Anc. art. 5, al. 3 à 6, Ord. n° 45-2339 du 13 oct. 1945.]*

Art. L. 7122-6 La licence est personnelle et incessible.

Elle est accordée pour la direction d'une entreprise déterminée.

L'interposition de quelque personne que ce soit est interdite. – *[Anc. art. 5, al. 1, Ord. n° 45-2339 du 13 oct. 1945.]*

Art. L. 7122-7 La délivrance de la licence est subordonnée à des conditions de compétence ou d'expérience professionnelle du demandeur. – *[Anc. art. 4, al. 7, Ord. n° 45-2339 du 13 oct. 1945.]*

Art. L. 7122-8 La licence ne peut être attribuée à une personne ayant fait l'objet d'une décision judiciaire lui interdisant l'exercice d'une activité commerciale. – *[Anc. art. 4, al. 8, Ord. n° 45-2339 du 13 oct. 1945.]*

Art. L. 7122-9 *(Abrogé par L. n° 2011-302 du 22 mars 2011, art. 12-2°) « Lorsque l'entrepreneur de spectacles vivants est établi en France, »* La licence d'entrepreneur de spectacles vivants est délivrée pour une durée déterminée renouvelable. – *[Anc. art. 4, al. 3, Ord. n° 45-2339 du 13 oct. 1945.]*

Art. L. 7122-10 Les entrepreneurs de spectacles vivants ressortissants d'un État membre de *(L. n° 2011-302 du 22 mars 2011, art. 12-3°)* « l'Union » européenne ou d'un autre État partie à l'accord sur l'Espace économique européen peuvent *(L. n° 2011-302 du 22 mars 2011, art. 12-3°)* « s'établir, sans licence, pour exercer » leurs activités en France, sous réserve de produire un titre d'effet équivalent délivré dans un de ces États dans des conditions comparables. – *[Anc. art. 4, al. 2, Ord. n° 45-2339 du 13 oct. 1945.]*

Art. L. 7122-11 *(L. nº 2011-302 du 22 mars 2011, art. 12-4º)* Les entrepreneurs de spectacles vivants autres que ceux mentionnés aux articles L. 7122-3 et L. 7122-10 peuvent exercer cette activité de façon temporaire et occasionnelle, sous réserve :

1º S'ils sont légalement établis dans un autre État membre de l'Union européenne ou partie à l'accord sur l'Espace économique européen, d'avoir préalablement déclaré leur activité dans des conditions fixées par voie réglementaire ;

2º S'ils ne sont pas établis dans un État membre de l'Union européenne ou partie à l'accord sur l'Espace économique européen, d'avoir obtenu une licence pour la durée des représentations publiques envisagées ou d'avoir préalablement déclaré ces représentations et conclu un contrat avec un entrepreneur de spectacles vivants détenteur d'une licence mentionnée à l'article L. 7122-3, dans des conditions fixées par voie réglementaire.

Art. L. 7122-12 La licence peut être retirée en cas de méconnaissance des dispositions légales relatives aux obligations de l'employeur prévues par le présent code, par l'ordonnance nº 45-2339 du 13 octobre 1945 relative aux spectacles, par le régime de sécurité sociale ainsi que des dispositions relatives à la protection de la propriété littéraire et artistique. – *[Anc. art. 4, al. 9, Ord. nº 45-2339 du 13 oct. 1945.]*

Art. L. 7122-13 Les administrations et organismes intéressés communiquent à l'autorité compétente pour délivrer la licence toute information relative à la situation des entrepreneurs de spectacles au regard des obligations mentionnées à l'article L. 7122-12. – *[Anc. art. 4, al. 10, Ord. nº 45-2339 du 13 oct. 1945.]*

Art. L. 7122-14 Un décret en Conseil d'État détermine les conditions d'application de la présente sous-section. – *[Anc. art. 4, al. 11, Ord. nº 45-2339 du 13 oct. 1945.] – V. art. R. 7122-2 s.*

SOUS-SECTION 4 **PROTECTION DES SALAIRES**

Art. L. 7122-15 En cas de besoin, pour assurer le paiement des salaires, les recettes peuvent, sur la demande de l'autorité administrative ou des intéressés, faire en cours de représentation l'objet de saisies autorisées par ordonnance du juge judiciaire statuant en référé. – *[Anc. art. 8, al. 2, Ord. nº 45-2339 du 13 oct. 1945.]*

SOUS-SECTION 5 **CONSTATATION DES INFRACTIONS ET DISPOSITIONS PÉNALES**

Art. L. 7122-16 Le fait d'exercer l'activité d'entrepreneur de spectacles vivants sans être titulaire de la licence prévue à l'article L. 7122-3 *(L. nº 2011-302 du 22 mars 2011, art. 12-5º)* « ou au 2º de l'article L. 7122-11 ou d'un titre d'effet équivalent conformément à l'article L. 7122-10 ou sans avoir procédé à la déclaration prévue aux 1º ou 2º de l'article L. 7122-11 », est puni d'un emprisonnement de deux ans et d'une amende de 30 000 €.

La juridiction peut également prononcer à titre de peine complémentaire :

1º La fermeture, pour une durée de cinq ans au plus, du ou des établissements de leur entreprise ayant servi à commettre l'infraction ;

2º L'affichage du jugement aux frais de la personne condamnée dans les conditions prévues à l'article 131-35 du code pénal et son insertion, intégrale ou par extraits, dans les journaux qu'elle désigne. Ces frais ne peuvent excéder le montant maximum de l'amende encourue. – *[Anc. art. 11, I, Ord. nº 45-2339 du 13 oct. 1945.]*

Art. L. 7122-17 Les personnes morales reconnues pénalement responsables, dans les conditions de l'article 121-2 du code pénal, des infractions prévues par l'article L. 7122-16 encourent les peines suivantes :

1º L'amende, dans les conditions prévues à l'article 131-38 du code pénal ;

2º La fermeture, dans les conditions prévues au 4º de l'article 131-39 du code pénal, du ou des établissements de l'entreprise ayant servi à commettre l'infraction ;

3º L'affichage ou la diffusion de la décision prononcée, dans les conditions prévues au 9º de l'article 131-39 du code pénal. – *[Anc. art. 11, II, Ord. nº 45-2339 du 13 oct. 1945.]*

Art. L. 7122-18 Outre les officiers et agents de police judiciaire, les *(L. nº 2016-1088 du 8 août 2016, art. 113)* « agents de contrôle de l'inspection du travail mentionnés à l'article L. 8112-1 » ainsi que les agents de contrôle des organismes de sécurité sociale sont habilités à constater l'infraction prévue à l'article L. 7122-16. – *[Anc. art. 11, III, Ord. nº 45-2339 du 13 oct. 1945.]*

SECTION II **ACTIVITÉ D'ENTREPRENEUR DE SPECTACLES VIVANTS À TITRE OCCASIONNEL**

Art. L. 7122-19 Peuvent exercer occasionnellement l'activité d'entrepreneur de spectacles, sans être titulaires d'une licence, dans la limite d'un plafond annuel de représentations :

1° Toute personne qui n'a pas pour activité principale ou pour objet l'exploitation de lieux de spectacles, la production ou la diffusion de spectacles ;

2° Les groupements d'artistes amateurs bénévoles faisant occasionnellement appel à un ou plusieurs artistes du spectacle percevant une rémunération. – *[Anc. art. 10, al. 1er à 3, Ord. nº 45-2339 du 13 oct. 1945.]*

Art. L. 7122-20 Les représentations réalisées dans le cadre de la présente section font l'objet d'une déclaration préalable à l'autorité administrative. – *[Anc. art. 10, al. 4, Ord. nº 45-2339 du 13 oct. 1945.] – V. art. R. 7122-42 (pén.).*

Art. L. 7122-21 Un décret en Conseil d'État détermine les modalités d'application de la présente section. – *[Anc. art. 10, al. 1er fin, Ord. nº 45-2339 du 13 oct. 1945.] – V. art. R. 7122-26 s.*

SECTION III **GUICHET UNIQUE POUR LE SPECTACLE VIVANT**

SOUS-SECTION 1 **CHAMP D'APPLICATION**

Art. L. 7122-22 Les dispositions de la présente section s'appliquent :

1° Aux personnes mentionnées à l'article L. 7122-19 ;

2° Aux personnes qui n'ont pas pour activité principale ou pour objet l'exploitation de lieux de spectacles, de parcs de loisirs ou d'attraction, la production ou la diffusion de spectacles. – *[Anc. art. L. 620-9, I, al. 1er début.]*

SOUS-SECTION 2 **CONDITIONS DE MISE EN ŒUVRE**

Art. L. 7122-23 Les groupements et les personnes mentionnés à l'article L. 7122-22 procèdent auprès d'un organisme habilité par l'État *(L. nº 2016-1917 du 29 déc. 2016, art. 60-I-E, en vigueur le 1er janv. 2018)* « à la déclaration de la retenue à la source prévue à l'article 204 A du code général des impôts et » aux déclarations obligatoires liées à l'embauche et à l'emploi sous contrat de travail à durée déterminée :

1° Des artistes du spectacle mentionnés à l'article L. 7121-2 ;

2° Des ouvriers et des techniciens concourant au spectacle, engagés pour pourvoir l'un des emplois figurant sur une liste déterminée par décret en Conseil d'État. – *[Anc. art. L. 620-9, I, al. 1er fin et al. 2.]*

Art. L. 7122-24 L'employeur, qui remet au salarié et qui adresse à l'organisme habilité par l'État les éléments de la déclaration prévue à l'article L. 7122-23 qui leur sont respectivement destinés, est réputé satisfaire aux obligations relatives :

1° A la déclaration préalable à l'embauche, prévue par l'article L. 1221-10 ;

2° A la remise du certificat de travail, prévue par l'article L. 1234-19 ;

3° A l'établissement, au contenu et à la transmission du contrat de travail à durée déterminée, prévus par les articles L. 1242-12 et L. 1242-13 ;

4° A l'affiliation à la caisse de congés payés, prévue par l'article *(L. nº 2016-1088 du 8 août 2016, art. 8)* « L. 3141-32 » ;

(L. nº 2016-1917 du 29 déc. 2016, art. 60-I-E, en vigueur le 1er janv. 2018) « 5° Aux déclarations prévues aux articles 87 et 87-0 A du code général des impôts. » – *[Anc. art. L. 620-9, II, al. 2, phrase 1.]*

Art. L. 7122-25 Par dérogation aux dispositions de l'article L. 7122-24, les parties conservent la faculté d'établir le contrat de travail sur un autre document que celui prévu par ce même article. – *[Anc. art. L. 620-9, II, al. 2 phrase 2.]*

Art. L. 7122-26 L'organisme habilité par l'État délivre au salarié une attestation mensuelle d'emploi qui se substitue à la remise du bulletin de paie prévue par l'article L. 3243-2. – *[Anc. art. L. 620-9, II, al. 3.]*

SOUS-SECTION 3 **LITIGES**

Art. L. 7122-27 Les litiges résultant de l'application aux employeurs du secteur public mentionnés à l'article L. 5424-1 des dispositions de l'article L. 7122-23, relatives aux déclarations obligatoires, *(L. n° 2008-126 du 13 févr. 2008)* « suivent les règles de compétence prévues à l'article L. 5422-16 ». – *[Anc. art. L. 620-9, IV, al. 8.]*

SOUS-SECTION 4 **DISPOSITIONS D'APPLICATION**

Art. L. 7122-28 Un décret en Conseil d'État détermine les modalités d'application de la présente section. – *[Anc. art. L. 620-9, VI.] – V. art. R. 7122-29 s.*

CHAPITRE III **MANNEQUINS ET AGENCES DE MANNEQUINS**

RÉP. TRAV. v° *Artistes-Mannequins-Spectacles,* par DAUGAREILH et MARTIN.

BIBL. GÉN. ▸ VEYSSIÈRE, *Gaz. Pal. 1996. 1. Doctr. 528* (comédiens et mannequins de films publicitaires).

V. Circ. DGT n° 2012/06 du 26 juill. 2012 relative à l'application de l'art. 14 de la L. n° 2011-302 du 22 mars 2011 et du Décr. n° 2011-1001 du 24 août 2011 relatifs à l'emploi des mannequins et aux agences de mannequins.

SECTION PREMIÈRE **MANNEQUINS**

SOUS-SECTION 1 **CHAMP D'APPLICATION**

Art. L. 7123-1 Les dispositions du présent code sont applicables aux mannequins, sous réserve des dispositions particulières du présent chapitre.

SOUS-SECTION 2 **DÉFINITIONS**

Art. L. 7123-2 Est considérée comme exerçant une activité de mannequin, même si cette activité n'est exercée qu'à titre occasionnel, toute personne qui est chargée :

1° Soit de présenter au public, directement ou indirectement par reproduction de son image sur tout support visuel ou audiovisuel, un produit, un service ou un message publicitaire ;

2° Soit de poser comme modèle, avec ou sans utilisation ultérieure de son image. – *[Anc. art. L. 763-1, al. 3.]*

Art. L. 7123-2-1 *(L. n° 2016-41 du 26 janv. 2016, art. 20)* L'exercice de l'activité de mannequin est conditionné à la délivrance d'un certificat médical. Ce certificat atteste que l'évaluation globale de l'état de santé du mannequin, évalué notamment au regard de son indice de masse corporelle, est compatible avec l'exercice de son métier.

Un arrêté des ministres chargés de la santé et du travail, pris après avis de la Haute Autorité de santé, définit les modalités d'application du premier alinéa.

SOUS-SECTION 3 **CONTRAT DE TRAVAIL**

V. Circ. DRT n° 93-17 du 4 juin 1993 relative à l'application de la loi n° 90-603 du 12 juill. 1990 et de son décret d'application (BOMT n° 93/17, texte n° 578).

Art. L. 7123-3 Tout contrat par lequel une personne s'assure, moyennant rémunération, le concours d'un mannequin est présumé être un contrat de travail. – *[Anc. art. L. 763-1, al. 1.]*

Art. L. 7123-4 La présomption de l'existence d'un contrat de travail subsiste quels que soient le mode et le montant de la rémunération ainsi que la qualification donnée au contrat par les parties.

Elle n'est pas non plus détruite par la preuve que le mannequin conserve une entière liberté d'action pour l'exécution de son travail de présentation. – *[Anc. art. L. 763-1, al. 2.]*

1. Renversement de la présomption. La présomption de salariat posée par l'art. L. 763-1 [L. 7123-4 nouv.] n'est pas irréfragable. • Soc. 16 janv. 1997 : ⚖ *RJS 1997. 217, n° 326* (absence de lien de subordination, en l'espèce, entre une joueuse de tennis professionnelle et la société avec laquelle elle avait conclu un contrat de parrainage).

2. Concours mannequin-artiste. Il résulte des art. L. 762-1 et L. 763-1 et de la loi du 12 juill. 1990 que la distinction des fonctions de mannequin et d'artiste passe par la notion d'interprétation qui caractérise l'artiste à la différence du mannequin. • Paris, 27 janv. 1995 : *RJS 1995. 297, n° 448* (la finalité publicitaire d'un message ne permet de qualifier de mannequin la personne qui s'y prête qu'autant que cette personne n'assure qu'une « présentation » directe ou indirecte). ♦ Dans le même sens, sur la distinction des fonctions de mannequin et d'artiste : • CE 17 mars 1997 : ⚖ *D. 1997. 467, concl. Maugüé* ✎ ; *RJS 1997. 490, n° 768* (illégalité, sur ce point, de la circulaire DRT n° 93-17 du 4 juin 1993, citée au-dessus de l'art. L. 7123-3).

Art. L. 7123-4-1 *(L. n° 2011-302 du 22 mars 2011, art. 14-1°)* **La présomption de salariat prévue aux articles L. 7123-3 et L. 7123-4 ne s'applique pas aux mannequins reconnus comme prestataires de services établis dans un État membre de l'Union européenne ou dans un autre État partie à l'accord sur l'Espace économique européen où ils fournissent habituellement des services analogues et qui viennent exercer leur activité en France, par la voie de la prestation de services, à titre temporaire et indépendant.**

Art. L. 7123-5 **Tout contrat de travail conclu entre une agence de mannequins et chacun des mannequins qu'elle emploie est établi par écrit et comporte la définition précise de son objet.** – *[Anc. art. L. 763-4, al. 1.]*

SOUS-SECTION 4 **RÉMUNÉRATION**

Art. L. 7123-6 **La rémunération due au mannequin à l'occasion de la vente ou de l'exploitation de l'enregistrement de sa présentation par l'employeur ou tout autre utilisateur n'est pas considérée comme salaire dès que la présence physique du mannequin n'est plus requise pour exploiter cet enregistrement et que cette rémunération n'est pas fonction du salaire reçu pour la production de sa présentation, mais est fonction du produit de la vente ou de l'exploitation de l'enregistrement.** – *[Anc. art. L. 763-2.]*

Art. L. 7123-7 **Le salaire perçu par un mannequin pour une prestation donnée ne peut être inférieur à un pourcentage minimum des sommes versées à cette occasion par l'utilisateur à l'agence de mannequins.**

Ce pourcentage est établi, pour les différents types de prestation, par convention ou accord collectif de travail. – *[Anc. art. L. 763-5, al. 1er et 2.]*

Art. L. 7123-8 **Toute consultation donnée à un jeune sur les possibilités d'accès à l'activité de mannequin est gratuite.** – *[Anc. art. L. 763-6, al. 1.]*

Art. L. 7123-9 **Les frais avancés par l'agence de mannequins pour la promotion et le déroulement de la carrière du mannequin ne peuvent faire l'objet d'un remboursement qu'au moyen de retenues successives ne dépassant pas un pourcentage du montant des salaires et rémunérations exigibles. Ce pourcentage est déterminé par décret en Conseil d'État.** – *[Anc. art. L. 763-6, al. 2.] – V. art. R. 7123-3 s.*

Art. L. 7123-10 **Le salarié lié à l'agence de mannequins par un contrat de travail a droit à une indemnité compensatrice de congé payé pour chaque prestation, quelle que soit la durée de celle-ci.**

Le montant de l'indemnité, calculé en fonction de cette durée, ne peut être inférieur au dixième de la rémunération totale due au salarié.

L'indemnité est versée à la fin de la prestation. – *[Anc. art. L. 763-7.]*

SECTION II **AGENCES DE MANNEQUINS**

SOUS-SECTION 1 **LICENCE D'AGENCE DE MANNEQUINS**

Art. L. 7123-11 *(L. n° 2011-302 du 22 mars 2011, art. 14-2°)* **Le placement des mannequins peut être réalisé à titre onéreux.**

Toute personne établie sur le territoire national qui exerce l'activité définie au premier alinéa doit être titulaire d'une licence d'agence de mannequins.

Les agences de mannequins légalement établies dans un autre État membre de l'Union européenne ou partie à l'accord sur l'Espace économique européen peuvent exercer cette activité de façon temporaire et occasionnelle sur le territoire national, sous réserve d'avoir préalablement déclaré leur activité.

Art. L. 7123-12 Est considérée comme exploitant une agence de mannequins toute personne physique ou morale dont l'activité consiste à mettre à la disposition provisoire d'utilisateurs, à titre onéreux, des mannequins qu'elle embauche et rémunère à cet effet. – *[Anc. art. L. 763-3, al. 3.]*

Art. L. 7123-13 Les dispositions relatives au prêt de main-d'œuvre illicite prévues à l'article L. 8241-1 ne s'appliquent pas à l'activité d'exploitant d'une agence de mannequins lorsque celle-ci est exercée par une personne *(L. n° 2011-302 du 22 mars 2011, art. 14-3°)* « exerçant l'activité d'agence de mannequins dans les conditions prévues par l'article L. 7123-11. »

Art. L. 7123-14 *(L. n° 2011-302 du 22 mars 2011, art. 14-4°)* La délivrance de la licence d'agence de mannequins par l'autorité administrative est subordonnée à des conditions déterminées par voie réglementaire. Lorsqu'une agence est légalement établie dans un autre État membre de l'Union européenne ou partie à l'accord sur l'Espace économique européen, il est tenu compte des exigences équivalentes auxquelles elle est déjà soumise.

La licence devient caduque si son titulaire ne produit pas, à des échéances déterminées, les pièces établissant qu'il continue de remplir les conditions de sa délivrance et que sa situation est régulière au regard du présent code. – *V. art. R. 7123-8 s.*

Art. L. 7123-15 *(L. n° 2011-302 du 22 mars 2011, art. 14-5°)* Les agences de mannequins prennent toutes mesures nécessaires pour garantir la défense des intérêts des mannequins qu'elles emploient et éviter les situations de conflit d'intérêts.

Un décret en Conseil d'État fixe les conditions dans lesquelles elles rendent publiques les autres activités professionnelles exercées par leurs dirigeants, dirigeants sociaux, associés et salariés, ainsi que les mesures prises pour se conformer au premier alinéa. Il fixe également les sanctions en cas de méconnaissance de ces dispositions.

Art. L. 7123-16 *Abrogé par L. n° 2011-302 du 22 mars 2011, art. 14-6°.*

SOUS-SECTION 2 **MISE À DISPOSITION**

Art. L. 7123-17 Lorsqu'une agence de mannequins met un mannequin à la disposition d'un utilisateur, un contrat de mise à disposition est conclu par écrit entre l'utilisateur et l'agence.

Ce contrat précise les caractéristiques de la prestation demandée au mannequin.

Un exemplaire du contrat est délivré par l'agence au mannequin avant toute acceptation de sa part de la mission qui lui est proposée. – *[Anc. art. L. 763-4, al. 2.]*

Art. L. 7123-18 Pendant la durée de la prestation, l'utilisateur est responsable des conditions d'exécution du travail conformément aux dispositions légales et stipulations conventionnelles applicables au lieu du travail.

Pour l'application de ces dispositions, les conditions d'exécution du travail comprennent limitativement les dispositions relatives à la durée du travail, au travail de nuit, au repos hebdomadaire et aux jours fériés, à la santé et à la sécurité au travail, au travail des femmes enceintes, venant d'accoucher ou allaitant, des enfants et des jeunes travailleurs. – *[Anc. art. L. 763-8.]*

SOUS-SECTION 3 **GARANTIE FINANCIÈRE**

Art. L. 7123-19 Toute agence de mannequins justifie d'une garantie financière assurant, en cas de défaillance de sa part, le paiement des salaires, de leurs accessoires et compléments, des cotisations sociales obligatoires et le versement des sommes dues au mannequin à la date de la mise en jeu de cette garantie, au titre de la rémunération définie à l'article L. 7123-6. – *[Anc. art. L. 763-9, al. 1.]*

Art. L. 7123-20 La garantie financière ne peut résulter que d'un engagement de caution pris par une société de caution mutuelle, un organisme de garantie collective, une compagnie d'assurance, une banque ou un établissement financier habilité à donner caution. – *[Anc. art. L. 763-10.]*

Art. L. 7123-21 En cas d'insuffisance de la garantie financière, l'utilisateur est substitué à l'agence de mannequins pour le paiement des sommes restant dues aux salariés et aux organismes de sécurité sociale dont relèvent ces salariés, pour la durée de la prestation accomplie pour le compte de l'utilisateur. – *[Anc. art. L. 763-9, al. 2.]*

Art. L. 7123-22 L'agence de mannequins fournit aux utilisateurs, sur leur demande, une attestation des organismes de sécurité sociale précisant leur situation au regard du recouvrement des cotisations dues à ces organismes. – *[Anc. art. L. 763-9, al. 3.]*

SECTION III **DISPOSITIONS D'APPLICATION**

Art. L. 7123-23 Un décret en Conseil d'État détermine les conditions d'application du présent chapitre. – *[Anc. art. L. 763-11.] – V. art. R. 7123-1 s.*

SECTION IV **DISPOSITIONS PÉNALES**

Art. L. 7123-24 Le fait, pour toute personne exploitant une agence de mannequins, de ne pas avoir conclu par écrit un contrat de travail avec chaque mannequin qu'elle emploie, en méconnaissance des dispositions de l'article L. 7123-5, est puni d'un emprisonnement de six mois et d'une amende de 75 000 €. – *[Anc. art. L. 796-3.]*

Art. L. 7123-25 Le fait, pour toute personne exploitant une agence de mannequins, d'avoir établi un contrat de travail ne comportant pas la définition précise de son objet, en méconnaissance des dispositions de l'article L. 7123-5, est puni d'un emprisonnement de six mois et d'une amende de 75 000 €. – *[Anc. art. L. 796-3.]*

Art. L. 7123-26 Le fait d'exercer l'activité d'exploitant d'agence de mannequins sans être titulaire d'une licence d'agence de mannequins *(L. n° 2011-302 du 22 mars 2011, art. 14-7°)* « ou sans avoir déclaré préalablement son activité », en méconnaissance des dispositions de l'article L. 7123-11, est puni d'un emprisonnement de six mois et d'une amende de 75 000 €. – *[Anc. art. L. 796-3.]*

Art. L. 7123-27 *(L. n° 2016-41 du 26 janv. 2016, art. 20)* Le fait, pour toute personne exploitant une agence de mannequins ou s'assurant, moyennant rémunération, le concours d'un mannequin, de ne pas respecter l'obligation prévue à l'article L. 7123-2-1 est puni de six mois d'emprisonnement et de 75 000 € d'amende.

Art. L. 7123-28 Le fait, pour toute personne exploitant une agence de mannequins, de mettre un mannequin à la disposition d'un utilisateur sans conclure un contrat de mise à disposition par écrit ou ne précisant pas les caractéristiques de la prestation demandée au mannequin, en méconnaissance des dispositions des premier et deuxième alinéas de l'article L. 7123-17, est puni d'un emprisonnement de six mois et d'une amende de 75 000 €.

Est puni des mêmes peines le fait de ne pas délivrer un exemplaire du contrat de mise à disposition au mannequin avant toute acceptation par celui-ci de la mission qui lui est proposée, en méconnaissance des dispositions du troisième alinéa de l'article *(L. n° 2011-302 du 22 mars 2011, art. 14-9°)* « L. 7123-17 ». – *[Anc. art. L. 796-3.]*

Art. L. 7123-29 Le fait, pour toute personne exploitant une agence de mannequins, de ne pas justifier d'une garantie financière, en méconnaissance des dispositions de l'article L. 7123-19, est puni d'un emprisonnement de six mois et d'une amende de 75 000 €. – *[Anc. art. L. 796-3.]*

Art. L. 7123-30 Le fait, pour toute personne exploitant une agence de mannequins, de présenter une garantie financière résultant d'un engagement de caution pris en méconnaissance des dispositions de l'article L. 7123-20 est puni d'un emprisonnement de six mois et d'une amende de 75 000 €. – *[Anc. art. L. 796-3.]*

Art. L. 7123-31 Le fait, pour tout utilisateur, en cas d'insuffisance de la garantie financière prévue à l'article L. 7123-19, de ne pas se substituer à l'agence de mannequins pour le paiement des sommes restant dues aux salariés et aux organismes de sécurité sociale, en méconnaissance des dispositions de l'article L. 7123-21, est puni d'un emprisonnement de six mois et d'une amende de 75 000 €. – *[Anc. art. L. 796-3.]*

Art. L. 7123-32 Le fait, pour toute personne exploitant une agence de mannequins, de ne pas fournir à l'utilisateur, sur sa demande, une attestation des organismes de sécurité sociale, en méconnaissance des dispositions de l'article L. 7123-22, est puni d'un emprisonnement de six mois et d'une amende de 75 000 €. – *[Anc. art. L. 796-3.]*

CHAPITRE IV **ENFANTS DANS LE SPECTACLE, LES PROFESSIONS AMBULANTES, LA PUBLICITÉ ET LA MODE**

RÉP. TRAV. v° *Artistes-Mannequins-Spectacles,* par DAUGAREILH et MARTIN.
BIBL. GÉN. ▶ SAINT-JOURS, *D. 1970. Chron. 17* (statut des artistes et des mannequins).

COMMENTAIRE
V. Dalloz.fr et applications mobiles Dalloz.

SECTION PREMIÈRE **AUTORISATION INDIVIDUELLE**

Art. L. 7124-1 Un enfant de moins de seize ans ne peut, sans autorisation individuelle préalable, accordée par l'autorité administrative, être, à quelque titre que ce soit, engagé ou produit :

1° Dans une entreprise de spectacles, sédentaire ou itinérante ;

2° Dans une entreprise de cinéma, de radiophonie, de télévision ou d'enregistrements sonores ;

3° En vue d'exercer une activité de mannequin au sens de l'article L. 7123-2 ;

(L. n° 2016-1321 du 7 oct. 2016, art. 101-II) « 4° Dans une entreprise ou association ayant pour objet la participation à des compétitions de jeux vidéo au sens de l'article L. 321-8 du code de la sécurité intérieure. »

En application de l'art. L. 231-5 CRPA, et par exception à l'application du délai de deux mois prévu à l'art. L. 231-1 du même code, le délai à l'expiration duquel le silence gardé par l'administration vaut décision de rejet est fixé à un mois pour une demande d'autorisation individuelle préalable d'emploi d'enfants de moins de seize ans (Décr. n° 2014-1289 du 23 oct. 2014, art. 1er).

Art. L. 7124-2 L'emploi d'un mineur de plus de treize ans, en vue d'exercer les activités définies à l'article L. 7124-1, est subordonné à son avis favorable écrit. – *[Anc. art. L. 211-6, al. 4.]*

Art. L. 7124-3 L'autorisation individuelle préalable à l'emploi d'un enfant mentionnée à l'article L. 7124-1 peut être retirée à tout moment. – *[Anc. art. L. 211-7, al. 1er début et al. 3, phrase 1 début.]*

SECTION II **DÉROGATIONS POUR L'EMPLOI D'ENFANTS PAR DES AGENCES DE MANNEQUINS AGRÉÉES**

Art. L. 7124-4 L'autorisation individuelle n'est pas requise si l'enfant est engagé par une agence de mannequins *(L. n° 2011-302 du 22 mars 2011, art. 14-10°)* « exerçant son activité dans les conditions prévues par l'article L. 7123-11 » et qui a obtenu un agrément lui permettant d'engager des enfants. – *[Anc. art. L. 211-6, al. 3.]*

Art. L. 7124-5 L'agrément des agences de mannequins pour l'engagement des enfants de moins de seize ans est accordé par l'autorité administrative pour une durée déterminée renouvelable.

Il peut être retiré à tout moment.

En cas d'urgence, il peut être suspendu pour une durée limitée. – *[Anc. art. L. 211-7, al. 2 début et al. 3, phrases 1 début et 2.]*

En application de l'art. L. 231-5 CRPA, et par exception à l'application du délai de deux mois prévu à l'art. L. 231-1 du même code, le délai à l'expiration duquel le silence gardé par l'administration vaut décision de rejet est fixé à un mois pour une demande d'agrément initial des agences de mannequins pour l'engagement des enfants de moins de seize ans (Décr. n° 2014-1289 du 23 oct. 2014, art. 1er).

SECTION III CONDITIONS DE TRAVAIL DES ENFANTS

SOUS-SECTION 1 DURÉE DU TRAVAIL ET REPOS

Art. L. 7124-6 L'emploi et la sélection d'un enfant scolarisé ou non exerçant l'activité de mannequin ne peuvent excéder des durées journalières et hebdomadaires maximales déterminées par décret en Conseil d'État. – *[Anc. art. L. 211-7-1, al. 3.]*

Art. L. 7124-7 L'emploi et la sélection d'un enfant non scolarisé exerçant l'activité de mannequin ne peuvent être autorisés que deux jours par semaine à l'exclusion du dimanche. – *[Anc. art. L. 211-7-1, al. 2.]*

Art. L. 7124-8 Durant les périodes scolaires, l'emploi d'un enfant scolarisé exerçant l'activité de mannequin et la sélection préalable en vue de cette activité ne peuvent être autorisés que les jours de repos hebdomadaire autres que le dimanche. – *[Anc. art. L. 211-7-1, al. 1.]*

SOUS-SECTION 2 RÉMUNÉRATION

Art. L. 7124-9 Une part de la rémunération perçue par l'enfant peut être laissée à la disposition de ses représentants légaux.

Le surplus, qui constitue le pécule, est versé à la Caisse des dépôts et consignations et géré par cette caisse jusqu'à la majorité de l'enfant. Des prélèvements peuvent être autorisés en cas d'urgence et à titre exceptionnel.

En cas d'émancipation, il est à nouveau statué. – *[Anc. art. L. 211-8, al. 1er et 2.]*

Art. L. 7124-10 Lorsque, en application de l'article L. 7124-4, l'emploi d'un enfant n'est pas soumis à autorisation, les règles de répartition de la rémunération perçue par cet enfant entre ses représentants légaux et le pécule sont fixées par la décision d'agrément de l'agence de mannequins qui emploie l'enfant.

Des prélèvements sur le pécule peuvent être autorisés dans les conditions mentionnées au deuxième alinéa de l'article L. 7124-9. – *[Anc. art. L. 211-8, al. 3.]*

Art. L. 7124-11 La rémunération à laquelle l'enfant a droit en cas d'utilisation de son image en application de l'article L. 7123-6 est soumise aux dispositions de la présente sous-section. – *[Anc. art. L. 211-8, al. 4.]*

Art. L. 7124-12 Les rémunérations de toute nature perçues par des enfants de seize ans et moins pour l'exercice d'une activité artistique ou littéraire, autre que celles mentionnées à l'article L. 7124-1 sont soumises aux dispositions de la présente sous-section. – *[Anc. art. L. 211-4, al. 1.]*

SECTION IV INTERDICTIONS

Art. L. 7124-13 Il est interdit à toute personne de publier au sujet des mineurs engagés ou produits dans les conditions prévues aux articles L. 7124-1 et L. 7124-4 par tous moyens, commentaires, informations ou renseignements autres que ceux concernant leur création artistique. – *[Anc. art. L. 211-10, al. 1.]*

Art. L. 7124-14 Est interdite toute publicité abusive tendant à attirer les mineurs vers des professions artistiques dont elle souligne le caractère lucratif. – *[Anc. art. L. 211-10, al. 2.]*

Art. L. 7124-15 La publicité écrite tendant à proposer à des enfants de moins de seize ans une activité de mannequin ne peut émaner que des agences de mannequins titulaires d'un agrément leur permettant d'engager des enfants de moins de seize ans. – *[Anc. art. L. 211-10, al. 3.]*

Art. L. 7124-16 Il est interdit :

1° A toute personne de faire exécuter par des enfants de moins de seize ans des tours de force périlleux ou des exercices de dislocation, ou de leur confier des emplois dangereux pour leur vie, leur santé ou leur moralité ;

2° A toute personne autre que les père et mère pratiquant les professions d'acrobate saltimbanque, montreur d'animaux, directeur de cirque ou d'attraction foraine, d'employer dans ses représentations des enfants âgés de moins de seize ans ;

3° Aux père et mère exerçant des activités et professions mentionnées au *[aux]* 1° et 2°, d'employer dans leurs représentations leurs enfants âgés de moins de douze ans ;

4° A toute personne d'employer comme mannequin un enfant durant une période de vacances scolaires pour un nombre de jours supérieur à la moitié de la durée des vacances. – *[Anc. art. L. 211-11.]*

Art. L. 7124-17 Il est interdit aux père, mère, tuteurs ou employeurs, et généralement à toute personne ayant autorité sur un enfant ou en ayant la garde, de confier, à titre gratuit ou onéreux, leurs enfants, pupilles ou apprentis âgés de moins de seize ans aux personnes exerçant les professions mentionnées à l'article L. 7124-16.

Il est également interdit aux intermédiaires ou agents de confier ou de faire confier ces enfants.

Il est interdit à toute personne d'inciter des enfants âgés de moins de seize ans à quitter le domicile de leurs parents ou tuteurs pour suivre les personnes des activités et professions mentionnées à l'article L. 7124-16. – *[Anc. art. L. 211-12, al. 1er début et al. 2.]*

Art. L. 7124-18 Il est interdit à toute personne exerçant une des activités et professions mentionnées à l'article L. 7124-16 d'employer des enfants sans être porteur de l'extrait des actes de naissance et sans justifier de leur origine ainsi que de leur identité par la production d'un passeport. – *[Anc. art. L. 211-13.]*

Art. L. 7124-19 En cas d'infraction aux dispositions du présent chapitre, le maire interdit toutes représentations aux personnes exerçant une des professions mentionnées à l'article L. 7124-16.

Il requiert également la justification, conformément à l'article L. 7124-18, de l'origine et de l'identité de tous les enfants placés sous la conduite des personnes mentionnées à cet article. A défaut de cette justification, le maire en avise immédiatement le procureur de la République. – *[Anc. art. L. 211-14.]*

Art. L. 7124-20 Les dispositions des articles L. 7124-13 à L. 7124-15 s'appliquent également aux mineurs qui exercent une activité artistique ou littéraire, autre que celles mentionnées à l'article L. 7124-12. – *[Anc. art. L. 211-4, al. 3.]*

SECTION V **DISPOSITIONS D'APPLICATION**

Art. L. 7124-21 Un décret en Conseil d'État détermine les modalités d'application des articles L. 7124-1 à L. 7124-11. – *[Anc. art. L. 211-9.] – V. art. R. 7124-1 s.*

SECTION VI **DISPOSITIONS PÉNALES**

Art. L. 7124-22 Le fait d'engager ou de produire dans une entreprise mentionnée à l'article L. 7124-1, un enfant de seize ans et moins, soumis à l'obligation scolaire, sans autorisation individuelle préalable, en méconnaissance des dispositions de ce même article, est puni d'un emprisonnement de cinq ans et d'une amende de 75 000 €. – *[Anc. art. L. 261-4, al. 1.]*

Art. L. 7124-23 Le fait d'employer un mineur de plus de treize ans, en vue d'exercer les activités définies à l'article L. 7124-1, sans avoir préalablement recueilli son avis favorable écrit, en méconnaissance des dispositions de l'article L. 7124-2, est puni d'un emprisonnement de cinq ans et d'une amende de 75 000 €. – *[Anc. art. L. 261-4, al. 1.]*

Art. L. 7124-24 Le fait de méconnaître les dispositions des articles L. 7124-6 à L. 7124-8, relatives à la durée du travail et au repos, est puni d'un emprisonnement de cinq ans et d'une amende de 75 000 €. – *[Anc. art. L. 261-2, al. 1.]*

Art. L. 7124-25 Le fait de remettre directement ou indirectement aux enfants mentionnés aux articles L. 7124-1 et L. 7124-2 ou à leurs représentants légaux des fonds au-delà de la part fixée en application du premier alinéa de l'article L. 7124-9 est puni d'une amende de 3 750 €.

La récidive est punie d'un emprisonnement de quatre mois et d'une amende de 7 500 €. – *[Anc. art. L. 261-4, al. 2.]*

Art. L. 7124-26 Est puni d'une amende de 3 750 € le fait de remettre des fonds, directement ou indirectement, à un enfant mentionné à l'article L. 7124-12, ou à ses représentants légaux :

1° Soit sans avoir requis ou obtenu l'autorisation individuelle préalable à l'emploi d'un enfant dans les conditions prévues par l'article L. 7124-3 ;

2° Soit au-delà de la part fixée en application du premier alinéa de l'article L. 7124-9.

La récidive est punie d'un emprisonnement de quatre mois et d'une amende de 7 500 €. – *[Anc. art. L. 261-1, al. 1er à 3.]*

Art. L. 7124-27 Le fait de publier au sujet des mineurs engagés ou produits dans les conditions prévues aux articles L. 7124-1 et L. 7124-4 par tous moyens, commentaires, informations ou renseignements autres que ceux concernant leur création artistique, en méconnaissance des dispositions de l'article L. 7124-13, est puni d'une amende de 6 000 €.

La récidive est punie d'un emprisonnement de deux ans. – *[Anc. art. L. 261-5.]*

Art. L. 7124-28 Le fait de réaliser une publicité abusive tendant à attirer un mineur vers des professions artistiques dont elle souligne le caractère lucratif, en méconnaissance des dispositions de l'article L. 7124-14, est puni d'une amende de 6 000 €.

La récidive est punie d'un emprisonnement de deux ans. – *[Anc. art. L. 261-5.]*

Art. L. 7124-29 Le fait de réaliser une publicité écrite tendant à proposer à un enfant de moins de seize ans une activité de mannequins, en méconnaissance des dispositions de l'article L. 7124-15, est puni d'une amende de 6 000 €.

La récidive est punie d'un emprisonnement de deux ans. – *[Anc. art. L. 261-5.]*

Art. L. 7124-30 Est puni d'un emprisonnement de cinq ans et d'une amende de 75 000 €, le fait, en méconnaissance des dispositions de l'article L. 7124-16 :

1° Pour toute personne, de faire exécuter par un enfant de moins de seize ans des tours de force périlleux ou des exercices de dislocation, ou de lui confier des emplois dangereux pour sa vie, sa santé ou sa moralité ;

2° Pour toute personne autre que les père et mère pratiquant les professions d'acrobate saltimbanque, montreur d'animaux, directeur de cirque ou d'attraction foraine, d'employer dans ses représentations un enfant âgé de moins de seize ans ;

3° Pour le père et la mère exerçant des professions mentionnées aux 1° et 2°, d'employer dans leurs représentations leur enfant âgé de moins de douze ans ;

4° Pour toute personne, d'employer comme mannequin un enfant durant une période de vacances scolaires pour un nombre de jours supérieur à la moitié de la durée des vacances. – *[Anc. art. L. 261-2, al. 1.]*

Art. L. 7124-31 Est puni d'un emprisonnement de cinq ans et d'une amende de 75 000 € le fait, en méconnaissance des dispositions de l'article L. 7124-17 :

1° Pour le père, la mère, le tuteur ou l'employeur, et généralement toute personne ayant autorité sur un enfant ou en ayant la garde, de livrer, à titre gratuit ou onéreux, son enfant, pupille ou apprenti âgé de moins de seize ans aux personnes exerçant les professions mentionnées à l'article L. 7124-16 ou de le placer sous la conduite de vagabonds, de personnes sans moyens de subsistance ou se livrant à la mendicité ;

2° Pour les intermédiaires ou agents, de confier ou de faire confier l'enfant mentionné au 1° ;

3° Pour toute personne, d'inciter un enfant âgé de moins de seize ans à quitter le domicile de ses parents ou tuteurs pour suivre les personnes des professions mentionnées à l'article L. 7124-16.

La condamnation entraîne de plein droit, pour les tuteurs, la destitution de la tutelle. Les pères et mères peuvent être privés de l'autorité parentale. – *[Anc. art. L. 261-2, al. 1er et 2.]*

Art. L. 7124-32 Le fait, pour toute personne exerçant une des professions mentionnées à l'article L. 7124-16, de ne pas être porteur de l'extrait des actes de naissance des enfants placés sous son autorité et de ne pas justifier de leur origine ainsi que de leur identité par la production d'un passeport, en méconnaissance des dispositions de l'article L. 7124-18, est puni d'un emprisonnement de six mois et d'une amende de 3 750 €. – *[Anc. art. L. 261-6.]*

Art. L. 7124-33 Le fait de méconnaître les dispositions de l'article L. 7124-20 est puni d'une amende de 6 000 €.

La récidive est punie d'un emprisonnement de deux ans. – *[Anc. art. L. 261-1, al. 4.]*

Art. L. 7124-34 En cas d'infraction aux dispositions concernant le travail des enfants, prévues par le présent chapitre, l'affichage du jugement peut, suivant les circonstances et en cas de récidive seulement, être ordonné par la juridiction.

La juridiction peut également ordonner, dans le même cas, l'insertion du jugement, aux frais du contrevenant, dans un ou plusieurs journaux du département. – *[Anc. art. L. 260-2.]*

Art. L. 7124-35 Les pénalités réprimant les infractions relatives au travail des enfants ne sont pas applicables lorsque l'infraction a été le résultat d'une erreur provenant de la production d'actes de naissance, livrets ou certificats contenant de fausses énonciations ou délivrés pour une autre personne. – *[Anc. art. L. 260-3.]*

LIVRE DEUXIÈME **CONCIERGES ET EMPLOYÉS D'IMMEUBLES À USAGE D'HABITATION, EMPLOYÉS DE MAISON ET SERVICES À LA PERSONNE**

TITRE PREMIER **CONCIERGES ET EMPLOYÉS D'IMMEUBLES À USAGE D'HABITATION**

RÉP. TRAV. v° *Concierges*, par ROULET.

BIBL. GÉN. ▶ BIZIÈRE, *Quest. prud'h. 1972. 494.*

CHAPITRE PREMIER **DISPOSITIONS GÉNÉRALES**

SECTION PREMIÈRE **CHAMP D'APPLICATION ET DÉFINITIONS**

Art. L. 7211-1 Les dispositions du présent titre sont applicables aux salariés définis à l'article L. 7211-2, à l'exclusion des concierges attachés à la personne même du propriétaire, lesquels relèvent des dispositions du titre II applicables aux employés de maison. – *[Anc. art. L. 771-1, al. 2.]*

Art. L. 7211-2 Est considérée comme concierge, employé d'immeubles, femme ou homme de ménage d'immeuble à usage d'habitation, toute personne salariée par le propriétaire ou par le principal locataire et qui, logeant dans l'immeuble au titre d'accessoire au contrat de travail, est chargée d'en assurer la garde, la surveillance et l'entretien ou une partie de ces fonctions. – *[Anc. art. L. 771-1, al. 1.]*

Art. L. 7211-3 Sont applicables aux salariés définis à l'article L. 7211-2 les dispositions relatives :

1° Au harcèlement moral prévues aux articles L. 1152-1 et suivants, au harcèlement sexuel prévues aux articles L. 1153-1 et suivants ainsi qu'à l'exercice en justice par les organisations syndicales des actions qui naissent du harcèlement en application de l'article L. 1154-2 ;

2° Aux absences pour maladie ou accident, prévues à l'article L. 1226-1 ;

3° Au repos hebdomadaire, prévues par les articles L. 3132-1 et suivants ;

4° Aux jours fériés, prévues par les articles L. 3133-1 et suivants ;

5° Aux congés pour événements familiaux, prévus *(L. n° 2016-1088 du 8 août 2016, art. 9)* « à la sous-section 1 de la section I du chapitre II du titre IV du livre Ier de la troisième partie » ;

6° Au mode de paiement des salaires prévu par les articles L. 3241-1 et suivants ;

(L. n° 2011-867 du 20 juill. 2011) « 7° A la surveillance médicale définie au titre II du livre VI de la quatrième partie. »

1. Principe. Les concierges et employés d'immeubles à usage d'habitation relèvent, sur les points non réglés par le statut spécial fixé par les art. L. 7211-1 et s. C. trav., des dispositions de droit commun du code du travail à l'exception de celles qui prévoient expressément qu'elles ne leur sont pas applicables ; ils peuvent prétendre à l'intéressement ou à la participation aux résultats mis en place par l'employeur au profit de ses salariés, dans les conditions prévues par les art. L. 3311-1 à L. 3325-4. • Soc. 20 janv. 2010 : *D. 2010. AJ 385 ; Dalloz actualité, 8 févr. 2010, obs. Ines.*

2. SMIC. En application des art. L. 131-1 et L. 141-1 [L. 2221-1 et L. 3231-1 nouv.] C. trav., la législation sur le SMIC s'applique aux concierges d'immeubles à usage d'habitation. • Soc. 23 juin 1982 : *Bull. civ. V, n° 411.* ♦ Il résulte des art. L. 120-1, L. 771-1 et L. 771-6 [L. 1111-1 nouv.] que les dispositions du titre II du livre Ier du code du travail énoncées par le premier de ces textes s'appliquent aux concierges et employés d'immeubles à usage d'habitation. • Soc. 30 juin 1994 : *RJS 1994. 713, n° 1212* (législation sur les accidents du travail et les maladies professionnelles).

3. Égalité salariale. Lorsqu'un couple a été engagé comme gardiens d'immeubles sans que la tâche de chacun soit spécifiée et que les époux accomplissaient le même travail, l'épouse doit recevoir une rémunération identique à celle de son mari. • Soc. 19 févr. 1992 : *RJS 1992. 259, n° 447.* – V. égal. • Soc. 21 juill. 1976 : *Bull. civ. V, n° 458* • 20 juill. 1981 : *ibid., n° 705.*

4. Indivisibilité des contrats. Sur l'indivisibilité du contrat de travail conclu par deux époux gardiens d'immeuble, en ce qui concerne le licenciement, V. • Soc. 14 oct. 1993 : *D. 1993. IR 232 ; CSB 1993. 317, S. 167 ; RJS 1993. 732, n° 1240 ; Dr. soc. 1994. 237, note Savatier .* ♦ Comp. : • Soc. 14 nov. 1995 : *RJS 1996. 113, n° 177* (indivisibilité non établie en l'espèce).

SECTION II **DISPOSITIONS D'APPLICATION**

Art. L. 7211-4 Un décret en Conseil d'État détermine les conditions d'application du présent titre. – *[Anc. art. L. 771-7 et L. 771-9.] – V. art. R. 7212-1 s.*

CHAPITRE II **CONTRAT DE TRAVAIL**

Art. L. 7212-1 Le salarié dont le contrat de travail est rompu à l'initiative de l'employeur ne peut être obligé à quitter son logement avant un délai minimum déterminé par décret en Conseil d'État ou sans le paiement d'une indemnité.

Le montant de cette indemnité est égal au prix de la location trimestrielle d'un logement équivalent à celui que le salarié occupe et des avantages en nature qu'il perçoit. – *[Anc. art. L. 771-3, al. 1.]*

Le logement attribué à titre gratuit à un salarié pour l'exercice de ses fonctions, qui est l'accessoire du contrat de travail et dont il bénéficie dans sa vie personnelle, ne peut lui être retiré ou donner lieu au versement d'un loyer, pendant une période de suspension du contrat de travail pour maladie. • Soc. 26 janv. 2011 : *D. 2011. Actu. 452, obs. Ines ; JCP S 2011. 1150, obs. Corrignan-Carsin.*

Art. L. 7212-2 En cas de faute grave dans l'exercice de ses fonctions, le licenciement immédiat du salarié peut être prononcé par le conseil de prud'hommes sur la demande de l'employeur. – *[Anc. art. L. 771-3, al. 2.]*

CHAPITRE III **CONGÉS PAYÉS**

Art. L. 7213-1 La durée du congé annuel payé est déterminée conformément aux dispositions des articles L. 3141-3 à *(L. n° 2016-1088 du 8 août 2016, art. 8-XI)* « L. 3141-23 ». – *[Anc. art. L. 771-4, al. 1er.]*

Art. L. 7213-2 Pendant la durée du congé annuel payé, le salarié assure lui-même son remplacement, avec l'accord et sous la responsabilité de l'employeur.

La rémunération du remplaçant est assurée par l'employeur. – *[Anc. art. L. 771-4, al. 2.]*

Art. L. 7213-3 Lorsque le service est assuré par des conjoints, des partenaires liés par un pacte civil de solidarité ou des concubins salariés, le congé annuel payé est donné simultanément. – *[Anc. art. L. 771-4, al. 3.]*

Art. L. 7213-4 Le salaire de la période de congé annuel payé est majoré d'une indemnité représentative du logement et de tous les autres avantages en nature accordés par l'employeur en application du contrat de travail ou de tout contrat qui en est l'accessoire. – *[Anc. art. L. 771-4, al. 4.]*

Art. L. 7213-5 Lorsque le remplacement du salarié pendant la durée du congé payé implique l'occupation totale ou partielle du logement du salarié par son remplaçant, le salarié a le choix de ne pas user de son droit à congé.

Dans ce cas, le salarié perçoit une indemnité égale au montant de l'indemnité représentative du salaire qui serait versée à son remplaçant. — *[Anc. art. L. 771-4, al. 5 et 6.]*

Art. L. 7213-6 L'employeur déclare, dans un délai déterminé par voie réglementaire, s'il accepte le remplaçant que lui propose le salarié. — *[Anc. art. L. 771-5, phrase 1.]*

Art. L. 7213-7 Lorsque l'employeur refuse le remplaçant proposé il pourvoit lui-même au remplacement du salarié.

Dans ce cas, pendant la durée de son congé payé, le salarié met les locaux et le mobilier à la disposition du remplaçant désigné par l'employeur.

L'employeur est responsable des abus et dommages qui pourraient être commis par le remplaçant. — *[Anc. art. L. 771-5, phrases 2 à 4.]*

CHAPITRE IV **SURVEILLANCE MÉDICALE**

Art. L. 7214-1 *(Abrogé par L. n° 2011-867 du 20 juill. 2011, art. 16-2°)* ***Les gardiens d'immeubles à l'usage d'habitation font l'objet :***

1° D'un examen médical au moment de l'embauche ;

2° De visites médicales périodiques renouvelées à intervalles n'excédant pas un an ;

3° De visites de reprises à la suite d'interruptions de travail intervenues pour des raisons médicales. — [Anc. art. L. 771-8.]

CHAPITRE V **LITIGES**

Art. L. 7215-1 Le conseil de prud'hommes est seul compétent pour connaître des différends relatifs au contrat de travail conclu entre les salariés définis à l'article L. 7211-2 et leurs employeurs ainsi qu'aux contrats qui en sont l'accessoire. — *[Anc. art. L. 771-6.]*

CHAPITRE VI **DISPOSITIONS PÉNALES**

Le présent chapitre ne comprend pas de dispositions législatives.

TITRE DEUXIÈME **EMPLOYÉS À DOMICILE PAR DES PARTICULIERS EMPLOYEURS** *(L. n° 2016-1088 du 8 août 2016, art. 93).*

BIBL. GÉN. ▶ KERBOURC'H, *Dr. soc. 1999. 335* ✎. - LÉVY, *RPDS 1981. 323.* - PERRIER, *JCP S 2012. 1493.*

COMMENTAIRE

V. Dalloz.fr et applications mobiles Dalloz.

CHAPITRE PREMIER **DISPOSITIONS GÉNÉRALES**

Art. L. 7221-1 *(L. n° 2016-1088 du 8 août 2016, art. 93)* Le présent titre est applicable aux salariés employés par des particuliers à leur domicile privé pour réaliser des travaux à caractère familial ou ménager.

Le particulier employeur emploie un ou plusieurs salariés à son domicile privé, au sens de l'article 226-4 du code pénal, ou à proximité de celui-ci, sans poursuivre de but lucratif et afin de satisfaire des besoins relevant de sa vie personnelle, notamment familiale, à l'exclusion de ceux relevant de sa vie professionnelle.

1. Activité principale. La convention collective des employés de maison est applicable à une employée de maison exerçant au domicile privé d'un médecin et n'intervenant qu'accessoirement dans l'entretien du cabinet médical. • Soc. 17 oct. 1979 : *Bull. civ. V, n° 745 ; D. 1980. IR 81.*

2. SMIC. La législation sur le salaire minimum de croissance s'applique aux employés de maison. • Soc. 31 mars 1982 : *Bull. civ. V, n° 242.*

3. Durée du travail. Les dispositions du code du travail relatives à la durée du travail et à la définition du travail effectif ne sont pas applicables aux employés de maison qui travaillent au domicile privé de leur employeur. • Soc. 13 juill. 2004, n° 02-43.026 P : *Dr. soc. 2004. 1027, obs. Radé* ✎.

4. Licenciement pour motif économique. Le licenciement d'un employé de maison même s'il repose sur un motif étranger à sa personne n'est pas soumis aux dispositions sur le licenciement économique sauf si l'employeur n'est pas un particulier. • Soc. 21 janv. 2015, n° 13-17.850 : *D. 2015. Actu. 272* ; *RJS 4/2015, n° 295* ; *JCP S 2015. 1087, note Duchange.*

Art. L. 7221-2 **Sont seules applicables au salarié défini à l'article L. 7221-1 les dispositions relatives :**

1° Au harcèlement moral, prévues aux articles L. 1152-1 et suivants, au harcèlement sexuel, prévues aux articles L. 1153-1 et suivants ainsi qu'à l'exercice en justice par les organisations syndicales des actions qui naissent du harcèlement en application de l'article L. 1154-2 ;

2° A la journée du 1er mai, prévues par les articles L. 3133-4 à L. 3133-6 ;

3° Aux congés payés, prévues aux articles L. 3141-1 à *(L. n° 2016-1088 du 8 août 2016, art. 8)* **« L. 3141-33 », sous réserve d'adaptation par décret en Conseil d'État ;**

4° Aux congés pour événements familiaux, prévues *(L. n° 2016-1088 du 8 août 2016, art. 9)* **« à la sous-section 1 de la section I du chapitre II du titre IV du livre Ier de la troisième partie » ;**

(L. n° 2011-867 du 20 juill. 2011, art. 16-3°) **« 5° A la surveillance médicale définie au titre II du livre VI de la quatrième partie. »** – *[Anc. art. L. 772-2 et L. 772-3.]* – *V. art. R. 7222-1 (pén.).*

BIBL. ▶ Quétant, *JS Lamy 2006, n° 188-1* (licenciement de l'employé de maison).

1. Champ d'application. Les art. L. 122-14-1 et L. 122-14-2 [L. 1233-15 et L. 1232-6 nouv.] C. trav. sont applicables aux employés de maison. • Aix-en-Provence, 3 nov. 1992 : *RJS 1993. 64, n° 85.* ♦ Le licenciement d'une employée de maison doit reposer sur une cause réelle et sérieuse. • Soc. 13 janv. 1994 : *RJS 1994. 225, n° 329* ; *ibid. 163, concl. Chauvy.* ♦ Il résulte des dispositions combinées de l'art. 12 de la convention collective nationale des salariés du particulier employeur du 24 nov. 1999, étendue par arrêté du 2 mars 2000, et des art. L. 1111-1 et L. 7221-2 C. trav., que le bien-fondé du licenciement de l'employé de maison pour une cause réelle et sérieuse n'est soumis qu'aux dispositions de la convention collective. • Soc. 16 sept. 2015, n° 14-11.990 P : *D. 2015. Actu. 1900* ; *RJS 12/2015, n° 818.*

2. En application de l'accord national interprofessionnel du 10 déc. 1977, étendu aux employés de maison par la loi du 19 janv. 1978, l'employeur doit supporter le paiement des jours fériés non travaillés au prorata du temps de travail qui lui est consacré. • Soc. 19 mars 1987 : *Bull. civ. V, n° 175.*

3. Durée du travail. Les dispositions du code du travail relatives à la durée du travail ne sont pas applicables aux employés de maison qui travaillent au domicile de leur employeur et sont soumis à la convention collective des employés de maison. • Soc. 17 oct. 2000, n° 98-43.443 P : *RJS 2000. 838, n° 1304* • 13 juill. 2004, n° 02-43.026 P : *RJS 2004. 850, n° 1209.*

4. Licenciement pour inaptitude physique. Les dispositions de l'art. L. 1226-14 selon lesquelles la rupture du contrat de travail en raison d'une inaptitude d'origine professionnelle ouvre droit, pour le salarié, notamment à une indemnité spéciale de licenciement qui est égale au double de l'indemnité légale, s'appliquent aux employés de maison. • Soc. 10 juill. 2013 : *D. 2013. Actu. 1906* ; *RJS 2013. 688, n° 761.* ♦ Comp. antérieurement : le licenciement pour inaptitude physique d'une employée de maison n'est soumis qu'aux dispositions de la convention collective et permet la non-application des règles sur l'indemnisation du licenciement pour inaptitude. • Soc. 13 avr. 2005, n° 03-42.004 P : *Dr. soc. 2005. 698, obs. Savatier* • 17 févr. 2010 : *JCP S 2010. 1269, obs. Lahalle.*

5. Calcul de l'indemnité de licenciement. Les dispositions de l'art. R. 1234-2 C. trav. selon lesquelles l'indemnité de licenciement ne peut être inférieure à 1/5 de mois de salaire par année d'ancienneté s'appliquent à tous les salariés, y compris les employés de maison, la liste des textes mentionnés à l'art. L. 7221-2 n'étant pas limitative. • Soc. 29 juin 2011 : *D. 2011. Actu. 1909* ; *RJS 10/2011, n° 846* ; *JCP S 2011. 1427, obs. Boulmier.*

6. Travail dissimulé. Les dispositions de l'art. L. 7221-2 C. trav. ne font pas obstacle à l'application aux employés de maison des dispositions légales relatives au travail dissimulé. • Soc. 20 nov. 2013 : *Dalloz actualité, 9 déc. 2013, obs. Peyronnet.*

7. Surveillance médicale. En vertu du principe de l'égalité de traitement de l'art. L. 3123-11 qui garantit aux salariés à temps partiel le bénéfice des droits légaux et conventionnels reconnus aux salariés à temps complet, les salariés employés de maison à temps partiel doivent bénéficier, comme les salariés employés de maison à temps complet, de la surveillance médicale. • Soc. 28 sept. 2011 : *Dalloz actualité, 15 oct. 2011, obs. Dechristé* ; *D. 2011. Actu. 2407* ; *JS Lamy 2011, n° 309-34, obs. Gardair-Rérolle* ; *JCP S 2011. 1520, obs. Boulmier.*

CHAPITRE II **DISPOSITIONS PÉNALES**

Le présent chapitre ne comprend pas de dispositions législatives.

TITRE TROISIÈME **ACTIVITÉS DE SERVICES À LA PERSONNE**

CHAPITRE PREMIER **CHAMP D'APPLICATION**

Art. L. 7231-1 **Les services à la personne portent sur les activités suivantes :**

1° La garde d'enfants ;

2° L'assistance aux personnes âgées, aux personnes handicapées ou aux autres personnes qui ont besoin d'une aide personnelle à leur domicile ou d'une aide à la mobilité dans l'environnement de proximité favorisant leur maintien à domicile ;

3° Les services aux personnes à leur domicile relatifs aux tâches ménagères ou familiales. – *[Anc. art. L. 129-1, al. 1er et 2.]*

BIBL. ▶ Laforge, Logneau, Boulmier, Verkindt et Lhuillier, *RDSS 2006, n° 1, p. 3.*

Les associations qui assurent le placement de travailleurs auprès de personnes physiques employeurs et accomplissent pour le compte de ces personnes des formalités administratives et des déclarations sociales et fiscales liées à l'emploi de ces travailleurs ne remplissent qu'un rôle de mandataire, les personnes physiques étant les seuls employeurs des travailleurs. • Soc. 23 nov. 2005 : *RJS 2006. 167, n° 281 ; Dr. soc. 2006. 217, obs. Gauriau.*

Art. L. 7231-2 **Des décrets précisent :**

1° Le contenu des activités de services à la personne mentionnées à l'article L. 7231-1 ;

2° Un plafond en valeur ou en temps de travail des interventions à domicile permettant aux activités figurant dans le décret prévu au 1° de bénéficier des dispositions du présent titre. – *[Anc. art. L. 129-17, II, al. 1er à 3.]* – *V. art. D. 7231-1.*

CHAPITRE II **DÉCLARATION ET AGRÉMENT DES ORGANISMES ET MISE EN ŒUVRE DES ACTIVITÉS** *(L. n° 2010-853 du 23 juill. 2010, art. 31-I).*

SECTION PREMIÈRE **DÉCLARATION ET AGRÉMENT DES ORGANISMES** *(L. n° 2010-853 du 23 juill. 2010, art. 31-I).*

Art. L. 7232-1 *(L. n° 2010-853 du 23 juill. 2010, art. 31-I)* **Toute personne morale ou entreprise individuelle qui exerce les activités de service à la personne mentionnées ci-dessous est soumise à agrément délivré par l'autorité compétente suivant des critères de qualité :**

1° La garde d'enfants au-dessous d'une limite d'âge fixée par arrêté conjoint du ministre de l'emploi et du ministre chargé de la famille ; – *V. Arr. du 26 déc. 2011 (JO 30 déc.).*

2° Les activités relevant du 2° de l'article L. 7231-1, à l'exception des activités dont la liste est définie par décret et qui ne mettent pas en cause la sécurité des personnes.

En application de l'art. L. 231-5 CRPA, et par exception à l'application du délai de deux mois prévu à l'art. L. 231-1 1 du même code, le délai à l'expiration duquel le silence gardé par l'administration vaut décision d'acceptation est fixé à trois mois pour une demande d'agrément pour l'exercice d'une activité s'adressant à un public fragile dans le secteur des services à la personne (Décr. n° 2014-1281 du 23 oct. 2014, art. 1er).

Art. L. 7232-1-1 *(L. n° 2010-853 du 23 juill. 2010, art. 31-I)* **A condition qu'elle exerce son activité à titre exclusif, toute personne morale ou entreprise individuelle qui souhaite bénéficier des 1° et 2° de l'article L. 7233-2 et de l'article L. 7233-3 déclare son activité auprès de l'autorité compétente dans des conditions et selon des modalités prévues par décret en Conseil d'État.**

A condition d'exercer à titre exclusif ou d'être dispensée de cette condition, toute personne morale ou entreprise individuelle disposant d'un agrément en cours de validité délivré antérieurement à l'entrée en vigueur du décret prévu à l'article L. 7232-1-1 bénéficie des dispositions des articles L. 7233-2 et L. 7233-3 (L. n° 2010-853 du 23 juill. 2010, art. 31-II).

Art. L. 7232-1-2 *(L. n° 2010-853 du 23 juill. 2010, art. 31-I)* « Sont dispensées de la condition d'activité exclusive fixée par les articles L. 7232-1-1, L. 7233-2 et L. 7233-3 : »

1° Pour leurs activités d'aide à domicile :

a) Les associations intermédiaires ;

(L. n° 2009-1673 du 30 déc. 2009, art. 140) « *a bis)* Les régies de quartiers. Un décret définit les conditions de leur agrément et de la dérogation à la clause d'activité exclusive dont elles bénéficient ; »

b) Les communes, les centres communaux ou intercommunaux d'action sociale, les établissements publics de coopération intercommunale compétents ;

c) Les organismes ayant conclu une convention avec un organisme de sécurité sociale au titre de leur action sociale ;

d) Les organismes publics ou privés gestionnaires d'un établissement ou d'un service autorisé au titre du I de l'article L. 312-1 du code de l'action sociale et des familles et les groupements de coopération mentionnés au 3° de l'article L. 312-7 du même code ;

2° Pour leurs activités qui concourent directement à coordonner et délivrer les services à la personne, les unions et fédérations d'associations ;

3° Pour leurs activités d'aide à domicile rendues aux personnes mentionnées à l'article L. 7231-1 :

a) Les organismes publics ou privés gestionnaires d'un établissement de santé relevant de l'article L. 6111-1 du code de la santé publique ;

b) Les centres de santé relevant de l'article L. 6323-1 du même code ;

c) Les organismes publics ou privés gestionnaires d'un établissement ou d'un service mentionné aux premier et deuxième alinéas de l'article L. 2324-1 du même code ;

4° Pour les services d'aide à domicile rendus aux personnes mentionnées à l'article L. 7231-1 qui y résident, les *(L. n° 2015-1776 du 28 déc. 2015, art. 14-II)* « prestataires appelés à fournir les services spécifiques individualisables dans les copropriétés avec services, mentionnés à l'article 41-4 » de la loi n° 65-557 du 10 juillet 1965 fixant le statut de la copropriété des immeubles bâtis ;

(L. n° 2015-1776 du 28 déc. 2015, art. 15-III) « 5° Pour leurs services d'aide à domicile rendus aux personnes mentionnées à l'article L. 7231-1 qui y résident, les gérants de résidences-services relevant de l'article L. 631-13 du code de la construction et de l'habitation. »

Art. L. 7232-2 (Abrogé par L. n° 2015-1776 du 28 déc. 2015, art. 47-II) *Les* (L. n° 2010-853 du 23 juill. 2010, art. 31-I) *« personnes morales ou les entreprises individuelles » d'un service d'aide à domicile, agréées en application des dispositions de l'article L. 7231-1, peuvent déposer une demande d'autorisation de créer un établissement ou un service dont l'activité relève du I de l'article L. 312-1 du code de l'action sociale et des familles sans que leur agrément au titre de la présente section soit remis en cause de ce seul fait.*

Art. L. 7232-3 *Abrogé par L. n° 2010-853 du 23 juill. 2010, art. 31-I.*

Art. L. 7232-4 *(L. n° 2015-1776 du 28 déc. 2015, art. 15-IV)* Par dérogation à l'article L. 313-1-1 du code de l'action sociale et des familles, les résidences-services mentionnées au 5° de l'article L. 7232-1-2 du présent code qui gèrent des services d'aide à domicile rendus aux personnes mentionnées à l'article L. 7231-1 qui y résident sont autorisées au titre de l'article L. 313-1-2 du code de l'action sociale et des familles, sous réserve du respect du cahier des charges national prévu à l'article L. 313-1-3 du même code.

Art. L. 7232-5 (Abrogé par L. n° 2015-1776 du 28 déc. 2015, art. 47-II) *L'exigence de qualité nécessaire à l'intervention* (L. n° 2010-853 du 23 juill. 2010, art. 31-I) *« de toute personne morale ou entreprise individuelle mentionnée aux articles L. 7232-1 et L. 7232-1-2 » est équivalente à celle requise pour les mêmes publics par la loi n° 2002-2 du 2 janvier 2002 rénovant l'action sociale et médico-sociale.*

SECTION II **MISE EN ŒUVRE DES ACTIVITÉS**

Art. L. 7232-6 *(L. n° 2010-853 du 23 juill. 2010, art. 31-I)* « Les personnes morales ou les entreprises individuelles mentionnées aux articles L. 7232-1, L. 7232-1-1 et L. 7232-1-2 peuvent assurer leur activité selon les modalités suivantes : »

1° Le placement de travailleurs auprès de personnes physiques employeurs ainsi que, pour le compte de ces dernières, l'accomplissement des formalités administratives et des déclarations sociales et fiscales liées à l'emploi de ces travailleurs ;

2° Le recrutement de travailleurs pour les mettre, à titre onéreux, à la disposition de personnes physiques. Dans ce cas, l'activité des associations est réputée non lucrative au regard des articles L. 8231-1 et L. 8241-1 ;

3° La fourniture de prestations de services aux personnes physiques. – *[Anc. art. L. 129-2, al. 1er à 4 et al. 5 phrase 2.]*

SECTION III **DISPOSITIONS D'APPLICATION**

Art. L. 7232-7 Un décret en Conseil d'État détermine les conditions de délivrance, de contrôle et de retrait de l'agrément des *(L. n° 2010-853 du 23 juill. 2010, art. 31-I)* « personnes morales ou des entreprises individuelles mentionnées aux articles L. 7232-1 et L. 7232-1-2 », notamment les conditions particulières auxquelles sont soumises celles dont l'activité porte sur la garde d'enfants ou l'assistance aux personnes âgées, handicapées ou dépendantes et les modalités de mise en œuvre du régime de la décision implicite d'acceptation de cet agrément. – *[Anc. art. L. 129-17, I phrase 1.] – V. art. R. 7232-1 s.*

Art. L. 7232-8 *(L. n° 2010-853 du 23 juill. 2010, art. 31-I)* Lorsqu'il est constaté qu'une personne morale ou une entreprise individuelle mentionnée aux articles L. 7232-1 et L. 7232-1-1 ne se livre pas à titre exclusif à une activité prévue à l'article L. 7231-1, elle perd le bénéfice des 1° et 2° de l'article L. 7233-2 *(L. n° 2010-1657 du 29 déc. 2010, art. 200)* « et de l'article L. 241-10 du code de la sécurité sociale ».

Elle ne peut bénéficier de nouveau de ces avantages à l'occasion d'une nouvelle déclaration qu'après une période de douze mois.

Le contribuable de bonne foi conserve le bénéfice *(L. n° 2016-1917 du 29 déc. 2016, art. 82-II, applicable à compter de l'imposition des revenus de l'année 2017)* « du crédit d'impôt prévu » à l'article 199 *sexdecies* du code général des impôts.

Un décret en Conseil d'État détermine les modalités d'application des deux premiers alinéas du présent article.

Art. L. 7232-9 *(L. n° 2010-853 du 23 juill. 2010, art. 31-I)* Outre les *(L. n° 2016-1088 du 8 août 2016, art. 113)* « agents de contrôle de l'inspection du travail mentionnés à l'article L. 8112-1 », les agents de la concurrence, de la consommation et de la répression des fraudes sont compétents pour constater, par procès-verbal, les infractions aux dispositions relatives à la facturation des services. Les agents de la concurrence, de la consommation et de la répression des fraudes disposent à cet effet des pouvoirs prévus aux articles L. 450-3, L. 450-7 et L. 450-8 du code de commerce.

CHAPITRE III **DISPOSITIONS FINANCIÈRES**

SECTION PREMIÈRE **FRAIS DE GESTION ET MESURES FISCALES ET SOCIALES**

Art. L. 7233-1 *(L. n° 2010-853 du 23 juill. 2010, art. 31-I)* « La personne morale ou l'entreprise individuelle qui assure » le placement de travailleurs auprès de personnes physiques employeurs ou qui, pour le compte de ces dernières, accomplit des formalités administratives et des déclarations sociales et fiscales liées à l'emploi de ces travailleurs peut demander aux employeurs une contribution représentative de ses frais de gestion. – *[Anc. art. L. 129-2, al. 5 phrase 1.]*

Art. L. 7233-2 *(L. n° 2010-853 du 23 juill. 2010, art. 31-I)* « La personne morale ou l'entreprise individuelle déclarée qui exerce, à titre exclusif, une activité » de services à la personne rendus aux personnes physiques bénéficie :

1° Du taux réduit de taxe sur la valeur ajoutée *(L. n° 2010-853 du 23 juill. 2010, art. 31-I)* « sous les conditions prévues » au *i* de l'article 279 du code général des impôts ;

2° De l'aide *(L. n° 2010-853 du 23 juill. 2010, art. 31-I)* « sous les conditions prévues » à l'article 199 *sexdecies* du même code. – *[Anc. art. L. 129-3.]*

Art. L. 7233-3 *Abrogé par L. n° 2010-853 du 23 juill. 2010, art. 31-I.*

SECTION II AIDE FINANCIÈRE EN FAVEUR DES SALARIÉS, DU CHEF D'ENTREPRISE OU DES DIRIGEANTS SOCIAUX

Art. L. 7233-4 L'aide financière du comité d'entreprise et celle de l'entreprise versées en faveur des salariés n'ont pas le caractère de rémunération au sens des articles L. 242-1 du code de la sécurité sociale et L. 741-10 du code rural et de la pêche maritime ainsi que pour l'application de la législation du travail, lorsque ces aides sont destinées soit à faciliter l'accès des services aux salariés, soit à financer :

1° Des activités entrant dans le champ des services à la personne ;

2° Des activités de services assurées par les organismes mentionnés aux premier et deuxième alinéas de l'article L. 2324-1 du code de la santé publique *(L. n° 2010-853 du 23 juill. 2010, art. 31-I)* « ou les organismes ou les personnes organisant l'accueil sans hébergement prévu au troisième alinéa du même article » ou par des assistants maternels agréés en application de l'article L. 421-1 du code de l'action sociale et des familles ;

(L. n° 2010-853 du 23 juill. 2010, art. 31-I) « 3° Des prestations directement liées à la gestion et au fonctionnement du chèque emploi-service et proposées aux salariés par les établissements spécialisés mentionnés à l'article L. 1271-10. »

Les dispositions du présent article ne donnent pas lieu à application de l'article L. 131-7 du code de la sécurité sociale. – *[Anc. art. L. 129-13, al. 1er à 3.]*

Art. L. 7233-5 Les dispositions de l'article L. 7233-4 s'appliquent également au chef d'entreprise ou, si l'entreprise est une personne morale, à son président, son directeur général, son ou ses directeurs généraux délégués, ses gérants ou des membres de son directoire, dès lors que l'aide financière leur est versée aux mêmes fins et peut bénéficier à l'ensemble des salariés de l'entreprise selon les mêmes règles d'attribution. – *[Anc. art. L. 129-13, al. 4.]*

Art. L. 7233-6 L'aide financière de l'entreprise n'entre pas dans le cadre des activités sociales et culturelles du comité d'entreprise mentionnées à l'article L. 2323-83 et ne constitue pas une dépense sociale au sens de l'article L. 2323-86. – *[Anc. art. L. 129-14, al. 3.]*

Art. L. 7233-7 L'aide financière est exonérée d'impôt sur le revenu pour les bénéficiaires.

Elle n'est pas prise en compte dans le montant des dépenses à retenir pour l'assiette *(L. n° 2016-1917 du 29 déc. 2016, art. 82-II, applicable à compter de l'imposition des revenus de l'année 2017)* « du crédit d'impôt mentionné » à l'article 199 *sexdecies* du code général des impôts.

L'aide financière de l'entreprise bénéficie des dispositions du *f* du I de l'article 244 *quater* F du même code. – *[Anc. art. L. 129-15.]*

Art. L. 7233-8 L'aide financière peut être gérée par le comité d'entreprise ou l'entreprise ou, conjointement, par le comité d'entreprise et l'entreprise.

La gestion de l'aide financière de l'entreprise fait l'objet d'une consultation préalable du comité d'entreprise en cas de gestion conjointe et d'une procédure d'évaluation associant le comité d'entreprise. – *[Anc. art. L. 129-14, al. 1er et 2.]*

Art. L. 7233-9 Un décret précise les conditions d'application des articles L. 7233-4 et L. 7233-5. – *[Anc. art. L. 129-17, II, al. 1er et 10.]*

CHAPITRE IV AGENCE NATIONALE DES SERVICES À LA PERSONNE

Art. L. 7234-1 L'Agence nationale des services à la personne, établissement public national chargé de promouvoir le développement des activités de services à la personne, peut recruter des contractuels de droit privé pour une durée déterminée ou pour une mission déterminée. – *[Anc. art. L. 129-16.]*

L'établissement public dénommé : "Agence nationale des services à la personne" est dissous. Les biens, droits et obligations de cet établissement sont transférés à l'État (Décr. n° 2014-753 du 2 juill. 2014, art. 1er).

LIVRE TROISIÈME VOYAGEURS, REPRÉSENTANTS OU PLACIERS, GÉRANTS DE SUCCURSALES, ENTREPRENEURS SALARIÉS ASSOCIÉS D'UNE COOPÉRATIVE D'ACTIVITÉ ET D'EMPLOI ET TRAVAILLEURS UTILISANT UNE PLATEFORME DE MISE EN RELATION PAR VOIE ÉLECTRONIQUE *(L. n° 2014-856 du 31 juill. 2014, art. 48 ; L. n° 2016-1088 du 8 août 2016, art. 60).*

TITRE PREMIER VOYAGEURS, REPRÉSENTANTS ET PLACIERS

RÉP. TRAV. v° *VRP*, par GRIGNON.

BIBL. GÉN. ▶ Statut de représentant issu de la loi du 7 mars 1957 : A. BOCCARA, *JCP CI 1957. 60739*. – CAMERLYNCK, *JCP 1957. I. 1369*. – DESPAX, *Mélanges A. Brun, 1974, p. 165*. – DURETESTE, *D. 1957. Chron. 229*. – FRIEDEL, *Dr. soc. 1958. 589*.

▶ COUDY et CHATILLON, *D. 1974. Chron. 273* (indemnité de clientèle). – GUILLOT et FORSTERLING, *Gaz. Pal. 1981. 1. Doctr. 83* (statut en République fédérale d'Allemagne). – LASCHON, *Sem. soc. Lamy 1987, suppl. n° 361*. – G. LYON-CAEN, *RTD eur. 1970. 666*. – MORILLOT, *JCP CI 1973. 11027* (le représentant à la marine). – RAYROUX, *Gaz. Pal. 1975. 2. Doctr. 639*. – H. et J.C. VITRY, *Gaz. Pal. 1973. 2. Doctr. 713* (loi du 9 mai 1973) ; *ibid. 1976. 1. Doctr. 67 et 147*.

COMMENTAIRE

V. Dalloz.fr et applications mobiles Dalloz. ❑

CHAPITRE PREMIER CHAMP D'APPLICATION ET DÉFINITIONS

SECTION PREMIÈRE CHAMP D'APPLICATION

Art. L. 7311-1 **Les dispositions du présent code sont applicables au voyageur, représentant ou placier, sous réserve des dispositions particulières du présent titre.**

1. Conformité du statut au droit international. Le caractère d'ordre public du statut des VRP ne commande pas d'écarter une règle de compétence contenue dans un traité international dont l'autorité est supérieure à celle de la loi interne. • Cass., ass. plén., 14 oct. 1977 : *Bull. civ. n° 6*. ♦ La référence dans le contrat à une convention collective ne peut l'emporter sur un statut d'ordre public dès lors que les conditions d'application de celui-ci sont réunies. • Soc. 12 avr. 1995 : *Dr. soc. 1995. 606* ; *GADT, 4e éd., n° 23*.

2. Impérativité du statut. En faveur de l'application conventionnelle du statut : V. • Soc. 10 oct. 1962 : *Bull. civ. IV, n° 704 ; D. 1963. 46 ; JCP 1962. II. 12943, note Camerlynck* • 7 mai 1980 : *Bull. civ. V, n° 398* (le statut conventionnel doit être appliqué quelles que soient les attributions du salarié) • 29 oct. 1986 : *ibid., n° 501* (nécessité d'un accord non équivoque de l'employeur). ♦ Mais la seule volonté des parties est impuissante à soustraire le salarié au statut social qui découle nécessairement des conditions effectives d'exercice de son activité ; si les conditions ne sont pas réunies et nonobstant la référence au statut de VRP figurant dans le contrat de travail, le salarié ne peut se voir opposer ce statut. • Soc. 17 déc. 2002, n° 00-44.375 P : *Dr. soc. 2003. 334, obs. Mouly* ; *RJS 2003. 262, n° 398 ; CSB 2003. 129, A. 16*.

Art. L. 7311-2 **Les dispositions du présent titre s'appliquent au voyageur, représentant ou placier exclusif, ainsi qu'au salarié qui, conjointement à l'exercice effectif et habituel de la représentation, accepte de se livrer à d'autres activités, quelle qu'en soit la nature, pour le compte d'un ou plusieurs de ses employeurs.** – *[Anc. art. L. 751-2.]*

1. Activité principale. En cas d'activités mixtes au sein d'une même entreprise, l'activité de représentant doit demeurer l'activité principale. • Soc. 9 mai 1990, n° 86-45.317 P.

2. Dès lors que le salarié exerce de façon effective et habituelle des fonctions de représentant, il bénéficie d'un statut légal, peu important qu'en raison de sa compétence la société ait accessoirement ajouté à ses fonctions une activité d'assistance technique et une activité administrative, ces activités exercées pour le compte de son employeur étant manifestement complémentaires de ses tâches de représentation. • Soc. 27 oct. 1976 : *Bull. civ. V, n° 541.* ♦ Solution inverse, lorsque l'activité de représentant n'est que l'accessoire d'une activité salariée : • Soc. 17 oct. 1979, n° 78-40.040 P.

3. VRP multicartes. Les VRP à cartes multiples sont des travailleurs à temps partiel. • Soc. 16 avr. 1986 : *JCP E 1986. I. 15690, n° 7, obs. Teyssié.*

4. Clause d'exclusivité. La clause d'exclusivité imposée à un VRP n'est pas compatible avec l'exercice de son activité à temps partiel : en effet, une clause d'exclusivité porte atteinte à la liberté du travail et n'est valable que si elle est indispensable à la protection des intérêts légitimes de l'entreprise et justifiée par la nature de la tâche à accomplir et proportionnée au but recherché. • Soc. 11 juill. 2000 : *Dr. soc. 2000. 1141, obs. Mouly ; D. 2000. IR 228 ; RJS 2000. 767, n° 1154.* ♦ Si la nullité d'une telle clause n'a pas pour effet d'entraîner la requalification du contrat de travail à temps partiel en contrat de travail à temps complet, elle permet toutefois au salarié d'obtenir réparation du préjudice ayant résulté pour lui de cette clause illicite. • Soc. 25 févr. 2004 : *Dr. soc. 2004. 665, obs. Radé .* ♦ La clause imposant à un salarié de travailler à temps partiel et à titre exclusif ne peut lui être opposée et lui interdire de se consacrer à temps complet à son activité professionnelle ; il en résulte qu'en présence de ces clauses le représentant peut réclamer le bénéfice d'une rémunération minimale normalement réservée aux salariés exerçant à temps complet. • Soc. 11 mai 2005 : *D. 2005. IR 1590 ; D. 2006. Pan. 30 ; JCP S 2005. 1005 ; RJS 2005. 565, n° 787.*

SECTION II **DÉFINITIONS**

Art. L. 7311-3 **Est voyageur, représentant ou placier, toute personne qui :**

1° Travaille pour le compte d'un ou plusieurs employeurs ;

2° Exerce en fait d'une façon exclusive et constante une profession de représentant ;

3° Ne fait aucune opération commerciale pour son compte personnel ;

4° Est liée à l'employeur par des engagements déterminant :

***a)* La nature des prestations de services ou des marchandises offertes à la vente ou à l'achat ;**

***b)* La région dans laquelle il exerce son activité ou les catégories de clients qu'il est chargé de visiter ;**

***c)* Le taux des rémunérations.** – *[Anc. art. L. 751-1, al. 1er fin et al. 2 à 5.]*

1. Qualification contractuelle. Le salarié embauché en qualité de VRP peut se prévaloir de la qualification contractuellement reconnue, quelles qu'auraient pu être ses attributions. • Soc. 25 avr. 1990, n° 86-43.723 P. – Dans le même sens : • Soc. 13 janv. 1971 : *Bull. civ. V, n° 23.*

2. Faisceau d'indices. Ont à bon droit décidé de l'application du statut légal les juges du fond qui, quelle que soit la dénomination donnée au contrat par les parties, relèvent que celui-ci comportait un secteur de prospection, une clientèle et des marchandises et que l'intéressé exerçait en fait d'une façon exclusive et constante sa profession sans faire aucune opération commerciale pour son compte personnel. • Soc. 4 janv. 1979, n° 77-41.163 P. – V. aussi • Soc. 13 janv. 1982 : *Bull. civ. V, n° 15* • 2 mars 1989 : *ibid., n° 177.* ♦ Sur l'office du juge dans la recherche des conditions réelles de l'exercice de l'activité du salarié, V. • Soc. 8 oct. 1997 : *Sem. soc. Lamy 1997, n° 858, p. 10, obs. C.G.*

3. Sur l'appréciation des éléments de fait caractérisant la profession de représentant, V. notamment • Soc. 14 févr. 1962 : *Bull. civ. IV, n° 193* (situation fiscale du représentant) • 9 janv. 1974 : *ibid. V, n° 32* • 24 janv. 1974 : *ibid., n° 71* (portée de la carte d'identité professionnelle) • 18 févr. 1976 : *ibid., n° 104* (caractère indifférent de la non-affiliation au régime général de sécurité sociale).

4. Lien de dépendance. L'absence de lien de subordination n'est pas à elle seule exclusive du statut légal. • Soc. 12 mars 1942 : *JCP 1942. II. 1952, note Paillot.* – Dans le même sens : • Soc. 3 déc. 1969 : *D. 1970. 184, 2e esp., note Dupeyroux* • 18 févr. 1976, n° 74-40.737 P • 4 janv. 1979 : *Bull. civ. V, n° 9* • 13 janv. 2009 : *RJS 2009. 249, n° 290 ; JCP S 2009. 1139, obs. Cesaro.* ♦ Sur la nécessité d'un lien de dépendance, V. • Soc. 21 janv. 1970 : *JCP 1971. II. 16349, note Bouteloup* • 30 mai 1979, n° 77-41.386 P. (dès lors qu'il utilise à son profit l'activité de collaborateurs, l'intéressé exploite une entreprise personnelle et indépendante, exclusive du bénéfice du statut de VRP) • 10 févr. 1971 : *D. 1971. 327.*

5. Prise d'ordre. La prise d'ordre constituant l'une des conditions nécessaires d'application du statut de représentant, celui qui ne conteste pas qu'il n'entrait pas dans ses attributions de prendre des commandes de la clientèle ne peut bénéficier du statut. • Soc. 26 févr. 1986 : *Bull. civ. V, n° 42.* – Dans le même sens : • Soc. 4 févr. 1976 : *Bull. civ. V, n° 75 ; D. 1976. IR 94.* ♦ Sont ainsi exclus du statut : le salarié qui prospecte la clientèle sans prendre de commandes. • Soc. 14 oct.

1970 : *D. 1971. 9* • 8 juill. 1976 : *Bull. civ. V, n° 436 ; D. 1976. IR 247.* ♦ ... Le délégué commercial. • Soc. 17 oct. 1979, n° 78-40.040 P : *D. 1980. IR 192.* ♦ ... Le salarié chargé de recruter et de sélectionner des agents. • Soc. 1er févr. 1978 : *Bull. civ. V, n° 81 ; D. 1978. IR 232.* ♦ ... L'intermédiaire dont l'activité consiste à rapprocher des vendeurs et des acheteurs de biens immobiliers. • Soc. 27 févr. 1992 : *RJS 1992. 305, n° 541.*

6. *Exercice exclusif.* Ne peut prétendre au bénéfice du statut légal celui qui exerce parallèlement une activité salariée. • Soc. 17 oct. 1979, n° 78-40.040 P : *D. 1980. IR 192.* ♦ Même solution en cas d'activité libérale. • Soc. 6 mars 1963 : *Bull. civ. IV, n° 220.* ♦ ... Ou commerciale. • Soc. 6 juill. 1964 : *Bull. civ. IV, n° 605* • 30 mai 1979 : *ibid. V, n° 487 ; D. 1979. IR 455.*

7. *Secteur.* L'existence d'un secteur fixe de prospection est un des éléments essentiels du contrat de VRP. • Soc. 29 mai 1962, n° 61-40.160 P : *JCP 1962. II. 12845, note Bizière* • 2 juin 1976 : *Bull. civ. V, n° 355.* ♦ La clause qui ne limite pas les activités d'un représentant à un territoire ou à une catégorie de clientèles est exclusive de la notion de secteur et interdit à l'intéressé de bénéficier du statut légal. • Soc. 17 juin 1964, n° 63-10.603 P : *D. 1965. Somm. 16.* – Dans le même sens : • Soc. 31 janv. 1973 : *Bull. civ. V, n° 56.* – V. aussi • Soc. 24 janv. 1979 : *Bull. civ. V, n° 75 ; D. 1979. IR 302* • 5 juill. 1982 : *D. 1982. IR 520.* ♦ Sur la détermination du secteur par la catégorie de clients à visiter, V. • Soc. 13 oct. 1988 : *Bull. civ. V, n° 519* • 30 mars 1977 : *ibid., n° 242.*

8. Lorsqu'il est expressément convenu que la modification du secteur d'activité peut se faire selon les besoins de l'entreprise et qu'une telle modification est intervenue à plusieurs reprises, le statut légal de VRP doit être écarté. • Soc. 29 mai 1962 : *préc. note 7.* – V. aussi • Soc. 2 déc. 1964 : *Bull. civ. IV, n° 812 ; D. 1965. 82 ; JCP 1965. II. 14319, note B.A.* ♦ Comp., lorsqu'une clause analogue n'a pas été mise en œuvre : • Soc. 7 oct. 1970 : *Bull. civ. V, n° 504 ; D. 1971. Somm. 62* • 13 oct. 1988 : *Bull. civ. V, n° 520.* ♦ Sur la preuve de l'existence d'un secteur, V. • Soc. 1er juill. 1964 : *Bull. civ. IV, n° 573* • 26 nov. 1964 : *ibid., n° 791* • 10 mai 1989 : *ibid., n° 359.*

9. *Mandataires.* A moins d'une novation, les juges du fond ne peuvent reconnaître la qualité de représentant statutaire à un représentant engagé en qualité de mandataire. • Soc. 17 mai 1962 : *D. 1963. 488, note Garola-Giuglaris.* ♦ Comp. : • Soc. 14 déc. 1976 : *D. 1977. IR 28.*

10. *Charge de la preuve.* C'est au salarié, engagé en tant qu'attaché commercial, de démontrer qu'il exerçait en fait une profession autre que celle stipulée dans le contrat. • Soc. 11 déc. 1990, n° 87-45.544 P.

CHAPITRE II **ACCÈS À LA PROFESSION**

Art. L. 7312-1 Les dispositions du chapitre VII du titre II du livre Ier du code de commerce relatives aux incapacités d'exercer une profession commerciale et industrielle sont applicables au voyageur, représentant ou placier qui exerce la représentation commerciale dans les conditions du présent titre. – *[Anc. art. L. 751-14.]*

CHAPITRE III **CONTRAT DE TRAVAIL**

SECTION PREMIÈRE **PRÉSOMPTION DE SALARIAT**

Art. L. 7313-1 Toute convention dont l'objet est la représentation, conclue entre un voyageur, représentant ou placier et un employeur est, nonobstant toute stipulation expresse du contrat ou en son silence, un contrat de travail. – *[Anc. art. L. 751-1, al. 1.]*

Art. L. 7313-2 L'absence de clauses interdisant soit l'exercice d'une autre profession, soit l'accomplissement d'opérations commerciales personnelles ne peut faire obstacle à l'application des dispositions de l'article L. 7313-1. – *[Anc. art. L. 751-1, al. 6.]*

Art. L. 7313-3 En l'absence de contrat de travail écrit, toute personne exerçant la représentation est présumée être un voyageur, représentant ou placier soumis aux règles particulières du présent titre. – *[Anc. art. L. 751-4.]*

1. *Force de la présomption.* L'art. L. 751-4 [L. 7313-3 nouv.] ne s'applique que si le représentant concerné réunit les conditions définies par la loi pour bénéficier du statut légal. • Soc. 21 juill. 1981 : *Bull. civ. V, n° 732* • 16 janv. 1992 : *RJS 1992. 217, n° 369.*

2. *Renversement de la présomption.* Sur l'appréciation des différents éléments caractérisant une activité de représentant et interdisant que soit renversée la présomption de l'art. L. 751-4 [L. 7313-3 nouv.], V. • Soc. 13 févr. 1959, n° 57-40.130 P : *JCP 1959. II. 1114, note Camerlynck* • 18 févr. 1976, n° 74-40.737 P.

3. La présomption de l'art. L. 751-4 [L. 7313-3 nouv.] est renversée dès lors que l'intéressé a été inscrit au registre du commerce en qualité de courtier et représentant, qu'il l'a mentionné sur son papier à lettres, qu'il percevait des commissions supérieures à celles accordées en général aux représentants et qu'il n'était pas soumis aux obligations incombant à ces derniers. • Soc. 21 févr. 1978 : *Bull. civ. V, n° 132.*

Art. L. 7313-4 Est nulle toute convention qui aurait pour objet de faire obstacle *[à]* l'application des dispositions du présent titre. — *[Anc. art. L. 751-11.]*

1. Désignation d'une convention collective. La référence dans le contrat à une convention collective ne peut l'emporter sur un statut d'ordre public dès lors que les conditions d'application de celui-ci sont réunies. • Soc. 12 avr. 1995 : *Dr. soc. 1995. 606.*

2. Paiement de la valeur de la clientèle. Un représentant de commerce ne peut être valablement tenu par une clause de son contrat de travail lui imposant de payer la valeur de la clientèle qu'il est chargé de visiter pour le compte de son employeur. • Soc. 3 oct. 2007 : *D. 2007. AJ 2674.*

SECTION II CONCLUSION ET EXÉCUTION DU CONTRAT DE TRAVAIL

SOUS-SECTION 1 PÉRIODE D'ESSAI

Art. L. 7313-5 Le contrat de travail peut comporter une période d'essai dont la durée ne peut être supérieure à trois mois. — *[Anc. art. L. 751-6, al. 1.]*

SOUS-SECTION 2 CLAUSE D'EXCLUSIVITÉ

Art. L. 7313-6 Le contrat de travail peut, pour sa durée, prévoir l'interdiction pour le voyageur, représentant ou placier, de représenter des entreprises ou des produits déterminés.

Lorsque le contrat de travail ne prévoit pas cette interdiction, il comporte, à moins que les parties n'y renoncent par une stipulation expresse, la déclaration des entreprises ou des produits que le voyageur, représentant ou placier représente déjà et l'engagement de ne pas prendre en cours de contrat de nouvelles représentations sans autorisation préalable de l'employeur. — *[Anc. art. L. 751-3.]*

A. EXCLUSIVITÉ PENDANT L'EXÉCUTION DU CONTRAT

1. Conditions. Doit être cassé l'arrêt qui, en constatant que le représentant avait pris une représentation nouvelle sans demander l'autorisation de l'employeur, décide que cette autorisation ne paraissait pas nécessaire, sauf en cas de représentation d'activités concurrentielles, dès lors que l'employeur avait donné son accord aux représentations dont le salarié lui avait remis la liste en prenant son emploi et que le contrat ne contenait à cet égard aucune stipulation expresse. • Soc. 17 mars 1970 : *Bull. civ. V, n° 202.* – V. aussi • Soc. 9 mai 1973 : *Bull. civ. V, n° 294.*

B. NON-CONCURRENCE APRÈS LA RUPTURE DU CONTRAT

2. Nullité relative de la clause. L'employeur ne pouvant se prévaloir de la non-conformité de la clause de non-concurrence aux dispositions impératives de la convention collective, c'est à bon droit que les juges du fond, faisant application de celle-ci, ont réduit à deux ans la durée de l'interdiction de concurrence et mis à la charge de la société le versement d'une indemnité compensatrice. • Soc. 2 juill. 1984 : *Bull. civ. V, n° 278 ; D. 1985. IR 153, obs. Serra.*

3. Droit à la contrepartie pécuniaire. Dès lors qu'il a respecté l'interdiction de non-concurrence, le représentant n'a pas à justifier de l'existence d'un préjudice pour prétendre à la contrepartie pécuniaire de cette obligation stipulée au contrat. • Soc. 5 mars 1986 : *Bull. civ. V, n° 55.* ♦ L'art. 17 de la convention collective prévoyant le versement d'une contrepartie pécuniaire n'a pas prévu la nullité de la clause de non-concurrence en cas d'absence d'indemnisation. • Soc. 3 mai 1984 : *Bull. civ. V, n° 166 ; D. 1985. IR 475, obs. Serra.* ♦ L'indemnité due au salarié n'est pas une peine au sens de l'art. 1152 C. civ. pouvant être modérée par le juge. • Soc. 4 juill. 1983 : *Bull. civ. V, n° 380.*

4. Modalités de calcul de l'indemnité. Selon les termes de la convention collective, la créance du salarié prenant naissance mois par mois au cours de la période de non-concurrence, une cour d'appel ne peut condamner un employeur au paiement d'une indemnité de non-concurrence prenant en compte une période durant laquelle l'obligation de non-concurrence n'a pas encore été exécutée. • Soc. 19 déc. 1990, n° 87-45.486 P.

5. Renonciation. Une renonciation par l'employeur à la clause de non-concurrence antérieure à la rupture du contrat ne peut avoir d'effet en l'absence de confirmation dans les conditions prévues par la convention collective. • Soc. 20 juin 1990, n° 87-40.103 P : *D. 1990.*

IR 193. ♦ Lorsque l'employeur a accordé la dispense d'exécution de l'obligation de non-concurrence après l'expiration du délai de quinze jours prévu dans la convention collective, le représentant doit percevoir l'intégralité de l'indemnité compensatrice, alors même qu'il percevrait des allocations de chômage, qui n'ont ni le même fondement, ni le même objet. • Soc. 28 févr. 1991, ☎ n° 89-40.499 P : *D. 1991. IR 97.*

6. Information du nouvel employeur. Le représentant a l'obligation d'aviser son nouvel employeur de l'existence d'une clause de non-concurrence même si elle a peu d'intérêt en pratique. • Soc. 23 mars 1977 : *Bull. civ. V, n° 227.*

SECTION III RÉMUNÉRATION ET CONGÉS

Art. L. 7313-7 Les commissions dues au voyageur, représentant ou placier du commerce sont payées au moins tous les trois mois. – *[Anc. art. L. 751-12.]*

Les avances sur commission d'où résultait le solde débiteur du compte d'un représentant ne sauraient être atteintes que par la prescription trentenaire, s'agissant de la répétition d'un trop-perçu insusceptible d'être déterminé à l'avance et non de créances périodiques et fixes se prescrivant en cinq ans. • Soc. 26 nov. 1979 : *Bull. civ. V, n° 349 ; D. 1980. IR 27, obs. Langlois.*

Art. L. 7313-8 Les dispositions des articles L. 3253-2 et L. 3253-3, relatives aux garanties des rémunérations dans le cadre d'une procédure de sauvegarde, de redressement ou de liquidation judiciaire, s'appliquent aux voyageurs, représentants ou placiers pour les rémunérations de toute nature dues au titre des quatre-vingt-dix derniers jours de travail. – *[Anc. art. L. 751-15.]*

SECTION IV RUPTURE DU CONTRAT DE TRAVAIL

SOUS-SECTION 1 PRÉAVIS

Art. L. 7313-9 En cas de rupture du contrat de travail, la durée du préavis ne peut être inférieure à :

1° Un mois durant la première année de présence dans l'entreprise ;

2° Deux mois durant la deuxième année ;

3° Trois mois au-delà. – *[Anc. art. L. 751-5, al. 1er, phrases 1 fin et 2.]*

Art. L. 7313-10 La durée du préavis du voyageur, représentant ou placier employé hors de France est augmentée de la durée normale du voyage de retour lorsque la rupture du contrat entraîne son retour en France. – *[Anc. art. L. 751-5, al. 2.]*

SOUS-SECTION 2 COMMISSIONS ET REMISES

Art. L. 7313-11 Quelles que soient la cause et la date de rupture du contrat de travail, le voyageur, représentant ou placier a droit, à titre de salaire, aux commissions et remises sur les ordres non encore transmis à la date de son départ, mais qui sont la suite directe des remises d'échantillon et des prix faits antérieurs à l'expiration du contrat. – *[Anc. art. L. 751-8, al. 1.]*

1. Circonstances de la rupture. La cause de la cessation des services d'un représentant, en l'occurrence l'existence d'une faute lourde, ne saurait le priver des commissions de retour. • Soc. 25 mai 1981 : *Bull. civ. V, n° 464* • 22 mai 1995 : ☎ *RJS 1995. 544, n° 838.*

2. Conditions du droit aux commissions. Une salariée ne peut prétendre à une commission sur une commande passée après son départ en congé de maternité dès lors qu'elle n'a pris aucun ordre et s'est bornée à une prise de contacts. • Soc. 9 oct. 2001, ☎ n° 99-44.353 P : *D. 2002. 1234, note Damas* ✎ *; RJS 2001. 986, n° 1468.* ♦ Sur la nécessité pour le juge d'établir que les commandes ont été passées avant l'expiration du contrat de travail, V. notamment • Soc. 23 oct. 1963 : *Bull. civ. IV, n° 715* • 12 janv. 1977 : *ibid. V, n° 16* • 8 déc. 1982 : *ibid., n° 698.*

3. Clause de bonne fin et condition de présence. Les clauses de bonne fin sont licites dès lors qu'elles ne privent le salarié que d'un droit éventuel et non d'un droit acquis au paiement d'une rémunération. Dès lors que l'évolution des contrats initialement conclus par le salarié est ensuite le fait d'autres commerciaux ou de tiers, ces clauses peuvent le priver du versement de commissions au-delà de la cessation du contrat de travail. • Soc. 30 nov. 2011 : ☎ *Dalloz actualité, 23 déc. 2011, obs. Siro ; RJS 2012. 112, n° 120 ; JCP S 2012. 1053, obs. Guyot.*

4. Intérêts légaux. Les commissions de retour sur échantillonnages constituent des créances que le juge ne fait que constater et sur lesquelles les intérêts légaux courent de plein droit à compter de la demande. • Soc. 2 févr. 1983 : *Bull. civ. V, n° 70* • 22 juill. 1985 : *ibid., n° 426.*

5. Aménagements conventionnels. Sur la possibilité d'un aménagement conventionnel des conditions de versement des commissions de retour, V. • Soc. 17 oct. 1979 : *Bull. civ. V, n° 751.*

Art. L. 7313-12 **Sauf clause contractuelle plus favorable au voyageur, représentant ou placier, le droit à commissions est apprécié en fonction de la durée normale consacrée par les usages.**

Une durée plus longue est retenue pour tenir compte des sujétions administratives, techniques, commerciales ou financières propres à la clientèle. Cette durée ne peut excéder trois ans à compter de la date à laquelle le contrat de travail a pris fin. – *[Anc. art. L. 751-8, al. 2.]*

SOUS-SECTION 3 INDEMNITÉ DE CLIENTÈLE

BIBL. ► CAMERLYNCK, *JCP 1957. I. 1347.* – COUDY et CHATILLON, *D. 1974. Chron. 273.* – FOUILLAND, *JCP S 2012. 1079.* – PAUTET, *Inf. chef d'entrepr. 1970. 216 et 292.*

Art. L. 7313-13 **En cas de rupture du contrat de travail à durée indéterminée par l'employeur, en l'absence de faute grave, le voyageur, représentant ou placier a droit à une indemnité pour la part qui lui revient personnellement dans l'importance en nombre et en valeur de la clientèle apportée, créée ou développée par lui.**

Le montant de cette indemnité de clientèle tient compte des rémunérations spéciales accordées en cours de contrat pour le même objet ainsi que des diminutions constatées dans la clientèle préexistante et imputables au salarié.

Ces dispositions s'appliquent également en cas de rupture du contrat de travail par suite d'accident ou de maladie entraînant une incapacité permanente totale de travail du salarié. – *[Anc. art. L. 751-9, al. 1.]*

A. RÈGLES GÉNÉRALES

1. Principe de non-cumul. Le représentant ne peut cumuler, au titre du même contrat, le bénéfice d'une indemnité de clientèle et d'une indemnité de licenciement. • Soc. 2 mai 1989 : *Bull. civ. V, n° 317.* – Jurisprudence constante : • Soc. 16 nov. 1983 : *Bull. civ. V, n° 361* • 21 mars 1990 : *ibid., n° 141.* ♦ Ayant apprécié souverainement qu'un VRP n'avait pas droit à une indemnité de clientèle, une cour d'appel n'a pas satisfait aux exigences légales en s'abstenant d'allouer une indemnité de licenciement qui constitue le minimum auquel le VRP a droit et dont le montant est nécessairement inclus dans la demande d'indemnité de clientèle plus élevée. • Soc. 21 mars 1990 : *préc.* ♦ Dans le même sens, en faveur du non-cumul de l'indemnité de clientèle et de l'indemnité de départ à la retraite, seule la plus élevée étant due : • Soc. 21 juin 1995, n° 91-43.639 P : *CSB 1995. 263, A. 50 ; RJS 1995. 626, n° 968 ; JCP 1996. I. 3899, n° 18, obs. Chevillard* • 11 mai 2011 : *Dalloz actualité, 1er juin 2011, obs. Ines ; D. 2011. Actu. 1357 ; RJS 2011. 580, n° 649 ; JCP S 2011. 1334, obs. Cesaro.* ♦ Le représentant licencié a droit au paiement d'une indemnité au moins égale à l'indemnité légale de licenciement ; il revient en conséquence au juge qui accorde une indemnité de clientèle, en réponse à une demande incluant nécessairement l'indemnité légale de licenciement, de vérifier que la somme allouée n'est pas inférieure au montant de cette dernière et, si tel est le cas, de retenir le montant de l'indemnité légale de licenciement. • Soc. 2 juill. 2014 : *RJS 2014. 690, n° 818.*

2. Nature de l'indemnité de clientèle. Même si les indemnités de clientèle et de licenciement ne se cumulent pas, l'indemnité de clientèle, qui a pour objet de réparer le préjudice que cause au représentant pour l'avenir la perte de la clientèle apportée, créée ou développée par lui, n'est pas de même nature que l'indemnité de licenciement qui seule est comprise dans l'énumération des art. 2101 et 2104 C. civ. • Soc. 19 mars 1986 : *Bull. civ. V, n° 108 ; D. 1986. IR 239, obs. A. Honorat.*

3. Caractère d'ordre public. Les conventions des parties ne peuvent avoir valablement comme objet de supprimer ou de restreindre les droits du représentant à l'indemnité de clientèle. • Soc. 26 oct. 1964 : *Bull. civ. IV, n° 706.* – V. aussi • Soc. 3 juin 1970 : *Bull. civ. V, n° 374* • 22 janv. 1976 : *ibid., n° 46.*

4. Contrepartie financière à la clause de non-concurrence. L'indemnité de clientèle peut se cumuler avec la contrepartie de la clause de non-concurrence destinée à compenser le dommage résultant de la restriction apportée à l'activité du salarié et réparant un préjudice différent. • Soc. 6 juin 1990, n° 87-44.104 P : *D. 1990. IR 171 ; RJS 1990. 426, n° 638.*

5. AGS. Le plafond de garantie fixé par les art. L. 143-11-8 [L. 3253-17 nouv.] et D. 143-2 ne s'applique pas à l'indemnité de clientèle. • Soc. 11 mars 1992, n° 89-45.168 P : *D. 1992. IR 119 ; RJS 1992. 260, n° 453.*

B. CAS D'OUVERTURE DU DROIT À L'INDEMNITÉ DE CLIENTÈLE

6. Imputabilité de la rupture. La rupture du contrat est imputable à l'employeur notamment en cas de modification substantielle du contrat du représentant. • Soc. 14 déc. 1966 : *Bull. civ. IV, n° 946* • 28 oct. 1970 : *ibid. V, n° 566* • 25 avr. 1974 : *ibid., n° 251* • 21 juin 1978 : *ibid., n° 505.* ♦ L'employeur est également responsable de la rupture en cas de non-paiement des commissions. • Soc. 30 juin 1976 : *Bull. civ. V, n° 409* • 19 nov. 1987 : *ibid., n° 673.* ♦ ... Lorsqu'il met le représentant dans l'impossibilité d'exercer sa mission. • Soc. 13 avr. 1976 : *Bull. civ. V, n° 214* • 21 févr. 1978 : *ibid., n° 131* • 19 nov. 1987 : *préc.* ♦ ... Se livre à des actes de concurrence. • Soc. 28 mai 1974 : *Bull. civ. V, n° 335 ; JCP 1975. II. 18058, note Raynal* • 22 janv. 1976 : *Bull. civ. V, n° 46.* ♦ ... Ou dénigre le représentant auprès de la clientèle. • Soc. 13 avr. 1976 : *Bull. civ. V, n° 214.*

7. L'indemnité de clientèle n'est pas due en cas de rupture du fait du représentant. • Soc. 29 mars 1969 : *D. 1970. 31, note Dureteste* • 20 mars 1980 : *Bull. civ. V, n° 278.* ♦ Dès lors que l'employeur refuse la modification substantielle apportée à son statut par un représentant, ce dernier est responsable de la rupture des relations contractuelles. • Soc. 15 nov. 1989 : *Bull. civ. V, n° 667 ; D. 1989. IR 314.* ♦ Pour d'autres hypothèses de rupture imputable au représentant, V. • Soc. 18 nov. 1970 : *Bull. civ. V, n° 630* • 6 déc. 1972 : *ibid., n° 673* • 30 juin 1976 : *ibid., n° 410* • 22 janv. 1981 : *ibid., n° 70.*

8. L'indemnité de clientèle n'est pas due en cas de rupture du contrat de travail d'un commun accord. • Soc. 20 mars 1980 : *Bull. civ. V, n° 278.* ♦ ... Ou en cas de décès du représentant. • Soc. 19 sept. 1940 : *JCP 1941. II. 1602, note Roubier.* ♦ ... Ou de cession de clientèle par le représentant à un successeur. • Soc. 28 oct. 1992, ⚖ n° 89-43.805 P : *RJS 1992. 771, n° 1424.* ♦ Mais elle est due en cas d'acceptation d'une convention de conversion. • Soc. 2 déc. 1998 : ⚖ *D. 1999. IR 35* ✎ *; RJS 1999. 86, n° 130.*

9. Inaptitude. Le VRP licencié sans avoir commis de faute grave peut prétendre à l'indemnité de clientèle, peu important que l'inaptitude au travail invoquée comme cause de licenciement ait été totale ou partielle. • Soc. 8 juin 2005 : ⚖ *Dr. soc. 2005. 1056, obs. Mouly ; RJS 2005, n° 926.* ♦ Comp. : • Soc. 13 avr. 2005 : ⚖ *Dr. soc. 2005. 822, obs. Mouly* ✎ *; CSB 2005, A. 59, obs. Charbonneau.* ♦ Le droit au bénéfice de l'indemnité de clientèle d'un VRP licencié pour inaptitude et impossibilité de reclassement n'est pas subordonné au fait que l'inaptitude invoquée comme motif de licenciement corresponde à une incapacité permanente totale de travail. • Soc. 19 nov. 2014 : *Dalloz actualité, 9 déc. 2014, obs. Fraisse ; D. 2014. Actu. 2415 ; RDT 2015. 109, obs. Auzero* ✎ *; RJS 2/2015, n° 157.*

C. CONDITIONS D'ATTRIBUTION

a. Absence de faute grave

10. Critères. La faute grave justifiant la rupture immédiate avec privation de l'indemnité compensatrice de préavis est également privative de l'indemnité de clientèle. • Soc. 5 juin 1991, ⚖ n° 88-43.464 P : *D. 1991. IR 190 ; JCP E 1991. II. 206, note Taquet ; RJS 1991. 470, n° 901 ; CSB 1991. 197, A. 44.* ♦ Comp., en faveur d'une distinction selon que la faute grave entraîne la privation de l'indemnité de préavis ou de clientèle : • Soc. 14 déc. 1960 : *JCP 1961. II. 12307, note Camerlynck* • 16 oct. 1985 : *Bull. civ. V, n° 466.*

11. Préavis. La faute grave commise en cours d'exécution du préavis laisse subsister le droit à l'indemnité compensatrice de préavis jusqu'au jour où la faute grave a été constatée et n'entraîne pas la perte du droit à l'indemnité de clientèle, lequel prend naissance à la date de la notification du licenciement. • Soc. 1er avr. 1992, ⚖ n° 88-43.524 P : *D. 1992. IR 158 ; Dr. soc. 1992. 479.* ♦ Comp. : • Soc. 5 févr. 1964 : *JCP 1964. II. 13805, note P. L.* • 23 mai 1984 : *Bull. civ. V, n° 222 ; D. 1984. IR 449.* ♦ V. aussi notes ss. art. L. 1234-1.

b. Existence d'une clientèle

12. Action conjointe. Le développement de la clientèle peut résulter d'une action conjointe du représentant et de la société. • Soc. 14 oct. 1998, ⚖ n° 96-40.638 P : *D. 1998. IR 246* ✎. ♦ Les juges du fond n'ont pas à s'expliquer sur l'existence d'une clientèle dont l'apport n'est pas contesté par la société. • Soc. 3 déc. 1987 : *Bull. civ. V, n° 701 ; D. 1987. IR 261.*

13. Nature des marchandises. La nature des marchandises vendues peut faire obstacle à la constitution d'une clientèle. • Soc. 8 juill. 1968 : *Bull. civ. IV, n° 383* (machines importantes et vétustes) • 8 juin 1966 : *ibid., n° 559* (agencement et restauration de magasins) • 16 nov. 1983 : *ibid. V, n° 561* (instruments scientifiques et industriels) • Versailles, 15 sept. 1997 : *D. 1997. IR 243* ✎ (vente immobilière). ♦ Mais une cour d'appel peut, sans se contredire, estimer que la nature des marchandises permettait de ne visiter les clients qu'à des périodes assez espacées et accorder au représentant l'indemnité de clientèle, dès lors que les clients devaient nécessairement se réapprovisionner par la suite en petits matériels. • Soc. 6 juill. 1966 : *Bull. civ. IV, n° 698.* – Dans le même sens : • Soc. 2 juin 1976 : *Bull. civ. V, n° 355.* ♦ V. aussi • Soc. 30 avr. 1987 : *Bull. civ. V, n° 254* (la diversité des marchandises offertes et le « service après-vente » peuvent créer au profit de la société une clientèle susceptible de renouveler et de compléter régulièrement les ordres du représentant et présentant un caractère certain de stabilité).

14. Valeur de la clientèle. Sur la condition du versement de l'indemnité de clientèle tenant à l'apport, la création ou le développement de la clientèle par le représentant, V. • Soc. 17 mars 1965 : *Bull. civ. IV, n° 245* • 12 févr. 1969 : *ibid. V, n° 96* • 17 mars 1970 : *ibid., n° 200 ; D. 1970. 485* • 12 janv. 1977 : *Bull. civ. V, n° 16* • 8 nov. 1979 : *ibid., n° 826* • 28 oct. 1992 : ☎ *ibid., n° 526.*

15. Cession de la clientèle. Un VRP peut être autorisé à céder la valeur de la clientèle qu'il a apportée, créée ou développée pour son entreprise, sous réserve qu'il renonce au bénéfice de l'indemnité de clientèle à laquelle il peut prétendre et que l'employeur ait donné son accord à ladite cession. • Soc. 17 déc. 2002, ☎ n° 01-01.188 P : *Dr. soc. 2003. 335, obs. Mouly* ✎ *; RJS 2003. 181, n° 271.*

16. Un salarié engagé en qualité de VRP exclusif peut prétendre au paiement d'une indemnité de clientèle dès lors qu'il reprend la clientèle de son père avec l'accord de la société sans que ce dernier en ait été indemnisé, de sorte qu'en succédant à son père, il apporte à l'entreprise la clientèle développée par celui-ci. • Soc. 16 juin 2004, ☎ n° 02-42.674 P : *RJS 2004. 764, n° 1114.*

c. Préjudice

17. Principe. L'indemnité de clientèle a pour objet la réparation du préjudice que cause au représentant la perte de sa clientèle. • Soc. 18 janv. 1957 : *JCP 1957. II. 9832, note Camerlynck* • 19 mars 1986 : *Bull. civ. V, n° 108 ; D. 1986. IR 209.*

18. Réalité du préjudice. Une cour d'appel ne peut condamner une société à payer une indemnité de clientèle sans rechercher si les particuliers démarchés par le représentant renouvelaient leurs commandes assez fréquemment pour que l'intéressé puisse éprouver un préjudice du fait de la perte pour l'avenir du bénéfice d'une telle clientèle. • Soc. 22 oct. 1981 : *Bull. civ. V, n° 824 ; JCP 1982. II. 19864, note Bouteloup.* ♦ Dans le même sens : • Soc. 26 oct. 1964 : *Bull. civ. IV, n° 701* (démarcheurs d'appareils électroménagers) • 11 mai 1966 : *ibid., n° 439 ; D. 1966. 487* (représentant en camion-magasin). ♦ Comp., lorsque les sociétés prospectées présentent un caractère de stabilité et renouvellent leurs commandes à un rythme suffisant pour constituer une clientèle : • Soc. 3 juill. 1963 : *Bull. civ. IV, n° 562* • 2 juin 1976 : *ibid. V, n° 355.* – V. aussi • Soc. 20 mai 1963 : *ibid. IV, n° 413 ; D. 1963. 476.*

19. Ne peut invoquer un préjudice le représentant qui crée une maison concurrente. • Soc. 5 févr. 1964 : *Bull. civ. IV, n° 100 ; JCP 1964. II. 13805, note P. L.* ♦ ... Ou qui continue de démarcher dans le même secteur d'activité. • Soc. 21 févr. 1962 : *Bull. civ. IV, n° 209 ; JCP 1962. II. 12682, note G.-H. C. ; D. 1962. 570* • 2 mars 1977 : *Bull. civ. V, n° 161.* ♦ ... Ou qui a vendu sa clientèle à son successeur. • Soc. 28 oct. 1992, ☎ n° 89-43.805 P : *RJS 1992. 771, n° 1424.* ♦ Il appartient à l'employeur de prouver que le salarié a continué à visiter la clientèle apportée, créée ou développée par lui, et n'a pas subi de ce fait de préjudice justifiant l'attribution de l'indemnité de clientèle. • Soc. 11 févr. 2004, ☎ n° 02-40.601 P : *RJS 2004. 416, n° 622.*

20. L'indemnité de clientèle est due quand bien même l'employeur abandonne la prospection de la clientèle. • Soc. 4 avr. 1973 : *Bull. civ. V, n° 224.* ♦ ... Ou cesse son activité. • Soc. 28 mars 1979 : *Bull. civ. V, n° 288.*

21. Malgré la régression du chiffre d'affaires, l'indemnité de clientèle est due au représentant qui avait presque intégralement créé une clientèle dont la société avait pu profiter. • Soc. 9 nov. 1982 : *Bull. civ. V, n° 616 ; JCP 1984. II. 20134, note Heidsieck.* ♦ Comp. : • Soc. 6 janv. 1967 : *Bull. civ. IV, n° 25* (baisse du chiffre d'affaires faisant craindre une diminution rapide de la clientèle, alors que le représentant continuait de prospecter pour une maison concurrente).

22. Alors même qu'un salarié bénéficierait du statut légal de représentant, le fait de percevoir une rémunération fixe lui interdit de prétendre à une indemnité de clientèle. • Soc. 30 mai 1979 : *Bull. civ. V, n° 477* • 16 févr. 1983 : *ibid., n° 96.* ♦ Tel n'est pas le cas si les commissions ont simplement été forfaitisées. • Soc. 10 mars 2004, ☎ n° 03-42.744 P : *D. 2004. IR 996* ✎ *; RJS 2004. 416, n° 622.*

d. Évaluation

23. Éléments. Aucune disposition n'en réglant l'évaluation, c'est souverainement que les juges du fond apprécient le montant de l'indemnité de clientèle. • Soc. 24 janv. 1989 : *Bull. civ. V, n° 56 ; D. 1989. IR 58.* – Jurisprudence constante : • Soc. 5 avr. 1965 : *D. 1965. 450* • 2 juin 1976 : *Bull. civ. V, n° 355.* ♦ Sur le rôle du juge, V. • Soc. 13 nov. 1970 : *Bull. civ. V, n° 607* • 24 janv. 1979 : *ibid., n° 75.*

24. Une cour d'appel ne peut, pour apprécier le montant d'une indemnité de clientèle, tenir compte d'une année où la marchandise a été livrée incomplète et avec retard. • Soc. 6 mars 1980 : *Bull. civ. V, n° 240.*

25. Date d'évaluation. Si l'indemnité de clientèle doit en principe se calculer au moment de la rupture, c'est à juste titre que l'expert a retenu l'époque où le fait dommageable entraînant la rupture avait commencé à se produire. • Soc. 22 janv. 1976 : *Bull. civ. V, n° 46.*

26. Calcul. Doit être cassé l'arrêt qui fixe le montant de l'indemnité de clientèle par adoption des motifs des premiers juges, selon lesquels l'indemnité est généralement basée sur le montant de deux années de commission, sans rechercher l'importance en nombre et en valeur qui revenait personnellement au représentant dans l'augmentation de la clientèle. • Soc. 13 nov. 1970 : *Bull. civ. V, n° 607.* – Dans le même sens : • Soc. 21 mars 1979 : *Bull. civ. V, n° 259.*

27. Doit être pris en considération pour le calcul de l'indemnité le salaire fixe versé au représentant et destiné à compenser forfaitairement la réduction du taux de commission. • Soc. 14 nov. 1973 : *Bull. civ. V, n° 577.*

28. L'indemnité de clientèle, de nature indemnitaire, ne produit d'intérêts moratoires qu'à compter du jour où elle est fixée. • Soc. 16 févr. 1983 : *Bull. civ. V, n° 96* • 12 nov. 1987 : *ibid., n° 633.* ♦ V. aussi • Soc. 19 oct. 1983 : *Bull. civ. V, n° 516* (intégration des intérêts dans une indemnité globale).

29. Sur la déduction des rémunérations spéciales perçues en cours de contrat, V. • Soc. 8 avr. 1974 : *Bull. civ. V, n° 229* • 25 janv. 1981 : *ibid., n° 616* • 18 nov. 2003 : ⚖ *RJS 2004. 183, n° 272.*

30. Indemnités spéciales. Le bénéfice de l'indemnité spéciale de rupture prévue par l'accord interprofessionnel du 3 oct. 1975 n'est pas subordonné à la reconnaissance d'un droit à l'indemnité de clientèle. • Soc. 12 nov. 1987 : *Bull. civ. V, n° 640 ; D. 1987. IR 241.*

31. Le représentant ne peut valablement renoncer avant l'expiration du contrat de travail au paiement de l'indemnité de clientèle en contrepartie du bénéfice de l'indemnité spéciale. • Soc. 3 déc. 1987 : *Bull. civ. V, n° 701.*

32. L'indemnité spéciale ne peut être cumulée avec l'indemnité de clientèle. • Soc. 6 mars 1980 : *Bull. civ. V, n° 240* • 18 mars 1992 : ⚖ *ibid., n° 191.* ♦ Mais elle est cumulable avec des rémunérations accordées en cours de contrat pour le même objet que l'indemnité de clientèle. • Soc. 4 janv. 1996, ⚖ n° 92-40.440 P : *RJS 1996. 116, n° 182 ; LPA 10 janv. 1997, note Yamba.*

33. Pour le calcul de l'indemnité spéciale, la période de référence ne peut s'entendre que d'une période d'activité professionnelle habituelle, excluant donc la période d'arrêt de travail prolongé ayant précédé le licenciement. • Soc. 1er juill. 1997, ⚖ n° 94-40.449 P : *RJS 1997. 726, n° 1175.*

34. Indemnités conventionnelles. Le représentant qui cède sa clientèle à un successeur agréé par la société ne peut cumuler le produit de cette cession avec l'indemnité conventionnelle de départ à la retraite prévue par l'accord national interprofessionnel du 3 oct. 1975. • Soc. 12 nov. 1987 : *Bull. civ. V, n° 647* • 31 janv. 1996 : ⚖ *RJS 1996. 201, n° 337.*

35. Convention collective. Il ne résulte pas de l'art. L. 751-9 [L. 7313-11 s. nouv.], dernier al., que les parties signataires de la convention collective, qui en déterminent le champ d'application, ne puissent exclure les VRP du bénéfice de ses dispositions. • Soc. 30 sept. 1997, ⚖ n° 94-43.733 P : *D. 1997. IR 223 ; Dr. soc. 1997. 1098, obs. Couturier ; RJS 1997. 796, n° 1297 ; Sem. soc. Lamy 1997, n° 858, p. 10, obs. C.G.*

Art. L. 7313-14 **L'indemnité de clientèle est due en cas de rupture du contrat de travail à durée déterminée par l'employeur avant l'échéance du terme ou lorsque le contrat venu à échéance n'est pas renouvelé, et en l'absence de faute grave.** – *[Anc. art. L. 751-9, al. 2.]*

Art. L. 7313-15 **L'indemnité de clientèle ne se confond ni avec l'indemnité pour rupture abusive du contrat de travail à durée indéterminée, ni avec celle due en cas de rupture anticipée du contrat de travail à durée déterminée.** – *[Anc. art. L. 751-9, al. 3.]*

Art. L. 7313-16 **L'indemnité de clientèle ne peut être déterminée forfaitairement à l'avance.** – *[Anc. art. L. 751-9, al. 4.]*

SOUS-SECTION 4 INDEMNITÉ CONVENTIONNELLE DE SUBSTITUTION

Art. L. 7313-17 **Lorsque l'employeur est assujetti à une convention ou accord collectif de travail ou à une décision unilatérale de sa part ou d'un groupement d'employeurs, le voyageur, représentant ou placier peut, dans les cas de rupture du contrat de travail mentionnés aux articles L. 7313-13 et L. 7313-14, bénéficier d'une indemnité.**

L'indemnité est égale à celle à laquelle le voyageur, représentant ou placier aurait pu prétendre si, bénéficiant de la convention ou du règlement il avait, selon son âge, été licencié ou mis à la retraite.

Cette indemnité n'est pas cumulable avec l'indemnité de clientèle. Seule la plus élevée est due. – *[Anc. art. L. 751-9, al. 5.]*

SECTION V **LITIGES**

Art. L. 7313-18 **Le conseil de prud'hommes est seul compétent pour connaître des litiges relatifs à l'application du contrat de représentation régi par les dispositions du présent titre.** – *[Anc. art. L. 751-10, phrase 1.]*

CHAPITRE IV **DISPOSITIONS PÉNALES**

Le présent chapitre ne comprend pas de dispositions législatives.

TITRE DEUXIÈME **GÉRANTS DE SUCCURSALES**

RÉP. TRAV. v° *Gérants de succursales*, par Chalaron.

BIBL. GÉN. ▶ Amiel-Cosme, note *D. 1997. 10* (compatibilité entre les art. L. 781-1 et L. 120-3). – Bizière, *Quest. prud'h. 1972. 388* (distribution des produits pétroliers) ; *ibid. 1973. 6* ; *ibid. 1974. 513* (gérants libres de station-service). – Déprez, *RJS 1992. 319* (responsabilité pécuniaire du salarié). – Ghestin et Langlois, note *D. 1993. 414*. – Schaeffer, *JCP 1972. I. 2503* (pompiste de station-service).

CHAPITRE PREMIER **DISPOSITIONS GÉNÉRALES**

Art. L. 7321-1 **Les dispositions du présent code sont applicables aux gérants de succursales, dans la mesure de ce qui est prévu au présent titre.** – *[Anc. art. L. 781-1, al. 1.]*

Les gérants de succursales bénéficient des dispositions du code du travail et notamment de celles du titre V livre II relatif aux conventions collectives, ce dont il résulte qu'ils relèvent de la convention collective à laquelle est soumis le chef d'entreprise qui les emploie, y compris s'agissant de ses dispositions qui concernent la protection de la santé du personnel. • Soc. 26 oct. 2011 : *Dalloz actualité, 21 nov. 2011, obs. Perrin ; RJS 2012. 75, n° 86 ; JCP S 2012. 1003, obs. Guyot.*

Art. L. 7321-2 **Est gérant de succursale toute personne :**

1° Chargée, par le chef d'entreprise ou avec son accord, de se mettre à la disposition des clients durant le séjour de ceux-ci dans les locaux ou dépendances de l'entreprise, en vue de recevoir d'eux des dépôts de vêtements ou d'autres objets ou de leur rendre des services de toute nature ;

2° Dont la profession consiste essentiellement :

***a)* Soit à vendre des marchandises de toute nature qui leur sont fournies exclusivement ou presque exclusivement par une seule entreprise** *(L. n° 2008-776 du 4 août 2008, art. 39)* **« , lorsque ces personnes exercent leur profession dans un local fourni ou agréé par cette entreprise et aux conditions** *(L. n° 2009-526 du 12 mai 2009, art. 55)* **« et » prix imposés par cette entreprise » ;**

***b)* Soit à recueillir les commandes ou à recevoir des marchandises à traiter, manutentionner ou transporter, pour le compte d'une seule entreprise, lorsque ces personnes exercent leur profession dans un local fourni ou agréé par cette entreprise et aux conditions et prix imposés par cette entreprise.** – *[Anc. art. L. 781-1, al. 2 et 3.]*

1. Principe de conventionnalité juridique. Ne constitue pas une atteinte à la sécurité juridique le fait que les juridictions apprécient l'importance de l'activité consacrée par un distributeur de produits au service du fournisseur. • Soc. 5 déc. 2012 : *Dalloz actualité, 30 janv. 2013, obs. Ines ; JCP S 2013. 1122, obs. Lahalle.*

A. CONDITIONS D'APPLICATION

2. Office du juge. Le recours par les parties à la dénomination « contrat de franchise » ne peut interdire aux juges de requalifier la relation contractuelle lorsque les conditions de l'art. L. 781-1 [L. 7321-1 s. nouv.] sont remplies. • Com. 3 mai 1995 : *D. 1997. 10, note Amiel-Cosme ; D. 1997. Somm. 57, obs. Ferrier ; RJS 1995. 691, n° 1077.* ♦ Sur le caractère cumulatif des conditions posées par l'art. L. 781-1, V. • Soc. 28 nov. 1984 : *Bull. civ. V, n° 461.* ♦ Un gérant de magasin qui ne contestait pas qu'il avait toujours aménagé ses propres horaires de travail sans contrôle, organisé lui-même ses conditions de travail au sein du magasin et déclaré sous son immatriculation auprès de l'Urssaf le personnel placé sous ses ordres, ne peut être assimilé à un cadre salarié en l'absence de lien de subordination juridique. • Soc. 12 janv. 2011 : *Dalloz actualité, 9 févr. 2011, obs. Siro ; D. 2011. Actu. 309 ; JCP S 2011. 1227, obs. Lahalle.*

3. Activité. Les dispositions du code du travail qui visent les apprentis, ouvriers, employés et travailleurs sont applicables aux personnes dont la profession consiste essentiellement à recueillir les commandes ou à recevoir les objets à traiter, manutentionner ou transporter, pour le compte d'une seule entreprise industrielle ou commerciale, lorsque ces personnes exercent leur profession dans un local formé ou agréé par cette entreprise et aux conditions et prix imposés par ladite entreprise. • Soc. 4 déc. 2001, n° 99-44.452 P : *GADT, 4e éd., n° 5 ; Dr. soc. 2002. 158, obs. Jeammaud ; RJS 2002. 190, n° 241.* ♦ Les dispositions législatives ont été étendues : aux gérants libres de station-service. • Soc. 13 janv. 1972 : *GADT, 4e éd., n° 4 ; D. 1972. 425* • 18 déc. 1975 : *D. 1976. 399, note Jeammaud* • 14 janv. 1982 : *D. 1983. 242, note Saint-Jours.* ♦ ... A un distributeur indépendant. • Soc. 1er mars 1973 : *JCP 1974. II. 17687, note Meysonnade.* ♦ ... A un dépositaire exclusif de marchandises. • Soc. 12 mai 1982 : *Bull. civ. V, n° 295.* ♦ ... A un concessionnaire. • Cass., Ch. réun. 24 juin 1966 : *D. 1967. 137, note Catala-Franjou.* ♦ ... A un distributeur exclusif. • Soc. 7 févr. 1983 : *Bull. civ. V, n° 88.* ♦ Solution inverse, lorsque le gérant libre d'une station-service déploie une activité hors de tout lien de subordination : • Soc. 1er juin 1983 : *JCP E 1983. II. 14508, note Vachet.*

4. Approvisionnement. Sur l'appréciation souveraine par les juges du fond du caractère exclusif ou quasi exclusif de l'approvisionnement, V. • Soc. 13 janv. 1972 : *D. 1972. 524 ; JCP 1972. II. 17240 bis* • 7 juill. 1977 : *Bull. civ. V, n° 480, 1er arrêt* • 6 juill. 1982 : *ibid., n° 458* • 28 nov. 1984 : *préc. note 2.*

5. Local. L'art. L. 781-1 [L. 7321-1 s. nouv.] envisageant le local fourni ou agréé, les droits du gérant sur le local ne sont pas pris en compte pour l'application de ce texte. • Soc. 9 juill. 1974 : *Bull. civ. V, n° 429.*

6. Prix et conditions. Sur la condition relative au prix imposé, V. • Soc. 18 déc. 1975 : *Bull. civ. V, n° 621* • 17 janv. 1979 : *ibid., n° 48* • 18 nov. 1981 : *ibid., n° 895.*

7. Tout en relevant que le contrat posait le principe de la liberté, pour les locataires-gérants, de fixer les horaires d'ouverture de la station-service, une cour d'appel a pu estimer que cette liberté était illusoire, l'horaire devant obéir aux impératifs de vente sans cesse rappelés par la société et à la nécessité de ne pas nuire à l'image de marque de celle-ci. • Soc. 12 janv. 1983 : *Bull. civ. V, n° 14.* ♦ *Contra* : • Soc. 15 déc. 1993 : *RJS 1994. 74, n° 90 ; CSB 1994. 41, A. 10* (la clause imposant l'ouverture du magasin aux heures habituelles n'est pas une clause fixant les conditions de travail).

8. Emploi de personnel. N'a pas légalement justifié sa décision la cour d'appel qui reconnaît la qualité d'employeur à une société sans rechercher si le gérant n'avait pas le pouvoir de recruter le personnel de son choix et de le congédier sous sa responsabilité. • Soc. 27 oct. 1978 : *Bull. civ. V, n° 730.*

9. Renonciation. Sur la possibilité de renoncer au bénéfice de la loi du 21 mars 1941 (art. L. 781-1 s.), V. • Soc. 12 juin 1980 : *Bull. civ. V, n° 520* • 3 mars 1983 : *ibid., n° 133.*

B. EFFETS

10. Compétence. La soumission du gérant au droit du travail entraîne la compétence du conseil de prud'hommes en cas de litige entre le gérant et son employeur : V. notamment • Soc. 13 janv. 1972 : *préc. note 4* • 10 juin 1976 : *Bull. civ. V, n° 357.* ♦ Solution inverse lorsque la demande est relative au paiement de factures de fournitures, ainsi qu'aux modalités commerciales d'exploitation du fonds : • Soc. 8 nov. 1979 : *Bull. civ. V, n° 843.* ♦ Le litige se rattachant aux modalités commerciales d'exploitation d'un magasin tenu par des gérants non salariés dans les conditions fixées par l'art. L. 781-1, 2° [L. 7321-2 nouv.] relève de la compétence du tribunal de commerce ; il en est ainsi pour un litige portant sur des détournements et un déficit d'invention. • Soc. 8 mars 2006 : *RJS 2006. 525, n° 766 ; Dr. soc. 2006. 789, obs. Savatier.*

11. Indemnité de gérance. Le gérant d'une station-service, admis au bénéfice des dispositions de l'art. L. 781-1 [L. 7321-1 s. nouv.], ne peut prétendre au paiement des indemnités de gérance et de reprise de stock. • Soc. 26 févr. 1992, n° 88-41.533 P : *CSB 1992. 122, S. 76 ; RJS 1992. 302, n° 536.* ♦ Mais celui qui, ayant bénéficié de la législation du travail, s'est désisté de son action devant la juridiction prud'homale aux fins de se voir reconnaître le bénéfice de l'art. L. 781-1, est en droit de réclamer le bénéfice des dispositions de son contrat de locataire-gérant pour opérer une compensation entre la prime de fin de gérance et le montant du solde débiteur de son compte. • Soc. 8 avr. 1992, n° 89-13.956 P : *D. 1992. IR 151 ; RJS 1992. 439, n° 807.*

12. Rupture. Sur l'application des règles de droit commun relatives à la rupture du contrat de travail, V. notamment • Soc. 11 oct. 1978 : *Bull. civ. V, n° 662* • 4 oct. 1979 : *ibid., n° 689* • 17 juin 1982 : *ibid., n° 404.*

13. Heures supplémentaires. Doit être cassée la décision accordant à un couple de gérants salariés une rémunération pour heures supplémentaires, sans rechercher si la durée et les conditions de travail étaient imposées par l'entreprise et si les époux étaient dans la nécessité de travailler au-delà de la durée légale. • Soc. 22 mai 1986, n° 83-42.341 P. – Dans le même sens : • Soc. 15 nov. 1989 : *Bull. civ. V, n° 665 ; D. 1990. IR 14* • 26 févr. 1992 : *préc. note 11.*

14. Rémunération minimale. Quelle que soit l'importance du déficit imputable à leur gestion, des gérants salariés ne peuvent être privés du droit de conserver définitivement chaque mois une rémunération au moins égale au SMIC, sauf faute lourde de leur part. • Soc. 19 nov. 1959 : *D. 1960. 74, note Lindon ; JCP 1960. II. 11397, note Bizière* • 23 avr. 1976 : *Bull. civ. V, n° 231 ; D. 1976. IR 153.* – V. aussi • Soc. 28 nov. 1978 : *Bull. civ. V, n° 795* • 5 mars 1981 : *ibid., n° 195.*

15. La promesse faite par un salarié ou assimilé de restituer un dépôt fait par l'employeur pour l'exercice de ses fonctions est licite dans la mesure où il n'est pas porté atteinte à son droit au salaire minimum garanti. • Soc. 24 mai 1978 : *Bull. civ. V, n° 389 ; D. 1978. IR 386, obs. Pélissier.* ♦ Dès lors que le contrat liant les parties est soumis aux dispositions de l'art. L. 781-1 [L. 7321-1 s. nouv.], est licite l'engagement pris par un gérant salarié de garantir le déficit d'inventaire, dans la mesure où il n'est pas porté atteinte à son droit au salaire minimum. • Soc. 20 janv. 1993 : *D. 1993. 414, note Ghestin et Langlois.* ♦ Comp. : • Soc. 31 oct. 1989 : *Bull. civ. V, n° 624* • 23 janv. 1992 : *ibid., n° 39 ; JCP 1993. II. 22000, note Delebecque ; Dr. soc. 1992. 267 ; RJS 1992. 322, n° 581* (décisions affirmant, à propos d'un gérant, que, les parties étant liées par un contrat de travail, seule la faute lourde du salarié peut engager sa responsabilité pécuniaire).

16. Indemnité de licenciement. L'indemnité de licenciement compensant le préjudice résultant pour le salarié de la rupture du contrat de travail, elle doit être versée quel que soit le bénéfice réalisé par le gérant. • Soc. 11 déc. 1985 : *Bull. civ. V, n° 606.* – V. aussi • Soc. 4 oct. 1979 : *Bull. civ. V, n° 689.*

17. Responsabilité pécuniaire. Dès lors qu'un gérant de station-service s'est vu reconnaître, non pas la qualité de salarié, mais l'application des dispositions de l'art. L. 7321-2 C. trav., l'engagement de sa responsabilité pécuniaire n'est pas soumis à l'exigence d'une faute lourde. • Soc. 23 nov. 2016, n° 15-21.942 P : *Dalloz actualité, 13 déc. 2016, obs. Roussel ; D. 2016. Actu. 2471.*

18. Retraite complémentaire. Ne sont pas applicables aux gérants non-salariés de succursales les dispositions relatives à l'affiliation des salariés aux régimes de retraite complémentaires AGIRC et ARRCO. • Soc. 23 nov. 2016, n°s 15-21.192 et 15-21.942 P : *Dalloz actualité, 13 déc. 2016, obs. Roussel ; D. 2016. Actu. 2471.*

C. ACTION

19. Qualité pour agir. L'action tendant à faire reconnaître que les dispositions de l'art. L. 7321-2 sont applicables à un rapport contractuel, qui n'exige pas que soit établie l'existence d'un lien de subordination, n'est pas une action exclusivement attachée à la personne qui désire bénéficier de ces dispositions. • Soc. 9 mars 2011 : *Dalloz actualité, 25 mars 2011, obs. Siro ; Dr. soc. 2011. 715, obs. Dockès ; JCP S 2011. 1335, obs. Lahalle.*

Art. L. 7321-3 **Le chef d'entreprise qui fournit les marchandises ou pour le compte duquel sont recueillies les commandes ou sont reçues les marchandises à traiter, manutentionner ou transporter n'est responsable de l'application aux gérants salariés de succursales des dispositions du livre Ier de la troisième partie relatives à la durée du travail, aux repos et aux congés et de celles de la quatrième partie relatives à la santé et à la sécurité au travail que s'il a fixé les conditions de travail, de santé et de sécurité au travail dans l'établissement ou si celles-ci ont été soumises à son accord.**

Dans le cas contraire, ces gérants sont assimilés à des chefs d'établissement. Leur sont applicables, dans la mesure où elles s'appliquent aux chefs d'établissement, directeurs ou gérants salariés, les dispositions relatives :

1° Aux relations individuelles de travail prévues à la première partie ;

2° A la négociation collective et aux conventions et accords collectifs de travail prévus au livre II de la deuxième partie ;

3° A la durée du travail, aux repos et aux congés prévus au livre Ier de la troisième partie ;

4° Aux salaires prévus au livre II de la troisième partie ;

5° A la santé et à la sécurité au travail prévues à la quatrième partie. – *[Anc. art. L. 781-1, al. 4 et 5.]*

La prescription quinquennale prévue par l'art. L. 3245-1 C. trav. s'applique en vertu des art. L. 7321-1 à L. 7321-4 à l'action engagée par un gérant de succursale devant la juridiction prud'homale en tant que celle-ci porte sur des demandes de nature salariale. • Soc. 17 nov. 2010 : *Dr. soc. 2011. 392, note Gaba ; JCP S 2011. 1090, obs. Lahalle.*

Art. L. 7321-4 **Les gérants de succursales sont responsables à l'égard des salariés placés sous leur autorité, au lieu et place du chef d'entreprise avec lequel ils ont contracté, de l'application des dispositions mentionnées aux 1° à 5° de l'article L. 7321-3 à condition d'avoir toute liberté en matière d'embauche, de licenciement et de fixation des conditions de travail de ces salariés.** – *[Anc. art. L. 781-1, al. 6.]*

Art. L. 7321-5 Est nulle toute convention contraire aux dispositions du présent chapitre. — *[Anc. art. L. 781-2.]*

Si toute convention contraire aux dispositions de l'art. L. 781-1 [L. 7321-1 s. et L. 7321-5 nouv.] est nulle, l'art. L. 781-2 [L. 7321-1 s. et L. 7321-5 nouv.] ne s'oppose pas à ce que, après l'expiration du contrat les liant à une entreprise industrielle ou commerciale, les personnes intéressées renoncent, en contrepartie d'autres avantages, aux dispositions dudit art. L. 781-1. • Soc. 17 avr. 1985 : *Bull. civ. V, n° 233 ; JCP E 1985. I. 14858, n° 8, obs. Teyssié.*

CHAPITRE II **GÉRANTS NON SALARIÉS DES SUCCURSALES DE COMMERCE DE DÉTAIL ALIMENTAIRE**

Art. L. 7322-1 Les dispositions du chapitre Ier sont applicables aux gérants non salariés définis à l'article L. 7322-2, sous réserve des dispositions du présent chapitre.

L'entreprise propriétaire de la succursale est responsable de l'application au profit des gérants non salariés des dispositions du livre Ier de la troisième partie relatives à la durée du travail, aux repos et aux congés, ainsi que de celles de la quatrième partie relatives à la santé et à la sécurité au travail lorsque les conditions de travail, de santé et de sécurité au travail dans l'établissement ont été fixées par elle ou soumises à son accord.

Dans tous les cas, les gérants non salariés bénéficient des avantages légaux accordés aux salariés en matière de congés payés.

Par dérogation aux dispositions des articles L. 3141-1 et suivants relatives aux congés payés, l'attribution d'un congé payé peut, en cas d'accord entre les parties, être remplacée par le versement d'une indemnité d'un montant égal au douzième des rémunérations perçues pendant la période de référence.

Les obligations légales à la charge de l'employeur incombent à l'entreprise propriétaire de la succursale. — *[Anc. art. L. 782-1, al. 2, et L. 782-7, al. 1.]*

1. Recodification. La rédaction du nouvel article L. 7322-1, plus restrictive que celle de l'ancien article L. 782-7 ne remet pas en cause sa jurisprudence antérieure. • Soc. 8 déc. 2009 : *R., p. 358 ; D. 2010. AJ 97 ; RJS 2010. 111, Rapp. Ludet ; Dalloz actualité, 13 janv. 2010, obs. Dechristé* (2 arrêts).

2. Droit disciplinaire. Il résulte des termes de l'art. L. 782-7 [L. 7322-1 et L. 7322-7 nouv.] que le gérant non salarié ne peut être privé, dès l'origine, par une clause du contrat (clause, en l'espèce, assimilant l'existence d'un déficit d'inventaire à une faute grave), du bénéfice des règles protectrices relatives à la rupture du contrat. • Soc. 28 oct. 1997 : *D. 1997. IR 252 ; RJS 1997. 887, n° 1450 ; CSB 1998. 39, A. 8* • 11 mars 2009 : *RDT 2009. 373, obs. Auzero* • 28 sept. 2011 : *D. 2011. Actu. 2407 ; JCP S 2011. 1521, obs.Lahalle.* ♦ Les dispositions du code du travail relatives à la prescription des fautes disciplinaires leur sont également applicables. • Soc. 8 déc. 2009, n° 08-42.090 P : *D. 2010. AJ 97 ; RJS 2/2010, n° 223 ; JCP S 2010. 1079, note Lahalle.*

3. Inaptitude. Le gérant non salarié bénéficie de tous les avantages accordés aux salariés par la législation sociale dont ceux relatifs à l'inaptitude énoncés par les art. L. 124-24-4 s. [L. 1226-2 s. nouv.]. • Soc. 15 mai 2007 : *D. 2007. AJ 1599 ; Dr. soc. 2007. 1054, obs. Savatier ; RJS 2007. 678, n° 896 ; JCP S 2007. 1586, note Lahalle* • Soc. 5 oct. 2016, n° 15-22.730 P : *D. 2016. Actu. 2070 ; RJS 12/2016, n° 830 ; Bull. Joly 2016. 650 ; JCP S 2016. 1402, obs. Drai.*

4. Heures supplémentaires. Il résulte de la combinaison des art. L. 782-2 [L. 7322-1 et L. 7322-7 nouv.] et L. 782-7 [L. 7322-1 et L. 7322-7 nouv.] qu'un gérant non salarié est fondé à demander le paiement des heures supplémentaires dont l'exécution lui est imposée par l'entreprise propriétaire de la succursale. • Soc. 15 nov. 1989 : *Bull. civ. V, n° 665 ; D. 1990. IR 14.* – Dans le même sens : • Soc. 22 mai 1986, n° 83-42.341 P. • 26 févr. 1992 : *CSB 1992. 122, S. 76 ; RJS 1992. 302, n° 536.*

5. Indemnités journalières. Le gérant non salarié a droit au versement des indemnités journalières pour maladie quand bien même sa rémunération serait maintenue par l'employeur. • Soc. 29 mars 1990, n° 87-14.121 P : *RJS 1990. 366, n° 536.*

6. Droit syndical. Les gérants non salariés des succursales de commerce de détail alimentaire bénéficient du droit syndical dans les mêmes conditions que les salariés ; ils peuvent se prévaloir de l'ensemble des dispositions légales relatives aux institutions représentatives du personnel, sous réserve des aménagements expressément prévus par des dispositions particulières les concernant. • Crim. 11 oct. 2011 : *JCP S 2012. 1045, obs. Lahalle.*

7. Élections professionnelles. L'électorat au comité d'entreprise entre dans les avantages accordés aux salariés par la législation sociale dont l'art. L. 782-7 [L. 7322-1 et L. 7322-7 nouv.] ne donne pas une énumération limitative. • Soc. 9 janv. 1975 : *Bull. civ. V, n° 6.* ♦ Pour l'élection des délégués du personnel, V. • Soc. 21 mai 1981 : *Bull. civ. V, n° 447.*

8. Clause de non-concurrence. Une clause de non-concurrence stipulée dans le contrat d'un gérant non salarié de succursale de maison d'alimentation de détail n'est licite que si elle comporte l'obligation pour la société de distribution de verser au gérant une contrepartie financière. • Soc. 9 janv. 2013 : *D. 2013. Actu. 180 ; CCC 2013, n° 52, note Malaurie-Vignal ; JCP S 2013. 38, obs. Miara ; ibid. 1362, obs. Kerbouc'h ; D. 2013. Actu. 180* • Soc. 27 mars 2013 : *D. 2013. Actu. 924*.

Art. L. 7322-2 Est gérant non salarié toute personne qui exploite, moyennant des remises proportionnelles au montant des ventes, les succursales des commerces de détail alimentaire ou des coopératives de consommation lorsque le contrat intervenu ne fixe pas les conditions de son travail et lui laisse toute latitude d'embaucher des salariés ou de se faire remplacer à ses frais et sous son entière responsabilité.

La clause de fourniture exclusive avec vente à prix imposé est une modalité commerciale qui ne modifie pas la nature du contrat. – *[Anc. art. L. 782-1, al. 1.]*

Art. L. 7322-3 Les accords collectifs fixant les conditions auxquelles doivent satisfaire les contrats individuels conclus entre les entreprises et leurs gérants de succursales non salariés sont régis, en ce qui concerne leur validité, leur durée, leur résolution, leur champ d'application, leurs effets et leurs sanctions, par les dispositions du livre II de la deuxième partie.

Ces accords déterminent, notamment, le minimum de la rémunération garantie aux gérants non salariés, compte tenu de l'importance de la succursale et des modalités d'exploitation de celle-ci. – *[Anc. art. L. 782-3.]*

1. Rupture du contrat. Il résulte de la combinaison des art. L. 782-3 et L. 132-4 [L. 7322-3 et L. 2251-1 nouv.] qu'un accord collectif ne peut priver un gérant non salarié du bénéfice des dispositions des art. L. 122-4 s. [L. 1231-1 nouv.] sur la résiliation du contrat de travail qu'à la condition de comporter des dispositions plus favorables au gérant. • Soc. 4 févr. 1993, n° 89-41.354 P : *Dr. soc. 1993. 302.*

2. Rémunération minimale. Sur le droit pour le gérant non salarié de bénéficier d'une rémunération au moins égale au SMIC, V. • Soc. 22 oct. 1980 : *Bull. civ. V, n° 757* • 31 janv. 1985 : *Dr. soc. 1985. 811, note Savatier* • 24 mars 1988 : *Bull. civ. V, n° 217.*

Art. L. 7322-4 Les dispositions des accords collectifs mentionnés à l'article L. 7322-3 peuvent, après consultation des organisations professionnelles intéressées, être rendues obligatoires par l'autorité administrative à l'ensemble des commerces de détail alimentaire et des coopératives de consommation comprises dans leur champ d'application.

A défaut de tels accords, l'autorité administrative peut, après consultation des organisations professionnelles intéressées, fixer, soit pour la région déterminée, soit pour l'ensemble du territoire, les conditions auxquelles doivent satisfaire les contrats individuels conclus entre les entreprises et leurs gérants non salariés, notamment le minimum de rémunération. – *[Anc. art. L. 782-4.]*

Art. L. 7322-5 Les litiges entre les entreprises et leurs gérants non salariés relèvent de la compétence des tribunaux de commerce lorsqu'ils concernent les modalités commerciales d'exploitation des succursales.

Ils relèvent de celle des conseils de prud'hommes lorsqu'ils concernent les conditions de travail des gérants non salariés. – *[Anc. art. L. 782-5.]*

Art. L. 7322-6 Toute clause attributive de juridiction incluse dans un contrat conclu entre une entreprise mentionnée à l'article L. 7322-2 et un gérant non salarié de succursale est nulle. – *[Anc. art. L. 782-6.]*

Nullité d'une clause attributive de juridiction : V. • Soc. 1er juin 1994 : *CSB 1994. 197, A. 40.*

TITRE TROISIÈME **ENTREPRENEURS SALARIÉS ASSOCIÉS D'UNE COOPÉRATIVE D'ACTIVITÉ ET D'EMPLOI**

(L. n° 2014-856 du 31 juill. 2014, art. 48)

BIBL. ▶ AUZERO, *RDT 2014. 681* (le statut d'entrepreneur salarié associé d'une coopérative d'activité et d'emploi).

CHAPITRE PREMIER **DISPOSITIONS GÉNÉRALES**

SECTION I **CHAMP D'APPLICATION**

Art. L. 7331-1 Le présent code est applicable aux entrepreneurs salariés associés d'une coopérative d'activité et d'emploi mentionnée à l'article 26-41 de la loi n° 47-1775 du 10 septembre 1947 portant statut de la coopération, sous réserve des dispositions du présent titre.

SECTION II **PRINCIPES**

Art. L. 7331-2 Est entrepreneur salarié d'une coopérative d'activité et d'emploi toute personne physique qui :

1° Crée et développe une activité économique en bénéficiant d'un accompagnement individualisé et de services mutualisés mis en œuvre par la coopérative en vue d'en devenir associé ;

2° Conclut avec la coopérative un contrat, établi par écrit, comportant :

a) Les objectifs à atteindre et les obligations d'activité minimale de l'entrepreneur salarié ;

b) Les moyens mis en œuvre par la coopérative pour soutenir et contrôler son activité économique ;

c) Les modalités de calcul de la contribution de l'entrepreneur salarié au financement des services mutualisés mis en œuvre par la coopérative, dans les conditions prévues par les statuts de celle-ci ;

d) Le montant de la part fixe et les modalités de calcul de la part variable de la rémunération de l'entrepreneur salarié, en application de l'article L. 7332-3 ;

e) La mention des statuts en vigueur de la coopérative ;

f) Les conditions dans lesquelles sont garantis à l'entrepreneur salarié ses droits sur la clientèle qu'il a apportée, créée et développée, ainsi que ses droits de propriété intellectuelle.

Art. L. 7331-3 Dans un délai maximal de trois ans à compter de la conclusion du contrat mentionné à l'article L. 7331-2, l'entrepreneur salarié devient associé de la coopérative d'activité et d'emploi.

Ce délai est minoré, le cas échéant, de la durée du contrat d'appui au projet d'entreprise pour la création ou la reprise d'une activité économique prévu à l'article L. 127-1 du code de commerce ou de tout autre contrat conclu entre les parties.

Le contrat mentionné à l'article L. 7331-2 du présent code prend fin si l'entrepreneur salarié ne devient pas associé avant ce délai.

CHAPITRE II **MISE EN ŒUVRE**

Art. L. 7332-1 Le contrat mentionné au 2° de l'article L. 7331-2 peut comporter une période d'essai dont la durée, renouvellement compris, ne peut excéder huit mois.

Lorsque les parties ont préalablement conclu un contrat d'appui au projet d'entreprise pour la création ou la reprise d'une activité économique, prévu à l'article L. 127-1 du code de commerce, ou tout autre contrat, la durée de ces contrats est déduite de la durée prévue au premier alinéa du présent article.

Art. L. 7332-2 La coopérative d'activité et d'emploi est responsable de l'application, au profit des entrepreneurs salariés associés, des dispositions du livre Ier de la troisième partie relatives à la durée du travail, aux repos et aux congés, ainsi que de celles de la quatrième partie relatives à la santé et à la sécurité au travail lorsque les conditions de travail, de santé et de sécurité au travail ont été fixées par elle ou soumises à son accord.

Dans tous les cas, les entrepreneurs salariés associés bénéficient des avantages légaux accordés aux salariés, notamment en matière de congés payés.

Art. L. 7332-3 La rémunération d'un entrepreneur salarié associé d'une coopérative d'activité et d'emploi comprend une part fixe et une part variable calculée en fonction du chiffre d'affaires de son activité, après déduction des charges directement et exclusivement liées à son activité et de la contribution mentionnée au *c* du 2° de l'article L. 7331-2.

La coopérative met à la disposition de l'entrepreneur salarié associé un état des comptes faisant apparaître le détail des charges et des produits liés à son activité.

Les modalités de calcul et de versement de la rémunération à l'entrepreneur salarié associé et de déclaration auprès des organismes sociaux sont précisées par décret en Conseil d'État.

Art. L. 7332-4 Les dispositions des articles L. 3253-2 et L. 3253-3 relatives aux garanties des rémunérations dans le cadre d'une procédure de sauvegarde, de redressement ou de liquidation judiciaires s'appliquent aux entrepreneurs salariés associés d'une coopérative d'activité et d'emploi pour les rémunérations de toute nature dues au titre des quatre-vingt-dix derniers jours de travail.

Art. L. 7332-5 La coopérative d'activité et d'emploi est responsable des engagements pris vis-à-vis des tiers dans le cadre de l'activité économique développée par l'entrepreneur salarié associé.

Art. L. 7332-6 Le conseil de prud'hommes est seul compétent pour connaître des litiges relatifs au contrat mentionné au 2° de l'article L. 7331-2.

Toute clause attributive de juridiction incluse dans un contrat conclu entre un entrepreneur salarié associé et une coopérative d'activité et d'emploi dont il est l'associé est nulle.

Art. L. 7332-7 Le présent titre s'applique aux entrepreneurs salariés régis par les articles L. 7331-2 et L. 7331-3 qui ne sont pas encore associés de la coopérative d'activité et d'emploi.

TITRE QUATRIÈME **TRAVAILLEURS UTILISANT UNE PLATEFORME DE MISE EN RELATION PAR VOIE ÉLECTRONIQUE**

(L. n° 2016-1088 du 8 août 2016, art. 60)

CHAPITRE PREMIER **CHAMP D'APPLICATION**

Art. L. 7341-1 Le présent titre est applicable aux travailleurs indépendants recourant, pour l'exercice de leur activité professionnelle, à une ou plusieurs plateformes de mise en relation par voie électronique définies à l'article 242 *bis* du code général des impôts.

CHAPITRE II **RESPONSABILITÉ SOCIALE DES PLATEFORMES**

Art. L. 7342-1 Lorsque la plateforme détermine les caractéristiques de la prestation de service fournie ou du bien vendu et fixe son prix, elle a, à l'égard des travailleurs concernés, une responsabilité sociale qui s'exerce dans les conditions prévues au présent chapitre.

Art. L. 7342-2 Lorsque le travailleur souscrit une assurance couvrant le risque d'accidents du travail ou adhère à l'assurance volontaire en matière d'accidents du travail mentionnée à l'article L. 743-1 du code de la sécurité sociale, la plateforme prend en charge sa cotisation, dans la limite d'un plafond fixé par décret. Ce plafond ne peut être supérieur à la cotisation prévue au même article L. 743-1.

Le premier alinéa du présent article n'est pas applicable lorsque le travailleur adhère à un contrat collectif souscrit par la plateforme et comportant des garanties au moins équivalentes à l'assurance volontaire en matière d'accidents du travail mentionnée au premier alinéa, et que la cotisation à ce contrat est prise en charge par la plateforme.

Art. L. 7342-3 Le travailleur bénéficie du droit d'accès à la formation professionnelle continue prévu à l'article L. 6312-2. La contribution à la formation professionnelle mentionnée à l'article L. 6331-48 est prise en charge par la plateforme.

Il bénéficie, à sa demande, de la validation des acquis de l'expérience mentionnée aux articles L. 6111-1 et L. 6411-1. La plateforme prend alors en charge les frais d'accompagnement et lui verse une indemnité dans des conditions définies par décret.

Art. L. 7342-4 Les articles L. 7342-2 et L. 7342-3 ne sont pas applicables lorsque le chiffre d'affaires réalisé par le travailleur sur la plateforme est inférieur à un seuil fixé par décret.

Pour le calcul de la cotisation afférente aux accidents du travail et de la contribution à la formation professionnelle, seul est pris en compte le chiffre d'affaires réalisé par le travailleur sur la plateforme.

Art. L. 7342-5 Les mouvements de refus concerté de fournir leurs services organisés par les travailleurs mentionnés à l'article L. 7341-1 en vue de défendre leurs revendications professionnelles ne peuvent, sauf abus, ni engager leur responsabilité contractuelle, ni constituer un motif de rupture de leurs relations avec les plateformes, ni justifier de mesures les pénalisant dans l'exercice de leur activité.

Art. L. 7342-6 Les travailleurs mentionnés à l'article L. 7341-1 bénéficient du droit de constituer une organisation syndicale, d'y adhérer et de faire valoir par son intermédiaire leurs intérêts collectifs.

LIVRE QUATRIÈME **TRAVAILLEURS À DOMICILE**

RÉP. TRAV. v° *Travail à domicile et télétravail*, par DEDESSUS-LE MOUSTIER.

BIBL. GÉN. ▸ BIZIÈRE, *Inf. chef d'entrepr. 1960. 443 ; ibid. 1964. 387.* – BRAUN, *Dr. soc. 1981. 569* (télétravail). – CAMERLYNCK, *ibid. 1958. 334.* – J.-P. DURAND, *Travail et Emploi 1985, n° 23, 33.* – JAMBU-MERLIN, *Dr. soc. 1981. 561* (travailleurs intellectuels à domicile). – GONIÉ, *Dr. soc. 2005. 273* ✎ (télétravail). – LABEAUME, *Gaz. Pal. 1996. 1. Doctr. 567* (télétravail à domicile). – MARTINEZ, *Sem. soc. Lamy 1984, suppl. n° 216.* – PAUTET, *Inf. chef d'entrepr. 1971. 209.* – PÉLISSIER, *Dr. soc. 1985. 531* (travail atypique). – RAY, *ibid. 1992. 535* ✎ (nouvelles technologies) ; *ibid. 1996. 121* ✎ (télétravail).

COMMENTAIRE

V. Dalloz.fr et applications mobiles Dalloz 🏛. ❑

TITRE PREMIER **DISPOSITIONS GÉNÉRALES**

CHAPITRE PREMIER **CHAMP D'APPLICATION ET DISPOSITIONS D'APPLICATION**

Art. L. 7411-1 Les dispositions du présent code sont applicables aux travailleurs à domicile, sous réserve des dispositions du présent livre. – *[Anc. art. L. 721-1, al. 10 et L. 721-4, al. 1.]*

Art. L. 7411-2 Des décrets en Conseil d'État déterminent les modalités d'application du présent livre. – *[Anc. art. L. 721-8.] – V. art. R. 7413-1 s.*

CHAPITRE II **DÉFINITIONS**

Art. L. 7412-1 Est travailleur à domicile toute personne qui :

1° Exécute, moyennant une rémunération forfaitaire, pour le compte d'un ou plusieurs établissements, un travail qui lui est confié soit directement, soit par un intermédiaire ;

2° Travaille soit seule, soit avec son conjoint, partenaire lié par un pacte civil de solidarité, concubin ou avec ses enfants à charge au sens fixé par l'article L. 313-3 du code de la sécurité sociale, ou avec un auxiliaire.

Il n'y a pas lieu de rechercher :

a) S'il existe entre lui et le donneur d'ouvrage un lien de subordination juridique, sous réserve de l'application des dispositions de l'article L. 8221-6 ;

b) S'il travaille sous la surveillance immédiate et habituelle du donneur d'ouvrage ;

c) Si le local où il travaille et le matériel qu'il emploie, quelle qu'en soit l'importance, lui appartient ;

d) S'il se procure lui-même les fournitures accessoires ;

e) Le nombre d'heures accomplies. – *[Anc. art. L. 721-1, al. 1er à 9.]*

1. Qualité de travailleur à domicile. La qualité de travailleur à domicile peut être reconnue même en l'absence de lien de subordination et quels que soient la dénomination donnée à la rémunération, le caractère accessoire du travail, la durée de la convention et le caractère non annuel de la rémunération forfaitaire. • Soc. 23 nov. 1978 : *Bull. civ. V, n° 797 ; D. 1979. IR 158* (correcteur à domicile d'un établissement d'enseignement privé). ♦ Sur l'initiative laissée à un travailleur à domicile, V. • Soc. 28 oct. 1980 : *Bull. civ. V, n° 782.*

2. La qualité de travailleur à domicile a été reconnue, en l'absence de distinction entre travail manuel et travail intellectuel, à : un conseiller littéraire d'une maison d'édition. • Soc. 22 janv. 1981 : *Bull. civ. V, n° 60 ; Dr. soc. 1981. 561, note Jambu-Merlin.* ♦ ... Un rédacteur d'articles pour une maison d'édition. • Soc. 22 janv. 1981 : *Bull. civ. V, n° 63 ; Dr. soc. 1981, eod. loc.* ♦ ... Un lecteur-correcteur. • Soc. 19 juill. 1988 : *Bull. civ. V, n° 478 ; D. 1989. Somm. 170, obs. Fieschi-Vivet.* ♦ *Contra*, lorsqu'un dessinateur-illustrateur dont les travaux peuvent être refusés par l'éditeur exerce ainsi une activité artistique à ses risques et périls : • Soc. 22 janv. 1981 : *Bull. civ. V, n° 61.* ♦ ... Ou lorsqu'un rédacteur d'articles historiques choisit librement ses sujets que l'éditeur peut accepter ou refuser : • Soc. 22 janv. 1981 : *Bull. civ. V, n° 62.* – V. aussi • Soc. 8 nov. 1979 : *Bull. civ. V, n° 832.*

3. Pour déterminer la qualité de travailleur à domicile, il importe peu que le travailleur reçoive des ordres de plusieurs établissements industriels. • Soc. 27 oct. 1976 : *Bull. civ. V, n° 533.* ♦ L'art. L. 721-1 [L. 7412-1 s.] n'interdit pas au salarié de travailler pour des entreprises concurrentes, et la violation par une salariée de la clause de non-concurrence n'a pas pour effet de la priver de la qualité de travailleuse à domicile. • Soc. 5 janv. 1995, n° 91-41.174 P : *D. 1995. IR 60 ; Dr. soc. 1995. 189 ; RJS 1995. 127, n° 166.*

4. N'a pas la qualité de travailleur à domicile une confectionneuse de chapeaux qui a une clientèle privée et qui ne travaille pas exclusivement pour des établissements industriels. • Soc. 14 oct. 1970 : *Bull. civ. V, n° 530 ; D. 1971. 23 ; Dr. soc. 1971. 192, obs. Savatier.* ♦ En faisant ressortir que la salariée n'avait que de façon occasionnelle eu recours aux services de sa mère ou de personnes extérieures et en établissant ainsi qu'elle n'avait pas de clientèle privée, une cour d'appel a pu décider que l'intéressée avait la qualité de travailleur à domicile. • Soc. 5 janv. 1995 : *préc. note 3.*

5. Quantité de travail fournie. L'employeur n'a pas l'obligation, sauf disposition conventionnelle ou contractuelle contraire, de fournir un volume de travail constant au travailleur à domicile ; toutefois, l'employeur ne peut modifier unilatéralement et sans justification de façon durable la quantité de travail fournie et la rémunération, sous peine de dommages-intérêts en réparation du préjudice subi du fait de la diminution du travail. • Soc. 10 oct. 2001, n° 99-45.420 P : *D. 2002. 764, obs. Fabre ; CSB 2001, A. 41, obs. Pansier* • 5 avr. 2006 : *D. 2006. IR 1189.*

6. Qualité de donneur d'ouvrage. Doit être considéré comme un donneur d'ouvrage : celui qui vend des machines à tricoter en s'engageant à racheter tous les travaux effectués avec la machine acquise et avec des matières premières achetées dans ses établissements. • Crim. 18 févr. 1969 : *Bull. crim. n° 86.* ♦ ... La maison d'édition qui confère à une personne, moyennant une rémunération forfaitaire, la lecture d'ouvrages italiens et de manuscrits français à l'effet d'en établir un compte rendu analytique et critique. • Soc. 29 mars 1990, n° 87-13.409 P : *RJS 1990. 309, n° 446.*

7. Ni le caractère libéral de la profession du donneur d'ouvrage, ni l'absence de lien de subordination, ni le fait que le salarié ait à titre principal une activité de fonctionnaire ne font obstacle à l'application de l'art. L. 721-1. • Soc. 6 mai 1981 : *Bull. civ. V, n° 378.*

8. Rémunération forfaitaire. Lorsqu'une dactylographe est rémunérée à la ligne ou à la page et qu'un arrêté préfectoral a fixé le salaire horaire minimum applicable aux travailleurs à domicile de cette profession, il en résulte que la rémunération calculée d'après des tarifs de base fixes et connus d'avance a un caractère forfaitaire. • Soc. 9 nov. 1971 : *Bull. civ. V, n° 650.* ♦ Mais la seule rémunération à la ligne est insuffisante s'il n'est pas établi qu'elle est calculée d'après un tarif de base fixé et connu d'avance. • Soc. 22 janv. 1981 : *Bull. civ. V, n° 62.*

9. Revêt un caractère forfaitaire : la rémunération d'un rédacteur-correcteur déterminée selon un tarif horaire fixe et connu d'avance, peu important que le travailleur établisse une note d'honoraires. • Soc. 11 oct. 1979 : *Bull. civ. V, n° 721.* ♦ ... Celle d'un traducteur rémunéré au mot traduit. • Soc. 3 juin 1981 : *ibid., n° 509.* ♦ ... Celle d'un maquettiste rémunéré à l'annonce sur la base d'un prix unitaire non modifiable. • Soc. 23 juin 1982 : *Bull. civ. V, n° 412.* ♦ ... Celle d'un lecteur-correcteur. • Soc. 19 juill. 1988 : *Bull. civ. V, n° 478 ; D. 1989. Somm. 170, obs. Fieschi-Vivet.* ♦ *Contra*, lorsque la rémunération est fonction des difficultés du travail et du temps approximatif nécessaire à la réalisation de l'ouvrage : • Soc. 23 janv. 1985 : *Juri-soc. 1985, 52, SJ 104.*

10. Durée du travail. L'emploi de travailleur à domicile n'est pas incompatible avec la stipulation d'une durée hebdomadaire minimale de travail. • Soc. 31 janv. 1996 : *Dr. soc. 1996. 423 ; CSB 1996. 111, A. 26 ; LPA 26 août 1996, note Labeaume.* ♦ L'employeur qui ne respecte pas la durée de travail minimale contractuelle rend impossible la poursuite du contrat, dont la rupture lui est imputable. • Même arrêt.

11. Transport de la marchandise. Lorsqu'un travailleur à domicile est obligé d'effectuer le transport de la marchandise depuis l'entreprise jusqu'à son domicile, l'accident survenu au cours de ce transport est un accident du travail. • Soc. 18 janv. 1995, ⚖ n° 91-42.161 P : *Dr. soc. 1995. 266 ; RJS 1995. 219, n° 319 ; JCP 1996. I. 3899, n° 15, obs. Dubœuf.*

Art. L. 7412-2 Conserve la qualité de travailleur à domicile celui qui, en même temps que le travail, fournit tout ou partie des matières premières, lorsque ces matières premières lui sont vendues par un donneur d'ouvrage qui acquiert ensuite l'objet fabriqué ou par un fournisseur indiqué par le donneur d'ouvrage et auquel le travailleur est tenu de s'adresser. – *[Anc. art. L. 721-2.]*

Art. L. 7412-3 Lorsque des travailleurs à domicile exercent leur activité dans un même local pour exécuter des tâches complémentaires les unes des autres, ils acquièrent la qualité de salariés en atelier.

Ces dispositions ne s'appliquent pas lorsque le travailleur à domicile travaille avec son conjoint partenaire lié par un pacte civil de solidarité, concubin ou avec ses enfants, dans les conditions prévues au 2° de l'article L. 7412-1. – *[Anc. art. L. 721-3.]*

CHAPITRE III **MISE EN ŒUVRE**

Art. L. 7413-1 Le donneur d'ouvrage est responsable à l'égard du travailleur à domicile de l'application de l'ensemble des dispositions légales applicables aux salariés, même s'il utilise un intermédiaire. – *[Anc. art. L. 721-4, al. 2.]*

Art. L. 7413-2 Le travailleur à domicile bénéficie des dispositions conventionnelles liant le donneur d'ouvrage, sauf stipulations contraires, dans les conventions ou accords collectifs de travail en cause. – *[Anc. art. L. 721-6.]*

L'art. L. 721-6 [L. 7413-2 nouv.] ne vise pas les dispositions conventionnelles qui peuvent exclure valablement les travailleurs à domicile du bénéfice de l'accord sur la mensualisation. • Soc. 15 mars 1978 : *Bull. civ. V, n° 191.* ♦ Comp., lorsqu'une telle exclusion n'est pas expressément prévue : • Soc. 21 oct. 1992 : ⚖ *RJS 1992. 773, n° 1427.*

Art. L. 7413-3 Le donneur d'ouvrage *(Ord. n° 2014-699 du 26 juin 2014, art. 18)* « communique, à sa demande, » à l'*(L. n° 2016-1088 du 8 août 2016, art. 113)* « agent de contrôle de l'inspection du travail mentionné à l'article L. 8112-1 » une déclaration dès qu'il commence ou cesse de faire exécuter du travail à domicile. – *[Anc. art. L. 721-7, al. 1er.]*

L'employeur ne peut tirer parti de la faute qu'il a commise en n'établissant pas de bulletin ou de carnet et le salarié doit être autorisé à faire procéder, au besoin par voie d'expertise, à des investigations auprès de l'employeur. • Soc. 22 juin 1994, ⚖ n° 89-42.461 P : *D. 1994. IR 222 ; RJS 1994. 627, n° 1068.*

Art. L. 7413-4 Le travailleur à domicile qui utilise le concours d'un auxiliaire est responsable de l'application à celui-ci de l'ensemble des dispositions légales applicables aux salariés, sous réserve de l'application des articles L. 8232-1 à L. 8232-3 relatifs à l'obligation et à la solidarité financière du donneur d'ordre. – *[Anc. art. L. 721-5.]*

TITRE DEUXIÈME **RÉMUNÉRATION ET CONDITIONS DE TRAVAIL**

CHAPITRE PREMIER **FOURNITURE ET LIVRAISON DES TRAVAUX**

Art. L. 7421-1 Lorsqu'un donneur d'ouvrage recourt à un travailleur à domicile, il établit un bulletin ou un carnet.

Un décret en Conseil d'État détermine les conditions dans lesquelles ce bulletin ou carnet est établi. Il précise notamment les mentions devant y figurer :

1° Lors de la remise des travaux à exécuter à domicile ;

2° Lors de la livraison du travail achevé. – *[Anc. art. L. 721-7, al. 2 début et 9 début.] – V. art. R. 7421-4 (pén.).*

Obligation de l'employeur. L'employeur est tenu lors de la remise de travaux à effectuer à domicile d'établir en deux exemplaires au moins un bulletin, ou un carnet, sur lequel doivent figurer notamment la nature et la quantité du travail, la date à laquelle il est donné, les temps d'exécution, les prix de façon ou les salaires applicables ; à défaut, le contrat de travail est présumé à temps complet. • Soc. 3 nov. 2010 : *Dalloz actualité, 22 nov. 2010, obs. Ines ; D. 2010. AJ 2779 ; JCP S 2011. 1123, obs. Lahalle.*

Art. L. 7421-2 Un exemplaire du bulletin ou carnet est remis au travailleur.

Un exemplaire est conservé pendant au moins cinq ans par le donneur d'ouvrage et, le cas échéant, son intermédiaire et présenté par eux à toute demande de l'*(L. n° 2016-1088 du 8 août 2016, art. 113)* « agent de contrôle de l'inspection du travail mentionné à l'article L. 8112-1 ». – *[Anc. art. L. 721-7, al. 19.] – V. art. R. 7421-4 (pén.).*

CHAPITRE II CONDITIONS DE RÉMUNÉRATION

SECTION PREMIÈRE SALAIRES

SOUS-SECTION 1 DÉTERMINATION DES TEMPS D'EXÉCUTION

Art. L. 7422-1 Dans les branches professionnelles employant des travailleurs à domicile, le tableau des temps nécessaires à l'exécution des travaux en série et de ceux qui peuvent être préalablement décrits pour les divers articles et les diverses catégories de travailleurs est établi par les conventions ou accords collectifs de travail. – *[Anc. art. L. 721-10.]*

Art. L. 7422-2 A défaut de convention ou accord collectif de travail étendu, l'autorité administrative dresse le tableau des temps d'exécution des travaux. – *[Anc. art. L. 721-11, al. 1er début.]*

Art. L. 7422-3 L'autorité administrative peut fixer soit spontanément, soit à la demande d'une organisation professionnelle ou de toute personne intéressée, pour une partie ou pour l'ensemble du territoire, les temps d'exécution de certains travaux à domicile. – *[Anc. art. L. 721-13.]*

SOUS-SECTION 2 DÉTERMINATION DU SALAIRE

Art. L. 7422-4 Il est interdit au donneur d'ouvrage d'appliquer aux travaux à domicile des tarifs inférieurs aux tarifs minimaux définis à l'article L. 7422-5. – *[Anc. art. L. 721-9, al. 2.] – V. art. R. 7422-14 (pén.).*

Art. L. 7422-5 Le tarif minimum des travaux à domicile est le produit du salaire fixé conformément aux dispositions des articles L. 7422-6 et L. 7422-7 par les temps d'exécution fixés conformément aux dispositions des articles L. 7422-1 à L. 7422-3.

S'ajoutent à ce tarif :

1° Le cas échéant, les majorations prévues aux articles L. 7422-9 et L. 7422-10 ;

2° Les frais d'atelier et les frais accessoires prévus à l'article L. 7422-11. – *[Anc. art. L. 721-9, al. 1er.]*

Est illicite la clause du contrat de travail subordonnant la rémunération du travailleur à domicile au règlement par le client de la commande qu'il a enregistrée. • Soc. 10 mai 2007 : *D. 2007. AJ 1423 ; RDT 2007. 594, obs. Véricel ; Dr. soc. 2007. 1177, obs. Jourdan et Barthélémy ; RJS 2007. 641, n° 847 ; JS Lamy 2007, n° 213-3 ; JCP S 2007. 1571, note Lahalle.*

Art. L. 7422-6 A défaut de convention ou d'accord collectif de travail étendu ou lorsque les salaires pratiqués en atelier sont sensiblement supérieurs aux taux horaires prévus par la convention ou accord collectif de travail applicable, l'autorité administrative constate le salaire habituellement payé dans la région aux ouvriers de la même profession et d'habileté moyenne travaillant en atelier et exécutant les divers travaux courants de la profession.

Dans les régions où, pour les professions en cause, le travail à domicile est seul pratiqué, l'autorité administrative fixe le taux horaire du salaire, d'après le salaire des ouvriers d'habileté moyenne exécutant en atelier des travaux analogues dans la région ou dans des régions similaires.

Le taux horaire de salaire ainsi fixé peut être révisé soit d'office, soit sur la demande des employeurs ou des travailleurs intéressés, lorsque des variations de salaires se sont produites d'une manière générale dans l'industrie en cause. – *[Anc. art. L. 721-12.]*

Art. L. 7422-7 L'autorité administrative peut fixer soit spontanément, soit à la demande d'une organisation professionnelle, pour une partie ou pour l'ensemble du territoire, les taux horaires de salaires applicables à certaines professions. – *[Anc. art. L. 721-14, al. 1er début.]*

Art. L. 7422-8 Lorsque le salaire horaire fixé par l'autorité administrative pour servir de base au calcul des tarifs d'exécution est inférieur au montant cumulé du salaire minimum de croissance et des indemnités, primes ou majorations susceptibles de s'y ajouter, les tarifs d'exécution sont complétés dès la date d'entrée en vigueur du texte modifiant le salaire minimum et sans attendre la publication de la décision administrative. – *[Anc. art. L. 721-14, al. 2.] – V. art. R. 7422-15 (pén.).*

SOUS-SECTION 3 MAJORATIONS

Art. L. 7422-9 Lorsque les délais fixés par le donneur d'ouvrage pour la remise du travail imposent au travailleur à domicile de prolonger son activité au-delà de huit heures par jour ouvrable, le tarif d'exécution est majoré, sauf stipulation plus favorable d'une convention ou d'un accord collectif de travail :

1° De 25 % au minimum pour les deux premières heures ainsi accomplies ;

2° De 50 % au minimum pour les heures suivantes.

Le droit des intéressés à ces majorations est apprécié sur la base des temps d'exécution définis conformément à l'article L. 7422-6, et compte tenu, le cas échéant, des concours auxquels le travailleur à domicile peut recourir, conformément au 2° de l'article L. 7412-1. – *[Anc. art. L. 721-16, al. 1 à 4.] – V. art. R. 7422-16 (pén.).*

Art. L. 7422-10 Lorsque le donneur d'ouvrage remet un travail à livrer dans des délais tels que celui-ci ne peut être terminé qu'en travaillant le dimanche ou un jour de fête légale, le travailleur bénéficie des majorations prévues par la convention ou l'accord collectif de travail applicable pour le travail exécuté le jour de repos hebdomadaire ou les jours fériés. – *[Anc. art. L. 721-16, al. 5.]*

SECTION II FRAIS D'ATELIER ET FRAIS ACCESSOIRES

Art. L. 7422-11 Les frais d'ateliers correspondant notamment au loyer, au chauffage et à l'éclairage du local de travail, à la force motrice, à l'amortissement normal des moyens de production, ainsi que les frais accessoires sont déterminés par l'autorité administrative suivant la procédure définie à l'article L. 7422-6. – *[Anc. art. L. 721-15.]*

A défaut de convention, d'accord collectif ou d'arrêté préfectoral déterminant les frais d'atelier, il appartient au juge, en l'absence d'accord des parties, d'en apprécier le montant. • Soc. 18 janv. 1995, n° 91-40.605 P : *D. 1995. IR 56 ; RJS 1995. 218, n° 318.*

Art. L. 7422-12 La valeur des matières premières et des fournitures accessoires que le travailleur à domicile est tenu de se procurer en tout ou en partie ne constitue pas un élément du tarif et fait l'objet d'un remboursement séparé.

Lorsque le travailleur est tenu de prendre les fournitures accessoires chez l'employeur, celles-ci lui sont fournies gratuitement. – *[Anc. art. L. 721-17.]*

CHAPITRE III RÈGLEMENT DES LITIGES

Art. L. 7423-1 Les réclamations des travailleurs à domicile relatives au tarif du travail exécuté, aux frais d'atelier, aux frais accessoires et aux congés payés se prescrivent par cinq ans à compter du paiement de leur salaire. – *[Anc. art. L. 721-18.]*

Art. L. 7423-2 Les syndicats professionnels peuvent exercer tout action civile fondée sur l'inobservation des dispositions du présent livre.

Ils peuvent exercer ces actions en faveur de chacun de leurs membres, sans avoir à justifier d'un mandat de l'intéressé pourvu que celui-ci ait été averti et n'ait pas déclaré s'y opposer. L'intéressé peut toujours intervenir à l'instance engagée par le syndicat. – *[Anc. art. L. 721-19, al. 1 et 2.]*

CHAPITRE IV **SANTÉ ET SÉCURITÉ AU TRAVAIL**

Art. L. 7424-1 L'autorité administrative peut déterminer les catégories de travaux présentant des risques pour la santé et la sécurité des travailleurs, qui ne peuvent être exécutés par des travailleurs à domicile, que dans les conditions fixées par le présent chapitre. – *[Anc. art. L. 721-22, al. 1.]*

Art. L. 7424-2 L'employeur qui fait exécuter des travaux à domicile relevant de l'une des catégories prévues par l'article L. 7424-1 est responsable de l'application aux travailleurs à domicile et aux auxiliaires que ceux-ci emploient des mesures de protection individuelles prévues par les dispositions des décrets mentionnés à l'article L. 4111-6. – *[Anc. art. L. 721-22, al. 2.]*

Art. L. 7424-3 Lorsque le travailleur à domicile et ses auxiliaires éventuels exécutant des travaux mentionnés à l'article L. 7424-1 sont occupés dans des conditions ne répondant pas aux obligations de santé et de sécurité au travail, l'*(L. nº 2016-1088 du 8 août 2016, art. 113)* « agent de contrôle de l'inspection du travail mentionné à l'article L. 8112-1 » peut mettre le donneur d'ouvrage en demeure de cesser de recourir aux services de ce travailleur. – *[Anc. art. L. 721-22, al. 3.]*

Art. L. 7424-4 *(Abrogé par L. nº 2011-867 du 20 juill. 2011, art. 16-2º)* ***Un décret en Conseil d'État détermine les conditions dans lesquelles la surveillance médicale des gardiens d'immeuble à usage d'habitation prévue à l'article L. 7214-1 peut être rendue applicable aux travailleurs à domicile.*** – [Anc. art. L. 721-23.]

LIVRE CINQUIÈME **DISPOSITIONS RELATIVES À L'OUTRE-MER**

TITRE PREMIER **DISPOSITIONS GÉNÉRALES**

CHAPITRE UNIQUE

Art. L. 7511-1 Les dispositions générales prévues par l'article L. 1511-1 sont également applicables aux dispositions du présent livre. – *[Anc. art. L. 800-4, al. 1 à 3.]*

TITRE DEUXIÈME **DÉPARTEMENTS D'OUTRE-MER, SAINT-BARTHÉLEMY, SAINT-MARTIN ET SAINT-PIERRE-ET-MIQUELON** *(Ord. nº 2008-205 du 27 févr. 2008).*

CHAPITRE PREMIER **DISPOSITIONS GÉNÉRALES**

Art. L. 7521-1 Les dispositions générales prévues par les articles L. 1521-1 à L. 1521-4 sont également applicables aux dispositions du présent titre.

CHAPITRE II **JOURNALISTES PROFESSIONNELS**

Le présent chapitre ne comprend pas de dispositions législatives.

HUITIÈME PARTIE **CONTRÔLE DE L'APPLICATION DE LA LÉGISLATION DU TRAVAIL**

LIVRE PREMIER **INSPECTION DU TRAVAIL**

RÉP. TRAV. vis *Inspection du travail,* par COMBREXELLE et LAVAURE ; *Travail (Droit pénal du),* par CERF-HOLLENDER.

BIBL. GÉN. ▸ AUVERGNON, *Dr. soc. 1996. 598* (contrôle étatique). – AUVERGNON et CALVES, *RDT 2014. 229* (réformer l'inspection du travail ?). – AUVERGNON, *Dr. soc. 2015. 826* (loi du 6 août 2015. De nouvelles prérogatives pour l'inspection du travail). – BODIGUEL, *Rev. adm. 1981. 9* (où va l'inspection du travail ?). – BUTAUD, PERIN et THÉRY, *Dr. soc. 1985. 271* (pratiques de l'inspection du travail). – CHETCATI, *ibid. 1983. 451* (contrôle de l'emploi) ; *ibid. 1984. 464* (modalités d'intervention) ; *ibid. 474* (statistiques d'activité). – DE CLAUSADE, *ibid. 1989. 326* (communication des dossiers et des pièces). – DUGHERA, LENOIR, RICOCHON et TRIOMPHE, *ibid. 1993. 138* ✐. – GAUDEMET, *ibid. 1984. 446* (limites des pouvoirs des inspecteurs du travail). – GRÉMAUD, *ibid. 1987. 492* (recours hiérarchiques). – GRUMBACH, *Dr. ouvrier 1985. 39* (inspection du travail et droits des salariés). – HIDALGO, *Dr. soc. 1992. 538* ✐ (nouvelles technologies) ; *ibid. 849* (crise d'identité). – JEAMMAUD, *D. 1987. Chron. 27* (pouvoir de l'inspecteur du travail de trancher certains conflits). – KAPP, TERRIER et RAMACKERS, *Sem. soc. Lamy 2012, n° 1561, p. 4* (les mutations de l'inspection du travail). – LAZERGES, *ibid. 1984. 480* (constatation des infractions). – MUGUET-POULLENEC, *Sem. soc. Lamy 1986, suppl. n° 300.* – PRÉTOT, *Dr. soc. 2007. 707* ✐ (sanctions administratives de l'insécurité au travail). – RICOCHON, LENOIR et DUGHERA, *Dr. soc. 1992. 855* ✐ (évolution des services extérieurs du travail). – SAINT-JEVIN, *ibid. 1982. 213* (congé de formation). – SALVI, *ibid. 1987. 488* (recours informels). – TROUPENAT, *Dr. ouvrier 1987. 333* (dénaturation de la mission de l'inspection du travail). – VIANO, *Dr. soc. 1977. 94* (règlement des conflits collectifs). – *Liaisons sociales, 1986, n° spécial 9675.* ▸ *Adde :* RAMACKERS et VILBŒUF, L'inspection du travail, *PUF, Que sais-je ?, 1997.*

TITRE PREMIER **COMPÉTENCES ET MOYENS D'INTERVENTION**

CHAPITRE PREMIER **RÉPARTITION DES COMPÉTENCES ENTRE LES DIFFÉRENTS DÉPARTEMENTS MINISTÉRIELS**

Le présent chapitre ne comprend pas de dispositions législatives.

CHAPITRE II **COMPÉTENCE DES AGENTS DE CONTRÔLE DE L'INSPECTION DU TRAVAIL** *(Ord. n° 2016-413 du 7 avr. 2016, art. 4, en vigueur le 1er juill. 2016).*

SECTION PREMIÈRE **INSPECTEURS DU TRAVAIL**

A compter du 1er juill. 2016, la division et l'intitulé de cette section sont abrogés (Ord. n° 2016-413 du 7 avr. 2016, art. 4-I).

Art. L. 8112-1 *(Ord. n° 2016-413 du 7 avr. 2016, art. 4, en vigueur le 1er juill. 2016)* **« Les agents de contrôle de l'inspection du travail sont membres soit du corps des inspecteurs du travail, soit du corps des contrôleurs du travail jusqu'à l'extinction de leur corps.**

« Ils disposent d'une garantie d'indépendance dans l'exercice de leurs missions au sens des conventions internationales concernant l'inspection du travail.

« Ils » sont chargés de veiller à l'application des dispositions du code du travail et des autres dispositions légales relatives au régime du travail, ainsi qu'aux stipulations des conventions et accords collectifs de travail répondant aux conditions fixées au livre II de la deuxième partie.

Ils sont également chargés, concurremment avec les officiers et agents de police judiciaire, de constater les infractions à ces dispositions et stipulations.

(Ord. n° 2016-413 du 7 avr. 2016, art. 4, en vigueur le 1er juill. 2016) **« Les agents de contrôle de l'inspection du travail sont associés à la définition des orientations collectives et des priorités d'intérêt général pour le système d'inspection du travail arrêtées, chaque année, par le ministre chargé du travail après concertation avec les organisations syndicales de salariés et les organisations professionnelles d'employeurs représentatives, et ils contribuent à leur mise en œuvre.**

« Ils sont libres d'organiser et de conduire des contrôles à leur initiative et décident des suites à leur apporter. »

(L. n° 2016-1088 du 8 août 2016, art. 116) **« Les attributions des agents de contrôle de l'inspection du travail peuvent être exercées par des agents de contrôle assimilés dans des conditions fixées par voie réglementaire. »**

BIBL. ▸ BOUCHARD, *RSC 2005. 273* ✐ (pouvoirs de police judiciaire de l'inspecteur du travail). – KAPP, *Dr. ouvrier 2009. 357* (rôle de l'administration du travail en matière d'immigration). – MÉRIAUX, *RDT 2006. 359* ✐ (réforme ou contre-réforme). – TRIOMPHE, *RDT 2006. 356* ✐ (l'avenir de l'inspection du travail). – SZARLEJ et TIANO, *Dr. soc. 2013. 164* ✐.

1. Principe d'indépendance. L'indépendance de l'inspection du travail doit être rangée au nombre des principes fondamentaux du droit du travail au sens de l'art. 34 de la Constitution ; la détermination de l'autorité administrative chargée des attributions en cause au sein du « système d'inspection du travail », au sens du titre II du livre premier de la huitième partie du nouveau code, relève du pouvoir réglementaire. • Cons. const. 17 janv. 2008 : *Décis. n° 2007-561, cons. 14.*

2. Étendue des compétences. Les inspecteurs et les contrôleurs du travail ont le pouvoir et le devoir de vérifier les conditions de travail des salariés travaillant dans tous les établissements situés dans leur ressort, que ceux-ci soient ou non autonomes ou qu'ils dépendent ou non d'un autre établissement situé hors dudit ressort. • Crim. 17 janv. 1995 : *D. 1995. IR 84 ; RJS 1995. 281, n° 414.* ♦ L'inspecteur du travail d'un département a légalement pu contrôler l'application de la législation du travail par un cirque à l'occasion du séjour de ce cirque dans le département, peu important le caractère temporaire dudit séjour. • CE 6 mai 1996 : *RJS 1996. 530, n° 824.*

3. Sur le caractère général de la mission de contrôle dévolue à l'inspection du travail, V. • Crim. 4 mars 1980 : *D. 1980. IR 549, obs. Pélissier ; Juri-soc. 1980, F. 44.*

Art. L. 8112-2 Les *(Ord. n° 2016-413 du 7 avr. 2016, art. 4, en vigueur le 1er juill. 2016)* « **agents de contrôle de l'inspection du travail mentionnés à l'article L. 8112-1** *[ancienne rédaction applicable jusqu'au 30 juin 2016 : inspecteurs du travail]* » **constatent également :**

1° Les infractions commises en matière de discriminations prévues au 3° et au 6° de l'article 225-2 du code pénal, *(L. n° 2012-954 du 6 août 2012)* « les délits de harcèlement sexuel ou moral prévus, dans le cadre des relations de travail, par les articles 222-33 et 222-33-2 du même code » *(L. n° 2016-444 du 13 avr. 2016, art. 4)* « , l'infraction de traite des êtres humains prévue à l'article 225-4-1 dudit code » *(Ord. n° 2016-413 du 7 avr. 2016, art. 4, en vigueur le 1er juill. 2016)* « , les infractions relatives à la traite des êtres humains, au travail forcé et à la réduction en servitude, prévues aux articles 225-4-1, 225-14-1 et 225-14-2 du même code, » ainsi que les infractions relatives aux conditions de travail et d'hébergement contraires à la dignité des personnes, prévues par les articles 225-13 à 225-15-1 du même code ;

2° Les infractions aux mesures de prévention édictées par les caisses régionales d'assurance maladie et étendues sur le fondement de l'article L. 422-1 du code de la sécurité sociale ainsi que les infractions aux dispositions relatives à la déclaration des accidents du travail et à la délivrance d'une feuille d'accident, prévues aux articles L. 441-2 et L. 441-5 du même code ;

3° Les infractions aux dispositions relatives à l'interdiction de fumer dans les lieux affectés à un usage collectif, prévues à l'article L. 3511-7 du code de la santé publique ;

4° Les infractions relatives aux conditions d'entrée et de séjour des étrangers en France, prévues par les articles L. 622-1 et L. 622-5 du code de l'entrée et du séjour des étrangers et du droit d'asile ;

5° Les infractions aux dispositions de la section IV du chapitre V du titre Ier du livre Ier du code de la consommation, relatives à la certification des services et produits autres qu'alimentaires, ainsi qu'au livre II de ce même code, relatives à la conformité et la sécurité des produits et des services ;

6° Les infractions aux dispositions des articles L. 123-10 à L. 123-11-1 du code de commerce, relatives à la domiciliation des personnes immatriculées au registre du commerce et des sociétés ;

(L. n° 2014-788 du 10 juill. 2014, art. 5) « 7° Les manquements aux articles L. 124-7, L. 124-8, L. 124-10, L. 124-13 et L. 124-14 et à la première phrase du premier alinéa de l'article L. 124-9 du code de l'éducation. »

Art. L. 8112-3 (Abrogé par L. n° 2016-1088 du 8 août 2016, art. 116) *« Lorsque des dispositions légales le prévoient, les attributions des* (L. n° 2016-1088 du 8 août 2016, art. 113) *« agents de contrôle de l'inspection du travail mentionnés à l'article L. 8112-1 » peuvent être exercées par des fonctionnaires de contrôle assimilés. »*

Art. L. 8112-4 (Abrogé par Ord. n° 2016-413 du 7 avr. 2016, art. 4, à compter du 1er juill. 2016) *Un décret détermine les modalités de contrôle de l'application des dispositions du présent code aux salariés des offices publics et ministériels, des professions libérales, des sociétés civiles, des syndicats professionnels et associations de quelque nature que ce soit.*

N'est pas sérieuse la question prioritaire de constitutionnalité contestant la conformité de l'art. L. 8112-4 C. trav., lequel renvoie à un décret le soin de déterminer les modalités de contrôle de l'application du code du travail notamment aux salariés des professions libérales, au droit à un recours juridictionnel. • Crim. 17 mars 2015, n° 14-85.261 P : *Dalloz actualité, 13 avr. 2015, obs. Ines ; Bull. inf. Cass. 15 juill. 2015, n° 780.*

SECTION II **CONTRÔLEURS DU TRAVAIL**

A compter du 1er juill. 2016, la division et l'intitulé de cette section sont abrogés (Ord. n° 2016-413 du 7 avr. 2016, art. 4-I).

Art. L. 8112-5 (Abrogé par Ord. n° 2016-413 du 7 avr. 2016, art. 4, à compter du 1er juill. 2016) ***Les contrôleurs du travail chargés de contrôles, d'enquêtes et de missions dans le cadre de l'inspection du travail exercent leur compétence sous l'autorité des inspecteurs du travail.***

CHAPITRE III **PRÉROGATIVES ET MOYENS D'INTERVENTION**

SECTION PREMIÈRE **DROIT D'ENTRÉE DANS LES ÉTABLISSEMENTS ET DANS LES LOCAUX AFFECTÉS À L'HÉBERGEMENT** *(L. n° 2015-990 du 6 août 2015, art. 280-IV).*

Art. L. 8113-1 **Les** *(L. n° 2016-1088 du 8 août 2016, art. 113)* **« agents de contrôle de l'inspection du travail mentionnés à l'article L. 8112-1 » ont un droit d'entrée dans tout établissement où sont applicables les règles énoncées au premier alinéa de l'article L. 8112-1 afin d'y assurer la surveillance et les enquêtes dont ils sont chargés.**

Ils ont également un droit d'entrée dans les locaux où les travailleurs à domicile réalisent les travaux définis à l'article L. 7424-1.

Toutefois, lorsque les travaux sont exécutés dans des locaux habités, les *(L. n° 2016-1088 du 8 août 2016, art. 113)* **« agents de contrôle de l'inspection du travail mentionnés à l'article L. 8112-1 » ne peuvent y pénétrer qu'après avoir reçu l'autorisation des personnes qui les occupent.** – *[Anc. art. L. 611-8, al. 1er à 3, et L. 611-12, al. 2 début.]*

1. Champ d'application. Les dispositions de l'al. 3 de l'art. L. 611-8 [L. 8113-1 nouv.] ne s'appliquent pas à un hôtel-restaurant ouvert à la clientèle, même si une petite partie en est réservée à l'habitation des hôteliers. • Crim. 19 mars 1985 : *Bull. crim. n° 113 ; Dr. ouvrier 1986. 273.*

2. Étendue des compétences. Aucune disposition du code du travail ne restreint le pouvoir dévolu aux inspecteurs du travail de procéder à l'intérieur des établissements où ils ont accès en raison de leurs fonctions aux enquêtes dont ils sont chargés. • Crim. 22 juill. 1981 : *Bull. crim. n° 237.*

3. Sur les visites de nuit, V. • Crim. 12 juill. 1902 : *S. 1903. 1. 251* • 14 déc. 1912 : *S. 1914. 1. 420.*

Art. L. 8113-2 **Les** *(L. n° 2016-1088 du 8 août 2016, art. 113)* **« agents de contrôle de l'inspection du travail mentionnés à l'article L. 8112-1 » sont habilités à demander aux employeurs et aux personnes employées dans les établissements soumis au présent code de justifier de leur identité et de leur adresse.** – *[Anc. art. L. 611-8, al. 5, et L. 611-12, al. 3.]*

Art. L. 8113-2-1 *(L. n° 2015-990 du 6 août 2015, art. 280)* **Pour l'application des articles L. 4221-1 et L. 4231-1 et du 1° de l'article L. 8112-2 du présent code et de l'article L. 716-1 du code rural et de la pêche maritime, les agents de contrôle de l'inspection du travail peuvent pénétrer dans tout local affecté à l'hébergement de travailleurs, après avoir reçu l'autorisation de la ou des personnes qui l'occupent.**

SECTION II **DROIT DE PRÉLÈVEMENT**

Art. L. 8113-3 **Les** *(L. n° 2016-1088 du 8 août 2016, art. 113)* **« agents de contrôle de l'inspection du travail mentionnés à l'article L. 8112-1 » ont qualité, concurremment avec les officiers de police judiciaire et les agents de la concurrence, de la consommation et de la répression des fraudes, pour procéder, aux fins d'analyse, à tous prélèvements portant sur les matières mises en œuvre et les produits distribués ou utilisés.**

En vue de constater les infractions, ces prélèvements doivent être faits conformément à la procédure instituée par les décrets pris en application de l'article *(Ord. n° 2016-301 du 14 mars 2016, art. 21)* « L. 512-23 » du code de la consommation. – *[Anc. art. L. 611-8, al. 4.]*

SECTION III ACCÈS AUX DOCUMENTS

Art. L. 8113-4 Les *(L. n° 2016-1088 du 8 août 2016, art. 113)* « agents de contrôle de l'inspection du travail mentionnés à l'article L. 8112-1 » peuvent se faire présenter, au cours de leurs visites, l'ensemble des livres, registres et documents rendus obligatoires par le présent code ou par une disposition légale relative au régime du travail. – *[Anc. art. L. 611-9, al. 1er et L. 611-12, al. 2 fin V1.]*

1. Caractère obligatoire. Les inspecteurs du travail ne peuvent exiger que la présentation des seuls livres, registres et documents rendus obligatoires par le code du travail ou par une disposition légale ou réglementaire relative au régime du travail. • Crim. 17 mars 1992 : *Bull. crim. n° 116 ; D. 1992. IR 222 ; JCP 1993. II. 22020, 2e esp., note Godard ; RJS 1992. 561, n° 1017.* ♦ L'employeur peut refuser de présenter les fiches d'appréciation des salariés ayant saisi l'inspecteur du travail d'une plainte pour discrimination syndicale. • Même arrêt.

2. Documents exigibles. Constituent des documents permettant de comptabiliser les heures de travail des salariés les « fiches-navettes » mentionnant le temps de travail effectué chez les clients, les états de frais de déplacement mensuels et les disques de contrôlographe de poids lourds. • Crim. 4 juin 1991 : *RJS 1991. 454, n° 869.*

3. Subvention CE. Constitue une entrave à l'exercice des fonctions d'inspecteur du travail le fait pour un employeur d'effectuer à ce dernier de fausses déclarations en vue de dissimuler l'absence de versement de la subvention de fonctionnement du comité d'entreprise et de faire ainsi obstacle à l'accomplissement de sa mission. • Crim. 15 mars 2016, n° 14-87.989 : *RJS 5/2016, n° 365 ; JCPS 2016. 1164, obs. Pagnerre.*

Art. L. 8113-5 Les *(L. n° 2016-1088 du 8 août 2016, art. 113)* « agents de contrôle de l'inspection du travail mentionnés à l'article L. 8112-1 » peuvent se faire communiquer tout document ou tout élément d'information, quel qu'en soit le support, utile à la constatation de faits susceptibles de vérifier le respect de l'application :

1° Des dispositions des articles L. 1132-1 à L. 1132-4 du code du travail et de celles de l'article 225-2 du code pénal, relatives aux discriminations ;

2° Des dispositions des articles L. 1142-1 et L. 1142-2, relatives à l'égalité professionnelle entre les femmes et les hommes ;

3° Des dispositions des articles L. 2141-5 à L. 2141-8, relatives à l'exercice du droit syndical ;

(Ord. n° 2016-413 du 7 avr. 2016, art. 4-V, en vigueur le 1er juill. 2016) « 4° Des dispositions des articles L. 1152-1 à L. 1152-6 et L. 1153-1 à L. 1153-6, relatives aux harcèlements moral et sexuel ;

« 5° Des dispositions de la quatrième partie, relatives à la santé et la sécurité au travail. »

Art. L. 8113-6 Lorsque des garanties de contrôle équivalentes sont maintenues, les entreprises peuvent, dans les conditions et limites déterminées par décret, déroger à la conservation des bulletins de paie et à la tenue de certains registres pour tenir compte du recours à d'autres moyens, notamment informatiques. – *[Anc. art. L. 620-7, al. 1er et 2.]*

SECTION IV RECHERCHE ET CONSTATATION DES INFRACTIONS OU DES MANQUEMENTS *(Ord. n° 2016-413 du 7 avr. 2016, art. 4-VI).*

SOUS-SECTION 1 PROCÈS-VERBAUX

Art. L. 8113-7 *(Ord. n° 2016-413 du 7 avr. 2016, art. 4-VII, en vigueur le 1er juill. 2016)* « Les agents de contrôle de l'inspection du travail mentionnés à l'article L. 8112-1 *[ancienne rédaction applicable jusqu'au 30 juin 2016 : Les inspecteurs du travail, les contrôleurs du travail]* » et les fonctionnaires de contrôle assimilés constatent les infractions par des procès-verbaux qui font foi jusqu'à preuve du contraire.

Ces procès-verbaux sont transmis au procureur de la République. Un exemplaire est également adressé au représentant de l'État dans le département.

(L. n° 2012-387 du 22 mars 2012, art. 55) « Avant la transmission au procureur de la République, l'agent de contrôle informe la personne visée au procès-verbal des faits susceptibles de constituer une infraction pénale ainsi que des sanctions encourues. »

(Ord. n° 2016-413 du 7 avr. 2016, art. 4-VII, en vigueur le 1er juill. 2016) « Lorsqu'il constate des infractions pour lesquelles une amende administrative est prévue au titre V du livre VII de la quatrième partie ou à l'article L. 8115-1, l'agent de contrôle de l'inspection du travail peut, lorsqu'il n'a pas dressé un procès-verbal à l'attention du procureur de la République, adresser un rapport à l'autorité administrative compétente, dans le cadre de la procédure prévue au chapitre V du présent titre. »

BIBL. ▸ COHEN, *Dr. soc. 1984. 473.*

L'inspecteur du travail qui saisit en référé le président du tribunal de grande instance afin qu'il prenne toutes mesures propres à faire cesser le travail illicite du dimanche de salariés d'établissements de vente au détail et de prestations de services au consommateur n'est pas tenu de dresser le procès-verbal prévu par l'article L. 8113-7 au soutien d'éventuelles poursuites pénales ; il lui appartient seulement d'établir par tous moyens, et en usant des pouvoirs qu'il tient des articles L. 8113-1, L. 8113-2 et L. 8113-4, l'emploi illicite qu'il entend faire cesser et dont il atteste dans le cadre de l'assignation. • Soc. 10 mars 2010 : *RDT 2010. 302, obs. Véricel.*

Art. L. 8113-8 Les dispositions de l'article L. 8113-7 ne sont pas applicables à l'État, aux collectivités territoriales et à leurs établissements publics administratifs.

Un décret en Conseil d'État détermine les conditions dans lesquelles les constatations des *(L. n° 2016-1088 du 8 août 2016, art. 113)* « agents de contrôle de l'inspection du travail mentionnés à l'article L. 8112-1 » dans ces établissements sont communiquées par le ministre chargé du travail aux administrations concernées. – *[Anc. art. L. 631-3, al. 1er V1 et al. 2.] – V. art. R. 8113-6 s.*

SOUS-SECTION 2 MISES EN DEMEURE ET DEMANDES DE VÉRIFICATION

Art. L. 8113-9 Les mises en demeure prévues par le présent code ou par des dispositions légales relatives au régime du travail et les demandes de vérification *(Ord. n° 2016-413 du 7 avr. 2016, art. 4-VIII, en vigueur le 1er juill. 2016)* « , de mesure et d'analyse » prévues à l'article L. 4722-1 sont soumises à des règles de procédure déterminées par décret en Conseil d'État. – *[Anc. art. L. 611-14, al. 1er début.]*

SECTION V SECRET PROFESSIONNEL

Art. L. 8113-10 Les inspecteurs du travail prêtent serment de ne pas révéler les secrets de fabrication et les procédés d'exploitation dont ils pourraient prendre connaissance dans l'exercice de leurs fonctions.

La méconnaissance de ce serment est punie conformément à l'article 226-13 du code pénal. – *[Anc. art. L. 611-11.]*

Art. L. 8113-11 Il est interdit aux contrôleurs du travail de révéler les secrets de fabrication et les procédés d'exploitation dont ils pourraient prendre connaissance dans l'exercice de leurs fonctions.

La méconnaissance de ces interdictions est punie conformément à l'article 226-13 du code pénal. – *[Anc. art. L. 611-12, al. 4 et 5.]*

CHAPITRE IV DISPOSITIONS PÉNALES

SECTION PREMIÈRE OBSTACLES ET OUTRAGES *(Ord. n° 2016-413 du 7 avr. 2016, art. 4-IX).*

Art. L. 8114-1 Le fait de faire obstacle à l'accomplissement des devoirs d'un *(Ord. n° 2016-413 du 7 avr. 2016, art. 4-IX, en vigueur le 1er juill. 2016)* « agent de contrôle de l'inspection du travail mentionnés à l'article L. 8112-1 » est puni d'un emprisonnement d'un an et d'une amende de *(Ord. n° 2016-413 du 7 avr. 2016, art. 4-IX, en vigueur le 1er juill. 2016)* « **37 500 €** ».

1. Légalité de l'incrimination. Le délit d'obstacle s'apprécie nécessairement en fonction des pouvoirs et moyens énumérés par le code du travail et dont disposent les inspecteurs et contrôleurs du travail, et l'incrimination n'est donc ni obscure ni imprécise. • Crim. 18 mars 1997 : *Dr. ouvrier 1997. 397, obs. Richevaux.*

2. Illustrations. Le délit d'obstacle à l'accomplissement des devoirs d'un inspecteur du travail est constitué dès lors que les renseignements donnés lors d'un contrôle comportent volontairement des inexactitudes. • Crim. 27 oct. 1987 : *Bull. crim. n° 376 ; D. 1987. IR 262.* – V. aussi • Crim. 8 juill. 1980 : *Dr. ouvrier 1981. 28, note Petit* • 26 nov. 1980 : *Bull. crim. n° 322.* ♦ Dans le même sens : • Crim. 4 févr. 1992 : *Dr. ouvrier 1993. 37, obs. Alvarez-Pujana* (document portant, sous la rubrique « primes exceptionnelles », la rémunération d'heures supplémentaires irrégulières) • 28 sept. 1993 : *CSB 1993. 313, S. 160 ; RJS 1993. 725, n° 1228 ; Dr. pénal 1994. Comm. 44, obs. Robert.*

3. Commet le délit réprimé par l'art. L. 631-1 [L. 8114-1 nouv.] l'employeur qui refuse de fournir les justificatifs demandés et s'oppose à la visite des locaux. • Crim. 18 mars 1997 : *préc. note 1.* ♦ ... Qui, par son fait personnel, met obstacle, dans un établissement dépendant de son entreprise, à l'exercice des fonctions d'agent de contrôle. • Crim. 4 août 1998 : *Bull. crim. n° 224 ; RSC 1999. 316, obs. Bouloc ; RTD com. 1999. 525, obs. Bouloc.* ♦ ... Qui produit un faux extrait de procès-verbal d'une réunion du comité d'entreprise, le fait de présenter un document comportant volontairement des inexactitudes établissant l'élément intentionnel. • Crim. 26 févr. 1991 : *RJS 1991. 328, n° 618.* ♦ ... Qui refuse de mentionner sur le bulletin de paie la prime représentant la rémunération des heures supplémentaires, empêchant ainsi l'inspecteur du travail d'exercer son contrôle sur la durée effective du travail. • Crim. 7 juin 1994 : *RJS 1994. 776, n° 1291.* ♦ ... Ou qui refuse de fournir à l'inspection du travail les documents nécessaires au décompte des heures travaillées. • Crim. 8 nov. 2005 : *Bull. crim. n° 285 ; RSC 2006. 338, obs. Cerf-Hollender ; RJS 2006. 483, n° 326.* ♦ De même, l'employeur qui ne satisfait pas à son obligation d'afficher les horaires de travail après plusieurs rappels de l'inspecteur du travail est l'auteur d'un délit d'obstacle. • Crim. 14 avr. 2015, n° 14-83.267 : *Dalloz actualité, 2 juin 2015, obs. Fraisse.*

4. Incompétence. Le délit réprimé par l'art. L. 631-1 [L. 8114-1 nouv.] ne peut être reproché à un employeur dès lors qu'un inspecteur du travail n'est pas compétent pour demander à celui-ci de procéder au licenciement de son salarié « en respectant les formes prévues par la loi sans s'informer préalablement de l'intention réelle de l'employeur ». • Aix-en-Provence, 17 sept. 1998 : *JCP E 1998. pan. 1814.*

5. Action des syndicats. L'opposition mise à l'exécution de la mission dévolue aux inspecteurs du travail peut être de nature à préjudicier à l'intérêt collectif de la profession à laquelle appartient le personnel de l'entreprise et, par suite, à autoriser l'action civile des syndicats qui la représentent. • Crim. 4 oct. 1988 : *Bull. crim. n° 328 ; D. 1988. IR 272.*

Art. L. 8114-2 **Les dispositions des articles 433-3, 433-5 et 433-6 du code pénal qui prévoient et répriment respectivement les actes de violences, d'outrages et de résistance contre les officiers de police judiciaire sont applicables à ceux qui se rendent coupables de faits de même nature à l'égard des** *(L. n° 2016-1088 du 8 août 2016, art. 113)* **« agents de contrôle de l'inspection du travail mentionnés à l'article L. 8112-1 du présent code ».** – *[Anc. art. L. 631-2.]*

Le délit prévu par l'art. L. 8114-2 C. trav. et par l'art. 433-5 C. pén. suppose, si l'outrage est indirect, que puisse être constatée chez son auteur l'intention de faire parvenir à la personne concernée l'écrit ou les propos outrageants ; justifie en conséquence sa décision la cour d'appel qui, à la suite du procès-verbal dressé par un inspecteur du travail contre un chef d'établissement, dit non établi à la charge de ce dernier le délit d'outrage lui étant reproché pour avoir adressé au directeur départemental du travail un écrit mettant en cause l'impartialité du fonctionnaire, en retenant que le courrier litigieux n'était pas parvenu à la connaissance de l'inspecteur du travail par la volonté de son auteur. En cet état, il ne saurait être reproché aux juges du fond de ne pas avoir requalifié les faits poursuivis au regard des dispositions de l'article 226-10 C. pén. relatives à l'infraction de dénonciation calomnieuse, dès lors qu'il se déduit de la Convention internationale du travail n° 81 signée le 19 juillet 1947 et du décret du 20 août 2003 portant statut du corps de l'inspection du travail, que lorsqu'ils décident de dresser procès-verbal d'une infraction, les inspecteurs du travail ne sont pas placés sous le contrôle hiérarchique du directeur départemental du travail. • Crim. 6 mai 2008 : *Bull. crim n° 106 ; RSC 2009. 391, note Cerf-Hollender ; AJ pénal 2008. 375, obs. Lasserre Capdeville.*

Art. L. 8114-3 **Les dispositions des articles L. 8114-1 et L. 8114-2 ne sont pas applicables à l'État, aux collectivités territoriales et à leurs établissements publics administratifs.** – *[Anc. art. L. 631-3, al. 1er.]*

SECTION II **TRANSACTION PÉNALE**

(Ord. n° 2016-413 du 7 avr. 2016, art. 4-IX, en vigueur le 1er juill. 2016)

Art. L. 8114-4 L'autorité administrative compétente peut, tant que l'action publique n'a pas été mise en mouvement, transiger avec les personnes physiques et les personnes morales sur la poursuite d'une infraction constituant une contravention ou un délit, prévue et réprimée :

1° Aux livres II et III de la première partie ;

2° Au titre VI du livre II de la deuxième partie ;

3° Aux livres Ier, II et IV de la troisième partie, à l'exception des dispositions mentionnées aux 1° à 4° de l'article L. 8115-1 ;

4° A la quatrième partie, à l'exception des dispositions mentionnées au titre V du livre VII et au 5° de l'article L. 8115-1 ;

5° Au titre II du livre II de la sixième partie ;

6° A la septième partie.

Sont exclus de cette procédure les délits punis d'une peine d'emprisonnement d'un an ou plus.

Art. L. 8114-5 La proposition de transaction est déterminée en fonction des circonstances et de la gravité de l'infraction, de la personnalité de son auteur ainsi que de ses ressources et de ses charges.

Elle précise le montant de l'amende transactionnelle que l'auteur de l'infraction devra payer, ainsi que, le cas échéant, les obligations qui lui seront imposées pour faire cesser l'infraction, éviter son renouvellement ou se mettre en conformité avec les obligations auxquelles il est soumis par le présent code ou les autres dispositions relatives au régime du travail. Elle fixe également les délais impartis pour le paiement et, s'il y a lieu, l'exécution des obligations.

Une copie du procès-verbal de constatation de l'infraction est jointe à la proposition de transaction adressée à l'auteur de l'infraction.

Art. L. 8114-6 Lorsqu'elle a été acceptée par l'auteur de l'infraction, la proposition de transaction est soumise à l'homologation du procureur de la République.

L'acte par lequel le procureur de la République homologue la proposition de transaction est interruptif de la prescription de l'action publique.

L'action publique est éteinte lorsque l'auteur de l'infraction a exécuté dans les délais impartis l'intégralité des obligations résultant pour lui de l'acceptation de la transaction.

Art. L. 8114-7 Lorsque la transaction est homologuée, l'autorité administrative en informe le comité d'hygiène, de sécurité et des conditions de travail, lorsque l'infraction a trait à des questions relevant de ses missions, le comité d'entreprise, dans les autres cas, et, à défaut, les délégués du personnel.

Art. L. 8114-8 Les modalités d'application de la présente section sont fixées par décret en Conseil d'État. — *V. art. R. 8114-3 s.*

CHAPITRE V **AMENDES ADMINISTRATIVES**

(Ord. n° 2016-413 du 7 avr. 2016, art. 5, en vigueur le 1er juill. 2016)

Art. L. 8115-1 L'autorité administrative compétente peut, sur rapport de l'agent de contrôle de l'inspection du travail mentionné à l'article L. 8112-1, et sous réserve de l'absence de poursuites pénales, prononcer à l'encontre de l'employeur une amende en cas de manquement :

1° Aux dispositions relatives aux durées maximales du travail fixées aux articles *(L. n° 2016-1088 du 8 août 2016, art. 115)* « **L. 3121-18** à **L. 3121-25** » et aux mesures réglementaires prises pour leur application ;

2° Aux dispositions relatives aux repos fixées aux articles *(L. n° 2016-1088 du 8 août 2016, art. 115)* « **L. 3131-1** à **L. 3131-3** et » **L. 3132-2** et aux mesures réglementaires prises pour leur application ;

3° A l'article **L. 3171-2** relatif à l'établissement d'un décompte de la durée de travail et aux dispositions réglementaires prises pour son application ;

4° Aux dispositions relatives à la détermination du salaire minimum de croissance prévues aux articles **L. 3231-1** à **L. 3231-11** et aux dispositions relatives au salaire minimum fixé par la convention collective ou l'accord étendu applicable à l'entreprise, et aux mesures réglementaires prises pour leur application ;

5° Aux dispositions prises pour l'application des obligations de l'employeur relatives aux installations sanitaires, à la restauration et à l'hébergement prévues au chapitre VIII du titre II du livre II de la quatrième partie, ainsi qu'aux mesures relatives aux prescriptions techniques de protection durant l'exécution des travaux de bâtiment et génie civil prévues au chapitre IV du titre III du livre V de la même partie pour ce qui concerne l'hygiène et l'hébergement.

Art. L. 8115-2 L'autorité administrative compétente informe par tout moyen le procureur de la République des suites données au rapport de l'agent de contrôle.

Art. L. 8115-3 Le montant maximal de l'amende est de 2 000 euros et peut être appliqué autant de fois qu'il y a de travailleurs concernés par le manquement.

Le plafond de l'amende est porté au double en cas de nouveau manquement constaté dans un délai d'un an à compter du jour de la notification de l'amende concernant un précédent manquement.

Art. L. 8115-4 Pour fixer le montant de l'amende, l'autorité administrative prend en compte les circonstances et la gravité du manquement, le comportement de son auteur ainsi que ses ressources et ses charges.

Art. L. 8115-5 Avant toute décision, l'autorité administrative informe par écrit la personne mise en cause de la sanction envisagée en portant à sa connaissance le manquement retenu à son encontre et en l'invitant à présenter, dans un délai fixé par décret en Conseil d'État, ses observations.

A l'issue de ce délai, l'autorité administrative peut, par décision motivée, prononcer l'amende et émettre le titre de perception correspondant.

Elle informe de cette décision le comité d'hygiène, de sécurité et des conditions de travail, lorsque le manquement a trait à des questions relevant de ses missions, le comité d'entreprise, dans les autres cas, et, à défaut, les délégués du personnel.

Le délai de prescription de l'action de l'autorité administrative pour la sanction du manquement par une amende administrative est de deux années révolues à compter du jour où le manquement a été commis.

Art. L. 8115-6 La personne à l'encontre de laquelle l'amende est prononcée peut contester la décision de l'administration devant le tribunal administratif, à l'exclusion de tout recours hiérarchique.

Art. L. 8115-7 Les amendes sont recouvrées selon les modalités prévues pour les créances de l'État étrangères à l'impôt et au domaine.

Art. L. 8115-8 Les modalités d'application de la présente section sont fixées par décret en Conseil d'État.

TITRE DEUXIÈME SYSTÈME D'INSPECTION DU TRAVAIL

COMMENTAIRE

V. Dalloz.fr et applications mobiles Dalloz.

CHAPITRE PREMIER ÉCHELON CENTRAL

Le présent chapitre ne comprend pas de dispositions législatives.

CHAPITRE II SERVICES DÉCONCENTRÉS

Le présent chapitre ne comprend pas de dispositions législatives.

CHAPITRE III APPUI À L'INSPECTION DU TRAVAIL

SECTION PREMIÈRE MÉDECIN INSPECTEUR DU TRAVAIL

Art. L. 8123-1 Les médecins inspecteurs du travail exercent une action permanente en vue de la protection de la santé physique et mentale des travailleurs sur leur lieu de travail et participent à la veille sanitaire au bénéfice des travailleurs. Leur action porte en particulier sur l'organisation et le fonctionnement des services de santé au travail prévus au titre II du livre VI de la quatrième partie.

Les médecins inspecteurs du travail agissent en liaison avec *(L. n° 2016-1088 du 8 août 2016, art. 113)* « les agents de contrôle mentionnés à l'article L. 8112-1 », avec lesquels ils coopèrent à l'application de la réglementation relative à la santé au travail. – *[Anc. art. L. 612-1.]*

Art. L. 8123-2 Les dispositions du présent code relatives aux pouvoirs et obligations des *(Ord. n° 2016-413 du 7 avr. 2016, art. 6)* « agents de contrôle de l'inspection du travail mentionnés à l'article L. 8112-1 » sont étendues aux médecins inspecteurs du travail à l'exception des dispositions de l'article L. 8113-7, relatives aux procès-verbaux, *(Abrogé par Ord. n° 2016-413 du 7 avr. 2016, art. 6, à compter du 1er juill. 2016)* « et » de l'article L. 4721-4, relatives aux mises en demeure *(Ord. n° 2016-413 du 7 avr. 2016, art. 6, en vigueur le 1er juill. 2016)* « et des articles L. 8115-1 à L. 8115-7, relatives aux sanctions administratives ».

Art. L. 8123-3 En vue de la prévention des affections professionnelles, les médecins inspecteurs du travail sont autorisés à faire, aux fins d'analyse, tous prélèvements portant notamment sur les matières mises en œuvre et les produits utilisés. – *[Anc. art. L. 612-2, al. 2.]*

SECTION II **INGÉNIEURS DE PRÉVENTION**

Art. L. 8123-4 Les ingénieurs de prévention des *(L. n° 2011-525 du 17 mai 2011, art. 170)* « directions régionales des entreprises, de la concurrence, de la consommation, du travail et de l'emploi », lorsqu'ils assurent un appui technique aux *(Ord. n° 2016-413 du 7 avr. 2016, art. 7, en vigueur le 1er juill. 2016)* « agents de contrôle de l'inspection du travail mentionnés à l'article L. 8112-1 » dans leurs contrôles, enquêtes et missions, jouissent du droit d'entrée et du droit de prélèvement respectivement prévus aux articles L. 8113-1 et L. 8113-3. *(Ord. n° 2016-413 du 7 avr. 2016, art. 7, en vigueur le 1er juill. 2016)* « Leurs constats peuvent être produits dans les actes et procédures des agents de contrôle. »

Ils peuvent se faire présenter les *(Abrogé par Ord. n° 2016-413 du 7 avr. 2016, art. 7, à compter du 1er juill. 2016) « registres et »* documents prévus à l'article L. 8113-4, lorsqu'ils concernent la santé, la sécurité et les conditions de travail.

Art. L. 8123-5 Il est interdit aux ingénieurs de prévention des *(L. n° 2011-525 du 17 mai 2011, art. 170)* « directions régionales des entreprises, de la concurrence, de la consommation, du travail et de l'emploi » de révéler les secrets de fabrication et les procédés d'exploitation dont ils pourraient prendre connaissance dans l'exercice de leurs fonctions.

La méconnaissance de ces interdictions est punie conformément à l'article 226-13 du code pénal. – *[Anc. art. L. 611-7, al. 4, phrases 3 et 4.]*

SECTION III **MISSIONS SPÉCIALES TEMPORAIRES CONFIÉES À DES MÉDECINS ET INGÉNIEURS**

Art. L. 8123-6 Le ministre chargé du travail peut charger des médecins de missions spéciales temporaires concernant l'application des dispositions relatives à la santé des travailleurs.

Le ministre peut également charger des ingénieurs, titulaires du titre d'ingénieur diplômé au sens des articles L. 642-1 et suivants du code de l'éducation, de missions temporaires concernant l'application des dispositions relatives à la santé et la sécurité des travailleurs.

Les médecins conseils et les ingénieurs conseils de l'inspection du travail jouissent, pour l'exécution de ces missions, des droits attribués aux *(L. n° 2016-1088 du 8 août 2016, art. 113)* « agents de contrôle de l'inspection du travail mentionnés à l'article L. 8112-1 » par les articles L. 8113-1 et L. 8113-3. – *[Anc. art. L. 611-7, al. 1er à 3.]*

CHAPITRE IV **DE LA DÉONTOLOGIE DES AGENTS DU SYSTÈME D'INSPECTION DU TRAVAIL**

(L. nº 2016-1088 du 8 août 2016, art. 117)

Art. L. 8124-1 Un code de déontologie du service public de l'inspection du travail, établi par décret en Conseil d'État, fixe les règles que doivent respecter ses agents ainsi que leurs droits dans le respect des prérogatives et garanties qui leurs sont accordées pour l'exercice de leurs missions définies notamment par les conventions nº 81 et nº 129 de l'Organisation internationale du travail sur l'inspection du travail et au présent livre Ier.

LIVRE DEUXIÈME **LUTTE CONTRE LE TRAVAIL ILLÉGAL**

COMMENTAIRE

V. Dalloz.fr et applications mobiles Dalloz. ❑

TITRE PREMIER **DÉFINITION**

CHAPITRE UNIQUE

Art. L. 8211-1 Sont constitutives de travail illégal, dans les conditions prévues par le présent livre, les infractions suivantes :

1º Travail dissimulé ;

2º Marchandage ;

3º Prêt illicite de main-d'œuvre ;

4º Emploi d'étranger *(L. nº 2016-274 du 7 mars 2016, art. 18)* « non autorisé à travailler » ;

5º Cumuls irréguliers d'emplois ;

6º Fraude ou fausse déclaration prévue aux articles L. 5124-1 *(Abrogé par L. nº 2014-288 du 5 mars 2014, art. 20) « , L. 5135-1 »* et L. 5429-1. – *[Anc. art. L. 325-1, phrase 1.]*

TITRE DEUXIÈME **TRAVAIL DISSIMULÉ**

RÉP. TRAV. vº *Travail dissimulé,* par CERF-HOLLENDER.

BIBL. GÉN. ▶ BONNIN, *RJS 2014. 151* (qu'est-ce que le travail illégal ?). – BOUVIER, *RJS 2006. 746.* – BRÉMOND, *Gaz. Pal. 24-25 mai 2000, p. 8* (présomption de responsabilité pénale du donneur d'ordre). – DAMY, *JCP E 2007. 1467* (renforcement des sanctions du travail dissimulé). – DELOROZOY, *Dr. soc. 1981. 580.* – DUQUESNE, *Dr. soc. 2009. 936* (intention coupable de travail dissimulé). – FAU, *ibid. 1981. 597.* – FIESCHI-VIVET, *LPA 1987, nº 124, 11.* – GASSER, *RJS 2003. 855* (dissimulation partielle d'emploi). – GOMA, *JCP S 2013. 1188.* – GUICHAOUA, *Dr. ouvrier 2012. 340* (emploi illégal des salariés étrangers : ambiguïtés et insuffisances de la loi du 16 juin 2011) ; *ibid. 510* (droits du salarié victime du travail illégal) ; *Dr. soc. 2014. 51* (quarante ans de lutte contre le travail illégal). – HUE, *Dr. soc. 1989. 494* ; *ibid. 1993. 227*. – LHERNOULD, *RJS 2014. 227* (travail dissimulé par sous-évaluation du bulletin de paie). – G. LYON-CAEN, *ibid. 1963. 281.* – MARCHI, *Gaz. Pal. 1979. 1. Doctr. 258.* – ROMÉRO, *Dr. soc. 1990. 847*. – SALAS, *ibid. 1996. 680* (déclaration préalable à l'embauche) ; *ibid. 913* (mise en cause des bénéficiaires).

COMMENTAIRE

V. Dalloz.fr et applications mobiles Dalloz. ❑

CHAPITRE PREMIER **INTERDICTIONS**

SECTION PREMIÈRE **DISPOSITIONS GÉNÉRALES**

Art. L. 8221-1 Sont interdits :

1º Le travail totalement ou partiellement dissimulé, défini et exercé dans les conditions prévues aux articles L. 8221-3 et L. 8221-5 ;

2º La publicité, par quelque moyen que ce soit, tendant à favoriser, en toute connaissance de cause, le travail dissimulé ;

3° Le fait de recourir sciemment, directement ou par personne interposée, aux services de celui qui exerce un travail dissimulé. – *[Anc. art. L. 324-9, al. 1.]*

Art. L. 8221-2 Sont exclus des interdictions prévues au présent chapitre, les travaux d'urgence dont l'exécution immédiate est nécessaire pour prévenir les accidents imminents ou organiser les mesures de sauvetage. – *[Anc. art. L. 324-9, al. 2.]*

SECTION II **TRAVAIL DISSIMULÉ PAR DISSIMULATION D'ACTIVITÉ**

Art. L. 8221-3 Est réputé travail dissimulé par dissimulation d'activité, l'exercice à but lucratif d'une activité de production, de transformation, de réparation ou de prestation de services ou l'accomplissement d'actes de commerce par toute personne qui, se soustrayant intentionnellement à ses obligations :

1° Soit n'a pas demandé son immatriculation au répertoire des métiers ou, dans les départements de la Moselle, du Bas-Rhin et du Haut-Rhin, au registre des entreprises ou au registre du commerce et des sociétés, lorsque celle-ci est obligatoire, ou a poursuivi son activité après refus d'immatriculation, ou postérieurement à une radiation ;

2° Soit n'a pas procédé aux déclarations qui doivent être faites aux organismes de protection sociale ou à l'administration fiscale en vertu des dispositions légales en vigueur. *(L. n° 2011-1906 du 21 déc. 2011, art. 123-II)* « Cette situation peut notamment résulter de la non-déclaration d'une partie de son chiffre d'affaires ou de ses revenus ou de la continuation d'activité après avoir été radié *[radiée]* par les organismes de protection sociale en application de l'article L. 133-6-7-1 du code de la sécurité sociale. »

1. Indices. La méconnaissance par un donneur d'ouvrage d'une obligation positive de vérification imposée par la loi à des professionnels, notamment l'absence de demandes de justification de déclarations préalables à l'embauche, ou de déclarations trimestrielles à l'URSSAF, l'ignorance du nombre exact d'employés du cocontractant, constituent l'élément intentionnel du délit, cette carence délibérée révélant un acquiescement implicite au recours à l'exercice du travail dissimulé. • Paris, 8 janv. 1999 : *D. 1999. IR 92.* ♦ De même, est condamnée pour travail dissimulé la personne qui a exercé une activité de voyance et de guérisseur sans avoir procédé aux déclarations à faire aux organismes de protection sociale prévues par les art. L. 324-10 et L. 324-11 [L. 8221-3 à L. 8221-5 nouv.] C. trav. • Crim. 21 nov. 2001 : *Dr. soc. 2002. 214, obs. Savatier.*

2. Prestation de services. L'interdiction de recourir sciemment, directement ou par personne interposée, aux services de celui qui exerce un travail dissimulé suppose l'existence d'un contrat de prestations de services avec un donneur d'ordre, et se trouve exclue en présence d'un contrat de vente. • Crim. 4 sept. 2012 : *RDT 2013. 471, note Partouche.*

3. Auto-entrepreneur et travail dissimulé. L'employeur qui fait travailler ses anciens salariés sous le statut d'auto-entrepreneur, dans des conditions qui les placent dans un lien de subordination juridique permanente à son égard, se rend coupable de travail dissimulé. • Crim. 15 déc. 2015, n° 14-85.638 P : *JS Lamy 2016, n° 403-6, obs. Taquet.*

4. Temps de déplacement professionnel. Doivent être analysés comme un temps de travail effectif au sens de l'art. L. 3121-1 C. trav., dont l'absence de prise en compte dans le calcul du salaire caractérise le délit de travail dissimulé, les temps de déplacement professionnel ne relevant pas des dispositions de l'art. L. 3121-4, effectués par le salarié d'une entreprise d'aide à la personne pour se rendre du domicile d'un client à celui d'un autre afin d'y accomplir la mission que lui confie son employeur. • Crim. 2 sept. 2014, n° 13-80.665 : *D. 2014. Actu. 1769 ; D. 2015. Pan. 835, obs. Lokiec ; RDT 2015. 197, obs. Véricel ; RJS 11/2014, n° 803 ; JCP S 2014. 1016, obs. Duquesne.*

5. Activité de revente à l'étranger. Se rendent coupables de travail dissimulé les personnes qui réalisent de très nombreux achats d'objets divers, notamment de véhicules revendus sur internet, et constituent un stock, et ce même si les opérations de revente n'étaient pas selon eux réalisées sur le territoire français. • Crim. 30 mars 2016, n° 15-81.478 : *JCP 2016. 1190, obs. Detraz.*

Art. L. 8221-4 Les activités mentionnées à l'article L. 8221-3 sont présumées, sauf preuve contraire, accomplies à titre lucratif :

1° Soit lorsque leur réalisation a lieu avec recours à la publicité sous une forme quelconque en vue de la recherche de la clientèle ;

2° Soit lorsque leur fréquence ou leur importance est établie ;

3° Soit lorsque la facturation est absente ou frauduleuse ;

4° Soit lorsque, pour des activités artisanales, elles sont réalisées avec un matériel ou un outillage présentant par sa nature ou son importance un caractère professionnel. – *[Anc. art. L. 324-11.]*

SECTION III TRAVAIL DISSIMULÉ PAR DISSIMULATION D'EMPLOI SALARIÉ

Art. L. 8221-5 **Est réputé travail dissimulé par dissimulation d'emploi salarié le fait pour tout employeur :**

1° Soit de se soustraire intentionnellement à l'accomplissement de la formalité prévue à l'article L. 1221-10, relatif à la déclaration préalable à l'embauche ;

(L. n° 2016-1088 du 8 août 2016, art. 105) **« 2° Soit de se soustraire intentionnellement à la délivrance d'un bulletin de paie ou d'un document équivalent défini par voie réglementaire, ou de mentionner sur le bulletin de paie ou le document équivalent un nombre d'heures » de travail inférieur à celui réellement accompli, si cette mention ne résulte pas d'une convention ou d'un accord collectif d'aménagement du temps de travail conclu en application du titre II du livre Ier de la troisième partie ;**

(L. n° 2011-672 du 16 juin 2011, art. 73-I) **« 3° Soit de se soustraire intentionnellement aux déclarations relatives aux salaires ou aux cotisations sociales assises sur ceux-ci auprès des organismes de recouvrement des contributions et cotisations sociales ou de l'administration fiscale en vertu des dispositions légales. »**

1. Appréciation de l'intention de l'employeur. L'intention de l'employeur de dissimuler tout ou partie de l'activité du salarié ouvrant droit à son profit au bénéfice d'une indemnité forfaitaire de six mois de salaire est appréciée souverainement par les juges du fond. • Soc. 2 déc. 2015, n° 14-22.311 P : *RJS 2/2016, n° 142 ; JCP S 2016. 1034, obs. Guyot.*

2. Dissimulation d'emploi salarié. Constitue le délit de dissimulation d'emploi salarié le fait, pour un employeur, de se soustraire intentionnellement à la déclaration préalable d'embauche ou à la remise du bulletin de salaire ou encore de mentionner sur le bulletin de paie un nombre d'heures de travail inférieur à celui réellement effectué. • Crim. 22 févr. 2000 : *RJS 2000. 386, n° 562* • Soc. 21 mai 2002, n° 99-45.890 P : *RJS 2002. 749, n° 983.* ♦ Mais la mention sur le bulletin de paie d'un nombre d'heures de travail inférieur à celui réellement accompli n'est pas punissable, au titre du travail dissimulé, quand cette mention résulte d'une convention ou d'un accord collectif d'aménagement du temps de travail. • Crim. 16 avr. 2013 : *Dalloz actualité, 30 avr. 2013, obs. Ines ; D. 2013. Actu. 1072 ; Dr. ouvrier 2013. 563, obs. Guichaoua.*

3. Dissimulation d'heures salariées. La dissimulation d'emploi salarié prévue par le dernier al. de l'art. L. 324-10 [L. 8221-5 nouv.] C. trav. n'est caractérisée que s'il est établi que l'employeur a, de manière intentionnelle, mentionné sur le bulletin de paie un nombre d'heures de travail inférieur à celui réellement effectué. • Soc. 4 mars 2003, n° 00-46.906 P : *Dr. soc. 2003. 528, obs. Radé* • 19 janv. 2005 : *Dr. soc. 2005. 472, obs. Radé* • 29 juin 2005 : *RJS 2005. 717, n° 1015* • 8 mars 2007 : *RDT 2007. 395, note Pignarre* • Soc. 20 juin 2013 : *Dalloz actualité, 12 juill. 2013, obs. Fraisse ; RJS 10/2013, n° 715 ; JS Lamy, n° 349-6, obs. Tourreil.* ♦ ... Et non pas si le nombre d'heures indiqué, inférieur au nombre d'heures réalisées, résulte d'une erreur de rédaction. • Soc. 29 oct. 2003, n° 01-44.940 P : *D. 2003. IR 2933 ; RJS 2004. 74, n° 89* • 24 mars 2004, n° 01-43.875 P : *Dr. soc. 2004. 664, obs. Radé ; JS Lamy 2004, n° 146-3.* ♦ L'élément intentionnel est apprécié souverainement par les juges du fond. • Soc. 19 janv. 2005 : *Dr. soc. 2005. 472, obs. Radé.* ♦ L'infraction de travail dissimulé, par dissimulation d'emploi salarié résultant de la mention sur le bulletin de paie d'un nombre d'heures de travail inférieur à celui réellement accompli, n'est pas constituée, lorsque les heures non mentionnées sur la fiche de salaire, correspondant à un temps durant lequel le salarié n'exerce aucune activité et peut vaquer librement à des occupations personnelles, ne sont pas du temps de travail effectif • Crim. 5 juin 2012 : *Dalloz actualité, 19 juin 2012, obs. Siro ; D. 2012. Actu. 1622 ; RDT 2012. 616, note Maziau ; RJS 2012. 709, n° 836 ; JCP S 2012. 1475, obs. Martinon.* ♦ En application de l'art. L. 3122-4 C. trav., une dérogation conventionnelle régissant le décompte des heures supplémentaires de travail ne peut être régulièrement opérée qu'à partir de l'un des deux seuils prévus par la loi. • Crim. 28 janv. 2014, n° 12-81.406 : *RJS 4/2014, n° 326* • Crim. 16 avr. 2013, n° 12-81.767 : *D. 2013. Actu. 1072 ; RJS 7/2013, n° 558 ; Dr. pénal 2013. Comm. 97, obs. Robert.*

4. Non-déclaration de pourboires centralisés par l'employeur. Le délit de travail dissimulé prévu par l'art. L. 8221-5, 3°, C. trav. est caractérisé dès lors que sont méconnues les dispositions de l'art. L. 3244-1 et L. 3244-2 C. trav. selon lesquelles toutes les perceptions faites « pour le service » par l'employeur ainsi que toutes les sommes remises volontairement par les clients pour le service entre les mains de l'employeur, ou centralisées par celui-ci, doivent être intégralement versées au personnel en contact avec la clientèle et s'ajoutent au salaire fixe. • Crim. 1er déc. 2015, ♁ n° 14-85.480 P : *D. 2015. Actu. 2568* ; *RJS 2/2016, n° 141* ; *JCP S 2015. 1035, obs. Duquesne.*

5. Avocat salarié. L'avocat lié par un contrat de collaboration libérale, qui entend établir sa qualité de salarié et le délit de travail dissimulé par dissimulation d'emploi salarié dont il se prétend victime, doit rapporter la preuve de ce qu'ayant manifesté la volonté de développer une clientèle personnelle, il en a été empêché en raison des conditions d'exercice de son activité. • Crim. 15 mars 2016, ♁ n° 14-85.328 : *RJS 6/2016, n° 443* ; *JCP S 2016. 1184, obs. Duquesne.*

6. Conséquences sociales du délit. Les faits établissant l'élément matériel du délit de travail dissimulé constituent le fait générateur du versement des cotisations et contributions dues au titre du redressement et justifient l'annulation par l'organisme de recouvrement des mesures d'exonération et de réduction de celles-ci. • Civ. 2e, 10 oct. 2013, ♁ n° 12-26.123 : *D. 2014. 582, obs. Salomon* ; *Dr. soc. 2014. 278, obs. Salomon* ; *RJS 1/2014, n° 66* ; *JCP E 2013. 1697, note Ronet-Yague.*

Art. L. 8221-6 **I. — Sont présumés ne pas être liés avec le donneur d'ordre par un contrat de travail dans l'exécution de l'activité donnant lieu à immatriculation ou inscription :**

1° Les personnes physiques immatriculées au registre du commerce et des sociétés, au répertoire des métiers, au registre des agents commerciaux ou auprès des unions de recouvrement des cotisations de sécurité sociale et d'allocations familiales pour le recouvrement des cotisations d'allocations familiales ;

2° Les personnes physiques inscrites au registre des entreprises de transport routier de personnes, qui exercent une activité de transport scolaire prévu par l'article L. 213-11 *[nouvelle rédaction issue de la L. n° 2015-991 du 7 août 2015, art. 15-IV, en vigueur le 1er sept. 2017 : « L. 214-18 »]* **du code de l'éducation ou de transport à la demande conformément à l'article 29 de la loi n° 82-1153 du 30 décembre 1982 d'orientation des transports intérieurs ;**

3° Les dirigeants des personnes morales immatriculées au registre du commerce et des sociétés et leurs salariés ;

(Abrogé par L. n° 2014-626 du 18 juin 2014, art. 27) *(L. n° 2008-776 du 4 août 2008, art. 11-I)* ***« 4° Les personnes physiques relevant de l'article L. 123-1-1 du code de commerce ou du V de l'article 19 de la loi n° 96-603 du 5 juillet 1996 relative au développement et à la promotion du commerce et de l'artisanat. »***

II. — L'existence d'un contrat de travail peut toutefois être établie lorsque les personnes mentionnées au I fournissent directement ou par une personne interposée des prestations à un donneur d'ordre dans des conditions qui les placent dans un lien de subordination juridique permanente à l'égard de celui-ci.

(L. n° 2011-1906 du 21 déc. 2011, art. 125) **« Dans ce cas, la dissimulation d'emploi salarié est établie si le donneur d'ordre s'est soustrait intentionnellement par ce moyen à l'accomplissement des obligations incombant à l'employeur mentionnées à l'article L. 8221-5.**

« Le donneur d'ordre qui a fait l'objet d'une condamnation pénale pour travail dissimulé en application du présent II est tenu au paiement des cotisations et contributions sociales à la charge des employeurs, calculées sur les sommes versées aux personnes mentionnées au I au titre de la période pour laquelle la dissimulation d'emploi salarié a été établie. »

BIBL. ▶ Arséguel et Isoux, *Bull. Joly 1994. 469.* – Aubert-Montpeyssen, *LPA 22 sept. 1995* ; *Dr. soc. 1997. 616* (frontières du salariat). – Barthélémy, *JCP E 1994. I. 361* ; *JCP S 2008. 1430* (contrat du sportif). – Chauchard, *Dr. soc. 1995. 642*. – Doroy, *Dr. soc. 1995. 638*. – Gonié, *Dr. soc. 2005. 273* (télétravail). – Laroque, *Dr. soc. 1995. 631*. – Lemière, *Dr. ouvrier 1997. 274* (démonstrateurs dans les grands magasins). – G. Lyon-Caen, *Dr. soc. 1995. 647*. – Probst, *Dr. soc. 2006. 1109* (télétravail au domicile). – Ray, *Dr. soc. 1995. 634* ; *ibid. 1996. 121* (télétravail). – Teyssié, *Dr. soc. 1994. 667*. – *Assoc. Villermé, ibid. 673.* – Véricel, *Dr. soc. 2004. 297*. ▶ *Adde :* Amiel-Cosme, *note D. 1997. 10*.

1. Application immédiate. La loi nouvelle du 1er août 2003, plus douce, est immédiatement applicable et le recouvrement des cotisations dues par l'employeur n'est possible que pour la période postérieure à la requalification des emplois. • Civ. 2e, 9 mars 2006 : ♁ *Dr. soc. 2006. 697, obs. Coursier* ; *RJS 2006. 433, n° 624.*

2. Renversement de la présomption. Une inscription au RCS n'exclut pas la qualité de salarié dès lors que l'intéressé a été soumis à une période d'essai, travaille 35 heures par semaine, bénéficie en contrepartie d'une rémunération mensuelle et d'avantages en nature, reçoit des directives précises quant à l'exécution de sa tâche, et est tenu d'obtenir un accord pour fixer sa période de congés. • Soc. 22 mars 2006 : ♤ *JCP S 2006. 1423, note Puigelier.*

3. L'existence d'un contrat de travail est établie dès lors que les artisans, immatriculés au répertoire des métiers, fournissaient des prestations les mettant en état de subordination juridique par rapport au maître de l'ouvrage durant tout le temps d'exécution de leur tâche, même en l'absence d'un lien contractuel permanent. • Soc. 14 févr. 2006 : *JS Lamy 2006, n° 187-6.*

4. Auto-entrepreneur. La présomption légale de non-salariat qui bénéficie aux personnes sous le statut d'auto-entrepreneur peut être détruite s'il est établi qu'elles fournissent directement, ou par une personne interposée, des prestations au donneur d'ordre dans des conditions qui les placent dans un lien de subordination juridique permanente à l'égard de celui-ci (formateurs recrutés sous statut d'auto-entrepreneur en contrat de prestations de services à durée indéterminée) ; il en résulte que le montant des sommes qui leur avaient été versées devait être réintégré dans l'assiette des cotisations de l'employeur. • Soc. 7 juill. 2016, ♤ n° 15-16.110 P : *Dalloz actualité, 7 sept. 2016, obs. Cortot ; D. 2016. Actu. 1574* ✐ *; Dr. soc. 2016. 859* ✐ *; RJS 11/2016, n° 722 ; JCP E 2016. 1462, obs. Taquet.*

Art. L. 8221-6-1 *(L. n° 2008-776 du 4 août 2008, art. 11-II)* **Est présumé travailleur indépendant celui dont les conditions de travail sont définies exclusivement par lui-même ou par le contrat les définissant avec son donneur d'ordre.**

SECTION IV RÈGLES APPLICABLES À LA DIFFUSION D'ANNONCES

Art. L. 8221-7 **Toute personne qui publie, diffuse ou fait diffuser par tout moyen une offre de service ou de vente ou une annonce destinée à faire connaître son activité professionnelle au public est tenue :**

1° Lorsqu'elle est soumise au respect des formalités mentionnées aux articles L. 8221-3 et L. 8221-5 :

***a)* De mentionner un numéro d'identification prévu par décret en Conseil d'État ou, pour l'entreprise en cours de création, son nom ou sa dénomination sociale et son adresse professionnelle ;**

***b)* De communiquer au responsable de la publication ou de la diffusion son nom ou sa dénomination sociale et son adresse professionnelle ;**

2° Lorsqu'elle n'est pas soumise au respect des formalités mentionnées au 1° :

***a)* De mentionner son nom et son adresse sur toute annonce faite par voie d'affiche ou de prospectus ;**

***b)* De communiquer son nom et son adresse au responsable de la publication ou de la diffusion.**

Le responsable de la publication ou de la diffusion tient ces informations à la disposition des agents de contrôle mentionnés à l'article L. 8271-7 pendant un délai de six mois à compter de la cessation de la diffusion de l'annonce. – *[Anc. art. L. 324-11-2, I.] – V. art. R. 8221-3.*

V. Circ. DILTI n° 99-1 du 1er mars 1999 relative à la transparence des offres de service ou de vente en vue de la lutte contre le travail dissimulé (BOMT n° 99/6).

SECTION V DISPOSITIONS D'APPLICATION

Art. L. 8221-8 **Un décret en Conseil d'État détermine les conditions d'application des dispositions du présent chapitre.** – *[Anc. art. L. 324-15.] – V. art. R. 8221-1 s.*

V. Circ. 9 nov. 1992 (JO 18 nov.) relative au renforcement de la lutte contre le travail clandestin et à l'application de la loi n° 91-1383 du 31 déc. 1991 ; Circ. 30 déc. 1994 (BOMT n° 95/5) (solidarité financière des donneurs d'ordres et des maîtres d'ouvrage).

CHAPITRE II OBLIGATIONS ET SOLIDARITÉ FINANCIÈRE DES DONNEURS D'ORDRE ET DES MAÎTRES D'OUVRAGE

Art. L. 8222-1 **Toute personne vérifie lors de la conclusion d'un contrat dont l'objet porte sur une obligation d'un montant minimum en vue de l'exécution d'un travail, de la fourniture d'une prestation de services ou de l'accomplissement d'un acte de commerce, et périodiquement jusqu'à la fin de l'exécution du contrat, que son cocontractant** *(L. n° 2011-672 du 16 juin 2011, art. 73-II)* **« s'acquitte » :**

1° des formalités mentionnées aux articles L. 8221-3 et L. 8221-5 ;

(Abrogé par L. n° 2011-672 du 16 juin 2011, art. 73-II) (L. n° 2010-1594 du 20 déc. 2010, art. 40-II) ***« 1° bis est à jour de ses obligations de déclaration et de paiement auprès des organismes de recouvrement mentionnés aux articles L. 213-1 et L. 752-1 du code de la sécurité sociale et L. 723-3 du code rural et de la pêche maritime dans les conditions définies à l'article L. 243-15 du code de la sécurité sociale ; »***

2° de l'une seulement des formalités mentionnées au 1°, dans le cas d'un contrat conclu par un particulier pour son usage personnel, celui de son conjoint, partenaire lié par un pacte civil de solidarité, concubin, de ses ascendants ou descendants.

Les modalités selon lesquelles sont opérées les vérifications imposées par le présent article sont précisées par décret. — *[Anc. art. L. 324-14, al. 1 début et al. 6.]*

V. CSS, art. L. 133-4-5.

[Jurisprudence rendue sous l'empire des dispositions antérieures à la loi du 11 mars 1997]

1. Détermination de l'employeur. Lorsque les factures établies par une société sont de pure complaisance et ne correspondent pas à une prestation effective en sorte qu'il s'agit d'une entreprise de facturation créée dans le but de couvrir l'activité d'ateliers clandestins, il en résulte que le véritable employeur, au sens des art. L. 120 et L. 241 [art. L. 242-1 et L. 311-2] CSS, est le donneur d'ordre qui doit être déclaré débiteur des cotisations de sécurité sociale, peu important que les conditions d'application de l'art. L. 125-2 [L. 8232-1, L. 8232-3, L. 8241-1, L. 8241-2 nouv.] C. trav. soient ou non réunies. • Soc. 21 janv. 1987 (2 arrêts) : *Bull. civ. V, n° 41.* ♦ V. aussi • Civ. 2e, 16 nov. 2004, n° 02-30.550 P : *RJS 2005. 133, n° 189.*

2. Caractère intentionnel. En relevant la durée des relations entre deux sociétés, les conditions de leur exercice et le fait que le prévenu n'a effectué aucune des vérifications imposées par l'art. L. 324-14 [L. 1233-45 nouv.] concernant les obligations auxquelles la société avec laquelle il traitait était soumise, la cour d'appel démontre que le prévenu a sciemment eu recours aux services d'une société qui effectuait un travail clandestin. • Crim. 21 janv. 1997 : *Bull. crim. n° 21 ; CSB 1997. 192, S. 120.*

3. Vérification des obligations du cocontractant. Si le donneur d'ordre est considéré comme ayant procédé aux vérifications requises en matière de solidarité financière dès lors qu'il s'est fait remettre par son cocontractant les documents prévus par l'art. R. 324-4 [art. D. 8222-5] C. trav., cette présomption de vérification est écartée en cas de discordance entre la dénomination de la société, désignée sur les documents remis, et l'identité du cocontractant. • Civ. 2e, 11 juill. 2013 : *Dr. soc. 2014. 137, obs. Salomon ; RJS 2013. 682, n° 754.* ♦ Les documents énumérés par l'art. D. 8222-5 C. trav. sont les seuls dont la remise permet à la personne dont le cocontractant est établi en France, lorsqu'elle n'est pas un particulier répondant aux conditions fixées par l'art. D. 8222-4, de s'acquitter de l'obligation de vérification mise à sa charge par l'art. L. 8222-1. • Civ. 2e, 11 févr. 2016, n° 14-10.614 P : *JCP S 2016. 1120, obs. Lahalle.*

[Jurisprudence rendue sous l'empire des dispositions postérieures à la loi du 11 mars 1997]

4. Le particulier qui contracte pour son usage personnel ne peut être considéré comme ayant eu recours sciemment au travail dissimulé, s'il se fait remettre par son cocontractant l'un des documents prévus à l'art. D. 8222-5 C. trav., sauf s'il existe une discordance entre la dénomination de la société désignée sur le document et l'identité du cocontractant. • Crim. 9 nov. 2010 : *Dalloz actualité, 15 déc. 2010, obs. Bombled ; JCP S 2011. 1075, obs. Martinon.*

Art. L. 8222-2 **Toute personne qui méconnaît les dispositions de l'article L. 8222-1, ainsi que toute personne condamnée pour avoir recouru directement ou par personne interposée aux services de celui qui exerce un travail dissimulé, est tenue solidairement avec celui qui a fait l'objet d'un procès-verbal pour délit de travail dissimulé :**

1° Au paiement des impôts, taxes et cotisations obligatoires ainsi que des pénalités et majorations dus par celui-ci au Trésor ou aux organismes de protection sociale ;

2° Le cas échéant, au remboursement des sommes correspondant au montant des aides publiques dont il a bénéficié ;

3° Au paiement des rémunérations, indemnités et charges dues par lui à raison de l'emploi de salariés n'ayant pas fait l'objet de l'une des formalités prévues aux articles L. 1221-10, relatif à la déclaration préalable à l'embauche et L. 3243-2, relatif à la délivrance du bulletin de paie. — *[Anc. art. L. 324-14, al. 1er fin et 2 à 4, et L. 324-13-1, al. 1 à 4.]*

Constitutionnalité. Sont conformes à la Constitution les dispositions de l'art. L. 8222-2 C. trav. relatives à la solidarité financière du donneur d'ordre vis-à-vis d'un sous-traitant ayant fait l'objet d'un procès-verbal pour délit de travail dissimulé ; cette solidarité n'a pas le caractère d'une punition, dans la mesure où le donneur d'ordre qui s'est acquitté du paiement des sommes exigibles dispose d'une action récursoire contre le débiteur principal et, le cas échéant, contre les codébiteurs solidaires. • Cons. const. 31 juill. 2015, n° 2015-479 QPC : *D. 2015. Actu. 1709 ; RJS 10/2015, n° 657 ; JCP G 2015. 1341, obs. Mathieu.*

Art. L. 8222-3 Les sommes dont le paiement est exigible en application de l'article L. 8222-2 sont déterminées à due proportion de la valeur des travaux réalisés, des services fournis, du bien vendu et de la rémunération en vigueur dans la profession. – *[Anc. art. L. 324-14, al. 5, et L. 324-13-1, al. 5.]*

Art. L. 8222-4 Lorsque le cocontractant intervenant sur le territoire national est établi ou domicilié à l'étranger, les obligations dont le respect fait l'objet de vérifications sont celles qui résultent de la réglementation d'effet équivalent de son pays d'origine et celles qui lui sont applicables au titre de son activité en France. – *[Anc. art. L. 324-14-2.]*

Art. L. 8222-5 Le maître de l'ouvrage ou le donneur d'ordre, informé par écrit par un agent de contrôle mentionné à l'article L. 8271-7 ou par un syndicat ou une association professionnels ou une institution représentative du personnel, de l'intervention *(L. n° 2014-790 du 10 juill. 2014, art. 6)* « du cocontractant, » d'un sous-traitant ou d'un subdélégataire en situation irrégulière au regard des formalités mentionnées aux articles L. 8221-3 et L. 8221-5 enjoint aussitôt à son cocontractant de faire cesser sans délai cette situation.

A défaut, il est tenu solidairement avec son cocontractant au paiement des impôts, taxes, cotisations, rémunérations et charges mentionnés aux 1° à 3° de l'article L. 8222-2, dans les conditions fixées à l'article L. 8222-3.

Les dispositions du présent article ne s'appliquent pas au particulier qui contracte pour son usage personnel, celui de son conjoint, partenaire lié par un pacte civil de solidarité, concubin, de ses ascendants ou descendants. – *[Anc. art. L. 324-14-1, al. 1 et 2.]*

Art. L. 8222-6 *(L. n° 2013-1203 du 23 déc. 2013, art. 83-I)* Sans préjudice des articles L. 8222-1 à L. 8222-3, toute personne morale de droit public ayant contracté avec une entreprise, informée par écrit par un agent de contrôle de la situation irrégulière de cette entreprise au regard des formalités mentionnées aux articles L. 8221-3 et L. 8221-5, enjoint aussitôt à cette entreprise de faire cesser sans délai cette situation.

L'entreprise ainsi mise en demeure apporte à la personne publique, dans un délai de deux mois, la preuve qu'elle a mis fin à la situation délictuelle. A défaut, le contrat peut être rompu sans indemnité, aux frais et risques de l'entrepreneur.

La personne morale de droit public informe l'agent auteur du signalement des suites données par l'entreprise à son injonction.

A défaut de respecter les obligations qui découlent des premier et troisième alinéas du présent article ou, en cas de poursuite du contrat, si la preuve de la fin de la situation délictuelle ne lui a pas été apportée dans un délai de six mois suivant la mise en demeure, la personne morale de droit public est tenue solidairement avec son cocontractant au paiement des sommes mentionnées aux 1° à 3° de l'article L. 8222-2, dans les conditions fixées à l'article L. 8222-3.

Art. L. 8222-7 Un décret en Conseil d'État détermine les conditions d'application des dispositions du présent chapitre. – *[Anc. art. L. 324-15.]*

CHAPITRE III **DROITS DES SALARIÉS ET ACTIONS EN JUSTICE** *(L. n° 2014-790 du 10 juill. 2014, art. 9).*

SECTION PREMIÈRE **DROITS DES SALARIÉS** *(L. n° 2014-790 du 10 juill. 2014, art. 9).*

Art. L. 8223-1 En cas de rupture de la relation de travail, le salarié auquel un employeur a eu recours dans les conditions de l'article L. 8221-3 ou en commettant les faits prévus à l'article L. 8221-5 a droit à une indemnité forfaitaire égale à six mois de salaire. – *[Anc. art. L. 324-11-1, al. 1]*

BIBL. ▸ Holleaux, *Sem. soc. Lamy 2002, n° 1103, p. 10.*

1. Conformité de l'indemnité. L'indemnité de l'art. L. 8223-1 ne constitue pas une sanction ayant le caractère d'une punition, elle a pour objet d'assurer une réparation minimale du préjudice subi par le salarié du fait de la dissimulation du travail, le caractère forfaitaire de cette indemnité est destiné à compenser la difficulté, pour le salarié, de rapporter le nombre d'heures accompli ; l'art. L. 8223-1 C. trav. est conforme à la Constitution. • Cons. const., QPC, 25 mars 2011 : *RSC 2011. 404, note Cerf-Hollender* • Cass., QPC, 5 janv. 2011 : *Dalloz actualité, 18 janv. 2011, obs. Bombled.*

2. Droit à l'indemnité. Le salarié dont l'employeur a volontairement dissimulé une partie du temps de travail a droit à l'indemnité forfaitaire. • Soc. 15 oct. 2002, n° 00-45.082 P : *D. 2002. IR 2918 ; Dr. soc. 2002. 1145, obs. Duquesne ; RJS 2002. 1046, n° 1424 ; JCP E 2002. 1792, note Taquet ; ibid. 2003. 399, note Aubert-Monpeyssen ; CSB 2003. 17, A. 6 ; JS Lamy 2002, n° 112-3.* ♦ Le salarié a droit à une indemnité forfaitaire non modulable par le juge égale à six mois de salaire quelles que soient la cause et l'initiative de la rupture du contrat de travail, cette somme ne pouvant se cumuler avec les autres indemnités auxquelles le salarié peut prétendre en raison de la rupture de son contrat de travail. • Soc. 24 sept. 2003 : *RJS 2003. 993, n° 1422.* ♦ L'indemnité forfaitaire est due même si les salariés concernés avaient donné leur démission et qu'il avait été mis fin au préavis d'un commun accord. • Soc. 12 oct. 2004, n° 02-44.666 P : *Dr. soc. 2004. 1152, obs. Radé ; RJS 2004. 915, n° 1310 ; TPS 2004, n° 360.* ♦ L'indemnité forfaitaire est due quel que soit le mode de rupture de la relation de travail ; elle est due s'agissant d'un contrat à durée déterminée comme le contrat d'apprentissage arrivé à son terme après s'être exécuté en totalité. • Soc. 7 nov. 2006 : *D. 2006. IR 2952 .*

3. Caractère indemnitaire. L'indemnité forfaitaire présente un caractère indemnitaire et n'est, en conséquence, pas soumise à cotisations sociales. • Soc. 20 févr. 2008, n° 06-44.964 P : *RJS 2008. 452, n° 579 ; JCP S 2008. 1235, note Martinon.*

4. Cumul des indemnités. Indépendamment de la sanction civile de l'art. L. 8223-1, tout salarié a droit à l'indemnisation du préjudice lié à la faute de l'employeur dans l'exécution de ses obligations. • Soc. 14 avr. 2010 : *D. 2010. Actu. 1151 ; Dalloz actualité, 14 mai 2010, obs. Maillard ; RJS 6/2010, n° 540 ; JS Lamy 2010, n° 280-6, obs. Julien-Paturle ; Dr. ouvrier 2010. 688, obs. Ferraro ; JCP S 2010. 1327, obs. Willmann.* ♦ Au regard de la nature de sanction civile de l'indemnité forfaitaire prévue à l'art. L. 8223-1 C. trav., rien ne s'oppose au cumul de cette indemnité avec les indemnités de toute nature auxquelles le salarié a droit en cas de rupture de la relation de travail. • Soc. 6 févr. 2013 : *D. 2013. Actu. 439, obs. Siro ; D. 2013. 1775, obs. Sommé ; Dr. ouvrier 2013. 296, obs. Boulmier ; ibid. 2013. 562, obs. Bonnechère ; JS Lamy 2013, n° 340-5 ; JCP S 2013. 1149, obs. Verkindt* • 15 mai 2013 : *Dalloz actualité, 5 juin 2013, obs. Fleuriot ; D. 2013. Actu. 1285 .* ♦ L'indemnité prévue en cas de travail dissimulé peut se cumuler avec l'indemnité compensatrice de préavis, l'indemnité de congés payés sur préavis et l'indemnité conventionnelle de licenciement. • Soc. 25 mai 2005 : *D. 2005. IR 1507 ; Dr. soc. 2005. 1038, obs. Roy-Loustaunau ; RJS 2005. 665, n° 929.* ♦ Comp. : Le paiement de l'indemnité forfaitaire n'est pas subordonné à l'existence d'une décision pénale déclarant l'employeur coupable du délit de travail dissimulé ; elle ne se cumule pas avec les autres indemnités auxquelles le salarié pourrait prétendre au titre de la rupture de son contrat de travail, seule l'indemnisation la plus favorable devant lui être accordée. • Soc. 15 oct. 2002 : *préc. note 2.* ♦ Seule l'indemnité la plus favorable lui est due. L'indemnité tient compte des heures supplémentaires effectuées par le salarié au cours des six mois précédant la rupture. • Soc. 10 juin 2003, n° 01-40.779 P : *D. 2003. IR 2054 ; RJS 2003. 695, n° 1023.*

Art. L. 8223-1-1 *(L. n° 2014-788 du 10 juill. 2014, art. 6)* **Sans préjudice du chapitre Ier du présent titre et des articles L. 8113-7 et L. 8271-8 du présent code, lorsque l'***(L. n° 2016-1088 du 8 août 2016, art. 113)* **« agent de contrôle de l'inspection du travail mentionné à l'article L. 8112-1 du présent code » constate qu'un stagiaire occupe un poste de travail en méconnaissance des articles L. 124-7 et L. 124-8 du code de l'éducation ou que l'organisme d'accueil ne respecte pas les articles L. 124-13 et L. 124-14 du même code, il en informe le stagiaire, l'établissement d'enseignement dont il relève, ainsi que les institutions représentatives du personnel de l'organisme d'accueil, dans des conditions fixées par décret.**

Art. L. 8223-2 **Le salarié obtient des agents de contrôle mentionnés à l'article L. 8271-7, dans des conditions définies par décret, les informations relatives à l'accomplissement par son employeur de la déclaration préalable à l'embauche le concernant.**

Lorsque cette formalité n'est pas accomplie par l'employeur, ces agents sont habilités à communiquer au salarié les informations relatives à son inscription sur le registre unique du personnel. — *[Anc. art. L. 324-11-1, al. 2.]*

Art. L. 8223-3 Un décret en Conseil d'État détermine les conditions d'application des dispositions du présent chapitre. – *[Anc. art. L. 324-15.] – V. art. D. 8223-1 s.*

SECTION II **ACTIONS EN JUSTICE**

(L. n° 2014-790 du 10 juill. 2014, art. 9)

Art. L. 8223-4 Les organisations syndicales représentatives peuvent exercer en justice toutes les actions résultant de l'application du présent titre en faveur d'un salarié, sans avoir à justifier d'un mandat de l'intéressé.

Il suffit que celui-ci ait été averti, dans des conditions déterminées par voie réglementaire, et ne s'y soit pas opposé dans un délai de quinze jours à compter de la date à laquelle l'organisation syndicale lui a notifié son intention.

L'intéressé peut toujours intervenir à l'instance engagée par le syndicat et y mettre un terme à tout moment.

CHAPITRE IV **DISPOSITIONS PÉNALES**

BIBL. GÉN. ► CHOPIN, *AJ pénal 2016. 348* (actualité jurisprudentielle du travail dissimulé). – RAULINE, *Dr. soc. 1994. 123* (loi du 20 déc. 1993).

Art. L. 8224-1 Le fait de méconnaître les interdictions définies à l'article L. 8221-1 est puni d'un emprisonnement de trois ans et d'une amende de 45 000 €. – *[Anc. art. L. 362-3, al. 1er.]*

Art. L. 8224-2 Le fait de méconnaître les interdictions définies à l'article L. 8221-1 par l'emploi dissimulé d'un mineur soumis à l'obligation scolaire est puni d'un emprisonnement de cinq ans et d'une amende de 75 000 €.

(L. n° 2014-1554 du 22 déc. 2014, art. 94) « Le fait de méconnaître les interdictions définies au même article L. 8221-1 en commettant les faits à l'égard de plusieurs personnes ou d'une personne dont la vulnérabilité ou l'état de dépendance sont apparents ou connus de l'auteur est puni d'un emprisonnement de cinq ans et d'une amende de 75 000 €. »

(L. n° 2014-790 du 10 juill. 2014, art. 13) « Le fait de méconnaître les interdictions définies aux 1° et 3° du même article L. 8221-1 en commettant les faits en bande organisée est puni de dix ans d'emprisonnement et de 100 000 € d'amende. »

Art. L. 8224-3 Les personnes physiques coupables des infractions prévues aux articles L. 8224-1 et L. 8224-2 encourent les peines complémentaires suivantes :

(L. n° 2008-776 du 4 août 2008, art. 73-II) « 1° L'interdiction, suivant les modalités prévues par l'article 131-27 du code pénal, soit d'exercer une fonction publique ou d'exercer l'activité professionnelle ou sociale dans l'exercice ou à l'occasion de l'exercice de laquelle l'infraction a été commise, soit d'exercer une profession commerciale ou industrielle, de diriger, d'administrer, de gérer ou de contrôler à un titre quelconque, directement ou indirectement, pour son propre compte ou pour le compte d'autrui, une entreprise commerciale ou industrielle ou une société commerciale. Ces interdictions d'exercice peuvent être prononcées cumulativement ; »

2° L'exclusion des marchés publics pour une durée de cinq ans au plus ;

(L. n° 2015-990 du 6 août 2015, art. 282-II) « 3° La peine de confiscation dans les conditions et selon les modalités prévues à l'article 131-21 du code pénal ; »

(L. n° 2014-790 du 10 juill. 2014, art. 8) « 4° L'affichage ou la diffusion de la décision prononcée, dans les conditions prévues à l'article 131-35 du code pénal. Lorsqu'une amende est prononcée, la juridiction peut ordonner que cette diffusion soit opérée, pour une durée maximale de deux ans, par les services du ministre chargé du travail sur un site internet dédié, dans des conditions prévues par décret en Conseil d'État pris après avis de la Commission nationale de l'informatique et des libertés ; »

5° L'interdiction, suivant les modalités prévues par l'article 131-26 du code pénal, des droits civiques, civils et de famille. – *[Anc. art. L. 362-4.]*

1. Caractère alternatif des peines. L'art. L. 362-4, 4° [L. 8224-3 nouv.], ne permet de prononcer que l'une ou l'autre des peines complémentaires d'affichage et de publication, non les deux. • Crim. 13 mai 1997 : *Bull. crim. n° 180 ; Dr. pénal 1997. Comm. 146, obs. J.-H. Robert.*

2. Confiscation. Une somme d'argent, trouvée en possession du salarié et considérée comme la rémunération occulte versée à celui-ci par le prévenu, n'entre pas dans la catégorie des biens ou objets prévus par l'art. L. 362-4, 3° [L. 8224-3 nouv.], C. trav. comme pouvant faire l'objet d'une confiscation. • Crim. 8 juin 1999 : *Dr. pénal 1999. Comm. 132, obs. J.-H. Robert.*

3. Il appartient aux juges du fond de rechercher, conformément à l'art. 99 C. pr. pén., si la restitution d'un objet sous main de justice est de nature à faire obstacle à la manifestation de la vérité ou à la sauvegarde des droits des parties ou si la confiscation des objets saisis est possible en application de l'art. L. 362-4, 3° [L. 8224-3 nouv.], C. trav. Ainsi, doit être cassé l'arrêt qui, pour écarter l'argumentation d'une personne de nationalité britannique dont le véhicule automobile et la caravane ont été saisis par les gendarmes dans le cadre d'une information menée contre personne non dénommée pour travail dissimulé et emplois d'étrangers démunis de titre de travail, affirme qu'il y a de fortes présomptions en faveur de la non-résidence en France du requérant pour raisons de vacances, ajoute que le maintien du véhicule sous main de justice doit garantir la représentation de l'intéressé et de son époux devant la justice française et retient enfin que la justification du requérant selon laquelle la caravane est son domicile principal n'est pas suffisante. • Crim. 5 oct. 1999 : *Bull. crim. n° 209 ; D. 1999. IR 280.*

Art. L. 8224-4 **Tout étranger coupable des infractions prévues aux articles L. 8224-1 et L. 8224-2 est passible d'une interdiction du territoire français qui peut être prononcée dans les conditions prévues par l'article 131-30 du code pénal pour une durée de cinq ans au plus.** – *[Anc. art. L. 362-5.]*

Art. L. 8224-5 **Les personnes morales reconnues pénalement responsables, dans les conditions prévues par l'article 121-2 du code pénal, des infractions prévues par les articles L. 8224-1 et L. 8224-2 encourent :**

1° L'amende, dans les conditions prévues à l'article 131-38 du code pénal ;

2° Les peines mentionnées aux 1° à 5°, 8° *(L. n° 2014-790 du 10 juill. 2014, art. 12)* **« , 9° et 12° » de l'article 131-39 du même code.**

L'interdiction prévue au 2° de l'article 131-39 du code pénal porte sur l'activité dans l'exercice ou à l'occasion de l'exercice de laquelle l'infraction a été commise.

(L. n° 2014-790 du 10 juill. 2014, art. 8) **« Lorsqu'une amende est prononcée, la juridiction peut ordonner que la diffusion prévue au 9° du même article 131-39 soit opérée, pour une durée maximale de deux ans, par les services du ministre chargé du travail sur un site internet dédié, dans des conditions prévues par décret en Conseil d'État pris après avis de la Commission nationale de l'informatique et des libertés. »**

Pour une application, V. • TGI Strasbourg, 9 févr. 1996 : *RJS 1996. 442, n° 700 ; LPA 27 mars 1996, note Dalmasso.*

Art. L. 8224-5-1 *(L. n° 2011-672 du 16 juin 2011, art. 88)* **Le prononcé de la peine complémentaire de fermeture provisoire d'établissement mentionnée au 4° de l'article 131-39 du code pénal n'entraîne ni rupture, ni suspension du contrat de travail, ni aucun préjudice pécuniaire à l'encontre des salariés de l'établissement concerné.**

Art. L. 8224-6 **Le fait, pour toute personne soumise aux obligations énoncées à l'article L. 8221-7, de diffuser ou de faire diffuser, ou de communiquer au responsable de la publication ou de la diffusion des informations mensongères relatives à son identification est puni d'une amende de 7 500 €.** – *[Anc. art. L. 324-11-2, II, al. 1.]*

TITRE TROISIÈME **MARCHANDAGE**

RÉP. TRAV. v^is *Marchandage,* par Bouloc.

BIBL. GÉN. ▶ Blaise, *Dr. soc. 1990. 418* (fourniture de main-d'œuvre). - Chalaron, *ibid. 1980. 507* (pour un nouveau concept pénal du marchandage). - Danti-Juan, *ibid. 1985. 834* (détachement). - Doroy, *ibid. 1994. 547* (préjudice causé au salarié). - Frossard, *in Flexibilité du droit du travail, objectif ou réalité ?, ELA, 1986, p. 89* (prestations de services). - Gaudu, *D. 1988. Chron. 235* (responsabilité civile du prêteur de main-d'œuvre). - Lasserre, *Dr. soc. 1975. 96* (travail en équipe autonome). - A. Lyon-Caen et De Maillard, *Dr. soc. 1981. 320* (mise à disposition). - Moreau, *ibid. 1981. 392* (trafics de main-d'œuvre). - Petit, *Dr. ouvrier 1981. 138* (fausse sous-traitance et prestation de services illégale). ▶ Sur le phénomène d'éclatement de l'entreprise : Jeantin, *Dr. ouvrier 1981. 118.* - Henry, *ibid. 122.* - A. Lyon-Caen, *ibid. 127.* - De Maillard, Mandroyan, Plattier et Priestley, *Dr. soc. 1979. 323.* - Rauline, *ibid. 1994. 123* (travail illégal).

COMMENTAIRE

V. Dalloz.fr et applications mobiles Dalloz 🏛. ❑

CHAPITRE PREMIER **INTERDICTION**

Art. L. 8231-1 Le marchandage, défini comme toute opération à but lucratif de fourniture de main-d'œuvre qui a pour effet de causer un préjudice au salarié qu'elle concerne ou d'éluder l'application de dispositions légales ou de stipulations d'une convention ou d'un accord collectif de travail, est interdit. – *[Anc. art. L. 125-1, al. 1er.]*

Sur l'exclusion du bénéfice de l'amnistie, V. L. n° 2002-1062 du 6 août 2002, art. 14, App. I, B. Contrat de travail.

COMMENTAIRE

V. Dalloz.fr et applications mobiles Dalloz 🏛. ❑

1. Éléments constitutifs. A la différence de l'art. L. 125-3 [L. 8231-1, L. 8241-1, L. 8241-2 nouv.] l'art. L. 125-1 n'exige pas que l'opération prohibée concernant la main-d'œuvre ait un caractère exclusif. • Crim. 23 juin 1987 : *Bull. crim. n° 263.* ♦ Le délit de marchandage n'est pas subordonné à un mode particulier de rémunération. • Crim. 15 mars 1994 : ⚖ *D. 1994. IR 123.* ♦ L'opération de fourniture de main-d'œuvre présente un caractère lucratif dès lors que l'entreprise bénéficiaire n'a pas à supporter les charges sociales et financières qu'elle aurait eues si elle avait employé ses propres salariés. • Crim. 23 mars 1993 : ⚖ *CSB 1993. 185, S. 101.* ♦ Le but lucratif de l'opération de prêt de main-d'œuvre conclue entre des entreprises liées par des intérêts communs doit être caractérisée pour que soit reconnu le délit de marchandage dans les cas où une telle opération est de nature à entraîner des conséquences préjudiciables pour les salariés concernés. • Crim. 20 mars 2007 : ⚖ *D. 2007. AJ 1275* ✎ *; RJS 2007. 681, n° 898.*

2. Préjudice. En constatant que des salariés prétendument passés au service d'une société sous-traitante ont continué à travailler dans les mêmes sociétés, étaient intégrés dans les équipes de travail de ces sociétés et soumis à l'autorité de leurs agents de maîtrise, les juges ont pu caractériser le délit de fourniture de main-d'œuvre à but lucratif ayant eu pour effet de priver les salariés des garanties légales en matière d'embauchage et de licenciement, du bénéfice des conventions collectives et des avantages sociaux conférés aux salariés permanents. • Crim. 25 avr. 1989 : *Dr. soc. 1990. 418, note H. Blaise* ✎. – Dans le même sens : • Crim. 15 nov. 1983 : *Bull. crim. n° 299 ; D. 1984. IR 374, obs. A. Lyon-Caen* • 25 juin 1985 : *Bull. crim. n° 250* • 23 juin 1987 : *préc. note 1.* ♦ Le délit de marchandage est caractérisé dès l'instant que les salariés mis à disposition n'ont pas perçu les mêmes avantages que les salariés permanents. • Crim. 20 oct. 1992 : ⚖ *Dr. soc. 1994. 547, note Doroy* ✎. ♦ Le délit de marchandage est caractérisé dès lors que l'engagement des salariés par une filiale suisse, sous état de dépendance et de subordination de la seule société utilisatrice française, leur a fait perdre le bénéfice des avantages sociaux qu'ils auraient eu en cas d'embauche par la société française. La circonstance que les contrats de travail des salariés aient été régulièrement soumis au droit suisse, loin d'exclure l'application de la loi pénale, caractérise le préjudice causé à ces salariés privés des avantages sociaux liés à l'application de la loi française. • Crim. 12 mai 1998 : ⚖ *Bull. crim. n° 160 ; RTD com. 1999. 217, obs. Bouloc* ✎ *; RSC 1999. 316, obs. Bouloc* ✎ *; JCP 1998. IV. 2755.* ♦ La responsabilité pénale de présidents de sociétés pour délit de marchandage est justement retenue, lorsqu'il est relevé un prêt de main-d'œuvre à but lucratif de l'une à l'autre, occasionnant aux salariés un préjudice lié à la perte d'une convention collective applicable plus favorable et à la conclusion de contrats de travail à durée déterminée avec durée minimale et sans terme précis, hors les cas légaux. • Crim. 16 juin 1998 : ⚖ *Bull. crim. n° 195 ; RTD com. 1999. 523, obs. Bouloc* ✎ *; JCP 1998. IV. 3223.* ♦ La complicité de marchandage est caractérisée en présence d'un contrat fictif entre un établissement public industriel et commercial et un sous-traitant, alors que les salariés sont placés sous l'autorité d'un établissement public industriel et commercial pour l'accomplissement d'activités relevant des obligations lui incombant et alors qu'ils ont ainsi été privés de leurs droits sociaux. • Soc. 29 avr. 2003, ⚖ n° 00-44.840 P : *RJS 2003. 637, n° 957.*

3. Doit être jugée recevable la constitution de partie civile d'un syndicat dès lors que la violation des dispositions légales relatives au travail temporaire, en diminuant la possibilité d'embaucher des travailleurs permanents, est de nature à causer un préjudice à la profession représentée par le syndicat. • Crim. 15 nov. 1983 : *préc. note 2.*

4. Responsabilité pénale des personnes morales. La liste des infractions établie par le législateur prévoit expressément le délit de marchandage. Ainsi, est pénalement responsable l'entreprise, personne morale, pour le compte de laquelle l'organe dirigeant, président-directeur général, a eu recours à la sous-traitance dans des conditions imposant une réelle précarité pour la main-d'œuvre extérieure mais privilégiant la stratégie d'entreprise dans le but d'éviter de perdre des marchés et de tenir les délais. • T. corr. Versailles, 18 déc. 1995 : *Dr. pénal 1996. comm. 71, obs. J.-H. Robert.*

CHAPITRE II OBLIGATIONS ET SOLIDARITÉ FINANCIÈRE DU DONNEUR D'ORDRE

Art. L. 8232-1 Lorsqu'un chef d'entreprise conclut un contrat pour l'exécution d'un travail ou la fourniture de services avec un entrepreneur qui recrute lui-même la main-d'œuvre nécessaire et que celui-ci n'est pas propriétaire d'un fonds de commerce ou d'un fonds artisanal, le chef d'entreprise respecte, à l'égard des salariés de l'entrepreneur employés dans son établissement ou les dépendances de celui-ci et sous les mêmes sanctions que pour ses propres salariés, les prescriptions prévues :

1° A l'article L. 1225-29, relatives aux repos obligatoires prénatal et postnatal ;

2° Aux articles L. 1225-30 à L. 1225-33, relatives aux dispositions particulières à l'allaitement ;

3° Au livre Ier de la troisième partie, relatives à la durée du travail, aux repos et aux congés ;

4° A la quatrième partie, relatives à la santé et à la sécurité au travail. – *[Anc. art. L. 125-2, al. 1er, et L. 200-3.]*

Art. L. 8232-2 En cas de défaillance de l'entreprise, à laquelle il est recouru dans les conditions prévues à l'article L. 8232-1, le chef d'entreprise encourt, nonobstant toute stipulation contraire, les responsabilités suivantes :

1° Si les travaux sont exécutés ou les services fournis dans son établissement ou dans les dépendances de celui-ci, le chef d'entreprise est substitué au sous-traitant en ce qui concerne les salariés que celui-ci emploie pour le paiement des salaires et des congés payés ainsi que pour les obligations résultant de la législation sur les assurances sociales, sur les accidents du travail et les maladies professionnelles et sur les prestations familiales ;

2° S'il s'agit de travaux exécutés dans des établissements autres que ceux du chef d'entreprise ou de travaux exécutés par des salariés travaillant à domicile, le chef d'entreprise est substitué au sous-traitant pour le paiement des salaires et congés payés ainsi que pour le versement de la cotisation des prestations familiales et de la double cotisation des assurances sociales. – *[Anc. art. L. 125-2, al. 2 et 3.]*

1. Sous-traitance. Lorsque, en dépit des apparences, une entreprise de sous-traitance n'est qu'une façade, c'est le donneur d'ouvrage qui doit être considéré comme le véritable employeur et être tenu du paiement des cotisations sociales. • Soc. 21 janv. 1987 : *Bull. civ. V, n° 41.*

2. Insolvabilité. Sur la notion d'insolvabilité, V. • Soc. 24 juin 1971 : *Bull. civ. V, n° 484.*

Art. L. 8232-3 Dans les cas prévus au présent chapitre, le salarié lésé, les organismes de sécurité sociale et d'allocations familiales et la caisse de congés payés peuvent engager, en cas de défaillance de l'entrepreneur, une action directe contre le chef d'entreprise pour lequel le travail a été réalisé. – *[Anc. art. L. 125-2, al. 4.]*

CHAPITRE III ACTIONS EN JUSTICE

Art. L. 8233-1 Les organisations syndicales représentatives peuvent exercer en justice toutes les actions résultant de l'application des dispositions du présent titre en faveur d'un salarié sans avoir à justifier d'un mandat de l'intéressé.

Il suffit que celui-ci ait été averti, dans des conditions déterminées par voie réglementaire, et ne s'y soit pas opposé dans un délai de quinze jours à compter de la date à laquelle l'organisation syndicale lui a notifié son intention.

L'intéressé peut toujours intervenir à l'instance engagée par le syndicat et y mettre un terme à tout moment. – *[Anc. art. L. 125-3-1.]*

CHAPITRE IV **DISPOSITIONS PÉNALES**

Art. L. 8234-1 Le fait de commettre le délit de marchandage, défini par l'article L. 8231-1, est puni d'un emprisonnement de deux ans et d'une amende de 30 000 €.

(L. nº 2014-1554 du 22 déc. 2014, art. 94) « Les peines sont portées à cinq ans d'emprisonnement et à 75 000 € d'amende :

« 1° Lorsque l'infraction est commise à l'égard de plusieurs personnes ;

« 2° Lorsque l'infraction est commise à l'égard d'une personne dont la vulnérabilité ou l'état de dépendance sont apparents ou connus de l'auteur. »

(L. nº 2014-790 du 10 juill. 2014, art. 13) « Les peines sont portées à dix ans d'emprisonnement et à 100 000 € d'amende lorsque l'infraction est commise en bande organisée. »

(L. nº 2015-990 du 6 août 2015, art. 282-III) « La juridiction peut ordonner, à titre de peine complémentaire, la peine de confiscation dans les conditions et selon les modalités prévues à l'article 131-21 du code pénal. »

La juridiction peut prononcer, en outre, l'interdiction de sous-traiter de la main-d'œuvre pour une durée de deux à dix ans.

Le fait de méconnaître cette interdiction, directement ou par personne interposée, est puni d'un emprisonnement de douze mois et d'une amende de 12 000 €.

(L. nº 2014-790 du 10 juill. 2014, art. 8) « La juridiction peut également ordonner, à titre de peine complémentaire, l'affichage ou la diffusion de la décision prononcée, dans les conditions prévues à l'article 131-35 du code pénal. Lorsqu'une amende est prononcée, la juridiction peut ordonner que cette diffusion soit opérée, pour une durée maximale de deux ans, par les services du ministre chargé du travail sur un site internet dédié, dans des conditions prévues par décret en Conseil d'État pris après avis de la Commission nationale de l'informatique et des libertés. »

Art. L. 8234-2 Les personnes morales reconnues pénalement responsables, dans les conditions prévues par l'article 121-2 du code pénal, du délit de marchandage défini à l'article L. 8231-1 encourent les peines suivantes :

1° L'amende dans les conditions prévues à l'article 131-38 du code pénal ;

2° Les peines mentionnées aux 1° à 5°, 8° *(L. nº 2014-790 du 10 juill. 2014, art. 12)* « , 9° et 12° » de l'article 131-39 du même code.

L'interdiction mentionnée au 2° de l'article 131-39 porte sur l'activité dans l'exercice ou à l'occasion de l'exercice de laquelle l'infraction a été commise.

(L. nº 2014-790 du 10 juill. 2014, art. 8) « Lorsqu'une amende est prononcée, la juridiction peut ordonner que la diffusion prévue au 9° du même article 131-39 soit opérée, pour une durée maximale de deux ans, par les services du ministre chargé du travail sur un site internet dédié, dans des conditions prévues par décret en Conseil d'État pris après avis de la Commission nationale de l'informatique et des libertés. »

Art. L. 8234-3 *(L. nº 2011-672 du 16 juin 2011, art. 88)* Le prononcé de la peine complémentaire de fermeture provisoire d'établissement mentionnée au 4° de l'article 131-39 du code pénal n'entraîne ni rupture, ni suspension du contrat de travail, ni aucun préjudice pécuniaire à l'encontre des salariés de l'établissement concerné.

TITRE QUATRIÈME **PRÊT ILLICITE DE MAIN-D'ŒUVRE**

BIBL ▶ Dockès et Del Sol, *RDT 2009. Controverse. 625* (faut-il libéraliser le prêt de main-d'œuvre ?).

CHAPITRE PREMIER **INTERDICTION**

Art. L. 8241-1 Toute opération à but lucratif ayant pour objet exclusif le prêt de main-d'œuvre est interdite.

Toutefois, ces dispositions ne s'appliquent pas aux opérations réalisées dans le cadre :

1° Des dispositions du présent code relatives au travail temporaire, *(L. nº 2008-596 du 25 juin 2008, art. 10) (Abrogé par Ord. nº 2015-380 du 2 avr. 2015, art. 7) « au portage salarial, »* aux entreprises de travail à temps partagé et à l'exploitation d'une agence de mannequins lorsque celle-ci est exercée par une personne titulaire de la licence d'agence de mannequin ;

2° Des dispositions de l'article L. 222-3 du code du sport relatives aux associations ou sociétés sportives ;

(L. nº 2008-789 du 20 août 2008) **« 3° Des dispositions des articles L. 2135-7 et L. 2135-8 du présent code relatives à la mise à disposition des salariés auprès des organisations syndicales ou des associations d'employeurs mentionnées à l'article L. 2231-1. »**

(L. nº 2011-893 du 28 juill. 2011) **« Une opération de prêt de main-d'œuvre ne poursuit pas de but lucratif lorsque l'entreprise prêteuse ne facture à l'entreprise utilisatrice, pendant la mise à disposition, que les salaires versés au salarié, les charges sociales afférentes et les frais professionnels remboursés à l'intéressé au titre de la mise à disposition. »**

BIBL. ▶ AUZERO, *Dr. soc. 2012. 115* (le but lucratif dans les opérations de prêt de main-d'œuvre). – FAVENNEC-HÉRY, *Dr. soc. 2011. 1200* (prêt de main-d'œuvre à but non lucratif : un texte décevant). – MÉTIN, *Dr. ouvrier 2013. 173* (mise à disposition et prêt de main-d'œuvre). – PELLETIER, *JCP S 2011. 1397* (prêt de main-d'œuvre exclusif).

COMMENTAIRE

V. Dalloz.fr et applications mobiles Dalloz.

1. Office du juge. Les juges du fond ont l'obligation de rechercher par tous moyens la véritable nature des conventions intervenues entre les parties. • Crim. 7 févr. 1984 : *Bull. crim. nº 46.*

2. Éléments constitutifs. Caractérise le prêt de main-d'œuvre illicite l'arrêt qui relève que le seul objet de la convention entre deux sociétés était la fourniture de main-d'œuvre et que, ce contrat ayant été conclu moyennant une rémunération, l'opération avait un but lucratif. • Soc. 4 avr. 1990, nº 86-44.229 P : *CSB 1990. 135, A. 31 ; Dr. soc. 1990. 780, rapp. Waquet.* – Dans le même sens : • Soc. 16 mai 1990, nº 86-43.561 P : *CSB 1990. 183, S. 110* • Crim. 3 nov. 1999 : *Bull. crim. nº 242.* ♦ Le but lucratif de l'opération de prêt de main-d'œuvre conclue entre des entreprises liées par des intérêts communs doit être caractérisé pour que soit reconnu le délit de marchandage dans les cas où une telle opération est de nature à entraîner des conséquences préjudiciables pour les salariés concernés. • Crim. 20 mars 2007 : *D. 2007. AJ 1275 ; RJS 2007. 681, nº 898.* ♦ La mise à disposition de salariés entre sociétés du même groupe, qui permet à l'utilisateur d'économiser des frais de gestion du personnel, est un prêt de main-d'œuvre à but lucratif ; le caractère lucratif de l'opération résulte de l'accroissement de flexibilité dans la gestion du personnel et dans l'économie de charges procurés à l'entreprise utilisatrice. • Soc. 18 mai 2011 : *Dalloz actualité, 20 juin 2011, obs. Ines ; RJS 2011. 611, nº 659 ; JS Lamy 2011, nº 302-2, obs. Hautefort.* ♦ Le dirigeant d'une société, qui, à l'occasion de l'utilisation d'une main-d'œuvre extérieure, élude le paiement des charges sociales, prend part à une opération illicite de prêt de main-d'œuvre dont le caractère lucratif est ainsi avéré. • Crim. 19 mars 2013 : *Dalloz actualité, 23 avr. 2013, obs. Ines ; Dr. ouvrier 2013. 680, obs. Kapp.*

3. Est illicite le contrat de mise à disposition de salariés prévoyant le transfert du lien de subordination, l'obligation pour l'utilisateur de payer les salaires par l'intermédiaire de l'employeur initial, lequel prélevait un bénéfice et facturait les prestations de travail en fonction du nombre d'heures de travail. • Soc. 25 sept. 1990 : *D. 1990. IR 228 ; RJS 1990. 552, nº 833.*

4. Caractérisent la fourniture de main-d'œuvre illicite les juges qui constatent que la convention litigieuse ne présentait pas les caractères d'un contrat d'entreprise dès lors que les salariés étaient placés sous l'autorité de l'entreprise utilisatrice, que celle-ci définissait les tâches à exécuter, fournissait elle-même les pièces de rechange, que le montant des prestations était calculé en fonction du prix de la main-d'œuvre et que la société de prestations de services ne mettait en œuvre aucune technique qui lui fût propre. • Crim. 15 juin 1984 : *Bull. crim. nº 229.* ♦ Comp. : • Crim. 5 févr. 1980 : *Dr. ouvrier 1981. 149.* – V. aussi : • Crim. 21 janv. 1986 : *JCP E 1987. II. 14869, note Godard.*

5. Est établi le délit de prêt illicite de main-d'œuvre à l'encontre d'une société française ayant eu recours aux services de travailleurs chinois mis à sa disposition par une société de droit allemand et exerçant la même activité que celle de ses propres salariés, sans apport d'un savoir-faire spécifique ; ces travailleurs, qui se trouvaient dans un lien de subordination à l'égard de la société française en exécution d'un prêt illicite de main-d'œuvre sans entretenir avec la société allemande une quelconque relation de travail, ne sauraient être considérés comme des travailleurs temporaires détachés d'une entreprise non établie en France pour effectuer sur le territoire national des prestations de services. • Soc. 8 juin 2010 : *RJS 2010. 792, nº 891 ; Dr. soc. 2010. 1109, obs. Duquesne.*

6. Sur le recours au contrat de sous-traitance pour dissimuler un prêt de main-d'œuvre illicite, V. • Crim. 15 févr. 1983 : *Bull. crim. nº 57 ; JCP E 1984. II. 14244, note Montredon* • 23 juin 1987 :

Bull. crim. n° 263 • 23 mars 1993 : *CSB 1993. 185, S. 101* • 3 nov. 1999 : *préc. note 2.*

7. Faute de preuve de l'existence d'une opération illicite à but lucratif ayant pour objet exclusif un prêt de main-d'œuvre ou d'une opération de fourniture de main-d'œuvre ayant pour effet de causer un préjudice aux salariés ou d'éluder les dispositions légales ou réglementaires, les infractions prévues aux art. L. 125-1 et L. 125-3 ne sont pas caractérisées, la société prestataire de services étant tenue d'une obligation de résultat et agissant sous sa responsabilité, ce qui caractérise le contrat d'entreprise. • Crim. 18 avr. 1989 : *Dr. soc. 1990. 418, note H. Blaise.*

8. Une convention entre deux entreprises ayant pour objet exclusif la mise à disposition, à but lucratif, d'un salarié pour une durée déterminée est prohibée ; la convention étant nulle, l'entreprise prêteuse n'est pas fondée à obtenir le paiement de la prestation prévue. • Soc. 17 juin 2005 : *RJS 2005. 743, n° 1056 ; JS Lamy 2005, n° 174-6.* ♦ Le caractère illicite d'un prêt de main-d'œuvre interdit à la société ayant mis à disposition les salariés de réclamer le paiement des sommes qui lui sont dues. • Soc. 5 juill. 1984 : *Bull. civ. V, n° 299.*

9. Établissement public. L'interdiction du prêt illicite de main-d'œuvre s'applique pour une société ayant mis du personnel à disposition d'un établissement public, même si le personnel de cet établissement public n'est pas soumis aux dispositions du code du travail. • Crim. 30 sept. 2003 : *RJS 2004. 184, n° 273.*

Art. L. 8241-2 Les opérations de prêt de main-d'œuvre à but non lucratif sont autorisées.

Dans ce cas, les articles L. 1251-21 à L. 1251-24, L. 2313-3 à L. 2313-5 et L. 5221-4 du présent code ainsi que les articles L. 412-3 à L. 412-7 du code de la sécurité sociale sont applicables.

(L. n° 2011-893 du 28 juill. 2011) « Le prêt de main-d'œuvre à but non lucratif conclu entre entreprises requiert :

« 1° L'accord du salarié concerné ;

« 2° Une convention de mise à disposition entre l'entreprise prêteuse et l'entreprise utilisatrice qui en définit la durée et mentionne l'identité et la qualification du salarié concerné, ainsi que le mode de détermination des salaires, des charges sociales et des frais professionnels qui seront facturés à l'entreprise utilisatrice par l'entreprise prêteuse ;

« 3° Un avenant au contrat de travail, signé par le salarié, précisant le travail confié dans l'entreprise utilisatrice, les horaires et le lieu d'exécution du travail, ainsi que les caractéristiques particulières du poste de travail.

« A l'issue de sa mise à disposition, le salarié retrouve son poste de travail *(L. n° 2012-387 du 22 mars 2012, art. 56)* « ou un poste équivalent » dans l'entreprise prêteuse sans que l'évolution de sa carrière ou de sa rémunération ne soit affectée par la période de prêt.

« Les salariés mis à disposition ont accès aux installations et moyens de transport collectifs dont bénéficient les salariés de l'entreprise utilisatrice.

« Un salarié ne peut être sanctionné, licencié ou faire l'objet d'une mesure discriminatoire pour avoir refusé une proposition de mise à disposition.

« La mise à disposition ne peut affecter la protection dont jouit un salarié en vertu d'un mandat représentatif.

« Pendant la période de prêt de main-d'œuvre, le contrat de travail qui lie le salarié à l'entreprise prêteuse n'est ni rompu ni suspendu. Le salarié continue d'appartenir au personnel de l'entreprise prêteuse ; il conserve le bénéfice de l'ensemble des dispositions conventionnelles dont il aurait bénéficié s'il avait exécuté son travail dans l'entreprise prêteuse.

« Le comité d'entreprise ou, à défaut, les délégués du personnel de l'entreprise prêteuse sont consultés préalablement à la mise en œuvre d'un prêt de main-d'œuvre et informés des différentes conventions signées.

« Le comité d'hygiène, de sécurité et des conditions de travail de l'entreprise prêteuse est informé lorsque le poste occupé dans l'entreprise utilisatrice par le salarié mis à disposition figure sur la liste de ceux présentant des risques particuliers pour la santé ou la sécurité des salariés mentionnée au second alinéa de l'article L. 4154-2.

« Le comité d'entreprise et le comité d'hygiène, de sécurité et des conditions de travail ou, à défaut, les délégués du personnel de l'entreprise utilisatrice sont informés et consultés préalablement à l'accueil dc salariés mis à la disposition de celle-ci dans le cadre de prêts de main-d'œuvre.

« L'entreprise prêteuse et le salarié peuvent convenir que le prêt de main-d'œuvre est soumis à une période probatoire au cours de laquelle il peut y être mis fin à la demande de l'une des parties. Cette période probatoire est obligatoire lorsque le prêt de main-d'œuvre entraîne la modification d'un élément essentiel du contrat de travail. La cessation du prêt de main-d'œuvre à l'initiative de l'une des parties avant la fin de la période probatoire ne peut, sauf faute grave du salarié, constituer un motif de sanction ou de licenciement. »

BIBL. ▸ TOURNAUX, *RDT 2011. 572* (libéralisation des groupements d'employeurs et statut embryonnaire de la mise à disposition).

Le prêt de main-d'œuvre n'est pas prohibé lorsqu'il n'est que la conséquence nécessaire de la transmission d'un savoir-faire ou de la mise en œuvre d'une technique qui relève de la spécificité propre de l'entreprise prêteuse. • Soc. 9 juin 1993, nº 91-40.222 P : *D. 1993. IR 176 ; Dr. soc. 1993. 768 ; RJS 1993. 472, nº 815* • 19 juin 2002 : *RJS 2002. 879, nº 1189.* ♦ Solution inverse lorsque le savoir-faire du personnel mis à disposition n'est pas distinct de celui de l'entreprise utilisatrice : • Crim. 3 mai 1994 : *CSB 1994. 213, S. 123 ; RJS 1994. 721, nº 1224.*

CHAPITRE II **ACTIONS EN JUSTICE**

Art. L. 8242-1 Les organisations syndicales représentatives peuvent exercer en justice toutes les actions résultant des dispositions du présent titre en faveur d'un salarié sans avoir à justifier d'un mandat de l'intéressé.

Il suffit que celui-ci ait été averti, dans des conditions déterminées par voie réglementaire, et ne s'y soit pas opposé dans un délai de quinze jours à compter de la date à laquelle l'organisation syndicale lui a notifié son intention.

L'intéressé peut toujours intervenir à l'instance engagée par le syndicat et y mettre un terme à tout moment. – *[Anc. art. L. 125-3-1.]* – *V. art. R. 8242-1.*

CHAPITRE III **DISPOSITIONS PÉNALES**

Art. L. 8243-1 Le fait de procéder à une opération de prêt illicite de main-d'œuvre*[,]* en méconnaissance des dispositions de l'article L. 8241-1, est puni d'un emprisonnement de deux ans et d'une amende de 30 000 €.

(L. nº 2014-1554 du 22 déc. 2014, art. 94) « Les peines sont portées à cinq ans d'emprisonnement et à 75 000 € d'amende :

« 1° Lorsque l'infraction est commise à l'égard de plusieurs personnes ;

« 2° Lorsque l'infraction est commise à l'égard d'une personne dont la vulnérabilité ou l'état de dépendance sont apparents ou connus de l'auteur. »

(L. nº 2014-790 du 10 juill. 2014, art. 13) « Les peines sont portées à dix ans d'emprisonnement et à 100 000 € d'amende lorsque l'infraction est commise en bande organisée. »

(L. nº 2015-990 du 6 août 2015, art. 282-III) « La juridiction peut ordonner, à titre de peine complémentaire, la peine de confiscation dans les conditions et selon les modalités prévues à l'article 131-21 du code pénal. »

La juridiction peut prononcer, en outre, l'interdiction de sous-traiter de la main-d'œuvre pour une durée de deux à dix ans.

Le fait de méconnaître cette interdiction, directement ou par personne interposée, est puni d'un emprisonnement de douze mois et d'une amende de 12 000 €.

(L. nº 2014-790 du 10 juill. 2014, art. 8) « Dans tous les cas, la juridiction peut ordonner l'affichage ou la diffusion de la décision prononcée, dans les conditions prévues à l'article 131-35 du code pénal. Lorsqu'une amende est prononcée, la juridiction peut ordonner que cette diffusion soit opérée, pour une durée maximale de deux ans, par les services du ministre chargé du travail sur un site internet dédié, dans des conditions prévues par décret en Conseil d'État pris après avis de la Commission nationale de l'informatique et des libertés. » – *[Anc. art. L. 152-3.]*

Art. L. 8243-2 Les personnes morales reconnues pénalement responsables, dans les conditions prévues par l'article 121-2 du code pénal, du délit de prêt illicite de main-d'œuvre prévu par l'article L. 8241-1 encourent les peines suivantes :

1° L'amende dans les conditions prévues à l'article 131-38 du code pénal ;

2° Les peines mentionnées aux 1° à 5°, 8° *(L. nº 2014-790 du 10 juill. 2014, art. 12)* « , 9° et 12° » de l'article 131-39 du même code.

L'interdiction mentionnée au 2° de l'article 131-39 porte sur l'activité dans l'exercice ou à l'occasion de l'exercice de laquelle l'infraction a été commise.

(L. n° 2014-790 du 10 juill. 2014, art. 8) « Lorsqu'une amende est prononcée, la juridiction peut ordonner que la diffusion prévue au 9° du même article 131-39 soit opérée, pour une durée maximale de deux ans, par les services du ministre chargé du travail sur un site internet dédié, dans des conditions prévues par décret en Conseil d'État pris après avis de la Commission nationale de l'informatique et des libertés. »

Art. L. 8243-3 *(L. n° 2011-672 du 16 juin 2011, art. 85)* **Le prononcé de la peine complémentaire de fermeture provisoire d'établissement mentionnée au 4° de l'article 131-39 du code pénal n'entraîne ni rupture, ni suspension du contrat de travail, ni aucun préjudice pécuniaire à l'encontre des salariés de l'établissement concerné.**

TITRE CINQUIÈME EMPLOI D'ÉTRANGERS SANS TITRE DE TRAVAIL

COMMENTAIRE

V. Dalloz.fr et applications mobiles Dalloz.

CHAPITRE PREMIER INTERDICTIONS

Art. L. 8251-1 **Nul ne peut, directement ou** *(L. n° 2011-672 du 16 juin 2011, art. 74-I)* **« indirectement », embaucher, conserver à son service ou employer pour quelque durée que ce soit un étranger non muni du titre l'autorisant à exercer une activité salariée en France.**

Il est également interdit à toute personne d'engager ou de conserver à son service un étranger dans une catégorie professionnelle, une profession ou une zone géographique autres que celles qui sont mentionnées, le cas échéant, sur le titre prévu au premier alinéa. – *[Anc. art. L. 341-6, al. 1 et 2.] – V. art. R. 8256-1 (pén.).*

1. Nature des relations de travail. Doit être cassé l'arrêt qui énonce que, sous peine d'enfreindre les dispositions des art. L. 341-4 et L. 341-6, l'employeur ne pouvait engager le salarié que par contrat à durée déterminée pour des périodes couvertes par les autorisations administratives successives, alors que la nécessité d'une autorisation de travail est sans influence sur la nature des relations de travail. • Soc. 10 janv. 1991 : *D. 1991. IR 39.*

2. Vie personnelle du salarié. La publication dans la presse locale de la condamnation d'un clerc de notaire pour aide au séjour irrégulier d'un étranger ne peut justifier son licenciement pour faute grave. • Soc. 16 déc. 1997 : *GADT, 4e éd., n° 66 ; D. 1998. IR 42.*

3. Période transitoire. Sur les infractions dues au maintien de la réglementation en vigueur prévu jusqu'au 1er janv. 1993 par les dispositions transitoires de l'acte d'adhésion de l'Espagne et du Portugal à la CEE, V. • Crim. 23 mai 1991 : *RJS 1991. 468, n° 897.*

Art. L. 8251-2 *(L. n° 2011-672 du 16 juin 2011, art. 75-I)* **Nul ne peut, directement ou indirectement, recourir sciemment aux services d'un employeur d'un étranger** *(L. n° 2016-274 du 7 mars 2016, art. 18)* **« non autorisé à travailler ».**

CHAPITRE II DROITS DU SALARIÉ ÉTRANGER

Art. L. 8252-1 **Le salarié étranger employé en méconnaissance des dispositions du premier alinéa de l'article L. 8251-1 est assimilé, à compter de la date de son embauche, à un salarié régulièrement engagé au regard des obligations de l'employeur définies par le présent code :**

1° Pour l'application des dispositions relatives aux périodes d'interdiction d'emploi prénatal et postnatal et à l'allaitement, prévues aux articles L. 1225-29 à L. 1225-33 ;

2° Pour l'application des dispositions relatives à la durée du travail, au repos et aux congés prévues au livre Ier de la troisième partie ;

3° Pour l'application des dispositions relatives à la santé et la sécurité au travail prévues à la quatrième partie ;

4° Pour la prise en compte de l'ancienneté dans l'entreprise.

Il en va de même pour les articles L. 713-1 et suivants du code rural et de la pêche maritime pour les professions agricoles. – *[Anc. art. L. 341-6-1, al. 1.]*

Les règles régissant le licenciement ne s'appliquent pas à la rupture du contrat de travail d'un salarié étranger motivé par son emploi irrégulier. • Soc. 13 nov. 2008 : *D. 2009. AJ 3016 ; RJS 2009. 77, n° 70.* ♦ L'irrégularité de la situation d'un travailleur étranger n'est pas constitutive en soi d'une faute privative des indemnités de rupture mais l'employeur qui entend invoquer une faute grave distincte de la seule irrégularité de l'emploi doit en faire état dans la lettre de licenciement et respecter les dispositions relatives à la procédure disciplinaire. • Soc. 4 juill. 2012 : *Dalloz actualité, 5 sept. 2012, obs. Perrin ; RJS 2012. 721, n° 850 ; Dr. ouvrier 2012. 736, obs. Bonnechère ; JCP S 2013. 1097, obs. Hodez.*

Art. L. 8252-2 Le salarié étranger a droit au titre de la période d'emploi illicite :

1° Au paiement du salaire et des accessoires de celui-ci, conformément aux dispositions légales *(L. n° 2011-672 du 16 juin 2011, art. 76-1°)* « , conventionnelles » et aux stipulations contractuelles applicables à son emploi, déduction faite des sommes antérieurement perçues au titre de la période considérée. *(L. n° 2011-672 du 16 juin 2011, art. 76-1°)* « A défaut de preuve contraire, les sommes dues au salarié correspondent à une relation de travail présumée d'une durée de trois mois. Le salarié peut apporter par tous moyens la preuve du travail effectué ; »

2° En cas de rupture de la relation de travail, à une indemnité forfaitaire égale à *(L. n° 2011-672 du 16 juin 2011, art. 76-2°)* « trois mois » de salaire, à moins que l'application des règles figurant aux articles L. 1234-5, L. 1234-9, L. 1243-4 et L. 1243-8 ou des stipulations contractuelles correspondantes ne conduise à une solution plus favorable.

(L. n° 2011-672 du 16 juin 2011, art. 76-3°) « 3° Le cas échéant, à la prise en charge par l'employeur de tous les frais d'envoi des rémunérations impayées vers le pays dans lequel il est parti volontairement ou a été reconduit.

« Lorsque l'étranger *(L. n° 2016-274 du 7 mars 2016, art. 18)* « non autorisé à travailler a été employé » dans le cadre d'un travail dissimulé, il bénéficie soit des dispositions de l'article L. 8223-1, soit des dispositions du présent chapitre si celles-ci lui sont plus favorables. »

Le conseil de prud'hommes saisi peut ordonner par provision le versement de l'indemnité forfaitaire prévue au 2°.

Ces dispositions ne font pas obstacle au droit du salarié de demander en justice une indemnisation supplémentaire s'il est en mesure d'établir l'existence d'un préjudice non réparé au titre de ces dispositions.

BIBL. ▸ BAILLY et le GISTI, *RDT 2011 ; Controverse. 221* (le travailleur sans papiers a-t-il droit aux règles du licenciement ?).

Faux titre de séjour. La présentation frauduleuse d'un faux titre de séjour par le salarié constitue une faute grave privative des indemnités de rupture et le prive également du bénéfice de l'indemnité forfaitaire prévue par l'art. L. 8252-2 C. trav. • Soc. 18 févr. 2014 : *Dalloz actualité, 19 mars 2014, obs. Fraisse ; D. 2014. Actu. 547 ; RJS 2014. 292, n° 359.*

Art. L. 8252-3 Le salarié étranger mentionné à l'article L. 8252-1 bénéficie des dispositions du chapitre III du titre V du livre II de la troisième partie relatives aux assurances et privilèges de salaire pour les sommes qui lui sont dues en application de cet article. — *[Anc. art. L. 143-13-1.]*

Art. L. 8252-4 *(L. n° 2011-672 du 16 juin 2011, art. 77)* Les sommes dues à l'étranger *(L. n° 2016-274 du 7 mars 2016, art. 18)* « non autorisé à travailler », dans les cas prévus aux 1° à 3° de l'article L. 8252-2, lui sont versées par l'employeur dans un délai de trente jours à compter de la constatation de l'infraction. Lorsque l'étranger est placé en rétention administrative en application de l'article L. 551-1 du code de l'entrée et du séjour des étrangers et du droit d'asile ou assigné à résidence en application de l'article L. 561-2 du même code ou lorsqu'il n'est plus sur le territoire national, ces sommes sont déposées sous le même délai auprès d'un organisme désigné à cet effet, puis reversées à l'étranger.

Lorsque l'employeur ne s'acquitte pas des obligations mentionnées au premier alinéa, l'organisme recouvre les sommes dues pour le compte de l'étranger.

Les modalités d'application des dispositions relatives à la consignation, au recouvrement et au reversement des sommes dues à l'étranger *(L. n° 2016-274 du 7 mars 2016, art. 18)* « non autorisé à travailler » ainsi que les modalités d'information de celui-ci sur ses droits sont précisées par décret en Conseil d'État. – *V. Décr. n° 2011-1693 du 30 nov. 2011.*

CHAPITRE III **CONTRIBUTION SPÉCIALE**

Art. L. 8253-1 Sans préjudice des poursuites judiciaires pouvant être intentées à son encontre, l'employeur qui a employé un travailleur étranger en méconnaissance des dispositions du premier alinéa de l'article L. 8251-1 acquitte *(L. n° 2012-1509 du 29 déc. 2012, art. 42-IV)* « , pour chaque travailleur étranger *(L. n° 2016-274 du 7 mars 2016, art. 18)* « non autorisé à travailler », » une contribution spéciale *(Abrogé par L. n° 2010-1657 du 29 déc. 2010, art. 78-II-1°)* ***« au bénéfice de l'Office français de l'immigration et de l'intégration ou de l'établissement public appelé à lui succéder »***. Le montant de cette contribution spéciale est déterminé dans des conditions fixées par décret en Conseil d'État. *(L. n° 2012-1509 du 29 déc. 2012, art. 42-IV)* « Il est, au plus, égal à 5 000 fois le taux horaire du minimum garanti prévu à l'article L. 3231-12. Ce montant peut être minoré en cas de non-cumul d'infractions ou en cas de paiement spontané par l'employeur des salaires et indemnités dus au salarié étranger *(L. n° 2016-274 du 7 mars 2016, art. 18)* « non autorisé à travailler » mentionné à l'article R. 8252-6. Il est alors, au plus, égal à 2 000 fois ce même taux. Il peut être majoré en cas de réitération et est alors, au plus, égal à 15 000 fois ce même taux. »

(L. n° 2010-1657 du 29 déc. 2010, art. 78-II-3°) « L'Office français de l'immigration et de l'intégration est chargé de constater et de liquider cette contribution.

« Elle est recouvrée par l'État comme en matière de créances étrangères à l'impôt et au domaine.

(Abrogé par L. n° 2016-1917 du 29 déc. 2016, art. 36-VII) ***« Les sommes recouvrées par l'État pour le compte de l'Office français de l'immigration et de l'intégration lui sont reversées »*** *(L. n° 2011-1977 du 28 déc. 2011, art. 46-Y)* ***« dans la limite du plafond fixé au I de l'article 46 de la loi n° 2011-1977 du 28 décembre 2011 de finances pour 2012. L'État prélève 4 % des sommes reversées au titre des frais de recouvrement. »***

BIBL. ▸ HEERS, *D. 1996. Chron. 15* (caractère de « peine » de la contribution spéciale de l'OMI).

1. Indifférence des instances pénales. Ni la relaxe de l'employeur au bénéfice du doute pour l'emploi irrégulier de travailleurs étrangers, ni le classement sans suite par le parquet de l'infraction constatée par un procès-verbal de gendarmerie ne font obstacle à ce que la contribution spéciale puisse être mise à la charge de l'employeur pour l'emploi de deux travailleurs étrangers, dès lors que les faits retenus à son encontre sont établis. • CE 5 mai 1986, *Zemouli : Lebon 370 ; D. 1988. Somm. 82, obs. Chelle et Prétot.*

2. Juridiction compétente. La contribution mentionnée à l'art. L. 341-7 [L. 8253-1 nouv.], due indépendamment des poursuites judiciaires, est de nature administrative et le juge judiciaire n'est pas compétent pour apprécier l'existence de la créance. • Civ. 1re, 16 juill. 1992 : *D. 1993. 231, note Prévault ; JCP 1993. II. 22116, note Julien-Laferrière.*

3. Travail rémunéré. La condamnation de l'employeur au versement de la contribution spéciale suppose la preuve de l'existence d'un travail rémunéré. • CE 4 déc. 1987 : *D. 1989. Somm. 210, obs. Chelle et Prétot* (enfants de travailleurs étrangers dont rien n'établissait qu'ils fournissaient un travail en échange d'une rémunération versée par l'employeur).

Art. L. 8253-2 Le paiement de la contribution spéciale *(Abrogé par L. n° 2010-1657 du 29 déc. 2010, art. 78-III)* ***« , de sa majoration en cas de retard de paiement et des pénalités de retard, dues en application du premier alinéa de l'article L. 8251-1 et des articles L. 8254-1 à L. 8254-3, »*** est garanti par un privilège sur les biens meubles et effets mobiliers des redevables, où qu'ils se trouvent, au même rang que celui dont bénéficie le Trésor en application de l'article 1920 du code général des impôts. – *[Anc. art. L. 341-11, I, al. 1, phrase 1.]*

Art. L. 8253-3 Les créances privilégiées en application de l'article L. 8253-2 dues par un commerçant, un artisan ou une personne morale de droit privé même non commerçante, sont inscrites à un registre public, dans le délai de six mois suivant leur date limite de paiement.

L'inscription conserve le privilège pendant deux années et six mois à compter du jour où elle est effectuée. Elle ne peut être renouvelée. – *[Anc. art. L. 341-11, I, al. 1, phrase 2, et al. 2, phrases 2 et 3.]*

Art. L. 8253-4 En cas de procédure de sauvegarde, de redressement ou de liquidation judiciaire du redevable ou d'un tiers tenu légalement au paiement de la contribution spéciale, le privilège dont l'inscription n'a pas été régulièrement requise à l'encontre du redevable ne peut plus être exercé pour les créances qui étaient soumises à titre obligatoire à cette inscription.

Les *(Abrogé par L. n° 2011-672 du 16 juin 2011, art. 79)* ***« pénalités, majorations de retard et »*** frais de poursuite dus par le redevable à la date du jugement d'ouverture ne sont pas dus. – *[Anc. art. L. 341-11, I, al. 2, phrase 1, et al. 4.]*

Art. L. 8253-5 L'inscription d'une créance privilégiée en application de l'article L. 8253-2 peut faire l'objet à tout moment d'une radiation totale ou partielle. – *[Anc. art. L. 341-11, I, al. 3 début.]*

Art. L. 8253-6 *(Abrogé par L. n° 2010-1657 du 29 déc. 2010, art. 78-IV)* ***Le directeur général de l'***(Décr. n° 2009-331 du 25 mars 2009) ***« Office français de l'immigration et de l'intégration » peut prescrire au redevable de la contribution spéciale de consigner auprès de l'agent comptable de l'agence une partie du montant de cette contribution dès lors qu'un constat d'infraction au premier alinéa de l'article L. 8251-1 a été dressé à l'encontre de ce redevable et que le délai imparti à ce dernier pour présenter ses observations est expiré. –*** [Anc. art. L. 341-11, II.]

Art. L. 8253-7 Un décret en Conseil d'État détermine les modalités d'application du présent chapitre. – *[Anc. art. L. 341-7, al. 2, et L. 341-11, III.] – V. art. R. 8253-1 s.*

CHAPITRE IV SOLIDARITÉ FINANCIÈRE DU DONNEUR D'ORDRE

Art. L. 8254-1 Toute personne vérifie, lors de la conclusion d'un contrat dont l'objet porte sur une obligation d'un montant minimum en vue de l'exécution d'un travail, de la fourniture d'une prestation de services ou de l'accomplissement d'un acte de commerce et périodiquement jusqu'à la fin de l'exécution de ce contrat, que son cocontractant s'acquitte de ses obligations au regard des dispositions du premier alinéa de l'article L. 8251-1. – *[Anc. art. L. 341-6-4, al. 1 début.]*

Art. L. 8254-2 *(L. n° 2011-672 du 16 juin 2011, art. 78)* La personne qui méconnaît l'article L. 8254-1 est tenue solidairement avec son cocontractant, sans préjudice de l'application des articles L. 8222-1 à L. 8222-6, au paiement :

1° Du salaire et des accessoires de celui-ci dus à l'étranger *(L. n° 2016-274 du 7 mars 2016, art. 18)* « non autorisé à travailler », conformément au 1° de l'article L. 8252-2 ;

2° Des indemnités versées au titre de la rupture de la relation de travail, en application soit du 2° de l'article L. 8252-2, soit des articles L. 1234-5, L. 1234-9, L. 1243-4 et L. 1243-8 ou des stipulations contractuelles, lorsque celles-ci conduisent à une solution plus favorable pour le salarié ;

3° De tous les frais d'envoi des rémunérations impayées vers le pays dans lequel l'étranger est parti volontairement ou a été reconduit, mentionnés au 3° de l'article L. 8252-2 ;

4° De la contribution spéciale prévue à l'article L. 8253-1 du présent code et de la contribution forfaitaire prévue à l'article L. 626-1 du code de l'entrée et du séjour des étrangers et du droit d'asile.

Art. L. 8254-2-1 *(L. n° 2011-672 du 16 juin 2011, art. 80)* Toute personne mentionnée à l'article L. 8254-1, informée par écrit par un agent mentionné à l'article L. 8271-1-2, par un syndicat de salariés, un syndicat ou une association professionnels d'employeurs ou une institution représentative du personnel que son cocontractant ou un sous-traitant direct ou indirect de ce dernier emploie un étranger *(L. n° 2016-274 du 7 mars 2016, art. 18)* « non autorisé à travailler » enjoint aussitôt à son cocontractant de faire cesser cette situation.

L'employeur mis ainsi en demeure informe la personne mentionnée au premier alinéa des suites données à l'injonction. Si celle-ci n'est pas suivie d'effet, la personne mentionnée au premier alinéa peut résilier le contrat aux frais et risques du cocontractant.

La personne qui méconnaît le premier alinéa ainsi que son cocontractant sont tenus, solidairement avec le sous-traitant employant l'étranger *(L. n° 2016-274 du 7 mars 2016, art. 18)* « non autorisé à travailler », au paiement des rémunérations et charges, contributions et frais mentionnés à l'article L. 8254-2.

Art. L. 8254-2-2 *(L. n° 2011-672 du 16 juin 2011, art. 80)* Toute personne condamnée en vertu de l'article L. 8256-2 pour avoir recouru sciemment aux services d'un employeur d'un étranger *(L. n° 2016-274 du 7 mars 2016, art. 18)* « non autorisé à travailler » est tenue solidairement avec cet employeur au paiement des rémunérations et charges, contributions et frais mentionnés aux 1° à 4° de l'article L. 8254-2.

Art. L. 8254-3 Le particulier qui conclut pour son usage personnel, celui de son conjoint, partenaire lié par un pacte civil de solidarité, concubin, de ses ascendants ou descendants un contrat dont l'objet porte sur une obligation d'un montant minimum est soumis aux dispositions des articles L. 8254-1 et L. 8254-2, lors de la conclusion de ce contrat. – *[Anc. art. L. 341-6-4, al. 2.]*

Art. L. 8254-4 Les modalités selon lesquelles sont opérées les vérifications imposées par le présent chapitre ainsi que la répartition de la charge de la contribution en cas de pluralité de cocontractants sont précisées par décret. – *[Anc. art. L. 341-6-4, al. 3.]*

CHAPITRE V **ACTIONS EN JUSTICE**

Art. L. 8255-1 Les organisations syndicales représentatives peuvent exercer en justice les actions nées en faveur des salariés étrangers en vertu des dispositions des articles L. 8252-1 et L. 8252-2, sans avoir à justifier d'un mandat de l'intéressé, à condition que celui-ci n'ait pas déclaré s'y opposer.

L'intéressé peut toujours intervenir à l'instance engagée par le syndicat. – *[Anc. art. L. 341-6-2.]*

CHAPITRE VI **DISPOSITIONS PÉNALES**

Art. L. 8256-1 Le fait de se rendre coupable de fraude ou de fausse déclaration pour obtenir, faire obtenir ou tenter de faire obtenir à un étranger le titre mentionné à l'article L. 8251-1 est puni d'un emprisonnement d'un an et d'une amende de 3 000 €. – *[Anc. art. L. 364-2.]*

Art. L. 8256-2 Le fait pour toute personne, directement ou par personne interposée, d'embaucher, de conserver à son service ou d'employer pour quelque durée que ce soit un étranger non muni du titre l'autorisant à exercer une activité salariée en France, en méconnaissance des dispositions du premier alinéa de l'article L. 8251-1, est puni d'un emprisonnement de cinq ans et d'une amende de 15 000 €.

(L. n° 2011-672 du 16 juin 2011, art. 81) « Le fait de recourir sciemment, directement ou indirectement, aux services d'un employeur d'un étranger *(L. n° 2016-274 du 7 mars 2016, art. 18)* « non autorisé à travailler » est puni des mêmes peines. »

Ces peines sont portées à un emprisonnement de dix ans et une amende de 100 000 € lorsque l'infraction est commise en bande organisée.

(L. n° 2011-672 du 16 juin 2011, art. 74-II) « Le premier alinéa n'est pas applicable à l'employeur qui, sur la base d'un titre frauduleux ou présenté frauduleusement par un étranger salarié, a procédé sans intention de participer à la fraude et sans connaissance de celle-ci à la déclaration auprès des organismes de sécurité sociale prévue à l'article L. 1221-10, à la déclaration unique d'embauche et à la vérification auprès des administrations territorialement compétentes du titre autorisant cet étranger à exercer une activité salariée en France. »

L'amende est appliquée autant de fois qu'il y a d'étrangers concernés. – *[Anc. art. L. 364-3.]*

1. Caractère intentionnel. Le fait d'engager ou de conserver à son service un étranger non muni de titre l'autorisant à exercer une activité salariée est une infraction intentionnelle qui requiert, pour être constituée, la connaissance par l'employeur de la qualité d'étranger du salarié.

• Crim. 1er oct. 1987 : *Bull. crim. n° 327 ; D. 1989. Somm. 209, obs. Fieschi-Vivet.* – Dans le même sens : • Crim. 24 avr. 1990 : *RJS 1990. 427, n° 639.*

2. Est coupable du délit d'emploi, par personne interposée, de travailleurs étrangers en situation irrégulière l'entrepreneur principal qui recourt à un sous-traitant fictif pour se procurer la main-d'œuvre qu'il emploie en parfaite connaissance de sa situation. • Crim. 20 mai 1992 : *Bull. crim. n° 198.* – Dans le même sens : • Crim. 6 mai 1997 : *Bull. crim. n° 178.*

3. Obligations de l'employeur. Dès lors que l'employeur n'ignore pas la qualité d'étranger du salarié, il lui appartient de vérifier que ce dernier est titulaire, et pour quelle durée, d'un titre l'autorisant à travailler en France. • Crim. 9 janv. 1989 : *RJS 1990. 111, n° 175.* – Dans le même sens : • Crim. 29 mars 1994 : *Bull. crim. n° 121 ; RJS 1994. 552, n° 924 ; Dr. pénal 1994. Comm. 166, obs. J.-H. Robert.*

4. Respect de la vie personnelle du salarié. La publication dans la presse locale de la condamnation d'un salarié pour aide au séjour irrégulier d'un étranger ne peut justifier son licenciement pour faute grave. • Soc. 16 déc. 1997 : *GADT, 4e éd., n° 66 ; D. 1998. IR 42.*

Art. L. 8256-3 Les personnes physiques coupables des infractions prévues à l'article L. 8256-2 encourent les peines complémentaires suivantes :

1° L'interdiction, pour une durée de cinq ans au plus, d'exercer directement ou par personne interposée l'activité professionnelle dans l'exercice ou à l'occasion de l'exercice de laquelle l'infraction a été commise, selon les modalités prévues par l'article 131-27 du code pénal ;

2° L'exclusion des marchés publics pour une durée de cinq ans au plus ;

(L. n° 2015-990 du 6 août 2015, art. 282-II) « 3° La peine de confiscation dans les conditions et selon les modalités prévues à l'article 131-21 du code pénal ; »

(L. n° 2014-790 du 10 juill. 2014, art. 8) « 4° L'affichage ou la diffusion de la décision prononcée, dans les conditions prévues à l'article 131-35 du code pénal. Lorsqu'une amende est prononcée, la juridiction peut ordonner que cette diffusion soit opérée, pour une durée maximale de deux ans, par les services du ministre chargé du travail sur un site internet dédié, dans des conditions prévues par décret en Conseil d'État pris après avis de la Commission nationale de l'informatique et des libertés ; »

5° L'interdiction, suivant les modalités prévues par l'article 131-26 du code pénal, des droits civiques, civils et de la famille ;

6° L'interdiction de séjour pour une durée de cinq ans au plus. – *[Anc. art. L. 364-8, al. 1er à 7.]*

Art. L. 8256-4 Les personnes physiques coupables des infractions prévues à l'article L. 8256-2 encourent la peine complémentaire de fermeture des locaux ou établissements tenus ou exploités par elles et ayant servi à commettre les faits incriminés. – *[Anc. art. L. 364-8, al. 8.]*

Art. L. 8256-5 Les personnes physiques condamnées au titre de l'infraction prévue au deuxième alinéa de l'article L. 8256-2 encourent la peine complémentaire de confiscation de tout ou partie de leurs biens, quelle qu'en soit la nature. – *[Anc. art. L. 364-8, al. 10.]*

Art. L. 8256-6 L'interdiction du territoire français peut être prononcée, dans les conditions prévues par les articles 131-30 à 131-30-2 du code pénal, pour une durée de dix ans au plus ou à titre définitif à l'encontre de tout étranger coupable des infractions définies à l'article L. 8256-2. – *[Anc. art. L. 364-9.]*

Art. L. 8256-7 Les personnes morales reconnues pénalement responsables, dans les conditions prévues par l'article 121-2 du code pénal, des infractions prévues au présent chapitre, à l'exception de l'article L. 8256-1, encourent :

1° L'amende, dans les conditions prévues à l'article 131-38 du code pénal ;

2° Les peines mentionnées aux 1° à 5°, 8° *(L. n° 2014-790 du 10 juill. 2014, art. 12)* « , 9° et 12° » de l'article 131-39 du même code.

L'interdiction mentionnée au 2° de l'article 131-39 porte sur l'activité dans l'exercice ou à l'occasion de l'exercice de laquelle l'infraction a été commise.

(L. n° 2014-790 du 10 juill. 2014, art. 8) « Lorsqu'une amende est prononcée, la juridiction peut ordonner que la diffusion prévue au 9° du même article 131-39 soit opérée, pour une durée maximale de deux ans, par les services du ministre chargé du travail sur un site internet dédié, dans des conditions prévues par décret en Conseil d'État pris après avis de la Commission nationale de l'informatique et des libertés. »

Art. L. 8256-7-1 *(L. n° 2011-672 du 16 juin 2011, art. 82)* Le prononcé de la peine complémentaire de fermeture provisoire d'établissement mentionnée au 4° de l'article 131-39 du code pénal n'entraîne ni rupture, ni suspension du contrat de travail, ni aucun préjudice pécuniaire à l'encontre des salariés de l'établissement concerné.

Art. L. 8256-8 Les personnes morales condamnées au titre de l'infraction prévue au *(L. n° 2011-672 du 16 juin 2011, art. 81-II)* « troisième » alinéa de l'article L. 8256-2 encourent la peine complémentaire de confiscation de tout ou partie de leurs biens, quelle qu'en soit la nature. — *[Anc. art. L. 364-10, al. 6.]*

TITRE SIXIÈME **CUMULS IRRÉGULIERS D'EMPLOIS**

RÉP. TRAV. v° *Cumul d'activités,* par CASAUX-LABRUNÉE.

BIBL. GÉN. ▶ SAVATIER, *Dr. soc. 1989. 725* (interdiction des cumuls d'emploi, une réglementation inapplicable).

CHAPITRE PREMIER **INTERDICTIONS ET DÉROGATIONS**

SECTION PREMIÈRE **INTERDICTIONS**

Art. L. 8261-1 Aucun salarié ne peut accomplir des travaux rémunérés au-delà de la durée maximale du travail, telle qu'elle ressort des dispositions légales de sa profession. — *[Anc. art. L. 324-2.]* — *V. art. D. 8261-1 (pén.).*

1. Notion de cumul d'emplois. La prohibition d'un cumul d'emplois ne concerne que les périodes pendant lesquelles les salariés sont en activité de service, en conséquence aucune faute grave ne peut être reconnue à l'encontre d'un salarié ayant travaillé dans le commerce tenu par son conjoint pendant son congé maladie puis son congé sans solde ; la circonstance que l'activité litigieuse était profitable aux revenus du ménage ne caractérisant pas la perception d'une rémunération. • Soc. 27 mars 2002 : ⚖ *RJS 2002. 667, n° 870.*

2. Demande de réduction d'horaire. En cas de cumul par le salarié de deux contrats de travail entraînant un dépassement de la durée maximale de travail telle qu'elle ressort des dispositions légales de sa profession, l'employeur, auquel le salarié demande de réduire son temps de travail, n'est pas tenu d'accepter cette modification du contrat de travail, mais doit simplement le mettre en demeure de choisir l'emploi qu'il souhaite conserver. • Soc. 10 mars 2009 : ⚖ *RDT 2009. 455, obs. Véricel* ✎ ; *RJS 2009. 393, n° 456 ; JS Lamy 2009, n° 254-5.*

Art. L. 8261-2 Nul ne peut recourir aux services d'une personne qui méconnaît les dispositions de la présente section. — *[Anc. art. L. 324-3.]*

1. Dépassement de la durée. Si l'interdiction qu'édictent les art. L. 324-2 et L. 324-3 [L. 8261-1 et L. 8261-2 nouv.] C. trav. établit une incompatibilité entre deux contrats entraînant un dépassement de la durée maximale du travail, la violation desdits articles résulte de l'accomplissement de travaux au-delà de la durée autorisée, mais non de la conclusion du second contrat. • Soc. 27 avr. 1989 : *Dr. soc. 1989. 725, note Savatier.*

2. Refus de choix du salarié. L'inertie du salarié invité à se conformer aux prescriptions de l'art. L. 324-2 [L. 8261-1] ne peut constituer la preuve d'une volonté claire et non équivoque de mettre fin au contrat et il appartient à l'employeur qui entend respecter l'interdiction légale de mettre en œuvre une procédure de licenciement. • Soc. 25 oct. 1990 : ⚖ *D. 1990. IR 260 ; CSB 1990. 281, S. 174.*

3. Si l'inertie du salarié invité à régulariser sa situation au regard des art. L. 324-2 et L. 324-3 [L. 8261-1 et L. 8261-2 nouv.] justifie son licenciement, elle ne dispense pas l'employeur de payer les heures de travail accomplies. • Soc. 31 janv. 1996, ⚖ n° 92-40.944 P : *Dr. soc. 1996. 424, obs. Savatier* ✎ ; *RJS 1996. 191, n° 319.*

4. Dans une hypothèse où l'employeur a accordé au salarié un délai de réflexion lui permettant de choisir entre l'emploi qu'il souhaite conserver et une réduction d'horaire, le refus du salarié de choisir une solution permettant de l'employer dans les conditions légales constitue une cause réelle et sérieuse de licenciement. • Soc. 4 juin 1998 : ⚖ *RJS 1998. 787, n° 1305.*

SECTION II **DÉROGATIONS**

Art. L. 8261-3 Sont exclus des interdictions prévues à l'article L. 8261-1 :

1° Les travaux d'ordre scientifique, littéraire ou artistique et les concours apportés aux œuvres d'intérêt général, notamment d'enseignement, d'éducation ou de bienfaisance ;

2° Les travaux accomplis pour son propre compte ou à titre gratuit sous forme d'une entraide bénévole ;

3° Les petits travaux ménagers accomplis chez des particuliers pour leurs besoins personnels ;

4° Les travaux d'extrême urgence dont l'exécution immédiate est nécessaire pour prévenir des accidents imminents ou organiser des mesures de sauvetage. – *[Anc. art. L. 324-4.]*

Il résulte des art. 25 de la L. n° 83-634 du 13 juill. 1983, L. 324-1, L. 324-4 [L. 8261-3] C. trav., 1er et 3 du Décr.-L. du 29 oct. 1936, alors applicables, que seule la production autonome d'œuvres scientifiques, littéraires ou artistiques peut être exercée librement par les agents des organismes de sécurité sociale ; pour dire le titre de recette sans fondement, l'annuler et condamner l'employeur au remboursement des sommes reversées par le salarié, le juge doit rechercher si le salarié n'avait pas exercé les fonctions de président du conseil d'administration de l'association éditrice ou de directeur de la publication de la revue, ce dont il aurait pu déduire que son activité d'éditorialiste ne s'exerçait pas de façon autonome. • Soc. 5 janv. 2011 : *D. 2011. Actu. 245 ; JCP S 2011. 1133, obs. Lahalle.*

CHAPITRE II **DISPOSITIONS PÉNALES**

Le présent chapitre ne comprend pas de dispositions législatives.

TITRE SEPTIÈME **CONTRÔLE DU TRAVAIL ILLÉGAL**

CHAPITRE PREMIER **COMPÉTENCE DES AGENTS**

SECTION PREMIÈRE **DISPOSITIONS COMMUNES**

Art. L. 8271-1 **Les infractions constitutives de travail illégal mentionnées à l'article L. 8211-1 sont recherchées et constatées par les agents de contrôle mentionnés à l'article** *(L. n° 2011-672 du 16 juin 2011, art. 84-III)* **« L. 8271-1-2 » dans la limite de leurs compétences respectives en matière de travail illégal.** – *[Anc. art. L. 325-1, phrase 2.]*

V. Circ. intermin. du 11 févr. 2013 relative à la mise en œuvre du plan national de lutte contre le travail illégal 2013-2015, NOR : INTK1300188C.

BIBL. ▸ Ramackers, *Dr. soc. 2014. 898* (la recherche et le constat des infractions en matière de travail illégal par l'inspection du travail : un exemple d'enquête).

Art. L. 8271-1-1 *(L. n° 2011-672 du 16 juin 2011, art. 83)* **Les infractions au premier alinéa de l'article 3 de la loi n° 75-1334 du 31 décembre 1975 relative à la sous-traitance sont constatées par les agents mentionnés à l'article L. 8271-1-2. Ces infractions sont punies d'une amende de 7 500 €.**

Art. L. 8271-1-2 *(L. n° 2011-672 du 16 juin 2011, art. 84)* **Les agents de contrôle compétents en application de l'article L. 8271-1 sont :**

1° Les *(L. n° 2016-1088 du 8 août 2016, art. 113)* **« agents de contrôle de l'inspection du travail mentionnés à l'article L. 8112-1 » ;**

2° Les officiers et agents de police judiciaire ;

3° Les agents des impôts et des douanes ;

4° Les agents des organismes de sécurité sociale et des caisses de mutualité sociale agricole agréés à cet effet et assermentés ;

(L. n° 2013-431 du 28 mai 2013, art. 31-IX) **« 5° Les administrateurs des affaires maritimes, les officiers du corps technique et administratif des affaires maritimes et les fonctionnaires affectés dans les services exerçant des missions de contrôle dans le domaine des affaires maritimes sous l'autorité ou à la disposition du ministre chargé de la mer ; »**

6° Les fonctionnaires des corps techniques de l'aviation civile commissionnés à cet effet et assermentés ;

7° Les fonctionnaires ou agents de l'État chargés du contrôle des transports terrestres ;

8° Les agents de l'institution mentionnée à l'article L. 5312-1, chargés de la prévention des fraudes, agréés et assermentés à cet effet.

Art. L. 8271-1-3 *(L. n° 2011-1977 du 28 déc. 2011, art. 62-IV)* Pour la mise en œuvre des articles L. 8272-1 à L. 8272-4, le représentant de l'État dans le département reçoit copie des procès-verbaux relevant les infractions constitutives de travail illégal constatées par les agents de contrôle mentionnés à l'article L. 8271-1-2.

V. Circ. NOR : EFIZ1239322C intermin. du 28 nov. 2012 relative aux sanctions administratives suite à un procès-verbal relevant une infraction de travail illégal.

Art. L. 8271-2 Les agents de contrôle mentionnés à l'article *(L. n° 2011-672 du 16 juin 2011, art. 84-III)* « L. 8271-1-2 » se communiquent réciproquement tous renseignements et tous documents utiles à l'accomplissement de leur mission de lutte contre le travail illégal.

Les agents de la concurrence, de la consommation et de la répression des fraudes sont habilités à leur transmettre tous renseignements et documents nécessaires à cette mission. — *[Anc. art. L. 325-2 et L. 125-3-2, al. 1.]*

Art. L. 8271-3 Lorsqu'ils ne relèvent pas des services de la police ou de la gendarmerie nationales, les agents de contrôle mentionnés à l'article *(L. n° 2011-672 du 16 juin 2011, art. 84-III)* « L. 8271-1-2 » peuvent solliciter des interprètes assermentés inscrits sur l'une des listes prévues à l'article 157 du code de procédure pénale, pour le contrôle de la réglementation sur la main-d'œuvre étrangère et le détachement transnational de travailleurs.

(L. n° 2016-1088 du 8 août 2016, art. 109) « Les agents de contrôle mentionnés au premier alinéa du présent article qui exercent leur droit d'entrée dans les établissements dans les conditions mentionnées à l'article L. 8113-1 du présent code peuvent être accompagnés de ces interprètes assermentés. »

Art. L. 8271-4 Les agents de contrôle mentionnés à l'article *(L. n° 2011-672 du 16 juin 2011, art. 84-III)* « L. 8271-1-2 » transmettent, sur demande écrite, aux agents du Centre national du cinéma et de l'image animée, des directions régionales des affaires culturelles, de l'*(L. n° 2008-126 du 13 févr. 2008)* « institution mentionnée à l'article L. 5312-1 », de l'*(L. n° 2008-126 du 13 févr. 2008)* « organisme gestionnaire du régime d'assurance chômage » et des collectivités territoriales tous renseignements et tous documents nécessaires à l'appréciation des droits ou à l'exécution d'obligations qui entrent dans le champ de leurs compétences respectives.

Ils disposent, dans l'exercice de leur mission de lutte contre le travail illégal, d'un droit de communication sur tous renseignements et documents nécessaires auprès de ces services. — *[Anc. art. L. 325-4.]*

V. Circ. NOR : EFIZ1239322C intermin. du 28 nov. 2012 relative aux sanctions administratives suite à un procès-verbal relevant une infraction de travail illégal.

Art. L. 8271-5 Les agents de contrôle mentionnés à l'article *(L. n° 2011-672 du 16 juin 2011, art. 84-III)* « L. 8271-1-2 » peuvent, sur demande écrite, obtenir des organismes chargés d'un régime de protection sociale ou des caisses assurant le service des congés payés mentionnées au livre Ier de la troisième partie tous renseignements ou tous documents utiles à l'accomplissement de leurs missions en matière de travail illégal.

Ils transmettent à ces organismes, qui doivent en faire la demande par écrit, tous renseignements et tous documents permettant à ces derniers de recouvrer les sommes impayées ou d'obtenir le remboursement de sommes indûment versées. — *[Anc. art. L. 325-5.]*

Art. L. 8271-5-1 *(L. n° 2016-1088 du 8 août 2016, art. 109)* Les agents de contrôle mentionnés à l'article L. 8271-1-2 du présent code peuvent transmettre aux agents de l'organisme mentionné à l'article L. 767-1 du code de la sécurité sociale tous renseignements et documents utiles à l'accomplissement par ces derniers des missions confiées à cet organisme pour l'application des règlements et accords internationaux et européens de sécurité sociale.

Les agents de l'organisme mentionné au même article L. 767-1 peuvent transmettre aux agents de contrôle mentionnés à l'article L. 8271-1-2 du présent code tous renseignements et documents utiles à l'accomplissement de leur mission de lutte contre le travail illégal.

Art. L. 8271-6 Les agents de contrôle mentionnés à l'article *(L. n° 2011-672 du 16 juin 2011, art. 84-III)* « L. 8271-1-2 », ainsi que les autorités chargées de la coordination de leurs actions, peuvent échanger tous renseignements et tous documents nécessaires à l'accomplissement de leur mission de lutte contre le travail illégal avec les agents investis des mêmes compétences et les autorités chargées de la coordination de leurs actions dans les États étrangers.

Lorsque des accords sont conclus avec les autorités de ces États, ils prévoient les modalités de mise en œuvre de ces échanges. – *[Anc. art. L. 325-6.]*

Art. L. 8271-6-1 *(L. n° 2011-672 du 16 juin 2011, art. 84-I)* Les agents de contrôle mentionnés à l'article L. 8271-1-2 sont habilités à entendre, en quelque lieu que ce soit et avec son consentement, tout employeur ou son représentant et toute personne rémunérée, ayant été rémunérée ou présumée être ou avoir été rémunérée par l'employeur ou par un travailleur indépendant, afin de connaître la nature des activités de cette personne, ses conditions d'emploi et le montant des rémunérations s'y rapportant, y compris les avantages en nature. De même, ils peuvent entendre toute personne susceptible de fournir des informations utiles à l'accomplissement de leur mission de lutte contre le travail illégal.

(L. n° 2016-731 du 3 juin 2016, art. 83) « Conformément à l'article 28 du code de procédure pénale, l'article 61-1 du même code est applicable lorsqu'il est procédé à l'audition d'une personne à l'égard de laquelle il existe des raisons plausibles de soupçonner qu'elle a commis ou tenté de commettre une infraction. »

Ces auditions peuvent faire l'objet d'un procès-verbal signé des agents mentionnés au premier alinéa et des personnes entendues.

Ces agents sont en outre habilités à demander aux employeurs, aux travailleurs indépendants, aux personnes employées dans l'entreprise ou sur le lieu de travail ainsi qu'à toute personne dont ils recueillent les déclarations dans l'exercice de leur mission de justifier de leur identité et de leur adresse.

Art. L. 8271-6-2 *(L. n° 2011-672 du 16 juin 2011, art. 84-I)* Pour la recherche et la constatation des infractions constitutives de travail illégal, les agents de contrôle mentionnés à l'article L. 8271-1-2 peuvent se faire présenter et obtenir copie immédiate des documents justifiant du respect des dispositions du présent livre *(L. n° 2014-790 du 10 juill. 2014, art. 7)* « et du chapitre II du titre VI du livre II de la première partie ».

Art. L. 8271-6-3 *(L. n° 2015-1702 du 21 déc. 2015, art. 94-I)* Les agents de contrôle mentionnés à l'article L. 8271-1-2 peuvent transmettre aux agents habilités par le directeur du Conseil national des activités privées de sécurité, mentionnés à l'article L. 634-1 du code de la sécurité intérieure, tous renseignements et tous documents leur permettant d'assurer le contrôle des personnes exerçant les activités privées de sécurité pour tirer les conséquences d'une situation de travail illégal.

Les agents habilités par le directeur du Conseil national des activités privées de sécurité peuvent transmettre aux agents de contrôle mentionnés à l'article L. 8271-1-2 du présent code tous renseignements et documents nécessaires à leur mission de lutte contre le travail illégal.

Art. L. 8271-6-4 *(L. n° 2016-1827 du 23 déc. 2016, art. 24-III)* Les agents de contrôle mentionnés à l'article L. 8271-1-2 communiquent leurs procès-verbaux relevant une des infractions constitutives de travail illégal mentionnées aux 1° à 4° de l'article L. 8211-1 du présent code aux organismes de recouvrement mentionnés aux articles L. 213-1 et L. 752-1 du code de la sécurité sociale et à l'article L. 723-3 du code rural et de la pêche maritime, qui procèdent à la mise en recouvrement des cotisations et contributions qui leur sont dues sur la base des informations contenues dans ces procès-verbaux.

Ces dispositions s'appliquent aux contrôles engagés à compter du 1er janv. 2017 (L. n° 2016-1827 du 23 déc. 2016, art. 24-IV).

SECTION II **TRAVAIL DISSIMULÉ**

Art. L. 8271-7 *(L. nº 2011-672 du 16 juin 2011, art. 84-III)* Les infractions aux interdictions du travail dissimulé prévues à l'article L. 8221-1 sont recherchées par les agents mentionnés à l'article L. 8271-1-2.

Art. L. 8271-8 Les infractions aux interdictions du travail dissimulé sont constatées au moyen de procès-verbaux qui font foi jusqu'à preuve du contraire.

Ces procès-verbaux sont transmis directement au procureur de la République. — *[Anc. art. L. 324-12, al. 1.]*

Art. L. 8271-8-1 (Abrogé par L. nº 2016-1827 du 23 déc. 2016, art. 24-III) (L. nº 2007-1786 du 19 déc. 2007, art. 112-IV) *Les agents de contrôle mentionnés à l'article* (L. nº 2011-672 du 16 juin 2011, art. 84-III) *« L. 8271-1-2 » communiquent leurs procès-verbaux de travail dissimulé aux organismes de recouvrement mentionnés aux articles L. 213-1 et L. 752-1 du code de la sécurité sociale et à l'article L. 723-3 du code rural et de la pêche maritime, qui procèdent à la mise en recouvrement des cotisations et contributions qui leur sont dues sur la base des informations contenues dans lesdits procès-verbaux.*

Cette abrogation s'applique aux contrôles engagés à compter du 1er janv. 2017 (L. nº 2016-1827 du 23 déc. 2016, art. 24-IV).

Art. L. 8271-9 Pour la recherche et la constatation des infractions aux interdictions du travail dissimulé, les agents de contrôle peuvent se faire présenter et obtenir copie immédiate des documents suivants, quels que soient leur forme et leur support :

1º Les documents justifiant que l'immatriculation, les déclarations et les formalités mentionnées aux articles L. 8221-3 et L. 8221-5 ont été effectuées ainsi que ceux relatifs à l'autorisation d'exercice de la profession ou à l'agrément lorsqu'une disposition particulière l'a prévu ;

2º Les documents justifiant que l'entreprise a vérifié, conformément aux dispositions des articles L. 8222-1 ou L. 8222-4, que son ou ses cocontractants ont accompli les formalités mentionnées aux articles L. 8221-3 et L. 8221-5 ou des réglementations d'effet équivalent de leur pays d'origine ;

3º Les devis, les bons de commande ou de travaux, les factures et les contrats ou documents commerciaux relatifs aux prestations exécutées en méconnaissance des dispositions de l'article L. 8221-1 ;

(L. nº 2014-626 du 18 juin 2014, art. 31) « 4º Les attestations d'assurances professionnelles détenues par les travailleurs indépendants lorsque ces assurances répondent à une obligation légale. »

Art. L. 8271-10 Les agents de contrôle peuvent, sur demande écrite, obtenir des services préfectoraux tous renseignements ou tous documents relatifs à l'autorisation d'exercice ou à l'agrément d'une profession réglementée. — *[Anc. art. L. 324-12, al. 7.]*

Art. L. 8271-11 *(Abrogé par L. nº 2011-672 du 16 juin 2011, art. 84-II) Les agents de contrôle sont habilités à entendre, en quelque lieu que ce soit et avec son consentement, toute personne rémunérée, ayant été rémunérée ou présumée être ou avoir été rémunérée par l'employeur ou par un travailleur indépendant afin de connaître la nature de ses activités, ses conditions d'emploi et le montant des rémunérations s'y rapportant, y compris les avantages en nature.*

Ces auditions peuvent faire l'objet d'un procès-verbal signé des agents précités et des intéressés.

Ces agents sont en outre habilités à demander aux employeurs, aux travailleurs indépendants, aux personnes employées dans l'entreprise ou sur le lieu de travail ainsi qu'à toute personne dont ils sont amenés à recueillir les déclarations dans l'exercice de leur mission, de justifier de leur identité et de leur adresse. — [Anc. art. L. 324-12, al. 8.]

Art. L. 8271-12 Les agents de contrôle sont habilités, lorsque le siège de l'entreprise est domicilié dans des locaux occupés en commun en application de l'article L. 123-10 du code de commerce réprimant certaines infractions en matière de registre du commerce et des sociétés, à se faire communiquer par l'entreprise domiciliataire tous les documents détenus dans ses locaux nécessaires à l'accomplissement de leur mission de lutte contre le travail dissimulé. — *[Anc. art. L. 324-13.]*

Art. L. 8271-13 (Abrogé par Cons. const. n° 2014-387 QPC du 4 avr. 2014, à compter du 1er janv. 2015) *Dans le cadre des enquêtes préliminaires diligentées pour la recherche et la constatation des infractions aux interdictions de travail dissimulé, les officiers de police judiciaire assistés, le cas échéant, des agents de police judiciaire, peuvent, sur ordonnance du président du tribunal de grande instance dans le ressort duquel sont situés les lieux à visiter ou d'un juge délégué par lui, rendue sur réquisitions du procureur de la République, procéder à des visites domiciliaires, perquisitions et saisies de pièces à conviction dans les lieux de travail relevant des articles L. 4111-1 du présent code et L. 722-1 du code rural et de la pêche maritime, y compris dans ceux n'abritant pas de salariés, même lorsqu'il s'agit de locaux habités.*

Le juge vérifie que la demande d'autorisation qui lui est soumise est fondée sur des éléments de fait laissant présumer l'existence des infractions dont la preuve est recherchée.

Ces dispositions ne dérogent pas aux règles de droit commun relatives à la constatation des infractions par les officiers et agents de police judiciaire. — [Anc. art. L. 611-13.]

1. Inconstitutionnalité de l'art. L. 8271-13. Les dispositions de l'art. L. 8271-13 sont contraires à la Constitution en ce qu'elles portent atteinte au droit de chacun à un recours juridictionnel effectif. • Cons. const., QPC, 4 avr. 2014 : *JO 5 avr. ; Dalloz actualité, 7 avr., obs. Fleuriot ; D. 2014. Actu. 829 ; RJS 2014. 410, n° 509 ; JS Lamy 2014, n° 365-7, obs. Beckhard Cardoso et Patin ; RSC 2014. 361, obs. Cerf-Hollender.*

2. Flagrance. Les officiers de police judiciaire, intervenant en exécution de réquisitions prises sur le fondement de l'art. L. 611-13 [L. 8271-13 nouv.], qui découvrent des indices apparents de travail dissimulé, peuvent procéder selon les règles prévues pour l'enquête de flagrance. • Crim. 15 févr. 2005 : *Bull. crim. n° 57 ; D. 2005. IR 917 ; JCP 2005. IV. 1793.*

3. Remise du procès-verbal. La formalité prescrite par l'al. 3 de l'art. L. 611-10 [L. 8113-7 nouv.] imposant la remise d'un exemplaire du procès-verbal au contrevenant ne s'applique ni à un officier de police judiciaire. • Crim. 20 mars 1984 : *Bull. crim. n° 119.* ♦ ... Ni à un agent de police judiciaire. • Crim. 19 mai 1987 : *Bull. crim. n° 206 ; D. 1987. IR 162.* ♦ ... Ni lorsque le procès-verbal a été dressé à l'étranger, les actes de procédure étant régis en la forme par la loi du pays dans lequel ils sont accomplis. • Crim. 8 mars 1988 : *Bull. crim. n° 118.* ♦ Sur la non-application des dispositions de l'art. 66 C. pr. pén. aux procès-verbaux dressés par les inspecteurs du travail, ceux-ci n'étant pas des officiers de police judiciaire, V. • Crim. 28 mai 1991 : *RJS 1991. 455, n° 870.*

SECTION III **MARCHANDAGE**

Art. L. 8271-14 Outre les *(L. n° 2016-1088 du 8 août 2016, art. 113)* « agents de contrôle de l'inspection du travail mentionnés à l'article L. 8112-1 », les agents et officiers de police judiciaire, les agents des impôts et des douanes sont compétents pour rechercher et constater, au moyen de procès-verbaux transmis directement au procureur de la République, les infractions aux dispositions de l'article L. 8231-1 relatives à l'interdiction du marchandage. — *[Anc. art. L. 611-15.]*

Art. L. 8271-15 Dans le cadre de leur mission de lutte contre le marchandage, les agents mentionnés à l'article L. 8271-14 peuvent se faire présenter les devis, les bons de commande ou de travaux, les factures et les contrats ou documents commerciaux relatifs aux opérations de marchandage. — *[Anc. art. L. 125-3-2, al. 2 V1.]*

SECTION IV **PRÊT ILLICITE DE MAIN-D'ŒUVRE**

Art. L. 8271-16 Dans le cadre de leur mission de lutte contre le prêt illicite de main-d'œuvre, les agents mentionnés à l'article L. 8112-1 peuvent se faire présenter les devis, les bons de commande ou de travaux, les factures et les contrats ou documents commerciaux relatifs aux opérations de prêt illicite de main-d'œuvre. — *[Anc. art. L. 125-3-2, al. 2 V2.]*

SECTION V **EMPLOI D'ÉTRANGERS NON AUTORISÉS À TRAVAILLER** *(L. n° 2016-274 du 7 mars 2016, art. 18).*

Art. L. 8271-17 Outre les *(L. n° 2016-1088 du 8 août 2016, art. 113)* « agents de contrôle de l'inspection du travail mentionnés à l'article L. 8112-1 », les agents et officiers de police judiciaire, les agents de la direction générale des douanes sont compétents pour rechercher et constater, au moyen de procès-verbaux transmis directement au procureur de la République, les infractions aux dispositions de l'article L. 8251-1 relatif à l'emploi d'un étranger *(L. n° 2016-274 du 7 mars 2016, art. 18)* « non autorisé à travailler » *(L. n° 2011-672 du 16 juin 2011, art. 75-II, art. 111 ; L. n° 2016-274 du 7 mars 2016, art. 18)* « et de l'article L. 8251-2 interdisant le recours aux services d'un employeur d'un étranger non autorisé à travailler ».

(L. n° 2011-1977 du 28 déc. 2011, art. 62-IV) « Afin de permettre la liquidation de la contribution spéciale mentionnée à l'article L. 8253-1 du présent code et de la contribution forfaitaire mentionnée à l'article L. 626-1 du code de l'entrée et du séjour des étrangers et du droit d'asile, le directeur général de l'Office français de l'immigration et de l'intégration reçoit des agents mentionnés au premier alinéa du présent article une copie des procès-verbaux relatifs à ces infractions. »

Art. L. 8271-18 Les dispositions de l'article L. 8271-13 sont applicables à la recherche et à la constatation des infractions à l'emploi d'étranger *(L. n° 2016-274 du 7 mars 2016, art. 18)* « non autorisé à travailler ». – *[Anc. art. L. 611-13.]*

Art. L. 8271-19 Afin de lutter contre le travail illégal, les agents chargés de la délivrance des titres de séjour, individuellement désignés et dûment habilités, peuvent avoir accès aux traitements automatisés des autorisations de travail dans les conditions définies par la loi n° 78-17 du 6 janvier 1978 relative à l'informatique, aux fichiers et aux libertés.

Pour les mêmes motifs, les *(L. n° 2016-1088 du 8 août 2016, art. 113)* « agents de contrôle de l'inspection du travail mentionnés à l'article L. 8112-1 » et fonctionnaires assimilés, individuellement désignés et dûment habilités, peuvent avoir accès aux traitements automatisés des titres de séjour des étrangers dans les conditions définies par la loi n° 78-17 du 6 janvier 1978 précitée. – *[Anc. art. L. 325-7.]*

SECTION VI **DISPOSITIONS D'APPLICATION**

Art. L. 8271-20 Un décret en Conseil d'État détermine les conditions d'application des dispositions des articles L. 8271-7 à L. 8271-12. – *[Anc. art. L. 324-15, V2.]*

CHAPITRE II **SANCTIONS ADMINISTRATIVES**

Art. L. 8272-1 Lorsque l'autorité administrative a connaissance d'un procès-verbal relevant une des infractions constitutives de travail illégal mentionnées à l'article L. 8211-1, elle peut, eu égard à la gravité des faits constatés, à la nature des aides sollicitées et à l'avantage qu'elles procurent à l'employeur, refuser d'accorder, pendant une durée maximale de cinq ans, *(L. n° 2011-672 du 16 juin 2011, art. 85)* « certaines des aides publiques en matière d'emploi, de formation professionnelle et de culture » à la personne ayant fait l'objet de cette verbalisation.

(Abrogé par L. n° 2011-672 du 16 juin 2011, art. 85) « ***Il en est de même pour les subventions et les aides à caractère public attribuées par le ministère de la culture et de la communication, y compris par les directions régionales des affaires culturelles, le Centre national du cinéma et de l'image animée, l'*** *(L. n° 2008-126 du 13 févr. 2008)* « ***institution mentionnée à l'article L. 5312-1*** » *(Abrogé par L. n° 2008-126 du 13 févr. 2008)* « ***et les organismes gestionnaires du régime d'assurance chômage*** ». »

Cette décision de refus est prise sans préjudice des poursuites judiciaires qui peuvent être engagées.

(L. n° 2011-672 du 16 juin 2011, art. 85) « L'autorité administrative peut également demander, eu égard aux critères mentionnés au premier alinéa, le remboursement de tout ou partie des aides publiques mentionnées au premier alinéa et perçues au cours des douze derniers mois précédant l'établissement du procès-verbal. »

Un décret fixe la nature des aides *(Abrogé par L. n° 2011-672 du 16 juin 2011, art. 85)* « ***et subventions*** » concernées et les modalités de la prise de décision relative au refus de leur attribution *(L. n° 2011-672 du 16 juin 2011, art. 85)* « ou à leur remboursement ». – *[Anc. art. L. 325-3.]* – *V. art. D. 8272-1.*

V. Circ. NOR : EFIZ1239322C intermin. du 28 nov. 2012 relative aux sanctions administratives suite à un procès-verbal relevant une infraction de travail illégal.

Art. L. 8272-2 *(L. n° 2011-672 du 16 juin 2011, art. 86)* Lorsque l'autorité administrative a connaissance d'un procès-verbal relevant une infraction prévue aux 1° à 4°

de l'article L. 8211-1 *(L. nº 2015-990 du 6 août 2015, art. 282-I)* « ou d'un rapport établi par l'un des agents de contrôle mentionnés à l'article L. 8271-1-2 constatant un manquement prévu aux mêmes 1° à 4° », elle peut, *(L. nº 2014-790 du 10 juill. 2014, art. 10)* « si la proportion de salariés concernés le justifie, » eu égard à la répétition *(L. nº 2014-790 du 10 juill. 2014, art. 10)* « ou » à la gravité des faits constatés *(Abrogé par L. nº 2014-790 du 10 juill. 2014, art. 10)* ***« et à la proportion de salariés concernés »***, ordonner par décision motivée la fermeture de l'établissement ayant servi à commettre l'infraction, à titre *(L. nº 2015-990 du 6 août 2015, art. 282-I)* « temporaire » et pour une durée ne pouvant excéder trois mois. Elle en avise sans délai le procureur de la République.

(L. nº 2015-990 du 6 août 2015, art. 282-I) « La mesure de fermeture temporaire est levée de plein droit en cas de décision de relaxe ou de non-lieu. Lorsqu'une fermeture administrative temporaire a été décidée par l'autorité administrative avant un jugement pénal, sa durée s'impute sur la durée de la peine complémentaire de fermeture mentionnée au 4° de l'article 131-39 du code pénal, pour une durée de cinq ans au plus des établissements ou de l'un ou de plusieurs des établissements de l'entreprise ayant servi à commettre les faits incriminés, prononcée, le cas échéant, par la juridiction pénale. »

La mesure de fermeture *(L. nº 2015-990 du 6 août 2015, art. 282-I)* « temporaire » peut s'accompagner de la saisie à titre conservatoire du matériel professionnel des contrevenants.

(L. nº 2016-1088 du 8 août 2016, art. 110) « Lorsque l'activité de l'entreprise est exercée sur des chantiers de bâtiment ou de travaux publics, la fermeture temporaire prend la forme d'un arrêt de l'activité de l'entreprise sur le site dans lequel a été commis l'infraction ou le manquement.

« Lorsque la fermeture temporaire selon les modalités mentionnées au quatrième alinéa est devenue sans objet parce que l'activité est déjà achevée ou a été interrompue, l'autorité administrative peut, dans les conditions prévues au même alinéa, prononcer l'arrêt de l'activité de l'entreprise sur un autre site. »

Les modalités d'application du présent article ainsi que les conditions de sa mise en œuvre aux chantiers du bâtiment et des travaux publics sont fixées par décret en Conseil d'État.

Art. L. 8272-3 *(L. nº 2011-672 du 16 juin 2011, art. 86)* La décision de fermeture provisoire de l'établissement par l'autorité administrative prise en application de l'article L. 8272-2 n'entraîne ni rupture, ni suspension du contrat de travail, ni aucun préjudice pécuniaire à l'encontre des salariés de l'établissement.

Art. L. 8272-4 *(L. nº 2011-672 du 16 juin 2011, art. 87)* Lorsque l'autorité administrative a connaissance d'un procès-verbal relevant une infraction prévue aux 1° à 4° de l'article L. 8211-1, elle peut, *(L. nº 2014-790 du 10 juill. 2014, art. 10)* « si la proportion de salariés concernés le justifie, » eu égard à la répétition *(L. nº 2014-790 du 10 juill. 2014, art. 10)* « ou » à la gravité des faits constatés *(Abrogé par L. nº 2014-790 du 10 juill. 2014, art. 10)* ***« et à la proportion de salariés concernés »***, ordonner, par décision motivée prise à l'encontre de la personne ayant commis l'infraction, l'exclusion des contrats administratifs mentionnés aux articles L. 551-1 et L. 551-5 du code de justice administrative, pour une durée ne pouvant excéder six mois. Elle en avise sans délai le procureur de la République.

La mesure d'exclusion est levée de plein droit en cas de classement sans suite de l'affaire, d'ordonnance de non-lieu et de décision de relaxe ou si la juridiction pénale ne prononce pas la peine complémentaire d'exclusion des marchés publics mentionnée au 5° de l'article 131-39 du code pénal.

Les modalités d'application du présent article sont fixées par décret en Conseil d'État.

Art. L. 8272-5 *(L. nº 2014-790 du 10 juill. 2014, art. 10)* Le fait de ne pas respecter les décisions administratives mentionnées au troisième alinéa de l'article L. 8272-1 ainsi qu'aux articles L. 8272-2 ou L. 8272-4 est puni d'un emprisonnement de deux mois et d'une amende de 3 750 €.

V. Circ. 22 oct. 2014, NOR : JUSD 1425137C.

CHAPITRE III COORDINATION INTERMINISTÉRIELLE DE LA LUTTE CONTRE LE TRAVAIL ILLÉGAL

Le présent chapitre ne comprend pas de dispositions législatives.

TITRE HUITIÈME VIGILANCE DU DONNEUR D'ORDRE EN MATIÈRE D'APPLICATION DE LA LÉGISLATION DU TRAVAIL

(L. n° 2014-790 du 10 juill. 2014, art. 4)

CHAPITRE UNIQUE OBLIGATION DE VIGILANCE ET RESPONSABILITÉ DU DONNEUR D'ORDRE

Art. L. 8281-1 Le maître d'ouvrage ou le donneur d'ordre, informé par écrit par l'un des agents mentionnés à l'article L. 8271-1-2 d'une infraction aux dispositions légales et aux stipulations conventionnelles applicables au salarié d'un sous-traitant direct ou indirect dans les matières suivantes :

1° Libertés individuelles et collectives dans la relation de travail ;

2° Discriminations et égalité professionnelle entre les femmes et les hommes ;

3° Protection de la maternité, congés de maternité et de paternité et d'accueil de l'enfant, congés pour événements familiaux ;

4° Conditions de mise à disposition et garanties dues aux salariés par les entreprises exerçant une activité de travail temporaire ;

5° Exercice du droit de grève ;

6° Durée du travail, repos compensateurs, jours fériés, congés annuels payés, durée du travail et travail de nuit des jeunes travailleurs ;

7° Conditions d'assujettissement aux caisses de congés et intempéries ;

8° Salaire minimum et paiement du salaire, y compris les majorations pour les heures supplémentaires ;

9° Règles relatives à la santé et sécurité au travail, âge d'admission au travail, emploi des enfants,

enjoint aussitôt, par écrit, à ce sous-traitant de faire cesser sans délai cette situation.

Le sous-traitant mentionné au premier alinéa informe, par écrit, le maître d'ouvrage ou le donneur d'ordre de la régularisation de la situation. Ce dernier en transmet une copie à l'agent de contrôle mentionné au même premier alinéa.

En l'absence de réponse écrite du sous-traitant dans un délai fixé par décret en Conseil d'État, le maître d'ouvrage ou le donneur d'ordre informe aussitôt l'agent de contrôle.

Pour tout manquement à ses obligations d'injonction et d'information mentionnées au présent article, le maître d'ouvrage ou le donneur d'ordre est passible d'une sanction prévue par décret en Conseil d'État.

TITRE NEUVIÈME DÉCLARATION ET CARTE D'IDENTIFICATION PROFESSIONNELLE DES SALARIÉS DU BÂTIMENT ET DES TRAVAUX PUBLICS

(L. n° 2015-990 du 6 août 2015, art. 282-IV)

CHAPITRE UNIQUE

Art. L. 8291-1 Une carte d'identification professionnelle est délivrée par un organisme national désigné par décret en Conseil d'État à chaque salarié effectuant des travaux de bâtiment ou de travaux publics pour le compte d'une entreprise établie en France ou pour le compte d'une entreprise établie hors de France en cas de détachement. Elle comporte les informations relatives au salarié, à son employeur, le cas échéant à l'entreprise utilisatrice, ainsi qu'à l'organisme ayant délivré la carte.

Un décret en Conseil d'État détermine les modalités de déclaration des salariés soit par l'employeur établi en France, soit, en cas de détachement, par l'employeur établi hors de France, soit par l'entreprise utilisatrice qui recourt à des travailleurs temporaires, aux fins de délivrance de la carte.

Un décret en Conseil d'État, pris après avis de la Commission nationale de l'informatique et des libertés, détermine les modalités de délivrance de la carte d'identification professionnelle, ainsi que les informations relatives aux salariés y figurant. *(L. n° 2016-1088 du 8 août 2016, art. 105)* « Il précise également les modalités d'information des travailleurs détachés sur le territoire national sur la réglementation qui leur est applicable en application de l'article L. 1262-4 au moyen d'un document, rédigé dans une langue qu'ils comprennent, qui leur est remis en même temps que la carte d'identification professionnelle. »

Art. L. 8291-2 En cas de manquement à l'obligation de déclaration mentionnée à l'article L. 8291-1, l'employeur ou, le cas échéant, l'entreprise utilisatrice est passible d'une amende administrative.

Le manquement est passible d'une amende administrative, qui est prononcée par l'autorité administrative compétente sur le rapport motivé d'un agent de contrôle de l'inspection du travail mentionné *(L. n° 2016-1088 du 8 août 2016, art. 113)* « à l'article L. 8112-1 » ou d'un agent mentionné au 3° de l'article L. 8271-1-2.

Le montant maximal de l'amende est de 2 000 € par salarié et de 4 000 € en cas de récidive dans un délai d'un an à compter du jour de la notification de la première amende. Le montant total de l'amende ne peut être supérieur à 500 000 €.

Pour fixer le montant de l'amende, l'autorité administrative prend en compte les circonstances et la gravité du manquement, le comportement de son auteur ainsi que les ressources et les charges de ce dernier.

Le délai de prescription de l'action de l'administration pour la sanction du manquement par une amende administrative est de deux années révolues à compter du jour où le manquement a été commis.

(Ord. n° 2016-413 du 7 avr. 2016, art. 9, en vigueur le 1er juill. 2016) « L'employeur ou l'entreprise utilisatrice peut contester la décision de l'administration devant le tribunal administratif, à l'exclusion de tout recours hiérarchique. »

L'amende est recouvrée comme les créances de l'État étrangères à l'impôt et au domaine.

LIVRE TROISIÈME **DISPOSITIONS RELATIVES À L'OUTRE-MER**

TITRE PREMIER **DISPOSITIONS GÉNÉRALES**

CHAPITRE UNIQUE

Art. L. 8311-1 Les dispositions générales prévues par l'article L. 1511-1 sont également applicables aux dispositions du présent livre. – *[Anc. art. L. 800-4, al. 1 à 3.]*

TITRE DEUXIÈME **DÉPARTEMENTS D'OUTRE-MER, SAINT-BARTHÉLEMY, SAINT-MARTIN ET SAINT-PIERRE-ET-MIQUELON** *(Ord. n° 2008-205 du 27 févr. 2008).*

CHAPITRE PREMIER **DISPOSITIONS GÉNÉRALES**

Art. L. 8321-1 Les dispositions générales prévues par *(Ord. n° 2008-205 du 27 févr. 2008)* « les articles L. 1521-1 à L. 1521-4 » sont également applicables aux dispositions du présent titre.

CHAPITRE II **INSPECTION DU TRAVAIL**

Le présent chapitre ne comprend pas de dispositions législatives.

CHAPITRE III **LUTTE CONTRE LE TRAVAIL ILLÉGAL**

SECTION PREMIÈRE **TRAVAIL DISSIMULÉ**

Art. L. 8323-1 Un décret en Conseil d'État apporte aux dispositions du titre II du livre II, relatives au travail dissimulé, les adaptations nécessaires à leur application dans les départements d'outre-mer *(Ord. n° 2008-205 du 27 févr. 2008)* « , à Saint-Barthélemy et à Saint-Martin ». – *[Anc. art. L. 832-3.]* – *V. art. R. 8323-1.*

SECTION II **EMPLOI D'ÉTRANGERS SANS TITRE DE TRAVAIL**

SOUS-SECTION 1 **INTERDICTIONS**

Art. L. 8323-2 Nul ne peut, directement ou par personne interposée, engager, conserver à son service ou employer pour quelque durée que ce soit un étranger non muni du titre l'autorisant à exercer une activité salariée à Saint-Pierre-et-Miquelon.

Les conditions de délivrance de l'autorisation de travail sont déterminées par voie réglementaire. – *[Anc. art. L. 831-1-1.]*

SOUS-SECTION 2 **DISPOSITIONS PÉNALES**

Art. L. 8323-3 Le fait pour toute personne, directement ou par personne interposée, d'engager, de conserver à son service ou d'employer pour quelque durée que ce soit un étranger non muni du titre l'autorisant à exercer une activité salariée à Saint-Pierre-et-Miquelon, en méconnaissance des dispositions de l'article L. 8323-2, est puni des peines prévues aux articles L. 8256-2 à L. 8256-6. – *[Anc. art. L. 883-1.]*

TITRE TROISIÈME **MAYOTTE, WALLIS-ET-FUTUNA ET TERRES AUSTRALES ET ANTARCTIQUES FRANÇAISES**

CHAPITRE UNIQUE

Art. L. 8331-1 Lorsque les salariés et les entreprises interviennent dans les collectivités de la République française exclues du champ d'application géographique défini à l'article L. 1511-1, les dispositions de l'article L. 8222-4 sont applicables au cocontractant établi ou domicilié à Mayotte, à Wallis-et-Futuna ou dans les Terres australes et antarctiques françaises. – *[Anc. art. L. 800-5, al. 1 et al. 4.]*

DEUXIÈME PARTIE : RÉGLEMENTAIRE

(Décr. n° 2008-244 du 7 mars 2008)

PREMIÈRE PARTIE **LES RELATIONS INDIVIDUELLES DE TRAVAIL**

LIVRE PREMIER **DISPOSITIONS PRÉLIMINAIRES**

TITRE PREMIER **CHAMP D'APPLICATION ET CALCUL DES SEUILS D'EFFECTIFS**

CHAPITRE UNIQUE

Art. R. 1111-1 En application de l'article L. 1111-2, les salariés mis à disposition par une entreprise de travail temporaire, un groupement d'employeurs ou une association intermédiaire ne sont pas pris en compte pour le calcul des effectifs de l'entreprise utilisatrice pour l'application des dispositions légales relatives à la formation professionnelle continue et à la tarification des risques accident du travail et maladie professionnelle qui se réfèrent à une condition d'effectif. – *[Anc. art. L. 620-12.]*

TITRE DEUXIÈME **DROITS ET LIBERTÉS DANS L'ENTREPRISE**

Le présent titre ne comprend pas de dispositions réglementaires.

TITRE TROISIÈME **DISCRIMINATIONS**

Le présent titre ne comprend pas de dispositions réglementaires.

TITRE QUATRIÈME **ÉGALITÉ PROFESSIONNELLE ENTRE LES FEMMES ET LES HOMMES**

CHAPITRE PREMIER **CHAMP D'APPLICATION**

Le présent chapitre ne comprend pas de dispositions réglementaires.

CHAPITRE II **DISPOSITIONS GÉNÉRALES**

Art. R. 1142-1 Les emplois et activités professionnelles pour l'exercice desquels l'appartenance à l'un ou l'autre sexe constitue la condition déterminante sont les suivants :

1° Artistes appelés à interpréter soit un rôle féminin, soit un rôle masculin ;

2° Mannequins chargés de présenter des vêtements et accessoires ;

3° Modèles masculins et féminins. – *[Anc. art. R. 123-1.]*

CHAPITRE III **PLAN ET CONTRAT POUR L'ÉGALITÉ PROFESSIONNELLE**

SECTION PREMIÈRE **CONVENTION D'ÉTUDE**

Art. R. 1143-1 Toute entreprise de moins de trois cents salariés peut conclure avec l'État une convention lui permettant de recevoir une aide financière afin de faire procéder à une étude portant sur :

1° Sa situation en matière d'égalité professionnelle ;

2° Les mesures à prendre pour rétablir l'égalité des chances entre les femmes et les hommes. – *[Anc. art. L. 123-4-1.]*

Art. D. 1143-2 La convention d'étude est conclue après avis du comité d'entreprise ou, à défaut, des délégués du personnel s'il en existe. – *[Anc. art. D. 123-1.]*

Art. D. 1143-3 La convention d'étude fixe :

1° L'objet, le contenu, le délai de réalisation et les conditions de diffusion de l'étude ;

2° Le montant de l'aide financière de l'État. – *[Anc. art. D. 123-2.]*

Art. D. 1143-4 Pour chaque convention, l'aide financière de l'État est au plus égale à 70 % des frais d'intervention hors taxe du consultant chargé de l'étude.

Elle ne peut excéder 10 700 €. – *[Anc. art. D. 123-3.]*

Art. D. 1143-5 Le comité d'entreprise ou, à défaut, les délégués du personnel sont consultés sur l'étude réalisée dans les conditions prévues à l'article R. 1143-1 et les suites à lui donner.

L'étude est également communiquée aux délégués syndicaux.

L'étude et les avis recueillis sont communiqués au *(Décr. n° 2009-1377 du 10 nov. 2009)* « directeur régional des entreprises, de la concurrence, de la consommation, du travail et de l'emploi ». – *[Anc. art. D. 123-4.]*

Les modifications issues du Décr. n° 2009-1377 du 10 nov. 2009 prennent effet, dans chaque région, à la date de nomination du directeur régional des entreprises, de la concurrence, de la consommation, du travail et de l'emploi (Décr. préc., art. 7-I). – V. Arr. de nomination de ces directeurs des 30 déc. 2009 (JO 5 janv. 2010) et 9 févr. 2010 (JO 14 févr.).

Ces modifications s'appliquent à la région Île-de-France à compter du 1er juill. 2010 (Décr. n° 2010-687 du 24 juin 2010, art. 2).

SECTION II **PLAN POUR L'ÉGALITÉ PROFESSIONNELLE**

Art. D. 1143-6 Le *(Décr. n° 2009-1377 du 10 nov. 2009)* « directeur régional des entreprises, de la concurrence, de la consommation, du travail et de l'emploi » peut s'opposer, en application de l'article L. 1143-3, au plan pour l'égalité professionnelle. Il émet un avis écrit et motivé dans un délai de deux mois suivant la date de sa saisine. – *[Anc. art. L. 123-4, al. 3.]*

Les modifications issues du Décr. n° 2009-1377 du 10 nov. 2009 prennent effet, dans chaque région, à la date de nomination du directeur régional des entreprises, de la concurrence, de la consommation, du travail et de l'emploi (Décr. préc., art. 7-I). – V. Arr. de nomination de ces directeurs des 30 déc. 2009 (JO 5 janv. 2010) et 9 févr. 2010 (JO 14 févr.).

Ces modifications s'appliquent à la région Île-de-France à compter du 1er juill. 2010 (Décr. n° 2010-687 du 24 juin 2010, art. 2).

SECTION III **CONTRAT POUR LA MIXITÉ DES EMPLOIS ET L'ÉGALITÉ PROFESSIONNELLE ENTRE LES FEMMES ET LES HOMMES** *(Décr. n° 2011-1830 du 6 déc. 2011).*

Les contrats pour l'égalité professionnelle conclus avant le 8 déc. 2011 continuent de produire leurs effets jusqu'à leur terme (Décr. n° 2011-1830 du 6 déc. 2011, art. 15).

SOUS-SECTION 1 **CONCLUSION ET OBJET DU CONTRAT**

Art. D. 1143-7 Un *(Décr. n° 2011-1830 du 6 déc. 2011)* « contrat pour la mixité des emplois et l'égalité professionnelle entre les femmes et les hommes », ouvrant droit à l'aide financière de l'État prévue à la sous-section 2, est conclu entre l'État et l'employeur *(Abrogé par Décr. n° 2011-1830 du 6 déc. 2011) « ou une organisation professionnelle ou interprofessionnelle »*, après avis des organisations syndicales de salariés représentatives au plan national *(Décr. n° 2011-1830 du 6 déc. 2011)* « implantées dans l'entreprise si elles existent ».

Art. D. 1143-8 Le *(Décr. n° 2011-1830 du 6 déc. 2011)* « contrat pour la mixité des emplois et l'égalité professionnelle entre les femmes et les hommes » ne peut intervenir qu'après :

1° Soit la conclusion d'un accord collectif de travail comportant des actions exemplaires en faveur de l'égalité professionnelle entre les femmes et les hommes ;

2° Soit l'adoption d'un plan pour l'égalité professionnelle ;

(Décr. n° 2011-1830 du 6 déc. 2011) « 3° Soit l'adoption d'une ou plusieurs mesures en faveur de la mixité des emplois. »

Art. D. 1143-9 Le *(Décr. n° 2011-1830 du 6 déc. 2011)* « contrat pour la mixité des emplois et l'égalité professionnelle entre les femmes et les hommes » précise :

1° L'objet et la nature des engagements souscrits par l'employeur ;

2° Le montant de l'aide de l'État et ses modalités de versement ;

3° Les modalités d'évaluation et de contrôle de la réalisation des engagements souscrits. – *[Anc. art. D. 123-7, al. 1er, phrase 1, et al. 2.]*

Art. D. 1143-10 Les engagements souscrits par l'employeur dans le *(Décr. n° 2011-1830 du 6 déc. 2011)* « contrat pour la mixité des emplois et l'égalité professionnelle entre les femmes et les hommes » doivent avoir pour but de contribuer significativement à la mise en place de l'égalité professionnelle entre les femmes et les hommes dans l'entreprise *(Décr. n° 2011-1830 du 6 déc. 2011)* « ou l'établissement, ou de contribuer à développer la mixité des emplois, » par l'adoption de mesures de sensibilisation, *(Décr. n° 2011-1830 du 6 déc. 2011)* « d'embauche, » de formation, de promotion et d'amélioration des conditions de travail.

Art. D. 1143-11 Le *(Décr. n° 2011-1830 du 6 déc. 2011)* « contrat pour la mixité des emplois et l'égalité professionnelle entre les femmes et les hommes » est conclu au nom de l'État par le préfet de région.

Si son champ d'application excède le cadre régional, le contrat est conclu par le ministre chargé des droits des femmes. – *[Anc. art. D. 123-8.]*

SOUS-SECTION 2 **AIDE FINANCIÈRE DE L'ÉTAT**

Art. D. 1143-12 La participation financière de l'État aux dépenses directement imputables à la réalisation du *(Décr. n° 2011-1830 du 6 déc. 2011)* « contrat pour la mixité des emplois et l'égalité professionnelle entre les femmes et les hommes », déduction faite de la taxe sur la valeur ajoutée, est calculée dans la limite maximale d'un pourcentage variable selon la nature et le contenu des actions :

1° 50 % du coût d'investissement en matériel lié à la modification de l'organisation et des conditions de travail ;

2° 30 % des dépenses de rémunération exposées par l'employeur pour les salariés bénéficiant d'actions de formation au titre et pendant la durée de la réalisation du plan pour l'égalité professionnelle. Sont exclues de l'aide éventuelle les augmentations de rémunérations, quelles qu'en soient les modalités, acquises par les salariés du fait de la réalisation du plan ;

3° 50 % des autres coûts. – *[Anc. art. D. 123-9, al. 1er à 4.]*

L'art. D. 1143-14 a été renuméroté D. 1143-12 par le Décr. n° 2011-1830 du 6 déc. 2011, art. 7 et 8.

Art. D. 1143-13 *(Décr. n° 2011-1830 du 6 déc. 2011)* Pour le bénéfice de l'aide financière, les actions en faveur des salariés sous contrat à durée déterminée et des salariés intérimaires sont prises en compte lorsque leur contrat, ou la durée de leur mission, est d'une durée supérieure ou égale à six mois.

Art. D. 1143-14 L'aide de l'État prévue à l'article *(Décr. n° 2011-1830 du 6 déc. 2011, art. 10)* « D. 1143-12 » n'est pas cumulable avec une aide publique ayant un objet identique. – *[Anc. art. D. 123-9, al. 5.]*

L'art. D. 1143-15 a été renuméroté D. 1143-14 par le Décr. n° 2011-1830 du 6 déc. 2011, art. 10.

Art. D. 1143-15 En cas de non-respect du *(Décr. n° 2011-1830 du 6 déc. 2011)* « contrat pour la mixité des emplois et l'égalité professionnelle entre les femmes et les hommes » par l'entreprise *(Abrogé par Décr. n° 2011-1830 du 6 déc. 2011)* ***« ou l'organisation professionnelle ou interprofessionnelle »***, l'aide de l'État fait l'objet d'un ordre de reversement.

L'art. D. 1143-16 a été renuméroté D. 1143-15 par le Décr. n° 2011-1830 du 6 déc. 2011, art. 11.

SOUS-SECTION 3 **SUIVI ET ÉVALUATION**

Art. D. 1143-16 Le comité d'entreprise ou, à défaut, les délégués du personnel sont régulièrement informés de l'exécution des engagements souscrits par l'employeur dans le *(Décr. n° 2011-1830 du 6 déc. 2011)* « contrat pour la mixité des emplois et l'égalité professionnelle entre les femmes et les hommes ».

L'art. D. 1143-17 a été renuméroté D. 1143-16 par le Décr. n° 2011-1830 du 6 déc. 2011, art. 12.

Art. D. 1143-17 Le compte rendu de l'exécution des engagements souscrits par l'employeur dans le *(Décr. n° 2011-1830 du 6 déc. 2011)* « contrat pour la mixité des emplois et l'égalité professionnelle entre les femmes et les hommes » est adressé au *(Décr. n° 2009-1377 du 10 nov. 2009)* « directeur régional des entreprises, de la concurrence, de la consommation, du travail et de l'emploi » et au chargé de mission départemental aux droits des femmes et à l'égalité.

L'art. D. 1143-18 a été renuméroté D. 1143-17 par le Décr. n° 2011-1830 du 6 déc. 2011, art. 12.

Art. D. 1143-18 Au terme du *(Décr. n° 2011-1830 du 6 déc. 2011)* « contrat pour la mixité des emplois et l'égalité professionnelle entre les femmes et les hommes », une évaluation des engagements souscrits et des mesures concrètes mises en œuvre est réalisée sous la responsabilité de l'employeur *(Abrogé par Décr. n° 2011-1830 du 6 déc. 2011, art. 14)* « *ou de l'organisation professionnelle* » signataire du contrat.

Cette évaluation est transmise au *(Décr. n° 2009-1377 du 10 nov. 2009)* « directeur régional des entreprises, de la concurrence, de la consommation, du travail et de l'emploi » et au chargé de mission départemental aux droits des femmes et à l'égalité. – *[Anc. art. D. 123-11, al. 1er.]*

L'art. D. 1143-19 a été renuméroté D. 1143-18 par le Décr. n° 2011-1830 du 6 déc. 2011, art. 14.

CHAPITRE IV ACTIONS EN JUSTICE

Le présent chapitre ne comprend pas de dispositions réglementaires.

CHAPITRE V INSTANCES CONCOURANT À L'ÉGALITÉ PROFESSIONNELLE

SECTION UNIQUE CONSEIL SUPÉRIEUR DE L'ÉGALITÉ PROFESSIONNELLE ENTRE LES FEMMES ET LES HOMMES

SOUS-SECTION 1 MISSIONS

Art. D. 1145-1 Le Conseil supérieur de l'égalité professionnelle entre les femmes et les hommes participe à la définition et à la mise en œuvre de la politique menée en matière d'égalité professionnelle entre les femmes et les hommes. – *[Anc. art. L. 330-2, al. 2.]*

Le conseil supérieur du travail social est renouvelé pour une durée de 5 ans (Décr. n° 2015-626 du 5 juin 2015).

Art. D. 1145-2 Le Conseil supérieur est consulté :

1° Sur les projets de lois et de décrets ayant pour objet d'assurer l'égalité professionnelle entre les femmes et les hommes ;

2° Sur les textes relatifs à des conditions particulières de travail propres à l'un ou l'autre sexe. – *[Anc. art. R. 331-1, al. 1er.]*

Art. D. 1145-3 *(Abrogé par Décr. n° 2013-371 du 30 avr. 2013)* ***Une synthèse annuelle des évaluations des engagements souscrits et des mesures mises en œuvre dans le cadre d'un contrat pour l'égalité professionnelle, prévue à l'article D. 1143-19, est présentée par*** (Décr. n° 2010-95 du 25 janv. 2010) « ***la direction générale de la cohésion sociale*** » ***au Conseil supérieur.*** – [Anc. art. D. 123-11, al. 2.]

Art. D. 1145-4 Le Conseil supérieur peut procéder à des études et à des recherches, susciter ou favoriser des initiatives et faire des propositions tendant à améliorer l'égalité professionnelle entre les femmes et les hommes. *(Décr. n° 2013-371 du 30 avr. 2013)* « Ses travaux peuvent notamment porter sur l'articulation des temps, les modes de gardes *[garde]*, les congés familiaux, les systèmes de représentation dans l'entreprise, le harcèlement sexuel et moral, la formation initiale et continue et la diversification des choix professionnels des filles et des garçons, la création et la reprise d'entreprises par les femmes. » – *[Anc. art. R. 331-1, al. 2.]*

Art. D. 1145-4-1 *(Décr. n° 2013-371 du 30 avr. 2013)* Sauf dispositions législatives contraires, les administrations de l'État et les établissements publics de l'État sont tenus de communiquer au conseil supérieur les éléments d'information et les études dont ils disposent et qui apparaissent nécessaires au conseil pour l'exercice de ses missions. Le conseil leur fait connaître ses besoins afin qu'ils soient pris en compte dans leurs programmes de travaux statistiques et d'études.

Art. D. 1145-5 Le Conseil supérieur établit un rapport annuel d'activité qui est rendu public. – *[Anc. art. R. 331-2, al. 1er.]*

Art. D. 1145-6 Tous les deux ans, le ministre chargé des droits des femmes adresse au Conseil supérieur un rapport faisant l'état de l'égalité professionnelle entre les femmes et les hommes et mentionnant les suites données aux avis émis par le conseil.

Ce rapport comporte, en particulier :

1° Un bilan des activités menées en matière d'égalité professionnelle entre les femmes et les hommes par :

a) *(Décr. n° 2014-524 du 22 mai 2014, art. 16-V)* « Pôle emploi » ;

b) *(Décr. n° 2016-1539 du 15 nov. 2016, art. 6, en vigueur le 1er janv. 2017)* « L'établissement mentionné à l'article L. 5315-1 du code du travail » ;

c) L'Agence nationale pour l'amélioration des conditions de travail ;

d) Les services d'inspection du travail ;

2° Un compte rendu des travaux réalisés sur l'égalité professionnelle entre les femmes et les hommes par la Commission nationale de la négociation collective en application du 8° de l'article L. 2271-1 ;

(Décr. n° 2013-371 du 30 avr. 2013) « 3° Un bilan des actions réalisées en matière d'articulation des temps et de modes de garde ;

« 4° Un bilan des actions engagées en matière d'orientation et de mixité dans les filières scolaires et de l'enseignement supérieur ainsi qu'en matière de mixité dans les métiers. »

Au vu du rapport qui lui est adressé, le Conseil supérieur émet un avis rendu public. – *[Anc. art. R. 331-2, al. 2 et 3.]*

V. notes ss. art. D. 1145-1.

SOUS-SECTION 2 **COMPOSITION**

Art. D. 1145-7 Le Conseil supérieur de l'égalité professionnelle entre les femmes et les hommes comprend :

1° Sept représentants de l'État, dont :

a) Le ministre chargé des droits des femmes ou son représentant, président ;

b) Le ministre chargé du travail ou son représentant, vice-président ;

c) Le ministre chargé de l'emploi ou son représentant, vice-président ;

d) Le ministre chargé de la formation professionnelle ou son représentant, vice-président ;

e) Le *(Décr. n° 2013-371 du 30 avr. 2013)* « directeur général de la cohésion sociale » ;

f) Le directeur général de la forêt et des affaires rurales du ministère chargé de l'agriculture ;

g) Le directeur général de l'enseignement scolaire au ministère de l'éducation nationale ;

2° Trois directeurs d'établissement public :

a) Le directeur de *(Décr. n° 2014-524 du 22 mai 2014, art. 16-III)* « Pôle emploi » ;

b) Le directeur de l'Agence nationale pour l'amélioration des conditions de travail ;

c) Le directeur de *(Décr. n° 2016-1539 du 15 nov. 2016, art. 6)* « l'établissement mentionné à l'article L. 5315-1 du code du travail » ;

3° Neuf représentants des salariés désignés sur proposition des organisations syndicales représentatives au niveau national, à raison de :

a) Trois représentants sur proposition de la Confédération générale du travail (CGT) ;

b) Deux représentants sur proposition de la Confédération française démocratique du travail (CFDT) ;

c) Deux représentants sur proposition de la Confédération générale du travail – Force ouvrière (CGT-FO) ;

d) Un représentant sur proposition de la Confédération française de l'encadrement – Confédération générale des cadres (CFE-CGC) ;

e) Un représentant sur proposition de la Confédération française des travailleurs chrétiens (CFTC) ;

4° Neuf représentants des employeurs, à raison de :

a) Cinq membres désignés sur proposition du Mouvement des entreprises de France (MEDEF), parmi lesquels un représentant au titre des entreprises moyennes et petites ;

b) Un membre désigné après consultation du MEDEF représentant les entreprises publiques ;

c) Un membre désigné sur proposition de la Confédération générale des petites et moyennes entreprises (CGPME) ;

d) Un membre représentant les professions agricoles désigné sur proposition de la Fédération nationale des syndicats d'exploitants agricoles (FNSEA) et de la Confédération nationale de la mutualité, de la coopération et du crédit agricoles (CNMCCA) ;

e) Un membre représentant les employeurs artisans désigné sur proposition de l'Union professionnelle artisanale (UPA) ;

5° Neuf personnalités désignées en raison de leur compétence ou de leur expérience *(Abrogé par Décr. n° 2013-371 du 30 avr. 2013)* ***« , notamment dans la vie associative »***. – *[Anc. art. R. 331-3, al. 1er à 25.]*

Art. D. 1145-8 Les organisations d'employeurs et de salariés mentionnées aux 3° et 4° de l'article D. 1145-7 proposent, en même temps que des membres titulaires et en nombre égal, des membres suppléants. – *[Anc. art. R. 331-3, al. 26.]*

Art. D. 1145-9 Les représentants titulaires et suppléants des employeurs et des salariés ainsi que les personnes désignées en raison de leur compétence sont nommés au Conseil supérieur pour une durée de trois ans par arrêté du ministre chargé des droits des femmes. – *[Anc. art. R. 331-4, al. 1er.]*

Art. D. 1145-10 Le mandat des membres du Conseil supérieur est renouvelable.

En cas de décès, de démission ou de perte de leur mandat, les membres sont remplacés pour la période restant à courir. – *[Anc. art. R. 331-4, al. 3.]*

Art. D. 1145-11 Un membre suppléant ne peut assister aux séances du Conseil supérieur ou de ses commissions qu'en cas d'absence du membre titulaire. – *[Anc. art. R. 331-4, al. 2.]*

Art. D. 1145-12 Les fonctions de membre du Conseil supérieur ne sont pas rémunérées.

Des frais de déplacement et de séjour peuvent être alloués aux membres du Conseil ainsi qu'aux personnes mentionnées à l'article D. 1145-17, dans les conditions fixées par arrêté conjoint du ministre chargé des droits des femmes et du ministre chargé du budget. – *[Anc. art. R. 331-4, al. 4.]*

SOUS-SECTION 3 **ORGANISATION ET FONCTIONNEMENT**

Art. D. 1145-13 Le Conseil supérieur de l'égalité professionnelle entre les femmes et les hommes est placé auprès des ministres chargés des droits des femmes, du travail, de l'emploi et de la formation professionnelle. – *[Anc. art. L. 330-2, al. 1er.]*

Art. D. 1145-14 Le Conseil supérieur élabore son règlement intérieur. – *[Anc. art. R. 331-5, al. 1er.]*

Art. D. 1145-15 Le Conseil supérieur constitue en son sein une commission permanente qui prépare les travaux du conseil et qui peut être consultée, en cas d'urgence, en ses lieu et place.

La commission permanente est présidée par le président du Conseil supérieur ou son représentant et comprend :

1° Cinq membres du Conseil supérieur, choisis parmi les membres mentionnés aux 1° et 2° de l'article D. 1145-7 ;

2° Cinq membres du Conseil supérieur représentant les salariés, choisis parmi les membres mentionnés au 3° de ce même article ;

3° Cinq membres du Conseil supérieur représentant les employeurs, choisis parmi les membres mentionnés au 4° de ce même article ;

4° Cinq membres du Conseil supérieur, choisis parmi les personnalités désignées en raison de leur compétence mentionnées au 5° de ce même article ;

(Décr. n° 2013-371 du 30 avr. 2013) « 5° Le secrétaire général du conseil supérieur mentionné à l'article D. 1145-18. »

Art. D. 1145-16 Les membres de la commission permanente et leurs suppléants sont désignés pour trois ans, sur proposition du Conseil supérieur, par arrêté du ministre chargé des droits des femmes. – *[Anc. art. R. 331-5, al. 8.]*

Art. D. 1145-17 Le Conseil supérieur peut constituer des commissions spécialisées et des groupes de travail pour l'étude des questions relevant de sa compétence.

Les membres du Conseil supérieur représentant les employeurs et les salariés peuvent se faire assister d'un expert de leur choix dans ces formations.

Les commissions spécialisées et les groupes de travail peuvent s'adjoindre toute personne qualifiée dans les matières étudiées par eux. – *[Anc. art. R. 331-6, al. 1er à 3.]*

Art. D. 1145-18 *(Décr. n° 2013-371 du 30 avr. 2013)* Le conseil supérieur est assisté par un secrétaire général placé auprès du président, nommé pour trois ans par arrêté du ministre en charge des droits des femmes.

Le secrétaire général anime les travaux des groupes de travail et commissions du conseil. Il propose un programme de travail pour l'année à venir, soumis à l'approbation du conseil *[,]* et rend compte au conseil des travaux de l'année écoulée. Il prépare le rapport annuel d'activité mentionné à l'article D. 1145-5.

Pour l'exercice de ses missions, le secrétaire général est assisté par le service des droits des femmes et de l'égalité entre les femmes et les hommes de la direction générale de la cohésion sociale.

Art. D. 1145-19 Le Conseil supérieur se réunit au moins une fois par an, sur convocation de son président ou à la demande de la majorité de ses membres.

La commission permanente se réunit au moins deux fois par an dans les mêmes conditions.

L'ordre du jour du Conseil supérieur et celui de la commission permanente sont fixés par le président. Sauf cas d'urgence, l'ordre du jour est adressé aux intéressés quinze jours avant la date de la réunion. – *[Anc. art. R. 331-7.]*

CHAPITRE VI **DISPOSITIONS PÉNALES**

Le présent chapitre ne comprend pas de dispositions réglementaires.

TITRE CINQUIÈME **HARCÈLEMENTS**

Le présent titre ne comprend pas de dispositions réglementaires.

TITRE SIXIÈME **CORRUPTION**

Le présent titre ne comprend pas de dispositions réglementaires.

LIVRE DEUXIÈME **LE CONTRAT DE TRAVAIL**

TITRE PREMIER **CHAMP D'APPLICATION**

Le présent titre ne comprend pas de dispositions réglementaires.

TITRE DEUXIÈME **FORMATION ET EXÉCUTION DU CONTRAT DE TRAVAIL**

CHAPITRE PREMIER **FORMATION DU CONTRAT DE TRAVAIL**

SECTION PREMIÈRE **DÉCLARATION PRÉALABLE À L'EMBAUCHE**

SOUS-SECTION 1 **MENTIONS OBLIGATOIRES ET PORTÉE DE LA DÉCLARATION** *(Décr. n° 2011-681 du 16 juin 2011).*

Art. R. 1221-1 La déclaration préalable à l'embauche comporte les mentions suivantes :

1° Dénomination sociale ou nom et prénoms de l'employeur, code APE, adresse de l'employeur, numéro du système d'identification du répertoire des entreprises et de leurs établissements *(Décr. n° 2011-681 du 16 juin 2011)* « ainsi que le service de santé au travail dont l'employeur dépend s'il relève du régime général de sécurité sociale » ;

2° Nom, prénoms, *(Décr. n° 2011-681 du 16 juin 2011)* « sexe », date et lieu de naissance du salarié ainsi que son numéro national d'identification s'il est déjà immatriculé à la sécurité sociale ;

3° Date et heure d'embauche ;

4° *(Décr. n° 2011-681 du 16 juin 2011)* « Nature, durée du contrat ainsi que durée de la période d'essai éventuelle pour les contrats à durée indéterminée et les contrats à durée déterminée dont le terme ou la durée minimale excède six mois ;

« 5° Lorsqu'il s'agit de l'embauche d'un salarié agricole, les données nécessaires au calcul par les caisses de mutualité sociale agricole des cotisations dues pour l'emploi de salariés agricoles, à l'affiliation de ces mêmes salariés aux institutions mentionnées à l'article L. 727-2 du code rural et de la pêche maritime et à l'organisation de *(Décr. n° 2016-1908 du 27 déc. 2016, art. 3, en vigueur le 1er janv. 2017)* « la visite d'information et de prévention ou de l'examen médical d'aptitude à l'embauche prévus » à l'article R. 717-14 du même code. »

Art. R. 1221-2 *(Décr. n° 2011-681 du 16 juin 2011)* Au moyen de la déclaration préalable à l'embauche, l'employeur accomplit les déclarations et demandes suivantes :

1° L'immatriculation de l'employeur au régime général de la sécurité sociale, s'il s'agit d'un salarié non agricole, prévue à l'article R. 243-2 du code de la sécurité sociale ;

2° L'immatriculation du salarié à la caisse primaire d'assurance maladie prévue à l'article R. 312-4 du code de la sécurité sociale ou, s'il s'agit d'un salarié agricole, à la caisse de mutualité sociale agricole prévue à l'article R. 722-34 du code rural et de la pêche maritime ;

3° L'affiliation de l'employeur au régime d'assurance chômage prévue à l'article R. 5422-5 du présent code ;

4° La demande d'adhésion à un service de santé au travail, s'il s'agit d'un salarié non agricole, prévu à l'article L. 4622-7 du présent code ;

5° *(Décr. n° 2016-1908 du 27 déc. 2016, art. 3, en vigueur le 1er janv. 2017)* « La demande de visite d'information et de prévention prévue au deuxième alinéa de l'article L. 4624-1 du présent code ou la demande d'examen médical d'aptitude à l'embauche prévu à l'article L. 4624-2 du présent code », ou, s'il s'agit d'un salarié agricole, à l'article R. 717-14 du code rural et de la pêche maritime ;

6° La déclaration destinée à l'affiliation des salariés agricoles aux institutions prévues à l'article L. 727-2 du code rural et de la pêche maritime.

SOUS-SECTION 2 **ORGANISME DESTINATAIRE**

Art. R. 1221-3 *(Décr. n° 2011-681 du 16 juin 2011)* La déclaration préalable à l'embauche est adressée par l'employeur :

1° Soit à l'organisme de recouvrement des cotisations du régime général de sécurité sociale dans le ressort territorial duquel est situé l'établissement devant employer le salarié *(Décr. n° 2016-1908 du 27 déc. 2016, art. 3, en vigueur le 1er janv. 2017)* « et au service de santé au travail mentionné au 1° de l'article R. 1221-1 » ;

2° Soit, s'il s'agit d'un salarié relevant du régime de la protection sociale agricole, à la caisse de mutualité sociale agricole du lieu de travail de ce salarié.

Art. R. 1221-4 *(Décr. n° 2011-681 du 16 juin 2011)* La déclaration préalable à l'embauche est adressée au plus tôt dans les huit jours précédant la date prévisible de l'embauche.

SOUS-SECTION 3 **TRANSMISSION**

Art. R. 1221-5 *(Décr. n° 2011-681 du 16 juin 2011)* La déclaration préalable à l'embauche est effectuée par voie électronique.

A défaut d'utiliser la voie électronique, la déclaration est effectuée au moyen d'un formulaire fixé par arrêté des ministres chargés du travail et de la sécurité sociale, ainsi que, lorsque la déclaration concerne un salarié relevant du régime de protection sociale agricole, du ministre chargé de l'agriculture.

L'employeur adresse ce formulaire, signé par lui, à l'organisme mentionné à l'article R. 1221-3 par télécopie ou par lettre recommandée avec demande d'avis de réception.

Lorsqu'il est transmis par télécopie, l'employeur conserve l'avis de réception émis par l'appareil et le document qu'il a transmis jusqu'à réception du document prévu à l'article R. 1221-7.

Lorsqu'il est transmis par lettre recommandée avec avis de réception, celle-ci est envoyée au plus tard le dernier jour ouvrable précédant l'embauche, le cachet de la poste faisant foi. L'employeur conserve un double de la lettre et le récépissé postal jusqu'à réception du document prévu à l'article R. 1221-7.

L'indisponibilité de l'un des moyens de transmission mentionnés ci-dessus n'exonère pas l'employeur de son obligation de déclaration par l'un des autres moyens.

Art. R. 1221-6 *(Décr. n° 2011-681 du 16 juin 2011)* Lorsque la déclaration est effectuée par voie électronique par un employeur relevant du régime général de sécurité sociale préalablement inscrit à un service d'authentification, la formalité est réputée accomplie au moyen de la fourniture du numéro d'identification de l'établissement employeur, du numéro national d'identification du salarié s'il est déjà immatriculé à la sécurité sociale et s'il a déjà fait l'objet d'une déclaration préalable à l'embauche dans un délai fixé par arrêté ainsi que des mentions prévues aux 3° et 4° de l'article R. 1221-1.

Le délai est fixé à 14 mois (Arr. du 19 juill. 2011, art. 1er, JO 27 juill.).

SOUS-SECTION 4 **PREUVE DE LA DÉCLARATION PRÉALABLE À L'EMBAUCHE**

Art. R. 1221-7 *(Décr. n° 2011-681 du 16 juin 2011)* « L'organisme destinataire adresse à l'employeur un document accusant réception de la déclaration et mentionnant les informations enregistrées, dans les cinq jours ouvrables suivant celui de la réception du formulaire de déclaration. »

A défaut de contestation par l'employeur des informations figurant sur ce document, dans le délai de deux jours ouvrables suivant la réception de celui-ci, le document *(Décr. n° 2011-681 du 16 juin 2011)* « constitue une preuve » de la déclaration. — *[Anc. art. R. 320-4, al. 1er et 2.]*

Art. R. 1221-8 *(Abrogé par Décr. n° 2011-681 du 16 juin 2011)* « ***L'avis de réception comporte un volet détachable, mentionnant les informations contenues dans la déclaration préalable à l'embauche, que l'employeur remet sans délai au salarié.***

« ***Cette obligation de remise est considérée comme satisfaite dès lors que le salarié dispose d'un contrat de travail écrit, accompagné de la mention de l'organisme destinataire de la déclaration.*** »

L'employeur conserve l'avis de réception jusqu'à *(Décr. n° 2011-681 du 16 juin 2011)* « l'accomplissement de la déclaration prévue par l'article R. 243-14 du code de la sécurité sociale pour les salariés non agricoles et par l'article R. 741-2 du code rural et de la pêche maritime pour les salariés agricoles. » — *[Anc. art. R. 320-4, al. 3, et R. 320-5, al. 1er fin.]*

SOUS-SECTION 5 DOCUMENTS À REMETTRE AU SALARIÉ

Art. R. 1221-9 Lors de l'embauche du salarié, l'employeur lui fournit *(Décr. n° 2011-681 du 16 juin 2011)* « une copie de la déclaration préalable à l'embauche ou de l'accusé de réception.

« Cette obligation de remise est considérée comme satisfaite dès lors que le salarié dispose d'un contrat de travail écrit, accompagné de la mention de l'organisme destinataire de la déclaration. »

Art. R. 1221-10 *Abrogé par Décr. n° 2011-681 du 16 juin 2011.*

SOUS-SECTION 6 CONTRÔLE ET SANCTIONS ADMINISTRATIVES

Art. R. 1221-12 Sur toute demande des agents de contrôle mentionnés à l'article L. 8271-7, l'employeur :

1° Présente l'avis de réception de la déclaration préalable à l'embauche *(Décr. n° 2011-681 du 16 juin 2011)* « s'il est encore tenu de le conserver en application de l'article R. 1221-8 » ;

2° Communique, tant qu'il n'a pas reçu l'avis de réception, les éléments leur permettant de vérifier qu'il a bien procédé à la déclaration préalable à l'embauche du salarié. – *[Anc. art. R. 320-5, al. 1er et al. 5.]*

Art. R. 1221-13 La pénalité prévue à l'article L. 1221-11 en cas de non-respect de l'obligation de déclaration préalable à l'embauche est recouvrée selon les modalités et dans les conditions fixées :

1° Dans les secteurs autres que le secteur agricole, à l'article *(Décr. n° 2011-681 du 16 juin 2011)* « R. 243-19 » du code de la sécurité sociale ;

2° Dans le secteur agricole, à l'article L. 725-3 du code rural et de la pêche maritime. – *[Anc. art. L. 320, al. 4, phrase 2.]*

SOUS-SECTION 7 OBLIGATIONS DE L'ORGANISME DESTINATAIRE

(Décr. n° 2011-681 du 16 juin 2011)

Art. R. 1221-14 L'organisme mentionné à l'article R. 1221-3 communique les renseignements portés sur la déclaration préalable à l'embauche à chaque administration, service, organisme ou institution concerné par l'une ou l'autre des déclarations ou demandes prévues à l'article R. 1221-2, selon leurs compétences respectives.

Ces destinataires finaux sont seuls compétents pour apprécier la validité des déclarations et informations transmises les concernant.

Art. R. 1221-15 Les modalités de la transmission mentionnée à l'article R. 1221-14 sont fixées par voie de conventions passées :

1° Soit par l'Agence centrale des organismes de sécurité sociale avec :

a) Le ministre chargé du travail ;

b) *(Décr. n° 2014-524 du 22 mai 2014, art. 16-IV)* « Pôle emploi » ;

c) La Caisse nationale de l'assurance maladie des travailleurs salariés ;

d) La Caisse nationale d'assurance vieillesse des travailleurs salariés ;

2° Soit par la caisse centrale de la Mutualité sociale agricole avec :

a) Le ministre chargé du travail ;

b) *(Décr. n° 2014-524 du 22 mai 2014, art. 16-IV)* « Pôle emploi » ;

c) Les institutions de retraite complémentaire et de prévoyance mentionnées à l'article L. 727-2 du code rural et de la pêche maritime.

Ces conventions prévoient les modalités de rémunération du service rendu par l'organisme ou la caisse mentionné à l'article R. 1221-3.

Art. R. 1221-16 L'organisme mentionné à l'article R. 1221-3 conserve les données qui y sont portées pendant un délai de six mois suivant la date de leur réception pour les besoins des administrations, services, organismes ou institutions concernés.

Art. R. 1221-17 L'organisme mentionné à l'article R. 1221-3 transmet à *(Décr. n° 2014-524 du 22 mai 2014, art. 16-III)* « Pôle emploi » les informations suivantes portées sur la déclaration préalable à l'embauche :

1° Les éléments d'identification de l'employeur ;

(Décr. n° 2012-927 du 30 juill. 2012) « 2° Le numéro national d'identification du salarié ; »

3° La date d'embauche du salarié, son sexe et sa date de naissance ;

4° La nature et la durée du contrat de travail ;

5° La durée de la période d'essai.

Art. R. 1221-18 *(Décr. n° 2014-1371 du 17 nov. 2014, art. 4)* A partir des données de la déclaration préalable à l'embauche que lui transmet l'organisme mentionné à l'article R. 1221-3, la Caisse nationale d'assurance vieillesse des travailleurs salariés vérifie que le numéro d'inscription au répertoire national d'identification des personnes physiques (NIR) ou le numéro identifiant d'attente (NIA) du salarié porté sur ladite déclaration correspond aux données d'état civil qui figurent sur cette même déclaration.

En cas d'absence de numéro d'inscription au répertoire national d'identification des personnes physiques et de numéro identifiant d'attente ou en cas de numéro d'inscription au répertoire national d'identification des personnes physiques ou de numéro identifiant d'attente erroné dans la déclaration préalable à l'embauche, la Caisse nationale d'assurance vieillesse des travailleurs salariés renvoie à l'organisme mentionné à l'article R. 1221-3 un bilan d'identification comprenant, lorsqu'elle a pu retrouver celui-ci, le numéro d'inscription au répertoire national d'identification des personnes physique *[physiques]* ou *[le]* numéro identifiant d'attente à utiliser. L'organisme mentionné à l'article précité avise l'employeur de la disponibilité de ce bilan d'identification afin que, notamment, il rectifie ou complète les données transmises dans la déclaration sociale nominative.

SOUS-SECTION 8 **OBLIGATION DE DÉMATÉRIALISATION**

(Décr. n° 2014-628 du 17 juin 2014, art. 4)

Art. D. 1221-18 I. — Les employeurs dont le personnel relève du régime général de sécurité sociale, autres que les particuliers employant un salarié à leur service, qui ont accompli plus de 50 déclarations préalables à l'embauche au cours de l'année civile précédente sont tenus d'adresser ces déclarations par voie électronique.

II. — Les employeurs dont le personnel relève du régime de protection sociale agricole qui ont accompli plus de 50 déclarations préalables à l'embauche au cours de l'année civile précédente sont tenus d'adresser les déclarations préalables à l'embauche par voie électronique.

Art. D. 1221-19 La méconnaissance de l'obligation de déclaration préalable à l'embauche dématérialisée entraîne l'application d'une pénalité égale, par salarié, à 0,5 % du plafond mensuel de la sécurité sociale.

SECTION II **REGISTRE UNIQUE DU PERSONNEL** *(Décr. n° 2011-681 du 16 juin 2011).*

Art. D. 1221-23 Les indications complémentaires portées sur le registre unique du personnel pour chaque salarié, mentionnées au troisième alinéa de l'article L. 1221-13, sont les suivantes :

1° La nationalité ;

2° La date de naissance ;

3° Le sexe ;

4° L'emploi ;

5° La qualification ;

6° Les dates d'entrée et de sortie de l'établissement ;

7° Lorsqu'une autorisation d'embauche ou de licenciement est requise, la date de cette autorisation ou, à défaut, la date de la demande d'autorisation ;

8° Pour les travailleurs étrangers assujettis à la possession d'un titre autorisant l'exercice d'une activité salariée, le type et le numéro d'ordre du titre valant autorisation de travail ;

9° Pour les travailleurs titulaires d'un contrat de travail à durée déterminée, la mention "contrat à durée déterminée" ;

10° Pour les salariés temporaires, la mention "salarié temporaire" ainsi que le nom et l'adresse de l'entreprise de travail temporaire ;

11° Pour les travailleurs mis à disposition par un groupement d'employeurs, la mention "mis à disposition par un groupement d'employeurs" ainsi que la dénomination et l'adresse de ce dernier ;

12° Pour les salariés à temps partiel, la mention "salarié à temps partiel" ;

13° Pour les jeunes travailleurs titulaires d'un contrat d'apprentissage ou de professionnalisation, la mention "apprenti" ou "contrat de professionnalisation". – *[Anc. art. R. 620-3, al. 1er à 10 et 12 à 16.]*

Art. D. 1221-23-1 *(Décr. no 2014-1420 du 27 nov. 2014, art. 1er-III)* Pour chaque stagiaire mentionné au troisième alinéa de l'article L. **1221-13**, les indications complémentaires, portées sur le registre unique du personnel ou pour les organismes ne disposant pas d'un registre unique du personnel dans tout autre document permettant de suivre les conventions de stage, sont les suivantes :

1° Les nom et prénoms du stagiaire ;

2° Les dates de début et de fin de la période de formation en milieu professionnel ou du stage ;

3° Les nom et prénoms du tuteur ainsi que le lieu de présence du stagiaire.

Art. D. 1221-24 *(Décr. no 2015-364 du 30 mars 2015, art. 9)* Une copie des titres autorisant l'exercice d'une activité salariée des travailleurs étrangers est annexée au registre unique du personnel et rendue accessible aux délégués du personnel et aux fonctionnaires et agents chargés de veiller à l'application du présent code et du code de la sécurité sociale. Elle est tenue à leur disposition soit dans l'établissement, soit sur chaque chantier ou lieu de travail distinct de l'établissement pour ceux des travailleurs étrangers qui y sont employés.

Art. D. 1221-24-1 *(Décr. no 2015-364 du 30 mars 2015, art. 9)* Une copie des déclarations de détachement mentionnées aux articles R. **1263-3**, R. **1263-4** et R. **1263-6** est annexée au registre unique du personnel et rendue accessible aux délégués du personnel et aux fonctionnaires et agents chargés de veiller à l'application du présent code et du code de la sécurité sociale. Elle est tenue à leur disposition soit dans l'établissement, soit sur chaque chantier ou lieu de travail distinct de l'établissement pour ceux des travailleurs détachés qui y sont employés.

Art. D. 1221-25 Les mentions relatives à des événements postérieurs à l'embauche *(Décr. no 2014-1420 du 27 nov. 2014, art. 1er-III)* « du salarié, ou à l'arrivée du stagiaire » sont portées sur le registre unique du personnel au moment où ceux-ci surviennent. – *[Anc. art. R. 620-3, al. 17.]*

Art. R. 1221-26 Les mentions portées sur le registre unique du personnel sont conservées pendant cinq ans à compter de la date à laquelle le salarié *(Décr. no 2015-1359 du 26 oct. 2015, art. 2)* « ou le stagiaire » a quitté l'établissement. – *[Anc. art. R. 620-3, al. 18.]*

Art. D. 1221-27 Lorsque l'employeur recourt à un support de substitution pour la tenue du registre unique du personnel, les exigences des articles D. **8113-2** et D. **8113-3** sont applicables.

Dans ce cas, l'employeur adresse à l'inspection du travail l'avis des délégués du personnel prévu à l'article L. 2313-6. – *[Anc. art. D. 620-3, al. 1er et 2.]*

SECTION III **AUTRES FORMALITÉS** *(Décr. no 2011-681 du 16 juin 2011)*.

SOUS-SECTION 1 **RELEVÉ MENSUEL DES CONTRATS DE TRAVAIL**

Art. D. 1221-28 Les dispositions de la présente sous-section sont applicables aux entreprises et établissements de cinquante salariés et plus. – *[Arr. du 27 févr. 1987, art. 1er.]*

Art. D. 1221-29 Dans les huit premiers jours de chaque mois, l'employeur adresse *(Décr. n° 2010-1334 du 8 nov. 2010)* « à la direction de l'animation de la recherche, des études et des statistiques (DARES) » le relevé des contrats de travail conclus ou rompus au cours du mois précédent.

Cette disposition ne s'applique pas au contrat de travail à durée déterminée conclu pour une durée maximum d'un mois non renouvelable. – *[Anc. art. R. 320-1-1, al. 1er, et Arr. du 27 févr. 1987, art. 2.]*

Art. D. 1221-30 Le relevé mensuel des contrats de travail contient les mentions suivantes :

1° Le nom et l'adresse de l'employeur ;

2° La nature de l'activité de l'entreprise ;

3° Les nom, prénoms, nationalité, date de naissance, sexe, emploi et qualification des salariés dont le contrat de travail a été conclu ou rompu ;

4° La date d'effet des contrats de travail ou de leur rupture avec, en cas de licenciement pour motif économique, l'indication de la nature de ce motif. – *[Anc. art. R. 320-1-1, al. 2 à 6.]*

Art. D. 1221-31 Sur demande expresse des services chargés du contrôle de l'emploi, l'employeur communique l'adresse des salariés dont le contrat de travail a été conclu ou rompu, mentionnés au 3° de l'article D. 1221-30. – *[Anc. art. R. 320-1-1, al. 7.]*

SOUS-SECTION 2 **AUTRES DÉCLARATIONS PRÉALABLES**

Art. R. 1221-32 La déclaration préalable prévue à l'article L. 1221-17 est accomplie par l'employeur.

Dans le cas prévu au 2° de ce même article, la déclaration est accomplie par le nouvel employeur, par lettre recommandée adressée à l'inspection du travail.

Le récépissé de la lettre est présenté par l'employeur sur demande de l'inspection du travail à la première visite de celle-ci. – *[Anc. art. R. 620-1, al. 1er et 2.]*

Art. R. 1221-33 La déclaration préalable précise :

1° Celui des cas prévus à l'article L. 1221-17 auquel elle répond ;

2° Le nom et l'adresse du déclarant ;

3° L'emplacement de l'établissement ;

4° La nature exacte des industries ou des commerces exercés. – *[Anc. art. R. 620-1, al. 3.]*

SOUS-SECTION 3 **INFORMATIONS EN CAS D'EXPATRIATION**

(Décr. n° 2011-681 du 16 juin 2011)

Art. R. 1221-34 En cas d'expatriation du salarié d'une durée supérieure à un mois, le document remis par l'employeur au salarié mentionne également :

1° La durée de l'expatriation ;

2° La devise servant au paiement de la rémunération ;

3° Les avantages en espèces et en nature liés à l'expatriation ;

4° Les conditions de rapatriement du salarié.

Est considéré comme expatrié, au sens du présent article, le salarié exerçant son activité professionnelle dans un ou plusieurs États autres que la France et dont le contrat de travail est soumis à la législation française. – *[Anc. art. R. 320-5, al. 3, phrase 1 et al. 4 puis R. 1231-10.]*

L'employeur, tenu d'une obligation de bonne foi dans l'exécution du contrat de travail, doit informer le salarié expatrié de sa situation au regard de la protection sociale pendant la durée de son expatriation. • Soc. 25 janv. 2012 : *Dalloz actualité, 17 févr. 2012, obs. Siro ; D. 2012. Actu. 444 ; Dr. soc. 2012. 412, obs. Laborde ; RJS 2012. 331, n° 393.*

Art. R. 1221-35 La modification d'une ou plusieurs des informations mentionnées à l'article *(Décr. n° 2011-681 du 16 juin 2011)* « R. 1221-34 » fait l'objet d'un document remis par l'employeur au salarié au plus tard un mois après la date de la prise d'effet de cette modification. – *[Anc. art. R. 320-5, al. 3, phrase 2 puis R. 1231-11.]*

CHAPITRE II EXÉCUTION ET MODIFICATION DU CONTRAT DE TRAVAIL

Art. D. 1222-1 Le délai d'un an pendant lequel l'employeur ne peut opposer la clause d'exclusivité prévue à l'article L. 1222-5 court à compter :

1° Soit de l'inscription du salarié au registre du commerce et des sociétés ou au répertoire des métiers ;

2° Soit de sa déclaration de début d'activité professionnelle agricole ou indépendante. – *[Anc. art. L. 121-9, al. 1er fin.]*

CHAPITRE III FORMATION ET EXÉCUTION DE CERTAINS TYPES DE CONTRATS

Le présent chapitre ne comprend pas de dispositions réglementaires.

CHAPITRE IV TRANSFERT DU CONTRAT DE TRAVAIL

Le présent chapitre ne comprend pas de dispositions réglementaires.

CHAPITRE V MATERNITÉ, PATERNITÉ, ADOPTION ET ÉDUCATION DES ENFANTS

SECTION PREMIÈRE PROTECTION DE LA GROSSESSE ET DE LA MATERNITÉ

SOUS-SECTION 1 EMBAUCHE, MUTATION ET LICENCIEMENT

Art. R. 1225-1 Pour bénéficier de la protection de la grossesse et de la maternité, prévue aux articles L. 1225-1 et suivants, la salariée remet contre récépissé ou envoie par lettre recommandée avec avis de réception à son employeur un certificat médical attestant son état de grossesse et la date présumée de son accouchement ou la date effective de celui-ci, ainsi que, s'il y a lieu, l'existence et la durée prévisible de son état pathologique nécessitant un allongement de la période de suspension de son contrat de travail. – *[Anc. art. R. 122-9, al. 1er.]*

Caractère non substantiel de la formalité. L'envoi d'un certificat de grossesse dans les formes de l'art. R. 122-9 [art. R. 1225-1 nouv.] n'est pas une formalité substantielle ; le délai de quinze jours prévu par l'art. L. 122-25-2 [art. R. 1225-5 nouv.] ne s'applique qu'en cas de licenciement par l'employeur ignorant la grossesse. • Soc. 20 juin 1995 : *CSB 1995. 261, A. 49 ; RJS 1995. 582, n° 880.*

Art. R. 1225-2 En cas de licenciement, le certificat médical justifiant que la salariée est enceinte, prévu à l'article L. 1225-5, est adressé par lettre recommandée avec avis de réception. – *[Anc. art. L. 122-25-2, al. 2, phrase 1.]*

Art. R. 1225-3 Pour l'application des dispositions du présent chapitre, les formalités sont réputées accomplies au jour de l'expédition de la lettre recommandée avec avis de réception. – *[Anc. art. R. 122-11.]*

SOUS-SECTION 2 CHANGEMENTS TEMPORAIRES D'AFFECTATION

Art. R. 1225-4 Pour bénéficier de la garantie de rémunération prévue au troisième alinéa de l'article L. 1225-14 et lorsque les conditions de ce même article sont remplies, la salariée doit avoir occupé un poste de travail l'ayant exposée à l'un des risques suivants :

1° Agents toxiques pour la reproduction de catégorie 1 ou 2 ;

2° Produits antiparasitaires dont l'étiquetage indique qu'ils peuvent provoquer des altérations génétiques héréditaires ou des malformations congénitales et produits antiparasitaires classés cancérogènes et mutagènes ;

3° Benzène ;

4° Plomb métallique et ses composés ;

5° Virus de la rubéole ou toxoplasme ;

6° Travaux en milieu hyperbare dès lors que la pression relative maximale *(Décr. n° 2011-45 du 11 janv. 2011)* « est supérieure à 100 hectopascals ». – *[Anc. art. R. 122-9-1.]*

SOUS-SECTION 3 AUTORISATIONS D'ABSENCE ET CONGÉ DE MATERNITÉ *(Décr. n° 2009-289 du 13 mars 2009).*

Art. D. 1225-4-1 La salariée avertit son employeur, en application du premier alinéa de l'article L. 1225-24, par lettre recommandée avec avis de réception ou remise contre récépissé. – *[Anc. art. R. 122-9.]*

SOUS-SECTION 4 DISPOSITIONS PARTICULIÈRES À L'ALLAITEMENT

Art. R. 1225-5 L'heure prévue à l'article L. 1225-30 dont dispose la salariée pour allaiter son enfant est répartie en deux périodes de trente minutes, l'une pendant le travail du matin, l'autre pendant l'après-midi.

La période où le travail est arrêté pour l'allaitement est déterminée par accord entre la salariée et l'employeur.

A défaut d'accord, cette période est placée au milieu de chaque demi-journée de travail. – *[Anc. art. R. 224-1.]*

Art. R. 1225-6 La période de trente minutes est réduite à vingt minutes lorsque l'employeur met à la disposition des salariées, à l'intérieur ou à proximité des locaux affectés au travail, un local dédié à l'allaitement. – *[Anc. art. R. 224-5.]*

Art. R. 1225-7 Les caractéristiques du local dédié à l'allaitement, prévu à l'article L. 1225-32, figurent aux articles R. 4152-13 et suivants.

SECTION II CONGÉ DE PATERNITÉ

Art. D. 1225-8 Le congé de paternité est pris dans les quatre mois suivant la naissance de l'enfant.

Le congé peut être reporté au-delà des quatre mois dans l'un des cas suivants :

1° L'hospitalisation de l'enfant. Le congé est pris dans les quatre mois qui suivent la fin de l'hospitalisation ;

2° Le décès de la mère. Le congé est pris dans les quatre mois qui suivent la fin du congé dont bénéficie le père en application de l'article L. 1225-28. – *[Anc. art. D. 122-25.]*

SECTION III CONGÉS D'ADOPTION

Art. R. 1225-9 Le congé d'adoption bénéficie au salarié qui s'est vu confier un enfant par le service départemental d'aide sociale à l'enfance, l'Agence française de l'adoption ou tout autre organisme français autorisé pour l'adoption. – *[Anc. art. L. 122-26, al. 5, phrase 1.]*

Art. R. 1225-10 L'attestation justifiant l'arrivée d'un enfant, mentionnée à l'article L. 1225-39, est délivrée par le président du Conseil départemental. – *[Anc. art. L. 122-25-2, al. 2, phrase 2.]*

Art. R. 1225-11 Le salarié avertit son employeur, en application de l'article L. 1225-39, du premier alinéa de l'article L. 1225-42 et de l'article L. 1225-46, par lettre recommandée avec avis de réception ou remise contre récépissé. – *[Anc. art. L. 122-28-10, al. 3, et R. 122-9, al. 2.]*

SECTION IV CONGÉS D'ÉDUCATION DES ENFANTS

SOUS-SECTION 1 CONGÉ PARENTAL D'ÉDUCATION ET PASSAGE À TEMPS PARTIEL

Art. R. 1225-12 Pour l'application de l'article L. 1225-49 :

1° La gravité de la maladie ou de l'accident est constatée par un certificat médical qui atteste également que l'état de l'enfant rend nécessaire la présence d'une personne auprès de lui pendant une période déterminée ;

2° Le handicap grave de l'enfant est établi dès lors que ce handicap ouvre droit à l'allocation d'éducation spéciale prévue à l'article L. 541-1 du code de la sécurité sociale. – *[Anc. art. R. 122-11-1.]*

Art. R. 1225-13 Les informations et demandes motivées prévues aux articles L. 1225-50 à L. 1225-52 sont adressées à l'employeur par lettre recommandée avec avis de réception ou remise contre récépissé. – *[Anc. art. L. 122-28-1, al. 5 à 7, et L. 122-28-2, al. 4.]*

SOUS-SECTION 2 CONGÉ DE PRÉSENCE PARENTALE

Art. R. 1225-14 Au moins quinze jours avant le début du congé de présence parentale, le salarié informe son employeur par lettre recommandée avec avis de réception ou remise contre récépissé de sa volonté de bénéficier de ce congé. Il joint un certificat médical. – *[Anc. art. L. 122-28-9, al. 4.]*

Art. R. 1225-15 Pour l'application de l'article L. 1225-62, la particulière gravité de la maladie, de l'accident ou du handicap ainsi que la nécessité d'une présence soutenue et de soins contraignants sont attestées par un certificat médical.

Ce certificat précise la durée prévisible de traitement de l'enfant. – *[Anc. art. R. 122-11-2.]*

Art. D. 1225-16 La période maximale pendant laquelle un salarié peut pour un même enfant et par maladie, accident ou handicap bénéficier des jours de congé de présence parentale est fixée à trois ans. – *[Anc. art. D. 122-26, al. 1er.]*

Art. D. 1225-17 Tous les six mois, la durée initiale de la période au cours de laquelle le salarié bénéficie du droit à congé de présence parentale fait l'objet d'un nouvel examen qui donne lieu à un certificat médical, tel que prévu à l'article R. 1225-15 et qui est adressé à l'employeur.

En cas de prolongation au-delà de la durée du congé de présence parentale prévu antérieurement, les conditions de prévenance de l'employeur prévues à l'article L. 1225-63 s'appliquent. – *[Anc. art. D. 122-26, al. 2.]*

SOUS-SECTION 3 DÉMISSION POUR ÉLEVER UN ENFANT

Art. R. 1225-18 Le salarié informe son employeur de sa démission, en application de l'article L. 1225-66, par lettre recommandée avec avis de réception ou remise contre récépissé.

Il adresse à l'employeur sa demande de réembauche, en application de l'article L. 1225-67, par lettre recommandée avec avis de réception ou remise contre récépissé. – *[Anc. art. L. 122-28.]*

Art. R. 1225-19 Les propositions d'embauche par priorité faites par l'employeur conformément à l'article L. 1225-67 sont adressées au salarié par lettre recommandée avec avis de réception.

Le refus par le salarié de ces propositions est adressé à l'employeur dans la même forme. – *[Anc. art. R. 122-10.]*

CHAPITRE VI MALADIE, ACCIDENT ET INAPTITUDE MÉDICALE

SECTION PREMIÈRE ABSENCES POUR MALADIE OU ACCIDENT

Art. D. 1226-1 L'indemnité complémentaire prévue à l'article L. 1226-1 est calculée selon les modalités suivantes :

1° Pendant les trente premiers jours, 90 % de la rémunération brute que le salarié aurait perçue s'il avait continué à travailler ;

2° Pendant les trente jours suivants, deux tiers de cette même rémunération. – *[L. no 78-49 du 19 janv. 1978, anc. art. 1er, al. 5 et 6.]*

Art. D. 1226-2 Les durées d'indemnisation sont augmentées de dix jours par période entière de cinq ans d'ancienneté en plus de la durée *(Décr. no 2008-716 du 18 juill. 2008)* « d'une année » requise à l'article L. 1226-1, sans que chacune d'elle puisse dépasser quatre-vingt-dix jours. – *[L. no 78-49 du 19 janv. 1978, art. 1er, al. 7.]*

Art. D. 1226-3 Lors de chaque arrêt de travail, les durées d'indemnisation courent à compter du premier jour d'absence si celle-ci est consécutive à un accident du travail ou à une maladie professionnelle, à l'exclusion des accidents de trajet *(Abrogé par Décr. n° 2008-716 du 18 juill. 2008)* ***« , et à compter du onzième jour d'absence dans tous les autres cas ».*** – *[L. n° 78-49 du 19 janv. 1978, art. 1er, al. 8.]*

(Décr. n° 2008-716 du 18 juill. 2008) « Toutefois, dans tous les autres cas, le délai d'indemnisation court au-delà de sept jours d'absence. »

Art. D. 1226-4 Pour le calcul des indemnités dues au titre d'une période de paie, il est tenu compte des indemnités déjà perçues par l'intéressé durant les douze mois antérieurs, de telle sorte que si plusieurs absences pour maladie ou accident ont été indemnisées au cours de ces douze mois, la durée totale d'indemnisation ne dépasse pas celle applicable en application des articles D. 1226-1 et D. 1226-2. – *[L. n° 78-49 du 19 janv. 1978, art. 1er, al. 9.]*

Art. D. 1226-5 Sont déduites de l'indemnité complémentaire les allocations que le salarié perçoit de la sécurité sociale et des régimes complémentaires de prévoyance, mais en ne retenant dans ce dernier cas que la part des prestations résultant des versements de l'employeur. – *[L. n° 78-49 du 19 janv. 1978, art. 1er, al. 10, phrase 1.]*

Art. D. 1226-6 Lorsque les indemnités de la sécurité sociale sont réduites du fait, notamment, de l'hospitalisation ou d'une sanction par la caisse du non-respect de son règlement intérieur, elles sont réputées servies intégralement pour le calcul de l'indemnité complémentaire. – *[L. n° 78-49 du 19 janv. 1978, art. 1er, al. 10, phrase 2.]*

Art. D. 1226-7 La rémunération à prendre en considération pour le calcul de l'indemnité complémentaire est celle correspondant à l'horaire pratiqué pendant l'absence du salarié dans l'établissement ou partie d'établissement.

Toutefois, si l'horaire des salariés a été augmenté par suite de l'absence du salarié, cette augmentation n'est pas prise en considération pour la fixation de la rémunération. – *[L. n° 78-49 du 19 janv. 1978, art. 1er, al. 11.]*

Art. D. 1226-8 L'ancienneté prise en compte pour la détermination du droit à l'indemnité complémentaire s'apprécie au premier jour de l'absence. – *[L. n° 78-49 du 19 janv. 1978, art. 1er, al. 12.]*

SECTION II **ACCIDENT DU TRAVAIL OU MALADIE PROFESSIONNELLE**

Art. R. 1226-9 La transformation d'un poste réalisée en application de l'article L. 1226-10 peut donner lieu à attribution de l'aide financière prévue à l'article L. 5213-10. – *[Anc. art. L. 122-32-5, al. 3.]*

CHAPITRE VII **DISPOSITIONS PÉNALES**

Art. R. 1227-1 Le fait de ne pas procéder à la déclaration préalable à l'embauche, prévue à l'article L. 1221-10, dans les conditions déterminées aux articles R. 1221-1 à R. 1221-6, est puni de l'amende prévue pour les contraventions de la cinquième classe. – *[Anc. art. R. 362-1, al. 1er.]*

Art. R. 1227-2 Est puni de l'amende prévue pour les contraventions de la quatrième classe le fait :

1° De contrevenir aux dispositions de l'article *(Décr. n° 2011-681 du 16 juin 2011)* « R. 1221-9 relatives à la remise d'une copie de la déclaration préalable à l'embauche ou de l'accusé de réception » au salarié ou, à défaut, de ne pas délivrer au salarié de contrat écrit accompagné de la mention de l'organisme destinataire de la déclaration préalable d'embauche ;

(Décr. n° 2011-681 du 16 juin 2011) « 2° De ne pas présenter à toute réquisition des agents de contrôle mentionnés à l'article L. 8271-7 l'avis de réception prévu par l'article R. 1221-7 s'il est encore tenu de le conserver en application de l'article R. 1221-8 ou, tant qu'il n'a pas reçu cet avis, de ne pas leur communiquer les éléments leur permettant de vérifier qu'il a procédé à la déclaration préalable à l'embauche du salarié, en méconnaissance des dispositions de l'article R. 1221-12. »

(Abrogé par Décr. n° 2011-681 du 16 juin 2011) ***« 3° De ne pas présenter à toute réquisition des agents de contrôle mentionnés à l'article L. 8271-7 l'avis de réception prévu par***

l'article R. 1221-7 ou, tant qu'il n'a pas reçu cet avis de réception, de ne pas leur communiquer les éléments leur permettant de vérifier qu'il a procédé à la déclaration préalable d'embauche du salarié, en méconnaissance des dispositions de l'article R. 1221-12. » – *[Anc. art. R. 362-1, al. 2 à 5.]*

Art. R. 1227-3 Le fait de ne pas informer le service public de l'emploi d'une embauche ou de la rupture d'un contrat de travail, en méconnaissance des dispositions de l'article L. 1221-16 et de l'arrêté pris pour son application, est puni de l'amende prévue pour les contraventions de la quatrième classe. – *[Anc. art. R. 362-1-1, al. 1er.]*

Jurisprudence antérieure à la loi du 9 mars 2004. Font une exacte application des art. 111-4 et 121-2 C. pén., les juges du fond qui relèvent que ni les art. L. 321-1-1 [L. 1233-5 à L. 1233-7 nouv.] et R. 362-1-1 C. trav. ni aucune autre disposition légale ou réglementaire ne prévoient expressément que la responsabilité pénale des personnes morales puisse être engagée à raison de cette contravention aux prescriptions relatives à l'ordre des licenciements. • Crim. 18 avr. 2000 : *Bull. crim. n° 153.*

Art. R. 1227-4 Le fait de ne pas fournir les renseignements prévus aux articles *(Décr. n° 2009-289 du 13 mars 2009)* « D. 1221-30 et D. 1221-31 », relatifs au relevé mensuel des contrats de travail, est puni de l'amende prévue pour les contraventions de la quatrième classe. – *[Anc. art. R. 362-1-1, al. 2.]*

L'art. D. 1227-4 devient l'art. R. 1227-4 (Décr. n° 2009-289 du 13 mars 2009, art. 4, 2°).

Art. R. 1227-5 Est puni des amendes prévues pour les contraventions de la cinquième classe le fait de méconnaître les dispositions :

1° Des articles L. 1225-1 à L. 1225-28 ainsi que celles des articles R. 1225-1, R. 1225-3, R. 1225-4, R. 1225-11, relatives à la protection de la grossesse et de la maternité ;

2° Des articles L. 1225-35 et L. 1225-36, relatives au congé de paternité ;

3° Des articles L. 1225-37 à L. 1225-45, relatives au congé d'adoption ;

4° Des articles L. 1225-47 à L. 1225-52 et L. 1225-55, relatives au congé parental et au passage à temps partiel pour l'éducation d'un enfant ;

5° Des articles L. 1225-66 et L. 1225-67, relatives à la démission pour élever un enfant.

La récidive de la contravention prévue au présent article est réprimée conformément aux articles 132-11 et 132-15 du code pénal. – *[Anc. art. R. 152-3.]*

Art. R. 1227-6 Le fait de méconnaître les dispositions des articles L. 1225-29 à L. 1225-33, relatives à l'interdiction d'emploi prénatal et postnatal ainsi qu'à l'allaitement, est puni de l'amende prévue pour les contraventions de la cinquième classe, prononcée autant de fois qu'il y a de salariés concernés par l'infraction.

La récidive de la contravention prévue au présent article est réprimée conformément aux articles 132-11 et 132-15 du code pénal.

En cas de pluralité de contraventions entraînant les peines de la récidive, l'amende est appliquée autant de fois qu'il a été relevé de nouvelles infractions. – *[Anc. art. R. 260-1 et R. 262-7.]*

1. Caractère spécial du régime. En prévoyant en cas de récidive seulement le cumul des peines contraventionnelles et en tout autre cas le prononcé d'un nombre d'amendes égal au nombre des personnes employées, l'art. R. 260-2 (art. R. 260-1) institue un système de répression spécial selon lequel, s'il n'y a pas récidive, le nombre d'amendes prononcé en cas de pluralité d'infractions ne peut excéder le nombre des personnes irrégulièrement employées. • Cass., ass. plén., 22 janv. 1982 : *D. 1982. 157, concl. Cabannes ; JCP CI 1982. II. 13828, note De Lestang.* – Dans le même sens : • Crim. 15 déc. 1987 : *D. 1988. 277, 2e esp., note Guirimand* • 24 avr. 1990 : *RJS 1990. 399, n° 579.*

2. Établissements distincts. La dérogation au principe du cumul des peines contraventionnelles n'est pas applicable lorsque les infractions ont été relevées dans des établissements distincts. • Crim. 19 nov. 1991 : *D. 1992. IR 77 ; RJS 1992. 179, n° 293.*

3. Infractions distinctes. Les infractions à la règle du repos hebdomadaire (interdiction d'occuper un salarié plus de 6 jours par semaine, prescrite à l'art. L. 221-2 [art. L. 3132-1 nouv.]) et à la règle du repos dominical (art. L. 221-5 [art. R. 3132-3 nouv.]) commises concomitamment doivent être réprimées distinctement, ces deux contraventions comportant des éléments constitutifs spécifiques. • Crim. 25 nov. 1997 : *Bull. crim. n° 401.*

Art. R. 1227-7 Est puni de l'amende prévue pour les contraventions de la quatrième classe le fait de méconnaître les dispositions :

1° Des articles L. 1221-13 *(Décr. n° 2015-364 du 30 mars 2015, art. 9)* « , L. 1221-15 et L. 1221-15-1, » D. 1221-23 à R. 1221-26, relatives au registre unique du personnel ;

2° Des articles L. 1221-17 et R. 1221-32 à R. 1221-33, relatives aux autres cas de déclaration préalable.

Cette amende est appliquée autant de fois qu'il y a de personnes employées dans des conditions susceptibles d'être sanctionnées au titre des dispositions de cet article.

TITRE TROISIÈME **RUPTURE DU CONTRAT DE TRAVAIL À DURÉE INDÉTERMINÉE**

CHAPITRE PREMIER **DISPOSITIONS GÉNÉRALES**

Art. R. 1231-1 Lorsque les délais prévus par les dispositions légales du présent titre expirent un samedi, un dimanche ou un jour férié ou chômé, ils sont prorogés jusqu'au premier jour ouvrable suivant. – *[Anc. art. R. 122-3-1.]*

CHAPITRE II **LICENCIEMENT POUR MOTIF PERSONNEL**

SECTION PREMIÈRE **ENTRETIEN PRÉALABLE**

Art. R. 1232-1 La lettre de convocation prévue à l'article L. 1232-2 indique l'objet de l'entretien entre le salarié et l'employeur.

Elle précise la date, l'heure et le lieu de cet entretien.

Elle rappelle que le salarié peut se faire assister pour cet entretien par une personne de son choix appartenant au personnel de l'entreprise ou, en l'absence d'institutions représentatives dans l'entreprise, par un conseiller du salarié. – *[Anc. art. R. 122-2-1.]*

Mention du lieu de l'entretien. Le défaut de mention du lieu de l'entretien dans la convocation, alors même que l'entreprise n'avait qu'un seul établissement où étaient concentrées toutes les activités, constitue une irrégularité de procédure que l'employeur doit réparer et qu'il appartient au juge d'évaluer. • Soc. 13 mai 2009 : *D. 2009. AJ 1542, obs. Ines ; Dr. soc. 2009. 818, note Favennec-Héry.*

Art. R. 1232-2 Le salarié qui souhaite se faire assister, lors de l'entretien préalable à son licenciement, par un conseiller du salarié communique à celui-ci la date, l'heure et le lieu de l'entretien.

Le salarié informe l'employeur de sa démarche. – *[Anc. art. D. 122-1, al. 1er et 3.]*

Art. R. 1232-3 Le conseiller du salarié confirme au salarié sa venue ou lui fait connaître immédiatement et par tous moyens qu'il ne peut se rendre à l'entretien.

SECTION II **CONSEILLER DU SALARIÉ**

Art. D. 1232-4 La liste des conseillers du salarié est préparée par le *(Décr. n° 2009-1377 du 10 nov. 2009)* « directeur régional des entreprises, de la concurrence, de la consommation, du travail et de l'emploi », après consultation des organisations d'employeurs et de salariés représentatives au niveau national siégeant à la Commission nationale de la négociation collective, dont les observations sont présentées dans le délai d'un mois.

Les conseillers du salarié sont choisis en fonction de leur expérience des relations professionnelles et de leurs connaissances du droit social. – *[Anc. art. D. 122-3, al. 1er et 2.]*

Ils exercent leurs fonctions à titre gratuit.

Art. D. 1232-5 La liste des conseillers du salarié est arrêtée dans chaque département par le préfet et publiée au recueil des actes administratifs de la préfecture.

Elle est tenue à la disposition des salariés dans chaque section d'inspection du travail et dans chaque mairie. – *[Anc. art. D. 122-3, al. 3, phrase 1, D. 122-3, al. 3, phr. 2 et L. 122-14, al. 2, phr. 2.]*

1. Point de départ de la protection. Le point de départ de la protection contre le licenciement des conseillers du salarié est fixé au jour où la liste des conseillers est arrêtée par le préfet, indépendamment des formalités de publicité prévues par l'art. D. 1232-5 C. trav. • Soc. 22 sept. 2010 : *Dalloz actualité, 12 oct. 2010, obs. Siro ; D. 2010. AJ 2297 ; RJS 2010. 772, n° 863 ; Dr. soc. 2010. 1268, obs. Pécaut-Rivolier ; JS Lamy 2010, n° 287-6 obs. Tourreil ; Sem. soc. Lamy 2010, n° 1461, p. 9.* ♦ Comp. : Antérieurement : la publication de la liste au recueil des actes administratifs de la préfecture la rend opposable à tous. • Soc. 14 janv. 2003, n° 00-45.883 P : *D. 2003. IR 311 ; Dr. soc. 2003. 445, obs. Duquesne ; RJS 2003. 243, n° 365.*

2. Information de l'employeur. Le salarié ne peut se prévaloir de cette protection que s'il a informé son employeur de l'existence de ses fonctions avant la notification de la rupture de son contrat de travail. • Cons. const. 14 mai 2012 : *D. 2012. 2622, obs. Lokiec et Porta ; RJS 2012. 520, obs. Struillou ; Dr. ouvrier 2012. 621, obs Gahdoun ; JCP S 2012. 1311, obs. Boulmier.*

Art. D. 1232-6 La liste des conseillers du salarié est révisée tous les trois ans.

Elle peut être complétée à tout moment si nécessaire. — *[Anc. art. D. 122-4.]*

Art. D. 1232-7 Les frais de déplacement et de séjour hors de leur résidence supportés par les médiateurs, les experts et les personnes qualifiées, pour l'accomplissement de leur mission, leur sont remboursés dans les conditions prévues par la réglementation en vigueur pour les fonctionnaires de l'État. — *[Anc. art. D. 122-5, al. 1er à 3.]*

Art. D. 1232-8 Le conseiller du salarié qui a réalisé au moins quatre interventions au cours de l'année civile peut bénéficier d'une indemnité forfaitaire annuelle dont le montant est fixé par arrêté conjoint des ministres chargés du budget et du travail. — *[Anc. art. D. 122-5-1.]*

Art. D. 1232-9 L'employeur est remboursé mensuellement par l'État des salaires maintenus en application des dispositions de l'article L. 1232-9 ainsi que de l'ensemble des avantages et des charges sociales correspondant qui lui incombent.

Lorsque l'horaire de travail est supérieur à la durée légale, la charge des majorations pour heures supplémentaires est répartie entre l'État et l'employeur. Cette répartition est réalisée proportionnellement au temps passé par le conseiller du salarié respectivement au sein de son entreprise et dans l'exercice de sa fonction d'assistance.

Ce remboursement est réalisé au vu d'une demande établie par l'employeur et contresignée par le conseiller du salarié mentionnant l'ensemble des absences de l'entreprise ayant donné lieu à maintien de la rémunération ainsi que les autres éléments nécessaires au calcul des sommes dues. Cette demande de remboursement est accompagnée d'une copie du bulletin de paie correspondant ainsi que des attestations des salariés bénéficiaires de l'assistance.

En cas d'employeurs multiples, il est produit autant de demandes de remboursement qu'il y a d'employeurs ayant maintenu des salaires. — *[Anc. art. D. 122-6.]*

Art. D. 1232-10 Par dérogation aux dispositions de l'article D. 1232-9, le conseiller du salarié rémunéré uniquement à la commission est indemnisé directement dans les conditions prévues par le présent article.

Pour chaque heure passée entre 8 heures et 18 heures dans l'exercice des fonctions de conseiller, le conseiller du salarié rémunéré uniquement à la commission perçoit une indemnité horaire égale à 1/1900 des revenus professionnels déclarés à l'administration fiscale l'année précédente.

A cet effet, l'intéressé produit copie de sa déclaration d'impôts ainsi qu'une attestation de revenus délivrée par le ou les employeurs. — *[Anc. art. D. 122-7.]*

Art. D. 1232-11 Le salarié qui exerce son activité professionnelle en dehors de tout établissement, à l'exception des salariés mentionnés à l'article D. 1232-10, a droit à ce que les heures passées à l'exercice des fonctions de conseiller du salarié entre 8 heures et 18 heures soient considérées, en tout ou partie, comme des heures de travail et payées comme telles par l'employeur.

Ce dernier est remboursé intégralement dans les conditions prévues à l'article D. 1232-9. — *[Anc. art. D. 122-8.]*

Art. D. 1232-12 Le conseiller du salarié peut être radié de la liste par le préfet, dans les conditions prévues à l'article L. 1232-13. — *[Anc. art. L. 122-14-18, phrase 3 fin.]*

CHAPITRE III **LICENCIEMENT POUR MOTIF ÉCONOMIQUE**

SECTION PREMIÈRE **DISPOSITIONS COMMUNES**

Art. R. 1233-1 Le salarié qui souhaite connaître les critères retenus pour fixer l'ordre des licenciements adresse sa demande à l'employeur, en application des articles L. 1233-17 et L. 1233-43, par lettre recommandée avec avis de réception ou remise contre récépissé, avant l'expiration d'un délai de dix jours à compter de la date à laquelle il quitte effectivement son emploi.

L'employeur fait connaître les critères qu'il a retenus pour fixer l'ordre des licenciements, en application de l'article L. 1233-5, par lettre recommandée avec avis de réception ou remise contre récépissé, dans les dix jours suivant la présentation ou de la remise de la lettre du salarié.

Ces délais ne sont pas des délais francs. Ils expirent le dernier jour à vingt-quatre heures. – *[Anc. art. R. 122-3.]*

Art. D. 1233-2 *(Décr. n° 2015-1637 du 10 déc. 2015)* Les zones d'emploi mentionnées à l'avant-dernier alinéa de l'article L. 1233-5 sont celles référencées dans l'atlas des zones d'emploi établi par l'Institut national de la statistique et des études économiques et les services statistiques du ministre chargé de l'emploi.

Atlas des zones d'emplois accessibles sur : http ://www.insee.fr/fr/methodes/default.asp ?page=zonages/zones_emploi.htm.

Art. D. 1233-2-1 *(Décr. n° 2015-1638 du 10 déc. 2015)* I. – Pour l'application de l'article L. 1233-4-1, l'employeur informe individuellement le salarié, par lettre recommandée avec avis de réception ou par tout autre moyen permettant de conférer date certaine, de la possibilité de recevoir des offres de reclassement hors du territoire national.

II. – A compter de la réception de l'information de l'employeur, le salarié dispose de sept jours ouvrables pour formuler par écrit sa demande de recevoir ces offres. Il précise, le cas échéant, les restrictions éventuelles quant aux caractéristiques des emplois offerts, notamment en matière de rémunération et de localisation ainsi que toute autre information de nature à favoriser son reclassement.

III. – Le cas échéant, l'employeur adresse au salarié les offres écrites et précises correspondant à sa demande en précisant le délai de réflexion dont il dispose pour accepter ou refuser ces offres ou l'informe de l'absence d'offres correspondant à sa demande. L'absence de réponse à l'employeur à l'issue du délai de réflexion vaut refus.

Le délai de réflexion mentionné à l'alinéa précédent ne peut être inférieur à huit jours francs, sauf lorsque l'entreprise fait l'objet d'un redressement ou d'une liquidation judiciaire.

Une offre est précise dès lors qu'elle indique au moins :

a) Le nom de l'employeur ;
b) La localisation du poste ;
c) L'intitulé du poste ;
d) La rémunération ;
e) La nature du contrat de travail ;
f) La langue de travail.

IV. – Lorsque l'employeur procède à un licenciement collectif pour motif économique de dix salariés ou plus dans une entreprise de cinquante salariés et plus dans une même période de trente jours, l'accord collectif mentionné à l'article L. 1233-24-1 ou le document unilatéral mentionné à l'article L. 1233-24-4 précise notamment :

1° Les modalités de l'information individuelle du salarié prévue au I du présent article ;

2° Les conditions dans lesquelles le salarié formalise par écrit auprès de l'employeur son souhait de recevoir des offres de reclassement hors du territoire national et le délai dont il dispose pour manifester son intérêt à compter de la réception de l'information de l'employeur, sans que ce délai puisse être inférieur à celui prévu au II du présent article ;

3° Les modalités de la communication au salarié des offres de reclassement prévue au III du présent article ;

4° Le délai de réflexion dont dispose le salarié pour se prononcer sur les propositions de reclassement qui lui sont faites, dans le respect des règles définies au deuxième alinéa du III du présent article.

SECTION II **LICENCIEMENT DE MOINS DE DIX SALARIÉS DANS UNE MÊME PÉRIODE DE TRENTE JOURS**

Art. D. 1233-3 En cas de licenciement pour motif économique de moins de dix salariés dans une même période de trente jours, l'employeur informe par écrit le *(Décr. n° 2009-1377 du 10 nov. 2009)* « directeur régional des entreprises, de la concurrence, de la consommation, du travail et de l'emploi » des licenciements prononcés dans les huit jours de l'envoi des lettres de licenciement aux salariés concernés.

L'employeur précise :

1° Son nom et son adresse ;

2° La nature de l'activité et l'effectif de l'entreprise ou de l'établissement ;

3° Les nom, prénoms, nationalité, date de naissance, sexe, adresse, emploi et qualification du ou des salariés licenciés ;

4° La date de la notification des licenciements aux salariés concernés. — *[Anc. art. R. 321-1.]*

Les modifications issues du Décr. n° 2009-1377 du 10 nov. 2009 prennent effet, dans chaque région, à la date de nomination du directeur régional des entreprises, de la concurrence, de la consommation, du travail et de l'emploi (Décr. préc., art. 7-I). — V. Arr. de nomination de ces directeurs des 30 déc. 2009 (JO 5 janv. 2010) et 9 févr. 2010 (JO 14 févr.).

Ces modifications s'appliquent à la région Île-de-France à compter du 1er juill. 2010 (Décr. n° 2010-687 du 24 juin 2010, art. 2).

SECTION III **LICENCIEMENT DE DIX SALARIÉS OU PLUS DANS UNE MÊME PÉRIODE DE TRENTE JOURS**

SOUS-SECTION 1 **INFORMATION-CONSULTATION**

(Décr. n° 2013-554 du 27 juin 2013)

Le Décr. n° 2013-554 est applicable aux procédures de licenciement collectif engagées à compter du 1er juill. 2013.

Art. R. 1233-3-1 Lorsque l'expert du comité d'entreprise est saisi, l'absence de remise du rapport mentionné à l'article L. 1233-35 ne peut avoir pour effet de reporter le délai prévu à l'article L. 1233-30.

SOUS-SECTION 2 **AUTORITÉ ADMINISTRATIVE COMPÉTENTE**

(Décr. n° 2013-554 du 27 juin 2013)

V. note au-dessus de l'art. R. 1233-3-1.

Art. R.* 1233-3-4 L'autorité administrative mentionnée aux articles L. 1233-39, L. 1233-46, L. 1233-48 à L. 1233-50, L. 1233-53 et L. 1233-56 à L. 1233-57-8 est le directeur régional des entreprises, de la concurrence, de la consommation, du travail et de l'emploi dont relève l'établissement en cause.

Art. R. 1233-3-5 Lorsque le projet de licenciement collectif porte sur des établissements relevant de la compétence de plusieurs directeurs régionaux des entreprises, de la concurrence, de la consommation, du travail et de l'emploi, l'employeur informe le directeur régional du siège de l'entreprise de son intention d'ouvrir une négociation en application de l'article L. 1233-24-1. L'employeur notifie à ce directeur son projet de licenciement en application de l'article L. 1233-46. En application de l'article L. 1233-57-8, ce directeur saisit sans délai le ministre chargé de l'emploi.

Le ministre chargé de l'emploi désigne le directeur régional compétent. La décision de désignation du ministre est communiquée à l'entreprise dans les dix jours à compter de la réception de l'information ou de la notification par l'employeur du projet. A défaut de décision expresse, le directeur régional des entreprises, de la concurrence, de la consommation, du travail et de l'emploi compétent est celui dans le ressort duquel se situe le siège de l'entreprise.

Le directeur régional des entreprises, de la concurrence, de la consommation, du travail et de l'emploi compétent informe l'employeur de sa compétence par tout moyen permettant de conférer une date certaine.

L'employeur en informe, sans délai et par tout moyen, le comité d'entreprise ou, à défaut, les délégués du personnel ainsi que les organisations syndicales représentatives.

SOUS-SECTION 3 **INFORMATION DE L'AUTORITÉ ADMINISTRATIVE**

La sous-section 1 devient la sous-section 3 (Décr. n° 2013-554 du 27 juin 2013, art. 2-1°).

V. note au-dessus de l'art. R. 1233-3-1.

Art. D. 1233-4 *(Décr. n° 2013-554 du 27 juin 2013)* La notification du projet de licenciement prévue à l'article **L. 1233-46** est adressée par la voie dématérialisée au directeur régional des entreprises, de la concurrence, de la consommation, du travail et de l'emploi.

Outre les renseignements prévus au troisième alinéa de l'article L. 1233-46, la notification précise :

1° Le nom et l'adresse de l'employeur ;

2° La nature de l'activité et l'effectif de l'entreprise ou de l'établissement ;

3° Le nombre des licenciements envisagés ;

4° Le cas échéant, les modifications qu'il y a lieu d'apporter aux informations déjà transmises en application de l'article L. 1233-31 ;

5° En cas de recours à un expert-comptable par le comité d'entreprise, mention de cette décision ;

6° Le cas échéant, la signature d'un accord collectif en application des articles L. 1233-21 et L. 1233-24-1. Une copie de cet accord est alors jointe à la notification.

Les informations et les demandes mentionnées sont transmises par voie dématérialisée à compter du 1er juill. 2014. La transmission par voie dématérialisée est effectuée sur le système d'information Si-homologation, dont l'adresse internet est http ://www.portail-pse.emploi.gouv.fr (Arr. du 27 juin 2014).

Art. D. 1233-5 Les informations et documents destinés aux représentants du personnel prévus aux articles *[à l'article]* **L. 1233-48** *(Abrogé par Décr. n° 2013-554 du 27 juin 2013) « et L. 1235-10 »* sont adressés *(Décr. n° 2013-554 du 27 juin 2013)* « par la voie dématérialisée » simultanément au *(Décr. n° 2009-1377 du 10 nov. 2009)* « directeur régional des entreprises, de la concurrence, de la consommation, du travail et de l'emploi ».

Les informations et documents destinés au comité central d'entreprise, en application de l'article **L. 1233-51**, sont adressés *(Décr. n° 2013-554 du 27 juin 2013)* « par la voie dématérialisée » au *(Décr. n° 2009-1377 du 10 nov. 2009)* « directeur régional des entreprises, de la concurrence, de la consommation, du travail et de l'emploi » du siège. – *[Anc. art. R. 321-3.]*

V. note s s. art. D. 1233-4.

Art. R. 1233-6 *(Décr. n° 2013-554 du 27 juin 2013)* Dans les entreprises de moins de cinquante salariés, l'employeur communique au directeur régional des entreprises, de la concurrence, de la consommation, du travail et de l'emploi les modifications qui ont pu être apportées aux mesures prévues à l'article **L. 1233-32** ainsi qu'au calendrier de leur mise en œuvre.

Art. R. 1233-7 *(Décr. n° 2013-554 du 27 juin 2013)* En cas de procédure de sauvegarde, l'employeur ou l'administrateur transmet une copie du jugement mentionné à l'article **L. 626-11** du code de commerce au directeur régional des entreprises, de la concurrence, de la consommation, du travail et de l'emploi.

En cas de redressement ou de liquidation judiciaire, l'employeur, l'administrateur ou le liquidateur transmet une copie du jugement de redressement ou de liquidation judiciaire au directeur régional des entreprises, de la concurrence, de la consommation, du travail et de l'emploi.

Art. D. 1233-8 (Abrogé par Décr. n° 2013-554 du 27 juin 2013) *La demande de réduction du délai prévue à l'article L. 1233-41, avant l'expiration duquel les lettres de licenciement ne peuvent être envoyées aux salariés intéressés, est adressée, par lettre recommandée, au* (Décr. n° 2009-1377 du 10 nov. 2009) *« directeur régional des entreprises, de la concurrence, de la consommation, du travail et de l'emploi » au plus tôt en même temps que la notification du projet de licenciement prévue à l'article L. 1233-46.*

La demande fait référence à la convention ou l'accord collectif de travail invoqué et précise :

1° La réduction de délai demandée ;

2° Celles des stipulations de cette convention ou de cet accord que l'employeur s'engage à appliquer ainsi que la description de leur mise en œuvre. Une copie de ces stipulations est jointe à la demande.

Le (Décr. n° 2009-1377 du 10 nov. 2009) *« directeur régional des entreprises, de la concurrence, de la consommation, du travail et de l'emploi » dispose pour statuer du délai prévu à l'article L. 1233-54 ou, au minimum, d'un délai de sept jours non renouvelable à compter de la date de réception de la demande de réduction du délai. La décision est notifiée à l'employeur par lettre recommandée.*

En l'absence de décision prise dans le délai prévu au présent article, la demande est réputée rejetée.

Art. R. 1233-9 Lorsqu'il n'existe dans l'entreprise ni comité d'entreprise, ni délégués du personnel, les informations mentionnées à l'article L. 1233-31, le plan de sauvegarde de l'emploi et les renseignements prévus au 1° de l'article R. 1233-6 sont adressés *(Décr. n° 2013-554 du 27 juin 2013)* « par la voie dématérialisée » au *(Décr. n° 2009-1377 du 10 nov. 2009)* « directeur régional des entreprises, de la concurrence, de la consommation, du travail et de l'emploi » en même temps que la notification du projet de licenciement prévue à l'article L. 1233-46. – *[Anc. art. R. 321-4, al. 11.]*

V. note s s. art. D. 1233-4.

Art. D. 1233-10 En cas d'absence de délégués du personnel ou de comité d'entreprise, par suite d'une carence constatée dans les conditions prévues aux articles L. 2314-5 et L. 2324-8, l'employeur joint à la notification du projet de licenciement le procès-verbal de carence établi conformément à ces articles *(Décr. n° 2013-554 du 27 juin 2013)* « et l'adresse par la voie dématérialisée ». – *[Anc. art. R. 321-4, al. 12.]*

V. note ss. art. D. 1233-4.

SOUS-SECTION 4 INTERVENTION DE L'AUTORITÉ ADMINISTRATIVE

La sous-section 2 devient la sous-section 4 (Décr. n° 2013-554 du 27 juin 2013, art. 2-1°).

V. note au-dessus de l'art. R. 1233-3-1.

Art. D. 1233-11 *(Décr. n° 2013-554 du 27 juin 2013)* Le directeur régional des entreprises, de la concurrence, de la consommation, du travail et de l'emploi adresse les pièces suivantes à l'employeur :

1° L'avis écrit mentionné à l'article L. 1233-56, en cas de licenciement de dix salariés ou plus sur une même période de trente jours ;

2° Les propositions et les observations prévues aux articles L. 1233-57 et L. 1233-57-6 lorsqu'un plan de sauvegarde de l'emploi doit être élaboré.

Art. D. 1233-12 *(Décr. n° 2013-554 du 27 juin 2013)* La demande mentionnée à l'article L. 1233-57-5 est adressée par le comité d'entreprise, ou, à défaut, les délégués du personnel, ou, en cas de négociation d'un accord mentionné à l'article L. 1233-24-1 par les organisations syndicales représentatives de l'entreprise, au directeur régional des entreprises, de la concurrence, de la consommation, du travail et de l'emploi compétent en application des articles R. 1233-3-4 et R. 1233-3-5, par tout moyen permettant de conférer une date certaine.

La demande est motivée. Elle précise les éléments demandés et leur pertinence.

Le directeur régional des entreprises, de la concurrence, de la consommation, du travail et de l'emploi se prononce après instruction dans un délai de cinq jours à compter de la réception de la demande.

S'il décide de faire droit à la demande, le directeur régional adresse une injonction à l'employeur par tout moyen permettant de lui conférer une date certaine. Il adresse simultanément une copie de cette injonction à l'auteur de la demande, au comité d'entreprise et aux organisations syndicales représentatives en cas de négociation d'un accord mentionné à l'article L. 1233-24-1.

Art. D. 1233-13 (Abrogé par Décr. n° 2013-554 du 27 juin 2013) *Le* (Décr. n° 2009-1377 du 10 nov. 2009) *« directeur régional des entreprises, de la concurrence, de la consommation, du travail et de l'emploi » adresse les pièces suivantes à l'employeur par lettre recommandée :*

1° Le constat de carence établi en application de l'article L. 1233-52 ;

2° L'avis écrit mentionné à l'article L. 1233-56 ;

3° Les propositions prévues à l'article L. 1233-57.

Ces courriers peuvent être remplacés par une remise contre récépissé daté et signé par l'employeur. Si l'employeur refuse cette remise, il en est fait mention sur le reçu.

SOUS-SECTION 5 **PROCÉDURE DE VALIDATION OU D'HOMOLOGATION DU PLAN DE SAUVEGARDE DE L'EMPLOI**

(Décr. n° 2013-554 du 27 juin 2013)

V. note au-dessus de l'art. R. 1233-3-1.

Art. D. 1233-14 La demande de validation de l'accord mentionné à l'article L. 1233-24-1 ou d'homologation du document unilatéral mentionné à l'article L. 1233-24-4 est adressée au directeur régional des entreprises, de la concurrence, de la consommation, du travail et de l'emploi par la voie dématérialisée.

En cas de procédure de sauvegarde, de redressement ou de liquidation judiciaire, la demande est envoyée par voie dématérialisée au plus tard le lendemain de la dernière réunion du comité d'entreprise mentionnée aux II et III de l'article L. 1233-58.

Les informations et les demandes mentionnées sont transmises par voie dématérialisée à compter du 1er juill. 2014. La transmission par voie dématérialisée est effectuée sur le système d'information Si-homologation, dont l'adresse internet est http ://www.portail-pse.emploi.gouv.fr (Arr. du 27 juin 2014).

Art. D. 1233-14-1 Le délai prévu à l'article L. 1233-57-4 court à compter de la réception par le directeur régional des entreprises, de la concurrence, de la consommation, du travail et de l'emploi du dossier complet.

Le dossier est complet lorsqu'il comprend les informations permettant de vérifier le contenu du plan de sauvegarde de l'emploi, les modalités d'information et de consultation du comité d'entreprise, la pondération et le périmètre d'application des critères d'ordre des licenciements, le calendrier des licenciements, le nombre de suppressions d'emploi et les catégories professionnelles concernées, et les modalités de mise en œuvre des mesures de formation, d'adaptation et de reclassement et, lorsqu'un accord est conclu en application de l'article L. 1233-24-1, les informations relatives à la représentativité des organisations syndicales signataires.

Lorsque le dossier est complet, le directeur régional des entreprises, de la concurrence, de la consommation, du travail et de l'emploi en informe, sans délai et par tout moyen permettant de donner date certaine, l'employeur, le comité d'entreprise ou, à défaut, les délégués du personnel ainsi que les organisations syndicales représentatives en cas d'accord collectif mentionné à l'article L. 1233-24-1.

Lorsque la demande porte sur un accord partiel et sur un document unilatéral mentionnés à l'article L. 1233-57-3, les délais mentionnés à l'article L. 1233-57-4 sont de quinze jours pour l'accord et de vingt et un jours pour le document unilatéral.

Lorsqu'un accord collectif a été conclu en application de l'article L. 1233-24-1, il est déposé dans les conditions définies à l'article L. 2231-6.

V. note ss. art. D. 1233-14.

Art. D. 1233-14-2 La décision du directeur régional des entreprises, de la concurrence, de la consommation, du travail et de l'emploi visée à l'article L. 1233-57-4 est adressée par tout moyen permettant de conférer une date certaine à l'employeur et au comité d'entreprise ou, à défaut, aux délégués du personnel et, lorsqu'un accord collectif a été conclu en application de l'article L. 1233-24-1, aux organisations syndicales représentatives signataires.

L'envoi de la décision de l'administration s'effectue au plus tard le dernier jour du délai mentionné au premier alinéa de l'article L. 1233-57-4.

Art. D. 1233-14-3 En cas de décision de refus de validation ou d'homologation, le comité d'entreprise est consulté préalablement à la nouvelle demande sur l'accord collectif ou le document unilatéral après que les modifications nécessaires ont été apportées.

Le projet modifié et l'avis du comité d'entreprise sont transmis à l'administration par tout moyen permettant de conférer une date certaine.

Art. D. 1233-14-4 Le bilan de la mise en œuvre effective du plan de sauvegarde de l'emploi mentionné à l'article L. 1233-63, dont le contenu est fixé par arrêté du ministre chargé de l'emploi, est réalisé à la fin de la mise en œuvre des mesures de reclassement prévues aux articles L. 1233-65 ou L. 1233-71. Dans un délai d'un mois après cette date, il est adressé au directeur régional des entreprises, de la concurrence, de la consommation, du travail et de l'emploi compétent par voie dématérialisée.

V. note ss. art. D. 1233-14.

SECTION IV **OBLIGATION DE RECHERCHER UN REPRENEUR EN CAS DE PROJET DE FERMETURE D'UN ÉTABLISSEMENT**

(Décr. n° 2015-1378 du 30 oct. 2015, art. 1er)

BIBL. ▶ PAGNERRE et CHATARD, *JCP S 2016. 1457.*

SOUS-SECTION 1 **DÉFINITIONS**

Art. R. 1233-15 Est un établissement au sens de l'article L. 1233-57-9 une entité économique assujettie à l'obligation de constituer un comité d'établissement.

Constitue une fermeture au sens de l'article L. 1233-57-9 la cessation complète d'activité d'un établissement lorsqu'elle a pour conséquence la mise en œuvre d'un plan de sauvegarde de l'emploi emportant un projet de licenciement collectif au niveau de l'établissement ou de l'entreprise.

Constitue également une fermeture d'établissement la fusion de plusieurs établissements en dehors de la zone d'emploi où ils étaient implantés ou le transfert d'un établissement en dehors de sa zone d'emploi, lorsqu'ils ont pour conséquence la mise en œuvre d'un plan de sauvegarde de l'emploi emportant un projet de licenciement collectif.

SOUS-SECTION 2 **INFORMATION DE L'AUTORITÉ ADMINISTRATIVE ET DES COLLECTIVITÉS TERRITORIALES**

Art. R. 1233-15-1 L'autorité administrative visée aux articles L. 1233-57-13 et L. 1233-57-21 est le préfet du département dans lequel l'établissement a son siège.

Le directeur régional des entreprises, de la concurrence, de la consommation, du travail et de l'emploi dans le ressort duquel se trouve l'établissement en cause ainsi que, le cas échéant, celui désigné en application de l'article R. 1233-3-5, est destinataire des informations et rapports mentionnés aux articles L. 1233-57-12, L. 1233-57-17 et L. 1233-57-20.

La notification du projet de fermeture prévue au premier alinéa de l'article L. 1233-57-12 est adressée, par tout moyen permettant de conférer une date certaine.

SOUS-SECTION 3 **CLÔTURE DE LA PÉRIODE DE RECHERCHE**

Art. R. 1233-15-2 Au regard des rapports mentionnés aux articles L. 1233-57-17 et L. 1233-57-20, le préfet du département dans lequel l'établissement a son siège, après avoir recueilli les observations de l'entreprise, s'il décide de demander le remboursement des aides publiques mentionné au deuxième alinéa de l'article L. 1233-57-21, notifie sa décision dans un délai d'un mois maximum à compter de sa décision de validation ou d'homologation mentionnées respectivement aux articles L. 1233-57-2 et L. 1233-57-3.

Il adresse une copie de sa décision aux personnes publiques chargées du recouvrement.

SECTION V ACCOMPAGNEMENT SOCIAL ET TERRITORIAL DES PROCÉDURES DE LICENCIEMENT

SOUS-SECTION 1 CONGÉ DE RECLASSEMENT

§ 1er PROPOSITION DU CONGÉ DE RECLASSEMENT

Art. R. 1233-17 L'employeur informe et consulte le comité d'entreprise ou les délégués du personnel sur les conditions de mise en œuvre du congé de reclassement lors des réunions prévues aux articles L. 1233-8, en cas de licenciement de moins de dix salariés dans une même période de trente jours, et L. 1233-28, en cas de licenciement de dix salariés ou plus dans une même période de trente jours. – *[Anc. art. R. 321-10, al. 1er, phrase 1.]*

Art. R. 1233-18 Lorsque l'employeur établit un plan de sauvegarde de l'emploi, les conditions de mise en œuvre du congé de reclassement sont fixées dans ce plan.

Lorsqu'il n'est pas tenu d'établir ce plan, l'employeur adresse aux représentants du personnel un document précisant les conditions de mise en œuvre du congé de reclassement, avec les renseignements prévus aux articles L. 1233-10, en cas de licenciement de moins de dix salariés dans une même période de trente jours, L. 1233-31 et L. 1233-32, en cas de licenciement de dix salariés ou plus dans une même période de trente jours. – *[Anc. art. R. 321-10, al. 1er, phrases 2 et 3.]*

Art. R. 1233-19 Lors de l'entretien préalable prévu à l'article L. 1233-11, en cas de licenciement de moins de dix salariés dans une même période de trente jours, l'employeur informe le salarié des conditions de mise en œuvre du congé de reclassement.

Lorsque l'employeur n'est pas tenu de convoquer les salariés à cet entretien, en cas de licenciement de dix salariés ou plus dans une même période de trente jours, il les informe, à l'issue de la dernière réunion du comité d'entreprise ou des délégués du personnel, des conditions de mise en œuvre du congé de reclassement. – *[Anc. art. R. 321-10, al. 2.]*

Art. R. 1233-20 Dans la lettre de notification du licenciement prévue aux articles L. 1233-15, en cas de licenciement de moins de dix salariés dans une même période de trente jours, et L. 1233-39, en cas de licenciement de dix salariés ou plus dans une même période de trente jours, l'employeur propose au salarié le bénéfice du congé de reclassement. – *[Anc. art. R. 321-10, al. 3, phrases 1 et 2.]*

Art. R. 1233-21 Le salarié dispose d'un délai de huit jours à compter de la date de notification de la lettre de licenciement pour informer l'employeur qu'il accepte le bénéfice du congé de reclassement.

L'absence de réponse dans ce délai est assimilée à un refus. – *[Anc. art. R. 321-10, al. 3, phrase 3.]*

§ 2 MISE EN ŒUVRE DU CONGÉ DE RECLASSEMENT

Art. R. 1233-22 En cas d'acceptation par le salarié du bénéfice du congé de reclassement, celui-ci débute à l'expiration du délai de réponse prévu à l'article R. 1233-21. – *[Anc. art. R. 321-10, al. 4.]*

Art. R. 1233-23 Le congé de reclassement permet au salarié de bénéficier des prestations d'une cellule d'accompagnement des démarches de recherche d'emploi et d'actions de formation destinées à favoriser son reclassement professionnel.

Pendant ce congé, le salarié peut également faire valider les acquis de son expérience ou engager les démarches en vue d'obtenir cette validation. – *[Anc. art. R. 321-11, al. 1er.]*

Art. R. 1233-24 La cellule d'accompagnement des démarches de recherche d'emploi assure :

1° Une fonction d'accueil, d'information et d'appui au salarié dans ses démarches de recherche d'emploi ;

2° Un suivi individualisé et régulier du salarié ;

3° Les opérations de prospection et de placement de nature à assurer le reclassement du salarié. – *[Anc. art. R. 321-11, al. 2.]*

Art. R. 1233-25 Les prestations proposées par la cellule d'accompagnement sont accomplies soit par un prestataire choisi par l'employeur, soit par des salariés de l'entreprise désignés par l'employeur. – *[Anc. art. R. 321-11, al. 3.]*

Art. R. 1233-26 La cellule d'accompagnement doit disposer des moyens nécessaires pour lui permettre de remplir sa mission.

Un ou plusieurs salariés peuvent lui apporter leur concours, après accord de l'employeur. – *[Anc. art. R. 321-11, al. 4.]*

Art. R. 1233-27 Lorsque le salarié accepte le bénéfice du congé de reclassement, un entretien d'évaluation et d'orientation est accompli par la cellule d'accompagnement. Cet entretien a pour objet de déterminer le projet professionnel de reclassement du salarié ainsi que ses modalités de mise en œuvre.

A l'issue de cet entretien, la cellule d'accompagnement remet à l'employeur et au salarié un document précisant le contenu et la durée des actions nécessaires en vue de favoriser le reclassement.

Lorsque l'entretien d'évaluation et d'orientation n'a pas permis de définir un projet professionnel de reclassement, la cellule d'accompagnement informe le salarié qu'il peut bénéficier du bilan de compétences prévu par l'article L. 1233-71 et réalisé selon les modalités prévues par les articles R. 1233-35 et R. 6322-35. Ce bilan a pour objet d'aider le salarié à déterminer et approfondir son projet professionnel de reclassement et prévoit, en tant que de besoin, les actions de formation nécessaires à la réalisation de ce projet ainsi que celles permettant au salarié de faire valider les acquis de son expérience. Lorsque sont proposées de telles actions, l'organisme chargé de réaliser le bilan de compétences communique à la cellule d'accompagnement les informations relatives à leur nature, à leur durée et à leur mise en œuvre. Au vu de ces informations, la cellule établit le document prévu au deuxième alinéa. – *[Anc. art. R. 321-12.]*

Art. R. 1233-28 Au vu du document remis par la cellule d'accompagnement à l'employeur et au salarié, conformément au deuxième alinéa de l'article R. 1233-27, l'employeur précise dans un document :

1° Le terme du congé de reclassement ;

2° Les prestations de la cellule d'accompagnement dont il peut bénéficier ;

3° Selon les cas, la nature précise des actions de formation ou de validation des acquis de son expérience, ainsi que le nom des organismes prestataires de ces actions ;

4° L'obligation de donner suite aux convocations qui lui sont adressées par la cellule d'accompagnement ;

5° La rémunération versée pendant la période du congé de reclassement excédant la durée du préavis ;

6° Les engagements du salarié pendant le congé de reclassement et les conditions de rupture de ce congé définies aux articles R. 1233-34 et R. 1233-36. – *[Anc. art. R. 321-13, al. 1er à 8.]*

Art. R. 1233-29 Le document prévu à l'article R. 1233-28 est établi en double exemplaire dont l'un est remis au salarié.

Chaque exemplaire est revêtu de la signature du salarié et de l'employeur préalablement à la réalisation des actions prévues dans le cadre du congé de reclassement. – *[Anc. art. R. 321-13, al. 9.]*

Art. R. 1233-30 Le salarié dispose d'un délai de huit jours pour signer le document prévu à l'article R. 1233-28 à compter de la date de sa présentation.

Si, à l'issue de ce délai, le document n'a pas été signé, l'employeur notifie au salarié la fin du congé de reclassement par lettre recommandée avec avis de réception. Si le préavis est suspendu, la date de présentation de cette lettre fixe le terme de la suspension du préavis. – *[Anc. art. R. 321-13, al. 10.]*

Art. R. 1233-31 L'employeur fixe la durée du congé de reclassement entre quatre et *(Décr. n° 2013-554 du 27 juin 2013)* « douze » mois. La durée fixée peut être inférieure à quatre mois sous réserve de l'accord exprès du salarié.

Lorsque le salarié suit une action de formation ou de validation des acquis de l'expérience, la durée du congé de reclassement ne peut être inférieure à la durée de ces actions dans la limite de *(Décr. nº 2013-554 du 27 juin 2013, art. 4)* « douze » mois. – *[Anc. art. R. 321-14.]*

Art. R. 1233-32 Pendant la période du congé de reclassement excédant la durée du préavis, le salarié bénéficie d'une rémunération mensuelle à la charge de l'employeur.

Le montant de cette rémunération est au moins égal à 65 % de sa rémunération mensuelle brute moyenne soumise aux contributions mentionnées à l'article L. 5422-9 au titre des douze derniers mois précédant la notification du licenciement.

Il ne peut être inférieur à un salaire mensuel égal à 85 % du produit du salaire minimum de croissance prévu à l'article L. 3231-2 par le nombre d'heures correspondant à la durée collective de travail fixée dans l'entreprise.

Il ne peut non plus être inférieur à 85 % du montant de la garantie de rémunération versée par l'employeur en application des dispositions de l'article 32 de la loi nº 2000-37 du 19 janvier 2000 relative à la réduction négociée du temps de travail.

Chaque mois, l'employeur remet au salarié un bulletin précisant le montant et les modalités de calcul de cette rémunération. – *[Anc. art. R. 321-15.]*

Assiette de la rémunération. La somme versée au salarié en échange de son engagement de rester dans l'entreprise a une nature salariale et doit être incluse dans l'assiette de calcul de la rémunération versée au titre du congé de reclassement ; il n'en va pas de même des sommes résultant de la monétisation du compte épargne-temps. • Soc. 22 juin 2016, nº 14-18.675 P : *Dalloz actualité, 13 juill. 2016, obs. Cortot ; D. 2016. Actu. 1503 ; RJS 10/2016, nº 629.*

Art. R. 1233-33 Pendant la durée du congé de reclassement, le salarié suit les actions définies dans le document prévu à l'article R. 1233-28 et participe aux actions organisées par la cellule d'accompagnement. – *[Anc. art. R. 321-16, al. 1er.]*

Sur le congé de reclassement, V. Circ. DGEFP/DRT/DSS nº 2002/1 du 5 mai 2002, chapitre IV.

Art. R. 1233-34 Lorsque le salarié s'abstient, sans motif légitime, de suivre les actions mentionnées à l'article R. 1233-33 ou de se présenter aux entretiens auxquels il a été convoqué par la cellule d'accompagnement, l'employeur lui notifie, par lettre recommandée avec avis de réception ou remise contre récépissé, une mise en demeure de suivre les actions prévues ou de donner suite aux convocations qui lui ont été adressées.

L'employeur précise dans ce courrier que si le salarié ne donne pas suite à la mise en demeure dans un délai fixé par celle-ci, le congé de reclassement sera rompu.

Si, à l'issue de ce délai, le salarié n'a pas donné suite à la mise en demeure, l'employeur lui notifie la fin du congé de reclassement par lettre recommandée avec avis de réception.

Si le préavis est suspendu, la date de présentation de cette lettre fixe le terme de la suspension du préavis. – *[Anc. art. R. 321-16, al. 2.]*

Art. R. 1233-35 Le bilan de compétences mis en œuvre dans le cadre d'un congé de reclassement est réalisé après la conclusion d'une convention tripartite dans les conditions prévues aux articles R. 6322-32 et suivants.

Le modèle de cette convention est défini par arrêté du ministre chargé de l'emploi. – *[Anc. art. R. 900-3-1.]*

Art. R. 1233-36 Si le salarié retrouve un emploi pendant son congé de reclassement, il en informe l'employeur par lettre recommandée avec avis de réception ou remise contre récépissé. Il précise la date à laquelle prend effet son embauche.

Cette lettre est adressée à l'employeur avant l'embauche.

La date de présentation de cette lettre fixe la fin du congé de reclassement et, si le préavis est suspendu, le terme de sa suspension. – *[Anc. art. R. 321-16, al. 3.]*

SOUS-SECTION 2 REVITALISATION DES BASSINS D'EMPLOI

§ 1er REVITALISATION PAR LES ENTREPRISES SOUMISES À L'OBLIGATION DE PROPOSER LE CONGÉ DE RECLASSEMENT

Art. D. 1233-37 Le préfet conclut la convention prévue à l'article L. 1233-85 et assure le suivi et l'évaluation des actions prévues aux articles L. 1233-84 et L. 1233-87.

Art. D. 1233-38 Lorsqu'une entreprise mentionnée à l'article L. 1233-71 procède à un licenciement collectif, le ou les préfets dans le ou les départements du ou des bassins d'emploi concernés lui indiquent, dans un délai *(Décr. nº 2013-554 du 27 juin 2013)* « d'un mois » à compter de la notification *(Décr. nº 2013-554 du 27 juin 2013)* « de la décision administrative de validation ou d'homologation mentionnée à l'article L. 1233-57-4 », après avoir recueilli ses observations, si elle est soumise à l'obligation de revitalisation des bassins d'emploi instituée à l'article L. 1233-84.

A cet effet, ils apprécient si ce licenciement affecte, par son ampleur, l'équilibre du ou des bassins d'emploi concernés en tenant notamment compte du nombre et des caractéristiques des emplois susceptibles d'être supprimés, du taux de chômage et des caractéristiques socio-économiques du ou des bassins d'emploi et des effets du licenciement sur les autres entreprises de ce ou ces bassins d'emploi.

Ils peuvent également demander à l'entreprise de réaliser, *(Décr. nº 2013-554 du 27 juin 2013)* « dès la notification du projet prévu à l'article L. 1233-46, une étude d'impact social et territorial qui doit leur être adressée au plus tard avant la fin du délai mentionné à l'article L. 1233-30 ».

Art. D. 1233-39 L'entreprise informe dans un délai d'un mois à compter de la notification de la décision prévue à l'article D. 1233-38, le ou les préfets dans le ou les départements concernés si elle entend satisfaire à cette obligation par la voie d'une convention signée avec l'État ou par celle d'un accord collectif.

Dans ce dernier cas, l'entreprise leur transmet également la copie de cet accord, son récépissé de dépôt et l'ensemble des informations, notamment financières, permettant d'évaluer la portée des engagements y figurant.

Lorsque le siège de l'entreprise n'est pas situé dans le ou les bassins d'emploi concernés, elle désigne, en outre, une personne chargée de la représenter devant le ou les préfets dans le ou les départements. – *[Anc. art. R. 321-18.]*

Art. D. 1233-40 La convention mentionnée à l'article L. 1233-85 comporte notamment :

1º Les limites géographiques du ou des bassins d'emploi affectés par le licenciement collectif et concernés par les mesures qu'elle prévoit ;

2º Les mesures permettant la création d'activités, le développement des emplois et l'atténuation des effets du licenciement envisagé sur les autres entreprises dans le ou les bassins d'emploi concernés, ainsi que, pour chacune d'entre elles, les modalités et les échéances de mise en œuvre et le budget prévisionnel et, le cas échéant, le ou les noms et raisons sociales des organismes, établissements ou sociétés chargés pour le compte de l'entreprise de les mettre en œuvre et les financements qui leur sont affectés ;

3º La durée d'application de la convention qui ne peut dépasser trois ans, sauf circonstances particulières ;

4º Le montant de la contribution de l'entreprise par emploi supprimé et le nombre d'emplois supprimés au sens de l'article D. 1233-43 ;

5º Les modalités de suivi et d'évaluation des mesures mises en œuvre. – *[Anc. art. R. 321-19, al. 1er à 6.]*

Art. D. 1233-41 I. – Les mesures engagées avant la signature de la convention peuvent être prises en compte dans le cadre de cette dernière lorsqu'elles contribuent à la création d'activités, au développement des emplois et permettent d'atténuer les effets du licenciement envisagé sur les autres entreprises dans le ou les bassins d'emploi affectés par le licenciement.

Les mesures envisagées sous la forme de l'octroi d'un prêt aux mêmes fins sont valorisées à hauteur d'un coût prévisionnel tenant compte du coût de gestion du prêt, du coût du risque et du coût de l'accès au financement. Cette valorisation ne peut dépasser 30 % des sommes engagées.

Les mesures envisagées au même titre sous la forme de la cession d'un bien immobilier sont valorisées à hauteur de la différence entre la valeur de marché du bien, déterminée après avis du directeur départemental ou, le cas échéant, régional des finances publiques, et sa valeur de cession.

(Décr. nº 2016-1473 du 28 oct. 2016) « II. – Les mesures prévues dans le cadre d'une démarche volontaire de l'entreprise peuvent être prises en compte selon les modalités

définies au I, lorsqu'elles sont engagées dans les deux ans précédant la notification de la décision prévue à l'article D. 1233-38 et qu'elles font l'objet d'un document-cadre conclu avec le représentant de l'État dans le département. Ce document-cadre détermine :

« 1° Les limites géographiques du ou des bassins d'emplois d'intervention ;

« 2° La nature des mesures et le montant auquel chacune est valorisée pour venir en déduction du montant de la contribution prévue à l'article L. 1233-86 ;

« 3° La date de début de mise en œuvre de chacune des mesures ;

« 4° Les modalités de suivi et d'évaluation des mesures.

« L'entreprise transmet le bilan de la mise en œuvre des mesures au représentant de l'État dans le département, au plus tard dans un délai d'un mois à compter de la notification de la décision prévue à l'article D. 1233-38. »

Les dispositions issues du Décr. n° 2016-1473 du 28 oct. 2016 s'appliquent aux entreprises ayant fait l'objet d'une notification de l'obligation de revitalisation des bassins d'emploi mentionnée à l'art. D. 1233-38 C. trav. postérieurement à sa publication (Décr. préc., art. 2).

Art. D. 1233-42 Pour le suivi et l'évaluation de la mise en œuvre de revitalisation des bassins d'emploi, il est institué un comité présidé par le ou les préfets dans le ou les départements concernés, associant l'entreprise, les collectivités territoriales intéressées, les organismes consulaires et les partenaires sociaux membres de la ou des commissions paritaires interprofessionnelles régionales concernées.

Le comité se réunit au moins une fois par an, sur la base du bilan, provisoire ou définitif, transmis préalablement par l'entreprise au ou aux préfets et justifiant de la mise en œuvre de son obligation.

Le bilan définitif évalue notamment l'impact sur l'emploi des mesures mises en œuvre et comprend les éléments permettant de justifier le montant de la contribution de l'entreprise aux actions prévues. — *[Anc. art. R. 321-20.]*

Art. D. 1233-43 Pour le calcul de la contribution instituée à l'article L. 1233-84, le nombre d'emplois supprimés est égal au nombre de salariés licenciés figurant sur la liste mentionnée à l'article L. 1233-47, duquel est déduit le nombre de salariés dont le reclassement, dans l'entreprise ou dans le groupe auquel elle appartient, est acquis sur le ou les bassins d'emploi affectés par le licenciement collectif, à l'issue de la procédure de consultation des représentants du personnel prévue aux articles L. 1233-8 et L. 1233-9, en cas de licenciement de moins de dix salariés dans une même période de trente jours, et L. 1233-28 à L. 1233-30, en cas de licenciement de dix salariés ou plus dans une même période de trente jours.

Lorsque le ou les préfets dans le ou les départements concernés estiment, après avoir recueilli l'avis du comité départemental d'examen des problèmes de financement des entreprises compétent ou du comité interministériel de restructuration industrielle, que l'entreprise est dans l'incapacité d'assurer la charge financière de la contribution instituée à l'article L. 1233-84, ils peuvent en diminuer le montant. — *[Anc. art. R. 321-21.]*

Art. D. 1233-44 En l'absence de convention signée dans le délai prévu à l'article L. 1233-85 ou d'accord collectif de travail en tenant lieu, le préfet du département où est situé l'établissement qui procède au licenciement établit un titre de perception pour la contribution prévue au deuxième alinéa de l'article L. 1233-87.

Le préfet transmet ce titre au *(Décr. n° 2014-552 du 27 mai 2014, art. 17)* « directeur départemental ou, le cas échéant, régional des finances publiques » qui en assure le recouvrement. — *[Anc. art. R. 321-22.]*

§ 2 REVITALISATION PAR LES ENTREPRISES NON SOUMISES À L'OBLIGATION DE PROPOSER LE CONGÉ DE RECLASSEMENT

Art. D. 1233-45 Lorsqu'une entreprise mentionnée à l'article L. 1233-87 procède à un licenciement collectif, le ou les préfets dans le ou les départements du ou des bassins d'emploi concernés apprécient si ce licenciement affecte, par son ampleur, l'équilibre de ce ou ces bassins d'emploi en tenant notamment compte du nombre et des caractéristiques des emplois susceptibles d'être supprimés, du taux de chômage et des caractéristiques socio-économiques du ou des bassins d'emploi et des effets du licenciement sur les autres entreprises de ce ou ces bassins d'emploi et le lui indiquent.

Dans ce cas, l'entreprise désigne, lorsque son siège n'est pas situé dans le ou les bassins d'emploi concernés, une personne chargée de la représenter devant le ou les préfets. – *[Anc. art. R. 321-23, al. 1er.]*

Art. D. 1233-46 Le ou les préfets, dans un délai de six mois à compter de la notification prévue à l'article L. 1233-46, et dans les conditions et selon les modalités prévues par les articles L. 1233-87 et L. 1233-88, définissent les actions mises en œuvre pour permettre le développement d'activités nouvelles et atténuer les effets de la restructuration envisagée sur les autres entreprises dans le ou les bassins d'emploi. – *[Anc. art. R. 321-23, al. 2.]*

Art. D. 1233-47 Une convention conclue entre le ou les préfets du ou des départements intéressés et l'entreprise détermine les modalités de la participation, le cas échéant, de celle-ci aux actions mise en œuvre.

Le volume de cette participation est pris en compte pour l'attribution des aides aux actions de reclassement et de reconversion professionnelle prévues à l'article L. 5123-1. – *[Anc. art. R. 321-23, al. 3.]*

Art. D. 1233-48 Au plus tard trois ans après la notification des licenciements prévue à l'article L. 1233-46, le ou les préfets réunissent le comité de suivi dans les conditions et selon les modalités prévues à l'article D. 1233-42. – *[Anc. art. R. 321-23, al. 4.]*

SOUS-SECTION 3 CONTRAT DE SÉCURISATION PROFESSIONNELLE

(Décr. no 2015-1749 du 23 déc. 2015, art. 1er, en vigueur le 1er janv. 2016)

Art. D. 1233-49 En application de l'article L. 1233-69 du présent code, les organismes collecteurs paritaires agréés financent 20 % du coût pédagogique total de chacune des actions de formation prévues à l'article L. 1233-65, à l'exception des frais de transport, de repas et d'hébergement.

Art. D. 1233-50 Lorsque l'accord-cadre mentionné à l'article L. 6332-21 du présent code prévoit le financement des mesures prévues à l'article L. 1233-65, les organismes collecteurs paritaires agréés répondent aux appels à projet mentionnés à l'article R. 6332-106 pour bénéficier du financement du fond paritaire de sécurisation des parcours professionnels à hauteur de 80 % du montant du coût pédagogique de chaque formation ainsi que, le cas échéant, des frais de transport, de repas et d'hébergement.

Par dérogation à l'article D. 1233-49, à défaut de réponse à l'appel à projet mentionné au premier alinéa, l'organisme collecteur paritaire agréé finance la totalité du coût pédagogique de chaque formation ainsi que, le cas échéant, les frais de transport, de repas et d'hébergement.

Art. D. 1233-51 Lorsqu'une entreprise a conclu un accord en application du premier alinéa de l'article L. 6331-10, l'employeur verse à l'organisme collecteur paritaire agréé, désigné par l'accord de branche dont l'entreprise relève, tout ou partie du montant pris en charge par l'organisme en application de l'article D. 1233-49, dans la limite du montant de la contribution définie à l'article L. 6331-10, afin de financer les mesures de formation prévues à l'article L. 1233-65.

Dans l'hypothèse où une entreprise ne peut procéder à ce versement, ce montant reste à la charge de l'organisme collecteur paritaire agréé désigné par l'accord de branche dont l'entreprise relève.

Pour l'application de l'article R. 6331-13, ce versement est pris en compte dans le total des dépenses effectivement consacrées par l'employeur au financement du compte personnel de formation de ses salariés.

CHAPITRE IV CONSÉQUENCES DU LICENCIEMENT

SECTION PREMIÈRE INDEMNITÉ DE LICENCIEMENT

Art. R. 1234-1 L'indemnité de licenciement prévue à l'article L. 1234-9 ne peut être inférieure à une somme calculée par année de service dans l'entreprise et tenant compte des mois de service accomplis au-delà des années pleines. – *[Anc. art. R. 122-2, al. 1er.]*

1. Années non travaillées. Les années non travaillées ne peuvent être considérées comme des années de service. • Soc. 23 mai 1979 : *Bull. civ. V, n° 449* • 28 juin 1973 : *ibid., n° 422.*

2. Années entières. Si la convention collective énonce que l'indemnité conventionnelle de licenciement s'établit en considération des années d'ancienneté, il n'implique pas qu'il soit tenu compte des seules années entières accomplies. • Soc. 22 févr. 2006, ♁ n° 03-47.649 P.

3. Calcul des années de service. Font une exacte application de l'art. R. 122-1 (R. 122-2 [art. R. 1234-1 nouv.]) les juges qui tiennent compte de la fraction de neuf mois au-delà des dix années d'ancienneté du salarié, l'article concerné n'impliquant pas que seules soient prises en considération les années entières de service. • Soc. 8 janv. 1987 : *Bull. civ. V, n° 9.* – Dans le même sens : • Soc. 3 févr. 1971 : *Bull. civ. V, n° 71 ; JCP 1971. II. 16750, note Audinet.*

Art. R. 1234-2 *(Décr. n° 2008-715 du 18 juill. 2008)* **L'indemnité de licenciement ne peut être inférieure à un cinquième de mois de salaire par année d'ancienneté, auquel s'ajoutent deux quinzièmes de mois par année au-delà de dix ans d'ancienneté.**

COMMENTAIRE

V. Dalloz.fr et applications mobiles Dalloz ⌂. ❑

Art. R. 1234-3 *(Abrogé par Décr. n° 2008-715 du 18 juill. 2008)* ***Dans le cas d'un licenciement pour motif économique, l'indemnité de licenciement ne peut être inférieure à deux dixièmes de mois de salaire par année d'ancienneté.***

A partir de dix ans d'ancienneté, cette indemnité minimum est de deux dixièmes de mois de salaire plus deux quinzièmes de mois par année d'ancienneté au-delà de dix ans. – [Anc. art. R. 122-2, al. 2.]

Indemnité conventionnelle et Décr. n° 2008-715. Les dispositions du Décr. n° 2008-715 du 18 juill. 2008 n'ont eu pour objet que de garantir au salarié licencié pour motif personnel une indemnité légale et minimale de licenciement égale à celle versée en cas de licenciement pour motif économique ; un salarié licencié pour motif personnel ne peut prétendre à l'indemnité conventionnelle de licenciement pour motif économique au motif qu'il n'y a plus de différence s'agissant du mode de calcul de l'indemnité de licenciement, entre le licenciement pour motif économique et le licenciement pour motif personnel. • Soc. 3 juill. 2013 : ♁ *RJS 10/2013, n° 677.*

Art. R. 1234-4 Le salaire à prendre en considération pour le calcul de l'indemnité de licenciement est, selon la formule la plus avantageuse pour le salarié :

1° Soit le douzième de la rémunération des douze derniers mois précédant le licenciement ;

2° Soit le tiers des trois derniers mois. Dans ce cas, toute prime ou gratification de caractère annuel ou exceptionnel, versée au salarié pendant cette période, n'est prise en compte que dans la limite d'un montant calculé à due proportion. – *[Anc. art. R. 122-2, al. 4.]*

1. Principe. La base de calcul doit tenir compte des salaires auxquels le salarié aurait eu droit au cours des trois derniers mois s'il n'avait pas été absent ou mis au chômage technique durant cette période. • Soc. 5 mai 1988 : *D. 1988. Somm. 322, obs. A. Lyon-Caen* • 9 juin 1988 : *Dr. soc. 1989. 124, note Savatier.* ♦ Elle doit intégrer : les indemnités de chômage partiel qui se sont substituées aux salaires pendant la période de référence. • Soc. 16 févr. 1989 : *Bull. civ. V, n° 136 ; CSB 1989. 85, A. 20.* ♦ ... Ainsi que la prime de treizième mois, au prorata de la période de référence, lorsqu'il apparaît qu'elle est, selon la convention collective applicable, un élément de rémunération payé globalement en fin d'année et pour une part égale à chacun des mois de l'année. • Soc. 26 mai 1988 : *Bull. civ. V, n° 325.*

2. Commissions et primes. En énonçant que l'indemnité de licenciement d'un salarié devait être calculée sur la moyenne des commissions et des primes perçues pendant les douze derniers mois, la cour d'appel a violé l'art. R. 122-1 (R. 122-2 [art. R. 1234-1 nouv.]). • Soc. 7 févr. 1990 : ♁ *RJS 1990. 151, n° 194.*

3. Indemnités conventionnelles. Lorsque les dispositions d'une convention collective ne dérogent pas à l'art. L. 122-9, elles doivent s'interpréter de la même manière, et l'indemnité conventionnelle se calcule par référence à la rémunération brute. • Soc. 20 févr. 1990, ♁ n° 87-40.868 P : *RJS 1990. 266, n° 293.*

Art. R. 1234-5 L'indemnité de licenciement ne se cumule pas avec toute autre indemnité de même nature. – *[Anc. art. R. 122-2, al. 5.]*

SECTION II DOCUMENTS REMIS PAR L'EMPLOYEUR

SOUS-SECTION 1 CERTIFICAT DE TRAVAIL

Art. D. 1234-6 Le certificat de travail contient exclusivement les mentions suivantes :

1° La date d'entrée du salarié et celle de sa sortie ;

2° La nature de l'emploi ou des emplois successivement occupés et les périodes pendant lesquelles ces emplois ont été tenus ;

(Abrogé par Décr. n° 2014-1120 du 2 oct. 2014, art. 3) « 3° Le solde du nombre d'heures acquises au titre du droit individuel à la formation et non utilisées, y compris dans le cas défini à l'article L. 6323-17, ainsi que la somme correspondant à ce solde ;

« 4° L'organisme collecteur paritaire agréé compétent pour verser la somme prévue au 2° de l'article L. 6323-18. »

SOUS-SECTION 2 REÇU POUR SOLDE DE TOUT COMPTE

Art. D. 1234-7 Le reçu pour solde de tout compte est établi en double exemplaire. Mention en est faite sur le reçu.

L'un des exemplaires est remis au salarié. – *[Anc. art. R. 122-5.]*

Art. D. 1234-8 Le reçu pour solde de tout compte est dénoncé par lettre recommandée. – *[Anc. art. R. 122-6.]*

SOUS-SECTION 3 ATTESTATION D'ASSURANCE CHÔMAGE

Art. R. 1234-9 L'employeur délivre au salarié, au moment de l'expiration ou de la rupture du contrat de travail, les attestations et justifications qui lui permettent d'exercer ses droits aux prestations mentionnées à l'article L. 5421-2 et transmet *(Décr. n° 2011-138 du 1er févr. 2011)* « sans délai » ces mêmes attestations *(Décr. n° 2008-1010 du 29 sept. 2008 ; Décr. n° 2014-524 du 22 mai 2014, art. 16-IV)* « à Pôle emploi ».

(Décr. n° 2011-138 du 1er févr. 2011) « Les employeurs de dix salariés et plus effectuent cette transmission à Pôle emploi par voie électronique, sauf impossibilité pour une cause qui leur est étrangère, selon des modalités précisées par un arrêté du ministre chargé de l'emploi.

« L'effectif des salariés est celui de l'établissement au 31 décembre de l'année précédant l'expiration ou la rupture du contrat de travail. Pour les établissements créés en cours d'année, l'effectif est apprécié à la date de leur création. »

V. art. R. 1454-14.

Sur la transmission dématérialisée de l'attestation de l'employeur, V. Arr. du 14 juin 2011 (JO 22 juin) et Circ. Unedic n° 2011-27 du 1er août 2011 et n° 2011-33 du 7 nov. 2011.

1. Attestation Pôle emploi et contrat de travail apparent. La société qui a délivré au salarié l'attestation Assedic aux termes de laquelle elle a déclaré une période d'activité salariée et le licenciement pour motif personnel a ainsi fait ressortir l'existence d'un contrat de travail apparent dont elle n'établit pas le caractère fictif. • Soc. 10 mai 2012 : *Dalloz actualité, 6 juin 2012, obs. Siro ; RJS 2012. 529, n° 607 ; JCP S 2012. 1294, obs. Puigelier.*

2. Non-remise ou remise tardive des documents de fin de contrat. Le défaut de remise ou la remise tardive de bulletins de paie ou du certificat de travail ne cause pas nécessairement un préjudice dont l'existence doit être prouvée par le salarié. • Soc. 13 avr. 2016, n° 14-28.293 P : *Dalloz actualité, 17 mai 2016, obs. Ines ; D. 2016. Actu. 900 ; RJS 6/2016, n° 423 ; Sem. soc. Lamy 2016, n° 1721, p. 12, obs. Florès et Saada ; JS Lamy 2016, n° 411-2, obs. Dejean de la Bâtie ; JCP S 2016. 1213, obs. Turpin.* ♦ Comp. *ante* : la non-remise au salarié des documents ASSEDIC lui permettant de s'inscrire au chômage entraîne nécessairement pour lui un préjudice qui doit être réparé. • Soc. 19 mai 1998, n° 97-41.814 P : *Dr. soc. 1998. 723, obs. Marraud ; RJS 1998. 558, n° 865.* ♦ De même que sa remise tardive. • Soc. 6 mai 2002 : *RJS 2002. 635, n° 813* • 9 avr. 2008 : *D. 2008. 2268, note Lefranc-Harmonieux ; ibid. Pan. 2311, obs. Lardy-Pélissier ; RJS 2009. 617, n° 771 ; JCP S 2008. 1377, obs. Puigelier ; Dr. soc. 2008. 757, obs. Couturier.* – Dans le même sens : • Soc. 7 déc. 1999, n° 97-43.106 P : *D. 2000. IR 19.*

3. Prise d'acte. L'employeur doit faire figurer sur l'attestation qu'il doit remplir pour l'Assedic le motif exact de la rupture du contrat de travail, tel qu'il ressort de la prise d'acte du salarié.

• Soc. 27 sept. 2006 : *D. 2006. IR 2480* ; *D. 2007. Pan. 690, obs. Lokiec* ; *RDT 2007. 26, obs. Domergue* ; *JCP E 2006. 1010, note Taquet* ; *RJS 2006. 950, n° 1275* ; *Dr. soc. 2006. 1195, obs. Savatier* ; *JS Lamy 2006, n° 199-1.*

4. Liquidateur judiciaire. Le liquidateur judiciaire, exerçant pendant toute la durée de la liquidation judiciaire les droits et les actions du débiteur concernant son patrimoine par suite du dessaisissement de ce dernier de l'administration et de la disposition de ses biens, est seul tenu, à ce titre, de délivrer une attestation destinée à l'assurance chômage à un salarié de l'entreprise en liquidation judiciaire. • Soc. 23 sept. 2009 : *RJS 2009. 820, n° 936.*

Art. R. 1234-10 Un modèle d'attestation est établi par *(Décr. n° 2008-1010 du 29 sept. 2008)* « l'organisme gestionnaire du régime d'assurance chômage ». – *[Anc. art. R. 351-5, al. 2.]*

Art. R. 1234-11 Les entreprises de travail temporaire, pour leurs salariés titulaires d'un contrat de mission, et les associations intermédiaires, pour leurs salariés embauchés en contrat de travail à durée déterminée en vue d'être mis à disposition, peuvent ne remettre les attestations et justifications mentionnées à l'article R. 1234-9 que sur demande du salarié, à la condition que le contrat de travail mentionne le droit pour le salarié d'obtenir sans délai ces documents dès le jour d'expiration du contrat. – *[Anc. art. R. 351-5, al. 3.]*

Art. R. 1234-12 Pour les entreprises de travail temporaire, les relevés mensuels des contrats de mission, prévus à l'article L. 1251-46, tiennent lieu d'attestation pour leurs salariés qui en sont titulaires, sous réserve de la production, par leur employeur, des informations complémentaires figurant dans le modèle d'attestation prévu à l'article R. 1234-10. – *[Anc. art. R. 351-5, al. 4.]*

CHAPITRE V **CONTESTATIONS ET SANCTIONS DES IRRÉGULARITÉS DU LICENCIEMENT**

SECTION PREMIÈRE **REMBOURSEMENT DES ALLOCATIONS DE CHÔMAGE** *(Décr. n° 2008-1010 du 29 sept. 2008).*

Art. R. 1235-1 Lorsque le jugement ordonnant *(Décr. n° 2008-1010 du 29 sept. 2008)* « d'office » le remboursement par l'employeur fautif de tout ou partie des allocations de chômage, prévu à l'article L. 1235-4, est exécutoire, *(Décr. n° 2014-524 du 22 mai 2014, art. 16-II)* « Pôle emploi », pour le compte de l'organisme gestionnaire du régime d'assurance chômage prévu à l'article L. 5427-1 peut poursuivre leur recouvrement devant le tribunal d'instance du domicile de l'employeur. *(Décr. n° 2008-1010 du 29 sept. 2008)* « Tout autre juge se déclare d'office incompétent. »

Lorsque le licenciement est jugé comme ne résultant pas d'une faute grave ou lourde, une copie du jugement est transmise à *(Décr. n° 2014-524 du 22 mai 2014, art. 16-II)* « Pôle emploi », dans les conditions prévues à l'article R. 1235-2. – *[Anc. art. L. 122-14-4, al. 2, phrases 4 et 5.]*

Art. R. 1235-2 Lorsqu'un conseil de prud'hommes a ordonné d'office le remboursement des allocations de chômage, le greffier du conseil de prud'hommes, à l'expiration du délai d'appel, adresse à *(Décr. n° 2014-524 du 22 mai 2014)* « Pôle emploi » une copie certifiée conforme du jugement en précisant si ce dernier a fait ou non l'objet d'un appel.

La copie certifiée conforme du jugement est adressée par lettre simple *(Décr. n° 2008-1010 du 29 sept. 2008)* « à la direction générale de cet établissement ».

Lorsque le remboursement des allocations de chômage a été ordonné d'office par une cour d'appel, le greffier de cette juridiction adresse à *(Décr. n° 2014-524 du 22 mai 2014)* « Pôle emploi », selon les formes prévues au deuxième alinéa, une copie certifiée conforme de *(Décr. n° 2008-1010 du 29 sept. 2008)* « l'arrêt ». – *[Anc. art. D. 122-9.]*

Art. R. 1235-3 *(Abrogé par Décr. n° 2008-1010 du 29 sept. 2008)* ***La demande de recouvrement est portée par l'organisme gestionnaire du régime d'assurance chômage devant le tribunal d'instance du lieu où demeure l'employeur.***

Tout autre juge se déclare d'office incompétent. – [Anc. art. D. 122-10.]

Art. R. 1235-4 *(Décr. n° 2008-1010 du 29 sept. 2008)* « La demande en recouvrement » est formée par simple requête remise ou adressée au greffe.

(Décr. n° 2008-1010 du 29 sept. 2008) « Elle indique la dénomination et l'adresse de *(Décr. n° 2014-524 du 22 mai 2014, art. 16-II)* « Pôle emploi », et la dénomination, la forme et le siège social de l'organisme gestionnaire du régime d'assurance chômage pour le compte duquel cette dernière agit. Elle indique également la dénomination, la forme et le siège social de l'employeur si ce dernier est une personne morale, ainsi que l'organe qui le représente légalement. Si l'employeur est une personne physique, elle indique ses noms, prénoms, profession et adresse. »

Elle précise le montant des allocations dont le remboursement a été ordonné.

La copie certifiée conforme de la décision et un relevé de compte individuel de l'allocataire sont joints à la demande. – *[Anc. art. D. 122-11.]*

Art. R. 1235-5 Au vu des documents produits à l'appui de *(Décr. n° 2008-1010 du 29 sept. 2008)* « la demande en recouvrement », le juge rend une ordonnance portant injonction de payer. La requête et l'ordonnance sont conservées au greffe, à titre de minute.

Les documents produits sont provisoirement conservés au greffe. – *[Anc. art. D. 122-12.]*

Art. R. 1235-6 Une copie certifiée conforme de la requête et de l'ordonnance est notifiée à l'employeur par le greffier, par lettre recommandée avec avis de réception. – *[Anc. art. D. 122-13.]*

Art. R. 1235-7 L'employeur peut s'opposer à l'ordonnance portant injonction de payer, en formant opposition devant le tribunal d'instance qui a rendu l'ordonnance.

L'opposition est formée dans le mois qui suit la notification de l'ordonnance.

Toutefois, si la notification n'a pas été adressée, l'opposition est recevable jusqu'à l'expiration du délai d'un mois suivant le premier acte signifié à personne ou, à défaut, suivant la première mesure d'exécution ayant pour effet de rendre indisponibles en tout ou partie les biens de l'employeur. – *[Anc. art. D. 122-14.]*

Art. R. 1235-8 A peine de nullité, la notification de l'ordonnance informe l'employeur qu'il doit payer à *(Décr. n° 2008-1010 du 29 sept. 2008)* « l'institution » le montant des allocations versées, sauf à former opposition s'il a à faire valoir des moyens de défense.

Sous la même sanction, la notification de l'ordonnance :

1° Indique le délai dans lequel l'opposition doit être formée, le tribunal devant lequel elle doit être portée et les formes selon lesquelles elle doit être faite ;

2° Avertit l'employeur qu'il peut prendre connaissance au greffe des documents produits par *(Décr. n° 2008-1010 du 29 sept. 2008)* « l'institution », et qu'à défaut d'opposition dans le délai indiqué il ne peut plus contester la créance et peut être contraint de la payer par toutes voies de droit.

Art. R. 1235-9 L'opposition est formée au greffe soit par déclaration contre récépissé, soit par lettre recommandée. – *[Anc. art. D. 122-16.]*

Art. R. 1235-10 Le greffier convoque l'employeur et *(Décr. n° 2008-1010 du 29 sept. 2008)* « l'institution » par lettre recommandée avec avis de réception quinze jours au moins avant la date de l'audience.

Art. R. 1235-11 Si aucune des parties ne se présente, le tribunal d'instance constate l'extinction de l'instance. Celle-ci rend non avenue l'ordonnance portant injonction de payer. – *[Anc. art. D. 122-18.]*

Art. R. 1235-12 Le tribunal d'instance statue sur l'opposition quel que soit le montant des allocations dont le remboursement a été réclamé. Le jugement du tribunal se substitue à l'ordonnance portant injonction de payer.

Le tribunal statue à charge d'appel lorsque le montant de la demande excède le taux de sa compétence en dernier ressort. – *[Anc. art. D. 122-19.]*

Art. R. 1235-13 Si, dans son opposition, l'employeur prétend que le remboursement des indemnités de chômage a été ordonné dans un cas où cette mesure est exclue par la loi, le tribunal d'instance renvoie l'affaire à la juridiction qui a statué aux fins d'une rétractation éventuelle du jugement sur ce point. La rétractation ne peut en aucun cas remettre en question la chose jugée entre l'employeur et le travailleur licencié, ni l'appréciation portée par la juridiction sur l'absence de cause réelle et sérieuse du licenciement.

Le greffier du tribunal d'instance transmet aussitôt le dossier de l'affaire à cette juridiction.

Le greffier de la juridiction qui a statué convoque *(Décr. n° 2014-524 du 22 mai 2014, art. 16)* « Pôle emploi » et l'employeur, selon le cas, devant le bureau de jugement du conseil de prud'hommes ou devant la chambre sociale de la cour d'appel, quinze jours au moins à l'avance, par lettre recommandée avec avis de réception.

La juridiction qui a statué se prononce sur l'ensemble du litige résultant de l'opposition et est habilitée à liquider la somme due par l'employeur à *(Décr. n° 2014-524 du 22 mai 2014, art. 16)* « Pôle emploi ».

La décision prononcée sur la demande de rétractation est mentionnée sur la minute et sur les expéditions du jugement.

L'auteur d'une demande dilatoire ou abusive de rétractation peut être condamné à une amende civile de 15 euros à 1500 euros. – *[Anc. art. D. 122-20.]*

Art. R. 1235-14 En l'absence d'opposition dans le mois qui suit la notification de l'ordonnance portant injonction de payer, quelles que soient les modalités de la notification, ou en cas de désistement de l'employeur qui a formé opposition, *(Décr. n° 2008-1010 du 29 sept. 2008)* « l'institution » peut demander l'apposition sur l'ordonnance de la formule exécutoire.

L'ordonnance produit tous les effets d'un jugement contradictoire. Elle n'est pas susceptible d'appel. – *[Anc. art. D. 122-21.]*

Art. R. 1235-15 La demande tendant à l'apposition de la formule exécutoire est formée au greffe soit par déclaration, soit par lettre simple. – *[Anc. art. D. 122-22.]*

Art. R. 1235-16 Les documents produits par *(Décr. n° 2008-1010 du 29 sept. 2008)* « l'institution » et conservés provisoirement au greffe lui sont restitués sur sa demande dès l'opposition ou au moment où l'ordonnance est revêtue de la formule exécutoire.

Art. R. 1235-17 En cas de pourvoi en cassation dirigé contre une décision qui a condamné un employeur pour licenciement sans cause réelle et sérieuse en application des dispositions de l'article L. 1235-3, la cassation du chef de la décision qui emporte condamnation au profit du salarié atteint le chef de la décision qui ordonne d'office le remboursement des indemnités de chômage. – *[Anc. art. D. 122-24.]*

SECTION II **ACTIONS EN JUSTICE DES ORGANISATIONS SYNDICALES EN CAS DE LICENCIEMENT ÉCONOMIQUE**

Art. D. 1235-18 Lorsqu'une organisation syndicale a l'intention d'exercer une action en justice en faveur d'un salarié, en application de l'article L. 1235-8, elle l'en avertit par lettre recommandée avec avis de réception.

Si le salarié ne s'y est pas opposé, l'organisation syndicale avertit l'employeur dans les mêmes formes de son intention d'agir en justice. – *[Anc. art. L. 321-15.]*

Art. D. 1235-19 La lettre recommandée avec avis de réception adressée au salarié indique la nature et l'objet de l'action envisagée par l'organisation syndicale représentative.

Elle mentionne en outre :

1° Que l'action est conduite par l'organisation syndicale qui pourra exercer elle-même les voies de recours contre le jugement ;

2° Que le salarié peut, à tout moment, intervenir dans l'instance engagée par l'organisation syndicale ou mettre un terme à cette action ;

3° Que le salarié peut faire connaître à l'organisation syndicale son opposition à l'action envisagée dans un délai de quinze jours à compter de la date de réception. – *[Anc. art. R. 321-9, al. 1er à 5.]*

Art. D. 1235-20 Passé le délai prévu au 3° de l'article D. 1235-19, l'acceptation tacite du salarié est réputée acquise. – *[Anc. art. R. 321-9, al. 6.]*

SECTION III INDEMNITÉ FORFAITAIRE EN CAS D'ACCORD DE CONCILIATION

(Décr. n° 2013-721 du 2 août 2013)

Art. D. 1235-21 *(Décr. n° 2016-1582 du 23 nov. 2016)* **Le barème mentionné au premier alinéa de l'article L. 1235-1 est défini comme suit :**

– deux mois de salaire si le salarié justifie chez l'employeur d'une ancienneté inférieure à un an ;

– trois mois de salaire si le salarié justifie chez l'employeur d'une ancienneté au moins égale à un an, auxquels s'ajoute un mois de salaire par année supplémentaire jusqu'à huit ans d'ancienneté ;

– dix mois de salaire si le salarié justifie chez l'employeur d'une ancienneté comprise entre huit ans et moins de douze ans ;

– douze mois de salaire si le salarié justifie chez l'employeur d'une ancienneté comprise entre douze ans et moins de quinze ans ;

– quatorze mois de salaire si le salarié justifie chez l'employeur d'une ancienneté comprise entre quinze ans et moins de dix-neuf ans ;

– seize mois de salaire si le salarié justifie chez l'employeur d'une ancienneté comprise entre dix-neuf ans et moins de vingt-trois ans ;

– dix-huit mois de salaire si le salarié justifie chez l'employeur d'une ancienneté comprise entre vingt-trois ans et moins de vingt-six ans ;

– vingt mois de salaire si le salarié justifie chez l'employeur d'une ancienneté comprise entre vingt-six ans et moins de trente ans ;

– vingt-quatre mois de salaire si le salarié justifie chez l'employeur d'une ancienneté au moins égale à trente ans.

SECTION IV RÉFÉRENTIEL INDICATIF D'INDEMNISATION EN CAS D'ABSENCE DE CONCILIATION

(Décr. n° 2016-1581 du 23 nov. 2016)

Art. R. 1235-22 I. – Sous réserve des dispositions du présent code fixant un montant forfaitaire minimal d'indemnisation, le référentiel indicatif mentionné au cinquième alinéa de l'article L. 1235-1 du code du travail est fixé comme suit :

ANCIENNETÉ (en années complètes)	INDEMNITÉ (en mois de salaire)	ANCIENNETÉ (en années complètes)	INDEMNITÉ (en mois de salaire)
0	1	22	14,5
1	2	23	15
2	3	24	15,5
3	4	25	16
4	5	26	16,5
5	6	27	17
6	6,5	28	17,5
7	7	29	18
8	7,5	30	18,25
9	8	31	18,5
10	8,5	32	18,75

ANCIENNETÉ (en années complètes)	INDEMNITÉ (en mois de salaire)	ANCIENNETÉ (en années complètes)	INDEMNITÉ (en mois de salaire)
11	9	33	19
12	9,5	34	19,25
13	10	35	19,5
14	10,5	36	19,75
15	11	37	20
16	11,5	38	20,25
17	12	39	20,5
18	12,5	40	20,75
19	13	41	21
20	13,5	42	21,25
21	14	43 et au-delà	21,5

II. — Les montants indiqués dans ce référentiel sont majorés d'un mois si le demandeur était âgé d'au moins 50 ans à la date de la rupture.

Ils sont également majorés d'un mois en cas de difficultés particulières de retour à l'emploi du demandeur tenant à sa situation personnelle et à son niveau de qualification au regard de la situation du marché du travail au niveau local ou dans le secteur d'activité considéré.

CHAPITRE VI RUPTURE DE CERTAINS TYPES DE CONTRATS

Le présent chapitre ne comprend pas de dispositions réglementaires.

CHAPITRE VII AUTRES CAS DE RUPTURE

SECTION PREMIÈRE RETRAITE

Art. D. 1237-1 Le taux de l'indemnité de départ en retraite prévue à l'article L. 1237-9 est au moins égal à :

1° Un demi-mois de salaire après dix ans d'ancienneté ;

2° Un mois de salaire après quinze ans d'ancienneté ;

3° Un mois et demi de salaire après vingt ans d'ancienneté ;

4° Deux mois de salaire après trente ans d'ancienneté. – *[Décr. n° 2007-1404 du 28 sept. 2007, art. 6, al. 1er à 5.]*

Art. D. 1237-2 Le salaire à prendre en considération pour le calcul de l'indemnité de départ en retraite est, selon la formule la plus avantageuse pour l'intéressé, soit le douzième de la rémunération des douze derniers mois précédant le départ à la retraite, soit le tiers des trois derniers mois.

Dans ce cas, toute prime ou autre élément de salaire annuel ou exceptionnel qui aurait été versé au salarié pendant cette période est pris en compte à due proportion. – *[Décr. n° 2007-1404 du 28 sept. 2007, art. 6, al. 6 et 7.]*

Art. D. 1237-2-1 *(Décr. n° 2008-1515 du 30 déc. 2008)* Le délai mentionné au septième alinéa de l'article L. 1237-5 est fixé à trois mois avant l'anniversaire du salarié.

Le délai mentionné au huitième alinéa du même article est fixé à un mois à compter de la date à laquelle l'employeur a interrogé le salarié.

Par dérogation au 1er al., la mise à la retraite d'office ne peut prendre effet au cours de l'année 2009 que si elle a été notifiée avant le 1er janv. 2009 ou si le salarié, interrogé par l'employeur au moins trois mois avant la date d'effet de cette mise à la retraite, n'a pas dans un délai d'un mois manifesté son intention de poursuivre son activité (Décr. nº 2008-1515 du 30 déc. 2008, art. 2).

SECTION II **RUPTURE CONVENTIONNELLE**

(Décr. nº 2008-715 du 18 juill. 2008)

Art. R. 1237-3 L'autorité administrative compétente pour l'homologation de la convention de rupture prévue à l'article L. 1237-14 est le *(Décr. nº 2009-1377 du 10 nov. 2009)* « directeur régional des entreprises, de la concurrence, de la consommation, du travail et de l'emploi » du lieu où est établi l'employeur.

V. Arr. du 24 janv. 2013 portant création d'un téléservice et d'un traitement automatisé de données nominatives relatif à la gestion des demandes d'homologation des ruptures conventionnelles d'un contrat de travail à durée indéterminée (JO 14 mars).

Sur la demande en ligne de l'homologation de la rupture conventionnelle, V. www.telerc.travail.gouv.fr.

CHAPITRE VIII **DISPOSITIONS PÉNALES**

Art. R. 1238-1 Le fait de méconnaître les dispositions des articles L. 1233-5 à L. 1233-7, relatives aux critères d'ordre des licenciements, est puni de l'amende prévue pour les contraventions de la quatrième classe. — *[Anc. art. R. 362-1-1.]*

Art. R. 1238-2 Le fait de procéder à un licenciement collectif pour motif économique de moins de dix salariés dans une même période de trente jours sans informer l'autorité administrative du ou des licenciements prononcés, en méconnaissance des dispositions de l'article L. 1233-19 *(Décr. nº 2009-289 du 13 mars 2009)* « ou sans mentionner dans son information les renseignements prévus à l'article D. 1233-3 », est puni de l'amende prévue pour les contraventions de la quatrième classe. — *[Anc. art. R. 362-1-1.]*

Art. R. 1238-3 Le fait de ne pas délivrer au salarié un certificat de travail, en méconnaissance des dispositions de l'article L. 1234-19, est puni de l'amende prévue pour les contraventions de la quatrième classe. — *[Anc. art. R. 152-1.]*

Art. R. 1238-4 *(Abrogé par Décr. nº 2009-289 du 13 mars 2009)* ***Le fait de procéder à un licenciement collectif pour motif économique de moins de dix salariés dans une même période de trente jours sans informer par écrit le directeur départemental du travail, de l'emploi et de la formation professionnelle des licenciements prononcés dans les huit jours de l'envoi des lettres de licenciement aux salariés concernés, en méconnaissance des dispositions de l'article D. 1233-3, est puni de l'amende prévue pour les contraventions de la quatrième classe.*** — [Anc. art. R. 362-1-1.]

Art. R. 1238-5 Le fait de méconnaître les dispositions des articles D. 1233-4 à D. 1233-10, relatives à l'information de l'autorité administrative lors d'un licenciement pour motif économique de dix salariés et plus dans une même période de trente jours, est puni de l'amende prévue pour les contraventions de la quatrième classe. — *[Anc. art. R. 362-1-1.]*

Art. R. 1238-6 Le fait de méconnaître les dispositions des articles R. 1233-15 et R. 1233-16, relatives au licenciement économique dans le cadre d'un redressement ou d'une liquidation judiciaire, est puni de l'amende prévue pour les contraventions de la quatrième classe. — *[Anc. art. R. 362-1-1.]*

Art. R. 1238-7 Le fait de méconnaître les dispositions des articles R. 1234-9 à R. 1234-12, relatives à l'attestation d'assurance chômage, est puni de l'amende prévue pour les contraventions de la cinquième classe. — *[Anc. art. R. 365-1, al. 1er.]*

TITRE QUATRIÈME CONTRAT DE TRAVAIL À DURÉE DÉTERMINÉE

CHAPITRE PREMIER CHAMP D'APPLICATION

Le présent chapitre ne comprend pas de dispositions réglementaires.

CHAPITRE II CONCLUSION ET EXÉCUTION DU CONTRAT

SECTION PREMIÈRE CONDITIONS DE RECOURS

SOUS-SECTION 1 CAS DE RECOURS

Art. D. 1242-1 En application du 3° de l'article L. 1242-2, les secteurs d'activité dans lesquels des contrats à durée déterminée peuvent être conclus pour les emplois pour lesquels il est d'usage constant de ne pas recourir au contrat à durée indéterminée en raison de la nature de l'activité exercée et du caractère par nature temporaire de ces emplois sont les suivants :

1° Les exploitations forestières ;

2° La réparation navale ;

3° Le déménagement ;

4° L'hôtellerie et la restauration, les centres de loisirs et de vacances ;

5° Le sport professionnel ;

6° Les spectacles, l'action culturelle, l'audiovisuel, la production cinématographique, l'édition phonographique ;

7° L'enseignement ;

8° L'information, les activités d'enquête et de sondage ;

9° L'entreposage et le stockage de la viande ;

10° Le bâtiment et les travaux publics pour les chantiers à l'étranger ;

11° Les activités de coopération, d'assistance technique, d'ingénierie et de recherche à l'étranger ;

12° Les activités d'insertion par l'activité économique exercées par les associations intermédiaires prévues à l'article L. 5132-7 ;

13° Le recrutement de travailleurs pour les mettre, à titre onéreux, à la disposition de personnes physiques, dans le cadre du 2° de l'article L. 7232-6 ;

14° La recherche scientifique réalisée dans le cadre d'une convention internationale, d'un arrangement administratif international pris en application d'une telle convention, ou par des chercheurs étrangers résidant temporairement en France ;

(Décr. nº 2009-1443 du 24 nov. 2009) « 15° Les activités foraines ».

Art. D. 1242-2 Tout employeur, à l'exception des professions agricoles, peut conclure un contrat de travail à durée déterminée, en application du 1° de l'article L. 1242-3, avec une personne âgée de plus de 57 ans inscrite depuis plus de trois mois comme demandeur d'emploi ou bénéficiant d'une convention de reclassement personnalisé afin de faciliter son retour à l'emploi et de lui permettre d'acquérir des droits supplémentaires en vue de la liquidation de sa retraite à taux plein. – *[Anc. art. D. 322-24 et D. 322-25.]*

Art. D. 1242-3 En application du 2° de l'article L. 1242-3, un contrat de travail à durée déterminée peut être conclu lorsque l'employeur s'engage à assurer un complément de formation professionnelle aux :

1° Candidats effectuant un stage en vue d'accéder à un établissement d'enseignement ;

2° Élèves ou anciens élèves d'un établissement d'enseignement effectuant un stage d'application ;

3° Étrangers venant en France en vue d'acquérir un complément de formation professionnelle ;

4° Bénéficiaires d'une aide financière individuelle à la formation par la recherche ;

5° Salariés liés par un contrat de rééducation professionnelle au sens des dispositions de l'article L. 5213-3 ou des textes relatifs à la rééducation professionnelle des victimes d'accidents du travail et des assurés sociaux. – *[Anc. art. D. 121-1-I.]*

SOUS-SECTION 2 INTERDICTIONS

Art. D. 1242-4 La liste des travaux particulièrement dangereux interdits au salarié titulaire d'un contrat de travail à durée déterminée, prévue aux articles L. 1242-6 et L. 4154-1, figure à l'article D. 4154-1. – *[Anc. art. L. 122-3, al. 3, phrase 1 milieu.]*

Art. D. 1242-5 Les dérogations mentionnées au quatrième alinéa de l'article L. 1242-6 sont accordées par le *(Décr. n° 2009-1377 du 10 nov. 2009)* « directeur régional des entreprises, de la concurrence, de la consommation, du travail et de l'emploi » dans les conditions prévues aux articles D. 4154-2 à D. 4154-6. – *[Anc. art. L. 122-3, al. 3, phrase 2 milieu.]*

Les modifications issues du Décr. n° 2009-1377 du 10 nov. 2009 prennent effet, dans chaque région, à la date de nomination du directeur régional des entreprises, de la concurrence, de la consommation, du travail et de l'emploi (Décr. préc., art. 7-I). – V. Arr. de nomination de ces directeurs des 30 déc. 2009 (JO 5 janv. 2010) et 9 févr. 2010 (JO 14 févr.).

Ces modifications s'appliquent à la région Île-de-France à compter du 1er juill. 2010 (Décr. n° 2010-687 du 24 juin 2010, art. 2).

SECTION II DURÉE DU CONTRAT

Art. D. 1242-6 Pour les salariés mentionnés aux 1° à 3° de l'article D. 1242-3, la durée maximale du contrat de travail à durée déterminée ne peut être supérieure à vingt-quatre mois.

Dans le cas mentionné au 2°, le contrat peut être conclu pour la durée du stage lorsque cette durée est fixée par voie réglementaire.

Pour les étrangers soumis au régime de l'autorisation de travail prévue à l'article R. 5221-1, la durée maximale du contrat est celle pour laquelle l'autorisation provisoire est accordée. Si l'autorisation est renouvelée, la durée maximale est prolongée d'autant et le terme du contrat peut être reporté autant de fois que l'autorisation est renouvelée.

Pour les salariés mentionnés au 4° de l'article D. 1242-3, la durée du contrat ne peut être supérieure à celle de la période donnant lieu au bénéfice de l'aide financière. – *[Anc. art. D. 121-1-II.]*

Art. D. 1242-7 Le contrat de travail à durée déterminée conclu pour le retour à l'emploi des salariés âgés, prévu à l'article D. 1242-2, peut être conclu pour une durée maximale de dix-huit mois.

Il peut être renouvelé une fois pour une durée déterminée qui, ajoutée à la durée du contrat initial, ne peut excéder trente-six mois. – *[Anc. art. D. 322-26.]*

CHAPITRE III RUPTURE ANTICIPÉE, ÉCHÉANCE DU TERME ET RENOUVELLEMENT DU CONTRAT

SECTION UNIQUE RUPTURE ANTICIPÉE DU CONTRAT

Art. D. 1243-1 Lorsque le salarié rompt son contrat de travail à durée déterminée avant l'échéance du terme, en application de l'article L. 1243-2, l'indemnité de fin de contrat prévue par l'article L. 1243-8 est calculée sur la base de la rémunération déjà perçue et de celle qu'il aurait perçue jusqu'au terme du contrat. – *[Anc. art. D. 121-3.]*

CHAPITRE IV SUCCESSION DE CONTRATS

Le présent chapitre ne comprend pas de dispositions réglementaires.

CHAPITRE V REQUALIFICATION DU CONTRAT

Art. R. 1245-1 Lorsqu'un conseil de prud'hommes est saisi d'une demande de requalification d'un contrat de travail à durée déterminée en contrat à durée indéterminée, en application de l'article L. 1245-2, sa décision est exécutoire de droit à titre provisoire. – *[Anc. art. L. 122-3-13, al. 2, phrase 2.]*

Lorsqu'une décision, exécutoire par provision, ordonne la requalification d'un CDD en CDI, la rupture du contrat de travail intervenue postérieurement à la notification de cette décision au motif de l'arrivée du terme stipulé dans le CDD est nulle. • Soc. 18 déc. 2013 : ⚖ *pourvoi nº 12-27.383.*

CHAPITRE VI **RÈGLES PARTICULIÈRES DE CONTRÔLE**

Le présent chapitre ne comprend pas de dispositions réglementaires.

CHAPITRE VII **ACTIONS EN JUSTICE**

Art. D. 1247-1 L'organisation syndicale qui exerce une action en justice en faveur d'un salarié, en application de l'article L. 1247-1, avertit ce dernier par lettre recommandée avec avis de réception.

La lettre indique la nature et l'objet de l'action envisagée par l'organisation syndicale représentative.

Elle mentionne en outre :

1° Que l'action est conduite par l'organisation syndicale qui peut exercer elle-même les voies de recours contre le jugement ;

2° Que le salarié peut, à tout moment, intervenir dans l'instance engagée par l'organisation syndicale ou mettre un terme à cette action ;

3° Que le salarié peut faire connaître à l'organisation syndicale son opposition à l'action envisagée dans un délai de quinze jours à compter de la date de réception. – *[Anc. art. L. 122-3-16, phrase 2 milieu, et R. 122-1, al. 1er à 5.]*

Art. D. 1247-2 Passé le délai de quinze jours prévu au 3° de l'article D. 1247-1, l'acceptation tacite du salarié est réputée acquise. – *[Anc. art. R. 122-1, al. 6.]*

CHAPITRE VIII **DISPOSITIONS PÉNALES**

Le présent chapitre ne comprend pas de dispositions réglementaires.

TITRE CINQUIÈME **CONTRAT DE TRAVAIL TEMPORAIRE, AUTRES CONTRATS DE MISE À DISPOSITION ET PORTAGE SALARIAL** *(Décr. nº 2015-1886 du 30 déc. 2015, art. 1er).*

CHAPITRE PREMIER **CONTRAT DE TRAVAIL CONCLU AVEC UNE ENTREPRISE DE TRAVAIL TEMPORAIRE**

SECTION PREMIÈRE **CONDITIONS DE RECOURS**

SOUS-SECTION 1 **CAS DE RECOURS**

Art. D. 1251-1 En application du 3° de l'article L. 1251-6, les secteurs d'activité dans lesquels des contrats de mission peuvent être conclus pour les emplois pour lesquels il est d'usage constant de ne pas recourir au contrat de travail à durée indéterminée, en raison de la nature de l'activité exercée et du caractère par nature temporaire de ces emplois, sont les suivants :

1° Les exploitations forestières ;

2° La réparation navale ;

3° Le déménagement ;

4° L'hôtellerie et la restauration ;

5° Les centres de loisirs et de vacances ;

6° Le sport professionnel ;

7° Les spectacles, l'action culturelle, l'audiovisuel, la production cinématographique, l'édition phonographique ;

8° L'enseignement ;

9° L'information, les activités d'enquête et de sondage ;

10° L'entreposage et le stockage de la viande ;

11° Le bâtiment et les travaux publics pour les chantiers à l'étranger ;

12° Les activités de coopération, d'assistance technique, d'ingénierie et de recherche à l'étranger ;

13° La recherche scientifique réalisée dans le cadre d'une convention internationale, d'un arrangement administratif international pris en application d'une telle convention, ou par des chercheurs étrangers résidant temporairement en France ;

(Décr. n° 2008-1069 du 17 oct. 2008) « 14° Les activités d'assistance technique ou logistique au sein d'institutions internationales ou de l'Union européenne pour la tenue de sessions, d'une durée limitée, prévues par les règlements de ces institutions ou par des traités. »

SOUS-SECTION 2 **INTERDICTIONS**

Art. D. 1251-2 La dérogation prévue au 2° de l'article L. 1251-10 est accordée par le *(Décr. n° 2009-1377 du 10 nov. 2009)* « directeur régional des entreprises, de la concurrence, de la consommation, du travail et de l'emploi ». – *[Anc. art. L. 124-2-3, al. 3, phrase 2 milieu.]*

Les modifications issues du Décr. n° 2009-1377 du 10 nov. 2009 prennent effet, dans chaque région, à la date de nomination du directeur régional des entreprises, de la concurrence, de la consommation, du travail et de l'emploi (Décr. préc., art. 7-I). – V. Arr. de nomination de ces directeurs des 30 déc. 2009 (JO 5 janv. 2010) et 9 févr. 2010 (JO 14 févr.).

Ces modifications s'appliquent à la région Île-de-France à compter du 1er juill. 2010 (Décr. n° 2010-687 du 24 juin 2010, art. 2).

SECTION II **CONTRAT DE MISSION**

Art. D. 1251-3 La décision du conseil de prud'hommes saisi d'une demande de requalification d'un contrat de mission en contrat de travail à durée indéterminée, en application de l'article L. 1251-41, est exécutoire de droit à titre provisoire. – *[Anc. art. L. 124-7-1, phrase 2.]*

SECTION III **CONTRAT DE MISE À DISPOSITION ET ENTREPRISE DE TRAVAIL TEMPORAIRE**

SOUS-SECTION UNIQUE **ENTREPRISE DE TRAVAIL TEMPORAIRE**

§ 1er RÈGLES DE CONTRÔLE

Art. R. 1251-4 La déclaration préalable d'entreprise de travail temporaire prévue à l'article L. 1251-45 comporte les mentions suivantes :

1° L'indication de l'opération envisagée : création d'une entreprise de travail temporaire, ouverture d'une succursale, d'une agence ou d'un bureau annexe, déplacement du siège ou cessation d'activité ;

2° Le nom, le siège et le caractère juridique de l'entreprise ainsi que, le cas échéant, la localisation de la succursale, de l'agence ou du bureau annexe ;

3° La date d'effet de l'opération envisagée ;

4° Les nom, prénoms, domicile et nationalité des dirigeants de l'entreprise ou de la succursale ou de l'agence ou du bureau annexe intéressés ;

5° La désignation de l'organisme auquel l'entrepreneur de travail temporaire verse les cotisations de sécurité sociale ainsi que son numéro d'employeur ;

6° Les domaines géographiques et professionnel dans lesquels l'entreprise entend mettre des travailleurs temporaires à la disposition d'entreprises utilisatrices ;

7° Le nombre de salariés permanents que l'entreprise emploie ou envisage d'employer pour assurer le fonctionnement de ses propres services. – *[Anc. art. R. 124-1, al. 1er à 8.]*

Art. R. 1251-5 La déclaration préalable est datée et signée par l'entrepreneur de travail temporaire.

Elle est adressée en deux exemplaires, sous pli recommandé, à l'inspection du travail dont relève le siège de l'entreprise. Elle est adressée dans les mêmes conditions à l'inspection du travail dont relève la succursale, l'agence ou le bureau annexe dont l'ouverture est prévue. – *[Anc. art. R. 124-1, al. 9.]*

Art. R. 1251-6 L'inspecteur du travail, après s'être assuré de la conformité de la déclaration préalable avec les obligations prévues aux articles R. 1251-4 et R. 1251-5, en retourne un exemplaire visé à l'expéditeur dans un délai de quinze jours à compter de la réception.

L'entrée en activité de l'entreprise, de la succursale, de l'agence ou du bureau annexe ne peut précéder la réception du document mentionné au premier alinéa ou l'expiration du délai prévu par cet alinéa. – *[Anc. art. R. 124-2.]*

Art. R. 1251-7 Pour l'application de l'article L. 1251-46, l'entrepreneur de travail temporaire adresse, avant le 20 de chaque mois, à *(Décr. n° 2014-524 du 22 mai 2014, art. 16-II)* « Pôle emploi », le relevé des contrats de mission conclus durant le ou les mois précédents et ayant pris fin ou en cours d'exécution durant le mois précédent.

Un relevé distinct est établi pour chaque établissement accueillant un ou des salariés mis à la disposition de l'entreprise.

(Décr. n° 2014-524 du 22 mai 2014, art. 16-II) « Pôle emploi » fournit aux *(Décr. n° 2009-1377 du 10 nov. 2009)* « directions régionales des entreprises, de la concurrence, de la consommation, du travail et de l'emploi », dans les meilleurs délais, le relevé des contrats de mission. – *[Anc. art. R. 124-4, al. 1er, 5 et 6.]*

Les modifications issues du Décr. n° 2009-1377 du 10 nov. 2009 prennent effet, dans chaque région, à la date de nomination du directeur régional des entreprises, de la concurrence, de la consommation, du travail et de l'emploi (Décr. préc., art. 7-I). – V. Arr. de nomination de ces directeurs des 30 déc. 2009 (JO 5 janv. 2010) et 9 févr. 2010 (JO 14 févr.).

Ces modifications s'appliquent à la région Île-de-France à compter du 1er juill. 2010 (Décr. n° 2010-687 du 24 juin 2010, art. 2).

Art. R. 1251-8 Le relevé des contrats de mission est conforme à un modèle fixé par arrêté du ministre chargé du travail.

Le relevé comporte pour chaque entreprise utilisatrice :

1° La raison sociale de l'entreprise, l'adresse et l'activité principale de l'établissement pour lequel travaille le salarié, l'adresse du lieu d'exécution de la mission si celle-ci diffère de l'adresse de l'établissement ainsi que, à titre facultatif, le numéro Siret ou, à défaut, le numéro Siren ;

2° Pour chaque salarié mis à la disposition de l'entreprise, les nom, prénom, numéro d'inscription au répertoire national d'identification des personnes physiques, code postal de la commune de résidence, nationalité, qualification professionnelle prévue dans le contrat de mission et, pour chaque mission accomplie par le salarié au cours du mois considéré, la date de début et la date de fin de cette mission si celle-ci s'est achevée au cours de ce mois ou pour chaque mission en cours d'exécution au cours du mois considéré, la date du début de cette mission.

Ce relevé comporte également, pour chaque salarié et aux fins de contrôle du droit au revenu de remplacement, le montant de la rémunération brute mensuelle figurant sur le bulletin de paie ou versée pour chaque mission. – *[Anc. art. R. 124-4, al. 2 à 4.]*

Art. R. 1251-9 *(Décr. n° 2016-1417 du 20 oct. 2016, art. 1er)* L'entreprise de travail temporaire informe, par tout moyen, les salariés temporaires de chaque établissement :

1° De la communication d'informations nominatives contenues dans les relevés de contrats de mission à Pôle emploi et au directeur régional des entreprises, de la concurrence, de la consommation, du travail et de l'emploi territorialement compétent ;

2° Des droits d'accès et de rectification prévus aux articles 39 et 40 de la loi du 6 janvier 1978 susvisée que peuvent exercer les intéressés auprès de Pôle emploi et du directeur régional mentionné au 1°.

Art. R. 1251-10 La fermeture de l'entreprise en application de l'article L. 1251-47 est ordonnée par le président du tribunal de grande instance. – *[Anc. art. L. 124-13-1, al. 1er milieu.]*

§ 2 GARANTIE FINANCIÈRE ET DÉFAILLANCE DE L'ENTREPRISE DE TRAVAIL TEMPORAIRE

SOUS-§ 1er DISPOSITIONS GÉNÉRALES

Art. R. 1251-11 La garantie financière ne peut résulter, en application de l'article L. 1251-50, que d'un engagement de caution unique.

L'engagement ne peut être pris par un organisme de garantie collective que si celui-ci est agréé par les ministres chargés du travail et de l'économie. – *[Anc. art. R. 124-7.]*

Art. R. 1251-12 Le montant de la garantie financière est calculé, pour chaque entreprise de travail temporaire, en pourcentage du chiffre d'affaires hors taxes réalisé au cours du dernier exercice social, certifié par un expert-comptable dans les six mois de la clôture de l'exercice. Le chiffre d'affaires retenu pour le calcul de la garantie financière concerne exclusivement l'activité de travail temporaire.

Lorsque le dernier exercice social n'a pas une durée de douze mois, le chiffre d'affaires enregistré au cours de l'exercice est proportionnellement augmenté ou réduit pour être évalué sur douze mois.

Le montant de la garantie est réexaminé chaque année et peut être révisé à tout moment. Il ne doit pas être inférieur à 8 % du chiffre d'affaires, ni à un minimum fixé chaque année par décret, compte tenu de l'évolution moyenne des salaires. – *[Anc. art. R. 124-9.] – Montant minimum fixé pour 2015 à 120 680 € (Décr. no 2014-1716 du 29 déc. 2014, JO 30 déc.).*

Art. R. 1251-13 En cas d'absorption ou de fusion d'entreprises de travail temporaire, le montant de la garantie de l'entreprise ainsi formée ne peut être inférieur au montant des garanties cumulées de ces entreprises. En cas d'apport partiel d'actif, la garantie de l'entreprise bénéficiaire de l'apport est augmentée en fonction de l'augmentation du chiffre d'affaires résultant de cet apport.

En cas de scission d'une entreprise de travail temporaire, le montant de sa garantie est ventilé entre les entreprises issues de la scission, proportionnellement à leur chiffre d'affaires. – *[Anc. art. R. 124-10.]*

Art. R. 1251-14 L'entreprise de travail temporaire est en possession, pour chacun de ses établissements, d'une attestation de garantie délivrée par le garant.

L'attestation indique notamment le nom et l'adresse du garant, le montant, la date de prise d'effet et la date d'expiration de la garantie accordée.

L'attestation est tenue à la disposition de l'inspection du travail et des agents de contrôle des organismes de sécurité sociale et institutions sociales mentionnés à l'article L. 1251-49.

L'entreprise de travail temporaire adresse, dans un délai de dix jours à compter de l'obtention ou du renouvellement de la garantie financière, une copie de cette attestation à la *(Décr. no 2009-1377 du 10 nov. 2009)* « direction régionale des entreprises, de la concurrence, de la consommation, du travail et de l'emploi » *(Abrogé par Décr. no 2008-1503 du 30 déc. 2008)* ***« ou, pour les professions agricoles, au service départemental de l'inspection du travail, de l'emploi et de la protection sociale agricoles, »*** ainsi qu'aux organismes de sécurité sociale et institutions sociales compétents pour chacun des établissements concernés. – *[Anc. art. R. 124-11.]*

Les modifications issues du Décr. no 2009-1377 du 10 nov. 2009 prennent effet, dans chaque région, à la date de nomination du directeur régional des entreprises, de la concurrence, de la consommation, du travail et de l'emploi (Décr. préc., art. 7-I). – V. Arr. de nomination de ces directeurs des 30 déc. 2009 (JO 5 janv. 2010) et 9 févr. 2010 (JO 14 févr.).

Ces modifications s'appliquent à la région Île-de-France à compter du 1er juill. 2010 (Décr. no 2010-687 du 24 juin 2010, art. 2).

Art. R. 1251-15 Tous les documents concernant l'entreprise de travail temporaire, notamment les contrats de mise à disposition et les contrats de mission, mentionnent le nom et l'adresse de son garant ainsi que la référence à l'article L. 1251-49.

Ces indications, ainsi que les dates de prise d'effet et d'échéance de la garantie, sont affichées de manière visible dans chaque établissement. – *[Anc. art. R. 124-12.]*

Art. R. 1251-16 Un arrêté conjoint des ministres chargés du travail, de la sécurité sociale et de l'agriculture fixe les modèles des attestations prévues aux articles L. 1251-51 et R. 1251-14. – *[Anc. art. R. 124-13.]*

SOUS-§ 2 DISPOSITIONS PARTICULIÈRES AUX DIFFÉRENTS MODES DE GARANTIE

Art. R. 1251-17 La garantie financière ne peut être accordée par des sociétés de caution mutuelle que si celles-ci ont pour objet unique de garantir les créances définies à l'article L. 1251-49. – *[Anc. art. R. 124-14.]*

Art. R. 1251-18 L'engagement de caution prévu à l'article R. 1251-11 ne peut être pris par un organisme de garantie collective agréé, une entreprise d'assurances, une banque ou un établissement financier habilité à donner caution que si l'organisme, l'entreprise, la banque ou l'établissement financier peut légalement exercer son activité en France. – *[Anc. art. R. 124-15.]*

Art. R. 1251-19 L'engagement de caution fait l'objet d'un contrat écrit précisant les conditions et le montant de la garantie accordée ainsi que les modalités du contrôle comptable que le garant peut exercer sur l'entreprise de travail temporaire.

Ce contrat prévoit la renonciation du garant, en cas de défaillance de l'entreprise de travail temporaire, au bénéfice de discussion prévu aux articles 2298 à 2301 du code civil.

Le contrat est tenu, au siège de l'entreprise de travail temporaire, à la disposition de l'inspecteur du travail et des agents de contrôle des organismes de sécurité sociale et des institutions sociales. – *[Anc. art. R. 124-16.]*

SOUS-§ 3 MISE EN ŒUVRE DE LA GARANTIE

Art. R. 1251-20 L'entrepreneur de travail temporaire est considéré comme défaillant au sens de l'article L. 1251-52 lorsqu'à l'expiration d'un délai de quinze jours suivant la réception d'une mise en demeure, il n'a pas payé tout ou partie des dettes énumérées à l'article L. 1251-49.

La mise en demeure peut émaner soit d'un salarié, soit d'un organisme de sécurité sociale ou d'une institution sociale, dès lors que leurs créances sont certaines, liquides et exigibles. Elle est adressée par lettre recommandée avec avis de réception. Le garant est informé par le créancier, soit par lettre recommandée avec avis de réception, soit par lettre remise contre récépissé, de l'envoi de la mise en demeure.

L'entrepreneur de travail temporaire est également considéré comme défaillant lorsqu'il fait l'objet d'une procédure de sauvegarde, de redressement ou de liquidation judiciaire. Dans ce cas, le gérant est informé du jugement, dans les mêmes formes, par le mandataire judiciaire ou par le liquidateur. – *[Anc. art. R. 124-17.]*

Art. R. 1251-21 Dès la constatation de la défaillance de l'entrepreneur de travail temporaire, le titulaire de l'une des créances définies à l'article L. 1251-49 peut adresser au garant une demande de paiement par lettre recommandée avec avis de réception ou remise contre récépissé.

Lorsqu'une entreprise de travail temporaire fait l'objet d'une procédure de sauvegarde, de redressement ou de liquidation judiciaire, le mandataire judiciaire ou le liquidateur adresse au garant, dans un délai de dix jours à compter du prononcé du jugement et dans les formes prévues au premier alinéa, un relevé, visé par le juge commissaire, des salaires et cotisations impayés, précisant les droits de chacun des créanciers et éventuellement les sommes versées par ses soins. – *[Anc. art. R. 124-18.]*

Art. R. 1251-22 Le garant paie les sommes dues dans les dix jours suivant la réception de la demande de paiement.

Lorsque le reliquat des paiements demandés excède le montant de la garantie financière, les créances de même nature sont réglées à due proportion de chacune des créances. – *[Anc. art. R. 124-19.]*

Art. R. 1251-23 Si le garant conteste l'existence, l'exigibilité ou le montant de la créance, le salarié ou l'organisme social peut l'assigner directement devant les juridictions compétentes. – *[Anc. art. R. 124-20.]*

Art. R. 1251-24 Le garant qui a payé les sommes définies à l'article L. 1251-49 est subrogé, à due concurrence, dans tous les droits des salariés, des organismes de sécurité sociale et des institutions sociales contre l'entrepreneur de travail temporaire. – *[Anc. art. R. 124-21.]*

SOUS-§ 4 **SUBSTITUTION DE L'ENTREPRISE UTILISATRICE EN CAS DE DÉFAILLANCE DE L'ENTREPRISE DE TRAVAIL TEMPORAIRE**

Art. R. 1251-25 La substitution de l'entreprise utilisatrice à l'entreprise de travail temporaire, prévue à l'article L. 1251-52, s'applique malgré toute convention contraire et en dépit des obligations d'assurance contre le risque de non-paiement qui résultent des dispositions des articles L. 3253-6 à L. 3253-21. – *[Anc. art. R. 124-22, al. 1er.]*

Art. R. 1251-26 Dans le cas prévu à l'article L. 1251-52, le salarié ou l'organisme de sécurité sociale ou l'institution sociale, ou, en cas de procédures de sauvegarde, de redressement ou de liquidation judiciaire, le mandataire judiciaire ou le liquidateur informe l'entreprise utilisatrice de l'insuffisance de la caution en lui adressant une demande de paiement des sommes restant dues par lettre recommandée avec avis de réception ou remise contre récépissé.

L'entreprise utilisatrice paie les sommes dues dans un délai de dix jours à compter de la réception de la demande. – *[Anc. art. R. 124-22, al. 2 et 3.]*

Art. R. 1251-27 Les salariés, les organismes de sécurité sociale et les institutions sociales ont une action directe contre l'entreprise utilisatrice substituée, même lorsque celle-ci s'est acquittée en tout ou en partie des sommes qu'elle devait à l'entrepreneur de travail temporaire pour la mise à disposition des salariés. – *[Anc. art. R. 124-23.]*

Art. R. 1251-28 L'entreprise utilisatrice qui a payé les sommes définies à l'article L. 1251-49 qui restaient dues est subrogée, à due concurrence, dans tous les droits des salariés, des organismes de sécurité sociale ou des institutions sociales contre l'entrepreneur de travail temporaire. – *[Anc. art. R. 124-24.]*

Art. R. 1251-29 Lorsqu'un organisme de sécurité sociale poursuit à l'encontre de l'entreprise utilisatrice, substituée à un entrepreneur de travail temporaire en raison de l'insuffisance de la caution, le remboursement de prestations sociales pour défaut de versement des cotisations dues, la somme réclamée ne peut être supérieure au montant des cotisations dues pour les salariés mis à la disposition de l'entreprise utilisatrice par l'entrepreneur de travail temporaire. – *[Anc. art. R. 124-25.]*

Art. R. 1251-30 Lorsque l'engagement de caution dont bénéficie une entreprise de travail temporaire prend fin, pour quelque cause que ce soit, l'activité de cette entreprise ne peut être poursuivie que si elle a obtenu, dans les conditions prévues par le présent paragraphe, un autre engagement de caution, afin que le paiement des dettes définies à l'article L. 1251-49 soit garanti sans interruption. – *[Anc. art. R. 124-26.]*

Art. R. 1251-31 En cas de cessation de la garantie, le garant en informe dans un délai de trois jours à compter de la date à laquelle il en est informé, par lettre recommandée avec avis de réception, les *(Décr. no 2009-1377 du 10 nov. 2009)* « directions régionales des entreprises, de la concurrence, de la consommation, du travail et de l'emploi » *(Abrogé par Décr. no 2008-1503 du 30 déc. 2008)* ***« et, pour les professions agricoles, les services départementaux de l'inspection du travail, de l'emploi et de la protection sociale agricoles, »*** ainsi que les organismes chargés du recouvrement des cotisations de sécurité sociale, dans la circonscription desquels sont situés le siège de l'entreprise de travail temporaire et chacun de ses établissements. – *[Anc. art. R. 124-27.]*

Les modifications issues du Décr. no 2009-1377 du 10 nov. 2009 prennent effet, dans chaque région, à la date de nomination du directeur régional des entreprises, de la concurrence, de la consommation, du travail et de l'emploi (Décr. préc., art. 7-I). – V. Arr. de nomination de ces directeurs des 30 déc. 2009 (JO 5 janv. 2010) et 9 févr. 2010 (JO 14 févr.).

Ces modifications s'appliquent à la région Île-de-France à compter du 1er juill. 2010 (Décr. no 2010-687 du 24 juin 2010, art. 2).

SECTION IV **ACTIONS EN JUSTICE**

Art. D. 1251-32 L'organisation syndicale qui exerce une action en justice en faveur d'un salarié, en application du deuxième alinéa de l'article L. 1251-59, avertit ce dernier par lettre recommandée avec avis de réception.

La lettre indique la nature et l'objet de l'action envisagée par l'organisation syndicale représentative.

Elle mentionne en outre :

1° Que l'action est conduite par l'organisation syndicale qui peut exercer elle-même les voies de recours contre le jugement ;

2° Que le salarié peut, à tout moment, intervenir dans l'instance engagée par l'organisation syndicale ou mettre un terme à cette action ;

3° Que le salarié peut faire connaître à l'organisation syndicale son opposition à l'action envisagée dans un délai de quinze jours à compter de la date de réception. – *[Anc. art. L. 124-20, al. 1er, phrase 2 milieu.]*

Art. D. 1251-33 Passé le délai de quinze jours prévu au 3° de l'article D. 1251-33, l'acceptation tacite du salarié est réputée acquise. – *[Anc. art. R. 124-28, al. 6.]*

CHAPITRE II **CONTRAT CONCLU AVEC UNE ENTREPRISE DE TRAVAIL À TEMPS PARTAGÉ**

Le présent chapitre ne comprend pas de dispositions réglementaires.

CHAPITRE III **CONTRATS CONCLUS AVEC UN GROUPEMENT D'EMPLOYEURS**

SECTION PREMIÈRE **GROUPEMENT D'EMPLOYEURS ENTRANT DANS LE CHAMP D'APPLICATION D'UNE MÊME CONVENTION COLLECTIVE**

Art. D. 1253-1 Pour l'application de l'article L. 1253-6, le groupement d'employeurs adresse à l'inspection du travail dont relève son siège social, dans le mois suivant sa constitution, les informations et documents suivants :

1° Le nom, le siège social et la forme juridique du groupement ;

2° Les noms, prénoms et domicile des dirigeants du groupement ;

3° Les statuts ;

4° Une copie de l'extrait de déclaration d'association publiée au *Journal officiel* de la République française ou, dans les départements du Haut-Rhin, du Bas-Rhin et de la Moselle, une copie de l'inscription au registre des associations ou le numéro d'immatriculation de la coopérative artisanale au registre du commerce et des sociétés ;

5° Une liste des membres du groupement comportant pour chacun d'eux :

a) Lorsqu'il s'agit d'une personne morale, son siège et l'adresse de ses établissements, ainsi que la nature de sa ou de ses activités ;

b) Lorsqu'il s'agit d'une personne physique, son adresse et, le cas échéant, le siège de l'entreprise au titre de laquelle elle adhère au groupement ainsi que la nature de la ou des activités et l'adresse des établissements ;

c) Le nombre de salariés qu'il occupe ;

6° La convention collective dans le champ d'application de laquelle entre le groupement. – *[Anc. art. R. 127-1, al. 1er à 5, phrase 1, et al. 6 à 10.]*

Art. D. 1253-2 La note d'information, datée et signée par la personne habilitée à cet effet par le groupement d'employeurs, est adressée par lette recommandée avec avis de réception. – *[Anc. art. R. 127-1, al. 11.]*

Art. D. 1253-3 Le groupement d'employeurs informe l'inspecteur du travail de toute modification apportée aux informations mentionnées aux 1° à 3°, aux *a* et *b* du 5° et au 6° de l'article D. 1253-1, dans un délai d'un mois suivant la modification. – *[Anc. art. R. 127-1, al. 12.]*

SECTION II GROUPEMENT D'EMPLOYEURS N'ENTRANT PAS DANS LE CHAMP D'APPLICATION D'UNE MÊME CONVENTION COLLECTIVE

SOUS-SECTION 1 DÉCLARATION

Art. D. 1253-4 La déclaration d'activité prévue à l'article L. 1253-17 est adressée au *(Décr. n° 2009-1377 du 10 nov. 2009)* « directeur régional des entreprises, de la concurrence, de la consommation, du travail et de l'emploi » du département dans lequel le groupement d'employeurs a son siège social.

Lorsque le contrôle du respect de la législation du travail par les différents membres du groupement relève de plusieurs autorités administratives, la déclaration est adressée au *(Décr. n° 2009-1377 du 10 nov. 2009)* « directeur régional des entreprises, de la concurrence, de la consommation, du travail et de l'emploi ».

Cette déclaration, datée et signée par la personne habilitée à cet effet par le groupement, est adressée par lette recommandée avec avis de réception. – *[Anc. art. R. 127-2, al. 1er à 3.]*

Les modifications issues du Décr. n° 2009-1377 du 10 nov. 2009 prennent effet, dans chaque région, à la date de nomination du directeur régional des entreprises, de la concurrence, de la consommation, du travail et de l'emploi (Décr. préc., art. 7-I). – V. Arr. de nomination de ces directeurs des 30 déc. 2009 (JO 5 janv. 2010) et 9 févr. 2010 (JO 14 févr.).

Ces modifications s'appliquent à la région Île-de-France à compter du 1er juill. 2010 (Décr. n° 2010-687 du 24 juin 2010, art. 2).

Art. D. 1253-5 La déclaration d'activité du groupement d'employeurs comporte :

1° Les informations mentionnées aux articles D. 1253-1 ;

2° L'intitulé de la convention collective dans le champ d'application de laquelle entre chacun de ses membres ;

3° La convention collective qu'il souhaite appliquer ;

4° Le nombre et la qualification des salariés qu'il envisage d'employer. – *[Anc. art. R. 127-3.]*

Art. D. 1253-6 Le groupement d'employeurs informe le *(Décr. n° 2009-1377 du 10 nov. 2009)* « directeur régional des entreprises, de la concurrence, de la consommation, du travail et de l'emploi » de toute modification apportée aux informations mentionnées aux articles D. 1253-1, dans un délai d'un mois à compter de la modification.

Le groupement adresse une nouvelle déclaration lorsqu'il envisage de changer de convention collective. – *[Anc. art. R. 127-5.]*

V. notes ss. art. D. 1253-4.

SOUS-SECTION 2 OPPOSITION

Art. D. 1253-7 Lorsque la convention collective choisie par le groupement d'employeurs n'apparaît pas adaptée aux classifications professionnelles, aux niveaux d'emploi des salariés ou à l'activité des différents membres du groupement, ou lorsque les dispositions légales relatives aux groupements d'employeurs ne sont pas respectées au moment de la déclaration, l'autorité administrative dispose d'un délai d'un mois à compter de la réception de la déclaration pour notifier au groupement qu'elle s'oppose à l'exercice de son activité.

La notification est adressée par lettre recommandée avec avis de réception.

A défaut d'opposition notifiée dans le délai prévu au premier alinéa, le groupement peut exercer son activité. – *[Anc. art. R. 127-4.]*

Art. D. 1253-8 A tout moment, l'autorité administrative peut, par décision motivée, notifier son opposition à l'exercice de l'activité du groupement d'employeurs :

1° Lorsque cet exercice ne respecte pas les dispositions légales relatives aux groupements d'employeurs ;

2° Lorsque les stipulations de la convention collective choisie ne sont pas respectées ou lorsque celle-ci a été dénoncée ;

3° Lorsqu'il n'est plus satisfait aux conditions prévues au premier alinéa de l'article D. 1253-7. – *[Anc. art. R. 127-6, al. 1er à 4.]*

Art. D. 1253-9 Lorsque le contrôle de l'application de la législation du travail par les différents membres du groupement d'employeurs relève de plusieurs autorités administratives, le *(Décr. n° 2009-1377 du 10 nov. 2009)* « directeur régional des entreprises, de la concurrence, de la consommation, du travail et de l'emploi » ne peut s'opposer à l'exercice de l'activité du groupement qu'après avoir recueilli l'accord des autres autorités administratives compétentes. – *[Anc. art. R. 127-2, al. 2.]*

Les modifications issues du Décr. n° 2009-1377 du 10 nov. 2009 prennent effet, dans chaque région, à la date de nomination du directeur régional des entreprises, de la concurrence, de la consommation, du travail et de l'emploi (Décr. préc., art. 7-I). — V. Arr. de nomination de ces directeurs des 30 déc. 2009 (JO 5 janv. 2010) et 9 févr. 2010 (JO 14 févr.).

Ces modifications s'appliquent à la région Île-de-France à compter du 1er juill. 2010 (Décr. n° 2010-687 du 24 juin 2010, art. 2).

Art. D. 1253-10 Le groupement d'employeurs est informé au préalable des motifs de l'opposition envisagée à la poursuite de son activité et invité à présenter ses observations dans un délai d'un mois suivant la réception de cet avis. – *[Anc. art. R. 127-6, al. 5.]*

Art. D. 1253-11 La décision d'opposition fixe le délai dans lequel il cesse son activité. Ce délai ne peut être supérieur à trois mois.

La décision lui est notifiée par lettre recommandée avec avis de réception. – *[Anc. art. R. 127-6, al. 6 et 7.]*

SOUS-SECTION 3 RECOURS ADMINISTRATIF

Art. R. 1253-12 La décision d'opposition peut faire l'objet d'un recours auprès du *(Décr. n° 2009-1377 du 10 nov. 2009)* « directeur régional des entreprises, de la concurrence, de la consommation, du travail et de l'emploi » *(Abrogé par Décr. n° 2008-1503 du 30 déc. 2008)* *« , ou dans les branches d'activité relevant, pour le contrôle de l'application de la législation et de la réglementation du travail, du ministre chargé des transports ou du ministre chargé de l'agriculture, auprès du fonctionnaire exerçant les mêmes attributions »*.

Lorsque le contrôle du respect de la réglementation du travail par les membres du groupement relève de plusieurs autorités administratives, le recours est exercé auprès du directeur régional des entreprises, de la concurrence, de la consommation, du travail et de l'emploi, qui prend sa décision après accord de ces autorités. – *[Anc. art. R. 127-7, al. 1er et 2.]*

Les modifications issues du Décr. n° 2009-1377 du 10 nov. 2009 prennent effet, dans chaque région, à la date de nomination du directeur régional des entreprises, de la concurrence, de la consommation, du travail et de l'emploi (Décr. préc., art. 7-I). — V. Arr. de nomination de ces directeurs des 30 déc. 2009 (JO 5 janv. 2010) et 9 févr. 2010 (JO 14 févr.).

Ces modifications s'appliquent à la région Île-de-France à compter du 1er juill. 2010 (Décr. n° 2010-687 du 24 juin 2010, art. 2).

Art. R. 1253-13 Le recours prévu à l'article R. 1253-12 est formé dans un délai d'un mois à compter de la notification de la décision contestée.

La décision est notifiée au demandeur par lettre recommandée avec avis de réception dans un délai d'un mois à compter de la réception du recours.

A défaut de notification dans ce délai, le recours est réputé rejeté. – *[Anc. art. R. 127-7, al. 3 et 4.]*

SECTION III GROUPEMENT D'EMPLOYEURS POUR LE REMPLACEMENT DE CHEFS D'EXPLOITATION AGRICOLE OU D'ENTREPRISES ARTISANALES, INDUSTRIELLES OU COMMERCIALES OU DE PERSONNES PHYSIQUES EXERÇANT UNE PROFESSION LIBÉRALE

SOUS-SECTION 1 OBJET ET ADHÉSION

Art. R. 1253-14 Un groupement d'employeurs peut être constitué pour mettre des remplaçants à la disposition :

1° De chefs d'exploitations ou d'entreprises mentionnées aux 1° à 4° de l'article L. 722-1 du code rural et de la pêche maritime ;

2° Des chefs d'entreprises artisanales, industrielles ou commerciales ;

3° Des personnes physiques exerçant une profession libérale et des membres non salariés de leur famille travaillant sur l'exploitation ou dans l'entreprise et de leurs salariés. – *[Anc. art. L. 127-9, al. 1er début et 2, et R. 127-9-1, al. 1er, phrase 1 début, et 2, phrase 1.]*

Art. R. 1253-15 Le groupement d'employeurs mentionné à l'article R. 1253-14 a pour activité principale le remplacement des personnes mentionnées à cet article en cas :

1° Soit d'empêchement temporaire résultant de maladie, d'accident, de maternité ou de décès ;

2° Soit d'absences temporaires liées aux congés de toute nature, au suivi d'une action de formation professionnelle ou à l'exercice d'un mandat professionnel, syndical ou électif. – *[Anc. art. R. 127-9-1, al. 2, phrase 1.]*

Art. R. 1253-16 L'activité principale du groupement d'employeurs représente au moins 80 % des heures de travail accomplies dans l'année civile par les salariés du groupement. – *[Anc. art. R. 127-9-1, al. 2, phrase 2.]*

Art. R. 1253-17 Les personnes mentionnées à l'article R. 1253-14 dont l'exploitation, l'entreprise ou le local professionnel est situé dans le ressort géographique du groupement d'employeurs, tel que précisé dans les statuts, ont seules vocation à y adhérer. – *[Anc. art. R. 127-9-1, al. 1er, phrase 1 fin.]*

Art. R. 1253-18 Seules les personnes mentionnées à l'article R. 1253-14 ayant adhéré au groupement peuvent bénéficier de la mise à disposition d'un salarié par ce dernier. – *[Anc. art. R. 127-9-1, al. 1er, phrase 2.]*

SOUS-SECTION 2 AGRÉMENT

§ 1er DEMANDE D'AGRÉMENT

Art. R. 1253-19 Le groupement d'employeurs adresse une demande d'agrément au *(Décr. n° 2009-1377 du 10 nov. 2009)* « directeur régional des entreprises, de la concurrence, de la consommation, du travail et de l'emploi » du département dans lequel le groupement d'employeurs a son siège social *(Abrogé par Décr. n° 2008-1503 du 30 déc. 2008)* ***« ou au directeur départemental de l'agriculture et de la forêt dans les branches d'activité relevant, pour le contrôle de l'application de la législation du travail, du ministre chargé de l'agriculture »***.

Lorsque le contrôle du respect de la législation du travail par les différents membres du groupement relève de plusieurs autorités administratives, la déclaration est adressée au *(Décr. n° 2009-1377 du 10 nov. 2009)* « directeur régional des entreprises, de la concurrence, de la consommation, du travail et de l'emploi ». – *[Anc. art. R. 127-9-2, al. 1er début.]*

Les modifications issues du Décr. n° 2009-1377 du 10 nov. 2009 prennent effet, dans chaque région, à la date de nomination du directeur régional des entreprises, de la concurrence, de la consommation, du travail et de l'emploi (Décr. préc., art. 7-I). – V. Arr. de nomination de ces directeurs des 30 déc. 2009 (JO 5 janv. 2010) et 9 févr. 2010 (JO 14 févr.).

Ces modifications s'appliquent à la région Île-de-France à compter du 1er juill. 2010 (Décr. n° 2010-687 du 24 juin 2010, art. 2).

Art. R. 1253-20 Sont joints à la demande d'agrément, les renseignements et les documents énumérés aux 1° à 5° de l'article D. 1253-1 ainsi que la convention collective que le groupement d'employeurs envisage d'appliquer.

La demande d'agrément est datée et signée par la personne habilitée à cet effet par le groupement.

Elle est adressée dans le mois suivant sa constitution, par lettre recommandée avec avis de réception. – *[Anc. art. R. 127-9-2, al. 1er fin et 2.]*

§ 2 DÉLIVRANCE DE L'AGRÉMENT

Art. R. 1253-21 Pour être agréé, le groupement d'employeurs doit répondre aux conditions suivantes :

1° La convention collective qu'il entend appliquer doit être la mieux adaptée à l'activité de ses différents membres et aux emplois exercés par ses salariés ;

2° Ses statuts doivent définir la zone géographique d'exécution des contrats de travail des salariés qu'il envisage d'employer et prévoir que ces contrats contiendront des clauses prenant en compte les sujétions liées aux changements de lieux d'emploi et à la durée des missions de ces salariés. – *[Anc. art. R. 127-9-3.]*

Art. R. 1253-22 L'autorité administrative dispose d'un délai d'un mois suivant la réception de la demande d'agrément pour notifier sa décision au groupement d'employeurs. En cas de refus, la décision est motivée.

Cette notification est adressée par lettre recommandée avec avis de réception.

A défaut de notification dans le délai d'un mois suivant la réception de la demande, l'agrément est réputé refusé. – *[Anc. art. R. 127-9-4, al. 1er à 3.]*

Art. R. 1253-23 Les organisations d'employeurs et de salariés représentatives dans le champ de la convention collective choisie sont informées par l'autorité administrative des agréments délivrés. – *[Anc. art. R. 127-9-4, al. 4.]*

Art. R. 1253-24 Le groupement d'employeurs fait connaître ultérieurement à l'autorité administrative toute modification des informations mentionnées aux 1° à 3° de l'article D. 1253-1 dans un délai d'un mois suivant la modification. – *[Anc. art. R. 127-9-5, al. 1er.]*

Art. R. 1253-25 Le groupement d'employeurs tient en permanence à la disposition de l'autorité administrative tous les documents permettant à celle-ci de vérifier, pour chaque adhérent du groupement, les indications mentionnées au 5° de l'article D. 1253-1 et de connaître le motif, le lieu et la durée des interventions de chacun des salariés du groupement.

Ces justificatifs sont conservés pendant une durée minimale de cinq ans suivant l'année civile au cours de laquelle ils ont été établis, sous réserve des dispositions légales plus contraignantes. – *[Anc. art. R. 127-9-5, al. 2.]*

Art. R. 1253-26 L'autorité administrative peut demander au groupement d'employeurs de choisir une autre convention collective lorsque celle qui est appliquée n'apparaît plus adaptée à l'activité des différents membres du groupement ou aux emplois exercés par les salariés, ou lorsque cette convention a cessé de produire effet. – *[Anc. art. R. 127-9-6.]*

§ 3 RETRAIT D'AGRÉMENT

Art. R. 1253-27 L'autorité administrative peut mettre fin à l'agrément du groupement, par décision motivée :

1° Lorsque ne sont pas respectées les dispositions légales relatives aux groupements d'employeurs ;

2° Lorsque les stipulations de la convention collective choisie ne sont pas respectées ;

3° Lorsque le groupement ne donne pas suite à la demande de l'autorité administrative de choisir une nouvelle convention collective en application de l'article R. 1253-26. – *[Anc. art. R. 127-9-7, al. 1er à 4.]*

Art. R. 1253-28 Le groupement d'employeurs est informé au préalable des motifs du projet de retrait de l'agrément et invité à présenter ses observations dans un délai d'un mois suivant la réception de l'avis. – *[Anc. art. R. 127-9-7, al. 5.]*

Art. R. 1253-29 La décision de retrait d'agrément est notifiée au groupement d'employeurs par lettre recommandée avec avis de réception.

Le groupement cesse son activité dans un délai fixé par la décision de retrait. Ce délai ne peut dépasser trois mois. – *[Anc. art. R. 127-9-7, al. 6.]*

§ 4 RECOURS HIÉRARCHIQUE

Art. R. 1253-30 Les décisions de délivrance d'agrément, de changement de convention collective et de retrait d'agrément du groupement d'employeurs peuvent faire l'objet d'un recours auprès de l'autorité mentionnée à l'article R. 1253-12 dans un délai d'un mois à compter de la notification de la décision contestée. – *[Anc. art. R. 127-9-8, al. 1er et 2.]*

Art. R. 1253-31 L'autorité administrative saisie d'un recours dispose d'un délai de quinze jours pour prendre sa décision à compter de sa saisine. – *[Anc. art. R. 127-9-8, al. 3.]*

Art. R. 1253-32 Lorsque le contrôle du respect de la réglementation du travail par les membres du groupement relève de plusieurs autorités administratives, la décision est prise par le *(Décr. no 2009-1377 du 10 nov. 2009)* « directeur régional des entreprises, de la concurrence, de la consommation, du travail et de l'emploi » après accord de ces autorités. – *[Anc. art. R. 127-9-8, al. 4.]*

Les modifications issues du Décr. no 2009-1377 du 10 nov. 2009 prennent effet, dans chaque région, à la date de nomination du directeur régional des entreprises, de la concurrence, de la consommation, du travail et de l'emploi (Décr. préc., art. 7-I). – V. Arr. de nomination de ces directeurs des 30 déc. 2009 (JO 5 janv. 2010) et 9 févr. 2010 (JO 14 févr.).

Ces modifications s'appliquent à la région Île-de-France à compter du 1er juill. 2010 (Décr. no 2010-687 du 24 juin 2010, art. 2).

Art. R. 1253-33 La décision est notifiée au requérant par lettre recommandée avec avis de réception dans un délai d'un mois à compter de la réception du recours.

A défaut de notification dans ce délai, le recours est réputé rejeté. – *[Anc. art. R. 127-9-8, al. 5.]*

SOUS-SECTION 3 **CONTRATS DE TRAVAIL**

Art. R. 1253-34 Dans les contrats de travail conclus par le groupement d'employeurs mentionnés à l'article R. 1253-14, la zone géographique d'exécution du contrat de travail vaut mention de la liste des utilisateurs potentiels.

Les contrats de travail prévoient des déplacements limités. – *[Anc. art. L. 127-9, al. 1er fin.]*

SECTION IV **GROUPEMENTS D'EMPLOYEURS CONSTITUÉS AU SEIN D'UNE SOCIÉTÉ COOPÉRATIVE EXISTANTE**

SOUS-SECTION 1 **CONSTITUTION**

Art. R. 1253-35 La société coopérative qui entend développer l'activité de groupement d'employeurs prévue à l'article L. 1253-1 mentionne dans ses statuts, préalablement à son exercice effectif, cette activité ainsi que la responsabilité solidaire des associés pour les dettes qui en résulte à l'égard des salariés et des organismes créanciers de cotisations obligatoires. – *[Anc. art. R. 127-12, al. 1er.]*

Art. R. 1253-36 Les moyens de toute nature affectés au groupement d'employeurs constitué au sein d'une coopérative sont identifiés à l'intérieur de la société coopérative et la comptabilité afférente à ses opérations est séparée. – *[Anc. art. R. 127-12, al. 2, phrase 2.]*

Art. R. 1253-37 La société coopérative déclare l'exercice d'une activité de groupement d'employeurs selon les modalités prévues aux articles D. 1253-1 à D. 1253-3.

Elle précise l'organisation qu'elle entend mettre en œuvre pour respecter les obligations de la présente section. – *[Anc. art. R. 127-13.]*

SOUS-SECTION 2 **CONDITIONS D'EMPLOI ET DE TRAVAIL**

Art. R. 1253-38 La société coopérative peut recruter des salariés soit pour les affecter exclusivement à l'activité de groupement d'employeurs, soit pour les affecter à la fois à cette activité et à ses autres activités. – *[Anc. art. R. 127-14, phrase 1.]*

Art. R. 1253-39 Les dispositions des articles L. 1253-9 et L. 1253-10 s'appliquent au contrat de travail des salariés de la société coopérative dès lors qu'ils sont affectés, même partiellement, à l'activité de groupement d'employeurs. – *[Anc. art. R. 127-14, phrase 2.]*

Art. R. 1253-40 La société coopérative peut :

1° Mettre à la disposition de l'un des membres du groupement d'employeurs un des salariés qu'elle emploie qui n'est pas affecté à cette activité ;

2° Utiliser pour ses besoins propres un salarié affecté à l'activité de groupement d'employeurs. – *[Anc. art. R. 127-15, al. 1er à 3.]*

Art. R. 1253-41 Dans les cas prévus à l'article R. 1253-40, l'employeur remet au salarié, par lettre recommandée ou par lettre remise contre récépissé, une proposition écrite d'avenant à son contrat de travail mentionnant la durée du changement d'affectation *[doublon au JO : « mentionnant la durée du changement d'affectation »]*.

Cette lettre précise que le salarié dispose d'un délai de quinze jours à compter de sa réception pour faire connaître sa décision.

L'absence de réponse du salarié dans ce délai vaut refus de cette proposition.

L'employeur ne peut tirer aucune conséquence de ce refus sur la situation du salarié. – *[Anc. art. R. 127-15, al. 4 et 5, phrase 1.]*

Art. R. 1253-42 Dans le cas d'une mise à disposition du salarié, prévue au 1° de l'article R. 1253-40, l'avenant comporte également les clauses prévues à l'article L. 1253-9. – *[Anc. art. R. 127-15, al. 5, phrase 2.]*

SECTION V **GROUPEMENT D'EMPLOYEURS COMPOSÉ D'ADHÉRENTS DE DROIT PRIVÉ ET DE COLLECTIVITÉS TERRITORIALES**

Art. R. 1253-43 Lorsque les adhérents de droit privé du groupement d'employeurs comprenant des collectivités territoriales entrent dans le champ de la même convention collective, celle-ci s'applique au groupement constitué en application de l'article L. 1253-19.

Dans le cas contraire, tous les adhérents choisissent la convention collective qu'ils souhaitent voir appliquée par le groupement, sous réserve des dispositions de l'article D. 1253-7. – *[Anc. art. R. 127-10.]*

Art. R. 1253-44 La compétence de l'autorité administrative pour l'information prévue à l'article D. 1253-1 et la déclaration prévue aux articles D. 1253-4 et D. 1253-6 est appréciée en fonction des activités des seuls adhérents de droit privé. – *[Anc. art. R. 127-11.]*

SECTION VI **GROUPEMENTS D'EMPLOYEURS POUR L'INSERTION ET LA QUALIFICATION**

(Décr. nº 2015-998 du 17 août 2015, en vigueur le 1er janv. 2016)

Art. D. 1253-45 Pour bénéficier de la reconnaissance de la qualité de groupement d'employeurs pour l'insertion et la qualification mentionnée à l'article L. 1253-1, le groupement d'employeurs doit répondre aux conditions fixées dans un cahier des charges établi par la Fédération française des groupements d'employeurs pour l'insertion et la qualification et approuvé par le ministre chargé de l'emploi. – *V. Arr. 17 août 2015, JO 18 août.*

Art. D. 1253-46 Les demandes de reconnaissance de la qualité de groupement d'employeurs pour l'insertion et la qualification sont adressées à la Fédération française des groupements d'employeurs pour l'insertion et la qualification selon un calendrier qu'elle diffuse.

Art. D. 1253-47 La reconnaissance de la qualité de groupement d'employeurs pour l'insertion et la qualification est attribuée pour une durée d'un an par la Fédération française des groupements d'employeurs pour l'insertion et la qualification, sur avis conforme d'une commission mixte nationale. Toutefois, la durée de la reconnaissance initiale est, le cas échéant, prolongée afin que la demande de renouvellement puisse être examinée après au moins une année d'activité en tant que groupement d'employeurs pour l'insertion et la qualification.

Art. D. 1253-48 La commission mixte nationale mentionnée à l'article D. 1253-47 se réunit sur convocation de la Fédération française des groupements d'employeurs pour l'insertion et la qualification, qui en assure le secrétariat. Elle comprend :

1° Trois représentants de l'État nommés par le ministre chargé de l'emploi ;

2° Trois représentants de la Fédération française des groupements d'employeurs pour l'insertion et la qualification nommés par le président de cette fédération.

Elle est présidée par une personnalité qualifiée désignée par la Fédération française des groupements d'employeurs pour l'insertion et la qualification, après avis favorable du ministre chargé de l'emploi.

Le président et les membres de la commission mixte nationale sont nommés pour une durée de quatre ans renouvelable.

Art. D. 1253-49 La Fédération française des groupements d'employeurs pour l'insertion et la qualification dispose d'un délai de quinze jours à compter de l'avis de la commission pour notifier sa décision au groupement d'employeurs par lettre recommandée avec demande d'avis de réception. La décision est motivée.

La décision de refus de reconnaissance de la qualité de groupement d'employeurs pour l'insertion et la qualification peut faire l'objet d'une demande de réexamen, dans un délai d'un mois à compter de sa notification, auprès de la Fédération française des groupements d'employeurs pour l'insertion et la qualification.

La Fédération dispose d'un délai de quinze jours à compter de la réception de la demande de réexamen pour prendre une décision motivée sur avis conforme de la commission mentionnée à l'article D. 1253-47 et la notifier au demandeur par lettre recommandée avec demande d'avis de réception.

SECTION VII ACCÈS DES GROUPEMENTS D'EMPLOYEURS AUX AIDES PUBLIQUES EN MATIÈRE D'EMPLOI ET DE FORMATION PROFESSIONNELLE AU TITRE DES ENTREPRISES ADHÉRENTES

(Décr. n° 2016-1763 du 16 déc. 2016)

Art. D. 1253-50 Les aides mentionnées à l'article L. 1253-24 pouvant être accordées au groupement d'employeurs au titre des entreprises adhérentes du groupement d'employeurs sont les aides financières directes et les réductions et exonérations de cotisations et contributions sociales à la charge de l'employeur qui satisfont l'ensemble des conditions suivantes :

1° Elles ont pour objectif direct de créer des emplois ou d'améliorer l'adéquation entre l'offre et la demande de travail par des actions de formation professionnelle ;

2° Elles sont liées à un seuil d'effectif ou à l'embauche d'un premier salarié au sein d'une ou plusieurs entreprises adhérentes et auraient bénéficié à ce titre à l'entreprise adhérant au groupement si elle avait embauché directement les personnes mises à sa disposition ;

3° Elles ne peuvent bénéficier au groupement d'employeurs en tant qu'employeur direct.

Un arrêté des ministres chargés de l'emploi et du budget précise la liste de ces aides.

Art. D. 1253-51 Le groupement d'employeurs justifie auprès de l'organisme qui délivre l'aide que l'entreprise adhérente du groupement au titre de laquelle l'aide est accordée satisfait les conditions définies à l'article D. 1253-50.

Le montant de l'aide est celui dont aurait bénéficié l'entreprise adhérente si elle avait embauché directement le salarié mis à sa disposition.

Art. D. 1253-52 Le groupement d'employeurs informe les entreprises adhérentes de la nature, du nombre et du montant des aides perçues en application des dispositions de l'article L. 1253-24.

CHAPITRE IV PORTAGE SALARIAL

(Décr. n° 2015-1886 du 30 déc. 2015, art. 2, en vigueur le 1er janv. 2016)

Art. D. 1254-1 Le montant de la garantie financière prévue à l'article L. 1254-26 dont doit justifier l'entreprise de portage salarial au titre d'une année donnée est au minimum égal à 10 % de la masse salariale de l'année précédente, sans pouvoir être inférieur à 2 fois la valeur du plafond annuel de la sécurité sociale de l'année considérée fixé en application de l'article D. 242-17 du code de la sécurité sociale.

Les entreprises de portage salarial mentionnées à l'art. L. 1254-2 C. trav. existantes au 1er janv. 2016 transmettent à l'autorité administrative la déclaration préalable et le justificatif de garantie financière prévus par l'art. L. 1254-27, avant le 1er mars 2016.

A titre transitoire et jusqu'au 1er janv. 2018, la garantie prévue à l'art. D. 1254-1 C. trav. est fixée aux montants suivants :

1° Du 1er janv. au 31 déc. 2016 : 8 % de la masse salariale de l'année 2015 et sans pouvoir être inférieure à 1,5 fois la valeur du plafond annuel de la sécurité sociale pour l'année 2016 ;

2° Du 1er janv. au 31 déc. 2017 : 9 % de la masse salariale de l'année 2016, sans pouvoir être inférieure à 1,8 fois la valeur du plafond annuel de la sécurité sociale pour l'année 2017 (Décr. n° 2015-1886 du 30 déc. 2015, art. 3).

Art. R. 1254-2 A l'exception des articles R. 1251-12, R. 1251-18 et R. 1251-25 à R. 1251-29, les modalités de constitution et de mise en œuvre de la garantie financière prévues au paragraphe 2 de la sous-section unique de la section 3 du chapitre Ier du titre V du livre II de la première partie du code du travail (partie réglementaire) sont applicables aux entreprises de portage salarial avec les adaptations suivantes :

1° Les mots : "entrepreneur de travail temporaire" et "entreprise de travail temporaire" sont remplacés par les mots : "entreprise de portage salarial" ;

2° Les mots : "les contrats de mise à disposition et les contrats de mission" sont remplacés par les mots : "les contrats de travail de portage salarial et contrats commerciaux de prestation de portage salarial" ;

3° A l'article R. 1251-13, les mots : "du chiffre d'affaires" et "leur chiffre d'affaires" sont remplacés par les mots "de la masse salariale" et "leur masse salariale" ;

4° Les références aux articles L. 1251-49, L. 1251-50, L. 1251-51, L. 1251-52 sont remplacés respectivement par les références au I de l'article L. 1254-26, au II de l'article L. 1254-26, au III de l'article L. 1254-26 et au I de l'article L. 1254-26.

Art. R. 1254-3 La déclaration préalable d'entreprise de portage salarial prévue à l'article L. 1254-27 comporte les mentions suivantes :

1° L'indication de l'opération envisagée : création d'une entreprise de portage salarial, ouverture d'une succursale, d'une agence ou d'un bureau annexe, déplacement du siège ou cessation d'activité ;

2° Le nom, le siège et le caractère juridique de l'entreprise ainsi que, le cas échéant, la localisation de la succursale, de l'agence ou du bureau annexe ;

3° La date d'effet de l'opération envisagée ;

4° Les nom, prénoms, domicile et nationalité des dirigeants de l'entreprise ou de la succursale ou de l'agence ou du bureau annexe intéressés ;

5° La désignation de l'organisme auquel l'entreprise de portage salarial verse les cotisations de sécurité sociale ainsi que son numéro d'employeur ;

6° Les domaines géographiques et professionnels dans lesquels l'entreprise entend porter ses salariés ;

7° Le nombre de salariés permanents que l'entreprise emploie ou envisage d'employer pour assurer le fonctionnement de ses propres services.

Art. R. 1254-4 La déclaration préalable est datée et signée par le représentant légal de l'entreprise de portage salarial.

Elle est adressée en deux exemplaires, sous pli recommandé avec accusé de réception, à l'inspection du travail dont relève le siège de l'entreprise. Elle est adressée dans les mêmes conditions à l'inspection du travail dont relève la succursale, l'agence ou le bureau annexe dont l'ouverture est prévue.

L'entreprise de portage salarial informe l'inspection du travail des modifications de sa situation.

Art. R. 1254-5 L'inspecteur du travail, après s'être assuré de la conformité de la déclaration préalable avec les obligations prévues aux articles R. 1254-2 et R. 1254-3, en retourne un exemplaire visé à l'expéditeur dans un délai de quinze jours à compter de la réception.

L'entrée en activité de l'entreprise, de la succursale, de l'agence ou du bureau annexe ne peut précéder la réception du document mentionné au premier alinéa ou l'expiration du délai prévu par cet alinéa.

CHAPITRE V **DISPOSITIONS PÉNALES** *(Décr. nº 2015-1886 du 30 déc. 2015, art. 1er).*

Le chapitre IV devient le chapitre V et ses art. R. 1254-1 à R. 1254-9 deviennent les art. R. 1255-1 à R. 1255-9 (Décr. nº 2015-1886 du 30 déc. 2015, art. 1er).

SECTION PREMIÈRE **TRAVAIL TEMPORAIRE**

Art. R. 1255-1 Le fait de conclure un contrat de mission ne comportant pas les mentions prévues aux 2°, 4° et 5° de l'article L. 1251-16 est puni de l'amende prévue pour les contraventions de la troisième classe. – *[Anc. art. R. 152-6, al. 1er et 2.]*

Art. R. 1255-2 Le fait, pour la personne responsable de la gestion des installations ou des moyens de transports collectifs dans l'entreprise utilisatrice, d'empêcher un salarié temporaire d'avoir accès, dans les mêmes conditions que les salariés de cette entreprise, à ces équipements collectifs, en méconnaissance des dispositions de l'article L. 1251-24, est puni de l'amende prévue pour les contraventions de la cinquième classe.

La récidive de la contravention prévue au présent article est réprimée conformément aux articles 132-11 et 132-15 du code pénal. – *[Anc. art. R. 152-5.]*

Art. R. 1255-3 Le fait de ne pas fournir à *(Décr. nº 2014-524 du 22 mai 2014, art. 16-II)* « Pôle emploi », dans le délai prévu à l'article R. 1251-7, le relevé des contrats de mission, en méconnaissance des dispositions de l'article L. 1251-46, est puni de l'amende prévue pour les contraventions de la troisième classe. – *[Anc. art. R. 152-6, al. 1er et 3.]*

Art. R. 1255-4 Le fait d'adresser à *(Décr. nº 2014-524 du 22 mai 2014, art. 16-II)* « Pôle emploi » un relevé des contrats de mission non conforme aux prescriptions de l'article R. 1251-8 est puni de l'amende prévue pour les contraventions de la deuxième classe. – *[Anc. art. R. 152-6-1, al. 1er et 2.]*

Art. R. 1255-5 Le fait de méconnaître les dispositions relatives à la possession, au contenu, à l'envoi et à la mise à disposition de l'attestation de garantie financière prévues par l'article R. 1251-14 est puni de l'amende prévue pour les contraventions de la deuxième classe. – *[Anc. art. R. 152-6-1, al. 1er et 3.]*

Art. R. 1255-6 Le fait de ne pas faire figurer sur les documents concernant l'entreprise de travail temporaire, notamment sur les contrats de mise à disposition et les contrats de mission, le nom et l'adresse du garant ainsi que la référence à l'article L. 1251-49, en méconnaissance des dispositions du premier alinéa de l'article R. 1251-15 est puni de l'amende prévue pour les contraventions de la deuxième classe.

Le fait de méconnaître les dispositions relatives à l'affichage des informations sur la garantie financière prévu au second alinéa de l'article R. 1251-15, est puni de la même peine. – *[Anc. art. R. 152-6-1, al. 1er et 3.]*

Art. R. 1255-7 Le fait de ne pas informer de la cessation de la garantie les *(Décr. nº 2009-1377 du 10 nov. 2009)* « directions régionales des entreprises, de la concurrence, de la consommation, du travail et de l'emploi » *(Abrogé par Décr. nº 2008-1503 du 30 déc. 2008) « et, pour les professions agricoles, les services départementaux de l'inspection du travail, de l'emploi et de la protection sociale agricoles, »* ainsi que les organismes chargés du recouvrement des cotisations de sécurité sociale, en méconnaissance des dispositions de l'article R. 1251-31, est puni de l'amende prévue pour les contraventions de la deuxième classe. – *[Anc. art. R. 152-6-1, al. 1er et 4.]*

Les modifications issues du Décr. nº 2009-1377 du 10 nov. 2009 prennent effet, dans chaque région, à la date de nomination du directeur régional des entreprises, de la concurrence, de la consommation, du travail et de l'emploi (Décr. préc., art. 7-I). – V. Arr. de nomination de ces directeurs des 30 déc. 2009 (JO 5 janv. 2010) et 9 févr. 2010 (JO 14 févr.).

Ces modifications s'appliquent à la région Île-de-France à compter du 1er juill. 2010 (Décr. nº 2010-687 du 24 juin 2010, art. 2).

SECTION II GROUPEMENTS D'EMPLOYEURS

Art. R. 1255-8 Le fait, pour la personne responsable de la gestion des installations ou des moyens de transports collectifs dans l'entreprise utilisatrice, d'empêcher un salarié temporaire d'avoir accès, dans les mêmes conditions que les salariés de cette entreprise, à ces équipements collectifs, en méconnaissance des dispositions de l'article L. 1253-14, est puni de l'amende prévue pour les contraventions de la cinquième classe.

La récidive de la contravention prévue au présent article est réprimée conformément aux articles 132-11 et 132-15 du code pénal. – *[Anc. art. R. 152-9.]*

Art. R. 1255-9 Le fait, pour la personne mentionnée à l'article D. 1253-2 et au dernier alinéa de l'article D. 1253-4, de transmettre des informations inexactes ou de ne pas faire connaître leur modification dans le délai fixé à ces articles, est puni de l'amende prévue pour les contraventions de la deuxième classe. – *[Anc. art. R. 152-10.]*

TITRE SIXIÈME SALARIÉS DÉTACHÉS TEMPORAIREMENT PAR UNE ENTREPRISE NON ÉTABLIE EN FRANCE

CHAPITRE PREMIER DISPOSITIONS GÉNÉRALES

Art. R. 1261-1 Les employeurs mentionnés aux articles L. 1262-1 et L. 1262-2 sont soumis, pour leurs salariés détachés, y compris les mannequins et les personnels artistiques et techniques des entreprises de spectacle, aux dispositions légales et aux stipulations conventionnelles dans les matières énumérées à l'article L. 1262-4, sous réserve des conditions ou modalités particulières d'application définies au chapitre II. – *[Anc. art. R. 342-1, al. 1er.]*

Art. R. 1261-2 Les conventions et accords de travail collectifs français étendus dont bénéficient les salariés employés par les entreprises établies en France exerçant une activité principale identique au travail accompli par les travailleurs détachés sur le territoire français s'appliquent à ces salariés. – *[Anc. art. R. 342-1, al. 2.]*

CHAPITRE II CONDITIONS DE DÉTACHEMENT ET RÉGLEMENTATION APPLICABLE

SECTION PREMIÈRE MALADIE ET ACCIDENT

Art. R. 1262-1 Lorsque la durée du détachement en France est supérieure à un mois, les dispositions relatives aux absences pour maladie ou accident, prévues à l'article L. 1226-1, sont applicables aux salariés détachés. – *[Anc. art. R. 342-3, al. 1er, phrase 1.]*

Art. R. 1262-2 Lorsqu'un salarié détaché non affilié à un régime français de sécurité sociale est victime d'un accident du travail, une déclaration est envoyée à l'inspection du travail du lieu de survenance de cet accident, dans les quarante-huit heures, non compris les dimanches et les jours fériés, par lettre recommandée avec avis de réception.

Lorsque le salarié est détaché dans les conditions prévues au 3° de l'article L. 1262-1, cette déclaration est envoyée par l'employeur ou l'un de ses représentants.

S'il est détaché selon les modalités prévues aux 1° et 2° de l'article L. 1262-1, l'entreprise utilisatrice ou le donneur d'ordre accomplit la déclaration. – *[Anc. art. R. 342-6.]*

SECTION II DROIT D'EXPRESSION

Art. R. 1262-3 Les dispositions relatives au droit d'expression, prévues par les articles L. 2281-1 à L. 2281-4, sont applicables aux salariés détachés dans les conditions prévues au 2° de l'article L. 1262-1. – *[Anc. art. R. 342-5.]*

SECTION III **DURÉE DU TRAVAIL, REPOS ET CONGÉS**

Art. R. 1262-4 Lorsque la durée du détachement en France est supérieure à un mois, les dispositions relatives au chômage des jours fériés, prévues à l'article **L. 3133-3**, sont applicables aux salariés détachés. – *[Anc. art. R. 342-3, al. 1er, phrase 1.]*

Art. R. 1262-5 Ne sont pas applicables aux salariés détachés les dispositions relatives :

1° Au congé de solidarité familiale, prévues par les articles *(Décr. nº 2016-1552 du 18 nov. 2016, art. 7-I, en vigueur le 1er janv. 2017)* « **L. 3142-6** à **L. 3142-15** ;

« 2° Au congé de proche aidant, prévues par les articles **L. 3142-16** à **L. 3142-27** » ;

3° Au congé de solidarité internationale, prévues par les articles *(Décr. nº 2016-1552 du 18 nov. 2016, art. 7-I, en vigueur le 1er janv. 2017)* « **L. 3142-67** à **L. 3142-74** » ;

4° Au congé de formation de cadres et d'animateurs pour la jeunesse, prévues par les articles *(Décr. nº 2016-1552 du 18 nov. 2016, art. 7-I, en vigueur le 1er janv. 2017)* « **L. 3142-54** à **L. 3142-59** » ;

5° Au congé mutualiste de formation, prévues par les articles *(Décr. nº 2016-1552 du 18 nov. 2016, art. 7-I, en vigueur le 1er janv. 2017)* « **L. 3142-36** à **L. 3142-41** » ;

6° Au congé de représentation, prévues par les articles *(Décr. nº 2016-1552 du 18 nov. 2016, art. 7-I, en vigueur le 1er janv. 2017)* « **L. 3142-60** à **L. 3142-66** » ;

7° Au compte épargne-temps, prévues par les articles **L. 3151-1** à *(Décr. nº 2016-1551 du 18 nov. 2016, art. 6-V, en vigueur le 1er janv. 2017)* « **L. 3153-2** ». – *[Anc. art. R. 342-2, al. 1er.]*

Art. R. 1262-6 Les dispositions spécifiques relatives à la durée du travail et au repos qui figurent aux chapitres III et IV du titre Ier du livre VII du code rural et de la pêche maritime sont applicables aux salariés détachés dans les entreprises qui exercent une activité mentionnée à l'article **L. 713-1** de ce code. – *[Anc. art. R. 342-2, al. 2.]*

SECTION IV **SALAIRE**

Art. R. 1262-7 Lorsque la durée du détachement en France est supérieure à un mois, les dispositions relatives à la mensualisation, prévues aux articles **L. 3242-1** et **L. 3242-2**, sont applicables aux salariés détachés. – *[Anc. art. R. 342-3, al. 1er, phrase 1.]*

Art. R. 1262-8 Les allocations propres au détachement sont regardées comme faisant partie du salaire minimal.

Toutefois, les sommes versées à titre de remboursement des dépenses effectivement encourues à cause du détachement ainsi que les dépenses engagées par l'employeur du fait du détachement telles que les dépenses de voyage, de logement ou de nourriture en sont exclues et ne peuvent être mises à la charge du salarié détaché. – *[Anc. art. R. 342-3, al. 2.]*

Les sommes versées chaque mois au titre du détachement étranger ne constituent pas un remboursement de frais par ailleurs pris en charge par l'employeur ; ces sommes doivent être prises en compte pour les comparer au minimum conventionnel applicable. • Soc. 13 nov. 2014 : *D. 2014. Actu. 2413 ; Dr. soc. 2015. 91, note Lhernould ; RJS 1/2015, nº 71.*

Art. R. 1262-8-1 (Abrogé par Décr. nº 2016-27 du 19 janv. 2016, art. 3) (Décr. nº 2015-364 du 30 mars 2015, art. 11-II) ***Les dispositions des articles R. 3245-1 à R. 3245-4 sont applicables aux salariés détachés en France.***

SECTION V **SANTÉ AU TRAVAIL**

Art. R. 1262-9 Sont applicables, sous réserve des dispositions des articles **R. 1262-10** à **R. 1262-15**, les dispositions relatives :

1° A la prise en charge des dépenses afférentes aux services de santé au travail, prévue par l'article **L. 4622-6** ;

(Décr. nº 2016-1908 du 27 déc. 2016, art. 4, en vigueur le 1er janv. 2017) « 2° Aux missions du médecin du travail prévues par l'article **R. 4623-1** et à celles des autres membres de l'équipe pluridisciplinaire de santé au travail mentionnée à l'article **L. 4622-8** ;

« 3° Aux actions des membres de l'équipe pluridisciplinaire de santé au travail sur le milieu de travail prévues aux articles **R. 4624-1** à **R. 4624-9** ;

« 4° Au suivi individuel de l'état de santé prévu aux articles R. 4624-10 à R. 4624-45 ;

« 5° Aux mesures proposées par le médecin du travail, prévues à l'article L. 4624-3, à l'avis d'inaptitude rendu par le médecin du travail, prévu par l'article L. 4624-4 et à la contestation prévue par l'article L. 4624-7 ;

« 6° Au dossier médical en santé au travail prévu à l'article L. 4624-8. »

Dans les services de santé au travail, les établissements de santé, sociaux et médico-sociaux, les dispositions prévues par les articles R. 4623-1 à R. 4626-19, R. 4626-21, R. 4626-25 à D. 4626-32 sont applicables.

Dans les professions agricoles, les dispositions des articles R. 717-3 à R. 717-12, R. 717-15 à R. 717-30 du code rural et de la pêche maritime sont applicables.

Art. R. 1262-10 Le salarié détaché bénéficie des prestations d'un service de santé au travail, sauf si l'employeur, établi dans un État membre de l'Union européenne, partie à l'accord sur l'Espace économique européen ou dans la Confédération helvétique, prouve que ce salarié est soumis à une surveillance équivalente dans son pays d'origine. – *[Anc. art. R. 342-4, al. 2.]*

Art. R. 1262-11 Dans les cas prévus aux 1° et 2° de l'article L. 1262-1 et à l'article L. 1262-2, l'entreprise utilisatrice ou le donneur d'ordre prend en charge l'organisation matérielle des obligations relatives à la santé au travail du salarié dans le cadre de son service de santé au travail. – *[Anc. art. R. 342-4, al. 3.]*

Art. R. 1262-12 Dans le cas prévu au 3° de l'article L. 1262-1 et lorsque l'entreprise étrangère intervient pour le compte d'un particulier, celle-ci adhère au service de santé au travail interentreprises territorialement et professionnellement compétent. – *[Anc. art. R. 342-4, al. 4.]*

Art. R. 1262-13 *(Décr. nº 2016-1908 du 27 déc. 2016, art. 4, en vigueur le 1er janv. 2017)* A défaut d'un suivi de l'état de santé équivalent dans leur État d'origine :

1° Pour les travailleurs bénéficiant de l'examen médical d'aptitude à l'embauche prévu à l'article R. 4624-24 du présent code, celui-ci est réalisé avant l'affectation sur le poste ;

2° Pour les travailleurs bénéficiant d'une visite d'information et de prévention prévue à l'article R. 4624-10 du présent code, celle-ci est réalisée dans un délai qui n'excède pas trois mois après l'arrivée dans l'entreprise.

Art. R. 1262-14 *(Décr. nº 2016-1908 du 27 déc. 2016, art. 4, en vigueur le 1er janv. 2017)* « L'entreprise étrangère bénéficie de l'action du médecin du travail et des autres membres de l'équipe pluridisciplinaire de santé au travail sur le milieu de travail ainsi que des dispositions relatives à la fiche d'entreprise prévue aux articles R. 4624-46 à R. 4624-50. »

Dans le cas prévu au 3° de l'article L. 1262-1 et lorsque l'entreprise intervient pour le compte d'un particulier, cette action n'a lieu que sur demande de l'entreprise étrangère.

Art. R. 1262-15 Dans les cas prévus aux 1° et 2° de l'article L. 1262-1 et à l'article L. 1262-2, les documents et informations transmis à l'employeur le sont également à l'entreprise utilisatrice ou au donneur d'ordre. – *[Anc. art. R. 342-4, al. 7.]*

SECTION VI **TRAVAIL TEMPORAIRE**

Art. R. 1262-16 Les dispositions du chapitre Ier du titre V relatives au travail temporaire sont applicables aux salariés détachés dans le cadre d'une mise à disposition au titre du travail temporaire, à l'exception des articles L. 1251-32 et L. 1251-33 pour les salariés titulaires d'un contrat de travail à durée indéterminée dans leur pays d'origine. – *[Anc. art. R. 342-9, al. 1er.]*

Art. R. 1262-17 Pour l'application de l'obligation de garantie financière prévue aux articles L. 1251-49 et L. 1251-50 *(Décr. nº 2009-289 du 13 mars 2009)* « , alinéas 2 et 3 » à L. 1251-53 aux entreprises de travail temporaire qui détachent un salarié en France, la garantie assure le paiement aux salariés détachés, pendant toute la période de leur travail sur le territoire français, des salaires et de leurs accessoires, ainsi que des indemnités résultant du chapitre Ier du titre V. – *[Anc. art. R. 342-9, al. 2.]*

Art. R. 1262-18 Les garanties souscrites dans leur pays d'origine par les entreprises établies dans un État membre de l'Union européenne, partie à l'accord sur l'Espace économique européen ou dans la Confédération helvétique peuvent être regardées comme équivalentes à la garantie financière prévue à l'article R. 1262-17 si elles assurent la même protection aux salariés concernés. – *[Anc. art. R. 342-9, al. 3.]*

SECTION VIII **DISPOSITIONS DIVERSES**

(Décr. nº 2015-364 du 30 mars 2015, art. 12-II)

Art. R. 1262-19 Les dispositions des articles R. 4231-1 à R. 4231-4, R. 8281-1 à R. 8281-4 et R. 8282-1 sont applicables aux salariés détachés en France.

CHAPITRE III **CONTRÔLE**

SECTION PREMIÈRE **DISPOSITIONS COMMUNES**

Art. R. 1263-1 *(Décr. nº 2015-364 du 30 mars 2015, art. 1er)* I. – L'employeur établi hors de France conserve sur le lieu de travail du salarié détaché sur le territoire national ou, en cas d'impossibilité matérielle, dans tout autre lieu accessible à son représentant désigné en application de l'article L. 1262-2-1 et présente *(Décr. nº 2015-1327 du 21 oct. 2015, art. 2)* « sans délai », à la demande de l'inspection du travail du lieu où est accomplie la prestation, les documents mentionnés au présent article.

II. – Les documents requis aux fins de vérifier les informations relatives aux salariés détachés sont les suivants :

1° Le cas échéant, l'autorisation de travail permettant au ressortissant d'un État tiers d'exercer une activité salariée ;

2° Le cas échéant, le document attestant d'un examen médical dans le pays d'origine équivalent à celui prévu à l'article R. 1262-13 ;

3° Lorsque la durée du détachement est supérieure ou égale à un mois, les bulletins de paie de chaque salarié détaché ou tout document équivalent attestant de la rémunération et comportant les mentions suivantes :

a) Salaire minimum, y compris les majorations pour les heures supplémentaires ;

b) Période et horaires de travail auxquels se rapporte le salaire en distinguant les heures payées au taux normal et celles comportant une majoration ;

c) Congés et jours fériés, et éléments de rémunération s'y rapportant ;

d) Conditions d'assujettissement aux caisses de congés et intempéries, le cas échéant ;

e) S'il y a lieu, l'intitulé de la convention collective de branche applicable au salarié ;

4° Lorsque la durée du détachement est inférieure à un mois, tout document apportant la preuve du respect de la rémunération minimale ;

5° Tout document attestant du paiement effectif du salaire ;

6° Un relevé d'heures indiquant le début, la fin et la durée du temps de travail journalier de chaque salarié ;

7° La copie de la désignation par l'employeur de son représentant conformément aux dispositions de l'article *(Décr. nº 2015-1327 du 21 oct. 2015, art. 2)* « R. 1263-2-1 ».

III. – Les documents requis aux fins de s'assurer de l'exercice d'une activité réelle et substantielle de cet employeur dans son pays d'établissement sont les suivants :

1° Dans le cas où son entreprise est établie en dehors de l'Union européenne, le document attestant la régularité de sa situation sociale au regard d'une convention internationale de sécurité sociale ou, à défaut, l'attestation de fourniture de déclaration sociale émanant de l'organisme français de protection sociale chargé du recouvrement des cotisations sociales lui incombant et datant de moins de six mois ;

2° Lorsqu'il fait l'objet d'un écrit, le contrat de travail ou tout document équivalent attestant notamment du lieu de recrutement du salarié ;

3° Tout document attestant du droit applicable au contrat liant l'employeur et le cocontractant établi sur le territoire national ;

4° Tout document attestant du nombre de contrats exécutés et du montant du chiffre d'affaires réalisé par l'employeur dans son pays d'établissement et sur le territoire national.

Art. R. 1263-2 Les documents mentionnés à l'article R. 1263-1 sont traduits en langue française.

Pour les entreprises qui ne sont pas établies dans un État membre de l'Union européenne dont la monnaie est l'euro, les sommes sont converties en euros. – *[Anc. art. R. 342-7, al. 7.]*

Art. R. 1263-2-1 *(Décr. n° 2015-364 du 30 mars 2015, art. 1er)* Le représentant de l'entreprise sur le territoire national mentionné au II de l'article L. 1262-2-1 accomplit au nom de l'employeur les obligations qui lui incombent en application de l'article R. 1263-1.

La désignation de ce représentant est effectuée par écrit par l'employeur. Elle comporte les nom, prénoms, date et lieu de naissance, adresse électronique et postale en France, le cas échéant la raison sociale, ainsi que les coordonnées téléphoniques du représentant. Elle indique l'acceptation par l'intéressé de sa désignation ainsi que la date d'effet et la durée de la désignation, qui ne peut excéder la période de détachement.

Elle est traduite en langue française.

Elle indique pour les documents prévus à l'article R. 1263-1 soit le lieu de conservation sur le territoire national, soit les modalités permettant d'y avoir accès et de les consulter depuis le territoire national.

SECTION II **DÉCLARATION DE DÉTACHEMENT**

Art. R. 1263-3 L'employeur qui détache un ou plusieurs salariés, dans les conditions prévues au 1° et au 3° de l'article L. 1262-1, adresse *(Abrogé par Décr. n° 2015-364 du 30 mars 2015, art. 2)* ***« à l'inspection du travail du lieu où s'effectue la prestation, ou du premier lieu de l'activité si elle doit se poursuivre dans d'autres lieux, »*** une déclaration comportant les éléments suivants :

(Décr. n° 2015-364 du 30 mars 2015, art. 2) « 1° Le nom ou la raison sociale ainsi que les adresses postale et électronique, les coordonnées téléphoniques de l'entreprise ou de l'établissement qui emploie habituellement le ou les salariés, la forme juridique de l'entreprise, les références de son immatriculation à un registre professionnel ou toutes autres références équivalentes, l'activité principale de l'entreprise, les nom, prénoms, date et lieu de naissance du ou des dirigeants, la désignation du ou des organismes auxquels l'employeur verse les cotisations de sécurité sociale ;

« 2° L'adresse du ou des lieux successifs où doit s'accomplir la prestation, les nom, prénom, date et lieu de naissance, adresse électronique et postale en France, et coordonnées téléphoniques et, le cas échéant, la raison sociale du représentant de l'entreprise en France pour la durée de la prestation, la date du début de la prestation et sa date de fin prévisible, l'activité principale exercée dans le cadre de la prestation, la nature du matériel ou des procédés de travail dangereux utilisés, le nom, l'adresse, l'activité principale du donneur d'ordre ainsi que, le cas échéant, son numéro d'identification SIRET ;

« 3° Les nom, prénoms, date et lieu de naissance, adresse de résidence habituelle et nationalité de chacun des salariés détachés, la date de signature de son contrat de travail, sa qualification professionnelle, l'emploi qu'il occupe durant le détachement ainsi que le montant de la rémunération brute mensuelle y afférente, converti le cas échéant en euros, la date du début du détachement et sa date de fin prévisible ; »

4° Les heures auxquelles commence et finit le travail ainsi que les heures et la durée des repos des salariés détachés conformément aux dispositions des articles L. 3171-1, premier et deuxième alinéas, et L. 3171-2 ;

(Décr. n° 2015-364 du 30 mars 2015, art. 2) « 5° Le cas échéant, l'adresse du ou des lieux d'hébergement collectif successifs des salariés ;

« 6° Les modalités de prise en charge par l'employeur des frais de voyage, de nourriture et, le cas échéant, d'hébergement. »

Jusqu'au 7 nov. 2016, la déclaration de détachement, par les entreprises étrangères, de travailleurs en France est exclue du champ d'application du droit des usagers de saisir l'administration par voie électronique (Décr. n° 2015-1422 du 5 nov. 2015).

V. Arr. du 22 avr. 2016 fixant les modèles de déclaration de détachement (JO 25 mai).

Ces formulaires sont accessibles via les sites internet www.service-public.fr et www.travail-emploi.gouv.fr.

Art. R. 1263-4 Les employeurs qui détachent un ou plusieurs salariés, dans les conditions prévues au 2° de l'article L. 1262-1, adressent *(Abrogé par Décr. n° 2015-364 du 30 mars 2015, art. 2-2°)* ***« à l'inspection du travail du lieu où est accomplie la prestation, ou du premier lieu de l'activité si elle doit se poursuivre dans d'autres lieux, »*** une déclaration comportant les éléments suivants :

(Décr. n° 2015-364 du 30 mars 2015, art. 2-2°) « 1° Le nom ou la raison sociale ainsi que les adresses postale et électronique, les coordonnées téléphoniques de l'entreprise ou de l'établissement qui emploie habituellement le ou les salariés, la forme juridique de l'entreprise, les références de son immatriculation à un registre professionnel ou toutes autres références équivalentes, l'activité principale de l'entreprise, les nom, prénoms, date et lieu de naissance du ou des dirigeants, les liens de l'employeur avec l'entreprise ou l'établissement d'accueil du ou des salariés, la désignation du ou des organismes auxquels l'employeur verse les cotisations de sécurité sociale ;

« 2° L'adresse du ou des lieux successifs où doit s'accomplir la prestation, les nom, prénoms, date et lieu de naissance, adresse électronique et postale en France, coordonnées téléphoniques et, le cas échéant, la raison sociale du représentant de l'entreprise en France pour la durée de la prestation, la date du début de la prestation et sa date de fin prévisible, la nature des services accomplis pendant le détachement et la nature du matériel ou des procédés de travail dangereux utilisés ainsi que, le cas échéant, le numéro d'identification SIRET de l'entreprise ou de l'établissement d'accueil ;

« 3° Les nom, prénom, date et lieu de naissance, adresse de résidence habituelle et nationalité du salarié détaché, la date de signature de son contrat de travail, sa qualification professionnelle, l'emploi qu'il occupe durant le détachement ainsi que le montant de sa rémunération brute mensuelle y afférente, converti le cas échéant en euros, la date du début du détachement et sa date de fin prévisible ;

« 4° Les heures auxquelles commence et finit le travail ainsi que les heures et la durée des repos des salariés détachés conformément aux dispositions des premier et deuxième alinéas de l'article L. 3171-1 et de l'article L. 3171-2 ;

« 5° Le cas échéant, l'adresse du ou des lieux d'hébergement collectif successifs des salariés ;

« 6° Les modalités de prise en charge par l'employeur des frais de voyage, de nourriture et, le cas échéant, d'hébergement. »

Art. R. 1263-4-1 *(Décr. n° 2015-364 du 30 mars 2015, art. 2-3°)* La déclaration de détachement prévue aux articles R. 1263-3 et R. 1263-4 est adressée *(Décr. n° 2016-1044 du 29 juill. 2016, art. 7, en vigueur le 1er oct. 2016)* « , en utilisant le télé-service "SIPSI", » à l'unité départementale mentionnée à l'article R. 8122-2 dans le ressort de laquelle s'effectue la prestation. Lorsque la prestation est exécutée dans d'autres lieux, la déclaration de détachement est adressée *(Décr. n° 2016-1044 du 29 juill. 2016, art. 7, en vigueur le 1er oct. 2016)* « , en utilisant le télé-service "SIPSI", » à l'unité départementale dans le ressort de laquelle se situe le premier lieu d'exécution de la prestation.

Art. R. 1263-5 *(Décr. n° 2015-364 du 30 mars 2015, art. 2)* « La déclaration de détachement prévue aux articles R. 1263-3 et R. 1263-4, dont le modèle est fixé par arrêté du ministre chargé du travail, est accomplie en langue française avant le début du détachement, » *(Décr. n° 2016-1044 du 29 juill. 2016, art. 7, en vigueur le 1er oct. 2016)* « en utilisant le télé-service "SIPSI" du ministère chargé du travail (sipsi.travail.gouv.fr) ».

Elle se substitue à l'ensemble des obligations de déclaration prévues par le présent code, hormis celles prévues au présent chapitre.

SECTION III **DÉCLARATION SPÉCIFIQUE AUX ENTREPRISES DE TRAVAIL TEMPORAIRE**

Art. R. 1263-6 Les entreprises de travail temporaire qui détachent un salarié sur le territoire français, dans les conditions prévues à l'article L. 1262-2, adressent *(Abrogé par Décr. n° 2015-364 du 30 mars 2015, art. 3)* ***« à l'inspection du travail du lieu d'exécution de la mission du salarié détaché, ou du premier lieu de l'activité si elle doit se poursuivre dans d'autres lieux, »*** une déclaration comportant les mentions suivantes :

1° Le nom ou la raison sociale et *(Décr. n° 2015-364 du 30 mars 2015, art. 3)* « les adresses postale et électronique, les coordonnées téléphoniques » de l'entreprise de travail temporaire, la forme juridique de l'entreprise, les références de son immatriculation à un registre professionnel *(Décr. n° 2015-364 du 30 mars 2015, art. 3)* « ou toutes autres références équivalentes », l'identité du ou des dirigeants, la désignation du ou des organismes auxquels l'entrepreneur de travail temporaire verse les cotisations de sécurité sociale ;

2° L'identité de l'organisme auprès duquel a été obtenue une garantie financière ou une garantie équivalente dans le pays d'origine ;

(Décr. n° 2015-364 du 30 mars 2015, art. 3) « 3° Les nom, prénoms, date et lieu de naissance, adresse électronique et postale en France, les coordonnées téléphoniques et, le cas échéant, la raison sociale du représentant de l'entreprise en France pour la durée de la prestation ;

« 4° Les nom, prénoms, date et lieu de naissance, adresse de résidence habituelle et nationalité de chacun des salariés mis à disposition, les dates prévisibles du début et de la fin de sa mission, sa qualification professionnelle, l'emploi qu'il occupe durant le détachement, le montant de sa rémunération brute mensuelle y afférente, converti le cas échéant en euros, l'adresse du ou des lieux successifs où s'effectue sa mission, la nature du matériel ou des procédés de travail dangereux utilisés ;

« 5° Le nom ou la raison sociale et les adresses postale et électronique, les coordonnées téléphoniques ainsi que, le cas échéant, le numéro d'identification SIRET de l'entreprise utilisatrice ;

« 6° Les heures auxquelles commence et finit le travail ainsi que les heures et la durée des repos des salariés détachés conformément aux dispositions des articles L. 3171-1, premier et deuxième alinéas, et L. 3171-2 ;

« 7° Le cas échéant, l'adresse du ou des lieux d'hébergement collectif successifs des salariés ;

« 8° Les modalités de prise en charge par l'employeur des frais de voyage, de nourriture et, le cas échéant, d'hébergement. »

Art. R. 1263-6-1 *(Décr. n° 2015-364 du 30 mars 2015, art. 3)* La déclaration de détachement prévue à l'article R. 1263-6, dont le modèle est fixé par arrêté du ministre chargé du travail, est adressée *(Décr. n° 2016-1044 du 29 juill. 2016, art. 7, en vigueur le 1er oct. 2016)* « , en utilisant le télé-service "SIPSI", » à l'unité départementale mentionnée à l'article R. 8122-2 dans le ressort de laquelle s'effectue la prestation. Lorsque la prestation est exécutée dans d'autres lieux, la déclaration de détachement est adressée *(Décr. n° 2016-1044 du 29 juill. 2016, art. 7, en vigueur le 1er oct. 2016)* « , en utilisant le télé-service "SIPSI", » à l'unité départementale dans le ressort de laquelle se situe le premier lieu d'exécution de la prestation.

Art. R. 1263-7 *(Décr. n° 2015-364 du 30 mars 2015, art. 3)* « La déclaration prévue à l'article R. 1263-6, dont le modèle est fixé par arrêté du ministre chargé du travail, est accomplie en langue française avant la mise à disposition du salarié, » *(Décr. n° 2016-1044 du 29 juill. 2016, art. 7, en vigueur le 1er oct. 2016)* « en utilisant le télé-service "SIPSI" du ministère chargé du travail (sipsi.travail.gouv.fr) ».

Elle se substitue aux obligations résultant des articles L. 1251-45 et L. 1251-46 ainsi qu'à l'ensemble des obligations de déclaration prévues par le code du travail hormis celles prévues au présent chapitre.

Art. R. 1263-8 Outre les documents mentionnés aux articles R. 1263-1 et R. 1263-2, les entreprises de travail temporaire présentent à la demande de l'inspection du travail, un document attestant de l'obtention d'une garantie financière ou la preuve du respect des dispositions de garantie équivalente dans le pays d'origine ainsi que les documents comportant les mentions figurant aux articles L. 1251-16 et L. 1251-43. – *[Anc. art. R. 342-11, al. 1er.] – V. art. R. 1264-3 (pén.).*

Art. R. 1263-9 Les documents *(Décr. n° 2015-364 du 30 mars 2015, art. 4)* « mentionnés à l'article R. 1263-8 » sont traduits en langue française.

Pour les entreprises qui ne sont pas établies dans un État membre de l'Union européenne dont la monnaie est l'euro, les sommes sont converties en euros.

SECTION IV **SURVEILLANCE ET CONTRÔLE DU TRAVAIL DÉTACHÉ**

Art. R. 1263-10 La surveillance et le contrôle des conditions de travail et d'emploi définies au présent titre et la coopération avec les administrations des autres États membres sont assurés par *(Décr. nº 2015-364 du 30 mars 2015, art. 5)* « le bureau de liaison de la direction générale du travail mentionnée à l'article R. 8121-14. »

Ce bureau de liaison répond aux demandes d'information des administrations étrangères et leur communique les informations lorsqu'il a connaissance de faits relatifs à d'éventuels manquements de l'entreprise aux obligations résultant du présent titre.

Art. R. 1263-11 Les agents de contrôle mentionnés au livre premier de la partie VIII peuvent communiquer à leurs homologues étrangers, directement ou par l'intermédiaire du bureau de liaison, tout renseignement et document nécessaires à la surveillance et au contrôle des conditions de travail et d'emploi des salariés détachés. – *[Anc. art. R. 342-14, al. 2.]*

Art. R. 1263-11-1 *(Décr. nº 2015-1579 du 3 déc. 2015, art. 1er)* L'agent de contrôle de l'inspection du travail mentionné aux articles L. 8112-1 ou L. 8112-5 qui constate l'un des manquements mentionnés à l'article L. 1263-3 enjoint par écrit à l'employeur établi hors de France qui détache des salariés sur le territoire national de faire cesser ce manquement dans un délai de trois jours, à compter de la réception de l'injonction. Ce délai peut être réduit en cas de circonstances exceptionnelles, sans qu'il puisse être inférieur à un jour.

L'injonction est adressée au représentant de l'employeur mentionné au II de l'article L. 1262-2-1.

Art. R. 1263-11-2 *(Décr. nº 2015-1579 du 3 déc. 2015, art. 1er)* A défaut de régularisation dans le délai fixé en application des dispositions de l'article R. 1263-11-1, l'agent de contrôle de l'inspection du travail transmet au directeur régional des entreprises, de la concurrence, de la consommation, du travail et de l'emploi un rapport relatif au manquement constaté.

Art. R. 1263-11-3 *(Décr. nº 2015-1579 du 3 déc. 2015, art. 1er)* Avant de prononcer une suspension temporaire de la prestation de services, le directeur régional des entreprises, de la concurrence, de la consommation, du travail et de l'emploi invite le représentant de l'employeur à présenter ses observations dans un délai de trois jours à compter de la réception de cette invitation. Ce délai peut être réduit dans les cas de circonstances exceptionnelles, sans qu'il puisse être inférieur à un jour.

A l'expiration du délai fixé et au vu des observations éventuelles de l'intéressé, il peut, eu égard à la répétition ou à la gravité des faits constatés, lui notifier une décision motivée de suspension temporaire. Cette décision indique la durée de la suspension temporaire de la prestation de services, qui ne peut excéder un mois, ainsi que les voies et délais de recours.

Art. R. 1263-11-4 *(Décr. nº 2015-1579 du 3 déc. 2015, art. 1er)* Le directeur régional des entreprises, de la concurrence, de la consommation, du travail et de l'emploi informe sans délai le préfet du département dans lequel est situé l'établissement, ou, à Paris le préfet de police, de sa décision de suspension temporaire de la réalisation de la prestation de services.

Il en informe sans délai le maître d'ouvrage ou le donneur d'ordre cocontractant du prestataire.

Art. R. 1263-11-5 *(Décr. nº 2015-1579 du 3 déc. 2015, art. 1er)* Lorsque la prestation de services porte sur des travaux réalisés sur un chantier de bâtiment ou de travaux publics, la décision du directeur régional des entreprises, de la concurrence, de la consommation, du travail et de l'emploi est notifiée simultanément au maître d'ouvrage ainsi qu'au responsable du chantier. Le maître d'ouvrage prend les mesures permettant de prévenir tout risque pour la santé ou la sécurité des travailleurs présents sur le site concerné ainsi que des usagers ou des tiers, qui résulterait de la suspension temporaire de la prestation de services.

La décision du directeur régional des entreprises, de la concurrence, de la consommation, du travail et de l'emploi est portée à la connaissance du public par voie d'affichage sur les lieux du chantier.

Art. R. 1263-11-6 *(Décr. n° 2015-1579 du 3 déc. 2015, art. 1er)* Le directeur régional des entreprises, de la concurrence, de la consommation, du travail et de l'emploi met fin à la mesure de suspension temporaire de la réalisation d'une prestation de services au vu des justificatifs de régularisation fournis par le représentant de l'employeur.

Il informe sans délai de sa décision le représentant de l'employeur, le maître d'ouvrage ou le donneur d'ordre cocontractant du prestataire ainsi que le préfet compétent.

Art. R. 1263-11-7 *(Décr. n° 2015-1579 du 3 déc. 2015, art. 1er)* Les injonctions, les informations, les invitations et les notifications mentionnées aux articles R. 1263-11-1 à R. 1263-11-6 sont effectuées par tout moyen permettant de leur conférer date certaine.

SECTION V OBLIGATION DE VIGILANCE DES MAÎTRES D'OUVRAGE ET DES DONNEURS D'ORDRE

(Décr. n° 2015-364 du 30 mars 2015, art. 6)

Art. R. 1263-12 Le maître d'ouvrage ou le donneur d'ordre qui contracte avec un employeur établi hors de France demande à son cocontractant, avant le début de chaque détachement d'un ou de plusieurs salariés, les documents suivants :

(Décr. n° 2016-1044 du 29 juill. 2016, art. 7, en vigueur le 1er oct. 2016) « *a)* Une copie de la déclaration de détachement effectuée sur le télé-service "SIPSI" du ministère chargé du travail, conformément aux articles R. 1263-5 et R. 1263-7 ; »

b) Une copie du document désignant le représentant mentionné à l'article *(Décr. n° 2015-1327 du 21 oct. 2015, art. 2-II)* « **R. 1263-2-1** ».

Le maître d'ouvrage ou le donneur d'ordre est réputé avoir procédé aux vérifications mentionnées à l'article L. 1262-4-1 dès lors qu'il s'est fait remettre ces documents.

Art. R. 1263-13 *(Décr. n° 2016-27 du 19 janv. 2016, art. 1er)* La déclaration que doit faire le maître d'ouvrage ou le donneur d'ordre, en application du deuxième alinéa de l'article L. 1262-4-1, lorsque son cocontractant ne lui a pas remis copie de la déclaration de détachement lui incombant en vertu du premier alinéa de l'article L. 1262-2-1, est adressée à l'unité territoriale compétente mentionnée aux articles R. 1263-4-1 et R. 1263-6-1 *(Décr. n° 2016-1748 du 15 déc. 2016, art. 1er, en vigueur le 1er avr. 2017)* « en utilisant le téléservice "SIPSI" du ministère chargé du travail ».

La déclaration est rédigée en langue française et justifie par tout moyen lui conférant date certaine qu'elle a été faite dans le délai prévu à l'article L. 1262-4-1.

Art. R. 1263-14 *(Décr. n° 2016-27 du 19 janv. 2016, art. 1er)* La déclaration du maître d'ouvrage ou du donneur d'ordre mentionnée à l'article R. 1263-13, dont le modèle est fixé par arrêté du ministre chargé du travail, comporte les informations suivantes :

1° Le nom ou la raison sociale, les adresses postale et électronique, les coordonnées téléphoniques, l'activité principale du maître d'ouvrage ou du donneur d'ordre déclarant ainsi que son numéro d'identification SIRET ou, à défaut, les références de son immatriculation à un registre professionnel ou toutes autres références équivalentes ;

2° Le nom ou la raison sociale ainsi que les adresses postale et électronique, les coordonnées téléphoniques de l'entreprise ou de l'établissement qui emploie habituellement le ou les salariés, la forme juridique de l'entreprise, les références de son immatriculation à un registre professionnel ou toutes autres références équivalentes et les États sur le territoire desquels sont situés les organismes auxquels il verse les cotisations de sécurité sociale afférentes au détachement des salariés concernés ;

3° L'adresse des lieux successifs où doit s'accomplir la prestation, la date du début de la prestation et sa date de fin prévisible, l'activité principale exercée dans le cadre de la prestation ;

4° Les nom, prénoms, date et lieu de naissance, adresse de résidence habituelle et nationalité de chacun des salariés détachés ;

5° Les nom et prénoms, les coordonnées téléphoniques et les adresses électronique et postale en France du représentant de l'entreprise détachant des salariés.

SECTION VI **OBLIGATIONS ET RESPONSABILITÉ FINANCIÈRE DES MAÎTRES D'OUVRAGE ET DES DONNEURS D'ORDRE**

(Décr. n° 2016-27 du 19 janv. 2016, art. 2)

Art. R. 1263-15 Par dérogation aux articles R. 3245-1 à R. 3245-4, les obligations et la responsabilité financière des maîtres d'ouvrage et donneurs d'ordre au regard des salariés détachés sont régies par les dispositions de la présente section.

Art. R. 1263-16 A compter du jour de la réception de l'injonction mentionnée à l'article L. 1262-4-3, l'employeur détachant des salariés et, le cas échéant, le donneur d'ordre cocontractant de ce dernier informent dans un délai de sept jours le maître d'ouvrage ou le donneur d'ordre des mesures prises pour faire cesser la situation.

Le maître d'ouvrage ou le donneur d'ordre transmet aussitôt cette information à l'agent de contrôle auteur du signalement ou informe celui-ci, dès l'expiration du délai imparti, de l'absence de réponse.

Art. R. 1263-17 En cas d'absence de régularisation effective de la situation par l'employeur, le maître d'ouvrage ou le donneur d'ordre, s'il ne dénonce pas le contrat de prestation de service, est tenu solidairement avec celui-ci au paiement des rémunérations et indemnités dues à chaque salarié détaché ainsi que, lorsque ce salarié relève d'un régime français de sécurité sociale, des cotisations et contributions sociales afférentes dues aux organismes chargés de leur recouvrement.

Art. R. 1263-18 L'agent de contrôle auteur du signalement informe par écrit les salariés concernés qu'à défaut de paiement de leurs rémunérations par l'employeur, le maître d'ouvrage ou le donneur d'ordre, ils peuvent saisir le conseil de prud'hommes afin de recouvrer les sommes dues.

Art. R. 1263-19 Les injonctions et les informations mentionnées aux articles R. 1263-16 à R. 1263-18 sont effectuées par tout moyen permettant de leur conférer date certaine.

CHAPITRE IV **DISPOSITIONS PÉNALES**

Art. R. 1264-1 (Abrogé par Décr. n° 2015-364 du 30 mars 2015, art. 7) *Le fait, pour le dirigeant d'une entreprise non établie en France, de ne pas déclarer les salariés qu'il détache temporairement sur le territoire national pour l'accomplissement d'une prestation de services, dans le cadre d'un contrat d'entreprise, d'un contrat de mise à disposition au titre du travail temporaire ou de toute autre mise à disposition de salarié, est puni de l'amende prévue pour les contraventions de la quatrième classe.*

Art. R. 1264-2 Le fait, pour le dirigeant d'une entreprise non établie en France, de ne pas déclarer un accident du travail dont est victime un salarié détaché est puni de l'amende prévue pour les contraventions de la quatrième classe. — *[Anc. art. L. 364-11.]*

Art. R. 1264-3 *(Décr. n° 2016-27 du 19 janv. 2016, art. 3)* Le fait pour un employeur de ne pas présenter à l'inspection du travail les documents mentionnés à l'article R. 1263-8 dans les conditions déterminées à cet article est puni de l'amende prévue pour les contraventions de troisième classe.

CHAPITRE V **ACTIONS EN JUSTICE**

(Décr. n° 2015-364 du 30 mars 2015, art. 8)

Art. D. 1265-1 Le salarié est informé de l'action en justice envisagée par l'organisation syndicale représentative en application de l'article L. 1265-1 par tout moyen permettant de conférer date certaine. *(Décr. n° 2015-1327 du 21 oct. 2015, art. 2)* « Cette information » précise la nature et l'objet de l'action envisagée par l'organisation syndicale et indique que :

1° Le salarié peut faire connaître à l'organisation syndicale son opposition à l'action envisagée dans un délai de quinze jours à compter de la date de réception de la lettre ;

2° L'organisation syndicale peut exercer elle-même les voies de recours ;

3° Le salarié peut, à tout moment, intervenir dans l'instance engagée par l'organisation syndicale.

TITRE SEPTIÈME CHÈQUES ET TITRES SIMPLIFIÉS DE TRAVAIL

CHAPITRE PREMIER CHÈQUE EMPLOI-SERVICE UNIVERSEL

SECTION PREMIÈRE OBJET ET MODALITÉS DE MISE EN ŒUVRE

Art. D. 1271-1 Le chèque emploi-service universel mentionne le nom :

1° Soit du tireur du chèque ;

2° Soit du bénéficiaire du titre spécial de paiement qui rémunère un service au moyen de ce titre. – *[Anc. art. D. 129-1, al. 2, phrase 1.]*

Art. D. 1271-2 Les personnes publiques ainsi que les personnes privées chargées d'une mission de service public qui financent des chèques emploi-service universels pour les usagers du service peuvent, avec l'accord du bénéficiaire ou, si celui-ci ne peut être recueilli, avec l'accord de son représentant légal, décider que le chèque emploi-service universel est payable à une association ou entreprise de service dénommée, dès lors que l'incapacité du bénéficiaire à faire le choix d'un intervenant à son domicile est établie.

Dans ce cas, le chèque a la nature d'un titre spécial de paiement. – *[Anc. art. D. 129-1, al. 2, phrase 2.]*

Art. D. 1271-3 En cas de nécessité urgente d'attribuer des prestations sociales ou de mettre en œuvre un service à la personne, l'organisme qui finance en tout ou partie le chèque emploi-service universel peut, à titre exceptionnel, utiliser un chèque non nominatif jusqu'à son attribution à son bénéficiaire. – *[Anc. art. D. 129-1, al. 3.]*

Art. D. 1271-4 Un autre moyen de paiement peut être émis par les établissements de crédit, institutions ou services mentionnés à l'article L. 1271-9 en remplacement du chèque emploi-service universel ou du titre spécial de paiement.

Les organismes spécialisés habilités à émettre des titres spéciaux de paiement peuvent émettre un autre instrument de paiement prépayé et dématérialisé en remplacement du titre spécial de paiement.– *[Anc. art. D. 129-1, al. 4.]*

Art. D. 1271-5 Le contenu du volet social de la déclaration du chèque emploi-service universel est fixé par l'article *(Décr. n° 2008-413 du 28 avr. 2008)* « D. 133-19 » du code de la sécurité sociale ci-après reproduit : – *[Anc. art. D. 129-2.]*

Art. D. 133-19 Le volet social du chèque emploi-service universel prévu à l'article L. 133-8 comporte les mentions suivantes :

1° Mentions relatives à l'employeur :

a) Nom, prénom et adresse ;

b) Références bancaires ;

2° Mentions relatives au salarié :

a) Nom, nom d'époux et prénom ;

b) Numéro d'inscription au répertoire des personnes physiques ou date et lieu de naissance du salarié ;

c) Adresse ;

3° Mentions relatives à l'emploi et aux cotisations :

a) Nombre d'heures de travail effectuées ;

b) Période d'emploi ;

c) Salaires horaire et total nets versés ;

d) (Décr. n° 2013-604 du 9 juill. 2013, art. 1er-I) « Date de versement du salaire si elle est différente de celle mentionnée au 4° » ;

(Décr. n° 2015-326 du 23 mars 2015, art. 2, en vigueur le 1er juin 2015) « *e)* Dans le cas où l'établissement du volet social se fait par voie dématérialisée et où le nombre d'heures de travail inscrites au contrat excède pour un employeur donné trente-deux heures par mois, option annuelle retenue pour la période conventionnelle de congés payés : indemnité égale à un dixième de la rémunération brute versée mensuellement ou indemnité déterminée dans les conditions prévues par l'article *(Décr. n° 2016-1553 du 18 nov. 2016, art. 7-IV, en vigueur le 1er janv. 2017)* « L. 3141-24 » du code du travail. »

4° Date et signature de l'employeur.

Art. D. 1271-5-1 *(Décr. n° 2015-326 du 23 mars 2015, art. 1er)* Pour les salariés déclarés en chèque emploi-service universel dont le nombre d'heures de travail inscrites au contrat de travail n'excède pas, pour un contrat donné, trente-deux heures par mois, la rémunération portée sur le chèque emploi-service universel inclut une indemnité compensatrice de congés payés dont le montant est égal à un dixième de la rémunération brute.

Le seuil de trente-deux heures est apprécié au premier jour du premier mois de la période annuelle de congés telle que définie par la convention collective applicable ou à la date d'effet du contrat de travail si elle est postérieure.

Le régime indemnitaire de congés prévu au présent article est applicable aux rémunérations versées pendant l'ensemble de la période mentionnée à l'alinéa précédent.

SECTION II TITRE SPÉCIAL DE PAIEMENT

SOUS-SECTION 1 ÉMISSION

Art. D. 1271-6 Le chèque emploi-service universel qui a la nature d'un titre spécial de paiement est dénommé "chèque emploi-service universel préfinancé". – *[Anc. art. D. 129-7, al. 1er début.]*

Art. D. 1271-7 Le chèque emploi-service universel préfinancé est émis sur support papier ou sous forme dématérialisée, conformément aux dispositions de l'article D. 1271-4. – *[Anc. art. D. 129-7, al. 1er milieu et 2 fin.]*

SOUS-SECTION 2 HABILITATION

Art. R. 1271-8 Pour émettre des chèques emploi-service universels ayant la nature de titre spécial de paiement, les organismes et établissements spécialisés ou les établissements mentionnés à l'article L. 1271-9 sont habilités par *(Décr. n° 2014-753 du 2 juill. 2014, art. 3)* « le ministre chargé des services à la personne ». – *[Anc. art. D. 129-7, al. 1er fin et 2 début.]*

Art. R. 1271-9 L'habilitation des organismes et établissements porte sur :

1° L'émission des chèques emploi-service universels ;

2° Le remboursement des chèques emploi-service universels, dans les conditions prévues aux articles L. 1271-15, D. 1271-13 à D. 1271-18 *(Décr. n° 2011-1133 du 20 sept. 2011, art. 1er-1°)* « *[,]* D. 1271-28 et D. 1271-29 » du présent code ainsi qu'à l'article D. 133-26 *[R. 133-26]* du code de la sécurité sociale :

a) Aux salariés occupant des emplois entrant dans le champ des services mentionnés à l'article L. 7231-1 du présent code ;

b) Aux organismes et personnes mentionnés au 2° de l'article L. 1271-1 du présent code ;

c) Aux assistants maternels agréés en application de l'article L. 421-1 du code de l'action sociale et des familles. – *[Anc. art. D. 129-7, al. 3.]*

Art. R. 1271-10 L'habilitation nationale est délivrée, après avis de la Banque de France et de l'Agence centrale des organismes de sécurité sociale.

La décision d'habilitation ou de refus d'habilitation fait l'objet d'une notification écrite.

La liste des organismes et établissements habilités à émettre le chèque emploi-service universel préfinancé est publiée *(Abrogé par Décr. n° 2014-753 du 2 juill. 2014, art. 3)* *« au Bulletin officiel du ministère chargé de l'emploi et »* *(Décr. n° 2011-415 du 15 avr. 2011)* « au *Bulletin officiel* du ministère chargé des services » ainsi que sur le site internet *(Décr. n° 2014-753 du 2 juill. 2014, art. 3)* « du ministre chargé des services à la personne ». – *[Anc. art. D. 129-7, al. 4 à 6.]*

V. http ://www.entreprises.gouv.fr/services-a-la-personne

Art. R. 1271-11 L'émetteur du chèque emploi-service universel préfinancé fait figurer de façon visible son numéro d'habilitation dans tout contrat ou accord conclu avec les personnes qui en assurent le préfinancement. – *[Anc. art. D. 129-7, al. 7.]*

Art. R. 1271-12 L'émetteur du chèque emploi-service universel préfinancé habilité notifie *(Décr. n° 2014-753 du 2 juill. 2014, art. 3)* « au ministre chargé des services à la personne », par lettre recommandée avec avis de réception, toute modification substantielle qu'il souhaite apporter aux modalités et processus décrits dans son dossier de demande d'habilitation.

(Décr. n° 2014-753 du 2 juill. 2014, art. 3) « Le ministre chargé des services à la personne » notifie à l'émetteur, par lettre recommandée avec avis de réception, sa décision d'acceptation ou de refus des modifications qui lui ont été communiquées. Sa décision est prise après avis de la Banque de France et de l'Agence centrale des organismes de sécurité sociale. La décision d'acceptation est publiée *(Abrogé par Décr. n° 2014-753 du 2 juill. 2014, art. 3)* ***« au Bulletin officiel du ministère chargé de l'emploi et »*** *(Décr. n° 2011-415 du 15 avr. 2011)* « au ***Bulletin officiel*** du ministère chargé des services » ainsi que sur le site internet *(Décr. n° 2014-753 du 2 juill. 2014, art. 3)* « du ministre chargé des services à la personne ».

En cas d'urgence motivée, l'émetteur habilité peut mettre en œuvre les modifications qu'il estime nécessaires, sans attendre la décision d'acceptation ou de refus *(Décr. n° 2014-753 du 2 juill. 2014, art. 3)* « du ministre chargé des services à la personne ». – *[Anc. art. D. 129-7-1.]*

Art. R. 1271-13 Pour être habilité, l'émetteur se fait ouvrir un compte spécifique bancaire ou postal, conformément à l'article L. 1271-11, sur lequel sont versés, à l'exclusion de tous autres, les fonds perçus en contrepartie de la cession des titres. Le montant de ce compte, égal à la contre-valeur des titres spéciaux de paiement en circulation, garantit le remboursement aux intervenants des titres spéciaux de paiement valablement émis et utilisés. L'encours de cette contrepartie est de 300 000 € au moins. Le compte fait l'objet d'une dotation initiale à hauteur de ce montant au moins.

Un émetteur habilité est autorisé à ouvrir plusieurs de ces comptes dans un ou plusieurs établissements bancaires ou centres de chèques postaux, sous réserve que leur solde cumulé soit à tout moment supérieur au montant minimum. Il peut opérer des virements d'un compte spécifique à l'autre. Sous la responsabilité de l'émetteur, les sommes portées au crédit des comptes spécifiques de chèque emploi-service universel peuvent faire l'objet de placements temporaires sous réserve que leur montant demeure à tout moment immédiatement réalisable à leur valeur nominale initiale.

En cas de falsification, d'altération, de destruction ou de vol lors de l'expédition de chèques emploi-service universels, ce compte spécifique de réserve peut être utilisé sous condition de restauration de son montant, au plus tard sept jours francs après mobilisation de tout ou partie de celui-ci. – *[Anc. art. D. 129-8, al. 1er à 4.]*

Art. R. 1271-14 Pour être habilité, l'émetteur tient une comptabilité appropriée permettant :

1° La vérification permanente de la liquidité de la contre-valeur des chèques emploi-service universels en circulation ;

2° Le contrôle permanent et la justification comptable de tous les flux financiers, à partir de l'émission jusqu'au remboursement. – *[Anc. art. D. 129-8, al. 5 à 7.]*

Art. R. 1271-15 L'émetteur de chèques emploi-service universel ayant la nature de titre spécial de paiement s'engage à :

1° Constituer un réseau d'associations et d'entreprises affiliées recevant le chèque emploi-service universel en paiement de leurs prestations, couvrant l'ensemble du territoire national ;

2° Assurer la sécurité à toutes les étapes du processus prenant en compte les objectifs de sécurité définis par la Banque de France dans le cadre de sa mission de surveillance ;

3° Garantir la contre-valeur des titres valablement émis et utilisés à la personne assurant le service rémunéré par le chèque emploi-service universel ;

4° Vérifier que les assistants maternels sont agréés en application de l'article L. 421-3 du code de l'action sociale et des familles, que les associations ou les entreprises de services sont agréées en application de l'article L. 7232-1 *(Décr. n° 2011-1133 du 20 sept. 2011, art. 1er-2°)* « ou déclarées en application de l'article L. 7232-1-1 », que les organismes et personnes relevant des catégories mentionnées aux deux premiers alinéas de l'article L. 2324-1 du code de la santé publique ou de l'article L. 227-6 du code de l'action sociale et des familles, ont été créés et exercent régulièrement ;

5° Recueillir auprès des bénéficiaires particuliers employeurs l'attestation de la déclaration de leurs salariés ;

6° Conserver les informations relatives aux chèques emploi-service universels, y compris des fichiers de commande nominative, pendant une période de dix ans au-delà de l'année en cours. Passé ce délai, il peut être procédé à la destruction de celles-ci ;

7° Restituer les informations synthétiques, le cas échéant, à la demande des financeurs en vue notamment d'une information et du contrôle de l'administration fiscale et sociale ;

8° Mettre en place toutes dispositions propres à assurer la sécurité physique et financière des titres prépayés ;

9° Mettre en place un dispositif de contrôle interne visant à s'assurer de la maîtrise des risques. – *[Anc. art. D. 129-8, al. 8 à 17.]*

Art. R. 1271-16 Pour être habilité, l'émetteur justifie de sa capacité à remplir les obligations prévues à l'article D. 1271-15. – *[Anc. art. D. 129-8, al. 18.]*

Art. R. 1271-17 Le manquement à l'une des obligations prévues aux articles D. 1271-13 à D. 1271-15 peut donner lieu à une suspension ou un retrait d'habilitation par *(Décr. n° 2014-753 du 2 juill. 2014, art. 3)* « le ministre chargé des services à la personne ». – *[Anc. art. D. 129-8, al. 18.]*

Art. R. 1271-18 Les organismes et établissements habilités à émettre le chèque emploi-service universel préfinancé, sur support papier ou sous forme dématérialisée, perçoivent une rémunération de la part des personnes physiques ou morales qui en assurent le préfinancement. – *[Anc. art. D. 129-8, al. 19.]*

Art. R. 1271-19 L'émetteur habilité notifie sans délai *(Décr. n° 2014-753 du 2 juill. 2014, art. 3)* « au ministre chargé des services à la personne », par lettre recommandée avec avis de réception :

1° Tout rachat, reprise ou prise de contrôle par une ou plusieurs personnes tierces, la cession ou cessation de l'entreprise ou de l'activité au titre de laquelle l'organisme ou l'établissement est habilité ainsi que l'ouverture d'une procédure de sauvegarde, de redressement ou de liquidation judiciaire prévue au livre VI du code de commerce relatif aux difficultés des entreprises ;

2° Toute défaillance dans la mise en œuvre des engagements prévus à l'article D. 1271-15 dont la validation a permis la délivrance de l'habilitation ;

3° Les dispositions qu'il a prises pour garantir la continuité du remboursement des chèques emploi-service universel préfinancés émis par lui, en cas de suspension ou de retrait de l'habilitation, ou en cas d'arrêt de l'activité d'émission du chèque emploi-service universel préfinancé pour laquelle il est habilité. – *[Anc. art. D. 129-8-1, al. 1er à 4.]*

Art. R. 1271-20 Afin d'apprécier les conditions de maintien de l'habilitation, *(Décr. n° 2014-753 du 2 juill. 2014, art. 3)* « le ministre chargé des services à la personne » peut, à tout moment, demander à l'émetteur habilité l'actualisation des pièces de son dossier de demande d'habilitation. – *[Anc. art. D. 129-8-1, al. 5.]*

Art. R. 1271-21 Dans les cas prévus à l'article D. 1271-19, *(Décr. n° 2014-753 du 2 juill. 2014, art. 3)* « le ministre chargé des services à la personne » saisit pour avis la Banque de France et l'Agence centrale des organismes de sécurité sociale.

Avant de suspendre ou retirer l'habilitation, *(Décr. n° 2014-753 du 2 juill. 2014, art. 3)* « le ministre chargé des services à la personne » notifie son intention à l'émetteur habilité, par lettre recommandée avec avis de réception, et l'invite à faire connaître ses observations. Celui-ci dispose à cet effet d'un délai de quinze jours à compter de la date de réception de cette notification.

Les décisions de suspension ou de retrait de l'habilitation d'un émetteur sont publiées *(Décr. n° 2014-753 du 2 juill. 2014, art. 3)* « au *Bulletin officiel* du ministère chargé des services » ainsi que sur le site internet *(Décr. n° 2014-753 du 2 juill. 2014, art. 3)* « du ministre chargé des services à la personne ». – *[Anc. art. D. 129-8-1, al. 6 à 8.]*

Art. R. 1271-22 Le suivi et le contrôle de l'activité d'émission du chèque emploi-service universel préfinancé, au titre de laquelle les émetteurs sont habilités par *(Décr. n° 2014-753 du 2 juill. 2014, art. 3)* « le ministre chargé des services à la personne », sont accomplis par celle-ci avec l'appui de la Banque de France et de l'Agence centrale des organismes de sécurité. – *[Anc. art. D. 129-8-2, al. 1er.]*

Art. R. 1271-23 Avant le 30 avril de chaque année, l'émetteur habilité du chèque emploi-service universel préfinancé transmet *(Décr. n° 2014-753 du 2 juill. 2014, art. 3)* « au ministre chargé des services à la personne » ainsi qu'à la Banque de France, par lettre recommandée avec avis de réception :

1° Un rapport d'activité portant sur l'année civile d'émission écoulée. Ce rapport expose par ailleurs les perspectives d'activité de l'émetteur pour l'année en cours ;

2° Un rapport relatif à la sécurité des différents processus de traitement du chèque emploi-service universel préfinancé émis par lui, portant sur l'année civile d'émission écoulée. Ce rapport prend la forme d'une réponse à un questionnaire, fourni par la Banque de France aux émetteurs habilités au plus tard soixante jours avant la date limite de réponse. – *[Anc. art. D. 129-8-2, al. 2 à 4.]*

Art. R. 1271-24 Avant le 30 juin de chaque année, l'émetteur habilité, autre qu'un établissement de crédit, transmet *(Décr. n° 2014-753 du 2 juill. 2014, art. 3)* « au ministre chargé des services à la personne », par lettre recommandée avec avis de réception, un rapport sur la gestion au cours de l'année civile d'émission écoulée des comptes bancaires spécifiques de garantie prévus par l'article L. 1271-11. – *[Anc. art. D. 129-8-2, al. 5.]*

Art. R. 1271-25 S'il est constaté que l'émetteur habilité ne respecte pas les dispositions prévues au 1° de l'article D. 1271-13, l'habilitation peut être suspendue ou retirée sur décision *(Décr. n° 2014-753 du 2 juill. 2014, art. 3)* « du ministre chargé des services à la personne », après avis de la Banque de France.

Avant de suspendre ou retirer l'habilitation, *(Décr. n° 2014-753 du 2 juill. 2014, art. 3)* « le ministre chargé des services à la personne » notifie son intention à l'émetteur habilité, par lettre recommandée avec avis de réception, et l'invite à faire connaître ses observations. Celui-ci dispose à cet effet d'un délai de quinze jours à compter de la date de réception de cette notification.

La décision de suspension ou de retrait de l'habilitation d'un émetteur est publiée *(Décr. n° 2014-753 du 2 juill. 2014, art. 3)* « au *Bulletin officiel* du ministère chargé des services » ainsi que sur le site internet *(Décr. n° 2014-753 du 2 juill. 2014, art. 3)* « du ministre chargé des services à la personne ». – *[Anc. art. D. 129-8-2, al. 6 à 8.]*

Art. R. 1271-26 En cas de retrait de son habilitation à émettre le chèque emploi-service universel préfinancé, l'organisme ou l'établissement concerné cesse sans délai d'émettre le chèque emploi-service universel ayant la nature d'un titre spécial de paiement et de faire état de son habilitation, dans tous contacts, toute documentation financière ou commerciale et sur tous les supports de communication.

Il informe sans délai *(Décr. n° 2014-753 du 2 juill. 2014, art. 3)* « le ministre chargé des services à la personne » des mesures prises. – *[Anc. art. D. 129-8-2, al. 9.]*

Art. R. 1271-27 *(Décr. n° 2014-753 du 2 juill. 2014, art. 3)* « Le ministre chargé des services à la personne » et la Banque de France peuvent échanger toutes informations relatives au chèque emploi-service universel préfinancé, nécessaires à l'accomplissement de leurs missions respectives. – *[Anc. art. D. 129-8-3.]*

SECTION III **AUTRES DISPOSITIONS FINANCIÈRES**

Art. D. 1271-28 Les émetteurs peuvent recourir à une structure commune pour procéder au traitement des chèques emploi-service universels en vue de leur remboursement. Par délégation des émetteurs, celle-ci est soumise aux mêmes obligations relatives au remboursement des intervenants affiliés. – *[Anc. art. D. 129-9, al. 1er.]*

Art. D. 1271-29 L'émetteur adresse *(Décr. n° 2011-1133 du 20 sept. 2011, art. 1er-3°)* « à la personne morale ou à l'entrepreneur individuel qui finance » en tout ou partie des chèques emploi-service universels une information à transmettre au bénéficiaire du chèque emploi-service universel relative à la déclaration de cotisations sociales (volet social) et à l'obligation préalable de se déclarer comme employeur avant toute embauche d'un salarié à domicile, le modèle d'attestation fiscale que l'entreprise doit adresser chaque année aux bénéficiaires de celle-ci et le modèle du bordereau leur permettant la tenue d'une comptabilité chèque à chèque.

Il adresse *(Décr. n° 2011-1133 du 20 sept. 2011, art. 1er-3°)* « à la personne morale ou à l'entrepreneur individuel » le modèle d'attestation de dépenses *(Décr. n° 2011-1133 du 20 sept. 2011, art. 1er-3°)* « qu'il doit » fournir chaque fin d'année à leurs clients.

(Décr. n° 2013-47 du 14 janv. 2013) « La rémunération mentionnée à l'article L. 1271-15-1 est perçue par les émetteurs mentionnés au même article à condition que :

« 1° Le montant et les modalités de calcul de cette rémunération soient mentionnés dans le contrat ou les conditions générales et particulières conclus lors de l'affiliation entre ce dernier et l'émetteur ou la structure commune mentionnée à l'article D. 1271-28 ;

« 2° Toute modification du montant et des modalités de calcul de cette rémunération ait été portée à la connaissance du cocontractant au moins trente jours avant son entrée en vigueur par tout moyen accepté contractuellement par celui-ci.

« Le montant et les modalités de calcul de la rémunération peuvent varier notamment en fonction du montant des chèques portés au remboursement, de leur mode de transmission ou du délai de remboursement pratiqué ou des services annexes fournis par l'émetteur et acceptés contractuellement par la personne morale ou l'entrepreneur individuel assurant les prestations payées par chèques emploi-service universels et demandant leur remboursement. »

(Décr. n° 2011-1133 du 20 sept. 2011, art. 1er-3°) « Une partie de la rémunération peut être versée à la structure commune mentionnée à l'article D. 1271-28 *(Abrogé par Décr. n° 2013-47 du 14 janv. 2013)* « *par les émetteurs qui en sont membres* ». »

Art. D. 1271-30 L'organisme qui finance en tout ou partie des chèques emploi-service universels délivre chaque année au bénéficiaire des services rémunérés par les chèques emploi-service universels une attestation fiscale comprenant une information relative aux régimes fiscaux applicables. – *[Anc. art. D. 129-10.]*

Art. D. 1271-31 A la commande ou au plus tard à la livraison, l'organisme qui finance en tout ou partie un chèque emploi-service universel règle à l'émetteur la contre-valeur des titres spéciaux de paiement commandés, afin que celui-ci constitue dans le compte spécifique mentionné à l'article D. 1271-28 les provisions nécessaires pour en garantir le remboursement. L'émetteur est réputé disposer d'un mandat de gestion de ces fonds, dont il n'est pas propriétaire. Cependant, les intérêts de trésorerie produits par le compte spécial lui restent dus.

Le service de l'émetteur est réputé rendu à la remise des chèques emploi-service universels au financeur mentionné au premier alinéa ou à toute personne indiquée par ce dernier.

Dès lors que la remise des chèques emploi-service universels au financeur ou à toute autre personne indiquée par ce dernier est constatée, ni celui-ci, ni les bénéficiaires des services rémunérés par les chèques emploi-service universels ne peuvent faire jouer la responsabilité de l'émetteur en cas de vol ou de perte des chèques. – *[Anc. art. D. 129-11.]*

Art. R. 1271-32 Le réseau des intervenants est constitué des personnes mentionnées aux articles L. 1271-1, L. 7232-1 *(Décr. n° 2011-1133 du 20 sept. 2011, art. 1er-4°)* « , L. 7232-1-1 » et *(Décr. n° 2011-1133 du 20 sept. 2011, art. 1er-4°)* « L. 7232-1-2 ».

Pour être affiliés au réseau, les intervenants *(Décr. n° 2011-1133 du 20 sept. 2011, art. 1er-4°)* « autorisés, agréés ou déclarés » adressent à l'émetteur ou à l'organisme chargé du remboursement, au plus tard lors de la première demande de remboursement, une attestation d'agrément ou d'autorisation *(Décr. n° 2011-1133 du 20 sept. 2011, art. 1er-4°)* « ou le récépissé de déclaration ».

Les retraits ou suspensions d'agrément *(Décr. n° 2011-1133 du 20 sept. 2011, art. 1er-4°)* « , d'enregistrement, de déclaration » ou d'autorisation sont notifiés par *(Décr. n° 2014-753 du 2 juill. 2014, art. 3)* « le ministre chargé des services à la personne » à tous les émetteurs de chèques emploi-service universels habilités. La responsabilité des émetteurs en cas de remboursement de chèque emploi-service universel à de tels intervenants ne saurait être mise en cause tant que cette notification n'a pas été faite.

Une convention peut être conclue, le cas échéant, entre *(Décr. n° 2014-753 du 2 juill. 2014, art. 3)* « le ministre chargé des services à la personne » et les émetteurs en vue de dresser une liste unifiée des intervenants accessibles à tous.

(Décr. n° 2011-1133 du 20 sept. 2011, art. 1er-4°) « Les personnes morales et les entrepreneurs individuels » mentionnées *[mentionnés]* aux articles L. 7232-1 *(Décr. n° 2011-1133 du 20 sept. 2011, art. 1er-4°)* « , L. 7232-1-1 et L. 7232-1-2 » délivrent, à la fin de chaque année, une attestation de dépenses aux utilisateurs de chèque emploi-service universel. – *[Anc. art. D. 129-13.]*

Art. D. 1271-33 *(Décr. n° 2011-1133 du 20 sept. 2011, art. 2)* Les prestations de services mentionnées au *b* du 2° de l'article L. 1271-1 proposées aux bénéficiaires de chèques emploi-service universels par les organismes et établissements spécialisés mentionnés à l'article L. 1271-10 ont pour objet de faciliter la gestion et le fonctionnement des chèques emploi-service universels préfinancés. Ces prestations permettent notamment d'accéder à des services en ligne pour la gestion des comptes chèques emploi-service universels dématérialisés et de faciliter la mise en relation des particuliers avec leurs salariés ou leurs prestataires. Plus généralement, elles permettent d'améliorer les services rendus par les organismes et établissements mentionnés à l'article L. 1271-10.

Le montant de ces prestations est plafonné à 500 euros par an et par bénéficiaire. Il est revalorisé chaque année en fonction de la variation de l'indice des prix à la consommation.

CHAPITRE II CHÈQUE-EMPLOI ASSOCIATIF

Art. D. 1272-1 Le chèque-emploi associatif se compose :

1° D'un volet social ;

2° D'un volet d'identification du salarié ;

3° D'une formule de chèque émise et délivrée par les établissements de crédit, institutions ou services mentionnés à l'article L. 1272-5. – *[Anc. art. R. 128-1, al. 1er à 3.]*

Art. D. 1272-2 Le chèque-emploi associatif peut être utilisé par toute association à but non lucratif qui remplit la condition d'effectifs prévue au 1° de l'article L. 1272-1.

Cette condition d'effectifs est remplie lorsque la durée annuelle totale du travail accomplie par le ou les salariés de l'association n'excède pas celle accomplie par *(Décr. n° 2008-587 du 19 juin 2008)* « neuf » salariés employés à temps plein.

Elle s'apprécie chaque année par référence à l'année civile précédente. A défaut de cette référence, la déclaration sur l'honneur prévue au même article fait foi, sous réserve des contrôles opérés par l'organisme de recouvrement tels que prévus à l'article D. 133-14 du code de la sécurité sociale. – *[Anc. art. R. 128-1, al. 4, et R. 128-2, al. 1er et 2.]*

Art. D. 1272-3 Le chèque-emploi associatif ne peut être utilisé par une association pour l'emploi d'un salarié qui relève du guichet unique du spectacle vivant prévu par les dispositions de l'article L. 7122-22. – *[Anc. art. R. 128-1, al. 5.]*

Art. R. 1272-4 Le contenu du volet social du chèque emploi-associatif est fixé par l'article D. 133-13-2 du code de la sécurité sociale ci-après reproduit : – *[Anc. art. R. 128-3-I.]*

Art. D. 133-13-2 Le volet social du chèque-emploi associatif prévu au 1° de l'article D. 1272-1 du code du travail comporte les mentions suivantes :

1° Mentions relatives au salarié :

a) Nom et prénom ;

b) Numéro d'inscription au répertoire des personnes physiques et date de naissance ;

2° Mentions relatives à :

a) La rémunération et aux différents éléments qui la constituent ;

b) La période d'emploi ;

c) L'application, le cas échéant, d'une base forfaitaire pour le calcul des cotisations et contributions de sécurité sociale ;

3° La date de paiement du salaire et la signature de l'employeur.

Art. D. 1272-5 Le volet d'identification du salarié prévu au 2° de l'article D. 1272-1 comporte les mentions suivantes :

1° Mentions relatives au salarié :

a) L'ensemble des mentions prévues à l'article R. 1221-1, relatif à la déclaration préalable à l'embauche ;

b) Le régime d'affiliation du salarié au régime général ou au régime agricole ;

2° Mentions relatives à l'emploi :

a) La date de fin d'emploi s'il s'agit d'un emploi à durée déterminée ;

b) La durée de la période d'essai ;

c) Le salaire prévu à l'embauche ;

d) La durée du travail ;

e) La nature et la catégorie d'emploi ;

f) La convention collective applicable ;

g) Le taux de cotisations accidents du travail et, le cas échéant, le taux prévoyance ;

3° Les signatures de l'employeur et du salarié. – *[Anc. art. R. 128-3-II, al. 1er à 13.]*

Art. D. 1272-6 Une copie du volet d'identification du salarié est transmise par l'employeur au salarié dans les délais prévus par le présent code. – *[Anc. art. R. 128-3-II, al. 14.]*

Art. D. 1272-7 Pour utiliser le chèque-emploi associatif, l'association formule, au préalable, une demande auprès d'un des établissements de crédit, institutions ou services mentionnés à l'article L. 1272-5.

Cette demande comporte les mentions suivantes :

1° Identification de l'association : titre (dénomination) et adresse du siège social ;

2° Numéro SIRET ;

3° Déclaration sur l'honneur du caractère non lucratif de l'activité de l'association ;

4° Déclaration sur l'honneur que l'association n'emploie pas un effectif de salariés supérieur au maximum autorisé ;

5° Autorisation de prélèvement automatique sur un compte bancaire. – *[Anc. art. R. 128-5-I.]*

Art. D. 1272-8 L'établissement, l'institution ou le service mentionné à l'article L. 1272-5 délivre un carnet de chèque-emploi associatif à l'association et communique, selon une périodicité au moins hebdomadaire, les informations recueillies lors de la demande d'adhésion à l'organisme mentionné à l'article D. 133-13-3 du code de la sécurité sociale. – *[Anc. art. R. 128-5-II.]*

Art. D. 1272-9 Le carnet de chèque-emploi associatif est attribué dans les conditions prévues pour la délivrance des chèques par le chapitre premier du titre III du livre Ier du code monétaire et financier. – *[Anc. art. R. 128-1, al. 6.]*

Art. D. 1272-10 I. – Le recours au chèque-emploi associatif vaut :

1° Accomplissement des formalités prévues pour l'application des articles D. 4622-1 à D. 4622-4, relatifs aux services de santé au travail, et R. 4624-10 à R. 4624-14, relatifs à l'examen d'embauche ;

2° Déclaration auprès de l'ensemble des administrations ou organismes intéressés au titre des articles R. 1234-9 à R. 1234-12, relatifs à l'attestation d'assurance chômage, et R. 5422-5 à R. 5422-8, relatifs à l'obligation d'assurance contre le risque de privation d'emploi et à l'obligation pour l'employeur d'adresser à l'organisme gestionnaire de l'assurance chômage des déclarations.

II. – Pour les associations relevant du régime agricole, le recours au chèque-emploi associatif vaut :

1° Déclaration auprès des administrations ou organismes intéressés au titre des dispositions du présent code mentionnées au 2° du I ;

2° Accomplissement des formalités prévues pour l'application des articles *(Décr. n° 2012-837 du 29 juin 2012, art. 6)* « D. 717-1 » et R. 717-14 du code rural et de la pêche maritime. – *[Anc. art. R. 128-7.]*

CHAPITRE III **TITRE EMPLOI-SERVICE ENTREPRISE**

(Décr. n° 2009-342 du 27 mars 2009)

Art. D. 1273-1 L'employeur qui remplit les conditions prévues à l'article L. 1273-1 adhère au service "titre emploi-service entreprise" au moyen d'un formulaire de demande d'adhésion homologué par arrêté du ministre chargé de la sécurité sociale.

Il se procure ce formulaire auprès :

1° Soit de l'union de recouvrement des cotisations de sécurité sociale et d'allocations familiales dont il relève ;

2° Soit du centre national de traitement du titre emploi-service entreprise compétent pour le secteur professionnel auquel il appartient ;

3° Soit des tiers mentionnés à l'article D. 1273-8.

L'employeur transmet sa demande d'adhésion au centre national compétent pour le secteur professionnel auquel il appartient.

Les dispositions issues du Décr. n° 2009-342 du 27 mars 2009 s'appliquent aux employeurs qui adhèrent au service « titre emploi-service entreprise » à compter du 1er avr. 2009. Ces dispositions s'appliquent à compter de la même date aux employeurs qui ont adhéré aux dispositifs mentionnés aux art. L. 133-5-3 et L. 133-5-5 CSS dans leur rédaction antérieure à la L. n° 2008-776 du 4 août 2008 portant modernisation de l'économie, sans qu'ils aient à procéder à une nouvelle adhésion (Décr. préc., art. 5).

Art. D. 1273-2 L'effectif prévu au 1° de l'article L. 1273-2 s'apprécie au 31 décembre de l'année précédente.

Pour les entreprises créées postérieurement à cette date, l'effectif s'apprécie à la date à laquelle l'entreprise demande à bénéficier du titre emploi-service entreprise.

Art. D. 1273-3 Préalablement à l'utilisation du titre emploi-service entreprise, l'employeur remplit un volet d'identification du salarié, délivré par le centre national de traitement compétent pour le secteur professionnel auquel il appartient, et le renvoie à ce centre dans le délai prévu au premier alinéa de l'article R. 1221-5 du code du travail.

Le volet d'identification du salarié comporte les mentions suivantes :

1° Mentions relatives au salarié prévues aux 2° et 3° de l'article R. 1221-1, relatif à la déclaration préalable à l'embauche ;

2° Mentions relatives à l'emploi :

a) La nature du contrat de travail : contrat à durée indéterminée ou à durée déterminée, avec, dans ce cas, indication du motif de recours et de la date de fin de contrat ;

b) La durée du travail ;

c) La durée de la période d'essai ;

d) La catégorie d'emploi *[emplois]*, la nature de l'emploi et, le cas échéant, le niveau d'emploi (niveau hiérarchique et coefficient) ;

e) L'intitulé de la convention collective applicable, le cas échéant ;

f) Le montant de la rémunération et de ses différentes composantes, y compris, s'il en existe, les primes et accessoires de salaire ;

g) Les particularités du contrat de travail s'il y a lieu ;

h) Le taux de la cotisation due au titre des accidents du travail et des maladies professionnelles si plusieurs taux sont applicables dans l'établissement ;

i) La pratique éventuelle d'un abattement sur l'assiette ou le taux des cotisations ;

j) Le taux de cotisation pour la prévoyance, s'il est spécifique au salarié ;

k) L'assujettissement au versement de transport s'il y a lieu ;

l) L'indication, le cas échéant, d'une première embauche dans l'établissement ;

3° Signature de l'employeur et du salarié.

Art. D. 1273-4 Une copie du volet d'identification du salarié est transmise sans délai par l'employeur au salarié.

Art. D. 1273-5 Si, lors de l'embauche, un contrat de travail a été signé dans les formes prévues aux articles L. 1221-1 à L. 1221-5 ainsi qu'aux articles L. 1242-12 et L. 1242-13, s'il s'agit d'un contrat de travail à durée déterminée, ou *(Décr. n° 2016-1553 du 18 nov. 2016, art. 7-IV, en vigueur le 1er janv. 2017)* « à l'article L. **3123-6** », s'il s'agit d'un contrat de travail à temps partiel, les clauses contenues dans ce contrat s'appliquent en lieu et place des mentions du volet d'identification du salarié.

Art. D. 1273-6 Le centre national compétent pour le secteur professionnel auquel appartient l'employeur lui adresse, pour le compte de l'organisme habilité pour recouvrer les cotisations et les contributions dues au titre de l'emploi du salarié, dans les trois jours ouvrés qui suivent la réception de la déclaration mensuelle prévue à l'article D. 133-6 du code de la sécurité sociale, le bulletin de paie à remettre au salarié. En outre, pour les salariés mentionnés au 2° de l'articleL. 1273-2 du code du travail dont la période d'emploi n'excède pas trente et un jours calendaires, le bulletin de paie est adressé directement au salarié.

Ce bulletin de paie comporte les mentions prévues à l'article R. 3243-1 du code du travail.

Art. D. 1273-6-1 *(Décr. n° 2009-1598 du 18 déc. 2009)* Le contenu du volet social du titre emploi-service entreprise est fixé par l'article D. 133-6-1 du code de la sécurité sociale.

Art. D. 1273-7 Le recours au titre emploi-service entreprise vaut, à l'égard des salariés employés au moyen de ce titre, respect des obligations qui incombent à l'employeur en matière de :

1° Formalités prévues par les articles D. 4622-1 à D. 4622-4, relatifs aux services de santé au travail, et R. 4624-10 à R. 4624-14, relatifs à l'examen d'embauche ;

2° Déclarations auprès de l'ensemble des administrations ou organismes intéressés au titre des articles R. 5422-5 à R. 5422-8, relatifs aux obligations d'assurance contre le risque de privation d'emploi et de déclaration des rémunérations ;

3° Déclaration auprès des administrations ou organismes intéressés au titre de l'article *(Décr. n° 2016-1553 du 18 nov. 2016, art. 7-IV, en vigueur le 1er janv. 2017)* « L. 3141-32 », relatif aux caisses de congés payés ;

4° Déclarations auprès des administrations ou organismes intéressés mentionnés aux articles R. 243-10, R. 243-13, R. 243-14 et R. 312-4 du code de la sécurité sociale et à l'article 87 A du code général des impôts ;

5° Déclarations prescrites par les institutions mentionnées au livre IX du code de la sécurité sociale.

Art. D. 1273-8 Les tiers mentionnés à l'article L. 1273-6 ou les organismes qui les représentent peuvent conclure avec l'Agence centrale des organismes de sécurité sociale et le ministre chargé de la sécurité sociale une convention qui précise le rôle de ces tiers et fixe les obligations réciproques des parties.

CHAPITRE IV **EMPLOYEURS NON ÉTABLIS EN FRANCE**

(Décr. n° 2011-1220 du 29 sept. 2011)

Art. D. 1273-9 Les dispositions des articles D. 1273-1 et D. 1273-3 à D. 1273-8 sont applicables aux entreprises mentionnées au II de l'article L. 243-1-2 du code de la sécurité sociale, qui ont opté pour l'utilisation d'un titre-emploi. Les dispositions de l'article D. 1271-5 sont applicables aux autres employeurs mentionnés au II de l'article L. 243-1-2 précité, qui ont opté pour l'utilisation d'un titre-emploi.

CHAPITRE IV *[ABROGÉ]* **CHÈQUE-EMPLOI POUR LES TRÈS PETITES ENTREPRISES**

(Abrogé par Décr. n° 2009-342 du 27 mars 2009)

Art. D. 1274-1 à D. 1274-7 *Abrogés par Décr. n° 2009-342 du 27 mars 2009.*

LIVRE TROISIÈME **LE RÈGLEMENT INTÉRIEUR ET LE DROIT DISCIPLINAIRE**

TITRE PREMIER **CHAMP D'APPLICATION**

Le présent titre ne comprend pas de dispositions réglementaires.

TITRE DEUXIÈME **RÈGLEMENT INTÉRIEUR**

CHAPITRE PREMIER **CONTENU ET CONDITIONS DE VALIDITÉ**

Art. R. 1321-1 *(Décr. nº 2016-1417 du 20 oct. 2016, art. 2)* Le règlement intérieur est porté, par tout moyen, à la connaissance des personnes ayant accès aux lieux de travail ou aux locaux où se fait l'embauche.

Art. R. 1321-2 Le règlement intérieur est déposé, en application du deuxième alinéa de l'article L. 1321-4, au greffe du conseil de prud'hommes du ressort de l'entreprise ou de l'établissement. – *[Anc. art. R. 122-13.]*

Art. R. 1321-3 Le délai prévu au deuxième alinéa de l'article L. 1321-4 court à compter de la dernière en date des formalités de publicité et de dépôt définies aux articles R. 1321-1 et R. 1321-2. – *[Anc. art. R. 122-14.]*

Art. R. 1321-4 Le texte du règlement intérieur est transmis à l'inspecteur du travail en deux exemplaires. – *[Anc. art. R. 122-15.]*

Art. R. 1321-5 Le règlement intérieur est établi dans les trois mois suivant l'ouverture de l'entreprise. – *[Anc. art. R. 122-16.]*

CHAPITRE II **CONTRÔLE ADMINISTRATIF ET JURIDICTIONNEL**

Art. R. 1322-1 Le recours hiérarchique prévu à l'article L. 1322-3 est formé devant le *(Décr. nº 2009-1377 du 10 nov. 2009)* « directeur régional des entreprises, de la concurrence, de la consommation, du travail et de l'emploi », dans les deux mois suivant la notification de la décision de l'inspecteur du travail.

Al. abrogé par Décr. nº 2008-1503 du 30 déc. 2008.

Les modifications issues du Décr. nº 2009-1377 du 10 nov. 2009 prennent effet, dans chaque région, à la date de nomination du directeur régional des entreprises, de la concurrence, de la consommation, du travail et de l'emploi (Décr. préc., art. 7-I). — V. Arr. de nomination de ces directeurs des 30 déc. 2009 (JO 5 janv. 2010) et 9 févr. 2010 (JO 14 févr.).

Ces modifications s'appliquent à la région Île-de-France à compter du 1er juill. 2010 (Décr. nº 2010-687 du 24 juin 2010, art. 2).

CHAPITRE III **DISPOSITIONS PÉNALES**

Art. R. 1323-1 Le fait de méconnaître les dispositions des articles L. 1311-2 à L. 1322-4 et R. 1321-1 à R. 1321-5 relatives au règlement intérieur, est puni de l'amende prévue pour les contraventions de la quatrième classe. – *[Anc. art. R. 152-4.]*

TITRE TROISIÈME **DROIT DISCIPLINAIRE**

CHAPITRE PREMIER **SANCTION DISCIPLINAIRE**

Le présent chapitre ne comprend pas de dispositions réglementaires.

CHAPITRE II **PROCÉDURE DISCIPLINAIRE**

SECTION PREMIÈRE **GARANTIES DE PROCÉDURE**

Art. R. 1332-1 La lettre de convocation prévue à l'article L. 1332-2 indique l'objet de l'entretien entre le salarié et l'employeur.

Elle précise la date, l'heure et le lieu de cet entretien.

Elle rappelle que le salarié peut se faire assister par une personne de son choix appartenant au personnel de l'entreprise.

Elle est soit remise contre récépissé, soit adressée par lettre recommandée, dans le délai de deux mois fixé à l'article L. 1332-4. – *[Anc. art. R. 122-17.]*

Art. R. 1332-2 La sanction prévue à l'article L. 1332-2 fait l'objet d'une décision écrite et motivée.

La décision est notifiée au salarié soit par lettre remise contre récépissé, soit par lettre recommandée, dans le délai d'un mois prévu par l'article L. 1332-2. – *[Anc. art. R. 122-18.]*

Art. R. 1332-3 Le délai d'un mois prévu à l'article L. 1332-2 expire à vingt-quatre heures le jour du mois suivant qui porte le même quantième que le jour fixé pour l'entretien.

A défaut d'un quantième identique, le délai expire le dernier jour du mois suivant à vingt-quatre heures.

Lorsque le dernier jour de ce délai est un samedi, un dimanche ou un jour férié ou chômé, le délai est prorogé jusqu'au premier jour ouvrable suivant. – *[Anc. art. R. 122-19, al. 1er.]*

SECTION II PRESCRIPTION DES FAITS FAUTIFS

Art. R. 1332-4 Les dispositions de l'article R. 1332-3 sont applicables au délai de deux mois prévu à l'article L. 1332-4. – *[Anc. art. R. 122-19, al. 2.]*

CHAPITRE III CONTRÔLE JURIDICTIONNEL

Le présent chapitre ne comprend pas de dispositions réglementaires.

CHAPITRE IV DISPOSITIONS PÉNALES

Le présent chapitre ne comprend pas de dispositions réglementaires.

LIVRE QUATRIÈME LA RÉSOLUTION DES LITIGES – LE CONSEIL DE PRUD'HOMMES

TITRE PREMIER ATTRIBUTIONS DU CONSEIL DE PRUD'HOMMES

CHAPITRE PREMIER COMPÉTENCE EN RAISON DE LA MATIÈRE

Le présent chapitre ne comprend pas de dispositions réglementaires.

CHAPITRE II COMPÉTENCE TERRITORIALE

Art. R. 1412-1 L'employeur et le salarié portent les différends et litiges devant le conseil de prud'hommes territorialement compétent.

Ce conseil est :

1° Soit celui dans le ressort duquel est situé l'établissement où est accompli le travail ;

2° Soit, lorsque le travail est accompli à domicile ou en dehors de toute entreprise ou établissement, celui dans le ressort duquel est situé le domicile du salarié.

Le salarié peut également saisir les conseils de prud'hommes du lieu où l'engagement a été contracté ou celui du lieu où l'employeur est établi. – *[Anc. art. R. 517-1, al. 1er à 3.]*

COMMENTAIRE

V. Dalloz.fr et applications mobiles Dalloz.

A. DROIT INTERNE

1. Établissement. Sur la notion d'établissement au sens de l'art. R. 517-1 [art. R. 1412-1 nouv.], V. notamment • Soc. 11 mai 1964, n° 63-40.279 P : *Dr. soc. 1964. 636* • 13 nov. 1963 : *Bull. civ. IV, n° 774* • 29 janv. 1981 : *ibid. V, n° 89* • 26 oct. 1988 : *ibid., n° 552 ; D. 1988. IR 265.*

2. Les juges doivent se prononcer selon les modalités réelles d'exécution du travail. • Soc. 15 mars 1978 : *Bull. civ. V, n° 192* • 29 janv. 1981 : *ibid., n° 89* • 2 mars 1989 : *ibid., n° 177.*

3. Est territorialement compétent le conseil de prud'hommes du lieu du bureau où travaillait effectivement un salarié détaché par son employeur auprès d'une autre société. • Soc. 6 mars 1980 : *Bull. civ. V, n° 233.*

4. Un salarié, s'il peut être affecté successivement dans plusieurs établissements, ne travaille pas pour autant hors de tout établissement ; n'est donc pas compétent le conseil de prud'hommes du lieu où l'engagement a été contracté. • Soc. 22 avr. 1971 : *D. 1971. 397.* ♦ En cas de mutation, le juge doit rechercher si l'affectation du salarié a un caractère provisoire ou définitif. • Soc. 25 nov. 1976 : *Bull. civ. V, n° 628 ; D. 1977. IR 27.*

5. Ne travaille pas dans un établissement déterminé le salarié affecté à la surveillance de différents chantiers situés dans plusieurs départements. • Soc. 2 mars 1972 : *Bull. civ. V, n° 178 ; RTD civ. 1972. 816, obs. Hébraud ; JCP 1972. II. 17190, note J.A.*

6. Lorsqu'une des parties exerce des fonctions de conseiller prud'homal dans un conseil de prud'hommes relevant du ressort d'une cour d'appel, celle-ci est tenue de faire droit à la demande de renvoi devant une juridiction d'appel limitrophe. • Soc. 26 nov. 2013 : *Dalloz actualité, 6 janv. 2014, obs. Kebir ; D. 2013. Actu. 2858 ; RTD civ. 2014. 433, obs. Thery.* ♦ Sur la qualité de magistrat reconnu au conseiller prud'homme et autorisant le recours à l'art. 47 C. pr. civ. lui permettant de saisir une juridiction située dans un ressort limitrophe, V. • Soc. 27 mai 1998, n° 96-41.311 P. • 4 déc. 1990, n° 87-45.045 P. – V. aussi • Soc. 21 juin 1989 : *Dr. soc. 1990. 562, obs. Desdevises.* ♦ L'art. 47 C. pr. civ. n'est pas applicable lorsque le conseiller prud'homme, magistrat au sens de ce texte, n'est pas le représentant légal de la société partie au litige. • Soc. 19 juill. 1994, n° 90-46.074 P. (pour un directeur financier) • 20 mars 1997, n° 95-42.755 P : *RJS 1997. 629, n° 1007 ; CSB 1997. 190, S. 115* (pour un directeur des ressources humaines).

7. Domicile. Le domicile au sens de l'art. R. 517-1 [art. R. 1412-1 nouv.] est celui du salarié lors de la saisine du conseil de prud'hommes. • Soc. 10 avr. 1991, n° 87-45.701 P : *D. 1991. IR 142 ; RJS 1991. 392, n° 739.* ♦ V. aussi : • Soc. 7 mai 1987 : *Bull. civ. V, n° 287 ; D. 1988. Somm. 314, obs. A. Lyon-Caen.* ♦ Le lieu où est établi un employeur peut être son domicile personnel. • Soc. 27 févr. 1991 : *RJS 1991. 264, n° 504.*

8. Lieu d'engagement. Lorsque le contrat d'un représentant est devenu parfait par l'acceptation des conditions posées par l'employeur, le conseil de prud'hommes compétent est celui du lieu de l'expédition de la lettre d'acceptation. • Soc. 5 juin 1962 : *Bull. civ. IV, n° 537* • 3 mars 1965 : *ibid., n° 184* • 2 juill. 1969 : *ibid. V, n° 457.* ♦ Lorsque l'engagement a été contracté par téléphone et que c'est à son domicile que le salarié a accepté l'offre d'emploi, le conseil de prud'hommes du lieu où l'engagement a été contracté est compétent. • Soc. 11 juill. 2002, n° 00-44.197 P : *RJS 2002. 949, n° 1275.* ♦ Sur le caractère indifférent du lieu de la signature lorsque celle-ci confirme un accord de volontés antérieur, V. • Soc. 20 mars 1974 : *Bull. civ. V, n° 198.*

9. Dans le cas de deux contrats successifs, le second se bornant à modifier les fonctions et à augmenter la rémunération du salarié, une cour d'appel peut décider que le lieu de l'engagement était celui où avait été conclu le premier contrat. • Soc. 8 oct. 1969, n° 68-40.266 P : *Gaz. Pal. 1970. 1. 123, note Vitry* • 21 janv. 1970 : *Bull. civ. V, n° 42.*

10. Lorsque le lieu de formation du contrat n'a pas pu être déterminé, le conseil de prud'hommes est celui du siège social de l'employeur. • Soc. 2 mars 1972 : *préc. note 5.*

11. Mise à disposition d'une filiale. Lorsqu'un salarié est recruté par une société mère pour exercer des fonctions de direction technique dans une filiale étrangère, de sorte qu'il est indivisément le salarié des deux sociétés, il saisit à bon droit le conseil de prud'hommes du siège de la société mère. • Soc. 23 sept. 1992 : *Dr. soc. 1992. 918.* ♦ Un salarié qui a toujours accompli sa prestation de travail dans le cadre d'un groupe de sociétés étroitement liées peut valablement saisir le conseil de prud'hommes du lieu de conclusion du contrat initial. • Soc. 12 mars 1997, n° 94-41.245 P : *RJS 1997. 297, n° 451 ; CSB 1997. 189, S. 114.*

12. Lieu où l'employeur est établi. A l'égard d'un agent EDF, est territorialement compétent le conseil de prud'hommes dans le ressort duquel se trouve un centre de distribution mixte des services nationaux EDF-GDF dont le responsable a un pouvoir de représentation de l'autorité centrale, peu important que l'agent ait été en poste dans des subdivisions dépendant d'un autre centre. • Soc. 9 déc. 1992, n° 88-42.595 P.

13. Contrat de travail temporaire. S'agissant d'une demande tendant à la requalification de contrats de travail temporaires en contrats de travail à durée indéterminée, le conseil de prud'hommes où était établie la société utilisatrice était territorialement compétent. • Soc. 14 déc. 2004, n° 03-40.401 P : *RJS 2005. 137, n° 192.*

14. Pluralité de défendeurs. Sous réserve des dispositions du code du travail la procédure devant les juridictions prud'homales est régie par les dispositions du livre premier du code de procédure civile ; lorsqu'il y a plusieurs défendeurs, le demandeur saisit, à son choix, la juridiction du lieu où demeure l'un d'eux. • Soc. 16 févr. 2011 : *D. 2011. Actu. 685 ; JCP S 2011. 1191, obs. Brissy.*

B. DROIT INTERNATIONAL

BIBL. Déprez, *RJS 1989. 539 ; ibid. 1991. 618* (compétence juridictionnelle). – Jeammaud, *Dr. soc. 1989. 729* (clause attributive de compétence). – Taquet, *Sem. soc. Lamy 1993, suppl. n° 651.*

15. Principes. La détermination de la loi applicable n'est pas liée à celle de la juridiction compétente et la référence à la loi d'exécution du contrat ne saurait à elle seule constituer une renonciation non équivoque à l'application de l'art. 14 C. civ. • Soc. 20 juin 1979 : *Bull. civ. V, n° 551 ; JDI 1979. 852, note A. Lyon-Caen* • Soc. 2 juin 1983 et • 20 oct. 1983 : *GADT, 4e éd., n° 24 ; JDI 1984. 337, note P. Rodière ; Rev. crit. DIP 1985. 99, note Gaudemet-Tallon* • 27 févr. 1991 : *D. 1991. IR 87 ; RJS 1991. 618, note Déprez.*

16. Lieu d'exécution. En relevant que le demandeur, de nationalité algérienne et salarié de la compagnie Air Algérie, était employé dans des conditions de droit privé dans un établissement parisien, la cour d'appel a pu décider que le conseil de prud'hommes de Paris était compétent pour connaître de sa demande. • Soc. 26 janv. 1989 : *Dr. soc. 1989. 729, note Jeammaud.* – V. aussi • Soc. 16 mars 1989 : *Bull. civ. V, n° 227.* ♦ Lorsque l'obligation du salarié d'effectuer les activités convenues s'exerce dans plus d'un État contractant, le lieu où il accomplit habituellement son travail est l'endroit où, ou à partir duquel, compte tenu des circonstances du cas d'espèce, il s'acquitte en fait de l'essentiel de ses obligations à l'égard de son employeur. • Soc. 4 déc. 2012 : *Dalloz actualité, 14 janv. 2013, obs. Perrin ; JCP S 2013. 115, obs. Pétel-Teyssié.*

17. Droit d'option du salarié. Sur la possibilité offerte par l'art. 14 C. civ. au salarié français de saisir le conseil de prud'hommes de son choix lorsque son contrat de travail s'est effectué hors de tout établissement français, V. • Soc. 2 mars 1966, n° 64-40.547 P : *D. 1966. Somm. 79 ; JDI 1966. 663, note Sialleli.* ♦ Par l'effet de la décision d'incompétence de la juridiction étrangère qu'il avait saisie, le salarié français retrouve la faculté d'exercer la même action devant la juridiction française sur le fondement de l'art. 14 C. civ. • Soc. 9 juill. 1996 : *RJS 1996. 684, n° 1075 ; CSB 1996. 328, S. 138 ; Justices 1997, n° 6, p. 233, obs. Dockès.* ♦ En cas de litige entre un salarié résidant en France et une entreprise étrangère de l'Union européenne, une juridiction française peut être compétente, même en l'absence d'établissement de l'employeur en France, dès lors qu'il s'agit de la juridiction dans le ressort de laquelle le salarié organise son activité pour le compte de l'employeur et où se situe le centre effectif de son activité professionnelle. • Soc. 20 sept. 2006 : *D. 2006. IR 2344 ; JS Lamy 2006, n° 198-4.*

18. Clause attributive de compétence. Une clause attributive de compétence incluse dans un contrat international ne peut faire échec aux dispositions impératives de l'art. R. 1412-1 applicables dans l'ordre international. • Soc. 29 sept. 2010 : *D. 2010. AJ 2370 ; RJS 2010. 863, n° 972 ; Dr. soc. 2011. 209, obs. Chaumette ; Dr. ouvrier 2010. 665, note Lacoste-Mary ; JCP S 2011. 1036, obs. Tricoit.* ♦ En présence d'un contrat de travail dont elle a relevé le caractère international, une cour d'appel peut décider que la clause attributive de compétence, incluse dans un contrat conclu entre un salarié français et une société étrangère pour être exécuté à l'étranger et désignant expressément les juridictions étrangères, était valide, qu'elle excluait l'application de l'art. R. 517-1 C. trav. [art. R. 1412-1 nouv.] et qu'elle emportait renonciation du salarié au bénéfice des dispositions de l'art. 14 C. civ. • Soc. 30 janv. 1991, n° 87-42.086 P : *GADT, 4e éd., n° 25 ; D. 1991. IR 50 ; RJS 1991. 618, note Déprez.* ♦ Comp. : • Soc. 8 juill. 1985, *Allard,* n° 84-40.284 P : *Rev. crit. DIP 1986. 113, note Gaudemet-Tallon ; RJS 1989. 539, annexe 2, note Déprez.* ♦ Rappr. : • Cass., ch. mixte, 28 juin 1974 : *Dr. soc. 1975. 458, note Lucas ; JCP 1974. II. 17881. note G. Lyon-Caen ; JDI 1975. 82, note Holleaux ; Rev. crit. DIP 1975. 110, note P. L.* • Civ. 1re, 16 juin 1987 : *D. 1988. Somm. 314, obs. A. Lyon-Caen ; Rev. crit. DIP 1988. 78, note Gaudemet-Tallon* • 8 mars 1988 : *Bull. civ. I, n° 66 ; D. 1988. Somm. 314, obs. A. Lyon-Caen.* ♦ L'action intentée par un salarié devant le conseil de prud'hommes postérieurement à l'entrée en vigueur, en France, de la Convention de Saint-Sébastien ne permet pas l'application d'une clause attributive de juridiction antérieure au différend. • Soc. 14 nov. 2000, n° 98-41.959 P : *D. 2000. IR 298 ; RJS 2001. 239, n° 331 ; Dr. soc. 2001. 204, obs. Gaudemet-Tallon .* ♦ V. aussi • Soc. 1er mars 1989 : *Dr. soc. 1989. 729, note Jeammaud,* décision affirmant que l'art. 48 C. pr. civ. doit s'interpréter en ce sens que doivent être exclues de la prohibition qu'il édicte les clauses qui ne modifient la compétence interne qu'en conséquence d'une modification de la compétence internationale. ♦ En présence d'un accord précisant que le contrat de travail d'un salarié restait régi par la loi américaine y compris après son transfert sur le sol français, la clause attributive de compétence prévue par cet accord, qui n'est pas contraire à la conception française de l'ordre public international, est opposable au salarié. • Soc. 21 janv. 2004, n° 01-44.215 P : *D. 2004. 2187, obs. Escande-Varniol ; RJS 2004. 274, n° 387.*

19. Clause compromissoire. La clause compromissoire insérée dans un contrat de travail international n'est pas opposable au salarié qui a saisi régulièrement la juridiction française compétente en vertu des règles applicables, peu important la loi régissant le contrat de travail. • Soc. 16 févr. 1999, n° 96-40.643 P : *GADT, 4e éd., n° 26 ; D. 1999. IR 74 ; Dr. soc. 1999. 632, obs. Moreau ; RJS 1999. 436, n° 720* • 9 oct. 2001, n° 99-43.288 P : *D. 2001. IR 3170 ; RJS 2001. 977, n° 1452 ; Dr. soc. 2002. 122, obs. Moreau* • 28 juin 2005 : *D. 2005. IR 2035 ; RJS 2005. 717, n° 1016.* ♦ Pour une nullité fondée sur l'application de la loi française. • Soc. 12 févr. 1985, n° 82-43.268 P : *D. 1985. IR 456, obs. A. Lyon-Caen ; Rev. arb. 1986. 47, note Moreau-Bourlès ; Rev. crit. DIP 1986. 469, note Niboyet-Hoegy.*

20. Convention de Bruxelles. V. Convention de Bruxelles du 27 sept. 1968, art. 5 et 17, App. I, B. *Contrat de travail.* ♦ Le droit du travail fait partie du domaine matériel de la convention de Bruxelles du 27 sept. 1968 et les litiges nés d'un contrat de travail conclu après le 1er févr. 1973 ressortissent à la convention et notamment à son art. 17 relatif à la prorogation de compétence. • CJCE 13 nov. 1979 : *D. 1980. 543, note J. Mestre ; JDI 1980. 429, note A. Huet.*

21. L'art. 5, 1°, de la convention de Bruxelles doit être interprété en ce sens que, en matière de contrats de travail, l'obligation à prendre en considération est celle qui caractérise de tels contrats, en particulier celle d'effectuer les activités convenues. • CJCE 15 févr. 1989, *Sté Six : Dr. soc. 1989. 729, note Jeammaud ; JDI 1989. 461, note A. Huet ; Rev. crit. DIP 1989. 555, note P. Rodière.* – V. déjà : • CJCE 26 mai 1982, *Ivenel : Rev. crit. DIP 1983. 116, note Gaudemet-Tallon ; JDI 1982. 948, obs. Bischoff et A. Huet* • 15 janv. 1987, *Schenavai : Rev. crit. DIP 1987. 793, note Droz ; JDI 1987. 465, obs. Bischoff et A. Huet.* ♦ Sur la détermination du lieu où le travailleur accomplit habituellement son travail, V. • CJCE 9 janv. 1997 : *TPS 1997, n° 63, obs. Antonmattéi.*

22. La clause attributive de juridiction répondant aux conditions de l'art. 17 de la convention de Bruxelles doit recevoir application quelles que soient la nature du contrat – contrat d'agent commercial ou contrat de travail de VRP – et ses modalités d'exécution. • Soc. 7 janv. 1992, n° 89-40.470 P : *D. 1992. IR 67.*

23. Sur le respect des conditions de forme posées par l'art. 17, al. 1er, de la convention de Bruxelles en matière de clause attributive de compétence, V. • CJCE 14 déc. 1976 : *D. 1977. IR 349, obs. Audit ; JDI 1977. 734, obs. Bischoff et A. Huet* • 19 juin 1984 : *Rev. crit. DIP 1985. 385, note Gaudemet-Tallon ; JDI 1985. 159, note Bischoff* • Soc. 14 janv. 1988 : *JDI 1989. 91, obs. A. Huet.*

24. Conventions bilatérales. Sur l'interprétation de la convention franco-suisse, V. • Soc. 14 janv. 1987 : *Bull. civ. V, n° 19* • 16 févr. 1987 : *ibid., n° 77 ; D. 1988. Somm. 95, obs. Fieschi-Vivet.*

C. DROIT COMMUNAUTAIRE

25. Primauté. L'art. 19 du règlement CE 44/2001 instaure des règles de compétences spéciales qui interdisent à l'État membre saisi par un salarié d'une demande dirigée contre un autre employeur domicilié dans un autre État membre de se référer à ses propres règles de compétence pour déterminer quelle est la juridiction compétente. • Soc. 20 sept. 2006 : *D. 2006. IR 2344 ; RJS 2006. 974, n° 1306 ; JS Lamy 2006, n° 198-4.*

Art. R. 1412-2 **En cas de création d'un conseil de prud'hommes, la cour d'appel, saisie sur requête du procureur général, constate que la nouvelle juridiction est en mesure de fonctionner.**

Elle fixe la date de l'installation du conseil à compter de laquelle le ou les conseils de prud'hommes dont le ressort est réduit cessent d'être compétents pour connaître des affaires entrant dans leur compétence. – *[Anc. art. R. 511-3, al. 2.]*

Art. R. 1412-3 **Lorsqu'à la suite d'une nouvelle délimitation de circonscriptions judiciaires, le ressort d'un conseil de prud'hommes est modifié, le conseil de prud'hommes initialement saisi demeure compétent pour statuer sur les procédures introduites antérieurement à la modification.** – *[Anc. art. R. 511-3, al. 1er.]*

Art. R. 1412-4 **Toute clause d'un contrat qui déroge directement ou indirectement aux dispositions de l'article R. 1412-1, relatives aux règles de compétence territoriale des conseils de prud'hommes, est réputée non écrite.** – *[Anc. art. R. 517-1, al. 4.]*

Art. R. 1412-5 **Lorsqu'un salarié est temporairement détaché sur le territoire national par une entreprise établie dans un autre État membre de** *(Décr. n° 2016-660 du 20 mai 2016, art. 43)* **« l'Union » européenne, les contestations relatives aux droits reconnus dans les matières énumérées à l'article L. 1262-4 peuvent être portées devant le conseil de prud'hommes dans le ressort duquel la prestation est ou a été exécutée.**

Lorsque la prestation est ou a été exécutée dans le ressort de plusieurs conseils de prud'hommes, ces contestations sont portées devant l'une quelconque de ces juridictions. – *[Anc. art. R. 517-1-1.]*

TITRE DEUXIÈME **INSTITUTION, ORGANISATION ET FONCTIONNEMENT**

CHAPITRE PREMIER **DISPOSITIONS GÉNÉRALES**

Le présent chapitre ne comprend pas de dispositions réglementaires.

CHAPITRE II **INSTITUTION**

Art. R. 1422-1 Lorsqu'est *[Lorsque est]* envisagé la création ou la suppression d'un conseil de prud'hommes, la modification du ressort ou le transfert du siège d'un conseil, le ministre chargé du travail publie préalablement au *Journal officiel* de la République française un avis indiquant :

1° Le siège du conseil à créer ou à supprimer ou, en cas de transfert, le nouveau siège du conseil ;

2° L'étendue de la compétence territoriale du conseil à créer et du ou des conseils dont le ressort est affecté par la création, la suppression ou la modification envisagée ;

3° L'effectif des conseillers des différentes sections du conseil à créer ou dont l'organisation est modifiée.

L'avis invite les organismes et autorités mentionnés à l'article R. 1422-2 à faire connaître au ministre chargé du travail, dans le délai de trois mois, leurs observations et avis. – *[Anc. art. R. 511-1.]*

Art. R. 1422-2 Les décrets d'institution du conseil de prud'hommes prévus à l'article L. 1422-3 fixent le siège et le ressort du conseil ainsi que la date de *(Décr. nº 2016-1359 du 11 oct. 2016, art. 5-I, en vigueur le 1er janv. 2018)* « la désignation » des conseillers.

Ils sont pris après consultation ou avis :

1° Du conseil départemental et du conseil municipal ;

2° Du ou des conseils de prud'hommes intéressés ;

3° Du premier président de la cour d'appel ;

4° Des organisations d'employeurs et de salariés représentatives au niveau national ;

5° Des chambres consulaires. – *[Anc. art. L. 511-3, al. 4, phrase 1, et R. 511-2.]*

Art. R. 1422-3 Chacun des organismes ou autorités mentionnés à l'article R. 1422-2 est réputé avoir donné un avis favorable s'il ne s'est pas prononcé dans les trois mois suivant sa saisine. – *[Anc. art. L. 511-3, al. 4, phrase 2.]*

Art. R. 1422-4 Les siège et ressort des conseils de prud'hommes sont fixés conformément à l'annexe figurant à la fin du présent livre. – *[Anc. art. R. 512-1.]* – *V. ss. art. R. 1471-2.*

CHAPITRE III **ORGANISATION ET FONCTIONNEMENT**

SECTION PREMIÈRE **SECTIONS**

SOUS-SECTION 1 **COMPOSITION**

Art. R. 1423-1 I. – Le conseil de prud'hommes est divisé en cinq sections autonomes :

1° La section de l'encadrement ;

2° La section de l'industrie ;

3° La section du commerce et des services commerciaux ;

4° La section de l'agriculture ;

5° La section des activités diverses.

Chaque section comprend au moins trois conseillers prud'hommes employeurs et trois conseillers prud'hommes salariés. – *[Anc. art. L. 512-2, al. 1er milieu, al. 2, phrase 1, et al. 8.]*

Art. R. 1423-2 Lorsque le ressort d'un tribunal de grande instance comprend plusieurs conseils de prud'hommes, une section de l'agriculture unique est constituée pour l'ensemble du ressort de ce tribunal.

Cette section est rattachée au conseil de prud'hommes dont le siège est celui de ce tribunal.

(Décr. nº 2008-514 du 29 mai 2008) « Toutefois ces dispositions ne s'appliquent pas dans les cas suivants :

DÉPARTEMENT	TRIBUNAL DE GRANDE INSTANCE	CONSEIL DE PRUD'HOMMES de rattachement de la section agricole
Ardèche	Privas	Aubenas
Val-d'Oise	Pontoise	Cergy-Pontoise

Les dispositions issues du Décr. nº 2008-514 du 29 mai 2008 entrent en vigueur le 3 déc. 2008.

Sur la réforme de la carte des prud'hommes devant le Conseil d'État, V. RDT 2009. 532, note Serverin et Grumbach.

Art. R. 1423-3 Lorsqu'un département comprend plusieurs conseils de prud'hommes comportant une section de l'agriculture, il est possible de réduire le nombre de sections de l'agriculture dans le département. Cette réduction tient compte du nombre et de la variété des affaires traitées. Cette section est rattachée à l'un de ces conseils par décret en Conseil d'État. – *[Anc. art. L. 512-2, al. 2, phrases 4 et 5.]*

SOUS-SECTION 2 RÉPARTITION ENTRE LES SECTIONS

(Décr. nº 2016-1359 du 11 oct. 2016, art. 2, en vigueur le 1er janv. 2018, à l'exception des dispositions créant l'art. R. 1423-4)

Art. R. 1423-4 *(Décr. nº 2016-1359 du 11 oct. 2016, en vigueur le 1er févr. 2017)* Le garde des sceaux, ministre de la justice, et le ministre chargé du travail fixent par arrêté, pour chaque désignation générale des conseillers prud'hommes, le tableau de répartition mentionné à l'article L. 1423-1-1.

Sous réserve des dispositions relatives à la section de l'encadrement, ce tableau rattache aux sections de l'industrie, du commerce et des services commerciaux, de l'agriculture ou des activités diverses chaque convention collective ou accord collectif de branche en fonction du champ d'application de ceux-ci. En l'absence de convention ou d'accord collectif applicable, la section de rattachement est celle des activités diverses.

Ce tableau demeure applicable nonobstant toute dénonciation ou mise en cause d'une convention ou d'un accord qui y figure.

Art. R. 1423-5 Chaque section est composée des conseillers prud'hommes affectés selon la répartition opérée par l'arrêté mentionné à l'article R. 1441-1.

Art. R. 1423-6 Les affaires sont réparties entre les sections du conseil de prud'hommes en application :

1° Pour la section de l'encadrement, de l'article L. 1423-1-2 ;

2° Pour les autres sections, du tableau de répartition prévu à l'article R. 1423-4.

Pour l'application du 2° du présent article, les modifications du tableau opérées en application de l'article R. 1423-4 ne sont prises en compte qu'à compter de la nomination des conseillers prud'hommes qui suit la publication de l'arrêté.

Art. R. 1423-7 En cas de difficulté de répartition d'une affaire ou de contestation sur la connaissance d'une affaire par une section, *(Abrogé par Décr. nº 2016-660 du 20 mai 2016, art. 2) « et quel que soit le stade de la procédure auquel survient cette difficulté ou contestation, »* le dossier est transmis au président du conseil de prud'hommes, qui, après avis du vice-président, renvoie l'affaire à la section qu'il désigne par ordonnance.

Cette ordonnance constitue une mesure d'administration judiciaire non susceptible de recours.

(Décr. nº 2016-660 du 20 mai 2016, art. 2) « Les contestations sont formées devant le bureau de conciliation et d'orientation ou, dans les cas où l'affaire est directement portée devant le bureau de jugement, avant toute défense au fond. »

Cet article n'a pas été modifié par le Décr. nº 2016-1359 du 11 oct. 2016.

Les dispositions issues de l'art. 2 du Décr. n° 2016-660 du 20 mai 2016 s'appliquent aux instances introduites à compter du 25 mai 2016 (Décr. préc., art. 44).

SECTION II **CHAMBRES**

Art. R. 1423-8 Plusieurs chambres peuvent être constituées au sein d'une section d'un conseil de prud'hommes. Chaque chambre comprend au moins quatre conseillers employeurs et quatre conseillers salariés. – *[Anc. art. L. 512-3, al. 1er.]*

Art. R. 1423-9 Lorsqu'une section comprend plusieurs chambres, l'une d'elles est compétente pour connaître des différends et litiges relatifs aux licenciements pour motif économique. – *[Anc. art. L. 512-3, al. 2.]*

Art. R. 1423-10 La constitution des chambres est décidée par le premier président de la cour d'appel, sur proposition de l'assemblée générale du conseil de prud'hommes. – *[Anc. art. L. 512-3, al. 3.]*

SECTION III **PRÉSIDENT ET VICE-PRÉSIDENT**

Art. R. 1423-11 L'élection des présidents et vice-présidents a lieu au scrutin secret, par assemblée et à la majorité absolue des membres présents.

Elle a lieu soit lorsque les trois-quarts au moins des membres de chaque assemblée sont installés, soit en cas d'application dans une section des dispositions de l'article R. 1423-1, lorsque les deux tiers au moins des membres de chaque assemblée sont installés. – *[Anc. art. L. 512-7, al. 1er fin et 4.]*

Art. R. 1423-12 Après deux tours de scrutin sans qu'aucun des candidats n'ait obtenu la majorité absolue des membres présents, le président ou le vice-président est, au troisième tour, élu à la majorité relative.

Lorsqu'il existe un partage égal des voix au troisième tour, le conseiller le plus ancien en fonction est élu. Lorsque les deux candidats ont un temps de service égal, le plus âgé est élu. Il en est de même dans le cas de création d'un conseil de prud'hommes. – *[Anc. art. L. 512-7, al. 3.]*

Art. R. 1423-13 La réunion des conseillers prud'hommes en assemblée générale, en assemblée de section et, le cas échéant, en assemblée de chambre, a lieu chaque année pendant le mois de janvier dans l'ordre suivant :

1° L'assemblée générale du conseil de prud'hommes élit, conformément aux articles L. 1423-3 à L. 1423-6, le président et le vice-président du conseil de prud'hommes. L'élection du président et du vice-président précède l'audience solennelle tenue au conseil de prud'hommes en application de l'article R. 111-2 du code de l'organisation judiciaire ;

2° L'assemblée de chaque section élit le président et le vice-président de section ;

3° Lorsque plusieurs chambres ont été constituées au sein d'une même section en application de l'article R. 1423-8, l'assemblée de chambre élit le président et le vice-président de la chambre.

Le procès-verbal de ces assemblées est adressé dans les quarante-huit heures au premier président de la cour d'appel et au procureur général près la cour d'appel. – *[Anc. art. R. 512-3.]*

1. Déroulement des élections. Si l'élection des présidents et vice-présidents de section est obligatoirement postérieure à celle du président et du vice-président du conseil de prud'hommes, aucun texte légal ou réglementaire ne prescrit que cette élection doive intervenir seulement après l'installation publique du conseil, l'art. R. 512-3 [art. R. 1423-13 nouv.] se bornant à préciser que l'élection du président et du vice-président de la juridiction doit précéder l'audience solennelle. • Soc. 25 juin 1980 : *Bull. civ. V, n° 559.*

2. Suppléants. Le règlement intérieur d'un conseil de prud'hommes ne peut prévoir l'élection d'un président et d'un vice-président suppléants. • Soc. 10 avr. 1991, ☎ n° 88-42.235 P : *D. 1991. IR 142.*

3. Nullité des élections. L'exigence de l'installation, c'est-à-dire de la prestation de serment d'un nombre de conseillers au moins égal aux 3/4 des membres attribués, est une condition de fond pour que l'élection ait lieu valablement et non une règle de quorum ; dès lors que l'élection des président et vice-président du conseil de prud'hommes est entachée de nullité, il ne peut être procédé en l'assemblée de section à l'élection des présidents et vice-présidents de section. • Civ. 2e, 6 janv. 2000, ⚖ no 98-60.292 P.

4. L'art. R. 512-3 [art. R. 1423-13 nouv.] ne prévoit pas de faire figurer à l'ordre du jour des assemblées annuelles des sections l'élection des président et vice-président suppléants. • Civ. 2e, 4 mars 1998, ⚖ no 96-60.245 P.

Art. R. 1423-14 En cas de création de chambre, l'assemblée de chambre procède à l'élection du président et du vice-président de chambre, sans attendre le mois de janvier. – *[Anc. art. R. 512-4.]*

Art. R. 1423-15 Le conseil de prud'hommes se réunit en assemblée générale dans les conditions prévues à l'article R. 1423-23 pour élire un nouveau président ou un nouveau vice-président lorsque la vacance d'une de ces fonctions survient pour l'une des causes suivantes :

1° Refus du président ou du vice-président de se faire installer ;

2° Démission ;

3° Déclaration de démission en application des articles L. 1442-12 et D. 1442-18 ;

4° Décès ;

5° Déchéance à titre disciplinaire prononcée par décret en application de l'article L. 1442-14 ;

6° Déchéance de plein droit en application de l'article L. 1442-15 *(Abrogé par Décr. no 2016-1359 du 11 oct. 2016, art. 5, à compter du 1er janv. 2018)* ***« , après une condamnation pénale devenue définitive pour des faits prévus aux articles L. 6 et L. 7 du code électoral »***. – *[Anc. art. R. 512-6-I.]*

Art. R. 1423-16 En cas de vacance des fonctions de président ou de vice-président de section ou de chambre pour l'une des causes énumérées à l'article R. 1423-15, les conseillers prud'hommes de la section ou de la chambre se réunissent en assemblée de section ou de chambre pour élire un nouveau président ou un nouveau vice-président. – *[Anc. art. R. 512-6-II.]*

Art. R. 1423-17 Lorsque l'un des cas énoncés aux articles R. 1423-15 et R. 1423-16 se reproduit au cours de la même année, il n'est pourvu à la seconde vacance que lors du renouvellement annuel prévu à l'article R. 1423-13. – *[Anc. art. R. 512-6-III.]*

Art. R. 1423-18 Les procès-verbaux des assemblées mentionnées aux articles R. 1423-15 et R. 1423-16 sont établis et transmis dans les conditions fixées à l'article R. 1423-24. – *[Anc. art. R. 512-6-IV.]*

Art. R. 1423-19 Dans un délai de quinze jours à compter de l'élection des présidents et des vice-présidents prévue aux articles R. 1423-13 et R. 1423-14, tout membre de la formation qui en conteste la régularité peut exercer un recours auprès de la cour d'appel dans le ressort de laquelle l'élection a eu lieu.

Ce recours est ouvert au procureur général qui peut l'exercer dans un délai de quinze jours à compter de la réception du procès-verbal. – *[Anc. art. R. 512-5, al. 1er.]*

Les recours concernant les élections internes du conseil de prud'hommes sont ouverts à tout membre de la formation intéressée, sans aucune distinction entre les collèges électoraux. • Civ. 2e, 11 déc. 1985 : *Bull. civ. II, no 194* • Soc. 10 avr. 1991 : ⚖ *ibid. V, no 181 ; D. 1991. IR 142 ; RJS 1991. 329, no 619.*

Art. R. 1423-20 A peine d'irrecevabilité, les requérants notifient les recours mentionnés à l'article R. 1423-19 aux candidats dont l'élection est contestée. Cette notification est faite par lettre recommandée avec avis de réception.

Les candidats peuvent présenter leurs observations en défense dans les cinq jours de la notification. – *[Anc. art. R. 512-5, al. 2, phrases 1 et 2.]*

Art. R. 1423-21 Les recours mentionnés à l'article R. 1423-19 sont jugés sans frais ni forme dans le délai d'un mois à compter du jour où ils sont enregistrés.

L'arrêt est notifié par le greffier aux intéressés. Le procureur de la République est informé de l'arrêt. Il en informe le préfet. L'opposition n'est pas admise contre l'arrêt rendu par défaut.

L'arrêt est susceptible d'un pourvoi en cassation dans les dix jours de sa notification. Le pourvoi est dispensé du ministère d'avocat. – *[Anc. art. R. 512-5, al. 2, phrases 3 à 5, et al. 3.]*

Art. R. 1423-22 Les dispositions des articles R. 1423-19 à R. 1423-21 sont applicables à la désignation par l'assemblée générale du conseil de prud'hommes des conseillers prud'hommes appelés à tenir les audiences de référé. – *[Anc. art. R. 512-5, al. 4.]*

SECTION IV ORGANISATION ET FONCTIONNEMENT

SOUS-SECTION 1 RÉUNIONS DE L'ASSEMBLÉE GÉNÉRALE

Art. R. 1423-23 Le conseil de prud'hommes se réunit en assemblée générale à la demande :

1° Soit du premier président de la cour d'appel ;

2° Soit de la majorité des membres en exercice ;

3° Soit du président ou du vice-président. – *[Anc. art. R. 512-8, phrase 1.]*

Art. R. 1423-24 Le procès-verbal de l'assemblée générale est établi, sous la responsabilité du président, par le *(Abrogé par Décr. n° 2016-1359 du 11 oct. 2016, art. 5) « greffier en chef, »* directeur de greffe. Le président le transmet au premier président de la cour d'appel et au procureur général près la cour d'appel dans un délai de quinze jours. – *[Anc. art. R. 512-8, phrase 2.]*

SOUS-SECTION 2 RÈGLEMENT INTÉRIEUR

Art. R. 1423-25 L'assemblée générale du conseil de prud'hommes nouvellement créé propose, dans un délai de trois mois à compter de l'installation du conseil, un règlement intérieur qui fixe notamment les jours et heures des audiences.

Les calendriers et horaires de ces audiences sont déterminés par analogie avec celles des juridictions de droit commun ayant leur siège dans le ressort de la cour d'appel dont relève ce conseil. Toutefois, le règlement intérieur peut, pour tenir compte des contingences locales, déroger à cette règle. – *[Anc. art. R. 512-9, al. 1er.]*

Le règlement intérieur d'un conseil de prud'hommes ne peut prévoir l'élection d'un président et d'un vice-président suppléants. • Soc. 10 avr. 1991, ☏ n° 88-42.235 P : *D. 1991. IR 142.*

Art. R. 1423-26 Le règlement intérieur n'est exécutoire qu'après avoir été approuvé par le premier président de la cour d'appel et le procureur général près la cour d'appel. Au cas où ceux-ci ne se sont pas prononcés dans un délai de trois mois à compter de la réception du règlement intérieur, les dispositions de ce règlement deviennent exécutoires. – *[Anc. art. R. 512-9, al. 2.]*

Art. R. 1423-27 Si l'assemblée générale n'a pas établi le règlement intérieur dans le délai de trois mois prévu à l'article R. 1423-25, le règlement intérieur est préparé par une formation restreinte constituée par le président du conseil.

Cette formation est composée :

1° Du président ;

2° Du vice-président ;

3° Des présidents et vice-présidents de chaque section et, s'il y a lieu, de chaque chambre.

Le règlement établi par cette formation est exécutoire après avoir été approuvé dans les conditions prévues à l'article R. 1423-26.

Si, à l'expiration d'un délai d'un mois à compter du jour de sa constitution, la formation n'a pas établi le règlement intérieur, le président du conseil arrête, en accord avec le vice-président, les dispositions de ce règlement.

Ce dernier détermine le calendrier et les horaires des audiences. Ses dispositions ne sont exécutoires qu'après avoir été approuvées dans les conditions prévues à l'article R. 1423-26. – *[Anc. art. R. 512-9, al. 3 et 4.]*

Art. R. 1423-28 Le règlement intérieur est affiché dans les locaux du conseil de prud'hommes.

Il peut être modifié par l'assemblée générale réunie en application de l'article R. 1423-23 et, le cas échéant, par la formation restreinte ou les personnes mentionnées à l'article R. 1423-27. Dans ce cas, le délai prévu au premier alinéa de l'article R. 1423-25 et celui prévu au septième alinéa de l'article R. 1423-27 sont respectivement réduits à un mois et à quinze jours. – *[Anc. art. R. 512-9, al. 5 et 6.]*

Art. R. 1423-29 Lorsque les dispositions du règlement intérieur relatives au calendrier et aux horaires n'ont pas été régulièrement approuvées par le premier président de la cour d'appel et le procureur général près la cour d'appel, ces dispositions sont déterminées par analogie avec les calendrier et horaires des juridictions de droit commun ayant leur siège dans le ressort de la cour d'appel dont relève le conseil. – *[Anc. art. R. 512-9, al. 7.]*

SOUS-SECTION 3 ADMINISTRATION DE LA JURIDICTION ET INSPECTION

Art. R. 1423-30 Le premier président de la cour d'appel et le procureur général procèdent à l'inspection des conseils de prud'hommes de leur ressort.

Ils s'assurent, chacun en ce qui le concerne, de la bonne administration des services judiciaires et de l'expédition normale des affaires. Ils peuvent respectivement déléguer ces pouvoirs pour des actes déterminés à des magistrats du siège ou du parquet placés sous leur autorité.

Ils rendent compte chaque année au garde des sceaux, ministre de la justice, des constatations qu'ils ont faites. – *[Anc. art. R. 512-13.]*

Art. R. 1423-31 Le président du conseil de prud'hommes assure l'administration et la discipline intérieure de la juridiction. – *[Anc. art. R. 512-7.]*

SECTION V DIFFICULTÉS DE CONSTITUTION ET DE FONCTIONNEMENT

Art. R. 1423-32 Le décret portant dissolution des conseils de prud'hommes, prévue à l'article L. 1423-11, est pris sur proposition du garde des sceaux, ministre de la justice. – *[Anc. art. L. 512-13, al. 1er fin.]*

Art. R. 1423-33 Lorsqu'une des sections d'un conseil de prud'hommes ne peut se constituer ou ne peut fonctionner, le premier président de la cour d'appel, saisi sur requête du procureur général, désigne la section correspondante d'un autre conseil de prud'hommes ou, à défaut, *(Décr. nº 2016-660 du 20 mai 2016, art. 3)* « un ou plusieurs juges mentionnés à l'article L. 1454-2 », pour connaître des affaires inscrites au rôle de la section ou dont cette dernière aurait dû être ultérieurement saisie.

(Décr. nº 2016-660 du 20 mai 2016, art. 3) « Il fixe la date à compter de laquelle les affaires sont provisoirement soumises à cette section ou à ces juges. »

Lorsque la section du conseil de prud'hommes est de nouveau en mesure de fonctionner, le premier président de la cour d'appel, saisi dans les mêmes conditions, constate cet état de fait et fixe la date à compter de laquelle les affaires sont à nouveau portées devant cette section. *(Décr. nº 2016-660 du 20 mai 2016, art. 3)* « La section du conseil de prud'hommes ou les juges mentionnés au premier alinéa désignés par le premier président demeurent cependant saisis des affaires qui leur ont été soumises en application du premier alinéa. »

SECTION VI BUREAU DE CONCILIATION ET D'ORIENTATION, BUREAU DE JUGEMENT ET FORMATION DE RÉFÉRÉ *(Décr. nº 2016-660 du 20 mai 2016, art. 4).*

Art. R. 1423-34 Chaque section de conseil de prud'hommes ou, lorsqu'elle est divisée en chambres, chaque chambre comprend au moins :

1° Un bureau de conciliation *(Décr. nº 2016-660 du 20 mai 2016, art. 43)* « et d'orientation » ;

2° Un bureau de jugement. – *[Anc. art. L. 515-1.]*

Art. R. 1423-35 *(Décr. nº 2016-660 du 20 mai 2016, art. 4)* Le bureau de jugement comprend selon les cas :

1° Dans sa composition de droit commun visée à l'article L. 1423-12, deux conseillers prud'hommes employeurs et deux conseillers prud'hommes salariés ;

2° Dans sa composition restreinte visée à l'article L. 1423-13, un conseiller prud'homme employeur et un conseiller prud'homme salarié ;

3° Dans sa composition visée au 2° de l'article L. 1454-1-1, deux conseillers prud'hommes employeurs, deux conseillers prud'hommes salariés et le juge mentionné à l'article L. 1454-2 ;

4° Aux fins de départage, la formation mentionnée au 1° ou 2° qui s'est mise en partage de voix, présidée par le juge départiteur.

SECTION VII **GREFFE**

Art. R. 1423-36 Chaque conseil de prud'hommes comporte un greffe dont le service est assuré par des fonctionnaires de l'État.

Le premier président de la cour d'appel fixe, après avis du président du conseil de prud'hommes, les jours et heures d'ouverture au public du greffe. – *[Anc. art. L. 512-14, R. 512-18 et R. 512-19.]*

Art. R. 1423-37 Sous le contrôle du président du conseil de prud'hommes, le directeur de greffe dirige les services administratifs de la juridiction et assume la responsabilité de leur fonctionnement. Le directeur de greffe est un *(Décr. n° 2016-1359 du 11 oct. 2016, art. 5)* « directeur des services de greffe judiciaires ».

Lorsqu'il est chargé de la direction de greffes de plusieurs conseils de prud'hommes, le directeur de greffe exerce ses fonctions sous le contrôle respectif de chacun des présidents de ces conseils. – *[Anc. art. R. 512-20.]*

Art. R. 1423-38 Le directeur de greffe gère le personnel du greffe. Il le répartit et l'affecte dans les services du conseil. – *[Anc. art. R. 512-21.]*

Art. R. 1423-39 Le directeur de greffe prépare annuellement le projet de budget de la juridiction. Il le soumet au président et au vice-président.

Il gère les crédits alloués à la juridiction et assure notamment l'acquisition, la conservation et le renouvellement du matériel, du mobilier, des revues et ouvrages de la bibliothèque. Il surveille l'entretien des locaux. – *[Anc. art. R. 512-22.]*

Art. R. 1423-40 Le directeur de greffe organise l'accueil du public. – *[Anc. art. R. 512-23.]*

Art. R. 1423-41 Le directeur de greffe tient à jour les dossiers, les répertoires et les registres. Il dresse les actes, notes et procès-verbaux prévus par les codes. Il assiste les conseillers prud'hommes à l'audience. Il met en forme les décisions.

Il est le dépositaire des dossiers des affaires, des minutes et des archives et en assure la conservation. Il délivre les expéditions et les copies.

L'établissement et la délivrance des reproductions de toute pièce conservée dans les services du conseil de prud'hommes ne peuvent être assurés que par lui.

(Décr. n° 2008-560 du 16 juin 2008) « Lorsque la rédaction d'une décision prud'homale est effectuée à l'extérieur du conseil de prud'hommes, le conseiller peut sortir le dossier des locaux de la juridiction, après information du *(Abrogé par Décr. n° 2016-1359 du 11 oct. 2016) « greffier en chef, »* directeur de greffe. »

Art. R. 1423-42 Le directeur de greffe établit l'état de l'activité de la juridiction selon la périodicité et le modèle fixés par le garde des sceaux, ministre de la justice. Cet état et les éventuelles observations du président et du vice-président sont adressés, sous le couvert des chefs de la cour d'appel, au ministre de la justice. – *[Anc. art. R. 512-26.]*

Art. R. 1423-43 Selon les besoins du service, le directeur de greffe peut désigner sous sa responsabilité un ou plusieurs agents du greffe pour exercer une partie des fonctions qui lui sont attribuées aux articles R. 1423-37 à R. 1423-42. – *[Anc. art. R. 512-27.]*

Art. R. 1423-44 *(Décr. n° 2016-1359 du 11 oct. 2016, art. 5)* Lorsque l'emploi de directeur de greffe est vacant ou lorsque le directeur de greffe est empêché ou absent, la suppléance ou l'intérim est assuré par son adjoint.

Lorsqu'il existe plusieurs adjoints, le directeur de greffe, ou s'il ne peut le faire le président de la juridiction, désigne l'un des adjoints pour assurer la suppléance ou l'intérim.

A défaut d'adjoint, un chef de service ou un autre agent du greffe est désigné dans les mêmes conditions.

Art. R. 1423-45 *(Décr. nº 2016-1359 du 11 oct. 2016, art. 5)* Dans les tâches prévues aux articles R. 1423-37 à R. 1423-42, le directeur de greffe peut être assisté par un ou plusieurs adjoints.

Ces derniers peuvent diriger plusieurs services du greffe ou contrôler l'activité de tout ou partie du personnel.

Art. R. 1423-46 Les chefs de service de greffe sont placés à la tête d'un ou de plusieurs services. Ils assistent le directeur de greffe, en l'absence *(Décr. nº 2016-1359 du 11 oct. 2016, art. 5)* « d'adjoint du directeur de greffe ».

Art. R. 1423-47 Un greffier peut être placé à la tête d'un service lorsque l'importance de celui-ci ne justifie pas que ces fonctions soient confiées à un fonctionnaire appartenant au corps des *(Décr. nº 2016-1359 du 11 oct. 2016, art. 5)* « directeurs des services de greffe judiciaires ».

A titre exceptionnel, un greffier peut être chargé des fonctions de *(Abrogé par Décr. nº 2016-1359 du 11 oct. 2016, art. 5)* « ***greffier en chef,*** » directeur de greffe. – *[Anc. art. R. 512-31.]*

Art. R. 1423-48 Les *(Décr. nº 2016-1359 du 11 oct. 2016, art. 5)* « adjoints du directeur de greffe », les chefs de service de greffe et les fonctionnaires du corps des greffiers exercent, dans l'affectation qui leur est donnée par le directeur de greffe, les attributions confiées à celui-ci par l'article R. 1423-41. – *[Anc. art. R. 512-32.]*

Art. R. 1423-49 *(Décr. nº 2016-1359 du 11 oct. 2016, art. 5)* Des personnels appartenant à la catégorie C de la fonction publique, et, le cas échéant, des auxiliaires et des vacataires concourent au fonctionnement des différents services du greffe.

Ces personnels peuvent, à titre exceptionnel et temporaire, et après avoir prêté le serment prévu à l'article 24 du décret nº 2015-1275 du 13 octobre 2015 portant statut particulier des greffiers des services judiciaires, être chargés des fonctions mentionnées à l'article R. 1423-41.

Au-delà d'un délai de quatre mois, ils sont, sur leur demande, déchargés de ces fonctions.

Art. R. 1423-50 Selon les besoins du service, les agents des greffes peuvent être délégués dans les services administratifs d'un autre conseil de prud'hommes du ressort de la même cour d'appel.

Cette délégation est prononcée par décision des chefs de cour après consultation du président du conseil, du vice-président et du directeur de greffe. Elle ne peut excéder une durée de deux mois. Le garde des sceaux, ministre de la justice, peut la renouveler dans la limite d'une durée totale de huit mois.

Les agents délégués dans une autre juridiction perçoivent des indemnités dans les conditions prévues pour les fonctionnaires de l'État. – *[Anc. art. R. 512-34.]*

SECTION VIII **DÉPENSES DU CONSEIL DE PRUD'HOMMES**

SOUS-SECTION 1 **DÉPENSES DE PERSONNEL ET DE FONCTIONNEMENT**

Art. R. 1423-51 Les dépenses de personnel et de fonctionnement des conseils de prud'hommes comprennent notamment :

1º Les frais d'entretien des locaux, de chauffage, d'éclairage, de sanitaires et de gardiennage ;

(Abrogé par Décr. nº 2016-1359 du 11 oct. 2016, art. 5, à compter du 1er janv. 2018) « ***2º Les frais d'élections et certains frais de campagne électorale, dans des conditions fixées par décret ;*** »

2º L'indemnisation des activités prud'homales *(Décr. nº 2008-560 du 16 juin 2008)* « énumérées à l'article R. 1423-55 » dans les limites et conditions fixées par décret. La demande de remboursement aux employeurs des salaires maintenus aux conseillers prud'hommes du collège salarié, ainsi que des avantages et des charges sociales correspondants, est adressée au greffe du conseil de prud'hommes au plus tard dans l'année civile qui suit l'année de l'absence du salarié de l'entreprise. A défaut, la demande de remboursement est prescrite ;

3° L'achat des médailles ;

4° Les frais de matériel, de documentation, de fournitures de bureau, d'installation, d'entretien et d'abonnement téléphonique ;

5° Les frais de déplacement des conseillers prud'hommes pour l'exercice des activités prud'homales *(Décr. nº 2008-560 du 16 juin 2008)* « énumérées à l'article R. 1423-55 », dans les limites de distance fixées par décret ;

6° Les frais de déplacement du juge *(Abrogé par Décr. nº 2016-660 du 20 mai 2016, art. 5) « du tribunal d'instance »* agissant en application de l'article L. 1454-2 lorsque le siège du conseil de prud'hommes est situé à plus de cinq kilomètres du siège du tribunal. – *[Anc. art. L. 51-10-2, al. 2 à 9.]*

Les 3º à 7º deviennent respectivement les 2º à 60 (Décr. nº 2016-1359 du 11 oct. 2016, art. 5-XIII-2º, en vigueur le 1er janv. 2018).

Art. R. 1423-52 Les directeurs de greffe tiennent la comptabilité administrative des dépenses de fonctionnement énoncées à l'article R. 1423-51.

Un fonctionnaire de greffe autre que le directeur de greffe est habilité à recevoir les sommes déposées par les parties à l'instance à titre de provision. Ces sommes sont versées dans un compte de dépôt au Trésor. Toutefois, les fonctions de régisseurs susmentionnées peuvent être confiées au directeur de greffe par arrêté du garde des sceaux, ministre de la justice.

Dans les conditions prévues pour les régies d'avances et de recettes des organismes publics, une régie de recettes et une régie d'avances peuvent être créées dans chaque juridiction auprès de l'ordonnateur secondaire des dépenses relevant de la mission portant sur la justice en vue de l'encaissement ou du paiement des recettes ou des dépenses. – *[Anc. art. R. 512-35.]*

SOUS-SECTION 2 **HUISSIERS DE JUSTICE**

Art. R. 1423-53 Pour leur ministère accompli en matière prud'homale, il est alloué aux huissiers de justice des honoraires égaux à la moitié de ceux prévus par leur tarif pour des actes de même nature en matière civile et commerciale. – *[Anc. art. R. 519-1.]*

SOUS-SECTION 3 **TÉMOINS**

Art. R. 1423-54 Il est alloué aux témoins entendus en matière prud'homale une indemnité de comparution et, éventuellement, une indemnité de voyage et de séjour égales à celles attribuées aux témoins appelés à déposer en matière civile. L'allocation de cette indemnité se fait sur demande. – *[Anc. art. R. 519-2.]*

SOUS-SECTION 4 **CONSEILLERS PRUD'HOMMES**

(Décr. nº 2008-560 du 16 juin 2008)

BIBL. ▶ GRUMBACH et SERVERIN, *RDT 2008. 545* (le temps de l'action prud'homale révisé par le décret du 16 juin 2008).

Art. R. 1423-55 Les activités prud'homales mentionnées à l'article L. 1442-5 sont :

1° Les activités suivantes, liées à la fonction prud'homale :

a) La prestation de serment ;

b) L'installation du conseil de prud'hommes ;

c) La participation aux assemblées générales du conseil, aux assemblées de section ou de chambre et à la formation restreinte prévue à l'article R. 1423-27 ;

d) La participation aux réunions préparatoires *(Décr. nº 2014-331 du 13 mars 2014)* « aux assemblées prévues au *c* » ;

e) La participation aux commissions prévues par des dispositions législatives ou réglementaires ou instituées par le règlement intérieur ;

(Décr. nº 2009-1010 du 25 août 2009) « *f)* La participation à l'audience de rentrée solennelle ; »

2° Les activités juridictionnelles suivantes :

a) L'étude préparatoire d'un dossier, préalable à l'audience de la formation de référé *(Décr. nº 2009-1010 du 25 août 2009 ; Décr. nº 2016-660 du 20 mai 2016, art. 5)* « , du bureau de conciliation et d'orientation » ou du bureau de jugement, par le président de la formation ou du bureau ou par un conseiller désigné par lui ;

b) Les mesures d'instruction prévues à la section I du chapitre IV du titre V du présent livre, diligentées par le conseiller rapporteur, ainsi que la rédaction de son rapport ;

(Décr. nº 2016-660 du 20 mai 2016, art. 5) « *c)* La participation à l'audience de la formation de référé, du bureau de conciliation et d'orientation ou du bureau de jugement, ainsi qu'à l'audience de départage et à l'audience prévue au 2° de l'article L. 1454-1-1 ; »

(Décr. nº 2014-331 du 13 mars 2014) « *d)* L'étude d'un dossier postérieure à l'audience à laquelle l'affaire est examinée et préalable au délibéré par deux membres, l'un employeur, l'autre salarié, de la formation de référé ou du bureau de jugement, qui sont désignés, dans ce cas, par le président du bureau ; »

e) La participation au délibéré ;

f) La rédaction des décisions et des procès-verbaux, effectuée au siège du conseil de prud'hommes ou à l'extérieur de celui-ci ;

(Décr. nº 2016-1948 du 28 déc. 2016, art. 5) « *g)* La comparution devant la Commission nationale de discipline des conseillers prud'hommes mentionnée à l'article L. 1442-13-2. »

3° Les activités administratives du président et du vice-président du conseil prévues aux articles R. 1423-7 et R. 1423-31 ;

4° Les activités administratives des présidents et vice-présidents de section ;

(Décr. nº 2009-1010 du 25 août 2009) « 5° Les activités administratives des présidents et vice-présidents de chambre. »

Les modalités d'indemnisation des activités mentionnées au présent article sont fixées par le décret prévu au 3° de l'article R. 1423-51.

Art. D. 1423-56 Le conseiller prud'homme salarié qui exerce l'une des activités énumérées à l'article R. 1423-55 perçoit une allocation pour ses vacations dont le taux horaire est fixé à 7,10 € dans les cas suivants :

1° Lorsqu'il exerce cette activité en dehors des heures de travail ;

2° Lorsqu'il a cessé leur activité professionnelle ;

3° Lorsqu'il est demandeur d'emploi.

Art. D. 1423-57 Le conseiller prud'homme employeur qui exerce l'une des activités énumérées à l'article R. 1423-55 avant 8 heures et après 18 heures ou qui a cessé son activité professionnelle perçoit une allocation pour ses vacations dont le taux horaire est égal au taux fixé par l'article D. 1423-56.

Lorsqu'il exerce l'une de ces activités entre 8 heures et 18 heures, il perçoit des vacations dont le taux horaire est égal à deux fois ce taux.

Art. D. 1423-58 Les allocations prévues aux articles D. 1423-56 et D. 1423-57 sont versées mensuellement après établissement par le *(Abrogé par Décr. nº 2016-1359 du 11 oct. 2016, art. 5)* « *greffier en chef,* » directeur de greffe, responsable du recueil des informations, de la vérification et de la certification des demandes de versement des vacations, d'un état horaire visé par le président du conseil de prud'hommes ou, à défaut, par le vice-président. Toute demi-heure commencée est due. Elle donne lieu à l'attribution d'une demi-vacation horaire.

Art. D. 1423-59 L'employeur est remboursé mensuellement par l'État des salaires maintenus au salarié, membre d'un conseil de prud'hommes, qui s'absente pour l'exercice de ses activités prud'homales, ainsi que de l'ensemble des avantages et des charges sociales correspondantes lui incombant.

Lorsque l'horaire de travail est supérieur à la durée légale, la charge des majorations pour heures supplémentaires est répartie entre l'État et les employeurs. Cette répartition est réalisée proportionnellement au temps respectivement passé par le conseiller prud'homme auprès de l'entreprise et auprès du conseil.

Ce remboursement est réalisé au vu d'une copie du bulletin de paie et d'un état établi par l'employeur, contresigné par le salarié. Cet état, accompagné de la copie du bulletin de paie, est adressé au *(Abrogé par Décr. n° 2016-1359 du 11 oct. 2016, art. 5) « greffier en chef, »* directeur de greffe, responsable du recueil des informations, de la vérification et de la certification des demandes de remboursement. Il est visé par le président du conseil de prud'hommes ou, à défaut, par le vice-président.

En cas d'employeurs multiples, il sera produit autant d'états qu'il y a d'employeurs ayant maintenu des salaires.

Art. D. 1423-60 Par dérogation aux dispositions de l'article D. 1423-59, le conseiller prud'homme rémunéré uniquement à la commission est indemnisé directement dans les conditions prévues par le présent article.

Pour chaque heure passée entre 8 heures et 18 heures dans l'exercice de fonctions prud'homales, le conseiller prud'homme rémunéré uniquement à la commission perçoit une indemnité horaire égale à 1/1 607 des revenus professionnels déclarés à l'administration fiscale l'année précédente.

A cet effet, l'intéressé produit copie de son avis d'imposition.

Art. D. 1423-61 Le salarié, membre d'un conseil de prud'hommes, qui accomplit un travail continu de jour nécessitant un remplacement à la demi-journée au sein de l'entreprise bénéficie du maintien de son salaire pour la demi-journée, quelle que soit la durée de son absence pendant cette période pour l'exercice de ses activités prud'homales. Le maintien du salaire est effectué sur la base de la journée entière dès lors que le remplacement du salarié ne peut être assuré que sur une telle durée.

Art. D. 1423-62 Sur sa demande, le salarié, membre d'un conseil de prud'hommes, fonctionnant en service continu ou discontinu posté accompli en totalité ou en partie entre 22 heures et 5 heures, est indemnisé des heures consacrées à son activité prud'homale dans les conditions suivantes :

1° Sous réserve de renoncer au versement des allocations prévues à l'article D. 1423-56, le conseiller obtient que tout ou partie du temps consacré à ses activités prud'homales ouvre droit à un temps de repos correspondant dans son emploi ;

2° Ce temps de repos, qui est pris au plus tard dans le courant du mois suivant, s'impute sur la durée hebdomadaire de travail accomplie dans le poste. Il donne lieu au maintien par l'employeur de l'intégralité de la rémunération et des avantages correspondants.

L'employeur est remboursé intégralement dans les conditions prévues à l'article D. 1423-59.

Art. D. 1423-63 Sur sa demande, le salarié, membre d'un conseil de prud'hommes, qui exerce son activité professionnelle en dehors de tout établissement, à l'exception des salariés mentionnés à l'article D. 1423-60, a droit à ce que les heures passées à l'exercice des activités prud'homales, entre 8 heures et 18 heures, soient considérées, en tout ou partie, comme des heures de travail et payées comme telles par l'employeur.

Ce dernier est remboursé intégralement dans les conditions prévues à l'article D. 1423-59.

Art. D. 1423-63-1 *(Décr. n° 2009-1011 du 25 août 2009)* Le salarié ayant conclu une convention de forfait en jours sur l'année, membre d'un conseil de prud'hommes, bénéficie du maintien de l'intégralité de sa rémunération et des avantages correspondants, au titre de l'exercice de ses activités prud'homales. L'employeur est remboursé dans les conditions prévues à l'article D. 1423-59 du montant de la rémunération qu'il aura dû maintenir à ce titre.

Art. D. 1423-64 Les conseillers prud'hommes sont remboursés des frais de déplacement qu'ils engagent pour l'exercice des activités énumérées à l'article R. 1423-55 dans les conditions prévues par le décret n° 2006-781 du 3 juillet 2006 fixant les conditions et les modalités de règlement des frais occasionnés par les déplacements temporaires des personnels civils de l'État. Le siège du conseil de prud'hommes est assimilé à la résidence administrative.

A titre dérogatoire, les frais de transport des conseillers prud'hommes, mentionnés au 6° de l'article R. 1423-51, entre le siège du conseil de prud'hommes et leur domicile ou leur lieu de travail habituel, sont remboursés dès lors qu'ils couvrent une distance supérieure à cinq kilomètres et n'excèdent pas la distance séparant le siège du conseil de prud'hommes de la commune la plus éloignée du ressort du ou des conseils de prud'hommes limitrophes.

Art. D. 1423-65 *(Décr. n° 2009-1011 du 25 août 2009, art. 2)* Le nombre d'heures indemnisables qu'un conseiller prud'homme peut déclarer avoir consacré aux études de dossiers mentionnées au 2° de l'article R. 1423-55 ne peut dépasser les durées fixées au tableau ci-après :

ACTIVITÉ	NOMBRE D'HEURES indemnisables
Étude préparatoire des dossiers préalable à l'audience.	Bureau de conciliation *(Décr. n° 2016-660 du 20 mai 2016, art. 43)* « et d'orientation » : 30 minutes par audience. Bureau de jugement : 1 heure par audience. Formation de référé : 30 minutes par audience.
Étude d'un dossier postérieure à l'audience et préalable au délibéré.	Bureau de jugement : *(Décr. n° 2014-332 du 13 mars 2014)* « 45 minutes » par dossier. Formation de référé : *(Décr. n° 2014-332 du 13 mars 2014)* « 15 minutes » par dossier.

(Décr. n° 2014-332 du 13 mars 2014) « Toutefois, les durées maximales fixées pour l'étude préparatoire des dossiers préalable à l'audience de la formation de référé, du bureau de conciliation *(Décr. n° 2016-660 du 20 mai 2016, art. 43)* « et d'orientation » et du bureau de jugement mentionnées au *a* du 2° de l'article R. 1423-55 peuvent être dépassées en raison du nombre de dossiers inscrits au rôle, sur autorisation expresse du président du conseil de prud'hommes qui détermine le nombre d'heures indemnisables. »

Les durées maximales fixées pour l'étude d'un dossier postérieure à l'audience mentionnée au *d du 2° de l'article R. 1423-55* peuvent être dépassées en raison de la complexité du dossier et des recherches nécessaires, sur autorisation expresse *(Décr. n° 2014-332 du 13 mars 2014)* « du président » de la formation de référé ou du bureau de jugement, qui détermine le nombre d'heures indemnisables.

Sur l'indemnisation des conseillers prud'hommes, V. Circ. JUSB1418984C, 31 juill. 2014.

Art. D. 1423-66 *(Décr. n° 2011-809 du 5 juill. 2011, art. 1er)* Le nombre d'heures indemnisables qu'un conseiller prud'homme peut déclarer avoir consacré à la rédaction des décisions et des procès-verbaux mentionnés au *f* du 2° de l'article R. 1423-55 ne peut dépasser les durées fixées au tableau ci-après :

OBJET DE LA RÉDACTION	NOMBRE D'HEURES INDEMNISABLES
Procès-verbal de conciliation	30 minutes
Jugement	5 heures
Ordonnance	1 heure

(Décr. n° 2014-332 du 13 mars 2014) « Lorsque le conseiller consacre à la rédaction d'un jugement, d'un procès-verbal de conciliation ou d'une ordonnance un temps supérieur à ces durées, il saisit sans délai le président du conseil de prud'hommes. »

Le président du conseil décide de la durée de rédaction dans les huit jours de sa saisine, au vu du dossier et de la copie de la minute après avis du vice-président du conseil. Le temps fixé ne peut être inférieur aux durées fixées au tableau ci-dessus.

La décision du président du conseil de prud'hommes est une mesure d'administration judiciaire.

Art. D. 1423-66-1 *(Décr. n° 2009-1011 du 25 août 2009)* Le temps que le président d'audience de la formation de référé ou du bureau de jugement peut avoir consacré à la relecture et à la signature des décisions mentionnées au *g* du 2° de l'article R. 1423-55 est fixé à quinze minutes par dossier.

V. note ss. art. D. 1423-65.

Art. D. 1423-67 Le nombre d'heures indemnisables qu'un conseiller prud'hommes peut déclarer avoir consacré à la rédaction de décisions qui présentent entre elles un lien caractérisé, notamment du fait de l'identité d'une partie, de l'objet ou de la cause, et qui n'auraient pas fait l'objet d'une jonction, ne peut dépasser les durées fixées au tableau ci-après :

NOMBRE DE DÉCISIONS à rédiger	NOMBRE MAXIMUM d'heures indemnisables
2 à 25	3 heures
(Décr. n° 2014-332 du 13 mars 2014) « 26 à 50 »	5 heures
(Décr. n° 2014-332 du 13 mars 2014) « 51 à 100 »	7 heures
Au-delà de 100	Durée de 9 heures augmentée de 3 heures par tranche de 100 décisions

Les durées fixées au tableau ci-dessus s'ajoutent au nombre d'heures indemnisables de la décision initiale, qui reste soumis aux dispositions de l'article D. 1423-66.

Art. D. 1423-68 La participation des conseillers prud'hommes aux réunions préparatoires aux assemblées générales du conseil, aux assemblées de section ou de chambre mentionnées au *d* du 1° de l'article R. 1423-55 est indemnisée dans la limite de trois réunions par an et d'une durée totale ne pouvant excéder six heures.

Art. D. 1423-69 Un relevé des temps d'activités indemnisables mentionnées à l'article R. 1423-55 est tenu au greffe pour chaque conseiller prud'homme.

L'identification ainsi que les heures de début et de fin de chaque activité sont déclarées par le conseiller prud'homme. Pour les activités mentionnées au *c*, au *d* et au *e* du 2° de l'article R. 1423-55, ces heures sont précisées à l'issue de l'audience et du délibéré par l'ensemble des membres de la formation.

Art. D. 1423-70 Toute difficulté rencontrée par le *(Décr. n° 2016-1359 du 11 oct. 2016, art. 5)* « directeur de greffe » ou par le président du conseil de prud'hommes dans la certification ou le contrôle de l'état mentionné aux articles D. 1423-58 et D. 1423-59, après qu'ils se sont informés, est portée à la connaissance du premier président et du procureur général de la cour d'appel ou de la personne à laquelle ils ont conjointement délégué leur signature en leur qualité d'ordonnateurs secondaires. Ces derniers, ou leur délégataire, déterminent le montant des sommes dues au conseiller prud'homme concerné.

SOUS-SECTION 5 **PRÉSIDENTS ET VICE-PRÉSIDENTS**

(Décr. n° 2008-560 du 16 juin 2008)

Art. D. 1423-71 *(Décr. n° 2009-1011 du 25 août 2009)* Les présidents et vice-présidents de conseils de prud'hommes, ainsi que les présidents et vice-présidents de section des conseils de prud'hommes sont indemnisés pour le temps qu'ils consacrent à leurs activités administratives dans les mêmes conditions que celles prévues pour l'indemnisation des activités juridictionnelles.

Les présidents et vice-présidents de chambre du conseil de prud'hommes de Paris sont également indemnisés pour le temps qu'ils consacrent à leurs activités administratives dans les mêmes conditions que celles prévues pour l'indemnisation des activités juridictionnelles.

Art. D. 1423-72 *(Décr. nº 2009-1011 du 25 août 2009)* Le nombre d'heures indemnisées chaque mois pour le temps que consacrent à leurs activités administratives les présidents et vice-présidents de conseils de prud'hommes ne peut dépasser les durées fixées au tableau ci-après :

DÉSIGNATION des conseils de prud'hommes	**NOMBRE MAXIMUM d'heures indemnisables**
Conseils comportant 40 conseillers ou moins	17 heures par mois
Conseils comportant plus de 40 conseillers et moins de 60 conseillers	26 heures par mois
Conseils comportant 60 conseillers et plus	39 heures par mois
Conseils de Bobigny, Lyon, Marseille et Nanterre	60 heures par mois
Conseil de Paris	*(Décr. nº 2014-332 du 13 mars 2014)* « 100 » heures par mois

V. note ss. art. D. 1423-72.

Art. D. 1423-73 *(Décr. nº 2009-1011 du 25 août 2009)* Le nombre d'heures indemnisées pour le temps que consacrent à leurs activités administratives les présidents et vice-présidents des sections des activités diverses, du commerce et des services commerciaux, de l'encadrement et de l'industrie ne peut dépasser les durées fixées au tableau ci-après :

DÉSIGNATION des conseils de prud'hommes	**NOMBRE MAXIMUM d'heures indemnisables**
Conseil de Paris	52 heures par mois
Conseils de Bobigny, Lyon, Marseille, Nanterre	60 heures par an
Conseils d'Aix-en-Provence, Bordeaux, Boulogne-Billancourt, Créteil, Grenoble, Lille, Meaux, Montpellier, Nice, Rouen, Toulouse	20 heures par an

Les présidents et vice-présidents de la section agriculture des conseils de prud'hommes mentionnés au tableau ci-dessus peuvent être indemnisés pour le temps consacré à leurs activités administratives dans la limite de cinq heures par an.

V. note ss. art. D. 1423-72.

Art. D. 1423-74 *(Décr. nº 2009-1011 du 25 août 2009)* Les présidents et vice-présidents de section des conseils de prud'hommes autres que ceux mentionnés à l'article D. 1423-73 sont indemnisés pour le temps consacré à leurs activités administratives dans la limite de cinq heures par an.

V. note ss. art. D. 1423-72.

Art. D. 1423-75 *(Décr. nº 2009-1011 du 25 août 2009)* Les présidents et vice-présidents de chambre du conseil de prud'hommes de Paris sont indemnisés pour le temps consacré à leurs activités administratives dans la limite de trois heures par an.

TITRE TROISIÈME **CONSEIL SUPÉRIEUR DE LA PRUD'HOMIE**

CHAPITRE UNIQUE

SECTION PREMIÈRE **MISSIONS**

Art. R. 1431-1 Le Conseil supérieur de la prud'homie formule des avis et suggestions. Il réalise des études sur l'organisation et le fonctionnement des conseils de prud'hommes. – *[Anc. art. R. 511-4, al. 1er.]*

Art. R. 1431-2 Le Conseil supérieur de la prud'homie propose au garde des sceaux, ministre de la justice, et au ministre chargé du travail toutes mesures qu'il juge utiles. Il peut être saisi pour avis, par ces ministres, de toutes questions entrant dans sa compétence. – *[Anc. art. R. 511-4, al. 2 et 4.]*

Art. R. 1431-3 Le Conseil supérieur de la prud'homie est consulté sur les projets de loi et de règlement relatifs :

1° A l'institution, la compétence, l'organisation et le fonctionnement des conseils de prud'hommes ;

2° *(Décr. n° 2016-1359 du 11 oct. 2016, art. 5, en vigueur le 1er janv. 2018)* « A la désignation », au statut et à la formation des conseillers prud'hommes ;

3° A la procédure suivie devant les conseils de prud'hommes ;

4° Aux décrets pris en application de l'article L. 1422-3. – *[Anc. art. R. 511-4, al. 3.]*

Art. R. 1431-3-1 *(Décr. n° 2016-1948 du 28 déc. 2016, art. 1er)* Le conseil supérieur de la prud'homie élabore un recueil de déontologie des conseillers prud'hommes qui est rendu public.

SECTION II **COMPOSITION**

Art. R. 1431-4 Le Conseil supérieur de la prud'homie comprend, outre le président :

1° Cinq membres représentant l'État, à raison de :

a) Deux représentants du ministre de la justice ;

b) Deux représentants du ministre chargé du travail ;

c) Un représentant du ministre de l'agriculture ;

2° *(Décr. n° 2016-1223 du 14 sept. 2016, art. 1er)* « Onze membres » représentant les salariés, désignés sur proposition des organisations syndicales représentatives au plan national ;

3° *(Décr. n° 2016-1223 du 14 sept. 2016, art. 1er)* « Onze membres » représentant les employeurs, désignés sur proposition des organisations représentatives au plan national. – *[Anc. art. R. 511-4-1, al. 1er à 6 et 12.]*

Art. R. 1431-5 Les représentants des salariés au Conseil supérieur de la prud'homie sont :

1° *(Décr. n° 2016-1223 du 14 sept. 2016, art. 1er)* « Quatre membres » sur proposition de la Confédération générale du travail (CGT) ;

2° *(Décr. n° 2016-1223 du 14 sept. 2016, art. 1er)* « Trois membres » sur proposition de la Confédération française démocratique du travail (CFDT) ;

3° Deux membres sur proposition de la Confédération générale du travail-Force ouvrière (CGT-FO) ;

4° Un membre sur proposition de la Confédération française des travailleurs chrétiens (CFTC) ;

5° Un membre sur proposition de la Confédération française de l'encadrement-Confédération générale des cadres (CFE-CGC). – *[Anc. art. R. 511-4-1, al. 7 à 11.]*

Art. R. 1431-6 Les représentants des employeurs au Conseil supérieur de la prud'homie sont :

1° Cinq membres sur proposition du Mouvement des entreprises de France (MEDEF), parmi lesquels un représentant au moins au titre des entreprises moyennes et petites ;

2° Un membre représentant les entreprises publiques, désigné après consultation du Mouvement des entreprises de France ;

3° Un membre sur proposition de la Confédération générale des petites et moyennes entreprises (CGPME) ;

4° Un membre représentant les professions agricoles, sur proposition conjointe de la Fédération nationale des syndicats d'exploitants agricoles (FNSEA) et de la Confédération nationale de la mutualité, de la coopération et du crédit agricoles (CNMCCA) ;

5° Un membre représentant les employeurs artisans, sur proposition de l'Union professionnelle artisanale (UPA) ;

(Décr. n° 2016-1223 du 14 sept. 2016, art. 1er) « 6° Un membre, représentant les employeurs de l'économie sociale, sur proposition de l'Union des employeurs de l'économie sociale et solidaire (UDES) ;

« 7° Un membre, représentant les professionnels libéraux employeurs, sur proposition de l'Union nationale des professions libérales (UNAPL). »

Art. R. 1431-7 Des membres employeurs et salariés suppléants à celui des titulaires sont désignés en nombre égal dans les mêmes conditions que ces derniers. Ils ne siègent qu'en l'absence des titulaires.

En cas d'empêchement du président, celui-ci est suppléé par l'un des représentants du garde des sceaux, ministre de la justice. – *[Anc. art. R. 511-4-1, al. 18 et 19.]*

Art. R. 1431-8 Le président ainsi que les représentants titulaires et suppléants des employeurs et des salariés sont nommés par arrêté conjoint du garde des sceaux, ministre de la justice, et du ministre chargé du travail.

Les représentants titulaires et suppléants des employeurs et des salariés sont nommés pour une durée de trois ans.

Le mandat des membres du Conseil supérieur de la prud'homie est renouvelable. En cas de décès, démission ou perte de leur mandat, les membres sont remplacés. Le successeur reste en fonction jusqu'à expiration de la durée normale des fonctions du membre remplacé. – *[Anc. art. R. 511-4-2, al. 1er à 3.]*

SECTION III **ORGANISATION ET FONCTIONNEMENT**

Art. R. 1431-9 Les fonctions de membre du Conseil supérieur de la prud'homie ne sont pas rémunérées.

Les dépenses de déplacement et de séjour que les membres du conseil ainsi que les personnes mentionnées à l'article R. 1431-16 sont appelées à réaliser peuvent donner lieu à un remboursement. Ce remboursement est réalisé dans les conditions fixées par arrêté conjoint du garde des sceaux, ministre de la justice, du ministre chargé du travail et du ministre chargé du budget. – *[Anc. art. R. 511-4-2, al. 4.]*

Art. R. 1431-10 Le Conseil supérieur de la prud'homie constitue en son sein une commission permanente.

Cette commission prépare les travaux du conseil et peut être consultée en cas d'urgence.

Elle est présidée par le président du conseil et, en cas d'empêchement de celui-ci, par le représentant du garde des sceaux, ministre de la justice. – *[Anc. art. R. 511-4-3, al. 1er à 3.]*

Art. R. 1431-11 La commission permanente comprend :

1° Trois représentants de l'État choisis parmi les membres du Conseil supérieur de la prud'homie ;

2° *(Décr. n° 2016-1223 du 14 sept. 2016, art. 1er)* « Sept membres » du Conseil supérieur, titulaires ou suppléants, représentant les salariés ;

3° *(Décr. n° 2016-1223 du 14 sept. 2016, art. 1er)* « Sept membres » du Conseil supérieur, titulaires ou suppléants, représentant les employeurs.

Les membres de la commission permanente représentant les employeurs et les salariés sont nommés sur proposition des organisations professionnelles et syndicales par arrêté conjoint du garde des sceaux, ministre de la justice, et du ministre chargé du travail. – *[Anc. art. R. 511-4-3, al. 4 à 8.]*

Art. R. 1431-12 Le secrétariat du Conseil supérieur de la prud'homie est assuré par les services du ministre chargé du travail. – *[Anc. art. R. 511-4-4.]*

Art. R. 1431-13 Le Conseil supérieur de la prud'homie se réunit au moins une fois par an sur convocation du président. – *[Anc. art. R. 511-4-5.]*

Art. R. 1431-14 L'ordre du jour du Conseil supérieur de la prud'homie et celui de la commission permanente sont fixés par le président.

Sauf en cas d'urgence, l'ordre du jour est adressé aux intéressés quinze jours au moins avant la date de la réunion. – *[Anc. art. R. 511-4-6.]*

Art. R. 1431-15 Le Conseil supérieur de la prud'homie peut constituer en son sein des groupes de travail chargés de procéder à des études sur des questions particulières relevant de sa compétence. – *[Anc. art. R. 511-4-7.]*

Art. R. 1431-16 Le Conseil supérieur de la prud'homie ou sa commission permanente peuvent faire appel à des représentants des ministres ou à des experts. – *[Anc. art. R. 511-4-8.]*

TITRE QUATRIÈME **CONSEILLERS PRUD'HOMMES**

CHAPITRE PREMIER **DÉSIGNATION DES CONSEILLERS PRUD'HOMMES**

(Décr. n° 2016-1359 du 11 oct. 2016, art. 3, en vigueur le 1er févr. 2017, à l'exception des dispositions de la section IV de ce chapitre)

SECTION PREMIÈRE **DISPOSITIONS GÉNÉRALES**

Art. R. 1441-1 Les conseillers prud'hommes sont nommés, en application de l'article L. 1441-1, par arrêté conjoint du garde des sceaux, ministre de la justice, et du ministre chargé du travail, publié au *Journal officiel* de la République française.

Cet arrêté ne peut faire l'objet d'un recours administratif.

SECTION II **DÉTERMINATION DES SIÈGES**

SOUS-SECTION 1 **DISPOSITIONS COMMUNES**

Art. R. 1441-2 En application de l'article L. 1441-4, les sièges sont attribués aux organisations syndicales et professionnelles par arrêté conjoint du garde des sceaux, ministre de la justice, et du ministre chargé du travail publié au *Journal officiel* de la République française.

Cet arrêté ne peut faire l'objet d'un recours administratif.

SOUS-SECTION 2 **COLLÈGE DES SALARIÉS**

Art. R. 1441-3 Pour le collège des salariés, la détermination du nombre des sièges de chaque section de chacun des conseils de prud'hommes du département mentionnée à l'article L. 1441-4 prend en compte les suffrages retenus pour la mesure de l'audience au niveau national et interprofessionnel présentée en Haut Conseil du dialogue social en application de l'article R. 2122-3, par département et par section pour chaque organisation syndicale.

Art. R. 1441-4 Pour les sections de l'industrie, du commerce et des services commerciaux, de l'agriculture et des activités diverses, sont pris en compte les suffrages exprimés en fonction du tableau de répartition défini à l'article R. 1423-4, à l'exception des suffrages exprimés pris en compte pour la section de l'encadrement et des suffrages exprimés aux élections des membres représentant les salariés de la production agricole aux chambres d'agriculture prévus à l'article L. 2122-6.

Pour la section de l'agriculture, outre les suffrages exprimés en fonction du tableau de répartition défini à l'article R. 1423-4, sont pris en compte les suffrages exprimés aux élections des membres représentant les salariés de la production agricole aux chambres d'agriculture prévus à l'article L. 2122-6.

Pour la section des activités diverses, sont pris en compte, outre les suffrages mentionnés au premier alinéa du présent article, les suffrages exprimés obtenus en application de l'article R. 1441-3, dont la convention collective ou l'accord collectif ne sont pas mentionnés dans le tableau de répartition prévu à l'article R. 1423-4.

Pour la section de l'encadrement, sont pris en compte les suffrages exprimés aux élections professionnelles mentionnées à l'article L. 2122-9 dans les collèges dans lesquels seuls des personnels relevant de la section de l'encadrement définie à l'article L. 1423-1-2 sont amenés à s'exprimer, ainsi que les suffrages exprimés dans le collège "cadres" mentionné à l'article L. 2122-10-4.

Art. R. 1441-5 Les sièges sont attribués proportionnellement aux suffrages obtenus en application des articles R. 1441-3 et R. 1441-4 suivant la règle de la plus forte moyenne entre organisations syndicales au sein de chaque section de chaque conseil de prud'hommes.

Art. R. 1441-6 En cas d'égalité entre deux ou plusieurs organisations en application de l'article R. 1441-5, le siège est attribué à l'organisation syndicale qui a obtenu le plus de suffrages exprimés pour cette section.

En cas d'égalité en application de l'alinéa précédent, le siège est attribué à l'organisation syndicale qui a obtenu le plus de suffrages exprimés au niveau départemental pour l'ensemble des sections.

En cas d'égalité en application de l'alinéa précédent, le siège est attribué à l'organisation syndicale qui a obtenu le plus de suffrages exprimés au niveau régional pour la section concernée.

En cas d'égalité en application de l'alinéa précédent, le siège est attribué à l'organisation syndicale qui a obtenu le plus de suffrages exprimés au niveau national pour la section concernée.

Art. R. 1441-7 En l'absence de suffrage permettant de déterminer la répartition des sièges entre les organisations syndicales pour une section donnée, sont pris en compte les suffrages exprimés au niveau départemental pour l'ensemble des sections.

En l'absence de suffrage en application de l'alinéa précédent, sont pris en compte les suffrages exprimés au niveau régional pour la section concernée.

En cas d'absence de suffrage en application de l'alinéa précédent, sont pris en compte les suffrages exprimés au niveau national pour la section concernée.

SOUS-SECTION 3 COLLÈGE DES EMPLOYEURS

Art. R. 1441-8 Pour le collège des employeurs, la détermination du nombre des sièges de chaque section de chacun des conseils de prud'hommes, définie à l'article L. 1441-4, prend en compte le nombre d'entreprises adhérentes retenues pour le calcul des résultats présentés en Haut Conseil du dialogue social en application de l'article R. 2152-18 dès lors que celles-ci emploient au moins un salarié, et le nombre de salariés employés par ces mêmes entreprises, chacun à hauteur de 50 %, additionnés au niveau national et par section pour chaque organisation professionnelle d'employeurs.

Lorsqu'une organisation professionnelle d'employeurs candidate à la représentativité au niveau d'une branche professionnelle adhère à une ou plusieurs organisations professionnelles d'employeurs candidates au niveau national et interprofessionnel ou multiprofessionnel, les entreprises qui lui sont adhérentes et les salariés qu'elles emploient ne sont pris en compte qu'au seul bénéfice de ces dernières.

Art. R. 1441-9 I. – Pour les sections de l'industrie, du commerce et des services commerciaux, de l'agriculture et des activités diverses, sont prises en compte par section, en fonction du tableau de répartition défini à l'article R. 1423-4 :

1° Les entreprises directement adhérentes à une organisation professionnelle d'employeurs candidate au niveau d'une branche professionnelle ou à une structure territoriale de cette organisation ;

2° Les entreprises adhérentes à une organisation professionnelle d'employeurs non candidate ou à une structure territoriale de cette organisation, lorsqu'elle adhère à une organisation professionnelle d'employeurs candidate au niveau d'une branche professionnelle.

II. – Pour la section de l'agriculture, sont également prises en compte les entreprises adhérentes des secteurs d'activité mentionnés au quatrième alinéa de l'article L. 2152-1.

III. – Pour les sections de l'industrie, du commerce et des services commerciaux, de l'agriculture et des activités diverses, sont également prises en compte :

1° Les entreprises directement adhérentes à une organisation professionnelle d'employeurs candidate au niveau national et interprofessionnel ou à une structure territoriale de cette organisation ;

2° Les entreprises adhérentes à une organisation professionnelle d'employeurs non candidate ou à une structure territoriale de cette organisation, lorsqu'elle adhère à une organisation professionnelle d'employeurs candidate au niveau national et interprofessionnel.

Ces entreprises adhérentes et les salariés qu'elles emploient sont pris en compte en fonction de la répartition entre les sections résultant du nombre d'entreprises adhérentes et du nombre de salariés employés par ces mêmes entreprises, pour cette organisation professionnelle candidate au niveau national et interprofessionnel en application des I et II du présent article.

IV. – Pour la section de l'encadrement, sont prises en compte l'ensemble des entreprises adhérentes obtenues en application des I, II et III du présent article.

Art. R. 1441-10 Pour l'application du deuxième alinéa de l'article L. 1441-4, les sièges sont attribués proportionnellement aux nombres d'entreprises adhérentes et de salariés obtenus en application des articles R. 1441-8 et R. 1441-9 suivant la règle de la plus forte moyenne entre organisations professionnelles au sein de chaque section de chaque conseil de prud'hommes.

Art. R. 1441-11 En cas d'égalité entre deux ou plusieurs organisations en application de l'article R. 1441-10, le siège est attribué à l'organisation professionnelle dont le nombre d'entreprises adhérentes et de salariés, chacun à hauteur de 50 %, calculé en application de l'article R. 1441-8, est le plus élevé.

En cas d'égalité en application de l'alinéa précédent, le siège est attribué à l'organisation professionnelle dont le nombre d'entreprises adhérentes et de salariés, chacun à hauteur de 50 %, calculé en application de l'article R. 1441-8, est le plus élevé pour l'ensemble des sections.

Art. R. 1441-12 En l'absence d'entreprises adhérentes pour déterminer la répartition des sièges entre les organisations professionnelles pour une section donnée, sont pris en compte les entreprises adhérentes et les salariés qu'elles emploient pour l'ensemble des sections.

SECTION III CANDIDATURES

SOUS-SECTION 1 DISPOSITIONS GÉNÉRALES

Art. R. 1441-13 Le garde des sceaux, ministre de la justice, et le ministre chargé du travail fixent le calendrier du renouvellement général ou de la désignation complémentaire des conseillers prud'hommes par un arrêté publié au *Journal officiel* de la République française.

Cet arrêté détermine les dates d'ouverture et de clôture du dépôt des candidatures.

SOUS-SECTION 2 CONDITIONS DE CANDIDATURE

Art. R. 1441-14 La condition de deux ans d'exercice d'une activité professionnelle mentionnée au 4° de l'article L. 1441-7 s'apprécie dans les dix ans précédant la candidature.

Art. R. 1441-15 Toutes les candidatures déposées pour une même personne en méconnaissance des 1° et 2° de l'article L. 1441-9 sont irrecevables.

Art. R. 1441-16 La délégation particulière d'autorité mentionnée au 3° de l'article L. 1441-12 et au 2° de l'article L. 1441-13, permettant aux cadres d'être inscrits dans le collège des employeurs, peut prendre la forme d'un document spécifique ou figurer dans le contrat de travail. A défaut d'une telle délégation, les cadres ne peuvent être candidats que dans la section de l'encadrement du collège des salariés.

Art. R. 1441-17 En application de l'article L. 1422-2, les salariés et employeurs exerçant leur activité professionnelle sur l'emprise d'un aérodrome rattaché au ressort d'un conseil de prud'hommes sont candidats dans ce conseil.

SOUS-SECTION 3 LISTES DE CANDIDATS ET CANDIDATURES INDIVIDUELLES

Art. R. 1441-18 Le mandataire prévu à l'article L. 1441-18 dépose la ou les listes de l'organisation pour chaque conseil de prud'hommes du département au titre duquel il est mandaté.

Art. R. 1441-19 La notification prévue à l'article L. 1441-22 à un employeur de la qualité de candidat de son salarié est faite par tout moyen lui conférant date certaine.

Les informations contenues dans cette notification sont simultanément communiquées par le mandataire à l'inspection du travail.

Art. R. 1441-20 Chaque liste de candidats précise le nom de l'organisation, ainsi que le conseil de prud'hommes, le collège et la section au titre desquels les candidats de la liste sont présentés.

Art. R. 1441-21 Le mandataire d'une liste contrôle et atteste que cette liste remplit les conditions fixées par les articles L. 1441-18 à L. 1441-20.

A la liste de candidats mentionnée à l'article R. 1441-20, sont jointes les déclarations individuelles de candidature de chacun des candidats de la liste. Ces déclarations font état des informations permettant de justifier qu'il satisfait aux conditions mentionnées aux articles L. 1441-6 à L. 1441-17.

Art. R. 1441-22 Chaque candidat donne mandat pour être présenté par l'organisation qui le présente. Il déclare sur l'honneur n'être l'objet d'aucune interdiction, déchéance ou incapacité relative à ses droits civiques et ne pas exercer de fonction incompatible avec l'exercice de la fonction de conseiller prud'homme. Il fournit les documents justifiant qu'il satisfait aux conditions mentionnées aux articles L. 1441-6 à L. 1441-17, à l'exception du bulletin n° 2 du casier judiciaire.

SOUS-SECTION 4 RECEVABILITÉ DES LISTES DE CANDIDATS ET DES CANDIDATURES INDIVIDUELLES

Art. R. 1441-23 Le ministre chargé du travail contrôle la recevabilité des listes de candidats au regard des dispositions des articles L. 1441-18 à L. 1441-21.

Art. R. 1441-24 Le garde des sceaux, ministre de la justice, et le ministre chargé du travail contrôlent le respect des conditions mentionnées aux articles L. 1441-6 à L. 1441-17 relatives aux candidatures individuelles.

Ce contrôle s'applique également à la personne mentionnée à l'article L. 1441-12 qui donne mandat à son conjoint collaborateur.

SECTION IV DÉSIGNATIONS COMPLÉMENTAIRES

(Décr. n° 2016-1359 du 11 oct. 2016, art. 3, en vigueur le 1er janv. 2018)

Art. R. 1441-25 Sur proposition du garde des sceaux, ministre de la justice, et au moins une fois par an, il est procédé aux désignations complémentaires prévues à l'article L. 1441-25. Toutefois, il n'est pas procédé aux désignations complémentaires l'année précédant la désignation générale des conseillers prud'hommes.

Art. R. 1441-26 Les conseillers prud'hommes sont nommés en application de l'article L. 1441-26, par arrêté conjoint du garde des sceaux, ministre de la justice, et du ministre chargé du travail publié au *Journal officiel* de la République française. Les dispositions de la section III du présent chapitre s'appliquent aux désignations complémentaires.

L'arrêté portant désignation complémentaire de conseillers prud'hommes ne peut faire l'objet d'un recours administratif.

CHAPITRE II STATUT DES CONSEILLERS PRUD'HOMMES

SECTION PREMIÈRE FORMATION

Art. D. 1442-1 La formation des conseillers prud'hommes peut être assurée :

1° Par des établissements publics ou instituts de formation des personnels de l'État ;

2° Par des établissements publics d'enseignement supérieur ;

3° Par des organismes privés à but non lucratif qui :

a) Sont rattachés aux organisations professionnelles et syndicales ayant obtenu, au niveau national, cent cinquante sièges *(Décr. n° 2016-1359 du 11 oct. 2016, art. 5, en vigueur le 1er janv. 2018)* « à la dernière désignation prud'homale » répartis dans au moins cinquante départements ;

b) Se consacrent exclusivement à cette formation. — *[Anc. art. D. 514-1.]*

Art. R. 1442-2 Pour les établissements et organismes mentionnés aux 2° et 3° de l'article D. 1442-1, le bénéfice des dispositions des articles D. 1442-3 et D. 1442-4 ainsi que l'accès pour les conseillers prud'hommes salariés aux droits prévus au second alinéa de l'article L. 1442-6 sont subordonnés à l'agrément du ministre chargé du travail.

L'agrément, obtenu par voie d'arrêté, est donné pour une période de *(Décr. n° 2016-1359 du 11 oct. 2016, art. 5, en vigueur le 1er janv. 2018)* **« quatre » ans. Il peut être retiré à la fin de chaque année civile en fonction des résultats des contrôles réalisés. Ces dispositions ne font pas obstacle à la dénonciation éventuelle des conventions prévues à l'article D. 1442-3.**

L'établissement ou l'organisme présente un dossier de demande d'agrément établi conformément à un modèle fixé par arrêté du garde des sceaux, ministre de la justice, et du ministre chargé du travail. – *[Anc. art. D. 514-2.]*

Par dérogation au 2e al. de l'art. R. 1442-2, les établissements et organismes agréés au titre de cet art. pour assurer la formation des conseillers prud'hommes pour le mandat prud'homal en cours restent agréés jusqu'à la date d'expiration de ce mandat prorogé par l'art. 2 de la L. n° 2014-1528 du 18 déc. 2014, fixée par décret et au plus tard jusqu'au 31 déc. 2017 (Décr. n° 2015-1153 du 16 sept. 2015, art. 1er).

Art. D. 1442-3 **Des conventions sont conclues, dans la limite des crédits prévus à cet effet, entre les établissements et organismes mentionnés à l'article D. 1442-1 et le ministre chargé du travail. La durée de la convention est de** *(Décr. n° 2016-1359 du 11 oct. 2016, art. 5)* **« quatre » ans.**

Chaque convention fixe à titre prévisionnel, notamment :

1° Le programme organisé sur la durée de la convention. Ce programme est défini conformément aux dispositions d'un arrêté du ministre de la justice et du ministre chargé du travail ;

2° Le nombre de journées de formation par stagiaire sur la durée de la convention ;

3° Le nombre de journées de formation par stagiaire par an ;

4° La durée de chaque stage ;

5° Les moyens pédagogiques et techniques mis en œuvre ;

6° L'estimation de l'aide financière globale de l'État et sa répartition sur la durée de la convention ;

7° L'organisation de la délégation de l'aide financière de l'État à des structures locales. – *[Anc. art. D. 514-3, al. 1er à 8.]*

Par dérogation au 1er al. de l'art. D. 1442-3, les conventions conclues entre les établissements et organismes mentionnés à l'art. D. 1442-1 et le ministre chargé du travail peuvent être prorogées pour le mandat prud'homal en cours jusqu'à la date d'expiration de ce mandat prorogé par l'art. 2 de la L. n° 2014-1528 du 18 déc. 2014, fixée par décret et au plus tard jusqu'au 31 déc. 2017. Les modalités prévues aux 1°, 2°, 3° et 6° de l'art. D. 1442-3 peuvent être modifiées par voie d'avenant (Décr. n° 2015-1153 du 16 sept. 2015, art. 2).

Art. D. 1442-4 **L'aide financière de l'État comprend pour les organismes mentionnés aux 2° et 3° de l'article D. 1442-1 :**

1° Un fonds destiné à financer les frais de structure de l'organisme. Ces frais comprennent :

***a)* Les frais de formation suivants dans le cadre des sessions :**

– matériel et documentation ;

– locaux ;

– fournitures diverses ;

***b)* Les frais de formation suivants hors sessions :**

– frais de formation des formateurs ;

– frais liés à l'utilisation des nouvelles technologies ;

***c)* Les dépenses administratives suivantes :**

– frais de personnel ;

– frais de fonctionnement ;

2° Une participation calculée sur la base d'un montant forfaitaire par jour de formation et par stagiaire. Cette participation couvre les dépenses d'enseignement ainsi que les frais de déplacement et de séjour des stagiaires. Ce forfait est fixé annuellement dans la convention. – *[Anc. art. D. 514-3, al. 9 à 21.]*

Art. D. 1442-5 **Les conventions mentionnées à l'article D. 1442-3 précisent les modalités du contrôle, notamment administratif et financier, des stages de formation donnant lieu au versement de l'aide financière de l'État ainsi que les modalités d'évaluation du dispositif.** – *[Anc. art. D. 514-3, al. 22.]*

Art. D. 1442-6 L'État soutient financièrement les actions innovantes relatives à la formation des conseillers prud'hommes engagées par les organismes agréés. – *[Anc. art. D. 514-3-1.]*

Art. D. 1442-7 La durée totale d'absence d'un conseiller prud'homme salarié pour sa participation à un ou plusieurs stages de formation dans les établissements et organismes mentionnés à l'article D. 1442-1 ne peut dépasser au cours d'une même année civile deux semaines.

L'employeur est informé par l'intéressé, par lettre recommandée avec avis de réception :

1° Au moins trente jours à l'avance, en cas de durée d'absence égale ou supérieure à trois journées de travail consécutives ;

2° Au moins quinze jours à l'avance dans les autres cas.

La lettre précise la date, la durée et les horaires du stage ainsi que le nom de l'établissement ou de l'organisme responsable. – *[Anc. art. D. 514-4.]*

Art. D. 1442-8 L'organisme chargé du stage délivre au salarié une attestation constatant sa présence au stage.

Cette attestation est remise à l'employeur au moment de la reprise du travail. – *[Anc. art. D. 514-5.]*

Art. D. 1442-9 Les conseillers prud'hommes salariés bénéficiant des congés prévus à l'article D. 1442-7 ne sont pas pris en compte :

1° Pour la fixation du nombre des bénéficiaires du congé de formation, tel qu'il résulte des articles L. 6322-7 à L. 6322-9 ;

2° Pour la fixation du congé de formation économique, sociale et syndicale, tel qu'il résulte de l'article *(Décr. n° 2016-1555 du 18 nov. 2016, art. 4, en vigueur le 1er janv. 2017)* « L. 2145-5 ». – *[Anc. art. D. 514-6.]*

Art. D. 1442-10 Les conseillers prud'hommes salariés rétribués uniquement à la commission, lorsqu'ils bénéficient des congés prévus à l'article D. 1442-7, sont rémunérés par chacun de leurs employeurs sur la base d'une indemnité horaire de stage égale au 1/1 900 des rémunérations versées l'année précédente et déclarées à l'administration fiscale en application de l'article 87 du code général des impôts.

L'imputation de cette rémunération au titre de la participation des employeurs au développement de la formation professionnelle continue est réalisée conformément aux dispositions du premier alinéa de l'article R. 6331-22.

Pour les autres conseillers prud'hommes salariés, les dispositions de l'article R. 6331-22 s'appliquent dans leur ensemble. – *[Anc. art. D. 514-7.]*

SECTION II **EXERCICE DU MANDAT**

SOUS-SECTION 1 **INSTALLATION**

Art. D. 1442-11 *(Décr. n° 2016-1359 du 11 oct. 2016, art. 4, en vigueur le 1er févr. 2017)* **Lorsqu'ils n'ont jamais exercé de fonctions judiciaires dans un conseil de prud'hommes, sont invités à prêter serment :**

1° Le conseiller prud'homme nommé à l'issue du renouvellement général ;

2° Le conseiller nommé en cours de mandat pour occuper un siège devenu vacant *[rédaction applicable jusqu'au 31 déc. 2017 : « 2° Le conseiller appelé à occuper le siège devenu vacant d'un élu qui le précédait immédiatement sur la liste soumise aux suffrages lors de la précédente élection »]* ;

Le 2° est en vigueur le 1er janv. 2018 (Décr. n° 2016-1359 du 11 oct. 2016, art. 8-I-3°).

Art. D. 1442-12 *(Décr. n° 2016-1359 du 11 oct. 2016, art. 4, en vigueur le 1er févr. 2017)* **La convocation pour la prestation de serment à l'audience du tribunal est faite par le procureur de la République près le tribunal de grande instance dans le ressort duquel se trouve le siège du conseil de prud'hommes dans un délai d'un mois au plus tard à compter de la publication de l'arrêté de nomination mentionné aux articles L. 1441-1 et L. 1441-26.**

Le 2° de l'art. D. 1442-12, dans sa rédaction antérieure au Décr. n° 2016-1359 du 11 oct. 2016, demeure en vigueur jusqu'au 31 déc. 2017 (Décr. préc., art. 8-I-3°).

Ancien art. D. 1442-12 *La convocation pour la prestation de serment à l'audience du tribunal est faite par le procureur de la République près le tribunal de grande instance dans le ressort duquel se trouve le siège du conseil de prud'hommes, dans le courant du mois de janvier de l'année qui suit les élections générales, dans les délais suivants :*

1° Pour les conseillers mentionnés au 1° de l'article D. ***1442-11****, dans un délai d'un mois à compter de la réception du procès-verbal de dépouillement mentionné à l'article D.* ***1441-163*** *;*

2° Pour les conseillers mentionnés aux 2° et 3° de l'article D. ***1442-11****, à compter de la constatation de la vacance ou de la réception du procès-verbal de dépouillement mentionné à l'article D.* ***1441-163****.* — [Anc. art. R. 513-116, al. 1er début et 4 début et fin.]

Art. D. 1442-13 Les conseillers prêtent individuellement le serment suivant :

"Je jure de remplir mes devoirs avec zèle et intégrité et de garder le secret des délibérations".

Un procès-verbal de la réception du serment est établi. — *[Anc. art. R. 513-116, al. 1er fin et 2.]*

Art. D. 1442-14 *(Décr. n° 2016-1359 du 11 oct. 2016, art. 4, en vigueur le 1er févr. 2017)* Le jour de l'installation publique du conseil de prud'hommes, à l'occasion de l'audience solennelle mentionnée au 1° de l'article R. **1423-13**, une lecture du procès-verbal de réception du serment est faite. L'installation vaut entrée en fonctions des conseillers mentionnés au 1° de l'article D. **1442-11**.

L'installation des conseillers mentionnés au 2° de l'article D. **1442-11** a lieu lors de l'audience du bureau de jugement de la section concernée qui suit la publication de l'arrêté de nomination visé à l'article L. **1441-26** ou la réception du serment.

Dans les huit jours de l'installation d'un salarié comme conseiller prud'homme, le directeur de greffe adresse à son employeur un courrier l'informant de la date d'entrée en fonctions de ce conseiller.

Le 2e alinéa de l'art. D. 1442-14, dans sa rédaction antérieure au Décr. n° 2016-1359 du 11 oct. 2016, demeure en vigueur jusqu'au 31 déc. 2017 (Décr. préc., art. 8-I-3°).

Ancien art. D. 1442-14 *Le jour de l'installation publique du conseil de prud'hommes, qui correspond à la première assemblée générale du nouveau conseil, une lecture du procès-verbal de réception est faite. L'installation vaut entrée en fonctions des conseillers mentionnés au 1° de l'article D.* ***1442-11****.*

L'installation des conseillers mentionnés aux 2° et 3° de l'article D. ***1442-11*** *a lieu lors de l'audience de la section concernée qui suit la constatation de la vacance, la réception du procès-verbal de dépouillement ou la réception du serment.*

Dans les huit jours de l'installation d'un salarié comme conseiller prud'homme, le greffier en chef, directeur de greffe, adresse à son employeur un courrier l'informant de la date d'entrée en fonctions de ce conseiller. — [Anc. art. R. 513-116, al. 3, 5 et 7.]

Art. D. 1442-15 (Abrogé par Décr. n° 2016-1359 du 11 oct. 2016, art. 4, à compter du 1er févr. 2016) ***Si le siège du tribunal de grande instance n'est pas situé dans le ressort du conseil de prud'hommes, le président du tribunal de grande instance peut, à la demande des élus, prescrire par ordonnance qu'il sera procédé en séance publique à leur réception par le magistrat chargé de l'administration du tribunal d'instance dans le ressort duquel siège le conseil. Le procès-verbal de cette séance est transmis au tribunal de grande instance, qui en ordonne l'insertion dans ses registres.*** — [Anc. art. R. 513-116, al. 6.]

SOUS-SECTION 2 **FIN DU MANDAT**

Art. D. 1442-16 Le conseiller prud'homme désigné comme conseiller rapporteur et dont le mandat n'a pas été renouvelé dépose son rapport au plus tard dans le délai de deux mois à compter de la date d'installation du nouveau conseiller prud'homme. — *[Anc. art. L. 512-5, al. 3.]*

Art. D. 1442-17 Le conseiller qui renonce à son mandat adresse sa démission au président du conseil de prud'hommes et en informe le procureur *(Décr. n° 2016-1359 du 11 oct. 2016, art. 4, en vigueur le 1er févr. 2017)* « général près la cour d'appel » par lettre recommandée avec avis de réception.

La démission devient définitive à compter d'un mois après l'expédition de cette lettre. — *[Anc. art. R. 512-15.]*

Art. D. 1442-18 *(Décr. n° 2016-1359 du 11 oct. 2016, art. 4, en vigueur le 1er févr. 2017)* Le conseiller prud'homme qui, en cours de mandat, devient employeur alors qu'il siégeait en tant que salarié, ou devient salarié alors qu'il siégeait en tant qu'employeur, doit le déclarer au procureur général près la cour d'appel et au président du conseil de prud'hommes. Cette déclaration entraîne sa démission de plein droit.

A défaut d'une telle déclaration, le procureur général près la cour d'appel saisit la chambre sociale de la cour d'appel laquelle, après avoir invité le membre du conseil en cause à justifier de sa qualité actuelle, prononce, s'il y a lieu, sa démission d'office.

1. Pouvoirs du ministère public. Il appartient au ministère public, agissant en démission d'office, d'établir que le conseiller prud'homme a, en cours de mandat, perdu la qualité en laquelle il a été élu et en a acquis une autre. • Soc. 13 juill. 1993 : *Dr. soc. 1993. 861 ; CSB 1993. 243, S. 120.*

2. Procédure applicable. Le conseiller, salarié d'une entreprise privée lorsqu'il a été élu, et qui a depuis quitté cet emploi pour être employé par un syndicat intercommunal et est ainsi devenu fonctionnaire, doit démissionner de ses fonctions, l'art. R. 512-16 [art. R. 1442-18 nouv.] étant seul applicable en l'espèce. • Soc. 13 déc. 1993, n° 93-60.331 P. ♦ Le conseiller prud'homme n'est pas déchu de son mandat du seul fait qu'il a perdu la qualité requise pour être élu dans un collège tant que l'une des procédures prévues par l'art. R. 512-16 n'a pas été mise en œuvre. • Soc. 26 oct. 2005, n° 03-46.766 P.

3. Déchéance. Le conseiller prud'homme n'est pas déchu de son mandat du seul fait qu'il a perdu la qualité requise pour être élu dans un collège tant que l'une des deux procédures prévues par l'art. D. 1442-18 n'a pas été mise en œuvre. • Soc. 3 mars 2009 : *RJS 2009. 398, n° 463.*

Art. D. 1442-19 *(Décr. n° 2016-1359 du 11 oct. 2016, art. 4, en vigueur le 1er févr. 2017)* Lorsqu'un siège de conseiller prud'homme devient vacant pour quelque cause que ce soit, le président ou le vice-président de ce conseil constate la vacance et en informe, dans un délai de huit jours, le procureur général près la cour d'appel.

Le procureur général en informe sans délai le garde des sceaux, ministre de la justice.

SECTION III DISCIPLINE ET PROTECTION

SOUS-SECTION 1 LA DÉMISSION POUR REFUS DE SERVICE

(Décr. n° 2016-1948 du 28 déc. 2016, art. 2)

Art. D. 1442-20 Le président du Conseil de prud'hommes, après avis du vice-président, constate le refus de service d'un conseiller prud'homme de sa juridiction prévu à l'article L. 1442-12 par un procès-verbal contenant l'avis motivé de la section ou de la chambre. Le conseiller prud'homme est préalablement entendu ou dûment appelé.

Si la section ou la chambre n'émet pas son avis dans le délai d'un mois à dater de sa convocation, le président mentionne cette abstention dans le procès-verbal qu'il transmet au procureur général près la cour d'appel, lequel en saisit cette dernière.

La cour d'appel statue sur la démission du conseiller prud'homme refusant de remplir le service auquel il est appelé en chambre du conseil au vu du procès-verbal susmentionné. L'intéressé est appelé devant la cour d'appel.

SOUS-SECTION 2 LA COMMISSION NATIONALE DE DISCIPLINE

(Décr. n° 2016-1948 du 28 déc. 2016, art. 3)

Art. R. 1442-21 La Commission nationale de discipline prévue à l'article L. 1442-13-2 siège à la Cour de cassation. Elle est dénommée Commission nationale de discipline des conseillers prud'hommes.

Art. R. 1442-22 Les membres titulaires et suppléants de la commission sont désignés tous les trois ans entre le 14 mai et le 30 juin de l'année du renouvellement du Conseil supérieur de la prud'homie mentionnée à l'article R. 1431-8.

Les membres de la première Commission nationale de discipline des conseillers prud'hommes sont désignés et installés dans leurs fonctions dans les deux mois de la publication dudit décret. Les membres ainsi désignés exercent leur mandat jusqu'à l'installation de la commission qui suit le premier renouvellement des membres du Conseil supérieur de la prud'homie (Décr. n° 2016-1948 du 28 déc. 2016, art. 6).

Art. R. 1442-22-1 L'année où il est procédé au renouvellement des membres de la commission, les premiers présidents des cours d'appel font connaître, le 30 avril au plus tard, au premier président de la Cour de cassation le nom du magistrat et de la magistrate du siège de leur cour qu'ils proposent de désigner en application du 2° de l'article L. 1442-13-2.

Art. R. 1442-22-2 Les membres de la commission mentionnés aux 3° et 4° de l'article L. 1442-13-2 sont désignés en leur sein par les membres titulaires et suppléants du Conseil supérieur de la prud'homie représentant respectivement les salariés et les employeurs.

Par dérogation à l'article R. 1431-7, les titulaires et les suppléants participent à la désignation et peuvent être désignés comme membres de cette commission.

Art. R. 1442-22-3 La liste des membres de la Commission nationale de discipline des conseillers prud'hommes est transmise au garde des sceaux, ministre de la justice et publiée au *Journal officiel* de la République française à la diligence du premier président de la Cour de cassation.

Les membres de la commission sont installés dans leurs fonctions par le premier président de la Cour de cassation entre le 1er et le 15 juillet suivant leur désignation.

V. note ss. art. R. 1442-22.

Art. R. 1442-22-4 Le membre de la commission qui désire renoncer à son mandat adresse sa démission au garde des sceaux, ministre de la justice. La démission n'est définitive qu'après acceptation par le ministre.

Art. R. 1442-22-5 Lorsqu'une vacance se produit avant la date d'expiration des mandats, le membre de la commission est remplacé et installé dans les trois mois selon les modalités prévues pour la désignation initiale. Le membre ainsi désigné achève le mandat de celui qu'il remplace.

Art. R. 1442-22-6 Le secrétariat de la commission est assuré par le secrétaire général de la première présidence de la Cour de cassation. En cas d'empêchement du secrétaire général, le secrétariat est assuré par un magistrat du siège délégué à cette fin par le Premier président.

Art. R. 1442-22-7 La date et l'ordre du jour des séances de la commission sont fixés par ordonnance du président de la commission. Une copie de l'ordonnance est adressée au garde des sceaux, ministre de la justice, et est jointe à la convocation adressée par le secrétaire de la commission.

Le procès-verbal des séances est signé du président et du secrétaire de la commission.

SOUS-SECTION 3 LA PROCÉDURE DISCIPLINAIRE

(Décr. n° 2016-1948 du 28 déc. 2016, art. 3)

Art. R. 1442-22-8 Lorsqu'il saisit la commission ou son président en application des articles L. 1442-13-3 ou L. 1442-16, le garde des sceaux, ministre de la justice ou le premier président de la cour d'appel dans le ressort de laquelle siège le conseiller prud'homme mis en cause transmet au président de la commission toutes les pièces afférentes à la poursuite.

Art. R. 1442-22-9 Dès la saisine de la commission, le conseiller prud'homme mis en cause est informé de cette saisine par tout moyen conférant date certaine par le secrétaire de la commission, qui lui précise qu'il peut prendre connaissance, au secrétariat de la commission, des pièces afférentes à la poursuite, ou qu'elles peuvent lui être communiquées par voie électronique.

Le président de la commission désigne parmi les membres de la commission un rapporteur, qui procède à toutes investigations utiles. Le rapporteur entend l'intéressé et, s'il y a lieu, les témoins. Il peut les faire entendre par un magistrat du siège auquel il donne délégation.

Art. R. 1442-22-10 Le conseiller prud'homme mis en cause peut se faire assister par l'un de ses pairs, par un avocat au Conseil d'État et à la Cour de cassation ou par un avocat inscrit à un barreau.

Le dossier de la procédure est mis à la disposition de l'intéressé et de son conseil quarante-huit heures au moins avant chaque séance de la commission ou chaque audition par le rapporteur ou son délégué. Le conseiller prud'homme mis en cause peut à tout moment de la procédure verser aux débats les pièces qu'il estime utiles et déposer des mémoires en défense.

Art. R. 1442-22-11 Le conseiller prud'homme mis en cause est cité à comparaître devant la commission par son secrétaire par tout moyen conférant date certaine à cette citation.

Art. R. 1442-22-12 Le conseiller prud'homme mis en cause est tenu de comparaître en personne.

Art. R. 1442-22-13 Après lecture du rapport et après audition du représentant du garde des sceaux, ministre de la justice, le conseiller prud'homme mis en cause est invité à fournir ses explications et moyens de défense sur les faits qui lui sont reprochés.

Art. R. 1442-22-14 L'audience de la Commission nationale de discipline est publique. Toutefois, si la protection de l'ordre public ou de la vie privée l'exige ou qu'il existe des circonstances spéciales de nature à porter atteinte aux intérêts de la justice, l'accès à la salle d'audience peut être interdit pendant la totalité ou une partie de l'audience, au besoin d'office, par le président.

La commission délibère à huis clos. La décision, qui est motivée, est rendue publiquement.

Art. R. 1442-22-15 Lorsqu'il est saisi en application de l'article L. 1442-16, le président de la commission statue par ordonnance rendue dans les dix jours de sa saisine. La décision du président est immédiatement exécutoire.

Art. R. 1442-22-16 Les décisions de la commission et les ordonnances de son président sont notifiées par tout moyen conférant date certaine à cette notification au conseiller prud'homme mis en cause. Elles sont portées à la connaissance du garde des sceaux, ministre de la justice, du premier président de la cour d'appel et du président du conseil des prud'hommes.

Le délai de pourvoi est de dix jours à compter de la date de réception de la notification. Le pourvoi est formé et instruit conformément aux dispositions des articles 974 à 982 du code de procédure civile.

Art. R. 1442-22-17 Les délais mentionnés à la présente section sont comptés dans les conditions fixées aux articles 641 à 647-1 du code de procédure civile.

SOUS-SECTION 4 LA PRISE À PARTIE *(Décr. nº 2016-1948 du 28 déc. 2016, art. 4).*

Art. D. 1442-23 Les articles L. 141-2 et L. 141-3 du code de l'organisation judiciaire et les articles L. 366-1 à L. 366-9 du code de procédure civile sont applicables aux conseils de prud'hommes et à leurs membres pris individuellement.

(Abrogé par Décr. nº 2016-1948 du 28 déc. 2016, art. 4) ***« Le droit de réprimande du garde des sceaux, ministre de la justice, sur les juges non professionnels, prévu à l'article 17 de la loi du 30 août 1883, et les incompatibilités, prévues à l'article L. 111-10 et R. 111-3 du code de l'organisation judiciaire, sont applicables à la juridiction des prud'hommes en tout ce qu'ils n'ont pas de contraire aux dispositions du présent livre. »***

Art. D. 1442-24 La prise à partie est portée devant la cour d'appel. – *[Anc. art. R. 514-5.]*

SECTION IV MÉDAILLES ET HONORARIAT

Art. D. 1442-25 Les membres du conseil de prud'hommes portent, soit à l'audience, soit dans les cérémonies publiques, suspendue à un ruban, en sautoir, une médaille signe de leurs fonctions. Cette médaille est en bronze doré pour le président du conseil de prud'hommes et, à l'audience, pour le président du bureau de jugement. Elle est en bronze argenté pour les autres conseillers. D'un module de 65 mm, elle porte à l'avers la mention République française et une tête symbolisant la République, placée de profil, tournée à droite.

La médaille est suspendue à un ruban d'une largeur de 75 mm au moyen d'une attache d'une largeur de 75 mm portant un rameau d'olivier. Ce ruban est divisé dans le sens vertical en deux parties égales, rouge et bleue. – *[Anc. art. R. 512-12.]*

Art. D. 1442-26 L'honorariat peut être conféré par arrêté du garde des sceaux, ministre de la justice, aux anciens présidents et aux anciens membres des conseils de prud'hommes ayant exercé leurs fonctions pendant douze ans.

Cet arrêté est pris sur proposition du président du tribunal de grande instance dans le ressort duquel est situé le siège du conseil, après avis de l'assemblée générale du conseil de prud'hommes.

L'honorariat peut être retiré suivant la même procédure. – *[Anc. art. R. 512-10.]*

Art. D. 1442-27 Les membres honoraires d'un conseil de prud'hommes peuvent assister, aux côtés des membres de la juridiction, aux audiences d'installation et à l'audience solennelle prévue à l'article R. 111-2 du code de l'organisation judiciaire.

Ils peuvent porter à ces audiences et dans les cérémonies publiques l'insigne prévu à l'article D. 1442-25. – *[Anc. art. R. 512-11, al. 1er et 2.]*

Art. D. 1442-28 Les anciens conseillers prud'hommes admis à l'honorariat ne peuvent en faire mention ni dans la publicité ou la correspondance commerciale, ni dans les actes de procédure ou les actes extra-judiciaires.

En toute autre circonstance ils ne peuvent faire état de cette distinction sans préciser le conseil de prud'hommes au titre duquel elle leur a été conférée. – *[Anc. art. R. 512-11, al. 3.]*

CHAPITRE III **DISPOSITIONS PÉNALES**

(Abrogé par Décr. no 2016-1359 du 11 oct. 2016, art. 5, à compter du 1er janv. 2018)

Art. R. 1443-1 *Le fait pour l'employeur de méconnaître les dispositions des articles R. 1441-20* (Décr. n° 2009-289 du 13 mars 2009) *« et » R. 1441-24, relatives à l'établissement des listes électorales, est puni des amendes prévues pour les contraventions de la quatrième classe.*

En cas d'infraction aux dispositions de l'article R. 1441-20, l'amende est prononcée autant de fois qu'il y a d'irrégularités.

Art. R. 1443-2 *La publication ou la diffusion des mentions relatives aux personnes à l'occasion de la consultation des états et de la liste électorale à des fins autres que des fins électorales, prévue aux articles R. 1441-24 et D. 1441-47, est punie de l'amende prévue pour les contraventions de la quatrième classe.*

L'amende est prononcée autant de fois qu'il y a d'irrégularités.

Art. R. 1443-3 *L'utilisation de la liste électorale prud'homale à des fins autres que des fins électorales est punie des amendes prévues pour les contraventions de la quatrième classe.*

L'amende est prononcée autant de fois qu'il y a d'irrégularités.

TITRE CINQUIÈME **PROCÉDURE DEVANT LE CONSEIL DE PRUD'HOMMES**

BIBL. GÉN. ▶ AUDINET, *Sem. soc. Lamy 1983, no 174, D. 37*. – BERNARD, *Dr. ouvrier 2010. 187* (office du juge et exigences de la mise en état et du contradictoire). – DESDEVISES, *Dr. soc. 1986. 140*. – D'ORNANO, *JCP S 2008. 1476* (usage des moyens de preuve en droit du travail). – GRUMBACH et SERVERIN, *Dr. ouvrier 2009. 469* (l'audience initiale devant le conseil de prud'hommes). – JULIEN, *Sem. soc. Lamy 1986, no 322, suppl. D. 75*. – LEBON-BLANCHARD, *Dr. ouvrier 2010. 195* (office du juge et exigences de la mise en état et du contradictoire). – MOUSSY, *Dr. soc. 1998. 145* ✐. – NORMAND, *ibid. 1986, no 322, suppl. D. 62* (expertise). – PATOUT, *ibid. 1985, no 274, D. 113*. – RAPINAT, *Gaz. Pal. 1979. 1. Doctr. 6*. – SARAMITO, *Dr. ouvrier 1985. 181* (suspensions des poursuites individuelles). – TABARET, *ibid. 1992. 88* (régularité de la convocation à comparaître).

CHAPITRE PREMIER **DISPOSITIONS GÉNÉRALES**

Art. R. 1451-1 Sous réserve des dispositions du présent code, la procédure devant les juridictions prud'homales est régie par les dispositions du livre premier du code de procédure civile. – *[Anc. art. R. 516-0.]*

1. Référé. Le président du conseil de prud'hommes n'ayant pas qualité pour statuer sur requête, une cour d'appel décide à bon droit que le président du tribunal de grande instance est compétent pour ordonner, conformément à l'art. 812, al. 2, C. pr. civ., la production de pièces destinées à une instance prud'homale. • Soc. 12 avr. 1995, ⚖ n° 93-10.982 P : *Dr. soc. 1995. 586, note Jeantin* ✐ ; *RJS 1995. 368, no 552* (le pouvoir d'ordonner la production d'un élément de preuve détenu par une partie, en l'occurrence une correspondance, n'est pas contraire à l'art. 8 de la Conv. EDH).

2. Appel. Nonobstant le principe de l'oralité de la procédure en matière prud'homale, l'appel incident peut être régulièrement formé par dépôt ou envoi au greffe de conclusions valant déclaration d'appel. • Soc. 15 déc. 2006, ⚖ n° 05-41.468 P.

3. Désistement. Le désistement d'instance et d'appel est régi par les dispositions du C. pr. civ. communes à toutes les juridictions, auxquelles il n'est pas dérogé par les dispositions du code du travail particulières aux juridictions statuant en matière prud'homale. • Soc. 27 nov. 2001, ⚖ n° 99-45.940 P. • 29 avr. 2003, ⚖ n° 01-41.631 P : *Procédures 2007. comm. 162, note Perrot.*

4. Décision mettant fin à l'instance. Si la décision qui tranche tout le principal ou qui, statuant sur une exception de procédure, une fin de non-recevoir ou tout autre incident, met fin à l'instance, n'est pas notifiée dans le délai de deux ans de son prononcé, la partie qui a comparu n'est plus recevable à exercer un recours à titre principal après l'expiration dudit délai. • Soc. 17 nov. 1998, ⚖ n° 96-43.838 P.

5. Principe du contradictoire. Il résulte de l'art. R. 516-0 [art. R. 1451-1 nouv.] que les dispositions de l'art. 135 C. pr. civ., selon lesquelles le juge peut écarter des débats les pièces qui n'ont pas été communiquées en temps utile, sont applicables devant les juridictions statuant en matière prud'homale. • Soc. 7 juin 1995 : *RJS 1995. 528, n° 810.* ♦ Mais le caractère oral de la procédure permet de suppléer à la remise tardive des conclusions. • Soc. 12 avr. 1995 : *RJS 1995. 367, n° 551* • 13 mars 1996, n° 94-42.864 P.

6. Le droit à un procès équitable permet d'écarter l'application du principe d'oralité de la procédure et de déclarer recevable un appel incident formé par des conclusions écrites. • Soc. 14 mars 2007 : *RDT 2007. 335, obs. Boulmier ; D. 2007. AJ 1007, obs. P. Guiomard ; RJS 2007. 480, n° 650.*

Art. R. 1451-2 **Les exceptions de procédure sont, à peine d'irrecevabilité, soulevées avant toute défense au fond ou fin de non-recevoir. Elles peuvent, sous cette réserve, être soulevées devant le bureau de jugement.** – *[Anc. art. R. 516-38.]*

1. L'art. R. 516-38 [art. R. 1451-2 nouv.] ne concerne que les exceptions de procédure et non les fins de non-recevoir régies par l'art. 122 C. pr. civ. • Soc. 5 juill. 1989 : *Bull. civ. V, n° 507.*

2. Les exceptions d'incompétence doivent être soulevées *in limine litis.* • Soc. 13 juin 1973 : *Bull. civ. V, n° 380* • 12 mai 1982 : *ibid., n° 294.*

3. Doit être cassée la décision d'une cour d'appel qui admet la régularité de sa saisine par la voie de l'appel au motif que le premier juge, pour statuer sur sa compétence, avait eu à trancher la question de fond de l'existence d'un contrat de travail entre les parties, alors qu'il n'avait statué que sur sa compétence sans se prononcer sur les différents chefs de la demande. • Soc. 6 oct. 1971 : *Bull. civ. V, n° 537* • 29 mai 1979 : *ibid., n° 460* (le jugement sur la compétence ne peut être attaqué que par voie de contredit).

4. Il résulte de l'art. R. 516-38 [art. R. 1451-2 nouv.] que les exceptions doivent être accueillies même lorsque des défenses au fond ont été proposées au cours du préliminaire de conciliation, pourvu qu'elles ne soient pas postérieures à de telles défenses dans le cadre du débat ouvert devant le bureau de jugement. • Soc. 26 juill. 1984 : *Bull. civ. V, n° 333.*

Art. R. 1451-3 **Lorsqu'un tribunal d'instance est appelé à statuer en matière prud'homale, les demandes sont formées, instruites et jugées conformément aux dispositions du présent titre.**

En cas de recours, il est procédé comme en matière prud'homale. – *[Anc. art. R. 516-43.]*

CHAPITRE II **SAISINE DU CONSEIL DE PRUD'HOMMES**

(Décr. n° 2016-660 du 20 mai 2016, art. 8, en vigueur le 1er août 2016)

Art. R. 1452-1 **La demande en justice est formée soit par une requête, soit par la présentation volontaire des parties devant le bureau de conciliation et d'orientation.**

La saisine du conseil de prud'hommes, même incompétent, interrompt la prescription.

Ces dispositions s'appliquent aux instances introduites devant les conseils de prud'hommes à compter du 1er août 2016 (Décr. n° 2016-660 du 20 mai 2016, art. 45).

Art. R. 1452-2 **La requête est faite, remise ou adressée au greffe du conseil de prud'hommes.**

A peine de nullité, la requête comporte les mentions prescrites à l'article 58 du code de procédure civile. En outre, elle contient un exposé sommaire des motifs de la demande et mentionne chacun des chefs de celle-ci. Elle est accompagnée des pièces que le demandeur souhaite invoquer à l'appui de ses prétentions. Ces pièces sont énumérées sur un bordereau qui lui est annexé.

La requête et le bordereau sont établis en autant d'exemplaires qu'il existe de défendeurs, outre l'exemplaire destiné à la juridiction.

V. note ss. art. R. 1452-1.

Art. R. 1452-3 **Le greffe avise par tous moyens le demandeur des lieu, jour et heure de la séance du bureau de conciliation et d'orientation ou de l'audience lorsque le préalable de conciliation ne s'applique pas.**

Cet avis par tous moyens invite le demandeur à adresser ses pièces au défendeur avant la séance ou l'audience précitée et indique qu'en cas de non-comparution sans motif légitime il pourra être statué en l'état des pièces et moyens contradictoirement communiqués par l'autre partie.

V. note ss. art. R. 1452-1.

Art. R. 1452-4 Le greffe convoque le défendeur par lettre recommandée avec demande d'avis de réception. La convocation indique :

1° Les nom, profession et domicile du demandeur ;

2° Selon le cas, les lieu, jour et heure de la séance du bureau de conciliation et d'orientation ou de l'audience à laquelle l'affaire sera appelée ;

3° Le fait que des décisions exécutoires à titre provisoire pourront, même en son absence, être prises contre lui et qu'en cas de non-comparution sans motif légitime il pourra être statué en l'état des pièces et moyens contradictoirement communiqués par l'autre partie.

La convocation invite le défendeur à déposer ou adresser au greffe les pièces qu'il entend produire et à les communiquer au demandeur.

Cette convocation reproduit les dispositions des articles R. 1453-1 et R. 1453-2 et, lorsque l'affaire relève du bureau de conciliation et d'orientation, celles des articles R. 1454-10 et R. 1454-12 à R. 1454-18.

Est joint à la convocation un exemplaire de la requête et du bordereau énumérant les pièces adressées par le demandeur.

V. note ss. art. R. 1452-1.

Art. R. 1452-5 Sous réserve des dispositions du second alinéa de l'article R. 1452-1, la convocation du défendeur devant le bureau de conciliation et d'orientation et, lorsqu'il est directement saisi, devant le bureau de jugement vaut citation en justice.

V. note ss. art. R. 1452-1.

CHAPITRE III **ASSISTANCE ET REPRÉSENTATION DES PARTIES**

BIBL. GÉN. ▶ PANSIER, *CSB 1999. 276, D. 10* (représentation et assistance). – DESDEVISES, *Dr. soc. 1985. 504* (comparution personnelle et représentation). – PUIGELIER, *JCP E 1992. I. 117* (salarié non assisté ou non représenté).

COMMENTAIRE

V. Dalloz.fr et applications mobiles Dalloz

Art. R. 1453-1 *(Décr. n° 2016-660 du 20 mai 2016, art. 9)* Les parties se défendent elles-mêmes.

Elles ont la faculté de se faire assister ou représenter.

1. Principe. En raison du caractère essentiel de la mission de conciliation du conseil de prud'hommes, les parties doivent comparaître personnellement. • Soc. 6 juill. 1978 : *Bull. civ. V, n° 577 ; D. 1979. IR 28, obs. Langlois.*

2. Utilisation des heures de délégation. Viole l'art. R. 516-4 [art. R. 1453-1 nouv.] le conseil de prud'hommes qui déclare qu'un délégué du personnel, partie à une instance prud'homale, « assisté et représenté aux audiences » consacrées à la contestation de l'utilisation de ses heures de délégation, aurait pu se dispenser de comparaître. • Cass., ass. plén., 31 oct. 1996, n° 91-44.770 P : *BICC 15 déc. 1996, concl. Monnet, note Marc ; D. 1996. IR 257 ; JCP 1996. II. 22748, note Corrignan-Carsin ; JCP 1997. I. 4006, n° 2, obs. Pétel-Teyssié ; Dr. soc. 1997. 270, note Verdier ; RJS 1996. 823, n° 1276 ; LPA 6 déc. 1996, note Picca.*

3. Exception. La procédure étant orale, le dépôt par une partie devant la juridiction prud'homale de conclusions écrites, même notifiées en temps utile à la partie adverse, ne peut suppléer son défaut de comparution. • Soc. 8 nov. 1994 : *D. 1994. IR 266 .* ♦ Les conclusions adressées par l'appelant à l'intimé ne peuvent suppléer à son absence à l'audience à laquelle il a été régulièrement convoqué. • Soc. 14 mars 2007 : *D. 2007. AJ 1018 ; RJS 2007. 413, n° 555.*

4. L'irrégularité tenant à ce qu'une demande avait été présentée au nom d'un mineur non assisté ne peut être invoquée pour la première fois devant la Cour de cassation. • Soc. 7 oct. 1964 : *Bull. civ. V, n° 653.*

5. Sur le motif légitime, V. notes ss. art. R. 1454-13.

Art. R. 1453-2 Les personnes habilitées à assister ou à représenter les parties sont :

1° Les salariés ou les employeurs appartenant à la même branche d'activité ;

2° Les *(Décr. n° 2016-660 du 20 mai 2016, art. 10)* « défenseurs syndicaux » ; *– Disposition applicable aux instances et appels introduits à compter du 1er août 2016.*

3° Le conjoint, le partenaire lié par un pacte civil de solidarité ou le concubin ;

4° Les avocats.

L'employeur peut également se faire assister ou représenter par un membre de l'entreprise ou de l'établissement.

(Décr. n° 2016-660 du 20 mai 2016, art. 10) **« Le représentant, s'il n'est pas avocat, doit justifier d'un pouvoir spécial. Devant le bureau de conciliation et d'orientation, cet écrit doit l'autoriser à concilier au nom et pour le compte du mandant, et à prendre part aux mesures d'orientation. »**

1. Appartenance au même syndicat. L'art. R. 516-5 n'exige pas que les parties assistées ou représentées soient membres de la même organisation syndicale ou membres d'un syndicat. • Soc. 26 sept. 1990, n° 88-40.060 P : *D. 1990. IR 229 ; RJS 1990. 540, n° 805 ; JCP E 1991. I. 25, n° 3, obs. Chevillard.* ♦ Mais le délégué ayant qualité pour représenter une partie doit être membre de l'organisation syndicale et non salarié de celle-ci. • Soc. 9 déc. 1970 : *Bull. civ. V, n° 702 ; Dr. soc. 1971. 279, obs. Savatier* • 15 déc. 1983 : *Bull. civ. V, n° 627 ; Dr. soc. 1985. 504, obs. Desdevises* • Soc. 8 nov. 1990 : *RJS 1991. 44, n° 75* (le délégué n'est pas tenu d'appartenir à la même branche d'activité que le représenté). ♦ Aucune limite territoriale n'est fixée par l'art. R. 516-5 pour l'activité des délégués. • Soc. 16 nov. 1995 : *D. 1995. IR 277 ; JCP 1996. I. 3923, n° 2, obs. Pierchon.*

2. Caractère limitatif de la liste. L'énumération de l'art. R. 516-5 [art. R. 1453-2 nouv.] est limitative ; un père, même muni d'un pouvoir, ne peut représenter son fils. • Soc. 11 mai 1993 : *CSB 1993. 161, B. 82.* ♦ Le salarié membre d'une association n'ayant pas la nature d'un syndicat n'est pas habilité à représenter ou assister un salarié devant les prud'hommes. • Soc. 8 oct. 1996, n° 95-40.521 P : *TPS 1997, n° 29, obs. Boubli.*

3. Incompatibilité. Il n'existe aucune incompatibilité de principe entre les fonctions de conseiller du salarié (art. L. 122-14-14 s. C. trav.) et celles d'assistant du salarié dans l'instance prud'homale. • Douai, 13 nov. 1992 : *RJS 1993. 118, n° 172.*

4. L'exigence d'un tribunal indépendant et impartial posé par l'art. 6, § 1 Conv. EDH implique qu'un conseiller prud'hommes n'exerce pas de mission d'assistance ou de mandat de représentation devant le Conseil de prud'hommes dont il est membre ; une salariée ne peut pas, comme l'autorise l'art. R. 516-5, se faire assister par son conjoint, dès lors que celui-ci est membre de la juridiction saisie. • Soc. 3 juill. 2001, n° 99-42.735 P : *Dr. soc. 2001. 898, obs. Prétot ; RJS 2001. 801, n° 1181 ; Dr. ouvrier 2002. 1, obs. Moussy.* ♦ La personne qui a assisté une partie à un procès prud'homal ne peut être membre de la juridiction appelée à se prononcer sur le différend opposant les mêmes parties (visa de l'art. 6, § 1 Conv. EDH). • Soc. 8 janv. 1997, n° 94-42.241 P : *JCP 1997. I. 4037, n° 2, obs. Pétel-Teyssié ; RJS 1997. 129, n° 192 ; CSB 1997. 87, S. 46.*

5. Mandat. Si un salarié ou un membre de l'entreprise peut valablement représenter l'employeur, il doit justifier qu'il a reçu mandat de ce dernier. • Soc. 5 mars 1992, n° 88-45.188 P : *RJS 1992. 275, n° 484* • 14 oct. 1997, n° 94-43.796 P. ♦ N'a pas la qualité de membre de l'entreprise la personne qui, sous couvert de contrats de travail épisodiques, n'intervient que pour représenter l'entreprise en justice. • Soc. 12 avr. 1995, n° 94-40.127 P : *RJS 1995. 449, n° 687 ; JCP 1996. I. 3899, n° 2, obs. Pierchon ; Justices, 1996, n° 3, p. 430, obs. Dockès.* ♦ L'irrégularité de fond tirée du défaut de pouvoir du représentant d'une partie en justice peut être couverte jusqu'au moment où le juge statue ; le défenseur syndical ayant engagé, devant le conseil de prud'hommes, les demandes des salariés et celles de son syndicat à titre d'intervenant volontaire peut produire le mandat de représentation qui lui fait défaut jusque devant la cour d'appel. • Soc. 26 janv. 2016, n° 14-11.992 P : *D. 2016. Actu. 319 ; RJS 4/2016, n° 287 ; JCP S 2016. 1133, obs. Bugada ; Gaz. Pal. 17 mai 2016, p. 63, note Orif.*

Art. D. 1453-2-1 *(Décr. n° 2016-975 du 18 juill. 2016, art. 1er)* **La liste des défenseurs syndicaux mentionnée à l'article L. 1453-4 est établie par le directeur régional des entreprises, de la concurrence, de la consommation, du travail et de l'emploi, sur proposition des organisations d'employeurs et de salariés mentionnées au même article. Ces dernières désignent des défenseurs syndicaux au niveau régional en fonction de leur expérience des relations professionnelles et de leurs connaissances du droit social.**

Les défenseurs syndicaux exercent leurs fonctions à titre gratuit.

Ils sont inscrits sur la liste de la région de leur domicile ou du lieu d'exercice de leur activité professionnelle.

Art. D. 1453-2-2 *(Décr. n° 2016-975 du 18 juill. 2016, art. 1er)* **Les conditions générales d'exercice des fonctions de défenseur syndical sont précisées par l'organisation qui propose l'inscription et portées à la connaissance de l'autorité administrative.**

Art. D. 1453-2-3 *(Décr. n° 2016-975 du 18 juill. 2016, art. 1er)* **La liste des défenseurs syndicaux mentionnée à l'article L. 1453-4 est arrêtée dans chaque région par le préfet de région et publiée au recueil des actes administratifs de la préfecture de région.**

La liste comporte notamment les nom, prénom, profession du défenseur, le nom de l'organisation syndicale ou professionnelle qui le propose et, au choix de cette organisation, les coordonnées de l'organisation ou celles des intéressés.

Elle est tenue à la disposition du public à la direction régionale des entreprises, de la concurrence, de la consommation, du travail et de l'emploi, dans chaque conseil de prud'hommes et dans les cours d'appel de la région.

Art. D. 1453-2-4 *(Décr. n° 2016-975 du 18 juill. 2016, art. 1er)* L'inscription sur cette liste permet l'exercice de la fonction de défenseur syndical dans le ressort des cours d'appel de la région.

Toutefois, lorsqu'il a assisté ou représenté la partie appelante ou intimée en première instance, le défenseur syndical peut continuer à assister ou représenter celle-ci devant une cour d'appel qui a son siège dans une autre région.

Art. D. 1453-2-5 *(Décr. n° 2016-975 du 18 juill. 2016, art. 1er)* La liste des défenseurs syndicaux est révisée tous les quatre ans. Elle peut être modifiée à tout moment si nécessaire, par ajout ou retrait.

Le retrait d'une personne de la liste des défenseurs syndicaux est opéré à la demande des organisations ayant proposé son inscription ou à l'initiative de l'autorité administrative.

Sauf à justifier d'un motif légitime, l'absence d'exercice de la mission pendant une durée d'un an entraîne le retrait d'office de la liste des défenseurs syndicaux.

Art. D. 1453-2-6 *(Décr. n° 2016-975 du 18 juill. 2016, art. 1er)* Le défenseur syndical peut être radié de la liste par le préfet de région, dans les conditions prévues à l'article L. 1453-8. Il est radié d'office par le préfet de région en cas de défaut d'exercice de sa fonction à titre gratuit.

Art. D. 1453-2-7 *(Décr. n° 2016-975 du 18 juill. 2016, art. 1er)* Le directeur régional des entreprises, de la concurrence, de la consommation, du travail et de l'emploi informe l'employeur du salarié inscrit, de l'acquisition et du retrait de la qualité de défenseur syndical.

Art. D. 1453-2-8 *(Décr. n° 2016-975 du 18 juill. 2016, art. 1er)* Le défenseur syndical informe son employeur de son absence pour la formation prévue à l'article L. 1453-7 par tout moyen conférant date certaine :

1° Au moins trente jours à l'avance, en cas de durée d'absence égale ou supérieure à trois journées de travail consécutives ;

2° Au moins quinze jours à l'avance dans les autres cas.

La lettre précise la date, la durée et les horaires du stage ainsi que le nom de l'établissement ou de l'organisme responsable.

Art. D. 1453-2-9 *(Décr. n° 2016-975 du 18 juill. 2016, art. 1er)* L'organisme chargé du stage délivre au salarié une attestation constatant sa présence au stage. Cette attestation est remise à l'employeur au moment de la reprise du travail.

Art. R. 1453-3 La procédure prud'homale est orale. – *[Anc. art. R. 516-6.]*

BIBL. ► Chonnier, *D. 2006. 2883* ✎. – Henry, *Sem. soc. Lamy 1988, n° 140, suppl. D. 79*. – Serverin et Grumbach, *RDT 2007. 468* ✎ (oral et écrit dans la procédure prud'homale).

1. Notion d'oralité. Le principe de l'oralité de la procédure est respecté dès lors que l'intéressé a comparu à l'audience. • Soc. 17 juill. 1997 : *RJS 1997. 700, n° 1125.* ♦ L'avocat qui, à l'audience, représente une partie n'est pas tenu de développer ses conclusions déposées à la barre. • Même arrêt. ♦ A. Robert, *Sem. soc. Lamy 1997, n° 860, p. 5.* ♦ La procédure prud'homale étant orale, le compte rendu par le juge fait foi, jusqu'à inscription de faux. • Soc. 1er déc. 2010 : *RDT 2011. 58, obs. Grumbach* ✎ • Soc. 22 sept. 2010, n° 08-70.091 P.

2. Incidences. En matière prud'homale, la procédure est orale et le juge doit se prononcer sur les demandes formulées contradictoirement devant lui à l'audience. • Soc. 10 juill. 1990, n° 87-40.677 P : *D. 1990. IR 208* ✎ • 14 mars 2007 : *JCP S 2007. 1301, note Boubli.* ♦ Les conclusions adressées par l'appelant à l'intimé ne peuvent suppléer à son absence à l'audience à laquelle il a été régulièrement convoqué. • Soc. 14 mars 2007 : *JCP S 2007. 1301, note Boubli.* ♦ Les documents retenus par le juge sont présumés avoir été débattus contradictoirement devant lui. • Soc. 16 déc. 1987 : *Dr. ouvrier 1989. 494* • 29 sept. 1988 : *JCP 1988. IV. 356* • 15 mai 1991, n° 89-43.845 P.

3. Il résulte de l'art. R. 516-0 [art. R. 1451-1 nouv.] que les dispositions de l'art. 135 C. pr. civ., selon lesquelles le juge peut écarter des débats les pièces qui n'ont pas été communiquées en temps utile, sont applicables devant les juridictions statuant en matière prud'homale. • Soc. 7 juin 1995 : *RJS 1995. 528, n° 810.* ♦ Mais le caractère oral de la procédure permet de suppléer à la remise tardive des conclusions. • Soc. 12 avr. 1995 : *Dr. soc. 1995. 604* ✎ ; *RJS 1995. 367, n° 551 ; Justices, 1996, n° 3, p. 427, obs. Dockès.* ♦ Les conclusions adressées par l'appelante à l'intimée ne pouvaient suppléer son absence à l'audience à laquelle elle avait été régulièrement convoquée. • Soc. 14 mars 2007 : *pourvoi n° 05-45.414.*

Art. R. 1453-4 *(Décr. n° 2016-660 du 20 mai 2016, art. 11)* **Les parties peuvent se référer aux prétentions et aux moyens qu'elles auraient formulés par écrit. Les observations des parties et leurs prétentions lorsqu'elles ne sont pas tenues de les formuler par écrit sont notées au dossier ou consignées au procès-verbal.**

Art. R. 1453-5 *(Décr. n° 2016-660 du 20 mai 2016, art. 12)* **Lorsque toutes les parties comparantes formulent leurs prétentions par écrit et sont assistées ou représentées par un avocat, elles sont tenues, dans leurs conclusions, de formuler expressément les prétentions ainsi que les moyens en fait et en droit sur lesquels chacune de ces prétentions est fondée avec indication pour chaque prétention des pièces invoquées. Un bordereau énumérant les pièces justifiant ces prétentions est annexé aux conclusions. Les prétentions sont récapitulées sous forme de dispositif. Le bureau de jugement ou la formation de référé ne statue que sur les prétentions énoncées au dispositif. Les parties doivent reprendre dans leurs dernières conclusions les prétentions et moyens présentés ou invoqués dans leurs conclusions antérieures. A défaut, elles sont réputées les avoir abandonnés et il n'est statué que sur les dernières conclusions communiquées.**

Ces dispositions s'appliquent aux instances introduites devant les conseils de prud'hommes à compter du 1er août 2016 (Décr. n° 2016-660 du 20 mai 2016, art. 45).

CHAPITRE IV CONCILIATION ET JUGEMENT

SECTION PREMIÈRE MISE EN ÉTAT DE L'AFFAIRE

Art. R. 1454-1 *(Décr. n° 2016-660 du 20 mai 2016, art. 13)* **En cas d'échec de la conciliation, le bureau de conciliation et d'orientation assure la mise en état de l'affaire jusqu'à la date qu'il fixe pour l'audience de jugement. Des séances peuvent être spécialement tenues à cette fin.**

Après avis des parties, il fixe les délais et les conditions de communication des prétentions, moyens et pièces.

Il peut dispenser une partie qui en fait la demande de se présenter à une séance ultérieure du bureau de conciliation et d'orientation. Dans ce cas, la communication entre les parties est faite par lettre recommandée avec demande d'avis de réception ou par notification entre avocats et il en est justifié auprès du bureau de conciliation et d'orientation dans les délais impartis.

Il peut entendre les parties en personne, les inviter à fournir les explications nécessaires à la solution du litige ainsi que les mettre en demeure de produire dans le délai qu'il détermine tous documents ou justifications propres à éclairer le conseil de prud'hommes.

1. Homologation des rapports. Un conseil de prud'hommes peut, après avoir entendu les parties et en avoir délibéré, homologuer le rapport de ses conseillers rapporteurs. • Soc. 3 mars 1971 : *Bull. civ. V, n° 179.* ♦ *Contra,* lorsque les conseillers rapporteurs ont déposé deux rapports distincts et opposés : • Soc. 24 janv. 1974 : *Bull. civ. V, n° 66.*

2. Principe du contradictoire. Le rapport des conseillers prud'hommes n'a pas à être notifié aux parties, dès lors qu'il figurait au dossier de la procédure et que, s'agissant d'une procédure à caractère oral, les moyens retenus sont présumés avoir été débattus contradictoirement. • Soc. 6 juill. 1983 : *Bull. civ. V, n° 412.*

Art. R. 1454-2 *(Décr. n° 2016-660 du 20 mai 2016, art. 13)* **A défaut pour les parties de respecter les modalités de communication fixées, le bureau de conciliation et d'orientation peut radier l'affaire ou la renvoyer à la première date utile devant le bureau de jugement.**

En cas de non-production des documents et justifications demandés, il peut renvoyer l'affaire à la première date utile devant le bureau de jugement. Ce bureau tire toute conséquence de l'abstention de la partie ou de son refus.

Lorsque deux conseillers rapporteurs sont désignés, aucune disposition légale ou réglementaire ne leur impose de déposer un rapport unique. • Soc. 11 déc. 1990 : *RJS 1991. 126, n° 234 ; Dr. ouvrier 1992. 113.*

Art. R. 1454-3 *(Décr. n° 2016-660 du 20 mai 2016, art. 13)* **Le bureau de conciliation et d'orientation peut, par une décision non susceptible de recours, désigner un ou deux conseillers rapporteurs pour procéder à la mise en état de l'affaire.**

La décision fixe un délai pour l'exécution de leur mission.

*1. **Obligations du conseiller rapporteur.*** La mission d'information confiée au conseiller rapporteur n'étant pas une enquête au sens du code de procédure civile, il peut recueillir des renseignements utiles à la manifestation de la vérité sans observer les prescriptions prévues en pareil cas. • Soc. 31 mars 1978 : *Bull. civ. V, n° 267 ; RTD civ. 1978. 727, obs. Perrot.*

*2. **Droits du conseiller rapporteur.*** Le conseiller rapporteur n'a pas le pouvoir de se faire remettre des documents contre le gré du défendeur. • Soc. 17 oct. 1990, n° 87-45.853 P : *D. 1990. IR 266 ; CSB 1990. 273, A. 60.* ♦ Le président du tribunal de grande instance est toutefois compétent pour ordonner conformément à l'art. 812, al. 2, C. pr. civ. la production de pièces destinées à une instance prud'homale ; cette procédure n'est pas contraire à l'art. 8.2 de la Conv. EDH, car elle vise à permettre au salarié de faire valoir ses droits dans le litige l'opposant à son employeur. • Soc. 12 avr. 1995 : *Dr. soc. 1995. 586, note Jeantin.*

Art. R. 1454-4 *(Décr. n° 2016-660 du 20 mai 2016, art. 13)* **Le conseiller rapporteur est un conseiller prud'homme. Il peut faire partie de la formation de jugement.**

Lorsque deux conseillers rapporteurs sont désignés dans la même affaire, l'un est employeur, l'autre est salarié. Ils procèdent ensemble à leur mission.

Le conseiller rapporteur dispose des pouvoirs de mise en état conférés au bureau de conciliation et d'orientation. Il peut, pour la manifestation de la vérité, auditionner toute personne et faire procéder à toutes mesures d'instruction. Il peut ordonner toutes mesures nécessaires à la conservation des preuves ou des objets litigieux.

Art. R. 1454-5 **Si les parties se concilient, même partiellement, le conseiller rapporteur constate dans un procès-verbal l'accord intervenu.** — *[Anc. art. R. 516-24.]*

Sur la portée d'un procès-verbal de conciliation, V. • Soc. 12 janv. 2010 : *RDT 2010. 183, obs. Serverin.*

Art. R. 1454-6 **Les décisions prises par le conseiller rapporteur sont provisoires et n'ont pas autorité de chose jugée au principal.**

Elles sont exécutoires. Elles ne peuvent faire l'objet d'un recours qu'avec le jugement sur le fond, sous réserve des règles particulières à l'expertise. — *[Anc. art. R. 516-25.]*

SECTION II **CONCILIATION ET ORIENTATION** *(Décr. n° 2016-660 du 20 mai 2016, art. 14).*

BIBL. GÉN. ▶ COTTEREAU, *Sem. soc. Lamy 1985, n° 274, suppl. D. 94.* - DELL'ASINO, *Gaz. Pal. 1987. 2. Doctr. 523 ; ibid. 826.* - DESCAMPS, *Sem. soc. Lamy 1986, n° 322, D. 331.* - ESTOUP, *D. 1986. Chron. 161.* - ROCHOIS, *RPDS 1983. 331.* - SERVERIN, GRUMBACH et BOUAZIZ, *RDT 2008. 615* (mandat de concilier devant le bureau de conciliation du conseil de prud'hommes : les effets pratiques du Décr. du 18 juill. 2008). - SUPIOT, *Dr. soc. 1985. 225.*

COMMENTAIRE

V. Dalloz.fr et applications mobiles Dalloz

Art. R. 1454-7 *(Décr. n° 2016-660 du 20 mai 2016, art. 14)* **« Le règlement intérieur établit un roulement au sein du bureau de conciliation et d'orientation entre tous les conseillers prud'hommes salariés et employeurs. Il peut prévoir l'affectation de certains conseillers prud'hommes par priorité à ce bureau. »**

La présidence appartient alternativement au salarié et à l'employeur, suivant un roulement établi par ce règlement. Celui des deux qui préside le bureau le premier est désigné par le sort.

(Abrogé par Décr. n° 2016-660 du 20 mai 2016, art. 14) ***« Exceptionnellement, et dans les cas prévus à l'article L. 1441-38, les deux membres du bureau peuvent être pris parmi les conseillers prud'hommes salariés ou parmi les conseillers prud'hommes employeurs si la section ne se trouve composée que d'un seul collège. »***

Art. R. 1454-8 **Les séances du bureau de conciliation** *(Décr. n° 2016-660 du 20 mai 2016, art. 43)* **« et d'orientation » ont lieu au moins une fois par semaine** *(Décr. n° 2008-560 du 16 juin 2008)* **« , sauf si aucune affaire n'est inscrite au rôle. » Elles ne sont pas publiques.** — *[Anc. art. R. 515-1, al. 5.]*

Art. R. 1454-9 *(Décr. n° 2009-289 du 13 mars 2009)* **« En l'absence » du président, ou du vice-président appelé à présider la séance du bureau de conciliation** *(Décr.*

n° 2016-660 du 20 mai 2016, art. 43) « et d'orientation », la présidence peut être exercée par un conseiller faisant partie de l'assemblée à laquelle appartient le président ou le vice-président défaillant et désigné comme suppléant dans les formes prévues aux articles L. 1423-3 à L. 1423-8 et R. 1423-13.

(Décr. n° 2009-289 du 13 mars 2009) « A défaut » de cette désignation, la présidence revient au conseiller le plus ancien en fonctions dans la même assemblée. S'il y a égalité dans la durée des fonctions, la présidence revient au conseiller le plus âgé. – *[Anc. art. R. 515-2.]*

L'art. R. 515-2 [art. R. 1454-9 nouv.] ne limite pas le nombre de suppléants pouvant être élus aux fins de remplacer le président ou le vice-président de section défaillant. • Soc. 2 juin 2004, ♜ n° 01-46.437 P : *RJS 2004. 651, n° 952.*

Art. R. 1454-10 Le bureau de conciliation *(Décr. n° 2016-660 du 20 mai 2016, art. 43)* « et d'orientation » entend les explications des parties et s'efforce de les concilier. Un procès-verbal est établi.

En cas de conciliation totale ou partielle, le procès-verbal mentionne la teneur de l'accord intervenu. Il précise, s'il y a lieu, que l'accord a fait l'objet en tout ou partie d'une exécution immédiate devant le bureau de conciliation *(Décr. n° 2016-660 du 20 mai 2016, art. 43)* « et d'orientation ».

A défaut de conciliation totale, les prétentions qui restent contestées et les déclarations faites par les parties sur ces prétentions sont notées au dossier ou au procès-verbal par le greffier sous le contrôle du président.

1. Sur les devoirs et les pouvoirs des conseillers prud'hommes lors de l'audience initiale, V. *RDT 2009. 462, obs. Grumbach et Serverin* ✎, ss. • Paris, 18 juin 2009 : *n°s 09/01625 et 09/01902b* (2 arrêts).

2. Formalités substantielles. Le préliminaire de conciliation constitue une formalité substantielle. • Soc. 6 juill. 1978 : *D. 1979. IR 28, obs. Langlois.* ♦ Mais l'irrégularité de fond qui affecte la saisine des premiers juges est susceptible d'être couverte en cause d'appel lorsqu'elle n'est pas imputable aux parties. • Soc. 26 avr. 2007 : ♜ *RDT 2007. 402, note Serverin* ✎ *; RJS 2007. 673, n° 673.* ♦ Sur l'obligation imposée par l'art. 126 de la loi du 25 janv. 1985 de saisir directement le bureau de jugement lorsque la demande concerne des créances ne figurant pas sur le relevé établi par le représentant des créanciers, V. • Soc. 4 déc. 1991 : ♜ *RJS 1992. 40, n° 37.*

3. Sanctions. Sur les sanctions du non-respect de l'obligation de conciliation, V. • Soc. 4 avr. 1973 : *Bull. civ. V, n° 219* • 29 mai 1974 : *ibid., n° 331* • 19 févr. 1975 : *ibid., n° 80* • 20 oct. 1976 : *ibid., n° 508.*

4. Invocation. L'absence de conciliation doit être invoquée avant toute défense au fond et elle est irrecevable pour la première fois devant la Cour de cassation. • Soc. 20 oct. 1976 : *Bull. civ. V, n° 508.* – V. aussi • Soc. 28 mai 1974 : *Bull. civ. V, n° 331* • 21 oct. 1981 : *ibid., n° 809.* ♦ Elle ne peut être soulevée d'office par le juge du fond. • Soc. 20 nov. 1968 : *Bull. civ. V, n° 515.* ♦ N'encourt pas la nullité, pour absence de conciliation préalable, un jugement du conseil de prud'hommes dès lors qu'il ressort des mentions du jugement que l'omission du préliminaire de conciliation a été réparée avant toute forclusion et qu'après l'échec de la tentative de conciliation les parties ont été invitées à s'expliquer sur le fond en sorte que la régularisation n'a laissé subsister aucun grief. • Soc. 18 nov. 1998, ♜ n° 96-41.005 P.

5. Limites. Lorsqu'une instance a donné lieu à une tentative de conciliation infructueuse et qu'elle s'est poursuivie après une première comparution devant le bureau de jugement, il n'y a pas lieu de réitérer le préliminaire de conciliation. • Soc. 21 juin 1979 : *Bull. civ. V, n° 571.*

6. L'existence d'un préliminaire de conciliation ne peut être remise en cause, dès lors que le jugement renvoie pour l'exposé des faits et de la procédure à un précédent jugement rendu avant dire droit devenu définitif. • Soc. 26 oct. 1979 : *Bull. civ. V, n° 800.*

7. Dès lors que le bureau de conciliation ne peut remettre en cause une décision du bureau de jugement, la procédure de conciliation n'est pas applicable en cas de tierce opposition. • Soc. 7 nov. 1989 : *Bull. civ. V, n° 645 ; Dr. soc. 1990. 564, obs. Desdevises* ✎.

8. Recours. La décision du bureau de conciliation n'est susceptible d'aucun recours. • Soc. 15 déc. 1971 : *Bull. civ. V, n° 737.* ♦ Sur les difficultés d'exécution du procès-verbal de conciliation, V. • Soc. 7 mai 1997 : ♜ *RJS 1997. 701, n° 1127 (1re esp.)* • 13 mai 1997 : ♜ *eod. loc. (2e esp.).*

9. La preuve de la tentative de conciliation peut résulter : des constatations opérées par les juges du fond. • Soc. 23 janv. 1964 : *Bull. civ. IV, n° 68.* ♦ ... D'un certificat établi par un greffier. • Soc. 28 mars 1966 : *Bull. civ. IV, n° 334.* ♦ ... De l'aveu de l'une des parties. • Soc. 4 juill. 1966 : *Bull. civ. IV, n° 670.* ♦ ... D'un procès-verbal de non-conciliation. • Soc. 18 janv. 1967 : *Bull. civ. IV, n° 58.*

10. Information des parties. Le procès-verbal ne peut être valable que si le bureau de conciliation a rempli son office en ayant, notamment, vérifié que les parties étaient informées de leurs droits respectifs ; à défaut, le procès-verbal de conciliation est nul. • Soc. 28 mars 2000, n° 97-42.419 P : *GADT, 4e éd., n° 30 ; D. 2000. 537, note Savatier ; RJS 2000. 389, n° 565 ; Dr. soc. 2000. 661, obs. Keller*. ♦ Le bureau de conciliation qui n'a pas vérifié si les parties étaient informées de leurs droits respectifs a commis un excès de pouvoir rendant l'appel redevable ; l'accord constaté par le procès-verbal de conciliation est nul. • Soc. 24 mai 2006 : *D. 2007. 183, obs. Berthier ; RDT 2006. 192, obs. Serverin*.

Art. R. 1454-11 **En cas de conciliation, un extrait du procès-verbal, qui mentionne s'il y a lieu l'exécution immédiate totale ou partielle de l'accord intervenu, peut être délivré.**

Il vaut titre exécutoire. – *[Anc. art. R. 516-41.]*

Art. R. 1454-12 *(Décr. n° 2016-660 du 20 mai 2016, art. 14)* **Lorsque au jour fixé pour la tentative de conciliation le demandeur ne comparaît pas sans avoir justifié en temps utile d'un motif légitime, il est fait application de l'article L. 1454-1-3, sauf la faculté du bureau de conciliation et d'orientation de renvoyer l'affaire à une audience ultérieure du bureau de jugement. Le bureau de conciliation et d'orientation peut aussi déclarer la requête et la citation caduques si le défendeur ne sollicite pas un jugement sur le fond.**

La déclaration de caducité peut être rapportée dans les conditions de l'article 468 du code de procédure civile. Dans ce cas, le demandeur est avisé par tous moyens de la date de la séance du bureau de conciliation et d'orientation, à laquelle le défendeur est convoqué par lettre recommandée avec demande d'accusé de réception.

L'obligation de détenir un mandat spécial autorisant le mandataire à concilier en l'absence du mandant ne s'applique pas à l'avocat. • Soc. 10 juin 2015, n° 14-11.814 P : *Dalloz actualité, 15 juill. 2015, obs. Fraisse ; D. 2015. Actu. 1323 ; RJS 10/2015, n° 660 ; JCP G 2015. 1379, obs. Bugada.*

Art. R. 1454-13 *(Décr. n° 2016-660 du 20 mai 2016, art. 14)* **Lorsque au jour fixé pour la tentative de conciliation, le défendeur ne comparaît pas sans avoir justifié en temps utile d'un motif légitime, il est fait application de l'article L. 1454-1-3. Le bureau de conciliation et d'orientation ne peut renvoyer l'affaire à une audience ultérieure du bureau de jugement que pour s'assurer de la communication des pièces et moyens au défendeur.**

1. Existence d'un pouvoir. La délivrance d'un pouvoir par une société à un avocat n'implique pas par elle-même l'existence d'un motif légitime d'absence dispensant la société de son obligation de comparaître en personne. • Soc. 6 juill. 1978 : *Bull. civ. V, n° 577.* ♦ Mais le seul fait d'énoncer que la société était représentée par un avocat signifie que le conseil de prud'hommes a admis que le représentant légal de la société avait un motif légitime de ne pas comparaître. • Soc. 11 déc. 1991 : *CSB 1992. 27, S. 17.*

2. Mandat spécial devant le bureau de conciliation. L'art. R. 1454-13, al. 2, en ce qu'il impose au mandataire représentant le défendeur de produire un mandat spécial l'autorisant à concilier en l'absence de mandant, ne s'applique pas à l'avocat, qui tient des art. 416 et 417 C. pr. civ. une dispense générale d'avoir à justifier, à l'égard du juge et de la partie adverse, qu'il a reçu un mandat de représentation comprenant notamment le pouvoir spécial d'accepter ou de donner des offres. • Cass., avis, 8 sept. 2014 : *RDT 2014. 706, obs. Vigneau*.

3. Force majeure. • Soc. 11 oct. 1972 : *Bull. civ. V, n° 539,* envisageant des faits imprévisibles et constituant un obstacle insurmontable à la comparution personnelle.

4. Conflit d'intérêts. Constitue, pour le salarié, un motif légitime de ne pas comparaître devant un conseil de prud'hommes le fait que l'employeur est membre de cette juridiction. • Soc. 14 mai 1987 : *Bull. civ. V, n° 335.*

5. Office du juge. Le juge n'a pas à rechercher d'office si une partie a un motif légitime de non-comparution. • Soc. 8 oct. 1981 : *Bull. civ. V, n° 773.*

6. Lettre d'excuse. Lorsque la lettre recommandée d'excuse de non-présentation à l'audience de conciliation a été reçue seulement le lendemain de celle-ci, la tentative de conciliation n'a pas à être renouvelée. • Soc. 22 févr. 1979 : *Bull. civ. V, n° 175.*

7. Sanctions. Dès lors qu'une société n'avait aucun motif légitime de ne pas comparaître, une cour d'appel a pu estimer qu'aucun débat contradictoire n'a pu s'instaurer à l'audience malgré la présence de l'avocat de la société et elle a pu, sans violer les droits de la défense, autoriser l'autre partie à déposer son dossier en cours de délibéré. • Soc. 17 avr. 1986 : *Bull. civ. V, n° 154.*

8. Caducité. La décision qui constate la caducité de la citation peut être rapportée, en cas d'erreur, par le juge qui l'a rendue ; en conséquence, le pourvoi en cassation n'est ouvert qu'à l'encontre de la décision du bureau de conciliation du conseil de prud'hommes qui refuse de rétracter une décision constatant la caducité de sa saisine et non contre la décision constatant la caducité. • Soc. 18 mai 2005, n° 02-46.947 P : *RJS 2005. 638, n° 890.*

Art. R. 1454-14 Le bureau de conciliation *(Décr. n° 2016-660 du 20 mai 2016, art. 14)* « et d'orientation » peut, en dépit de toute exception de procédure et même si le défendeur ne *(Décr. n° 2016-660 du 20 mai 2016, art. 14)* « comparaît » pas, ordonner :

1° La délivrance, le cas échéant, sous peine d'astreinte, de certificats de travail, de bulletins de paie et de toute pièce que l'employeur est tenu légalement de délivrer ;

2° Lorsque l'existence de l'obligation n'est pas sérieusement contestable :

a) Le versement de provisions sur les salaires et accessoires du salaire ainsi que les commissions ;

b) Le versement de provisions sur les indemnités de congés payés, de préavis et de licenciement ;

c) Le versement de l'indemnité compensatrice et de l'indemnité spéciale de licenciement en cas d'inaptitude médicale consécutives à un accident du travail ou à une maladie professionnelle mentionnées à l'article L. 1226-14 ;

d) Le versement de l'indemnité de fin de contrat prévue à l'article L. 1243-8 et de l'indemnité de fin de mission mentionnée à l'article L. 1251-32 ;

3° Toutes mesures d'instruction, même d'office ;

4° Toutes mesures nécessaires à la conservation des preuves ou des objets litigieux.

(Décr. n° 2016-660 du 20 mai 2016, art. 14) « Au vu des pièces fournies par le salarié, il peut prendre une décision provisoire palliant l'absence de délivrance par l'employeur de l'attestation prévue à l'article R. 1234-9. Cette décision récapitule les éléments du modèle d'attestation prévu à l'article R. 1234-10, permettant au salarié d'exercer ses droits aux prestations mentionnées à l'article L. 5421-2.

« Cette décision ne libère pas l'employeur de ses obligations résultant des dispositions des articles R. 1234-9 à R. 1234-12 relatives à l'attestation d'assurance chômage.

« Elle est notifiée au Pôle emploi du lieu de domicile du salarié. Tierce opposition peut être formée par Pôle emploi dans le délai de deux mois. »

BIBL. ▶ Patin, *JCP S 2012. 1518* (mesures d'instruction ordonnées par le bureau de conciliation du conseil de prud'hommes).

1. Représentation et mandat de concilier devant le bureau de conciliation prud'homale. V. • Basse-terre, réf., 11 août 2010 : *RDT 2010. 731, obs. Serverin et Grumbach* ✎.

2. Champ d'application. L'art. R. 516-18 [art. R. 1454-14 nouv.] n'est applicable qu'à des sommes dues par l'employeur au salarié ; excède ses pouvoirs le conseil de prud'hommes qui l'étend à des sommes dues à l'employeur. • Soc. 6 mai 1997, ♖ n° 94-43.085 P : *RJS 1997. 469, n° 727 ; TPS 1997, n° 275, obs. Boubli.*

3. Délivrance de pièces. Le bureau de conciliation peut ordonner la remise de la lettre de licenciement, dès lors qu'il s'agit d'une pièce que l'employeur est tenu de délivrer. • Soc. 5 juin 1991 : ♖ *RJS 1991. 435, n° 831.*

4. Contestation sérieuse. Le litige sur l'existence d'un contrat de travail au profit d'un mandataire social constitue une contestation sérieuse entachant d'excès de pouvoir la décision du bureau de conciliation contre laquelle un recours est immédiatement recevable. • Soc. 15 mars 1983 : *Bull. civ. V, n° 161.* – V. aussi • Soc. 10 nov. 1981 : *Bull. civ. V, n° 885 ; RTD civ. 1982. 657, obs. Perrot.* ♦ L'existence d'une contestation sérieuse ne peut être invoquée à l'encontre d'une décision ordonnant la délivrance d'un certificat de travail. • Soc. 10 oct. 1985 : *Bull. civ. V, n° 456.*

5. Provision. L'art. R. 516-18 ne permet d'allouer des provisions que sur les sommes qu'il énumère et non sur les dommages-intérêts pour licenciement abusif. • Soc. 29 janv. 1981 : *Bull. civ. V, n° 91 ; D. 1981. IR 435, obs. Langlois.*

6. Statue en application de l'art. R. 516-18, sans excéder ses pouvoirs, le bureau de conciliation qui accorde au salarié à titre provisionnel des indemnités assimilées à des salaires comme correspondant à des heures payées comme heures de travail. • Soc. 16 déc. 1982 : *Bull. civ. V, n° 710 ; D. 1984. IR 253, obs. Langlois.* ♦ V. conf., pour une somme accordée à titre de contrepartie pécuniaire d'une clause de non-concurrence : • Chambéry, 5 déc. 1995 : *D. 1997. Somm. 100, obs. Serra* ✎.

7. Mesure d'instruction. N'excède pas ses pouvoirs le bureau de conciliation qui ordonne sur le fondement de l'art. R. 516-18, al. 4 [R. 1454-14], la remise de documents réclamés par le salarié (fiches de pointages journaliers). • Soc. 7 juin 1995 : ♖ *Dr. soc. 1995. 838, obs. Desdevises* ✎ ; *CSB 1995. 229, A. 44 ; RJS 1995. 527, n° 809 ; JCP 1996. I. 3899, n° 3, obs. Pierchon ; Justices, 1996, n° 3, p. 428, obs. Dockès.* ♦ Mais le bureau de conciliation n'a pas à se substituer aux parties dans la mise en état de leur dossier de fond et l'appréciation des pièces devant concourir au succès de leurs prétentions respectives, et en particulier, il ne saurait être tenu de désigner, avant toute conclusion au fond, les éléments utiles à la preuve par l'employeur de la faute grave reprochée au salarié. • Cons. prud'h Paris, 1er sept. 2011 : *RDT 2011. 585, obs. Grumbach et Serverin* ✎.

8. Délocalisation. Excède ses pouvoirs le bureau de conciliation qui statue sur une demande de renvoi formée par application de l'art. 47 C. pr. civ., en dehors des prévisions de l'art. R. 516-18. • Soc. 16 déc. 1998, ⚖ nº 97-44.596 P.

Art. R. 1454-15 **Le montant total des provisions allouées en application du 2º de l'article R. 1454-14 est chiffré par le bureau de conciliation** *(Décr. nº 2016-660 du 20 mai 2016, art. 43)* **« et d'orientation ». Il ne peut excéder six mois de salaire calculés sur la moyenne des trois derniers mois de salaire.**

Le bureau de conciliation *(Décr. nº 2016-660 du 20 mai 2016, art. 43)* **« et d'orientation » peut liquider, à titre provisoire, les astreintes qu'il a ordonnées.**

Lorsqu'il est fait application de l'article mentionné au premier alinéa, les séances du bureau de conciliation *(Décr. nº 2016-660 du 20 mai 2016, art. 43)* **« et d'orientation » sont publiques.**

Art. R. 1454-16 **Les décisions prises en application des articles R. 1454-14 et R. 1454-15 sont provisoires. Elles n'ont pas autorité de chose jugée au principal. Elles sont exécutoires par provision le cas échéant au vu de la minute.**

Elles ne sont pas susceptibles d'opposition. Elles ne peuvent être frappées d'appel ou de pourvoi en cassation qu'en même temps que le jugement sur le fond, sous réserve des règles particulières à l'expertise. – *[Anc. art. R. 516-19.]*

1. Délivrance d'un certificat de travail. L'appel contre une décision ordonnant la délivrance d'un certificat de travail n'est recevable qu'en même temps que contre le jugement sur le fond. • Soc. 10 oct. 1985 : *Bull. civ. V, nº 456.*

2. Indemnités pour licenciement abusif. L'art. R. 516-18 ne permettant d'allouer des provisions que sur les sommes qu'il énumère et non sur les dommages-intérêts pour licenciement abusif, la décision du bureau de conciliation accordant une telle provision est susceptible d'un appel immédiat. • Soc. 29 janv. 1981 : *Bull. civ. V, nº 91 ; D. 1981. IR 435, obs. Langlois.* ♦ Dans le même sens : • Soc. 3 oct. 1985 : *Bull. civ. V, nº 439* (provision sur salaires excédant le plafond fixé par l'art. R. 516-18).

3. Défaut de convocation de l'employeur. La décision du bureau de conciliation est susceptible d'appel immédiat lorsque le bureau excède ses pouvoirs en prononçant une condamnation sans avoir régulièrement convoqué l'employeur. • Soc. 3 oct. 1985 : *Bull. civ. V, nº 440* • 12 déc. 1991 : ⚖ *ibid., nº 583 ; CSB 1992. 91.* ♦ ... Ou en cas de contestation sérieuse sur l'obligation de l'employeur. • Soc. 5 oct. 1978 : *Bull. civ. V, nº 649* • 15 mars 1983 : *ibid., nº 161.* ♦ L'existence d'une contestation sérieuse ne peut être invoquée à l'encontre d'une décision ordonnant la délivrance d'un certificat de travail. • Soc. 10 oct. 1985 : *Bull. civ. V, nº 456.*

4. Défaut de motivation. L'absence de motivation de l'ordonnance prévue par l'art. R. 516-18 ne caractérise pas à elle seule un excès de pouvoir justifiant, par dérogation à l'art. R. 516-19, un appel immédiat. • Soc. 21 nov. 1990 : ⚖ *D. 1990. IR 292.* – Dans le même sens : • Soc. 7 juin 1995 : ⚖ *Dr. soc. 1995. 838, obs. Desdevises* ✐ *; CSB 1995. 229, A. 44 ; RJS 1995. 527, nº 809 ; JCP 1996. I. 3899, nº 3, obs. Pierchon ; Justices, 1996, nº 3, p. 428, obs. Dockès.*

Art. R. 1454-17 *(Décr. nº 2016-660 du 20 mai 2016, art. 14)* **Dans les cas visés aux articles R. 1454-13 et R. 1454-14, l'affaire est renvoyée à une audience ultérieure du bureau de jugement dans sa composition restreinte.**

Le greffier avise par tous moyens la partie qui ne l'aura pas été verbalement de la date d'audience.

L'accord des parties pour un renvoi à une audience immédiate peut résulter de leur émargement au dossier et de leur comparution devant le bureau de jugement. • Soc. 9 mai 1990, ⚖ nº 86-45.138 P.

Art. R. 1454-18 *(Décr. nº 2016-660 du 20 mai 2016, art. 14)* **En l'absence de conciliation ou en cas de conciliation partielle, l'affaire est orientée vers le bureau de jugement approprié au règlement de l'affaire, désigné dans les conditions prévues à l'article L. 1454-1-1, à une date que le président indique aux parties présentes.**

Le greffier avise par tous moyens les parties qui ne l'auraient pas été verbalement de la date d'audience.

Lorsque l'affaire est en état d'être immédiatement jugée et si l'organisation des audiences le permet, l'audience du bureau de jugement peut avoir lieu sur-le-champ.

SECTION III **JUGEMENT**

BIBL. GÉN. ▶ Alvarez-Pujana, *RPDS 1989. 115* (motivation des jugements). – Nayral de Puybusque, *Sem. soc. Lamy 1984, nº 225, D. 39* (rédaction et motivation des jugements).

Art. R. 1454-19 *(Décr. nº 2016-660 du 20 mai 2016, art. 15)* **Dans les cas où l'affaire est directement portée devant lui ou lorsqu'il s'avère que l'affaire transmise par le bureau de conciliation et d'orientation n'est pas prête à être jugée, le bureau de jugement peut prendre toutes mesures nécessaires à sa mise en état mentionnées à l'article R. 1454-1.**

A défaut pour les parties de respecter les modalités de communication fixées, le bureau de jugement peut rappeler l'affaire à l'audience, en vue de la juger ou de la radier.

Sont écartés des débats les prétentions, moyens et pièces communiqués sans motif légitime après la date fixée pour les échanges et dont la tardiveté porte atteinte aux droits de la défense.

Dès lors qu'elle est informée de l'ouverture d'une procédure collective, c'est à la juridiction elle-même, y compris la cour d'appel, d'en appeler les organes de la procédure ainsi que l'AGS à l'instance. • Soc. 9 mars 2011 : *D. 2011. Actu. 885* ; *RDT 2011. 376, obs. Dedessus-Le-Moustier* ; *JCP S 2011. 1251, obs. Fin-Langer.*

Art. R. 1454-19-1 *(Décr. nº 2016-660 du 20 mai 2016, art. 16)* **Le bureau de jugement peut désigner au sein de la formation un ou deux conseillers rapporteurs qui disposent des pouvoirs mentionnés à l'article R. 1454-4.**

Il peut ordonner toutes mesures nécessaires à la conservation des preuves ou des objets litigieux.

Art. R. 1454-19-2 *(Décr. nº 2016-660 du 20 mai 2016, art. 16)* **Le bureau de jugement qui organise les échanges entre les parties comparantes peut, conformément au second alinéa de l'article 446-1 du code de procédure civile, dispenser une partie qui en fait la demande de se présenter à une audience ultérieure. Dans ce cas, la communication entre les parties est faite par lettre recommandée avec demande d'avis de réception ou par notification entre avocats et il en est justifié dans les délais que le bureau de jugement impartit.**

Art. R. 1454-20 *(Décr. nº 2016-660 du 20 mai 2016, art. 17)* **Lorsque le défendeur ne comparaît pas le jour de l'audience du bureau de jugement, il est statué sur le fond. Toutefois, si le défendeur a justifié en temps utile d'un motif légitime, il est avisé par tous moyens de la prochaine audience du bureau de jugement.**

Les dispositions issues du Décr. nº 2016-660 du 20 mai 2016 s'appliquent aux instances introduites à compter du 25 mai 2016 (Décr. préc., art. 44).

1. C. pr. civ. Sur l'inapplicabilité du délai de comparution prévu par l'art. 837 C. pr. civ., V. • Soc. 5 juin 1984 : *Bull. civ. V, nº 232.*

2. Présidence. Aucun texte n'impose que le magistrat qui a présidé le bureau de conciliation préside également la formation de jugement. • Soc. 14 juin 1989 : *Bull. civ. V, nº 446.*

3. Non-comparution. Lorsqu'un salarié n'a été averti de l'audience que par lettre simple, il n'est pas établi qu'il a effectivement reçu la convocation par un représentant qualifié, un tel procédé ne pouvant être assimilé à une citation délivrée à personne. • Soc. 8 janv. 1981 : *Bull. civ. V, nº 21.*

4. Le juge ne peut se borner à constater la défaillance du défendeur pour accueillir la prétention du demandeur. • Soc. 27 avr. 1983 : *Bull. civ. V, nº 208.*

5. La partie qui n'a pas comparu devant le bureau de conciliation n'ayant pu être convoquée verbalement avec émargement au dossier, doit être cassé le jugement qui ne constate pas qu'elle a été appelée à comparaître devant le bureau de jugement dans des formes permettant à ce dernier de statuer par une décision réputée contradictoire. • Soc. 14 mai 1981 : *Bull. civ. V, nº 428.*

6. En cas d'absence du demandeur à l'instance, le juge peut déclarer la citation caduque et l'appel du salarié ne peut alors porter que sur la décision qui refuse de rétracter un jugement constatant la caducité d'une citation. • Soc. 23 mai 2007 : *D. 2007. 1664, obs. Fabre* ; *RJS 2007. 769, nº 987* ; *JCP S 2007. 1548, note Willmann.*

Art. R. 1454-21 *(Décr. nº 2016-660 du 20 mai 2016, art. 18)* **Dans le cas où, sans motif légitime, le demandeur ne comparaît pas devant le bureau de jugement, il est fait application de l'article 468 du code de procédure civile. Si, après avoir été prononcée, la déclaration de caducité est rapportée, le demandeur est avisé par tous moyens de la date d'audience devant le bureau de jugement, à laquelle le défendeur est convoqué par lettre recommandée avec demande d'accusé de réception.**

Les dispositions issues du Décr. nº 2016-660 du 20 mai 2016 s'appliquent aux instances introduites à compter du 25 mai 2016 (Décr. préc., art. 44).

1. Renvoi. La caducité ne peut pas être déclarée lorsque le demandeur a initialement comparu devant le bureau de conciliation, puis le bureau de jugement, sa non-comparution à l'audience ultérieure à laquelle les débats sur le fond ont été renvoyés ne pouvant constituer une cause de caducité de la citation. • Soc. 13 janv. 1999, ☎ n° 96-45.301 P : *RJS 1999. 245, n° 412.*

2. Appel. La faculté offerte par l'art. R. 516-26-1 au demandeur de renouveler sa demande une fois lorsque le bureau de jugement a déclaré sa citation caduque ne peut le priver du droit résultant de l'art. 544, al. 2, C. pr. civ. d'interjeter appel de ce jugement. • Soc. 15 mai 1991, ☎ n° 90-42.806 P : *D. 1991. IR 165 ; CSB 1991. 178, S. 102.* ♦ Le demandeur doit solliciter, comme il en a la faculté, la rétractation du jugement emportant caducité, car il ne peut être relevé appel que de la décision qui refuse de rétracter un jugement constatant la caducité d'une citation. • Soc. 23 mai 2007 : ☎ *pourvoi n° 06-40.146.*

3. Référé. Les dispositions de l'art. R. 1454-21 ne sont pas applicables devant la formation de référé du conseil de prud'hommes ; lorsque le bureau de jugement déclare une citation caduque en application de l'art. 468 C. pr. civ., la demande peut être renouvelée une fois. • Soc. 27 nov. 2013 : ☎ *Dalloz actualité, 18 déc. 2013, obs. Fleuriot.*

Art. R. 1454-22 **Lorsque les parties se concilient, même partiellement, le bureau de jugement constate dans un procès-verbal la teneur de l'accord intervenu.**

S'il y a lieu, le procès-verbal précise que l'accord a fait l'objet en tout ou partie d'une exécution immédiate devant le bureau de jugement. — *[Anc. art. R. 516-27.]*

Art. R. 1454-23 **Les décisions du bureau de jugement sont prises à la majorité absolue des voix.**

Si cette majorité ne peut se former, il est procédé comme en cas de partage des voix. Les débats sont repris. — *[Anc. art. R. 516-28.]*

1. En mentionnant que le conseil des prud'hommes avait statué « à l'unanimité des voix », le jugement révèle l'opinion de chacun des membres du conseil, ce qui constitue une violation du secret des délibérations, prescription d'ordre public dont l'inobservation entraîne la nullité de la décision. • Soc. 7 juin 1979 : *Bull. civ. V, n° 493.*

2. En limitant sa saisine, sous la présidence du juge départiteur, à la seule question du montant des dommages-intérêts sur laquelle la majorité n'avait pu se former à l'audience paritaire et sur laquelle il pouvait être statué indépendamment de la question du caractère du licenciement, le jugement a fait une exacte application de l'art. R. 516-28. • Soc. 10 juill. 1986 : *Bull. civ. V, n° 379 ; Gaz. Pal. 1988. 1. 14, note Pautrat ; Dr. soc. 1986. 802, note Desdevises* • 22 déc. 1988 : *Bull. civ. V, n° 702 ; D. 1989. IR 28 ; Dr. soc. 1989. 394, obs Desdevises.*

Art. R. 1454-24 *(Décr. n° 2009-289 du 13 mars 2009)* **En l'absence du président ou du vice-président appelé à présider la séance du bureau de jugement, la présidence peut être exercée par un conseiller faisant partie de l'assemblée à laquelle appartient le président ou le vice-président défaillant et désigné comme suppléant dans les formes prévues aux articles L. 1423-3 à L. 1423-8 et R. 1423-13.**

A défaut de cette désignation, la présidence revient au conseiller le plus ancien en fonctions dans la même assemblée. S'il y a égalité dans la durée des fonctions, la présidence revient au conseiller le plus âgé.

Art. R. 1454-25 *(Décr. n° 2016-660 du 20 mai 2016, art. 19)* **A l'issue des débats et si la décision n'est pas immédiatement rendue, le président indique aux parties la date à laquelle le jugement sera prononcé, le cas échéant par sa mise à disposition au greffe de la juridiction.**

S'il décide de renvoyer le prononcé du jugement à une date ultérieure, le président en avise les parties par tous moyens. Cet avis comporte les motifs de la prorogation ainsi que la nouvelle date à laquelle la décision sera rendue.

Délai pour former un contredit. La date du prononcé du jugement, qui n'a pas été rendu immédiatement, doit avoir été portée à la connaissance des parties selon les formes applicables en la matière, à défaut le délai pour former contredit ne peut commencer à courir. • Soc. 27 févr. 2013 : ☎ *D. 2013. Actu. 645* ✎.

Art. R. 1454-26 **Les décisions du conseil de prud'hommes sont notifiées aux parties par le greffe de ce conseil** *(Abrogé par Décr. n° 2016-660 du 20 mai 2016, art. 20) « **ou de la cour d'appel** »* **au lieu de leur domicile. La notification est faite par lettre recommandée avec avis de réception sans préjudice du droit des parties de les faire signifier par acte d'huissier de justice.**

Les parties sont *(Abrogé par Décr. n° 2016-660 du 20 mai 2016, art. 20)* **« verbalement » informées des mesures d'administration judiciaire** *(Décr. n° 2016-660 du 20 mai 2016, art. 20)* **« par tous moyens ».**

Sur la possibilité de recourir à la signification par acte d'huissier de justice, V. • Soc. 21 juin 1979 : *Bull. civ. V, n° 570.* ♦ Après une signification par acte d'huissier, une notification faite par le greffe d'une cour d'appel postérieurement à l'expiration du délai pour former un pourvoi n'a pu faire courir un nouveau délai. • Soc. 17 avr. 1991, n° 88-45.294 P.

Art. R. 1454-27 Les conseils de prud'hommes ne connaissent pas de l'exécution forcée de leurs jugements. – *[Anc. art. R. 516-36.]*

Art. R. 1454-28 Sont de droit exécutoires à titre provisoire :

1° Le jugement qui n'est susceptible d'appel que par suite d'une demande reconventionnelle ;

2° Le jugement qui ordonne la remise d'un certificat de travail, de bulletins de paie ou de toute pièce que l'employeur est tenu de délivrer ;

3° Le jugement qui ordonne le paiement de sommes au titre des rémunérations et indemnités mentionnées au 2° de l'article R. 1454-14, dans la limite maximum de neuf mois de salaire calculés sur la moyenne des trois derniers mois de salaire. Cette moyenne est mentionnée dans le jugement. – *[Anc. art. R. 516-37.]*

BIBL. ► PATIN, *JCP S 2013. 1473* (aménagement de l'exécution provisoire d'un jugement provisoire).

1. Modalités d'exécution. En l'absence de précision quant aux modalités d'exécution de la décision, l'employeur condamné à remettre des documents au salarié est tenu de les lui faire parvenir. • Soc. 17 janv. 1995, n° 91-43.908 P : *D. 1995. IR 45.*

2. Mentions. L'absence de mention dans le jugement de la moyenne des trois derniers mois de salaire n'a pas pour effet de priver la décision de son caractère exécutoire de droit par provision. • Soc. 2 avr. 1996, n° 94-43.503 P : *RJS 1996. 371, n° 589* • 17 juill. 1996, n° 94-19.589 P : *JCP 1996. II. 22718, note Croze ; JCP 1997. I. 4006, n° 3, obs. Pierchon.* ♦ L'omission de cette mention dans le jugement peut être réparée par une décision rectificative. • Soc. 24 janv. 1996, n° 92-43.473 P : *RJS 1996. 193, n° 324* • 7 janv. 1998, n° 97-40.266 P : *RJS 1998. 126, n° 198.* ♦ Dockès, *Justices 1997, n° 6, p. 232.* ♦ A défaut, elle ne peut être constitutive que d'une difficulté d'exécution. • Soc. 28 juin 2001, n° 99-43.831 P.

SECTION IV **DÉPARTAGE**

COMMENTAIRE

V. Dalloz.fr et applications mobiles Dalloz

Art. R. 1454-29 En cas de partage des voix, l'affaire est renvoyée à une audience ultérieure du bureau de conciliation *(Décr. n° 2016-660 du 20 mai 2016, art. 43)* **« et d'orientation » ou du bureau de jugement. Cette audience, présidée par le juge départiteur, est tenue dans le mois du renvoi.**

En cas de partage des voix au sein de la formation de référé, l'affaire est renvoyée à une audience présidée par le juge départiteur. Cette audience est tenue sans délai et au plus tard dans les quinze jours du renvoi.

1. Sanctions du non-respect du délai d'un mois. La disposition prévoyant que l'audience tenue par le juge départiteur doit intervenir dans le mois du renvoi n'est pas sanctionnée par la nullité. • Soc. 6 oct. 1977 : *Bull. civ. V, n° 519.* ♦ La responsabilité de l'État ne peut être engagée lorsque la formation de départage n'a pas statué dans un délai excessif, compte tenu de la complexité du dossier en cause et de la formulation de demandes nouvelles avant l'audience de départage. • Civ. 1re, 3 nov. 2004, n° 03-14.760 P : *TPS 2004, n° 26, note Boubli.*

2. Expertise. Sur la possibilité pour la formation de départage d'ordonner une expertise, V. • Soc. 15 mai 1974, n° 73-40.012 P.

3. Mentions du jugement. Si l'art. R. 516-40 prévoit que le président ou le vice-président de section ou de chambre pourvoit au remplacement des conseillers absents, il n'exige pas que mention expresse soit faite au jugement d'une demande de remplacement adressée à ce magistrat. • Soc. 12 avr. 1995, n° 91-40.593 P : *RJS 1995. 366, n° 548.*

4. Lorsque le juge départiteur a statué seul après avoir recueilli l'avis des conseillers prud'hommes, le jugement doit le faire apparaître dans ses mentions. • Soc. 20 mars 1996, n° 92-44.096 P : *D. 1996. Somm. 358, obs. Julien.*

Art. R. 1454-30 Lorsqu'un conseiller prud'homme ne peut siéger à l'audience de départage, il pourvoit lui-même à son remplacement par un conseiller prud'homme de la même assemblée et appartenant, selon le cas, à sa section, à sa chambre ou à la formation de référé.

Lorsqu'il ne pourvoit pas lui-même à son remplacement, le président ou le vice-président relevant de sa section ou de sa chambre et de son assemblée pourvoit à ce remplacement dans les mêmes conditions.

Le conseiller prud'homme, le président ou le vice-président informe immédiatement le greffe de ce remplacement.

Devant le bureau de jugement, les remplacements ne peuvent avoir lieu que dans la limite d'un conseiller prud'homme de chaque assemblée. – *[Anc. art. R. 516-40, al. 3 à 6.]*

Art. R. 1454-31 Quel que soit le nombre des conseillers prud'hommes présents et même en l'absence de tout conseiller prud'homme, lorsque lors de l'audience de départage la formation n'est pas réunie au complet, le juge départiteur statue seul à l'issue des débats. Il recueille préalablement l'avis des conseillers présents.

(Décr. n° 2016-660 du 20 mai 2016, art. 21) « A l'issue des débats et si la décision n'est pas immédiatement rendue, le juge départiteur indique aux parties la date à laquelle le jugement sera prononcé, le cas échéant par sa mise à disposition au greffe de la juridiction.

« S'il décide de renvoyer le prononcé du jugement à une date ultérieure, le président en avise les parties par tous moyens. Cet avis comporte les motifs de la prorogation ainsi que la nouvelle date à laquelle la décision sera rendue. »

Art. R. 1454-32 Lorsqu'un renouvellement général des conseils de prud'hommes rend impossible le renvoi d'une affaire ayant fait l'objet d'un partage de voix antérieur à ce renouvellement, cette affaire est reprise, suivant le cas, devant le bureau de conciliation *(Décr. n° 2016-660 du 20 mai 2016, art. 43)* « et d'orientation », le bureau de jugement ou la formation de référé.

Ces bureaux et formation reprennent l'affaire dans leur composition nouvelle sous la présidence du juge départiteur. – *[Anc. art. R. 516-44.]*

CHAPITRE V **RÉFÉRÉ**

BIBL. GÉN. ▸ COTTEREAU, *Sem. soc. Lamy 1987, n° 373, suppl. D. 65.* – DELL'ASINO, *Gaz. Pal. 1987. 2. Doctr. 627.* – DESCHAMP, *Sem. soc. Lamy 1986, n° 322, suppl. D. 63.* – DESDEVISES, *Dr. soc. 1988. 335.* – DURAND, *Dr. ouvrier 2012. 533.* – G. LYON-CAEN, *Dr. ouvrier 1986. 203.* – MRAOUAHI, *JCP S 2016. 1290.* – NORMAND, *Dr. soc. mai 1980, n° spéc., p. 45.* – P. ROBERT, *Dr. ouvrier 1980. 151.* – ROCHOIS, *RPDS 1985. 309.* – SOLUS et PERROT, *D. 1975. Chron. 191.* – SPORTOUCH, *Dr. soc. 1987. 503.* – SUPIOT, *ibid. 1986. 535.*

SECTION PREMIÈRE **COMPOSITION ET ORGANISATION DE LA FORMATION DE RÉFÉRÉ**

Art. R. 1455-1 Chaque conseil de prud'hommes comprend une formation de référé commune à l'ensemble des sections de ce conseil. Cette formation est composée d'un conseiller prud'homme salarié et d'un conseiller prud'homme employeur. – *[Anc. art. R. 515-4, al. 1er.]*

Art. R. 1455-2 L'Assemblée générale du conseil de prud'hommes désigne chaque année, selon les dispositions des articles L. 1423-3, L. 1423-5, R. 1423-11 et R. 1423-12, les conseillers prud'hommes employeurs et les conseillers prud'hommes salariés appelés à tenir les audiences de référé.

Le nombre des conseillers ainsi désignés doit être suffisant pour assurer, selon un roulement établi par le règlement intérieur du conseil de prud'hommes, le service des audiences de référé.

En cas de création d'un conseil de prud'hommes, les désignations mentionnées au premier alinéa interviennent dans un délai de trois mois à compter de l'installation du conseil. Jusqu'à ces désignations, la formation de référé du conseil de prud'hommes est composée du président et du vice-président ainsi que du conseiller que ceux-ci désignent au sein de leur collège respectif. – *[Anc. art. R. 515-4, al. 2 et 4.]*

Art. R. 1455-3 La présidence des audiences de référé est assurée alternativement par un conseiller prud'homme employeur et par un conseiller prud'homme salarié dans les conditions fixées par le règlement intérieur. – *[Anc. art. R. 515-4, al. 3.]*

Art. R. 1455-4 Le règlement intérieur du conseil de prud'hommes fixe les jour et heure habituels des audiences de référé. Une audience est prévue au moins une fois par semaine.

Lorsque les circonstances l'exigent, le président du conseil de prud'hommes, après avis du vice-président, peut fixer une ou plusieurs audiences supplémentaires ou déplacer les jour et heure de la ou des audiences de la semaine. – *[Anc. art. R. 516-32, al. 2.]*

SECTION II COMPÉTENCE DE LA FORMATION DE RÉFÉRÉ

Art. R. 1455-5 Dans tous les cas d'urgence, la formation de référé peut, dans la limite de la compétence des conseils de prud'hommes, ordonner toutes les mesures qui ne se heurtent à aucune contestation sérieuse ou que justifie l'existence d'un différend. – *[Anc. art. R. 516-30.]*

1. Urgence. • Soc. 14 juin 1972, ⚖ *Revêt-Sol,* n° 71-12.508 P : *GADT, 4e éd., n° 154 ; D. 1973. 114, note Catala ; Dr. soc. 1972. 465, note Savatier ; JCP 1972. II. 17275, note G. Lyon-Caen* • 13 déc. 1972 : *Bull. civ. V, n° 683* • 14 mai 1981 : *ibid., n° 429.*

2. Contestation sérieuse. Constitue une contestation sérieuse : la détermination de la portée d'une clause contractuelle. • Soc. 23 févr. 1977 : *Bull. civ. V, n° 139.* ♦ ... L'interprétation d'une convention collective. • Soc. 9 mars 1977 : *Bull. civ. V, n° 178.* ♦ ... L'existence d'une convention prorogeant les mandats des délégués du personnel. • Soc. 6 juin 1974 : *Bull. civ. V, n° 347.* ♦ ... La soumission d'une entreprise à une convention collective. • Soc. 31 mars 1982 : *Bull. civ. V, n° 247.* ♦ Comp. : • Soc. 6 oct. 1976 : *Bull. civ. V, n° 473* • 8 nov. 1978 : *ibid., n° 747.*

3. Questions exclues. Sont exclus de la compétence du juge des référés les litiges portant notamment sur : la détermination de la faute lourde commise par des grévistes. • Soc. 29 oct. 1980 : *Bull. civ. V, n° 794.* ♦ ... L'inaptitude du salarié. • Soc. 12 oct. 1977 : *Bull. civ. V, n° 530.* ♦ ... La fixation de la date de naissance d'une créance salariale susceptible d'être garantie par l'AGS. • Soc. 3 mai 1978 : *Bull. civ. V, n° 321.* ♦ ... La fraude dans la désignation du délégué syndical. • Soc. 22 oct. 1975 : *Bull. civ. V, n° 476.* ♦ ... La qualité de candidat aux fonctions de représentant du personnel. • Soc. 29 juin 1977 : *Bull. civ. V, n° 436.*

4. Le juge ne peut, en l'absence de disposition le prévoyant et à défaut de violation d'une liberté fondamentale, annuler un licenciement ; dès lors il n'entre pas dans les pouvoirs du juge des référés d'ordonner l'arrêt d'une procédure de licenciement et la poursuite du contrat de travail lorsque la nullité du licenciement n'est pas encourue. • Soc. 31 mars 2004, ⚖ n° 01-46.960 P : *D. 2004. IR 1213* ✎ ; *Dr. soc. 2004. 666, obs. Radé* ✎.

5. Effets limités de la décision de référé. La décision de référé qui ordonne provisoirement la réintégration d'un salarié est dépourvue de l'autorité de chose jugée ; aussi, si le licenciement est ultérieurement validé au fond, l'employeur est fondé à mettre fin aux fonctions du salarié sans nouvelle procédure de licenciement, peu importe la désignation du salarié comme délégué du personnel depuis. • Soc. 1er avr. 2008 : ⚖ *RJS 2008. 526, n° 653 ; JS Lamy 2008, n° 234-5.*

Art. R. 1455-6 La formation de référé peut toujours, même en présence d'une contestation sérieuse, prescrire les mesures conservatoires ou de remise en état qui s'imposent pour prévenir un dommage imminent ou pour faire cesser un trouble manifestement illicite. – *[Anc. art. R. 516-31, al. 1er.]*

1. Généralité de la compétence. Le principe de compétence posé par l'art. R. 516-31, al. 1er [art. R. 1455-6 nouv.], étant général, la formation de référé demeure compétente pour statuer sur une demande de provision, alors même que le juge du principal a été saisi et que les parties ont été convoquées devant le bureau de conciliation. • Soc. 11 oct. 1990, ⚖ n° 88-60.712 P : *D. 1990. IR 261 ; JCP E 1991. I. 25, n° 1, obs. Coursier* • 14 mai 1992, ⚖ n° 88-42.965 P. ♦ En revanche, le juge des référés qui statue sur l'imputabilité de la rupture du contrat de travail excède ses pouvoirs. • Soc. 11 mai 2005 : ⚖ *JCP S 2005. 1021, note Boubli.*

2. Trouble manifestement illicite. La constatation de l'urgence n'est pas une condition de la prise en compte du trouble manifestement illicite. • Soc. 15 mars 1984, ⚖ n° 82-12.570 P. ♦ Il appartient au juge des référés de se prononcer sur la bonne ou mauvaise foi du salarié lorsqu'il a dénoncé les faits de harcèlement et ce pour déterminer si son licenciement constituait un trouble manifestement illicite. • Soc. 25 nov. 2015, ⚖ n° 14-17.551 P : *D. 2015. Actu. 2508* ✎.

3. Obligation non sérieusement contestable. L'octroi d'une provision ou l'exécution d'une obligation dans le cas où l'obligation n'est pas contestable n'est pas subordonné à la constatation de l'urgence. • Soc. 17 oct. 1990, n° 82-12.570 P. ♦ L'obligation n'est pas sérieusement contestable et autorise l'octroi d'une provision lorsque la lettre de licenciement se borne à énoncer comme motif de licenciement la suppression du poste du salarié ; ce qui ne constitue pas un motif économique légitime. • Soc. 17 févr. 1998, n° 97-41.409 P. – V. aussi • Soc. 5 mai 1988 : *D. 1988. Somm. 329, obs. A. Lyon-Caen.* ♦ L'obligation de l'employeur n'est pas sérieusement contestable, nonobstant le protocole d'accord de fin de grève, lorsque la grève a été notamment motivée par le non-paiement des heures supplémentaires et donc à l'évidence un manquement grave et délibéré aux obligations de l'employeur. • Soc. 3 mai 2007 : *JCP S 2007. 1546, note Asquinazi-Bailleux ; JCP E 2007. 2215, note Boulmier.*

4. A pu décider que la créance d'un salarié demandant le paiement des salaires correspondant à la durée de la mise à pied n'était pas sérieusement contestable le conseil de prud'hommes qui relève que l'employeur ne rapportait pas la preuve des actes qu'il invoquait à l'encontre du salarié. • Soc. 30 mars 1994 : *CSB 1994. 145, A. 30.* ♦ L'art. L. 144-1 interdisant la compensation par l'employeur entre le salaire dû par lui et l'indemnité de préavis due par le salarié, viole cette disposition l'ordonnance de référé qui, pour rejeter la demande en paiement d'une somme retenue sur l'indemnité de préavis, retient qu'il existait une contestation sérieuse. • Soc. 28 avr. 1994, n° 90-46.044 P.

5. Ne constitue pas une contestation sérieuse celle qui consiste à soutenir que l'avis motivé d'un comité d'entreprise peut être remplacé par l'avis des organisations syndicales auxquelles ses membres sont susceptibles d'appartenir. • Soc. 5 déc. 2006 : *Dr. soc. 2007. 184, obs. Gauriau.*

6. Office du juge. Il n'entre pas dans les pouvoirs du juge des référés de prononcer, sauf dispositions expresses l'y autorisant, la nullité d'un contrat. • Soc. 14 mars 2006, n° 04-48.322 P. ♦ Le juge des référés peut constater la nullité de la rupture du contrat de travail et accorder une provision en présence de faits de harcèlement sexuel non sérieusement contestables. • Paris, 18 janv. 1996 : *RJS 1996. 226, n° 378.* ♦ ... Ou lorsque le juge constate que la mise à pied à titre conservatoire d'une salariée déléguée syndicale était intervenue sans respect de la procédure prévue à l'art. L. 412-18 [L. 2411-3 nouv.]. • Soc. 25 janv. 2006, n° 04-41.240 P. ♦ ... Ou en présence du licenciement d'une salariée en état de grossesse qui constitue un trouble manifestement illicite et que le juge des référés peut faire cesser en ordonnant la continuation du contrat de travail sous forme notamment du versement des salaires qui auraient été perçus pendant la période couverte par la nullité. • Soc. 19 nov. 1997, n° 94-42.540 P : *RJS 1998. 23, n° 24.*

7. Le chef du dispositif de l'arrêt, qui, sans annuler la clause de non-concurrence, la déclare inopposable au salarié, constitue une mesure destinée à faire cesser ce trouble manifestement illicite. • Soc. 25 mai 2005 : *D. 2005. IR 1586, obs. Chevrier ; RJS 2005. 609, n° 841 ; JS Lamy 2005, n° 171-3 ; Dr. soc. 2005. 1061, obs. Mouly ; RDC 2005. 1108, obs. Radé.*

8. Le juge des référés est compétent pour statuer sur la demande du salarié tendant au paiement de la fraction non garantie de sa créance salariale ; cette demande ne concernant ni un refus de l'AGS de régler une avance, ni une contestation relative au relevé des créances et dès lors qu'il n'existe aucune contestation sérieuse quant au montant de cette créance. • Soc. 7 oct. 1998, n° 97-44.552 P : *RJS 1998. 825, n° 1366 ; D. 1998. IR 235.*

9. Obligation de faire. La seule méconnaissance des formalités préalables au licenciement n'entraînant pas une obligation de réintégrer et celle-ci ne pouvant qu'être proposée en cas d'absence de cause réelle et sérieuse, le juge des référés ne peut ordonner la réintégration, en étendant ainsi les sanctions légales au-delà des limites prévues pour leur application. • Soc. 9 févr. 1977 : *Bull. civ. V, n° 95* • 29 juin 1978 : *ibid., n° 540.* – V. aussi • Soc. 30 mai 1990 : *D. 1990. IR 156.*

10. Intérêts. Le juge des référés peut, sans excéder ses pouvoirs, assortir d'intérêts moratoires les condamnations qu'il prononce. • Soc. 21 févr. 1990, n° 88-40.471 P.

11. Astreinte. Saisie d'une demande en liquidation provisoire d'une astreinte prononcée par le juge des référés et non d'une demande à une condamnation définitive, une cour d'appel, qui qualifie cette astreinte de comminatoire et la liquide provisoirement, peut par provision condamner une partie au paiement de celle-ci. • Soc. 6 nov. 1974 : *Bull. civ. V, n° 524 ; Dr. soc. 1975. 120, note Savatier ; JCP 1975. II. 18188, note Berra.*

Art. R. 1455-7 **Dans le cas où l'existence de l'obligation n'est pas sérieusement contestable, la formation de référé peut accorder une provision au créancier ou ordonner l'exécution de l'obligation même s'il s'agit d'une obligation de faire.** – *[Anc. art. R. 516-31, al. 2.]*

Compétence du juge des référés. La formation des référés qui a relevé que le CHSCT d'un établissement avait constaté un danger grave et imminent d'exposition des travailleurs à l'amiante et qu'un recours de l'employeur sur la validité de la procédure initiée par ce comité n'avait pas abouti, n'a pas excédé ses pouvoirs tirés de l'art. R. 1455-7 C. trav. en allouant aux salariés une provision sur le salaire qui leur avait été retenu par l'employeur. • Soc. 31 mars 2016, n° 14-25.237 P : *Dalloz actualité, 9 mai 2016, obs. Fraisse ; D. 2015. Actu. 790 ; RJS 6/2016, n° 425 ; JCP S 2016. 121, obs. Bugada.*

Art. R. 1455-8 S'il lui apparaît que la demande formée devant elle excède ses pouvoirs, et lorsque cette demande présente une particulière urgence, la formation de référé peut, dans les conditions suivantes, renvoyer l'affaire devant le bureau de jugement :

1° L'accord de toutes les parties est nécessaire ;

2° La formation de référé doit avoir procédé à une tentative de conciliation en audience non publique et selon les règles fixées par l'article R. 1454-10.

La notification aux parties de l'ordonnance de référé mentionnant la date de l'audience du bureau de jugement vaut citation en justice. — *[Anc. art. R. 516-33, al. 2.]*

La formation des référés ne peut, lorsque l'existence d'une contestation sérieuse et l'urgence ont été constatées, renvoyer les parties devant le bureau de jugement, alors qu'il ne résulte ni des mentions de la décision, ni d'aucune autre pièce de la procédure que les parties ont donné leur accord. • Soc. 21 févr. 1990, n° 87-40.008 P : *CSB 1989. 65, A. 16.*

SECTION III **PROCÉDURE DE RÉFÉRÉ**

Art. R. 1455-9 La demande en référé est formée par le demandeur soit par acte d'huissier de justice, soit dans les conditions prévues à l'article R. 1452-1.

Lorsque la demande est formée par acte d'huissier de justice, une copie de l'assignation est remise au greffe, au plus tard la veille de l'audience.

Lorsque la demande est formée dans les conditions prévues à l'article R. 1452-1, les dispositions des articles R. 1452-2 à R. 1452-4 sont applicables. — *[Anc. art. R. 516-32, al. 1er.]*

Délais. Sauf pour le juge à vérifier que le défendeur a bénéficié d'un délai raisonnable pour assurer sa défense, les dispositions relatives au référé prud'homal ne fixent pas de délai entre la convocation et l'audience de jugement. • Soc. 14 nov. 1990, n° 89-44.131 P : *D. 1990. IR 284.*

Art. R. 1455-10 Les articles 484, 486 et 488 à 492 du code de procédure civile sont applicables au référé prud'homal. — *[Anc. art. R. 516-33, al. 1er.]*

BIBL. ▶ SERVERIN, *RDT 2010. 121* (du bon usage de l'injonction de faire dans le référé prud'homal).

Art. R. 1455-11 Le délai d'appel est de quinze jours.

L'appel est formé, instruit et jugé conformément aux articles R. 1461-1 et R. 1461-2. — *[Anc. art. R. 516-34 et R. 516-35.]*

Les décisions de référé sont soumises aux dispositions de l'art. R. 517-3. • Soc. 26 nov. 1987 : *Bull. civ. V, n° 693.*

SECTION IV **RÉFÉRÉS EN LA FORME**

(Décr. n° 2016-660 du 20 mai 2016, art. 22)

Art. R. 1455-12 A moins qu'il en soit disposé autrement, lorsqu'il est prévu que le conseil de prud'hommes statue en la forme des référés, la demande est portée à une audience tenue à cet effet aux jour et heures habituels des référés, dans les conditions prévues à l'article R. 1455-9.

Elle est formée, instruite et jugée dans les conditions suivantes :

1° Il est fait application des articles 486 et 490 du code de procédure civile ;

2° Le conseil de prud'hommes exerce les pouvoirs dont dispose la juridiction au fond et statue par ordonnance ayant l'autorité de la chose jugée relativement aux contestations qu'elle tranche ;

3° L'ordonnance est exécutoire à titre provisoire, à moins que le conseil de prud'hommes en décide autrement, sous réserve des dispositions de l'article R. 1454-28.

Lorsque le conseil de prud'hommes statuant en la forme des référés est saisi à tort, l'affaire peut être renvoyée devant le bureau de jugement dans les conditions prévues à l'article R. 1455-8.

CHAPITRE VI **LITIGES EN MATIÈRE DE LICENCIEMENTS POUR MOTIF ÉCONOMIQUE**

BIBL. GÉN. ▶ DESDEVISES, *Dr. soc. 1988. 335* (décrets du 14 mars 1986 et du 29 juin 1987).

Art. R. 1456-1 *(Décr. n° 2016-660 du 20 mai 2016, art. 23)* **En cas de recours portant sur un licenciement pour motif économique, et dans un délai de huit jours à compter de la date à laquelle il reçoit la convocation devant le bureau de conciliation et d'orientation, l'employeur dépose ou adresse au greffe par lettre recommandée avec demande d'avis de réception les éléments mentionnés à l'article L. 1235-9 pour qu'ils soient versés au dossier.**

Dans le même délai, il adresse ces éléments au demandeur par lettre recommandée avec demande d'avis de réception.

La convocation destinée à l'employeur rappelle cette obligation.

Ces dispositions s'appliquent aux instances introduites devant les conseils de prud'hommes à compter du 1er août 2016 (Décr. n° 2016-660 du 20 mai 2016, art. 45).

1. Champ d'application. Le dépôt au greffe par l'employeur des documents prévus à l'art. L. 122-14-3 n'est pas applicable en cas de recours du salarié portant sur un licenciement individuel pour motif économique. • Soc. 10 oct. 2000, ☏ n° 99-40.040 P : *D. 2000. IR 272* ✎ ; *RJS 2000. 823, n° 1274.* ♦ *Contra,* antérieurement : • Soc. 13 janv. 1999 : ☏ *RJS 1999. 438, n° 722.*

2. Existence d'un préjudice. En cas de méconnaissance par l'employeur des prescriptions de l'art. R. 516-45, il appartient au salarié qui souhaite obtenir réparation de justifier de l'existence d'un préjudice. • Soc. 26 janv. 1994, ☏ n° 91-43.551 P : *RJS 1994. 174, n° 235.*

Art. R. 1456-2 **La séance de conciliation** *(Décr. n° 2016-660 du 20 mai 2016, art. 24)* **« et d'orientation » a lieu dans le mois de la saisine du conseil de prud'hommes.**

Art. R. 1456-3 *(Abrogé par Décr. n° 2016-660 du 20 mai 2016, art. 25)* ***« Le bureau de conciliation détermine les mesures et délais nécessaires à l'instruction de l'affaire ou à l'information du conseil, après avis des parties.***

« Il fixe le délai de communication des pièces ou des notes que celles-ci comptent produire à l'appui de leurs prétentions. »

(Décr. n° 2016-660 du 20 mai 2016, art. 25) **« Les mesures de mise en état » sont exécutées dans un délai n'excédant pas trois mois. Ce délai ne peut être prorogé par le bureau de jugement que sur la demande motivée du technicien ou du conseiller rapporteur commis.**

Art. R. 1456-4 *(Décr. n° 2016-660 du 20 mai 2016, art. 26)* **Le bureau de conciliation et d'orientation fixe la date d'audience du bureau de jugement qui statue dans un délai ne pouvant excéder six mois à compter de la date à laquelle l'affaire lui a été renvoyée, ou trois mois lorsqu'est saisie la formation restreinte.**

Art. R. 1456-5 **Lorsque, lors de la séance** *(Décr. n° 2016-660 du 20 mai 2016, art. 27)* **« prévue à l'article R. 1456-2 », une section du conseil de prud'hommes est saisie par plusieurs demandeurs de procédures contestant le motif économique d'un licenciement collectif, le bureau de conciliation** *(Décr. n° 2016-660 du 20 mai 2016, art. 27)* **« et d'orientation » en ordonne la jonction.**

CHAPITRE VII **RÉCUSATION**

Art. R. 1457-1 **La procédure de récusation des conseillers prud'hommes est régie par les articles 341 à 355 du code de procédure civile.** – *[Anc. art. R. 518-1.]*

1. Pouvoir spécial. Est irrecevable la requête en récusation déposée par un avocat non muni d'un pouvoir spécial. • Limoges, 6 mai 1997 : *BICC 1er oct. 1997, n° 1127.*

2. Intervention devant les juges du fond. La récusation ne peut intervenir pour la première fois devant la Cour de cassation. • Soc. 19 juin 1980 : *Bull. civ. V, n° 549.*

3. Procédure. Si le juge s'oppose à la récusation ou ne répond pas, la demande de récusation est jugée sans délai par la cour d'appel ; que le secrétaire communique cette demande avec la réponse du juge ou mention de son silence au premier président de la cour d'appel. • Soc. 24 sept. 1997, ⚖ n° 97-42.811 P.

Art. R. 1457-2 **Lorsque la demande de récusation est portée devant la cour d'appel, elle est jugée par la chambre sociale.** – *[Anc. art. R. 518-2.]*

BIBL. ▸ CIOFFI, *Dr. soc. 2002. 168* (influence de l'art. 6 de la Convention européenne des droits de l'homme en matière de récusation prud'homale).

TITRE SIXIÈME **VOIES DE RECOURS**

CHAPITRE PREMIER **APPEL**

Art. R. 1461-1 **Le délai d'appel est d'un mois.**

(Décr. n° 2016-660 du 20 mai 2016, art. 28) **« A défaut d'être représentées par la personne mentionnée au 2° de l'article R. 1453-2, les parties sont tenues de constituer avocat.**

« Les actes de cette procédure d'appel qui sont mis à la charge de l'avocat sont valablement accomplis par la personne mentionnée au 2° de l'article R. 1453-2. De même, ceux destinés à l'avocat sont valablement accomplis auprès de la personne précitée. »

Les dispositions issues du Décr. n° 2016-660 du 20 mai 2016 sont applicables aux instances et appels introduits à compter du 1er août 2016 (Décr. préc., art. 46).

V. Circ. Min. Justice du 5 juill. 2016, n° C3/42-2016/1.5.4.4/GM/RMB sur l'exonération de paiement de timbre fiscal en cas d'appel en matière prud'homale.

1. Point de départ du délai d'un mois. La date de l'appel formé par lettre recommandée est celle du bureau d'émission. • Soc. 5 nov. 1984 : *Bull. civ. V, n° 406 ; JCP 1986. II. 20560, note Joly.* ♦ Pour la prise en compte d'une lettre simple, V. • Soc. 22 nov. 1979 : *Bull. civ. V, n° 891.*

2. Sanctions. Les dispositions de l'art. R. 517-7 ne sont pas prescrites à peine de nullité de l'acte d'appel, la lettre recommandée n'étant destinée qu'à régler toute contestation sur la date d'appel. • Soc. 17 juill. 1991, ⚖ n° 88-43.972 P. (lettre d'appel enregistrée au secrétariat du conseil de prud'hommes) • 17 mai 2005, ⚖ n° 03-42.646 P.

3. Appel incident. Sur l'absence, s'agissant d'une procédure orale, de formalités particulières en matière d'appel incident. • Soc. 5 nov. 1981 : *Bull. civ. V, n° 866.* ♦ Nonobstant le principe de l'oralité de la procédure en matière prud'homale, l'appel incident peut être régulièrement formé par dépôt ou envoi au greffe de conclusions valant déclaration d'appel. • Soc. 15 déc. 2006, ⚖ n° 05-41.468 P.

4. Télécopie. Une déclaration d'appel par télécopie ne répond pas aux exigences légales et équivaut à une absence d'acte. • Soc. 18 nov. 1998, ⚖ n° 96-43.944 P : *D. 1999. IR 7 ; RJS 1999. 68, n° 100.*

5. Signature. S'agissant des procédures sans représentation obligatoire, la cour d'appel étant saisie par une déclaration d'appel que la partie ou tout mandataire fait ou adresse par pli recommandé ; l'acte, qui ne comporte pas la signature de son auteur, ne vaut pas déclaration d'appel. • Soc. 30 avr. 2003, ⚖ n° 00-46.467 P.

6. Déclaration verbale. La déclaration verbale d'appel ne peut résulter d'une simple conversation téléphonique. • Soc. 8 juill. 1992, ⚖ n° 89-40.559 P : *D. 1992. IR 228 ; JCP E 1992. I. 197, obs. Pierchon ; RJS 1992. 564, n° 1022.*

7. Mandat spécial. Lorsque la représentation n'est pas obligatoire, le mandataire doit, s'il n'est avoué ou avocat, justifier d'un pouvoir spécial pour interjeter appel. • Soc. 2 avr. 1992, ⚖ n° 87-44.229 P : *D. 1992. IR 142 ; RJS 1992. 428, n° 781* • Soc. 2 avr. 1992, ⚖ n° 88-42.347 P. ♦ Est irrecevable l'appel formé par un directeur d'agence dont la délégation de pouvoir ne comporte pas le pouvoir d'agir en justice mais seulement celui de prendre toutes mesures conservatoires des intérêts de la société. • Soc. 14 oct. 1997 : ⚖ *JCP 1997. IV. 2341.*

8. Le mandat comportant le pouvoir d'interjeter, « si nécessaire », appel d'une décision future ne constitue pas le pouvoir spécial exigé par la loi. • Soc. 29 juin 1994 : ⚖ *RJS 1994. 614, n° 1036.* ♦ N'est pas le pouvoir spécial exigé par la loi (art. 931 C. pr. civ.) un pouvoir spécial antérieur au jugement entrepris. • Soc. 10 déc. 1996, ⚖ n° 93-41.737 P : *RJS 1997. 58, n° 84.*

9. Personne morale. La mention dans la déclaration d'appel du nom de la personne physique, organe représentant la personne morale appelante, n'est exigée par aucun texte. • Civ. 2e, 5 juin 1996 : ⚖ *JCP 1996. I. 595, n° 2, obs. Pierchon.*

10. Copie de la décision. Les dispositions de l'art. R. 517-7 [R. 1461-1 nouv.] selon lesquelles la déclaration d'appel est accompagnée d'une copie de la décision, ne sont pas prescrites à peine d'irrecevabilité de l'appel prononcé d'office. • Soc. 19 juin 2007 : *D. 2007. AJ 2964* ; *RJS 2007. 862, n° 1109 ; JCP S 2007. 1658, note Boubli.*

Art. R. 1461-2 **L'appel est porté devant la chambre sociale de la cour d'appel.**

Il est formé, instruit et jugé suivant la procédure *(Décr. n° 2016-660 du 20 mai 2016, art. 29)* **« avec représentation obligatoire ».**

Les dispositions issues de l'art. 29 du Décr. n° 2016-660 du 20 mai 2016 sont applicables aux instances et appels introduits à compter du 1er août 2016 (Décr. préc., art. 46).

CHAPITRE II **POURVOI EN CASSATION**

RÉP. TRAV. v° *Conseil de prud'hommes (Procédure)*, par PAUTRAT.

Art. R. 1462-1 **Le conseil de prud'hommes statue en dernier ressort :**

1° Lorsque la valeur totale des prétentions d'aucune des parties ne dépasse le taux de compétence fixé par décret ; — *V. art. D. 1462-3.*

2° Lorsque la demande tend à la remise, même sous astreinte, de certificats de travail, de bulletins de paie ou de toute pièce que l'employeur est tenu de délivrer, à moins que le jugement ne soit en premier ressort en raison du montant des autres demandes. — *[Anc. art. R. 517-3 et R. 517-4, al. 1er.]*

1. Chefs de demande. Présentent un caractère salarial et constituent un seul chef de demande des prétentions tendant au paiement de salaires, primes, heures supplémentaires et indemnités de congés payés, à l'exception des indemnités compensatrices de congés payés et de préavis. • Soc. 17 juill. 1996, n° 93-41.741 P : *Dr. soc. 1996. 1103* ; *RJS 1996. 621, n° 969 (3e esp.) ; CSB 1996. 281, A. 58 (1re esp.).* ♦ Dans le même sens : • Soc. 12 mars 1997, n° 94-42.771 P : *RJS 1997. 296, n° 449.* ♦ Même solution s'agissant d'actions tendant au paiement d'heures supplémentaires et d'indemnités de congés payés. • Soc. 14 nov. 2000, n° 98-42.136 P. ♦ ... Ou d'une demande en paiement d'une indemnité différentielle conventionnelle ainsi que d'un rappel de salaire au titre d'une argumentation générale décidée par un engagement unilatéral de l'employeur. • Soc. 13 juin 2007 : *JCP S 2007. 1832, note Lahalle.*

2. Présentent un caractère indemnitaire et constituent un seul chef de demande des prétentions tendant au paiement de l'indemnité légale ou conventionnelle de licenciement, de l'indemnité compensatrice de congés payés et de l'indemnité compensatrice de préavis. • Soc. 17 juill. 1996, n° 93-41.530 P : *Dr. soc. 1996. 1103* ; *RJS 1996. 621, n° 969 (4e esp.) ; CSB 1996. 281, A. 58 (2e esp.).* – Dans le même sens : • Soc. 20 nov. 1996, n° 94-41.511 P : *RJS 1997. 56, n° 81 ; CSB 1997. 55, S. 28* • 29 janv. 1997, n° 95-44.265 P : *RJS 1997. 212, n° 317 ; CSB 1997. 118, S. 74.* ♦ Savatier, *Dr. soc. 1997. 170.*

3. Constituent des chefs de demande distincts la demande en paiement d'heures supplémentaires et la demande en paiement de dommages et intérêts pour résistance abusive. • Soc. 5 mars 1997, n° 95-45.049 P : *TPS 1997, n° 228, obs. Boubli.*

4. Si l'un des chefs de la demande n'est susceptible d'être jugé qu'à charge d'appel, le conseil de prud'hommes se prononce sur tous en premier ressort. • Soc. 19 déc. 1983 : *Bull. civ. V, n° 632* (l'appel est recevable même si le chef excédant le taux de compétence en dernier ressort n'est pas évoqué devant la cour d'appel). ♦ V. aussi • Soc. 19 juin 1997 : *CSB 1997. 253, S. 153* (caractère indéterminé de l'un des chefs de la demande).

5. Lorsqu'elle constitue la conséquence nécessaire d'une demande en paiement chiffrée, la demande tendant à la rectification de bulletins de paie est sans incidence sur l'ouverture des voies de recours. • Soc. 23 mars 2011 : *D. 2011. Actu. 1022* ; *JCP S 2011. 1263, obs. Brissy.*

6. Désistement. Si le désistement peut être implicite, il ne se présume pas. • Soc. 5 févr. 1992, n° 88-43.742 P : *D. 1992. IR 99 ; CSB 1992. 91.*

Art. R. 1462-2 **Le jugement n'est pas susceptible d'appel si la seule demande reconventionnelle en dommages-intérêts, fondée exclusivement sur la demande initiale, dépasse le taux de la compétence en dernier ressort.** — *[Anc. art. R. 517-4, al. 2.]*

Une demande reconventionnelle fondée exclusivement sur la demande initiale et faite à titre de dommages-intérêts n'est pas de nature à rendre le jugement susceptible d'appel. • Soc. 19 févr. 1986 : *Bull. civ. V, n° 14.* – Dans le même sens : • Soc. 6 déc. 1979 : *Bull. civ. V, n° 962* • 7 juill. 1983 : *ibid., n° 435.* ♦ Pour apprécier la nature de la demande reconventionnelle, le juge ne doit envisager que son objet et non le mobile qui l'a provoquée. • Soc. 9 déc. 1987 : *Bull. civ. V, n° 712 ; D. 1988. IR 6.*

Art. D. 1462-3 Le taux de compétence en dernier ressort du conseil de prud'hommes est de 4 000 €. – *[Anc. art. D. 517-1.]*

CHAPITRE III **OPPOSITION**

Art. R. 1463-1 L'opposition est portée directement devant le bureau de jugement.

Les dispositions des articles R. 1452-1 à R. 1452-4 sont applicables.

L'opposition est caduque si la partie qui l'a faite ne se présente pas. Elle ne peut être réitérée.

Lorsque la convocation à l'audience a été faite par simple lettre, ce qui n'établit pas que la partie concernée a effectivement reçu la convocation par un représentant qualifié et ne peut être assimilé à une citation délivrée à personne, le jugement a été rendu par défaut et peut être frappé d'opposition. • Soc. 8 janv. 1981 : *Bull. civ. V, n° 21.*

TITRE SEPTIÈME **RÉSOLUTION AMIABLE DES DIFFÉRENDS**

(Décr. n° 2016-660 du 20 mai 2016, art. 31)

BIBL. ▸ BANDLER, *JCP S 2016. 1285* (rapport et apport en médiation et justice prud'homale).

Art. R. 1471-1 Les dispositions du livre V du code de procédure civile sont applicables aux différends qui s'élèvent à l'occasion d'un contrat de travail.

Le bureau de conciliation et d'orientation homologue l'accord issu d'un mode de résolution amiable des différends, dans les conditions prévues par les dispositions précitées.

Art. R. 1471-2 Le bureau de conciliation et d'orientation ou le bureau de jugement peut, quel que soit le stade de la procédure :

1° Après avoir recueilli l'accord des parties, désigner un médiateur afin de les entendre et de confronter leurs points de vue pour permettre de trouver une solution au litige qui les oppose ;

2° Enjoindre aux parties de rencontrer un médiateur qui les informe sur l'objet et le déroulement de la mesure.

L'accord est homologué, selon le cas, par le bureau de conciliation et d'orientation ou le bureau de jugement.

ANNEXE AU LIVRE IV DE LA PREMIÈRE PARTIE

TABLEAU C

SIÈGES ET RESSORTS DES CONSEILS DE PRUD'HOMMES

(Décr. n° 2008-514 du 29 mai 2008, mod. par Décr. n° 2014-899 du 18 août 2014, en vigueur le 1er sept. 2014, mod. par Décr. n° 2016-1186 du 30 août 2016)

DÉPARTEMENT	TRIBUNAL de grande instance	SIÈGE ET RESSORT DES CONSEILS DE PRUD'HOMMES	
		Siège du conseil de prud'hommes	Ressort du conseil de prud'hommes
Cour d'appel d'Agen			
Gers	Auch	Auch	Ressort du tribunal de grande instance d'Auch.
Lot	Cahors	Cahors	Ressort du tribunal de grande instance de Cahors.
Lot-et-Garonne	Agen	Agen	Ressort des tribunaux d'instance d'Agen et Villeneuve-sur-Lot.
		Marmande	Ressort du tribunal d'instance de Marmande.
Cour d'appel d'Aix-en-Provence			
Alpes-de-Haute-Provence	Digne-les-Bains	Digne-les-Bains	Ressort du tribunal de grande instance de Digne-les-Bains.

DÉPARTEMENT	TRIBUNAL de grande instance	SIÈGE ET RESSORT DES CONSEILS DE PRUD'HOMMES	
		Siège du conseil de prud'hommes	Ressort du conseil de prud'hommes
Alpes-Maritimes	Grasse	Cannes	Ressort du tribunal d'instance de Cannes.
		Grasse	Ressort des tribunaux d'instance d'Antibes, Cagnes-sur-Mer et Grasse.
	Nice	Nice	Ressort du tribunal de grande instance de Nice.
Bouches-du-Rhône	Aix-en-Provence	Aix-en-Provence	Ressort des tribunaux d'instance d'Aix-en-Provence et Salon-de-Provence.
		Martigues	Ressort du tribunal d'instance de Martigues.
	Marseille	Marseille	Ressort du tribunal de grande instance de Marseille.
	Tarascon	Arles	Ressort du tribunal de grande instance de Tarascon.
Var	Draguignan	Draguignan	Ressort des tribunaux d'instance de Brignoles et Draguignan.
		Fréjus	Ressort du tribunal d'instance de Fréjus.
	Toulon	Toulon	Ressort du tribunal de grande instance de Toulon.
Cour d'appel d'Amiens			
Aisne	Laon	Laon	Ressort du tribunal de grande instance de Laon.
	Saint-Quentin	Saint-Quentin	Ressort du tribunal de grande instance de Saint-Quentin.
	Soissons	Soissons	Ressort du tribunal de grande instance de Soissons.
Oise	Beauvais	Beauvais	Ressort du tribunal de grande instance de Beauvais.
	Compiègne	Compiègne	Ressort du tribunal de grande instance de Compiègne.
	Senlis	Creil	Ressort du tribunal de grande instance de Senlis.
Somme	Amiens	Abbeville	Ressort du tribunal d'instance d'Abbeville.
		Amiens	Ressort du tribunal d'instance d'Amiens.
		Péronne	Ressort du tribunal d'instance de Péronne.
Cour d'appel d'Angers			
Maine-et-Loire	Angers	Angers	Ressort des tribunaux d'instance d'Angers et de Cholet.
	Saumur	Saumur	Ressort du tribunal de grande instance de Saumur.
Mayenne	Laval	Laval	Ressort du tribunal de grande instance de Laval.

DÉPARTEMENT	TRIBUNAL de grande instance	SIÈGE ET RESSORT DES CONSEILS DE PRUD'HOMMES	
		Siège du conseil de prud'hommes	Ressort du conseil de prud'hommes
Sarthe	Le Mans	Le Mans	Ressort du tribunal de grande instance du Mans.
Cour d'appel de Bastia			
Corse-du-Sud	Ajaccio	Ajaccio	Ressort du tribunal de grande instance d'Ajaccio.
Haute-Corse	Bastia	Bastia	Ressort du tribunal de grande instance de Bastia.
Cour d'appel de Besançon			
Territoire de Belfort	Belfort	Belfort	Ressort du tribunal de grande d'instance de Belfort.
Doubs	Besançon	Besançon	Ressort du tribunal de grande instance de Besançon.
	Montbéliard	Montbéliard	Ressort du tribunal de grande instance de Montbéliard.
Jura	Lons-le-Saunier	Dole	Ressort du tribunal d'instance de Dole.
		Lons-le-Saunier	Ressort des tribunaux d'instance de Lons-le-Saunier et Saint-Claude.
Haute-Saône	Vesoul	Lure	Ressort du tribunal d'instance de Lure.
		Vesoul	Ressort du tribunal d'instance de Vesoul.
Cour d'appel de Bordeaux			
Charente	Angoulême	Angoulême	Ressort du tribunal de grande instance d'Angoulême.
Dordogne	Bergerac	Bergerac	Ressort du tribunal de grande instance de Bergerac.
	Périgueux	Périgueux	Ressort du tribunal de grande instance de Périgueux.
Gironde	Bordeaux	Bordeaux	Ressort du tribunal de grande instance de Bordeaux.
	Libourne	Libourne	Ressort du tribunal de grande instance de Libourne.
Cour d'appel de Bourges			
Cher	Bourges	Bourges	Ressort du tribunal de grande instance de Bourges.
Indre	Châteauroux	Châteauroux	Ressort du tribunal de grande instance de Châteauroux.
Nièvre	Nevers	Nevers	Ressort du tribunal de grande instance de Nevers.
Cour d'appel de Caen			
Calvados	Caen	Caen	Ressort du tribunal de grande instance de Caen.
	Lisieux	Lisieux	Ressort du tribunal de grande instance de Lisieux.
Manche	Cherbourg-en-Cotentin	Cherbourg-en-Cotentin	Ressort du tribunal de grande instance de Cherbourg-en-Cotentin
	Coutances	Coutances	Ressort du tribunal d'instance de Coutances.

DÉPARTEMENT	TRIBUNAL de grande instance	SIÈGE ET RESSORT DES CONSEILS DE PRUD'HOMMES	
		Siège du conseil de prud'hommes	Ressort du conseil de prud'hommes
		Avranches	Ressort du tribunal d'instance d'Avranches.
Orne	Alençon	Alençon	Ressort du tribunal de grande instance d'Alençon.
	Argentan	Argentan	Ressort du tribunal de grande instance d'Argentan.
Cour d'appel de Chambéry			
Savoie	Albertville	Albertville	Ressort du tribunal de grande d'instance d'Albertville.
	Chambéry	Aix-les-Bains	Cantons d'Aix-les-Bains-Centre, Aix-les-Bains-Nord-Grésy, Aix-les-Bains-Sud, Albens, Le Châtelard, Ruffieux et Yenne.
		Chambéry	Ressort du tribunal d'instance de Chambéry, à l'exception des cantons d'Aix-les-Bains-Centre, Aix-les-Bains-Nord-Grésy, Aix-les-Bains-Sud, Albens, Le Châtelard, Ruffieux et Yenne.
Haute-Savoie	Annecy	Annecy	Ressort du tribunal de grande instance d'Annecy.
	Bonneville	Bonneville	Ressort du tribunal de grande instance de Bonneville.
	Thonon-les-Bains	Annemasse	Ressort du tribunal de grande instance de Thonon-les-Bains.
Cour d'appel de Colmar			
Bas-Rhin	Saverne	Saverne	Ressort du tribunal de grande instance de Saverne.
	Strasbourg	Haguenau	Ressort du tribunal d'instance d'Haguenau, à l'exception des cantons de Brumath, Hochfelden et Truchtersheim.
		Schiltigheim	Ressort du tribunal d'instance de Schiltigheim et cantons de Brumath, Hochfelden et Truchtersheim.
		Strasbourg	Ressort des tribunaux d'instance d'Illkirch-Graffenstaden et Strasbourg.
Haut-Rhin	Colmar	Colmar	Ressort du tribunal de grande instance de Colmar.
	Mulhouse	Mulhouse	Ressort du tribunal de grande instance de Mulhouse.
Cour d'appel de Dijon			
Côte-d'Or	Dijon	Dijon	Ressort du tribunal de grande instance de Dijon.
Haute-Marne	Chaumont	Chaumont	Ressort du tribunal de grande instance de Chaumont.
Saône-et-Loire	Chalon-sur-Saône	Chalon-sur-Saône	Ressort du tribunal de grande instance de Chalon-sur-Saône.

DÉPARTEMENT	TRIBUNAL de grande instance	SIÈGE ET RESSORT DES CONSEILS DE PRUD'HOMMES	
		Siège du conseil de prud'hommes	Ressort du conseil de prud'hommes
	Mâcon	Mâcon	Ressort du tribunal de grande instance de Mâcon.
Cour d'appel de Douai			
Nord	Avesnes-sur-Helpe	Avesnes-sur-Helpe	Ressort du tribunal de grande instance d'Avesnes-sur-Helpe.
	Cambrai	Cambrai	Ressort du tribunal de grande instance de Cambrai.
	Douai	Douai	Ressort du tribunal de grande instance de Douai.
	Dunkerque	Dunkerque	Ressort du tribunal d'instance de Dunkerque.
		Hazebrouck	Ressort du tribunal d'instance d'Hazebrouck.
	Lille	Lannoy	Cantons de Lannoy, Villeneuve-d'Ascq-Nord et Villeneuve-d'Ascq-Sud.
		Lille	Ressort du tribunal d'instance de Lille, à l'exception des cantons de Lannoy, Villeneuve-d'Ascq-Nord et Villeneuve-d'Ascq-Sud et des communes de Comines et Wervicq-Sud.
		Roubaix	Ressort du tribunal d'instance de Roubaix.
		Tourcoing	Ressort du tribunal d'instance de Tourcoing et communes de Comines et Wervicq-Sud.
	Valenciennes	Valenciennes	Ressort du tribunal de grande instance de Valenciennes.
Pas-de-Calais	Arras	Arras	Ressort du tribunal de grande instance d'Arras.
	Béthune	Béthune	Ressort du tribunal d'instance de Béthune.
		Lens	Ressort du tribunal d'instance de Lens.
	Boulogne-sur-Mer	Boulogne-sur-Mer	Ressort des tribunaux d'instance de Montreuil et Boulogne-sur-Mer.
		Calais	Ressort du tribunal d'instance de Calais.
	Saint-Omer	Saint-Omer	Ressort du tribunal de grande instance de Saint-Omer.
Cour d'appel de Grenoble			
Hautes-Alpes	Gap	Gap	Ressort du tribunal de grande instance de Gap.
Drôme	Valence	Montélimar	Ressort du tribunal d'instance de Montélimar.
		Valence	Ressort des tribunaux d'instance de Romans-sur-Isère et Valence.
Isère	Vienne (*)	Bourgoin-Jallieu	Ressort du tribunal d'instance de Bourgoin-Jallieu.

DÉPARTEMENT	TRIBUNAL de grande instance	SIÈGE ET RESSORT DES CONSEILS DE PRUD'HOMMES	
		Siège du conseil de prud'hommes	Ressort du conseil de prud'hommes
		Vienne	Ressort du tribunal d'instance de Vienne.
	Grenoble	Grenoble	Ressort du tribunal de grande instance de Grenoble.
Cour d'appel de Limoges			
Corrèze	Brive	Brive	Ressort du tribunal d'instance de Brive.
	Tulle	Tulle	Ressort du tribunal de grande instance de Tulle.
Creuse	Guéret	Guéret	Ressort du tribunal de grande instance de Guéret.
Haute-Vienne	Limoges	Limoges	Ressort du tribunal de grande instance de Limoges.
Cour d'appel de Lyon			
Ain	Bourg-en-Bresse	Belley	Ressort du tribunal d'instance de Belley.
		Bourg-en-Bresse	Ressort des tribunaux d'instance de Bourg-en-Bresse et Trévoux.
		Oyonnax	Ressort du tribunal d'instance de Nantua.
Loire	Roanne	Roanne	Ressort du tribunal de grande instance de Roanne.
	Saint-Étienne	Montbrison	Ressort du tribunal d'instance de Montbrison.
		Saint-Étienne	Ressort du tribunal d'instance de Saint-Étienne.
Rhône	Lyon	Lyon	Ressort du tribunal de grande instance de Lyon.
	Villefranche-sur-Saône	Villefranche-sur-Saône	Ressort du tribunal de grande instance de Villefranche-sur-Saône.
Cour d'appel de Metz			
Moselle	Metz	Metz	Ressort du tribunal de grande instance de Metz.
	Sarreguemines	Forbach	Ressort du tribunal de grande instance de Sarreguemines.
	Thionville	Thionville	Ressort du tribunal de grande instance de Thionville.
Cour d'appel de Montpellier			
Aude	Carcassonne	Carcassonne	Ressort du tribunal de grande instance de Carcassonne.
	Narbonne	Narbonne	Ressort du tribunal de grande instance de Narbonne.
Aveyron	Rodez	Millau	Ressort du tribunal d'instance de Millau.
		Rodez	Ressort du tribunal d'instance de Rodez.

DÉPARTEMENT	TRIBUNAL de grande instance	SIÈGE ET RESSORT DES CONSEILS DE PRUD'HOMMES	
		Siège du conseil de prud'hommes	Ressort du conseil de prud'hommes
Hérault	Béziers	Béziers	Ressort du tribunal de grande instance de Béziers.
	Montpellier	Montpellier	Ressort du tribunal d'instance de Montpellier.
		Sète	Ressort du tribunal d'instance de Sète.
Pyrénées-Orientales	Perpignan	Perpignan	Ressort du tribunal de grande instance de Perpignan.
Cour d'appel de Nancy			
Meurthe-et-Moselle	Briey	Longwy	Ressort du tribunal de grande instance de Briey.
	Nancy	Nancy	Ressort du tribunal de grande instance de Nancy.
Meuse	Bar-le-Duc	Bar-le-Duc	Ressort du tribunal de grande instance de Bar-le-Duc.
	Verdun	Verdun	Ressort du tribunal de grande instance de Verdun.
Vosges	Épinal	Épinal	Ressort du tribunal d'instance d'Épinal.
		Saint-Dié-des-Vosges	Ressort du tribunal d'instance de Saint-Dié-des-Vosges.
Cour d'appel de Nîmes			
Ardèche	Privas	Annonay	Ressort du tribunal d'instance d'Annonay.
		Aubenas	Ressort des tribunaux d'instance d'Aubenas et Privas.
Gard	Alès	Alès	Ressort du tribunal de grande instance d'Alès.
	Nîmes	Nîmes	Ressort du tribunal de grande instance de Nîmes.
Lozère	Mende	Mende	Ressort du tribunal de grande instance de Mende.
Vaucluse	Avignon	Avignon	Ressort du tribunal de grande instance d'Avignon.
	Carpentras	Orange	Ressort du tribunal de grande instance de Carpentras.
Cour d'appel d'Orléans			
Indre-et-Loire	Tours	Tours	Ressort du tribunal de grande instance de Tours.
Loir-et-Cher	Blois	Blois	Ressort du tribunal de grande instance de Blois.
Loiret	Montargis	Montargis	Ressort du tribunal de grande instance de Montargis.
	Orléans	Orléans	Ressort du tribunal de grande instance d'Orléans.
Cour d'appel de Paris			
Essonne	Évry	Évry	Ressort des tribunaux d'instance d'Étampes, Évry et Juvisy-sur-Orge.

DÉPARTEMENT	TRIBUNAL de grande instance	SIÈGE ET RESSORT DES CONSEILS DE PRUD'HOMMES	
		Siège du conseil de prud'hommes	Ressort du conseil de prud'hommes
		Longjumeau	Ressort des tribunaux d'instance de Longjumeau et Palaiseau.
Seine-et-Marne	Fontainebleau	Fontainebleau	Ressort du tribunal de grande instance de Fontainebleau.
	Meaux	Meaux	Ressort du tribunal de grande instance de Meaux.
	Melun	Melun	Ressort du tribunal de grande instance de Melun.
Seine-Saint-Denis	Bobigny	Bobigny	Ressort du tribunal de grande instance de Bobigny.
Val-de-Marne	Créteil	Créteil	Ressort des tribunaux d'instance de Charenton-le-Pont, Ivry-sur-Seine, Nogent-sur-Marne, Saint-Maur-des-Fossés et Villejuif, à l'exception des cantons de Choisy-le-Roi et Orly, et de l'emprise de l'aérodrome de Paris-Orly.
		Villeneuve-Saint-Georges	Ressort du tribunal d'instance de Boissy-Saint-Léger, cantons de Choisy-le-Roi et Orly, et l'emprise de l'aérodrome de Paris-Orly.
Yonne	Auxerre	Auxerre	Ressort du tribunal de grande instance d'Auxerre.
	Sens	Sens	Ressort du tribunal de grande instance de Sens.
Paris	Paris	Paris	Ressort du tribunal de grande instance de Paris.
Cour d'appel de Pau			
Landes	Dax	Dax	Ressort du tribunal de grande instance de Dax.
	Mont-de-Marsan	Mont-de-Marsan	Ressort du tribunal de grande instance de Mont-de-Marsan.
Pyrénées-Atlantiques	Bayonne	Bayonne	Ressort du tribunal de grande instance de Bayonne.
	Pau	Pau	Ressort du tribunal de grande instance de Pau.
Hautes-Pyrénées	Tarbes	Tarbes	Ressort du tribunal de grande instance de Tarbes.
Cour d'appel de Poitiers			
Charente-Maritime	La Rochelle	La Rochelle	Ressort du tribunal d'instance de La Rochelle.
		Rochefort	Ressort du tribunal d'instance de Rochefort.
	Saintes	Saintes	Ressort du tribunal de grande instance de Saintes.
Deux-Sèvres	Niort	Thouars	Ressort du tribunal d'instance de Bressuire.
		Niort	Ressort du tribunal d'instance de Niort.

DÉPARTEMENT	TRIBUNAL de grande instance	SIÈGE ET RESSORT DES CONSEILS DE PRUD'HOMMES	
		Siège du conseil de prud'hommes	Ressort du conseil de prud'hommes
Vendée	La Roche-sur-Yon	La Roche-sur-Yon	Ressort du tribunal de grande instance de La Roche-sur-Yon.
	Les Sables-d'Olonne	Les Sables-d'Olonne	Ressort du tribunal de grande instance des Sables-d'Olonne.
Vienne	Poitiers	Poitiers	Ressort du tribunal de grande instance de Poitiers.
Cour d'appel de Reims			
Ardennes	Charleville-Mézières	Charleville-Mézières	Ressort du tribunal de grande instance de Charleville-Mézières.
Aube	Troyes	Troyes	Ressort du tribunal de grande instance de Troyes.
Marne	Châlons-en-Champagne	Châlons-en-Champagne	Ressort du tribunal d'instance de Châlons-en-Champagne, à l'exception des cantons d'Anglure, Avize, Dormans, Épernay 1er canton, Épernay 2e canton, Esternay, Fère-Champenoise, Montmirail, Montmort-Lucy et Sézanne.
		Épernay	Cantons d'Anglure, Avize, Dormans, Épernay 1er canton, Épernay 2e canton, Esternay, Fère-Champenoise, Montmirail, Montmort-Lucy et Sézanne.
	Reims	Reims	Ressort du tribunal de grande instance de Reims.
Cour d'appel de Rennes			
Côtes-d'Armor	Saint-Brieuc	Guingamp	Ressort du tribunal d'instance de Guingamp.
		Saint-Brieuc	Ressort du tribunal d'instance de Saint-Brieuc.
Finistère	Brest	Brest	Ressort du tribunal d'instance de Brest.
		Morlaix	Ressort du tribunal d'instance de Morlaix.
	Quimper	Quimper	Ressort du tribunal de grande instance de Quimper.
Ille-et-Vilaine	Rennes	Rennes	Ressort du tribunal de grande instance de Rennes.
	Saint-Malo	Dinan (Côtes-d'Armor)	Ressort du tribunal d'instance de Dinan.
		Saint-Malo	Ressort du tribunal d'instance de Saint-Malo.
Loire-Atlantique	Nantes	Nantes	Ressort du tribunal de grande instance de Nantes.
	Saint-Nazaire	Saint-Nazaire	Ressort du tribunal de grande instance de Saint-Nazaire.
Morbihan	Lorient	Lorient	Ressort du tribunal de grande instance de Lorient.
	Vannes	Vannes	Ressort du tribunal de grande instance de Vannes.

DÉPARTEMENT	TRIBUNAL de grande instance	SIÈGE ET RESSORT DES CONSEILS DE PRUD'HOMMES	
		Siège du conseil de prud'hommes	Ressort du conseil de prud'hommes
Cour d'appel de Riom			
Allier	Cusset	Vichy	Ressort du tribunal d'instance de Vichy.
		Moulins	Ressort du tribunal d'instance de Moulins.
	Montluçon	Montluçon	Ressort du tribunal de grande instance de Montluçon.
Cantal	Aurillac	Aurillac	Ressort du tribunal de grande instance d'Aurillac.
Haute-Loire	Le Puy-en-Velay	Le Puy-en-Velay	Ressort du tribunal de grande instance du Puy-en-Velay.
Puy-de-Dôme	Clermont-Ferrand	Clermont-Ferrand	Ressort des tribunaux d'instance de Clermont-Ferrand et Thiers.
		Riom	Ressort du tribunal d'instance de Riom.
Cour d'appel de Rouen			
Eure	Évreux	Bernay	Ressort du tribunal d'instance de Bernay.
		Évreux	Ressort du tribunal d'instance d'Évreux, à l'exception des cantons d'Amfreville-la-Campagne, Gaillon, Gaillon-Campagne, Le Neubourg, Louviers-Nord, Louviers-Sud, Pont-de-l'Arche et Val-de-Reuil.
		Louviers	Ressort du tribunal d'instance des Andelys et cantons d'Amfreville-la-Campagne, Gaillon, Gaillon-Campagne, Le Neubourg, Louviers-Nord, Louviers-Sud, Pont-de-l'Arche et Val-de-Reuil.
Seine-Maritime	Dieppe	Dieppe	Ressort du tribunal de grande instance de Dieppe.
	Le Havre	Le Havre	Ressort du tribunal de grande instance du Havre.
	Rouen	Rouen	Ressort du tribunal de grande instance de Rouen.
Cour d'appel de Toulouse			
Ariège	Foix	Foix	Ressort du tribunal de grande instance de Foix.
Haute-Garonne	Toulouse	Toulouse	Ressort des tribunaux d'instance de Muret et de Toulouse.
	Saint-Gaudens	Saint-Gaudens	Ressort du tribunal de grande instance de Saint-Gaudens.
Tarn	Albi	Albi	Ressort du tribunal de grande instance d'Albi.
	Castres	Castres	Ressort du tribunal de grande instance de Castres.
Tarn-et-Garonne	Montauban	Montauban	Ressort du tribunal de grande instance de Montauban.

DÉPARTEMENT	TRIBUNAL de grande instance	SIÈGE ET RESSORT DES CONSEILS DE PRUD'HOMMES	
		Siège du conseil de prud'hommes	Ressort du conseil de prud'hommes
Cour d'appel de Versailles			
Eure-et-Loir	Chartres	Chartres	Ressort du tribunal d'instance de Chartres, à l'exception des cantons de Bonneval, Brou, Châteaudun, Cloyes-sur-le-Loir et Orgères-en-Beauce.
		Châteaudun	Cantons de Bonneval, Brou, Châteaudun, Cloyes-sur-le-Loir et Orgères-en-Beauce.
		Dreux	Ressort du tribunal d'instance de Dreux.
Hauts-de-Seine	Nanterre	Boulogne-Billancourt	Ressort des tribunaux d'instance d'Antony, Boulogne-Billancourt et Vanves.
		Nanterre	Ressort des tribunaux d'instance d'Asnières-sur-Seine, Colombes, Courbevoie et Puteaux.
Val-d'Oise	Pontoise	Argenteuil	Ressort du tribunal d'instance de Sannois.
		Montmorency	Ressort des tribunaux d'instance de Gonesse et Montmorency.
		Cergy-Pontoise	Ressort du tribunal d'instance de Pontoise.
Yvelines	Versailles	Mantes-la-Jolie	Ressort du tribunal d'instance de Mantes-la-Jolie.
		Poissy	Ressort du tribunal d'instance de Poissy.
		Rambouillet	Ressort du tribunal d'instance de Rambouillet.
		Saint-Germain-en-Laye	Ressort du tribunal d'instance de Saint-Germain-en-Laye.
		Versailles	Ressort du tribunal d'instance de Versailles.
Cour d'appel de Basse-Terre			
Guadeloupe	Basse-Terre	Basse-Terre	Ressort du tribunal de grande instance de Basse-Terre.
	Pointe-à-Pitre	Pointe-à-Pitre	Ressort du tribunal de grande instance de Pointe-à-Pitre.
Cour d'appel de Fort-de-France			
Guyane	Cayenne	Cayenne	Ressort du tribunal de grande instance de Cayenne.
Martinique	Fort-de-France	Fort-de-France	Ressort du tribunal de grande instance de Fort-de-France.
Cour d'appel de Saint-Denis de la Réunion			
Réunion	Saint-Denis	Saint-Denis	Ressort du tribunal de grande instance de Saint-Denis.
	Saint-Pierre	Saint-Pierre	Ressort du tribunal de grande instance de Saint-Pierre.

DÉPARTEMENT	TRIBUNAL de grande instance	SIÈGE ET RESSORT DES CONSEILS DE PRUD'HOMMES	
		Siège du conseil de prud'hommes	Ressort du conseil de prud'hommes
Tribunal supérieur de Saint-Pierre			
Saint-Pierre-et-Miquelon	Saint-Pierre	Saint-Pierre	Ressort du tribunal supérieur d'appel de Saint-Pierre.
(*) Siège provisoire dans l'attente de la future localisation du TGI.			

Le décret du 29 mai 2008 modifiant le siège et le ressort des conseils de prud'hommes est annulé en tant qu'il supprime les conseils de prud'hommes de Nogent-le-Rotrou et de Fougères et rattache leur ressort respectif aux conseils de prud'hommes de Chartres et de Rennes (CE, 6e et 1re ss.-section, 8 juill. 2009, req. n° 319066).

LIVRE CINQUIÈME **DISPOSITIONS RELATIVES À L'OUTRE-MER**

TITRE PREMIER **DISPOSITIONS GÉNÉRALES**

Le présent titre ne comprend pas de dispositions réglementaires.

TITRE DEUXIÈME **DÉPARTEMENTS D'OUTRE-MER, SAINT-BARTHÉLEMY, SAINT-MARTIN ET SAINT-PIERRE-ET-MIQUELON**

CHAPITRE PREMIER **DISPOSITIONS GÉNÉRALES**

Le présent chapitre ne comprend pas de dispositions réglementaires.

CHAPITRE II **CHÈQUE EMPLOI-SERVICE UNIVERSEL ET TITRE DE TRAVAIL SIMPLIFIÉ**

Art. R. 1522-1 Le titre de travail simplifié prévu à l'article L. 1522-3 se compose :

1° D'un chèque tiré sur l'un des établissements, organismes ou services mentionnés à l'article L. 1522-9 et soumis aux règles fixées par le chapitre Ier du titre III du livre Ier du code monétaire et financier ;

2° D'un volet social ;

3° D'un volet permettant de souscrire la déclaration préalable à l'embauche lorsque l'employeur est une entreprise ou un organisme mentionné à l'article L. 2211-1. – *[Anc. art. R. 812-1, al. 1er.]*

Art. R. 1522-2 Sans préjudice de l'application des dispositions relatives à la délivrance des chèques, le titre de travail simplifié est délivré aux personnes qui déclarent sur l'honneur employer un ou des salariés dans les conditions prévues à l'article L. 1522-4 et qui acceptent d'acquitter les contributions et cotisations sociales par prélèvement sur leur compte. – *[Anc. art. R. 812-1.]*

Art. R. 1522-3 L'employeur, autre qu'un particulier employeur, qui envisage d'utiliser le titre de travail simplifié adresse une demande d'adhésion à l'un des établissements, organismes ou services mentionnés à l'article L. 1522-9.

Cette demande comporte :

1° L'identification de l'employeur ou de l'entreprise ;

2° L'organisme de retraite complémentaire dont il relève ;

3° La caisse de congés payés dont il relève, s'il y a lieu ;

4° Le service de santé au travail auquel il adhère ;

5° Une déclaration sur l'honneur attestant que l'entreprise remplit la condition d'effectif prévue au premier alinéa de l'article L. 1522-4 ;

6° L'autorisation de prélèvement automatique sur un numéro de compte bancaire. – *[Anc. art. R. 812-2, al. 1er à 7.]*

Art. R. 1522-4 Le particulier employeur qui envisage d'utiliser le titre de travail simplifié adresse une demande d'adhésion à l'un des établissements, organismes ou services mentionnés à l'article L. 1522-9.

Cette demande comporte :

1° Les nom, prénoms et adresse du particulier ;

2° Une déclaration sur l'honneur attestant qu'il est employeur en tant que particulier. – *[Anc. art. R. 812-2, al. 8 à 10.]*

Art. R. 1522-5 Le volet social du titre de travail simplifié comporte :

1° Des mentions relatives à l'employeur :

a) Nom, prénoms (ou raison sociale) et adresse ;

b) Code APE, numéro SIRET s'il s'agit d'une entreprise ou d'un organisme mentionné à l'article L. 2211-1 ;

c) Numéro de compte bancaire ;

2° Des mentions relatives au salarié :

a) Nom, nom marital et prénoms ;

b) Numéro d'inscription au répertoire des personnes physiques ou date et lieu de naissance ;

c) Adresse ;

3° Des mentions relatives à l'emploi et aux cotisations et contributions :

a) Emploi occupé ;

b) Nombre d'heures de travail effectuées ;

c) Période d'emploi en indiquant le nombre de jours calendaires de travail ;

d) Salaires horaire et total nets versés ;

e) Convention collective applicable s'il y a lieu ;

f) Option retenue pour le calcul des cotisations sociales : assiette forfaitaire ou réelle dans le cas où l'activité du salarié n'a pas excédé cent jours, consécutifs ou non, dans l'entreprise au cours de l'année civile ;

4° La date de paiement du salaire et la signature de l'employeur. – *[Anc. art. R. 812-3, al. 1er à 17.]*

Art. R. 1522-6 Le volet social est adressé par l'employeur à la caisse mentionnée à l'article R. 1522-10 dans le ressort de laquelle l'emploi a été occupé et au plus tard dans les quinze jours suivant le versement de la rémunération. – *[Anc. art. R. 812-3, al. 18.]*

Art. R. 1522-7 Le volet permettant d'accomplir la déclaration nominative préalable à l'embauche comporte les mentions prévues à l'article R. 1221-1.

Il est adressé à la caisse mentionnée à l'article R. 1522-10 par courrier ou télécopie, dans le délai prévu à l'article R. 1221-5. – *[Anc. art. R. 812-4.]*

Art. R. 1522-8 L'effectif pris en compte pour l'application de l'article L. 1522-4 est celui de l'ensemble des établissements de l'entreprise situés dans le département d'outre-mer, à Saint-Barthélemy, à Saint-Martin ou à Saint-Pierre-et-Miquelon et employé durant l'année civile précédente. – *[Anc. art. R. 812-5, al. 1er.]*

Art. R. 1522-9 Pour la détermination de la limite de cent jours par an dans la même entreprise prévue à l'article L. 1522-5, il est tenu compte de chaque jour calendaire travaillé dans l'un des établissements de l'entreprise ou de l'organisme situé dans le département d'outre-mer concerné, à Saint-Barthélemy, à Saint-Martin ou à Saint-Pierre-et-Miquelon et quel que soit le nombre d'heures de travail quotidien. – *[Anc. art. R. 812-5, al. 2.]*

Art. R. 1522-10 En cas de désaccord du salarié pour l'utilisation du titre de travail simplifié, celui-ci avertit la caisse générale de sécurité sociale lorsqu'il s'agit d'un département d'outre-mer, de Saint-Barthélemy ou de Saint-Martin et la caisse de prévoyance sociale pour Saint-Pierre-et-Miquelon. – *[Anc. art. R. 812-6.]*

Art. R. 1522-11 Les organismes mentionnés à l'article R. 1522-10 assurent le calcul et l'encaissement des contributions et cotisations sociales d'origine légale ou conventionnelle. Les volets sociaux reçus jusqu'au quinzième jour du mois civil donnent lieu à prélèvement automatique des contributions et cotisations sociales le dernier jour du mois. Ces organismes adressent à l'employeur un décompte de ces sommes dans le mois qui suit la réception du volet social.

Dans le même délai, ils délivrent au salarié une attestation d'emploi portant les mentions figurant au 3° de l'article R. 1522-5 et destinée à justifier ses droits aux prestations de sécurité sociale, aux prestations prévues à l'article L. 5421-2, et de retraite complémentaire.

Ils délivrent également aux particuliers employeurs une attestation annuelle leur permettant de justifier du droit à la réduction d'impôt ou au crédit d'impôt prévu par l'article 199 *sexdecies* du code général des impôts ou par les dispositions fiscales particulières applicables à Saint-Pierre-et-Miquelon. – *[Anc. art. R. 812-7.]*

Art. R. 1522-12 Les bases de calcul des cotisations et contributions sociales d'origine légale ou conventionnelle sont définies par arrêtés des ministres chargés de la sécurité sociale et de l'outre-mer.

Pour le particulier employeur, ces bases forfaitaires sont fixées à un montant inférieur au salaire minimum de croissance. – *[Anc. art. R. 812-8.]*

Art. R. 1522-13 Sous réserve des dispositions de l'article R. 1522-17, l'utilisation du titre de travail simplifié vaut déclaration auprès de l'ensemble des administrations ou organismes intéressés au titre :

1° Des articles R. 243-13, R. 243-14 ou R. 243-17 du code de la sécurité sociale ;

2° Des articles R. 5422-5 à R. 5422-8 du présent code relatifs à l'obligation d'assurance contre le risque de privation d'emploi et à l'obligation pour l'employeur d'adresser à *(Décr. n° 2014-524 du 22 mai 2014, art. 16-II)* « Pôle emploi » des déclarations ;

3° De l'article 87 du code général des impôts ou des dispositions fiscales particulières applicables à Saint-Pierre-et-Miquelon. – *[Anc. art. R. 812-9.]*

Art. R. 1522-14 La caisse compétente communique les informations qu'elle recueille aux administrations ou organismes intéressés selon leurs compétences respectives. Elle leur reverse les cotisations et contributions qui leur sont dues.

Les modalités de cette communication et de ce reversement sont fixées par conventions conclues entre les caisses compétentes, l'Agence centrale des organismes de sécurité sociale et les administrations ou organismes concernés.

Ces conventions fixent également le délai de conservation des informations recueillies et volets sociaux reçus, ainsi que les modalités de prise en charge des dépenses exposées par la caisse pour la mise en œuvre des dispositions du présent chapitre, compte tenu du volume des informations transmises ainsi que du montant des cotisations et contributions reversées. – *[Anc. art. R. 812-10.]*

Art. R. 1522-15 Les cotisations et contributions dues en application du titre de travail simplifié sont recouvrées et contrôlées par les organismes mentionnés à l'article R. 1522-10 sous les garanties et sanctions applicables au recouvrement des cotisations du régime général de sécurité sociale assises sur les salaires.

En cas de non-régularisation des versements, le directeur de la caisse compétente peut notifier à l'employeur une interdiction d'utiliser le titre de travail simplifié. – *[Anc. art. R. 812-11.]*

Art. R. 1522-16 Lorsque le volet social n'est pas adressé dans le délai prévu à l'article R. 1522-6 du présent code, il est fait application des articles R. 243-16, R. 243-19, R. 243-19-1 et R. 243-20 du code de la sécurité sociale.

Lorsque le prélèvement des cotisations sociales n'est pas honoré, il est fait application des dispositions des articles R. 243-18, R. 243-19, R. 243-19-1, R. 243-20, R. 243-20-3 et R. 243-21 du code de la sécurité sociale. – *[Anc. art. R. 812-12.]*

Art. R. 1522-17 L'organisme mentionné à l'article R. 1522-10 notifie à l'employeur l'impossibilité pour lui d'utiliser le titre pour les salariés concernés lorsqu'il constate :

1° Soit que la condition d'effectif prévue au premier alinéa de l'article L. 1522-4 n'est pas remplie ;

2° Soit qu'un salarié n'a pas donné son accord à l'utilisation du titre de travail simplifié. – *[Anc. art. R. 812-13.]*

CHAPITRE III **LE CONSEIL DE PRUD'HOMMES**

Art. R. 1523-1 *(Décr. n° 2016-1359 du 11 oct. 2016, art. 6, en vigueur 1er févr. 2017)* Pour l'application des articles R. 1441-3, R. 1441-6 à R. 1441-7, et R. 1441-18 aux conseils de prud'hommes de Guadeloupe, les références au département, au niveau départemental et au niveau régional sont remplacées par la référence à la Guadeloupe, à Saint-Barthélemy et à Saint-Martin.

Art. R. 1523-2 A Saint-Pierre-et-Miquelon, le conseil territorial peut proposer de réduire à deux conseillers employeurs et deux conseillers salariés le nombre de conseillers de chaque section du conseil de prud'hommes. – *[Anc. art. L. 512-2, al. 9.]*

Art. R. 1523-3 A Saint-Pierre-et-Miquelon, le "tribunal supérieur d'appel" se substitue à la "cour d'appel". Le "tribunal de première instance" se substitue au "tribunal de grande instance" et au "tribunal d'instance". – *[Anc. art. R. 851-1.]*

Art. R. 1523-4 A Saint-Pierre-et-Miquelon, les personnes habilitées à représenter les parties en matière prud'homale sont, outre celles mentionnées à l'article R. 1453-2, les agréés. – *[Anc. art. R. 851-2.]*

Art. R. 1523-5 Les dispositions des deuxième et troisième alinéas de l'article R. 1461-1 et de l'article R. 1461-2, de l'article R. 1457-2 ne sont pas applicables à Saint-Pierre-et-Miquelon.

Dans cette collectivité, l'appel est formé, instruit et jugé suivant les règles de la procédure ordinaire applicable devant le tribunal supérieur d'appel. – *[Anc. art. R. 851-3.]*

Art. R. 1523-6 *(Décr. n° 2015-1761 du 24 déc. 2015)* Les conseillers prud'hommes résidant à Saint-Martin ou à Saint-Barthélemy, lorsqu'ils sont appelés à siéger au conseil des prud'hommes de Basse-Terre*[,]* sont remboursés, à l'occasion de leurs déplacements entre le siège du conseil de prud'hommes et leur domicile ou leur lieu de travail habituel, de leurs frais de repas et d'hébergement selon les modalités prévues au 1° et au 2° de l'article 3 du décret n° 2006-781 du 3 juillet 2006 modifié fixant les conditions et les modalités de règlement des frais occasionnés par les déplacements temporaires des personnels civils de l'État.

Ces dispositions sont applicables aux frais engagés à compter du 1er janv. 2015 (Décr. préc., art. 2).

TITRE TROISIÈME **MAYOTTE, WALLIS-ET-FUTUNA ET TERRES AUSTRALES ET ANTARCTIQUES FRANÇAISES**

Le présent titre ne comprend pas de dispositions réglementaires.

DEUXIÈME PARTIE **LES RELATIONS COLLECTIVES DE TRAVAIL**

LIVRE PREMIER **LES SYNDICATS PROFESSIONNELS**

TITRE PREMIER **CHAMP D'APPLICATION**

Le présent titre ne comprend pas de dispositions réglementaires.

TITRE DEUXIÈME **REPRÉSENTATIVITÉ SYNDICALE**

CHAPITRE PREMIER **CRITÈRES DE REPRÉSENTATIVITÉ**

Art. R. 2121-1 Les enquêtes relatives à la détermination de la représentativité sont diligentées par le ministre chargé du travail.

Pour les professions agricoles, ces attributions sont exercées en accord avec celui-ci par le ministre chargé de l'agriculture. – *[Anc. art. L. 131-3.]*

Art. R. 2121-2 Le silence gardé pendant plus de six mois par le ministre chargé du travail saisi d'une demande d'enquête vaut décision de rejet. – *[Anc. art. R. 133.]*

CHAPITRE II **SYNDICATS REPRÉSENTATIFS**

SECTION PREMIÈRE **HAUT CONSEIL DU DIALOGUE SOCIAL**

(Décr. n° 2008-1163 du 13 nov. 2008)

Art. R.* 2122-1 Le Haut Conseil du dialogue social mentionné à l'article L. 2122-11 du code du travail comprend :

1° Cinq représentants des organisations syndicales de salariés nationales et interprofessionnelles et, en nombre égal, des représentants des organisations représentatives d'employeurs au niveau national désignés par ces organisations. Des représentants suppléants en nombre égal à celui des titulaires sont désignés dans les mêmes conditions. Ils ne siègent qu'en l'absence des titulaires ;

2° Trois représentants du ministre chargé du travail ;

3° Trois personnes qualifiées proposées par le ministre chargé du travail.

Art. R.* 2122-2 Les membres du Haut Conseil du dialogue social sont nommés par le Premier ministre pour une durée de cinq ans.

Le Premier ministre désigne une des personnes qualifiées mentionnées au 3° de l'article R.* 2122-1 pour présider les séances du Haut Conseil.

Art. R.* 2122-3 A l'issue du cycle électoral de quatre ans prévu aux articles L. 2122-5 et L. 2122-9, le ministre chargé du travail présente au Haut Conseil du dialogue social les résultats enregistrés et le consulte sur la liste des organisations syndicales représentatives par branche et au niveau national et interprofessionnel.

Cette consultation intervient au plus tard dans les huit mois suivant la fin de ce cycle.

Art. R.* 2122-4 Le Haut Conseil du dialogue social se réunit sur convocation du ministre chargé du travail, de sa propre initiative ou sur demande de la moitié, au moins, des représentants des organisations syndicales de salariés et d'employeurs mentionnées au 1° de l'article R.* 2122-1.

Il auditionne toute organisation syndicale nationale interprofessionnelle de salariés qui en fait la demande.

Le secrétariat du Haut Conseil du dialogue social est assuré par les services du ministre chargé du travail.

Art. R.* 2122-5 Les avis du Haut Conseil du dialogue social, requis en application de la loi, sont retracés dans le compte rendu des séances.

SECTION II **RECUEIL DES RÉSULTATS DES ORGANISATIONS SYNDICALES AUX ÉLECTIONS PROFESSIONNELLES**

(Décr. n° 2008-1133 du 4 nov. 2008)

Art. D. 2122-6 Le système de centralisation des résultats des élections professionnelles mentionnées aux articles L. 2122-5 à L. 2122-10 afin de mesurer l'audience des organisations syndicales doit :

a) Garantir la confidentialité et l'intégrité des données recueillies et traitées ;

b) Permettre de s'assurer, par des contrôles réguliers, de la fiabilité et de l'exhaustivité des données recueillies et consolidées ;

c) Permettre une consultation par toute personne des données recueillies.

Les résultats complets de chaque cycle électoral sont portés à la connaissance du Haut Conseil du dialogue social afin qu'il puisse rendre au ministre chargé du travail l'avis prévu à l'article L. 2122-11. Les résultats du premier cycle électoral sont transmis au plus tard le 31 mars 2013.

V. http ://www.elections-professionnelles.travail.gouv.fr/

Art. D. 2122-7 Un exemplaire du procès-verbal des élections des délégués du personnel, ou un exemplaire du procès-verbal de carence, est transmis par l'employeur ou son représentant au prestataire agissant pour le compte du ministre chargé du travail dans les quinze jours suivant la tenue de ces élections, suivant un formulaire homologué.

Un exemplaire du procès-verbal des élections au comité d'entreprise ou de la délégation unique du personnel, ou un exemplaire du procès-verbal de carence, est transmis par l'employeur au prestataire agissant pour le compte du ministre chargé du travail dans les quinze jours suivant la tenue de ces élections, suivant un formulaire homologué.

Les transmissions peuvent être effectuées sur support électronique selon une procédure sécurisée.

Jusqu'au 7 nov. 2017, la transmission des procès-verbaux d'élections professionnelles est exclue du champ d'application du droit des usagers de saisir l'administration par voie électronique (Décr. n° 2015-1422 du 5 nov. 2015).

SECTION III **MESURE DE L'AUDIENCE DES ORGANISATIONS SYNDICALES CONCERNANT LES ENTREPRISES DE MOINS DE ONZE SALARIÉS**

(Décr. n° 2011-771 du 28 juin 2011)

SOUS-SECTION 1 **ÉLECTORAT**

Art. R. 2122-8 Le vote est ouvert aux salariés mentionnés à l'article L. 2122-10-2, inscrits sur la liste électorale prévue à l'article L. 2122-10-4, à l'exception de ceux relevant des branches mentionnées à l'article L. 2122-6.

Art. R. 2122-9 L'électeur est inscrit sur la liste électorale de la région dans laquelle est situé l'entreprise ou l'établissement au sein duquel il exerce son activité principale. L'activité principale du salarié est celle pour laquelle il a accompli le plus grand nombre d'heures au cours du mois de décembre de l'année précédant l'année de l'élection.

Art. R. 2122-10 Sont inscrits dans le collège cadre les salariés affiliés à une institution de retraite complémentaire relevant de l'Association générale des institutions de retraite des cadres. Pour les salariés affiliés à une institution de retraite complémentaire ne relevant ni de cette association, ni de l'Association pour le régime de retraite complémentaire des salariés, l'inscription dans le collège cadre s'effectue en fonction de la catégorie socioprofessionnelle telle qu'elle figure dans les déclarations sociales mentionnées à l'article L. 2122-10-3.

Art. R. 2122-11 L'électeur est inscrit au titre de la branche dont il relève conformément aux données portées sur la déclaration sociale mentionnée à l'article L. 2122-10-3 de l'entreprise ou de l'établissement mentionné à l'article R. 2122-9.

SOUS-SECTION 2 **ÉTABLISSEMENT DE LA LISTE ÉLECTORALE**

§ 1er TRAITEMENT DES DONNÉES

Art. R. 2122-12 Un système de traitement automatisé de données à caractère personnel en vue de l'établissement de la liste électorale pour la mesure de l'audience mentionnée à l'article L. 2122-10-1, dénommé "fichiers des listes électorales pour la mesure de l'audience des organisations syndicales concernant les entreprises de moins de onze salariés", est créé par les services du ministre chargé du travail pour collecter les catégories de données suivantes :

1° Les informations relatives au salarié :

a) Nom et prénoms ;

b) Date de naissance, département et commune de naissance ou, pour les personnes nées à l'étranger, pays de naissance ;

c) Adresse du domicile ;

d) Numéro d'inscription au répertoire national d'identification des personnes physiques ;

e) Affiliation à une institution de retraite complémentaire relevant de l'Association générale des institutions de retraite des cadres ;

f) Période d'emploi, indication de temps complet ou de temps partiel, nombre d'heures travaillées ou nombre de cachets pour les artistes ;

g) Emploi occupé, catégorie socio-professionnelle ;

h) Identifiant ou intitulé de la convention collective relative à l'emploi occupé ;

2° Les informations relatives à l'employeur si celui-ci est une entreprise ou un établissement :

a) Raison sociale ;

b) Adresse ;

c) Numéro d'identification SIRET ou numéro d'inscription à la Mutualité sociale agricole pour les entreprises ou établissements ne relevant pas des branches mentionnées à l'article L. 2122-6 ;

d) Code APE ;

e) Effectif des salariés au 31 décembre de l'année précédant l'élection ;

3° Les informations relatives à l'employeur si l'employeur est un particulier :

a) Nom et prénoms ;

b) Date de naissance, département et commune de naissance ou, pour les personnes nées à l'étranger, pays de naissance ;

c) Adresse du domicile ;

d) Numéro d'inscription au répertoire national d'identification des personnes physiques ;

e) Numéro d'inscription à l'Union pour le recouvrement des cotisations de sécurité sociale et des allocations familiales.

Art. R. 2122-13 Les informations dont la liste est fixée à l'article R. 2122-12 sont issues des déclarations mentionnées à l'article L. 2122-10-3.

Art. R. 2122-14 Les destinataires des données à caractère personnel collectées sont :

1° Pour l'ensemble des informations mentionnées à l'article R. 2122-12 y compris le numéro d'inscription au répertoire national d'identification des personnes physiques aux fins de détection d'inscriptions multiples : les agents du prestataire en charge de l'élaboration de la liste électorale agissant pour le compte du ministre chargé du travail ;

2° Pour toutes les informations mentionnées à l'article R. 2122-12 à l'exclusion du numéro d'inscription au répertoire national d'identification des personnes physiques : les agents des services des directions régionales des entreprises, de la concurrence, de la consommation, du travail et de l'emploi et les agents du prestataire agissant pour le compte du ministre chargé du travail pour la mise en place du vote par correspondance et du vote électronique à distance ;

(Décr. n° 2016-548 du 4 mai 2016, art. 1er-II) « 3° Pour les informations portant sur les noms, prénoms, collèges, adresses du domicile des électeurs ainsi que l'identifiant ou l'intitulé de la convention collective relative à l'emploi occupé : le mandataire de chacune des organisations syndicales candidates. »

Art. R. 2122-15 Le droit d'accès et de rectification des données mentionnées à l'article R. 2122-12, prévu aux articles 39 et 40 de la loi n° 78-17 du 6 janvier 1978 relative à l'informatique, aux fichiers et aux libertés, s'exerce auprès des services du ministre chargé du travail.

Le droit d'opposition mentionné à l'article 38 de la même loi ne s'applique pas aux traitements mentionnés à l'article R. 2122-12.

Art. R. 2122-15-1 *(Décr. n° 2016-548 du 4 mai 2016, art. 1er-II)* Lorsqu'il est fait application de l'article R. 2122-48-4, tout électeur dispose, par application de l'article 38 de la loi n° 78-17 du 6 janvier 1978, du droit de s'opposer à la communication de son adresse aux organisations syndicales. Il est informé de ce droit par l'apport d'une mention sur le site internet mentionné à l'article R. 2122-19. Ce droit s'exerce en adressant une demande écrite, y compris par voie électronique, adressée au directeur général du travail.

Art. R. 2122-16 Les fichiers constitués à partir des données mentionnées à l'article R. 2122-12 sont conservés par les services du ministre chargé du travail pendant une durée d'un an après la clôture du scrutin en vue duquel ces fichiers ont été réalisés. Passé ce délai, les fichiers sont versés aux archives nationales.

Ces services peuvent toutefois conserver une copie d'extraits des fichiers rendus anonymes en vue de réaliser des expérimentations pour les scrutins suivants.

Art. R. 2122-16-1 *(Décr. nº 2016-548 du 4 mai 2016, art. 1er-II)* Les organisations syndicales destinataires des fichiers constitués à partir des données mentionnées au 3° de l'article R. 2122-14 détruisent ces fichiers à l'issue d'un délai d'un mois après la clôture du scrutin. Elles informent le ministre chargé du travail des conditions dans lesquelles elles ont procédé à cette destruction.

Art. R. 2122-17 Le prestataire mentionné au 1° de l'article R. 2122-14 procède au traitement de l'ensemble des données en vue de l'élaboration de la liste électorale, conformément aux articles R. 2122-12 à R. 2122-16.

Il transmet le fichier permettant de constituer la liste électorale à chaque direction régionale des entreprises, de la concurrence, de la consommation, du travail et de l'emploi.

§ 2 INSCRIPTION SUR LA LISTE

Art. R. 2122-18 La liste électorale est établie pour chaque région par le ministre chargé du travail.

Art. R. 2122-19 Un extrait de la liste électorale peut être consulté dans les directions régionales des entreprises, de la concurrence, de la consommation, du travail et de l'emploi et leurs unités départementales ainsi que sur un site internet dédié créé par les services du ministre chargé du travail. Y sont mentionnées les informations relatives aux nom, prénoms, région, *(Décr. nº 2016-548 du 4 mai 2016, art. 1er-II)* « département, » collège, branche et numéro d'ordre sur la liste électorale.

Un arrêté du ministre chargé du travail détermine :

1° La date à partir de laquelle la liste électorale peut être consultée ;

2° Les modalités de cette consultation, et notamment les informations qui la permettent ;

3° La date à partir de laquelle les recours relatifs à l'inscription sont possibles.

Les services du ministre chargé du travail envoient au plus tard trois jours avant cette publication à chaque électeur un document précisant les informations le concernant mentionnées au premier alinéa.

V. Arr. du 4 mai 2016 (JO 5 mai).

Art. R. 2122-20 Tout électeur peut obtenir, à ses frais, communication sur support électronique de la liste électorale sur laquelle il est inscrit. Il s'engage à ne pas en faire un usage qui ne soit strictement lié à l'élection.

(Abrogé par Décr. nº 2016-548 du 4 mai 2016, art. 1er-II) ***« Tout mandataire d'une organisation syndicale candidate peut obtenir communication, dans les mêmes conditions, de l'ensemble de la liste électorale de la ou des régions dans lesquelles cette organisation syndicale est candidate. »***

Est punie de l'amende prévue pour les contraventions de la quatrième classe l'utilisation de la liste électorale à des fins autres que des fins électorales. L'amende est appliquée autant de fois qu'il y a d'irrégularités relevées.

A l'expiration d'un délai de huit jours suivant l'affichage des résultats du scrutin, la liste électorale ne peut plus être consultée.

V. Arr. du 4 mai 2016 (JO 5 mai).

SOUS-SECTION 3 **CONTESTATIONS RELATIVES À L'INSCRIPTION SUR LES LISTES ÉLECTORALES**

§ 1er RECOURS GRACIEUX

Art. R. 2122-21 Préalablement à la contestation prévue à l'article L. 2122-10-5, l'électeur ou un représentant qu'il aura désigné saisit le directeur des entreprises, de la concurrence, de la consommation, du travail et de l'emploi de la région dans laquelle l'électeur est inscrit ou demande à être inscrit d'un recours relatif à son inscription. *(Décr. nº 2016-548 du 4 mai 2016, art. 1er-III)* « A peine d'irrecevabilité, cette saisine est formée dans un délai de vingt et un jours à compter de la date fixée par l'arrêté mentionné à l'article R. 2122-19. Elle peut être formée par tout moyen permettant de conférer date certaine à cette saisine. Un récépissé de dépôt permettant de déterminer la date du recours est remis ou transmis au requérant. La saisine peut également être formée par voie électronique, sur le site internet mis en place à cet effet. En ce cas, un accusé de réception est adressé au requérant par voie électronique. »

Le recours peut également porter sur la situation d'un ou plusieurs électeurs autres que le requérant.

V. Arr. du 4 mai 2016 (JO 5 mai).

Art. R. 2122-22 A peine d'irrecevabilité, le recours indique son objet, les nom et prénoms, la date de naissance, l'adresse du requérant et la qualité en laquelle il agit, ainsi que les motifs de la contestation *(Décr. n° 2016-548 du 4 mai 2016, art. 1er-III)* « et est accompagné des pièces justificatives dont la liste est fixée par arrêté du ministre chargé du travail. »

Lorsqu'il porte sur un ou plusieurs électeurs autres que le requérant, *(Décr. n° 2016-548 du 4 mai 2016, art. 1er-III)* « il » précise leurs noms et prénoms ainsi que la dénomination et l'adresse de leur employeur.

Art. R. 2122-23 La décision du directeur régional des entreprises, de la concurrence, de la consommation, du travail et de l'emploi est notifiée dans un délai de dix jours à compter de la date de réception du recours au requérant et, le cas échéant, à l'électeur ou aux électeurs concernés par celui-ci.

Lorsque la décision du directeur régional des entreprises, de la concurrence, de la consommation, du travail et de l'emploi a des conséquences sur la liste électorale d'une autre région, ce dernier en informe le directeur intéressé.

Le silence gardé par le directeur régional des entreprises, de la concurrence, de la consommation, du travail et de l'emploi à l'expiration du délai de dix jours mentionné au premier alinéa vaut décision de rejet.

Art. R. 2122-24 Les électeurs mineurs peuvent, sans autorisation de leur représentant légal, être demandeurs ou défendeurs à une contestation au titre d'un recours gracieux ou concernés par un tel recours.

Art. R. 2122-25 Les délais fixés par les articles R. 2122-21 et R. 2122-23 sont calculés et prorogés conformément aux dispositions des articles 640 à 642 du code de procédure civile.

§ 2 RECOURS CONTENTIEUX

Art. R. 2122-26 La contestation de la décision du directeur régional des entreprises, de la concurrence, de la consommation, du travail et de l'emploi mentionnée à l'article R. 2122-23 peut être formée par l'électeur ou par un représentant qu'il aura désigné. Elle est portée devant le tribunal d'instance dans le ressort duquel son auteur a son domicile ou sa résidence.

A peine d'irrecevabilité, elle est formée dans un délai de dix jours à compter de la notification de la décision du directeur régional des entreprises, de la concurrence, de la consommation, du travail et de l'emploi ou de la date à laquelle est née une décision implicite de rejet.

Art. R. 2122-27 La contestation est formée par déclaration remise ou reçue au greffe du tribunal d'instance par lettre recommandée avec demande d'avis de réception ou par télécopie.

La déclaration indique, à peine de nullité :

1° Les nom, prénoms, date de naissance et adresse du requérant ;

2° La qualité en laquelle il agit ;

3° L'objet du recours.

A peine de nullité, la déclaration est accompagnée soit d'une copie de la décision du directeur régional des entreprises, de la concurrence, de la consommation, du travail et de l'emploi, soit, en cas de décision implicite de rejet, du recours prévu à l'article R. 2122-21 et de l'*(Décr. n° 2016-548 du 4 mai 2016, art. 1er-III)* « accusé » de réception ou du récépissé. Lorsque la contestation concerne un ou plusieurs électeurs autres que le requérant, elle précise, à peine de nullité, leurs noms, prénoms ainsi que la dénomination et l'adresse de leur employeur.

Le directeur régional des entreprises, de la concurrence, de la consommation, du travail et de l'emploi, informé par tout moyen par le greffe de cette contestation, transmet sans délai au tribunal l'adresse du ou des électeurs concernés lorsque ceux-ci ne sont pas les auteurs du recours. Selon les mêmes modalités, en cas de décision implicite de rejet, il transmet à la demande du tribunal toute information utile permettant d'apprécier le bien-fondé de la contestation.

Art. R. 2122-28 Le tribunal d'instance statue dans les dix jours suivant la date du recours sans forme et sans frais et sur simple avertissement donné cinq jours à l'avance aux parties intéressées.

Art. R. 2122-29 La décision du tribunal d'instance est notifiée sans délai et au plus tard dans les trois jours par le greffe au requérant et aux parties intéressées par lettre recommandée avec demande d'avis de réception.

Simultanément, le greffe la transmet au prestataire mentionné à l'article R. 2122-14.

Art. R. 2122-30 Les électeurs mineurs peuvent, sans autorisation de leur représentant légal, être demandeur ou défendeur à une contestation au titre d'un recours contentieux.

Art. R. 2122-31 La décision peut faire l'objet d'un pourvoi en cassation dans un délai de dix jours suivant la notification. Le pourvoi est jugé dans les conditions prévues aux articles 999 à 1008 du code de procédure civile.

Les parties sont dispensées du ministère d'avocat au Conseil d'État et à la Cour de cassation.

Art. R. 2122-32 Les délais fixés par les articles R. 2122-26, R. 2122-28 *(Décr. nº 2016-548 du 4 mai 2016, art. 1er-III)* « , R. 2122-29 » et R. 2122-31 sont calculés et prorogés conformément aux dispositions des articles 640 à 642 du code de procédure civile.

SOUS-SECTION 4 CANDIDATURES DES ORGANISATIONS SYNDICALES DE SALARIÉS

Art. R. 2122-33 *(Décr. nº 2016-548 du 4 mai 2016, art. 1er-III)* Les candidatures des organisations syndicales ayant statutairement vocation à être présentes dans le champ géographique d'une ou de plusieurs régions ou collectivités comprises dans le ressort territorial d'une seule direction régionale des entreprises, de la concurrence, de la consommation, du travail et de l'emploi sont déposées auprès de cette direction.

Les candidatures des organisations syndicales ayant statutairement vocation à être présentes sur un champ géographique excédant le ressort territorial d'une seule direction régionale des entreprises, de la concurrence, de la consommation, du travail et de l'emploi sont déposées auprès de la direction générale du travail.

V. Arr. du 4 mai 2016 (JO 5 mai).

Art. R. 2122-34 Un arrêté du ministre chargé du travail fixe la période de dépôt des candidatures *(Décr. nº 2016-548 du 4 mai 2016, art. 1er-IV)* « et des documents de propagande électorale des organisations syndicales » ainsi que le modèle des documents requis pour *(Décr. nº 2016-548 du 4 mai 2016, art. 1er-IV)* « le dépôt des candidatures. »

V. Arr. du 4 mai 2016 (JO 5 mai).

Art. R. 2122-35 Les syndicats affiliés à une même organisation syndicale au niveau interprofessionnel se déclarent candidats sous le seul nom de cette organisation.

Les organisations syndicales autres que celles auxquelles leurs statuts donnent vocation à être présentes au niveau interprofessionnel indiquent la ou les branches dans lesquelles elles se portent candidates compte tenu des salariés qu'elles ont statutairement vocation à représenter.

Art. R. 2122-36 Les pièces suivantes sont jointes à la déclaration de candidature d'une organisation syndicale :

1° Une déclaration sur l'honneur du mandataire de cette organisation attestant que sa candidature satisfait aux exigences prévues à l'article L. 2122-10-6 ;

2° Une copie de ses statuts ;

3° Une copie du récépissé de dépôt de ses statuts ;

(Décr. n° 2016-548 du 4 mai 2016, art. 1er-IV) « 4° Les éléments et documents permettant de justifier de l'indépendance et de la transparence financière de l'organisation syndicale. »

Art. R. 2122-37 *(Décr. n° 2016-548 du 4 mai 2016, art. 1er-IV)* « L'autorité administrative qui reçoit la déclaration de candidature délivre un récépissé au mandataire de l'organisation syndicale dès lors que cette déclaration satisfait aux conditions et aux délais prévus aux articles R. 2122-34 et R. 2122-36.

« Si la candidature ne remplit pas les conditions prévues à l'article L. 2122-10-6, elle notifie son refus d'enregistrement au mandataire de l'organisation syndicale. »

Un reçu d'enregistrement est délivré au mandataire d'une organisation syndicale dont la candidature est recevable.

Lorsque la déclaration de candidature est effectuée auprès des services centraux du ministère chargé du travail, ceux-ci transmettent à l'ensemble des directeurs régionaux des entreprises, de la concurrence, de la consommation, du travail et de l'emploi une copie de ce reçu d'enregistrement.

Lorsque la déclaration de candidature est effectuée auprès de la direction régionale des entreprises, de la concurrence, de la consommation, du travail et de l'emploi, celle-ci transmet aux services centraux du ministère chargé du travail une copie de ce reçu d'enregistrement.

(Abrogé par Décr. n° 2016-548 du 4 mai 2016, art. 1er-IV) *« L'autorité administrative qui reçoit la déclaration de candidature notifie au mandataire d'une organisation syndicale dont la candidature est irrecevable son refus d'enregistrement. »*

Art. R. 2122-38 Dans chaque région, le directeur régional des entreprises, de la concurrence, de la consommation, du travail et de l'emploi publie la liste des candidatures recevables au recueil des actes administratifs quinze jours après l'expiration de la période de dépôt mentionnée à l'article R. 2122-34. Les candidatures sont également publiées sur le site internet *(Décr. n° 2016-548 du 4 mai 2016, art. 1er-IV)* « du ministère » chargé du travail.

Art. R. 2122-39 La contestation des décisions relatives à l'enregistrement d'une ou *[de]* plusieurs candidatures est formée, à peine d'irrecevabilité, dans un délai de *(Décr. n° 2016-548 du 4 mai 2016, art. 1er-IV)* « quinze » jours à compter de la publication mentionnée à l'article R. 2122-38, devant le tribunal d'instance dans le ressort duquel l'autorité administrative mentionnée à l'article R. 2122-37 a son siège. Elle peut être formée par tout électeur ou tout mandataire d'une organisation candidate. Le tribunal d'instance de Paris XV est compétent pour statuer sur les recours formés contre les décisions *(Décr. n° 2016-548 du 4 mai 2016, art. 1er-IV)* « du directeur général du travail ».

Elle est formée par déclaration remise ou reçue au greffe du tribunal d'instance par lettre recommandée avec demande d'avis de réception ou par télécopie.

A peine de nullité, celle-ci indique les nom, prénoms et adresse du requérant, la qualité en laquelle il agit et l'objet de la contestation ainsi que, le cas échéant, les noms, prénoms et adresses des mandataires de l'organisation syndicale concernée par la candidature litigieuse.

Art. R. 2122-40 Le tribunal d'instance statue sans frais ni forme de procédure dans les dix jours à compter de la date de saisine.

La décision est notifiée aux parties au plus tard dans les trois jours par le greffe qui en adresse une copie dans le même délai au directeur régional des entreprises, de la concurrence, de la consommation, du travail et de l'emploi concerné ou, le cas échéant, au ministre chargé du travail.

Art. R. 2122-41 La décision du tribunal d'instance peut faire l'objet d'un pourvoi en cassation dans un délai de dix jours suivant sa notification. Le pourvoi est jugé dans les conditions prévues aux articles 999 à 1008 du code de procédure civile. Les parties sont dispensées du ministère d'avocat au Conseil d'État et à la Cour de cassation.

Art. R. 2122-42 Les délais fixés par les articles R. 2122-39 à R. 2122-41 sont calculés et prorogés conformément aux dispositions des articles 640, 641 et 642 du code de procédure civile.

SOUS-SECTION 5 **SCRUTIN**

§ 1er COMMISSION DES OPÉRATIONS DE VOTE

SOUS-§ 1er *COMMISSION NATIONALE DES OPÉRATIONS DE VOTE (Décr. n° 2016-548 du 4 mai 2016, art. 1er-V).*

Art. R. 2122-43 Une commission nationale des opérations de vote est créée auprès du ministre chargé du travail.

Art. R. 2122-44 *(Décr. n° 2016-548 du 4 mai 2016, art. 1er-V)* La Commission nationale des opérations de vote est chargée :

1° De donner un avis sur la conformité des documents de propagande électorale des organisations syndicales mentionnées au deuxième alinéa de l'article R. 2122-33 aux conditions fixées aux articles R. 2122-52 et R. 2122-52-1 lorsque ces documents de propagande sont communs à plus d'une région ;

2° De s'assurer de l'impression des bulletins de vote et des documents de propagande électorale de l'ensemble des candidatures mentionnées à l'article R. 2122-33 et de s'assurer de l'expédition des documents de propagande et du matériel de vote à chaque électeur ;

3° De s'assurer de la réception des votes ;

4° D'assister au dépouillement et au recensement des votes dans les conditions fixées par les articles R. 2122-78 à R. 2122-92 ;

5° De proclamer les résultats au niveau national.

Art. R. 2122-45 La Commission nationale des opérations de vote comprend :

1° Deux fonctionnaires désignés par le ministre chargé du travail, dont l'un assure la fonction de *(Décr. n° 2016-548 du 4 mai 2016, art. 1er-V)* « président et l'autre celle de » secrétaire ;

2° Les mandataires de chaque organisation syndicale candidate au niveau national et interprofessionnel *(Décr. n° 2016-548 du 4 mai 2016, art. 1er-V)* « et des autres organisations syndicales candidates mentionnées au deuxième alinéa de l'article R. 2122-33. »

(Abrogé par Décr. n° 2016-548 du 4 mai 2016, art. 1er-V) ***« Les mandataires des autres organisations syndicales candidates mentionnées au deuxième alinéa de l'article R. 2122-33 peuvent participer avec voix consultative aux travaux de la commission. »***

SOUS-§ 2 *COMMISSION RÉGIONALE DES OPÉRATIONS DE VOTE (Décr. n° 2016-548 du 4 mai 2016, art. 1er-V).*

Art. R. 2122-46 Une commission régionale des opérations de vote siège auprès du directeur régional des entreprises, de la concurrence, de la consommation, du travail et de l'emploi.

Art. R. 2122-47 La commission régionale des opérations de vote est chargée :

(Décr. n° 2016-548 du 4 mai 2016, art. 1er-V) « 1° De donner un avis sur la conformité aux conditions fixées aux articles R. 2122-52 et R. 2122-52-1 des documents de propagande électorale des organisations syndicales mentionnées au premier alinéa de l'article R. 2122-33 qui présentent leur candidature dans la ou les régions ou collectivités comprise *[comprises]* dans le ressort territorial de la direction régionale des entreprises, de la concurrence, de la consommation, du travail et de l'emploi à laquelle elle est rattachée *[elles sont rattachées]* et des organisations syndicales mentionnées au deuxième alinéa de l'article R. 2122-33 dont la propagande est différenciée pour cette ou ces régions ou collectivités ; »

2° De proclamer les résultats.

Art. R. 2122-48 La commission régionale des opérations de vote comprend :

1° Deux fonctionnaires désignés par le directeur régional des entreprises, de la concurrence, de la consommation, du travail et de l'emploi *(Décr. n° 2016-548 du 4 mai 2016, art. 1er-V)* « dont l'un assure la fonction de président et l'autre celle de secrétaire ;

« 2° Les mandataires des organisations syndicales candidates au niveau national et interprofessionnel, des organisations mentionnées au deuxième alinéa de l'article

R. 2122-33 qui ont différencié leur document de propagande dans la ou les régions ou collectivités comprise *[comprises]* dans le ressort territorial de la direction régionale des entreprises, de la concurrence, de la consommation, du travail et de l'emploi à laquelle elle est rattachée *[elles sont rattachées]*, et des autres organisations syndicales candidates uniquement dans cette ou ces régions ou collectivités ».

Les mandataires des autres organisations syndicales candidates dans la région *[ou les régions]* peuvent participer avec voix consultative aux travaux de la commission.

SOUS-§ 3 *DISPOSITIONS COMMUNES À LA COMMISSION NATIONALE DES OPÉRATIONS DE VOTE ET AUX COMMISSIONS RÉGIONALES DES OPÉRATIONS DE VOTE*

(Décr. n° 2016-548 du 4 mai 2016, art. 1er-V)

Art. R. 2122-48-1 L'autorité administrative consulte la commission des opérations de vote compétente sur la conformité des maquettes de propagande aux prescriptions des articles R. 2122-52 et R. 2122-52-1. Elle notifie aux organisations syndicales candidates dont elle a examiné les documents de propagande sa décision d'accepter ou de refuser les maquettes dans un délai fixé par arrêté du ministre chargé du travail. Pour les documents de propagande mentionnés au 1° de l'article R. 2122-44, la décision est prise par le directeur général du travail. Pour les autres documents de propagande, elle est prise par le directeur régional des entreprises, de la concurrence, de la consommation, du travail et de l'emploi auprès duquel siège la commission régionale des opérations de vote concernée.

V. Arr. du 4 mai 2016, art. 10 (JO 5 mai).

Art. R. 2122-48-2 La contestation des décisions relatives à la conformité des documents de propagande électorale est formée devant le tribunal d'instance, sous peine d'irrecevabilité, dans un délai de dix jours à compter de la notification mentionnée à l'article R. 2122-48-1. Le tribunal d'instance du quinzième arrondissement de Paris est compétent pour statuer sur les contestations formées contre les décisions portant sur les documents de propagande des organisations syndicales mentionnées au deuxième alinéa de l'article R. 2122-33. Lorsque la contestation concerne un document de propagande d'une organisation syndicale mentionnée au premier alinéa de l'article R. 2122-33, le tribunal d'instance compétent est le tribunal dans le ressort duquel le directeur régional des entreprises, de la concurrence, de la consommation, du travail et de l'emploi qui a rendu la décision a son siège.

Art. R. 2122-48-3 Les modalités de saisine du tribunal d'instance et les règles de procédure prévues aux articles R. 2122-39 à R. 2122-42 s'appliquent à la contestation des décisions relatives aux documents de propagande électorale des organisations syndicales.

Art. R. 2122-48-4 Il est mis à la disposition des mandataires des organisations syndicales membres de la commission des opérations de vote, sur support électronique, un extrait de la liste des électeurs de la ou des régions, ainsi que de la ou des branches dans lesquelles ces organisations sont candidates. Cet extrait mentionne les noms *[nom]* , prénom, collège, adresse du domicile de chaque électeur ainsi que l'identifiant ou l'intitulé de la convention collective relative à l'emploi occupé.

Les organisations syndicales et leur mandataire s'engagent à ne pas faire un usage de ce fichier qui ne soit strictement lié à l'élection.

L'utilisation par les organisations syndicales de ce fichier à des fins autres que des fins électorales est punie de l'amende prévue pour les contraventions de la quatrième classe. L'amende est appliquée autant de fois qu'il y a de personnes concernées.

Le non-respect de l'obligation de destruction mentionnée à l'article R. 2122-16-1 est puni de l'amende prévue pour les contraventions de la quatrième classe.

Art. R. 2122-48-5 La commission se réunit sur convocation de son président, qui fixe l'ordre du jour.

Cette convocation peut être envoyée par tout moyen, y compris par télécopie ou par courrier électronique. Il en est de même des pièces ou documents nécessaires à la préparation de la réunion ou établis à l'issue de celle-ci.

Sauf urgence, les membres de la commission reçoivent, cinq jours au moins avant la date de la réunion, une convocation comportant l'ordre du jour et, le cas échéant, les documents nécessaires à l'examen des affaires qui y sont inscrites.

§ 2 DOCUMENTS ÉLECTORAUX

Art. R. 2122-49 Un document d'identification de l'électeur est délivré pour chaque scrutin à tout électeur inscrit sur la liste électorale. Les frais de fabrication et d'expédition des documents électoraux sont à la charge de l'État.

Art. R. 2122-50 Le document d'identification est établi et envoyé par le prestataire mentionné à l'article R. 2122-14. Il mentionne :

1° Les nom, prénoms et domicile de l'électeur ;

2° Le collège et la branche dont il relève ;

3° La région *(Décr. n° 2016-548 du 4 mai 2016, art. 1er-V)* « et le département » d'inscription ;

4° Le numéro d'ordre qui lui est attribué sur la liste d'émargement ;

5° Les périodes de vote ;

6° Les informations nécessaire au vote par correspondance ;

7° Les éléments permettant à l'électeur de voter électroniquement à distance selon des modalités assurant notamment le respect des exigences de sécurité et de confidentialité du vote.

Art. R. 2122-51 Le document d'identification de l'électeur est envoyé au domicile de chaque électeur par voie postale.

Art. R. 2122-52 *(Décr. n° 2016-548 du 4 mai 2016, art. 1er-V)* Les organisations syndicales candidates mentionnées au premier alinéa de l'article R. 2122-33 transmettent à la direction régionale des entreprises, de la concurrence, de la consommation, du travail et de l'emploi de la ou les régions ou collectivités dans laquelle *[lesquelles]* elles se portent candidates une maquette de leur document de propagande électorale sur un double feuillet de format 210 mm × 297 mm et sur format électronique, au plus tard à une date fixée par arrêté du ministre chargé du travail. – *V. Arr. du 4 mai 2016 (JO 5 mai).*

Les organisations syndicales candidates mentionnées au deuxième alinéa de l'article R. 2122-33 transmettent, dans les mêmes conditions, une maquette de leur document de propagande électorale à la direction générale du travail. Si l'organisation syndicale souhaite présenter des documents de propagande différenciés par région ou collectivité, elle établit une maquette par région ou collectivité. Cette maquette est adressée par la direction générale du travail à la direction régionale des entreprises, de la concurrence, de la consommation, du travail et de l'emploi de la région dans laquelle l'organisation syndicale se porte candidate.

Art. R. 2122-52-1 *(Décr. n° 2016-548 du 4 mai 2016, art. 1er-V)* Pour l'application du premier alinéa de l'article L. 23-112-2, les organisations syndicales de salariés mentionnées au 1° de l'article L. 23-112-1 peuvent faire figurer sur leur document de propagande électorale les nom, prénom et profession des salariés qu'elles envisagent de désigner dans les commissions paritaires régionales interprofessionnelles, ainsi que les photographies de ces derniers. Les modalités de présentation de ces salariés sur les maquettes des documents de propagande sont précisées par arrêté du ministre chargé du travail.

Les organisations syndicales joignent à la maquette de leur document de propagande les déclarations sur l'honneur signées de ces salariés attestant de leur qualité de salarié d'une entreprise de moins de onze salariés.

Art. R. 2122-52-2 *(Décr. n° 2016-548 du 4 mai 2016, art. 1er-V)* Postérieurement à la notification de la décision de l'autorité administrative mentionnée à l'article R. 2122-48-1, les organisations syndicales notifient aux employeurs concernés par tout moyen permettant de conférer date certaine l'identité des salariés qui figurent sur leurs documents de propagande électorale. Elles précisent les noms *[nom]*, prénom, date et lieu de naissance du salarié et les nom, prénom de l'employeur ou dénomination de l'entreprise.

Ces informations sont simultanément communiquées à l'inspection du travail.

Art. R. 2122-52-3 *(Décr. nº 2016-548 du 4 mai 2016, art. 1er-V)* Sous le contrôle de la Commission nationale des opérations de vote, le prestataire mentionné à l'article R. 2122-14 procède à l'impression des bulletins de vote et des documents de propagande électorale de l'ensemble des candidatures mentionnées à l'article R. 2122-33. Il expédie à chacun des électeurs concernés, quatre jours au plus tard avant la date d'ouverture du scrutin sous un même pli fermé, un document de propagande de chaque candidature et les instruments nécessaires au vote.

SOUS-SECTION 6 **MODALITÉS DE VOTE**

§ 1er DISPOSITIONS COMMUNES

Art. R. 2122-53 Le prestataire agissant pour le compte du ministre chargé du travail mentionné au 2° de l'article R. 2122-14 met en place un centre de traitement situé sur le territoire français pour le vote par correspondance et le vote électronique à distance prévus à l'article L. 2122-10-7.

Art. R. 2122-54 Les systèmes de vote électronique à distance et de vote par correspondance sont soumis, préalablement à leur mise en place, à une expertise indépendante. L'expert est désigné par les services du ministre chargé du travail. Le rapport de l'expert est tenu à la disposition de la Commission nationale de l'informatique et des libertés et communiqué aux membres du bureau du vote, aux membres du comité technique, aux délégués mentionnés à l'article R. 2122-59 et aux membres de la Commission nationale des opérations de vote.

Art. R. 2122-55 L'électeur ayant exercé son droit de vote par voie électronique à distance n'est plus admis à voter par correspondance.

§ 2 BUREAU DE VOTE

Art. R. 2122-56 Il est créé un bureau de vote chargé du contrôle de l'ensemble des opérations électorales et du dépouillement du scrutin. Il s'assure notamment :

1° De la mise en œuvre des dispositifs de sécurité prévus pour garantir le secret du vote et son intégrité ;

2° De la confidentialité des fichiers des électeurs comportant les éléments permettant leur identification, du chiffrement des urnes électroniques et de la séparation des urnes électroniques et des fichiers des électeurs ;

3° De la conservation des différents supports d'information et des conditions de sécurité et de confidentialité des données pendant et après le scrutin.

Le bureau de vote vérifie la qualité des personnes autorisées à accéder à chacun des traitements automatisés. Les membres du bureau de vote peuvent accéder à tout moment aux locaux hébergeant les traitements automatisés ainsi que les espaces de stockage des plis de vote par correspondance.

En cas de force majeure, de dysfonctionnement informatique, de défaillance technique ou d'altération des données, le bureau de vote est compétent pour prendre, après consultation du comité technique mentionné à l'article R. 2122-58, toute mesure d'information et de sauvegarde, y compris l'arrêt temporaire ou définitif du processus électoral. Toute intervention sur le système de vote fait l'objet d'une consignation au procès-verbal des opérations de vote et d'une information des délégués mentionnés à l'article R. 2122-59. A la clôture du vote, le procès-verbal des opérations de vote est rédigé par le secrétaire du bureau de vote. Il est établi en deux exemplaires, signés de tous les membres du bureau de vote.

Art. R. 2122-57 Le bureau de vote est présidé par un magistrat en activité ou honoraire de l'ordre judiciaire, désigné par le président de la chambre sociale de la Cour de cassation.

Il comprend en outre :

1° Deux assesseurs ayant la qualité de magistrat de l'ordre administratif, en activité à Paris ou honoraires, désignés par le président de la cour administrative d'appel de Paris ;

2° Deux assesseurs désignés par le premier président de la cour d'appel de Paris parmi les magistrats de l'ordre judiciaire ou les auxiliaires de justice, en activité à Paris ou honoraires ;

3° Un secrétaire désigné par le ministre chargé du travail.

En cas d'absence, le président du bureau de vote est remplacé par le plus âgé des assesseurs présents.

En cas d'absence, le secrétaire du bureau de vote est remplacé par le plus jeune des assesseurs présents.

Lorsque le bureau est appelé à statuer sur une contestation, le président du bureau a voix prépondérante en cas de partage égal des voix.

Le secrétaire assiste aux réunions du bureau mais ne participe pas avec voix délibérative à ses décisions.

Art. R. 2122-58 Le bureau de vote est assisté par un comité technique comprenant l'expert indépendant prévu à l'article R. 2122-54 et deux membres nommés par arrêté du ministre chargé du travail.

Art. R. 2122-59 Chaque organisation syndicale candidate au niveau national et interprofessionnel peut désigner cinq délégués habilités à contrôler l'ensemble des opérations du vote et à faire mentionner au procès-verbal toute observation.

L'accès au bureau de vote est assuré à ces délégués, dans la limite de deux délégués à la fois par organisation.

Art. R. 2122-60 Le bureau de vote constate la présence du scellement des systèmes de vote, leur bon fonctionnement, la remise à zéro du compteur des suffrages et le fait que les urnes électroniques soient vides.

§ 3 VOTE ÉLECTRONIQUE À DISTANCE

Art. R. 2122-61 Tout électeur pour lequel sont connues toutes les informations mentionnées à l'article R. 2122-12 peut voter par voie électronique à distance.

Art. R. 2122-62 Il est créé, selon des modalités fixées par arrêté du ministre chargé du travail, deux traitements automatisés distincts, dédiés et isolés, respectivement dénommés "fichier des électeurs" et "urne électronique".

Aucun lien n'est établi entre ces deux traitements.

V. Arr. du 4 mai 2016 (JO 5 mai).

Art. R. 2122-63 Le fichier des électeurs contient les données relatives à la liste électorale établie en application de l'article L. 2122-10-4.

Ce fichier permet d'adresser aux électeurs remplissant les conditions pour voter par voie électronique à distance les éléments permettant leur identification lors des opérations de vote. Il permet également de recenser les électeurs ayant pris part au scrutin par voie électronique à distance et d'éditer la liste d'émargement.

Art. R. 2122-64 L'urne électronique contient les données relatives aux votes exprimés par voie électronique à distance.

Art. R. 2122-65 Pour voter par voie électronique à distance, l'électeur, après s'être identifié et avoir attesté sur l'honneur qu'il ne faisait l'objet d'aucune interdiction, déchéance ou incapacité relative à ses droits civiques, exprime puis valide son vote. Le vote est anonyme. Il fait l'objet d'un chiffrement par le système dès son émission sur le terminal utilisé par l'électeur, avant sa transmission au fichier "urne électronique" et demeure chiffré jusqu'au dépouillement. La liaison entre le terminal de vote et le serveur hébergeant le fichier "urne électronique" fait également l'objet d'un chiffrement. *(Décr. n° 2016-548 du 4 mai 2016, art. 1er-VI)* « La transmission du vote et l'émargement de l'électeur ont une date certaine de réception. Il est immédiatement mis à la disposition de l'électeur un accusé de réception électronique mentionnant son identifiant ainsi que la date et l'heure du vote. »

Art. R. 2122-66 Au cours de la période de vote par voie électronique à distance, la liste d'émargement est mise à jour à chaque vote.

Le système de vote garantit qu'aucun résultat partiel n'est accessible pendant le déroulement du scrutin.

Tout dysfonctionnement ou toute intervention du prestataire sur le serveur est automatiquement consigné dans un journal. Le bureau de vote en est immédiatement informé.

Art. R. 2122-67 A la clôture du vote par voie électronique à distance, le président et les assesseurs du bureau du vote, après avoir déclaré le scrutin clos, procèdent au scellement de l'urne électronique et de la liste d'émargement.

Art. R. 2122-68 Une fois le scellement opéré, le président et les assesseurs du bureau de vote vérifient l'intégrité du système de vote par voie électronique à distance.

Ils vérifient en particulier que le nombre de votes exprimés dans l'urne électronique correspond au nombre de votants figurant sur la liste d'émargement et que les votes enregistrés ont été exprimés pendant la période de vote.

Ces constatations sont incluses dans le journal qui recense les opérations de vote électronique à distance. Ce journal est automatiquement édité et communiqué au comité technique mentionné à l'article R. 2122-58 et aux délégués mentionnés à l'article R. 2122-59. Il est annexé au procès-verbal des opérations de vote mentionné à l'article R. 2122-56.

Art. R. 2122-69 Après le scellement de l'urne électronique, le président du bureau de vote et deux des assesseurs tirés au sort se voient chacun remettre une clé de dépouillement distincte, selon des modalités qui en garantissent la confidentialité.

Deux autres clés sont conservées par deux tiers indépendants choisis par les services du ministre chargé du travail.

Art. R. 2122-70 Jusqu'à l'expiration du délai de recours contentieux ou, lorsqu'une action contentieuse a été engagée, jusqu'à la décision juridictionnelle devenue définitive, les fichiers supports comprenant la copie des programmes sources et des programmes exécutables, les matériels de vote, les fichiers d'émargement, de résultats et de sauvegarde sont conservés sous scellés, sous le contrôle du ministre chargé du travail et de la commission des opérations de vote. Si nécessaire, la procédure de décompte des votes peut être exécutée à nouveau.

A l'expiration du délai de recours ou, lorsqu'une action contentieuse a été engagée, après l'intervention d'une décision juridictionnelle devenue définitive, il est procédé à la destruction des fichiers supports, sous le contrôle du ministre chargé du travail et de la commission des opérations de vote.

Art. R. 2122-71 Le document d'identification de l'électeur ainsi que le système de vote électronique à distance mentionnent les modalités de confidentialité du vote.

§ 4 VOTE PAR CORRESPONDANCE

Art. R. 2122-72 Tout électeur ayant reçu le document d'identification mentionné à l'article R. 2122-49 peut voter par correspondance selon les modalités prévues à l'article *(Décr. n° 2016-548 du 4 mai 2016, art. 1er-VI)* « R. 2122-74 ».

Art. R. 2122-73 *(Décr. n° 2016-548 du 4 mai 2016, art. 1er-VI)* Pour le vote par correspondance, il est fait usage :

1° D'une enveloppe de retour adressée au centre de traitement ;

2° D'un bulletin de vote permettant à la fois l'émargement de l'électeur et l'expression de son vote. Les informations du bulletin relatives à l'identification de l'électeur font l'objet d'un encodage avec identifiant aléatoire de sorte qu'il soit impossible d'établir un lien entre le sens du vote et l'identité de l'électeur.

Art. R. 2122-74 *(Décr. n° 2016-548 du 4 mai 2016, art. 1er-VI)* L'électeur souhaitant voter par correspondance adresse au centre de traitement mentionné à l'article R. 2122-53 son bulletin de vote après l'avoir glissé dans l'enveloppe de retour. Par cet envoi, il atteste sur l'honneur qu'il ne fait l'objet d'aucune interdiction, déchéance ou incapacité relative à ses droits civiques.

Un arrêté du ministre chargé du travail fixe la date limite de réception des votes par correspondance.

V. Arr. du 4 mai 2016 (JO 5 mai).

Art. R. 2122-75 Les plis de vote par correspondance sont, dès leur arrivée, remis par le prestataire en charge de l'acheminement postal agissant pour le compte du ministre chargé du travail au centre de traitement mentionné à l'article R. 2122-53.

Art. R. 2122-76 Le centre de traitement ne peut accepter comme vote émis par correspondance aucun pli autre que les plis officiels portant la mention "Vote par correspondance" remis par le prestataire en charge de l'acheminement postal, agissant pour le compte du ministre chargé du travail. Les plis d'une autre nature sont conservés sans être ouverts par le centre de traitement en vue de leur annexion au procès-verbal de dépouillement du scrutin.

Art. R. 2122-77 Jusqu'à l'expiration du délai de recours contentieux, ou lorsqu'une action contentieuse a été engagée, jusqu'à la décision juridictionnelle devenue définitive, les fichiers supports comprenant la copie des programmes sources et des programmes exécutables, les matériels de vote, les fichiers d'émargement, de résultats et de sauvegarde sont conservés sous scellés, sous le contrôle du ministre chargé du travail. Si nécessaire la procédure de décompte des votes peut être exécutée à nouveau.

A l'expiration du délai de recours ou, lorsqu'une action contentieuse a été engagée, après l'intervention d'une décision juridictionnelle devenue définitive, il est procédé à la destruction des fichiers supports sous le contrôle du ministre chargé du travail et de la commission des opérations de vote.

SOUS-SECTION 7 **DÉPOUILLEMENT**

§ 1er DÉPOUILLEMENT DU VOTE ÉLECTRONIQUE À DISTANCE

Art. R. 2122-78 Le dernier jour du dépouillement du vote par correspondance, le président et les assesseurs du bureau de vote procèdent, en public, au dépouillement des votes électroniques à distance. A cette fin, ils activent deux des trois clés de dépouillement mentionnées à l'article R. 2122-69. Le décompte des suffrages fait l'objet d'une édition sécurisée afin d'être porté au procès-verbal. Les résultats sont présentés par région, par branche et par collège.

Art. R. 2122-79 Dans le cas où l'électeur a utilisé les deux modes de vote, seul le vote électronique est retenu.

§ 2 DÉPOUILLEMENT DU VOTE PAR CORRESPONDANCE

Art. R. 2122-80 Les opérations de dépouillement du vote par correspondance font l'objet de traitements automatisés.

Art. R. 2122-81 Il est créé, selon des modalités fixées par arrêté du ministre chargé du travail, deux traitements automatisés distincts, dédiés et isolés, respectivement dénommés "fichier des électeurs" et "urne électronique".

Aucun lien n'est établi entre ces deux traitements.

V. Arr. du 4 mai 2016 (JO 5 mai).

Art. R. 2122-82 Le fichier des électeurs contient les données relatives à la liste électorale établie en application de l'article L. 2122-10-4. Ce fichier permet de recenser les électeurs ayant pris part au scrutin.

Art. R. 2122-83 L'urne électronique contient les données relatives aux votes exprimés par correspondance. Les données de ce fichier font l'objet d'un chiffrement.

Art. R. 2122-84 Après la fin du vote, le bureau de vote procède au dépouillement des votes par correspondance en séance publique, en présence de la Commission nationale des opérations de vote. Le bureau de vote et la Commission nationale des opérations de vote peuvent faire inscrire leurs observations au procès-verbal.

Art. R. 2122-85 Avant le début du dépouillement du vote par correspondance, le bureau de vote constate la présence du scellement du système de dépouillement des votes, son bon fonctionnement, la remise à zéro du compteur des suffrages et le fait que l'urne électronique est vide.

Aucun résultat partiel n'est accessible pendant le déroulement du dépouillement.

Art. R. 2122-86 Le processus d'enregistrement du vote fait l'objet des deux traitements suivants :

1° D'une part, la mise à jour de la liste d'émargement. Lorsque, au moment de ce traitement, il est constaté que l'électeur ayant envoyé un vote par correspondance a déjà voté électroniquement à distance, son vote par correspondance est immédiatement détruit. Cette opération est mentionnée au procès-verbal ;

2° D'autre part, le vote fait l'objet d'un contrôle de recevabilité telle que définie à l'article R. 2122-88 puis le vote est comptabilisé.

Art. R. 2122-87 Ne font pas l'objet d'un dépouillement et sont annexés au procès-verbal des opérations de vote :

(Abrogé par Décr. n° 2016-548 du 4 mai 2016, art. 1er-VII) « 1° Les plis parvenus au centre de traitement mentionné à l'article R. 2122-53 plus de cinq jours après le dernier jour de la période de vote ; »

1° Les plis remis par une personne ne travaillant pas pour le prestataire en charge de l'acheminement postal ;

2° Les plis des électeurs ayant déjà voté par vote électronique ;

3° Les plis arrivés non cachetés ou décachetés.

Art. R. 2122-88 N'entrent pas en compte dans le résultat des votes par correspondance :

1° Les enveloppes sans bulletin ;

2° Les bulletins blancs ;

3° Les bulletins multiples trouvés dans la même enveloppe et en faveur de candidatures différentes ;

4° Les bulletins désignant une candidature qui n'a pas été régulièrement publiée ou dont l'irrecevabilité a été constatée par le juge ;

(Décr. n° 2016-548 du 4 mai 2016, art. 1er-VII) « 5° Les bulletins d'un modèle différent de ceux qui ont été adressés aux électeurs ou qui comportent une mention manuscrite rendant incertaine l'expression du vote ; »

6° Les bulletins *(Abrogé par Décr. n° 2016-548 du 4 mai 2016, art. 1er-VII) « ou enveloppes »* portant des signes intérieurs ou extérieurs de reconnaissance ;

7° Les bulletins *(Abrogé par Décr. n° 2016-548 du 4 mai 2016, art. 1er-VII) « ou enveloppes »* portant des mentions injurieuses ;

8° Les *(Décr. n° 2016-548 du 4 mai 2016, art. 1er-VII)* « documents de propagande utilisés » comme bulletin.

Art. R. 2122-89 Les matériels de vote qui n'ont pas été pris en compte conformément à l'article R. 2122-88 sont annexés au procès-verbal.

Chacun de ces matériels annexés porte mention des causes de l'annexion.

Art. R. 2122-90 *(Décr. n° 2016-548 du 4 mai 2016, art. 1er-VII)* « Les enveloppes de vote par correspondance sont jointes à la liste d'émargement. »

Ces documents sont conservés pendant quatre mois après l'expiration des délais fixés pour la formation des recours contre l'élection.

§ 3 CENTRALISATION ET PROCLAMATION DES RÉSULTATS

Art. R. 2122-91 Après la clôture du dépouillement du vote par correspondance, les résultats du vote électronique à distance sont ajoutés aux résultats des votes exprimés par correspondance.

Art. R. 2122-92 Immédiatement après la fin du dépouillement, le procès-verbal de dépouillement est rédigé par le secrétaire de la Commission nationale des opérations de vote.

Il est établi en deux exemplaires, signés de tous les membres de la Commission nationale des opérations de vote.

Dès l'établissement du procès-verbal de dépouillement, les résultats sont transmis par le président de la Commission nationale des opérations de vote aux commissions régionales des opérations de vote pour proclamation et affichage dans les directions régionales des entreprises, de la concurrence, de la consommation, du travail et de l'emploi.

Les résultats sont également *(Décr. n° 2016-548 du 4 mai 2016, art. 1er-VII)* « proclamés par le président de la Commission nationale des opérations de vote » *[et]* publiés sur le site internet mentionné à l'article R. 2122-19.

Un exemplaire est aussitôt transmis au ministre chargé du travail et au Haut Conseil du dialogue social.

SOUS-SECTION 8 CONTESTATIONS RELATIVES AU DÉROULEMENT DES OPÉRATIONS ÉLECTORALES

Art. R. 2122-93 Les contestations prévues à l'article L. 2122-10-11 sont formées postérieurement au scrutin, dans un délai de quinze jours à compter de l'affichage des résultats mentionné à l'article R. 2122-92 par tout électeur ou tout mandataire d'une organisation candidate relevant de la région pour laquelle la contestation est formée, à peine d'irrecevabilité.

Le recours est porté devant le tribunal d'instance dans le ressort duquel siège la commission régionale des opérations de vote ayant proclamé les résultats faisant l'objet du recours.

Art. R. 2122-94 Les électeurs mineurs peuvent présenter un recours relatif au déroulement des opérations électorales sans autorisation de leur représentant légal.

Art. R. 2122-95 La contestation est formée par déclaration remise ou reçue au greffe du tribunal d'instance par lettre recommandée avec demande d'avis de réception ou par télécopie.

A peine de nullité, la déclaration indique les nom, prénoms et adresse du requérant, la qualité en laquelle il agit et l'objet de la contestation.

Art. R. 2122-96 Le tribunal statue dans un délai d'un mois à compter de sa saisine, après avoir averti toutes les parties intéressées quinze jours à l'avance par remise contre récépissé ou par lettre recommandée avec demande d'avis de réception. A défaut de retour au greffe de l'avis de réception signé, la notification est réputée faite à domicile au jour de sa première présentation.

Le tribunal d'instance statue sans frais ni forme de procédure. La décision est notifiée aux parties au plus tard dans les trois jours par le greffe, qui en adresse une copie dans le même délai au ministre chargé du travail qui en transmet lui-même une copie au Haut Conseil du dialogue social.

La décision du tribunal d'instance n'est pas susceptible d'opposition.

Art. R. 2122-97 La décision peut faire l'objet d'un pourvoi en cassation dans un délai de dix jours suivant la notification. Le pourvoi est jugé dans les conditions prévues aux articles 999 à 1008 du code de procédure civile.

Les parties sont dispensées du ministère d'avocat au Conseil d'État et à la Cour de cassation.

Art. R. 2122-98 Les délais fixés par les articles R. 2122-93, R. 2122-96 et R. 2122-97 sont calculés et prorogés conformément aux dispositions des articles 640, 641 et 642 du code de procédure civile.

SECTION IV VOIES DE RECOURS

(Décr. n° 2012-1130 du 5 oct. 2012)

Art. R. 2122-99 Les recours dirigés contre les arrêtés pris en application de l'article L. 2122-11 sont portés devant la juridiction désignée par l'article R. 311-2 du code de justice administrative.

TITRE TROISIÈME STATUT JURIDIQUE

CHAPITRE PREMIER OBJET ET CONSTITUTION

Art. R. 2131-1 Les statuts du syndicat sont déposés à la mairie de la localité où le syndicat est établi.

Le maire communique ces statuts au procureur de la République. – *[Anc. art. R. 411-1.]*

CHAPITRE II CAPACITÉ CIVILE

Le présent chapitre ne comprend pas de dispositions réglementaires.

CHAPITRE III UNIONS DE SYNDICATS

Le présent chapitre ne comprend pas de dispositions réglementaires.

CHAPITRE IV MARQUES SYNDICALES

Le présent chapitre ne comprend pas de dispositions réglementaires.

CHAPITRE V RESSOURCES ET MOYENS

(Décr. n° 2009-1665 du 28 déc. 2009)

SECTION PREMIÈRE CERTIFICATION ET PUBLICITÉ DES COMPTES DES ORGANISATIONS SYNDICALES DE SALARIÉS ET PROFESSIONNELLES D'EMPLOYEURS *(Décr. n° 2015-87 du 28 janv. 2015, art. 1er)*.

Art. D. 2135-1 Les comptes annuels des syndicats professionnels de salariés ou d'employeurs et de leurs unions, et des associations de salariés ou d'employeurs mentionnés à l'article L. 2135-1 sont établis dans les conditions prévues au présent chapitre.

Art. D. 2135-2 Les comptes annuels des syndicats professionnels de salariés ou d'employeurs et de leurs unions, et des associations de salariés ou d'employeurs mentionnés à l'article L. 2135-1 dont les ressources au sens de l'article D. 2135-9 sont supérieures à 230 000 euros à la clôture d'un exercice comprennent un bilan, un compte de résultat et une annexe selon des modalités définies par règlement de l'Autorité des normes comptables.

Les prescriptions comptables applicables à ces organisations sont fixées par règlement de l'Autorité des normes comptables.

V. Arr. du 31 déc. 2009 portant homologation du Règl. n° 2009-10 du Comité de la réglementation comptable (JO 5 janv. 2010).

Art. D. 2135-3 Les comptes annuels des syndicats professionnels de salariés ou d'employeurs et de leurs unions, et des associations de salariés ou d'employeurs mentionnés à l'article L. 2135-1 dont les ressources au sens de l'article D. 2135-9 sont inférieures ou égales à 230 000 euros à la clôture de l'exercice peuvent être établis sous la forme d'un bilan, d'un compte de résultat et d'une annexe simplifiés, selon des modalités fixées par règlement de l'Autorité des normes comptables. Ils peuvent n'enregistrer leurs créances et leurs dettes qu'à la clôture de l'exercice.

Les dispositions du présent article ne sont plus applicables lorsque la condition de ressources mentionnée à l'alinéa précédent n'est pas remplie pendant deux exercices consécutifs.

Transparence financière. Le défaut de production de l'annexe simplifiée prévue par l'art. D. 2135-3 ne dispense pas le juge d'examiner le critère de transparence financière au vu des documents produits par le syndicat (bilan, compte de résultat, livres comptables, ensemble des relevés bancaires...). • Soc. 29 févr. 2012 : *Dalloz actualité, 14 mars 2012, obs. Siro ; D. 2012. Actu. 687 ; D. 2012. 392, n° 471 ; Dr. ouvrier 2012. 315, Rapp. Béraud ; JS Lamy 2012, n° 320-5, obs. Ferté ; JCP S 2012. 1168, obs. Gauriau.*

Art. D. 2135-4 Les comptes annuels des syndicats professionnels de salariés ou d'employeurs et de leurs unions, et des associations de salariés ou d'employeurs mentionnés à l'article L. 2135-1 dont les ressources au sens de l'article D. 2135-9 sont inférieures à 2 000 euros à la clôture d'un exercice peuvent être établis sous la forme d'un livre mentionnant chronologiquement le montant et l'origine des ressources qu'ils perçoivent et des dépenses qu'ils effectuent, ainsi que les références aux pièces justificatives. Pour les ressources, il distingue les règlements en espèces des autres règlements. Une fois par année civile, un total des ressources et des dépenses est établi.

Art. D. 2135-5 Les comptes des syndicats professionnels et de leurs unions, et des associations de salariés ou d'employeurs mentionnés à l'article L. 2135-2 comprennent un bilan, un compte de résultat et une annexe établis selon des modalités définies par règlement de l'Autorité des normes comptables.

Les prescriptions comptables relatives aux comptes consolidés sont fixées par règlement de l'Autorité des normes comptables.

Art. D. 2135-6 Les comptes combinés des syndicats professionnels et de leurs unions, et des associations de salariés ou d'employeurs mentionnés à l'article L. 2135-3 comprennent un bilan, un compte de résultat et une annexe établis selon des modalités définies par règlement de l'Autorité des normes comptables.

Les prescriptions comptables relatives aux comptes combinés sont fixées par règlement de l'Autorité des normes comptables.

Art. D. 2135-7 Les syndicats professionnels de salariés ou d'employeurs et leurs unions, et les associations de salariés ou d'employeurs mentionnés à l'article L. 2135-1 dont les ressources au sens de l'article D. 2135-9 sont égales ou supérieures à 230 000 euros à la clôture d'un exercice assurent la publicité de leurs comptes et du rapport du commissaire aux comptes sur le site internet de la Direction *(Décr. nº 2010-31 du 11 janv. 2011)* « de l'information légale et administrative ». A cette fin, ils transmettent par voie électronique à la Direction *(Décr. nº 2010-31 du 11 janv. 2011)* « de l'information légale et administrative », dans un délai de trois mois à compter de l'approbation des comptes par l'organe délibérant statutaire, le bilan, le compte de résultat, l'annexe ainsi que le rapport du commissaire aux comptes. Un arrêté du Premier ministre fixe les modalités de cette transmission.

Ces documents sont publiés sous forme électronique par la Direction *(Décr. nº 2010-31 du 11 janv. 2011)* « de l'information légale et administrative », dans des conditions de nature à garantir leur authenticité et leur accessibilité gratuite.

Cette prestation donne lieu à rémunération pour service rendu dans les conditions prévues par le décret nº 2005-1073 du 31 août 2005 relatif à la rémunération des services rendus par la Direction *(Décr. nº 2010-31 du 11 janv. 2011)* « de l'information légale et administrative ».

Art. D. 2135-8 Les syndicats professionnels de salariés ou d'employeurs et leurs unions, et les associations de salariés ou d'employeurs mentionnés à l'article L. 2135-1 dont les ressources au sens de l'article D. 2135-9 sont inférieures à 230 000 euros à la clôture d'un exercice assurent la publicité de leurs comptes *(Décr. nº 2015-1525 du 24 nov. 2015)* « et, s'agissant des syndicats professionnels d'employeurs, de leurs unions et des associations d'employeurs qui souhaitent établir leur représentativité sur le fondement du titre V du livre Ier de la deuxième partie du présent code, du rapport du commissaire aux comptes » dans un délai de trois mois à compter de leur approbation par l'organe délibérant statutaire soit dans les conditions prévues à l'article D. 2135-7, soit par publication sur leur site internet ou, à défaut de site, en direction régionale des entreprises, de la concurrence, de la consommation, du travail et de l'emploi. A cette fin, ils transmettent, le cas échéant par voie électronique, leurs comptes *(Décr. nº 2015-1525 du 24 nov. 2015)* « accompagnés, s'agissant des syndicats professionnels d'employeurs, de leurs unions et des associations d'employeurs qui souhaitent établir leur représentativité sur le fondement du titre V du livre Ier de la deuxième partie du présent code, du rapport du commissaire aux comptes » ou le livre mentionné à l'article D. 2135-4 à la direction régionale des entreprises, de la concurrence, de la consommation, du travail et de l'emploi *(Décr. nº 2015-1525 du 24 nov. 2015)* « dans le ressort de laquelle est situé leur siège social ».

Ces comptes annuels sont librement consultables.

Toutefois, les comptes annuels des syndicats professionnels de salariés ou d'employeurs et de leurs unions, et des associations de salariés ou d'employeurs mentionnés à l'article L. 2135-1 dont les ressources, au sens de l'article D. 2135-9, sont inférieures à 23 000 euros à la clôture d'un exercice, ne le sont qu'à la condition que cette consultation ne soit pas susceptible de porter atteinte à la vie privée de leurs membres.

Le directeur régional des entreprises, de la concurrence, de la consommation, du travail et de l'emploi rend anonymes les mentions permettant l'identification des membres avant communication des documents mentionnés au premier alinéa.

Les dispositions issues du Décr. n° 2015-1525 du 24 nov. 2015 s'appliquent pour les exercices ouverts à compter du 1er janv. 2015 (Décr. préc., art. 2).

Art. D. 2135-9 *(Décr. n° 2015-1525 du 24 nov. 2015)* **« Le seuil prévu à l'article L. 2135-6 est fixé à 230 000 euros à la clôture d'un exercice. »**

Est pris en compte pour le calcul des ressources mentionnées au premier alinéa le montant des subventions, des produits de toute nature liés à l'activité courante, des produits financiers ainsi que des cotisations. Sont toutefois déduites de ce dernier montant les cotisations reversées, en vertu de conventions ou des statuts, à des syndicats professionnels de salariés ou d'employeurs et à leurs unions ou à des associations de salariés ou d'employeurs mentionnés à l'article L. 2135-1.

Les dispositions issues du Décr. n° 2015-1525 du 24 nov. 2015 s'appliquent pour les exercices ouverts à compter du 1er janv. 2015 (Décr. préc., art. 2).

SECTION II **FINANCEMENT DES ORGANISATIONS SYNDICALES DE SALARIÉS ET DES ORGANISATIONS PROFESSIONNELLES D'EMPLOYEURS**

(Décr. n° 2015-87 du 28 janv. 2015, art. 1er)

SOUS-SECTION 1 **ORGANISATION ET FONCTIONNEMENT DU FONDS PARITAIRE**

Le fonds paritaire de financement des organisations syndicales de salariés et des organisations professionnelles d'employeurs défini à l'art. L. 2135-9 commence à exercer sa mission à compter de la publication au Journal officiel de l'extrait du formulaire de déclaration de création de l'association mentionnée à l'art. L. 2135-15 (Décr. n° 2015-87 du 28 janv. 2015, art. 3).

§ 1er COMPOSITION DU CONSEIL D'ADMINISTRATION DE L'ASSOCIATION PARITAIRE

Art. R. 2135-10 Le conseil d'administration est composé de représentants des organisations syndicales de salariés et de représentants des organisations professionnelles d'employeurs représentatives au niveau national et interprofessionnel.

Art. R. 2135-11 Chaque organisation membre du conseil d'administration de l'association désigne deux représentants titulaires et deux représentants suppléants.

Ces représentants sont renouvelés au plus tard au 1er janvier de l'année suivant celle de la publication des arrêtés prévus aux articles L. 2122-11 et L. 2152-6.

Art. R. 2135-12 Le président de l'association est désigné par le conseil d'administration, pour un mandat de deux ans, alternativement parmi les représentants des organisations syndicales de salariés et parmi les représentants des organisations professionnelles d'employeurs qui en sont membres.

Par dérogation aux dispositions de l'art. R. 2135-12, la durée du mandat du premier président de l'association est de dix-huit mois (Décr. n° 2015-87 du 28 janv. 2015, art. 4-I).

Art. R. 2135-13 Un vice-président de l'association est désigné dans les conditions et pour la durée de mandat mentionnées à l'article R. 2135-12. Au cours d'un même mandat, le président et le vice-président relèvent, l'un, des organisations syndicales de salariés et, l'autre, des organisations professionnelles d'employeurs.

Par dérogation aux dispositions de l'art. R. 2135-13, la durée du mandat du premier vice-président de l'association est de dix-huit mois (Décr. n° 2015-87 du 28 janv. 2015, art. 4-I).

§ 2 COMPÉTENCES DU CONSEIL D'ADMINISTRATION DE L'ASSOCIATION PARITAIRE

Art. R. 2135-14 Le conseil d'administration délibère dans les conditions prévues par l'article R. 2135-15 en vue notamment :

1° D'adopter le règlement intérieur de l'association paritaire de gestion ou toutes ses modifications ultérieures ;

2° De désigner le président et le vice-président de l'association en application des articles R. 2135-12 et R. 2135-13 ;

3° D'adopter son budget annuel de fonctionnement et d'approuver son compte financier annuel ;

4° De répartir chaque année les crédits du fonds paritaire conformément aux dispositions de la présente section ;

5° D'adopter chaque année le rapport sur l'utilisation par le fonds de ses crédits mentionné au dernier alinéa de l'article L. 2135-16 ;

6° De définir la liste des documents que doivent fournir les organisations bénéficiaires des crédits du fonds pour justifier l'engagement de leurs dépenses ;

7° De mettre en œuvre, le cas échéant, le dispositif défini aux articles R. 2135-23 à R. 2135-25 ;

8° De se prononcer sur les projets de conventions conclues par l'association paritaire pour l'application des dispositions de l'article L. 2135-10 ;

9° De fixer les modalités de report des crédits non engagés au cours d'un exercice sur l'exercice suivant, dans les conditions prévues par l'article R. 2135-26.

Le conseil d'administration peut déléguer ses compétences au titre d'actes d'administration autres que ceux mentionnés aux 1° à 9° du présent article, dans des conditions définies par les statuts de l'association.

Art. R. 2135-15 Chaque organisation syndicale de salariés dispose de deux voix. Chaque organisation professionnelle d'employeurs dispose d'un nombre de voix proportionnel à son audience au niveau national et interprofessionnel déterminée en application du 3° de l'article L. 2152-4. Le total des voix des organisations professionnelles d'employeurs est égal au nombre total de voix des organisations syndicales de salariés.

Les délibérations du conseil d'administration sont réputées adoptées en l'absence d'opposition d'au moins une organisation membre. En cas d'opposition, les délibérations sont adoptées à la majorité des voix des membres présents ou représentés.

Par dérogation aux dispositions du précédent alinéa, les délibérations portant sur l'objet défini au 7° de l'article R. 2135-14 sont adoptées à la majorité des deux tiers des voix des membres présents ou représentés.

Par dérogation aux dispositions du 1er al. de l'art. R. 2135-15, jusqu'au 1er janvier de l'année suivant la publication de l'arrêté prévu à l'art. L. 2152-6, chacune des organisations professionnelles d'employeurs dispose d'un nombre de voix égal au nombre de ses représentants au comité paritaire interprofessionnel national pour l'emploi et la formation en application des dispositions de l'art. 2 du Décr. du 22 août 2014 relatif au comité paritaire interprofessionnel national pour l'emploi et la formation (Décr. n° 2015-87 du 28 janv. 2015, art. 4-II).

Art. R. 2135-16 Les projets de délibérations relatives à la répartition des crédits mentionnée à l'article L. 2135-13 sont transmis, au moins quinze jours avant la date à laquelle ils sont débattus par le conseil d'administration, aux organisations syndicales de salariés dont la vocation statutaire revêt un caractère national et interprofessionnel et qui ont recueilli entre 3 % et 8 % des suffrages exprimés lors des élections prévues au 3° de l'article L. 2122-9 et aux organisations professionnelles d'employeurs représentatives au niveau national et multiprofessionnel. Cette transmission, comportant la mention de la date d'examen par le conseil d'administration, est effectuée par tout moyen propre à lui conférer date certaine.

Les organisations mentionnées au premier alinéa transmettent leurs observations par écrit au plus tard trois jours avant la date d'examen indiquée.

Sont annexées aux délibérations du conseil d'administration prévues au premier alinéa des éléments de réponse aux observations écrites transmises par les organisations que cet alinéa mentionne.

§ 3 BIENS ET MOYENS

Art. R. 2135-17 L'association de gestion du fonds paritaire ne peut posséder d'autres biens que ceux nécessaires à son fonctionnement.

Art. R. 2135-18 Les ressources perçues par l'association de gestion du fonds paritaire sont soit conservées en numéraire, soit déposées à vue, soit placées à court terme. Les intérêts produits par les sommes déposées ou placées à court terme ont le même caractère que les sommes dont ils sont issus. Ils sont soumis aux mêmes conditions d'utilisation et de contrôle.

§ 4 RÔLE DU COMMISSAIRE DU GOUVERNEMENT

Art. R. 2135-19 Pour l'application des dispositions du troisième alinéa du II de l'article L. 2135-15, le commissaire du Gouvernement saisit le président de l'association, par tout moyen propre à conférer date certaine à cette saisine, dans un délai de sept jours à compter de la date de réception de la délibération ou de la décision prise par une autre instance ou autorité interne. Il en informe les membres du conseil d'administration.

Dans un délai de sept jours à compter de la date de réception de cette saisine, le président de l'association transmet par tout moyen propre à conférer date certaine à cette transmission une réponse motivée par écrit.

Art. R. 2135-20 Pour l'application des dispositions du quatrième alinéa du II de l'article L. 2135-15, le commissaire du Gouvernement dispose, pour s'y opposer, d'un délai de vingt et un jours à compter de la date de réception de la délibération du conseil d'administration ou de la décision prise par une autre instance ou autorité interne qui lui est transmise par tout moyen propre à conférer date certaine à sa réception.

La mise en œuvre de la procédure de transmission prévue au premier alinéa a pour effet de suspendre l'exécution de la délibération ou décision concernée, jusqu'à l'expiration du délai de vingt et un jours défini à l'alinéa précédent, ou jusqu'à la date, si elle est antérieure, à laquelle le commissaire du Gouvernement fait connaître qu'il n'entend pas exercer son droit d'opposition.

L'exercice par le commissaire du Gouvernement de son droit d'opposition dans le délai mentionné au premier alinéa fait obstacle à la mise en œuvre de la délibération ou de la décision qui en fait l'objet.

§ 5 RAPPORT ANNUEL DU FONDS PARITAIRE

Art. R. 2135-21 Le rapport annuel du fonds prévu au quatrième alinéa de l'article L. 2135-16 est publié sur le site internet de l'association.

Art. R. 2135-22 Le rapport annuel mentionné au quatrième alinéa de l'article L. 2135-16 indique l'utilisation des crédits par chacune des organisations bénéficiaires mentionnées à l'article L. 2135-12, pour chaque mission mentionnée à l'article L. 2135-11 et pour chacune des ressources définies à l'article L. 2135-10.

§ 6 DROIT DE SANCTION DU CONSEIL D'ADMINISTRATION – SUSPENSION OU RÉDUCTION DU FINANCEMENT

Art. R. 2135-23 Dans les cas prévus au troisième alinéa de l'article L. 2135-16, le conseil d'administration peut, par une délibération adoptée selon les modalités définies au troisième alinéa de l'article R. 2135-15, mettre en demeure, par tout moyen propre à donner date certaine à la réception de cet acte, l'organisation visée de présenter ses observations sur les manquements constatés et de se conformer à ses obligations dans un délai qu'il fixe et qui ne peut être inférieur à quinze jours. Cette délibération est adoptée au regard de la liste des documents établie en application des dispositions du 6° de l'article R. 2135-14.

Lorsque l'organisation intéressée ne s'est pas conformée à ses obligations à l'issue de ce délai, le conseil d'administration peut, par une délibération prise selon les mêmes modalités et notifiée à l'organisation en cause, suspendre l'attribution du financement ou en réduire le montant.

Art. R. 2135-24 La suspension totale ou partielle de l'attribution du financement d'une organisation ou la réduction de son montant prend fin sans délai lorsque le conseil d'administration constate que l'organisation s'est conformée à ses obligations, et le montant total des sommes qui lui sont dues lui est alors versé.

Art. R. 2135-25 Dans le cas contraire, le montant de la réduction du financement, qui prend en compte la portée des manquements et, le cas échéant, l'existence de justifications pour certaines des dépenses engagées ne peut excéder le montant des sommes en cause au titre de l'année pour laquelle le rapport d'utilisation des crédits ou la justification des dépenses engagées faisait défaut.

§ 7 UTILISATION DES CRÉDITS PAR LES ORGANISATIONS

Art. R. 2135-26 Les crédits qui n'ont pas été engagés par une organisation bénéficiaire au cours de l'exercice sont restitués au fonds et viennent en abondement du montant global des crédits de même nature susceptibles d'être attribués au titre de l'année suivante.

Par dérogation à l'alinéa précédent, les crédits versés à une organisation bénéficiaire qui n'ont pas été engagés au cours d'un exercice peuvent être reportés à son bénéfice sur l'exercice suivant, dans la limite de 20 % du montant de ces crédits, dans des conditions fixées par délibération du conseil d'administration, prévue au 9° de l'article R. 2135-14.

SOUS-SECTION II **RÉPARTITION DES CRÉDITS DU FONDS PARITAIRE**

Art. R. 2135-27 Le conseil d'administration de l'association gestionnaire du fonds détermine le montant destiné au financement des activités mentionnées au 1° de l'article L. 2135-11, qui ne peut être inférieur à 73 millions d'euros.

En l'absence de délibération du conseil d'administration, le montant destiné aux dotations prévues aux 1° et 2° du I de l'article R. 2135-28 est fixé à 73 millions d'euros.

Art. R. 2135-28 I. – Pour l'application du 1° de l'article L. 2135-13, le fonds répartit ses crédits à parité entre les organisations syndicales de salariés et les organisations professionnelles d'employeurs selon les modalités qui suivent :

1° Une dotation est répartie entre les organisations syndicales de salariés, d'une part, et les organisations professionnelles d'employeurs, d'autre part, représentatives au niveau national et interprofessionnel.

Les crédits attribués aux organisations syndicales de salariés sont répartis de manière uniforme entre chacune d'entre elles.

Les crédits attribués aux organisations professionnelles d'employeurs sont répartis proportionnellement à leur audience au niveau national et interprofessionnel déterminée en application du 3° de l'article L. 2152-4.

Les organisations professionnelles d'employeurs et les organisations syndicales de salariés représentatives au niveau national et interprofessionnel perçoivent les sommes dues à leurs organisations territoriales. Elles contribuent au financement de ces dernières au titre de la mission mentionnée au 1° de l'article L. 2135-11 ;

2° Une dotation est répartie entre les organisations professionnelles d'employeurs et les organisations syndicales de salariés, représentatives dans les branches, au niveau national et multiprofessionnel ainsi qu'au niveau national et interprofessionnel, et qui participent à la gestion paritaire en siégeant au sein des instances prévues au 1° ou au 3° de l'article R. 6332-16.

Les crédits attribués aux organisations syndicales de salariés sont répartis de manière uniforme entre chacune d'entre elles, en tenant compte du rapport entre le montant de la contribution mentionnée au 1° du I de l'article L. 2135-10 acquittée par les entreprises relevant de la ou des branches dans lesquelles elles sont représentatives et le montant total de cette contribution, dans les conditions prévues à l'article L. 2135-14.

Les crédits attribués aux organisations professionnelles d'employeurs sont répartis en fonction de leur audience déterminée en application du 3° de l'article L. 2152-1 dans la ou les branches dans lesquelles elles sont représentatives, en tenant compte du rapport entre le montant de la contribution mentionnée au 1° du I de l'article L. 2135-10 acquittée par les entreprises de cette ou ces branches et le montant total de cette contribution.

La part de la contribution mentionnée au 1° du I de l'article L. 2135-10, acquittée par les entreprises n'appartenant pas à une branche ayant désigné par accord collectif étendu un organisme collecteur paritaire agréé, est attribuée aux organisations syndicales de salariés et aux organisations professionnelles d'employeurs gestionnaires des organismes paritaires collecteurs agréés interprofessionnels mentionnés à l'article L. 6332-1.

Les crédits attribués aux organisations professionnelles d'employeurs en application de l'alinéa précédent sont réparties entre les organisations gestionnaires de ces organismes à proportion des sommes concernées. Les crédits attribués aux organisations syndicales de salariés sont répartis de manière uniforme entre chacune d'entre elles ; *(Décr. n° 2016-305 du 16 mars 2016, art. 1er)* « Dans le secteur de la production cinématographique, de l'audiovisuel et du spectacle :

« a) Par dérogation aux premier et troisième alinéas du 2°, la dotation due aux organisations professionnelles d'employeurs est attribuée aux organisations professionnelles d'employeurs représentatives de l'ensemble des professions de ce secteur. Ces crédits sont répartis en fonction de leur audience déterminée dans ce secteur, en tenant compte du rapport entre le montant de la contribution mentionnée au 1° de l'article L. 2135-10 versé par l'ensemble des entreprises et des établissements relevant de ce secteur, y compris ceux qui ne relèvent pas du champ d'une convention collective, et le montant total de cette contribution ;

« b) Par dérogation au deuxième alinéa du 2°, les crédits attribués aux organisations syndicales de salariés sont répartis de manière uniforme entre chacune d'entre elles, en tenant compte du rapport entre le montant de la contribution mentionnée au 1° de l'article L. 2135-10 versé par l'ensemble des entreprises et des établissements relevant de ce secteur, y compris ceux qui ne relèvent pas du champ d'une convention collective, et le montant total de cette contribution. »

3° Le cas échéant, les autres dotations provenant de la participation volontaire d'organismes à vocation nationale définie au 2° du I de l'article L. 2135-10 sont réparties à parité entre les organisations syndicales de salariés et les organisations professionnelles d'employeurs participant à leur gestion.

Les crédits attribués aux organisations syndicales de salariés sont répartis de manière uniforme entre chacune d'entre elles et, sauf stipulation contraire de la convention conclue par l'organisme à vocation nationale avec le fonds, les crédits attribués aux organisations professionnelles d'employeurs sont répartis proportionnellement à leur audience au niveau national et interprofessionnel déterminée en application du 3° de l'article L. 2152-4.

II. — Le conseil d'administration de l'association gestionnaire du fonds détermine la répartition des crédits entre les dotations prévues au 1° et au 2° du I, sans que la dotation prévue au 2° puisse être inférieure à 36 millions d'euros.

En l'absence de délibération du conseil d'administration sur la répartition des crédits entre les dotations prévues au 1° et au 2° du I, la dotation prévue au 2° est fixée à un montant de 36 millions d'euros.

Les dispositions issues du Décr. n° 2016-305 du 16 mars 2016 sont applicables aux crédits attribués et aux contributions acquittées à compter de l'année 2015 (Décr. préc., art. 3).

I. — Par dérogation aux dispositions du 1° du I de l'art. R. 2135-28, jusqu'au 31 déc. 2017, les crédits attribués aux organisations professionnelles d'employeurs au sein de la dotation définie au même 1° sont répartis entre elles proportionnellement au nombre de sièges dont elles disposent au comité paritaire interprofessionnel national pour l'emploi et la formation en application de l'art. 2 du Décr. n° 2014-966 du 22 août 2014 relatif au comité susvisé.

II. — Par dérogation aux dispositions du 2° du I de l'art. R. 2135-28, jusqu'au 31 déc. 2017, les crédits attribués aux organisations professionnelles d'employeurs au sein de la dotation mentionnée à ce même 2° sont répartis entre elles proportionnellement au nombre de sièges dont elles disposent au sein des instances paritaires des organismes paritaires collecteurs agréés prévues au 1° ou au 3° de l'art. R. 6332-16, en tenant compte, d'une part, du rapport entre le montant de la contribution mentionnée à l'art. L. 2135-10 acquittée par les entreprises de la ou des branches dans lesquelles elles sont représentatives et le montant total de cette contribution et, d'autre part, des crédits attribués à ces organisations en application des dispositions de l'art. R. 6332-43, dans sa version en vigueur au 14 mars 2014.

Pour l'application des dispositions du présent II relatif à l'attribution des crédits au titre d'une année, sont pris en compte le montant de la contribution dans la branche considérée et le montant total de la contribution acquittée par les entreprises au cours de l'avant-dernière année civile.

III. — Par dérogation aux dispositions du 3° du I de l'art. R. 2135-28, jusqu'au 31 déc. 2017, les crédits attribués aux organisations professionnelles d'employeurs au sein de la dotation mentionnée à ce même 3° sont répartis en fonction du nombre de mandats exercés par chacune d'entre elles dans le ou les organes de direction du ou des organismes concernés.

IV. — Le conseil d'administration du fonds établit à la fin du premier semestre 2015 puis à la fin de l'année 2015 un bilan d'étape de la mise en œuvre des dispositions du Décr. n° 2015-87 du 28 janv. 2015, qui est transmis au ministre chargé du travail. Il peut à tout moment adopter une délibération sollicitant du Gouvernement l'évolution du taux de la contribution mentionnée au 1° de l'art. L. 2135-10 (Décr. préc., art. 5).

Par dérogation aux dispositions du 2° du I de l'art. R. 2135-28 et du II de l'art. 5 du Décr. n° 2015-87 du 28 janv. 2015, jusqu'au 31 déc. 2017, les crédits attribués aux organisations professionnelles d'employeurs représentatives de l'ensemble des professions du secteur de la production cinématographique, de l'audiovisuel et du spectacle sont répartis entre elles proportionnellement au nombre de sièges dont elles disposent au sein des instances paritaires des organismes paritaires collecteurs agréés prévues au 1° ou au 3° de l'art. R. 6332-1, en tenant compte du rapport entre le montant de la contribution mentionnée à l'art. L. 2135-10 acquittée par les entreprises de ce secteur et le montant total de cette contribution (Décr. n° 2016-305 du 16 mars 2016, art. 2).

Art. R. 2135-29 Les organismes mentionnés au II de l'article L. 2135-10 communiquent chaque année au fonds paritaire le montant des rémunérations versées aux salariés mentionnés au même article et comprises dans l'assiette des cotisations de sécurité sociale définie à l'article L. 242-1 du code de la sécurité sociale et à l'article L. 741-10 du code rural et de la pêche maritime de chaque branche professionnelle au titre de l'année considérée.

Art. D. 2135-30 En application du 2° de l'article L. 2135-13, le fonds attribue les crédits versés par l'État selon les modalités suivantes :

1° 80 % de ses crédits, à parts égales, entre chacune des organisations syndicales de salariés représentatives au niveau national et interprofessionnel et des organisations professionnelles d'employeurs représentatives au niveau national et interprofessionnel ;

2° 20 % de ses crédits, à parts égales, entre chacune des organisations syndicales de salariés dont la vocation statutaire revêt un caractère national et interprofessionnel et qui ont recueilli entre 3 % et 8 % des suffrages exprimés lors des élections prévues au 3° de l'article L. 2122-9 et aux organisations professionnelles d'employeurs représentatives au niveau national et multiprofessionnel mentionnées à l'article L. 2152-2.

Art. D. 2135-31 En application des dispositions du 3° de l'article L. 2135-13, le fonds attribue les crédits entre chacune des organisations mentionnées au 3° de l'article L. 2135-12 en fonction de leur audience selon les modalités suivantes :

1° Une part est attribuée proportionnellement à l'audience obtenue par chacune d'entre elles lors des élections prévues au 3° de l'article L. 2122-9 ;

2° Une part des crédits, qui ne peut être inférieure à 7,9 millions d'euros ni supérieure au quart de la part prévue au 1°, est répartie à parts égales entre chacune des organisations.

Art. D. 2135-34 *(Décr. n° 2014-1718 du 30 déc. 2014, art. 1er)* Le taux de la contribution prévue au II de l'article L. 2135-10 est fixé à 0,016 %.

CHAPITRE VI **DISPOSITIONS PÉNALES**

Le présent chapitre ne comprend pas de dispositions réglementaires.

TITRE QUATRIÈME **EXERCICE DU DROIT SYNDICAL**

CHAPITRE PREMIER **PRINCIPES**

Le présent chapitre ne comprend pas de dispositions réglementaires.

CHAPITRE II **SECTION SYNDICALE**

Le présent chapitre ne comprend pas de dispositions réglementaires.

CHAPITRE III **DÉLÉGUÉ SYNDICAL**

SECTION PREMIÈRE **CONDITIONS DE DÉSIGNATION**

SOUS-SECTION 1 **ENTREPRISES DE CINQUANTE SALARIÉS ET PLUS**

Art. R. 2143-1 Le nombre des délégués syndicaux dont dispose chaque section syndicale au titre du premier alinéa de l'article L. 2143-3 est fixé soit par entreprise, soit par établissement distinct. – *[Anc. art. R. 412-1.]*

1. Cadre de la désignation. Le syndicat qui a désigné un délégué syndical au niveau de l'entreprise ne peut procéder à la désignation d'un délégué d'établissement qu'après avoir transformé le mandat du délégué syndical et fait de ce dernier un délégué syndical de l'entreprise. • Soc. 16 avr. 2008 : *JCP S 2008. 1455, obs. Dumont.*

2. Conséquences de la désignation d'un délégué d'entreprise. Lorsqu'un syndicat a désigné un délégué d'entreprise, il ne peut désigner en plus un délégué d'établissement. • Soc. 10 juill. 1997 : *RJS 1997. 857, n° 1396 ; TPS 1997, n° 242* • 17 sept. 2003, n° 01-60.874 P. ♦ ... Sauf s'il a transformé le mandat des délégués syndicaux d'entreprise et fait de ces derniers des délégués syndicaux d'établissement. • Soc. 12 juin 2002, n° 01-60.624 P : *D. 2002. IR 2174 ; RJS 2003. 45, n° 55.*

Art. R. 2143-2 Dans les entreprises, le nombre des délégués syndicaux est fixé comme suit :

1° De 50 à 999 salariés : 1 délégué ;
2° De 1 000 à 1 999 salariés : 2 délégués ;
3° De 2 000 à 3 999 salariés : 3 délégués ;
4° De 4 000 à 9 999 salariés : 4 délégués ;
5° Au-delà de 9 999 salariés : 5 délégués. – *[Anc. art. R. 412-2.]*

Art. R. 2143-3 Dans les entreprises comportant des établissements distincts de cinquante salariés ou plus, le nombre des délégués syndicaux est fixé par établissement conformément à l'article R. 2143-2.

Pour apprécier le seuil de cinquante salariés, l'effectif est calculé conformément au deuxième alinéa de l'article L. 2143-3. – *[Anc. art. R. 412-3.]*

SOUS-SECTION 2 **FORMALITÉS**

Art. D. 2143-4 Les nom et prénoms du ou des délégués syndicaux, du délégué syndical central et du représentant syndical au comité d'entreprise sont portés à la connaissance de l'employeur soit par lettre recommandée avec avis de réception, soit par lettre remise contre récépissé. – *[Anc. art. D. 412-1.]*

SOUS-SECTION 3 **CONTESTATIONS**

Art. R. 2143-5 Le tribunal d'instance statue en dernier ressort sur les contestations relatives aux conditions de désignation des délégués syndicaux légaux ou conventionnels.

Il est saisi par voie de simple déclaration au greffe.

Il statue dans les dix jours sans frais, ni forme de procédure et sur avertissement donné trois jours à l'avance à toutes les parties intéressées.

La décision du tribunal est notifiée par le greffe dans un délai de trois jours par lettre recommandée avec avis de réception.

La décision est susceptible d'un pourvoi en cassation dans un délai de dix jours. Le pourvoi est formé, instruit et jugé dans les conditions fixées par les articles 999 à 1008 du code de procédure civile. – *[Anc. art. L. 412-15, al. 1er, phrase 1, et al. 3, et R. 412-4.]*

SECTION II **MANDAT**

Art. R. 2143-6 En l'absence d'accord, la décision de suppression du mandat de délégué syndical prévue au deuxième alinéa de l'article L. 2143-11 est prise par le *(Décr. n° 2009-1377 du 10 nov. 2009)* « directeur régional des entreprises, de la concurrence, de la consommation, du travail et de l'emploi ».

Le silence gardé pendant plus de quatre mois par le ministre saisi d'un recours hiérarchique contre cette décision vaut décision de rejet. – *[Anc. art. L. 412-15, al. 5, et R. 412-7.]*

Les modifications issues du Décr. n° 2009-1377 du 10 nov. 2009 prennent effet, dans chaque région, à la date de nomination du directeur régional des entreprises, de la concurrence, de la consommation, du travail et de l'emploi (Décr. préc., art. 7-I). – V. Arr. de nomination de ces directeurs des 30 déc. 2009 (JO 5 janv. 2010) et 9 févr. 2010 (JO 14 févr.).

Ces modifications s'appliquent à la région Île-de-France à compter du 1er juill. 2010 (Décr. n° 2010-687 du 24 juin 2010, art. 2).

CHAPITRE IV **DISPOSITIONS COMPLÉMENTAIRES RELATIVES AUX ENTREPRISES DU SECTEUR PUBLIC**

Le présent chapitre ne comprend pas de dispositions réglementaires.

CHAPITRE V **FORMATION ÉCONOMIQUE, SOCIALE ET SYNDICALE DES SALARIÉS APPELÉS À EXERCER DES FONCTIONS SYNDICALES**

SECTION PREMIÈRE **FORMATION ÉCONOMIQUE, SOCIALE ET SYNDICALE** *(Décr. n° 2015-1552 du 18 nov. 2016, art. 1er-I, en vigueur le 1er janv. 2017).*

Art. R. 2145-1 **Pour bénéficier de l'aide financière de l'État, les organismes dispensant la formation économique, sociale et syndicale, agréés dans les conditions prévues à l'article** *(Décr. n° 2016-1552 du 18 nov. 2016, art. 7, en vigueur le 1er janv. 2017)* **« R. 2145-3 », établissent des programmes préalables de stages ou de sessions précisant, notamment, les matières enseignées et la durée de formation.**

Des conventions conclues entre, d'une part, les centres spécialisés mentionnés au 1° de l'article L. 2145-2 et les organismes mentionnés au quatrième alinéa de ce même article et, d'autre part, les ministères intéressés ou les universités ou instituts d'université, prévoient les conditions dans lesquelles cette aide est utilisée, notamment pour la rémunération du corps enseignant et l'octroi de bourses d'études.

Art. R. 2145-2 **Pour l'application de l'article L. 2145-3, des crédits sont inscrits dans le cadre de la loi de finances au titre de la mission portant sur l'emploi et le travail.**

Des crédits destinés à contribuer au fonctionnement des instituts internes aux universités sont également inscrits au titre de la mission portant sur la recherche et l'enseignement supérieur.

SECTION II **CONGÉS DE FORMATION ÉCONOMIQUE, SOCIALE ET SYNDICALE** *(Décr. n° 2016-1552 du 18 nov. 2016, art. 1er-II, en vigueur le 1er janv. 2017).*

Art. R. 2145-3 **La liste des centres et instituts dont les stages et sessions ouvrent droit aux** *(Décr. n° 2016-1552 du 18 nov. 2016, art. 1er-II, en vigueur le 1er janv. 2017)* **« congés de formation économique, sociale et syndicale » est établie par arrêté du ministre chargé du travail pris après avis** *(Décr. n° 2015-1887 du 30 déc. 2015, art. 1er)* **« des organisations syndicales de salariés mentionnées au 3° de l'article L. 2135-12 ».** *– V. Arr. du 6 juill. 2016, JO 26 juill.*

L'art. R. 3142-2 devient l'art. R. 2145-3 (Décr. n° 2016-1552 du 18 nov. 2016, art. 1er-II).

Art. R. 2145-4 **Le salarié adresse à l'employeur, au moins trente jours avant le début du** *(Décr. n° 2016-1552 du 18 nov. 2016, art. 1er-II, en vigueur le 1er janv. 2017)* **« congé de formation économique, sociale et syndicale », une demande l'informant de sa volonté de bénéficier de ce congé.**

Il précise la date et la durée de l'absence sollicitée ainsi que le nom de l'organisme responsable du stage ou de la session.

L'art. R. 3142-3 devient l'art. R. 2145-4 (Décr. n° 2016-1552 du 18 nov. 2016, art. 1er-II).

Art. R. 2145-5 **Le refus du** *(Décr. n° 2016-1552 du 18 nov. 2016, art. 1er-II, en vigueur le 1er janv. 2017)* **« congé de formation économique, sociale et syndicale » par**

l'employeur est notifié à l'intéressé dans un délai de huit jours à compter de la réception de sa demande.

En cas de différend, le bureau de jugement du conseil de prud'hommes saisi en application de l'article *(Décr. n° 2016-1552 du 18 nov. 2016, art. 1er-II, en vigueur le 1er janv. 2017)* « L. 2145-11 » statue en dernier ressort, selon les formes applicables au référé.

L'art. R. 3142-4 devient l'art. R. 2145-5 (Décr. n° 2016-1552 du 18 nov. 2016, art. 1er-II).

Art. R. 2145-6 L'organisme chargé des stages ou sessions délivre au salarié une attestation constatant la fréquentation effective de celui-ci.

Cette attestation est remise à l'employeur au moment de la reprise du travail.

L'art. R. 3142-5 devient l'art. R. 2145-6 (Décr. n° 2016-1552 du 18 nov. 2016, art. 1er-II).

Art. R. 2145-7 *(Décr. n° 2015-1887 du 30 déc. 2015, art. 1er-II, en vigueur le 1er janv. 2016)* I. — Par dérogation aux dispositions des articles R. 3252-2 à R. 3252-5, lorsque l'organisation syndicale n'a pas remboursé l'employeur de tout ou partie des sommes dues dans le délai fixé par la convention prévue à l'article *(Décr. n° 2016-1552 du 18 nov. 2016, art. 1er-II, en vigueur le 1er janv. 2017)* « L. 2145-6 », l'employeur peut procéder à une retenue sur le salaire du salarié ayant bénéficié du congé, sauf stipulation contraire de cette convention, dans les limites suivantes :

— 50 euros par mois lorsque le montant dû est inférieur ou égal à 300 euros ;

— en six fractions égales réparties sur six mois lorsque le montant dû est supérieur à 300 euros et inférieur ou égal à 1 200 euros ;

— en douze fractions égales réparties sur douze mois lorsque le montant dû est supérieur à 1 200 euros.

II. — L'employeur informe le salarié de la retenue au moins trente jours avant d'y procéder ou de procéder à la première retenue.

III. — L'employeur ne peut procéder à la retenue lorsque sa demande a été transmise hors un délai fixé par la convention mentionnée au I.

L'art. R. 3142-5-1 devient l'art. R. 2145-7 (Décr. n° 2016-1552 du 18 nov. 2016, art. 1er-II).

Ces dispositions s'appliquent aux formations qui débutent au 1er janv. 2016 (Décr. n° 2015-1887 du 30 déc. 2015, art. 2).

Art. R. 2145-8 *(Décr. n° 2015-1887 du 30 déc. 2015, art. 1er-II, en vigueur le 1er janv. 2016)* I. — Pour l'application des dispositions de l'avant-dernier alinéa de l'article L. 2145-6, à défaut de convention, la demande de remboursement est transmise par l'employeur à l'organisation syndicale qui a demandé le maintien du salaire dans un délai de trois mois à compter du jour du paiement effectif du salaire maintenu. Cette demande, à laquelle est jointe la copie de la demande de l'organisation syndicale de maintien du salaire ainsi que tout document permettant de vérifier le montant du salaire maintenu, précise :

1° L'identité du salarié ;

2° L'organisme chargé du stage ou de la session ;

3° Le montant du salaire maintenu et des cotisations et contributions sociales y afférents ;

4° La date de la formation.

II. — L'organisation syndicale acquitte à l'employeur le montant dû dans un délai de trois mois à compter de la réception de la demande complète par l'organisation syndicale.

III. — Par dérogation aux dispositions des articles R. 3252-2 à R. 3252-5, lorsque l'organisation syndicale n'a pas remboursé l'employeur de tout ou partie des sommes dues dans le délai prévu au II, l'employeur peut procéder à une retenue sur le salaire du salarié ayant bénéficié du congé, dans les mêmes conditions que celles prévues aux I et II de l'article *(Décr. n° 2016-1552 du 18 nov. 2016, art. 1er-II, en vigueur le 1er janv. 2017)* « R. 2145-7 ».

IV. — L'employeur ne peut procéder à la retenue lorsque sa demande a été transmise hors le délai mentionné au I.

L'art. R. 3142-5-2 devient l'art. R. 2145-8 (Décr. n° 2016-1552 du 18 nov. 2016, art. 1er-II).

V. note ss. art. R. 2145-7.

CHAPITRE VI DISPOSITIONS PÉNALES

Art. R. 2146-1 Le fait pour un directeur ou un administrateur d'un syndicat ou d'une union de syndicats de s'opposer à la libre constitution d'un syndicat ou d'une association professionnelle de personnes exerçant la même profession, des métiers similaires ou des métiers connexes, concourant à l'établissement de produits déterminés ou la même profession libérale, en méconnaissance des dispositions du premier alinéa de l'article L. 2131-2, est puni de l'amende prévue pour les contraventions de la cinquième classe. – *[Anc. art. R. 461-1.]*

Art. R. 2146-2 Le fait pour un directeur ou un administrateur d'un syndicat ou d'une union de syndicats de ne pas déposer les statuts dans les conditions prévues *(Décr. n° 2009-289 du 13 mars 2009)* « à l'article L. 2131-3 » est puni de l'amende prévue pour les contraventions de la cinquième classe.

(Abrogé par Décr. n° 2009-289 du 13 mars 2009) ***« Le fait de ne pas renouveler le dépôt en cas de changement de la direction des statuts, en méconnaissance des dispositions du deuxième alinéa du même article, est puni de la même peine. »***

Art. R. 2146-3 Le fait pour un directeur ou un administrateur d'un syndicat ou d'une union de syndicats de s'opposer à l'accès d'un adhérent d'un syndicat professionnel, qui remplit les conditions fixées par l'article L. 2131-5, aux fonctions d'administration ou de direction de ce syndicat, en méconnaissance des dispositions de l'article L. 2131-4, est puni de l'amende prévue pour les contraventions de la cinquième classe. – *[Anc. art. R. 461-1.]*

Art. R. 2146-4 Le fait pour une personne qui est privée de ses droits civiques ou qui est l'objet d'une interdiction, déchéance ou incapacité relative à ses droits civiques, d'exercer les fonctions de directeur ou d'administrateur d'un syndicat ou d'une union de syndicats, en méconnaissance des dispositions du premier alinéa de l'article L. 2131-5, est puni de l'amende prévue pour les contraventions de la cinquième classe. – *[Anc. art. R. 461-1.]*

Art. R. 2146-5 Le fait pour un directeur ou un administrateur d'un syndicat ou d'une union de syndicats de s'opposer à la libre adhésion d'un salarié pour un motif lié à son sexe, son âge, sa nationalité, sa religion ou ses convictions, son handicap, son orientation sexuelle, son appartenance, vraie ou supposée à une ethnie ou une race, en méconnaissance des dispositions de l'article L. 2141-1, est puni de l'amende prévue pour les contraventions de la cinquième classe.

Est puni de la même peine le fait de s'opposer à l'adhésion ou à la poursuite de l'adhésion d'une personne ayant cessé d'exercer son activité professionnelle, en méconnaissance des dispositions de l'article L. 2141-2. – *[Anc. art. R. 461-1.]*

Art. R. 2146-6 Le fait de méconnaître les dispositions des articles *(Décr. n° 2016-1552 du 18 nov. 2016, art. 6-I)* « **L. 2145-11 et R. 2145-5** », relatives au refus d'accorder les *(Décr. n° 2016-1552 du 18 nov. 2016, art. 6-I)* « congés de formation économique, sociale et syndicale », est puni de l'amende prévue pour les contraventions de la troisième classe.

L'art. R. 3143-2 devient l'art. R. 2146-6 (Décr. n° 2016-1552 du 18 nov. 2016, art. 6-I).

TITRE CINQUIÈME REPRÉSENTATIVITÉ PATRONALE

(Décr. n° 2015-654 du 10 juin 2015, art. 1er)

CHAPITRE PREMIER CRITÈRES DE REPRÉSENTATIVITÉ

Art. R. 2151-1 *(Décr. n° 2016-1419 du 20 oct. 2016, art. 1er)* Pour l'application du *[des]* 4° au 6° de l'article L. 2151-1, une organisation professionnelle d'employeurs issue du regroupement d'organisations professionnelles d'employeurs préexistantes peut se prévaloir de l'ensemble des éléments démontrant l'audience et l'influence de ces dernières, ainsi que de l'ancienneté acquise antérieurement au regroupement par la plus ancienne de ces dernières dans le champ professionnel et géographique correspondant au niveau pour lequel la représentativité est demandée.

CHAPITRE II **ORGANISATIONS PROFESSIONNELLES D'EMPLOYEURS REPRÉSENTATIVES**

SECTION PREMIÈRE **DISPOSITIONS COMMUNES À LA MESURE DE L'AUDIENCE DES ORGANISATIONS PROFESSIONNELLES D'EMPLOYEURS AU NIVEAU DE LA BRANCHE PROFESSIONNELLE ET AU NIVEAU NATIONAL ET INTERPROFESSIONNEL**

Art. R. 2152-1 Pour l'application des articles L. 2152-1 et L. 2152-4, sont considérées comme adhérentes les entreprises, qu'elles emploient ou non du personnel salarié, dès lors qu'elles versent une cotisation, conformément aux règles fixées par une délibération de l'organe compétent de l'organisation professionnelle d'employeurs à laquelle elles adhèrent ou d'une structure territoriale statutaire de cette organisation, et selon des modalités assurant leur information quant à l'organisation destinataire de la cotisation.

(Décr. n° 2016-1419 du 20 oct. 2016, art. 1er) « Le cas échéant, l'adhésion d'une entreprise peut être effectuée par l'intermédiaire de ses établissements, dès lors que le chef d'établissement dispose d'une délégation de pouvoir du chef d'entreprise permettant notamment l'adhésion à une organisation professionnelle d'employeurs et qu'il verse une cotisation dans les conditions prévues à l'alinéa précédent. Dans ce cas, seuls sont pris en compte les effectifs de l'établissement considéré.

« Lorsqu'en application de l'alinéa précédent plusieurs établissements d'une entreprise adhèrent à une même organisation professionnelle d'employeurs ou à une même structure territoriale statutaire d'une organisation professionnelle d'employeurs, n'est prise en compte qu'une seule adhésion à cette organisation ou à cette structure au titre de cette entreprise. »

Ces dispositions s'appliquent sous réserve du dernier alinéa de l'article L. 2152-1.

Pour les professions libérales définies à l'article 29 de la loi n° 2012-387 du 22 mars 2012 relative à la formation professionnelle, à l'emploi et à la démocratie sociale, dans le cas d'une association entre des professionnels, chaque associé *(Décr. n° 2016-1419 du 20 oct. 2016, art. 1er)* « qui participe à l'exercice de l'activité libérale et » qui adhère à une organisation professionnelle d'employeurs dans les conditions de la présente section est pris en compte comme une entreprise adhérente.

(Décr. n° 2016-1419 du 20 oct. 2016, art. 1er) « Pour les entreprises et exploitations mentionnées au cinquième alinéa de l'article L. 2152-1, constituées sous la forme d'un groupement d'employeurs ou d'une société, chaque membre du groupement ou associé qui participe à l'activité de l'entreprise ou de l'exploitation et qui adhère à une organisation professionnelle d'employeurs dans les conditions de la présente section est pris en compte comme une entreprise adhérente. »

Art. R. 2152-2 Sont également prises en compte comme entreprises adhérentes celles qui, selon les modalités fixées par une délibération de l'organe compétent de l'organisation ou de la structure territoriale statutaire de cette organisation, s'acquittent d'une cotisation dont le montant est réduit, pour tenir compte d'une adhésion en cours d'année ou de tout autre motif prévu par la délibération précitée, sous réserve que cette réduction n'excède pas de moitié la cotisation due en application des règles mentionnées à l'article R. 2152-1.

Art. R. 2152-3 Le nombre d'entreprises adhérentes est apprécié au 31 décembre de l'année précédant l'année de la déclaration de candidature prévue à l'article L. 2152-5.

Art. R. 2152-4 Lorsque l'adhésion de plusieurs entreprises est effectuée par l'une d'entre elles pour le compte des autres avec l'accord écrit de celles-ci, chaque entreprise est prise en compte pour la mesure de l'audience comme adhérente dès lors que sa cotisation est versée conformément aux règles définies aux articles R. 2152-1 et R. 2152-2.

Art. R. 2152-5 Pour être pris en compte, l'adhérent doit avoir payé au 31 mars de l'année de la déclaration de candidature prévue à l'article L. 2152-5 l'intégralité des cotisations dues au titre de l'année précédente.

Art. R. 2152-6 *(Décr. nº 2016-1419 du 20 oct. 2016, art. 1er)* « Le commissaire aux comptes atteste le nombre par département d'entreprises adhérentes de l'organisation professionnelle d'employeurs candidate à l'établissement de sa représentativité, le nombre par département de celles de ces entreprises qui emploient au moins un salarié ainsi que le nombre de salariés employés par ces mêmes entreprises, appréciés conformément aux dispositions de la présente section et des sections II et III du présent chapitre. Il dispose pour cela d'un accès à des données agrégées non nominatives issues des déclarations sociales des entreprises mentionnées à l'article L. 2122-10-3. »

Les règles prises en compte en matière de cotisations et définies conformément aux dispositions des articles *(Décr. nº 2016-1419 du 20 oct. 2016, art. 1er)* « R. 2152-1 et R. 2152-2 » sont jointes à ces attestations.

L'attestation du commissaire aux comptes est accompagnée d'une fiche de synthèse dont le modèle est arrêté par le ministre chargé du travail.

Art. R. 2152-6-1 *(Décr. nº 2016-1419 du 20 oct. 2016, art. 1er)* Pour l'application des dispositions du premier alinéa de l'article R. 2152-6, sont pris en compte les salariés des entreprises adhérentes titulaires d'un contrat de travail au cours du mois de décembre de l'année précédant l'année de prise en compte des entreprises adhérentes et figurant sur les déclarations sociales des entreprises, mentionnées à l'article L. 2122-10-3.

Dans les entreprises mentionnées au cinquième alinéa de l'article R. 2152-1 et constituées sous la forme des sociétés civiles de moyens définies aux articles 1832 et suivants du code civil, les associés peuvent se prévaloir des salariés employés par ces sociétés au bénéfice, le cas échéant, de l'organisation professionnelle d'employeurs à laquelle ils adhèrent. Chaque associé peut se prévaloir du nombre de salariés employés par la société civile de moyens, divisé par le nombre d'associés dans cette société.

Dans les entreprises mentionnées au cinquième alinéa de l'article R. 2152-1 au sein desquelles des associés se regroupent pour l'exercice-même de la profession libérale concernée, la répartition des salariés est effectuée en application de stipulations conventionnelles liant les associés. A défaut, chaque associé exerçant l'activité professionnelle concernée peut se prévaloir du nombre de salariés de l'entreprise, divisé par le nombre de ces associés qui exercent au sein de l'entreprise.

Dans les entreprises et exploitations mentionnées au sixième alinéa de l'article R. 2152-1 constituées sous la forme d'un groupement d'employeurs ou d'une société, les membres du groupement ou les associés qui participent à l'activité de l'entreprise ou de l'exploitation peuvent se prévaloir des salariés employés par le groupement ou la société au bénéfice, le cas échéant, de l'organisation professionnelle d'employeurs à laquelle ils adhèrent. Chaque associé peut se prévaloir du nombre de salariés employés par le groupement d'employeurs ou la société, divisé par le nombre d'associés qui participent à l'activité de l'entreprise ou de l'exploitation.

Art. R. 2152-7 Le respect du critère de l'audience défini au 6° de l'article L. 2151-1 est apprécié par le ministre chargé du travail qui s'assure que le montant de la cotisation versée *(Décr. nº 2016-1419 du 20 oct. 2016, art. 1er)* « est de nature à établir la réalité de leur adhésion ».

SECTION II **REPRÉSENTATIVITÉ PATRONALE AU NIVEAU DE LA BRANCHE PROFESSIONNELLE**

Art. R. 2152-8 I. – Pour la mesure de l'audience d'une organisation professionnelle d'employeurs prévue au 3° de l'article L. 2152-1, sont prises en compte les entreprises relevant de la branche professionnelle concernée et adhérentes à cette organisation professionnelle à ce niveau ou à une structure territoriale statutaire de cette organisation.

II. – Sont également considérées comme adhérentes à une organisation professionnelle d'employeurs candidate à la représentativité dans une branche professionnelle les entreprises relevant de cette branche professionnelle et adhérant à une ou plusieurs organisations professionnelles d'employeurs ou à l'une de leurs structures territoriales statutaires dès lors que cette organisation :

1° A rendu publique son adhésion à l'organisation candidate par tout moyen avant le 31 décembre de l'année précédant l'année de la déclaration de candidature prévue à l'article L. 2152-5 ;

2° Atteste ne pas être candidate à la représentativité dans la branche concernée ;

3° *(Décr. n° 2016-1419 du 20 oct. 2016, art. 1er)* « Verse une cotisation conformément aux règles fixées par l'organe compétent de l'organisation à laquelle elle adhère », et selon des modalités assurant l'information des entreprises adhérentes quant à l'organisation destinataire de la cotisation. Cette condition est également regardée comme satisfaite lorsque l'organisation concernée produit des comptes combinés avec l'organisation à laquelle elle adhère.

A l'exception des branches couvrant exclusivement les activités agricoles mentionnées aux 1° à 4° de l'article L. 722-1 du code rural et de la pêche maritime ainsi que celles des coopératives d'utilisation de matériel agricole, ne sont pas prises en compte au titre du 3° les adhésions des organisations professionnelles d'employeurs ou de leurs structures territoriales statutaires aux structures territoriales statutaires de l'organisation candidate à l'établissement de sa représentativité.

III. – Sont également prises en compte comme adhérentes les organisations qui, selon les modalités fixées par une délibération de l'organe compétent de l'organisation candidate, s'acquittent d'une cotisation dont le montant est réduit, pour tenir compte d'une adhésion en cours d'année ou de tout autre motif prévu par la délibération précitée, sous réserve que cette réduction n'excède pas de moitié la cotisation due en application des règles mentionnées à l'alinéa précédent.

IV. – Les adhésions des entreprises aux structures territoriales statutaires définies au I et aux organisations *(Décr. n° 2016-1419 du 20 oct. 2016, art. 1er)* « professionnelles d'employeurs ou à l'une de leurs structures territoriales statutaires » définies au II sont prises en compte dès lors que des attestations telles que définies *(Décr. n° 2016-1419 du 20 oct. 2016, art. 1er)* « à l'article R. 2152-6 » ont été établies *(Décr. n° 2016-1419 du 20 oct. 2016, art. 1er)* « au titre de chacune de ces organisations professionnelles d'employeurs et au titre de chacune ou de l'ensemble de ces structures territoriales statutaires, accompagnées de la fiche de synthèse mentionnée à l'article R. 2152-6 » :

1° Soit par le commissaire aux comptes de l'organisation candidate ;

2° Soit dans le cadre d'une mission de vérification de ces éléments par un commissaire aux comptes désigné par les structures ou organisations mentionnées au premier alinéa *(Décr. n° 2016-1419 du 20 oct. 2016, art. 1er)* « du présent IV ».

Les règles prises en compte en matière de cotisations et définies conformément aux dispositions des articles R. 2152-1 et R. 2152-2 sont jointes à ces attestations.

(Décr. n° 2016-1419 du 20 oct. 2016, art. 1er) « V. – Lorsqu'une structure territoriale statutaire ou une organisation professionnelle d'employeurs ne dispose pas d'entreprises qui lui sont directement adhérentes, le respect des dispositions du I et du *[des]* 1° au 3° du II du présent article est attesté par un commissaire aux comptes. »

SECTION III **REPRÉSENTATIVITÉ PATRONALE AU NIVEAU NATIONAL ET INTERPROFESSIONNEL**

Art. R. 2152-9 I. – Pour la mesure de l'audience des organisations professionnelles d'employeurs prévus au 3° de l'article L. 2152-4, sont prises en compte les entreprises qui adhèrent directement à l'organisation professionnelle d'employeurs candidate à l'établissement de sa représentativité ou à l'une de ses structures territoriales statutaires.

II. – Sont également considérées comme adhérentes à une organisation professionnelle d'employeurs candidate à la représentativité les entreprises adhérant à une ou plusieurs organisations professionnelles d'employeurs ou à l'une de leurs structures territoriales statutaires dès lors que cette organisation :

1° A rendu publique son adhésion par tout moyen avant le 31 décembre précédant l'année de déclaration de candidature prévue à l'article L. 2152-5 ;

2° Verse une cotisation conformément aux règles fixées par l'organe compétent de l'organisation à laquelle elle adhère, selon des modalités assurant l'information des entreprises adhérentes quant à l'organisation destinataire de la cotisation. Cette condition est également regardée comme satisfaite lorsque l'organisation concernée produit des comptes combinés avec l'organisation à laquelle elle adhère.

Ne sont pas prises en compte au titre du 2° les adhésions des organisations professionnelles d'employeurs ou de leurs structures territoriales statutaires aux structures territoriales statutaires de l'organisation candidate à l'établissement de sa représentativité.

III. – Sont également prises en compte comme adhérentes les organisations qui, selon les modalités fixées par une délibération de l'organe compétent de l'organisation candidate, s'acquittent d'une cotisation dont le montant est réduit, pour tenir compte d'une adhésion en cours d'année ou de tout autre motif prévu par la délibération précitée, sous réserve que cette réduction n'excède pas de moitié la cotisation due en application des règles mentionnées à l'alinéa précédent.

IV. – Les adhésions *(Décr. n° 2016-1419 du 20 oct. 2016, art. 1er)* « aux structures territoriales statutaires définies au I et aux organisations professionnelles d'employeurs ou à l'une de leurs structures territoriales statutaires définies au II » sont prises en compte dès lors que des attestations telles que définies *(Décr. n° 2016-1419 du 20 oct. 2016, art. 1er)* « à l'article R. 2152-6 » ont été établies *(Décr. n° 2016-1419 du 20 oct. 2016, art. 1er)* « au titre de chacune de ces organisations professionnelles d'employeurs et au titre de chacune ou de l'ensemble de ces structures territoriales statutaires, accompagnées de la fiche de synthèse mentionnée à l'article R. 2152-6 » :

1° Soit par le commissaire aux comptes de l'organisation candidate ;

2° Soit dans le cadre d'une mission de vérification de ces éléments par un commissaire aux comptes désigné par *(Décr. n° 2016-1419 du 20 oct. 2016, art. 1er)* « les structures ou organisations mentionnées au premier alinéa du présent IV ».

Les règles prises en compte en matière de cotisations et définies conformément aux dispositions des articles R. 2152-1 et R. 2152-2 sont jointes à ces attestations.

(Décr. n° 2016-1419 du 20 oct. 2016, art. 1er) « V. – Lorsqu'une structure territoriale statutaire ou une organisation professionnelle d'employeurs ne dispose pas d'entreprises qui lui sont directement adhérentes, le respect des dispositions du I et du 1° et du 2° du II du présent article est attesté par un commissaire aux comptes. »

Art. D. 2152-9-1 *(Décr. n° 2016-1474 du 28 oct. 2016)* Le seuil prévu au dernier alinéa de l'article L. 2152-4 est fixé à 10 %.

SECTION IV **REPRÉSENTATIVITÉ PATRONALE AU NIVEAU NATIONAL ET MULTIPROFESSIONNEL**

Art. R. 2152-10 Pour l'appréciation des critères définis aux 2° et 3° de l'article L. 2152-2, sont prises en compte les organisations professionnelles d'employeurs dès lors qu'elles versent une cotisation à une organisation professionnelle d'employeurs candidate à l'établissement de sa représentativité, conformément aux règles fixées par l'organe compétent de l'organisation candidate, et selon des modalités assurant l'information des organisations adhérentes quant à l'organisation destinataire de la cotisation.

Sont également prises en compte comme adhérentes les organisations qui, selon les modalités fixées par une délibération de l'organe compétent de l'organisation candidate, s'acquittent d'une cotisation dont le montant est réduit, pour tenir compte d'une adhésion en cours d'année ou de tout autre motif prévu par la délibération précitée, sous réserve que cette réduction n'excède pas de moitié la cotisation due en application des règles mentionnées à l'alinéa précédent.

Art. R. 2152-11 *(Décr. n° 2016-1419 du 20 oct. 2016, art. 1er)* Le respect des critères définis aux 2° et 3° de l'article L. 2152-2 est apprécié par le ministre chargé du travail qui s'assure que le montant de la cotisation versée est de nature à établir la réalité de l'adhésion.

SECTION V **CANDIDATURES DES ORGANISATIONS PROFESSIONNELLES D'EMPLOYEURS**

Art. R. 2152-12 Les candidatures des organisations professionnelles d'employeurs sont déposées auprès des services centraux du ministère chargé du travail dans les conditions fixées par arrêté du ministre chargé du travail.

Cet arrêté fixe notamment la période de dépôt des candidatures.

V. Arr. du 13 juill. 2016 (JO 14 juill.), mod. par Arr. du 26 oct. 2016 (JO 27 oct.), mod. par Arr. du 12 déc. 2016 (JO 14 déc.).

Art. R. 2152-13 L'organisation professionnelle d'employeurs qui souhaite voir établie sa représentativité en application de l'article L. 2152-1 dans plusieurs branches professionnelles dépose une déclaration de candidature au titre de chacune des branches dans laquelle elle est candidate.

Par dérogation à l'alinéa précédent, dans les branches couvrant exclusivement les activités agricoles mentionnées aux 1° à 4° de l'article L. 722-1 du code rural et de la pêche maritime ainsi que celles des coopératives d'utilisation de matériel agricole, les candidatures sont présentées pour chaque secteur d'activité.

Art. R. 2152-14 Sont joints à la déclaration de candidature d'une organisation professionnelle d'employeurs souhaitant voir établie sa représentativité au niveau de la branche professionnelle en application de l'article L. 2152-1 :

(Décr. n° 2016-1419 du 20 oct. 2016, art. 1er) « 1° Les attestations du ou des commissaires aux comptes définies à l'article R. 2152-6 et au IV de l'article R. 2152-8. Ces attestations sont accompagnées de la fiche de synthèse mentionnée à l'article R. 2152-6 ; »

2° Une copie des statuts de l'organisation ainsi que du récépissé de dépôt de ceux-ci ;

3° Les éléments et documents permettant de justifier que l'organisation satisfait aux critères mentionnés aux 2°, 3° et 5° de l'article L. 2151-1 ;

4° Les règles en matière de cotisations fixées par délibération de l'organe compétent des structures territoriales statutaires et organisations en application de l'article R. 2152-8 ;

(Décr. n° 2016-1419 du 20 oct. 2016, art. 1er) « 5° Les déclarations, signées par le ou les commissaires aux comptes et établies :

« *a)* Par l'organisation professionnelle d'employeurs candidate, du nombre par département d'entreprises adhérentes et du nombre de salariés employés par ces entreprises ;

« *b)* Par l'organisation professionnelle d'employeurs candidate, du nombre par département d'entreprises directement adhérentes et du nombre de salariés employés par ces entreprises ;

« *c)* Par les structures territoriales statutaires définies au I de l'article R. 2152-8 et les organisations et leurs structures territoriales définies au II de l'article R. 2152-8, du nombre par département d'entreprises directement adhérentes et du nombre de salariés employés par ces entreprises.

« Ces déclarations sont établies conformément à un modèle arrêté par le ministre chargé du travail.

« 6° » La liste des organisations et structures territoriales statutaires dont elle demande la prise en compte pour la mesure de son audience.

Art. R. 2152-15 Sont joints à la déclaration de candidature d'une organisation professionnelle d'employeurs souhaitant voir établie sa représentativité au niveau national et multi-professionnel en application de l'article L. 2152-2 :

1° Une copie de ses statuts ainsi que du récépissé de dépôt de ceux-ci ;

2° Les éléments et documents permettant de justifier qu'elle satisfait aux critères mentionnés aux 2°, 3° et 5° de l'article L. 2151-1 ainsi qu'au 4° de l'article L. 2152-2 ;

3° La liste de ses organisations adhérentes ;

4° Les règles en matière de cotisations fixées par son organe compétent et, le cas échéant, par l'organe compétent de ses structures territoriales statutaires.

Art. R. 2152-16 Sont joints à la déclaration de candidature d'une organisation professionnelle d'employeurs souhaitant voir établie sa représentativité au niveau national et interprofessionnel en application de l'article L. 2152-4 :

(Décr. n° 2016-1419 du 20 oct. 2016, art. 1er) « 1° Les attestations du ou des commissaires aux comptes définies à l'article R. 2152-6 et au IV de l'article R. 2152-9 dès lors que la ou les organisations mentionnées au II de l'article R. 2152-9 ne sont pas candidates à la représentativité. Ces attestations sont accompagnées de la fiche de synthèse mentionnée à l'article R. 2152-6 ; »

2° Une copie de ses statuts ainsi que du récépissé de dépôt de ceux-ci ;

3° Les éléments et documents permettant de justifier qu'elle satisfait aux critères mentionnés aux 2°, 3° et 5° de l'article L. 2151-1 ;

4° Les règles en matière de cotisations fixées par délibération de l'organe compétent des structures territoriales statutaires et organisations en application de l'article R. 2152-9 ;

(Décr. n° 2016-1419 du 20 oct. 2016, art. 1er) « 5° Les déclarations, signées par le ou les commissaires aux comptes et établies :

« *a)* Par l'organisation professionnelle d'employeurs candidate du nombre par département d'entreprises adhérentes et du nombre de salariés employés par ces entreprises ;

« *b)* Par l'organisation professionnelle d'employeurs candidate du nombre par département d'entreprises directement adhérentes et du nombre de salariés employés par ces entreprises ;

« *c)* Par les structures territoriales statutaires définies au I de l'article R. 2152-9 et les organisations et leurs structures territoriales définies au II de l'article R. 2152-9 dès lors qu'elles ne sont pas candidates à la représentativité, du nombre par département d'entreprises directement adhérentes et du nombre de salariés employés par ces entreprises.

« Ces déclarations sont établies conformément à un modèle arrêté par le ministre chargé du travail.

« 6° » La liste des organisations et structures territoriales statutaires dont elle demande la prise en compte pour la mesure de son audience.

Art. R. 2152-17 L'organisation professionnelle d'employeurs indique dans la déclaration de candidature, le cas échéant, la ou les organisations professionnelles d'employeurs auxquelles elle adhère elle-même.

Lorsqu'une organisation professionnelle d'employeurs adhère à plusieurs organisations professionnelles d'employeurs ayant statutairement vocation à être présentes au niveau national et interprofessionnel, elle indique la répartition retenue en application du dernier alinéa de l'article L. 2152-4.

SECTION VI **CONSULTATION DU HAUT CONSEIL DU DIALOGUE SOCIAL**

Art. R. 2152-18 Le ministre chargé du travail présente au Haut Conseil du dialogue social les résultats enregistrés et le consulte sur la liste des organisations professionnelles d'employeurs représentatives par branche et au niveau national et interprofessionnel ou multi-professionnel.

LIVRE DEUXIÈME **LA NÉGOCIATION COLLECTIVE — LES CONVENTIONS ET ACCORDS COLLECTIFS DE TRAVAIL**

TITRE PREMIER **DISPOSITIONS PRÉLIMINAIRES**

Le présent titre ne comprend pas de dispositions réglementaires.

TITRE DEUXIÈME **OBJET ET CONTENU DES CONVENTIONS ET ACCORDS COLLECTIFS DE TRAVAIL**

Le présent titre ne comprend pas de dispositions réglementaires.

TITRE TROISIÈME **CONDITIONS DE NÉGOCIATION ET DE CONCLUSION DES CONVENTIONS ET ACCORDS COLLECTIFS DE TRAVAIL**

CHAPITRE PREMIER **CONDITIONS DE VALIDITÉ**

SECTION UNIQUE **NOTIFICATION ET DÉPÔT**

Art. R. 2231-1 Pour les professions agricoles, les attributions conférées au ministre chargé du travail par les dispositions du présent livre sont exercées en accord avec celui-ci par le ministre chargé de l'agriculture. — *[Anc. art. L. 131-3.]*

Art. D. 2231-2 Les conventions et accords, ainsi que leurs avenants et annexes, sont déposés par la partie la plus diligente auprès des services du ministre chargé du travail.

Le dépôt est opéré en deux exemplaires, dont une version sur support papier signée des parties et une version sur support électronique.

La partie la plus diligente remet également un exemplaire de chaque convention ou accord au greffe du conseil de prud'hommes du lieu de conclusion. – *[Anc. art. L. 132-10, al. 1er et 2, et R. 132-1, al. 1er, phrase 1.]*

Art. D. 2231-3 Les conventions de branche et les accords professionnels ou interprofessionnels sont déposés auprès des services centraux du ministre chargé du travail.

Lorsque les textes concernent des professions agricoles, ils sont déposés *(Décr. nº 2008-1510 du 30 déc. 2008)* « auprès de la » *(Décr. nº 2009-1377 du 10 nov. 2009)* « direction régionale des entreprises, de la concurrence, de la consommation, du travail et de l'emploi ». – *[Anc. art. R. 132-1, al. 4.]*

Les modifications issues du Décr. nº 2009-1377 du 10 nov. 2009 prennent effet, dans chaque région, à la date de nomination du directeur régional des entreprises, de la concurrence, de la consommation, du travail et de l'emploi (Décr. préc., art. 7-I). – V. Arr. de nomination de ces directeurs des 30 déc. 2009 (JO 5 janv. 2010) et 9 févr. 2010 (JO 14 févr.).

Ces modifications s'appliquent à la région Île-de-France à compter du 1er juill. 2010 (Décr. nº 2010-687 du 24 juin 2010, art. 2).

Art. D. 2231-4 Les conventions et accords d'entreprise ou d'établissement sont déposés auprès de la *(Décr. nº 2009-1377 du 10 nov. 2009)* « direction régionale des entreprises, de la concurrence, de la consommation, du travail et de l'emploi ». – *[Anc. art. R. 132-1, al. 1er, phrase 2.]*

V. note ss. art. D. 2231-3.

Art. D. 2231-5 Le service départemental dépositaire des conventions et accords collectifs de travail est celui dans le ressort duquel ils ont été conclus. – *[Anc. art. R. 132-1, al. 2.]*

Art. D. 2231-6 Lorsqu'une convention ou un accord collectif d'entreprise s'applique à des établissements ayant des implantations distinctes, le texte déposé est assorti de la liste, en trois exemplaires, de ces établissements et de leurs adresses respectives. – *[Anc. art. R. 132-1, al. 3.]*

Art. D. 2231-7 Le dépôt des conventions et accords est accompagné des pièces suivantes :

1º Dans tous les cas, d'une copie du courrier, du courrier électronique ou du récépissé ou d'un avis de réception daté de notification du texte à l'ensemble des organisations représentatives à l'issue de la procédure de signature ;

2º Dans le cas des conventions et accords d'entreprise ou d'établissement :

a) D'une copie du procès-verbal des résultats du premier tour des dernières élections professionnelles ;

b) D'une copie, le cas échéant, du procès-verbal de carence aux élections professionnelles ;

c) D'un bordereau de dépôt.

Ces pièces peuvent être transmises par voie électronique. Un récépissé est délivré au déposant. – *[Anc. art. R. 132-1, al. 5 à 10 et 12.]*

Art. D. 2231-8 Les déclarations d'adhésion ou de dénonciation, intervenues en application des articles L. 2261-3 et L. 2261-9, sont déposées, selon les modalités prévues à l'article D. 2231-7, par la partie qui en est signataire au service dépositaire de la convention ou de l'accord qu'elles concernent.

Un récépissé est délivré au déposant. – *[Anc. art. R. 132-1, al. 11 et 12.]*

Art. R. 2231-9 Toute personne intéressée peut prendre connaissance gratuitement des textes déposés auprès de la *(Décr. nº 2009-1377 du 10 nov. 2009)* « direction régionale des entreprises, de la concurrence, de la consommation, du travail et de l'emploi » *(Abrogé par Décr. nº 2008-1503 du 30 déc. 2008) « ou du service départemental de l'inspection du travail, de l'emploi et de la protection sociale agricoles ».*

Elle peut en obtenir copie, à ses frais, suivant les modalités fixées à l'article *(Décr. nº 2016-308 du 17 mars 2016, art. 2)* « L. 311-9 du code des relations entre le public et l'administration » portant diverses mesures d'amélioration des relations entre l'administration et le public et diverses dispositions d'ordre administratif, social et fiscal.

Toutefois, lorsqu'une instance juridictionnelle est engagée, copie de tout ou partie de la convention ou de l'accord en cause est délivrée gratuitement à chacune des parties à l'instance qui le demande. – *[Anc. art. R. 132-2.]*

V. note ss. art. D. 2231-3.

CHAPITRE II RÈGLES APPLICABLES À CHAQUE NIVEAU DE NÉGOCIATION

SECTION PREMIÈRE CONVENTIONS DE BRANCHE ET ACCORDS PROFESSIONNELS

Art. R. 2232-1 Le juge judiciaire mentionné à l'article L. 2232-6 est le juge du tribunal de grande instance. – *[Anc. art. L. 132-2-2-II, al. 5, phrase 3.]*

Art. D. 2232-1-1 *(Décr. n° 2016-1556 du 18 nov. 2016, en vigueur le 1er janv. 2017)* L'accord ou la convention mettant en place la commission paritaire permanente de négociation et d'interprétation définie au I de l'article L. 2232-9 comporte l'adresse numérique ou postale de cette commission, afin de permettre la transmission prévue au septième alinéa du II du même article.

A défaut de stipulations relatives à l'adresse de la commission, l'organisation la plus diligente parmi les organisations professionnelle d'employeurs et les organisations syndicales de salariés représentatives dans la branche transmet cette adresse au ministère chargé du travail.

Le ministère chargé du travail publie sur son site internet la liste des adresses mentionnées dans les accords et conventions en application du premier alinéa ou communiquées en application du deuxième alinéa. La commission paritaire lui notifie tout éventuel changement d'adresse en vue d'une actualisation de cette liste.

Jusqu'à la mise en place de la commission mentionnée à l'al. 1er de l'art. D. 2232-1-1, l'adresse numérique ou postale de la commission paritaire existant dans la branche est transmise au ministère chargé du travail, dans un délai d'un mois à compter du 19 nov. 2016, par l'organisation professionnelle d'employeurs ou l'organisation syndicale de salariés représentative dans la branche la plus diligente. La liste de ces adresses est publiée sur le site internet du ministère chargé du travail avec la liste prévue à l'al. 3 de l'art. D. 2232-1-1 (Décr. n° 2016-1556 du 18 nov. 2016, art. 2).

Art. D. 2232-1-2 *(Décr. n° 2016-1556 du 18 nov. 2016, en vigueur le 1er janv. 2017)* Pour l'application du septième alinéa du II de l'article L. 2232-9, la partie la plus diligente transmet à la commission paritaire permanente de négociation et d'interprétation les conventions et accords d'entreprise comportant des stipulations conclues dans le cadre du titre II, des chapitres Ier et III du titre III et des titres IV et V du livre Ier de la troisième partie du présent code. Elle informe les autres signataires de ces conventions et accords de cette transmission.

Ces conventions et accords sont transmis à l'adresse de la commission paritaire mentionnée au troisième alinéa de l'article D. 2232-1-1 après suppression par la partie la plus diligente des noms et prénoms des négociateurs et des signataires.

La commission paritaire accuse réception des conventions et accords transmis.

SECTION II CONVENTIONS ET ACCORDS D'ENTREPRISE OU D'ÉTABLISSEMENT

SOUS-SECTION 1 DISPOSITIONS COMMUNES

Art. D. 2232-2 *(Décr. n° 2016-1797 du 20 déc. 2016)* Les conditions dans lesquelles l'employeur recueille l'approbation des salariés en application des articles L. 2232-12, L. 2232-21-1 et L. 2232-27 sont les suivantes :

1° La consultation a lieu pendant le temps de travail, au scrutin secret sous enveloppe ou par voie électronique dans les conditions prévues aux articles R. 2324-5 à R. 2324-17. Son organisation matérielle incombe à l'employeur. Lorsque la consultation est organisée en application de l'article L. 2232-12, le protocole conclu avec les organisations syndicales détermine la liste des salariés couverts par l'accord au sens du cinquième alinéa de cet article et qui, à ce titre, doivent être consultés ;

2° Le résultat du vote fait l'objet d'un procès-verbal dont la publicité est assurée dans l'entreprise par tout moyen. Ce procès-verbal est annexé à l'accord approuvé lors du dépôt de ce dernier. En cas d'accord conclu avec un représentant élu du personnel mandaté ou un salarié mandaté, le procès-verbal est également adressé à l'organisation mandante.

Ces dispositions s'appliquent aux accords portant sur la durée du travail, les repos et les congés signés à compter du 1er janv. 2017 et aux accords prévus à l'art. L. 2254-2 signés depuis le 9 août 2016. Pour ceux d'entre eux conclus avant le 22 déc. 2016, le délai d'un mois mentionné au I de l'art. D. 2232-6 court à compter du 22 déc. 2016.

Lorsque la consultation prévue aux art. L. 2232-21-1 et L. 2232-27 porte sur un accord signé avant le 22 déc. 2016, le délai de deux mois mentionné à l'art. D. 2232-8 du même code court à compter du 1er janv. 2017 (Décr. n° 2016-1797 du 20 déc. 2016, art. 2).

Jurisprudence rendue antérieurement au Décr. du 20 déc. 2016.

Lorsqu'il est nécessaire de procéder à un référendum pour faire valider un accord d'entreprise, il n'est pas possible de procéder par vote électronique. • Soc. 27 janv. 2010 : *D. 2010. AJ 447 ; JS Lamy 2010, n° 272-2.*

Art. D. 2232-3 *(Décr. n° 2016-1797 du 20 déc. 2016)* Sauf dans les cas prévus aux articles L. 2232-21-1 et L. 2232-27 pour lesquels cette compétence relève de l'employeur, les modalités d'organisation de la consultation sont fixées par le protocole conclu avec les organisations syndicales signataires. Elles portent sur :

1° Les modalités de transmission aux salariés du texte de l'accord ;

2° Le lieu, la date et l'heure du scrutin ;

3° L'organisation et le déroulement du vote ;

4° Le texte de la question soumise au vote des salariés.

V. note ss. art. D. 2232-2.

Art. D. 2232-4 Les salariés sont informés, quinze jours au moins avant la date prévue du scrutin, de l'heure et de la date de celui-ci, du contenu de l'accord et du texte de la question soumise à leur vote. – *[Anc. art. D. 132-2, al. 5, phrase 2, et D. 132-1, al. 11, phrase 2.]*

Art. R. 2232-5 Les contestations relatives à l'électorat et à la régularité de la consultation sont de la compétence du tribunal d'instance qui statue en dernier ressort. Elles sont introduites dans les délais prévus à l'article R. 2324-24. La décision est susceptible d'un pourvoi en cassation. – *[Anc. art. D. 132-3, al. 4.]*

SOUS-SECTION 2 ENTREPRISES POURVUES D'UN OU PLUSIEURS DÉLÉGUÉS SYNDICAUX

Art. D. 2232-6 *(Décr. n° 2016-1797 du 20 déc. 2016)* I. – La ou les organisations syndicales sollicitant l'organisation de la consultation notifient par écrit leur demande à l'employeur et aux autres organisations syndicales représentatives dans un délai d'un mois à compter de la date de signature de l'accord.

II. – Les modalités d'organisation de la consultation sont fixées par un protocole conclu entre l'employeur et une ou plusieurs organisations signataires recueillant plus de 30 % des suffrages exprimés en faveur d'organisations représentatives au premier tour des dernières élections des titulaires au comité d'entreprise ou de la délégation unique du personnel ou, à défaut, des délégués du personnel, quel que soit le nombre de votants.

III. – Le protocole est porté à la connaissance des salariés par tout moyen au plus tard quinze jours avant la consultation.

V. note ss. art. D. 2232-2.

Art. D. 2232-7 *(Décr. n° 2016-1797 du 20 déc. 2016)* En cas de désaccord sur les modalités d'organisation de la consultation fixées par le protocole, le tribunal d'instance peut être saisi dans un délai de huit jours à compter de l'information prévue au

III de l'article D. 2232-6 par les organisations syndicales représentatives dans l'entreprise ou l'établissement et statue en la forme des référés et en dernier ressort.

V. note ss. art. D. 2232-2.

SOUS-SECTION 3 **DÉROGATIONS DANS LES ENTREPRISES DÉPOURVUES DE DÉLÉGUÉ SYNDICAL**

Art. D. 2232-8 *(Décr. n° 2016-1797 du 20 déc. 2016)* La consultation prévue aux articles L. 2232-21-1 et L. 2232-27 est organisée dans un délai de deux mois à compter de la conclusion de l'accord. L'employeur consulte au préalable le ou les représentants élus du personnel mandatés ou le ou les salariés mandatés sur ses modalités. Il informe les salariés de ces modalités par tout moyen au plus tard quinze jours avant la consultation.

V. note ss. art. D. 2232-2.

Art. D. 2232-9 *(Décr. n° 2016-1797 du 20 déc. 2016)* En cas de désaccord sur les modalités d'organisation de la consultation retenues par l'employeur, le tribunal d'instance peut être saisi dans un délai de huit jours à compter de l'information prévue à l'article D. 2232-8 par le ou les représentants élus du personnel mandatés ou le ou les salariés mandatés et statue en la forme des référés et en dernier ressort.

V. note ss. art. D. 2232-2.

CHAPITRE III **CONVENTIONS ET ACCORDS DE TRAVAIL CONCLUS DANS LE SECTEUR PUBLIC**

Le présent chapitre ne comprend pas de dispositions réglementaires.

CHAPITRE IV **COMMISSIONS PARITAIRES LOCALES**

Le présent chapitre ne comprend pas de dispositions réglementaires.

CHAPITRE V **DISPOSITIONS PÉNALES**

Le présent chapitre ne comprend pas de dispositions réglementaires.

TITRE QUATRIÈME **DOMAINES ET PÉRIODICITÉ DE LA NÉGOCIATION OBLIGATOIRE**

CHAPITRE PREMIER **NÉGOCIATION DE BRANCHE ET PROFESSIONNELLE**

SECTION PREMIÈRE **NÉGOCIATION ANNUELLE**

Art. D. 2241-1 Pour la négociation sur les salaires prévue à l'article L. 2241-1, un rapport est remis par les organisations d'employeurs aux organisations syndicales de salariés au moins quinze jours avant la date d'ouverture de la négociation.

Au cours de l'examen de ce rapport, les organisations d'employeurs fournissent aux organisations syndicales de salariés, les informations nécessaires pour permettre de négocier en toute connaissance de cause. – *[Anc. art. L. 132-12, al. 2, phrases 2 et 3.]*

Art. R. 2241-2 (Abrogé par Décr. n° 2016-868 du 29 juin 2016, art. 6) *Afin de parvenir, en application de l'article L. 2242-7, à la suppression des écarts de rémunération entre les femmes et les hommes, un diagnostic des écarts éventuels de rémunération est établi sur la base des éléments mentionnés au deuxième alinéa de l'article L. 2323-57.*

Par rémunération, il faut entendre la rémunération au sens de l'article L. 3221-3.

SECTION II **NÉGOCIATION TRIENNALE**

SOUS-SECTION 1 **GESTION PRÉVISIONNELLE DES EMPLOIS ET PRÉVENTION DES CONSÉQUENCES DES MUTATIONS ÉCONOMIQUES**

Art. D. 2241-3 L'employeur transmet au préfet de département du siège social de l'entreprise l'accord collectif portant sur la qualification des catégories d'emplois menacés prévu au 2° de l'article L. 2242-16.

Cette formalité s'applique indépendamment de la formalité de dépôt des accords prévue à l'article L. 2231-6. – *[Anc. art. D. 320-1.]*

Art. D. 2241-4 Lorsque le préfet estime que la qualification d'emploi menacé retenue par l'accord collectif est insuffisamment fondée sur des éléments objectifs, il peut demander à l'employeur, dans le mois suivant la transmission de l'accord, de lui fournir des éléments complémentaires permettant de justifier cette qualification.

Lorsque l'employeur ne fournit pas d'éléments suffisants dans le mois suivant cette demande, le préfet s'oppose à la qualification d'emploi menacé, pour tout ou partie des emplois qualifiés comme tels par l'accord collectif. – *[Anc. art. D. 320-2.]*

Art. D. 2241-5 L'emploi est qualifié de stable, au sens du 2° de l'article L. 2242-17, lorsque le salarié dont le contrat est rompu a conclu avec un nouvel employeur un contrat de travail à durée indéterminée, un contrat de travail à durée déterminée de six mois ou plus, un contrat de mission avec une entreprise de travail temporaire de six mois ou plus ou lorsqu'il a créé ou repris une entreprise.

Le nouvel employeur ne peut appartenir au même groupe au sens des articles L. 2331-1 et suivants que l'employeur d'origine. – *[Anc. art. D. 320-3.]*

Art. D. 2241-6 L'employeur et des représentants des salariés participent au comité de suivi prévu au 3° de l'article L. 2242-17. Le préfet assiste aux réunions du comité de suivi.

Le comité de suivi étudie les conditions de mise en œuvre de l'accord collectif. Il valide les projets individuels de reclassement des salariés en s'assurant de leur réalité. En cas de création ou de reprise d'entreprise, la validation du projet est subordonnée à la constatation de l'exercice de la nouvelle activité et à sa poursuite pendant au moins six mois après la date de création ou de reprise.

Un bilan de mise en œuvre des actions prévues dans l'accord collectif est transmis au préfet à l'issue de chaque réunion du comité de suivi. – *[Anc. art. D. 320-4.]*

SOUS-SECTION 2 **ÉGALITÉ PROFESSIONNELLE ENTRE LES FEMMES ET LES HOMMES**

Art. D. 2241-7 La négociation triennale sur l'égalité professionnelle se déroule à partir d'un rapport présentant la situation comparée des femmes et des hommes dans les domaines mentionnés aux 1° et 2° de l'article L. 2241-3. Elle s'appuie également sur des indicateurs pertinents, reposant sur des éléments chiffrés, pour chaque secteur d'activité.

Un diagnostic des écarts éventuels de rémunération est établi sur la base de ce rapport. – *[Anc. art. L. 132-12, al. 6, et L. 132-12-3, al. 1er, phrase 2.]*

SOUS-SECTION 3 **TRAVAILLEURS HANDICAPÉS**

Art. D. 2241-8 La négociation triennale sur l'insertion professionnelle et le maintien dans l'emploi des travailleurs handicapés se déroule à partir d'un rapport établi par l'employeur présentant, pour chaque secteur d'activité, la situation par rapport à l'obligation d'emploi des travailleurs handicapés prévue aux articles L. 5212-1 et suivants. – *[Anc. art. L. 132-12, al. 10.]*

SOUS-SECTION 4 **FORMATION PROFESSIONNELLE ET APPRENTISSAGE**

Art. R. 2241-9 La négociation triennale en matière de formation professionnelle et d'apprentissage porte notamment sur :

1° La nature des actions de formation et leur ordre de priorité ;

2° La reconnaissance des qualifications acquises du fait d'actions de formation ou de la validation des acquis de l'expérience ;

3° Les moyens reconnus aux délégués syndicaux et aux membres des comités d'entreprise pour l'accomplissement de leur mission dans le domaine de la formation ;

4° Les conditions d'accueil et d'insertion des jeunes et des adultes dans les entreprises, notamment dans le cadre des contrats ou des périodes de professionnalisation ;

5° Les objectifs en matière d'apprentissage, les priorités à retenir en termes de secteurs, de niveaux et d'effectifs formés ainsi que les conditions de mise en œuvre des contrats d'apprentissage ;

6° Les actions de formation à mettre en œuvre en faveur des salariés ayant les niveaux de qualification les moins élevés et, en particulier, ceux qui ne maîtrisent pas les compétences de base, notamment pour faciliter leur évolution professionnelle ;

7° La définition et les conditions de mise en œuvre des actions de formation en vue d'assurer l'égalité d'accès des femmes et des hommes à la formation professionnelle, notamment par la détermination d'un objectif de progression du taux d'accès des femmes aux différents dispositifs de formation et des modalités d'atteinte de cet objectif ;

8° Les conditions d'application, dans les entreprises qui consacrent à la formation de leurs salariés un montant au moins égal à l'obligation minimale légale ou celle fixée par convention ou accord collectif de branche relative à la participation des employeurs au financement de la formation professionnelle continue, d'éventuelles clauses financières convenues entre l'employeur et le salarié avant l'engagement de certaines actions de formation et applicables en cas de démission, les versements réalisés au titre de ces clauses étant affectés par l'entreprise au financement d'actions dans le cadre du plan de formation ;

9° La recherche de réponses adaptées aux problèmes spécifiques de formation dans les petites et moyennes entreprises et, en particulier, dans celles ayant moins de dix salariés ;

10° Les conséquences éventuelles des aménagements apportés au contenu et à l'organisation du travail ainsi qu'au temps de travail sur les besoins de formation ;

11° Les conséquences de la construction européenne sur les besoins et les actions de formation ;

12° Les conséquences sur les besoins et les actions de formation du développement des activités économiques et commerciales des entreprises françaises à l'étranger ;

13° Les modalités d'application par les entreprises des dispositions de l'éventuel accord de branche résultant de cette négociation ;

14° Les conditions de mise en place d'un observatoire prospectif des métiers et des qualifications et d'examen par la Commission paritaire nationale de l'emploi de l'évolution quantitative et qualitative des emplois et des qualifications professionnelles ;

15° La définition des objectifs et priorités de formation que prennent en compte les entreprises dans le cadre du plan de formation et du droit individuel à la formation ;

16° La définition et les conditions de mise en œuvre des actions de formation, de leur suivi et de leur évaluation, en vue d'assurer l'égalité professionnelle, le maintien dans l'emploi et le développement des compétences des travailleurs handicapés, notamment par la détermination d'un objectif de progression du taux d'accès des travailleurs handicapés aux différents dispositifs de formation et des modalités d'atteinte de cet objectif ;

17° La définition et les conditions de mise en œuvre à titre facultatif d'actions de formation économique en vue de mieux comprendre la gestion et les objectifs de l'entreprise dans le cadre de la concurrence internationale ;

18° Les actions de formation mises en œuvre pour assurer l'adaptation des salariés à l'évolution de leurs emplois, le développement de leurs compétences ainsi que la gestion prévisionnelle des emplois des entreprises de la branche compte tenu de l'évolution prévisible de ses métiers ;

19° Les conditions dans lesquelles les salariés peuvent bénéficier d'un entretien individuel sur leur évolution professionnelle ainsi que les suites données à celui-ci. – *[Anc. art. L. 934-2, al. 2 à 20.]*

CHAPITRE II **NÉGOCIATION OBLIGATOIRE EN ENTREPRISE**

SECTION PREMIÈRE **DISPOSITIONS COMMUNES**

(Décr. n° 2011-822 du 7 juill. 2011, art. 1er)

Art. R. 2242-1 Lorsqu'aucun *[Lorsque aucun]* accord n'a été conclu au terme de la négociation obligatoire en entreprise, le procès-verbal de désaccord établi est déposé dans les conditions prévues à l'article D. 2231-2.

SECTION II ÉGALITÉ PROFESSIONNELLE ENTRE LES FEMMES ET LES HOMMES

(Décr. n° 2011-822 du 7 juill. 2011, art. 1er)

Pour les entreprises couvertes à la date du 10 nov. 2010 par un accord prévu à l'art. L. 2242-5 C. trav. ou, à défaut, par un plan d'action répondant aux prévisions de l'art. L. 2242-5-1, le Décr. n° 2011-822 du 7 juill. 2011 entre en vigueur à l'échéance de l'accord ou, à défaut d'accord, du plan d'action (Décr. préc., art. 6).

BIBL. ▶ MINÉ, *RDT 2013. 109* (mise en œuvre des obligations des entreprises pour l'égalité professionnelle entre les femmes et les hommes).

Art. R. 2242-2 *(Décr. n° 2011-822 du 7 juill. 2011)* **L'accord collectif ou, à défaut, le plan d'action prévu** *(Décr. n° 2016-868 du 29 juin 2016, art. 6)* **« au 2° de l'article L. 2242-8 » fixe les objectifs de progression et les actions permettant de les atteindre portant sur au moins** *(Décr. n° 2012-1408 du 18 déc. 2012)* **« trois » des domaines d'action mentionnés au** *(Décr. n° 2016-868 du 29 juin 2016, art. 6)* **« 1° *bis* de l'article L. 2323-8 » pour les entreprises de moins de 300 salariés et sur au moins** *(Décr. n° 2012-1408 du 18 déc. 2012)* **« quatre » des domaines mentionnés au** *(Décr. n° 2016-868 du 29 juin 2016, art. 6)* **« 1° *bis* de l'article L. 2323-8 » pour les entreprises de 300 salariés et plus. Ces objectifs et ces actions sont accompagnés d'indicateurs chiffrés.**

(Décr. n° 2012-1408 du 18 déc. 2012) **« La rémunération effective est obligatoirement comprise dans les domaines d'action retenus par l'accord collectif ou, à défaut, le plan d'action mentionnés au premier alinéa. »**

Les dispositions issues du Décr. n° 2012-1408 du 18 déc. 2012 s'appliquent aux accords collectifs ou aux plans d'action prévus à l'art. L. 2242-5-1 en vigueur au 19 déc. 2012 lors de leur renouvellement et, pour les accords à durée indéterminée, au plus tard à l'échéance triennale mentionnée à l'art. L. 2242-5 suivant la date du 19 déc. 2012, date de publication du décret (Décr. préc.).

Art. R. 2242-2-1 *(Décr. n° 2012-1408 du 18 déc. 2012)* **Le plan d'action mentionné** *(Décr. n° 2016-868 du 29 juin 2016, art. 5)* **« au 2° de l'article L. 2242-8 » est déposé par l'employeur dans les conditions prévues aux articles D. 2231-2 et D. 2231-4.**

L'art. D. 2323-9-2 devient l'art. R. 2242-2-1 (Décr. n° 2016-868 du 29 juin 2016, art. 5).

Art. R. 2242-2-2 *(Décr. n° 2011-822 du 7 juill. 2011, art. 3)* **La synthèse du plan d'action** *(Décr. n° 2016-868 du 29 juin 2016, art. 5)* **« mentionné au 2° de l'article L. 2242-8 » comprend au minimum des indicateurs** *(Décr. n° 2012-1408 du 18 déc. 2012)* **« par catégorie professionnelle » portant sur la situation respective des femmes et des hommes par rapport :**

1° Au salaire médian ou au salaire moyen ;

2° A la durée moyenne entre deux promotions ;

3° A l'exercice de fonctions d'encadrement ou décisionnelles.

La synthèse comprend également les objectifs de progression et les actions, accompagnés d'indicateurs chiffrés, mentionnés à l'article R. 2242-2.

L'art. D. 2323-9-1 devient l'art. R. 2242-2-2 (Décr. n° 2016-868 du 29 juin 2016, art. 5).

Pour les entreprises couvertes à la date du 10 nov. 2010 par un accord prévu à l'art. L. 2242-5 C. trav. ou, à défaut, par un plan d'action répondant aux prévisions de l'art. L. 2242-5-1 [L. 2242-9], les dispositions issues du Décr. n° 2011-822 du 7 juill. 2011 entrent en vigueur à l'échéance de l'accord ou, à défaut d'accord, du plan d'action (Décr. préc., art. 6).

Art. R. 2242-3 **Lorsque l'inspecteur ou le contrôleur du travail constate qu'une entreprise n'est pas couverte par l'accord collectif ou, à défaut, le plan d'action prévu** *(Décr. n° 2016-868 du 29 juin 2016, art. 6)* **« au 2° de l'article L. 2242-8 », il met en demeure l'employeur, par lettre recommandée avec demande d'avis de réception, de remédier à cette situation dans un délai de six mois.**

Art. R. 2242-4 **Dans le délai prévu à l'article R. 2242-3, l'employeur lui communique l'accord ou, à défaut, le plan d'action mis en place ou modifié, par lettre recommandée avec demande d'avis de réception.**

S'il n'est pas en mesure de communiquer l'un ou l'autre, il justifie des motifs de la défaillance de l'entreprise au regard de cette obligation.

A sa demande, il peut être entendu.

Art. R. 2242-5 A l'issue du délai prévu à l'article R. 2242-3, le directeur régional des entreprises, de la concurrence, de la consommation, du travail et de l'emploi décide s'il y a lieu d'appliquer la pénalité mentionnée au premier alinéa de l'article *(Décr. n° 2016-868 du 29 juin 2016, art. 6)* « L. 2242-9 » et en fixe le taux.

Art. R. 2242-6 Il est tenu compte, pour fixer le taux de la pénalité, des motifs de défaillance dont l'employeur a justifié, des mesures prises par l'entreprise en matière d'égalité professionnelle entre les femmes et les hommes et de la bonne foi de l'employeur.

Au titre des motifs de défaillance, sont pris en compte pour diminuer le taux tous motifs indépendants de la volonté de l'employeur susceptibles de justifier le non-respect de l'obligation prévue à l'article *(Décr. n° 2016-868 du 29 juin 2016, art. 6)* « L. 2242-9 », et notamment :

1° La survenance de difficultés économiques de l'entreprise ;

2° Les restructurations ou fusions en cours ;

3° L'existence d'une procédure collective en cours ;

4° Le franchissement du seuil d'effectifs prévu à l'article *(Décr. n° 2016-868 du 29 juin 2016, art. 6)* « L. 2242-9 » au cours des douze mois précédant celui de l'envoi de la mise en demeure mentionnée à l'article R. 2242-3.

Art. R. 2242-7 La pénalité mentionnée à l'article *(Décr. n° 2016-868 du 29 juin 2016, art. 6)* « L. 2242-9 » est calculée sur la base des rémunérations et gains au sens du premier alinéa de l'article L. 242-1 du code de la sécurité sociale ou du premier alinéa de l'article L. 741-10 du code rural et de la pêche maritime versés pour chaque mois entier à compter du terme de la mise en demeure mentionnée à l'article R. 2242-3.

Elle est due jusqu'à la réception par l'inspection du travail de l'accord relatif à l'égalité professionnelle ou du plan d'action mentionnés *(Décr. n° 2016-868 du 29 juin 2016, art. 6)* « au 2° de l'article L. 2242-8 ».

Art. R. 2242-8 Le directeur régional des entreprises, de la concurrence, de la consommation, du travail et de l'emploi adresse à l'employeur qui n'a pas rempli les obligations en matière d'égalité professionnelle et salariale entre les femmes et les hommes définies à l'article *(Décr. n° 2016-868 du 29 juin 2016, art. 6)* « L. 2242-9 », par lettre recommandée avec demande d'avis de réception, une notification motivée du taux de la pénalité qui lui est appliqué, dans le délai d'un mois à compter de la date d'expiration de la mise en demeure prévue à l'article R. 2242-3, et lui demande de communiquer en retour le montant des gains et rémunérations servant de base au calcul de la pénalité conformément à l'article R. 2242-7 dans le délai d'un mois. A défaut, la pénalité est calculée sur la base de deux fois la valeur du plafond mensuel de la sécurité sociale par mois compris dans la période mentionnée à l'article R. 2242-7.

Le directeur régional des entreprises, de la concurrence, de la consommation, du travail et de l'emploi établit un titre de perception et le transmet au trésorier-payeur général qui en assure le recouvrement comme en matière de créance étrangère à l'impôt et au domaine.

Art. R. 2242-9 *(Décr. n° 2016-868 du 29 juin 2016, art. 6)* La demande de l'employeur mentionnée au premier alinéa de l'article L. 2242-9-1 est adressée par tout moyen permettant d'apporter la preuve de sa réception par le directeur régional des entreprises, de la concurrence, de la consommation, du travail et de l'emploi.

La demande doit comporter :

1° La raison sociale de l'établissement, ses adresses postale et électronique le cas échéant ;

2° Son numéro de SIRET ;

3° Les références aux dispositions législatives ou réglementaires au regard desquelles la demande est à apprécier ;

4° L'accord ou le plan d'action mentionnés à l'article L. 2242-8. Le plan d'action est accompagné, le cas échéant, du procès-verbal de désaccord mentionné à l'article L. 2242-9.

Art. R. 2242-10 *(Décr. n° 2016-868 du 29 juin 2016, art. 6)* La demande est réputée complète si, dans un délai de quinze jours à compter de sa réception, le directeur régional des entreprises, de la concurrence, de la consommation, du travail et de l'emploi n'a pas fait connaître à l'employeur la liste des pièces ou des informations manquantes.

A réception de ces pièces ou informations, le directeur régional des entreprises, de la concurrence, de la consommation, du travail et de l'emploi notifie au demandeur que la demande est complète. En l'absence de réception des pièces et informations manquantes dans un délai d'un mois, la demande est réputée caduque.

Le directeur régional des entreprises, de la concurrence, de la consommation, du travail et de l'emploi dispose d'un délai de deux mois à compter de la date de réception de la demande complète pour notifier à l'employeur sa réponse établissant la conformité mentionnée au quatrième alinéa de l'article L. 2242-9-1.

Art. R. 2242-11 *(Décr. n° 2016-868 du 29 juin 2016, art. 6)* Les notifications mentionnées à l'article R. 2242-10 sont effectuées par tout moyen permettant de rapporter la preuve de leur date de réception.

CHAPITRE III **DISPOSITIONS PÉNALES**

Le présent chapitre ne comprend pas de dispositions réglementaires.

TITRE CINQUIÈME **ARTICULATION DES CONVENTIONS ET ACCORDS**

CHAPITRE IV **RAPPORTS ENTRE CONVENTIONS ET ACCORDS COLLECTIFS DE TRAVAIL ET CONTRAT DE TRAVAIL**

(Décr. n° 2016-1909 du 28 déc. 2016)

Ces dispositions s'appliquent aux salariés visés par la procédure de licenciement énoncée au deuxième al. du II de l'art. L. 2254-2 et engagée à compter du 30 déc. 2016. La date d'engagement de cette procédure est la date de l'entretien préalable mentionné à l'art. L. 1233-11 (Décr. n° 2016-1909 du 28 déc. 2016, art. 2).

Art. D. 2254-1 I. — L'accord mentionné à l'article L. 2254-2 :

1° Fixe la rémunération mensuelle maintenue mentionnée à l'avant-dernier alinéa du I de l'article L. 2254-2. Le montant de cette rémunération ne peut être inférieur à la moyenne sur les trois mois précédant la signature de l'accord prévu à l'article L. 2254-2 de la rémunération versée au salarié ou, si son contrat de travail est suspendu, de la rémunération qu'il aurait perçue s'il avait travaillé pendant cette période à l'exclusion des indemnités perçues le cas échéant au titre de la suspension de son contrat de travail. Cette rémunération s'entend comme le montant soumis à cotisations de sécurité sociale en application des dispositions de l'article L. 242-1 du code de la sécurité sociale, à l'exception de la première phrase du deuxième alinéa du même article et sans prise en compte *[des]* les éléments de rémunération dont la périodicité de versement est supérieure au mois.

2° Peut modifier ou supprimer les modalités d'attribution, de calcul et de versement de tout ou partie des éléments de rémunération, dans le respect du second alinéa de l'article L. 2253-3.

II. — En l'absence de stipulations prévues par l'accord mentionné à l'article L. 2254-2 :

1° Le montant de la rémunération maintenue est la moyenne prévue au 1° du I du présent article. Les éléments de rémunération dont la périodicité de versement est supérieure au mois sont maintenus.

2° Le régime juridique, les modalités d'attribution, de calcul et de versement des éléments de rémunération sont maintenus.

Art. D. 2254-2 Lorsqu'un accord d'entreprise est conclu en vue de la préservation ou du développement de l'emploi en application de l'article L. 2254-2, l'employeur informe chaque salarié concerné de son droit d'accepter ou de refuser l'application à son contrat de travail de cet accord. Cette information est faite par tout moyen conférant date certaine et précise que le salarié dispose d'un délai d'un mois à compter de sa réception pour faire connaître sa décision. Le salarié, en l'absence de réponse adressée par tout moyen conférant date certaine dans ce délai, est réputé avoir accepté l'application de l'accord à son contrat de travail.

Art. D. 2254-3 Les salariés privés d'emploi acceptant le parcours d'accompagnement personnalisé et justifiant des conditions pour percevoir l'allocation d'assurance prévue à l'article L. 5422-1 conformément aux accords mentionnés à l'article L. 5422-20 perçoivent l'allocation mentionnée à l'article D. 2254-12.

Art. D. 2254-4 Chacun des salariés concernés doit être informé, lors de l'entretien préalable de licenciement, par l'employeur, individuellement et par écrit, du contenu du parcours d'accompagnement personnalisé et de la possibilité qu'il a d'en bénéficier. Le document d'information, remis contre récépissé, précise le délai de réflexion dont dispose le salarié pour accepter ou refuser le parcours d'accompagnement personnalisé. Ce document précise que le contrat du salarié sera rompu en cas d'acceptation du parcours et que le salarié pourra être licencié en cas de refus du parcours.

Le salarié dispose d'un délai de sept jours pour accepter ou refuser le bénéfice du parcours à partir de la date de la remise du document proposant le parcours d'accompagnement personnalisé selon les modalités prévues au présent article.

Pour les salariés dont le licenciement est soumis à autorisation, ce délai de réflexion est prolongé jusqu'au lendemain de la date de notification à l'employeur de la décision de l'autorité administrative compétente.

Art. D. 2254-5 Le salarié manifeste sa volonté de bénéficier du parcours d'accompagnement personnalisé en remettant à l'employeur le bulletin d'acceptation dûment complété et signé, accompagné d'une copie de sa pièce d'identité ou du titre en tenant lieu.

En cas d'acceptation du salarié, le contrat de travail est réputé rompu au lendemain de la date de remise du bulletin d'acceptation. En cas de refus donnant lieu à licenciement, l'employeur envoie la lettre de licenciement selon les modalités prévues à l'article L. 1233-15.

Le salarié ayant accepté le parcours d'accompagnement personnalisé bénéficie, dès le lendemain de la rupture du contrat de travail, du statut de stagiaire de la formation professionnelle attaché au parcours d'accompagnement personnalisé.

L'absence de réponse au terme du délai de réflexion est assimilée à un refus du parcours d'accompagnement personnalisé par le salarié.

Dès l'acceptation du parcours par le salarié, l'employeur transmet à l'agence Pôle emploi dans le ressort de laquelle le salarié est domicilié, le bulletin d'acceptation complété par l'employeur et le salarié, accompagné de la copie de la pièce d'identité de ce dernier ou du titre en tenant lieu.

Au plus tard à la rupture du contrat de travail, l'employeur complète son précédent envoi en adressant à la même agence Pôle emploi l'ensemble des documents nécessaires à l'examen des droits du salarié et au paiement des sommes dues par l'employeur, notamment l'attestation d'employeur, la demande d'allocation d'accompagnement personnalisé dûment complétée et signée par le salarié, la copie de la carte d'assurance maladie.

L'ensemble des documents nécessaires à la mise en œuvre du parcours d'accompagnement personnalisé sont arrêtés par l'organisme chargé de la gestion du régime d'assurance chômage mentionné à l'article L. 5427-1 et remis par Pôle emploi, à l'employeur, à sa demande.

Art. D. 2254-6 Le parcours d'accompagnement personnalisé est conclu pour une durée de douze mois et prend effet dès le lendemain de la fin du contrat de travail.

Art. D. 2254-7 Le conseiller de Pôle emploi s'assure lors du premier entretien avec le salarié licencié sur le fondement de l'article L. 2254-2 que celui-ci a bien été informé individuellement et par écrit du contenu du parcours d'accompagnement personnalisé et de la possibilité qu'il a d'en bénéficier.

A défaut, le conseiller de Pôle emploi procède à l'information et propose l'adhésion au parcours d'accompagnement personnalisé.

Le salarié peut souscrire au parcours d'accompagnement personnalisé dans un délai de sept jours à compter de ce premier entretien avec un conseiller de Pôle emploi.

L'absence de réponse au terme du délai de réflexion est assimilée à un refus du parcours d'accompagnement personnalisé par le salarié. En cas d'acceptation du parcours d'accompagnement personnalisé, l'adhésion prend effet au lendemain de l'expiration du délai de réflexion. A compter de son inscription comme demandeur d'emploi et jusqu'au terme du délai de réflexion, le salarié dont le contrat de travail a été rompu peut être indemnisé dans les conditions prévues par les accords mentionnés à l'article L. 5422-20.

Art. D. 2254-8 L'accompagnement des bénéficiaires du parcours d'accompagnement personnalisé et le service de l'allocation d'accompagnement personnalisé sont confiés à Pôle emploi.

Art. D. 2254-9 Les salariés qui acceptent le parcours d'accompagnement personnalisé bénéficient, dans les sept jours suivant leur adhésion, d'un entretien individuel de pré-bilan pour l'examen de leurs capacités professionnelles.

L'entretien de pré-bilan et la période de préparation qui lui succèdent sont destinés à identifier le profil et le projet de reclassement du bénéficiaire du parcours d'accompagnement personnalisé, ses atouts potentiels, ses difficultés et ses freins éventuels. Il prend en compte les caractéristiques du bassin d'emploi concerné.

Il permet l'élaboration du projet d'accompagnement personnalisé du bénéficiaire qui est validé et mis en œuvre au plus tard dans le mois suivant l'entretien de pré-bilan.

Le projet d'accompagnement personnalisé prend la forme d'un document écrit qui formalise les relations entre les bénéficiaires du parcours d'accompagnement personnalisé et Pôle emploi.

Le projet professionnel peut être actualisé au vu du déroulement du parcours d'accompagnement et de reclassement du bénéficiaire.

Un point d'étape peut être réalisé afin que le conseiller référent et le bénéficiaire du parcours analysent conjointement les actions mises en œuvre avec le projet défini lors de l'entretien de pré-bilan et d'envisager, le cas échéant, les ajustements et nouvelles actions à effectuer.

Les prestations d'accompagnement s'inscrivent dans le projet d'accompagnement personnalisé qui comprend :

– si nécessaire, un bilan de compétences permettant d'orienter dans les meilleures conditions le plan d'accompagnement ;

– un suivi individuel de l'intéressé par l'intermédiaire d'un référent, destiné à l'accompagner à tous les niveaux de son projet professionnel et à évaluer le bon déroulement de son plan de sécurisation, y compris dans les six mois suivant son reclassement ;

– des mesures d'appui social et psychologique ;

– des mesures d'orientation tenant compte de la situation du marché local de l'emploi ;

– des mesures d'accompagnement (préparation aux entretiens d'embauche, techniques de recherche d'emploi...) ;

– des actions de validation des acquis de l'expérience ;

– et/ou des mesures de formation pouvant inclure une évaluation prenant en compte l'expérience professionnelle de l'intéressé.

Art. D. 2254-10 Les actions de formation entreprises dans le cadre du parcours d'accompagnement personnalisé sont inscrites dans le plan d'accompagnement personnalisé mentionné à l'article D. 2254-9.

A cet effet, le bénéficiaire du parcours d'accompagnement personnalisé peut mobiliser son compte personnel de formation et accéder à toutes les formations éligibles au compte personnel de formation conformément aux dispositions de l'article L. 6323-21.

Lorsque l'action de formation, notamment s'il s'agit d'une action de requalification, n'est pas achevée au terme du parcours d'accompagnement personnalisé, celle-ci se poursuit dans le cadre du projet personnalisé d'accès à l'emploi mentionné à l'article L. 5411-6-1 après inscription du bénéficiaire sur la liste des demandeurs d'emploi.

Art. D. 2254-11 Le bénéficiaire peut réaliser au cours de son parcours d'accompagnement personnalisé des périodes d'activités professionnelles en entreprise, sous forme de contrat de travail à durée déterminée ou de contrat de travail temporaire d'une durée minimale de trois jours.

Le cumul total de ces périodes ne peut excéder six mois.

Le plan d'accompagnement personnalisé expose au bénéficiaire les conditions et modalités selon lesquelles ces périodes d'activités professionnelles sont effectuées en vue de concourir à son projet de reclassement.

Pour les bénéficiaires mentionnés au premier alinéa de l'article D. 2254-12, ces périodes sont validées au préalable par le conseiller référent afin d'en vérifier la cohérence avec le plan d'accompagnement personnalisé du bénéficiaire.

Pendant ces périodes, le bénéficiaire est salarié de l'entreprise ou de l'agence d'emploi. Le bénéfice du parcours d'accompagnement personnalisé et le versement de l'allocation sont suspendus.

Un bilan des périodes d'activités professionnelles réalisées pendant le parcours d'accompagnement personnalisé est établi avec le conseiller référent en vue d'une capitalisation de l'expérience ainsi acquise par le bénéficiaire.

En cas de reprise d'emploi en contrat à durée indéterminée, en contrat à durée déterminée ou contrat de travail temporaire d'une durée d'au moins six mois, l'intéressé cesse de bénéficier du parcours d'accompagnement personnalisé.

La rupture du contrat de travail pendant la période d'essai permet une reprise du parcours d'accompagnement personnalisé pour la durée restant à courir conformément aux dispositions de l'article D. 2254-6.

Art. D. 2254-12 Pendant la durée du parcours d'accompagnement personnalisé, les bénéficiaires justifiant au moment de leur rupture du contrat de travail de douze mois d'ancienneté dans l'entreprise, conformément aux dispositions du 2° de l'article L. 1234-1, perçoivent une allocation d'accompagnement personnalisé égale à 70 % de leur salaire journalier de référence défini en application des accords mentionnés à l'article L. 5422-20.

Cette allocation ne peut être :

– ni inférieure au montant de l'allocation d'assurance mentionnée à l'article L. 5421-1 à laquelle l'intéressé aurait pu prétendre, au titre de l'emploi perdu, s'il n'avait pas accepté le parcours d'accompagnement personnalisé. A ce titre, en cas de perte involontaire d'une activité conservée pendant le parcours d'accompagnement personnalisé, le montant de l'allocation d'accompagnement personnalisé peut être révisé afin de ne pas être inférieur au montant de l'allocation d'assurance susvisée qui aurait été révisé en application des accords mentionnés à l'article L. 5422-20 ;

– ni supérieure à l'allocation maximale au titre de l'allocation d'assurance prévue à l'article L. 5421-1, calculée sur la base d'un salaire de référence plafonné conformément aux dispositions des accords mentionnés à l'article L. 5422-20.

Les bénéficiaires du parcours d'accompagnement personnalisé ne justifiant pas, au moment de la rupture du contrat de travail, de douze mois d'ancienneté dans l'entreprise au sens du 2° de l'article L. 1234-1, peuvent percevoir l'allocation d'assurance prévue à l'article L. 5421-1 dans les conditions précisées par les accords mentionnés à l'article L. 5422-20.

Le montant de l'allocation servie aux bénéficiaires d'une pension d'invalidité de deuxième ou troisième catégorie, au sens de l'article L. 341-4 du code de la sécurité sociale ou au sens de toute autre disposition prévue par les régimes spéciaux ou autonomes de sécurité sociale, ou d'une pension d'invalidité acquise à l'étranger, est cumulable avec la pension d'invalidité de deuxième ou troisième catégorie dans les conditions prévues par l'article R. 341-17 du code de la sécurité sociale, dès lors que les revenus issus de l'activité professionnelle prise en compte pour l'ouverture des droits ont été cumulés avec la pension.

A défaut, l'allocation servie aux bénéficiaires d'une telle pension est égale à la différence entre le montant de l'allocation d'accompagnement personnalisé et celui de la pension d'invalidité.

Une participation de 3 % assise sur le salaire journalier de référence est retenue sur l'allocation journalière. Le prélèvement de cette participation ne peut avoir pour effet de réduire le montant de l'allocation servie au bénéficiaire sous le seuil minimum de l'allocation d'assurance tel que défini par les accords mentionnés à l'article L. 5422-20.

Le produit de cette participation est affecté au financement des retraites complémentaires des bénéficiaires de l'allocation d'accompagnement personnalisé.

Art. D. 2254-13 L'application des stipulations des accords mentionnés à l'article L. 5422-20 relatives aux délais d'attente et aux différés d'indemnisation au salarié licencié sur le fondement de l'article L. 2254-2 ne peut avoir pour effet de porter la période du versement de l'allocation d'accompagnement personnalisé au-delà d'une durée de douze mois à compter de la rupture du contrat de travail.

Art. D. 2254-14 L'allocation d'accompagnement personnalisé est payée mensuellement à terme échu, pour tous les jours ouvrables ou non.

Le service des allocations doit être suspendu ou interrompu à compter du jour où l'intéressé :

1° Retrouve une activité professionnelle salariée ou non, exercée en France ou à l'étranger, à l'exception des cas visés à l'article D. 2254-11 ;

2° Est pris ou est susceptible d'être pris en charge par la sécurité sociale au titre des prestations en espèces ;

3° Est admis à bénéficier du complément de libre choix d'activité de la prestation d'accueil du jeune enfant ou de la prestation partagée d'éducation de l'enfant ;

4° Cesse de résider sur le territoire relevant du champ d'application de l'assurance chômage défini par les accords mentionnés à l'article L. 5422-20 ;

5° Est admis au bénéfice de l'allocation journalière de présence parentale mentionnée à l'article L. 544-1 du code de la sécurité sociale ;

6° Cesse de remplir la condition d'âge prévue par les accords mentionnés à l'article L. 5422-20 ;

7° Conclut un contrat de service civique conformément aux dispositions de l'article L. 120-1 du code du service national.

Art. D. 2254-15 Les adhérents au parcours d'accompagnement personnalisé peuvent bénéficier de l'allocation décès et de l'aide aux congés non-payés selon les règles prévues par les accords mentionnés à l'article L. 5422-20.

Les dispositions des articles L. 5426-8-1 et L. 5426-8-2 sont applicables en cas de versement indu de l'allocation aux adhérents au parcours d'accompagnement personnalisé.

Les litiges relatifs au versement de l'allocation d'accompagnement personnalisé sont portés devant les juridictions de l'ordre judiciaire.

Art. D. 2254-16 Le délai de prescription de la demande en paiement de l'allocation d'accompagnement personnalisé est de deux ans suivant son fait générateur.

Art. D. 2254-17 Le projet d'accompagnement personnalisé précise les conditions, y compris les modalités de recours, dans lesquelles l'intéressé cesse de bénéficier du parcours d'accompagnement personnalisé :

– lorsqu'il refuse une action de reclassement et de formation ou ne s'y présente pas, ou lorsqu'il refuse à deux reprises une offre raisonnable d'emploi ;

– lorsqu'il a fait des déclarations inexactes ou présenté des attestations mensongères en vue de bénéficier indûment du parcours d'accompagnement personnalisé.

Lorsque l'intéressé cesse de bénéficier du parcours d'accompagnement personnalisé dans le cadre des dispositions du présent article, il doit s'inscrire comme demandeur d'emploi et son dossier est transmis au responsable de l'Unité départementale de la Direction régionale des entreprises, de la concurrence, de la consommation, du travail et de l'emploi.

Art. D. 2254-18 L'employeur contribue au financement de l'allocation d'accompagnement personnalisé versée aux bénéficiaires justifiant, au moment de leur rupture du contrat de travail, de douze mois d'ancienneté dans l'entreprise en s'acquittant du paiement d'une somme correspondant à l'indemnité de préavis que le salarié aurait perçue s'il n'avait pas bénéficié du parcours d'accompagnement personnalisé et qui ne peut être inférieure à l'indemnité légale prévue aux 2° et 3° de l'article L. 1234-1. Cette contribution comprend l'ensemble des charges patronales et salariales.

Dans le cas où l'indemnité de préavis que le salarié aurait perçue s'il n'avait pas bénéficié du parcours d'accompagnement personnalisé est supérieure à trois mois de salaire, la fraction excédant ce montant est versée à l'intéressé dès la rupture de son contrat de travail.

Les salariés ne justifiant pas, au moment de la rupture du contrat de travail, de douze mois d'ancienneté dans l'entreprise et qui auraient bénéficié d'une indemnité de préavis s'ils n'avaient pas adhéré au parcours d'accompagnement personnalisé, en perçoivent le montant dès la rupture de leur contrat de travail.

Art. D. 2254-19 L'allocation d'accompagnement personnalisé est financée par l'État pour la partie supérieure à l'allocation d'assurance mentionnée à l'article L. 5424-1 que les bénéficiaires auraient perçue en cas de refus d'adhérer au parcours d'accompagnement personnalisé.

Pour la partie correspondant à l'allocation d'assurance mentionnée à l'article L. 5424-1, l'allocation d'accompagnement personnalisé est financée :

1° Par l'organisme chargé de la gestion du régime d'assurance chômage mentionné à l'article L. 5427-1 pour les salariés des employeurs mentionnés à l'article L. 5422-13 et ceux qui ont adhéré au régime d'assurance chômage en application du deuxième alinéa de l'article L. 5424-2, dans les conditions prévues dans le contrat d'adhésion conclu avec l'organisme chargé de la gestion du régime d'assurance chômage ;

2° Par l'employeur pour ceux qui ont adhéré au régime d'assurance chômage en application du deuxième alinéa de l'article L. 5424-2, lorsque le contrat d'adhésion conclu avec l'organisme chargé de la gestion du régime d'assurance chômage le prévoit et dans les cas mentionnés à l'article L. 5424-1 et au premier alinéa de l'article L. 5424-2. Pour ces derniers, le versement de l'allocation est alors conditionné à la conclusion d'une convention de gestion entre l'employeur et Pôle emploi.

Art. D. 2254-20 Les contributions prévues à l'article L. 2254-6 sont dues sans préjudice de l'indemnité de préavis éventuellement perçue par le salarié.

Art. D. 2254-21 Une convention entre l'État, Pôle emploi et l'organisme chargé de la gestion du régime d'assurance chômage mentionné à l'article L. 5427-1 détermine les modalités de financement et d'organisation du dispositif.

Art. D. 2254-22 Le règlement des sommes dues par l'employeur visées aux articles D. 2254-18 et D. 2254-19 est exigible :

1° au plus tard le 25 du deuxième mois civil suivant le début du parcours d'accompagnement personnalisé en cas d'acceptation du parcours d'accompagnement personnalisé, y compris sur proposition de Pôle emploi ;

2° dans un délai de quinze jours suivant la date d'envoi de l'avis de versement lorsque le salarié refuse d'adhérer au parcours d'accompagnement personnalisé proposé par Pôle emploi.

L'avis de versement de ces sommes est notifié à l'employeur par Pôle emploi, par tout moyen permettant d'attester une date certaine de réception. Il précise le montant et la date d'exigibilité de la contribution.

Pôle emploi assure, pour le compte de l'État, le recouvrement de ces contributions. Ces sommes sont dues par l'employeur sans préjudice de l'indemnité de préavis éventuellement perçue par le salarié.

Les contributions non payées à la date limite d'exigibilité fixée au premier alinéa sont passibles des majorations de retard prévues par l'article R. 243-18 du code de la sécurité sociale.

Toute action intentée ou poursuite engagée contre un employeur manquant aux obligations prévues à la présente section est obligatoirement précédée d'une mise en demeure dans les conditions prévues à l'article R. 5422-9.

Art. D. 2254-23 Une remise partielle ou totale des contributions restant dues par un employeur bénéficiant d'une procédure de conciliation ou de sauvegarde peut être accordée en application des articles D. 626-9 à D. 626-15 du code de commerce.

Une remise totale ou partielle des majorations de retard prévues à l'article D. 2254-22 ainsi que des délais de paiement peuvent être consentis aux débiteurs qui en font la demande. Les demandes de remise des majorations de retard ainsi que les demandes de délai de paiement sont examinées par Pôle emploi.

Art. D. 2254-24 Le bénéficiaire du parcours d'accompagnement personnalisé qui, au terme de celui-ci est à la recherche d'un emploi, peut bénéficier de l'allocation d'assurance mentionnée à l'article L. 5421-1 conformément aux accords mentionnés à l'article L. 5422-20.

La durée d'indemnisation dont bénéficie l'intéressé dans ce cadre est réduite du nombre de jours indemnisés au titre du parcours d'accompagnement personnalisé.

TITRE SIXIÈME APPLICATION DES CONVENTIONS ET ACCORDS COLLECTIFS

CHAPITRE PREMIER CONDITIONS D'APPLICABILITÉ DES CONVENTIONS ET ACCORDS

SECTION PREMIÈRE RÈGLES GÉNÉRALES D'EXTENSION ET D'ÉLARGISSEMENT

Art. R. 2261-1 Pour l'application des 4°, 9° et 10° de l'article L. 2261-22, la convention comprend notamment des clauses relatives aux modalités d'application du principe "à travail égal, salaire égal" et les procédures de règlement des difficultés pouvant naître à ce sujet. – *[Anc. art. L. 133-5, al. 10.]*

Art. R. 2261-1-1 (Abrogé par Décr. n° 2016-1419 du 20 oct. 2016, art. 1er) (Décr. n° 2015-654 du 10 juin 2015, art. 1er) *En application de l'article L. 2261-19, pour permettre la détermination du nombre de salariés employés par les entreprises adhérant à une organisation professionnelle d'employeurs reconnue représentative dans le champ de la convention ou de l'accord concerné, le commissaire aux comptes de l'organisation candidate atteste le nombre par département de salariés employés par les entreprises adhérentes à l'organisation candidate telles que définies aux articles R. 2152-1 à R. 2152-9.*

Pour l'application des dispositions de l'alinéa précédent dans les entreprises mentionnées au troisième alinéa de l'article R. 2152-1 et constituées sous la forme des sociétés civiles de moyens définies aux articles 1832 et suivants du code civil, les associés peuvent se prévaloir des salariés employés par ces sociétés au bénéfice, le cas échéant, de l'organisation professionnelle d'employeurs à laquelle ils adhèrent. Chaque associé peut se prévaloir du nombre de salariés employés par la société civile de moyens, divisé par le nombre d'associés dans cette société.

Pour l'application des dispositions du premier alinéa à celles des entreprises mentionnées au troisième alinéa de l'article R. 2152-1 au sein desquelles des associés se regroupent pour l'exercice même de la profession libérale concernée, la répartition des salariés est effectuée en application de stipulations conventionnelles liant les associés. A défaut, chaque associé exerçant l'activité professionnelle concernée peut se prévaloir du nombre de salariés de l'entreprise, divisé par le nombre de ces associés qui exercent au sein de l'entreprise.

Art. R. 2261-1-2 (Abrogé par Décr. n° 2016-1419 du 20 oct. 2016, art. 1er) (Décr. n° 2015-654 du 10 juin 2015, art. 1er) *Pour l'application de l'article précédent, sont pris en compte les salariés des entreprises adhérentes, selon les règles définies au titre V du livre premier de la présente partie, titulaires d'un contrat de travail au cours du mois de décembre de l'année précédant l'année de prise en compte des entreprises adhérentes et figurant sur les déclarations sociales des entreprises, mentionnées à l'article L. 2122-10-3.*

Art. D. 2261-2 La convention de branche susceptible d'extension peut contenir, sans que cette énumération soit limitative, des stipulations concernant :

1° Les conditions particulières de travail :

a) Heures supplémentaires ;

b) Travail par roulement ;

c) Travail de nuit ;

d) Travail du dimanche ;

e) Travail des jours fériés ;

2° Les conditions générales de rémunération du travail au rendement pour les catégories intéressées, sauf s'il s'agit de travaux dangereux, pénibles ou insalubres ;

3° Les primes d'ancienneté et d'assiduité ;

4° Les indemnités pour frais professionnels ou assimilés, notamment les indemnités de déplacement ;

5° Les garanties collectives complémentaires mentionnées à l'article L. 911-2 du code de la sécurité sociale ;

6° Les procédures conventionnelles d'arbitrage des conflits collectifs de travail survenant entre les employeurs et les salariés liés par la convention ;

7° Les conditions d'exercice des responsabilités mutualistes. – *[Anc. art. L. 133-7.]*

Art. D. 2261-3 Lorsqu'un arrêté d'extension ou d'élargissement est envisagé, il est précédé de la publication au *Journal officiel* de la République française d'un avis. Cet avis invite les organisations et personnes intéressées à faire connaître leurs observations. Il indique le lieu où la convention ou l'accord a été déposé et le service auprès duquel les observations sont présentées.

Les organisations et les personnes intéressées disposent d'un délai de quinze jours à compter de la publication de l'avis pour présenter leurs observations.

(Décr. n° 2016-1435 du 25 oct. 2016, art. 4) « Lorsqu'une demande est formulée en application du quatrième alinéa du I de l'article L. 243-6-3 du code de la sécurité sociale, elle suspend la procédure d'extension engagée à la demande d'une des organisations d'employeurs ou de salariés représentatives mentionnées à l'article L. 2261-19 à compter de la réception de l'information mentionnée au quatrième alinéa du II de l'article R. 243-43-2 du code de la sécurité sociale.

« Si l'organisation ayant présenté la demande est différente de celle ayant présenté la demande d'extension, le ministre compétent informe cette dernière de la suspension de la procédure d'extension. Il lui communique la réponse de l'Agence centrale des organismes de sécurité sociale ou de la caisse centrale de la Mutualité sociale agricole.

« L'organisation ayant présenté la demande d'extension dispose d'un délai de quinze jours suivant la notification de la réponse de l'agence ou de la caisse centrale ou la date de réception de la communication faite par le ministre compétent pour faire connaître si elle maintient sa demande d'extension.

« A défaut de réponse dans ce délai, la demande est réputée maintenue. »

Art. D. 2261-4 L'arrêté d'extension ou d'élargissement est publié au *Journal officiel* de la République française.

Le texte des stipulations étendues fait l'objet d'une publication au *Bulletin officiel* des services du ministre chargé du travail. – *[Anc. art. L. 133-14, al. 2, et R. 133-1, al. 2.]*

SECTION II **EXTENSION DES AVENANTS SALARIAUX**

Art. R. 2261-5 Les avenants salariaux mentionnés au premier alinéa de l'article L. 2261-26 dont l'extension est envisagée sont transmis aux membres de la sous-commission des conventions et accords de la Commission nationale de la négociation collective.

Ces membres disposent d'un délai de quinze jours à compter de la date d'envoi pour demander l'examen par cette sous-commission.

Sont examinés :

1° Les avenants pour lesquels au moins une demande d'examen a été faite ;

2° Les avenants pour lesquels des oppositions sont notifiées, sans demande d'examen, lorsque ces oppositions émanent soit de deux membres employeurs, soit de deux membres salariés.

Les avenants qui n'ont pas à être soumis à l'examen de la sous-commission sont réputés avoir recueilli l'avis motivé favorable de la Commission nationale de la négociation collective. – *[Anc. art. R. 133-2.]*

Art. D. 2261-6 *(Abrogé par Décr. n° 2013-379 du 2 mai 2013) Pour les professions agricoles, l'arrêté d'extension des avenants salariaux à des conventions collectives régionales ou départementales est pris par le préfet de région ou de département.*

Lorsque des clauses salariales des conventions collectives départementales sont modifiées par voie d'avenants et que ceux-ci font l'objet d'une procédure d'extension ou d'élargissement, un avis indiquant où ces avenants ont été déposés et le service auprès duquel les observations sont présentées fait l'objet d'une publication au recueil des actes administratifs de la préfecture.

Les organisations et les personnes intéressées disposent d'un délai de quinze jours à compter de la publication de cet avis pour faire connaître leurs observations. – [Anc. art. L. 133-10, al. 2 fin, et R. 133-3, al. 1er.]

Les dispositions des art. D. 2261-6 et D. 2261-7 demeurent applicables, à titre transitoire, aux avenants déjà transmis pour extension aux préfets avant le 4 mai 2013 (Décr. n° 2013-379 du 2 mai 2013, art. 1er).

Art. D. 2261-7 *(Abrogé par Décr. n° 2013-379 du 2 mai 2013)* ***L'arrêté d'extension ou d'élargissement des avenants salariaux mentionné à l'article D. 2261-6, est publié au recueil des actes administratifs de la préfecture ainsi que, en cas d'extension, le texte des stipulations de l'avenant ayant fait l'objet de l'arrêté.*** – [Anc. art. R. 133-3, al. 2.]

Les dispositions des art. D. 2261-6 et D. 2261-7 demeurent applicables, à titre transitoire, aux avenants déjà transmis pour extension aux préfets avant le 4 mai 2013 (Décr. n° 2013-379 du 2 mai 2013, art. 1er).

Art. R. 2261-8 Le silence gardé pendant plus de six mois par le ministre chargé du travail saisi d'une demande d'extension, en application des articles L. 2261-17 ou L. 2261-24, vaut décision de rejet. – *[Anc. art. R. 133-5.]*

SECTION III **COMMISSIONS MIXTES PARITAIRES**

Art. D. 2261-9 Le ministre chargé du travail peut, en application de l'article L. 2261-20, provoquer la réunion d'une commission mixte paritaire. – *[Anc. art. L. 133-1, al. 2.]*

Art. R. 2261-10 En cas de litige portant sur l'importance des délégations composant la commission mixte, le ministre chargé du travail peut fixer, dans les convocations, le nombre maximum de représentants par organisation. – *[Anc. art. L. 133-4 .]*

Art. D. 2261-11 Lorsqu'une organisation n'envoie pas de représentant habilité à la commission mixte paritaire convoquée en application de l'article L. 2261-20, une nouvelle convocation lui est adressée dans le délai d'un mois par lettre recommandée avec avis de réception ou par notification délivrée contre récépissé. – *[Anc. art. R. 133-4.]*

Art. D. 2261-12 Si, à la suite de la lettre recommandée ou de la notification mentionnée à l'article D. 2261-11, l'organisation s'abstient, sans motif légitime, de déférer à la nouvelle convocation qui lui a été adressée, le ministre chargé du travail ou son représentant, président de la commission mixte, établit un rapport qu'il transmet au procureur de la République. – *[Anc. art. R. 153-3, al. 1er.]*

SECTION IV **ABROGATION**

Art. D. 2261-13 Dans les formes prévues par les articles L. 2261-24 à L. 2261-31, le ministre chargé du travail peut, à la demande d'une des organisations représentatives intéressées ou de sa propre initiative :

1° Abroger l'arrêté d'extension en vue de mettre fin à l'extension de la convention ou d'un accord ou de certaines de leurs dispositions lorsqu'il apparaît que les textes en cause ne répondent plus à la situation de la branche ou des branches dans le champ d'application considéré ;

2° Abroger l'arrêté d'élargissement d'une convention ou d'un accord, pour tout ou partie du champ professionnel ou territorial mentionné par cet arrêté. – *[Anc. art. L. 133-16.]*

SECTION V **RESTRUCTURATION DES BRANCHES**

(Décr. n° 2016-1399 du 19 oct. 2016)

Art. D. 2261-14 Le délai mentionné au huitième alinéa du I et au deuxième alinéa du II de l'article L. 2261-32 est de quinze jours.

Art. D. 2261-15 La proposition mentionnée au dixième alinéa du I et au troisième alinéa du II de l'article L. 2261-32 est transmise au ministre chargé du travail dans un délai de quinze jours à compter de la date de la première consultation de la sous-commission de la restructuration des branches professionnelles mentionnée à l'article R. 2272-10.

A l'issue de ce délai, le ministre chargé du travail transmet l'ensemble des propositions reçues aux représentants des organisations siégeant à la sous-commission.

La sous-commission est à nouveau consultée dans un délai qui ne peut être inférieur à un mois à compter de la date de la première consultation.

Art. R. 2261-15 *(Décr. n° 2016-1540 du 15 nov. 2016)* Pour l'application du I de l'article L. 2261-32 du code du travail, le ministre chargé du travail engage en priorité et selon l'un des critères suivants la fusion des branches :

1° Comptant moins de 5 000 salariés ;

2° N'ayant pas négocié au cours des trois dernières années sur plusieurs thèmes relevant de la négociation obligatoire mentionnés aux articles L. 2241-1 et suivants, L. 2241-3 et suivants, L. 2241-7 et suivants du code du travail ;

3° Dont le champ d'application géographique est uniquement régional ou local ;

4° Dans lesquelles moins de 5 % des entreprises adhèrent à une organisation professionnelle représentative des employeurs ;

5° Dont la commission paritaire permanente de négociation et d'interprétation ne s'est pas réunie au cours de l'année précédente.

Le ministre chargé du travail engage, dans un délai de 3 ans à compter du 17 nov. 2016, la fusion des branches qui remplissent le critère énoncé au 1° de l'art. R. 2261-15.

Les dispositions du 5° de l'art. R. 2261-15 entrent en vigueur à compter du 1er janv. 2019 (Décr. n° 2016-1540 du 15 nov. 2016, art. 2).

CHAPITRE II **EFFETS DE L'APPLICATION DES CONVENTIONS ET ACCORDS**

SECTION UNIQUE **INFORMATION ET COMMUNICATION**

Art. R. 2262-1 A défaut d'autres modalités prévues par une convention ou un accord conclu en application de l'article L. 2262-5, l'employeur :

1° Donne au salarié au moment de l'embauche une notice l'informant des textes conventionnels applicables dans l'entreprise ou l'établissement ;

2° Tient un exemplaire à jour de ces textes à la disposition des salariés sur le lieu de travail ;

3° Met sur l'intranet, dans les entreprises dotées de ce dernier, un exemplaire à jour des textes. – *[Anc. art. L. 135-7, al. 1er et 2, et R. 135-1, al. 1er début.]*

Art. R. 2262-2 L'employeur lié par une convention ou un accord collectif de travail fournit un exemplaire de ce texte au comité d'entreprise et aux comités d'établissement ainsi qu'aux délégués du personnel et aux délégués syndicaux ou aux salariés mandatés. – *[Anc. art. L. 135-7-II al. 2.]*

Art. R. 2262-3 Un avis *(Décr. n° 2016-1417 du 20 oct. 2016, art. 3)* « est communiqué par tout moyen aux salariés ».

Cet avis comporte l'intitulé des conventions et des accords applicables dans l'établissement. La mention générique "Accords nationaux interprofessionnels" peut être substituée à l'intitulé des accords de cette catégorie.

L'avis précise où les textes sont tenus à la disposition des salariés sur le lieu de travail ainsi que les modalités leur permettant de les consulter pendant leur temps de présence. – *[Anc. art. R. 135-1, al. 1er fin et 2.]*

Art. R. 2262-4 Pour les concierges ou gardiens d'immeubles, les employés de maison, les travailleurs isolés ou à domicile, la délivrance par l'employeur à chacun de ces salariés d'un document reprenant les informations qui figurent sur l'avis mentionné à l'article R. 2262-3 se substitue à l'obligation d'affichage prévue par ce même article. – *[Anc. art. R. 135-1, al. 3.]*

Art. R. 2262-5 Les modifications ou compléments à apporter sur l'avis ou le document qui en tient lieu le sont dans un délai d'un mois à compter de leur date d'effet. – *[Anc. art. R. 135-1, al. 4.]*

CHAPITRE III **DISPOSITIONS PÉNALES**

Art. R. 2263-1 Le fait de ne pas afficher l'avis prévu à l'article R. 2262-3 ou de ne pas transmettre au salarié le document prévu à l'article R. 2262-4, est puni de l'amende prévue pour les contraventions de la quatrième classe. – *[Anc. art. R. 153-1.]*

Art. R. 2263-2 Le fait de ne pas porter, dans un délai d'un mois à compter de leur date d'effet, les modifications d'une convention ou d'un accord collectif de travail sur l'avis ou le document prévus aux articles R. 2262-3 et R. 2262-4, est puni de l'amende prévue pour les contraventions de la quatrième classe. – *[Anc. art. R. 153-1.]*

Art. R. 2263-3 Le fait pour l'employeur, lié par une convention ou un accord collectif de travail étendu, de payer des salaires inférieurs à ceux fixés dans cette convention ou cet accord, est puni de l'amende prévue pour les contraventions de la quatrième classe.

L'amende est prononcée autant de fois qu'il y a de salariés concernés. – *[Anc. art. R. 153-2, al. 1er et 2.]*

1. Interprétation stricte. L'art. R. 153-2 [art. R. 2263-3 nouv.] ne sanctionne que les manquements aux dispositions relatives au paiement du salaire ou d'accessoires et non le défaut d'affiliation à une caisse de prévoyance. • Crim. 26 juin 1990 : *CSB 1990. 222, S. 133 ; RJS 1990. 478, n° 711.* ♦ ... Ni le défaut de maintien de leurs salaires à des employés malades, en violation des dispositions du code de commerce local d'Alsace-Lorraine. • Crim. 29 sept. 1992 : *Bull. crim. n° 287 ; RJS 1993. 107, n° 152.*

2. Application. Si l'art. 11.07 de la Convention collective nationale des entreprises de propreté prévoit que la prime d'expérience se substitue à l'ancienne indemnité d'ancienneté fixée par la précédente Convention collective du personnel de nettoyage de locaux, elle ne limite pas pour autant, comme précédemment, son versement aux ouvriers, catégorie professionnelle qui n'existe plus dans la classification des emplois, de telle sorte que le refus d'en faire bénéficier les ouvriers expose l'employeur à une condamnation. • Crim. 3 janv. 2006 : *Bull. crim. n° 2.*

Art. R. 2263-4 Le fait pour l'employeur de méconnaître les stipulations conventionnelles relatives aux accessoires du salaire prévus par une convention ou un accord collectif de travail étendu, est puni de l'amende prévue pour les contraventions de la quatrième classe.

L'amende est prononcée autant de fois qu'il y a de salariés concernés. – *[Anc. art. R. 153-2, al. 2 et 3, phrase 1.]*

Art. R. 2263-5 Le fait, pour le responsable d'une organisation, de ne pas déférer, sans motif légitime, à la nouvelle convocation qui lui a été adressée en application de l'article D. 2261-12, est puni de l'amende prévue pour les contraventions de la cinquième classe. – *[Anc. art. R. 153-3, al. 2.]*

TITRE SEPTIÈME **COMMISSION NATIONALE DE LA NÉGOCIATION COLLECTIVE**

CHAPITRE PREMIER **MISSIONS**

Art. R. 2271-1 Lors de l'examen annuel prévu au 8° de l'article L. 2271-1, la Commission nationale de la négociation collective établit le bilan de l'application des mesures tendant à supprimer les écarts de rémunération entre les femmes et les hommes prévues à l'article L. 2241-9. – *[Anc. art. L. 132-12-3, al. 5.]*

CHAPITRE II **ORGANISATION ET FONCTIONNEMENT**

SECTION PREMIÈRE **COMMISSION NATIONALE DE LA NÉGOCIATION COLLECTIVE**

Art. R. 2272-1 La Commission nationale de la négociation collective comprend :

1° Le ministre chargé du travail ou son représentant, président ;

2° Le ministre chargé de l'agriculture ou son représentant ;

3° Le ministre chargé de l'économie ou son représentant ;

4° Le président de la section sociale du Conseil d'État ;

5° Dix-huit représentants des organisations d'employeurs, dont les représentants des agriculteurs, des artisans, des professions libérales, et des entreprises publiques et dix-huit représentants des organisations syndicales de salariés, représentatives au niveau national. – *[Anc. art. L. 136-1 et R. 136-1.]*

Art. R. 2272-2 Les représentants titulaires des salariés sont nommés par le ministre chargé du travail comme suit :

1° Six représentants, sur proposition de la Confédération générale du travail (CGT) ;

2° Quatre représentants, sur proposition de la Confédération française démocratique du travail (CFDT) ;

3° Quatre représentants, sur proposition de la Confédération générale du travail – Force ouvrière (CGT-FO) ;

4° Deux représentants, sur proposition de la Confédération française des travailleurs chrétiens (CFTC) ;

5° Deux représentants, sur proposition de la Confédération française de l'encadrement – Confédération générale des cadres (CFE-CGC). – *[Anc. art. R. 136-2.]*

Art. R. 2272-3 Les représentants titulaires des employeurs sont nommés par le ministre chargé du travail comme suit :

1° Douze membres représentant les professions autres qu'agricoles, dont :

a) Neuf, sur proposition du Mouvement des entreprises de France (MEDEF), représentant les diverses catégories d'entreprises de l'industrie, du commerce et des services, parmi lesquels deux représentants au titre des entreprises moyennes et petites ;

b) Un, après consultation du Mouvement des entreprises de France (MEDEF), au titre des entreprises publiques ;

c) Deux sur proposition de la Confédération générale des petites et moyennes entreprises (CGPME) ;

2° Deux membres représentant les professions agricoles, l'un sur proposition de la Fédération nationale des syndicats d'exploitants agricoles (FNSEA) et l'autre sur proposition de la Confédération nationale de la mutualité, de la coopération et du crédit agricoles (CNMCCA) ;

3° Trois membres représentant les employeurs artisans, sur proposition de l'Union professionnelle artisanale (UPA) ;

4° Un membre représentant les professions libérales, sur proposition de l'Union nationale des professions libérales (UNAPL). – *[Anc. art. R. 136-3.]*

Art. R. 2272-4 Des membres suppléants, en nombre double de celui des membres titulaires, sont nommés par le ministre chargé du travail dans les mêmes conditions que ces derniers.

Les suppléants nommés sur proposition des organisations syndicales de salariés comprennent au moins un représentant des salariés des professions agricoles, que ces organisations aient ou non proposé comme membre titulaire un représentant de ces salariés.

Les organisations mentionnées au 1° de l'article R. 2272-3 peuvent proposer, en qualité de suppléant, des représentants des professions agricoles adhérentes à ces organisations. – *[Anc. art. R. 136-4.]*

Art. R. 2272-5 Les membres titulaires et suppléants représentant les salariés ou les employeurs des professions agricoles sont nommés en accord avec le ministre chargé de l'agriculture. – *[Anc. art. R. 136-5.]*

Art. R. 2272-6 La Commission nationale peut créer, en son sein, des groupes de travail pour l'étude de questions particulières et faire appel à des experts. – *[Anc. art. L. 136-4.]*

Art. R. 2272-7 Les membres de la Commission nationale ne doivent avoir fait l'objet d'aucune interdiction, déchéance ou incapacité relative à leurs droits civiques. – *[Anc. art. R. 136-6.]*

Art. R. 2272-8 La Commission nationale est convoquée par le ministre chargé du travail de sa propre initiative ou à la demande de la majorité de ses membres titulaires.

Elle se réunit au moins une fois par an. – *[Anc. art. R. 136-7.]*

Art. R. 2272-9 La Commission nationale peut s'adjoindre à titre consultatif des représentants des départements ministériels intéressés. – *[Anc. art. R. 136-8.]*

SECTION II **SOUS-COMMISSIONS**

Art. R. 2272-10 Les missions dévolues à la Commission nationale peuvent être exercées par *(Décr. n° 2015-262 du 5 mars 2015, art. 1er)* « trois » sous-commissions :

1° La sous-commission des conventions et accords, *(Décr. n° 2015-262 du 5 mars 2015, art. 1er)* « en ce qui concerne les 2° à 4° de l'article L. 2271-1 ». Lorsque les questions traitées concernent uniquement les professions agricoles, la sous-commission est réunie en formation spécifique ;

2° La sous-commission des salaires en ce qui concerne, d'une part, les 6° et 8° de l'article L. 2271-1 pour la partie salariale, d'autre part, l'avis prévu à l'article R.* 3231-1.

La Commission nationale de la négociation collective est assistée d'un secrétariat général ;

(Décr. n° 2015-262 du 5 mars 2015, art. 1er) « 3° La sous-commission de la restructuration des branches professionnelles en ce qui concerne le 1° de l'article L. 2271-1.

« La sous-commission de la restructuration des branches professionnelles analyse la situation des branches en vue de susciter une réduction du nombre des branches par voie conventionnelle et, en tant que de besoin, sur le fondement des dispositions de l'article L. 2261-32.

« Elle peut donner au nom de la Commission nationale de la négociation collective les avis prévus au second alinéa du I et au III de l'article L. 2261-32. »

Art. R. 2272-11 Les sous-commissions peuvent créer, en leur sein, des groupes de travail pour l'étude de questions particulières et faire appel à des experts. – *[Anc. art. L. 136-4.]*

Art. R. 2272-12 Sous réserve des dispositions de l'article R. 2272-14, siègent dans *(Décr. n° 2015-262 du 5 mars 2015, art. 1er)* « chacune des trois sous-commissions » :

1° Le ministre chargé du travail ou son représentant, président ;

2° Le ministre chargé de l'agriculture ou son représentant ;

3° Le ministre chargé de l'économie ou son représentant ;

4° Cinq représentants des salariés, à raison d'un pour chacune des organisations syndicales représentées à la Commission nationale ;

5° Cinq représentants des employeurs, à raison d'un au titre du Mouvement des entreprises de France (MEDEF), d'un au titre de la Confédération générale des petites et moyennes entreprises (CGPME), d'un au titre des professions agricoles, d'un au titre de l'Union professionnelle artisanale (UPA) et d'un au titre de l'Union nationale des professions libérales (UNAPL).

Art. R. 2272-13 Sous réserve des dispositions de l'article R. 2272-14, les représentants des salariés et des employeurs de chaque sous-commission sont nommés par le ministre chargé du travail parmi les membres titulaires ou suppléants de la Commission nationale, sur proposition des organisations de salariés et d'employeurs mentionnées aux articles R. 2272-2 et R. 2272-3.

Chacun de ces représentants dispose au sein de la sous-commission dont il fait partie du nombre de voix appartenant à l'organisation ou à la catégorie qu'il représente au sein de la Commission nationale.

Des représentants suppléants, en nombre double des représentants titulaires, sont désignés dans les mêmes conditions que ces derniers. Chacun d'entre eux dispose d'autant de voix que le titulaire qu'il supplée.

La sous-commission des salaires est assistée dans ses travaux par un expert nommé par le ministre chargé du travail, sur proposition de l'Union nationale des associations familiales. Le ministre chargé du travail nomme dans les mêmes conditions, deux autres experts appelés à suppléer cet expert.

La sous-commission des salaires constitue un comité chargé de faire un examen de la situation de la négociation salariale de branche et de préparer un rapport examiné par la sous-commission en vue de la réalisation du bilan annuel mentionné au 7° de l'article L. 2271-1. – *[Anc. art. R. 136-10.]*

Art. R. 2272-14 La sous-commission des conventions et accords, réunie en formation spécifique en application du 1° de l'article R. 2272-10, est composée comme suit :

1° Cinq membres titulaires représentant les salariés des professions agricoles, nommés par le ministre chargé de l'agriculture parmi les représentants titulaires ou suppléants des salariés à la Commission nationale, à raison d'un par organisation syndicale ;

2° Cinq membres titulaires représentant les employeurs, nommés par le ministre chargé de l'agriculture, dont :

a) Les deux représentants des employeurs des professions agricoles à la Commission nationale ;

b) Trois autres membres proposés par les représentants des employeurs à la Commission nationale et choisis parmi les représentants titulaires ou suppléants des employeurs.

Des membres suppléants, en nombre double des membres titulaires, sont nommés par le ministre chargé de l'agriculture sur proposition des organisations représentant les salariés ou de celles représentant les employeurs. Ils ne sont pas nécessairement des représentants des salariés ou des employeurs des professions agricoles.

Chaque membre titulaire ou suppléant de la sous-commission siégeant en formation spécifique ne dispose que d'une voix.

La présidence est assurée par le ministre chargé de l'agriculture ou son représentant. – *[Anc. art. R. 136-11.]*

TITRE HUITIÈME **DROIT D'EXPRESSION DIRECTE ET COLLECTIVE DES SALARIÉS**

CHAPITRE PREMIER **DISPOSITIONS COMMUNES**

Le présent chapitre ne comprend pas de dispositions réglementaires.

CHAPITRE II **ENTREPRISES ET ÉTABLISSEMENTS DU SECTEUR PUBLIC**

Art. R. 2282-1 L'activité des conseils d'atelier ou de bureau fait l'objet d'un rapport annuel établi par l'employeur et présenté au comité d'entreprise ou à l'organe qui en tient lieu. – *[Anc. art. L. 462-4.]*

CHAPITRE III **DISPOSITIONS PÉNALES**

Le présent chapitre ne comprend pas de dispositions réglementaires.

LIVRE TROISIÈME **LES INSTITUTIONS REPRÉSENTATIVES DU PERSONNEL**

TITRE PREMIER **DÉLÉGUÉ DU PERSONNEL**

CHAPITRE PREMIER **CHAMP D'APPLICATION**

Le présent chapitre ne comprend pas de dispositions réglementaires.

CHAPITRE II **CONDITIONS DE MISE EN PLACE**

Art. R. 2312-1 Le *(Décr. n° 2009-1377 du 10 nov. 2009)* « directeur régional des entreprises, de la concurrence, de la consommation, du travail et de l'emploi » est compétent pour prendre les décisions prévues à l'article L. 2312-5. – *[Anc. art. L. 421-1, al. 5.]*

Les modifications issues du Décr. n° 2009-1377 du 10 nov. 2009 prennent effet, dans chaque région, à la date de nomination du directeur régional des entreprises, de la concurrence, de la consommation, du travail et de l'emploi (Décr. préc., art. 7-I). — V. Arr. de nomination de ces directeurs des 30 déc. 2009 (JO 5 janv. 2010) et 9 févr. 2010 (JO 14 févr.).

Ces modifications s'appliquent à la région Île-de-France à compter du 1er juill. 2010 (Décr. n° 2010-687 du 24 juin 2010, art. 2).

Art. R. 2312-2 Le *(Décr. nº 2009-1377 du 10 nov. 2009)* « directeur régional des entreprises, de la concurrence, de la consommation, du travail et de l'emploi » du siège de l'entreprise est compétent pour se prononcer sur la qualité d'établissement distinct prévue à l'article L. 2314-31.

Al. 2 et 3 abrogés par Décr. nº 2008-1503 du 30 déc. 2008.

V. note ss. art. R. 2312-1.

Art. R. 2312-3 Le silence gardé pendant plus de quatre mois par le ministre saisi d'un recours hiérarchique contre une décision prise sur le fondement de l'article L. 2312-5 *(Abrogé par Décr. nº 2016-660 du 20 mai 2016, art. 34)* ***« ou du second alinéa de l'article L. 2314-31 »*** vaut décision de rejet. – *[Anc. art. R. 421-1 et R. 423-5.]*

CHAPITRE III **ATTRIBUTIONS**

SECTION PREMIÈRE **DROIT D'ALERTE ÉCONOMIQUE**

Art. R. 2313-1 Lorsque les délégués du personnel ont saisi l'organe chargé de l'administration ou de la surveillance en application du droit d'alerte économique, conformément à l'article L. 2313-14, cet organe délibère dans le mois de sa saisine.

L'extrait du procès-verbal des délibérations dans lequel figure la réponse motivée à la demande d'explication faite en application de ce même article est adressé aux délégués du personnel dans le mois qui suit la réunion de cet organe. – *[Anc. art. R. 422-1.]*

Art. R. 2313-2 Dans les sociétés autres que celles qui ont un conseil d'administration ou de surveillance ou dans les groupements d'intérêt économique, le gérant ou les administrateurs communiquent, dans un délai de huit jours, aux associés ou aux membres du groupement la demande d'explication des délégués du personnel faite en application du droit d'alerte économique.

Ce délai court à compter de la réunion au cours de laquelle les délégués du personnel ont demandé cette communication. – *[Anc. art. R. 422-2.]*

SECTION II **SANTÉ ET SÉCURITÉ AU TRAVAIL**

Art. R. 2313-3 Dans le cas prévu à l'article L. 4611-3, les délégués du personnel sont informés de la réception par l'employeur des documents de vérification et de contrôle mentionnés à l'article L. 4711-1. Ils peuvent demander communication de ces documents. – *[Anc. art. R. 422-3.]*

CHAPITRE IV **NOMBRE, ÉLECTION ET MANDAT**

SECTION PREMIÈRE **NOMBRE**

Art. R. 2314-1 Le nombre des délégués du personnel prévu à l'article L. 2314-1 est fixé comme suit :

1° De 11 à 25 salariés : un titulaire et un suppléant ;
2° De 26 à 74 salariés : deux titulaires et deux suppléants ;
3° De 75 à 99 salariés : trois titulaires et trois suppléants ;
4° De 100 à 124 salariés : quatre titulaires et quatre suppléants ;
5° De 125 à 174 salariés : cinq titulaires et cinq suppléants ;
6° De 175 à 249 salariés : six titulaires et six suppléants ;
7° De 250 à 499 salariés : sept titulaires et sept suppléants ;
8° De 500 à 749 salariés : huit titulaires et huit suppléants ;
9° De 750 à 999 salariés : neuf titulaires et neuf suppléants ;
10° A partir de 1 000 salariés : un titulaire et un suppléant par tranche supplémentaire de 250 salariés. – *[Anc. art. R. 423-1, al. 1er à 11.]*

Un délégué supplémentaire doit être élu dès que les effectifs se situent même incomplètement dans une tranche supérieure. • Soc. 4 juin 1970 : *D. 1971. 19, note C.-F.*

Art. R. 2314-2 Dans les cas prévus aux articles L. 2313-13 et L. 2313-16, le nombre de délégués pendant la durée de la période où il n'y a pas de comité d'entreprise ou de comité d'hygiène, de sécurité et des conditions de travail, est fixé comme suit :

1° De 50 à 74 salariés : 3 titulaires et 3 suppléants ;
2° De 75 à 99 salariés : 4 titulaires et 4 suppléants ;
3° De 100 à 124 salariés : 5 titulaires et 5 suppléants ;
4° De 125 à 149 salariés : 6 titulaires et 6 suppléants ;
5° De 150 à 174 salariés : 7 titulaires et 7 suppléants ;
6° De 175 à 199 salariés : 8 titulaires et 8 suppléants. – *[Anc. art. R. 423-1, al. 12 à 18.]*

Art. R. 2314-3 (Abrogé par Décr. n° 2016-345 du 23 mars 2016) *Dans les entreprises de moins de deux cents salariés dans lesquelles est mise en place la délégation unique du personnel prévue à l'article L. 2326-1, le nombre de délégués du personnel est fixé comme suit :*
1° De 50 à 74 salariés : 3 titulaires et 3 suppléants ;
2° De 75 à 99 salariés : 4 titulaires et 4 suppléants ;
3° De 100 à 124 salariés : 5 titulaires et 5 suppléants ;
4° De 125 à 149 salariés : 6 titulaires et 6 suppléants ;
5° De 150 à 174 salariés : 7 titulaires et 7 suppléants ;
6° De 175 à 199 salariés : 8 titulaires et 8 suppléants.
Ces effectifs s'apprécient dans le cadre de l'entreprise ou dans le cadre de chaque établissement distinct.

1. Calcul du nombre de délégués. Pour déterminer le nombre des délégués du personnel de la délégation unique, le juge du fond doit comparer le nombre de ces délégués tel qu'il figure à l'art. R. 423-1-1 [art. R. 2314-3 nouv.] avec celui des délégués du personnel et membres du comité d'entreprise conventionnels, et retenir le nombre le plus élevé des trois. • Soc. 14 déc. 1995 : *Dr. soc. 1996. 202, obs. Cohen ; RJS 1996. 27, n° 36 ; JCP 1996. I. 3925, n° 18, obs. Gatumel ; Dr. ouvrier 1996. 90, note Rennes.* – Savatier, *RJS 1996. 63.* – Dans le même sens : • Soc. 16 avr. 1996 : *RJS 1996. 433, n° 685* • 8 janv. 1997 : *RJS 1997. 112, n° 164* • 27 mai 1999 : *RJS 1999. 574, n° 937.*

2. Augmentation du nombre des délégués. Le nombre des délégués constituant la délégation unique ne peut être augmenté que par protocole d'accord préélectoral signé par toutes les parties intéressées. • Soc. 26 juin 1996, n° 95-60.895 P : *RJS 1996. 603, n° 941.*

SECTION II ÉLECTION

SOUS-SECTION 1 ORGANISATION DES ÉLECTIONS

Art. R. 2314-4 Lors de l'élaboration du protocole d'accord préélectoral, les organisations syndicales intéressées examinent les voies et moyens permettant d'atteindre une représentation équilibrée des femmes et des hommes sur les listes de candidatures. – *[Anc. art. L. 423-3, al. 4.]*

Art. R. 2314-5 Les modalités d'organisation et de déroulement des opérations électorales sur lesquelles aucun accord n'a pu intervenir sont fixées, en application de l'article L. 2314-23, par le juge d'instance.
Celui-ci statue en dernier ressort en la forme des référés. – *[Anc. art. L. 423-13, al. 3, phrase 3.]*

Le tribunal d'instance, juge de l'élection, a le pouvoir de prendre toutes les mesures nécessaires au bon déroulement des opérations électorales. • Soc. 26 sept. 2012 : *Dalloz actualité, 17 oct. 2012, obs. Ines.*

SOUS-SECTION 2 COLLÈGES ÉLECTORAUX

Art. R. 2314-6 La répartition du personnel dans les collèges électoraux et celle des sièges entre les différentes catégories de personnel, dans le cas prévu au second alinéa de l'article L. 2314-11, est réalisée par le *(Décr. n° 2009-1377 du 10 nov. 2009)* « directeur régional des entreprises, de la concurrence, de la consommation, du travail et de l'emploi » du siège de l'établissement.
Al. 2 et 3 abrogés par Décr. n° 2008-1503 du 30 déc. 2008.

Les modifications issues du Décr. n° 2009-1377 du 10 nov. 2009 prennent effet, dans chaque région, à la date de nomination du directeur régional des entreprises, de la concurrence, de la consommation, du travail et de l'emploi (Décr. préc., art. 7-I). — V. Arr. de nomination de ces directeurs des 30 déc. 2009 (JO 5 janv. 2010) et 9 févr. 2010 (JO 14 févr.).

Ces modifications s'appliquent à la région Île-de-France à compter du 1er juill. 2010 (Décr. no 2010-687 du 24 juin 2010, art. 2).

Art. R. 2314-7 Le juge judiciaire mentionné à l'article L. 2314-14 est le juge du tribunal d'instance. – *[Anc. art. L. 423-3, al. 6.]*

SOUS-SECTION 3 MODE DE SCRUTIN ET RÉSULTAT DES ÉLECTIONS

§ 1er VOTE ÉLECTRONIQUE

Art. R. 2314-8 L'élection des délégués du personnel peut être réalisée par vote électronique sur le lieu de travail ou à distance.

(Décr. no 2016-1676 du 5 déc. 2016, art. 1er-1o) « Sans préjudice des dispositions relatives au protocole d'accord préélectoral prévues aux articles L. 2314-3 et suivants, la possibilité de recourir » à un vote électronique est ouverte par un accord d'entreprise ou par un accord de groupe. *(Décr. no 2016-1676 du 5 déc. 2016, art. 1er-1o)* « A défaut d'accord, l'employeur peut décider de ce recours qui vaut aussi, le cas échéant, pour les élections partielles se déroulant en cours de mandat.

« Un cahier des charges respectant les dispositions du présent paragraphe est établi dans le cadre de l'accord mentionné au deuxième alinéa ou, à défaut, par l'employeur.

« Le cahier des charges est tenu à la disposition des salariés sur le lieu de travail et mis sur l'intranet, dans les entreprises lorsqu'il en existe un. »

La mise en place du vote électronique n'interdit pas le vote à bulletin secret sous enveloppe si l'accord *(Décr. no 2016-1676 du 5 déc. 2016, art. 1er-1o)* « ou l'employeur » n'exclut pas cette modalité.

1. Accord d'entreprise et accord de groupe. La possibilité de recourir à un vote électronique doit être ouverte par un accord d'entreprise ou par un accord de groupe ; aussi, le recours au vote électronique pour les élections des délégués du personnel et des représentants du comité d'entreprise n'est possible que si un accord d'entreprise ou un accord de groupe a été conclu à cet effet et préalablement à la signature du protocole préélectoral. • Soc. 10 mars 2010 : ⚖ *JS Lamy 2010, no 276-5.*

2. Accord d'entreprise et renvoi à l'accord d'établissement. Dans une entreprise divisée en établissements, un accord d'entreprise peut fixer le cadre général du recours au vote électronique pour les élections professionnelles et renvoyer les modalités de sa mise en œuvre à un accord d'établissement. • Soc. 3 nov. 2016, ⚖ no 15-21.574 : *Dalloz actualité 8 déc. 2016, obs. Siro.*

3. Cahier des charges. Le cahier des charges que doit contenir l'accord n'est soumis à aucune condition de forme. • Soc. 3 nov. 2016 : ⚖ *préc. note 2.*

Art. R. 2314-9 La conception et la mise en place du système de vote électronique peuvent être confiées à un prestataire choisi par l'employeur sur la base d'un cahier des charges respectant les dispositions du présent paragraphe.

Le système retenu assure la confidentialité des données transmises, notamment de celles des fichiers constitués pour établir les listes électorales des collèges électoraux, ainsi que la sécurité de l'adressage des moyens d'authentification, de l'émargement, de l'enregistrement et du dépouillement des votes. – *[Anc. art. R. 423-1-2-II, al. 1er et 2.]*

L'envoi des codes personnels d'authentification sur la messagerie professionnelle des salariés, sans autre précaution destinée notamment à éviter qu'une personne non autorisée puisse se substituer frauduleusement à l'électeur, n'est pas de nature à garantir la confidentialité. • Soc. 27 févr. 2013 : ⚖ *Dalloz actualité, 25 mars 2013, obs. Siro ; D. 2013. Actu. 645* ✎ *; JCP S 2013. 1165, obs. Petit.*

Art. R. 2314-10 Lors de l'élection par vote électronique, les fichiers comportant les éléments d'authentification des électeurs, les clés de chiffrement et de déchiffrement et le contenu de l'urne sont uniquement accessibles aux personnes chargées de la gestion et de la maintenance du système.

Les données relatives aux électeurs inscrits sur les listes électorales ainsi que celles relatives à leur vote sont traitées par des systèmes informatiques distincts, dédiés et isolés, respectivement dénommés "fichier des électeurs" et "contenu de l'urne électronique". – *[Anc. art. R. 423-1-2-III, al. 3 et 5.]*

Art. R. 2314-11 Le système de vote électronique est conçu de manière à pouvoir être scellé à l'ouverture et à la clôture du scrutin. – *[Anc. art. R. 423-1-2-II, al. 4.]*

Art. R. 2314-12 Préalablement à sa mise en place ou à toute modification substantielle de sa conception, le système de vote électronique est soumis à une expertise indépendante, destinée à vérifier le respect des articles R. 2314-8 à R. 2314-11. Le rapport de l'expert est tenu à la disposition de la Commission nationale de l'informatique et des libertés.

Les dispositions de ces mêmes articles s'imposent également aux personnes chargées de la gestion et de la maintenance du système informatique. – *[Anc. art. R. 423-1-2-II, al. 6 et 7.]*

Expertise indépendante. La circonstance que des opérations de traitement des données soient confiées à des sous-traitants ne décharge pas le responsable de traitement de la responsabilité qui lui incombe de préserver la sécurité des données, sans que soit méconnu le principe constitutionnel de responsabilité personnelle, dès lors que ces sous-traitants ont agi, ainsi que le prévoient les dispositions de l'art. 35 de la L. du 6 janv. 1978, sur instruction du responsable traitement. • CE 11 mars 2015, n° 268748 : *RDT 2015. 244, concl. Bretonneau ✎ ; Sem. soc. Lamy 2015, n° 1673, p. 12, obs. Crédoz-Rosier ; RJS 5/2015, n° 353.*

Art. R. 2314-13 L'employeur met en place une cellule d'assistance technique chargée de veiller au bon fonctionnement et à la surveillance du système de vote électronique, comprenant, le cas échéant, les représentants du prestataire. – *[Anc. art. R. 423-1-2-III.]*

Art. R. 2314-14 L'employeur informe les organisations syndicales de salariés *(Décr. n° 2016-1676 du 5 déc. 2016, art. 1er-2°)* « représentatives dans l'entreprise ou les établissements concernés », de l'accomplissement des formalités déclaratives préalables auprès de la Commission nationale de l'informatique et des libertés.

Art. R. 2314-15 Chaque salarié dispose d'une notice d'information détaillée sur le déroulement des opérations électorales.

Les représentants du personnel, les délégués syndicaux et les membres du bureau de vote bénéficient d'une formation sur le système de vote électronique retenu. – *[Anc. art. R. 423-1-2-IV, al. 2 et 3.]*

Art. R. 2314-16 Le protocole d'accord préélectoral mentionne la conclusion de l'accord d'entreprise ou de l'accord de groupe autorisant le recours au vote électronique et, s'il est déjà arrêté, le nom du prestataire choisi pour le mettre en place.

Il comporte en annexe la description détaillée du fonctionnement du système retenu et du déroulement des opérations électorales. – *[Anc. art. R. 423-1-2-V.]*

Art. R. 2314-17 Le vote électronique se déroule, pour chaque tour de scrutin, pendant une période délimitée. – *[Anc. art. R. 423-1-2-VI, al. 1er.]*

Art. R. 2314-18 En présence des représentants des listes de candidats, la cellule d'assistance technique :

1° Procède, avant que le vote ne soit ouvert, à un test du système de vote électronique et vérifie que l'urne électronique est vide, scellée et chiffrée par des clés délivrées à cet effet ;

2° Procède, avant que le vote ne soit ouvert, à un test spécifique du système de dépouillement, à l'issue duquel le système est scellé ;

3° Contrôle, à l'issue des opérations de vote et avant les opérations de dépouillement, le scellement de ce système. – *[Anc. art. R. 423-1-2-VI, al. 2 à 5.]*

Art. R. 2314-19 La liste d'émargement n'est accessible qu'aux membres du bureau de vote et à des fins de contrôle du déroulement du scrutin.

Aucun résultat partiel n'est accessible pendant le déroulement du scrutin. Toutefois, le nombre de votants peut, si *(Décr. n° 2016-1676 du 5 déc. 2016, art. 1er-3°)* « l'employeur ou » l'accord prévu à l'article R. 2314-8 le prévoit, être révélé au cours du scrutin.

(Décr. n° 2016-1676 du 5 déc. 2016) « Lorsque le vote sous enveloppe n'a pas été exclu », l'ouverture du vote n'a lieu qu'après la clôture du vote électronique. Le président du bureau de vote dispose, avant cette ouverture, de la liste d'émargement des électeurs ayant voté par voie électronique.

Art. R. 2314-20 L'employeur ou le prestataire qu'il a retenu conserve sous scellés, jusqu'à l'expiration du délai de recours et, lorsqu'une action contentieuse a été engagée, jusqu'à la décision juridictionnelle devenue définitive, les fichiers supports comprenant la copie des programmes sources et des programmes exécutables, les matériels de vote, les fichiers d'émargement, de résultats et de sauvegarde. La procédure de décompte des votes doit, si nécessaire, pouvoir être exécutée de nouveau.

A l'expiration du délai de recours ou, lorsqu'une action contentieuse a été engagée, après l'intervention d'une décision juridictionnelle devenue définitive, l'employeur ou, le cas échéant, le prestataire procède à la destruction des fichiers supports. – *[Anc. art. R. 423-1-2-VII.]*

Art. R. 2314-21 Un arrêté du ministre chargé du travail, pris après avis de la Commission nationale de l'informatique et des libertés, précise les dispositions pratiques de mise en œuvre du vote électronique. – *[Anc. art. R. 423-1-2-VIII.]*

§ 2 ATTRIBUTION DES SIÈGES

Art. R. 2314-22 Pour l'application de l'article L. 2314-24, chaque liste se voit attribuer autant de sièges que le nombre de voix recueilli par elle contient de fois le quotient électoral.

Le quotient électoral est égal au nombre total des suffrages valablement exprimés par les électeurs du collège, divisé par le nombre de sièges à pourvoir. – *[Anc. art. R. 423-2 , al. 1er.]*

1. Liste incomplète. Lorsqu'une organisation syndicale a présenté une liste incomplète, elle ne peut prétendre à plus de sièges qu'elle n'a de candidats et il y a lieu d'attribuer les sièges aux autres listes. • Soc. 7 mars 1973 : *Bull. civ. V, n° 141.*

2. Nombre entier. Le nombre de sièges attribué au quotient électoral lors de la première répartition est nécessairement un nombre entier, et il sert ensuite de base, conformément à l'art. R. 2314-23, au calcul des sièges restants attribués sur la base de la plus forte moyenne. • Soc. 26 mai 2010 : ♖ *RJS 2010. 618, n° 690 ; Dr. soc. 2010. 1000, obs. Petit* ✐ *; JCP S 2010. 1347, obs. Kerbouc'h.*

Art. R. 2314-23 Lorsqu'il n'a été pourvu à aucun siège ou qu'il reste des sièges à pourvoir, les sièges restants sont attribués sur la base de la plus forte moyenne.

A cet effet, le nombre de voix obtenu par chaque liste est divisé par le nombre augmenté d'une unité des sièges attribués à la liste. Les différentes listes sont classées dans l'ordre décroissant des moyennes obtenues. Le premier siège non pourvu est attribué à la liste ayant la plus forte moyenne.

Il est procédé successivement à la même opération pour chacun des sièges non pourvus jusqu'au dernier. – *[Anc. art. R. 423-2, al. 2 à 4.]*

1. Cas particulier. S'il reste un siège à pourvoir et qu'une seule liste dispose encore d'un candidat, ce siège doit être attribué au candidat de cette liste, sans qu'il y ait lieu d'organiser un scrutin supplémentaire. • Soc. 12 janv. 2000, ♖ n° 99-60.044 P : *RJS 2000. 200, n° 302.*

2. Caractère d'ordre public de la règle de la plus forte moyenne. Sur le caractère impératif de la règle de l'attribution des sièges restants à la plus forte moyenne, V. • Soc. 19 juill. 1983 : *Bull civ. V, n° 442* • 17 mai 1984 : *ibid., n° 207.* ♦ Sur l'application de cette règle. • Soc. 7 mai 2003, ♖ n° 02-60.052 P.

3. Siège réservé. Il n'y a lieu de modifier les règles normales d'attribution des sièges, en vue de pourvoir un siège réservé, qu'autant que le jeu de ces règles aboutirait, soit à ce qu'aucun candidat appartenant à la catégorie bénéficiaire ne soit élu, soit à ce que plusieurs soient élus ; toutefois, un siège réservé ne peut être attribué à un candidat n'ayant obtenu aucune voix. • Soc. 12 nov. 1997, ♖ n° 96-60.337 P.

Art. R. 2314-24 Lorsque deux listes ont la même moyenne et qu'il ne reste qu'un siège à pourvoir, le siège est attribué à la liste qui a le plus grand nombre de voix.

Lorsque deux listes ont recueilli le même nombre de voix, le siège est attribué au plus âgé des deux candidats susceptibles d'être élus. – *[Anc. art. R. 423-2, al. 5 et 6.]*

§ 3 RÉSULTAT

Art. R. 2314-25 Le procès-verbal des élections de délégués du personnel est transmis dans les quinze jours, en double exemplaire, par l'employeur à l'inspecteur du travail. – *[Anc. art. R. 423-4.]*

SOUS-SECTION 4 RECOURS ET CONTESTATIONS

Art. R. 2314-26 *(Décr. nº 2016-660 du 20 mai 2016, art. 35)* Les contestations relatives à une décision de l'autorité administrative prise, le cas échéant après recours gracieux, sur le fondement des articles L. 2314-11, L. 2314-20 et L. 2314-31 sont de la compétence du tribunal d'instance, qui statue en dernier ressort.

Art. R. 2314-27 Les contestations relatives à l'électorat et à la régularité des opérations électorales prévues à l'article L. 2314-25 sont de la compétence du tribunal d'instance, qui statue en dernier ressort. – *[Anc. art. L. 423-15, al. 1er.]*

Art. R. 2314-28 Le tribunal d'instance est saisi des contestations par voie de déclaration au greffe.

Lorsque la contestation porte sur l'électorat, la déclaration n'est recevable que si elle est faite dans les trois jours suivant la publication de la liste électorale.

(Décr. nº 2016-660 du 20 mai 2016, art. 36) « Lorsque la contestation porte sur une décision de l'autorité administrative mentionnée à l'article R. 2314-26, la déclaration n'est recevable que si elle est faite par la partie intéressée dans les quinze jours suivant la notification de cette décision, avec mention des voies et délais de recours, par lettre recommandée avec demande d'avis de réception. Sur demande du greffe, l'autorité administrative justifie de l'accomplissement de cette formalité auprès de la juridiction saisie. »

Lorsque la contestation porte sur la régularité de l'élection, la déclaration n'est recevable que si elle est faite dans les quinze jours suivant l'élection.

I. CHAMP D'APPLICATION DE LA RÈGLE

1. Saisine du tribunal avant les élections. Le tribunal d'instance peut être saisi dès avant les élections de contestations relatives à la régularité d'opérations antérieures aux élections. • Soc. 22 avr. 1982 : *Bull. civ. V, nº 255* • 27 janv. 1983 : *ibid., nº 44* • 4 juill. 1989 : *Dr. ouvrier 1990. 363.* ♦ V., pour une annulation des élections en raison de violences et de pressions antérieures au scrutin : • Soc. 9 juin 1983 : *D. 1983. IR 353.*

2. Pourvoi en cassation. La décision du tribunal d'instance statuant avant les élections sur la régularité d'une liste de candidatures à des élections professionnelles n'est pas susceptible d'un pourvoi en cassation dès lors que cette constatation peut être portée devant le juge des élections dont la décision peut être frappée de pourvoi. • Soc. 7 mai 2002, nº 01-60.040 P : *D. 2002. IR 1882 ; RJS 2002. 939, nº 1261.* ♦ Mais l'application immédiate de cette règle nouvelle de procédure ne saurait, sans méconnaître les exigences de l'art. 6, § 1, Conv. EDH, priver le demandeur au pourvoi contre un jugement ayant statué sur la validité des élections du droit de critiquer les dispositions du jugement préélectoral non frappé de pourvoi en raison de la jurisprudence antérieure au revirement. • Soc. 26 mai 2010 : *D. 2010. AJ 1422 ; RJS 2010. 616, nº 689 ; Dr. soc. 2010. 1150, note Radé ; JCP S 2010. 1346, obs. Kerbouc'h.*

3. Présentation des moyens au soutien de la demande. Seule la recevabilité de la demande d'annulation de l'élection est soumise au délai de forclusion de quinze jours et non pas les moyens avancés à l'appui de cette prétention. • Soc. 12 juill. 2006 : *JCP G 2006. II. 10186, obs. Duquesne.*

4. Organisation d'un second tour. La demande tendant à ce qu'il soit enjoint à l'employeur d'organiser un second tour peut être formée plus de quinze jours à compter de la proclamation des résultats du premier tour. • Soc. 8 nov. 2006, nº 06-60.036 P.

5. Objet électoral des litiges. Ont été considérés comme portant sur la régularité des élections les litiges relatifs notamment : à la détermination des effectifs d'un établissement. • Soc. 27 févr. 1985 : *Bull. civ. V, nº 119* • 28 févr. 1989 : *ibid., nº 147.* ♦ ... A la participation aux élections des salariés employés par une autre entreprise. • Soc. 6 mai 1982 : *Bull. civ. V, nº 287.* ♦ ... A l'omission d'une catégorie de salariés dans l'établissement de la liste électorale. • Soc. 24 mars 1993 : *Dr. soc. 1993. 460.* ♦ ... A la participation aux élections d'une catégorie entière de salariés (salariés dispensés d'activité). • Soc. 2 déc. 1992 : *RJS 1993. 46, nº 58.* ♦ Porte en revanche sur l'électorat le litige sur l'appartenance des salariés à l'un ou l'autre des collèges électoraux. • Soc. 8 avr. 1992 : *RJS 1992. 359, nº 644.*

6. Contestation du PV des élections. Le tribunal d'instance, saisi dans le délai de quinze jours de la proclamation des résultats, a compétence, en cas de contestation du procès-verbal des élections, pour en vérifier la régularité et, le cas échéant, y apporter les corrections nécessaires. • Soc. 28 nov. 2012 : *Dalloz actualité, 20 déc. 2012, obs. Ines.*

7. La contestation de l'éligibilité fondée sur le caractère injustifié de l'inscription sur une liste électorale est recevable si elle est faite dans les 15 jours suivant cette dernière ; en revanche, la contestation de la non-inscription sur la liste électorale porte sur l'électorat et n'est recevable que si elle est faite dans les 3 jours suivant la publication de la liste électorale. • Soc. 20 janv. 1998, n° 96-60.446 P : *D. 1998. IR 41 ; RJS 1998. 206, n° 333.*

II. DÉCLARATION

8. Formes. Une contestation formée par lettre n'est recevable que si elle est parvenue au secrétariat-greffe dans les délais légaux. • Soc. 9 juill. 1996 : *RJS 1996. 674, n° 1061.* ♦ La contestation de l'élection de délégués du personnel formée par télécopie est irrecevable si elle n'a pas fait l'objet d'une déclaration régularisée au greffe dans le délai de forclusion. • Soc. 16 janv. 2008 : *JCP S 2008. 1238, obs. Kerbouc'h.* ♦ La saisine par lettre recommandée adressée au greffe de la juridiction de renvoi est conforme aux prescriptions édictées par les art. R. 2314-28 et R. 2324-24 pour la contestation des élections professionnelles. • Soc. 11 mai 2016, n° 15-60.189 P : *D. 2016. Actu. 1085 ; RJS 7/2016, n° 511 ; JCP S 2016. 1272, obs. Brissy.*

9. Auteurs. Le chef d'un établissement distinct, lorsqu'il est responsable de l'organisation des élections professionnelles dans l'établissement, a qualité pour saisir le tribunal d'instance de tout litige relatif à l'organisation et à la régularité des élections. • Soc. 4 avr. 2007, n° 06-60.112 P : *JCP S 2007. 1575, note Gauriau.*

10. Seuls peuvent contester en justice les salariés justifiant d'une disposition statutaire les désignant comme représentant du syndicat en justice ou d'un pouvoir spécial l'habilitant à contester la régularité des élections avant l'expiration du délai de quinze jours. • Soc. 20 déc. 2006, n° 06-60.017 P.

11. Point de départ du délai de contestation. Le délai de quinze jours pour contester la régularité des élections court à compter de la proclamation nominative des élus qui confère à ceux-ci la qualité de représentants du personnel. • Soc. 16 juill. 1987 : *Bull. civ. V, n° 511 ; D. 1987. IR 185* • 16 déc. 1996 : *RJS 1997. 48, n° 67.* ♦ Le procès-verbal de carence peut être contesté dans le délai de quinze jours à compter de celui où la partie intéressée en a eu connaissance. • Soc. 17 mars 2004, n° 02-60.699 P : *RJS 2004. 490, n° 72.*

12. Délai de contestation. Lorsqu'il est formé par déclaration écrite, le recours prévu par l'art. R. 2314-28 C. trav. a pour date celle de l'envoi de la déclaration ; le recours posté le dernier jour du délai de contestation est donc recevable. • Soc. 6 janv. 2011 : *Dalloz actualité, 4 févr. 2011, obs. Siro ; D. 2011. Actu. 246 ; RJS 3/2011, n° 255 ; Dr. soc. 2011. 471, obs. Petit ; JCP S 2011. 1276, obs. Kerbouc'h.*

13. Sanction du non-respect du délai de quinze jours. Les délais en matière électorale sont des délais dont l'expiration entraîne la forclusion. • Soc. 19 nov. 1987 : *Bull. civ. V, n° 667* • Crim. 22 oct. 1991 : *RJS 1992. 120, n° 175.* ♦ Le délai imparti au juge pour statuer en matière électorale n'est pas prescrit à peine de nullité du jugement. • Soc. 29 mai 1991, n° 90-60.411 P : *D. 1991. IR 168 ; RJS 1991. 455, n° 872.* ♦ Si, en application de l'art. 6 de la Convention européenne de sauvegarde des droits de l'homme et des libertés fondamentales, toute personne a droit à ce que sa cause soit entendue dans un délai raisonnable, la durée excessive de la procédure (en l'espèce, quinze mois) ne peut fonder l'annulation de la décision attaquée ; elle permet seulement de saisir la juridiction nationale d'une demande en réparation, ou, s'il y a lieu, de saisir la commission européenne des droits de l'homme. • Même arrêt.

14. Contestation des résultats du premier tour. En application de l'art. L. 2122-1, sont représentatives dans l'entreprise ou l'établissement les organisations syndicales qui satisfont aux critères de l'art. L. 2121-1 et qui ont recueilli au moins 10 % des suffrages exprimés au premier tour des dernières élections des titulaires au comité d'entreprise ; il faut en déduire que la contestation des résultats du premier tour des élections n'est recevable que si elle est faite dans les 15 jours suivant ce premier tour. • Soc. 26 mai 2010, n° 09-60.453 P : *Dalloz actualité, 17 juin 2010, obs. Perrin ; D. 2010. AJ 1489 ; ibid. Pan. 2029, obs. Arséguel ; Dr. soc. 2010. 1001, obs. Petit ; JCP S 2010, n° 1348, note Kerbourc'h.* ♦ La contestation des résultats du premier tour des élections, lorsqu'elle porte sur la détermination des suffrages recueillis par les organisations syndicales, n'est recevable que si elle est faite dans les quinze jours suivant le premier tour ; le délai court à compter de la proclamation des résultats ou de la publication du procès-verbal de carence. • Soc. 31 janv. 2012 : *Dalloz actualité, 19 mars 2012, obs. Ines ; Dr. soc. 2012. 430, obs. Petit ; JCP S 2012. 1360, obs. Brissy.*

15. Office du juge. Il appartient au tribunal d'instance de convoquer les parties à l'audience, en renvoyant au besoin l'affaire à une audience ultérieure pour permettre une régularisation de la procédure. • Soc. 7 juill. 1999 : *RJS 1999. 689, n° 1099* (possibilité de se faire communiquer le nom des parties intéressées par l'employeur). ♦ Lorsque l'avertissement prévu par l'art. R. 423-3 n'a pas été donné à toutes les parties intéressées, la nullité ne peut être demandée que par celles à l'égard desquelles les prescriptions légales n'ont pas été observées. • Soc. 5 mai 1983 : *Bull. civ. V, n° 240* • 11 mars 1992 : *D. 1992. IR 105.* ♦ Un tribunal d'instance ne peut annuler l'élection des délégués du personnel alors qu'il a failli à son obligation de convoquer les représentants légaux de la société. • Soc. 13 oct. 2004 : *RJS 2005. 56, n° 62.* ♦ Sur la nécessité d'avertir les représentants légaux de la société concernée, V. • Soc. 7 févr. 1989 : *D. 1989. IR 63.* ♦ La lettre de convocation parvenue au salarié la veille de l'audience ne constitue pas l'avertissement exigé par la loi. • Soc. 5 avr. 1994 : *RJS 1994. 361, n° 578.* ♦ Les salariés élus dont l'élection est contestée doivent être convoqués à leur domicile personnel. • Soc. 3 mars 1999 : *D. 1999. IR 94* ; *RJS 1999. 338, n° 553.*

16. Qualité de l'employeur à l'instance. L'employeur a la qualité de partie intéressée. • Soc. 28 févr. 1989 : *Bull. civ. V, n° 150.* ♦ ... Ainsi que les organisations syndicales concernées. • Soc. 2 févr. 1984 : *Bull. civ. V, n° 46* • 26 juin 1985 : *ibid., n° 364.* ♦ ... Mais non les candidats élus au second tour, alors que seule l'annulation du premier tour a été demandée. • Soc. 6 nov. 1985 : *Bull. civ. V, n° 506.*

17. Exclusion de la tierce opposition. Le pourvoi en cassation étant la seule voie de recours, la tierce opposition est exclue. • Soc. 15 mai 1984 : *D. 1984. IR 415.*

Art. R. 2314-29 Le tribunal d'instance statue dans les dix jours de sa saisine sans frais ni forme de procédure et sur avertissement qu'il donne trois jours à l'avance à toutes les parties intéressées.

La décision du tribunal est notifiée par le greffe dans les trois jours par lettre recommandée avec avis de réception.

La décision est susceptible d'un pourvoi en cassation dans un délai de dix jours. Le pourvoi est formé, instruit et jugé dans les conditions fixées par les articles 999 à 1008 du code de procédure civile. – *[Anc. art. R. 423-3, al. 3 à 5.]*

En disposant que la décision du tribunal d'instance rendue en matière électorale est susceptible de pourvoi en cassation, les art. R. 2314-29 et R. 2324-25 C. trav. écartent tant l'appel que l'opposition. • Soc. 14 janv. 2014 : *Dalloz actualité, 17 févr. 2014, obs. Ines ; D. 2014. Actu. 215* ; *RJS 2014. 202, n° 250.*

Art. R. 2314-30 Les dispositions des articles R. 2314-28 et R. 2314-29 sont applicables aux demandes soumises au tribunal d'instance en application des articles L. 2314-14 et L. 2314-23. – *[Anc. art. R. 423-3, al. 6.]*

CHAPITRE V FONCTIONNEMENT

Le présent chapitre ne comprend pas de dispositions réglementaires.

CHAPITRE VI DISPOSITIONS PÉNALES

Le présent chapitre ne comprend pas de dispositions réglementaires.

TITRE DEUXIÈME COMITÉ D'ENTREPRISE

CHAPITRE PREMIER CHAMP D'APPLICATION

Le présent chapitre ne comprend pas de dispositions réglementaires.

CHAPITRE II CONDITIONS DE MISE EN PLACE ET DE SUPPRESSION

Art. R. 2322-1 Le *(Décr. n° 2009-1377 du 10 nov. 2009)* **« directeur régional des entreprises, de la concurrence, de la consommation, du travail et de l'emploi » du siège de l'entreprise est compétent pour se prononcer sur la reconnaissance de la qualité d'établissement distinct prévue à l'article L. 2322-5.**

Al. 2 et 3 abrogés par Décr. n° 2008-1503 du 30 déc. 2008.

Les modifications issues du Décr. n° 2009-1377 du 10 nov. 2009 prennent effet, dans chaque région, à la date de nomination du directeur régional des entreprises, de la concurrence, de la consommation, du travail et de l'emploi (Décr. préc., art. 7-I). — V. Arr. de nomination de ces directeurs des 30 déc. 2009 (JO 5 janv. 2010) et 9 févr. 2010 (JO 14 févr.).

Ces modifications s'appliquent à la région Île-de-France à compter du 1er juill. 2010 (Décr. n° 2010-687 du 24 juin 2010, art. 2).

Art. R. 2322-2 (Abrogé par Décr. n° 2016-510 du 25 avr. 2016, art. 6, à compter du 1er juill. 2016) ***La décision de suppression d'un comité d'entreprise, prévue à l'article L. 2322-7, est prise par le*** (Décr. n° 2009-1377 du 10 nov. 2009) ***« directeur régional des entreprises, de la concurrence, de la consommation, du travail et de l'emploi ».***

Le silence gardé pendant plus de quatre mois par le ministre saisi d'un recours hiérarchique contre cette décision vaut décision de rejet.

CHAPITRE III **ATTRIBUTIONS**

SECTION PREMIÈRE **ATTRIBUTIONS ÉCONOMIQUES**

SOUS-SECTION 1 **DÉLAIS DE CONSULTATION**

(Décr. n° 2013-1305 du 27 déc. 2013)

Les sous-sections 1 à 7 deviennent respectivement les sous-sections 3 à 9 (Décr. n° 2013-1305 du 27 déc. 2013, art. 1er).

Art. R. 2323-1 Pour l'ensemble des consultations mentionnées au troisième alinéa de l'article L. 2323-3 pour lesquelles la loi n'a pas fixé de délai spécifique, le délai de consultation du comité d'entreprise court à compter de la communication par l'employeur des informations prévues par le code du travail pour la consultation ou de l'information par l'employeur de leur mise à disposition dans la base de données dans les conditions prévues aux articles R. 2323-1-5 et suivants.

Art. R. 2323-1-1 *(Décr. n° 2016-868 du 29 juin 2016, art. 1er)* « I. – » Pour les consultations mentionnées à l'article R. 2323-1, à défaut d'accord, le comité d'entreprise est réputé avoir été consulté et avoir rendu un avis négatif à l'expiration d'un délai d'un mois à compter de la date fixée à cet article.

En cas d'intervention d'un expert, le délai mentionné au premier alinéa est porté à deux mois.

Le délai mentionné au premier alinéa est porté à trois mois en cas de saisine *(Décr. n° 2016-868 du 29 juin 2016, art. 1er)* « par l'employeur ou le comité d'entreprise » d'un ou de plusieurs comités d'hygiène, de sécurité et des conditions de travail et à quatre mois si une instance de coordination des comités d'hygiène, de sécurité et des conditions de travail est mise en place à cette occasion, que le comité d'entreprise soit assisté ou non d'un expert.

L'avis du ou des comités d'hygiène, de sécurité et des conditions de travail *(Décr. n° 2016-868 du 29 juin 2016, art. 1er)* « et, le cas échéant, de l'instance de coordination » est transmis au comité d'entreprise au plus tard sept jours avant l'expiration du délai mentionné au troisième alinéa.

(Décr. n° 2016-868 du 29 juin 2016, art. 1er) « II. – Lorsqu'il y a lieu de consulter à la fois le comité central d'entreprise et un ou plusieurs comités d'établissement en application du troisième alinéa de l'article L. 2327-15, les délais prévus au I du présent article s'appliquent au comité central d'entreprise. Dans ce cas, l'avis de chaque comité d'établissement est rendu et transmis au comité central d'entreprise, le cas échéant accompagné de l'avis du comité d'hygiène, de sécurité et des conditions de travail ou de l'instance de coordination, au plus tard sept jours avant la date à laquelle le comité central d'entreprise est réputé avoir été consulté et avoir rendu un avis négatif en application du I du présent article. A défaut, l'avis du comité d'établissement est réputé négatif. »

1. Le juge ne peut statuer sur les demandes des représentants du personnel si le délai de consultation a expiré à la date où il statue. • Soc. 21 sept. 2016, ☏ n° 15-13.363 P : *D. 2016. Actu. 1936* ✎ *; D. 2016. Pan. 2254, obs. Lokiec* ✎ *; RJS 12/2016, n° 785 ; JS Lamy 2016, n° 419-3, obs. Cottin ; JCP S 2016. 1342, note Morvan.*

2. Dès lors que le comité était en mesure d'apprécier l'importance de l'opération envisagée, le délai imparti pour se prononcer a débuté ; le comité d'entreprise peut saisir le président du TGI s'il estime que l'information communiquée était insuffisante. Si, en cas de difficultés particulières d'accès aux informations nécessaires à la formulation de l'avis motivé du comité d'entreprise, le juge peut décider la prolongation du délai, aucune disposition légale ne l'autorise à accorder un nouveau délai après l'expiration du délai initial. Enfin, une prolongation du délai par accord entre l'employeur et le comité d'entreprise doit prendre la forme d'un vote à la majorité des membres titulaires élus du comité.

• Soc. 21 sept. 2016, n° 15-19.003 P : *mêmes réf. note 1.*

SOUS-SECTION 2 **BASE DE DONNÉES**

(Décr. n° 2013-1305 du 27 déc. 2013)

La base de données est mise en place à compter du 14 juin 2014 pour les entreprises d'au moins 300 salariés et du 14 juin 2015 pour les entreprises de moins de 300 salariés.

Au titre de l'année 2014 pour les entreprises d'au moins 300 salariés et de l'année 2015 pour les entreprises de moins de 300 salariés, les entreprises ne sont pas tenues d'intégrer dans la base de données mentionnée à l'art. L. 2323-7-2 les informations relatives aux deux années précédentes.

Les éléments d'information contenus dans les rapports et informations transmis de manière récurrente au comité d'entreprise sont mis à la disposition de ses membres dans la base de données mentionnée à l'art. L. 2323-7-2 au plus tard le 31 déc. 2016 (L. n° 2013-504 du 14 juin 2013, art. 8, et Décr. n° 2013-1305 du 27 déc. 2013, art. 2).

Art. R. 2323-1-2 **La base de données prévue à l'article** *(Décr. n° 2016-868 du 29 juin 2016, art. 5)* **« L. 2323-8 » permet la mise à disposition des informations nécessaires** *(Décr. n° 2016-868 du 29 juin 2016, art. 5)* **« aux trois consultations annuelles prévues à l'article L. 2323-6 ». L'ensemble des informations de la base de données contribue à donner une vision claire et globale de la formation et de la répartition de la valeur créée par l'activité de l'entreprise.**

La base comporte également l'ensemble des informations communiquées de manière récurrente au comité d'entreprise *(Décr. n° 2016-868 du 29 juin 2016, art. 5)* **« et au comité d'hygiène, de sécurité et des conditions de travail ».**

V. Circ. DGT 2014-1 du 18 mars 2014.

§ 1er L'ORGANISATION ET LE CONTENU DE LA BASE DE DONNÉES

Art. R. 2323-1-3 **Dans les entreprises d'au moins trois cents salariés, la base de données prévue à l'article** *(Décr. n° 2016-868 du 29 juin 2016, art. 5)* **« L. 2323-8 » comporte une présentation de la situation de l'entreprise, notamment le chiffre d'affaires, la valeur ajoutée, le résultat d'exploitation et le résultat net.**

Elle rassemble les informations suivantes :

A. — Investissements :

1° Investissement social :

a) **Évolution des effectifs par type de contrat, par âge, par ancienneté ;**

b) **Évolution des emplois par catégorie professionnelle ;**

c) **Situation en matière d'égalité professionnelle entre les femmes et les hommes et mesures prises en ce sens ;**

d) **Évolution de l'emploi des personnes handicapées et mesures prises pour le développer ;**

e) **Évolution du nombre de stagiaires ;**

f) **Formation professionnelle : investissements en formation, publics concernés ;**

g) **Conditions de travail : durée du travail dont travail à temps partiel et aménagement du temps de travail, exposition aux risques et aux facteurs de pénibilité, accidents du travail, maladies professionnelles, absentéisme, dépenses en matière de sécurité ;**

2° Investissement matériel et immatériel :

a) **Évolution des actifs nets d'amortissement et de dépréciations éventuelles (immobilisations) ;**

b) **Le cas échéant, dépenses de recherche et développement ;**

3° Pour les entreprises soumises aux dispositions du cinquième alinéa de l'article L. 225-102-1 du code de commerce, informations environnementales présentées en application de cet alinéa et mentionnées au 2° du I de l'article R. 225-105-1 de ce code.

(Décr. nº 2016-868 du 29 juin 2016, art. 5) « A *bis*. — Égalité professionnelle entre les femmes et les hommes au sein de l'entreprise ;

« 1º Diagnostic et analyse de la situation respective des femmes et des hommes pour chacune des catégories professionnelles de l'entreprise dans les domaines suivants :

« *a)* Embauche ;

« *b)* Formation ;

« *c)* Promotion professionnelle ;

« *d)* Qualification ;

« *e)* Classification ;

« *f)* Conditions de travail ;

« *g)* Sécurité et santé au travail ;

« *h)* Rémunération effective ;

« *i)* Articulation entre l'activité professionnelle et la vie personnelle ;

« 2º Analyse des écarts de salaires et de déroulement de carrière en fonction de l'âge, de la qualification et de l'ancienneté ;

« 3º Évolution des taux de promotion respectifs des femmes et des hommes par métiers dans l'entreprise. »

B. — Fonds propres, endettement et impôts :

1º Capitaux propres de l'entreprise ;

2º Emprunts et dettes financières dont échéances et charges financières ;

3º Impôts et taxes.

C. — Rémunération des salariés et dirigeants, dans l'ensemble de leurs éléments :

1º Évolution des rémunérations salariales ;

a) Frais de personnel y compris cotisations sociales, évolutions salariales par catégorie et par sexe, salaire de base minimum, salaire moyen ou médian, par sexe et par catégorie professionnelle ;

b) Pour les entreprises soumises aux dispositions de l'article L. 225-115 du code de commerce, montant global des rémunérations mentionnées au 4º de cet article ;

2º Épargne salariale : intéressement, participation ;

3º Rémunérations accessoires : primes par sexe et par catégorie professionnelle, avantages en nature, régimes de prévoyance et de retraite complémentaire ;

4º Rémunérations des dirigeants mandataires sociaux telles que présentées dans le rapport de gestion en application des trois premiers alinéas de l'article L. 225-102-1 du code de commerce, pour les entreprises soumises à l'obligation de présenter le rapport visé à l'article L. 225-102 du même code.

D. — Activités sociales et culturelles :

1º Montant de la contribution aux activités sociales et culturelles du comité d'entreprise ;

2º Dépenses directement supportées par l'entreprise ;

3º Mécénat.

E. — Rémunération des financeurs, en dehors des éléments mentionnés au B :

1º Rémunération des actionnaires (revenus distribués) ;

2º Rémunération de l'actionnariat salarié (montant des actions détenues dans le cadre de l'épargne salariale, part dans le capital, dividendes reçus).

F. — Flux financiers à destination de l'entreprise :

1º Aides publiques ;

2º Réductions d'impôts ;

3º Exonérations et réductions de cotisations sociales ;

4º Crédits d'impôts ;

5º Mécénat.

G. — Sous-traitance :

1º Sous-traitance utilisée par l'entreprise ;

2º Sous-traitance réalisée par l'entreprise.

H. – Pour les entreprises appartenant à un groupe, transferts commerciaux et financiers entre les entités du groupe :

1° Transferts de capitaux tels qu'ils figurent dans les comptes individuels des sociétés du groupe lorsqu'ils présentent une importance significative ;

2° Cessions, fusions et acquisitions réalisées.

Art. R. 2323-1-4 Dans les entreprises de moins de trois cents salariés, la base de données prévue à l'article *(Décr. n° 2016-868 du 29 juin 2016, art. 5)* « L. 2323-8 » comporte une présentation de la situation de l'entreprise, notamment le chiffre d'affaires, la valeur ajoutée, le résultat d'exploitation, le résultat net et les informations suivantes :

A. – Investissements :

1° Investissement social :

a) Évolution des effectifs par type de contrat ;

b) Évolution des emplois par catégorie professionnelle ;

c) Situation en matière d'égalité professionnelle entre les femmes et les hommes et mesures prises en ce sens ;

d) Évolution de l'emploi des personnes handicapées et mesures prises pour le développer ;

e) Évolution du nombre de stagiaires ;

f) Formation professionnelle : investissements en formation, publics concernés ;

g) Conditions de travail : durée du travail dont travail à temps partiel et aménagement du temps de travail ;

2° Investissement matériel et immatériel :

a) Évolution des actifs nets d'amortissement et de dépréciations éventuelles (immobilisations) ;

b) Le cas échéant, dépenses de recherche et développement.

(Décr. n° 2016-868 du 29 juin 2016, art. 5) « A *bis*. – Égalité professionnelle entre les femmes et les hommes au sein de l'entreprise ;

« 1° Diagnostic et analyse de la situation respective des femmes et des hommes pour chacune des catégories professionnelles de l'entreprise dans les domaines suivants :

« *a)* Embauche ;

« *b)* Formation ;

« *c)* Promotion professionnelle ;

« *d)* Qualification ;

« *e)* Classification ;

« *f)* Conditions de travail ;

« *g)* Sécurité et santé au travail ;

« *h)* Rémunération effective ;

« *i)* Articulation entre l'activité professionnelle et la vie personnelle ;

« 2° Analyse des écarts de salaires et de déroulement de carrière en fonction de l'âge, de la qualification et de l'ancienneté ;

« 3° Évolution des taux de promotion respectifs des femmes et des hommes par métiers dans l'entreprise. »

B. – Fonds propres, endettement et impôts :

1° Capitaux propres de l'entreprise ;

2° Emprunts et dettes financières dont échéances et charges financières ;

3° Impôts et taxes.

C. – Rémunération des salariés et dirigeants, dans l'ensemble de leurs éléments :

1° Évolution des rémunérations salariales :

a) Frais de personnel y compris cotisations sociales, évolutions salariales par catégorie et par sexe, salaire de base minimum, salaire moyen ou médian, par sexe et par catégorie professionnelle ;

b) Pour les entreprises soumises aux dispositions de l'article L. 225-115 du code de commerce, montant global des rémunérations visées au 4° de cet article ;

c) Épargne salariale : intéressement, participation.

D. – Activités sociales et culturelles : montant de la contribution aux activités sociales et culturelles du comité d'entreprise, mécénat.

E. – Rémunération des financeurs, en dehors des éléments mentionnés au B :

1° Rémunération des actionnaires (revenus distribués) ;

2° Rémunération de l'actionnariat salarié (montant des actions détenues dans le cadre de l'épargne salariale, part dans le capital, dividendes reçus).

F. – Flux financiers à destination de l'entreprise :

1° Aides publiques ;

2° Réductions d'impôts ;

3° Exonérations et réductions de cotisations sociales ;

4° Crédits d'impôts ;

5° Mécénat.

G. – Sous-traitance :

1° Sous-traitance utilisée par l'entreprise ;

2° Sous-traitance réalisée par l'entreprise.

H. – Pour les entreprises appartenant à un groupe, transferts commerciaux et financiers entre les entités du groupe :

1° Transferts de capitaux tels qu'ils figurent dans les comptes individuels des sociétés du groupe lorsqu'ils présentent une importance significative ;

2° Cessions, fusions et acquisitions réalisées.

Art. R. 2323-1-5 Les informations figurant dans la base de données portent sur l'année en cours, sur les deux années précédentes et, telles qu'elles peuvent être envisagées, sur les trois années suivantes.

Ces informations sont présentées sous forme de données chiffrées ou à défaut, pour les années suivantes, sous forme de grandes tendances. L'employeur indique, pour ces années, les informations qui, eu égard à leur nature ou aux circonstances, ne peuvent pas faire l'objet de données chiffrées ou de grandes tendances, pour les raisons qu'il précise.

§ 2 LA MISE EN PLACE ET LE FONCTIONNEMENT DE LA BASE DE DONNÉES

Art. R. 2323-1-6 La base de données prévue à l'article *(Décr. n° 2016-868 du 29 juin 2016, art. 5)* « L. 2323-8 » est constituée au niveau de l'entreprise. Dans les entreprises dotées d'un comité central d'entreprise, la base de données comporte les informations que l'employeur met à disposition de ce comité et des comités d'établissement.

Les éléments d'information sont régulièrement mis à jour, au moins dans le respect des périodicités prévues par le présent code.

Art. R. 2323-1-7 La base de données est tenue à la disposition des personnes mentionnées au dernier alinéa de l'article *(Décr. n° 2016-868 du 29 juin 2016, art. 5)* « L. 2323-8 » sur un support informatique ou papier.

L'employeur informe ces personnes de l'actualisation de la base de données selon des modalités qu'il détermine et fixe les modalités d'accès, de consultation et d'utilisation de la base.

Ces modalités permettent aux personnes mentionnées au dernier alinéa de l'article *(Décr. n° 2016-868 du 29 juin 2016, art. 5)* « L. 2323-8 » d'exercer utilement leurs compétences respectives.

Art. R. 2323-1-8 Les informations figurant dans la base de données qui revêtent un caractère confidentiel doivent être présentées comme telles par l'employeur qui indique la durée du caractère confidentiel de ces informations que les personnes mentionnées au dernier alinéa de l'article *(Décr. n° 2016-868 du 29 juin 2016, art. 5)* « L. 2323-8 » sont tenues de respecter.

Art. R. 2323-1-9 La mise à disposition actualisée dans la base de données des éléments d'information contenus dans les rapports et des informations transmis de manière récurrente au comité d'entreprise vaut communication à celui-ci des rapports et informations lorsque les conditions cumulatives suivantes sont remplies :

1° La condition fixée au second alinéa de l'article R. 2323-1-6 est remplie ;

2° L'employeur met à disposition des membres du comité d'entreprise les éléments d'analyse ou d'explication lorsqu'ils sont prévus par le présent code.

§ 3 LA BASE DE DONNÉES AU NIVEAU DU GROUPE

Art. R. 2323-1-10 Sans préjudice de l'obligation de mise en place d'une base de données au niveau de l'entreprise, une convention ou un accord de groupe peut prévoir la constitution d'une base de données au niveau du groupe.

La convention ou l'accord détermine notamment les personnes ayant accès à cette base ainsi que les modalités d'accès, de consultation et d'utilisation de cette base.

SOUS-SECTION 2 *BIS* INFORMATIONS EN VUE DES CONSULTATIONS ANNUELLES DU COMITÉ D'ENTREPRISE

(Décr. n° 2016-868 du 29 juin 2016, art. 5)

§ 1er INFORMATIONS EN VUE DE LA CONSULTATION SUR LA SITUATION ÉCONOMIQUE ET FINANCIÈRE DE L'ENTREPRISE

Art. R. 2323-1-11 En vue de la consultation prévue à l'article L. 2323-12 dans les entreprises de moins de 300 salariés, l'employeur met à la disposition du comité d'entreprise*[,]* dans les conditions prévues à l'article L. 2323-9, les informations prévues à l'article R. 2323-8.

Dans les entreprises d'au moins 300 salariés, l'employeur met à disposition du comité d'entreprise les informations prévues à l'article R. 2323-11.

§ 2 INFORMATIONS EN VUE DE LA CONSULTATION SUR LA POLITIQUE SOCIALE DE L'ENTREPRISE, LES CONDITIONS DE TRAVAIL ET L'EMPLOI

Art. R. 2323-1-12 En vue de la consultation prévue à l'article L. 2323-15, l'employeur met à la disposition du comité d'entreprise, dans les conditions prévues à l'article L. 2323-9, les informations prévues aux articles D. 2323-5 et D. 2323-6.

Dans les entreprises de moins de 300 salariés, il met également à disposition les informations prévues à l'article R. 2323-9.

Dans les entreprises d'au moins 300 salariés, il met également à disposition les informations prévues aux articles R. 2323-12 et R. 2323-17.

SOUS-SECTION 3 INFORMATION SUR LES CONDITIONS DE TRAVAIL *(Décr. n° 2016-868 du 29 juin 2016, art. 5)*.

La sous-section 1 devient la sous-section 3 (Décr. n° 2013-1305 du 27 déc. 2013, art. 1er).

Art. R. 2323-1-13 Le comité d'entreprise est informé et consulté préalablement à la mise en place d'une garantie collective mentionnée à l'article L. 911-2 du code de la sécurité sociale ou à la modification de celle-ci. – *[Anc. art. L. 432-3, al. 8.]*

L'art. R. 2323-1-11 devient l'art. R. 2323-1-13 (Décr. n° 2016-868 du 29 juin 2016, art. 5).

SOUS-SECTION 4 INFORMATION EN MATIÈRE DE FORMATION PROFESSIONNELLE ET D'APPRENTISSAGE *(Décr. n° 2016-868 du 29 juin 2016, art. 5)*.

La sous-section 2 devient la sous-section 4 (Décr. n° 2013-1305 du 27 déc. 2013, art. 1er).

§ 1er ORIENTATION DE LA FORMATION PROFESSIONNELLE

Art. R. 2323-2 Dans les entreprises ou organismes dans lesquels les attributions du comité d'entreprise sont dévolues à d'autres instances de représentation du personnel, celles-ci sont substituées au comité d'entreprise pour l'application des dispositions :

1° Des articles L. 6322-6 et R. 6322-3 à R. 6322-11, relatives au congé individuel de formation ;

2° De l'article L. 6331-12, relatives à la participation des employeurs de dix salariés et plus au développement de la formation professionnelle continue ;

3° Des articles R. 6322-66 à R. 6322-78, relatives au congé d'enseignement et de recherche ainsi qu'au congé de formation pour les salariés âgés de vingt-cinq ans et moins ;

4° Des articles D. 6321-1 et D. 6321-3, relatives au déroulement des actions de formation. – *[Anc. art. R. 931-6 et R. 950-18, al. 1er.]*

Art. R. 2323-3 Dans les entreprises de cinquante salariés et plus qui ne sont pas tenues d'avoir un comité d'entreprise ou un organisme de la nature de ceux mentionnés à l'article R. 2323-2, il est créé une commission spéciale consultée dans les conditions prévues à l'article L. 6331-12. – *[Anc. art. R. 950-18, al. 2.]*

Art. R. 2323-4 La commission spéciale comprend autant de membres qu'il y a d'organisations syndicales qui ont constitué légalement ou qui ont droit de constituer une section syndicale dans l'entreprise.

Chacune de ces organisations désigne un membre choisi parmi les salariés de cette entreprise. Ce membre remplit les conditions requises pour l'éligibilité en qualité de membre d'un comité d'entreprise. – *[Anc. art. R. 950-18, al. 3.]*

§ 2 PLAN DE FORMATION

Art. D. 2323-5 *(Décr. n° 2016-868 du 29 juin 2016, art. 5)* « En vue de la consultation prévue à l'article L. 2323-15 », l'employeur communique aux membres du comité d'entreprise, ou à défaut aux délégués du personnel, aux délégués syndicaux et, le cas échéant, aux membres de la commission prévue à l'article L. 2325-22 :

1° Les orientations de la formation professionnelle dans l'entreprise telles qu'elles résultent de la consultation prévue à l'article *(Décr. n° 2016-868 du 29 juin 2016, art. 5)* « L. 2323-10 » ;

2° Le résultat éventuel des négociations prévues à l'article L. 2241-6 ;

(Décr. n° 2014-1045 du 12 sept. 2014, art. 1er) « 3° Les informations relatives aux modalités d'accès à la formation professionnelle des salariés transmises par l'employeur à l'autorité administrative en application de l'article L. 6331-32 ainsi que, le cas échéant, les informations sur la formation figurant au bilan social mentionné à l'article *(Décr. n° 2016-868 du 29 juin 2016, art. 5)* « L. 2323-20 » ;

« 4° Les conclusions éventuelles des services de contrôle faisant suite aux vérifications effectuées en application de l'article L. 6361-4 ; »

5° Le bilan des actions comprises dans le plan de formation de l'entreprise pour l'année antérieure et pour l'année en cours comportant la liste des actions de formation, des bilans de compétences et des validations des acquis de l'expérience réalisés, complétée par les informations relatives :

a) Aux organismes de formation et aux organismes chargés de réaliser des bilans de compétences ou des validations des acquis de l'expérience ;

b) A la nature et aux conditions d'organisation de ces actions, au regard notamment des dispositions des articles *(Abrogé par Décr. n° 2016-868 du 29 juin 2016, art. 5)* *« L. 2323-36 et »* L. 6321-2 à L. 6321-12. *(Décr. n° 2014-1045 du 12 sept. 2014, art. 1er)* « Ces informations précisent la nature des actions de formation proposées par l'employeur en application de l'article L. 6321-1 en distinguant, d'une part, les actions d'adaptation du salarié au poste de travail ou liées à l'évolution ou au maintien dans l'emploi dans l'entreprise et, d'autre part, les actions de développement des compétences des salariés ; »

c) Aux conditions financières de leur exécution ;

d) Aux effectifs concernés répartis par catégorie socioprofessionnelle et par sexe ;

6° Les informations, pour l'année antérieure et l'année en cours, relatives aux congés individuels de formation, aux congés de bilan de compétences, aux congés de validation des acquis de l'expérience et aux congés pour enseignement accordés, notamment leur objet, leur durée et leur coût, aux conditions dans lesquelles ces congés ont été accordés ou reportés ainsi qu'aux résultats obtenus ;

7° Le bilan, pour l'année antérieure et l'année en cours, des conditions de mise en œuvre des contrats et des périodes de professionnalisation ainsi que de la mise en œuvre du *(Décr. n° 2014-1045 du 12 sept. 2014, art. 1er)* « compte personnel de formation ». Le bilan porte également sur l'accueil des enseignants et des conseillers d'orientation ;

8° Le plan de formation de l'entreprise et les conditions de mise en œuvre des périodes et des contrats de professionnalisation ainsi que la mise en œuvre du *(Décr. n° 2014-1045 du 12 sept. 2014, art. 1er)* « compte personnel de formation » pour l'année à venir, comportant respectivement les informations mentionnées aux 5° et 7° ;

(Décr. n° 2014-1045 du 12 sept. 2014, art. 1er) « 9° Le nombre des salariés bénéficiaires de l'abondement mentionné au dernier alinéa du II de l'article L. 6315-1 ainsi que les sommes versées à ce titre ;

« 10° Le nombre des salariés bénéficiaires de l'entretien professionnel mentionné au I de l'article L. 6315-1. »

Art. D. 2323-6 L'employeur précise, en ce qui concerne les bénéficiaires des périodes et contrats de professionnalisation :

1° Les conditions dans lesquelles se sont déroulées les actions ou les périodes de professionnalisation, notamment :

a) Les conditions d'accueil, d'encadrement et de suivi des bénéficiaires ;

b) Les emplois occupés pendant et à l'issue de leur action ou de leur période de professionnalisation ;

c) Les conditions d'organisation des actions de formation et de suivi ;

2° Les résultats obtenus en fin d'action ou de période de professionnalisation ainsi que les conditions d'appréciation et de validation ;

3° Les effectifs intéressés par âge, sexe et niveau initial de formation. – *[Anc. art. D. 932-1, al. 13 à 19.]*

Art. D. 2323-7 (Abrogé par Décr. n° 2016-868 du 29 juin 2016, art. 5) ***La consultation du comité d'entreprise en matière de formation professionnelle est réalisée au cours de deux réunions.***

La première réunion porte sur la présentation et la discussion des documents prévus aux 1° à 7° de l'article D. 2323-5.

La seconde réunion est relative au plan de formation, aux conditions de mise en œuvre des périodes et des contrats de professionnalisation et à la mise en œuvre du (Décr. n° 2014-1045 du 12 sept. 2014, art. 2-1°, en vigueur le 1er janv. 2015) ***« compte personnel de formation » mentionné au 8° de l'article précité.***

(Décr. n° 2014-1045 du 12 sept. 2014, art. 2) ***« Sauf si un accord d'entreprise en dispose autrement, »*** (Décr. n° 2008-716 du 18 juill. 2008) ***« ces deux réunions doivent intervenir respectivement avant le 1er octobre et avant le 31 décembre de l'année en cours. »*** (Décr. n° 2011-454 du 22 avr. 2011) ***« Toutefois, dans les branches du transport aérien, les deux dates limites de consultation du comité peuvent être modifiées par un accord de branche étendu »*** (Décr. n° 2014-1045 du 12 sept. 2014, art. 2) ***« ou, à défaut, par un accord d'entreprise. »***

SOUS-SECTION 5 **INFORMATION ET CONSULTATION SUR LES INTERVENTIONS PUBLIQUES DIRECTES**

(Décr. n° 2009-349 du 30 mars 2009)

La sous-section 3 devient la sous-section 5 (Décr. n° 2013-1305 du 27 déc. 2013, art. 1er).

Art. R. 2323-7-1 Le comité d'entreprise est informé et consulté après notification à l'entreprise de l'attribution directe, par une personne publique, de subventions, prêts ou avances remboursables dont le montant excède un seuil fixé par arrêté pris par les ministres chargés du travail, de l'économie, du budget et des collectivités territoriales. Cette disposition s'applique dans les mêmes conditions aux subventions, prêts et avances remboursables attribués dans le cadre de programmes ou fonds communautaires.

L'information et la consultation portent sur la nature de l'aide, son objet, son montant et les conditions de versement et d'emploi fixées, le cas échéant, par la personne publique attributrice.

Ces dispositions ne sont applicables ni aux financements mentionnés au premier alinéa qui sont attribués par les collectivités publiques aux établissements publics qui leur sont rattachés, ni aux subventions pour charges de service public attribuées par une collectivité publique.

SOUS-SECTION 6 **INFORMATIONS PÉRIODIQUES DU COMITÉ D'ENTREPRISE** *(Décr. n° 2016-868 du 29 juin 2016, art. 5).*

La sous-section 4 devient la sous-section 6 (Décr. n° 2013-1305 du 27 déc. 2013, art. 1er).

§ 1er INFORMATIONS DANS LES ENTREPRISES DE MOINS DE TROIS CENTS SALARIÉS *(Décr. n° 2016-868 du 29 juin 2016, art. 5).*

Art. R. 2323-8 *(Décr. n° 2016-868 du 29 juin 2016, art. 5)* **En vue de la consultation prévue à l'article L. 2323-12, dans les entreprises de moins de 300 salariés, l'employeur met à la disposition du comité d'entreprise les informations suivantes :**

1° Données chiffrées.	***a)*** **Chiffre d'affaires, bénéfices ou pertes constatés ;**
	b) **Résultats d'activité en valeur et en volume ;**
	c) **Transferts de capitaux importants entre la société mère et les filiales ;**
	d) **Situation de la sous-traitance ;**
	e) **Affectation des bénéfices réalisés ;**
	f) **Aides ou avantages financiers consentis à l'entreprise par l'Union européenne, l'État, une collectivité territoriale, un de leurs établissements publics ou un organisme privé chargé d'une mission de service public, et leur utilisation. Pour chacune de ces aides, il est indiqué la nature de l'aide, son objet, son montant, les conditions de versement et d'emploi fixées, le cas échéant, par la personne publique qui l'attribue et son emploi ;**
	g) **Investissements ;**
2° Autres informations.	***a)*** **Perspectives économiques de l'entreprise pour l'année à venir ;**
	b) **Mesures envisagées pour l'amélioration, le renouvellement ou la transformation des équipements ;**
	c) **Mesures envisagées en ce qui concerne l'amélioration, le renouvellement ou la transformation des méthodes de production et d'exploitation,**

Art. R. 2323-9 *(Décr. n° 2016-868 du 29 juin 2016, art. 5)* « En vue de la consultation prévue à l'article L. 2323-15, dans les entreprises de moins de 300 salariés, l'employeur met à la disposition du comité d'entreprise les informations suivantes : »

Activité et situation financière de l'entreprise *(mod. par Décr. n° 2016-868 du 29 juin 2016, art. 5)*	
1° Données chiffrées	*a)* Chiffre d'affaires, bénéfices ou pertes constatés ; *b)* Résultats d'activité en valeur et en volume ; *c)* Transferts de capitaux importants entre la société mère et les filiales ; *d)* Situation de la sous-traitance ; *e)* Affectation des bénéfices réalisés ; *f) (Décr. n° 2009-349 du 30 mars 2009)* « Aides ou avantages financiers consentis à l'entreprise par l'Union européenne, l'État, une collectivité territoriale, un de leurs établissements publics ou un organisme privé chargé d'une mission de service public, et leur utilisation. Pour chacune de ces aides qui entre dans le champ d'application de l'obligation mentionnée à l'article R. 2323-9-1, le rapport indique la nature de l'aide, son objet, son montant, les conditions de versement et d'emploi fixées, le cas échéant, par la personne publique qui l'attribue et son emploi » ; *g)* Investissements ; *h)* Évolution de la structure et du montant des salaires.
2° Autres informations	*a)* Perspectives économiques de l'entreprise pour l'année à venir ; *b)* Mesures envisagées pour l'amélioration, le renouvellement ou la transformation des équipements ; *c)* Mesures envisagées en ce qui concerne l'amélioration, le renouvellement ou la transformation des méthodes de production et d'exploitation ; *d)* Incidence de ces mesures sur les conditions de travail et d'emploi.
(Abrogé par Décr. n° 2016-868 du 29 juin 2016, art. 5) « ***II. – Évolution de l'emploi, des qualifications et de la formation*** »	
1° Données chiffrées	*a)* Données générales : – Évolution des effectifs retracée mois par mois ; – Répartition des effectifs par sexe et par qualification ; *b)* Données par types de contrat de travail : – Nombre de salariés titulaires d'un contrat de travail à durée indéterminée ; – Nombre de salariés titulaires d'un contrat de travail à durée déterminée ; – Nombre de salariés temporaires ; – Nombre de salariés appartenant à une entreprise extérieure ; – Nombre des journées de travail réalisées au cours des douze derniers mois par les salariés temporaires ; – Nombre de contrats d'insertion et de formation en alternance ouverts aux jeunes de moins de vingt-six ans ; *c)* Données sur le travail à temps partiel : – Nombre, sexe et qualification des salariés travaillant à temps partiel ; – Horaires de travail à temps partiel pratiqués dans l'entreprise ; *(Décr. n° 2016-868 du 29 juin 2016, art. 5)* « *d)* Évolution de la structure et du montant des salaires. »

2° Données explicatives	Motifs ayant conduit l'entreprise à recourir aux contrats de travail à durée déterminée, aux contrats de travail temporaire, aux contrats de travail à temps partiel, ainsi qu'à des salariés appartenant à une entreprise extérieure. *(Décr. nº 2016-868 du 29 juin 2016, art. 5)* « Incidence des mesures envisagées en ce qui concerne l'amélioration, le renouvellement ou la transformation des méthodes de production et d'exploitation prévues au *c* du 2° du *[de l'article]* R. 2323-8 sur les conditions de travail et l'emploi. »
3° Prévisions en matière d'emploi	*a)* Prévisions chiffrées en matière d'emploi ; *b)* Indication des actions de prévention et de formation que l'employeur envisage de mettre en œuvre, notamment au bénéfice des salariés âgés, peu qualifiés ou présentant des difficultés sociales particulières ; *c)* Explications de l'employeur sur les écarts éventuellement constatés entre les prévisions et l'évolution effective de l'emploi, ainsi que sur les conditions d'exécution des actions prévues au titre de l'année écoulée.
4° Situation comparée des femmes et des hommes	Analyse des données chiffrées par catégorie professionnelle de la situation respective des femmes et des hommes en matière d'embauche, de formation, de promotion professionnelle, de qualification, de classification, de conditions de travail, *(Décr. nº 2016-868 du 29 juin 2016, art. 5)* « de santé et de sécurité au travail, » *(Décr. nº 2011-822 du 7 juill. 2011, art. 2, en vigueur le 1er janv. 2012)* « de rémunération effective et d'articulation entre l'activité professionnelle et l'exercice de la responsabilité familiale ; *(Décr. nº 2016-868 du 29 juin 2016, art. 5)* « analyse des écarts de salaires et de déroulement de carrière en fonction de leur âge, de leur qualification et de leur ancienneté ; description de l'évolution des taux de promotion respectifs des femmes et des hommes par métiers dans d'entreprise » ; « *b) (Décr. nº 2016-868 du 29 juin 2016, art. 5)* « Stratégie d'action : A partir de l'analyse des données chiffrées mentionnées au *a* du 4°, la stratégie comprend les éléments suivants : » : « mesures prises au cours de l'année écoulée en vue d'assurer l'égalité professionnelle. Bilan des actions de l'année écoulée et, le cas échéant, de l'année précédente *(Abrogé par Décr. nº 2016-868 du 29 juin 2016, art. 5) « lorsqu'un plan d'actions a été antérieurement mis en œuvre par l'entreprise par accord collectif ou de manière unilatérale »*. Évaluation du niveau de réalisation des objectifs sur la base des indicateurs retenus. Explications sur les actions prévues non réalisées ; « objectifs de progression pour l'année à venir et indicateurs associés. Définition qualitative et quantitative des mesures permettant de les atteindre conformément à l'article R. 2242-2. Évaluation de leur coût. Échéancier des mesures prévues. »
5° Travailleurs handicapés	*a)* Actions entreprises ou projetées en matière d'embauche, d'adaptation, de réadaptation ou de formation professionnelle ; *b)* La déclaration annuelle prévue à l'article L. 5212-5 [L. 5212-5] à l'exclusion de la liste mentionnée au 1° de l'article R. 5212-2 [R. 323-9-1] est jointe au présent rapport.

Pour les entreprises couvertes à la date du 10 nov. 2010 par un accord prévu à l'art. L. 2242-5, C. trav. ou, à défaut, par un plan d'action répondant aux prévisions de l'art. L. 2242-5-1, les dispositions issues du Décr. nº 2011-822 du 7 juill. 2011 entrent en vigueur à l'échéance de l'accord ou, à défaut d'accord, du plan d'action (Décr. préc., art. 6).

§ 2 INFORMATIONS DANS LES ENTREPRISES DE TROIS CENTS SALARIÉS ET PLUS *(Décr. n° 2016-868 du 29 juin 2016, art. 5).*

Art. R. 2323-10 *(Décr. n° 2016-868 du 29 juin 2016, art. 5)* « Dans les entreprises d'au moins 300 salariés, les informations trimestrielles du comité d'entreprise prévues à l'article L. 2323-60 retracent » mois par mois, l'évolution des effectifs et de la qualification des salariés par sexe en faisant apparaître :

1° Le nombre de salariés titulaires d'un contrat de travail à durée indéterminée ;

2° Le nombre de salariés titulaires d'un contrat de travail à durée déterminée ;

3° Le nombre de salariés à temps partiel ;

4° Le nombre de salariés temporaires ;

5° Le nombre de salariés appartenant à une entreprise extérieure ;

6° Le nombre des contrats de professionnalisation.

L'employeur présente au comité les motifs l'ayant conduit à recourir aux catégories de salariés mentionnées aux 2° à 5°.

Il communique au comité d'entreprise le nombre des journées de travail accomplies, au cours de chacun des trois derniers mois, par les salariés titulaires d'un contrat de travail à durée déterminée et les salariés temporaires. – *[Anc. art. L. 432-4-1, al. 1er, phrase 1 fin, 2 et 3.]*

Art. R. 2323-11 *(Décr. n° 2016-868 du 29 juin 2016, art. 5)* « En vue de la consultation prévue à l'article L. 2323-12, dans les entreprises d'au moins 300 salariés, l'employeur met à la disposition du comité d'entreprise les informations suivantes : »

1° L'activité de l'entreprise ;

2° Le chiffre d'affaires ;

3° Les bénéfices ou pertes constatés ;

4° Les résultats globaux de la production en valeur et en volume ;

5° Les transferts de capitaux importants entre la société mère et les filiales ;

6° La situation de la sous-traitance ;

7° L'affectation des bénéfices réalisés ;

8° *(Décr. n° 2009-349 du 30 mars 2009)* « Les aides ou avantages financiers consentis à l'entreprise par l'Union européenne, l'État, une collectivité territoriale, un de leurs établissements publics ou un organisme privé chargé d'une mission de service public, et leur utilisation ; »

9° Les investissements ;

10° L'évolution de la structure et du montant des salaires ;

11° L'évolution de la productivité et le taux d'utilisation des capacités de production, lorsque ces éléments sont mesurables dans l'entreprise.

(Décr. n° 2009-349 du 30 mars 2009) « Pour chacune des aides mentionnées au 8° qui entre dans le champ d'application de la procédure décrite à l'article R. 2323-7-1, *(Décr. n° 2016-868 du 29 juin 2016, art. 5)* « l'employeur » indique la nature de l'aide, son objet, son montant, les conditions de versement et d'emploi fixées, le cas échéant, par la personne publique qui l'attribue et son utilisation. »

Art. R. 2323-12 *(Décr. n° 2016-868 du 29 juin 2016, art. 5)* « En vue de la consultation prévue à l'article L. 2323-15, dans les entreprises d'au moins 300 salariés, l'employeur met à disposition du comité d'entreprise, dans la rubrique A bis de la base de données économiques et sociales prévue à l'article L. 2323-8 les indicateurs permettant d'analyser la situation comparée des femmes et des hommes dans l'entreprise et son évolution. Ces indicateurs permettent également d'analyser les conditions dans lesquelles s'articulent l'activité professionnelle et l'exercice de la responsabilité familiale des salariés.

« Ces indicateurs comprennent des données chiffrées permettant de mesurer les écarts. Ils contiennent également des données explicatives sur les évolutions constatées ou à prévoir. »

I. – Indicateurs sur la situation comparée des femmes et des hommes dans l'entreprise	
1° Conditions générales d'emploi :	*a)* Effectifs : Données chiffrées par sexe : – Répartition par catégorie professionnelle selon les différents contrats de travail *(Décr. nº 2008-838 du 22 août 2008)* « CDI ou CDD » ; – *(Abrogé par Décr. nº 2016-868 du 29 juin 2016, art. 5) « (Décr. nº 2008-838 du 22 août 2008) « Âge moyen » par catégorie professionnelle »* ; *b)* Durée et organisation du travail : Données chiffrées par sexe : – Répartition des effectifs selon la durée du travail : temps complet, temps partiel *(Décr. nº 2008-838 du 22 août 2008)* « (compris entre 20 et 30 heures et autres formes de temps partiel) » ; – Répartition des effectifs selon l'organisation du travail : travail posté, travail de nuit, horaires variables, travail atypique dont travail durant le week-end ; *c)* Données sur les congés : Données chiffrées par sexe : – Répartition par catégorie professionnelle ; – *(Décr. nº 2008-838 du 22 août 2008)* « selon le nombre et le type » de congés dont la durée est supérieure à six mois : compte épargne-temps, congé parental, congé sabbatique ; *d)* Données sur les embauches et les départs : Données chiffrées par sexe : – Répartition des embauches par catégorie professionnelle et type de contrat de travail ; – Répartition des départs par catégorie professionnelle et motifs : retraite, démission, fin de contrat de travail à durée déterminée, licenciement ; *e)* Positionnement dans l'entreprise : Données chiffrées par sexe : Répartition des effectifs *(Décr. nº 2008-838 du 22 août 2008)* « par catégorie professionnelle » ; *(Décr. nº 2016-868 du 29 juin 2016, art. 5)* « – répartition des effectifs par niveau ou coefficient hiérarchique ; » *(Abrogé par Décr. nº 2016-868 du 29 juin 2016, art. 5) « f) Promotion :* *« Données chiffrées par sexe :* *« – (Décr. nº 2008-838 du 22 août 2008) « Nombre de promotions par catégorie professionnelle ;* *« – Durée moyenne entre deux promotions* *« g) Ancienneté* *« Données chiffrées par sexe :* *« – ancienneté moyenne dans l'entreprise par catégorie professionnelle ;* *« – ancienneté moyenne dans la catégorie professionnelle ». »*

(*Décr. nº 2016-868 du 29 juin 2016, art.* 5) « 2° Rémunérations et déroulement de carrière :	*a*) Promotion : Données chiffrées par sexe : – nombre et taux de promotions par catégorie professionnelle ; – durée moyenne entre deux promotions ; *b*) Ancienneté : Données chiffrées par sexe : – ancienneté moyenne par catégorie professionnelle ; – ancienneté moyenne dans la catégorie professionnelle ; – ancienneté moyenne par niveau ou coefficient hiérarchique ; – ancienneté moyenne dans le niveau ou le coefficient hiérarchique ; *c*) Âge : Données chiffrées par sexe : – âge moyen par catégorie professionnelle ; – âge moyen par niveau ou coefficient hiérarchique ; *d*) Rémunérations : Données chiffrées par sexe : – rémunération moyenne ou médiane mensuelle par catégorie professionnelle ; – rémunération moyenne ou médiane mensuelle par niveau ou coefficient hiérarchique. Cet indicateur n'a pas à être renseigné lorsque sa mention est de nature à porter atteinte à la confidentialité des données correspondantes, compte tenu notamment du nombre réduit d'individus dans un niveau ou coefficient hiérarchique ; – rémunération moyenne ou médiane mensuelle par tranche d'âge ; – nombre de femmes dans les dix plus hautes rémunérations. »
(*Décr. nº 2008-838 du 22 août 2008*) « 3° Formation :	Données chiffrées par sexe : – Répartition par catégorie professionnelle selon : – le nombre moyen d'heures d'actions de formation par salarié et par an ; – la répartition par type d'action : adaptation au poste, maintien dans l'emploi, développement des compétences. »
(*Décr. nº 2016-868 du 29 juin 2016, art.* 5) « 4° Conditions de travail, santé et sécurité au travail :	Données générales par sexe : – répartition par poste de travail selon : – l'exposition à des risques professionnels ; – la pénibilité, dont le caractère répétitif des tâches ; Données chiffrées par sexe : – accidents de travail, accidents de trajet et maladies professionnelles : – nombre d'accidents de travail ayant entraîné un arrêt de travail ; – nombre d'accidents de trajet ayant entraîné un arrêt de travail ; – répartition des accidents par éléments matériels selon les modalités définies au 3.2 de l'article R. 2323-17 ; – nombre et dénomination des maladies professionnelles déclarées à la Sécurité sociale au cours de l'année ; – nombre de journée d'absence pour accidents de travail, accidents de trajet ou maladies professionnelles ; – maladies : – nombre d'arrêts de travail ; – nombre de journées d'absence ; – maladies ayant donné lieu à un examen de reprise du travail en application du 3° (e) *[de]* l'article R. 4624-22 : – nombre d'arrêts de travail ; – nombre de journées d'absence. »

II. – Indicateurs relatifs à l'articulation entre l'activité professionnelle et l'exercice de la responsabilité familiale	
1° Congés :	*a)* Existence d'un complément de salaire versé par l'employeur pour le congé de paternité, le congé de maternité, le congé d'adoption ; *b)* Données chiffrées par catégorie professionnelle : – Nombre de jours de congés de paternité pris par le salarié par rapport au nombre de jours de congés théoriques.
2° Organisation du temps de travail dans l'entreprise :	*a)* Existence de formules d'organisation du travail facilitant l'articulation de la vie familiale et de la vie professionnelle ; *b)* Données chiffrées par sexe et par catégorie professionnelle : – Nombre de salariés ayant accédé au temps partiel choisi ; – Nombre de salariés à temps partiel choisi ayant repris un travail à temps plein. *c)* Services de proximité : – Participation de l'entreprise *(Décr. nº 2008-838 du 22 août 2008)* « et du comité d'entreprise » aux modes d'accueil de la petite enfance ; – Évolution des dépenses éligibles au crédit d'impôt famille ;
(Décr. nº 2011-822 du 7 juill. 2011, art. 4 ; Décr. nº 2016-868 du 29 juin 2016, art. 5) « **III. – Stratégie d'action** : A partir de l'analyse des indicateurs mentionnés aux I et II, la stratégie d'action comprend les éléments suivants :	
« mesures prises au cours de l'année écoulée en vue d'assurer l'égalité professionnelle. Bilan des actions de l'année écoulée et, le cas échéant, de l'année précédente (*Abrogé par Décr. nº 2016-868 du 29 juin 2016, art. 5) « lorsqu'un plan d'actions a été antérieurement mis en œuvre par l'entreprise par accord collectif ou de manière unilatérale »*. Évaluation du niveau de réalisation des objectifs sur la base des indicateurs retenus. Explications sur les actions prévues non réalisées ; « objectifs de progression pour l'année à venir et indicateurs associés. Définition qualitative et quantitative des mesures permettant de les atteindre conformément à l'article R. 2242-2. Évaluation de leur coût. Échéancier des mesures prévues. »	

(Décr. nº 2008-838 du 22 août 2008) Concernant la notion de catégorie professionnelle, il peut s'agir de fournir des données distinguant :

a) Les ouvriers, les employés, les cadres et les emplois intermédiaires ;
b) Ou les catégories d'emplois définies par la classification ;
c) Ou les métiers repères ;
d) Ou les emplois types.

Toutefois, l'indicateur relatif à la rémunération moyenne ou médiane mensuelle comprend au moins deux niveaux de comparaison dont celui mentionné au *a* ci-dessus.

Art. R. 2323-12-1 *(Décr. nº 2016-1437 du 25 oct. 2016)* Le seuil de trois cents salariés mentionné à l'article L. 2323-26-1 est apprécié selon les modalités prévues au premier alinéa de l'article L. 2322-2.

SOUS-SECTION 7 **PARTICIPATION AUX CONSEILS D'ADMINISTRATION OU DE SURVEILLANCE DES SOCIÉTÉS**

La sous-section 5 devient la sous-section 7 (Décr. nº 2013-1305 du 27 déc. 2013, art. 1er).

Art. R. 2323-13 Le comité d'entreprise représenté par un de ses membres peut, dans les conditions prévues au premier alinéa de l'article L. 2323-67, demander au président du tribunal de commerce statuant en référé la désignation d'un mandataire de justice chargé de convoquer l'assemblée des actionnaires.

L'ordonnance fixe l'ordre du jour. – *[Anc. art. R. 432-26.]*

Art. R. 2323-14 Les demandes d'inscription à l'ordre du jour des projets de résolution mentionnés au deuxième alinéa de l'article L. 2323-67 sont réalisées comme suit :

(Décr. nº 2009-557 du 19 mai 2009, art. 10) « 1° Lorsque toutes les actions de la société revêtent la forme nominative : »

a) Les demandes sont adressées par le comité d'entreprise représenté par un de ses membres, au siège social de la société ;

b) Elles sont formulées par lettre recommandée avec avis de réception ou par voie électronique si cette dernière forme est autorisée pour les actionnaires ;

c) Elles sont adressées dans un délai de vingt-cinq jours avant la date de l'assemblée réunie sur première convocation ;

(Décr. nº 2009-557 du 19 mai 2009, art. 10) « 2° Lorsque toutes les actions de la société ne revêtent pas la forme nominative : »

a) Les demandes sont adressées au siège social selon les modalités décrites au *a* du 1° ;

b) Elles sont adressées, dans le délai de dix jours à compter de la publication de l'avis prévu à l'article R. 225-73 du code de commerce.

Les demandes sont accompagnées du texte des projets de résolution qui peuvent être assortis d'un bref exposé des motifs. – *[Anc. art. R. 432-27, al. 1er et 2.]*

Art. R. 2323-15 Dans le délai de cinq jours à compter de la réception des projets de résolution, le président du conseil d'administration, le président ou le directeur général du directoire, ou le gérant de la société par actions accusent réception au représentant du comité d'entreprise des projets de résolution par lettre recommandée ou par voie électronique dans les conditions définies à l'article R. 225-63 du code de commerce. – *[Anc. art. R. 432-27, al. 3.]*

Art. R. 2323-16 Par dérogation aux dispositions des articles R. 2323-14 et R. 2323-15, dans les sociétés par actions simplifiées, les statuts fixent les règles relatives aux modalités d'examen des demandes d'inscription des projets de résolution adressées par les comités d'entreprise. – *[Anc. art. R. 432-27, al. 4.]*

SOUS-SECTION 8 **BILAN SOCIAL**

La sous-section 6 devient la sous-section 8 (Décr. nº 2013-1305 du 27 déc. 2013, art. 1er).

Art. R. 2323-17 La liste des informations prévues à l'article *(Décr. nº 2016-868 du 29 juin 2016, art. 5)* « L. 2323-23 et mises à disposition par l'employeur dans les entreprises d'au moins 300 salariés en vue de la consultation prévue à l'article L. 2323-15 » est établie conformément au tableau suivant :

1. EMPLOI	
1.1. Effectif	Effectif total au 31/12 (1) (I) Effectif permanent (2) (I) Nombre de salariés titulaires d'un contrat de travail à durée déterminée au 31/12 (I) Effectif mensuel moyen de l'année considérée (3) (I). Répartition par sexe de l'effectif total au 31/12 (I) Répartition par âge de l'effectif total au 31/12 (4) (I). Répartition de l'effectif total au 31/12 selon l'ancienneté (5) (I) Répartition de l'effectif total au 31/12 selon la nationalité (I) : français/étrangers Répartition de l'effectif total au 31/12 selon une structure de qualification détaillée (II)
1.2. Travailleurs extérieurs	Travailleurs extérieursNombre de salariés appartenant à une entreprise extérieure (6) Nombre de stagiaires (écoles, universités ...) (7) Nombre moyen mensuel de salariés temporaires (8) Durée moyenne des contrats de travail temporaire *(Décr. nº 2015-364 du 30 mars 2015, art. 10)* « Nombre de salariés de l'entreprise détachés « Nombre de salariés détachés accueillis »

1.3. Embauches	Nombre d'embauches par contrats de travail à durée indéterminée Nombre d'embauches par contrats de travail à durée déterminée (dont nombre de contrats de travailleurs saisonniers) (I) Nombre d'embauches de salariés de moins de 25 ans
1.4. Départs	Total des départs (I) Nombre de démissions (I) Nombre de licenciements pour motif économique, dont départs en retraite et préretraite (I) Nombre de licenciements pour d'autres causes (I) Nombre de fins de contrats de travail à durée déterminée (I) Nombre de départs au cours de la période d'essai (9) (I) Nombre de mutations d'un établissement à un autre (I) Nombre de départs volontaires en retraite et préretraite (10) (I) Nombre de décès (I)
1.5. Promotions	Nombre de salariés promus dans l'année dans une catégorie supérieure (11)
1.6. Chômage	Nombre de salariés mis en chômage partiel pendant l'année considérée (I) Nombre total d'heures de chômage partiel pendant l'année considérée (12) (I) : – indemnisées ; – non indemnisées. Nombre de salariés mis en chômage intempéries pendant l'année considérée (I) Nombre total d'heures de chômage intempéries pendant l'année considérée (I) : – indemnisées ; – non indemnisées.
1.7. Handicapés	Nombre de travailleurs handicapés au 31 mars de l'année considérée (13). Nombre de travailleurs handicapés à la suite d'accidents du travail intervenus dans l'entreprise, employés au 31 mars de l'année considérée.
1.8. Absentéisme	Nombre de journées d'absence (15) (I) Nombre de journées théoriques travaillées Nombre de journées d'absence pour maladie (I) Répartition des absences pour maladie selon leur durée (16) (I) Nombre de journées d'absence pour accidents du travail et de trajet ou maladies professionnelles (I) Nombre de journées d'absence pour maternité (I) Nombre de journées d'absence pour congés autorisés (événements familiaux, congés spéciaux pour les femmes...) (I) Nombre de journées d'absence imputables à d'autres causes (I)

2. RÉMUNÉRATIONS ET CHARGES ACCESSOIRES	
2.1. Montant des rémunérations (17)	Choix de 2 indicateurs dans l'un des groupes suivants : – Rapport entre la masse salariale annuelle [(18) (II)] et l'effectif mensuel moyen – Rémunération moyenne du mois de décembre (effectif permanent) hors primes à périodicité non mensuelle – base 35 heures (II) OU – Rémunération mensuelle moyenne (19) (II) – Part des primes à périodicité non mensuelle dans la déclaration de salaire (II) – Grille des rémunérations (20)
2.2. Hiérarchie des rémunérations (17)	Choix d'un des deux indicateurs suivants : – Rapport entre la moyenne des rémunérations des 10 % des salariés touchant les rémunérations les plus élevées et celle correspondant au 10 % des salariés touchant les rémunérations les moins élevées OU – Rapport entre la moyenne des rémunérations des cadres ou assimilés (y compris cadres supérieurs et dirigeants) et la moyenne des rémunérations des ouvriers non qualifiés ou assimilés (21) – Montant global des 10 rémunérations les plus élevées
2.3. Mode de calcul des rémunérations	Pourcentage des salariés dont le salaire dépend, en tout ou partie, du rendement (22) Pourcentage des ouvriers et employés payés au mois sur la base de l'horaire affiché
2.4. Charges accessoires	Avantages sociaux dans l'entreprise : pour chaque avantage préciser le niveau de garantie pour les catégories retenues pour les effectifs (I) : – délai de carence maladie ; – indemnisation de la maladie ; – indemnisation des jours fériés ; – préavis et indemnités de licenciement ; – préavis de démission ; – prime d'ancienneté ; – congé de maternité ; – congés payés ; – congés pour événements familiaux ; – primes de départ en retraite, etc. Montant des versements réalisés à des entreprises extérieures pour mise à la disposition de personnel : – entreprise de travail temporaire ; – autres entreprises (23).
2.5. Charge salariale globale	Frais de personnel (24) / Valeur ajoutée ou chiffre d'affaires.
2.6. Participation financière des salariés	Montant global de la réserve de participation (25). Montant moyen de la participation et/ou de l'intéressement par salarié bénéficiaire (26) (I). Part du capital détenu par les salariés (27) grâce à un système de participation (participation aux résultats, intéressement, actionnariat...).

3. SANTÉ ET SÉCURITÉ AU TRAVAIL	
3.1. Accidents de travail et de trajet	*a)* Taux de fréquence des accidents du travail (I) Nombre d'accidents avec arrêts de travail Nombre d'heures travaillées $\frac{\text{Nombre d'accidents de travail avec arrêt}}{\text{Nombre d'heures travaillées}} \times 10^6$ *b)* Taux de gravité des accidents du travail (I) Nombre des journées perdues Nombre d'heures travaillées $\frac{\text{Nombre des journées perdues}}{\text{Nombre d'heures travaillées}} \times 10^3$ *c)* Nombre d'incapacités permanentes (partielles et totales) notifiées à l'entreprise au cours de l'année considérée (distinguer français et étrangers) *d)* Nombre d'accidents mortels : de travail, de trajet *e)* Nombre d'accidents de trajet ayant entraîné un arrêt de travail *f)* Nombre d'accidents dont sont victimes les salariés temporaires ou de prestations de services dans l'entreprise *g)* Taux et montant de la cotisation sécurité sociale d'accidents de travail
3.2. Répartition des accidents par éléments matériels (28)	Nombre d'accidents liés à l'existence de risques graves – Codes 32 à 40 Nombre d'accidents liés à des chutes avec dénivellation – Code 02 Nombre d'accidents occasionnés par des machines (à l'exception de ceux liés aux risques ci-dessus) – Codes 09 à 30. Nombre d'accidents de circulation-manutention – stockage – Codes 01, 03, 04 et 06, 07, 08 Nombre d'accidents occasionnés par des objets, masses, particules en mouvement accidentel – Code 05 Autres cas
3.3. Maladies professionnelles	Nombre et dénomination des maladies professionnelles déclarées à la Sécurité sociale au cours de l'année Nombre de salariés atteints par des affections pathologiques à caractère professionnel et caractérisation de celles-ci Nombre de déclarations par l'employeur de procédés de travail susceptibles de provoquer des maladies professionnelles (29).
3.4. Comité d'hygiène, de sécurité et des conditions de travail	Existence et nombre de comité d'hygiène, de sécurité et des conditions de travail Nombre de réunions par comité d'hygiène, de sécurité et des conditions de travail

3.5. Dépenses en matière de sécurité	Effectif formé à la sécurité dans l'année Montant des dépenses de formation à la sécurité réalisées dans l'entreprise. Taux de réalisation du programme de sécurité présenté l'année précédente. Existence et nombre de plans spécifiques de sécurité.
4. AUTRES CONDITIONS DE TRAVAIL	
4.1. Durée et aménagement du temps de travail	Horaire hebdomadaire moyen affiché des ouvriers et employés ou catégories assimilées (30) (I). Nombre de salariés ayant bénéficié d'un repos compensateur l : – au titre du présent code (31), – au titre d'un régime conventionnel. Nombre de salariés bénéficiant d'un système d'horaires individualisés (32) (I). Nombre de salariés employés à temps partiel l : – entre 20 et 30 heures (33), – autres formes de temps partiel. Nombre de salariés ayant bénéficié tout au long de l'année considérée de 2 jours de repos hebdomadaire consécutifs (I). Nombre moyen de jours de congés annuels (non compris le repos compensateur) (34) (I). Nombre de jours fériés payés (35) (I).
4.2. Organisation et contenu du travail	Nombre de personnes occupant des emplois à horaires alternant ou de nuit. Nombre de personnes occupant des emplois à horaires alternant ou de nuit de plus de 50 ans. Salarié affecté à des tâches répétitives au sens de la définition du travail à la chaîne résultant du décret n° 76-404 du 10 mai 1976 (36) (distinguer femmes – hommes).
4.3. Conditions physiques de travail	Nombre de personnes exposées de façon habituelle et régulière à plus de 85 dbs à leur poste de travail. Réaliser une carte du son par atelier (37). Nombre de salariés exposés à la chaleur au sens de la définition contenue dans le décret n° 76-404 du 10 mai 1976 (38). Nombre de salariés travaillant aux intempéries de façon habituelle et régulière, au sens de la définition contenue dans le décret n° 76-404 du 10 mai 1976 (39). Nombre de prélèvements, d'analyses de produits toxiques et mesures (40).
4.4. Transformation de l'organisation du travail	Expériences de transformation de l'organisation du travail en vue d'en améliorer le contenu (41).

4.5. Dépenses d'amélioration de conditions de travail	Montant des dépenses consacrées à l'amélioration des conditions de travail dans l'entreprise (42). Taux de réalisation du programme d'amélioration des conditions de travail dans l'entreprise l'année précédente.
4.6. Médecine du travail (43)	Nombre d'examens cliniques (distinguer les travailleurs soumis à surveillance médicale et les autres). Nombre d'examens complémentaires (distinguer les travailleurs soumis à surveillance et les autres). Part du temps consacré par le médecin du travail à l'analyse et à l'intervention en milieu de travail.
4.7. Travailleurs inaptes	Nombre de salariés déclarés définitivement inaptes à leur emploi par le médecin du travail. Nombre de salariés reclassés dans l'entreprise à la suite d'une inaptitude.
5. FORMATION	
5.1. Formation professionnelle continue (44)	Pourcentage de la masse salariale afférent à la formation continue Montant consacré à la formation continue : Formation interne ; formation effectuée en application de conventions ; versement à des fonds assurance formation ; versement auprès d'organismes agréés ; Trésor et autres ; total. Nombre de stagiaires (II) Nombre d'heures de stage (II) : – rémunérées ; – non rémunérées. Décomposition par type de stage à titre d'exemple : adaptation, formation professionnelle, entretien ou perfectionnement des connaissances.
5.2. Congés formation	Nombre de salariés ayant bénéficié d'un congé formation rémunéré. Nombre de salariés ayant bénéficié d'un congé formation non rémunéré. Nombre de salariés auxquels a été refusé un congé formation.
5.3. Apprentissage	Nombre de contrats d'apprentissage conclus dans l'année.
6. RELATIONS PROFESSIONNELLES	
6.1. Représentants du personnel et délégués syndicaux	Composition des comités d'entreprise et/ou d'établissement avec indication, s'il y a lieu, de l'appartenance syndicale. Participation aux élections (par collège) par catégories de représentants du personnel. Volume global des crédits d'heures utilisés pendant l'année considérée. Nombre de réunions avec les représentants du personnel et les délégués syndicaux pendant l'année considérée. Dates et signatures et objet des accords conclus dans l'entreprise pendant l'année considérée. Nombre de personnes bénéficiaires d'un congé d'éducation ouvrière (45).

6.2. Information et communication	Nombre d'heures consacrées aux différentes formes de réunion du personnel (46). Éléments caractéristiques du système d'accueil. Éléments caractéristiques du système d'information ascendante ou descendante et niveau d'application. Éléments caractéristiques du système d'entretiens individuels (47).
6.3. Différends concernant l'application du droit du travail (48)	Nombre de recours à des modes de solution non juridictionnels engagés dans l'année. Nombre d'instances judiciaires engagées dans l'année et où l'entreprise est en cause. Nombre de mises en demeure et nombre de procès-verbaux de l'inspecteur du travail pendant l'année considérée.
7. AUTRES CONDITIONS DE VIE RELEVANT DE L'ENTREPRISE	
7.1. Activités sociales	Contributions au financement, le cas échéant, du comité d'entreprise et des comités d'établissement. Autres dépenses directement supportées par l'entreprise : logement, transport, restauration, loisirs, vacances, divers, total (49).
7.2. Autres charges sociales	Coût pour l'entreprise des prestations complémentaires (maladie, décès) (50). Coût pour l'entreprise des prestations complémentaires (vieillesse) (51). Équipements réalisés par l'entreprise et touchant aux conditions de vie des salariés à l'occasion de l'exécution du travail.

NOTES

I. Une structure de qualification détaillée, en 3 ou 4 postes minimum, est requise. Il est souhaitable de faire référence à la classification de la convention collective, de l'accord d'entreprise et aux pratiques habituellement retenues dans l'entreprise.

A titre d'exemple la répartition suivante peut être retenue :
- cadres,
- employés, techniciens et agents de maîtrise (ETAM),
- et ouvriers.

II. Une structure de qualification détaillée en 5 ou 6 postes minimum est requise. Il est souhaitable de faire référence à la classification de la convention collective, de l'accord d'entreprise et aux pratiques habituellement retenues dans l'entreprise.

A titre d'exemple, la répartition suivante des postes peut être retenue :
- cadres,
- techniciens,
- agents de maîtrise,
- employés qualifiés,
- employés non qualifiés,
- ouvriers qualifiés,
- ouvriers non qualifiés.

Doivent en outre être distinguées les catégories femmes et hommes.

(1) Effectif total : tout salarié inscrit à l'effectif au 31/12 quelle que soit la nature de son contrat de travail.

(2) Effectif permanent : les salariés à temps plein, inscrits à l'effectif pendant toute l'année considérée et titulaires d'un contrat de travail à durée indéterminée.

(3) $\frac{\text{[Somme des effectifs totaux mensuels]}}{12}$ (on entend par effectif total tout salarié inscrit à l'effectif au dernier jour du mois considéré).

(4) La répartition retenue est celle habituellement utilisée dans l'entreprise à condition de distinguer au moins 4 catégories, dont les jeunes de moins de 25 ans.
(5) La répartition selon l'ancienneté est celle habituellement retenue dans l'entreprise.
(6) Il s'agit des catégories de travailleurs extérieurs dont l'entreprise connaît le nombre, soit parce qu'il figure dans le contrat signé avec l'entreprise extérieure, soit parce que ces travailleurs sont inscrits aux effectifs. Exemple : démonstrateurs dans le commerce...
(7) Stages supérieurs à une semaine.
(8) Est considérée comme salarié temporaire toute personne mise à la disposition de l'entreprise, par une entreprise de travail temporaire.
(9) A ne remplir que si ces départs sont comptabilisés dans le total des départs.
(10) Distinguer les différents systèmes légaux et conventionnels de toute nature.
(11) Utiliser les catégories de la nomenclature détaillée II.
(12) Y compris les heures indemnisées au titre du chômage total en cas d'arrêt de plus de 4 semaines consécutives.
(13) Tel qu'il résulte de la déclaration obligatoire prévue à l'article R. 5212-2 [R. 323-9-1].
(14) Possibilités de comptabiliser tous les indicateurs de la rubrique absentéisme, au choix, en journées, 1/2 journées ou heures.
(15) Ne sont pas comptés parmi les absences : les diverses sortes de congés, les conflits et le service national.
(16) Les tranches choisies sont laissées au choix des entreprises.
(17) On entend par rémunération la somme des salaires effectivement perçus pendant l'année par le salarié (au sens de la déclaration annuelle des salaires).
(18) Masse salariale annuelle totale, au sens de la déclaration annuelle de salaire.
(19) Rémunération mensuelle moyenne : $\frac{1}{2} \Sigma \frac{\text{masse salariale du mois } i}{\text{effectif du mois } i}$
(20) Faire une grille des rémunérations en distinguant au moins six tranches.
(21) Pour être prises en compte, les catégories concernées doivent comporter au minimum 10 salariés.
(22) Distinguer les primes individuelles et les primes collectives.
(23) Prestataires de services, régies...
(24) Frais de personnel : ensemble des rémunérations et des cotisations sociales mises légalement ou conventionnellement à la charge de l'entreprise.
(25) Le montant global de la réserve de participation est le montant de la réserve dégagée – ou de la provision constituée – au titre de la participation sur les résultats de l'exercice considéré.
(26) La participation est envisagée ici au sens du titre II du livre III de la partie III.
(27) Non compris les dirigeants.
(28) Faire référence aux « codes de classification des éléments matériels des accidents » (arrêté du 10 octobre 1974).
(29) En application de l'article L. 461-4 du code de la sécurité sociale.
(30) Il est possible de remplacer cet indicateur par la somme des heures travaillées durant l'année.
(31) Au sens des dispositions du présent code et du code rural instituant un repos compensateur en matière d'heures supplémentaires.
(32) Au sens de l'article (*Décr. n° 2016-1551 du 18 nov. 2016, art. 6-V, en vigueur le 1er janv. 2017*) « L. 3121-48 ».
(33) Au sens de l'article L. 3123-1.
(34) Cet indicateur peut être calculé sur la dernière période de référence.
(35) Préciser, le cas échéant, les conditions restrictives.
(36) Article 70-3, c) du décret du 29 décembre 1945 : « Sont considérés comme travaux à la chaîne :
« – les travaux effectués dans une organisation comportant un dispositif automatique d'avancement à cadence constante des pièces en cours de fabrication ou de montage en vue de la réalisation d'opérations élémentaires et successives aux différents postes de travail ;
« – les travaux effectués sur des postes de travail indépendants consistant en la conduite ou l'approvisionnement de machines à cycle automatique et à cadence préréglée en vue de la réalisation d'opérations élémentaires et successives aux différents postes de travail ;
« – les travaux effectués sur des postes indépendants sans dispositif automatique d'avancement des pièces où la cadence est imposée par le mode de rémunération ou le temps alloué pour chaque opération élémentaire. »
(37) Cette carte n'est à réaliser que par les établissements qui ont une réponse non nulle à l'indicateur précédent.

(38) Article 70-3, d) du décret du 29 décembre 1945 : « Sont considérés comme travaux au four les travaux exposant de façon habituelle et régulière à une forte chaleur ambiante ou rayonnante résultant de l'utilisation d'un traitement thermique, d'un processus de cuisson, de la transformation de produits en état de fusion, d'ignition ou d'incandescence ou de la production d'énergie thermique. »
(39) Article 70-3, e) du décret du 29 décembre 1945 : « Sont considérés comme travaux exposant aux intempéries sur les chantiers, les travaux soumis au régime d'indemnisation définie aux articles L. 5424-11 et suivants du code du travail ainsi que les travaux effectués de façon habituelle et régulière sur les chantiers souterrains ou subaquatiques, ou en plein air sur les constructions et ouvrages, les aires de stockage et de manutention. »
(40) Renseignements tirés du rapport annuel du médecin du travail (arrêté du 10 décembre 1971).
(41) Pour l'explication de ces expériences d'amélioration du contenu du travail, donner le nombre de salariés concernés.
(42) Non compris l'évaluation des dépenses en matière de santé et de sécurité.
(43) Renseignements tirés du rapport annuel du médecin du travail (arrêté du 10 décembre 1971).
(44) Conformément à la déclaration annuelle des employeurs 2483 relative au financement de la formation professionnelle continue.
(45) Au sens des articles (*Décr. n° 2016-1552 du 18 nov. 2016, art. 7-I, en vigueur le 1er janv. 2017*) « L. 2145-5 » et suivants.
(46) On entend par réunion du personnel, les réunions régulières de concertation, concernant les relations et conditions de travail organisées par l'entreprise.
(47) Préciser leur périodicité.
(48) Avec indication de la nature du différend et, le cas échéant, de la solution qui y a mis fin.
(49) Dépenses consolidées de l'entreprise. La répartition est indiquée ici à titre d'exemple.
(50) (51) Versements directs ou par l'intermédiaire d'assurances.

SOUS-SECTION 9 DROIT D'ALERTE ÉCONOMIQUE

La sous-section 7 devient la sous-section 9 (Décr. n° 2013-1305 du 27 déc. 2013, art. 1er).

Art. R. 2323-18 Lorsque le comité d'entreprise a saisi l'organe chargé de l'administration ou de la surveillance en application de l'article L. 2323-80, cet organe délibère dans le mois de la saisine.

L'extrait du procès-verbal des délibérations où figure la réponse motivée à la demande d'explication faite en application de l'article L. 2323-81 est adressé au comité d'entreprise dans le mois qui suit la réunion de cet organe. – *[Anc. art. R. 432-17.]*

Art. R. 2323-19 Dans les sociétés autres que celles qui ont un conseil d'administration ou de surveillance ou dans les groupements d'intérêt économique, les administrateurs communiquent aux associés et aux membres du groupement le rapport de la commission économique ou du comité d'entreprise dans les huit jours de la délibération du comité d'entreprise demandant cette communication. – *[Anc. art. R. 432-18.]*

SECTION II ATTRIBUTIONS EN MATIÈRE D'ACTIVITÉS SOCIALES ET CULTURELLES

SOUS-SECTION 1 NATURE DES ACTIVITÉS

Art. R. 2323-20 Les activités sociales et culturelles établies dans l'entreprise au bénéfice des salariés ou anciens salariés de l'entreprise et de leur famille comprennent :

1° Des institutions sociales de prévoyance et d'entraide, telles que les institutions de retraites et les sociétés de secours mutuels ;

2° Les activités sociales et culturelles tendant à l'amélioration des conditions de bien-être, telles que les cantines, les coopératives de consommation, les logements, les jardins familiaux, les crèches, les colonies de vacances ;

3° Les activités sociales et culturelles ayant pour objet l'utilisation des loisirs et l'organisation sportive ;

4° Les institutions d'ordre professionnel ou éducatif attachées à l'entreprise ou dépendant d'elle, telles que les centres d'apprentissage et de formation professionnelle, les bibliothèques, les cercles d'études, les cours de culture générale ;

5° Les services sociaux chargés :

***a)* De veiller au bien-être du salarié dans l'entreprise, de faciliter son adaptation à son travail et de collaborer avec le service de santé au travail de l'entreprise ;**

***b)* De coordonner et de promouvoir les réalisations sociales décidées par le comité d'entreprise et par l'employeur ;**

6° Le service de santé au travail institué dans l'entreprise. – *[Anc. art. R. 432-2.]*

1. Régimes de prévoyance. Dès lors que le comité d'entreprise peut décider de l'affectation des fonds consacrés aux activités sociales et culturelles, il est en droit de ne prendre en charge que les cotisations de la mutuelle à laquelle il a adhéré, du moment que les salariés restent libres d'adhérer à la mutuelle de leur choix. • Soc. 9 mai 1989 : *Bull. civ. V, n° 340.* ♦ Sur le caractère d'œuvre sociale d'un régime de prévoyance, V. • Soc. 17 oct. 1990 : *D. 1990. IR 257 ; JCP E 1991. II. 152, note Saint-Jours ; Dr. ouvrier 1991. 83, note Cohen.*

2. Loisirs. A été considérée comme une activité de loisir à caractère social l'organisation d'un « pot de fin d'année » ou d'un repas offert aux retraités de l'entreprise. • Soc. 13 oct. 1988 : *BS Lefebvre 1988. 449.*

3. Gérant directement les centres de loisirs dépourvus de personnalité juridique, le comité d'entreprise peut engager sa responsabilité contractuelle à l'égard des parents des enfants qui lui sont confiés. • Civ. 1re, 13 mai 1968 : *Bull. civ. I, n° 139 ; JCP 1968. II. 15524 bis.* ♦ Dans le même sens : • Civ. 1re, 25 oct. 1989 : *JCP 1990. II. 21458, note Hauser* (responsabilité d'un comité d'entreprise qui omet d'attirer l'attention des salariés participant à un match amical de football sur les limites des garanties stipulées dans le contrat d'assurance qu'il a souscrit) • Grenoble, 15 juin 1993 : *Dr. soc. 1994. 789, note Savatier* (responsabilité en raison d'une violation de l'obligation de sécurité). ♦ Mais un comité n'est pas responsable de la défaillance d'une agence de voyages en l'absence de preuve d'une faute de sa part. • Civ. 1re, 16 mars 1994 : *Dr. soc. 1994. 789, note Savatier ; RJS 1994. 521, n° 873.*

4. Activités exclues. La défense de l'emploi dans l'entreprise relève des attributions du comité d'entreprise dans l'ordre économique, et non des activités sociales et culturelles. • Soc. 12 févr. 2003, n° 00-19.341 P.

5. Voyage accordé par l'employeur. Les activités sociales et culturelles, qui ont notamment pour objet l'amélioration des conditions de bien-être des salariés, anciens salariés et de leur famille, ainsi que l'utilisation par eux des loisirs, ne peuvent comprendre un avantage tel qu'un voyage accordé par l'employeur à ses salariés en rémunération d'un travail particulier ou de l'obtention de résultats déterminés, peu important que cet avantage résulte d'une initiative à laquelle l'employeur n'est pas tenu. • Soc. 2 déc. 2008 : *D. 2009. AJ 25 ; RJS 2009. 154, n° 184 ; JCP S 2009. 1071, obs. Kerbouc'h.*

SOUS-SECTION 2 MODALITÉS DE GESTION

§ 1er GESTION PAR LE COMITÉ D'ENTREPRISE

Art. R. 2323-21 Le comité d'entreprise assure la gestion des activités sociales et culturelles qui n'ont pas de personnalité civile, à l'exception des centres d'apprentissage et de formation professionnelle.

Quel que soit leur mode de financement, cette gestion est assurée :

1° Soit par le comité d'entreprise ;

2° Soit par une commission spéciale du comité ;

3° Soit par des personnes désignées par le comité ;

4° Soit par des organismes créés par le comité et ayant reçu une délégation.

Ces personnes ou organismes agissent dans la limite des attributions qui leur ont été déléguées et sont responsables devant le comité. – *[Anc. art. R. 432-3, al. 1er, et R. 432-4.]*

1. Liberté de gestion. Le comité d'entreprise peut déléguer ses pouvoirs de gestion à une association qu'il a pu créer à cet effet. • Soc. 28 oct. 1975 : *Bull. civ. V, n° 489 ; D. 1975. IR 238.* ♦ Un comité d'entreprise peut adhérer à une association émanant d'un syndicat et destinée à lui faciliter la gestion des œuvres sociales. • Soc. 15 mai 1984 : *Bull. civ. V, n° 196* • 21 juill. 1986 : *ibid., n° 386 ; D. 1987. Somm. 199, obs. A. Lyon-Caen.*

2. Le comité d'entreprise a le pouvoir de créer de nouvelles activités sociales et culturelles. • Cass., ch. réun. 20 mai 1965 : *Dr. soc. 1965. 558, obs. Savatier ; JCP 1965. II. 14358, note F.R.* ♦ ... Ou de modifier celles établies par l'employeur. • Soc. 24 févr. 1983, n° 81-14.118 P : *D. 1984. IR 162, obs. Frossard ; Dr. soc. 1983. 635, note Savatier.*

3. Le chef d'entreprise peut participer à un vote sur une proposition concernant les activités sociales et culturelles. • Soc. 4 nov. 1988 : *Bull. crim. n° 374 ; Dr. soc. 1989. 206, note Savatier.*

4. L'employeur n'est pas tenu de communiquer au comité d'entreprise les jeux d'étiquettes-adresses des salariés. • Soc. 26 sept. 1989 : *Bull.*

civ. V, n° 540 ; Dr. soc. 1990. 205, note Savatier ; *CSB 1989. 222, S. 109.* ♦ Tenu de transférer au comité d'établissement les activités sociales et culturelles qu'il assurait antérieurement, il n'a pas l'obligation de lui fournir les renseignements contenus dans le fichier de l'entreprise. • Soc. 2 juin 1993, n° 91-13.901 P : *JCP 1993. II. 22096, rapp. Waquet ; RJS 1993. 443, n° 759, concl. Picca ; CSB 1993. 195, A. 44, note Philbert ; Dr. soc. 1993. 680.* ♦ *Contra,* sur renvoi : • Lyon, 5 déc. 1994 : *CSB 1995. 28.*

5. Le secrétaire du comité d'entreprise qui engage une dépense sociale sans vote du comité commet le délit d'entrave. • Crim. 4 nov. 1988 : *Dr. soc. 1989. 206, note Savatier.*

6. Comme tous les membres du comité, l'employeur a accès aux documents comptables ; le refus du comité de lui communiquer les pièces comptables afférentes à la gestion des œuvres sociales constitue un trouble manifestement illicite autorisant le juge des référés à en ordonner la mise à disposition. • Soc. 19 déc. 1990 : *D. 1991. IR 13.*

7. Personnel. Le comité d'entreprise est tenu de respecter à l'égard de son personnel les règles du licenciement. • Soc. 12 mars 1970 : *Bull. civ. V, n° 190.* ♦ ... Et de s'acquitter du paiement des charges sociales. • Soc. 21 juin 1979 : *ibid., n° 574.*

8. Le salarié détaché auprès du comité d'entreprise conserve la qualité d'électeur aux élections de délégués du personnel. • Soc. 19 mai 1988 : *Bull. civ. V, n° 302 ; D. 1988. IR 155.*

9. L'employeur ne peut déduire de la subvention de fonctionnement les salaires et charges du personnel mis à la disposition du comité pour la gestion des activités sociales et culturelles. • Soc. 4 oct. 1989 : *D. 1990. Somm. 158, obs. A. Lyon-Caen* ; *Dr. soc. 1990. 205, note Savatier* • 4 avr. 1990, n° 88-13.219 P : *D. 1990. IR 106* • Crim. 11 févr. 1992 : *D. 1992. IR 174 ; RJS 1992. 620, n° 1120.* ♦ Tout accord autorisant l'employeur à déduire de la subvention de fonctionnement les salaires et charges du personnel mis à disposition pour la gestion des activités sociales et culturelles est illicite comme contrevenant aux dispositions d'ordre public de l'art. L. 434-8. • Soc. 26 sept. 1989 : *D. 1990. Somm. 158, obs. A. Lyon-Caen* ; *CSB 1989. 221, S. 108 ; Dr. soc. 1990. 205, note Savatier* • 4 avr. 1990 : *préc.*

10. Moyens matériels. L'employeur n'est pas tenu de mettre gratuitement à la disposition du comité les locaux nécessaires au fonctionnement des activités sociales et culturelles. • Soc. 23 juin 1983 : *Bull. civ. V, n° 357 ; D. 1983. IR 352.*

11. Le fait que la cantine soit gérée par le comité d'entreprise n'interdit pas à l'employeur d'exercer son contrôle dans ce local placé sous son aire d'autorité. • Soc. 9 juin 1983 : *Bull. civ. V, n° 316 ; D. 1984. IR 353, obs. Langlois.*

Art. R. 2323-22 Le comité d'entreprise participe, dans les conditions prévues par l'article R. 2323-24, à la gestion des activités sociales et culturelles qui possèdent la personnalité civile.

Toutefois, il contrôle la gestion des sociétés de secours mutuels et des organismes de sécurité sociale établis dans l'entreprise, des activités sociales et culturelles ayant pour objet d'assurer aux salariés de l'entreprise des logements et des jardins familiaux, les centres d'apprentissage et de formation professionnelle dans la mesure et aux conditions définies à l'article R. 2323-27. — *[Anc. art. R. 432-3, al. 2 et 3.]*

Art. R. 2323-23 Le service de santé au travail et le service social sont gérés dans les conditions fixées aux titres II et III du livre VI de la partie IV. — *[Anc. art. R. 432-3, al. 4.]*

Art. R. 2323-24 Les conseils d'administration ou, à défaut, les organismes de direction des institutions sociales autres que celles mentionnées au second alinéa de l'article R. 2323-22 sont composés au moins par moitié de membres représentant le comité d'entreprise. Il en va de même des commissions de contrôle ou de surveillance de ces institutions. Ces membres peuvent être choisis en dehors du comité et désignés, de préférence, parmi les adhérents ou les bénéficiaires des institutions.

Les représentants du comité d'entreprise au conseil d'administration des sociétés coopératives et de consommation sont choisis parmi les adhérents à la société.

Les représentants du comité d'entreprise dans les conseils ou organismes mentionnés au premier alinéa siègent avec les mêmes droits et dans les mêmes conditions que les autres membres. — *[Anc. art. R. 432-5, al. 1er à 3.]*

Art. R. 2323-25 Le bureau nommé par les conseils d'administration des activités sociales et culturelles qui possèdent la personnalité civile comprend au moins un membre désigné par le comité d'entreprise. — *[Anc. art. R. 432-5, al. 4.]*

Art. R. 2323-26 Le comité d'entreprise est représenté auprès :

1° Des conseils d'administration des organismes de sécurité sociale, des mutuelles établies dans l'entreprise ainsi qu'auprès des commissions de contrôle de ces institutions ;

2° Des conseils d'administration des activités de logements et de jardins familiaux.

Cette représentation est assurée par deux délégués désignés par le comité, choisis de préférence parmi les participants de ces institutions.

Les délégués assistent aux réunions de ces conseils et commissions. L'un d'eux assiste aux réunions du bureau.

Le comité d'entreprise est consulté préalablement à toute délibération relative, soit à la modification des statuts de l'institution, soit à la création d'activités nouvelles, soit à la transformation ou à la suppression d'activités existantes.

Les délégués informent le comité de toutes décisions prises par les conseils ou bureaux ainsi que de la marche générale de l'institution. – *[Anc. art. R. 432-6, al. 1er à 3.]*

En l'absence de tout pouvoir de gestion ou de participation à la gestion d'une mutuelle d'entreprise, le comité d'entreprise n'a pas qualité pour poursuivre judiciairement l'annulation des délibérations de l'assemblée générale et des décisions adoptées par cette assemblée. • Soc. 15 oct. 2002, ☎ n° 00-20.910 P : *RJS 2003. 1042, n° 1417.*

Art. R. 2323-27 Pour les organismes de sécurité sociale établis dans l'entreprise, les activités de logements et de jardins familiaux, lorsque des décisions sont soumises au contrôle ou à l'approbation de l'administration, l'avis du comité d'entreprise y est annexé.

Dans les cas énoncés à l'article R. 2323-26, le comité peut s'opposer à leur exécution, sauf recours auprès du ministre chargé du travail.

Dans les mutuelles d'entreprise, lorsque des décisions sont soumises à l'approbation de l'administration, l'avis du comité y est annexé. En outre, le comité d'entreprise peut faire connaître son avis à l'assemblée générale sur le fonctionnement de l'institution. – *[Anc. art. R. 432-6, al. 4 à 6.]*

§ 2 GESTION PAR LE COMITÉ INTERENTREPRISES

Art. R. 2323-28 Lorsque plusieurs entreprises possèdent ou envisagent de créer certaines institutions sociales communes, les comités d'entreprise intéressés constituent un comité interentreprises investi des mêmes attributions que les comités dans la mesure nécessaire à l'organisation et au fonctionnement de ces institutions communes. *(Décr. n° 2015-357 du 27 mars 2015, art. 1er)* « Ces comités signent avec le comité interentreprises une convention conforme aux dispositions réglementaires prises pour l'application de l'article L. 2327-16. »

Art. R. 2323-29 Le comité interentreprises comprend :

1° Un représentant des employeurs désigné par eux. Assisté d'un ou de deux suppléants, il préside le comité ;

2° Des représentants des salariés de chaque comité d'entreprise choisis autant que possible de façon à assurer la représentation des diverses catégories de salariés, à raison de deux délégués par comité et sans que leur nombre puisse dépasser douze, sauf accord collectif contraire avec les organisations syndicales ou, à défaut d'accord, sauf dérogation accordée expressément par l'inspecteur du travail. – *[Anc. art. R. 432-8, al. 2 à 4.]*

Le comité interentreprises, qui délibère sur la décision de retrait de la gestion des activités sociales et culturelles, statue en tant que délégation du personnel ; le chef d'entreprise ne peut donc pas participer au vote. • Soc. 25 janv. 1995, ☎ n° 92-16.778 P : *D. 1995. IR 46 ; Dr. soc. 1995. 261, note Savatier* ✎ *; RJS 1995. 178, n° 25 ; Dr. ouvrier 1995. 210, note M.C. ; CSB 1995. 86, S. 38.* ♦ *Contra :* • Crim. 4 nov. 1988 : *Bull. crim. n° 374 ; Dr. soc. 1989. 206, note Savatier* (notification de la décision de retrait à toutes les parties ayant créé le comité interentreprises).

Art. R. 2323-30 Lorsque le nombre des entreprises ne permet pas d'assurer aux salariés de chacune d'elles une représentation distincte, un seul délégué peut représenter les salariés de l'une ou de plusieurs d'entre elles. L'attribution des sièges est faite par les comités d'entreprise et les organisations syndicales intéressées.

Lorsqu'une entreprise ne possède pas de comité, les délégués du personnel peuvent désigner un représentant au sein du comité interentreprises. Le nombre total des représentants ainsi désignés ne peut dépasser le quart des représentants désignés par les comités. Lorsque, dans cette limite, le nombre des entreprises intéressées ne permet pas d'assurer au personnel de chacune d'elles une représentation distincte, un seul délégué peut représenter les salariés de plusieurs d'entre elles. L'attribution des sièges est faite par accord entre l'ensemble des délégués et les organisations syndicales intéressées. – *[Anc. art. R. 432-8, al. 5 et 6.]*

Art. R. 2323-31 Dans les cas prévus aux articles R. 2323-29 et R. 2323-30, si l'accord est impossible, l'inspecteur du travail décide de la répartition des sièges entre les représentants des salariés des entreprises intéressées.

Le silence gardé pendant plus de quatre mois par le ministre saisi d'un recours hiérarchique sur une décision prise par l'inspecteur du travail vaut décision de rejet. – *[Anc. art. R. 432-8, al. 7 et 8.]*

Art. R. 2323-32 Les membres du comité interentreprises sont désignés pour une durée équivalente à celle qu'ils tiennent de leur mandat à leur comité d'entreprise.

Le comité interentreprises exerce ses fonctions dans les locaux et avec le matériel et le personnel de l'un ou de plusieurs des comités d'entreprise qui y sont représentés.

Les dispositions des articles L. 2324-10, L. 2324-24, L. 2324-27, L. 2324-28, *(Décr. nº 2009-289 du 13 mars 2009)* « L. 2325-1, L. 2325-6 à L. 2325-11 et L. 2325-14 à L. 2325-21 » sont applicables au comité interentreprises. – *[Anc. art. R. 432-10.]*

Art. R. 2323-33 En fonction de l'objet qui lui a été assigné, le comité interentreprises exerce les attributions définies aux articles R. 2323-21 et R. 2323-23.

Il est doté de la personnalité civile et fonctionne dans les mêmes conditions qu'un comité d'entreprise. *(Décr. nº 2015-357 du 27 mars 2015, art. 1er)* « Il détermine, dans un règlement intérieur, les modalités de son fonctionnement et, dans le respect de la convention signée en application de l'article R. 2323-28, celles de ses rapports avec les comités d'entreprise et les salariés des entreprises intéressés. »

SOUS-SECTION 3 RESSOURCES ET DÉPENSES

§ 1er RESSOURCES ET DÉPENSES DU COMITÉ D'ENTREPRISE

Art. R. 2323-34 Les ressources du comité d'entreprise en matière d'activités sociales et culturelles sont constituées par :

1º Les sommes versées par l'employeur pour le fonctionnement des institutions sociales de l'entreprise qui ne sont pas légalement à sa charge, à l'exclusion des sommes affectées aux retraités ;

2º Les sommes précédemment versées par l'employeur aux caisses d'allocations familiales et organismes analogues, pour les institutions financées par ces caisses et qui fonctionnent au sein de l'entreprise ;

3º Le remboursement obligatoire par l'employeur des primes d'assurances dues par le comité d'entreprise pour couvrir sa responsabilité civile ;

4º Les cotisations facultatives des salariés de l'entreprise dont le comité d'entreprise fixe éventuellement les conditions de perception et les effets ;

5º Les subventions accordées par les collectivités publiques ou les organisations syndicales ;

6º Les dons et legs ;

7º Les recettes procurées par les manifestations organisées par le comité ;

8º Les revenus des biens meubles et immeubles du comité. – *[Anc. art. R. 432-11, al. 1er, 2 et 5 à 11.]*

1. Dénonciation d'un accord ou d'un usage. En cas de dénonciation d'un accord ou d'un usage fixant la contribution de l'entreprise, les trois années de référence visées à l'art. R. 432-11 [art. R. 2323-34 nouv.] pour le calcul de la contribution minimale s'entendent de celles précédant la dénonciation. • Soc. 1er avr. 1997, nº 95-10.478 P : *GADT, 4e éd., nº 149 ; Dr. soc. 1997. 542, note Cohen ; RJS 1997. 364, nº 559 ; CSB 1997. 169, A. 32 ; TPS 1997, nº 152, obs. Teyssié,* cassant • Versailles, 13 oct. 1994 : *RJS 1995. 174, nº 248.* ♦ V. notes ss. art. L. 2323-

86. ♦ La dénonciation de l'employeur ne peut avoir pour effet de réduire la contribution en dessous du minimum fixé par l'art. R. 432-11 ; pour l'appréciation de ce minimum, le chiffre le plus avantageux atteint au cours des trois dernières années précédant la dénonciation n'est maintenu qu'autant que la masse salariale reste constante et, si elle diminue, la contribution doit subir la même variation. • Soc. 22 janv. 2002, n° 99-20.704 P : *Dr. soc. 2002. 366, obs. Cohen ; RJS 2002. 349, n° 453.*

2. Cession de l'entreprise. En cas de modification dans la situation juridique de l'employeur au sens de l'art. L. 122-12 [L. 1224-1 nouv.], le mandat des membres élus du comité d'entreprise et des représentants syndicaux audit comité subsiste lorsque l'entreprise conserve son autonomie ; il en résulte que l'institution se maintient dans la nouvelle entreprise, même si elle change de dénomination, et que la contribution de l'employeur aux activités sociales et culturelles ne peut être inférieure au total le plus élevé des sommes affectées au cours des trois dernières années précédant la suppression de l'usage ou de l'accord collectif instituant cette contribution, sauf si la masse salariale diminue. • Soc. 30 nov. 2004, n° 02-13.837 P : *Dr. soc. 2005. 352, obs. Cohen ; JS Lamy 2005, n° 159-5 ; Sem. soc. Lamy 2004, n° 1195, p. 13.*

3. Remboursement des primes d'assurance. Le comité d'entreprise a le libre choix de son assureur ; en l'absence d'abus démontré, il est fondé à demander à l'employeur le remboursement des primes dues pour couvrir sa responsabilité. • Soc. 20 févr. 2002, n° 99-21.194 P : *RJS 2002. 444, n° 587.*

Art. R. 2323-35 **La contribution de l'employeur prévue au 1° de l'article R. 2323-34 ne peut être inférieure au total le plus élevé des sommes affectées aux dépenses sociales de l'entreprise atteint au cours de l'une des trois dernières années.**

Sont exclues du calcul de cette contribution, les dépenses temporaires, lorsque les besoins correspondants ont disparu. — *[Anc. art. R. 432-11, al. 3.]*

Art. R. 2323-36 *(Article omis).*

Art. R. 2323-37 et R. 2323-38 *Abrogés par Décr. n° 2015-357 du 27 mars 2015, art. 1er et 3.*

Art. R. 2323-39 **En cas de cessation définitive de l'activité de l'entreprise, le comité décide de l'affectation des biens dont il dispose. La liquidation est opérée par ses soins, sous la surveillance du** *(Décr. n° 2009-1377 du 10 nov. 2009)* **« directeur régional des entreprises, de la concurrence, de la consommation, du travail et de l'emploi ».**

La dévolution du solde des biens est réalisée au crédit :

1° Soit d'un autre comité d'entreprise ou interentreprises, notamment dans le cas où la majorité des salariés est destinée à être intégrée dans le cadre de ces entreprises ;

2° Soit d'institutions sociales d'intérêt général dont la désignation est, autant que possible, conforme aux vœux exprimés par les salariés intéressés.

Les biens ne peuvent être répartis entre les salariés ou les membres du comité. — *[Anc. art. R. 432-16.]*

Les modifications issues du Décr. n° 2009-1377 du 10 nov. 2009 prennent effet, dans chaque région, à la date de nomination du directeur régional des entreprises, de la concurrence, de la consommation, du travail et de l'emploi (Décr. préc., art. 7-I). — V. Arr. de nomination de ces directeurs des 30 déc. 2009 (JO 5 janv. 2010) et 9 févr. 2010 (JO 14 févr.).

Ces modifications s'appliquent à la région Île-de-France à compter du 1er juill. 2010 (Décr. n° 2010-687 du 24 juin 2010, art. 2).

BIBL. ► ALTER, *RPDS 1981. 145.* – COHEN, *Dr. ouvrier 1993. 397* (dévolution en l'absence de fermeture définitive). – FROMONT, *Dr. soc. 1992. 45* (droit des procédures collectives et comité d'entreprise). – LEROY, *RPDS 1987. 129.* – SAVATIER, *ibid. 1989. 311.*

L'art. R. 432-16 [art. R. 2323-39 nouv.] ne s'applique pas à la fermeture d'un seul établissement, les biens de ce dernier devant être affectés au comité d'entreprise ou d'établissement des sociétés du groupe où les salariés de l'établissement fermé ont été transférés. • Soc. 23 janv. 1996, n° 93-16.799 P : *D. 1996. IR 53 ; JCP 1996. II. 22650, note Savatier ; Dr. soc. 1996. 434 ; RJS 1996. 174, n° 294.* ♦ Dans le même sens : • Soc. 10 juin 1998, n° 96-20.112 P : *TPS 1998. n° 361.*

§ 2 RESSOURCES ET DÉPENSES DU COMITÉ INTERENTREPRISES

Art. R. 2323-40 **Les dépenses nécessaires au fonctionnement du comité interentreprises sont à la charge des entreprises proportionnellement au nombre de salariés qu'elles emploient.** — *[Anc. art. R. 432-9, al. 2.]*

Art. R. 2323-41 Les ressources du comité interentreprises sont constituées, dans les conditions prévues à l'article L. 2323-83, par les sommes versées par les comités d'entreprise pour le fonctionnement des activités sociales et culturelles leur incombant. – *[Anc. art. R. 432-12.]*

Art. R. 2323-41-1 *(Décr. n° 2015-357 du 27 mars 2015, art. 1er)* La sous-section 6 de la section VI et la section X du chapitre V du titre II du livre III de la deuxième partie du présent code sont applicables au comité interentreprises, dans les conditions prévues aux articles R. 2323-41-2 à R. 2323-41-4.

Ces dispositions s'appliquent pour les exercices ouverts à compter du 1er janv. 2015 (Décr. n° 2015-357 du 27 mars 2015, art. 3).

Art. R. 2323-41-2 *(Décr. n° 2015-357 du 27 mars 2015, art. 1er)* Pour l'appréciation des seuils mentionnés à l'article L. 2325-34-1 et à la section X du chapitre V du titre II du livre III de la deuxième partie du présent code, l'ensemble des ressources perçues au titre d'une année considérée par le comité interentreprises sont prises en compte, y compris les ressources prévues aux articles R. 2323-40 et R. 2323-41.

Ces dispositions s'appliquent pour les exercices ouverts à compter du 1er janv. 2015 (Décr. n° 2015-357 du 27 mars 2015, art. 3).

Art. R. 2323-41-3 *(Décr. n° 2015-357 du 27 mars 2015, art. 1er)* Sont pris en charge par le comité interentreprises sur les sommes qui lui sont versées au titre de son fonctionnement :

1° Le coût de la certification des comptes annuels prévue à l'article L. 2325-54 ;

2° Le coût de la mission de présentation des comptes par l'expert-comptable prévue à l'article L. 2325-57.

Ces dispositions s'appliquent pour les exercices ouverts à compter du 1er janv. 2015 (Décr. n° 2015-357 du 27 mars 2015, art. 3).

Art. R. 2323-41-4 *(Décr. n° 2015-357 du 27 mars 2015, art. 1er)* Le contenu du rapport présentant des informations qualitatives sur les activités du comité et sur sa gestion financière est conforme aux dispositions réglementaires prises pour l'application du troisième alinéa de l'article L. 2335-50, à l'exception de toute obligation relative à l'utilisation de la subvention de fonctionnement que l'employeur verse au comité d'entreprise en application de l'article L. 2325-43.

Ces dispositions s'appliquent pour les exercices ouverts à compter du 1er janv. 2015 (Décr. n° 2015-357 du 27 mars 2015, art. 3).

§ 3 DISPOSITIONS COMMUNES

Art. R. 2323-42 Les institutions sociales dotées de la personnalité civile peuvent être subventionnées par les comités d'entreprise ou les comités interentreprises.

Sous réserve des articles R. 2323-32 et R. 2323-33, ces institutions sont organisées et fonctionnent selon les modalités propres à chacune d'elles, d'après leur nature et leur régime juridique. – *[Anc. art. R. 432-13.]*

CHAPITRE IV **COMPOSITION, ÉLECTION ET MANDAT**

SECTION PREMIÈRE **COMPOSITION**

Art. R. 2324-1 La délégation du personnel au comité d'entreprise est composée comme suit :

1° De 50 à 74 salariés : 3 titulaires et 3 suppléants ;

2° De 75 à 99 salariés : 4 titulaires et 4 suppléants ;

3° De 100 à 399 salariés : 5 titulaires et 5 suppléants ;

4° De 400 à 749 salariés : 6 titulaires et 6 suppléants ;

5° De 750 à 999 salariés : 7 titulaires et 7 suppléants ;

6° De 1 000 à 1 999 salariés : 8 titulaires et 8 suppléants ;

7° De 2 000 à 2 999 salariés : 9 titulaires et 9 suppléants ;

8° De 3 000 à 3 999 salariés : 10 titulaires et 10 suppléants ;

9° De 4 000 à 4 999 salariés : 11 titulaires et 11 suppléants ;

10° De 5 000 à 7 499 salariés : 12 titulaires et 12 suppléants ;
11° De 7 500 à 9 999 salariés : 13 titulaires et 13 suppléants ;
12° A partir de 10 000 salariés : 15 titulaires et 15 suppléants. – *[Anc. art. R. 433-1.]*

SECTION II **ÉLECTION**

SOUS-SECTION 1 **ORGANISATION DES ÉLECTIONS**

Art. R. 2324-2 Les modalités d'organisation et de déroulement des opérations électorales sur lesquelles aucun accord n'a pu intervenir sont fixées, en application de l'article L. 2324-21, par le juge d'instance.

Il statue en dernier ressort en la forme des référés. – *[Anc. art. L. 433-9, al. 3.]*

Le tribunal d'instance, juge de l'élection, a le pouvoir de prendre toutes les mesures nécessaires au bon déroulement des opérations électorales. • Soc. 26 sept. 2012 : *Dalloz actualité, 17 oct. 2012, obs. Ines.*

SOUS-SECTION 2 **COLLÈGES ÉLECTORAUX**

Art. R. 2324-3 La répartition du personnel dans les collèges électoraux et la répartition des sièges entre les différentes catégories de personnel *[personnels]*, dans le cas prévu au second alinéa de l'article L. 2324-13, est réalisée par le *(Décr. n° 2009-1377 du 10 nov. 2009)* « directeur régional des entreprises, de la concurrence, de la consommation, du travail et de l'emploi » du siège de l'entreprise.

Al. 2 et 3 abrogés par Décr. n° 2008-1503 du 30 déc. 2008.

Les modifications issues du Décr. n° 2009-1377 du 10 nov. 2009 prennent effet, dans chaque région, à la date de nomination du directeur régional des entreprises, de la concurrence, de la consommation, du travail et de l'emploi (Décr. préc., art. 7-I). — V. Arr. de nomination de ces directeurs des 30 déc. 2009 (JO 5 janv. 2010) et 9 févr. 2010 (JO 14 févr.).

Ces modifications s'appliquent à la région Île-de-France à compter du 1er juill. 2010 (Décr. n° 2010-687 du 24 juin 2010, art. 2).

SOUS-SECTION 3 **MODE DE SCRUTIN ET RÉSULTAT DES ÉLECTIONS**

§ 1er VOTE ÉLECTRONIQUE

Art. R. 2324-4 L'élection des délégués du personnel au comité d'entreprise peut être réalisée par vote électronique sur le lieu de travail ou à distance.

(Décr. n° 2016-1676 du 5 déc. 2016, art. 2-1°) « Sans préjudice des dispositions relatives au protocole d'accord préélectoral prévues aux articles L. 2324-4 et suivants, la possibilité de recourir » à un vote électronique est ouverte par un accord d'entreprise ou par un accord de groupe. *(Décr. n° 2016-1676 du 5 déc. 2016, art. 2-1°)* « A défaut d'accord, l'employeur peut décider de ce recours qui vaut aussi, le cas échéant, pour les élections partielles se déroulant en cours de mandat.

« Un cahier des charges respectant les dispositions des articles R. 2324-5 et suivants est établi dans le cadre de l'accord mentionné au deuxième alinéa ou, à défaut, par l'employeur.

« Le cahier des charges est tenu à la disposition des salariés sur le lieu de travail et mis sur l'intranet, dans les entreprises lorsqu'il en existe un. »

La mise en place du vote électronique n'interdit pas le vote à bulletin secret sous enveloppe si l'accord *(Décr. n° 2016-1676 du 5 déc. 2016, art. 2-1°)* « ou l'employeur » n'exclut pas cette modalité.

Art. R. 2324-5 La conception et la mise en place du système de vote électronique peuvent être confiées à un prestataire choisi par l'employeur sur la base d'un cahier des charges respectant les dispositions du présent paragraphe.

Le système retenu assure la confidentialité des données transmises, notamment de celles des fichiers constitués pour établir les listes électorales des collèges électoraux, ainsi que la sécurité de l'adressage des moyens d'authentification, de l'émargement, de l'enregistrement et du dépouillement des votes. – *[Anc. art. R. 433-2-2-II, al. 1er et 2.]*

Art. R. 2324-6 Lors de l'élection par vote électronique, les fichiers comportant les éléments d'authentification des électeurs, les clés de chiffrement et de déchiffrement et le contenu de l'urne sont uniquement accessibles aux personnes chargées de la gestion et de la maintenance du système.

Les données relatives aux électeurs inscrits sur les listes électorales ainsi que celles relatives à leur vote sont traitées par des systèmes informatiques distincts, dédiés et isolés, respectivement dénommés "fichier des électeurs" et "contenu de l'urne électronique". – *[Anc. art. R. 433-2-2-II, al. 3 et 5.]*

Art. R. 2324-7 Le système de vote électronique doit pouvoir être scellé à l'ouverture et à la clôture du scrutin. – *[Anc. art. R. 433-2-2-II, al. 4.]*

Art. R. 2324-8 Préalablement à sa mise en place ou à toute modification substantielle de sa conception, le système de vote électronique est soumis à une expertise indépendante destinée à vérifier le respect des articles R. 2324-4 à R. 2324-7. Le rapport de l'expert est tenu à la disposition de la Commission nationale de l'informatique et des libertés.

Les prescriptions de ces mêmes articles s'imposent également aux personnes chargées de la gestion et de la maintenance du système informatique. – *[Anc. art. R. 433-2-2-II, al. 6 et 7.]*

Art. R. 2324-9 L'employeur met en place une cellule d'assistance technique chargée de veiller au bon fonctionnement et à la surveillance du système de vote électronique, comprenant, le cas échéant, les représentants du prestataire. – *[Anc. art. R. 433-2-2-III.]*

Art. R. 2324-10 L'employeur informe les organisations syndicales de salariés *(Décr. n° 2016-1676 du 5 déc. 2016, art. 2-2°)* « représentatives dans l'entreprise ou le ou les établissements concernés », de l'accomplissement des formalités déclaratives préalables auprès de la Commission nationale de l'informatique et des libertés.

Art. R. 2324-11 Chaque salarié dispose d'une notice d'information détaillée sur le déroulement des opérations électorales.

Les représentants du personnel et les membres du bureau de vote bénéficient d'une formation sur le système de vote électronique retenu. – *[Anc. art. R. 433-2-2-IV, al. 2 et 3.]*

Art. R. 2324-12 Le protocole d'accord préélectoral mentionne la conclusion de l'accord d'entreprise ou de l'accord de groupe autorisant le recours au vote électronique et, s'il est déjà arrêté, le nom du prestataire choisi pour le mettre en place.

Il comporte en annexe la description détaillée du fonctionnement du système retenu et du déroulement des opérations électorales. – *[Anc. art. R. 433-2-2-V.]*

Art. R. 2324-13 Le vote électronique se déroule, pour chaque tour de scrutin, pendant une période délimitée. – *[Anc. art. R. 433-2-2-VI, al. 1er.]*

Art. R. 2324-14 En présence des représentants des listes de candidats, la cellule d'assistance technique :

1° Procède, avant que le vote ne soit ouvert, à un test du système de vote électronique et vérifie que l'urne électronique est vide, scellée et chiffrée par des clés délivrées à cet effet ;

2° Procède, avant que le vote ne soit ouvert, à un test spécifique du système de dépouillement à l'issue duquel le système est scellé ;

3° Contrôle, à l'issue des opérations de vote et avant les opérations de dépouillement, le scellement de ce système. – *[Anc. art. R. 433-2-2-VI, al. 2 à 5.]*

Art. R. 2324-15 La liste d'émargement n'est accessible qu'aux membres du bureau de vote et à des fins de contrôle de déroulement du scrutin.

Aucun résultat partiel n'est accessible pendant le déroulement du scrutin. Toutefois, le nombre de votants peut, si *(Décr. n° 2016-1676 du 5 déc. 2016, art. 2-3°)* « l'employeur ou » l'accord prévu à l'article R. 2324-4 le prévoit, être révélé au cours du scrutin.

(Décr. n° 2016-1676 du 5 déc. 2016, art. 2-3°) « Lorsque le vote sous enveloppe n'a pas été exclu », l'ouverture du vote n'a lieu qu'après la clôture du vote électronique.

Le président du bureau de vote dispose, avant cette ouverture, de la liste d'émargement des électeurs ayant voté par voie électronique.

Art. R. 2324-16 L'employeur ou le prestataire qu'il a retenu conserve sous scellés, jusqu'à l'expiration du délai de recours et, lorsqu'une action contentieuse a été engagée, jusqu'à la décision juridictionnelle devenue définitive, les fichiers supports comprenant la copie des programmes sources et des programmes exécutables, les matériels de vote, les fichiers d'émargement, de résultats et de sauvegarde. La procédure de décompte des votes doit, si nécessaire, pouvoir être exécutée de nouveau.

A l'expiration du délai de recours ou, lorsqu'une action contentieuse a été engagée, après l'intervention d'une décision juridictionnelle devenue définitive, l'employeur ou, le cas échéant, le prestataire procède à la destruction des fichiers supports. – *[Anc. art. R. 433-2-2-VII.]*

Art. R. 2324-17 Un arrêté du ministre chargé du travail, pris après avis de la Commission nationale de l'informatique et des libertés, précise les dispositions pratiques de mise en œuvre du vote électronique. – *[Anc. art. R. 433-2-2-VIII.]*

§ 2 ATTRIBUTION DES SIÈGES

Art. R. 2324-18 Il est attribué à chaque liste autant de sièges que le nombre de voix recueillies par elle contient de fois le quotient électoral.

Le quotient électoral est égal au nombre total des suffrages valablement exprimés par les électeurs du collège divisé par le nombre de sièges à pourvoir. – *[Anc. art. R. 433-3, al. 1er et 2.]*

Art. R. 2324-19 Lorsqu'il n'a été pourvu à aucun siège ou qu'il reste des sièges à pourvoir, les sièges restant sont attribués sur la base de la plus forte moyenne.

A cet effet, le nombre de voix obtenu par chaque liste est divisé par le nombre augmenté d'une unité des sièges déjà attribués à la liste. Les différentes listes sont classées dans l'ordre décroissant des moyennes obtenues. Le premier siège non pourvu est attribué à la liste ayant la plus forte moyenne.

Il est procédé successivement à la même opération pour chacun des sièges non pourvus jusqu'au dernier. – *[Anc. art. R. 433-3, al. 2 à 5.]*

Art. R. 2324-20 Lorsque deux listes ont la même moyenne et qu'il ne reste qu'un siège à pourvoir, ce siège est attribué à la liste qui a le plus grand nombre de voix.

Lorsque deux listes ont recueilli le même nombre de voix, le siège est attribué au plus âgé des deux candidats susceptibles d'être élus. – *[Anc. art. R. 433-3, al. 6 et 7.]*

La désignation des membres du bureau du comité d'entreprise, en cas de partage des voix et dans le silence du règlement intérieur, se fait, conformément aux règles habituelles du droit électoral et sans que soit porté atteinte au principe de non-discrimination en raison de l'âge, au profit du candidat le plus âgé. • Soc. 30 nov. 2011 : *Dr. soc. 2012. 250, note Janin ; RJS 2012. 135, n° 159 ; JCP S 2012. 1141, obs. Kerbouc'h.*

§ 3 RÉSULTAT

Art. R. 2324-21 Le procès-verbal des élections au comité d'entreprise est transmis par l'employeur dans les quinze jours, en double exemplaire, à l'inspecteur du travail. – *[Anc. art. R. 433-2.]*

L'absence de mention, par le président du bureau, des heures d'ouverture et de clôture du scrutin au procès-verbal établi immédiatement après la fin du dépouillement, contrairement aux prescriptions de l'art. 57 C. élec., est de nature à affecter la sincérité des opérations électorales et, s'agissant d'un principe général du droit électoral, constitue une irrégularité justifiant à elle seule l'annulation des élections. • Soc. 16 oct. 2013 : *RJS 1/2014, n° 63.*

SOUS-SECTION 4 RECOURS ET CONTESTATIONS

Art. R. 2324-22 Le silence gardé pendant plus de quatre mois par le ministre saisi d'un recours hiérarchique contre une décision prise sur le fondement *(Décr. n° 2016-660 du 20 mai 2016, art. 37)* « de l'article L. 2322-5 » vaut décision de rejet. – *[Anc. art. R. 433-5.]*

Art. R. 2324-23 Le tribunal d'instance statue en dernier ressort sur :

1° La demande de mise en place du dispositif de contrôle du scrutin prévue à l'article L. 2324-9 ;

2° Les contestations relatives à l'électorat, à la régularité des opérations électorales et à la désignation des représentants syndicaux prévues à l'article L. 2324-23 ;

(Décr. n° 2016-660 du 20 mai 2016, art. 38) « 3° Les contestations relatives à une décision de l'autorité administrative prise, le cas échéant après recours gracieux, sur le fondement des articles L. 2324-13 et L. 2324-18. »

Art. R. 2324-24 Le tribunal d'instance est saisi des contestations par voie de déclaration au greffe.

Lorsque la contestation porte sur l'électorat, la déclaration n'est recevable que si elle est faite dans les trois jours suivant la publication de la liste électorale.

(Décr. n° 2016-660 du 20 mai 2016, art. 39) « Lorsque la contestation porte sur une décision de l'autorité administrative, la déclaration n'est recevable que si elle est faite par la partie intéressée dans les quinze jours suivant la notification de cette décision, avec mention des voies et délais de recours, par lettre recommandée avec demande d'avis de réception. Sur demande du greffe, l'autorité administrative justifie de l'accomplissement de cette formalité auprès de la juridiction saisie. »

Lorsque la contestation porte sur la régularité de l'élection ou sur la désignation de représentants syndicaux, la déclaration n'est recevable que si elle est faite dans les quinze jours suivant cette élection ou cette désignation.

V. aussi jurispr. ss. art. R. 2314-28.

1. Champ d'application. Le délai de quinze jours prévu par les art. R. 433-4 et R. 439-2 [R. 2324-24 nouv.] ne s'applique qu'aux contestations dirigées contre la désignation par les organisations syndicales de leurs représentants au comité de groupe ; ce délai ne peut être étendu à un litige portant sur la répartition des sièges au comité de groupe entre les organisations syndicales. • Soc. 24 mai 2006 : *RJS 2006. 964, n° 1294.* ♦ Mais les contestations relatives à la régularité de la consultation des salariés sont introduites dans le délai de quinze jours prévu par l'art. R. 2324-24 C. trav. • Soc. 27 janv. 2010 : *D. 2010. AJ 447 ; JS Lamy 2010, n° 272-2.*

2. Point de départ du délai. A l'égard des syndicats, le délai de contestation part du jour où le nom du représentant a été porté à leur connaissance, notamment par voie d'affiche. • Soc. 17 déc. 1984 : *Bull. civ. V, n° 504.* ♦ A défaut d'affichage, le délai court à partir de la réunion du comité à laquelle assiste le nouveau représentant. • Soc. 5 mars 1986 : *Bull. civ. V, n° 54.*

3. Inapplication du délai. Le mandat de représentant syndical au comité d'entreprise prend fin lors du renouvellement des membres de cette institution ; il s'ensuit que tout intéressé peut faire constater l'expiration du mandat sans que puisse lui être opposé le délai de 15 jours. • Soc. 10 mars 2010 : *D. 2010. AJ 833 ; ibid. Pan. 2029, obs. Arséguel ; RDT 2010. 453, obs. Signoretto ; Dr. soc. 2010. 300, obs. Pécaut-Rivolier ; JCP S 2010. 1205, obs. Kerbouc'h.* ♦ Et ce, même si le salarié désigné exerçait déjà cette mission avant le nouveau scrutin. • Soc. 22 sept. 2010 : *Dalloz actualité, 11 oct. 2010, obs. Siro ; D. 2010. AJ 2298 ; RJS 2010. 770, n° 862.*

Art. R. 2324-25 Le tribunal d'instance statue dans les dix jours de sa saisine sans frais ni forme de procédure et sur avertissement qu'il donne trois jours à l'avance à toutes les parties intéressées.

La décision du tribunal est notifiée par le greffe dans les trois jours par lettre recommandée avec avis de réception.

La décision est susceptible d'un pourvoi en cassation dans un délai de dix jours. Le pourvoi est formé, instruit et jugé dans les conditions fixées par les articles 999 à 1008 du code de procédure civile. – *[Anc. art. R. 433-4, al. 3 à 5.]*

1. Comités d'entreprise. Les comités des entreprises entre lesquelles est poursuivie la reconnaissance d'une unité économique et sociale ne sont pas parties intéressées, au sens de l'art. R. 433-4 [art. R. 2324-25 nouv.], à une action tendant à la mise en place d'un comité d'entreprise commun. • Soc. 15 nov. 1988 : *Bull. civ. V, n° 596 ; D. 1988. IR 291* • 29 oct. 1996 : *D. 1996. IR 257 .* ♦ Mais un comité d'entreprise a qualité pour demander en justice la mise en place d'un comité d'entreprise commun. • Soc. 27 juin 1990 : *RJS 1990. 467, n° 690.*

2. Candidats non élus. Les candidats aux élections professionnelles qui n'ont pas été élus ne sont pas parties intéressées, au sens de l'art. R. 2324-25 C. trav., dans un litige tendant à l'annulation des élections. • Soc. 28 janv. 2015, n° 14-60.423 P.

3. Frais de justice. Le tribunal saisi de la

contestation d'un délégué ou d'un représentant syndical statue sans frais, ce qui interdit de condamner une partie aux dépens. • Soc. 31 mars 2010 : *pourvoi n° 09-60.361.* ♦ Même solution en matière électorale : le tribunal d'instance statue sans frais, ce qui interdit de condamner un syndicat aux dépens. • Soc. 13 oct. 2010 : *Dalloz actualité, 5 nov. 2010, obs. Siro ; D. 2010. AJ 2522.*

4. Contribution à l'aide juridique. La contribution à l'aide juridique est applicable aux procédures relatives aux élections professionnelles ; la justification du paiement de cette contribution avant décision du juge statuant sur la recevabilité de la demande régularise la procédure. • Soc. 28 mars 2012 : *Dalloz actualité, 6 avr. 2012, obs. Dargent ; RJS 2012. 490, n° 580 ; JCP S 2012. 1274, obs. Lahalle.*

CHAPITRE V **FONCTIONNEMENT**

SECTION PREMIÈRE **DISPOSITIONS GÉNÉRALES**

Art. R. 2325-1 *(Décr. n° 2015-357 du 27 mars 2015, art. 1er)* **Le secrétaire et le trésorier sont désignés par le comité d'entreprise parmi ses membres titulaires.**

A titre transitoire, si le comité d'entreprise a désigné un trésorier antérieurement au 29 mars 2015 et que celui-ci se trouve être un membre suppléant, le comité d'entreprise peut décider de le maintenir dans ses fonctions jusqu'au terme de son mandat (Décr. n° 2015-357 du 27 mars 2015, art. 3).

Art. D. 2325-1-1 *(Décr. n° 2016-453 du 12 avr. 2016)* **Lorsque le comité d'entreprise est réuni en visioconférence, le dispositif technique mis en œuvre garantit l'identification des membres du comité et leur participation effective, en assurant la retransmission continue et simultanée du son et de l'image des délibérations.**

Les dispositions prévues au premier alinéa ne font pas obstacle à la tenue de suspensions de séance.

Lorsqu'il est procédé à un vote à bulletin secret en application des dispositions de l'article L. 2325-5-1, le dispositif de vote garantit que l'identité de l'électeur ne peut à aucun moment être mise en relation avec l'expression de son vote. Lorsque ce vote est organisé par voie électronique, le système retenu doit assurer la confidentialité des données transmises ainsi que la sécurité de l'adressage des moyens d'authentification, de l'émargement, de l'enregistrement et du dépouillement des votes.

Art. D. 2325-1-2 *(Décr. n° 2016-453 du 12 avr. 2016)* **La procédure mentionnée à l'article D. 2325-1-1 se déroule conformément aux étapes suivantes :**

1° L'engagement des délibérations est subordonné à la vérification que l'ensemble des membres a accès à des moyens techniques satisfaisant aux conditions prévues à l'article D. 2325-1-1 ;

2° Le vote a lieu de manière simultanée. A cette fin, les participants disposent d'une durée identique pour voter à compter de l'ouverture des opérations de vote indiquée par le président du comité.

SECTION II **RÉUNIONS**

SOUS-SECTION 1 **VOTES ET DÉLIBÉRATIONS**

Art. R. 2325-2 Les délibérations du comité d'entreprise prévues à l'article L. 2325-19 sont transmises au *(Décr. n° 2009-1377 du 10 nov. 2009)* **« directeur régional des entreprises, de la concurrence, de la consommation, du travail et de l'emploi ».** – *[Anc. art. L. 434-9, al. 1er.]*

Les modifications issues du Décr. n° 2009-1377 du 10 nov. 2009 prennent effet, dans chaque région, à la date de nomination du directeur régional des entreprises, de la concurrence, de la consommation, du travail et de l'emploi (Décr. préc., art. 7-I). – V. Arr. de nomination de ces directeurs des 30 déc. 2009 (JO 5 janv. 2010) et 9 févr. 2010 (JO 14 févr.).

Ces modifications s'appliquent à la région Île-de-France à compter du 1er juill. 2010 (Décr. n° 2010-687 du 24 juin 2010, art. 2).

SOUS-SECTION 2 **PROCÈS-VERBAL**

Art. R. 2325-3 Les délibérations des comités d'entreprise sont consignées dans des procès-verbaux établis par le secrétaire et communiqués à l'employeur et aux membres du comité. – *[Anc. art. R. 434-1.]*

Art. D. 2325-3-1 *(Décr. n° 2016-453 du 12 avr. 2016)* A défaut d'accord prévu par l'article L. 2325-20, le procès-verbal est établi et transmis à l'employeur par le secrétaire du comité dans les quinze jours suivant la réunion à laquelle il se rapporte ou, si une nouvelle réunion est prévue dans ce délai de quinze jours, avant cette réunion.

Dans le cadre de la consultation prévue à l'article L. 1233-30, le procès-verbal est établi et transmis à l'employeur par le secrétaire du comité dans un délai de trois jours suivant la réunion à laquelle il se rapporte ou, si une nouvelle réunion est prévue dans ce délai de trois jours, avant cette réunion. Lorsque l'entreprise est en redressement ou en liquidation judiciaire, ce délai est d'un jour.

A défaut d'accord, le procès-verbal établi par le secrétaire du comité contient au moins le résumé des délibérations du comité et la décision motivée de l'employeur sur les propositions faites lors de la précédente réunion.

SOUS-SECTION 3 ENREGISTREMENT ET STÉNOGRAPHIE

(Décr. n° 2016-453 du 12 avr. 2016)

Art. D. 2325-3-2 L'employeur ou la délégation du personnel au comité d'entreprise peuvent décider du recours à l'enregistrement ou à la sténographie des séances du comité d'entreprise prévu à l'article L. 2325-20.

Lorsque cette décision émane du comité d'entreprise, l'employeur ne peut s'y opposer sauf lorsque les délibérations portent sur des informations revêtant un caractère confidentiel au sens de l'article L. 2325-5 et qu'il présente comme telles.

Lorsqu'il est fait appel à une personne extérieure pour sténographier les séances du comité, celle-ci est tenue à la même obligation de discrétion que les membres du comité d'entreprise.

Sauf si un accord entre l'employeur et les membres élus du comité d'entreprise en dispose autrement, les frais liés à l'enregistrement et à la sténographie sont pris en charge par l'employeur lorsque la décision de recourir à ces moyens émane de ce dernier.

SOUS-SECTION 4 FRANCHISSEMENT DU SEUIL ET PÉRIODICITÉ

(Décr. n° 2016-1437 du 25 oct. 2016)

Art. R. 2325-3-3 Le seuil de trois cents salariés mentionné à l'article L. 2325-14-1 est apprécié selon les modalités prévues au premier alinéa de l'article L. 2322-2.

SECTION III COMMISSIONS

Art. R. 2325-4 Les membres des commissions peuvent être choisis parmi des salariés de l'entreprise n'appartenant pas au comité.

Les commissions du comité d'entreprise sont présidées par un de ses membres.

La commission économique du comité d'entreprise est présidée par un membre titulaire du comité d'entreprise ou du comité central d'entreprise. – *[Anc. art. L. 434-5, al. 2, phrase 3, et R. 432-7, al. 5.]*

Art. D. 2325-4-1 *(Décr. n° 2015-358 du 27 mars 2015, art. 1er)* Une commission des marchés est créée au sein du comité d'entreprise qui dépasse, pour au moins deux des trois critères, les seuils suivants :

1° Le nombre de cinquante salariés à la clôture d'un exercice ;

2° Le montant prévu au 2° de l'article R. 612-1 du code de commerce de ressources annuelles définies à l'article D. 2325-10 ;

3° Le montant du total du bilan prévu au 3° de l'article R. 612-1 du code de commerce.

Le seuil mentionné à l'article L. 2325-34-2 est fixé à 30 000 euros.

Art. R. 2325-5 Le comité d'entreprise et, dans les entreprises de deux cents salariés et plus, la commission de la formation prévue à l'article L. 2325-26 sont consultés sur les problèmes généraux relatifs à la mise en œuvre :

1° Des dispositifs de formation professionnelle continue, prévus aux chapitres Ier à III du titre II du livre III de la partie VI ;

2° De la validation des acquis de l'expérience, prévue au titre II du livre IV de la partie VI. – *[Anc. art. R. 931-5, phrase 1.]*

Art. R. 2325-6 Le comité d'entreprise et, dans les entreprises de deux cents salariés et plus, la commission de la formation sont informés des possibilités de congé qui ont été accordées aux salariés, des conditions dans lesquelles ces congés ont été accordés ainsi que des résultats obtenus. – *[Anc. art. R. 931-5, phrase 2.]*

SECTION IV **RECOURS À UN EXPERT**

SOUS-SECTION 1 **DÉLAIS D'EXPERTISE COMPTABLE**

(Décr. n° 2013-1305 du 27 déc. 2013)

Art. R. 2325-6-1 En cas d'application du 1° *bis* du I de l'article L. 2325-35, à défaut d'accord, si les membres élus demandent à l'expert-comptable la production d'un rapport, ce rapport est remis au plus tard quinze jours avant l'expiration du délai qu'a le comité d'entreprise pour rendre son avis. L'expert-comptable demande à l'employeur, au plus tard dans les trois jours de sa désignation, toutes les informations complémentaires qu'il juge nécessaires à la réalisation de sa mission. L'employeur répond à cette demande dans les cinq jours.

Art. R. 2325-6-2 En cas d'application du 3° du I de l'article L. 2325-35, à défaut d'accord, l'expert remet son rapport dans un délai de huit jours à compter de la notification de la décision de l'Autorité de la concurrence ou de la Commission européenne saisie du dossier. Ce rapport est présenté au cours de la deuxième réunion du comité prévue au deuxième alinéa de l'article L. 2323-20. Il demande à l'employeur, au plus tard dans les trois jours de sa désignation, toutes les informations qu'il juge nécessaires à la réalisation de sa mission. L'employeur répond à cette demande dans les cinq jours.

SOUS-SECTION 2 **DÉLAI D'EXPERTISE TECHNIQUE**

(Décr. n° 2013-1305 du 27 déc. 2013)

Art. R. 2325-6-3 En cas de recours à l'expert technique mentionné à l'article L. 2325-38, à défaut d'accord, l'expert remet son rapport dans un délai de vingt et un jours à compter de sa désignation. Il demande à l'employeur, au plus tard dans les trois jours de sa désignation, toutes les informations qu'il juge nécessaires à la réalisation de sa mission. L'employeur répond à cette demande dans les cinq jours.

SOUS-SECTION 3 **RECOURS ET CONTESTATIONS** *(Décr. n° 2013-1305 du 27 déc. 2013).*

Art. R. 2325-7 Lorsqu'il est appelé à prendre les décisions prévues aux articles L. 2325-38 et L. 2325-40, le président du tribunal de grande instance statue en la forme des référés. – *[Anc. art. R. 434-2.]*

SECTION V **FORMATION DES MEMBRES DU COMITÉ D'ENTREPRISE**

Art. R. 2325-8 La liste des organismes de formation mentionnée à l'article L. 2325-44 est arrêtée par le préfet de région après avis du *(Décr. n° 2014-1055 du 16 sept. 2014, art. 5-I)* « comité régional de l'emploi, de la formation et de l'orientation professionnelles ». – *[Anc. art. L. 434-10, al. 1er fin.]*

SECTION VI **ÉTABLISSEMENT ET CONTRÔLE DES COMPTES DU COMITÉ D'ENTREPRISE**

(Décr. n° 2015-357 du 27 mars 2015, art. 1er)

Art. D. 2325-9 *(Décr. n° 2015-358 du 27 mars 2015, art. 1er)* Les seuils mentionnés au II de l'article L. 2325-45 permettant au comité d'entreprise d'adopter une présentation simplifiée de ses comptes et de n'enregistrer ses créances et ses dettes qu'à la clôture de l'exercice sont fixés :

1° A cinquante pour le nombre de salariés à la clôture d'un exercice ;

2° Au montant prévu au 2° de l'article R. 612-1 du code de commerce des ressources annuelles définies à l'article D. 2325-10 ;

3° Au montant du total du bilan prévu au 3° de l'article R. 612-1 du code de commerce.

Art. D. 2325-10 *(Décr. n° 2015-358 du 27 mars 2015, art. 1er)* Pour l'appréciation du seuil mentionné au 2° de l'article D. 2325-9, les ressources annuelles sont égales au total :

1° Du montant de la subvention de fonctionnement prévue à l'article L. 2325-43 ;

2° Du montant des ressources mentionnées à l'article R. 2323-34, à l'exception des produits de cession d'immeubles pour les revenus mentionnés au 8° dudit article ;

3° Après déduction, le cas échéant, du montant versé au comité central d'entreprise ou au comité interentreprises en vertu de la convention prévue respectivement aux articles D. 2327-4-4 et R. 2323-28.

Art. D. 2325-11 *(Décr. n° 2015-358 du 27 mars 2015, art. 1er)* Le seuil de ressources annuelles permettant au comité d'entreprise de s'acquitter de ses obligations comptables selon les modalités définies à l'article L. 2325-46 est celui fixé à l'article D. 612-5 du code de commerce.

Art. D. 2325-12 *(Décr. n° 2015-358 du 27 mars 2015, art. 1er)* Pour l'appréciation du seuil mentionné à l'article D. 2325-11, les ressources annuelles sont égales au total :

1° Du montant de la subvention de fonctionnement prévue à l'article L. 2325-43 ;

2° Du montant des ressources mentionnées à l'article R. 2323-34, à l'exception des produits de cession d'immeubles pour les revenus mentionnés au 8° dudit article ;

3° Après déduction des ressources mentionnées aux 4° et 7° de l'article R. 2323-34 et, le cas échéant, du montant versé au comité central d'entreprise ou au comité interentreprises en vertu de la convention prévue respectivement aux articles D. 2327-4-4 et R. 2323-28.

Art. R. 2325-13 *(Décr. n° 2015-357 du 27 mars 2015, art. 1er)* Les comptes annuels ou les documents mentionnés à l'article L. 2325-46 sont approuvés dans un délai de six mois à compter de la clôture de l'exercice.

Ce délai peut être prolongé à la demande du comité d'entreprise par ordonnance du président du tribunal de grande instance statuant sur requête.

Art. D. 2325-14 *(Décr. n° 2015-358 du 27 mars 2015, art. 1er)* I. — Pour les comités d'entreprise relevant de l'article L. 2325-45, le rapport mentionné à l'article L. 2325-50 permettant d'éclairer l'analyse des comptes comporte les informations relatives à :

1° L'organisation du comité : nombre de sièges légal ou conventionnel, nombre d'élus, et, le cas échéant, effectif de salariés du comité, nombre et nature des commissions du comité, organigramme des services du comité ;

2° L'utilisation de la subvention de fonctionnement :

a) Les activités d'expertise et les missions économiques : honoraires des experts rémunérés par le comité, rémunération des salariés du comité, frais de déplacement, frais de documentation ;

b) Les dépenses relatives à la formation économique des élus : frais de formation, de transport et d'hébergement ;

c) Les dépenses de communication avec les salariés de l'entreprise ;

d) Les autres frais de fonctionnement ;

e) Le montant éventuellement versé au comité central d'entreprise.

3° L'utilisation des ressources liées aux activités sociales et culturelles :

a) Le descriptif et lieu de réalisation de ces activités en distinguant, le cas échéant, celles gérées directement par le comité, celles à la gestion desquelles il participe, et celles dont il a délégué la gestion ; dans ces deux derniers cas, sont précisés le montant délégué par le comité et le prestataire auquel il a été fait appel ;

b) Les éléments d'analyse portant sur les écarts entre le budget prévisionnel et le budget réalisé ;

c) Les données afférentes aux diverses prestations proposées au titre des activités et à leurs bénéficiaires ;

4° La description et l'évaluation du patrimoine ;

5° Les engagements en cours et les transactions significatives.

II. — Pour les comités d'entreprise relevant du *[de l'article]* L. 2325-46, le rapport comporte les informations prévues aux 1°, 2° et *c* du 3° du I. Le rapport contient également :

1° L'état de synthèse simplifié de ses ressources et dépenses reprenant les informations figurant dans un modèle établi par l'Autorité des normes comptables ;

2° L'état de synthèse simplifié relatif à son patrimoine et à ses engagements défini par un règlement de l'Autorité des normes comptables.

3° Les informations relatives aux transactions significatives qu'il a effectuées.

Art. R. 2325-15 *(Décr. n° 2015-357 du 27 mars 2015, art. 1er)* Les membres du comité sortant rendent compte au nouveau comité de leur gestion, y compris des attributions économiques et des activités sociales et culturelles du comité. Ils remettent aux nouveaux membres tous documents concernant l'administration et l'activité du comité.

Art. D. 2325-16 *(Décr. n° 2015-358 du 27 mars 2015, art. 1er)* Pour la consolidation, la certification et l'intervention d'un expert-comptable prévues respectivement aux articles L. 2325-48, L. 2325-54 et L. 2325-57, les seuils sont ainsi fixés :

	SEUILS		
	Effectif de salariés	**Ressources annuelles définies à l'article D. 2325-10**	**Total du bilan**
Consolidation des comptes	50	Montant prévu au 2° de l'article R. 612-1 du code de commerce	Montant prévu au 3° de l'article R. 612-1 du code de commerce
Certification des comptes			
Intervention de l'expert-comptable			

L'effectif de salariés du comité d'entreprise s'apprécie à la clôture d'un exercice.

Art. R. 2325-17 *(Décr. n° 2015-357 du 27 mars 2015, art. 1er)* L'information prévue au premier alinéa de l'article L. 2325-55 porte sur tout fait de nature à compromettre la continuité de l'exploitation du comité d'entreprise que le commissaire aux comptes relève lors de l'examen des documents qui lui sont communiqués ou sur tout fait dont il a connaissance à l'occasion de l'exercice de sa mission. Cette information est adressée sans délai au secrétaire et au président du comité d'entreprise par tout moyen propre à donner date certaine à sa réception.

Art. R. 2325-18 *(Décr. n° 2015-357 du 27 mars 2015, art. 1er)* Le secrétaire du comité d'entreprise répond par tout moyen propre à donner date certaine à la réception de sa réponse dans les trente jours qui suivent la réception de l'information mentionnée à l'article R. 2325-17. Il donne une analyse de la situation et précise, le cas échéant, les mesures envisagées.

Art. R. 2325-19 *(Décr. n° 2015-357 du 27 mars 2015, art. 1er)* L'invitation par le commissaire aux comptes à réunir le comité d'entreprise dans les cas prévus au deuxième alinéa de l'article L. 2325-55 est adressée à l'employeur par tout moyen propre à donner date certaine à la réception de cette invitation, dans les huit jours qui suivent la réception de la réponse du secrétaire du comité ou la constatation de l'absence de réponse dans le délai prévu à l'article R. 2325-18. Cette invitation est accompagnée du rapport spécial du commissaire aux comptes. Le commissaire aux comptes adresse sans délai une copie de ces documents aux membres du comité d'entreprise et au président du tribunal.

L'employeur réunit le comité d'entreprise dans les quinze jours qui suivent la réception de l'invitation du commissaire aux comptes en vue de le faire délibérer sur les faits relevés. Le commissaire aux comptes est convoqué à cette réunion dans les mêmes conditions que les membres du comité.

Un extrait du procès-verbal de la réunion est adressé au président du tribunal et au commissaire aux comptes, par tout moyen propre à donner date certaine à sa réception, dans les huit jours qui suivent la réunion du comité.

Art. R. 2325-20 *(Décr. nº 2015-357 du 27 mars 2015, art. 1er)* Dans les cas prévus au troisième alinéa de l'article L. 2325-55, le commissaire aux comptes informe sans délai de ses démarches le président du tribunal par tout moyen propre à donner date certaine à la réception de cette information. Celle-ci comporte la copie de tous les documents utiles à l'information du président du tribunal ainsi que, lorsque le commissaire aux comptes a eu connaissance de l'existence et de la teneur d'une réunion du comité d'entreprise, l'exposé des raisons qui l'ont conduit à constater l'insuffisance des décisions prises par le comité.

CHAPITRE VI **DÉLÉGATION UNIQUE DU PERSONNEL**

(Décr. nº 2016-345 du 23 mars 2016)

Art. R. 2326-1 Le nombre de représentants prévu à l'article L. 2326-2-1 est ainsi fixé :

1° De 50 à 74 salariés : 4 titulaires et 4 suppléants ;
2° De 75 à 99 salariés : 5 titulaires et 5 suppléants ;
3° De 100 à 124 salariés : 6 titulaires et 6 suppléants ;
4° De 125 à 149 salariés : 7 titulaires et 7 suppléants ;
5° De 150 à 174 salariés : 8 titulaires et 8 suppléants ;
6° De 175 à 199 salariés : 9 titulaires et 9 suppléants ;
7° De 200 à 249 salariés : 11 titulaires et 11 suppléants ;
8° De 250 à 299 salariés : 12 titulaires et 12 suppléants.

Ces effectifs s'apprécient dans le cadre de l'entreprise ou dans le cadre de chaque établissement distinct.

Art. R. 2326-2 L'employeur laisse à chacun des représentants titulaires constituant la délégation unique du personnel le temps nécessaire à l'exercice de ses fonctions dans les limites d'une durée qui, sauf circonstances exceptionnelles, ne peut excéder :

1° De 50 à 74 salariés : 18 heures par mois ;
2° De 75 à 99 salariés : 19 heures par mois ;
3° De 100 à 299 salariés : 21 heures par mois.

Art. R. 2326-3 Lorsqu'il souhaite utiliser une ou plusieurs heures de délégation dont il dispose au titre du cumul prévu au 1° de l'article L. 2326-6 au-delà de son crédit d'heures mensuel, le représentant titulaire informe l'employeur au plus tard huit jours avant la date prévue pour leur utilisation.

Pour la répartition prévue au 2° de l'article L. 2326-6 d'une ou plusieurs heures de délégation, les membres de la délégation unique du personnel concernés informent l'employeur du nombre d'heures réparties au titre de chaque mois au plus tard huit jours avant la date prévue pour leur utilisation. L'information de l'employeur se fait par un document écrit précisant leur identité ainsi que le nombre d'heures mutualisées pour chacun d'eux.

Art. R. 2326-4 Le secrétaire et le secrétaire adjoint désignés par les membres de la délégation unique du personnel sont choisis parmi ses membres titulaires.

Art. R. 2326-5 L'expertise commune prévue au 5° de l'article L. 2326-5 donne lieu à l'établissement d'un rapport d'expertise commun.

La prise en charge par l'employeur des frais des experts ainsi que, le cas échéant, les contestations relatives à l'expertise se font selon les règles propres à l'expertise du comité d'entreprise et à celle du comité d'hygiène, de sécurité et des conditions de travail, telles que fixées respectivement aux articles L. 2325-38 et L. 2325-40 et aux articles L. 2325-41 et L. 4614-13.

L'employeur ne peut s'opposer à l'entrée des experts dans l'établissement. Il leur fournit les informations nécessaires à l'exercice de leur mission.

Les experts sont tenus aux obligations de secret et de discrétion prévues respectivement aux articles L. 2325-42 et L. 4614-9 du code du travail.

Le rapport commun d'expertise est remis au plus tard quinze jours avant l'expiration du délai, dans lequel la délégation unique du personnel est réputée avoir été consultée.

Art. R. 2326-6 Le seuil de 300 salariés mentionné à l'article L. 2326-1 est apprécié selon les modalités prévues au premier alinéa de l'article L. 2322-2.

Lorsque le seuil mentionné au premier alinéa est atteint, il est fait application des dispositions de l'article L. 2326-9.

CHAPITRE VII **COMITÉ CENTRAL D'ENTREPRISE ET COMITÉS D'ÉTABLISSEMENT**

SECTION PREMIÈRE **COMPOSITION ET FONCTIONNEMENT DU COMITÉ CENTRAL D'ENTREPRISE**

Art. D. 2327-1 Sauf accord conclu entre l'employeur et l'ensemble des organisations syndicales représentatives, le nombre des membres du comité central d'entreprise ne peut dépasser vingt titulaires et vingt suppléants. — *[Anc. art. D. 435-1.]*

Art. D. 2327-2 Dans les limites fixées à l'article D. 2327-1, chaque établissement peut être représenté au comité central d'entreprise soit par un seul délégué, titulaire ou suppléant, soit par un ou deux délégués titulaires et un ou deux délégués suppléants. — *[Anc. art. D. 435-2.]*

Art. R. 2327-3 Le *(Décr. n° 2009-1377 du 10 nov. 2009)* « directeur régional des entreprises, de la concurrence, de la consommation, du travail et de l'emploi » du siège de l'entreprise est compétent pour la détermination du nombre d'établissements distincts et la répartition des sièges entre les différents établissements et les différentes catégories prévue au deuxième alinéa de l'article L. 2327-7. — *[Anc. art. L. 435-4 et R. 435-1.]*

Les modifications issues du Décr. n° 2009-1377 du 10 nov. 2009 prennent effet, dans chaque région, à la date de nomination du directeur régional des entreprises, de la concurrence, de la consommation, du travail et de l'emploi (Décr. préc., art. 7-I). — V. Arr. de nomination de ces directeurs des 30 déc. 2009 (JO 5 janv. 2010) et 9 févr. 2010 (JO 14 févr.).

Ces modifications s'appliquent à la région Île-de-France à compter du 1er juill. 2010 (Décr. n° 2010-687 du 24 juin 2010, art. 2).

Art. R. 2327-4 *(Décr. n° 2015-357 du 27 mars 2015, art. 1er)* Le secrétaire et le trésorier du comité central d'entreprise sont désignés parmi ses membres titulaires.

A titre transitoire, si le comité central d'entreprise a désigné un trésorier antérieurement au 29 mars 2015 et que celui-ci se trouve être un membre suppléant, le comité central d'entreprise peut décider de le maintenir dans ses fonctions jusqu'au terme de son mandat (Décr. n° 2015-357 du 27 mars 2015, art. 3).

Art. D. 2327-4-1 *(Décr. n° 2015-358 du 27 mars 2015, art. 1er)* Pour l'appréciation des seuils mentionnés à l'article L. 2325-34-1 et à la section X du chapitre V du titre II du livre III de la deuxième partie du présent code, les ressources au titre d'une année considérée du comité central d'entreprise sont égales à la somme des ressources versées par les comités d'établissement et des ressources que ce comité reçoit en propre.

Art. D. 2327-4-2 *(Décr. n° 2015-358 du 27 mars 2015, art. 1er)* Les documents mentionnés aux articles L. 2325-51 et L. 2325-52 sont communiqués au comité central d'entreprise huit jours au moins avant la séance.

Art. D. 2327-4-3 *(Décr. n° 2015-358 du 27 mars 2015, art. 1er)* Sont pris en charge par le comité central d'entreprise sur les sommes versées par les comités d'établissement au titre de son fonctionnement :

1° le coût de la certification des comptes annuels ;

2° le coût de la mission de présentation des comptes par l'expert.

Art. D. 2327-4-4 *(Décr. n° 2015-358 du 27 mars 2015, art. 1er)* La convention entre le comité d'établissement et le comité central d'entreprise mentionnée au quatrième alinéa de l'article L. 2327-16 comporte notamment :

1° La description de l'activité ou des activités dont la gestion est transférée au comité central d'entreprise ;

2° Le financement du transfert pour chaque année d'exécution de la convention ;

3° Le cas échéant, la liste des biens, moyens matériels et humains mis à la disposition du comité central d'entreprise pour chaque année d'exécution de la convention ;

4° Les modalités de financement de ce transfert pour chaque année d'exécution de la convention ;

5° Les modalités d'accès à l'activité ou aux activités transférées par les salariés des établissements concernés ;

6° La durée de la convention et sa date d'entrée en vigueur ;

7° Les modalités de révision et de dénonciation de la convention.

Art. D. 2327-4-5 *(Décr. n° 2016-453 du 12 avr. 2016)* Les réunions par visioconférence du comité central d'entreprise sur le fondement de l'article L. 2327-13-1 sont tenues dans les conditions prévues aux articles D. 2325-1-1 et suivants.

SECTION II **RECOURS ET CONTESTATIONS**

Art. R. 2327-5 *(Décr. n° 2016-660 du 20 mai 2016, art. 40)* La contestation relative à une décision de l'autorité administrative prise, le cas échéant après recours gracieux, sur le fondement de l'article L. 2327-7 est de la compétence du tribunal d'instance, qui statue en dernier ressort.

Les dispositions des articles R. 2324-24 et R. 2324-25 sont applicables à ces contestations.

Art. R. 2327-6 Les contestations relatives à l'électorat, à la régularité des opérations électorales et à la désignation des représentants syndicaux prévues à l'article L. 2327-8 sont de la compétence du juge d'instance qui statue en dernier ressort.

Les dispositions des articles R. 2324-24 et R. 2324-25 sont applicables à ces contestations. – *[Anc. art. L. 435-6.]*

CHAPITRE VIII **DISPOSITIONS PÉNALES**

Le présent chapitre ne comprend pas de dispositions réglementaires.

TITRE TROISIÈME **COMITÉ DE GROUPE**

CHAPITRE PREMIER **MISE EN PLACE**

Art. R. 2331-1 La demande d'inclusion dans un groupe, mentionnée au premier alinéa de l'article L. 2331-2, est transmise par le chef de l'entreprise intéressée au chef de l'entreprise dominante. Cette demande est adressée par lettre recommandée avec avis de réception.

La notification de la décision du chef de l'entreprise dominante est adressée dans la même forme. – *[Anc. art. R. 439-1, al. 1er.]*

Art. R. 2331-2 Le comité d'entreprise ou les organisations syndicales représentatives de l'entreprise dominante ou d'une entreprise du groupe peuvent saisir le tribunal de grande instance du siège de l'entreprise dominante pour les litiges relatifs :

1° A la constitution et à la composition du comité de groupe ;

2° A l'inclusion dans le comité de groupe. – *[Anc. art. L. 439-1-IV.]*

Art. R. 2331-3 Les organisations syndicales représentatives peuvent saisir le tribunal d'instance du siège de l'entreprise dominante pour les litiges relatifs à la désignation des représentants du personnel au comité de groupe.

Le tribunal statue dans les conditions prévues à l'article R. 2324-24 et R. 2324-25. – *[Anc. art. R. 439-2.]*

Art. R. 2331-4 La saisine du tribunal de grande instance en application du II de l'article L. 2331-1 est, à peine d'irrecevabilité, accomplie dans les trois mois suivant la notification prévue à l'article R. 2331-1.

A défaut de notification, la saisine est accomplie à l'expiration du délai de trois mois prévu au premier alinéa de l'article L. 2331-2.

Lorsque le tribunal recourt à une mesure d'instruction exécutée par un technicien, la provision à valoir sur la rémunération de ce technicien est avancée par la société dominante. – *[Anc. art. R. 439-1, al. 2 et 3.]*

CHAPITRE II COMPOSITION, ÉLECTION ET MANDAT

Art. R. 2332-1 Le *(Décr. n° 2009-1377 du 10 nov. 2009)* « directeur régional des entreprises, de la concurrence, de la consommation, du travail et de l'emploi » dans le ressort duquel se trouve le siège de la société dominante répartit dans les conditions prévues au troisième alinéa de l'article L. 2333-4 les sièges au comité de groupe.

Il peut désigner conformément à l'article L. 2333-6 le remplaçant d'un représentant du personnel qui cesse ses fonctions au sein du comité.

Le silence gardé pendant plus de quatre mois par le ministre, saisi d'un recours hiérarchique contre ces décisions, vaut décision de rejet. – *[Anc. art. L. 439-3 et R. 439-3.]*

Les modifications issues du Décr. n° 2009-1377 du 10 nov. 2009 prennent effet, dans chaque région, à la date de nomination du directeur régional des entreprises, de la concurrence, de la consommation, du travail et de l'emploi (Décr. préc., art. 7-I). – V. Arr. de nomination de ces directeurs des 30 déc. 2009 (JO 5 janv. 2010) et 9 févr. 2010 (JO 14 févr.).

Ces modifications s'appliquent à la région Île-de-France à compter du 1er juill. 2010 (Décr. n° 2010-687 du 24 juin 2010, art. 2).

Art. D. 2332-2 La représentation du personnel au comité de groupe, prévue à l'article L. 2333-1, comprend trente membres au plus.

Lorsque moins de quinze entreprises du groupe sont dotées d'un comité d'entreprise, le nombre de membres du comité de groupe ne peut être supérieur au double du nombre de ces entreprises. – *[Anc. art. D. 439-1.]*

CHAPITRE III FONCTIONNEMENT

Art. R. 2333-1 Le secrétaire du comité de groupe est désigné à la majorité des voix parmi ses membres. – *[Anc. art. L. 439-4, al. 2 fin.]*

Art. D. 2333-2 *(Décr. n° 2016-453 du 12 avr. 2016)* Les réunions par visioconférence du comité de groupe sur le fondement de l'article L. 2334-2 sont tenues dans les conditions prévues aux articles D. 2325-1-1 et suivants.

CHAPITRE IV DISPOSITIONS PÉNALES

Le présent chapitre ne comprend pas de dispositions réglementaires.

TITRE QUATRIÈME COMITÉ D'ENTREPRISE EUROPÉEN OU PROCÉDURE D'INFORMATION ET DE CONSULTATION DANS LES ENTREPRISES DE DIMENSION COMMUNAUTAIRE

CHAPITRE PREMIER CHAMP D'APPLICATION ET MISE EN PLACE

Art. D. 2341-1 *(Décr. n° 2016-453 du 12 avr. 2016)* Les réunions par visioconférence du comité d'entreprise européen sur le fondement de l'article L. 2341-12 sont tenues dans les conditions prévues aux articles D. 2325-1-1 et suivants.

CHAPITRE II COMITÉ OU PROCÉDURE D'INFORMATION ET DE CONSULTATION INSTITUÉ PAR ACCORD

Le présent chapitre ne comprend pas de dispositions réglementaires.

CHAPITRE III COMITÉ INSTITUÉ EN L'ABSENCE D'ACCORD

Art. R. 2343-1 Le secrétaire du comité d'entreprise européen est désigné à la majorité des voix parmi ses membres.

Les membres du bureau sont élus parmi les membres du comité. – *[Anc. art. L. 439-14, al. 2.]*

CHAPITRE IV **DISPOSITIONS COMMUNES AU GROUPE SPÉCIAL DE NÉGOCIATION ET AU COMITÉ INSTITUÉ EN L'ABSENCE D'ACCORD**

SECTION PREMIÈRE **RÉPARTITION DES SIÈGES**

Art. R. 2344-1 *(Décr. n° 2011-1414 du 31 oct. 2011)* Le nombre de sièges au groupe spécial de négociation et au comité d'entreprise européen institué en l'absence d'accord pour chacun des États mentionnés à l'article L. 2341-1 est fixé selon les règles suivantes :

1° Jusqu'à 10 % de l'effectif total : 1 siège ;
2° De plus de 10 % à 20 % de l'effectif total : 2 sièges ;
3° De plus de 20 % à 30 % de l'effectif total : 3 sièges ;
4° De plus de 30 % à 40 % de l'effectif total : 4 sièges ;
5° De plus de 40 % à 50 % de l'effectif total : 5 sièges ;
6° De plus de 50 % à 60 % de l'effectif total : 6 sièges ;
7° De plus de 60 % à 70 % de l'effectif total : 7 sièges ;
8° De plus de 70 % à 80 % de l'effectif total : 8 sièges ;
9° De plus de 80 % à 90 % de l'effectif total : 9 sièges ;
10° Plus de 90 % de l'effectif total : 10 sièges.

Art. R. 2344-2 *Abrogé par Décr. n° 2011-1414 du 31 oct. 2011.*

SECTION II **DÉSIGNATION, ÉLECTION ET STATUT DES MEMBRES**

Art. R. 2344-3 Les contestations relatives à la désignation des membres du groupe spécial de négociation et des représentants au comité d'entreprise européen des salariés des établissements ou des entreprises implantés en France sont de la compétence du tribunal d'instance du siège de l'entreprise ou de la filiale française dominante du groupe d'entreprises de dimension communautaire. – *[Anc. art. L. 439-19-1.]*

CHAPITRE V **SUPPRESSION DU COMITÉ**

Art. R. 2345-1 Le *(Décr. n° 2009-1377 du 10 nov. 2009)* « directeur régional des entreprises, de la concurrence, de la consommation, du travail et de l'emploi » peut autoriser la suppression du comité d'entreprise européen dans les conditions énoncées à l'article L. 2345-1. – *[Anc. art. L. 439-22.]*

Les modifications issues du Décr. n° 2009-1377 du 10 nov. 2009 prennent effet, dans chaque région, à la date de nomination du directeur régional des entreprises, de la concurrence, de la consommation, du travail et de l'emploi (Décr. préc., art. 7-I). – V. Arr. de nomination de ces directeurs des 30 déc. 2009 (JO 5 janv. 2010) et 9 févr. 2010 (JO 14 févr.).

Ces modifications s'appliquent à la région Île-de-France à compter du 1er juill. 2010 (Décr. n° 2010-687 du 24 juin 2010, art. 2).

CHAPITRE VI **DISPOSITIONS PÉNALES**

Le présent chapitre ne comprend pas de dispositions réglementaires.

TITRE CINQUIÈME **IMPLICATION DES SALARIÉS DANS LA SOCIÉTÉ EUROPÉENNE ET COMITÉ DE LA SOCIÉTÉ EUROPÉENNE**

CHAPITRE PREMIER **DISPOSITIONS GÉNÉRALES**

Art. D. 2351-1 Lorsque les dirigeants des sociétés participant à la constitution de cette société européenne décident que son siège est établi sur le territoire français, le projet de constitution de cette société précise que le groupe spécial de négociation est constitué au lieu de ce siège. – *[Anc. art. R. 439-4.]*

CHAPITRE II IMPLICATION DES SALARIÉS DANS LA SOCIÉTÉ EUROPÉENNE PAR ACCORD DU GROUPE SPÉCIAL DE NÉGOCIATION

SECTION UNIQUE GROUPE SPÉCIAL DE NÉGOCIATION

SOUS-SECTION 1 MISE EN PLACE ET OBJET

Art. D. 2352-1 Dans le délai d'un mois à compter de la publication du projet de constitution d'une société européenne, les dirigeants des sociétés participantes portent à la connaissance de leurs organisations syndicales, de celle de leurs filiales et établissements qui disposent de représentants ou d'élus au sens du premier alinéa de l'article L. 2352-5 :

1° L'identité des sociétés, filiales et établissements ;
2° Le lieu de leur implantation ;
3° Leur statut juridique ;
4° La nature de leurs activités. – *[Anc. art. R. 439-5, al. 1er.]*

Art. D. 2352-2 Les dirigeants des sociétés participantes indiquent à leurs organisations syndicales, à leurs filiales et à leurs établissements disposant de représentants ou d'élus :

1° Le nombre de leurs salariés, à la date de la publication du projet de constitution, en France collège par collège et dans les autres États membres ;
2° Les formes de participation existant au sens de l'article L. 2351-6 ;
3° Le nombre de sièges au groupe spécial de négociation revenant à chaque État membre, calculé conformément aux dispositions de l'article L. 2352-3. – *[Anc. art. R. 439-5, al. 2, phrase 1.]*

Art. D. 2352-3 En cas de constitution de la société européenne par voie de fusion et dans les hypothèses mentionnées à l'article L. 2352-4, les dirigeants fixent le nombre des sièges supplémentaires et indiquent ceux alloués aux sociétés ayant leur siège en France. – *[Anc. art. R. 439-5, al. 2, phrase 2.]*

Art. D. 2352-4 A défaut de représentants ou d'élus dans l'entreprise, les renseignements mentionnés aux articles D. 2352-1 et D. 2352-2 sont communiqués directement, par tout moyen, aux salariés des sociétés, filiales et établissements intéressés. – *[Anc. art. R. 439-5, al. 3.]*

SOUS-SECTION 2 DÉSIGNATION, ÉLECTION ET STATUT DES MEMBRES

Art. R. 2352-5 En application du premier alinéa de l'article L. 2352-3, le nombre de sièges par État membre au sein du groupe spécial de négociation est égal à :

1° Jusqu'à 10 % de l'effectif total : 1 siège ;
2° De plus de 10 % à 20 % de l'effectif total : 2 sièges ;
3° De plus de 20 % à 30 % de l'effectif total : 3 sièges ;
4° De plus de 30 % à 40 % de l'effectif total : 4 sièges ;
5° De plus de 40 % à 50 % de l'effectif total : 5 sièges ;
6° De plus de 50 % à 60 % de l'effectif total : 6 sièges ;
7° De plus de 60 % à 70 % de l'effectif total : 7 sièges ;
8° De plus de 70 % à 80 % de l'effectif total : 8 sièges ;
9° De plus de 80 % à 90 % de l'effectif total : 9 sièges ;
10° De plus de 90 % de l'effectif total : 10 sièges. – *[Anc. art. L. 439-27.]*

Art. D. 2352-6 Lorsqu'il existe des représentants ou des élus dans toutes les sociétés, filiales et établissements, les organisations syndicales désignent les membres du groupe spécial de négociation conformément aux modalités fixées aux articles D. 2352-8 et D. 2352-9. – *[Anc. art. R. 439-6, al. 1er.]*

Art. D. 2352-7 L'organisation syndicale notifie à l'employeur la désignation des membres du groupe spécial de négociation par lettre recommandée avec avis de réception. – *[Anc. art. L. 439-29, al. 5 fin.]*

Art. D. 2352-8 Pour procéder à la répartition des sièges du groupe spécial de négociation entre les collèges conformément aux dispositions du troisième alinéa de l'article L. 2352-5, l'effectif à prendre en compte est la somme des effectifs des salariés appartenant aux collèges des sociétés, filiales et établissements.

Il est déterminé un quotient égal à l'effectif calculé au premier alinéa divisé par le nombre de sièges revenant à la France au sein du groupe spécial de négociation.

Il est attribué à chaque collège autant de sièges que le total de ses effectifs dans chaque société, filiale ou établissement contient de fois le quotient.

Le ou les sièges non attribués par application des dispositions du troisième alinéa sont attribués au plus fort reste. En cas d'égalité de restes, le siège revient au collège qui représente le plus grand nombre de salariés. – *[Anc. art. R. 439-6-II.]*

Art. D. 2352-9 Pour procéder à la répartition des sièges alloués à chaque collège entre les organisations syndicales, il est calculé un quotient égal au nombre total d'élus de ce collège dans les comités d'entreprise ou d'établissement des sociétés, filiales et établissements, divisé par le nombre de sièges attribués à ce collège.

Il est attribué à chaque organisation syndicale, par collège, autant de sièges que son nombre d'élus dans ce collège contient de fois le quotient.

Le ou les sièges non attribués par application des dispositions du deuxième alinéa sont attribués au plus fort reste. En cas d'égalité de restes, le siège revient à l'organisation syndicale qui a obtenu le plus grand nombre de suffrages cumulés lors du premier tour des élections ayant conduit à la désignation de ses élus. – *[Anc. art. R. 439-6-III.]*

Art. D. 2352-10 Lorsque seules certaines sociétés, filiales et établissements ont un représentant ou un élu, les membres du groupe spécial de négociation sont :

1° Soit désignés selon les modalités définies aux articles D. 2352-6 et suivants ;

2° Soit élus conformément aux dispositions de l'article D. 2352-11.

Les nombres respectifs des membres désignés et des membres élus pour pourvoir les sièges revenant à la France au sein du groupe spécial de négociation sont déterminés en fonction de la part des effectifs cumulés des sociétés, filiales et établissements ayant ou non un représentant ou un élu dans l'ensemble des effectifs des sociétés, filiales et établissements implantés en France. Cette détermination se fait selon le système de la représentation proportionnelle au plus fort reste. – *[Anc. art. R. 439-7.]*

Art. D. 2352-11 Lorsqu'aucune des sociétés, filiales et établissements n'a de représentant ou d'élu, les membres du groupe spécial de négociation sont élus directement par les salariés.

L'élection a lieu collège par collège. Elle est commune à l'ensemble des sociétés, filiales et établissements.

La répartition des sièges entre les différentes catégories et la répartition des salariés dans les collèges électoraux sont accomplies sur la base de leurs effectifs cumulés dans les sociétés, filiales et établissements.

Les listes de candidats comportent autant de noms que de sièges revenant à la France au sein du groupe spécial de négociation.

Le vote peut se dérouler séparément dans les locaux de chaque société, filiale ou établissement. Le dépouillement ne peut commencer avant la clôture du dernier scrutin.

Les sièges sont attribués à chaque liste conformément aux dispositions des articles R. 2324-18 et suivants. – *[Anc. art. R. 439-8.]*

Art. D. 2352-12 Lorsqu'un siège supplémentaire est attribué à une société participante en application de l'article L. 2352-4, ce siège est attribué :

1° S'il existe un comité d'entreprise, à l'organisation syndicale qui compte le plus de représentants au sein de ce comité. En cas d'égalité, le siège est attribué à celle ayant recueilli le plus grand nombre de suffrages au premier tour de scrutin de l'élection des membres de ce comité ;

2° En l'absence de comité d'entreprise, à un représentant élu directement à cet effet par les salariés de la société.

L'élection a lieu au scrutin uninominal à un tour. – *[Anc. art. R. 439-9.]*

Art. D. 2352-13 Les désignations des membres du groupe spécial de négociation sont notifiées aux dirigeants de la société, filiale ou établissement au sein duquel travaillent les représentants des salariés ou, le cas échéant, à l'organe de direction mandaté à cet effet.

Les dirigeants des sociétés, filiales et établissements transmettent aux dirigeants des sociétés participantes le nom des personnes ainsi désignées et celui des personnes élues en application des dispositions des articles D. 2352-10 à D. 2352-12.

Ils font connaître ces informations à leurs salariés, par affichage ou par tout autre moyen, ainsi qu'à l'inspecteur du travail. – *[Anc. art. R. 439-10.]*

SOUS-SECTION 3 FONCTIONNEMENT

Art. D. 2352-14 Les dirigeants des sociétés participantes convoquent les membres du groupe spécial de négociation à une première réunion. La convocation fixe la date de la réunion. Elle est faite par lettre recommandée avec avis de réception.

Le délai de six mois mentionné au deuxième alinéa de l'article L. 2352-9 court à compter de la date de cette première réunion. – *[Anc. art. R. 439-11.]*

Art. D. 2352-15 Les membres du groupe spécial de négociation sont tenus informés :

1° Du mode de constitution de la société européenne et des effets de celui-ci pour les sociétés participantes ainsi que pour leurs filiales et établissements ;

2° Des modalités d'information, de consultation et de participation instituées au sein de ces sociétés, filiales et établissements, que le lieu de leur implantation soit situé en France ou dans un autre État membre de la Communauté européenne ou de l'Espace économique européen ;

3° Des modalités de transfert des droits et obligations des sociétés participantes en matière de conditions d'emploi résultant de la législation et des relations collectives et individuelles de travail. – *[Anc. art. R. 439-12.]*

Art. D. 2352-16 Pour le calcul des majorités de salariés mentionnées aux premier et deuxième alinéas de l'article L. 2352-13, chaque membre occupant un siège au sein du groupe spécial de négociation alloué à un État membre représente un nombre de salariés égal au nombre total des salariés employés dans les sociétés participantes, les filiales et les établissements situés dans cet État membre, divisé par le nombre de sièges attribués à cet État membre, arrondi à l'entier inférieur.

Lorsqu'il est fait application des dispositions de l'article L. 2352-4, le titulaire de chaque siège supplémentaire représente un nombre de salariés égal à l'effectif de la société à laquelle a été attribué ce siège. Le nombre total des salariés calculé, pour l'État membre dans lequel est située cette société, conformément au premier alinéa, est alors réduit à concurrence de cet effectif. – *[Anc. art. R. 439-13.]*

Art. R. 2352-17 Les éléments fournis, en application du quatrième alinéa de l'article L. 229-3 du code de commerce, par la société, la filiale ou l'établissement concernés par la fusion pour attester que les modalités relatives à l'implication des salariés ont été fixées conformément aux dispositions des articles L. 2351-1, à L. 2352-13, L. 2352-16 à L. 2353-25, L. 2353-27 à L. 2353-32 et L. 2354-1, sont transmis à l'inspecteur du travail. – *[Anc. art. R. 439-20.]*

SOUS-SECTION 4 CONTESTATIONS

Art. R. 2352-18 Le tribunal d'instance compétent pour statuer sur la contestation de la désignation et de l'élection des membres du groupe spécial de négociation est celui dans le ressort duquel est situé le siège, selon le cas, de la société européenne, de la société, de la filiale ou de l'établissement concernés.

La contestation est formée, instruite et jugée selon les modalités prévues aux articles R. 2324-24 et R. 2324-25.

Toutefois, la contestation est formée :

1° Dans un délai de quinze jours à compter de la notification de la désignation à l'employeur ;

2° Par les salariés, dans un délai de quinze jours, à compter de la date à laquelle la désignation à l'employeur ou l'élection est portée à leur connaissance. – *[Anc. art. L. 439-45, al. 1er fin et 2, R. 439-14 et R. 439-15.]*

Art. R. 2352-19 Les litiges auxquels donne lieu l'application des dispositions de la présente section, autres que ceux mentionnés à l'article R. 2352-18, sont portés devant le président du tribunal de grande instance du domicile du défendeur. Il statue en la forme des référés. – *[Anc. art. R. 439-16.]*

CHAPITRE III COMITÉ DE LA SOCIÉTÉ EUROPÉENNE ET PARTICIPATION DES SALARIÉS EN L'ABSENCE D'ACCORD

SECTION UNIQUE COMITÉ DE LA SOCIÉTÉ EUROPÉENNE

SOUS-SECTION 1 MISE EN PLACE

Art. D. 2353-1 Dans les hypothèses prévues à l'article L. 2353-2, est joint à la demande d'immatriculation de la société européenne :

1° L'accord portant sur la mise en place du comité de la société européenne et d'un système de participation des salariés prévu à l'article L. 2353-2 ;

2° A défaut de l'accord mentionné au 1°, l'engagement écrit des dirigeants des sociétés participantes de faire application des dispositions des articles L. 2351-2, L. 2351-7, L. 2352-14, L. 2352-15, L. 2353-1, L. 2353-3 à L. 2353-32, L. 2354-1. – *[Anc. art. R. 439-17.]*

Art. D. 2353-2 Les membres du comité de la société européenne sont :

1° Soit désignés selon les modalités définies aux articles D. 2352-6 et suivants ;

2° Soit élus conformément aux dispositions de l'article D. 2352-11 lorsque les conditions prévues à l'article L. 2352-6 sont réunies. – *[Anc. art. R. 439-18.]*

Art. R. 2353-3 Les contestations relatives à la désignation des représentants des salariés et à l'élection des membres du comité de la société européenne dont le siège se situe en France, ainsi que des salariés des sociétés participantes, des établissements ou filiales implantés en France, sont de la compétence du tribunal d'instance du siège de la société européenne, de la société participante ou de la filiale ou de l'établissement intéressé.

Ces contestations sont formées, instruites et jugées selon les modalités prévues aux articles R. 2324-24 et R. 2324-25.

Le recours est formé dans un délai de quinze jours à compter de la notification de la désignation à l'employeur. – *[Anc. art. R. 439-19.]*

SOUS-SECTION 2 FONCTIONNEMENT

Art. R. 2353-4 Le secrétaire du comité de la société européenne est désigné parmi ses membres.

Le bureau est élu parmi ses membres. – *[Anc. art. L. 439-35, al. 4.]*

Art. R. 2353-5 Les éléments fournis, en application du quatrième alinéa de l'article L. 229-3 du code de commerce, par la société, la filiale ou l'établissement concernés par la fusion pour attester que les modalités relatives à l'implication des salariés ont été fixées conformément aux dispositions des articles L. 2351-1, à L. 2352-13, L. 2352-16 à L. 2353-25, L. 2353-27 à L. 2353-32 et L. 2354-1, sont transmis à l'inspecteur du travail. – *[Anc. art. R. 439-20.]*

Art. D. 2353-6 *(Décr. n° 2016-453 du 12 avr. 2016)* Les réunions par visioconférence du comité de la société européenne sur le fondement de l'article L. 2353-27-1 sont tenues dans les conditions prévues aux articles D. 2325-1-1 et suivants.

CHAPITRE IV DISPOSITIONS APPLICABLES POSTÉRIEUREMENT À L'IMMATRICULATION DE LA SOCIÉTÉ EUROPÉENNE

Art. R. 2354-1 Le président du tribunal de grande instance du lieu du siège de la société européenne statue en la forme des référés sur toutes les contestations relatives à l'application de l'article L. 2354-4.

Il ordonne la constitution d'un groupe spécial de négociation si la composition du comité de la société européenne ou les modalités d'implication des salariés ne correspondent plus à l'effectif ou à la structure de la société. – *[Anc. art. L. 439-50, al. 3, et R. 439-21.]*

CHAPITRE V **DISPOSITIONS PÉNALES**

Le présent chapitre ne comprend pas de dispositions réglementaires.

TITRE SIXIÈME **IMPLICATION DES SALARIÉS DANS LA SOCIÉTÉ COOPÉRATIVE EUROPÉENNE ET COMITÉ DE LA SOCIÉTÉ COOPÉRATIVE EUROPÉENNE**

(Décr. n° 2008-439 du 7 mai 2008 ; Décr. n° 2008-440 du 7 mai 2008)

CHAPITRE PREMIER **DISPOSITIONS GÉNÉRALES**

Art. D. 2361-1 *(Décr. n° 2008-440 du 7 mai 2008)* Lorsque les dirigeants des personnes morales ou les personnes physiques participant à la constitution d'une société coopérative européenne décident que son siège est établi sur le territoire français, le projet de constitution de cette société précise que le groupe spécial de négociation est constitué au lieu de ce siège.

CHAPITRE II **IMPLICATION DES SALARIÉS DANS LA SOCIÉTÉ COOPÉRATIVE EUROPÉENNE PAR ACCORD DU GROUPE SPÉCIAL DE NÉGOCIATION**

SECTION UNIQUE **GROUPE SPÉCIAL DE NÉGOCIATION**

SOUS-SECTION 1 **MISE EN PLACE ET OBJET**

Art. D. 2362-1 *(Décr. n° 2008-440 du 7 mai 2008)* Dans le délai d'un mois à compter de la publication du projet de constitution d'une société coopérative européenne, les dirigeants des personnes morales ou les personnes physiques participant à la création d'une société coopérative européenne portent à la connaissance de leurs organisations syndicales, de celle de leurs filiales et établissements qui disposent de représentants ou d'élus au sens du premier alinéa de l'article L. 2362-3 en ce qu'il renvoie à l'article L. 2352-5 :

1° L'identité des personnes morales ou des personnes physiques, filiales et établissements ;

2° Le lieu de leur implantation ;

3° Leur statut juridique ;

4° La nature de leurs activités.

Art. D. 2362-2 *(Décr. n° 2008-440 du 7 mai 2008)* Les dirigeants des personnes morales ou les personnes physiques indiquent à leurs organisations syndicales, à leurs filiales et à leurs établissements disposant de représentants ou d'élus :

1° Le nombre de leurs salariés à la date de la publication du projet de constitution, en France collège par collège et dans les autres États membres ;

2° Lorsque la société coopérative européenne n'est pas composée exclusivement de personnes physiques, les formes de participation existant au sens de l'article L. 2361-4 en ce qu'il renvoie à l'article L. 2351-6 ;

3° Le nombre de sièges au groupe spécial de négociation revenant à chaque État membre, calculé conformément aux dispositions de l'article L. 2362-3 en ce qu'il renvoie à l'article L. 2352-3.

Art. D. 2362-3 *(Décr. n° 2008-440 du 7 mai 2008)* En cas de constitution de la société coopérative européenne par voie de fusion et dans les hypothèses mentionnées à l'article L. 2362-3 en ce qu'il renvoie à l'article L. 2352-4, les dirigeants des personnes morales fixent le nombre des sièges supplémentaires et indiquent ceux alloués aux sociétés ayant leur siège en France.

Art. D. 2362-4 *(Décr. n° 2008-440 du 7 mai 2008)* Lorsque les salariés des personnes morales ou personnes physiques, filiales et établissements intéressés sont dépourvus de toute forme de représentation, les renseignements mentionnés aux articles D. 2362-1 et D. 2362-2 leur sont directement communiqués par tout moyen.

SOUS-SECTION 2 DÉSIGNATION, ÉLECTION ET STATUT DES MEMBRES

Art. R. 2362-5 *(Décr. nº 2008-439 du 7 mai 2008)* En application du premier alinéa de l'article L. 2362-3 en ce qu'il renvoie à l'article L. 2352-3, le nombre de sièges par État membre au sein du groupe spécial de négociation est égal à :

1° Jusqu'à 10 % de l'effectif total : 1 siège ;
2° De plus de 10 % à 20 % de l'effectif total : 2 sièges ;
3° De plus de 20 % à 30 % de l'effectif total : 3 sièges ;
4° De plus de 30 % à 40 % de l'effectif total : 4 sièges ;
5° De plus de 40 % à 50 % de l'effectif total : 5 sièges ;
6° De plus de 50 % à 60 % de l'effectif total : 6 sièges ;
7° De plus de 60 % à 70 % de l'effectif total : 7 sièges ;
8° De plus de 70 % à 80 % de l'effectif total : 8 sièges ;
9° De plus de 80 % à 90 % de l'effectif total : 9 sièges ;
10° De plus de 90 % de l'effectif total : 10 sièges.

Art. D. 2362-6 *(Décr. nº 2008-440 du 7 mai 2008)* Lorsqu'il existe des représentants ou des élus pour toutes les personnes morales ou personnes physiques, filiales et établissements, les organisations syndicales désignent les membres du groupe spécial de négociation conformément aux modalités fixées aux articles D. 2362-8 et D. 2362-9.

Art. D. 2362-7 *(Décr. nº 2008-440 du 7 mai 2008)* L'organisation syndicale notifie à l'employeur la désignation des membres du groupe spécial de négociation par lettre recommandée avec avis de réception.

Art. D. 2362-8 *(Décr. nº 2008-440 du 7 mai 2008)* Pour procéder à la répartition des sièges du groupe spécial de négociation entre les collèges conformément à l'article L. 2362-3 en ce qu'il renvoie aux dispositions du troisième alinéa de l'article L. 2352-5, l'effectif à prendre en compte est la somme des effectifs des salariés appartenant aux collèges des personnes morales et des salariés assimilés des personnes physiques, filiales et établissements.

Il est déterminé un quotient égal à l'effectif calculé au premier alinéa divisé par le nombre de sièges revenant à la France au sein du groupe spécial de négociation.

Il est attribué à chaque collège autant de sièges que le total de ses effectifs de chaque personne morale ou personne physique, filiale ou établissement contient de fois le quotient.

Le ou les sièges non attribués par application des dispositions du troisième alinéa sont attribués au plus fort reste. En cas d'égalité de restes, le siège revient au collège qui représente le plus grand nombre de salariés.

Art. D. 2362-9 *(Décr. nº 2008-440 du 7 mai 2008)* Pour procéder à la répartition des sièges alloués à chaque collège entre les organisations syndicales, il est calculé un quotient égal au nombre total d'élus de ce collège dans les comités d'entreprise ou d'établissement des sociétés, filiales et établissements, divisé par le nombre de sièges attribués à ce collège.

Il est attribué à chaque organisation syndicale, par collège, autant de sièges que son nombre d'élus dans ce collège contient de fois le quotient.

Le ou les sièges non attribués par application des dispositions du deuxième alinéa sont attribués au plus fort reste. En cas d'égalité de restes, le siège revient à l'organisation syndicale qui a obtenu le plus grand nombre de suffrages cumulés lors du premier tour des élections ayant conduit à la désignation de ses élus.

Art. D. 2362-10 *(Décr. nº 2008-440 du 7 mai 2008)* Lorsque seules certaines personnes morales ou personnes physiques, filiales et établissements ont un représentant ou un élu, les membres du groupe spécial de négociation sont :

1° Soit désignés selon les modalités définies aux articles D. 2362-6 et suivants ;
2° Soit élus conformément aux dispositions de l'article D. 2362-11.

Les nombres respectifs des membres désignés et des membres élus pour pourvoir les sièges revenant à la France au sein du groupe spécial de négociation sont déterminés en fonction de la part des effectifs cumulés des personnes morales et personnes physiques, filiales et établissements ayant ou non un représentant ou un élu dans l'ensemble des effectifs des personnes morales ou personnes physiques, filiales et établissements implantés en France. Cette détermination se fait selon le système de la représentation proportionnelle au plus fort reste.

Art. D. 2362-11 *(Décr. n° 2008-440 du 7 mai 2008)* Lorsque aucune des personnes morales ou personnes physiques, filiales et établissements n'a de représentant ou d'élu, les membres du groupe spécial de négociation sont élus directement par les salariés.

L'élection a lieu collège par collège. Elle est commune à l'ensemble des personnes morales ou personnes physiques, filiales et établissements.

La répartition des sièges entre les différentes catégories et la répartition des salariés dans les collèges électoraux sont accomplies sur la base de leurs effectifs cumulés des personnes morales ou personnes physiques, filiales et établissements.

Les listes de candidats comportent autant de noms que de sièges revenant à la France au sein du groupe spécial de négociation.

Le vote peut se dérouler séparément dans les locaux de chaque personne morale ou personne physique, filiale ou établissement. Le dépouillement ne peut commencer avant la clôture du dernier scrutin.

Les sièges sont attribués à chaque liste conformément aux dispositions des articles R. 2324-18 et suivants.

Art. D. 2362-12 *(Décr. n° 2008-440 du 7 mai 2008)* Lorsqu'un siège supplémentaire est attribué à une personne morale ou personne physique en application de l'article L. 2362-3 en ce qu'il renvoie à l'article L. 2352-4, ce siège est attribué :

1° S'il existe un comité d'entreprise, à l'organisation syndicale qui compte le plus de représentants au sein de ce comité. En cas d'égalité, le siège est attribué à celle ayant recueilli le plus grand nombre de suffrages au premier tour de scrutin de l'élection des membres de ce comité ;

2° En l'absence de comité d'entreprise, à un représentant élu directement à cet effet par les salariés de la personne morale ou personne physique.

L'élection a lieu au scrutin uninominal à un tour.

Art. D. 2362-13 *(Décr. n° 2008-440 du 7 mai 2008)* Les désignations des membres du groupe spécial de négociation sont notifiées à la personne morale ou la personne physique, filiale ou établissement au sein duquel travaillent les représentants des salariés ou, le cas échéant, à l'organe de direction mandaté à cet effet.

Les dirigeants des personnes morales ou les personnes physiques, filiales et établissements transmettent aux dirigeants des personnes morales ou personnes physiques participantes le nom des personnes ainsi désignées et celui des personnes élues en application des dispositions des articles D. 2362-10 à D. 2362-12.

Ils font connaître ces informations à leurs salariés, par affichage ou par tout autre moyen, ainsi qu'à l'inspecteur du travail.

SOUS-SECTION 3 **FONCTIONNEMENT**

Art. D. 2362-14 *(Décr. n° 2008-440 du 7 mai 2008)* Les dirigeants des personnes morales ou les personnes physiques participant à la création de la société coopérative européenne convoquent les membres du groupe spécial de négociation à une première réunion. La convocation fixe la date de la réunion. Elle est faite par lettre recommandée avec avis de réception.

Le délai de six mois mentionné au deuxième alinéa de l'article L. 2362-4 court à compter de la date de cette première réunion.

Art. D. 2362-15 *(Décr. n° 2008-440 du 7 mai 2008)* Les membres du groupe spécial de négociation sont tenus informés :

1° Du mode de constitution de la société coopérative européenne et des effets de celui-ci pour les personnes morales et personnes physiques participantes ainsi que pour leurs filiales et établissements ;

2° Des modalités d'information, de consultation et de participation instituées au sein de ces personnes morales ou personnes physiques, filiales et établissements, que le lieu de leur implantation soit situé en France ou dans un autre État membre de la Communauté européenne ou de l'Espace économique européen ;

3° Des modalités de transfert des droits et obligations des personnes morales ou des personnes physiques participantes en matière de conditions d'emploi résultant de la législation et des relations collectives et individuelles de travail.

Art. D. 2362-16 *(Décr. n° 2008-440 du 7 mai 2008)* Pour le calcul des majorités de salariés mentionnées aux premier et deuxième alinéas de l'article L. 2362-7, chaque membre occupant un siège au sein du groupe spécial de négociation alloué à un État membre représente un nombre de salariés égal au nombre total des salariés employés dans les personnes morales participantes, les filiales et les établissements situés dans cet État membre, divisé par le nombre de sièges attribués à cet État membre, arrondi à l'entier inférieur.

Lorsqu'il est fait application de l'article L. 2362-3 en ce qu'il renvoie aux dispositions de l'article L. 2352-4, le titulaire de chaque siège supplémentaire représente un nombre de salariés égal à l'effectif de la société à laquelle a été attribué ce siège. Le nombre total des salariés calculé, pour l'État membre dans lequel est située cette société, conformément au premier alinéa, est alors réduit à concurrence de cet effectif.

Art. R. 2362-17 *(Décr. n° 2008-439 du 7 mai 2008)* Les éléments fournis, en application du quatrième alinéa de l'article L. 229-3 du code de commerce, par la société, la filiale ou l'établissement concernés par la fusion pour attester que les modalités relatives à l'implication des salariés ont été fixées conformément aux dispositions des articles L. 2361-1 à L. 2362-8, L. 2362-10 à L. 2363-6, L. 2363-8 à L. 2363-11 et L. 2364-1, sont transmis à l'inspecteur du travail.

SOUS-SECTION 4 CONTESTATIONS

Art. R. 2362-18 *(Décr. n° 2008-439 du 7 mai 2008)* Le tribunal d'instance compétent pour statuer sur la contestation de la désignation et de l'élection des membres du groupe spécial de négociation est celui dans le ressort duquel est situé soit le siège, selon le cas, de la société coopérative européenne, de la personne morale, de la filiale ou de l'établissement concerné, soit le domicile de la personne physique participant à la constitution de la société coopérative européenne.

La contestation est formée, instruite et jugée selon les modalités prévues aux articles R. 2324-24 et R. 2324-25.

Toutefois, la contestation est formée :

1° Dans un délai de quinze jours à compter de la notification de la désignation à l'employeur ;

2° Par les salariés, dans un délai de quinze jours, à compter de la date à laquelle la désignation à l'employeur ou l'élection est portée à leur connaissance.

Art. R. 2362-19 *(Décr. n° 2008-439 du 7 mai 2008)* Les litiges auxquels donne lieu l'application des dispositions de la présente section, autres que ceux mentionnés à l'article R. 2362-18, sont portés devant le président du tribunal de grande instance du domicile du défendeur. Il statue en la forme des référés.

CHAPITRE III COMITÉ DE LA SOCIÉTÉ COOPÉRATIVE EUROPÉENNE ET PARTICIPATION DES SALARIÉS EN L'ABSENCE D'ACCORD

SECTION UNIQUE COMITÉ DE LA SOCIÉTÉ COOPÉRATIVE EUROPÉENNE

SOUS-SECTION 1 MISE EN PLACE

Art. D. 2363-1 *(Décr. n° 2008-440 du 7 mai 2008)* Dans les hypothèses prévues à l'article L. 2363-2, est joint à la demande d'immatriculation de la société coopérative européenne :

1° L'accord portant sur la mise en place du comité de la société coopérative européenne et, lorsque la société coopérative européenne n'est pas composée exclusivement de personnes physiques, d'un système de participation des salariés prévu à l'article L. 2363-2 ;

2° A défaut de l'accord mentionné au 1°, l'engagement écrit des dirigeants des personnes morales ou des personnes physiques participantes de faire application des dispositions des articles L. 2361-2, L. 2361-5, L. 2362-9, L. 2363-1, L. 2363-3 à L. 2363-11, L. 2364-1.

Art. D. 2363-2 *(Décr. n° 2008-440 du 7 mai 2008)* Les membres du comité de la société coopérative européenne sont :

1° Soit désignés selon les modalités définies aux articles D. 2362-6 et suivants ;

2° Soit élus conformément aux dispositions de l'article D. 2362-11 lorsque les conditions prévues à l'article L. 2362-3 en ce qu'il renvoie à l'article L. 2352-6 sont réunies.

Art. R. 2363-3 *(Décr. n° 2008-439 du 7 mai 2008)* Les contestations relatives à la désignation des représentants des salariés et à l'élection des membres du comité de la société coopérative européenne dont le siège se situe en France, ainsi qu'à la désignation des représentants des salariés des personnes participantes, des établissements ou filiales implantés en France, sont de la compétence du tribunal d'instance soit du siège, selon le cas, de la société coopérative européenne, de la personne morale, de la filiale ou de l'établissement concerné, soit du domicile de la personne physique participant à la constitution de la société coopérative européenne.

Ces contestations sont formées, instruites et jugées selon les modalités prévues aux articles R. 2324-24 et R. 2324-25.

Le recours est formé dans un délai de quinze jours à compter de la notification de la désignation à l'employeur.

SOUS-SECTION 2 **FONCTIONNEMENT**

Art. R. 2363-4 *(Décr. n° 2008-439 du 7 mai 2008)* Le secrétaire du comité de la société coopérative européenne est désigné parmi ses membres.

Le bureau est élu parmi ses membres.

Art. R. 2363-5 *(Décr. n° 2008-439 du 7 mai 2008)* Les éléments fournis, en application du quatrième alinéa de l'article L. 229-3 du code de commerce, par les dirigeants de la société, la filiale ou l'établissement concernés par la fusion pour attester que les modalités relatives à l'implication des salariés ont été fixées conformément aux dispositions des articles L. 2361-1 à L. 2362-8, L. 2362-10 à L. 2363-6, L. 2363-8 à L. 2363-11 et L. 2364-1, sont transmis à l'inspecteur du travail.

CHAPITRE IV **DISPOSITIONS APPLICABLES POSTÉRIEUREMENT À L'IMMATRICULATION DE LA SOCIÉTÉ COOPÉRATIVE EUROPÉENNE**

Art. R. 2364-1 *(Décr. n° 2008-439 du 7 mai 2008)* Le président du tribunal de grande instance du lieu du siège de la société coopérative européenne statue en la forme des référés sur toutes les contestations relatives à l'application de l'article L. 2364-3 en ce qu'il renvoie à l'article L. 2354-4.

Il ordonne la constitution d'un groupe spécial de négociation si la composition du comité de la société coopérative européenne ou les modalités d'implication des salariés ne correspondent plus à l'effectif ou à la structure de la société.

CHAPITRE V **DISPOSITIONS PÉNALES**

Le présent chapitre ne comprend pas de dispositions réglementaires.

TITRE SEPTIÈME **PARTICIPATION DES SALARIÉS DANS LES SOCIÉTÉS ISSUES DE FUSIONS TRANSFRONTALIÈRES**

(Décr. n° 2008-1116 du 31 oct. 2008 ; Décr. n° 2008-1117 du 31 oct. 2008)

CHAPITRE PREMIER **DISPOSITIONS GÉNÉRALES**

(Décr. n° 2008-1117 du 31 oct. 2008)

Art. D. 2371-1 Lorsque les dirigeants des sociétés participant à la constitution d'une société issue de la fusion transfrontalière décident que son siège est établi sur le territoire français, le projet de constitution de cette société précise que le groupe spécial de négociation prévu à l'article L. 2372-1 est constitué au lieu de ce siège.

CHAPITRE II **PARTICIPATION DES SALARIÉS DANS LA SOCIÉTÉ ISSUE D'UNE FUSION TRANSFRONTALIÈRE PAR ACCORD DU GROUPE SPÉCIAL DE NÉGOCIATION**

(Décr. n° 2008-1116 du 31 oct. 2008)

SECTION UNIQUE **GROUPE SPÉCIAL DE NÉGOCIATION**

(Décr. n° 2008-1116 du 31 oct. 2008)

SOUS-SECTION 1 **MISE EN PLACE ET OBJET**

(Décr. n° 2008-1117 du 31 oct. 2008)

Art. D. 2372-1 Dans le délai d'un mois à compter de la publication du projet de constitution d'une société issue de la fusion transfrontalière, les dirigeants des sociétés participantes portent à la connaissance de leurs organisations syndicales et à celle de leurs filiales et établissements qui disposent de représentants ou d'élus au sens de l'article L. 2352-5 :

1° L'identité des sociétés, filiales et établissements ;
2° Le lieu de leur implantation ;
3° Leur statut juridique ;
4° La nature de leurs activités.

Art. D. 2372-2 Les dirigeants des sociétés participantes indiquent à leurs organisations syndicales, à leurs filiales et à leurs établissements disposant de représentants ou d'élus :

1° Le nombre de leurs salariés à la date de la publication du projet de fusion, en France collège par collège et dans les autres États membres ;
2° Les formes de participation existant au sens de l'article L. 2371-3 en ce qu'il renvoie à l'article L. 2351-6 ;
3° Le nombre de sièges au groupe spécial de négociation revenant à chaque État membre, calculé conformément aux dispositions de l'article L. 2372-3 en ce qu'il renvoie à l'article L. 2352-3.

Art. D. 2372-3 Dans les hypothèses mentionnées à l'article L. 2352-4, les dirigeants fixent le nombre des sièges supplémentaires et indiquent ceux alloués aux sociétés ayant leur siège en France.

Art. D. 2372-4 Lorsque les sociétés, filiales et établissements intéressés sont dépourvus de toute forme de représentation, les renseignements mentionnés aux articles D. 2372-1 et D. 2372-2 sont directement communiqués, par tout moyen, à leurs salariés.

SOUS-SECTION 2 **DÉSIGNATION, ÉLECTION ET STATUT DES MEMBRES**

(Décr. n° 2008-1116 du 31 oct. 2008 ; Décr. n° 2008-1117 du 31 oct. 2008)

Art. R. 2372-5 En application de l'article L. 2372-3 en ce qu'il renvoie à l'article L. 2352-3, le nombre de sièges par État membre au sein du groupe spécial de négociation est égal à :

1° Jusqu'à 10 % de l'effectif total : 1 siège ;
2° De plus de 10 % à 20 % de l'effectif total : 2 sièges ;
3° De plus de 20 % à 30 % de l'effectif total : 3 sièges ;
4° De plus de 30 % à 40 % de l'effectif total : 4 sièges ;
5° De plus de 40 % à 50 % de l'effectif total : 5 sièges ;
6° De plus de 50 % à 60 % de l'effectif total : 6 sièges ;
7° De plus de 60 % à 70 % de l'effectif total : 7 sièges ;
8° De plus de 70 % à 80 % de l'effectif total : 8 sièges ;
9° De plus de 80 % à 90 % de l'effectif total : 9 sièges ;
10° De plus de 90 % de l'effectif total : 10 sièges.

Art. D. 2372-6 *(Décr. n° 2008-1117 du 31 oct. 2008)* Lorsqu'il existe des représentants ou des élus dans toutes les sociétés, filiales et établissements, les organisations syndicales désignent les membres du groupe spécial de négociation conformément aux modalités fixées aux articles D. 2372-8 et D. 2372-9.

Art. D. 2372-7 *(Décr. n° 2008-1117 du 31 oct. 2008)* L'organisation syndicale notifie à l'employeur la désignation des membres du groupe spécial de négociation par lettre recommandée avec avis de réception.

Art. D. 2372-8 *(Décr. n° 2008-1117 du 31 oct. 2008)* Pour procéder à la répartition des sièges du groupe spécial de négociation entre les collèges conformément à l'article L. 2372-3 en ce qu'il renvoie aux dispositions du troisième alinéa de l'article L. 2352-5, l'effectif à prendre en compte est la somme des effectifs des salariés appartenant aux collèges des sociétés, filiales et établissements.

Il est déterminé un quotient égal à l'effectif calculé au premier alinéa divisé par le nombre de sièges revenant à la France au sein du groupe spécial de négociation.

Il est attribué à chaque collège autant de sièges que le total de ses effectifs dans chaque société, filiale ou établissement contient de fois le quotient.

Le ou les sièges non attribués par application des dispositions du troisième alinéa sont attribués au plus fort reste. En cas d'égalité de restes, le siège revient au collège qui représente le plus grand nombre de salariés.

Art. D. 2372-9 *(Décr. n° 2008-1117 du 31 oct. 2008)* Pour procéder à la répartition des sièges alloués à chaque collège entre les organisations syndicales, il est calculé un quotient égal au nombre total d'élus de ce collège dans les comités d'entreprise ou d'établissement des sociétés, filiales et établissements, divisé par le nombre de sièges attribués à ce collège.

Il est attribué à chaque organisation syndicale, par collège, autant de sièges que son nombre d'élus dans ce collège contient de fois le quotient.

Le ou les sièges non attribués par application des dispositions du deuxième alinéa sont attribués au plus fort reste. En cas d'égalité de restes, le siège revient à l'organisation syndicale qui a obtenu le plus grand nombre de suffrages cumulés lors du premier tour des élections ayant conduit à la désignation de ses élus.

Art. D. 2372-10 *(Décr. n° 2008-1117 du 31 oct. 2008)* Lorsque seuls certains sociétés, filiales et établissements ont un représentant ou un élu, les membres du groupe spécial de négociation sont :

1° Soit désignés selon les modalités définies aux articles D. 2372-6 à D. 2372-9 ;

2° Soit élus conformément aux dispositions de l'article D. 2372-11.

Les nombres respectifs des membres désignés et des membres élus pour pourvoir les sièges revenant à la France au sein du groupe spécial de négociation sont déterminés en fonction de la part des effectifs cumulés des sociétés, filiales et établissements ayant ou non un représentant ou un élu dans l'ensemble des effectifs des sociétés, filiales et établissements implantés en France. Cette détermination se fait selon le système de la représentation proportionnelle au plus fort reste.

Art. D. 2372-11 *(Décr. n° 2008-1117 du 31 oct. 2008)* Lorsque aucune des sociétés et filiales et aucun des établissements n'a de représentant ou d'élu, les membres du groupe spécial de négociation sont élus directement par les salariés.

L'élection a lieu collège par collège. Elle est commune à l'ensemble des sociétés, filiales et établissements.

La répartition des sièges entre les différentes catégories et la répartition des salariés dans les collèges électoraux sont accomplies sur la base de leurs effectifs cumulés dans les sociétés, filiales et établissements.

Les listes de candidats comportent autant de noms que de sièges revenant à la France au sein du groupe spécial de négociation.

Le vote peut se dérouler séparément dans les locaux de chaque société, filiale ou établissement. Le dépouillement ne peut commencer avant la clôture du dernier scrutin.

Les sièges sont attribués à chaque liste conformément aux dispositions des articles R. 2324-18 et suivants.

Art. D. 2372-12 *(Décr. nº 2008-1117 du 31 oct. 2008)* Lorsqu'un siège supplémentaire est attribué à une société participante en application de l'article L. 2372-3 en ce qu'il renvoie à l'article L. 2352-4, ce siège est attribué :

1° S'il existe un comité d'entreprise, à l'organisation syndicale qui compte le plus de représentants au sein de ce comité. En cas d'égalité, le siège est attribué à celle ayant recueilli le plus grand nombre de suffrages au premier tour de scrutin de l'élection des membres de ce comité ;

2° En l'absence de comité d'entreprise, à un représentant élu directement à cet effet par les salariés de la société.

L'élection a lieu au scrutin uninominal à un tour.

Art. D. 2372-13 *(Décr. nº 2008-1117 du 31 oct. 2008)* Les désignations des membres du groupe spécial de négociation sont notifiées aux dirigeants de la société, filiale ou établissement au sein duquel travaillent les représentants des salariés ou, le cas échéant, à l'organe de direction mandaté à cet effet.

Les dirigeants des sociétés, filiales et établissements transmettent aux dirigeants des sociétés participantes le nom des personnes ainsi désignées et celui des personnes élues en application des dispositions des articles D. 2372-10 à D. 2372-12.

Ils font connaître ces informations à leurs salariés, par affichage ou par tout autre moyen, ainsi qu'à l'inspecteur du travail.

SOUS-SECTION 3 FONCTIONNEMENT

(Décr. nº 2008-1116 du 31 oct. 2008 ; Décr. nº 2008-1117 du 31 oct. 2008)

Art. D. 2372-14 *(Décr. nº 2008-1117 du 31 oct. 2008)* Les dirigeants des sociétés participantes convoquent les membres du groupe spécial de négociation à une première réunion. La convocation fixe la date de la réunion. Elle est faite par lettre recommandée avec avis de réception.

Le délai de six mois mentionné au deuxième alinéa de l'article L. 2352-9 court à compter de la date de cette première réunion.

Art. D. 2372-15 *(Décr. nº 2008-1117 du 31 oct. 2008)* Les membres du groupe spécial de négociation sont tenus informés :

1° Du mode de constitution de la société issue de la fusion transfrontalière et des effets de celui-ci pour les sociétés participantes ainsi que pour leurs filiales et établissements ;

2° Des modalités de participation instituées au sein de ces sociétés participantes, filiales et établissements, que le lieu de leur implantation soit situé en France ou dans un autre État membre de la Communauté européenne ou de l'Espace économique européen ;

3° Des modalités de transfert des droits et obligations des sociétés participantes en matière de conditions d'emploi résultant de la législation et des relations collectives et individuelles de travail.

Art. D. 2372-16 *(Décr. nº 2008-1117 du 31 oct. 2008)* Pour le calcul des majorités de salariés mentionnées aux premier et deuxième alinéas de l'article L. 2372-4, chaque membre occupant un siège au sein du groupe spécial de négociation alloué à un État membre représente un nombre de salariés égal au nombre total des salariés employés dans les sociétés participantes, les filiales et les établissements situés dans cet État membre, divisé par le nombre de sièges attribués à cet État membre, arrondi à l'entier inférieur.

Lorsqu'il est fait application de l'article L. 2372-3 en ce qu'il renvoie aux dispositions de l'article L. 2352-4, le titulaire de chaque siège supplémentaire représente un nombre de salariés égal à l'effectif de la société à laquelle a été attribué ce siège. Le nombre total des salariés calculé, pour l'État membre dans lequel est située cette société, conformément au premier alinéa, est alors réduit à concurrence de cet effectif.

Art. R. 2372-17 *(Décr. nº 2008-1116 du 31 oct. 2008)* Les éléments fournis, en application du quatrième alinéa de l'article L. 229-3 du code de commerce, par la société, la filiale ou l'établissement concernés par la fusion pour attester que les modalités relatives à la participation des salariés ont été fixées conformément aux dispositions des articles L. 2371-1 à L. 2371-3, L. 2372-1 à L. 2372-4, du second alinéa de l'article L. 2372-5 et des articles L. 2372-6 à L. 2374-2 sont transmis à l'inspecteur du travail.

SOUS-SECTION 4 CONTESTATIONS

(Décr. nº 2008-1116 du 31 oct. 2008 ; Décr. nº 2008-1117 du 31 oct. 2008)

Art. R. 2372-18 Le tribunal d'instance compétent pour statuer sur la contestation de la désignation et de l'élection des membres du groupe spécial de négociation est celui dans le ressort duquel est situé le siège, selon le cas, de la société issue de la fusion transfrontalière, de la société, de la filiale ou de l'établissement concerné.

La contestation est formée, instruite et jugée selon les modalités prévues aux articles R. 2324-24 et R. 2324-25.

Toutefois, la contestation est formée :

1° Dans un délai de quinze jours à compter de la notification de la désignation à l'employeur ;

2° Par les salariés, dans un délai de quinze jours, à compter de la date à laquelle la désignation à l'employeur ou l'élection est portée à leur connaissance.

Art. R. 2372-19 Les litiges auxquels donne lieu l'application des dispositions de la présente section, autres que ceux mentionnés à l'article R. 2372-18, sont portés devant le président du tribunal de grande instance du domicile du défendeur. Il statue en la forme des référés.

CHAPITRE III COMITÉ DE LA SOCIÉTÉ ISSUE DE LA FUSION TRANSFRONTALIÈRE ET PARTICIPATION DES SALARIÉS EN L'ABSENCE D'ACCORD

(Décr. nº 2008-1116 du 31 oct. 2008)

SECTION UNIQUE COMITÉ DE LA SOCIÉTÉ ISSUE DE LA FUSION TRANSFRONTALIÈRE

(Décr. nº 2008-1116 du 31 oct. 2008 ; Décr. nº 2008-1117 du 31 oct. 2008)

SOUS-SECTION 1 MISE EN PLACE

(Décr. nº 2008-1116 du 31 oct. 2008 ; Décr. nº 2008-1117 du 31 oct. 2008)

Art. D. 2373-1 *(Décr. nº 2008-1117 du 31 oct. 2008)* Dans les hypothèses prévues à l'article L. 2373-2, est joint à la demande d'immatriculation de la société issue de la fusion transfrontalière :

1° L'accord portant sur la mise en place du comité de la société issue de la fusion transfrontalière et, lorsque la société issue de la fusion transfrontalière n'est pas composée exclusivement de personnes physiques, d'un système de participation des salariés prévu à l'article L. 2373-2 ;

2° A défaut de l'accord mentionné au 1°, l'engagement écrit des dirigeants des sociétés participantes de faire application des dispositions des articles L. 2371-4, L. 2372-5, deuxième alinéa, en ce qu'il renvoie à l'article L. 2352-9, L. 2373-1, L. 2373-3, L. 2374-1.

Art. D. 2373-2 *(Décr. nº 2008-1117 du 31 oct. 2008)* Les membres du comité de la société issue de la fusion transfrontalière sont :

1° Soit désignés selon les modalités définies aux articles D. 2372-6 à D. 2372-9 ;

2° Soit élus conformément aux dispositions de l'article D. 2372-11 lorsque les conditions prévues à l'article L. 2372-3 en ce qu'il renvoie à l'article L. 2352-6 sont réunies.

Art. R. 2373-3 *(Décr. nº 2008-1116 du 31 oct. 2008)* Les contestations relatives à la désignation des représentants des salariés et à l'élection des membres du comité de la société issue de la fusion transfrontalière dont le siège se situe en France, ainsi qu'à la désignation des représentants des salariés des sociétés participantes, des établissements ou filiales implantés en France, sont de la compétence du tribunal d'instance du siège de la société issue de la fusion transfrontalière, de la société participante, de la filiale ou de l'établissement concerné.

Ces contestations sont formées, instruites et jugées selon les modalités prévues aux articles R. 2324-24 et R. 2324-25.

Le recours est formé dans un délai de quinze jours à compter de la notification de la désignation à l'employeur.

SOUS-SECTION 2 FONCTIONNEMENT

(Décr. n° 2008-1116 du 31 oct. 2008)

Art. R. 2373-4 Le secrétaire du comité de la société issue de la fusion transfrontalière est désigné parmi ses membres.

Le bureau est élu parmi ses membres.

Art. R. 2373-5 Les éléments fournis, en application du quatrième alinéa de l'article L. 229-3 du code de commerce, par les dirigeants de la société, la filiale ou l'établissement concernés par la fusion pour attester que les modalités relatives à la participation des salariés ont été fixées conformément aux dispositions des articles L. 2371-1 à L. 2371-3, L. 2372-1 à L. 2372-4, du second alinéa de l'article L. 2372-5 et des articles L. 2372-6 à L. 2374-2 sont transmis à l'inspecteur du travail.

CHAPITRE IV DISPOSITIONS APPLICABLES POSTÉRIEUREMENT À L'IMMATRICULATION DE LA SOCIÉTÉ ISSUE DE LA FUSION TRANSFRONTALIÈRE

(Décr. n° 2008-1116 du 31 oct. 2008)

Le présent chapitre ne comprend pas de dispositions réglementaires.

CHAPITRE V DISPOSITIONS PÉNALES

(Décr. n° 2008-1116 du 31 oct. 2008)

Le présent chapitre ne comprend pas de dispositions réglementaires.

TITRE HUITIÈME COMITÉ D'HYGIÈNE, DE SÉCURITÉ ET DES CONDITIONS DE TRAVAIL

Le présent titre ne comprend pas de dispositions réglementaires.

TITRE NEUVIÈME REGROUPEMENT PAR ACCORD DES INSTITUTIONS REPRÉSENTATIVES DU PERSONNEL

(Décr. n° 2016-346 du 23 mars 2016)

CHAPITRE PREMIER MISE EN PLACE ET ATTRIBUTIONS

Art. R. 2391-1 Pour l'application de l'article L. 2392-1 et du premier alinéa de l'article L. 2393-3, lorsque l'accord mentionné aux articles L. 2391-1 ou L. 2391-3 regroupe le comité d'entreprise ou le comité d'établissement, les délégués du personnel et le comité d'hygiène, de sécurité et des conditions de travail, le nombre de représentants ne peut être inférieur à :

1° Moins de 300 salariés : 5 titulaires et 5 suppléants ;

2° De 300 à 999 salariés : 10 titulaires et 10 suppléants ;

3° A partir de 1 000 salariés : 15 titulaires et 15 suppléants.

Ces effectifs sont appréciés au niveau de l'entreprise si l'instance est mise en place au niveau de l'entreprise à partir de 300 salariés et au niveau de l'établissement lorsque l'instance est mise en place à ce niveau.

Art. R. 2391-2 Pour l'application de l'article L. 2392-1 et du premier alinéa de l'article L. 2393-3, lorsque l'accord mentionné aux articles L. 2391-1 ou L. 2391-3 regroupe deux des trois institutions mentionnées à l'article L. 2391-1, le nombre de représentants ne peut être inférieur à :

1° Moins de 300 salariés : 4 titulaires et 4 suppléants ;
2° De 300 à 999 salariés : 6 titulaires et 6 suppléants ;
3° A partir de 1 000 salariés : 8 titulaires et 8 suppléants.

Ces effectifs sont appréciés au niveau de l'entreprise si l'instance est mise en place au niveau de l'entreprise à partir de 300 salariés et au niveau de l'établissement lorsque l'instance est mise en place à ce niveau.

Art. R. 2391-3 Les membres titulaires de l'instance disposent du temps nécessaire à l'exercice des attributions qui leur sont dévolues. Pour l'application du 4° de l'article L. 2393-1 et du premier alinéa de l'article L. 2393-3, ce temps ne peut être inférieur à 16 heures par mois lorsque l'instance regroupe trois institutions et à 12 heures par mois lorsque l'instance regroupe deux institutions.

Art. R. 2391-4 Pour l'application du 5° de l'article L. 2393-1 et du premier alinéa de l'article L. 2393-3 :

1° Lorsque l'instance créée par l'accord mentionné aux articles L. 2391-1 ou L. 2391-3 comprend le comité d'entreprise, les membres de l'instance bénéficient du stage de formation économique prévu à l'article L. 2325-44 ;

2° Lorsque l'instance créée par l'accord mentionné aux articles L. 2391-1 ou L. 2391-3 comprend le comité d'hygiène, de sécurité et des conditions de travail, les membres de l'instance bénéficient du stage de formation prévu aux articles L. 4614-14, L. 4614-15 et R. 4614-24.

TITRE DIXIÈME **RÉUNIONS COMMUNES DES INSTITUTIONS REPRÉSENTATIVES DU PERSONNEL**

(Décr. n° 2016-453 du 12 avr. 2016)

CHAPITRE UNIQUE **DISPOSITIONS GÉNÉRALES**

(Décr. n° 2016-453 du 12 avr. 2016)

Art. D. 23-101-1 Les réunions communes des institutions représentatives prévues à l'article L. 23-101-1 tenues par visioconférence sur le fondement de l'article L. 23-101-2 se déroulent dans les conditions prévues aux articles D. 2325-1-1 et suivants.

LIVRE QUATRIÈME **LES SALARIÉS PROTÉGÉS**

TITRE PREMIER **CAS, DURÉES ET PÉRIODES DE PROTECTION**

CHAPITRE PREMIER **PROTECTION EN CAS DE LICENCIEMENT**

Art. R. 2411-1 Les dispositions de l'article L. 2411-13 ne sont pas applicables au fonctionnaire titulaire membre du comité d'hygiène, de sécurité et des conditions de travail d'un établissement de santé, social et médico-social mentionné à l'article 2 de la loi n° 86-33 du 9 janvier 1986 portant dispositions statutaires relatives à la fonction publique hospitalière.

Pour l'application de ces dispositions aux agents non titulaires, la commission paritaire consultative compétente pour les fonctionnaires titulaires exerçant les mêmes fonctions que l'agent intéressé est consultée. – *[Anc. art. R. 236-31.]*

CHAPITRE II **PROTECTION EN CAS DE RUPTURE D'UN CONTRAT DE TRAVAIL À DURÉE DÉTERMINÉE**

Le présent chapitre ne comprend pas de dispositions réglementaires.

CHAPITRE III **PROTECTION EN CAS D'INTERRUPTION OU DE NON-RENOUVELLEMENT D'UNE MISSION DE TRAVAIL TEMPORAIRE**

Le présent chapitre ne comprend pas de dispositions réglementaires.

CHAPITRE IV PROTECTION EN CAS DE TRANSFERT PARTIEL D'ENTREPRISE OU D'ÉTABLISSEMENT

Le présent chapitre ne comprend pas de dispositions réglementaires.

TITRE DEUXIÈME PROCÉDURES D'AUTORISATION APPLICABLES À LA RUPTURE OU AU TRANSFERT DU CONTRAT

CHAPITRE PREMIER DEMANDE D'AUTORISATION ET INSTRUCTION DE LA DEMANDE

SECTION PREMIÈRE PROCÉDURE APPLICABLE EN CAS DE LICENCIEMENT

SOUS-SECTION 1 DÉLÉGUÉ SYNDICAL, SALARIÉ MANDATÉ ET CONSEILLER DU SALARIÉ

Art. R. 2421-1 La demande d'autorisation de licenciement d'un délégué syndical, d'un salarié mandaté ou d'un conseiller du salarié est adressée à l'inspecteur du travail dont dépend l'établissement dans lequel est employé l'intéressé.

Lorsque le délégué syndical bénéficie également de la protection prévue aux sections III et IV du chapitre Ier du titre Ier de la partie législative, la demande est accompagnée du procès-verbal de la réunion du comité d'entreprise.

Dans ce cas, sauf dans l'hypothèse d'une mise à pied, la demande est transmise dans les quinze jours suivant la date à laquelle a été émis l'avis du comité d'entreprise.

Dans tous les cas, la demande énonce les motifs du licenciement envisagé. Elle est transmise par lettre recommandée avec avis de réception. – *[Anc. art. R. 412-5, al. 1er et 2.]*

L'autorisation administrative de licencier un salarié protégé en raison de son inaptitude physique emporte vérification par l'inspecteur du travail du respect de l'obligation de reclassement. • Soc. 10 nov. 2009 : *RJS 2010. 161, n° 206.*

Art. R. 2421-2 Lorsqu'un licenciement pour motif économique de dix salariés ou plus dans une même période de trente jours concerne un ou plusieurs salariés mentionnés à l'article L. 2421-1, l'employeur joint à la demande d'autorisation de licenciement la copie de la notification du projet de licenciement adressée à l'autorité administrative en application de l'article L. 1233-46. – *[Anc. art. R. 436-5.]*

Art. R. 2421-3 L'entretien préalable au licenciement a lieu avant la présentation de la demande d'autorisation de licenciement à l'inspecteur du travail. – *[Anc. art. R. 412-6, al. 1er.]*

Art. R. 2421-4 L'inspecteur du travail procède à une enquête contradictoire au cours de laquelle le salarié peut, sur sa demande, se faire assister d'un représentant de son syndicat.

L'inspecteur du travail prend sa décision dans un délai de quinze jours, réduit à huit jours en cas de mise à pied. Ce délai court à compter de la réception de la demande d'autorisation de licenciement. Il n'est prolongé que si les nécessités de l'enquête le justifient. L'inspecteur informe les destinataires mentionnés à l'article R. 2421-5 de la prolongation du délai. – *[Anc. art. R. 436-4, al. 1er et 2.]*

1. Enquête contradictoire. En application de l'art. R. 436-4, 1er al. [art. R. 2421-4 nouv.], l'inspecteur du travail est tenu de procéder à l'audition personnelle et individuelle du salarié ; s'il s'est borné à avoir avec lui de simples entretiens téléphoniques, il ne peut être regardé comme l'ayant régulièrement entendu. • CE 21 août 1996 : *RJS 1996. 770, n° 1191.* ♦ Lorsque plusieurs salariés protégés font l'objet d'une demande d'autorisation de licenciement simultanée pour des faits similaires ou commis en commun, l'inspecteur du travail peut les entendre simultanément en dehors de la présence de l'employeur, à la condition qu'aucun n'ait demandé à être entendu seul. • CAA Bordeaux, 18 nov. 2004 : *RJS 2005. 217, n° 294.* ♦ Le caractère contradictoire de l'enquête impose à l'autorité administrative d'informer le salarié concerné, de façon suffisamment circonstanciée, pour lui permettre d'assurer utilement sa défense, notamment en lui communiquant l'identité des personnes qui auraient été victimes des agissements qui lui sont reprochés. • CE 20 avr. 2005 : *RJS 2005. 627, n° 869.*

2. Le caractère contradictoire de l'enquête menée conformément aux dispositions de l'art. R. 436-4 [art. R. 2421-4 nouv.] du code du travail impose à l'inspecteur du travail, saisi d'une demande d'autorisation de licenciement d'un salarié protégé, de mettre à même l'employeur et le salarié de prendre connaissance de l'ensemble des éléments déterminants qu'il a pu recueillir, y compris des témoignages, et qui sont de nature à établir ou non la matérialité des faits allégués à l'appui de la demande d'autorisation ; toutefois, lorsque la communication de ces éléments serait de nature à porter gravement préjudice aux personnes qui les ont communiqués, l'inspecteur du travail doit se limiter à informer le salarié protégé et l'employeur, de façon suffisamment circonstanciée, de leur teneur. • CE, sect., 24 nov. 2006 : *req. n° 284208* • CE 9 juill. 2007 : *req. n° 288295.* ♦ A été menée de manière contradictoire l'enquête au cours de laquelle l'inspecteur du travail a organisé une confrontation entre le salarié et l'employeur. • CE 9 juill. 2007 : *préc.*

3. Délai. La décision de l'inspecteur du travail de prolonger le délai prévu pour statuer a le caractère d'une mesure préparatoire qui n'est pas susceptible d'être déférée au juge de l'excès de pouvoir. • CE 6 janv. 1989 : *Dr. soc. 1989. 376, note Chelle et Prétot.*

Art. R. 2421-5 La décision de l'inspecteur du travail est motivée.

Elle est notifiée par lettre recommandée avec avis de réception :

1° A l'employeur ;

2° Au salarié ;

3° A l'organisation syndicale intéressée lorsqu'il s'agit d'un délégué syndical. – *[Anc. art. R. 436-4, al. 3.]*

Art. R. 2421-6 En cas de faute grave, l'employeur peut prononcer la mise à pied immédiate de l'intéressé jusqu'à la décision de l'inspecteur du travail.

Lorsque le délégué syndical bénéficie de la protection prévue à l'article L. 2421-3, la consultation du comité d'entreprise a lieu dans un délai de dix jours à compter de la date de la mise à pied. La demande d'autorisation de licenciement est présentée au plus tard dans les quarante-huit heures suivant la délibération du comité d'entreprise. S'il n'y a pas de comité d'entreprise, cette demande est présentée dans un délai de huit jours à compter de la date de la mise à pied.

La mesure de mise à pied est privée d'effet lorsque le licenciement est refusé par l'inspecteur du travail ou, en cas de recours hiérarchique, par le ministre. – *[Anc. art. R. 436-8.]*

1. Le délai de dix jours prévu par l'art. R. 436-8 [art. R. 2421-6 nouv.] n'est pas prescrit à peine de nullité. • CE 12 sept. 1994 : *RJS 1994. 846, n° 1403.* ♦ V. déjà : • CE 2 juin 1993 : *RJS 1993. 532, n° 892* (un léger dépassement du délai de dix jours n'est pas de nature à vicier la procédure).

2. Le délai entre la mise à pied conservatoire et la saisine de l'inspecteur du travail n'est pas prescrit à peine de nullité. • Soc. 23 mai 1989 : *Bull. civ. V, n° 376.*

3. Sur le cumul des procédures en cas de mise à pied d'un salarié à la fois délégué syndical et représentant du personnel, V. • CE 6 mai 1996 : *RJS 1996. 522, n° 812.*

Art. R. 2421-7 L'inspecteur du travail et, en cas de recours hiérarchique, le ministre examinent notamment si la mesure de licenciement envisagée est en rapport avec le mandat détenu, sollicité ou antérieurement exercé par l'intéressé. – *[Anc. art. R. 436-7.]*

SOUS-SECTION 2 **DÉLÉGUÉ DU PERSONNEL, MEMBRE DU COMITÉ D'ENTREPRISE ET MEMBRE DU COMITÉ D'HYGIÈNE, DE SÉCURITÉ ET DES CONDITIONS DE TRAVAIL**

Art. R. 2421-8 L'entretien préalable au licenciement a lieu avant la consultation du comité d'entreprise faite en application de l'article L. 2421-3.

A défaut de comité d'entreprise, cet entretien a lieu avant la présentation de la demande d'autorisation de licenciement à l'inspecteur du travail. – *[Anc. art. R. 436-1.]*

La consultation du comité d'entreprise en vue du licenciement d'un de ses membres est toujours précédée de l'entretien préalable prévu par l'art. L. 122-14 [art. L. 1232-2 nouv.], l'entretien préalable doit donc avoir lieu même si le licenciement de l'intéressé intervient dans le cadre d'un licenciement économique collectif sur 30 jours. • Soc. 10 mai 1999 : *RJS 1999. 508, n° 831 ; D. 1999. IR 148 ; JS Lamy 1999, n° 38-4.*

Art. R. 2421-9 **L'avis du comité d'entreprise est exprimé au scrutin secret après audition de l'intéressé.**

Lorsque le salarié est inclus dans un licenciement collectif pour motif économique de dix salariés ou plus dans une même période de trente jours, la délibération du comité d'entreprise ne peut avoir lieu :

1° Soit avant la seconde réunion du comité prévue à l'article *(Décr. n° 2016-510 du 25 avr. 2016, art. 7)* **« L. 1233-30 » ;**

(Abrogé par Décr. n° 2016-510 du 25 avr. 2016, art. 7, à compter du 1er juill. 2016) ***« 2° Soit avant la troisième réunion du comité prévue au deuxième alinéa de l'article L. 1233-35 ; »***

2° Soit avant la réunion du comité prévue à l'article L. 1233-58. – *[Anc. art. R. 436-2.] – Le 3° devient le 2° (Décr. n° 2016-510 du 25 avr. 2016, art. 7, en vigueur le 1er juill. 2016).*

1. Convocation du salarié. Lorsque le comité d'entreprise se réunit pour donner son avis sur le projet de licenciement de l'un de ses membres ou d'un représentant syndical, aucune disposition n'impose un délai pour la convocation du salarié concerné à son audition ; l'employeur n'a pas, non plus, à communiquer à l'intéressé l'ordre du jour de cette réunion au cas où son mandat est suspendu par l'effet d'une mise à pied. • Crim. 5 mars 2002 : *Bull. crim. n° 86 ; RJS 2002. 546, n° 695.*

2. Forme de l'avis. Bien qu'il soit établi que l'avis défavorable du comité d'entreprise n'ait pas été donné par écrit, la méconnaissance de cette règle substantielle qui n'a pas, en l'espèce, influencé le sens de la décision n'entraîne pas l'irrégularité de la procédure. • CE 22 mars 1991 : *D. 1992. Somm. 160, obs. Chelle et Prétot ; RJS 1991. 323, n° 609.*

3. Vote nominatif. Le comité est tenu de se prononcer par un vote distinct sur le projet de licenciement de chacun des salariés concernés, et cette formalité est substantielle. • CE 2 févr. 1996 : *RJS 1996. 179, n° 300.* ♦ V. cependant : • CE 30 avr. 1997 : *RJS 1997. 542, n° 837* (irrégularité sans incidence en l'espèce, le comité ayant émis un avis globalement défavorable et chaque salarié concerné ayant pu s'exprimer).

4. Double réunion. Dans le cas prévu au deuxième alinéa, la procédure de consultation est irrégulière si le comité d'entreprise ne s'est réuni qu'une fois et s'il a donné son avis lors de cette unique réunion. • CE 8 janv. 1997 : *RJS 1997. 116, n° 171.*

Art. R. 2421-10 **La demande d'autorisation de licenciement d'un délégué du personnel, d'un membre du comité d'entreprise ou d'un membre du comité d'hygiène, de sécurité et des conditions de travail est adressée à l'inspecteur du travail dont dépend l'établissement qui l'emploie.**

Elle est accompagnée du procès-verbal de la réunion du comité d'entreprise.

Excepté dans le cas de mise à pied, la demande est transmise dans les quinze jours suivant la date à laquelle a été émis l'avis du comité d'entreprise.

La demande énonce les motifs du licenciement envisagé. Elle est transmise par lettre recommandée avec avis de réception. – *[Anc. art. R. 436-3.]*

1. Caractère substantiel des règles de procédure. La demande d'autorisation de licenciement d'un salarié protégé, que l'employeur adresse à l'inspecteur du travail doit énoncer les motifs du licenciement envisagé ; ne peut être regardé comme tenant lieu d'un tel énoncé, le renvoi à des pièces justificatives jointes, y compris au procès-verbal de la réunion au cours de laquelle le comité d'entreprise avait été consulté sur le projet de licenciement. • CE 20 mars 2009 : *RDT 2009. 457, obs. Grévy ; RJS 2009. 578, n° 647.* ♦ Pour opérer les contrôles auxquels il est tenu de procéder lorsqu'il statue sur une demande d'autorisation de licenciement, l'inspecteur du travail doit prendre en compte toutes les fonctions représentatives du salarié ; l'employeur est tenu de porter à sa connaissance l'ensemble des mandats détenus par l'intéressé. • CE 20 mars 2009 : *RDT 2009. 457, obs. Grévy.*

2. Délai de quinze jours. Le délai de quinze jours n'est pas prescrit à peine de nullité. • CE 9 juill. 1997 : *RJS 1997. 620, n° 992.*

3. Caractère intentionnel de l'entrave. Doit être cassé l'arrêt qui retient le délit d'entrave à l'encontre d'un employeur qui n'a pas respecté le délai de quinze jours, sans constater que les actes ou les omissions incriminés ont été commis volontairement (remise tardive du brouillon du procès-verbal par le secrétaire du comité). • Crim. 22 mars 1994 : *Dr. soc. 1994. 965, note Savatier ; RJS 1994. 529, n° 881.*

Art. R. 2421-11 L'inspecteur du travail procède à une enquête contradictoire au cours de laquelle le salarié peut, sur sa demande, se faire assister d'un représentant de son syndicat.

L'inspecteur du travail prend sa décision dans un délai de quinze jours, réduit à huit jours en cas de mise à pied. Ce délai court à compter de la réception de la demande d'autorisation de licenciement. Il n'est prolongé que si les nécessités de l'enquête le justifient. L'inspecteur avise de la prolongation du délai les destinataires mentionnés à l'article R. 2421-12. – *[Anc. art. R. 436-4, al. 1er et 2.]*

Art. R. 2421-12 La décision de l'inspecteur du travail est motivée.

Elle est notifiée par lettre recommandée avec avis de réception :

1° A l'employeur ;

2° Au salarié ;

3° A l'organisation syndicale intéressée lorsqu'il s'agit d'un représentant syndical. – *[Anc. art. R. 436-4, al. 3.]*

Art. R. 2421-13 Lorsqu'un licenciement pour motif économique de dix salariés ou plus dans une même période de trente jours concerne un ou plusieurs salariés mentionnés à l'article L. 2421-3, l'employeur joint à la demande d'autorisation de licenciement la copie de la notification du projet de licenciement adressée à l'autorité administrative en application de l'article L. 1233-46. – *[Anc. art. R. 436-5.]*

Art. R. 2421-14 En cas de faute grave, l'employeur peut prononcer la mise à pied immédiate de l'intéressé jusqu'à la décision de l'inspecteur du travail.

La consultation du comité d'entreprise a lieu dans un délai de dix jours à compter de la date de la mise à pied.

La demande d'autorisation de licenciement est présentée dans les quarante-huit heures suivant la délibération du comité d'entreprise. S'il n'y a pas de comité d'entreprise, cette demande est présentée dans un délai de huit jours à compter de la date de la mise à pied.

La mesure de mise à pied est privée d'effet lorsque le licenciement est refusé par l'inspecteur du travail ou, en cas de recours hiérarchique, par le ministre. – *[Anc. art. R. 436-8.]*

Report de la date de l'entretien préalable. La circonstance que l'employeur a décidé, en raison d'un arrêt de maladie du salarié survenu au cours de la période de mise à pied, de repousser la date de l'entretien préalable au licenciement et, par suite, celle à laquelle il adresse sa demande d'autorisation de licenciement à l'administration n'est de nature à justifier un délai de présentation de sa demande excédant le délai requis en application de l'art. R. 2421-14 que si la maladie a rendu impossible la tenue de l'entretien préalable dans ces délais, ou que le report a été demandé par le salarié lui-même. • CE 29 juin 2016, ☏ n° 381766 : *RJS 11/2016, n° 711 ; JS Lamy 2016, n° 417-3, obs. Pacotte et Halimi.*

Art. R. 2421-15 La demande réalisée en application du deuxième alinéa de l'article L. 2421-3 énonce les motifs du licenciement envisagé. Elle est transmise par lettre recommandée avec avis de réception. Elle donne lieu à l'application des dispositions des articles R. 2421-11 à R. 2421-14. – *[Anc. art. R. 436-10.]*

Art. R. 2421-16 L'inspecteur du travail et, en cas de recours hiérarchique, le ministre examinent notamment si la mesure de licenciement envisagée est en rapport avec le mandat détenu, sollicité ou antérieurement exercé par l'intéressé. – *[Anc. art. R. 436-7.]*

SECTION II **PROCÉDURE APPLICABLE EN CAS DE TRANSFERT PARTIEL D'ENTREPRISE OU D'ÉTABLISSEMENT**

Art. R. 2421-17 La demande d'autorisation de transfert prévue à l'article L. 2421-9 est adressée à l'inspecteur du travail par lettre recommandée avec avis de réception quinze jours avant la date arrêtée pour le transfert.

Les dispositions des articles R. 2421-11 et R. 2421-12 s'appliquent. – *[Anc. art. R. 436-9.]*

CHAPITRE II **CONTESTATION DE LA DÉCISION ADMINISTRATIVE**

Art. R. 2422-1 Le ministre *(Décr. n° 2008-1503 du 30 déc. 2008)* « chargé du travail » peut annuler ou réformer la décision de l'inspecteur du travail sur le recours de l'employeur, du salarié ou du syndicat que ce salarié représente ou auquel il a donné mandat à cet effet.

Ce recours est introduit dans un délai de deux mois à compter de la notification de la décision de l'inspecteur.

Le silence gardé pendant plus de quatre mois sur ce recours vaut décision de rejet. – *[Anc. art. R. 436-6.]*

1. Qualité pour agir. Une organisation syndicale a qualité pour former un recours hiérarchique. • CE 28 mars 1997 : *RJS 1997. 459, n° 708.*

2. Délai de deux mois. En cas de non-respect du délai de deux mois, le ministre est tenu de rejeter le recours introduit tardivement. • CE 27 févr. 1985 : *Dr. soc. 1985. 281, concl. Boyon* • 29 déc. 1995 : *RJS 1996. 186, n° 309 (1re esp.).* ♦ Le délai de deux mois prévu par l'art. R. 2422-1 C. trav. pour former un recours hiérarchique contre une décision de l'inspecteur du travail statuant sur une demande d'autorisation de licencier un salarié protégé est un délai franc qui, s'il expire un samedi, un dimanche ou un jour férié ou chômé, est prorogé jusqu'au premier jour ouvrable suivant. • CE 19 sept. 2014 : *RJS 2014. 749, n° 875.* ♦ Le délai de deux mois mentionné à l'art. R. 2422-1 C. trav. pour exercer un recours hiérarchique contre une décision de l'inspecteur du travail se décompte comme le délai de recours contentieux administratif. • CE 19 sept. 2014, n° 362660 : *Dr. soc. 2015. 25, concl. Dumortier ; RJS 12/2014, n° 874.*

3. Pouvoirs du ministre. La décision par laquelle l'inspecteur du travail autorise ou refuse d'autoriser le licenciement d'un salarié protégé est soumise au contrôle hiérarchique du ministre dans les conditions de droit commun ; lorsqu'il prononce l'annulation de la décision de l'inspecteur du travail pour un motif de légalité en tenant compte des circonstances de fait et de droit existant à la date à laquelle cette décision a été prise, le ministre se trouve saisi de la demande présentée par l'employeur, qu'il doit examiner en tenant compte des circonstances de fait et de droit existant à la date à laquelle il statue ; toutefois, dans le cas où le salarié concerné par la demande d'autorisation de licenciement cesse de bénéficier de la protection prévue par le code du travail, postérieurement à la décision de l'inspecteur du travail, le ministre n'a plus compétence, après avoir annulé cette décision, pour refuser ou accorder l'autorisation sollicitée. • CE 30 juin 1997 : *RJS 1997. 622, n° 996 ; JCP E 1997. Pan. 849.*

4. Retrait de l'autorisation. Sous réserve de dispositions législatives et réglementaires contraires, et hors le cas où il est satisfait à une demande du bénéficiaire, l'administration ne peut retirer une décision individuelle explicite créatrice de droit, si elle est entachée d'illégalité, que dans le délai de quatre mois suivant la prise de cette décision ; sont au nombre des dispositions réglementaires contraires celles prévues par l'art. R. 436-6 [art. R. 2422-1 nouv.], dans sa rédaction issue du décret du 20 juin 2001, en vertu desquelles le ministre, saisi d'un recours hiérarchique dans le délai de deux mois suivant la notification de la décision de l'inspecteur du travail, dispose d'un délai de quatre mois pour statuer, son silence à l'expiration de ce délai valant rejet du recours. • CE 28 sept. 2005 : *pourvoi n° 266023.* ♦ Mais ne sont pas au nombre des dispositions législatives et réglementaires dérogeant aux règles qui gouvernent le retrait des actes administratifs celles prévues par l'art. R. 436-6 [art. R. 2422-1 nouv.], dans leur rédaction antérieure au décret du 20 juin 2001. • CE 28 sept. 2005 : *pourvoi n° 271065.*

TITRE TROISIÈME **DISPOSITIONS PÉNALES**

Le présent titre ne comprend pas de dispositions réglementaires.

LIVRE CINQUIÈME **LES CONFLITS COLLECTIFS**

TITRE PREMIER **EXERCICE DU DROIT DE GRÈVE**

Le présent titre ne comprend pas de dispositions réglementaires.

TITRE DEUXIÈME PROCÉDURE DE RÈGLEMENT DES CONFLITS COLLECTIFS

CHAPITRE PREMIER DISPOSITIONS GÉNÉRALES

Art. R. 2521-1 Dans les professions agricoles, les attributions conférées en matière de conflits collectifs par le présent titre au ministre chargé du travail sont exercées, en accord avec celui-ci, par le ministre chargé de l'agriculture. – *[Anc. art. L. 522-4.]*

CHAPITRE II CONCILIATION

SECTION PREMIÈRE PROCÉDURE DE CONCILIATION

Art. R. 2522-1 Tout conflit collectif de travail est immédiatement notifié par la partie la plus diligente au préfet qui, en liaison avec l'inspecteur du travail compétent, intervient en vue de rechercher une solution amiable. – *[Anc. art. R. 523-1, al. 1er.]*

Art. R. 2522-2 Les procédures de conciliation, autres que les procédures prévues contractuellement, sont engagées par l'une des personnes suivantes :

1° L'une des parties ;

2° Le ministre chargé du travail ;

3° Le préfet. – *[Anc. art. R. 523-1, al. 2.]*

SECTION II COMMISSIONS DE CONCILIATION

SOUS-SECTION 1 COMPÉTENCE DES COMMISSIONS DE CONCILIATION

§ 1er COMMISSION NATIONALE DE CONCILIATION

Art. R. 2522-3 La Commission nationale de conciliation siège au ministère chargé du travail. Elle est compétente pour connaître des conflits collectifs de travail s'étendant à l'ensemble du territoire national ou concernant plusieurs régions. – *[Anc. art. R. 523-2, al. 1er, phrases 1 et 2.]*

Art. R. 2522-4 La Commission nationale peut être saisie de tout conflit à incidence régionale, départementale ou locale, compte tenu de son importance, des circonstances particulières dans lesquelles il s'est produit et du nombre des salariés intéressés.

Elle est saisie :

1° Directement par le ministre chargé du travail, soit de sa propre initiative, soit sur la proposition du préfet ;

2° A la demande des parties ou de l'une d'elles. – *[Anc. art. R. 523-2, al. 1er, phrase 3.]*

§ 2 COMMISSION RÉGIONALE, SECTION DÉPARTEMENTALE OU INTERDÉPARTEMENTALE

Art. R. 2522-5 La commission régionale de conciliation est instituée au siège de chaque *(Décr. no 2009-1377 du 10 nov. 2009)* « direction régionale des entreprises, de la concurrence, de la consommation, du travail et de l'emploi ». Elle est compétente pour connaître des conflits survenant à l'intérieur de la circonscription de cette direction.

Lorsque les conditions locales le justifient, le ministre chargé du travail peut, par arrêté, créer des sections à compétence départementale ou interdépartementale au sein de chaque commission régionale. Il peut prévoir la constitution de plusieurs sections pour un même département. – *[Anc. art. R. 523-3, al. 1er et 2.]*

Les modifications issues du Décr. no 2009-1377 du 10 nov. 2009 prennent effet, dans chaque région, à la date de nomination du directeur régional des entreprises, de la concurrence, de la consommation, du travail et de l'emploi (Décr. préc., art. 7-I). – V. Arr. de nomination de ces directeurs des 30 déc. 2009 (JO 5 janv. 2010) et 9 févr. 2010 (JO 14 févr.).

Ces modifications s'appliquent à la région Île-de-France à compter du 1er juill. 2010 (Décr. no 2010-687 du 24 juin 2010, art. 2).

Art. R. 2522-6 Lorsque des sections à compétence départementale ou interdépartementale existent, la section régionale de la commission régionale reste compétente pour connaître des conflits collectifs survenant dans sa circonscription.

Les sections départementales ou interdépartementales sont compétentes pour les conflits survenant à l'intérieur de leur ressort.

Par dérogation aux dispositions des premier et deuxième alinéas, le conflit peut être porté devant la section régionale par décision du préfet de région, soit sur la proposition du *(Décr. n° 2009-1377 du 10 nov. 2009)* « directeur régional des entreprises, de la concurrence, de la consommation, du travail et de l'emploi », soit à la demande des parties ou de l'une d'elles. – *[Anc. art. R. 523-3, al. 3.]*

Les modifications issues du Décr. n° 2009-1377 du 10 nov. 2009 prennent effet, dans chaque région, à la date de nomination du directeur régional des entreprises, de la concurrence, de la consommation, du travail et de l'emploi (Décr. préc., art. 7-I). — V. Arr. de nomination de ces directeurs des 30 déc. 2009 (JO 5 janv. 2010) et 9 févr. 2010 (JO 14 févr.).

Ces modifications s'appliquent à la région Île-de-France à compter du 1er juill. 2010 (Décr. n° 2010-687 du 24 juin 2010, art. 2).

Art. R. 2522-7 Lorsque plusieurs régions ou plusieurs départements limitrophes sont concernés par un conflit, les parties peuvent se mettre d'accord pour porter le conflit devant l'une ou l'autre des commissions ou sections compétentes. Le ministre chargé du travail conserve la possibilité de saisir la Commission nationale en application de l'article R. 2522-4. – *[Anc. art. R. 523-3, al. 4.]*

SOUS-SECTION 2 COMPOSITION DES COMMISSIONS

Art. R. 2522-8 La Commission nationale de conciliation comprend :

1° Le ministre chargé du travail ou son représentant, président ;

2° Un représentant du ministre chargé de l'économie ;

3° Cinq représentants des employeurs ;

4° Cinq représentants des salariés. – *[Anc. art. R. 523-4.]*

Art. R. 2522-9 La commission régionale de conciliation comprend une section régionale et, éventuellement, des sections à compétence départementale ou interdépartementale.

Les sections régionale et interdépartementale comprennent :

1° Le préfet de région ou de département ou son représentant, président ;

2° Cinq représentants des employeurs ;

3° Cinq représentants des salariés. – *[Anc. art. R. 523-5.]*

Art. R. 2522-10 La section à compétence départementale comprend :

1° Le préfet ou son représentant, président ;

2° Cinq représentants des employeurs ;

3° Cinq représentants des salariés. – *[Anc. art. R. 523-6.]*

Art. R. 2522-11 Lorsque le conflit concerne une branche d'activité pour laquelle les services des ministres chargés de l'industrie, de l'équipement et des transports exercent en application d'une disposition législative les fonctions normalement dévolues à l'inspection du travail, les commissions ou sections prévues aux articles R. 2522-8 à R. 2522-10 comprennent également un représentant de l'administration concernée. – *[Anc. art. R. 523-7.]*

Art. R. 2522-12 Les membres des commissions de conciliation sont nommés pour trois ans. – *[Anc. art. R. 523-8, al. 1er.]*

Art. R. 2522-13 Les membres de la commission nationale sont nommés par arrêté du ministre chargé du travail.

Les membres des sections régionales et ceux des sections à compétence interdépartementale sont nommés par arrêté du préfet de région.

Les membres des sections à compétence départementale sont nommés par arrêté du préfet. – *[Anc. art. R. 523-8, al. 2.]*

Art. R. 2522-14 Les représentants des employeurs et des salariés au sein des commissions et sections sont nommés sur proposition des organisations syndicales d'employeurs et de salariés représentatives sur le plan national.

Ces organisations soumettent à l'autorité investie du pouvoir de nomination des listes comportant des noms en nombre double de celui des postes à pourvoir.

Avant de procéder aux nominations, le préfet prend l'avis du directeur régional ou départemental du travail, de l'emploi et de la formation professionnelle. – *[Anc. art. R. 523-8, al. 3.]*

Art. R. 2522-15 Des membres suppléants, en nombre double de celui des membres titulaires, sont désignés dans les mêmes conditions que ces derniers. Ils ne siègent qu'en l'absence des titulaires.

Les représentants titulaires et suppléants des employeurs et des salariés au sein des sections régionales, interdépartementales et départementales sont choisis parmi les employeurs et les salariés qui exercent effectivement leur activité professionnelle dans le ressort de ces sections. – *[Anc. art. R. 523-8, al. 4 et 5.]*

Art. R. 2522-16 Les membres des commissions ne doivent avoir fait l'objet d'aucune interdiction, déchéance ou incapacité relative à leurs droits civiques. – *[Anc. art. R. 523-9.]*

SOUS-SECTION 3 **FONCTIONNEMENT DES COMMISSIONS**

Art. R. 2522-17 En cas de recours par les parties à la procédure de conciliation, la partie la plus diligente adresse au président de la commission une requête exposant les points sur lesquels porte le désaccord.

Lorsque le ministre chargé du travail ou le préfet saisit la commission nationale ou régionale de conciliation, la convocation adressée aux membres de la commission mentionne les points sur lesquels porte le désaccord.

Ces requêtes et communications sont inscrites à leur date d'arrivée sur les registres spéciaux ouverts respectivement au ministère chargé du travail et dans chaque direction régionale et départementale du travail, de l'emploi et de la formation professionnelle. – *[Anc. art. R. 523-10.]*

Art. R. 2522-18 Devant les commissions de conciliation, les parties peuvent être assistées d'un membre de l'organisation professionnelle d'employeurs ou de salariés à laquelle elles appartiennent.

Lorsque les parties se font représenter, le représentant appartient à la même organisation que la partie qu'il représente ou exerce effectivement, à titre permanent, une activité dans l'entreprise où a lieu le conflit. Il est dûment mandaté et a qualité pour conclure un accord de conciliation au nom de son mandant. – *[Anc. art. R. 523-11, al. 1er et 3.]*

Art. R. 2522-19 La convocation des parties au conflit est faite, sur la demande du président de la commission, soit par lettre recommandée avec avis de réception, soit par notification délivrée contre récépissé signé par l'intéressé.

Lorsque l'une des parties ne comparaît pas ou ne se fait pas représenter devant la commission dans les conditions énoncées aux premier et deuxième alinéas de l'article L. 2522-3, le président, après avoir constaté son absence, fixe une nouvelle date de réunion au cours de la séance. La nouvelle réunion ne peut avoir lieu plus de huit jours après la date de la réunion initialement fixée. Le président notifie cette date de réunion à la partie présente ou représentée. Il convoque la partie défaillante dans les formes prévues au premier alinéa. – *[Anc. art. R. 523-12.]*

Art. R. 2522-20 Lorsqu'une partie régulièrement convoquée ne comparaît pas, sans motif légitime, à la nouvelle réunion, le président établit un procès-verbal de carence. Ce procès-verbal indique les points de désaccord précisés par la partie présente ou représentée.

La non-comparution de la partie qui a introduit la requête de conciliation vaut renonciation à la demande. – *[Anc. art. R. 523-13.]*

Art. R. 2522-21 Lorsqu'un accord est intervenu devant une commission de conciliation, le président établit et notifie aux parties le procès-verbal. Ce dernier est communiqué dans le délai de vingt-quatre heures au ministre chargé du travail et au préfet de la région ou du département. Son dépôt est réalisé conformément aux dispositions de l'article D. 2231-2.

Lorsque les parties ne parviennent pas à un accord, un procès-verbal de non-conciliation est établi et leur est aussitôt notifié par lettre recommandée avec avis de réception. Ce procès-verbal précise les points sur lesquels elles sont parvenues à un accord et ceux sur lesquels le désaccord persiste. Il est communiqué au ministre chargé du travail et au préfet de la région ou du département dans les quarante-huit heures.

Le procès-verbal est, dans tous les cas, signé par le président, les membres de la commission ainsi que par les parties présentes ou leurs représentants. – *[Anc. art. R. 523-14.]*

Art. R. 2522-22 Le secrétariat des commissions est assuré par les services du ministre chargé du travail. – *[Anc. art. R. 523-15.]*

Art. R. 2522-23 Un arrêté conjoint des ministres chargés du travail, de l'agriculture et des finances fixe les conditions dans lesquelles sont allouées les indemnités de déplacement des membres des commissions et, pour les membres autres que les fonctionnaires en activité, les vacations. – *[Anc. art. R. 523-16.]*

CHAPITRE III **MÉDIATION**

SECTION PREMIÈRE **DÉSIGNATION DU MÉDIATEUR**

Art. R. 2523-1 Les listes de médiateurs appelés à être désignés pour un conflit régional, départemental ou local sont préparées par le *(Décr. nº 2009-1377 du 10 nov. 2009)* « directeur régional des entreprises, de la concurrence, de la consommation, du travail et de l'emploi », après consultation des organisations d'employeurs et de salariés représentatives au niveau national. Ces organisations disposent d'un délai d'un mois pour présenter leurs observations.

Les listes de médiateurs comportent dix noms au moins de personnalités choisies dans les conditions prévues au premier alinéa.

Chaque liste régionale est arrêtée par le préfet de région. Elle est publiée aux recueils des actes administratifs des départements intéressés. – *[Anc. art. R. 524-11, al. 4.]*

Les modifications issues du Décr. nº 2009-1377 du 10 nov. 2009 prennent effet, dans chaque région, à la date de nomination du directeur régional des entreprises, de la concurrence, de la consommation, du travail et de l'emploi (Décr. préc., art. 7-I). – V. Arr. de nomination de ces directeurs des 30 déc. 2009 (JO 5 janv. 2010) et 9 févr. 2010 (JO 14 févr.).

Ces modifications s'appliquent à la région Île-de-France à compter du 1er juill. 2010 (Décr. nº 2010-687 du 24 juin 2010, art. 2).

Art. R. 2523-2 La liste des médiateurs appelés à être désignés par le ministre chargé du travail pour un conflit à incidence nationale ou dont l'incidence s'étend à plus d'une région comprend au moins trente noms de personnalités.

Les organisations d'employeurs et de salariés représentatives au niveau national disposent d'un délai d'un mois pour présenter leurs observations sur cette liste.

Elle est publiée au *Journal officiel* de la République française après la consultation. – *[Anc. art. R. 524-11, al. 1er à 3.]*

Art. R. 2523-3 Les listes des médiateurs sont révisées tous les trois ans. Elles peuvent être complétées à tout moment. – *[Anc. art. R. 524-12.]*

Art. R. 2523-4 La procédure de médiation est engagée :

1° Soit après l'échec d'une procédure de conciliation, par le ministre chargé du travail ou par le président de la commission régionale de conciliation, à la demande de l'une des parties ou de sa propre initiative ;

2° Soit directement, conformément aux dispositions du troisième alinéa de l'article L. 2522-1, par le ministre chargé du travail ou, s'il s'agit d'un conflit à incidence régionale, départementale ou locale, par le préfet.

Les parties peuvent présenter conjointement des requêtes à fin de médiation précisant qu'elles entendent recourir directement à la médiation et indiquant le nom du médiateur choisi d'un commun accord. La décision de saisir directement le médiateur est prise par le ministre s'il s'agit d'un conflit à incidence nationale ou dont l'incidence s'étend à plus d'une région. Dans les autres cas, elle est prise par le préfet de région. – *[Anc. art. R. 524-1.]*

Art. R. 2523-5 Lorsque l'importance du conflit, son incidence géographique, le nombre de salariés concernés ou les circonstances particulières dans lesquelles il s'est produit le nécessitent, le médiateur peut être désigné par le ministre chargé du travail. – *[Anc. art. R. 524-7.]*

Art. R. 2523-6 Les médiateurs peuvent faire appel à des experts et des personnes qualifiées qui n'ont fait l'objet d'aucune interdiction, d'échéance ou capacité relative à leurs droits civiques. – *[Anc. art. R. 524-13.]*

SECTION II **PROCÉDURE DE MÉDIATION**

Art. R. 2523-7 Lorsqu'il s'agit d'un conflit à incidence nationale ou d'un conflit dont l'incidence s'étend à plus d'une région, la partie qui recourt à la médiation adresse une demande écrite et motivée au ministre chargé du travail. Dans les autres cas, la partie adresse la demande au président de la commission régionale de conciliation compétente. La demande précise les points sur lesquels porte ou persiste le conflit.

Dès réception de la demande, le service administratif concerné l'inscrit sur un registre spécial et constitue le dossier.

Dans le cas prévu au quatrième alinéa de l'article R. 2523-4, la demande conjointe des parties est adressée au ministre chargé du travail ou au préfet de région, qui désigne, s'il y a lieu, le médiateur choisi et lui transmet le dossier constitué sur le conflit. – *[Anc. art. R. 524-2.]*

Art. R. 2523-8 Dans le cas d'un conflit à incidence nationale ou dont l'incidence s'étend à plus d'une région lorsque les parties ne peuvent se mettre d'accord sur le choix d'un médiateur dans un délai de trois jours suivant le dépôt de la requête ou lorsque la procédure de médiation est engagée par le ministre chargé du travail, celui-ci, après avoir pris connaissance des propositions faites par les parties, désigne le médiateur parmi les personnes figurant sur la liste prévue à l'article *[R. 2523-2]*. – *[Anc. art. R. 524-3.]*

Art. R. 2523-9 Dans le cas d'un conflit à incidence régionale, départementale ou locale, lorsque les parties n'ont pu se mettre d'accord sur le choix d'un médiateur dans le délai de trois jours suivant le dépôt de la requête, ou lorsque la procédure est engagée soit par le président de la commission régionale de conciliation, soit dans le cas du 2° de l'article R. 2523-4 par le préfet, celui-ci, sur proposition du *(Décr. n° 2009-1377 du 10 nov. 2009)* « directeur régional des entreprises, de la concurrence, de la consommation, du travail et de l'emploi », désigne le médiateur parmi les personnes figurant sur les listes mentionnées à l'article R. 2523-1. – *[Anc. art. R. 524-4.]*

Les modifications issues du Décr. n° 2009-1377 du 10 nov. 2009 prennent effet, dans chaque région, à la date de nomination du directeur régional des entreprises, de la concurrence, de la consommation, du travail et de l'emploi (Décr. préc., art. 7-I). – V. Arr. de nomination de ces directeurs des 30 déc. 2009 (JO 5 janv. 2010) et 9 févr. 2010 (JO 14 févr.).

Ces modifications s'appliquent à la région Île-de-France à compter du 1er juill. 2010 (Décr. n° 2010-687 du 24 juin 2010, art. 2).

Art. R. 2523-10 Lorsque la procédure de médiation est engagée par le ministre chargé du travail ou par le président de la commission régionale de conciliation à la demande de l'une des parties ou de sa propre initiative, le dossier constitué sur le conflit est communiqué au médiateur concomitamment à la notification de sa désignation.

Le médiateur est saisi du conflit par une communication écrite qui en précise l'objet. – *[Anc. art. R. 524-5 et R. 524-6.]*

Art. R. 2523-11 Le médiateur a les plus larges pouvoirs pour s'informer de la situation économique des entreprises et de la situation des salariés concernés par le conflit. Il peut procéder à toutes enquêtes auprès des entreprises et des syndicats et requérir des parties la transmission de tout document ou renseignement d'ordre économique, comptable, financier, statistique ou administratif susceptible de lui être utile pour accomplir sa mission. Il peut faire appel à des experts ainsi qu'à toute personne qualifiée susceptible de l'éclairer.

Les parties remettent au médiateur un mémoire contenant leurs observations. Chaque mémoire est communiqué par la partie qui l'a rédigé à la partie adverse. – *[Anc. art. L. 524-2.]*

Art. R. 2523-12 Le médiateur peut procéder à toutes auditions qu'il juge utiles. Il convoque les parties par lettre recommandée avec avis de réception ou par notification délivrée contre récépissé. Elles peuvent, en cas d'empêchement grave, se faire représenter par une personne ayant qualité pour conclure un accord.

Les personnes morales parties au conflit sont tenues de se faire représenter devant le médiateur dans les conditions prévues aux articles L. 2522-3 et R. 2522-18.

Lorsque sans motif légitime, une partie régulièrement convoquée ne comparaît pas ou ne se fait pas représenter, le médiateur établit, conformément aux dispositions de l'article L. 2523-8, un rapport qu'il envoie au ministre chargé du travail ou au préfet, aux fins de transmission au parquet. – *[Anc. art. R. 524-8.]*

Art. R. 2523-13 Le médiateur peut, en accord avec les parties, suspendre l'élaboration de sa recommandation et la subordonner à la reprise des discussions entre elles sous une forme et dans un délai qu'il précise. – *[Anc. art. R. 524-9, al. 2.]*

Art. R. 2523-14 Le rejet de la proposition de règlement du conflit du médiateur prévue à l'article L. 2523-6 est adressé par lettre recommandée avec avis de réception.

Le médiateur informe aussitôt de ce rejet les autres parties au conflit par lettre recommandée. – *[Anc. art. L. 524-4, al. 3.]*

Art. R. 2523-15 Lorsqu'il s'agit d'un conflit à incidence nationale ou d'un conflit dont l'incidence s'étend à plus d'une région ou lorsqu'il s'agit du cas prévu à l'article R. 2523-5, les documents mentionnés au deuxième alinéa de l'article L. 2523-7 sont publiés au *Journal officiel* de la République française par le ministre chargé du travail.

Lorsqu'il s'agit d'un conflit à incidence régionale, départementale ou locale, ces documents sont publiés par le préfet au recueil des actes administratifs du ou des départements intéressés. – *[Anc. art. R. 524-10.]*

Art. R. 2523-16 Le rapport du médiateur prévu à l'article L. 2523-7 peut être rendu public sur décision du ministre chargé du travail. – *[Anc. art. L. 524-5, al. 3.]*

SECTION III **INDEMNITÉS ET DÉPENSES DE DÉPLACEMENTS**

Art. R. 2523-17 Pour chaque médiation, une indemnité forfaitaire est allouée aux médiateurs figurant sur les listes mentionnées à l'article R. 2523-3 ayant agi en cette qualité et en application des articles L. 2523-1 à L. 2523-9.

Le taux de cette indemnité varie en fonction de l'importance du conflit.

L'indemnité allouée comprend le remboursement des frais de secrétariat, de correspondance ou de déplacement nécessités par l'accomplissement de leur mission. – *[Anc. art. D. 524-1.]*

Art. R. 2523-18 Lorsque les médiateurs font appel à des experts, ces derniers sont rémunérés à la vacation.

Les personnes qualifiées qui prêtent leur concours aux médiateurs perçoivent une indemnité forfaitaire. – *[Anc. art. D. 524-2.]*

Art. R. 2523-19 Le taux et les conditions d'attribution des indemnités forfaitaires prévues aux articles R. 2523-17 et R. 2523-18 et des vacations sont fixés par arrêté conjoint des ministres chargés du travail, de l'agriculture et des finances. – *[Anc. art. D. 524-3.]*

Art. R. 2523-20 Les frais de déplacement et de séjour hors de leur résidence supportés par les médiateurs, les experts et les personnes qualifiées pour l'accomplissement de leur mission, leurs sont remboursés dans les conditions prévues par la réglementation en vigueur pour les fonctionnaires de l'État. – *[Anc. art. D. 524-4.]*

CHAPITRE IV **ARBITRAGE**

SECTION PREMIÈRE **ARBITRE**

Art. R. 2524-1 L'arbitre notifie la sentence aux parties dans un délai de vingt-quatre heures après qu'elle a été prise. Cette notification est faite par lettre recommandée avec avis de réception.

Après cette notification, l'arbitre envoie un exemplaire de la sentence et des pièces au vu desquelles elle a été rendue au ministre chargé du travail. Cet envoi, aux frais des parties, est adressé sous pli recommandé avec avis de réception. – *[Anc. art. R. 525-1.]*

SECTION II **COUR SUPÉRIEURE D'ARBITRAGE**

SOUS-SECTION 1 **COMPOSITION ET FONCTIONNEMENT**

Art. R. 2524-2 Les membres de la Cour supérieure d'arbitrage sont nommés par décret pour une durée de trois ans. – *[Anc. art. L. 525-6, al. 1er début.]*

Art. R. 2524-3 La Cour supérieure d'arbitrage est composée, outre son président, vice-président du Conseil d'État ou président de section au Conseil d'État en activité ou honoraire :

1° De quatre conseillers d'État en activité ou honoraires ;

2° De quatre hauts magistrats de l'ordre judiciaire en activité ou honoraires. – *[Anc. art. L. 525-6, al. 1er fin, et 2 à 4.]*

Art. R. 2524-4 Des conseillers d'État et des magistrats, en activité ou honoraires, sont désignés à titre de suppléants en nombre égal à celui des membres titulaires pour la même durée.

Ils sont nommés pour une durée de trois ans par décret pris sur le rapport conjoint du ministres *[ministre]* chargé du travail et du garde des sceaux, ministre de la justice. – *[Anc. art. R. 525-2.]*

Art. R. 2524-5 En cas d'absence ou d'empêchement du président de la Cour supérieure d'arbitrage, la présidence de l'audience est assurée par le plus ancien des conseillers d'État, membre titulaire de la cour. La cour est dans ce cas complétée par un conseiller d'État, membre suppléant. – *[Anc. art. R. 525-3.]*

Art. R. 2524-6 Lorsque l'un des membres de la Cour supérieure d'arbitrage vient à perdre la qualité en raison de laquelle il a été nommé, il est procédé par décret à la désignation de son successeur. Le successeur reste en fonctions jusqu'à expiration de la durée normale des fonctions du membre remplacé.

En cas de vacance par suite de décès ou de démission, la procédure de désignation est identique. – *[Anc. art. R. 525-4.]*

Art. R. 2524-7 Les membres de la Cour supérieure d'arbitrage ne peuvent délibérer qu'en nombre impair. Si la cour se réunit en nombre pair, le membre le moins âgé s'abstient de délibérer.

La cour ne statue que si cinq membres au moins sont présents. La présence de sept membres est exigée lorsque la cour rend une sentence dans les conditions prévues au troisième alinéa de l'article L. 2524-9. – *[Anc. art. R. 525-5.]*

Art. R. 2524-8 Des maîtres des requêtes ou des auditeurs au Conseil d'État, des conseillers référendaires ou des auditeurs à la Cour des comptes concluent dans chaque affaire.

Ils sont nommés commissaires du Gouvernement auprès de la cour respectivement par arrêté du Premier ministre et du garde des sceaux, ministre de la justice. – *[Anc. art. R. 525-7.]*

Art. R. 2524-9 Des maîtres des requêtes ou des auditeurs au Conseil d'État, des conseillers référendaires ou des auditeurs à la Cour des comptes sont adjoints à la Cour supérieure d'arbitrage en qualité de rapporteurs.

Ils sont nommés dans les mêmes formes que les commissaires du Gouvernement.

Ils ont voix consultative dans les affaires dont le rapport leur est confié. – *[Anc. art. R. 525-8.]*

Art. R. 2524-10 Le secrétaire et le secrétaire adjoint de la Cour supérieure d'arbitrage sont désignés par le vice-président du Conseil d'État parmi les fonctionnaires des services du Conseil d'État.

En cas de surplus d'activité, le service du secrétariat est assuré :

1° Soit par des fonctionnaires recrutés spécialement ;

2° Soit par des fonctionnaires mis à la disposition de la cour par le ministre chargé du travail. – *[Anc. art. R. 525-9.]*

Art. R. 2524-11 La Cour supérieure d'arbitrage a son siège au Conseil d'État. – *[Anc. art. R. 525-10.]*

SOUS-SECTION 2 PROCÉDURE D'ARBITRAGE

Art. R. 2524-12 Les recours devant la Cour supérieure d'arbitrage sont formés par requêtes écrites et signées par les parties ou un mandataire. Ce dernier justifie d'un mandat spécial et écrit s'il n'est ni avocat au Conseil d'État et à la Cour de cassation, ni avocat régulièrement inscrit à un barreau *(Abrogé par Décr. n° 2012-634 du 3 mai 2012, art. 21-3°-e)* ***« , ni avoué ».***

La requête est adressée au président de la cour par lettre recommandée avec avis de réception.

Les recours sont formés dans un délai de huit jours francs à compter de la notification de la sentence. Ils ne sont pas suspensifs.

A peine d'irrecevabilité, le recours comprend l'exposé des moyens d'excès de pouvoir ou de violation de la loi sur lequel il se fonde et est accompagné de la sentence attaquée. – *[Anc. art. R. 525-11, al. 1er à 4.]*

Art. R. 2524-13 La requête est accompagnée :

1° De copies, en double exemplaire, de la requête et de la sentence attaquée ;

2° D'une note précisant les parties intéressées et donnant leur adresse complète ;

3° Des copies de la requête en nombre égal à celui des parties intéressées ;

4° Des pièces dont le requérant entend se servir. – *[Anc. art. R. 525-11, al. 5 à 9.]*

Art. R. 2524-14 Les requêtes sont enregistrées au secrétariat de la Cour supérieure d'arbitrage dans l'ordre de leur arrivée. – *[Anc. art. R. 525-12.]*

Art. R. 2524-15 Chaque affaire est instruite par un membre de la Cour supérieure d'arbitrage ou par un des rapporteurs adjoints à la cour désigné par le président.

Dès la réception de la requête, le rapporteur en donne communication au ministre chargé du travail. Il lui demande de produire le dossier envoyé par l'arbitre et de présenter, le cas échéant, les observations qu'il juge utiles.

Il avise chaque partie intéressée par l'envoi d'une des copies jointes à la requête de l'instance introduite devant la cour. Il leur impartit un délai pour présenter leur mémoire.

Les parties sont invitées à prendre connaissance du dossier au secrétariat de la cour. – *[Anc. art. R. 525-13.]*

Art. R. 2524-16 Les rôles de chaque séance sont préparés par le commissaire du Gouvernement et arrêtés par le président de la Cour supérieure d'arbitrage.

Ils sont communiqués au ministre chargé du travail et, s'il y a lieu, au ministre de l'agriculture.

Les parties sont avisées de la date de l'audience. – *[Anc. art. R. 525-14.]*

Art. R. 2524-17 Le rapporteur lit son rapport à l'audience.

Avant que le commissaire du Gouvernement prononce ses conclusions, le président peut autoriser soit les parties, soit les avocats au Conseil d'État et à la Cour de cassation, les avocats régulièrement inscrits au barreau ou les mandataires des parties à présenter brièvement des observations orales. – *[Anc. art. R. 525-15.]*

Art. R. 2524-18 Les décisions de la Cour supérieure d'arbitrage sont rendues au nom du peuple français.

Elles contiennent l'analyse sommaire des moyens et les conclusions des recours. Elles visent les pièces soumises à la cour et les lois dont il est fait application.

Elles sont signées par le président, le rapporteur et le secrétaire ou le secrétaire adjoint. Elles sont lues en séance publique.

Elles sont notifiées par le président aux parties dans un délai de vingt-quatre heures. Ces notifications sont faites par lettre recommandée avec avis de réception. – *[Anc. art. R. 525-16.]*

Art. R. 2524-19 Les expéditions des décisions délivrées par le secrétaire ou le secrétaire adjoint de la Cour supérieure d'arbitrage portent la formule exécutoire suivante :

"La République mande et ordonne au ministre *(ajouter le département ministériel désigné par la décision)* en ce qui le concerne et à tout huissier à ce requis, en ce qui concerne les voies de droit commun contre les parties privées, de pourvoir à l'exécution de la présente décision." – *[Anc. art. R. 525-17.]*

Art. R. 2524-20 Les expéditions des décisions de la Cour supérieure d'arbitrage et tous les actes de procédure auxquels donne lieu l'application de la présente section portent la mention qu'ils sont faits en exécution du chapitre IV du titre II du livre V de la partie II du code du travail.

Le secrétariat de la cour communique les arrêts et les sentences rendus au ministre chargé du travail ou au ministre chargé de l'agriculture.

Les arrêts et les sentences de la cour sont publiés au *Journal officiel* de la République française. – *[Anc. art. R. 525-18.]*

Art. R. 2524-21 Les audiences de la Cour supérieure d'arbitrage sont publiques.

Les dispositions des articles 438 et 439 du code de procédure civile sur la police des audiences sont applicables à la cour. – *[Anc. art. R. 525-6.]*

Art. R. 2524-22 L'arrêt de la Cour supérieure d'arbitrage est rendu au plus tard huit jours francs après que le recours a été formé.

Il prend effet le jour de sa notification. – *[Anc. art. L. 525-7.]*

CHAPITRE V **DISPOSITIONS PÉNALES**

Art. R. 2525-1 Le fait pour une partie régulièrement convoquée de ne pas comparaître, sans motif légitime, devant la commission de conciliation, ou de ne pas se faire représenter dans les conditions fixées aux premier et deuxième alinéas de l'article L. 2522-3, est puni de l'amende prévue pour les contraventions de la cinquième classe. – *[Anc. art. R. 532-1, al. 2.]*

Art. R. 2525-2 Le fait, pour un employeur compris dans le champ d'application professionnel ou territorial d'une sentence arbitrale ou d'un accord intervenu au cours d'une procédure de conciliation ou de médiation dont les dispositions ont fait l'objet d'un arrêté d'extension, de payer des salaires inférieurs à ceux fixés par cette sentence ou cet accord est puni de l'amende prévue à l'article R. 2263-3. – *[Anc. art. R. 532-2.]*

LIVRE SIXIÈME **DISPOSITIONS RELATIVES À L'OUTRE-MER**

TITRE PREMIER **DISPOSITIONS GÉNÉRALES**

Le présent titre ne comprend pas de dispositions réglementaires.

TITRE DEUXIÈME **DÉPARTEMENTS D'OUTRE-MER, SAINT-BARTHÉLEMY, SAINT-MARTIN ET SAINT-PIERRE-ET-MIQUELON**

CHAPITRE PREMIER **DISPOSITIONS GÉNÉRALES**

Art. D. 2621-1 S'appliquent aux départements d'outre-mer, à Saint-Barthélemy, à Saint-Martin et à Saint-Pierre-et-Miquelon les dispositions relatives :

1° Aux critères de représentativité syndicale, prévues au chapitre Ier du titre II du livre Ier ;

2° Aux conditions de validité de négociation et de conclusion des conventions et accords collectifs de travail, prévues au chapitre Ier du titre III du livre II ;

3° Aux règles applicables à chaque niveau de négociation, prévues au chapitre II du titre III du livre II ;

4° A la négociation de branche et professionnelle, prévues à la section I du chapitre Ier du titre IV du livre II ;

5° A la négociation triennale de branche et professionnelle sur l'égalité professionnelle entre les femmes et les hommes, prévue à la sous-section 2 de la section II du chapitre Ier du titre IV du livre II ;

6° A la négociation triennale de branche et professionnelle des travailleurs handicapés, prévues à la sous-section 3 de la section II du chapitre Ier du titre IV du livre II ;

7° A la négociation triennale de branche et professionnelle dans le domaine de la formation professionnelle et à l'apprentissage, prévues à la sous-section 4 de la section II du chapitre Ier du titre IV du livre II ;

8° Aux conditions d'applicabilité des conventions et accords, prévues au chapitre Ier du titre VI du livre II ;

9° A l'effet de l'application des conventions et accords, prévues au chapitre II du titre VI du livre II ;

10° A la Commission nationale de la négociation collective, prévues au titre VII du livre II. – *[Anc. art. D. 811, al. 1er.]*

Art. D. 2621-2 Dans les départements d'outre-mer, à Saint-Barthélemy, à Saint-Martin et à Saint-Pierre-et-Miquelon, le préfet constate la représentativité des organisations d'employeurs et de salariés sur le fondement de l'enquête mentionnée à l'article L. 2121-1. – *[Anc. art. D. 811, al. 4.]*

CHAPITRE II **NÉGOCIATION COLLECTIVE — CONVENTIONS ET ACCORDS COLLECTIFS DE TRAVAIL**

Art. D. 2622-1 En vue de la définition des éléments essentiels servant à la détermination des classifications professionnelles et des niveaux de qualification, les conventions collectives conclues dans un département d'outre-mer, à Saint-Barthélemy et à Saint-Martin ainsi que leurs avenants prennent en compte, pour pouvoir être étendus, l'attestation de formation professionnelle mentionnée à l'article L. 2622-1. – *[Anc. art. D. 813-1.]*

Art. D. 2622-2 L'attestation de formation professionnelle délivrée dans les unités du service militaire adapté correspond à tout document signé par le chef de corps sanctionnant la réussite aux épreuves d'évaluation de la formation professionnelle suivie, pendant huit cents heures au moins, au sein du corps de troupe. – *[Anc. art. D. 813-2.]*

CHAPITRE III **LES CONFLITS COLLECTIFS**

SECTION UNIQUE **COMMISSION DE CONCILIATION**

SOUS-SECTION 1 **COMPÉTENCE**

Art. R. 2623-1 La commission de conciliation prévue à l'article L. 2623-1 peut connaître de tout conflit collectif du travail survenant dans le département ou la collectivité où elle siège, à l'exception des conflits collectifs de travail concernant les personnels navigants. – *[Anc. art. R. 852-1, al. 1er, phrase 1.]*

Art. R. 2623-2 La commission de conciliation comprend deux sections. L'une de ces sections connaît les conflits collectifs de travail dans les professions agricoles et l'autre les autres conflits collectifs de travail. – *[Anc. art. R. 852-1, al. 1er, phrase 2.]*

Art. R. 2623-3 La commission de conciliation peut être saisie :

1° Par la plus diligente des parties qui adresse au président de la commission de conciliation une requête écrite exposant les points sur lesquels porte le litige ;

2° Par le préfet. – *[Anc. art. R. 852-4, al. 1er à 4.]*

Art. R. 2623-4 Les saisines de la commission de conciliation restent à la disposition des parties intéressées soit à la direction du travail, de l'emploi et de la formation professionnelle, soit au service du travail, de l'emploi et de la formation professionnelle de Saint-Pierre-et-Miquelon.

La direction ou le service assure le secrétariat de la commission de conciliation. – *[Anc. art. R. 852-4, al. 5.]*

SOUS-SECTION 2 **COMPOSITION**

Art. R. 2623-5 Les deux sections de la commission de conciliation comprennent :

1° Le préfet ou son représentant, président ;

2° Un fonctionnaire de catégorie A ;

3° Quatre à huit représentants des employeurs ;

4° Quatre à huit représentants des salariés. – *[Anc. art. R. 852-1, al. 2 à 6.]*

Art. R. 2623-6 Lorsque le conflit intéresse à la fois des professions agricoles et non agricoles, le président de la commission de conciliation peut réunir les membres des deux sections. – *[Anc. art. R. 852-3, al. 1er.]*

Art. R. 2623-7 La section agricole de la commission de conciliation peut être complétée par un représentant du ministre chargé de l'agriculture, nommé par le préfet.

Lorsque le conflit concerne une branche d'activité pour laquelle les services *(Décr. no 2008-1503 du 30 déc. 2008)* « du ministre chargé de l'industrie » exercent les fonctions de contrôle normalement dévolues à l'inspection du travail, la section de la commission des secteurs non agricoles peut être complétée par un représentant de l'administration concernée, nommé par le préfet. – *[Anc. art. R. 852-3, al. 2 et 3.]*

Art. R. 2623-8 Un arrêté préfectoral détermine le nombre total de représentants des employeurs et des salariés.

Cet arrêté nomme pour trois ans les membres de la commission de conciliation. – *[Anc. art. R. 852-2, al. 1er.]*

Art. R. 2623-9 Les représentants des employeurs et des salariés sont nommés, après avis du directeur du travail, de l'emploi et de la formation professionnelle, sur proposition des organisations représentatives d'employeurs et de salariés au niveau national et des organisations représentatives au plan local. – *[Anc. art. R. 852-2, al. 2.]*

Art. R. 2623-10 En vue de la nomination des représentants des salariés et des employeurs, les organisations représentatives soumettent au préfet des listes comportant des noms en nombre double de celui des postes à pourvoir pour chacune des sections de la commission.

Ces noms sont choisis parmi les employeurs ou les salariés qui exercent effectivement leur activité professionnelle dans le ressort de la commission. – *[Anc. art. R. 852-2, al. 3.]*

Art. R. 2623-11 Les membres suppléants de la commission de conciliation sont désignés dans les mêmes conditions que les membres titulaires.

Ils siègent en l'absence de ces derniers. – *[Anc. art. R. 852-2, al. 4.]*

SOUS-SECTION 3 **FONCTIONNEMENT**

Art. R. 2623-12 Lorsque le président de la commission de conciliation est saisi d'une demande de conciliation ou décide, de sa propre initiative, de mettre en œuvre la procédure de conciliation, il adresse aux membres des sections concernées une convocation précisant les points sur lesquels porte le différend, la date et le lieu de la réunion.

Il convoque les parties au conflit par lettre recommandée avec avis de réception ou remise contre récépissé. – *[Anc. art. R. 852-5, al. 1er et 2.]*

Art. R. 2623-13 Devant la commission de conciliation, les parties peuvent être assistées d'un membre de l'organisation d'employeurs ou de salariés à laquelle elles appartiennent. – *[Anc. art. R. 852-6, al. 1er.]*

Art. R. 2623-14 Lorsque les parties se font représenter, le représentant appartient à la même organisation que la partie qu'il représente ou est salarié dans l'entreprise où a lieu le conflit.

Il est dûment mandaté et a qualité pour conclure un accord de conciliation au nom de son mandant. – *[Anc. art. R. 852-6, al. 2, phrase 2.]*

Art. R. 2623-15 Lorsque l'une des parties ne comparaît pas ou ne se fait pas représenter devant la commission de conciliation, le président, après avoir constaté son absence, fixe, dans les conditions fixées à l'article L. 2522-3, une nouvelle date de réunion au cours de la séance. Il notifie cette date de réunion à la partie présente ou représentée.

Il convoque la partie défaillante par lettre recommandée avec avis de réception ou remise en main propre contre décharge. – *[Anc. art. R. 852-5, al. 3.]*

Art. R. 2623-16 Lorsqu'une partie régulièrement convoquée ne comparaît pas, sans motif légitime, à la nouvelle réunion, le président établit un procès-verbal de carence. Ce procès-verbal indique les points de désaccord précisés par la partie présente ou représentée.

La non-comparution de la partie qui a introduit la requête de conciliation vaut renonciation à la demande. – *[Anc. art. R. 852-5, al. 4.]*

Art. R. 2623-17 Lorsqu'un accord est intervenu devant une commission de conciliation, le président établit et notifie aux parties un procès-verbal. Son dépôt est réalisé auprès de la direction du travail, de l'emploi et de la formation professionnelle ou, à Saint-Pierre-et-Miquelon, au service du travail, de l'emploi et de la formation professionnelle.

Lorsque les parties ne parviennent pas à un accord, un procès-verbal de non-conciliation est établi et leur est aussitôt notifié par lettre recommandée avec avis de réception. Ce procès-verbal précise les points sur lesquels elles sont parvenues à un accord et ceux sur lesquels le désaccord persiste.

Les procès-verbaux sont communiqués dans les quarante-huit heures au préfet. – *[Anc. art. R. 852-7.]*

Art. R. 2623-18 Un arrêté conjoint des ministres chargés du travail, de l'agriculture et des finances détermine les conditions dans lesquelles sont allouées les indemnités de déplacement des membres des commissions et, pour les membres autres que les fonctionnaires en activité, les vacations. – *[Anc. art. R. 852-8.]*

Art. R. 2623-19 La Commission nationale de conciliation siégeant auprès du ministre chargé du travail ou celle siégeant auprès du ministre chargé de l'agriculture peut être saisie d'un conflit collectif du travail se déroulant dans un ou des départements d'outre-mer, à Saint-Barthélemy et à Saint-Martin ainsi qu'à Saint-Pierre-et-Miquelon.

La procédure de conciliation se déroule selon les règles prévues à la section II du chapitre II du titre II du livre V. – *[Anc. art. R. 852-9.]*

TITRE TROISIÈME **MAYOTTE, WALLIS-ET-FUTUNA ET TERRES AUSTRALES ET ANTARCTIQUES FRANÇAISES**

Le présent titre ne comprend pas de dispositions réglementaires.

TROISIÈME PARTIE **DURÉE DU TRAVAIL, SALAIRE, INTÉRESSEMENT, PARTICIPATION ET ÉPARGNE SALARIALE**

LIVRE PREMIER **DURÉE DU TRAVAIL, REPOS ET CONGÉS**

TITRE PREMIER **CHAMP D'APPLICATION**

Art. R. 3111-1 *(Décr. n° 2016-1551 du 18 nov. 2016, art. 1er, en vigueur le 1er janv. 2017)* **A l'exception du chapitre II du titre III ainsi que des titres VI et VII, le présent livre définit les règles d'ordre public, le champ de la négociation collective et les règles supplétives applicables en l'absence d'accord.**

TITRE DEUXIÈME **DURÉE DU TRAVAIL, RÉPARTITION ET AMÉNAGEMENT DES HORAIRES**

CHAPITRE PREMIER **DURÉE ET AMÉNAGEMENT DU TRAVAIL** *(Décr. n° 2016-1551 du 18 nov. 2016, art. 2-I, en vigueur le 1er janv. 2017).*

SECTION PREMIÈRE **TRAVAIL EFFECTIF, ASTREINTES ET ÉQUIVALENCES**

SOUS-SECTION 1 **TRAVAIL EFFECTIF** *(Décr. n° 2016-1551 du 18 nov. 2016, art. 2-II, en vigueur le 1er janv. 2017).*

§ 1er ORDRE PUBLIC

(Décr. n° 2016-1551 du 18 nov. 2016, art. 2-II, en vigueur le 1er janv. 2017)

Art. R. 3121-1 **En cas de travaux insalubres et salissants, le temps passé à la douche en application de l'article** *(Décr. n° 2016-1551 du 18 nov. 2016, art. 2-II, en vigueur le 1er janv. 2017)* **« R. 4228-8 » est rémunéré au tarif normal des heures de travail sans être pris en compte dans le calcul de la durée du travail effectif.** – *[Anc. art. R. 232-2-4, al. 4.]*

L'art. R. 3121-2 devient l'art. R. 3121-1 (Décr. n° 2016-1551 du 18 nov. 2016, art. 2-II, en vigueur le 1er janv. 2017).

SOUS-SECTION 2 **ASTREINTES**

(Décr. n° 2016-1551 du 18 nov. 2016, art. 2-II, en vigueur le 1er janv. 2017)

§ 1er ORDRE PUBLIC

(Décr. n° 2016-1551 du 18 nov. 2016, art. 2-II, en vigueur le 1er janv. 2017)

Art. R. 3121-2 **En fin de mois, l'employeur remet à chaque salarié intéressé un document récapitulant le nombre d'heures d'astreinte accomplies par celui-ci au cours du mois écoulé ainsi que la compensation correspondante.** – *[Anc. art. L. 212-4 bis, al. 3, phrase 2.]*

L'art. R. 3121-1 devient l'art. R. 3121-2 (Décr. n° 2016-1551 du 18 nov. 2016, art. 2-II, en vigueur le 1er janv. 2017).

§ 2 DISPOSITIONS SUPPLÉTIVES

(Décr. n° 2016-1551 du 18 nov. 2016, art. 2-II, en vigueur le 1er janv. 2017)

Art. R. 3121-3 **A défaut d'accord prévu à l'article L. 3121-11, l'employeur communique, par tout moyen conférant date certaine, aux salariés concernés la programmation individuelle des périodes d'astreinte dans le respect des délais de prévenance prévus à l'article L. 3121-12.**

SECTION II **DURÉES MAXIMALES DE TRAVAIL**

La section III devient la section II (Décr. n° 2016-1551 du 18 nov. 2016, art. 2-IV, en vigueur le 1er janv. 2017).

SOUS-SECTION 1 **DURÉE QUOTIDIENNE MAXIMALE**

§ 1er ORDRE PUBLIC

(Décr. n° 2016-1553 du 18 nov. 2016, art. 1er, en vigueur le 1er janv. 2017)

Art. D. 3121-4 Le dépassement de la durée quotidienne maximale du travail effectif, prévue à l'article *(Décr. n° 2016-1553 du 18 nov. 2016, art. 1er, en vigueur le 1er janv. 2017)* « L. 3121-18 », peut être autorisé dans les cas où un surcroît temporaire d'activité est imposé, notamment pour l'un des motifs suivants :

1° Travaux devant être exécutés dans un délai déterminé en raison de leur nature, des charges imposées à l'entreprise ou des engagements contractés par celle-ci ;

2° Travaux saisonniers ;

3° Travaux impliquant une activité accrue pendant certains jours de la semaine, du mois ou de l'année.

L'art. D. 3121-15 devient l'art. D. 3121-4 (Décr. n° 2016-1553 du 18 nov. 2016, art. 1er, en vigueur le 1er janv. 2017).

Art. D. 3121-5 La demande de *(Décr. n° 2016-1553 du 18 nov. 2016, art. 1er, en vigueur le 1er janv. 2017)* « dépassement de » la durée quotidienne maximale de travail, accompagnée des justifications utiles et de l'avis du comité d'entreprise ou, à défaut, des délégués du personnel, s'il en existe, est adressée par l'employeur à l'inspecteur du travail.

L'inspecteur du travail fait connaître sa décision dans un délai de quinze jours à compter de la date de réception de la demande à l'employeur et aux représentants du personnel.

L'art. D. 3121-16 devient l'art. D. 3121-5 (Décr. n° 2016-1553 du 18 nov. 2016, art. 1er, en vigueur le 1er janv. 2017).

Art. D. 3121-6 En cas d'urgence, l'employeur peut *(Décr. n° 2016-1553 du 18 nov. 2016, art. 1er, en vigueur le 1er janv. 2017)* « dépasser » sous sa propre responsabilité, dans les hypothèses envisagées à l'article *(Décr. n° 2016-1553 du 18 nov. 2016, art. 1er, en vigueur le 1er janv. 2017)* « D. 3121-4 », la durée quotidienne maximale du travail.

S'il n'a pas encore adressé de demande de *(Décr. n° 2016-1553 du 18 nov. 2016, art. 1er, en vigueur le 1er janv. 2017)* « dépassement », il présente immédiatement à l'inspecteur du travail une demande de régularisation accompagnée des justifications et avis mentionnés à l'article *(Décr. n° 2016-1553 du 18 nov. 2016, art. 1er, en vigueur le 1er janv. 2017)* « D. 3121-5 » et de toutes explications nécessaires sur les causes ayant nécessité une prolongation de la durée quotidienne du travail sans autorisation préalable.

S'il se trouve dans l'attente d'une réponse à une demande de *(Décr. n° 2016-1553 du 18 nov. 2016, art. 1er, en vigueur le 1er janv. 2017)* « dépassement », il informe immédiatement l'inspecteur du travail de l'obligation où il s'est trouvé d'anticiper la décision attendue et en donne les raisons.

L'inspecteur du travail fait connaître sa décision dans un délai de quinze jours à compter de la date de réception de la demande à l'employeur et aux représentants du personnel.

L'art. D. 3121-17 devient l'art. D. 3121-6 (Décr. n° 2016-1553 du 18 nov. 2016, art. 1er, en vigueur le 1er janv. 2017).

Art. D. 3121-7 Les recours hiérarchiques contre les décisions prévues aux articles *(Décr. n° 2016-1553 du 18 nov. 2016, art. 1er, en vigueur le 1er janv. 2017)* « D. 3121-5 et D. 3121-6 » sont formés devant le *(Décr. n° 2009-1377 du 10 nov. 2009)* « directeur régional des entreprises, de la concurrence, de la consommation, du travail et de l'emploi » dans le délai d'un mois suivant la date à laquelle les intéressés en ont reçu notification.

L'art. D. 3121-18 devient l'art. D. 3121-7 (Décr. n° 2016-1553 du 18 nov. 2016, art. 1er, en vigueur le 1er janv. 2017).

SOUS-SECTION 2 DURÉES HEBDOMADAIRES MAXIMALES

§ 1er DISPOSITIONS COMMUNES

SOUS-§ 1er *ORDRE PUBLIC*

(Décr. n° 2016-1551 du 18 nov. 2016, art. 2-IV, en vigueur le 1er janv. 2017)

Art. R. 3121-8 *(Décr. n° 2016-1551 du 18 nov. 2016, art. 2-IV, en vigueur le 1er janv. 2017)* **« L'autorisation de dépassement de la durée maximale hebdomadaire prévues aux articles L. 3121-21 et L. 3121-25 ne peut être accordée » que pour une durée expressément fixée par l'autorité compétente.**

A l'expiration de cette durée, une *(Décr. n° 2016-1551 du 18 nov. 2016, art. 2-IV, en vigueur le 1er janv. 2017)* **« nouvelle autorisation » ne peut résulter que d'une décision expresse faisant suite à une nouvelle demande des intéressés, instruite dans les mêmes conditions que la demande initiale.**

(Décr. n° 2016-1551 du 18 nov. 2016, art. 2-IV, en vigueur le 1er janv. 2017) **« L'autorisation » est révocable à tout moment par l'autorité qui l'a accordée si les raisons qui en ont motivé l'octroi viennent à disparaître, notamment en cas de licenciements collectifs affectant les secteurs, régions ou entreprises ayant fait l'objet d'***(Décr. n° 2016-1551 du 18 nov. 2016, art. 2-IV, en vigueur le 1er janv. 2017)* **« une autorisation ».**

L'art. R. 3121-21 devient l'art. R. 3121-8 (Décr. n° 2016-1551 du 18 nov. 2016, art. 2-IV, en vigueur le 1er janv. 2017).

Art. R. 3121-9 *(Décr. n° 2016-1551 du 18 nov. 2016, art. 2-IV, en vigueur le 1er janv. 2017)* **« Les dépassements » à la durée maximale hebdomadaire du travail peuvent être** *(Décr. n° 2016-1551 du 18 nov. 2016, art. 2-IV, en vigueur le 1er janv. 2017)* **« assortis » de mesures compensatoires ayant pour objet, dans les entreprises bénéficiaires :**

1° Soit de ramener la durée hebdomadaire moyenne de travail à moins de quarante-six heures pendant une période déterminée postérieure à la date d'expiration de la dérogation ;

2° Soit de prévoir, en faveur des salariés, des périodes de repos complémentaire ;

3° Soit d'abaisser, pendant une période limitée, la durée maximale du travail.

La nature et les conditions de cette compensation sont fixées par *(Décr. n° 2016-1551 du 18 nov. 2016, art. 2-IV, en vigueur le 1er janv. 2017)* **« la décision d'autorisation ».**

L'art. R. 3121-22 devient l'art. R. 3121-9 (Décr. n° 2016-1551 du 18 nov. 2016, art. 2-IV, en vigueur le 1er janv. 2017).

§ 2 DÉPASSEMENT DE LA DURÉE MAXIMALE HEBDOMADAIRE ABSOLUE ET DE LA DURÉE HEBDOMADAIRE MAXIMALE MOYENNE *(Décr. n° 2016-1551 du 18 nov. 2016, art. 2-IV, en vigueur le 1er janv. 2017).*

SOUS-§ 1er *ORDRE PUBLIC*

(Décr. n° 2016-1551 du 18 nov. 2016, art. 2-IV, en vigueur le 1er janv. 2017)

Art. R. 3121-10 *(Décr. n° 2016-1551 du 18 nov. 2016, art. 2-IV, en vigueur le 1er janv. 2017)* **« L'autorisation de dépassement de la durée maximale hebdomadaire absolue du travail prévue à l'article L. 3121-21 » est accordée par le** *(Décr. n° 2009-1377 du 10 nov. 2009)* **« directeur régional des entreprises, de la concurrence, de la consommation, du travail et de l'emploi ». Elle ne peut l'être qu'en cas de circonstance exceptionnelle entraînant temporairement un surcroît extraordinaire de travail.**

La demande *(Décr. n° 2016-1551 du 18 nov. 2016, art. 2-IV, en vigueur le 1er janv. 2017)* **« d'autorisation » est adressée par l'employeur à l'inspecteur du travail.**

Elle est assortie de justifications sur les circonstances exceptionnelles qui la motivent et précise la durée pour laquelle *(Décr. n° 2016-1551 du 18 nov. 2016, art. 2-IV, en vigueur le 1er janv. 2017)* **« l'autorisation » est sollicitée.**

Elle est accompagnée de l'avis du comité d'entreprise ou, à défaut, des délégués du personnel, s'il en existe.

Le directeur régional des entreprises, de la concurrence, de la consommation, du travail et de l'emploi prend sa décision au vu d'un rapport établi par l'inspecteur du travail et indiquant notamment si la situation de l'entreprise requérante justifie le bénéfice de *(Décr. n° 2016-1551 du 18 nov. 2016, art. 2-IV, en vigueur le 1er janv. 2017)* « l'autorisation ».

La décision précise l'ampleur de *(Décr. n° 2016-1551 du 18 nov. 2016, art. 2-IV, en vigueur le 1er janv. 2017)* « l'autorisation » ainsi que la durée pour laquelle elle est accordée.

L'art. R. 3121-23 devient l'art. R. 3121-10 (Décr. n° 2016-1551 du 18 nov. 2016, art. 2-IV, en vigueur le 1er janv. 2017).

SOUS-§ 2 *DISPOSITIONS SUPPLÉTIVES*

(Décr. n° 2016-1551 du 18 nov. 2016, art. 2-IV, en vigueur le 1er janv. 2017)

Art. R. 3121-11 *(Décr. n° 2016-1551 du 18 nov. 2016, art. 2-IV, en vigueur le 1er janv. 2017)* A défaut d'accord prévu à l'article L. 3121-23, le dépassement de la durée hebdomadaire moyenne de quarante-quatre heures est accordé dans les conditions définies à l'article R. 3121-10.

§ 3 DÉPASSEMENT DE LA DURÉE HEBDOMADAIRE MAXIMALE MOYENNE DANS CERTAINS SECTEURS, CERTAINES RÉGIONS OU DANS CERTAINES ENTREPRISES *(Décr. n° 2016-1551 du 18 nov. 2016, art. 2-IV, en vigueur le 1er janv. 2017).*

SOUS-§ 1er *DISPOSITIONS SUPPLÉTIVES*

(Décr. n° 2016-1551 du 18 nov. 2016, art. 2-IV, en vigueur le 1er janv. 2017)

Art. R. 3121-12 *(Décr. n° 2016-1551 du 18 nov. 2016, art. 2-IV, en vigueur le 1er janv. 2017)* « L'autorisation de dépassement à la durée hebdomadaire maximale moyenne prévue à l'article L. 3121-25 » revêt l'une des modalités suivantes :

1° Le dépassement de la durée moyenne hebdomadaire de quarante-six heures sur une période de douze semaines consécutives ;

2° La répartition de cette même moyenne sur une période de plus de douze semaines ;

3° La combinaison des deux modalités précédentes.

La décision *(Décr. n° 2016-1551 du 18 nov. 2016, art. 2-IV, en vigueur le 1er janv. 2017)* « d'autorisation » précise la modalité, l'ampleur et les autres conditions du dépassement autorisé.

L'art. R. 3121-24 devient l'art. R. 3121-12 (Décr. n° 2016-1551 du 18 nov. 2016, art. 2-IV, en vigueur le 1er janv. 2017).

Art. R. 3121-13 La demande de *(Décr. n° 2016-1551 du 18 nov. 2016, art. 2-IV, en vigueur le 1er janv. 2017)* « dépassement » concernant l'ensemble d'un secteur d'activité sur le plan national est adressée par l'organisation d'employeurs intéressée au ministre chargé du travail.

Celui-ci prend sa décision après consultation des organisations d'employeurs et de salariés représentatives dans le secteur considéré, en tenant compte des conditions économiques et *[de]* la situation de l'emploi dans ce secteur.

L'art. R. 3121-25 devient l'art. R. 3121-13 (Décr. n° 2016-1551 du 18 nov. 2016, art. 2-IV, en vigueur le 1er janv. 2017).

Art. R. 3121-14 La demande de *(Décr. n° 2016-1551 du 18 nov. 2016, art. 2-IV, en vigueur le 1er janv. 2017)* « dépassement » concernant un secteur d'activité sur le plan local, départemental ou interdépartemental est adressée par l'organisation d'employeurs intéressée au *(Décr. n° 2009-1377 du 10 nov. 2009)* « directeur régional des entreprises, de la concurrence, de la consommation, du travail et de l'emploi ».

Celui-ci instruit la demande après consultation des organisations d'employeurs et de salariés représentatives intéressées, en tenant compte des conditions économiques et de la situation de l'emploi propres à la région et au secteur considérés.

La décision est prise par le ministre chargé du travail ou par délégation, par le *(Décr. n° 2009-1377 du 10 nov. 2009)* **« directeur régional des entreprises, de la concurrence, de la consommation, du travail et de l'emploi ».**

L'art. R. 3121-26 devient l'art. R. 3121-14 (Décr. n° 2016-1551 du 18 nov. 2016, art. 2-IV, en vigueur le 1er janv. 2017).

Art. R. 3121-15 *(Décr. n° 2016-1551 du 18 nov. 2016, art. 2-IV, en vigueur le 1er janv. 2017)* **« Lorsqu'une autorisation est attribuée en application des articles R. 3121-13 ou R. 3121-14, l'entreprise ne peut en user » qu'après décision de l'inspecteur du travail qui statue sur le principe et les modalités de l'application de celle-ci, après avis du comité d'entreprise ou, à défaut, des délégués du personnel, s'il en existe.**

L'art. R. 3121-27 devient l'art. R. 3121-15 (Décr. n° 2016-1551 du 18 nov. 2016, art. 2-IV, en vigueur le 1er janv. 2017).

En application de l'art. L. 231-5 CRPA, et par exception à l'application du délai de deux mois prévu à l'art. L. 231-1 du même code, le délai à l'expiration duquel le silence gardé par l'administration vaut décision d'acceptation est fixé à trente jours pour une demande de dérogation à la durée hebdomadaire maximale moyenne de travail (Décr. n° 2014-1290 du 23 oct. 2014, art. 1er).

Art. R. 3121-16 L'employeur qui ne relève pas d'un secteur couvert par l'une des décisions prévues aux articles *(Décr. n° 2016-1551 du 18 nov. 2016, art. 2-IV, en vigueur le 1er janv. 2017)* **« R. 3121-13 et R. 3121-14 » peut, pour faire face à des situations exceptionnelles propres à son entreprise, demander une** *(Décr. n° 2016-1551 du 18 nov. 2016, art. 2-IV, en vigueur le 1er janv. 2017)* **« autorisation » particulière.**

Cette demande est motivée et adressée, accompagnée de l'avis du comité d'entreprise ou, à défaut, de celui des délégués du personnel, s'il en existe, à l'inspecteur du travail qui la transmet au *(Décr. n° 2009-1377 du 10 nov. 2009)* **« directeur régional des entreprises, de la concurrence, de la consommation, du travail et de l'emploi ».**

Celui-ci prend sa décision au vu d'un rapport établi par l'inspecteur et indiquant, notamment, si la situation de l'entreprise requérante est de nature à justifier l'octroi de *(Décr. n° 2016-1551 du 18 nov. 2016, art. 2-IV, en vigueur le 1er janv. 2017)* **« l'autorisation ».**

L'art. R. 3121-28 devient l'art. R. 3121-16 (Décr. n° 2016-1551 du 18 nov. 2016, art. 2-IV, en vigueur le 1er janv. 2017).

En application de l'art. L. 231-5 CRPA, et par exception à l'application du délai de deux mois prévu à l'art. L. 231-1 du même code, le délai à l'expiration duquel le silence gardé par l'administration vaut décision d'acceptation est fixé à trente jours pour une demande de dérogation à la durée hebdomadaire maximale moyenne de travail dans certains secteurs, dans certaines régions ou dans certaines entreprises (Décr. n° 2014-1290 du 23 oct. 2014, art. 1er).

SECTION III **DURÉE LÉGALE ET HEURES SUPPLÉMENTAIRES**

La section II devient la section III (Décr. n° 2016-1551 du 18 nov. 2016, art. 2-II, en vigueur le 1er janv. 2017).

SOUS-SECTION 1 **CONTREPARTIE OBLIGATOIRE EN REPOS** *(Décr. n° 2016-1553 du 18 nov. 2016, art. 1er, en vigueur le 1er janv. 2017).*

§ 1er ORDRE PUBLIC

(Décr. n° 2016-1553 du 18 nov. 2016, art. 1er, en vigueur le 1er janv. 2017)

Art. D. 3121-17 *(Décr. n° 2008-1132 du 4 nov. 2008)* **L'absence de demande de prise de la contrepartie obligatoire en repos par le salarié ne peut entraîner la perte de son droit au repos. Dans ce cas, l'employeur lui demande de prendre effectivement ses repos dans un délai maximum d'un an.**

L'art. D. 3121-10 devient l'art. D 3121-17 (Décr. n° 2016-1553 du 18 nov. 2016, art. 1er, en vigueur le 1er janv. 2017).

§ 2 DISPOSITIONS SUPPLÉTIVES

(Décr. n° 2016-1553 du 18 nov. 2016, art. 1er, en vigueur le 1er janv. 2017)

Art. D. 3121-18 Le droit à *(Décr. n° 2008-1132 du 4 nov. 2008)* **« contrepartie obligatoire en repos » est réputé ouvert dès que la durée de ce repos, calculée selon les**

modalités prévues *(Décr. n° 2016-1553 du 18 nov. 2016, art. 1er, en vigueur le 1er janv. 2017)* « à l'article **L. 3121-38** », atteint sept heures. La journée ou demi-journée au cours de laquelle le repos est pris est déduite du droit à repos à raison du nombre d'heures de travail que le salarié aurait accompli pendant cette journée ou cette demi-journée.

(Décr. n° 2008-1132 du 4 nov. 2008) « La contrepartie obligatoire en repos est prise » dans un délai maximum de deux mois suivant l'ouverture du droit sous réserve des dispositions des articles *(Décr. n° 2016-1553 du 18 nov. 2016, art. 1er, en vigueur le 1er janv. 2017)* « **D. 3121-21** et **D. 3121-22** ».

L'art. D. 3121-8 devient l'art. D. 3121-18 (Décr. n° 2016-1553 du 18 nov. 2016, art. 1er, en vigueur le 1er janv. 2017).

Art. D. 3121-19 *(Décr. n° 2008-1132 du 4 nov. 2008)* La contrepartie obligatoire en repos peut être prise par journée entière ou par demi-journée à la convenance du salarié.

Elle est assimilée à une période de travail effectif pour le calcul des droits du salarié. Elle donne lieu à une indemnisation qui n'entraîne aucune diminution de rémunération par rapport à celle que le salarié aurait perçue s'il avait accompli son travail.

L'art. D. 3121-9 devient l'art. D. 3121-19 (Décr. n° 2016-1553 du 18 nov. 2016, art. 1er, en vigueur le 1er janv. 2017).

Art. D. 3121-20 Le salarié adresse sa demande de *(Décr. n° 2008-1132 du 4 nov. 2008)* « contrepartie obligatoire en repos » à l'employeur au moins une semaine à l'avance.

La demande précise la date et la durée du repos.

Dans les sept jours suivant la réception de la demande, l'employeur informe l'intéressé soit de son accord, soit, après consultation des délégués du personnel, des raisons relevant d'impératifs liés au fonctionnement de l'entreprise qui motivent le report de la demande.

En cas de report, l'employeur propose au salarié une autre date à l'intérieur du délai de deux mois prévu à l'article *(Décr. n° 2016-1553 du 18 nov. 2016, art. 1er, en vigueur le 1er janv. 2017)* « **D. 3121-22** ».

L'art. D. 3121-11 devient l'art. D. 3121-20 (Décr. n° 2016-1553 du 18 nov. 2016, art. 1er, en vigueur le 1er janv. 2017).

Art. D. 3121-21 Lorsque des impératifs liés au fonctionnement de l'entreprise font obstacle à ce que plusieurs demandes de *(Décr. n° 2008-1132 du 4 nov. 2008)* « contrepartie obligatoire en repos » soient simultanément satisfaites, les demandeurs sont départagés, selon l'ordre de priorité suivant :

1° Les demandes déjà différées ;

2° La situation de famille ;

3° L'ancienneté dans l'entreprise.

L'art. D. 3121-12 devient l'art. D. 3121-21 (Décr. n° 2016-1553 du 18 nov. 2016, art. 1er, en vigueur le 1er janv. 2017).

Art. D. 3121-22 La durée pendant laquelle *(Décr. n° 2008-1132 du 4 nov. 2008)* « la contrepartie obligatoire en repos peut être différée » par l'employeur ne peut excéder deux mois.

L'art. D. 3121-13 devient l'art. D. 3121-22 (Décr. n° 2016-1553 du 18 nov. 2016, art. 1er, en vigueur le 1er janv. 2017).

Art. D. 3121-23 *(Décr. n° 2008-1132 du 4 nov. 2008)* Le salarié dont le contrat de travail prend fin avant qu'il ait pu bénéficier de la contrepartie obligatoire en repos à laquelle il a droit ou avant qu'il ait acquis des droits suffisants pour pouvoir prendre ce repos reçoit une indemnité en espèces dont le montant correspond à ses droits acquis.

Cette indemnité est également due aux ayants droit du salarié dont le décès survient avant qu'il ait pu bénéficier de la contrepartie obligatoire en repos à laquelle il avait droit ou avant qu'il ait acquis des droits suffisants pour pouvoir prendre ce repos. Elle est alors versée à ceux des ayants droit qui auraient qualité pour obtenir le paiement des salaires arriérés.

Cette indemnité a le caractère de salaire.

L'art. D. 3121-14 devient l'art. D. 3121-23 (Décr. n° 2016-1553 du 18 nov. 2016, art. 1er, en vigueur le 1er janv. 2017).

SOUS-SECTION 2 CONTINGENT D'HEURES SUPPLÉMENTAIRES *(Décr. n° 2016-1553 du 18 nov. 2016, art. 1er, en vigueur le 1er janv. 2017).*

§ 1er DISPOSITIONS SUPPLÉTIVES

(Décr. n° 2016-1553 du 18 nov. 2016, art. 1er, en vigueur le 1er janv. 2017)

Art. D. 3121-24 *(Décr. n° 2008-1132 du 4 nov. 2008)* **A défaut d'accord prévu au I de l'article L. 3121-33, le contingent annuel d'heures supplémentaires est fixé à deux cent vingt heures par salarié.**

Le premier alinéa ne s'applique pas aux salariés mentionnés à l'article L. 3121-56 qui ont conclu une convention de forfait en heures sur l'année.

L'art. D. 3121-14-1 devient l'art. D. 3121-24 (Décr. n° 2016-1553 du 18 nov. 2016, art. 1er, en vigueur le 1er janv. 2017).

SECTION IV AMÉNAGEMENT DU TEMPS DE TRAVAIL SUR UNE PÉRIODE SUPÉRIEURE À LA SEMAINE, HORAIRES INDIVIDUALISÉS ET RÉCUPÉRATION DES HEURES PERDUES *(Décr. n° 2016-1551 du 18 nov. 2016, art. 2-V, en vigueur le 1er janv. 2017).*

La section I devient la section IV (Décr. n° 2016-1551 du 18 nov. 2016, art. 2-V, en vigueur le 1er janv. 2017).

SOUS-SECTION 1 AMÉNAGEMENT DU TEMPS DE TRAVAIL SUR UNE PÉRIODE SUPÉRIEURE À LA SEMAINE *(Décr. n° 2016-1551 du 18 nov. 2016, art. 2-V, en vigueur le 1er janv. 2017).*

§ 1er ORDRE PUBLIC

(Décr. n° 2016-1551 du 18 nov. 2016, art. 2-V, en vigueur le 1er janv. 2017)

Art. D. 3121-25 *(Décr. n° 2008-1132 du 4 nov. 2008)* **En application du** *(Décr. n° 2016-1553 du 18 nov. 2016, art. 1er, en vigueur le 1er janv. 2017)* **« quatrième alinéa de l'article L. 3121-41 et du septième alinéa de l'article L. 3121-44 », sont des heures supplémentaires les heures effectuées :**

1° Au-delà de trente-neuf heures par semaine.

2° Au-delà de la durée moyenne de trente-cinq heures hebdomadaires calculée sur la période de référence *(Décr. n° 2016-1553 du 18 nov. 2016, art. 1er, en vigueur le 1er janv. 2017)* **« fixée en application de l'article L. 3121-45 », déduction faite, le cas échéant, des heures supplémentaires comptabilisées au titre du dépassement de la durée hebdomadaire.**

En cas d'arrivée ou départ en cours de période de *(Décr. n° 2016-1553 du 18 nov. 2016, art. 1er, en vigueur le 1er janv. 2017)* **« référence », les heures accomplies au-delà de trente-cinq heures hebdomadaires sont des heures supplémentaires. Les semaines où la durée de travail est inférieure à trente-cinq heures, le salaire est maintenu sur la base de trente-cinq heures hebdomadaires.**

En cas d'absence rémunérée, le temps non travaillé n'est pas récupérable et est valorisé sur la base du temps qui aurait été travaillé si le salarié avait été présent, heures supplémentaires comprises.

L'art. D. 3122-7-3 devient l'art. D. 3121-25 (Décr. n° 2016-1553 du 18 nov. 2016, art. 1er, en vigueur le 1er janv. 2017).

Art. R. 3121-26 Dans les établissements ou parties d'établissements industriels pratiquant le mode de travail par équipes successives selon un cycle continu, l'affectation d'un salarié à deux équipes successives est interdite, sauf à titre exceptionnel et pour des raisons impérieuses de fonctionnement.

Lorsque l'affectation à une deuxième équipe a prolongé la durée du travail de plus de deux heures, les motifs en sont communiqués dans les quarante-huit heures par l'employeur à l'inspecteur du travail.

L'art. R. 3122-1 devient l'art. R. 3121-26 (Décr. n° 2016-1551 du 18 nov. 2016, art. 2-V, en vigueur le 1er janv. 2017).

§ 2 DISPOSITIONS SUPPLÉTIVES

(Décr. n° 2016-1553 du 18 nov. 2016, art. 1er, en vigueur le 1er janv. 2017)

Art. D. 3121-27 *(Décr. n° 2008-1132 du 4 nov. 2008) (Décr. n° 2016-1553 du 18 nov. 2016, art. 1er, en vigueur le 1er janv. 2017)* « A défaut d'accord prévu à l'article L. 3121-44 », la durée du travail de l'entreprise ou de l'établissement peut être organisée sous forme de périodes de travail, chacune d'une durée *(Décr. n° 2016-1553 du 18 nov. 2016, art. 1er, en vigueur le 1er janv. 2017)* « au plus égale aux durées fixées à l'article L. 3121-45 ».

L'employeur établit le programme indicatif de la variation de la durée du travail. Ce programme est soumis pour avis, avant sa première mise en œuvre, au comité d'entreprise ou, à défaut, aux délégués du personnel, s'ils existent.

Les modifications du programme de la variation font également l'objet d'une consultation du comité d'entreprise ou, à défaut, des délégués du personnel, s'ils existent.

L'employeur communique au moins une fois par an au comité d'entreprise ou, à défaut, aux délégués du personnel un bilan de la mise en œuvre du programme indicatif de la variation de la durée du travail.

Les salariés sont prévenus des changements de leurs horaires de travail dans un délai de sept jours ouvrés au moins avant la date à laquelle ce changement intervient.

L'art. D. 3122-7-1 devient l'art. D. 3121-27 (Décr. n° 2016-1553 du 18 nov. 2016, art. 1er, en vigueur le 1er janv. 2017).

Art. D. 3121-28 *(Décr. n° 2008-1132 du 4 nov. 2008)* Lorsqu'il est fait application des dispositions de l'article *(Décr. n° 2016-1553 du 18 nov. 2016, art. 1er, en vigueur le 1er janv. 2017)* « D. 3121-27 », la rémunération mensuelle des salariés des entreprises organisant des périodes de travail sur *(Décr. n° 2016-1553 du 18 nov. 2016, art. 1er, en vigueur le 1er janv. 2017)* « une durée fixée en application de l'article L. 3121-45 » est indépendante de l'horaire réel. Elle est calculée sur la base de trente-cinq heures hebdomadaires.

L'art. D. 3122-7-2 devient l'art. D. 3121-28 (Décr. n° 2016-1553 du 18 nov. 2016, art. 1er, en vigueur le 1er janv. 2017).

SOUS-SECTION 2 **HORAIRES INDIVIDUALISÉS**

§ 1er ORDRE PUBLIC

(Décr. n° 2016-1551 du 18 nov. 2016, art. 2-V, en vigueur le 1er janv. 2017)

Art. R. 3121-29 La décision d'autoriser le recours aux horaires individualisés, prise par l'inspecteur du travail en application de l'article *(Décr. n° 2016-1551 du 18 nov. 2016, art. 2-V, en vigueur le 1er janv. 2017)* « L. 3121-48 », est notifiée dans les deux mois suivant le dépôt de la demande par l'employeur.

L'art. R. 3122-3 devient l'art. R. 3121-29 (Décr. n° 2016-1551 du 18 nov. 2016, art. 2-V, en vigueur le 1er janv. 2017).

§ 2 DISPOSITIONS SUPPLÉTIVES

(Décr. n° 2016-1551 du 18 nov. 2016, art. 2-V, en vigueur le 1er janv. 2017)

Art. R. 3121-30 En cas d'horaires individualisés, *(Décr. n° 2016-1551 du 18 nov. 2016, art. 2-V, en vigueur le 1er janv. 2017)* « à défaut d'accord prévu au 1° de l'article L. 3121-51 », le report d'heures d'une semaine à une autre ne peut excéder trois heures et le cumul des reports ne peut avoir pour effet de porter le total des heures reportées à plus de dix.

L'art. R. 3122-2 devient l'art. R. 3121-30 (Décr. n° 2016-1551 du 18 nov. 2016, art. 2-V, en vigueur le 1er janv. 2017).

SOUS-SECTION 3 **RÉCUPÉRATION DES HEURES PERDUES**

§ 1er ORDRE PUBLIC

(Décr. no 2016-1551 du 18 nov. 2016, art. 2-V, en vigueur le 1er janv. 2017)

Art. R. 3121-31 L'employeur ne peut licencier pour insuffisance d'activité, dans le délai d'un mois succédant à une période de récupération, les salariés habituellement employés dans l'établissement ou partie d'établissement où ont été accomplies des heures de récupération ou des heures supplémentaires.

Cette disposition ne s'applique pas aux salariés embauchés temporairement pour faire face à un surcroît extraordinaire de travail.

L'art. R. 3122-6 devient l'art. R. 3121-31 (Décr. no 2015-1551 du 18 nov. 2016, art. 2-V, en vigueur le 1er janv. 2017).

Art. R. 3121-32 La faculté de récupération est, en cas de chômage extraordinaire et prolongé survenant dans une profession, suspendue pour cette profession :

1° Par arrêté du ministre chargé du travail soit pour l'ensemble du territoire, soit pour une ou plusieurs régions ;

2° Par décision du *(Décr. no 2009-1377 du 10 nov. 2009)* « directeur régional des entreprises, de la concurrence, de la consommation, du travail et de l'emploi » pour des établissements spécialement déterminés.

L'art. R. 3122-7 devient l'art. R. 3121-32 (Décr. no 2015-1551 du 18 nov. 2016, art. 2-V, en vigueur le 1er janv. 2017).

Art. R. 3121-33 *(Décr. no 2016-1551 du 18 nov. 2016, art. 2-V, en vigueur le 1er janv. 2017)* L'inspecteur du travail est préalablement informé par l'employeur des interruptions collectives de travail et des modalités de la récupération. Si le travail est interrompu par un évènement imprévu, l'information est donnée immédiatement.

§ 2 DISPOSITIONS SUPPLÉTIVES

(Décr. no 2016-1551 du 18 nov. 2016, art. 2-V, en vigueur le 1er janv. 2017)

Art. R. 3121-34 *(Décr. no 2016-1551 du 18 nov. 2016, art. 2-V, en vigueur le 1er janv. 2017)* « A défaut d'accord prévu au 2° de l'article L. **3121-51**, les » heures perdues dans les cas prévus à l'article *(Décr. no 2016-1551 du 18 nov. 2016, art. 2-V, en vigueur le 1er janv. 2017)* « L. **3121-50** » ne sont récupérables que dans les douze mois précédant ou suivant leur perte.

L'art. R. 3122-4 devient l'art. R. 3121-34 (Décr. no 2015-1551 du 18 nov. 2016, art. 2-V, en vigueur le 1er janv. 2017).

Art. R. 3121-35 *(Décr. no 2016-1551 du 18 nov. 2016, art. 2-V, en vigueur le 1er janv. 2017)* « A défaut d'accord mentionné au 2° de l'article L. **3121-51**, les » heures de récupération ne peuvent être réparties uniformément sur toute l'année.

Elles ne peuvent augmenter la durée du travail de l'établissement ou de la partie d'établissement de plus d'une heure par jour, ni de plus de huit heures par semaine.

L'art. R. 3122-5 devient l'art. R. 3121-35 (Décr. no 2015-1551 du 18 nov. 2016, art. 2-V, en vigueur le 1er janv. 2017).

CHAPITRE II **TRAVAIL DE NUIT** *(Décr. no 2016-1551 du 18 nov. 2016, art. 3-I, en vigueur le 1er janv. 2017).*

SECTION PREMIÈRE **DÉPASSEMENT DE LA DURÉE DE TRAVAIL MAXIMALE QUOTIDIENNE**

(Décr. no 2016-1551 du 18 nov. 2016, art. 3-IV, en vigueur le 1er janv. 2017)

SOUS-SECTION 1 **ORDRE PUBLIC**

(Décr. no 2016-1551 du 18 nov. 2016, art. 3-IV, en vigueur le 1er janv. 2017)

Art. R. 3122-1 *(Décr. no 2016-1551 du 18 nov. 2016, art. 3-IV, en vigueur le 1er janv. 2017)* « La durée maximale quotidienne de huit heures peut être dépassée » sur autorisation de l'inspecteur du travail, en cas :

1° De faits résultants des circonstances étrangères à l'employeur, anormales et imprévisibles ;

2° D'événements exceptionnels dont les conséquences n'auraient pu être évitées.

L'art. R. 3122-10 devient l'art. R. 3122-1 (Décr. n° 2016-1551 du 18 nov. 2016, art. 3-IV, en vigueur le 1er janv. 2017).

Art. R. 3122-2 La demande *(Décr. n° 2016-1551 du 18 nov. 2016, art. 3-IV, en vigueur le 1er janv. 2017)* « d'autorisation de dépassement » de la durée maximale quotidienne de travail, accompagnée des justifications utiles, de l'avis du comité d'entreprise ou, à défaut, des délégués du personnel, s'il en existe, et du procès-verbal de consultation des délégués syndicaux, s'il en existe, est adressée par l'employeur à l'inspecteur du travail.

En l'absence de délégué syndical, de comité d'entreprise et de délégués du personnel, la demande est accompagnée d'un document attestant une information préalable des salariés.

L'art. R. 3122-11 devient l'art. R. 3122-2 (Décr. n° 2016-1551 du 18 nov. 2016, art. 3-IV, en vigueur le 1er janv. 2017).

Art. R. 3122-3 *(Décr. n° 2016-1551 du 18 nov. 2016, art. 3-IV, en vigueur le 1er janv. 2017)* « Il peut être fait application des dépassements prévus à l'article L. 3122-6 à la condition que des périodes de repos d'une durée au moins équivalente au nombre d'heures accomplies au-delà de la durée maximale quotidienne sont *[soient]* attribuées aux salariés intéressés. » Ce repos est pris dans les plus brefs délais à l'issue de la période travaillée.

L'art. R. 3122-12 devient l'art. R. 3122-3 (Décr. n° 2016-1551 du 18 nov. 2016, art. 3-IV, en vigueur le 1er janv. 2017).

Art. R. 3122-4 Le recours hiérarchique formé contre la décision de l'inspecteur du travail est porté devant le *(Décr. n° 2009-1377 du 10 nov. 2009)* « directeur régional des entreprises, de la concurrence, de la consommation, du travail et de l'emploi » dans le délai d'un mois suivant la date à laquelle les intéressés en ont reçu notification.

L'art. R. 3122-13 devient l'art. R. 3122-4 (Décr. n° 2016-1551 du 18 nov. 2016, art. 3-IV, en vigueur le 1er janv. 2017).

Art. R. 3122-5 L'employeur peut *(Décr. n° 2016-1551 du 18 nov. 2016, art. 3-IV-8°, en vigueur le 1er janv. 2017)* « prendre la décision de dépasser, sous sa propre responsabilité, la durée maximale quotidienne de huit heures lorsque les circonstances mentionnées à l'article R. 3122-1 » impliquent :

1° L'exécution de travaux urgents en vue d'organiser des mesures de sauvetage ;

2° La prévention d'accidents imminents ;

3° La réparation d'accidents survenus au matériel, aux installations ou aux bâtiments.

S'il n'a pas encore adressé de demande de *(Décr. n° 2016-1551 du 18 nov. 2016, art. 3-IV-8°, en vigueur le 1er janv. 2017)* « dépassement », l'employeur présente immédiatement à l'inspecteur du travail une demande de régularisation accompagnée des justifications, de l'avis du comité d'entreprise ou, à défaut des délégués du personnel, s'il en existe, du procès-verbal de consultation des délégués syndicaux, s'il en existe, et de toutes explications nécessaires sur les causes ayant nécessité une prolongation de la durée quotidienne du travail sans autorisation préalable.

S'il se trouve dans l'attente d'une réponse à une demande de *(Décr. n° 2016-1551 du 18 nov. 2016, art. 3-IV-8°, en vigueur le 1er janv. 2017)* « dépassement », il informe immédiatement l'inspecteur du travail de l'obligation où il s'est trouvé d'anticiper la décision attendue et en donne les raisons.

L'art. R. 3122-14 devient l'art. R. 3122-5 (Décr. n° 2016-1551 du 18 nov. 2016, art. 3-IV, en vigueur le 1er janv. 2017).

Art. R. 3122-6 L'inspecteur du travail saisi d'une demande de *(Décr. n° 2016-1551 du 18 nov. 2016, art. 3-IV, en vigueur le 1er janv. 2017)* « dépassement », en application du présent paragraphe, fait connaître sa décision, dans un délai de quinze jours à compter de la date de réception de la demande, à l'employeur et, s'il y a lieu, aux représentants du personnel.

L'art. R. 3122-15 devient l'art. R. 3122-6 (Décr. n° 2016-1551 du 18 nov. 2016, art. 3-IV, en vigueur le 1er janv. 2017).

SOUS-SECTION 2 CHAMP DE LA NÉGOCIATION COLLECTIVE

(Décr. n° 2016-1551 du 18 nov. 2016, art. 3-IV, en vigueur le 1er janv. 2017)

Art. R. 3122-7 *(Décr. n° 2016-1551 du 18 nov. 2016, art. 3-IV, en vigueur le 1er janv. 2017)* « Dans les conditions prévues à l'article L. 3122-17, le dépassement de la durée maximale quotidienne de huit heures fixée à l'article L. 3122-6 peut intervenir pour les salariés exerçant : »

1° Des activités caractérisées par l'éloignement entre le domicile et le lieu de travail du salarié ou par l'éloignement entre différents lieux de travail du salarié ;

2° Des activités de garde, de surveillance et de permanence caractérisées par la nécessité d'assurer la protection des biens et des personnes ;

3° Des activités caractérisées par la nécessité d'assurer la continuité du service ou de la production.

L'art. R. 3122-9 devient l'art. R. 3122-7 (Décr. n° 2016-1551 du 18 nov. 2016, art. 3-IV, en vigueur le 1er janv. 2017).

Art. R. 3122-8 *(Décr. n° 2016-1551 du 18 nov. 2016, art. 3-IV, en vigueur le 1er janv. 2017)* Lorsque, dans des cas exceptionnels, le bénéfice du repos prévu à l'article R. 3122-3 n'est pas possible pour des raisons objectives, une contrepartie équivalente permettant d'assurer une protection appropriée au salarié intéressé est prévue par accord collectif de travail.

SECTION II AFFECTATION À DES POSTES DE NUIT EN L'ABSENCE D'ACCORD

(Décr. n° 2016-1551 du 18 nov. 2016, art. 3-V, en vigueur le 1er janv. 2017).

SOUS-SECTION 1 DISPOSITIONS SUPPLÉTIVES

(Décr. n° 2016-1551 du 18 nov. 2016, art. 3-V, en vigueur le 1er janv. 2017)

Art. R. 3122-9 La demande d'autorisation d'affectation de travailleurs à des postes de nuit présentée à l'inspecteur du travail par l'employeur sur le fondement de l'article *(Décr. n° 2016-1551 du 18 nov. 2016, art. 3-V, en vigueur le 1er janv. 2017)* « L. 3122-21 » justifie, de façon circonstanciée :

1° Les contraintes propres à la nature de l'activité ou au fonctionnement de l'entreprise qui rendent nécessaire le travail de nuit eu égard aux exigences de continuité de l'activité économique ou des services d'utilité sociale ;

2° Le caractère loyal et sérieux de l'engagement préalable de négociations dans le délai maximum de douze mois précédant la demande ;

3° L'existence de contreparties et de temps de pause ;

4° La prise en compte des impératifs de protection de la santé et de la sécurité et des salariés.

L'avis des délégués syndicaux et du comité d'entreprise ou des délégués du personnel est joint à la demande. En l'absence de délégué syndical, de comité d'entreprise et de délégué du personnel, la demande est accompagnée d'un document attestant une information préalable des salariés.

L'inspecteur du travail fait connaître sa décision dans un délai de trente jours à compter de la date de réception de la demande à l'employeur et aux représentants du personnel.

L'art. R. 3122-16 devient l'art. R. 3122-9 (Décr. n° 2016-1551 du 18 nov. 2016, art. 3-V, en vigueur le 1er janv. 2017).

Art. R. 3122-10 Le recours hiérarchique dirigé contre la décision de l'inspecteur du travail est porté devant le *(Décr. n° 2009-1377 du 10 nov. 2009)* « directeur régional des entreprises, de la concurrence, de la consommation, du travail et de l'emploi », et est formé dans un délai d'un mois suivant la date à laquelle les intéressés ont reçu notification de la décision contestée.

L'art. R. 3122-17 devient l'art. R. 3122-10 (Décr. n° 2016-1551 du 18 nov. 2016, art. 3-V, en vigueur le 1er janv. 2017).

SECTION III SUIVI DE L'ÉTAT DE SANTÉ DES TRAVAILLEURS DE NUIT *(Décr. n° 2016-1908 du 27 déc. 2016, art. 5, en vigueur le 1er janv. 2017).*

SOUS-SECTION 1 ORDRE PUBLIC

(Décr. n° 2016-1551 du 18 nov. 2016, art. 3-VI, en vigueur le 1er janv. 2017)

Art. R. 3122-11 *(Décr. n° 2016-1908 du 27 déc. 2016, art. 5, en vigueur le 1er janv. 2017)* **« Le suivi de l'état de santé des travailleurs de nuit a notamment » pour objet de permettre au médecin du travail d'apprécier les conséquences éventuelles du travail de nuit pour leur santé et leur sécurité, notamment du fait des modifications des rythmes chronobiologiques, et d'en appréhender les répercussions potentielles sur leur vie sociale.**

L'art. R. 3122-18 devient l'art. R. 3122-11 (Décr. n° 2016-1551 du 18 nov. 2016, art. 3-VI, en vigueur le 1er janv. 2017).

Art. R. 3122-12 *(Décr. n° 2016-1908 du 27 déc. 2016, art. 5, en vigueur le 1er janv. 2017)* **« Le médecin du travail est informé par l'employeur de toute absence, pour cause de maladie, des travailleurs de nuit. »**

L'art. R. 3122-19 devient l'art. R. 3122-12 (Décr. n° 2016-1551 du 18 nov. 2016, art. 3-VI, en vigueur le 1er janv. 2017).

Art. R. 3122-13 **Le médecin du travail analyse les conséquences du travail nocturne, notamment de l'alternance des postes et de la périodicité de cette dernière, lorsque des équipes fonctionnant en alternance comportent un poste de nuit.**

A cet effet, il procède, pendant les périodes au cours desquelles sont employés les travailleurs de nuit, à l'étude des conditions de travail et du poste de travail. Il analyse ensuite pour chaque travailleur le contenu du poste et ses contraintes.

A partir des éléments ainsi recueillis, il conseille l'employeur sur les meilleures modalités d'organisation du travail de nuit en fonction du type d'activité des travailleurs.

L'art. R. 3122-20 devient l'art. R. 3122-13 (Décr. n° 2016-1551 du 18 nov. 2016, art. 3-VI, en vigueur le 1er janv. 2017).

Art. R. 3122-14 **Le médecin du travail informe les travailleurs de nuit, en particulier les femmes enceintes et les travailleurs vieillissants, des incidences potentielles du travail de nuit sur la santé. Cette information tient compte de la spécificité des horaires, fixes ou alternés. Il les conseille sur les précautions éventuelles à prendre.**

L'art. R. 3122-21 devient l'art. R. 3122-14 (Décr. n° 2016-1551 du 18 nov. 2016, art. 3-VI, en vigueur le 1er janv. 2017).

Art. R. 3122-15 **Pour les entreprises employant des travailleurs de nuit, le rapport annuel d'activité du médecin du travail, prévu à l'article D. 4624-42, traite du travail de nuit tel qu'il a été pratiqué dans l'entreprise au cours de l'année considérée.**

L'art. R. 3122-22 devient l'art. R. 3122-15 (Décr. n° 2016-1551 du 18 nov. 2016, art. 3-VI, en vigueur le 1er janv. 2017).

CHAPITRE III TRAVAIL À TEMPS PARTIEL ET TRAVAIL INTERMITTENT

SECTION PREMIÈRE TRAVAIL À TEMPS PARTIEL

SOUS-SECTION 1 ORDRE PUBLIC *(Décr. n° 2016-1551 du 18 nov. 2016, art. 4, en vigueur le 1er janv. 2017).*

§ 1er INFORMATION DES REPRÉSENTANTS DU PERSONNEL

(Décr. n° 2016-1551 du 18 nov. 2016, art. 4, en vigueur le 1er janv. 2017)

Art. R. 3123-1 **Le bilan du travail à temps partiel prévu à l'article** *(Décr. n° 2016-1551 du 18 nov. 2016, art. 4, en vigueur le 1er janv. 2017)* **« L. 3123-15 » porte notamment sur :**

1° Le nombre, le sexe et la qualification des salariés concernés, ainsi que les horaires de travail à temps partiel pratiqués ;

2° Le nombre d'heures complémentaires accomplies par les salariés à temps partiel.

Lors de la réunion où est discuté ce bilan du travail à temps partiel réalisé, l'employeur explique les raisons qui l'ont amené à refuser à des salariés à temps complet de passer à temps partiel et à des salariés à temps partiel de travailler à temps complet.

L'art. R. 3123-2 devient l'art. R. 3123-1 (Décr. n° 2016-1551 du 18 nov. 2016, art. 4, en vigueur le 1er janv. 2017).

SOUS-SECTION 2 **DISPOSITIONS SUPPLÉTIVES** *(Décr. n° 2016-1553 du 18 nov. 2016, art. 2, en vigueur le 1er janv. 2017).*

§ 1er MISE EN PLACE D'HORAIRES À TEMPS PARTIEL

(Décr. n° 2016-1553 du 18 nov. 2016, art. 2, en vigueur le 1er janv. 2017)

Art. D. 3123-2 L'avis du comité d'entreprise prévu *(Décr. n° 2016-1553 du 18 nov. 2016, art. 2, en vigueur le 1er janv. 2017)* « au premier alinéa de l'article **L. 3123-26** » pour la mise en œuvre d'horaires à temps partiel *(Décr. n° 2016-1418 du 20 oct. 2016, art. 6)* « est communiqué, à sa demande, à l'agent de contrôle de l'inspection du travail ».

L'art. D. 3123-1 devient l'art. D. 3123-2 (Décr. n° 2016-1553 du 18 nov. 2016, art. 2, en vigueur le 1er janv. 2017).

Art. D. 3123-3 *(Décr. n° 2016-1553 du 18 nov. 2016, art. 2, en vigueur le 1er janv. 2017)* « A défaut d'accord prévu au troisième alinéa de l'article **L. 3123-26** », la demande du salarié de bénéficier d'un horaire à temps partiel est adressée à l'employeur par lettre recommandée avec avis de réception.

La demande précise la durée du travail souhaitée ainsi que la date envisagée pour la mise en œuvre du nouvel horaire.

Elle est adressée six mois au moins avant cette date.

L'employeur répond à la demande du salarié par lettre recommandée avec avis de réception dans un délai de trois mois à compter de la réception de celle-ci.

SECTION II **TRAVAIL INTERMITTENT**

SOUS-SECTION 1 **CHAMP DE LA NÉGOCIATION COLLECTIVE** *(Décr. n° 2016-1553 du 18 nov. 2016, art. 2, en vigueur le 1er janv. 2017).*

Art. D. 3123-4 *(Décr. n° 2009-498 du 30 avr. 2009)* En application *(Décr. n° 2016-1553 du 18 nov. 2016, art. 2, en vigueur le 1er janv. 2017)* « du quatrième alinéa de l'article **L. 3123-38** », est inscrit sur la liste des secteurs dans lesquels la nature de l'activité ne permet pas de fixer avec précision, dans le contrat de travail intermittent, les périodes de travail et la répartition des heures de travail au sein de ces périodes le secteur du spectacle vivant et enregistré.

CHAPITRE IV **DISPOSITIONS PÉNALES**

Art. R. 3124-1 *(Décr. n° 2008-1131 du 3 nov. 2008)* « Le fait de méconnaître les stipulations d'une convention ou d'un accord d'entreprise ou d'établissement, ou, à défaut, celles d'une convention*[,]* ou d'un accord de branche, conformes aux dispositions des articles *(Décr. n° 2016-1551 du 18 nov. 2016, art. 6-V, en vigueur le 1er janv. 2017)* « **L. 3121-27** à **L. 3121-33**, et **L. 3121-35** à **L. 3121-40** » est puni de l'amende prévue pour les contraventions de la quatrième classe. »

Les infractions donnent lieu à autant d'amendes qu'il y a de salariés indûment employés.

Art. R. 3124-2 *(Décr. n° 2008-1131 du 3 nov. 2008)* « Le fait d'appliquer les stipulations d'une convention ou d'un accord d'entreprise ou d'établissement ou d'une convention ou d'un accord de branche contraires aux dispositions des articles *(Décr. n° 2016-1551 du 18 nov. 2016, art. 6-V, en vigueur le 1er janv. 2017)* « **L. 3121-27** à **L. 3121-33**, et **L. 3121-35** à **L. 3121-40** », est puni d'une amende prévue pour les contraventions de la quatrième classe. »

Les infractions donnent lieu à autant d'amendes qu'il y a de salariés indûment employés.

Art. R. 3124-3 Le fait de méconnaître les dispositions relatives à la durée légale hebdomadaire et à la durée quotidienne maximale du travail prévues par les articles *(Décr. n° 2016-1551 du 18 nov. 2016, art. 6-V, en vigueur le 1er janv. 2017)* « L. **3121-27** et L. **3121-18** »*[,]* ainsi que celles des décrets prévus par les articles *(Décr. n° 2016-1551 du 18 nov. 2016, art. 6-V, en vigueur le 1er janv. 2017)* « L. **3121-67** et L. **3121-68** », est puni de l'amende prévue pour les contraventions de la quatrième classe.

Les contraventions donnent lieu à autant d'amendes qu'il y a de salariés indûment employés. – *[Anc. art. R. 261-3, al. 1er et 3.]*

1. Principe du cumul des peines contraventionnelles. L'art. R. 261-3 [art. R. 3124-3 nouv.] n'ayant pas expressément dérogé au principe du cumul des peines contraventionnelles, une cour d'appel a pu décider que, l'employeur ayant pendant quarante et une journées successives employé un conducteur de car dans des conditions irrégulières, le fait que deux chauffeurs seulement soient en cause n'a pas eu pour conséquence de ramener à deux le nombre des infractions. • Crim. 11 mai 1982 : *Bull. crim. n° 121.*

2. Incidence du comportement du chef d'entreprise. Pour condamner l'employeur à 11 amendes, les juges, après avoir caractérisé autant de dépassements de la durée journalière de travail effectif commis par trois conducteurs de l'entreprise qu'il dirige, relèvent justement qu'en sa qualité de chef d'entreprise ce dernier ne rapporte pas la preuve d'avoir informé ses salariés du contenu de la réglementation, de leur avoir donné les instructions nécessaires aux fins de la respecter et de s'être assuré de sa constante application. • Crim. 8 févr. 2000 : *Bull. crim. n° 57.*

Art. R. 3124-4 Le fait de ne pas accorder les compensations prévues *(Décr. n° 2016-1551 du 18 nov. 2016, art. 6-V, en vigueur le 1er janv. 2017)* « aux articles L. **3121-9**, L. **3121-11** et L. **3121-12** » en cas d'astreinte, est puni de l'amende prévue pour les contraventions de la quatrième classe.

Le fait de ne pas remettre à chaque salarié concerné ou de ne pas avoir conservé à la disposition de l'inspection du travail le document récapitulant le nombre d'heures d'astreinte accompli par salarié et par mois et la compensation correspondante est puni de la même peine.

Les contraventions donnent lieu à autant d'amendes qu'il y a de salariés indûment employés. – *[Anc. art. R. 261-3, al. 2 et 3.]*

Art. R. 3124-5 Est puni de l'amende prévue pour les contraventions de la cinquième classe, le fait d'employer un salarié à temps partiel ou un salarié en contrat de travail intermittent en omettant d'établir un contrat de travail écrit mentionnant les éléments suivants :

1° Pour un salarié à temps partiel *(Décr. n° 2008-1131 du 3 nov. 2008)* « autre que celui mentionné au 2° », la durée du travail de référence, la répartition de la durée du travail entre les jours de la semaine ou les semaines du mois et les limites dans lesquelles peuvent être accomplies des heures complémentaires ;

2° Pour un salarié employé en application d'une convention ou d'un accord collectif de travail mentionné à l'article *(Décr. n° 2016-1551 du 18 nov. 2016, art. 6-V, en vigueur le 1er janv. 2017)* « L. **3121-44** », la durée du travail de référence ;

3° Pour un salarié employé en application d'une convention ou d'un accord collectif de travail mentionné à l'article *(Décr. n° 2016-1551 du 18 nov. 2016, art. 6-V, en vigueur le 1er janv. 2017)* « L. **3123-38** », la durée annuelle minimale de travail ainsi que les périodes de travail et la répartition des heures de travail à l'intérieur de ces périodes lorsque ces mentions sont obligatoires.

Les contraventions donnent lieu à autant d'amendes qu'il y a de salariés indûment employés. – *[Anc. art. R. 261-3-1, al. 1er, 2 à 5 et 11.]*

Art. R. 3124-6 Le fait de méconnaître les dispositions relatives au contingent annuel d'heures supplémentaires prévues par les articles *(Décr. n° 2016-1551 du 18 nov. 2016, art. 6-V, en vigueur le 1er janv. 2017)* « L. **3121-30** et L. **3121-33** » est puni de l'amende prévue pour les contraventions de la quatrième classe.

Les infractions donnent lieu à autant d'amendes qu'il y a de salariés indûment employés. – *[Anc. art. R. 261-4.]*

Art. R. 3124-7 Le fait de méconnaître les dispositions relatives aux contreparties aux heures supplémentaires prévues par les articles *(Décr. n° 2016-1551 du 18 nov. 2016, art. 6-V, en vigueur le 1er janv. 2017)* « L. 3121-28, L. 3121-30, L. 3121-33 et L. 3121-36 à L. 3121-40 » est puni de l'amende prévue pour les contraventions de la quatrième classe.

Les infractions donnent lieu à autant d'amendes qu'il y a de salariés indûment employés. – *[Anc. art. R. 261-4.]*

Art. R. 3124-8 Est puni de l'amende prévue pour les contraventions de la cinquième classe, le fait d'avoir fait accomplir :

1° Par un salarié à temps partiel, des heures complémentaires sans respecter les limites fixées par *(Décr. n° 2016-1551 du 18 nov. 2016, art. 6-V, en vigueur le 1er janv. 2017)* « les articles L. 3123-9 et L. 3123-28 » ou par les conventions ou accords collectifs de travail prévus par l'article *(Décr. n° 2016-1551 du 18 nov. 2016, art. 6-V, en vigueur le 1er janv. 2017)* « L. 3123-20 » ;

Al. abrogé par Décr. n° 2008-1131 du 3 nov. 2008.

2° Par un salarié employé en application d'un contrat de travail intermittent, des heures au-delà de la durée annuelle minimale prévue par ce contrat, sans respecter, en l'absence de l'accord de ce salarié, la limite fixée à l'article *(Décr. n° 2016-1551 du 18 nov. 2016, art. 6-V, en vigueur le 1er janv. 2017)* « L. 3123-35 ».

Les contraventions donnent lieu à autant d'amendes qu'il y a de salariés indûment employés. – *[Anc. art. R. 261-3-1, al. 1er, 6 à 9 et 11.]*

Art. R. 3124-9 Le fait d'employer un salarié à temps partiel sans respecter les limites en nombre ou en durée des interruptions d'activité quotidienne[,] prévues par *(Décr. n° 2016-1551 du 18 nov. 2016, art. 6-V, en vigueur le 1er janv. 2017)* « l'article L. 3123-30 » ou par une convention ou un accord collectif de branche *(Décr. n° 2008-1131 du 3 nov. 2008)* « étendu ou agréé » *(Abrogé par Décr. n° 2016-1551 du 18 nov. 2016, art. 6-V, à compter du 1er janv. 2017) « prévu par cet article »* ou par une convention ou accord d'entreprise ou d'établissement *(Décr. n° 2016-1551 du 18 nov. 2016, art. 6-V, en vigueur le 1er janv. 2017)* « mentionnés à l'article L. 3123-23 », est puni de l'amende prévue pour les contraventions de la cinquième classe.

Les contraventions donnent lieu à autant d'amendes qu'il y a de salariés indûment employés. – *[Anc. art. R. 261-3-1, al. 1er, 10 et 11.]*

Art. R. 3124-10 Le fait de ne pas accorder une majoration de salaire de 25 % pour chaque heure complémentaire accomplie au-delà du dixième de la durée stipulée au contrat en méconnaissance des dispositions *(Décr. n° 2016-1551 du 18 nov. 2016, art. 6-V, en vigueur le 1er janv. 2017)* « des articles L. 3123-21 et L. 3123-29 » ou du II de l'article 14 de la loi n° 2000-37 du 19 janvier 2000 relative à la réduction négociée du temps de travail, est puni de l'amende prévue pour les contraventions de la quatrième classe.

Les contraventions donnent lieu à autant d'amendes qu'il y a de salariés indûment employés. – *[Anc. art. R. 261-3-1, al. 12.]*

Art. R. 3124-11 Le fait de méconnaître les dispositions relatives aux durées hebdomadaires maximales de travail prévues par les articles *(Décr. n° 2016-1551 du 18 nov. 2016, art. 6-V, en vigueur le 1er janv. 2017)* « L. 3121-20 à L. 3121-26 », est puni de l'amende prévue pour les contraventions de la quatrième classe.

Les infractions donnent lieu à autant d'amendes qu'il y a de salariés indûment employés. – *[Anc. art. R. 261-4.]*

Art. R. 3124-12 *(Abrogé par Décr. n° 2008-1131 du 3 nov. 2008) **Le fait de méconnaître les stipulations des conventions ou accords collectifs de travail substituant, sur le fondement de l'article L. 3121-43, des limites journalières et hebdomadaires aux limites fixées par les articles L. 3121-10 et L. 3121-34 à L. 3121-36, est puni de l'amende prévue pour les contraventions de la quatrième classe.***

Les infractions donnent lieu à autant d'amendes qu'il y a de salariés indûment employés. – [Anc. art. R. 261-4.]

Art. R. 3124-13 Le fait de méconnaître les dispositions de l'article *(Décr. n° 2016-1551 du 18 nov. 2016, art. 6-V, en vigueur le 1er janv. 2017)* « R. 3121-10 », relatives à la durée maximale hebdomadaire absolue, est puni de l'amende prévue pour les contraventions de la cinquième classe, prononcée autant de fois qu'il y a de salariés concernés par l'infraction.

La récidive est réprimée conformément aux articles 132-11 et 132-15 du code pénal. – *[Anc. art. R. 260-1 et R. 261-5.]*

Art. R. 3124-14 *(Abrogé par Décr. n° 2008-1131 du 3 nov. 2008) Le fait de ne pas faire bénéficier un cadre des jours de repos auquel il a droit en application de l'article L. 3121-49, est puni de l'amende prévue pour les contraventions de la quatrième classe.*

Les contraventions donnent lieu à autant d'amendes qu'il y a de salariés indûment employés. – [Anc. art. R. 261-6-1.]

Art. R. 3124-15 Le fait de méconnaître les dispositions relatives au travail de nuit prévues par les articles *(Décr. n° 2016-1551 du 18 nov. 2016, art. 6-V, en vigueur le 1er janv. 2017)* « L. 3122-1 à L. 3122-24 », L. 3163-1 et L. 3163-2 ainsi que celles des décrets pris pour leur application, est puni de l'amende prévue pour les contraventions de la cinquième classe, prononcée autant de fois qu'il y a de salariés concernés par l'infraction.

La récidive est réprimée conformément aux articles 132-11 et 132-15 du code pénal. – *[Anc. art. R. 260-1 et R. 261-7.]*

Art. R. 3124-16 Le fait de méconnaître les dispositions de l'article L. 3163-3, applicable au travail des jeunes travailleurs de seize à dix huit ans pour la réalisation de travaux passagers en cas d'extrême urgence, est puni de l'amende prévue pour les contraventions de la quatrième classe, prononcée autant de fois qu'il y a de salariés concernés par l'infraction. – *[Anc. art. R. 260-1 et R. 261-8.]*

TITRE TROISIÈME **REPOS ET JOURS FÉRIÉS**

CHAPITRE PREMIER **REPOS QUOTIDIEN**

SECTION PREMIÈRE **ORDRE PUBLIC**

(Décr. n° 2016-1553 du 18 nov. 2016, art. 3, en vigueur le 1er janv. 2017)

Art. D. 3131-1 L'employeur peut, sous sa seule responsabilité et en informant l'inspecteur du travail, déroger à la période minimale de onze heures de repos quotidien par salarié en cas de travaux urgents dont l'exécution immédiate est nécessaire pour :

1° Organiser des mesures de sauvetage ;

2° Prévenir des accidents imminents ;

3° Réparer des accidents survenus au matériel, aux installations ou aux bâtiments.

L'art. D. 3131-5 devient l'art. D. 3131-1 (Décr. n° 2016-1553 du 18 nov. 2016, art. 3, en vigueur le 1er janv. 2017).

Art. D. 3131-2 Le bénéfice des dérogations prévues aux articles *(Décr. n° 2016-1553 du 18 nov. 2016, art. 3, en vigueur le 1er janv. 2017)* « D. 3131-1 et D. 3131-4 à D. 3131-7 » est subordonné à l'attribution de périodes au moins équivalentes de repos aux salariés intéressés.

Lorsque l'attribution de ce repos n'est pas possible, une contrepartie équivalente est prévue par accord collectif de travail.

L'art. D. 3131-6 devient l'art. D. 3131-2 (Décr. n° 2016-1553 du 18 nov. 2016, art. 3, en vigueur le 1er janv. 2017).

Art. D. 3131-3 Pour assurer le respect du repos quotidien minimum de onze heures consécutives des salariés qui ne sont pas occupés selon un horaire collectif, l'employeur peut fixer pour l'établissement, l'atelier, le service ou l'équipe au sens de l'article D. 3171-7 une période quotidienne correspondant au moins à la durée de ce repos. Les heures auxquelles commence et finit cette période sont affichées dans l'entreprise.

Si des salariés sont occupés durant la ou les périodes fixées par l'employeur ou lorsque celui-ci n'a pas fixé de période de repos quotidien, le respect de ce dernier doit être démontré par tous moyens.

L'art. D. 3131-7 devient l'art. D. 3131-3 (Décr. n° 2016-1553 du 18 nov. 2016, art. 3, en vigueur le 1er janv. 2017).

SECTION II CHAMP DE LA NÉGOCIATION COLLECTIVE

(Décr. n° 2016-1553 du 18 nov. 2016, art. 3, en vigueur le 1er janv. 2017)

Art. D. 3131-4 Il peut être dérogé, dans des conditions et selon des modalités fixées *(Décr. n° 2016-1553 du 18 nov. 2016, art. 3, en vigueur le 1er janv. 2017)* « par accord prévu à l'article L. 3131-2 », à la période minimale de onze heures de repos quotidien par salarié pour ceux exerçant les activités suivantes :

1° Activités caractérisées par l'éloignement entre le domicile et le lieu de travail du salarié ou par l'éloignement entre différents lieux de travail du salarié ;

2° Activités de garde, de surveillance et de permanence caractérisées par la nécessité d'assurer la protection des biens et des personnes ;

3° Activités caractérisées par la nécessité d'assurer la continuité du service ou de la production, notamment pour les établissements ou parties d'établissements pratiquant le mode de travail par équipes successives, chaque fois que le salarié change d'équipe ou de poste et ne peut bénéficier, entre la fin d'une équipe et le début de la suivante, d'une période de repos quotidien de onze heures consécutives ;

4° Activités de manutention ou d'exploitation qui concourent à l'exécution des prestations de transport ;

5° Activités qui s'exercent par période de travail fractionnées dans la journée.

L'art. D. 3131-1 devient l'art. D. 3131-4 (Décr. n° 2016-1553 du 18 nov. 2016, art. 3, en vigueur le 1er janv. 2017).

Art. D. 3131-5 En cas de surcroît d'activité, *(Décr. n° 2016-1553 du 18 nov. 2016, art. 3, en vigueur le 1er janv. 2017)* « l'accord prévu à l'article L. 3131-2 » peut prévoir une réduction de la durée du repos quotidien.

L'art. D. 3131-2 devient l'art. D. 3131-5 (Décr. n° 2016-1553 du 18 nov. 2016, art. 3, en vigueur le 1er janv. 2017).

Art. D. 3131-6 Un accord collectif de travail ne peut avoir pour effet de réduire la durée du repos quotidien en deçà de neuf heures.

L'art. D. 3131-3 devient l'art. D. 3131-6 (Décr. n° 2016-1553 du 18 nov. 2016, art. 3, en vigueur le 1er janv. 2017).

SECTION III DISPOSITIONS SUPPLÉTIVES

(Décr. n° 2016-1553 du 18 nov. 2016, art. 3, en vigueur le 1er janv. 2017)

Art. D. 3131-7 En cas de surcroît d'activité, en l'absence d'accord collectif de travail, une réduction de la durée du repos quotidien peut être mise en œuvre dans les conditions définies aux articles *(Décr. n° 2016-1553 du 18 nov. 2016, art. 3, en vigueur le 1er janv. 2017)* « **D. 3121-5** à **D. 3121-7** ».

L'art. D. 3131-4 devient l'art. D. 3131-7 (Décr. n° 2016-1553 du 18 nov. 2016, art. 3, en vigueur le 1er janv. 2017).

CHAPITRE II REPOS HEBDOMADAIRE

SECTION PREMIÈRE DÉROGATIONS

SOUS-SECTION 1 SUSPENSION ET REPORT DU REPOS HEBDOMADAIRE

§ 1er INDUSTRIES TRAITANT DES MATIÈRES PÉRISSABLES OU AYANT À RÉPONDRE À UN SURCROÎT EXTRAORDINAIRE DE TRAVAIL

Art. R. 3132-1 Les établissements des industries énumérés dans le tableau suivant, qui attribuent le repos hebdomadaire à tous les salariés le même jour, bénéficient de la suspension du repos hebdomadaire prévue à l'article **L. 3132-5** : – *[Anc. art. R. 221-9.]*

Ameublement, tapisserie, passementerie pour meubles. Appareils orthopédiques.

Balnéaires (établissements).
Bijouterie et joaillerie.
Biscuits employant le beurre frais (fabriques de).
Blanchisseries de linge.
Boîtes de conserves (fabrication *[de]* et imprimerie sur métaux pour).
Bonneterie fine.
Boulangeries.
Brochages des imprimés.
Broderie et passementerie pour confections.
Cartons (fabriques de) pour jouets, bonbons, cartes de visites, rubans.
Charcuterie.
Colle et gélatine (fabrication de).
Coloriage au patron ou à la main.
Confections de toute nature.
Conserves de fruits et confiserie, conserves de légumes et de poissons.
Couronnes funéraires (fabriques de).
Délainage des peaux de mouton (industrie du).
Dorure pour ameublement.
Dorure pour encadrements.
Filature, retordage de fils crêpés, bouclés et à bouton, de fils moulinés et multicolores.
Fleurs (extraction des parfums des).
Fleurs et plumes.
Gainerie.
Hôtels, restaurants, traiteurs et rôtisseurs.
Impression de la laine peignée, blanchissage, teinture et impression des fils de laine, de coton et de soie destinés au tissage des étoffes de nouveauté.
Imprimeries typographiques, lithographiques, en taille-douce.
Jouets, bimbeloterie, petite tabletterie et articles de Paris (fabriques de).
Laiteries, beurreries et fromageries industrielles.
Orfèvrerie (polissage, dorure, gravure, ciselage, guillochage et planage en).
Papier (transformation du), fabrication des enveloppes, du cartonnage, des cahiers d'école, des registres, des papiers de fantaisie.
Papiers de tenture.
Parfumeries.
Pâtisseries.
Porcelaine (ateliers de décor sur).
Reliure.
Réparations urgentes de navires et de machines motrices.
Soie (dévidage de la) pour étoffes de nouveauté.
Teinture, apprêt, blanchiment, impression, gaufrage et moirage des étoffes.
Tissage des étoffes de nouveauté destinées à l'habillement.
Tulles, dentelles et laizes de soie.
Voiles de navires armés pour la grande pêche (confection et réparation des).

§ 2 TRAVAUX DANS LES PORTS, DÉBARCADÈRES ET STATIONS

Art. R. 3132-2 Les opérations de chargement et de déchargement dans les activités suivantes bénéficient de la dérogation prévue à l'article L. 3132-6 :

1° Travaux extérieurs de construction et de réparation des bateaux de rivière ;
2° Travaux du bâtiment ;
3° Briqueteries en plein air ;

4° Conserveries de fruits, de légumes et de poissons ;
5° Corderies de plein air. – *[Anc. art. R. 221-7.]*

§ 3 ACTIVITÉS SAISONNIÈRES

Art. R. 3132-3 Pour les travaux accomplis en plein air dans les activités suivantes, le repos hebdomadaire peut être différé en application de l'article L. 3132-7 :
1° Travaux extérieurs de construction et de réparation des bateaux de rivière ;
2° Travaux du bâtiment ;
3° Briqueteries ;
4° Corderies. – *[Anc. art. R. 221-8, al. 1er à 6.]*

Art. R. 3132-4 Pour les établissements exerçant les activités suivantes et n'ouvrant en tout ou partie que pendant une période de l'année, le repos hebdomadaire peut être différé en application de l'article L. 3132-7 :
1° Conserveries de fruits, de légumes et de poissons ;
2° Hôtels, restaurants, traiteurs et rôtisseurs ;
3° Établissements de bains des stations balnéaires thermales ou climatiques. – *[Anc. art. R. 221-8, al. 7 à 10.]*

SOUS-SECTION 2 **DÉROGATIONS AU REPOS DOMINICAL**

§ 1er DÉROGATION PERMANENTE DE DROIT

Art. R. 3132-5 Les industries dans lesquelles sont utilisées les matières susceptibles d'altération très rapide et celles dans lesquelles toute interruption de travail entraînerait la perte ou la dépréciation du produit en cours de fabrication ainsi que les catégories d'établissements et établissements mentionnés dans le tableau suivant, sont admis, en application de l'article L. 3132-12, à donner le repos hebdomadaire par roulement pour les salariés employés aux travaux ou activités spécifiés dans ce tableau. – *[Anc. art. L. 221-9, al. 2 à 15, L. 221-10, al. 2 et 3, R. 221-3, R. 221-4 et R. 221-4-1.]*

CATÉGORIES D'ÉTABLISSEMENTS	TRAVAUX OU ACTIVITÉS
Industries extractives	
Agglomérés de charbon (fabrication d').	
Alun (établissements traitant les minerais d').	Conduite des fours et des appareils de lessivage.
Bauxite (traitement de la).	Conduite des fours et des appareils de dissolution, de carbonatation et de purification.
Salines et raffineries de sel.	Conduite des chaudières et des appareils d'évaporisation.
Industries agricoles et alimentaires	
Abattoirs.	
Alcools.	Distillation et rectification des produits de la fermentation alcoolique.
Amidonneries.	Opérations de séchage et de décantation.
Beurreries industrielles.	Traitement du lait.
Boyauderies, triperies, cordes à boyau (fabrication de).	

CATÉGORIES D'ÉTABLISSEMENTS	TRAVAUX OU ACTIVITÉS
Brasseries (fabrication de bière).	
Caséine (fabrication de).	
Cidre (fabrication du).	
Conserves alimentaires (fabrication de).	
Corps gras (extraction des).	
Cossetes de chicorée (sécheries de).	Conduite des fours.
Fécule (fabrication de).	
Fromageries industrielles.	
Glaces (fabrication de).	
Lait (établissements industriels pour le traitement du).	
Levure (fabrication de).	
Malteries.	Opération de maltage.
Margarine (fabrication de).	
Minoterie et meunerie.	
Poissons (ateliers de salage, saurage et séchage des).	
Pruneaux (fabrication de).	Étuvage des prunes.
Sucreries.	Fabrication et raffinage.
Vinaigre (fabrication de).	
Industries du cuir, du textile et de l'habillement	
Chamoiseries.	Traitement des peaux fraîches.
Corroieries.	Travaux de séchage.
Cuirs vernis (fabrication de).	Conduite des étuves.
Délainage des peaux de mouton.	Travaux d'étuvage.
Indigo (teinturerie à l').	
Maroquineries et mégisseries.	Mise à l'eau des peaux, levage des pelains et des confits, conduite des étuves.
Moulinage de fils de toute nature.	Surveillance de la marche des machines de moulinage.
Peaux fraîches et en poil (dépôts de).	Salage des peaux.
Pelleteries (ateliers de).	Mouillage des peaux.

CATÉGORIES D'ÉTABLISSEMENTS	TRAVAUX OU ACTIVITÉS
Tanneries.	Salage des cuirs frais, dessalage des cuirs, levage des pelains et des premières cuves de basserie.
Toiles cirées (fabrication de).	Service des séchoirs et étuves.
Industries du papier, du carton, de l'édition et de l'imprimerie	
Entreprises de journaux et d'information.	
Papier, carton et pâtes à papier (fabrication de).	
Feutres pour papeterie (fabrication de).	Conduite des foulons.
Industries chimiques	
Acide arsénieux (fabrication d').	Conduite des fours.
Acide azotique monohydraté (fabrication d').	
Acide carbonique liquide (fabrication d').	
Acide chlorhydrique (fabrication d').	
Acides résiduels de la fabrication des produits nitrés (établissements traitant les).	
Acide sulfurique (fabrication d').	
Ammoniaque liquide (fabrication d').	
Camphre (fabrication de).	Raffinage.
Celluloïd (fabrication de).	
Chlore et produits dérivés (fabrication de).	
Chlorhydrate d'ammoniaque (fabrication de).	Sublimation.
Colles et gélatines (fabrication de).	Traitement des matières premières ; conduite des autoclaves et des séchoirs.
Cyanamide calcique (fabrication de la).	Préparation de l'azote pur, broyage du carbure, azotation du carbure broyé.
Cyanures alcalins (fabrication de).	
Dynamite (fabrication de). Eau oxygénée (fabrication d').	
Électrolyse de l'eau (établissements pratiquant l').	
Engrais animaux (fabrication d').	Transport et traitement des matières.

CATÉGORIES D'ÉTABLISSEMENTS	TRAVAUX OU ACTIVITÉS
Éther (fabrication d').	
Extraits tannants et tinctoriaux (fabrication d').	
Glycérine (distillation de la).	
Goudron (usines de distillation du).	
Huiles de schiste (usines de distillation des).	
Iode (fabrication d').	
Matières colorantes artificielles dérivées du goudron de houille (fabrication de).	
Noir d'aniline (fabrication de).	Conduite de l'oxydation dans la teinture.
Noir minéral (fabrication de).	Noir minéral.
Oxyde de zinc (fabrication d').	
Parfumeries.	Extraction du parfum des fleurs.
Pétrole (raffineries de).	Service des appareils de distillation et des appareils à parafiner.
Phosphore (fabrication de).	
Plaques, papiers et pellicules sensibles pour la photographie (fabrication de).	
Produits chimiques organiques par voie de synthèse (fabrication de).	
Savonneries.	
Sels ammoniacaux (fabrication de).	Conduite des appareils.
Silicates de soude et de potasse (fabrication de).	
Soude (fabrication de).	
Sulfates métalliques (fabrication de).	Conduite des appareils.
Sulfate de soude (fabrication de).	
Sulfate de carbone (fabrication de).	
Sulfure de sodium (fabrication de).	
Superphosphates.	
Viscose (fabrication de).	
Industrie des matières plastiques	
Matières plastiques (transformation des).	Conduite des extrudeuses en continu.

CATÉGORIES D'ÉTABLISSEMENTS	TRAVAUX OU ACTIVITÉS
Établissements industriels utilisant des fours	
Bleu outremer (fabrication de).	Conduite des fours.
Carbure de calcium (fabrication de).	Travaux avec four électrique.
Céramique.	Séchage des produits et conduite des fours.
Chaux, ciments, plâtres (fabrication de).	Conduite des fours.
Coke (fabrication de).	Conduite des fours.
Distillation du bois (usines de).	Conduite des fours et appareils.
Dolomie (établissements traitant la).	Conduite des fours.
Fours électriques (établissements employant les).	Travaux accomplis à l'aide des fours électriques.
Galvanisation et étamage du fer (établissements pratiquant la).	Conduite des fours.
Kaolin (établissements de préparation du).	Conduite des fours.
Litharge (fabrication de).	Conduite des fours.
Minium (fabrication de).	Conduite des fours.
Noir animal (fabriques de).	Conduite des fours de cuisson.
Oxyde d'antimoine (fabrication d').	Conduite des fours.
Plumes métalliques (fabrication de).	Conduite des fours.
Silice en poudre (fabrication de la).	Conduite des fours de calcination.
Soufre (fabrication de).	Conduite des fours et sublimation du soufre.
Verreries et cristalleries.	Conduite des fours.
Industries métallurgiques et du travail des métaux	
Accumulateurs électriques (fabrication d').	Formation des plaques et surveillance des fours de fusion du plomb.
Bioxyde de baryum (fabrication de).	
Câbles électriques (fabrication de).	Travaux d'isolation et conduite des étuves.
Fer et fonte émaillés (usines de).	Service des fours de fabrication.
Suifs (fonderies de).	Réception et traitement par l'acide ou le bain-marie.
Laminoirs et tréfileries de tous métaux.	
Protection des métaux en continu.	

CATÉGORIES D'ÉTABLISSEMENTS	TRAVAUX OU ACTIVITÉS
Métaux (usines de production des).	
Autres travaux et industries	
Air comprimé (chantiers de travaux à l').	Production et soufflage de l'air comprimé.
Bougies (fabrication de).	Préparation des acides gras.
Glace (fabrication de).	Fabrication et doucissage des glaces.
Paille pour chapeaux (fabrication de).	Blanchiment de la paille.
Sécheries de bois d'ébénisterie.	Conduite des feux et de la ventilation.
Production et distribution d'énergie, d'eau et de fluides caloporteurs	
Entreprises d'éclairage, de distribution d'eau et de production d'énergie.	
Entreprises de chauffage.	
Électricité (fabrication de charbon pour l').	Cuisson des charbons.
Froid (usines de production du).	Conduite des appareils.
Hydrauliques (établissements utilisant les forces).	Opérations commandées par les forces hydrauliques.
Moulins à vent.	
Commerces de gros et de détail	
Ameublement (établissements de commerce de détail).	
(Décr. n° 2014-302 du 7 mars 2014) Bricolage (établissement de commerce de détail)	
Débits de tabac.	
Distribution de carburants et lubrifiants pour automobiles (postes de).	
Marée (établissements faisant le commerce de la).	
Fleurs naturelles (établissements de commerce en gros des).	
Transports et livraisons	
Entreprises de transport par terre autres que de transport ferroviaire.	

CATÉGORIES D'ÉTABLISSEMENTS	TRAVAUX OU ACTIVITÉS
Entreprises de transport ferroviaire *(Décr. n° 2016-755 du 8 juin 2016, art. 33)* « et de gestion, d'exploitation ou de maintenance sous exploitation des lignes et installations fixes d'infrastructures ferroviaires ».	Conduite des trains et accompagnement dans les trains. Activités liées aux horaires de transports et à l'assurance de la continuité et de la régularité du trafic, y compris les activités de maintenance des installations et des matériels. Activités de garde, de surveillance et de permanence caractérisées par la nécessité d'assurer la protection des personnes et des biens.
Entreprises de transport et de travail aériens.	
Entreprises d'expédition, de transit et d'emballage.	
Aéroports (commerces et services situés dans l'enceinte des).	
Ouvrages routiers à péages (entreprises d'exploitation d').	Service de péage.
Établissements industriels et commerciaux.	Service de transport pour livraisons.
Télécommunications	
Entreprises d'émission et de réception de télécommunication.	
Activités financières	
Caisses d'épargne.	
Change de monnaie.	Activités de change.
Santé et soins	
Établissements de santé et établissements sociaux et médico-sociaux. Pharmacies. Établissements de bains, piscines, hammams, thalassothérapie, balnéothérapie, spa.	
Soins médicaux infirmiers et vétérinaires (établissements et services de).	Service de garde. Toutes activités liées à l'urgence et à la continuité des soins.
Garde d'animaux (établissements et services de).	Toute activité liée à la surveillance, aux soins, à l'entretien et à la nourriture d'animaux.
Pompes funèbres (entreprises de).	
Assainissement, environnement, voirie et gestion des déchets	
Entreprises d'arrosage, de balayage, de nettoyage et d'enlèvement des ordures ménagères.	

CATÉGORIES D'ÉTABLISSEMENTS	TRAVAUX OU ACTIVITÉS
Cabinets de toilette publics.	
Désinfection (entreprises de).	
Équarrissage (entreprises d').	
Surveillance de la qualité de l'air (associations agréées de).	Toutes activités directement liées à l'objet de ces associations.
Établissements industriels et commerciaux.	Travaux de désinfection.
Activités récréatives, culturelles et sportives	
Entreprises de spectacles.	
Musées et expositions.	
Casinos et établissements de jeux.	
Centres culturels, sportifs et récréatifs. Parcs d'attractions.	Toutes activités et commerces situés dans leur enceinte et directement liés à leur objet.
Perception des droits d'auteurs et d'interprètes.	Service de contrôle.
Photographie (ateliers de).	Prise des clichés.
Tourisme	
Assurance (organismes et auxiliaires d').	Service de permanence pour assistance aux voyageurs et touristes.
Syndicats d'initiative et offices de tourisme.	
Tourisme et loisirs (entreprises ou agences de services les concernant).	Réservation et vente d'excursions, de places de spectacles, accompagnement de clientèle.
Consommation immédiate et restauration	
Fabrication de produits alimentaires destinés à la consommation immédiate.	
Hôtels, cafés et restaurants.	
Maintenance, dépannage et réparation	
Garages.	Réparations urgentes de véhicules
Machines agricoles (ateliers de réparation de).	Réparations urgentes de machines agricoles.
Véhicules (ateliers de réparation de).	Réparations urgentes
Ascenseurs, monte-charge, matériels aéraulique, thermique et frigorifique (entreprises d'installation d').	Service de dépannage d'urgence.

CATÉGORIES D'ÉTABLISSEMENTS	TRAVAUX OU ACTIVITÉS
Maintenance (entreprises et services de).	Travaux de révision, d'entretien, de réparation, de montage et de démontage, y compris les travaux informatiques nécessitant, pour des raisons techniques, la mise hors exploitation des installations, ou qui doivent être réalisés de façon urgente. Travaux de dépannage d'appareils et d'installations domestiques à usage quotidien.
Ingénierie informatique (entreprises et services d').	Infogérance pour les entreprises clientes bénéficiant d'une dérogation permanente permettant de donner aux salariés le repos hebdomadaire par roulement ainsi que pour les entreprises qui ne peuvent subir, pour des raisons techniques impérieuses ou de sécurité, des interruptions de services informatiques. Infogérance de réseaux internationaux.
Services de surveillance, d'animation et d'assistance de services de communication électronique (entreprises de).	Travaux de surveillance, d'assistance téléphonique ou télématique.
Secours et sécurité	
Banques et établissements de crédit.	Service de garde.
Traitement des moyens de paiement (établissements de).	Service d'autorisation de paiement et d'opposition assurant la sécurité des moyens de paiement.
Surveillance, gardiennage (entreprise de).	Service de surveillance, de gardiennage et de lutte contre l'incendie.
Entreprises concessionnaires ou gestionnaires de ports de plaisance.	Surveillance permanente et continue des installations portuaires ainsi que de celle des bateaux amarrés, entrant ou sortant du port. Accueil vingt-quatre heures sur vingt-quatre des plaisanciers. Intervention des équipes de secours (sécurité terre-mer).
Établissements industriels et commerciaux.	Service préventif contre l'incendie.
Services aux personnes	
Services aux personnes physiques à leur domicile (associations ou entreprises agréées par l'État ou une collectivité territoriale procédant à l'embauche de travailleurs pour les mettre à disposition des personnes).	Toutes activités directement liées à l'objet de ces associations ou de ces entreprises.

CATÉGORIES D'ÉTABLISSEMENTS	TRAVAUX OU ACTIVITÉS
Avocats salariés.	Application des dispositions relatives à l'aide juridictionnelle et aux commissions ou désignations d'office.
Location	
Location de DVD et de cassettes vidéo (établissement de).	Activités situées dans ces établissements et directement liées à leur objet.
Promoteurs et agences immobilières.	Locations saisonnières de meublés liés au tourisme.
Entreprises de location de chaises, de moyens de locomotion.	
Marchés, foires et expositions	
Foires et salons régulièrement déclarés, congrès, colloques et séminaires (entreprises d'organisation, d'installation de stands, entreprises participantes).	Organisation des manifestations, expositions, montage et démontage des stands, tenue des stands. Accueil du public.
Marchés installés sur le domaine public et relevant de l'autorité municipale (entreprises d'installation de ces marchés, concessionnaires de droits de place, entreprises et commerces participants).	Installation et démontage des marchés. Tenue des stands. Perception des droits de place.
Espaces de présentation et d'exposition permanente dont l'activité est exclusive de toute vente au public, réservés aux producteurs, revendeurs ou prestataires de services.	
Enseignement	
Enseignement (établissement d').	Service d'internat.
Fleurs, graines et jardineries	
Jardineries et graineteries.	Toutes activités situées dans ces établissements et directement liées à leur objet.
Magasins de fleurs naturelles.	
Immobilier	
Promoteurs et agences immobilières.	Bureaux de vente sur les lieux de construction ou d'exposition.

Le Décr. n° 2014-302 du 7 mars 2014 abroge le Décr. n° 2013-1306 du 30 déc. 2013 qui avait inscrit de manière temporaire les commerces de détail et de bricolage sur la liste des établissements pouvant déroger de droit à la règle du repos dominical.

Sur les entreprises de transport ferroviaire, V. Décr. n° 2010-404 du 27 avr. 2010 (JO 28 avr.).

Le bénéfice de la dérogation de droit au repos dominical, prévue par l'art. L. 3132-12, n'est accordé qu'aux entreprises exerçant, à titre principal, l'une des activités énumérées à l'art. R. 3132-

25. • Soc. 16 juin 2010 : *Dalloz actualité, 2 juill. 2010, obs. Dechristé ; RDT 2010. 591, obs. Véricel ; RJS 2010. 575, Rapp. Gosselin ; ibid. 2010. 607, n° 678 ; JCP S 2010. 1342, obs. d'Allende.*

Art. R. 3132-6 Dans les établissements mentionnés à l'article R. 3132-5 où sont exercées en même temps d'autres industries ou activités, la faculté de donner le repos hebdomadaire par roulement s'applique exclusivement aux fabrications, travaux et activités déterminés dans le tableau figurant à cet article. – *[Anc. art. R. 221-5.]*

Art. R. 3132-7 Outre les catégories d'établissements énumérés à l'article R. 3132-5, sont admis à donner le repos hebdomadaire par roulement les établissements qui, fonctionnant de jour et de nuit à l'aide d'équipes en alternance ont suspendu, pendant douze heures consécutives au moins chaque dimanche, les travaux autres que les travaux urgents et les travaux de nettoyage et de maintenance mentionnés aux articles L. 3132-4 et L. 3132-8. – *[Anc. art. R. 221-6.]*

Art. R. 3132-8 Les établissements auxquels s'appliquent les dispositions de l'article L. 3132-13 sont ceux dont l'activité exclusive ou principale est la vente de denrées alimentaires au détail. – *[Anc. art. R. 221-6-1.]*

§ 2 DÉROGATIONS CONVENTIONNELLES

SOUS-§ 1er TRAVAIL EN CONTINU

Art. R. 3132-9 A défaut de convention ou d'accord collectif de travail étendu ou d'accord d'entreprise prévoyant la possibilité de déroger à l'obligation du repos le dimanche dans les conditions prévues à l'article L. 3132-14, l'organisation du travail de façon continue pour raisons économiques peut être autorisée par l'inspecteur du travail si elle tend à une meilleure utilisation des équipements de production et au maintien ou à l'accroissement du nombre des emplois existants. – *[Anc. art. R. 221-14, al. 2.]*

SOUS-§ 2 ÉQUIPE DE SUPPLÉANCE

Art. R. 3132-10 En l'absence de convention ou d'accord collectif de travail étendu ou de convention ou d'accord d'entreprise ou d'établissement le prévoyant, le recours aux équipes de suppléance peut être autorisé par l'inspecteur du travail, s'il tend à une meilleure utilisation des équipements de production et au maintien ou à l'accroissement du nombre des emplois existants. – *[Anc. art. R. 221-14, al. 1er.]*

Art. R. 3132-11 La durée quotidienne du travail des salariés affectés aux équipes de suppléance peut atteindre douze heures lorsque la durée de la période de recours à ces équipes n'excède pas quarante-huit heures consécutives.

Lorsque cette durée est supérieure à quarante-huit heures, la journée de travail ne peut excéder dix heures. – *[Anc. art. R. 221-17, al. 1er.]*

Art. R. 3132-12 En cas de recours aux équipes de suppléance en application d'un accord d'entreprise ou d'établissement, l'autorisation de dépasser la durée maximale quotidienne de travail de dix heures est demandée à l'inspecteur du travail. – *[Anc. art. R. 221-17, al. 2, phrase 1.]*

En application du II de l'art. 21 de la L. n° 2000-321 du 12 avr. 2000 relative aux droits des citoyens dans leurs relations avec les administrations, et par exception à l'application du délai de deux mois prévu au 1er al. du I de cet art., le délai à l'expiration duquel le silence gardé par l'administration vaut décision d'acceptation est fixé à trente jours pour une demande d'autorisation de dépasser la durée maximale quotidienne de dix heures pour les équipes de suppléance (Décr. n° 2014-1290 du 23 oct. 2014, art. 1er).

SOUS-§ 3 PROCÉDURE ADMINISTRATIVE

Art. R. 3132-13 La demande tendant à obtenir l'une des dérogations prévues aux articles L. 3132-14 et L. 3132-16 est accompagnée des justifications nécessaires et de l'avis des délégués syndicaux et du comité d'entreprise, ou des délégués du personnel, s'il en existe. Elle est adressée par l'employeur à l'inspecteur du travail.

L'inspecteur du travail fait connaître sa décision à l'employeur ainsi qu'aux représentants du personnel dans le délai de trente jours à compter de la date de la réception de la demande. – *[Anc. art. R. 221-15.]*

Art. R. 3132-14 Le recours hiérarchique dirigé contre la décision de l'inspecteur du travail est porté devant le *(Décr. nº 2009-1377 du 10 nov. 2009)* « directeur régional des entreprises, de la concurrence, de la consommation, du travail et de l'emploi ».

Il est formé dans un délai d'un mois suivant la date à laquelle l'intéressé a reçu notification de la décision contestée. – *[Anc. art. R. 221-16.]*

Les modifications issues du Décr. nº 2009-1377 du 10 nov. 2009 prennent effet, dans chaque région, à la date de nomination du directeur régional des entreprises, de la concurrence, de la consommation, du travail et de l'emploi (Décr. préc., art. 7-I). — V. Arr. de nomination de ces directeurs des 30 déc. 2009 (JO 5 janv. 2010) et 9 févr. 2010 (JO 14 févr.).

Ces modifications s'appliquent à la région Île-de-France à compter du 1er juill. 2010 (Décr. nº 2010-687 du 24 juin 2010, art. 2).

Art. R. 3132-15 La procédure prévue aux articles R. 3132-13 et R. 3132-14 est applicable à la demande d'autorisation de dépasser la durée maximale quotidienne de travail de dix heures en cas de recours aux équipes de suppléance en application d'un accord d'entreprise ou d'établissement.

Elle s'applique également à la demande d'autorisation présentée à l'inspecteur du travail en l'absence d'accord d'entreprise ou d'établissement prévoyant l'utilisation de la dérogation stipulée par convention ou accord collectif étendu. – *[Anc. art. R. 221-17, al. 2, phrases 2 et 3.]*

§ 3 DÉROGATIONS TEMPORAIRES AU REPOS DOMINICAL

SOUS-§ 1er DÉROGATIONS ACCORDÉES PAR LE PRÉFET

BIBL. ▶ VÉRICEL, *RDT 2009. 659* (réglementation du travail du dimanche : modalités d'application).

Art. R. 3132-16 *(Décr. nº 2009-1134 du 21 sept. 2009)* Les autorisations d'extension mentionnées à l'article L. 3132-23 sont prises selon les modalités prévues au premier alinéa de l'article *(Décr. nº 2015-1173 du 23 sept. 2015, art. 1er)* « L. 3132-21 ».

Les avis mentionnés au premier alinéa de l'article *(Décr. nº 2015-1173 du 23 sept. 2015, art. 1er)* « L. 3132-21 » sont donnés dans le délai d'un mois. Le préfet statue ensuite dans un délai de huit jours par un arrêté motivé qu'il notifie immédiatement aux demandeurs.

Art. R. 3132-17 *(Décr. nº 2009-1134 du 21 sept. 2009)* Les autorisations d'extension prévues à l'article L. 3132-23 *(Abrogé par Décr. nº 2015-1173 du 23 sept. 2015, art. 2)* ***« et les autorisations collectives données en application de l'article L. 3132-25-6 »*** sont applicables aux établissements situés dans la même localité *(Abrogé par Décr. nº 2015-1173 du 23 sept. 2015, art. 2)* ***« ou dans le même périmètre d'usage de consommation exceptionnel »***, exerçant la même activité et s'adressant à la même clientèle.

Les autorisations d'extension prévues à l'article L. 3132-23 sont accordées au vu d'un accord collectif applicable à l'établissement concerné par l'extension ou, à défaut, d'une décision unilatérale de l'employeur approuvée par référendum.

(Abrogé par Décr. nº 2015-1173 du 23 sept. 2015, art. 2) ***« Lorsque l'accord collectif prévu à l'article L. 3132-25-3 est applicable à plusieurs établissements exerçant la même activité et s'adressant à la même clientèle, le préfet peut, par une décision collective prise en application de l'article L. 3132-25-6, autoriser ces établissements relevant du champ d'application de cet accord et situés dans le même périmètre d'usage de consommation exceptionnel à donner le repos hebdomadaire par roulement pour tout ou partie du personnel. »***

Art. R. 3132-18 *Abrogé par Décr. nº 2009-1134 du 21 sept. 2009.*

Art. R. 3132-19 *(Décr. nº 2015-1173 du 23 sept. 2015, art. 3)* Le préfet de région délimite par arrêté les zones mentionnées aux articles L. 3132-25 et L. 3132-25-1. Lorsqu'une zone est située sur le territoire de plus d'une région, les préfets de région concernés la délimitent par arrêté conjoint.

Art. R. 3132-20 *(Décr. n° 2009-1134 du 21 sept. 2009)* « Pour figurer sur la liste des *(Décr. n° 2015-1173 du 23 sept. 2015, art. 4)* « zones touristiques mentionnées à l'article L. 3132-25, les » zones doivent accueillir pendant certaines périodes de l'année une population supplémentaire importante en raison de leurs caractéristiques naturelles, artistiques, culturelles ou historiques ou de l'existence d'installations de loisirs ou thermales à forte fréquentation. »

Les critères notamment pris en compte *(Décr. n° 2009-1134 du 21 sept. 2009)* « pour le classement en » *(Décr. n° 2015-1173 du 23 sept. 2015, art. 4)* « zones touristiques » sont :

1° Le rapport entre la population permanente et la population saisonnière ;

2° Le nombre d'hôtels ;

(Décr. n° 2015-1173 du 23 sept. 2015, art. 4) « 3° Le nombre de villages de vacances ;

« 4° Le nombre de chambres d'hôtes ;

« 5° Le nombre de terrains de camping ;

« 6° Le nombre de logements meublés destinés aux touristes ;

« 7° Le nombre de résidences secondaires ou de tourisme ;

« 8° Le nombre de lits répartis au sein des structures d'hébergement mentionnées aux six alinéas précédents ;

« 9° La capacité d'accueil des véhicules par la mise à disposition d'un nombre suffisant de places de stationnement. »

Art. R. 3132-20-1 *(Décr. n° 2015-1173 du 23 sept. 2015, art. 5)* I. – Pour être qualifié de zone commerciale au sens de l'article L. 3132-25-1, la zone faisant l'objet d'une demande de délimitation ou de modification remplit les critères suivants :

1° Constituer un ensemble commercial au sens de l'article L. 752-3 du code de commerce d'une surface de vente totale supérieure à 20 000 m^2 ;

2° Avoir un nombre annuel de clients supérieur à 2 millions ou être située dans une unité urbaine comptant une population supérieure à 100 000 habitants ;

3° Être dotée des infrastructures adaptées et accessible par les moyens de transport individuels et collectifs.

II. – Lorsque la zone est située à moins de 30 kilomètres d'une offre concurrente située sur le territoire d'un État limitrophe, les valeurs applicables au titre des critères de surface de vente et du nombre annuel de clients énoncés respectivement au 1° et au 2° du I sont de 2 000 m^2 et de 200 000 clients.

SOUS-§ 2 DÉROGATIONS ACCORDÉES PAR LE MAIRE

Art. R. 3132-21 L'arrêté du maire ou, à Paris, du Préfet de Paris relatif à la dérogation au repos dominical pour les commerces de détail prévu à l'article L. 3132-26, est pris après avis des organisations d'employeurs et de salariés intéressées. – *[Anc. art. L. 221-19, al. 1er, phrase 1 fin.]*

SOUS-§ 3 DÉROGATIONS MINISTÉRIELLES

(Décr. n° 2015-1173 du 23 sept. 2015, art. 6)

Art. R. 3132-21-1 I. – Les zones touristiques internationales prévues à l'article L. 3132-24 sont délimitées par un arrêté des ministres chargés du travail, du tourisme et du commerce.

II. – Pour l'application des dispositions de l'article L. 3132-24, sont pris en compte les critères suivants :

1° Avoir un rayonnement international en raison d'une offre de renommée internationale en matière commerciale ou culturelle ou patrimoniale ou de loisirs ;

2° Être desservie par des infrastructures de transports d'importance nationale ou internationale ;

3° Connaître une affluence exceptionnelle de touristes résidant hors de France ;

4° Bénéficier d'un flux important d'achats effectués par des touristes résidant hors de France, évalué par le montant des achats ou leur part dans le chiffre d'affaires total de la zone.

V. Arr. du 25 sept. 2015 (JO 26 sept.) fixant comme zones touristiques internationales : à Paris : « Champs-Élysées Montaigne », « Hausmann », « Le Marais », « Les Halles », « Maillot-Ternes »,

« Montmarte », « Olympiades », « Rennes-Saint-Sulpice », « Saint-Émilion Bibliothèque », « Saint-Honoré-Vendôme », « Saint-Germain », « Beaugrenelle ».

SECTION II **DÉCISIONS DE FERMETURE**

Art. R. 3132-22 Lorsqu'un arrêté préfectoral de fermeture au public, pris en application de l'article L. 3132-29, concerne des établissements concourant d'une façon directe à l'approvisionnement de la population en denrées alimentaires, il peut être abrogé ou modifié par le ministre chargé du travail après consultation des organisations professionnelles intéressées.

Cette décision ne peut intervenir qu'après l'expiration d'un délai de six mois à compter de la mise en application de l'arrêté préfectoral. – *[Anc. art. L. 221-17, al. 2.]*

Art. R. 3132-23 Seules les manifestations dont la durée n'excède pas trois semaines et qui sont organisées par des établissements publics, reconnus d'utilité publique ou ayant obtenu, pendant cinq années consécutives, le parrainage du ministre chargé du commerce peuvent figurer sur la liste mentionnée à l'article L. 3132-30. – *[Anc. art. L. 221-18, al. 2.]*

SECTION III **PROCÉDURE DE RÉFÉRÉ DE L'INSPECTEUR DU TRAVAIL**

Art. D. 3132-24 Le juge mentionné à l'article L. 3132-31 est le président du tribunal de grande instance. – *[Anc. art. L. 221-16-1.]*

CHAPITRE III **JOURS FÉRIÉS**

Art. D. 3133-1 L'indemnité de perte de salaire pour la journée du 1er mai prévue par l'article L. 3133-5 est calculée sur la base de l'horaire de travail et de la répartition de la durée hebdomadaire du travail habituellement pratiquée dans l'établissement. – *[Anc. art. R. 222-1.]*

CHAPITRE IV **DISPOSITIONS PARTICULIÈRES AUX DÉPARTEMENTS DE LA MOSELLE, DU BAS-RHIN ET DU HAUT-RHIN**

Art. R. 3134-1 L'employeur tient un registre des salariés employés les dimanches et jours fériés à des travaux mentionnés aux 1° à 5° de l'article L. 3134-5.

Ce registre comporte pour chaque dimanche et jour férié le nombre de salariés employés, leur durée de travail et la nature des travaux accomplis.

Il est tenu à la disposition de l'autorité de police locale et de l'inspection du travail. – *[L. du 26 juill. 1900, anc. art. 105 c, al. 7.]*

Art. R. 3134-2 La décision du préfet prévue à l'article L. 3134-8 est tenue à la disposition de l'inspection du travail sur le lieu de travail. *(Décr. nº 2016-1417 du 20 oct. 2016, art. 4)* « Elle est communiquée, par tout moyen, aux salariés. »

Art. R. 3134-3 L'autorité administrative mentionnée aux articles L. 3134-5, L. 3134-7, L. 3134-8 et L. 3134-12 est le préfet.

Art. R. 3134-4 La décision prévue à l'article L. 3134-14 est prise par le préfet après consultation des organisations d'employeurs et de salariés des professions du commerce et de la distribution. – *[Anc. art. L. 222-4-1.]*

Art. D. 3134-5 Le juge mentionné à l'article L. 3134-15 est le président du tribunal de grande instance. – *[Anc. art. L. 221-16-1.]*

CHAPITRE V **DISPOSITIONS PÉNALES**

Art. R. 3135-1 Le fait de ne pas attribuer à un salarié le repos quotidien mentionné*[,]* aux articles L. 3131-1 *(Décr. nº 2016-1551 du 18 nov. 2016, art. 6-V, en vigueur le 1er janv. 2017)* « à L. 3131-3 », est puni de l'amende prévue pour les contraventions de la quatrième classe.

Les contraventions donnent lieu à autant d'amendes qu'il y a de salariés indûment employés. – *[Anc. art. R. 262.]*

Art. R. 3135-2 Le fait de méconnaître les dispositions des articles L. 3132-1 à L. 3132-14 et L. 3132-16 à L. 3132-31, relatives au repos hebdomadaire, ainsi que celles des décrets pris pour leur application, est puni de l'amende prévue pour les contraventions de la cinquième classe.

Les contraventions donnent lieu à autant d'amendes qu'il y a de salariés illégalement employés.

La récidive est réprimée conformément aux articles 132-11 et 132-15 du code pénal. – *[Anc. art. R. 262-1.]*

1. Champ d'application. L'art. R. 610-5 C. pén. n'est pas applicable lorsque la méconnaissance des interdictions ou obligations prévues par un décret ou un arrêté de police est sanctionnée par un texte spécial. Tel est le cas de la violation d'un arrêté préfectoral pris en application de l'art. L. 221-17 [art. L. 3132-29 nouv.] C. trav. qui constitue exclusivement la contravention de 5e classe prévue par l'art. R. 262-1 du même code. • Crim. 1er juill. 1997 : *Bull. crim. n° 261 ; RSC 1998. 342, obs. Cerf ; Dr. pénal 1998. comm. 9, obs. Robert* • 27 mai 1999 : *JCP E 2000, p. 1132, obs. Fortis.*

2. Cumul des infractions. Le fait que le travail soit réparti sur sept jours n'excluant pas nécessairement que le repos hebdomadaire ait été donné au salarié irrégulièrement employé plus de six jours, les juges ont pu considérer que les infractions à l'interdiction légale d'occuper un salarié plus de six jours par semaine et à la règle fixant à 24 heures la durée minimale du repos hebdomadaire comportaient des éléments constitutifs spécifiques et devaient être réprimées distinctement. • Crim. 17 juill. 1986 : *Bull. crim. n° 237.*

3. Lorsque l'employeur enfreint à la fois les art. L. 221-5 [art. L. 3132-1 nouv.] et L. 221-17 [art. L. 3132-3 nouv.], les amendes prononcées au titre de chacun de ces deux textes ne peuvent, en vertu de l'art. R. 262-1, être cumulées. • Crim. 10 janv. 1995 : *RJS 1995. 261, n° 388* • Crim. 16 mars 2010 : *Bull. crim. n° 51 ; RSC 2011. 865, obs. Cerf-Hollander ; Dr. soc. 2010. 989, obs. Duquesne .*

4. Les infractions à la règle du repos hebdomadaire (interdiction d'occuper un salarié plus de 6 jours par semaine, prescrite à l'art. L. 221-2) et à la règle du repos dominical (art. L. 221-5) commises concomitamment doivent être réprimées distinctement, ces deux contraventions comportant des éléments constitutifs spécifiques. • Crim. 25 nov. 1997 : *Bull. crim. n° 401.*

5. Interruption de la prescription de l'action publique. L'acte par lequel le ministère public requiert un huissier de justice de délivrer une citation à comparaître est un acte interruptif de prescription (infraction contraventionnelle au repos dominical). • Crim. 13 févr. 1990 : *RJS 1990. 229, n° 301.*

6. La loi du 10 août 2009, qui réaffirme le principe du repos dominical et vise à adapter, sous certaines conditions, les dérogations à ce principe dans les communes et zones touristiques et thermales ainsi que dans certaines agglomérations pour les salariés volontaires, n'a pas eu pour effet de priver de support légal les infractions au repos dominical constatées avant son entrée en vigueur. • Crim. 16 mars 2010 : *D. 2010. Actu. 1026 ; Dr. soc. 2010. 1115, obs. Duquesne ; JCP S 2010. 1227, obs. d'Allende.*

Art. R. 3135-3 Le fait de méconnaître les dispositions des articles L. 3133-4 à L. 3133-6 et D. 3133-1, relatives à la journée du 1er mai, est puni de l'amende prévue pour les contraventions de la quatrième classe.

L'amende est appliquée autant de fois qu'il y a de salariés indûment employés ou rémunérés. – *[Anc. art. R. 262-1.]*

Art. R. 3135-4 Le fait de méconnaître les dispositions particulières aux départements de la Moselle, du Bas-Rhin et du Haut-Rhin des articles L. 3134-3 à L. 3134-9 ou des décrets pris pour leur application, est puni de l'amende prévue pour les contraventions de la cinquième classe.

La récidive est réprimée conformément aux articles 132-11 et 132-15 du code pénal. – *[Anc. art. R. 262-1.]*

Art. R. 3135-5 Le fait de méconnaître les dispositions des articles L. 3164-2 à L. 3164-4, relatives au repos hebdomadaire et dominical des jeunes travailleurs, ainsi que celles des décrets pris pour leur application, est puni de l'amende prévue pour les contraventions de la cinquième classe.

Les contraventions donnent lieu à autant d'amendes qu'il y a de salariés illégalement employés.

La récidive est réprimée conformément aux articles 132-11 et 132-15 du code pénal. – *[Anc. art. R. 262-5.]*

Art. R. 3135-6 Le fait de méconnaître les dispositions des articles L. 3172-1 et L. 3172-2, relatives au contrôle du repos hebdomadaire, ainsi que celles des décrets pris pour leur application, est puni de l'amende prévue pour les contraventions de la cinquième classe.

Les contraventions donnent lieu à autant d'amendes qu'il y a de salariés illégalement employés.

La récidive est réprimée conformément aux articles 132-11 et 132-15 du code pénal. – *[L. du 26 juill. 1900, anc. art. 146 a.]*

TITRE QUATRIÈME **CONGÉS PAYÉS ET AUTRES CONGÉS**

CHAPITRE PREMIER **CONGÉS PAYÉS**

SECTION PREMIÈRE **DROIT AU CONGÉ**

SOUS-SECTION 1 **ORDRE PUBLIC**

(Décr. n° 2016-1553 du 18 nov. 2016, art. 4, en vigueur le 1er janv. 2017)

Art. D. 3141-1 L'employeur qui emploie pendant la période fixée pour son congé légal un salarié à un travail rémunéré, même en dehors de l'entreprise, est considéré comme ne donnant pas le congé légal, sans préjudice des dommages et intérêts auxquels il peut être condamné en application de l'article D. 3141-2. – *[Anc. art. D. 223-1.]*

Art. D. 3141-2 Le salarié qui accomplit pendant sa période de congés payés des travaux rémunérés, privant de ce fait des demandeurs d'emploi d'un travail qui aurait pu leur être confié, peut être l'objet d'une action devant le juge d'instance en dommages et intérêts envers le régime d'assurance chômage.

Les dommages et intérêts ne peuvent être inférieurs au montant de l'indemnité due au salarié pour son congé payé.

L'action en dommages et intérêts est exercée à la diligence soit du maire de la commune intéressée, soit du préfet.

L'employeur qui a occupé sciemment un salarié bénéficiaire d'un congé payé peut être également l'objet, dans les mêmes conditions, de l'action en dommages et intérêts prévue par le présent article. – *[Anc. art. D. 223-2.]*

SECTION II **DURÉE DU CONGÉ**

SOUS-SECTION 1 **ORDRE PUBLIC**

(Décr. n° 2016-1553 du 18 nov. 2016, art. 4, en vigueur le 1er janv. 2017)

Art. D. 3141-3 Ne peuvent être déduits du congé annuel :

1° Les absences autorisées ;

2° Les congés de maternité, paternité et d'adoption prévus par les articles L. 1225-17, L. 1225-35 et L. 1225-37 ;

3° Les jours d'absence pour maladie ou accident ;

4° Les jours de chômage ;

5° Les périodes de préavis ;

6° Les périodes obligatoires d'instruction militaire.

L'art. D. 3141-4 devient l'art. D. 3141-3 (Décr. n° 2016-1553 du 18 nov. 2016, art. 4, en vigueur le 1er janv. 2017).

SOUS-SECTION 2 **DISPOSITIONS SUPPLÉTIVES**

(Décr. n° 2016-1551 du 18 nov. 2016, art. 5, en vigueur le 1er janv. 2017)

Art. R. 3141-4 *(Décr. n° 2016-1551 du 18 nov. 2016, art. 5, en vigueur le 1er janv. 2017)* « A défaut d'accord prévu à l'article L. 3141-10, le » point de départ de la période prise en compte pour le calcul du droit au congé est fixé au 1er juin de chaque année.

Toutefois, dans les professions où en application de l'article *(Décr. n° 2016-1551 du 18 nov. 2016, art. 5, en vigueur le 1er janv. 2017)* « L. 3141-32 » l'employeur est tenu de s'affilier à une caisse de congé, le point de départ de l'année de référence est fixé au 1er avril.

L'art. R. 3141-3 devient l'art. R. 3141-4 (Décr. n° 2016-1551 du 18 nov. 2016, art. 5, en vigueur le 1er janv. 2017).

SECTION III **PRISE DES CONGÉS**

SOUS-SECTION 1 **ORDRE PUBLIC**

(Décr. n° 2016-1553 du 18 nov. 2016, art. 4, en vigueur le 1er janv. 2017)

Art. D. 3141-5 La période de prise des congés payés est portée par l'employeur à la connaissance des salariés au moins deux mois avant l'ouverture de cette période. — *[Anc. art. D. 223-4, al. 1er.]*

Art. D. 3141-6 *(Décr. n° 2016-1418 du 20 oct. 2016, art. 2)* L'ordre des départs en congé est communiqué, par tout moyen, à chaque salarié un mois avant son départ.

SECTION IV **INDEMNITÉS DE CONGÉS**

SOUS-SECTION 1 **ORDRE PUBLIC**

(Décr. n° 2016-1553 du 18 nov. 2016, art. 4, en vigueur le 1er janv. 2017)

Art. D. 3141-7 Le paiement des indemnités dues pour les congés payés est soumis aux règles déterminées par le livre II pour le paiement des salaires. — *[Anc. art. D. 223-6.]*

Art. D. 3141-8 L'indemnité de fin de mission, prévue à l'article L. 1251-32, est prise en compte pour la détermination de la rémunération totale prévue à l'article *(Décr. n° 2016-1553 du 18 nov. 2016, art. 4, en vigueur le 1er janv. 2017)* « L. 3141-24 ».

SECTION V **CAISSES DE CONGÉS PAYÉS**

SOUS-SECTION 1 **DISPOSITIONS GÉNÉRALES**

Art. D. 3141-9 L'employeur qui adhère à une caisse de congés payés, par application de l'article *(Décr. n° 2016-1553 du 18 nov. 2016, art. 4, en vigueur le 1er janv. 2017)* « L. 3141-32 », délivre au salarié, en cas de rupture du contrat de travail, un certificat justificatif de ses droits à congé compte tenu de la durée de ses services. — *[Anc. art. R. 223-2.]*

Art. D. 3141-10 En vue de la détermination du droit au congé et, le cas échéant, du calcul de l'indemnité à verser aux ayants droit, les caisses de congés payés font état, dans le décompte des services, de l'ancienneté des services accomplis chez les employeurs dont l'affiliation à une caisse de congé est obligatoire. — *[Anc. art. R. 223-3.]*

Art. D. 3141-11 L'agrément des contrôleurs des caisses de congés payés est délivré pour une durée n'excédant pas cinq ans par arrêté du préfet du département où se trouve le siège de la caisse dont ils relèvent.

Il est renouvelable. — *[Anc. art. R. 223-4, al. 1er et 2.]*

SOUS-SECTION 2 **DISPOSITIONS PARTICULIÈRES AUX PROFESSIONS DU BÂTIMENT ET DES TRAVAUX PUBLICS**

§ 1er RÈGLES D'AFFILIATION

Art. D. 3141-12 *(Décr. n° 2009-493 du 29 avr. 2009)* Dans les entreprises exerçant une ou plusieurs activités entrant dans le champ d'application des conventions collectives nationales étendues du bâtiment et des travaux publics, le service des congés est assuré, sur la base de celles-ci, par des caisses constituées à cet effet.

Toutefois, lorsque l'entreprise applique, au titre de son activité principale, une convention collective nationale autre que celles mentionnées à l'alinéa précédent et sous réserve d'un accord conclu, conformément à l'article D. 3141-15, entre la caisse de surcompensation mentionnée à l'article D. 3141-22 et l'organisation ou les organisations d'employeurs représentatives de la branche professionnelle concernée, le service des congés peut être assuré par l'entreprise.

Pour l'application du présent article, l'activité principale s'entend comme celle dans laquelle l'entreprise emploie le plus grand nombre de salariés.

Art. D. 3141-13 Le régime prévu par la présente sous-section s'applique aux carrières annexées aux entreprises mentionnées *(Décr. n° 2009-493 du 29 avr. 2009)* « au premier alinéa de l'article » D. 3141-12 ainsi qu'aux ateliers, chantiers et autres établissements travaillant exclusivement pour le fonctionnement et l'entretien de ces entreprises, qu'ils soient ou non annexés à celles-ci. – *[Anc. art. D. 732-1, al. 7.]*

Art. D. 3141-14 Le régime prévu par la présente section s'applique également aux entreprises non établies en France mentionnées aux articles L. 1262-1 et L. 1262-2. – *[Anc. art. D. 732-1, al. 8.]*

Art. D. 3141-15 Des règles particulières d'affiliation peuvent être définies par accord conclu entre la caisse nationale de surcompensation mentionnée à l'article D. 3141-22 et les organisations d'employeurs représentatives d'une branche professionnelle autre que celle du bâtiment et des travaux publics lorsque les entreprises affiliées à ces organisations d'employeurs exercent, à titre secondaire ou accessoire, une ou plusieurs activités impliquant leur affiliation aux caisses mentionnées à l'article D. 3141-12. – *[Anc. art. D. 732-1, al. 4.]*

Art. D. 3141-16 Les accords mentionnés à l'article D. 3141-15, approuvés par le ministre chargé du travail, indiquent :

1° Les motifs justifiant la mise en œuvre de règles particulières d'affiliation ;

2° Le ou les critères selon lesquels l'affiliation est réalisée, notamment le pourcentage du chiffre d'affaires réalisé s'agissant des activités mentionnées aux articles D. 3141-12 et D. 3141-13 en deçà duquel l'affiliation n'est pas demandée, ainsi que les activités spécifiques à chaque profession exclues du champ d'affiliation ;

3° Les règles applicables aux entreprises qui n'assurent pas la pose des produits qu'elles fabriquent ou qui la sous-traitent. – *[Anc. art. D. 732-1, al. 5 et 6.]*

Art. D. 3141-17 Un arrêté du ministre chargé du travail fixe les pièces justificatives, les garanties à fournir par les caisses de congés payés soit en vue de leur agrément, soit au cours de leur fonctionnement, ainsi que les dispositions que contiennent leurs statuts et règlements. – *[Anc. art. D. 732-2, phrase 1.]*

Art. D. 3141-18 Le ministre chargé du travail autorise les caisses à exercer leur activité dans une circonscription territoriale déterminée après avoir vérifié que le nombre des salariés qui doivent être déclarés à la caisse justifie l'institution de celle-ci. – *[Anc. art. D. 732-2, phrase 2.]*

En application de l'art. L. 231-5 CRPA, et par exception à l'application du délai de deux mois prévu à l'art. L. 231-1 du même code, le silence gardé par l'administration pendant deux mois vaut décision de rejet pour une demande d'autorisation d'exercice des caisses de congés payés pour les professions du bâtiment et des travaux publics (Décr. n° 2014-1289 du 23 oct. 2014, art. 1er).

Art. R. 3141-19 Les statuts et règlements des caisses et toute modification éventuelle de ces textes ne sont applicables qu'après avoir reçu l'approbation du ministre chargé du travail. – *[Anc. art. D. 732-2, phrase 3.]*

Art. D. 3141-20 *(Décr. n° 2009-493 du 29 avr. 2009)* Dans les entreprises mentionnées à l'article D. 3141-12, dont l'activité principale relève du bâtiment, le service des congés des salariés déclarés est assuré par la caisse agréée pour la circonscription territoriale dans laquelle l'entreprise a son siège social.

Dans les entreprises dont l'activité principale relève des travaux publics, ce service est assuré par une caisse à compétence nationale.

Dans les entreprises qui relèvent du statut coopératif, ce service est également assuré par une caisse à compétence nationale.

Art. D. 3141-21 Par dérogation au premier alinéa de l'article D. 3141-20, la caisse de congés compétente pour les entreprises non établies en France mentionnées à l'article D. 3141-14 est celle du lieu d'exécution de la prestation ou du chantier.

En cas de prestations multiples simultanées, l'entreprise peut centraliser ses déclarations à la caisse du lieu de la prestation la plus importante compte tenu de l'effectif qui y est affecté. – *[Anc. art. D. 732-3, al. 3.]*

Art. D. 3141-22 Les caisses de congés payés s'affilient à une caisse de surcompensation créée pour l'ensemble des entreprises mentionnées à l'article D. 3141-12.

Celle-ci a notamment pour objet de répartir entre les caisses intéressées les charges résultant du paiement par une seule caisse des indemnités dues aux salariés successivement déclarés à différentes caisses. – *[Anc. art. D. 732-3, al. 2.]*

Art. D. 3141-23 Les salariés appartenant aux établissements mentionnés aux articles D. 3141-12 à D. 3141-15 sont déclarés par l'employeur à la caisse compétente, sauf s'ils sont titulaires d'un contrat de travail à durée déterminée, conclu pour une durée minimum d'un an et ayant acquis date certaine par enregistrement.

Toutefois, en cas de rupture d'un tel contrat avant le terme d'une année, l'employeur verse rétroactivement à la caisse les cotisations correspondant aux salaires perçus par le salarié depuis le début de la période de référence en cours. – *[Anc. art. D. 732-4, al. 1er.]*

Art. D. 3141-24 L'employeur peut faire assurer par la caisse de congés payés, avec l'accord de celle-ci et moyennant le versement des cotisations correspondantes, le service des congés aux salariés dont la déclaration n'est pas obligatoire. – *[Anc. art. D. 732-4, al. 2.]*

Art. D. 3141-25 Les effets de l'affiliation de l'employeur ne peuvent remonter au-delà de la date d'ouverture de la période de référence écoulée. – *[Anc. art. D. 732-4, al. 3.]*

Art. D. 3141-26 Les entreprises mentionnées à l'article D. 3141-14, établies dans un autre État membre de l'Union européenne ou dans l'un des autres États partie à l'accord sur l'Espace économique européen, peuvent s'exonérer des obligations figurant à la présente sous-section si elles justifient que leurs salariés bénéficient de leurs droits à congés payés pour la période de détachement dans des conditions au moins équivalentes à celles prévues par la législation française. – *[Anc. art. D. 732-9, al. 1er.]*

Art. D. 3141-27 Lorsque les entreprises mentionnées à l'article D. 3141-26 sont affiliées à une institution équivalente aux caisses de congés payés, dans le pays où elles sont établies, elles justifient qu'elles sont à jour de leurs obligations à l'égard de ces institutions à la date du commencement de la prestation et qu'elles ont continué à cotiser à l'institution compétente durant le détachement temporaire pour bénéficier de l'exonération. – *[Anc. art. D. 732-9, al. 2.]*

Art. D. 3141-28 *(Décr. nº 2016-1418 du 20 oct. 2016, art. 3)* L'employeur communique, par tout moyen, aux salariés, la raison sociale et l'adresse de la caisse de congés payés à laquelle il est affilié.

§ 2 ORGANISATION ET FONCTIONNEMENT

Art. D. 3141-29 La cotisation de l'employeur est déterminée par un pourcentage du montant des salaires payés aux salariés déclarés.

Ce pourcentage est fixé par le conseil d'administration de la caisse de congés payés.

Le règlement intérieur de celle-ci précise les dates et les modes de versement des cotisations, les justifications qui accompagnent ce versement et les vérifications auxquelles se soumettent les adhérents. – *[Anc. art. D. 732-5.]*

Information du taux de cotisation. Les textes légaux, réglementaires et statutaires ne subordonnent pas l'opposabilité et la mise en œuvre des décisions du conseil d'administration des caisses de congés payés, organismes de droit privé, à des modalités particulières de publicité ; aussi, les personnes affiliées à la caisse de congés payés sont valablement informées des taux de cotisation appliqués par les mentions figurant sur les imprimés de déclaration qui leur sont adres-

sés. • Soc. 7 avr. 2010 : *RJS 2010. 455, n° 524.*
♦ ... Ou par la publication de ces taux dans un journal d'annonces légales spécialisé. • Soc. 7 avr. 2010 : *RJS 2010. 455, n° 524.*

Art. D. 3141-30 La durée des congés des salariés déclarés à la caisse est déterminée en application des dispositions générales du présent chapitre. Il en est de même pour les salariés déclarés par les entreprises non établies en France mentionnées aux articles L. 1262-1 et L. 1262-2.

Toutefois, cent cinquante heures de travail effectif sont considérées comme équivalentes à un mois pour la détermination de la durée du congé de ces salariés.

En outre, il est ajouté à l'ensemble des heures de travail accomplies au cours de l'année de référence, cent soixante heures représentant forfaitairement le congé de l'année précédente, lorsque celui-ci a été payé à l'intéressé par l'intermédiaire d'une caisse agréée. – *[Anc. art. D. 732-6, al. 1er à 3.]*

Art. D. 3141-31 La caisse assure le service des congés payés des salariés déclarés par l'employeur.

Toutefois, en cas de défaillance de l'employeur dans le paiement des cotisations, elle verse l'indemnité de congés payés à due proportion des périodes pour lesquelles les cotisations ont été payées, par rapport à l'ensemble de la période d'emploi accomplie pendant l'année de référence. L'employeur défaillant n'est pas dégagé de l'obligation de payer à la caisse les cotisations, majorations de retard et pénalités qui restent dues.

Après régularisation de la situation de l'employeur, la caisse verse au salarié le complément d'indemnité de congés payés dû, calculé suivant les mêmes principes. – *[Anc. art. D. 732-6, al. 4 à 6.]*

Art. D. 3141-32 Le salaire horaire pris en considération pour le calcul de l'indemnité de congé est le quotient du montant de la dernière paye versée au salarié dans l'entreprise assujettie qui l'employait en dernier lieu par le nombre d'heures de travail effectuées pendant la période ainsi rémunérée.

En cas de changement des taux de salaires, il est tenu compte de ceux applicables pendant le congé. Toutefois, cette disposition n'est applicable qu'aux salariés qui, au moment de leur congé, sont employés dans une entreprise assujettie. – *[Anc. art. D. 732-7, al. 1er et 2.]*

Art. D. 3141-33 L'indemnité du congé mentionné à l'article L. 3141-3 est le produit du vingt-cinquième du salaire horaire défini à l'article D. 3141-32 par le double du nombre d'heures de travail accomplies au cours de l'année de référence.

Pour chaque jour de congé supplémentaire attribué à quelque titre que ce soit, le salarié reçoit le quotient de l'indemnité mentionnée au premier alinéa par le nombre des jours de congé auquel cette indemnité correspond. – *[Anc. art. D. 732-7, al. 3 et 4.]*

Art. D. 3141-34 L'employeur remet au salarié, avant son départ en congé ou à la date de rupture de son contrat, un certificat en double exemplaire qui permet à ce dernier de justifier de ses droits à congé envers la caisse d'affiliation du dernier employeur.

Ce certificat indique le nombre d'heures de travail effectuées par le salarié dans l'entreprise pendant l'année de référence, le montant du dernier salaire horaire calculé conformément aux dispositions de l'article D. 3141-32 ainsi que la raison sociale et l'adresse de la caisse d'affiliation. – *[Anc. art. D. 732-8.]*

Art. D. 3141-35 Une commission instituée auprès de chaque caisse de congés payés statue sur toutes les contestations qui peuvent s'élever au sujet des droits aux congés des salariés déclarés à la caisse.

Elle est composée, en nombre égal, de membres employeurs et salariés désignés par le *(Décr. n° 2009-1377 du 10 nov. 2009)* « directeur régional des entreprises, de la concurrence, de la consommation, du travail et de l'emploi » et choisis parmi les organisations d'employeurs et de salariés représentatives au niveau régional pour les professions assujetties. – *[Anc. art. D. 732-10, al. 1er et 2.]*

Les modifications issues du Décr. n° 2009-1377 du 10 nov. 2009 prennent effet, dans chaque région, à la date de nomination du directeur régional des entreprises, de la concurrence, de la consommation, du travail et de l'emploi (Décr. préc., art. 7-I). — V. Arr. de nomination de ces directeurs des 30 déc. 2009 (JO 5 janv. 2010) et 9 févr. 2010 (JO 14 févr.).

Ces modifications s'appliquent à la région Île-de-France à compter du 1er juill. 2010 (Décr. n° 2010-687 du 24 juin 2010, art. 2).

Art. D. 3141-36 Les caisses de congés payés sont soumises pour l'application des lois et règlements relatifs aux congés payés, au contrôle de l'inspection du travail dans les professions intéressées. – *[Anc. art. D. 732-10, al. 3.]*

Art. D. 3141-37 L'employeur justifie à tout moment à l'inspection du travail, aux officiers de police judiciaire et aux contrôleurs agréés de la caisse d'affiliation dont il relève, qu'il est à jour de ses obligations envers celle-ci. – *[Anc. art. D. 732-11, al. 2.]*

CHAPITRE II **AUTRES CONGÉS**

SECTION PREMIÈRE **CONGÉS D'ARTICULATION ENTRE LA VIE PROFESSIONNELLE ET LA VIE PERSONNELLE ET FAMILIALE** *(Décr. n° 2016-1552 du 18 nov. 2016, art. 3-I, en vigueur le 1er janv. 2017).*

SOUS-SECTION 1 **CONGÉS POUR ÉVÉNEMENTS FAMILIAUX** *(Décr. n° 2016-1552 du 18 nov. 2016, art. 3-II, en vigueur le 1er janv. 2017).*

§ 1er ORDRE PUBLIC

(Décr. n° 2016-1552 du 18 nov. 2016, art. 3-II, en vigueur le 1er janv. 2017)

Art. R. 3142-1 En cas de contestation, le conseil de prud'hommes, saisi en application de l'article L. 3142-3, statue en dernier ressort.

SOUS-SECTION 2 **CONGÉ DE SOLIDARITÉ FAMILIALE**

(Décr. n° 2016-1552 du 18 nov. 2016, art. 3-III, en vigueur le 1er janv. 2017)

§ 1er ORDRE PUBLIC

(Décr. n° 2016-1552 du 18 nov. 2016, art. 3-III, en vigueur le 1er janv. 2017)

Art. D. 3142-2 *(Décr. n° 2011-50 du 11 janv. 2011, art. 4)* En cas de fractionnement du congé, la durée minimale de chaque période de congé est de une journée.

L'art. D. 3142-8-1 devient l'art. D. 3142-2 (Décr. n° 2016-1555 du 18 nov. 2016, art. 1er-I, en vigueur le 1er janv. 2017).

Art. D. 3142-3 *(Décr. n° 2016-1555 du 18 nov. 2016, art. 1er-I, en vigueur le 1er janv. 2017)* Sans préjudice des dispositions du troisième alinéa de l'article L. 3142-7, le salarié informe l'employeur au moment de la demande du congé par tout moyen conférant date certaine de la date prévisible de son retour. En cas de modification de celle-ci, le salarié en informe l'employeur au moins trois jours avant son retour.

Art. R. 3142-4 En cas de contestation, le conseil de prud'hommes, saisi en application de l'article L. 3142-13, statue en dernier ressort.

§ 2 DISPOSITIONS SUPPLÉTIVES

(Décr. n° 2016-1555 du 18 nov. 2016, art. 1er-I, en vigueur le 1er janv. 2017)

Art. D. 3142-5 *(Décr. n° 2016-1555 du 18 nov. 2016, art. 1er-I, en vigueur le 1er janv. 2017)* « A défaut de convention ou d'accord mentionné à l'article L. 3142-14, le salarié informe l'employeur par tout moyen conférant date certaine, au moins quinze jours avant le début du congé de solidarité familiale, » de sa volonté de *(Décr. n° 2011-50 du 11 janv. 2011, art. 3)* « suspendre son contrat de travail à ce titre, de la date de son départ en congé et, le cas échéant, de sa demande de fractionnement ou de transformation en temps partiel de celui-ci ».

Il adresse également un certificat médical, établi par le médecin traitant de la personne que le salarié souhaite assister, attestant que cette personne souffre d'une pathologie mettant en jeu le pronostic vital *(Décr. n° 2011-50 du 11 janv. 2011, art. 3)* « ou est en phase avancée ou terminale d'une affection grave et incurable ».

L'art. D. 3142-6 devient l'art. D. 3142-5 (Décr. n° 2016-1555 du 18 nov. 2016, art. 1er-I, en vigueur le 1er janv. 2017).

Art. D. 3142-6 *(Décr. n° 2016-1555 du 18 nov. 2016, art. 1er-I, en vigueur le 1er janv. 2017)* « A défaut de convention ou d'accord mentionné à l'article L. 3142-14, » lorsque le salarié décide de renouveler son congé de solidarité familiale ou son activité à temps partiel *(Décr. n° 2016-1555 du 18 nov. 2016, art. 1er-I, en vigueur le 1er janv. 2017)* « il en informe l'employeur par tout moyen conférant date certaine », au moins quinze jours avant le terme initialement prévu.

L'art. D. 3142-8 devient l'art. D. 3142-6 (Décr. n° 2016-1555 du 18 nov. 2016, art. 1er-I).

SOUS-SECTION 3 CONGÉ DE PROCHE AIDANT

(Décr. n° 2016-1552 du 18 nov. 2016, art. 3-IV, en vigueur le 1er janv. 2017)

§ 1er ORDRE PUBLIC

(Décr. n° 2016-1552 du 18 nov. 2016, art. 3-IV, en vigueur le 1er janv. 2017)

Art. D. 3142-7 *(Décr. n° 2016-1554 du 18 nov. 2016, art. 1er-A, en vigueur le 1er janv. 2017)* Pour bénéficier immédiatement du congé dans les cas énoncés à l'article L. 3142-19, la dégradation soudaine de l'état de santé de la personne aidée ou la situation de crise nécessitant une action urgente du proche aidant est constatée par écrit par un médecin qui établit un certificat médical et la cessation brutale de l'hébergement en établissement est attestée par le responsable de cet établissement.

Art. D. 3142-8 La demande de congé de proche aidant est accompagnée des pièces suivantes :

1° Une déclaration sur l'honneur du lien familial du demandeur avec la personne aidée, *(Décr. n° 2016-1554 du 18 nov. 2016, art. 1er-A et D, en vigueur le 1er janv. 2017)* « ou de l'aide apportée à une personne âgée ou handicapée avec laquelle il réside ou entretient des liens étroits et stables » ;

2° Une déclaration sur l'honneur du demandeur précisant qu'il n'a pas eu précédemment recours, au long de sa carrière, à un congé de proche aidant ou bien la durée pendant laquelle il a bénéficié de ce congé ;

3° Lorsque la personne aidée est un enfant handicapé à la charge du demandeur, au sens de l'article L. 512-1 du code de la sécurité sociale, ou un adulte handicapé, une copie de la décision prise en application de la législation de sécurité sociale ou d'aide sociale subordonnée à la justification d'un taux d'incapacité permanente au moins égal à 80 % ;

4° Lorsque la personne aidée souffre d'une perte d'autonomie, une copie de la décision d'attribution de l'allocation personnalisée d'autonomie au titre d'un classement dans les groupes *(Décr. n° 2016-1554 du 18 nov. 2016, art. 1er-A et D, en vigueur le 1er janv. 2017)* « I, II et III » de la grille nationale mentionnée à l'article L. 232-2 du code de l'action sociale et des familles.

L'art. D. 3142-12 devient l'art. D. 3142-8 (Décr. n° 2016-1554 du 18 nov. 2016, art. 1er-A, en vigueur le 1er janv. 2017).

Art. D. 3142-9 *(Décr. n° 2016-1554 du 18 nov. 2016, art. 1er-A, en vigueur le 1er janv. 2017)* En cas de fractionnement du congé, la durée minimale de chaque période de congé est d'une journée.

Art. R. 3142-10 En cas de contestation, le conseil de prud'hommes saisi en application de l'article L. 3142-25 statue en dernier ressort.

§ 2 DISPOSITIONS SUPPLÉTIVES

(Décr. n° 2016-1554 du 18 nov. 2016, art. 1er-C, en vigueur le 1er janv. 2017)

Art. D. 3142-11 *(Décr. n° 2016-1554 du 18 nov. 2016, art. 1er-C et D, en vigueur le 1er janv. 2017)* A défaut de convention ou d'accord mentionné à l'article L. 3142-26, le salarié informe l'employeur par tout moyen conférant date certaine, au moins un mois avant le début du congé de proche aidant, de sa volonté de suspendre son contrat de travail à ce titre, et, le cas échéant, de sa demande de fractionnement ou de transformation à temps partiel de celui-ci et de la date de son départ en congé.

Il joint à sa demande les documents mentionnés à l'article D. 3142-8.

L'art. D. 3142-9 devient l'art. D. 3142-11 (Décr. nº 2016-1554 du 18 nov. 2016, art. 1er-C, en vigueur le 1er janv. 2017).

Art. D. 3142-12 A défaut de convention ou d'accord mentionné à l'article L. 3142-26, en cas de renouvellement du congé de proche aidant ou de l'activité à temps partiel de façon successive, le salarié avertit l'employeur de cette prolongation au moins quinze jours avant le terme initialement prévu, par tout moyen conférant date certaine.

En cas de renouvellement non successif, les conditions de prévenance définies à l'article D. 3142-11 s'appliquent.

L'art. D. 3142-10 devient l'art. D. 3142-12 (Décr. nº 2016-1554 du 18 nov. 2016, art. 1er-C, en vigueur le 1er janv. 2017).

Art. D. 3142-13 *(Décr. nº 2016-1554 du 18 nov. 2016, art. 1er-C, en vigueur le 1er janv. 2017)* « A défaut de convention ou d'accord mentionné à l'article L. 3142-26 », pour mettre fin de façon anticipée au congé ou y renoncer dans les cas prévus à l'article *(Décr. nº 2016-1554 du 18 nov. 2016, art. 1er-C, en vigueur le 1er janv. 2017)* « L. 3142-19 », le salarié adresse une demande motivée à l'employeur par *(Décr. nº 2016-1554 du 18 nov. 2016, art. 1er-C et D, en vigueur le 1er janv. 2017)* « tout moyen conférant date certaine », au moins un mois avant la date à laquelle il entend bénéficier de ces dispositions.

En cas de décès de la personne aidée, ce délai est ramené à deux semaines.

SOUS-SECTION 4 CONGÉ SABBATIQUE

(Décr. nº 2016-1552 du 18 nov. 2016, art. 3-V, en vigueur le 1er janv. 2017)

§ 1er ORDRE PUBLIC

(Décr. nº 2016-1552 du 18 nov. 2016, art. 3-V, en vigueur le 1er janv. 2017)

Art. D. 3142-14 Les délais mentionnés à l'article L. 3142-29, en vue de différer le départ en congé sabbatique d'un salarié, courent à compter de la présentation de la demande prévue à l'article D. 3142-19.

L'art. D. 3142-48 devient l'art. D. 3142-14 (Décr. nº 2016-1555 du 18 nov. 2016, art. 1er-II, en vigueur le 1er janv. 2017).

Art. D. 3142-15 *(Décr. nº 2016-1555 du 18 nov. 2016, art. 1er-II, en vigueur le 1er janv. 2017)* Le refus de l'employeur d'accorder un congé sabbatique est notifié au salarié par tout moyen conférant date certaine.

Art. D. 3142-16 *(Décr. nº 2016-1555 du 18 nov. 2016, art. 1er-II, en vigueur le 1er janv. 2017)* Le salarié peut contester le refus de l'employeur dans les quinze jours à compter de la notification.

Art. R. 3142-17 En cas de contestation, le conseil de prud'hommes saisi en application de l'article L. 3142-29 statue en dernier ressort.

Art. D. 3142-18 *(Décr. nº 2016-1555 du 18 nov. 2016, art. 1er-II, en vigueur le 1er janv. 2017)* L'employeur informe le salarié de son accord sur la date de départ choisie du congé sabbatique ou de son report par tout moyen conférant date certaine.

§ 2 DISPOSITIONS SUPPLÉTIVES

(Décr. nº 2016-1555 du 18 nov. 2016, art. 1er-II, en vigueur le 1er janv. 2017)

Art. D. 3142-19 *(Décr. nº 2016-1555 du 18 nov. 2016, art. 1er-II, en vigueur le 1er janv. 2017)* A défaut de convention ou d'accord mentionné à l'article L. 3142-32, le salarié informe l'employeur de la date de départ en congé sabbatique qu'il a choisie et de la durée de ce congé, par tout moyen conférant date certaine, au moins trois mois à l'avance.

L'art. D. 3142-47 devient l'art. D. 3142-19 (Décr. nº 2016-1555 du 18 nov. 2016, art. 1er-II, en vigueur le 1er janv. 2017).

Art. D. 3142-20 *(Décr. n° 2016-1555 du 18 nov. 2016, art. 1er-II, en vigueur le 1er janv. 2017)* A défaut de convention ou d'accord mentionné à l'article L. 3142-32, le départ en congé peut être différé par l'employeur dans les conditions mentionnées au premier alinéa de l'article L. 3142-29, de telle sorte que le pourcentage des salariés simultanément absents de l'entreprise au titre du congé sabbatique ne dépasse pas 1,5 % de l'effectif de cette entreprise, jusqu'à la date à laquelle cette condition de taux est remplie ou que le nombre de jours d'absence au titre du congé sabbatique ne dépasse pas 1,5 % du nombre de jours de travail effectués dans les douze mois précédant le départ en congé. Pour permettre le départ en congé d'un salarié, cette période de douze mois est prolongée dans la limite de quarante-huit mois.

Art. D. 3142-21 *(Décr. n° 2016-1555 du 18 nov. 2016, art. 1er-II, en vigueur le 1er janv. 2017)* A défaut de convention ou d'accord mentionné à l'article L. 3142-32, le départ en congé peut être différé par l'employeur dans les conditions mentionnées au deuxième alinéa de l'article L. 3142-29 conformément aux dispositions de l'article D. 3142-75.

SECTION II **CONGÉS POUR ENGAGEMENT ASSOCIATIF, POLITIQUE OU MILITANT**

(Décr. n° 2016-1552 du 18 nov. 2016, art. 4-I, en vigueur le 1er janv. 2017)

SOUS-SECTION 1 **CONGÉ MUTUALISTE DE FORMATION** *(Décr. n° 2016-1552 du 18 nov. 2016, art. 4-I, en vigueur le 1er janv. 2017).*

§ 1er ORDRE PUBLIC

(Décr. n° 2016-1552 du 18 nov. 2016, art. 4-II, en vigueur le 1er janv. 2017)

Art. R. 3142-22 La liste des organismes dont les stages ouvrent droit au congé mutualiste est établie par arrêté du ministre chargé de la mutualité après avis du Conseil supérieur de la mutualité.

L'art. R. 3142-26 devient l'art. R. 3142-22 (Décr. n° 2016-1552 du 18 nov. 2016, art. 4-II, en vigueur le 1er janv. 2017).

Art. R. 3142-23 Le bénéfice du congé peut être refusé par l'employeur s'il établit que ce refus est justifié par des nécessités particulières à son entreprise ou à l'exploitation de celle-ci.

Ce refus ne peut intervenir qu'après consultation du comité d'entreprise ou, à défaut, des délégués du personnel.

Si le salarié renouvelle sa demande après l'expiration d'un délai de quatre mois, un nouveau report ne peut lui être opposé sauf en cas de dépassement du nombre déterminé par l'article R. 3142-29.

Art. R. 3142-23-1 Pour les entreprises publiques non prévues à l'article L. 2233-1, des arrêtés pris par les ministres intéressés précisent les organismes appelés à donner leur avis dans les conditions prévues par l'article R. 3142-23.

Art. R. 3142-24 Le refus ou le report du congé mutualiste de formation par l'employeur est motivé et notifié par tout moyen conférant date certaine à l'intéressé dans les huit jours à compter de la réception de sa demande.

Art. R. 3142-25 Le salarié dont la demande de congé mutualiste de formation n'a pas été satisfaite en raison des conditions mentionnées aux articles R. 3142-23 et R. 3142-29 bénéficie d'une priorité pour l'octroi ultérieur de ce congé.

Art. R. 3142-26 L'organisme chargé des stages ou sessions dispensés dans le cadre du congé mutualiste de formation délivre au salarié une attestation constatant la fréquentation effective de celui-ci.

Cette attestation est remise à l'employeur au moment de la reprise du travail.

Art. R. 3142-27 En cas de contestation, le conseil de prud'hommes, saisi en application de l'article L. 3142-39, statue en dernier ressort.

§ 2 DISPOSITIONS SUPPLÉTIVES

(Décr. n° 2016-1552 du 18 nov. 2016, art. 4-II, en vigueur le 1er janv. 2017)

Art. R. 3142-28 A défaut de convention ou d'accord mentionné à l'article L. 3142-40, l'administrateur d'une mutuelle, d'une union ou d'une fédération informe l'employeur par tout moyen conférant date certaine, au moins trente jours avant le début du congé mutualiste de formation, de sa volonté de bénéficier de ce congé.

Il précise la date et la durée de l'absence envisagée et désigne l'organisme responsable du stage ou de la session.

L'art. R. 3142-25 devient l'art. D. 3142-28 (Décr. n° 2016-1552 du 18 nov. 2016, art. 4-II, en vigueur le 1er janv. 2017).

Art. R. 3142-29 A défaut de convention ou d'accord mentionné à l'article L. 3142-40, et en application du 3° de l'article L. 3142-41, le bénéfice du congé peut être refusé par l'employeur s'il établit que le nombre de salariés, par établissement, ayant bénéficié du congé durant l'année en cours atteint la proportion suivante :

1° Moins de 50 salariés : un bénéficiaire ;

2° 50 à 99 salariés : deux bénéficiaires ;

3° 100 à 199 salariés : trois bénéficiaires ;

4° 200 à 499 salariés : quatre bénéficiaires ;

5° 500 à 999 salariés : cinq bénéficiaires ;

6° 1 000 à 1 999 salariés : six bénéficiaires ;

7° A partir de 2 000 salariés : un bénéficiaire de plus par tranche supplémentaire de 1 000 salariés.

SOUS-SECTION 2 **CONGÉ DE PARTICIPATION AUX INSTANCES D'EMPLOI ET DE FORMATION PROFESSIONNELLE OU À UN JURY D'EXAMEN** *(Décr. n° 2016-1552 du 18 nov. 2016, art. 4-III, en vigueur le 1er janv. 2017).*

§ 1er ORDRE PUBLIC

(Décr. n° 2016-1552 du 18 nov. 2016, art. 4-III, en vigueur le 1er janv. 2017)

Art. R. 3142-30 Le refus de l'employeur est notifié par tout moyen conférant date certaine au salarié.

Art. R. 3142-31 En cas de contestation, le conseil de prud'hommes, saisi en application de l'article L. 3142-45, statue en dernier ressort.

§ 2 DISPOSITIONS SUPPLÉTIVES

(Décr. n° 2016-1555 du 18 nov. 2016, art. 2-I, en vigueur le 1er janv. 2017)

Art. D. 3142-32 *(Décr. n° 2016-1555 du 18 nov. 2016, art. 2-I, en vigueur le 1er janv. 2017 ; Décr. n° 2010-289 du 17 mars 2010)* A défaut de convention ou d'accord mentionné à l'article L. 3142-46, le salarié informe l'employeur par tout moyen conférant date certaine, dans un délai qui ne peut pas être inférieur à quinze jours calendaires avant le début de la session d'examen ou de validation ou de sa participation à l'instance d'emploi et de formation professionnelle, de sa volonté de bénéficier de ce congé. Il joint à sa demande une copie de la convocation à participer à un jury d'examen ou de validation des acquis de l'expérience ou à une instance d'emploi et de formation professionnelle.

L'art. D. 3142-5-3 devient l'art. D. 3142-32 (Décr. n° 2016-1555 du 18 nov. 2016, art. 2-I, en vigueur le 1er janv. 2017).

SOUS-SECTION 3 **CONGÉ POUR CATASTROPHE NATURELLE** *(Décr. n° 2016-1552 du 18 nov. 2016, art. 4-IV, en vigueur le 1er janv. 2017).*

§ 1er ORDRE PUBLIC

(Décr. n° 2016-1552 du 18 nov. 2016, art. 4-IV, en vigueur le 1er janv. 2017)

Art. R. 3142-33 Le refus de l'employeur est notifié par tout moyen conférant date certaine au salarié.

Art. R. 3142-34 En cas de contestation, le conseil de prud'hommes, saisi en application de l'article L. 3142-51, statue en dernier ressort.

§ 2 DISPOSITIONS SUPPLÉTIVES

(Décr. n° 2016-1555 du 18 nov. 2016, art. 2-II, en vigueur le 1er janv. 2017)

Art. D. 3142-35 A défaut de convention ou d'accord mentionné à l'article L. 3142-52, le salarié informe l'employeur par tout moyen conférant date certaine, au moins 48 heures avant le début du congé, de sa volonté de bénéficier de ce congé.

SOUS-SECTION 4 **CONGÉS DE FORMATION DE CADRES ET D'ANIMATEURS POUR LA JEUNESSE**

(Décr. n° 2016-1552 du 18 nov. 2016, art. 4-V, en vigueur le 1er janv. 2017)

§ 1er ORDRE PUBLIC

Art. R. 3142-36 Le bénéfice du congé de formation de cadres et d'animateurs pour la jeunesse peut être refusé par l'employeur s'il établit que ce refus est justifié par des nécessités particulières à son entreprise ou à l'exploitation de celle-ci.

Ce refus ne peut intervenir qu'après consultation du comité d'entreprise ou, à défaut, des délégués du personnel.

Si le salarié renouvelle sa demande après l'expiration d'un délai de quatre mois, un nouveau report ne peut lui être opposé sauf en cas de dépassement du nombre déterminé par l'article *(Décr. n° 2016-1552 du 18 nov. 2016, art. 4-V, en vigueur le 1er janv. 2017)* « **R. 3142-44** ».

L'art. R. 3142-19 devient l'art. R. 3142-36 (Décr. n° 2016-1552 du 18 nov. 2016, art. 4-V, en vigueur le 1er janv. 2017).

Art. D. 3142-37 Le refus du congé de formation de cadres et d'animateurs pour la jeunesse par l'employeur est motivé et notifié à l'intéressé *(Décr. n° 2016-1555 du 18 nov. 2016, art. 2-II, en vigueur le 1er janv. 2017)* « par tout moyen conférant date certaine » dans les huit jours à compter de la réception de sa demande.

L'art. D. 3142-20 devient l'art. D. 3142-37 (Décr. n° 2016-1555 du 18 nov. 2016, art. 2-III, en vigueur le 1er janv. 2017).

Art. D. 3142-38 Le salarié dont la demande de congé de formation de cadres et d'animateurs pour la jeunesse n'a pas été satisfaite en raison des conditions mentionnées aux articles *(Décr. n° 2016-1555 du 18 nov. 2016, art. 2-II, en vigueur le 1er janv. 2017)* « **R. 3142-44** et **R. 3142-36** », bénéficie d'une priorité pour l'octroi ultérieur de ce congé.

L'art. D. 3142-21 devient l'art. D. 3142-38 (Décr. n° 2016-1555 du 18 nov. 2016, art. 2-III, en vigueur le 1er janv. 2017).

Art. R. 3142-39 Pour les entreprises publiques non prévues à l'article **L. 2233-1**, des arrêtés pris par les ministres intéressés précisent les organismes appelés à donner leur avis dans les conditions prévues par l'article *(Décr. n° 2016-1552 du 18 nov. 2016, art. 4-V, en vigueur le 1er janv. 2017)* « **R. 3142-36** ».

L'art. R. 3142-22 devient l'art. R. 3142-39 (Décr. n° 2016-1552 du 18 nov. 2016, art. 4-V, en vigueur le 1er janv. 2017).

Art. R. 3142-40 A titre exceptionnel et uniquement pour participer à un seul stage de formation supérieure d'animateurs, un salarié âgé de plus de vingt-cinq ans peut bénéficier du congé de formation de cadres et d'animateurs pour la jeunesse.

Il présente à l'appui de sa demande une attestation délivrée par l'inspecteur départemental de la jeunesse et des sports justifiant qu'il a participé depuis trois ans au moins à l'encadrement d'activités d'animation organisées par des organisations, fédérations et associations mentionnées à l'article **L. 3142-54** et qu'il est désigné pour prendre part à un stage de formation supérieure d'animateurs.

Les limitations en fonction de l'effectif prévues à l'article R. 3142-44 ne sont pas applicables aux salariés âgés de plus de vingt-cinq ans. Sous cette réserve, les dispositions des articles R. 3142-36 et D. 3142-37 leur sont applicables.

L'art. R. 3142-23 devient l'art. R. 3142-40 (Décr. n° 2016-1552 du 18 nov. 2016, art. 4-V, en vigueur le 1er janv. 2017).

Art. D. 3142-41 L'organisme chargé des stages ou sessions dispensées dans le cadre du congé de formation de cadres et d'animateurs pour la jeunesse délivre au salarié une attestation constatant la fréquentation effective de celui-ci.

Cette attestation est remise à l'employeur au moment de la reprise du travail.

L'art. D. 3142-24 devient l'art. D. 3142-41 (Décr. n° 2016-1555 du 18 nov. 2016, art. 2-III, en vigueur le 1er janv. 2017).

Art. R. 3142-42 *(Décr. n° 2016-1552 du 18 nov. 2016, art. 4-V, en vigueur le 1er janv. 2017)* **En cas de contestation, le conseil de prud'hommes, saisi en application de l'article L. 3142-57, statue en dernier ressort.**

§ 2 DISPOSITIONS SUPPLÉTIVES

(Décr. n° 2016-1552 du 18 nov. 2016, art. 4-V, en vigueur le 1er janv. 2017)

Art. D. 3142-43 « A défaut de convention ou d'accord mentionné à l'article L. 3142-58, » le salarié informe l'employeur par tout moyen conférant date certaine, au moins trente jours avant le début de congé de formation de cadres et d'animateurs pour la jeunesse, de sa volonté de bénéficier de ce congé.

Il précise la date et la durée de l'absence envisagée et désigne l'organisme responsable du stage ou de la session.

L'art. D. 3142-17 devient l'art. D. 3142-43 (Décr. n° 2016-1555 du 18 nov. 2016, art. 2-III, en vigueur le 1er janv. 2017).

Art. R. 3142-44 *(Décr. n° 2016-1552 du 18 nov. 2016, art. 4-V, en vigueur le 1er janv. 2017)* **A défaut de convention ou d'accord mentionné à l'article L. 3142-58, le bénéfice du congé de formation de cadres et d'animateurs pour la jeunesse peut être refusé par l'employeur s'il établit que le nombre de salariés, par établissement, ayant bénéficié du congé durant l'année en cours, atteint la proportion suivante :**

1° Moins de 50 salariés : un bénéficiaire ;

2° 50 à 99 salariés : deux bénéficiaires ;

3° 100 à 199 salariés : trois bénéficiaires ;

4° 200 à 499 salariés : quatre bénéficiaires ;

5° 500 à 999 salariés : cinq bénéficiaires ;

6° 1 000 à 1 999 salariés : six bénéficiaires ;

7° A partir de 2 000 salariés : un bénéficiaire de plus par tranche supplémentaire de 1 000 salariés.

L'art. R. 3142-18 devient l'art. R. 3142-44 (Décr. n° 2016-1552 du 18 nov. 2016, art. 4-V, en vigueur le 1er janv. 2017).

SOUS-SECTION 5 **CONGÉ DE REPRÉSENTATION** *(Décr. n° 2016-1552 du 18 nov. 2016, art. 4-VI, en vigueur le 1er janv. 2017).*

§ 1er ORDRE PUBLIC

(Décr. n° 2016-1552 du 18 nov. 2016, art. 4-VI, en vigueur le 1er janv. 2017)

Art. R. 3142-45 Le refus du congé de représentation par l'employeur est motivé et fondé sur les dispositions de l'article L. 3142-63 ou sur les limitations en fonction de l'effectif prévues à l'article D. 3142-53.

Il est notifié au salarié par tout moyen conférant date certaine dans les quatre jours à compter de la réception de sa demande.

L'art. R. 3142-29 devient l'art. R. 3142-45 (Décr. n° 2016-1552 du 18 nov. 2016, art. 4-VI, en vigueur le 1er janv. 2017).

Art. R. 3142-46 En cas de contestation, le conseil de prud'hommes, saisi en application de l'article L. 3142-63, statue en dernier ressort.

Art. R. 3142-47 Le salarié dont la demande n'a pas été satisfaite bénéficie d'une priorité pour l'octroi ultérieur d'un congé de représentation.

L'art. R. 3142-30 devient l'art. R. 3142-47 (Décr. n° 2016-1552 du 18 nov. 2016, art. 4-VI, en vigueur le 1er janv. 2017).

Art. R. 3142-48 A l'issue de la réunion de l'instance au titre de laquelle est accordé le congé de représentation, le service responsable de la convocation des membres de cette instance délivre aux salariés une attestation constatant leur présence effective.

Cette attestation est remise à l'employeur au moment de la reprise du travail.

L'art. R. 3142-31 devient l'art. R. 3142-48 (Décr. n° 2016-1552 du 18 nov. 2016, art. 4-VI, en vigueur le 1er janv. 2017).

Art. R. 3142-49 Si le salaire n'est pas maintenu ou n'est maintenu que partiellement pendant la durée du congé de représentation, l'employeur délivre au salarié une attestation indiquant le nombre d'heures non rémunérées en raison du congé.

L'art. R. 3142-32 devient l'art. R. 3142-49 (Décr. n° 2016-1552 du 18 nov. 2016, art. 4-VI, en vigueur le 1er janv. 2017).

Art. R. 3142-50 Pour chacune des heures non rémunérées en raison du congé, le salarié reçoit de l'État une indemnité dont le montant est égal à celui de la vacation mentionnée à l'article R. 1423-55.

L'art. R. 3142-33 devient l'art. R. 3142-50 (Décr. n° 2016-1552 du 18 nov. 2016, art. 4-VI, en vigueur le 1er janv. 2017).

Art. R. 3142-51 La liste des instances mentionnées à l'article *(Décr. n° 2016-1552 du 18 nov. 2016, art. 4-VI, en vigueur le 1er janv. 2017)* « L. 3142-60 » est établie et tenue à jour par arrêté conjoint du ministre dont elles relèvent et du ministre chargé du budget.

L'art. R. 3142-34 devient l'art. R. 3142-51 (Décr. n° 2016-1552 du 18 nov. 2016, art. 4-VI, en vigueur le 1er janv. 2017).

§ 2 DISPOSITIONS SUPPLÉTIVES

(Décr. n° 2016-1552 du 18 nov. 2016, art. 4-VI, en vigueur le 1er janv. 2017)

Art. R. 3142-52 *(Décr. n° 2016-1552 du 18 nov. 2016, art. 4-VI, en vigueur le 1er janv. 2017)* A défaut de convention ou d'accord mentionné à l'article L. 3142-65, le salarié informe l'employeur par tout moyen conférant date certaine, au moins quinze jours avant le début du congé de représentation, de sa volonté de bénéficier de ce congé.

Il précise la date et la durée de l'absence envisagée et désigne l'instance au sein de laquelle il est appelé à siéger.

L'art. R. 3142-27 devient l'art. R. 3142-52 (Décr. n° 2016-1552 du 18 nov. 2016, art. 4-VI, en vigueur le 1er janv. 2017).

Art. D. 3142-53 *(Décr. n° 2016-1552 du 18 nov. 2016, art. 4-VI, en vigueur le 1er janv. 2017)* « A défaut de convention ou d'accord mentionné à l'article L. 3142-65, » le bénéfice du congé de représentation peut être refusé par l'employeur s'il établit que le nombre de salariés, par établissement, ayant bénéficié de ce congé, durant l'année en cours, atteint la proportion suivante :

1° Moins de 50 salariés : un bénéficiaire ;

2° 50 à 99 salariés : deux bénéficiaires ;

3° 100 à 199 salariés : trois bénéficiaires ;

4° 200 à 499 salariés : huit bénéficiaires ;

5° 500 à 999 salariés : dix bénéficiaires ;

6° 1 000 à 1 999 salariés : douze bénéficiaires ;

7° A partir de 2 000 salariés : deux bénéficiaires de plus par tranche supplémentaire de 1 000 salariés.

L'art. R. 3142-28 devient l'art. D. 3142-53 (Décr. n° 2016-1552 du 18 nov. 2016, art. 4-VI, en vigueur le 1er janv. 2017).

SOUS-SECTION 6 **CONGÉ DE SOLIDARITÉ INTERNATIONALE** *(Décr. n° 2016-1552 du 18 nov. 2016, art. 4-VII, en vigueur le 1er janv. 2017).*

§ 1er ORDRE PUBLIC

(Décr. n° 2016-1552 du 18 nov. 2016, art. 4-VII, en vigueur le 1er janv. 2017)

Art. D. 3142-54 **Le refus du congé de solidarité internationale par l'employeur est notifié au salarié** *(Décr. n° 2016-1555 du 18 nov. 2016, art. 2-IV, en vigueur le 1er janv. 2017)* **« par tout moyen conférant date certaine dans les quinze jours, ou dans un délai de vingt-quatre heures en cas d'urgence, à compter de la réception de sa demande.**

« A défaut de réponse de l'employeur dans le délai de quinze jours, son accord est réputé acquis. »

L'art. D. 3142-16 devient l'art. D. 3142-54 (Décr. n° 2016-1555 du 18 nov. 2016, art. 2-IV, en vigueur le 1er janv. 2017).

Art. R. 3142-55 *(Décr. n° 2016-1552 du 18 nov. 2016, art. 4-VII, en vigueur le 1er janv. 2017)* **En cas de contestation, le conseil de prud'hommes, saisi en application de l'article L. 3142-69, statue en dernier ressort.**

§ 2 DISPOSITIONS SUPPLÉTIVES

(Décr. n° 2016-1555 du 18 nov. 2016, art. 2-IV, en vigueur le 1er janv. 2017)

Art. D. 3142-56 **A défaut de convention ou d'accord mentionné à l'article L. 3142-73, le salarié informe l'employeur par tout moyen permettant de conférer date certaine, au moins trente jours ou 48 heures en cas d'urgence avant le début du congé de solidarité internationale, de sa volonté de bénéficier de ce congé.**

Il précise la durée de l'absence envisagée et le nom de l'association pour le compte de laquelle la mission sera accomplie.

L'art. D. 3142-14 devient l'art. D. 3142-56 (Décr. n° 2016-1555 du 18 nov. 2016, art. 2-IV, en vigueur le 1er janv. 2017).

Art. D. 3142-57 *(Décr. n° 2016-1555 du 18 nov. 2016, art. 2-IV, en vigueur le 1er janv. 2017)* **« A défaut de convention ou d'accord mentionné à l'article L. 3142-73, » le bénéfice du congé de solidarité internationale peut être refusé par l'employeur s'il établit que le nombre de salariés, par établissement, bénéficiant déjà du congé à la date de départ envisagée par le salarié demandeur atteint la proportion suivante :**

1° Moins de 50 salariés : un bénéficiaire ;

2° 50 à 99 salariés : deux bénéficiaires ;

3° 100 à 199 salariés : trois bénéficiaires ;

4° 200 à 499 salariés : quatre bénéficiaires ;

5° 500 à 999 salariés : cinq bénéficiaires ;

6° 1 000 à 1 999 salariés : six bénéficiaires ;

7° A partir de 2 000 salariés : un bénéficiaire de plus par tranche supplémentaire de 1 000 salariés.

L'art. D. 3142-15 devient l'art. D. 3142-57 (Décr. n° 2016-1555 du 18 nov. 2016, art. 2-IV, en vigueur le 1er janv. 2017).

SOUS-SECTION 7 **CONGÉ POUR ACQUISITION DE LA NATIONALITÉ** *(Décr. n° 2016-1552 du 18 nov. 2016, art. 4-VIII, en vigueur le 1er janv. 2017).*

§ 1er ORDRE PUBLIC

(Décr. n° 2016-1552 du 18 nov. 2016, art. 4-VIII, en vigueur le 1er janv. 2017)

Art. R. 3142-58 **En cas de contestation, le conseil de prud'hommes, saisi en application de l'article L. 3142-76, statue en dernier ressort.**

SOUS-SECTION 8 CONGÉS DES SALARIÉS ÉLUS OU CANDIDATS À UN MANDAT PARLEMENTAIRE OU LOCAL

(Décr. n° 2016-1555 du 18 nov. 2016, art. 2-V, en vigueur le 1er janv. 2017)

Art. D. 3142-59 Dans le cas mentionné à l'article *(Décr. n° 2016-1555 du 18 nov. 2016, art. 2-V, en vigueur le 1er janv. 2017)* « L. **3142-83** », la suspension du contrat de travail prend effet quinze jours après la notification qui en est faite à l'employeur, à la diligence du salarié, par lettre recommandée avec avis de réception.

L'art. D. 3142-35 devient l'art. D. 3142-59 (Décr. n° 2016-1555 du 18 nov. 2016, art. 2-V, en vigueur le 1er janv. 2017).

Art. D. 3142-60 Le salarié membre de l'Assemblée nationale ou du Sénat manifeste son intention de reprendre son emploi en adressant à l'employeur une lettre recommandée avec avis de réception au plus tard dans les deux mois qui suivent l'expiration de son mandat.

L'art. D. 3142-36 devient l'art. D. 3142-60 (Décr. n° 2016-1555 du 18 nov. 2016, art. 2-V, en vigueur le 1er janv. 2017).

Art. D. 3142-61 Le salarié membre de l'Assemblée nationale ou du Sénat qui sollicite sa réembauche à l'expiration du ou des mandats renouvelés adresse à l'employeur une lettre recommandée avec avis de réception au plus tard dans les deux mois qui suivent l'expiration de son mandat.

L'art. D. 3142-37 devient l'art. D. 3142-61 (Décr. n° 2016-1555 du 18 nov. 2016, art. 2-V, en vigueur le 1er janv. 2017).

SOUS-SECTION 9 RÉSERVE OPÉRATIONNELLE ET SERVICE NATIONAL

§ 1er RÉSERVE OPÉRATIONNELLE

(Décr. n° 2016-1555 du 18 nov. 2016, art. 2-VI, en vigueur le 1er janv. 2017)

Art. D. 3142-62 Le refus de l'employeur d'accorder l'autorisation de participer à une activité dans la réserve opérationnelle est motivé et notifié au salarié ainsi qu'à l'autorité militaire dans les quinze jours à compter de la réception de la demande.

L'art. D. 3142-38 devient l'art. D. 3142-62 (Décr. n° 2016-1555 du 18 nov. 2016, art. 2-VI, en vigueur le 1er janv. 2017).

§ 2 SERVICE NATIONAL

(Décr. n° 2016-1555 du 18 nov. 2016, art. 2-VI, en vigueur le 1er janv. 2017)

Art. D. 3142-63 Le salarié notifie à l'employeur son intention de reprendre son emploi après sa libération du service national par lettre recommandée avec avis de réception.

L'art. D. 3142-39 devient l'art. D. 3142-63 (Décr. n° 2016-1555 du 18 nov. 2016, art. 2-VI, en vigueur le 1er janv. 2017).

Art. D. 3142-64 Les dispositions de l'article *(Décr. n° 2016-1555 du 18 nov. 2016, art. 2-VI, en vigueur le 1er janv. 2017)* « L. **3142-95** » sont applicables aux personnes qui, ayant cessé d'être aptes au service national après leur incorporation, ont été classées "réformés temporaires" ou "réformés définitifs" et renvoyées dans leur foyer.

L'art. D. 3142-40 devient l'art. D. 3142-64 (Décr. n° 2016-1555 du 18 nov. 2016, art. 2-VI, en vigueur le 1er janv. 2017).

SECTION III CONGÉ ET PÉRIODE DE TRAVAIL À TEMPS PARTIEL POUR LA CRÉATION OU LA REPRISE D'ENTREPRISE *(Décr. n° 2016-1552 du 18 nov. 2016, art. 5-I, en vigueur le 1er janv. 2017).*

SOUS-SECTION 1 ORDRE PUBLIC

(Décr. n° 2016-1552 du 18 nov. 2016, art. 5-II, en vigueur le 1er janv. 2017)

Art. D. 3142-65 L'accord de l'employeur est réputé acquis à défaut de réponse dans un délai de trente jours à compter de la présentation de la demande initiale ou de

renouvellement du congé ou de la période de travail à temps partiel pour la création ou la reprise d'entreprise.

L'art. D. 3142-43 devient l'art. D. 3142-65 (Décr. n° 2016-1555 du 18 nov. 2016, art. 3-I, en vigueur le 1er janv. 2017).

Art. D. 3142-66 En application de l'article L. 3142-107, l'employeur peut différer le départ en congé ou le début de la période de travail à temps partiel pour la création ou la reprise d'entreprise, dans la limite de six mois qui court à compter de la réception de la demande prévue à l'article D. 3142-73.

Il informe le salarié par tout moyen conférant date certaine.

L'art. D. 3142-44 devient l'art. D. 3142-66 (Décr. n° 2016-1555 du 18 nov. 2016, art. 3-I, en vigueur le 1er janv. 2017).

Art. D. 3142-67 Le salarié informe l'employeur de son intention soit d'être réemployé, soit de rompre son contrat de travail par *(Décr. n° 2016-1555 du 18 nov. 2016, art. 3-I, en vigueur le 1er janv. 2017)* **« tout moyen conférant date certaine », au moins trois mois avant la fin de son congé pour la création ou la reprise d'entreprise.**

L'art. D. 3142-45 devient l'art. D. 3142-67 (Décr. n° 2016-1555 du 18 nov. 2016, art. 3-I, en vigueur le 1er janv. 2017).

Art. D. 3142-68 *(Décr. n° 2016-1555 du 18 nov. 2016, art. 3-I, en vigueur le 1er janv. 2017)* **Les conditions dans lesquelles l'employeur peut différer la signature des avenants aux contrats de travail, conformément à l'article L. 3142-115, sont celles prévues à l'article D. 3142-72.**

L'art. D. 3142-46 devient l'art. D. 3142-68 (Décr. n° 2016-1555 du 18 nov. 2016, art. 3-I, en vigueur le 1er janv. 2017).

Art. D. 3142-69 Le refus de l'employeur d'accorder un congé pour la création d'entreprise *(Décr. n° 2016-1555 du 18 nov. 2016, art. 3-I, en vigueur le 1er janv. 2017)* **« est notifié au salarié par tout moyen conférant date certaine ».**

L'art. D. 3142-51 devient l'art. D. 3142-69 (Décr. n° 2016-1555 du 18 nov. 2016, art. 3-I, en vigueur le 1er janv. 2017).

Art. D. 3142-70 Le salarié peut contester le refus d'accorder le congé pour la création d'entreprise de l'employeur dans les quinze jours à compter de la réception de la notification du refus.

L'art. D. 3142-52 devient l'art. D. 3142-70 (Décr. n° 2016-1555 du 18 nov. 2016, art. 3-I, en vigueur le 1er janv. 2017).

Art. R. 3142-71 *(Décr. n° 2016-1552 du 18 nov. 2016, art. 5-III, en vigueur le 1er janv. 2017)* **En cas de contestation, le conseil de prud'hommes, saisi en application de l'article L. 3142-113, statue en dernier ressort.**

Art. D. 3142-72 L'employeur informe le salarié de son accord sur la date de départ choisie du congé pour la création d'entreprise ou de son report par tout moyen conférant date certaine.

A défaut de réponse de sa part, dans un délai de trente jours à compter de la réception de la demande, son accord est réputé acquis.

L'art. D. 3142-53 devient l'art. D. 3142-72 (Décr. n° 2016-1555 du 18 nov. 2016, art. 3-I, en vigueur le 1er janv. 2017).

SOUS-SECTION 2 **DISPOSITIONS SUPPLÉTIVES**

(Décr. n° 2016-1555 du 18 nov. 2016, art. 3-I, en vigueur le 1er janv. 2017)

Art. D. 3142-73 *(Décr. n° 2016-1555 du 18 nov. 2016, art. 3-I, en vigueur le 1er janv. 2017)* **A défaut de convention ou d'accord mentionné à l'article L. 3142-117, le salarié informe l'employeur par tout moyen conférant date certaine, au moins deux mois avant le début du congé ou de la période de travail à temps partiel pour la création ou la reprise d'entreprise, de sa volonté de bénéficier de ce congé ou de cette période.**

Le salarié précise l'activité de l'entreprise qu'il prévoit de créer ou de reprendre ou de l'entreprise répondant aux critères de jeune entreprise innovante dans laquelle il prévoit d'exercer des responsabilités de direction.

Il précise la durée du congé ou la réduction souhaitée de son temps de travail.

L'art. D. 3142-41 devient l'art. D. 3142-73 (Décr. n° 2016-1555 du 18 nov. 2016, art. 3-I, en vigueur le 1er janv. 2017).

Art. D. 3142-74 *(Décr. n° 2016-1555 du 18 nov. 2016, art. 3-I, en vigueur le 1er janv. 2017)* **A défaut de convention ou d'accord mentionné à l'article L. 3142-117, la demande de prolongation d'un congé ou d'une période de travail à temps partiel pour la création ou la reprise d'entreprise précédemment accordés fait l'objet d'une information de l'employeur dans les conditions mentionnées à l'article D. 3142-73, deux mois avant son terme.**

L'art. D. 3142-42 devient l'art. D. 3142-74 (Décr. n° 2016-1555 du 18 nov. 2016, art. 3-I, en vigueur le 1er janv. 2017).

Art. D. 3142-75 *(Décr. n° 2016-1555 du 18 nov. 2016, art. 3-I, en vigueur le 1er janv. 2017)* **A défaut de convention ou d'accord mentionné à l'article L***[.]* **3142-117, le départ en congé peut être différé par l'employeur dans les conditions mentionnées à l'article L. 3142-114, de telle sorte que le pourcentage des salariés simultanément absents de l'entreprise au titre du congé pour la création d'entreprise, pour l'exercice de responsabilités de direction au sein d'une entreprise répondant aux critères de jeune entreprise innovante et au titre du congé sabbatique ne dépasse pas 2 % de l'effectif de cette entreprise, jusqu'à la date à laquelle cette condition de taux est remplie ou que le nombre de jours d'absence prévu au titre de ces congés ne dépasse pas 2 % du nombre total des jours de travail effectués dans les douze mois précédant le départ en congé. Pour permettre le départ en congé d'un salarié, cette période de douze mois est prolongée dans la limite de quarante-huit mois.**

L'art. D. 3142-49 devient l'art. D. 3142-75 (Décr. n° 2016-1555 du 18 nov. 2016, art. 3-I, en vigueur le 1er janv. 2017).

Art. D. 3142-76 *(Décr. n° 2016-1555 du 18 nov. 2016, art. 3-I, en vigueur le 1er janv. 2017)* **A défaut de convention ou d'accord mentionné à l'article L. 3142-117, dans les conditions mentionnées à l'article L. 3142-115, dans les entreprises d'au moins trois cents salariés, le début de la période de travail à temps partiel peut être différé par l'employeur si le pourcentage de salariés de l'entreprise passant simultanément à temps partiel au titre du présent congé ne dépasse pas 2 % de l'effectif de cette entreprise, jusqu'à la date à laquelle cette condition de taux est remplie.**

L'art. D. 3142-50 devient l'art. D. 3142-76 (Décr. n° 2016-1555 du 18 nov. 2016, art. 3-I, en vigueur le 1er janv. 2017).

CHAPITRE III **DISPOSITIONS PÉNALES**

Art. R. 3143-1 Le fait de méconnaître les dispositions des articles L. 3141-1 à *(Décr. n° 2016-1551 du 18 nov. 2016, art. 6-V, en vigueur le 1er janv. 2017)* **« L. 3141-33 » et L. 3164-9, relatives aux congés payés, ainsi que celles des décrets pris pour leur application, est puni de l'amende prévue pour les contraventions de la cinquième classe, prononcée autant de fois qu'il y a de salariés concernés par l'infraction.**

La récidive est réprimée conformément aux articles 132-11 et 132-15 du code pénal. – *[Anc. art. R. 260-1 et R. 262-6.]*

Conflit avec le délit d'entrave. Le chef d'entreprise qui manque à l'obligation de consultation prévue par l'art. L. 223-7 [L. 3141-13 nouv.] C. trav. peut être condamné pour délit d'entrave et ne saurait prétendre que seule serait applicable l'art. R. 262-6 [R. 3143-1 nouv.] C. trav. • Crim. 14 nov. 2006 : *Bull. crim. n° 284.* ♦ Com. ant. • Crim. 6 févr. 1990 : *D. 1991. 216, note Cerf-Hollender ; Dr. ouvrier 1991. 138, note Pujana* (il résulte des dispositions de l'art. L. 223-7 [L. 3141-13 nouv.] que le défaut de consultation par l'employeur des délégués du personnel et du comité d'entreprise est constitutif de la contravention spécifique à la législation des congés payés que sanctionnent les art. R. 260-1 et R. 262-6 [R. 3143-1 nouv.] C. trav. et non du délit d'entrave prévu et réprimé par les art. L. 482-1 et L. 483-1 [L. 2316-1 et L. 2328-1 nouv.] du même code).

Art. R. 3143-2 Le fait de méconnaître les dispositions des articles *(Décr. n° 2016-1552 du 18 nov. 2016, art. 6-II, en vigueur le 1er janv. 2017)* **« L. 3142-54 à L. 3142-59 », relatives aux congés de formation de cadres et d'animateurs pour la jeunesse**

ainsi que celles des décrets pris pour leur application, est puni de l'amende prévue pour les contraventions de la troisième classe. – *[Anc. art. R. 262-8.]*

L'art. R. 3143-3 devient l'art. R. 3143-2 (Décr. n° 2016-1552 du 18 nov. 2016, art. 6-II, en vigueur le 1er janv. 2017).

Art. R. 3143-2-1 *(Décr. n° 2016-1552 du 18 nov. 2016, art. 6-III, en vigueur le 1er janv. 2017)* Le fait de méconnaître les dispositions des articles L. **3142-36** à L. **3142-41**, relatives au congé mutualiste de formation, ainsi que celles des décrets pris pour leur application, est puni de l'amende prévue pour les contraventions de la troisième classe.

Art. R. 3143-3 Le fait de méconnaître les dispositions des articles *(Décr. n° 2016-1552 du 18 nov. 2016, art. 6-IV, en vigueur le 1er janv. 2017)* « L. **3142-95**, L. **3142-96** et D. **3142-62** », relatives au service national, est puni de l'amende prévue pour les contraventions de la cinquième classe.

La récidive est réprimée conformément aux articles **132-11** et **132-15** du code pénal.

L'art. R. 3143-4 devient l'art. R. 3143-3 (Décr. n° 2016 1552 du 18 nov. 2016, art. 6-IV, en vigueur le 1er janv. 2017).

TITRE CINQUIÈME **COMPTE ÉPARGNE-TEMPS**

CHAPITRE PREMIER **OBJET ET MISE EN PLACE**

Le présent chapitre ne comprend pas de dispositions réglementaires.

CHAPITRE II **CONSTITUTION DES DROITS**

Le présent chapitre ne comprend pas de dispositions réglementaires.

CHAPITRE III **UTILISATION**

Le présent chapitre ne comprend pas de dispositions réglementaires.

CHAPITRE IV **GESTION ET LIQUIDATION**

SECTION PREMIÈRE **DISPOSITIONS SUPPLÉTIVES**

(Décr. n° 2016-1553 du 18 nov. 2016, art. 5, en vigueur le 1er janv. 2017)

Art. D. 3154-1 *(Décr. n° 2009-1184 du 5 oct. 2009)* « Dans l'attente de l'établissement d'un dispositif d'assurance ou de garantie financière dans les conditions prévues aux articles D. **3154-2** à D. **3154-4**, » lorsque les droits inscrits au compte épargne-temps atteignent le plus haut montant des droits garantis fixés en application de l'article L. **3253-17**, les droits supérieurs à ce plafond sont liquidés.

Le salarié perçoit une indemnité correspondant à la conversion monétaire de ces droits. – *[Anc. art. D. 227-1.]*

Art. D. 3154-2 Les droits épargnés dans le compte épargne-temps peuvent excéder le plafond déterminé à l'article D. **3154-1** lorsqu'une convention ou un accord collectif de travail prévoit un dispositif d'assurance ou de garantie financière couvrant les sommes supplémentaires épargnées. *(Décr. n° 2009-1184 du 5 oct. 2009)* « En l'absence d'une telle convention ou d'un tel accord collectif, le dispositif de garantie financière est mis en place par l'employeur.

« Les dispositifs mentionnés à l'alinéa précédent doivent permettre » le paiement des droits acquis par le salarié et des cotisations obligatoires dues à des organismes de sécurité sociale ou à des institutions sociales pour le montant au-delà du plafond susmentionné.

Art. D. 3154-3 La garantie financière ne peut résulter que d'un engagement de caution pris par :

1° Une société de caution mutuelle ;
2° Un organisme de garantie collective ;
3° Une compagnie d'assurance ;
4° Une banque ;
5° Un établissement financier habilité à donner caution. – *[Anc. art. D. 227-2, al. 3.]*

Art. D. 3154-4 L'engagement de caution fait l'objet d'un contrat écrit précisant les conditions et le montant de la garantie accordée. Ce contrat, tenu à la disposition de l'inspection du travail, stipule la renonciation du garant, en cas de défaillance de l'employeur, au bénéfice de discussion prévu aux articles 2298 à 2301 du code civil. – *[Anc. art. D. 227-2, al. 4.]*

Art. D. 3154-5 *(Décr. n° 2009-1184 du 5 oct. 2009)* Lorsqu'un salarié demande, en accord avec son employeur, la consignation de l'ensemble des droits acquis sur son compte épargne-temps, convertis en unités monétaires, les sommes sont transférées par ce dernier à la Caisse des dépôts et consignations. Le transfert est accompagné de la demande écrite du salarié et d'une déclaration de consignation renseignée par l'employeur. Le récépissé de la déclaration de consignation, qui fait foi du dépôt des fonds, est remis par la Caisse des dépôts et consignations à l'employeur, qui en informe son salarié.

Les sommes consignées sont rémunérées dans les conditions fixées par l'article L. 518-23 du code monétaire et financier et soumises à la prescription prévue à l'article L. 518-24 du même code.

Art. D. 3154-6 *(Décr. n° 2009-1184 du 5 oct. 2009)* Le déblocage des droits consignés peut intervenir :

1° A la demande du salarié bénéficiaire, par le transfert de tout ou partie des sommes consignées sur le compte épargne-temps, le plan d'épargne d'entreprise, le plan d'épargne interentreprises ou le plan d'épargne pour la retraite collectif mis en place par son nouvel employeur, dans les conditions prévues par l'accord collectif mettant en place le compte épargne-temps ou par les règlements des plans d'épargne salariale ;

2° A la demande du salarié bénéficiaire ou de ses ayants droit, par le paiement, à tout moment, de tout ou partie des sommes consignées.

TITRE SIXIÈME **DISPOSITIONS PARTICULIÈRES AUX JEUNES TRAVAILLEURS**

CHAPITRE PREMIER **DÉFINITIONS**

Le présent chapitre ne comprend pas de dispositions réglementaires.

CHAPITRE II **DURÉE DU TRAVAIL**

Le présent chapitre ne comprend pas de dispositions réglementaires.

CHAPITRE III **TRAVAIL DE NUIT**

Art. R. 3163-1 Les secteurs dans lesquels les caractéristiques particulières de l'activité justifient en application des articles L. 3163-2 et L. 6222-26 qu'il puisse être accordé une dérogation à l'interdiction du travail de nuit des jeunes travailleurs sont :

1° L'hôtellerie ;

2° La restauration ;

3° La boulangerie ;

4° La pâtisserie ;

5° Les spectacles ;

6° Les courses hippiques, pour l'ensemble des activités liées à la monte et à la mène en course. – *[Anc. art. R. 213-9, al. 1er à 7.]*

Art. R. 3163-2 Dans les secteurs de l'hôtellerie et de la restauration, le travail de nuit des jeunes travailleurs ne peut être autorisé que de vingt-deux heures à vingt-trois heures trente. – *[Anc. art. R. 213-9, al. 10.]*

Art. R. 3163-3 Dans les secteurs de la boulangerie et de la pâtisserie, le travail de nuit des jeunes travailleurs peut être autorisé avant six heures et, au plus tôt, à partir de quatre heures pour permettre aux jeunes travailleurs de participer à un cycle complet de fabrication du pain ou de la pâtisserie.

Seuls les établissements où toutes les phases de la fabrication de pain ou de pâtisseries ne sont pas assurées entre six heures et vingt-deux heures peuvent bénéficier de cette dérogation. – *[Anc. art. R. 213-9, al. 8.]*

Art. R. 3163-4 Dans les secteurs des spectacles et des courses hippiques, le travail de nuit ne peut être autorisé que *(Décr. n° 2008-889 du 2 sept. 2008)* « jusqu'à » vingt-quatre heures.

Dans le secteur des courses hippiques, cette dérogation ne peut être utilisée que deux fois par semaine et trente nuits par an au maximum. – *[Anc. art. R. 213-9, al. 9.]*

Art. R. 3163-5 La dérogation à l'interdiction du travail de nuit des jeunes travailleurs est accordée par l'inspecteur du travail pour une durée maximale d'une année, renouvelable. Il apprécie les caractéristiques particulières de l'activité justifiant cette dérogation.

A défaut de réponse dans le délai d'un mois suivant le dépôt de la demande, l'autorisation est réputée accordée. – *[Anc. art. R. 213-10, al. 1er.]*

Art. R. 3163-6 Les décrets en Conseil d'État nécessaires à l'application des dispositions du présent chapitre sont pris après avis du *(Décr. n° 2016-1834 du 22 déc. 2016, art. 2)* « Conseil d'orientation des conditions de travail ». – *[Anc. art. L. 200-4.]*

CHAPITRE IV **REPOS ET CONGÉS**

SECTION PREMIÈRE **REPOS HEBDOMADAIRE ET DOMINICAL**

Art. R. 3164-1 Les secteurs dans lesquels les caractéristiques particulières de l'activité, justifient, en application de l'article L. 3164-5, l'emploi des apprentis de moins de dix-huit ans les dimanches sont :

1° L'hôtellerie ;
2° La restauration ;
3° Les traiteurs et organisateurs de réception ;
4° Les cafés, tabacs et débits de boisson ;
5° La boulangerie ;
6° La pâtisserie ;
7° La boucherie ;
8° La charcuterie ;
9° La fromagerie-crèmerie ;
10° La poissonnerie ;
11° Les magasins de vente de fleurs naturelles, jardineries et graineteries ;
12° Les établissements des autres secteurs assurant à titre principal la fabrication de produits alimentaires destinés à la consommation immédiate ou dont l'activité exclusive est la vente de denrées alimentaires au détail. – *[Anc. art. R. 226-1.]*

SECTION II **JOURS FÉRIÉS**

Art. R. 3164-2 Les secteurs dans lesquels les caractéristiques particulières de l'activité justifient, en application de l'article L. 3164-8, l'emploi des jeunes travailleurs les jours de fête reconnus par la loi sont :

1° L'hôtellerie ;
2° La restauration ;
3° Les traiteurs et organisateurs de réception ;
4° Les cafés, tabacs et débits de boisson ;
5° La boulangerie ;
6° La pâtisserie ;
7° La boucherie ;
8° La charcuterie ;
9° La fromagerie-crèmerie ;
10° La poissonnerie ;
11° Les magasins de vente de fleurs naturelles, jardineries et graineteries ;
12° Les établissements des autres secteurs assurant à titre principal la fabrication de produits alimentaires destinés à la consommation immédiate ou dont l'activité exclusive est la vente de denrées alimentaires au détail ;
(Décr. n° 2008-889 du 2 sept. 2008) « 13° Les spectacles ». – *[Anc. art. R. 226-2.]*

SECTION III **DISPOSITIONS COMMUNES**

Art. R. 3164-3 Les décrets en Conseil d'État nécessaires à l'application des dispositions du présent chapitre sont pris après avis du *(Décr. n° 2016-1834 du 22 déc. 2016, art. 2)* « Conseil d'orientation des conditions de travail ». – *[Anc. art. L. 200-4.]*

CHAPITRE V **DISPOSITIONS PÉNALES**

Art. R. 3165-1 Le fait de méconnaître les dispositions des articles L. 3162-1 et L. 3162-2, relatives à la durée du travail des jeunes travailleurs, est puni de l'amende prévue pour les contraventions de la quatrième classe, prononcée autant de fois qu'il y a de salariés concernés par l'infraction.

Art. R. 3165-2 Le fait d'employer un jeune travailleur pendant une période de travail effectif ininterrompue de plus de quatre heures et demie, en méconnaissance des dispositions de l'article L. 3162-3, est puni de l'amende prévue pour les contraventions de la cinquième classe, prononcée autant de fois qu'il y a de salariés concernés par l'infraction.

Le fait d'employer un jeune travailleur pour un temps de travail quotidien supérieur à quatre heures et demie sans le faire bénéficier d'un temps de pause d'au moins trente minutes consécutives est puni de la même amende.

La récidive est réprimée conformément aux articles 132-11 et 132-15 du code pénal. – *[Anc. art. R. 260-1 et R. 261-5.]*

Art. R. 3165-3 Le fait de méconnaître les dispositions de l'article L. 3164-5, relatives au travail des apprentis le dimanche dans des secteurs pour lesquels des caractéristiques particulières de l'activité le justifient, est puni de l'amende prévue pour les contraventions de la quatrième classe. – *[Anc. art. R. 262-2.]*

Art. R. 3165-4 Le fait de faire travailler un jeune travailleur un jour de fête reconnu par la loi, en méconnaissance des dispositions de l'article L. 3164-6, et des décrets pris pour son application est puni de l'amende prévue pour les contraventions de la cinquième classe.

La récidive est réprimée conformément aux articles 132-11 et 132-15 du code pénal. – *[Anc. art. R. 262-3.]*

Art. R. 3165-5 Le fait d'employer un jeune travailleur tous les jours de la semaine et de ne pas lui accorder le repos minimal, en méconnaissance des dispositions de l'article L. 3164-7, et des décrets pris pour leur application, est puni de l'amende prévue pour les contraventions de la cinquième classe.

La récidive est réprimée conformément aux articles 132-11 et 132-15 du code pénal. – *[Anc. art. R. 262-3.]*

Art. R. 3165-6 Le fait de méconnaître les dispositions de l'article L. 3164-8, relatives aux dérogations du travail les jours fériés pour les jeunes travailleurs, est puni de l'amende prévue pour les contraventions de la quatrième classe. – *[Anc. art. R. 262-4.]*

Art. R. 3165-7 Le fait de méconnaître les dispositions de l'article L. 3164-1, relatives à la durée minimale du repos quotidien des jeunes travailleurs, est puni de l'amende prévue pour les contraventions de la cinquième classe.

La récidive est réprimée conformément aux articles 132-11 et 132-15 du code pénal.

TITRE SEPTIÈME **CONTRÔLE DE LA DURÉE DU TRAVAIL ET DES REPOS**

CHAPITRE PREMIER **CONTRÔLE DE LA DURÉE DU TRAVAIL**

SECTION PREMIÈRE **DÉFINITION DES HORAIRES ET AFFICHAGES**

SOUS-SECTION 1 **SALARIÉS TRAVAILLANT SELON LE MÊME HORAIRE COLLECTIF**

Art. D. 3171-1 Lorsque tous les salariés d'un atelier, d'un service ou d'une équipe travaillent selon le même horaire collectif, un horaire établi selon l'heure légale indique les heures auxquelles commence et finit chaque période de travail.

Aucun salarié ne peut être employé en dehors de cet horaire, sous réserve des dispositions des articles *(Décr. n° 2016-1553 du 18 nov. 2016, art. 6, en vigueur le 1er janv. 2017)* « L. **3121-30**, L. **3121-33**, L. **3121-38** et L. **3121-39** » relatives au contingent annuel d'heures supplémentaires, et des heures de dérogation permanente prévues par un décret pris en application de l'article *(Décr. n° 2016-1553 du 18 nov. 2016, art. 6, en vigueur le 1er janv. 2017)* « L. **3121-67** ». – *[Anc. art. D. 212-18, al. 1er.]*

Art. D. 3171-2 L'horaire collectif est daté et signé par l'employeur ou, sous la responsabilité de celui-ci, par la personne à laquelle il a délégué ses pouvoirs à cet effet.

Il est affiché en caractères lisibles et apposé de façon apparente dans chacun des lieux de travail auxquels il s'applique. Lorsque les salariés sont employés à l'extérieur, cet horaire est affiché dans l'établissement auquel ils sont attachés. – *[Anc. art. D. 212-18, al. 2.]*

Art. D. 3171-3 Toute modification de l'horaire collectif donne lieu, avant son application, à une rectification affichée dans les mêmes conditions. – *[Anc. art. D. 212-18, al. 3.]*

Art. D. 3171-4 Un double de cet horaire collectif et des rectifications qui y sont apportées est préalablement adressé à l'inspecteur du travail. – *[Anc. art. D. 212-18, al. 4.]*

Art. D. 3171-5 *(Décr. n° 2008-1132 du 4 nov. 2008)* A défaut de précision conventionnelle contraire, dans les entreprises, établissements, ateliers, services ou équipes où s'applique un dispositif d'aménagement du temps de travail dans les conditions fixées à l'article *(Décr. n° 2016-1553 du 18 nov. 2016, art. 6, en vigueur le 1er janv. 2017)* « L. **3121-44** », ou à l'article *(Décr. n° 2016-1553 du 18 nov. 2016, art. 6, en vigueur le 1er janv. 2017)* « D. **3121-27** », l'affichage indique le nombre de semaines que comporte la période de référence fixée par l'accord ou le décret et, pour chaque semaine incluse dans cette période de référence, l'horaire de travail et la répartition de la durée du travail.

L'affichage des changements de durée ou d'horaire de travail est réalisé en respectant le délai de sept jours prévu par l'article *(Décr. n° 2016-1553 du 18 nov. 2016, art. 6, en vigueur le 1er janv. 2017)* « L. **3121-47** » ou le délai prévu par la convention ou l'accord collectif de travail *(Décr. n° 2016-1553 du 18 nov. 2016, art. 6, en vigueur le 1er janv. 2017)* « mentionné à l'article L. **3121-44** ».

Art. D. 3171-6 *(Abrogé par Décr. n° 2008-1132 du 4 nov. 2008)* ***Dans les établissements, ateliers, services ou équipes où s'applique un dispositif de modulation dans les conditions fixées à l'article L. 3122-9, l'affichage comporte, outre l'horaire de travail, le programme indicatif de la modulation.***

L'affichage du changement du programme de la modulation est réalisé en respectant le délai de sept jours prévu par l'article L. 3122-14, ou par la convention ou l'accord collectif de travail.

La notification du changement de calendrier individualisé est également réalisée en respectant ce même délai. – [Anc. art. D. 212-19, al. 2.]

Art. D. 3171-7 En cas d'organisation du travail par relais, par roulement ou par équipes successives, la composition nominative de chaque équipe, y compris les salariés mis à disposition par une entreprise de travail temporaire, est indiquée :

1° Soit par un tableau affiché dans les mêmes conditions que l'horaire ;

2° Soit par un registre tenu constamment à jour et mis à disposition de l'inspecteur du travail et des délégués du personnel. – *[Anc. art. D. 212-20.]*

SOUS-SECTION 2 **SALARIÉS NE TRAVAILLANT PAS SELON LE MÊME HORAIRE COLLECTIF**

Art. D. 3171-8 Lorsque les salariés d'un atelier, d'un service ou d'une équipe, au sens de l'article D. 3171-7, ne travaillent pas selon le même horaire collectif de travail affiché, la durée du travail de chaque salarié concerné est décomptée selon les modalités suivantes :

1° Quotidiennement, par enregistrement, selon tous moyens, des heures de début et de fin de chaque période de travail ou par le relevé du nombre d'heures de travail accomplies ;

2° Chaque semaine, par récapitulation selon tous moyens du nombre d'heures de travail accomplies par chaque salarié. – *[Anc. art. D. 212-21, al. 1er à 3.]*

La seule indication de l'amplitude journalière du travail, sans mention des périodes effectives de coupures et de pauses, ne satisfait pas aux prescriptions de l'art. D. 212-21 C. trav. • Crim. 25 janv. 2000 : *Bull. crim. n° 39 ; JCP E 2000, p. 1130, obs. Fortis.*

Art. D. 3171-9 Les dispositions de l'article D. 3171-8 ne sont pas applicables :

1° Aux salariés concernés par les conventions ou accords collectifs de travail prévoyant des conventions de forfait en heures lorsque ces conventions ou accords fixent les modalités de contrôle de la durée du travail ;

2° Aux salariés concernés par les conventions ou accords collectifs de branche étendus prévoyant une quantification préalablement déterminée du temps de travail reposant sur des critères objectifs et fixant les modalités de contrôle de la durée du travail. – *[Anc. art. D. 212-21, al. 4 à 6.] – Le Décr. n° 2007-12 du 4 janv. 2007 est annulé en tant qu'il introduit un b à l'art. D. 212-21 (art. D. 3171-9, 2°), par CE 11 mars 2009, req. n° 303396 : RDT 2009. 523, obs. Véricel ; Dr. soc. 2009. 721, note Renard.*

Art. R. 3171-9-1 *(Décr. n° 2010-778 du 8 juill. 2010, annulé par CE 28 mars 2012, req. n° 343072)* ***Les dispositions de l'article D. 3171-8 ne sont pas applicables aux salariés exerçant une activité de distribution ou de portage de documents. Le temps de travail de ces salariés fait l'objet d'une quantification préalable selon des modalités établies par convention ou accord collectif de branche étendu, en fonction du secteur géographique sur lequel s'effectue le travail, de la part relative dans ce secteur de l'habitat collectif et de l'habitat individuel, du nombre de documents à distribuer et du poids total à emporter. La convention ou l'accord collectif de branche étendu peut fixer des critères complémentaires.***

L'employeur remet au salarié, avant chacune de ses missions, le document qui évalue a priori sa durée de travail à partir des critères susmentionnés. Ce document est tenu à la disposition de l'inspecteur ou du contrôleur du travail pendant une durée d'un an. – *V. art. R. 3173-4 (pén.). – Le Décr. n° 2010-778 du 8 juill. 2010 instituant une dérogation au contrôle quotidien et hebdomadaire de la durée du travail de salariés ne travaillant pas selon le même horaire collectif de travail et insérant l'art. R. 3171-9-1 est annulé pour excès de pouvoir par CE 28 mars 2012, req. n° 343072, JO 7 avr. : R. 2012. 441, Rapp. Landais.*

Art. D. 3171-10 La durée du travail des *(Décr. n° 2008-1132 du 4 nov. 2008 ; Décr. n° 2016-1553 du 18 nov. 2016, art. 6, en vigueur le 1er janv. 2017)* « salariés mentionnés à l'article L. 3121-58 » est décomptée chaque année par récapitulation du nombre de journées ou demi-journées travaillées par chaque salarié.

SOUS-SECTION 3 INFORMATIONS ANNEXÉES AU BULLETIN DE PAIE

Art. D. 3171-11 *(Décr. n° 2008-1132 du 4 nov. 2008)* A défaut de précision conventionnelle contraire, les salariés sont informés du nombre d'heures de repos compensateur de remplacement et de contrepartie obligatoire en repos portés à leur crédit par un document annexé au bulletin de paie. Dès que ce nombre atteint sept heures, ce document comporte une mention notifiant l'ouverture du droit à repos et l'obligation de le prendre dans un délai maximum de deux mois après son ouverture.

Art. D. 3171-12 Lorsque des salariés d'un atelier, d'un service ou d'une équipe ne travaillent pas selon le même horaire collectif de travail affiché, un document mensuel, dont le double est annexé au bulletin de paie, est établi pour chaque salarié.

Ce document comporte les mentions prévues à l'article D. 3171-11 ainsi que :

1° Le cumul des heures supplémentaires accomplies depuis le début de l'année ;

2° Le nombre d'heures de repos compensateur de remplacement acquis en application *(Décr. n° 2016-1553 du 18 nov. 2016, art. 6, en vigueur le 1er janv. 2017)* « des articles L. 3121-28, L. 3121-33 et L. 3121-37 » ;

3° Le nombre d'heures de repos compensateur effectivement prises au cours du mois ;

4° Le nombre de jours de repos effectivement pris au cours du mois, dès lors qu'un dispositif de réduction du temps de travail par attribution de journées ou de demi-journées de repos dans les conditions fixées par *(Décr. n° 2008-1132 du 4 nov. 2008 ; Décr. n° 2016-1553 du 18 nov. 2016, art. 6, en vigueur le 1er janv. 2017)* « les articles L. 3121-44 et D. 3121-27 » s'applique dans l'entreprise ou l'établissement.

Art. D. 3171-13 Dans les entreprises et établissements qui appliquent un dispositif d'aménagement du temps de travail en application des dispositions *(Décr. n° 2008-1132 du 4 nov. 2008 ; Décr. n° 2016-1553 du 18 nov. 2016, art. 6, en vigueur le 1er janv. 2017)* « de l'article L. 3121-44 », le total des heures de travail accomplies depuis le début de la période de référence est mentionné à la fin de celle-ci ou lors du départ du salarié si celui-ci a lieu en cours de période, sur un document annexé au dernier bulletin de paie de cette période.

SOUS-SECTION 4 ACCÈS AUX DOCUMENTS ET INFORMATIONS

Art. D. 3171-14 Le droit d'accès aux informations nominatives prévu à l'article 39 de la loi n° 78-17 du 6 janvier 1978 relative à l'informatique, aux fichiers et aux libertés est applicable aux documents comptabilisant la durée de travail des salariés. — *[Anc. art. D. 212-24, al. 2.]*

Art. D. 3171-15 Les documents mentionnés aux articles D. 3171-7 à D. 3171-13 peuvent être sous format électronique lorsque des garanties de contrôle équivalentes sont maintenues.

En cas de traitement automatisé des données nominatives, l'employeur *(Décr. n° 2016-1418 du 20 oct. 2016, art. 7)* « communique, à sa demande, à l'agent de contrôle de l'inspection du travail » le récépissé attestant qu'il a accompli la déclaration préalable prévue par la loi n° 78-17 du 6 janvier 1978 précitée.

SECTION II DOCUMENTS FOURNIS À L'INSPECTEUR DU TRAVAIL

Art. D. 3171-16 L'employeur tient à la disposition de l'inspection du travail :

1° Pendant une durée d'un an, y compris dans le cas d'horaires individualisés, *(Décr. n° 2016-1553 du 18 nov. 2016, art. 6, en vigueur le 1er janv. 2017)* « ou pendant une durée équivalente à la période de référence en cas d'aménagement du temps de travail sur une période supérieure à l'année, » les documents existant dans l'entreprise ou l'établissement permettant de comptabiliser les heures de travail accomplies par chaque salarié ;

2° Pendant une durée d'un an, le document récapitulant le nombre d'heures d'astreinte accompli chaque mois par le salarié ainsi que la compensation correspondante ;

3° Pendant une durée de trois ans, les documents existant dans l'entreprise ou l'établissement permettant de comptabiliser le nombre de jours de travail accomplis par les salariés intéressés par des conventions de forfait. — *[Anc. art. L. 212-4 bis, al. 3, phrase 3, L. 212-15-3-III, al. 4, phrase 1, et L. 611-9, al. 2.]*

Art. D. 3171-17 (Abrogé par Décr. n° 2016-1418 du 20 oct. 2016, art. 8) ***Un duplicata de l'affiche mentionnée à l'article L. 3171-1 est envoyé à l'inspection du travail.***

CHAPITRE II CONTRÔLE DU REPOS HEBDOMADAIRE

Art. R. 3172-1 Dans les entreprises et établissements dont tous les salariés sans exception ne bénéficient pas du repos hebdomadaire toute la journée du dimanche, l'employeur *(Décr. n° 2016-1417 du 20 oct. 2016, art. 5)* « communique, par tout moyen, aux salariés » les jours et heures de repos collectif attribués à *(Décr. n° 2016-1417 du 20 oct. 2016, art. 5)* « tout ou partie d'entre eux » :

1° Soit un autre jour que le dimanche ;

2° Soit du dimanche midi au lundi midi ;

3° Soit le dimanche après-midi sous réserve du repos compensateur ;

4° Soit suivant tout autre mode exceptionnel permis par la loi.

(Décr. n° 2016-1417 du 20 oct. 2016, art. 5) « L'employeur communique, au préalable, à l'agent de contrôle de l'inspection du travail, cette information et les modalités de la communication aux salariés qu'il envisage de mettre en œuvre. »

Art. R. 3172-2 Dans les entreprises et établissements qui n'accordent pas le repos hebdomadaire selon l'une des modalités prévues à l'article R. 3172-1, un registre spécial mentionne les noms des salariés soumis à un régime particulier de repos et indique ce régime.

Pour chaque salarié, le registre précise le jour et les fractions de journées choisies pour le repos. – *[Anc. art. R. 221-10, al. 1er et 3.]*

Art. R. 3172-3 L'inscription des salariés récemment embauchés sur le registre spécial des salariés soumis à un régime particulier de repos hebdomadaire est obligatoire après un délai de six jours.

Jusqu'à l'expiration de ce délai, et à défaut d'inscription sur le registre, l'inspection du travail ne peut réclamer qu'un cahier régulièrement tenu portant l'indication du nom et la date d'embauche des salariés. – *[Anc. art. R. 221-10, al. 4.]*

Art. R. 3172-4 Le registre spécial est tenu constamment à jour.

La mention des journées de repos dont bénéficie un salarié peut toujours être modifiée à condition de le porter au registre avant de recevoir exécution. Toutefois, cette modification ne peut priver le remplaçant du repos auquel il a droit. – *[Anc. art. R. 221-11, al. 3.]*

Art. R. 3172-5 Le registre spécial est tenu à la disposition de l'inspection du travail qui le vise au cours de sa visite.

Il est communiqué aux salariés qui en font la demande. – *[Anc. art. R. 221-11, al. 4.]*

Art. R. 3172-6 L'employeur qui veut suspendre le repos hebdomadaire en application de l'article L. 3132-4, en cas de travaux urgents, informe immédiatement l'inspecteur du travail et, sauf cas de force majeure, avant le commencement du travail.

Il l'informe des circonstances qui justifient la suspension du repos hebdomadaire. Il indique la date et la durée de cette suspension et spécifie le nombre de salariés auxquels elle s'applique.

Lorsque des travaux urgents sont exécutés par une entreprise distincte, l'avis du chef, du directeur ou du gérant de cette entreprise mentionne la date du jour de repos compensateur assuré aux salariés. – *[Anc. art. R. 221-12, al. 1er, 2 et 3.]*

Art. R. 3172-7 L'employeur qui veut suspendre le repos hebdomadaire en application de l'article L. 3132-5, relatif aux industries traitant des matières périssables ou ayant à répondre à un surcroît extraordinaire de travail, informe immédiatement l'inspecteur du travail et, sauf cas de force majeure, avant le commencement du travail.

Il l'informe des circonstances qui justifient la suspension du repos hebdomadaire. Il indique la date et la durée de cette suspension et spécifie le nombre de salariés auxquels elle s'applique.

L'information indique également les deux jours de repos mensuels réservés aux salariés. – *[Anc. art. R. 221-12, al. 1er, 2 et 4.]*

Art. R. 3172-8 L'employeur qui veut suspendre le repos hebdomadaire en application de l'article L. 3132-7, relatif aux activités saisonnières, informe immédiatement l'inspecteur du travail et, sauf cas de force majeure, avant le commencement du travail.

Il l'informe des circonstances qui justifient la suspension du repos hebdomadaire. Il indique la date et la durée de cette suspension et spécifie le nombre de salariés auxquels elle s'applique. – *[Anc. art. R. 221-12, al. 1er et 2.]*

Art. R. 3172-9 En cas de suspension du repos hebdomadaire en application des articles R. 3172-6 à R. 3172-8, *(Décr. nº 2016-1417 du 20 oct. 2016, art. 6)* « l'employeur communique par tout moyen, aux salariés, la copie de l'information transmise à l'agent de contrôle de l'inspection du travail ».

CHAPITRE III **DISPOSITIONS PÉNALES**

Art. R. 3173-1 Le fait de ne pas transmettre à l'inspection du travail un duplicata de l'affiche mentionnée à l'article L. 3171-1, est puni de l'amende prévue pour les contraventions de la quatrième classe.

Cette amende est appliquée autant de fois qu'il y a de personnes employées dans des conditions susceptibles d'être sanctionnées au titre des dispositions de cet article. – *[Anc. art. R. 631-1.]*

Art. R. 3173-2 Le fait de méconnaître les dispositions des deux premiers alinéas de l'article L. 3171-1 et celles de l'article L. 3171-2 relatives au contrôle de la durée du travail, est puni de l'amende prévue pour les contraventions de la quatrième classe.

Cette amende est appliquée autant de fois qu'il y a de personnes employées dans des conditions susceptibles d'être sanctionnées au titre des dispositions de cet article. – *[Anc. art. R. 632-1 et R. 632-2.]*

Art. R. 3173-3 Le fait de ne pas présenter à l'inspection du travail les documents permettant de comptabiliser les heures de travail accomplies par chaque salarié, en méconnaissance des dispositions de l'article L. 3171-3, est puni de l'amende prévue pour les contraventions de la troisième classe. – *[Anc. art. R. 632-1.]*

Art. R. 3173-4 (Décr. n° 2010-778 du 8 juill. 2010, annulé par CE 28 mars 2012, req. n° 343072) ***Le fait de ne pas établir et de ne pas remettre au salarié le document mentionné au dernier alinéa de l'article R. 3171-9-1 est puni de l'amende prévue pour les contraventions de la quatrième classe.***

Cette amende est appliquée autant de fois qu'il y a de personnes employées dans des conditions susceptibles d'être sanctionnées au titre des dispositions de cet article.

Le fait de ne pas présenter ce document à l'inspection du travail est puni de l'amende prévue pour les contraventions de la troisième classe.

Le Décr. n° 2010-778 du 8 juill. 2010 instituant une dérogation au contrôle quotidien et hebdomadaire de la durée du travail de salariés ne travaillant pas selon le même horaire collectif de travail et insérant l'art. R. 3173-4 est annulé pour excès de pouvoir par CE 28 mars 2012, req. n° 343072, JO 7 avr. : R. 2012. 441, rapp. Landais.

LIVRE DEUXIÈME **SALAIRE ET AVANTAGES DIVERS**

TITRE PREMIER **CHAMP D'APPLICATION**

CHAPITRE UNIQUE

Art. D. 3211-1 Les dispositions du chapitre premier du titre III relatif au salaire minimum de croissance et celles des articles R. 3232-8 à R. 3232-10 ne sont pas applicables aux jeunes travailleurs titulaires d'un contrat d'apprentissage. – *[Anc. art. R. 141-2.]*

TITRE DEUXIÈME **ÉGALITÉ DE RÉMUNÉRATION ENTRE LES FEMMES ET LES HOMMES**

CHAPITRE PREMIER **PRINCIPES**

Art. R. 3221-1 L'inspecteur du travail peut exiger communication des différents éléments qui concourent à la détermination des rémunérations dans l'entreprise, notamment des normes, catégories, critères et bases de calcul mentionnés à l'article L. 3221-6.

Il peut procéder à une enquête contradictoire au cours de laquelle l'employeur et les salariés intéressés peuvent se faire assister d'une personne de leur choix.

En cas de mise en œuvre d'une procédure de règlement des difficultés dans les conditions prévues à l'article R. 2261-1, il prend connaissance des avis et observations formulés au cours de celle-ci. – *[Anc. art. R. 140-1.]*

Art. R. 3221-2 *(Décr. n° 2016-1417 du 20 oct. 2016, art. 7)* « Les dispositions des articles L. 3221-1 à L. 3221-7 du code du travail sont portées, par tout moyen, à la connaissance des personnes ayant accès aux lieux de travail, ainsi qu'aux candidats à l'embauche. »

Il en est de même pour les dispositions réglementaires pris *[prises]* pour l'application de ces articles.

CHAPITRE II **DISPOSITIONS PÉNALES**

Art. R. 3222-1 Le fait de méconnaître les dispositions relatives à l'égalité de rémunération entre les femmes et les hommes prévues aux articles L. 3221-2 à L. 3221-6, est puni de l'amende prévue pour les contraventions de la cinquième classe.

L'amende est appliquée autant de fois qu'il y a de travailleurs rémunérés dans des conditions illégales.

La récidive est réprimée conformément aux articles 132-11 et 132-15 du code pénal. – *[Anc. art. R. 154-0-I.]*

Art. R. 3222-2 Le fait de ne pas communiquer les éléments concourant à la détermination des rémunérations dans l'entreprise, en méconnaissance des dispositions de l'article R. 3221-1, est puni de l'amende prévue pour les contraventions de la troisième classe. – *[Anc. art. R. 154-0-II.]*

Art. R. 3222-3 *(Décr. n° 2016-1417 du 20 oct. 2016, art. 8)* Le fait de ne pas communiquer, dans les conditions prévues par l'article R. 3221-2, les articles relatifs à l'égalité de rémunération entre les femmes et les hommes, est puni de l'amende prévue pour les contraventions de la troisième classe.

TITRE TROISIÈME **DÉTERMINATION DU SALAIRE**

CHAPITRE PREMIER **SALAIRE MINIMUM INTERPROFESSIONNEL DE CROISSANCE**

SECTION PREMIÈRE **DISPOSITIONS GÉNÉRALES**

Art. R.* 3231-1 *(Décr. n° 2008-243 du 7 mars 2008)* Les décrets prévus aux articles L. 3231-4, L. 3231-7, L. 3231-8, L. 3231-10 et L. 3231-12 sont pris en conseil des ministres.

Les décrets prévus aux articles L. 3231-4, L. 3231-8 et L. 3231-10 sont pris après avis de la Commission nationale de la négociation collective.

V. Décr. n° 2016-1818 du 22 déc. 2016 (JO 23 déc.), en vigueur le 1er janv. 2017 : le montant horaire du SMIC brut est porté à 9,76 €.

Art. R.* 3231-2 *(Décr. n° 2008-243 du 7 mars 2008)* L'indice des prix à la consommation retenu pour l'application des articles L. 3231-4 et L. 3231-12 est l'indice mensuel des prix à la consommation hors tabac *(Décr. n° 2013-123 du 7 févr. 2013)* « des ménages du premier quintile de la distribution des niveaux de vie ».

Art. R.* 3231-2-1 *(Décr. n° 2013-123 du 7 févr. 2013)* Pour l'application de l'article L. 3231-8, est pris en compte le rapport de l'indice de référence mesurant l'évolution du salaire horaire de base des ouvriers et employés à l'indice des prix mentionné à l'article R.* 3231-2.

Art. D. 3231-3 Le salaire minimum de croissance applicable aux jeunes travailleurs de moins de dix-huit ans comporte un abattement fixé à :

1° 20 % avant dix-sept ans ;

2° 10 % entre dix-sept et dix-huit ans.

Cet abattement est supprimé pour les jeunes travailleurs justifiant de six mois de pratique professionnelle dans la branche d'activité dont ils relèvent. – *[Anc. art. R. 141-1.]*

Un employeur ne peut se prévaloir de ce qu'il a transgressé les textes édictés pour la protection des mineurs salariés pour écarter l'application de l'art. R. 141-1 [D. 3231-3 nouv.]. • Soc. 17 janv. 1996 : ☎ *RJS 1996. 171, n° 288.*

SECTION II **MODALITÉS DE FIXATION**

SOUS-SECTION 1 **GARANTIE DU POUVOIR D'ACHAT DES SALARIÉS**

Art. R.* 3231-4 *(Décr. n° 2008-243 du 7 mars 2008)* Lorsque le salaire minimum de croissance est relevé en application des dispositions de l'article L. 3231-5, un arrêté conjoint des ministres chargés du travail, de l'agriculture et de l'économie et des finances fait connaître le nouveau montant de ce salaire.

Art. D. 3231-5 Les salariés définis à l'article L. 3231-1 âgés de dix-huit ans révolus, reçoivent de leurs employeurs, lorsque leur salaire horaire contractuel est devenu inférieur au salaire minimum de croissance en vigueur, un complément calculé de façon à porter leur rémunération au montant de ce salaire minimum de croissance. – *[Anc. art. D. 141-2.]*

Art. D. 3231-6 Le salaire horaire à prendre en considération pour l'application de l'article D. 3231-5 est celui qui correspond à une heure de travail effectif compte tenu des avantages en nature et des majorations diverses ayant le caractère de fait d'un complément de salaire.

Sont exclues les sommes versées à titre de remboursement de frais, les majorations pour heures supplémentaires prévues par la loi et la prime de transport. – *[Anc. art. D. 141-3.]*

SOUS-SECTION 2 PARTICIPATION DES SALARIÉS AU DÉVELOPPEMENT ÉCONOMIQUE DE LA NATION

Art. R.* 3231-7 *(Décr. nº 2008-243 du 7 mars 2008)* Le taux du salaire minimum de croissance déterminé en application de l'article L. 3231-6 est fixé à l'issue de la procédure suivante :

1° La Commission nationale de la négociation collective reçoit en temps utile, du Gouvernement, une analyse des comptes économiques de la nation et un rapport sur les conditions économiques générales ;

2° La commission délibère sur ces éléments et, compte tenu des modifications déjà intervenues en cours d'année, transmet au Gouvernement un avis motivé accompagné d'un rapport relatant, s'il y a lieu, la position de la majorité et celle des minorités.

SOUS-SECTION 3 AVANTAGES EN NATURE

Art. D. 3231-8 Les dispositions de la présente sous-section ne sont pas applicables aux salariés des professions agricoles, au personnel navigant de la marine marchande, aux concierges et employés d'immeuble à usage d'habitation ainsi qu'aux employés de maison lorsque leur rémunération est, de manière habituelle, constituée, pour partie, par la fourniture de la nourriture et du logement. – *[Anc. art. D. 141-5*.]*

Art. D. 3231-9 Lorsque la rémunération d'un salarié est, de manière habituelle, constituée, pour partie, par la fourniture de la nourriture et du logement ou d'autres avantages en nature, le salaire minimum en espèces garanti est déterminé en déduisant du salaire minimum de croissance les sommes fixées pour évaluer l'avantage en nature. – *[Anc. art. D. 141-6, phrase 1, et anc. art. D. 141-9, al. 3.]*

Art. D. 3231-10 Lorsque l'employeur fournit la nourriture, toute ou partie, cette prestation en nature est évaluée par convention ou accord collectif de travail.

A défaut, la nourriture est évaluée par journée à deux fois le minimum garanti ou, pour un seul repas, à une fois ce minimum. – *[Anc. art. D. 141-6, phrases 1 et 2.]*

Art. D. 3231-11 Pour les salariés auxquels l'employeur fournit le logement, cette prestation en nature est évaluée par convention ou accord collectif de travail.

A défaut, le logement est évalué à 0,02 € par jour. – *[Anc. art. D. 141-9, al. 1er.]*

Art. D. 3231-12 Les avantages en nature, autres que la nourriture ou le logement, sont évalués d'après leur valeur réelle, au prix de revient pour l'employeur. – *[Anc. art. D. 141-9, al. 2.]*

Art. D. 3231-13 Pour le personnel des hôtels, cafés, restaurants et des établissements ou organismes dans lesquels des denrées alimentaires ou des boissons sont consommées sur place et pour le personnel de cuisine des autres établissements, qui en raison des conditions particulières de leur travail ou des usages, sont nourris gratuitement par l'employeur ou reçoivent une indemnité compensatrice, la nourriture calculée conformément aux dispositions de l'article D. 3231-10, n'entre en compte que pour la moitié de sa valeur. – *[Anc. art. D. 141-8.]*

Art. D. 3231-14 Dans tous les cas où le salarié, logé et nourri, perçoit une rémunération en espèces supérieure au minimum résultant des dispositions de la présente sous-section, l'application de ces dispositions n'entraîne aucune modification de cette rémunération. – *[Anc. art. D. 141-10.]*

Art. D. 3231-15 Pour les salariés des professions agricoles auxquels l'employeur fournit la nourriture et le logement ou l'un de ces avantages en nature, à défaut de convention ou d'accord collectif de travail, la prestation journalière de nourriture est évaluée à deux fois et demie le taux horaire du minimum garanti prévu à l'article L. 3231-12. La prestation mensuelle de logement est évaluée à huit fois ce même taux.

L'évaluation des autres avantages en nature est fixée par convention ou accord collectif. – *[Anc. art. D. 141-11.]*

Art. R. 3231-16 Une convention ou un accord collectif de travail ou le contrat de travail ne peut comporter de clauses prévoyant l'attribution, au titre d'avantage en nature, de boissons alcoolisées aux travailleurs.

Ces dispositions ne s'appliquent pas aux boissons servies à l'occasion des repas constituant un avantage en nature. – *[Anc. art. L. 232-3.]*

SECTION III **MINIMUM GARANTI**

Art. R.* 3231-17 *(Décr. nº 2008-243 du 7 mars 2008)* Lorsque le salaire minimum de croissance est relevé en application des dispositions de l'article L. 3231-5, un arrêté conjoint des ministres chargés du travail, de l'agriculture et de l'économie et des finances fait connaître le minimum garanti défini à l'article L. 3231-12.

V. Décr. nº 2016-1818 du 22 déc. 2016 (JO 23 déc.) à compter du 1er janv. 2017, le montant du minimum garanti est fixé à 3,54 €.

CHAPITRE II **RÉMUNÉRATION MENSUELLE MINIMALE**

SECTION PREMIÈRE **ALLOCATION COMPLÉMENTAIRE**

Art. R. 3232-1 Pour l'application de l'article L. 3232-5, sont considérés comme des éléments constitutifs du salaire les avantages en nature et les majorations diverses ayant le caractère de fait d'un complément de salaire.

Sont exclues les sommes versées à titre de remboursement de frais et la prise en charge des frais de transport. – *[Anc. art. R. 141-4.]*

Art. R. 3232-2 Lors du paiement de l'allocation complémentaire, il est remis au salarié un document indiquant :

1° Le taux du salaire minimum de croissance ;

2° Le nombre d'heures correspondant à la durée légale du travail ;

3° Les déductions obligatoires ayant permis de déterminer le montant de la rémunération mensuelle minimale ;

4° Les montants du salaire et des diverses allocations constituant les éléments de la rémunération mensuelle minimale versée au salarié. – *[Anc. art. R. 141-5.]*

SECTION II **REMBOURSEMENT PAR L'ÉTAT**

Art. R. 3232-3 L'aide de l'État*[,]* prévue à l'article L. 3232-8, est fixée à 50 % du montant de l'allocation complémentaire. – *[Anc. art. R. 141-6, al. 1er.]*

Art. R. 3232-4 L'aide de l'État est versée sur production d'états nominatifs, par l'employeur, faisant apparaître les modalités de calcul de l'allocation complémentaire et visés par l'inspecteur du travail.

Le versement intervient dans un délai de trois mois suivant l'envoi à l'inspecteur du travail des états précités. – *[Anc. art. R. 141-6, al. 2.]*

Art. R. 3232-5 En cas de réduction de l'horaire de travail susceptible d'entraîner l'application de l'article L. 3232-8, l'employeur informe l'inspecteur du travail et lui fournit toutes indications sur les causes de cette réduction, les effectifs et les qualifications des salariés intéressés. – *[Anc. art. R. 141-7.]*

Art. R. 3232-6 En cas de procédure de sauvegarde, de redressement, de liquidation judiciaire ou de difficultés financières de l'employeur, le préfet peut, sur proposition du *(Décr. n° 2009-1377 du 10 nov. 2009)* « directeur régional des entreprises, de la concurrence, de la consommation, du travail et de l'emploi », faire ordonner le paiement direct aux salariés de la part de l'allocation complémentaire à la charge de l'État. – *[Anc. art. R. 141-8.]*

Les modifications issues du Décr. n° 2009-1377 du 10 nov. 2009 prennent effet, dans chaque région, à la date de nomination du directeur régional des entreprises, de la concurrence, de la consommation, du travail et de l'emploi (Décr. préc., art. 7-I). – V. Arr. de nomination de ces directeurs des 30 déc. 2009 (JO 5 janv. 2010) et 9 févr. 2010 (JO 14 févr.).

Ces modifications s'appliquent à la région Île-de-France à compter du 1er juill. 2010 (Décr. n° 2010-687 du 24 juin 2010, art. 2).

Art. R. 3232-7 L'inspecteur du travail vérifie si la rémunération versée aux salariés au cours de l'année civile écoulée a bien été répartie sur douze mois.

Dans l'hypothèse où, ces rémunérations n'ayant pas été correctement établies compte tenu de l'emploi des intéressés, cette vérification fait apparaître un report abusif en fin d'année de certains éléments de la rémunération ou des inégalités non justifiées entre les rémunérations mensuelles, les redressements nécessaires sont effectués dans le calcul de la participation de l'État au versement des allocations complémentaires et dans la détermination des charges sociales incombant à l'employeur et aux salariés. – *[Anc. art. R. 141-9.]*

SECTION III **DISPOSITIONS PARTICULIÈRES À CERTAINES CATÉGORIES DE SALARIÉS**

Art. R. 3232-8 En cas de réduction d'activité, le travailleur à domicile employé au cours d'un même mois par plusieurs employeurs adresse à l'inspecteur du travail toutes justifications lui permettant de totaliser les heures de travail accomplies ainsi que les rémunérations perçues au cours du mois et de déterminer l'allocation complémentaire éventuellement due.

Cette aide est versée directement au salarié par l'État. L'employeur rembourse au Trésor, à la demande du préfet, dans un délai de trois mois la part de l'allocation complémentaire se trouvant à sa charge. Cette part est proportionnelle à l'importance de la réduction d'activité imposée au salarié. Le préfet adresse à l'employeur les indications lui permettant de vérifier le montant de sa participation. – *[Anc. art. R. 141-11.]*

Art. R. 3232-9 La procédure prévue à l'article R. 3232-8 s'applique aux salariés titulaires d'un contrat de travail intermittent lorsqu'ils sont employés au cours d'un même mois par plusieurs employeurs successifs. – *[Anc. art. R. 141-12.]*

Art. R. 3232-10 Les réductions de l'horaire de l'établissement employant des salariés saisonniers, qui se produisent pour la troisième année consécutive à la même époque, sont considérées comme se situant en dehors de la période normale d'activité. – *[Anc. art. R. 141-13.]*

CHAPITRE III **DISPOSITIONS PÉNALES**

Art. R. 3233-1 Est puni de l'amende prévue pour les contraventions de la cinquième classe, le fait de payer :

1° Des salaires inférieurs au salaire minimum de croissance prévu par les articles L. 3231-1 à L. 3231-12 ;

2° Des rémunérations inférieures à la rémunération mensuelle minimale prévue par l'article L. 3232-1.

L'amende est appliquée autant de fois qu'il y a de salariés rémunérés dans des conditions illégales.

La récidive est réprimée conformément aux articles 132-11 et 132-15 du code pénal.

En cas de pluralité de contraventions entraînant des peines de récidive, l'amende est appliquée autant de fois qu'il a été relevé de nouvelles contraventions. – *[Anc. art. R. 154-1.]*

TITRE QUATRIÈME **PAIEMENT DU SALAIRE**

CHAPITRE PREMIER **DISPOSITIONS GÉNÉRALES**

Art. R. 3241-1 Le salaire est versé un jour ouvrable sauf en cas de paiement réalisé par virement. – *[Anc. art. R. 143-1, al. 1er.]*

CHAPITRE II **MENSUALISATION**

Le présent chapitre ne comprend pas de dispositions réglementaires.

CHAPITRE III **BULLETIN DE PAIE**

Art. R. 3243-1 Le bulletin de paie prévu à l'article L. 3243-2 comporte :

1° Le nom et l'adresse de l'employeur ainsi que, le cas échéant, la désignation de l'établissement dont dépend le salarié ;

(Décr. nº 2016-190 du 25 févr. 2016) « 2° Le numéro de la nomenclature d'activité mentionnée au 1° de l'article R. 123-223 du code de commerce caractérisant l'activité de l'établissement d'emploi ainsi que, pour les employeurs inscrits au répertoire national des entreprises et des établissements, le numéro d'inscription de l'employeur au répertoire national mentionné à l'article R. 123-220 du même code ; »

3° S'il y a lieu, l'intitulé de la convention collective de branche applicable au salarié ou, à défaut, la référence au code du travail pour les dispositions relatives à la durée des congés payés du salarié et à la durée des délais de préavis en cas de cessation de la relation de travail ;

4° Le nom et l'emploi du salarié ainsi que sa position dans la classification conventionnelle qui lui est applicable. La position du salarié est notamment définie par le niveau ou le coefficient hiérarchique qui lui est attribué ;

5° La période et le nombre d'heures de travail auxquels se rapporte le salaire en distinguant, s'il y a lieu, les heures payées au taux normal et celles qui comportent une majoration pour heures supplémentaires ou pour toute autre cause et en mentionnant le ou les taux appliqués aux heures correspondantes :

a) La nature et le volume du forfait auquel se rapporte le salaire des salariés dont la rémunération est déterminée sur la base d'un forfait hebdomadaire ou mensuel en heures, d'un forfait annuel en heures ou en jours ;

b) L'indication de la nature de la base de calcul du salaire lorsque, par exception, cette base de calcul n'est pas la durée du travail ;

6° La nature et le montant des accessoires de salaire soumis aux cotisations salariales et patronales *(Abrogé par Décr. nº 2016-190 du 25 févr. 2016) « mentionnées aux articles R. 3243-2 et R. 3243-3 »* ;

7° Le montant de la rémunération brute du salarié ;

(Décr. nº 2016-190 du 25 févr. 2016) « 8° *a)* Le montant, l'assiette et le taux des cotisations et contributions d'origine légale et conventionnelle à la charge de l'employeur et du salarié avant déduction des exonérations et exemptions mentionnées au 12° ;

« *b)* La nature et le montant des versements et retenues autres que celles mentionnées au *a* effectués sur la période, notamment au titre de la prise en charge des frais de transport public ou de frais de transports personnels ; »

9° Le montant de la somme effectivement reçue par le salarié ;

10° La date de paiement de cette somme ;

11° Les dates de congé et le montant de l'indemnité correspondante, lorsqu'une période de congé annuel est comprise dans la période de paie considérée ;

(Décr. nº 2016-190 du 25 févr. 2016) « 12° Le montant total des exonérations et exemptions de cotisations et contributions sociales qui figurent dans l'annexe mentionnée au 5° du III de l'article L.O. 111-4 du code de la sécurité sociale, appliquées à la rémunération mentionnée au 7° ;

« 13° Le montant total versé par l'employeur, c'est-à-dire la somme de la rémunération mentionnée au 7° et des cotisations et contributions à la charge de l'employeur mentionnées au *a* du 8°, déduction faite des exonérations et exemptions des mêmes cotisations et contributions mentionnées au 12° ;

« 14° La mention de la rubrique dédiée au bulletin de paie sur le portail www. service-public. fr. »

Les dispositions issues du Décr. n° 2016-190 du 25 févr. 2016 sont applicables à compter du 1er janv. 2017 pour les employeurs d'au moins 300 salariés au sens de l'art. L. 1111-2 C. trav., et à compter du 1er janv. 2018 pour les employeurs de moins de 300 salariés au sens de l'art. L. 1111-2 C. trav. Mais les employeurs peuvent, à compter du 1er mars 2016, remettre à leurs salariés un bulletin de paie conforme à ces dispositions ; l'art. R. 3243-3 n'est pas applicable à ces employeurs (Décr. préc., art. 2 et 3). — V. ancien art. R. 3243-1.

1. Convention collective. La mention de la convention collective sur le bulletin de paie vaut présomption de l'applicabilité de la convention collective à l'égard du salarié, l'employeur étant admis à apporter la preuve contraire. • Soc. 15 nov. 2007 : *GADT, 4e éd., n° 168 ; D. 2008. 325, note Reynès ; RDT 2008. 44, obs.Tissandier .* ♦ Comp. : La mention de la convention collective sur le bulletin de paie fait irréfragablement présumer la volonté de l'employeur d'en faire application dans l'entreprise. • Soc. 18 nov. 1998, n° 96-42.991 P : *JCP G 1999. II. 10088, note Lhernould* • 18 juill. 2000, n° 97-44.897 P : *Dr. soc. 2000. 921, obs. Frouin ; ibid. 1024, obs. Lhernould ; D. 2001. 1201, note Reynès .*

2. Mais l'application volontaire par un employeur d'une convention collective résultant de la mention dans un contrat de travail n'implique pas à elle seule l'engagement d'appliquer à l'avenir les dispositions de ses avenants, même lorsque cette mention est reproduite sur les bulletins de salaire ultérieurs. • Soc. 21 oct. 1998, n° 97-44.337 P : *Dr. soc. 1999. 103, obs. Bélier* • 2 avr. 2003, n° 00-43.601 P : *Dr. soc. 2003. 901, obs. Radé .*

3. Mention de l'ancienneté. La date d'ancienneté figurant dans le bulletin de paie vaut présomption de reprise d'ancienneté sauf à l'employeur à rapporter la preuve contraire. • Soc. 21 sept. 2011 : *Dalloz actualité, 11 oct. 2011, obs. Siro ; D. 2011. Actu. 2343 ; RJS 2011. 766, n° 858 ; JCP S 2011. 1544, obs. Mouly.*

4. Mention des droits à repos nés de l'accomplissement d'heures supplémentaires. La mention sur le bulletin de paie, des droits à repos nés de la bonification bénéficiant au salarié au titre des heures supplémentaires effectuées, n'a qu'une valeur informative, la charge de la preuve de leur octroi effectif incombant, en cas de contestation, à l'employeur. • Soc. 7 mai 2008 : *RDT 2008. 463, note Véricel ; RJS 2009. 631, n° 789 ; JCP S 2009. 1042, obs. Bossu.*

5. Majoration pour diplôme. La majoration pour diplôme, qui n'a pas la nature d'un accessoire du salaire et ne constitue qu'un élément de détermination du salaire minimum conventionnel, n'a, ni en application de l'article R. 3243-1 du code du travail, ni en application de la convention collective nationale applicable faute d'une stipulation expresse en ce sens, à figurer de manière distincte sur le bulletin de paie. • Soc. 22 juin 2011 : *JCP S 2011. 1439, obs. Guyot.*

6. Rappels de primes. Le rappel de primes dues sur plusieurs mois peut figurer sur un seul bulletin de paie établi lors de leur paiement. • Soc. 30 nov. 2010 : *JCP S 2011. 1093, obs. Tricoit.*

Ancien art. R. 3243-1 *Le bulletin de paie prévu à l'article L. 3243-2 comporte :*

1° Le nom et l'adresse de l'employeur ainsi que, le cas échéant, la désignation de l'établissement dont dépend le salarié ;

2° La référence de l'organisme auquel l'employeur verse les cotisations de sécurité sociale, le numéro sous lequel ces cotisations sont versées et, pour les employeurs inscrits au répertoire national des entreprises et des établissements prévu à l'article 1er du décret n° 73-314 du 14 mars 1973, le numéro de la nomenclature des activités économiques (code de l'activité principale exercée) caractérisant l'activité de l'entreprise ou de l'établissement mentionné au second alinéa de l'article 5 de ce décret ;

3° S'il y a lieu, l'intitulé de la convention collective de branche applicable au salarié ou, à défaut, la référence au code du travail pour les dispositions relatives à la durée des congés payés du salarié et à la durée des délais de préavis en cas de cessation de la relation de travail ;

4° Le nom et l'emploi du salarié ainsi que sa position dans la classification conventionnelle qui lui est applicable. La position du salarié est notamment définie par le niveau ou le coefficient hiérarchique qui lui est attribué ;

5° La période et le nombre d'heures de travail auxquels se rapporte le salaire en distinguant, s'il y a lieu, les heures payées au taux normal et celles qui comportent une majoration pour heures supplémentaires ou pour toute autre cause et en mentionnant le ou les taux appliqués aux heures correspondantes :

a) La nature et le volume du forfait auquel se rapporte le salaire des salariés dont la rémunération est déterminée sur la base d'un forfait hebdomadaire ou mensuel en heures, d'un forfait annuel en heures ou en jours ;

b) L'indication de la nature de la base de calcul du salaire lorsque, par exception, cette base de calcul n'est pas la durée du travail ;

6° La nature et le montant des accessoires de salaire soumis aux cotisations salariales et patronales mentionnées aux articles R. 3243-2 et R. 3243-3 ;

7° Le montant de la rémunération brute du salarié ;

8° La nature et le montant de tous les ajouts et retenues réalisés sur la rémunération brute ;

9° Le montant de la somme effectivement reçue par le salarié ;

10° La date de paiement de cette somme ;

11° Les dates de congé et le montant de l'indemnité correspondante, lorsqu'une période de congé annuel est comprise dans la période de paie considérée ;

(Décr. n° 2008-1501 du 30 déc. 2008) *« 12° Le montant de la prise en charge des frais de transports publics ou des frais de transports personnels. »*

Sur l'applicabilité de cet art., V. note ss. art. R. 3243-1.

Art. R. 3243-2 *(Décr. n° 2016-190 du 25 févr. 2016)* **Les informations mentionnées aux *a* du 8°, 12° et 13° de l'article R. 3243-1 sont libellées et ordonnées ainsi que, pour les éléments à la charge de l'employeur, regroupées conformément à un modèle défini par arrêté des ministres chargés de la sécurité sociale et du travail.** – *V. Arr. du 25 févr. 2016 (JO 26 févr.).*

La contribution mentionnée à l'article L. 136-3 du code de la sécurité sociale et la contribution prévue à l'article 14 de l'ordonnance n° 96-50 du 24 janvier 1996 relative au remboursement de la dette sociale sont agrégées. Les contributions autres que les contributions sociales mentionnées au *a* du 8° sont également agrégées dans une seule rubrique, qui donne le montant total de cette contribution.

Ces dispositions sont applicables à compter du 1er janv. 2017 pour les employeurs d'au moins 300 salariés au sens de l'art. L. 1111-2 C. trav., et à compter du 1er janv. 2018 pour les employeurs de moins de 300 salariés au sens de l'art. L. 1111-2 C. trav. Mais les employeurs peuvent, à compter du 1er mars 2016, remettre à leurs salariés un bulletin de paie conforme à ces dispositions ; l'art. R. 3243-3 n'est pas applicable à ces employeurs (Décr. n° 2016-190 du 25 févr. 2016, art. 2 et 3). — V. ancien art. R. 3243-2.

Ancien art. R. 3243-2 *Pour l'application du 8° de l'article R. 3243-1, le regroupement des retenues relatives aux cotisations et aux contributions salariales est autorisé dès lors que ces prélèvements sont appliqués à une même assiette et destinés à un même organisme collecteur. Dans ce cas, le bulletin de paie est présenté avec des titres précisant l'objet de ces prélèvements.*

Le taux, le montant ainsi que la composition de chacun de ces prélèvements sont communiqués au salarié au moins une fois par an ou lorsque prend fin le contrat de travail, soit sur le bulletin de paie, soit sur un document pouvant lui être annexé. – [Anc. art. R. 143-2, al. 12 et 13.]

Art. R. 3243-3 (Abrogé par Décr. n° 2016-190 du 25 févr. 2016) *Le bulletin de paie ou un récapitulatif annuel remis au salarié mentionne la nature, le montant et le taux des cotisations et contributions patronales assises sur la rémunération brute.*

Lorsque ces cotisations et contributions sont mentionnées sur le bulletin de paie, elles peuvent être regroupées dans les mêmes conditions et selon les mêmes modalités de communication au salarié que celles prévues pour les cotisations et contributions salariales mentionnées à l'article R. 3243-2.

Les employeurs de main-d'œuvre agricoles auxquels le montant de cotisations est notifié trimestriellement peuvent mentionner ces cotisations après le paiement des cotisations patronales, en précisant la période sur laquelle elles portent. – [Anc. art. R. 143-2, al. 17.]

Cette abrogation est applicable à compter du 1er janv. 2017 pour les employeurs d'au moins 300 salariés au sens de l'art. L. 1111-2 C. trav., et à compter du 1er janv. 2018 pour les employeurs de moins de 300 salariés au sens de l'art. L. 1111-2 C. trav. (Décr. n° 2016-190 du 25 févr. 2016, art. 2).

Art. R. 3243-4 **Il est interdit de faire mention sur le bulletin de paie de l'exercice du droit de grève ou de l'activité de représentation des salariés.**

La nature et le montant de la rémunération de l'activité de représentation figurent sur une fiche annexée au bulletin de paie qui a le même régime juridique que celui-ci et que l'employeur établit et fournit au salarié. – *[Anc. art. R. 143-2, al. 18.]*

Art. R. 3243-5 **Le bulletin de paie comporte en caractères apparents une mention incitant le salarié à le conserver sans limitation de durée.** – *[Anc. art. R. 143-2, al. 19.]*

Art. R. 3243-6 Par dérogation aux dispositions prévues à l'article R. 3243-1, le bulletin de paie des salariés liés par contrats conclus par une personne physique pour un service rendu à son domicile peut ne pas comporter les mentions suivantes :

1° La position du salarié dans la classification conventionnelle qui lui est applicable ;

2° Le montant de la rémunération brute du salarié ;

3° La nature et le montant des cotisations patronales de sécurité sociale assises sur cette rémunération brute. – *[Anc. art. R. 143-3.]*

Art. D. 3243-7 *(Décr. n° 2016-1762 du 16 déc. 2016, art. 1er, en vigueur le 1er janv. 2017)* Lorsqu'il décide de procéder à la remise du bulletin de paie sous forme électronique, l'employeur informe le salarié par tout moyen conférant date certaine, un mois avant la première émission du bulletin de paie sous forme électronique ou au moment de l'embauche, de son droit de s'opposer à l'émission du bulletin de paie sous forme électronique.

Le salarié peut faire part de son opposition à tout moment, préalablement ou postérieurement à la première émission d'un bulletin de paie sous forme électronique. Le salarié notifie son opposition à l'employeur par tout moyen lui conférant une date certaine.

La demande du salarié prend effet dans les meilleurs délais et au plus tard trois mois suivant la notification.

Art. D. 3243-8 *(Décr. n° 2016-1762 du 16 déc. 2016, art. 1er, en vigueur le 1er janv. 2017)* L'employeur arrête les conditions dans lesquelles il garantit la disponibilité pour le salarié du bulletin de paie émis sous forme électronique :

– soit pendant une durée de cinquante ans ;

– soit jusqu'à ce que le salarié ait atteint l'âge mentionné au dernier alinéa de l'article L. 1237-5, augmenté de six ans.

En cas de fermeture du service de mise à disposition du bulletin de paie en raison de la cessation d'activité du prestataire assurant la conservation des bulletins de paie émis sous forme électronique pour le compte de l'employeur, ou de la cessation d'activité de l'employeur lorsque celui-ci assure lui-même cette conservation, les utilisateurs sont informés au moins trois mois avant la date de fermeture du service pour leur permettre de récupérer les bulletins de paie stockés.

Les utilisateurs sont mis en mesure de récupérer à tout moment l'intégralité de leurs bulletins de paie émis sous forme électronique, sans manipulation complexe ou répétitive, et dans un format électronique structuré et couramment utilisé.

Art. R. 3243-9 *(Décr. n° 2016-1762 du 16 déc. 2016, art. 1er, en vigueur le 1er janv. 2017)* Le service en ligne associé au compte personnel d'activité, mentionné au 2° du II de l'article L. 5151-6, permet au titulaire du compte de consulter tous ses bulletins de paie émis sous forme électronique.

L'employeur ou le prestataire agissant pour son compte doit garantir l'accessibilité des bulletins de paie émis sous forme électronique par ce service en ligne.

CHAPITRE IV **POURBOIRES**

Art. R. 3244-1 L'employeur justifie de l'encaissement et de la remise aux salariés des pourboires. – *[Anc. art. R. 147-1.]*

Art. R. 3244-2 Les conventions collectives ou, à défaut, des décrets en Conseil d'État pris après consultation des organisations d'employeurs et de salariés intéressées, déterminent par profession ou par catégorie professionnelle, nationalement ou régionalement :

1° Les modes de justification à la charge de l'employeur ;

2° Les catégories de personnel qui prennent part à la répartition des pourboires ;

3° Les modalités de cette répartition. – *[Anc. art. R. 147-2.]*

CHAPITRE V **ACTION EN PAIEMENT ET PRESCRIPTION**

Le présent chapitre ne comprend pas de dispositions réglementaires.

CHAPITRE V *BIS* OBLIGATIONS ET RESPONSABILITÉ FINANCIÈRE DES MAÎTRES D'OUVRAGE ET DES DONNEURS D'ORDRE

(Décr. n° 2015-364 du 30 mars 2015, art. 11)

Art. R. 3245-1 A compter du jour de la réception de l'injonction mentionnée à l'article L. 3245-2, l'employeur informe dans un délai de sept jours le maître d'ouvrage ou le donneur d'ordre des mesures prises pour faire cesser la situation.

Le maître d'ouvrage ou le donneur d'ordre transmet aussitôt cette information à l'agent de contrôle auteur du signalement ou informe celui-ci, dès l'expiration du délai imparti, de l'absence de réponse.

Art. R. 3245-2 Le maître d'ouvrage ou le donneur d'ordre qui n'a pas enjoint l'employeur de faire cesser la situation ou qui n'a pas informé, au terme du délai prévu à l'article R. 3245-1, l'agent de contrôle auteur du signalement de l'absence de réponse de l'employeur est tenu solidairement avec celui-ci au paiement des rémunérations et indemnités dues à chaque salarié et des cotisations et contributions sociales y afférentes.

Art. R. 3245-3 L'agent de contrôle auteur du signalement informe par écrit les salariés concernés qu'à défaut de paiement de leurs rémunérations ils peuvent saisir le conseil de prud'hommes afin de recouvrer les sommes dues.

Art. R. 3245-4 Les injonctions et les informations mentionnées aux articles R. 3245-1 et R. 3245-2 sont effectuées par tout moyen permettant de leur conférer date certaine.

CHAPITRE VI DISPOSITIONS PÉNALES

Art. R. 3246-1 Le fait de méconnaître les modalités de paiement du salaire prévues aux articles L. 3241-1, *(Décr. n° 2009-289 du 13 mars 2009)* « L. 3242-1, alinéa 3, » L. 3242-3 et L. 3242-4, est puni de l'amende prévue pour les contraventions de la troisième classe. — *[Anc. art. R. 154-3.]*

Art. R. 3246-2 Le fait de méconnaître les dispositions relatives au bulletin de paie des articles *(Décr. n° 2009-289 du 13 mars 2009)* « L. 3243-1, L. 3243-2 et L. 3243-4 » et des articles R. 3243-1 à *(Décr. n° 2016-1762 du 16 déc. 2016, art. 2, en vigueur le 1er janv. 2017)* « D. 3243-8 » est puni de l'amende prévue pour les contraventions de la troisième classe. — *[Anc. art. R. 154-3.]*

Ces dispositions ne sont applicables, au titre d'une méconnaissance du 12° de l'art. R. 3243-1, qu'à compter du 1er avr. 2009 (Décr. n° 2008-1501 du 30 déc. 2008, art. 1er-II).

Art. R. 3246-3 Le fait de méconnaître les dispositions relatives aux pourboires des articles L. 3244-1 et L. 3244-2 et celle des décrets en Conseil d'État prévus à l'article R. 3244-2, est puni de l'amende prévue pour les contraventions de la troisième classe. — *[Anc. art. R. 154-3.]*

Art. R. 3246-4 Le fait de méconnaître les dispositions légales relatives aux accessoires du salaire est puni de la peine d'amende prévue pour les contraventions de la quatrième classe.

L'amende est prononcée autant de fois qu'il y a de salariés intéressés. — *[Anc. art. R. 153-2, al. 2 et al. 3, phrase 2.]*

TITRE CINQUIÈME PROTECTION DU SALAIRE

CHAPITRE PREMIER RETENUES

Le présent chapitre ne comprend pas de dispositions réglementaires.

CHAPITRE II SAISIES ET CESSIONS

SECTION PREMIÈRE DISPOSITIONS COMMUNES

Art. R. 3252-1 Le créancier muni d'un titre exécutoire constatant une créance liquide et exigible peut faire procéder à la saisie des sommes dues à titre de rémunération par un employeur à son débiteur. — *[Anc. art. R. 145-1.]*

Art. R. 3252-2 *(Décr. n° 2015-1842 du 30 déc. 2015, art. 1er, en vigueur le 1er janv. 2016)* La proportion dans laquelle les sommes dues à titre de rémunération sont saisissables ou cessibles, en application de l'article L. 3252-2, est fixée comme suit :

1° Le vingtième, sur la tranche inférieure ou égale à 3 730 € ;

2° Le dixième, sur la tranche supérieure à 3 730 € et inférieure ou égale à 7 280 € ;

3° Le cinquième, sur la tranche supérieure à 7 280 € et inférieure ou égale à 10 850 € ;

4° Le quart, sur la tranche supérieure à 10 850 € et inférieure ou égale à 14 410 € ;

5° Le tiers, sur la tranche supérieure à 14 410 € et inférieure ou égale à 17 970 € ;

6° Les deux tiers, sur la tranche supérieure à 17 970 € et inférieure ou égale à 21 590 € ;

7° La totalité, sur la tranche supérieure à 21 590 €.

Les proportions dans lesquelles les rémunérations sont saisissables étant fixées par la loi, le juge, lorsqu'il ordonne la saisie des rémunérations, n'est pas tenu, en l'absence d'une contestation, de déterminer ces proportions. • Civ. 2e, 16 déc. 2004, n° 03-11.803 P : *D. 2005. IR 246*.

Art. R. 3252-3 Les seuils déterminés à l'article R. 3252-2 sont augmentés d'un montant de *(Décr. n° 2015-1842 du 30 déc. 2015, art. 2, en vigueur le 1er janv. 2016)* « 1 420 € » par personne à la charge du débiteur saisi ou du cédant, sur justification présentée par l'intéressé.

Pour l'application du premier alinéa, sont considérés comme personnes à charge :

1° Le conjoint, le partenaire lié par un pacte civil de solidarité ou le concubin du débiteur, dont les ressources personnelles sont inférieures au montant *(Décr. n° 2009-716 du 18 juin 2009)* « forfaitaire du revenu de solidarité active mentionné *(Décr. n° 2015-1709 du 21 déc. 2015, art. 3-IX)* « à » l'article L. 262-2 du code de l'action sociale et des familles, fixé pour un foyer composé d'une seule personne » tel qu'il est fixé chaque année par décret ;

2° L'enfant ouvrant droit aux prestations familiales en application des articles L. 512-3 et L. 512-4 du code de la sécurité sociale et se trouvant à la charge effective et permanente du débiteur au sens de l'article L. 513-1 du même code. Est également considéré comme étant à charge l'enfant à qui ou pour l'entretien duquel le débiteur verse une pension alimentaire ;

3° L'ascendant dont les ressources personnelles sont inférieures au montant *(Décr. n° 2009-716 du 18 juin 2009)* « forfaitaire du revenu de solidarité active mentionné *(Décr. n° 2015-1709 du 21 déc. 2015, art. 3-IX)* « à » l'article L. 262-2 du code de l'action sociale et des familles, fixé pour un foyer composé d'une seule personne » et qui habite avec le débiteur ou auquel le débiteur verse une pension alimentaire.

Art. R. 3252-4 Les seuils et correctifs prévus à l'article R. 3252-3 sont révisés annuellement par décret en fonction de l'évolution de l'indice des prix à la consommation, hors tabac, des ménages urbains dont le chef est ouvrier ou employé tel qu'il est fixé au mois d'août de l'année précédente dans la série France-entière. Ils sont arrondis à la dizaine d'euros supérieure. – *[Anc. art. R. 145-2, al. 14.]*

Art. R. 3252-5 La somme laissée dans tous les cas à la disposition du salarié dont la rémunération fait l'objet d'une saisie ou d'une cession, en application du second alinéa de l'article L. 3252-5, est égale au montant *(Décr. n° 2009-716 du 18 juin 2009)* « forfaitaire mentionné *(Décr. n° 2015-1709 du 21 déc. 2015, art. 3-IX)* « à » l'article L. 262-2 du code de l'action sociale et des familles fixé pour un foyer composé d'une seule personne ».

Art. R. 3252-6 Sauf disposition contraire, les notifications et convocations faites en application du présent chapitre sont adressées par lettre recommandée avec avis de réception.

(Décr. n° 2013-109 du 30 janv. 2013) « Ces notifications sont régulièrement faites à l'adresse préalablement indiquée par le ou les créanciers. En cas de retour au greffe de l'avis de réception non signé, la date de notification à l'égard du destinataire est celle de la présentation et la notification est réputée faite à domicile ou à résidence. » – *[Anc. art. R. 145-4.]*

Art. R. 3252-7 Le juge d'instance compétent pour connaître de la saisie des sommes dues à titre de rémunération est celui du domicile du débiteur.

Si celui-ci réside à l'étranger ou n'a pas de domicile connu, la procédure est portée devant le juge d'instance du lieu où demeure le tiers saisi.

(Décr. n° 2012-783 du 30 mai 2012, art. 4) « Ces règles de compétence sont d'ordre public. »

Art. R. 3252-8 Les contestations auxquelles donne lieu la saisie sont formées, instruites et jugées selon les règles de la procédure ordinaire devant le tribunal d'instance. *(Abrogé par Décr. n° 2013-1280 du 29 déc. 2013, art. 11) « Elles sont dispensées de l'acquittement de la contribution pour l'aide juridique prévue par l'article 1635 bis Q du code général des impôts. »*

L'abrogation issue du Décr. n° 2013-1280 du 29 déc. 2013 entre en vigueur le 1er janv. 2014 pour les instances introduites à compter de cette date (Décr. préc., art. 25).

Art. R. 3252-9 Il est tenu au greffe de chaque tribunal d'instance des fiches individuelles sur lesquelles sont mentionnés tous les actes d'une nature quelconque, décisions et formalités auxquels donne lieu l'exécution des dispositions du présent chapitre.

Les fiches peuvent être tenues sur support électronique. Le système de traitement des informations en garantit l'intégrité et la confidentialité et permet d'en assurer la conservation. – *[Anc. art. R. 145-7.]*

Art. R. 3252-10 Le régisseur installé auprès du greffe du tribunal d'instance verse les sommes dont il est comptable au préposé de la Caisse des dépôts et consignations le plus rapproché du siège du tribunal auprès duquel le greffe est installé, qui lui ouvre un compte spécial.

Il opère ses retraits pour les besoins des répartitions, sur leur simple quittance, en justifiant de l'autorisation du *(Décr. n° 2016-1359 du 11 oct. 2016, art. 5)* « directeur de greffe ». – *[Anc. art. R. 145-8.]*

SECTION II SAISIE DES SOMMES DUES À TITRE DE RÉMUNÉRATION

SOUS-SECTION 1 CONCILIATION

Art. R. 3252-11 Le juge d'instance, lorsqu'il connaît d'une saisie des sommes dues à titre de rémunération, exerce les pouvoirs du juge de l'exécution, conformément à l'article L. 221-8 du code de l'organisation judiciaire. – *[Anc. art. L. 145-5, al. 1er.]*

Art. R. 3252-12 La procédure de saisie des sommes dues à titre de rémunération est précédée, à peine de nullité, d'une tentative de conciliation, en chambre du conseil. – *[Anc. art. L. 145-5, al. 2 et anc. art. R. 145-9.]*

Aucun texte n'exige que le jugement autorisant la saisie des rémunérations constate que la tentative de conciliation préalable a eu lieu. • Civ. 2e, 16 déc. 2004 : *Bull. civ. II, n° 535 ; D. 2005. IR 246.*

Art. R. 3252-13 La demande est formée par requête remise ou adressée au greffe par le créancier.

Outre les mentions prescrites par l'article 58 du code de procédure civile, la requête contient, à peine de nullité :

1° Les nom et adresse de l'employeur du débiteur ;

2° Le décompte distinct des sommes réclamées en principal, frais et intérêts échus ainsi que l'indication du taux des intérêts ;

3° Les indications relatives aux modalités de versement des sommes saisies.

Une copie du titre exécutoire est jointe à la requête. – *[Anc. art. R. 145-10.]*

Art. R. 3252-14 Le greffier avise le demandeur des lieu, jour et heure de la tentative de conciliation par tout moyen. – *[Anc. art. R. 145-11.]*

Art. R. 3252-15 Le greffier convoque le débiteur à l'audience.

La convocation :

1° Mentionne les nom, prénom et adresse du créancier ou, s'il s'agit d'une personne morale, sa dénomination et son siège social ;

2° Indique les lieu, jour et heure de la tentative de conciliation ;

3° Contient l'objet de la demande et l'état des sommes réclamées, avec le décompte distinct du principal, des frais et des intérêts échus ;

4° Indique au débiteur qu'il doit élever lors de cette audience toutes les contestations qu'il peut faire valoir et qu'une contestation tardive ne suspendrait pas le cours des opérations de saisie ;

5° Reproduit les dispositions de l'article L. 3252-11 relatives à la représentation des parties. – *[Anc. art. R. 145-12.]*

Art. R. 3252-16 Le créancier et le débiteur sont *(Décr. nº 2013-109 du 30 janv. 2013)* « convoqués » quinze jours au moins avant la date de l'audience. – *[Anc. art. R. 145-13.]*

Art. R. 3252-17 Le jour de l'audience, le juge tente de concilier les parties. – *[Anc. art. R. 145-14, al. 1er.]*

Art. R. 3252-18 Si le débiteur manque aux engagements pris à l'audience, le créancier peut demander au greffe de procéder à la saisie sans nouvelle conciliation. Le créancier joint un décompte des sommes perçues en exécution de la conciliation. – *[Anc. art. R. 145-14, al. 2.]*

Art. R. 3252-19 Si le créancier ne comparaît pas, il est fait application des dispositions de l'article 468 du code de procédure civile.

Si le débiteur ne comparaît pas, il est procédé à la saisie, à moins que le juge n'estime nécessaire une nouvelle convocation.

Si les parties ne se sont pas conciliées, il est procédé à la saisie après que le juge a vérifié le montant de la créance en principal, intérêts et frais et, s'il y a lieu, tranché les contestations soulevées par le débiteur. – *[Anc. art. R. 145-15.]*

SOUS-SECTION 2 OPÉRATIONS DE SAISIE

Art. R. 3252-20 Le *(Décr. nº 2016-1359 du 11 oct. 2016, art. 5)* « directeur de greffe » veille au bon déroulement des opérations de saisie. – *[Anc. art. R. 145-16.]*

Art. R. 3252-21 Au vu du procès-verbal de non-conciliation, le greffier procède à la saisie dans les huit jours.

Si l'audience de conciliation a donné lieu à un jugement, le greffier procède à la saisie dans les huit jours suivant la notification du jugement s'il est exécutoire et, à défaut, suivant l'expiration des délais de recours contre ce jugement. – *[Anc. art. R. 145-17.]*

Art. R. 3252-22 L'acte de saisie établi par le greffe contient :

1° Les nom, prénoms et domicile du débiteur et du créancier ou, s'il s'agit d'une personne morale, sa dénomination et son siège social ;

2° Le décompte distinct des sommes pour lesquelles la saisie est pratiquée, en principal, frais et intérêts échus ainsi que l'indication du taux des intérêts ;

3° Le mode de calcul de la fraction saisissable et les modalités de son règlement ;

4° L'injonction d'effectuer au greffe, dans un délai de quinze jours, la déclaration prévue par l'article L. 3252-9 ;

5° La reproduction des articles L. 3252-9 et L. 3252-10. – *[Anc. art. R. 145-18.]*

Art. R. 3252-23 L'acte de saisie est notifié à l'employeur.

Il en est donné copie au débiteur saisi par lettre simple avec l'indication qu'en cas de changement d'employeur, la saisie sera poursuivie entre les mains du nouvel employeur. – *[Anc. art. R. 145-19.]*

Art. R. 3252-24 L'employeur fournit au greffe, dans les quinze jours au plus tard à compter de la notification de l'acte de saisie, les renseignements mentionnés dans l'article L. 3252-9.

Cette déclaration peut être consultée au greffe par le créancier, le débiteur ou leur mandataire. A leur demande, le greffier en délivre une copie. – *[Anc. art. R. 145-20.]*

Art. R. 3252-25 L'amende civile prévue par l'article L. 3252-9 ne peut excéder 3 000 €. – *[Anc. art. R. 145-21.]*

Art. R. 3252-26 L'employeur informe le greffe, dans les huit jours, de tout événement qui suspend la saisie ou y met fin. – *[Anc. art. R. 145-22.]*

SOUS-SECTION 3 **EFFETS DE LA SAISIE**

Art. R. 3252-27 L'employeur adresse tous les mois au greffe une somme égale à la fraction saisissable du salaire.

Lorsqu'il n'existe qu'un seul créancier saisissant, le versement est réalisé au moyen d'un chèque libellé conformément aux indications données par celui-ci. Le greffier l'adresse dès sa réception, et après mention au dossier, au créancier ou à son mandataire. L'employeur peut également procéder par virement, établi, conformément aux indications données par le créancier. Dans ce cas, il lui incombe de justifier auprès du greffe de la date et du montant du virement.

S'il existe plusieurs créanciers saisissants, le versement est fait par chèque ou par virement établi à l'ordre du régisseur installé auprès du greffe du tribunal d'instance. – *[Anc. art. R. 145-23.]*

Art. R. 3252-28 Si l'employeur omet d'effectuer les versements en exécution d'une saisie, le juge rend à son encontre une ordonnance le déclarant personnellement débiteur conformément à l'article L. 3252-10. L'ordonnance est notifiée à l'employeur. Le greffier informe le créancier et le débiteur.

A défaut d'opposition dans les quinze jours de la notification, l'ordonnance devient exécutoire. L'exécution en est poursuivie à la requête de la partie la plus diligente. – *[Anc. art. R. 145-24.]*

Art. R. 3252-29 La mainlevée de la saisie résulte soit d'un accord des créanciers, soit de la constatation par le juge de l'extinction de la dette.

Elle est notifiée à l'employeur dans les huit jours. – *[Anc. art. R. 145-25.]*

SOUS-SECTION 4 **PLURALITÉ DE SAISIES**

Art. R. 3252-30 Le créancier muni d'un titre exécutoire peut, sans tentative de conciliation préalable, intervenir à une procédure de saisie des sommes dues à titre de rémunération en cours, afin de participer à la répartition des sommes saisies.

Cette intervention est formée par requête remise contre récépissé ou adressée au greffe.

La requête contient les mentions prescrites par l'article R. 3252-13.

(Abrogé par Décr. n° 2013-1280 du 29 déc. 2013, art. 11) ***« A moins qu'elle ne soit présentée par un créancier dans la procédure, la requête est accompagnée de la justification de l'acquittement de la contribution pour l'aide juridique prévue par l'article 1635 bis Q du code général des impôts. »***

L'abrogation issue du Décr. n° 2013-1280 du 29 déc. 2013 entre en vigueur le 1er janv. 2014 pour les instances introduites à compter de cette date (Décr. préc., art. 25).

Art. R. 3252-31 *(Décr. n° 2013-109 du 30 janv. 2013)* « Après que le juge a vérifié le montant, en principal, intérêts et frais, de la créance nouvelle faisant l'objet d'une intervention à une saisie en cours, le greffier avise le débiteur et les créanciers qui sont parties à la procédure de cette intervention. »

Lors de la première intervention, le greffier informe l'employeur que les versements sont désormais effectués à l'ordre du régisseur installé auprès du greffe du tribunal d'instance.

Art. R. 3252-32 L'intervention d'un nouveau créancier peut être contestée à tout moment de la procédure de saisie.

Le débiteur peut encore, la saisie terminée, agir en répétition à ses frais contre l'intervenant qui aurait été indûment payé. – *[Anc. art. R. 145-28.]*

Art. R. 3252-33 Un créancier partie à la procédure peut, par voie d'intervention, réclamer les intérêts échus et les frais et dépens liquidés ou vérifiés depuis la saisie. – *[Anc. art. R. 145-29.]*

SOUS-SECTION 5 **RÉPARTITION**

Art. R. 3252-34 La répartition des sommes versées, en cas de saisie de sommes dues à titre de rémunération, au régisseur installé auprès du greffe du tribunal d'instance est opérée au moins tous les six mois, à moins que dans l'intervalle les sommes atteignent un montant suffisant pour désintéresser les créanciers. – *[Anc. art. R. 145-30.]*

Art. D. 3252-34-1 *(Décr. n° 2012-1401 du 13 déc. 2012)* Le montant maximal des créances résiduelles payées prioritairement en application du second alinéa de l'article L. 3252-8 est fixé à 500 €.

Art. R. 3252-35 Le greffier notifie à chaque créancier l'état de répartition.

Si une intervention a été contestée, les sommes revenant au créancier intervenant sont consignées. Elles lui sont remises si la contestation est rejetée. Dans le cas contraire, ces sommes sont distribuées aux créanciers ou restituées au débiteur selon le cas. – *[Anc. art. R. 145-31.]*

Art. R. 3252-36 L'état de répartition peut être contesté dans le délai de quinze jours de sa notification.

A défaut de contestation formée dans ce délai, le greffier envoie à chaque créancier un chèque du montant des sommes qui lui reviennent. En cas de contestation de l'état de répartition, il est procédé au versement des sommes dues aux créanciers après que le juge a statué sur la contestation. – *[Anc. art. R. 145-32.]*

SOUS-SECTION 6 **INCIDENTS**

Art. R. 3252-37 La notification à l'employeur d'un avis à tiers détenteur conforme aux articles L. 262 et L. 263 du livre des procédures fiscales suspend le cours de la saisie jusqu'à l'extinction de l'obligation du redevable, sous réserve des procédures de paiement direct engagées pour le recouvrement des pensions alimentaires.

L'employeur informe le comptable public de la saisie en cours. Le comptable indique au greffe du tribunal la date de l'avis à tiers détenteur et celle de sa notification au redevable. *(Décr. n° 2013-109 du 30 janv. 2013)* « Le greffier avise les créanciers de la suspension de la saisie. »

Après extinction de la dette du redevable, le comptable en informe le greffe qui avise les créanciers de la reprise des opérations de saisie. – *[Anc. art. R. 145-33.]*

Art. R. 3252-38 *(Décr. n° 2010-433 du 29 avr. 2010)* En cas de notification à l'employeur d'une opposition à tiers détenteur, conformément à l'article L. 1617-5 du code général des collectivités territoriales, ou d'une saisie à tiers détenteur, conformément à l'article L. 273 A du livre des procédures fiscales, l'employeur informe le comptable public de la saisie en cours.

Le comptable adresse au greffe du tribunal une copie de l'opposition à tiers détenteur ou de la saisie à tiers détenteur et lui indique la date de sa notification au redevable. Le greffier en avise les créanciers qui sont déjà parties à la procédure.

La répartition est effectuée par le greffe conformément aux articles R. 3252-34 à R. 3252-36. A cet effet, l'opposition à tiers détenteur et la saisie à tiers détenteur sont assimilées à une intervention.

Le cas échéant, le greffe avise l'employeur que les versements sont désormais effectués à l'ordre du régisseur installé auprès du greffe du tribunal d'instance. Le comptable public informe le greffe de toute extinction, de toute suspension et de toute reprise des effets de l'opposition à tiers détenteur ou de la saisie à tiers détenteur.

Art. R. 3252-39 En cas de notification d'une demande de paiement direct d'une créance alimentaire, l'employeur verse au débiteur la fraction de la rémunération prévue à l'article L. 3252-5. Il verse au créancier d'aliments les sommes qui lui sont dues. Si ces sommes n'excèdent pas la fraction insaisissable de la rémunération, l'employeur en remet le reliquat au débiteur.

L'employeur continue de verser au greffe la fraction saisissable de la rémunération, après imputation, le cas échéant, des sommes versées au créancier d'aliments. – *[Anc. art. R. 145-34.]*

Art. R. 3252-40 Lorsque le débiteur perçoit plusieurs rémunérations, le *(Décr. n° 2013-109 du 30 janv. 2013)* « greffier » détermine les employeurs chargés d'opérer les retenues.

Si l'un d'eux est en mesure de verser la totalité de la fraction saisissable, la saisie peut être pratiquée entre ses mains. – *[Anc. art. R. 145-35.]*

Art. R. 3252-41 Si le créancier transfère son domicile, il en avise le greffe, à moins qu'il n'ait comparu par mandataire. – *[Anc. art. R. 145-36.]*

Art. R. 3252-42 Lorsque, sans changer d'employeur, le débiteur transfère son domicile hors du ressort du tribunal saisi de la procédure, celle-ci est poursuivie devant ce même tribunal. Les dossiers des saisies susceptibles d'être ensuite pratiquées contre le débiteur lui sont transmis. Le greffier avise les créanciers. – *[Anc. art. R. 145-37.]*

Art. R. 3252-43 Lorsque le lien de droit entre le débiteur et l'employeur prend fin, les fonds détenus par le régisseur sont répartis. – *[Anc. art. R. 145-38.]*

Art. R. 3252-44 En cas de changement d'employeur, la saisie peut être poursuivie par le nouvel employeur, sans conciliation préalable, si la demande est faite dans l'année qui suit l'avis donné par l'ancien employeur. A défaut, la saisie prend fin et les fonds sont répartis.

Si, en outre, le débiteur a transféré le lieu où il demeure dans le ressort d'un autre tribunal d'instance, le créancier est également dispensé de conciliation préalable à la condition que la demande de saisie soit faite au greffe de ce tribunal dans le délai prévu au premier alinéa. – *[Anc. art. R. 145-39.]*

SECTION III CESSION DES SOMMES DUES À TITRE DE RÉMUNÉRATION

Art. R. 3252-45 La cession des sommes dues à titre de rémunération s'opère par une déclaration du cédant en personne au greffe du tribunal du lieu où il demeure.

Une copie de la déclaration est remise ou notifiée au cessionnaire. – *[Anc. art. R. 145-40.]*

Art. R. 3252-46 A la demande du cessionnaire le greffier notifie la cession à l'employeur.

Cette notification rend la cession opposable aux tiers. Elle est dénoncée au débiteur.

La cession qui n'est pas notifiée dans le délai d'un an est périmée. – *[Anc. art. R. 145-41.]*

Art. R. 3252-47 A compter de la notification de la cession, l'employeur verse directement au cessionnaire le montant des sommes cédées dans la limite de la fraction saisissable. – *[Anc. art. R. 145-42.]*

Art. R. 3252-48 En cas de saisie d'une somme due à titre de rémunération faisant l'objet d'une cession préalable, le greffier notifie l'acte de saisie au cessionnaire, l'informe qu'en application de l'article L. 3252-12 il vient en concours avec le saisissant pour la répartition des sommes saisies et l'invite à produire un relevé du montant de ce qui lui reste dû.

Le greffier informe l'employeur que les versements sont désormais effectués à l'ordre du régisseur. – *[Anc. art. R. 145-43.]*

Art. R. 3252-49 Si la saisie prend fin avant la cession, le cessionnaire retrouve les droits qu'il tenait de l'acte de cession.

Le greffier en avise l'employeur et l'informe que les sommes cédées sont à nouveau versées directement au cessionnaire. Il en avise également ce dernier. – *[Anc. art. R. 145-44.]*

CHAPITRE III PRIVILÈGES ET ASSURANCE

Art. D. 3253-1 Le plafond mensuel prévu à l'article L. 3253-2 est fixé à deux fois le plafond retenu, par mois, pour le calcul des cotisations de sécurité sociale. – *[Anc. art. D. 143-1.]*

Art. D. 3253-2 Le montant maximal de garantie prévu au 4° de l'article L. 3253-8 est égal à :

1° Trois fois le plafond retenu par mois pour le calcul des cotisations de sécurité sociale pour un mois et demi de salaire ;

2° Deux fois ce plafond, pour un mois de salaire. – *[Anc. art. D. 143-3.]*

Art. D. 3253-3 Les arrérages de préretraite dus en application d'un accord professionnel ou interprofessionnel, d'une convention collective ou d'un accord d'entreprise bénéficient de la garantie prévue à l'article L. 3253-11 lorsque la conclusion de cet accord ou de cette convention est antérieure de six mois à la date du jugement d'ouverture de la procédure de sauvegarde ou de redressement judiciaire. – *[Anc. art. D. 143-4.]*

Art. R. 3253-4 L'autorité administrative mentionnée à l'article L. 3253-14 est le ministre chargé du travail. – *[Anc. art. L. 143-11-4.]*

Art. D. 3253-5 Le montant maximum de la garantie prévue à l'article L. 3253-17 est fixé à six fois le plafond mensuel retenu pour le calcul des contributions au régime d'assurance chômage.

Ce montant est fixé à cinq fois ce plafond lorsque le contrat de travail dont résulte la créance a été conclu moins de deux ans et six mois au moins avant la date du jugement d'ouverture de la procédure collective, et à quatre fois ce plafond si le contrat dont résulte la créance a été conclu moins de six mois avant la date du jugement d'ouverture.

Il s'apprécie à la date à laquelle est due la créance du salarié et au plus tard à la date du jugement arrêtant le plan ou prononçant la liquidation judiciaire. – *[Anc. art. D. 143-2.]*

COMMENTAIRE

V. Dalloz.fr et applications mobiles Dalloz.

I. MONTANT DE LA GARANTIE

1. Application dans le temps du décret du 24 juill. 2003. C'est la date à laquelle la créance garantie naît qui doit déterminer le régime applicable. • Soc. 19 avr. 2005, n° 04-41.362 P : *Dr. soc. 2005. 935, obs. Radé ; RJS 2005. 539, n° 744 ; Dr. ouvrier 2005. 489.* ♦ Lorsque les créances salariales, en raison des dates différentes auxquelles elles sont nées, relèvent les unes du plafond 13, fixé par l'art. D. 143-2 ancien C. trav., les autres du plafond 6, fixé par l'art. D. 3253-5 C. trav., ces plafonds leur sont respectivement applicables, dans la limite globale du plafond 13. • Soc. 31 mars 2015 : *Dalloz actualité, 21 mai 2015, obs. Siro ; D. 2015. Actu. 798 ; RJS 6/2015, n° 415 ; Rev. proc. coll. 2015. 63, note Fin-Langer.*

[Jurisprudence rendue sous l'empire de l'ancien art. D. 143-2]

2. Source des créances. Le montant maximum de la garantie fixé à 13 fois le plafond mentionné à l'art. D. 143-2 s'applique aux créances qui trouvent leur fondement dans une loi, un règlement ou une convention collective sans qu'il soit nécessaire que leur montant soit lui-même fixé par l'une de ces sources de droit. • Soc. 15 déc. 1998, n° 98-40.937 P : *Dr. soc. 1999. 152, concl. Lyon-Caen ; RJS 1999. 39, n° 44 ; JCP E 1999. 250, note Taquet ; Dr. ouvrier 1999. 47, rapport Frouin, note Vincent.* ♦ Sont garanties dans la limite du plafond 13 : la créance d'indemnité de licenciement sans cause réelle et sérieuse qui trouve son fondement dans les dispositions de l'art. L. 122-14-4 [L. 1235-3 nouv.], même supérieure au montant minimal légal. • Soc. 12 janv. 1999, n° 95-42.101 P : *D. Affaires 1999. 234, note Dechristé ; RJS 1999. 130, n° 208 ; JCP 1999. IV. 1412 ; CSB 1999. 125, A. 21.* ♦ ... La créance indemnitaire du salarié pour licenciement sans cause réelle et sérieuse, peu important que son montant résulte d'un accord de médiation. • Soc. 25 janv. 2006, n° 03-45.444 P : *D. 2006. IR 395 ; RDT 2006. 120, obs. Serverin ; JS Lamy 2006, n° 184-5.* ♦ ... Les créances constituées, d'une part, d'une indemnité de licenciement prévue par la convention collective et, d'autre part, de différentes indemnités pour préavis, congés payés et licenciement sans cause réelle et sérieuse. • Soc. 9 févr. 1999 : *RJS 1999. 316, n° 507.* ♦ ... Les créances de rappels de salaires dus au salarié et la créance d'indemnité de licenciement prévue par la convention collective. • Soc. 5 oct. 1999 : *D. 1999. IR 242 ; RJS 1999. 837, n° 1359.* ♦ ... La créance d'indemnité de congés payés sur préavis prévue par la convention collective. • Soc. 5 oct. 1999 : *D. 1999. IR 250 ; RJS 1999. 844, n° 1377 ; Dr. soc. 1999. 1115, obs. Radé.* ♦ Dès lors que la somme réclamée est le solde d'une rémunération dont le montant a été librement débattu entre les parties et non le salaire minimum fixé par la loi, un règlement ou une convention collective, il en découle que le montant maximum de la garantie est limité à quatre fois le plafond mentionné à l'art. D. 143-2. • Soc. 13 mai 1980 : *Bull. civ. V, n° 421 ; D. 1981. IR 125* • 24 janv. 1990, n° 89-41.572 P : *D. 1990. IR 41* • 17 déc. 1991, n° 88-40.638 P : *D. 1992. IR 47 ; Dr. soc. 1992. 194 ; CSB 1992. 47, A. 11 ; RJS 1992. 111, n° 155.* – Dans le même sens : • Soc. 20 janv. 1993, n° 90-40.579 P : *D. 1993. Somm. 344, obs. J. Mouly*.

3. En décidant que le GARP serait, à concurrence du montant maximum de 13 fois le plafond prévu par l'art. L. 143-11-8 [L. 3253-17 nouv.], tenu de garantir la créance fixée à la suite de la rupture du contrat de travail par l'employeur et en énonçant que l'indemnité pour licenciement sans cause réelle et sérieuse est prévue par l'art. L. 122-14-4 [L. 1235-3 nouv.] et que les autres indemnités allouées trouvaient leur source dans la convention collective, une cour d'appel viole l'art. L. 143-11-3 [L. 3253-8 nouv.], dès lors que l'art. L. 122-14-4 [L. 1235-3 nouv.] dispose que l'indemnité qu'il vise n'est pas inférieure aux six derniers mois de salaire et que la convention collective prévoit que les autres chefs de créance seront calculés en fonction de la rémunération du salarié, la cour d'appel n'ayant pas constaté qu'il s'agissait d'une rémunération dont le montant est impérativement fixé par la loi ou la convention collective. • Soc. 8 janv. 1997, n° 95-42.239 P : *RJS 1997. 191, n° 286.*

4. L'indemnisation due aux représentants du personnel, auxquels sont assimilés les conseillers prud'hommes, dont le licenciement a été prononcé en méconnaissance de leur statut protecteur, laquelle indemnisation résulte pour l'employeur des obligations qu'il doit remplir en exécution du contrat de travail, est prévue par le code du travail et doit donc être garantie par l'AGS dans la limite du plafond 13. • Soc. 3 avr. 2001 : *RJS 2001. 514, n° 746 ; Dr. soc. 2001. 674, obs. Radé*.

5. Lorsque les créances salariales relèvent, les unes du plafond 13, les autres du plafond 4, le plafond 13 est applicable à toutes les créances additionnées du salarié. • Soc. 30 nov. 1999 : *RJS 2000. 42, n° 47.* ♦ Comp. : • 9 févr. 1994, n° 91-44.332 P : *D. 1994. 301, note Chauvet ; JCP 1994. II. 22329, note Corrignan-Carsin ; JCP E 1994. II. 590, note Taquet ; CSB 1994. 115, A. 25 ; RJS 1994. 271, n° 419.* ♦ Comp. : • Grenoble, 29 sept. 1997 : *JCP E 1997. Pan. 1365, obs. Taquet* (calcul en deux temps du montant de la créance garantie).

6. Le GARP ne peut être tenu de régler les sommes excédant le plafond de sa garantie, et cela même si les sommes ont été réglées avant qu'ait été déterminé le montant maximum de cette garantie ; il est fondé à déduire des sommes avancées pour le compte du salarié les sommes excédant ce plafond. • Versailles, 4 janv. 1993 : *D. 1993. Somm. 367, obs. A. Honorat*.

II. DATE D'APPRÉCIATION DE LA GARANTIE

7. Illustration. Il résulte des dispositions non modifiées de l'art. D. 143-2, al. 2, que le montant maximum de la garantie de l'AGS s'apprécie à la date à laquelle est due la créance du salarié et au plus tard à la date du jugement arrêtant le plan ou prononçant la liquidation judiciaire ; dès lors que les salariés ont été licenciés avant l'ouverture de la procédure collective, leur créance a pris naissance à la date de leur licenciement et doit être garantie par l'AGS dans la limite du montant fixé par les dispositions des alinéas 1 et 3 de l'art. D. 143-2, dans leur rédaction applicable à cette date. • Soc. 7 juin 2006, n° 04-46.675 P.

Art. R. 3253-6 Le délai de contestation prévu au second alinéa de l'article L. 3253-20 est de dix jours à compter de la réception par l'organisme gestionnaire du régime d'assurance chômage *(Décr. n° 2008-1010 du 29 sept. 2008)* **« mentionné à l'article L. 3253-14 » de la demande de fonds par le mandataire judiciaire.** – *[Anc. art. R. 143-4.]*

CHAPITRE IV **ÉCONOMATS**

Le présent chapitre ne comprend pas de dispositions réglementaires.

CHAPITRE V **DISPOSITIONS PÉNALES**

Art. R. 3255-1 Le fait d'imposer au salarié des versements d'argent ou d'opérer des retenues d'argent sous la dénomination de frais ou sous toute autre dénomination pour quelque objet que ce soit, à l'occasion de son embauche, à l'occasion de l'exercice normal de son travail ou de la rupture de son contrat de travail dans les secteurs mentionnés à l'article L. 3251-4, est puni de l'amende prévue pour les contraventions de la quatrième classe.

Ces peines sont indépendantes des restitutions et des dommages-intérêts auxquels peuvent donner lieu les faits incriminés. – *[Anc. art. R. 154-4, al. 1 et 2.]*

TITRE SIXIÈME **AVANTAGES DIVERS**

CHAPITRE PREMIER **FRAIS DE TRANSPORT**

(Décr. n° 2008-1501 du 30 déc. 2008)

SECTION PREMIÈRE **PRISE EN CHARGE DES FRAIS DE TRANSPORTS PUBLICS**

V. Circ. DGT-DSS n° 01 du 28 janv. 2009.

Art. R. 3261-1 La prise en charge par l'employeur des titres d'abonnement, prévue à l'article L. 3261-2, est égale à 50 % du coût de ces titres pour le salarié.

Art. R. 3261-2 L'employeur prend en charge les titres souscrits par les salariés, parmi les catégories suivantes :

1° Les abonnements multimodaux à nombre de voyages illimité ainsi que les abonnements annuels, mensuels, hebdomadaires ou à renouvellement tacite à nombre de voyages illimité émis par la Société nationale des chemins de fer (SNCF) ainsi que par les entreprises de transport public, les régies et les autres personnes mentionnées au II de l'article 7 de la loi n° 82-1153 du 30 décembre 1982 d'orientation des transports intérieurs ;

2° Les cartes et abonnements mensuels, hebdomadaires ou à renouvellement tacite à nombre de voyages limité délivrés par la Régie autonome des transports parisiens (RATP), la Société nationale des chemins de fer (SNCF), les entreprises de l'Organisation professionnelle des transports d'Île-de-France ainsi que par les entreprises de transport public, les régies et les autres personnes mentionnées au II de l'article 7 de la loi n° 82-1153 du 30 décembre 1982 d'orientation des transports intérieurs ;

3° Les abonnements à un service public de location de vélos.

Art. R. 3261-3 La prise en charge par l'employeur est effectuée sur la base des tarifs deuxième classe. Le bénéficiaire peut demander la prise en charge du ou des titres de transport lui permettant d'accomplir le trajet de la résidence habituelle à son lieu de travail dans le temps le plus court. Lorsque le titre utilisé correspond à un trajet supérieur au trajet nécessaire pour accomplir dans le temps le plus court le trajet de la résidence habituelle au lieu de travail, la prise en charge est effectuée sur la base de l'abonnement qui permet strictement de faire ce dernier trajet.

Art. R. 3261-4 L'employeur procède au remboursement des titres achetés par les salariés dans les meilleurs délais et, au plus tard, à la fin du mois suivant celui pour lequel ils ont été validés. Les titres dont la période de validité est annuelle font l'objet d'une prise en charge répartie mensuellement pendant la période d'utilisation.

Art. R. 3261-5 La prise en charge des frais de transport par l'employeur est subordonnée à la remise ou, à défaut, à la présentation des titres par le salarié.

Pour être admis à la prise en charge, les titres doivent permettre d'identifier le titulaire et être conformes aux règles de validité définies par l'établissement public, la régie, l'entreprise ou la personne mentionnés à l'article R. 3261-2, ou, le cas échéant, par la personne chargée de la gestion du service public de location de vélos.

Lorsque le titre d'abonnement à un service public de location de vélos ne comporte pas les noms et prénoms du bénéficiaire, une attestation sur l'honneur du salarié suffit pour ouvrir droit à la prise en charge des frais d'abonnement.

Pour les salariés intérimaires, une attestation sur l'honneur adressée à l'entreprise de travail temporaire mentionnée à l'article L. 1251-45, qui est leur employeur, suffit pour ouvrir droit à la prise en charge des frais d'abonnement à un service de transport public de voyageurs ou à un service public de location de vélos.

Art. R. 3261-6 Un accord collectif de travail peut prévoir d'autres modalités de preuve et de remboursement des frais de transport, sans que les délais de remboursement des titres puissent excéder ceux mentionnés à l'article R. 3261-4.

Art. R. 3261-7 En cas de changement des modalités de preuve ou de remboursement des frais de transport, l'employeur avertit les salariés au moins un mois avant la date fixée pour le changement.

Art. R. 3261-8 L'employeur peut refuser la prise en charge lorsque le salarié perçoit déjà des indemnités représentatives de frais pour ses déplacements entre sa résidence habituelle et son ou ses lieux de travail d'un montant supérieur ou égal à la prise en charge prévue à l'article R. 3261-1.

Art. R. 3261-9 Le salarié à temps partiel, employé pour un nombre d'heures égal ou supérieur à la moitié de la durée légale hebdomadaire ou conventionnelle, si cette dernière lui est inférieure, bénéficie d'une prise en charge équivalente à celle d'un salarié à temps complet.

Le salarié à temps partiel, employé pour un nombre d'heures inférieur à la moitié de la durée du travail à temps complet défini conformément au premier alinéa, bénéficie d'une prise en charge calculée à due proportion du nombre d'heures travaillées par rapport à la moitié de la durée du travail à temps complet.

Art. R. 3261-10 Le salarié qui exerce son activité sur plusieurs lieux de travail au sein d'une même entreprise qui n'assure pas le transport entre ces différents lieux et entre ces lieux et la résidence habituelle du salarié peut prétendre à la prise en charge du ou des titres de transport lui permettant de réaliser l'ensemble des déplacements qui lui sont imposés entre sa résidence habituelle et ses différents lieux de travail, ainsi qu'entre ces lieux de travail.

SECTION II **PRISE EN CHARGE DES FRAIS DE TRANSPORTS PERSONNELS**

Art. R. 3261-11 Lorsque l'employeur prend en charge tout ou partie des frais de carburant ou d'alimentation électrique d'un véhicule engagés par ses salariés, il en fait bénéficier, selon les mêmes modalités et en fonction de la distance entre le domicile et le lieu de travail, l'ensemble des salariés remplissant les conditions prévues à l'article L. 3261-3.

L'employeur doit disposer des éléments justifiant cette prise en charge. Il les recueille auprès de chaque salarié bénéficiaire qui les lui communique.

Art. R. 3261-12 Sont exclus du bénéfice de la prise en charge des frais de carburant ou d'alimentation électrique d'un véhicule :

1° Les salariés bénéficiant d'un véhicule mis à disposition permanente par l'employeur avec prise en charge par l'employeur des dépenses de carburant ou d'alimentation électrique d'un véhicule ;

2° Les salariés logés dans des conditions telles qu'ils ne supportent aucun frais de transport pour se rendre à leur travail ;

3° Les salariés dont le transport est assuré gratuitement par l'employeur.

Art. R. 3261-13 En cas de changement des modalités de remboursement des frais de carburant ou d'alimentation électrique d'un véhicule, l'employeur avertit les salariés au moins un mois avant la date fixée pour le changement.

Art. R. 3261-14 Le salarié à temps partiel, employé pour un nombre d'heures égal ou supérieur à la moitié de la durée légale hebdomadaire ou conventionnelle, si cette dernière lui est inférieure, bénéficie d'une prise en charge équivalente à celle d'un salarié à temps complet.

Le salarié à temps partiel, employé pour un nombre d'heures inférieur à la moitié de la durée du travail à temps complet défini conformément au premier alinéa, bénéficie d'une prise en charge calculée à due proportion du nombre d'heures travaillées par rapport à la moitié de la durée du travail à temps complet.

Art. R. 3261-15 Le salarié qui exerce son activité sur plusieurs lieux de travail au sein d'une même entreprise qui n'assure pas le transport entre ces différents lieux et entre ces lieux et la résidence habituelle du salarié peut prétendre à la prise en charge des frais de carburant ou d'alimentation électrique d'un véhicule engagés lui permettant de réaliser l'ensemble des déplacements qui lui sont imposés entre sa résidence habituelle et ses différents lieux de travail, ainsi qu'entre ces lieux de travail.

Art. D. 3261-15-1 *(Décr. n° 2016-144 du 11 févr. 2016)* Le montant de l'indemnité kilométrique vélo mentionnée au premier alinéa de l'article L. 3261-3-1 est fixé à 25 centimes d'euro par kilomètre.

Art. D. 3261-15-2 *(Décr. n° 2016-144 du 11 févr. 2016)* Le bénéfice de la prise en charge des frais engagés pour se déplacer à vélo ou à vélo à assistance électrique pour les trajets de rabattement vers des arrêts de transport public peut être cumulé avec la prise en charge des abonnements de transport collectif ou de service public de location de vélo prévue à l'article L. 3261-2, à condition que ces abonnements ne permettent pas d'effectuer ces mêmes trajets.

Le trajet de rabattement effectué à vélo pris en compte pour le calcul de la prise en charge des frais engagés pour se déplacer à vélo ou à vélo à assistance électrique correspond à la distance la plus courte entre la résidence habituelle du salarié ou le lieu de travail et la gare ou la station de transport collectif.

SECTION III **DISPOSITIONS PÉNALES**

Art. R. 3261-16 Le fait pour l'employeur de méconnaître les dispositions des articles L. 3261-1 à L. 3261-4 est puni de l'amende prévue pour les contraventions de la quatrième classe.

CHAPITRE II **TITRES-RESTAURANT**

SECTION PREMIÈRE **CONDITIONS D'ÉMISSION ET DE VALIDITÉ**

Art. R. 3262-1 *(Décr. n° 2014-294 du 6 mars 2014)* Les titres-restaurant peuvent être émis sur un support papier ou sous forme dématérialisée.

Art. R. 3262-1-1 *(Décr. n° 2014-294 du 6 mars 2014)* Les titres-restaurant émis sur un support papier comportent, en caractères très apparents, les mentions suivantes :

1° Le nom et l'adresse de l'émetteur ;

2° Le nom et l'adresse de l'établissement bancaire à qui les titres sont présentés au remboursement par les restaurateurs ou les détaillants en fruits et légumes ;

3° Le montant de la valeur libératoire du titre ;

4° L'année civile d'émission ;

5° Le numéro dans une série continue de nombres caractérisant l'émission ;

6° Le nom et l'adresse du restaurateur ou du détaillant en fruits et légumes chez qui le repas a été consommé ou acheté.

Art. R. 3262-1-2 *(Décr. n° 2014-294 du 6 mars 2014)* Lorsque les titres-restaurant sont émis sous forme dématérialisée, les dispositions suivantes sont applicables :

1° Les mentions prévues aux 1° et 2° de l'article R. 3262-1-1 figurent de façon très apparente sur le support physique du paiement dématérialisé. Si le paiement est effectué à partir d'un équipement terminal, au sens du 10° de l'article L. 32 du code des postes et des communications électroniques, utilisé par le salarié et comportant une fonctionnalité de paiement électronique, ces mentions sont accessibles directement sur cet équipement ;

2° L'émetteur assure à chaque salarié l'accès permanent et gratuit, par message textuel, par voie téléphonique ou directement sur l'équipement terminal mentionné au 1°, aux informations suivantes :

a) Le solde de son compte personnel de titres-restaurant, en distinguant le montant des titres-restaurant émis durant l'année civile écoulée qui ne sont pas périmés et, pendant la période de quinze jours mentionnée au deuxième alinéa de l'article R. 3262-5, le montant des titres-restaurant périmés ;

b) La date de péremption des titres ainsi que la date limite à laquelle peuvent être échangés les titres périmés ;

c) Le montant de la valeur libératoire du titre, toute modification de cette valeur libératoire faisant en outre l'objet d'une information préalable du salarié sur un support durable ;

3° Le numéro de série caractérisant l'émission mentionné au 5° de l'article R. 3262-1-1 est conservé par l'émetteur dans une base de données qui associe ce numéro avec un identifiant permettant de garantir que le paiement est effectué au profit d'une personne ou d'un organisme mentionné au deuxième alinéa de l'article L. 3262-3. Cette base de données associe également ce numéro de série avec l'année civile d'émission prévue au 4° de l'article R. 3262-1-1 ;

4° L'émetteur met en œuvre une fonctionnalité assurant qu'aucun titre émis durant l'année en cours ne peut être utilisé par le salarié tant qu'il n'a pas utilisé tous les titres émis durant l'année civile écoulée en méconnaissance des dispositions du deuxième alinéa de l'article R. 3262-5 ;

5° L'émetteur met en œuvre une fonctionnalité de blocage automatique du paiement empêchant l'utilisation des titres-restaurant lorsque l'une des obligations suivantes n'est pas satisfaite :

a) Celles qui sont prévues aux 3° et 4° du présent article ;

b) Celles qui sont prévues aux articles R. 3262-8 et R. 3262-10 du présent code ;

6° Le solde du compte personnel de titres-restaurant du salarié ne peut être converti sur support papier, sauf pour ceux des salariés qui, dans le cadre des activités de l'entreprise qui les emploie, accomplissent principalement leurs missions en dehors des locaux de cette entreprise. Dans ce cas, la base de données de l'émetteur mentionnée au 3° ci-dessus recense les opérations de conversion par employeur et par salarié.

Art. R. 3262-2 Les mentions prévues *(Décr. n° 2014-294 du 6 mars 2014)* « aux 1° à 5° de l'article R. 3262-1-1 » de l'article R. 3262-1 sont apposées au recto du titre *(Décr. n° 2014-294 du 6 mars 2014)* « émis sur un support papier » par l'émetteur.

(Abrogé par Décr. n° 2014-294 du 6 mars 2014) ***« L'employeur indique, avant de remettre les titres aux salariés, la période d'utilisation mentionnée au 5° de ce même article si elle n'a pas été apposée par l'émetteur. »***

Les mentions prévues au *(Décr. n° 2014-294 du 6 mars 2014)* « 6° de l'article R. 3262-1-1 » sont apposées par le restaurateur *(Décr. n° 2010-220 du 3 mars 2010)* « ou le détaillant en fruits et légumes » au moment de l'acceptation du titre *(Décr. n° 2014-294 du 6 mars 2014)* « émis sur un support papier ».

Art. R. 3262-3 Les titres-restaurant émis conformément aux dispositions du présent chapitre sont dispensés du droit de timbre. – *[Anc. art. 25, al. 1er, Ord. n° 67-830 du 27 sept. 1967.]*

SECTION II **UTILISATION**

Art. R. 3262-4 *(Décr. n° 2010-1460 du 30 nov. 2010)* Les titres-restaurant ne peuvent être utilisés que dans les restaurants et auprès des organismes ou entreprises assimilés ainsi qu'auprès des détaillants en fruits et légumes, afin d'acquitter en tout ou en partie le prix d'un repas.

Ce repas peut être composé de préparations alimentaires directement consommables, le cas échéant à réchauffer ou à décongeler, notamment de produits laitiers.

Il peut également être composé de fruits et légumes, qu'ils soient ou non directement consommables.

Art. R. 3262-5 Les titres-restaurant ne peuvent être *(Décr. n° 2014-294 du 6 mars 2014)* « utilisés » en paiement d'un repas à un restaurateur *(Décr. n° 2010-220 du 3 mars 2010)* « ou à un détaillant en fruits et légumes » que pendant l'année civile *(Abrogé par Décr. n° 2014-294 du 6 mars 2014)* ***« et la période d'utilisation »*** dont ils font mention *(Décr. n° 2014-294 du 6 mars 2014)* « et durant une période de deux mois à compter du 1er janvier de l'année suivante.

« Aucun titre émis durant l'année en cours ne peut être utilisé par le salarié tant qu'il n'a pas utilisé tous les titres émis durant l'année civile écoulée. »

Les titres non utilisés au cours de cette période et rendus par les salariés bénéficiaires à leur employeur au plus tard au cours de la quinzaine suivante sont échangés gratuitement contre un nombre égal de titres valables pour la période ultérieure.

Art. R. 3262-6 Les titres-restaurant émis ou acquis par une entreprise ne peuvent être utilisés que par les salariés de cette entreprise. – *[Anc. art. 3, al. 1er, Décr. n° 67-1165 du 22 déc. 1967.]*

Art. R. 3262-7 Un même salarié ne peut recevoir qu'un titre-restaurant par repas compris dans son horaire de travail journalier. Ce titre ne peut être utilisé que par le salarié auquel l'employeur l'a remis. – *[Anc. art. 3, al. 2, Décr. n° 67-1165 du 22 déc. 1967.]*

1. Condition d'attribution. L'attribution de tickets-restaurant est subordonnée à la seule condition que le repas du salarié soit compris dans son horaire de travail journalier, peu importe que celui-ci soit pris durant les plages horaires fixes ou durant les plages horaires mobiles. • Soc. 20 févr. 2013, n° 10-30.028 P : *Dalloz actualité, 27 mars 2013, obs. Fleuriot ; D. 2013. Actu. 574 ; JCP S 2013. 1184, obs. Lahalle.*

2. Congé de formation. Le conseiller prud'homal peut prétendre au bénéfice des tickets-restaurant dès lors qu'il est justifié que son temps de formation englobe un temps de repas et que la preuve de la non-conformité des heures litigieuses avec l'objet de la formation est rapportée. • Soc. 20 févr. 2013 : *préc.*

Art. R. 3262-8 *(Décr. n° 2014-294 du 6 mars 2014)* Les titres-restaurant ne sont pas utilisables les dimanches et jours fériés, sauf décision contraire de l'employeur au bénéfice exclusif des salariés travaillant pendant ces mêmes jours. Lorsque les titres sont émis sur support papier, cette décision fait l'objet d'une mention très apparente sur les titres. Lorsque les titres sont émis sous forme dématérialisée, l'employeur informe par tout moyen les salariés concernés de la décision mentionnée ci-dessus, avant l'émission du titre.

Art. R. 3262-9 Les titres-restaurant ne peuvent être utilisés que dans le département du lieu de travail des salariés bénéficiaires et les départements limitrophes, à moins qu'ils ne portent de manière très apparente une mention contraire apposée par l'employeur, sous sa responsabilité, au bénéfice exclusif de ceux des salariés qui sont, du fait de leurs fonctions, appelés à des déplacements à longue distance. – *[Anc. art. 5, Décr. n° 67-1165 du 22 déc. 1967.]*

Art. R. 3262-10 *(Décr. n° 2014-294 du 6 mars 2014)* L'utilisation des titres-restaurant est limitée à un montant maximum *[maximal]* de dix-neuf euros par jour.

Lorsque les titres-restaurant sont émis sous forme dématérialisée, le salarié est débité de la somme exacte à payer, dans la limite du montant maximum *[maximal]* journalier mentionné au premier alinéa.

Art. R. 3262-11 Le salarié qui quitte l'entreprise remet à l'employeur, au moment de son départ, les titres-restaurant en sa possession. Il est remboursé du montant de sa contribution à l'achat de ces titres. – *[Anc. art. 3, al. 3, Décr. n° 67-1165 du 22 déc. 1967.]*

SECTION III **CONDITIONS DE REMBOURSEMENT**

Art. R. 3262-12 Lorsque l'employeur a acquis ses titres-restaurant auprès d'un émetteur spécialisé, il peut obtenir de celui-ci au cours du mois qui suit la période d'utilisation l'échange de ses titres inutilisés en ne versant que la commission normalement perçue par l'émetteur lors de la vente de ces titres.

Dans ce cas, le montant des commissions correspondant aux titres dont la non-utilisation incombe aux salariés est remboursable par ces derniers à l'employeur. – *[Anc. art. 20, al. 4 et 5, Ord. n° 67-830 du 27 sept. 1967.]*

Art. R. 3262-13 En application des dispositions de l'article L. 3262-5, la contre-valeur des titres-restaurant perdus ou périmés est versée à l'émetteur par l'établissement bancaire qui tient son compte de titres-restaurant.

L'émetteur est autorisé à opérer sur cette somme un prélèvement, dont le taux maximum est fixé par arrêté du ministre chargé de l'économie et des finances, et qui est destiné à couvrir forfaitairement les frais de répartition entraînés par l'application de l'article R. 3262-14 et les frais d'expert comptable prévus à l'article R. 3262-33. – *[Anc. art. 12, al. 1er et 2, Décr. n° 67-1165 du 22 déc. 1967.]*

Art. R. 3262-14 Lorsque l'émetteur est l'employeur mentionné au 1° de l'article L. 3262-1, il verse le solde disponible après le prélèvement prévu à l'article R. 3262-13 au comité d'entreprise s'il en existe un ou, à défaut, l'affecte dans un délai de six mois au budget des activités sociales et culturelles de son entreprise.

Lorsqu'il s'agit d'un émetteur spécialisé mentionné au 2° du même article, il répartit ce solde entre les comités d'entreprise des entreprises qui lui ont acheté des titres ou, à défaut, entre ces entreprises elles-mêmes, à due proportion des achats de titres opérés au cours de la période d'émission des titres perdus ou périmés. En l'absence de comité d'entreprise, chaque entreprise utilise le solde lui revenant conformément aux dispositions du premier alinéa. – *[Anc. art. 12, al. 3 et 4, Décr. n° 67-1165 du 22 déc. 1967.]*

Art. R. 3262-15 En l'absence de motif légitime justifiant un retard de présentation et lorsque les titres-restaurant sont présentés postérieurement à l'évaluation mentionnée au second alinéa, leur montant ne peut être remboursé au restaurateur *(Décr. n° 2010-220 du 3 mars 2010)* « ou au détaillant en fruits et légumes » par imputation sur le compte ouvert en application de l'article L. 3262-2.

Les modalités et la périodicité de l'évaluation du montant des titres-restaurant périmés sont fixées par arrêté du ministre chargé de l'économie et des finances. – *[Anc. art. 22, al. 2 et al. 3 début, Ord. n° 67-830 du 27 sept. 1967.]*

SECTION IV **FONCTIONNEMENT ET CONTRÔLE DES COMPTES DE TITRES-RESTAURANT**

SOUS-SECTION 1 **FONCTIONNEMENT**

Art. R. 3262-16 L'établissement bancaire qui ouvre l'un des comptes des titres-restaurant prévus à l'article L. 3262-2 remet au titulaire de ce compte une attestation d'ouverture de compte en triple exemplaire.

Le titulaire du compte remet l'un de ces exemplaires au *(Décr. n° 2014-551 du 27 mai 2014, art. 29)* « directeur départemental ou, le cas échéant, régional des finances publiques » dont il relève et le second à la Commission nationale des titres-restaurant mentionnée à la section V. Il est délivré récépissé de ces remises. – *[Anc. art. 7, al. 1er et 2, Décr. n° 67-1165 du 22 déc. 1967.]*

Art. R. 3262-17 L'établissement bancaire adresse mensuellement à la Commission nationale des titres-restaurant le relevé de tous les mouvements de fonds affectant les comptes de titres-restaurant, à l'exception des seuls paiements aux restaurateurs et assimilés *(Décr. n° 2010-220 du 3 mars 2010)* « et aux détaillants en fruits et légumes ». – *[Anc. art. 7, al. 3, Décr. n° 67-1165 du 22 déc. 1967.]*

Art. R. 3262-18 Lorsque l'établissement bancaire qui tient le compte fait établir les formules de titres-restaurant qui seront utilisées par l'émetteur titulaire de ce compte, ces formules ne sont remises à l'émetteur qu'après versement à ce compte d'une provision égale à la valeur libératoire des titres. – *[Anc. art. 8, al. 2, Décr. n° 67-1165 du 22 déc. 1967.]*

Art. R. 3262-19 Les titres-restaurant sont directement payables aux restaurateurs *(Décr. n° 2010-220 du 3 mars 2010)* « et aux détaillants en fruits et légumes » par l'établissement bancaire qui tient le compte de l'émetteur.

Avant de procéder au paiement, l'organisme payeur s'assure, selon les modalités prévues aux articles R. 3262-26 à R. 3262-31, que le présentateur exerce la profession de restaurateur, *(Décr. n° 2010-220 du 3 mars 2010)* « d'hôtelier restaurateur, ou une activité assimilée ou une activité de détaillant en fruits et légumes prévues au deuxième alinéa de l'article L. 3262-3 ». – *[Anc. art. 8, al. 3, Décr. n° 67-1165 du 22 déc. 1967.]*

Art. R. 3262-20 Dans les entreprises de plus de vingt-cinq salariés, lorsque l'employeur émet lui-même ses titres, il verse au crédit de son compte, dans le délai maximum de huit jours à partir de la cession des titres aux salariés, la totalité des fonds correspondant à la valeur libératoire de ces titres. – *[Anc. art. 9, al. 2, Décr. n° 67-1165 du 22 déc. 1967.]*

Art. R. 3262-21 Lorsque les titres sont émis par une entreprise spécialisée, elle ne peut accepter en paiement que des versements correspondant à la valeur libératoire de ces titres.

Ces versements sont opérés :

1° Soit par virement direct à un compte de titres-restaurant ;

2° Soit au moyen de chèques bancaires à barrement spécial désignant l'établissement bancaire où le compte est ouvert et portant la mention "compte de titres-restaurant". – *[Anc. art. 9, al. 3, Décr. n° 67-1165 du 22 déc. 1967.]*

Art. R. 3262-22 La délivrance de titres par un émetteur spécialisé est subordonnée :

1° Soit à la constitution d'une provision équivalente à la valeur libératoire des titres cédés ;

2° Soit au règlement simultané des titres-restaurant conformément à l'article R. 3262-21.

Dans le cas d'un chèque demeuré impayé, la provision correspondante est immédiatement rétablie. – *[Anc. art. 9, al. 4, Décr. n° 67-1165 du 22 déc. 1967.]*

Art. R. 3262-23 Un émetteur spécialisé est habilité à se faire ouvrir plusieurs comptes de titres-restaurant dans plusieurs établissements bancaires. Il peut opérer des virements d'un compte à l'autre. – *[Anc. art. 9-1, al. 1er, Décr. n° 67-1165 du 22 déc. 1967.]*

Art. R. 3262-24 Sous la responsabilité de l'émetteur spécialisé, les sommes portées au crédit des comptes de titres-restaurant peuvent faire l'objet de placements temporaires sous réserve que leur montant demeure à tout moment immédiatement réalisable pour sa valeur nominale initiale. – *[Anc. art. 9-1, al. 2, Décr. n° 67-1165 du 22 déc. 1967.]*

Art. R. 3262-25 Les titres sont présentés au remboursement par les restaurateurs *(Décr. n° 2010-220 du 3 mars 2010)* « ou les détaillants en fruits et légumes » à l'émetteur. Ce dernier donne ordre à l'établissement bancaire qui tient son compte d'en effectuer le paiement par imputation au débit de ce compte.

Ce paiement est opéré au moyen soit de virements bancaires, soit de chèques émis ou virés par cet établissement.

Le paiement est effectué dans un délai qui ne peut excéder vingt et un jours à compter de la réception du titre aux fins de règlement. – *[Anc. art. 10, Décr. n° 67-1165 du 22 déc. 1967.]*

SOUS-SECTION 2 **CONDITION D'EXERCICE DE LA PROFESSION DE RESTAURATEUR OU ASSIMILÉ OU DES DÉTAILLANTS EN FRUITS ET LÉGUMES** *(Décr. n° 2010-220 du 3 mars 2010).*

Art. R. 3262-26 L'exercice de la profession de restaurateur *(Décr. n° 2010-220 du 3 mars 2010)* « ou de détaillant en fruits et légumes » exigé par les dispositions de l'article L. 3262-3 est vérifié par la Commission nationale des titres-restaurant mentionnée à la section V d'après les renseignements de notoriété dont elle dispose et au besoin par référence au numéro d'activité d'entreprise adopté par l'Institut national de la statistique et des études économiques (INSEE) et par les unions pour le recouvrement des cotisations de sécurité sociale (URSSAF).

(Décr. n° 2010-220 du 3 mars 2010) « Les pièces que la commission peut demander au professionnel concerné pour l'application de l'alinéa ci-dessus sont précisées par arrêté du ministre chargé de l'économie et des finances. »

Art. R. 3262-27 Les personnes, les entreprises ou les organismes qui proposent à la vente au détail, à titre habituel et au moins six mois par an, des préparations alimentaires *(Décr. n° 2010-1460 du 30 nov. 2010)* « mentionnées au deuxième alinéa de l'article R. 3262-4 » sans être en possession du numéro de code d'activité accordé aux restaurateurs et hôteliers restaurateurs peuvent être assimilés à ces derniers, à la condition d'avoir transmis par lettre recommandée avec avis de réception à la Commission un dossier complet *(Abrogé par Décr. n° 2010-220 du 3 mars 2010)* ***« dont la composition est fixée par un arrêté conjoint des ministres chargés de l'économie et du commerce »***.

(Décr. n° 2010-220 du 3 mars 2010) « La commission des titres-restaurant vérifie également que les préparations offertes sont conformes aux dispositions mentionnées à l'article R. 3262-4.

« La composition du dossier mentionné au premier alinéa et les pièces nécessaires à la vérification par la commission prévue au deuxième alinéa de la conformité des préparations offertes sont précisées par un arrêté du ministre chargé de l'économie et des finances. »

Art. R. 3262-28 Les personnes, entreprises ou organismes qui assurent uniquement les prestations de portage ou de livraison de repas à domicile ne peuvent bénéficier de l'assimilation à l'activité de restaurateur. – *[Anc. art. 11, al. 3, Décr. n° 67-1165 du 22 déc. 1967.]*

Art. R. 3262-29 Lorsque le dossier qu'a fait parvenir le demandeur de l'assimilation à la profession de restaurateur est complet et qu'il en résulte que l'intéressé remplit les conditions fixées à l'article R. 3262-27 pour bénéficier de cette assimilation, la Commission lui adresse une attestation par lettre recommandée avec avis de réception.

Dès réception de cette attestation, l'assimilation est réputée accordée. – *[Anc. art. 11, al. 4, Décr. n° 67-1165 du 22 déc. 1967.]*

Art. R. 3262-30 Lorsque le dossier n'est pas complet, la Commission adresse au demandeur de l'assimilation une lettre recommandée avec avis de réception mentionnant les pièces justificatives manquantes à produire dans le délai d'un mois suivant la réception de cette lettre recommandée. A défaut d'envoi des pièces complémentaires demandées dans le délai imparti, l'assimilation est réputée refusée.

A la réception des pièces complémentaires demandées, si l'intéressé remplit les conditions fixées à l'article R. 3262-27, la commission lui adresse une attestation par lettre recommandée avec avis de réception.

Dès réception de cette attestation, l'assimilation est réputée accordée. – *[Anc. art. 11, al. 5, Décr. n° 67-1165 du 22 déc. 1967.]*

Art. R. 3262-31 Lorsque, dans le délai d'un mois suivant la date de réception du dossier figurant sur l'avis de réception, la Commission n'a pas adressé au demandeur de l'assimilation une attestation de dossier complet ou ne lui a pas demandé la production de pièces justificatives manquantes, l'assimilation est réputée accordée. – *[Anc. art. 11, al. 6, Décr. n° 67-1165 du 22 déc. 1967.]*

Art. R. 3262-32 Pour l'application du 2° de l'article R. 3262-36, les personnes, entreprises ou organismes assimilés aux restaurateurs adressent à nouveau au secrétariat de la Commission, sous trente jours au terme d'un délai de douze mois suivant la date à laquelle l'assimilation est réputée leur avoir été accordée, les pièces du dossier mentionné à l'article R. 3262-27, mises à jour à la date d'expiration du délai de douze mois, afin de justifier de leur activité de vente de préparations alimentaires *(Décr. n° 2010-1460 du 30 nov. 2010)* « mentionnées au deuxième alinéa de l'article R. 3262-4 » dans les conditions définies à ce même article.

A défaut d'avoir satisfait à l'obligation prévue au premier alinéa, les personnes, entreprises ou organismes assimilés ne bénéficient plus de l'assimilation aux restaurateurs. – *[Anc. art. 15, al. 9 et 10, Décr. n° 67-1165 du 22 déc. 1967.]*

SOUS-SECTION 3 CONTRÔLE DE LA GESTION

Art. R. 3262-33 L'émetteur de titres-restaurant fait appel à un expert comptable chargé de constater au moins une fois par an les opérations accomplies par cet émetteur.

Les constatations de cet expert comptable sont consignées dans un rapport que l'émetteur tient à la disposition de tout agent de contrôle. – *[Anc. art. 13, al. 1er, Décr. n° 67-1165 du 22 déc. 1967.]*

Art. R. 3262-34 Par dérogation à l'article R. 3262-33, si l'émission des titres est assurée par l'employeur et qu'il existe un comité d'entreprise, ce dernier opère le contrôle de la gestion des fonds. – *[Anc. art. 13, al. 2, Décr. n° 67-1165 du 22 déc. 1967.]*

Art. R. 3262-35 Un arrêté du ministre chargé de l'économie et des finances détermine les modalités d'application des articles R. 3262-33 et R. 3262-34. – *[Anc. art. 13, al. 3, Décr. n° 67-1165 du 22 déc. 1967.]*

SECTION V COMMISSION NATIONALE DES TITRES-RESTAURANT

SOUS-SECTION 1 MISSIONS

Art. R. 3262-36 La Commission nationale des titres-restaurant est chargée :

1° D'accorder l'assimilation à la profession de restaurateur aux personnes, entreprises ou organismes qui satisfont *(Décr. n° 2010-1460 du 30 nov. 2010)* « aux conditions prévues à l'article R. 3262-4 et aux articles R. 3262-26 à R. 3262-32 » ;

2° De constater les cas où *(Décr. n° 2010-220 du 3 mars 2010)* « les restaurateurs, les personnes, entreprises, organismes assimilés ou les détaillants en fruits et légumes » ont cessé leur activité ou ne satisfont plus aux conditions ouvrant droit au remboursement des titres-restaurant ;

3° De vérifier l'exercice de la profession de restaurateur *(Décr. n° 2010-220 du 3 mars 2010)* « ou de celle de détaillant en fruits et légumes » conformément aux dispositions de l'article R. 3262-26 ;

4° De réunir les informations relatives aux conditions d'application du présent chapitre et de les transmettre aux administrations compétentes ;

5° De fournir aux émetteurs et aux utilisateurs de titres-restaurant les renseignements pratiques dont ils peuvent avoir besoin ;

6° De faciliter l'accord des parties intéressées sur les améliorations qui peuvent être apportées à l'émission et à l'utilisation des titres-restaurant ;

7° D'étudier et de transmettre à l'administration les propositions de modification de la réglementation des titres-restaurant ;

8° D'exercer un contrôle sur le fonctionnement des comptes de titres-restaurant ouverts par les entreprises émettrices afin d'assurer que sont respectées les obligations qui leur sont imposées ainsi que celles *(Décr. n° 2010-220 du 3 mars 2010)* « des restaurateurs, organismes ou entreprises assimilées et des détaillants en fruits et légumes ». – *[Anc. art. 15, al. 1er et al. 2 à 8 et al. 11, Décr. n° 67-1165 du 22 déc. 1967.]*

Art. R. 3262-37 Pour permettre à la commission d'exercer la mission de contrôle prévue au 8° de l'article R. 3262-36, chaque société ou entreprise émettrice de titres-restaurant communique, au secrétariat de la commission, le rapport annuel établi par l'expert-comptable désigné à l'article R. 3262-33. Elle lui communique également, chaque mois :

1° Un état récapitulatif des entrées et sorties de titres-restaurant au cours du mois écoulé ;

2° Un état récapitulatif des mouvements ayant affecté, au cours du même mois, les fonds détenus au titre des comptes de titres-restaurant. – *[Anc. art. 15-2, al. 1er à 3, Décr. n° 67-1165 du 22 déc. 1967.]*

Art. R. 3262-38 A la demande de la commission, la société ou l'entreprise émettrice de titres-restaurant transmet au secrétariat :

1° L'état récapitulatif des restaurateurs et organismes ou entreprises *(Décr. n° 2010-220 du 3 mars 2010)* « , des détaillants en fruits et légumes » qui, dans une circonscription donnée au cours d'une période donnée, ont présenté des titres de remboursement ;

2° Tout document comptable ou commercial de nature à justifier la régularité des opérations. – *[Anc. art. 15-2, al. 4 à 6, Décr. n° 67-1165 du 22 déc. 1967.]*

Art. R. 3262-39 La commission peut faire opérer, à tout moment par un expert-comptable, des contrôles auprès des entreprises émettrices et des émetteurs spécialisés. – *[Anc. art. 15-2, al. 7, Décr. n° 67-1165 du 22 déc. 1967.]*

SOUS-SECTION 2 **ORGANISATION ET FONCTIONNEMENT**

Art. R. 3262-40 La Commission nationale des titres-restaurant comprend notamment des représentants des organisations représentatives d'employeurs et de salariés, des syndicats de restaurateurs et *(Décr. n° 2010-1460 du 30 nov. 2010)* « de détaillants de fruits et légumes, et » des entreprises ayant pour activité principale l'émission de titres-restaurant. – *[Anc. art. 15, al. 1er, Décr. n° 67-1165 du 22 déc. 1967.]*

Art. R. 3262-41 La composition et le fonctionnement de la commission sont déterminés par un arrêté conjoint des ministres chargés du travail et de l'économie et des finances. – *[Anc. art. 15-1, al. 1er, Décr. n° 67-1165 du 22 déc. 1967.]*

Art. R. 3262-42 Les membres de la commission ne sont pas rémunérés. – *[Anc. art. 15-1, al. 2, Décr. n° 67-1165 du 22 déc. 1967.]*

Art. R. 3262-43 Le secrétariat de la commission est assuré par les services du ministre chargé de l'économie et des finances.

Le secrétaire général est désigné en accord avec le ministre chargé du travail. – *[Anc. art. 15-1, al. 3, Décr. n° 67-1165 du 22 déc. 1967.]*

Art. R. 3262-44 La commission est assistée d'un ou de plusieurs experts-comptables et désignés, sur sa proposition, par arrêté conjoint des ministres chargés du travail et de l'économie et des finances. – *[Anc. art. 15-1, al. 4, Décr. n° 67-1165 du 22 déc. 1967.]*

Art. R. 3262-45 La commission peut créer dans un département ou un groupe de départements des comités consultatifs dont la composition est analogue à la sienne. – *[Anc. art. 15-1, al. 5, Décr. n° 67-1165 du 22 déc. 1967.]*

SECTION VI **DISPOSITIONS PÉNALES**

Art. R. 3262-46 Le fait de méconnaître les dispositions du premier et du troisième alinéa de l'article L. 3262-2, de l'article L. 3262-3 et du second alinéa de l'article L. 3262-5, est puni de l'amende prévue pour les contraventions de la quatrième classe.

Il en est de même des infractions aux dispositions des articles R. 3262-1, R. 3262-2, R. 3262-4 à R. 3262-11, R. 3262-16, R. 3262-17, R. 3262-20 à R. 3262-25, R. 3262-33 à R. 3262-35 et R. 3262-37 à R. 3262-39 ainsi que des entraves mises à l'exercice de la mission de contrôle impartie à la commission prévue à l'article R. 3262-36. – *[Anc. art. 14, Décr. n° 67-1165 du 22 déc. 1967.]*

LIVRE TROISIÈME **INTÉRESSEMENT, PARTICIPATION ET ÉPARGNE SALARIALE**

TITRE PREMIER **INTÉRESSEMENT**

CHAPITRE PREMIER **CHAMP D'APPLICATION**

Art. R. 3311-1 Dans les entreprises publiques dont le personnel est soumis pour les conditions de travail à un statut législatif ou réglementaire, les accords d'intéressement peuvent fixer un montant maximum des sommes à distribuer dans la limite du cinquième du total des salaires bruts versés aux salariés intéressés. – *[Anc. art. 1er, al. 1er, Décr. n° 87-947 du 26 nov. 1987.]*

Art. R. 3311-2 Dans les entreprises publiques, les accords d'intéressement ne peuvent entrer en application qu'après avoir été homologués par arrêté du ministre chargé de l'économie et du ministre de tutelle après avis de la commission interministérielle de coordination des salaires. – *[Anc. art. 1er, al. 2, Décr. n° 87-947 du 26 nov. 1987.]*

Art. R. 3311-3 *(Décr. n° 2009-350 du 30 mars 2009)* Les dispositions du présent titre sont également applicables aux personnes mentionnées aux articles L. 3312-2 et L. 3312-3.

Art. D. 3311-4 *(Décr. n° 2009-351 du 30 mars 2009)* Les salariés d'un groupement d'employeurs qui n'a pas mis en place un dispositif d'intéressement peuvent bénéficier du dispositif d'intéressement mis en place dans chacune des entreprises du groupement auprès de laquelle ils sont mis à disposition si l'accord le prévoit.

CHAPITRE II **MISE EN PLACE DE L'INTÉRESSEMENT**

Art. R. 3312-1 Le projet d'accord d'intéressement est soumis au comité d'entreprise pour avis au moins quinze jours avant sa signature. – *[Anc. art. L. 441-3, al. 9 fin.]*

Art. R. 3312-2 Les dispositions du présent titre sont applicables à l'intéressement de projet mentionné à l'article L. 3312-6. – *[Anc. art. R. 444-1-7-I, al. 1er.]*

CHAPITRE III **CONTENU ET RÉGIME DES ACCORDS**

SECTION PREMIÈRE **RÉGIME DES ACCORDS**

SOUS-SECTION 1 **DÉPÔT ET CONTRÔLE ADMINISTRATIF**

Art. D. 3313-1 L'accord d'intéressement est déposé à la *(Décr. n° 2009-1377 du 10 nov. 2009)* « direction régionale des entreprises, de la concurrence, de la consom-

mation, du travail et de l'emploi » du lieu où il a été conclu par la partie la plus diligente, dans un délai de quinze jours à compter de la date limite prévue à l'article L. 3314-4. – *[Anc. art. L. 441-2, al. 10.]*

Les modifications issues du Décr. n° 2009-1377 du 10 nov. 2009 prennent effet, dans chaque région, à la date de nomination du directeur régional des entreprises, de la concurrence, de la consommation, du travail et de l'emploi (Décr. préc., art. 7-I). – V. Arr. de nomination de ces directeurs des 30 déc. 2009 (JO 5 janv. 2010) et 9 févr. 2010 (JO 14 févr.).

Ces modifications s'appliquent à la région Île-de-France à compter du 1er juill. 2010 (Décr. n° 2010-687 du 24 juin 2010, art. 2).

Art. D. 3313-2 **Lorsqu'un accord de branche d'intéressement ouvre des choix aux parties signataires au niveau de l'entreprise, l'accord déposé peut ne contenir que les clauses résultant de ces choix.**

L'adhésion à un accord de branche d'intéressement n'ouvrant pas de possibilité de choix, ou ouvrant un choix qui n'a pas été exercé, donne lieu à une simple notification à la *(Décr. n° 2009-1377 du 10 nov. 2009)* **« direction régionale des entreprises, de la concurrence, de la consommation, du travail et de l'emploi ».** – *[Anc. art. R. 444-1-1, al. 12 et 13.]*

V. notes ss. art. D. 3313-1.

Art. D. 3313-3 **Lorsque l'accord qui assure l'intéressement des salariés à l'entreprise résulte d'une formule de calcul prenant en compte les résultats de l'une ou plusieurs des entreprises qui lui sont liées, au sens de l'article L. 233-16 du code de commerce, la liste de ces entreprises dont le siège social est situé en France est annexée au texte de l'accord déposé.**

Il est fait mention, pour chaque entreprise liée, de l'adresse de son siège social, de ses effectifs ainsi que des dates de conclusion, d'effet et de dépôt de l'accord d'intéressement en vigueur dans l'entreprise. – *[Anc. art. R. 444-1-1, al. 14.]*

Art. D. 3313-4 **Le** *(Décr. n° 2009-1377 du 10 nov. 2009)* **« directeur régional des entreprises, de la concurrence, de la consommation, du travail et de l'emploi » accuse, sans délai, réception de l'accord et des autres documents mentionnés à la présente sous-section.** – *[Anc. art. R. 444-1-1, al. 15.]*

V. notes ss. art. D. 3313-1.

SOUS-SECTION 2 **MODIFICATION ET DÉNONCIATION**

Art. D. 3313-5 **L'accord d'intéressement ne peut être modifié ou dénoncé que par l'ensemble des signataires et dans la même forme que sa conclusion, sauf en cas de dénonciation prévu au deuxième alinéa de l'article L. 3345-2.** – *[Anc. art. R. 441-1, al. 1er.]*

Art. D. 3313-6 **L'avenant modifiant l'accord d'intéressement en vigueur est déposé selon les mêmes formalités et délais que l'accord.** – *[Anc. art. R. 441-1, al. 3.]*

Art. D. 3313-7 **La dénonciation est notifiée au** *(Décr. n° 2009-1377 du 10 nov. 2009)* **« directeur régional des entreprises, de la concurrence, de la consommation, du travail et de l'emploi ».**

Pour être applicable à l'exercice en cours, la dénonciation respecte les mêmes conditions de délais et de dépôt que l'accord. – *[Anc. art. R. 441-1, al. 2.]*

Les modifications issues du Décr. n° 2009-1377 du 10 nov. 2009 prennent effet, dans chaque région, à la date de nomination du directeur régional des entreprises, de la concurrence, de la consommation, du travail et de l'emploi (Décr. préc., art. 7-I). – V. Arr. de nomination de ces directeurs des 30 déc. 2009 (JO 5 janv. 2010) et 9 févr. 2010 (JO 14 févr.).

Ces modifications s'appliquent à la région Île-de-France à compter du 1er juill. 2010 (Décr. n° 2010-687 du 24 juin 2010, art. 2).

SOUS-SECTION 3 **RECONDUCTION** *(Décr. n° 2015-1606 du 7 déc. 2015, art. 1er, en vigueur le 1er janv. 2016).*

(Décr. n° 2009-351 du 30 mars 2009)

Art. D. 3313-7-1 *(Décr. n° 2015-1606 du 7 déc. 2015, art. 1er, en vigueur le 1er janv. 2016)* **Si l'accord est conclu selon la modalité prévue au 4° de l'article L. 3312-5, la**

demande de renégociation est formalisée par la production d'un des documents mentionnés au 3° de l'article D. 3345-1.

SECTION II INFORMATION DES SALARIÉS

Art. D. 3313-8 Une note d'information, qui mentionne notamment les dispositions prévues à l'article D. 3313-11, est remise au salarié bénéficiaire d'un accord d'intéressement. – *[Anc. art. R. 441-3, al. 1er.]*

Art. D. 3313-9 La somme attribuée à un salarié en application de l'accord d'intéressement fait l'objet d'une fiche distincte du bulletin de paie.

Cette fiche mentionne :

1° Le montant global de l'intéressement ;

2° Le montant moyen perçu par les bénéficiaires ;

3° Le montant des droits attribués à l'intéressé ;

4° La retenue opérée au titre de la contribution sociale généralisée et de la contribution au remboursement de la dette sociale ;

(Décr. nº 2015-1606 du 7 déc. 2015, art. 1er, en vigueur le 1er janv. 2016) « 5° Lorsque l'intéressement est investi sur un plan d'épargne salariale, le délai à partir duquel les droits nés de cet investissement sont négociables ou exigibles et les cas dans lesquels ces droits peuvent être exceptionnellement liquidés ou transférés avant l'expiration de ce délai ;

« 6° Les modalités d'affectation par défaut au plan d'épargne d'entreprise des sommes attribuées au titre de l'intéressement, conformément aux dispositions de l'article L. 3315-2. »

Elle comporte également, en annexe, une note rappelant les règles essentielles de calcul et de répartition prévues par l'accord d'intéressement.

(Décr. nº 2009-351 du 30 mars 2009) « Avec l'accord du salarié concerné, la remise de cette fiche distincte peut être effectuée par voie électronique, dans des conditions de nature à garantir l'intégrité des données. »

Art. D. 3313-10 Lorsqu'un salarié susceptible de bénéficier de l'intéressement quitte l'entreprise avant que celle-ci ait été en mesure de calculer les droits dont il est titulaire, l'employeur lui demande l'adresse à laquelle il pourra être informé de ses droits et lui demande de le prévenir de ses changements d'adresse éventuels.

Lorsque l'accord d'intéressement a été mis en place après que des salariés susceptibles d'en bénéficier ont quitté l'entreprise, ou lorsque le calcul et la répartition de l'intéressement interviennent après un tel départ, la fiche et la note prévue à l'article D. 3313-9 sont également adressées à ces bénéficiaires pour les informer de leurs droits. – *[Anc. art. R. 441-3, al. 3 et 4.]*

Art. D. 3313-11 Lorsque le bénéficiaire ne peut être atteint à la dernière adresse indiquée par lui, les sommes auxquelles il peut prétendre sont tenues à sa disposition par l'entreprise pendant une durée d'un an à compter de la date limite de versement de l'intéressement prévue à l'article L. 3314-9.

Passé ce délai, ces sommes sont remises à la Caisse des dépôts et consignations où l'intéressé peut les réclamer *(Décr. nº 2009-351 du 30 mars 2009)* « jusqu'au terme *(Décr. nº 2015-1606 du 7 déc. 2015, art. 1er, en vigueur le 1er janv. 2016)* « des délais prévus au III de l'article L. 312-20 du code monétaire et financier ». »

SECTION III DISPONIBILITÉ DES DROITS DES BÉNÉFICIAIRES

(Décr. nº 2015-1606 du 7 déc. 2015, art. 1er, en vigueur le 1er janv. 2016)

Art. R. 3313-12 I. – L'accord d'intéressement prévoit les modalités d'information de chaque bénéficiaire.

Cette information porte notamment sur :

1° Les sommes qui sont attribuées au titre de l'intéressement ;

2° Le montant dont il peut demander le versement ;

3° Le délai dans lequel il peut formuler sa demande ;

4° L'affectation de ces sommes au plan d'épargne d'entreprise ou au plan d'épargne interentreprises, dès lors que l'un ou l'autre plan a été mis en place au sein de l'entreprise, en cas d'absence de demande de sa part, conformément aux dispositions de l'article L. 3315-2.

II. — La demande du bénéficiaire est formulée dans un délai de quinze jours à compter de la date à laquelle il a été informé du montant qui lui est attribué. L'accord précise la date à laquelle le bénéficiaire est présumé avoir été informé.

En l'absence de stipulation conventionnelle, le bénéficiaire formule sa demande dans un délai de quinze jours à compter de la réception, par tout moyen permettant d'apporter la preuve de celle-ci, du document l'informant du montant qui lui est attribué et dont il peut demander le versement.

Si le bénéficiaire ne demande pas le versement de ces sommes, et lorsque l'entreprise a mis en place un plan d'épargne d'entreprise ou, le cas échéant, un plan d'épargne interentreprises, elles ne sont négociables ou exigibles qu'à l'expiration du délai d'indisponibilité prévu dans le règlement du plan.

Art. D. 3313-13 Lorsqu'un bénéficiaire demande le versement de l'intéressement conformément aux dispositions de l'article R. 3313-12, ou lorsque l'intéressement est affecté à un plan d'épargne salariale, l'entreprise effectue ce versement avant le premier jour du sixième mois suivant la clôture de l'exercice de calcul au titre duquel l'intéressement est dû. Lorsque cet exercice de calcul est inférieur à douze mois, le versement intervient avant le premier jour du troisième mois.

Passé ces délais, l'entreprise complète le versement prévu au premier alinéa par un intérêt de retard égal à 1,33 fois le taux moyen de rendement des obligations des sociétés privées mentionné à l'article 14 de la loi n° 47-1775 du 10 septembre 1947 portant statut de la coopération.

Les intérêts sont versés en même temps que le principal.

CHAPITRE IV **CALCUL, RÉPARTITION ET DISTRIBUTION DE L'INTÉRESSEMENT**

Art. D. 3314-1 Les salaires à prendre en considération pour le calcul du plafond prévu au premier alinéa de l'article L. 3314-8 sont le total des salaires bruts versés à l'ensemble des salariés de l'entreprise ou d'un ou plusieurs établissements, suivant le champ d'application de l'accord d'entreprise. — *[Anc. art. R. 441-4.]*

Art. D. 3314-2 Les primes versées aux salariés en application de l'accord d'intéressement et déductibles du résultat imposable en application de l'article L. 3315-1 peuvent provenir de la répartition, entre l'ensemble des salariés de l'entreprise ou d'un ou plusieurs établissements, selon le champ d'application de l'accord :

1° Soit d'une somme globale résultant du mode d'intéressement retenu pour cette entreprise ou ce ou ces établissements ;

2° Soit de sommes dont les critères et modalités de calcul et de répartition peuvent être, le cas échéant, adaptés aux différents établissements ou unités de travail dans les conditions prévues par l'accord. — *[Anc. art. R. 441-2, al. 1er à 3.]*

Art. R. 3314-3 Lorsque la répartition de l'intéressement est proportionnelle aux salaires, les salaires à prendre en compte au titre des périodes de congés, de maternité et d'adoption ainsi que des périodes de suspension consécutives à un accident du travail ou à une maladie professionnelle sont ceux qu'aurait perçus le bénéficiaire s'il avait été présent. — *[Anc. art. R. 441-2, al. 4.]*

Art. R. 3314-4 Les dispositions du présent titre sont, à l'exception de celles des articles D. 3313-5 à D. 3313-7, applicables au supplément d'intéressement prévu à l'article L. 3314-10 et à l'accord spécifique de répartition auquel il peut donner lieu. — *[Anc. art. R. 444-1-7-I, al. 2.]*

CHAPITRE V **RÉGIME SOCIAL ET FISCAL DE L'INTÉRESSEMENT**

Le présent chapitre ne comprend pas de dispositions réglementaires.

TITRE DEUXIÈME **PARTICIPATION AUX RÉSULTATS DE L'ENTREPRISE**

CHAPITRE PREMIER **CHAMP D'APPLICATION**

Art. R. 3321-1 *(Décr. n° 2009-350 du 30 mars 2009)* Les dispositions du présent titre, à l'exception des articles R. 3322-1, R. 3322-2, D. 3323-4, R. 3323-6, R. 3323-10 et D. 3324-1, sont également applicables aux personnes mentionnées au deuxième alinéa de l'article L. 3323-6 et au troisième alinéa de l'article L. 3324-2.

Art. D. 3321-2 *(Décr. n° 2009-351 du 30 mars 2009)* Les salariés d'un groupement d'employeurs qui n'a pas mis en place un dispositif de participation peuvent bénéficier des dispositifs de participation mis en place dans chacune des entreprises du groupement auprès de laquelle ils sont mis à disposition si l'accord le prévoit.

CHAPITRE II **MISE EN PLACE DE LA PARTICIPATION**

Art. R. 3322-1 La condition d'emploi habituel prévue à l'article L. 3322-2 est remplie dès lors que l'effectif de cinquante salariés prévu à cet article a été atteint, *(Décr. n° 2015-1606 du 7 déc. 2015, art. 2, en vigueur le 1er janv. 2016)* « au cours des trois derniers exercices, pendant une durée de douze mois au moins, » consécutifs ou non.

Dans les entreprises dont l'activité est saisonnière, cette condition est remplie si cet effectif a été atteint pendant au moins la moitié de la durée d'activité saisonnière *(Décr. n° 2015-1606 du 7 déc. 2015, art. 2, en vigueur le 1er janv. 2016)* « au cours des trois derniers exercices ».

Art. R. 3322-2 Les entreprises constituant une unité économique et sociale mettent en place la participation, soit par un accord unique couvrant l'unité économique et sociale, soit par des accords distincts couvrant l'ensemble des salariés de ces entreprises. – *[Anc. art. L. 442-1, al. 4 fin.]*

CHAPITRE III **CONTENU ET RÉGIME DES ACCORDS**

SECTION PREMIÈRE **RÉGIME DES ACCORDS**

SOUS-SECTION 1 **DÉPÔT**

Art. D. 3323-1 L'accord de participation est déposé à la *(Décr. n° 2009-1377 du 10 nov. 2009)* « direction régionale des entreprises, de la concurrence, de la consommation, du travail et de l'emploi » du lieu où il a été conclu. – *[Anc. art. L. 442-8-IV.]*

Les modifications issues du Décr. n° 2009-1377 du 10 nov. 2009 prennent effet, dans chaque région, à la date de nomination du directeur régional des entreprises, de la concurrence, de la consommation, du travail et de l'emploi (Décr. préc., art. 7-I). — V. Arr. de nomination de ces directeurs des 30 déc. 2009 (JO 5 janv. 2010) et 9 févr. 2010 (JO 14 févr.).

Ces modifications s'appliquent à la région Île-de-France à compter du 1er juill. 2010 (Décr. n° 2010-687 du 24 juin 2010, art. 2).

Art. D. 3323-2 Dans l'hypothèse où un accord de branche de participation ouvre des choix aux parties signataires au niveau de l'entreprise, l'accord déposé à la direction régionale des entreprises, de la concurrence, de la consommation, du travail et de l'emploi peut ne contenir que les clauses résultant de ces choix.

L'adhésion à un accord mentionné au premier alinéa n'ouvrant pas de possibilité de choix, ou ouvrant un choix qui n'a pas été exercé, donne lieu à une simple notification à la *(Décr. n° 2009-1377 du 10 nov. 2009)* « direction régionale des entreprises, de la concurrence, de la consommation, du travail et de l'emploi ». – *[Anc. art. R. 444-1-1, al. 12 et 13.]*

V. notes ss. art. D. 3323-1.

Art. D. 3323-3 Si le régime de participation est mis en place à l'initiative de l'entreprise, la décision précisant les modalités de cet assujettissement unilatéral est déposée avec le procès-verbal de la consultation du comité d'entreprise ou, à défaut, des délégués du personnel prévue au deuxième alinéa de l'article L. 3323-6. – *[Anc. art. R. 444-1-1, al. 10.]*

Art. D. 3323-4 Lorsqu'un accord de participation de groupe est conclu, les documents déposés à la *(Décr. n° 2009-1377 du 10 nov. 2009)* « direction régionale des entreprises, de la concurrence, de la consommation, du travail et de l'emploi » comportent :

1° Quel que soit le mode de conclusion de l'accord, les mandats habilitant le mandataire des différentes sociétés intéressées à signer l'accord de groupe ;

2° Si l'accord a été conclu avec un ou plusieurs salariés appartenant à l'une des entreprises du groupe mandatés à cet effet par une ou plusieurs organisations syndicales, les mandats les habilitant à signer l'accord de groupe ;

3° Si l'accord a été conclu avec les représentants mandatés par chacun des comités d'entreprise intéressés, les procès-verbaux de séance établissant que la délégation du personnel statuant à la majorité a explicitement donné mandat à ces représentants pour signer l'accord de groupe ;

4° Si l'accord résulte, après consultation de l'ensemble des salariés inscrits à l'effectif de chacune des sociétés intéressées, de la ratification par les deux tiers de ces salariés du projet proposé par le mandataire de ces sociétés :

a) Soit l'émargement, sur la liste nominative de l'ensemble des salariés de chacune des sociétés intéressées, des salariés signataires ;

b) Soit un procès-verbal rendant compte de la consultation, au niveau de chacune des entreprises ou au niveau du groupe. – *[Anc. art. R. 444-1-2, al. 1er à 7.]*

V. notes ss. art. D. 3323-1.

Art. R. 3323-5 Lorsque la ratification d'un accord de groupe est demandée conjointement par le mandataire des sociétés intéressées et une ou plusieurs organisations syndicales, ou la majorité des comités d'entreprise des sociétés intéressées, ou le comité de groupe, il en est fait mention dans les documents déposés. – *[Anc. art. R. 444-1-2, al. 8.]*

Art. R. 3323-6 Lorsque le projet d'accord de groupe ratifié par les salariés ne fait pas mention d'une demande conjointe, il est déposé avec l'accord :

1° Une attestation des différents chefs d'entreprise intéressés selon laquelle ils n'ont été saisis d'aucune désignation de délégué syndical ;

2° Et, pour les entreprises assujetties à la législation sur les comités d'entreprise, un procès-verbal de carence datant de moins de quatre ans. – *[Anc. art. R. 444-1-2, al. 9.]*

Art. D. 3323-7 Le *(Décr. n° 2009-1377 du 10 nov. 2009)* « directeur régional des entreprises, de la concurrence, de la consommation, du travail et de l'emploi » accuse, sans délai, réception de l'accord de branche de participation et des autres documents mentionnés à la présente sous-section. – *[Anc. art. R. 444-1-1, al. 15 et anc. art. R. 444-1-2, al. 10.]*

V. notes ss. art. D. 3323-1.

SOUS-SECTION 2 DÉNONCIATION DE L'ACCORD

Art. D. 3323-8 La partie qui dénonce un accord de participation ou l'employeur, dans le cas où le régime de participation a été mis en place conformément au *(Décr. n° 2015-1606 du 7 déc. 2015, art. 2, en vigueur le 1er janv. 2016)* « troisième alinéa » de l'article L. 3323-6, notifie aussitôt cette décision au *(Décr. n° 2009-1377 du 10 nov. 2009)* « directeur régional des entreprises, de la concurrence, de la consommation, du travail et de l'emploi ».

La dénonciation d'un accord conclu au sein d'un comité d'entreprise est constatée au procès-verbal de la séance au cours de laquelle cette dénonciation a eu lieu. – *[Anc. art. R. 442-21.]*

V. notes ss. art. D. 3323-1.

SOUS-SECTION 3 **SOCIÉTÉS COOPÉRATIVES DE PRODUCTION, COOPÉRATIVES AGRICOLES** *(L. n° 2014-856 du 31 juill. 2014, art. 30).*

Art. R. 3323-9 Dans les *(L. n° 2014-856 du 31 juill. 2014, art. 30)* « sociétés coopératives de production », la réserve spéciale de participation des salariés est calculée sur les bases suivantes :

1° Le bénéfice est réputé égal, pour chaque exercice, aux excédents nets de gestion définis à l'article 32 de la loi n° 78-763 du 19 juillet 1978 portant statut des *(L. n° 2014-856 du 31 juill. 2014, art. 30)* « sociétés coopératives de production », déduction faite de la fraction égale à 25 % de ceux-ci, prévue au 3° de l'article 33 de cette loi. Ce bénéfice est diminué d'une somme calculée par application à celui-ci du taux de droit commun de l'impôt sur les sociétés ;

2° Les capitaux propres de l'entreprise sont réputés égaux au montant du capital social effectivement libéré à la clôture de l'exercice considéré. – *[Anc. art. R. 442-27.]*

Art. R. 3323-10 La part des excédents nets de gestion répartie entre les salariés en application du 3° de l'article 33 de la loi du 19 juillet 1978 précitée peut, aux termes d'un accord de participation, être affectée en tout ou partie à la constitution de la réserve spéciale de participation.

Dans ce cas, la réserve spéciale de participation et la provision pour investissement sont constituées avant la clôture des comptes de l'exercice. – *[Anc. art. R. 442-28.]*

Art. R. 3323-11 Un accord de participation conclu au sein d'une *(L. n° 2014-856 du 31 juill. 2014, art. 30)* « société coopérative de production » peut prévoir que l'emploi de la réserve spéciale de participation en parts sociales, quelle que soit la forme juridique de la société, est réservé aux associés employés dans l'entreprise. – *[Anc. art. R. 442-29.]*

SECTION II **INFORMATION DES SALARIÉS**

Art. D. 3323-12 Les salariés sont informés de l'existence et du contenu de l'accord de participation par tout moyen prévu à cet accord et, à défaut, par voie d'affichage. – *[Anc. art. R. 442-18.]*

Art. D. 3323-13 L'employeur présente, dans les six mois qui suivent la clôture de chaque exercice, un rapport au comité d'entreprise ou à la commission spécialisée éventuellement créée par ce comité.

Ce rapport comporte notamment :

1° Les éléments servant de base au calcul du montant de la réserve spéciale de participation des salariés pour l'exercice écoulé ;

2° Des indications précises sur la gestion et l'utilisation des sommes affectées à cette réserve. – *[Anc. art. R. 442-19, al. 1er à 4.]*

Art. D. 3323-14 Lorsque le comité d'entreprise est appelé à siéger pour examiner le rapport relatif à l'accord de participation, les questions ainsi examinées font l'objet de réunions distinctes ou d'une mention spéciale à son ordre du jour.

Le comité peut se faire assister par l'expert-comptable prévu à l'article L. 2325-35. – *[Anc. art. R. 442-19, al. 5.]*

Il résulte des art. L. 2325-40 et D. 3323-14 que l'expert-comptable désigné par le comité d'entreprise pour l'assister pour l'examen du rapport annuel relatif à la réserve spéciale de participation est rémunéré par l'employeur. • Soc. 28 janv. 2009 : *JCP S 2009. 1192, obs. Kerbouc'h.*

Art. D. 3323-15 Lorsqu'il n'existe pas de comité d'entreprise, le rapport relatif à l'accord de participation est présenté aux délégués du personnel et adressé à chaque salarié présent dans l'entreprise à l'expiration du délai de six mois suivant la clôture de l'exercice. – *[Anc. art. R. 442-19, al. 6.]*

Art. D. 3323-16 La somme attribuée à un salarié en application de l'accord de participation fait l'objet d'une fiche distincte du bulletin de paie.

Cette fiche mentionne :

1° Le montant total de la réserve spéciale de participation pour l'exercice écoulé ;

2° Le montant des droits attribués à l'intéressé ;

3° La retenue opérée au titre de la contribution sociale généralisée et de la contribution au remboursement de la dette sociale ;
4° S'il y a lieu, l'organisme auquel est confiée la gestion de ces droits ;
5° La date à partir de laquelle ces droits sont négociables ou exigibles ;
6° Les cas dans lesquels ces droits peuvent être exceptionnellement liquidés ou transférés avant l'expiration de ce délai ;
(Décr. n° 2011-1450 du 7 nov. 2011) « 7° Les modalités d'affectation par défaut au plan d'épargne pour la retraite collectif des sommes attribuées au titre de la participation, conformément aux dispositions de l'article L. 3324-12. »

Elle comporte également, en annexe, une note rappelant les règles de calcul et de répartition prévues par l'accord de participation. – *V. Circ. Questions-réponses du 19 avr. 2012 sur l'alimentation du plan d'épargne pour la retraite collectif par des jours de repos non pris et par la moitié de la réserve spéciale de participation, NOR : ETST1221259C.*

(Décr. n° 2009-351 du 30 mars 2009) « Avec l'accord du salarié concerné, la remise de cette fiche distincte peut être effectuée par voie électronique, dans des conditions de nature à garantir l'intégrité des données. »

Art. D. 3323-17 Chaque salarié est informé des sommes et valeurs qu'il détient au titre de la participation dans les six mois qui suivent la clôture de chaque exercice. – *[Anc. art. R. 442-20, al. 8.]*

Art. D. 3323-18 Lorsque l'accord de participation a été mis en place après que des salariés susceptibles d'en bénéficier ont quitté l'entreprise, ou lorsque le calcul et la répartition de la réserve spéciale de participation interviennent après un tel départ, la fiche et la note prévues à l'article D. 3323-16 sont également adressées à ces bénéficiaires pour les informer de leurs droits. – *[Anc. art. R. 442-20, al. 10.]*

CHAPITRE IV **CALCUL ET GESTION DE LA PARTICIPATION**

SECTION PREMIÈRE **CALCUL DE LA RÉSERVE SPÉCIALE DE PARTICIPATION**

Art. D. 3324-1 Les salaires à retenir pour le calcul du montant de la réserve spéciale de participation des salariés mentionnée à l'article L. 3324-1 sont les rémunérations au sens de l'article L. 242-1 du code de la sécurité sociale.

(Décr. n° 2009-351 du 30 mars 2009) « Lorsque l'accord de participation prévoit que les salariés d'un groupement d'employeurs mis à la disposition de l'entreprise bénéficient de ses dispositions, le montant de leurs salaires correspondant à leur activité dans l'entreprise utilisatrice est ajouté au montant des salaires des salariés de l'entreprise. Ce montant est communiqué à l'entreprise par le groupement d'employeurs. »

Assiette. Les rémunérations servant de base de calcul à la réserve spéciale de participation sont celles que désigne l'art. L. 242-1 CSS, qu'elles soient assujetties ou non à des cotisations sociales. • Soc. 29 oct. 2013 : *D. 2013. Actu. 2585 ; RJS 1/2014, n° 64.*

Art. D. 3324-2 La valeur ajoutée de l'entreprise mentionnée au 4° de l'article L. 3324-1 est déterminée en faisant le total des postes du compte de résultats énumérés ci-après, pour autant qu'ils concourent à la formation d'un bénéfice réalisé en France métropolitaine et dans les départements d'outre-mer :
1° Les charges de personnel ;
2° Les impôts, taxes et versements assimilés, à l'exclusion des taxes sur le chiffre d'affaires ;
3° Les charges financières ;
4° Les dotations de l'exercice aux amortissements ;
5° Les dotations de l'exercice aux provisions, à l'exclusion des dotations figurant dans les charges exceptionnelles ;
6° Le résultat courant avant impôts. – *[Anc. art. R. 442-2, al. 3 à 9.]*

Art. D. 3324-3 Par dérogation aux dispositions de l'article D. 3324-2, la valeur ajoutée des entreprises de banque et d'assurances est déterminée comme suit :
1° Pour les établissements de crédit *(Décr. n° 2014-1316 du 3 nov. 2014, art. 14)* « et les sociétés de financement », par le revenu bancaire hors taxe augmenté des produits nets du portefeuille titres et des revenus des immeubles. Le revenu bancaire est égal à

la différence entre, d'une part, les perceptions opérées sur les clients et, d'autre part, les frais financiers de toute nature ;

2° Pour les entreprises d'assurances régies par le code des assurances et les entreprises de réassurance, par la différence existant entre, d'une part, la somme des primes nettes d'impôts et des produits de placements et, d'autre part, le total des dotations aux provisions techniques et des prestations payées au cours de l'exercice aux assurés et bénéficiaires de contrats d'assurances. – *[Anc. art. R. 442-3, al. 1er à 3.]*

Art. D. 3324-4 Les capitaux propres mentionnés au 2° de l'article L. 3324-1 comprennent le capital, les primes liées au capital social, les réserves, le report à nouveau, les provisions qui ont supporté l'impôt ainsi que les provisions réglementées constituées en franchise d'impôts par application d'une disposition particulière du code général des impôts. Leur montant est retenu d'après les valeurs figurant au bilan de clôture de l'exercice au titre duquel la réserve spéciale de participation est calculée. Toutefois, en cas de variation du capital au cours de l'exercice, le montant du capital et des primes liées au capital social est pris en compte à due proportion du temps.

La réserve spéciale de participation des salariés ne figure pas parmi les capitaux propres.

Pour les sociétés de personnes et les entreprises individuelles, la somme définie ci-dessus est augmentée des avances en compte courant faites par les associés ou l'exploitant. La quotité des avances à retenir au titre de chaque exercice est égale à la moyenne algébrique des soldes des comptes courants en cause tels que ces soldes existent à la fin de chaque trimestre civil inclus dans l'exercice considéré.

Le montant des capitaux propres auxquels s'applique le taux de 5 % prévu au 2° de l'article susmentionné est obtenu en retranchant des capitaux propres définis aux alinéas précédents ceux qui sont investis à l'étranger calculés à due proportion du temps en cas d'investissement en cours d'année.

Le montant de ces capitaux est égal au total des postes nets de l'actif correspondant aux établissements situés à l'étranger après application à ce total du rapport des capitaux propres aux capitaux permanents.

Le montant des capitaux permanents est obtenu en ajoutant au montant des capitaux propres, les dettes à plus d'un an autres que celles incluses dans les capitaux propres. – *[Anc. art. R. 442-2, al. 10 à 15.]*

Art. D. 3324-5 Par dérogation aux dispositions de l'article D. 3324-4, les capitaux propres comprennent, en ce qui concerne les offices publics et ministériels dont le titulaire n'a pas la qualité de commerçant :

1° D'une part, la valeur patrimoniale du droit de présentation appartenant au titulaire de l'office ;

2° D'autre part, la valeur nette des autres biens affectés à l'usage professionnel et appartenant au titulaire de l'office au premier jour de la période au titre de laquelle la participation est calculée. – *[Anc. art. R. 442-3, al. 4 à 6.]*

Art. D. 3324-6 La valeur patrimoniale du droit de présentation est estimée dans les conditions prévues pour les cessions d'offices publics et ministériels mentionnés à l'article D. 3324-5.

Cette estimation est établie au 1er janvier de la première année d'application du régime de participation des salariés à l'office intéressé ou, en cas de changement de titulaire, à la date de cession de cet office.

La valeur nette des autres biens affectés à l'usage professionnel et appartenant au titulaire de l'office est égale à leur prix de revient diminué du montant des amortissements qui s'y rapportent. – *[Anc. art. R. 442-3, al. 7 à 9.]*

Art. R. 3324-7 Dans les entreprises relevant de l'impôt sur le revenu, l'impôt à retenir pour le calcul du bénéfice net s'obtient en appliquant au bénéfice imposable de l'exercice rectifié dans les conditions prévues à l'article L. 3324-3, le taux moyen d'imposition à l'impôt sur le revenu de l'exploitant.

Ce taux moyen est égal à cent fois le chiffre obtenu en divisant l'impôt sur le revenu dû pour l'exercice considéré par le montant des revenus soumis à cet impôt. Toutefois le taux moyen retenu est, dans tous les cas, limité au taux de droit commun de l'impôt sur les sociétés. – *[Anc. art. R. 442-4.]*

Art. D. 3324-8 Dans les entreprises soumises au régime fiscal des sociétés de personnes, le bénéfice net est obtenu par la somme des éléments suivants :

1° La fraction du bénéfice imposable de l'exercice qui revient à ceux des associés passibles de l'impôt sur les sociétés diminué de l'impôt que ces entreprises auraient acquitté si elles étaient personnellement soumises à l'impôt sur les sociétés, calculé au taux de droit commun de cet impôt ;

2° La fraction du bénéfice imposable de l'exercice rectifiée dans les conditions prévues à l'article L. 3324-3 qui revient aux associés personnes physiques, diminuée des impôts supportés par chacun de ces associés à ce titre, calculés conformément aux dispositions de l'article R. 3324-7. Toutefois, le montant total des impôts imputables est dans tous les cas limité à la somme qui résulterait de l'application à cette fraction du bénéfice imposable rectifiée du taux de droit commun de l'impôt sur les sociétés ;

3° La fraction du bénéfice net de l'exercice calculé, conformément aux 1° et 2° à partir de la fraction du bénéfice imposable de l'exercice revenant aux associés qui seraient eux-mêmes des entreprises soumises au régime fiscal des sociétés de personnes. – *[Anc. art. R. 442-5, al. 1er à 4.]*

Art. D. 3324-9 Le bénéfice net des associés des entreprises soumises au régime fiscal des sociétés de personnes est calculé sans tenir compte de la quote-part du résultat de ces entreprises qui leur revient, ni de l'impôt qui correspond à ce résultat. – *[Anc. art. R. 442-5, al. 5.]*

SECTION II **RÉPARTITION DE LA RÉSERVE SPÉCIALE DE PARTICIPATION**

Art. D. 3324-10 Le salaire servant de base à la répartition proportionnelle de la réserve spéciale de participation est égal au total des rémunérations, au sens de l'article L. 242-1 du code de la sécurité sociale, perçues par chaque bénéficiaire au cours de l'exercice considéré sans que ce total puisse excéder une somme, qui est identique pour tous les salariés et figure dans l'accord. Cette somme est au plus égale à quatre fois le plafond annuel retenu pour la détermination du montant maximum des cotisations de sécurité sociale et d'allocations familiales.

(Décr. no 2009-351 du 30 mars 2009) « Pour les salariés des groupements d'employeurs bénéficiaires de la participation dans leur entreprise utilisatrice, le salaire servant de base à la répartition proportionnelle est le salaire mentionné au dernier alinéa de l'article D. 3324-1. Pour les bénéficiaires mentionnés au deuxième alinéa de l'article L. 3323-6 et au troisième alinéa de l'article L. 3324-2 s'appliquent les dispositions du premier alinéa de l'article L. 3324-5. »

Ordre public. L'ensemble des dispositions légales et réglementaires relatives à la participation obligatoire des salariés aux résultats de l'entreprise qui vise à la constitution d'épargne salariale et à son orientation vers un secteur déterminé de l'économie nationale étant d'ordre public absolu, il ne peut y être dérogé qu'avec l'autorisation expresse de la loi ; l'art. R. 442-6 [D. 3324-10 nouv.], qui fixe le plafond du montant des droits susceptibles d'être attribués à un même salarié pour un même exercice, ne prévoit pas une telle dérogation. • Soc. 23 mai 2007 : *D. 2007. AJ 1665 ; RJS 2007. 756, no 980.* ♦ Dans le même sens, • TGI Paris, 29 avr. 2003 : *RJS 2003. 711, no 1044.* ♦ Ce plafond s'applique aux exercices clos à compter du 5 août 2001. • Même arrêt.

Art. D. 3324-11 Pour les périodes d'absence liées au congé de maternité ou au congé d'adoption et pour les périodes de suspension du contrat de travail consécutives à un accident du travail ou à une maladie professionnelle, les salaires à prendre en compte sont ceux qu'aurait perçus le bénéficiaire s'il n'avait pas été absent. – *[Anc. art. R. 442-6, al. 1er, phrase 2.]*

Art. D. 3324-12 Le montant des droits susceptibles d'être attribués à un même salarié ne peut, pour un même exercice, excéder une somme égale aux trois quarts du montant du plafond prévu à l'article D. 3324-10. – *[Anc. art. R. 442-6, al. 2.]*

Art. D. 3324-13 Lorsque le salarié n'a pas accompli une année entière dans la même entreprise, les plafonds prévus aux articles D. 3324-10 et D. 3324-12 sont calculés à due proportion de la durée de présence. – *[Anc. art. R. 442-6, al. 3.]*

Art. D. 3324-14 Les sommes qui demeurent dans la réserve spéciale de participation des salariés, en application du deuxième alinéa de l'article L. 3324-7, ne peuvent ouvrir droit au bénéfice des déductions et exonérations prévues aux articles L. 3325-1 et L. 3325-2 qu'au titre des exercices au cours desquels elles sont réparties. – *[Anc. art. R. 442-6, al. 4.]*

Art. D. 3324-15 Les plafonds prévus aux articles D. 3324-10 et D. 3324-12 s'appliquent à la totalité de la participation attribuée à chaque salarié. – *[Anc. art. R. 442-6, al. 5.]*

Art. R. 3324-16 Les dispositions du présent titre sont, à l'exception de celles des articles R. 3322-1, D. 3323-8 à R. 3323-11, D. 3324-1 à D. 3324-10 et D. 3325-1 à R. 3326-1, applicables au supplément de réserve spéciale de participation prévu à l'article L. 3324-9 et à l'accord spécifique de répartition auquel il peut donner lieu. – *[Anc. art. R. 444-1-7-II.]*

SECTION III **ÉVALUATION DES TITRES**

Art. D. 3324-17 Dans le cas prévu au 1° de l'article L. 3323-2, l'accord de participation détermine la forme des titres attribués, les modalités de conservation de ces titres et les mesures prises pour assurer le respect de l'interdiction de les négocier pendant cinq ans, sauf dans les cas prévus à l'article R. 3324-22. – *[Anc. art. R. 442-7.]*

Art. D. 3324-18 En cas d'attribution d'actions de l'entreprise, les titres sont évalués sur la base de la moyenne de leur cours de bourse pendant les vingt jours de cotation précédant la date de leur attribution. Cette moyenne est obtenue par référence au premier cours coté de chaque séance. – *[Anc. art. R. 442-8, al. 1er et 2.]*

Art. D. 3324-19 Lorsque les titres ne sont pas admis aux négociations sur un marché réglementé, le prix auquel les titres sont attribués est déterminé conformément aux méthodes définies à l'article L. 3332-20, sans préjudice des dispositions légales qui fixent les conditions de détermination de la valeur de certaines catégories de titres. – *[Anc. art. R. 442-8, al. 3.]*

Art. D. 3324-20 Les titres sont évalués par l'entreprise, sous le contrôle du commissaire aux comptes, au moins une fois par exercice et chaque fois qu'un événement ou une série d'événements intervenus au cours d'un exercice sont susceptibles de conduire à une évolution substantielle de la valeur des actions de l'entreprise.

Il est, en outre, procédé à une évaluation par des experts au moins tous les cinq ans. *(Décr. n° 2009-351 du 30 mars 2009)* « Cette évaluation est facultative dans les entreprises mentionnées au troisième alinéa de l'article L. 3332-20 dont les titres sont évalués en application du deuxième alinéa de ce même article. »

Art. D. 3324-21 Les salariés attributaires d'actions de l'entreprise peuvent négocier les droits de souscription ou d'attribution afférents à ces titres même au cours de la période où ceux-ci ne sont pas négociables en application de l'article L. 3324-10. – *[Anc. art. R. 442-9.]*

SECTION IV **DISPONIBILITÉ DES DROITS DES BÉNÉFICIAIRES** *(Décr. n° 2009-350 du 30 mars 2009).*

Art. R. 3324-21-1 *(Décr. n° 2009-350 du 30 mars 2009)* L'accord de participation prévoit les modalités d'information de chaque bénéficiaire.

(Décr. n° 2011-1449 du 7 nov. 2011) « Cette information porte notamment sur :

« *a)* Les sommes qui sont attribuées au titre de la participation ;

« *b)* Le montant dont il peut demander en tout ou partie le versement ;

« *c)* Le délai dans lequel il peut formuler sa demande ;

« *d)* L'affectation d'une quote-part de ces sommes au plan d'épargne pour la retraite collectif, en cas d'absence de réponse de sa part, conformément aux dispositions de l'article L. 3424-12 ; »

La demande du bénéficiaire est formulée dans un délai de quinze jours à compter de la date à laquelle il a été informé du montant qui lui est attribué. L'accord précise la date à laquelle le bénéficiaire est présumé avoir été informé.

En l'absence de stipulation conventionnelle, le bénéficiaire formule sa demande dans un délai de quinze jours à compter de la réception de la lettre recommandée avec avis de réception ou remise contre récépissé l'informant du montant qui lui est attribué et du montant dont il peut demander en tout ou partie le versement.

Si le bénéficiaire ne demande pas le versement de ces sommes dans le délai de quinze jours mentionné ci-dessus, elles ne sont négociables ou exigibles qu'à l'expiration d'un délai de cinq ans à compter du *(Décr. n° 2015-1606 du 7 déc. 2015, art. 2, en vigueur le 1er janv. 2016)* « premier jour du sixième mois » suivant l'exercice au titre duquel les droits sont nés, conformément aux dispositions de l'article L. 3324-10, ou d'un délai de huit ans, dans les mêmes conditions, conformément aux dispositions de l'article L. 3323-5.

(Décr. n° 2011-1449 du 7 nov. 2011) « Toutefois, lorsque ces sommes sont inscrites sur un plan d'épargne pour la retraite collectif, leur délivrance ne peut intervenir qu'à l'échéance ou dans les conditions prévues à l'article *(Décr. n° 2015-1606 du 7 déc. 2015, art. 2, en vigueur le 1er janv. 2016)* « L. 3334-14 ».

V. Circ. Questions-réponses du 19 avr. 2012 sur l'alimentation du plan d'épargne pour la retraite collectif par des jours de repos non pris et par la moitié de la réserve spéciale de participation, NOR : ETST1221259C.

Art. D. 3324-21-2 *(Décr. n° 2009-351 du 30 mars 2009)* Lorsqu'un bénéficiaire demande le versement de la participation conformément aux dispositions de l'article R. 3324-21-1, les entreprises effectuent ce versement avant le *(Décr. n° 2015-1606 du 7 déc. 2015, art. 2, en vigueur le 1er janv. 2016)* « premier jour du sixième mois » suivant la clôture de l'exercice au titre duquel la participation est attribuée.

Passé ce délai, les entreprises complètent le versement prévu au premier alinéa par un intérêt de retard égal à 1,33 fois le *(Décr. n° 2015-1606 du 7 déc. 2015, art. 2, en vigueur le 1er janv. 2016)* « taux mentionné à l'article 14 de la loi n° 47-1775 du 10 septembre 1947 portant statut de la coopération ».

Les intérêts sont versés en même temps que le principal.

Art. R. 3324-22 *(Décr. n° 2009-350 du 30 mars 2009)* « Dans le cas où le bénéficiaire n'a pas opté pour la disponibilité immédiate, les cas dans lesquels, en application de l'article L. 3324-10, les droits constitués au profit des bénéficiaires peuvent être exceptionnellement liquidés avant l'expiration des délais fixés au premier alinéa de cet article et au deuxième alinéa de l'article L. 3323-5 sont les suivants : »

1° Le mariage ou la conclusion d'un pacte civil de solidarité par l'intéressé ;

2° La naissance ou l'arrivée au foyer d'un enfant en vue de son adoption, dès lors que le foyer compte déjà au moins deux enfants à sa charge ;

3° Le divorce, la séparation ou la dissolution d'un pacte civil de solidarité lorsqu'ils sont assortis *(L. n° 2016-1907 du 28 déc. 2016, art. 13)* « d'une convention ou » d'un jugement prévoyant la résidence habituelle unique ou partagée d'au moins un enfant au domicile de l'intéressé ;

4° L'invalidité de l'intéressé, de ses enfants, de son conjoint ou de son partenaire lié par un pacte civil de solidarité. Cette invalidité s'apprécie au sens des 2° et 3° de l'article L. 341-4 du code de la sécurité sociale ou est reconnue par décision de la commission des droits et de l'autonomie des personnes handicapées, à condition que le taux d'incapacité atteigne au moins 80 % et que l'intéressé n'exerce aucune activité professionnelle ;

5° Le décès de l'intéressé, de son conjoint ou de son partenaire lié par un pacte civil de solidarité ;

6° La rupture du contrat de travail, *(Décr. n° 2009-350 du 30 mars 2009)* « la cessation de son activité par l'entrepreneur individuel, la fin du mandat social, la perte du statut de conjoint collaborateur ou de conjoint associé ; »

7° L'affectation des sommes épargnées à la création ou reprise, par l'intéressé, ses enfants, son conjoint ou son partenaire lié par un pacte civil de solidarité, d'une entreprise industrielle, commerciale, artisanale ou agricole, soit à titre individuel, soit sous la forme d'une société, à condition d'en exercer effectivement le contrôle au sens de l'article R. 5141-2, à l'installation en vue de l'exercice d'une autre profession non salariée ou à l'acquisition de parts sociales d'une société coopérative de production ;

8° L'affectation des sommes épargnées à l'acquisition ou agrandissement de la résidence principale emportant création de surface habitable nouvelle telle que définie à l'article R. 111-2 du code de la construction et de l'habitation, sous réserve de l'existence d'un permis de construire ou d'une déclaration préalable de travaux, ou à la remise en état de la résidence principale endommagée à la suite d'une catastrophe naturelle reconnue par arrêté ministériel ;

9° La situation de surendettement de l'intéressé définie à l'article L. 331-2 du code de la consommation, sur demande adressée à l'organisme gestionnaire des fonds ou à l'employeur, soit par le président de la commission de surendettement des particuliers, soit par le juge lorsque le déblocage des droits paraît nécessaire à l'apurement du passif de l'intéressé. – *[Anc. art. R. 442-17, al. 1er à 10.]*

Art. R. 3324-23 La demande du salarié de liquidation anticipée est présentée dans un délai de six mois à compter de la survenance du fait générateur, sauf dans les cas de rupture du contrat de travail, décès, invalidité et surendettement. Dans ces derniers cas, elle peut intervenir à tout moment.

La levée anticipée de l'indisponibilité intervient sous forme d'un versement unique qui porte, au choix du salarié, sur tout ou partie des droits susceptibles d'être débloqués. – *[Anc. art. R. 442-17, al. 11.]*

Art. R. 3324-24 Le jugement arrêtant le plan de cession totale de l'entreprise, ou ouvrant ou prononçant la liquidation judiciaire de l'entreprise rend immédiatement exigibles les droits à participation non échus en application de l'article L. 643-1 du code de commerce et de l'article L. 3253-10 du présent code. – *[Anc. art. R. 442-17, al. 12.]*

SECTION V **GESTION DE LA RÉSERVE SPÉCIALE**

Art. D. 3324-25 *(Décr. n° 2009-351 du 30 mars 2009)* « Lorsque les parties ont choisi d'utiliser la réserve spéciale de participation dans les conditions prévues au 1° de l'article L. 3323-2, les entreprises réalisent les versements correspondants avant le *(Décr. n° 2015-1606 du 7 déc. 2015, art. 2, en vigueur le 1er janv. 2016)* « premier jour du sixième mois » suivant la clôture de l'exercice au titre duquel la participation est attribuée. »

Passé ce délai, les entreprises complètent les versements prévus au premier alinéa par un intérêt de retard égal à 1,33 fois le *(Décr. n° 2015-1606 du 7 déc. 2015, art. 2, en vigueur le 1er janv. 2016)* « taux mentionné à l'article 14 de la loi n° 47-1775 du 10 septembre 1947 portant statut de la coopération ».

Les intérêts sont versés en même temps que le principal et employés dans les mêmes conditions.

Art. D. 3324-26 Lorsque la réserve spéciale de participation est consacrée à l'acquisition de titres émis par des sociétés d'investissement à capital variable, le portefeuille de ces sociétés est composé, au moins pour la moitié, de valeurs d'entreprises dont le siège est situé dans un État membre de la Communauté européenne ou d'un autre État partie à l'accord sur l'Espace économique européen.

Ces sociétés inscrivent au nom de chacun des bénéficiaires le nombre d'actions ou de coupures d'actions correspondant aux sommes qui reviennent à celui-ci. – *[Anc. art. R. 442-11.]*

Art. D. 3324-27 Lorsque l'accord de participation prévoit que les sommes revenant aux salariés seront utilisées selon une ou plusieurs des modalités mentionnées à l'article L. 3323-2 et laisse aux salariés la possibilité de choisir individuellement le mode de gestion des sommes qui leur sont attribuées, il prévoit les modalités d'exercice de ce choix et précise le sort des droits des salariés n'ayant pas expressément opté pour l'un des modes de placement proposés. – *[Anc. art. R. 442-12, al. 1er.]*

Art. D. 3324-28 Lorsque l'accord de participation offre plusieurs instruments de placement, il précise les modalités selon lesquelles le salarié peut modifier l'affectation de son épargne.

Toutefois, l'accord peut prévoir des restrictions à la possibilité de modification du choix de placement initial dans les cas qu'il définit. Il précise alors la ou les modifications pouvant intervenir à l'occasion du départ du salarié de l'entreprise.

Sans préjudice des dispositions du cinquième alinéa de l'article *(Décr. n° 2013-687 du 25 juill. 2013, art. 30)* « L. 214-164 » et du septième alinéa de l'article *(Décr. n° 2013-687 du 25 juill. 2013, art. 30)* « L. 214-165 » du code monétaire et financier, les signataires de l'accord peuvent modifier l'affectation de l'épargne des salariés investis dans des *(Décr. n° 2013-687 du 25 juill. 2013, art. 30)* « organismes de placement collectif en valeurs mobilières ou des placements collectifs relevant des paragraphes 1, 2 et 6 de la sous-section 2, du paragraphe 2 ou du sous-paragraphe 1 du paragraphe 1 de la sous-section 3, ou de la sous-section 4 de la section II du chapitre IV du titre Ier du livre II du code monétaire et financier lorsque les caractéristiques des nouveaux organismes ou des placements collectifs sont identiques à celles des organismes ou des placements collectifs » antérieurement prévus.

Art. D. 3324-29 Lorsque les droits à participation sont affectés, au cours ou à l'issue de la période de blocage, à un plan d'épargne d'entreprise, le délai d'indisponibilité couru de ces sommes au moment de l'affectation s'impute sur la durée de blocage prévue par le plan d'épargne d'entreprise. – *[Anc. art. R. 442-12, al. 3.]*

Art. D. 3324-30 L'accord de participation prévoyant le choix individuel entre le versement immédiat ou le réinvestissement des intérêts précise le régime applicable à défaut d'option exercée par le salarié. – *[Anc. art. R. 442-12, al. 4.]*

Art. D. 3324-31 En l'absence de stipulation des accords, les revenus des droits de créance des salariés sont versés annuellement aux bénéficiaires. – *[Anc. art. R. 442-12, al. 5.]*

Art. D. 3324-32 Lorsque les intérêts correspondants aux sommes placées dans les conditions prévues au 2° de l'article L. 3323-2 sont réinvestis, ils sont capitalisés annuellement. – *[Anc. art. R. 442-12, al. 6.]*

Art. D. 3324-33 Les sommes attribuées au titre de la participation et affectées à un fonds d'investissement de l'entreprise sont rémunérées pour tous les salariés à un taux identique. Ce taux ne peut être inférieur au *(Décr. n° 2015-1606 du 7 déc. 2015, art. 2, en vigueur le 1er janv. 2016)* « taux mentionné à l'article 14 de la loi n° 47-1775 du 10 septembre 1947 portant statut de la coopération ». – *[Anc. art. R. 442-12, al. 7.]*

Art. D. 3324-34 Les fonds communs de placement constitués en application d'un accord de participation sont régis par les règles applicables aux fonds communs de placement d'entreprise mentionnés aux articles *(Décr. n° 2013-687 du 25 juill. 2013, art. 30)* « L. 214-164 et L. 214-165 » du code monétaire et financier.

En outre, le règlement du fonds peut prévoir la possibilité pour celui-ci de recevoir, à la demande de tout salarié disposant, en application du 2° de l'article L. 3323-2, d'un droit de créance sur une entreprise au titre de la participation des salariés, les sommes qui lui ont été attribuées à ce titre. Dans ce cas, les sommes sont versées directement par l'entreprise dans les deux mois qui suivent la décision du salarié. – *[Anc. art. R. 442-13.]*

Art. D. 3324-35 Lorsqu'aucun accord de participation n'a été conclu, les sommes inscrites en compte courant portent intérêt à compter du *(Décr. n° 2015-1606 du 7 déc. 2015, art. 2, en vigueur le 1er janv. 2016)* « premier jour du sixième mois » suivant la clôture de l'exercice au titre duquel la participation est attribuée. – *[Anc. art. R. 442-14.]*

Art. D. 3324-36 Lorsqu'un salarié titulaire de droits sur la réserve spéciale de participation quitte l'entreprise sans faire valoir ses droits à déblocage ou avant que l'entreprise ait été en mesure de liquider à la date de son départ la totalité des droits dont il est titulaire, l'employeur :

1° Lui remet l'état récapitulatif prévu à l'article L. 3341-7 ;

2° Lui demande l'adresse à laquelle doivent lui être envoyés les avis de mise en paiement des dividendes et d'échéance des intérêts, des titres remboursables et des avoirs devenus disponibles, et, le cas échéant, le compte sur lequel les sommes correspondantes doivent lui être versées ;

3° L'informe qu'il l'avisera des éventuels changements d'adresse de l'entreprise ou de l'organisme gestionnaire. – *[Anc. art. R. 442-15.]*

Art. D. 3324-37 Lorsque le bénéficiaire ne peut être atteint à la dernière adresse indiquée par lui, les sommes auxquelles il peut prétendre sont tenues à sa disposition par l'entreprise pendant une durée d'un an à compter de la date d'expiration du délai prévu soit à l'article L. 3323-5, soit à l'article L. 3324-10 selon le cas.

Passé ce délai, ces sommes sont remises à la Caisse des dépôts et consignations où l'intéressé peut les réclamer *(Décr. n° 2009-351 du 30 mars 2009)* « jusqu'au terme » *(Décr. n° 2015-1606 du 7 déc. 2015, art. 2, en vigueur le 1er janv. 2016)* « des délais prévus au III de l'article L. 312-20 du code monétaire et financier ».

Le salarié qui quitte l'entreprise sans demander le déblocage des droits peut les réclamer jusqu'à l'expiration du délai de la prescription prévue à l'art. 2262 C. civ. La banque doit justifier, même au-delà du délai de conservation des archives commerciales, de l'exécution de son obligation de restitution. • Com. 29 oct. 2003, n° 00-21.947 P.

Art. D. 3324-38 La conservation des parts de fonds communs de placement et des actions de sociétés d'investissement à capital variable (SICAV) acquises en application du 1° de l'article L. 3323-2 continue d'être assurée par l'organisme qui en est chargé et auprès duquel l'intéressé peut les réclamer *(Décr. n° 2009-351 du 30 mars 2009)* « jusqu'au terme » *(Décr. n° 2015-1606 du 7 déc. 2015, art. 2, en vigueur le 1er janv. 2016)* « des délais prévus au III de l'article L. 312-20 du code monétaire et financier ».

Art. D. 3324-39 En cas de décès du salarié, ses ayants droit demandent la liquidation de ses droits.

Le régime fiscal prévu au 4 du III de l'article 150-0 A du code général des impôts cesse de leur être attaché à compter du septième mois suivant le décès. – *[Anc. art. R. 442-16, al. 4.]*

Art. D. 3324-40 Lorsque la déclaration des résultats d'un exercice est rectifiée par l'administration ou par le juge de l'impôt, le montant de la participation des salariés au bénéfice de cet exercice fait l'objet d'un nouveau calcul, compte tenu des rectifications apportées.

Le montant de la réserve spéciale de participation est modifié en conséquence au cours de l'exercice pendant lequel les rectifications opérées par l'administration ou par le juge de l'impôt sont devenues définitives ou ont été formellement acceptées par l'entreprise. Ce montant est majoré d'un intérêt dont le taux est égal au *(Décr. n° 2015-1606 du 7 déc. 2015, art. 2, en vigueur le 1er janv. 2016)* « taux mentionné à l'article 14 de la loi n° 47-1775 du 10 septembre 1947 portant statut de la coopération » et qui court à partir du *(Décr. n° 2015-1606 du 7 déc. 2015, art. 2, en vigueur le 1er janv. 2016)* « premier jour du sixième mois » de l'exercice qui suit celui au titre duquel les rectifications ont été opérées.

1. L'art. R. 442-23 [D. 3324-40 nouv.] qui prévoit la modification de la réserve spéciale de participation ne fait aucune distinction entre une modification à la hausse ou à la baisse. • Soc. 1er juill. 1998, n° 96-16.471 P : *RJS 1998. 654, n° 1032.* ♦ *Contra* : • Versailles, 29 févr. 1996 : *RJS 1996. 679, n° 1068.*

2. Le complément de réserve spéciale de participation consécutif à un redressement fiscal est ajouté à la réserve spéciale de l'année au cours de laquelle cette décision est devenue définitive, et non à celle de l'année pour laquelle la rectification a été opérée. • Soc. 10 mars 1998 : *D. 1998. IR 108 ; RJS 1998. 316, n° 504.*

3. Les dispositions de l'art. R. 442-23 ne s'appliquent que dans l'hypothèse où le montant de la réserve de participation est modifié à la suite de rectifications opérées par l'administration ou le juge ; l'accord qui a pour objet de réparer les effets d'une erreur de calcul ayant minoré la réserve de participation d'exercices antérieurs ne peut limiter le bénéfice de cette régularisation aux salariés présents dans l'entreprise lors de sa conclusion. • Soc. 5 juin 2001, n° 99-14.037 P : *RJS 2001. 716, n° 1048.*

4. Supplément de participation avant redressement. L'action en responsabilité des salariés qui, ayant quitté l'entreprise avant qu'un redressement fiscal soit devenu définitif, n'ont pas pu bénéficier du supplément de réserve spéciale de participation en ayant résulté est irrecevable. • Soc. 18 févr. 2016 n° 14-12.614 P : *D. 2016. Actu. 487 ; RJS 4/2016, n° 280 ; JCP S 2016. 1119, obs. Kovac.*

SECTION VI **PAIEMENT ET DÉBLOCAGE ANTICIPÉ**

Art. D. 3324-41 Pour obtenir le transfert des sommes qu'il détient au titre de la participation, le salarié indique à l'entreprise qu'il quitte les avoirs qu'il souhaite transférer en utilisant les mentions faites dans l'état récapitulatif ou dans le dernier relevé dont il dispose et lui demande de liquider ces avoirs. – *[Anc. art. R. 444-1-4, al. 1er.]*

Art. D. 3324-42 Lorsque le transfert est réalisé vers un plan d'épargne d'entreprise dont il bénéficie au sein de la nouvelle entreprise qui l'emploie, le salarié précise dans sa demande l'affectation de son épargne au sein du plan ou des plans qu'il a choisis.

Lorsque le transfert est réalisé vers un plan dont il bénéficie au titre d'un nouvel emploi, le salarié communique à l'entreprise qu'il a quittée le nom et l'adresse de son nouvel employeur et de l'établissement mentionné à l'article R. 3333-5. Il informe ces derniers de ce transfert et de l'affectation de son épargne. – *[Anc. art. R. 444-1-4, al. 2 et 3.]*

Art. D. 3324-43 L'entreprise que le salarié quitte procède elle-même à la liquidation des sommes bloquées en application du 2° de l'article L. 3323-2 ou de l'article L. 3323-5 et demande sans délai à l'établissement chargé du registre des comptes la liquidation des actions ou parts détenues au sein des plans d'épargne.

La liquidation réalisée, l'entreprise transfère les sommes correspondantes vers le plan concerné, en indiquant les périodes d'indisponibilité déjà courues ainsi que les éléments nécessaires à l'application de la législation sociale. – *[Anc. art. R. 444-1-4, al. 4 et 5.]*

Art. D. 3324-44 L'arrêté ministériel prévu à l'article L. 3324-11 est pris conjointement par les ministres chargés de l'économie et du travail. – *[Anc. art. L. 442-5, al. 10.]*

CHAPITRE V **RÉGIME SOCIAL ET FISCAL DE LA PARTICIPATION**

Art. D. 3325-1 Sur demande de l'entreprise, l'attestation du montant du bénéfice net et des capitaux propres est établie soit par le commissaire aux comptes, soit par l'*(Décr. no 2014-552 du 27 mai 2014, art. 17)* « inspecteur des finances publiques ».

Dans ce dernier cas, la demande est accompagnée d'un état annexe rempli par l'entreprise, conformément à un modèle arrêté par le ministre chargé de l'économie. – *[Anc. art. R. 442-22, al. 1er.]*

Art. D. 3325-2 L'attestation est délivrée par l'*(Décr. no 2014-552 du 27 mai 2014, art. 17)* « inspecteur des finances publiques » dans les trois mois qui suivent celui de la demande de l'entreprise ou, si la déclaration fiscale des résultats correspondants à l'exercice considéré est souscrite après la présentation de cette demande, dans les trois mois qui suivent celui du dépôt de cette déclaration. – *[Anc. art. R. 442-22, al. 2.]*

Art. D. 3325-3 Lorsqu'aucune demande d'attestation n'a été présentée six mois après la clôture d'un exercice, l'inspecteur du travail peut se substituer à l'entreprise pour obtenir cette attestation. – *[Anc. art. R. 442-22, al. 3.]*

Art. D. 3325-4 La modification d'assiette du bénéfice net intervenue après la délivrance d'une attestation donne lieu à l'établissement d'une attestation rectificative établie dans les mêmes conditions que l'attestation initiale. – *[Anc. art. R. 442-22, al. 4.]*

Art. D. 3325-5 La constitution en franchise d'impôt de la provision pour investissement prévue à l'article L. 3325-3 et au II de l'article 237 *bis* A du code général des impôts est subordonnée au respect des dispositions prévues à l'article 171 *bis* de l'annexe II au code général des impôts. – *[Anc. art. R. 442-24.]*

Art. D. 3325-6 L'avoir fiscal et le crédit d'impôt attachés aux revenus des valeurs mobilières attribuées aux salariés ou acquises pour leur compte au titre de la participation donnent lieu à délivrance d'un certificat distinct, conformément aux dispositions de l'article 77 de l'annexe II au code général des impôts et sous les deux modalités suivantes :

1° Lorsque ces revenus sont totalement exonérés, conformément aux dispositions de l'article L. 3325-2, le certificat est établi pour la totalité de l'avoir fiscal ou du crédit d'impôt au nom de l'organisme chargé de la conservation des titres et la restitution de l'avoir fiscal ou du crédit d'impôt mentionné sur ce certificat est demandée par cet organisme ;

2° Lorsque l'exonération ne porte que sur la moitié de ces revenus le certificat établi au nom de l'organisme chargé de la conservation des titres ne mentionne que la moitié de l'avoir fiscal ou du crédit d'impôt qui s'attache à ces revenus. La restitution demandée par l'organisme porte alors sur un montant réduit de moitié. – *[Anc. art. R. 442-25, al. 1er à 3.]*

Art. D. 3325-7 La demande de restitution, accompagnée du certificat, est adressée au service des impôts du siège de l'organisme qui l'a établie.

La restitution est opérée au profit de cet organisme, à charge pour lui d'employer les sommes correspondantes de la même façon que les revenus auxquels elles se rattachent. – *[Anc. art. R. 442-25, al. 4 et 5.]*

CHAPITRE VI **CONTESTATIONS ET SANCTIONS**

Art. R. 3326-1 Les litiges relatifs à l'application du présent titre, autres que ceux mentionnés aux premier et deuxième alinéas de l'article **L. 3326-1**, relèvent du tribunal de grande instance dans les conditions fixées à l'article *[aux articles]* **L. 211-3** et **R. 211-3** du code de l'organisation judiciaire. – *[Anc. art. R. 442-26.]*

TITRE TROISIÈME **PLANS D'ÉPARGNE SALARIALE**

CHAPITRE PREMIER **CHAMP D'APPLICATION**

Art. R. 3331-1 *(Décr. nº 2009-350 du 30 mars 2009)* Les dispositions du présent titre, à l'exception de l'article **D. 3334-3-1**, sont également applicables aux personnes mentionnées au dernier alinéa de l'article **L. 3332-2**.

Art. D. 3331-2 *(Décr. nº 2009-351 du 30 mars 2009)* Les salariés d'un groupement d'employeurs qui n'a pas mis en place un plan d'épargne salariale peuvent bénéficier du plan d'épargne salariale mis en place dans chacune des entreprises du groupement auprès de laquelle ils sont mis à disposition si le règlement le prévoit.

Art. D. 3331-3 *(Décr. nº 2009-351 du 30 mars 2009)* L'ancienneté des personnes mentionnées au dernier alinéa de l'article **L. 3332-2** éventuellement requise par le règlement se décompte à compter de la date d'effet du contrat individuel.

CHAPITRE II **PLAN D'ÉPARGNE D'ENTREPRISE**

SECTION PREMIÈRE **CONDITIONS DE MISE EN PLACE**

SOUS-SECTION 1 **CHOIX DE PLACEMENT**

Art. R. 3332-1 Le règlement du plan d'épargne d'entreprise comporte, en annexe, les critères de choix et la liste des instruments de placement ainsi que les notices des sociétés d'investissement à capital variable (SICAV) et des fonds communs de placement offerts aux adhérents. – *[Anc. art. R. 443-2, al. 1er.]*

Art. R. 3332-2 Lorsque le plan offre plusieurs instruments de placement, son règlement précise les modalités selon lesquelles l'adhérent peut modifier l'affectation de son épargne entre ces instruments.

Toutefois, le règlement du plan peut prévoir des restrictions à la faculté de modifier le choix de placement initial dans des cas qu'il définit. L'investissement des sommes qui ont bénéficié du supplément d'abondement dans les conditions prévues au deuxième alinéa de l'article **L. 3332-11** ne peut être modifié. – *[Anc. art. R. 443-2, al. 2, phrases 1 à 3.]*

Art. R. 3332-3 Le règlement du plan précise les modifications du choix de placement initial pouvant intervenir à l'occasion du départ du salarié de l'entreprise.

Sans préjudice des dispositions du cinquième alinéa de l'article *(Décr. nº 2013-687 du 25 juill. 2013, art. 30)* « **L. 214-164** » et du septième alinéa de l'article *(Décr. nº 2013-687 du 25 juill. 2013, art. 30)* « **L. 214-165** » du code monétaire et financier, les signataires de l'accord peuvent modifier l'affectation de l'épargne des salariés investie dans des *(Décr. nº 2013-687 du 25 juill. 2013, art. 30)* « organismes de placement collectif en valeurs mobilières ou des placements collectifs relevant des paragraphes 1, 2 et 6 de la sous-section 2, du paragraphe 2 ou du sous-paragraphe 1 du paragraphe de la sous-section 3, ou de la sous-section 4 de la section II du chapitre IV du titre Ier du livre II du code monétaire et financier lorsque les caractéristiques des nouveaux organismes ou des placements collectifs sont identiques à celles des organismes ou des placements collectifs » antérieurement prévus.

Lorsque la modification de l'affectation des sommes intervient durant la période d'indisponibilité, la durée totale de celle-ci n'est pas remise en cause. — *[Anc. art. R. 443-2, al. 2, phrases 4 et 5, et al. 3.]*

SOUS-SECTION 2 **DÉPÔT**

Art. R. 3332-4 Le règlement du plan d'épargne d'entreprise mentionné aux articles L. 3332-7 et L. 3332-9 est déposé *(Décr. n° 2015-1606 du 7 déc. 2015, art. 3, en vigueur le 1er janv. 2016)* « , avec les annexes relatives aux critères de choix et à la liste des instruments de placements, » à la *(Décr. n° 2009-1377 du 10 nov. 2009)* « direction régionale des entreprises, de la concurrence, de la consommation, du travail et de l'emploi ». — *[Anc. art. L. 443-1, al. 6 partiel.]*

Art. R. 3332-5 Si le plan d'épargne d'entreprise est mis en place à l'initiative de l'entreprise, le procès-verbal de consultation du comité d'entreprise ou, à défaut, des délégués du personnel est déposé avec le règlement du plan. — *[Anc. art. R. 444-1-1, al. 9.]*

Art. R. 3332-6 Le *(Décr. n° 2009-1377 du 10 nov. 2009)* « directeur régional des entreprises, de la concurrence, de la consommation, du travail et de l'emploi » accuse, sans délai, réception de l'accord et des documents mentionnés à la présente sous-section. — *[Anc. art. R. 444-1-1, al. 15.]*

Art. R. 3332-7 Le plan d'épargne d'entreprise, établi par accord avec le personnel, est conclu selon l'une des modalités prévues à l'article L. 3322-6. — *[Anc. art. R. 443-1.]*

SECTION II **VERSEMENTS**

Art. R. 3332-8 Le plafond prévu à l'article L. 3332-11 est fixé à 8 % du montant annuel du plafond prévu à l'article L. 241-3 du code de la sécurité sociale. — *[Anc. art. L. 443-7, al. 1er, phrase 1.]*

Art. R. 3332-9 Un plan d'épargne d'entreprise peut recueillir, à l'initiative des participants, les versements des sommes issues de l'intéressement, de la participation, des versements volontaires et des contributions des entreprises prévues à l'article L. 3332-11.

Le règlement du plan d'épargne d'entreprise peut prévoir, pour chaque versement volontaire des participants, un montant minimum par support de placement. Celui-ci ne peut toutefois pas excéder une somme fixée par arrêté conjoint des ministres chargés de l'économie et du travail. — *[Anc. art. R. 443-3.] — Montant fixé à 160 € par Arr. du 10 oct. 2001 (JO 18 oct.).*

Art. D. 3332-9-1 *(Décr. n° 2009-351 du 30 mars 2009)* Les versements annuels d'un bénéficiaire mentionné au dernier alinéa de l'article L. 3332-2 aux plans d'épargne salariale auxquels il participe ne peuvent excéder un quart de son revenu professionnel imposé à l'impôt sur le revenu au titre de l'année précédente.

Art. R. 3332-10 Les sommes versées par les adhérents à un plan d'épargne d'entreprise, les sommes complémentaires versées par l'entreprise, les sommes attribuées au titre de l'intéressement et affectées volontairement par des salariés à ce plan d'épargne ainsi que les sommes attribuées aux salariés au titre de la participation aux résultats et affectées à la réalisation de ce plan sont, dans un délai de quinze jours à compter respectivement de leur versement par l'adhérent ou de la date à laquelle elles sont dues, employées à l'acquisition d'actions de sociétés d'investissement à capital variable ou de parts de fonds communs de placement d'entreprise ou de titres émis par l'entreprise ou, le cas échéant, par des sociétés créées dans les conditions prévues à l'article 11 de la loi n° 84-578 du 9 juillet 1984 sur le développement de l'initiative économique. — *[Anc. art. R. 443-4, al. 1er.]*

Art. R. 3332-11 L'affectation à la réalisation du plan des sommes complémentaires que l'entreprise s'est engagée à verser intervient concomitamment aux versements de l'adhérent ou, au plus tard, à la fin de chaque exercice et avant le départ de l'adhérent de l'entreprise. – *[Anc. art. R. 443-4, al. 2.]*

Art. R. 3332-12 Les sommes attribuées au titre de l'intéressement que les salariés souhaitent affecter à la réalisation d'un plan d'épargne d'entreprise sont versées dans ce plan dans un délai maximum de quinze jours à compter de la date à laquelle elles ont été perçues. – *[Anc. art. R. 443-8, al. 1er.]*

Art. R. 3332-13 Lorsque l'ancien salarié de l'entreprise n'a pas accès à un plan d'épargne pour la retraite collectif, il peut continuer à effectuer des versements dans le plan d'épargne pour la retraite collectif de son ancienne entreprise. Sauf dans ce cas, l'ancien salarié qui l'a quittée pour un motif autre que le départ en retraite ou en préretraite ne peut effectuer de nouveaux versements au plan d'épargne d'entreprise.

Toutefois, lorsque le versement de l'intéressement *(Décr. nº 2009-350 du 30 mars 2009)* « , ou de la participation, » au titre de la dernière période d'activité du salarié intervient après son départ de l'entreprise, il peut affecter cet intéressement *(Décr. nº 2009-350 du 30 mars 2009)* « ou cette participation » au plan d'épargne de l'entreprise qu'il vient de quitter. Le règlement du plan peut prévoir que ce versement fait l'objet d'un versement complémentaire de l'entreprise suivant les conditions prévues pour l'ensemble des salariés. – *[Anc. art. R. 443-8, al. 2.]*

Art. R. 3332-13-1 *(Décr. nº 2015-1606 du 7 déc. 2015, art. 3, en vigueur le 1er janv. 2016)* A défaut de stipulation conventionnelle, les sommes sont affectées à une société d'investissement à capital variable régie par les articles L. 214-7 à L. 214-7-4 et L. 214-24-29 à L. 214-24-33 du code monétaire et financier ou à un fonds d'épargne salariale régi par les articles L. 214-163 à L. 214-166 du même code présentant le profil d'investissement le moins risqué dans le plan d'épargne d'entreprise ou, à défaut, dans le plan d'épargne du groupe. En l'absence de l'un et de l'autre de ces plans, les sommes sont affectées dans le plan d'épargne interentreprises, lorsqu'il a été mis en place.

SECTION III COMPOSITION ET GESTION DU PLAN

Art. R. 3332-14 L'entreprise tient le registre des comptes administratifs ouverts au nom de chaque adhérent.

Ce registre comporte, par adhérent, les sommes affectées au plan d'épargne ainsi que la ventilation des investissements réalisés et les délais d'indisponibilité restant à courir. – *[Anc. art. R. 443-5, al. 1er, phrase 1.]*

Art. R. 3332-15 La tenue du registre des comptes administratifs peut être déléguée. Dans ce cas, le contrat de délégation précise les modalités d'information du délégataire.

Les coordonnées de la personne chargée de la tenue du registre sont mentionnées dans le règlement du plan d'épargne d'entreprise. – *[Anc. art. R. 443-5, al. 1er, phrases 2 et 3.]*

Art. R. 3332-16 La personne chargée de la tenue du registre des comptes administratifs établit un relevé des actions ou des parts appartenant à chaque adhérent. Une copie de ce relevé est adressée, au moins une fois par an, aux intéressés avec l'indication de l'état de leur compte. – *[Anc. art. R. 443-5, al. 3.]*

Art. R. 3332-17 Les frais de tenue de compte-conservation des anciens salariés de l'entreprise lorsqu'ils ne sont pas pris en charge par l'entreprise peuvent être perçus par prélèvement sur les avoirs dans les conditions fixées par l'accord de participation ou par l'accord collectif instituant le plan d'épargne d'entreprise ou, à défaut, par le règlement du fonds. – *[Anc. art. R. 443-5, al. 4.]*

Art. R. 3332-18 Les dispositions de l'article D. 3324-34 sont applicables aux fonds communs de placement constitués pour l'emploi des sommes affectées à la réalisation d'un plan d'épargne d'entreprise. – *[Anc. art. R. 443-6.]*

Art. R. 3332-19 Pour l'application du cinquième alinéa de l'article L. 3332-17, la valeur d'expertise de l'entreprise est déterminée selon les modalités prévues aux articles R. 3332-22 et R. 3332-23.

L'employeur informe individuellement les salariés de cette valeur d'expertise, de son évolution par rapport à la dernière valeur communiquée, de la date de la prochaine publication de la valeur liquidative du fonds commun de placement de l'entreprise, des coordonnées de l'établissement auquel ils peuvent adresser leur demande de souscription, de rachat ou d'arbitrage de leurs avoirs, ainsi que du délai dans lequel ils peuvent adresser cette demande. Cet établissement et le conseil de surveillance du fonds sont également informés par l'employeur. – *[Anc. art. R. 443-17.]*

Art. R. 3332-20 Lorsque la situation juridique d'une entreprise ayant mis en place un plan d'épargne d'entreprise est modifiée, notamment par fusion, cession, absorption ou scission, les signataires de l'accord ou, lorsque le plan n'a pas été mis en place en application d'un accord, l'employeur, peuvent décider de transférer les avoirs des salariés dans le plan d'épargne de la nouvelle entreprise, si celui-ci comporte des *(Décr. n° 2013-687 du 25 juill. 2013, art. 30)* « organismes de placement collectif en valeurs mobilières ou des placements collectifs relevant des paragraphes 1, 2 et 6 de la sous-section 2, du paragraphe 2 ou du sous-paragraphe 1 du paragraphe 1 de la sous-section 3, ou de la sous-section 4 de la section II du chapitre IV du titre Ier du livre II du code monétaire et financier dont les caractéristiques sont identiques à celles des organismes ou des placements collectifs » prévus dans le plan d'origine.

En cas d'impossibilité juridique de réunir les signataires initiaux, le transfert peut être mis en place par un accord avec le personnel ou avec les comités d'entreprise concernés. – *[Anc. art. R. 443-18, al. 1er.]*

Art. R. 3332-21 Dans le cas prévu à l'article R. 3332-20, lorsque le plan d'épargne salariale n'a pas été institué en application d'un accord avec le personnel, le comité d'entreprise quand il existe ou, à défaut, les délégués du personnel, sont consultés sur le projet de transfert au moins quinze jours avant sa réalisation effective. – *[Anc. art. R. 443-18, al. 2.]*

Art. R. 3332-21-1 *(Décr. n° 2015-719 du 23 juin 2015, art. 1er)* La condition prévue au 2° du I de l'article L. 3332-17-1 est remplie lorsque l'une ou l'autre des deux conditions suivantes est remplie :

1° Les charges d'exploitation liées aux activités participant à la recherche d'une utilité sociale, au sens de l'article 2 de la loi n° 2014-856 du 31 juillet 2014 relative à l'économie sociale et solidaire, représentent au moins 66 % de l'ensemble des charges d'exploitation du compte de résultat de l'entreprise au cours des trois derniers exercices clos ;

2° Le rapport entre, d'une part, la somme des dividendes et de la rémunération des concours financiers non bancaires mentionnés aux articles L. 213-5, L. 213-32 à L. 213-35, L. 313-13, L. 512-1 à L. 512-8 du code monétaire et financier et aux alinéas 2 et 3 de l'article L. 312-2 du même code, et, d'autre part, la somme des capitaux propres et des concours financiers non bancaires susmentionnés est inférieur, au cours des trois derniers exercices clos, au taux moyen de rendement des obligations des sociétés privées mentionné à l'article 14 de la loi n° 47-1775 du 10 septembre 1947 portant statut de la coopération, majoré d'un taux de 5 %. L'entreprise doit également prendre l'engagement de continuer à respecter pendant la durée de l'agrément le rapport ainsi défini.

Le taux de majoration de 5 % mentionné à l'alinéa précédent peut être modifié par arrêté du ministre chargé de l'économie sociale et solidaire pour tenir compte de l'évolution des conditions de financement des entreprises dans la limite de plus ou moins un quart de ce taux.

Pour les entreprises créées depuis moins de trois ans à la date de la demande d'agrément, les conditions mentionnées au 1° et au 2° sont vérifiées sur l'ensemble de leurs exercices clos.

Art. R. 3332-21-2 *(Décr. n° 2015-719 du 23 juin 2015, art. 2)* Pour l'application du 3° du I de l'article L. 3332-17-1 aux sociétés, les dirigeants de sociétés s'entendent au sens des personnes mentionnées au premier alinéa du 1° de l'article 885 O *bis* du code général des impôts.

Art. R. 3332-21-3 *(Décr. n° 2015-719 du 23 juin 2015, art. 3)* I. – L'agrément "entreprise solidaire d'utilité sociale" prévu à l'article L. 3332-17-1 est délivré par le préfet du département où l'entreprise a son siège social.

Lorsque l'entreprise a son siège social dans un autre État membre de l'Union européenne, elle présente sa demande d'agrément au préfet du département de son principal établissement en France.

II. – La demande d'agrément est adressée par le représentant légal de l'entreprise au préfet par tout moyen donnant date certaine à sa réception.

La composition du dossier qui doit être joint à cette demande est fixée par arrêté du ministre chargé de l'économie sociale et solidaire et du ministre chargé du travail. – *V. Arr. du 5 août 2015 (JO 12 août).*

Le silence gardé par le préfet pendant deux mois à compter de la réception d'un dossier complet vaut décision d'acceptation.

III. – L'agrément est délivré pour une durée de cinq ans. Par exception, pour les entreprises créées depuis moins de trois ans à la date de la demande d'agrément, l'agrément est délivré pour une durée de deux ans.

Pour le renouvellement de l'agrément, l'entreprise apporte, selon des modalités fixées par l'arrêté mentionné au quatrième alinéa les éléments justifiant du respect des conditions prévues à l'article R. 3332-21-1 pendant toute la période de son agrément précédent.

IV. – L'agrément est délivré de plein droit aux personnes morales mentionnées au II de l'article L. 3332-17-1 qui justifient qu'elles relèvent de ces dispositions selon des modalités fixées par l'arrêté mentionné au quatrième alinéa.

V. – Les décisions d'agrément font l'objet d'une publication au recueil des actes administratifs de la préfecture de département.

Une liste nationale des entreprises bénéficiant de l'agrément est mise à la disposition du public à l'initiative du ministre chargé de l'économie sociale et solidaire.

Art. R. 3332-21-4 *(Décr. n° 2009-304 du 18 mars 2009)* Les titres émis par des entreprises solidaires s'entendent des titres de capital, des titres obligataires, des billets à ordre, des bons de caisse, des avances en comptes courants, des titres participatifs et des prêts participatifs émis ou consentis par ces mêmes entreprises.

Art. R. 3332-21-5 *(Décr. n° 2009-304 du 18 mars 2009)* Les entreprises solidaires *(Décr. n° 2015-719 du 23 juin 2015, art. 4)* « d'utilité sociale » indiquent dans l'annexe de leurs comptes annuels les informations qui attestent du respect des conditions *(Décr. n° 2015-719 du 23 juin 2015, art. 4)* « qui s'appliquent à elles en application du I et du II de l'article L. 3332-17-1 et des articles R. 3332-21-1 et R. 3332-21-2 ».

SECTION IV **ÉVALUATION DES TITRES**

Art. R. 3332-22 Lorsque les instruments de placement d'un plan d'épargne d'entreprise comportent la possibilité d'investir en titres de l'entreprise qui ne sont pas admis aux négociations sur un marché réglementé, leur évaluation est déterminée conformément aux méthodes définies à l'article L. 3332-20, sans préjudice des dispositions légales spécifiques qui fixent les conditions de détermination de la valeur de ces titres. – *[Anc. art. R. 443-8-1, al. 1er.]*

Art. R. 3332-23 Les titres sont évalués par l'entreprise, sous le contrôle du commissaire aux comptes, au moins une fois par exercice et chaque fois qu'un événement ou une série d'événements intervenus au cours d'un exercice sont susceptibles de conduire à une évolution substantielle de la valeur des actions de l'entreprise.

Il est, en outre, procédé à une évaluation par des experts au moins tous les cinq ans. *(Décr. n° 2009-350 du 30 mars 2009)* « Cette évaluation est facultative dans les entreprises mentionnées au troisième alinéa de l'article L. 3332-20 dont les titres sont évalués en application du deuxième alinéa du même article. »

SECTION V **AUGMENTATION DE CAPITAL**

Art. R. 3332-24 Lorsqu'une société procède à des augmentations de capital ou à des cessions de titres réservées aux adhérents à un plan d'épargne d'entreprise, par l'intermédiaire d'un fonds commun de placement, le bulletin de souscription est signé par le gestionnaire du fonds.

La société émettrice notifie au gestionnaire du fonds le nombre d'actions souscrites ou le nombre de titres cédés. Le gestionnaire informe chaque adhérent du nombre de parts souscrit et lui adresse un relevé nominatif mentionnant la date de cessibilité de ces parts. – *[Anc. art. R. 443-7.]*

Art. R. 3332-25 Lorsqu'une société propose aux adhérents d'un plan d'épargne d'entreprise d'acquérir des actions ou des certificats d'investissement qu'elle a émis, soit par achat, soit par souscription, et qu'un plan d'épargne commun à plusieurs entreprises du même groupe au sens des articles L. 3344-1 et L. 3344-2 a été mis en place afin de permettre aux adhérents à ce plan d'acquérir les actions ou les certificats d'investissement de cette société, les dispositions des articles L. 3332-11 et L. 3332-27 s'appliquent dans chacune des entreprises du groupe participant au plan d'épargne d'entreprise commun. – *[Anc. art. R. 443-9.]*

Art. R. 3332-26 Lorsque les obligations mentionnées à l'article L. 3332-23 sont admises aux négociations sur un marché réglementé, ces titres sont évalués à leur valeur de marché. – *[Anc. art. R. 443-16, al. 1er.]*

Art. R. 3332-27 Lorsque les obligations mentionnées à l'article L. 3332-23 ne sont pas admis aux négociations sur un marché réglementé, ces titres sont évalués à leur valeur nominale augmentée du coupon couru.

Dans ce cas, ou bien la société émettrice, ou une entreprise du même groupe au sens des articles L. 3344-1 et L. 3344-2, s'engage à racheter ces titres à première demande du souscripteur à leur valeur nominale augmentée du coupon couru, ou bien il est instauré un mécanisme équivalent, garantissant leur rachat à ces mêmes conditions. En outre, lorsque ces titres de créance figurent à l'actif d'un fonds commun de placement ou d'une société d'investissement à capital variable régis par les articles *(Décr. n° 2013-687 du 25 juill. 2013, art. 30)* « L. 214-164, L. 214-165 ou L. 214-166 » du code monétaire et financier, la méthode de valorisation est définie par un expert indépendant, lors de la souscription par le fonds de ces titres et chaque fois qu'un évènement ou une série d'évènements ultérieurs sont susceptibles de conduire à une évolution substantielle du risque de défaillance de l'entreprise. – *[Anc. art. R. 443-16, al. 2.]*

SECTION VI **INDISPONIBILITÉ DES SOMMES, DÉBLOCAGE ANTICIPÉ ET LIQUIDATION**

Art. R. 3332-28 Les cas dans lesquels les actions ou parts acquises pour le compte des adhérents leur sont délivrées avant l'expiration du délai d'indisponibilité minimum de cinq ans sont les cas énumérés à l'article R. 3324-22.

Al. abrogé par Décr. n° 2009-350 du 30 mars 2009.

Art. R. 3332-29 Les faits en raison desquels, en application du deuxième alinéa de l'article L. 3332-16, les droits constitués au profit des participants peuvent être exceptionnellement débloqués avant l'expiration du terme de l'opération de rachat mentionné au 2° de cet article sont les suivants :

1° L'invalidité du salarié, appréciée au sens des 2° et 3° de l'article L. 341-4 du code de la sécurité sociale ;

2° La mise à la retraite du salarié ;

3° Le décès du salarié.

En cas de décès du salarié, il appartient à ses ayants droit de demander la liquidation de ses droits. Dans ce cas, les dispositions du 4 du III de l'article 150-0 A du code général des impôts cessent d'être applicables à l'expiration des délais fixés par l'article 641 du même code. – *[Anc. art. R. 443-15.]*

Art. R. 3332-30 Les dispositions des articles D. 3324-37 à D. 3324-39 s'appliquent aux investissements réalisés au sein de plans d'épargne d'entreprise, selon les modalités précisées par le règlement de ces plans. – *[Anc. art. R. 443-13.]*

SECTION VII **RÉGIME SOCIAL ET FISCAL**

Art. R. 3332-31 L'avoir fiscal et le crédit d'impôt attachés aux revenus du portefeuille collectif ou des titres détenus individuellement acquis dans le cadre d'un plan d'épargne d'entreprise donnent lieu à la délivrance d'un certificat distinct, conformément aux dispositions de l'article 77 de l'annexe II au code général des impôts.

Lorsque ces revenus sont totalement exonérés, conformément aux dispositions des deux premières phrases du II de l'article 163 *bis* B du code général des impôts, le certificat est établi pour la totalité de l'avoir fiscal ou du crédit d'impôt au nom de l'organisme chargé de la conservation des titres. La restitution de l'avoir fiscal ou du crédit d'impôt mentionné sur ce certificat est demandée par cet organisme. – *[Anc. art. R. 443-10, al. 1er et 2.]*

Art. R. 3332-32 La demande de restitution de l'avoir fiscal ou du crédit d'impôt, accompagnée du certificat, est adressée au service des impôts du siège de l'organisme qui l'a établie.

La restitution est opérée au profit de cet organisme, à charge pour ce dernier d'employer les sommes correspondantes de la même façon que les revenus auxquels elles se rattachent. – *[Anc. art. R. 443-10, al. 3 et 4.]*

CHAPITRE III **PLAN D'ÉPARGNE INTERENTREPRISES**

Art. R. 3333-1 Les dispositions relatives aux versements, à la composition et à la gestion du plan d'épargne entreprise prévues aux articles *(Décr. n° 2009-350 du 30 mars 2009)* « R. 3332-8 » à R. 3332-14, puis des articles R. 3332-16 au *[à]* R. 3332-18 ainsi que celles relatives à l'indisponibilité des sommes et au régime social et fiscal prévues aux articles R. 3332-28 à R. 3332-32, s'appliquent au plan d'épargne interentreprises.

Art. R. 3333-2 Le plan d'épargne interentreprises peut recueillir les sommes issues soit de la participation prévue par accord ou mise en place conformément au deuxième alinéa de l'article L. 3323-6, soit de l'accord qui institue le plan. – *[Anc. art. R. 443-1-1, al. 1er.]*

Art. R. 3333-3 En cas de participation volontaire dans les conditions de l'article L. 3323-6, l'accord instituant le plan d'épargne interentreprises précise la formule de calcul de la réserve spéciale de participation.

Si l'accord n'a pas retenu la formule prévue aux articles L. 3324-1 et L. 3324-3, il comporte, conformément à l'article L. 3324-2, la clause d'équivalence des avantages et l'un des quatre plafonds prévus du quatrième au sixième alinéas de cet article. – *[Anc. art. R. 443-1-1, al. 2.]*

Art. R. 3333-4 Le règlement du plan d'épargne interentreprises précise les modalités de la contribution des entreprises qui ne peut être inférieure à la prise en charge des frais de tenue de compte.

En cas de liquidation de l'entreprise, les frais de tenue de compte dus postérieurement à la liquidation sont mis à la charge des participants. – *[Anc. art. R. 443-1-1, al. 3 et 4.]*

Art. R. 3333-5 L'accord instituant le plan d'épargne interentreprises désigne les sociétés ou établissements qui sont chargés de la tenue du registre mentionné à l'article R. 3332-14. – *[Anc. art. R. 443-5, al. 2.]*

Art. R. 3333-6 *(Décr. n° 2015-1606 du 7 déc. 2015, art. 3)* L'avenant à un règlement d'un plan d'épargne interentreprises institué entre plusieurs employeurs pris individuellement, conclu conformément aux dispositions des deuxième et troisième alinéas de l'article L. 3333-7, est déposé à la direction régionale des entreprises, de la concurrence, de la consommation, du travail et de l'emploi auprès de laquelle a été déposé le règlement du plan conformément aux dispositions de l'article R. 3332-4.

CHAPITRE IV **PLAN D'ÉPARGNE POUR LA RETRAITE COLLECTIF**

Art. R. 3334-1 Les dispositions relatives aux versements, à la composition, à la gestion du plan d'épargne entreprise et à l'évaluation des titres prévues aux articles

R. 3332-9 à R. 3332-23 ainsi que celles relatives à l'indisponibilité des sommes et au régime social et fiscal prévues aux articles R. 3332-30 à R. 3332-32 s'appliquent au plan d'épargne pour la retraite collectif.

Art. R. 3334-1-1 *(Décr. n° 2011-1449 du 7 nov. 2011)* I. — Dans la limite fixée à l'article L. 3334-8, les jours de congés investis dans le plan d'épargne pour la retraite collectif, à la demande du salarié, le sont pour la valeur de l'indemnité de congés calculée selon les dispositions des articles *(Décr. n° 2016-1551 du 18 nov. 2016, art. 6-V, en vigueur le 1er janv. 2017)* « L. 3141-24 à L. 3141-27 ».

II. — Le règlement du plan d'épargne pour la retraite collectif prévoit les modalités d'affectation par défaut des sommes correspondant à la quote-part de réserve spéciale de participation attribuée au bénéficiaire, affectée au plan d'épargne pour la retraite collectif lorsqu'il a été mis en place dans l'entreprise, *(Décr. n° 2015-1606 du 7 déc. 2015, art. 3, en vigueur le 1er janv. 2016)* « conformément aux dispositions du second alinéa de l'article L. 3334-11 ».

(Décr. n° 2015-1606 du 7 déc. 2015, art. 3, en vigueur le 1er janv. 2016) « Lorsque plusieurs plans d'épargne pour la retraite collectifs ont été mis en place dans l'entreprise, les sommes sont affectées au plan d'épargne pour la retraite collectif de l'entreprise ou, à défaut, dans le plan d'épargne pour la retraite collectif du groupe. En l'absence de l'un et de l'autre de ces plans, les sommes sont affectées dans le plan d'épargne pour la retraite collectif interentreprises. »

Ces dispositions s'appliquent aux droits à participation attribués au titre des exercices clos après la promulgation de la loi n° 2010-1330 du 9 nov. 2010 portant réforme des retraites (Décr. n° 2011-1449 du 7 nov. 2011, art. 4-I).

V. Circ. Questions-réponses du 19 avr. 2012 sur l'alimentation du plan d'épargne pour la retraite collectif par des jours de repos non pris et par la moitié de la réserve spéciale de participation, NOR : ETST1221259C.

Art. R. 3334-1-2 *(Décr. n° 2011-1449 du 7 nov. 2011)* Pour l'application du second alinéa de l'article L. 3334-11, le règlement du plan d'épargne pour la retraite collectif définit les conditions dans lesquelles est proposée à chaque participant une option d'allocation de l'épargne ayant pour objectif de réduire progressivement les risques financiers pesant sur la valeur des actifs détenus dans les organismes de placement collectif en valeurs mobilières *(Décr. n° 2013-687 du 25 juill. 2013, art. 30)* « ou les placements collectifs relevant des paragraphes 1, 2 et 6 de la sous-section 2, du paragraphe 2 ou du sous-paragraphe 1 du paragraphe 1 de la sous-section 3, ou de la sous-section 4 de la section II du chapitre IV du titre Ier du livre II du code monétaire et financier » du plan.

Lorsque le participant a choisi cette option, *(Décr. n° 2015-1606 du 7 déc. 2015, art. 3, en vigueur le 1er janv. 2016)* « ou lorsqu'il s'agit d'une affectation par défaut, conformément aux dispositions du second alinéa de l'article L. 3334-11, » celle-ci est organisée de la manière suivante :

1° L'allocation de l'épargne conduit à une augmentation progressive de la part des sommes investies dans un ou des organismes de placement collectif en valeurs mobilières *(Décr. n° 2013-687 du 25 juill. 2013, art. 30)* « ou les placements collectifs relevant des paragraphes 1, 2 et 6 de la sous-section 2, du paragraphe 2 ou du sous-paragraphe 1 du paragraphe 1 de la sous-section 3, ou de la sous-section 4 de la section II du chapitre IV du titre Ier du livre II du code monétaire et financier » présentant un profil d'investissement à faible risque, tel que défini lors de l'agrément prévu par *(Décr. n° 2013-687 du 25 juill. 2013, art. 30)* « les articles L. 214-3 et L. 214-24-24 » du code monétaire et financier ;

2° Deux ans au plus tard avant l'échéance de sortie du plan d'épargne pour la retraite collectif, le portefeuille de parts que le participant détient doit être composé, à hauteur d'au moins 50 % des sommes investies, de parts dans des fonds communs de placement présentant un profil d'investissement à faible risque.

Le règlement du plan détermine les modalités selon lesquelles les sommes et parts investies par le participant sont progressivement transférées sur les supports d'investissement répondant aux exigences du présent article, en tenant compte de l'horizon de placement retenu ou, à défaut, de l'échéance de sortie du plan.

V. Circ. Questions-réponses du 19 avr. 2012 sur l'alimentation du plan d'épargne pour la retraite collectif par des jours de repos non pris et par la moitié de la réserve spéciale de participation, NOR : ETST1221259C.

Art. R. 3334-1-3 *(Décr. n° 2011-1449 du 7 nov. 2011)* L'information relative à l'option prévue à l'article R. 3334-1-2 est assurée par l'établissement habilité pour les activités de conservation ou d'administration d'instruments financiers auquel a été confiée la tenue de compte des participants. L'information est adressée, avec le relevé de compte individuel annuel mentionné à l'article L. 3341-7, à chaque participant à compter de son quarante-cinquième anniversaire.

V. Circ. Questions-réponses du 19 avr. 2012 sur l'alimentation du plan d'épargne pour la retraite collectif par des jours de repos non pris et par la moitié de la réserve spéciale de participation, NOR : ETST1221259C.

Art. R. 3334-2 Le plafond prévu à l'article L. 3332-11 est fixé à 16 % du montant annuel du plafond prévu à l'article L. 241-3 du code de la sécurité sociale. — *[Anc. art. L. 443-7, al. 1er, phrase 1.]*

Art. R. 3334-3 *(Décr. n° 2011-1449 du 7 nov. 2011)* « Le règlement du plan » d'épargne pour la retraite collectif prévoit les conditions de délivrance des sommes ou valeurs inscrites aux comptes des participants sous forme de rente viagère acquise à titre onéreux.

Toutefois, lorsque *(Décr. n° 2015-1606 du 7 déc. 2015, art. 3, en vigueur le 1er janv. 2016)* « le règlement » prévoit des modalités de délivrance en capital ou de conversion en rente des sommes ou valeurs inscrites aux comptes des participants, chaque participant exprime son choix lors du déblocage des sommes ou valeurs selon les modalités et dans les conditions définies par *(Décr. n° 2015-1606 du 7 déc. 2015, art. 3, en vigueur le 1er janv. 2016)* « ce règlement ».

Art. D. 3334-3-1 *(Décr. n° 2009-351 du 30 mars 2009)* Lorsque le règlement du plan d'épargne pour la retraite collectif prévoit l'adhésion par défaut des salariés, l'entreprise en informe chaque salarié suivant les modalités prévues par le règlement du plan. Le salarié dispose d'un délai de quinze jours à compter de cette communication pour renoncer de manière expresse à cette adhésion.

Le salarié peut être informé par voie électronique, dans des conditions de nature à garantir l'intégrité des données.

Art. D. 3334-3-2 *(Décr. n° 2015-1606 du 7 déc. 2015, art. 3, en vigueur le 1er janv. 2016)* Le versement initial et le versement périodique d'une entreprise dans le plan d'épargne pour la retraite collectif prévus à l'article L. 3334-6 bénéficient à l'ensemble des adhérents qui satisfont aux conditions d'ancienneté éventuellement prévues par le règlement du plan. Le montant total de ces deux versements ne peut excéder 2 % du montant annuel du plafond prévu au premier alinéa de l'article L. 241-3 du code de la sécurité sociale.

Ces versements sont pris en compte pour apprécier le respect du plafond d'abondement prévu par le règlement et du plafond mentionné à l'article R. 3334-2 du présent code.

Art. R. 3334-4 Les cas dans lesquels, en application de l'article L. 3334-14, les droits constitués dans le cadre du plan d'épargne pour la retraite collectif au profit des salariés peuvent être, sur leur demande, exceptionnellement liquidés avant le départ à la retraite sont les suivants :

1° L'invalidité de l'intéressé, de ses enfants, de son conjoint ou de son partenaire lié par un pacte civil de solidarité. Cette invalidité s'apprécie au sens des 2° et 3° de l'article L. 341-4 du code de sécurité sociale, ou est reconnue par décision de la commission des droits et de l'autonomie des personnes handicapées prévue à l'article L. 241-5 du code de l'action sociale et des familles à condition que le taux d'incapacité atteigne au moins 80 % et que l'intéressé n'exerce aucune activité professionnelle. Le déblocage pour chacun de ces motifs ne peut intervenir qu'une seule fois ;

2° Le décès de l'intéressé, de son conjoint ou de son partenaire lié par un pacte civil de solidarité. En cas de décès de l'intéressé, il appartient à ses ayants droit de demander la liquidation de ses droits et les dispositions du 4 du III de l'article 150-0 A du code général des impôts cessent d'être applicables à l'expiration des délais fixés par l'article 641 du même code ;

3° L'affectation des sommes épargnées à l'acquisition de la résidence principale ou à la remise en état de la résidence principale endommagée à la suite d'une catastrophe naturelle reconnue par arrêté interministériel ;

4° La situation de surendettement du participant définie à l'article L. 331-2 du code de la consommation, sur demande adressée à l'organisme gestionnaire des fonds ou à l'employeur, soit par le président de la commission de surendettement des particuliers, soit par le juge lorsque le déblocage des droits paraît nécessaire à l'apurement du passif de l'intéressé ;

5° L'expiration des droits à l'assurance chômage de l'intéressé. – *[Anc. art. R. 443-12, al. 1er à 6.]*

Art. R. 3334-5 La levée anticipée de l'indisponibilité intervient sous forme d'un versement unique qui porte, au choix de l'intéressé, sur tout ou partie des droits susceptibles d'être débloqués. – *[Anc. art. R. 443-12, al. 7.]*

CHAPITRE V **TRANSFERTS**

Art. D. 3335-1 Pour obtenir le transfert des sommes qu'il détient au sein d'un plan d'épargne, le salarié indique à l'entreprise qu'il quitte les avoirs qu'il souhaite transférer en utilisant les mentions faites dans l'état récapitulatif ou dans le dernier relevé dont il dispose et lui demande de liquider ces avoirs. – *[Anc. art. R. 444-1-4, al. 1er.]*

Art. D. 3335-2 Lorsque le transfert est réalisé vers un plan dont il bénéficie au sein de la nouvelle entreprise qui l'emploie, le salarié précise dans sa demande l'affectation de son épargne au sein du plan ou des plans qu'il a choisis.

Lorsque le transfert est réalisé vers un plan dont le salarié bénéficie au titre d'un nouvel emploi, le salarié communique à l'entreprise qu'il a quittée le nom et l'adresse de son nouvel employeur et de l'établissement mentionné à l'article R. 3332-15. Il informe ces derniers de ce transfert et de l'affectation de son épargne. – *[Anc. art. R. 444-1-4, al. 2 et 3.]*

Art. D. 3335-3 L'entreprise procède elle-même à la liquidation des sommes bloquées en application du 2° de l'article L. 3323-2 ou de l'article L. 3323-5 et demande sans délai à l'établissement chargé du registre des comptes la liquidation des actions ou parts détenues au sein des plans d'épargne.

La liquidation réalisée, l'entreprise transfère les sommes correspondantes vers le plan concerné, en indiquant les périodes d'indisponibilité déjà courues ainsi que les éléments nécessaires à l'application de la législation sociale. – *[Anc. art. R. 444-1-4, al. 4 et 5.]*

TITRE QUATRIÈME **DISPOSITIONS COMMUNES**

CHAPITRE PREMIER **REPRÉSENTATION ET INFORMATION DES SALARIÉS**

SECTION PREMIÈRE **PARTICIPATION AUX ASSEMBLÉES GÉNÉRALES DES ACTIONNAIRES DE LA SOCIÉTÉ**

Art. D. 3341-1 Le salarié désigné comme mandataire des actionnaires salariés de l'entreprise, dans les conditions de l'article L. 225-106 du code de commerce, confirme par écrit à l'employeur, au plus tard quarante*[-]*huit heures après sa désignation, son intention de participer à l'assemblée générale des actionnaires en indiquant la durée prévisible de son absence. – *[Anc. art. R. 444-1-5, al. 1er.]*

Art. D. 3341-2 L'employeur n'est pas tenu de rémunérer le temps passé hors de l'entreprise pendant les heures de travail pour l'exercice du mandat de représentation, ni de défrayer le salarié mandaté de ses frais de déplacement. – *[Anc. art. R. 444-1-5, al. 2.]*

SECTION II **FORMATION ÉCONOMIQUE, FINANCIÈRE ET JURIDIQUE DES REPRÉSENTANTS DES SALARIÉS**

Art. D. 3341-3 Bénéficient d'une formation à l'exercice de leurs fonctions dans les six mois suivant la prise de poste :

1° Les administrateurs désignés en application de l'article L. 225-23 du code de commerce ;

2° Les membres des conseils de surveillance désignés en application de l'article L. 225-71 du même code ;

3° Les membres des conseils de surveillance des fonds communs de placement d'entreprise. – *[Anc. art. R. 444-1-6.]*

Art. D. 3341-4 La liste prévue à l'article L. 3341-2 est arrêtée par le préfet de région, après avis du *(Décr. n° 2014-1055 du 16 sept. 2014, art. 5-I)* « comité régional de l'emploi, de la formation et de l'orientation professionnelles ». – *[Anc. art. L. 444-1, al. 1er partiel.]*

SECTION III **INFORMATION DES SALARIÉS**

Art. R. 3341-5 Le livret d'épargne salariale prévu à l'article L. 3341-6 est établi sur tout support durable et est remis à chaque salarié lors de la conclusion de son contrat de travail. Il comporte :

(Décr. n° 2015-1606 du 7 déc. 2015, art. 4, en vigueur le 1er janv. 2016) « 1° Un rappel des dispositifs suivants d'épargne salariale, lorsqu'ils sont mis en place dans l'entreprise : »

a) L'intéressement ;

b) La participation ;

c) Le plan d'épargne d'entreprises ;

d) Le plan d'épargne interentreprises ;

e) Le plan d'épargne pour la retraite collectif ;

2° Le cas échéant, une attestation indiquant la nature et le montant des droits liés à la réserve spéciale de participation ainsi que la date à laquelle seront répartis les droits éventuels du salarié au titre de l'exercice en cours ;

(Décr. n° 2011-1449 du 7 nov. 2011) « 3° L'indication des modalités d'affectation par défaut au plan d'épargne pour la retraite collectif des sommes attribuées au titre de la participation, *(Décr. n° 2015-1606 du 7 déc. 2015, art. 4, en vigueur le 1er janv. 2016)* « conformément aux dispositions du second alinéa de l'article L. 3334-11 » ;

« 4° » L'état récapitulatif mentionné à l'article L. 3341-7 lorsque le salarié quitte l'entreprise.

(Décr. n° 2009-350 du 30 mars 2009) « Les dispositions du présent article s'appliquent aux bénéficiaires d'un accord d'intéressement, de participation ou d'un plan d'épargne salariale mentionnés à l'article L. 3312-3, au deuxième alinéa de l'article L. 3323-6, au troisième alinéa de l'article L. 3324-2 et au dernier alinéa de l'article L. 3332-2. »

Art. R. 3341-6 L'état récapitulatif comporte les informations et mentions suivantes :

1° L'identification du bénéficiaire ;

2° La description de ses avoirs acquis ou transférés dans l'entreprise par accord de participation et plans d'épargne dans lesquels il a effectué des versements, avec mention le cas échéant des dates auxquelles ces avoirs sont disponibles ;

3° L'identité et l'adresse des teneurs de registre mentionnés à l'article R. 3332-15 auprès desquels le bénéficiaire a un compte ;

(Décr. n° 2015-1606 du 7 déc. 2015, art. 4, en vigueur le 1er janv. 2016) « 4° La prise en charge éventuelle par l'entreprise, lorsque le bénéficiaire se trouve dans la situation prévue au 6° de l'article R. 3324-22 et qu'il n'a pas demandé la liquidation de ses avoirs, des frais de tenue de compte-conservation. Dans le cas où ceux-ci incombent au bénéficiaire, l'état récapitulatif précise les modalités de prise en charge, notamment s'il est fait application des dispositions de l'article R. 3332-17. »

CHAPITRE II **CONDITIONS D'ANCIENNETÉ**

Art. D. 3342-1 *(Décr. n° 2009-351 du 30 mars 2009)* Le salarié d'un groupement d'employeurs qui bénéficie d'un accord d'intéressement, de participation ou d'un plan d'épargne salariale, mis en place dans une entreprise du groupement auprès de laquelle il est mis à disposition, prévoyant une condition d'ancienneté qui ne peut excéder trois mois, conformément aux dispositions de l'article L. 3342-1, est réputé compter trois mois d'ancienneté s'il a été mis à disposition de l'entreprise pendant une durée totale d'au moins soixante jours au cours du dernier exercice.

CHAPITRE III **VERSEMENTS SUR LE COMPTE ÉPARGNE-TEMPS**

Le présent chapitre ne comprend pas de dispositions réglementaires.

CHAPITRE IV **MISE EN PLACE DANS UN GROUPE D'ENTREPRISES ET DANS LES ENTREPRISES DÉPOURVUES D'ÉPARGNE SALARIALE**

Le présent chapitre ne comprend pas de dispositions réglementaires.

CHAPITRE V **DÉPÔT ET CONTRÔLE DE L'AUTORITÉ ADMINISTRATIVE**

Art. D. 3345-1 Lorsqu'un accord d'intéressement ou de participation, ou un plan d'épargne d'entreprise, interentreprises ou pour la retraite collectif est conclu autrement que dans le cadre d'une convention ou d'un accord collectif de travail, les documents qui sont déposés à la *(Décr. nº 2009-1377 du 10 nov. 2009)* « direction régionale des entreprises, de la concurrence, de la consommation, du travail et de l'emploi » comportent :

1° Si l'accord a été conclu entre l'employeur et les représentants d'organisations syndicales, la mention que ces représentants ont la qualité de délégués syndicaux ou, à défaut, le texte du mandat les habilitant à signer l'accord ;

2° Si l'accord a été conclu au sein d'un comité d'entreprise entre l'employeur et la délégation du personnel statuant à la majorité, le procès-verbal de la séance ;

3° Si l'accord résulte, après consultation de l'ensemble des salariés inscrit à l'effectif de l'entreprise, de la ratification par les deux tiers des salariés du projet proposé par l'employeur :

a) Soit l'émargement, sur la liste nominative de l'ensemble des salariés, des salariés signataires ;

b) Soit un procès-verbal rendant compte de la consultation. – *[Anc. art. R. 444-1-1, al. 1er à 6.]*

Les modifications issues du Décr. nº 2009-1377 du 10 nov. 2009 prennent effet, dans chaque région, à la date de nomination du directeur régional des entreprises, de la concurrence, de la consommation, du travail et de l'emploi (Décr. préc., art. 7-I). – V. Arr. de nomination de ces directeurs des 30 déc. 2009 (JO 5 janv. 2010) et 9 févr. 2010 (JO 14 févr.).

Ces modifications s'appliquent à la région Île-de-France à compter du 1er juill. 2010 (Décr. nº 2010-687 du 24 juin 2010, art. 2).

Art. D. 3345-2 Lorsque la ratification d'un accord est demandée conjointement par l'employeur et une ou plusieurs organisations syndicales de salariés ou le comité d'entreprise, il en est fait mention dans les documents déposés. – *[Anc. art. R. 444-1-1, al. 7.]*

Art. D. 3345-3 Lorsque le projet ratifié par les salariés ne fait pas mention d'une demande conjointe, sont déposés avec l'accord une attestation de l'employeur selon laquelle il n'a été saisi d'aucune désignation de délégué syndical et, pour les entreprises assujetties à la législation sur les comités d'entreprise, un procès-verbal de carence datant de moins de deux ans. – *[Anc. art. R. 444-1-1, al. 8.]*

Art. D. 3345-4 Le dépôt d'un des accords ou règlements mentionnés à l'article D. 3345-1, de leurs avenants et de leurs annexes, est opéré *(Décr. nº 2009-351 du 30 mars 2009)* « dans les conditions prévues au premier et au deuxième alinéas *[alinéa]* de l'article D. 2231-2 ». – *[Anc. art. R. 444-1-1, al. 11.]*

Art. D. 3345-5 Le *(Décr. nº 2009-1377 du 10 nov. 2009)* « directeur régional des entreprises, de la concurrence, de la consommation, du travail et de l'emploi » accuse, sans délai, réception de l'accord et des autres documents mentionnés au présent chapitre. – *[Anc. art. R. 444-1-1, al. 15.]*

V. notes ss. art. D. 3345-1.

CHAPITRE VI **CONSEIL D'ORIENTATION DE LA PARTICIPATION, DE L'INTÉRESSEMENT*[,]* DE L'ÉPARGNE SALARIALE ET DE L'ACTIONNARIAT SALARIÉ**

(Décr. n° 2009-351 du 30 mars 2009)

Art. D. 3346-1 Le Conseil d'orientation de la participation, de l'intéressement, de l'épargne salariale et de l'actionnariat salarié est composé de *(Décr. n° 2013-1164 du 14 déc. 2013, art. 1er)* « trente et un » membres, répartis comme suit :

1° Dix membres représentant les partenaires sociaux :

a) Un membre désigné par la Confédération générale du travail (CGT) ;

b) Un membre désigné par la Confédération française démocratique du travail (CFDT) ;

c) Un membre désigné par la Confédération générale du travail-Force ouvrière (CGT-FO) ;

d) Un membre désigné par la Confédération française des travailleurs chrétiens (CFTC) ;

e) Un membre désigné par la Confédération française de l'encadrement-Confédération générale des cadres (CFE-CGC) ;

f) Un membre désigné par le Mouvement des entreprises de France (MEDEF) ;

g) Un membre désigné par la Confédération générale des petites et moyennes entreprises (CGPME) ;

h) Un membre désigné par l'Union professionnelle artisanale (UPA) ;

i) Un membre désigné par la Fédération nationale des syndicats d'exploitants agricoles (FNSEA) ;

j) Un membre désigné par l'Union nationale des professions libérales (UNAPL) ;

2° Six représentants des administrations :

a) Le directeur général du travail ;

b) Le directeur des affaires civiles et du sceau ;

c) Le directeur général du Trésor ;

d) Le directeur de la législation fiscale ;

e) Le directeur de l'animation de la recherche, des études et des statistiques ;

f) Le directeur de la sécurité sociale ;

(Décr. n° 2013-1164 du 14 déc. 2013, art. 1er) « 3° Le commissaire général à la stratégie et à la prospective ou son représentant » ;

4° Le président du Conseil d'orientation pour les retraites ou son représentant ;

5° Le président de l'Autorité des marchés financiers ou son représentant ;

6° Deux députés et deux sénateurs désignés par leur assemblée respective ;

7° *(Décr. n° 2013-1164 du 14 déc. 2013, art. 1er)* « Huit » personnalités choisies en raison de leur compétence et de leur expérience.

Sur la nomination des membres du conseil d'orientation de la participation, de l'intéressement, de l'épargne salariale et de l'actionnariat salarié, V. Arr. du 19 juin 2014 (JO 20 juin), mod. par Arr. du 23 avr. 2015 (JO 9 juill.).

Art. D. 3346-2 Le Premier ministre désigne le vice-président du Conseil d'orientation de la participation, de l'intéressement, de l'épargne salariale et de l'actionnariat salarié parmi les membres mentionnés *(Décr. n° 2013-1164 du 14 déc. 2013, art. 2)* « aux 1°, 6° et 7° de l'article D. 3346-1 ».

Art. D. 3346-3 Les désignations prévues au 6° de l'article D. 3346-1 sont renouvelées à chaque renouvellement général de l'Assemblée nationale en ce qui concerne les députés et à chaque renouvellement triennal du Sénat en ce qui concerne les sénateurs.

Les membres du conseil mentionnés aux 1° et 7° du même article sont nommés pour une durée de trois ans par arrêté du ministre chargé du travail.

Art. D. 3346-4 Sauf dispositions législatives contraires, les administrations de l'État et les établissements publics de l'État sont tenus de communiquer au Conseil d'orientation de la participation, de l'intéressement, de l'épargne salariale et de l'actionnariat salarié les éléments d'information et les études dont ils disposent et qui apparaissent nécessaires à ce conseil pour l'exercice de ses missions. Le conseil leur fait connaître ses besoins afin qu'ils soient pris en compte dans les programmes de travaux statistiques et d'études de ces administrations et de ces établissements.

Art. D. 3346-5 Les fonctions des membres du conseil ne sont pas rémunérées.

Des frais de déplacement et de séjour peuvent être alloués aux membres du conseil dans les conditions fixées par arrêté conjoint des ministres chargés du travail et du budget.

Art. D. 3346-6 Le conseil se réunit sur convocation de son président ou de son vice-président. Les membres, autres que ceux prévus aux 3°, 4° et 5° de l'article D. 3346-3, ne sont pas autorisés à se faire représenter et siègent personnellement lors des réunions du conseil.

Art. D. 3346-7 Pour son fonctionnement, le conseil dispose de crédits gérés par le secrétariat général rattaché au ministre chargé du travail. Le secrétariat général assure l'organisation des travaux du conseil ainsi que l'établissement de ses rapports.

La direction générale du travail assure le secrétariat général du Conseil d'orientation de la participation, de l'intéressement, de l'épargne salariale et de l'actionnariat salarié.

LIVRE QUATRIÈME **DISPOSITIONS RELATIVES À L'OUTRE-MER**

TITRE PREMIER **DISPOSITIONS GÉNÉRALES**

Le présent titre ne comprend pas de dispositions réglementaires.

TITRE DEUXIÈME **DÉPARTEMENTS D'OUTRE-MER, SAINT-BARTHÉLEMY, SAINT-MARTIN ET SAINT-PIERRE-ET-MIQUELON**

CHAPITRE PREMIER **DISPOSITIONS GÉNÉRALES**

Art. R. 3411-1 *(Décr. n° 2014-551 du 27 mai 2014, art. 29)* Pour l'application du présent livre à Saint-Pierre-et-Miquelon, les références au "directeur départemental ou, le cas échéant, régional des finances publiques" sont remplacées par la référence au "directeur chargé de la direction des finances publiques de Saint-Pierre-et-Miquelon".

CHAPITRE II **DURÉE DU TRAVAIL, REPOS ET CONGÉS**

Le présent chapitre ne comprend pas de dispositions réglementaires.

CHAPITRE III **SALAIRE ET AVANTAGES DIVERS**

SECTION PREMIÈRE **RÉMUNÉRATION MENSUELLE MINIMALE**

SOUS-SECTION 1 **MODALITÉS DE FIXATION**

Art. R. 3423-1 Pour déterminer la rémunération mensuelle minimale garantie d'un salarié, il est retenu le nombre d'heures correspondant à la durée contractuelle du travail pour le mois considéré dans l'entreprise qui l'emploie. Les heures correspondant aux fêtes légales sont comprises dans cette durée. – *[Anc. art. R. 814-2, al. 1er.]*

Art. R. 3423-2 Lorsqu'un accord ou une convention de mensualisation, ou un contrat de travail à temps partiel, prévoit le règlement des salaires sur une base mensuelle uniforme, comprise entre vingt heures et la durée légale du travail, la rémunération mensuelle minimale est égale au produit du montant du salaire minimum de croissance par le nombre d'heures fixé par cet accord ou cette convention de mensualisation, ou par ce contrat de travail. – *[Anc. art. R. 814-2, al. 2.]*

Art. R. 3423-3 Lorsqu'une convention, un accord collectif de travail ou un contrat de travail à temps partiel annualisé prévoit que la rémunération mensuelle des salariés est indépendante de l'horaire réel, la rémunération mensuelle minimale applicable aux salariés concernés est égale au produit du salaire minimum de croissance par le nombre d'heures moyen mensuel fixé par cette convention ou cet accord, ou ce contrat de travail. – *[Anc. art. R. 814-3.]*

SOUS-SECTION 2 ALLOCATION COMPLÉMENTAIRE

Art. R. 3423-4 A l'occasion du paiement de l'allocation complémentaire prévue à l'article L. 3423-9, il est remis au salarié un document mentionnant :

1° Le taux du salaire minimum de croissance ;

2° Le nombre d'heures correspondant à la durée contractuelle du travail ;

3° Les déductions obligatoires ayant permis de déterminer le montant de la rémunération mensuelle minimale ;

4° Les montants du salaire et des diverses allocations constituant les éléments de la rémunération mensuelle versée au salarié. – *[Anc. art. R. 814-5.]*

Art. R. 3423-5 Pendant toute la période d'inactivité, le salarié bénéficiant des dispositions du présent chapitre reste, dans le cadre du contrat de travail, à la disposition de l'entreprise qui l'emploie au moment de l'arrêt de travail. – *[Anc. art. R. 814-6.]*

SOUS-SECTION 3 REMBOURSEMENT PAR L'ÉTAT

Art. R. 3423-6 Le salarié qui perçoit une rémunération de substitution pendant la période au titre de laquelle il bénéficie de la rémunération mensuelle minimale, en méconnaissance de l'obligation prévue à l'article R. 3423-5, rembourse l'aide mensuelle versée par l'État au titre de cette rémunération mensuelle minimale.

Un ordre de reversement est émis par le préfet et recouvré par le *(Décr. n° 2014-551 du 27 mai 2014, art. 29)* « directeur départemental ou, le cas échéant, régional des finances publiques ». – *[Anc. art. R. 814-8.]*

Art. R. 3423-7 Des traitements automatisés d'informations nominatives relatives aux salariés bénéficiaires de la rémunération mensuelle minimale peuvent être créés.

Ces informations sont destinées à permettre aux agents de contrôle mentionnés à l'article L. 8271-7 d'assurer l'application de la procédure de restitution des sommes indûment perçues, prévue à l'article R. 3423-6. – *[Anc. art. R. 814-9.]*

SOUS-SECTION 4 DISPOSITIONS PARTICULIÈRES À CERTAINES CATÉGORIES DE TRAVAILLEURS

Art. R. 3423-8 La rémunération mensuelle minimale est réduite à due proportion lorsque le travailleur perçoit, en application des dispositions légales, une rémunération horaire inférieure au salaire minimum de croissance. – *[Anc. art. R. 814-10.]*

Art. R. 3423-9 En cas de réduction d'activité, le salarié à temps partiel et le travailleur à domicile employés au cours d'un même mois par plusieurs employeurs adressent à l'inspecteur du travail toutes justifications lui permettant de totaliser les heures de travail accomplies ainsi que les rémunérations perçues au cours du mois et de déterminer l'allocation complémentaire éventuellement due.

L'allocation complémentaire est payée directement au salarié par le préfet.

L'employeur rembourse au Trésor public, à la demande du préfet, dans un délai de trois mois, la part des allocations complémentaires à sa charge. Cette part est proportionnelle à l'importance de la réduction d'activité imposée au salarié. Le préfet adresse à l'employeur les indications lui permettant de vérifier le montant de sa participation. – *[Anc. art. R. 814-11.]*

SECTION II PAIEMENT DU SALAIRE

Art. D. 3423-10 Les modalités d'application de l'article R. 3244-2 relatif à la répartition des pourboires, sont déterminées par arrêté préfectoral. – *[Anc. art. D. 814-4.]*

SECTION III DISPOSITIONS PÉNALES

(Décr. n° 2009-289 du 13 mars 2009)

Art. R. 3423-11 Est puni de l'amende prévue pour les contraventions de la cinquième classe le fait de payer :

1° Des salaires inférieurs au salaire minimum de croissance prévu par les articles L. 3423-1 à L. 3423-4 ;

2° Des rémunérations inférieures à la rémunération mensuelle minimale prévue par les articles L. 3423-5 et L. 3423-6.

L'amende est appliquée autant de fois qu'il y a de salariés rémunérés dans des conditions illégales.

La récidive est réprimée conformément aux articles 132-11 et 132-15 du code pénal. En cas de pluralité de contraventions entraînant des peines de récidive, l'amende est appliquée autant de fois qu'il a été relevé de nouvelles contraventions.

TITRE TROISIÈME **MAYOTTE, WALLIS-ET-FUTUNA ET TERRES AUSTRALES ET ANTARCTIQUES FRANÇAISES**

Le présent titre ne comprend pas de dispositions réglementaires.

QUATRIÈME PARTIE **SANTÉ ET SÉCURITÉ AU TRAVAIL**

LIVRE PREMIER **DISPOSITIONS GÉNÉRALES**

TITRE PREMIER **CHAMP ET DISPOSITIONS D'APPLICATION**

Le présent titre ne comprend pas de dispositions réglementaires.

TITRE DEUXIÈME **PRINCIPES GÉNÉRAUX DE PRÉVENTION**

CHAPITRE PREMIER **OBLIGATIONS DE L'EMPLOYEUR**

SECTION PREMIÈRE **DOCUMENT UNIQUE D'ÉVALUATION DES RISQUES** *(Décr. n° 2011-354 du 30 mars 2011).*

Art. R. 4121-1 L'employeur transcrit et met à jour dans un document unique les résultats de l'évaluation des risques pour la santé et la sécurité des travailleurs à laquelle il procède en application de l'article L. 4121-3.

Cette évaluation comporte un inventaire des risques identifiés dans chaque unité de travail de l'entreprise ou de l'établissement *(Décr. n° 2008-1382 du 19 déc. 2008)* « , y compris ceux liés aux ambiances thermiques. » — *[Anc. art. R. 230-1, al. 1.]*

L'employeur est tenu d'évaluer dans son entreprise les risques pour la santé et la sécurité des travailleurs et de transcrire les résultats dans un document ; le fait qu'il n'ait eu aucune indication ou précision, ni de preuves sur les substances ou préparations chimiques utilisées dans l'entreprise n'est pas de nature à l'exonérer de cette obligation. • Soc. 8 juill. 2014 : *D. 2014. Actu. 1552 ; RJS 2014. 602, n° 703 ; JS Lamy 2014, n° 375-2, obs. Taquet.*

Art. R. 4121-1-1 *(Décr. n° 2014-1158 du 9 oct. 2014, art. 1er)* L'employeur consigne, en annexe du document unique :

1° Les données collectives utiles à l'évaluation des expositions individuelles aux facteurs de risques mentionnés à l'article L. 4161-1 de nature à faciliter *(Décr. n° 2015-1885 du 30 déc. 2015, art. 2)* « la déclaration mentionnée à cet article, le cas échéant à partir de l'identification de postes, métiers ou situations de travail figurant dans un accord collectif étendu ou un référentiel professionnel de branche homologué mentionnés à l'article L. 4161-2 » ;

2° La proportion de salariés exposés aux facteurs de risques professionnels mentionnés à l'article L. 4161-1, au-delà des seuils prévus au même article. Cette proportion est actualisée en tant que de besoin lors de la mise à jour du document unique.

Art. R. 4121-2 La mise à jour du document unique d'évaluation des risques est réalisée :

1° Au moins chaque année ;

2° Lors de toute décision d'aménagement important modifiant les conditions de santé et de sécurité ou les conditions de travail, au sens de l'article L. 4612-8 ;

3° Lorsqu'une information supplémentaire intéressant l'évaluation d'un risque dans une unité de travail est recueillie. – *[Anc. art. R. 230-1, al. 2.]*

Art. R. 4121-3 Dans les établissements dotés d'un comité d'hygiène, de sécurité et des conditions de travail, le document unique d'évaluation des risques est utilisé pour l'établissement du rapport et du programme de prévention des risques professionnels annuels prévus à l'article L. 4612-16. – *[Anc. art. R. 230-1, al. 3.]*

Art. R. 4121-4 *(Décr. n° 2008-1347 du 17 déc. 2008)* Le document unique d'évaluation des risques est tenu à la disposition :

1° Des travailleurs ;

2° Des membres du comité d'hygiène, de sécurité et des conditions de travail ou des instances qui en tiennent lieu ;

3° Des délégués du personnel ;

4° Du médecin du travail *(Décr. n° 2016-1908 du 27 déc. 2016, art. 6, en vigueur le 1er janv. 2017)* « et des professionnels de santé mentionnés à l'article L. 4624-1 » ;

5° Des agents de l'inspection du travail ;

6° Des agents des services de prévention des organismes de sécurité sociale ;

7° Des agents des organismes professionnels de santé, de sécurité et des conditions de travail mentionnés à l'article L. 4643-1 ;

8° Des inspecteurs de la radioprotection mentionnés à l'article L. 1333-17 du code de la santé publique et des agents mentionnés à l'article L. 1333-18 du même code, en ce qui concerne les résultats des évaluations liées à l'exposition des travailleurs aux rayonnements ionisants, pour les installations et activités dont ils ont respectivement la charge.

Un avis indiquant les modalités d'accès des travailleurs au document unique est affiché à une place convenable et aisément accessible dans les lieux de travail. Dans les entreprises ou établissements dotés d'un règlement intérieur, cet avis est affiché au même emplacement que celui réservé au règlement intérieur.

SECTION II **PÉNIBILITÉ**

(Décr. n° 2011-354 du 30 mars 2011)

Art. D. 4121-5 à D. 4121-9 *Abrogés par Décr. n° 2014-1159 du 9 oct. 2014, art. 2.*

CHAPITRE II **OBLIGATIONS DES TRAVAILLEURS**

Le présent chapitre ne comprend pas de dispositions réglementaires.

TITRE TROISIÈME **DROITS D'ALERTE ET DE RETRAIT**

CHAPITRE PREMIER **PRINCIPES**

Le présent chapitre ne comprend pas de dispositions réglementaires.

CHAPITRE II **CONDITIONS D'EXERCICE DES DROITS D'ALERTE ET DE RETRAIT**

Art. D. 4132-1 L'avis du représentant du personnel au comité d'hygiène, de sécurité et des conditions de travail, prévu à l'article L. 4131-2, est consigné sur un registre spécial dont les pages sont numérotées et authentifiées par le tampon du comité.

Cet avis est daté et signé. Il indique :

1° Les postes de travail concernés par la cause du danger constaté ;

2° La nature et la cause de ce danger ;

3° Le nom des travailleurs exposés. – *[Anc. art. R. 236-9, phrases 1 et 3.]*

Art. D. 4132-2 Le registre spécial est tenu, sous la responsabilité de l'employeur, à la disposition des représentants du personnel au comité d'hygiène, de sécurité et des conditions de travail. – *[Anc. art. R. 236-9, phrase 2.]*

CHAPITRE III **DROIT D'ALERTE EN MATIÈRE DE SANTÉ PUBLIQUE ET D'ENVIRONNEMENT**

(Décr. nº 2014-324 du 11 mars 2014)

Art. D. 4133-1 L'alerte du travailleur, prévue à l'article L. 4133-1, est consignée sur un registre spécial dont les pages sont numérotées.

Cette alerte est datée et signée.

Elle indique :

1° Les produits ou procédés de fabrication utilisés ou mis en œuvre par l'établissement dont le travailleur estime de bonne foi qu'ils présentent un risque grave pour la santé publique ou l'environnement ;

2° Le cas échéant, les conséquences potentielles pour la santé publique ou l'environnement ;

3° Toute autre information utile à l'appréciation de l'alerte consignée.

Art. D. 4133-2 L'alerte du représentant du personnel au comité d'hygiène, de sécurité et des conditions de travail, prévue à l'article L. 4133-2, est consignée sur le registre prévu à l'article D. 4133-1.

Cette alerte est datée et signée.

Elle indique :

1° Les produits ou procédés de fabrication utilisés ou mis en œuvre par l'établissement dont le représentant du personnel constate qu'ils font peser un risque grave sur la santé publique ou l'environnement ;

2° Le cas échéant, les conséquences potentielles pour la santé publique ou l'environnement ;

3° Toute autre information utile à l'appréciation de l'alerte consignée.

Art. D. 4133-3 Le registre spécial est tenu, sous la responsabilité de l'employeur, à la disposition des représentants du personnel au comité d'hygiène, de sécurité et des conditions de travail.

TITRE QUATRIÈME **INFORMATION ET FORMATION DES TRAVAILLEURS**

CHAPITRE PREMIER **OBLIGATION GÉNÉRALE D'INFORMATION ET DE FORMATION**

SECTION PREMIÈRE **OBJET ET ORGANISATION DE L'INFORMATION ET DE LA FORMATION À LA SÉCURITÉ** *(Décr. nº 2008-1347 du 17 déc. 2008)*.

BIBL. ▸ Gacia, *JCP S 2009. 1110* (la gestion préventive des risques en matière de sécurité et santé au travail).

Art. R. 4141-1 La formation à la sécurité concourt à la prévention des risques professionnels.

Elle constitue l'un des éléments du programme annuel de prévention des risques professionnels prévu au 2° de l'article L. 4612-16. – *[Anc. art. R. 231-32, al. 1er.]*

Art. R. 4141-2 *(Décr. nº 2008-1347 du 17 déc. 2008)* L'employeur informe les travailleurs sur les risques pour leur santé et leur sécurité d'une manière compréhensible pour chacun. Cette information ainsi que la formation à la sécurité sont dispensées lors de l'embauche et chaque fois que nécessaire.

Sur le Décr. nº 2008-1347 du 17 déc. 2008, V. RDT 2009. 242, obs. Véricel ✎.

Art. R. 4141-3 La formation à la sécurité a pour objet d'instruire le travailleur des précautions à prendre pour assurer sa propre sécurité et, le cas échéant, celle des autres personnes travaillant dans l'établissement.

Elle porte sur :

1° Les conditions de circulation dans l'entreprise ;

2° Les conditions d'exécution du travail ;

3° La conduite à tenir en cas d'accident ou de sinistre. – *[Anc. art. R. 231-34, al. 1er et 2.]*

Art. R. 4141-3-1 *(Décr. n° 2008-1347 du 17 déc. 2008)* L'employeur informe les travailleurs sur les risques pour leur santé et leur sécurité. Cette information porte sur :

1° Les modalités d'accès au document unique d'évaluation des risques, prévu à l'article R. 4121-1 ;

2° Les mesures de prévention des risques identifiés dans le document unique d'évaluation des risques ;

3° Le rôle du service de santé au travail et, le cas échéant, des représentants du personnel en matière de prévention des risques professionnels ;

4° Le cas échéant, les dispositions contenues dans le règlement intérieur, prévues aux alinéas 1° et 2° de l'article L. 1321-1 ;

5° *(Décr. n° 2010-78 du 21 janv. 2010)* « Les consignes de sécurité incendie et instructions mentionnées à l'article R. 4227-37 ainsi que l'identité des personnes chargées de la mise en œuvre des mesures prévues à l'article R. 4227-38. »

Sur le Décr. n° 2008-1347 du 17 déc. 2008, V. RDT 2009. 242, obs. Véricel.

Art. R. 4141-4 Lors de la formation à la sécurité, l'utilité des mesures de prévention prescrites par l'employeur est expliquée au travailleur, en fonction des risques à prévenir. – *[Anc. art. R. 231-34, al. 3.]*

Art. R. 4141-5 La formation dispensée tient compte de la formation, de la qualification, de l'expérience professionnelles et de la langue, parlée ou lue, du travailleur appelé à en bénéficier.

(Décr. n° 2008-1347 du 17 déc. 2008) « Le temps consacré à la formation et à l'information, mentionnées à l'article R. 4141-2, est considéré comme temps de travail. La formation et l'information en question se déroulent pendant l'horaire normal de travail. »

Sur le Décr. n° 2008-1347 du 17 déc. 2008, V. RDT 2009. 242, obs. Véricel.

Art. R. 4141-6 *(Décr. n° 2008-1347 du 17 déc. 2008)* Le médecin du travail est associé par l'employeur à l'élaboration des actions de formation à la sécurité et à la détermination du contenu de l'information qui doit être dispensée en vertu de l'article R. 4141-3-1.

Sur le Décr. n° 2008-1347 du 17 déc. 2008, V. RDT 2009. 242, obs. Véricel.

Art. R. 4141-7 Les formations à la sécurité sont conduites avec le concours, le cas échéant, de l'organisme professionnel de santé, de sécurité et des conditions de travail prévu à l'article L. 4643-1, et celui des services de prévention des organismes de sécurité sociale. – *[Anc. art. R. 231-43.]*

Art. R. 4141-8 En cas d'accident du travail grave ou de maladie professionnelle ou à caractère professionnel grave, l'employeur procède, après avoir pris toute mesure pour satisfaire aux dispositions de l'article L. 4221-1, à l'analyse des conditions de circulation ou de travail.

Il organise, s'il y a lieu, au bénéfice des travailleurs intéressés, les formations à la sécurité prévues par le présent chapitre.

Il en est de même en cas d'accident du travail ou de maladie professionnelle ou à caractère professionnel présentant un caractère répété :

1° Soit à un même poste de travail ou à des postes de travail similaires ;

2° Soit dans une même fonction ou des fonctions similaires. – *[Anc. art. R. 231-42.]*

Art. R. 4141-9 Lorsqu'un travailleur reprend son activité après un arrêt de travail d'une durée d'au moins vingt et un jours, il bénéficie, à la demande du médecin du travail, des formations à la sécurité prévues par le présent chapitre.

Lorsque des formations spécifiques sont organisées, elles sont définies par le médecin du travail. – *[Anc. art. R. 231-39 et anc. art. R. 231-44, al. 2 phrase 2.]*

Art. R. 4141-10 Les dispositions du présent chapitre s'appliquent sans préjudice des formations particulières prévues pour certains risques ou certaines activités ou opérations par les livres III à V.

SECTION II CONDITIONS DE CIRCULATION

Art. R. 4141-11 La formation à la sécurité relative aux conditions de circulation des personnes est dispensée sur les lieux de travail.

Elle a pour objet d'enseigner au travailleur, à partir des risques auxquels il est exposé :

1° Les règles de circulation des véhicules et engins de toute nature sur les lieux de travail et dans l'établissement ;

2° Les chemins d'accès aux lieux dans lesquels il est appelé à travailler ainsi qu'aux locaux sociaux ;

3° Les issues et dégagements de secours à utiliser en cas de sinistre ;

4° Les consignes d'évacuation, en cas notamment d'explosion, de dégagements accidentels de gaz ou liquides inflammables ou toxiques, si la nature des activités exercées le justifie. – *[Anc. art. R. 231-35.]*

Art. R. 4141-12 En cas de modification des conditions habituelles de circulation sur les lieux de travail ou dans l'établissement ou de modification des conditions d'exploitation présentant notamment des risques d'intoxication, d'incendie ou d'explosion, l'employeur procède, après avoir pris toutes mesures pour satisfaire aux dispositions de l'article L. 4221-1 relatives à l'utilisation des lieux de travail, à l'analyse des nouvelles conditions de circulation et d'exploitation.

L'employeur organise, s'il y a lieu, au bénéfice des travailleurs intéressés, une formation à la sécurité répondant aux dispositions de l'article R. 4141-11. – *[Anc. art. R. 231-40.]*

SECTION III CONDITIONS D'EXÉCUTION DU TRAVAIL

Art. R. 4141-13 La formation à la sécurité relative aux conditions d'exécution du travail a pour objet d'enseigner au travailleur, à partir des risques auxquels il est exposé :

1° Les comportements et les gestes les plus sûrs en ayant recours, si possible, à des démonstrations ;

2° Les modes opératoires retenus s'ils ont une incidence sur sa sécurité ou celle des autres travailleurs ;

3° Le fonctionnement des dispositifs de protection et de secours et les motifs de leur emploi. – *[Anc. art. R. 231-36, al. 1er.]*

Art. R. 4141-14 La formation à la sécurité relative aux conditions d'exécution du travail s'intègre à la formation ou aux instructions professionnelles que reçoit le travailleur.

Elle est dispensée sur les lieux du travail ou, à défaut, dans les conditions équivalentes. – *[Anc. art. R. 231-36, al. 2.]*

Art. R. 4141-15 En cas de création ou de modification d'un poste de travail ou de technique exposant à des risques nouveaux et comprenant l'une des tâches ci-dessous énumérées, le travailleur bénéficie, s'il y a lieu, après analyse par l'employeur des nouvelles conditions de travail, d'une formation à la sécurité sur les conditions d'exécution du travail :

1° Utilisation de machines, portatives ou non ;

2° Manipulation ou utilisation de produits chimiques ;

3° Opérations de manutention ;

4° Travaux d'entretien des matériels et installations de l'établissement ;

5° Conduite de véhicules, d'appareils de levage ou d'engins de toute nature ;

6° Travaux mettant en contact avec des animaux dangereux ;

7° Opérations portant sur le montage, le démontage ou la transformation des échafaudages ;

8° Utilisation des techniques d'accès et de positionnement au moyen de cordes. – *[Anc. art. R. 231-38, al. 1er et 2 V1, et anc. art. R. 231-41, phrase 1.]*

Art. R. 4141-16 En cas de changement de poste de travail ou de technique, le travailleur exposé à des risques nouveaux ou affecté à l'une des tâches définies à l'article R. 4141-15 bénéficie de la formation à la sécurité prévue par ce même article.

Cette formation est complétée, s'il y a modification du lieu de travail, par une formation relative aux conditions de circulation des personnes. – *[Anc. art. R. 231-38, al. 3 V 1.]*

SECTION IV CONDUITE À TENIR EN CAS D'ACCIDENT OU DE SINISTRE

Art. R. 4141-17 La formation à la sécurité sur les dispositions à prendre en cas d'accident ou de sinistre a pour objet de préparer le travailleur à la conduite à tenir lorsqu'une personne est victime d'un accident ou d'une intoxication sur les lieux du travail. – *[Anc. art. R. 231-37, al. 1er.]*

Art. R. 4141-18 Le travailleur affecté à l'une des tâches énumérées à l'article R. 4141-15 bénéficie d'une formation à la conduite à tenir en cas d'accident ou de sinistre. – *[Anc. art. R. 231-38, al. 1er et 2 V3.]*

Art. R. 4141-19 Lors d'un changement de poste de travail ou de technique, le travailleur exposé à des risques nouveaux ou affecté à l'une des tâches définies à l'article R. 4141-15 bénéficie d'une formation à la sécurité relative à la conduite à tenir en cas d'accident ou de sinistre. – *[Anc. art. R. 231-38, al. 3 V2.]*

Art. R. 4141-20 La formation à la sécurité sur les dispositions à prendre en cas d'accident ou de sinistre est dispensée dans le mois qui suit l'affectation du travailleur à son emploi. – *[Anc. art. R. 231-37, al. 2.]*

CHAPITRE II FORMATIONS ET MESURES D'ADAPTATION PARTICULIÈRES

Le présent chapitre ne comprend pas de dispositions réglementaires.

CHAPITRE III CONSULTATION DES REPRÉSENTANTS DU PERSONNEL

Art. R. 4143-1 Le comité d'hygiène, de sécurité et des conditions de travail participe à la préparation des formations à la sécurité. – *[Anc. art. R. 231-32, al. 2 et 3, et anc. art. R. 231-41, phrase 2.]*

Art. R. 4143-2 Lors de la consultation annuelle sur la formation professionnelle prévue à l'article L. 2323-33, l'employeur informe le comité d'entreprise des formations à la sécurité menées au cours de l'année écoulée en faisant ressortir le montant des sommes imputées sur la participation au développement de la formation professionnelle continue, conformément au second alinéa de l'article L. 4141-4.

Dans les entreprises de plus de trois cents salariés, un rapport détaillé est remis au comité, ainsi qu'un programme des actions de formation à la sécurité proposées pour l'année à venir au bénéfice des nouveaux embauchés, des travailleurs changeant de poste ou de technique et des salariés temporaires. – *[Anc. art. R. 231-45.]*

TITRE CINQUIÈME DISPOSITIONS PARTICULIÈRES À CERTAINES CATÉGORIES DE TRAVAILLEURS

CHAPITRE PREMIER CHAMP D'APPLICATION

Le présent chapitre ne comprend pas de dispositions réglementaires.

CHAPITRE II FEMMES ENCEINTES, VENANT D'ACCOUCHER OU ALLAITANT

SECTION PREMIÈRE DISPOSITIONS GÉNÉRALES

Art. R. 4152-1 (Abrogé par Décr. n° 2014-798 du 11 juill. 2014, art. 4) *Les femmes enceintes ainsi que les mères dans les six mois qui suivent leur accouchement et pendant la durée de leur allaitement bénéficient, conformément à l'article R. 4624-19, d'une surveillance médicale renforcée.*

Art. R. 4152-2 Indépendamment des dispositions relatives à l'allaitement prévues par les articles L. 1225-31 et R. 4152-13 et suivants, les femmes enceintes ou allaitant doivent pouvoir se reposer en position allongée, dans des conditions appropriées. – *[Anc. art. R. 232-10-3.]*

SECTION II **TRAVAUX EXPOSANT À DES AGENTS BIOLOGIQUES**

Art. D. 4152-3 Lorsque les résultats de l'évaluation des risques à des agents biologiques pathogènes révèlent l'existence d'un risque d'exposition au virus de la rubéole ou au toxoplasme, il est interdit d'exposer une femme enceinte, sauf si la preuve existe que cette dernière est suffisamment protégée contre ces agents par son état d'immunité.

L'employeur prend, après avis du médecin du travail, les mesures nécessaires au respect de cette interdiction. – *[Anc. art. R. 231-62-2, al. 12.]*

SECTION III **TRAVAUX EXPOSANT AUX RAYONNEMENTS** *(Décr. nº 2016-1074 du 3 août 2016, art. 5).*

Art. D. 4152-4 Les travailleurs exposés à des rayonnements ionisants sont informés des effets potentiellement néfastes de l'exposition aux rayonnements sur l'embryon, en particulier lors du début de la grossesse, et sur le fœtus.

Cette information sensibilise les femmes quant à la nécessité de déclarer le plus précocement possible leur état de grossesse et porte à leur connaissance les mesures d'affectation temporaire prévues à l'article L. 1225-7 et les dispositions protectrices prévues par la présente section. – *[Anc. art. R. 231-89, al. 5.]*

Art. D. 4152-5 Lorsque, dans son emploi, la femme enceinte est exposée à des rayonnements ionisants, l'exposition de l'enfant à naître est, pendant le temps qui s'écoule entre la déclaration de grossesse et l'accouchement, aussi faible que raisonnablement possible, et en tout état de cause inférieur à 1 mSv. – *[Anc. art. R. 231-77, I.]*

Art. D. 4152-6 Conformément aux articles *(Décr. nº 2010-750 du 2 juill. 2010)* « R. 4451-45 et R. 4451-49 », la femme enceinte ne peut être affectée à des travaux requérant un classement en catégorie A et sa formation tient compte des règles particulières qui lui sont applicables.

Art. D. 4152-7 Il est interdit d'affecter ou de maintenir une femme allaitant à un poste de travail comportant un risque d'exposition interne à des rayonnements ionisants. – *[Anc. art. R. 231-77, II.]*

Art. R. 4152-7-1 *(Décr. nº 2016-1074 du 3 août 2016, art. 5, en vigueur le 1er janv. 2017)* Lorsque, dans son emploi, la femme enceinte est exposée à des champs électromagnétiques, son exposition est maintenue à un niveau aussi faible qu'il est raisonnablement possible d'atteindre en tenant compte des recommandations de bonnes pratiques existantes, et en tout état de cause à un niveau inférieur aux valeurs limites d'exposition du public aux champs électromagnétiques.

SECTION IV **UTILISATION D'ÉQUIPEMENTS DE TRAVAIL**

Art. D. 4152-8 Il est interdit d'employer une femme enceinte ou allaitant aux travaux à l'aide d'engins du type marteau-piqueur mus à l'air comprimé. – *[Anc. art. R. 234-10, al. 1er et 2.]*

SECTION V **TRAVAUX EXPOSANT AUX AGENTS CHIMIQUES DANGEREUX**

Art. D. 4152-9 Il est interdit d'employer une femme enceinte ou allaitant aux travaux suivants et de les admettre de manière habituelle dans les locaux affectés à ces travaux :

1° Préparation et conditionnement des esters thiophosphoriques ;

2° Emploi du mercure et de ses composés aux travaux de secrétage dans l'industrie de la couperie de poils. – *[Anc. art. R. 234-9.]*

Art. D. 4152-10 Il est interdit d'affecter ou de maintenir les femmes enceintes et les femmes allaitant à des postes de travail les exposant aux agents chimiques suivants :

(Décr. nº 2015-613 du 3 juin 2015, art. 1er) « 1° Agents chimiques qui satisfont aux critères de classification pour la toxicité pour la reproduction de catégorie 1A, 1B, ou

catégorie supplémentaire des effets sur ou via l'allaitement définis à l'annexe I du règlement (CE) n° 1272/2008 du Parlement européen et du Conseil du 16 décembre 2008 » ;

2° Benzène ;

3° Dérivés suivants des hydrocarbures aromatiques :

a) Dérivés nitrés et chloronitrés des hydrocarbures benzoniques ;

b) Dinitrophénol ;

c) Aniline et homologues, benzidine et homologues, naphtylamines et homologues.

Toutefois, l'interdiction relative aux dérivés des hydrocarbures aromatiques ne s'applique pas lorsque les opérations sont réalisées en appareils clos en marche normale.

Ancien art. D. 4152-10 *Il est interdit d'affecter ou de maintenir les femmes enceintes et les femmes allaitant à des postes de travail les exposant aux agents chimiques suivants :*

1° Agents classés toxiques pour la reproduction de catégorie [catégories] *1 ou 2 ;*

2° Benzène ;

3° Dérivés suivants des hydrocarbures aromatiques :

a) Dérivés nitrés et chloronitrés des hydrocarbures benzoniques ;

b) Dinitrophénol ;

c) Aniline et homologues, benzidine et homologues, naphtylamines et homologues.

Toutefois, l'interdiction relative aux dérivés des hydrocarbures aromatiques ne s'applique pas lorsque les opérations sont réalisées en appareils clos en marche normale. – [Anc. art. R. 231-56-12, anc. art. R. 231-58-2, al. 2, et anc. art. R. 234-10, al. 1er et al. 3 à 6.]

Les dispositions de l'art. D. 4152-10 restent applicables également aux agents chimiques classés toxiques pour la reproduction de catégorie 1 et 2 mentionnés à l'art. R. 4411-6 dans sa rédaction antérieure à la date d'entrée en vigueur du Décr. n° 2015-613 du 3 juin 2015 (Décr. préc., art. 2-I).

Art. D. 4152-11 L'employeur informe les femmes sur les effets potentiellement néfastes de l'exposition à certaines substances chimiques sur la fertilité, l'embryon, le fœtus où l'enfant dans les conditions prévues à l'article R. 4412-89.

SECTION VI MANUTENTION DES CHARGES

Art. D. 4152-12 L'usage du diable pour le transport de charges est interdit à la femme enceinte. – *[Anc. art. R. 234-6, al. 24 et al. 28.]*

SECTION VII LOCAL DÉDIÉ À L'ALLAITEMENT

Art. R. 4152-13 Le local dédié à l'allaitement prévu à l'article L. 1225-32 est :

1° Séparé de tout local de travail ;

2° Aéré et muni de fenêtres ou autres ouvrants à châssis mobiles donnant directement sur l'extérieur ;

3° Pourvu d'un mode de renouvellement d'air continu ;

4° Convenablement éclairé ;

5° Pourvu d'eau en quantité suffisante ou à proximité d'un lavabo ;

6° Pourvu de sièges convenables pour l'allaitement ;

7° Tenu en état constant de propreté. Le nettoyage est quotidien et réalisé hors de la présence des enfants ;

8° Maintenu à une température convenable dans les conditions hygiéniques. – *[Anc. art. R. 224-2, al. 1er à 6, anc. art. R. 224-8 et anc. art. R. 224-11.]*

Art. R. 4152-14 Dans les établissements soumis à des dispositions particulières en matière de santé et sécurité au travail, le local dédié à l'allaitement est séparé de tout local affecté à des travaux pour lesquels ont été édictées ces dispositions particulières.

Cette séparation est telle que le local est protégé contre les risques qui ont motivé ces dispositions. – *[Anc. art. R. 224-2, al. 7.]*

Art. R. 4152-15 Les enfants ne peuvent séjourner dans le local dédié à l'allaitement que pendant le temps nécessaire à l'allaitement.

Aucun enfant atteint ou paraissant atteint d'une maladie contagieuse ne doit être admis dans ce local.

Des mesures sont prises contre tout risque de contamination.

L'enfant qui, après admission, paraît atteint d'une maladie contagieuse ne doit pas être maintenu dans le local. – *[Anc. art. R. 224-3 et anc. art. R. 224-19.]*

Art. R. 4152-16 Le local dédié à l'allaitement a une surface suffisante pour pouvoir abriter un nombre d'enfants de moins d'un an, compte tenu du nombre de femmes employées dans l'établissement. – *[Anc. art. R. 224-4.]*

Art. R. 4152-17 Le local dédié à l'allaitement a une hauteur de trois mètres au moins sous plafond. Il a au moins, par enfant, une superficie de trois mètres carrés.

Un même local ne peut pas contenir plus de douze berceaux. Toutefois, lorsque le nombre des enfants vient à dépasser ce maximum, le *(Décr. n° 2009-1377 du 10 nov. 2009)* « directeur régional des entreprises, de la concurrence, de la consommation, du travail et de l'emploi » peut en autoriser provisoirement le dépassement.

Lorsqu'il y a plusieurs salles, celles-ci sont desservies par un vestibule. – *[Anc. art. R. 224-7.]*

Les modifications issues du Décr. n° 2009-1377 du 10 nov. 2009 prennent effet, dans chaque région, à la date de nomination du directeur régional des entreprises, de la concurrence, de la consommation, du travail et de l'emploi (Décr. préc., art. 7-I). — V. Arr. de nomination de ces directeurs des 30 déc. 2009 (JO 5 janv. 2010) et 9 févr. 2010 (JO 14 févr.).

Ces modifications s'appliquent à la région Île-de-France à compter du 1er juill. 2010 (Décr. n° 2010-687 du 24 juin 2010, art. 2).

Art. R. 4152-18 Le local dédié à l'allaitement ne comporte pas de communication directe avec des cabinets d'aisance, égouts, puisards.

Il est maintenu à l'abri de toute émanation nuisible. – *[Anc. art. R. 224-9.]*

Art. R. 4152-19 Les revêtements des sols et des parois du local dédié à l'allaitement permettent un entretien efficace et sont refaits chaque fois que la propreté l'exige. – *[Anc. art. R. 224-10.]*

Art. R. 4152-20 L'employeur fournit pour chaque enfant un berceau et un matériel de literie.

Il fournit également du linge en quantité suffisante pour que les enfants puissent être changés aussi souvent que nécessaire.

Le matériel et les effets sont tenus constamment en bon état d'entretien et de propreté.

Pendant la nuit, tous les objets dont se compose la literie sont disposés de manière à être aérés. – *[Anc. art. R. 224-12, anc. art. R. 224-13, V1, et anc. art. R. 224-21, al. 2.]*

Art. R. 4152-21 Le local dédié à l'allaitement est tenu exclusivement par du personnel qualifié en nombre suffisant.

Ce personnel se tient dans un état de propreté rigoureuse. – *[Anc. art. R. 224-14.]*

Art. R. 4152-22 Il est tenu :

1° Un registre sur lequel sont inscrits les nom, prénoms et la date de naissance de chaque enfant, les nom, adresse et profession de la mère, la date de l'admission, la constatation des vaccinations, l'état de l'enfant au moment de l'admission et, s'il y a lieu, au moment des réadmissions ;

2° Un registre sur lequel sont mentionnés nominativement les enfants présents chaque jour. – *[Anc. art. R. 224-16.]*

Art. R. 4152-23 Le local dédié à l'allaitement est surveillé par un médecin désigné par l'employeur.

(Décr. n° 2016-1417 du 20 oct. 2016, art. 11) « Ce dernier tient à la disposition de l'agent de contrôle de l'inspection du travail, le nom et l'adresse de ce médecin. »

Le médecin visite le local au moins une fois par semaine. Il consigne ses observations sur le registre prévu au 2° de l'article R. 4152-22.

Un règlement intérieur signé par le médecin est affiché à l'entrée du local.

Art. R. 4152-24 Le local dédié à l'allaitement est équipé de moyens de réchauffer les aliments. Ces derniers sont conformes aux prescriptions réglementaires prévues pour les établissements et services d'accueil des enfants de moins de six ans. – *[Anc. art. R. 224-18.]*

Art. R. 4152-25 Des mesures sont prises pour qu'aucune personne pouvant constituer une cause de contamination n'ait accès au local dédié à l'allaitement. – *[Anc. art. R. 224-20.]*

Art. R. 4152-26 Personne ne doit passer la nuit dans le local dédié à l'allaitement où les enfants passent la journée. – *[Anc. art. R. 224-21, al. 1er.]*

Art. R. 4152-27 L'eau du local dédié à l'allaitement est à température réglable. Des moyens de nettoyage et de séchage appropriés sont mis à disposition.

Le matériel et les effets sont tenus constamment en bon état d'entretien et de propreté. – *[Anc. art. R. 224-13 et anc. art. R. 224-22.]*

Art. R. 4152-28 La rémunération du médecin et du personnel du local dédié à l'allaitement ainsi que la fourniture et l'entretien du matériel et des effets énumérés aux articles R. 4152-20 et R. 4152-27 sont à la charge de l'employeur.

Aucune contribution ne peut être réclamée aux mères dont les enfants fréquentent le local. – *[Anc. art. R. 224-23.]*

SECTION VIII **INTERVENTIONS ET TRAVAUX EN MILIEU HYPERBARE**

(Décr. nº 2011-45 du 11 janv. 2011)

Art. D. 4152-29 Il est interdit d'affecter ou de maintenir les femmes enceintes à des postes de travail exposant à une pression relative supérieure à 100 hectopascals.

CHAPITRE III **JEUNES TRAVAILLEURS**

SECTION PREMIÈRE **ÂGE D'ADMISSION**

SOUS-SECTION 1 **EMPLOI PENDANT LES VACANCES SCOLAIRES**

Art. D. 4153-1 Les dispositions de la présente sous-section s'appliquent aux mineurs âgés de quatorze à moins de seize ans susceptibles de travailler pendant les vacances scolaires en application de l'article L. 4153-3.

Art. D. 4153-2 L'emploi du mineur est autorisé uniquement pendant les périodes de vacances scolaires comportant au moins quatorze jours ouvrables ou non *(Décr. nº 2013-915 du 11 oct. 2013)* « et à la condition que les intéressés jouissent d'un repos continu d'une durée qui ne peut être inférieure à la moitié de la durée totale desdites vacances ». – *[Anc. art. D. 211-1.]*

Art. D. 4153-3 La durée du travail du mineur ne peut excéder trente-cinq heures par semaine ni sept heures par jour.

Sa rémunération ne peut être inférieure au salaire minimum de croissance, compte tenu d'un abattement au plus égal à 20 %. – *[Anc. art. D. 211-2.]*

Art. D. 4153-4 *(Décr. nº 2013-915 du 11 oct. 2013)* Le mineur ne peut être affecté qu'à des travaux légers qui ne sont pas susceptibles de porter préjudice à sa sécurité, à sa santé ou à son développement.

Art. D. 4153-5 L'employeur qui envisage d'employer un mineur adresse une demande écrite à l'inspecteur du travail au moins quinze jours avant la date prévue d'embauche.

La demande comporte :

1° Les nom, prénoms, âge et domicile de l'intéressé ;

2° La durée du contrat de travail ;

3° La nature et les conditions de travail envisagées ;

4° L'horaire de travail ;

5° Le montant de la rémunération ;

6° L'accord écrit et signé du représentant légal de l'intéressé. – *[Anc. art. D. 211-4.]*

Art. R. 4153-6 Lorsque l'inspecteur du travail n'a pas adressé de refus motivé à l'embauche d'un mineur, dans un délai de huit jours francs à compter de l'envoi de la demande de l'employeur, l'autorisation est réputée accordée. Le cachet de la poste fait foi.

Lorsque dans ce même délai, l'inspecteur du travail a conditionné son autorisation à une ou plusieurs modifications ou adjonctions dans le libellé de la demande, cette décision vaut autorisation d'embauche, sous réserve que l'employeur respecte, dans l'exécution du contrat, les obligations résultant des modifications ou adjonctions demandées. – *[Anc. art. D. 211-5 et anc. art. L. 211-1, al. 5 phrase 2.]*

Art. D. 4153-7 L'autorisation de l'inspecteur du travail peut être retirée à tout moment s'il est constaté que le mineur est employé soit dans des conditions non conformes à l'autorisation, soit en méconnaissance des dispositions du présent code. – *[Anc. art. D. 211-6.]*

SOUS-SECTION 2 AGRÉMENT DES DÉBITS DE BOISSONS

Art. R. 4153-8 L'agrément du débit de boissons prévu à l'article L. 4153-6 est délivré à l'exploitant par le préfet, pour une durée de cinq ans renouvelable, après vérification que les conditions d'accueil du jeune travailleur sont de nature à assurer sa santé, sa sécurité et son intégrité physique ou morale.

Le préfet recueille l'avis du directeur départemental des affaires sanitaires et sociales. – *[Anc. art. R. 211-1, al. 2 et al. 3 phrase 1.]*

Art. R. 4153-9 Le silence gardé pendant plus de deux mois sur une demande d'agrément vaut décision de rejet. – *[Anc. art. R. 211-1, al. 3 phrase 2.]*

Art. R. 4153-10 A l'issue de la période de cinq ans, l'exploitant agréé forme une nouvelle demande d'agrément, instruite dans les mêmes conditions que la première demande. – *[Anc. art. R. 211-1, al. 4.]*

Art. R. 4153-11 En cas de changement d'exploitant du débit de boissons, la demande d'agrément est renouvelée. – *[Anc. art. R. 211-1, al. 5.]*

Art. R. 4153-12 Le préfet peut retirer ou suspendre l'agrément lorsque les conditions requises pour l'accueil du mineur ne sont plus de nature à assurer sa santé, sa sécurité et son intégrité physique ou morale. – *[Anc. art. R. 211-1, al. 6.]*

SOUS-SECTION 3 CONTRÔLE

Art. D. 4153-13 Pour l'application des dispositions du présent chapitre, l'employeur justifie, à la demande de l'inspection du travail, de la date de naissance de chaque travailleur âgé de moins de dix-huit ans qu'il emploie. – *[Anc. art. R. 234-1.]*

SOUS-SECTION 4 DÉCISION DE RENVOI PAR L'INSPECTEUR DU TRAVAIL

Art. D. 4153-14 La décision de l'inspecteur du travail de renvoyer de l'établissement un jeune travailleur de quinze ans et plus, en application de l'article L. 4153-4, est prise sur avis conforme du médecin inspecteur du travail ou d'un médecin désigné par le médecin inspecteur du travail et, si les parents le demandent, après examen contradictoire. – *[Anc. art. L. 211-2, al. 2.]*

SECTION II TRAVAUX INTERDITS ET RÉGLEMENTÉS POUR LES JEUNES ÂGÉS DE QUINZE ANS AU MOINS ET DE MOINS DE DIX-HUIT ANS

(Décr. n° 2013-915 du 11 oct. 2013)

V. Circ. intermin. n° 11 du 23 oct. 2013 relative à la mise en œuvre des dérogations aux travaux réglementés des jeunes âgés de quinze ans au moins et de moins de dix-huit ans.

Art. D. 4153-15 Les dispositions de la présente section définissent les travaux interdits aux jeunes âgés d'au moins quinze ans et de moins de dix-huit ans en application de l'article L. 4153-8 ainsi que les travaux interdits susceptibles de dérogation en application de l'article L. 4153-9.

SOUS-SECTION 1 TRAVAUX PORTANT ATTEINTE À L'INTÉGRITÉ PHYSIQUE OU MORALE

Art. D. 4153-16 Il est interdit d'affecter les jeunes à des travaux les exposant à des actes ou représentations à caractère pornographique ou violent.

SOUS-SECTION 2 TRAVAUX EXPOSANT À DES AGENTS CHIMIQUES DANGEREUX

Art. D. 4153-17 I. — Il est interdit d'affecter les jeunes à des travaux impliquant la préparation, l'emploi, la manipulation ou l'exposition à des agents chimiques dangereux définis aux articles R. 4412-3 et R. 4412-60, à l'exception des agents chimiques dangereux qui relèvent uniquement d'une ou de plusieurs des catégories de danger *[dangers]* définies *(Abrogé par Décr. n° 2015-613 du 3 juin 2015, art. 1er)* *« aux 2° et 15° de l'article R. 4411-6 ou »* aux sections 2.4, 2.13, 2.14 et *(Décr. n° 2015-613 du 3 juin 2015, art. 1er)* « aux parties 4 et 5 » de l'annexe I du règlement (CE) n° 1272/2008.

II. — Il peut être dérogé à l'interdiction mentionnée au I dans les conditions et formes prévues à la section III du présent chapitre.

Ancien art. D. 4153-17 *I. - Il est interdit d'affecter les jeunes à des travaux impliquant la préparation, l'emploi, la manipulation ou l'exposition à des agents chimiques dangereux définis aux articles R. 4412-3 et R. 4412-60, à l'exception des agents chimiques dangereux qui relèvent uniquement d'une ou de plusieurs des catégories de danger* [dangers] *définies aux 2° et 15° de l'article R. 4411-6 ou aux sections 2.4, 2.13, 2.14 et à la partie 4 de l'annexe I du règlement (CE) n° 1272/2008.*

II. - Il peut être dérogé à l'interdiction mentionnée au I dans les conditions et formes prévues à la section III du présent chapitre.

L'interdiction prévue au I de l'art. D. 4153-17 et les dérogations prévues au II du même article restent applicables également aux agents chimiques définis à l'art. R. 4411-6 dans sa rédaction antérieure à la date d'entrée en vigueur du Décr. n° 2015-613 du 3 juin 2015, à l'exception des 2° et 15° (Décr. préc., art. 2-II).

Art. D. 4153-18 I. — Il est interdit d'affecter les jeunes à des opérations susceptibles de générer une exposition à un niveau d'empoussièrement de fibres d'amiante de niveau *[niveaux]* 1, 2 et 3 définis à l'article R. 4412-98.

II. — Il peut être dérogé à l'interdiction mentionnée au I pour des opérations susceptibles de générer une exposition à des niveaux d'empoussièrement de fibres d'amiante de niveau 1 ou 2 définis à l'article R. 4412-98 dans les conditions et formes prévues à la section III du présent chapitre.

Le Décr. n° 2013-915 du 11 oct. 2015 est annulé en tant qu'il prévoit, au II de l'art. D. 4153-18, qu'il peut être dérogé à l'interdiction fixée au I du même art. pour des opérations susceptibles de générer une exposition au niveau 2 d'empoussièrement de fibres d'amiante (CE 18 déc. 2015, n° 373968).

SOUS-SECTION 3 TRAVAUX EXPOSANT À DES AGENTS BIOLOGIQUES

Art. D. 4153-19 Il est interdit d'affecter les jeunes à des travaux les exposant aux agents biologiques de groupe 3 ou 4 au sens de l'article R. 4421-3.

SOUS-SECTION 4 TRAVAUX EXPOSANT AUX VIBRATIONS MÉCANIQUES

Art. D. 4153-20 Il est interdit d'affecter les jeunes à des travaux les exposant à un niveau de vibration supérieur aux valeurs d'exposition journalière définies à l'article R. 4443-2.

SOUS-SECTION 5 TRAVAUX EXPOSANT À DES RAYONNEMENTS

Art. D. 4153-21 I. — Il est interdit d'affecter les jeunes à des travaux les exposant aux rayonnements ionisants requérant un classement en catégorie A ou B au sens de l'article R. 4451-44.

II. — Il peut être dérogé à l'interdiction mentionnée au I pour des travaux les exposant aux rayonnements ionisants requérant un classement en catégorie B au sens de l'article R. 4451-44 dans les conditions et formes prévues à la section III du présent chapitre.

Art. D. 4153-22 I. — Il est interdit d'affecter les jeunes à des travaux susceptibles de les exposer à des rayonnements optiques artificiels et pour lesquels les résultats de l'évaluation des risques mettent en évidence la moindre possibilité de dépassement des valeurs limites d'exposition définies aux articles R. 4452-5 et R. 4452-6.

II. – Il peut être dérogé à l'interdiction mentionnée au I dans les conditions et formes prévues à la section III du présent chapitre.

Art. R. 4153-22-1 *(Décr. nº 2016-1074 du 3 août 2016, art. 6, en vigueur le 1er janv. 2017)* Il est interdit d'affecter les jeunes travailleurs de moins de dix-huit ans à des travaux les exposant à des champs électromagnétiques pour lesquels les résultats de l'évaluation des risques mettent en évidence la possibilité de dépasser les valeurs limites d'exposition définies à l'article R. 4453-3.

SOUS-SECTION 6 **TRAVAUX EN MILIEU HYPERBARE**

Art. D. 4153-23 *(Décr. nº 2014-799 du 11 juill. 2014, art. 2)* I. – Il est interdit d'affecter les jeunes à des travaux hyperbares et aux interventions en milieu hyperbare, autres que celles relevant de la classe 0, au sens de l'article R. 4461-1.

II. – Il peut être dérogé à l'interdiction mentionnée au I pour des interventions en milieu hyperbare dans les conditions et formes prévues à la section III du présent chapitre.

SOUS-SECTION 7 **TRAVAUX EXPOSANT À UN RISQUE D'ORIGINE ÉLECTRIQUE**

Art. D. 4153-24 Il est interdit aux jeunes d'accéder*[,]* sans surveillance, à tout local ou emplacement d'un établissement ou chantier présentant un risque de contact avec des pièces nues sous tension, sauf s'il s'agit d'installations à très basse tension de sécurité (TBTS).

Il est interdit de faire exécuter par des jeunes des opérations sous tension.

SOUS-SECTION 8 **TRAVAUX COMPORTANT DES RISQUES D'EFFONDREMENT ET D'ENSEVELISSEMENT**

Art. D. 4153-25 Il est interdit d'affecter les jeunes à des travaux de démolition, de tranchées, comportant des risques d'effondrement et d'ensevelissement, notamment des travaux de blindage, de fouilles ou de galeries ainsi qu'à des travaux d'étaiement.

SOUS-SECTION 9 **CONDUITE D'ÉQUIPEMENTS DE TRAVAIL MOBILES AUTOMOTEURS ET D'ÉQUIPEMENTS DE TRAVAIL SERVANT AU LEVAGE**

Art. D. 4153-26 Il est interdit d'affecter les jeunes à la conduite des quadricycles à moteur et des tracteurs agricoles ou forestiers non munis de dispositif de protection en cas de renversement, ou dont ledit dispositif est en position rabattue, et non munis de système de retenue du conducteur au poste de conduite en cas de renversement.

Art. D. 4153-27 I. – Il est interdit d'affecter les jeunes à la conduite d'équipements de travail mobiles automoteurs et d'équipements de travail servant au levage.

II. – Il peut être dérogé à l'interdiction mentionnée au I dans les conditions et formes prévues à la section III du présent chapitre.

SOUS-SECTION 10 **TRAVAUX NÉCESSITANT L'UTILISATION D'ÉQUIPEMENTS DE TRAVAIL**

Art. D. 4153-28 I. – Il est interdit d'affecter les jeunes à des travaux impliquant l'utilisation ou l'entretien :

1° Des machines mentionnées à l'article R. 4313-78, quelle que soit la date de mise en service ;

2° Des machines comportant des éléments mobiles concourant à l'exécution du travail qui ne peuvent pas être rendus inaccessibles durant leur fonctionnement.

II. – Il peut être dérogé à l'interdiction mentionnée au I dans les conditions et formes prévues à la section III du présent chapitre.

Art. D. 4153-29 I. – Il est interdit d'affecter les jeunes à des travaux de maintenance lorsque ceux-ci ne peuvent être effectués à l'arrêt, sans possibilité de remise en marche inopinée des transmissions, mécanismes et équipements de travail en cause.

II. – Il peut être dérogé à l'interdiction mentionnée au I dans les conditions et formes prévues à la section III du présent chapitre.

SOUS-SECTION 11 TRAVAUX TEMPORAIRES EN HAUTEUR

Art. D. 4153-30 *(Décr. n° 2015-444 du 17 avr. 2015, art. 1er)* « I. – » Il est interdit *(Abrogé par Décr. n° 2015-444 du 17 avr. 2015, art. 1er)* « ***, en milieu professionnel,*** » d'affecter les jeunes à des travaux temporaires en hauteur lorsque la prévention du risque de chute de hauteur n'est pas assurée par des mesures de protection collective.

(Décr. n° 2015-444 du 17 avr. 2015, art. 1er) « II. – Il peut être dérogé, pour l'utilisation d'échelles, d'escabeaux et de marchepieds, à l'interdiction mentionnée au I, dans les conditions prévues par le deuxième alinéa de l'article R. 4323-63.

« III. – Il peut être dérogé, pour les travaux nécessitant l'utilisation d'équipements de protection individuelle, à l'interdiction mentionnée au I, dans les conditions et selon les modalités prévues à la section III du présent chapitre et à l'article R. 4323-61. Cette dérogation est précédée, tant au sein des établissements mentionnés à l'article R. 4153-38 qu'en milieu professionnel, de la mise en œuvre des informations et formations prévues par les articles R. 4323-104 à R. 4323-106. »

Art. D. 4153-31 I. – Il est interdit *(Abrogé par Décr. n° 2015-444 du 17 avr. 2015, art. 1er)* « ***en milieu professionnel*** » d'affecter les jeunes au montage et démontage d'échafaudages.

II. – Il peut être dérogé à l'interdiction mentionnée au I dans les conditions et formes prévues à la section III du présent chapitre.

Art. D. 4153-32 Il est interdit d'affecter les jeunes à des travaux en hauteur portant sur les arbres et autres essences ligneuses et semi-ligneuses.

SOUS-SECTION 12 TRAVAUX AVEC DES APPAREILS SOUS PRESSION

Art. D. 4153-33 I. – Il est interdit aux jeunes de procéder à des travaux impliquant les opérations de manipulation, de surveillance, de contrôle et d'intervention sur des appareils à pression soumis à suivi en service en application de l'article L. 557-28 du code de la l'environnement.

II. – Il peut être dérogé à l'interdiction mentionnée au I dans les conditions et formes prévues à la section III du présent chapitre.

SOUS-SECTION 13 TRAVAUX EN MILIEU CONFINÉ

Art. D. 4153-34 I. – Il est interdit d'affecter des jeunes :

1° A la visite, l'entretien et le nettoyage de l'intérieur des cuves, citernes, bassins et réservoirs ;

2° A des travaux impliquant les *[des]* opérations dans un milieu confiné*[,]* notamment dans les puits, conduites de gaz, canaux de fumée, égouts, fosses et galeries.

II. – Il peut être dérogé à l'interdiction mentionnée au I dans les conditions et formes prévues à la section III du présent chapitre.

SOUS-SECTION 14 TRAVAUX AU CONTACT DU VERRE OU DU MÉTAL EN FUSION

Art. D. 4153-35 I. – Il est interdit d'affecter les jeunes à des travaux de coulée de verre ou de métaux en fusion et de les admettre de manière habituelle dans les locaux affectés à ces travaux.

II. – Il peut être dérogé à l'interdiction mentionnée au I dans les conditions et formes prévues à la section III du présent chapitre.

SOUS-SECTION 15 TRAVAUX EXPOSANT À DES TEMPÉRATURES EXTRÊMES

Art. D. 4153-36 Il est interdit d'affecter les jeunes aux travaux les exposant à une température extrême susceptible de nuire à la santé.

SOUS-SECTION 16 TRAVAUX EN CONTACT D'ANIMAUX

Art. D. 4153-37 Il est interdit d'affecter les jeunes à :

1° Des travaux d'abattage, d'euthanasie et d'équarrissage des animaux ;

2° Des travaux en contact d'animaux féroces ou venimeux.

SECTION III *[ANCIENNE]* TRAVAUX RÉGLEMENTÉS

SOUS-SECTION 1 *[ANCIENNE]* DÉROGATIONS ACCORDÉES POUR LES ÉLÈVES ET APPRENTIS

Lorsqu'une autorisation individuelle a été accordée par l'inspecteur du travail à l'employeur ou au chef d'établissement dans les conditions prévues à la sous-section 1 de la section III du chapitre III du titre V du livre Ier de la quatrième partie du code du travail dans sa rédaction antérieure au Décr. no 2013-914 du 11 oct. 2013, celui-ci est dispensé de solliciter l'autorisation prévue par les dispositions des art. R. 4153-38 à R. 4153-52 jusqu'à la date de l'échéance de la première autorisation. (Décr. préc., art. 2).

Ancien art. D. 4153-41 *Les jeunes travailleurs âgés de moins de dix-huit ans titulaires d'un contrat d'apprentissage, ainsi que les élèves préparant un diplôme de l'enseignement technologique ou professionnel, peuvent être autorisés à utiliser au cours de leur formation professionnelle les équipements de travail dont l'usage est interdit à la section II.* – [Anc. art. R. 234-22, al. 1er phrase 1.]

Ancien art. D. 4153-42 *Il peut être également dérogé dans les formes et conditions prévues par la présente section aux interdictions prévues :*

1° Aux articles D. 4153-26 et D. 4153-27 à l'exception du 5°, pour les travaux exposants à des agents chimiques dangereux ;

2° A l'article D. 4153-32, pour les travaux en milieu hyperbare ;

3° A l'article D. 4153-33, pour les travaux exposant aux rayonnements ionisants ;

4° A l'article D. 4153-35, pour les travaux au contact d'animaux ;

5° A l'article R. 4153-38, pour les travaux en contact du métal en fusion. – [Anc. art. R. 234-22, al. 4.]

Ancien art. D. 4153-43 *Les autorisations sont accordées par l'inspecteur du travail, après avis favorable du médecin du travail ou du médecin chargé de la surveillance des élèves.*

Une autorisation du professeur ou du moniteur d'atelier est requise pour chaque emploi. – [Anc. art. R. 234-22, al. 1er phrase 2.]

Ancien art. R. 4153-44 *La demande d'autorisation complète est adressée à l'inspecteur du travail par lettre recommandée avec avis de réception. Elle comporte l'avis favorable du médecin et du professeur ou du moniteur d'atelier responsable.*

Le silence gardé par l'inspecteur du travail pendant un délai de deux mois vaut autorisation. – [Anc. art. R. 234-22, al. 1er phrase 3.]

Ancien art. D. 4153-45 *Les autorisations accordées par l'inspecteur du travail sont renouvelables chaque année pour les élèves. Elles demeurent valables pour toute la durée du contrat pour les apprentis, en l'absence de modification des équipements de travail, des conditions de sécurité et de l'environnement de travail et sous réserve de l'envoi, chaque année, à l'inspecteur du travail d'un nouvel avis favorable du médecin du travail.*

Elles sont révocables à tout moment si les conditions justifiant leur délivrance cessent d'être remplies. – [Anc. art. R. 234-22, al. 3.]

Ancien art. D. 4153-46 *En cas d'autorisation d'utilisation des équipements de travail, des mesures sont prises pour assurer l'efficacité du contrôle exercé par le professeur ou le moniteur d'atelier.* – [Anc. art. R. 234-22, D, al. 2.]

Ancien art. D. 4153-47 *Les jeunes travailleurs munis du certificat d'aptitude professionnelle correspondant à l'activité qu'ils exercent peuvent participer aux travaux et être autorisés à utiliser les équipements de travail mentionnés à la section II, sous réserve de l'avis favorable du médecin du travail.* – [Anc. art. R. 234-23.]

SOUS-SECTION 2 *[ANCIENNE]* AUTRES DÉROGATIONS

Ancien art. D. 4153-48 *Sur les chantiers de bâtiment et de travaux publics, l'emploi des jeunes travailleurs âgés de moins de dix-huit ans à des travaux en élévation peut être autorisé si leur aptitude médicale à ces travaux a été constatée.*

Une consigne écrite détermine les conditions d'emploi et de surveillance des intéressés. – [Anc. art. R. 234-18, al. 1er et 2.]

Ancien art. D. 4153-49 ***Les jeunes travailleurs âgés de moins de seize ans peuvent être employés au cueillage ou au soufflage du verre dans un but de formation professionnelle et sous réserve de ne pas participer aux équipes de production.***

Les jeunes travailleurs âgés de plus de seize ans peuvent être employés au cueillage et au soufflage de verre plat et comme conducteur de machine de fabrication mécanique sur autorisation de l'inspecteur du travail accordée après enquête. Les autorisations sont révocables à tout moment si les conditions justifiant leur délivrance cessent d'être remplies. – [Anc. art. R. 234-14, al. 3 et 7.]

SECTION III **DÉROGATIONS POUR LES JEUNES DE QUINZE ANS AU MOINS ET DE MOINS DE DIX-HUIT ANS**

(Décr. nº 2013-914 du 11 oct. 2013)

Lorsqu'une autorisation individuelle a été accordée par l'inspecteur du travail à l'employeur ou au chef d'établissement dans les conditions prévues à la sous-section 1 de la section III du chapitre III du titre V du livre Ier de la quatrième partie du code du travail dans sa rédaction antérieure au Décr. nº 2013-914 du 11 oct. 2013, celui-ci est dispensé de solliciter l'autorisation prévue par les dispositions des art. R. 4153-38 à R. 4153-52 jusqu'à la date de l'échéance de la première autorisation. (Décr. préc., art. 2)

SOUS-SECTION 1 **AUTORISATION DE DÉROGATION POUR LES JEUNES EN FORMATION PROFESSIONNELLE**

V. Circ. intermin. nº 11 du 23 oct. 2013, NOR : ETST1330265C.

Lorsqu'une autorisation de déroger a été accordée par l'inspecteur du travail à l'employeur ou au chef d'établissement dans les conditions prévues à la sous-section 1 de la section III du chap. III du titre V du livre Ier de la quatrième partie du code du travail dans sa rédaction antérieure au Décr. nº 2015-443 du 17 avr. 2015, ces dispositions demeurent applicables et cette autorisation demeure valable pour la durée fixée par la décision (Décr. préc., art. 5).

Art. R. 4153-38 Pour l'application de la présente section, le chef d'établissement est le chef de l'établissement d'enseignement, le directeur du centre de formation d'apprentis ou de l'organisme de formation professionnelle, le directeur de l'établissement ou du service social ou médico-social mentionné au V de l'article L. 312-1 du code de l'action sociale et des familles.

Art. R. 4153-39 Les dispositions de la présente section s'appliquent aux jeunes âgés d'au moins quinze ans et de moins de dix-huit ans suivants :

1° Les apprentis et les titulaires d'un contrat de professionnalisation ;

2° Les stagiaires de la formation professionnelle ;

3° Les élèves et étudiants préparant un diplôme professionnel ou technologique ;

4° Les jeunes accueillis dans les établissements suivants :

a) Les établissements ou services d'enseignement qui assurent, à titre principal, une éducation adaptée et un accompagnement social ou médico-social aux mineurs ou jeunes adultes handicapés ou présentant des difficultés d'adaptation prévus au 2° *(Décr. nº 2015-443 du 17 avr. 2015, art. 2)* « du I » de l'article L. 312-1 du code de l'action sociale et des familles ;

b) Les établissements et services d'aide par le travail mentionnés au *(Décr. nº 2015-443 du 17 avr. 2015, art. 2)* « 5° du I » de l'article L. 312-1 du code de l'action sociale et des familles ;

c) Les centres de préorientation mentionnés à l'article R. 5213-2 du code du travail ;

d) Les centres d'éducation et de rééducation professionnelle mentionnés à l'article R. 5213-9 du code du travail ;

e) Les établissements ou services à caractère expérimental mentionnés au 12° du I de l'article L. 312-1 du code de l'action sociale et des familles ;

f) Les établissements ou services gérés, conventionnés ou habilités par les services de la protection judiciaire de la jeunesse.

Art. R. 4153-40 *(Décr. nº 2015-443 du 17 avr. 2015, art. 1er)* L'employeur ou le responsable de l'établissement mentionné à l'article L. 4111-1 et le chef d'établissement mentionné aux articles R. 4153-38 et R. 4153-39 peuvent, pour une durée de trois ans à compter de l'envoi de la déclaration prévue à l'article R. 4153-41, affecter des jeunes aux travaux interdits susceptibles de dérogation mentionnés à la section II du présent chapitre, sous réserve de satisfaire aux conditions suivantes :

1° Avoir procédé à l'évaluation prévue aux articles L. 4121-3 et suivants, comprenant une évaluation des risques existants pour les jeunes et liés à leur travail ; cette évaluation est préalable à l'affectation des jeunes à leurs postes de travail ;

2° Avoir, à la suite de cette évaluation, mis en œuvre les actions de prévention prévues au deuxième alinéa de l'article L. 4121-3 ;

3° Avant toute affectation du jeune à ces travaux :

a) Pour l'employeur, en application des articles L. 4141-1 et suivants, avoir informé le jeune sur les risques pour sa santé et sa sécurité et les mesures prises pour y remédier et lui avoir dispensé la formation à la sécurité en s'assurant qu'elle est adaptée à son âge, son niveau de formation et son expérience professionnelle ;

b) Pour le chef d'établissement, lui avoir dispensé la formation à la sécurité prévue dans le cadre de la formation professionnelle assurée, adaptée à son âge, son niveau de formation et son expérience professionnelle et en avoir organisé l'évaluation.

Dans les établissements mentionnés au 4° de l'article R. 4153-39, par dérogation aux dispositions qui précèdent, le chef d'établissement doit avoir mis en œuvre l'information et la formation mentionnées au *a* ou, lorsque la formation assurée conduit à un diplôme technologique ou professionnel, avoir mis en œuvre la formation à la sécurité et son évaluation mentionnées au *b* ;

4° Assurer l'encadrement du jeune en formation par une personne compétente durant l'exécution de ces travaux ;

5° Avoir obtenu, pour chaque jeune, la délivrance d'un avis médical d'aptitude.

Cet avis médical est délivré chaque année soit par le médecin du travail pour les salariés, soit par le médecin chargé du suivi médical des élèves et des étudiants, des stagiaires de la formation professionnelle ou des jeunes accueillis dans les établissements mentionnés au 4° de l'article R. 4153-39.

(Décr. n° 2016-1908 du 27 déc. 2016, art. 7, en vigueur le 1er janv. 2017) « Tout jeune affecté aux travaux mentionnés au premier alinéa bénéficie du suivi individuel renforcé de son état de santé prévu aux articles R. 4624-22 à R. 4624-28 en application du II de l'article R. 4624-23. »

Art. R. 4153-41 *(Décr. n° 2015-443 du 17 avr. 2015, art. 1er)* Préalablement à l'affectation des jeunes aux travaux interdits susceptibles de dérogation mentionnés à la section II du présent chapitre, une déclaration de dérogation est adressée par tout moyen conférant date certaine à l'inspecteur du travail par l'employeur ou le responsable d'un établissement mentionné à l'article L. 4111-1 ou le chef d'un établissement mentionné aux articles R. 4153-38 et R. 4153-39, chacun en ce qui le concerne.

Elle précise :

1° Le secteur d'activité de l'entreprise ou de l'établissement ;

2° Les formations professionnelles assurées ;

3° Les différents lieux de formation connus ;

4° Les travaux interdits susceptibles de dérogation mentionnés à la section II du présent chapitre nécessaires à la formation professionnelle et sur lesquels porte la déclaration de dérogation, ainsi que, le cas échéant, les machines mentionnées à l'article D. 4153-28 dont l'utilisation par les jeunes est requise pour effectuer ces travaux et, en cas d'exécution de travaux de maintenance, les travaux en cause et les équipements de travail mentionnés à l'article D. 4153-29 ;

5° La qualité ou la fonction de la ou des personnes compétentes chargées d'encadrer les jeunes pendant l'exécution des travaux précités.

Art. R. 4153-42 *(Décr. n° 2015-443 du 17 avr. 2015, art. 1er)* En cas de modification des informations mentionnées aux 1°, 2° ou 4° de l'article R. 4153-41, ces informations sont actualisées et communiquées à l'inspecteur du travail par tout moyen conférant date certaine dans un délai de huit jours à compter des changements intervenus.

Art. R. 4153-43 *(Décr. n° 2015-443 du 17 avr. 2015, art. 1er)* En cas de modification des informations mentionnées aux 3° ou 5° de l'article R. 4153-41, ces informations sont tenues à la disposition de l'inspecteur du travail.

Art. R. 4153-44 *(Décr. n° 2015-443 du 17 avr. 2015, art. 1er)* La déclaration prévue à l'article R. 4153-41 est renouvelée tous les trois ans.

Art. R. 4153-45 *(Décr. n° 2015-443 du 17 avr. 2015, art. 1er)* L'employeur ou le chef d'établissement qui déclare déroger tient à disposition de l'inspecteur du travail, à compter de l'affectation de chaque jeune aux travaux en cause, les informations relatives :

1° Aux prénoms, nom et date de naissance du jeune ;

2° A la formation professionnelle suivie, à sa durée et aux lieux de formation connus ;

3° A l'avis médical d'aptitude à procéder à ces travaux ;

4° A l'information et la formation à la sécurité prévues aux articles L. 4141-1 à L. 4141-3, dispensées au jeune ;

5° Aux prénoms, nom, et qualité ou fonction de la personne ou des personnes compétentes chargées d'encadrer le jeune pendant l'exécution des travaux en cause.

SOUS-SECTION 2 DÉROGATIONS PERMANENTES POUR LES JEUNES TRAVAILLEURS

Art. R. 4153-49 Les jeunes travailleurs titulaires d'un diplôme ou d'un titre professionnel correspondant à l'activité qu'ils exercent peuvent être affectés aux travaux susceptibles de dérogation en application de l'article L. 4153-9 si leur aptitude médicale à ces travaux a été constatée.

Art. R. 4153-50 Les jeunes travailleurs habilités conformément aux dispositions de l'article R. 4544-9 peuvent exécuter des opérations sur les installations électriques ou des opérations d'ordre électrique ou non dans le voisinage de ces installations, dans les limites fixées par l'habilitation.

Art. R. 4153-51 Les jeunes travailleurs peuvent être affectés à la conduite d'équipements de travail mobiles automoteurs et d'équipements de travail servant au levage lorsqu'ils ont reçu la formation prévue à l'article R. 4323-55 et s'ils sont titulaires de l'autorisation de conduite prévue à l'article R. 4323-56, s'agissant des équipements dont la conduite est subordonnée à l'obtention d'une telle autorisation.

Art. R. 4153-52 Les jeunes travailleurs sont autorisés à être affectés à des travaux comportant des manutentions manuelles au sens de l'article R. 4541-2 excédant 20 % de leur poids si leur aptitude médicale à ces travaux a été constatée.

CHAPITRE IV SALARIÉS TITULAIRES D'UN CONTRAT DE TRAVAIL À DURÉE DÉTERMINÉE ET SALARIÉS TEMPORAIRES

SECTION PREMIÈRE TRAVAUX INTERDITS

Art. D. 4154-1 Il est interdit d'employer des salariés titulaires d'un contrat de travail à durée déterminée et des salariés temporaires pour l'exécution des travaux les exposant aux agents chimiques dangereux suivants :

1° Amiante : opérations d'entretien ou de maintenance sur des flocages ou calorifugeages ; travaux de confinement, de retrait ou et de démolition ;

2° Amines aromatiques suivantes : benzidine, ses homologues, ses sels et ses dérivés chlorés, 3,3'diméthoxybenzidine (ou dianisidine), 4-aminobiphényle (ou amino-4 diphényle) ;

3° Arsenite de sodium ;

4° Arséniure d'hydrogène (ou hydrogène arsénié) ;

5° Auramine et magenta (fabrication) ;

6° Béryllium et ses sels ;

7° Bêta-naphtylamine, N, N-*bis* (2-chloroéthyl)-2-naphtylamine (ou chlornaphazine), o-toluidine (ou orthotoluidine) ;

8° Brome liquide ou gazeux, à l'exclusion des composés ;

9° Cadmium : travaux de métallurgie et de fusion ;

10° Composés minéraux solubles du cadmium ;

11° Chlore gazeux, à l'exclusion des composés ;

12° Chlorométhane (ou chlorure de méthyle) ;

13° Chlorure de vinyle lors de la polymérisation ;

14° Dichlorure de mercure (ou bichlorure de mercure), oxycyanure de mercure et dérivés alkylés du mercure ;

15° Dioxyde de manganèse (ou bioxyde de manganèse) ;

16° Fluor gazeux et acide fluorhydrique ;

17° Iode solide ou vapeur, à l'exclusion des composés ;

18° Oxychlorure de carbone ;

19° Paraquat ;

20° Phosphore, pentafluorure de phosphore, phosphure d'hydrogène (ou hydrogène phosphoré) ;

21° Poussières de lin *(Abrogé par Décr. n° 2009-1289 du 23 oct. 2009) (Décr. n° 2009-289 du 13 mars 2009)* **« et de déshydratation de la luzerne »** : travaux exposant à l'inhalation ;

22° Poussières de métaux durs ;

23° Rayonnements ionisants : travaux accomplis dans des zones où le débit de dose horaire est susceptible d'être supérieur à 2 millisieverts ;

24° Sulfure de carbone ;

25° Tétrachloroéthane ;

26° Tétrachlorométhane (ou tétrachlorure de carbone) ;

27° Travaux de désinsectisation des bois (pulvérisation du produit, trempage du bois, empilage ou sciage des bois imprégnés, traitement des charpentes en place) *(Décr. n° 2009-1289 du 23 octobre 2009)* « et des grains lors de leur stockage ».

SECTION II **DÉROGATIONS**

Art. D. 4154-2 Les interdictions prévues à l'article D. 4154-1 ne s'appliquent pas lorsque les travaux sont accomplis à l'intérieur d'appareils hermétiquement clos en marche normale. – *[Anc. art. 2, Arr. du 8 oct. 1990.]*

Art. D. 4154-3 L'employeur peut être autorisé, en application du second alinéa de l'article L. 4154-1, à employer des salariés titulaires d'un contrat de travail à durée déterminée ou des salariés temporaires pour accomplir les travaux mentionnés à l'article D. 4154-1.

La demande d'autorisation est adressée au *(Décr. n° 2009-1377 du 10 nov. 2009)* « directeur régional des entreprises, de la concurrence, de la consommation, du travail et de l'emploi » par lettre recommandée avec avis de réception. Elle est accompagnée de l'avis du comité d'hygiène, de sécurité et des conditions de travail ou, à défaut, des délégués du personnel ainsi que de l'avis du médecin du travail. – *[Anc. art. 3, al. 1er phrases 1 et 2, Arr. du 8 oct. 1990.]*

Les modifications issues du Décr. n° 2009-1377 du 10 nov. 2009 prennent effet, dans chaque région, à la date de nomination du directeur régional des entreprises, de la concurrence, de la consommation, du travail et de l'emploi (Décr. préc., art. 7-I). — V. Arr. de nomination de ces directeurs des 30 déc. 2009 (JO 5 janv. 2010) et 9 févr. 2010 (JO 14 févr.).

Ces modifications s'appliquent à la région Île-de-France à compter du 1er juill. 2010 (Décr. n° 2010-687 du 24 juin 2010, art. 2).

Art. D. 4154-4 Le *(Décr. n° 2009-1377 du 10 nov. 2009)* « directeur régional des entreprises, de la concurrence, de la consommation, du travail et de l'emploi », saisi d'une demande d'autorisation, prend sa décision dans un délai d'un mois à compter de la présentation de la lettre recommandée, après enquête de l'inspecteur du travail et avis du médecin inspecteur du travail permettant de vérifier que des mesures particulières de prévention, notamment une formation appropriée à la sécurité, assurent une protection efficace des travailleurs contre les risques dus aux travaux. – *[Anc. art. 3, al. 1er phrase 3, Arr. du 8 oct. 1990.]*

V. notes ss. art. D. 4154-3.

Art. R. 4154-5 L'autorisation du *(Décr. n° 2009-1377 du 10 nov. 2009)* « directeur régional des entreprises, de la concurrence, de la consommation, du travail et de l'emploi » est réputée acquise si aucune réponse n'a été notifiée à l'employeur dans le délai d'un mois.

Le recours de l'employeur contre toute décision de rejet est adressée, par lettre recommandée avec avis de réception, au *(Décr. n° 2009-1377 du 10 nov. 2009)* « directeur régional des entreprises, de la concurrence, de la consommation, du travail et de l'emploi », qui statue dans un délai d'un mois à compter de la réception de la demande.

Le silence gardé par le directeur régional dans un délai d'un mois vaut acceptation de la demande. – *[Anc. art. 3, al. 2 et 3, Arr. du 8 oct. 1990.]*

V. notes ss. art. D. 4154-3.

Art. D. 4154-6 L'autorisation du *(Décr. n° 2009-1377 du 10 nov. 2009)* « directeur régional des entreprises, de la concurrence, de la consommation, du travail et de l'emploi » peut être retirée lorsque les conditions ayant justifié sa délivrance ne sont plus réunies. – *[Anc. art. 3, al. 4, Arr. du 8 oct. 1990.]*

V. notes ss. art. D. 4154-3.

TITRE SIXIÈME **DISPOSITIONS PARTICULIÈRES À CERTAINS FACTEURS DE RISQUES PROFESSIONNELS ET À LA PÉNIBILITÉ** *(Décr. n° 2014-1156 du 9 oct. 2014, art. 1er).*

CHAPITRE PREMIER **DÉCLARATION DES EXPOSITIONS** *(Décr. n° 2015-1888 du 30 déc. 2015, art. 1er).*

Art. D. 4161-1 *(Décr. n° 2015-1888 du 30 déc. 2015, art. 1er)* L'employeur déclare l'exposition des travailleurs à un ou plusieurs facteurs de risques professionnels mentionnés à l'article L. 4161-1, en cohérence avec l'évaluation des risques prévue à l'article L. 4121-3, au regard des conditions habituelles de travail caractérisant le poste occupé, appréciées en moyenne sur l'année, notamment à partir des données collectives mentionnées au 1° de l'article R. 4121-1-1.

Pour établir cette déclaration, l'employeur peut utiliser, le cas échéant, les postes, métiers ou situations de travail définis dans l'accord collectif de branche étendu mentionné à l'article L. 4161-2 ou, à défaut de cet accord collectif, définis par le référentiel professionnel de branche homologué mentionné à l'article L. 4161-2 et déterminant l'exposition des travailleurs aux facteurs de risques professionnels mentionnés à l'article L. 4161-1, en tenant compte des mesures de protection collectives et individuelles appliquées.

Dans le cadre *(Décr. n° 2016-1908 du 27 déc. 2016, art. 8, en vigueur le 1er janv. 2017)* « du suivi individuel de l'état de santé du travailleur, le professionnel de santé mentionné au premier alinéa de l'article L. 4624-1 » peut demander à l'employeur la communication des informations qu'il déclare en application de l'article L. 4161-1. Le cas échéant, ces informations complètent le dossier médical en santé au travail du travailleur.

Art. D. 4161-1-1 *(Décr. n° 2015-1888 du 30 déc. 2015, art. 1er)* Pour les travailleurs mentionnés au 2° du V de l'article L. 4161-1, qui ne sont pas susceptibles d'acquérir des droits au titre du compte personnel de prévention de la pénibilité dans les conditions fixées aux articles L. 4162-1 et suivants et qui sont exposés à des facteurs de risques dans les conditions prévues au I de l'article L. 4161-1, à l'exception des travailleurs soumis à un suivi de l'exposition à la pénibilité approuvé par arrêté, l'employeur établit une fiche individuelle de suivi indiquant les facteurs de risques professionnels mentionnés à cet article auxquels ils sont exposés au-delà des seuils prévus au même article. L'exposition de ces travailleurs est évaluée en cohérence avec l'évaluation des risques prévue à l'article L. 4121-3.

L'employeur remet cette fiche au travailleur au terme de chaque année civile. Il la transmet au travailleur dont le contrat s'achève au cours de l'année civile au plus tard le dernier jour du mois suivant la date de fin de contrat.

L'employeur conserve par tout moyen les fiches de suivi des expositions de ses salariés pendant cinq ans après l'année à laquelle elles se rapportent.

Dans le cadre *(Décr. n° 2016-1908 du 27 déc. 2016, art. 6, en vigueur le 1er janv. 2017)* « du suivi individuel de l'état de santé du travailleur, le professionnel de santé mentionné au premier alinéa de l'article L. 4624-1 » peut demander à l'employeur la communication de la fiche individuelle de suivi. Le cas échéant, la fiche individuelle de suivi complète le dossier médical en santé au travail du travailleur.

Art. D. 4161-2 *(Décr. n° 2014-1159 du 9 oct. 2014, art. 1er)* Les facteurs de risques professionnels et les seuils d'exposition mentionnés à l'article L. 4161-1 sont ainsi fixés :

1° *(Décr. n° 2015-1888 du 30 déc. 2015, art. 1er-IV)* Au titre des contraintes physiques marquées :

FACTEUR DE RISQUES PROFESSIONNELS	SEUIL		
	Action ou situation	Intensité minimale	Durée minimale
a) Manutentions manuelles de charges définies à l'article R. 4541-2	Lever ou porter	Charge unitaire de 15 kilogrammes	600 heures par an
	Pousser ou tirer	Charge unitaire de 250 kilogrammes	
	Déplacement du travailleur avec la charge ou prise de la charge au sol ou à une hauteur située au-dessus des épaules	Charge unitaire de 10 kilogrammes	
	Cumul de manutentions de charges	7,5 tonnes cumulées par jour	120 jours par an
b) Postures pénibles définies comme positions forcées des articulations	Maintien des bras en l'air à une hauteur située au dessus *[au-dessus]* des épaules ou positions accroupies ou à genoux ou positions du torse en torsion à 30 degrés ou positions du torse fléchi à 45 degrés		900 heures par an
c) Vibrations mécaniques mentionnées à l'article R. 4441-1	Vibrations transmises aux mains et aux bras	Valeur d'exposition rapportée à une période de référence de 8 heures de 2,5 m/s²	450 heures par an
	Vibrations transmises à l'ensemble du corps	Valeur d'exposition rapportée à une période de référence de 8 heures de 0,5 m/s²	

2° Au titre de l'environnement physique agressif :

FACTEUR DE RISQUES PROFESSIONNELS	SEUIL		
	Action ou situation	Intensité minimale	Durée minimale
a) (en vigueur le 1er janv. 2016) Agents chimiques dangereux mentionnés aux articles R. 4412-3 et R. 4412-60, y compris les poussières et les fumées	Exposition à un agent chimique dangereux relevant d'une ou plusieurs classes ou catégories de danger définies à l'annexe I du règlement (CE) n° 1272/2008 et figurant dans un arrêté du ministre chargé du travail — V. *Arr. du 30 déc. 2015, JO 31 déc., p. 25380.*	Le seuil est déterminé, pour chacun des agents chimiques dangereux, par application d'une grille d'évaluation prenant en compte le type de pénétration, la classe d'émission ou de contact de l'agent chimique concerné, le procédé d'utilisation ou de fabrication, les mesures de protection collective ou individuelle mises en œuvre et la durée d'exposition, qui est définie par arrêté du ministre chargé du travail et du ministre chargé de la santé — V. *Arr. du 30 déc. 2015, JO 31 déc., p. 25378.*	

b) Activités exercées en milieu hyperbare définies à l'article R. 4461-1	Interventions ou travaux	1 200 hectopascals	60 interventions ou travaux par an
c) (en vigueur le 1er janv. 2016) Températures extrêmes	Température inférieure ou égale à 5 degrés Celsius ou au moins égale à 30 degrés Celsius		900 heures par an
d) (Décr. n° 2015-1888 du 30 déc. 2015, art. 1er-IV, en vigueur le 1er juill. 2016) Bruit mentionné à l'article R. 4431-1	Niveau d'exposition au bruit rapporté à une période de référence de huit heures d'au moins 81 décibels (A)		600 heures par an
	Exposition à un niveau de pression acoustique de crête au moins égal à 135 décibels (C)		120 fois par an

3° Au titre de certains rythmes de travail :

FACTEUR DE RISQUES PROFESSIONNELS	SEUIL		
	Action ou situation	**Intensité minimale**	**Durée minimale**
a) Travail de nuit dans les conditions fixées aux articles *(Décr. n° 2016-1553 du 18 nov. 2016, art. 7-IV, en vigueur le 1er janv. 2017)* « L. 3122-2 à L. 3122-5 »	Une heure de travail entre 24 heures et 5 heures		120 nuits par an
b) Travail en équipes successives alternantes	Travail en équipes successives alternantes impliquant au minimum une heure de travail entre 24 heures et 5 heures		50 nuits par an
(Décr. n° 2015-1888 du 30 déc. 2015, art. 1er-IV, en vigueur le 1er juill. 2016) c) Travail répétitif caractérisé par la réalisation de travaux impliquant l'exécution de mouvements répétés, sollicitant tout ou partie du membre supérieur, à une fréquence élevée et sous cadence contrainte	Temps de cycle inférieur ou égal à 30 secondes : 15 actions techniques ou plus		900 heures par an
	Temps de cycle supérieur à 30 secondes, temps de cycle variable ou absence de temps de cycle : 30 actions techniques ou plus par minute		

Le 1° et les a, c et d du 2° entrent en vigueur le 1er janv. 2016 (Décr. n° 2014-1159 du 9 oct. 2014, art. 4).

Art. D. 4161-3 *(Décr. n° 2014-1159 du 9 oct. 2014, art. 1er)* L'exposition des travailleurs au regard des seuils mentionnés à l'article D. 4161-2 est appréciée après application des mesures de protection collective et individuelle.

Lorsque la durée minimale d'exposition est décomptée en nombre d'heures an, le dépassement du seuil est apprécié en cumulant les durées pendant lesquelles se déroulent chacune des actions ou pendant lesquelles chacune des situations sont constatées.

(Décr. n° 2015-1888 du 30 déc. 2015, art. 1er-V, en vigueur le 1er janv. 2016) « Lorsque, pour l'application de l'article D. 4161-2, l'employeur apprécie l'exposition d'un tra-

vailleur au travail de nuit, il ne prend pas en compte les nuits effectuées dans les conditions du travail en équipes successives alternantes. »

Art. D. 4161-4 *(Décr. n° 2015-1888 du 30 déc. 2015, art. 1er-VI)* Le référentiel professionnel de branche mentionné à l'article L. 4161-2 est homologué par arrêté conjoint des ministres chargés du travail et des affaires sociales après avis du Conseil d'orientation des conditions de travail.

Il ne peut être établi que par une organisation professionnelle représentative dans la branche concernée, dans la limite de son champ d'activité.

Il ne peut être établi qu'un seul référentiel pour chaque branche ou pour chaque champ d'activité d'une branche et, s'agissant des postes, métiers ou situations de travail qu'il identifie, il ne peut être fait usage dans cette même branche ou dans ce même champ d'activité d'un autre référentiel.

Le référentiel présente l'impact des mesures de protection collective et individuelle sur l'exposition des travailleurs à la pénibilité. En vue de l'instruction de la demande d'homologation, il est accompagné de toutes données permettant d'évaluer les effectifs de travailleurs de la branche concernée exposés aux facteurs de risques professionnels au-delà des seuils.

Le référentiel professionnel de branche est réévalué selon une périodicité qu'il détermine et qui ne peut excéder cinq ans.

Art. R. 4161-5 *(Décr. n° 2015-259 du 4 mars 2015, art. 1er)* Le contrat de mise à disposition mentionné à l'article L. 1251-43 indique, au titre des caractéristiques particulières du poste à pourvoir et pour l'application de l'article L. 4161-1, à quels facteurs de risques professionnels le salarié temporaire est exposé, au vu des conditions habituelles de travail appréciées en moyenne sur l'année par l'entreprise utilisatrice, caractérisant le poste occupé.

En tant que de besoin et à l'initiative de l'entreprise utilisatrice, un avenant au contrat de mise à disposition rectifie les informations mentionnées au premier alinéa.

Art. R. 4161-6 (Abrogé par Décr. n° 2015-1885 du 30 déc. 2015, art. 2-II) (Décr. n° 2015-259 du 4 mars 2015, art. 1er) ***L'entreprise de travail temporaire remet au salarié la fiche de prévention des expositions mentionnée à l'article L. 4161-1 au plus tard le 31 janvier de l'année suivant celle à laquelle elle se rapporte. La fiche est également transmise au salarié avant cette date à la demande de l'intéressé.***

CHAPITRE II COMPTE PERSONNEL DE PRÉVENTION DE LA PÉNIBILITÉ

(Décr. n° 2014-1156 du 9 oct. 2014, art. 1er)

V. Instr. DGT-DSS n° 1 du 13 mars 2015 relative à la mise en place du compte personnel de la prévention de la pénibilité pour 2014 (NOR : ETST1504334J).

SECTION PREMIÈRE OUVERTURE ET ABONDEMENT DU COMPTE PERSONNEL DE PRÉVENTION DE LA PÉNIBILITÉ

Art. R. 4162-1 I. — Au terme de chaque année civile et au plus tard *(Décr. n° 2015-1885 du 30 déc. 2015, art. 2-III)* « au titre de la paie du mois de décembre », l'employeur déclare, dans le cadre de la déclaration prévue *(Décr. n° 2015-1885 du 30 déc. 2015, art. 2-III)* « à l'article L. 133-5-3 du code de la sécurité sociale auprès des caisses mentionnées aux articles L. 215-1, L. 222-1-1 ou L. 752-4 du même code ou à l'article L. 723-2 du code rural et de la pêche maritime, » pour les travailleurs titulaires d'un contrat de travail *(Décr. n° 2015-1885 du 30 déc. 2015, art. 2-III)* « qui demeure en cours à la fin de l'année civile », le ou les facteurs de risques professionnels définis à l'article D. 4161-2, auxquels ils ont été exposés au-delà des seuils fixés au même article au cours de l'année civile considérée *(Abrogé par Décr. n° 2015-1885 du 30 déc. 2015, art. 2-III)* ***«, conformément aux informations qu'il a consignées dans la fiche de prévention des expositions »***.

II. — Pour les travailleurs titulaires d'un contrat de travail *(Décr. n° 2015-1885 du 30 déc. 2015, art. 2-III)* « d'une durée supérieure ou égale à un mois qui s'achève au cours de l'année civile », l'employeur déclare *(Décr. n° 2015-1885 du 30 déc. 2015, art. 2-III)* « dans la déclaration mentionnée au I de cet article et au plus tard lors de la paie effectuée au titre de la fin de ce contrat de travail » le ou les facteurs de risques professionnels définis à l'article D. 4161-2 auxquels ils ont été exposés *(Abrogé par Décr. n° 2015-1885 du 30 déc. 2015, art. 2-III)* *« et la durée d'exposition »*.

(Décr. n° 2015-1885 du 30 déc. 2015, art. 2-III) « III. – La déclaration prévue au I et au II du présent article est effectuée dans les mêmes conditions auprès de l'organisme mentionné à l'article L. 133-5-10 du code de la sécurité sociale par les employeurs utilisant les dispositifs mentionnés à l'article L. 133-5-6 du même code.

« IV. – L'employeur peut rectifier sa déclaration des facteurs de risques professionnels :

« 1° Jusqu'au 5 ou au 15 avril de l'année qui suit celle au titre de laquelle elle a été effectuée, selon l'échéance du paiement des cotisations qui lui est applicable ;

« 2° Par dérogation au 1°, dans les cas où la rectification est faite en faveur du salarié, pendant la période de trois ans mentionnée au premier alinéa de l'article L. 244-3 du code de la sécurité sociale. »

Pour l'accomplissement de la formalité prévue à l'art. R. 4162-1 C. trav., les employeurs pour lesquels la déclaration mentionnée à l'art. L. 133-5-3 CSS n'a pas été mise en œuvre déclarent les facteurs de risques professionnels définis à l'art. D. 4161-2 dans les conditions suivantes :

1° Pour les employeurs de salariés agricoles, la déclaration est effectuée selon les modalités définies au III de l'art. R. 4162-1 C. trav. dans sa rédaction antérieure au Décr. n° 2015-1885 ;

2° Pour les autres employeurs, la déclaration est effectuée au moyen de la déclaration des données sociales mentionnée au deuxième al. du 2° du III de l'art. 13 de l'Ord. n° 2015-682 du 18 juin 2015 relative à la simplification des déclarations sociales des employeurs.

Les employeurs visés aux 1° et 2° restent régis par les dispositions de l'art. R. 4162-57 C. trav. dans sa rédaction antérieure au 1er janv. 2016 pour le paiement de la cotisation mentionnée au II de l'art. L. 4162-20. Toutefois, il est fait application pour ces employeurs des dispositions du IV de l'art. R. 4162-1 dans sa rédaction en vigueur à compter du 1er janv. 2016.

Par dérogation aux dispositions du 1° du IV de l'art. R. 4162-1 C. trav., l'employeur peut rectifier sa déclaration des facteurs de risques professionnels au titre de l'année 2015 jusqu'au 30 sept. 2016, sans qu'il puisse être fait application de la pénalité mentionnée au deuxième al. de l'art. R. 133-18 CSS (Décr. n° 2015-1885 du 30 déc. 2015, art. 3).

Ancien art. R. 4162-1 ***I. – Au terme de chaque année civile et au plus tard le 31 janvier de l'année suivante, l'employeur déclare, dans le cadre de la déclaration prévue à l'article L. 133-5-4 du code de la sécurité sociale, pour les travailleurs titulaires d'un contrat de travail dont la durée est supérieure ou égale à l'année civile, le ou les facteurs de risques professionnels définis à l'article D. 4161-2, auxquels ils ont été exposés au-delà des seuils fixés au même article au cours de l'année civile considérée, conformément aux informations qu'il a consignées dans la fiche de prévention des expositions.***

II. – Pour les travailleurs titulaires d'un contrat de travail dont la durée, supérieure ou égale à un mois, débute ou s'achève en cours d'année civile, l'employeur déclare dans les mêmes conditions le ou les facteurs de risques professionnels définis à l'article D. 4161-2 auxquels ils ont été exposés et la durée d'exposition.

III. – Au terme de chaque année civile et au plus tard le 31 janvier de l'année suivante, l'employeur de travailleurs agricoles dont la durée du contrat de travail est celle définie aux I et II du présent article déclare dans les conditions prévues aux articles R. 741-2 et R. 712-7 du code rural et de la pêche maritime si le salarié a été exposé, au-delà des seuils fixés à l'article D. 4161-2 du présent code, à un ou plusieurs facteurs de risques professionnels définis à ces articles et transmet à sa caisse de mutualité sociale agricole les données relatives aux expositions des salariés concernés.

Art. R. 4162-2 I. – Pour les salariés titulaires d'un contrat de travail dont la durée est supérieure ou égale à l'année civile, la déclaration prévue *(Décr. n° 2015-1885 du 30 déc. 2015, art. 2-IV)* « au I » de l'article R. 4162-1 donne lieu à l'inscription par la Caisse nationale d'assurance vieillesse des travailleurs salariés sur son compte personnel de prévention de la pénibilité de :

1° Quatre points lorsqu'il est exposé à un seul facteur de risque professionnel ;

2° Huit points lorsqu'il est exposé à plusieurs facteurs de risques professionnels.

II. – Pour les salariés titulaires d'un contrat de travail dont la durée, supérieure ou égale à un mois, débute ou s'achève en cours d'année civile, la Caisse nationale d'assurance vieillesse des travailleurs salariés agrège l'ensemble des déclarations prévues *(Décr. nº 2015-1885 du 30 déc. 2015, art. 2-IV)* « aux I et II » de l'article R. 4162-1 transmises par le ou les employeurs et établit, pour chaque facteur de risque professionnel déclaré, sa durée totale d'exposition en mois au titre de l'année civile.

Chaque période d'exposition de trois mois à un facteur de risque professionnel donne lieu à l'attribution d'un point. Chaque période d'exposition de trois mois à plusieurs facteurs de risques professionnels donne lieu à l'attribution de deux points.

III. – Le nombre total de points inscrits sur le compte personnel de prévention de la pénibilité ne peut excéder cent points au cours de la carrière professionnelle du salarié.

Art. R. 4162-3 Par dérogation aux dispositions de l'article R. 4162-2, pour les assurés nés avant le 1er juillet 1956, les points inscrits sont multipliés par deux.

SECTION II UTILISATIONS DU COMPTE PERSONNEL DE PRÉVENTION DE LA PÉNIBILITÉ

SOUS-SECTION 1 CONDITIONS D'UTILISATION DU COMPTE

Art. R. 4162-4 Les points inscrits sur le compte personnel de prévention de la pénibilité sont utilisés de la façon suivante :

1° Un point ouvre droit à 25 heures de prise en charge de tout ou partie des frais d'une action de formation professionnelle continue en vue d'accéder à un emploi non exposé ou moins exposé ;

2° Dix points ouvrent droit à un complément de rémunération dont le montant correspond à la compensation pendant trois mois d'une réduction du temps de travail égale à un mi-temps ;

3° Dix points ouvrent droit à un trimestre de majoration de durée d'assurance vieillesse dans les conditions prévues par l'article L. 351-6-1 du code de la sécurité sociale.

Art. R. 4162-5 Les points sont consommés selon le barème prévu par l'article R. 4162-4 par tranche de 10 points pour les utilisations prévues aux 2° et 3° de cet article et point par point pour l'utilisation prévue au 1° du même article.

Art. R. 4162-6 Les vingt premiers points inscrits sont réservés à l'utilisation prévue au 1° du I de l'article L. 4162-4.

Toutefois, pour les assurés nés avant le 1er janvier 1960, aucun point n'est réservé à l'utilisation mentionnée au 1° du I de l'article L. 4162-4.

Pour les assurés nés entre le 1er janvier 1960 et le 31 décembre 1962 inclus, les dix premiers points inscrits sont réservés à l'utilisation mentionnée au 1° du I de l'article L. 4162-4.

Art. R. 4162-7 Le titulaire du compte peut accéder en ligne à un relevé de points lui permettant de connaître le nombre de points disponibles pour les utilisations souhaitées et d'en éditer un justificatif.

Art. R. 4162-8 La demande d'utilisation des points inscrits sur le compte personnel de prévention de la pénibilité au titre du 1°, du 2° ou du 3° du I de l'article L. 4162-4 est effectuée en ligne par le titulaire du compte sur le site dédié à cet effet, dans les formes et avec les justifications déterminées par arrêté du ministre chargé de la sécurité sociale. – *V. Arr. du 30 déc. 2015, JO 31 déc., p. 25365.*

Elle peut aussi être adressée par le titulaire du compte à la caisse chargée de la liquidation des pensions de retraite de base du régime général dans le ressort de laquelle se trouve sa résidence ou, en cas de résidence à l'étranger, son dernier lieu de travail en France. La demande adressée à une caisse autre que celle de la résidence de l'assuré est transmise à cette dernière.

La demande d'utilisation des points ne peut intervenir qu'à compter de l'inscription des points sur le compte personnel de prévention de la pénibilité.

Il est donné au demandeur récépissé de cette demande.

Art. R. 4162-9 Le silence gardé pendant plus de quatre mois par la caisse sur une demande d'utilisation des points vaut rejet de cette demande.

Art. R. 4162-10 Une fois la demande d'utilisation des points effectuée, les points correspondant à l'utilisation voulue par le titulaire sont réservés et ne peuvent être affectés à une autre utilisation jusqu'à la décision de la caisse mentionnée au deuxième alinéa de l'article R. 4162-8.

L'acceptation de la demande par cette caisse permet l'utilisation de ces points et le règlement des sommes afférentes à chaque utilisation permet de solder le compte de ces points.

SOUS-SECTION 2 UTILISATION DU COMPTE POUR LA FORMATION PROFESSIONNELLE

Art. R. 4162-11 Lorsque le titulaire d'un compte personnel de prévention de la pénibilité veut abonder son compte personnel de formation au titre du 1° du I de l'article L. 4162-4, il joint à sa demande de formation un document précisant le nombre d'heures qu'il souhaite consacrer à sa formation au titre des heures acquises par le compte personnel de prévention de la pénibilité. Ce document comporte également des éléments précisant le poste occupé par le salarié et la nature de la formation demandée afin de permettre d'apprécier l'éligibilité de la formation mentionnée à l'article L. 4162-4.

Art. R. 4162-12 Lorsque la formation demandée par le titulaire d'un compte personnel de prévention de la pénibilité correspond à l'une des formations facilitant l'évolution professionnelle des salariés exposés à des facteurs de risques professionnels mentionnée au cinquième alinéa de l'article L. 6323-16 ou lorsque la demande est reconnue éligible par l'organisme ou l'employeur prenant en charge les frais de formation du demandeur, elle est réputée remplir les conditions du 1° du I de l'article L. 4162-4.

Art. R. 4162-13 Lorsque la demande de formation est validée par l'organisme ou l'employeur prenant en charge les frais de formation du demandeur, l'organisme ou l'employeur fournit une attestation au salarié qui formule alors sa demande dans les conditions fixées à l'article R. 4162-8.

Art. R. 4162-14 Les points inscrits au compte personnel de prévention de la pénibilité mobilisés pour la formation professionnelle et convertis en heures de formation constituent un abondement du compte personnel de formation mentionné à l'article L. 6323-1 du code du travail.

Art. R. 4162-15 Afin d'obtenir le versement mentionné à l'article R. 4162-16, le financeur d'une action de formation financée dans le cadre du compte personnel de formation abondé par le compte personnel de prévention de la pénibilité fournit à la caisse mentionnée au 1° de l'article R. 4162-8 une attestation indiquant que la formation a été effectivement suivie et a fait l'objet d'un règlement.

Le contenu et les modalités de cette attestation sont définis par arrêté du ministre chargé de la sécurité sociale et du ministre chargé de la formation professionnelle. – *V. Arr. du 30 déc. 2015, JO 31 déc., p. 25365.*

Art. R. 4162-16 Sur la base de l'attestation mentionnée à l'article R. 4162-15, la caisse chargée de la liquidation des pensions de retraite de base du régime général dans le ressort de laquelle se trouve la résidence du titulaire du compte ou, en cas de résidence à l'étranger, son dernier lieu de travail en France verse au financeur d'une action de formation financée par le compte personnel de formation et abondée par le compte personnel de prévention de la pénibilité le montant correspondant au nombre d'heures de formation effectivement suivies par le titulaire du compte personnel de prévention de la pénibilité dans le cadre de l'abondement.

Art. R. 4162-17 Le montant de l'heure de formation financée au titre du 1° de l'article R. 4162-4 est fixé au regard du coût réel de la formation dans la limite d'un plafond déterminé par un arrêté des ministres chargés de la sécurité sociale, du budget et de la formation professionnelle. Toutefois, lorsque le coût de l'heure de formation excède ce plafond, une valorisation monétaire supplémentaire des heures de formation, dans la limite du plafond, peut être accordée sur demande du salarié par la prise en compte d'heures abondées sur le compte personnel de formation non utilisées pour cette formation ou par la mobilisation d'un nombre de points supplémentaires du compte personnel de prévention de la pénibilité.

Le montant plafond de l'heure de formation s'élève à 12 € (Arr. du 29 déc. 2015, JO 31 déc.).

SOUS-SECTION 3 UTILISATION DU COMPTE POUR LE PASSAGE À TEMPS PARTIEL

Art. D. 4162-18 Le salarié demande à son employeur de bénéficier de la réduction de son temps de travail dans les conditions prévues *(Décr. n° 2016-1553 du 18 nov. 2016, art. 7-IV, en vigueur le 1er janv. 2017)* « aux quatre derniers alinéas de l'article L. 3123-17 et au troisième alinéa de l'article L. 3123-26 » et à l'article L. 4162-7 et selon les modalités prévues à l'article D. 3123-3. Il joint à l'appui de sa demande le justificatif mentionné à l'article R. 4162-7.

Le salarié doit préciser sa demande de réduction du temps de travail sans que le temps travaillé ne puisse être inférieur à 20 % ni supérieur à 80 % de la durée du travail applicable dans l'établissement.

Art. D. 4162-19 Le coefficient de réduction de la durée du travail est apprécié par le rapport de la durée sollicitée à la durée antérieure de travail. Il est arrondi à deux décimales, au centième le plus proche.

Le nombre de jours pris en charge au titre du complément de rémunération mentionné au 2° du I de l'article L. 4162-4 est égal au produit suivant :

$$\frac{\text{Nombre de points utilisés}}{10} \times 45/\text{coefficient de réduction de la durée du travail}$$

Le nombre de jours est arrondi au jour entier le plus proche.

Art. D. 4162-20 Une fois l'accord de son employeur obtenu, le salarié formule sa demande d'utilisation des points au titre du 2° du I de l'article L. 4162-4 dans les conditions fixées à l'article R. 4162-8.

Art. D. 4162-21 L'employeur transmet par tout moyen à la caisse chargée de la liquidation des pensions de retraite de base du régime général mentionnée au deuxième alinéa de l'article R. 4162-8 une copie de l'avenant au contrat de travail ainsi que les éléments nécessaires au remboursement du complément de rémunération et des cotisations et contributions sociales légales et conventionnelles afférentes à ce complément.

La liste des éléments ainsi que leurs modalités de transmission sont déterminées par arrêté des ministres chargés de la sécurité sociale et du travail. – *V. Arr. du 30 déc. 2015, JO 31 déc., p. 25366.*

Une fois ces éléments transmis à la caisse, celle-ci procède au remboursement à l'employeur du complément de rémunération et des cotisations et contributions sociales légales et conventionnelles afférentes à ce complément, versés par l'employeur au titre des jours mentionnés au deuxième alinéa de l'article D. 4162-19.

Art. D. 4162-22 Le montant du complément de rémunération est déterminé en appliquant le coefficient de réduction de la durée du travail mentionné à l'article D. 4162-19, à la rémunération et aux gains mentionnés à l'article L. 242-1 du code de la sécurité sociale qui seraient perçus par le salarié s'il ne bénéficiait pas de cette réduction du temps de travail.

SOUS-SECTION 4 UTILISATION DU COMPTE POUR LA RETRAITE

Art. R. 4162-23 Le titulaire d'un compte personnel de prévention de la pénibilité peut formuler sa demande d'utilisation des points au titre du 3° du I de l'article L. 4162-4 dans les conditions fixées à l'article R. 4162-8 dès lors qu'il atteint l'âge de 55 ans.

SECTION III GESTION DES COMPTES, CONTRÔLES ET RÉCLAMATIONS

(Décr. n° 2014-1155 du 9 oct. 2014)

Art. D. 4162-24 *(Décr. n° 2015-1888 du 30 déc. 2015, art. 1er-VII)* « Chaque année, la Caisse nationale d'assurance vieillesse des travailleurs salariés enregistre sur le compte personnel de prévention de la pénibilité du salarié les points correspondant aux données déclarées par l'employeur au titre de l'année précédente sur la déclaration prévue à l'article L. 133-5-3 du code de la sécurité sociale. »

(Décr. n° 2014-1155 du 9 oct. 2014) La caisse chargée de la liquidation des pensions de retraite du régime général dans la circonscription de laquelle se trouve l'établissement fait connaître au salarié par voie électronique, au plus tard le 30 juin, que l'information afférente à son compte est disponible sur un site dédié. A défaut, elle porte cette information à sa connaissance par lettre simple.

Art. D. 4162-25 I. — Pour le contrôle de l'effectivité ou de l'ampleur de l'exposition aux facteurs de risques professionnels et de l'exhaustivité des données déclarées mentionné à l'article L. 4162-12, les employeurs sont tenus d'adresser ou de présenter aux agents des caisses chargées de la liquidation des pensions de retraite du régime général ou aux agents des caisses de mutualité sociale agricole tout document que ceux-ci leur demandent aux fins de l'exercice de leur mission et de permettre auxdits agents l'accès aux locaux de l'exploitation ou de l'entreprise.

Ces agents procèdent, dans le respect des secrets de fabrication et des procédés d'exploitation dont ils pourraient prendre connaissance dans l'exercice de leurs fonctions, à toutes vérifications sur pièces et sur place portant sur l'exactitude des déclarations fournies en vue de déterminer les droits des salariés au titre du compte personnel de prévention de la pénibilité.

En cas de contrôle sur place, la caisse chargée de la liquidation des pensions de retraite du régime général ou la caisse de mutualité sociale agricole adresse à l'employeur un avis de passage qui mentionne la date et l'heure du contrôle, l'objet du contrôle ainsi que la possibilité pour l'employeur de se faire assister des conseils de son choix pendant le contrôle. Cet avis, transmis par tout moyen permettant d'en attester la date de réception, doit parvenir au moins quinze jours avant la date de la première visite.

En cas de contrôle sur pièces, un avis de contrôle mentionnant l'objet du contrôle, la date de début du contrôle, la liste des documents et informations nécessaires à l'exercice du contrôle et la date limite de leur transmission à la caisse chargée de la liquidation des pensions de retraite du régime général ou la caisse de mutualité sociale agricole est transmis à l'employeur par tout moyen permettant d'en attester la date de réception.

II. — A l'issue du contrôle, la caisse chargée de la liquidation des pensions de retraite du régime général ou la caisse de mutualité sociale agricole informe l'employeur et chacun des salariés concernés de l'absence d'observations ou, dans le cas contraire, elle notifie à l'employeur par tout moyen permettant d'en attester la date de réception les modifications qu'elle souhaite apporter aux éléments ayant conduit à la détermination du nombre de points, et lui impartit un délai d'un mois pour présenter ses observations. A l'expiration de ce délai, la caisse chargée de la liquidation des pensions de retraite du régime général ou la caisse de mutualité sociale agricole notifie sa décision avec mention des voies et délais de recours par tout moyen permettant d'en attester la date de réception à l'employeur et à chacun des salariés concernés.

La notification de la décision de la caisse adressée à l'employeur mentionne les périodes concernées par sa décision et les modifications apportées aux déclarations de l'employeur. Suivant les cas, elle mentionne le montant des cotisations dont l'employeur peut demander le remboursement ou le montant supplémentaire de cotisations dont il doit s'acquitter auprès de l'organisme de recouvrement. *(Décr. n° 2015-1888 du 30 déc. 2015, art. 1er-VIII)* « Ces montants sont calculés sur la base des données relatives à l'assiette des cotisations sociales qui figurent dans la déclaration prévue à l'article L. 133-5-3 du code de la sécurité sociale. » La caisse chargée de la liquidation des pensions de retraite du régime général adresse copie de cette notification à l'organisme de recouvrement.

La notification de la décision de la caisse adressée au salarié mentionne le nombre de points inscrits sur son compte personnel de prévention de la pénibilité au titre des périodes concernées.

Lorsque le contrôle a été effectué par la caisse de mutualité sociale agricole, celle-ci informe la caisse chargée de la liquidation des pensions de retraite du régime général des résultats du contrôle.

La caisse chargée de la liquidation des pensions de retraite du régime général corrige, le cas échéant, le nombre de points inscrits sur le compte personnel de prévention de la pénibilité du salarié concerné si les points n'ont pas déjà été utilisés.

III. – La caisse chargée de la liquidation des pensions de retraite du régime général ou la caisse de mutualité sociale agricole ne peut engager un contrôle de l'effectivité ou de l'ampleur de l'exposition aux facteurs de risques professionnels d'un salarié pour les périodes d'activité ayant fait ou faisant l'objet d'une réclamation de ce salarié dans les conditions prévues à l'article L. 4162-14 et ayant donné lieu à une décision du directeur de la caisse chargée de la liquidation des pensions de retraite du régime général.

Art. R. 4162-26 I. – En cas de désaccord sur le nombre de points qui lui a été communiqué par la caisse mentionnée au deuxième alinéa de l'article D. 4162-24 à partir des données déclarées par l'employeur ou lorsqu'il n'a reçu aucune information à la date mentionnée au même alinéa et que cette situation résulte d'un différend avec son employeur sur l'exposition elle-même, le salarié doit, préalablement à la saisine de la caisse, porter sa réclamation devant l'employeur.

Cette réclamation, à laquelle *(Décr. n° 2015-1885 du 30 déc. 2015, art. 2-V)* « est jointe, le cas échéant, » une copie de l'information visée au deuxième alinéa de l'article D. 4162-24, est adressée à l'employeur par tout moyen permettant d'en attester la date de réception.

II. – Dès réception de la réclamation, l'employeur indique au salarié qu'à défaut de réponse de sa part dans le délai de deux mois à compter de sa réception, celle-ci est réputée rejetée. Il lui indique également que sa réclamation est susceptible d'être portée devant la caisse dans un délai de deux mois à compter de l'expiration du délai précédent.

La décision expresse de l'employeur est notifiée au salarié par tout moyen permettant d'en attester la date de réception. Cette notification comporte les informations prévues à la dernière phrase du précédent alinéa.

III. – Le salarié a deux mois après la décision expresse ou implicite de rejet de l'employeur pour porter sa réclamation devant la caisse chargée de la liquidation des pensions de retraite du régime général par tout moyen permettant d'en attester la date de réception.

IV. – La période contrôlée au titre du premier alinéa du II de l'article D. 4162-25 ne peut pas faire l'objet d'une réclamation par le salarié en application du présent article.

Art. R. 4162-27 Lorsque l'employeur fait droit à la réclamation du salarié, il en informe la caisse chargée de la liquidation des pensions de retraite du régime général par tout moyen permettant d'en attester la date de réception. Il corrige les données dans la déclaration mentionnée au premier alinéa de l'article D. 4162-24 *(Abrogé par Décr. n° 2015-1885 du 30 déc. 2015, art. 2-VI)* *« ou au III de l'article R. 4162-1 »* et régularise les cotisations versées à l'organisme de recouvrement.

Art. R. 4162-28 Lorsque l'employeur rejette la réclamation du salarié, celui-ci produit devant la caisse chargée de la liquidation des pensions de retraite du régime général une copie de la décision de rejet de l'employeur ou en cas de rejet implicite une copie du justificatif attestant de la réception de sa réclamation.

L'accusé de réception envoyé par la caisse au salarié indique qu'à défaut de réponse dans le délai de six mois à compter de la réception, sa réclamation est réputée rejetée et est susceptible d'être contestée devant le tribunal des affaires de sécurité sociale dans un délai de deux mois.

Le délai de six mois est porté à neuf mois lorsque la caisse estime nécessaire de procéder à un contrôle sur place de l'effectivité ou de l'ampleur de l'exposition. La caisse en informe alors l'assuré par tout moyen permettant d'en attester la date de réception.

Le salarié peut saisir le tribunal des affaires de sécurité sociale dans le délai de deux mois suivant la notification de la décision de rejet explicite de la caisse ou la date de la décision implicite de rejet.

Art. R. 4162-29 La commission prévue à l'article L. 4162-14 est constituée dans chaque caisse chargée de la liquidation des pensions de retraite du régime général.

Elle comprend :

1° Deux membres choisis par les représentants, titulaires ou suppléants, des salariés au conseil d'administration de la caisse, en leur sein ou au sein des comités techniques mentionnés à l'article L. 215-4 du code de la sécurité sociale ;

2° Deux membres choisis, par les représentants, titulaires ou suppléants, des employeurs au conseil d'administration de la caisse, en leur sein ou au sein des comités techniques mentionnés à l'article L. 215-4 du code de la sécurité sociale.

Dans les mêmes conditions sont désignés un nombre équivalent de suppléants.

Chaque membre de la commission est désigné pour toute la durée du mandat du conseil d'administration, sous réserve de ne pas perdre durant ce mandat son statut de membre du conseil d'administration ou d'un comité technique régional.

Le président désigné en son sein par la commission pour une durée d'un an est alternativement un représentant des salariés ou un représentant des employeurs.

Le secrétariat de la commission est assuré par la caisse.

Les membres de la commission sont tenus à un devoir de confidentialité qui couvre les débats, votes et documents internes de travail. Les dispositions des articles L. 231-9 et L. 231-12 du code de la sécurité sociale sont applicables aux membres de la commission.

Art. R. 4162-30 La commission peut valablement statuer si un des membres mentionnés au 1° de l'article R. 4162-29 et un des membres mentionnés au 2° du même article sont présents. Les avis sont adoptés à la majorité des voix. En cas de partage des voix, le président a voix prépondérante.

Art. R. 4162-31 La commission émet un avis motivé au vu d'un dossier constitué par la caisse chargée de la liquidation des pensions de retraite du régime général comprenant :

1° La réclamation du salarié et la décision de rejet de l'employeur ou en cas de rejet implicite l'accusé de réception de sa contestation ;

2° Les informations parvenues à la caisse provenant de chacune des parties ;

3° Les éléments communiqués par les services de l'administration du travail, les personnes chargées des missions mentionnées au 2° de l'article L. 215-1 et les caisses de mutualité sociale agricole ;

4° Le cas échéant, les résultats du contrôle de l'effectivité de l'exposition du salarié ou de son ampleur.

Art. R. 4162-32 La caisse peut, si elle l'estime nécessaire, demander au salarié et à l'employeur de lui fournir tout document utile à l'instruction du dossier.

Elle peut également recueillir toutes informations utiles auprès du salarié ou de l'employeur ou procéder ou faire procéder à un contrôle sur place de l'effectivité de l'exposition du salarié ou de son ampleur.

Art. R. 4162-33 La Caisse nationale d'assurance vieillesse des travailleurs salariés élabore des lignes directrices *(Abrogé par Décr. n° 2015-1885 du 30 déc. 2015, art. 2-VII, à compter du 1er janv. 2016)* *« , à partir des documents d'aide à l'évaluation des risques mentionnés à l'article D. 4161-1, »* afin d'assurer l'harmonisation des décisions rendues par les caisses chargées de la liquidation des pensions de retraite du régime général.

Art. R. 4162-34 Les agents des caisses chargées de la liquidation des pensions de retraite du régime général et les agents des caisses de mutualité sociale agricole sont, pour l'exercice des missions de contrôle prévues à l'article L. 4162-12 et des missions liées au règlement des différends entre un employeur et un salarié prévu à l'article L. 4162-14, assermentés et agréés dans les conditions définies par arrêté du ministre chargé de la sécurité sociale. Ils ont qualité pour dresser en cas d'infraction des procès-verbaux faisant foi jusqu'à preuve du contraire.

V. Arr. du 30 déc. 2015, JO 31 déc.

Art. R. 4162-35 Le directeur de la caisse chargée de la liquidation des pensions de retraite du régime général notifie, après l'avis motivé de la commission mentionnée à l'article R. 4162-29, sa décision avec mention des voies et délais de recours par tout moyen permettant d'en attester la date de réception au salarié et à l'employeur.

La notification adressée à l'employeur mentionne notamment les périodes concernées. Suivant les cas, elle mentionne le montant des cotisations dont l'employeur peut demander le remboursement ou le montant supplémentaire de cotisations dont il doit s'acquitter auprès de l'organisme de recouvrement. Ces montants sont calculés sur la base des données relatives à l'assiette des cotisations sociales qui figurent *(Décr. n° 2015-1885 du 30 déc. 2015, art. 2-VIII)* « dans la déclaration prévue à l'article L. 133-5-3 du code de la sécurité sociale » effectuée par l'employeur au titre des années concernées. La caisse adresse copie de cette notification à l'organisme de recouvrement.

La notification adressée au salarié mentionne notamment le nombre de points inscrits sur son compte personnel de prévention de la pénibilité, au titre des périodes concernées.

La caisse procède s'il y a lieu à l'ouverture du compte personnel de prévention de la pénibilité ou modifie celui-ci en conséquence.

Art. R. 4162-36 L'interruption de la prescription par l'envoi à la caisse chargée de la liquidation des pensions de retraite du régime général d'une lettre recommandée avec demande d'accusé de réception ne dispense pas le salarié de saisir l'employeur de sa contestation en application de l'article L. 4162-14.

Art. R. 4162-37 Le recours formé devant le tribunal des affaires de sécurité sociale contre une décision relevant du deuxième alinéa de l'article L. 4162-14 n'est pas soumis à la procédure gracieuse prévue aux articles R. 142-1 à R. 142-6 du code de la sécurité sociale.

La procédure mentionnée au premier alinéa de l'article L. 4162-14 est d'ordre public. A défaut du respect de cette procédure, le recours est frappé d'une fin de non-recevoir.

Art. D. 4162-38 En cas de recours juridictionnel contre une décision de la caisse chargée de la liquidation des pensions de retraite du régime général, l'employeur ou le salarié est appelé à la cause lorsque le recours est formé respectivement par le salarié ou l'employeur. Dans les deux cas, le salarié peut être assisté ou représenté par les personnes énumérées à l'article L. 144-3 du code de la sécurité sociale.

SECTION IV FONDS CHARGÉ DU FINANCEMENT DES DROITS LIÉS AU COMPTE PERSONNEL DE PRÉVENTION DE LA PÉNIBILITÉ

(Décr. n° 2014-1157 du 9 oct. 2014)

SOUS-SECTION 1 ORGANISATION ET FONCTIONNEMENT DU FONDS

Art. D. 4162-39 Le fonds chargé du financement des droits liés au compte personnel de prévention de la pénibilité est placé sous la tutelle des ministres chargés du travail, de la sécurité sociale et du budget.

Art. D. 4162-40 Le fonds est administré par un conseil d'administration composé de trente-sept membres, désignés par arrêté des ministres chargés du travail, de la sécurité sociale et du budget et comprenant :

1° Deux représentants du ministre chargé du travail ;

2° Deux représentants du ministre chargé de la sécurité sociale ;

3° Deux représentants du ministre chargé du budget ;

4° Treize représentants des assurés sociaux désignés par les organisations syndicales de salariés interprofessionnelles représentatives au plan national, à raison de :

— trois représentants de la Confédération générale du travail ;

— trois représentants de la Confédération générale du travail-Force ouvrière ;

— trois représentants de la Confédération française démocratique du travail ;

— deux représentants de la Confédération française des travailleurs chrétiens ;

— deux représentants de la Confédération française de l'encadrement-Confédération générale des cadres ;

5° Treize représentants des employeurs désignés par les organisations professionnelles nationales d'employeurs représentatives, à raison de :

— sept représentants du Mouvement des entreprises de France ;

— trois représentants de la Confédération générale des petites et moyennes entreprises ;

– trois représentants de l'Union professionnelle artisanale ;

6° Cinq personnalités qualifiées.

Le président du conseil d'administration du fonds est désigné parmi les personnalités qualifiées mentionnées au 6°.

Les membres du conseil d'administration sont désignés pour une durée de quatre ans renouvelable. Leurs fonctions sont assurées à titre gratuit. Les frais de déplacement sont remboursés dans les conditions prévues par le décret n° 2006-781 du 3 juillet 2006 fixant les conditions et les modalités de règlement des frais occasionnés par les déplacements temporaires des personnels civils de l'État.

Art. D. 4162-41 Le conseil d'administration se réunit au moins une fois par an sur convocation de son président. La convocation est de droit lorsqu'elle est demandée par l'un des ministres chargés de la tutelle de l'établissement.

Pour l'expression de son suffrage, chaque membre du conseil dispose d'une voix.

Les délibérations du conseil sont adoptées à la majorité simple des suffrages exprimés, sous réserve du 5° de l'article D. 4162-43. En cas de partage, la voix du président est prépondérante.

Le conseil d'administration ne délibère valablement que si la moitié des membres sont présents ou représentés en séance. Lorsque le conseil ne peut, faute de quorum, délibérer valablement, il peut à nouveau être réuni et délibérer valablement, quel que soit le nombre des membres présents, sous un délai d'un jour franc.

Les procès-verbaux des séances du conseil d'administration sont communiqués aux ministres chargés du travail, de la sécurité sociale et du budget dans les quinze jours qui suivent la réunion du conseil.

Le règlement intérieur du conseil d'administration est fixé par arrêté des ministres chargés du travail, de la sécurité sociale et du budget, pris sur proposition du conseil.

Art. D. 4162-42 Le directeur de la Caisse nationale d'assurance vieillesse des travailleurs salariés assiste aux séances du conseil d'administration.

Le président du conseil d'administration peut inviter au conseil d'administration toute personne dont la présence ou, le cas échéant, l'audition, lui paraîtrait utile. Cette invitation peut être également décidée, en vue de la séance suivante, par un vote du conseil organisé à la demande d'au moins un tiers de l'ensemble des membres du conseil d'administration.

Art. D. 4162-43 Le conseil d'administration exerce les attributions suivantes :

1° Il examine la situation financière du fonds ;

2° Il propose au Gouvernement toutes mesures tendant à maintenir l'équilibre financier du fonds ;

3° Il approuve le rapport annuel du fonds, rendu public, qui comporte notamment les prévisions du fonds pour les cinq prochaines années ;

4° Il examine le rapport annuel sur le contrôle interne de la gestion du compte personnel de prévention de la pénibilité transmis par la Caisse nationale d'assurance vieillesse des travailleurs salariés ;

5° Il approuve les comptes annuels du fonds, également rendus publics. Le conseil d'administration ne peut refuser d'approuver ces comptes que par un vote à la majorité des deux tiers de ses membres.

Art. D. 4162-44 Le président du fonds exerce les attributions suivantes :

1° Il prépare et met en œuvre les délibérations du conseil d'administration ;

2° Il représente l'établissement dans tous les domaines où il y a été autorisé par le conseil d'administration ;

3° Il assure la coordination entre l'ensemble des services et organismes compétents susceptibles de participer à l'élaboration des prévisions financières relatives aux fonds ;

4° Il prépare la rédaction du rapport annuel du fonds ;

5° Il signe la convention prévue à l'article D. 4162-45 et veille à son application ;

6° Il fixe conjointement avec la Caisse nationale d'assurance vieillesse des travailleurs salariés les orientations du contrôle interne de la gestion du compte personnel de prévention de la pénibilité.

SOUS-SECTION 2 GESTION ADMINISTRATIVE, FINANCIÈRE ET COMPTABLE DU FONDS

Art. D. 4162-45 La gestion administrative, financière et comptable du fonds donne lieu à une convention conclue entre le fonds et la Caisse nationale d'assurance vieillesse des travailleurs salariés. Cette convention, approuvée par les ministres chargés du travail, de la sécurité sociale et du budget, précise la nature des tâches réalisées pour le compte du fonds ainsi que les modalités de remboursement des frais correspondants, qui sont imputés pour leur montant global sur les dépenses mentionnées au 5° de l'article L. 4162-18 du code du travail.

Ces frais sont fixés par la convention mentionnée à l'article L. 227-1 du code de la sécurité sociale conclue entre l'État et la Caisse nationale d'assurance vieillesse des travailleurs salariés.

Art. D. 4162-46 Le président du fonds constate les dépenses, telles qu'arrêtées dans des états comptables établis par le directeur et l'agent comptable de la Caisse nationale d'assurance vieillesse des travailleurs salariés, liées :

1° Aux prises en charge mentionnées aux 1° et 2° de l'article L. 4162-18 du code du travail, correspondant aux dépenses exposées à ce titre par les organismes gestionnaires du compte personnel de prévention de la pénibilité ;

2° Au remboursement des sommes mentionnées au 3° de l'article L. 4162-18 dans les conditions prévues à l'article D. 4162-52 ;

3° A la prise en charge des dépenses mentionnées au 4° de l'article L. 4162-18 et au remboursement des frais exposés au titre de la gestion du compte personnel de prévention de la pénibilité mentionnés au 5° du même article, lesquels sont fixés par la convention mentionnée à l'article L. 227-1 du code de la sécurité sociale conclue entre l'État et la Caisse nationale d'assurance vieillesse des travailleurs salariés.

Le président arrête les comptes du fonds.

Art. D. 4162-47 Le fonds applique le plan comptable défini à l'article L. 114-5 du code de la sécurité sociale, sous réserve des éventuelles adaptations nécessaires à son activité fixées par arrêté du ministre chargé de la sécurité sociale et du ministre chargé du budget.

Art. D. 4162-48 Dans le cadre de la gestion assurée par la Caisse nationale d'assurance vieillesse des travailleurs salariés dans les conditions prévues à l'article D. 4162-45, l'agent comptable de cette caisse assure les fonctions d'agent comptable du fonds. Pour l'exercice de cette mission, les comptes du fonds sont tenus de manière séparée de ceux de la Caisse nationale d'assurance vieillesse et de la branche vieillesse du régime général.

Art. D. 4162-49 L'agent comptable effectue l'ensemble des opérations financières et comptables du fonds suivant les modalités définies aux articles D. 122-2, D. 122-5 et D. 122-6 du code de la sécurité sociale. Pour l'application de ces deux derniers articles, la référence au directeur est remplacée par la référence au président du fonds.

Art. D. 4162-50 L'agent comptable est personnellement et pécuniairement responsable des actes et contrôles qui lui incombent en application des dispositions de la présente sous-section, dans les conditions fixées par l'article 60 de la loi de finances n° 63-156 du 23 février 1963.

SOUS-SECTION 3 DÉPENSES DU FONDS

Art. D. 4162-51 Le remboursement aux organismes gestionnaires du compte personnel de prévention de la pénibilité au titre des prises en charge mentionnées au 1° et au 2° de l'article L. 4162-18 correspond aux dépenses exposées à ce titre par ces organismes en application des articles R. 4162-4, R. 4162-17 et D. 4162-22.

Les dépenses correspondant aux prises en charge mentionnées au 1° de l'article L. 4162-18 sont rattachées à l'exercice comptable au cours duquel la dernière heure de formation a été effectuée. Celles correspondant aux prises en charge mentionnées au 2° du même article sont rattachées à l'exercice comptable au titre duquel le complément de rémunération et des cotisations et contributions sociales légales afférentes et conventionnelles a été remboursé aux employeurs.

Art. D. 4162-52 Le remboursement au régime général de sécurité sociale des sommes représentatives de la prise en charge des majorations de durée d'assurance mentionnées au 3° du I de l'article L. 4162-4 est égal, au titre d'une année civile, au produit :

– d'un montant forfaitaire correspondant au montant de cotisations versé, en application du I de l'article L. 351-14-1 du code de la sécurité sociale, par un assuré âgé de 57 ans dont la moyenne annuelle des salaires et revenus d'activité, telle que définie au 3° du I de l'article D. 351-8 du même code, est égale à 80 % du montant annuel du plafond de la sécurité sociale en vigueur au 1er janvier de l'année civile considérée afin de valider un trimestre pris en compte selon les modalités définies au 1° de l'article D. 351-7 du même code ;

– et du nombre total de trimestres de majoration de durée d'assurance acquis dans les conditions prévues à l'article R. 4162-4 par les titulaires d'un compte personnel de pénibilité, tels que communiqués par le gestionnaire du compte pénibilité.

Ces dépenses sont rattachées à l'exercice comptable correspondant à l'année civile au cours de laquelle est intervenue la décision d'affecter les points de pénibilité des titulaires d'un compte personnel de prévention de la pénibilité à une majoration de durée d'assurance vieillesse.

Art. D. 4162-53 Le fonds prend en charge les dépenses liées aux frais d'expertise exposés par les commissions mentionnées à l'article L. 4162-14, dans une limite fixée par arrêté des ministres chargés de la sécurité sociale et du budget.

SOUS-SECTION 4 RECETTES DU FONDS

Art. D. 4162-54 Le taux de la cotisation définie au 1° de l'article L. 4162-19 due par les employeurs au titre des salariés qu'ils emploient et qui entrent dans le champ d'application du compte personnel de prévention de la pénibilité est nul pour les années 2015 et 2016 et est fixé à 0,01 % à compter de l'année 2017.

Art. D. 4162-55 *(Décr. n° 2016-953 du 11 juill. 2016, art. 1er)* Le taux de la cotisation définie au 2° de l'article L. 4162-19 due par les employeurs ayant exposé au moins un de leurs salariés à la pénibilité est fixé à :

1° 0,1 % pour les années 2015 et 2016 et à 0,2 % à compter de l'année 2017, au titre des salariés ayant été exposés à un seul facteur de pénibilité au-delà des seuils d'exposition mentionnés à l'article L. 4162-2 ;

2° 0,2 % pour les années 2015 et 2016 et à 0,4 % à compter de l'année 2017, au titre des salariés ayant été exposés simultanément à plusieurs facteurs de pénibilité au-delà des seuils d'exposition mentionnés à l'article L. 4162-2.

Ces dispositions sont applicables aux cotisations dues à partir de l'année 2015 (Décr. n° 2016-953 du 11 juill. 2016, art. 2).

Art. D. 4162-56 Un arrêté des ministres chargés de la sécurité sociale et du budget fixe les frais d'assiette et de recouvrement prélevés sur les cotisations mentionnées à l'article L. 4162-19 par les organismes chargés de leur recouvrement. – *V. Arr. du 11 févr. 2016 (JO 14 févr.).*

Art. R. 4162-57 *(Décr. n° 2014-1156 du 9 oct. 2014, art. 2)* Le paiement de la cotisation mentionnée au II de l'article L. 4162-20 due au titre des salariés exposés au-delà des seuils fixés à l'article D. 4161-2 est effectué au plus tard à la date *(Décr. n° 2015-1885 du 30 déc. 2015, art. 2-IX)* « de la déclaration des facteurs de risques professionnels mentionnée à l'article R. 4162-1 ou, dans le cas visé au IV de l'article R. 4162-1, en même temps que la rectification de la déclaration des facteurs de risques professionnels ».

CHAPITRE III **ACCORDS EN FAVEUR DE LA PRÉVENTION DE LA PÉNIBILITÉ** *(Décr. n° 2014-1156 du 9 oct. 2014, art. 1er).*

SECTION I **DISPOSITIONS GÉNÉRALES** *(Décr. n° 2014-1158 du 9 oct. 2014, art. 2).*

Art. D. 4163-1 *(Décr. n° 2014-1158 du 9 oct. 2014, art. 1er)* **La proportion minimale de salariés mentionnée à** *(Décr. n° 2014-1160 du 9 oct. 2014, art. 1er)* **« l'article L. 4163-2 » est fixée à** *(Décr. n° 2014-1160 du 9 oct. 2014, art. 2)* **« 25 % » de l'effectif** *(Abrogé par Décr. n° 2014-1160 du 9 oct. 2014, art. 2, à compter du 1er janv. 2018)* **« , *apprécié dans les conditions prévues à l'article D. 138-25 ».***

L'art. D. 138-26 CSS est devenu l'art. D. 4163-1 (Décr. n° 2014-1160 du 9 oct. 2014, art. 1er).

Art. D. 4163-2 *(Décr. n° 2011-824 du 7 juill. 2011, art. 1er)* **L'accord ou le plan d'action** *(Décr. n° 2014-1160 du 9 oct. 2014, art. 3, en vigueur le 1er janv. 2018)* **« prévu à l'article L. 4163-2 » repose sur un diagnostic préalable des situations de pénibilité et prévoit les mesures de prévention qui en découlent** *(Décr. n° 2014-1160 du 9 oct. 2014, art. 3, en vigueur le 1er janv. 2018)* **« et qui s'appliquent à tous les salariés exposés à un ou plusieurs facteurs de risques professionnels mentionnés à l'article D. 4161-2, » ainsi que les modalités de suivi de leur mise en œuvre effective.**

Chaque thème retenu dans l'accord ou le plan d'action est assorti d'objectifs chiffrés dont la réalisation est mesurée au moyen d'indicateurs. Ces indicateurs sont communiqués, au moins annuellement, aux membres du comité d'hygiène, de sécurité et des conditions de travail, ou, à défaut, aux délégués du personnel.

L'art. D. 138-28 CSS est devenu l'art. D. 4163-2 (Décr. n° 2014-1160 du 9 oct. 2014, art. 1er, en vigueur le 1er janv. 2015).

Art. D. 4163-3 *(Décr. n° 2014-1160 du 9 oct. 2014, art. 1er)* **« L'accord d'entreprise ou de groupe et le plan d'action mentionnés à l'article L. 4163-2 ou l'accord de branche étendu mentionné à l'article L. 4163-4 traite : »**

(Décr. n° 2011-824 du 7 juill. 2011, art. 1er) **« 1° D'au moins l'un** *[nouvelle rédaction issue du Décr. n° 2014-1160 du 9 oct. 2014, art. 4, en vigueur le 1er janv. 2018 : « deux »]* **des thèmes suivants :**

***a)* La réduction des polyexpositions aux facteurs mentionnés à l'article** *(Décr. n° 2014-1160 du 9 oct. 2014, art. 1er)* **« D. 4161-2, au-delà des seuils fixés au même article » ;**

***b)* L'adaptation et l'aménagement du poste de travail ;**

(Décr. n° 2014-1160 du 9 oct. 2014, art. 4, en vigueur le 1er janv. 2018) **« *c)* La réduction des expositions aux facteurs de risques professionnels mentionnés à l'article D. 4161-2 » ;**

2° En outre, d'au moins deux des thèmes suivants :

***a)* L'amélioration des conditions de travail, notamment au plan organisationnel ;**

***b)* Le développement des compétences et des qualifications ;**

***c)* L'aménagement des fins de carrière ;**

***d)* Le maintien en activité des salariés exposés aux facteurs mentionnés à l'article** *(Décr. n° 2014-1160 du 9 oct. 2014, art. 1er)* **« D. 4161-2 » ;**

(Décr. n° 2014-1160 du 9 oct. 2014, art. 4, en vigueur le 1er janv. 2018) **« Pour les thèmes mentionnés au 2°, l'accord ou le plan d'action précise les mesures de nature à permettre aux titulaires d'un compte personnel de prévention de la pénibilité d'affecter les points qui y sont inscrits aux utilisations prévues aux 1° et 2° de l'article L. 4162-4. »**

L'art. D. 138-27 CSS est devenu l'art. D. 4163-3 (Décr. n° 2014-1160 du 9 oct. 2014, art. 1er, en vigueur le 1er janv. 2015).

SECTION II **PROCÉDURE** *(Décr. n° 2014-1158 du 9 oct. 2014, art. 2).*

Art. R. 4163-4 *(Décr. n° 2011-824 du 7 juill. 2011, art. 1er)* **Le plan d'action relatif à la prévention de la pénibilité mentionné** *(Décr. n° 2014-1158 du 9 oct. 2014, art. 2)* **« aux articles L. 4163-2 et L. 4163-4 et** *[ou]*, **le cas échéant, le procès-verbal de désac-**

cord, » est déposé auprès de la direction régionale des entreprises, de la concurrence, de la consommation, du travail et de l'emploi.

L'art. R. 138-33 CSS est devenu l'art. R. 4163-4 (Décr. n° 2014-1158 du 9 oct. 2014, art. 2, en vigueur le 1er janv. 2015).

Art. R. 4163-5 *(Décr. n° 2011-823 du 7 juill. 2011, art. 1er)* **Lorsque l'inspecteur ou le contrôleur du travail constate qu'une entreprise n'est pas couverte par un accord collectif ou par un plan d'action répondant aux conditions définies par** *(Décr. n° 2014-1158 du 9 oct. 2014, art. 2)* **« l'article L. 4163-3 », il met en demeure l'employeur, par lettre recommandée avec demande d'avis de réception, de remédier à cette situation dans un délai de six mois.**

L'employeur communique à l'inspection du travail, par lettre recommandée avec demande d'avis de réception, l'accord conclu, le plan d'action élaboré ou les modifications apportées à ces documents dans le délai imparti. A défaut, il justifie des motifs de la défaillance de l'entreprise au regard de cette obligation ainsi que des efforts accomplis en matière de prévention de la pénibilité.

A sa demande, il peut être entendu.

L'art. R. 138-34 CSS est devenu l'art. R. 4163-5 (Décr. n° 2014-1158 du 9 oct. 2014, art. 2, en vigueur le 1er janv. 2015).

Art. R. 4163-6 *(Décr. n° 2011-823 du 7 juill. 2011, art. 1er)* **A l'issue du délai imparti par la mise en demeure, le directeur régional des entreprises, de la concurrence, de la consommation, du travail et de l'emploi décide s'il y a lieu d'appliquer la pénalité mentionnée à** *(Décr. n° 2014-1158 du 9 oct. 2014, art. 2)* **« l'article L. 4163-2 » et en fixe le taux au regard des critères suivants, compte tenu de la situation de l'entreprise, et, si celle-ci compte moins de trois cents salariés, de l'avancement de la négociation collective sur la pénibilité dans la branche :**

1° Les diligences accomplies pour conclure un accord ou élaborer un plan d'action relatif à la prévention de la pénibilité ;

2° Les mesures prises dans l'entreprise pour prévenir la pénibilité au travail.

L'art. R. 138-35 CSS est devenu l'art. R. 4163-4 (Décr. n° 2014-1158 du 9 oct. 2014, art. 2, en vigueur le 1er janv. 2015).

SECTION III **PÉNALITÉ** *(Décr. n° 2014-1158 du 9 oct. 2014, art. 2, en vigueur le 1er janv. 2015).*

Art. R. 4163-7 *(Décr. n° 2011-824 du 7 juill. 2011, art. 1er)* **Le directeur régional des entreprises, de la concurrence, de la consommation, du travail et de l'emploi adresse à l'employeur, par lettre recommandée avec demande d'avis de réception, une notification motivée du taux de la pénalité, dans un délai d'un mois à compter de la date d'expiration de la mise en demeure prévue à** *(Décr. n° 2014-1158 du 9 oct. 2014, art. 2)* **« l'article R. 4163-5 ». Une copie de cette notification est adressée à l'organisme chargé du recouvrement des cotisations de sécurité sociale du régime général ou du régime agricole dont dépend l'employeur.**

L'art. R. 138-36 CSS est devenu l'art. R. 4163-7 (Décr. n° 2014-1158 du 9 oct. 2014, art. 2, en vigueur le 1er janv. 2015).

Art. R. 4163-8 *(Décr. n° 2011-824 du 7 juill. 2011, art. 1er)* **La pénalité est due pour chaque mois entier au cours duquel l'entreprise ne respecte pas les obligations mentionnées** *(Décr. n° 2014-1158 du 9 oct. 2014, art. 2)* **« aux articles L. 4163-2 à L. 4163-4 » à compter du terme de la mise en demeure et jusqu'à la réception par l'inspection du travail de l'accord ou du plan d'action prévu par les mêmes articles.**

La pénalité, calculée par application du taux notifié par le directeur régional des entreprises, de la concurrence, de la consommation, du travail et de l'emploi aux rémunérations ou gains mentionnés *(Décr. n° 2014-1158 du 9 oct. 2014, art. 2)* **« au deuxième alinéa de l'article L. 4163-2 », est déclarée et versée par l'employeur auprès de l'organisme chargé du recouvrement des cotisations de sécurité sociale du régime général ou du régime agricole dont il dépend, à la date d'échéance de ses cotisations et contributions sociales.**

L'art. R. 138-37 CSS est devenu l'art. R. 4163-8 (Décr. n° 2014-1158 du 9 oct. 2014, art. 2, en vigueur le 1er janv. 2015).

LIVRE DEUXIÈME **DISPOSITIONS APPLICABLES AUX LIEUX DE TRAVAIL**

TITRE PREMIER **OBLIGATIONS DU MAÎTRE D'OUVRAGE POUR LA CONCEPTION DES LIEUX DE TRAVAIL**

CHAPITRE PREMIER **PRINCIPES GÉNÉRAUX**

SECTION PREMIÈRE **CHAMP D'APPLICATION ET DÉFINITIONS**

Art. R. 4211-1 Les dispositions du présent titre déterminent, en application de l'article L. 4211-1, les règles auxquelles se conforme le maître d'ouvrage entreprenant la construction ou l'aménagement de bâtiments destinés à recevoir des travailleurs, que ces opérations nécessitent ou non l'obtention d'un permis de construire. – *[Anc. art. R. 235-1.]*

Art. R. 4211-2 Pour l'application du présent titre, on entend par lieux de travail les lieux destinés à recevoir des postes de travail, situés ou non dans les bâtiments de l'établissement, ainsi que tout autre endroit compris dans l'aire de l'établissement auquel le travailleur a accès dans le cadre de son travail.

Les champs, bois et autres terrains faisant partie d'un établissement agricole ou forestier mais situés en dehors de la zone bâtie d'un tel établissement ne sont pas considérés comme des lieux de travail. – *[Anc. art. R. 235-3.]*

SECTION II **DOSSIER DE MAINTENANCE**

Art. R. 4211-3 Le maître d'ouvrage élabore et transmet aux utilisateurs, au moment de la prise de possession des locaux et au plus tard dans le mois qui suit, un dossier de maintenance des lieux de travail.

Ce dossier comporte notamment, outre les notices et dossiers techniques prévus aux articles R. 4212-7, R. 4213-4 et R. 4215-3, les dispositions prises :

1° Pour le nettoyage des surfaces vitrées en élévation et en toiture en application de l'article R. 4214-2 ;

2° Pour l'accès en couverture, notamment :

a) Les moyens d'arrimage pour les interventions de courte durée ;

b) Les possibilités de mise en place rapide de garde-corps ou de filets de protection pour les interventions plus importantes ;

c) Les chemins de circulation permanents pour les interventions fréquentes ;

3° Pour faciliter l'entretien des façades, notamment les moyens d'arrimage et de stabilité d'échafaudage ou de nacelle ;

4° Pour faciliter les travaux d'entretien intérieur, notamment pour :

a) Le ravalement des halls de grande hauteur ;

b) Les accès aux machineries d'ascenseurs ;

c) Les accès aux canalisations en galerie technique, ou en vide sanitaire ;

(Décr. n° 2011-1461 du 7 nov. 2011) « 5° Pour la localisation des espaces d'attente sécurisés au sens des articles R. 4216-2-1, R. 4216-2-2 et R. 4216-2-3, il précise les caractéristiques de ces espaces. »

Sur le champ d'application des dispositions issues du Décr. n° 2011-1461 du 7 nov. 2011, V. note ss. art. R. 4216-2-1.

Art. R. 4211-4 Le dossier de maintenance des lieux de travail indique, lorsqu'ils ont été aménagés à cet effet, les locaux techniques de nettoyage et les locaux sanitaires pouvant être mis à disposition des travailleurs chargés des travaux d'entretien. – *[Anc. art. R. 235-5, al. 13.]*

Art. R. 4211-5 Le dossier de maintenance des lieux de travail est tenu à la disposition de l'inspection du travail et des agents des services de prévention des organismes de sécurité sociale. – *[Anc. art. R. 235-5, al. 14.]*

CHAPITRE II **AÉRATION ET ASSAINISSEMENT**

Art. R. 4212-1 Le maître d'ouvrage conçoit et réalise les bâtiments et leurs aménagements de façon à ce que les locaux fermés dans lesquels les travailleurs sont appelés à séjourner soient conformes aux règles d'aération et d'assainissement prévues aux articles R. 4222-1 à R. 4222-17. – *[Anc. art. R. 235-2-4.]*

Art. R. 4212-2 Les installations de ventilation sont conçues de manière à :

1° Assurer le renouvellement de l'air en tous points des locaux ;

2° Ne pas provoquer, dans les zones de travail, de gêne résultant notamment de la vitesse, de la température et de l'humidité de l'air, des bruits et des vibrations ;

3° Ne pas entraîner d'augmentation significative des niveaux sonores résultant des activités envisagées dans les locaux. – *[Anc. art. R. 235-2-5, al. 1er.]*

Art. R. 4212-3 Toutes dispositions sont prises lors de l'installation des équipements de ventilation, de captage ou de recyclage pour permettre leur entretien régulier et les contrôles ultérieurs d'efficacité. – *[Anc. art. R. 235-2-5, al. 2.]*

Art. R. 4212-4 Les parois internes des circuits d'arrivée d'air ne comportent pas de matériaux qui peuvent se désagréger ou se décomposer en émettant des poussières ou des substances dangereuses pour la santé des travailleurs. – *[Anc. art. R. 235-2-5, al. 3.]*

Art. R. 4212-5 Dans les locaux à pollution non spécifique définis à l'article R. 4222-3, le maître d'ouvrage :

1° Prévoit un système de filtration de l'air neuf lorsqu'il existe un risque de pollution de cet air par des particules solides et que son introduction est mécanique ;

2° Prend les mesures nécessaires pour que l'air pollué en provenance des locaux à pollution spécifique définis à l'article précité ne pénètre pas. – *[Anc. art. R. 235-2-6.]*

Art. R. 4212-6 Le maître d'ouvrage prévoit dans les locaux sanitaires l'introduction d'un débit minimal d'air déterminé par le tableau suivant : – *V. ce tableau au JO du 12 mars 2008.*

Art. R. 4212-7 Le maître d'ouvrage précise, dans une notice d'instructions qu'il transmet à l'employeur, les dispositions prises pour la ventilation et l'assainissement des locaux et les informations nécessaires à l'entretien des installations, au contrôle de leur efficacité et à l'établissement de la consigne d'utilisation prévue à l'article R. 4222-21. – *[Anc. art. R. 235-2-8.]*

CHAPITRE III **ÉCLAIRAGE, INSONORISATION ET AMBIANCE THERMIQUE**

SECTION PREMIÈRE **ÉCLAIRAGE**

Art. R. 4213-1 Le maître d'ouvrage conçoit et réalise les bâtiments et leurs aménagements de façon à ce qu'ils satisfassent aux règles d'éclairage prévues aux articles R. 4223-2 à R. 4223-11. – *[Anc. art. R. 235-2-2.]*

Art. R. 4213-2 Les bâtiments sont conçus et disposés de telle sorte que la lumière naturelle puisse être utilisée pour l'éclairage des locaux destinés à être affectés au travail, sauf dans les cas où la nature technique des activités s'y oppose. – *[Anc. art. R. 235-2.]*

Art. R. 4213-3 Les locaux destinés à être affectés au travail comportent à hauteur des yeux des baies transparentes donnant sur l'extérieur, sauf en cas d'incompatibilité avec la nature des activités envisagées. – *[Anc. art. R. 235-2-1.]*

Art. R. 4213-4 Le maître d'ouvrage consigne dans une notice d'instructions qu'il transmet à l'employeur les niveaux minimum d'éclairement, pendant les périodes de travail, des locaux, dégagements et emplacements, ainsi que les informations nécessaires à la détermination par l'employeur des règles d'entretien du matériel. – *[Anc. art. R. 235-2-3.]*

SECTION II **INSONORISATION**

Art. R. 4213-5 Les locaux dans lesquels doivent être installés des équipements de travail susceptibles d'exposer les travailleurs à un niveau d'exposition sonore quotidienne supérieure à 85 dB(A) sont conçus, construits ou aménagés, compte tenu de l'état des techniques, de façon à :

1° Réduire la réverbération du bruit sur les parois de ces locaux lorsque cette réverbération occasionne une augmentation notable du niveau d'exposition des travailleurs ;

2° Limiter la propagation du bruit vers les autres locaux occupés par des travailleurs. – *[Anc. art. R. 235-2-11, al. 1er.]*

Art. R. 4213-6 Un arrêté conjoint des ministres chargés du travail, de l'agriculture et de la construction détermine les prescriptions techniques nécessaires à l'application de la présente section. – *[Anc. art. R. 235-2-11, al. 2.]*

SECTION III **AMBIANCE THERMIQUE**

Art. R. 4213-7 Les équipements et caractéristiques des locaux de travail sont conçus de manière à permettre l'adaptation de la température à l'organisme humain pendant le temps de travail, compte tenu des méthodes de travail et des contraintes physiques supportées par les travailleurs. – *[Anc. art. R. 235-2-9, début.]*

Art. R. 4213-8 Les équipements et caractéristiques des locaux annexes aux locaux de travail, notamment des locaux sanitaires, de restauration et médicaux, sont conçus de manière à permettre l'adaptation de la température à la destination spécifique de ces locaux. – *[Anc. art. R. 235-2-10, début.]*

Art. R. 4213-9 Les dispositions de la présente section ne font pas obstacle à celles des articles L. 111-9 et L. 111-10 du code de la construction et de l'habitation relatives aux caractéristiques thermiques des bâtiments autres que d'habitation. – *[Anc. art. R. 235-2-9, fin, et anc. art. R. 235-2-10, fin.]*

CHAPITRE IV **SÉCURITÉ DES LIEUX DE TRAVAIL**

SECTION PREMIÈRE **CARACTÉRISTIQUES DES BÂTIMENTS**

Art. R. 4214-1 Les bâtiments destinés à abriter des lieux de travail sont conçus et réalisés de manière à pouvoir résister, dans leur ensemble et dans chacun de leurs éléments, à l'effet combiné de leur poids, des charges climatiques extrêmes et des surcharges maximales correspondant à leur type d'utilisation.

Ils respectent les règles antisismiques prévues, le cas échéant, par les dispositions en vigueur. – *[Anc. art. R. 235-3-1.]*

Art. R. 4214-2 Les bâtiments et leurs équipements sont conçus et réalisés de telle sorte que les surfaces vitrées en élévation ou en toiture puissent être nettoyées sans danger pour les travailleurs accomplissant ce travail et pour ceux présents dans le bâtiment et autour de celui-ci. Chaque fois que possible, des solutions de protection collective sont choisies. – *[Anc. art. R. 235-3-2.]*

Art. R. 4214-3 Les planchers des locaux sont exempts de bosses, de trous ou de plans inclinés dangereux.

Ils sont fixes, stables et non glissants. – *[Anc. art. R. 235-3-3.]*

Art. R. 4214-4 Les surfaces des planchers, des murs et des plafonds sont conçues de manière à pouvoir être nettoyées ou ravalées en vue d'obtenir des conditions d'hygiène appropriées. – *[Anc. art. R. 235-3-4.]*

Art. R. 4214-5 Les ouvrants en élévation ou en toiture sont conçus de manière à ne pas constituer, en position d'ouverture, un danger pour les travailleurs. – *[Anc. art. R. 235-3-6.]*

Art. R. 4214-6 Les parois transparentes ou translucides sont signalées par un marquage à hauteur de vue.

Elles sont constituées de matériaux de sécurité ou sont disposées de telle sorte que les travailleurs ne puissent pas être blessés si ces parois volent en éclats. – *[Anc. art. R. 235-3-7.]*

Art. R. 4214-7 Les portes et portails obéissent aux caractéristiques définies aux articles R. 4224-9 et suivants.

Leurs dimensions et leurs caractéristiques sont déterminées en fonction de la nature et de l'usage des pièces ou enceintes qu'ils desservent, en tenant compte des dispositions du chapitre VI relatives à la prévention des incendies et à l'évacuation. – *[Anc. art. R. 235-3-8.]*

Art. R. 4214-8 Les portes et portails automatiques comportent un système de sécurité interrompant immédiatement tout mouvement d'ouverture ou de fermeture lorsque ce mouvement peut causer un dommage à une personne.

Ils sont conçus de manière à pouvoir être ouverts manuellement, sauf s'ils s'ouvrent automatiquement en cas de panne d'énergie.

Un arrêté conjoint des ministres chargés du travail, de l'agriculture et de la construction précise, en tant que de besoin, les règles de sécurité auxquelles ces portes et portails obéissent. – *[Anc. art. R. 235-3-9.]*

SECTION II **VOIES DE CIRCULATION ET ACCÈS**

Art. R. 4214-9 L'implantation et les dimensions des voies de circulation, y compris les escaliers et les échelles fixes sont déterminées en tenant compte des dispositions du chapitre VI relatives à la prévention des incendies et l'évacuation.

Les voies de circulation sont conçues de telle sorte que :

1° Les piétons ou les véhicules puissent les utiliser facilement, en toute sécurité, conformément à leur affectation ;

2° Les travailleurs employés à proximité des voies de circulation n'encourent aucun danger. – *[Anc. art. R. 235-3-10.]*

Art. R. 4214-10 Les portes et les dégagements destinés aux piétons sont situés, par rapport aux voies de circulation destinées aux véhicules, à une distance telle qu'elle garantisse aux piétons une circulation sans danger. – *[Anc. art. R. 235-3-11, al. 1er.]*

Art. R. 4214-11 Dès que l'importance de la circulation des véhicules ou le danger lié à l'utilisation et à l'équipement des locaux le justifie, le marquage au sol des voies de circulation est mis en évidence.

Ce marquage obéit à la réglementation en vigueur relative à la signalisation dans les lieux de travail. – *[Anc. art. R. 235-3-11, al. 2 début et al. 3.]*

Art. R. 4214-12 A proximité des portails destinés essentiellement à la circulation des véhicules, des portes pour les piétons sont aménagées, signalées de manière bien visible et dégagées en permanence. – *[Anc. art. R. 235-3-11, al. 2 fin.]*

Art. R. 4214-13 Les articles R. 4214-9 à R. 4214-12 s'appliquent également aux voies de circulation principales sur le terrain de l'entreprise, ainsi qu'aux voies de circulation utilisées pour la surveillance et l'entretien régulier des installations de l'entreprise. – *[Anc. art. R. 235-3-19, al. 2.]*

Art. R. 4214-14 Lorsque la nature des activités envisagées est susceptible d'entraîner sur les lieux de travail des zones de danger qui n'ont pu être évitées, ces zones sont signalées de manière visible et matérialisées par des dispositifs destinés à éviter que les travailleurs non autorisés y pénètrent. – *[Anc. art. R. 235-3-12.]*

Art. R. 4214-15 *(Décr. n° 2008-1325 du 15 déc. 2008)* Lors de l'installation dans un bâtiment destiné à accueillir des travailleurs d'escaliers mécaniques et de trottoirs roulants, d'ascenseurs, de monte-charges, d'installations de parcage de véhicules et d'élévateurs de personnes dont la vitesse n'excède pas 0,15 mètre par seconde, le maître d'ouvrage s'assure que ces équipements sont conçus et mis en place conformément aux règles en vigueur lors de cette installation.

Art. R. 4214-16 *(Décr. n° 2008-1325 du 15 déc. 2008)* Lors de leur installation, le maître d'ouvrage s'assure que les escaliers mécaniques et les trottoirs roulants, les ascenseurs, les monte-charges, les installations de parcage de véhicules et les élévateurs de personnes dont la vitesse n'excède pas 0,15 mètre par seconde sont installés de manière à permettre les interventions et travaux énumérés à l'article R. 4543-1 dans des conditions sûres, ergonomiques et préservant la santé des intervenants.

Art. R. 4214-17 Les postes de travail, voies de circulation et autres emplacements ou installations à l'air libre destinés à être occupés ou utilisés par des travailleurs lors de leurs activités sont conçus de telle sorte que la circulation des piétons et des véhicules puisse se faire de manière sûre. – *[Anc. art. R. 235-3-19, al. 1er.]*

SECTION III **QUAIS ET RAMPES DE CHARGEMENT**

Art. R. 4214-18 Les dispositions des articles R. 4214-9 à R. 4214-12 s'appliquent également aux quais de chargement extérieurs de l'entreprise. – *[Anc. art. R. 235-3-19, al. 2.]*

Art. R. 4214-19 Les dimensions des charges susceptibles d'être transportées sont prises en compte pour la conception et la disposition des quais et rampes de chargement. – *[Anc. art. R. 235-3-14.]*

Art. R. 4214-20 Les quais de chargement comportent au moins une issue.

Lorsque leur longueur est supérieure à 20 mètres, ils ont une issue à chaque extrémité. – *[Anc. art. R. 235-3-15, al. 1er.]*

Art. R. 4214-21 Les rampes et quais de chargement sont disposés et aménagés de manière à éviter aux travailleurs les risques de chute. – *[Anc. art. R. 235-3-15, al. 2.]*

SECTION IV **AMÉNAGEMENT DES LIEUX ET POSTES DE TRAVAIL**

Art. R. 4214-22 Les dimensions des locaux de travail, notamment leur hauteur et leur surface, sont telles qu'elles permettent aux travailleurs d'exécuter leur tâche sans risque pour leur santé, leur sécurité ou leur bien-être.

L'espace libre au poste de travail, compte tenu du mobilier, est prévu pour que les travailleurs disposent d'une liberté de mouvement suffisante.

Lorsque, pour des raisons propres au poste de travail, ces dispositions ne peuvent être respectées, il est prévu un espace libre suffisant à proximité de ce poste. – *[Anc. art. R. 235-3-16.]*

Art. R. 4214-23 Lorsque l'effectif prévu est au moins égal à deux cents dans les établissements industriels ou à cinq cents dans les autres établissements, un local destiné aux premiers secours, facilement accessible avec des brancards et pouvant contenir les installations et le matériel de premiers secours, est aménagé.

Les locaux médicaux dont les caractéristiques sont déterminées par l'arrêté mentionné à l'article R. 4624-30 peuvent être utilisés comme locaux de premiers secours sous réserve de remplir les conditions prévues au premier alinéa.

Le local de premiers secours comporte une signalisation. – *[Anc. art. R. 235-3-17.]*

Art. R. 4214-24 Si des postes de travail extérieurs sont prévus, ceux-ci sont conçus et aménagés suivant les prescriptions de l'article R. 4225-1. – *[Anc. art. R. 235-3-20.]*

Art. R. 4214-25 La signalisation de santé et de sécurité installée sur les lieux de travail est conforme aux dispositions de l'arrêté mentionné à l'article R. 4224-24. – *[Anc. art. R. 235-3-21.]*

SECTION V **ACCESSIBILITÉ DES LIEUX DE TRAVAIL AUX TRAVAILLEURS HANDICAPÉS**

(Décr. n° 2009-1272 du 21 oct. 2009)

Art. R. 4214-26 Les lieux de travail, y compris les locaux annexes, aménagés dans un bâtiment neuf ou dans la partie neuve d'un bâtiment existant sont accessibles aux personnes handicapées, quel que soit leur type de handicap.

Les lieux de travail sont considérés comme accessibles aux personnes handicapées lorsque celles-ci peuvent accéder à ces lieux, y circuler, les évacuer, se repérer, communiquer, avec la plus grande autonomie possible.

Les lieux de travail sont conçus de manière à permettre l'adaptation des postes de travail aux personnes handicapées ou à rendre ultérieurement possible l'adaptation des postes de travail.

Ces dispositions sont applicables :

1° aux opérations de construction d'un bâtiment neuf ou d'une partie neuve d'un bâtiment existant pour lesquelles une demande de permis de construire ou, le cas échéant, une déclaration préalable est déposée plus de six mois après la date de publication du présent décret, soit à compter du 24 avr. 2010 ;

2° aux opérations de construction d'un bâtiment neuf ou d'une partie neuve d'un bâtiment existant ne nécessitant ni permis de construire ni déclaration préalable, dont le début des travaux est postérieur de plus de six mois à la date indiquée ci-dessus, soit à compter du 24 oct. 2010 (Décr. n° 2009-1272 du 21 oct. 2009, art. 4-I).

Art. R. 4214-27 *(Décr. n° 2008-244 du 7 mars 2008)* Les accès, portes, dégagements et ascenseurs desservant les postes de travail et les locaux annexes tels que locaux sanitaires, locaux de restauration, parcs de stationnement, sont conçus de manière à permettre l'accès et l'évacuation des personnes handicapées, notamment celles circulant en fauteuil roulant.

L'aménagement des postes de travail est réalisé ou rendu ultérieurement possible.

Art. R. 4214-28 Un arrêté des ministres chargés du travail, de l'agriculture et de la construction détermine les modalités d'application propres à assurer l'accessibilité des lieux de travail en ce qui concerne, notamment, les circulations horizontales et verticales, les portes et les sas intérieurs, les revêtements des sols et des parois, les dispositifs d'éclairage et d'information, le stationnement automobile.

(Décr. n° 2011-1461 du 7 nov. 2011) « Cet arrêté précise les caractéristiques des espaces d'attente sécurisés et de leurs équivalents, et notamment les règles qui président à leur implantation, à la détermination de leur capacité d'accueil, à leur équipement ainsi que les spécifications techniques auxquelles ils doivent satisfaire en vue d'assurer la protection prévue au deuxième alinéa de l'article R. 4216-2-1. »

Sur le champ d'application des dispositions issues du Décr. n° 2011-1461 du 7 nov. 2011, V. note ss. art. R. 4216-2-1.

CHAPITRE V INSTALLATIONS ÉLECTRIQUES DES BÂTIMENTS ET DE LEURS AMÉNAGEMENTS

(Décr. n° 2010-1017 du 30 août 2010)

Les dispositions du chapitre V du titre Ier du livre II de la quatrième partie du code du travail, dans leur rédaction antérieure au Décr. n° 2010-1017 du 30 août 2010, restent applicables :

1° Aux opérations de construction ou d'aménagement de bâtiments pour lesquelles la demande de permis de construire est antérieure à la publication du présent décret ;

2° Aux opérations ne nécessitant pas de permis de construire, lorsque le début des travaux est antérieur à cette même date (Décr. préc., art. 2).

V. Circ. DGT 2012/12 du 9 oct. 2012 relative à la prévention des risques électriques.

SECTION PREMIÈRE OBLIGATIONS GÉNÉRALES DU MAÎTRE D'OUVRAGE

Art. R. 4215-1 Le maître d'ouvrage s'assure que les installations électriques sont conçues et réalisées de façon à prévenir les risques de choc électrique, par contact direct ou indirect, ou de brûlure et les risques d'incendie ou d'explosion d'origine électrique.

Art. R. 4215-2 Le maître d'ouvrage établit et transmet à l'employeur un dossier technique comportant la description et les caractéristiques des installations électriques réalisées.

Le contenu du dossier technique est précisé par un arrêté conjoint des ministres du travail, de l'agriculture et de la construction.

Ce dossier technique fait partie du dossier de maintenance des lieux de travail prévu à l'article R. 4211-3.

SECTION II PRESCRIPTIONS RELATIVES À LA CONCEPTION ET À LA RÉALISATION DES INSTALLATIONS ÉLECTRIQUES

Art. R. 4215-3 Les installations sont conçues et réalisées de telle façon que :

1° Aucune partie active dangereuse ne soit accessible aux travailleurs, sauf dans les locaux et emplacements à risques particuliers de choc électrique, qui font l'objet de prescriptions particulières fixées aux articles R. 4226-9, R. 4226-10 et R. 4226-11 ;

2° En cas de défaut d'isolement, aucune masse ne présente, avec une autre masse ou un élément conducteur, une différence de potentiel dangereuse pour les travailleurs.

Art. R. 4215-4 Toutes dispositions sont prises pour éviter que les parties actives ou les masses d'une installation soient portées à des tensions qui seraient dangereuses pour les personnes, du fait de leur voisinage avec une installation dont le domaine de tension est supérieur, ou du fait de défaut à la terre dans une telle installation.

Art. R. 4215-5 Toutes dispositions sont prises pour éliminer les risques liés à l'élévation normale de température des matériels électriques, notamment les risques de brûlure pour les travailleurs ou les risques de dégradation des objets voisins, en particulier ceux sur lesquels ces matériels prennent appui.

Art. R. 4215-6 Les caractéristiques des matériels sont choisies de telle façon qu'ils puissent supporter sans dommage pour les personnes et, le cas échéant, sans altérer leurs fonctions de sécurité, les effets mécaniques et thermiques produits par toute surintensité, et ce pendant le temps nécessaire au fonctionnement des dispositifs destinés à interrompre cette surintensité.

Les appareillages assurant les fonctions de connexion, de sectionnement, de commande et de protection sont choisis et installés de façon à pouvoir assurer ces fonctions.

Les conducteurs des canalisations fixes sont protégés contre les surintensités.

Les matériels contenant des diélectriques liquides inflammables et les transformateurs de type sec sont mis en œuvre et protégés de façon à prévenir les risques d'incendie.

Art. R. 4215-7 Des dispositifs de sectionnement assurent la séparation de l'installation électrique, des circuits ou des appareils d'utilisation, de leurs sources d'alimentation et permettent d'effectuer en sécurité toute opération sur l'installation, les circuits ou les appareils d'utilisation.

Art. R. 4215-8 Des dispositifs permettent, en cas d'urgence, de couper l'alimentation électrique de circuits ou de groupes de circuits en cas d'apparition d'un danger inattendu de choc électrique, d'incendie ou d'explosion.

Art. R. 4215-9 Les canalisations électriques sont mises en place selon les prescriptions particulières à chaque mode de pose.

Art. R. 4215-10 L'identification des circuits et des appareillages est assurée de façon pérenne.

La localisation et le repérage des canalisations permettent les vérifications, essais, réparations ou transformations de l'installation.

Le repérage des conducteurs permet de connaître leur fonction dans les circuits.

Art. R. 4215-11 Les matériels électriques sont choisis et installés en tenant compte de la tension et de manière à supporter en toute sécurité les conditions d'environnement particulières au lieu dans lequel ils sont installés et auxquelles ils peuvent être soumis.

Art. R. 4215-12 Dans les locaux ou sur les emplacements exposés à des risques d'incendie ou d'explosion, les installations électriques sont conçues et réalisées en tenant compte de ces risques.

Art. R. 4215-13 Les locaux ou emplacements réservés à la production, la conversion ou la distribution de l'électricité, appelés locaux ou emplacements de service électrique, sont conçus et réalisés de façon à assurer tout à la fois :

1° L'accessibilité aux matériels et l'aisance de déplacement et de mouvement ;

2° La protection contre les chocs électriques ;

3° La prévention des risques de brûlure et d'incendie ;

4° La prévention des risques d'apparition d'atmosphère toxique ou asphyxiante causée par l'émission de gaz ou de vapeurs en cas d'incident d'exploitation des matériels électriques ;

5° L'éclairage de sécurité.

Art. R. 4215-14 Les références des normes d'installation homologuées, applicables aux installations électriques, sont publiées au *Journal officiel* de la République française par arrêté des ministres chargés du travail, de l'agriculture et de la construction.

Un arrêté de ces mêmes ministres peut déclarer une disposition contenue dans ces normes non applicable si elle ne répond pas ou contrevient aux prescriptions du présent chapitre.

Art. R. 4215-15 Les installations électriques, réalisées conformément aux dispositions correspondantes des normes d'installation mentionnées à l'article R. 4215-14 et de leurs guides d'application, sont réputées satisfaire aux prescriptions du présent chapitre.

Art. R. 4215-16 Les matériels électriques ayant pour fonction le sectionnement, la protection contre les surintensités, la protection contre les chocs électriques sont conformes soit aux normes françaises homologuées qui leur sont applicables, soit aux spécifications techniques de la législation dans un autre État membre de l'Union européenne ou d'un État partie à l'accord instituant l'Espace économique européen, assurant un niveau de sécurité équivalent.

Art. R. 4215-17 Les installations d'éclairage de sécurité sont conçues et réalisées conformément aux dispositions de l'arrêté prévu à l'article R. 4227-14.

CHAPITRE V *[ANCIEN]* INSTALLATIONS ÉLECTRIQUES

Ces dispositions restent applicables :

1° Aux opérations de construction ou d'aménagement de bâtiments pour lesquelles la demande de permis de construire est antérieure à la publication du Décr. n° 2010-1017 du 30 août 2010 (JO 1er sept.) ;

2° Aux opérations ne nécessitant pas de permis de construire, lorsque le début des travaux est antérieur à cette même date (Décr. préc., JO 1er sept.).

Ancien art. R. 4215-1 ***Le maître d'ouvrage conçoit et réalise les bâtiments et les installations électriques des lieux de travail de telle façon qu'ils soient conformes aux dispositions du décret n° 88-1056 du 14 novembre 1988 relatif à la protection des travailleurs dans les établissments qui mettent en œuvre des courants électriques.*** – [Anc. art. R. 235-3-5, al. 1er.]

Ancien art. R. 4215-2 ***Un arrêté conjoint des ministres chargés du travail, de l'agriculture et de la construction précise les dispositions à prendre pour la prise de terre des masses lors de la construction de nouveaux bâtiments ou de l'extension de bâtiments.*** – [Anc. art. R. 235-3-5, al. 2.]

Ancien art. R. 4215-3 ***Le maître d'ouvrage précise dans un dossier technique, qu'il transmet à l'employeur, la description et les caractéristiques des installations électriques réalisées, ainsi que tous les éléments permettant à la personne ou à l'organisme choisi par l'employeur pour procéder à la vérification initiale des installations électriques de donner un avis sur la conformité de celles-ci aux dispositions en vigueur.*** – [Anc. art. R. 235-3-5, al. 3.]

CHAPITRE VI RISQUES D'INCENDIES ET D'EXPLOSIONS ET ÉVACUATION

SECTION PREMIÈRE DISPOSITIONS GÉNÉRALES

Art. R. 4216-1 Les dispositions du présent chapitre ne s'appliquent pas aux immeubles de grande hauteur, au sens du code de la construction et de l'habitation, pour lesquels des dispositions particulières sont applicables.

Elles ne font pas obstacle aux dispositions plus contraignantes prévues pour les établissements recevant du public, au sens de l'article R. 123-2 du code de la construction et de l'habitation ou pour les bâtiments d'habitation. – *[Anc. art. R. 235-4, al. 1er.]*

Art. R. 4216-2 Les bâtiments et les locaux sont conçus et réalisés de manière à permettre en cas de sinistre :

(Décr. n° 2011-1461 du 7 nov. 2011) « 1° L'évacuation rapide de la totalité des occupants ou leur évacuation différée, lorsque celle-ci est rendue nécessaire, dans des conditions de sécurité maximale *[Rédaction applicable aux anciens bâtiments : 1° L'évacuation rapide de la totalité des occupants dans des conditions de sécurité maximale]* » ;

2° L'accès de l'extérieur et l'intervention des services de secours et de lutte contre l'incendie ;

3° La limitation de la propagation de l'incendie à l'intérieur et à l'extérieur des bâtiments. – *[Anc. art. R. 235-4, al. 2 à 5.]*

Art. R. 4216-2-1 *(Décr. n° 2011-1461 du 7 nov. 2011)* Les lieux de travail situés dans les bâtiments neufs ou dans les parties neuves de ces bâtiments sont dotés, à chaque niveau, d'espaces d'attente sécurisés ou d'espaces équivalents, dont le nombre et la capacité d'accueil varient en fonction de la disposition des lieux de travail et de l'effectif des personnes handicapées susceptibles d'être présentes.

Les espaces d'attente sécurisés sont des zones ou des locaux conçus et aménagés en vue de préserver, avant leur évacuation, les personnes handicapées ayant besoin d'une aide extérieure pour cette évacuation des conséquences d'un incendie. Ils doivent offrir une protection contre les fumées, les flammes, le rayonnement thermique et la ruine du bâtiment pendant une durée minimale d'une heure. Le maître d'ouvrage s'assure de la compatibilité entre la stabilité au feu de la structure et la présence d'espaces d'attente sécurisés pour que la ruine du bâtiment n'intervienne pas avant l'évacuation des personnes.

Les espaces d'attente sécurisés peuvent être situés dans tous les espaces accessibles aux personnes handicapées, à l'exception des sous-sols et des locaux à risques particuliers au sens des articles R. 4227-22 et R. 4227-24.

Les dispositions issues du Décr. n° 2011-1461 du 7 nov. 2011 sont applicables :

1° Aux opérations de construction d'un bâtiment neuf ou de construction d'une partie neuve d'un bâtiment existant pour lesquelles une demande de permis de construire ou une déclaration préalable est déposée après le 9 mai 2012 ;

2° Aux opérations de construction d'un bâtiment neuf ou de construction d'une partie neuve d'un bâtiment existant ne nécessitant ni permis de construire ni déclaration préalable, dont le début des travaux est postérieur au 9 nov. 2012 (Décr. préc., art. 9).

Art. R. 4216-2-2 *(Décr. n° 2011-1461 du 7 nov. 2011)* Est équivalent à un espace d'attente sécurisé, dès lors qu'il offre une accessibilité et une protection identiques à celles mentionnées au deuxième alinéa de l'article R. 4216-2-1 :

1° Le palier d'un escalier mentionné à l'article R. 4216-26, s'il est équipé de portes coupe-feu de degré une heure ;

2° Le local d'attente d'un ascenseur mentionné à l'article R. 4216-26, s'il est équipé de portes coupe-feu de degré une heure ;

3° Un espace à l'air libre.

Sur le champ d'application de cet art., V. note ss. art. R. 4216-2-1.

Art. R. 4216-2-3 *(Décr. n° 2011-1461 du 7 nov. 2011)* Un niveau d'un lieu de travail est exempté de l'obligation d'être doté d'espaces d'attente sécurisés ou d'espaces équivalents quand il remplit l'une des conditions suivantes :

1° Il est situé en rez-de-chaussée et comporte un nombre suffisant de dégagements, prévus à l'article R. 4216-8, accessibles aux personnes handicapées ;

2° Il comporte au moins deux compartiments, mentionnés à l'article R. 4216-27, dont la capacité d'accueil est suffisante eu égard au nombre de personnes handicapées susceptibles d'être présentes. Le passage d'un compartiment à l'autre se fait en sécurité en cas d'incendie et est possible quel que soit le handicap.

Sur le champ d'application de cet art., V. note ss. art. R. 4216-2-1.

Art. R. 4216-3 Les bâtiments et locaux sont isolés de ceux occupés par des tiers conformément aux dispositions applicables à ces derniers. – *[Anc. art. R. 235-4, al. 6.]*

Art. R. 4216-4 Pour l'application du présent chapitre, l'effectif théorique des personnes susceptibles d'être présentes comprend l'effectif des salariés, majoré, le cas échéant, de l'effectif du public susceptible d'être admis et calculé suivant les règles précisées par la réglementation relative à la protection du public contre les risques d'incendie et de panique dans les établissements recevant du public. – *[Anc. art. R. 235-4, al. 7.]*

SECTION II **DÉGAGEMENTS**

Art. R. 4216-5 Chaque dégagement a une largeur minimale de passage proportionnée au nombre total de personnes appelées à l'emprunter. Cette largeur est calculée en fonction d'une largeur type appelée unité de passage de 0,60 mètre.

Toutefois, quand un dégagement ne comporte qu'une ou deux unités de passage, la largeur est respectivement portée de 0,60 mètre à 0,90 mètre et de 1,20 mètre à 1,40 mètre. – *[Anc. art. R. 235-4, al. 7.]*

Art. R. 4216-6 Les dégagements des bâtiments et locaux obéissent aux dispositions des articles R. 4227-4 à R. 4227-14 à l'exception des articles R. 4227-5 et R. 4227-12.

Toutefois, pour l'application des dispositions de l'article R. 4227-10, la largeur des escaliers à prendre en compte est au moins égale à deux unités de passage, au sens de l'article R. 4216-5. – *[Anc. art. R. 235-4-1.]*

Art. R. 4216-7 Aucune saillie ou dépôt ne doit réduire la largeur réglementaire des dégagements.

Toutefois, les aménagements fixes sont admis jusqu'à une hauteur maximale de 1,10 mètre, à condition qu'ils ne fassent pas saillie de plus de 0,10 mètre. – *[Anc. art. R. 235-4-2, al. 3.]*

Art. R. 4216-8 Les locaux auxquels les travailleurs ont normalement accès sont desservis par des dégagements dont le nombre et la largeur exigibles sont précisés dans le tableau suivant :

EFFECTIF	NOMBRE de dégagements	NOMBRE TOTAL d'unités de passage
Moins de 20 personnes	1	1
De 20 à 50 personnes	1 + 1 dégagement accessoire *(a)*	1
	ou 1 *(b)*	2
De 51 à 100 personnes	2	2
	ou 1 + 1 dégagement accessoire *(a)*	2
De 101 à 200 personnes	2	3
De 201 à 300 personnes	2	4
De 301 à 400 personnes	2	5
De 401 à 500 personnes	2	6

Au-dessus des 500 premières personnes :
– le nombre des dégagements est augmenté d'une unité par 500 ou fraction de 500 personnes ;
– la largeur cumulée des dégagements est calculée à raison d'une unité de passage pour 100 personnes ou fraction de 100 personnes.

Dans le cas de rénovation ou d'aménagement d'un établissement dans un immeuble existant, la largeur de 0,90 m peut être ramenée à 0,80 m.

(a) Un dégagement accessoire peut être constitué par une sortie, un escalier, une coursive, une passerelle, un passage souterrain ou un chemin de circulation, rapide et sûr, d'une largeur minimale de 0,60 m, ou encore, par un balcon filant, une terrasse, une échelle fixe.
(b) Cette solution est acceptée si le parcours pour gagner l'extérieur n'est pas supérieur à 25 mètres et si les locaux desservis ne sont pas en sous-sol.

Art. R. 4216-9 Pour les locaux situés en sous-sol et dont l'effectif est supérieur à cent personnes, les dégagements sont déterminés en prenant pour base l'effectif ainsi calculé :

1° L'effectif des personnes est arrondi à la centaine supérieure ;

2° L'effectif est majoré de 10 % par mètre ou fraction de mètre au-delà de deux mètres de profondeur. – *[Anc. art. R. 235-4-4.]*

Art. R. 4216-10 Seuls les locaux dont la nature technique des activités le justifie peuvent être situés à plus de six mètres en dessous du niveau moyen des seuils d'évacuation. – *[Anc. art. R. 235-4-5.]*

Art. R. 4216-11 La distance maximale à parcourir pour gagner un escalier en étage ou en sous-sol n'est jamais supérieure à quarante mètres.

Le débouché au niveau du rez-de-chaussée d'un escalier s'effectue à moins de vingt mètres d'une sortie sur l'extérieur.

Les itinéraires de dégagements ne comportent pas de cul-de-sac supérieur à dix mètres. – *[Anc. art. R. 235-4-6.]*

Art. R. 4216-12 Les marches obéissent aux caractéristiques suivantes :

1° Elles ne sont pas glissantes ;

2° S'il n'y a pas de contremarche, les marches successives se recouvrent de 5 centimètres ;

3° Il est interdit de placer une ou deux marches isolées dans les circulations principales ;

4° Les dimensions des marches des escaliers sont conformes aux règles de l'art ;

5° Les volées ne comptent pas plus de 25 marches ;

6° Les paliers ont une largeur égale à celle des escaliers et, en cas de volées non contrariées, leur longueur est supérieure à 1 mètre ;

7° Les escaliers tournants sont à balancement continu sans autre palier que ceux desservant les étages ;

8° Les dimensions des marches sur la ligne de foulée à 0,60 mètre du noyau ou du vide central sont conformes aux règles de l'art ;

9° Le giron extérieur des marches est inférieur à 0,42 mètre. – *[Anc. art. R. 235-4-7.]*

SECTION III **DÉSENFUMAGE**

Art. R. 4216-13 Les locaux de plus de 300 mètres carrés situés en rez-de-chaussée et en étage, les locaux de plus de 100 mètres carrés aveugles et ceux situés en sous-sol ainsi que tous les escaliers comportent un dispositif de désenfumage naturel ou mécanique. – *[Anc. art. R. 235-4-8, al. 1er.]*

Art. R. 4216-14 Les dispositifs de désenfumage naturel sont constitués en partie haute et en partie basse d'une ou plusieurs ouvertures communiquant avec l'extérieur, en vue de l'évacuation des fumées et l'amenée d'air.

La surface totale des sections d'évacuation des fumées est supérieure au centième de la superficie du local desservi avec un minimum de un mètre carré. Il en est de même pour celle des amenées d'air.

Chaque dispositif d'ouverture du dispositif de désenfumage est aisément manœuvrable à partir du plancher. – *[Anc. art. R. 235-4-8, al. 2 à 4.]*

Art. R. 4216-15 En cas de désenfumage mécanique, le débit d'extraction est calculé sur la base d'un mètre cube par seconde par 100 mètres carrés. – *[Anc. art. R. 235-4-8, al. 5.]*

Art. R. 4216-16 Les modalités d'application des dispositions de la présente section sont définies par arrêté conjoint des ministres chargés du travail, de l'agriculture et de la construction. – *[Anc. art. R. 235-4-8, al. 6.]*

SECTION IV **CHAUFFAGE DES LOCAUX**

Art. R. 4216-17 Les bâtiments et locaux sont conçus et réalisés de manière à respecter les dispositions des articles R. 4227-16 et R. 4227-18 à R. 4227-20 sur le chauffage des locaux ainsi que celles des réglementations particulières relatives :

1° Aux installations fixes destinées au chauffage et à l'alimentation en eau chaude ;

2° Aux installations de gaz combustibles et d'hydrocarbures liquéfiés ;

3° Au stockage et à l'utilisation des produits pétroliers. – *[Anc. art. R. 235-4-9, al. 1er.]*

Art. R. 4216-18 Indépendamment de l'application, s'il y a lieu, des règles propres aux bâtiments d'habitation, de bureaux ou recevant du public, les installations fixes destinées au chauffage et à l'alimentation en eau chaude ne doivent pas présenter de risque pour la santé et la sécurité des travailleurs.

Ces installations sont conçues de manière à ne pas aggraver les risques d'incendie ou d'explosion inhérents aux activités du bâtiment, à ne pas provoquer d'émission de substances dangereuses, insalubres ou gênantes et à ne pas être la cause de brûlures ou d'inconfort pour les travailleurs.

Les modalités d'application de ces dispositions sont précisées par arrêté conjoint des ministres chargés du travail, de l'agriculture et de la construction. – *[Anc. art. R. 235-4-9, al. 2.]*

Art. R. 4216-19 Lorsque le chauffage est réalisé au moyen de générateur d'air chaud à combustion, la pression du circuit d'air doit toujours être supérieure à la pression des gaz brûlés.

Un dispositif de sécurité assure automatiquement l'extinction ou la mise en veilleuse de l'appareil ou de l'échangeur de chauffage de l'air et l'arrêt des ventilateurs lorsque la température de l'air dépasse 120°C. Toutefois, ce dispositif n'est pas exigible pour les appareils indépendants émettant de la chaleur dans les seuls locaux où ils sont installés, ou lorsque le réchauffage de l'air est assuré par un échangeur ne pouvant atteindre cette température.

Toute matière combustible est interdite à l'intérieur des conduits de distribution ou de reprise, à l'exception des accessoires des organes terminaux situés dans une pièce.

Cette prescription s'applique également aux installations de ventilation mécanique contrôlée et à toutes les gaines mettant en communication plusieurs niveaux. – *[Anc. art. R. 235-4-10.]*

Art. R. 4216-20 L'usage de la brasure tendre, dont la température de fusion du métal d'apport est inférieure à 450°C, est interdit pour les canalisations amenant les liquides ou gaz combustibles. – *[Anc. art. R. 235-4-11.]*

SECTION V **STOCKAGE OU MANIPULATION DE MATIÈRES INFLAMMABLES**

Art. R. 4216-21 Les bâtiments et locaux sont conçus et réalisés de manière à respecter :

1° Les dispositions relatives à la prévention des explosions prévues aux articles R. 4227-42 et suivants ;

2° Les dispositions *(Décr. n° 2010-1018 du 30 août 2010)* « de l'article R. 4215-12 » ;

3° Les dispositions spécifiques de l'arrêté prévu par l'article R. 4227-27 pour les installations industrielles utilisant le gaz combustible et les hydrocarbures liquéfiés. – *[Anc. art. R. 235-4-12.]*

Art. R. 4216-22 Les locaux ou les emplacements dans lesquels doivent être entreposées ou manipulées des substances ou préparations classées explosives, comburantes ou extrêmement inflammables, ainsi que des matières dans un état physique susceptible d'engendrer des risques d'explosion ou d'inflammation instantanée disposent d'une ventilation permanente appropriée. – *[Anc. art. R. 235-4-12.]*

Art. R. 4216-23 Les locaux mentionnés à l'article R. 4216-22 ainsi que ceux dans lesquels sont entreposées ou manipulées des substances ou préparations classées facilement inflammables ou des matières dans un état physique tel qu'elles sont susceptibles de prendre feu instantanément au contact d'une flamme ou d'une étincelle et de propager rapidement l'incendie, sont conçus et réalisés de telle sorte que :

1° Aucun poste habituel de travail ne puisse se trouver à plus de dix mètres d'une issue donnant sur l'extérieur ou sur un local donnant lui-même sur l'extérieur ;

2° Les portes de ces locaux s'ouvrent vers l'extérieur ;

3° Si les fenêtres de ces locaux sont munies de grilles ou grillages, ceux-ci s'ouvrent très facilement de l'intérieur. – *[Anc. art. R. 235-4-12.]*

SECTION VI **BÂTIMENTS DONT LE PLANCHER BAS DU DERNIER NIVEAU EST SITUÉ À PLUS DE HUIT MÈTRES DU SOL**

Art. R. 4216-24 Afin de prendre en compte l'augmentation des risques en cas de sinistre, les bâtiments dont le plancher bas du dernier niveau est situé à plus de huit mètres du sol extérieur ont une structure d'une stabilité au feu de degré une heure et des planchers coupe-feu de même degré.

Ils sont isolés de tout bâtiment ou local occupé par des tiers, au minimum par des parois coupe-feu de degré une heure ou par des sas comportant des portes pare-flammes de degré demi-heure munies de ferme-porte et s'ouvrant vers l'intérieur du sas. – *[Anc. art. R. 235-4-13 et anc. art. R. 235-4-14, al. 1er et 3.]*

Art. R. 4216-25 Les bâtiments mentionnés à l'article R. 4216-24 sont accessibles au moins sur une façade aux services d'incendie et de secours. – *[Anc. art. R. 235-4-14, al. 2.]*

Art. R. 4216-26 Les escaliers et ascenseurs des bâtiments mentionnés à l'article R. 4216-24 sont :

1° Soit encloisonnés dans des cages coupe-feu de degré une heure comportant des portes pare-flammes de degré demi-heure et, pour les escaliers, un dispositif de désenfumage en partie supérieure ;

2° Soit à l'air libre. – *[Anc. art. R. 235-4-14, al. 4 à 6.]*

Art. R. 4216-27 La distribution intérieure des bâtiments mentionnés à l'article R. 4216-24 permet, notamment par des recoupements ou des compartimentages, de limiter la propagation du feu et des fumées.

L'aménagement intérieur des locaux, notamment les revêtements des murs, des sols et des plafonds, les tentures et les rideaux répond à des caractéristiques de réaction au feu permettant d'éviter un développement rapide d'un incendie susceptible de compromettre l'évacuation. – *[Anc. art. R. 235-4-14, al. 7 et 8.]*

Art. R. 4216-28 Les dispositions de la présente section s'appliquent compte tenu de la classification des matériaux et des éléments de construction en fonction de leur comportement au feu, telle qu'elle est définie aux articles R. 121-1 et suivants du code de la construction et de l'habitation et par les arrêtés du ministre de l'intérieur pris en application de l'article R. 121-5 de ce même code. – *[Anc. art. R. 235-4-15, al. 1er.]*

Art. R. 4216-29 Un arrêté conjoint des ministres chargés du travail, de l'agriculture et de la construction définit les modalités d'application des dispositions de la présente section, notamment :

1° Les caractéristiques des sorties et celles de l'isolement latéral du bâtiment avec un autre bâtiment ;

2° La classification des matériaux et des éléments de construction de certaines parties du bâtiment ;

3° Les règles de désenfumage. – *[Anc. art. R. 235-4-15, al. 2.]*

SECTION VII MOYENS DE PRÉVENTION ET DE LUTTE CONTRE L'INCENDIE

Art. R. 4216-30 Les bâtiments et locaux sont conçus ou aménagés de manière à respecter les dispositions relatives aux moyens de prévention et de lutte contre l'incendie prévues aux articles R. 4227-28 à R. 4227-41. – *[Anc. art. R. 235-4-16.]*

SECTION VIII PRÉVENTION DES EXPLOSIONS

Art. R. 4216-31 Les bâtiments et locaux sont conçus et réalisés de manière à respecter les dispositions relatives à la prévention des explosions prévues par les articles R. 4227-42 à R. 4227-54. – *[Anc. art. R. 235-4-17.]*

SECTION IX DISPENSES DE L'AUTORITÉ ADMINISTRATIVE

Art. R. 4216-32 Le *(Décr. n° 2009-1377 du 10 nov. 2009)* « directeur régional des entreprises, de la concurrence, de la consommation, du travail et de l'emploi » peut dispenser d'une partie de l'application des dispositions du présent chapitre, notamment dans le cas de réaménagement de locaux ou de bâtiments existants, sur proposition de mesures compensatoires assurant un niveau de sécurité jugé équivalent. – *[Anc. art. R. 235-4-18, al. 1er.]*

Les modifications issues du Décr. n° 2009-1377 du 10 nov. 2009 prennent effet, dans chaque région, à la date de nomination du directeur régional des entreprises, de la concurrence, de la consommation, du travail et de l'emploi (Décr. préc., art. 7-I). – V. Arr. de nomination de ces directeurs des 30 déc. 2009 (JO 5 janv. 2010) et 9 févr. 2010 (JO 14 févr.).

Ces modifications s'appliquent à la région Île-de-France à compter du 1er juill. 2010 (Décr. nº 2010-687 du 24 juin 2010, art. 2).

En application de l'art. L. 231-4-4º CRPA, et par exception à l'application du délai de deux mois prévu à l'art. L. 231-1 du même code, le silence gardé par l'administration pendant deux mois vaut décision de rejet pour une demande de dispense d'une partie de l'application des règles relatives aux risques d'incendies et d'explosions et à l'évacuation accordée au maître d'ouvrage pour la conception des lieux de travail (Décr. nº 2014-1291 du 23 oct. 2014, art. 1er).

Art. R. 4216-33 La dispense est accordée, après enquête de l'inspecteur du travail.

Elle est accordée après avis :

1º Du comité d'hygiène, de sécurité et des conditions de travail ou, à défaut, des délégués du personnel ;

2º De la commission centrale de sécurité ou de la commission consultative départementale de sécurité et d'accessibilité pour les établissements recevant du public. – *[Anc. art. R. 235-4-18, al. 2.]*

Art. R. 4216-34 Le silence gardé pendant plus de quatre mois par le ministre compétent saisi d'un recours hiérarchique contre une décision prise en application de l'article R. 4216-33 vaut décision de rejet. – *[Anc. art. R. 235-4-18, al. 3.]*

CHAPITRE VII **INSTALLATIONS SANITAIRES, RESTAURATION**

Art. R. 4217-1 Les bâtiments et locaux sont conçus et réalisés conformément aux exigences des articles :

1º R. 4228-1 à R. 4228-15, relatifs aux installations sanitaires ;

2º R. 4228-22 à R. 4228-25, relatifs aux locaux de restauration et de repos. – *[Anc. art. R. 235-2-12, al. 1er.]*

Art. R. 4217-2 Lorsque, en application de l'article R. 4228-10, il doit être réalisé dix cabinets d'aisance, l'un d'entre eux, ainsi qu'un lavabo placé à proximité, sont aménagés de manière à en permettre l'accès et l'usage autonome par des personnes handicapées circulant en fauteuil roulant.

Lorsque le nombre des cabinets d'aisance est inférieur à dix, l'un d'entre eux et un lavabo sont conçus de telle sorte que, en présence de personnes handicapées physiques, des travaux simples suffisent à réaliser les aménagements prévus au premier alinéa. – *[Anc. art. R. 235-2-13.]*

TITRE DEUXIÈME **OBLIGATIONS DE L'EMPLOYEUR POUR L'UTILISATION DES LIEUX DE TRAVAIL**

CHAPITRE PREMIER **DISPOSITIONS GÉNÉRALES**

Art. R. 4221-1 Pour l'application du présent titre, on entend par lieux de travail les lieux destinés à recevoir des postes de travail situés ou non dans les bâtiments de l'établissement, ainsi que tout autre endroit compris dans l'aire de l'établissement auquel le travailleur a accès dans le cadre de son travail.

Les champs, bois et autres terrains faisant partie d'un établissement agricole ou forestier, mais situés en dehors de la zone bâtie d'un tel établissement, ne sont pas considérés comme des lieux de travail. – *[Anc. art. R. 232-1.]*

CHAPITRE II **AÉRATION, ASSAINISSEMENT**

SECTION PREMIÈRE **PRINCIPES ET DÉFINITIONS**

Art. R. 4222-1 Dans les locaux fermés où les travailleurs sont appelés à séjourner, l'air est renouvelé de façon à :

1º Maintenir un état de pureté de l'atmosphère propre à préserver la santé des travailleurs ;

2º Éviter les élévations exagérées de température, les odeurs désagréables et les condensations. – *[Anc. art. R. 232-5, al. 1er à 3.]*

Art. R. 4222-2 Les règles applicables à l'aération, à la ventilation et à l'assainissement des locaux sont fixées suivant la nature et les caractéristiques de ces locaux. – *[Anc. art. R. 232-5, al. 4.]*

Art. R. 4222-3 Pour l'application du présent chapitre, on entend par :

1° Air neuf, l'air pris à l'air libre hors des sources de pollution ;

2° Air recyclé, l'air pris et réintroduit dans un local ou un groupe de locaux. L'air pris hors des points de captage de polluants et réintroduit dans le même local après conditionnement thermique n'est pas considéré comme de l'air recyclé ;

3° Locaux à pollution non spécifique, les locaux dans lesquels la pollution est liée à la seule présence humaine, à l'exception des locaux sanitaires ;

4° Locaux à pollution spécifique, les locaux dans lesquels des substances dangereuses ou gênantes sont émises sous forme de gaz, vapeurs, aérosols solides ou liquides autres que celles qui sont liées à la seule présence humaine ainsi que locaux pouvant contenir des sources de micro-organismes potentiellement pathogènes et locaux sanitaires ;

5° Ventilation mécanique, la ventilation assurée par une installation mécanique ;

6° Ventilation naturelle permanente, la ventilation assurée naturellement par le vent ou par l'écart de température entre l'extérieur et l'intérieur ;

7° Poussière totale, toute particule solide dont le diamètre aérodynamique est au plus égal à 100 micromètres ou dont la vitesse limite de chute, dans les conditions normales de température, est au plus égale à 0,25 mètre par seconde ;

8° Poussière alvéolaire, toute poussière susceptible d'atteindre les alvéoles pulmonaires ;

9° Diamètre aérodynamique d'une poussière, le diamètre d'une sphère de densité égale à l'unité ayant la même vitesse de chute dans les mêmes conditions de température et d'humidité relative. – *[Anc. art. R. 232-5-1.]*

SECTION II **LOCAUX À POLLUTION NON SPÉCIFIQUE**

Art. R. 4222-4 Dans les locaux à pollution non spécifique, l'aération est assurée soit par ventilation mécanique, soit par ventilation naturelle permanente.

Dans ce dernier cas, les locaux comportent des ouvrants donnant directement sur l'extérieur et leurs dispositifs de commande sont accessibles aux occupants. – *[Anc. art. R. 232-5-2, al. 1er.]*

Art. R. 4222-5 L'aération par ventilation naturelle, assurée exclusivement par ouverture de fenêtres ou autres ouvrants donnant directement sur l'extérieur, est autorisée lorsque le volume par occupant est égal ou supérieur à :

1° 15 mètres cubes pour les bureaux et les locaux où est accompli un travail physique léger ;

2° 24 mètres cubes pour les autres locaux. – *[Anc. art. R. 232-5-2, al. 2 à 4.]*

Art. R. 4222-6 Lorsque l'aération est assurée par ventilation mécanique, le débit minimal d'air neuf à introduire par occupant est fixé dans le tableau suivant :

DÉSIGNATION DES LOCAUX	DÉBIT MINIMAL d'air neuf par occupant (en mètres cubes par heure)
Bureaux, locaux sans travail physique	25
Locaux de restauration, locaux de vente, locaux de réunion	30
Ateliers et locaux avec travail physique léger	45
Autres ateliers et locaux	60

Art. R. 4222-7 Les locaux réservés à la circulation et les locaux qui ne sont occupés que de manière épisodique peuvent être ventilés par l'intermédiaire des locaux adjacents à pollution non spécifique sur lesquels ils ouvrent. – *[Anc. art. R. 232-5-2, al. 5.]*

Art. R. 4222-8 L'air envoyé après recyclage dans les locaux à pollution non spécifique est filtré.

L'air recyclé n'est pas pris en compte pour le calcul du débit minimal d'air neuf prévu à l'article R. 4222-6.

En cas de panne du système d'épuration ou de filtration, le recyclage est arrêté. – *[Anc. art. R. 232-5-4, al. 1er à 3.]*

Art. R. 4222-9 Il est interdit d'envoyer après recyclage dans un local à pollution non spécifique l'air pollué d'un local à pollution spécifique. – *[Anc. art. R. 232-5-4, al. 4.]*

SECTION III **LOCAUX À POLLUTION SPÉCIFIQUE**

Art. R. 4222-10 Dans les locaux à pollution spécifique, les concentrations moyennes en poussières totales et alvéolaires de l'atmosphère inhalée par un travailleur, évaluées sur une période de huit heures, ne doivent pas dépasser respectivement 10 et 5 milligrammes par mètre cube d'air. – *[Anc. art. R. 232-5-5, I.]*

Art. R. 4222-11 Pour chaque local à pollution spécifique, la ventilation est réalisée et son débit déterminé en fonction de la nature et de la quantité des polluants ainsi que, le cas échéant, de la quantité de chaleur à évacuer, sans que le débit minimal d'air neuf puisse être inférieur aux valeurs fixées à l'article R. 4222-6.

Lorsque l'air provient de locaux à pollution non spécifique, il est tenu compte du nombre total d'occupants des locaux desservis pour déterminer le débit minimal d'entrée d'air neuf. – *[Anc. art. R. 232-5-6.]*

Art. R. 4222-12 Les émissions sous forme de gaz, vapeurs, aérosols de particules solides ou liquides, de substances insalubres, gênantes ou dangereuses pour la santé des travailleurs sont supprimées, y compris, par la mise en œuvre de procédés d'humidification en cas de risque de suspension de particules, lorsque les techniques de production le permettent.

A défaut, elles sont captées au fur et à mesure de leur production, au plus près de leur source d'émission et aussi efficacement que possible, notamment en tenant compte de la nature, des caractéristiques et du débit des polluants ainsi que des mouvements de l'air.

S'il n'est techniquement pas possible de capter à leur source la totalité des polluants, les polluants résiduels sont évacués par la ventilation générale du local. – *[Anc. art. R. 232-5-7, al. 1er à 3.]*

Art. R. 4222-13 Les installations de captage et de ventilation sont réalisées de telle sorte que les concentrations dans l'atmosphère ne soient dangereuses en aucun point pour la santé et la sécurité des travailleurs et qu'elles restent inférieures aux valeurs limites d'exposition fixées aux articles R. 4222-10 et R. 4412-149.

Les dispositifs d'entrée d'air compensant les volumes extraits sont conçus et disposés de façon à ne pas réduire l'efficacité des systèmes de captage.

Un dispositif d'avertissement automatique signale toute défaillance des installations de captage qui n'est pas directement décelable par les occupants des locaux. – *[Anc. art. R. 232-5-7, al. 4 à 6.]*

Art. R. 4222-14 L'air provenant d'un local à pollution spécifique ne peut être recyclé que s'il est efficacement épuré. Il ne peut être envoyé après recyclage dans d'autres locaux que si la pollution de tous les locaux concernés est de même nature. En cas de recyclage, les concentrations de poussières et substances dans l'atmosphère du local doivent demeurer inférieures aux valeurs limites d'exposition professionnelle définies aux articles R. 4222-10, R. 4412-149 et R. 4412-150. – *[Anc. art. R. 232-5-8, al. 1er.]*

Art. R. 4222-15 Des prescriptions particulières, prises en application du 3° de l'article L. 4111-6, interdisent ou limitent, le cas échéant, l'utilisation du recyclage pour certaines catégories de substances ou catégories de locaux. – *[Anc. art. R. 232-5-8, al. 2.]*

Art. R. 4222-16 Les installations de recyclage comportent un système de surveillance permettant de déceler les défauts des dispositifs d'épuration. En cas de défaut, les mesures nécessaires sont prises par l'employeur pour maintenir le respect des valeurs limites d'exposition professionnelle définies aux articles R. 4222-10 et R. 4412-149, le cas échéant, en arrêtant le recyclage. – *[Anc. art. R. 232-5-8, al. 5.]*

Art. R. 4222-17 En cas de recyclage de l'air, les conditions du recyclage sont portées à la connaissance du médecin du travail, des membres du comité d'hygiène, de sécurité et des conditions de travail ou, à défaut, des délégués du personnel.

Ces personnes sont également consultées sur toute nouvelle installation ou toute modification des conditions de recyclage. – *[Anc. art. R. 232-5-8, al. 3 et 4.]*

SECTION IV **POLLUTION PAR LES EAUX USÉES**

Art. R. 4222-18 L'atmosphère des locaux de travail et de leurs dépendances est tenu constamment à l'abri de toute émanation provenant d'égouts, fosses, puisards, fosses d'aisances ou de toute autre source d'infection. – *[Anc. art. R. 232-5-14, al. 1er.]*

Art. R. 4222-19 Dans les établissements qui déversent les eaux résiduaires ou de lavage dans un égout public ou privé, toute communication entre l'égout et l'établissement est munie d'un intercepteur hydraulique.

Cet intercepteur hydraulique est fréquemment nettoyé, et sa garde d'eau assurée en permanence. – *[Anc. art. R. 232-5-14, al. 2.]*

SECTION V **CONTRÔLE ET MAINTENANCE DES INSTALLATIONS**

Art. R. 4222-20 L'employeur maintient l'ensemble des installations mentionnées au présent chapitre en bon état de fonctionnement et en assure régulièrement le contrôle. – *[Anc. art. R. 232-5-9, al. 1er.]*

Art. R. 4222-21 L'employeur indique dans une consigne d'utilisation les dispositions prises pour la ventilation et fixe les mesures à prendre en cas de panne des installations.

Cette consigne est établie en tenant compte, s'il y a lieu, des indications de la notice d'instructions fournie par le maître d'ouvrage conformément à l'article R. 4212-7.

Elle est soumise à l'avis du médecin du travail, du comité d'hygiène, de sécurité et des conditions de travail ou, à défaut, des délégués du personnel. – *[Anc. art. R. 232-5-9, al. 2 et 3.]*

Art. R. 4222-22 Des arrêtés conjoints des ministres chargés du travail et de l'agriculture fixent :

1° Les méthodes de mesure de concentration, de débit, d'efficacité de captage, de filtration et d'épuration ;

2° La nature et la fréquence du contrôle des installations mentionnées au présent chapitre. – *[Anc. art. R. 232-5-11, al. 1er, 3 et 4.]*

SECTION VI **TRAVAUX EN ESPACE CONFINÉ**

Art. R. 4222-23 Dans les puits, conduites de gaz, carneaux, conduits de fumée, cuves, réservoirs, citernes, fosses, galeries et dans les lieux où il n'est pas possible d'assurer de manière permanente le respect des dispositions du présent chapitre, les travaux ne sont entrepris qu'après vérification de l'absence de risque pour la santé et la sécurité des travailleurs et, le cas échéant, après assainissement de l'atmosphère et vidange du contenu. – *[Anc. art. R. 232-5-12, al. 1er.]*

Art. R. 4222-24 Pendant l'exécution des travaux, la ventilation est réalisée suivant les prescriptions de l'article R. 4222-6 ou R. 4222-11, selon qu'il s'agit d'un local à pollution non spécifique ou d'un local à pollution spécifique, de manière à maintenir la salubrité de l'atmosphère et à en assurer un balayage permanent, sans préjudice, pour les travaux souterrains, des dispositions des articles R. 4534-43 à R. 4534-49. – *[Anc. art. R. 232-5-12, al. 2.]*

SECTION VII **PROTECTION INDIVIDUELLE**

Art. R. 4222-25 Si l'exécution des mesures de protection collective prévues par le présent chapitre est impossible, des équipements de protection individuelle sont mis à la disposition des travailleurs.

Ces équipements sont choisis et adaptés en fonction de la nature des travaux à accomplir et présentent des caractéristiques d'efficacité compatibles avec la nature du risque auquel les travailleurs sont exposés. Ils ne doivent pas les gêner dans leur travail ni, autant que possible, réduire leur champ visuel. – *[Anc. art. R. 232-5-13, al. 1er et 2.]*

Art. R. 4222-26 L'employeur prend les mesures nécessaires pour que les équipements de protection individuelle soient effectivement utilisés, maintenus en bon état de fonctionnement et désinfectés avant d'être attribués à un nouveau titulaire. – *[Anc. art. R. 232-5-13, al. 3.]*

CHAPITRE III **ÉCLAIRAGE, AMBIANCE THERMIQUE**

SECTION PREMIÈRE **ÉCLAIRAGE**

Art. R. 4223-1 Les dispositions de la présente section fixent les règles relatives à l'éclairage et à l'éclairement :

1° Des locaux de travail et de leurs dépendances, notamment les passages et escaliers ;

2° Des espaces extérieurs où sont accomplis des travaux permanents ;

3° Des zones et voies de circulation extérieures empruntées de façon habituelle pendant les heures de travail. – *[Anc. art. R. 232-7.]*

Art. R. 4223-2 L'éclairage est assuré de manière à :

1° Éviter la fatigue visuelle et les affections de la vue qui en résultent ;

2° Permettre de déceler les risques perceptibles par la vue. – *[Anc. art. R. 232-7-1, al. 1er.]*

Art. R. 4223-3 Les locaux de travail disposent autant que possible d'une lumière naturelle suffisante. – *[Anc. art. R. 232-7-1, al. 2.]*

Art. R. 4223-4 Pendant la présence des travailleurs dans les lieux mentionnés à l'article R. 4223-1, les niveaux d'éclairement mesurés au plan de travail ou, à défaut, au sol, sont au moins égaux aux valeurs indiquées dans le tableau suivant :

LOCAUX AFFECTÉS AU TRAVAIL et leurs dépendances	**VALEURS MINIMALES d'éclairement**
Voies de circulation intérieures	40 lux
Escaliers et entrepôts	60 lux
Locaux de travail, vestiaires, sanitaires	120 lux
Locaux aveugles affectés à un travail permanent	200 lux

ESPACES EXTÉRIEURS	**VALEURS MINIMALES d'éclairement**
Zones et voies de circulation extérieures	10 lux
Espaces extérieurs où sont effectués des travaux à caractère permanent	40 lux

Art. R. 4223-5 Dans les zones de travail, le niveau d'éclairement est adapté à la nature et à la précision des travaux à exécuter. – *[Anc. art. R. 232-7-2, al. 14.]*

Art. R. 4223-6 En éclairage artificiel, le rapport des niveaux d'éclairement, dans un même local, entre celui de la zone de travail et l'éclairement général est compris entre 1 et 5.

Il en est de même pour le rapport des niveaux d'éclairement entre les locaux contigus en communication. – *[Anc. art. R. 232-7-3.]*

Art. R. 4223-7 Les postes de travail situés à l'intérieur des locaux de travail sont protégés du rayonnement solaire gênant soit par la conception des ouvertures, soit par des protections fixes ou mobiles appropriées. – *[Anc. art. R. 232-7-4.]*

Art. R. 4223-8 Les dispositions appropriées sont prises pour protéger les travailleurs contre l'éblouissement et la fatigue visuelle provoqués par des surfaces à forte luminance ou par des rapports de luminance trop importants entre surfaces voisines.

Les sources d'éclairage assurent une qualité de rendu des couleurs en rapport avec l'activité prévue et ne doivent pas compromettre la sécurité des travailleurs.

Les phénomènes de fluctuation de la lumière ne doivent pas être perceptibles ni provoquer d'effet stroboscopique. – *[Anc. art. R. 232-7-5.]*

Art. R. 4223-9 Toutes dispositions sont prises afin que les travailleurs ne puissent se trouver incommodés par les effets thermiques dus au rayonnement des sources d'éclairage mises en œuvre.

Les sources d'éclairage sont aménagées ou installées de façon à éviter tout risque de brûlure. – *[Anc. art. R. 232-7-6.]*

Art. R. 4223-10 Les organes de commande d'éclairage sont facilement accessibles.

Dans les locaux aveugles, ils sont munis de voyants lumineux. – *[Anc. art. R. 232-7-7.]*

Art. R. 4223-11 Le matériel d'éclairage est installé de manière à pouvoir être entretenu aisément.

L'employeur fixe les règles d'entretien périodique du matériel en vue d'assurer le respect des dispositions de la présente section.

Les règles d'entretien sont consignées dans un document qui est communiqué aux membres du comité d'hygiène, de sécurité et des conditions de travail ou, à défaut, aux délégués du personnel. – *[Anc. art. R. 232-7-8.]*

Art. R. 4223-12 Les dispositions des articles R. 4223-6, R. 4223-7, R. 4223-8, premier alinéa, et R. 4223-10 ne sont pas applicables aux opérations de bâtiment et de génie civil définies à l'article R. 4534-1. – *[Anc. art. R. 232-7-10.]*

SECTION II **AMBIANCE THERMIQUE**

Art. R. 4223-13 Les locaux fermés affectés au travail sont chauffés pendant la saison froide.

Le chauffage fonctionne de manière à maintenir une température convenable et à ne donner lieu à aucune émanation délétère. – *[Anc. art. R. 232-6.]*

Art. R. 4223-14 La température des locaux annexes, tels que locaux de restauration, locaux de repos, locaux pour les travailleurs en service de permanence, locaux sanitaires et locaux de premiers secours, obéit à la destination spécifique de ces locaux. – *[Anc. art. R. 232-6-1.]*

Art. R. 4223-15 L'employeur prend, après avis du médecin du travail et du comité d'hygiène, de sécurité et des conditions de travail ou, à défaut, des délégués du personnel, toutes dispositions nécessaires pour assurer la protection des travailleurs contre le froid et les intempéries. – *[Anc. art. R. 232-9.]*

CHAPITRE IV **SÉCURITÉ DES LIEUX DE TRAVAIL**

SECTION PREMIÈRE **CARACTÉRISTIQUES DES LIEUX DE TRAVAIL**

Art. R. 4224-1 Les lieux de travail soumis aux dispositions du titre Ier lors de leur construction ou de leur aménagement sont utilisés en conformité avec ces dispositions.

En cas de changement de destination, ils sont aménagés pour être rendus conformes aux dispositions régissant cette nouvelle destination à la date des travaux d'aménagement. – *[Anc. art. R. 232-1-11, al. 1er.]*

Art. R. 4224-2 Les bâtiments abritant des lieux de travail ont des structures et une solidité appropriées à leur utilisation. – *[Anc. art. R. 232-1-1.]*

Art. R. 4224-3 Les lieux de travail intérieurs et extérieurs sont aménagés de telle façon que la circulation des piétons et des véhicules puisse se faire de manière sûre. – *[Anc. art. R. 232-1-9.]*

Art. R. 4224-4 L'employeur prend toutes dispositions pour que seuls les travailleurs autorisés à cet effet puissent accéder aux zones de danger. Les mesures appropriées sont prises pour protéger ces travailleurs. – *[Anc. art. R. 232-1-4.]*

Art. R. 4224-5 *(Décr. n° 2009-289 du 13 mars 2009)* « Les puits, trappes et ouvertures de descente sont clôturés. »

Les passerelles, planchers en encorbellement, plates-formes en surélévation, ainsi que leurs moyens d'accès, sont construits, installés ou protégés de telle sorte que les travailleurs appelés à les utiliser ne soient pas exposés à des chutes. – *[Anc. art. R. 233-45, al. 1er.]*

Art. R. 4224-6 Les ponts volants ou les passerelles pour le chargement ou le déchargement des navires ou bateaux sont installés de manière à former un tout rigide et sont munis de garde-corps des deux côtés. – *[Anc. art. R. 233-45, al. 2.]*

Art. R. 4224-7 Les cuves, bassins et réservoirs sont construits, installés et protégés dans les conditions assurant la sécurité des travailleurs.

Leur installation ou, à défaut, leurs dispositifs de protection sont tels qu'ils empêchent les travailleurs d'y tomber. – *[Anc. art. R. 233-46, al. 1er et 2.]*

Art. R. 4224-8 L'accès et l'intervention sur les toits en matériaux fragiles n'offrant pas une résistance suffisante sont effectués conformément aux articles R. 4534-88, R. 4534-89 et R. 4534-93 applicables aux opérations de bâtiment et de génie civil. – *[Anc. art. R. 232-1-5.]*

SECTION II **PORTES ET PORTAILS**

Art. R. 4224-9 Les portes et portails en va-et-vient sont transparents ou possèdent des panneaux transparents. – *[Anc. art. R. 232-1-2, al. 1er, phrase 1.]*

Art. R. 4224-10 Les parties transparentes sont constituées de matériaux de sécurité ou protégées contre l'enfoncement de sorte que les travailleurs ne puissent être blessés en cas de bris de ces surfaces. – *[Anc. art. R. 232-1-2, al. 1er, phrase 3.]*

Art. R. 4224-11 Les portes et portails coulissants sont munis d'un système de sécurité les empêchant de sortir de leur rail et de tomber.

Les portes et portails s'ouvrant vers le haut sont munis d'un système de sécurité les empêchant de retomber. – *[Anc. art. R. 232-1-2, al. 2 et 3.]*

Art. R. 4224-12 Les portes et portails sont entretenus et contrôlés régulièrement.

Lorsque leur chute peut présenter un danger pour les travailleurs, notamment en raison de leurs dimensions, de leur poids ou de leur mode de fixation, la périodicité des contrôles et les interventions sont consignées dans le dossier prévu à l'article R. 4224-17. – *[Anc. art. R. 232-1-2, al. 4.]*

Art. R. 4224-13 Les portes et portails automatiques fonctionnent sans risque d'accident pour les travailleurs.

Les caractéristiques auxquelles obéissent les installations nouvelles et existantes de portes et portails automatiques ainsi que leurs conditions de maintenance et de vérification sont définies par arrêté conjoint des ministres chargés du travail et de l'agriculture. – *[Anc. art. R. 232-1-2, al. 5.]*

SECTION III **MATÉRIEL DE PREMIER SECOURS ET SECOURISTE**

Art. R. 4224-14 Les lieux de travail sont équipés d'un matériel de premiers secours adapté à la nature des risques et facilement accessible. – *[Anc. art. R. 232-1-6, al. 1er.]*

Art. R. 4224-15 Un membre du personnel reçoit la formation de secouriste nécessaire pour donner les premiers secours en cas d'urgence dans :

1° Chaque atelier où sont accomplis des travaux dangereux ;

2° Chaque chantier employant vingt travailleurs au moins pendant plus de quinze jours où sont réalisés des travaux dangereux.

Les travailleurs ainsi formés ne peuvent remplacer les infirmiers. – *[Anc. art. R. 241-39.]*

Art. R. 4224-16 En l'absence d'infirmiers, ou lorsque leur nombre ne permet pas d'assurer une présence permanente, l'employeur prend, après avis du médecin du travail, les mesures nécessaires pour assurer les premiers secours aux accidentés et aux malades. Ces mesures qui sont prises en liaison notamment avec les services de secours d'urgence extérieurs à l'entreprise sont adaptées à la nature des risques.

Ces mesures sont consignées dans un document tenu à la disposition de l'inspecteur du travail. – *[Anc. art. R. 241-40.]*

SECTION IV **MAINTENANCE, ENTRETIEN ET VÉRIFICATIONS**

Art. R. 4224-17 Les installations et dispositifs techniques et de sécurité des lieux de travail sont entretenus et vérifiés suivant une périodicité appropriée.

Toute défectuosité susceptible d'affecter la santé et la sécurité des travailleurs est éliminée le plus rapidement possible.

La périodicité des contrôles et les interventions sont consignées dans un dossier qui est, le cas échéant, annexé au dossier de maintenance des lieux de travail prévu à l'article R. 4211-3. Ce dossier regroupe notamment la consigne et les documents prévus en matière d'aération, d'assainissement et d'éclairage aux articles R. 4222-21 et R. 4223-11. – *[Anc. art. R. 232-1-12.]*

Art. R. 4224-17-1 *(Décr. n° 2008-1325 du 15 déc. 2008)* Lorsqu'un ou plusieurs ascenseurs sont en service dans les locaux d'un établissement, l'employeur s'assure que le propriétaire prend les mesures nécessaires pour se conformer :

1° Aux dispositions des articles R. 125-2 à R. 125-2-6 du code de la construction et de l'habitation relatives à l'entretien et au contrôle technique ;

2° Aux dispositions des articles R. 125-1-1 à R. 125-1-4 du code de la construction et de l'habitation relatives à la mise en sécurité des ascenseurs.

Le propriétaire met à la disposition de l'employeur les informations nécessaires.

Art. R. 4224-17-2 *(Décr. n° 2008-1325 du 15 déc. 2008)* L'employeur informe le propriétaire de tout défaut de fonctionnement d'un ascenseur susceptible d'affecter la sécurité des personnes et prend les mesures nécessaires pour interdire l'utilisation de l'équipement tant qu'il n'a pas été remédié à ce défaut.

Art. R. 4224-18 Les locaux de travail et leurs annexes sont régulièrement entretenus et nettoyés. Ils sont exempts de tout encombrement.

Le médecin du travail et le comité d'hygiène, de sécurité et des conditions de travail, ou, à défaut, les délégués du personnel, émettent un avis sur les mesures à prendre pour satisfaire à ces obligations. – *[Anc. art. R. 232-1-14.]*

Art. R. 4224-19 Lorsque l'entreprise quitte les locaux, l'employeur restitue le dossier de maintenance des lieux de travail au propriétaire ou le transmet à l'occupant suivant. – *[Anc. art. R. 232-1-11, al. 2.]*

SECTION V **SIGNALISATION ET MATÉRIALISATION RELATIVES À LA SANTÉ ET À LA SÉCURITÉ**

Art. R. 4224-20 Lorsqu'il n'est pas possible, compte tenu de la nature du travail, d'éviter des zones de danger comportant notamment des risques de chute de personnes ou des risques de chute d'objets, et même s'il s'agit d'activités ponctuelles d'entretien ou de réparation, ces zones sont signalées de manière visible.

Elles sont également matérialisées par des dispositifs destinés à éviter que les travailleurs non autorisés pénètrent dans ces zones. – *[Anc. art. R. 232-1-3.]*

Art. R. 4224-21 Lorsque le contenu transporté par les tuyauteries présente un danger, ces tuyauteries font l'objet d'une signalisation permettant de déterminer la nature du contenu transporté. – *[Anc. art. R. 232-1-7.]*

Art. R. 4224-22 Un marquage est apposé à hauteur de vue sur les portes transparentes. – *[Anc. art. R. 232-1-2, al. 1er, phrase 2.]*

Art. R. 4224-23 Le matériel de premiers secours fait l'objet d'une signalisation par panneaux. – *[Anc. art. R. 232-1-6, al. 2.]*

Art. R. 4224-24 La signalisation relative à la santé et à la sécurité au travail est conforme à des caractéristiques déterminées par arrêté conjoint des ministres chargés du travail et de l'agriculture. – *V. Arr. du 4 nov. 1993 (JO 17 déc.), mod. par Arr. du 8 juill. 2003 (JO 26 juill.), Arr. du 2 août 2013 (JO 18 janv. 2014).*

Ces dispositions n'affectent pas l'utilisation de la signalisation relative aux trafics routier, ferroviaire, fluvial, maritime et aérien, pour ce qui concerne ces trafics à l'intérieur de l'établissement. – *[Anc. art. R. 232-1-13.]*

CHAPITRE V AMÉNAGEMENT DES POSTES DE TRAVAIL

SECTION PREMIÈRE POSTES DE TRAVAIL EXTÉRIEURS

Art. R. 4225-1 Les postes de travail extérieurs sont aménagés de telle sorte que les travailleurs :

1° Puissent rapidement quitter leur poste de travail en cas de danger ou puissent rapidement être secourus ;

2° Soient protégés contre la chute d'objets ;

3° Dans la mesure du possible :

a) Soient protégés contre les conditions atmosphériques ;

b) Ne soient pas exposés à des niveaux sonores nocifs ou à des émissions de gaz, vapeurs, aérosols de particules solides ou liquides de substances insalubres, gênantes ou dangereuses ;

c) Ne puissent glisser ou chuter. – *[Anc. art. R. 232-1-10.]*

SECTION II CONFORT AU POSTE DE TRAVAIL

SOUS-SECTION 1 MISE À DISPOSITION DE BOISSONS

Art. R. 4225-2 L'employeur met à la disposition des travailleurs de l'eau potable et fraîche pour la boisson. – *[Anc. art. R. 232-3.]*

Art. R. 4225-3 Lorsque des conditions particulières de travail conduisent les travailleurs à se désaltérer fréquemment, l'employeur met gratuitement à leur disposition au moins une boisson non alcoolisée.

La liste des postes de travail concernés est établie par l'employeur, après avis du médecin du travail et du comité d'hygiène, de sécurité et des conditions de travail ou, à défaut, des délégués du personnel.

Les boissons et les aromatisants mis à disposition sont choisis en tenant compte des souhaits exprimés par les travailleurs et après avis du médecin du travail. – *[Anc. art. R. 232-3-1, al. 1er à 3.]*

Art. R. 4225-4 L'employeur détermine l'emplacement des postes de distribution des boissons, à proximité des postes de travail et dans un endroit remplissant toutes les conditions d'hygiène.

L'employeur veille à l'entretien et au bon fonctionnement des appareils de distribution, à la bonne conservation des boissons et à éviter toute contamination. – *[Anc. art. R. 232-3-1 , al. 4 et 5.]*

SOUS-SECTION 2 MISE À DISPOSITION DE SIÈGES

Art. R. 4225-5 Un siège approprié est mis à la disposition de chaque travailleur à son poste de travail ou à proximité de celui-ci. – *[Anc. art. R. 232-4.]*

SECTION III TRAVAILLEURS HANDICAPÉS

Art. R. 4225-6 Le poste de travail ainsi que les locaux sanitaires et de restauration que les travailleurs handicapés sont susceptibles d'utiliser dans l'établissement sont aménagés de telle sorte que ces travailleurs puissent y accéder aisément.

Leurs postes de travail ainsi que les signaux de sécurité qui les concernent sont aménagés si leur handicap l'exige. – *[Anc. art. R. 232-1-8.]*

Art. R. 4225-7 Des installations sanitaires appropriées sont mises à la disposition des *(Décr. n° 2009-1272 du 21 oct. 2009)* « travailleurs handicapés ». – *[Anc. art. R. 232-2-6.]*

Art. R. 4225-8 *(Décr. n° 2009-1272 du 21 oct. 2009)* Le système d'alarme sonore prévu à l'article R. 4227-34 est complété par un ou des systèmes d'alarme adaptés au handicap des personnes concernées employées dans l'entreprise en vue de permettre leur information en tous lieux et en toutes circonstances.

CHAPITRE VI **INSTALLATIONS ÉLECTRIQUES**

(Décr. n° 2010-1016 du 30 août 2010)

Ce chapitre entre en vigueur le 1er juillet 2011.

Les installations électriques permanentes existantes à la date d'entrée en vigueur du présent décret et conformes aux dispositions du décret n° 88-1056 du 14 novembre 1988 pris pour l'exécution des dispositions du livre II du code du travail (titre III : Hygiène, sécurité et conditions de travail) en ce qui concerne la protection des travailleurs dans les établissements qui mettent en œuvre des courants électriques sont réputées satisfaire aux prescriptions des art. R. 4226-5 à R. 4226-13, C. trav. (Décr. n° 2010-1016 du 30 août 2010, JO 1er sept.).

V. Circ. DGT 2012/12 du 9 oct. 2012 relative à la prévention des risques électriques.

SECTION PREMIÈRE **CHAMP D'APPLICATION ET DÉFINITIONS**

Art. R. 4226-1 Les dispositions du présent chapitre fixent les règles relatives à l'utilisation des installations électriques permanentes et temporaires. Elle fixent également les règles relatives à la réalisation, par l'employeur, d'installations électriques temporaires ou d'installations électriques permanentes nouvelles ou relatives aux adjonctions et modifications apportées par celui-ci aux installations électriques existantes.

Art. R. 4226-2 Les installations électriques comprennent l'ensemble des matériels électriques mis en œuvre pour la production, la conversion, la distribution ou l'utilisation de l'énergie électrique.

Les installations électriques sont classées, comme suit, en fonction de la plus grande des tensions nominales, existant soit entre deux quelconques de leurs conducteurs, soit entre l'un d'entre eux et la Terre :

1° Domaine très basse tension (par abréviation TBT) : installations dans lesquelles la tension ne dépasse pas 50 volts en courant alternatif ou 120 volts en courant continu lisse ;

2° Domaine basse tension (par abréviation BT) : installations dans lesquelles la tension excède 50 volts sans dépasser 1 000 volts en courant alternatif ou excède 120 volts sans dépasser 1 500 volts en courant continu lisse ;

3° Domaine haute tension A (par abréviation HTA) : installations dans lesquelles la tension excède 1 000 volts sans dépasser 50 000 volts en courant alternatif, ou excède 1 500 volts sans dépasser 75 000 volts en courant continu lisse ;

4° Domaine haute tension B (par abréviation HTB) : installations dans lesquelles la tension excède 50 000 volts en courant alternatif ou excède 75 000 volts en courant continu lisse.

Pour les courants autres que les courants continus lisses, les valeurs de tension figurant aux alinéas qui précèdent correspondent à des valeurs efficaces.

Art. R. 4226-3 Les installations électriques temporaires soumises aux dispositions du présent chapitre comprennent :

1° Les installations telles que celles des structures, baraques, stands situés dans des champs de foire, des marchés, des parcs de loisirs, des cirques et des lieux d'expositions ou de spectacle ;

2° Les installations des chantiers du bâtiment et des travaux publics ;

3° Les installations utilisées pendant les phases de construction ou de réparation, à terre, de navires, de bateaux ou d'aéronefs ;

4° Les installations des chantiers forestiers et des activités agricoles.

Art. R. 4226-4 Les dispositions du présent chapitre ne s'appliquent pas aux distributions d'énergie électrique régies par la loi du 15 juin 1906 sur les distributions d'énergie.

Dans le cas des installations de traction électrique, cette exclusion s'étend aux chantiers d'extension, de transformation et d'entretien de ces installations, aux équipements électriques du matériel roulant ferroviaire ainsi qu'aux installations techniques et de sécurité ferroviaires.

SECTION II **DISPOSITIONS GÉNÉRALES**

Art. R. 4226-5 L'employeur maintient l'ensemble des installations électriques permanentes en conformité avec les dispositions relatives à la conception des installations électriques applicables à la date de leur mise en service.

Toutefois, une spécification technique nouvelle résultant de l'évolution technique peut être rendue applicable aux installations existantes, par arrêté des ministres chargés du travail et de l'agriculture, si elle permet de prévenir des atteintes graves à la santé et à la sécurité des travailleurs.

Art. R. 4226-6 Les réalisations d'installations électriques permanentes nouvelles ainsi que les adjonctions ou modifications de structure d'installations électriques permanentes existantes et les réalisations des installations électriques temporaires sont exécutées conformément aux dispositions des articles R. 4215-3 à R. 4215-13, R. 4215-16 et R. 4215-17 relatives à la conception des installations électriques.

Les dispositions des articles R. 4215-14 à R. 4215-16 sont applicables aux installations électriques réalisées par ou pour l'employeur.

Le cas échéant, l'employeur complète et met à jour le dossier technique prévu à l'article R. 4215-2.

Art. R. 4226-7 Les installations électriques et les matériels électriques qui les composent font l'objet de mesures de surveillance et donnent lieu en temps utile aux opérations de maintenance.

SECTION III **DISPOSITIONS PARTICULIÈRES À CERTAINS LOCAUX OU EMPLACEMENTS**

Art. R. 4226-8 Pour l'application des articles R. 4226-5 et R. 4226-6 dans les locaux ou emplacements où des atmosphères explosives peuvent se présenter, l'employeur met en œuvre les dispositions de la section VI du chapitre VII du présent titre relatives à la prévention des explosions.

Dans ces locaux ou emplacements, la maintenance, les mesurages et les essais ne peuvent être entrepris qu'après autorisation écrite du chef d'établissement et selon ses instructions. Si les matériels utilisés pour réaliser ces opérations ne sont pas prévus spécialement pour ce type d'emplacements, ces emplacements sont préalablement rendus non dangereux.

Art. R. 4226-9 Les locaux ou emplacements réservés à la production, la conversion ou la distribution d'électricité sont considérés comme présentant des risques particuliers de choc électrique, quelle que soit la tension, lorsque la protection contre les contacts directs est assurée par obstacle ou par éloignement ou, en basse tension, lorsque la protection contre les contacts directs n'est pas obligatoire.

Ces locaux ou emplacements sont signalés de manière visible et sont matérialisés par des dispositifs destinés à en empêcher l'accès aux personnes non autorisées. Les portes d'accès à ces locaux ou emplacements doivent être fermées et équipées d'un système de fermeture pouvant s'ouvrir librement de l'intérieur.

Les règles d'accès à ces locaux ou emplacements sont précisées à l'article R. 4544-6.

Art. R. 4226-10 Les locaux ou emplacements où la présence de parties actives accessibles dangereuses résulte d'une nécessité technique inhérente aux principes mêmes de fonctionnement des matériels ou installations sont également considérés comme présentant des risques particuliers de choc électrique.

Des arrêtés du ministre chargé du travail ou du ministre chargé de l'agriculture fixent les prescriptions particulières à l'agencement et à l'utilisation de ces locaux ou emplacements ainsi que les mesures applicables à leur utilisation.

SECTION IV **AUTRES DISPOSITIONS PARTICULIÈRES**

Art. R. 4226-11 Les installations de soudage électrique présentant, en fonctionnement normal, des risques particuliers de choc électrique sont réalisées et utilisées conformément aux prescriptions de sécurité fixées par arrêté du ministre chargé du travail et du ministre chargé de l'agriculture.

V. Arr. du 19 déc. 2011 (JO 28 déc.).

Art. R. 4226-12 Les conditions d'utilisation et de raccordement des appareils électriques amovibles sont fixées par arrêté des ministres chargés du travail et de l'agriculture. – *V. Arr. du 20 déc. 2011 (JO 27 janv. 2012).*

Art. R. 4226-13 Les conditions d'utilisation et de maintenance de l'éclairage de sécurité sont fixées par arrêté des ministres chargés du travail et de l'agriculture.

SECTION V **VÉRIFICATION DES INSTALLATIONS ÉLECTRIQUES**

SOUS-SECTION 1 **VÉRIFICATION DES INSTALLATIONS ÉLECTRIQUES PERMANENTES**

Art. R. 4226-14 L'employeur fait procéder à la vérification initiale des installations électriques lors de leur mise en service et après qu'elles ont subi une modification de structure, en vue de s'assurer qu'elles sont conformes aux prescriptions de sécurité prévues au présent chapitre.

Art. R. 4226-15 La vérification initiale est réalisée par un organisme accrédité à cet effet. – *V. Arr. du 21 déc. 2011 (JO 29 déc.).*

Art. R. 4226-16 L'employeur procède ou fait procéder, périodiquement, à la vérification des installations électriques afin de s'assurer qu'elles sont maintenues en conformité avec les règles de santé et de sécurité qui leur sont applicables.

Art. R. 4226-17 Les vérifications périodiques sont réalisées soit par un organisme accrédité, soit par une personne qualifiée appartenant à l'entreprise et dont la compétence est appréciée par l'employeur au regard de critères énoncés dans un arrêté du ministre chargé du travail et du ministre chargé de l'agriculture. – *V. Arr. du 22 déc. 2011 (JO 27 janv. 2012).*

Art. R. 4226-18 Les modalités et, le cas échéant, la périodicité des vérifications prévues aux articles R. 4226-14, R. 4226-16, R. 4226-21 ainsi que le contenu des rapports de vérification correspondants sont fixés par arrêté des ministres chargés du travail et de l'agriculture. – *V. Arr. du 26 déc. 2012 (JO 29 déc.).*

Art. R. 4226-19 Les résultats des vérifications prévues aux articles R. 4226-14 et R. 4226-16 ainsi que les justifications des travaux et modifications effectués pour porter remède aux défectuosités constatées sont consignés sur un registre.

Lorsque les vérifications sont effectuées par un organisme accrédité, les rapports établis à la suite de ces vérifications sont annexés à ce registre.

Art. R. 4226-20 Le registre prévu à l'article R. 4223-19 *[R. 4226-19]* et les rapports de vérification peuvent être tenus et conservés dans les conditions prévues à l'article L. 8113-6.

SOUS-SECTION 2 **VÉRIFICATION DES INSTALLATIONS ÉLECTRIQUES TEMPORAIRES**

Art. R. 4226-21 Les dispositions des articles R. 4222-18 à R. 4222-20 sont applicables aux installations électriques temporaires.

Pour ces installations, l'employeur applique un processus de vérification spécifique afin de s'assurer qu'elles sont réalisées en conformité avec les règles de santé et de sécurité qui leur sont applicables et qu'elles demeurent conformes à ces règles nonobstant les modifications dont elles font l'objet.

Un arrêté des ministres chargés du travail et de l'agriculture détermine, selon la catégorie et le classement des installations, les cas où il est fait appel, pour effectuer cette vérification, à un organisme accrédité ou à une personne qualifiée au sens de l'article R. 4226-17.

CHAPITRE VII **RISQUES D'INCENDIES ET D'EXPLOSIONS ET ÉVACUATION**

SECTION PREMIÈRE **CHAMP D'APPLICATION**

Art. R. 4227-1 Les dispositions du présent chapitre ne font pas obstacle aux dispositions plus contraignantes prévues pour les établissements recevant du public, au sens de l'article R. 123-2 du code de la construction et de l'habitation ou pour les bâtiments d'habitation.

Elles ne s'appliquent pas aux immeubles de grande hauteur, au sens de l'article R. 122-2 du code de la construction et de l'habitation, pour lesquels des dispositions spécifiques sont applicables. – *[Anc. art. R. 232-12, al. 1er et 2.]*

Art. R. 4227-2 L'application des dispositions relatives à la prévention des incendies et à l'évacuation, prévues pour les nouvelles constructions ou les nouveaux aménagements au chapitre VI du titre premier, dispense de l'application des mesures équivalentes du présent chapitre. – *[Anc. art. R. 232-12, al. 3.]*

Art. R. 4227-3 L'effectif théorique des personnes susceptibles d'être présentes à prendre en compte pour l'application du présent chapitre comprend l'effectif des travailleurs, majoré, le cas échéant, de l'effectif du public susceptible d'être admis et calculé suivant les règles relatives à la protection du public contre les risques d'incendie et de panique pour les établissements recevant du public. – *[Anc. art. R. 232-12-1.]*

SECTION II **DÉGAGEMENTS**

Art. R. 4227-4 Les établissements comportent des dégagements tels que portes, couloirs, circulations, escaliers, rampes, répartis de manière à permettre une évacuation rapide de tous les occupants dans des conditions de sécurité maximale.

Ces dégagements sont toujours libres. Aucun objet, marchandise ou matériel ne doit faire obstacle à la circulation des personnes ou réduire la largeur des dégagements au-dessous des minima fixés à l'article R. 4227-5.

Ces dégagements sont disposés de manière à éviter les culs-de-sac. – *[Anc. art. R. 232-12-2.]*

Art. R. 4227-5 Les locaux auxquels les travailleurs ont normalement accès sont desservis par des dégagements dont le nombre et la largeur exigibles s'établissent comme suit :

EFFECTIF	NOMBRE de dégagements	LARGEUR totale cumulée
Moins de 20 personnes	1	0,80 m
De 20 à 100 personnes	1	1,50 m
De 101 à 300 personnes	2	2 m
De 301 à 500 personnes	2	2,5 m
Au-delà des cinq cents premières personnes : – le nombre minimum des dégagements doit être augmenté d'une unité par cinq cents personnes ou fraction de cinq cents personnes ; – la largeur totale des dégagements doit être augmentée de 0,50 mètre par cent personnes ou fraction de cent personnes. La largeur de tout dégagement faisant partie des dégagements réglementaires ne doit jamais être inférieure à 0,80 mètre.		

Art. R. 4227-6 Les portes obéissent aux caractéristiques suivantes :

1° Les portes susceptibles d'être utilisées pour l'évacuation de plus de cinquante personnes s'ouvrent dans le sens de la sortie ;

2° Les portes faisant partie des dégagements réglementaires s'ouvrent par une manœuvre simple ;

3° Toute porte verrouillée est manœuvrable de l'intérieur dans les mêmes conditions qu'au 2° et sans clé. – *[Anc. art. R. 232-12-4, al. 1er et 2.]*

Art. R. 4227-7 Les portes coulissantes, à tambour ou s'ouvrant vers le haut ne peuvent constituer des portes de secours. Elles ne sont pas considérées comme des dégagements réglementaires.

Toutefois les portes coulissantes motorisées qui, en cas de défaillance du dispositif de commande ou du dispositif d'alimentation, libèrent la largeur totale de la baie par effacement latéral ou par débattement sur l'extérieur par simple poussée peuvent constituer des dégagements réglementaires. – *[Anc. art. R. 232-12-4, al. 3.]*

Art. R. 4227-8 L'existence d'ascenseurs, monte-charge, chemins ou tapis roulants ne peut justifier une diminution du nombre et de la largeur des dégagements. – *[Anc. art. R. 232-12-4, al. 4.]*

Art. R. 4227-9 Les escaliers se prolongent jusqu'au niveau d'évacuation sur l'extérieur.

Les parois et les marches ne comportent pas de matériaux de revêtement classés, selon leur réaction au feu, dans une catégorie de rang inférieur à celle précisée par arrêté conjoint des ministres chargés du travail et de l'agriculture. – *[Anc. art. R. 232-12-5, al. 1er.]*

Art. R. 4227-10 Les escaliers sont munis de rampe ou de main-courante.

Ceux d'une largeur au moins égale à 1,5 mètre en sont munis de chaque côté. – *[Anc. art. R. 232-12-5, al. 2.]*

Art. R. 4227-11 Les escaliers desservant les étages sont dissociés, au niveau de l'évacuation sur l'extérieur, de ceux desservant les sous-sols. – *[Anc. art. R. 232-12-5, al. 3.]*

Art. R. 4227-12 Les largeurs minimales fixées à l'article R. 4227-5 sont augmentées de la moitié pour les escaliers desservant les sous-sols. – *[Anc. art. R. 232-12-6.]*

Art. R. 4227-13 Une signalisation indique le chemin vers la sortie la plus proche *(Décr. n° 2011-1461 du 7 nov. 2011)* « ainsi que le chemin vers l'espace d'attente sécurisé ou l'espace équivalent le plus proche. Une autre signalisation identifie ces espaces. »

Les dégagements qui ne servent pas habituellement de passage pendant la période de travail sont signalés par la mention sortie de secours. – *[Anc. art. R. 232-12-7, al. 1er et 2.]*

Sur le champ d'application des dispositions issues du Décr. n° 2011-1461 du 7 nov. 2011, V. note ss. art. R. 4216-2-1.

Art. R. 4227-14 Les établissements disposent d'un éclairage de sécurité permettant d'assurer l'évacuation des personnes en cas d'interruption accidentelle de l'éclairage normal.

(Décr. n° 2010-1018 du 30 août 2010, art. 1er) « La conception, la mise en œuvre et les conditions d'exploitation et de maintenance de cet éclairage ainsi que les locaux qui peuvent en être dispensés en raison de leur faible superficie ou de leur faible fréquentation sont définis par un arrêté des ministres chargés du travail et de l'agriculture. » – *V. Arr. du 14 déc. 2011 (JO 30 déc.).*

Les dispositions issues du Décr. n° 2010-1018 du 30 août 2010 entrent en vigueur le 1er juill. 2011.

Les installations existantes à cette date et conformes aux dispositions du Décr. n° 88-1056 du 14 nov. 1988 relatif à la protection des travailleurs dans les établissements qui mettent en œuvre des courants électriques sont réputées satisfaire aux prescriptions des art. R. 4227-14 et R. 4324-21 C. trav. (Décr. n° 2010-1018 du 30 août 2010, art. 7).

SECTION III **CHAUFFAGE DES LOCAUX**

Art. R. 4227-15 Les dispositions de la présente section s'appliquent sans préjudice de l'application des réglementations relatives :

1° Aux installations fixes destinées au chauffage et à l'alimentation en eau chaude ;

2° Aux installations de gaz combustibles et d'hydrocarbures liquéfiés ;
3° Au stockage et à l'utilisation des produits pétroliers. – *[Anc. art. R. 232-12-8.]*

Art. R. 4227-16 Il est interdit d'employer pour le chauffage des combustibles liquides dont le point éclair est inférieur à 55° C. – *[Anc. art. R. 232-12-9.]*

Art. R. 4227-17 Il est interdit de remplir les réservoirs des appareils de chauffage au cours du fonctionnement de l'appareil ou dans une pièce comportant des flammes, des éléments incandescents ou des surfaces portées à plus de 100° C. – *[Anc. art. R. 232-12-11.]*

Art. R. 4227-18 Les appareils de production-émission de chaleur, ainsi que leurs tuyaux et cheminées, sont installés de façon à ne pouvoir communiquer le feu aux matériaux de construction, aux matières et objets susceptibles d'être placés à proximité et aux vêtements des travailleurs. – *[Anc. art. R. 232-12-10.]*

Art. R. 4227-19 Les canalisations amenant les liquides ou gaz combustibles aux appareils fixes de production-émission de chaleur sont entièrement métalliques et assemblées par soudure.

L'emploi des conduites en plomb est interdit. – *[Anc. art. R. 232-12-12, al. 1er.]*

Art. R. 4227-20 Les circuits alimentant les installations comportent un dispositif d'arrêt d'urgence de l'alimentation en énergie de l'ensemble des appareils.

Le dispositif d'arrêt est manœuvrable à partir d'un endroit accessible en permanence et signalé. – *[Anc. art. R. 232-12-12, al. 2.]*

SECTION IV **EMPLOI ET STOCKAGE DE MATIÈRES EXPLOSIVES ET INFLAMMABLES**

Art. R. 4227-21 *Abrogé par Décr. nº 2010-1018 du 30 août 2010, art. 1er.*

Art. R. 4227-22 Les locaux ou les emplacements dans lesquels sont entreposées ou manipulées des substances ou préparations classées explosives, comburantes ou extrêmement inflammables, ainsi que des matières dans un état physique susceptible d'engendrer des risques d'explosion ou d'inflammation instantanée, ne contiennent aucune source d'ignition telle que foyer, flamme, appareil pouvant donner lieu à production extérieure d'étincelles ni aucune surface susceptible de provoquer par sa température une auto-inflammation des substances, préparations ou matières précitées.

Ces locaux disposent d'une ventilation permanente appropriée. – *[Anc. art. R. 232-12-14, al. 1er et 3.]*

Art. R. 4227-23 Outre l'interdiction de fumer dans les lieux collectifs, prévue à l'article L. 3511-7 du code de la santé publique, il est interdit de fumer dans les emplacements situés à l'air libre mentionnés à l'article R. 4227-22.

Cette interdiction fait l'objet d'une signalisation conforme à la réglementation en vigueur. – *[Anc. art. R. 232-12-14, al. 2.]*

Art. R. 4227-24 Les locaux mentionnés à l'article R. 4227-22 ainsi que ceux dans lesquels sont entreposées ou manipulées des substances ou préparations classées facilement inflammables ou des matières dans un état physique tel qu'elles sont susceptibles de prendre feu instantanément au contact d'une flamme ou d'une étincelle et de propager rapidement l'incendie, sont utilisés de telle sorte que :

1° Aucun poste habituel de travail ne se trouve à plus de 10 mètres d'une issue donnant sur l'extérieur ou sur un local donnant lui-même sur l'extérieur ;
2° Les portes de ces locaux s'ouvrent vers l'extérieur ;
3° Si les fenêtres de ces locaux sont munies de grilles ou grillages, ceux-ci s'ouvrent très facilement de l'intérieur. – *[Anc. art. R. 232-12-15, al. 1er et 2.]*

Art. R. 4227-25 Il est interdit de déposer et de laisser séjourner les substances, préparations ou matières mentionnées aux articles R. 4227-22 et R. 4227-24 dans les escaliers, passages et couloirs, sous les escaliers ainsi qu'à proximité des issues des locaux et bâtiments. – *[Anc. art. R. 232-12-15, al. 3.]*

Art. R. 4227-26 Les chiffons, cotons et papiers imprégnés de liquides inflammables ou de matières grasses sont, après usage, enfermés dans des récipients métalliques clos et étanches. – *[Anc. art. R. 232-12-15, al. 4.]*

Art. R. 4227-27 Un arrêté des ministres chargés du travail et de l'agriculture détermine les dispositions spécifiques relatives aux installations industrielles utilisant le gaz combustible et les hydrocarbures liquéfiés. – *[Anc. art. R. 232-12-16.]*

SECTION V **MOYENS DE PRÉVENTION ET DE LUTTE CONTRE L'INCENDIE**

SOUS-SECTION 1 **MOYENS D'EXTINCTION**

Art. R. 4227-28 L'employeur prend les mesures nécessaires pour que tout commencement d'incendie puisse être rapidement et efficacement combattu dans l'intérêt du sauvetage des travailleurs. – *[Anc. art. R. 232-12-17, al. 1er.]*

Art. R. 4227-29 Le premier secours contre l'incendie est assuré par des extincteurs en nombre suffisant et maintenus en bon état de fonctionnement.

Il existe au moins un extincteur portatif à eau pulvérisée d'une capacité minimale de 6 litres pour 200 mètres carrés de plancher.

Il existe au moins un appareil par niveau.

Lorsque les locaux présentent des risques d'incendie particuliers, notamment des risques électriques, ils sont dotés d'extincteurs dont le nombre et le type sont appropriés aux risques. – *[Anc. art. R. 232-12-17, al. 2 à 4.]*

Art. R. 4227-30 Si nécessaire, l'établissement est équipé de robinets d'incendie armés, de colonnes sèches, de colonnes humides, d'installations fixes d'extinction automatique d'incendie ou d'installations de détection automatique d'incendie. – *[Anc. art. R. 232-12-17, al. 5.]*

Art. R. 4227-31 Les dispositifs d'extinction non automatiques sont d'accès et de manipulation faciles. – *[Anc. art. R. 232-12-17, al. 6.]*

Art. R. 4227-32 Quand la nécessité l'impose, une quantité de sable ou de terre meuble proportionnée à l'importance de l'établissement, à la disposition des locaux et à la nature des travaux exécutés est conservée à proximité des emplacements de travail, avec un moyen de projection, pour servir à éteindre un commencement d'incendie. – *[Anc. art. R. 232-12-17, al. 7.]*

Art. R. 4227-33 Les installations d'extinction font l'objet d'une signalisation durable aux endroits appropriés. – *[Anc. art. R. 232-12-14, al. 2.]*

SOUS-SECTION 2 **SYSTÈMES D'ALARME**

Art. R. 4227-34 Les établissements dans lesquels peuvent se trouver occupées ou réunies habituellement plus de cinquante personnes, ainsi que ceux, quelle que soit leur importance, où sont manipulées et mises en œuvre des matières inflammables mentionnées à l'article R. 4227-22 sont équipés d'un système d'alarme sonore. – *[Anc. art. R. 232-12-18, al. 1er.]*

Art. R. 4227-35 L'alarme sonore générale est donnée par bâtiment si l'établissement comporte plusieurs bâtiments isolés entre eux. – *[Anc. art. R. 232-12-18, al. 2.]*

Art. R. 4227-36 Le signal sonore d'alarme générale est tel qu'il ne permet pas la confusion avec d'autres signalisations utilisées dans l'établissement. Il est audible de tout point du bâtiment pendant le temps nécessaire à l'évacuation, avec une autonomie minimale de cinq minutes. – *[Anc. art. R. 232-12-18, al. 3.]*

SOUS-SECTION 3 **CONSIGNE DE SÉCURITÉ INCENDIE**

Art. R. 4227-37 Dans les établissements mentionnés à l'article R. 4227-34, une consigne de sécurité incendie est établie et affichée de manière très apparente :

1° Dans chaque local pour les locaux dont l'effectif est supérieur à cinq personnes et pour les locaux mentionnés à l'article R. 4227-24 ;

2° Dans chaque local ou dans chaque dégagement desservant un groupe de locaux dans les autres cas.

(Décr. nº 2011-1461 du 7 nov. 2011) « Dans les autres établissements, des instructions sont établies, permettant d'assurer l'évacuation des personnes présentes dans les locaux dans les conditions prévues au 1° de l'article R. 4216-2. »

Art. R. 4227-38 La consigne de sécurité incendie indique :

1° Le matériel d'extinction et de secours qui se trouve dans le local ou à ses abords ;

2° Les personnes chargées de mettre ce matériel en action ;

3° Pour chaque local, les personnes chargées de diriger l'évacuation des travailleurs et éventuellement du public ;

(Décr. n° 2011-1461 du 7 nov. 2011) « 4° Les mesures spécifiques liées à la présence de personnes handicapées, et notamment le nombre et la localisation des espaces d'attentes *[attente]* sécurisés ou des espaces équivalents *[Rédaction applicable aux anciens bâtiments : 4° Les mesures spécifiques liées, le cas échéant, à la présence de handicapés]* » ; – *Sur le champ d'application des dispositions issues du Décr. n° 2011-1461 du 7 nov. 2011, V. note ss. art. R. 4216-2-1.*

5° Les moyens d'alerte ;

6° Les personnes chargées d'aviser les sapeurs-pompiers dès le début d'un incendie ;

7° L'adresse et le numéro d'appel téléphonique du service de secours de premier appel, en caractères apparents ;

8° Le devoir, pour toute personne apercevant un début d'incendie, de donner l'alarme et de mettre en œuvre les moyens de premier secours, sans attendre l'arrivée des travailleurs spécialement désignés. – *[Anc. art. R. 232-12-20, al. 4 à 7.]*

Art. R. 4227-39 La consigne de sécurité incendie prévoit des essais et visites périodiques du matériel et des exercices au cours desquels les travailleurs apprennent à reconnaître les caractéristiques du signal sonore d'alarme générale, *(Décr. n° 2011-1461 du 7 nov. 2011)* « à localiser et à utiliser les espaces d'attente sécurisés ou les espaces équivalents », à se servir des moyens de premier secours et à exécuter les diverses manœuvres nécessaires.

Ces exercices et essais périodiques ont lieu au moins tous les six mois. Leur date et les observations auxquelles ils peuvent avoir donné lieu sont consignées sur un registre tenu à la disposition de l'inspection du travail. – *[Anc. art. R. 232-12-21.]*

Sur le champ d'application des dispositions issues du Décr. n° 2011-1461 du 7 nov. 2011, V. note ss. art. R. 4216-2-1.

Art. R. 4227-40 La consigne de sécurité incendie est communiquée à l'inspection du travail. – *[Anc. art. R. 232-12-22.]*

Art. R. 4227-41 Des arrêtés conjoints des ministres chargés du travail et de l'agriculture peuvent préciser certaines dispositions relatives aux moyens de prévention et de lutte contre l'incendie et rendre obligatoires certaines normes concernant ce matériel. – *[Anc. art. R. 232-12-19.]*

SECTION VI **PRÉVENTION DES EXPLOSIONS**

Art. R. 4227-42 Les dispositions de la présente section ne s'appliquent pas aux lieux ou activités suivants :

1° Zones servant directement au traitement médical de patients et pendant celui-ci ;

2° Utilisation des appareils à gaz ;

3° Fabrication, maniement, utilisation, stockage et transport d'explosifs et de substances chimiques instables. – *[Anc. art. R. 232-12-23.]*

Art. R. 4227-43 Est une atmosphère explosive, au sens de la présente section, un mélange avec l'air, dans les conditions atmosphériques, de substances inflammables sous forme de gaz, vapeurs, brouillards ou poussières, dans lequel, après inflammation, la combustion se propage à l'ensemble du mélange non brûlé. – *[Anc. art. R. 232-12-24.]*

Art. R. 4227-44 Afin d'assurer la prévention des explosions et la protection contre celles-ci, l'employeur prend les mesures techniques et organisationnelles appropriées au type d'exploitation sur la base des principes de prévention et dans l'ordre de priorité suivant :

1° Empêcher la formation d'atmosphères explosives ;

2° Si la nature de l'activité ne permet pas d'empêcher la formation d'atmosphères explosives, éviter leur inflammation ;

3° Atténuer les effets nuisibles d'une explosion pour la santé et la sécurité des travailleurs. – *[Anc. art. R. 232-12-25, al. 1er à 4.]*

Art. R. 4227-45 Les mesures prises par l'employeur sont, au besoin, combinées et complétées avec des mesures destinées à prévenir la propagation des explosions.

Elles font l'objet d'un réexamen périodique et chaque fois que se produisent des changements importants dans les conditions d'exécution du travail. – *[Anc. art. R. 232-12-25, al. 5.]*

Art. R. 4227-46 L'employeur évalue les risques créés ou susceptibles d'être créés par des atmosphères explosives en tenant compte au moins :

1° De la probabilité que des atmosphères explosives puissent se présenter et persister ;

2° De la probabilité que des sources d'inflammation, y compris des décharges électrostatiques, puissent se présenter et devenir actives et effectives ;

3° Des installations, des substances et préparations utilisées, des procédés et de leurs interactions éventuelles ;

4° De l'étendue des conséquences prévisibles d'une explosion. – *[Anc. art. R. 232-12-26, I al. 1er à 5.]*

Art. R. 4227-47 L'évaluation des risques d'explosion est globale et, le cas échéant, combinée avec les résultats de l'évaluation des autres risques, identifiés dans chaque unité de travail de l'entreprise ou de l'établissement. – *[Anc. art. R. 232-12-26, I al. 6.]*

Art. R. 4227-48 Pour l'évaluation des risques d'explosion, il est tenu compte des emplacements qui sont ou peuvent être reliés par des ouvertures aux emplacements où des atmosphères explosives peuvent se présenter. – *[Anc. art. R. 232-12-26, II.]*

Art. R. 4227-49 Lorsque des atmosphères explosives peuvent se former en quantités susceptibles de présenter un risque pour la santé et la sécurité des travailleurs ou d'autres personnes, l'employeur prend les mesures nécessaires pour que :

1° Le milieu de travail permette un travail en toute sécurité ;

2° Une surveillance adéquate soit assurée et des moyens techniques appropriés utilisés ;

3° Une formation des travailleurs en matière de protection contre les explosions soit délivrée ;

4° Les travailleurs soient équipés, en tant que de besoin, de vêtements de travail adaptés contre les risques d'inflammation. – *[Anc. art. R. 232-12-27.]*

Art. R. 4227-50 L'employeur subdivise en zones les emplacements dans lesquels des atmosphères explosives peuvent se présenter et veille à ce que les prescriptions minimales visant à assurer la protection des travailleurs soient appliquées dans ces emplacements.

Des arrêtés conjoints des ministres chargés du travail et de l'agriculture déterminent les règles de classification des emplacements et les prescriptions minimales mentionnées au premier alinéa. – *[Anc. art. R. 232-12-28, I et II.]*

Art. R. 4227-51 Les accès des emplacements dans lesquels des atmosphères explosives peuvent se présenter en quantités susceptibles de présenter un risque pour la santé et la sécurité des travailleurs sont signalés conformément aux dispositions de l'arrêté relatif à la signalisation de santé et de sécurité au travail prévu par l'article R. 4224-24. – *[Anc. art. R. 232-12-28, III.]*

Art. R. 4227-52 L'employeur établit et met à jour un document relatif à la protection contre les explosions, intégré au document unique d'évaluation des risques.

Ce document comporte les informations relatives au respect des obligations définies aux articles R. 4227-44 à R. 4227-48, notamment :

1° La détermination et l'évaluation des risques d'explosion ;

2° La nature des mesures prises pour assurer le respect des objectifs définis à la présente section ;

3° La classification en zones des emplacements dans lesquels des atmosphères explosives peuvent se présenter ;

4° Les emplacements auxquels s'appliquent les prescriptions minimales prévues par l'article R. 4227-50 ;

5° Les modalités et les règles selon lesquelles les lieux et les équipements de travail, y compris les dispositifs d'alarme, sont conçus, utilisés et entretenus pour assurer la sécurité ;

6° Le cas échéant, la liste des travaux devant être accomplis selon les instructions écrites de l'employeur ou dont l'exécution est subordonnée à la délivrance d'une autorisation par l'employeur ou par une personne habilitée par celui-ci à cet effet ;

7° La nature des dispositions prises pour que l'utilisation des équipements de travail soit sûre, conformément aux dispositions prévues au livre III. – *[Anc. art. R. 232-12-29, al. 1er à 9.]*

Art. R. 4227-53 Lorsque des travailleurs de plusieurs entreprises sont présents sur un même lieu de travail, le chef de l'entreprise utilisatrice précise dans le document relatif à la protection contre les explosions le but, les mesures et les modalités de mise en œuvre de la coordination générale des mesures de prévention qui lui incombe en application des dispositions des articles **R. 4511-5** à **R. 4511-8**. – *[Anc. art. R. 232-12-29, al. 10.]*

Art. R. 4227-54 Le document relatif à la protection contre les explosions est élaboré avant le commencement du travail et est révisé lorsque des modifications, des extensions ou des transformations notables sont apportées notamment aux lieux, aux équipements de travail ou à l'organisation du travail. – *[Anc. art. R. 232-12-29, al. 11.]*

SECTION VII **DISPENSES PARTIELLES ACCORDÉES PAR L'AUTORITÉ ADMINISTRATIVE**

Art. R. 4227-55 Le *(Décr. n° 2009-1377 du 10 nov. 2009)* « directeur régional des entreprises, de la concurrence, de la consommation, du travail et de l'emploi » peut accorder une dispense temporaire ou permanente d'une partie des prescriptions prévues par le présent chapitre à un établissement, sur proposition de mesures compensatoires assurant un niveau de sécurité jugé équivalent, lorsqu'il est reconnu qu'il est pratiquement impossible d'appliquer l'une de ces prescriptions. – *[Anc. art. R. 232-14-1, al. 1er.]*

Les modifications issues du Décr. n° 2009-1377 du 10 nov. 2009 prennent effet, dans chaque région, à la date de nomination du directeur régional des entreprises, de la concurrence, de la consommation, du travail et de l'emploi (Décr. préc., art. 7-I). – V. Arr. de nomination de ces directeurs des 30 déc. 2009 (JO 5 janv. 2010) et 9 févr. 2010 (JO 14 févr.).

Ces modifications s'appliquent à la région Île-de-France à compter du 1er juill. 2010 (Décr. n° 2010-687 du 24 juin 2010, art. 2).

En application de l'art. L. 231-4-4° CRPA, et par exception à l'application du délai de deux mois prévu à l'art. L. 231-1 du même code, le silence gardé par l'administration pendant deux mois vaut décision de rejet pour une demande de dispense d'une partie de l'application des règles relatives aux risques d'incendies et d'explosions et à l'évacuation accordée à l'employeur pour l'utilisation des lieux de travail (Décr. n° 2014-1291 du 23 oct. 2014, art. 1er).

Art. R. 4227-56 La dispense est accordée après enquête de l'inspection du travail.

Elle est accordée après avis :

1° Du comité d'hygiène, de sécurité et des conditions de travail ou, à défaut, des délégués du personnel ;

2° De la commission consultative départementale de sécurité et d'accessibilité pour les établissements recevant du public. – *[Anc. art. R. 232-14-1, al. 2.]*

Art. R. 4227-57 Le silence gardé pendant plus de quatre mois par le ministre compétent saisi d'un recours hiérarchique contre une décision du *(Décr. n° 2009-1377 du 10 nov. 2009)* « directeur régional des entreprises, de la concurrence, de la consommation, du travail et de l'emploi » vaut décision de rejet. – *[Anc. art. R. 232-14-1, al. 3.]*

V. notes ss. art. R. 4227-55.

CHAPITRE VIII INSTALLATIONS SANITAIRES, RESTAURATION ET HÉBERGEMENT

SECTION PREMIÈRE INSTALLATIONS SANITAIRES

SOUS-SECTION 1 DISPOSITIONS GÉNÉRALES

Art. R. 4228-1 L'employeur met à la disposition des travailleurs les moyens d'assurer leur propreté individuelle, notamment des vestiaires, des lavabos, des cabinets d'aisance et, le cas échéant, des douches. – *[Anc. art. R. 232-2.]*

La mise à disposition des salariés d'installations sanitaires doit être assurée de façon permanente ; si ces installations ne sont pas situées dans les locaux appartenant à l'entreprise ou loués par elle, leur utilisation doit être garantie par un engagement non précaire. • CAA Bordeaux, 2 déc. 2004 : *RJS 2005. 208, n° 282.*

SOUS-SECTION 2 VESTIAIRES COLLECTIFS

Art. R. 4228-2 Les vestiaires collectifs et les lavabos sont installés dans un local spécial de surface convenable, isolé des locaux de travail et de stockage et placé à proximité du passage des travailleurs.

Lorsque les vestiaires et les lavabos sont installés dans des locaux séparés, la communication entre ceux-ci doit pouvoir s'effectuer sans traverser les locaux de travail ou de stockage et sans passer par l'extérieur.

(Décr. n° 2016-1331 du 6 oct. 2016, art. 1er, en vigueur le 1er janv. 2017) « Pour les travailleurs qui ne sont pas obligés de porter des vêtements de travail spécifiques ou des équipements de protection individuelle, l'employeur peut mettre à leur disposition, en lieu et place de vestiaires collectifs, un meuble de rangement sécurisé, dédié à leurs effets personnels, placé à proximité de leur poste de travail. »

Art. R. 4228-3 Le sol et les parois des locaux affectés aux vestiaires collectifs et lavabos sont tels qu'ils permettent un nettoyage efficace.

Ces locaux sont tenus en état constant de propreté. – *[Anc. art. R. 232-2-1, al. 3 et 5.]*

Art. R. 4228-4 Les locaux affectés aux vestiaires collectifs et lavabos sont aérés conformément aux règles d'aération et d'assainissement du chapitre II et convenablement chauffés. – *[Anc. art. R. 232-2-1, al. 4.]*

Art. R. 4228-5 Dans les établissements employant un personnel mixte, des installations séparées sont prévues pour les travailleurs masculins et féminins. – *[Anc. art. R. 232-2-1, al. 6.]*

Art. R. 4228-6 Les vestiaires collectifs sont pourvus d'un nombre suffisant de sièges et d'armoires individuelles ininflammables.

Ces armoires permettent de suspendre deux vêtements de ville.

Lorsque les vêtements de travail sont susceptibles d'être souillés de matières dangereuses, salissantes ou malodorantes, les armoires comprennent un compartiment réservé à ces vêtements.

Les armoires individuelles sont munies d'une serrure ou d'un cadenas. – *[Anc. art. R. 232-2-2.]*

SOUS-SECTION 3 LAVABOS ET DOUCHES

Art. R. 4228-7 Les lavabos sont à eau potable.

L'eau est à température réglable et est distribuée à raison d'un lavabo pour dix travailleurs au plus.

Des moyens de nettoyage et de séchage ou d'essuyage appropriés sont mis à la disposition des travailleurs. Ils sont entretenus ou changés chaque fois que cela est nécessaire. – *[Anc. art. R. 232-2-3.]*

Art. R. 4228-8 Dans les établissements où sont réalisés certains travaux insalubres et salissants, des douches sont mises à la disposition des travailleurs.

La liste de ces travaux ainsi que les conditions de mises à disposition des douches sont fixées par arrêté des ministres chargés du travail ou de l'agriculture et, en tant que de besoin, par le ministre chargé de la santé. – *[Anc. art. R. 232-2-4, al. 1er.]*

L'employeur doit payer le temps quotidien de douche au tarif normal des heures de travail dès lors qu'il n'est pas contesté que les salariés effectuent des travaux nécessitant la prise d'une douche quotidienne. • Soc. 11 févr. 2004, n° 01-46.405 P : *RJS 2004. 372, n° 543.*

Art. R. 4228-9 Le sol et les parois du local affecté aux douches sont tels qu'ils permettent un nettoyage efficace.

Le local est tenu en état constant de propreté.

La température de l'eau des douches est réglable. – *[Anc. art. R. 232-2-4, al. 2 et 3.]*

SOUS-SECTION 4 CABINETS D'AISANCE

Art. R. 4228-10 Il existe au moins un cabinet d'aisance et un urinoir pour vingt hommes et deux cabinets pour vingt femmes. L'effectif pris en compte est le nombre maximal de travailleurs présents simultanément dans l'établissement. Un cabinet au moins comporte un poste d'eau.

Dans les établissements employant un personnel mixte, les cabinets d'aisance sont séparés pour le personnel féminin et masculin. Les cabinets d'aisance réservés aux femmes comportent un récipient pour garnitures périodiques. – *[Anc. art. R. 232-2-5, al. 5, 6 et 9.]*

Art. R. 4228-11 Les cabinets d'aisance ne peuvent communiquer directement avec les locaux fermés dans lesquels les travailleurs sont appelés à séjourner.

Ils sont aménagés de manière à ne dégager aucune odeur.

Ils sont équipés de chasse d'eau et pourvus de papier hygiénique. – *[Anc. art. R. 232-2-5, al. 1er et al. 2, phrase 1.]*

Art. R. 4228-12 Les cabinets d'aisance sont aérés conformément aux règles d'aération et d'assainissement du chapitre II et convenablement chauffés. – *[Anc. art. R. 232-2-5, al. 2, phrase 2.]*

Art. R. 4228-13 Le sol et les parois des cabinets d'aisance sont en matériaux imperméables permettant un nettoyage efficace.

L'employeur fait procéder au nettoyage et à la désinfection des cabinets d'aisance et des urinoirs au moins une fois par jour. – *[Anc. art. R. 232-2-5, al. 3 et 7.]*

Art. R. 4228-14 Les portes des cabinets d'aisance sont pleines et munies d'un dispositif de fermeture intérieure décondamnable de l'extérieur. – *[Anc. art. R. 232-2-5, al. 4.]*

Art. R. 4228-15 Les effluents des cabinets d'aisance sont évacués conformément aux règlements sanitaires. – *[Anc. art. R. 232-2-5, al. 8.]*

SOUS-SECTION 5 DISPENSES ACCORDÉES PAR L'INSPECTEUR DU TRAVAIL

Art. R. 4228-16 Lorsque l'aménagement des vestiaires collectifs, lavabos et douches ne peut, pour des raisons tenant à la disposition des locaux de travail, être réalisé dans les conditions prévues par la présente section ou, pour les travailleurs handicapés, conformément à l'article R. 4225-7, l'employeur peut demander à l'inspecteur du travail de le dispenser de certaines de ces obligations. – *[Anc. art. R. 232-2-7 début.]*

Art. R. 4228-17 La dispense accordée par l'inspecteur du travail est subordonnée à la prise des mesures nécessaires pour assurer aux travailleurs des conditions d'hygiène correspondant dans toute la mesure du possible aux obligations mentionnées à l'article R. 4228-16. – *[Anc. art. R. 232-2-7, fin.]*

Art. R. 4228-18 L'inspecteur du travail prend sa décision après avis du médecin du travail et du comité d'hygiène, de sécurité et des conditions de travail ou, à défaut, des délégués du personnel. – *[Anc. art. R. 232-2-7, milieu.]*

SECTION II RESTAURATION ET REPOS

Art. R. 4228-19 Il est interdit de laisser les travailleurs prendre leur repas dans les locaux affectés au travail. – *[Anc. art. R. 232-10.]*

Art. R. 4228-20 Aucune boisson alcoolisée autre que le vin, la bière, le cidre et le poiré n'est autorisée sur le lieu de travail.

(Décr. n° 2014-754 du 1er juill. 2014, art. 1er) « Lorsque la consommation de boissons alcoolisées, dans les conditions fixées au premier alinéa, est susceptible de porter atteinte à la sécurité et la santé physique et mentale des travailleurs, l'employeur, en application de l'article L. 4121-1 du code du travail, prévoit dans le règlement intérieur ou, à défaut, par note de service les mesures permettant de protéger la santé et la sécurité des travailleurs et de prévenir tout risque d'accident. Ces mesures, qui peuvent notamment prendre la forme d'une limitation voire d'une interdiction de cette consommation, doivent être proportionnées au but recherché. »

Si l'employeur peut, lorsque des impératifs de sécurité le justifient, insérer dans le règlement intérieur des dispositions qui limitent la consommation de boissons alcoolisées de manière plus stricte que l'interdiction posée par l'art. R. 4228-20 C. trav., de telles dispositions doivent, conformément à l'art. L. 1321-3, rester proportionnées au but de sécurité recherché. • CE 12 nov. 2012 : *Dalloz actualité, 9 janv. 2013, obs. Siro ; D. 2012. Actu. 2809.*

Art. R. 4228-21 Il est interdit de laisser entrer ou séjourner dans les lieux de travail des personnes en état d'ivresse. – *[Anc. art. L. 232-2, al. 2.]*

Art. R. 4228-22 Dans les établissements dans lesquels le nombre de travailleurs souhaitant prendre habituellement leur repas sur les lieux de travail est au moins égal à vingt-cinq, l'employeur, après avis du comité d'hygiène, de sécurité et des conditions de travail ou à défaut des délégués du personnel, met à leur disposition un local de restauration.

Ce local est pourvu de sièges et de tables en nombre suffisant et comporte un robinet d'eau potable, fraîche et chaude, pour dix usagers.

Il est doté d'un moyen de conservation ou de réfrigération des aliments et des boissons et d'une installation permettant de réchauffer les plats. – *[Anc. art. R. 232-10-1, al. 1er à 3.]*

Art. R. 4228-23 Dans les établissements dans lesquels le nombre de travailleurs souhaitant prendre habituellement leur repas sur les lieux de travail est inférieur à vingt-cinq, l'employeur met à leur disposition un emplacement leur permettant de se restaurer dans de bonnes conditions de santé et de sécurité.

(Décr. n° 2016-1331 du 6 oct. 2016, art. 2, en vigueur le 1er janv. 2017) « Par dérogation à l'article R. 4228-19, cet emplacement peut, après déclaration adressée à l'agent de contrôle de l'inspection du travail et au médecin du travail par tout moyen conférant date certaine, être aménagé dans les locaux affectés au travail, dès lors que l'activité de ces locaux ne comporte pas l'emploi ou le stockage de substances ou de mélanges dangereux.

« Un arrêté conjoint des ministres chargés du travail et de l'agriculture définit le contenu de la déclaration susmentionnée *[rédaction applicable jusqu'au 31 déc. 2016 : Par dérogation à l'article R. 4228-19, cet emplacement peut, sur autorisation de l'inspecteur du travail et après avis du médecin du travail, être aménagé dans les locaux affectés au travail, dès lors que l'activité de ces locaux ne comporte pas l'emploi de substances ou de préparations dangereuses]*. »

Art. R. 4228-24 Après chaque repas, l'employeur veille au nettoyage du local de restauration ou de l'emplacement permettant de se restaurer et des équipements qui y sont installés. – *[Anc. art. R. 232-10-1, al. 6.]*

Art. R. 4228-25 A défaut de local de repos, lorsque la nature des activités l'exige et après avis du comité d'hygiène, de sécurité et des conditions de travail ou, à défaut, des délégués du personnel, le local de restauration ou l'emplacement permettant de se restaurer doit pouvoir être utilisé, en dehors des heures de repas, comme local ou emplacement de repos.

Les sièges mis à la disposition des travailleurs pour cet usage comportent des dossiers. – *[Anc. art. R. 232-10-2, al. 1er.]*

SECTION III **HÉBERGEMENT**

Art. R. 4228-26 Il est interdit d'héberger les travailleurs dans les locaux affectés à un usage industriel ou commercial. – *[Anc. art. R. 232-11-3.]*

Art. R. 4228-27 La surface et le volume habitables, au sens de l'article R. 111-2 du code de la construction et de l'habitation, des locaux affectés à l'hébergement des travailleurs ne peuvent être inférieurs à 6 mètres carrés et 15 mètres cubes par personne. Les parties de locaux d'une hauteur inférieure à 1,90 mètre ne sont pas comptées comme surface habitable.

Ces locaux sont aérés de façon permanente.

Ils sont équipés de fenêtres ou autres ouvrants de surface transparente donnant directement sur l'extérieur et munis d'un dispositif d'occultation.

Le travailleur doit pouvoir clore le logement et y accéder librement. – *[Anc. art. R. 232-11.]*

Art. R. 4228-28 Les équipements et caractéristiques des locaux affectés à l'hébergement doivent permettre de maintenir la température intérieure à 18° C au moins et d'éviter les condensations et les températures excessives.

Les installations électriques doivent être conformes aux dispositions réglementaires prises en application de la présente partie. – *[Anc. art. R. 232-11-1.]*

Art. R. 4228-29 Chaque couple dispose d'une chambre.

Chaque personne ou chaque couple dispose pour son usage exclusif d'une literie et du mobilier nécessaires, qui sont maintenus propres et en bon état. – *[Anc. art. R. 232-11-2, al. 1er et 3.]*

Art. R. 4228-30 Les pièces à usage de dortoir ne sont occupées que par des personnes du même sexe.

Le nombre de personnes par pièce est limité à six.

Les lits sont distants les uns des autres de 80 centimètres au moins.

Il est interdit d'installer des lits superposés. – *[Anc. art. R. 232-11-2, al. 2.]*

Art. R. 4228-31 Les revêtements des sols et des parois des locaux affectés à l'hébergement permettent un entretien efficace et sont refaits chaque fois que la propreté l'exige. – *[Anc. art. R. 232-11-4.]*

Art. R. 4228-32 Les locaux affectés à l'hébergement sont maintenus dans un état constant de propreté et d'hygiène. – *[Anc. art. R. 232-11-5.]*

Art. R. 4228-33 Des lavabos à eau potable et à température réglable ainsi que des serviettes et du savon sont mis à la disposition des travailleurs hébergés, à raison d'un lavabo pour trois personnes. – *[Anc. art. R. 232-11-6, al. 1er.]*

Art. R. 4228-34 Des cabinets d'aisance et des urinoirs sont installés à proximité des pièces destinées à l'hébergement dans les conditions déterminées par les articles R. 4228-11 et suivants. – *[Anc. art. R. 232-11-6, al. 2.]*

Art. R. 4228-35 Des douches à température réglable sont installées à proximité des pièces destinées à l'hébergement, dans des cabines individuelles, à raison d'une cabine pour six personnes. – *[Anc. art. R. 232-11-6, al. 3.]*

Art. R. 4228-36 Les dispositions des articles R. 4228-26 à R. 4228-35 ne sont pas applicables dans les établissements agricoles, dont les dispositions relatives à l'hébergement des travailleurs sont prévues au livre VII du code rural et de la pêche maritime. – *[Anc. art. R. 232-13-8.]*

Art. R. 4228-37 Les dispositions relatives à l'hébergement des travailleurs sont également applicables aux installations établies en dehors des limites des établissements ou chantiers.

Le contrôle de l'inspection du travail porte notamment sur l'installation et l'aménagement intérieur des locaux. – *[Anc. art. L. 231-2, al. 7 et 8.]*

TITRE TROISIÈME **OBLIGATION DE VIGILANCE ET RESPONSABILITÉ DES MAÎTRES D'OUVRAGE ET DES DONNEURS D'ORDRE EN MATIÈRE D'HÉBERGEMENT**

(Décr. n° 2015-364 du 30 mars 2015, art. 12)

CHAPITRE UNIQUE

Art. R. 4231-1 Pour la mise en œuvre de l'injonction prévue à l'article L. 4231-1, l'agent de contrôle apprécie notamment la vétusté manifeste des locaux ou des installations d'hébergement collectif, leur salubrité, leur taille, leur nombre ou leur équipement.

Art. R. 4231-2 Dès réception de l'injonction, l'employeur informe dans un délai de vingt-quatre heures le maître d'ouvrage ou le donneur d'ordre des mesures prises pour faire cesser la situation.

Le maître d'ouvrage ou le donneur d'ordre transmet aussitôt cette réponse à l'agent de contrôle auteur du signalement ou informe celui-ci dès l'expiration du délai mentionné à l'alinéa précédent de l'absence de réponse.

Art. R. 4231-3 En cas d'absence de régularisation effective de la situation par l'employeur, le maître d'ouvrage ou le donneur d'ordre est tenu de prendre sans délai à sa charge l'hébergement collectif des salariés dans des locaux aménagés conformément aux dispositions des articles R. 4228-26 à R. 4228-37.

Art. R. 4231-4 Les injonctions et les informations mentionnées aux articles *(Décr. n° 2015-1327 du 21 oct. 2015, art. 2)* « R. 4231-1 et R. 4231-2 » sont effectuées par tout moyen permettant de leur conférer date certaine.

LIVRE TROISIÈME **ÉQUIPEMENTS DE TRAVAIL ET MOYENS DE PROTECTION**

TITRE PREMIER **CONCEPTION ET MISE SUR LE MARCHÉ DES ÉQUIPEMENTS DE TRAVAIL ET DES MOYENS DE PROTECTION**

CHAPITRE PREMIER **RÈGLES GÉNÉRALES**

SECTION PREMIÈRE **DÉFINITIONS ET CHAMPS D'APPLICATION**

SOUS-SECTION 1 **DISPOSITIONS COMMUNES**

Art. R. 4311-1 Est considéré comme "mis pour la première fois sur le marché", "neuf" ou "à l'état neuf", tout équipement de travail ou moyen de protection n'ayant pas été effectivement utilisé dans un État membre de la Communauté européenne et faisant l'objet d'une exposition, d'une mise en vente, d'une vente, d'une importation, d'une location, d'une mise à disposition ou cession à quelque titre que ce soit. – *[Anc. art. R. 233-49-3.]*

Art. R. 4311-2 Est considéré comme "d'occasion", tout équipement de travail ou moyen de protection ayant déjà été effectivement utilisé dans un État membre de la Communauté européenne et faisant l'objet d'une exposition, d'une mise en vente, d'une vente, d'une importation, d'une location, d'une mise à disposition ou d'une cession à quelque titre que ce soit. – *[Anc. art. R. 233-49-4.]*

Art. R. 4311-3 Est considéré comme "maintenu en service", tout équipement de travail ou moyen de protection ayant déjà été effectivement utilisé dans un État membre de la Communauté européenne lorsque les opérations mentionnées à l'article R. 4311-2 sont réalisées au sein d'une même entreprise.

Il en est de même en cas de modification affectant la situation juridique de l'entreprise, notamment par succession, vente, fusion, transformation du fonds, mise en société. – *[Anc. art. R. 233-49-5.]*

SOUS-SECTION 2 ÉQUIPEMENTS DE TRAVAIL OBÉISSANT À DES RÈGLES POUR LA MISE SUR LE MARCHÉ

(Décr. n° 2008-1156 du 7 nov. 2008)

§ 1er MACHINES

Art. R. 4311-4 Sont soumis aux obligations de conception et de construction, pour la mise sur le marché des "machines", les équipements de travail désignés ci-après par le mot : "machines" et figurant dans la liste ci-dessous :

1° Machines ;

2° Équipements interchangeables ;

3° Composants de sécurité ; – *V. Arr. du 27 oct. 2009 (JO 5 nov.).*

4° Accessoires de levage ;

5° Chaînes, câbles, sangles ;

6° Dispositifs amovibles de transmission mécanique.

V. Arr. du 22 oct. 2009 (JO 10 déc.) fixant le contenu de la déclaration CE de conformité relative aux machines.

Art. R. 4311-4-1 Répond à la définition de machine :

1° Un ensemble équipé ou destiné à être équipé d'un système d'entraînement autre que la force humaine ou animale appliquée directement, composé de pièces ou d'organes liés entre eux dont au moins un est mobile et qui sont réunis de façon solidaire en vue d'une application définie ;

2° Un ensemble mentionné au 1° auquel manquent seulement des organes de liaison au site d'utilisation ou de connexion aux sources d'énergie et de mouvement ;

3° Un ensemble mentionné aux 1° et 2°, prêt à être installé et qui ne peut fonctionner en l'état qu'après montage sur un moyen de transport ou installation dans un bâtiment ou une construction ;

4° Un ensemble de machines mentionnées aux 1°, 2° et 3° ou un ensemble de quasi-machines définies à l'article R. 4311-6, qui, afin de concourir à un même résultat, sont disposées et commandées de manière à être solidaires dans leur fonctionnement ;

5° Un ensemble de pièces ou d'organes liés entre eux, dont un au moins est mobile, qui sont réunis en vue de soulever des charges et dont la seule force motrice est une force humaine directement appliquée.

Art. R. 4311-4-2 Est un équipement interchangeable un dispositif qui, après la mise en service d'une machine ou d'un tracteur, est assemblé à celle-ci ou à celui-ci par l'opérateur lui-même pour modifier sa fonction ou apporter une fonction nouvelle, dans la mesure où cet équipement n'est pas un outil.

Art. R. 4311-4-3 Est un composant de sécurité un composant :

1° Qui sert à assurer une fonction de sécurité ;

2° Qui est mis isolément sur le marché ;

3° Dont la défaillance ou le mauvais fonctionnement met en danger la sécurité des personnes ;

4° Qui n'est pas indispensable au fonctionnement de la machine ou qui, du point de vue de ce seul fonctionnement, pourrait être remplacé par un composant ordinaire.

Un arrêté ministériel pris par le ministre chargé du travail ou le ministre chargé de l'agriculture liste des composants qui remplissent les critères énumérés au premier alinéa.

Art. R. 4311-4-4 Est un accessoire de levage un composant ou équipement non lié à la machine de levage, permettant la préhension de la charge, placé soit entre la machine et la charge, soit sur la charge elle-même ou destiné à faire partie intégrante de la charge et est mis isolément sur le marché.

Sont considérés comme accessoires de levage les élingues et leurs composants.

Art. R. 4311-4-5 Est une chaîne, un câble ou une sangle au sens du 5° de l'article R. 4311-4 une chaîne, un câble ou une sangle conçu et fabriqué pour le levage et faisant partie d'une machine de levage ou d'un accessoire de levage.

Art. R. 4311-4-6 Est un dispositif amovible de transmission mécanique un composant amovible destiné à la transmission de puissance entre une machine automotrice ou un tracteur et une autre machine en les reliant au premier palier fixe. Lorsque ce dispositif est mis sur le marché avec le protecteur, l'ensemble est considéré comme constituant un seul produit.

Art. R. 4311-5 Les obligations de conception et de construction pour la mise sur le marché des machines ne s'appliquent pas aux produits suivants :

1° Produits qui, bien que répondant à la définition de machines, sont soumis, de manière exclusive et spécifique, aux dispositions issues de la transposition, hors du code du travail, de directives européennes définissant leurs règles de conception et de construction ;

2° Composants de sécurité destinés à être utilisés comme pièces de rechange pour remplacer des composants identiques et fournis par le fabricant de la machine d'origine ;

3° Matériels spécifiques pour fêtes foraines ou parcs d'attraction ;

4° Machines spécialement conçues ou mises en service en vue d'un usage nucléaire et dont la défaillance peut engendrer une émission de radioactivité ;

5° Armes, y compris les armes à feu ;

6° Moyens de transport suivants :

(Décr. n° 2016-1010 du 21 juill. 2016, art. 1er) « *a)* Tracteurs agricoles ou forestiers, à l'exclusion des machines montées sur ces véhicules ; »

b) Véhicules à moteur et leurs remorques visés par les dispositions de transposition de la directive 70/156/CEE du Conseil du 6 février 1970 concernant le rapprochement des législations des États membres relatives à la réception des véhicules à moteur et de leurs remorques, à l'exclusion des machines montées sur ces véhicules ;

c) Véhicules visés par les dispositions de transposition de la directive 2002/24/CE du Parlement européen et du Conseil du 18 mars 2002 relative à la réception des véhicules à moteur à deux ou trois roues, à l'exclusion des machines montées sur ces véhicules ;

d) Véhicules à moteur destinés exclusivement à la compétition ;

e) Moyens de transport par air, par eau et par réseaux ferroviaires, à l'exclusion des machines montées sur ces moyens de transport ;

7° Bateaux pour la navigation maritime et les unités mobiles off-shore ainsi que les machines installées à bord de ces bateaux ou unités ;

8° Machines spécialement conçues et construites à des fins militaires ou de maintien de l'ordre ;

9° Machines spécialement conçues et construites à des fins de recherche pour une utilisation temporaire en laboratoire ;

10° Ascenseurs équipant les puits de mine ;

11° Machines prévues pour déplacer des artistes pendant des représentations artistiques ;

12° Produits électriques et électroniques ci-après, dans la mesure où ils sont visés par les dispositions de transposition de la directive 73/23/CEE du Conseil du 19 février 1973 modifiée concernant le rapprochement des législations des États membres relatives au matériel électrique destiné à être employé dans certaines limites de tension :

a) Appareils électroménagers à usage domestique ;

b) Équipements audio et vidéo ;

c) Équipements informatiques ;

d) Machines de bureau courantes ;

e) Mécanismes de connexion et de contrôle basse tension ;

f) Moteurs électriques ;

13° Équipements électriques à haute tension suivants :

a) Appareillages de connexion et de commande ;

b) Transformateurs.

§ 2 QUASI-MACHINES

Art. R. 4311-6 Est soumis aux règles des articles R. 4313-7 à R. 4313-11 prévues pour la mise sur le marché d'une quasi-machine tout produit répondant à la définition suivante :

Ensemble qui constitue presque une machine, mais qui ne peut assurer à lui seul une application définie.

Une quasi-machine est uniquement destinée à être incorporée ou assemblée à d'autres machines ou à d'autres quasi-machines ou équipements en vue de constituer une machine mentionnée au 1° de l'article R. 4311-4-1.

Un système d'entraînement est une quasi-machine.

§ 3 AUTRES ÉQUIPEMENTS DE TRAVAIL AUXQUELS S'APPLIQUENT DES DISPOSITIONS POUR LA MISE SUR LE MARCHÉ

Art. R. 4311-7 Les équipements de travail auxquels s'appliquent des obligations de conception et de construction autres que celles prévues pour la mise sur le marché des machines sont les suivants :

1° Tracteurs agricoles ou forestiers, ainsi que leurs entités techniques, systèmes et composants, à l'exclusion de ceux qui sont spécialement conçus pour les forces armées, la protection civile, les services de lutte contre l'incendie ou les services responsables du maintien de l'ordre ;

2° Électrificateurs de clôture.

SOUS-SECTION 3 **ÉQUIPEMENTS DE PROTECTION INDIVIDUELLE** *(Décr. n° 2008-1156 du 7 nov. 2008).*

A compter du 29 déc. 2009, les art. R. 4311-12 à R. 4311-15 deviennent les art. R. 4311-8 à R. 4311-11 (Décr. n° 2008-1156 du 7 nov. 2008, art. 3 et 16).

Art. R. 4311-8 Les équipements de protection individuelle, auxquels s'appliquent les obligations de conception et de fabrication prévues à l'article L. 4311-1, sont des dispositifs ou moyens destinés à être portés ou tenus par une personne en vue de la protéger contre un ou plusieurs risques susceptibles de menacer sa santé ou sa sécurité. – *[Anc. art. R. 4311-12.]*

Art. R. 4311-9 Sont considérés comme des équipements de protection individuelle, au sens de l'*(Décr. n° 2008-1156 du 7 nov. 2008)* « article R. 4311-8 » :

1° Un ensemble constitué par plusieurs dispositifs ou moyens, associés de façon solidaire en vue de protéger une personne contre un ou plusieurs risques susceptibles d'être encourus simultanément ;

2° Un dispositif ou moyen protecteur solidaire, de façon dissociable ou non dissociable, d'un équipement individuel non protecteur, tel que vêtement de travail, porté ou tenu par une personne en vue de déployer une activité ;

3° Tout composant interchangeable d'un équipement de protection individuelle, indispensable à son bon fonctionnement et utilisé exclusivement pour cet équipement de protection individuelle. – *[Anc. art. R. 4311-13.]*

Art. R. 4311-10 Les systèmes de liaison permettant de raccorder un équipement de protection individuelle à un dispositif extérieur complémentaire, même lorsque ces systèmes de liaison ne sont pas destinés à être portés ou tenus en permanence par l'utilisateur pendant la durée d'exposition aux risques, sont considérés comme faisant partie intégrante de l'équipement de protection individuelle. – *[Anc. art. R. 4311-14.]*

Art. R. 4311-11 Ne sont pas considérés comme des équipements de protection individuelle, au sens de l'*(Décr. n° 2008-1156 du 7 nov. 2008)* « article R. 4311-8 » :

1° Les équipements de protection individuelle conçus et fabriqués spécifiquement pour les forces armées ou du maintien de l'ordre ;

2° Les équipements de protection individuelle destinés à la protection ou à la sauvegarde des personnes embarquées à bord des navires ou aéronefs, et qui ne sont pas portés en permanence ;

3° Les équipements d'autodéfense contre les agressions, tels que générateurs aérosols et armes individuelles de dissuasion ;

4° Les équipements de protection individuelle conçus et fabriqués pour un usage privé contre :

a) Les conditions atmosphériques, tels que couvre-chef, vêtements de saison, chaussures et bottes, parapluies ;

b) L'humidité, l'eau, tels que gants de vaisselle ;

c) La chaleur, tels que gants ;

5° Les casques et visières destinés aux usagers de véhicules à moteur à deux ou trois roues ;

6° Les équipements de protection individuelle qui font l'objet d'une réglementation particulière prise en application *(Décr. n° 2008-1156 du 7 nov. 2008)* « de l'article L. 221-3 » du code de la consommation, de la loi du 24 mai 1941 relative à la normalisation *(Abrogé par Décr. n° 2008-1156 du 7 nov. 2008)* ***«, de la loi n° 83-660 du 21 juillet 1983 relative à la sécurité des consommateurs »*** et du titre III du livre V du code de la santé publique ;

7° Les composants d'équipements de protection individuelle destinés à y être incorporés et qui ne sont ni essentiels ni indispensables au bon fonctionnement des équipements de protection individuelle ;

8° Les appareils portatifs pour la détection et la signalisation de risques et facteurs de nuisance. – *[Anc. art. R. 4311-15.]*

SECTION II **DISPOSITIONS D'APPLICATION**

Art. R. 4311-12 *(Décr. n° 2008-1156 du 7 nov. 2008)* Les machines ainsi que les équipements de protection individuelle respectivement soumis aux règles techniques pertinentes des annexes I et II du présent titre, lorsqu'ils sont conçus et construits conformément aux normes reprises dans la collection des normes nationales et dont les références ont été publiées au *Journal officiel* de l'Union européenne, sont réputés satisfaire aux règles des annexes, traitées par ces normes.

Art. R. 4311-13 *(Décr. n° 2008-1156 du 7 nov. 2008)* Dans les cas autres que ceux mentionnés à l'article R. 4311-12, un décret peut rendre des normes obligatoires.

CHAPITRE II **RÈGLES TECHNIQUES DE CONCEPTION**

SECTION PREMIÈRE **ÉQUIPEMENTS DE TRAVAIL** *(Décr. n° 2008-1156 du 7 nov. 2008).*

SOUS-SECTION 1 **ÉQUIPEMENTS DE TRAVAIL NEUFS OU CONSIDÉRÉS COMME NEUFS**

(Décr. n° 2008-1156 du 7 nov. 2008)

Art. R. 4312-1 Les machines neuves ou considérées comme neuves au sens de l'article R. 4311-1 sont soumises aux règles techniques prévues par l'annexe I figurant à la fin du présent titre *[ss. art. R. 4314-6]*.

Art. R. 4312-1-1 *(Décr. n° 2016-1010 du 21 juill. 2016, art. 1er)* Les tracteurs agricoles ou forestiers et leurs entités techniques, systèmes ou composants sont soumis au règlement (UE) n° 167/2013 du Parlement européen et du Conseil du 5 février 2013 relatif à la réception et à la surveillance du marché des véhicules agricoles et forestiers, dans les conditions définies à l'article 2.3 de ce règlement, ainsi qu'au décret n° 2005-1236 du 30 septembre 2005 relatif aux règles, prescriptions et procédures applicables aux tracteurs agricoles ou forestiers et à leurs dispositifs.

Art. R. 4312-1-2 Les électrificateurs de clôture sont soumis au décret n° 96-216 du 14 mars 1996 relatif aux règles techniques et à la procédure de certification applicables aux électrificateurs de clôture.

SOUS-SECTION 2 **ÉQUIPEMENTS D'OCCASION**

A compter du 29 déc. 2009, les art. R. 4312-19 à R. 4312-22 deviennent les art. R. 4312-2 à R. 4312-5 (Décr. n° 2008-1156 du 7 nov. 2008, art. 6 et 16).

Art. R. 4312-2 Les machines d'occasion, soumises lors de leur mise en service à l'état neuf aux règles techniques de conception et de construction prévues à l'annexe I de l'article R. 4312-1, demeurent soumises aux règles de cette annexe.

Celles de ces machines qui n'étaient pas soumises à ces règles lors de leur mise en service à l'état neuf sont soumises aux règles techniques d'utilisation définies par le chapitre IV du titre II. – *[Anc. art. R. 4312-19.]*

Art. R. 4312-2-1 *(Décr. n° 2016-1010 du 21 juill. 2016, art. 1er)* Les tracteurs agricoles ou forestiers et leurs entités techniques, systèmes ou composants d'occasion sont soumis au décret n° 2005-1236 du 30 septembre 2005 relatif aux règles, prescriptions et procédures applicables aux tracteurs agricoles ou forestiers et à leurs dispositifs.

Art. R. 4312-3 Les accessoires de levage, *(Abrogé par Décr. n° 2008-1156 du 7 nov. 2008) « les composants d'accessoire de levage »* les câbles, chaînes et sangles de levage d'occasion, quelle que soit leur date de mise en service à l'état neuf, sont soumis aux règles techniques de conception et de construction prévues à l'annexe I de l'article R. 4312-1. – *[Anc. art. R. 4312-20.]*

Art. R. 4312-4 Les composants de sécurité d'occasion, quelle que soit leur date de mise en service à l'état neuf, sont soumis aux règles techniques de conception et de construction prévues à l'annexe I de l'article R. 4312-1.

Toutefois, les structures de protection conformes au décret n° 90-490 du 15 juin 1990 et les autres composants de sécurité conformes à un modèle ayant fait l'objet d'un visa d'examen technique ou d'une attestation d'examen de type délivré conformément aux décrets pris pour l'application de l'article L. 233-5 du code du travail, dans sa rédaction issue de la loi n° 76-1106 du 6 décembre 1976, en vigueur jusqu'au 31 décembre 1992, sont considérés comme conformes à l'obligation définie au premier alinéa. – *[Anc. art. R. 4312-21.]*

Art. R. 4312-5 A condition de satisfaire aux obligations définies à l'article L. 4311-1, les matériels d'occasion peuvent, quand ils sont conformes à la réglementation des matériels d'occasion en vigueur dans l'État membre de la Communauté européenne dont ils proviennent, faire l'objet des seules opérations mentionnées à ce même article.

Dans ce cas, le certificat de conformité prévu par l'article *(Décr. n° 2008-1156 du 7 nov. 2008)* « R. 4313-15 » indique de manière précise les références de la réglementation appliquée.

S'il y lieu, ces matériels sont mis par l'employeur en conformité avec les règles techniques d'utilisation prévues par le chapitre IV du titre II. – *[Anc. art. R. 4312-22.]*

SECTION II ÉQUIPEMENTS DE PROTECTION INDIVIDUELLE

A compter du 29 déc. 2009, les articles R. 4312-23 à R. 4312-26 deviennent les articles R. 4312-6 à R. 4312-9 (Décr. n° 2008-1156 du 7 nov. 2008, art. 7 et 16).

SOUS-SECTION 1 ÉQUIPEMENTS NEUFS OU CONSIDÉRÉS COMME NEUFS

Art. R. 4312-6 Les équipements de protection individuelle, neufs ou considérés comme neufs, sont soumis aux règles techniques de conception et de fabrication prévues par l'annexe II figurant à la fin du présent titre. – *[Anc. art. R. 4312-23.]*

SOUS-SECTION 2 ÉQUIPEMENTS D'OCCASION

Art. R. 4312-7 Les équipements de protection individuelle d'occasion, quelle que soit leur date de mise en service à l'état neuf, sont soumis aux règles techniques de conception et de fabrication prévues par l'annexe II figurant à la fin du présent titre.

Ils sont accompagnés de la notice d'instructions les concernant. – *[Anc. art. R. 4312-24.]*

Art. R. 4312-8 Les équipements de protection individuelle d'occasion suivants ne peuvent être exposés, mis en vente, vendus, importés, loués, mis à disposition ou cédés à quelque titre que ce soit en vue de leur mise en service ou utilisation :

1° Équipements à usage unique ;

2° Équipements dont la date de péremption ou la durée d'utilisation est dépassée ;

3° Équipements ayant subi un dommage quelconque, même réparés ;

4° Casques de protection de la tête contre les chocs mécaniques ;

5° Équipements de protection contre les agents infectieux ;

6° Équipements mentionnés par l'article *(Décr. n° 2008-1156 du 7 nov. 2008)* « R. 4313-82 », à l'exception des appareils de protection respiratoire destinés à la plongée. – *[Anc. art. R. 4312-25.]*

Art. R. 4312-9 Les équipements de protection individuelle d'occasion suivants peuvent être mis à disposition ou loués pour la pratique d'activités non professionnelles sportives ou de loisirs, *(Décr. nº 2008-1156 du 7 nov. 2008)* « sous réserve du respect des dispositions de l'article R. 4313-16 » :

1° Casques de cavaliers ;

2° Équipements de protection contre les chutes de hauteur.

Al. abrogé par Décr. nº 2008-1156 du 7 nov. 2008. – [Anc. art. R. 4312-26.]

CHAPITRE III **PROCÉDURES DE CERTIFICATION DE CONFORMITÉ**

SECTION PREMIÈRE **FORMALITÉS PRÉALABLES À LA MISE SUR LE MARCHÉ**

(Décr. nº 2008-1156 du 7 nov. 2008)

SOUS-SECTION 1 **MACHINES, QUASI-MACHINES ET ÉQUIPEMENTS DE PROTECTION INDIVIDUELLE NEUFS OU CONSIDÉRÉS COMME NEUFS**

§ 1er MACHINES ET ÉQUIPEMENTS DE PROTECTION INDIVIDUELLE

Art. R. 4313-1 Le fabricant, l'importateur ou tout autre responsable de la mise sur le marché d'un exemplaire neuf ou considéré comme neuf d'une machine ainsi que d'un équipement de protection individuelle, respectivement soumis aux règles techniques des annexes I ou II, établit et signe une déclaration CE de conformité par laquelle il atteste que cette machine ou cet équipement de protection individuelle est conforme aux règles techniques pertinentes de l'annexe qui le concerne et a satisfait aux procédures d'évaluation de la conformité applicables.

V. Arr. du 22 oct. 2009 fixant le modèle de la déclaration de conformité CE relative aux équipements de protection individuelle (JO 9 déc.).

Art. R. 4313-2 La déclaration CE de conformité est remise au preneur lors de la vente, de la location, de la cession ou de la mise à disposition à quelque titre que ce soit d'une machine.

Art. R. 4313-3 Un marquage de conformité, constitué par le sigle CE, est apposé de manière visible, lisible et indélébile sur chaque exemplaire de machine ainsi que sur chaque exemplaire d'équipement de protection individuelle.

Art. R. 4313-4 Lorsque, compte tenu des caractéristiques de l'équipement de protection individuelle, l'apposition du marquage CE sur les exemplaires n'est pas possible, celui-ci figure sur l'emballage.

Art. R. 4313-5 Le marquage CE est apposé par le fabricant, l'importateur ou tout autre responsable de la mise sur le marché qui atteste qu'une machine ou un équipement de protection individuelle est conforme aux règles techniques pertinentes de l'annexe figurant à la fin de ce titre qui le concerne et a satisfait aux procédures d'évaluation de la conformité applicables.

Art. R. 4313-6 L'exposition, la mise en vente, la vente, la location, l'importation, la cession ou la mise à disposition à quelque titre que ce soit d'une machine ou d'un équipement de protection individuelle neuf ou considéré comme neuf soumis à une procédure d'évaluation de la conformité est subordonnée à la constitution par le fabricant, l'importateur ou par tout autre responsable de la mise sur le marché d'un dossier technique relatif aux moyens mis en œuvre pour en assurer la conformité aux règles techniques applicables.

Ce dossier est disponible ou peut l'être dans de brefs délais.

V. Arr. du 22 oct. 2009 (JO 10 déc.) fixant le contenu du dossier technique de fabrication pour les équipements de protection individuelle.

§ 2 QUASI-MACHINES

Art. R. 4313-7 Le fabricant, l'importateur ou tout autre responsable de la mise sur le marché d'une quasi-machine veille, avant sa mise sur le marché, à ce que soient établies :

1° La documentation technique pertinente ;

2° La notice d'assemblage ;

3° La déclaration d'incorporation.

Art. R. 4313-8 La documentation technique pertinente précise les règles techniques de l'annexe I figurant à la fin du présent titre qui sont appliquées pour la quasi-machine. Elle couvre la conception, la fabrication et le fonctionnement de la quasi-machine dans la mesure nécessaire à l'évaluation de la conformité avec ces règles techniques.

Cette documentation technique est disponible ou peut l'être dans de brefs délais.

Art. R. 4313-9 La notice d'assemblage d'une quasi-machine contient la description des conditions à remplir pour une incorporation adéquate dans la machine finale ne compromettant pas la santé et la sécurité.

Elle est rédigée dans la langue officielle de la Communauté européenne acceptée par le fabricant de la machine dans laquelle la quasi-machine est destinée à être incorporée.

Art. R. 4313-10 Le fabricant, l'importateur ou tout autre responsable de la mise sur le marché d'une quasi-machine établit et signe une déclaration d'incorporation par laquelle il déclare les règles techniques de l'annexe I figurant à la fin du présent titre qui sont appliquées à la quasi-machine, précise que la documentation prévue à l'article R. 4313-8 est constituée et, le cas échéant, indique les autres dispositions réglementaires transposant des directives européennes auxquelles la quasi-machine est conforme.

Art. R. 4313-11 La notice d'assemblage ainsi que la déclaration d'incorporation accompagnent la quasi-machine jusqu'à son incorporation dans la machine finale et font partie du dossier technique de cette machine.

§ 3 DISPOSITIONS D'APPLICATION

Art. R. 4313-12 Des arrêtés conjoints des ministres chargés du travail, de l'agriculture, des douanes, de l'industrie et de la consommation fixent :

1° Le contenu de la déclaration de conformité pour les machines ;

2° Le modèle de la déclaration de conformité pour les équipements de protection individuelle ;

3° Le contenu de la déclaration d'incorporation pour les quasi-machines ;

4° L'emplacement, le modèle du marquage CE et les autres indications qui l'accompagnent ;

5° Les éléments constitutifs du dossier technique d'une machine ou d'un équipement de protection individuelle ;

6° Les éléments constitutifs de la documentation pertinente pour les quasi-machines.

Art. R. 4313-13 La délivrance de la déclaration CE de conformité ou de la déclaration d'incorporation ainsi que l'apposition du marquage CE réalisés dans un État membre de la Communauté européenne produisent les mêmes effets que les formalités correspondantes réalisées dans les conditions prévues par la présente sous-section.

SOUS-SECTION 2 **ÉQUIPEMENTS DE TRAVAIL ET ÉQUIPEMENTS DE PROTECTION INDIVIDUELLE D'OCCASION**

Art. R. 4313-14 Lors de la vente, de la location, de la cession ou de la mise à disposition à quelque titre que ce soit, en vue de son utilisation, d'un équipement de travail d'occasion ainsi que lors de la vente ou de la cession à quelque titre que ce soit, en vue de son utilisation, d'un équipement de protection individuelle d'occasion mentionné à la section 1 du chapitre Ier du présent titre, le responsable de l'opération remet au preneur un certificat de conformité par lequel il atteste que le produit concerné est conforme aux règles techniques qui lui sont applicables.

Sur le modèle du certificat de conformité d'un équipement de travail et d'un équipement de protection individuelle d'occasion, V. Arr. du 22 oct. 2009 (JO 10 déc.).

Art. R. 4313-15 Le contenu du certificat de conformité est prévu par arrêté conjoint des ministres chargés du travail, de l'agriculture, des douanes, de l'industrie et de la consommation.

Art. R. 4313-16 Le responsable de la location ou de la mise à disposition réitérée d'un équipement de protection individuelle d'occasion s'assure du maintien en état de conformité de cet équipement en suivant, notamment, les instructions prévues au a du I du paragraphe 1.4 de l'annexe II qui figurent à la fin du présent titre et en procédant, le cas échéant, aux vérifications générales périodiques prévues à l'article R. 4323-99.

Un arrêté des ministres chargés du travail ou de l'agriculture précise les éléments dont le responsable des opérations prévues au présent article dispose afin d'établir le maintien en conformité de l'équipement de protection individuelle. Il communique ces éléments sur demande du preneur de l'équipement de protection individuelle ou des autorités de contrôle. – *V. Arr. du 22 oct. 2009 (JO 4 nov.).*

SOUS-SECTION 3 INTERDICTIONS

Art. R. 4313-17 Il est interdit d'exposer, de mettre en vente, de vendre, d'importer, de louer, de mettre à disposition ou de céder à quelque titre que ce soit un équipement de travail ou un équipement de protection individuelle pour lesquels les formalités préalables à la mise sur le marché n'ont pas été accomplies.

Lorsque ni le fabricant ni l'importateur n'ont satisfait aux obligations qui leur incombent conformément au présent chapitre, celles-ci, à l'exception des obligations prévues pour les machines par la sous-section 2 de la section II du chapitre III et pour les équipements de protection individuelle par la sous-section 3 de la section 2 du chapitre III, sont accomplies par tout responsable d'une opération mentionnée au premier alinéa.

Art. R. 4313-18 Il est interdit d'apposer sur une machine ou sur un équipement de protection individuelle, sur son emballage ou sur tout document le concernant tout marquage, signe ou inscription de nature à induire en erreur sur la signification, le graphisme, ou les deux à la fois, du marquage CE.

Un autre marquage peut être apposé sur les machines ainsi que sur les équipements de protection individuelle s'il ne porte pas préjudice à la visibilité, à la lisibilité ainsi qu'à la signification du marquage CE.

SECTION II LES PROCÉDURES D'ÉVALUATION DE LA CONFORMITÉ

(Décr. nº 2008-1156 du 7 nov. 2008)

SOUS-SECTION 1 DISPOSITIONS COMMUNES

Art. R. 4313-19 L'issue de la procédure d'évaluation de la conformité d'une machine ou d'un équipement de protection individuelle, prévue à la présente section, peut être subordonnée :

1° Au résultat de vérifications même inopinées, réalisées par des organismes notifiés dans les locaux de fabrication ou de stockage de machines ou d'équipements de protection individuelle qui, s'ils se révélaient non conformes, seraient susceptibles d'exposer les personnes intéressées à un risque grave ;

2° Au résultat d'examen ou d'essais, même destructifs, lorsque l'état de la technique le requiert.

SOUS-SECTION 2 PROCÉDURES D'ÉVALUATION DE LA CONFORMITÉ APPLICABLES AUX MACHINES AINSI QU'AUX ÉQUIPEMENTS DE PROTECTION INDIVIDUELLE

§ 1er ÉVALUATION DE LA CONFORMITÉ AVEC CONTRÔLE INTERNE DE LA FABRICATION DITE AUSSI PROCÉDURE "D'AUTOCERTIFICATION CE"

Art. R. 4313-20 La procédure de contrôle interne de la fabrication est la procédure par laquelle le fabricant s'assure qu'une machine ou un équipement de protection individuelle satisfait aux règles techniques pertinentes de l'annexe applicable et établit, sous sa responsabilité, une déclaration de conformité en ce sens.

Art. R. 4313-21 Le fabricant prend les mesures nécessaires pour garantir, dans le processus de fabrication, que la machine ou l'équipement de protection individuelle est conforme à la machine ou à l'équipement de protection individuelle faisant l'objet du dossier technique ainsi qu'aux règles techniques pertinentes.

Art. R. 4313-22 Le fabricant, l'importateur ou tout autre responsable de la mise sur le marché établit pour chaque type de machine ou d'équipement de protection individuelle le dossier technique prévu à l'article R. 4313-6.

§ 2 EXAMEN CE DE TYPE

Art. R. 4313-23 La procédure dite "examen CE de type" est la procédure par laquelle un organisme notifié constate et atteste qu'un modèle de machine ou d'équipement de protection individuelle est conforme aux règles techniques le concernant.

En application de l'art. L. 231-4-4° CRPA, et par exception à l'application du délai de deux mois prévu à l'art. L. 231-1 du même code, le silence gardé par l'administration pendant trois mois vaut décision de rejet pour une demande de délivrance d'une attestation dite « examen CE de type » (Décr. n° 2015-1452 du 10 nov. 2015, art. 1er et Annexe I). Le Décr. préc. s'applique aux demandes présentées à compter du 12 nov. 2015 (Décr. préc, art. 4).

Art. R. 4313-24 La demande d'examen CE de type ne peut être introduite par le fabricant ou l'importateur qu'auprès d'un seul organisme notifié dans la Communauté européenne pour un modèle de machine ou d'équipement de protection individuelle.

Art. R. 4313-25 La demande d'examen CE de type comporte :
1° Les nom et adresse du fabricant ou de l'importateur ;
2° Le lieu de fabrication de la machine ou de l'équipement de protection individuelle ;
3° Le dossier technique prévu par l'article R. 4313-6.

Art. R. 4313-26 Lorsqu'il s'agit d'une machine, la demande d'examen CE de type est accompagnée d'un exemplaire du modèle ou de l'indication du lieu où le modèle peut être examiné.

Lorsqu'il s'agit d'un équipement de protection individuelle, la demande est accompagnée du nombre d'exemplaires du modèle nécessaire à l'examen.

Art. R. 4313-27 Lorsque l'organisme notifié a son siège en France, la correspondance relative à la demande d'examen CE de type et le dossier technique sont rédigés en français ou dans une langue officielle de la Communauté européenne acceptée par l'organisme notifié.

Art. R. 4313-28 L'organisme notifié, saisi de la demande d'examen CE de type, procède à l'examen du dossier technique et à l'examen du modèle de machine ou d'équipement de protection individuelle.

Art. R. 4313-29 Lorsqu'il s'agit d'une machine, l'organisme notifié procède aux examens et essais lui permettant de s'assurer que :
1° Le dossier technique comporte tous les éléments nécessaires ;
2° La machine a été fabriquée conformément aux indications contenues dans le dossier technique ;
3° La machine peut être utilisée en sécurité dans les conditions prévues d'utilisation ;
4° S'il s'agit d'un composant de sécurité mentionné au 3° de l'article R. 4311-4, que ce composant est apte à remplir les fonctions de sécurité prévues ;
5° Si le dossier technique fait référence à des normes mentionnées à l'article L. 4311-7, ces normes ont été correctement utilisées ;
6° La machine est conforme aux règles techniques qui lui sont applicables.

Art. R. 4313-30 Lorsqu'il s'agit d'un équipement de protection individuelle, l'organisme notifié procède aux examens et essais lui permettant de s'assurer que :
1° Le dossier technique comporte tous les éléments nécessaires. Si ce dossier fait référence à des normes mentionnées à l'article L. 4311-7, l'organisme s'assure qu'il comporte toutes les indications exigées par ces normes. Si ce dossier ne fait pas réfé-

rence à de telles normes ou ne s'y réfère qu'en application d'une partie des règles techniques applicables ou s'il n'existe pas de telles normes, l'organisme s'assure que, pour l'équipement soumis à examen, les spécifications techniques utilisées pour l'application des règles techniques ne se référant pas à ces normes sont conformes à ces règles techniques ;

2° Le modèle d'équipement de protection individuelle a été fabriqué conformément aux indications contenues dans le dossier technique et peut être utilisé en sécurité conformément à sa destination. L'organisme s'assure que l'équipement de protection individuelle est conforme aux règles techniques qui lui sont applicables. A cet effet, il réalise les examens et essais appropriés pour s'assurer, selon le cas, de la conformité du modèle d'équipement de protection individuelle :

a) Soit aux normes auxquelles fait référence le dossier technique ;

b) Soit aux spécifications techniques utilisées si ces spécifications techniques ont été au préalable reconnues conformes aux règles techniques applicables à l'équipement de protection individuelle.

Art. R. 4313-31 Lorsque l'organisme notifié décide que le modèle de machine ou d'équipement de protection individuelle examiné est conforme aux règles techniques le concernant, il établit une attestation d'examen CE de type.

L'attestation reproduit les conclusions de l'examen, indique les conditions dont elle est éventuellement assortie et comprend les descriptions et dessins nécessaires pour identifier le modèle faisant l'objet de l'attestation.

Art. R. 4313-32 Lorsque l'organisme notifié décide que le modèle de machine ou d'équipement de protection individuelle n'est pas conforme aux règles techniques le concernant, il fait connaître au demandeur son refus de lui délivrer une attestation d'examen CE de type et en informe les autres organismes notifiés de la Communauté européenne.

Art. R. 4313-33 L'organisme notifié informe le demandeur, par lettre recommandée avec accusé de réception, de la date à laquelle le dossier technique est complet. Il lui fait connaître sa décision sur la demande d'examen CE de type, par lettre recommandée avec avis de réception, dans un délai de trois mois, à compter de cette date.

Art. R. 4313-34 Lorsque l'organisme n'a pas fait connaître sa décision dans le délai prévu à l'article précédent, le demandeur peut, au plus tard dans les deux mois qui suivent l'expiration de ce délai, saisir le ministre chargé du travail d'une réclamation. Celui-ci peut, autoriser le demandeur à s'adresser à un autre organisme notifié.

Art. R. 4313-35 Les décisions portant délivrance ou refus d'une attestation d'examen CE de type peuvent, lorsqu'elles sont prises par un organisme notifié situé sur le territoire français, faire l'objet d'une réclamation devant le ministre chargé du travail, au plus tard dans un délai de deux mois à compter de la notification de la décision au demandeur.

Art. R. 4313-36 Si la décision d'un organisme notifié n'apparaît pas justifiée, le ministre chargé du travail, saisi d'une réclamation, peut réformer cette décision après avis du *(Décr. n° 2016-1834 du 22 déc. 2016, art. 2)* « Conseil d'orientation des conditions de travail », après que le réclamant, le demandeur de l'attestation d'examen CE de type s'il est différent du réclamant et l'organisme notifié en cause, ont été invités à présenter leurs observations. Il prend sa décision dans un délai de deux mois.

Le silence gardé pendant plus de deux mois sur une réclamation vaut décision de rejet.

Art. R. 4313-37 Préalablement à l'exposition, la mise en vente, la vente, l'importation, la location, la mise à disposition ou la cession à quelque titre que ce soit d'un exemplaire neuf de machine ou d'équipement de protection individuelle ayant fait l'objet d'une attestation d'examen CE de type, le responsable de l'opération s'assure de la conformité de l'exemplaire en cause avec le modèle pour lequel a été délivrée l'attestation.

La déclaration CE de conformité prévue par l'article R. 4313-1 ne peut être établie et délivrée et le marquage CE de conformité prévu par l'article R. 4313-3 ne peut être apposé que si l'exemplaire concerné est conforme au modèle pour lequel l'attestation d'examen CE de type a été délivrée.

Art. R. 4313-38 Toute modification d'une machine ou d'un équipement de protection individuelle, ayant fait l'objet d'une attestation d'examen CE de type, réalisée par le fabricant ou l'importateur, est portée à la connaissance de l'organisme ayant délivré l'attestation.

L'organisme prend connaissance de ces modifications et s'assure que celles-ci n'exigent pas un nouvel examen de conformité. Dans ce cas, il fait savoir au fabricant ou à l'importateur que l'attestation d'examen CE de type reste valable pour le modèle ainsi modifié.

Dans le cas contraire, l'organisme fait savoir au fabricant ou à l'importateur que l'attestation d'examen CE de type cesse d'être valable. Si le fabricant ou l'importateur entend maintenir ces modifications, il dépose une nouvelle demande d'examen CE de type dans les conditions et selon les modalités prévues par la présente sous-section.

Art. R. 4313-39 L'attestation d'examen CE de type peut être retirée à tout moment par l'organisme notifié qui l'a délivrée s'il apparaît à l'expérience que les règles techniques applicables ne sont pas prises en compte.

La décision est prise après que le titulaire de l'attestation a été appelé à présenter ses observations. Cette décision est motivée par des non-conformités suffisamment importantes pour justifier la remise en cause de la décision initiale.

L'organisme notifié informe de sa décision le ministre chargé du travail et les autres organismes notifiés de la Communauté européenne.

La décision de retrait peut faire l'objet d'une réclamation dans les conditions prévues à l'article R. 4313-35.

Art. R. 4313-40 S'agissant des machines, le fabricant ou l'importateur demande à l'organisme notifié qui a délivré une attestation d'examen CE de type de réexaminer la validité de cette attestation, tous les cinq ans.

Art. R. 4313-41 Si l'organisme notifié, après avoir procédé aux examens nécessaires, estime que l'attestation reste valable compte tenu de l'état de la technique, il la renouvelle pour une durée de cinq ans.

Art. R. 4313-42 Les décisions de renouvellement ou de refus de renouvellement d'une attestation d'examen CE de type peuvent faire l'objet d'une réclamation dans les conditions fixées à l'article R. 4313-35.

SOUS-SECTION 3 LE SYSTÈME D'ASSURANCE QUALITÉ COMPLÈTE

Art. R. 4313-43 La procédure d'assurance qualité complète est celle par laquelle un organisme notifié évalue, approuve le système de qualité d'un fabricant de machines et en contrôle l'application.

A cette fin, l'organisme notifié s'assure que toutes les mesures ont été prises concernant la conception, la fabrication, l'inspection finale et le stockage.

En application de l'art. L. 231-4-4° CRPA, et par exception à l'application du délai de deux mois prévu à l'art. L. 231-1 du même code, le silence gardé par l'administration pendant deux mois vaut décision de rejet pour une demande d'approbation du système d'assurance qualité complète pour les machines (Décr. n° 2015-1452 du 10 nov. 2015, art. 1er et Annexe I). Le Décr. préc. s'applique aux demandes présentées à compter du 12 nov. 2015 (Décr. préc, art. 4).

Art. R. 4313-44 Pour obtenir l'approbation de son système de qualité, le fabricant introduit, auprès d'un organisme, une demande d'évaluation qui comprend :

1° Le nom et l'adresse du fabricant ;

2° Les lieux de conception, de fabrication, d'inspection, d'essai et de stockage ;

3° Le dossier technique prévu à l'article R. 4313-6 pour un modèle de chaque machine citée à l'article *(Décr. n° 2011-1480 du 9 nov. 2011)* « R. 4313-78 » ;

4° La documentation sur le système de qualité ;

5° Une déclaration écrite spécifiant qu'une même demande n'a pas été introduite auprès d'un autre organisme notifié.

Art. R. 4313-45 Le système d'assurance qualité est mis en œuvre pour assurer la conformité des machines aux règles techniques les concernant. A cette fin tous les éléments, exigences et dispositions adoptés par le fabricant figurent dans une documentation tenue de manière systématique et rationnelle sous forme de mesures, procédures et instructions écrites. Cette documentation comprend, en particulier, une description adéquate :

1° Des objectifs de qualité, de l'organigramme et des responsabilités et des pouvoirs des cadres en matière de conception et de qualité des machines ;

2° Des solutions techniques adoptées pour se conformer aux règles techniques applicables ;

3° Des techniques mises en œuvre en termes d'inspection et de vérification ainsi que des actions mises en œuvre lors de la conception puis de la fabrication ;

4° Des inspections et essais effectués avant, pendant et après la fabrication avec indication de leur fréquence ;

5° Des dossiers de qualité : rapport d'inspection, résultats d'essais et d'étalonnage, rapport sur la qualification du personnel concerné ;

6° Des moyens prévus pour contrôler la réalisation de la conception et de la qualité voulues des machines ainsi que le fonctionnement effectif du système qualité.

Art. R. 4313-46 Lorsqu'il évalue le système de qualité, l'organisme notifié considère que les éléments du système qualité qui sont conformes à la norme harmonisée pertinente satisfont aux prescriptions correspondantes de l'article R. 4313-45.

Art. R. 4313-47 Pour l'évaluation du système de qualité d'un fabricant de machine, l'organisme notifié s'appuie sur une équipe d'auditeurs qui compte, au moins, un membre expérimenté dans l'évaluation de la technologie des machines. Cette équipe procède à l'examen du dossier technique prévu à l'article R. 4313-6. La procédure d'évaluation comporte une visite d'inspection dans les installations du fabricant.

Art. R. 4313-48 Après avoir procédé à l'évaluation du système, l'organisme notifie sa décision d'approbation du système qualité ou de refus.

La décision de l'organisme notifié peut faire l'objet d'une réclamation dans les conditions prévues par l'article R. 4313-35.

Art. R. 4313-49 Le fabricant informe l'organisme notifié de tout projet de modification de ce système approuvé. L'organisme notifié examine les modifications proposées et décide s'il continue de répondre aux dispositions de l'article R. 4313-45. La décision est notifiée et peut faire l'objet d'une réclamation dans les conditions prévues à l'article R. 4313-35.

Art. R. 4313-50 Le fabricant s'engage à remplir toutes les conditions nécessaires pour que le système de qualité approuvé demeure effectif.

Art. R. 4313-51 L'organisme notifié contrôle, par surveillance, que le fabricant remplit correctement les obligations qui découlent du système d'assurance qualité approuvé.

Art. R. 4313-52 Le fabricant autorise l'organisme notifié à accéder aux lieux de conception, de fabrication, d'inspection, d'essais et de stockage et fournit toutes les informations nécessaires, notamment :

1° La documentation sur le système de qualité ;

2° Les dossiers de qualité prévus, d'une part, dans la partie du système de qualité consacrée à la conception et, d'autre part, dans la partie consacrée à sa fabrication.

Art. R. 4313-53 L'organisme notifié procède à des audits périodiques pour s'assurer que le fabricant maintient et applique le système de qualité approuvé. Il fournit un rapport d'audit au fabricant.

La fréquence des audits est telle qu'une réévaluation complète est menée tous les trois ans.

Art. R. 4313-54 L'organisme notifié effectue, à l'improviste chez le fabricant, des visites dont la nécessité et la fréquence sont déterminées sur la base du système de contrôle géré par l'organisme. Au nombre des critères de choix de l'organisme figurent :

1° Les résultats des visites de surveillance antérieure ;

2° Le suivi qu'impose la mise en œuvre de mesures correctives ;

3° Les conditions spéciales liées à l'approbation du système ;

4° Les modifications significatives dans l'organisation du processus, des mesures ou des techniques de production.

Le cas échéant, l'organisme fait effectuer des essais. Les visites et les essais font l'objet d'un rapport remis au fabricant.

Art. R. 4313-55 Le fabricant tient à disposition des autorités nationales, pendant dix ans à compter de la dernière date de fabrication, les éléments à transmettre avec toute demande d'évaluation du système qualité énumérés à l'article R. 4313-44 ainsi que les décisions et rapports prévus aux articles R. 4313-48, R. 4313-49, R. 4313-53 et R. 4313-54.

Art. R. 4313-56 Lorsque l'organisme estime que les conditions nécessaires à l'approbation du système de qualité ne sont plus remplies, il retire cette approbation. Ce retrait interdit la mise sur le marché de la machine.

SOUS-SECTION 4 PROCÉDURES D'ÉVALUATION DE LA CONFORMITÉ APPLICABLES AUX ÉQUIPEMENTS DE PROTECTION INDIVIDUELLE

§ 1er LE SYSTÈME DE GARANTIE DE QUALITÉ CE

Art. R. 4313-57 Le "système de garantie de qualité CE" est la procédure par laquelle un organisme notifié atteste que le fabricant a pris toutes mesures nécessaires pour que le procédé de fabrication, y compris l'inspection finale et les essais des équipements de protection individuelle, assure l'homogénéité de sa production et la conformité de chaque exemplaire d'équipement de protection individuelle soumis à cette procédure avec le modèle ayant fait l'objet de l'attestation d'examen CE de type et avec les règles techniques qui lui sont applicables.

En application de l'art. L. 231-5 CRPA, et par exception à l'application du délai de deux mois prévu à l'art. L. 231-1 du même code, le silence gardé par l'administration pendant deux mois vaut décision de rejet pour une demande de conformité au type sur la base de la vérification du produit pour les équipements de protection individuelle (Décr. n° 2015-1452 du 10 nov. 2015, art. 1er et Annexe I). Le Décr. préc. s'applique aux demandes présentées à compter du 12 nov. 2015 (Décr. préc, art. 4).

Art. R. 4313-58 Pour chaque modèle d'équipement de protection individuelle fabriqué, un organisme notifié choisi par le fabricant prélève un échantillonnage adéquat de l'équipement de protection individuelle à des intervalles aléatoires, au moins une fois par an. Sous sa responsabilité, il l'examine et réalise sur cet échantillonnage les essais appropriés définis par les normes mentionnées au 6° de l'article L. 4311-7 ou nécessaires pour s'assurer de la conformité des échantillons d'équipement de protection individuelle avec les règles techniques qui leur sont applicables. L'organisme notifié, s'il n'est pas celui qui a délivré l'attestation d'examen CE de type, prend contact avec ce dernier en cas de difficulté pour apprécier la conformité des équipements de protection individuelle prélevés dans l'échantillonnage. L'organisme notifié adresse au fabricant un rapport d'expertise dans un délai de deux mois suivant celle-ci.

Art. R. 4313-59 Lorsque le rapport prévu par l'article R. 4313-58 conclut à une absence d'homogénéité de la production ou à l'absence de conformité des échantillons d'équipement de protection individuelle examinés avec le modèle décrit dans l'attestation d'examen CE de type et les règles techniques applicables, l'organisme notifié prend les mesures qui s'imposent en fonction des défauts constatés et en informe le ministre chargé du travail. Le délai dans lequel le rapport d'expertise est adressé au fabricant est réduit au temps strictement nécessaire pour la rédaction et la transmission de ce rapport.

Art. R. 4313-60 Les mesures mentionnées à l'article R. 4313-59 peuvent être constituées par une augmentation de la périodicité des prélèvements d'échantillonnage, une demande de modification des procédés de fabrication y compris d'inspection finale, une demande de rappel ou de mise au rebut des lots défectueux. La charge financière résultant de la mise en œuvre de ces mesures est supportée par le fabricant. Si ces mesures n'apparaissent pas suffisantes ou ne sont pas respectées, la procédure de sauvegarde prévue au chapitre IV peut être mise en œuvre.

Art. R. 4313-61 Les possibilités de réclamation prévues par l'article R. 4313-35 sont applicables aux décisions de l'organisme notifié prévues au présent paragraphe.

§ 2 LE SYSTÈME D'ASSURANCE QUALITÉ CE DE LA PRODUCTION AVEC SURVEILLANCE

Art. R. 4313-62 Le système d'assurance qualité CE de la production avec surveillance est la procédure par laquelle un fabricant :

1° Fait approuver un système d'assurance qualité par un organisme notifié de son choix ;

2° Confie à cet organisme le soin de contrôler, par surveillance, qu'il remplit correctement les obligations résultant du système d'assurance qualité approuvé.

En application de l'art. L. 231-5 CRPA, et par exception à l'application du délai de deux mois prévu à l'art. L. 231-1 du même code, le silence gardé par l'administration pendant deux mois vaut décision de rejet pour une demande de conformité au type sur la base de la vérification de la qualité du procédé de fabrication pour les équipements de protection individuelle (Décr. n° 2015-1452 du 10 nov. 2015, art. 1er et Annexe I). Le Décr. préc. s'applique aux demandes présentées à compter du 12 nov. 2015 (Décr. préc, art. 4).

Art. R. 4313-63 Pour être approuvé, le système d'assurance qualité CE de la production, proposé par le fabricant, garantit que chaque exemplaire d'équipement de protection individuelle, soumis à cette procédure, est conforme au modèle ayant fait l'objet de l'attestation d'examen CE de type et aux règles techniques qui lui sont applicables.

Art. R. 4313-64 Pour bénéficier d'un système approuvé d'assurance qualité, le fabricant dépose une demande d'évaluation de son système auprès d'un organisme notifié de son choix. Cette demande comporte :

1° Toutes les informations relatives aux équipements de protection individuelle envisagés, y compris le dossier technique prévu à l'article R. 4313-6 relatif au modèle ayant fait l'objet d'une attestation d'examen CE de type ;

2° La documentation sur le système d'assurance qualité ;

3° L'engagement de remplir les obligations découlant du système d'assurance qualité et de maintenir l'efficacité de ce système.

Art. R. 4313-65 La documentation sur le système d'assurance qualité comprend notamment une description :

1° Des objectifs de qualité, de l'organigramme et de la répartition des compétences chez le fabricant dans les domaines relatifs à la qualité des équipements de protection individuelle ;

2° Des examens, inspections et essais à réaliser par le fabricant ;

3° Des moyens destinés à vérifier le fonctionnement efficace du système d'assurance qualité.

Art. R. 4313-66 L'organisme notifié, choisi par le fabricant pour évaluer le système d'assurance qualité, réalise les vérifications nécessaires pour déterminer si ce système est de nature à assurer la conformité de la production avec les règles techniques applicables.

Cette conformité est présumée lorsque le système d'assurance qualité du fabricant met en œuvre les normes harmonisées pertinentes.

Art. R. 4313-67 L'organisme notifié, pour évaluer le système d'assurance qualité, procède à cette fin à toutes les évaluations objectives nécessaires des éléments de ce système. Il s'assure notamment que le système garantit la conformité de chaque exemplaire d'équipement de protection individuelle avec le modèle ayant fait l'objet d'une attestation d'examen CE de type.

L'organisme notifie sa décision au fabricant.

Art. R. 4313-68 Le fabricant informe l'organisme qui a approuvé son système d'assurance qualité de tout projet de modification de ce système.

L'organisme examine les modifications proposées et décide si le système d'assurance qualité continue de répondre aux dispositions des articles R. 4313-64 à R. 4313-67. L'organisme notifie au fabricant sa décision quant au système d'assurance qualité modifié.

Art. R. 4313-69 L'organisme notifié contrôle, par surveillance, que le fabricant remplit correctement les obligations qui découlent du système d'assurance qualité approuvé.

Art. R. 4313-70 Le fabricant autorise l'organisme notifié à accéder aux lieux d'inspection, d'essais et de stockage des équipements de protection individuelle et fournit toute information nécessaire, notamment :

1° La documentation sur le système d'assurance qualité, y compris les manuels de qualité ;

2° La documentation technique.

Art. R. 4313-71 L'organisme notifié procède périodiquement à des enquêtes et contrôles pour s'assurer que le fabricant maintient et applique le système d'assurance qualité approuvé. Il fournit un rapport d'expertise au fabricant. L'organisme peut procéder à des visites inopinées chez le fabricant. Il fournit un rapport de visite au fabricant et, le cas échéant, un rapport d'expertise. Les rapports de l'organisme notifié sont adressés au fabricant dans les conditions fixées par les articles R. 4313-58 et R. 4313-59.

Art. R. 4313-72 Lorsque l'organisme notifié a conclu à une application défectueuse du système d'assurance qualité approuvé, il peut, selon la gravité des défauts constatés :

– soit demander les modifications nécessaires du système.

– soit décider le retrait de l'approbation.

Art. R. 4313-73 En cas de retrait de l'approbation du système d'assurance qualité, la fabrication ne peut se poursuivre qu'après que le fabricant a mis en œuvre un système de garantie de qualité CE conforme aux dispositions du paragraphe 1 de la présente sous-section. La procédure de sauvegarde prévue au chapitre IV peut également être mise en œuvre.

Art. R. 4313-74 Les possibilités de réclamation prévues par l'article R. 4313-35 sont applicables aux décisions de l'organisme notifié prévues par le présent paragraphe.

SECTION III **LES PROCÉDURES D'ÉVALUATION DE LA CONFORMITÉ APPLICABLES À CHAQUE CATÉGORIE DE MACHINES, *[D']* ÉQUIPEMENTS DE TRAVAIL OU D'ÉQUIPEMENTS DE PROTECTION INDIVIDUELLE**

(Décr. n° 2008-1156 du 7 nov. 2008)

§ 1er MACHINES ET AUTRES ÉQUIPEMENTS DE TRAVAIL

Art. R. 4313-75 A l'exception de celles figurant à l'article R. 4313-78, les machines sont soumises à la procédure d'évaluation de la conformité avec contrôle interne de la fabrication.

(Décr. n° 2016-1010 du 21 juill. 2016, art. 1er) « Les tracteurs agricoles ou forestiers et leurs entités techniques, systèmes ou composants sont soumis aux procédures de réception UE par type ou d'homologation nationale définies respectivement par le règlement (UE) n° 167/2013 du Parlement européen et du Conseil du 5 février 2013 relatif à la réception et à la surveillance du marché des véhicules agricoles et forestiers, dans les conditions définies à l'article 2.3 de ce règlement, et par le décret n° 2005-1236 du 30 septembre 2005 relatif aux règles, prescriptions et procédures applicables aux tracteurs agricoles ou forestiers et à leurs dispositifs. »

Les électrificateurs de clôture sont soumis à la procédure d'examen de type définie par le décret n° 96-216 du 14 mars 1996 relatif aux règles techniques et à la procédure de certification applicables aux électrificateurs de clôture.

Art. R. 4313-76 Lorsque la machine est mentionnée à l'article R. 4313-78 et est fabriquée conformément aux normes harmonisées mentionnées à l'article L. 4311-7, et pour autant que ces normes couvrent l'ensemble des règles techniques pertinentes, le fabricant applique l'une des procédures suivantes :

1° La procédure d'évaluation de la conformité avec contrôle interne de la fabrication ;
2° La procédure d'examen CE de type ainsi que le contrôle interne de la fabrication ;
3° La procédure d'assurance qualité complète.

Art. R. 4313-77 Lorsque la machine est mentionnée à l'article R. 4313-78 et n'est pas fabriquée conformément aux normes harmonisées mentionnées à l'article L. 4311-7 ou si les normes harmonisées ne couvrent pas l'ensemble des règles techniques pertinentes, le fabricant applique l'une des procédures suivantes :
1° La procédure d'examen CE de type ainsi que le contrôle interne de la fabrication ;
2° La procédure d'assurance qualité complète.

Art. R. 4313-78 Les machines neuves ou considérées comme neuves soumises, soit aux procédures définies à l'article R. 4313-76, soit à celles prévues à l'article R. 4313-77, sont les suivantes :
1° Scies circulaires (monolames et multilames) pour le travail du bois et des matériaux ayant des caractéristiques physiques similaires ou pour le travail de la viande et des matériaux ayant des caractéristiques physiques similaires, des types suivants :
a) Machines à scier, à une ou plusieurs lames en position fixe en cours de coupe, ayant une table ou un support de pièce fixe avec avance manuelle de la pièce ou avec entraîneur amovible ;
b) Machines à scier, à une ou plusieurs lames en position fixe en cours de coupe, à table-chevalet ou chariot à mouvement alternatif, à déplacement manuel ;
c) Machines à scier, à une ou plusieurs lames en position fixe en cours de coupe, possédant par construction un dispositif d'avance intégré des pièces à scier, à chargement ou à déchargement manuel ;
d) Machines à scier, à une ou plusieurs lames mobiles en cours de coupe, à dispositif d'avance intégré, à chargement ou à déchargement manuel ;
2° Machines à dégauchir à avance manuelle pour le travail du bois ;
3° Machines à raboter sur une face possédant par construction un dispositif d'avance intégré, à chargement ou à déchargement manuel pour le travail du bois ;
4° Scies à ruban à chargement ou à déchargement manuel pour le travail du bois et des matériaux ayant des caractéristiques physiques similaires ou pour le travail de la viande et des matériaux ayant des caractéristiques physiques similaires, des types suivants :
a) Machines à scier à lame en position fixe en cours de coupe, à table ou à support de pièce fixe ou à mouvement alternatif ;
b) Machines à scier à lame montée sur un chariot à mouvement alternatif ;
5° Machines combinées des types mentionnées aux 1°, 2°, 3°, 4°, 7° du présent article pour le travail du bois et des matériaux ayant des caractéristiques physiques similaires ;
6° Machines à tenonner à plusieurs broches à avance manuelle pour le travail du bois ;
7° Toupies à axe vertical à avance manuelle pour le travail du bois et des matériaux ayant des caractéristiques physiques similaires ;
8° Scies à chaîne, portatives, pour le travail du bois ;
9° Presses, y compris les plieuses, pour le travail à froid des métaux, à chargement ou à déchargement manuel dont les éléments mobiles peuvent avoir une course supérieure à 6 mm et une vitesse supérieure à 30 mm/s ;
10° Machines de moulage des plastiques par injection ou compression à chargement ou à déchargement manuel ;
11° Machines de moulage de caoutchouc par injection ou compression à chargement ou à déchargement manuel ;
12° Machines pour les travaux souterrains des types suivants :
a) Locomotives et bennes de freinage ;
b) Soutènements marchants hydrauliques ;
13° Bennes de ramassage d'ordures ménagères à chargement manuel, comportant un mécanisme de compression ;
14° Dispositifs amovibles de transmission mécanique, y compris leurs protecteurs ;
15° Protecteurs des dispositifs amovibles de transmission mécanique ;
16° Ponts élévateurs pour véhicules ;

17° Appareils de levage de personnes ou de personnes et d'objets, présentant un danger de chute verticale supérieure à 3 mètres ;

18° Machines portatives de fixation à charge explosive et autres machines à chocs ;

19° Dispositifs de protection destinés à détecter la présence de personnes ;

20° Protecteurs mobiles motorisés avec dispositif de verrouillage destinés à être utilisés dans les machines mentionnées au *[aux]* 9°, 10° et 11° ;

21° Blocs logiques assurant des fonctions de sécurité ;

22° Structures de protection contre le retournement (ROPS) ;

23° Structures de protection contre les chutes d'objets (FOPS).

Art. R. 4313-79 Un ensemble de machines constitué par l'assemblage d'une machine ou d'un tracteur avec un équipement interchangeable n'est pas tenu de satisfaire à la procédure de certification de conformité applicable à cet ensemble si les deux parties constitutives sont compatibles entre elles et si chacune de ces parties a satisfait à la procédure d'évaluation de la conformité qui lui est applicable.

§ 2 ÉQUIPEMENTS DE PROTECTION INDIVIDUELLE

Art. R. 4313-80 Sont soumis à la procédure de contrôle interne de la fabrication dite procédure d'autocertification CE définie par l'article R. 4313-20 les équipements de protection individuelle neufs ou considérés comme neufs qui ont pour but de protéger l'utilisateur contre :

1° Les agressions mécaniques dont les effets sont superficiels ;

2° Les produits d'entretien peu dangereux dont les effets sont facilement réversibles ;

3° Les risques encourus lors de la manipulation des pièces chaudes n'exposant pas à une température supérieure à 50° C, ni à des chocs dangereux ;

4° Les conditions atmosphériques qui ne sont ni exceptionnelles ni extrêmes ;

5° Les petits chocs et vibrations n'affectant pas des parties vitales du corps et qui ne peuvent pas provoquer de lésions irréversibles.

Art. R. 4313-81 Les équipements de protection individuelle neufs ou considérés comme neufs, autres que ceux mentionnés à l'article R. 4313-80, sont soumis à la procédure d'examen CE de type définie par les articles R. 4313-23 à R. 4313-42.

Art. R. 4313-82 Outre la procédure d'examen CE de type, les équipements de protection individuelle suivants, neufs ou considérés comme neufs, sont soumis, au choix du fabricant, soit à la procédure de système de garantie de qualité CE définie par les articles R. 4313-57 à R. 4313-61, soit à la procédure de système d'assurance qualité CE de la production avec surveillance définie par les articles R. 4313-62 à R. 4313-74 :

1° Appareils de protection respiratoire filtrants qui protègent contre les aérosols solides ou liquides ou les gaz dangereux ou radiotoxiques ;

2° Appareils de protection respiratoire qui isolent totalement de l'atmosphère d'intervention et appareils de plongée ;

3° Équipements de protection individuelle offrant une protection limitée dans le temps contre les agressions chimiques ou contre les rayonnements ionisants ;

4° Équipements d'intervention dans les ambiances chaudes dont les effets sont comparables à ceux d'une température d'air égale ou supérieure à 100° C, avec ou sans rayonnement infrarouge, flammes ou grosses projections de matières en fusion ;

5° Équipements d'intervention dans des ambiances froides dont les effets sont comparables à ceux d'une température d'air inférieure ou égale à – 50° C ;

6° Équipements de protection individuelle destinés à protéger contre les chutes de hauteur ;

7° Équipements de protection individuelle destinés à protéger des risques électriques pour les travaux sous tension dangereuse ou équipements utilisés comme isolants contre une haute tension.

SECTION IV **ORGANISMES NOTIFIÉS**

(Décr. nº 2008-1156 du 7 nov. 2008)

Art. R. 4313-83 Les organismes notifiés sont les organismes chargés de mettre en œuvre les procédures d'évaluation de la conformité ou de réaliser des opérations de contrôle de conformité définies par le présent chapitre. Ils sont habilités par arrêté du ministre chargé du travail et notifiés à la Commission européenne ainsi qu'aux autres États membres. – *V. Arr. du 13 juin 2013 (JO 26 juin).*

En application de l'art. L. 231-5 CRPA, et par exception à l'application du délai de deux mois prévu à l'art. L. 231-1 du même code, le délai à l'expiration duquel le silence gardé par l'administration vaut décision de rejet est fixé à quatre mois pour une demande d'habilitation des organismes chargés de mettre en œuvre les procédures d'évaluation de la conformité ou de réaliser des opérations de contrôle de conformité des équipements de travail et des moyens de protection (Décr. n° 2014-1289 du 23 oct. 2014, art. 1er).

Art. R. 4313-84 Pour les équipements de travail ou les moyens de protection destinés à un usage spécifiquement agricole ou forestier, les attributions du ministre chargé du travail sont exercées par le ministre chargé de l'agriculture.

Art. R. 4313-85 L'habilitation est accordée à un organisme en fonction de son indépendance, de ses compétences, de son intégrité ainsi que de la disposition des moyens pour remplir sa mission et faire face aux responsabilités qui en découlent.

Un arrêté ministériel précise les conditions nécessaires pour qu'un organisme remplisse ces critères et, notamment, le rôle imparti à l'accréditation.

Art. R. 4313-86 Afin de permettre au ministre chargé du travail d'apprécier les garanties présentées par les organismes habilités, ceux-ci s'engagent à permettre aux personnes désignées par le ministre d'accéder à leurs locaux et de procéder à toutes les investigations permettant de vérifier qu'ils continuent de satisfaire aux conditions mentionnées à la présente section.

Art. R. 4313-87 Le silence gardé par le ministre chargé du travail pendant plus de quatre mois sur une demande d'habilitation vaut décision de rejet.

Art. R. 4313-88 En cas de manquement aux obligations définies à la présente section, l'habilitation est retirée par arrêté du ministre chargé du travail après avis du *(Décr. n° 2016-1834 du 22 déc. 2016, art. 2)* « Conseil d'orientation des conditions de travail » et après que le responsable de l'organisme a été invité à présenter ses observations.

Cet arrêté précise les conditions dans lesquelles les dossiers détenus par l'organisme sont mis à la disposition du ministre chargé du travail.

Art. R. 4313-89 Les décisions des organismes habilités peuvent faire l'objet d'une réclamation dans les conditions prévues à l'article R. 4313-35.

SECTION V **COMMUNICATION À L'AUTORITÉ ADMINISTRATIVE ET MESURES DE CONTRÔLE**

(Décr. n° 2008-1156 du 7 nov. 2008)

Art. R. 4313-90 La déclaration CE de conformité prévue à l'article R. 4313-1 est présentée par le fabricant, l'importateur ou tout autre responsable de la mise sur le marché sur leur demande aux agents de l'inspection du travail ainsi qu'aux agents mentionnés à l'article L. 4311-6.

Le certificat de conformité prévu par l'article R. 4313-14 est présenté dans les mêmes conditions par le responsable de l'opération mentionnée à ce même article.

Art. R. 4313-91 Les ministres chargés du travail, de l'agriculture, des douanes, de l'industrie et de la consommation peuvent, chacun en ce qui le concerne, au moment de la mise sur le marché d'une machine ou d'un équipement de protection individuelle, demander au fabricant, à l'importateur, à tout autre responsable de la mise sur le marché, communication du dossier technique prévu par l'article *(Décr. n° 2011-1480 du 9 nov. 2011)* « R. 4313-6 ».

Dans les conditions prévues à l'alinéa précédent, les ministres cités à cet alinéa peuvent, s'agissant d'une quasi-machine, demander communication de la documentation technique ou de la notice d'assemblage prévues à l'article R. 4313-7.

Le délai fixé pour répondre à cette demande tient compte du temps nécessaire pour rendre ce dossier ou cette documentation disponible.

Art. R. 4313-92 La demande de communication de dossier ou de documentation technique prévus à l'article L. 4313-1 est motivée.

L'absence de communication de ce dossier ou de cette documentation dans le délai prescrit constitue un indice de non-conformité de l'équipement de travail ou de l'équipement de protection individuelle aux règles techniques qui lui sont applicables, susceptible d'entraîner la mise en œuvre de la procédure de sauvegarde prévue à l'article L. 4314-1.

Art. R. 4313-93 La période au cours de laquelle une demande de communication de dossier ou de documentation technique peut être présentée se poursuit pendant dix ans après la dernière date de fabrication.

Art. R. 4313-94 Les ministres mentionnés à l'article R. 4313-91 peuvent, dans les conditions définies à ce même article, demander au fabricant communication des rapports de l'organisme notifié prévus par les articles R. 4313-58 et R. 4313-71.

Art. R. 4313-95 Les décisions prises en application du présent chapitre sont motivées et mentionnent les voies et délais de recours.

CHAPITRE IV **PROCÉDURE DE SAUVEGARDE**

SECTION PREMIÈRE **PROCÉDURE DE SAUVEGARDE D'INITIATIVE NATIONALE**

(Décr. n° 2008-1156 du 7 nov. 2008)

Art. R. 4314-1 *(Décr. n° 2008-244 du 7 mars 2008)* La procédure de sauvegarde prévue à l'article L. 4314-1 s'applique lorsqu'il apparaît qu'un modèle d'équipement de travail ou d' *(Décr. n° 2009-1156 du 7 nov. 2009)* « équipement de protection individuelle » ou que des exemplaires mis sur le marché compromettent la santé et la sécurité des personnes en ne répondant pas aux obligations de sécurité définies à l'article L. 4311-1 et à tout ou partie des règles techniques prévues par le chapitre II. Dans ce cas, l'exposition, la mise en vente, la vente, la location, l'importation, la cession ou la mise à disposition à quelque titre que ce soit, la mise en service et l'utilisation de cet équipement de travail ou *(Décr. n° 2009-1156 du 7 nov. 2009)* « équipement de protection individuelle » peuvent être soit interdites ou restreintes, soit subordonnées à des vérifications, épreuves, modifications des modes d'emploi et règles d'entretien des équipements de travail et *(Décr. n° 2009-1156 du 7 nov. 2009)* « équipement de protection individuelle » concernés. – *[Anc. art. R. 233-79.]*

Art. R. 4314-2 *(Décr. n° 2008-1156 du 7 nov. 2008)* La procédure de sauvegarde est mise en œuvre, après que le fabricant ou l'importateur a été invité à présenter ses observations, par arrêté du ministre chargé du travail, qui en informe le *(Décr. n° 2016-1834 du 22 déc. 2016, art. 2)* « Conseil d'orientation des conditions de travail » ainsi que les ministres chargés de l'agriculture, des douanes, de l'industrie et de la consommation.

Art. R. 4314-3 *(Décr. n° 2008-244 du 7 mars 2008)* Lorsque les opérations mentionnées à l'article R. 4314-1 sont subordonnées à des vérifications, épreuves, modifications des modes d'emploi et règles d'entretien des équipements de travail et moyens de protection, le fabricant et toute personne responsable d'une de ces opérations prennent toutes dispositions pour en informer les utilisateurs. – *[Anc. art. R. 233-79-1.]*

Art. R. 4314-4 *(Décr. n° 2016-1010 du 21 juill. 2016, art. 1er)* Les dispositions du présent chapitre ne s'appliquent pas aux tracteurs agricoles ou forestiers, à leurs entités techniques, à leurs systèmes ou composants pour lesquels la procédure de sauvegarde est réglementée par le règlement (UE) n° 167/2013 du Parlement européen et du Conseil du 5 février 2013 relatif à la réception et à la surveillance du marché des véhicules agricoles et forestiers ou par le décret n° 2005-1236 du 30 septembre 2005 relatif aux règles, prescriptions et procédures applicables aux tracteurs agricoles ou forestiers et à leurs dispositifs.

SECTION II **PROCÉDURE DE SAUVEGARDE CONSÉCUTIVE À UN AVIS DE LA COMMISSION EUROPÉENNE**

(Décr. n° 2008-1156 du 7 nov. 2008)

Art. R. 4314-5 La procédure de sauvegarde est également mise en œuvre lorsque le ministre chargé du travail est avisé par la Commission européenne :

1° Qu'une mesure d'interdiction ou de restriction prise par un autre État membre est considérée comme justifiée ;

2° Que, s'agissant des machines, du fait des lacunes d'une norme à laquelle le fabricant se réfère, toutes les machines potentiellement dangereuses doivent être retirées du marché ou voir leur mise sur le marché soumise à des conditions spéciales.

Dans ces cas, un avis au *Journal officiel* de la République française précise les équipements concernés et les motifs pour lesquels est prise une mesure d'interdiction ou de restriction.

SECTION III **RECOURS**

(Décr. n° 2008-1156 du 7 nov. 2008)

Art. R. 4314-6 Les décisions prises en application du présent chapitre sont motivées et mentionnent les voies et délais de recours.

ANNEXE I PRÉVUE À L'ART. R. 4312-1

RÈGLES TECHNIQUES EN MATIÈRE DE SANTÉ ET DE SÉCURITÉ APPLICABLES AUX MACHINES NEUVES OU CONSIDÉRÉES COMME NEUVES MENTIONNÉES À L'ARTICLE R. 4312-1 DU CODE DU TRAVAIL

(Décr. n° 2011-1480 du 9 nov. 2011).

Principes généraux.

1° Le fabricant d'une machine veille à ce qu'une évaluation des risques soit effectuée afin de déterminer les règles techniques qui s'appliquent à la machine. La machine est ensuite conçue et construite en prenant en compte les résultats de l'évaluation des risques.

Par le processus itératif d'évaluation et de réduction des risques visé ci-dessus, le fabricant :

— détermine les limites de la machine, comprenant son usage normal et tout mauvais usage raisonnablement prévisible ;

— recense les dangers pouvant découler de la machine et les situations dangereuses associées ;

— estime les risques, compte tenu de la gravité d'une éventuelle blessure ou atteinte à la santé et de leur probabilité ;

— évalue les risques, en vue de déterminer si une réduction des risques est nécessaire, conformément à l'objectif de la présente directive ;

— élimine les dangers ou réduit les risques associés à ces dangers en appliquant des mesures de protection, selon l'ordre de priorité établi au paragraphe 1.1.2 *b*.

2° Les obligations qui résultent des règles techniques ne s'appliquent que lorsque le danger correspondant existe pour la machine considérée, lorsqu'elle est utilisée dans les conditions prévues par le fabricant mais aussi dans des situations anormales prévisibles. En tout état de cause, les principes d'intégration de la sécurité visés au paragraphe 1.1.2 et les obligations concernant le marquage des machines et la notice d'instructions visées aux paragraphes 1.7.3 et 1.7.4 s'appliquent.

3° Les règles techniques énoncées dans la présente annexe sont obligatoires. Toutefois, compte tenu de l'état de la technique, les objectifs qu'elles fixent peuvent ne pas être atteints. Dans ce cas, la machine est, dans la mesure du possible, conçue et construite pour tendre vers ces objectifs.

4° La présente annexe comprend plusieurs parties. La première a une portée générale et est applicable à tous les types de machines. D'autres parties visent certains types de dangers plus particuliers. Il est néanmoins impératif d'examiner l'intégralité de la présente annexe afin d'être sûr de satisfaire à toutes les règles techniques pertinentes. Lors de la conception d'une machine, les règles techniques de la partie générale et les règles techniques d'une ou de plusieurs des autres parties de l'annexe sont prises en compte selon les résultats de l'évaluation des risques effectuée conformément au 1° des présents principes généraux.

(Décr. n° 2011-1480 du 9 nov. 2011, en vigueur le 15 déc. 2011) « 5° Les règles techniques de santé et de sécurité sont des dispositions obligatoires relatives à la conception et à la construction des produits couverts par la présente annexe afin d'assurer un niveau élevé de protection de la santé et de la sécurité des personnes, le cas échéant des animaux domestiques et des biens et, s'il y a lieu, de l'environnement.

« Les règles techniques de santé et de sécurité relatives à la protection de l'environnement s'appliquent uniquement aux machines mentionnées au point 2.4 de cette annexe.

« 6° » Les équipements visés par les dispositions de l'annexe I, issue de la transposition de la directive 98/37/CE modifiée, conçus et construits conformément aux dispositions de cette annexe, maintenus en conformité avec ces dispositions et mis sur le marché avant le 29 décembre 2009, sont considérés comme conformes aux dispositions de la présente annexe.

1. RÈGLES TECHNIQUES APPLICABLES À TOUT TYPE DE MACHINE

1.1. Généralités

1.1.1. DÉFINITIONS

Aux fins de la présente annexe, on entend par :

a) "Danger" : une source éventuelle de blessure ou d'atteinte à la santé ;

b) "Zone dangereuse" : toute zone à l'intérieur ou autour d'une machine dans laquelle une personne est soumise à un risque pour sa sécurité ou pour sa santé ;

c) "Personne exposée" : toute personne se trouvant entièrement ou partiellement dans une zone dangereuse ;

d) "Opérateur" : la ou les personnes chargées d'installer, de faire fonctionner, de régler, d'entretenir, de nettoyer, de dépanner ou de déplacer une machine ;

e) "Risque" : combinaison de la probabilité et de la gravité d'une lésion ou d'une atteinte à la santé pouvant survenir dans une situation dangereuse ;

f) "Protecteur" : élément de machine utilisé spécifiquement pour assurer une protection au moyen d'une barrière matérielle ;

g) "Dispositif de protection" : dispositif, autre qu'un protecteur, qui réduit le risque, seul ou associé à un protecteur ;

h) "Usage normal" : utilisation d'une machine selon les informations fournies dans la notice d'instructions ;

i) "Mauvais usage raisonnablement prévisible" : usage de la machine d'une manière non prévue dans la notice d'instructions, mais qui est susceptible de résulter d'un comportement humain aisément prévisible.

1.1.2. PRINCIPES D'INTÉGRATION DE LA SÉCURITÉ

a) La machine est conçue et construite pour être apte à assurer sa fonction et pour qu'on puisse la faire fonctionner, la régler et l'entretenir sans exposer quiconque à un risque lorsque ces opérations sont accomplies, dans les conditions prévues par le fabricant, mais en tenant également compte de tout mauvais usage raisonnablement prévisible.

Les mesures prises visent à supprimer tout risque durant la durée d'existence prévisible de la machine, y compris les phases de transport, de montage, de démontage, de mise hors service et de mise au rebut.

b) En choisissant les solutions les plus adéquates, sont appliqués, par le fabricant, les principes suivants, dans l'ordre indiqué :

— éliminer ou réduire les risques dans toute la mesure du possible par intégration de la sécurité à la conception et à la construction de la machine ;

— prendre les mesures de protection nécessaires vis-à-vis des risques ne pouvant être éliminés ;

— informer les utilisateurs des risques résiduels dus à l'efficacité incomplète des mesures de protection adoptées, indiquer si une formation particulière est requise et signaler s'il est nécessaire de prévoir un équipement de protection individuelle.

c) Lors de la conception et de la construction de la machine et lors de la rédaction de la notice d'instructions, le fabricant envisage non seulement l'usage normal de la machine mais également tout mauvais usage raisonnablement prévisible.

La machine est conçue et construite de manière à éviter qu'elle puisse être utilisée de façon anormale, si un tel mode d'utilisation engendre un risque. Le cas échéant, la notice d'instructions attire l'attention de l'utilisateur sur les contre-indications d'emploi de la machine qui, d'après l'expérience, pourraient se présenter.

d) La machine est conçue et construite pour tenir compte des contraintes imposées à l'opérateur par l'utilisation nécessaire ou prévisible d'un équipement de protection individuelle.

e) La machine est livrée avec tous les équipements spéciaux et les accessoires, essentiels pour qu'elle puisse être réglée, entretenue et utilisée en toute sécurité.

1.1.3. MATÉRIAUX ET PRODUITS

Les matériaux utilisés pour la construction de la machine ou les produits employés ou créés lors de son utilisation ne doivent pas mettre en danger la santé et la sécurité des personnes. En particulier, lors de l'emploi de fluides, la machine est conçue et construite pour éviter les risques dus au remplissage, à l'utilisation, à la récupération et à l'évacuation.

1.1.4. ÉCLAIRAGE

La machine est fournie avec un éclairage incorporé, adapté aux opérations, là où, malgré un éclairage ambiant ayant une intensité normale, l'absence d'un tel dispositif pourrait créer un risque.

La machine est conçue et construite de façon qu'il n'y ait ni zone d'ombre gênante, ni éblouissement irritant, ni effet stroboscopique dangereux, sur les éléments mobiles, dû à l'éclairage.

Les parties intérieures qui doivent être inspectées et réglées fréquemment, ainsi que les zones d'entretien, sont munies de dispositifs d'éclairage appropriés.

1.1.5. CONCEPTION DE LA MACHINE EN VUE DE SA MANUTENTION

La machine ou chacun de ses éléments est conçu et construit de manière à :

— pouvoir être manutentionné et transporté en toute sécurité ;

— être emballé ou pour pouvoir être entreposé en toute sécurité et sans détériorations.

La machine et ses éléments sont conçus et construits de manière telle que, lors de leur transport, il ne puisse se produire de déplacements inopinés ni de dangers dus à l'instabilité, lorsque cette machine ou ses éléments sont manutentionnés selon la notice d'instructions.

Lorsque la masse, les dimensions ou la forme de la machine ou de ses éléments n'en permettent pas le déplacement à la main, la machine ou chacun de ses éléments est :

— soit muni d'accessoires permettant la préhension par un moyen de levage ;

— soit conçu de manière à pouvoir être muni de tels accessoires ;

— soit d'une forme telle que les moyens de levage normaux peuvent s'adapter facilement.

Lorsque la machine ou l'un de ses éléments est conçu et construit pour être déplacé manuellement, il est :

— soit facilement déplaçable ;

— soit doté des moyens de préhension permettant de le déplacer en toute sécurité.

Des dispositions particulières sont prévues pour la manutention des outils ou des parties de machines qui, même légers, peuvent être dangereux.

1.1.6. ERGONOMIE

Dans les conditions prévues d'utilisation, la gêne, la fatigue et les contraintes physiques et psychiques de l'opérateur sont réduites au minimum de manière à prendre en considération les principes ergonomiques consistant à :

— tenir compte de la variabilité des opérateurs en ce qui concerne leurs données morphologiques, leur force et leur résistance ;

— offrir assez d'espace pour les mouvements des différentes parties du corps de l'opérateur ;

— éviter un rythme de travail déterminé par la machine ;

— éviter une surveillance qui nécessite une concentration prolongée ;

— adapter l'interface homme-machine aux caractéristiques prévisibles des opérateurs.

1.1.7. POSTE DE TRAVAIL

Le poste de travail est conçu et construit de manière à éviter tout risque dû aux gaz d'échappement ou au manque d'oxygène.

Si la machine est destinée à être utilisée dans un environnement dangereux, présentant des risques pour la santé et la sécurité de l'opérateur ou si la machine, elle-même, est à l'origine d'un environnement dangereux, des moyens suffisants sont prévus pour assurer à l'opérateur de bonnes conditions de travail et une protection contre tout danger prévisible.

Le cas échéant, le poste de travail est muni d'une cabine adéquate conçue, construite ou équipée pour répondre aux conditions susmentionnées. La sortie permet une évacuation rapide. En outre, il convient de prévoir, le cas échéant, une issue de secours dans une direction différente de la sortie normale.

1.1.8. SIÈGE

Le cas échéant et lorsque les conditions de travail le permettent, les postes de travail faisant partie intégrante de la machine sont conçus pour l'installation de sièges.

S'il est prévu que l'opérateur soit en position assise au cours de son travail et si le poste de travail fait partie intégrante de la machine, le siège est fourni avec la machine.

Le siège assure à l'opérateur une position stable. En outre, le siège et la distance le séparant des organes de service peuvent être adaptés à l'opérateur.

Si la machine est sujette à des vibrations, le siège est conçu et construit de manière à réduire au niveau le plus bas raisonnablement possible les vibrations transmises à l'opérateur. L'ancrage du siège est prévu pour résister à toutes les contraintes qu'il peut subir. S'il n'y a pas de plancher sous les pieds de l'opérateur, celui-ci dispose de repose-pieds antidérapants.

1.2. Systèmes de commande

1.2.1. SÉCURITÉ ET FIABILITÉ DES SYSTÈMES DE COMMANDE

Les systèmes de commande sont conçus et construits de manière à éviter toute situation dangereuse. Ils sont avant tout conçus et construits de manière :

— à résister aux contraintes de service et aux influences extérieures normales ;

— à ce qu'une défaillance du matériel ou du logiciel du système de commande n'entraîne pas de situation dangereuse ;

— à ce que des erreurs affectant la logique du système de commande n'entraînent pas de situation dangereuse ;

— à ce qu'une erreur humaine raisonnablement prévisible au cours du fonctionnement n'entraîne pas de situation dangereuse.

En particulier, il convient d'être attentif à ce que :

— la machine ne puisse se mettre en marche inopinément ;

— les paramètres de la machine ne puissent changer sans qu'un ordre ait été donné à cet effet, lorsque ce changement peut entraîner des situations dangereuses ;

— la machine ne soit empêchée de s'arrêter si l'ordre d'arrêt a déjà été donné ;

— aucun élément mobile de la machine ni aucune pièce maintenue par la machine ne puisse tomber ou être éjecté ;

— l'arrêt automatique ou manuel des éléments mobiles, quels qu'ils soient, ne soit empêché ;

— les dispositifs de protection restent pleinement opérationnels ou donnent un ordre d'arrêt ;

— les parties du système de commande liées à la sécurité s'appliquent de manière cohérente à la totalité d'un ensemble de machines ou de quasi-machines.

En cas de commande sans câble, un arrêt automatique se produit lorsque les bons signaux de commande ne sont pas reçus, notamment en cas d'interruption de la communication.

1.2.2. ORGANES DE SERVICE

Les organes de service sont :

— clairement visibles et identifiables grâce à des pictogrammes, le cas échéant ;

— placés de façon à pouvoir être actionnés en toute sécurité, sans hésitation ni perte de temps et sans équivoque ;

— conçus de façon que le mouvement des organes de service soit cohérent avec l'effet commandé ;

— disposés hors des zones dangereuses sauf, si nécessaire, pour certains organes de service, tels qu'un arrêt d'urgence et une console d'apprentissage pour les robots ;

— situés de façon que le fait de les actionner ne puisse engendrer de risques supplémentaires ;

— conçus ou protégés de façon que l'effet voulu, s'il peut entraîner un danger, ne puisse être obtenu que par une action volontaire ;

— fabriqués de façon à résister aux forces prévisibles. Une attention particulière est apportée aux dispositifs d'arrêt d'urgence qui risquent d'être soumis à des forces importantes.

Lorsqu'un organe de service est conçu et construit pour permettre plusieurs actions différentes, c'est-à-dire que son action n'est pas univoque, l'action commandée est affichée en clair et, si nécessaire, fait l'objet d'une confirmation.

Les organes de service ont une configuration telle que leur disposition, leur course et leur résistance sont compatibles avec l'action commandée, compte tenu des principes de l'ergonomie.

La machine est munie des dispositifs de signalisation nécessaires pour la faire fonctionner en toute sécurité. La machine est conçue et construite de manière que, depuis le poste de commande, l'opérateur puisse lire les indications de ces dispositifs.

La machine est conçue et construite de manière que, depuis chaque poste de commande, l'opérateur puisse s'assurer qu'il n'y a personne dans les zones dangereuses ou alors le système de commande est conçu et construit de manière que la mise en marche soit impossible tant qu'une personne se trouve dans la zone dangereuse.

Si cela n'est pas possible, le système de commande est conçu et construit de manière que toute mise en marche de la machine soit précédée d'un signal d'avertissement sonore ou visuel. Les personnes exposées doivent avoir le temps de quitter la zone dangereuse ou d'empêcher le démarrage de la machine.

Si nécessaire, des moyens sont prévus pour que la machine ne puisse être commandée qu'à partir de postes de commande situés dans une ou plusieurs zones ou emplacements prédéterminés.

Quand il y a plusieurs postes de commande, le système de commande est conçu de façon que l'utilisation de l'un d'eux empêche l'utilisation des autres, sauf en ce qui concerne les dispositifs d'arrêt et d'arrêt d'urgence.

Quand une machine dispose de plusieurs postes de travail, chaque poste est pourvu de tous les organes de service requis sans que les opérateurs se gênent ou se mettent l'un l'autre dans une situation dangereuse.

1.2.3. MISE EN MARCHE

La mise en marche d'une machine ne peut s'effectuer que par une action volontaire sur un organe de service prévu à cet effet.

Il en est de même :

— pour la remise en marche après un arrêt, quelle qu'en soit la cause ;

— pour la commande d'une modification importante des conditions de fonctionnement.

Toutefois, la remise en marche ou la modification des conditions de fonctionnement peut être effectuée par une action volontaire sur un organe autre que l'organe de service prévu à cet effet, à condition que cela n'entraîne pas de situation dangereuse.

Dans le cas d'une machine fonctionnant en mode automatique, la mise en marche, la remise en marche après un arrêt ou la modification des conditions de fonctionnement peuvent se produire sans intervention, à condition que cela n'entraîne pas de situation dangereuse.

Si une machine comprend plusieurs organes de service de mise en marche et que, de ce fait, les opérateurs peuvent se mettre mutuellement en danger, des dispositifs complémentaires sont prévus pour exclure ce risque. Si la sécurité exige que la mise en marche ou l'arrêt se fasse selon une séquence déterminée, des dispositifs sont prévus pour assurer que ces opérations vont se faire dans l'ordre exact.

1.2.4. ARRÊT

1.2.4.1. Arrêt normal

La machine est munie d'un organe de service permettant son arrêt complet en toute sécurité.

Chaque poste de travail est muni d'un organe de service permettant d'arrêter tout ou partie des fonctions de la machine, en fonction des dangers existants, de manière à sécuriser la machine.

L'ordre d'arrêt de la machine est prioritaire sur les ordres de mise en marche.

La machine est conçue et construite de manière que son arrêt ou celui de ses fonctions dangereuses ayant été obtenu, l'alimentation en énergie des actionneurs concernés est interrompue.

1.2.4.2. Arrêt pour des raisons de service

Lorsque, pour des raisons de service, il convient de recourir à une commande d'arrêt qui n'interrompt pas l'alimentation en énergie des actionneurs, la fonction arrêt est surveillée et maintenue.

1.2.4.3. Arrêt d'urgence

La machine est munie d'un ou de plusieurs dispositifs d'arrêt d'urgence permettant d'éviter des situations dangereuses qui sont en train de se produire ou qui sont imminentes.

Sont exclues de cette obligation :

— les machines pour lesquelles un dispositif d'arrêt d'urgence ne réduirait pas le risque, soit parce qu'il ne diminuerait pas le temps nécessaire pour obtenir l'arrêt, soit parce qu'il ne permettrait pas de prendre les mesures particulières requises pour faire face au risque ;

— les machines portatives tenues ou guidées à la main.

Le dispositif est tel qu'il :

— comprend des organes de service clairement identifiables, bien visibles et rapidement accessibles ;

— provoque l'arrêt du processus dangereux aussi rapidement que possible, sans créer de risque supplémentaire ;

— au besoin, déclenche ou permet de déclencher certains mouvements de protection.

Lorsqu'on cesse d'actionner le dispositif d'arrêt d'urgence après avoir donné un ordre d'arrêt, cet ordre est maintenu par un blocage du dispositif d'arrêt d'urgence jusqu'à ce que celui-ci soit volontairement débloqué ; il n'est pas possible d'enclencher le dispositif sans actionner une commande d'arrêt ; la désactivation du dispositif n'étant obtenue que par une action appropriée et n'ayant pas pour effet de remettre la machine en marche mais autorisant seulement un redémarrage.

La fonction d'arrêt d'urgence est disponible et opérationnelle à tout moment, quel que soit le mode opératoire.

Les dispositifs d'arrêt d'urgence viennent à l'appui d'autres mesures de protection ; ils ne les remplacent pas.

1.2.4.4. Ensembles de machines

Dans le cas de machines ou d'éléments de machines conçus pour travailler ensemble, ceux-ci sont conçus et construits de telle manière que les commandes d'arrêt, y compris les dispositifs d'arrêt d'urgence, puissent arrêter non seulement la machine, mais aussi tous les équipements associés si leur maintien en fonctionnement peut constituer un danger.

1.2.5. SÉLECTION DES MODES DE COMMANDE OU DE FONCTIONNEMENT

Le mode de commande ou de fonctionnement sélectionné a la priorité sur tous les autres modes de commande ou de fonctionnement, à l'exception de l'arrêt d'urgence.

Si la machine a été conçue et construite pour permettre son utilisation selon plusieurs modes de commande ou de fonctionnement exigeant des mesures de protection ou des procédures de travail différentes, elle est munie d'un sélecteur de mode verrouillable dans chaque position. Chaque position du sélecteur est clairement identifiable et correspond à un seul mode de commande ou de fonctionnement.

Le sélecteur peut être remplacé par d'autres moyens de sélection permettant de limiter l'utilisation de certaines fonctions de la machine à certaines catégories d'opérateurs.

Si, pour certaines opérations, la machine est conçue et construite pour pouvoir fonctionner alors qu'un protecteur a été déplacé ou retiré ou qu'un dispositif de protection a été neutralisé, le sélecteur de mode de commande ou de fonctionnement est prévu pour simultanément :

— désactiver tous les autres modes de commande ou de fonctionnement ;

— n'autoriser la mise en œuvre des fonctions dangereuses que par des organes de service nécessitant une action maintenue ;

— n'autoriser la mise en œuvre des fonctions dangereuses que dans des conditions de risque réduit tout en évitant tout danger découlant d'un enchaînement de séquences ;

— empêcher toute mise en œuvre des fonctions dangereuses par une action volontaire ou involontaire sur les capteurs de la machine.

Si ces quatre conditions ne peuvent être remplies simultanément, le sélecteur de mode de commande ou de fonctionnement est prévu pour activer d'autres mesures de protection conçues et construites de manière à garantir une zone d'intervention sûre.

En outre, la machine est conçue et construite de manière que, à partir du poste de réglage, l'opérateur puisse avoir la maîtrise du fonctionnement des éléments sur lesquels il agit.

1.2.6. DÉFAILLANCE DE L'ALIMENTATION EN ÉNERGIE

La machine est conçue et construite de manière que l'interruption, le rétablissement après une interruption ou la variation, quel qu'en soit le sens, de l'alimentation en énergie de la machine n'entraîne pas de situations dangereuses.

En particulier, il convient d'être attentif à ce que :

— la machine ne puisse se mettre en marche inopinément ;

— les paramètres de la machine ne puissent changer sans qu'un ordre ait été donné à cet effet, lorsque ce changement peut entraîner des situations dangereuses ;

— la machine ne soit empêchée de s'arrêter si l'ordre d'arrêt a déjà été donné ;

— aucun élément mobile de la machine ni aucune pièce maintenue par la machine ne puisse tomber ou être éjecté ;

— l'arrêt automatique ou manuel des éléments mobiles, quels qu'ils soient, ne puisse être empêché ;

— les dispositifs de protection restent pleinement opérationnels ou donnent un ordre d'arrêt.

1.3. Mesures de protection contre les risques mécaniques

1.3.1. RISQUE DE PERTE DE STABILITÉ

La machine ainsi que ses éléments et ses équipements sont conçus et construits de manière à être suffisamment stables pour éviter le renversement, la chute ou les mouvements incontrôlés durant le transport, le montage, le démontage et toute autre action impliquant la machine.

Si la forme même de la machine ou son installation prévue ne permet pas d'assurer une stabilité suffisante, des moyens de fixation appropriés sont prévus et indiqués dans la notice d'instructions.

1.3.2. RISQUE DE RUPTURE EN SERVICE

1° Les différentes parties de la machine ainsi que les liaisons entre elles sont conçues et construites pour résister aux contraintes auxquelles elles sont soumises pendant l'utilisation.

Les matériaux utilisés présentent une résistance suffisante, adaptée aux caractéristiques de l'environnement de travail prévu par le fabricant, notamment en ce qui concerne les phénomènes de fatigue, de vieillissement, de corrosion et d'abrasion.

La notice d'instructions indique les types et fréquences des inspections et entretiens nécessaires pour des raisons de sécurité. Elle indique, le cas échéant, les pièces sujettes à usure ainsi que les critères de remplacement.

Si, malgré les précautions prises, un risque de rupture ou d'éclatement subsiste, les parties concernées sont montées, disposées ou protégées de manière que leurs fragments soient retenus, évitant ainsi des situations dangereuses.

Les conduites rigides ou souples véhiculant des fluides, en particulier sous haute pression, sont conçues et construites pour supporter les sollicitations internes et externes prévues ; elles sont solidement attachées ou protégées pour que, en cas de rupture, elles ne puissent occasionner de risques.

2° En cas d'acheminement automatique de la matière à usiner vers l'outil, pour éviter des risques pour les personnes, il convient que soient remplies les conditions suivantes :

— lors du contact outil/pièce, l'outil doit avoir atteint sa condition normale de travail ;

— lors de la mise en marche ou de l'arrêt de l'outil (volontaire ou involontaire), le mouvement d'acheminement et le mouvement de l'outil doivent être coordonnés.

1.3.3. RISQUES DUS AUX CHUTES, AUX ÉJECTIONS D'OBJETS

Des précautions sont prises pour éviter les risques dus aux chutes ou aux éjections d'objets.

1.3.4. RISQUES DUS AUX SURFACES, AUX ARÊTES OU AUX ANGLES

Les éléments accessibles de la machine comportent, dans la mesure où leur fonction le permet, ni arêtes vives, ni angles vifs, ni surfaces rugueuses susceptibles de provoquer des blessures.

1.3.5. RISQUES DUS AUX MACHINES COMBINÉES

Une machine combinée, c'est-à-dire une machine prévue pour effectuer plusieurs opérations différentes avec reprise manuelle de la pièce entre chaque opération est conçue et construite de manière que chaque élément puisse être utilisé séparément sans que les autres éléments présentent un risque pour les personnes susceptibles d'être exposées.

Dans ce but, chacun des éléments, s'il n'est pas protégé, peut être mis en marche ou arrêté individuellement.

1.3.6. RISQUES DUS AUX VARIATIONS DES CONDITIONS DE FONCTIONNEMENT

Dans le cas d'opérations dans des conditions d'utilisation différentes, la machine est conçue et construite de telle manière que le choix et le réglage de ces conditions puissent être effectués de manière sûre et fiable.

1.3.7. RISQUES LIÉS AUX ÉLÉMENTS MOBILES

Les éléments mobiles de la machine sont conçus et construits de manière à éviter les risques de contact qui pourraient entraîner des accidents ou, lorsque des risques subsistent, sont munis de protecteurs ou de dispositifs de protection.

Toutes les dispositions nécessaires sont prises pour empêcher le blocage involontaire des éléments mobiles concourant au travail. Dans les cas où, malgré les précautions prises, un blocage est susceptible de se produire, les dispositifs de protection et outils spécifiques nécessaires sont, le cas échéant, prévus afin de permettre un déblocage en toute sécurité.

La notice d'instructions et, si possible, une indication sur la machine mentionnent ces dispositifs de protection spécifiques et la manière de les utiliser.

1.3.8. CHOIX D'UNE PROTECTION CONTRE LES RISQUES ENGENDRÉS PAR LES ÉLÉMENTS MOBILES

Les protecteurs ou dispositifs de protection conçus pour la protection contre les risques engendrés par les éléments mobiles sont choisis en fonction du type de risque. Les critères ci-après sont utilisés pour faciliter le choix.

1.3.8.1. Éléments mobiles de transmission

Les protecteurs conçus pour protéger les personnes contre les dangers liés aux éléments mobiles de transmission sont :

— soit des protecteurs fixes mentionnés au paragraphe 1.4.2.1 ;

— soit des protecteurs mobiles avec dispositif de verrouillage mentionnés au paragraphe 1.4.2.2.

Cette dernière solution est retenue si des interventions fréquentes sont prévues.

1.3.8.2. Éléments mobiles concourant au travail

Les protecteurs ou dispositifs de protection conçus pour protéger les personnes contre les dangers liés aux éléments mobiles concourant au travail sont :

— soit des protecteurs fixes mentionnés au paragraphe 1.4.2.1 ;

— soit des protecteurs mobiles avec dispositif de verrouillage mentionnés au paragraphe 1.4.2.2 ;
— soit des dispositifs de protection mentionnés au paragraphe 1.4.3 ;
— soit une combinaison des éléments ci-dessus.

Toutefois, lorsque certains éléments mobiles concourant directement au travail ne peuvent être rendus complètement inaccessibles pendant leur fonctionnement en raison des opérations qui nécessitent l'intervention de l'opérateur, ces éléments sont munis :

— de protecteurs fixes ou de protecteurs mobiles avec dispositif de verrouillage empêchant l'accès aux parties des éléments mobiles, non utilisées pour le travail ; et

— de protecteurs réglables mentionnés au point 1.4.2.3 limitant l'accès aux parties des éléments mobiles auxquelles il est nécessaire d'accéder.

1.3.9. RISQUES DUS AUX MOUVEMENTS NON COMMANDÉS

Quand un élément d'une machine a été arrêté, toute dérive à partir de sa position d'arrêt, quelle qu'en soit la cause hormis l'action sur les organes de service, est empêchée sauf si elle ne présente pas de danger.

1.4. Caractéristiques requises pour les protecteurs et les dispositifs de protection

1.4.1. RÈGLES DE PORTÉE GÉNÉRALE

Les protecteurs et les dispositifs de protection :
— sont de construction robuste ;
— sont solidement maintenus en place ;
— n'occasionnent *[pas]* de dangers supplémentaires ;
— ne sont pas facilement contournés ou rendus inopérants ;
— sont situés à une distance suffisante de la zone dangereuse ;
— restreignent le moins possible la vue sur le cycle de travail ; et
— permettent les interventions indispensables pour la mise en place ou le remplacement des outils ainsi que pour l'entretien, en limitant l'accès exclusivement au secteur où le travail doit être réalisé, et, si possible, sans démontage du protecteur ou neutralisation du dispositif de protection.

En outre, dans la mesure du possible, les protecteurs assurent une protection contre l'éjection ou la chute de matériaux et d'objets ainsi que contre les émissions produites par la machine.

1.4.2 RÈGLES PARTICULIÈRES POUR LES PROTECTEURS (*Décr. n° 2011-1480 du 9 nov. 2011).*

1.4.2.1. Protecteurs fixes

Les protecteurs fixes sont fixés au moyen de systèmes qui ne peuvent être ouverts ou démontés qu'avec des outils.

Les systèmes de fixation sont solidaires des protecteurs ou de la machine lors du démontage des protecteurs.

Dans la mesure du possible, les protecteurs ne peuvent rester en place en l'absence de leurs fixations.

1.4.2.2. Protecteurs mobiles avec dispositif de verrouillage

1° Les protecteurs mobiles sont conçus et construits :
— pour, dans la mesure du possible, rester solidaires de la machine lorsqu'ils sont ouverts ;
— de façon que leur réglage nécessite une action volontaire.

2° Les protecteurs mobiles sont associés à un dispositif de verrouillage :
— empêchant la mise en marche de fonctions dangereuses de la machine jusqu'à ce qu'ils soient fermés,
et
— donnant un ordre d'arrêt dès qu'ils ne sont plus fermés.

3° Lorsqu'un opérateur peut atteindre la zone dangereuse avant que le risque lié aux fonctions dangereuses d'une machine ait cessé, outre le dispositif de verrouillage, les protecteurs mobiles sont associés à un dispositif d'inter verrouillage :
— empêchant la mise en marche de fonctions dangereuses de la machine jusqu'à ce que les protecteurs soient fermés et verrouillés,
et
— maintenant les protecteurs fermés et verrouillés jusqu'à ce que le risque de blessure lié aux fonctions dangereuses de la machine ait cessé.

4° Les protecteurs mobiles avec dispositif de verrouillage sont conçus de façon que l'absence ou la défaillance d'un de leurs organes empêche la mise en marche ou provoque l'arrêt des fonctions dangereuses de la machine.

1.4.2.3. Protecteurs réglables limitant l'accès

Les protecteurs réglables limitant l'accès aux parties des éléments mobiles strictement nécessaires au travail :

— peuvent être réglés manuellement ou automatiquement selon la nature du travail à réaliser ;

— peuvent être réglés aisément sans l'aide d'un outil.

1.4.3. RÈGLES PARTICULIÈRES POUR LES DISPOSITIFS DE PROTECTION

Les dispositifs de protection sont conçus et incorporés au système de commande de manière que :

— les éléments mobiles ne puissent être mis en mouvement aussi longtemps que l'opérateur peut les atteindre ;

— les personnes ne puissent atteindre les éléments mobiles tant qu'ils sont en mouvement, et

— l'absence ou la défaillance d'un de leurs organes empêche la mise en marche ou provoque l'arrêt des éléments mobiles.

Le réglage des dispositifs de protection nécessite une action volontaire.

1.5. Risques dus à d'autres dangers

1.5.1. ALIMENTATION EN ÉNERGIE ÉLECTRIQUE

Lorsque la machine est alimentée en énergie électrique, elle est conçue, construite et équipée de *(Décr. n° 2011-1480 du 9 nov. 2011)* « façon » à prévenir, ou à pouvoir prévenir, tous les dangers d'origine électrique.

Les objectifs de sécurité prévus par les dispositions assurant la transposition de la directive n° 73/23/CEE s'appliquent aux machines. Toutefois, les obligations concernant l'évaluation de la conformité et la mise sur le marché ou la mise en service des machines en ce qui concerne les dangers dus à l'énergie électrique sont régies exclusivement par les dispositions de la présente directive.

1.5.2. ÉLECTRICITÉ STATIQUE

La machine est conçue et construite pour empêcher ou limiter l'apparition de charges électrostatiques potentiellement dangereuses ou être équipée des moyens permettant de les écouler.

1.5.3. ALIMENTATION EN ÉNERGIE AUTRE QU'ÉLECTRIQUE

Lorsque la machine est alimentée par une énergie autre qu'électrique, elle est conçue, construite et équipée de manière à éviter tous les risques potentiels liés à ces sources d'énergie.

1.5.4. ERREURS DE MONTAGE

Les erreurs susceptibles d'être commises lors du montage ou du remontage de certaines pièces, qui pourraient être à l'origine de risques, sont rendues impossibles par la conception et la construction de ces pièces ou, à défaut, par des indications figurant sur les pièces elles-mêmes ou sur leurs carters. Les mêmes indications figurent sur les éléments mobiles ou sur leur carter lorsqu'il est nécessaire de connaître le sens du mouvement pour éviter un risque.

Le cas échéant, la notice d'instructions donne des renseignements complémentaires sur ces risques.

Lorsqu'un branchement défectueux peut être à l'origine de risques, les raccordements erronés sont rendus impossibles par la conception ou, à défaut, par des indications figurant sur les éléments à raccorder et, le cas échéant, sur les moyens de raccordement.

1.5.5. TEMPÉRATURES EXTRÊMES

Des dispositions sont prises pour éviter tout risque de blessure, par contact ou à distance, avec des éléments de machine ou des matériaux à température élevée ou très basse.

Les dispositions nécessaires sont également prises pour éviter les risques d'éjection de matières chaudes ou très froides ou pour assurer une protection contre ces risques.

1.5.6. INCENDIE

La machine est conçue et construite de manière à éviter tout risque d'incendie ou de surchauffe provoqué par la machine elle-même ou par les gaz, liquides, poussières, vapeurs et autres substances produites ou utilisées par la machine.

1.5.7. EXPLOSION

La machine est conçue et construite de manière à éviter tout risque d'explosion provoqué par la machine elle-même ou par les gaz, liquides, poussières, vapeurs et autres substances produites ou utilisées par la machine.

La machine doit être est conforme aux dispositions des dispositions issues de la transposition des directives communautaires particulières, en ce qui concerne les risques d'explosion dus à son utilisation dans une atmosphère explosible.

1.5.8. BRUIT

La machine est conçue et construite de manière que les risques résultant de l'émission du bruit aérien soient réduits au niveau le plus bas, compte tenu du progrès technique et de la disponibilité de moyens permettant de réduire le bruit, notamment à la source.

Le niveau d'émission sonore est évalué par rapport à des données comparatives d'émissions relatives à des machines similaires.

1.5.9. VIBRATIONS

La machine est conçue et construite de manière que les risques résultant des vibrations produites par la machine soient réduits au niveau le plus bas, compte tenu du progrès technique et de la disponibilité de moyens permettant de réduire les vibrations, notamment à la source.

Le niveau de vibration est évalué par rapport à des données comparatives d'émissions relatives à des machines similaires.

1.5.10. RAYONNEMENTS

Les rayonnements indésirables de la machine sont éliminés ou réduits à des niveaux n'ayant pas d'effet néfaste sur les personnes.

Tout rayonnement ionisant fonctionnel émis par la machine est limité au niveau le plus bas nécessaire au bon fonctionnement de la machine lors de son installation, de son fonctionnement et de son nettoyage. Lorsqu'un risque existe, les mesures de protection nécessaires sont prises.

Tout rayonnement non ionisant fonctionnel émis par la machine lors de son installation, de son fonctionnement et de son nettoyage est limité à des niveaux n'ayant pas d'effet néfaste sur les personnes.

1.5.11. RAYONNEMENTS EXTÉRIEURS

La machine est conçue et construite de façon que les rayonnements extérieurs ne perturbent pas son fonctionnement.

1.5.12. RAYONNEMENTS LASER

En cas d'utilisation d'équipements laser, il y a lieu de tenir compte des dispositions suivantes :

— l'équipement laser sur une machine est conçu et construit de manière à éviter tout rayonnement involontaire ;

— l'équipement laser sur une machine est protégé de manière que ni les rayonnements utiles, ni le rayonnement produit par réflexion ou par diffusion, ni le rayonnement secondaire ne portent atteinte à la santé ;

— les équipements optiques pour l'observation ou le réglage de l'équipement laser sur une machine sont tels qu'aucun risque pour la santé n'est créé par les rayonnements laser.

1.5.13. ÉMISSION DE MATIÈRES ET DE SUBSTANCES DANGEREUSES

La machine est conçue et construite de manière à éviter les risques d'inhalation, d'ingestion, de contact avec la peau, les yeux et les muqueuses et de pénétration percutanée de matières et de substances dangereuses qu'elle produit.

Lorsque le risque ne peut être éliminé, la machine est équipée de manière que les matières et substances dangereuses puissent être confinées, évacuées, précipitées par pulvérisation d'eau, filtrées ou traitées par toute autre méthode pareillement efficace.

Lorsque le processus n'est pas totalement confiné lors du fonctionnement normal de la machine, les dispositifs de confinement ou d'évacuation sont placés de manière à produire le maximum d'effet.

1.5.14. RISQUE DE RESTER PRISONNIER DANS UNE MACHINE

La machine est conçue, construite ou équipée de moyens empêchant qu'une personne y soit enfermée ou, si ce n'est pas possible, lui permettant de demander de l'aide.

1.5.15. RISQUE DE GLISSER, DE TRÉBUCHER OU DE TOMBER

Les parties de la machine où des personnes sont susceptibles de se déplacer ou de stationner sont conçues et construites de façon à empêcher que ces personnes ne glissent, trébuchent ou tombent.

Le cas échéant, ces parties de la machine sont munies de mains courantes fixes par rapport aux utilisateurs leur permettant de conserver leur stabilité.

1.5.16. FOUDRE

La machine nécessitant une protection contre les effets de la foudre pendant son utilisation est équipée d'un système permettant d'évacuer la charge électrique résultante à la terre.

1.6. Entretien

1.6.1. ENTRETIEN DE LA MACHINE

Les points de réglage et d'entretien sont situés en dehors des zones dangereuses. Les opérations de réglage, d'entretien, de réparation et de nettoyage de la machine et les interventions sur la machine peuvent être effectuées lorsque la machine est à l'arrêt.

Si une ou plusieurs des conditions précédentes ne peuvent, pour des raisons techniques, être satisfaites, des mesures sont prises pour que ces opérations puissent être effectuées en toute sécurité conformément au paragraphe 1.2.5.

Dans le cas d'une machine automatisée et éventuellement d'autres machines, un dispositif de connexion permettant de monter un équipement de diagnostic des pannes est prévu.

Les éléments d'une machine automatisée dont le remplacement fréquent est prévu peuvent être démontés et remontés facilement et en toute sécurité. L'accès à ces éléments permet d'effectuer ces tâches avec les moyens techniques nécessaires selon un mode opératoire prévu.

1.6.2. ACCÈS AUX POSTES DE TRAVAIL OU AUX POINTS D'INTERVENTION

La machine est conçue et construite de manière à permettre l'accès, en toute sécurité, à tous les emplacements où une intervention est nécessaire durant le fonctionnement, le réglage et l'entretien de la machine.

1.6.3. SÉPARATION DE LA MACHINE DE SES SOURCES D'ÉNERGIE

La machine est munie de dispositifs permettant de l'isoler de toutes les sources d'énergie. Ces dispositifs sont clairement identifiés. Ils sont verrouillables si la reconnexion risque de présenter un danger pour les personnes. Les dispositifs sont également verrouillables lorsque l'opérateur ne peut pas, de tous les emplacements auxquels il a accès, vérifier que l'alimentation en énergie est toujours coupée.

Dans le cas d'une machine pouvant être alimentée en énergie électrique par une prise de courant, le retrait de la prise suffit, à condition que l'opérateur puisse vérifier, de tous les emplacements auxquels il a accès, que la prise est toujours retirée.

Après que l'alimentation a été coupée, toute énergie résiduelle ou stockée dans les circuits de la machine peut être évacuée normalement, sans risque pour les personnes.

Par dérogation à l'exigence énoncée aux alinéas précédents, certains circuits peuvent demeurer connectés à leur source d'énergie afin de permettre, par exemple, le maintien de pièces, la sauvegarde d'informations, l'éclairage des parties intérieures, etc. Dans ce cas, des dispositions particulières sont prises pour assurer la sécurité des opérateurs.

1.6.4. INTERVENTION DE L'OPÉRATEUR

La machine est conçue, construite et équipée de façon à limiter les interventions des opérateurs. Si l'intervention d'un opérateur ne peut être évitée, la machine est conçue et construite pour que cette intervention puisse être effectuée facilement et en toute sécurité.

1.6.5. NETTOYAGE DES PARTIES INTÉRIEURES

La machine est conçue et construite de façon qu'il soit possible de nettoyer les parties intérieures de la machine ayant contenu des substances ou des préparations dangereuses sans y pénétrer ; de même, il doit être possible de procéder à tout déblocage éventuel, de l'extérieur. S'il est impossible d'éviter de pénétrer dans la machine, celle-ci est conçue et construite de façon que le nettoyage puisse être effectué en toute sécurité.

1.7. Informations

1.7.1. INFORMATIONS ET AVERTISSEMENTS SUR LA MACHINE

Les informations et les avertissements sur la machine sont de préférence apposés sous forme de symboles ou de pictogrammes faciles à comprendre. Toute information et tout avertissement écrit ou verbal est exprimé en français et accompagné, sur demande, de versions dans toute autre langue officielle de la Communauté comprise par les opérateurs.

1.7.1.1. Informations et dispositifs d'information

Les informations nécessaires à la conduite d'une machine sont fournies sous une forme qui ne prête pas à équivoque et qui est facile à comprendre. Ces informations ne sont pas excessives au point de surcharger l'opérateur.

Les écrans de visualisation ou tout autre moyen de communication interactif entre l'opérateur et la machine sont faciles à comprendre et à utiliser.

1.7.1.2. Dispositifs d'alerte

Lorsque la santé et la sécurité des personnes peuvent être mises en danger par un fonctionnement défectueux d'une machine qui fonctionne sans surveillance, cette machine est équipée de manière à donner un avertissement sonore ou lumineux adéquat.

Si la machine est munie de dispositifs d'alerte, ils ne prêtent pas à équivoque et sont facilement perçus. Des mesures sont prises pour permettre à l'opérateur de vérifier que les dispositifs d'alerte fonctionnent à tout moment.

Les prescriptions résultant de la transposition des directives communautaires particulières concernant les couleurs et signaux de sécurité sont applicables.

1.7.2. AVERTISSEMENT SUR LES RISQUES RÉSIDUELS

Lorsque des risques demeurent en dépit de l'intégration de la sécurité dans la conception de la machine et de la prise de mesures de protection et de mesures de prévention complémentaires, les avertissements nécessaires, y compris des dispositifs d'avertissement sont prévus.

1.7.3. MARQUAGE DES MACHINES

I. — Chaque machine porte, de manière visible, lisible et indélébile, les indications minimales suivantes :

a) La raison sociale et l'adresse complète du fabricant ;

b) La désignation de la machine ;

c) Le marquage "CE" ;

d) La désignation de la série ou du type ;

e) Le numéro de série s'il existe ;

f) L'année de construction, à savoir l'année au cours de laquelle le processus de fabrication a été achevé. Il est interdit d'antidater ou de postdater la machine lors de l'apposition du marquage "CE".

En outre, la machine conçue et construite pour être utilisée en atmosphère explosible porte cette indication.

II. — La machine porte également toutes les indications concernant son type qui sont indispensables à sa sécurité d'emploi. Ces informations sont soumises aux règles prévues au paragraphe 1.7.1.

III. — Lorsqu'un élément de la machine est prévu pour être manutentionné, au cours de son utilisation, avec des moyens de levage, sur cet élément est inscrite sa masse, d'une manière lisible, indélébile et non ambiguë.

1.7.4. NOTICE D'INSTRUCTIONS

Chaque machine est accompagnée d'une notice d'instructions en français.

La notice d'instructions qui accompagne la machine est une "notice originale" ou une "traduction de la notice originale", auquel cas, la traduction est accompagnée d'une "notice originale".

Par dérogation, la notice d'entretien destinée à être utilisée par un personnel spécialisé qui dépend du fabricant peut être fournie dans une seule des langues communautaires comprises par ce personnel.

La notice d'instructions est rédigée selon les principes énoncés ci-après.

1.7.4.1. Principes généraux de rédaction de la notice d'instructions

La notice d'instructions est rédigée en français et peut l'être dans une ou plusieurs langues officielles de la Communauté. La mention "Notice originale" figure sur les versions linguistiques de cette notice d'instructions qui ont été vérifiées par le fabricant.

Lorsqu'il n'existe pas de "Notice originale" en français, une traduction dans cette langue est fournie par le fabricant ou par la personne qui introduit la machine en France. Cette traduction porte la mention "Traduction de la notice originale".

Le contenu de la notice d'instructions couvre non seulement l'usage normal de la machine, mais prend également en compte le mauvais usage raisonnablement prévisible.

Dans le cas de machines destinées à des utilisateurs non professionnels, la rédaction et la présentation de la notice d'instructions tient compte du niveau de formation générale et de la perspicacité que l'on peut raisonnablement attendre de ces utilisateurs.

1.7.4.2. Contenu de la notice d'instructions

Chaque notice contient, le cas échéant, au moins les informations suivantes :

a) La raison sociale et l'adresse complète du fabricant ;

b) La désignation de la machine, telle qu'indiquée sur la machine elle-même, à l'exception du numéro de série conformément au paragraphe 1.7.3 ;

c) La déclaration CE de conformité ou un document présentant le contenu de la déclaration CE de conformité, indiquant les caractéristiques de la machine, sans inclure nécessairement le numéro de série et la signature ;

d) Une description générale de la machine ;

e) Les plans, schémas, descriptions et explications nécessaires pour l'utilisation, l'entretien et la réparation de la machine ainsi que pour la vérification de son bon fonctionnement ;

f) Une description du ou des postes de travail susceptibles d'être occupés par les opérateurs ;

g) Une description de l'usage normal de la machine ;

h) Des avertissements concernant les contre-indications d'emploi de la machine qui, d'après l'expérience, peuvent exister ;

i) Les instructions de montage, d'installation et de raccordement, y compris les plans, les schémas, les moyens de fixation et la désignation du châssis ou de l'installation sur laquelle la machine est prévue pour être montée ;

j) Les instructions relatives à l'installation et au montage destinées à diminuer le bruit et les vibrations ;

k) Les instructions concernant la mise en service et l'utilisation de la machine et, le cas échéant, des instructions concernant la formation des opérateurs ;

l) Les informations sur les risques résiduels qui subsistent malgré le fait que la sécurité a été intégrée à la conception de la machine et que des mesures de protection et des mesures de prévention complémentaires ont été prises ;

m) Les instructions concernant les mesures de protection à prendre par les utilisateurs, y compris, le cas échéant, l'équipement de protection individuelle à prévoir ;

n) Les caractéristiques essentielles des outils pouvant être montés sur la machine ;

o) Les conditions dans lesquelles les machines répondent à l'exigence de stabilité en cours d'utilisation, de transport, de montage ou de démontage, lorsqu'elles sont hors service, ou pendant les essais ou les pannes prévisibles ;

p) Les instructions permettant de faire en sorte que les opérations de transport, de manutention et de stockage soient effectuées en toute sécurité, en indiquant la masse de la machine et de ses différents éléments lorsqu'ils sont prévus pour être, de façon régulière, transportés séparément ;

q) Le mode opératoire à respecter en cas d'accident ou de panne ; si un blocage est susceptible de se produire, le mode opératoire à respecter pour permettre un déblocage en toute sécurité ;

r) La description des opérations de réglage et d'entretien à effectuer par l'utilisateur, ainsi que les mesures de prévention à respecter ;

s) Les instructions conçues afin que le réglage et l'entretien puissent être effectués en toute sécurité, y compris les mesures de protection à prendre durant ces opérations ;

t) Les spécifications concernant les pièces de rechange à utiliser, lorsque cela a une incidence sur la santé et la sécurité des opérateurs ;

u) Les informations concernant l'émission de bruit aérien suivantes :

— le niveau de pression acoustique d'émission pondéré A aux postes de travail, lorsqu'il dépasse 70 dB *(A)* ; si ce niveau est inférieur ou égal à 70 dB *(A)*, il convient de le mentionner ;

— la valeur maximale de la pression acoustique d'émission instantanée pondérée C aux postes de travail, lorsqu'elle dépasse 63 Pa (130 dB par rapport à 20 μPa) ;

— le niveau de puissance acoustique pondéré A émis par la machine lorsque le niveau de pression acoustique d'émission pondéré A aux postes de travail dépasse 80 dB *(A)*.

Ces valeurs sont soit réellement mesurées pour la machine visée, soit établies à partir de mesures effectuées pour une machine techniquement comparable qui est représentative de la machine à produire.

Lorsque la machine est de très grandes dimensions, l'indication du niveau de puissance acoustique pondéré A peut être remplacée par l'indication des niveaux de pression acoustique d'émission pondérés A en des emplacements spécifiés autour de la machine.

Lorsque les normes harmonisées ne sont pas appliquées, les données acoustiques sont mesurées en utilisant la méthode la plus appropriée pour la machine. Lorsque des valeurs d'émission sonore sont indiquées, les incertitudes entourant ces valeurs sont précisées.

Les conditions de fonctionnement de la machine pendant le mesurage et les méthodes utilisées pour le mesurage sont décrites.

Lorsque le ou les postes de travail ne sont pas ou ne peuvent pas être définis, le niveau de pression acoustique pondéré A est mesuré à 1 m de la surface de la machine et à une hauteur de 1,60 m au-dessus du sol ou de la plate-forme d'accès. La position et la valeur de la pression acoustique maximale sont indiquées.

Lorsque des dispositions résultant de la transposition de directives communautaires particulières prévoient d'autres prescriptions pour la mesure des niveaux de pression ou de puissance acoustiques, ces dispositions sont appliquées et les prescriptions correspondantes du présent point ne s'appliquent pas.

v) Lorsque la machine est susceptible d'émettre des rayonnements non ionisants risquant de nuire aux personnes, en particulier aux personnes porteuses de dispositifs médicaux implantables actifs ou non actifs, des informations concernant le rayonnement émis pour l'opérateur et les personnes exposées.

1.7.4.3. Documents commerciaux

Les documents commerciaux présentant la machine ne sont pas en contradiction avec la notice d'instructions en ce qui concerne les aspects de santé et de sécurité. Les documents commerciaux décrivant les caractéristiques de performance de la machine contiennent les mêmes informations concernant les émissions que la notice d'instructions.

2. RÈGLES TECHNIQUES COMPLÉMENTAIRES POUR CERTAINES CATÉGORIES DE MACHINES

Les machines destinées à l'industrie alimentaire, les machines destinées à l'industrie cosmétique ou pharmaceutique, les machines tenues ou guidées à la main, les machines portatives de fixation et d'autres machines à chocs *(Décr. n° 2011-1480 du 9 nov. 2011, en vigueur le 15 déc. 2011)* « , les machines à bois et matériaux ayant des caractéristiques physiques similaires et les machines destinées à l'application des pesticides » répondent à l'ensemble des règles techniques décrites dans la présente partie conformément au 4° des principes généraux figurant au début de la présente annexe.

2.1. Machines destinées à l'industrie alimentaire et machines destinées à l'industrie cosmétique ou pharmaceutique

2.1.1. GÉNÉRALITÉS

Les machines destinées à être utilisées avec des denrées alimentaires ou avec des produits cosmétiques ou pharmaceutiques sont conçues et construites de manière à éviter tout risque d'infection, de maladie ou de contagion.

Elles obéissent aux règles suivantes :

a) Les matériaux en contact ou destinés à être en contact avec les denrées alimentaires ou les produits cosmétiques ou pharmaceutiques satisfont aux conditions fixées par les dispositions issues des directives les concernant. La machine est conçue et construite de manière que ces matériaux puissent être nettoyés avant chaque utilisation ; lorsque cela n'est pas possible, des éléments à usage unique sont utilisés ;

b) Toutes les surfaces en contact avec les denrées alimentaires ou les produits cosmétiques ou pharmaceutiques autres que les surfaces des éléments à usage unique sont :

— lisses et ne possèdent ni rugosité ni anfractuosité pouvant abriter des matières organiques, la même exigence s'appliquant aux raccordements entre deux surfaces ;

— conçues et construites de manière à réduire au minimum les saillies, les rebords et les renfoncements des assemblages ;

— telles qu'elles puissent être facilement nettoyées et désinfectées, si nécessaire, après enlèvement de parties facilement démontables ; les congés de raccordement des surfaces intérieures ont un rayon suffisant pour permettre un nettoyage complet ;

c) Les liquides, gaz et aérosols provenant des denrées alimentaires, des produits cosmétiques ou des produits pharmaceutiques, ainsi que des fluides de nettoyage, de désinfection et de rinçage peuvent être complètement évacués de la machine, si possible, dans une position "nettoyage" ;

d) La machine est conçue et construite de manière à éviter toute infiltration de substance, toute pénétration d'êtres vivants, notamment d'insectes, ou accumulation de matières organiques dans des parties qui ne peuvent pas être nettoyées ;

e) La machine est conçue et construite de manière qu'aucun produit auxiliaire dangereux pour la santé, y compris les lubrifiants utilisés, ne puisse entrer en contact avec les denrées alimentaires, les produits cosmétiques ou pharmaceutiques. Le cas échéant, la machine est conçue et construite de façon à permettre de vérifier que cette exigence est toujours respectée.

2.1.2. NOTICE D'INSTRUCTIONS

La notice d'instructions des machines destinées aux industries alimentaires et des machines utilisées avec des produits cosmétiques ou pharmaceutiques indique les produits et méthodes de nettoyage, de désinfection et de rinçage préconisés, non seulement pour les parties facilement accessibles, mais aussi pour les parties auxquelles l'accès est impossible ou déconseillé.

2.2. Machines portatives tenues ou guidées à la main

2.2.1. GÉNÉRALITÉS

Les machines portatives tenues ou guidées à la main ont :

a) Selon leur type, une surface d'appui de dimension suffisante et un nombre suffisant de moyens de préhension et de maintien de dimension appropriée, disposés de manière que la stabilité de la machine soit assurée dans les conditions de fonctionnement normales ;

b) Sauf si cela est techniquement impossible ou lorsqu'il existe un organe de service indépendant, lorsque les moyens de préhension ne peuvent pas être lâchés en toute sécurité, sont munies d'organes de service de mise en marche ou d'arrêt manuels disposés de manière telle que l'opérateur ne doive lâcher les moyens de préhension pour les actionner ;

c) Ne présentent pas de risques dus à leur mise en marche involontaire ou à leur maintien en fonctionnement après que l'opérateur a lâché les moyens de préhension ; des mesures équivalentes sont prises si cette exigence n'est techniquement pas réalisable ;

d) Permettent, en cas de nécessité, de contrôler visuellement la zone dangereuse et l'action de l'outil sur le matériau travaillé.

Les moyens de préhension des machines portatives sont conçus et construits de manière que la mise en marche et l'arrêt soient aisés.

2.2.1.1. Notice d'instructions

La notice d'instructions donne les indications suivantes concernant les vibrations émises par les machines portatives tenues et guidées à la main :

a) La valeur totale des vibrations auxquelles est exposé le système main-bras lorsqu'elle dépasse 2,5 m/s^2 ou, le cas échéant, la mention que cette valeur ne dépasse pas 2,5 m/s^2 ;

b) L'incertitude de mesure.

Ces valeurs sont soit réellement mesurées pour la machine visée, soit établies à partir de mesures effectuées pour une machine techniquement comparable qui est représentative de la machine à produire.

Lorsque les normes harmonisées ne sont pas appliquées, les vibrations sont mesurées en utilisant le code de mesurage le plus approprié pour la machine.

Les conditions de fonctionnement de la machine pendant le mesurage et les méthodes utilisées pour le mesurage ou la référence de la norme harmonisée appliquée sont spécifiées.

2.2.2. APPAREILS PORTATIFS DE FIXATION ET AUTRES MACHINES À CHOCS

2.2.2.1. Généralités

Les appareils portatifs de fixation et autres machines à chocs sont conçus et construits de manière que :

— l'énergie soit transmise à l'élément subissant le choc par la pièce intermédiaire qui est solidaire de l'appareil ;

— un dispositif de validation empêche le choc si la machine n'est pas positionnée correctement avec une pression suffisante sur le matériau de base ;

— un déclenchement involontaire soit empêché ; le cas échéant, une séquence appropriée d'actions sur le dispositif de validation et sur celui de commande est requise pour déclencher le choc ;

— un déclenchement involontaire soit empêché lors de la manutention ou en cas de heurt ;

— les opérations de chargement et de déchargement puissent être effectuées facilement et en toute sécurité.

Si nécessaire, l'équipement de l'appareil de pare-éclats est possible et le ou les protecteurs appropriés sont fournis par le fabricant de la machine.

2.2.2.2. Notice d'instructions

La notice d'instructions donne les indications nécessaires en ce qui concerne :

— les accessoires et les équipements interchangeables pouvant être utilisés avec la machine ;

— les éléments de fixation appropriés ou autres éléments à exposer au choc pouvant être utilisés avec la machine ;

— le cas échéant, les cartouches appropriées à utiliser.

2.3. Machines à bois et matériaux ayant des caractéristiques physiques similaires

Les machines à bois et matériaux ayant des caractéristiques physiques similaires obéissent aux règles suivantes :

a) La machine est conçue, construite ou équipée de manière que la pièce à usiner puisse être placée et guidée en toute sécurité ; lorsque la pièce est tenue à la main sur une table de travail, celle-ci assure une stabilité suffisante pendant le travail et ne gêne pas le déplacement de la pièce ;

b) Lorsque la machine est susceptible d'être utilisée dans des conditions entraînant un risque d'éjection des pièces à usiner ou de parties de celles-ci, elle est conçue, construite ou équipée de manière à empêcher l'éjection ou, si cela n'est pas possible, pour que l'éjection n'entraîne pas de risques pour l'opérateur ou les personnes exposées ;

c) La machine est équipée de freins automatiques arrêtant l'outil dans un temps suffisamment court lorsqu'il y a risque de contact avec l'outil pendant qu'il ralentit ;

d) Lorsque l'outil est intégré à une machine non entièrement automatisée, celle-ci est conçue et construite de manière à éliminer ou à réduire le risque de blessures involontaires.

2.4. Machines destinées à l'application des pesticides

(Décr. nº 2011-1480 du 9 nov. 2011, en vigueur le 15 déc. 2011)

2.4.1. DÉFINITION

"Machines destinées à l'application des pesticides" : machines spécifiquement destinées à l'application de produits phytopharmaceutiques au sens de l'article 2, paragraphe 1, du règlement (CE) nº 1107/2009 du Parlement européen et du Conseil du 21 octobre 2009 concernant la mise sur le marché de produits phytopharmaceutiques.

2.4.2. GÉNÉRALITÉS

Le fabricant de machines destinées à l'application des pesticides ou le responsable de la mise sur le marché s'assure qu'une évaluation des risques d'exposition involontaire de l'environnement aux pesticides est effectuée conformément au processus d'évaluation et de réduction des risques énoncé au 1º des principes généraux figurant au début de la présente annexe. Compte tenu de cette évaluation, les machines destinées à l'application des pesticides sont conçues et construites de manière à pouvoir être utilisées, réglées et entretenues sans exposition involontaire de l'environnement aux pesticides. Les fuites sont prévenues à tout moment.

2.4.3. COMMANDES ET SURVEILLANCE

L'application des pesticides à partir des postes de travail peut être commandée et surveillée facilement et précisément ainsi qu'arrêtée immédiatement.

2.4.4. REMPLISSAGE ET VIDANGE

Les machines sont conçues et construites de manière à faciliter le remplissage précis avec la quantité requise de pesticides et à assurer la vidange aisée et complète tout en évitant le déversement de pesticides et la contamination de la source d'alimentation en eau au cours de ces opérations.

2.4.5. APPLICATION DE PESTICIDES

2.4.5.1. Taux d'application

Les machines sont pourvues de moyens permettant de régler de manière aisée, précise et fiable le taux d'application.

2.4.5.2. Distribution, dépôt et dérive de pesticides

Les machines sont conçues et construites de manière à assurer que les pesticides sont déposés sur les zones cibles, à réduire les pertes dans les autres zones et à prévenir toute dérive de pesticides dans l'environnement. Le cas échéant, une distribution égale et un dépôt homogène des pesticides sont assurés.

2.4.5.3. Essais

Afin de s'assurer que les pièces correspondantes des machines répondent aux exigences énoncées aux points 2.4.5.1 et 2.4.5.2, le fabricant ou le responsable de la mise sur le marché effectue ou fait effectuer, pour chaque type de machine concernée, des essais appropriés.

2.4.5.4. Pertes au cours de l'arrêt

Les machines sont conçues et construites de manière à prévenir les pertes lorsque la fonction d'application des pesticides est à l'arrêt.

2.4.6. MAINTENANCE

2.4.6.1 Nettoyage

Les machines sont conçues et construites de manière à permettre un nettoyage facile et complet sans contamination de l'environnement.

2.4.6.2 Entretien

Les machines sont conçues et construites de manière à faciliter le remplacement des pièces usées sans contamination de l'environnement.

2.4.7. VÉRIFICATIONS

Il est possible de connecter facilement aux machines les instruments de mesure nécessaires pour vérifier le bon fonctionnement des machines.

2.4.8. MARQUAGE DES BUSES, DES TAMIS ET DES FILTRES

Les buses, les tamis et les filtres sont marqués de manière à ce que leurs type et taille puissent être clairement identifiés.

2.4.9. INDICATION DU PESTICIDE UTILISÉ

Les machines sont munies d'un équipement spécifique sur lequel l'opérateur peut indiquer le nom du pesticide utilisé.

2.4.10. NOTICE D'INSTRUCTIONS

La notice d'instructions comporte les informations suivantes :

a) Les mesures de prévention à mettre en œuvre lors du mélange, du remplissage, de l'application, de la vidange, du nettoyage et des opérations d'entretien et de transport afin d'éviter la contamination de l'environnement ;

b) Les conditions d'utilisation détaillées pour les différents cadres opérationnels envisagés, notamment les préparations et réglages correspondants requis pour assurer que les pesticides sont déposés sur les zones cibles tout en réduisant autant que possible les pertes dans les autres zones, pour prévenir toute dérive dans l'environnement et, le cas échéant, pour assurer une distribution égale et un dépôt homogène des pesticides ;

c) La variété de types et de tailles des buses, des tamis et des filtres qui peuvent être utilisés avec les machines ;

d) La fréquence des vérifications ainsi que les critères et la méthode de remplacement des pièces sujettes à usure susceptible d'altérer le bon fonctionnement des machines, telles que les buses, les tamis et les filtres ;

e) Les prescriptions relatives au calibrage, à l'entretien journalier, à la mise en l'état en vue de la période hivernale ainsi que celles concernant les autres vérifications nécessaires pour assurer le bon fonctionnement des machines ;

f) Les types de pesticide qui peuvent provoquer un mauvais fonctionnement des machines ;

g) L'indication, mise à jour par l'opérateur, sur l'équipement spécifique visé au point 2.4.9, du nom du pesticide utilisé ;

h) La connexion et l'utilisation d'équipements et d'accessoires spéciaux, et les mesures de prévention nécessaires à mettre en œuvre ;

i) L'indication selon laquelle les machines peuvent être soumises à des exigences nationales de vérifications périodiques par des organismes désignés selon des modalités définies par ces exigences nationales ;

j) Les caractéristiques des machines qui doivent être vérifiées pour s'assurer de leur bon fonctionnement ;

k) Les instructions concernant le raccordement des instruments de mesure nécessaires.

3. RÈGLES TECHNIQUES COMPLÉMENTAIRES POUR PALLIER LES DANGERS DUS À LA MOBILITÉ DES MACHINES

L'ensemble des règles techniques décrites dans la présente partie s'appliquent aux machines présentant des dangers dus à leur mobilité conformément au 4° des principes généraux figurant au début de la présente annexe.

3.1. Généralités

3.1.1. DÉFINITIONS

a) "Machine présentant des dangers dus à sa mobilité" :

— machine dont le fonctionnement exige soit la mobilité pendant le travail, soit un déplacement continu ou semi-continu suivant une succession de postes de travail fixes ; ou

— machine qui fonctionne sans déplacement, mais qui peut être munie de moyens permettant de la déplacer plus facilement d'un endroit à un autre.

b) "Conducteur" : opérateur chargé du déplacement d'une machine. Le conducteur peut soit être transporté par la machine, soit accompagner la machine à pied, soit la guider par commande à distance.

3.2. Postes de travail

3.2.1. POSTE DE CONDUITE

La visibilité depuis le poste de conduite est telle que le conducteur peut en toute sécurité, pour lui-même et pour les personnes exposées, faire fonctionner la machine et ses outils dans les conditions d'utilisation prévisibles. En cas de besoin, des dispositifs appropriés remédient aux risques résultant de l'insuffisance de la vision directe.

La machine sur laquelle le conducteur est transporté est conçue et construite de façon que, du poste de conduite, il n'y ait pas de risque pour le conducteur s'il entre par mégarde en contact avec les roues ou les chenilles.

Le poste de conduite du conducteur porté est conçu et construit de façon à pouvoir être équipé d'une cabine, à condition que cela n'augmente pas les risques et qu'il y ait de l'espace pour cela. La cabine comporte un emplacement destiné au rangement des instructions nécessaires au conducteur.

3.2.2. SIÈGE

Lorsqu'il existe un risque que les opérateurs ou d'autres personnes, transportés par la machine, puissent être écrasés entre des éléments de la machine et le sol si la machine se retourne ou bascule, notamment dans le cas d'une machine équipée d'une structure de protection visée aux points 3.4.3 ou 3.4.4, leur siège est conçu ou équipé avec un système de retenue de manière à maintenir les personnes sur leur siège sans s'opposer ni aux mouvements nécessaires au travail ni aux mouvements par rapport à la structure résultant de la suspension des sièges. Ces systèmes de retenue ne sont pas installés s'ils augmentent le risque.

3.2.3. POSTES DESTINÉS AUX AUTRES PERSONNES

Si les conditions d'utilisation prévoient que des personnes autres que le conducteur peuvent être occasionnellement ou régulièrement transportées par la machine ou y travailler, des postes appropriés sont prévus permettant le transport ou le travail sans risque.

Les deuxième et troisième alinéas du paragraphe 3.2.1. s'appliquent également aux emplacements prévus pour les personnes autres que le conducteur.

3.3. Systèmes de commandes

Si nécessaire, des mesures sont prises pour empêcher un usage non autorisé des commandes.

Dans le cas de commandes à distance, chaque unité de commande indique clairement quelles sont la ou les machines destinées à être commandées par l'unité en question.

Le système de commande à distance est conçu et construit de façon à avoir un effet uniquement sur :

— la machine concernée ;

— les fonctions concernées.

La machine commandée à distance est conçue et construite de façon à ne répondre qu'aux signaux des unités de commande prévues.

3.3.1. ORGANES DE SERVICE

Depuis le poste de conduite, le conducteur peut actionner tous les organes de service nécessaires au fonctionnement de la machine, sauf pour les fonctions dont la mise en œuvre ne peut se faire en toute sécurité que par des organes de service situés ailleurs. Ces fonctions incluent notamment celles dont la charge incombe à des opérateurs autres que le conducteur ou pour lesquelles le conducteur quitte le poste de conduite pour pouvoir les commander en toute sécurité.

Lorsqu'il existe des pédales, elles sont conçues, construites et disposées de telle sorte qu'elles puissent être actionnées en toute sécurité par le conducteur avec le minimum de risque de fausse manœuvre. Elles présentent une surface antidérapante et sont facilement nettoyables.

Lorsque le fait d'actionner les organes de service peut entraîner des risques, notamment des mouvements dangereux, ces organes, sauf ceux ayant des positions prédéterminées, reviennent en position neutre dès que l'opérateur cesse de les actionner.

Dans le cas de machines à roues, le mécanisme de direction est conçu et construit de manière à réduire la force des mouvements brusques du volant ou du levier de direction résultant de chocs sur les roues directrices.

Toute commande de verrouillage du différentiel est conçue et disposée de telle sorte qu'elle permette de déverrouiller le différentiel lorsque la machine est en mouvement.

La paragraphe 1.2.2, sixième alinéa, concernant les signaux d'avertissement sonore ou visuel ne s'applique qu'en cas de marche arrière.

3.3.2. MISE EN MARCHE/DÉPLACEMENT

Tout déplacement d'une machine automotrice à conducteur porté n'est possible que si le conducteur est aux commandes.

Lorsque, pour les besoins de son fonctionnement, une machine est équipée de dispositifs dépassant son gabarit normal (par exemple, stabilisateurs, flèche, etc.), le conducteur dispose des moyens lui permettant de vérifier facilement, avant de déplacer la machine, que ces dispositifs sont dans une position définie permettant un déplacement sûr.

Il en est de même pour tous les autres éléments qui, pour permettre un déplacement sûr, doivent être dans une position définie, verrouillée si nécessaire.

Lorsqu'il n'en résulte pas d'autres risques, le déplacement de la machine est subordonné au placement des éléments cités ci-avant en position de sécurité.

La machine est conçue et construite de manière qu'un déplacement involontaire ne puisse se produire lors de la mise en marche du moteur.

3.3.3. FONCTION DE DÉPLACEMENT

Sans préjudice de la réglementation relative à la circulation routière, les machines automotrices, ainsi que les remorques, sont conçues et construites de manière à respecter les règles de ralentissement, d'arrêt, de freinage et d'immobilisation, assurant la sécurité dans toutes les conditions de fonctionnement, de charge, de vitesse, d'état du sol et de déclivité prévues.

La machine automotrice est conçue et construite de manière que son conducteur puisse la ralentir et l'arrêter au moyen d'un dispositif principal. Dans la mesure où la sécurité l'exige en cas de défaillance du dispositif principal ou en l'absence de l'énergie nécessaire pour actionner ce dispositif, un dispositif de secours ayant un organe de service entièrement indépendant et aisément accessible permet le ralentissement et l'arrêt.

Dans la mesure où la sécurité l'exige, un dispositif de stationnement est prévu pour maintenir l'immobilisation de la machine. Ce dispositif peut être combiné avec l'un des dispositifs visés au deuxième alinéa, à condition qu'il s'agisse d'un dispositif purement mécanique.

La machine commandée à distance est munie de dispositifs lui permettant de s'arrêter automatiquement et immédiatement et d'empêcher un fonctionnement potentiellement dangereux, dans les situations suivantes :

— lorsque le conducteur en a perdu le contrôle ;

— lors de la réception d'un signal d'arrêt ;

— lorsqu'une défaillance est détectée dans une partie du système liée à la sécurité ;

— quand aucun signal de validation n'a été détecté dans un délai spécifié.

Le paragraphe 1.2.4 ne s'applique pas à la fonction de déplacement.

3.3.4. DÉPLACEMENT DE MACHINES À CONDUCTEUR À PIED

Tout déplacement d'une machine automotrice à conducteur à pied n'est possible que si le conducteur actionne en continu l'organe de service correspondant. En particulier, un déplacement ne peut se produire lors de la mise en marche du moteur.

Les systèmes de commande des machines à conducteur à pied sont conçus de manière à réduire au minimum les risques dus au déplacement inopiné de la machine vers le conducteur, notamment les risques :

— d'écrasement ;

— de blessure provoquée par des outils rotatifs.

La vitesse de déplacement de la machine est compatible avec la vitesse d'un conducteur à pied.

Dans le cas de machines sur lesquelles peut être monté un outil rotatif, cet outil ne peut être actionné lorsque la marche arrière est enclenchée, sauf dans le cas où le déplacement de la machine résulte du mouvement de l'outil. Dans ce dernier cas, la vitesse en marche arrière est telle qu'elle ne présente pas de danger pour le conducteur.

3.3.5. DÉFAILLANCE DU CIRCUIT DE COMMANDE

La machine est conçue et construite de manière telle qu'une défaillance dans l'alimentation de la direction assistée, quand elle existe, n'empêche pas de diriger la machine pendant le temps nécessaire pour l'arrêter.

3.4. Protection contre les risques mécaniques

3.4.1. MOUVEMENTS NON COMMANDÉS

La machine est conçue, construite et, le cas échéant, montée sur son support mobile de façon que, lors de son déplacement, les oscillations incontrôlées de son centre de gravité n'affectent pas sa stabilité ou n'exercent de contraintes excessives sur sa structure.

3.4.2. ÉLÉMENTS MOBILES DE TRANSMISSION

Par exception au paragraphe 1.3.8.1, dans le cas des moteurs, les protecteurs mobiles empêchant l'accès aux parties mobiles dans le compartiment moteur ne sont pas dotés de dispositif de verrouillage si, pour les ouvrir, il faut utiliser un outil ou une clé ou actionner une commande située dans le poste de conduite, à condition que celui-ci soit situé dans une cabine entièrement fermée munie d'une serrure permettant d'empêcher les personnes non autorisées d'y pénétrer.

3.4.3. RETOURNEMENT ET BASCULEMENT

Lorsque, pour une machine automotrice avec conducteur porté, et éventuellement opérateurs ou autres personnes portés, il existe un risque de retournement ou de basculement, la machine est munie d'une structure de protection appropriée, à moins que cela n'augmente le risque.

Cette structure est telle que, en cas de retournement ou de basculement, elle garantit aux personnes portées un volume limite de déformation adéquat.

(Décr. n° 2011-1480 du 9 nov. 2011) « Afin de vérifier si la structure répond à l'exigence mentionnée au deuxième alinéa, le fabricant effectue ou fait effectuer, pour chaque type de structure, des essais appropriés. »

3.4.4. CHUTES D'OBJETS

Lorsque, pour une machine automotrice avec conducteur porté, et éventuellement opérateurs ou autres personnes portés, il existe un risque dû à des chutes d'objets ou de matériaux, la machine est conçue et construite de manière à tenir compte de ces risques et est munie, si ses dimensions le permettent, d'une structure de protection appropriée.

Cette structure est telle que, en cas de chutes d'objets ou de matériaux, elle garantit aux personnes portées un volume limite de déformation adéquat.

Afin de vérifier si la structure répond à l'exigence visée au deuxième alinéa, le fabricant effectue ou fait effectuer, pour chaque type de structure, des essais appropriés.

3.4.5. MOYENS D'ACCÈS

Les mains courantes et marchepieds sont conçus, construits et disposés de manière que les opérateurs les utilisent instinctivement et n'utilisent pas les organes de service pour faciliter l'accès.

3.4.6. DISPOSITIFS DE REMORQUAGE

Toute machine utilisée pour remorquer ou destinée à être remorquée est équipée de dispositifs de remorquage ou d'attelage conçus, construits et disposés de façon à assurer un attelage et un désattelage aisés et sûrs et à empêcher un désattelage involontaire pendant l'utilisation.

Dans la mesure où la charge sur le timon l'exige, ces machines sont équipées d'un support avec une surface d'appui adaptée à la charge et au sol.

3.4.7. TRANSMISSION DE PUISSANCE ENTRE LA MACHINE AUTOMOTRICE

(OU LE TRACTEUR)
ET LA MACHINE RÉCEPTRICE

Les dispositifs amovibles de transmission mécanique reliant une machine automotrice ou un tracteur au premier palier fixe d'une machine réceptrice sont conçus et construits de manière que, sur toute leur longueur, toute partie en mouvement durant le fonctionnement soit protégée.

Du côté de la machine automotrice ou du tracteur, la prise de force à laquelle est attelé le dispositif amovible de transmission mécanique est protégée soit par un protecteur fixé et lié à la machine automotrice ou au tracteur, soit par tout autre dispositif assurant une protection équivalente.

Ce protecteur peut être ouvert pour accéder au dispositif amovible de transmission. Une fois qu'il est en place, un espace suffisant demeure pour empêcher que l'arbre moteur n'endommage le protecteur lorsque la machine (ou le tracteur) est en mouvement.

Du côté de la machine réceptrice, l'arbre récepteur est enfermé dans un carter de protection fixé à la machine.

La présence d'un limiteur de couple ou d'une roue libre n'est autorisée, pour la transmission par cardan, que du côté de son attelage à la machine réceptrice. Dans ce cas, il convient d'indiquer sur le dispositif amovible de transmission mécanique le sens de montage.

Toute machine réceptrice dont le fonctionnement nécessite la présence d'un dispositif amovible de transmission mécanique la reliant à une machine automotrice ou à un tracteur possède un système d'accrochage du dispositif amovible de transmission mécanique de telle sorte que, lorsque la machine est dételée, le dispositif amovible de transmission mécanique et son protecteur ne soient pas endommagés par contact avec le sol ou avec un élément de la machine.

Les éléments extérieurs du protecteur sont conçus, construits et disposés de telle sorte qu'ils ne puissent pas tourner avec le dispositif amovible de transmission mécanique. Le protecteur doit recouvrir la transmission jusqu'aux extrémités des mâchoires intérieures dans le cas de joints de cardans simples et au moins jusqu'au centre du ou des joints extérieurs dans le cas de cardans dits à grand angle.

Si des accès aux postes de travail sont prévus à proximité du dispositif amovible de transmission mécanique, ils sont conçus et construits de façon à éviter que les protecteurs de ces arbres ne puissent servir de marchepieds, à moins qu'ils ne soient conçus et construits à cette fin.

3.5. Mesures de protection contre d'autres risques

3.5.1. ACCUMULATEURS

Le logement des accumulateurs est conçu et construit de manière à empêcher la projection d'électrolyte sur l'opérateur, même en cas de retournement ou de basculement, et d'éviter l'accumulation de vapeurs aux emplacements occupés par les opérateurs.

La machine est conçue et construite de manière que les accumulateurs puissent être déconnectés à l'aide d'un dispositif facilement accessible prévu à cet effet.

3.5.2. INCENDIE

En fonction des risques prévus par le fabricant, la machine est conçue et construite de manière à, si ses dimensions le permettent :

— soit permettre la mise en place d'extincteurs facilement accessibles ;

— soit être munie de systèmes d'extinction faisant partie intégrante de la machine.

3.5.3. ÉMISSIONS DE SUBSTANCES DANGEREUSES

Le paragraphe 1.5.13, deuxième et troisième paragraphes, ne s'applique pas lorsque la machine a pour fonction principale de pulvériser des produits. Cependant, la machine est conçue et construite de manière que l'opérateur soit protégé contre le risque d'exposition à de telles émissions dangereuses.

3.6. Informations et indications

3.6.1. SIGNALISATION, SIGNAUX ET AVERTISSEMENTS

Chaque machine comporte des moyens de signalisation ou des plaques d'instructions concernant l'utilisation, le réglage et l'entretien chaque fois que cela est nécessaire pour assurer la santé et la sécurité des personnes. Ceux-ci sont choisis, conçus et réalisés de façon à être clairement visibles et indélébiles.

Sans préjudice des dispositions de la réglementation relative à la circulation routière, les machines à conducteur porté sont dotées des équipements suivants :

— un avertisseur sonore permettant d'avertir les personnes ;

— un système de signalisation lumineuse tenant compte des conditions d'utilisation prévues ; cette dernière exigence ne s'applique pas aux machines destinées exclusivement aux travaux souterrains et dépourvues d'énergie électrique ;

— le cas échéant, une connexion appropriée entre la remorque et la machine permettant de faire fonctionner les signaux.

Les machines commandées à distance dont les conditions d'utilisation normale exposent les personnes aux risques de choc ou d'écrasement sont munies des moyens appropriés pour signaler leurs déplacements ou de moyens pour protéger les personnes contre ces risques. Il en est de même pour les machines dont l'utilisation suppose un va-et-vient constant sur un même axe lorsque le conducteur ne voit pas directement la zone à l'arrière de la machine.

La machine est construite de manière que les dispositifs d'avertissement et de signalisation ne puissent être mis hors service involontairement. Chaque fois que cela est indispensable à la sécurité, ces dispositifs sont munis de moyens permettant d'en contrôler le bon fonctionnement, et toute défaillance est rendue apparente à l'opérateur.

Lorsque les mouvements d'une machine ou de ses outils sont particulièrement dangereux, une signalisation figure sur la machine, interdisant de s'en approcher pendant qu'elle fonctionne. Cette signalisation est lisible à une distance suffisante pour assurer la sécurité des personnes appelées à se trouver à proximité.

3.6.2. MARQUAGE

Sur chaque machine sont portées, de manière lisible et indélébile, les indications suivantes :
— la puissance nominale exprimée en kilowatts (kW) ;
— la masse en kilogrammes (kg) dans la configuration la plus usuelle, et, le cas échéant :
— l'effort de traction maximal prévu au crochet d'attelage en newtons (N) ;
— l'effort vertical maximal prévu sur le crochet d'attelage en newtons (N).

3.6.3. NOTICE D'INSTRUCTIONS

3.6.3.1. Vibrations

La notice d'instructions donne les indications suivantes concernant les vibrations transmises par la machine au système main-bras ou à l'ensemble du corps :
— la valeur totale des vibrations auxquelles est exposé le système main-bras lorsqu'elle dépasse 2,5 m/s^2 ou, le cas échéant, la mention que cette valeur ne dépasse pas 2,5 m/s^2 ;
— la valeur moyenne quadratique maximale pondérée en fréquence de l'accélération à laquelle est exposé l'ensemble du corps lorsqu'elle dépasse 0,5 m/s^2. Si cette valeur ne dépasse pas 0,5 m/s^2, il faut le mentionner ;
— l'incertitude de mesure.
Ces valeurs sont soit réellement mesurées pour la machine visée, soit établies à partir de mesures effectuées pour une machine techniquement comparable qui est représentative de la machine à produire.
Lorsque les normes harmonisées ne sont pas appliquées, les vibrations sont mesurées en utilisant le code de mesure le plus approprié pour la machine.
Les conditions de fonctionnement de la machine pendant le mesurage et les codes de mesure utilisés sont décrits.

3.6.3.2. Usages multiples

La notice d'instructions des machines permettant plusieurs usages selon l'équipement mis en œuvre et la notice d'instructions des équipements interchangeables comportent les informations nécessaires pour permettre le montage et l'utilisation en toute sécurité de la machine de base et des équipements interchangeables qui peuvent être montés sur celle-ci.

4. RÈGLES TECHNIQUES COMPLÉMENTAIRES POUR PALLIER LES DANGERS DUS AUX OPÉRATIONS DE LEVAGE

L'ensemble des règles techniques pertinentes décrites dans la présente partie s'applique aux machines présentant des dangers dus aux opérations de levage conformément au 4° des principes généraux figurant au début de la présente annexe.

4.1. Généralités

4.1.1. DÉFINITIONS

a) "Opération de levage" : opération de déplacement de charges unitaires composées d'objets ou de personnes nécessitant, à un moment donné, un changement de niveau.
b) "Charge guidée" : charge dont la totalité du déplacement se fait le long de guides rigides ou souples dont la position dans l'espace est déterminée par des points fixes.
c) "Coefficient d'utilisation" : rapport arithmétique entre la charge qu'un composant peut retenir, garantie par le fabricant, et la charge maximale d'utilisation indiquée sur le composant.
d) "Coefficient d'épreuve" : rapport arithmétique entre la charge utilisée pour effectuer les épreuves statiques ou dynamiques d'une machine ou d'un accessoire de levage et la charge maximale d'utilisation indiquée sur la machine ou l'accessoire de levage respectivement.
e) "Épreuve statique" : essai qui consiste à inspecter la machine ou l'accessoire de levage et ensuite à lui appliquer une force correspondant à la charge maximale d'utilisation multipliée par le coefficient d'épreuve statique approprié, puis, après relâchement, à inspecter à nouveau la machine ou l'accessoire de levage afin de s'assurer qu'aucun dommage n'est apparu.
f) "Épreuve dynamique" : essai qui consiste à faire fonctionner la machine de levage dans toutes ses configurations possibles, à la charge maximale d'utilisation multipliée par le coefficient d'épreuve dynamique appro-prié, en tenant compte du comportement dynamique de la machine, en vue de vérifier le bon fonctionnement de celle-ci.

g) "Habitacle" : partie de la machine dans laquelle prennent place les personnes ou où sont placés les objets afin d'être levés.

4.1.2. MESURES DE PROTECTION CONTRE LES RISQUES MÉCANIQUES

4.1.2.1. Risques dus au manque de stabilité

La machine est conçue et construite de façon que la stabilité exigée au paragraphe 1.3.1 soit assurée en service et hors service, y compris pendant toutes les phases du transport, du montage et du démontage, lors de défaillances prévisibles d'un élément et également pendant la réalisation des épreuves effectuées conformément à la notice d'instructions. A cette fin, le fabricant utilise les méthodes de vérification appropriées.

4.1.2.2. Machine circulant le long de guidages ou sur des chemins de roulement

La machine est pourvue de dispositifs qui agissent sur les guidages ou chemins de roulement afin d'éviter les déraillements.

Toutefois, si, malgré la présence de tels dispositifs, il subsiste un risque de déraillement ou de défaillance d'un organe de guidage ou de roulement, des dispositifs sont prévus pour empêcher la chute d'équipements, d'éléments ou de la charge ainsi que le renversement de la machine.

4.1.2.3. Résistance mécanique

La machine, les accessoires de levage ainsi que leurs éléments sont conçus et construits de manière à résister aux contraintes auxquelles ils sont soumis en service et, s'il y a lieu, hors service, dans les conditions d'installation et de fonctionnement prévues et dans toutes les configurations possibles, compte tenu, le cas échéant, des effets des facteurs atmosphériques et des forces exercées par les personnes. Ces règles sont également applicables pendant le transport, le montage et le démontage.

La machine et les accessoires de levage sont conçus et construits demanière à éviter des défaillances dues à la fatigue et à l'usure, compte tenu de l'usage prévu.

Les matériaux employés sont choisis en tenant compte des milieux d'utilisation prévus, notamment en ce qui concerne la corrosion, l'abrasion, les chocs, les températures extrêmes, la fatigue, la fragilité et le vieillissement.

La machine et les accessoires de levage sont conçus et construits demanière à supporter les surcharges au cours des épreuves statiques sans déformation permanente ni défectuosité manifeste. Les calculs de résistance prennent en compte la valeur du coefficient d'épreuve statique qui est choisi de manière à garantir un niveau de sécurité adéquat ; ce coefficient a, en règle générale, les valeurs suivantes :

— machines mues par la force humaine et accessoires de levage : 1,5 ;

— autres machines : 1,25.

La machine est conçue et construite de manière à supporter sans défaillance les épreuves dynamiques effectuées avec la charge maximale d'utilisation multipliée par le coefficient d'épreuve dynamique. Ce coefficient d'épreuve dynamique est choisi de manière à garantir un niveau de sécurité adéquat ; ce coefficient est, en règle générale, égal à 1,1.

D'une manière générale, ces épreuves sont effectuées aux vitesses nominales prévues. Au cas où le circuit de commande de la machine autorise plusieurs mouvements simultanés, les épreuves sont effectuées dans les conditions les moins favorables, en règle générale en combinant les mouvements en question.

4.1.2.4. Poulies, tambours, galets, câbles et chaînes

Les poulies, tambours et galets ont un diamètre compatible avec les dimensions des câbles ou des chaînes dont ils peuvent être munis.

Les tambours et galets sont conçus, construits et mis en place de façon que les câbles ou chaînes dont ils sont munis puissent s'enrouler sans quitter la gorge.

Les câbles utilisés directement pour le levage ou le supportage de la charge ne comportent aucune épissure autre que celles de leurs extrémités. Les épissures sont cependant tolérées dans les installations qui sont destinées, par leur conception, à être modifiées régulièrement en fonction des besoins d'utilisation.

Le coefficient d'utilisation de l'ensemble câble et terminaison est choisi de manière à garantir un niveau de sécurité adéquat. Ce coefficient est, en règle générale, égal à 5.

Le coefficient d'utilisation des chaînes de levage est choisi de manière à garantir un niveau de sécurité adéquat. Ce coefficient est, en règle générale, égal à 4.

Afin de vérifier si le coefficient d'utilisation adéquat est atteint, le fabricant effectue ou fait effectuer les essais appropriés pour chaque type de chaîne et de câble utilisé directement pour le levage de la charge et pour chaque type de terminaison de câble.

4.1.2.5. Accessoires de levage et leurs éléments

Les accessoires de levage et leurs éléments sont dimensionnés en tenant compte des phénomènes de fatigue et de vieillissement pour un nombre de cycles de fonctionnement conforme à la durée de vie prévue dans les conditions de service spécifiées pour une application donnée.

En outre :

a) Le coefficient d'utilisation des ensembles câble métallique et terminaison est choisi de manière à garantir un niveau de sécurité adéquat ; ce coefficient est, en règle générale, égal à 5. Les câbles ne comportent aucune épissure ou boucle autre que celles de leurs extrémités ;

b) Lorsque des chaînes à maillons soudés sont utilisées, elles sont du type à maillons courts. Le coefficient d'utilisation des chaînes est choisi de manière à garantir un niveau de sécurité adéquat ; ce coefficient est, en règle générale, égal à 4.

c) Le coefficient d'utilisation des câbles ou élingues en fibres textiles dépend du matériau, du procédé de fabrication, des dimensions et de l'utilisation. Ce coefficient est choisi de manière à garantir un niveau de sécurité adéquat ; il est, en règle générale, égal à 7, à condition qu'il soit démontré que les matériaux utilisés sont de très bonne qualité et que le procédé de fabrication soit approprié à l'usage prévu. Dans le cas contraire, le coefficient est, en règle générale, fixé à un niveau plus élevé afin d'obtenir un niveau de sécurité équivalent. Les câbles et élingues en fibres textiles ne comportent aucun nœud, liaison ou épissure autres que ceux de l'extrémité de l'élingue ou de bouclage d'une élingue sans fin ;

d) Le coefficient d'utilisation de tous les composants métalliques d'une élingue, ou utilisés avec une élingue, est choisi de manière à garantir un niveau de sécurité adéquat ; ce coefficient est, en règle générale, égal à 4 ;

e) La charge maximale d'utilisation d'une élingue multibrin est déterminée sur la base du coefficient d'utilisation du brin le plus faible, du nombre de brins et d'un facteur minorant qui dépend du mode d'élingage ;

f) Afin de vérifier si le coefficient d'utilisation adéquat est atteint, le fabricant effectue ou fait effectuer les essais appropriés pour chaque type d'élément mentionné aux points *a*, *b*, *c* et *d*.

4.1.2.6. Contrôle des mouvements

Les dispositifs de contrôle des mouvements agissent de manière que la machine sur laquelle ils sont installés demeure en situation de sécurité.

a) La machine est conçue, construite ou équipée de dispositifs de manière à maintenir l'amplitude des mouvements de leurs éléments dans les limites prévues. L'action de ces dispositifs est, le cas échéant, précédée d'un avertissement.

b) Lorsque plusieurs machines fixes ou sur rails peuvent fonctionner simultanément dans le même lieu avec des risques de collision, ces machines sont conçues et construites de manière à pouvoir être équipées de systèmes permettant d'éviter ces risques.

c) La machine est conçue et construite de manière que les charges ne puissent glisser dangereusement ou tomber inopinément en chute libre, même en cas de défaillance partielle ou totale de l'alimentation en énergie ou lorsque l'opérateur cesse d'actionner la machine.

d) La machine est conçue et construite de manière qu'il ne soit pas possible, dans les conditions normales de fonctionnement, de faire descendre la charge sous le seul contrôle d'un frein à friction, sauf lorsque la fonction de la machine nécessite une telle application.

e) Les dispositifs de préhension sont conçus et construits de manière à éviter de faire tomber par mégarde les charges.

4.1.2.7. Mouvements des charges lors de la manutention

L'implantation du poste de travail des machines permet la surveillance maximale des trajectoires des éléments en mouvement, afin d'éviter toute collision avec des personnes, du matériel ou d'autres machines fonctionnant simultanément, qui pourrait présenter un danger. Les machines à charge guidée sont conçues et construites pour empêcher que les personnes soient blessées du fait des mouvements de la charge, de l'habitacle ou des éventuels contrepoids.

4.1.2.8. Machines desservant des paliers fixes

4.1.2.8.1. Déplacements de l'habitacle

Les déplacements de l'habitacle d'une machine desservant des paliers fixes se font le long de guides rigides pour ce qui est des déplacements vers les paliers ou aux paliers. Les systèmes guidés par des ciseaux sont aussi considérés comme des guidages rigides.

4.1.2.8.2. Accès à l'habitacle

Lorsque les personnes ont accès à l'habitacle, la machine est conçue et construite de manière que l'habitacle reste immobile durant l'accès, en particulier pendant le chargement et le déchargement.

La machine est conçue et construite de manière que la différence de niveau entre l'habitacle et le palier desservi n'occasionne pas de risques de trébuchement.

4.1.2.8.3. Risques dus au contact avec l'habitacle en mouvement

Le cas échéant, afin de satisfaire l'exigence énoncée au second alinéa du paragraphe 4.1.2.7, le volume parcouru est rendu inaccessible durant le fonctionnement normal.

Lorsque, durant l'inspection ou l'entretien, il existe un risque que les personnes situées sous l'habitacle ou au-dessus soient écrasées entre l'habitacle et un élément fixe, un espace libre suffisant est prévu, soit au moyen de refuges, soit au moyen de dispositifs mécaniques bloquant le déplacement de l'habitacle.

4.1.2.8.4. Risques dus à une charge tombant de l'habitacle

Lorsqu'il existe un risque dû à une charge tombant de l'habitacle, la machine est conçue et construite de manière à éviter ce risque.

4.1.2.8.5. Paliers

Les machines sont conçues et construites de manière à éviter les risques dus aux contacts des personnes situées aux paliers avec l'habitacle en mouvement ou avec d'autres éléments mobiles.

Lorsqu'il existe un risque lié à la chute de personnes dans le volume parcouru lorsque l'habitacle n'est pas présent aux paliers, des protecteurs sont installés pour éviter ce risque. Ces protecteurs sont prévus pour ne pas s'ouvrir du côté du volume parcouru. Ils sont munis d'un dispositif de verrouillage commandé par la position de l'habitacle qui évite :

— les déplacements dangereux de l'habitacle jusqu'à ce que les protecteurs soient fermés et verrouillés ;

— l'ouverture dangereuse d'un protecteur avant que l'habitacle ne se soit arrêté au palier correspondant.

4.1.3. APTITUDE À L'EMPLOI

Lors de la mise sur le marché ou de la première mise en service d'une machine ou d'accessoires de levage, le fabricant s'assure, par des mesures appropriées qu'il prend ou fait prendre, que la machine et les accessoires de levage prêts à être utilisés, qu'ils soient mus par la force humaine ou par un moteur, peuvent accomplir leurs fonctions prévues en toute sécurité.

Les épreuves statiques et dynamiques visées au paragraphe 4.1.2.3 sont effectuées sur toute machine de levage prête à être mise en service.

Lorsque la machine ne peut être montée dans les locaux du fabricant, les mesures appropriées sont prises sur le lieu d'utilisation. En tout état de cause, les mesures sont prises soit dans les locaux du fabricant, soit sur le lieu d'utilisation.

4.2. Règles pour les machines mues par une énergie autre que la force humaine

4.2.1 COMMANDE DES MOUVEMENTS

Les organes de service commandant les mouvements de la machine ou de ses équipements nécessitent une action maintenue. Cependant, pour les mouvements partiels ou complets pour lesquels il n'y a pas de risque de collision avec la charge ou la machine, on peut remplacer lesdits organes par des organes de service autorisant des arrêts automatiques à des positions présélectionnées sans que l'opérateur actionne la commande en continu.

4.2.2. CONTRÔLE DES SOLLICITATIONS

Les machines d'une charge maximale d'utilisation au moins égale à 1 000 kg ou dont le moment de renversement est au moins égal à 40 000 Nm sont équipées de dispositifs avertissant le conducteur et empêchant les mouvements dangereux en cas :

— de surcharge, par dépassement de la charge maximale d'utilisation ou du moment maximal d'utilisation dû à la charge ; ou

— de dépassement du moment de renversement.

4.2.3. INSTALLATIONS GUIDÉES PAR DES CÂBLES

Les câbles porteurs, tracteurs ou porteurs-tracteurs sont tendus par contrepoids ou par un dispositif permettant de contrôler la tension en permanence.

4.3. Information et marquages

4.3.1. CHAÎNES, CÂBLES ET SANGLES

Chaque longueur de chaîne, câble ou sangle de levage ne faisant pas partie d'un ensemble comporte un marquage ou, si un marquage n'est pas possible, une plaquette ou une bague inamovible portant les nom et adresse du fabricant et l'identification de l'attestation correspondante.

L'attestation susmentionnée comporte au moins les indications suivantes :

a) Le nom et l'adresse du fabricant ;

b) Une description de la chaîne ou du câble comportant :

— ses dimensions nominales ;

— sa construction ;

— le matériau de fabrication ; et,

— tout traitement métallurgique spécial subi par le matériel ;

c) La méthode d'essai utilisée ;

d) La charge maximale à laquelle la chaîne ou le câble devrait être soumis en service. Une fourchette de valeurs peut être indiquée en fonction des applications prévues.

4.3.2. ACCESSOIRES DE LEVAGE

Chaque accessoire de levage porte les renseignements suivants :

— identification du matériau quand cette information est nécessaire pour la sécurité d'emploi ;

— charge maximale d'utilisation.

Pour les accessoires de levage sur lesquels le marquage est matériellement impossible, les renseignements visés au premier alinéa figurent sur une plaquette ou d'autres moyens équivalents et solidement fixés à l'accessoire.

Ces renseignements sont lisibles et placés à un endroit tel qu'ils ne risquent pas de disparaître sous l'effet de l'usure ou de compromettre la résistance de l'accessoire.

4.3.3. MACHINES DE LEVAGE

La charge maximale d'utilisation est marquée de façon très visible sur la machine. Ce marquage est lisible, indélébile et en clair.

Lorsque la charge maximale d'utilisation dépend de la configuration de la machine, chaque poste de travail est équipé d'une plaque de charges donnant, de préférence sous la forme de croquis ou de tableaux, les charges d'utilisation permises pour chaque configuration.

Sur les machines uniquement destinées au levage d'objets, équipées d'un habitacle qui permet l'accès des personnes, figure une indication claire et indélébile interdisant le levage de personnes. Cette indication est visible à chacun des emplacements permettant l'accès.

4.4. Notice d'instructions

4.4.1. ACCESSOIRES DE LEVAGE

Chaque accessoire de levage ou chaque lot commercialement indivisible d'accessoires de levage est accompagné d'une notice d'instructions donnant au minimum les indications suivantes :

a) L'usage prévu ;

b) Les limites d'emploi (notamment pour les accessoires de levage tels que les ventouses magnétiques ou sous vide qui ne satisfont pas pleinement aux règles du paragraphe 4.1.2.6, point *e)* ;

c) Les instructions pour le montage, l'utilisation et l'entretien ;

d) Le coefficient d'épreuve statique utilisé.

4.4.2. MACHINES DE LEVAGE

Chaque machine de levage est accompagnée d'une notice d'instructions qui comprend les indications concernant :

a) Les caractéristiques techniques de la machine, notamment :

— la charge maximale d'utilisation et, le cas échéant, une copie de la plaque ou du tableau de charges visés au paragraphe 4.3.3, deuxième alinéa ;

— les réactions aux appuis ou aux scellements et, le cas échéant, les caractéristiques des chemins de roulement ;

— s'il y a lieu, la définition et les moyens d'installation des lestages ;

b) Le contenu du carnet de suivi de la machine, s'il n'est pas fourni avec la machine ;

c) Les conseils d'utilisation, notamment pour remédier à l'insuffisance de vision directe de la charge qu'a l'opérateur ;

d) S'il y a lieu, un rapport d'essai précisant les épreuves statiques et dynamiques effectuées par ou pour le fabricant ;

e) Pour les machines qui ne sont pas montées dans les locaux du fabricant dans leur configuration d'utilisation, les instructions nécessaires pour prendre les mesures mentionnées au paragraphe 4.1.3 avant la première mise en service.

5. RÈGLES TECHNIQUES COMPLÉMENTAIRES POUR LES MACHINES DESTINÉES À DES TRAVAUX SOUTERRAINS

L'ensemble des règles techniques pertinentes décrites dans la présente partie s'appliquent aux machines destinées à des travaux souterrains conformément au 4° des principes généraux figurant au début de la présente annexe.

5.1. Risques dus au manque de stabilité

Les soutènements marchants sont conçus et construits de manière à maintenir une direction donnée lors de leur déplacement et ne pas se renverser avant et pendant la mise sous pression et après la décompression. Ils disposent d'ancrages pour les plaques de tête des étançons hydrauliques individuels.

5.2. Circulation

Les soutènements marchants permettent une circulation sans entraves des personnes.

5.3. Organes de service

Les organes de service d'accélération et de freinage du déplacement des machines sur rails sont conçus et construits pour être actionnés à la main. Toutefois, les dispositifs de validation peuvent être actionnés au pied.

Les organes de service des soutènements marchants sont conçus et disposés de manière à permettre que, pendant l'opération de ripage, les opérateurs soient abrités par un soutènement en place. Les organes de service sont protégés contre tout déclenchement involontaire.

5.4. Arrêt

Les machines automotrices sur rails destinées à des travaux souterrains sont équipées d'un dispositif de validation agissant sur le circuit de commande du déplacement de la machine tel que le déplacement est arrêté si le conducteur ne contrôle plus le déplacement.

5.5. Incendie

Le deuxième tiret du paragraphe 3.5.2. est obligatoire pour les machines qui comportent des parties hautement inflammables.

Le système de freinage des machines destinées à des travaux souterrains est conçu et construit de manière à ne pas produire d'étincelles ou être à l'origine d'incendies.

Les machines à moteur à combustion interne destinées à des travaux souterrains sont équipées exclusivement d'un moteur utilisant un carburant à faible tension de vapeur et qui exclut toute étincelle d'origine électrique.

5.6. Émissions de gaz d'échappement

Les moteurs à combustion interne sont conçus et construits de telle sorte que les émissions de gaz d'échappement ne sont pas évacuées vers le haut.

6. RÈGLES TECHNIQUES COMPLÉMENTAIRES POUR LES MACHINES PRÉSENTANT DES DANGERS PARTICULIERS DUS AU LEVAGE DE PERSONNES

L'ensemble des règles techniques pertinentes décrites dans la présente partie s'applique aux machines présentant des dangers dus au levage de personnes conformément au 4° des principes généraux figurant au début de la présente annexe.

6.1. Généralités

6.1.1. RÉSISTANCE MÉCANIQUE

L'habitacle, y compris les trappes, est conçu et construit de façon à offrir l'espace et la résistance correspondant au nombre maximal de personnes pouvant se trouver dans l'habitacle et à la charge maximale d'utilisation.

Les coefficients d'utilisation des composants figurant aux paragraphes 4.1.2.4 et 4.1.2.5 qui ne sont pas suffisants pour les machines destinées au levage de personnes sont, en règle générale, doublés. La machine destinée au levage de personnes ou de personnes et d'objets est équipée d'une suspension ou d'un système de support de l'habitacle conçu et construit de manière à assurer un niveau global de sécurité adéquat et à éviter le risque de chute de l'habitacle.

Lorsque des câbles ou des chaînes sont utilisés pour suspendre l'habitacle, en règle générale, au moins deux câbles ou chaînes, indépendants, sont requis, chacun disposant de son propre ancrage.

6.1.2. CONTRÔLE DES SOLLICITATIONS POUR LES MACHINES MUES PAR UNE ÉNERGIE AUTRE QUE LA FORCE HUMAINE

Les règles figurant au paragraphe 4.2.2 s'appliquent quelles que soient les valeurs de la charge maximale d'utilisation et du moment de renversement, à moins que le fabricant puisse démontrer qu'il n'existe pas de risques de surcharge ou de renversement.

6.2 Organes de service

Lorsque les règles de sécurité n'imposent pas d'autres solutions, l'habitacle est, en règle générale, conçu et construit de manière que les personnes s'y trouvant disposent de moyens de commande des mouvements de montée, de descente et, le cas échéant, d'autres déplacements de l'habitacle.

Ces organes de service ont la priorité sur tout autre organe commandant le même mouvement, à l'exception des dispositifs d'arrêt d'urgence.

Les organes de service de ces mouvements nécessitent une action maintenue, sauf si l'habitacle lui-même est complètement clos.

6.3. Risques pour les personnes se trouvant dans l'habitacle

6.3.1. RISQUES DUS AUX DÉPLACEMENTS DE L'HABITACLE

La machine de levage de personnes est conçue, construite ou équipée de façon que les accélérations et décélérations de l'habitacle ne créent pas de risques pour les personnes.

6.3.2. RISQUES DE CHUTE DES PERSONNES HORS DE L'HABITACLE

La machine est conçue et construite de manière que l'habitacle ne puisse s'incliner au point de créer un risque de chute de ses occupants, y compris lorsque la machine et l'habitacle sont en mouvement.

Lorsque l'habitacle est conçu en tant que poste de travail, il faut en assurer la stabilité et empêcher les mouvements dangereux.

Si les mesures mentionnées au paragraphe 1.5.15 ne sont pas suffisantes, l'habitacle est équipé de points d'ancrage en nombre adapté au nombre de personnes pouvant se trouver dans l'habitacle. Les points d'ancrage sont suffisamment résistants pour permettre l'utilisation d'équipements de protection individuelle destinés à protéger contre les chutes d'une certaine hauteur.

Les trappes dans le plancher ou le plafond ou les portillons latéraux sont conçues et construites de manière à empêcher l'ouverture inopinée, et leur sens d'ouverture s'oppose au risque de chute en cas d'ouverture inopinée.

6.3.3. RISQUES DUS À LA CHUTE D'OBJETS SUR L'HABITACLE

Lorsqu'il existe un risque de chute d'objets sur l'habitacle mettant en danger les personnes, l'habitacle est équipé d'un toit de protection.

6.4. Machines desservant des paliers fixes

6.4.1 RISQUES POUR LES PERSONNES SE TROUVANT DANS L'HABITACLE

L'habitacle est conçu et construit de manière à éviter les risques dus au contact entre les personnes ou les objets dans l'habitacle, d'une part, et tout élément fixe ou mobile, d'autre part. Le cas échéant, l'habitacle lui-même est complètement clos avec des portes équipées d'un dispositif de verrouillage qui empêche les mouvements dangereux de l'habitacle quand les portes ne sont pas fermées. Les portes restent fermées si l'habitacle s'arrête entre deux paliers, lorsqu'il existe un risque de chute hors de l'habitacle.

La machine est conçue, construite et, le cas échéant, équipée de dispositifs de manière à éviter le déplacement non contrôlé de l'habitacle vers le haut ou vers le bas. Ces dispositifs peuvent arrêter l'habitacle à sa charge maximale d'utilisation et à la vitesse maximale prévisible.

L'arrêt dû à l'action de ce dispositif ne provoque de décélération dangereuse pour les occupants, dans tous les cas de charge.

6.4.2. COMMANDES SITUÉES AUX PALIERS

La machine est conçue et construite de manière que les commandes, autres que celles à utiliser en cas d'urgence, situées aux paliers ne puissent déclencher les mouvements de l'habitacle lorsque :

— les organes de service de l'habitacle fonctionnent ;

— l'habitacle n'est pas à un palier.

6.4.3. ACCÈS À L'HABITACLE

Les protecteurs aux paliers et sur l'habitacle sont conçus et construits de manière à assurer le transfert en toute sécurité vers et depuis l'habitacle, compte tenu de l'ensemble prévisible d'objets et de personnes à lever.

6.5. Marquages

Sur l'habitacle sont portées les indications nécessaires pour assurer la sécurité, notamment :
— le nombre de personnes pouvant se trouver dans l'habitacle ;
— la charge maximale d'utilisation.

ANNEXE II PRÉVUE À L'ARTICLE R. 4312-6

DÉFINISSANT LES RÈGLES TECHNIQUES DE CONCEPTION ET DE FABRICATION PRÉVUES PAR L'ARTICLE R. 4312-6

1. RÈGLES GÉNÉRALES APPLICABLES À TOUS LES ÉQUIPEMENTS DE PROTECTION INDIVIDUELLE

1.0. Généralités et champ d'application

Les présentes règles générales s'appliquent à l'ensemble des équipements de protection individuelle neufs mentionnés *(Décr. n° 2011-1480 du 9 nov. 2011)* « aux articles R. 4311-8 à R. 4311-10 ».

1.0.0. DÉFINITION

On entend par utilisateur toute personne qui porte ou tient un équipement de protection individuelle tel que défini *(Décr. n° 2011-1480 du 9 nov. 2011)* « aux articles R. 4311-8 à R. 4311-10 », en vue de se protéger contre un ou plusieurs risques susceptibles de menacer son intégrité physique.

1.1. Principes de protection

1.1.1. ERGONOMIE

Les équipements de protection individuelle sont conçus et fabriqués de façon telle que, dans les conditions d'emploi prévisibles auxquelles ils sont destinés, l'utilisateur puisse déployer normalement l'activité l'exposant à des risques, tout en disposant d'une protection appropriée d'un niveau aussi élevé que possible.

1.1.2. NIVEAUX ET CLASSES DE PROTECTION

1.1.2.1. Niveaux de protection aussi élevés que possible

Le niveau de protection qui résulte de la conception de l'équipement de protection individuelle est celui au-delà duquel les contraintes résultant du port de l'équipement de protection individuelle s'opposeraient à son utilisation effective pendant la durée d'exposition au risque, ou au déploiement normal de l'activité.

1.1.2.2. Classes de protection appropriées à différents niveaux de risque

Lorsque diverses conditions d'emploi prévisibles conduisent à distinguer plusieurs niveaux d'un même risque, les équipements de protection individuelle sont conçus et fabriqués en fonction des différentes classes de protection appropriées à chaque niveau de risque.

1.2. Innocuité des équipements de protection individuelle

1.2.1. ABSENCE DE RISQUES ET AUTRES FACTEURS DE NUISANCE AUTOGÈNES

Les équipements de protection individuelle sont conçus et fabriqués de façon à ne pas engendrer de risques et autres facteurs de nuisance, dans les conditions prévisibles d'emploi.

1.2.1.1. Matériaux constitutifs appropriés

Les matériaux constitutifs des équipements de protection individuelle et leurs éventuels produits de dégradation ne doivent pas nuire à l'hygiène ou à la santé de l'utilisateur.

1.2.1.2. Parties d'un équipement de protection individuelle en contact avec l'utilisateur

Toute partie d'un équipement de protection individuelle en contact ou susceptible d'entrer en contact avec l'utilisateur pendant la durée du port présente un état de surface adéquat et est notamment dépourvue d'aspérités, arêtes vives ou pointes saillantes susceptibles de provoquer une irritation excessive ou des blessures.

1.2.1.3 Entraves maximales admissibles pour l'utilisateur

Les équipements de protection individuelle s'opposent le moins possible aux gestes à accomplir, aux postures à prendre et à la perception sensorielle. Ils ne doivent pas être à l'origine de gestes qui mettent l'utilisateur ou d'autres personnes en danger.

1.3. Facteurs de confort et d'efficacité

1.3.1. ADAPTATION À LA MORPHOLOGIE DE L'UTILISATEUR

Les équipements de protection individuelle sont conçus et fabriqués de façon telle qu'ils puissent être placés aussi aisément que possible sur l'utilisateur dans la position appropriée et s'y maintenir pendant la durée prévisible du port, compte tenu des facteurs d'ambiance, des gestes à accomplir et des postures à prendre. Pour ce faire, les équipements de protection individuelle s'adaptent au mieux à la morphologie de l'utilisateur, par tout moyen approprié, tel que des systèmes de réglage et de fixation adéquats, ou une variété suffisante de tailles et pointures.

1.3.2. LÉGÈRETÉ ET SOLIDITÉ DE CONSTRUCTION

Les équipements de protection individuelle sont aussi légers que possible, sans préjudice de leur solidité de construction ni de leur efficacité.

Les équipements de protection individuelle possèdent une résistance suffisante contre les effets des facteurs d'ambiance inhérents aux conditions prévisibles d'emploi.

1.3.3. COMPATIBILITÉ DES ÉQUIPEMENTS DE PROTECTION INDIVIDUELLE DESTINÉS À ÊTRE PORTÉS SIMULTANÉMENT PAR L'UTILISATEUR

Lorsque, selon les conditions d'emploi définies par la notice d'instructions, plusieurs modèles d'équipements de protection individuelle de genres ou types différents sont destinés à assurer simultanément la protection de parties voisines du corps, ils doivent être compatibles entre eux.

1.4. Notice d'instructions

I. — Chaque équipement de protection individuelle est accompagné d'une notice d'instructions contenant, outre le nom et l'adresse du fabricant ou de l'importateur ainsi que le nom, l'adresse et le numéro d'identification de l'organisme qui a procédé à l'examen CE de type, les données suivantes :

a) Les instructions de stockage, d'emploi, de nettoyage, d'entretien, de révision et de désinfection. Les produits de nettoyage, d'entretien ou de désinfection préconisés ne doivent avoir, dans le cadre de leur mode d'emploi, aucun effet nocif sur les équipements de protection individuelle ni sur l'utilisateur ;

b) Les performances obtenues lors d'examens techniques visant à s'assurer des niveaux ou classes de protection des équipements de protection individuelle ;

c) Les accessoires utilisables avec les équipements de protection individuelle, ainsi que les caractéristiques des pièces de rechange appropriées ;

d) Les classes de protection appropriées à différents niveaux de risques et les limites d'utilisation correspondantes ;

e) La date ou le délai de péremption des équipements de protection individuelle ou de certains de leurs composants dans les conditions fixées par les règles définies aux 2 et 3, notamment par le paragraphe 2.4 ;

f) Le genre d'emballage approprié au transport des équipements de protection individuelle ;

g) La signification du marquage, lorsqu'il en existe un.

La notice doit en outre comporter toute autre indication prévue par la présente annexe.

II. — La notice d'instructions doit être rédigée en français, de façon précise et compréhensible.

2. RÈGLES SUPPLÉMENTAIRES COMMUNES À PLUSIEURS GENRES OU TYPES D'ÉQUIPEMENTS DE PROTECTION INDIVIDUELLE

2.0. Application

En complément aux autres règles techniques définies par la présente annexe, les équipements de protection individuelle présentant les caractéristiques communes respectivement prévues par les paragraphes ci-après obéissent aux règles techniques qu'ils définissent.

2.1. Équipements de protection individuelle comportant des systèmes de réglage

Lorsque des équipements de protection individuelle comportent des systèmes de réglage, ceux-ci sont conçus et fabriqués de façon telle que, après avoir été ajustés, ils ne puissent se dérégler indépendamment de la volonté de l'utilisateur dans les conditions prévisibles d'emploi.

2.2 Équipements de protection individuelle enveloppant les parties du corps à protéger

Les équipements de protection individuelle enveloppant les parties du corps à protéger sont suffisamment aérés pour limiter la transpiration résultant du port. A défaut, ils sont dotés si cela est techniquement possible de dispositifs permettant d'absorber la sueur.

2.3. Équipements de protection individuelle du visage, des yeux ou des voies respiratoires

Les équipements de protection individuelle du visage, des yeux ou des voies respiratoires restreignent le moins possible le champ visuel et la vue de l'utilisateur.

Les systèmes oculaires de ces équipements de protection individuelle possèdent un degré de neutralité optique compatible avec la nature plus ou moins minutieuse ou prolongée des activités prévisibles de l'utilisateur.

Ils sont si nécessaire traités de manière à éviter la formation de buée ou dotés de dispositifs permettant d'éviter celle-ci.

Les modèles des équipements de protection individuelle destinés aux utilisateurs faisant l'objet d'une correction oculaire doivent être compatibles avec le port de lunettes ou lentilles de contact correctrices.

2.4 Équipements de protection individuelle sujets à un vieillissement

Lorsque les performances des équipements de protection individuelle sont susceptibles d'être affectées de façon sensible par un phénomène de vieillissement, la date de fabrication ou la date de péremption sont marquées, de façon indélébile et sans risque de mauvaise interprétation, sur l'emballage et, si possible, sur chaque exemplaire ou composant interchangeable d'équipement de protection individuelle.

A défaut de pouvoir s'engager sur la durée de vie d'un équipement de protection individuelle, la notice d'instructions prévue par le paragraphe 1.4 comporte les données permettant de déterminer un délai de péremption raisonnablement praticable, compte tenu du niveau de qualité du modèle et des conditions effectives de stockage, d'emploi, de nettoyage, de révision et d'entretien.

Dans le cas où une altération rapide et sensible des performances des équipements de protection individuelle est susceptible de résulter du vieillissement imputable à la mise en œuvre périodique du procédé de nettoyage préconisé, un marquage indiquant le nombre maximal de nettoyages au-delà duquel il y a lieu de réviser ou de réformer l'équipement est apposé sur chaque exemplaire ou, à défaut, mentionné dans la notice d'instructions.

2.5. Équipements de protection individuelle susceptibles d'être happés au cours de leur utilisation

Lorsque les conditions prévisibles d'emploi incluent en particulier un risque de happement de l'équipement de protection individuelle par un objet en mouvement susceptible d'engendrer de ce fait un danger pour l'utilisateur, l'équipement de protection individuelle possède un seuil de résistance approprié au-delà duquel la rupture d'un de ses éléments constitutifs permet d'éliminer le danger.

2.6. Équipements de protection individuelle destinés à une utilisation en atmosphère explosible

Les équipements de protection individuelle destinés à une utilisation en atmosphère explosible sont conçus et fabriqués de façon telle qu'ils ne puissent être le siège d'un arc ou d'une étincelle d'origine électrique, électrostatique, ou résultant d'un choc, susceptibles d'enflammer un mélange explosible.

2.7. Équipements de protection individuelle devant être mis en place ou ôtés rapidement

Les équipements de protection individuelle destinés à des interventions rapides ou devant être mis en place rapidement sont conçus et fabriqués de façon à pouvoir être mis en place dans un laps de temps aussi bref que possible. Les équipements de protection individuelle devant être ôtés rapidement sont conçus et fabriqués à cet effet.

Lorsque les équipements de protection individuelle comportent des dispositifs permettant de les maintenir en position appropriée sur l'utilisateur ou de les ôter, ils sont conçus et fabriqués de manière à pouvoir être manœuvrés aisément et rapidement.

2.8. Équipements de protection individuelle d'intervention dans des situations très dangereuses

La notice d'instructions délivrée avec les équipements de protection individuelle d'intervention dans les situations très dangereuses comporte les données destinées aux personnes compétentes, entraînées et qualifiées pour les interpréter et les faire appliquer par l'utilisateur.

Elle décrit en outre la procédure à mettre en œuvre pour s'assurer sur l'utilisateur équipé que son équipement de protection individuelle est correctement ajusté et apte à fonctionner.

Lorsque l'équipement de protection individuelle comporte un dispositif d'alarme fonctionnant lorsqu'il y a défaut du niveau de protection normalement assuré, celui-ci est conçu et agencé de façon telle que l'alarme puisse être perçue par l'utilisateur dans les conditions prévisibles d'emploi de l'équipement de protection individuelle.

2.9. Équipements de protection individuelle comportant des composants réglables par l'utilisateur ou amovibles

Lorsque des équipements de protection individuelle comportent des composants réglables par l'utilisateur ou amovibles à des fins de rechange, ceux-ci sont conçus et fabriqués de manière à pouvoir être réglés, montés et démontés aisément sans outil.

2.10. Équipements de protection individuelle raccordables à un autre dispositif complémentaire extérieur

Lorsque des équipements de protection individuelle sont dotés d'un système de liaison raccordable à un autre dispositif complémentaire, leur organe de raccordement est conçu et fabriqué de manière à ne pouvoir être monté que sur un dispositif de type approprié.

2.11. Équipements de protection individuelle comportant un système à circulation de fluide

Lorsque des équipements de protection individuelle comportent un système à circulation de fluide, celui-ci est de nature à assurer un renouvellement approprié du fluide au voisinage de l'ensemble de la partie du corps à protéger, quels que soient les gestes, postures ou mouvements de l'utilisateur dans les conditions prévisibles d'emploi.

2.12. Équipements de protection individuelle portant une ou plusieurs marques de repérage ou de signalisation concernant la santé et la sécurité

Les marques de repérage ou de signalisation concernant directement ou indirectement la santé et la sécurité figurant sur les équipements de protection individuelle sont parfaitement lisibles et le demeurent pendant la durée de vie prévisible de ces équipements de protection individuelle. Ces marques sont complètes, précises et compréhensibles, afin d'éviter toute mauvaise interprétation. En particulier, lorsque de telles marques comportent des mots ou des phrases, ceux-ci sont rédigés en français.

Lorsque les dimensions restreintes d'un équipement de protection individuelle ou composant d'équipement de protection individuelle ne permettent pas d'y apposer tout ou partie du marquage nécessaire, celui-ci est mentionné sur l'emballage et dans la notice d'instruction prévue par le paragraphe 1.4.

2.13. Équipements de protection individuelle vestimentaires appropriés à la signalisation visuelle de l'utilisateur

Les équipements de protection individuelle vestimentaires destinés à des conditions prévisibles d'emploi dans lesquelles il est nécessaire de signaler individuellement et visuellement la présence de l'utilisateur comportent un ou plusieurs dispositifs ou moyens judicieusement placés, émetteurs d'un rayonnement visible direct ou réfléchi ayant une intensité lumineuse et des propriétés photométriques et colorimétriques appropriées.

2.14. Équipements de protection individuelle destinés à protéger contre plusieurs risques encourus simultanément

Tout équipement de protection individuelle destiné à protéger l'utilisateur contre plusieurs risques susceptibles d'être encourus simultanément est conçu et fabriqué de manière à satisfaire à toutes les règles spécifiques à chacun de ces risques telles qu'elles sont prévues par la présente annexe.

3. RÈGLES SUPPLÉMENTAIRES SPÉCIFIQUES AUX RISQUES À PRÉVENIR

3.0. Application

En complément aux autres règles techniques définies par la présente annexe, les équipements de protection individuelle obéissent aux règles techniques définies par les paragraphes ci-après qui leur sont respectivement applicables en fonction des risques qu'ils sont destinés à prévenir.

3.1. Protection contre les chocs mécaniques

3.1.1. CHOCS RÉSULTANT DE CHUTES OU DE PROJECTIONS D'OBJETS ET D'IMPACTS D'UNE PARTIE DU CORPS CONTRE UN OBSTACLE

Les équipements de protection individuelle appropriés aux risques de chocs résultant de chutes ou de projections d'objets ou d'impacts d'une partie du corps contre un obstacle sont conçus et fabriqués de manière à pouvoir amortir les effets de ce choc en évitant toute lésion, en particulier par écrasement ou pénétration de la partie protégée, jusqu'à un niveau d'énergie du choc au-delà duquel les dimensions ou la masse excessives du dispositif amortisseur s'opposeraient à l'utilisation effective des équipements de protection individuelle pendant la durée prévisible du port.

3.1.2. CHUTES DE PERSONNES

3.1.2.1. Prévention des chutes par glissade

Les semelles d'usure des articles chaussants destinés à la prévention des glissades sont conçues, fabriquées ou dotées de dispositifs rapportés appropriés, de façon à assurer une bonne adhérence, par engrènement ou par frottement en fonction de la nature ou de l'état du sol.

3.1.2.2. Prévention des chutes de hauteur

Les équipements de protection individuelle destinés à prévenir les chutes de hauteur ou leurs effets comportent un dispositif de préhension du corps et un système de liaison raccordable à un point d'ancrage sûr. Ils sont conçus et fabriqués de façon telle que, lorsqu'ils sont utilisés dans les conditions prévisibles d'emploi, la dénivellation du corps soit aussi faible que possible pour éviter tout impact contre un obstacle, sans que la force de freinage atteigne pour autant le seuil d'occurrence de lésions corporelles, ni celui d'ouverture ou de rupture d'un composant de ces équipements de protection individuelle d'où pourrait résulter la chute de l'utilisateur.

Ils assurent en outre, à l'issue du freinage, une position correcte de l'utilisateur lui permettant, le cas échéant, d'attendre des secours.

La notice d'instruction prévue par le paragraphe 1.4 précise :

— les caractéristiques requises pour le point d'ancrage sûr, ainsi que le tirant d'air minimal nécessaire en dessous de l'utilisateur ;

— la façon adéquate d'endosser le dispositif de préhension du corps et de raccorder son système de liaison au point d'ancrage sûr.

3.1.3. VIBRATIONS MÉCANIQUES

Les équipements de protection individuelle destinés à prévenir les effets des vibrations mécaniques sont conçus et fabriqués de manière à pouvoir en atténuer de façon appropriée les composantes vibratoires nocives pour la partie du corps à protéger.

3.2. Protection contre la compression statique d'une partie du corps

Les équipements de protection individuelle destinés à protéger une partie du corps contre des contraintes de compression statique sont conçus et fabriqués de manière à pouvoir en atténuer les effets de façon à éviter des lésions aiguës ou des affections chroniques.

3.3. Protection contre les agressions physiques telles que frottements, piqûres, coupures, morsures

Les matériaux constitutifs et autres composants des équipements de protection individuelle destinés à la protection de tout ou partie du corps contre des agressions mécaniques superficielles telles que des frottements, piqûres, coupures ou morsures, sont tels que ces équipements de protection individuelle possèdent une résistance à l'abrasion, à la perforation et à la coupure par tranchage appropriée aux conditions prévisibles d'emploi.

3.4. Prévention des noyades

3.4.0. GILETS DE SÉCURITÉ, BRASSIÈRES ET COMBINAISONS DE SAUVETAGE

Les équipements de protection individuelle destinés à la prévention des noyades sont conçus et fabriqués de manière à pouvoir faire remonter aussi vite que possible à la surface, sans porter atteinte à sa santé, l'utilisateur éventuellement épuisé ou sans connaissance plongé dans un milieu liquide et le faire flotter dans une position lui permettant de respirer dans l'attente des secours. Ils présentent, à cet effet, une flottabilité intrinsèque totale ou partielle suffisante, ou, à défaut, obtenue par gonflage soit au moyen d'un gaz libéré automatiquement ou manuellement, soit à la bouche.

Dans les conditions prévisibles d'emploi :

— les équipements de protection individuelle mentionnés au premier alinéa sont tels qu'ils peuvent résister, sans préjudice de leur bon fonctionnement, aux effets de l'impact avec le milieu liquide ainsi qu'aux facteurs d'ambiance inhérents à ce milieu ;

— les équipements de protection individuelle gonflables sont tels qu'ils peuvent se gonfler rapidement et complètement.

Lorsque des conditions prévisibles d'emploi particulières l'exigent, les équipements de protection individuelle mentionnés au premier alinéa comportent en outre :

— s'ils sont gonflables, l'ensemble des dispositifs de gonflage mentionnés au premier alinéa ;

— un dispositif de signalisation lumineuse ou sonore ;

— un dispositif d'accrochage et de préhension du corps permettant d'extraire l'utilisateur du milieu liquide.

Les équipements de protection individuelle mentionnés au premier alinéa sont appropriés à un emploi prolongé pendant toute la durée de l'activité exposant l'utilisateur éventuellement habillé à un risque de chute ou nécessitant sa plongée dans le milieu liquide.

3.4.1. AIDES À LA FLOTTABILITÉ

Les équipements d'aide à la flottabilité assurent un degré de flottabilité efficace en fonction de leur utilisation prévisible, un port sûr et apportant un soutien positif dans l'eau. Dans les conditions prévisibles d'emploi, ils n'entravent pas la liberté des mouvements de l'utilisateur et lui permettent notamment de nager ou d'agir pour échapper à un danger ou pour secourir d'autres personnes.

3.5. Protection contre les effets nuisibles du bruit

Les équipements de protection individuelle destinés à la prévention des effets nuisibles du bruit sont conçus et fabriqués de manière à pouvoir atténuer celui-ci de manière appropriée.

Chaque équipement de protection individuelle destiné à la prévention des effets nuisibles du bruit porte un marquage indiquant le niveau d'affaiblissement acoustique et le niveau de confort qu'il procure. En cas d'impossibilité, ce marquage est apposé sur l'emballage.

3.6. Protection contre la chaleur ou le feu

Les équipements de protection individuelle destinés à préserver tout ou partie du corps contre les effets de la chaleur ou du feu possèdent un pouvoir d'isolation thermique et une résistance mécanique appropriés aux conditions prévisibles d'emploi.

3.6.1. MATÉRIAUX CONSTITUTIFS ET AUTRES COMPOSANTS DES ÉQUIPEMENTS DE PROTECTION INDIVIDUELLE CONTRE LA CHALEUR OU LE FEU

Les matériaux constitutifs et autres composants destinés à la protection contre la chaleur rayonnante et convective sont caractérisés par un coefficient de transmission approprié du flux thermique incident et par un degré d'incombustibilité suffisamment élevé pour éviter tout risque d'auto-inflammation dans les conditions prévisibles d'emploi.

Lorsque la partie externe de ces matériaux et composants doit avoir un pouvoir réfléchissant, celui-ci est approprié au flux de chaleur émis par rayonnement dans le domaine de l'infrarouge.

Les matériaux et autres composants d'équipements de protection individuelle destinés à des interventions de durée brève à l'intérieur d'ambiances chaudes et ceux d'équipements de protection individuelle susceptibles de recevoir des projections de produits chauds, telles que de grosses projections de matières en fusion, ont une capacité calorifique suffisante pour ne restituer la plus grande partie de la chaleur emmagasinée qu'après que l'utilisateur s'est éloigné du lieu d'exposition aux risques et débarrassé de son équipement de protection individuelle.

Les matériaux et autres composants d'équipements de protection individuelle susceptibles de recevoir de grosses projections de produits chauds sont conçus et fabriqués de manière à amortir suffisamment les chocs mécaniques, dans les conditions précisées par le paragraphe 3.1.1.

Les matériaux et autres composants d'équipements de protection individuelle susceptibles d'être en contact accidentel avec une flamme et ceux qui entrent dans la fabrication d'équipements de lutte contre le feu sont caractérisés par un degré d'ininflammabilité correspondant au niveau de risque encouru dans les conditions prévisibles d'emploi. Ils ne fondent pas sous l'action de la flamme ni ne contribuent à la propagation de celle-ci.

3.6.2. ÉQUIPEMENTS DE PROTECTION INDIVIDUELLE COMPLETS PRÊTS À L'USAGE

Dans les conditions prévisibles d'emploi des équipements de protection individuelle contre la chaleur ou le feu, complets, prêts à l'usage :

1° La quantité de chaleur transmise à l'utilisateur à travers son équipement de protection individuelle est suffisamment faible pour que la chaleur accumulée pendant la durée du port dans la partie du corps à protéger n'atteigne en aucun cas le seuil de douleur ni un niveau tel qu'elle soit susceptible d'être à l'origine d'une quelconque nuisance à la santé.

2° Les équipements de protection individuelle s'opposent si nécessaire à la pénétration des liquides ou vapeurs et ne sont pas à l'origine de brûlures résultant de contacts entre leur enveloppe protectrice et l'utilisateur.

Lorsque des équipements de protection individuelle comportent des dispositifs de réfrigération permettant d'absorber la chaleur incidente par évaporation d'un liquide ou par sublimation d'un solide, ils sont conçus de façon telle que les substances volatiles ainsi dégagées soient évacuées à l'extérieur de l'enveloppe protectrice et non pas vers l'utilisateur.

Lorsque des équipements de protection individuelle comportent un appareil de protection respiratoire, celui-ci assure, dans les conditions prévisibles d'emploi, la fonction de protection qui lui est impartie.

La notice d'instructions relative à chaque équipement de protection individuelle destiné à des interventions de durée brève à l'intérieur d'ambiances chaudes comporte les données permettant de déterminer la durée d'exposition maximale admissible de l'utilisateur à la chaleur transmise par les équipements.

3.7. Protection contre le froid

Les équipements de protection individuelle destinés à préserver tout ou partie du corps contre les effets du froid possèdent un pouvoir d'isolation thermique et une résistance mécanique appropriés à leurs conditions prévisibles d'emploi.

3.7.1. MATÉRIAUX CONSTITUTIFS ET AUTRES COMPOSANTS DES ÉQUIPEMENTS DE PROTECTION INDIVIDUELLE CONTRE LE FROID

Les matériaux constitutifs et autres composants des équipements de protection individuelle destinés à la protection contre le froid sont caractérisés par un coefficient de transmission du flux thermique incident aussi faible que l'exigent les conditions prévisibles d'emploi. Les matériaux et autres composants souples des équipements de protection individuelle destinés à des interventions à l'intérieur d'ambiances froides conservent le degré de souplesse approprié aux gestes à accomplir et aux postures à prendre.

Les matériaux et autres composants d'équipements de protection individuelle susceptibles de recevoir de grosses projections de produits froids amortissent suffisamment les chocs mécaniques dans les conditions précisées par le paragraphe 3.1.1.

3.7.2. ÉQUIPEMENTS DE PROTECTION INDIVIDUELLE COMPLETS, PRÊTS À L'USAGE

Dans les conditions prévisibles d'emploi des équipements de protection individuelle contre le froid, complets, prêts à l'usage :

1° Le flux transmis à l'utilisateur à travers son équipement de protection individuelle est tel que le froid accumulé pendant la durée du port en tout point de la partie du corps à protéger, y compris les extrémités des doigts ou des orteils dans le cas de la main ou du pied, n'atteigne en aucun cas le seuil de douleur ni un niveau tel qu'il soit susceptible d'être à l'origine d'une quelconque nuisance à la santé.

2° Les équipements de protection individuelle s'opposent dans la mesure du possible à la pénétration de liquides tels que, par exemple, l'eau de pluie et ne doivent pas être à l'origine de lésions résultant de contacts entre leur enveloppe protectrice et l'utilisateur.

Lorsque des équipements de protection individuelle comportent un appareil de protection respiratoire, celui-ci assure, dans les conditions prévisibles d'emploi, la fonction de protection qui lui est impartie.

La notice d'instructions relative à chaque équipement de protection individuelle destiné à des interventions de durée brève à l'intérieur d'ambiances froides comporte les données permettant de déterminer la durée d'exposition maximale admissible de l'utilisateur au froid transmis par les équipements.

3.8. Protection contre les chocs électriques

Les équipements de protection individuelle destinés à protéger tout ou partie du corps contre les effets du courant électrique possèdent un degré d'isolation approprié aux valeurs des tensions auxquelles l'utilisateur est susceptible d'être exposé dans les conditions prévisibles les plus défavorables.

A cet effet, les matériaux constitutifs et autres composants de ces équipements de protection individuelle sont tels que le courant de fuite, mesuré à travers l'enveloppe protectrice dans des conditions d'essai mettant en œuvre des tensions correspondant à celles susceptibles d'être rencontrées *in situ*, soit *[est]* aussi faible que possible et en tout cas inférieur à la valeur conventionnelle maximale admissible correspondant au seuil de tolérance.

Les équipements de protection individuelle destinés exclusivement aux travaux ou manœuvres sur les installations électriques sous tension ou susceptibles d'être sous tension comportent, ainsi que leur emballage, un marquage indiquant en particulier la classe de protection ou la tension d'utilisation y afférente, le numéro de série et la date de fabrication. Ces équipements de protection individuelle comportent en outre, à l'extérieur de l'enveloppe protectrice, un espace réservé au marquage ultérieur de la date de mise en service et des essais ou examens à effectuer de façon périodique.

La notice d'instructions prévue par le paragraphe 1.4 précise l'usage exclusif de ces équipements de protection individuelle, ainsi que la nature et la périodicité des essais diélectriques auxquels ceux-ci sont assujettis.

3.9. Protection contre les rayonnements

3.9.1. RAYONNEMENTS NON IONISANTS

Les équipements de protection individuelle destinés à la prévention des effets aigus ou chroniques des sources de rayonnements non ionisants sur l'œil sont conçus et fabriqués de manière à pouvoir absorber ou réfléchir la majeure partie de l'énergie rayonnée dans les longueurs d'onde nocives, sans altérer pour autant de façon excessive la transmission de la partie non nocive du spectre visible, la perception des contrastes et la distinction des couleurs, lorsque les conditions prévisibles d'emploi l'exigent.

A cet effet, les oculaires protecteurs sont conçus et fabriqués de manière à disposer notamment, pour chaque onde nocive, d'un facteur spectral de transmission tel que la densité d'éclairement énergétique du rayonnement susceptible d'atteindre l'œil de l'utilisateur à travers le filtre soit aussi faible que possible.

En outre, les oculaires sont tels qu'ils ne se détériorent ni ne perdent leurs propriétés sous l'effet du rayonnement émis dans les conditions prévisibles d'emploi et chaque exemplaire est caractérisé par le numéro d'échelon de protection auquel correspond la courbe de la distribution spectrale de son facteur de transmission.

Les oculaires destinés à des sources de rayonnement du même genre sont classés dans l'ordre croissant de leurs numéros d'échelons de protection. La notice d'instructions prévue par le paragraphe 1.4 comporte les courbes de transmission permettant de choisir l'équipement de protection individuelle le plus approprié, compte tenu de facteurs inhérents aux conditions d'emploi effectives, tels que la distance par rapport à la source et la distribution spectrale de l'énergie rayonnée à cette distance.

Chaque exemplaire d'oculaire filtrant comporte le numéro d'échelon de protection qu'il assure.

3.9.2. RAYONNEMENTS IONISANTS

3.9.2.1. Protection contre la contamination radioactive externe

Les matériaux constitutifs et autres composants des équipements de protection individuelle destinés à protéger tout ou partie du corps contre les poussières, gaz, liquides radioactifs ou leurs mélanges sont tels que ces équipements s'opposent efficacement à la pénétration des contaminants dans les conditions prévisibles d'emploi.

L'étanchéité requise est obtenue, selon la nature ou l'état des contaminants, par l'imperméabilité de l'enveloppe protectrice ou par tout autre moyen approprié tel que des systèmes de ventilation et des pressurisations s'opposant à la rétrodiffusion de ces contaminants.

Lorsque des mesures de décontamination sont applicables aux équipements de protection individuelle, ceux-ci peuvent en être l'objet de façon non préjudiciable à leur réemploi dans les conditions définies par la notice d'instructions.

3.9.2.2. Protection limitée contre l'irradiation externe

Les équipements de protection individuelle destinés à protéger l'utilisateur contre l'exposition externe aux rayonnements tels que rayonnement électronique bêta, photonique X ou gamma, sont tels qu'ils peuvent atténuer suffisamment les effets de celle-ci.

Les matériaux constitutifs et autres composants de ces équipements de protection individuelle sont tels que le niveau de protection procuré à l'utilisateur soit aussi élevé que l'exigent les conditions prévisibles d'emploi, sans que les entraves aux gestes, postures ou déplacements de ce dernier entraînent pour autant un accroissement de la durée d'exposition.

Les équipements de protection individuelle comportent un marquage de signalisation indiquant la nature ainsi que l'épaisseur du ou des matériaux constitutifs correspondant aux conditions prévisibles d'emploi.

3.10. Protection contre les substances ou préparations dangereuses et agents infectieux

3.10.1. PROTECTION RESPIRATOIRE

Les équipements de protection individuelle destinés à la protection des voies respiratoires contre les substances ou préparations dangereuses ou contre les agents infectieux sont tels qu'ils permettent d'alimenter l'utilisateur en air respirable lorsque ce dernier est exposé à une atmosphère polluée ou dont la concentration en oxygène est insuffisante.

L'air respirable fourni à l'utilisateur par son équipement de protection individuelle est obtenu par des moyens appropriés, notamment par un apport provenant d'une source non polluée ou après filtration de l'air pollué à travers le dispositif ou moyen protecteur.

Les matériaux constitutifs et autres composants de ces équipements de protection individuelle sont tels que la fonction et l'hygiène respiratoires de l'utilisateur soient assurées de façon appropriée pendant la durée du port, dans les conditions prévisibles d'emploi.

Le degré d'étanchéité de la pièce faciale, les pertes de charge à l'inspiration ainsi que, pour les appareils filtrants, le pouvoir d'épuration sont tels que, dans le cas d'une atmosphère polluée, la pénétration des contaminants soit suffisamment faible pour ne pas porter atteinte à la santé ou à l'hygiène de l'utilisateur.

Les équipements de protection individuelle comportent un marquage d'identification du fabricant. Ils comportent également l'indication des caractéristiques propres à chaque type d'équipement permettant, avec la notice d'instructions, à tout utilisateur entraîné et qualifié de faire usage de façon appropriée de cet équipement.

En outre, dans le cas des appareils filtrants, la notice d'instructions indique la date limite de stockage du filtre tel que conservé dans son emballage d'origine.

3.10.2. PROTECTION CONTRE LES CONTACTS CUTANÉS OU OCULAIRES

Les équipements de protection individuelle destinés à éviter les contacts superficiels de tout ou partie du corps avec des substances ou préparations dangereuses ou avec des agents infectieux sont tels qu'ils peuvent s'opposer à la pénétration ou à la diffusion de tels substances, préparations ou agents au travers de l'enveloppe protectrice, dans les conditions prévisibles d'emploi.

A cet effet, les matériaux constitutifs et autres composants de ces équipements de protection individuelle sont de nature à assurer une totale étanchéité, autorisant, si besoin est, un usage quotidien éventuellement prolongé ou, à défaut, une étanchéité limitée nécessitant une restriction de la durée du port.

Lorsqu'en raison de leur nature et des conditions prévisibles de leur mise en œuvre, certaines substances ou préparations dangereuses ou certains agents infectieux sont dotés d'un pouvoir de pénétration élevé d'où résulte un laps de temps de protection limité pour les équipements de protection individuelle correspondants, ceux-ci font l'objet d'essais permettant de les classer en fonction de leur efficacité. Les équipements de protection individuelle comportent un marquage indiquant notamment les noms ou, à défaut, les codes des substances, préparations ou agents utilisés pour les essais ainsi que le temps de protection y afférent. En outre, la notice d'instructions prévue par le paragraphe 1.4 indique la signification des codes, la description détaillée des essais et les données permettant de déterminer la durée maximale admissible du port de l'équipement dans les diverses conditions prévisibles d'emploi.

3.11. Dispositifs de sécurité des équipements de plongée

1. L'appareil respiratoire des équipements de plongée permet d'alimenter l'utilisateur en mélange gazeux respirable, dans les conditions prévisibles d'emploi et compte tenu notamment de la profondeur d'immersion maximale.

2. Lorsque les conditions prévisibles d'emploi l'exigent, les équipements de plongée comportent :

a) Une combinaison assurant la protection de l'utilisateur contre la pression résultant de la profondeur d'immersion ou contre le froid, conformément aux paragraphes 3.2 et 3.7 à 3.7.2 ;

b) Un dispositif d'alarme destiné à prévenir en temps opportun l'utilisateur d'un manque d'alimentation ultérieur en mélange gazeux respirable, conformément au paragraphe 2.8 ;

c) Une combinaison de sauvetage permettant à l'utilisateur de remonter à la surface, conformément au paragraphe 3.4.1.

TITRE DEUXIÈME **UTILISATION DES ÉQUIPEMENTS DE TRAVAIL ET DES MOYENS DE PROTECTION**

CHAPITRE PREMIER **RÈGLES GÉNÉRALES**

SECTION PREMIÈRE **PRINCIPES**

Art. R. 4321-1 L'employeur met à la disposition des travailleurs les équipements de travail nécessaires, appropriés au travail à réaliser ou convenablement adaptés à cet effet, en vue de préserver leur santé et leur sécurité. – *[Anc. art. R. 233-1, al. 1er.]*

Art. R. 4321-2 L'employeur choisit les équipements de travail en fonction des conditions et des caractéristiques particulières du travail. Il tient compte des caractéristiques de l'établissement susceptibles d'être à l'origine de risques lors de l'utilisation de ces équipements. – *[Anc. art. R. 233-1, al. 2.]*

Art. R. 4321-3 Lorsque les mesures prises en application des articles R. 4321-1 et R. 4321-2 ne peuvent pas être suffisantes pour préserver la santé et la sécurité des travailleurs, l'employeur prend toutes autres mesures nécessaires à cet effet, en agissant notamment sur l'installation des équipements de travail, l'organisation du travail ou les procédés de travail. – *[Anc. art. R. 233-1, al. 3.]*

Art. R. 4321-4 L'employeur met à la disposition des travailleurs, en tant que de besoin, les équipements de protection individuelle appropriés et, lorsque le caractère particulièrement insalubre ou salissant des travaux l'exige, les vêtements de travail appropriés. Il veille à leur utilisation effective. – *[Anc. art. R. 233-1, al. 4, phrase 1.]*

Art. R. 4321-5 Les équipements de protection individuelle et les vêtements de travail mis à la disposition des travailleurs en application des dispositions de la présente partie ne constituent pas des avantages en nature au sens de l'article *(Décr. no 2016-1551 du 18 nov. 2016, art. 6-V, en vigueur le 1er janv. 2017)* « **L. 3141-25** ». – *[Anc. art. R. 233-1, al. 4, phrase 2.]*

SECTION II **CONVENTIONS CONCLUES AVEC LES ORGANISATIONS PROFESSIONNELLES**

Art. R. 4321-6 Les conventions ou accords prévus à l'article **L. 4321-5** sont conclus entre les ministres chargés du travail ou de l'agriculture et les organisations professionnelles nationales d'employeurs représentatives. – *[Anc. art. L. 233-5-1, IV.]*

CHAPITRE II **MAINTIEN EN ÉTAT DE CONFORMITÉ**

Art. R. 4322-1 Les équipements de travail et moyens de protection, quel que soit leur utilisateur, sont maintenus en état de conformité avec les règles techniques de conception et de construction applicables lors de leur mise en service dans l'établissement, y compris au regard de la notice d'instructions.

Ces dispositions ne font pas obstacle à l'application des règles d'utilisation prévues au chapitre IV. – *[Anc. art. R. 233-1-1, al. 1er, anc. art. R. 233-90 début et anc. art. R. 233-157 début.]*

Art. R. 4322-2 Les moyens de protection détériorés pour quelque motif que ce soit, y compris du seul fait de la survenance du risque contre lequel ils sont prévus et dont la réparation n'est pas susceptible de garantir le niveau de protection antérieur à la détérioration, sont immédiatement remplacés et mis au rebut. – *[Anc. art. R. 233-1-1, al. 2.]*

Art. R. 4322-3 La notice d'instructions des équipements de travail et moyens de protection est tenue à la disposition de l'inspection du travail, du service de prévention des organismes de sécurité sociale et de l'organisme agréé saisi conformément à l'article **R. 4722-26**. – *[Anc. art. R. 233-90, fin et art. R. 233-157, fin.]*

CHAPITRE III **MESURES D'ORGANISATION ET CONDITIONS D'UTILISATION DES ÉQUIPEMENTS DE TRAVAIL ET DES ÉQUIPEMENTS DE PROTECTION INDIVIDUELLE**

SECTION PREMIÈRE **INFORMATION ET FORMATION DES TRAVAILLEURS**

Art. R. 4323-1 L'employeur informe de manière appropriée les travailleurs chargés de l'utilisation ou de la maintenance des équipements de travail :

1° De leurs conditions d'utilisation ou de maintenance ;

2° Des instructions ou consignes les concernant *(Décr. n° 2008-1156 du 7 nov. 2008)* « *[,]* notamment celles contenues dans la notice d'instructions du fabricant » ;

3° De la conduite à tenir face aux situations anormales prévisibles ;

4° Des conclusions tirées de l'expérience acquise permettant de supprimer certains risques. – *[Anc. art. R. 233-2, al. 1er à 5.]*

Art. R. 4323-2 L'employeur informe de manière appropriée tous les travailleurs de l'établissement des risques les concernant dus :

1° Aux équipements de travail situés dans leur environnement immédiat de travail, même s'ils ne les utilisent pas personnellement ;

2° Aux modifications affectant ces équipements. – *[Anc. art. R. 233-2, al. 6.]*

Art. R. 4323-3 La formation à la sécurité dont bénéficient les travailleurs chargés de l'utilisation ou de la maintenance des équipements de travail est renouvelée et complétée aussi souvent que nécessaire pour prendre en compte les évolutions de ces équipements. – *[Anc. art. R. 233-3.]*

Art. R. 4323-4 Indépendamment de la formation prévue à l'article R. 4323-3, les travailleurs affectés à la maintenance et à la modification des équipements de travail reçoivent une formation spécifique relative aux prescriptions à respecter, aux conditions d'exécution des travaux et aux matériels et outillages à utiliser.

Cette formation est renouvelée et complétée aussi souvent que nécessaire pour prendre en compte les évolutions des équipements de travail et des techniques correspondantes. – *[Anc. art. R. 233-10.]*

Art. R. 4323-5 L'employeur tient à la disposition des membres du comité d'hygiène, de sécurité et des conditions de travail ou, à défaut, des délégués du personnel, une documentation sur la réglementation applicable aux équipements de travail utilisés. – *[Anc. art. R. 233-2, al. 7.]*

SECTION II **INSTALLATION DES ÉQUIPEMENTS DE TRAVAIL**

Art. R. 4323-6 Les équipements de travail et leurs éléments sont installés et doivent pouvoir être utilisés de manière à assurer leur stabilité. – *[Anc. art. R. 233-5.]*

Art. R. 4323-7 Les équipements de travail sont installés, disposés et utilisés de manière à réduire les risques pour les utilisateurs de ces équipements et pour les autres travailleurs.

Ils sont installés, ainsi que leurs éléments, de façon à permettre aux travailleurs d'accomplir les opérations de production et de maintenance dans les meilleures conditions de sécurité possibles. – *[Anc. art. R. 233-6, al. 1er, phrase 1, et al. 2, phrase 1.]*

Art. R. 4323-8 Un espace libre suffisant est prévu entre les éléments mobiles des équipements de travail et les éléments fixes ou mobiles de leur environnement. – *[Anc. art. R. 233-6, al. 1er, phrase 2.]*

Art. R. 4323-9 L'environnement de travail est organisé de telle sorte que toute énergie ou substance utilisée ou produite puisse être amenée et évacuée en toute sécurité. – *[Anc. art. R. 233-6, al. 1er, phrase 3.]*

Art. R. 4323-10 Les équipements de travail et leurs éléments sont implantés de telle sorte qu'ils ne s'opposent pas à l'emploi des outils, accessoires, équipements et engins nécessaires pour exécuter en toute sécurité les opérations de mise en œuvre et de réglage relevant de l'opérateur, ou les opérations de maintenance. – *[Anc. art. R. 233-6, al. 2, phrase 2.]*

Art. R. 4323-11 Les équipements de travail sont installés et, en fonction des besoins, équipés de telle sorte que les travailleurs puissent accéder et se maintenir en sécurité et sans fatigue excessive à tous les emplacements nécessaires pour l'utilisation, le réglage et la maintenance de ces équipements et de leurs éléments. – *[Anc. art. R. 233-6, al. 3.]*

Art. R. 4323-12 Les passages et les allées de circulation des travailleurs entre les équipements de travail ont une largeur d'au moins 80 centimètres.

Le profil et l'état du sol de ces passages et les allées permettent le déplacement en sécurité. – *[Anc. art. R. 233-6, al. 4.]*

Art. R. 4323-13 Aucun poste de travail permanent ne peut être situé dans le champ d'une zone de projection d'éléments dangereux. – *[Anc. art. R. 233-7.]*

SECTION III **UTILISATION ET MAINTENANCE DES ÉQUIPEMENTS DE TRAVAIL**

Art. R. 4323-14 Le montage et le démontage des équipements de travail sont réalisés de façon sûre, en respectant les instructions du fabricant.

La remise en service d'un équipement de travail après une opération de maintenance ayant nécessité le démontage des dispositifs de protection est précédée d'un essai permettant de vérifier que ces dispositifs sont en place et fonctionnent correctement. – *[Anc. art. R. 233-4.]*

Art. R. 4323-15 Lorsque des transmissions, mécanismes et équipements de travail comportant des organes en mouvement susceptibles de présenter un risque sont en fonctionnement, les travailleurs ne peuvent être admis à procéder à la vérification, à la visite, au nettoyage, au débourrage, au graissage, au réglage, à la réparation et à toute autre opération de maintenance.

Préalablement à l'exécution à l'arrêt de tels travaux, toutes mesures sont prises pour empêcher la remise en marche inopinée des transmissions, mécanismes et équipements de travail en cause.

Lorsqu'il est techniquement impossible d'accomplir à l'arrêt certains de ces travaux, des dispositions particulières sont prises pour empêcher l'accès aux zones dangereuses ou pour mettre en œuvre des conditions de fonctionnement, une organisation du travail ou des modes opératoires permettant de préserver la sécurité des travailleurs. L'employeur rédige une instruction à cet effet. Dans ce cas, les travaux ne peuvent être accomplis que par des travailleurs affectés à la maintenance et au démontage des équipements de travail. – *[Anc. art. R. 233-8.]*

Art. R. 4323-16 Lorsque, pour des raisons d'ordre technique, les éléments mobiles d'un équipement de travail ne peuvent être rendus inaccessibles, il est interdit de permettre aux travailleurs, lorsqu'ils portent des vêtements non ajustés ou flottants, d'utiliser cet équipement, de procéder à des interventions sur celui-ci ou de circuler à sa proximité. – *[Anc. art. R. 233-8-1.]*

Art. R. 4323-17 Lorsque les mesures prises en application des articles R. 4321-1 et R. 4321-2 ne peuvent pas être suffisantes pour préserver la santé et assurer la sécurité des travailleurs, l'employeur prend les mesures nécessaires pour que :

1° Seuls les travailleurs désignés à cet effet utilisent l'équipement de travail ;

2° La maintenance et la modification de cet équipement de travail ne soient réalisées que par les seuls travailleurs affectés à ce type de tâche. – *[Anc. art. R. 233-9.]*

Art. R. 4323-18 Les machines à amenage manuel des pièces à travailler ou à déplacement manuel des outillages sont équipées des outils et accessoires appropriés évitant que les phénomènes de rejet ou d'entraînement pouvant survenir créent un risque pour les travailleurs.

Les machines à travailler le bois destinées au dégauchissage, au rabotage, au toupillage pour lesquelles la pièce à usiner est amenée manuellement au contact des outils en rotation sont équipées de dispositifs anti-rejet tels que des outils à section circulaire à limitation de pas d'usinage ou des outils anti-rejet appropriés. – *[Anc. art. R. 233-13.]*

Art. R. 4323-19 Des arrêtés des ministres chargés du travail ou de l'agriculture déterminent les équipements de travail et les catégories d'équipements de travail pour lesquels un carnet de maintenance est établi et tenu à jour par l'employeur en vue de s'assurer que sont accomplies les opérations de maintenance nécessaires au fonctionnement de l'équipement de travail dans des conditions permettant de préserver la santé et la sécurité des travailleurs.

Ces arrêtés précisent la nature des informations portées sur le carnet de maintenance. – *[Anc. art. R. 233-12, al. 1er et 2.]*

Art. R. 4323-20 Le carnet de maintenance est tenu à la disposition de l'inspection du travail, des agents des services de prévention des organismes de sécurité sociale ainsi que de l'Organisme professionnel de prévention du bâtiment et des travaux publics, s'il y a lieu, et du comité d'hygiène, de sécurité et des conditions de travail de l'établissement ou, à défaut, des délégués du personnel. – *[Anc. art. R. 233-12, al. 3.]*

Art. R. 4323-21 Le carnet de maintenance peut être tenu et conservé sur tout support dans les conditions prévues par l'article **L. 8113-6**. – *[Anc. art. R. 233-12, al. 4.]*

SECTION IV **VÉRIFICATIONS DES ÉQUIPEMENTS DE TRAVAIL**

SOUS-SECTION 1 **VÉRIFICATION INITIALE**

Art. R. 4323-22 Des arrêtés du ministre chargé du travail ou du ministre chargé de l'agriculture déterminent les équipements de travail et les catégories d'équipements de travail pour lesquels l'employeur procède ou fait procéder à une vérification initiale, lors de leur mise en service dans l'établissement, en vue de s'assurer qu'ils sont installés conformément aux spécifications prévues, le cas échéant, par la notice d'instructions du fabricant et peuvent être utilisés en sécurité.

Cette vérification est réalisée dans les mêmes conditions que les vérifications périodiques prévues à la sous-section 2. – *[Anc. art. R. 233-11-1.]*

SOUS-SECTION 2 **VÉRIFICATIONS PÉRIODIQUES**

Art. R. 4323-23 Des arrêtés du ministre chargé du travail ou du ministre chargé de l'agriculture déterminent les équipements de travail ou les catégories d'équipement de travail pour lesquels l'employeur procède ou fait procéder à des vérifications générales périodiques afin que soit décelée en temps utile toute détérioration susceptible de créer des dangers.

Ces arrêtés précisent la périodicité des vérifications, leur nature et leur contenu. – *[Anc. art. R. 233-11, al. 1er et 2.]*

Art. R. 4323-24 Les vérifications générales périodiques sont réalisées par des personnes qualifiées, appartenant ou non à l'établissement, dont la liste est tenue à la disposition de l'inspection du travail.

Ces personnes sont compétentes dans le domaine de la prévention des risques présentés par les équipements de travail soumis à vérification et connaissent les dispositions réglementaires afférentes. – *[Anc. art. R. 233-11, al. 4.]*

Art. R. 4323-25 Le résultat des vérifications générales périodiques est consigné sur le ou les registres de sécurité mentionnés à l'article **L. 4711-5**. – *[Anc. art. R. 233-11, al. 5, phrase 1.]*

Art. R. 4323-26 Lorsque les vérifications périodiques sont réalisées par des personnes n'appartenant pas à l'établissement, les rapports établis à la suite de ces vérifications sont annexés au registre de sécurité.

A défaut, les indications précises relatives à la date des vérifications, à la date de remise des rapports correspondants et à leur archivage dans l'établissement sont portées sur le registre de sécurité. – *[Anc. art. R. 233-11, al. 6.]*

Art. R. 4323-27 Le registre de sécurité et les rapports peuvent être tenus et conservés sur tout support dans les conditions prévues par l'article **L. 8113-6**. – *[Anc. art. R. 233-11, al. 7.]*

SOUS-SECTION 3 **VÉRIFICATION LORS DE LA REMISE EN SERVICE**

Art. R. 4323-28 Des arrêtés des ministres chargés du travail ou de l'agriculture déterminent les équipements de travail et les catégories d'équipements de travail pour lesquels l'employeur procède ou fait procéder à une vérification, dans les conditions prévues à la sous-section 2, lors de leur remise en service après toute opération de démontage et remontage ou modification susceptible de mettre en cause leur sécurité, en vue de s'assurer de l'absence de toute défectuosité susceptible de créer des situations dangereuses. – *[Anc. art. R. 233-11-2.]*

SECTION V **DISPOSITIONS PARTICULIÈRES APPLICABLES AUX ÉQUIPEMENTS DE TRAVAIL SERVANT AU LEVAGE DE CHARGES**

Art. R. 4323-29 Les équipements de travail démontables ou mobiles servant au levage de charges sont utilisés de manière à garantir la stabilité de l'équipement de travail durant son emploi dans toutes les conditions prévisibles, compte tenu de la nature des appuis. – *[Anc. art. R. 233-13-1.]*

Art. R. 4323-30 Toutes mesures sont prises et toutes consignes sont données pour que, à aucun moment, les organes des équipements de travail servant au levage de charges, quels qu'ils soient, ainsi que les charges suspendues ne puissent entrer en contact direct ou provoquer un amorçage avec les parties actives d'installations électriques non isolées, ou détériorer les installations électriques environnantes. – *[Anc. art. R. 233-13-2.]*

Art. R. 4323-31 Le levage des personnes n'est permis qu'avec un équipement de travail et les accessoires prévus à cette fin. – *[Anc. art. R. 233-13-3, al. 1er.]*

Art. R. 4323-32 Par dérogation à l'article R. 4323-31, un équipement de travail non prévu pour le levage de personnes peut être utilisé :

1° Soit pour accéder à un poste de travail ou pour exécuter un travail lorsque l'utilisation d'un équipement spécialement conçu pour le levage des personnes est techniquement impossible ou expose celles-ci à un risque plus important lié à l'environnement de travail. Un arrêté conjoint des ministres chargés du travail et de l'agriculture précise les spécifications relatives aux équipements, leurs conditions d'utilisation, ainsi que celles de charges, de visibilité, de déplacement, d'aménagement, de fixation de l'habitacle et d'accès à celui-ci ;

2° Soit, en cas d'urgence, lorsque l'évacuation des personnes le nécessite. – *[Anc. art. R. 233-13-3, al. 2 à 4.]*

Art. R. 4323-33 Il est interdit de soulever, hors essais ou épreuves, une charge supérieure à celle marquée sur l'appareil et, le cas échéant, sur la plaque de charge. – *[Anc. art. R. 233-13-4, al. 1er.]*

Art. R. 4323-34 Des mesures sont prises pour empêcher la chute ou l'accrochage des matériaux, agrès ou toutes autres pièces soulevées. – *[Anc. art. R. 233-13-4, al. 2.]*

Art. R. 4323-35 Lorsqu'un équipement de travail servant au levage de charges est à l'arrêt, aucune charge ne peut être suspendue au crochet. – *[Anc. art. R. 233-13-4, al. 3.]*

Art. R. 4323-36 Il est interdit de transporter des charges au-dessus des personnes, sauf si cela est requis pour le bon déroulement des travaux. Dans ce cas, un mode opératoire est défini et appliqué. – *[Anc. art. R. 233-13-5, al. 1er et 2.]*

Art. R. 4323-37 Lorsque la charge d'un appareil de levage croise une voie de circulation, des mesures spéciales sont prises pour prévenir tout danger résultant de la chute éventuelle de la charge transportée. – *[Anc. art. R. 233-13-5, al. 3.]*

Art. R. 4323-38 Lorsque deux ou plusieurs équipements servant au levage de charges non guidées sont installés ou montés sur un lieu de travail de telle sorte que leurs champs d'action se recouvrent, des mesures sont prises pour éviter les collisions entre les charges ou avec des éléments des équipements de travail eux-mêmes. – *[Anc. art. R. 233-13-6.]*

Art. R. 4323-39 Pendant l'emploi d'un équipement de travail mobile servant au levage de charges non guidées, des mesures sont prises pour éviter son basculement, son renversement, son déplacement et son glissement inopinés. – *[Anc. art. R. 233-13-7, al. 1er.]*

Art. R. 4323-40 Lorsque les appareils de levage circulent sur des voies ou chemins de roulement, les extrémités de ces voies ou chemins de roulement sont munies de dispositifs atténuant les chocs en fin de course. – *[Anc. art. R. 233-13-7, al. 2.]*

Art. R. 4323-41 Le poste de manœuvre d'un appareil de levage est disposé de telle façon que le conducteur puisse suivre des yeux les manœuvres réalisées par les éléments mobiles de l'appareil.

Lorsque le conducteur d'un équipement de travail servant au levage de charges non guidées ne peut observer le trajet entier de la charge ni directement ni par des dispositifs auxiliaires fournissant les informations utiles, un chef de manœuvre, en communication avec le conducteur, aidé, le cas échéant, par un ou plusieurs travailleurs placés de manière à pouvoir suivre des yeux les éléments mobiles pendant leur déplacement, dirige le conducteur. Des mesures d'organisation sont prises pour éviter des collisions susceptibles de mettre en danger des personnes. – *[Anc. art. R. 233-13-8.]*

Art. R. 4323-42 Lorsque le travailleur accroche ou décroche une charge à la main, les travaux sont organisés de telle sorte que ces opérations puissent être réalisées en toute sécurité.

Pendant ces opérations aucune manœuvre de l'appareil de levage ne peut être réalisée tant que ce travailleur n'a pas donné son accord. – *[Anc. art. R. 233-13-9.]*

Art. R. 4323-43 Lorsqu'une charge doit être levée simultanément par deux ou plusieurs équipements de travail servant au levage de charges non guidées, un mode opératoire est défini et appliqué pour assurer la bonne coordination des opérateurs et des opérations. – *[Anc. art. R. 233-13-10.]*

Art. R. 4323-44 En prévision d'une panne partielle ou complète de l'alimentation en énergie, et si les équipements de travail servant au levage de charges non guidées ne peuvent pas retenir ces charges, des mesures sont prises pour éviter d'exposer des travailleurs aux risques qui peuvent en résulter.

Il est interdit de laisser les charges suspendues sans surveillance, sauf si l'accès à la zone de danger est empêché et si la charge a été accrochée et est maintenue en toute sécurité. – *[Anc. art. R. 233-13-11.]*

Art. R. 4323-45 Il est interdit de balancer les charges pour les déposer en un point qui ne peut être atteint normalement par l'appareil de levage.

Il est également interdit de soulever ou de tirer les charges en oblique, sauf à l'aide d'appareils conçus à cette fin. – *[Anc. art. R. 233-13-12.]*

Art. R. 4323-46 Lorsqu'il dépasse une hauteur fixée par arrêté conjoint des ministres chargés du travail et de l'agriculture, l'emploi à l'air libre d'un équipement de travail servant au levage de charges non guidées cesse dès que la dégradation des conditions météorologiques est susceptible de compromettre la sécurité de leur fonctionnement et d'exposer toute personne à un risque.

Dans ce cas, l'employeur se dote des moyens et des informations lui permettant d'avoir connaissance de l'évolution des conditions météorologiques.

Des mesures de protection sont prises, notamment pour empêcher le renversement de l'équipement de travail. – *[Anc. art. R. 233-13-13.]*

Art. R. 4323-47 Les accessoires de levage sont choisis et utilisés en fonction des charges à manutentionner, des points de préhension, du dispositif d'accrochage et des conditions atmosphériques et compte tenu du mode et de la configuration d'élingage.

Tout assemblage d'accessoires de levage permanent est clairement marqué pour permettre à l'utilisateur d'en connaître les caractéristiques. – *[Anc. art. R. 233-13-14, al. 1er.]*

Art. R. 4323-48 Les contenants des charges en vrac destinés à être accrochés à un équipement de travail servant au levage sont aptes à résister aux efforts subis pendant le chargement, le transport, la manutention et le stockage de la charge et à s'opposer à l'écoulement intempestif de tout ou partie de celle-ci au cours des mêmes opérations. – *[Anc. art. R. 233-13-14, al. 2.]*

Art. R. 4323-49 Les accessoires de levage sont entreposés de telle sorte qu'ils ne puissent être endommagés ou détériorés.

Dès lors qu'ils présentent des défectuosités susceptibles d'entraîner une rupture, ils sont retirés du service. – *[Anc. art. R. 233-13-15.]*

SECTION VI **DISPOSITIONS PARTICULIÈRES APPLICABLES AUX ÉQUIPEMENTS DE TRAVAIL MOBILES**

Art. R. 4323-50 Les voies de circulation empruntées par les équipements de travail mobiles ont un gabarit suffisant et présentent un profil permettant leur déplacement sans risque à la vitesse prévue par la notice d'instructions. Elles sont maintenues libres de tout obstacle. – *[Anc. art. R. 233-13-16, al. 1er.]*

Art. R. 4323-51 Lorsqu'un équipement de travail mobile évolue dans une zone de travail, l'employeur établit des règles de circulation adéquates et veille à leur bonne application. – *[Anc. art. R. 233-13-16, al. 2.]*

Art. R. 4323-52 Des mesures d'organisation sont prises pour éviter que des travailleurs à pied ne se trouvent dans la zone d'évolution des équipements de travail mobiles.

Lorsque la présence de travailleurs à pied est néanmoins requise pour la bonne exécution des travaux, des mesures sont prises pour éviter qu'ils ne soient blessés par ces équipements. – *[Anc. art. R. 233-13-17, al. 1er.]*

Art. R. 4323-53 Les équipements de travail mobiles munis d'un moteur à combustion ne sont introduits et employés dans les zones de travail que si est garanti dans ces zones, en quantité suffisante, un air ne présentant pas de risques pour la santé et la sécurité des travailleurs. – *[Anc. art. R. 233-13-17, al. 2.]*

Art. R. 4323-54 La présence des travailleurs sur des équipements de travail mobiles mus mécaniquement n'est autorisée que sur des emplacements sûrs et aménagés à cet effet.

Si des travaux doivent être accomplis pendant le déplacement, la vitesse est adaptée. – *[Anc. art. R. 233-13-18.]*

SECTION VII **AUTORISATION DE CONDUITE POUR L'UTILISATION DE CERTAINS ÉQUIPEMENTS DE TRAVAIL MOBILES OU SERVANT AU LEVAGE DE CHARGES**

Art. R. 4323-55 La conduite des équipements de travail mobiles automoteurs et des équipements de travail servant au levage est réservée aux travailleurs qui ont reçu une formation adéquate.

Cette formation est complétée et réactualisée chaque fois que nécessaire. – *[Anc. art. R. 233-13-19, al. 1er.]*

Art. R. 4323-56 La conduite de certains équipements présentant des risques particuliers, en raison de leurs caractéristiques ou de leur objet, est subordonnée à l'obtention d'une autorisation de conduite délivrée par l'employeur.

L'autorisation de conduite est tenue à la disposition de l'inspection du travail et des agents du service de prévention des organismes de sécurité sociale.

(Décr. no 2016-1908 du 27 déc. 2016, art. 9, en vigueur le 1er janv. 2017) « Les travailleurs titulaires de cette autorisation de conduite bénéficient du suivi individuel renforcé prévu aux articles R. 4624-22 à R. 4624-28 en application du II de l'article R. 4624-23. »

Art. R. 4323-57 Des arrêtés des ministres chargés du travail ou de l'agriculture déterminent :

1° Les conditions de la formation exigée à l'article R. 4323-55 ;

2° Les catégories d'équipements de travail dont la conduite nécessite d'être titulaire d'une autorisation de conduite ;

3° Les conditions dans lesquelles l'employeur s'assure que le travailleur dispose de la compétence et de l'aptitude nécessaires pour assumer, en toute sécurité, la fonction de conducteur d'un équipement de travail ;

4° La date à compter de laquelle, selon les catégories d'équipements, entre en vigueur l'obligation d'être titulaire d'une autorisation de conduite. – *[Anc. art. R. 233-13-19, al. 4 à 8.]*

SECTION VIII DISPOSITIONS PARTICULIÈRES APPLICABLES À L'EXÉCUTION DE TRAVAUX TEMPORAIRES EN HAUTEUR ET À CERTAINS ÉQUIPEMENTS DE TRAVAIL UTILISÉS À CETTE FIN

SOUS-SECTION 1 TRAVAUX RÉALISÉS À PARTIR D'UN PLAN DE TRAVAIL

Art. R. 4323-58 Les travaux temporaires en hauteur sont réalisés à partir d'un plan de travail conçu, installé ou équipé de manière à préserver la santé et la sécurité des travailleurs.

Le poste de travail est tel qu'il permet l'exécution des travaux dans des conditions ergonomiques. – *[Anc. art. R. 233-13-20, al. 1er.]*

Art. R. 4323-59 La prévention des chutes de hauteur à partir d'un plan de travail est assurée :

1° Soit par des garde-corps intégrés ou fixés de manière sûre, rigides et d'une résistance appropriée, placés à une hauteur comprise entre un mètre et 1,10 m et comportant au moins :

a) Une plinthe de butée de 10 à 15 cm, en fonction de la hauteur retenue pour les garde-corps ;

b) Une main courante ;

c) Une lisse intermédiaire à mi-hauteur ;

2° Soit par tout autre moyen assurant une sécurité équivalente. – *[Anc. art. R. 233-13-20, al. 2.]*

Art. R. 4323-60 Lorsque les dispositions de l'article R. 4323-59 ne peuvent être mises en œuvre, des dispositifs de recueil souples sont installés et positionnés de manière à permettre d'éviter une chute de plus de trois mètres. – *[Anc. art. R. 233-13-20, al. 3.]*

Art. R. 4323-61 Lorsque des dispositifs de protection collective ne peuvent être mis en œuvre à partir d'un plan de travail, la protection individuelle des travailleurs est assurée au moyen d'un système d'arrêt de chute approprié ne permettant pas une chute libre de plus d'un mètre ou limitant dans les mêmes conditions les effets d'une chute de plus grande hauteur.

Lorsqu'il est fait usage d'un tel équipement de protection individuelle, un travailleur ne doit jamais rester seul, afin de pouvoir être secouru dans un délai compatible avec la préservation de sa santé.

L'employeur précise dans une notice les points d'ancrage, les dispositifs d'amarrage et les modalités d'utilisation de l'équipement de protection individuelle. – *[Anc. art. R. 233-13-20, al. 4.]*

SOUS-SECTION 2 TRAVAUX RÉALISÉS AU MOYEN D'ÉQUIPEMENTS DE TRAVAIL

Art. R. 4323-62 Lorsque les travaux temporaires en hauteur ne peuvent être exécutés à partir du plan de travail tel que mentionné à l'article R. 4323-58, les équipements de travail appropriés sont choisis pour assurer et maintenir des conditions de travail sûres.

La priorité est donnée aux équipements de travail assurant une protection collective.

Les dimensions de l'équipement de travail sont adaptées à la nature des travaux à exécuter et aux contraintes prévisibles et permettent la circulation sans danger.

Des mesures propres à minimiser les risques inhérents à l'utilisation du type d'équipement retenu sont mises en œuvre. En cas de besoin, des dispositifs de protection pour éviter ou arrêter la chute et prévenir la survenance de dommages corporels pour les travailleurs sont installés et mis en œuvre dans les conditions prévues aux articles R. 4323-60 et R. 4323-61. – *[Anc. art. R. 233-13-21.]*

Art. R. 4323-63 Il est interdit d'utiliser les échelles, escabeaux et marchepieds comme poste de travail.

Toutefois, ces équipements peuvent être utilisés en cas d'impossibilité technique de recourir à un équipement assurant la protection collective des travailleurs ou lorsque l'évaluation du risque a établi que ce risque est faible et qu'il s'agit de travaux de courte durée ne présentant pas un caractère répétitif. – *[Anc. art. R. 233-13-22.]*

Art. R. 4323-64 Il est interdit d'utiliser les techniques d'accès et de positionnement au moyen de cordes pour constituer un poste de travail.

Toutefois, en cas d'impossibilité technique de recourir à un équipement assurant la protection collective des travailleurs ou lorsque l'évaluation du risque établit que l'installation ou la mise en œuvre d'un tel équipement est susceptible d'exposer des travailleurs à un risque supérieur à celui résultant de l'utilisation des techniques d'accès ou de positionnement au moyen de cordes, celles-ci peuvent être utilisées pour des travaux temporaires en hauteur. Après évaluation du risque, compte tenu de la durée de certains travaux et de la nécessité de les exécuter dans des conditions adaptées du point de vue ergonomique, un siège muni des accessoires appropriés est prévu. – *[Anc. art. R. 233-13-23.]*

SOUS-SECTION 3 CONDITIONS GÉNÉRALES DE TRAVAIL, D'ACCÈS ET DE CIRCULATION EN HAUTEUR

Art. R. 4323-65 Les dispositifs de protection collective sont conçus et installés de manière à éviter leur interruption aux points d'accès aux postes de travail, notamment du fait de l'utilisation d'une échelle ou d'un escalier.

Lorsque cette interruption est nécessaire, des mesures sont prises pour assurer une sécurité équivalente. – *[Anc. art. R. 233-13-25, al. 1er.]*

Art. R. 4323-66 Toutes mesures sont prises pour éviter que l'exécution d'un travail particulier conduise à l'enlèvement temporaire de dispositifs de protection collective pour éviter les chutes.

Si cet enlèvement est nécessaire, le travail ne peut être entrepris et réalisé sans l'adoption préalable de mesures de sécurité compensatoires efficaces.

Après l'interruption ou la fin de ce travail particulier, des dispositifs de protection collective sont mis en place pour éviter les chutes, assurant un niveau de sécurité équivalent. – *[Anc. art. R. 233-13-25, al. 2.]*

Art. R. 4323-67 Les postes de travail pour la réalisation de travaux en hauteur sont accessibles en toute sécurité. Le moyen d'accès le plus approprié à ces postes est choisi en tenant compte de la fréquence de circulation, de la hauteur à atteindre et de la durée d'utilisation. Ce moyen garantit l'accès dans des conditions adaptées du point de vue ergonomique et permet de porter rapidement secours à toute personne en difficulté et d'assurer l'évacuation en cas de danger imminent.

La circulation en hauteur doit pouvoir s'effectuer en sécurité. Le passage, dans un sens ou dans l'autre, entre un moyen d'accès et des plates-formes, planchers ou passerelles ne doit pas créer de risques de chute. – *[Anc. art. R. 233-13-24.]*

Art. R. 4323-68 Il est interdit de réaliser des travaux temporaires en hauteur lorsque les conditions météorologiques ou liées à l'environnement du poste de travail sont susceptibles de compromettre la santé et la sécurité des travailleurs. – *[Anc. art. R. 233-13-26.]*

SOUS-SECTION 4 CARACTÉRISTIQUES ET CONDITIONS PARTICULIÈRES D'UTILISATION DES DIFFÉRENTES CATÉGORIES D'ÉQUIPEMENTS DE TRAVAIL

§ 1er ÉCHAFAUDAGES

Art. R. 4323-69 Les échafaudages ne peuvent être montés, démontés ou sensiblement modifiés que sous la direction d'une personne compétente et par des travailleurs qui ont reçu une formation adéquate et spécifique aux opérations envisagées.

Le contenu de cette formation est précisé aux articles R. 4141-13 et R. 4141-17. Il comporte, notamment :

1° La compréhension du plan de montage, de démontage ou de transformation de l'échafaudage ;

2° La sécurité lors du montage, du démontage ou de la transformation de l'échafaudage ;

3° Les mesures de prévention des risques de chute de personnes ou d'objets ;

4° Les mesures de sécurité en cas de changement des conditions météorologiques qui pourrait être préjudiciable aux personnes en affectant la sécurité de l'échafaudage ;

5° Les conditions en matière d'efforts de structure admissibles ;

6° Tout autre risque que les opérations de montage, de démontage et de transformation précitées peuvent comporter.

Cette formation est renouvelée dans les conditions prévues à l'article R. 4323-3. – *[Anc. art. R. 233-13-31.]*

Art. R. 4323-70 La personne qui dirige le montage, le démontage ou la modification d'un échafaudage et les travailleurs qui y participent disposent de la notice du fabricant ou du plan de montage et de démontage, notamment de toutes les instructions qu'ils peuvent comporter.

Lorsque le montage de l'échafaudage correspond à celui prévu par la notice du fabricant, il est réalisé conformément à la note de calcul à laquelle renvoie cette notice.

Lorsque cette note de calcul n'est pas disponible ou que les configurations structurelles envisagées ne sont pas prévues par celle-ci, un calcul de résistance et de stabilité est réalisé par une personne compétente.

Lorsque la configuration envisagée de l'échafaudage ne correspond pas à un montage prévu par la notice, un plan de montage, d'utilisation et de démontage est établi par une personne compétente.

Ces documents sont conservés sur le lieu de travail. – *[Anc. art. R. 233-13-32, al. 1er à 5.]*

Art. R. 4323-71 Une protection appropriée contre le risque de chute de hauteur et le risque de chute d'objet est assurée avant l'accès à tout niveau d'un échafaudage lors de son montage, de son démontage ou de sa transformation. – *[Anc. art. R. 233-13-32, al. 6.]*

Art. R. 4323-72 Les matériaux constitutifs des éléments d'un échafaudage sont d'une solidité et d'une résistance appropriées à leur emploi.

Les assemblages sont réalisés de manière sûre, à l'aide d'éléments compatibles d'une même origine et dans les conditions pour lesquelles ils ont été testés.

Ces éléments font l'objet d'une vérification de leur bon état de conservation avant toute opération de montage d'un échafaudage. – *[Anc. art. R. 233-13-33.]*

Art. R. 4323-73 La stabilité de l'échafaudage doit être assurée.

Tout échafaudage est construit et installé de manière à empêcher, en cours d'utilisation, le déplacement d'une quelconque de ses parties constituantes par rapport à l'ensemble. – *[Anc. art. R. 233-13-34, al. 1er.]*

Art. R. 4323-74 Les échafaudages fixes sont construits et installés de manière à supporter les efforts auxquels ils sont soumis et à résister aux contraintes résultant des conditions atmosphériques, notamment des effets du vent. Ils sont ancrés ou amarrés à tout point présentant une résistance suffisante ou protégés contre le risque de glissement et de renversement par tout autre moyen d'efficacité équivalente.

La surface portante a une résistance suffisante pour s'opposer à tout affaissement d'appui. – *[Anc. art. R. 233-13-34, al. 2 et 3.]*

Art. R. 4323-75 Le déplacement ou le basculement inopiné des échafaudages roulants lors du montage, du démontage et de l'utilisation est empêché par des dispositifs appropriés.

Aucun travailleur ne doit demeurer sur un échafaudage roulant lors de son déplacement. – *[Anc. art. R. 233-13-34, al. 4.]*

Art. R. 4323-76 La charge admissible d'un échafaudage est indiquée de manière visible sur l'échafaudage ainsi que sur chacun de ses planchers. – *[Anc. art. R. 233-13-34, al. 5.]*

Art. R. 4323-77 Les échafaudages sont munis sur les côtés extérieurs de dispositifs de protection collective tels que prévus à l'article R. 4323-59. – *[Anc. art. R. 233-13-35, al. 1er.]*

Art. R. 4323-78 Les dimensions, la forme et la disposition des planchers d'un échafaudage sont appropriées à la nature du travail à exécuter et adaptées aux charges à supporter. Elles permettent de travailler et de circuler de manière sûre. Les planchers des échafaudages sont montés de telle sorte que leurs composants ne puissent pas se déplacer lors de leur utilisation. Aucun vide de plus de 20 centimètres ne doit exister entre le bord des planchers et l'ouvrage ou l'équipement contre lequel l'échafaudage est établi.

Lorsque la configuration de l'ouvrage ou de l'équipement ne permet pas de respecter cette limite de distance, le risque de chute est prévenu par l'utilisation de dispositifs de protection collective ou individuelle dans les conditions et selon les modalités définies aux articles R. 4323-58 à R. 4323-61. Il en va de même lorsque l'échafaudage est établi contre un ouvrage ou un équipement ne dépassant pas d'une hauteur suffisante le niveau du plancher de cet échafaudage. – *[Anc. art. R. 233-13-35, al. 2 et 3.]*

Art. R. 4323-79 Des moyens d'accès sûrs et en nombre suffisant sont aménagés entre les différents planchers de l'échafaudage. – *[Anc. art. R. 233-13-35, al. 4.]*

Art. R. 4323-80 Lorsque certaines parties d'un échafaudage ne sont pas prêtes à l'emploi notamment pendant le montage, le démontage ou les transformations, ces parties constituent des zones d'accès limité qui sont équipées de dispositifs évitant que les personnes non autorisées puissent y pénétrer.

Les mesures appropriées sont prises pour protéger les travailleurs autorisés à pénétrer dans ces zones. – *[Anc. art. R. 233-13-36.]*

§ 2 ÉCHELLES, ESCABEAUX ET MARCHEPIEDS

Art. R. 4323-81 L'employeur s'assure que les échelles, escabeaux et marchepieds sont constitués de matériaux appropriés compte tenu des contraintes du milieu d'utilisation. Ces matériaux et leur assemblage sont d'une solidité et d'une résistance adaptées à l'emploi de l'équipement et permettent son utilisation dans des conditions adaptées du point de vue ergonomique. – *[Anc. art. R. 233-13-27.]*

Art. R. 4323-82 Les échelles, escabeaux et marchepieds sont placés de manière à ce que leur stabilité soit assurée en cours d'accès et d'utilisation et que leurs échelons ou marches soient horizontaux. – *[Anc. art. R. 233-13-28, al. 1er.]*

Art. R. 4323-83 L'employeur s'assure que les échelles fixes sont conçues, équipées ou installées de manière à prévenir les chutes de hauteur.

Après évaluation du risque au regard de la hauteur d'ascension pour lesquelles ces échelles sont conçues, des paliers de repos convenablement aménagés sont prévus afin d'assurer la progression dans des conditions adaptées du point de vue ergonomique. – *[Anc. art. R. 233-13-28, al. 2.]*

Art. R. 4323-84 Les échelles portables sont appuyées et reposent sur des supports stables, résistants et de dimensions adéquates notamment afin de demeurer immobiles.

Afin qu'elles ne puissent ni glisser ni basculer pendant leur utilisation, les échelles portables sont soit fixées dans la partie supérieure ou inférieure de leurs montants, soit maintenues en place au moyen de tout dispositif antidérapant ou par toute autre solution d'efficacité équivalente. – *[Anc. art. R. 233-13-28, al. 3.]*

Art. R. 4323-85 Les échelles suspendues sont attachées d'une manière sûre et, à l'exception de celles en corde, de façon à ne pas se déplacer et à éviter les mouvements de balancement. – *[Anc. art. R. 233-13-28, al. 4.]*

Art. R. 4323-86 Les échelles composées de plusieurs éléments assemblés et les échelles à coulisse sont utilisées de telle sorte que l'immobilisation des différents éléments les uns par rapport aux autres soit assurée.

La longueur de recouvrement des plans d'une échelle à coulisse doit toujours être suffisante pour assurer la rigidité de l'ensemble. – *[Anc. art. R. 233-13-28, al. 5.]*

Art. R. 4323-87 Les échelles d'accès sont d'une longueur telle qu'elles dépassent d'au moins un mètre le niveau d'accès, à moins que d'autres mesures aient été prises pour garantir une prise sûre. – *[Anc. art. R. 233-13-29.]*

Art. R. 4323-88 Les échelles sont utilisées de façon à permettre aux travailleurs de disposer à tout moment d'une prise et d'un appui sûrs.

Le port de charges reste exceptionnel et limité à des charges légères et peu encombrantes. Il ne doit pas empêcher le maintien d'une prise sûre. – *[Anc. art. R. 233-13-30.]*

§ 3 CORDES

Art. R. 4323-89 L'utilisation des techniques d'accès et de positionnement au moyen de cordes est conditionnée au respect des conditions suivantes :

1° Le système comporte au moins une corde de travail, constituant un moyen d'accès, de descente et de soutien, et une corde de sécurité, équipée d'un système d'arrêt des chutes. Ces deux dispositifs sont ancrés séparément et les deux points d'ancrage font l'objet d'une note de calcul élaborée par l'employeur ou une personne compétente ;

2° Les travailleurs sont munis d'un harnais antichute approprié, l'utilisent et sont reliés par ce harnais à la corde de sécurité et à la corde de travail ;

3° La corde de travail est équipée d'un mécanisme sûr de descente et de remontée et comporte un système autobloquant qui empêche la chute de l'utilisateur au cas où celui-ci perdrait le contrôle de ses mouvements. La corde de sécurité est équipée d'un dispositif antichute mobile qui accompagne les déplacements du travailleur ;

4° Les outils et autres accessoires à utiliser par un travailleur sont attachés par un moyen approprié, de manière à éviter leur chute ;

5° Le travail est programmé et supervisé de telle sorte qu'un secours puisse être immédiatement porté au travailleur en cas d'urgence ;

6° Les travailleurs reçoivent une formation adéquate et spécifique aux opérations envisagées et aux procédures de sauvetage. Le contenu de cette formation est précisé aux articles R. 4141-13 et R. 4141-17. Elle est renouvelée dans les conditions prévues à l'article R. 4323-3. – *[Anc. art. R. 233-13-37, al. 1er à 7.]*

Art. R. 4323-90 Dans des circonstances spécifiques où, compte tenu de l'évaluation du risque, l'utilisation d'une deuxième corde rendrait le travail plus dangereux, le recours à une seule corde peut être autorisé, à condition que le travailleur concerné ne reste jamais seul. Ces circonstances spécifiques ainsi que les mesures appropriées pour assurer la sécurité sont déterminées par arrêté du ministre chargé du travail ou du ministre chargé de l'agriculture. – *[Anc. art. R. 233-13-37, al. 8.]*

SECTION IX **DISPOSITIONS PARTICULIÈRES POUR L'UTILISATION DES ÉQUIPEMENTS DE PROTECTION INDIVIDUELLE**

SOUS-SECTION 1 **CARACTÉRISTIQUES DES ÉQUIPEMENTS ET CONDITIONS D'UTILISATION**

Art. R. 4323-91 Les équipements de protection individuelle sont appropriés aux risques à prévenir et aux conditions dans lesquelles le travail est accompli. Ils ne sont pas eux-mêmes à l'origine de risques supplémentaires.

Ils doivent pouvoir être portés, le cas échéant, après ajustement, dans des conditions compatibles avec le travail à accomplir et avec les principes de l'ergonomie. – *[Anc. art. R. 233-1-3, al. 1er.]*

Art. R. 4323-92 Des arrêtés conjoints des ministres chargés du travail et de l'agriculture déterminent, en tant que de besoin, la valeur de l'exposition quotidienne admissible que l'équipement de protection individuelle peut laisser subsister. – *[Anc. art. R. 233-1-3, al. 2.]*

Art. R. 4323-93 En cas de risques multiples exigeant le port simultané de plusieurs équipements de protection individuelle, ces équipements doivent être compatibles entre eux et maintenir leur efficacité par rapport aux risques correspondants. – *[Anc. art. R. 233-1-3, al. 3.]*

Art. R. 4323-94 Les équipements de protection individuelle contre les effets aigus ou chroniques des sources de rayonnements non ionisants sur l'œil sont tels que la densité d'éclairement énergétique du rayonnement susceptible d'atteindre les yeux de l'utilisateur ne présente pas de dangers. – *[Anc. art. R. 233-1-3, al. 6.]*

Art. R. 4323-95 Les équipements de protection individuelle et les vêtements de travail mentionnés à l'article R. 4321-4 sont fournis gratuitement par l'employeur qui

assure leur bon fonctionnement et leur maintien dans un état hygiénique satisfaisant par les entretiens, réparations et remplacements nécessaires.

Ces dispositions ne font pas obstacle aux conditions de fournitures des équipements de protection individuelle prévues par l'article L. 1251-23, pour les salariés temporaires. – *[Anc. art. R. 233-42, al. 1er.]*

Art. R. 4323-96 **Les équipements de protection individuelle sont réservés à un usage personnel dans le cadre des activités professionnelles de leur attributaire.**

Toutefois, si la nature de l'équipement ainsi que les circonstances exigent l'utilisation successive de cet équipement de protection individuelle par plusieurs personnes, les mesures appropriées sont prises pour qu'une telle utilisation ne pose aucun problème de santé ou d'hygiène aux différents utilisateurs. – *[Anc. art. R. 233-42, al. 2.]*

Art. R. 4323-97 **L'employeur détermine, après consultation du comité d'hygiène, de sécurité et des conditions de travail, les conditions dans lesquelles les équipements de protection individuelle sont mis à disposition et utilisés, notamment celles concernant la durée de leur port. Il prend en compte la gravité du risque, la fréquence de l'exposition au risque, les caractéristiques du poste de travail de chaque travailleur, et les performances des équipements de protection individuelle en cause.** – *[Anc. art. R. 233-42-1, al. 1er.]*

Art. R. 4323-98 **Les équipements de protection individuelle sont utilisés conformément à leur destination.** – *[Anc. art. R. 233-42-1, al. 2.]*

SOUS-SECTION 2 **VÉRIFICATIONS PÉRIODIQUES**

Art. R. 4323-99 **Des arrêtés des ministres chargés du travail ou de l'agriculture déterminent les équipements de protection individuelle et catégories d'équipement de protection individuelle pour lesquels l'employeur procède ou fait procéder à des vérifications générales périodiques afin que soit décelé en temps utile toute défectuosité susceptible d'être à l'origine de situations dangereuses ou tout défaut d'accessibilité contraire aux conditions de mise à disposition ou d'utilisation déterminées enapplication de l'article R. 4323-97.**

Ces arrêtés précisent la périodicité des vérifications et, en tant que de besoin, leur nature et leur contenu. – *[Anc. art. R. 233-42-2, al. 1er et 2.]*

Art. R. 4323-100 **Les vérifications périodiques sont réalisées par des personnes qualifiées, appartenant ou non à l'établissement, dont la liste est tenue à la disposition de l'inspection du travail.**

Ces personnes ont la compétence nécessaire pour exercer leur mission en ce qui concerne les équipements de protection individuelle soumis à vérification et connaître les dispositions réglementaires correspondantes. – *[Anc. art. R. 233-42-2, al. 4.]*

Art. R. 4323-101 **Le résultat des vérifications périodiques est consigné sur le ou les registres de sécurité mentionnés à l'article L. 4711-5.** – *[Anc. art. R. 233-42-2, al. 5, phrase 1.]*

Art. R. 4323-102 **Lorsque les vérifications périodiques sont réalisées par des personnes n'appartenant pas à l'établissement, les rapports établis à la suite de ces vérifications sont annexés au registre de sécurité.**

A défaut, les indications précises relatives à la date des vérifications, à la date de remise des rapports correspondants et à leur archivage dans l'établissement sont portées sur le registre de sécurité. – *[Anc. art. R. 233-42-2, al. 6.]*

Art. R. 4323-103 **Le registre de sécurité et les rapports peuvent être tenus et conservés sur tout support dans les conditions prévues par l'article L. 8113-6.** – *[Anc. art. R. 233-42-2, al. 7.]*

SOUS-SECTION 3 **INFORMATION ET FORMATION DES TRAVAILLEURS**

Art. R. 4323-104 **L'employeur informe de manière appropriée les travailleurs devant utiliser des équipements de protection individuelle :**

1° Des risques contre lesquels l'équipement de protection individuelle les protège ;

2° Des conditions d'utilisation de cet équipement, notamment les usages auxquels il est réservé ;

3° Des instructions ou consignes concernant les équipements de protection individuelle ;

4° Des conditions de mise à disposition des équipements de protection individuelle. – *[Anc. art. R. 233-43, al. 1er à 4.]*

Art. R. 4323-105 L'employeur élabore une consigne d'utilisation reprenant de manière compréhensible les informations mentionnées aux 1° et 2° de l'article R. 4323-104.

Il tient cette consigne à la disposition des membres du comité d'hygiène, de sécurité et des conditions de travail ou, à défaut, des délégués du personnel, ainsi qu'une documentation relative à la réglementation applicable à la mise à disposition et à l'utilisation des équipements de protection individuelle concernant les travailleurs de l'établissement. – *[Anc. art. R. 233-43, al. 5.]*

Art. R. 4323-106 L'employeur fait bénéficier les travailleurs devant utiliser un équipement de protection individuelle d'une formation adéquate comportant, en tant que de besoin, un entraînement au port de cet équipement.

Cette formation est renouvelée aussi souvent que nécessaire pour que l'équipement soit utilisé conformément à la consigne d'utilisation. – *[Anc. art. R. 233-44.]*

SECTION X **DISPOSITIONS PARTICULIÈRES APPLICABLES AUX ASCENSEURS ET ÉQUIPEMENTS DE TRAVAIL DESSERVANT DES NIVEAUX DÉFINIS À L'AIDE D'UN HABITACLE**

(Décr. no 2008-1325 du 15 déc. 2008)

Art. R. 4323-107 Les dispositions de la présente section sont applicables aux ascenseurs et aux équipements de travail desservant des niveaux définis à l'aide d'un habitacle, soit le long d'une course verticale parfaitement définie dans l'espace, soit le long d'une course guidée sensiblement verticale.

Art. R. 4323-108 L'accès aux locaux, installations ou emplacements où il n'est nécessaire de pénétrer que pour les opérations de vérification et de maintenance des ascenseurs et équipements de travail mentionnés à l'article R. 4323-107 n'est autorisé qu'aux personnes chargées de leur réalisation et à celles qui ont reçu une formation appropriée sur les risques relatifs à ces équipements.

Art. R. 4323-109 Lorsque l'appareil est exclusivement destiné à transporter des objets, il est interdit aux personnes de l'utiliser. Cette interdiction est rappelée de manière apparente lorsque l'équipement est doté d'un habitacle accessible.

CHAPITRE IV **UTILISATION DES ÉQUIPEMENTS DE TRAVAIL NON SOUMIS À DES RÈGLES DE CONCEPTION LORS DE LEUR PREMIÈRE MISE SUR LE MARCHÉ**

SECTION PREMIÈRE **PRESCRIPTIONS TECHNIQUES COMMUNES**

SOUS-SECTION 1 **PROTECTEURS ET DISPOSITIFS DE PROTECTION**

Art. R. 4324-1 Les éléments mobiles de transmission d'énergie ou de mouvements des équipements de travail présentant des risques de contact mécanique pouvant entraîner des accidents sont équipés de protecteurs ou de dispositifs appropriés empêchant l'accès aux zones dangereuses ou arrêtant, dans la mesure où cela est techniquement possible, les mouvements d'éléments dangereux avant que les travailleurs puissent les atteindre. – *[Anc. art. R. 233-15.]*

Art. R. 4324-2 Les équipements de travail mus par une source d'énergie autre que la force humaine comportant des éléments mobiles concourant à l'exécution du travail et pouvant entraîner des accidents par contact mécanique sont disposés, protégés, commandés ou équipés de telle sorte que les opérateurs ne puissent atteindre la zone dangereuse.

Toutefois, lorsque certains de ces éléments mobiles ne peuvent être rendus inaccessibles en tout ou partie pendant leur fonctionnement compte tenu des opérations à accomplir et nécessitent l'intervention de l'opérateur, ces éléments mobiles sont, dans la mesure de ce qui est techniquement possible, munis de protecteurs ou dispositifs de protection. Ceux-ci limitent l'accessibilité et interdisent notamment l'accès aux parties des éléments non utilisées pour le travail.

Lorsque l'état de la technique ne permet pas de satisfaire aux dispositions des premier et deuxième alinéas, les équipements de travail sont disposés, protégés, commandés ou équipés de façon à réduire les risques au minimum.

Les dispositions du présent article sont également applicables aux équipements de travail servant au levage de charges mus à la main. – *[Anc. art. R. 233-16.]*

Art. R. 4324-3 Les protecteurs et les dispositifs de protection prévus aux articles R. 4324-1 et R. 4324-2 obéissent aux caractéristiques suivantes :

1° Ils sont de construction robuste, adaptée aux conditions d'utilisation ;

2° Ils n'occasionnent pas de risques supplémentaires, la défaillance d'un de leurs composants ne compromettant pas leur fonction de protection ;

3° Ils ne peuvent pas être facilement ôtés ou rendus inopérants ;

4° Ils sont situés à une distance suffisante de la zone dangereuse, compatible avec le temps nécessaire pour obtenir l'arrêt des éléments mobiles ;

5° Ils permettent de repérer parfaitement la zone dangereuse ;

6° Ils ne limitent pas plus que nécessaire l'observation du cycle de travail ;

7° Ils permettent les interventions indispensables pour la mise en place ou le remplacement des éléments ainsi que pour les travaux d'entretien, ceci en limitant l'accès au seul secteur où le travail doit être réalisé et, si possible, sans démontage du protecteur ou du dispositif de protection. – *[Anc. art. R. 233-17.]*

Art. R. 4324-4 Les éléments d'un équipement de travail pour lesquels il existe un risque de rupture ou d'éclatement sont équipés de protecteurs appropriés. – *[Anc. art. R. 233-21.]*

Art. R. 4324-5 Les équipements de travail sont installés et équipés pour éviter les dangers dus à des chutes ou des projections d'objets tels que pièces usinées, éléments d'outillage, copeaux, déchets. – *[Anc. art. R. 233-22.]*

Art. R. 4324-6 Les éléments d'un équipement de travail destinés à la transmission de l'énergie calorifique, notamment les canalisations de vapeur ou de fluide thermique, sont disposés, protégés ou isolés de façon à prévenir tout risque de brûlure. – *[Anc. art. R. 233-24.]*

Art. R. 4324-7 Les prescriptions techniques prévues par le présent chapitre, notamment les caractéristiques des protecteurs prévus par les articles R. 4324-1 à R. 4324-3, sont précisées en tant que de besoin par des arrêtés du ministre chargé du travail ou du ministre chargé de l'agriculture selon les catégories de matériels concernées. – *[Anc. art. R. 233-31.]*

SOUS-SECTION 2 **ORGANES DE SERVICE DE MISE EN MARCHE ET D'ARRÊT**

Art. R. 4324-8 La mise en marche des équipements de travail ne peut être obtenue que par l'action d'un opérateur sur l'organe de service prévu à cet effet, sauf si cette mise en marche, obtenue autrement, ne présente aucun risque pour les opérateurs intéressés.

Cette disposition ne s'applique pas à la mise en marche d'un équipement de travail résultant de la séquence normale d'un cycle automatique. – *[Anc. art. R. 233-18.]*

Art. R. 4324-9 Les organes de service d'un équipement de travail sont clairement visibles et identifiables.

Ils font, en tant que de besoin, l'objet d'un marquage approprié. – *[Anc. art. R. 233-19, al. 1er.]*

Art. R. 4324-10 Les organes de service sont disposés en dehors des zones dangereuses, sauf en cas d'impossibilité ou de nécessité de service, par exemple pour un dispositif d'arrêt d'urgence ou une console de réglage ou d'apprentissage.

Ils sont situés de telle sorte que leur manœuvre ne puisse engendrer de risques supplémentaires. – *[Anc. art. R. 233-19, al. 2.]*

Art. R. 4324-11 Les organes de service sont choisis pour éviter toute manœuvre non intentionnelle pouvant avoir des effets dangereux.

Ils sont disposés de façon à permettre une manœuvre sûre, rapide et sans équivoque. – *[Anc. art. R. 233-19, al. 3 et 4.]*

Art. R. 4324-12 Les organes de mise en marche sont disposés de telle sorte que l'opérateur est capable, depuis leur emplacement, de s'assurer de l'absence de personnes dans les zones dangereuses.

Lorsque cela est impossible, toute mise en marche est précédée automatiquement d'un signal d'avertissement sonore ou visuel. Le travailleur exposé doit avoir le temps et les moyens de se soustraire rapidement à des risques engendrés par le démarrage ou éventuellement par l'arrêt de l'équipement de travail. – *[Anc. art. R. 233-19, al. 5.]*

Art. R. 4324-13 Tout équipement de travail est muni des organes de service nécessaires permettant son arrêt général dans des conditions sûres. – *[Anc. art. R. 233-26.]*

Art. R. 4324-14 Chaque poste de travail ou partie d'équipement de travail est muni d'un organe de service permettant d'arrêter, en fonction des risques existants, soit tout l'équipement de travail, soit une partie seulement, de manière que l'opérateur soit en situation de sécurité.

Cet organe d'arrêt est tel que :

1° L'arrêt de l'équipement de travail a priorité sur les ordres de mise en marche ;

2° L'arrêt de l'équipement de travail ou de ses éléments dangereux étant obtenu, l'alimentation en énergie des actionneurs concernés est interrompue. – *[Anc. art. R. 233-27.]*

Art. R. 4324-15 Chaque machine est munie d'un ou de plusieurs dispositifs d'arrêt d'urgence clairement identifiables, accessibles et en nombre suffisant, permettant d'éviter des situations dangereuses risquant ou en train de se produire.

Sont exclues de cette obligation :

1° Les machines pour lesquelles un dispositif d'arrêt d'urgence ne serait pas en mesure de réduire le risque, soit parce qu'il ne réduirait pas le temps d'obtention de l'arrêt normal, soit parce qu'il ne permettrait pas de prendre les mesures particulières nécessitées par le risque ;

2° Les machines portatives et les machines guidées à la main. – *[Anc. art. R. 233-28.]*

SOUS-SECTION 3 DISPOSITIFS D'ALERTE ET DE SIGNALISATION

Art. R. 4324-16 Un équipement de travail comporte les avertissements, signalisations et dispositifs d'alerte indispensables pour assurer la sécurité des travailleurs.

Ces avertissements, signalisations et dispositifs d'alerte sont choisis et disposés de façon à être perçus et compris facilement, sans ambiguïté. – *[Anc. art. R. 233-20, al. 1er.]*

Art. R. 4324-17 Lorsque les opérateurs ont la possibilité de choisir et de régler les caractéristiques techniques de fonctionnement d'un équipement de travail, celui-ci comporte toutes les indications nécessaires pour que ces opérations soient accomplies d'une façon sûre.

La vitesse limite au-delà de laquelle un équipement de travail peut présenter des risques est précisée clairement. – *[Anc. art. R. 233-20, al. 2.]*

SOUS-SECTION 4 ISOLATION ET DISSIPATION DES ÉNERGIES

Art. R. 4324-18 Les équipements de travail sont munis de dispositifs clairement identifiables et facilement accessibles permettant de les isoler de chacune de leurs sources d'alimentation en énergie. – *[Anc. art. R. 233-29, al. 1er.]*

Art. R. 4324-19 La séparation des équipements de travail de leurs sources d'alimentation en énergie est obtenue par la mise en œuvre de moyens adaptés permettant que les opérateurs intervenant dans les zones dangereuses puissent s'assurer de cette séparation. – *[Anc. art. R. 233-29, al. 2.]*

Art. R. 4324-20 La dissipation des énergies accumulées dans les équipements de travail doit pouvoir s'effectuer aisément, sans que puisse être compromise la sécurité des travailleurs.

Lorsque la dissipation des énergies ne peut être obtenue, la présence de ces énergies est rendue non dangereuse par la mise en œuvre de moyens adaptés mis à la disposition des opérateurs. – *[Anc. art. R. 233-29, al. 3 et 4.]*

SOUS-SECTION 5 **RISQUES ÉLECTRIQUE ET D'INCENDIE**

Art. R. 4324-21 *(Décr. nº 2010-1018 du 30 août 2010)* Les installations électriques des équipements de travail sont réalisées de façon à prévenir les risques d'origine électrique, conformément aux prescriptions fixées par arrêté des ministres chargés du travail et de l'agriculture.

Les installations existantes au 1er juill. 2011 et conformes aux dispositions du Décr. nº 88-1056 du 14 nov. 1988 relatif à la protection des travailleurs dans les établissements qui mettent en œuvre des courants électriques sont réputées satisfaire aux prescriptions des art. R. 4227-14 et R. 4324-21 C. trav. (Décr. nº 2010-1018 du 30 août 2010, art. 7).

Art. R. 4324-22 Les équipements de travail mettant en œuvre des produits ou des matériaux dégageant des gaz, vapeurs, poussières ou autres déchets inflammables sont munis de dispositifs protecteurs permettant notamment d'éviter qu'une élévation de température d'un élément ou des étincelles d'origine électrique ou mécanique puissent entraîner un incendie ou une explosion. – *[Anc. art. R. 233-30.]*

SOUS-SECTION 6 **ÉCLAIRAGE**

Art. R. 4324-23 Les zones de travail, de réglage ou de maintenance d'un équipement de travail sont convenablement éclairées en fonction des travaux à accomplir. – *[Anc. art. R. 233-23.]*

SECTION II **PRESCRIPTIONS COMPLÉMENTAIRES POUR LE LEVAGE DE CHARGES ET LE LEVAGE ET LE DÉPLACEMENT DES TRAVAILLEURS**

SOUS-SECTION 1 **LEVAGE DES CHARGES**

Art. R. 4324-24 Les équipements de travail servant au levage des charges sont équipés et installés de manière à assurer leur solidité et leur stabilité pendant l'emploi, compte tenu notamment des charges à lever et des contraintes induites aux points de suspension ou de fixation aux structures. – *[Anc. art. R. 233-32.]*

Art. R. 4324-25 Les appareils servant au levage de charges portent une indication visible de la ou des charges maximales d'utilisation et, le cas échéant, une plaque de charge donnant la charge nominale pour chaque configuration de l'appareil. – *[Anc. art. R. 233-32-1, al. 1er.]*

Art. R. 4324-26 Les accessoires de levage sont marqués de façon à permettre d'en *identifier* les caractéristiques essentielles à une utilisation sûre. – *[Anc. art. R. 233-32-1, al. 2.]*

Art. R. 4324-27 Si un équipement de travail servant au levage n'est pas destiné au levage de personnes et s'il existe une possibilité de confusion, une signalisation appropriée est apposée de manière visible. – *[Anc. art. R. 233-32-1, al. 3.]*

Art. R. 4324-28 Les équipements de travail servant au levage de charges sont équipés et installés de manière à réduire les risques liés aux mouvements des charges de façon que celles-ci :

1° Ne heurtent pas les travailleurs ;
2° Ne dérivent pas dangereusement ;
3° Ne se décrochent pas inopinément. – *[Anc. art. R. 233-32-2.]*

SOUS-SECTION 2 LEVAGE ET DÉPLACEMENT DES TRAVAILLEURS

Art. R. 4324-29 Les équipements de travail servant au levage et au déplacement de travailleurs sont choisis ou équipés pour :

1° Éviter les risques de chute de l'habitacle, lorsqu'il existe, au moyen de dispositifs appropriés ;

2° Éviter les risques de chute de l'utilisateur hors de l'habitacle, lorsqu'il existe ;

3° Éviter les risques d'écrasement, de coincement ou de heurt de l'utilisateur ;

4° Garantir la sécurité des travailleurs bloqués, en cas d'accident, dans l'habitacle et permettre leur dégagement. – *[Anc. art. R. 233-33.]*

SECTION III PRESCRIPTIONS COMPLÉMENTAIRES POUR LES ÉQUIPEMENTS DE TRAVAIL MOBILES

Art. R. 4324-30 Les équipements de travail mobiles avec travailleurs portés sont choisis, compte tenu des travaux à accomplir et des conditions effectives d'utilisation, de manière à prévenir les risques de retournement ou de renversement de l'équipement et de chute d'objets. – *[Anc. art. R. 233-34, al. 1er.]*

Art. R. 4324-31 Lorsque le risque de retournement ou de renversement d'un équipement de travail mobile ne peut pas être complètement évité, cet équipement est muni soit d'une structure l'empêchant de se renverser de plus d'un quart de tour, soit d'une structure ou de tout autre dispositif d'effet équivalent garantissant un espace suffisant autour des travailleurs portés si le mouvement peut continuer au-delà de cette limite.

De telles structures de protection ne sont pas requises lorsque l'équipement est stabilisé pendant l'emploi ou lorsque le retournement ou le renversement en est rendu impossible du fait de la conception de l'équipement. – *[Anc. art. R. 233-34, al. 2.]*

Art. R. 4324-32 Lorsque le risque de chute d'objets ne peut pas être complètement évité, l'équipement de travail mobile est équipé d'une structure de protection contre ce risque. – *[Anc. art. R. 233-34, al. 3.]*

Art. R. 4324-33 Les structures de protection contre le retournement, le renversement ou la chute d'objets peuvent être intégrées dans une cabine. – *[Anc. art. R. 233-34, al. 4.]*

Art. R. 4324-34 Si l'équipement de travail mobile n'est pas muni des points d'ancrage permettant de recevoir une structure de protection, des mesures sont prises pour prévenir le risque de retournement ou de renversement de l'équipement ou de chute d'objets, tels que la limitation de son utilisation, de sa vitesse et l'aménagement des zones de circulation et de travail. – *[Anc. art. R. 233-34, al. 5.]*

Art. R. 4324-35 S'il existe un risque qu'un travailleur porté, lors d'un retournement ou d'un renversement, soit écrasé entre des parties de l'équipement de travail mobile et le sol, l'équipement est muni d'un système de retenue des travailleurs portés sur leur siège, sauf si l'état de la technique et les conditions effectives d'utilisation l'interdisent. – *[Anc. art. R. 233-34, al. 6.]*

Art. R. 4324-36 Les équipements de travail mobiles avec travailleurs portés sont aménagés de façon à réduire au minimum les risques pour ces travailleurs pendant le déplacement, notamment les risques de contact avec les roues, chenilles, ou autres éléments mobiles concourant au déplacement. – *[Anc. art. R. 233-35.]*

Art. R. 4324-37 Lorsque le blocage intempestif des éléments de transmission d'énergie entre un équipement de travail mobile et ses accessoires ou remorques peut engendrer des risques spécifiques, cet équipement de travail est aménagé ou équipé de façon qu'il puisse être remédié à ce blocage. Lorsque celui-ci ne peut pas être empêché, toutes mesures sont prises pour éviter les conséquences dommageables pour les travailleurs. – *[Anc. art. R. 233-35-1.]*

Art. R. 4324-38 Si les éléments de transmission d'énergie entre équipements de travail mobiles risquent de s'encrasser et de se détériorer en traînant par terre, des fixations sont prévues. – *[Anc. art. R. 233-35-2.]*

Art. R. 4324-39 Les équipements de travail mobiles automoteurs sont munis de dispositifs empêchant une mise en marche par des personnes non habilitées. – *[Anc. art. R. 233-36.]*

Art. R. 4324-40 Les équipements de travail mobiles automoteurs sont munis d'un dispositif de freinage et d'arrêt.

Dans la mesure où la sécurité l'exige, notamment pour les équipements dont le système de freinage est fortement sollicité, un dispositif de secours actionné par des commandes aisément accessibles ou par des systèmes automatiques permet le freinage et l'arrêt en cas de défaillance du dispositif principal. – *[Anc. art. R. 233-37.]*

Art. R. 4324-41 Les équipements de travail mobiles comportant des éléments qui, pendant le travail, dépassent le gabarit, sont, pendant leur transport ou leur déplacement munis des dispositifs nécessaires pour maintenir ces éléments dans une position de sécurité.

Ces dispositifs permettent au conducteur de vérifier sans difficultés, préalablement au déplacement ou au transport, que les éléments concernés sont effectivement maintenus dans une position de sécurité. – *[Anc. art. R. 233-37-1.]*

Art. R. 4324-42 Lorsque le champ de vision direct du conducteur est insuffisant, les équipements de travail mobiles automoteurs sont munis de dispositifs auxiliaires, améliorant la visibilité.

Lorsque ces équipements sont utilisés de nuit ou dans des lieux obscurs, ils sont munis d'un dispositif d'éclairage adapté au travail à réaliser. – *[Anc. art. R. 233-38.]*

Art. R. 4324-43 Les équipements de travail mobiles automoteurs commandés à distance sont munis d'un dispositif permettant l'arrêt automatique lorsqu'ils sortent du champ de contrôle.

S'ils peuvent heurter des travailleurs, ces équipements ou ceux fonctionnant sans conducteur sont équipés de dispositifs de protection ou de protecteurs contre ces risques, sauf si d'autres dispositifs appropriés sont en place pour contrôler le risque de heurt. – *[Anc. art. R. 233-39.]*

Art. R. 4324-44 En cas de mouvement simultané de plusieurs équipements de travail mobiles automoteurs roulant sur rails, ces équipements sont munis de moyens réduisant les conséquences d'une collision éventuelle. – *[Anc. art. R. 233-40.]*

Art. R. 4324-45 Les équipements de travail mobiles automoteurs qui, par eux-mêmes ou du fait de leurs remorques ou de leur chargement, présentent des risques d'incendie sont munis de dispositifs de lutte contre l'incendie, sauf si le lieu d'utilisation en est équipé à des endroits suffisamment rapprochés. – *[Anc. art. R. 233-41.]*

SECTION IV **PRESCRIPTIONS COMPLÉMENTAIRES POUR LES ÉQUIPEMENTS DE TRAVAIL DESSERVANT DES NIVEAUX DÉFINIS À L'AIDE D'UN HABITACLE**

(Décr. n° 2008-1325 du 15 déc. 2008)

Art. R. 4324-46 Les dispositions de la présente section s'appliquent aux équipements de travail suivants, desservant des niveaux définis à l'aide d'un habitacle, soit le long d'une course verticale parfaitement définie dans l'espace, soit le long d'une course guidée sensiblement verticale, lorsqu'ils ne sont pas soumis aux règles techniques de l'annexe I prévue par l'article R. 4312-1 :

1° Les monte-charges inaccessibles aux personnes compte tenu des dimensions de l'habitacle ;

2° Les monte-charges accessibles pour les opérations de chargement ou de déchargement mais munis d'un organe de commande situé à l'extérieur de l'habitacle, ne pouvant être actionné de l'intérieur ;

3° Les élévateurs de personnes n'excédant pas une vitesse de 0,15 mètre par seconde ;

4° Les ascenseurs de chantier.

Art. R. 4324-47 Lorsqu'un équipement est prévu pour l'accès ou le déplacement de personnes, il est installé ou équipé de manière à éviter :

1° Tout risque de chute de celles-ci à l'arrêt de l'habitacle au palier ;

2° Lors de l'accès à l'équipement, pour le chargement ou le déchargement, tout mouvement ou déplacement dangereux de l'habitacle.

Art. R. 4324-48 Les équipements sont installés ou équipés de manière à empêcher tout risque de contact des personnes présentes dans l'environnement de l'installation avec l'habitacle en mouvement ou tout autre élément mobile. Dès qu'un protecteur est ouvert, des dispositifs empêchent tout mouvement dangereux de l'habitacle.

Les équipements sont installés ou équipés de manière à supprimer tout risque de chute d'une charge de l'habitacle.

Art. R. 4324-49 Les interventions de vérification et de maintenance s'effectuent depuis un emplacement sûr permettant un accès aisé et sécurisé aux organes concernés, à partir de l'ouverture d'un protecteur.

Un dispositif d'arrêt permet l'accès en toute sécurité dans le volume parcouru par l'habitacle.

Afin de prévenir le risque d'écrasement entre l'habitacle et tout élément fixe, le personnel intervenant au-dessous ou au-dessus de l'habitacle dispose d'un espace libre ou d'un refuge lui permettant d'accéder et de se maintenir aux emplacements nécessaires en toute sécurité.

Art. R. 4324-50 Les équipements sont installés ou équipés de manière à empêcher tout risque de chute de personne dans la gaine, lorsque l'habitacle n'est pas au palier. A cette fin, ils sont équipés de protecteurs munis d'un dispositif empêchant tout mouvement dangereux de l'habitacle jusqu'à leur fermeture et leur verrouillage effectifs.

Ces protecteurs sont maintenus fermés et verrouillés pendant le déplacement de l'habitacle jusqu'à son arrêt. Ils sont munis d'un dispositif de déverrouillage de secours rendu accessible depuis l'extérieur de la gaine.

L'accès à la gaine, à partir des paliers autres que celui au niveau duquel se trouve l'habitacle, est rendu impossible en service normal.

Art. R. 4324-51 Les voies et accès aux équipements, les habitacles accessibles aux personnes ainsi que les espaces en gaine où ont lieu des opérations de vérification et de maintenance sont dotés d'un éclairage approprié.

Art. R. 4324-52 Les équipements sont installés ou équipés de manière à éviter les risques, pour les personnes, d'entrer en contact avec les objets transportés ou tout élément fixe ou mobile situé à l'extérieur de l'habitacle.

Ils sont notamment équipés de dispositifs faisant obstacle à tout déplacement dangereux de l'habitacle, à une augmentation de sa vitesse mettant en danger la sécurité des personnes ou à sa chute libre. Ces dispositifs ne doivent pas avoir pour effet une décélération dangereuse pour ces personnes, y compris pour celles qui effectuent les opérations mentionnées à l'article R. 4543-1.

Art. R. 4324-53 Lorsque l'habitacle est accessible aux personnes, l'équipement est doté d'un dispositif de secours permettant leur dégagement rapide, y compris en cas de défaillance de la source d'énergie.

LIVRE QUATRIÈME **PRÉVENTION DE CERTAINS RISQUES D'EXPOSITION**

TITRE PREMIER **RISQUES CHIMIQUES**

CHAPITRE PREMIER **MISE SUR LE MARCHÉ DES SUBSTANCES ET MÉLANGES** *(Décr. n° 2012-530 du 19 avr. 2012, art. 2).*

SECTION PREMIÈRE **DISPOSITIONS GÉNÉRALES**

Art. R. 4411-1 *(Décr. n° 2009-289 du 13 mars 2009)* Pour l'application du présent titre, lorsque les substances ou *(Décr. n° 2012-530 du 19 avr. 2012, art. 2)* « mélanges mentionnés » à l'article L. 4411-1 sont utilisées *[utilisés]* principalement dans des établissements et exploitations agricoles, les attributions du ministre chargé du travail sont exercées par le ministre chargé de l'agriculture.

Art. R. 4411-1-1 *(Décr. n° 2012-530 du 19 avr. 2012, art. 2)* Les règles de classification, d'étiquetage et d'emballage des substances et mélanges dangereux sont définies par le règlement (CE) n° 1272/2008 du Parlement et du Conseil du 16 décembre 2008 relatif à la classification, à l'étiquetage et à l'emballage des substances et des mélanges *(Abrogé par Décr. n° 2015-612 du 3 juin 2015, art. 1er)* *« et par le présent chapitre pour l'application des directives communautaires et s'appliquent selon les modalités définies à l'article 61 du règlement (CE) n° 1272/2008 du Parlement et du Conseil du 16 décembre 2008 ».*

Art. R. 4411-2 à R. 4411-5 *Abrogés par Décr. n° 2015-612 du 3 juin 2015, art. 1er.*

SECTION II **DÉFINITIONS ET PRINCIPES DE CLASSEMENT**

Art. R. 4411-6 *(Décr. n° 2015-612 du 3 juin 2015, art. 1er)* Sont considérés comme dangereux les substances et mélanges qui répondent aux critères de classification relatifs aux dangers physiques, aux dangers pour la santé ou aux dangers pour l'environnement définis à l'annexe I du règlement (CE) n° 1272/2008 du Parlement européen et du Conseil du 16 décembre 2008.

Ancien art. R. 4411-6 (Décr. n° 2012-530 du 19 avr. 2012, art. 2) *Sont considérés comme dangereux les substances et mélanges correspondant aux catégories suivantes :*

1° Explosibles : substances et mélanges solides, liquides, pâteux ou gélatineux qui, même sans intervention d'oxygène atmosphérique, peuvent présenter une réaction exothermique avec développement rapide de gaz et qui, dans des conditions d'essais déterminées, détonent, déflagrent rapidement ou, sous l'effet de la chaleur, explosent en cas de confinement partiel ;

2° Comburants : substances et mélanges qui, au contact d'autres substances, notamment inflammables, présentent une réaction fortement exothermique ;

3° Extrêmement inflammables : substances et mélanges liquides dont le point d'éclair est extrêmement bas et le point d'ébullition bas ainsi que substances et mélanges gazeux qui, à température et pression ambiantes, sont inflammables à l'air ;

4° Facilement inflammables : substances et mélanges :

a) Qui peuvent s'échauffer au point de s'enflammer à l'air à température ambiante sans apport d'énergie ;

b) A l'état solide, qui peuvent s'enflammer facilement par une brève action d'une source d'inflammation et continuer à brûler ou à se consumer après l'éloignement de cette source ;

c) A l'état liquide, dont le point d'éclair est très bas ;

d) Ou qui, au contact de l'eau ou de l'air humide, produisent des gaz extrêmement inflammables en quantités dangereuses ;

5° Inflammables : substances et mélanges liquides, dont le point d'éclair est bas ;

6° Très toxiques : substances et mélanges qui, par inhalation, ingestion ou pénétration cutanée en très petites quantités, entraînent la mort ou nuisent à la santé de manière aiguë ou chronique ;

7° Toxiques : substances et mélanges qui, par inhalation, ingestion ou pénétration cutanée en petites quantités, entraînent la mort ou nuisent à la santé de manière aiguë ou chronique ;

8° Nocifs : substances et mélanges qui, par inhalation, ingestion ou pénétration cutanée, peuvent entraîner la mort ou nuire à la santé de manière aiguë ou chronique ;

9° Corrosifs : substances et mélanges qui, en contact avec des tissus vivants, peuvent exercer une action destructrice sur ces derniers ;

10° Irritants : substances et mélanges non corrosifs qui, par contact immédiat, prolongé ou répété avec la peau ou les muqueuses, peuvent provoquer une réaction inflammatoire ;

11° Sensibilisants : substances et mélanges qui, par inhalation ou pénétration cutanée, peuvent donner lieu à une réaction d'hypersensibilisation telle qu'une exposition ultérieure à la substance ou au mélange produise des effets néfastes caractéristiques ;

12° Cancérogènes : substances et mélanges qui, par inhalation, ingestion ou pénétration cutanée, peuvent provoquer un cancer ou en augmenter la fréquence :

a) Cancérogènes de catégorie 1 : substances et mélanges que l'on sait être cancérogènes pour l'homme ;

b) Cancérogènes de catégorie 2 : substances et mélanges pour lesquels il existe une forte présomption que l'exposition de l'homme à de tels substances et mélanges puisse provoquer un cancer ou en augmenter la fréquence ;

c) Cancérogènes de catégorie 3 : substances et mélanges préoccupants pour l'homme en raison d'effets cancérogènes possibles, mais pour lesquels les informations disponibles sont insuffisantes pour classer ces substances et mélanges dans la catégorie 2 ;

13° Mutagènes : substances et mélanges qui, par inhalation, ingestion ou pénétration cutanée, peuvent produire des défauts génétiques héréditaires ou en augmenter la fréquence :

a) Mutagènes de catégorie 1 : substances et mélanges que l'on sait être mutagènes pour l'homme ;

b) Mutagènes de catégorie 2 : substances et mélanges pour lesquels il existe une forte présomption que l'exposition de l'homme à de tels substances et mélanges puisse produire des défauts génétiques héréditaires ou en augmenter la fréquence ;

c) Mutagènes de catégorie 3 : substances et mélanges préoccupants pour l'homme en raison d'effets mutagènes possibles, mais pour lesquels les informations disponibles sont insuffisantes pour classer ces substances et mélanges dans la catégorie 2 ;

14° Toxiques pour la reproduction : substances et mélanges qui, par inhalation, ingestion ou pénétration cutanée, peuvent produire ou augmenter la fréquence d'effets nocifs non héréditaires dans la progéniture ou porter atteinte aux fonctions ou capacités reproductives :

a) Toxiques pour la reproduction de catégorie 1 : substances et mélanges que l'on sait être toxiques pour la reproduction de l'homme ;

b) Toxiques pour la reproduction de catégorie 2 : substances et mélanges pour lesquels il existe une forte présomption que l'exposition de l'homme à de tels substances et mélanges puisse produire ou augmenter la fréquence d'effets nocifs non héréditaires dans la progéniture ou porter atteinte aux fonctions ou capacités reproductives ;

c) Toxiques pour la reproduction de catégorie 3 : substances et mélanges préoccupants en raison d'effets toxiques possibles pour la reproduction, mais pour lesquels les informations disponibles sont insuffisantes pour classer ces substances et mélanges dans la catégorie 2 ;

15° Dangereux pour l'environnement : substances et mélanges qui, s'ils entraient dans l'environnement, présenteraient ou pourraient présenter un risque immédiat ou différé pour une ou plusieurs de ses composantes.

Les dispositions de la section I du chapitre II du titre Ier du livre IV de la quatrième partie du C. trav. restent applicables également aux substances et mélanges définis par l'art. R. 4411-6 dans sa rédaction antérieure à la date d'entrée en vigueur du Décr. n° 2015-612 du 3 juin 2008 (Décr. préc., art. 2-I).

Les dispositions de la section II du chapitre II du titre Ier du livre IV de la quatrième partie du C. trav. restent applicables également aux agents cancérogènes, mutagènes ou toxiques pour la reproduction de catégories 1 ou 2 définis par l'art. R. 4411-6 dans sa rédaction antérieure à la date d'entrée en vigueur du Décr. n° 2015-612 du 3 juin 2008 (Décr. préc., art. 2-II).

SECTION III **INFORMATION DES AUTORITÉS POUR LA PRÉVENTION DES RISQUES**

(Décr. n° 2014-128 du 14 févr. 2014, art. 11)

Art. R. 4411-42 L'organisme mentionné à l'article L. 4411-4 est désigné par arrêté des ministres chargés de la santé, du travail, de l'environnement et de l'agriculture. Cet arrêté fixe les modalités techniques de la mission de cet organisme.

Art. R. 4411-43 Sous réserve des dispositions des articles R. 4411-44 et R. 4411-45, la nature et les modalités de déclaration des informations qui doivent être fournies à l'organisme mentionné à l'article R. 4411-42 en application des dispositions de l'article L. 4411-4 sur les substances ou mélanges dangereux destinés à être utilisés dans des établissements employant des travailleurs ainsi que les modalités d'accès à celles-ci sont fixées par les chapitres Ier et II du titre IV du livre III de la première partie du code de la santé publique.

Art. R. 4411-44 L'organisme mentionné à l'article L. 4411-4 est habilité à fournir à toute personne qui en fait la demande et intéressée par la protection des travailleurs, notamment au médecin du travail et aux membres des comités d'hygiène et*[,]* de sécurité *[et]* des conditions de travail, les renseignements qu'il détient relatifs :

1° Aux dangers que présente une substance ou un mélange qui la contient ;

2° Aux précautions à prendre dans son emploi, son stockage, son transport ou son élimination ;

3° A la nature et à la teneur de toute substance dangereuse contenue dans un mélange, à l'exclusion des informations relevant du secret industriel et commercial.

Art. R. 4411-45 L'organisme mentionné à l'article L. 4411-4 est habilité à fournir aux inspecteurs du travail, aux médecins inspecteurs du travail, à un médecin du travail désigné par la Caisse centrale de mutualité agricole, aux ingénieurs de prévention ou techniciens régionaux des directions régionales des entreprises, de la concurrence, de la consommation, du travail et de l'emploi, aux ingénieurs-conseils des caisses d'assurance retraite et de la santé au travail et aux conseillers en prévention mentionnés aux articles L. 724-8 et L. 724-9 du code rural et de la pêche maritime tout renseignement qu'il détient sur la composition des mélanges.

Les demandes de renseignement au titre du présent article sont faites par écrit à l'organisme compétent qui les enregistre.

Art. R. 4411-46 L'organisme mentionné à l'article L. 4411-4 et les autorités administratives prennent toutes dispositions utiles pour que les informations dont ils disposent et qui leur ont été signalées comme relevant du secret industriel et commercial ne soient accessibles qu'aux personnes qu'ils ont explicitement habilitées pour en assurer la garde et qui sont astreintes au secret professionnel.

SECTION IV **PROTECTION DES UTILISATEURS ET ACHETEURS**

SOUS-SECTION 1 **ÉTIQUETAGE ET EMBALLAGE**

Art. R. 4411-69 à R. 4411-72 *Abrogés par Décr. n° 2015-612 du 3 juin 2015, art. 1er.*

SOUS-SECTION 2 **FICHE DE DONNÉES DE SÉCURITÉ**

Art. R. 4411-73 *(Décr. n° 2009-289 du 13 mars 2009)* « Le fournisseur » d'une substance ou *[d'un] (Décr. n° 2012-530 du 19 avr. 2012, art. 2)* « mélange dangereux » fournit au destinataire de cette substance ou *[de ce] (Décr. n° 2012-530 du 19 avr. 2012, art. 2)* « mélange » une fiche de données de sécurité conforme aux exigences prévues au titre IV et à l'annexe II du règlement (CE) n° 1907/2006 du Parlement et du Conseil du 18 décembre 2006 concernant l'enregistrement, l'évaluation et l'autorisation des substances chimiques, ainsi que les restrictions applicables à ces substances (REACH), instituant une agence européenne des produits chimiques, modifiant la directive 1999/45/CE et abrogeant le règlement (CEE) n° 793/93 du Conseil et le règlement (CE) n° 1488/94 de la Commission ainsi que la directive 76/769/CEE du Conseil et les directives 91/155/CEE, 93/67/CEE, 93/105/CE et 2000/21/CE de la Commission.

SOUS-SECTION 3 **UTILISATION DE DÉNOMINATIONS DE REMPLACEMENT**

Art. R. 4411-74 à R. 4411-82 *Abrogés par Décr. n° 2015-612 du 3 juin 2015, art. 1er.*

SOUS-SECTION 4 **DISPOSITIONS D'URGENCE**

Art. R. 4411-83 En cas d'urgence motivée par un grave danger pour les travailleurs, le ministre chargé du travail peut, par arrêté, limiter, réglementer ou interdire la commercialisation ou l'utilisation, à quelque titre que ce soit, ainsi que l'emploi d'une substance ou *(Décr. n° 2012-530 du 19 avr. 2012, art. 2)* « d'un mélange dangereux », sans recueillir l'avis du *(Décr. n° 2016-1834 du 22 déc. 2016, art. 2)* « Conseil d'orientation des conditions de travail ».

La durée de validité de l'arrêté ne peut excéder six mois non renouvelables. Elle peut toutefois être portée à douze mois après avis du *(Décr. n° 2016-1834 du 22 déc. 2016, art. 2)* « Conseil d'orientation des conditions de travail ». – *[Anc. art. R. 231-52-13, al. 2 et anc. art. R. 231-57.]*

Art. R. 4411-84 Lorsque est intervenu un règlement ou un arrêté pris par application des articles L. 4411-1 et R. 4411-83, les fabricants, importateurs ou vendeurs prennent toutes dispositions pour informer les utilisateurs. – *[Anc. art. R. 231-53-1.]*

SECTION V **EXEMPTIONS POUR LES INTÉRÊTS DE LA DÉFENSE**

(Décr. n° 2012-530 du 19 avr. 2012, art. 2)

Art. R. 4411-86 Les exemptions au règlement (CE) n° 1272/2008 prévues au III de l'article L. 521-1 du code de l'environnement sont délivrées par décision conjointe du ministre de la défense et du ministre chargé du travail, sauf dans les cas d'urgence opérationnelle pour lesquels la décision est prise par le ministre de la défense qui en informe alors le ministre chargé du travail.

La décision est notifiée au demandeur.

La décision précise l'identité de la substance, du mélange ou de l'article concerné, la durée de l'exemption et, le cas échéant, les conditions de son renouvellement. En l'absence de décision explicite à l'issue d'un délai de six mois à compter de la réception de la demande, celle-ci est réputée rejetée. Un arrêté conjoint du ministre de la défense et du ministre chargé du travail précise les conditions de présentation et d'instruction des demandes.

CHAPITRE II **MESURES DE PRÉVENTION DES RISQUES CHIMIQUES**

SECTION PREMIÈRE **DISPOSITIONS APPLICABLES AUX AGENTS CHIMIQUES DANGEREUX**

SOUS-SECTION 1 **CHAMP D'APPLICATION ET DÉFINITIONS**

Art. R. 4412-1 Les dispositions de la présente section sont applicables aux activités dans lesquelles les travailleurs sont exposés ou susceptibles d'être exposés au cours de leur travail à des agents chimiques dangereux. – *[Anc. art. R. 231-54.]*

Art. R. 4412-2 Pour l'application du présent chapitre, on entend par :

1° Activité impliquant des agents chimiques, tout travail dans lequel des agents chimiques sont utilisés ou destinés à être utilisés dans tout processus, y compris la production, la manutention, le stockage, le transport, l'élimination et le traitement, ou au cours duquel de tels agents sont produits ;

2° Agent chimique, tout élément ou composé chimique, soit en l'état, soit au sein *(Décr. n° 2012-530 du 19 avr. 2012, art. 2)* « d'un mélange », tel qu'il se présente à l'état naturel ou tel qu'il est produit, utilisé ou libéré, notamment sous forme de déchet, du fait d'une activité professionnelle, qu'il soit ou non produit intentionnellement et qu'il soit ou non mis sur le marché. – *[Anc. art. R. 231-54-1, al. 1er à 3.]*

Art. R. 4412-3 Pour l'application du présent chapitre, un agent chimique dangereux est :

(Décr. n° 2012-530 du 19 avr. 2012, art. 2 ; Décr. n° 2015-612 du 3 juin 2015, art. 1er) « 1° Tout agent chimique mentionné à l'article R. 4411-6 ; »

2° Tout agent chimique qui, bien que ne satisfaisant pas aux critères de classement, en l'état ou au sein *(Décr. n° 2012-530 du 19 avr. 2012, art. 2)* « d'un mélange », peut présenter un risque pour la santé et la sécurité des travailleurs en raison de ses propriétés physico-chimiques, chimiques ou toxicologiques et des modalités de sa présence sur le lieu de travail ou de son utilisation, y compris tout agent chimique pour lequel des décrets prévoient une valeur limite d'exposition professionnelle. – *[Anc. art. R. 231-54-1, al. 4 à 6.]*

Art. R. 4412-4 Pour l'application du présent chapitre, on entend par :

1° Danger, la propriété intrinsèque d'un agent chimique susceptible d'avoir un effet nuisible ;

2° Risque, la probabilité que le potentiel de nuisance soit atteint dans les conditions d'utilisation et/ou d'exposition ;

3° Surveillance de la santé, l'évaluation de l'état de santé d'un travailleur en fonction de son exposition à des agents chimiques spécifiques sur le lieu de travail ;

4° Valeur limite biologique, la limite de concentration dans le milieu biologique approprié de l'agent concerné, de ses métabolites ou d'un indicateur d'effet ;

5° Valeur limite d'exposition professionnelle, sauf indication contraire, la limite de la moyenne pondérée en fonction du temps de la concentration d'un agent chimique dangereux dans l'air de la zone de respiration d'un travailleur au cours d'une période de référence déterminée. – *[Anc. art. R. 231-54-1, al. 7 à 11, et anc. art. R. 231-56, al. 3.]*

SOUS-SECTION 2 ÉVALUATION DES RISQUES

Art. R. 4412-5 L'employeur évalue les risques encourus pour la santé et la sécurité des travailleurs pour toute activité susceptible de présenter un risque d'exposition à des agents chimiques dangereux.

Cette évaluation est renouvelée périodiquement, notamment à l'occasion de toute modification importante des conditions pouvant affecter la santé ou la sécurité des travailleurs. – *[Anc. art. R. 231-54-2, al. 1er.]*

Art. R. 4412-6 Pour l'évaluation des risques, l'employeur prend en compte, notamment :

1° Les propriétés dangereuses des agents chimiques présents sur les lieux de travail ;

2° Les informations relatives à la santé et à la sécurité communiquées par le fournisseur de produits chimiques en application des articles *(Décr. n° 2015-612 du 3 juin 2015, art. 1er)* « **R. 4411-1-1** », **R. 4411-73** et **R. 4411-84** ;

3° Les renseignements complémentaires qui lui sont nécessaires obtenus auprès du fournisseur ou d'autres sources aisément accessibles ;

4° La nature, le degré et la durée de l'exposition ;

5° Les conditions dans lesquelles se déroulent les activités impliquant des agents chimiques, y compris le nombre et le volume de chacun d'eux ;

6° Les valeurs limites d'exposition professionnelle et les valeurs limites biologiques fixées par décret ;

7° L'effet des mesures de prévention prises ou à prendre sur le risque chimique ;

8° Les conclusions fournies par le médecin du travail concernant *(Décr. n° 2016-1908 du 27 déc. 2016, art. 10)* « le suivi de l'état de santé » des travailleurs ;

9° Les travaux conduits et propositions émises par les intervenants en prévention des risques professionnels mentionnés à l'article **R. 4623-26**. – *[Anc. art. R. 231-54-2, I.]*

Art. R. 4412-7 L'évaluation des risques inclut toutes les activités au sein de l'entreprise ou de l'établissement, y compris l'entretien et la maintenance.

Dans le cas d'activités comportant une exposition à plusieurs agents chimiques dangereux, l'évaluation prend en compte les risques combinés de l'ensemble de ces agents. – *[Anc. art. R. 231-54-2, II al. 1er.]*

Art. R. 4412-8 Toute activité nouvelle impliquant des agents chimiques dangereux ne peut être entreprise qu'après réalisation de l'évaluation des risques et mise en œuvre des mesures de prévention appropriées. – *[Anc. art. R. 231-54-2, II al. 2.]*

Art. R. 4412-9 Les résultats de l'évaluation des risques chimiques sont communiqués, sous une forme appropriée, au comité d'hygiène, de sécurité et des conditions de travail ou, à défaut, aux délégués du personnel et, en l'absence de représentation du personnel, à tout travailleur intervenant dans l'entreprise ainsi qu'au médecin du travail.

Cette communication intervient, en particulier, à la suite de la mise à jour des résultats de l'évaluation ou de toute modification importante des méthodes et des conditions de travail susceptible d'affecter la santé et la sécurité des travailleurs. – *[Anc. art. R. 231-54-4, II.]*

Art. R. 4412-10 Les résultats de l'évaluation des risques sont consignés dans le document unique d'évaluation des risques prévu à l'article **R. 4121-1**. – *[Anc. art. R. 231-54-2, II, al. 3.]*

SOUS-SECTION 3 MESURES ET MOYENS DE PRÉVENTION

Art. R. 4412-11 L'employeur définit et applique les mesures de prévention visant à supprimer ou à réduire au minimum le risque d'exposition à des agents chimiques dangereux :

1° En concevant et en organisant des méthodes de travail adaptées ;

2° En prévoyant un matériel adéquat ainsi que des procédures d'entretien régulières qui protègent la santé et la sécurité des travailleurs ;

3° En réduisant au minimum le nombre de travailleurs exposés ou susceptibles de l'être, tout en tenant compte des risques encourus par un travailleur isolé ;

4° En réduisant au minimum la durée et l'intensité de l'exposition ;

5° En imposant des mesures d'hygiène appropriées ;

6° En réduisant au minimum nécessaire la quantité d'agents chimiques présents sur le lieu de travail pour le type de travail concerné ;

7° En concevant des procédures de travail adéquates, notamment des dispositions assurant la sécurité lors de la manutention, du stockage et du transport sur le lieu de travail des agents chimiques dangereux et des déchets contenant de tels agents. – *[Anc. art. R. 231-54-3.]*

Art. R. 4412-12 Lorsque les résultats de l'évaluation des risques révèlent un risque pour la santé et la sécurité des travailleurs, l'employeur met en œuvre les dispositions suivantes :

1° Mesures et moyens de prévention prévus aux articles R. 4412-15 à R. 4412-22 ;

2° Vérifications des installations et appareils de protection collective prévues à la sous-section 4 ;

3° Contrôle de l'exposition prévu à la sous-section 5 ;

4° Mesures en cas d'accident prévues à la sous-section 6 ;

5° Établissement de la notice de poste prévue à l'article R. 4412-39 ;

6° Suivi *(Décr. nº 2016-1908 du 27 déc. 2016, art. 10)* « de l'état de santé prévu » à la sous-section 8. – *[Anc. art. R. 231-54-5, al. 1er.]*

Art. R. 4412-13 Lorsque les résultats de l'évaluation des risques montrent que les quantités dans lesquelles un agent chimique dangereux est présent sur le lieu de travail ne présentent qu'un risque faible pour la santé et la sécurité des travailleurs et que les mesures de prévention prises en application des articles L. 4121-1 à L. 4121-5 et R. 4412-11 sont suffisantes pour réduire ce risque, les dispositions de l'article R. 4412-12 ne sont pas applicables. – *[Anc. art. R. 231-54-5, al. 2.]*

Art. R. 4412-14 Quels que soient les résultats de l'évaluation des risques, les dispositions de l'article R. 4412-12 s'appliquent à la production, la fabrication ou l'utilisation au travail des agents chimiques dangereux faisant l'objet d'une mesure d'interdiction en application de l'article L. 4411-1. – *[Anc. art. R. 231-54-5, al. 3.]*

Art. R. 4412-15 Le risque que présente un agent chimique dangereux pour la santé et la sécurité des travailleurs doit être supprimé.

Lorsque la suppression de ce risque est impossible, ce dernier est réduit au minimum par la substitution d'un agent chimique dangereux par un autre agent chimique ou par un procédé non dangereux ou moins dangereux. – *[Anc. art. R. 231-54-6, al. 1er à 3.]*

Art. R. 4412-16 Lorsque la substitution d'un agent chimique dangereux n'est pas possible au regard de la nature de l'activité et de l'évaluation des risques, le risque est réduit au minimum par la mise en œuvre, par ordre de priorité, des mesures suivantes :

1° Conception des procédés de travail et contrôles techniques appropriés ;

2° Utilisation des équipements et des matériels adéquats de manière à éviter ou à réduire le plus possible la libération d'agents chimiques dangereux sur le lieu de travail ;

3° Application, à la source du risque, des mesures efficaces de protection collective, telles qu'une bonne ventilation et des mesures appropriées d'organisation du travail ;

4° Utilisation, si l'exposition ne peut être réduite par d'autres moyens, de moyens de protection individuelle, y compris d'équipements de protection individuelle. – *[Anc. art. R. 231-54-6, al. 4 à 7.]*

Art. R. 4412-17 L'employeur prend les mesures techniques et définit les mesures d'organisation du travail appropriées pour assurer la protection des travailleurs contre les dangers découlant des propriétés chimiques et physico-chimiques des agents chimiques.

Ces mesures portent, notamment, sur le stockage, la manutention et l'isolement des agents chimiques incompatibles.

A cet effet, l'employeur prend les mesures appropriées pour empêcher :

1° La présence sur le lieu de travail de concentrations dangereuses de substances inflammables ou de quantités dangereuses de substances chimiques instables ;

2° Les risques de débordement ou d'éclaboussures, ainsi que de déversement par rupture des parois des cuves, bassins, réservoirs et récipients de toute nature contenant des produits susceptibles de provoquer des brûlures d'origine thermique ou chimique. – *[Anc. art. R. 231-54-7, al. 1er, et anc. art. R. 233-46, al. 3.]*

Art. R. 4412-18 Lorsque les mesures techniques et d'organisation prévues à l'article R. 4412-17 ne sont pas réalisables au regard de la nature de l'activité, l'employeur prend, par ordre de priorité, les dispositions nécessaires pour :

1° Éviter la présence sur le lieu de travail de sources d'ignition susceptibles de provoquer des incendies ou des explosions, ou l'existence de conditions défavorables pouvant aboutir à ce que des substances ou des mélanges de substances chimiques instables aient des effets physiques dangereux ;

2° Atténuer les effets nuisibles pour la santé et la sécurité des travailleurs en cas d'incendie ou d'explosion résultant de l'inflammation de substances inflammables, ou les effets dangereux dus aux substances ou aux mélanges de substances chimiques instables. – *[Anc. art. R. 231-54-7, al. 2 à 4.]*

Art. R. 4412-19 L'employeur assure l'entretien des équipements de protection individuelle et des vêtements de travail.

Lorsque l'entretien est réalisé à l'extérieur de l'établissement, le chef de l'entreprise chargé du transport et de l'entretien est informé de l'éventualité et de la nature de la contamination ainsi que de ses dangers conformément aux règles de coordination de la prévention prévue à l'article R. 4511-5.

Le transport des vêtements contaminés est réalisé dans des récipients sûrs et identifiables. – *[Anc. art. R. 231-54-9.]*

Art. R. 4412-20 L'employeur, pour toutes les activités comportant un risque d'exposition à des agents chimiques dangereux, prévoit des mesures d'hygiène appropriées afin que les travailleurs ne mangent pas, ne boivent pas et ne fument pas dans les zones de travail concernées. – *[Anc. art. R. 231-54-10.]*

Art. R. 4412-21 L'accès aux locaux de travail où sont utilisés des agents chimiques dangereux est limité aux personnes dont la mission l'exige.

Ces locaux font l'objet d'une signalisation appropriée rappelant notamment l'interdiction d'y pénétrer sans motif de service et l'existence d'un risque d'émissions dangereuses pour la santé, y compris accidentelles. – *[Anc. art. R. 231-54-12.]*

Art. R. 4412-22 Lors de travaux susceptibles d'exposer à des gaz délétères dans des espaces confinés tels que les puits, conduites de gaz, canaux de fumée, fosses d'aisances, cuves ou appareils quelconques, les travailleurs sont attachés ou protégés par un autre dispositif de sécurité. – *[Anc. art. L. 233-2.]*

SOUS-SECTION 4 **VÉRIFICATIONS DES INSTALLATIONS ET APPAREILS DE PROTECTION COLLECTIVE**

Art. R. 4412-23 L'employeur assure régulièrement la vérification et le maintien en parfait état de fonctionnement des installations et appareils de protection collective. – *[Anc. art. R. 231-54-8, al. 1er, phrase 1.]*

Art. R. 4412-24 L'employeur établit, après avis du comité d'hygiène, de sécurité et des conditions de travail ou, à défaut, des délégués du personnel, une notice fixant les *conditions de l'entretien* des installations et des appareils de protection collective et les procédures à mettre en œuvre pour assurer leur surveillance, notamment pour détecter d'éventuelles défaillances et les éliminer. – *[Anc. art. R. 231-54-8, al. 2.]*

Art. R. 4412-25 Des visites périodiques destinées à s'assurer de l'état des cuves, bassins et réservoirs contenant des produits corrosifs ont lieu à intervalles n'excédant pas un an.

Ces visites sont réalisées par une personne qualifiée sous la responsabilité de l'employeur. – *[Anc. art. R. 233-46, al. 4 et 5.]*

Art. R. 4412-26 Les résultats des vérifications prévues par la présente sous-section sont consignés dans les conditions prévues à l'article D. 4711-2. – *[Anc. art. R. 231-54-8, al. 1er, phrase 2, et anc. art. R. 233-46, al. 6.]*

SOUS-SECTION 5 CONTRÔLE DE L'EXPOSITION

§ 1er CONTRÔLE DES VALEURS LIMITES D'EXPOSITION PROFESSIONNELLE

(Décr. nº 2009-1570 du 15 déc. 2009)

Art. R. 4412-27 Pour l'application du 3º de l'article R. 4412-12, l'employeur procède de façon régulière au mesurage de l'exposition des travailleurs aux agents chimiques dangereux présents dans l'atmosphère des lieux de travail.

Lorsque des valeurs limites d'exposition professionnelle ont été établies pour un agent chimique dangereux en application des articles R. 4412-149 ou R. 4412-150, l'employeur fait procéder à des contrôles techniques par un organisme accrédité dans les conditions prévues aux articles R. 4724-8 à R. 4724-13.

Ces contrôles techniques sont effectués au moins une fois par an et lors de tout changement susceptible d'avoir des conséquences néfastes sur l'exposition des travailleurs. Ils donnent lieu à un rapport, communiqué conformément aux dispositions de l'article R. 4412-30.

Ces dispositions ne s'appliquent aux valeurs limites d'exposition professionnelle indicatives prévues à l'art. R. 4412-150 qu'à compter du 1er janv. 2012 (Décr. nº 2009-1570 du 15 déc. 2009, art. 13).

Art. R. 4412-28 En cas de dépassement d'une valeur limite d'exposition professionnelle fixée à l'article R. 4412-149 ou de dépassement d'une concentration fixée à l'article R. 4222-10, l'employeur prend immédiatement les mesures de prévention et de protection propres à assurer la protection des travailleurs.

Art. R. 4412-29 En cas de dépassement d'une valeur limite d'exposition professionnelle indicative prévue à l'article R. 4412-150, l'employeur procède à l'évaluation des risques afin de déterminer des mesures de prévention et de protection adaptées.

Art. R. 4412-30 Les résultats des mesurages et les rapports de contrôle technique sont communiqués par l'employeur au médecin du travail et au comité d'hygiène, de sécurité et des conditions de travail ou, à défaut, aux délégués du personnel.

Ils sont tenus à la disposition de l'inspecteur du travail, du médecin inspecteur du travail ainsi que des agents des services de prévention des organismes de sécurité sociale.

Art. R. 4412-31 Les mesurages et les contrôles techniques opérés en application du présent paragraphe doivent respecter les modalités et les méthodes fixées en application de l'article R. 4412-151.

V. Arr. du 15 déc. 2009 relatif aux contrôles techniques des valeurs limites d'exposition professionnelle sur les lieux de travail et aux conditions d'accréditation des organismes chargés des contrôles (JO 17 déc.).

§ 2 CONTRÔLE DES VALEURS LIMITES BIOLOGIQUES

Art. R. 4412-32 Lorsqu'il est informé par le médecin du travail du dépassement d'une valeur limite biologique d'un agent chimique dangereux *(Décr. nº 2012-530 du 19 avr. 2012, art. 2)* « pour la santé », dans les conditions prévues *(Décr. nº 2009-1570 du 15 déc. 2009)* « à l'article R. 4412-51-1 », l'employeur :

1º Procède à l'évaluation des risques conformément à la sous-section 2 ;

2º Met en œuvre les mesures et moyens de prévention prévus aux articles R. 4412-11, R. 4412-15 et R. 4412-16. – *[Anc. art. R. 231-54-16, I al. 7 et 8.]*

SOUS-SECTION 6 MESURES EN CAS D'ACCIDENT OU D'INCIDENT

Art. R. 4412-33 Des systèmes d'alarme et autres systèmes de communication sont installés afin de permettre, en cas d'accident, d'incident ou d'urgence dû à la présence d'agents chimiques dangereux sur le lieu de travail :

1º Une réaction appropriée ;

2º La mise en œuvre immédiate, en tant que de besoin, des mesures qui s'imposent ;

3º Le déclenchement des opérations de secours, d'évacuation et de sauvetage.

Les mesures à mettre en œuvre, notamment les règles d'évacuation des travailleurs, sont définies préalablement par écrit. – *[Anc. art. R. 231-54-13, I, al. 1er et 2.]*

Art. R. 4412-34 En présence d'agents chimiques dangereux sur les lieux de travail, des installations de premier secours appropriées sont mises à disposition. Des exercices de sécurité pertinents sont organisés à intervalles réguliers. – *[Anc. art. R. 231-54-13, I, al. 3 et 4.]*

Art. R. 4412-35 Lorsqu'un accident, un incident ou une urgence survient, l'employeur prend immédiatement des mesures pour en atténuer les effets et en informer les travailleurs.

L'employeur met en œuvre les mesures appropriées pour remédier le plus rapidement possible à la situation et afin de rétablir une situation normale. – *[Anc. art. R. 231-54-13, II, al. 1er et 2.]*

Art. R. 4412-36 Seuls les travailleurs indispensables à l'exécution des réparations ou d'autres travaux nécessaires au rétablissement de la situation sont autorisés à travailler dans la zone affectée. Ils doivent disposer d'équipements de protection individuelle appropriés qu'ils sont tenus d'utiliser pendant la durée de leur intervention. En tout état de cause, l'exposition des travailleurs ne peut pas être permanente et doit être limitée pour chacun au strict nécessaire.

Les personnes non protégées ne sont pas autorisées à rester dans la zone affectée. – *[Anc. art. R. 231-54-13, II, al. 3 et 4.]*

Art. R. 4412-37 L'employeur veille à ce que les informations sur les mesures d'urgence se rapportant à des agents chimiques dangereux soient disponibles, notamment pour les services d'intervention, internes ou externes, compétents en cas d'accident ou d'incident.

Ces informations comprennent :

1° Une mention préalable des dangers de l'activité, des mesures d'identification du danger, des précautions et des procédures pertinentes afin que les services d'urgence puissent préparer leurs propres procédures d'intervention et mesures de précaution ;

2° Toute information disponible sur les dangers susceptibles de se présenter lors d'un accident ou d'une urgence ;

3° Les mesures définies en application des articles R. 4412-33 et R. 4412-34. – *[Anc. art. R. 231-54-13, III.]*

SOUS-SECTION 7 INFORMATION ET FORMATION DES TRAVAILLEURS

Art. R. 4412-38 L'employeur veille à ce que les travailleurs ainsi que le comité d'hygiène, de sécurité et des conditions de travail ou, à défaut, les délégués du personnel :

1° Reçoivent des informations sous des formes appropriées et périodiquement actualisées sur les agents chimiques dangereux se trouvant sur le lieu de travail, telles que notamment leurs noms, les risques pour la santé et la sécurité qu'ils comportent et, le cas échéant, les valeurs limites d'exposition professionnelle et les valeurs limites biologiques qui leur sont applicables ;

2° Aient accès aux fiches de données de sécurité fournies par le fournisseur des agents chimiques ;

3° Reçoivent une formation et des informations sur les précautions à prendre pour assurer leur protection et celle des autres travailleurs présents sur le lieu de travail. Sont notamment portées à leur connaissance les consignes relatives aux mesures d'hygiène à respecter et à l'utilisation des équipements de protection individuelle. – *[Anc. art. R. 231-54-4, I.]*

Art. R. 4412-39 L'employeur établit une notice, dénommée notice de poste, pour chaque poste de travail ou situation de travail exposant les travailleurs à des agents chimiques dangereux. Cette notice, actualisée en tant que de besoin, est destinée à informer les travailleurs des risques auxquels leur travail peut les exposer et des dispositions prises pour les éviter.

La notice rappelle les règles d'hygiène applicables ainsi que, le cas échéant, les consignes relatives à l'emploi des équipements de protection collective ou individuelle. – *[Anc. art. R. 231-54-14.]*

Art. R. 4412-39-1 *(Décr. no 2015-612 du 3 juin 2015, art. 1er)* L'étiquette ou inscription figurant sur tout récipient, sac ou enveloppe contenant des substances ou mélan-

ges dangereux indique le nom de la ou les *[des]* **substances qu'il contient et les dangers que présente leur emploi.**

SOUS-SECTION 8 **SUIVI DE L'ÉTAT DE SANTÉ DES TRAVAILLEURS** *(Décr. nº 2016-1908 du 27 déc. 2016, art. 10, en vigueur le 1er janv. 2017).*

§ 1er *[ABROGÉ]* LISTE ET FICHE D'EXPOSITION

(Abrogé par Décr. nº 2012-134 du 30 janv. 2012, art. 1er-1º)

Art. R. 4412-40 ***L'employeur tient une liste actualisée des travailleurs exposés aux agents chimiques dangereux*** (Décr. nº 2009-289 du 13 mars 2009) ***« pour la santé ».***

Cette liste précise la nature de l'exposition, sa durée ainsi que son degré, tel qu'il est connu par les résultats des contrôles réalisés. — [Anc. art. R. 231-54-15, al. 1er, et anc. art. R. 231-56-10, III, al. 1er.]

Art. R. 4412-41 ***L'employeur établit, pour chacun des travailleurs exposés aux agents chimiques mentionnés à l'article R. 4412-40, une fiche d'exposition indiquant :***

1º La nature du travail réalisé, les caractéristiques des produits, les périodes d'exposition et les autres risques ou nuisances d'origine chimique, physique ou biologique du poste de travail ;

2º Les dates et les résultats des contrôles de l'exposition au poste de travail ainsi que la durée et l'importance des expositions accidentelles. — [Anc. art. R. 231-54-15, al. 2 à 4, et anc. art. R. 231-56-10, III, al. 2 à 4.]

Art. R. 4412-42 ***Chaque travailleur intéressé est informé de l'existence de la fiche d'exposition et a accès aux informations l'intéressant.***

Le double de cette fiche est transmis au médecin du travail. — [Anc. art. R. 231-54-15, al. 5 et 6, et anc. art. R. 231-56-10, IV.]

Art. R. 4412-43 ***Les informations mentionnées au présent paragraphe sont recensées par poste de travail et tenues à disposition des membres du comité d'hygiène, de sécurité et des conditions de travail ou, à défaut, des délégués du personnel.*** — [Anc. art. R. 231-54-15, al. 7, et anc. art. R. 231-56-10, V.]

§ 2 SUIVI DE L'ÉTAT DE SANTÉ *(Décr. nº 2016-1908 du 27 déc. 2016, art. 10, en vigueur le 1er janv. 2017).*

SOUS-§ 1er SUIVI INDIVIDUEL ET EXAMENS COMPLÉMENTAIRES *(Décr. nº 2016-1908 du 27 déc. 2016, art. 10, en vigueur le 1er janv. 2017).*

Art. R. 4412-44 *(Décr. nº 2016-1908 du 27 déc. 2016, art. 10, en vigueur le 1er janv. 2017)* **En fonction de l'évaluation des risques, un travailleur affecté à des travaux l'exposant à des agents chimiques dangereux pour la santé peut faire l'objet d'un examen médical complémentaire prescrit par le médecin du travail afin de vérifier qu'il ne présente pas de contre-indication médicale à ces travaux.**

Jurisprudence rendue antérieurement au Décr. nº 2016-1908 du 27 déc. 2016.

Les dispositions de l'art. R. 231-56-11 [R. 4412-44 nouv.] n'impliquent pas que le médecin du travail garantisse au salarié l'absence de tout risque ou de toute dangerosité de l'exposition aux agents litigieux et n'ont pas pour effet de transférer au médecin du travail la responsabilité qui incombe à l'employeur en matière de protection des salariés. • CE 9 oct. 2002 : *RJS 2003. 41, nº 49.*

Art. R. 4412-45 L'examen médical pratiqué comprend un examen clinique général et, selon la nature de l'exposition, un ou plusieurs examens spécialisés complémentaires auxquels le médecin du travail procède ou fait procéder. Ces examens sont *(Décr. nº 2014-798 du 11 juill. 2014, art. 4)* **« pris en charge dans les conditions prévues à l'article** *(Décr. nº 2016-1908 du 27 déc. 2016, art. 10, en vigueur le 1er janv. 2017)* **« R. 4624-36 » ou, s'il s'agit d'un salarié agricole, à l'article R. 717-20 du code rural et de la pêche maritime ».**

Art. R. 4412-46 Chaque travailleur est informé par le médecin du travail des résultats et de l'interprétation des examens médicaux généraux et complémentaires dont il a bénéficié. – *[Anc. art. R. 231-54-16, I, al. 5, et anc. art. R. 231-56-11, I, al. 5.]*

Art. R. 4412-47 *(Abrogé par Décr. nº 2016-1908 du 27 déc. 2016, art. 10, à compter du 1er janv. 2017)* ***« La fiche médicale d'aptitude indique la date de l'étude du poste de travail et celle de la dernière mise à jour de la fiche d'entreprise. »***

(Abrogé par Décr. nº 2012-135 du 30 janv. 2012, art. 2-1º et 3) ***« Cette fiche est renouvelée au moins une fois par an, après examen par le médecin du travail. »***

Art. R. 4412-48 (Abrogé par Décr. nº 2016-1908 du 27 déc. 2016, art. 10, à compter du 1er janv. 2017) ***Le travailleur ou l'employeur peut contester auprès de l'inspecteur du travail les mentions portées sur la fiche médicale d'aptitude, dans les*** (Décr. nº 2014-798 du 11 juill. 2014, art. 4) ***« conditions prévues à l'article R. 4624-35 ou, s'il s'agit d'un salarié agricole, à l'article R. 717-18 du code rural et de la pêche maritime. Ce dernier » prend sa décision après avis*** (Abrogé par Décr. nº 2014-798 du 11 juill. 2014, art. 4) ***« conforme » du médecin inspecteur du travail, qui peut faire pratiquer, aux frais de l'employeur, des examens complémentaires par les spécialistes de son choix.***

Art. R. 4412-49 Les instructions techniques, précisant les modalités des examens médicaux que respectent les médecins du travail, sont déterminées, en tant que de besoin, par arrêté conjoint des ministres chargés du travail et de l'agriculture. – *[Anc. art. R. 231-54-16, I, al. 10, et anc. art. R. 231-56-11, I, al. 7, et anc. art. 4, al. 2, Décr. nº 97-331 du 10 avr. 1997.]*

Art. R. 4412-50 En dehors des *(Décr. nº 2016-1908 du 27 déc. 2016, art. 10, en vigueur le 1er janv. 2017)* « visites d'information et de prévention et des examens complémentaires dont le travailleur bénéficie », l'employeur fait examiner par le médecin du travail tout travailleur exposé à des agents chimiques mentionnés à l'article R. 4412-44 qui se déclare incommodé par des travaux qu'il exécute. Cet examen peut être réalisé à la demande du travailleur.

Le médecin du travail est informé par l'employeur des absences, pour cause de maladie d'une durée supérieure à dix jours, des travailleurs exposés à ces agents chimiques.

Art. R. 4412-51 *(Décr. nº 2009-1570 du 15 déc. 2009)* Le médecin du travail prescrit les examens médicaux nécessaires à la surveillance biologique des expositions aux agents chimiques. Le travailleur est informé par le médecin des résultats de ces examens et de leur interprétation.

Le médecin du travail informe l'employeur de l'interprétation anonyme et globale des résultats de cette surveillance biologique des expositions aux agents chimiques, en garantissant le respect du secret médical.

Art. R. 4412-51-1 *(Décr. nº 2009-1570 du 15 déc. 2009)* Les analyses destinées à vérifier le respect des valeurs limites biologiques fixées par décret sont réalisées par les organismes mentionnés à l'article R. 4724-15.

En cas de dépassement, le médecin du travail, s'il considère que ce dépassement résulte de l'exposition professionnelle, en informe l'employeur, sous une forme non nominative *(Décr. nº 2016-1908 du 27 déc. 2016, art. 10)* « [,] et le travailleur ».

Art. R. 4412-51-2 *(Décr. nº 2009-1570 du 15 déc. 2009)* Un arrêté conjoint des ministres chargés du travail et de l'agriculture précise les modalités ainsi que les méthodes à mettre en œuvre pour le contrôle du respect des valeurs limites biologiques.

V. Arr. du 15 déc. 2009 relatif aux contrôles du respect des valeurs limites biologiques fixées par l'art. R. 4412-152 pour les travailleurs exposés au plomb et à ses composés (JO 17 déc.).

Art. R. 4412-52 Si un travailleur est atteint d'une maladie professionnelle, d'une maladie ou d'une anomalie susceptible de résulter d'une exposition à des agents chimiques dangereux, à l'exception des agents cancérogènes et mutagènes définis à l'article R. 4412-60, le médecin du travail détermine la pertinence et la nature des examens éventuellement nécessaires pour les travailleurs ayant subi une exposition comparable.

Si un travailleur est atteint soit d'une maladie professionnelle, soit d'une anomalie susceptible de résulter d'une exposition à des agents cancérogènes ou mutagènes, tous

les travailleurs ayant subi une exposition comparable sur le même lieu de travail font l'objet d'un examen médical, assorti éventuellement d'examens complémentaires. — *[Anc. art. R. 231-54-16, II al. 1er et anc. art. R. 231-56-11, II al. 1er et 2.]*

Art. R. 4412-53 **Dans les cas de maladie ou d'anomalie prévus à l'article R. 4412-52, une nouvelle évaluation des risques est réalisée en vue d'assurer une meilleure protection de la santé et de la sécurité des travailleurs.** — *[Anc. art. R. 231-54-16, II al. 2 et anc. art. R. 231-56-11, II al. 3.]*

SOUS-§ 2 DOSSIER MÉDICAL

Art. R. 4412-54 **Le médecin du travail constitue et tient, pour chaque travailleur exposé aux agents chimiques dangereux** *(Décr. n° 2012-134 du 30 janv. 2012, art. 1er-2°)* **« pour la santé », un dossier individuel contenant :**

(Décr. n° 2015-1885 du 30 déc. 2015, art. 2-X) **« 1° Le cas échéant, les informations communiquées par l'employeur au médecin du travail en application du troisième alinéa de l'article D. 4161-1 ; »**

2° Les dates et les résultats des examens médicaux complémentaires pratiqués. — *[Anc. art. R. 231-54-16, III et anc. art. R. 231-56-11, III.]*

Art. R. 4412-55 **Le dossier médical est conservé pendant au moins cinquante ans après la fin de la période d'exposition, dans les conditions prévues à l'article** *(Décr. n° 2016-1908 du 27 déc. 2016, art. 10, en vigueur le 1er janv. 2017)* **« L. 4624-8 » du présent code ou à l'article R. 717-27 du code rural et de la pêche maritime.**

Art. R. 4412-56 **Le dossier médical est communiqué, sur sa demande, au médecin inspecteur du travail et peut être adressé, avec l'accord du travailleur, à un médecin de son choix.** — *[Anc. art. R. 231-54-16, IV al. 2 et anc. art. R. 231-56-11, IV al. 2.]*

Art. R. 4412-57 **Si l'établissement** *(Décr. n° 2016-1908 du 27 déc. 2016, art. 10, en vigueur le 1er janv. 2017)* **« ou le service de santé au travail auquel il est rattaché » vient à disparaître ou si le travailleur change d'établissement, l'ensemble du dossier médical est transmis au médecin inspecteur du travail, à charge pour celui-ci de l'adresser, à la demande du travailleur, au médecin du travail désormais compétent.**

SOUS-§ 3 *[ABROGÉ]* ATTESTATION D'EXPOSITION

(Abrogé par Décr. n° 2012-134 du 30 janv. 2012, art. 1er-3°)

Art. R. 4412-58 ***Une attestation d'exposition aux agents chimiques dangereux mentionnés à l'article R. 4412-40, remplie par l'employeur et le médecin du travail, est remise au travailleur à son départ de l'établissement, quel qu'en soit le motif.***

Un arrêté conjoint des ministres chargés du travail et de l'agriculture détermine les conditions de remise de cette attestation en cas d'exposition à des agents cancérogènes, mutagènes ou toxiques pour la reproduction. — [Anc. art. R. 231-54-16, V et anc. art. R. 231-56-11, V.]

L'attestation d'exposition aux agents chimiques dangereux établie pour l'application de l'art. R. 4412-58 jusqu'à la date d'entrée en vigueur du Décr. n° 2012-134 du 30 janv. 2012 est remise au travailleur à son départ de l'établissement (Décr. préc., art. 4).

SECTION II DISPOSITIONS PARTICULIÈRES AUX AGENTS CHIMIQUES DANGEREUX CANCÉROGÈNES, MUTAGÈNES ET TOXIQUES POUR LA REPRODUCTION

SOUS-SECTION 1 CHAMP D'APPLICATION ET DÉFINITIONS

Art. R. 4412-59 **Les dispositions de la présente section sont applicables aux activités dans lesquelles les travailleurs sont exposés ou susceptibles d'être exposés au cours de leur travail à des agents chimiques cancérogènes mutagènes ou toxiques pour la reproduction. Elles ne font pas obstacle aux mesures particulières prises par décret pour certains agents ou procédés cancérogènes, mutagènes ou toxiques pour la reproduction.**

Les activités mentionnées au premier alinéa ne sont pas soumises aux dispositions de la section I à l'exception des dispositions suivantes :

1° Définitions de la sous-section 1 ;

2° Mesures et dispositions à prendre contre les dangers découlant des propriétés chimiques et physico-chimiques des agents chimiques prévues aux articles R. 4412-17 et R. 4412-18 ;

3° Mesures à prendre en cas d'intervention dans un espace confiné prévues à l'article R. 4412-22 ;

4° Vérifications périodiques des installations et appareils de protection collective prévues à la sous-section 4 ;

5° Mesures à prendre en cas d'accident ou incident prévues à la sous-section 6 ;

6° Notice de poste prévue à l'article R. 4412-39 ;

(Décr. n° 2016-1908 du 27 déc. 2016, art. 10, en vigueur le 1er janv. 2017) « 7° Suivi de l'état de santé des travailleurs prévu à la sous-section 8 de la première section du présent chapitre. »

Art. R. 4412-60 *(Décr. n° 2012-530 du 19 avr. 2012, art. 2)* On entend par agent cancérogène, mutagène ou toxique pour la reproduction les substances ou mélanges suivants :

(Décr. n° 2015-612 du 3 juin 2015, art. 1er) « 1° Toute substance ou mélange qui répond aux critères de classification dans la catégorie 1A ou 1B des substances ou mélanges cancérogènes, mutagènes ou toxiques pour la reproduction définis à l'annexe I du règlement (CE) n° 1272/2008 ;

« 2° » Toute substance, tout mélange ou tout procédé défini comme tel par arrêté conjoint des ministres chargés du travail et de l'agriculture.

SOUS-SECTION 2 ÉVALUATION DES RISQUES

Art. R. 4412-61 Pour toute activité susceptible de présenter un risque d'exposition à des agents cancérogènes, mutagènes ou toxiques pour la reproduction, l'employeur évalue la nature, le degré et la durée de l'exposition des travailleurs afin de pouvoir apprécier les risques pour leur santé ou leur sécurité et de définir les mesures de prévention à prendre.

Un arrêté conjoint des ministres chargés du travail et de l'agriculture peut préciser les conditions de cette évaluation. – *[Anc. art. R. 231-56-1, I al. 1er.]*

Art. R. 4412-62 L'évaluation des risques d'exposition aux agents cancérogènes, mutagènes ou toxiques pour la reproduction est renouvelée régulièrement, notamment pour prendre en compte l'évolution des connaissances sur les produits utilisés et lors de tout changement des conditions pouvant affecter l'exposition des travailleurs. – *[Anc. art. R. 231-56-1, I al. 2.]*

Art. R. 4412-63 Toute activité nouvelle impliquant des agents cancérogènes, mutagènes ou toxiques pour la reproduction ne peut être entreprise qu'après réalisation de l'évaluation des risques et mise en œuvre des mesures de prévention appropriées. – *[Anc. art. R. 231-56-1, I al. 3.]*

Art. R. 4412-64 L'employeur tient à la disposition des membres du comité d'hygiène, de sécurité et des conditions de travail ou, à défaut, des délégués du personnel, ainsi que du médecin du travail, de l'inspection du travail et des agents des services de prévention des organismes de sécurité sociale, les éléments ayant servi à l'évaluation des risques.

Les résultats de cette évaluation sont consignés dans le document unique d'évaluation des risques. – *[Anc. art. R. 231-56-1, I al. 4.]*

Art. R. 4412-65 Pour l'évaluation du risque, toutes les expositions susceptibles de mettre en danger la santé ou la sécurité des travailleurs sont prises en compte, y compris l'absorption percutanée ou transcutanée. – *[Anc. art. R. 231-56-1, II.]*

SOUS-SECTION 3 MESURES ET MOYENS DE PRÉVENTION

Art. R. 4412-66 Lorsque l'utilisation d'un agent cancérogène, mutagène ou toxique pour la reproduction est susceptible de conduire à une exposition, l'employeur réduit l'utilisation de cet agent sur le lieu de travail, notamment en le remplaçant, dans la mesure où cela est techniquement possible, par une substance, une préparation ou un procédé qui, dans ses conditions d'emploi, n'est pas ou est moins dangereux pour la santé ou la sécurité des travailleurs.

L'employeur consigne le résultat de ses investigations dans le document unique d'évaluation des risques. – *[Anc. art. R. 231-56-2.]*

Art. R. 4412-67 Lorsque les résultats de l'évaluation des risques prévue à la sous-section 2 révèlent un risque pour la santé ou la sécurité des travailleurs, l'exposition des travailleurs est évitée. – *[Anc. art. R. 231-56-3, I.]*

Art. R. 4412-68 Lorsque le remplacement d'un agent cancérogène, mutagène ou toxique pour la reproduction par une substance, une préparation ou un procédé sans danger ou moins dangereux pour la sécurité ou la santé n'est pas réalisable, l'employeur prend les dispositions nécessaires pour que la production et l'utilisation de l'agent cancérogène, mutagène ou toxique pour la reproduction aient lieu dans un système clos. – *[Anc. art. R. 231-56-3, II al. 1er.]*

Art. R. 4412-69 Lorsque l'application d'un système clos n'est pas réalisable, l'employeur fait en sorte que le niveau d'exposition des travailleurs soit réduit à un niveau aussi bas qu'il est techniquement possible. – *[Anc. art. R. 231-56-3, II al. 2.]*

Art. R. 4412-70 Dans tous les cas d'utilisation d'un agent cancérogène, mutagène ou toxique pour la reproduction l'employeur applique les mesures suivantes :

1° Limitation des quantités de cet agent sur le lieu de travail ;

2° Limitation du nombre de travailleurs exposés ou susceptibles de l'être ;

3° Mise au point de processus de travail et de mesures techniques permettant d'éviter ou de minimiser le dégagement d'agents ;

4° Évacuation des agents conformément aux dispositions des articles R. 4222-12 et R. 4222-13 ;

5° Utilisation de méthodes appropriées de mesure des agents, en particulier pour la détection précoce des expositions anormales résultant d'un événement imprévisible ou d'un accident ;

6° Application de procédures et de méthodes de travail appropriées ;

7° Mise en œuvre de mesures de protection collectives ou, lorsque l'exposition ne peut être évitée par d'autres moyens, de mesures de protection individuelles ;

8° Mise en œuvre de mesures d'hygiène, notamment de nettoyage régulier des sols, murs et autres surfaces ;

9° Information des travailleurs ;

10° Délimitation des zones à risque et utilisation de signaux adéquats d'avertissement et de sécurité, y compris les signaux "défense de fumer", dans les zones où les travailleurs sont exposés ou susceptibles de l'être ;

11° Mise en place de dispositifs pour les cas d'urgence susceptibles d'entraîner des expositions anormalement élevées, en particulier lors d'éventuelles ruptures du confinement des systèmes clos ;

12° Utilisation de moyens permettant le stockage, la manipulation et le transport sans risque des produits, notamment par l'emploi de récipients hermétiques étiquetés de manière claire, nette et visible ;

13° Collecte, stockage et évacuation sûrs des déchets. – *[Anc. art. R. 231-56-3, III.]*

Art. R. 4412-71 Lorsqu'un agent cancérogène, mutagène ou toxique pour la reproduction présente d'autres dangers, l'employeur met également en œuvre les mesures appropriées pour supprimer ou réduire les autres risques résultant de l'utilisation de cet agent. – *[Anc. art. R. 231-56-3, IV.]*

Art. R. 4412-72 Pour toutes les activités pour lesquelles il existe un risque de contamination par des agents cancérogènes, mutagènes ou toxiques pour la reproduction, l'employeur prend les mesures appropriées suivantes :

1° Veiller à ce que les travailleurs ne mangent pas, ne boivent pas et ne fument pas dans les zones de travail concernées ;

2° Fournir des vêtements de protection ou tous autres vêtements appropriés, les placer dans un endroit déterminé, les vérifier et les nettoyer, si possible avant et, en tout cas, après chaque utilisation et les réparer ou remplacer s'ils sont défectueux, conformément aux dispositions de l'article R. 4323-95 ;

3° Veiller à ce que les travailleurs ne sortent pas de l'établissement avec les équipements de protection individuelle ou les vêtements de travail. – *[Anc. art. R. 231-56-8, al. 1er à 4.]*

Art. R. 4412-73 Lorsque l'entretien des équipements de protection individuelle et des vêtements est assuré à l'extérieur de l'entreprise, le chef de l'entreprise chargé du transport et de l'entretien est informé de l'éventualité et de la nature de la contamination, conformément aux règles de coordination de la prévention prévue à l'article R. 4511-5. – *[Anc. art. R. 231-56-8, al. 5.]*

Art. R. 4412-74 Au vu des résultats de l'évaluation des risques, l'employeur prend les mesures appropriées pour que les zones où se déroulent les activités révélant un risque pour la santé ou la sécurité ne puissent être accessibles à d'autres travailleurs que ceux qui, en raison de leur travail ou de leur fonction, sont amenés à y pénétrer. – *[Anc. art. R. 231-56-7.]*

Art. R. 4412-75 Pour certaines activités telles que l'entretien ou la maintenance des équipements et installations, pour lesquelles la possibilité d'une augmentation sensible de l'exposition est prévisible et à l'égard desquelles toutes les possibilités de prendre d'autres mesures techniques de prévention sont déjà épuisées, l'employeur détermine, après avis du médecin du travail, du comité d'hygiène, de sécurité et des conditions de travail ou, à défaut, des délégués du personnel, les mesures nécessaires pour réduire le plus possible la durée d'exposition des travailleurs et pour assurer leur protection durant ces activités.

L'employeur met à disposition des travailleurs un vêtement de protection et un équipement individuel de protection respiratoire. Il veille à ce qu'ils soient effectivement portés aussi longtemps que l'exposition persiste. Celle-ci ne peut pas être permanente et est limitée pour chaque travailleur au strict nécessaire.

Les mesures appropriées sont prises pour que les zones où se déroulent les activités mentionnées au premier alinéa soient clairement délimitées et signalées et pour que leur accès soit interdit à toute personne non autorisée. – *[Anc. art. R. 231-56-6.]*

SOUS-SECTION 4 CONTRÔLE DE L'EXPOSITION

§ 1er CONTRÔLE DES VALEURS LIMITES D'EXPOSITION PROFESSIONNELLE

(Décr. n° 2009-1570 du 15 déc. 2009)

Art. R. 4412-76 L'employeur procède de façon régulière au mesurage de l'exposition des travailleurs aux agents cancérogènes, mutagènes ou toxiques pour la reproduction présents dans l'atmosphère des lieux de travail.

Lorsque des valeurs limites d'exposition professionnelle ont été établies, en application des articles R. 4412-149 ou R. 4412-150, pour un agent cancérogène, mutagène ou toxique pour la reproduction, l'employeur fait procéder à des contrôles techniques par un organisme accrédité dans les conditions prévues aux articles R. 4724-8 à R. 4724-13.

Ces contrôles techniques sont effectués au moins une fois par an et lors de tout changement susceptible d'avoir des conséquences néfastes sur l'exposition des travailleurs. Ils donnent lieu à un rapport, communiqué conformément aux dispositions de l'article R. 4412-79.

Art. R. 4412-77 En cas de dépassement d'une valeur limite d'exposition professionnelle contraignante prévue à l'article R. 4412-149, l'employeur arrête le travail aux postes de travail concernés, jusqu'à la mise en œuvre des mesures propres à assurer la protection des travailleurs.

Art. R. 4412-78 En cas de dépassement d'une valeur limite d'exposition professionnelle indicative prévue à l'article R. 4412-150, l'employeur procède à l'évaluation des risques afin de déterminer des mesures de prévention et de protection adaptées.

Art. R. 4412-79 Les résultats des mesurages et les rapports de contrôle technique sont communiqués par l'employeur au médecin du travail et au comité d'hygiène, de sécurité et des conditions de travail ou, à défaut, aux délégués du personnel.

Ils sont tenus à la disposition de l'inspecteur du travail, du médecin inspecteur du travail ainsi que des agents des services de prévention des organismes de sécurité sociale.

Art. R. 4412-80 Les mesurages et les contrôles techniques opérés en application du présent paragraphe doivent respecter les modalités et les méthodes fixées en application de l'article R. 4412-151.

V. Arr. du 15 déc. 2009 relatif aux contrôles techniques des valeurs limites d'exposition professionnelle sur les lieux de travail et aux conditions d'accréditation des organismes chargés des contrôles (JO 17 déc.).

Art. R. 4412-81 *Abrogé par Décr. n° 2009-1570 du 15 déc. 2009.*

§ 2 CONTRÔLE DES VALEURS LIMITES BIOLOGIQUES

Art. R. 4412-82 Lorsqu'il est informé par le médecin du travail du dépassement d'une valeur limite biologique, dans les conditions prévues *(Décr. n° 2009-1570 du 15 déc. 2009)* « à l'article R. 4412-51-1 », l'employeur :

1° Procède à l'évaluation des risques conformément à la sous-section 2 ;

2° Met en œuvre les mesures et moyens de prévention prévus aux articles R. 4412-67 à R. 4412-73 ;

3° Procède aux contrôles des valeurs limites d'exposition professionnelle prévus à la sous-section 4 ;

(Décr. n° 2009-1570 du 15 déc. 2009) « 4° Arrête le travail aux postes concernés jusqu'à la mise en œuvre des mesures propres à assurer la protection des travailleurs. »

SOUS-SECTION 5 MESURES EN CAS D'ACCIDENTS OU D'INCIDENTS

Art. R. 4412-83 En cas d'incident ou d'accident susceptible d'entraîner une exposition anormale à des agents chimiques cancérigènes, mutagènes ou toxiques pour la reproduction, seuls les travailleurs indispensables pour l'exécution des réparations et d'autres travaux nécessaires sont autorisés à travailler dans la zone affectée jusqu'au rétablissement de la situation normale et tant que les causes de l'exposition anormale ne sont pas éliminées. – *[Anc. art. R. 231-56-5, al. 1er et 2.]*

Art. R. 4412-84 L'employeur met à la disposition des travailleurs autorisés à travailler dans la zone affectée par l'incident ou l'accident un vêtement de protection et un équipement individuel de protection respiratoire. Il veille à ce qu'ils soient effectivement portés. – *[Anc. art. R. 231-56-5, al. 3, phrase 1.]*

Art. R. 4412-85 Afin de maintenir ou restaurer les conditions de salubrité dans la zone affectée, l'élimination des agents est réalisée de telle sorte qu'elle ne crée pas de nouveaux risques pour les travailleurs de l'établissement ou l'environnement de ce même établissement. – *[Anc. art. R. 231-56-5, al. 5.]*

SOUS-SECTION 6 INFORMATION ET FORMATION DES TRAVAILLEURS

Art. R. 4412-86 Si les résultats de l'évaluation des risques révèlent un risque pour la santé ou la sécurité des travailleurs, l'employeur tient à la disposition des travailleurs exposés et du comité d'hygiène, de sécurité et des conditions de travail ou, à défaut, des délégués du personnel des informations appropriées sur :

1° Les activités ou les procédés industriels mis en œuvre, y compris les raisons pour lesquelles des agents cancérogènes, mutagènes ou toxiques pour la reproduction sont utilisés ;

2° Les quantités fabriquées ou utilisées de substances ou préparations qui contiennent des agents cancérogènes mutagènes ou toxiques pour la reproduction ;

3° Le nombre de travailleurs exposés ;

4° Les mesures de prévention prises ;

5° Le type d'équipement de protection à utiliser ;

6° La nature et le degré de l'exposition, notamment sa durée ;
7° Les cas de substitution par un autre produit. – *[Anc. art. R. 231-56-4.]*

Art. R. 4412-87 L'employeur organise, en liaison avec le comité d'hygiène, de sécurité et des conditions de travail ou, à défaut, les délégués du personnel et le médecin du travail, l'information et la formation à la sécurité des travailleurs susceptibles d'être exposés à l'action d'agents cancérogènes, mutagènes ou toxiques pour la reproduction.

Cette information et cette formation concernent, notamment :

1° Les risques potentiels pour la santé, y compris les risques additionnels dus à la consommation du tabac ;
2° Les précautions à prendre pour prévenir l'exposition ;
3° Les prescriptions en matière d'hygiène ;
4° Le port et l'emploi des équipements et des vêtements de protection ;
5° Les mesures à prendre par les travailleurs, notamment par le personnel d'intervention, pour la prévention d'incidents et en cas d'incident. – *[Anc. art. R. 231-56-9, I al. 1er.]*

Art. R. 4412-88 L'information et la formation à la sécurité sont adaptées à l'évolution des risques et à l'apparition de risques nouveaux. Elles sont répétées régulièrement. Elles favorisent une application des règles de prévention adaptée à l'évolution des connaissances et des techniques. – *[Anc. art. R. 231-56-9, I al. 2.]*

Art. R. 4412-89 L'information des travailleurs porte sur les effets potentiellement néfastes de l'exposition aux substances chimiques sur la fertilité, sur l'embryon en particulier lors du début de la grossesse, sur le fœtus et pour l'enfant en cas d'allaitement.

Elle sensibilise les femmes quant à la nécessité de déclarer le plus précocement possible leur état de grossesse et les informe sur les possibilités de changement temporaire d'affectation et les travaux interdits prévus respectivement aux articles L. 1225-7 et D. 4152-10. – *[Anc. art. R. 231-56-9, I al. 3.]*

Art. R. 4412-90 L'employeur informe les travailleurs de la présence d'agents cancérogènes, mutagènes ou toxiques pour la reproduction dans les installations.

Il veille à ce que les récipients annexes qui contiennent de tels agents soient étiquetés de manière claire et lisible. Le danger est signalé par tout moyen approprié. – *[Anc. art. R. 231-56-9, II.]*

Art. R. 4412-91 Les travailleurs et les membres du comité d'hygiène, de sécurité et des conditions de travail ou, à défaut, les délégués du personnel doivent pouvoir vérifier que les dispositions de la présente section sont appliquées, notamment en ce qui concerne :

1° Les conséquences sur la santé et la sécurité des choix et de l'utilisation des vêtements et équipements de protection ;
2° Les mesures prises pour les activités susceptibles d'augmenter sensiblement l'exposition mentionnées au premier alinéa de l'article R. 4412-75. – *[Anc. art. R. 231-56-10, I.]*

Art. R. 4412-92 Les travailleurs et les membres du comité d'hygiène, de sécurité et des conditions de travail ou, à défaut, les délégués du personnel, ainsi que le médecin du travail, sont informés le plus rapidement possible des expositions anormales, y compris celles mentionnées à l'article R. 4412-75, de leurs causes et des mesures prises ou à prendre pour y remédier. – *[Anc. art. R. 231-56-10, II.]*

Art. R. 4412-93 Les informations prévues à l'article R. 4412-86 sont tenues à la disposition du médecin du travail, de l'inspection du travail, du médecin inspecteur du travail et des agents des services de prévention des organismes de sécurité sociale. – *[Anc. art. R. 231-56-4.]*

SECTION III **RISQUES D'EXPOSITION À L'AMIANTE**

(Décr. n° 2012-639 du 4 mai 2012, en vigueur le 1er juill. 2012)

Les dispositions du Décr. n° 2012-639 du 4 mai 2012 s'appliquent aux opérations pour lesquelles le dossier de consultation relatif au marché est publié à compter du 1er juill. 2012 (Décr. préc., art. 5).

Jusqu'au 30 juin 2013, sont réputés satisfaire aux exigences du Décr. n° 2012-639 du 4 mai 2012 :

1° Pour le prélèvement, les organismes accrédités en application de l'art. R. 4724-14 C. trav. dans sa rédaction antérieure ;

2° Pour l'analyse, les organismes accrédités en application de l'art. R. 1334-25 CSP ;

3° Les entreprises certifiées au 1er juill. 2012 en application de l'art. R. 4412-116 C. trav. dans sa rédaction antérieure ;

4° Les entreprises non titulaires d'une certification au 1er juill. 2012 répondant aux exigences de la norme NFX 46-010 « Amiante friable. — Qualification des entreprises réalisant des travaux de traitement de l'amiante friable. — Référentiel technique d'octobre 2004 » (Décr. préc., art. 6).

SOUS-SECTION 1 CHAMP D'APPLICATION ET DÉFINITIONS

Art. R. 4412-94 Les dispositions de la présente section s'appliquent :

1° Aux travaux de retrait ou d'encapsulage d'amiante et de matériaux, d'équipements et de matériels ou d'articles en contenant, y compris dans les cas de démolition ;

2° Aux interventions sur des matériaux, des équipements, des matériels ou des articles susceptibles de provoquer l'émission de fibres d'amiante.

Art. R. 4412-95 Indépendamment des dispositions de la présente section, les travaux et interventions mentionnés à l'article R. 4412-94 sont soumis aux dispositions applicables aux agents chimiques dangereux, y compris les dispositions particulières relatives à la prévention des risques d'exposition aux agents cancérogènes, mutagènes et toxiques pour la reproduction de la section II, à l'exception du contrôle de l'exposition prévu par les articles R. 4412-27 à R. 4412-32 et R. 4412-76 à R. 4412-82.

Art. R. 4412-96 Pour l'application de la présente section, on entend par :

1° Chantier test : le premier chantier au cours duquel est déterminé le niveau d'empoussièrement d'un processus donné ;

2° Confinement : l'isolement de la zone de travail vis-à-vis de l'environnement extérieur évitant la dispersion des fibres ;

3° Décontamination (travailleurs, matériel, déchets) : la procédure concourant à la protection collective contre la dispersion de fibres d'amiante hors de la zone de travaux et qui, pour la décontamination des travailleurs, est composée, notamment, du douchage des équipements de protection individuelle utilisés, de leur retrait et du douchage d'hygiène ;

4° Donneur d'ordre : le chef d'entreprise utilisatrice, mentionné à l'article R. 4511-1 et par le décret n° 77-1321 du 29 novembre 1977 relatif aux travaux réalisés dans un établissement par une entreprise extérieure, ou le maître d'ouvrage mentionné à l'article L. 4531-1 ou l'armateur, mentionné par le décret n° 98-332 du 29 avril 1998 relatif à la prévention des risques dus à l'amiante à bord des navires ;

5° Encapsulage : tous les procédés mis en œuvre, tels que encoffrement, doublage, fixation par revêtement, imprégnation, en vue de traiter et de conserver, de manière étanche, l'amiante en place et les matériaux en contenant afin d'éviter la dispersion de fibres d'amiante dans l'atmosphère ;

6° Niveau d'empoussièrement : le niveau de concentration en fibres d'amiante généré par un processus de travail dans la zone de respiration du travailleur, à l'extérieur de l'appareil de protection respiratoire, en fonction duquel sont organisés et mis en œuvre les règles techniques, les moyens de protection collective et les équipements de protection individuelle ;

7° Opération : l'un des travaux ou interventions mentionnés à l'article R. 4412-94 ;

8° Phases opérationnelles : les parties de l'opération, simultanées ou successives, susceptibles d'engendrer différents niveaux d'empoussièrement ;

9° Processus : les techniques et modes opératoires utilisés, compte tenu des caractéristiques des matériaux concernés et des moyens de protection collective mis en œuvre ;

10° Vacation : la période durant laquelle le travailleur porte de manière ininterrompue un appareil de protection respiratoire ;

11° Zone de récupération : l'espace à l'extérieur de la zone polluée dans lequel le port d'un équipement de protection individuelle n'est pas nécessaire pour assurer la protection de la santé du travailleur.

SOUS-SECTION 2 **DISPOSITIONS COMMUNES À TOUTES LES OPÉRATIONS COMPORTANT DES RISQUES D'EXPOSITION À L'AMIANTE** *(Décr. n° 2013-594 du 5 juill. 2013).*

§ 1er ÉVALUATION INITIALE DES RISQUES

Art. R. 4412-97 Dans le cadre de l'évaluation des risques, prévue aux articles L. 4121-3 et L. 4531-1, le donneur d'ordre joint les dossiers techniques prévus aux articles R. 1334-29-4 à R. 1334-29-6 du code de la santé publique et R. 111-45 du code de la construction et de l'habitation aux documents de consultation des entreprises.

Pour les opérations ne relevant pas des articles R. 1334-29-4 à R. 1334-29-6 du code de la santé publique et R. 111-45 du code de la construction et de l'habitation, le donneur d'ordre joint aux documents de consultation des entreprises tout document équivalent permettant le repérage des matériaux contenant de l'amiante, y compris ceux relevant de ses obligations au titre de l'article L. 541-1 du code de l'environnement.

Au vu des informations qui lui ont été données, l'employeur réalise son évaluation des risques, conformément à l'article L. 4121-2.

Art. R. 4412-98 Pour l'évaluation des risques, l'employeur estime le niveau d'empoussièrement correspondant à chacun des processus de travail et les classes selon les trois niveaux suivants :

(Décr. n° 2015-789 du 29 juin 2015, en vigueur le 2 juill. 2015) « *a)* Premier niveau : empoussièrement dont la valeur est inférieure à 100 fibres par litre ;

« *b)* Deuxième niveau : empoussièrement dont la valeur est supérieure ou égale à 100 fibres par litre et inférieure à 6 000 fibres par litre ;

« *c)* Troisième niveau : empoussièrement dont la valeur est supérieure ou égale à 6 000 fibres par litre et inférieure à 25 000 fibres par litre. »

Art. R. 4412-99 L'employeur transcrit les résultats de son évaluation des risques pour chaque processus dans le document unique d'évaluation des risques. Il le met à jour à chaque modification de processus entraînant un changement de niveau d'empoussièrement ou lors de l'introduction de nouveaux processus.

§ 2 VALEUR LIMITE D'EXPOSITION PROFESSIONNELLE

Art. R. 4412-100 La concentration moyenne en fibres d'amiante, sur huit heures de travail, ne dépasse pas dix fibres par litre. Elle est contrôlée dans l'air inhalé par le travailleur.

Les dispositions de l'art. R. 4412-100 s'appliquent aux opérations pour lesquelles le dossier de consultation relatif au marché est publié à compter de cette date.

Jusqu'au 1er juill. 2015, la valeur limite d'exposition professionnelle prévue à l'art. R. 4412-100 est fixée à une concentration en fibres d'amiante dans l'air inhalé de cent fibres par litre évaluée sur une moyenne de huit heures de travail (Décr. n° 2012-639 du 4 mai 2012, art. 5).

Art. R. 4412-101 L'employeur s'assure du respect de la valeur limite d'exposition professionnelle pour l'ensemble des travailleurs exposés, compte tenu de l'évaluation des risques.

Art. R. 4412-102 Les conditions et les résultats des contrôles sont communiqués par l'employeur au médecin du travail et au comité d'hygiène, de sécurité et des conditions de travail ou, à défaut, aux délégués du personnel.

Ils sont tenus à la disposition de l'inspecteur du travail, du médecin inspecteur du travail ainsi que des agents des services de prévention des organismes de sécurité sociale compétents.

§ 3 CONDITIONS DE MESURAGE DES EMPOUSSIÈREMENTS ET DE CONTRÔLE DE LA VALEUR LIMITE D'EXPOSITION PROFESSIONNELLE

Art. R. 4412-103 Pour procéder à la stratégie d'échantillonnage, aux prélèvements et aux analyses, l'employeur fait appel à un même organisme accrédité. Il lui communique, à cette fin, toutes données utiles et, en accord avec le donneur d'ordre, lui donne accès aux lieux concernés par les opérations.

L'organisme choisi est indépendant des entreprises qu'il contrôle.

Jusqu'au 30 juin 2013, sont réputés satisfaire aux exigences du Décr. nº 2012-639 du 4 mai 2012 :

1º Pour le prélèvement, les organismes accrédités en application de l'art. R. 4724-14 C. trav. dans sa rédaction antérieure ;

2º Pour l'analyse, les organismes accrédités en application de l'art. R. 1334-25 CSP ;

3º Les entreprises certifiées au 1er juill. 2012 en application de l'art. R. 4412-116 C. trav. dans sa rédaction antérieure au Décr. préc. ;

4º Les entreprises non titulaires d'une certification au 1er juill. 2012 répondant aux exigences de la norme NFX 46-010 « Amiante friable. — Qualification des entreprises réalisant des travaux de traitement de l'amiante friable. — Référentiel technique d'octobre 2004 » (Décr. préc., art. 6).

Art. R. 4412-104 Les prélèvements individuels sont réalisés en situation significative d'exposition des travailleurs à l'inhalation des poussières d'amiante, en intégrant les différentes phases opérationnelles.

Art. R. 4412-105 L'employeur consulte le médecin du travail, le comité d'hygiène, de sécurité et des conditions de travail ou, à défaut, les délégués du personnel sur le projet de stratégie d'échantillonnage établi par l'organisme de contrôle. Les avis qu'ils émettent sont transmis par l'employeur à l'organisme de contrôle.

Art. R. 4412-106 L'empoussièrement est mesuré selon la méthode de microscopie électronique à transmission analytique (META).

§ 4 PRINCIPES ET MOYENS DE PRÉVENTION

Art. R. 4412-107 L'employeur informe le donneur d'ordre de toute présence d'amiante mise en évidence lors de l'opération.

Art. R. 4412-108 Afin de réduire au niveau le plus bas techniquement possible la durée et le niveau d'exposition des travailleurs et pour garantir l'absence de pollution des bâtiments, équipements, structures, installations dans lesquels ou dans l'environnement desquels les opérations sont réalisées, l'employeur met en œuvre :

1° Des techniques et des modes opératoires de réduction de l'empoussièrement tels que le travail robotisé en système clos, la réduction de la volatilité des fibres d'amiante par l'imprégnation à cœur des matériaux contenant de l'amiante avec des agents mouillants, le démontage des éléments par découpe ou déconstruction ;

2° Les mesures nécessaires de confinement et de limitation de la diffusion des fibres d'amiante à l'extérieur de la zone des opérations, notamment en mettant à disposition des travailleurs les moyens de décontamination appropriés et en définissant la procédure de décontamination à mettre en œuvre.

Art. R. 4412-109 Au cours de la phase de préparation de l'opération, l'employeur met en place des moyens de protection collective adaptés à la nature des opérations à réaliser permettant d'éviter la dispersion de fibres d'amiante en dehors de la zone de travail et d'abaisser la concentration en fibres d'amiante au niveau le plus bas techniquement possible.

Ces moyens comprennent :

1° L'abattage des poussières ;

2° L'aspiration des poussières à la source ;

3° La sédimentation continue des fibres en suspension dans l'air ;

4° Les moyens de décontamination appropriés.

Art. R. 4412-110 Selon les niveaux d'empoussièrement définis par les articles R. 4412-96 et R. 4412-98, l'employeur met à disposition des travailleurs des équipements de protection individuelle adaptés aux opérations à réaliser *(Décr. nº 2015-789 du 29 juin 2015, en vigueur le 2 juill. 2015)* « et assurant le respect de la valeur limite d'exposition professionnelle ».

Art. R. 4412-111 L'employeur assure le maintien en état et le renouvellement des moyens de protection collective et des équipements de protection individuelle de façon à garantir pendant toute la durée de l'opération le niveau d'empoussièrement le plus bas possible et, en tout état de cause, conforme à celui qu'il a indiqué dans le document prévu par l'article R. 4412-99.

Un arrêté du ministre chargé du travail détermine les conditions de choix, d'entretien et de vérification périodique :

1° Des moyens de protection collective ;

2° Des équipements de protection individuelle.

V. Arr. du 8 avr. 2013 (JO 17 avr.).

Art. R. 4412-112 L'employeur prend toutes mesures appropriées pour que la zone dédiée à l'opération soit signalée et inaccessible à des personnes autres que celles qui, en raison de leur travail ou de leur fonction, sont amenées à y pénétrer.

Cette signalétique mentionne notamment le niveau d'empoussièrement estimé des opérations réalisées et les équipements de protection individuelle obligatoires.

Art. R. 4412-113 Un arrêté du ministre chargé du travail précise selon les niveaux d'empoussièrement estimés et les processus mis en œuvre, en fonction de l'évolution des techniques d'organisation et de protection :

1° Les règles techniques que respectent les entreprises qui réalisent des opérations ;

2° Les moyens de protection collective ;

3° Les équipements de protection individuelle ;

4° Les mesures de protection de l'environnement du chantier ;

5° Les dispositions applicables en fin de travaux.

V. Arr. du 8 avr. 2013 (JO 17 avr.).

Art. R. 4412-114 Lorsque l'employeur constate que le niveau d'empoussièrement dépasse le niveau estimé dans le document unique d'évaluation des risques et que, par suite, le respect de la valeur limite d'exposition professionnelle n'est plus garanti, il suspend les opérations jusqu'à la mise en œuvre de mesures propres à remédier à cette situation. Afin de vérifier l'efficacité de ces mesures, il procède sans délai à un nouveau contrôle du niveau d'empoussièrement.

Art. R. 4412-115 Lorsque, durant l'exécution des opérations, le niveau d'empoussièrement constaté est supérieur au troisième niveau, l'employeur suspend les opérations et alerte le donneur d'ordre, l'inspecteur du travail et l'agent des services de prévention des organismes de sécurité sociale. Il met en œuvre des moyens visant à réduire le niveau d'empoussièrement.

§ 5 INFORMATION ET FORMATION DES TRAVAILLEURS

Art. R. 4412-116 La notice de poste prévue à l'article R. 4412-39 est transmise pour avis au médecin du travail. Cet avis est communiqué au comité d'hygiène, de sécurité et des conditions de travail ou, à défaut, aux délégués du personnel.

Art. R. 4412-117 La formation à la sécurité prévue à l'article R. 4412-87 est aisément compréhensible par le travailleur.

L'organisme de formation ou l'employeur valide les acquis de la formation sous la forme d'une attestation de compétence individuelle délivrée au travailleur.

Le contenu et les modalités de la formation, sa durée selon les catégories de travailleurs et les conditions de sa validation et de son renouvellement sont précisés par un arrêté du ministre chargé du travail.

§ 6 ORGANISATION DU TRAVAIL

Art. R. 4412-118 L'employeur détermine en tenant compte des conditions de travail, notamment en termes de contraintes thermiques ou hygrométriques, de postures et d'efforts :

1° La durée de chaque vacation ;

2° Le nombre de vacations quotidiennes ;

3° Le temps nécessaire aux opérations d'habillage, de déshabillage et de décontamination des travailleurs au sein des installations prévues à cet effet ;

4° Le temps de pause après chaque vacation, qui s'ajoute au temps de pause prévu *(Décr. n° 2016-1551 du 18 nov. 2016, art. 6-V, en vigueur le 1er janv. 2017)* « aux articles L. 3121-16 et L. 3121-17 ».

Il consulte le médecin du travail, le comité d'hygiène, de sécurité et des conditions de travail ou, à défaut, les délégués du personnel sur ces dispositions.

Art. R. 4412-119 La durée maximale d'une vacation n'excède pas deux heures trente. La durée maximale quotidienne des vacations n'excède pas six heures.

§ 7 SUIVI DE L'EXPOSITION

Art. R. 4412-120 L'employeur établit, pour chaque travailleur exposé, une fiche d'exposition à l'amiante indiquant :

1° La nature du travail réalisé, les caractéristiques des matériaux et appareils en cause, les périodes de travail au cours desquelles il a été exposé et les autres risques ou nuisances d'origine chimique, physique ou biologique du poste de travail ;

2° Les dates et les résultats des contrôles de l'exposition au poste de travail ainsi que la durée et l'importance des expositions accidentelles ;

3° Les procédés de travail utilisés ;

4° Les moyens de protection collective et les équipements de protection individuelle utilisés.

§ 8 TRAITEMENT DES DÉCHETS

Art. R. 4412-121 Les déchets de toute nature susceptibles de libérer des fibres d'amiante sont conditionnés et traités de manière à ne pas provoquer d'émission de poussières pendant leur manutention, leur transport, leur entreposage et leur stockage.

Art. R. 4412-122 Les déchets sont :

1° Ramassés au fur et à mesure de leur production ;

2° Conditionnés dans des emballages appropriés et fermés, avec apposition de l'étiquetage prévu par le décret n° 88-466 du 28 avril 1988 relatif aux produits contenant de l'amiante et par le code de l'environnement notamment en ses articles R. 551-1 à R. 551-13 relatifs aux dispositions générales relatives à tous les ouvrages d'infrastructures en matière de stationnement, chargement ou déchargement de matières dangereuses ;

3° Évacués après décontamination hors du chantier aussitôt que possible dès que le volume le justifie.

Art. R. 4412-123 Les déchets sont transportés et éliminés conformément à la réglementation en vigueur.

§ 9 PROTECTION DE L'ENVIRONNEMENT DU CHANTIER

Art. R. 4412-124 Le dépassement du seuil fixé par l'article R. 1334-29-3 du code de la santé publique dans les bâtiments, les équipements, les installations ou les structures dans lesquels ou dans l'environnement desquels l'opération est réalisée entraîne sans délai l'arrêt des opérations et la mise en place des mesures correctrices et préventives permettant le respect de ce seuil.

L'employeur informe sans délai le donneur d'ordre ainsi que le préfet compétent à raison du lieu du chantier, du dépassement, de ses causes et des mesures prises pour y remédier.

SOUS-SECTION 3 **DISPOSITIONS SPÉCIFIQUES AUX TRAVAUX D'ENCAPSULAGE ET DE RETRAIT D'AMIANTE OU D'ARTICLES EN CONTENANT** *(Décr. n° 2013-594 du 5 juill. 2013).*

§ 1er CHAMP D'APPLICATION

Art. R. 4412-125 Les dispositions de la présente sous-section s'appliquent aux travaux mentionnés au 1° de l'article R. 4412-94.

§ 2 ÉVALUATION DES RISQUES ET MESURAGE DES EMPOUSSIÈREMENTS

Art. R. 4412-126 L'employeur détermine le niveau d'empoussièrement généré par chaque processus de travail conformément aux dispositions du paragraphe 3 de la sous-section 2.

A cette fin, il met en œuvre un programme de mesure des niveaux d'empoussièrement générés par ses *[ces]* processus qui comprend deux phases :

1° Une phase d'évaluation du niveau d'empoussièrement faite sur le chantier test ;

2° Une phase de validation de cette évaluation par un contrôle périodique réalisé sur au moins trois chantiers par processus sur douze mois.

Si l'employeur est dans l'incapacité de valider son évaluation en raison d'un nombre insuffisant de chantiers par processus, l'absence de validation est dûment justifiée dans le plan de démolition, de retrait ou d'encapsulage.

Art. R. 4412-127 Préalablement aux travaux, l'employeur procède au contrôle de l'état initial de l'empoussièrement de l'air en fibres d'amiante conformément aux dispositions de l'article R. 1334-25 du code de la santé publique.

Art. R. 4412-128 Afin de s'assurer de l'absence de dispersion de fibres d'amiante dans l'environnement du chantier et des locaux adjacents, l'employeur vérifie le respect de la valeur fixée à l'article R. 1334-29-3 du code de la santé publique par des mesures d'empoussièrement réalisées :

1° Dans la zone d'approche de la zone de travail ;

2° Dans la zone de récupération ;

3° En des points du bâtiment dans lequel se déroulent les travaux ;

4° A proximité des extracteurs dans la zone de leur rejet ;

5° En limite de périmètre du site des travaux pour les travaux effectués à l'extérieur.

§ 3 CERTIFICATION DES ENTREPRISES

Art. R. 4412-129 Pour réaliser les travaux prévus par la présente sous-section, le donneur d'ordre fait appel à une entreprise justifiant de sa capacité à réaliser ces travaux par l'obtention de la certification délivrée par des organismes certificateurs.

Les dispositions de l'art. R. 4412-129 s'appliquent :

1° Au 1er juill. 2013 pour les entreprises effectuant le retrait de l'enveloppe extérieure des immeubles bâtis ;

2° Au 1er juill. 2014 pour les entreprises de génie civil (Décr. n° 2012-639 du 4 mai 2012, art. 6).

Art. R. 4412-130 La détermination des activités de l'entreprise qui font l'objet de la certification par les organismes certificateurs est effectuée sur la base du document unique d'évaluation des risques prévu à l'article R. 4121-1.

Les organismes certificateurs ont accès à ce document.

Art. R. 4412-131 Un arrêté du ministre chargé du travail détermine :

1° Les conditions et procédures d'accréditation des organismes certificateurs mentionnés à l'article R. 4412-129 sur la base du référentiel technique de l'organisme chargé de l'accréditation ;

2° Les procédures et critères de certification des entreprises, en tenant compte, notamment, des moyens humains disponibles, des procédures d'organisation, des équipements et des techniques utilisés, ainsi que les conditions de délivrance de la certification sur la base du référentiel technique défini par les organismes chargés de la certification.

Art. R. 4412-132 Une entreprise d'un État membre de l'Union européenne non établie en France peut effectuer les travaux prévus par la présente sous-section si elle dispose d'un certificat délivré par cet État sur le fondement d'un référentiel offrant des garanties similaires à celles résultant du présent paragraphe et attestant de sa compétence pour mettre en œuvre toute méthode normalisée ou assimilée, applicable sur le territoire national, dans le domaine au titre duquel elle intervient.

§ 4 PLAN DE DÉMOLITION, DE RETRAIT OU D'ENCAPSULAGE

Art. R. 4412-133 En fonction de l'évaluation des risques, l'employeur établit un plan de démolition, de retrait ou d'encapsulage qui est tenu à disposition sur le lieu des travaux.

Ce plan est établi en fonction du périmètre du marché de travaux auxquels il correspond. Il précise notamment :

1° La localisation de la zone à traiter ;

2° Les quantités d'amiante manipulées ;
3° Le lieu et la description de l'environnement de chantier où les travaux sont réalisés ;
4° La date de commencement et la durée probable des travaux ;
5° Le nombre de travailleurs impliqués ;
6° Le descriptif du ou des processus mis en œuvre ;
7° Le programme de mesures d'empoussièrement du ou des processus mis en œuvre ;
8° Les modalités des contrôles d'empoussièrement définis aux articles R. 4412-126 à R. 4412-128 ;
9° Les caractéristiques des équipements utilisés pour la protection et la décontamination des travailleurs ainsi que celles des moyens de protection des autres personnes qui se trouvent sur le lieu ou à proximité des travaux ;
10° Les caractéristiques des équipements utilisés pour l'évacuation des déchets ;
11° Les procédures de décontamination des travailleurs et des équipements ;
12° Les procédures de gestion des déblais, des remblais et des déchets ;
13° Les durées et temps de travail déterminés en application des articles R. 4412-118 et R. 4412-119 ;
14° Les dossiers techniques prévus à l'article R. 4412-97 ;
15° Les notices de poste prévues à l'article R. 4412-39 ;
16° Un bilan aéraulique prévisionnel, établi par l'employeur, pour les travaux réalisés sous confinement aux fins de prévoir et de dimensionner le matériel nécessaire à la maîtrise des flux d'air ;
17° La liste récapitulative des travailleurs susceptibles d'être affectés au chantier. Elle mentionne les dates de validité des attestations de compétence des travailleurs, les dates de visites médicales et précise le nom des travailleurs sauveteurs secouristes du travail affectés, le cas échéant, au chantier ainsi que les dates de validité de leur formation ;
18° Dans le cas d'une démolition, les modalités de retrait préalable de l'amiante et des articles en contenant ou les justifications de l'absence de retrait conformément à l'article R. 4412-135 ;

La modification du marché de travaux ou des processus entraîne une modification du plan de démolition, de retrait ou d'encapsulage par le biais d'un avenant.

Art. R. 4412-134 Le plan de démolition, de retrait ou d'encapsulage est tenu à disposition sur le chantier et peut être consulté par :
1° Les membres du comité d'hygiène, de sécurité et des conditions de travail ou, à défaut, les délégués du personnel ;
2° Le médecin du travail ou les membres de l'équipe pluridisciplinaire des services de santé au travail ;
3° L'inspecteur du travail ;
4° Les agents des services de prévention des organismes de sécurité sociale ;
5° Les agents de l'organisme professionnel de prévention du bâtiment et des travaux publics ;
6° Les auditeurs des organismes certificateurs.

Art. R. 4412-135 Dans le cas d'une démolition, le plan de démolition prévoit le retrait préalable de l'amiante et des articles en contenant sauf lorsque celui-ci causerait un plus grand risque pour les travailleurs que si l'amiante ou les matériaux en contenant étaient laissés sur place.

Art. R. 4412-136 Les plans de démolition, de retrait ou d'encapsulage sont communiqués une fois par trimestre au médecin du travail, au comité d'hygiène, de sécurité et des conditions de travail ou, à défaut, aux délégués du personnel.

Art. R. 4412-137 Un mois avant le démarrage des travaux, l'employeur informe l'inspecteur du travail et l'agent des services de prévention des organismes de sécurité sociale dont le ressort territorial est celui du lieu des travaux ainsi que, le cas échéant, l'organisme professionnel de prévention du bâtiment et des travaux publics. Il leur adresse à ce titre le plan de démolition, de retrait ou d'encapsulage sur tout support adapté et par tout moyen permettant d'établir la date certaine de réception.

En cas de travaux justifiés par une situation d'urgence liée à un sinistre, ce délai peut être réduit à huit jours.

Sur leur demande, l'employeur le transmet également aux organismes certificateurs.

Art. R. 4412-138 L'employeur informe l'inspecteur du travail et l'agent des services de prévention des organismes de sécurité sociale de tout changement dans les conditions de travail, de toute modification du marché de travaux ou du processus ainsi que de l'ajout d'un nouveau processus susceptible d'entraîner une augmentation significative des niveaux d'empoussièrement. Il précise les mesures d'organisation et de prévention retenues pour la protection des travailleurs et de l'environnement.

Sur leur demande, l'employeur en informe également les organismes certificateurs.

L'inspecteur du travail et l'agent des services de prévention des organismes de sécurité sociale sont également informés de tout changement dans la date de démarrage des travaux.

§ 5 DISPOSITIONS APPLICABLES EN FIN DE TRAVAUX

Art. R. 4412-139 En fin de travaux, l'employeur établit un rapport de fin de travaux contenant tous les éléments relatifs au déroulement des travaux *[,]* notamment les mesures de niveau d'empoussièrement, les certificats d'acceptation préalable des déchets et les plans de localisation de l'amiante mis à jour.

Le rapport de fin de travaux est remis au donneur d'ordre qui l'intègre, le cas échéant, au dossier des interventions ultérieures sur l'ouvrage. Il peut être consulté dans les conditions prévues à l'article R. 4412-134.

Art. R. 4412-140 Avant toute restitution de la zone et préalablement à l'enlèvement de tout dispositif de confinement, total ou partiel, l'employeur procède :

1° A un examen incluant l'ensemble des zones susceptibles d'avoir été polluées ;

2° Au nettoyage approfondi de la zone par aspiration avec un équipement doté d'un dispositif de filtration à haute efficacité ;

3° A une mesure du niveau d'empoussièrement *(Décr. nº 2013-594 du 5 juill. 2013)* « , réalisée conformément à l'article R. 1334-25 du code de la santé publique » ;

4° A la fixation des fibres éventuellement résiduelles sur les parties traitées.

§ 6 FORMATION

Art. R. 4412-141 La formation des travailleurs prévue aux articles R. 4412-87 et R. 4412-117 est assurée par un organisme certifié à cet effet.

L'attestation de compétence prévue à l'article *(Décr. nº 2013-594 du 5 juill. 2013)* « R. 4412-117 » est délivrée par l'organisme de formation certifié.

Art. R. 4412-142 Un arrêté du ministre chargé du travail détermine :

1° Les conditions, procédures et critères d'accréditation des organismes certificateurs sur la base du référentiel technique défini par l'organisme chargé de l'accréditation ;

2° Les conditions, procédures et critères de certification des organismes de formation mentionnés à l'article R. 4412-141, en tenant compte notamment de leur qualification, des méthodes de formation, des moyens et des techniques pédagogiques mis en œuvre ainsi que les conditions de délivrance de l'attestation de compétence sur la base du référentiel technique défini par les organismes chargés de la certification.

Art. R. 4412-143 Un organisme de formation d'un État membre de l'Union européenne non établi en France peut effectuer des prestations de service mentionnées dans le présent paragraphe s'il dispose dans cet État, sur le fondement d'un référentiel offrant les mêmes garanties que celles prévues au présent paragraphe, de la compétence pour dispenser une formation des travailleurs.

SOUS-SECTION 4 **DISPOSITIONS PARTICULIÈRES AUX INTERVENTIONS SUR DES MATÉRIAUX, DES ÉQUIPEMENTS, DES MATÉRIELS OU DES ARTICLES SUSCEPTIBLES DE PROVOQUER L'ÉMISSION DE FIBRES D'AMIANTE**

§ 1er CHAMP D'APPLICATION

Art. R. 4412-144 Les dispositions de la présente sous-section s'appliquent aux travaux mentionnés au 2° de l'article R. 4412-94.

§ 2 DÉFINITION D'UN MODE OPÉRATOIRE

Art. R. 4412-145 En fonction des résultats de l'évaluation initiale des risques prévue à la sous-section 2, pour chaque processus mis en œuvre, l'employeur établit un mode opératoire précisant notamment :

1° La nature de l'intervention ;

2° Les matériaux concernés ;

3° La fréquence et les modalités de contrôle du niveau d'empoussièrement du processus mis en œuvre et du respect de la valeur limite d'exposition professionnelle ;

4° Le descriptif des méthodes de travail et moyens techniques mis en œuvre ;

5° Les notices de poste prévues à l'article R. 4412-39 ;

6° Les caractéristiques des équipements utilisés pour la protection et la décontamination des travailleurs ainsi que celles des moyens de protection des autres personnes qui se trouvent sur le lieu ou à proximité de l'intervention ;

7° Les procédures de décontamination des travailleurs et des équipements ;

8° Les procédures de gestion des déchets ;

9° Les durées et temps de travail déterminés en application des articles R. 4412-118 et R. 4412-119.

Le mode opératoire est annexé au document unique d'évaluation des risques.

Art. R. 4412-146 Le mode opératoire est soumis, lors de son établissement ou de sa modification *[,]* à l'avis du médecin du travail, du comité d'hygiène, de sécurité et des conditions de travail ou, à défaut, des délégués du personnel.

Art. R. 4412-147 Le mode opératoire est transmis à l'inspecteur du travail et aux agents des services de prévention des organismes de sécurité sociale, dans le ressort territorial desquels est situé l'établissement et, le cas échéant, à l'organisme professionnel de prévention du bâtiment et des travaux publics.

Une nouvelle transmission est faite lors de sa mise à jour.

Avant la première mise en œuvre du mode opératoire, celui-ci est transmis à l'inspecteur du travail et aux agents des services de prévention des organismes de sécurité sociale dans le ressort territorial desquels est situé le lieu de l'intervention et, le cas échéant, à l'organisme professionnel de prévention du bâtiment et des travaux publics.

Art. R. 4412-148 Lorsque la durée prévisible de l'intervention est supérieure à cinq jours, l'employeur transmet, en outre, à l'inspecteur du travail et au service de prévention de l'organisme de sécurité sociale du lieu de l'intervention ainsi que, le cas échéant, à l'office professionnel de prévention du bâtiment et des travaux publics :

1° Le lieu, la date de commencement et la durée probable de l'intervention ;

2° La localisation de la zone à traiter, la description de l'environnement de travail du lieu de l'intervention ;

3° Les dossiers techniques prévus à l'article R. 4412-97 ;

4° La liste des travailleurs impliqués. Cette liste mentionne les dates de délivrance des attestations de compétence des travailleurs, les dates de visite médicale et précise, le cas échéant, le nom des travailleurs sauveteurs secouristes du travail affectés au chantier ainsi que les dates de validité de leur formation.

SECTION IV **RÈGLES PARTICULIÈRES À CERTAINS AGENTS CHIMIQUES DANGEREUX**

SOUS-SECTION 1 **FIXATION DES VALEURS LIMITES D'EXPOSITION PROFESSIONNELLE**

Art. R. 4412-149 Les concentrations des agents chimiques présents dans l'atmosphère des lieux de travail figurant dans le tableau suivant *[mod. par Décr. nº 2012-746 du 9 mai 2012 et Décr. nº 2016-344 du 23 mars 2016]* ne doivent pas dépasser, dans la zone de respiration des travailleurs, les valeurs limites d'exposition professionnelle définies ci-après : – *[Anc. art. 2, al. 1er à 3, Décr. nº 97-331 du 10 avr. 1997.]*

DÉNOMINATION	NUMÉRO CE (1)	NUMÉRO CAS (2)	VALEUR LIMITE d'exposition professionnelle						OBSERVATIONS	MESURES transitoires
			8 h (3)			court terme (4)				
			mg/m³ (5)	ppm (6)	fibres/cm³	mg/m³	ppm	fibres/cm³		
Acétate d'isopentyle	204-662-3	123-92-2	270	50		540	100		–	–
Acétate de2-butoxyéthyle	203-933-3	112-07-2	66,5	10		333	50		Peau (7)	
Acétatede 2-éthoxyéthyle	203-839-2	111-15-9	11	2		–	–		Peau (7)	
Acétatede 2-méthoxyéthyle	203-772-9	110-49-6	5	1		–	–		Peau (7)	
Acétatede 2-méthoxy-1-méthyléthyle	203-603-9	108-65-6	275	50		550	100		Peau (7)	–
Acétatede 1-méthylbutyle	210-946-8	626-38-0	270	50		540	100		–	–
Acétate de pentyle	211-047-3	628-63-7	270	50		540	100		–	–
Acétate de vinyle	203-545-4	108-05-4	17,6	5		35,2	10		–	–
Acétone	200-662-2	67-64-1	1 210	500		2 420	1 000		–	–
Acétonitrile	200-835-2	75-05-8	70	40		–	–		Peau (7)	
Acidechlorhydrique	231-595-7	7647-01-0	–	–		7,6	5		–	–
Acide cyanhydrique (8)	200-821-6	74-90-8	2	2		10	10		–	
Acrylate d'éthyle	205-438-8	140-88-5	21	5		42	10		–	
Acrylate de méthyle	202-500-6	96-33-3	18	5		36	10		–	
2-aminoéthanol	205-483-3	141-43-5	2,5	1		7,6	3		Peau (7)	
Ammoniac anhydre	231-635-3	7664-41-7	7	10		14	20		–	–
Azide de sodium	247-852-1	26628-22-8	0,1			0,3			Peau (7)	–

DÉNOMINATION	NUMÉRO CE (1)	NUMÉRO CAS (2)	VALEUR LIMITE d'exposition professionnelle						OBSERVATIONS	MESURES transitoires
			8 h (3)			court terme (4)				
			mg/m³ (5)	ppm (6)	fibres/cm³	mg/m³	ppm	fibres/cm³		
Benzène	200-753-7	71-43-2	3,25	1		–	–		Peau (7)	–
Bisphénol A *(poussières inhalables)*	201-245-8	80-05-7	10			–			–	
Bois (poussières de)			1			–	–		–	–
Brome	231-778-1	7726-95-6	0,7	0,1		–	–		–	
Bromure de méthyle (8)	200-813-2	74-83-9	20	5		–	–		–	
Butanone	201-159-0	78-93-3	600	200		900	300		Peau (7)	–
2-butoxyéthanol	203-905-0	111-76-2	49	10		246	50		Peau (7)	
Chlore	231-959-5	7782-50-5	–	–		1,5	0,5		–	
Chlorobenzène	203-628-5	108-90-7	23	5		70	15		–	–
Chloroforme	200-663-8	67-66-3	10	2		–	–		Peau (7)	–
Chlorure de vinyle monomère	200-831-0	75-01-4	2,59	1		–	–		–	–
Chrome hexavalent et ses composés			0,001			0,005			Peau (7)	
Cumène	202-704-5	98-82-8	100	20		250	50		Peau (7)	–
Cyclohexane	203-806-2	110-82-7	700	200		–	–		–	
Cyclohexanone	203-631-1	108-94-1	40,8	10		81,6	20		–	–
1,2-dichloro*[-]*benzène	202-425-9	95-50-1	122	20		306	50		Peau (7)	–
Dichlorométhane	200-838-9	75-09-2	178	50		356	100		Peau (7)	

DÉNOMINATION	NUMÉRO CE (1)	NUMÉRO CAS (2)	VALEUR LIMITE d'exposition professionnelle						OBSERVATIONS	MESURES transitoires
			8 h (3)			court terme (4)				
			mg/m³ (5)	ppm (6)	fibres/cm³	mg/m³	ppm	fibres/cm³		
N,N-diméthylacéta-mide *[dyméthyla-cétamide]*	204-826-4	127-19-5	7,2	2		36	10		Peau (7)	–
N,N-diméthylformamide	200-679-5	68-12-2	15	5		30	10		Peau (7)	
Diméthylamine	204-697-4	124-40-3	1,9	1		3,8	2		–	–
Diéthylamine	203-716-3	109-89-7	15	5		30	10		–	–
Disulfure de carbone	200-843-6	75-15-0	15	5		–	–		Peau (7)	
1,4-dioxane	204-661-8	123-91-1	73	20		–	–		–	
2-éthoxyéthanol	203-804-1	110-80-5	8	2					Peau (7)	
Éthylamine	200-834-7	75-04-7	9,4	5		28,2	15		–	–
Éthylbenzène	202-849-4	100-41-4	88,4	20		442	100		Peau (7)	–
Fibres céramiques réfractaires classées cancérogènes					0,1					
Fluorure d'hydrogène	231-634-8	7664-39-3	1,5	1,8		2,5	3		–	–
n-heptane	205-563-8	142-82-5	1 668	400		2 085	500		–	–
Heptane-2-one	203-767-1	110-43-0	238	50		475	100		Peau (7)	–
Heptane-3-one	203-388-1	106-35-4	95	20		–	–		–	–
N-hexane	203-777-6	110-54-3	72	20		–	–		–	–
Isocyanate de méthyle	210-866-3	624-83-9		–			0,02		–	

DÉNOMINATION	NUMÉRO CE (1)	NUMÉRO CAS (2)	VALEUR LIMITE d'exposition professionnelle						OBSERVATIONS	MESURES transitoires
			8 h (3)			court terme (4)				
			mg/m³ (5)	ppm (6)	fibres/cm³	mg/m³	ppm	fibres/cm³		
Méthacrylate de méthyle	201-297-1	80-62-6	205	50		410	100		–	
Méthanol	200-659-6	67-56-1	260	200		–	–		Peau (7)	
2-méthoxy[-]éthanol	203-713-7	109-86-4	3,2	1					Peau (7)	
(2-méthoxy[-]méthylé[-] thoxy)-propanol	252-104-2	34590-94-8	308	50		–	–		Peau (7)	–
1-méthoxy[-]propane-2-ol	203-539-1	107-98-2	188	50		375	100		Peau (7)	–
4-méthylpentane-2-one	203-550-1	108-10-1	83	20		208	50		–	–
Mercure et composés inorganiques bivalents du mercure, y compris l'oxyde de mercure et le chlorure mercurique			0,02			–			–	
Morpholine	203-815-1	110-91-8	36	10		72	20		–	
Oxyde de diéthyle	200-467-2	60-29-7	308	100		616	200		–	–
Oxyde tert-butyle et de méthyle	216-653-1	1634-04-4	183,5	50		367	100		–	
Pentachlorure de phosphore	233-060-3	10026-13-8	1	–		–	–		–	
Pentane	203-692-4	109-66-0	3 000	1 000		–	–		–	
Phénol	203-632-7	108-95-2	7,8	2		15,6	4		Peau (7)	–
Phosgène	200-870-3	75-44-5	0,08	0,02		0,4	0,1		–	–
Phosphine	232-260-8	7803-51-2	0,14	0,1		–	–		–	

DÉNOMINATION	NUMÉRO CE (1)	NUMÉRO CAS (2)	VALEUR LIMITE d'exposition professionnelle						OBSERVATIONS	MESURES transitoires
			8 h (3)			court terme (4)				
			mg/m^3 (5)	ppm (6)	fibres/cm^3	mg/m^3	ppm	fibres/cm^3		
Plomb métallique et ses composés			0,1						Limite pondérale définie en plomb métal (Pb)	–
Silice (poussières alvéolaires de quartz)			0,1							
Silice (poussières alvéolaires de cristobalite)			0,05							
Silice (poussières alvéolaires de tridymite)			0,05							
(Décr. n° 2016-344 du 23 mars 2016, en vigueur le 1er janv. 2019) « Styrène	202-851-5	100-42-5	100	23,3		200	46,6		Peau (7) Bruit (9) »	
Sulfotep	222-995-2	3689-24-5	0,1	–		–	–		Peau (7)	–
Sulfure d'hydrogène	231-977-3	7783-06-4	7	5		14	10		–	
Tétrachlo*[-]* roéthylène	204-825-9	127-18-4	138	20		275	40		–	
Tétra*[-]*hydrofurane	203-726-8	109-99-9	150	50		300	100		Peau (7)	–
Toluène	203-625-9	108-88-3	76,8	20		384	100		Peau (7)	
1,2,4-trichloro*[-]*benzène	204-428-0	120-82-1	15,1	2		37,8	5		Peau (7)	–
1,1,1-trichloro*[-]*éthane	200-756-3	71-55-6	555	100		1 110	200		–	–
Triéthylamine	204-469-4	121-44-8	4,2	1		12,6	3		Peau (7)	–
1,2,3-triméthyl*[-]*benzène	208-394-8	526-73-8	100	20		250	50		–	–

DÉNOMINATION	NUMÉRO CE (1)	NUMÉRO CAS (2)	VALEUR LIMITE d'exposition professionnelle						OBSERVATIONS	MESURES transitoires
			8 h (3)			court terme (4)				
			mg/m³ (5)	ppm (6)	fibres/cm³	mg/m³	ppm	fibres/cm³		
1,2,4-triméthyl[-]benzène	202-436-9	95-63-6	100	20		250	50		–	–
1,3,5-triméthyl[-]benzène (mésitylène)	203-604-4	108-67-8	100	20		250	50		–	–
m-xylène	203-576-3	108-38-3	221	50		442	100		Peau (7)	–
o-xylène	202-422-2	95-47-6	221	50		442	100		Peau (7)	–
p-xylène	203-396-5	106-42-3	221	50		442	100		Peau (7)	–
Xylène : mélange d'isomères	215-535-7	1330-20-7	221	50		442	100		Peau (7)	–

(1) Inventaire européen des substances chimiques existantes (EINECS).
(2) Numéro du Chemical Abstract Service (American Chemical Society).
(3) Mesurée ou calculée par rapport à une période de référence de 8 heures, moyenne pondérée dans le temps.
(4) Valeur limite au-dessus de laquelle il ne doit pas y avoir d'exposition et qui se rapporte à une période de quinze minutes, sauf indication contraire.
(5) mg/m³ : milligrammes par mètre cube d'air à 20 °C et 101,3 kPa (760 mm de mercure).
(6) ppm : partie par million en volume dans l'air (ml/m³).
(7) La mention « peau » accompagnant la limite d'exposition professionnelle indique la possibilité d'une pénétration cutanée importante.
(8) Gaz destinés aux opérations de fumigation exercées dans les conditions du décret n° 88-448 du 26 avril 1988.
(9) La mention « bruit » accompagnant la limite d'exposition professionnelle indique la possibilité d'une atteinte auditive en cas de co-exposition au bruit.

Les valeurs limites d'exposition sont applicables au 1er juill. 2012 pour les agents chimiques suivants :

a) Acétate de 2-butoxyéthyle ;

b) 2-butoxyéthanol ;

c) Dichlorométhane ;

d) Tétrachloroéthylène ;

e) Toluène ;

Elles sont applicables au 1er juill. 2014 pour les agents chimiques suivants :

a) Chrome hexavalent et ses composés (Décr. n° 2012-746 du 9 mai 2012, art. 3).

Art. R. 4412-150 **Des valeurs limites d'exposition professionnelle indicatives, constituant des objectifs de prévention, peuvent être fixées par arrêté conjoint des ministres chargés du travail et de l'agriculture.** – *[Anc. art. R. 232-5-5-III.]*

Art. R. 4412-151 **Les modalités de prélèvement, les méthodes et moyens à mettre en œuvre pour mesurer les concentrations dans l'air des agents chimiques dangereux ainsi que les caractéristiques et conditions d'utilisation des équipements de protection individuelle contre ces agents sont fixés par arrêté conjoint des ministres chargés du travail et de l'agriculture.** – *[Anc. art. R. 231-58-1 et anc. art. 2, al. 4, du Décr. n° 97-331 du 10 avr. 1997.]*

SOUS-SECTION 2 FIXATION DES VALEURS LIMITES BIOLOGIQUES

Art. R. 4412-152 **Pour les travailleurs exposés au plomb et à ses composés, les valeurs limites biologiques à ne pas dépasser sont fixées à :**

1° 400 microgrammes de plomb par litre de sang pour les hommes ;

2° 300 microgrammes de plomb par litre de sang pour les femmes. – *[Anc. art. R. 231-54-17, al. 1er, et anc. art. R. 231-58-6-II.]*

V. Arr. du 15 déc. 2009 relatif aux contrôles du respect des valeurs limites biologiques fixées à l'art. R. 4412-152 pour les travailleurs exposés au plomb et à ses composés et aux conditions d'accréditation des laboratoires chargés des analyses (JO 17 déc.).

Art. R. 4412-153 *(Abrogé par Décr. n° 2009-1570 du 15 déc. 2009)* ***Des arrêtés conjoints des ministres chargés du travail et de l'agriculture fixent les méthodes de mesure du respect des valeurs limites biologiques.*** – [Anc. art. R. 231-54-17, al. 2.]

SOUS-SECTION 3 SILICE CRISTALLINE

Art. R. 4412-154 **Lorsque l'évaluation des risques met en évidence la présence simultanée de poussières alvéolaires contenant de la silice cristalline et d'autres poussières alvéolaires non silicogènes, la valeur limite d'exposition professionnelle correspondant au mélange est fixée par la formule suivante :**

$$Cns/Vns + Cq/0{,}1 + Cc/0{,}05 + Ct/0{,}05 \leq 1$$

– *[Anc. art. 3, al. 1er, Décr. n° 97-331 du 10 avr. 1997.]*

Art. R. 4412-155 **Dans la formule énoncée à l'article R. 4412-154, on entend par :**

1° Cns, la concentration en poussières alvéolaires non silicogènes en mg/m³, qui correspond à la différence entre la concentration totale des poussières alvéolaires et la somme des concentrations correspondant aux silices cristallines ;

2° Vns, la valeur limite moyenne de concentration en poussières alvéolaires non silicogènes, en mg/m³, admise sur huit heures, telle que définie par l'article R. 4222-10 ;

3° Cq, la concentration en quartz en mg/m³ ;

4° Cc, la concentration en cristobalite en mg/m³ ;

5° Ct, la concentration en tridymite en mg/m³.

Les chiffres de 0,1 et 0,05 représentent les valeurs limites correspondantes, telles que fixées à l'article R. 4412-149. – *[Anc. art. 3, al. 2 à 8, Décr. n° 97-331 du 10 avr. 1997.]*

SOUS-SECTION 4 **PLOMB ET SES COMPOSÉS**

Art. R. 4412-156 Les travailleurs exposés au plomb ou à ses composés disposent de deux locaux aménagés en vestiaires collectifs situés près de la sortie de l'établissement, le premier étant exclusivement réservé au rangement des vêtements de ville et le second au rangement des vêtements de travail.

Des douches assurent la communication entre les deux vestiaires. – *[Anc. art. R. 231-58-5, al. 1er.]*

Art. R. 4412-157 L'employeur veille à ce que les travailleurs exposés n'accèdent au second vestiaire qu'après avoir déposé dans le premier leurs vêtements de ville et ne pénètrent dans ce dernier, postérieurement à toute intervention les exposant au plomb et à ses composés, qu'après leur passage dans les installations de douches. – *[Anc. art. R. 231-58-5, al. 2.]*

Art. R. 4412-158 L'employeur veille à ce que les travailleurs ne mangent pas et ne fument pas en vêtement de travail.

Les travailleurs mangent en vêtement de ville ou en combinaison jetable, fournie par l'employeur. – *[Anc. art. R. 231-58-5, al. 3.]*

Art. R. 4412-159 Lorsque le lavage des vêtements de travail est réalisé par une entreprise extérieure, ces vêtements sont transportés dans des récipients clos, comportant un affichage clairement lisible indiquant la présence de plomb, sans préjudice des dispositions prévues à l'article R. 4412-73. – *[Anc. art. R. 231-58-5, al. 4.]*

Art. R. 4412-160 *(Décr. n° 2016-1908 du 27 déc. 2016, art. 10, en vigueur le 1er janv. 2017)* « Un suivi individuel renforcé des travailleurs est assuré dans les conditions prévues aux articles R. 4624-22 à R. 4624-28 » :

1° Soit si l'exposition à une concentration de plomb dans l'air est supérieure à 0,05 mg/m^3, calculée comme une moyenne pondérée en fonction du temps sur une base de huit heures ;

2° Soit si une plombémie supérieure à 200 µg/l de sang pour les hommes ou 100 µg/l de sang pour les femmes est mesurée chez un travailleur.

Art. R. 4412-161 *à* R. 4412-164 *Abrogés par Décr. n° 2012-530 du 19 avr. 2012, art. 2-28°.*

TITRE DEUXIÈME **PRÉVENTION DES RISQUES BIOLOGIQUES**

CHAPITRE PREMIER **DISPOSITIONS GÉNÉRALES**

Art. R. 4421-1 Les dispositions du présent titre sont applicables dans les établissements dans lesquels la nature de l'activité peut conduire à exposer les travailleurs à des agents biologiques.

Toutefois, les dispositions des articles R. 4424-2, R. 4424-3, R. 4424-7 à R. 4424-10, R. 4425-6 et R. 4425-7 ne sont pas applicables lorsque l'activité, bien qu'elle puisse conduire à exposer des travailleurs, n'implique pas normalement l'utilisation délibérée d'un agent biologique et que l'évaluation des risques prévue au chapitre III ne met pas en évidence de risque spécifique. – *[Anc. art. R. 231-60.]*

Art. R. 4421-2 Au sens du présent titre, on entend par :

1° Agents biologiques, les micro-organismes, y compris les micro-organismes génétiquement modifiés, les cultures cellulaires et les endoparasites humains susceptibles de provoquer une infection, une allergie ou une intoxication ;

2° Micro-organisme, une entité microbiologique, cellulaire ou non, capable de se reproduire ou de transférer du matériel génétique ;

3° Culture cellulaire, le résultat de la croissance *in vitro* de cellules isolées d'organismes multicellulaires. – *[Anc. art. R. 231-61.]*

Art. R. 4421-3 Les agents biologiques sont classés en quatre groupes en fonction de l'importance du risque d'infection qu'ils présentent :

1° Le groupe 1 comprend les agents biologiques non susceptibles de provoquer une maladie chez l'homme ;

2° Le groupe 2 comprend les agents biologiques pouvant provoquer une maladie chez l'homme et constituer un danger pour les travailleurs. Leur propagation dans la collectivité est peu probable et il existe généralement une prophylaxie ou un traitement efficaces ;

3° Le groupe 3 comprend les agents biologiques pouvant provoquer une maladie grave chez l'homme et constituer un danger sérieux pour les travailleurs. Leur propagation dans la collectivité est possible, mais il existe généralement une prophylaxie ou un traitement efficaces ;

4° Le groupe 4 comprend les agents biologiques qui provoquent des maladies graves chez l'homme et constituent un danger sérieux pour les travailleurs. Le risque de leur propagation dans la collectivité est élevé. Il n'existe généralement ni prophylaxie ni traitement efficace. – *[Anc. art. R. 231-61-1, al. 1er à 5.]*

Art. R. 4421-4 Sont considérés comme agents biologiques pathogènes, au sens du présent titre, les agents biologiques des groupes 2, 3 et 4.

La liste de ces agents est fixée par arrêté conjoint des ministres chargés du travail, de l'agriculture et de la santé. – *[Anc. art. R. 231-61-1, al. 6 et 7.]*

CHAPITRE II **PRINCIPES DE PRÉVENTION**

Art. R. 4422-1 L'employeur prend des mesures de prévention visant à supprimer ou à réduire au minimum les risques résultant de l'exposition aux agents biologiques, conformément aux principes de prévention énoncés à l'article L. 4121-2.

CHAPITRE III **ÉVALUATION DES RISQUES**

Art. R. 4423-1 Pour toute activité susceptible de présenter un risque d'exposition à des agents biologiques, l'employeur détermine la nature, la durée et les conditions de l'exposition des travailleurs.

Pour les activités impliquant une exposition à des agents biologiques appartenant à plusieurs groupes, les risques sont évalués en tenant compte du danger présenté par tous les agents biologiques présents ou susceptibles de l'être du fait de cette activité. – *[Anc. art. R. 231-62, al. 1er et 2.]*

Art. R. 4423-2 L'évaluation des risques est réalisée sur le fondement du classement prévu à l'article R. 4421-3 et des maladies professionnelles dues à l'exposition aux agents biologiques.

Cette évaluation tient compte de toutes les informations disponibles, notamment de celles relatives aux infections susceptibles d'être contractées par les travailleurs du fait de leur activité professionnelle et de celles concernant les effets allergisants et toxiques pouvant résulter de l'exposition aux agents biologiques. – *[Anc. art. R. 231-62, al. 3 et 4.]*

Art. R. 4423-3 Lors de l'évaluation des risques, l'employeur porte une attention particulière sur les dangers des agents biologiques susceptibles d'être présents dans l'organisme des patients ou de personnes décédées et chez les animaux vivants ou morts, dans les échantillons, les prélèvements et les déchets qui en proviennent. – *[Anc. art. R. 231-62, al. 5.]*

Art. R. 4423-4 L'employeur tient à la disposition de l'inspection du travail et des agents du service de prévention des organismes de sécurité sociale les éléments ayant servi à l'évaluation des risques. – *[Anc. art. R. 231-62, al. 6.]*

CHAPITRE IV **MESURES ET MOYENS DE PRÉVENTION**

SECTION PREMIÈRE **DISPOSITIONS COMMUNES À TOUTES LES ACTIVITÉS**

Art. R. 4424-1 Lorsque la nature de l'activité le permet, l'employeur évite l'utilisation d'un agent biologique dangereux pour la santé des travailleurs, en le remplaçant par un agent biologique qui, compte tenu des conditions d'emploi et de l'état des connaissances, n'est pas ou est moins dangereux. – *[Anc. art. R. 231-62-1.]*

Art. R. 4424-2 Lorsque les résultats de l'évaluation des risques révèlent l'existence d'un risque pour la santé ou la sécurité des travailleurs, toute exposition à un agent biologique dangereux est évitée. – *[Anc. art. R. 231-62-2, al. 1er.]*

Art. R. 4424-3 Lorsque l'exposition des travailleurs à un agent biologique dangereux ne peut être évitée, elle est réduite en prenant les mesures suivantes :

1° Limitation au niveau le plus bas possible du nombre de travailleurs exposés ou susceptibles de l'être ;

2° Définition des processus de travail et des mesures de contrôle technique ou de confinement visant à éviter ou à minimiser le risque de dissémination d'agents biologiques sur le lieu de travail ;

3° Signalisation dont les caractéristiques et les modalités sont fixées par un arrêté conjoint des ministres chargés du travail, de l'agriculture et de la santé ;

4° Mise en œuvre de mesures de protection collective ou, lorsque l'exposition ne peut être évitée par d'autres moyens, de mesures de protection individuelle ;

5° Mise en œuvre de mesures d'hygiène appropriées permettant de réduire ou, si possible, d'éviter le risque de dissémination d'un agent biologique hors du lieu de travail ;

6° Établissement de plans à mettre en œuvre en cas d'accidents impliquant des agents biologiques pathogènes ;

7° Détection, si elle est techniquement possible, de la présence, en dehors de l'enceinte de confinement, d'agents biologiques pathogènes utilisés au travail ou, à défaut, de toute rupture de confinement ;

8° Mise en œuvre de procédures et moyens permettant en toute sécurité, le cas échéant, après un traitement approprié, d'effectuer le tri, la collecte, le stockage, le transport et l'élimination des déchets par les travailleurs. Ces moyens comprennent, notamment, l'utilisation de récipients sûrs et identifiables ;

9° Mise en œuvre de mesures permettant, au cours du travail, de manipuler et de transporter sans risque des agents biologiques pathogènes. – *[Anc. art. R. 231-62-2, al. 2 à 11.]*

Art. R. 4424-4 Pour les activités qui impliquent des agents biologiques pathogènes, l'employeur établit une consigne de sécurité interdisant l'introduction, par les travailleurs et pour leur propre usage, dans les lieux de travail où existe un risque de contamination :

1° De nourriture et de boissons ;

2° D'articles pour fumeurs ;

3° De cosmétiques et de mouchoirs autres que les mouchoirs en papier, qui devront être éliminés comme des déchets contaminés. – *[Anc. art. R. 231-62-3, al. 1er.]*

Art. R. 4424-5 Pour les activités qui impliquent des agents biologiques pathogènes, l'employeur :

1° Fournit aux travailleurs des moyens de protection individuelle, notamment des vêtements de protection appropriés ;

2° Veille à ce que les moyens de protection individuelle soient enlevés lorsque le travailleur quitte le lieu de travail ;

3° Fait en sorte, lorsqu'ils sont réutilisables, que les moyens de protection individuelle soient rangés dans un endroit spécifique, nettoyés, désinfectés et vérifiés avant et après chaque utilisation et, s'il y a lieu, réparés ou remplacés ;

4° Met à la disposition des travailleurs des installations sanitaires appropriées, un dispositif de lavage oculaire et des antiseptiques pour la peau ainsi que, s'il y a lieu, des collyres prescrits par le médecin du travail ;

5° Pour les activités impliquant le prélèvement, la manipulation et le traitement d'échantillons d'origine humaine ou animale, met au point des procédures et met à disposition des travailleurs des matériels adaptés visant à minimiser les risques de contamination. – *[Anc. art. R. 231-62-3, al. 2 à 7.]*

Art. R. 4424-6 Les moyens de protection individuelle contre les agents biologiques pathogènes, non réutilisables, sont considérés comme des déchets contaminés. – *[Anc. art. R. 231-62-3, al. 8.]*

SECTION II DISPOSITIONS PARTICULIÈRES À CERTAINES ACTIVITÉS

Art. R. 4424-7 Dans les lieux où des travailleurs sont susceptibles d'être en contact avec des agents biologiques pathogènes pouvant être présents dans l'organisme de patients ou de personnes décédées ou chez des animaux vivants ou morts, des mesures appropriées sont prises pour préserver la santé et la sécurité des travailleurs, notamment par une information sur les procédés de décontamination et de désinfection et la mise en œuvre des procédés permettant de manipuler et d'éliminer sans risque les déchets contaminés.

Un arrêté conjoint des ministres chargés du travail, de l'agriculture et de la santé fixe, en tant que de besoin, des procédures d'élimination des déchets contaminés. – *[Anc. art. R. 231-64, al. 1er et 2.]*

Art. R. 4424-8 Dans les services accueillant des patients ou dans les locaux où se trouvent des animaux susceptibles d'être contaminés par des agents biologiques des groupes 3 ou 4, un arrêté des ministres chargés du travail, de l'agriculture et de la santé définit les mesures d'isolement ou de confinement. – *[Anc. art. R. 231-64, al. 3.]*

Art. R. 4424-9 Dans les laboratoires, notamment ceux réalisant des analyses de biologie médicale et dans les locaux destinés aux animaux de laboratoire contaminés ou susceptibles de l'être par des agents biologiques pathogènes, des mesures de confinement appropriées au résultat de l'évaluation des risques sont prises.

Il en est de même pour les procédés industriels utilisant des agents biologiques pathogènes.

Lorsqu'au terme de l'évaluation des risques un doute subsiste quant au classement d'un agent biologique dont l'utilisation industrielle pourrait comporter un risque grave pour la santé des travailleurs, le niveau et les mesures de confinement adoptés sont ceux correspondant au moins à un agent du groupe 3.

Un arrêté conjoint des ministres chargés du travail, de l'agriculture et de la santé précise les dispositions relatives aux mesures et aux niveaux de confinement selon la nature de l'agent biologique et de l'activité considérée. – *[Anc. art. R. 231-64-1, al. 1er à 4.]*

Art. R. 4424-10 Les laboratoires dont l'objectif n'est pas de travailler avec des agents biologiques pathogènes adoptent, en cas d'incertitude quant à la présence de ces agents, au moins le niveau de confinement requis pour les agents du groupe 2 et, si nécessaire, celui correspondant à ceux des groupes 3 ou 4. – *[Anc. art. R. 231-64-1, al. 5.]*

Art. R. 4424-11 *(Décr. n° 2013-607 du 9 juill. 2013)* Dans les établissements et services participant à la prévention et aux soins et dans les établissements pratiquant des soins de conservation, des mesures de prévention des blessures et des risques de contamination par des agents biologiques pathogènes sont déterminées par un arrêté conjoint des ministres en charge du travail et de la santé pour adapter la protection des travailleurs susceptibles d'être en contact avec des objets perforants aux particularités des activités réalisées ainsi qu'aux modalités d'usage des objets perforants.

Cet arrêté précise les catégories d'établissements et services concernés. Pour ces catégories d'établissements et de services, il précise également les règles applicables, en vertu du chapitre V du présent titre, à l'information et à la formation des travailleurs et relatives aux risques liés à l'usage d'objets perforants ainsi que les dispositions du chapitre VI du présent titre applicables à la prise en charge du travailleur blessé en cas d'accident de travail survenu avec un objet perforant et aux modalités de suivi de tels accidents.

On entend par objet perforant tout objet ou instrument à usage médical ou nécessaire à la pratique des soins de conservation, susceptible de couper, de perforer, de piquer, de blesser et pouvant transmettre un agent infectieux lorsqu'il est souillé par du sang ou tout autre produit biologique. Il constitue un équipement de travail au sens de l'article L. 4311-2.

CHAPITRE V **INFORMATION ET FORMATION DES TRAVAILLEURS**

SECTION PREMIÈRE **INFORMATION**

Art. R. 4425-1 L'employeur fournit sur le lieu de travail des instructions écrites et, le cas échéant, des affiches portant sur la procédure à suivre :

1° En cas d'accident ou d'incident grave mettant en cause un agent biologique pathogène ;

2° Lors de la manipulation de tout agent biologique du groupe 4, notamment lors de son élimination. – *[Anc. art. R. 231-63-1, al. 1er à 3.]*

Art. R. 4425-2 L'employeur informe les travailleurs, le comité d'hygiène, de sécurité et des conditions de travail ou, à défaut, les délégués du personnel et le médecin du travail :

1° Sans délai, de tout accident ou incident ayant pu entraîner la dissémination d'un agent biologique susceptible de provoquer chez l'homme une infection ou une maladie grave ;

2° Le plus rapidement possible, de la cause de cet accident ou incident et des mesures prises ou à prendre pour remédier à la situation. – *[Anc. art. R. 231-63-1, al. 4 à 6.]*

Art. R. 4425-3 Des dispositions spécifiques, intégrées s'il y a lieu au règlement intérieur, rappellent aux travailleurs leur obligation de signaler immédiatement tout accident ou incident mettant en cause un agent biologique pathogène. – *[Anc. art. R. 231-63-1, al. 7.]*

Art. R. 4425-4 Lorsque les résultats de l'évaluation des risques révèlent l'existence d'un risque pour la santé ou la sécurité des travailleurs, l'employeur tient à la disposition des travailleurs intéressés et du comité d'hygiène, de sécurité et des conditions de travail ou, à défaut, des délégués du personnel les informations suivantes :

1° Les activités au cours desquelles les travailleurs sont exposés à des agents biologiques pathogènes, les procédures, les méthodes de travail et les mesures et moyens de protection et de prévention correspondants ;

2° Le nombre de travailleurs exposés ;

3° Le nom et l'adresse du médecin du travail ;

4° Le nom de la personne qui, le cas échéant, est chargée par l'employeur, et sous sa responsabilité, d'assurer en cette matière la sécurité sur le lieu de travail ;

5° Un plan d'urgence pour la protection des travailleurs contre l'exposition aux agents biologiques des groupes 3 ou 4 en cas de défaillance du confinement physique. – *[Anc. art. R. 231-63-3.]*

Art. R. 4425-5 Les éléments d'information mentionnés à l'article R. 4425-4 sont également tenus à la disposition des agents de l'inspection du travail, des agents du service de prévention des organismes de sécurité sociale et du médecin du travail. – *[Anc. art. R. 231-63-3.]*

SECTION II **FORMATION**

Art. R. 4425-6 L'employeur organise au bénéfice des travailleurs une formation à la sécurité portant sur :

1° Les risques pour la santé et les prescriptions en matière d'hygiène ;

2° Les précautions à prendre pour éviter l'exposition ;

3° Le port et l'utilisation des équipements et des vêtements de protection individuelle ;

4° Les modalités de tri, de collecte, de stockage, de transport et d'élimination des déchets ;

5° *Les mesures à prendre pour prévenir* ou pallier les incidents ;

6° La procédure à suivre en cas d'accident. – *[Anc. art. R. 231-63, al. 1er à 7.]*

Art. R. 4425-7 La formation à la sécurité est dispensée avant que les travailleurs n'exercent une activité impliquant un contact avec des agents biologiques.

Elle est répétée régulièrement et est adaptée à l'évolution des risques ainsi que lors de la modification significative des procédés de travail. – *[Anc. art. R. 231-63, al. 8.]*

CHAPITRE VI **SUIVI INDIVIDUEL DE L'ÉTAT DE SANTÉ DES TRAVAILLEURS** *(Décr. n° 2016-1908 du 27 déc. 2016, art. 11, en vigueur le 1er janv. 2017).*

SECTION PREMIÈRE **LISTE DES TRAVAILLEURS EXPOSÉS**

Art. R. 4426-1 L'employeur établit, après avis du médecin du travail, une liste des travailleurs exposés à des agents biologiques des groupes 3 ou 4.

Il indique le type de travail réalisé, et, lorsque c'est possible, l'agent biologique auquel les travailleurs sont exposés ainsi que les données relatives aux expositions, aux accidents et aux incidents.

La liste est communiquée au médecin du travail. – *[Anc. art. R. 231-63-2, al. 1er.]*

Art. R. 4426-2 La liste des travailleurs exposés est conservée au moins dix ans après la fin de l'exposition.

Toutefois, lorsque les agents biologiques sont susceptibles de provoquer des maladies présentant une longue période d'incubation, elle est conservée aussi longtemps que des manifestations pathologiques sont possibles. – *[Anc. art. R. 231-63-2, al. 2 et 3.]*

Art. R. 4426-3 Chaque travailleur a accès aux informations contenues dans la liste des travailleurs exposés qui le concernent personnellement. – *[Anc. art. R. 231-63-2, al. 4.]*

Art. R. 4426-4 Lorsque l'établissement cesse ses activités, la liste des travailleurs exposés est adressée au médecin inspecteur du travail. – *[Anc. art. R. 231-63-2, al. 5.]*

SECTION II **MISE EN ŒUVRE DU SUIVI INDIVIDUEL** *(Décr. n° 2016-1908 du 27 déc. 2016, art. 11, en vigueur le 1er janv. 2017).*

Art. R. 4426-5 *Abrogé par Décr. n° 2012-135 du 30 janv. 2012, art. 2-1° et 3.*

Art. R. 4426-6 L'évaluation des risques permet d'identifier les travailleurs pour lesquels des mesures spéciales de protection peuvent être nécessaires.

Sans préjudice des vaccinations prévues aux articles L. 3111-4 et L. 3112-1 du code de la santé publique, l'employeur recommande, s'il y a lieu et sur proposition du médecin du travail, aux travailleurs non immunisés contre les agents biologiques pathogènes auxquels ils sont ou peuvent être exposés de réaliser, à sa charge, les vaccinations appropriées. – *[Anc. art. R. 231-65-1.]*

Art. R. 4426-7 *(Décr. n° 2016-1908 du 27 déc. 2016, art. 11, en vigueur le 1er janv. 2017)* Tout travailleur exposé aux agents biologiques des groupes 3 ou 4 bénéficie d'un suivi individuel renforcé dans les conditions prévues aux articles R. 4624-22 à R. 4624-28 du présent code.

Tout travailleur exposé aux agents biologiques des groupes 1 ou 2 bénéficie d'un suivi individuel prévu aux articles R. 4624-10 à R. 4624-21 du présent code. Pour les travailleurs exposés aux agents biologiques du groupe 2, la visite d'information et de prévention initiale est réalisée avant l'affectation au poste.

SECTION III **DOSSIER MÉDICAL SPÉCIAL**

Art. R. 4426-8 Un dossier médical spécial est tenu par le médecin du travail *(Décr. n° 2016-1908 du 27 déc. 2016, art. 11, en vigueur le 1er janv. 2017)* « ou le professionnel de santé mentionné au premier alinéa de l'article L. 4624-1 » pour chaque travailleur susceptible d'être exposé à des agents biologiques pathogènes.

Une mention de ce dossier spécial est faite au dossier médical prévu aux articles *(Décr. n° 2016-1908 du 27 déc. 2016, art. 11, en vigueur le 1er janv. 2017)* « L. 4624-8 et R. 4626-33 » du présent code ou à l'article R. 717-27 du code rural et de la pêche maritime.

Art. R. 4426-9 Le dossier médical spécial est établi à la suite des *(Décr. n° 2016-1908 du 27 déc. 2016, art. 11, en vigueur le 1er janv. 2017)* « examens et visites prévus » à la *[l']*article R. 4426-7. Il est conservé pendant dix ans à compter de la cessation de l'exposition.

Toutefois, lorsque les agents biologiques sont susceptibles de provoquer des maladies présentant une longue période d'incubation, le dossier médical spécial est conservé pendant une période plus longue, pouvant atteindre quarante ans après la cessation de l'exposition connue.

Art. R. 4426-10 Lorsque l'entreprise disparaît ou lorsque le travailleur change d'entreprise, le dossier médical spécial est transmis soit au médecin du travail de la nouvelle entreprise, soit au médecin inspecteur du travail, à charge pour celui-ci de l'adresser, le cas échéant, à la demande du travailleur au médecin du travail désormais compétent.

Le dossier médical est communiqué, à la demande du travailleur, au médecin désigné par lui. – *[Anc. art. R. 231-65-2-II, al. 3.]*

Art. R. 4426-11 Des informations et des conseils sont donnés aux travailleurs sur *(Décr. n° 2016-1908 du 27 déc. 2016, art. 11, en vigueur le 1er janv. 2017)* « le suivi individuel de leur état de santé » dont ils devraient pouvoir bénéficier après la fin de l'exposition.

SECTION IV SUIVI DES PATHOLOGIES

Art. R. 4426-12 Le médecin du travail est informé par l'employeur des décès et des absences pour cause de maladie des travailleurs exposés à des agents biologiques pathogènes, lorsque ces absences excèdent des durées fixées par arrêté conjoint des ministres chargés du travail, de la santé et de l'agriculture en fonction de la nature des activités exercées et des conditions d'exposition aux agents biologiques. – *[Anc. art. R. 231-65-3, al. 1er.]*

Art. R. 4426-13 Lorsqu'il s'avère qu'un travailleur est atteint d'une infection ou d'une maladie inscrite dans un tableau de maladie professionnelle et pouvant résulter d'une exposition à des agents biologiques, tous les travailleurs susceptibles d'avoir été exposés sur le même lieu de travail font l'objet d'un examen médical, assorti éventuellement d'examens complémentaires.

Si l'infection ou la maladie n'est pas inscrite dans un tableau de maladies professionnelles, le médecin du travail peut proposer aux autres travailleurs ayant subi une exposition analogue de bénéficier d'une surveillance médicale.

Une nouvelle évaluation du risque d'exposition est en outre réalisée conformément aux dispositions du chapitre III. – *[Anc. art. R. 231-65-3, al. 2 à 4.]*

CHAPITRE VII DÉCLARATION ADMINISTRATIVE

Art. R. 4427-1 La première utilisation d'agents biologiques pathogènes est déclarée à l'inspecteur du travail au moins trente jours avant le début des travaux. – *[Anc. art. R. 231-63-4, al. 1er.]*

Art. R. 4427-2 La déclaration d'une première utilisation d'agents biologiques pathogènes comprend :

1° La dénomination et le siège social de l'entreprise et l'adresse de l'établissement ;

2° Le nom et l'adresse du médecin du travail ;

3° Le nom et la qualité du responsable sécurité, s'il existe, sur le lieu de travail ;

4° Le résultat de l'évaluation des risques d'exposition à des agents biologiques ;

5° L'espèce ou, à défaut, le genre auquel appartient chaque agent biologique concerné ;

6° Les mesures de protection et de prévention envisagées. – *[Anc. art. R. 231-63-4, al. 2 à 8.]*

Art. R. 4427-3 Une déclaration de première utilisation est également adressée à l'inspecteur du travail, au moins trente jours avant leur première utilisation, pour les agents biologiques non encore classés au sens de l'article R. 4421-4, dès lors qu'existe une présomption de leur caractère pathogène. – *[Anc. art. R. 231-63-4, al. 9.]*

Art. R. 4427-4 La déclaration de première utilisation n'est pas obligatoire pour les laboratoires réalisant des analyses de biologie médicale. Ceux-ci sont uniquement tenus de déclarer leur intention de fournir un service de diagnostic pour les agents biologiques du groupe 4. – *[Anc. art. R. 231-63-4, al. 10.]*

Art. R. 4427-5 La déclaration de première utilisation est renouvelée chaque fois qu'un changement important des procédés ou des procédures la rend caduque. – *[Anc. art. R. 231-63-4, al. 11.]*

TITRE TROISIÈME **PRÉVENTION DES RISQUES D'EXPOSITION AU BRUIT**

CHAPITRE PREMIER **DISPOSITIONS GÉNÉRALES**

SECTION PREMIÈRE **DÉFINITIONS**

Art. R. 4431-1 Pour l'application du présent titre, les paramètres physiques utilisés comme indicateurs du risque sont définis comme suit :

1° Le niveau de pression acoustique de crête est le niveau de la valeur maximale de la pression acoustique instantanée mesurée avec la pondération fréquentielle C ;

2° Le niveau d'exposition quotidienne au bruit est la moyenne pondérée dans le temps des niveaux d'exposition au bruit pour une journée de travail nominale de huit heures ;

3° Le niveau d'exposition hebdomadaire au bruit est la moyenne pondérée dans le temps des niveaux d'exposition quotidienne au bruit pour une semaine nominale de cinq journées de travail de huit heures.

Un arrêté conjoint des ministres chargés du travail et de l'agriculture précise le mode de calcul de ces paramètres physiques. – *[Anc. art. R. 231-126.]*

V. Arr. du 11 déc. 2015, JO 31 déc., p. 25376.

SECTION II **VALEURS LIMITES D'EXPOSITION PROFESSIONNELLE**

Art. R. 4431-2 Les valeurs limites d'exposition et les valeurs d'exposition déclenchant une action de prévention sont fixées dans le tableau suivant :

VALEURS D'EXPOSITION	NIVEAU D'EXPOSITION
1° Valeurs limites d'exposition	Niveau d'exposition quotidienne au bruit de 87 dB (A) ou niveau de pression acoustique de crête de 140 dB (C)
2° Valeurs d'exposition supérieures déclenchant l'action de prévention prévue à l'article R. 4434-3, au 2° de l'article R. 4434-7, et à l'article R. 4435-1	Niveau d'exposition quotidienne au bruit de 85 dB (A) ou niveau de pression acoustique de crête de 137 dB (C)
3° Valeurs d'exposition inférieures déclenchant l'action de prévention prévue au 1° de l'article R. 4434-7 et aux articles R. 4435-2 et R. 4436-1	Niveau d'exposition quotidienne au bruit de 80 dB (A) ou niveau de pression acoustique de crête de 135 dB (C)

Art. R. 4431-3 Pour l'application des valeurs limites d'exposition définies au 1° de l'article R. 4431-2, la détermination de l'exposition effective du travailleur au bruit tient compte de l'atténuation assurée par les protecteurs auditifs individuels portés par le travailleur.

Les valeurs d'exposition définies aux 2° et 3° de ce même article ne prennent pas en compte l'effet de l'utilisation de ces protecteurs. – *[Anc. art. R. 231-127-II.]*

Art. R. 4431-4 Dans des circonstances dûment justifiées auprès de l'inspecteur du travail et pour des activités caractérisées par une variation notable d'une journée de travail à l'autre de l'exposition quotidienne au bruit, le niveau d'exposition hebdomadaire au bruit peut être utilisé au lieu du niveau d'exposition quotidienne pour évaluer les niveaux de bruit auxquels les travailleurs sont exposés, aux fins de l'application des valeurs limites d'exposition et des valeurs déclenchant l'action de prévention.

Cette substitution ne peut être faite qu'à condition que le niveau d'exposition hebdomadaire au bruit indiqué par un contrôle approprié ne dépasse pas la valeur limite d'exposition de 87 dB(A) et que des mesures appropriées soient prises afin de réduire au minimum les risques associés à ces activités. – *[Anc. art. R. 231-127-III.]*

CHAPITRE II **PRINCIPES DE PRÉVENTION**

Art. R. 4432-1 L'employeur prend des mesures de prévention visant à supprimer ou à réduire au minimum les risques résultant de l'exposition au bruit, en tenant compte du progrès technique et de la disponibilité de mesures de maîtrise du risque à la source. – *[Anc. art. R. 231-130-I, al. 1er.]*

Art. R. 4432-2 La réduction des risques d'exposition au bruit se fonde sur les principes généraux de prévention mentionnés à l'article L. 4121-1. – *[Anc. art. R. 231-130-I, al. 2.]*

Art. R. 4432-3 L'exposition d'un travailleur, compte tenu de l'atténuation assurée par les protecteurs auditifs individuels portés par ce dernier, ne peut en aucun cas dépasser les valeurs limites d'exposition définies au 1° de l'article R. 4431-2. – *[Anc. art. R. 231-132-I.]*

CHAPITRE III **ÉVALUATION DES RISQUES**

Art. R. 4433-1 L'employeur évalue et, si nécessaire, mesure les niveaux de bruit auxquels les travailleurs sont exposés.

Cette évaluation et ce mesurage ont pour but :

1° De déterminer les paramètres physiques définis à l'article R. 4431-1 ;

2° De constater si, dans une situation donnée, les valeurs d'exposition fixées à l'article R. 4431-2 sont dépassées. – *[Anc. art. R. 231-128-I, al. 1er et 2.]*

Art. R. 4433-2 L'évaluation des niveaux de bruit et, si nécessaire, leur mesurage sont planifiés et réalisés par des personnes compétentes, avec le concours, le cas échéant, du service de santé au travail.

Ils sont réalisés à des intervalles appropriés, notamment lorsqu'une modification des installations ou des modes de travail est susceptible d'entraîner une élévation des niveaux de bruit.

En cas de mesurage, celui-ci est renouvelé au moins tous les cinq ans. – *[Anc. art. R. 231-128-I, al. 3.]*

Art. R. 4433-3 Les résultats de l'évaluation des niveaux de bruit et du mesurage sont conservés sous une forme susceptible d'en permettre la consultation pendant une durée de dix ans. – *[Anc. art. R. 231-128-I, al. 4.]*

Art. R. 4433-4 Les résultats des mesurages sont communiqués au médecin du travail en vue de leur conservation avec le dossier médical des travailleurs exposés.

Ils sont tenus à la disposition des membres du comité d'hygiène, de sécurité et des conditions de travail et des délégués du personnel.

Ils sont également tenus, sur leur demande, à la disposition de l'inspection du travail ou des agents des services de prévention des organismes de sécurité sociale et des organismes professionnels de santé, de sécurité et des conditions de travail mentionnés à l'article L. 4643-1. – *[Anc. art. R. 231-128-I, al. 5 à 7.]*

Art. R. 4433-5 Lorsqu'il procède à l'évaluation des risques, l'employeur prend en considération les éléments suivants :

1° Le niveau, le type et la durée d'exposition, y compris toute exposition au bruit impulsif ;

2° Les valeurs limites d'exposition et les valeurs d'exposition déclenchant l'action de prévention fixées au chapitre Ier ;

3° Toute incidence sur la santé et la sécurité des travailleurs particulièrement sensibles à ce risque, notamment les femmes enceintes ;

4° Compte tenu de l'état des connaissances scientifiques et dans la mesure où cela est techniquement réalisable, toute incidence sur la santé et la sécurité des travailleurs résultant d'interactions entre le bruit et des substances toxiques pour l'ouïe d'origine professionnelle et entre le bruit et les vibrations ;

5° Toute incidence indirecte sur la santé et la sécurité des travailleurs résultant d'interactions entre le bruit et les signaux d'alarme ou d'autres sons qu'il importe d'observer afin de réduire le risque d'accidents ;

6° Les renseignements sur les émissions sonores, fournis par les fabricants d'équipements de travail, en application des règles techniques de conception mentionnées à l'article R. 4312-1 ;

7° L'existence d'équipements de travail permettant de réduire les émissions sonores et susceptibles d'être utilisés en remplacement des équipements existants ;

8° La prolongation de l'exposition au bruit au-delà des heures de travail, dans des lieux placés sous la responsabilité de l'employeur ;

9° Les conclusions du médecin du travail concernant la surveillance de la santé des travailleurs ;

10° La mise à disposition de protecteurs auditifs individuels ayant des caractéristiques adéquates d'atténuation. – *[Anc. art. R. 231-128-II.]*

Art. R. 4433-6 Lorsque les résultats de l'évaluation des risques mettent en évidence des risques pour la santé ou la sécurité des travailleurs, l'employeur détermine les mesures à prendre conformément aux articles R. 4432-3 et R. 4434-6, ainsi qu'aux dispositions des chapitres IV et V.

L'employeur consulte à cet effet le comité d'hygiène, de sécurité et des conditions de travail ou, à défaut, les délégués du personnel. – *[Anc. art. R. 231-128-III.]*

Art. R. 4433-7 Un arrêté conjoint des ministres chargés du travail et de l'agriculture précise les conditions du mesurage des niveaux de bruit. – *[Anc. art. R. 231-128-I, al. 8.]*

CHAPITRE IV **MESURES ET MOYENS DE PRÉVENTION**

SECTION PREMIÈRE **PRÉVENTION COLLECTIVE**

Art. R. 4434-1 La réduction des risques d'exposition au bruit se fonde sur, notamment :

1° La mise en œuvre d'autres procédés de travail ne nécessitant pas d'exposition au bruit ou nécessitant une exposition moindre ;

2° Le choix d'équipements de travail appropriés émettant, compte tenu du travail à accomplir, le moins de bruit possible ;

3° Dans le cas d'équipements de travail utilisés à l'extérieur des bâtiments, la possibilité de mettre à la disposition des travailleurs des matériels conformes aux dispositions prises en application du décret n° 95-79 du 23 janvier 1995 concernant la lutte contre le bruit et relatif aux objets bruyants et aux dispositifs d'insonorisation ;

4° La modification de la conception et de l'agencement des lieux et postes de travail ;

5° L'information et la formation adéquates des travailleurs afin qu'ils utilisent correctement les équipements de travail en vue de réduire au minimum leur exposition au bruit ;

6° Des moyens techniques pour réduire le bruit aérien en agissant sur son émission, sa propagation, sa réflexion, tels que réduction à la source, écrans, capotages, correction acoustique du local ;

7° Des moyens techniques pour réduire le bruit de structure, par exemple par l'amortissement ou par l'isolation ;

8° Des programmes appropriés de maintenance des équipements de travail et du lieu de travail ;

9° La réduction de l'exposition au bruit par une meilleure organisation du travail, en limitant la durée et l'intensité de l'exposition et en organisant convenablement les horaires de travail, en prévoyant notamment des périodes de repos. – *[Anc. art. R. 231-130-I, al. 3 à 11.]*

Art. R. 4434-2 Lorsque les valeurs d'exposition supérieures, définies au 2° de l'article R. 4431-2, sont dépassées, l'employeur établit et met en œuvre un programme de mesures techniques ou d'organisation du travail visant à réduire l'exposition au bruit, en prenant en considération, notamment, les mesures mentionnées à l'article R. 4434-1. – *[Anc. art. R. 231-130-II.]*

Art. R. 4434-3 Les lieux de travail où les travailleurs sont susceptibles d'être exposés à un bruit dépassant les valeurs d'exposition supérieures, définies au 2° de l'article R. 4431-2, font l'objet d'une signalisation appropriée.

Ces lieux sont délimités et font l'objet d'une limitation d'accès lorsque cela est techniquement faisable et que le risque d'exposition le justifie. – *[Anc. art. R. 231-130-III.]*

Art. R. 4434-4 Lorsque la nature de l'activité conduit à faire bénéficier les travailleurs de l'usage de locaux de repos placés sous la responsabilité de l'employeur, le bruit dans ces locaux est réduit à un niveau compatible avec leur fonction et leurs conditions d'utilisation. – *[Anc. art. R. 231-130-IV.]*

Art. R. 4434-5 En liaison avec le médecin du travail, l'employeur adapte les mesures de prévention prévues au présent chapitre aux besoins des travailleurs particulièrement sensibles aux risques résultant de l'exposition au bruit. – *[Anc. art. R. 231-130-V.]*

Art. R. 4434-6 Lorsqu'en dépit des mesures de prévention mises en œuvre en application du présent chapitre, des expositions dépassant les valeurs limites d'exposition sont constatées, l'employeur :

1° Prend immédiatement des mesures pour réduire l'exposition à un niveau inférieur à ces valeurs limites ;

2° Détermine les causes de l'exposition excessive et adapte les mesures de protection et de prévention en vue d'éviter tout renouvellement. – *[Anc. art. R. 231-132-II.]*

SECTION II **PROTECTION INDIVIDUELLE**

Art. R. 4434-7 En cas d'impossibilité d'éviter les risques dus à l'exposition au bruit par d'autres moyens, des protecteurs auditifs individuels, appropriés et correctement adaptés, sont mis à la disposition des travailleurs dans les conditions suivantes :

1° Lorsque l'exposition au bruit dépasse les valeurs d'exposition inférieures définies au 3° de l'article R. 4431-2, l'employeur met des protecteurs auditifs individuels à la disposition des travailleurs ;

2° Lorsque l'exposition au bruit égale ou dépasse les valeurs d'exposition supérieures définies au 2° l'article R. 4431-2, l'employeur veille à ce que les protecteurs auditifs individuels soient effectivement utilisés. – *[Anc. art. R. 231-131-I, al. 1er à 3.]*

Art. R. 4434-8 Les protecteurs auditifs individuels sont choisis de façon à éliminer le risque pour l'ouïe ou à le réduire le plus possible.

Ils sont choisis après avis des travailleurs intéressés, du médecin du travail et, éventuellement, des agents des services de prévention des organismes de sécurité sociale et des organismes de santé, de sécurité et des conditions de travail mentionnés à l'article L. 4643-1. – *[Anc. art. R. 231-131-I, al. 4, et II.]*

Art. R. 4434-9 L'employeur vérifie l'efficacité des mesures prises en application du présent chapitre. – *[Anc. art. R. 231-131-III.]*

Art. R. 4434-10 L'employeur conserve les références des types et modèles de protecteurs auditifs individuels affectés aux travailleurs en vue d'en assurer un remplacement adéquat lorsqu'ils sont usagés. – *[Anc. art. R. 231-131-IV.]*

CHAPITRE V **SUIVI INDIVIDUEL DE L'ÉTAT DE SANTÉ** *(Décr. nº 2016-1908 du 27 déc. 2016, art. 12, en vigueur le 1er janv. 2017).*

Art. R. 4435-1 *Abrogé par Décr. nº 2012-135 du 30 janv. 2012, art. 2-1° et 3.*

Art. R. 4435-2 Un travailleur dont l'exposition au bruit dépasse les valeurs d'exposition inférieures définies au 3° de l'article R. 4431-2 bénéficie, à sa demande ou à celle du médecin du travail *(Décr. nº 2016-1908 du 27 déc. 2016, art. 12, en vigueur le 1er janv. 2017)* « dans les conditions prévues aux articles R. 4624-35 à R. 4624-38 », d'un examen audiométrique préventif. Cet examen a pour objectif le diagnostic précoce de toute perte auditive due au bruit et la préservation de la fonction auditive, lorsque l'évaluation et les mesurages prévus à l'article R. 4433-1 révèlent un risque pour la santé du travailleur.

Art. R. 4435-3 Lorsque la surveillance de la fonction auditive fait apparaître qu'un travailleur souffre d'une altération identifiable de l'ouïe, le médecin du travail apprécie le lien entre cette altération et une exposition au bruit sur le lieu de travail.

Le travailleur est informé par le médecin du travail du résultat et de l'interprétation des examens médicaux dont il a bénéficié. – *[Anc. art. R. 231-134-IV, al. 1er.]*

Art. R. 4435-4 Lorsqu'une altération de l'ouïe est susceptible de résulter d'une exposition au bruit sur le lieu de travail, l'employeur :

1° Revoit en conséquence l'évaluation des risques, réalisée conformément au chapitre III ;

2° Complète ou modifie les mesures prévues pour supprimer ou réduire les risques conformément aux chapitres IV et V ;

3° Tient compte de l'avis du médecin du travail pour la mise en œuvre de toute mesure jugée nécessaire pour supprimer ou réduire les risques conformément aux chapitres IV et V, y compris l'éventuelle affectation du travailleur à un autre poste ne comportant plus de risque d'exposition.

Dans ce cas, le médecin du travail détermine la pertinence et la nature des examens éventuellement nécessaires pour les autres travailleurs ayant subi une exposition semblable. – *[Anc. art. R. 231-134-IV, al. 2 à 6.]*

Art. R. 4435-5 (Abrogé par Décr. n° 2016-1908 du 27 déc. 2016, art. 12, à compter du 1er janv. 2017) ***Un arrêté conjoint des ministres chargés du travail et de l'agriculture détermine les recommandations et fixe les instructions techniques que respecte le médecin du travail lors de ses contrôles, notamment la nature et la périodicité des examens.***

CHAPITRE VI **INFORMATION ET FORMATION DES TRAVAILLEURS**

Art. R. 4436-1 Lorsque l'évaluation des risques fait apparaître que des travailleurs sont exposés sur leur lieu de travail à un niveau sonore égal ou supérieur aux valeurs d'exposition inférieures, définies au 3° de l'article R. 4431-2, l'employeur veille à ce que ces travailleurs reçoivent des informations et une formation en rapport avec les résultats de l'évaluation des risques et avec le concours du service de santé au travail.

Ces informations et cette formation portent, notamment, sur :

1° La nature de ce type de risque ;

2° Les mesures prises en application des chapitres IV et V, et, en cas de dépassement des valeurs limites d'exposition, de l'article R. 4434-6 en vue de supprimer ou de réduire au minimum les risques résultant de l'exposition au bruit, y compris les circonstances dans lesquelles les mesures s'appliquent ;

3° Les valeurs limites d'exposition et les valeurs d'exposition déclenchant l'action de prévention fixées au chapitre Ier ;

4° Les résultats des évaluations et des mesurages du bruit réalisés en application du chapitre III, accompagnés d'une explication relative à leur signification et aux risques potentiels ;

5° L'utilisation correcte des protecteurs auditifs individuels ;

6° L'utilité et la façon de dépister et de signaler des symptômes d'altération de l'ouïe ;

7° Les conditions dans lesquelles les travailleurs ont droit à *(Décr. n° 2016-1908 du 27 déc. 2016, art. 12, en vigueur le 1er janv. 2017)* « un suivi individuel de leur état de santé » ;

8° Les pratiques professionnelles sûres, afin de réduire au minimum l'exposition au bruit. – *[Anc. art. R. 231-133.]*

CHAPITRE VII **DISPOSITIONS DÉROGATOIRES**

Art. R. 4437-1 Dans des cas exceptionnels où, en raison de la nature du travail et en l'absence d'alternative technique, l'utilisation permanente des protecteurs auditifs individuels est susceptible d'entraîner un risque plus grand pour la santé ou la sécurité que leur non-utilisation, l'inspecteur du travail peut accorder des dérogations aux dispositions de l'article R. 4432-3 et des 1° et 2° de l'article R. 4434-7. – *[Anc. art. R. 231-135, al. 1er.]*

En application de l'art. L. 231-5 CRPA, et par exception à l'application du délai de deux mois prévu de l'art. L. 231-1 du même code, le silence gardé par l'administration pendant deux mois vaut décision de rejet pour une demande de dérogation aux règles d'utilisation des protecteurs auditifs individuels (Décr. nº 2014-1291 du 23 oct. 2014, art. 1er).

Art. R. 4437-2 L'employeur précise, dans la demande de dérogation adressée à l'inspecteur du travail, les circonstances qui justifient cette dérogation et la transmet avec l'avis du comité d'hygiène, de sécurité et des conditions de travail ou, à défaut, des délégués du personnel ainsi que celui du médecin du travail. – *[Anc. art. R. 231-135, al. 2.]*

Art. R. 4437-3 La dérogation de l'inspecteur du travail est assortie de conditions garantissant, compte tenu des circonstances particulières, que les risques qui en résultent sont réduits au minimum.

Les travailleurs intéressés font l'objet d'un contrôle audiométrique périodique. – *[Anc. art. R. 231-135, al. 3.]*

Art. R. 4437-4 La dérogation accordée par l'inspecteur du travail est d'une durée d'un an, renouvelable.

Elle est retirée dès que les circonstances qui l'ont justifiée disparaissent. – *[Anc. art. R. 231-135, al. 4.]*

TITRE QUATRIÈME **PRÉVENTION DES RISQUES D'EXPOSITION AUX VIBRATIONS MÉCANIQUES**

CHAPITRE PREMIER **DISPOSITIONS GÉNÉRALES**

Art. R. 4441-1 Au sens du présent titre, on entend par :

1° Vibration transmise aux mains et aux bras, une vibration mécanique qui, lorsqu'elle est transmise aux mains et aux bras chez l'homme, entraîne des risques pour la santé et la sécurité des travailleurs, notamment des troubles vasculaires, des lésions ostéo-articulaires ou des troubles neurologiques ou musculaires ;

2° Vibration transmise à l'ensemble du corps, une vibration mécanique qui, lorsqu'elle est transmise à l'ensemble du corps, entraîne des risques pour la santé et la sécurité des travailleurs, notamment des lombalgies et des microtraumatismes de la colonne vertébrale. – *[Anc. art. R. 231-118-I.]*

Art. R. 4441-2 Les paramètres physiques caractérisant l'exposition aux vibrations mécaniques sont définis comme la valeur d'exposition journalière aux vibrations rapportée à une période de référence de huit heures.

Un arrêté conjoint des ministres chargés du travail et de l'agriculture précise le mode de détermination de ces paramètres physiques. – *[Anc. art. R. 231-118-II.]*

CHAPITRE II **PRINCIPES DE PRÉVENTION**

Art. R. 4442-1 L'employeur prend des mesures de prévention visant à supprimer ou à réduire au minimum les risques résultant de l'exposition aux vibrations mécaniques, en tenant compte du progrès technique et de l'existence de mesures de maîtrise du risque à la source. – *[Anc. art. R. 231-122-I, al. 1er.]*

Art. R. 4442-2 La réduction des risques d'exposition aux vibrations mécaniques se fonde sur les principes généraux de prévention prévus à l'article L. 4121-2. – *[Anc. art. R. 231-122-I, al. 2.]*

CHAPITRE III **VALEURS LIMITES D'EXPOSITION**

Art. R. 4443-1 L'exposition journalière d'un travailleur aux vibrations mécaniques, rapportée à une période de référence de huit heures, ne peut dépasser les valeurs limites d'exposition suivantes :

1° 5 m/s2 pour les vibrations transmises aux mains et aux bras ;

2° 1,15 m/s2 pour les vibrations transmises à l'ensemble du corps. – *[Anc. art. R. 231-119-I et anc. art. R. 231-122-III, al. 1er.]*

Art. R. 4443-2 La valeur d'exposition journalière rapportée à une période de référence de huit heures déclenchant l'action de prévention prévue à l'article R. 4445-1 et à l'article R. 4446-1 est fixée à :

1° 2,5 m/s2 pour les vibrations transmises aux mains et aux bras ;

2° 0,5 m/s2 pour les vibrations transmises à l'ensemble du corps. – *[Anc. art. R. 231-119-II.]*

CHAPITRE IV **ÉVALUATION DES RISQUES**

Art. R. 4444-1 L'employeur évalue et, si nécessaire, mesure les niveaux de vibrations mécaniques auxquels les travailleurs sont exposés.

Cette évaluation et ce mesurage ont pour but de déterminer les paramètres physiques définis à l'article R. 4441-2 et d'apprécier si, dans une situation donnée, les valeurs d'exposition fixées au chapitre III sont dépassées. – *[Anc. art. R. 231-120-I, al. 1er et 2.]*

Art. R. 4444-2 L'évaluation des niveaux de vibrations mécaniques et, si nécessaire, le mesurage sont planifiés et réalisés par des personnes compétentes à des intervalles appropriés avec le concours, le cas échéant, du service de santé au travail. – *[Anc. art. R. 231-120-I, al. 3.]*

Art. R. 4444-3 Les résultats de l'évaluation des niveaux de vibrations mécaniques ou du mesurage sont conservés sous une forme susceptible d'en permettre la consultation pendant une durée de dix ans. – *[Anc. art. R. 231-120-I, al. 4.]*

Art. R. 4444-4 Les résultats de l'évaluation des niveaux de vibrations mécaniques ou du mesurage sont tenus à la disposition des membres du comité d'hygiène, de sécurité et des conditions de travail, des délégués du personnel ainsi que du médecin du travail.

Ils sont également tenus, sur leur demande, à la disposition de l'inspection du travail, des agents des services de prévention des organismes de sécurité sociale et des agents des organismes de santé, de sécurité et des conditions de travail mentionnés à l'article L. 4643-1. – *[Anc. art. R. 231-120-I, al. 5 et 6.]*

Art. R. 4444-5 Lorsqu'il procède à l'évaluation des risques, l'employeur prend en considération :

1° Le niveau, le type et la durée d'exposition, y compris l'exposition à des vibrations intermittentes ou à des chocs répétés ;

2° Les valeurs limites d'exposition ou les valeurs d'exposition déclenchant l'action de prévention fixées à l'article R. 4443-2 ;

3° Toute incidence sur la santé et la sécurité des travailleurs particulièrement sensibles à ce risque, notamment les femmes enceintes et les jeunes travailleurs de moins de 18 ans ;

4° Toute incidence indirecte sur la sécurité des travailleurs résultant d'interactions entre les vibrations mécaniques et le lieu de travail ou d'autres équipements, notamment lorsque les vibrations mécaniques gênent la manipulation correcte des commandes ou la bonne lecture des appareils indicateurs, ou nuisent à la stabilité des structures ;

5° Les renseignements sur les émissions vibratoires, fournis par les fabricants des équipements de travail, en application des règles techniques de conception auxquels ils sont soumis ;

6° L'existence d'équipements de travail permettant de réduire les niveaux d'exposition aux vibrations mécaniques et susceptibles d'être utilisés en remplacement ;

7° La prolongation de l'exposition à des vibrations transmises à l'ensemble du corps au-delà des heures de travail, par exemple lorsque la nature de l'activité amène un travailleur à utiliser des locaux de repos exposés aux vibrations, sous la responsabilité de l'employeur ;

8° Des conditions de travail particulières, comme les basses températures ;

9° Les conclusions tirées par le médecin du travail de la surveillance de la santé des travailleurs. – *[Anc. art. R. 231-120-II.]*

Art. R. 4444-6 Lorsque les résultats de l'évaluation des risques mettent en évidence des risques pour la santé ou la sécurité des travailleurs dus aux vibrations mécaniques, l'employeur met en œuvre les mesures prévues aux chapitres II, III et VII ainsi que, sous réserve des prérogatives du médecin du travail, au chapitre VI. – *[Anc. art. R. 231-120-III.]*

Art. R. 4444-7 Un arrêté des ministres chargés du travail et de l'agriculture précise les conditions de l'évaluation des niveaux de vibrations mécaniques et du mesurage. – *[Anc. art. R. 231-120-I, al. 7.]*

CHAPITRE V MESURES ET MOYENS DE PRÉVENTION

Art. R. 4445-1 Lorsque les valeurs d'exposition journalière déclenchant l'action de prévention fixées à l'article R. 4443-2 sont dépassées, l'employeur établit et met en œuvre un programme de mesures techniques ou organisationnelles visant à réduire au minimum l'exposition aux vibrations mécaniques et les risques qui en résultent, en prenant en considération notamment, les mesures mentionnées à l'article R. 4445-2. – *[Anc. art. R. 231-122-II, al. 1er.]*

Art. R. 4445-2 La réduction des risques d'exposition aux vibrations mécaniques se fonde sur, notamment :

1° La mise en œuvre d'autres procédés de travail permettant de réduire les valeurs d'exposition journalière aux vibrations mécaniques ;

2° Le choix d'équipements de travail appropriés, bien conçus sur le plan ergonomique et produisant, compte tenu du travail à accomplir, le moins de vibrations possible ;

3° La fourniture d'équipements auxiliaires réduisant les risques de lésions dues à des vibrations, tels que des sièges atténuant efficacement les vibrations transmises à l'ensemble du corps ou des poignées atténuant efficacement les vibrations transmises aux mains et aux bras ;

4° Des programmes appropriés de maintenance des équipements de travail et du lieu de travail ;

5° La modification de la conception et de l'agencement des lieux et postes de travail ;

6° L'information et la formation adéquates des travailleurs afin qu'ils utilisent correctement et de manière sûre les équipements de travail, de façon à réduire au minimum leur exposition à des vibrations mécaniques ;

7° La limitation de la durée et de l'intensité de l'exposition ;

8° L'organisation différente des horaires de travail, prévoyant notamment des périodes de repos ;

9° La fourniture aux travailleurs exposés de vêtements les maintenant à l'abri du froid et de l'humidité. – *[Anc. art. R. 231-122-II, al. 2 à 11.]*

Art. R. 4445-3 Les équipements de protection individuelle contre les effets nuisibles des vibrations mécaniques sont tels qu'ils réduisent les vibrations en dessous des niveaux portant atteinte à la santé et à la sécurité. – *[Anc. art. R. 233-1-3, al. 4 et 5.]*

Art. R. 4445-4 Lorsque la nature de l'activité conduit à faire bénéficier les travailleurs de locaux de repos placés sous la responsabilité de l'employeur et exposés aux vibrations, sauf cas de force majeure, l'exposition de l'ensemble du corps aux vibrations dans ces locaux demeure à un niveau compatible avec leur fonction et conditions d'utilisation. – *[Anc. art. R. 231-122-IV.]*

Art. R. 4445-5 En liaison avec le médecin du travail, l'employeur adapte les mesures de prévention prévues au présent chapitre aux besoins des travailleurs particulièrement sensibles aux risques résultant de l'exposition aux vibrations. – *[Anc. art. R. 231-122-V.]*

Art. R. 4445-6 Lorsqu'en dépit des mesures mises en œuvre en application du présent chapitre, les valeurs limites d'exposition ont été dépassées, l'employeur :

1° Prend immédiatement des mesures pour ramener l'exposition au-dessous de celles-ci ;

2° Détermine les causes du dépassement des valeurs limites d'exposition et adapte les mesures de protection et de prévention en vue d'éviter un nouveau dépassement. – *[Anc. art. R. 231-122-III, al. 2 et 3.]*

CHAPITRE VI SUIVI INDIVIDUEL DE L'ÉTAT DE SANTÉ *(Décr. nº 2016-1908 du 27 déc. 2016, art. 13, en vigueur le 1er janv. 2017).*

Art. R. 4446-1 *Abrogé par Décr. nº 2012-135 du 30 janv. 2012, art. 2-1º et 3.*

Art. R. 4446-2 Lorsqu'un travailleur est atteint d'une maladie ou d'une affection identifiable, considérée par le médecin du travail comme résultant d'une exposition à des vibrations mécaniques sur le lieu de travail, ce travailleur est informé par le médecin des résultats et de l'interprétation des examens médicaux dont il a bénéficié. – *[Anc. art. R. 231-124-II, al. 1er.]*

Art. R. 4446-3 L'employeur est informé *(Décr. nº 2016-1908 du 27 déc. 2016, art. 13, en vigueur le 1er janv. 2017)* « par le médecin du travail » de toute conclusion significative provenant *(Décr. nº 2016-1908 du 27 déc. 2016, art. 1er, en vigueur le 1er janv. 2017)* « notamment du suivi de l'état de santé du salarié exercé par le professionnel de santé mentionné au premier alinéa de l'article L. 4624-1 », dans le respect du secret médical.

L'employeur en tire toutes les conséquences utiles, et notamment :

1° Revoit l'évaluation des risques conformément au chapitre IV ;

2° Revoit les mesures prévues pour supprimer ou réduire les risques conformément au chapitre V ;

3° Tient compte de l'avis du médecin du travail pour la mise en œuvre de toute mesure jugée nécessaire pour supprimer ou réduire les risques conformément au chapitre V, y compris l'éventuelle affectation du travailleur à un autre poste ne comportant plus de risque d'exposition.

Art. R. 4446-4 Le médecin du travail détermine la pertinence et la nature des examens éventuellement nécessaires pour les travailleurs ayant subi une exposition semblable à celle d'un travailleur atteint d'une maladie ou affection susceptible de résulter d'une exposition à des vibrations. – *[Anc. art. R. 231-124-II, al. 4.]*

CHAPITRE VII **INFORMATION ET FORMATION DES TRAVAILLEURS**

Art. R. 4447-1 Lorsque l'évaluation des risques fait apparaître que des travailleurs sont exposés à des risques dus aux vibrations mécaniques, l'employeur veille à ce que ces travailleurs reçoivent des informations et une formation en rapport avec le résultat de l'évaluation des risques et avec le concours du service de santé au travail.

Ces informations et cette formation portent, notamment, sur :

1° Les mesures prises en application du chapitre V en vue de supprimer ou de réduire au minimum les risques résultant des vibrations mécaniques ;

2° Les résultats des évaluations et des mesurages de l'exposition aux vibrations mécaniques réalisés en application *[du]* chapitre V ;

3° Les valeurs limites d'exposition et les valeurs d'exposition déclenchant l'action de prévention ;

4° Les lésions que pourraient entraîner l'utilisation d'équipements de travail produisant des vibrations, ainsi que l'utilité et la façon de dépister et de signaler les symptômes de ces lésions ;

5° Les conditions dans lesquelles les travailleurs ont droit *(Décr. nº 2016-1908 du 27 déc. 2016, art. 13, en vigueur le 1er janv. 2017)* « au suivi individuel de leur état de santé » ;

6° Les pratiques professionnelles sûres permettant de réduire au minimum les risques dus à l'exposition à des vibrations mécaniques.

TITRE CINQUIÈME **PRÉVENTION DES RISQUES D'EXPOSITION AUX RAYONNEMENTS** *(Décr. nº 2010-750 du 2 juill. 2010).*

CHAPITRE PREMIER **PRÉVENTION DES RISQUES D'EXPOSITION AUX RAYONNEMENTS IONISANTS** *(Décr. nº 2010-750 du 2 juill. 2010).*

SECTION PREMIÈRE **PRINCIPES ET DISPOSITIONS D'APPLICATION** *(Décr. nº 2010-750 du 2 juill. 2010).*

SOUS-SECTION 1 **CHAMP D'APPLICATION** *(Décr. nº 2010-750 du 2 juill. 2010).*

Art. R. 4451-1 Les dispositions du présent titre s'appliquent, dans le respect des principes énoncés à l'article L. 1333-1 du code de la santé publique, dès lors que des travailleurs sont susceptibles d'être exposés à un risque dû aux rayonnements ionisants :

1° Résultant d'activités nucléaires soumises à un régime d'autorisation ou de déclaration en application de l'article L. 1333-4 du code de la santé publique ou des *(Décr. n° 2015-159 du 11 févr. 2015, art. 4)* « installations et activités nucléaires intéressant la défense mentionnées à l'article L. 1333-15 du code de la défense » ;

2° Survenant au cours d'interventions mentionnées à l'article L. 1333-1 du code de la santé publique réalisées en situation d'urgence radiologique ou résultant d'une exposition durable aux rayonnements ionisants, telles que définies en application du 3° de l'article L. 1333-20 du même code. – *[Anc. art. R. 231-73-I.]*

Art. R. 4451-2 Les dispositions de la section VII sont applicables lorsque la présence sur le lieu de travail de radionucléides naturels, non utilisés pour leurs propriétés radioactives ou de rayonnements cosmiques, entraîne une augmentation notable de l'exposition des travailleurs, par rapport au niveau naturel du rayonnement, de nature à porter atteinte à leur santé.

Lorsque les mesures de prévention prévues à la section VII ne permettent pas de réduire l'exposition des travailleurs en dessous des niveaux mentionnés à cette même section, les établissements concernés sont alors soumis aux dispositions des sections Ire à VI dans les conditions précisées aux articles R. 4457-143 et R. 4457-144 *[devenus R. 4451-143 et R. 4451-144]*. – *[Anc. art. R. 231-73-II.]*

Art. R. 4451-3 Seules les dispositions prévues à l'article R. 4451-53, relatives aux sources orphelines, définies à l'article R. 1333-93 du code de la santé publique, sont applicables aux établissements dans lesquels ces sources sont susceptibles d'être découvertes ou manipulées. – *[Anc. art. R. 231-73-III.]*

Art. R. 4451-4 Les dispositions du présent chapitre s'appliquent à tout travailleur non salarié, selon les modalités fixées à l'article R. 4451-9, dès lors qu'il existe, pour lui-même ou pour d'autres personnes, un risque d'exposition mentionné aux articles R. 4451-1 et R. 4451-2. – *[Anc. art. R. 231-73-IV.]*

Art. R. 4451-5 Les dispositions du présent chapitre ne s'appliquent pas aux expositions résultant des radionucléides contenus naturellement dans le corps humain, du rayonnement cosmique régnant au niveau du sol ou du rayonnement résultant des radionucléides présents dans la croûte terrestre non perturbée. – *[Anc. art. R. 231-73-V.]*

Art. R. 4451-6 Le décret en Conseil d'État déterminant les règles de prévention des risques d'exposition aux rayonnements ionisants prévu à l'article L. 4451-2 est pris après avis de l'Autorité de sûreté nucléaire. – *[Anc. art. L. 231-7-1, al. 2.]*

SOUS-SECTION 2 **PRINCIPES DE RADIOPROTECTION** *(Décr. n° 2010-750 du 2 juill. 2010)*.

Art. R. 4451-7 L'employeur prend les mesures générales administratives et techniques, notamment en matière d'organisation du travail et de conditions de travail, nécessaires pour assurer la prévention des accidents du travail et des maladies professionnelles susceptibles d'être causés par l'exposition aux rayonnements ionisants résultant des activités ou des interventions mentionnées à l'article R. 4451-1 ainsi que de celles mentionnées au deuxième alinéa de l'article R. 4451-2. – *[Anc. art. R. 231-74-I.]*

Art. R. 4451-8 Lorsque le chef de l'entreprise utilisatrice fait intervenir une entreprise extérieure ou un travailleur non salarié, il assure la coordination générale des mesures de prévention qu'il prend et de celles prises par le chef de l'entreprise extérieure ou le travailleur non salarié, conformément aux dispositions des articles R. 4511-1 et suivants.

A cet effet, le chef de l'entreprise utilisatrice communique à la personne ou au service compétent en radioprotection, mentionnés aux articles R. 4451-103 et suivants, les informations qui lui sont transmises par les chefs des entreprises extérieures en application de l'article R. 4511-10. Il transmet les consignes particulières applicables en matière de radioprotection dans l'établissement aux chefs des entreprises extérieures qui les portent à la connaissance des personnes compétentes en radioprotection qu'ils ont désignées.

Chaque chef d'entreprise est responsable de l'application des mesures de prévention nécessaires à la protection des travailleurs qu'il emploie, notamment, de la fourniture, de l'entretien et du contrôle des appareils et des équipements de protection individuelle et des instruments de mesures de l'exposition individuelle.

Des accords peuvent être conclus entre le chef de l'entreprise utilisatrice et les chefs des entreprises extérieures ou les travailleurs non salariés concernant la mise à disposition des appareils et des équipements de protection individuelle ainsi que des instruments de mesures de l'exposition individuelle. – *[Anc. art. R. 231-74-II.]*

Art. R. 4451-9 Le travailleur non salarié exerçant une activité mentionnée à l'article R. 4451-4 met en œuvre les mesures de protection vis-à-vis de lui-même comme des autres personnes susceptibles d'être exposées à des rayonnements ionisants par son activité.

A cet effet, il prend les dispositions nécessaires afin d'être suivi médicalement dans les conditions prévues à la section IV. – *[Anc. art. R. 231-74-III.]*

Art. R. 4451-10 Les expositions professionnelles individuelles et collectives aux rayonnements ionisants sont maintenues en deçà des limites prescrites par les dispositions du présent chapitre au niveau le plus faible qu'il est raisonnablement possible d'atteindre. – *[Anc. art. R. 231-75-I.]*

Art. R. 4451-11 Dans le cadre de l'évaluation des risques, l'employeur, en collaboration, le cas échéant, avec le chef de l'entreprise extérieure ou le travailleur non salarié, procède à une analyse des postes de travail qui est renouvelée périodiquement et à l'occasion de toute modification des conditions pouvant affecter la santé et la sécurité des travailleurs.

Lors d'une opération se déroulant dans la zone contrôlée définie à l'article R. 4451-18, l'employeur :

1° Fait procéder à une évaluation prévisionnelle de la dose collective et des doses individuelles que les travailleurs sont susceptibles de recevoir lors de l'opération ;

2° Fait définir par la personne compétente en radioprotection, désignée en application de l'article R. 4451-103, des objectifs de dose collective et individuelle pour l'opération fixés au niveau le plus bas possible compte tenu de l'état des techniques et de la nature de l'opération à réaliser et, en tout état de cause, à un niveau ne dépassant pas les valeurs limites fixées aux articles D. 4152-5, D. 4153-34, R. 4451-12 et R. 4451-13. A cet effet, les responsables de l'opération apportent leur concours à la personne compétente en radioprotection ;

3° Fait mesurer et analyser les doses de rayonnement effectivement reçues au cours de l'opération pour prendre les mesures assurant le respect des principes de radioprotection énoncés à l'article L. 1333-1 du code de la santé publique. Lorsque la technique le permet, ces mesures sont effectuées de manière continue pour permettre une lecture immédiate de leurs résultats. – *[Anc. art. R. 231-75-II.]*

SOUS-SECTION 3 **VALEURS LIMITES D'EXPOSITION** *(Décr. n° 2010-750 du 2 juill. 2010).*

Art. R. 4451-12 La somme des doses efficaces reçues par exposition*[s]* externe et interne ne doit pas dépasser 20 mSv sur douze mois consécutifs. – *[Anc. art. R. 231-76-I.]*

Art. R. 4451-13 Les limites de doses équivalentes pour les différentes parties du corps exposées sont les suivantes :

1° Pour les mains, les avant-bras, les pieds et les chevilles, l'exposition reçue au cours de douze mois consécutifs ne peut dépasser 500 mSv ;

2° Pour la peau, l'exposition reçue au cours de douze mois consécutifs ne peut dépasser 500 mSv. Cette limite s'applique à la dose moyenne sur toute surface de 1 cm^2, quelle que soit la surface exposée ;

3° Pour le cristallin*[,]* l'exposition reçue au cours de douze mois consécutifs ne peut dépasser 150 mSv. – *[Anc. art. R. 231-76-II.]*

Art. R. 4451-14 Les limites fixées aux articles D. 4152-5, D. 4153-34, R. 4451-12 et R. 4451-13 ne s'appliquent pas aux expositions subies par les travailleurs du fait des examens médicaux auxquels ils sont soumis. – *[Anc. art. R. 231-78.]*

Art. R. 4451-15 Il peut être dérogé aux valeurs limites d'exposition fixées aux articles R. 4451-12 et R. 4451-13 :

1° Au cours d'expositions exceptionnelles, préalablement justifiées devant être réalisées dans certaines zones de travail et pour une durée limitée, sous réserve de l'obtention préalable d'une autorisation spéciale, du respect des dispositions de la section V et de la programmation des expositions individuelles, dans la limite d'un plafond n'excédant pas deux fois la valeur limite annuelle d'exposition fixée aux articles R. 4451-12 et R. 4451-13 ;

2° Au cours d'expositions professionnelles de personnes intervenant dans une situation d'urgence radiologique définie en application du 3° de l'article L. 1333-20 du code de la santé publique, sous réserve du respect des dispositions de la section V relatives aux situations anormales de travail et de la programmation des expositions individuelles sur la base des niveaux de référence d'exposition fixés en application des dispositions précitées du code de la santé publique. Un dépassement de ces niveaux de référence peut être admis exceptionnellement dans le cadre d'opérations de secours visant à sauver des vies humaines pour des intervenants volontaires et informés du risque que comporte leur intervention. — *[Anc. art. R. 231-79.]*

En application de l'art. L. 231-5 CRPA, et par exception à l'application du délai de deux mois prévu à l'art. L. 231-1 du même code, le silence gardé par l'administration pendant deux mois vaut décision de rejet pour une demande de dérogation aux valeurs limites d'exposition aux rayonnements ionisants (Décr. n° 2014-1291 du 23 oct. 2014, art. 1er).

Art. R. 4451-16 Les méthodes de calcul de la dose efficace et des doses équivalentes sont définies par décision de l'Autorité de sûreté nucléaire homologuée par les ministres chargés du travail et de l'agriculture.

Dans le cas particulier d'activités nucléaires définies au 1° de l'article R. 4451-1, et lorsque la connaissance des paramètres de l'exposition permet une estimation plus précise, d'autres méthodes peuvent être utilisées dès lors qu'elles ont été approuvées par décision de l'Autorité de sûreté nucléaire homologuée par les ministres chargés du travail et de l'agriculture et qu'elles ont été soumises pour avis au comité d'hygiène, de sécurité et des conditions de travail ou, à défaut, aux délégués du personnel. — *[Anc. art. R. 231-80-I.]*

Art. R. 4451-17 S'agissant de l'exposition externe, la mesure de référence utilisée pour vérifier le respect des valeurs limites repose sur la dosimétrie mentionnée au 1° de l'article R. 4451-62.

Lorsque les résultats de la dosimétrie passive et de la dosimétrie opérationnelle, mentionnée à l'article R. 4451-67, ne sont pas concordants, le médecin du travail détermine la dose reçue par le travailleur en ayant recours, si nécessaire, à l'appui technique ou méthodologique de l'Institut de radioprotection et de sûreté nucléaire. — *[Anc. art. R. 231-80-II.]*

SECTION II **AMÉNAGEMENT TECHNIQUE DES LOCAUX DE TRAVAIL** *(Décr. n° 2010-750 du 2 juill. 2010).*

SOUS-SECTION 1 **ZONE SURVEILLÉE ET ZONE CONTRÔLÉE** *(Décr. n° 2010-750 du 2 juill. 2010).*

Les art. R. 4452-1 à R. 4457-14 sont devenus les art. R. 4451-18 à R. 4451-144 (Décr. n° 2010-750 du 2 juill. 2010).

Art. R. 4451-18 Après avoir procédé à une évaluation des risques et recueilli l'avis de la personne compétente en radioprotection mentionnée à l'article *(Décr. n° 2010-750 du 2 juill. 2010)* « R. 4451-103 », l'employeur détenteur, à quelque titre que ce soit, d'une source de rayonnements ionisants délimite, au vu des informations délivrées par le fournisseur de la source, autour de la source :

1° Une zone surveillée, dès lors que les travailleurs sont susceptibles de recevoir, dans les conditions normales de travail, une dose efficace dépassant 1 mSv par an ou bien une dose équivalente dépassant un dixième de l'une des limites fixées à l'article R. 4451-13 ;

2° Une zone contrôlée dès lors que les travailleurs sont susceptibles de recevoir, dans les conditions normales de travail, une dose efficace de 6 mSv par an ou bien une dose équivalente dépassant trois dixièmes de l'une des limites fixées à l'article R. 4451-13. – *[Anc. art. R. 231-81-I, al. 1er, 2 et 3, phrase 1.]*

Art. R. 4451-19 L'accès à la zone contrôlée est réservé aux personnes à qui a été remise la notice prévue à l'article *(Décr. n° 2010-750 du 2 juill. 2010)* « **R. 4451-52** ».

Les salles de repos ne peuvent être incluses dans la zone contrôlée. – *[Anc. art. R. 231-81-I, al. 3, phrase 2.]*

Art. R. 4451-20 A l'intérieur de la zone contrôlée et lorsque l'exposition est susceptible de dépasser certains niveaux fixés par une décision de l'Autorité de sûreté nucléaire prise en application de l'article *(Décr. n° 2010-750 du 2 juill. 2010)* « **R. 4451-28** », l'employeur prend toutes dispositions pour que soient délimitées des zones spécialement réglementées ou interdites.

Ces zones font l'objet d'une signalisation distincte et de règles d'accès particulières. – *[Anc. art. R. 231-81-I, al. 4.]*

Art. R. 4451-21 L'employeur s'assure que la zone contrôlée ou la zone surveillée est toujours convenablement délimitée.

Il apporte, le cas échéant, les modifications nécessaires à la délimitation de la zone au vu des résultats des contrôles réalisés en application des *(Décr. n° 2010-750 du 2 juill. 2010)* « articles **R. 4451-29** et **R. 4451-30** » et après toute modification apportée à l'installation, à son mode d'utilisation ou à celui des sources, à l'équipement ou au blindage, ainsi qu'après tout incident ou tout accident. – *[Anc. art. R. 231-81-II, al. 1er.]*

Art. R. 4451-22 L'employeur consigne, dans le document unique d'évaluation des risques, les résultats de l'évaluation des risques retenus pour délimiter les zones surveillée ou contrôlée. – *[Anc. art. R. 231-81-II, al. 2.]*

Art. R. 4451-23 A l'intérieur des zones surveillée et contrôlée, les sources de rayonnements ionisants sont signalées et les risques d'exposition externe et, le cas échéant, interne font l'objet d'un affichage remis à jour périodiquement.

Cet affichage comporte également les consignes de travail adaptées à la nature de l'exposition et aux opérations envisagées. – *[Anc. art. R. 231-82, al. 1er.]*

Art. R. 4451-24 Dans les zones où il existe un risque d'exposition interne, l'employeur prend toutes dispositions propres à éviter tout risque de dispersion des substances radioactives à l'intérieur et à l'extérieur de la zone. – *[Anc. art. R. 231-82, al. 2.]*

V. Arr. du 27 nov. 2013 relatif aux entreprises intervenant au sein d'établissements exerçant des activités nucléaires et des entreprises de travail temporaire concernées par ces activités (JO 12 déc.).

Art. R. 4451-25 Les opérations réalisées en zone surveillée ou en zone contrôlée sont réalisées dans les conditions définies à la *(Décr. n° 2010-750 du 2 juill. 2010)* « sous-section 6 de la section III ». – *[Anc. art. R. 231-82, al. 3.]*

Art. R. 4451-26 Dans les zones surveillée et contrôlée où un risque de contamination existe, l'employeur veille à ce que les travailleurs ne mangent pas, ne boivent pas, ne fument pas et respectent les règles d'hygiène corporelle adaptées. – *[Anc. art. R. 231-82, al. 4.]*

Art. R. 4451-27 Un arrêté des ministres chargés du travail et de l'agriculture, pris après avis de l'Autorité de sûreté nucléaire, et de l'Institut de radioprotection et de sûreté nucléaire fixe pour les zones surveillées et contrôlées :

1° Les conditions de délimitation et de signalisation ;

2° Les règles d'hygiène, de sécurité et d'entretien qui y sont applicables ;

3° Les règles qui en régissent l'accès ;

4° Les règles relatives à l'affichage prévu à l'article *(Décr. n° 2010-750 du 2 juill. 2010)* « **R. 4451-23** ». – *[Anc. art. R. 231-83-I.]*

V. Arr. du 15 mai 2006 relatif aux conditions de délimitation et de signalisation des zones surveillées et contrôlées et des zones spécialement réglementées ou interdites compte tenu de l'exposition aux rayonnements ionisant ainsi qu'aux règles d'hygiène, de sécurité et d'entretien qui y sont imposées (JO 15 juin), mod. par Arr. du 15 mai 2014 (JO 8 oct.).

Art. R. 4451-28 Une décision de l'Autorité de sûreté nucléaire, homologuée par les ministres chargés du travail et de l'agriculture, précise :

1° Les paramètres d'exposition permettant de vérifier le respect des valeurs de dose fixées aux 1° et 2° de l'article *(Décr. n° 2010-750 du 2 juill. 2010)* « R. **4451-18** » ainsi que les niveaux mentionnés à l'article *(Décr. n° 2010-750 du 2 juill. 2010)* « R. 4451-20 » compte tenu notamment des débits de dose et de la contamination radioactive ;

2° Les caractéristiques matérielles des limites de zone. – *[Anc. art. R. 231-83-II.]*

SOUS-SECTION 2 **CONTRÔLES TECHNIQUES** *(Décr. n° 2010-750 du 2 juill. 2010).*

§ 1er SOURCES, APPAREILS ÉMETTEURS DE RAYONNEMENTS IONISANTS, DISPOSITIFS DE PROTECTION ET D'ALARME ET INSTRUMENTS DE MESURE *(Décr. n° 2010-750 du 2 juill. 2010).*

Les art. R. 4452-1 à R. 4457-14 sont devenus les art. R. 4451-18 à R. 4451-144 (Décr. n° 2010-750 du 2 juill. 2010).

Art. R. 4451-29 L'employeur procède ou fait procéder à un contrôle technique de radioprotection des sources et des appareils émetteurs de rayonnements ionisants, des dispositifs de protection et d'alarme ainsi que des instruments de mesure utilisés.

Ce contrôle technique comprend, notamment :

1° Un contrôle à la réception dans l'entreprise ;

2° Un contrôle avant la première utilisation ;

3° Un contrôle lorsque les conditions d'utilisation sont modifiées ;

4° Un contrôle périodique des sources et des appareils émetteurs de rayonnements ionisants ;

5° Un contrôle périodique des dosimètres opérationnels mentionnés à l'article *(Décr. n° 2010-750 du 2 juill. 2010)* « R. **4451-67** » et des instruments de mesure utilisés pour les contrôles prévus au présent article et à l'article *(Décr. n° 2010-750 du 2 juill. 2010)* « R. 4451-30 », qui comprend une vérification de leur bon fonctionnement et de leur emploi correct ;

6° Un contrôle en cas de cessation définitive d'emploi pour les sources non scellées. – *[Anc. art. R. 231-84-I.]*

§ 2 AMBIANCE DE TRAVAIL *(Décr. n° 2010-750 du 2 juill. 2010).*

Art. R. 4451-30 Afin de permettre l'évaluation de l'exposition externe et interne des travailleurs, l'employeur procède ou fait procéder à des contrôles techniques d'ambiance.

Ces contrôles comprennent notamment :

1° En cas de risques d'exposition externe, la mesure des débits de dose externe avec l'indication des caractéristiques des rayonnements en cause ;

2° En cas de risques d'exposition interne, les mesures de la concentration de l'activité dans l'air et de la contamination des surfaces avec l'indication des caractéristiques des substances radioactives présentes.

Lorsque ces contrôles ne sont pas réalisés de manière continue, leur périodicité est définie conformément à une décision de l'Autorité de sûreté nucléaire prise en application de l'article *(Décr. n° 2010-750 du 2 juill. 2010)* « R. **4451-34** ». – *[Anc. art. R. 231-85-I.]*

V. Arr. du 21 mai 2010 portant homologation de la Décis. n° 2010-DC-0175 de l'Autorité de sûreté nucléaire du 4 févr. 2010 précisant les modalités techniques et les périodicités des contrôles prévus (JO 15 août).

§ 3 ORGANISATION DES CONTRÔLES *(Décr. n° 2010-750 du 2 juill. 2010).*

Art. R. 4451-31 Les contrôles techniques mentionnés aux articles *(Décr. n° 2010-750 du 2 juill. 2010)* « R. 4451-29 et R. 4451-30 » sont réalisés par la personne ou le service compétent en radioprotection mentionnés à l'article *[aux articles] (Décr. n° 2010-750 du 2 juill. 2010)* « R. 4451-103 » et suivants. – *[Anc. art. R. 231-84-II et anc. art. R. 231-85-II.]*

Art. R. 4451-32 Indépendamment des contrôles réalisés en application de l'article *(Décr. n° 2010-750 du 2 juill. 2010)* « R. 4451-31 », l'employeur fait procéder périodiquement, par un organisme agréé mentionné à l'article R. 1333-95 du code de la santé publique ou par l'Institut de radioprotection et de sûreté nucléaire, aux contrôles des sources et des appareils émetteurs de rayonnements ionisants mentionnés au 4° de l'article *(Décr. n° 2010-750 du 2 juill. 2010)* « R. 4451-29 » et aux contrôles d'ambiance mentionnés à l'article *(Décr. n° 2010-750 du 2 juill. 2010)* « R. 4451-30 ». – *[Anc. art. R. 231-84-III et anc. art. R. 231-85-III.]*

Art. R. 4451-33 L'employeur peut confier les contrôles mentionnés aux articles *(Décr. n° 2010-750 du 2 juill. 2010)* « R. 4451-29 et R. 4451-30 » :

1° Soit à un organisme agréé mentionné à l'article R. 1333-95 du code de la santé publique, différent de celui procédant aux contrôles mentionnés à l'article *(Décr. n° 2010-750 du 2 juill. 2010)* « R. 4451-32 » ;

2° Soit à l'Institut de radioprotection et de sûreté nucléaire. – *[Anc. art. R. 231-84-IV et anc. art. R. 231-85-IV.]*

Art. R. 4451-34 Une décision de l'Autorité de sûreté nucléaire, homologuée par les ministres chargés du travail et de l'agriculture, précise les modalités techniques et la périodicité des contrôles prévus aux *(Décr. n° 2010-750 du 2 juill. 2010)* « paragraphes 1 et 2 », compte tenu de la nature de l'activité exercée et des caractéristiques des appareils et sources utilisés. – *[Anc. art. R. 231-86.]*

§ 4 EXPLOITATION DES RÉSULTATS *(Décr. n° 2010-750 du 2 juill. 2010).*

Art. R. 4451-35 Les contrôles des organismes mentionnés à l'article *(Décr. n° 2010-750 du 2 juill. 2010)* « R. 4451-32 » font l'objet de rapports écrits, mentionnant la date et la nature des vérifications, les noms et qualités de la ou des personnes les ayant réalisés ainsi que les éventuelles non-conformités relevées.

Ces rapports sont transmis à l'employeur, qui les conserve pendant au moins dix ans.

Ils sont tenus à la disposition de l'inspecteur du travail. – *[Anc. art. R. 231-86-1, al. 1er.]*

Art. R. 4451-36 En cas de constat de non-conformité susceptible d'entraîner une exposition des travailleurs au-delà des limites de dose prévues aux articles D. 4152-5, D. 4153-34, R. 4451-12 et R. 4451-13, l'organisme ayant réalisé les contrôles mentionnés à l'article *(Décr. n° 2010-750 du 2 juill. 2010)* « R. 4451-32 » en informe sans délai l'employeur, qui prend toute mesure appropriée pour remédier à cette situation.

L'employeur en informe le comité d'hygiène, de sécurité et des conditions de travail ou, à défaut, les délégués du personnel, l'inspecteur du travail et, selon le cas, l'Autorité de sûreté nucléaire ou le *(Décr. n° 2015-159 du 11 févr. 2015, art. 8)* « délégué à la sûreté nucléaire et à la radioprotection pour les installations et activités intéressant la défense mentionné à l'article R.* 1333-67-5 du code de la défense ».

Une décision de l'Autorité de sûreté nucléaire, homologuée par les ministres chargés du travail et de l'agriculture, définit les cas de non-conformité mentionnés, compte tenu de la nature et de l'ampleur du risque. Elle précise, le cas échéant, que les documents relatifs à ces cas peuvent être conservés pendant une durée supérieure à dix ans. – *[Anc. art. R. 231-86-1, al. 2 à 4.]*

Art. R. 4451-37 Les résultats des contrôles prévus aux *(Décr. n° 2010-750 du 2 juill. 2010)* « paragraphes 1 et 2 » sont consignés dans le document unique d'évaluation des risques avec :

1° Un relevé actualisé des sources et des appareils émettant des rayonnements ionisants utilisés ou stockés dans l'établissement ;

2° Les informations concernant les modifications apportées à chaque source ou appareil émetteur ou dispositif de protection ;

3° Les observations faites par les organismes mentionnés à l'article *(Décr. n° 2010-750 du 2 juill. 2010)* « R. 4451-32 » à l'issue d'un contrôle. – *[Anc. art. R. 231-86-2, al. 1er à 5.]*

SOUS-SECTION 3 RELEVÉS DES SOURCES ET APPAREILS ÉMETTEURS DE RAYONNEMENTS IONISANTS *(Décr. nº 2010-750 du 2 juill. 2010).*

Les art. R. 4452-1 à R. 4457-14 sont devenus les art. R. 4451-18 à R. 4451-144 (Décr. nº 2010-750 du 2 juill. 2010).

Art. R. 4451-38 L'employeur transmet, au moins une fois par an, une copie du relevé actualisé des sources et des appareils émettant des rayonnements ionisants utilisés ou stockés dans l'établissement à l'Institut de radioprotection et de sûreté nucléaire, qui les centralise et les conserve pendant au moins dix ans. – *[Anc. art. R. 231-86-2, al. 6.]*

Art. R. 4451-39 Dans le respect des exigences liées à la défense nationale, l'Institut de radioprotection et de sûreté nucléaire tient les relevés des sources et des appareils émettant des rayonnements ionisants à la disposition de l'inspecteur du travail et des inspecteurs et agents mentionnés à l'article *(Décr. nº 2010-750 du 2 juill. 2010)* « R. 4451-129 ».

Il transmet, pour ce qui concerne les activités nucléaires soumises à un régime d'autorisation ou de déclaration en application de l'article L. 1333-4 du code de la santé publique, au moins une fois par an, aux ministres chargés du travail et de l'agriculture ainsi qu'à l'Autorité de sûreté nucléaire une liste des établissements intéressés et des sources qu'ils détiennent. – *[Anc. art. R. 231-86-2, al. 7.]*

SOUS-SECTION 4 PROTECTIONS COLLECTIVE ET INDIVIDUELLE *(Décr. nº 2010-750 du 2 juill. 2010).*

Les art. R. 4452-1 à R. 4457-14 sont devenus les art. R. 4451-18 à R. 4451-144 (Décr. nº 2010-750 du 2 juill. 2010).

Art. R. 4451-40 L'employeur définit les mesures de protection collective adaptées à la nature de l'exposition susceptible d'être subie par les travailleurs exposés.

La définition de ces mesures prend en compte les autres facteurs de risques professionnels susceptibles d'apparaître sur le lieu de travail, notamment lorsque leurs effets conjugués sont de nature à aggraver les effets de l'exposition aux rayonnements ionisants.

Elle est faite après consultation de la personne compétente en radioprotection mentionnée à l'article *(Décr. nº 2010-750 du 2 juill. 2010)* « R. 4451-103 », du médecin du travail et du comité d'hygiène, de sécurité et des conditions de travail ou, à défaut, des délégués du personnel. – *[Anc. art. R. 231-87-I.]*

Art. R. 4451-41 Lorsque l'exposition ne peut être évitée et que l'application de mesures individuelles de protection permet de ramener les doses individuelles reçues à un niveau aussi bas que raisonnablement possible, l'employeur, après consultation des personnes mentionnées à l'article *(Décr. nº 2010-750 du 2 juill. 2010)* « R. 4451-40 », définit ces mesures et les met en œuvre. – *[Anc. art. R. 231-87-II, al. 1er.]*

Art. R. 4451-42 Pour le choix des équipements de protection individuelle, l'employeur recueille l'avis du médecin du travail et tient compte des contraintes et des risques inhérents à leur port.

Le médecin du travail détermine la durée maximale pendant laquelle ces équipements peuvent être portés de manière ininterrompue. – *[Anc. art. R. 231-87-II, al. 2.]*

Art. R. 4451-43 Les chefs des entreprises extérieures déterminent les moyens de protection individuelle pour leurs propres travailleurs compte tenu des mesures prévues par le plan de prévention établi en application de l'article R. 4512-6. – *[Anc. art. R. 231-87-III.]*

SECTION III CONDITION D'EMPLOI ET DE SUIVI DES TRAVAILLEURS EXPOSÉS *(Décr. nº 2010-750 du 2 juill. 2010).*

SOUS-SECTION 1 CATÉGORIES DE TRAVAILLEURS *(Décr. nº 2010-750 du 2 juill. 2010, art. 1er).*

Les art. R. 4452-1 à R. 4457-14 sont devenus les art. R. 4451-18 à R. 4451-144 (Décr. nº 2010-750 du 2 juill. 2010).

Art. R. 4451-44 En vue de déterminer les conditions dans lesquelles sont réalisées la surveillance radiologique et *(Décr. nº 2016-1908 du 27 déc. 2016, art. 14, en vigueur le 1er janv. 2017)* « le suivi de l'état de santé », les travailleurs susceptibles de recevoir, dans les conditions habituelles de travail, une dose efficace supérieure à 6 mSv par an ou une dose équivalente supérieure aux trois dixièmes des limites annuelles d'exposition fixées à l'article R. 4451-13, sont classés par l'employeur dans la catégorie A, après avis du médecin du travail.

Art. R. 4451-45 Les femmes enceintes et les jeunes travailleurs mentionnés aux articles D. 4152-5 et D. 4153-34 ne peuvent être affectés à des travaux qui requièrent un classement en catégorie A. – *[Anc. art. R. 231-88-II, al. 2.]*

Art. R. 4451-46 Les travailleurs exposés aux rayonnements ionisants ne relevant pas de la catégorie A sont classés en catégorie B dès lors qu'ils sont soumis dans le cadre de leur activité professionnelle à une exposition à des rayonnements ionisants susceptible d'entraîner des doses supérieures à l'une des limites de dose fixées à l'article R. 1333-8 du code de la santé publique. – *[Anc. art. R. 231-88-II.]*

SOUS-SECTION 2 **FORMATION** *(Décr. nº 2010-750 du 2 juill. 2010).*

Les art. R. 4452-1 à R. 4457-14 sont devenus les art. R. 4451-18 à R. 4451-144 (Décr. nº 2010-750 du 2 juill. 2010).

Art. R. 4451-47 Les travailleurs susceptibles d'intervenir en zone surveillée, en zone contrôlée ou sur les lieux de travail des établissements mentionnés au deuxième alinéa de l'article R. 4451-2 bénéficient d'une formation à la radioprotection organisée par l'employeur.

Cette formation porte sur :

1° Les risques liés à l'exposition aux rayonnements ionisants ;

2° Les procédures générales de radioprotection mises en œuvre dans l'établissement ;

3° Les règles de prévention et de protection fixées par les dispositions du *(Décr. nº 2010-750 du 2 juill. 2010)* « présent chapitre ».

La formation est adaptée aux procédures particulières de radioprotection touchant au poste de travail occupé ainsi qu'aux règles de conduite à tenir en cas de situation anormale. – *[Anc. art. R. 231-89, al. 1er et 2.]*

Art. R. 4451-48 Lorsque les travailleurs sont susceptibles d'être exposés à des sources de haute activité telles que mentionnées à l'article R. 1333-33 du code de la santé publique, la formation est renforcée, en particulier sur les aspects relatifs à la sûreté et aux conséquences possibles de la perte du contrôle adéquat des sources. – *[Anc. art. R. 231-89, al. 3.]*

Art. R. 4451-49 Pour les femmes enceintes et les jeunes travailleurs mentionnés aux articles D. 4152-5 et D. 4153-34, la formation tient compte des règles de prévention particulières qui leur sont applicables. – *[Anc. art. R. 231-89, al. 4.]*

Art. R. 4451-50 La formation est renouvelée périodiquement et au moins tous les trois ans.

Elle est en outre renouvelée chaque fois que nécessaire dans les cas et selon les conditions fixées aux articles R. 4141-9 et R. 4141-15. – *[Anc. art. R. 231-89, al. 6.]*

SOUS-SECTION 3 **INFORMATION** *(Décr. nº 2010-750 du 2 juill. 2010).*

Les art. R. 4452-1 à R. 4457-14 sont devenus les art. R. 4451-18 à R. 4451-144 (Décr. nº 2010-750 du 2 juill. 2010).

Art. R. 4451-51 L'employeur porte à la connaissance de chaque travailleur amené à intervenir en zone surveillée, en zone contrôlée ou sur les lieux de travail des établissements mentionnés au deuxième alinéa de l'article R. 4451-2, le nom et les coordonnées de la ou des personnes compétentes en radioprotection. – *[Anc. art. R. 231-90, al. 1er.]*

Art. R. 4451-52 L'employeur remet à chaque travailleur, avant toute opération dans une zone contrôlée, une notice rappelant les risques particuliers liés au poste occupé ou à l'opération à accomplir, les règles de sécurité applicables, ainsi que les instructions à suivre en cas de situation anormale. – *[Anc. art. R. 231-90, al. 2.]*

Art. R. 4451-53 Dans les établissements mentionnés à l'article R. 4451-3, notamment dans les installations destinées à la récupération ou au recyclage de métaux, dans les centres d'incinération, dans les centres d'enfouissement technique et dans les lieux caractérisés par d'importants flux de transports et de mouvements de marchandises, l'employeur procède à une information des travailleurs sur la découverte possible d'une source orpheline définie à l'article R. 1333-93 du code de la santé publique.

Cette information est accompagnée de conseils et d'une formation portant sur la détection visuelle de ces sources et de leurs contenants, sur les rayonnements ionisants et sur leurs effets ainsi que sur les mesures à prendre sur le site en cas de détection et de soupçon concernant la présence d'une telle source. – *[Anc. art. R. 231-116-2.]*

SOUS-SECTION 4 **CERTIFICAT D'APTITUDE À LA MANIPULATION D'APPAREILS DE RADIOLOGIE INDUSTRIELLE** *(Décr. nº 2010-750 du 2 juill. 2010).*

Les art. R. 4452-1 à R. 4457-14 sont devenus les art. R. 4451-18 à R. 4451-144 (Décr. nº 2010-750 du 2 juill. 2010).

Art. R. 4451-54 Seules les personnes titulaires d'un certificat d'aptitude peuvent manipuler les appareils de radiologie industrielle figurant sur une liste fixée par une décision de l'Autorité de sûreté nucléaire homologuée par les ministres chargés du travail et de l'agriculture.

Cette liste tient compte de la nature de l'activité exercée, des caractéristiques et, le cas échéant, des modalités de mise en œuvre de l'appareil. – *[Anc. art. R. 231-91-I, al. 1er et 2.]*

V. Décis. nº 2007-DC-0074 de l'Autorité de sûreté nucléaire du 29 nov. 2007 fixant la liste des appareils ou catégories d'appareils pour lesquels la manipulation requiert le certificat d'aptitude mentionné à l'art. R. 231-91 (Arr. du 21 déc. 2007, JO 28 déc.), mod. par Décis. nº 2009-DC-0151 du 17 juill. 2009 (Arr. du 24 nov. 2009, JO 2 déc.).

Art. R. 4451-55 Le certificat d'aptitude à la manipulation des appareils de *(Décr. nº 2009-289 du 13 mars 2009)* « radiologie » industrielle est délivré par l'Institut de radioprotection et de sûreté nucléaire. – *[Anc. art. R. 231-91-I, al. 3.]*

Art. R. 4451-56 Un arrêté des ministres chargés du travail et de l'agriculture, pris après avis de l'Autorité de sûreté nucléaire et de l'Institut de radioprotection et de sûreté nucléaire, détermine :

1° Le contenu et la durée de la formation des travailleurs intéressés, en tenant compte de la nature de l'activité exercée et des caractéristiques des appareils utilisés ;

2° La qualification des personnes chargées de la formation ;

3° Les modalités de contrôle des connaissances ;

4° Les conditions de délivrance et de renouvellement du certificat d'aptitude ;

5° La durée de validité de ce certificat. – *[Anc. art. R. 231-91-II.]*

SOUS-SECTION 5 **FICHE D'EXPOSITION** *(Décr. nº 2010-750 du 2 juill. 2010).*

Les art. R. 4452-1 à R. 4457-14 sont devenus les art. R. 4451-18 à R. 4451-144 (Décr. nº 2010-750 du 2 juill. 2010).

Art. R. 4451-57 L'employeur établit pour chaque travailleur une fiche d'exposition comprenant les informations suivantes :

1° La nature du travail accompli ;

2° Les caractéristiques des sources émettrices auxquelles le travailleur est exposé ;

3° La nature des rayonnements ionisants ;

4° Les périodes d'exposition ;

5° Les autres risques ou nuisances d'origine physique, chimique, biologique ou organisationnelle du poste de travail. – *[Anc. art. R. 231-92, al. 1er à 6.]*

Art. R. 4451-58 En cas d'exposition anormale, l'employeur porte sur la fiche d'exposition la durée et la nature de cette dernière. – *[Anc. art. R. 231-92, al. 7.]*

Art. R. 4451-59 Une copie de la fiche d'exposition est remise au médecin du travail.

Elle est communiquée, sur sa demande, à l'inspection du travail. – *[Anc. art. R. 231-92, al. 8.]*

Art. R. 4451-60 Chaque travailleur intéressé est informé de l'existence de la fiche d'exposition et a accès aux informations y figurant le concernant. – *[Anc. art. R. 231-92, al. 9.]*

Art. R. 4451-61 Sans préjudice des dispositions prises en application de l'article L. 4614-9, les informations mentionnées à la *(Décr. n° 2010-750 du 2 juill. 2010)* « présente sous-section » sont recensées par poste de travail et tenues à la disposition des membres du comité d'hygiène, de sécurité et des conditions de travail ou, à défaut, des délégués du personnel. – *[Anc. art. R. 231-92, al. 10.]*

SOUS-SECTION 6 **SURVEILLANCE INDIVIDUELLE DE L'EXPOSITION DES TRAVAILLEURS AUX RAYONNEMENTS IONISANTS** *(Décr. n° 2010-750 du 2 juill. 2010).*

Les art. R. 4452-1 à R. 4457-14 sont devenus les art. R. 4451-18 à R. 4451-144 (Décr. n° 2010-750 du 2 juill. 2010).

§ 1er SUIVI DOSIMÉTRIQUE DE RÉFÉRENCE *(Décr. n° 2010-750 du 2 juill. 2010).*

Art. R. 4451-62 Chaque travailleur appelé à exécuter une opération en zone surveillée, en zone contrôlée ou sur les lieux de travail des établissements mentionnés au deuxième alinéa de l'article R. 4451-2, fait l'objet d'un suivi dosimétrique adapté au mode d'exposition :

1° Lorsque l'exposition est externe, le suivi dosimétrique est assuré par des mesures individuelles, appelées dosimétrie passive ;

2° Lorsque l'exposition est interne, le suivi dosimétrique est assuré par des mesures d'anthroporadiométrie ou des analyses de radio-toxicologie ;

3° Lorsque l'exposition est liée à la radioactivité naturelle mentionnée à la *(Décr. n° 2010-750 du 2 juill. 2010)* « section VII », le suivi dosimétrique est assuré selon les modalités définies par l'arrêté prévu à l'article *(Décr. n° 2010-750 du 2 juill. 2010)* « R. 4451-144 ». – *[Anc. art. R. 231-93-I.]*

Art. R. 4451-63 En cas de dépassement de l'une des valeurs limites d'exposition fixées aux articles D. 4152-5, D. 4153-34, R. 4451-12 et R. 4451-13, le médecin du travail et l'employeur en sont immédiatement informés par l'un des organismes chargés de la surveillance de l'exposition des travailleurs aux rayonnements ionisants mentionnés à l'article *(Décr. n° 2010-750 du 2 juill. 2010)* « R. 4451-64 ».

Le médecin du travail en informe le salarié intéressé. – *[Anc. art. R. 231-93-IV.]*

Art. R. 4451-64 Les mesures ou les calculs de l'exposition externe ou interne prévus à l'article *(Décr. n° 2010-750 du 2 juill. 2010)* « R. 4451-62 » sont réalisés par l'un des organismes suivants :

1° L'Institut de radioprotection et de sûreté nucléaire ;

2° Un service de santé au travail titulaire d'un certificat d'accréditation ;

3° Un organisme ou un laboratoire d'analyses de biologie médicale titulaires d'un certificat d'accréditation et agréés par l'Autorité de sûreté nucléaire. – *[Anc. art. R. 231-93-II et anc. art. R. 231-109, al. 1er et 2, phrase 1.]*

Art. R. 4451-65 Le silence gardé pendant plus de quatre mois, à compter de la réception d'une demande d'agrément, en application du 3° de l'article *(Décr. n° 2010-750 du 2 juill. 2010)* « R. 4451-64 » par l'administration, vaut décision de rejet. – *[Anc. art. R. 231-109, al. 2, phrase 2.]*

Art. R. 4451-66 L'Institut de radioprotection et de sûreté nucléaire vérifie la qualité des mesures de l'exposition interne et externe réalisées par les organismes mentionnés aux 2° et 3° de l'article *(Décr. n° 2010-750 du 2 juill. 2010)* « R. 4451-64 ». – *[Anc. art. R. 231-109, al. 4.]*

§ 2 SUIVI DOSIMÉTRIQUE OPÉRATIONNEL *(Décr. n° 2010-750 du 2 juill. 2010).*

Art. R. 4451-67 Tout travailleur appelé à exécuter une opération en zone contrôlée ou sur les lieux de travail des établissements mentionnés au deuxième alinéa de l'article R. 4451-2 fait l'objet, du fait de l'exposition externe, d'un suivi par dosimétrie opérationnelle.

Lorsque l'exposition est liée à la radioactivité naturelle mentionnée à la *(Décr. nº 2010-750 du 2 juill. 2010)* « section VII », le suivi dosimétrique est assuré selon les modalités définies par l'arrêté prévu à l'article *(Décr. nº 2010-750 du 2 juill. 2010)* « R. 4451-144 ». – *[Anc. art. R. 231-94-I, al. 1er et 2.]*

§ 3 COMMUNICATION ET EXPLOITATION DES RÉSULTATS DOSIMÉTRIQUES *(Décr. nº 2010-750 du 2 juill. 2010, art. 1er).*

Art. R. 4451-68 Les résultats de la dosimétrie mentionnée aux *(Décr. nº 2010-750 du 2 juill. 2010)* « paragraphes 1 et 2 » sont communiqués périodiquement à l'Institut de radioprotection et sûreté nucléaire par :

1º Les organismes mentionnés à l'article *(Décr. nº 2010-750 du 2 juill. 2010)* « R. 4451-64 », pour ce qui concerne la dosimétrie de référence ;

2º La personne compétente en radioprotection mentionnée aux articles *(Décr. nº 2010-750 du 2 juill. 2010)* « R. 4451-103 » et suivants, pour ce qui concerne la dosimétrie opérationnelle.

Art. R. 4451-69 Sous leur forme nominative, les résultats du suivi dosimétrique et les doses efficaces reçues sont communiqués au travailleur intéressé ainsi qu'au médecin désigné à cet effet par celui-ci et, en cas de décès ou d'incapacité, à ses ayants droit.

Ils sont également communiqués au médecin du travail dont il relève et, le cas échéant, au médecin du travail de l'établissement dans lequel il intervient.

Au vu de ces résultats, le médecin du travail peut prescrire, au titre *(Décr. nº 2016-1908 du 27 déc. 2016, art. 14, en vigueur le 1er janv. 2017)* « du suivi médical », les examens qu'il estime nécessaires et, en cas d'exposition interne, des examens anthroporadiométriques ou des analyses radiotoxicologiques et peut proposer à l'employeur des mesures individuelles au titre de l'article *(Décr. nº 2016-1908 du 27 déc. 2016, art. 14, en vigueur le 1er janv. 2017)* « L. 4624-3 ».

Art. R. 4451-70 L'employeur reçoit communication des résultats nominatifs de la dosimétrie opérationnelle mise en œuvre dans l'établissement. Il préserve la confidentialité de ces informations.

(Décr. nº 2009-289 du 13 mars 2009) « Il peut avoir connaissance des résultats de la dosimétrie passive sous une forme excluant toute identification des travailleurs. »

Art. R. 4451-71 Aux fins de procéder à l'évaluation prévisionnelle et à la définition des objectifs prévus au 2º de l'article R. 4451-11, avant la réalisation d'opérations dans la zone contrôlée ou surveillée, la personne compétente en radioprotection, mentionnée à l'article *(Décr. nº 2010-750 du 2 juill. 2010)* « R. 4451-103 », demande communication des doses efficaces reçues sous une forme nominative sur une période de référence n'excédant pas les douze derniers mois. – *[Anc. art. R. 231-93-III, al. 3, et anc. art. R. 231-94-II, al. 4.]*

Art. R. 4451-72 Lorsque, notamment au cours ou à la suite d'une opération, la personne compétente en radioprotection estime, au vu des doses efficaces reçues, qu'un travailleur est susceptible de recevoir ultérieurement, eu égard à la nature des travaux qui lui sont confiés, des doses dépassant les valeurs limites fixées aux articles *(Décr. nº 2009-289 du 13 mars 2009)* « D. 4152-5, D. 4153-34, » R. 4451-12 et R. 4451-13, elle en informe immédiatement l'employeur et le médecin du travail.

Ce dernier en informe alors le travailleur intéressé. – *[Anc. art. R. 231-93-III, al. 4, et anc. art. R. 231-94-III, al. 5.]*

Art. R. 4451-73 Les agents de l'inspection du travail ainsi que les agents mentionnés à l'article *(Décr. nº 2010-750 du 2 juill. 2010)* « R. 4451-129 », s'ils en font la demande, ont accès, sous leur forme nominative, aux doses efficaces reçues par les travailleurs ainsi qu'aux résultats de la dosimétrie passive et de la dosimétrie opérationnelle. – *[Anc. art. R. 231-93-III, al. 5, et anc. art. R. 231-94-II, al. 6.]*

Art. R. 4451-74 *(Décr. nº 2009-289 du 13 mars 2009)* « Au titre des mesures d'évaluation et de prévention prévues à l'article L. 4121-2, l'employeur peut exploiter ou

bien faire exploiter à des fins statistiques sans limitation de durée les résultats de la dosimétrie passive et de la dosimétrie opérationnelle sous une forme excluant toute identification des travailleurs. »

L'inspection du travail peut demander communication de ces statistiques.

§ 4 DISPOSITIONS D'APPLICATION *(Décr. n° 2010-750 du 2 juill. 2010).*

Art. R. 4451-75 **Un arrêté conjoint des ministres chargés du travail et de l'agriculture, pris après avis de l'Autorité de sûreté nucléaire et de l'Institut de radioprotection et de sûreté nucléaire, fixe pour l'application des** *(Décr. n° 2010-750 du 2 juill. 2010)* **« paragraphes 1 et 2 » :**

1° Les modalités et conditions de mise en œuvre du suivi dosimétrique individuel ;

2° Les délais, les fréquences et les moyens matériels mis en œuvre, relatifs à l'accès aux informations recueillies et à la transmission de celles-ci. – *[Anc. art. R. 231-95.]*

V. Arr. du 17 juill. 2013 relatif à la carte de suivi médical et au suivi dosimétrique des travailleurs exposés aux rayonnements ionisants (JO 6 août).

Art. R. 4451-76 **Un arrêté conjoint des ministres chargés du travail et de l'agriculture, pris après avis de l'Autorité de sûreté nucléaire et de l'Institut de radioprotection et de sûreté nucléaire, fixe les conditions de délivrance du certificat d'accréditation mentionné à l'article** *(Décr. n° 2010-750 du 2 juill. 2010)* **« R. 4451-64 » ainsi que les conditions et les modalités de délivrance de l'agrément prévu à ce même article.** – *[Anc. art. R. 231-109, al. 3.]*

SOUS-SECTION 7 **MESURES À PRENDRE EN CAS DE DÉPASSEMENTS DES VALEURS LIMITES** *(Décr. n° 2010-750 du 2 juill. 2010).*

Les art. R. 4452-1 à R. 4457-14 sont devenus les art. R. 4451-18 à R. 4451-144 (Décr. n° 2010-750 du 2 juill. 2010).

Art. R. 4451-77 **Dans le cas où l'une des valeurs limites fixées aux articles D. 4152-5, D. 4153-34, R. 4451-12 et R. 4451-13 a été dépassée, l'employeur informe de ce dépassement le comité d'hygiène, de sécurité et des conditions de travail ou, à défaut, les délégués du personnel ainsi que l'inspecteur du travail.**

Il précise les causes présumées, les circonstances et les mesures envisagées pour éviter le renouvellement de ce dépassement.

L'employeur en informe également, selon le cas, l'Autorité de sûreté nucléaire dans les conditions prévues à l'article *(Décr. n° 2010-750 du 2 juill. 2010)* **« R. 4451-99 » ou le** *(Décr. n° 2015-159 du 11 févr. 2015, art. 8)* **« délégué à la sûreté nucléaire et à la radioprotection pour les installations et activités intéressant la défense mentionné à l'article R.* 1333-67-5 du code de la défense ».** – *[Anc. art. R. 231-96, al. 1er.]*

Art. R. 4451-78 **Dans les cas prévus à l'article** *(Décr. n° 2010-750 du 2 juill. 2010)* **« R. 4451-77 », le médecin du travail prend toute disposition qu'il estime utile.**

Toute exposition ultérieure du travailleur concerné requiert son avis. – *[Anc. art. R. 231-96, al. 2.]*

Art. R. 4451-79 **Pendant la période où la dose reçue demeure supérieure à l'une des valeurs limites, le travailleur bénéficie** *(Décr. n° 2016-1908 du 27 déc. 2016, art. 14, en vigueur le 1er janv. 2017)* **« du suivi de l'état de santé applicable » aux travailleurs relevant de la catégorie A et** *(Décr. n° 2016-1908 du 27 déc. 2016, art. 14, en vigueur le 1er janv. 2017)* **« prévu » aux articles** *(Décr. n° 2010-750 du 2 juill. 2010)* **« R. 4451-84 à R. 4451-87 et R. 4451-91 ».**

Pendant cette période, il ne peut être affecté à des travaux l'exposant aux rayonnements ionisants sauf en cas de situation d'urgence radiologique. – *[Anc. art. R. 231-96, al. 3, phrases 1 et 2.]*

Art. R. 4451-80 **Pendant la période où la dose reçue demeure supérieure à l'une des valeurs limites, si le travailleur est titulaire d'un contrat de travail à durée déterminée ou d'un contrat de travail temporaire, il ne peut être affecté, pendant la prorogation du contrat prévue par l'article L. 1243-12 ou pendant l'exécution du ou des contrats prévus à l'article L. 1251-34, à des travaux l'exposant aux rayonnements ionisants sauf en cas de situation d'urgence radiologique.** – *[Anc. art. R. 231-96, al. 3, phrase 3.]*

Art. R. 4451-81 Sans préjudice de l'application des mesures définies à la *(Décr. n° 2010-750 du 2 juill. 2010)* « présente sous-section », lorsque le dépassement de l'une des valeurs limites résulte de conditions de travail non prévues, la personne compétente en radioprotection, sous la responsabilité de l'employeur, prend les mesures pour :

1° Faire cesser dans les plus brefs délais les causes de dépassement, y compris, si nécessaire, par la suspension du travail en cause ;

2° Procéder ou faire procéder par l'Institut de radioprotection et de sûreté nucléaire dans les quarante-huit heures après la constatation du dépassement à l'étude des circonstances dans lesquelles celui-ci s'est produit ;

3° Faire procéder à l'évaluation des doses équivalentes reçues par les travailleurs et leur répartition dans l'organisme ;

4° Étudier ou faire étudier par l'Institut de radioprotection et de sûreté nucléaire les mesures à prendre pour remédier à toute défectuosité et en prévenir un éventuel renouvellement ;

5° Faire procéder aux contrôles prévus à l'article *(Décr. n° 2010-750 du 2 juill. 2010)* « R. 4451-32 ». – *[Anc. art. R. 231-97.]*

SECTION IV **SUIVI INDIVIDUEL DE L'ÉTAT DE SANTÉ** *(Décr. n° 2016-1908 du 27 déc. 2016, art. 14, en vigueur le 1er janv. 2017).*

SOUS-SECTION 1 **EXAMENS MÉDICAUX** *(Décr. n° 2010-750 du 2 juill. 2010).*

Les art. R. 4452-1 à R. 4457-14 sont devenus les art. R. 4451-18 à R. 4451-144 (Décr. n° 2010-750 du 2 juill. 2010).

Art. R. 4451-82 Un travailleur ne peut être affecté à des travaux l'exposant à des rayonnements ionisants qu'après avoir fait l'objet d'un examen médical par le médecin du travail et sous réserve que *(Décr. n° 2016-1908 du 27 déc. 2016, art. 14, en vigueur le 1er janv. 2017)* « l'avis d'aptitude établi » par ce dernier atteste qu'il ne présente pas de contre-indication médicale à ces travaux.

(Décr. n° 2016-1908 du 27 déc. 2016, art. 14, en vigueur le 1er janv. 2017) « Cet avis » indique la date de l'étude du poste de travail et la date de la dernière mise à jour de la fiche d'entreprise.

Art. R. 4451-83 (Abrogé par Décr. n° 2016-1908 du 27 déc. 2016, art. 14, à compter du 1er janv. 2017) ***Le travailleur ou l'employeur peut contester les mentions de la fiche médicale d'aptitude*** (Décr. n° 2014-798 du 11 juill. 2014, art. 4) ***« devant l'inspecteur du travail, dans les conditions prévues à l'article R. 4624-35 ou, s'il s'agit d'un salarié agricole, à l'article R. 717-18 du code rural et de la pêche maritime. Ce dernier prend sa décision » après avis*** (Abrogé par Décr. n° 2014-798 du 11 juill. 2014, art. 4) ***« conforme » du médecin inspecteur du travail, qui peut faire pratiquer, aux frais de l'employeur, des examens complémentaires par des spécialistes de son choix.***

Art. R. 4451-84 *(Décr. n° 2012-135 du 30 janv. 2012, art. 1er)* Les travailleurs classés en catégorie A en application des dispositions de l'article R. 4451-44 bénéficient d'un suivi de leur état de santé *(Décr. n° 2016-1908 du 27 déc. 2016, art. 14, en vigueur le 1er janv. 2017)* « par le médecin du travail » au moins une fois par an.

Art. R. 4451-85 Dans le cadre *(Décr. n° 2016-1908 du 27 déc. 2016, art. 14, en vigueur le 1er janv. 2017)* « du suivi de l'état de santé » des travailleurs, *(Décr. n° 2016-1908 du 27 déc. 2016, art. 14, en vigueur le 1er janv. 2017)* « les professionnels de santé du service de santé au travail sont destinataires » des résultats de toutes les mesures ou contrôles *(Décr. n° 2016-1908 du 27 déc. 2016, art. 14, en vigueur le 1er janv. 2017)* « qu'ils jugent » pertinents pour apprécier l'état de santé des travailleurs.

Art. R. 4451-86 Après toute exposition interne ou externe intervenue dans les situations définies aux articles R. 4451-15 et *(Décr. n° 2010-750 du 2 juill. 2010)* « R. 4451-77 », le médecin du travail établit un bilan dosimétrique de cette exposition et un bilan de ses effets sur chaque travailleur exposé.

Il recourt si nécessaire à l'Institut de radioprotection et de sûreté nucléaire. – *[Anc. art. R. 231-100, al. 3.]*

Art. R. 4451-87 (Abrogé par Décr. n° 2016-1908 du 27 déc. 2016, art. 14, à compter du 1er janv. 2017) ***Un arrêté conjoint des ministres chargés du travail, de la santé et de l'agriculture définit les recommandations et les instructions techniques adressées au médecin du travail et précise les modalités des examens spécialisés complémentaires.***

SOUS-SECTION 2 **DOSSIER INDIVIDUEL** *(Décr. n° 2010-750 du 2 juill. 2010).*

Les art. R. 4452-1 à R. 4457-14 sont devenus les art. R. 4451-18 à R. 4451-144 (Décr. n° 2010-750 du 2 juill. 2010).

Art. R. 4451-88 Le médecin du travail constitue et tient, pour chaque travailleur exposé, un dossier individuel contenant :

1° Le double de la fiche d'exposition prévue à l'article *(Décr. n° 2010-750 du 2 juill. 2010)* « **R. 4451-57** » ;

2° Les dates et les résultats du suivi dosimétrique de l'exposition individuelle aux rayonnements ionisants, les doses efficaces reçues ainsi que les dates des expositions anormales et les doses reçues au cours de ces expositions ;

3° Les dates et les résultats des examens médicaux complémentaires pratiqués en application de l'article *(Décr. n° 2010-750 du 2 juill. 2010)* « **R. 4451-84** ». – *[Anc. art. R. 231-101-I.]*

Art. R. 4451-89 Le dossier individuel du travailleur est communiqué, sur sa demande, au médecin inspecteur du travail et peut être adressé, avec l'accord du travailleur, au médecin choisi par celui-ci. – *[Anc. art. R. 231-101-II, al. 1er.]*

Art. R. 4451-90 Le dossier individuel est conservé pendant au moins cinquante ans après la fin de la période d'exposition.

Si l'établissement vient à disparaître ou si le travailleur change d'établissement, l'ensemble du dossier est transmis au médecin inspecteur du travail, à charge pour celui-ci de l'adresser, à la demande du travailleur, au médecin du travail désormais compétent. – *[Anc. art. R. 231-101-II, al. 2.]*

SOUS-SECTION 3 **CARTE DE SUIVI MÉDICAL** *(Décr. n° 2010-750 du 2 juill. 2010).*

Les art. R. 4452-1 à R. 4457-14 sont devenus les art. R. 4451-18 à R. 4451-144 (Décr. n° 2010-750 du 2 juill. 2010).

Art. R. 4451-91 Une carte individuelle de suivi médical est remise par le médecin du travail à tout travailleur de catégorie A ou B.

Les données contenues dans cette carte sont transmises à l'Institut de radioprotection et de sûreté nucléaire. – *[Anc. art. R. 231-102, phrases 1 et 2.]*

Art. R. 4451-92 Un arrêté conjoint des ministres chargés du travail et de l'agriculture, pris après avis de l'Autorité de sûreté nucléaire et de l'Institut de radioprotection et de sûreté nucléaire, fixe :

1° Le contenu de la carte individuelle de suivi médical ;

2° Les modalités de sa délivrance ainsi que de la transmission, à l'Institut de radioprotection et de sûreté nucléaire, des données qu'elle contient. – *[Anc. art. R. 231-102, phrase 3.]*

V. Arr. du 17 juill. 2013 relatif à la carte de suivi médical et au suivi dosimétrique des travailleurs exposés aux rayonnements ionisants (JO 6 août).

SECTION V **SITUATIONS ANORMALES DE TRAVAIL** *(Décr. n° 2010-750 du 2 juill. 2010).*

SOUS-SECTION 1 **AUTORISATIONS SPÉCIALES ET URGENCES RADIOLOGIQUES** *(Décr. n° 2010-750 du 2 juill. 2010).*

Les art. R. 4452-1 à R. 4457-14 sont devenus les art. R. 4451-18 à R. 4451-144 (Décr. n° 2010-750 du 2 juill. 2010).

Art. R. 4451-93 Les expositions soumises à autorisation spéciale en application de l'article R. 4451-15 ne peuvent intervenir qu'après accord de l'inspecteur du travail.

Les demandes d'autorisation spéciale sont accompagnées :

1° Des justifications utiles ;

2° Des indications relatives à la programmation des plafonds de doses prévisibles et au calendrier des travaux ;

3° Des avis du médecin du travail, du comité d'hygiène, de sécurité et des conditions de travail ou, à défaut, des délégués du personnel et de l'Institut de radioprotection et de sûreté nucléaire. – *[Anc. art. R. 231-103, al. 1er, phrases 1 et 2.]*

Art. R. 4451-94 L'inspecteur du travail fait connaître sa décision à l'employeur ainsi que, s'il y a lieu, aux représentants du personnel, dans un délai de quinze jours suivant la date de la réception de la demande d'autorisation spéciale.

Il en informe, selon le cas, l'Autorité de sûreté nucléaire ou le *(Décr. n° 2015-159 du 11 févr. 2015, art. 8)* « délégué à la sûreté nucléaire et à la radioprotection pour les installations et activités intéressant la défense mentionné à l'article R.* 1333-67-5 du code de la défense ». – *[Anc. art. R. 231-103, al. 1er, phrase 3, et al. 2.]*

En application de l'art. L. 231-5 CRPA, et par exception à l'application du délai de deux mois prévu à l'art. L. 231-1 du même code, le silence gardé par l'administration pendant deux mois vaut décision de rejet pour une demande de dérogation aux valeurs limites d'exposition aux rayonnements ionisants (Décr. n° 2014-1291 du 23 oct. 2014, art. 1er).

Art. R. 4451-95 Les travaux ou les opérations exposant aux rayonnements ionisants dans les situations soumises à autorisation spéciale ou d'urgence radiologique définies à l'article R. 4451-15 ne peuvent être confiés qu'aux travailleurs :

1° Appartenant à la catégorie A définie à l'article *(Décr. n° 2010-750 du 2 juill. 2010)* « R. 4451-44 » ;

2° Ne présentant pas d'inaptitude médicale ;

3° Ayant été inscrits sur une liste préalablement établie à cet effet ;

4° Ayant reçu une information appropriée sur les risques et les précautions à prendre pendant les travaux ou l'opération ;

5° N'ayant pas reçu, dans les douze mois qui précèdent, une dose supérieure à l'une des valeurs limites annuelles fixées aux articles R. 4451-12 et R. 4451-13 pour les expositions soumises à autorisation spéciale. – *[Anc. art. R. 231-104, al. 1er à 6.]*

Art. R. 4451-96 Seuls les travailleurs volontaires peuvent réaliser les travaux ou les opérations prévues *[prévus]* dans les situations d'urgence radiologique. Ils disposent à cet effet des moyens de dosimétrie individuelle adaptés à la situation. – *[Anc. art. R. 231-104, al. 7.]*

SOUS-SECTION 2 **MESURES EN CAS D'ACCIDENT** *(Décr. n° 2010-750 du 2 juill. 2010).*

Les art. R. 4452-1 à R. 4457-14 sont devenus les art. R. 4451-18 à R. 4451-144 (Décr. n° 2010-750 du 2 juill. 2010).

Art. R. 4451-97 L'employeur aménage ses installations et prend toutes dispositions utiles pour que, en cas d'accident :

1° Les travailleurs puissent être rapidement évacués des locaux de travail ;

2° Les travailleurs exposés puissent, lorsque leur état le justifie, recevoir des soins appropriés dans les plus brefs délais ;

3° Les contrôles permettant de prévenir un risque de contamination soient mis en œuvre. – *[Anc. art. R. 231-105, al. 1er.]*

Art. R. 4451-98 L'employeur met en place une équipe de sécurité, dotée de matériel spécifique, chargée de mettre en œuvre les mesures de prévention et d'intervention en cas d'accident dans les établissements dans lesquels sont implantés *[implantées]* :

1° Soit une ou plusieurs installations nucléaires de base telles que définies *(Décr. n° 2015-159 du 11 févr. 2015, art. 4)* « à l'article L. 593-2 du code de l'environnement » ;

2° Soit une installation nucléaire de base *(Décr. n° 2015-159 du 11 févr. 2015, art. 4)* « secrète mentionnée au 1° de l'article L. 1333-15 du code de la défense ». – *[Anc. art. R. 231-105, al. 2.]*

SOUS-SECTION 3 **DÉCLARATION D'ÉVÉNEMENT SIGNIFICATIF** *(Décr. n° 2010-750 du 2 juill. 2010).*

Les art. R. 4452-1 à R. 4457-14 sont devenus les art. R. 4451-18 à R. 4451-144 (Décr. n° 2010-750 du 2 juill. 2010).

Art. R. 4451-99 Pour ce qui concerne les activités nucléaires soumises à un régime d'autorisation ou de déclaration en application de l'article L. 1333-4 du code de la santé publique, l'employeur déclare tout événement significatif ayant entraîné ou étant susceptible d'entraîner le dépassement d'une des valeurs limites fixées aux articles D. 4152-5, D. 4153-34, R. 4451-12 et R. 4451-13 à l'Autorité de sûreté nucléaire.

L'employeur procède à l'analyse de ces événements afin de prévenir de futurs événements. – *[Anc. art. R. 231-105-1, al. 1er.]*

Art. R. 4451-100 Une décision de l'Autorité de sûreté nucléaire, homologuée par les ministres chargés du travail et de l'agriculture, fixe les critères définissant l'événement significatif ainsi que les critères de déclaration et de gestion de ces événements par l'employeur, compte tenu de la nature et de l'importance du risque. – *[Anc. art. R. 231-105-1, al. 2.]*

Art. R. 4451-101 L'Autorité de sûreté nucléaire centralise et vérifie les informations relatives aux événements significatifs déclarés et les tient à la disposition de l'inspecteur du travail. – *[Anc. art. R. 231-105-1, al. 3.]*

Art. R. 4451-102 L'Autorité de sûreté nucléaire transmet un bilan des déclarations des employeurs, au moins une fois par an, aux ministres chargés du travail et de l'agriculture. – *[Anc. art. R. 231-105-1, al. 4.]*

SECTION VI **ORGANISATION DE LA RADIOPROTECTION** *(Décr. n° 2010-750 du 2 juill. 2010).*

SOUS-SECTION 1 **PERSONNE COMPÉTENTE EN RADIOPROTECTION** *(Décr. n° 2010-750 du 2 juill. 2010).*

Les art. R. 4452-1 à R. 4457-14 sont devenus les art. R. 4451-18 à R. 4451-144 (Décr. n° 2010-750 du 2 juill. 2010).

§ 1er DÉSIGNATION *(Décr. n° 2010-750 du 2 juill. 2010).*

Art. R. 4451-103 L'employeur désigne au moins une personne compétente en radioprotection lorsque la présence, la manipulation, l'utilisation ou le stockage d'une source radioactive scellée ou non scellée ou d'un générateur électrique de rayonnements ionisants entraîne *[entraînent]* un risque d'exposition pour les travailleurs de l'établissement ainsi que pour ceux des entreprises extérieures ou les travailleurs non salariés intervenant dans cet établissement. – *[Anc. art. R. 231-106-I, al. 1er.]*

Art. R. 4451-104 Dans les établissements dans lesquels les travailleurs sont exposés à la radioactivité naturelle, mentionnés au deuxième alinéa de l'article R. 4451-2, l'employeur désigne une personne compétente en radioprotection dans les conditions fixées à l'article *(Décr. n° 2010-750 du 2 juill. 2010)* « R. 4451-103 ». – *[Anc. art. R. 231-106-I, al. 2.]*

Art. R. 4451-105 Dans les établissements comprenant au moins une installation nucléaire de base mentionnée à l'article *(Décr. n° 2010-750 du 2 juill. 2010)* « R. 4451-98 » ainsi que dans les établissements comprenant une installation ou une activité soumise à autorisation en application du titre Ier du livre V du code de l'environnement ou de l'article L. 1333-4 du code de la santé publique, la personne compétente en radioprotection est choisie parmi les travailleurs de l'établissement.

Lorsque, compte tenu de la nature de l'activité et de l'ampleur du risque, plusieurs personnes compétentes en radioprotection sont désignées, elles sont regroupées au sein d'un service interne, appelé service compétent en radioprotection, distinct des services de production et des services opérationnels de l'établissement. – *[Anc. art. R. 231-106-I, al. 3.]*

Art. R. 4451-106 Dans les établissements autres que ceux mentionnés à l'article *(Décr. n° 2010-750 du 2 juill. 2010)* « R. 4451-105 », l'employeur peut désigner une personne compétente en radioprotection externe à l'établissement qui exerce ses fonctions dans les conditions fixées, compte tenu de la nature de l'activité et de l'ampleur du risque, par une décision de l'Autorité de sûreté nucléaire homologuée par les ministres chargés du travail et de l'agriculture. – *[Anc. art. R. 231-106-I, al. 4.]*

Art. R. 4451-107 La personne compétente en radioprotection, interne ou externe, est désignée par l'employeur après avis du comité d'hygiène, de sécurité et des conditions de travail ou, à défaut, des délégués du personnel. – *[Anc. art. R. 231-106-II, al. 1er, phrase 1.]*

Art. R. 4451-108 La personne compétente en radioprotection est titulaire d'un certificat délivré à l'issue d'une formation à la radioprotection dispensée par des personnes dont la qualification est certifiée par des organismes accrédités. – *[Anc. art. R. 231-106-II, al. 1er, phrase 2.]*

V. Arr. du 6 déc. 2013 (JO 24 déc.).

Art. R. 4451-109 Un arrêté conjoint des ministres chargés du travail et de l'agriculture, pris après avis de l'Autorité de sûreté nucléaire et de l'Institut de radioprotection et de sûreté nucléaire, détermine :

1° Le contenu et la durée de la formation des travailleurs intéressés, en tenant compte de la nature de l'activité exercée et des caractéristiques des sources de rayonnements ionisants utilisés ;

2° La qualification des personnes chargées de la formation ;

3° Les modalités de contrôle des connaissances ;

4° Les conditions techniques de délivrance et de renouvellement du certificat ;

5° La durée de validité du certificat ;

6° Les modalités et conditions d'accréditation des organismes de certification mentionnés à l'article *(Décr. n° 2010-750 du 2 juill. 2010)* « R. 4451-108 ». – *[Anc. art. R. 231-106-II, al. 2 à 8.]*

§ 2 MISSIONS *(Décr. n° 2010-750 du 2 juill. 2010)*.

Art. R. 4451-110 La personne compétente en radioprotection est consultée sur la délimitation des zones surveillée ou contrôlée et sur la définition des règles particulières qui s'y appliquent. – *[Anc. art. R. 231-106-1-I, phrase 1.]*

Art. R. 4451-111 La personne compétente en radioprotection participe à la définition et à la mise en œuvre de la formation à la sécurité des travailleurs exposés, organisée en application de l'article *(Décr. n° 2010-750 du 2 juill. 2010)* « R. 4451-47 ». – *[Anc. art. R. 231-106-1-I, phrase 2.]*

Art. R. 4451-112 Sous la responsabilité de l'employeur et en liaison avec le comité d'hygiène, de sécurité et des conditions de travail ou, à défaut, avec les délégués du personnel, la personne compétente en radioprotection :

1° Participe à la constitution du dossier de déclaration ou de demande d'autorisation prévues à l'article L. 1333-4 du code de la santé publique ;

2° Procède à une évaluation préalable permettant d'identifier la nature et l'ampleur du risque encouru par les travailleurs exposés. A cet effet, les personnes assurant l'encadrement des travaux ou des opérations lui apportent leur concours ;

3° Définit, après avoir procédé à cette évaluation, les mesures de protection adaptées à mettre en œuvre. Elle vérifie leur pertinence au vu des résultats des contrôles techniques et de la dosimétrie opérationnelle ainsi que des doses efficaces reçues ;

4° Recense les situations ou les modes de travail susceptibles de justifier une exposition subordonnée à la délivrance de l'autorisation spéciale requise en application de l'article R. 4451-15, définit les objectifs de dose*[s]* collective et individuelle pour chaque opération et s'assure de leur mise en œuvre ;

5° Définit les moyens nécessaires requis en cas de situation anormale. – *[Anc. art. R. 231-106-1-II.]*

Art. R. 4451-113 Lorsqu'une opération comporte un risque d'exposition aux rayonnements ionisants pour des travailleurs relevant d'entreprises extérieures ou pour des

travailleurs non salariés, le chef de l'entreprise utilisatrice associe la personne compétente en radioprotection à la définition et à la mise en œuvre de la coordination générale des mesures de prévention prévue à l'article R. 4451-8.

A ce titre, la personne compétente en radioprotection désignée par le chef de l'entreprise utilisatrice prend tous contacts utiles avec les personnes compétentes en radioprotection que les chefs d'entreprises extérieures sont tenus de désigner. – *[Anc. art. R. 231-106-1-III.]*

§ 3 **MOYENS** *(Décr. n° 2010-750 du 2 juill. 2010).*

Art. R. 4451-114 **L'employeur met à la disposition de la personne compétente et, lorsqu'il existe, du service compétent en radioprotection les moyens nécessaires à l'exercice de ses missions.**

Il s'assure que l'organisation de l'établissement leur permet d'exercer leurs missions en toute indépendance, notamment vis-à-vis des services de production.

Lorsque l'employeur désigne plusieurs personnes compétentes, il précise l'étendue de leurs responsabilités respectives. – *[Anc. art. R. 231-106-III.]*

SOUS-SECTION 2 **PARTICIPATION DU MÉDECIN DU TRAVAIL** *(Décr. n° 2010-750 du 2 juill. 2010).*

Les art. R. 4452-1 à R. 4457-14 sont devenus les art. R. 4451-18 à R. 4451-144 (Décr. n° 2010-750 du 2 juill. 2010).

Art. R. 4451-115 **Le médecin du travail collabore à l'action de la personne compétente en radioprotection.** – *[Anc. art. R. 231-107, al. 1er.]*

Art. R. 4451-116 **Le médecin du travail apporte son concours à l'employeur pour établir et actualiser la fiche d'exposition prévue par l'article** *(Décr. n° 2010-750 du 2 juill. 2010)* **« R. 4451-57 ».** – *[Anc. art. R. 231-107, al. 2.]*

Art. R. 4451-117 **Le médecin du travail participe à l'information des travailleurs sur les risques potentiels pour la santé de l'exposition aux rayonnements ionisants ainsi que sur les autres facteurs de risques susceptibles de les aggraver.**

Il participe également à l'élaboration de la formation à la sécurité prévue à l'article *(Décr. n° 2010-750 du 2 juill. 2010)* **« R. 4451-47 ».** – *[Anc. art. R. 231-107, al. 3.]*

Art. R. 4451-118 **Le médecin du travail peut formuler toute proposition à l'employeur quant aux choix des équipements de protection individuelles en prenant en compte leurs modalités d'utilisation.** – *[Anc. art. R. 231-107, al. 4.]*

SOUS-SECTION 3 **INFORMATION DU COMITÉ D'HYGIÈNE, DE SÉCURITÉ ET DES CONDITIONS DE TRAVAIL** *(Décr. n° 2010-750 du 2 juill. 2010).*

Les art. R. 4452-1 à R. 4457-14 sont devenus les art. R. 4451-18 à R. 4451-144 (Décr. n° 2010-750 du 2 juill. 2010).

Art. R. 4451-119 **Le comité d'hygiène, de sécurité et des conditions de travail ou, à défaut, les délégués du personnel, reçoit de l'employeur :**

1° Au moins une fois par an, un bilan statistique des contrôles techniques d'ambiance et du suivi dosimétrique prévus par les articles *(Décr. n° 2010-750 du 2 juill. 2010)* **« R. 4451-37 et R. 4451-62 » permettant d'apprécier l'évolution des expositions internes et externes des travailleurs ;**

2° Les informations concernant les situations de dépassement de l'une des valeurs limites ainsi que les mesures prises pour y remédier ;

3° Les informations concernant les dépassements observés par rapport aux objectifs de doses collectives et individuelles mentionnés au 2° de l'article R. 4451-11. – *[Anc. art. R. 231-108, al. 1er à 4.]*

Art. R. 4451-120 **Le comité d'hygiène, de sécurité et des conditions de travail ou, à défaut, les délégués du personnel, a** *[ont]* **accès :**

1° Aux résultats des contrôles prévus aux articles *(Décr. n° 2010-750 du 2 juill. 2010)* **« R. 4451-29 et R. 4451-30 » ;**

2° Aux résultats, sous forme non nominative, des évaluations des doses reçues par les travailleurs prévues aux *(Décr. n° 2010-750 du 2 juill. 2010)* « sous-sections 1 à 3 de la section VII ». – *[Anc. art. R. 231-108, al. 5 à 7.]*

Art. R. 4451-121 Le comité d'hygiène, de sécurité et des conditions de travail ou, à défaut, les délégués du personnel, reçoit *[reçoivent]*, à sa *[leur]* demande, communication des mesures d'organisation prises par l'employeur concernant les zones surveillées ou contrôlées. – *[Anc. art. R. 231-108, al. 8.]*

SOUS-SECTION 4 **TRAVAUX SOUMIS À CERTIFICAT DE QUALIFICATION** *(Décr. n° 2010-750 du 2 juill. 2010).*

Les art. R. 4452-1 à R. 4457-14 sont devenus les art. R. 4451-18 à R. 4451-144 (Décr. n° 2010-750 du 2 juill. 2010).

Art. R. 4451-122 Les entreprises qui assurent des travaux de maintenance, des travaux d'intervention ou mettent en œuvre des appareils émettant des rayonnements ionisants ne peuvent exercer les activités figurant sur une liste fixée par arrêté qu'après avoir obtenu un certificat de qualification justifiant de leur capacité à accomplir des travaux sous rayonnements ionisants.

Ce certificat peut préciser le secteur d'activité dans lequel elles sont habilitées à intervenir. – *[Anc. art. R. 231-110-I, phrases 1 et 2.]*

Art. R. 4451-123 Les entreprises de travail temporaire qui mettent à disposition des travailleurs pour la réalisation de travaux mentionnés à l'article *(Décr. n° 2010-750 du 2 juill. 2010)* « R. 4451-122 » sont soumises aux obligations de ce même article. – *[Anc. art. R. 231-110-I, phrase 3.]*

Art. R. 4451-124 Un arrêté conjoint des ministres chargés du travail et de l'agriculture, pris après avis de l'Autorité de sûreté nucléaire et de l'Institut de radioprotection et de sûreté nucléaire, détermine :

1° Les modalités et conditions d'accréditation des organismes chargés de la certification ;

2° Les modalités et conditions de certification des entreprises mentionnées à l'article *(Décr. n° 2010-750 du 2 juill. 2010)* « R. 4451-122 », en tenant compte de leurs compétences techniques et du secteur d'activité dans lequel elles peuvent intervenir ;

3° La liste des activités ou des catégories d'activité*[s]* pour lesquelles cette certification est requise en tenant compte de la nature et de l'importance du risque. – *[Anc. art. R. 231-110-II.]*

SOUS-SECTION 5 **PARTICIPATION DE L'INSTITUT DE RADIOPROTECTION ET DE SÛRETÉ NUCLÉAIRE** *(Décr. n° 2010-750 du 2 juill. 2010).*

Les art. R. 4452-1 à R. 4457-14 sont devenus les art. R. 4451-18 à R. 4451-144 (Décr. n° 2010-750 du 2 juill. 2010).

Art. R. 4451-125 Pour l'exécution de la mission de participation à la veille permanente en matière de radioprotection qui lui est confiée par le décret n° 2002-254 du 22 février 2002 relatif à l'Institut de radioprotection et de sûreté nucléaire, et en particulier de la gestion et de l'exploitation des données dosimétriques concernant les travailleurs, ainsi qu'en application de l'article 4 de la loi n° 2006-686 du 13 juin 2006 relative à la transparence et à la sécurité en matière nucléaire, l'Institut de radioprotection et de sûreté nucléaire :

1° Centralise, vérifie et conserve au moins cinquante ans l'ensemble des résultats des mesures individuelles de l'exposition des travailleurs mentionnés à la *(Décr. n° 2010-750 du 2 juill. 2010)* « sous-section 6 de la section III » ainsi que les données contenues dans la carte individuelle de suivi médical mentionnée à l'article *(Décr. n° 2010-750 du 2 juill. 2010)* « R. 4451-91 », en vue de les exploiter à des fins statistiques ou épidémiologiques ;

2° Reçoit les résultats des évaluations effectuées en application des *(Décr. n° 2010-750 du 2 juill. 2010)* « sous-sections 1 à 3 de la section VII » ;

3° Tient à la disposition de l'inspection du travail ainsi que des agents mentionnés à l'article *(Décr. n° 2010-750 du 2 juill. 2010)* « R. 4451-129 » l'ensemble des résultats des mesures individuelles de l'exposition des travailleurs aux rayonnements ionisants. – *[Anc. art. R. 231-113, al. 1er à 4.]*

Art. R. 4451-126 Dans le respect des exigences liées à la défense nationale, l'Institut de radioprotection et de sûreté nucléaire peut communiquer les résultats à des organismes d'études et de recherche avec lesquels il conclut une convention.

Il publie les conclusions des études menées. Ces organismes les exploitent conformément aux dispositions du chapitre IX de la loi n° 78-17 du 6 janvier 1978 relative à l'informatique, aux fichiers et aux libertés. – *[Anc. art. R. 231-113, al. 5.]*

Art. R. 4451-127 L'Institut de radioprotection et de sûreté nucléaire s'assure du respect des règles de confidentialité en ce qui concerne l'accès aux informations mentionnées à la *(Décr. n° 2010-750 du 2 juill. 2010)* « sous-section 6 de la section III » sous leur forme nominative. – *[Anc. art. R. 231-113, al. 6.]*

Art. R. 4451-128 L'Institut de radioprotection et de sûreté nucléaire rend compte dans un rapport annuel transmis au*[x]* ministre*[s]* chargé*[s]* du travail et de l'agriculture ainsi que, selon le cas, à l'Autorité de sûreté nucléaire ou au *(Décr. n° 2015-159 du 11 févr. 2015, art. 8)* « délégué à la sûreté nucléaire et à la radioprotection pour les installations et activités intéressant la défense mentionné à l'article R.* 1333-67-5 du code de la défense » :

1° Des difficultés rencontrées en matière de surveillance radiologique des travailleurs ;

2° Des niveaux d'exposition aux rayonnements ionisants des travailleurs, compte tenu notamment de la nature des activités professionnelles. – *[Anc. art. R. 231-113, al. 7 à 9.]*

SOUS-SECTION 6 **CONTRÔLE** *(Décr. n° 2010-750 du 2 juill. 2010).*

Les art. R. 4452-1 à R. 4457-14 sont devenus les art. R. 4451-18 à R. 4451-144 (Décr. n° 2010-750 du 2 juill. 2010).

Art. R. 4451-129 L'employeur tient à la disposition des inspecteurs de la radioprotection mentionnés à l'article L. 1333-17 du code de la santé publique, des agents mentionnés à l'article L. 1333-18 du même code et des agents des services de prévention des organismes de sécurité sociale l'ensemble des informations et documents auxquels a accès l'inspecteur du travail. – *[Anc. art. R. 231-111.]*

Art. R. 4451-130 L'employeur communique, à leur demande et pour les installations dont ils ont la charge, aux inspecteurs des installations classées pour la protection de l'environnement le relevé des sources et des appareils émettant des rayonnements ionisants prévu à l'article *(Décr. n° 2010-750 du 2 juill. 2010)* « R. 4451-37 ». – *[Anc. art. R. 231-112.]*

SECTION VII **RÈGLES APPLICABLES EN CAS D'EXPOSITION PROFESSIONNELLE LIÉE À LA RADIOACTIVITÉ NATURELLE** *(Décr. n° 2010-750 du 2 juill. 2010).*

SOUS-SECTION 1 **EXPOSITION RÉSULTANT DE L'EMPLOI OU DU STOCKAGE DE MATIÈRES CONTENANT DES RADIONUCLÉIDES NATURELS** *(Décr. n° 2010-750 du 2 juill. 2010).*

Les art. R. 4452-1 à R. 4457-14 sont devenus les art. R. 4451-18 à R. 4451-144 (Décr. n° 2010-750 du 2 juill. 2010).

Art. R. 4451-131 Lorsque dans un établissement sont employées ou stockées des matières, non utilisées en raison de leurs propriétés radioactives, mais contenant naturellement des radionucléides, ou sont produits des résidus à partir de ces matières, l'employeur procède à une évaluation des doses reçues par les travailleurs en ayant recours à des mesures dont les modalités techniques sont définies par arrêté conjoint des ministres chargés du travail et de l'agriculture, pris après avis de l'Autorité de sûreté nucléaire et de l'Institut de radioprotection et de sûreté nucléaire. – *[Anc. art. R. 231-114, al. 1er.]*

Art. R. 4451-132 L'employeur communique les résultats de l'évaluation des doses reçues à l'Autorité de sûreté nucléaire et à l'Institut de radioprotection et de sûreté nucléaire. – *[Anc. art. R. 231-114, al. 2.]*

Art. R. 4451-133 Si les résultats de l'évaluation mettent en évidence des expositions individuelles susceptibles d'atteindre ou de dépasser une dose efficace de 1 mSv par an, l'employeur étudie les possibilités techniques permettant d'éviter ou de réduire l'exposition des travailleurs, notamment en ayant recours à un procédé ou à un produit offrant de meilleures garanties pour la santé et la sécurité des travailleurs. – *[Anc. art. R. 231-114, al. 3.]*

Art. R. 4451-134 Si le remplacement par un procédé ou un produit différent n'est pas réalisable, l'employeur définit et met en œuvre les processus de travail et les mesures techniques afin de réduire les expositions individuelles et collectives à un niveau aussi bas qu'il est techniquement possible. – *[Anc. art. R. 231-114, al. 4.]*

Art. R. 4451-135 Un arrêté conjoint des ministres chargés du travail et de l'agriculture, pris après avis de l'Autorité de sûreté nucléaire et de l'Institut de radioprotection et de sûreté nucléaire, fixe la liste des activités ou des catégories d'activités professionnelles concernées par les dispositions de l'article *(Décr. n° 2010-750 du 2 juill. 2010)* « R. 4451-131 », compte tenu des quantités de radionucléides détenus *[détenues]* ou des niveaux d'exposition susceptibles d'être mesurés. – *[Anc. art. R. 231-114, al. 5.]*

SOUS-SECTION 2 **EXPOSITION AU RADON D'ORIGINE GÉOLOGIQUE** *(Décr. n° 2010-750 du 2 juill. 2010).*

Les art. R. 4452-1 à R. 4457-14 sont devenus les art. R. 4451-18 à R. 4451-144 (Décr. n° 2010-750 du 2 juill. 2010).

Art. R. 4451-136 Dans les établissements situés dans les départements ou parties de départements figurant sur la liste prévue à l'article R. 1333-15 du code de la santé publique, où les travailleurs, en raison de la situation de leurs lieux de travail, sont exposés à l'activité du radon, l'employeur fait procéder à des mesures de cette activité par un organisme agréé mentionné à l'article R. 1333-15 du code de la santé publique ou par l'Institut de radioprotection et de sûreté nucléaire.

Lorsque les résultats des mesures effectuées sont supérieurs aux niveaux fixés par une décision de l'Autorité de sûreté nucléaire, l'employeur met en œuvre les actions nécessaires pour réduire l'exposition aussi bas que raisonnablement possible. – *[Anc. art. R. 231-115, al. 1er, phrase 1, et al. 3 fin.]*

Art. R. 4451-137 *(Décr. n° 2010-750 du 2 juill. 2010)* L'organisme agréé communique les résultats des mesures effectuées à l'employeur et à l'Institut de radioprotection et de sûreté nucléaire qui les tient à la disposition de l'Autorité de sûreté nucléaire.

Art. R. 4451-138 Un arrêté conjoint des ministres chargés du travail et de l'agriculture, pris après avis de l'Autorité de sûreté nucléaire et de l'Institut de radioprotection et de sûreté nucléaire, fixe :

1° La liste des activités ou des catégories d'activités professionnelles concernées par les dispositions de l'article *(Décr. n° 2010-750 du 2 juill. 2010)* « **R. 4451-136** », compte tenu le cas échéant des caractéristiques géologiques du sous-sol ;

2° Les modalités et conditions d'application de ce même article. – *[Anc. art. R. 231-115, al. 2.]*

V. Arr. du 7 août 2008 (JO 2 sept.).

Art. R. 4451-139 Une décision de l'Autorité de sûreté nucléaire, homologuée par les ministres chargés du travail et de l'agriculture, fixe, compte tenu de la nature et de l'ampleur du risque, les niveaux prévus à l'article *(Décr. n° 2010-750 du 2 juill. 2010)* « **R. 4451-136** ». – *[Anc. art. R. 231-115, al. 3 début.]*

SOUS-SECTION 3 **EXPOSITION AUX RAYONNEMENTS IONISANTS À BORD D'AÉRONEFS EN VOL** *(Décr. n° 2010-750 du 2 juill. 2010).*

Les art. R. 4452-1 à R. 4457-14 sont devenus les art. R. 4451-18 à R. 4451-144 (Décr. n° 2010-750 du 2 juill. 2010).

Art. R. 4451-140 Lorsque des travailleurs sont affectés pour tout ou partie de leur temps de travail à l'exécution de tâches à bord d'aéronefs en vol, l'employeur procède

à une évaluation des doses susceptibles d'être reçues par ceux-ci, en ayant recours, si nécessaire, à l'Institut de radioprotection et de sûreté nucléaire.

Il communique les résultats de cette évaluation à l'Institut de radioprotection et de sûreté nucléaire. – *[Anc. art. R. 231-116-I.]*

Art. R. 4451-141 **Si les résultats de l'évaluation des doses susceptibles d'être reçues mettent en évidence des expositions individuelles susceptibles d'atteindre ou de dépasser une dose efficace de 1 mSv par an, l'employeur prend les mesures générales administratives et techniques nécessaires pour réduire l'exposition.**

Il programme, à ce titre, l'exécution des tâches pour diminuer les doses reçues lors des vols, notamment lorsqu'une grossesse est déclarée par un membre du personnel. – *[Anc. art. R. 231-116-II, al. 1er.]*

Art. R. 4451-142 **Un arrêté des ministres chargés du travail et des transports, pris après avis de l'Autorité de sûreté nucléaire et de l'Institut de radioprotection et de sûreté nucléaire, fixe les modalités d'évaluation de l'exposition et de communication des résultats mentionnés à l'article** *(Décr. nº 2010-750 du 2 juill. 2010)* **« R. 4451-140 ».** – *[Anc. art. R. 231-116-II, al. 2.]*

V. Arr. du 17 juill. 2013 relatif à la carte de suivi médical et au suivi dosimétrique des travailleurs exposés aux rayonnements ionisants (JO 6 août).

SOUS-SECTION 4 **DISPOSITIONS COMMUNES** *(Décr. nº 2010-750 du 2 juill. 2010).*

Les art. R. 4452-1 à R. 4457-14 sont devenus les art. R. 4451-18 à R. 4451-144 (Décr. nº 2010-750 du 2 juill. 2010).

Art. R. 4451-143 **Lorsque les mesures de prévention des risques mises en œuvre en application des** *(Décr. nº 2010-750 du 2 juill. 2010)* **« sous-sections 1 à 3 » ne permettent pas de réduire l'exposition des travailleurs au-dessous des niveaux mentionnés à** *(Décr. nº 2010-750 du 2 juill. 2010)* **« ces sous-sections », les établissements concernés sont alors soumis aux dispositions prévues aux** *(Décr. nº 2010-750 du 2 juill. 2010)* **« sections I à VI », à l'exception des dispositions prévues à l'article** *(Décr. nº 2010-750 du 2 juill. 2010)* **« R. 4451-29 » autres que celles du 5º.**

Sont également exclues :

1º Pour les établissements mentionnés au *(Décr. nº 2010-750 du 2 juill. 2010)* **« paragraphe 2 », les dispositions relatives aux zones surveillées et contrôlées prévues à la** *(Décr. nº 2010-750 du 2 juill. 2010)* **« sous-section 1 de la section II » ainsi que celles relatives au suivi dosimétrique opérationnel prévu à l'article** *(Décr. nº 2010-750 du 2 juill. 2010)* **« R. 4451-67 » ;**

2º Pour les aéronefs en vol, les dispositions relatives aux zones surveillées et contrôlées prévues à la *(Décr. nº 2010-750 du 2 juill. 2010)* **« sous-section 1 de la section II », celles relatives aux contrôles d'ambiance de travail prévues à l'article** *(Décr. nº 2010-750 du 2 juill. 2010)* **« R. 4451-30 » ainsi que celles relatives au suivi dosimétrique opérationnel prévu à l'article** *(Décr. nº 2010-750 du 2 juill. 2010)* **« R. 4451-67 ».** – *[Anc. art. R. 231-116-1-I.]*

Art. R. 4451-144 **Des arrêtés des ministres chargés du travail, de l'agriculture, et, selon le cas, du ministre chargé des transports, pris après avis de l'Autorité de sûreté nucléaire et de l'Institut de radioprotection et de sûreté nucléaire, fixent, en tant que de besoin, pour les établissements mentionnés à l'article** *(Décr. nº 2010-750 du 2 juill. 2010)* **« R. 4451-143 » :**

1º Les règles spécifiques applicables pour la délimitation et la signalisation des zones surveillées ou contrôlées, les règles d'hygiène, de sécurité et d'entretien qui y sont applicables, celles qui en régissent l'accès ainsi que celles relatives à l'affichage prévu aux articles *(Décr. nº 2010-750 du 2 juill. 2010)* **« R. 4451-23 et R. 4451-24 » ;**

2º Les conditions et les moyens nécessaires à la mise en œuvre de la surveillance radiologique prévue à la *(Décr. nº 2010-750 du 2 juill. 2010)* **« sous-section 6 de la section III », en fonction de la nature et de l'importance du risque.** – *[Anc. art. R. 231-116-1-II.]*

V. Arr. du 17 juill. 2013 relatif à la carte de suivi médical et au suivi dosimétrique des travailleurs exposés aux rayonnements ionisants (JO 6 août).

CHAPITRE II **PRÉVENTION DES RISQUES D'EXPOSITION AUX RAYONNEMENTS OPTIQUES ARTIFICIELS**

(Décr. n° 2010-750 du 2 juill. 2010, art. 2)

SECTION PREMIÈRE **DÉFINITIONS**

Art. R. 4452-1 Pour l'application du présent chapitre, on entend par :

1° Rayonnements optiques : tous les rayonnements électromagnétiques d'une longueur d'onde comprise entre 100 nanomètres et 1 millimètre. Le spectre des rayonnements optiques se subdivise en rayonnements ultraviolets, en rayonnements visibles et en rayonnements infrarouges :

a) Rayonnements ultraviolets : rayonnements optiques d'une longueur d'onde comprise entre 100 nanomètres et 400 nanomètres. Le domaine de l'ultraviolet se subdivise en rayonnements UVA (315-400 nanomètres), UVB (280-315 nanomètres) et UVC (100-280 nanomètres) ;

b) Rayonnements visibles : les rayonnements optiques d'une longueur d'onde comprise entre 380 nanomètres et 780 nanomètres ;

c) Rayonnements infrarouges : les rayonnements optiques d'une longueur d'onde comprise entre 780 nanomètres et 1 millimètre. Le domaine de l'infrarouge se subdivise en rayonnements IRA (780-1 400 nanomètres), IRB (1 400-3 000 nanomètres) et IRC (3 000 nanomètres – 1 millimètre) ;

2° Laser (amplification de lumière par une émission stimulée de rayonnements) : tout dispositif susceptible de produire ou d'amplifier des rayonnements électromagnétiques de longueur d'onde correspondant aux rayonnements optiques, essentiellement par le procédé de l'émission stimulée contrôlée ;

3° Rayonnements laser : les rayonnements optiques provenant d'un laser ;

4° Rayonnements incohérents : tous les rayonnements optiques autres que les rayonnements laser ;

5° Valeurs limites d'exposition : les valeurs limites du niveau d'exposition aux rayonnements optiques, fondées directement sur des effets avérés sur la santé et des considérations biologiques, dont le respect garantit que les travailleurs exposés à des sources artificielles de rayonnement optique sont protégés de tout effet nocif connu sur la santé ;

6° Éclairement énergétique (E) ou densité de puissance : puissance rayonnée incidente par superficie unitaire sur une surface, exprimée en watts par mètre carré ($W.m^{-2}$) ;

7° Exposition énergétique (H) : l'intégrale de l'éclairement énergétique par rapport au temps, exprimée en joules par mètre carré ($J.m^{-2}$) ;

8° Luminance énergétique (L) : le flux énergétique ou la puissance par unité d'angle solide et par unité de surface, exprimé en watts par mètre carré par stéradian ($W.m^{-2}.sr^{-1}$) ;

9° Niveau : la combinaison d'éclairement énergétique, d'exposition énergétique et de luminance énergétique à laquelle est exposé un travailleur.

SECTION II **PRINCIPES DE PRÉVENTION**

Art. R. 4452-2 L'employeur, par des mesures de prévention des risques à la source et en tenant compte du progrès technique, prend les dispositions visant à supprimer ou, à défaut, à réduire au minimum les risques résultant de l'exposition aux rayonnements optiques artificiels.

Art. R. 4452-3 L'employeur veille à ce que les travailleurs exposés à des rayonnements optiques artificiels reçoivent une information sur les risques éventuels liés à ce type de rayonnements.

Art. R. 4452-4 La réduction des risques d'exposition aux rayonnements optiques artificiels se fonde sur les principes généraux de prévention mentionnés à l'article L. 4121-2.

SECTION III VALEURS LIMITES D'EXPOSITION PROFESSIONNELLE

Art. R. 4452-5 L'exposition des travailleurs ne peut dépasser les valeurs limites d'exposition aux rayonnements incohérents autres que ceux émis par les sources naturelles de rayonnement optique fixées à l'annexe I figurant à la fin du présent chapitre. – *V. ss. art. R. 4452-31.*

Art. R. 4452-6 L'exposition des travailleurs ne peut dépasser les valeurs limites d'exposition pour les rayonnements laser fixées à l'annexe II figurant à la fin du présent chapitre. – *V. ss. art. R. 4452-31.*

SECTION IV ÉVALUATION DES RISQUES

Art. R. 4452-7 L'employeur évalue les risques résultant de l'exposition aux rayonnements optiques artificiels, notamment afin de vérifier le respect des valeurs limites d'exposition définies aux articles R. 4452-5 et R. 4452-6. Si une évaluation à partir des données documentaires techniques disponibles ne permet pas de conclure à l'absence de risque, il calcule et, le cas échéant, mesure les niveaux de rayonnements optiques artificiels auxquels les travailleurs sont exposés.

Art. R. 4452-8 Lorsqu'il procède à l'évaluation des risques, l'employeur prend en considération :

1° Le niveau, le domaine des longueurs d'onde et la durée de l'exposition à des sources artificielles de rayonnement optique ;

2° Les valeurs limites d'exposition définies aux articles R. 4452-5 et R. 4452-6 ;

3° Toute incidence sur la santé et la sécurité des travailleurs ;

4° Toute incidence éventuelle sur la santé et la sécurité des travailleurs résultant d'interactions, sur le lieu de travail, entre des rayonnements optiques artificiels et des substances chimiques photosensibilisantes ;

5° Tout effet indirect tel qu'un aveuglement temporaire, une explosion ou un incendie ;

6° L'existence d'équipements de remplacement conçus pour réduire les niveaux d'exposition à des rayonnements optiques artificiels ;

7° Dans la mesure du possible, les informations appropriées issues des recommandations des instances sanitaires ;

8° L'exposition à plusieurs sources de rayonnements optiques artificiels ;

9° Le classement d'un laser, conformément à une norme définie par l'arrêté mentionné à l'article R. 4452-12, dans la ou les classes de lasers intrinsèquement dangereux en cas d'exposition directe au faisceau ou d'exposition à ses réflexions ;

10° L'information fournie par les fabricants de sources de rayonnements optiques artificiels et d'équipements de travail associés conformément à la réglementation applicable.

Art. R. 4452-9 L'évaluation des risques est réalisée par l'employeur après consultation du comité d'hygiène, de sécurité et des conditions de travail ou, à défaut, des délégués du personnel, avec le concours, le cas échéant, du service de santé au travail.

Cette évaluation est renouvelée périodiquement, notamment lorsqu'une modification des installations ou des modes de travail est susceptible de faire varier les niveaux d'exposition aux rayonnements optiques artificiels et dans le cas prévu à l'article R. 4452-30.

En cas de mesurage des niveaux d'exposition, celui-ci est renouvelé au moins tous les cinq ans.

Art. R. 4452-10 Les résultats de l'évaluation des risques sont consignés dans le document unique d'évaluation des risques prévu à l'article R. 4121-1.

Ils sont communiqués par l'employeur au médecin du travail et au comité d'hygiène, de sécurité et des conditions de travail ou, à défaut, aux délégués du personnel.

Ils sont également tenus, sur leur demande, à la disposition de l'inspection du travail, des agents des services de prévention des organismes de sécurité sociale et des organismes de santé, de sécurité et des conditions de travail mentionnés à l'article L. 4643-1.

Art. R. 4452-11 Lorsque les résultats de l'évaluation des risques mettent en évidence la moindre possibilité de dépassement des valeurs limites d'exposition des travailleurs, l'employeur détermine les mesures de prévention, de formation et de suivi *(Décr. n° 2016-1908 du 27 déc. 2016, art. 15, en vigueur le 1er janv. 2017)* « de l'état de santé » à prendre, conformément aux dispositions des sections V, VI et VII.

Art. R. 4452-12 Un arrêté conjoint des ministres chargés du travail et de l'agriculture précise les modalités de l'évaluation des risques et du calcul et du mesurage des niveaux de rayonnements optiques artificiels. — *V. Arr. du 21 mai 2010 portant homologation de la Décis. n° 2010-DC-0175 de l'Autorité de sûreté nucléaire du 4 févr. 2010 (JO 15 août).*

SECTION V **MESURES ET MOYENS DE PRÉVENTION**

Art. R. 4452-13 La réduction des risques d'exposition aux rayonnements optiques artificiels se fonde notamment sur :

1° La mise en œuvre d'autres procédés de travail n'exposant pas aux rayonnements optiques artificiels ou entraînant une exposition moindre ;

2° Le choix d'équipements de travail appropriés émettant, compte tenu du travail à effectuer, le moins de rayonnements optiques artificiels possible ;

3° La limitation de la durée et de l'intensité des expositions ;

4° La conception, l'agencement des lieux et postes de travail et leur modification ;

5° Des moyens techniques pour réduire l'exposition aux rayonnements optiques artificiels en agissant sur leur émission, leur propagation, leur réflexion, tels qu'écrans, capotages ;

6° Des programmes appropriés de maintenance des équipements de travail et du lieu de travail ;

7° L'information et la formation adéquates des travailleurs.

Art. R. 4452-14 Les lieux de travail où, d'après les résultats de l'évaluation des risques définie à la section IV, les travailleurs sont susceptibles d'être exposés à des rayonnements optiques artificiels dépassant les valeurs limites d'exposition définies aux articles R. 4452-5 et R. 4452-6 font l'objet d'une signalisation appropriée. Ces lieux sont en outre circonscrits, lorsque cela est techniquement possible, et leur accès est limité.

Art. R. 4452-15 En liaison avec le médecin du travail, l'employeur adapte les mesures de prévention prévues à la présente section aux besoins des travailleurs appartenant à des groupes à risques particulièrement sensibles.

Art. R. 4452-16 Lorsqu'il n'est pas possible d'éviter les risques dus à l'exposition aux rayonnements optiques artificiels par d'autres moyens, des équipements de protection individuelle, appropriés et adaptés, sont mis à la disposition des travailleurs. Lorsque les niveaux d'exposition fixés aux articles R. 4452-5 et R. 4452-6 sont dépassés, l'employeur veille à leur port effectif.

Art. R. 4452-17 Les équipements de protection individuelle sont tels qu'ils réduisent les expositions à un niveau qui ne dépasse pas les valeurs limites d'exposition définies aux articles R. 4452-5 et R. 4452-6.

Ils sont adoptés après consultation du comité d'hygiène, de sécurité et des conditions de travail ou, à défaut, des délégués du personnel, du médecin du travail et, éventuellement, avec le concours des agents des services de prévention des organismes de sécurité sociale et des organismes de santé, de sécurité et des conditions de travail mentionnés à l'article L. 4643-1. Ils sont choisis en concertation avec les travailleurs.

Art. R. 4452-18 Lorsqu'en dépit des mesures de prévention mises en œuvre en application de la présente section, des expositions dépassant les valeurs limites d'exposition sont constatées, l'employeur :

1° Prend immédiatement des mesures pour réduire l'exposition à un niveau inférieur à ces valeurs limites ;

2° Détermine les causes du dépassement des valeurs limites d'exposition et adapte en conséquence les mesures de protection et de prévention en vue d'éviter tout nouveau dépassement.

SECTION VI **INFORMATION ET FORMATION DES TRAVAILLEURS**

Art. R. 4452-19 Les mesures de formation portent notamment sur :

1° Les sources de rayonnements optiques artificiels se trouvant sur le lieu de travail ;

2° Les risques pour la santé et la sécurité pouvant résulter d'une exposition excessive aux rayonnements optiques artificiels ainsi que les valeurs limites d'exposition applicables ;

3° Les résultats de l'évaluation des risques définie à la section IV ainsi que les mesures prises en application de la section V en vue de supprimer ou de réduire les risques résultant des rayonnements optiques artificiels ;

4° Les précautions à prendre par les travailleurs pour assurer leur protection et celle des autres travailleurs présents sur le lieu de travail ;

5° L'utilisation correcte des équipements de travail et des équipements de protection individuelle ;

6° La conduite à tenir en cas d'accident ;

7° La manière de repérer les effets nocifs d'une exposition sur la santé et de les signaler ;

8° Les conditions dans lesquelles les travailleurs sont soumis à *(Décr. n° 2016-1908 du 27 déc. 2016, art. 15, en vigueur le 1er janv. 2017)* « un suivi individuel de leur état de santé ».

Art. R. 4452-20 L'employeur établit une notice de poste pour chaque poste de travail ou situation de travail où, d'après les résultats de l'évaluation des risques définie à la section IV, les travailleurs sont susceptibles d'être exposés à des rayonnements optiques artificiels dépassant les valeurs limites d'exposition définies aux articles R. 4452-5 et R. 4452-6.

La notice est destinée à informer les travailleurs des risques auxquels leur travail peut les exposer et des dispositions prises pour les éviter.

Elle rappelle en particulier les règles de sécurité applicables et les consignes relatives à l'emploi des équipements de protection collective ou individuelle.

Art. R. 4452-21 Lorsqu'il est fait usage de lasers des classes mentionnées au 9° de l'article R. 4452-8, l'employeur s'assure qu'il dispose, par lui-même ou chez ses salariés, de la compétence appropriée pour la réalisation, sous sa responsabilité, des missions suivantes :

1° Participation aux évaluations des risques encourus par les travailleurs intervenant à proximité de machines ou d'appareils à laser ;

2° Participation à la mise en œuvre sur le site de toutes les mesures propres à assurer la santé et la sécurité des travailleurs intervenant à proximité de machines ou d'appareils à laser ;

3° Participation à l'amélioration continue de la prévention des risques à partir de l'analyse des situations de travail.

SECTION VII **SUIVI DES TRAVAILLEURS ET SUIVI INDIVIDUEL DE L'ÉTAT DE SANTÉ** *(Décr. n° 2016-1908 du 27 déc. 2016, art. 15, en vigueur le 1er janv. 2017).*

Art. R. 4452-22 L'employeur tient une liste actualisée des travailleurs susceptibles d'être exposés à des rayonnements optiques artificiels dépassant les valeurs limites d'exposition définies aux articles R. 4452-5 et R. 4452-6.

Cette liste précise la nature de l'exposition, sa durée ainsi que son niveau, tel qu'il est connu, le cas échéant, par les résultats du calcul ou du mesurage.

Art. R. 4452-23 L'employeur établit pour ces travailleurs une fiche d'exposition comprenant les informations suivantes :

1° La nature du travail accompli ;

2° Les caractéristiques des sources émettrices auxquelles le travailleur est exposé ;

3° La nature des rayonnements ;

4° Le cas échéant, les résultats des mesurages des niveaux de rayonnements optiques artificiels ;

5° Les périodes d'exposition.

Art. R. 4452-24 En cas d'exposition anormale, l'employeur porte sur la fiche d'exposition la durée et la nature de cette dernière.

Art. R. 4452-25 **Une copie de la fiche d'exposition est remise au médecin du travail. Elle est tenue à disposition, sur sa demande, de l'inspection du travail.**

Art. R. 4452-26 **Chaque travailleur intéressé est informé de l'existence de la fiche d'exposition et a accès aux informations y figurant le concernant.**

Art. R. 4452-27 ***et*** **R. 4452-28** *Abrogés par Décr. n° 2012-135 du 30 janv. 2012, art. 2-1° et 3.*

Art. R. 4452-29 **Lorsqu'une exposition au-delà des valeurs limites est détectée ou lorsque** *(Décr. n° 2016-1908 du 27 déc. 2016, art. 15, en vigueur le 1er janv. 2017)* **« le suivi individuel » fait apparaître qu'un travailleur est atteint d'une maladie ou d'une anomalie susceptible de résulter d'une exposition à des rayonnements optiques artificiels,** *(Décr. n° 2016-1908 du 27 déc. 2016, art. 15, en vigueur le 1er janv. 2017)* **« les professionnels de santé mentionnés au premier alinéa de l'article L. 4624-1 informent sans délai le médecin du travail, qui » informe le travailleur des résultats le concernant et lui indique les suites médicales nécessaires. Il détermine la pertinence et la nature des examens éventuellement nécessaires pour les travailleurs ayant subi une exposition comparable.**

Art. R. 4452-30 **Quand une maladie ou une anomalie mentionnée à l'article R. 4452-29 lui est signalée par le médecin du travail, une nouvelle évaluation des risques est réalisée par l'employeur.**

Art. R. 4452-31 *(Décr. n° 2016-1908 du 27 déc. 2016, art. 15, en vigueur le 1er janv. 2017)* **« Le professionnel de santé mentionné au premier alinéa de l'article L. 4624-1 verse au dossier médical en santé au travail, qu'il ouvre le cas échéant », pour chaque travailleur susceptible d'être exposé à des rayonnements optiques artificiels dépassant les valeurs limites d'exposition définies aux articles R. 4452-5 et R. 4452-6** *(Abrogé par Décr. n° 2016-1908 du 27 déc. 2016, art. 15, à compter du 1er janv. 2017)* **«*, un dossier individuel contenant* » :**

1° Une copie de la fiche d'exposition prévue à l'article R. 4452-23 ;

2° Les dates et les résultats *(Décr. n° 2016-1908 du 27 déc. 2016, art. 15, en vigueur le 1er janv. 2017)* **« du suivi réalisé ».**

ANNEXE I

AU CHAPITRE II DU TITRE V DU LIVRE IV DE LA QUATRIÈME PARTIE DU CODE DU TRAVAIL (PARTIE RÉGLEMENTAIRE)

RAYONNEMENTS OPTIQUES INCOHÉRENTS

Les grandeurs physiques d'exposition pertinentes d'un point de vue biophysique sont choisies en fonction du domaine spectral du rayonnement émis par la source. Plus d'une grandeur physique d'exposition, et donc plus d'une limite d'exposition correspondante, peut être pertinente pour une source de rayonnements optiques donnée.

Valeurs limites d'exposition

Tableau 1.1 : valeurs limites d'exposition pour les rayonnements optiques incohérents :

Longueur d'onde (nanomètres)	Partie du corps	Risque	Critère de choix	Valeur limite d'exposition	Observation
180-400 (UVA, UVB et UVC)	œil - cornée - conjonctive - cristallin peau	photokératite conjonctivite cataractogénèse érythème élastose cancer de la peau		H_{eff} = 30 J·m^{-2} Valeur quotidienne pour une journée de 8 heures	

Longueur d'onde (nanomètres)	Partie du corps	Risque	Critère de choix	Valeur limite d'exposition	Observation
315-400 (UVA)	œil - cristallin	cataracto-génèse		$H_{UVA} = 10^4$ J·m^{-2} Valeur quotidienne pour une journée de 8 heures	
300-700 (Lumière bleue) *voir note 1*	œil - rétine	photorétinite	pour $\alpha \geq 11$ mrad (sources étendues)	$L_B = 10^6 / t$ W·m^{-2} sr^{-1} pour $t \leq 10\,000$ s $L_B = 100$ W·m^{-2} sr^{-1} pour $t > 10\,000$ s	
			pour $\alpha < 11$ mrad (sources ponctuelles) *voir note 2*	$E_B = 100 / t$ W·m^{-2} pour $t \leq 10\,000$ s $E_B = 0{,}01$ W·m^{-2} pour $t > 10\,000$ s	
380-1 400 (Visible et IRA)	œil - rétine	brûlure rétinienne		$L_R = (2{,}8 \times 10^7) / C_\alpha$ W·m^{-2} sr^{-1} pour $t > 10$ s $L_R = (5 \times 10^7) / C_\alpha * t^{0{,}25}$ W·m^{-2} sr^{-1} pour 10 µs $\leq t \leq 10$ s $L_R = (8{,}89 \times 10^8) / C_\alpha$ W·m^{-2} sr^{-1} pour $t < 10$ µs	$C_\alpha = 1{,}7$ pour $\alpha \leq 1{,}7$ mrad $C_\alpha = \alpha$ pour $1{,}7 \leq \alpha \leq 100$ mrad $C_\alpha = 100$ pour $\alpha > 100$ mrad
780-1 400 (IRA)	œil - rétine	brûlure rétinienne		$L_R = (6 \times 10^6) / C_\alpha$ W·m^{-2}·sr^{-1} pour $t > 10$ s $L_R = (5 \times 10^7) / (C_\alpha\, t^{0{,}25})$ W·m^{-2} sr^{-1} pour 10 µs $\leq t \leq 10$ s $L_R = (8{,}89 \times 10^8) / C_\alpha$ W·m^{-2}·sr^{-1} pour $t < 10$ µs	$C_\alpha = 11$ pour $\alpha \leq 11$ mrad $C_\alpha = \alpha$ pour $11 \leq \alpha \leq 100$ mrad $C_\alpha = 100$ pour $\alpha > 100$ mrad (champ de mesure : 11 mrad)
780-3 000 (IRA et IRB)	œil - cornée - cristallin	brûlure cornéenne cataracto-génèse		$E_{IR} = 18\,000\ t^{-0{,}75}$ W·m^{-2} pour $t \leq 1\,000$ s $E_{IR} = 100$ W m^{-2} pour $t > 1\,000$ s	
380-3 000 (visible, IRA et IRB)	peau	brûlure		$H_{peau} = 20\,000\ t^{0{,}25}$ J·m^{-2} pour $t < 10$ s	

Note 1 : La gamme comprise entre 300 et 700 nm ne couvre pas uniquement la lumière bleue proprement dite mais également une partie de l'UVB, l'UVA et l'essentiel du rayonnement visible.
L'association entre cette gamme de longueur d'onde et la lumière bleue provient du fait que le danger pour l'œil (photorétinite) existant dans cette gamme est maximal dans le domaine bleu du spectre visible (400 à 500 nm).
Note 2 : Pour la fixation du regard sur de très petites sources d'une amplitude inférieure à 11 mrad, L_B peut être converti en E_B. Normalement, cela ne s'applique qu'aux instruments ophtalmologiques ou à un œil stabilisé lors d'une anesthésie. La durée maximale pendant laquelle on peut fixer une source se détermine en appliquant la formule suivante : $t_{max} = 100/E_B$, s'exprimant en W·m^{-2}. Du fait des mouvements des yeux lors de tâches visuelles normales, cette durée n'excède pas 100 s.

Grandeurs physiques d'exposition et formules de calcul

Les grandeurs physiques d'exposition pertinentes d'un point de vue biophysique sont calculées au moyen des formules énoncées dans le tableau 1.2. Ces grandeurs physiques peuvent être calculées au moyen de l'une des deux formules énoncées, la première correspondant à l'expression générique et la seconde à une intégration numérique de valeurs discrètes dont l'usage est généralement plus adapté compte tenu des méthodologies de mesurage utilisées. Les résultats des calculs réalisés doivent être comparés aux valeurs limites d'exposition correspondantes.

Les valeurs des facteurs de pondération à appliquer S (λ), B (λ), R (λ) pour le calcul des grandeurs physiques à déterminer sont précisées dans les tableaux 1.3 et 1.4.

Tableau 1.2 : formule de calcul des grandeurs physiques à déterminer :

Longueur d'onde (nanomètres)	Formules de calcul	
180-400 (UVA, UVB et UVC)	$H_{eff} = \int_0^t \int_{\lambda=180nm}^{\lambda=400nm} E_\lambda(\lambda,t) \cdot S(\lambda) \cdot d\lambda \cdot dt$	$H_{eff} = E_{eff} \cdot \Delta t$ avec $E_{eff} = \sum_{\lambda=180nm}^{\lambda=400nm} E_\lambda \cdot S(\lambda) \cdot \Delta\lambda$
315-400 (UVA)	$H_{UVA} = \int_0^t \int_{\lambda=315nm}^{\lambda=400nm} E_\lambda(\lambda,t) \cdot d\lambda \cdot dt$	$H_{UVA} = E_{UVA} \cdot \Delta t$ avec $E_{UVA} = \sum_{\lambda=315nm}^{\lambda=400nm} E_\lambda \cdot \Delta\lambda$
300-700 (Lumière bleue) *voir note 2 du tableau 1.1*	$L_B = \int_{\lambda=300nm}^{\lambda=700nm} L_\lambda(\lambda) \cdot B(\lambda) \cdot d\lambda$	$L_B = \sum_{\lambda=300nm}^{\lambda=700nm} B(\lambda) \cdot \Delta\lambda$
	$E_B = \int_{\lambda=300nm}^{\lambda=700nm} E_\lambda(\lambda) \cdot B(\lambda) \cdot d\lambda$	$E_B = \sum_{\lambda=300nm}^{\lambda=700nm} E_\lambda \cdot B(\lambda) \cdot \Delta\lambda$
380-1 400 (Visible et IRA)	$L_R = \int_{\lambda=380nm}^{\lambda=1400nm} L_\lambda(\lambda) \cdot R(\lambda) \cdot d\lambda$	$L_R = \sum_{\lambda=380nm}^{\lambda=1400nm} L_\lambda \cdot R(\lambda) \cdot \Delta\lambda$
780-1 400 (IRA)	$L_R = \int_{\lambda=780nm}^{\lambda=1400nm} L_\lambda(\lambda) \cdot R(\lambda) \cdot d\lambda$	$L_R = \sum_{\lambda=780nm}^{\lambda=1400nm} L_\lambda \cdot R(\lambda) \cdot \Delta\lambda$
780-3 000 (IRA et IRB)	$E_{IR} = \int_{\lambda=780nm}^{\lambda=3000nm} E_\lambda(\lambda) \cdot d\lambda$	$E_{IR} = \sum_{\lambda=780nm}^{\lambda=3000nm} E_\lambda \cdot \Delta\lambda$
380-3 000 (visible, IRA et IRB)	$H_{peau} = \int_0^t \int_{\lambda=380nm}^{\lambda=3000nm} E_\lambda(\lambda,t) \cdot d\lambda \cdot dt$	$H_{peau} = E_{peau} \cdot \Delta t$ avec $E_{peau} = \sum_{\lambda=380nm}^{\lambda=3000nm} E_\lambda \cdot \Delta\lambda$

Tableau 1.3 : S (λ) [sans dimension], 180 à 400 nanomètres :

λ en nm	S (λ)	λ en nm	S (λ)
180	0,0120	191	0,0199
181	0,0126	192	0,0208
182	0,0132	193	0,0218
183	0,0138	194	0,0228
184	0,0144	195	0,0239
185	0,0151	196	0,0250
186	0,0158	197	0,0262
187	0,0166	198	0,0274
188	0,0173	199	0,0287
189	0,0181	200	0,0300
190	0,0190	201	0,0334

λ en nm	S (λ)	λ en nm	S (λ)
202	0,0371	234	0,2292
203	0,0412	235	0,2400
204	0,0459	236	0,2510
205	0,0510	237	0,2624
206	0,0551	238	0,2744
207	0,0595	239	0,2869
208	0,0643	240	0,3000
209	0,0694	241	0,3111
210	0,0750	242	0,3227
211	0,0786	243	0,3347
212	0,0824	244	0,3471
213	0,0864	245	0,3600
214	0,0906	246	0,3730
215	0,0950	247	0,3865
216	0,0995	248	0,4005
217	0,1043	249	0,4150
218	0,1093	250	0,4300
219	0,1145	251	0,4465
220	0,1200	252	0,4637
221	0,1257	253	0,4815
222	0,1316	254	0,5000
223	0,1378	255	0,5200
224	0,1444	256	0,5437
225	0,1500	257	0,5685
226	0,1583	258	0,5945
227	0,1658	259	0,6216
228	0,1737	260	0,6500
229	0,1819	261	0,6792
230	0,1900	262	0,7098
231	0,1995	263	0,7417
232	0,2089	264	0,7751
233	0,2188	265	0,8100

λ en nm	S (λ)
266	0,8449
267	0,8812
268	0,9192
269	0,9587
270	1,0000
271	0,9919
272	0,9838
273	0,9758
274	0,9679
275	0,9600
276	0,9434
277	0,9272
278	0,9112
279	0,8954
280	0,8800
281	0,8568
282	0,8342
283	0,8122
284	0,7908
285	0,7700
286	0,7420
287	0,7151
288	0,6891
289	0,6641
290	0,6400
291	0,6186
292	0,5980
293	0,5780
294	0,5587
295	0,5400
296	0,4984
297	0,4600

λ en nm	S (λ)
298	0,3989
299	0,3459
300	0,3000
301	0,2210
302	0,1629
303	0,1200
304	0,0849
305	0,0600
306	0,0454
307	0,0344
308	0,0260
309	0,0197
310	0,0150
311	0,0111
312	0,0081
313	0,0060
314	0,0042
315	0,0030
316	0,0024
317	0,0020
318	0,0016
319	0,0012
320	0,0010
321	0,000819
322	0,000670
323	0,000540
324	0,000520
325	0,000500
326	0,000479
327	0,000459
328	0,000440
329	0,000425

λ en nm	S (λ)
330	0,000410
331	0,000396
332	0,000383
333	0,000370
334	0,000355
335	0,000340
336	0,000327
337	0,000315
338	0,000303
339	0,000291
340	0,000280
341	0,000271
342	0,000263
343	0,000255
344	0,000248
345	0,000240
346	0,000231
347	0,000223
348	0,000215
349	0,000207
350	0,000200
351	0,000191
352	0,000183
353	0,000175
354	0,000167
355	0,000160
356	0,000153
357	0,000147
358	0,000141
359	0,000136
360	0,000130
361	0,000126

λ en nm	S (λ)
362	0,000122
363	0,000118
364	0,000114
365	0,000110
366	0,000106
367	0,000103
368	0,000099
369	0,000096
370	0,000093
371	0,000090
372	0,000086
373	0,000083
374	0,000080
375	0,000077
376	0,000074
377	0,000072
378	0,000069
379	0,000066
380	0,000064
381	0,000062
382	0,000059
383	0,000057
384	0,000055
385	0,000053
386	0,000051
387	0,000049
388	0,000047
389	0,000046
390	0,000044
391	0,000042
392	0,000041
393	0,000039

λ en nm	S (λ)
394	0,000037
395	0,000036
396	0,000035
397	0,000033

λ en nm	S (λ)
398	0,000032
399	0,000031
400	0,000030

Tableau 1.4 : B (λ), R (λ) [sans dimension], 380 à 1 400 nanomètres :

λ en nm	B (λ)	R (λ)
300 ≤ λ < 380	0,01	–
380	0,01	0,1
385	0,013	0,13
390	0,025	0,25
395	0,05	0,5
400	0,1	1
405	0,2	2
410	0,4	4
415	0,8	8
420	0,9	9
425	0,95	9,5
430	0,98	9,8
435	1	10
440	1	10
445	0,97	9,7
450	0,94	9,4
455	0,9	9
460	0,8	8
465	0,7	7
470	0,62	6,2
475	0,55	5,5
480	0,45	4,5
485	0,32	3,2
490	0,22	2,2

λ en nm	B (λ)	R (λ)
495	0,16	1,6
500	0,1	1
500 < λ ≤ 600	$10^{0,02\ (450\ -\ \lambda)}$	1
600 < λ ≤ 700	0,001	1
700 < λ ≤ 1 050	-	$10^{0,002\cdot\ (700\ -\ \lambda)}$
1 050 < λ ≤ 1 150	-	0,2
1 150 < λ ≤ 1 200	-	$0,2\cdot 10^{0,02\cdot(1\ 150\ -\ \lambda)}$
1 200 < λ ≤ 1 400	-	0,02

Définition détaillée des expressions utilisées :

E_λ (λ,*t*), E_λ : *éclairement énergétique spectrique ou densité de puissance spectrique* : puissance rayonnée incidente par superficie unitaire sur une surface, exprimée en watts par mètre carré par nanomètre [$W\cdot m^{-2}\cdot nm^{-1}$] ; les valeurs de E_λ (λ, *t*) et de E_λ soit proviennent de mesures soit peuvent être communiquées par le fabricant de l'équipement ;

E_{eff} : *éclairement énergétique efficace (gamme des UV)* : éclairement énergétique calculé à l'intérieur de la gamme de longueur d'onde UV comprise entre 180 et 400 nm, pondéré en fonction de la longueur d'onde par S (λ) et exprimé en watts par mètre carré [$W\cdot m^{-2}$] ;

H : *exposition énergétique* : l'intégrale de l'éclairement énergétique par rapport au temps, exprimée en joules par mètre carré [$J\cdot m^{-2}$] ;

H_{eff} : *exposition énergétique efficace* : exposition énergétique pondérée en fonction de la longueur d'onde par S (λ), exprimée en joules par mètre carré [$J\cdot m^{-2}$] ;

E_{UVA} : *éclairement énergétique total (UVA)* : éclairement énergétique calculé à l'intérieur de la gamme de longueur d'onde UVA comprise entre 315 et 400 nm, exprimé en watts par mètre carré [$W\cdot m^{-2}$] ;

H_{UVA} : *exposition énergétique* : l'intégrale ou la somme de l'éclairement énergétique par rapport au temps et à la longueur d'onde calculée à l'intérieur de la gamme de longueur d'onde UVA comprise entre 315 et 400 nm, exprimée en joules par mètre carré [$J\cdot m^{-2}$] ;

S (λ) : *pondération spectrale* qui tient compte du rapport entre la longueur d'onde et les effets sanitaires des rayonnements UV sur les yeux et la peau (tableau 1.2) [sans dimension] ;

t, Δ*t* : *temps, durée de l'exposition*, exprimés en secondes [s] ;

λ : *longueur d'onde*, exprimée en nanomètres [nm] ;

Δ λ : *largeur de bande*, exprimée en nanomètres [nm], des intervalles de calcul ou de mesure ;

L_λ (λ), L_λ : *luminance énergétique spectrique* de la source exprimée en watts par mètre carré par stéradian par nanomètre [$W\cdot m^{-2}\cdot sr^{-1}\cdot nm^{-1}$] ;

R (λ) : *pondération spectrale* qui tient compte du rapport entre la longueur d'onde et la lésion de l'œil par effet thermique provoquée par des rayonnements visibles et IRA (tableau 1.3) [sans dimension] ;

L_R : *luminance efficace (lésion par effet thermique)* : luminance calculée et pondérée en fonction de la longueur d'onde par R (λ), exprimée en watts par mètre carré par stéradian [$W\cdot m^{-2}\cdot sr^{-1}$] ;

B (λ) : *pondération spectrale* qui tient compte du rapport entre la longueur d'onde et la lésion photochimique de l'œil provoquée par une lumière bleue (tableau 1.3) [sans dimension] ;

L_B : *luminance efficace (lumière bleue)* : luminance calculée et pondérée en fonction de la longueur d'onde par B (λ), exprimée en watts par mètre carré par stéradian [$W\cdot m^{-2}\cdot sr^{-1}$] ;

E_B : *éclairement énergétique efficace (lumière bleue)* : éclairement énergétique calculé et pondéré en fonction de la longueur d'onde par B(λ), exprimé en watts par mètre carré [$W\cdot m^{-2}$] ;

E_{IR} : *éclairement énergétique total (lésion par effet thermique)* : éclairement énergétique calculé à l'intérieur de la gamme de longueur d'onde infrarouge comprise entre 780 et 3 000 nm, exprimé en watts par mètre carré [$W\cdot m^{-2}$] ;

E_{peau} : *éclairement énergétique total (visible, IRA et IRB)* : éclairement énergétique calculé à l'intérieur de la gamme de longueur d'onde visible et infrarouge comprise entre 380 et 3 000 nm, exprimé en watts par mètre carré [$W\cdot m^{-2}$] ;

H_{peau} : *exposition énergétique*, l'intégrale ou la somme de l'éclairement énergétique par rapport au temps et à la longueur d'onde calculée à l'intérieur de la gamme de longueur d'onde visible et infrarouge comprise entre 380 et 3 000 nm, exprimée en joules par mètre carré ($J{\cdot}m^{-2}$).

ANNEXE II

RAYONNEMENTS OPTIQUES LASER

Les grandeurs physiques d'exposition pertinentes d'un point de vue biophysique sont choisies en fonction de la longueur d'onde et de la durée du rayonnement émis par la source. Plus d'une grandeur physique d'exposition, et donc plus d'une limite d'exposition correspondante, peut être pertinente pour une source de rayonnements optiques laser donnée.

Valeurs limites d'exposition

Les valeurs limites d'exposition figurent aux tableaux 2.2, 2.3 et 2.4 selon la longueur d'onde du rayonnement émis et les risques associés au regard desquels elles sont pertinentes, conformément au tableau 2.1.

Les coefficients C_A, C_B, C_C, T_1, T_2, α_{min} et γ, ainsi que les corrections applicables aux expositions répétitives, utiles à l'identification des valeurs limites d'exposition pertinentes, sont précisés aux tableaux 2.5 et 2.6.

Tableau 2.1 : Risques associés aux rayonnements :

Longueur d'onde [nm] λ	Région du spectre	Organe atteint	Risque	Tableaux dans lesquels figurent les valeurs limites d'exposition
180 à 400	UV	œil	lésion photochimique et lésion thermique	2.2, 2.3
180 à 400	UV	peau	érythème	2.4
400 à 700	visible	œil	lésion de la rétine	2.2
400 à 600	visible	œil	lésion photochimique	2.3
400 à 700	visible	peau	lésion thermique	2.4
700 à 1 400	IRA	œil	lésion thermique	2.2, 2.3
700 à 1 400	IRA	peau	lésion thermique	2.4
1 400 à 2 600	IRB	œil	lésion thermique	2.2
2 600 à 10^6	IRC	œil	lésion thermique	2.2
1 400 à 10^6	IRB, IRC	œil	lésion thermique	2.3
1 400 à 10^6	IRB, IRC	peau	lésion thermique	2.4

Tableau 2.2 : Valeurs limites d'exposition de l'œil au laser – Exposition de courte durée < 10 s

Longueur d'onde[a] [nm]		Diaphragme	Durée [s] 10^{-13} - 10^{-11}	10^{-11} - 10^{-9}	10^{-9} - 10^{-7}	10^{-7} - $1,8 \cdot 10^{-5}$	$1,8 \cdot 10^{-5}$ - $5 \cdot 10^{-5}$	$5 \cdot 10^{-5}$ - 10^{-3}	10^{-3} - 10^{1}
UVC	180 - 280	1 mm pour t<0,3 s; 1,5 · $t^{0,375}$ pour 0,3<t<10 s	$E = 3 \cdot 10^{10}$ W m^{-2} voir note [c]		$H = 30$ J m^{-2}				
UVB	280 - 302								
	303				$H = 40$ J m^{-2}	si $t < 2,6 \cdot 10^{-9}$ alors $H = 5,6 \cdot 10^{3}\, t^{0,25}$ J m^{-2} voir note [d]			
	304				$H = 60$ J m^{-2}	si $t < 1,3 \cdot 10^{-8}$ alors $H = 5,6 \cdot 10^{3}\, t^{0,25}$ J m^{-2} voir note [d]			
	305				$H = 100$ J m^{-2}	si $t < 1,0 \cdot 10^{-7}$ alors $H = 5,6 \cdot 10^{3}\, t^{0,25}$ J m^{-2} voir note [d]			
	306				$H = 160$ J m^{-2}	si $t < 6,7 \cdot 10^{-7}$ alors $H = 5,6 \cdot 10^{3}\, t^{0,25}$ J m^{-2} voir note [d]			
	307				$H = 250$ J m^{-2}	si $t < 4,0 \cdot 10^{-6}$ alors $H = 5,6 \cdot 10^{3}\, t^{0,25}$ J m^{-2} voir note [d]			
	308				$H = 400$ J m^{-2}	si $t < 2,6 \cdot 10^{-5}$ alors $H = 5,6 \cdot 10^{3}\, t^{0,25}$ J m^{-2} voir note [d]			
	309				$H = 630$ J m^{-2}	si $t < 1,6 \cdot 10^{-4}$ alors $H = 5,6 \cdot 10^{3}\, t^{0,25}$ J m^{-2} voir note [d]			
	310				$H = 10^{3}$ J m^{-2}	si $t < 1,0 \cdot 10^{-3}$ alors $H = 5,6 \cdot 10^{3}\, t^{0,25}$ J m^{-2} voir note [d]			
	311				$H = 1,6 \cdot 10^{3}$ J m^{-2}	si $t < 6,7 \cdot 10^{-3}$ alors $H = 5,6 \cdot 10^{3}\, t^{0,25}$ J m^{-2} voir note [d]			
	312				$H = 2,5 \cdot 10^{3}$ J m^{-2}	si $t < 4,0 \cdot 10^{-2}$ alors $H = 5,6 \cdot 10^{3}\, t^{0,25}$ J m^{-2} voir note [d]			
	313				$H = 4,0 \cdot 10^{3}$ J m^{-2}	si $t < 2,6 \cdot 10^{-1}$ alors $H = 5,6 \cdot 10^{3}\, t^{0,25}$ J m^{-2} voir note [d]			
	314				$H = 6,3 \cdot 10^{3}$ J m^{-2}	si $t < 1,6 \cdot 10^{0}$ alors $H = 5,6 \cdot 10^{3}\, t^{0,25}$ J m^{-2} voir note [d]			
UVA	315 - 400				$H = 5,6 \cdot 10^{3}\, t^{0,25}$ J m^{-2}				
Visible	400 - 700	7 mm	$H = 1,5 \cdot 10^{-4}\, C_E$ J m^{-2}	$H = 2,7 \cdot 10^{4}\, t^{0,75}\, C_E$ J m^{-2}	$H = 5 \cdot 10^{-3}\, C_E$ J m^{-2}		$H = 18 \cdot t^{0,75}\, C_E$ J m^{-2}		
et IRA	700 - 1 050		$H = 1,5 \cdot 10^{-4}\, C_A\, C_E$ J m^{-2}	$H = 2,7 \cdot 10^{4}\, t^{0,75}\, C_A\, C_E$ J m^{-2}	$H = 5 \cdot 10^{-3}\, C_A\, C_E$ J m^{-2}		$H = 18 \cdot t^{0,75}\, C_A\, C_E$ J m^{-2}		
	1 050 - 1 400		$H = 1,5 \cdot 10^{-3}\, C_C\, C_E$ J m^{-2}	$H = 2,7 \cdot 10^{5}\, t^{0,75}\, C_C\, C_E$ J m^{-2}	$H = 5 \cdot 10^{-2}\, C_C\, C_E$ J m^{-2}			$H = 90 \cdot t^{0,75}\, C_C\, C_E$ J m^{-2}	
IRB et IRC	1 400 - 1 500	Voir note [b]	$E = 10^{12}$ W m^{-2}	voir note [c]	$H = 10^{3}$ J m^{-2}				$H = 5,6 \cdot 10^{3}\, t^{0,25}$ J m^{-2}
	1 500 - 1 800		$E = 10^{13}$ W m^{-2}	voir note [c]	$H = 10^{4}$ J m^{-2}				
	1 800 - 2 600		$E = 10^{12}$ W m^{-2}	voir note [c]	$H = 10^{3}$ J m^{-2}				$H = 5,6 \cdot 10^{3} \cdot t^{0,25}$ J m^{-2}
	2 600 - 10^{6}		$E = 10^{11}$ W m^{-2}	voir note [c]	$H = 100$ J m^{-2}	$H = 5,6 \cdot 10^{3} \cdot t^{0,25}$ J m^{-2}			

a Si la longueur d'onde du laser correspond à deux limites, la limite la plus restrictive s'applique.

b Si $1\,400 \leq \lambda < 10^{5}$ nm : diamètre de diaphragme limite = 1 mm pour $t \leq 0,3$ s et $1,5\, t^{0,375}$ mm pour $0,3$ s $< t < 10$ s ;
si $10^{5} \leq \lambda < 10^{6}$ nm: diamètre de diaphragme limite = 11 mm.

c Soit la valeur limite de E pour 1 ns.

d Le tableau indique des valeurs correspondant à une seule impulsion laser. S'il y a plusieurs impulsions laser, leurs durées sont additionnées pour les impulsions émises au cours d'un intervalle T_{min} (figurant dans le tableau 2.6) et t prend la valeur qui en résulte dans la formule: $5,6 * 10^{3} t^{0,25}$.

Tableau 2.3 : valeurs limites d'exposition de l'œil au laser Exposition de longue durée > 10 s

Longueur d'onde[a] [nm]		Diaphragme limite	Durée [s]		
			10^1 - 10^2	10^2 - 10^4	10^4 - $3 \cdot 10^4$
UVC	180 - 280	3,5 mm	$H = 30\ J\ m^{-2}$		
UVB	280 - 302		$H = 30\ J\ m^{-2}$		
	303		$H = 40\ J\ m^{-2}$		
	304		$H = 60\ J\ m^{-2}$		
	305		$H = 100\ J\ m^{-2}$		
	306		$H = 160\ J\ m^{-2}$		
	307		$H = 250\ J\ m^{-2}$		
	308		$H = 400\ J\ m^{-2}$		
	309		$H = 630\ J\ m^{-2}$		
	310		$H = 1{,}0\ 10^3\ J\ m^{-2}$		
	311		$H = 1{,}6\ 10^3\ J\ m^{-2}$		
	312		$H = 2{,}5\ 10^3\ J\ m^{-2}$		
	313		$H = 4{,}0\ 10^3\ J\ m^{-2}$		
	314		$H = 6{,}3\ 10^3\ J\ m^{-2}$		
UVA	315 - 400		$H = 10^4\ [J\ m^{-2}]$		
Visible 400 – 700	400 - 600 Lésion photochimique[b] de la rétine	7 mm	$H = 100\ C_B\ J\ m^{-2}$ ($\gamma = 11$ mrad)[d]	$E = 1\ C_B\ [W\ m^{-2}]$; ($\gamma = 1{,}1\ t^{0.5}$ mrad)[d]	$E = 1\ C_B\ [W\ m^{-2}]$ ($\gamma = 110$ mrad)[d]
	400 - 700 Lésion thermique[b] de la rétine		si $\alpha < 1{,}5$ mrad alors $E = 10\ [W\ m^{-2}]$ si $\alpha > 1{,}5$ mrad et $t \leq T_2$ alors $H = 18 C_E\ t^{0.75}\ [J\ m^{-2}]$ si $\alpha > 1{,}5$ mrad et $t > T_2$ alors $E = 18 C_E\ T_2^{-0.25}\ [W\ m^{-2}]$		
IRA	700 - 1400	7 mm	si $\alpha < 1{,}5$ mrad alors $E = 10\ C_A\ C_C$ [W m-2] si $\alpha > 1{,}5$ mrad et $t \leq T2$ alors $H = 18\ C_A\ C_C\ C_E$ t0.75 [J m-2] si $\alpha > 1{,}5$ mrad et $t > T2$ alors $E = 18\ C_A\ C_C\ C_E\ T_2^{-0.25}\ [W\ m^{-2}]$ (ne doit pas être supérieur à 1 000 $W\ m^{-2}$)		
IRB & IRC	1 400 - 10^6	voir[c]	$E = 1000\ [W\ m^{-2}]$		

a Si la longueur d'onde ou un autre paramètre du laser correspond à deux limites, la limite la plus restrictive s'applique.

b Le spectre visible auquel se réfère le présent tableau correspond à une gamme de longueurs d'onde plus réduite que celle communément admise et retenue dans la définition figurant à l'article R. 4452-1. Pour les petites sources sous-tendant un angle de 1,5 mrad ou moins, les doubles limites d'exposition E entre 400 nm et 600 nm, dans le spectre visible, se réduisent aux limites thermiques pour $10s \leq t < T1$ et aux limites photochimiques pour les durées supérieures. Pour T1 et T2, voir le tableau 2.5. La limite pour le risque rétinien lié à un effet photochimique peut aussi être exprimée sous forme d'une luminance énergétique intégrée par rapport au temps $G = 10^6\ C_B$ [J m-2 sr-1] pour t > 10s jusqu'à t = 10 000 s et $L = 100\ C_B$ [W m-2 sr-1] pour t > 10 000 s. Pour la mesure de G et L, γm est utilisé comme champ du calcul des moyennes.

c Pour les longueurs d'onde de 1400 à 10^5 nm : diamètre de diaphragme limite = 3,5 mm ; pour les longueurs d'onde de 10^5 à 10^6 nm : diamètre de diaphragme limite = 11 mm.

d Pour la mesure de la valeur d'exposition, γ est pris en compte comme suit :
Si α (angle apparent de la source) > γ (angle de cône de limitation, indiqué entre crochets dans la colonne correspondante), alors le champ de mesure γm est la valeur indiquée pour γ ;
Si α < γ, le champ de mesure γ_m doit être suffisamment grand pour englober entièrement la source ; il n'est pas limité et peut être plus grand que γ.

Tableau 2.4 : valeurs limites d'exposition de la peau au laser

Longueur d'onde[a] [mn]		Diaphragme limite	Durée[s]					
			$< 10^{-9}$	$10^{-9} - 10^{-7}$	$10^{-7} - 10^{-3}$	$10^{-3} - 10^{1}$	$10^{1} - 10^{3}$	$10^{3} - 3 \cdot 10^{4}$
UV (A, B, C)	180-400	3,5 mm	$E = 3 \cdot 10^{10}$ $[W \cdot m^{-2}]$	Voir limites d'exposition de l'œil				
Visible et IRA	400-700	3,5 mm	$E = 2 \cdot 10^{11}$ $[W \cdot m^{-2}]$	$H = 200\ C_A$ $[J \cdot m^{-2}]$	$H = 1{,}1 \cdot 10^{4}\ C_A\ t^{0{,}25}$ $[J \cdot m^{-2}]$	$E = 2 \cdot 10^{3}\ C_A$ $[W \cdot m^{-2}]$		
	700-1 400		$E = 2 \cdot 10^{11}\ C_A$ $[W \cdot m^{-2}]$					
IRB et IRC	1 400-1 500		$E = 10^{12}$ $[W \cdot m^{-2}]$	Voir limites d'exposition de l'œil				
	1 500-1 800		$E = 10^{13}$ $[W \cdot m^{-2}]$					
	1 800-2 600		$E = 10^{12}$ $[W \cdot m^{-2}]$					
	2 600-10^{6}		$E = 10^{11}$ $[W \cdot m^{-2}]$					

a : Si la longueur d'onde ou un autre paramètre du laser correspond à deux limites, la limite la plus restrictive s'applique.

Tableau 2.5 : facteurs de correction appliqués et autres paramètres de calcul :

Paramètre	Gamme spectrale de validité (nm)	Valeur
C_A	$\lambda < 700$	$C_A = 1{,}0$
	700 – 1 050	$C_A = 10^{0{,}002(\lambda - 700)}$
	1 050 – 1 400	$C_A = 5{,}0$
C_B	400 – 450	$C_B = 1{,}0$
	450 – 700	$C_B = 10^{0{,}02(\lambda - 450)}$
C_C	700 – 1 150	$C_C = 1{,}0$
	1 150 – 1 200	$C_C = 10^{0{,}018(\lambda - 1\,150)}$
	1 200 – 1 400	$C_C = 8{,}0$
T_1	$\lambda < 450$	$T_1 = 10$ s
	450 – 500	$T_1 = 10\ [10^{0{,}02(\lambda - 450)}]$ s
	$\lambda > 500$	$T_1 = 100$ s

Paramètre	Valable pour les effets biologiques	Valeur
α_{min}	tous les effets thermiques	$\alpha_{min} = 1{,}5$ mrad

Paramètre	Gamme angulaire de validité (mrad)	Valeur
C_E	$\alpha < \alpha_{min}$	$C_E = 1{,}0$
	$\alpha_{min} < \alpha < 100$	$C_E = \alpha/\alpha_{min}$
	$\alpha > 100$	$C_E = \alpha^2/(\alpha_{min} \cdot \alpha_{max})$ mrad avec $\alpha_{max} = 100$ mrad
T_2	$\alpha < 1{,}5$	$T_2 = 10$ s
	$1{,}5 < \alpha < 100$	$T_2 = 10 \cdot [10^{(\alpha - 1{,}5)\ /\ 98{,}5}]$ s
	$\alpha > 100$	$T_2 = 100$ s

Paramètre	Fourchette valable de temps d'exposition (s)	Valeur
γ	$t \leq 100$	$\gamma = 11$ [mrad]
	$100 < t < 10^4$	$\gamma = 1{,}1\ t^{0{,}5}$ [mrad]
	$t > 10^4$	$\gamma = 110$ [mrad]

Table 2.6 : Correction pour l'exposition répétitive

Les trois règles suivantes s'appliquent cumulativement à toutes les expositions répétitives dues à des systèmes de laser pulsé répétitif ou des systèmes de balayage laser :

1) L'exposition résultant d'une impulsion unique dans un train d'impulsions ne dépasse pas la valeur limite d'exposition pour une impulsion unique de cette durée d'impulsion ;

2) L'exposition résultant d'un groupe d'impulsions (ou d'un sous-groupe d'impulsions dans un train) délivrées dans un temps *t* ne dépasse pas la valeur limite d'exposition pour le temps *t* ;

3) L'exposition résultant d'une impulsion unique dans un groupe d'impulsions ne dépasse pas la valeur limite d'exposition pour une impulsion unique multipliée par un facteur de correction thermique cumulée $C_p = N^{-0{,}25}$, où N est le nombre d'impulsions. La présente règle ne s'applique qu'aux limites d'exposition destinées à protéger contre la lésion thermique, lorsque toutes les impulsions délivrées en moins de T_{min} sont considérées comme une impulsion unique.

Paramètre	Gamme spectrale de validité (nm)	Valeur ou description
T_{min}	$315 < \lambda \leq 400$	$T_{min} = 10^{-9}$ s (= 1 ns)
	$400 < \lambda \leq 1\,050$	$T_{min} = 18 \cdot 10^{-6}$ s (= 18 µs)
	$1\,050 < \lambda \leq 1\,400$	$T_{min} = 50 \cdot 10^{-6}$ s (= 50 µs)
	$1\,400 < \lambda \leq 1\,500$	$T_{min} = 10^{-3}$ s (= 1 ms)
	$1\,500 < \lambda \leq 1\,800$	$T_{min} = 10$ s
	$1\,800 < \lambda \leq 2\,600$	$T_{min} = 10^{-3}$ s (= 1 ms)
	$2\,600 < \lambda \leq 10^6$	$T_{min} = 10^{-7}$ s (= 100 ns)

Grandeurs physiques d'exposition et formules de calcul

Les grandeurs physiques d'exposition pertinentes d'un point de vue biophysique sont calculées au moyen des formules énoncées ci-dessous :

$E = (dP/dA)$ $[W \cdot m^{-2}]$

$H = {}^{t}\!\int_0 E(t) \cdot dt$ $(J \cdot m^{-2}]$

Définition détaillée des expressions utilisées :

dP : *puissance* exprimée en watts [W] ;

dA : *surface* exprimée en mètres carrés [m^2] ;

E (*t*), E : *éclairement énergétique ou densité de puissance* : puissance rayonnée incidente par superficie unitaire sur une surface, généralement exprimée en watts par mètres carrés [W m^2]. Les valeurs de E(*t*), E, soit proviennent de mesures, soit peuvent être communiquées par le fabricant de l'équipement ;

H : *exposition énergétique* : l'intégrale de l'éclairement énergétique par rapport au temps, exprimée en joules par mètre carré ($J{\cdot}m^{-2}$] ;

t : *temps, durée de l'exposition*, exprimée en secondes [s] ;

λ : *longueur d'onde*, exprimée en nanomètres [nm] ;

γ : *angle de cône de limitation du champ de mesure*, exprimé en milliradians [mrad] ;

γm : *champ de mesure*, exprimé en milliradians [mrad] ;

α : *angle apparent d'une source*, exprimé en milliradians [mrad] ;

diaphragme limite : la surface circulaire, utilisée pour calculer les moyennes de l'éclairement énergétique et de l'exposition énergétique ;

G : *luminance énergétique intégrée* : l'intégrale de la luminance énergétique sur une durée d'exposition donnée, exprimée sous forme d'énergie rayonnante par superficie unitaire d'une surface rayonnante et par angle solide unitaire d'émission, en joules par mètre carré par stéradian [$J{\cdot}m^{-2}$ sr^{-1}].

CHAPITRE III **PRÉVENTION DES RISQUES D'EXPOSITION AUX CHAMPS ÉLECTROMAGNÉTIQUES**

SECTION PREMIÈRE **DÉFINITIONS**

(Décr. n° 2016-1074 du 3 août 2016, art. 1er, en vigueur le 1er janv. 2017)

Art. R. 4453-1 Pour l'application du présent chapitre, on entend par :

1° Champs électromagnétiques : des champs électriques statiques, des champs magnétiques statiques et des champs électriques, magnétiques et électromagnétiques variant dans le temps, dont les fréquences vont de 0 Hertz à 300 Gigahertz ;

2° Valeur limite d'exposition : valeur exprimée, selon la fréquence, en termes d'induction magnétique externe (B_0), d'intensité de champ électrique interne, de débit d'absorption spécifique (DAS), d'absorption spécifique (AS) ou de densité de puissance (S) ;

3° Valeur déclenchant l'action : valeur exprimée, selon la fréquence, en termes d'intensité de champ électrique (E) ou d'induction magnétique (B), et le niveau de courant, indiqué en termes de courant induit dans les extrémités (I_L) ou de courant de contact (I_C) ;

Les valeurs déclenchant l'action sont les niveaux d'exposition opérationnels au-delà desquels des mesures ou moyens de prévention prévus par le présent chapitre doivent être mis en œuvre et, pour celles concernant les effets biophysiques, en deçà desquels les valeurs limites d'exposition sont considérées comme respectées ;

4° Effets biophysiques directs : effets de type thermique ou non thermique sur l'organisme humain directement causés par sa présence dans un champ électromagnétique. Selon le niveau d'exposition et la gamme de fréquence, sont distingués des effets sensoriels et des effets nocifs sur la santé ;

5° Effets indirects : effets causés par la présence d'un objet dans un champ électromagnétique pouvant entraîner un risque pour la sécurité ou la santé.

SECTION II **PRINCIPES DE PRÉVENTION**

(Décr. n° 2016-1074 du 3 août 2016, art. 1er, en vigueur le 1er janv. 2017)

Art. R. 4453-2 La réduction des risques liés à l'exposition aux champs électromagnétiques se fonde sur les principes généraux de prévention mentionnés à l'article L. 4121-2.

SECTION III **VALEURS LIMITES**

(Décr. n° 2016-1074 du 3 août 2016, art. 1er, en vigueur le 1er janv. 2017)

Art. R. 4453-3 L'exposition d'un travailleur à des champs électromagnétiques ne dépasse pas les valeurs limites d'exposition suivantes :

FREQUENCES (f) (1)	VALEURS LIMITES D'EXPOSITION PROFESSIONNELLE						
	Effets biophysiques directs		« Effets sensoriels »		« Effets sur la santé »		
			Exposition localisée de la tête	Exposition localisée des membres	Exposition ensemble du corps	Exposition localisée de la tête et du tronc	Exposition localisée des membres
0 Hz ≤ f < 1 Hz (2)	Effets non thermiques		2 T	8 T	8 T	-	-
1 Hz ≤ f < 10 Hz (3)			0,7/f $V.m^{-1}$	-	1,1 $V.m^{-1}$	-	-
10 Hz ≤ f < 25 Hz (3)			0,07 $V.m^{-1}$	-		-	-
25 Hz ≤ f ≤ 400 Hz (3)			0,0028 f $V.m^{-1}$	-		-	-
400 Hz < f < 3 kHz (3)			-	-		-	-
3 kHz ≤ f < 100 kHz (3)			-	-	$3,8x10^{-4}$ f $V.m^{-1}$	-	-
100 kHz ≤ f < 10 MHz (3) (4) (5)		Effets thermiques	-	-	$3,8x10^{-4}$ f $V.m^{-1}$ (non thermique) 0,4 $W.kg^{-1}$ (thermique)	10 $W.kg^{-1}$	20 $W.kg^{-1}$
10 MHz ≤ f < 0,3 GHz (4)			-	-	0,4 $W.kg^{-1}$		
0,3 GHz ≤ f < 6 GHz (4) (6)			10 $mJ.kg^{-1}$	-			
6 GHz ≤ f ≤ 300 GHz (7)			-	-	50 $W.m^{-2}$	-	-

(1) La fréquence f est exprimée en hertz (Hz)
(2) Dans la gamme de fréquences comprises entre 0 et 1 hertz, les valeurs limites d'exposition sont des valeurs d'induction magnétique externe exprimées en tesla
(3) Dans la gamme de fréquences comprises entre 1 hertz et 10 mégahertz, les valeurs limites d'exposition sont des valeurs crête spatiale du champ électrique interne exprimées en volt par mètre
(4) Dans la gamme de fréquences comprises entre 100 kilohertz et 6 gigahertz, les valeurs limites d'exposition relatives aux effets sur la santé représentent l'énergie moyenne sur l'ensemble ou une partie du corps (tête, tronc, membres) exprimée en termes de débit d'absorption spécifique en watt par kilogramme
(5) Dans la gamme de fréquences comprises entre 100 kiloherz et 10 mégahertz, les effets thermiques et non thermiques agissant concomitamment, les valeurs limites d'exposition pour les deux types d'effets doivent être considérées
(6) Dans la gamme de fréquences comprises entre 0,3 et 6 gigahertz, la valeur limite d'exposition relative aux effets sensoriels représente l'énergie absorbée par unité de masse de tissus biologiques exprimée en termes d'absorption spécifique en joules par kilogramme
(7) Dans la gamme de fréquences comprises entre 6 et 300 gigahertz, la valeur limite d'exposition relative aux effets sur la santé représente une densité de puissance exprimée en watt par mètre carré

Art. R. 4453-4 Les valeurs déclenchant les actions prévues à la section V du présent chapitre sont les suivantes :

1° Valeurs déclenchant l'action liées aux effets biophysiques directs des champs électromagnétiques :

FREQUENCE (f) (1)	VALEURS DECLENCHANT L'ACTION						
	Effets biophysiques directs		Pour l'exposition aux champs électriques	Pour l'exposition aux champs magnétiques			Pour les courants induits
				VA ($B_{eff.}$) (4)			VA ($I_{Leff.}$) (5)
			VA ($E_{eff.}$) (2) (3)	VA basse (6)	VA haute (6)	Exposition des membres à un champ magnétique localisé	Dans une extrémité quelconque
1 Hz ≤ f < 8 Hz	Effets non thermiques		$2x10^4$ $V.m^{-1}$	$2x10^5/f^2$ µT	$3x10^5/f$ µT	$9x10^5/f$ µT	-
8 Hz ≤ f < 25 Hz				$2.5x10^4/f$ µT			-
25 Hz ≤ f < 50 Hz				$1x10^3$ µT			-
50 Hz ≤ f < 300 Hz			$1x10^6/f$ $V.m^{-1}$				-
300 Hz ≤ f < 1,64 kHz				$3x10^5/f$ µT			-
1,64 kHz ≤ f < 2,5 kHz			$6,1x10^2$ $V.m^{-1}$				-
2,5 kHz ≤ f < 3 kHz							-
3 kHz ≤ f < 100 kHz				$1x10^2$ µT		$3x10^2$ µT	-
100 kHz ≤ f < 1 MHz (7)		Effets thermiques	$6,1x10^2$ $V.m^{-1}$ (non thermique et thermique)	$1x10^2$ µT (non thermique) $2x10^6/f$ µT (thermique)			-
1 MHz ≤ f < 10 MHz (7)			$6,1x10^2$ $V.m^{-1}$ (non thermique) $6,1.10^8/f$ $V.m^{-1}$ (thermique)				- -
10 MHz ≤ f < 110 MHz			61 $V.m^{-1}$	0,2 µT		-	100 mA
110 MHz ≤ f < 400 MHz						-	-
400 MHz ≤ f < 2 GHz			$3x10^{-3}$ $f^{1/2}$ $V.m^{-1}$	$1x10^{-5}$ $f^{1/2}$ µT		-	-
2 GHz ≤ f < 300 GHz			$1,4x10^2$ $V.m^{-1}$	$4,5x10^{-1}$ µT		-	-

(1) La fréquence f est exprimée en hertz (Hz)
(2) Les valeurs déclenchant l'action pour une exposition aux champs électriques sont des valeurs d'intensité de champ électrique exprimées en volt par mètre.
(3) Sur la gamme de fréquences comprises entre 1 et 400 hertz, pour une exposition à des champs électriques, la valeur déclenchant l'action permet de respecter les valeurs limites d'exposition relatives aux effets sensoriels et aux effets sur la santé mentionnées à l'article R. 4453-2
(4) Les valeurs déclenchant l'action pour une exposition à des champs magnétiques sont des valeurs d'induction magnétique exprimées en microtesla
(5) La valeur déclenchant l'action pour les courants induits est exprimée en milliampère
(6) Sur la gamme de fréquences comprises entre 1 et 400 hertz, pour une exposition aux champs magnétiques, la valeur déclenchant l'action basse permet de respecter les valeurs limites d'exposition relatives aux effets sensoriels pour une exposition localisée de la tête tandis que la valeur déclenchant l'action haute permet de respecter les valeurs limites d'exposition relatives aux effets sur la santé mentionnées à l'article R. 4453-2
(7) Dans la gamme de fréquences comprises entre 100 kilohertz et 10 mégahertz, les effets thermiques et non thermiques agissant concomitamment pour les expositions à des champs électriques et à des champs magnétiques, les valeurs déclenchant l'action pour les deux types d'effets et les deux types de champs doivent être considérées

2° Valeurs déclenchant l'action liées à certains effets indirects des champs électromagnétiques :

<table>
<tr><th rowspan="3">FREQUENCE
(f) (1)</th><th colspan="4">VALEURS DECLENCHANT L'ACTION</th></tr>
<tr><th>pour le risque d'interférence avec des dispositifs actifs implantés</th><th>pour le risque d'attraction et de projection dans le champ périphérique de source de champs intenses (> 100 mT)</th><th>pour la limitation du risque de décharges d'étincelles</th><th>pour un courant de contact d'état stable</th></tr>
<tr><th>AL(B_0) (2)</th><th>AL(B_0) (2)</th><th>VA ($E_{eff.}$) (3)</th><th>VA (I_C) (4)</th></tr>
<tr><td>0 Hz ≤ f < 1 Hz</td><td>0,5 mT</td><td>3 mT</td><td>-</td><td rowspan="3">1 mA</td></tr>
<tr><td>1 Hz ≤ f < 25 Hz</td><td>-</td><td>-</td><td>2×10^4 V.m^{-1}</td></tr>
<tr><td>25 Hz ≤ f < 2,5 kHz</td><td>-</td><td>-</td><td rowspan="2">$5 \times 10^5/f$ V.m^{-1}</td></tr>
<tr><td>2,5 kHz ≤ f < 3 kHz</td><td>-</td><td>-</td><td rowspan="2">0,4 f mA</td></tr>
<tr><td>3 kHz ≤ f < 100 kHz</td><td>-</td><td>-</td><td rowspan="2">$1{,}7 \times 10^2$ V.m^{-1}</td></tr>
<tr><td>100 kHz ≤ f < 10 MHz</td><td></td><td></td><td rowspan="2">40 mA</td></tr>
<tr><td>10 MHz ≤ f ≤ 110 MHz</td><td>-</td><td>-</td><td>-</td></tr>
<tr><td colspan="5">(1) La fréquence f est exprimée en hertz (Hz) à l'exception de la valeur déclenchant l'action pour les courants de contact dans la gamme de fréquences comprises entre 2,5 et 100 kilohertz où elle est exprimée en kilohertz
(2) Les valeurs déclenchant l'action pour une exposition à des champs magnétiques statiques sont des valeurs d'induction magnétique exprimées en millitesla
(3) Les valeurs déclenchant l'action pour la limitation du risque de décharges d'étincelles sont des valeurs d'intensité de champ électrique exprimées en volt par mètre
(4) Les valeurs déclenchant l'action pour les courants de contact sont exprimées en milliampère</td></tr>
</table>

Art. R. 4453-5 Un arrêté conjoint des ministres chargés du travail et de l'agriculture précise les grandeurs physiques que représentent les valeurs limites d'exposition mentionnées à l'article R. 4453-3 et les valeurs déclenchant l'action mentionnées à l'article R. 4453-4 ainsi que les paramètres associés.

SECTION IV **ÉVALUATION DES RISQUES**

(Décr. n° 2016-1074 du 3 août 2016, art. 1er, en vigueur le 1er janv. 2017)

Art. R. 4453-6 L'employeur évalue les risques résultant de l'exposition des travailleurs à des champs électromagnétiques.

Cette évaluation a notamment pour objectif :

1° D'identifier parmi les valeurs limites d'exposition et les valeurs déclenchant l'action fixées aux articles R. 4453-3 et R. 4453-4, celles pertinentes au regard de la situation de travail ;

2° De constater si, dans une situation donnée, l'une des valeurs mentionnées au 1° est susceptible d'être dépassée ;

3° De déterminer le cas échéant les mesures et moyens de prévention.

Art. R. 4453-7 Lorsque l'évaluation des risques réalisée à partir des données documentaires ne permet pas de conclure à l'absence de risque de dépassement des valeurs déclenchant l'action ou des valeurs limites d'exposition, l'employeur procède à la mesure, au calcul ou à la simulation numérique des niveaux de champs électromagnétiques auxquels les travailleurs sont susceptibles d'être exposés.

Art. R. 4453-8 Lorsqu'il procède à l'évaluation des risques, l'employeur prend en considération :

1° L'origine et les caractéristiques des émissions de champs électromagnétiques présents sur le lieu de travail ;

2° Les valeurs limites d'exposition et les valeurs déclenchant l'action fixées aux articles R. 4453-3 et R. 4453-4 ;

3° Le résultat des évaluations d'expositions réalisées en application de dispositions règlementaires relatives à la limitation de l'exposition du public aux champs électromagnétiques ;

4° Les informations sur les niveaux d'émission de champs électromagnétiques, fournis par le fabricant d'équipements de travail ou de dispositifs médicaux, en application des règles techniques de conception ou d'utilisation auxquels ils sont soumis, ou par le fabricant d'équipements conçus pour un usage public, s'ils sont utilisés conformément à l'usage auquel ils sont destinés ;

5° La fréquence, le niveau, la durée et le type d'exposition, y compris la répartition dans l'organisme du travailleur et dans l'espace de travail ;

6° Tout effet biophysique direct sur le travailleur ou tout effet indirect pouvant résulter de l'exposition aux champs électromagnétiques ;

7° Toute incidence sur la santé et la sécurité des travailleurs de moins de 18 ans et des travailleurs à risques particuliers, notamment les femmes enceintes et les travailleurs équipés de dispositifs médicaux implantés ou non, passifs ou actifs ;

8° Les informations fournies par *(Décr. n° 2016-1908 du 27 déc. 2016, art. 16, en vigueur le 1er janv. 2017)* « les professionnels de santé mentionnés au premier alinéa de l'article L. 4624-1 concernant le suivi » de l'état de santé des travailleurs pour ce type d'exposition ;

9° L'existence d'équipements de travail permettant de réduire le niveau d'exposition aux champs électromagnétiques et susceptibles d'être utilisés en remplacement ;

10° L'exposition simultanée à des champs de fréquences multiples.

Art. R. 4453-9 Lorsqu'il procède à l'évaluation des risques, l'employeur s'appuie sur le ou les salariés compétents mentionnés à l'article L. 4644-1 ou à défaut sur l'intervenant et les organismes mentionnés au même article.

Art. R. 4453-10 Les résultats de l'évaluation des risques ainsi que les valeurs limites d'exposition ou les valeurs déclenchant l'action identifiées*[,]* en application de l'article R. 4453-6, sont consignés dans le document unique d'évaluation des risques prévu à l'article R. 4121-1.

Les résultats de l'évaluation des risques sont conservés sous une forme susceptible d'en permettre la consultation à une date ultérieure.

L'employeur les communique au médecin du travail *(Décr. n° 2016-1908 du 27 déc. 2016, art. 16, en vigueur le 1er janv. 2017)* « , aux professionnels de santé du service de santé au travail » et au comité d'hygiène, de sécurité et des conditions de travail ou, à défaut, aux délégués du personnel.

(Décr. n° 2016-1908 du 27 déc. 2016, art. 15, en vigueur le 1er janv. 2017) « Les travailleurs exposés à des champs électromagnétiques affectés à des postes pour lesquels les valeurs limites d'exposition fixées à l'article R. 4453-3 sont dépassées bénéficient d'une visite d'information et de prévention prévue aux articles R. 4624-10 à R. 4624-21 réalisée avant l'affectation au poste afin notamment d'orienter sans délai les travailleurs mentionnés au 7° de l'article R. 4453-8 vers le médecin du travail. »

Art. R. 4453-11 Lorsque les résultats de l'évaluation des risques mettent en évidence le dépassement des valeurs déclenchant l'action, l'employeur détermine et met en œuvre les mesures et moyens de prévention prévus à l'article R. 4453-13.

Ces dispositions ne sont pas exigées, lorsque les conditions cumulatives suivantes sont remplies :

1° Les valeurs déclenchant l'action ne concernent que les effets biophysiques directs ;

2° L'employeur a démontré que les valeurs limites d'exposition ne sont pas dépassées ;

3° Les risques pour la sécurité peuvent être écartés.

Art. R. 4453-12 Un arrêté conjoint des ministres chargés du travail et de l'agriculture précise les conditions de mesurage, de calcul et de simulation numérique des niveaux de champs électromagnétiques.

SECTION V **MESURES ET MOYENS DE PRÉVENTION**

(Décr. n° 2016-1074 du 3 août 2016, art. 1er, en vigueur le 1er janv. 2017)

Art. R. 4453-13 La réduction des risques liés à l'exposition aux champs électromagnétiques se fonde notamment sur :

1° La mise en œuvre d'autres procédés de travail n'exposant pas aux champs électromagnétiques ou entraînant une exposition moindre ;

2° Le choix d'équipements de travail appropriés émettant, compte tenu du travail à effectuer, des champs électromagnétiques moins intenses ;

3° La mise en œuvre de moyens techniques visant à réduire l'émission de champs électromagnétiques des équipements de travail ;

4° La modification de la conception et de l'agencement des lieux et postes de travail visant à réduire l'exposition aux champs électromagnétiques ;

5° Le choix d'une organisation du travail visant à réduire la durée et l'intensité des expositions ;

6° Des programmes appropriés de maintenance des équipements de travail, des postes de travail et du lieu de travail ;

7° La mise à disposition d'équipements de protection individuelle appropriés ;

8° La mise en œuvre de mesures techniques et organisationnelles visant à éviter tout risque lié aux effets indirects.

Art. R. 4453-14 Les lieux de travail où les travailleurs sont susceptibles d'être exposés à des niveaux de champs électromagnétiques dépassant les valeurs déclenchant l'action sont identifiés et font l'objet d'une signalisation spécifique et appropriée. Leur accès est limité s'il y a lieu.

Ils font l'objet d'une restriction ou d'un contrôle d'accès lorsque les travailleurs sont susceptibles d'être exposés à des niveaux de champs électromagnétiques dépassant les valeurs limites d'exposition.

Lorsque l'accès à ces lieux est restreint au titre des risques d'origine électrique et que les travailleurs sont informés et formés conformément à l'article R. 4453-17, la signalisation et les restrictions d'accès propres aux champs électromagnétiques ne sont pas requises. Le comité d'hygiène, de sécurité et des conditions de travail, ou à défaut les délégués du personnel, est consulté sur cette organisation.

Art. R. 4453-15 Pour les travailleurs à risques particuliers mentionnés au 7° de l'article R. 4453-8, l'employeur adapte, en liaison avec le médecin du travail, les mesures de prévention prévues à la présente section.

Art. R. 4453-16 Lorsqu'en dépit des mesures de prévention mises en œuvre en application de la présente section, l'exposition d'un travailleur dépasse les valeurs limites d'exposition, l'employeur :

1° Prend immédiatement des mesures pour réduire l'exposition à un niveau inférieur à ces valeurs limites ;

2° Détermine les causes du dépassement des valeurs limites d'exposition et adapte en conséquence les mesures de protection et de prévention en vue d'éviter tout nouveau dépassement ;

3° Informe le comité d'hygiène, de sécurité et des conditions de travail ou, à défaut, les délégués du personnel ainsi que l'agent de contrôle de l'inspection du travail mentionné à l'article L. 8112-1 en précisant les circonstances, les causes présumées et les mesures envisagées pour éviter le renouvellement de ce dépassement.

SECTION VI **INFORMATION ET FORMATION DES TRAVAILLEURS**

(Décr. n° 2016-1074 du 3 août 2016, art. 1er, en vigueur le 1er janv. 2017)

Art. R. 4453-17 L'employeur veille à ce que chaque travailleur susceptible d'être exposé à un risque lié à des champs électromagnétiques reçoive toute l'information nécessaire et une formation en rapport avec les résultats de l'évaluation des risques réalisée conformément à la section IV.

Cette information et cette formation portent, notamment, sur :

1° Les caractéristiques des émissions de champs électromagnétiques ;

2° Les effets biophysiques directs et les effets indirects pouvant résulter d'une exposition à des champs électromagnétiques ;

3° Les mesures prises en application de la section V en vue de supprimer ou de réduire les risques résultant des champs électromagnétiques ;

4° Les précautions à prendre par les travailleurs pour assurer la protection de leur santé et de leur sécurité et celle des autres travailleurs présents sur le lieu de travail, notamment l'importance de déclarer le plus précocement possible au médecin du travail *(Décr. n° 2016-1908 du 27 déc. 2016, art. 16, en vigueur le 1er janv. 2017)* « ou les *[aux]* professionnels de santé du service de santé au travail » qu'ils sont équipés de dispositifs médicaux implantés ou non, passifs ou actifs ;

5° Les règles particulières établies pour les travailleurs à risques particuliers mentionnés au 7° de l'article R. 4453-8 ;

6° La conduite à tenir en cas d'apparition d'effets sensoriels ou sur la santé, d'accident ou d'exposition au-delà des valeurs limites d'exposition, ainsi que les modalités de leur signalement.

Art. R. 4453-18 L'employeur établit une notice de poste pour chaque poste de travail lorsque les travailleurs sont susceptibles d'être exposés à des champs électromagnétiques dépassant les valeurs déclenchant l'action identifiées en application de l'article R. 4453-6 ou présentant d'autres risques d'effets indirects.

La notice est destinée à informer les travailleurs des risques auxquels leur travail peut les exposer et des dispositions prises pour les éviter. Elle rappelle en particulier les règles de sécurité applicables et les consignes relatives aux mesures de protection collective et individuelle.

SECTION VII **SUIVI DE L'ÉTAT DE SANTÉ DES TRAVAILLEURS**

(Décr. n° 2016-1074 du 3 août 2016, art. 1er, en vigueur le 1er janv. 2017)

Art. R. 4453-19 Lorsqu'une exposition au-delà des valeurs limites d'exposition est détectée ou lorsqu'un effet indésirable ou inattendu sur la santé susceptible de résulter d'une exposition à des champs électromagnétiques est signalé par un travailleur, celui-ci bénéficie d'*(Décr. n° 2016-1908 du 27 déc. 2016, art. 16, en vigueur le 1er janv. 2017)* « un examen médical complémentaire réalisé dans les conditions prévues aux articles R. 4624-35 à R. 4624-38 ».

SECTION VIII **DISPOSITIONS PARTICULIÈRES ENCADRANT LE DÉPASSEMENT DES VALEURS LIMITES D'EXPOSITION RELATIVES AUX EFFETS SENSORIELS**

(Décr. n° 2016-1074 du 3 août 2016, art. 1er, en vigueur le 1er janv. 2017)

Art. R. 4453-20 Sans préjudice des dispositions prévues aux sections I à VII du présent chapitre, à l'exception de l'article R. 4453-16, lorsque les mesures et moyens de prévention mis en place par l'employeur au titre de l'article R. 4453-13 ne permettent pas de maintenir les expositions en deçà des valeurs limites d'exposition relatives aux effets sensoriels et lorsque la pratique de travail le nécessite, ces valeurs peuvent être temporairement dépassées.

L'exposition du travailleur ne dépasse pas les valeurs limites d'exposition relatives aux effets sur la santé.

Art. R. 4453-21 L'employeur démontre l'absence d'alternative possible au dépassement des valeurs limites d'exposition relatives aux effets sensoriels compte tenu de la pratique de travail et consigne la justification dans le document unique d'évaluation des risques.

L'employeur en informe le médecin du travail *(Décr. n° 2016-1908 du 27 déc. 2016, art. 16, en vigueur le 1er janv. 2017)* « , les professionnels de santé du service de santé au travail » et le comité d'hygiène, de sécurité et des conditions de travail, ou à défaut les délégués du personnel.

Art. R. 4453-22 L'employeur s'assure de la mise en œuvre de mesures et moyens de prévention complémentaires propres à garantir la santé et la sécurité des travailleurs.

Art. R. 4453-23 L'employeur désigne une personne chargée d'assurer la fonction de conseiller à la prévention des risques liés aux champs électromagnétiques. Cette personne peut être le salarié sur lequel s'appuie l'employeur au titre de l'article R. 4453-9 pour procéder à l'évaluation des risques.

Sous la responsabilité de l'employeur, celle-ci participe notamment à :

1° L'évaluation des risques prévue à l'article R. 4453-6 ;

2° La mise en œuvre de toutes mesures propres à assurer la santé et la sécurité des travailleurs ;

3° L'amélioration continue de la prévention des risques à partir de l'analyse des situations de travail ;

4° L'information et la formation des travailleurs relatives aux risques liés aux champs électromagnétiques.

Art. R. 4453-24 En complément de la formation prévue à l'article R. 4453-17, l'employeur organise, pour chaque travailleur concerné, une formation renforcée sur les risques, les mesures et moyens de prévention spécifiques à prendre pendant cette exposition.

Art. R. 4453-25 L'employeur met en place un dispositif permettant aux travailleurs de signaler l'apparition de tout effet sensoriel.

Après chaque signalement, l'employeur met à jour, si nécessaire, l'évaluation des risques prévue à l'article R. 4453-6 et adapte les moyens et mesures de prévention mentionnés à l'article R. 4453-13.

Art. R. 4453-26 Pour chaque travailleur concerné, l'employeur identifie et transmet au médecin du travail *(Décr. n° 2016-1908 du 27 déc. 2016, art. 16, en vigueur le 1er janv. 2017)* « et aux professionnels de santé mentionnés au premier alinéa de l'article L. 4624-1 » les informations suivantes, qu'il réactualise en tant que de besoin :

1° La nature du travail ;

2° Les caractéristiques des champs électromagnétiques auxquelles le travailleur est exposé ;

3° Les niveaux d'exposition, et le cas échéant, les résultats des mesures, du calcul, ou de la simulation numérique des niveaux de champs électromagnétiques ;

4° La fréquence des expositions.

SECTION IX **DISPOSITIONS PARTICULIÈRES APPLICABLES AUX ÉQUIPEMENTS D'IMAGERIE PAR RÉSONANCE MAGNÉTIQUE DESTINÉS AUX SOINS DES PATIENTS DANS LE SECTEUR DE LA SANTÉ OU À LA RECHERCHE DANS CE DOMAINE ENCADRANT LE DÉPASSEMENT DES VALEURS LIMITES D'EXPOSITION RELATIVES AUX EFFETS SUR LA SANTÉ**

(Décr. n° 2016-1074 du 3 août 2016, art. 1er, en vigueur le 1er janv. 2017)

Art. R. 4453-27 Sans préjudice des dispositions prévues aux sections I à VIII du présent chapitre, à l'exception de l'article R. 4453-16, les dispositions de la présente section sont applicables à l'installation, à l'essai, à l'utilisation, au développement et à l'entretien des équipements d'imagerie par résonance magnétique destinés aux soins des patients dans le secteur de la santé ou à la recherche dans ce domaine lorsque les mesures de prévention mises en place par l'employeur au titre de l'article R. 4453-13 ne permettent pas de maintenir l'exposition des travailleurs en deçà des valeurs limites d'exposition relatives aux effets sur la santé.

Art. R. 4453-28 L'employeur démontre l'absence d'alternative possible au dépassement des valeurs limites d'exposition relatives aux effets sur la santé compte tenu de la pratique de travail et consigne la justification dans le document d'évaluation des risques.

L'employeur demande l'avis du médecin du travail et celui du comité d'hygiène, de sécurité et des conditions de travail, ou à défaut des délégués du personnel.

Art. R. 4453-29 L'employeur définit les mesures et moyens de protection appropriés garantissant que :

1° Les travailleurs sont protégés contre les effets nocifs pour la santé et les risques pour la sécurité ;

2° L'exposition du travailleur ne soit que temporaire ;

3° Le travailleur ne fait l'objet d'aucune contre-indication médicale ;

4° L'accès au poste de travail fait l'objet d'une habilitation nominative délivrée par l'employeur, renouvelée si la pratique de travail le nécessite.

Art. R. 4453-30 L'employeur complète le dispositif prévu à l'article R. 4453-25 permettant aux travailleurs de signaler l'apparition de tout autre effet.

Après chaque signalement, l'employeur met à jour, si nécessaire, l'évaluation des risques prévue à l'article R. 4453-6 et adapte les moyens et mesures de prévention mis en œuvre au titre de la présente section.

Art. R. 4453-31 L'employeur demande l'autorisation de dépasser, dans les conditions prévues à la présente section, les valeurs limites d'exposition relatives aux effets sur la santé au directeur régional des entreprises, de la concurrence, de la consommation, du travail et de l'emploi.

Art. R. 4453-32 La demande d'autorisation comprend :

1° La dénomination et le siège social de l'entreprise et l'adresse de l'établissement ;

2° Le nom et l'adresse du service de santé au travail dont il relève ;

3° Le nom et la qualité du conseiller à la prévention des risques liés aux champs électromagnétiques désigné par l'employeur ;

4° Le résultat de l'évaluation des risques d'exposition aux champs électromagnétiques ;

5° Les circonstances qui justifient cette démarche ;
6° Les mesures et moyens de protection envisagés ;
7° La liste des postes de travail concernés ;
8° Le cas échéant, les dispositions particulières prises dans le cadre de travaux réalisés par une entreprise extérieure ;
9° L'avis du médecin du travail et l'avis du comité d'hygiène, de sécurité et des conditions de travail ou à défaut des délégués du personnel.

Art. R. 4453-33 I. – Le directeur régional des entreprises, de la concurrence, de la consommation, du travail et de l'emploi saisi d'une demande d'autorisation, prend sa décision dans un délai de deux mois, après enquête de l'agent de contrôle de l'inspection du travail mentionné à l'article L. 8112-1.

II. – Le silence gardé par le directeur régional des entreprises, de la concurrence, de la consommation, du travail et de l'emploi pendant deux mois à la demande d'autorisation mentionnée au I vaut rejet de celle-ci.

Art. R. 4453-34 L'autorisation du directeur régional des entreprises, de la concurrence, de la consommation, du travail et de l'emploi peut être retirée lorsque les conditions ayant justifié sa délivrance ne sont plus réunies.

TITRE SIXIÈME **AUTRES RISQUES**

(Décr. n° 2011-45 du 11 janv. 2011)

CHAPITRE PREMIER **PRÉVENTION DES RISQUES EN MILIEU HYPERBARE**

SECTION PREMIÈRE **DÉFINITIONS ET DISPOSITIONS GÉNÉRALES**

Art. R. 4461-1 Les dispositions du présent chapitre s'appliquent dès lors que des travailleurs sont exposés à une pression relative supérieure à 100 hectopascals dans l'exercice des activités suivantes réalisées avec ou sans immersion :

1° Travaux hyperbares exécutés par des entreprises soumises à certification et dont la liste est fixée par l'arrêté prévu à l'article R. 4461-48, en tenant compte de la nature et de l'importance du risque, comprenant notamment les travaux industriels, de génie civil ou maritimes ;

2° Interventions en milieu hyperbare réalisées à d'autres fins que celles des travaux mentionnés au 1°, notamment dans le cadre d'activités physiques ou sportives, culturelles, scientifiques, techniques, maritimes, aquacoles, médicales, de sécurité, de secours et de défense.

Art. R. 4461-2 La pression relative considérée par le présent chapitre est la pression absolue au niveau des voies respiratoires du travailleur, au moment où elle atteint sa valeur maximale pendant la durée de travail, diminuée de la pression atmosphérique locale.

SECTION II **ÉVALUATION DES RISQUES**

SOUS-SECTION 1 **DOCUMENT UNIQUE**

Art. R. 4461-3 Dans le cadre de l'évaluation des risques prévue à l'article R. 4121-1, l'employeur consigne en particulier les éléments suivants dans le document unique d'évaluation :

1° Le niveau, le type et la durée d'exposition au risque hyperbare des travailleurs ;
2° L'incidence sur la santé et la sécurité des travailleurs exposés à ce risque ;
3° L'incidence sur la santé et la sécurité des autres risques liés aux interventions et leurs interactions avec le risque hyperbare ;
4° Les variables d'environnement tels que les courants, la météorologie, la température, la turbidité et tout autre élément ayant une incidence sur les conditions d'intervention ;
5° Les caractéristiques techniques des équipements de travail ;

6° Les recommandations spécifiques du médecin du travail concernant la surveillance de la santé des travailleurs.

Lorsqu'il s'agit d'interventions archéologiques sous-marines et subaquatiques, sont substitués au mot : "l'employeur" les mots : "le ministre chargé de la culture ou son représentant" (Décr. n° 2011-45 du 11 janv. 2011, art. 7).

SOUS-SECTION 2 CONSEILLER À LA PRÉVENTION HYPERBARE

Art. R. 4461-4 I. — L'employeur désigne une personne chargée d'assurer la fonction de conseiller à la prévention hyperbare. Sous la responsabilité de l'employeur, ce conseiller participe notamment :

1° A l'évaluation des risques prévue à l'article R. 4461-3 ;

2° A la mise en œuvre de toutes les mesures propres à assurer la santé et la sécurité des travailleurs intervenant en milieu hyperbare ;

3° A l'amélioration continue de la prévention des risques à partir de l'analyse des situations de travail.

II. — Ne peut être désigné en qualité de conseiller à la prévention hyperbare que le travailleur titulaire du certificat prévu au II de l'article R. 4461-27.

La durée de validité de ce certificat ainsi que les conditions de son renouvellement sont fixées par l'arrêté prévu à l'article R. 4461-30.

III. — Dans les entreprises de moins de dix salariés, l'employeur peut occuper cette fonction à la condition d'être titulaire du certificat mentionné au II ci-dessus.

Lorsqu'il s'agit d'interventions archéologiques sous-marines et subaquatiques, sont substitués au mot : "l'employeur" les mots : "le ministre chargé de la culture ou son représentant" (Décr. n° 2011-45 du 11 janv. 2011, art. 7).

Art. R. 4461-5 L'employeur porte à la connaissance de chaque travailleur amené à intervenir en milieu hyperbare le nom et les coordonnées du conseiller à la prévention hyperbare mentionné à l'article R. 4461-4.

SECTION III MESURES ET MOYENS DE PRÉVENTION

SOUS-SECTION 1 ORGANISATION DU TRAVAIL EN MILIEU HYPERBARE

§ 1er PROCÉDURES ET MÉTHODES D'INTERVENTION, PROCÉDURES DE SECOURS ET MANUEL DE SÉCURITÉ HYPERBARE

Art. R. 4461-6 Les procédures, et leurs paramètres, retenues pour les différentes méthodes d'intervention ou d'exécution de travaux sont fixées par des arrêtés conjoints du ministre chargé du travail et, chacun en ce qui le concerne, des ministres intéressés.

Chaque arrêté précise notamment :

1° Les gaz ou mélanges gazeux respiratoires autorisés, en application des dispositions de la sous-section 2 ci-après ;

2° Les durées d'intervention ou d'exécution des travaux, tenant compte de l'exposition du travailleur ;

3° Les caractéristiques et conditions d'utilisation des appareils respiratoires ;

4° La composition des équipes lorsque, par dérogation aux dispositions de la section V du présent chapitre, il est nécessaire que celles-ci soient renforcées pour tenir compte des méthodes et conditions d'intervention ou d'exécution de travaux particulières, en milieu hyperbare ;

5° Les prescriptions d'utilisation applicables aux enceintes pressurisées habitées, notamment aux caissons de recompression, aux systèmes de plongées à saturation, aux caissons hyperbares thérapeutiques, aux tourelles de plongées, aux bulles de plongées et aux caissons hyperbares des tunneliers ;

6° Les procédures et moyens de compression et de décompression ;

7° Les méthodes d'intervention et d'exécution de travaux ainsi que les procédures de secours et la conduite à tenir devant les accidents liés à l'exposition au risque hyperbare.

V. Arr. du 30 oct. 2012 définissant les procédures d'accès, de séjour, de sortie et d'organisation du travail pour les interventions en milieu hyperbare exécutées avec immersion dans le cadre de la mention B "techniques, sciences et autres interventions" (JO 15 nov.)

Art. R. 4461-7 L'employeur établit, pour chacun de ses établissements, un manuel de sécurité hyperbare, en tenant compte des résultats de l'évaluation des risques consignés dans le document unique prévu à l'article R. 4461-3.

Ce manuel précise notamment :

1° Les fonctions, compétences et les rôles respectifs des différentes catégories de travailleurs intervenant lors des opérations ;

2° Les équipements requis selon les méthodes d'intervention employées par l'entreprise et les vérifications devant être effectuées avant leur mise en œuvre ;

3° Les règles de sécurité à observer au cours des différents types d'opérations ainsi que celles à respecter préalablement et ultérieurement à ces opérations, en particulier dans les déplacements entraînant des modifications de pression ayant des conséquences sur la santé et en cas d'intervention dans les conditions mentionnées à l'article R. 4461-49 ;

4° Les éléments devant être pris en compte par les travailleurs lors du déroulement des opérations tels que les caractéristiques des lieux, les variables d'environnement, les interférences avec d'autres opérations, la pression relative ;

5° Les méthodes d'intervention et d'exécution des travaux ;

6° Les procédures d'alerte et d'urgence, les moyens de secours extérieurs à mobiliser, les moyens de recompression disponibles et leur localisation.

Lorsqu'il s'agit d'interventions archéologiques sous-marines et subaquatiques, sont substitués au mot : "l'employeur" les mots : "le ministre chargé de la culture ou son représentant" (Décr. n° 2011-45 du 11 janv. 2011, art. 7).

Art. R. 4461-8 Le manuel de sécurité hyperbare, établi en liaison avec le conseiller à la prévention hyperbare, est soumis à l'avis préalable du médecin du travail et du comité d'hygiène, de sécurité et des conditions de travail ou, à défaut, des délégués du personnel.

Il est mis à jour périodiquement notamment à l'occasion de toute modification importante des conditions d'intervention ou d'exécution de travaux.

V. note ss. art. R. 4461-7.

Art. R. 4461-9 L'employeur remet un exemplaire du manuel de sécurité hyperbare au conseiller à la prévention hyperbare qui veille à la disponibilité de ce manuel sur le site d'intervention ou de travaux.

L'employeur le tient à la disposition des travailleurs et du comité d'hygiène, de sécurité et des conditions de travail ou, à défaut, des délégués du personnel.

A bord des navires, le manuel de sécurité hyperbare est également tenu à la disposition des délégués de bord mentionnés à l'article L. 5543-2 du code des transports.

V. note ss. art. R. 4461-7.

Art. R. 4461-10 L'employeur établit, sur la base de l'évaluation des risques réalisée pour chaque poste de travail et mentionnée à l'article R. 4461-3, une notice de poste remise à chaque travailleur afin de l'informer sur les risques auxquels son travail peut l'exposer et les dispositions prises pour les éviter ou les réduire. Cette notice, tenue à jour, rappelle les règles d'hygiène et de sécurité applicables ainsi que, le cas échéant, les consignes relatives à l'emploi des mesures de protection collective ou des équipements de protection individuelle.

V. note ss. art. R. 4461-7.

Art. R. 4461-11 Lorsque le chef de l'entreprise utilisatrice fait intervenir une entreprise extérieure ou un travailleur indépendant, il assure la coordination générale des mesures de prévention qu'il prend et de celles prises par le chef de l'entreprise extérieure ou le travailleur indépendant, conformément aux dispositions des articles R. 4511-1 et suivants.

Il transmet les consignes particulières applicables à l'établissement en matière de prévention du risque hyperbare aux chefs des entreprises extérieures ou aux travailleurs indépendants auxquels il fait appel. Il leur remet notamment le manuel de sécurité hyperbare applicable à l'établissement au sein duquel ils sont appelés à intervenir.

Chaque chef d'entreprise est responsable, chacun en ce qui le concerne, de l'application des mesures de prévention nécessaires à la protection des travailleurs qu'il emploie, notamment de la fourniture, de l'entretien et du contrôle des appareils et mesures de protection collective et des équipements de protection individuelle.

Des accords peuvent être conclus entre le chef de l'entreprise utilisatrice et les chefs des entreprises extérieures ou les travailleurs indépendants concernant les modalités de mise à disposition des moyens de protection collective, des appareils et des équipements de protection individuelle, ainsi que des gaz respiratoires.

§ 2 FICHE DE SÉCURITÉ

Art. R. 4461-12 L'employeur s'assure de l'adéquation des qualifications et de l'aptitude médicale de chaque travailleur avec la fonction qu'il lui a confiée.

Art. R. 4461-13 Sur le site d'intervention ou de travaux hyperbares, pour chaque intervention à des fins de travaux ou à d'autres fins, l'employeur établit une fiche de sécurité sur laquelle il indique :

1° La date et le lieu de l'intervention ou des travaux ;

2° L'identité des travailleurs concernés ainsi que leur fonction et, s'il s'agit de travailleurs indépendants ou de salariés d'une entreprise extérieure, l'identification de celle-ci ;

3° Les paramètres relatifs à l'intervention ou aux travaux, notamment les durées d'exposition et les pressions relatives ;

4° Les mélanges utilisés.

Un modèle de ce document est intégré dans le manuel de sécurité hyperbare.

SOUS-SECTION 2 **RÈGLES TECHNIQUES**

§ 1er GAZ ET MÉLANGES GAZEUX RESPIRATOIRES

SOUS-§ 1er PRINCIPES

Art. R. 4461-14 Sauf pour les interventions en apnée mentionnées à l'article R. 4461-42, les interventions et travaux en milieu hyperbare sont pratiqués en respirant de l'air, un autre mélange gazeux ou de l'oxygène pur dans les conditions fixées à la présente sous-section.

Art. R. 4461-15 L'employeur détermine le gaz respiratoire le plus approprié aux conditions de travail.

Art. R. 4461-16 La respiration d'air comprimé est autorisée jusqu'à la pression relative de 6 000 hectopascals. Au-delà de 6 000 hectopascals, des mélanges respiratoires spécifiques doivent être utilisés.

SOUS-§ 2 COMPOSITION DES GAZ

Art. R. 4461-17 Sans préjudice des valeurs limites d'exposition professionnelle fixées aux articles R. 4222-10, R. 4412-149 et R. 4412-150, l'air ou les mélanges respirés au cours des interventions et travaux doivent présenter les caractéristiques suivantes :

1° S'agissant du gaz carbonique, une pression partielle inférieure à 10 hectopascals ;

2° S'agissant du monoxyde de carbone, une pression partielle inférieure à 5 pascals *[hectopascals]* ;

3° S'agissant de la vapeur d'eau, pour les expositions d'une durée supérieure à 24 heures, un degré hygrométrique compris entre 60 pour 100 et 80 pour 100 ;

4° S'agissant des vapeurs d'huile, une pression partielle exprimée en équivalent méthane inférieure à 0,5 hectopascal et une concentration inférieure à 0,5 mg/m^3.

La masse volumique d'un mélange respiratoire ne doit pas excéder 9 grammes par litre à la pression d'utilisation.

Art. R. 4461-18 La pression partielle d'azote dans un mélange respiré doit être inférieure à 5 600 hectopascals.

Art. R. 4461-19 La pression partielle d'oxygène d'un mélange respiré ne doit pas :

I. — Être inférieure à 160 hectopascals et, dans une enceinte hyperbare de travail, être supérieure à 25 pour 100 de la pression *(Décr. nº 2013-607 du 9 juill. 2013)* « absolue. »

II. — Dépasser les valeurs suivantes :

1° En période d'activités physiques, en dehors des phases de compression et de décompression et pour des durées continues d'exposition n'excédant pas respectivement 3, 4, 5, 6 et 8 heures : 1 600 hectopascals, 1 400 hectopascals, 1 200 hectopascals, 1 000 hectopascals et 900 hectopascals ;

2° Lors de la phase de décompression en immersion, 1 600 hectopascals ;

3° Lors de la phase de décompression au sec, 2 200 hectopascals pour une décompression d'une durée inférieure à 24 heures et 800 hectopascals pour une décompression d'une durée supérieure à 24 heures ;

4° Lors des phases de compression ou de repos à saturation, entre 300 hectopascals et 450 hectopascals ;

5° Lors d'une recompression d'urgence après un accident de décompression, 2 800 hectopascals, sauf prescription médicale différente.

Art. R. 4461-20 Par dérogation au I de l'article R. 4461-19, la respiration d'oxygène pur sous pression avec un appareil de protection respiratoire individuel est autorisée durant les périodes de décompression conformément aux procédures de décompression définies au 6° de l'article R. 4461-6.

§ 2 ÉQUIPEMENTS DE PROTECTION INDIVIDUELLE

Art. R. 4461-21 L'employeur met à disposition les équipements de protection individuelle spécifiques à la nature de l'intervention ou des travaux, comprenant notamment les appareils respiratoires, les appareils respiratoires de secours et les accessoires appropriés aux méthodes d'intervention et de secours.

Par dérogation à cet art., l'employeur peut autoriser un travailleur titulaire d'un certificat d'aptitude à l'hyperbarie mention B "archéologie sous-marine et subaquatique" à utiliser son propre équipement de protection individuelle, après s'être assuré qu'il est approprié au travail à réaliser ou convenablement adapté à cet effet, conformément aux art. R. 4321-1 s. (Décr. nº 2011-45 du 11 janv. 2011, art. 7).

Art. R. 4461-22 Doivent être constamment disponibles pour prévenir une défaillance d'alimentation en gaz respirable :

1° Un réservoir de gaz de secours ou un moyen de contrôle continu de la pression permettant d'alerter le travailleur ;

2° Un dispositif d'alimentation de secours.

§ 3 CONTRÔLE DES GAZ ET DÉTENDEURS

Art. R. 4461-23 L'employeur s'assure, en procédant ou en faisant procéder, par analyse, et avant leur utilisation, de :

1° La conformité des gaz respiratoires, fournis par des compresseurs, aux valeurs limites d'exposition professionnelle fixées par la présente sous-section ;

2° La conformité de la teneur en oxygène des mélanges autres que l'air aux valeurs limites d'exposition professionnelle fixées par la présente sous-section ;

3° En cas d'utilisation de mélanges binaires ou ternaires, la conformité de la teneur en azote et, le cas échéant, en hélium.

Art. R. 4461-24 L'employeur consigne les résultats des analyses mentionnées à l'article R. 4461-23 et les tient à disposition des personnes mentionnées à l'article R. 4121-4.

Lorsque les gaz sont destinés à être utilisés par une entreprise extérieure, ils sont accompagnés d'une fiche mentionnant le résultat de ces analyses.

Art. R. 4461-25 L'employeur assure la maintenance et le contrôle des détendeurs destinés à ramener la pression du gaz d'un réservoir à la pression d'utilisation.

Par dérogation à cet art., l'employeur peut autoriser un travailleur titulaire d'un certificat d'aptitude à l'hyperbarie mention B "archéologie sous-marine et subaquatique" à utiliser son propre équipe-

ment de protection individuelle, après s'être assuré qu'il est approprié au travail à réaliser ou convenablement adapté à cet effet, conformément aux art. R. 4321-1 s. (Décr. n° 2011-45 du 11 janv. 2011, art. 7).

Art. R. 4461-26 Un arrêté conjoint du ministre chargé du travail et, chacun en ce qui le concerne, des ministres intéressés précise la périodicité et les modalités selon lesquelles sont effectuées :

1° Les analyses de gaz prévues à l'article R. 4461-23 ;

2° Les opérations de maintenance et de contrôle prévues à l'article R. 4461-25.

SECTION IV **FORMATION**

SOUS-SECTION 1 **CERTIFICAT D'APTITUDE À L'HYPERBARIE ET CERTIFICAT DE CONSEILLER À LA PRÉVENTION HYPERBARE**

Art. R. 4461-27 I. — Seuls peuvent intervenir en milieu hyperbare les travailleurs titulaires d'un certificat d'aptitude à l'hyperbarie délivré à l'issue d'une formation dispensée dans les conditions prévues par la présente section.

II. — Seuls peuvent exercer les fonctions de conseiller à la prévention hyperbare les travailleurs titulaires du certificat mentionné à l'article R. 4461-4 délivré à l'issue d'une formation dispensée dans les conditions prévues par la présente section.

III. — La durée de validité de ces certificats ainsi que les modalités et conditions de leur renouvellement sont fixées par les arrêtés prévus à l'article R. 4461-30.

L'obligation de détention de ces certificats n'est pas applicable aux travailleurs qui justifient d'une formation acquise de façon prépondérante dans l'Union, ou d'un diplôme, certificat ou autre titre délivré dans un État membre de l'Union européenne, ou délivré par une autorité d'un pays tiers, à condition que soit fournie une attestation de l'autorité compétente de l'État membre qui a reconnu le titre, certificat ou un autre titre attestant de la formation et de la qualification de cette personne par une autorité ou d'une formation acquise remplissant les mêmes objectifs pédagogiques que ceux figurant au I du R. 4461-30.

Les titulaires de certificats d'aptitude à l'hyperbarie délivrés antérieurement au 13 janv. 2011, date d'entrée en vigueur du Décr. n° 2011-45 du 11 janv. 2011, conservent le bénéfice des aptitudes définies dans ces certificats.

Pour l'application du présent décret, les intitulés des classes et les pressions relatives maximales mentionnées à l'art. 3 du Décr. n° 1990-277 du 28 mars 1990 ont pour équivalence les intitulés et pressions relatives maximales figurant en annexe du Décr. n° 2011-45 du 11 janv. 2011 (JO 13 janv.).

Art. R. 4461-28 I. — Les certificats d'aptitude à l'hyperbarie et de conseiller à la prévention hyperbare indiquent notamment :

1° La mention correspondant à l'activité professionnelle exercée ;

2° La classe définissant, compte tenu de la pression relative maximale, la zone dans laquelle le travailleur peut intervenir ou la zone d'intervention ou de travaux pour laquelle le conseiller à la prévention hyperbare peut proposer les mesures de prévention adaptées.

II. — Les mentions relatives aux activités professionnelles sont définies comme suit :

1° Mention A : Travaux subaquatiques effectués par des entreprises soumises à certification telle que définie à l'article R. 4461-43 ;

2° Mention B : Interventions subaquatiques :

a) Activités physiques ou sportives ;

b) Archéologie sous-marine et subaquatique ;

c) Arts, spectacles et médias ;

d) Cultures marines et aquaculture ;

e) Défense ;

f) Pêche et récoltes subaquatiques ;

g) Secours et sécurité ;

h) Techniques, sciences et autres interventions ;

3° Mention C : Interventions sans immersion :

a) Défense ;

b) Médical ;

c) Secours et sécurité ;

d) Techniques, sciences et autres interventions ;

4° Mention D : Travaux sans immersion effectués par des entreprises soumises à certification telle que définie à l'article R. 4461-43.

III. – Les classes sont définies comme suit :

1° Classe 0 : pour une pression relative maximale n'excédant pas 1 200 hectopascals ;

2° Classe I : pour une pression relative maximale n'excédant pas 3 000 hectopascals ;

3° Classe II : pour une pression relative maximale n'excédant pas 5 000 hectopascals ;

4° Classe III : pour une pression relative supérieure à 5 000 hectopascals.

IV. – Le certificat d'aptitude à l'hyperbarie est accompagné d'un livret de suivi des interventions ou d'exécution de travaux en milieu hyperbare.

SOUS-SECTION 2 ORGANISATION DE LA FORMATION

Art. R. 4461-29 Les formations réalisées en vue de la délivrance des certificats d'aptitude à l'hyperbarie et de conseiller à la prévention hyperbare le sont par :

1° Un organisme habilité dans les conditions et selon les modalités définies à la sous-section 3 ci-après, pour les formations donnant lieu à la délivrance d'un certificat d'aptitude à l'hyperbarie mention B, pour les activités suivantes :

a) Archéologie sous-marine et subaquatique ;

b) Secours et sécurité ;

2° Un organisme certifié par un organisme de certification accrédité dans les conditions prévues à l'article R. 4724-1, pour les autres formations.

Art. R. 4461-30 Pour la réalisation des formations, des arrêtés conjoints du ministre chargé du travail et, chacun en ce qui le concerne, des ministres intéressés, fixent :

I. – Pour la réalisation des formations, en tenant compte de l'ampleur et la nature du risque lié à chaque type d'intervention ou de travaux en milieu hyperbare :

1° Les objectifs pédagogiques, la durée des formations des travailleurs intéressés et les conditions d'accès aux formations ;

2° La qualification des personnes chargées de ces formations ;

3° Les modalités de contrôle des connaissances acquises à l'issue des formations ;

4° Les conditions d'organisation de la formation des travailleurs concernés.

II. – Pour la délivrance des certificats prévus aux articles R. 4461-4 et R. 4461-27 :

1° Les conditions de délivrance, la durée de validité et les modalités de renouvellement du certificat d'aptitude à l'hyperbarie et du certificat de conseiller à la prévention hyperbare ;

2° Les informations devant figurer sur le certificat d'aptitude à l'hyperbarie et sur le certificat de conseiller à la prévention hyperbare.

V. Arr. du 12 déc. 2016, JO 31 déc.

Art. R. 4461-31 Les organismes de formation mentionnés à l'article R. 4461-29 transmettent, dans un délai maximum d'un mois à compter de la délivrance des certificats d'aptitude à l'hyperbarie et de conseiller à la prévention hyperbare, les informations suivantes à un organisme désigné par le ministre chargé du travail :

1° L'identité, la date de naissance et les coordonnées de résidence des titulaires du certificat délivré ;

2° La date de délivrance du certificat ainsi que la mention et la classe obtenues.

Cet organisme centralise, vérifie et consolide ces informations pour constituer et tenir à jour le fichier national des travailleurs hyperbares. Il détermine les modalités pratiques de transmission de ces informations et les porte à la connaissance des organismes de formation mentionnés à l'article R. 4461-29. Il transmet dans un rapport annuel au ministre chargé du travail les éléments statistiques et informations relatifs à ce fichier.

Dans le cadre de leur mission de contrôle, les agents des services de l'inspection du travail et les services déconcentrés de l'État chargés des sports, de l'intérieur et de la mer ont accès sur demande à ces informations individuelles nominatives.

SOUS-SECTION 3 HABILITATION, ACCRÉDITATION ET CERTIFICATION

§ 1er HABILITATION

Art. R. 4461-32 I. – La demande d'habilitation des organismes de formation, mentionnés au 1° de l'article R. 4461-29, est adressée, par pli recommandé avec demande d'avis de réception, aux services centraux compétents des ministères chargés :

1° De la sécurité civile et de l'intérieur pour ce qui concerne la mention B "secours et sécurité" ;

2° De la culture pour ce qui concerne la mention B "archéologie sous-marine et subaquatique".

II. – Ce dossier comprend des informations relatives :

1° A l'identification de l'organisme ;

2° Aux catégories d'intervention *[interventions]* pour lesquelles l'habilitation est demandée ;

3° Aux moyens mis en œuvre ;

4° Aux modalités de financement de ces formations.

Le dossier est réputé complet, si le service instructeur a délivré un accusé de réception ou n'a pas fait connaître, dans le délai d'un mois à compter de sa réception, au demandeur, par lettre recommandée avec demande d'avis de réception, la liste des pièces manquantes ou incomplètes.

L'autorité administrative compétente se prononce dans un délai de deux mois à compter de la présentation d'une demande complète. L'habilitation est réputée acquise au terme de ce délai. En cas d'octroi de l'habilitation, l'autorité administrative compétente en informe l'organisme désigné à l'article R. 4461-29.

III. – L'habilitation est valable pour une durée de trois ans. Elle peut être renouvelée par l'autorité administrative compétente, pour une durée identique, sur demande du titulaire de l'habilitation adressée au plus tard quatre mois avant sa date d'expiration, par lettre recommandée avec demande d'avis de réception. Les dispositions du II s'appliquent à ces demandes de renouvellement.

Art. R. 4461-33 Pour délivrer l'habilitation mentionnée au 1° de l'article R. 4461-29, l'autorité administrative compétente s'assure en particulier que les modalités et conditions d'organisation répondent aux exigences fixées par les arrêtés mentionnés à l'article R. 4461-30.

Lorsque les modalités et conditions d'organisation ne répondent plus aux exigences fixées par les arrêtés mentionnés à l'article R. 4461-30, l'autorité administrative compétente retire l'habilitation délivrée.

Le retrait est prononcé par décision motivée après l'expiration d'un délai de trente jours suivant la notification d'une mise en demeure au titulaire de l'habilitation précisant les griefs formulés à son encontre.

Art. R. 4461-34 Toutes les modifications portant sur les 2°, 3° et 4° du II de l'article R. 4461-32 sont subordonnées à une autorisation préalable après avoir été transmises à l'autorité administrative compétente par pli recommandé avec demande d'avis de réception. Le silence gardé par l'autorité administrative compétente pendant un délai de trente jours à compter de la date de délivrance de l'accusé de réception du pli recommandé vaut acceptation de ces modifications.

Les modifications portant sur le 1° du II de l'article R. 4461-32 font l'objet d'une déclaration annuelle.

Art. R. 4461-35 L'habilitation mentionnée au 1° de l'article R. 4461-29 délivrée par l'autorité administrative compétente devient caduque si :

1° L'organisme de formation n'a pas mis en œuvre de formation dans les douze mois qui suivent sa délivrance ;

2° L'organisme de formation n'a pas mis en œuvre de formation pendant douze mois consécutifs.

Toutefois, les dispositions des 1° et 2° ne trouvent pas à s'appliquer lorsque l'autorité administrative compétente prend une décision en ce sens en raison de circonstances particulières.

§ 2 ACCRÉDITATION ET CERTIFICATION

Art. R. 4461-36 Pour obtenir l'accréditation prévue au 2° de l'article R. 4461-29, l'organisme candidat doit remplir les conditions prévues par le référentiel d'accréditation défini par le Comité français d'accréditation (COFRAC) mentionné à l'article R. 4724-1.

Des arrêtés conjoints du ministre chargé du travail et, chacun en ce qui le concerne, des ministres intéressés déterminent les garanties minimales que doivent présenter les organismes de formation mentionnés au 2° de l'article R. 4461-29, notamment en ce qui concerne :

1° La qualification des personnes chargées de la formation ;

2° Les méthodes et capacités pédagogiques adaptées au but poursuivi ;

3° La capacité d'évaluation préalable des candidats au regard de leur compétence professionnelle ou de leur diplôme ;

4° La capacité de se conformer au référentiel de formation comprenant les éléments figurant au I du R. 4461-30 ;

5° La capacité à assurer un contrôle des connaissances et des acquis.

SECTION V ORGANISATION DES INTERVENTIONS ET TRAVAUX EN MILIEU HYPERBARE

SOUS-SECTION 1 DISPOSITIONS COMMUNES

Art. R. 4461-37 Les interventions et travaux en milieu hyperbare ne peuvent être effectuées par une personne seule sans surveillance.

Art. R. 4461-38 En application des dispositions réglementaires qui s'appliquent à son établissement, prévues à l'article R. 4461-6, l'employeur adapte la composition de l'équipe d'intervention ou de travaux en fonction de la nature et de l'ampleur du risque.

Art. R. 4461-39 L'employeur s'assure que les méthodes et conditions d'intervention et d'exécution des travaux sont consignées sur le livret individuel hyperbare de chaque travailleur, mentionné au IV de l'article R. 4461-28.

SOUS-SECTION 2 DISPOSITIONS SPÉCIFIQUES AUX INTERVENTIONS EN MILIEU HYPERBARE

§ 1er ÉQUIPE D'INTERVENTION

Art. R. 4461-40 Les équipes réalisant une intervention en milieu hyperbare, mentionnée au 2° de l'article R. 4461-1, sont constituées d'au moins deux personnes :

1° Un opérateur intervenant en milieu hyperbare titulaire du certificat d'aptitude à l'hyperbarie ;

2° Un surveillant, formé pour donner en cas d'urgence les premiers secours, qui veille à la sécurité des travailleurs intervenant en milieu hyperbare à partir d'un lieu adapté soumis à la pression atmosphérique locale et regroupant les moyens de communication, d'alerte et de secours.

Art. R. 4461-41 Au cours d'une intervention en milieu hyperbare, les travailleurs peuvent occuper alternativement des fonctions différentes au sein de l'équipe sous réserve qu'ils aient les compétences et aptitudes requises conformément au 1° de l'article R. 4461-7.

§ 2 INTERVENTIONS EN APNÉE

Art. R. 4461-42 I. — La pratique de l'apnée est autorisée pour les travailleurs disposant d'un certificat d'aptitude mention B "activités physiques ou sportives". Les conditions d'exercice de cette pratique sont celles déterminées au chapitre II du titre II du livre III du code du sport.

II. — Pour les travailleurs titulaires d'un certificat comportant une autre des mentions B visées au II de l'article R. 4461-28, la pratique de l'apnée est autorisée sous réserve que la pression relative d'exposition ne soit pas supérieure à 1 000 hectopascals.

Des arrêtés conjoints des ministres chargés du travail, et, chacun en ce qui le concerne, des ministres intéressés précisent les activités ouvertes à cette pratique et les conditions et modalités d'exercice des interventions en apnée.

SOUS-SECTION 3 **DISPOSITIONS SPÉCIFIQUES AUX TRAVAUX EN MILIEU HYPERBARE**

Art. R. 4461-43 Les travaux en milieu hyperbare, mentionnés au 1° de l'article R. 4461-1, ne peuvent être effectués que par des entreprises ayant obtenu un certificat délivré par un organisme de certification, accrédité dans les conditions de l'article R. 4724-1.

Art. R. 4461-44 Les entreprises de travail temporaire qui mettent à disposition des travailleurs pour la réalisation de travaux mentionnés à l'article R. 4461-43 sont soumises aux obligations de ce même article.

§ 1er ÉQUIPE DE TRAVAUX

Art. R. 4461-45 Les équipes réalisant des travaux en milieu hyperbare, mentionnés au 1° de l'article R. 4461-1, sont constituées d'au moins trois personnes entre lesquelles sont réparties les cinq fonctions suivantes :

1° Un opérateur intervenant en milieu hyperbare, titulaire du certificat d'aptitude à l'hyperbarie mentionné à l'article R. 4461-27 ;

2° Un aide opérateur chargé de l'environnement de travail de l'opérateur, titulaire du certificat d'aptitude à l'hyperbarie mentionné à l'article R. 4461-27 ;

3° Un opérateur de secours chargé, en cas de situation anormale de travail, de prêter assistance à l'opérateur intervenant en milieu hyperbare ;

4° Un surveillant qui veille à la sécurité des travailleurs intervenant en milieu hyperbare à partir d'un lieu adapté soumis à la pression atmosphérique locale et regroupant les moyens de communication, d'alerte et de secours et chargé notamment de la gestion des paramètres du milieu hyperbare et de la communication avec l'opérateur ;

5° Un chef d'opération hyperbare chargé, sous la responsabilité de l'employeur, de s'assurer de la mise en œuvre des mesures de prévention des risques prévues dans le manuel de sécurité hyperbare sur le site et de la coordination de l'équipe. Il s'assure que les méthodes et conditions d'intervention sont consignées sur le livret individuel hyperbare de chaque travailleur.

Art. R. 4461-46 Au cours de travaux en milieu hyperbare, les travailleurs peuvent occuper alternativement des fonctions différentes au sein de l'équipe sous réserve qu'ils aient les compétences requises conformément au 1° de l'article R. 4461-7.

Dans les conditions prévues au 4° de l'article R. 4461-6, les fonctions suivantes peuvent être cumulées au sein d'une même équipe de travaux :

Chef d'opération hyperbare et surveillant ;

Aide opérateur et opérateur de secours.

§ 2 ÉQUIPEMENTS DE TRAVAIL

Art. R. 4461-47 L'équipement de travail s'entend comme comprenant l'ensemble des éléments permettant :

1° L'exécution de travaux en situation d'hyperbarie ;

2° La surveillance des travailleurs en situation d'hyperbarie ;

3° La production, le transfert, le stockage, la distribution et le contrôle des gaz respiratoires ;

4° Les secours.

Un arrêté conjoint des ministres chargés du travail et de l'agriculture précise les spécifications techniques et opérationnelles auxquelles doivent satisfaire ces équipements.

§ 3 DISPOSITIF DE CERTIFICATION

Art. R. 4461-48 Un arrêté conjoint des ministres chargés du travail, de la mer, de l'intérieur, de l'agriculture et de la culture détermine :

1° Les modalités et conditions d'accréditation des organismes chargés de la certification ;

2° Les modalités et conditions de certification des entreprises en tenant compte de leurs compétences techniques et du secteur d'activité dans lequel elles peuvent intervenir ;

3° La liste des activités ou des catégories d'activités pour lesquelles cette certification est requise.

SECTION VI **SITUATIONS EXCEPTIONNELLES D'INTERVENTIONS ET DE TRAVAUX EXÉCUTÉS EN MILIEU HYPERBARE**

Art. R. 4461-49 Dans le cas de la survenance d'un événement impromptu nécessitant la modification ponctuelle de l'organisation de travail initialement définie, l'employeur peut demander au travailleur de déroger aux pressions maximales autorisées par son certificat d'aptitude à l'hyperbarie, sous réserve de mettre en œuvre les mesures de sécurité nécessaires telles que définies au 3° de l'article R. 4461-7.

Il consigne cette intervention dans le livret individuel hyperbare du travailleur concerné.

Ce travailleur, qui accepte cette intervention, ne peut être conduit à dépasser les valeurs de pression relative maximale suivantes :

1° Pour la classe I : 4 000 hectopascals ;

2° Pour la classe II : 6 000 hectopascals.

Le refus ne peut être constitutif d'une faute du salarié entraînant une sanction disciplinaire.

CHAPITRE II **PRÉVENTION DU RISQUE PYROTECHNIQUE**

(Décr. n° 2013-973 du 29 oct. 2013, en vigueur le 1er juill. 2014)

Les études de sécurité déjà approuvées à la date d'entrée en vigueur du Décr. n° 2013-973 du 29 oct. 2013 restent valides.

Ces études de sécurité sont réexaminées suivant les dispositions de l'art. 1er du Décr. préc. dans un délai maximum de cinq ans à compter de la date d'entrée en vigueur de ce Décr. (Décr. préc., en vigueur le 1er juill. 2014, art. 3).

SECTION PREMIÈRE **CHAMP D'APPLICATION ET DÉFINITIONS**

V. notes ss. chap. II.

Art. R. 4462-1 I. — Les dispositions du présent chapitre déterminent les prescriptions particulières s'appliquant à tous les employeurs mentionnés par l'article L. 4111-1 qui effectuent les activités pyrotechniques suivantes :

La fabrication, l'étude, l'expérimentation, le contrôle, le conditionnement, la conservation, la destruction de substances ou d'objets explosibles destinés à être utilisés pour les effets de leur explosion ou à des fins pyrotechniques, la démolition ou le démantèlement d'équipements ou de bâtiments pyrotechniques.

Ne relèvent pas des dispositions du présent chapitre les activités pyrotechniques suivantes :

1° La conservation, le montage ou le démontage d'objets pyrotechniques, dont le fonctionnement n'induit aucun effet pyrotechnique extérieur à leur enveloppe ;

2° L'utilisation des substances ou d'objets explosifs pour les effets de leur fonctionnement.

II. — Sont exclues du champ d'application du présent chapitre les activités pyrotechniques se déroulant :

1° A bord des navires ou sur des plates-formes de forage en mer ;

2° Lors des opérations de déminage, désobusage et débombage effectuées par le ministre de l'intérieur et le ministre de la défense en application du décret n° 76-225 du 4 mars 1976 modifié fixant les attributions respectives du ministre de l'intérieur et du ministre de la défense en matière de recherche, de neutralisation, d'enlèvement et de destruction des munitions et explosifs ;

3° Dans les chantiers de dépollution pyrotechnique relevant de l'article 1er du décret n° 2005-1325 du 26 octobre 2005 modifié relatif aux règles de sécurité applicables lors des travaux réalisés dans le cadre d'un chantier de dépollution pyrotechnique ;

4° Dans les espaces de vente des magasins auxquels sont applicables les dispositions relatives aux munitions et artifices du règlement de sécurité, contre les risques d'incendie et de panique dans les établissements recevant du public (ERP), approuvé en application de l'article R.* 123-12 du code de la construction et de l'habitation ;

5° Dans les installations de stockage momentané, dûment déclarées à l'autorité compétente, d'articles pyrotechniques avant un spectacle pyrotechnique, lorsque la quantité totale de matière active n'atteint pas le seuil du régime de la déclaration prévu à la rubrique 1311 de la colonne A de l'annexe à l'article R. 511-9 du code de l'environnement et lorsque la durée du stockage momentané n'excède pas quinze jours ;

6° Dans les installations de stockage des munitions de la division de risque 1.4, telle que définie par la directive 2008/68/CE du 24 septembre 2008 relative au transport intérieur des marchandises dangereuses, qui relèvent du ministère de l'intérieur ;

7° Dans les installations, autres que celles qui sont mentionnées au 6°, de stockage des munitions de la division de risque 1.4 S en emballage admis au transport et dont la quantité totale de matière active est inférieure à 20 kg ;

8° Lors de l'armement et du désarmement des plates-formes de combat et des unités de combat.

Art. R. 4462-2 Pour l'application du présent chapitre, on entend par :

1° "Substance ou mélange explosible" toute substance ou tout mélange de substances solide ou liquide qui est en soi susceptible, par réaction chimique, de dégager des gaz à une température, une pression et une vitesse telles qu'il en résulte des dégâts dans la zone environnante. Les substances pyrotechniques sont incluses dans cette définition, même si elles ne dégagent pas de gaz ;

2° "Substance ou mélange pyrotechnique" toute substance ou tout mélange de substances destiné à produire un effet calorifique, lumineux, sonore, gazeux ou fumigène, ou une combinaison de ces effets à la suite de réactions chimiques exothermiques autoentretenues non détonantes ;

3° "Substance ou objet explosif" toute substance explosible ou tout objet contenant une ou plusieurs substances ou mélanges explosibles destiné à être utilisé pour les effets de leur explosion ou à des fins pyrotechniques ;

4° "Poste de travail" toute zone affectée à l'exécution d'une tâche par un ou plusieurs travailleurs pouvant englober la zone de conservation temporaire des produits dans le flux associé ;

5° "Emplacement de travail" toute zone dans laquelle un ou plusieurs travailleurs sont appelés à se déplacer pour effectuer un travail défini. Cette zone peut inclure un ou plusieurs postes de travail ;

6° "Installation pyrotechnique" tout local, toute aire de chargement et de déchargement, de stationnement, de contrôle, d'expérimentation, de destruction, unité mobile de fabrication ou véhicule de transport, relevant de l'employeur, contenant ou mettant en œuvre une substance ou un objet explosif ;

7° "Enceinte pyrotechnique" la partie parfaitement délimitée du site où sont implantées des installations pyrotechniques ;

8° "Site" tout lieu où se situent une ou plusieurs installations relevant d'un employeur ;

9° "Site pyrotechnique multiemployeurs" tout lieu dont l'accès est réglementé et surveillé en permanence dans lequel se situent plusieurs installations fixes relevant d'employeurs différents, et dont au moins une est une installation pyrotechnique ;

10° "Événement pyrotechnique" toute détonation, déflagration, combustion ou décomposition de substances ou d'objets explosifs, non contrôlée ;

11° "Effet pyrotechnique" tout phénomène physique de surpression ou de projection d'éclats, thermique, toxique et tellurique, survenant à la suite d'un événement pyrotechnique ;

12° "Effet domino" tout événement pyrotechnique survenant dans une ou plusieurs installations dont les effets déclenchent un autre événement sur une autre installation, conduisant à une aggravation générale des effets du premier événement ;

13° "Gravité" l'importance des dommages prévisibles subis par les personnes ou les biens exposés aux effets d'un événement pyrotechnique ;

14° "Risque pyrotechnique" la combinaison de la probabilité d'être exposé aux effets pyrotechniques et de la gravité de ces effets ;

15° "Siège potentiel d'événement pyrotechnique" tout lieu de présence de substance ou d'objet explosif ;

16° "Siège exposé" tout emplacement de travail ou installation, à l'intérieur d'un site ou d'un site pyrotechnique multiemployeurs, exposé aux effets pyrotechniques survenant dans un siège potentiel d'événement pyrotechnique ;

17° "Périmètre de sécurité" toute zone où la présence de toute personne est interdite, dans laquelle sont circonscrits l'ensemble des effets d'un événement pyrotechnique résultant du fonctionnement volontaire d'une substance ou d'un objet explosif lors d'une expérimentation ou d'un contrôle, ou survenant lors de la destruction d'une substance ou d'un objet explosif.

SECTION II **L'ÉTUDE DE SÉCURITÉ**

V. notes ss. chap. II.

Art. R. 4462-3 *[I. –]* En complément du document unique d'évaluation des risques prévu à l'article R. 4121-1, l'employeur rédige une étude de sécurité, pour chaque activité pyrotechnique mentionnée à l'article R. 4462-1 ainsi que pour les activités de chargement et de déchargement des substances ou objets explosifs afin de :

1° Déceler toutes les possibilités d'événements pyrotechniques et établir, dans chaque cas, leur nature et les risques encourus par les travailleurs ;

2° Déterminer les mesures à prendre pour éviter les événements pyrotechniques et limiter leurs conséquences.

Chaque étude de sécurité justifie le dimensionnement des dispositifs de réduction des effets et définit l'étendue du périmètre de sécurité à retenir lors des tirs de contrôle, d'expérimentation ou de destruction.

Chaque étude de sécurité fait l'objet d'un examen par l'employeur au minimum tous les cinq ans afin de vérifier que les conditions de sécurité des travailleurs ne sont pas modifiées.

L'employeur consulte le comité d'hygiène, de sécurité et des conditions de travail ou, à défaut, les délégués du personnel, qui peuvent, en tant que de besoin, se faire assister d'un expert, sur toute étude de sécurité.

II. – Un arrêté des ministres chargés du travail et de l'agriculture précise le contenu de l'étude de sécurité, qui est adapté pour les unités mobiles de fabrication, et qui comprend :

1° Une description du site ou site pyrotechnique multiemployeurs, de chacune des installations pyrotechniques et de son voisinage ;

2° Une description détaillée des substances ou objets explosifs, de leurs caractéristiques et de leurs sensibilités aux sollicitations accidentelles ;

3° Une évaluation des risques permettant d'identifier les événements pyrotechniques susceptibles de se produire et d'analyser leurs causes ;

4° Les mesures de prévention et de protection à prendre pour éviter la survenance de tels événements ou leur répétition et limiter leurs conséquences.

V. Arr. du 7 nov. 2013 fixant le contenu de l'étude de sécurité du travail et le contenu des consignes de sécurité pour les activités pyrotechniques (JO 11 déc.).

Art. R. 4462-4 Toute modification apportée à l'activité ou aux équipements d'une installation pyrotechnique ou toute modification apportée à proximité d'une installation pyrotechnique fixe pouvant avoir un effet sur les mesures de prévention et de protection retenues dans cette installation fait l'objet d'une analyse de sécurité rédigée par l'employeur permettant de juger du caractère notable ou non de cette modification.

Une modification est considérée comme notable dans les cas suivants :

1° Présence de nouvelles substances ou de nouveaux objets explosifs au poste de travail ;

2° Modification de l'étendue des zones d'effets pyrotechniques retenues pour l'installation pyrotechnique considérée ;

3° Augmentation de la probabilité d'occurrence d'un événement pyrotechnique ;

4° Création d'un nouveau poste de travail au sein de l'installation pyrotechnique considérée ;

5° Augmentation du nombre de travailleurs exposés ;

6° Création d'une situation de non-conformité.

Dès lors qu'une modification est considérée comme notable, chaque étude de sécurité concernée par cette modification fait l'objet d'une nouvelle approbation, conformément aux dispositions de l'article R. 4462-30.

Si la modification n'est pas considérée comme notable, l'analyse de sécurité rédigée par l'employeur est versée au dossier de sécurité défini à l'article R. 4462-34.

L'employeur informe le comité d'hygiène, de sécurité et des conditions de travail ou, à défaut, les délégués du personnel de toute analyse de sécurité visée par cet article.

Art. R. 4462-5 I. – Lorsque les travailleurs d'une entreprise extérieure réalisent une activité pyrotechnique mentionnée à l'article R. 4462-1, à l'intérieur du site d'une entreprise utilisatrice au sens de l'article R. 4511-1, l'étude de sécurité de cette activité est communiquée par l'employeur de l'entreprise extérieure à l'entreprise utilisatrice. Les conclusions de l'étude de sécurité effectuée par l'entreprise extérieure sont annexées au plan de prévention défini à l'article R. 4512-6.

Dans le cas où les travailleurs de l'entreprise extérieure et ceux de l'entreprise utilisatrice effectuent ensemble une même activité pyrotechnique, une seule étude de sécurité est rédigée par l'employeur de l'entreprise utilisatrice puis validée par l'employeur de l'entreprise extérieure.

Dans tous les cas mentionnés aux alinéas ci-dessus, les comités d'hygiène, de sécurité et des conditions de travail ou, à défaut, les délégués du personnel de l'entreprise extérieure et de l'entreprise utilisatrice sont consultés sur cette étude.

II. – Lorsque les travailleurs d'une entreprise extérieure réalisent une activité non pyrotechnique dans une installation pyrotechnique de l'entreprise utilisatrice au sens de l'article R. 4511-1, les conclusions de l'étude (ou des études) de sécurité de l'activité (ou des activités) pyrotechnique(s) de l'installation pyrotechnique sont reportées dans le plan de prévention défini à l'article R. 4512-6.

III. – Pour les activités de chargement et de déchargement de substances ou d'objets explosifs effectuées par les travailleurs d'une entreprise extérieure, les conclusions de l'étude de sécurité relative aux activités de chargement et de déchargement de substances ou d'objets explosifs ainsi que les conclusions du document cité à l'article R. 4462-14 sont reportées dans le protocole de sécurité prévu à l'article R. 4515-4.

IV. – Pour l'ensemble des activités mentionnées au premier alinéa de l'article R. 4462-3 qui sont réalisées sur les chantiers de bâtiment ou de génie civil soumis à l'obligation de coordination prévue à l'article L. 4532-2, les conclusions de l'étude (ou des études) de sécurité sont annexées au plan particulier de sécurité et de protection de la santé prévu à l'article L. 4532-9.

SECTION III **MESURES GÉNÉRALES DE SÉCURITÉ**

V. notes ss. chap. II.

Art. R. 4462-6 L'employeur établit une consigne générale de sécurité qui définit les règles générales d'accès et de sécurité dans les enceintes pyrotechniques et qui comporte :

1° L'interdiction de porter tout article de fumeurs ainsi que l'interdiction, sauf autorisation délivrée par l'employeur, de porter des feux nus, des objets incandescents, des allumettes ou tout autre moyen de mise à feu ;

2° L'interdiction d'introduire, sauf autorisation de l'employeur, des matériels autres que ceux prévus dans les consignes de sécurité relatives à chaque poste de travail pyrotechnique, notamment les matériels qui sont sources de rayonnements électromagnétiques ;

3° L'interdiction pour chaque travailleur de se rendre à un emplacement de travail sans motif de service. Sous réserve de l'observation des consignes de sécurité, cette interdiction ne s'applique pas aux représentants du personnel dans l'exercice des fonctions qui leur sont confiées par les lois et règlements ;

4° L'interdiction de procéder dans les installations pyrotechniques à des opérations non prévues par les consignes en vigueur, notamment à l'ouverture des emballages dans les bâtiments de stockage ;

5° L'obligation pour les travailleurs de revêtir pendant les heures de travail les équipements de protection individuelle fournis par l'employeur ;

6° L'interdiction pour les travailleurs d'emporter des substances ou des objets explosifs ;

7° Les mesures à observer, à l'intérieur de l'enceinte pyrotechnique, pour la circulation des personnes et des véhicules de toute nature ainsi que pour leur stationnement ;

8° Les dispositions générales à prendre en cas d'incendie ou d'explosion.

L'employeur porte cette consigne générale de sécurité à la connaissance des travailleurs et de toute personne pénétrant dans l'enceinte pyrotechnique.

Art. R. 4462-7 L'employeur établit également, compte tenu des conclusions des études de sécurité, avant la mise en œuvre des activités qu'elles concernent :

1° Les consignes de sécurité relatives à chaque installation pyrotechnique ;

2° Les consignes de sécurité relatives à chaque poste de travail pyrotechnique ;

3° Les modes opératoires relatifs à chaque poste de travail pyrotechnique.

Le contenu et les modalités d'affichage de chacune des consignes de sécurité mentionnées aux 1° et 2° ci-dessus sont fixés par un arrêté des ministres chargés du travail et de l'agriculture.

V. Arr. du 7 nov. 2013 fixant le contenu de l'étude de sécurité du travail et le contenu des consignes de sécurité pour les activités pyrotechniques (JO 11 déc.).

Art. R. 4462-8 L'équipement des postes de travail pyrotechniques et le mode opératoire sont conçus en prenant en compte la nécessité d'une attention soutenue des travailleurs et de manière à empêcher les variations brusques de la cadence, notamment lorsque la tâche confiée aux travailleurs est répétitive.

Aucune forme de salaire n'incite les travailleurs affectés à ces postes à accomplir une production supérieure à celle qui est compatible avec l'équipement et le respect du mode opératoire ainsi définis.

Art. R. 4462-9 I. — Sans préjudice des dispositions des articles R. 4227-28 à R. 4227-33, les mesures de lutte contre l'incendie suivantes sont prises pour les installations fixes dans l'enceinte pyrotechnique :

1° Les abords immédiats des installations pyrotechniques sont désherbés et débroussaillés. Les produits utilisés pour le désherbage et le débroussaillage sont de nature telle qu'ils ne puissent provoquer des réactions dangereuses avec les matières utilisées dans l'enceinte pyrotechnique ;

2° Les installations pyrotechniques où l'on manipule des substances ou objets présentant en raison des opérations effectuées un risque élevé d'inflammation pouvant conduire à un incendie sont dotées d'un système d'extinction automatique compatible avec la nature des produits à éteindre. Ce système doit pouvoir en outre être commandé manuellement depuis un emplacement restant accessible et protégé en cas de début d'incendie sur l'installation concernée ;

3° Des dispositifs de détection automatique d'incendie commandant un système d'alarme à fonctionnement instantané sont installés dans les installations où fonctionnent sans surveillance permanente des appareils susceptibles de provoquer des incendies tels que des étuves ou séchoirs.

II. — Toutefois, sans préjudice des autres réglementations applicables en matière de lutte contre l'incendie, les dispositifs prévus par les 2° et 3° du I ne sont pas exigés si les incendies envisagés ne peuvent, par la nature ou la quantité des substances concernées :

1° Ni s'étendre à des installations voisines ;

2° Ni amorcer d'événement pyrotechnique ;

3° Ni provoquer de projections dangereuses ou le dégagement de quantités dangereuses de gaz ou de vapeurs toxiques.

SECTION IV **IMPLANTATION DES INSTALLATIONS ET TRANSPORTS INTERNES**

V. notes ss. chap. II.

SOUS-SECTION 1 **IMPLANTATION DES INSTALLATIONS ET DES POSTES DE TRAVAIL**

V. notes ss. chap. II.

Art. R. 4462-10 Les installations pyrotechniques sont conçues, réalisées et implantées de manière telle qu'un événement pyrotechnique n'entraîne pas de risque important pour les travailleurs autres que ceux qui, du fait de leur activité, sont directement exposés aux effets de cet événement.

A l'intérieur du site, les distances d'isolement entre les sièges potentiels d'événement pyrotechnique et les sièges exposés sont telles que, en cas d'événement pyrotechnique, les travailleurs ne sont exposés qu'à un risque limité et la transmission ou propagation vers les autres installations pyrotechniques est peu probable.

Un arrêté des ministres chargés du travail, de l'agriculture, de la défense, des mines, de l'intérieur, des carrières et de l'industrie fixe les règles d'évaluation des risques permettant de déterminer les distances d'isolement minimales à respecter entre les emplacements de travail ou entre les installations, compte tenu notamment de la nature des activités exercées et des installations.

Art. R. 4462-11 Chaque enceinte pyrotechnique est matérialisée par une clôture ou, à défaut, par un système de signalisation bien visible de toute personne y pénétrant en quelque point que ce soit.

L'accès à ces enceintes est interdit à toute personne non concernée par les activités s'y déroulant. Cette interdiction ne s'applique pas aux représentants du personnel dans l'exercice des fonctions qui leur sont confiées par les lois et règlements, aux représentants de l'administration ainsi qu'aux personnes autorisées par l'employeur, sous réserve de l'observation des consignes de sécurité.

Art. R. 4462-12 I. — A l'intérieur de l'enceinte pyrotechnique, des installations pyrotechniques distinctes sont prévues pour :

1° L'étude, l'expérimentation et le contrôle des substances ou des objets explosifs ;

2° La fabrication et la manipulation des objets explosifs ;

3° La fabrication et la manipulation des substances explosives ;

4° La destruction des substances ou des objets explosifs ;

5° La conservation des substances ou des objets explosifs, à l'exception du stockage des quantités nécessaires aux fabrications en cours.

II. — Toutefois, la fabrication ou le contrôle d'objets explosifs peuvent être effectués dans les mêmes bâtiments que la fabrication des substances explosives sous les deux conditions suivantes :

1° La disposition des installations permet de réduire le nombre des travailleurs exposés au risque pyrotechnique, notamment en évitant des stockages ou des manutentions intermédiaires ;

2° L'étude de sécurité montre que le risque pyrotechnique auquel chaque travailleur est individuellement exposé n'est pas plus élevé que si les deux catégories d'installations se trouvaient dans des bâtiments distincts.

Art. R. 4462-13 Les installations présentant un risque caractérisé d'incendie ou d'explosion non pyrotechnique, telles que les dépôts de produits inflammables n'entrant pas dans la fabrication des substances ou objets explosifs, dépôts de bois ou de papiers, de pneumatiques et de cartons, menuiseries, dépôts de gaz comprimés, sont situées hors de l'enceinte pyrotechnique ou disposées de telle sorte que tout incident survenant dans l'une de ces installations n'affecte pas les conditions de sécurité dans l'enceinte pyrotechnique.

SOUS-SECTION 2 **TRANSPORTS DE SUBSTANCES OU D'OBJETS EXPLOSIFS INTERNES AU SITE**

V. notes ss. chap. II.

Art. R. 4462-14 Pour les transports de substances ou d'objets explosifs à destination ou en provenance de la voie publique, l'employeur rédige un document qui, compte tenu de la nature du chargement, indique précisément les itinéraires autorisés dans le site et analyse les effets domino possibles entre le convoi et chaque installation. Ce document est versé au dossier de sécurité mentionné à l'article R. 4462-34.

Ces transports font l'objet, à leur entrée du site, d'un contrôle afin de vérifier que le chargement est conforme aux données figurant dans le document prévu au premier alinéa et de s'assurer de l'absence d'anomalie de nature à introduire un risque accru lors de la circulation interne.

Art. R. 4462-15 Pour les transports de substances ou d'objets explosifs internes au site, qui se font dans le respect des réglementations particulières relatives aux transports de marchandises dangereuses en vigueur ou présentent un niveau de sécurité que l'employeur évalue comme équivalent à celui d'un transport effectué conformément à ces réglementations, l'employeur rédige et tient à disposition des représentants de l'administration, un document tel que celui qui est défini au premier alinéa de l'article R. 4462-14.

Si ces transports internes ne se font pas dans les conditions de sécurité décrites dans l'alinéa précédent, ils sont alors couverts par une étude de sécurité telle que prévue à l'article R. 4462-3.

SECTION V **EXIGENCES DE SÉCURITÉ CONCERNANT LES INSTALLATIONS**

V. notes ss. chap. II.

SOUS-SECTION 1 **CARACTÉRISTIQUES GÉNÉRALES**

V. notes ss. chap. II.

Art. R. 4462-16 L'employeur s'assure que le mode de construction des bâtiments et la nature des matériaux utilisés sont tels qu'en cas d'événement pyrotechnique, le risque de projection de masses importantes soit aussi réduit que possible.

Il s'assure également que les matériaux constituant les parois, les portes, les fenêtres et en particulier les vitrages des bâtiments situés dans les zones d'effets et pouvant être occupés par des travailleurs, ne produisent pas des éclats tranchants s'ils sont susceptibles d'être brisés par une surpression interne ou externe.

Il prend des dispositions pour éviter, en cas d'événement pyrotechnique survenant dans une installation pyrotechnique voisine, la chute d'éléments importants de toiture ou de plafond d'un bâtiment habituellement occupé par des travailleurs.

Art. R. 4462-17 Les bâtiments où s'effectuent des activités pyrotechniques n'ont ni étage ni sous-sol, sauf si cet étage ou ce sous-sol contient uniquement les installations permettant d'abriter les servitudes de ces bâtiments.

Le présent article n'est pas applicable :

1° Aux activités pyrotechniques dont le mode opératoire nécessite des bâtiments comportant des postes de travail sur plusieurs niveaux, à l'intérieur ou à l'extérieur d'un bâtiment. Dans ce cas, ces postes de travail sont disposés de manière telle que les effets pyrotechniques survenant sur l'un des niveaux ne puissent affecter gravement les postes de travail situés sur les autres niveaux, à moins que les postes situés à des niveaux différents ne soient pas occupés simultanément ;

2° Aux travaux effectués sur des objets explosifs de grande hauteur nécessitant l'usage de plates-formes superposées. Dans ce dernier cas, plusieurs opérations indépendantes sur plusieurs niveaux différents peuvent être effectuées sur lesdits objets ou à proximité desdits objets, si l'étude de sécurité démontre que les effets d'un événement propre à un poste de travail survenant sur l'un des niveaux, autres que les effets d'un événement pyrotechnique lié auxdits objets, ne peuvent affecter gravement les autres postes de travail situés sur les autres niveaux ;

3° Aux activités pyrotechniques autres que celles mentionnées au 1° et pour lesquelles l'étude de sécurité définie à l'article R. 4462-3 démontre que les effets d'un événement pyrotechnique n'affectent pas les étages voisins et les installations situées à proximité, y compris leurs voies d'accès.

SOUS-SECTION 2 **ISSUES ET DÉGAGEMENTS**

V. notes ss. chap. II.

Art. R. 4462-18 Les portes des issues et dégagements, prévus aux articles R. 4227-4 à R. 4227-14, des locaux où s'effectuent des activités pyrotechniques, s'ouvrent vers l'extérieur par une simple poussée de l'intérieur et facilement de l'extérieur lorsque des travailleurs se trouvent dans le local.

Pour les locaux où s'effectuent des activités pyrotechniques munis uniquement de portes coulissantes, ces dernières doivent être immobilisées en position ouverte lorsqu'il y a des travailleurs à l'intérieur.

Art. R. 4462-19 Dans les locaux où s'effectuent des activités pyrotechniques, les issues et dégagements répondent aux prescriptions particulières suivantes :

1° Il ne peut y avoir moins de deux issues lorsque celles-ci doivent permettre le passage de plus de cinq personnes ; pour un nombre de personnes allant de six à dix, la largeur totale des issues n'est pas inférieure à 1,80 mètre ; elle est augmentée de 0,60 mètre par tranche de une à cinq personnes en plus des dix premières ;

2° Pour un nombre de personnes allant de trois à cinq, s'il n'y a qu'une issue, sa largeur n'est pas inférieure à 1,40 mètre ;

3° Les largeurs mentionnées aux 1° et 2° sont mesurées déduction faite des saillies et des obstacles.

Art. R. 4462-20 Aucun poste de travail où s'effectuent des activités pyrotechniques ne se trouve à plus de 7 mètres d'une issue ou d'un abri efficace. Cette distance est mesurée selon le trajet réel à parcourir entre le poste de travail pyrotechnique et l'issue. Elle ne s'applique pas aux bâtiments de stockage de substances ou d'objets explosifs ni, en cas d'impossibilité, aux bâtiments où le travail s'effectue sur des objets explosifs de grande dimension et aux installations pyrotechniques mobiles.

Art. R. 4462-21 Les bâtiments où s'effectuent des activités pyrotechniques comportant plusieurs niveaux mentionnés à l'article R. 4462-17 sont desservis, indépendamment des escaliers intérieurs, par un ou plusieurs escaliers extérieurs ou par des dispositifs équivalents, dont l'emplacement et la capacité de dégagement seront choisis de manière à assurer une évacuation rapide des travailleurs.

Art. R. 4462-22 Toute incompatibilité entre l'application des exigences du présent chapitre et celles qui sont fixées par d'autres réglementations en vue de la mise en œuvre d'impératifs de sécurité fait l'objet d'une demande de dérogation présentée par l'employeur, fondée sur une analyse spécifique et assortie d'une proposition visant à obtenir le niveau de sécurité des travailleurs le plus élevé possible par la mise en œuvre de mesures compensatoires. Cette demande de dérogation est soumise à l'autorité administrative compétente dans les conditions prévues aux II et III de l'article R. 4462-36.

SOUS-SECTION 3 INSTALLATIONS ÉLECTRIQUES ET PRÉCAUTION CONTRE L'ÉLECTRICITÉ STATIQUE

V. notes ss. chap. II.

Art. R. 4462-23 Tous les bâtiments où s'effectuent des activités pyrotechniques sont réputés constituer des "locaux ou emplacements exposés à des risques d'incendie" au sens de l'article R. 4215-12. Dans le cas d'atmosphère explosive, ils sont également réputés exposés à des risques d'explosion au sens du même article.

Aucune ligne électrique aérienne en conducteurs nus ne doit surplomber les installations de l'enceinte pyrotechnique.

Art. R. 4462-24 L'installation électrique de chaque bâtiment ou local où s'effectuent des activités pyrotechniques comporte un dispositif permettant de couper en cas d'urgence l'alimentation électrique du bâtiment ou du local. L'organe de manœuvre de ce dispositif est situé à l'extérieur et à proximité du bâtiment ou du local. Cet organe est aisément reconnaissable et facilement accessible.

Art. R. 4462-25 Lors de la manipulation de substances ou objets explosifs réputés sensibles à des décharges d'électricité statique, il convient, pour réduire la possibilité des décharges potentielles, d'organiser cette manipulation afin de favoriser l'écoulement des charges statiques et d'assurer le même niveau de potentiel électrique en tout point du poste de travail pyrotechnique.

Les travailleurs portent des vêtements de travail et des équipements de protection individuelle évitant l'accumulation de charges électrostatiques.

SECTION VI ENCADREMENT ET FORMATION

V. notes ss. chap. II.

Art. R. 4462-26 L'employeur s'assure que les chefs de service et les chefs d'atelier, de laboratoire ou de chantier possèdent la compétence et l'autorité nécessaires pour organiser et diriger, conformément au présent chapitre et aux règles de l'art, les activités dont ils sont chargés dans l'enceinte pyrotechnique.

L'employeur vérifie également que les travailleurs chargés de conduire ou de surveiller les activités pyrotechniques, les activités de maintenance ainsi que les activités de transport interne de substances ou objets explosifs, sous la direction des chefs mentionnés au précédent alinéa, disposent des moyens nécessaires pour assurer la stricte application des consignes de sécurité et des modes opératoires.

Art. R. 4462-27 I. — La conduite et la surveillance, ou l'exécution, d'activités pyrotechniques déterminées, ainsi que d'activités déterminées de maintenance ou de transport interne de substances ou objets explosifs, ne sont confiées qu'à un travailleur habilité à cet effet par l'employeur à l'issue des formations initiales et complémentaires dispensées dans les conditions définies par le II et le III du présent article en application de l'article L. 4141-2.

II. — Une formation initiale à la sécurité est dispensée par l'employeur au bénéfice des travailleurs qu'il embauche, ou des travailleurs temporaires, appelés à conduire, à surveiller ou à exécuter des activités pyrotechniques, les activités de maintenance ainsi que les activités de transport interne de substances ou objets explosifs.

Cette formation comprend :

1° Un commentaire des prescriptions des articles R. 4462-1 à R. 4462-36 ;

2° Un commentaire de la consigne générale de sécurité prévue à l'article R. 4462-6, dont un exemplaire est remis à chaque travailleur suivant cette formation.

III. — Cette formation initiale est complétée, avant toute affectation à un poste de travail comportant les activités mentionnées au premier alinéa, par une formation particulière à ce poste, qui comprend notamment :

1° Une présentation du (ou des) poste(s) de travail et des risques associés ;

2° Un commentaire des consignes de sécurité de l'installation et du poste, prévues à l'article R. 4462-7 ;

3° Une formation pratique au poste de travail.

IV. — A l'issue de ces formations initiales et complémentaires, et en vue de la délivrance de l'habilitation prévue au premier alinéa, l'employeur vérifie que le travailleur a les aptitudes nécessaires pour remplir les fonctions associées à son poste de travail.

L'habilitation fait l'objet d'un document signé par l'employeur et remis au travailleur.

Chaque habilitation est renouvelée par l'employeur tous les cinq ans après qu'il s'est assuré du maintien des *(Décr. n° 2016-1908 du 27 déc. 2016, art. 17, en vigueur le 1er janv. 2017)* « compétences » des travailleurs, compte tenu notamment des formations qu'ils ont suivies en application de l'article R. 4462-28.

Art. R. 4462-28 En application de l'article L. 4141-2, une formation continue des travailleurs affectés aux activités pyrotechniques ainsi qu'aux activités de transport interne de substances ou objets explosifs, y compris les chefs de service, chefs d'atelier, de laboratoire ou de chantier mentionnés à l'article R. 4462-26, est effectuée pendant l'horaire normal de travail.

Cette formation vise à maintenir et à perfectionner les connaissances des intéressés dans le domaine des risques pyrotechniques et de leur prévention. Chaque travailleur participe au moins une fois par trimestre à l'une des séances de formation au cours desquelles divers sujets concernant l'amélioration de la sécurité sont traités. Cette périodicité peut être adaptée pour des travailleurs qui ne sont pas affectés de façon permanente à des opérations pyrotechniques.

Un compte rendu indiquant les sujets traités auquel est annexée la liste d'émargement, signée par les participants, est établi pour chacune de ces séances.

SECTION VII **DISPOSITIONS ADMINISTRATIVES**

V. notes ss. chap. II.

Art. R. 4462-29 Pour l'application du présent chapitre aux établissements mentionnés aux articles R. 8111-9 et R. 8111-12, le ministre de la défense et les autorités qu'il désigne à cet effet sont substitués au ministre chargé du travail et aux directeurs régionaux des entreprises, de la concurrence, de la consommation, du travail et de l'emploi.

Pour l'application du présent chapitre aux établissements de la gendarmerie, de la police et de la sécurité civile, le ministre de l'intérieur et les autorités qu'il désigne à cet effet sont substitués au ministre chargé du travail et aux directeurs régionaux des entreprises, de la concurrence, de la consommation, du travail et de l'emploi.

Pour l'application du présent chapitre aux sites du Commissariat à l'énergie atomique et aux énergies alternatives dont les activités sont liées à des applications militaires et qui sont mentionnées à l'article R.* 1333-37 du code de la défense, le ministre de la défense et le directeur des applications militaires du Commissariat à l'énergie atomique et aux énergies alternatives sont substitués au ministre chargé du travail et aux directeurs régionaux des entreprises, de la concurrence, de la consommation, du travail et de l'emploi.

Art. R. 4462-30 I. — Chacune des études de sécurité prévues à l'article R. 4462-3, à laquelle est joint le compte-rendu de la consultation du comité d'hygiène, de sécurité et des conditions de travail ou, à défaut, des délégués du personnel, est soumise pour approbation au directeur régional des entreprises, de la concurrence, de la consommation, du travail et de l'emploi ou à l'autorité qui lui est substituée en application des articles R. 8111-8 et R. 4462-29, et donne lieu à consultation de l'inspecteur de l'armement pour les poudres et explosifs.

II. — Le directeur régional des entreprises, de la concurrence, de la consommation, du travail et de l'emploi ou l'autorité qui lui est substituée fait connaître sa décision à l'employeur dans un délai de trois mois à compter de la date de réception de la demande d'approbation, par tout moyen permettant de donner date certaine à cette notification. Il peut toutefois, par décision motivée notifiée selon les mêmes modalités avant l'expiration du délai mentionné ci-dessus, fixer un nouveau délai si l'instruction du dossier l'exige, sans que le délai global puisse excéder six mois.

Il peut aussi, par décision motivée, notifiée selon les modalités prévues à l'alinéa précédent, demander à l'employeur de lui transmettre des compléments d'information ou d'effectuer ou de faire effectuer aux frais de l'entreprise par un organisme compétent les essais complémentaires nécessaires à l'appréciation des risques éventuels et de l'efficacité des moyens de protection envisagés. Cette demande suspend le cours du délai mentionné à l'alinéa précédent.

Le délai recommence à courir à partir du moment où le directeur régional des entreprises, de la concurrence, de la consommation, du travail et de l'emploi ou l'autorité qui lui est substituée a eu connaissance des compléments d'information demandés ou du résultat de ces essais.

En l'absence de réponse du directeur régional des entreprises, de la concurrence, de la consommation, du travail et de l'emploi ou de l'autorité qui lui est substituée dans le délai résultant de l'application du premier alinéa du II, l'employeur peut, dans les conditions qui résultent de l'étude de sécurité, mettre en œuvre les activités envisagées.

III. — Pour les unités mobiles de fabrication, l'autorité compétente pour l'approbation de l'étude de sécurité est le directeur régional des entreprises, de la concurrence, de la consommation, du travail et de l'emploi du siège de l'entreprise qui est propriétaire de l'unité mobile de fabrication.

IV. — Le présent article ne s'applique pas aux employeurs effectuant uniquement des activités de conservation de substances ou d'objets explosifs ne relevant pas des prescriptions de l'arrêté du ministre chargé de l'intérieur, du ministre chargé du travail et du ministre de la défense relatif aux installations pyrotechniques soumises à agrément technique, pris en application de l'article R. 2352-97 du code de la défense.

Art. R. 4462-31 L'employeur signale, dans les meilleurs délais, au directeur régional des entreprises, de la concurrence, de la consommation, du travail et de l'emploi ou à l'autorité qui lui est substituée en application des articles R. 8111-8 et R. 4462-29, et à l'inspection de l'armement pour les poudres et explosifs, tout événement pyrotechnique survenant dans le cadre de ses activités.

Art. R. 4462-32 I. — Dans le cas d'un site pyrotechnique multi-employeurs tel que défini à l'article R. 4462-2, les activités pyrotechniques du site ne peuvent être exercées que sur la base d'une convention établie et conclue par les différents employeurs présents.

Cette convention définit, dans le respect des dispositions du présent chapitre et de l'ensemble des dispositions législatives et règlementaires *[réglementaires]* applicables aux activités du site pyrotechnique multi-employeurs, l'organisation mise en place sur le site entre les différents employeurs pour :

1° La gestion des effets pyrotechniques résultant de la coexistence sur le site des activités relevant des différents employeurs et ayant des conséquences sur les différentes installations du site pyrotechnique multi-employeurs ;

2° La gestion des secours vis-à-vis du risque pyrotechnique.

II. — Un arrêté du ministre chargé du travail précise le contenu de la convention, qui comporte :

1° Les règles de fonctionnement des instances de concertation et de décision traitant des questions de santé et de sécurité sur le site ;

2° Les règles internes au site d'implantation des installations ;

3° Les règles d'accès et de circulation sur le site ;

4° Les modalités communes de formation du personnel aux risques du site ;

5° Les modalités de résolution des désaccords éventuels ;

6° Les modalités de prise en compte des modifications concernant la sécurité effectuées par un employeur et susceptibles d'avoir un impact sur les autres employeurs du site.

III. — La convention est transmise pour information au directeur régional des entreprises, de la concurrence, de la consommation, du travail et de l'emploi ou à l'autorité qui lui est substituée en application des articles R. 8111-8 et R. 4462-29.

IV. — Les employeurs élaborent également de façon conjointe, pour le site pyrotechnique multi-employeurs, la consigne générale du site mentionnée à l'article R. 4462-6.

V. — La convention, les procédures et les documents permettant de vérifier le respect des engagements qu'elle prévoit sont incorporés au dossier de sécurité défini par l'article R. 4462-34.

VI. — Chaque employeur présent sur le site pyrotechnique multi-employeurs est consulté sur les conclusions de chacune des études de sécurité réalisées par les employeurs mentionnés à l'article R. 4462-1 si celles-ci démontrent que ses travailleurs sont exposés aux effets pyrotechniques. Il consulte son comité d'hygiène, de sécurité et des conditions de travail ou, à défaut, ses délégués du personnel sur les conclusions de chacune de ces études de sécurité.

Chaque employeur présent sur le site pyrotechnique multi-employeurs est informé des conclusions de chaque étude de sécurité, en particulier sur les zones d'effets et les risques correspondants.

Art. R. 4462-33 Pour l'application du présent chapitre, le directeur régional des entreprises, de la concurrence, de la consommation, du travail et de l'emploi ou l'autorité qui lui est substituée en application des articles R. 8111-8 et R. 4462-29 reçoit le concours de l'inspecteur de l'armement pour les poudres et explosifs du ministère de la défense. Ce dernier effectue, en accord avec le directeur régional des entreprises, de la concurrence, de la consommation, du travail et de l'emploi ou avec les autorités qui lui sont substituées, des inspections de sécurité pyrotechnique dans les sites des employeurs relevant du présent chapitre.

Art. R. 4462-34 L'employeur établit un dossier de sécurité qu'il tient constamment à jour en l'enrichissant sur la base des enseignements tirés des événements pyrotechniques et de toute observation ou information pouvant intéresser la sécurité. Ce dossier comprend :

1° Les études de sécurité prescrites à l'article R. 4462-3 auxquelles sont joints les résultats des essais qui ont été nécessaires à leur établissement ;

2° Les analyses de sécurité citées à l'article R. 4462-4 ;

3° Les documents cités aux articles R. 4462-14 et R. 4462-15 ;

4° Les procès-verbaux des comités d'hygiène, de sécurité et des conditions de travail sur les études de sécurité citées à l'article R. 4462-3 et à l'article R. 4462-32 ;

5° Les consignes établies en application des dispositions des articles R. 4462-6 et R. 4462-7 ;

6° Les comptes-rendus des événements pyrotechniques et des incidents significatifs qui ont été constatés ;

7° La liste des personnes habilitées à réaliser des opérations pyrotechniques ;

8° Les comptes-rendus et les listes d'émargement des formations cités à l'article R. 4462-28 ;

9° Pour les sites pyrotechniques multi-employeurs, la convention prévue à l'article R. 4462-32.

Art. R. 4462-35 Le dossier de sécurité prévu à l'article R. 4462-34 est tenu par l'employeur à la disposition du directeur régional des entreprises, de la concurrence, de la consommation, du travail et de l'emploi ou de l'autorité qui lui est substituée en application des articles R. 8111-8 et R. 4462-29, des agents en charge du contrôle de la législation du travail, des ingénieurs de prévention, du service de santé au travail, des services de prévention des organismes de sécurité sociale, des comités d'hygiène, de sécurité et des conditions de travail ou, à défaut, des délégués du personnel.

Les personnes qui accèdent au dossier de sécurité en vertu des dispositions de l'alinéa précédent sont astreintes, en ce qui concerne les informations concernant les sites pyrotechniques qui figurent dans le dossier, aux obligations de secret et aux exigences de confidentialité, dans les conditions prévues par les textes qui leur sont applicables.

Art. R. 4462-36 I. — Sur demande motivée de l'employeur précisant les mesures compensatoires qu'il prévoit, le directeur régional des entreprises, de la concurrence, de la consommation, du travail et de l'emploi ou l'autorité qui lui est substituée en application des articles R. 8111-8 et R. 4462-29 peut, par décision prise après avis de l'inspecteur de l'armement pour les poudres et explosifs, accorder pour une ou plusieurs installations déterminées, et dans les conditions qu'il fixe, une dérogation aux dispositions figurant dans les articles du présent chapitre mentionnées ci-dessous :

1° Article R. 4462-10 — Absence de risque important sur un emplacement de travail en cas d'accident sur un emplacement de travail voisin ;

2° Article R. 4462-13 — Exclusion d'installations non pyrotechniques de l'enceinte pyrotechnique ;

3° Article R. 4462-17 — Interdiction des bâtiments à étage ou sous-sol et travail sur plusieurs niveaux ;

4° Article R. 4462-18 — Immobilisation en position ouverte des portes coulissantes lorsqu'il y a des travailleurs à l'intérieur des locaux où s'effectuent des activités pyrotechniques qui sont munis uniquement de telles portes ;

5° Article R. 4462-19 — Largeur des issues et des dégagements ;

6° Article R. 4462-20 — Distance des postes de travail par rapport aux issues ou aux abris ;

7° Article R. 4462-21 — Desserte par un ou plusieurs escaliers externes ou par des dispositifs équivalents des bâtiments où s'effectuent des activités pyrotechniques comportant plusieurs niveaux ;

8° Article R. 4462-32 — Distance des installations dans un site pyrotechnique multi-employeurs.

II. — Le directeur régional des entreprises, de la concurrence, de la consommation, du travail et de l'emploi ou l'autorité qui lui est substituée en application des articles R. 8111-8 et R. 4462-29 peut également, sur demande motivée de l'employeur dans les situations mentionnées à l'article R. 4462-22, accorder une dérogation lorsque l'analyse effectuée par l'employeur démontre l'existence d'une incompatibilité entre une disposition du présent chapitre et des exigences fixées par d'autres règlementations en vue de la mise en œuvre d'impératifs de sécurité, et que la proposition présentée par l'employeur permet d'obtenir le niveau de sécurité des travailleurs le plus élevé possible par l'application de mesures compensatoires.

III. – La demande présentée par l'employeur en application des dispositions du I ou du II est accompagnée de l'avis du comité d'hygiène, de sécurité et des conditions de travail ou, à défaut, des délégués du personnel.

IV. – La décision du directeur régional des entreprises, de la concurrence, de la consommation, du travail et de l'emploi ou de l'autorité qui lui est substituée est portée à la connaissance du comité d'hygiène, de sécurité et des conditions de travail ou, à défaut, des délégués du personnel par l'employeur.

LIVRE CINQUIÈME **PRÉVENTION DES RISQUES LIÉS À CERTAINES ACTIVITÉS OU OPÉRATIONS**

TITRE PREMIER **TRAVAUX RÉALISÉS DANS UN ÉTABLISSEMENT PAR UNE ENTREPRISE EXTÉRIEURE**

CHAPITRE PREMIER **DISPOSITIONS GÉNÉRALES**

SECTION PREMIÈRE **CHAMP D'APPLICATION**

Art. R. 4511-1 Les dispositions du présent titre s'appliquent au chef de l'entreprise utilisatrice et au chef de l'entreprise extérieure lorsqu'une entreprise extérieure fait intervenir des travailleurs pour exécuter ou participer à l'exécution d'une opération, quelle que soit sa nature, dans un établissement d'une entreprise utilisatrice, y compris dans ses dépendances ou chantiers. – *[Anc. art. R. 237-1, al. 1er.]*

Art. R. 4511-2 Les dispositions du présent titre ne s'appliquent pas aux travaux relatifs à la construction et à la réparation navales. – *[Anc. art. R. 237-1, al. 3.]*

Art. R. 4511-3 Les dispositions du présent titre ne s'appliquent pas aux chantiers de bâtiment ou de génie civil soumis à l'obligation de coordination prévue à l'article L. 4532-2, ni aux autres chantiers clos et indépendants.

Toutefois, le chef de l'entreprise utilisatrice coopère avec le coordonnateur en matière de sécurité et de protection de la santé, dans les conditions fixées à l'article R. 4532-14.

Lorsque ces chantiers sont soumis à l'obligation d'établir un plan général de coordination en matière de sécurité et de protection de la santé prévu à l'article L. 4532-8, le chef de l'entreprise utilisatrice reçoit copie de ce plan et participe, sur sa demande, aux travaux du collège interentreprises de sécurité, de santé et des conditions de travail, s'il en existe un. – *[Anc. art. R. 237-1, al. 2.]*

Art. R. 4511-4 On entend par opération, au sens du présent titre, les travaux ou prestations de services réalisés par une ou plusieurs entreprises afin de concourir à un même objectif. – *[Anc. art. R. 237-1, al. 5.]*

SECTION II **COORDINATION DE LA PRÉVENTION**

Art. R. 4511-5 Le chef de l'entreprise utilisatrice assure la coordination générale des mesures de prévention qu'il prend et de celles que prennent l'ensemble des chefs des entreprises extérieures intervenant dans son établissement. – *[Anc. art. R. 237-2, al. 1er, phrase 1.]*

Art. R. 4511-6 Chaque chef d'entreprise est responsable de l'application des mesures de prévention nécessaires à la protection des travailleurs qu'il emploie. – *[Anc. art. R. 237-2, al. 1er, phrase 2.]*

Art. R. 4511-7 La coordination générale des mesures de prévention a pour objet de prévenir les risques liés à l'interférence entre les activités, les installations et matériels des différentes entreprises présentes sur un même lieu de travail. – *[Anc. art. R. 237-2, al. 2.]*

Art. R. 4511-8 Au titre de la coordination générale des mesures de prévention, le chef de l'entreprise utilisatrice alerte le chef de l'entreprise extérieure intéressée lorsqu'il est informé d'un danger grave concernant un des travailleurs de cette entre-

prise, même s'il estime que la cause du danger est exclusivement le fait de cette entreprise, afin que les mesures de prévention nécessaires puissent être prises par l'employeur intéressé.

En outre, il demande au propriétaire de l'établissement les dossiers techniques regroupant les informations relatives à la recherche et à l'identification des matériaux contenant de l'amiante prévus *(Décr. n° 2012-639 du 4 mai 2012, art. 2)* **« à l'article R. 4412-97 du code du travail ». Il communique ces documents au chef de l'entreprise extérieure intervenant dans l'établissement.** – *[Anc. art. R. 237-2, al. 3 et 4.]*

Art. R. 4511-9 Pour l'application des dispositions du présent titre, le chef de l'entreprise extérieure ne peut déléguer ses attributions qu'à un travailleur doté de l'autorité, de la compétence et des moyens nécessaires.

Ce dernier est désigné, lorsque c'est possible, parmi un des travailleurs appelés à participer à l'exécution des opérations prévues dans l'établissement de l'entreprise utilisatrice. – *[Anc. art. R. 237-3.]*

Art. R. 4511-10 Les chefs des entreprises extérieures font connaître par écrit à l'entreprise utilisatrice :

1° La date de leur arrivée et la durée prévisible de leur intervention ;

2° Le nombre prévisible de travailleurs affectés ;

3° Le nom et la qualification de la personne chargée de diriger l'intervention ;

4° Les noms et références de leurs sous-traitants, le plus tôt possible et en tout état de cause avant le début des travaux dévolus à ceux-ci ;

5° L'identification des travaux sous-traités. – *[Anc. art. R. 237-4, al. 1er.]*

Art. R. 4511-11 Le chef de l'entreprise utilisatrice et les chefs des entreprises extérieures tiennent les informations mentionnées à l'article R. 4511-10 à la disposition :

1° Du comité d'hygiène, de sécurité et des conditions de travail compétent ;

2° Des médecins du travail compétents ;

3° De l'inspection du travail ;

4° Des agents des services de prévention des organismes de sécurité sociale ;

5° Le cas échéant, des agents de l'Organisme professionnel de prévention du bâtiment et des travaux publics. – *[Anc. art. R. 237-4, al. 2.]*

Art. R. 4511-12 Les chefs des entreprises extérieures fournissent à l'inspection du travail, sur sa demande, l'état des heures réellement passées à l'exécution de l'opération par les travailleurs qui y sont affectés. – *[Anc. art. R. 237-4, al. 3.]*

CHAPITRE II MESURES PRÉALABLES À L'EXÉCUTION D'UNE OPÉRATION

SECTION PREMIÈRE DISPOSITIONS GÉNÉRALES

Art. R. 4512-1 Lorsque, après le début de l'intervention, une entreprise extérieure recourt à de nouveaux sous-traitants, les procédures prévues par le présent chapitre sont à nouveau applicables à ces derniers. – *[Anc. art. R. 237-5, al. 2.]*

SECTION II INSPECTION COMMUNE PRÉALABLE

Art. R. 4512-2 Il est procédé, préalablement à l'exécution de l'opération réalisée par une entreprise extérieure, à une inspection commune des lieux de travail, des installations qui s'y trouvent et des matériels éventuellement mis à disposition des entreprises extérieures. – *[Anc. art. R. 237-6, al. 1er.]*

1. Pluralité d'entreprises. Toutes les entreprises concourant à l'exécution d'une même opération, au sens de l'art. R. 237-1, al. 5, C. trav. [art. R. 4511-4 nouv.] doivent participer de manière simultanée à l'inspection préalable prévue par l'art. R. 237-6 du même code dont l'objet est d'assurer leur information réciproque dans l'intérêt de la sécurité des travailleurs. • Crim. 16 févr. 1999 : *Bull. crim. n° 24 ; Dr. pénal 1999. Comm. 82, note Véron.*

2. Obligation de sécurité du chef d'entreprise. En vertu du contrat de travail le liant à son salarié, l'employeur est tenu envers celui-ci d'une obligation de sécurité de résultat, notamment en ce qui concerne les maladies professionnelles contractées par ce salarié du fait des produits fabriqués ou utilisés par l'entreprise, et que le manquement à cette obligation a le caractère d'une faute inexcusable lorsque l'employeur avait ou aurait dû avoir conscience du danger auquel était exposé le salarié et qu'il n'a pas pris les mesures nécessaires pour l'en protéger ; lorsque le travail s'exécute dans les locaux d'une autre entreprise, l'employeur a le devoir de se renseigner sur les dangers courus par le salarié. • Soc. 8 nov. 2007 : *JS Lamy 2007, n° 224-3 ; Dr. soc. 2008. 258, obs. Chaumette*.

Art. R. 4512-3 Au cours de l'inspection commune préalable, le chef de l'entreprise utilisatrice :

1° Délimite le secteur de l'intervention des entreprises extérieures ;

2° Matérialise les zones de ce secteur qui peuvent présenter des dangers pour les travailleurs ;

3° Indique les voies de circulation que pourront emprunter ces travailleurs ainsi que les véhicules et engins de toute nature appartenant aux entreprises extérieures ;

4° Définit les voies d'accès de ces travailleurs aux locaux et installations à l'usage des entreprises extérieures prévus à l'article R. 4513-8. – *[Anc. art. R. 237-6, al. 2.]*

Art. R. 4512-4 Le chef de l'entreprise utilisatrice communique aux chefs des entreprises extérieures ses consignes de sécurité applicables aux travailleurs chargés d'exécuter l'opération, y compris durant leurs déplacements. – *[Anc. art. R. 237-6, al. 3.]*

Art. R. 4512-5 Les employeurs se communiquent toutes informations nécessaires à la prévention des risques, notamment la description des travaux à accomplir, des matériels utilisés et des modes opératoires dès lors qu'ils ont une incidence sur la santé et la sécurité. – *[Anc. art. R. 237-6, al. 4.]*

SECTION III **PLAN DE PRÉVENTION**

Art. R. 4512-6 Au vu des informations et éléments recueillis au cours de l'inspection commune préalable, les chefs des entreprises utilisatrice et extérieures procèdent en commun à une analyse des risques pouvant résulter de l'interférence entre les activités, installations et matériels.

Lorsque ces risques existent, les employeurs arrêtent d'un commun accord, avant le début des travaux, un plan de prévention définissant les mesures prises par chaque entreprise en vue de prévenir ces risques. – *[Anc. art. R. 237-7, al. 1er.]*

Art. R. 4512-7 Le plan de prévention est établi par écrit et arrêté avant le commencement des travaux dans les deux cas suivants :

1° Dès lors que l'opération à réaliser par les entreprises extérieures, y compris les entreprises sous-traitantes auxquelles elles peuvent faire appel, représente un nombre total d'heures de travail prévisible égal au moins à 400 heures sur une période inférieure ou égale à douze mois, que les travaux soient continus ou discontinus. Il en est de même dès lors qu'il apparaît, en cours d'exécution des travaux, que le nombre d'heures de travail doit atteindre 400 heures ;

2° Quelle que soit la durée prévisible de l'opération, lorsque les travaux à accomplir sont au nombre des travaux dangereux figurant sur une liste fixée, respectivement, par arrêté du ministre chargé du travail et par arrêté du ministre chargé de l'agriculture. – *[Anc. art. R. 237-8.]*

Art. R. 4512-8 Les mesures prévues par le plan de prévention comportent au moins les dispositions suivantes :

1° La définition des phases d'activité dangereuses et des moyens de prévention spécifiques correspondants ;

2° L'adaptation des matériels, installations et dispositifs à la nature des opérations à réaliser ainsi que la définition de leurs conditions d'entretien ;

3° Les instructions à donner aux travailleurs ;

4° L'organisation mise en place pour assurer les premiers secours en cas d'urgence et la description du dispositif mis en place à cet effet par l'entreprise utilisatrice ;

5° Les conditions de la participation des travailleurs d'une entreprise aux travaux réalisés par une autre en vue d'assurer la coordination nécessaire au maintien de la sécurité et, notamment, de l'organisation du commandement. – *[Anc. art. R. 237-7, al. 2 à 7.]*

Art. R. 4512-9 Chaque entreprise concernée fournit la liste des postes occupés par les travailleurs susceptibles de relever *(Décr. n° 2016-1908 du 27 déc. 2016, art. 17, en vigueur le 1er janv. 2017)* « du suivi individuel renforcé prévu par les articles R. 4624-22 à R. 4624-28 » ou, s'il s'agit d'un salarié agricole, par l'article R. 717-16 du code rural et de la pêche maritime, en raison des risques liés aux travaux réalisés dans l'entreprise utilisatrice. Cette liste figure dans le plan de prévention.

Art. R. 4512-10 Le plan de prévention fixe la répartition des charges d'entretien entre les entreprises extérieures dont les travailleurs utilisent les locaux et installations prévus à l'article R. 4513-8 et mis à disposition par l'entreprise utilisatrice. – *[Anc. art. R. 237-7, al. 9, et anc. art. R. 237-16, al. 3.]*

Art. R. 4512-11 Les dossiers techniques regroupant les informations relatives à la recherche et à l'identification des matériaux contenant de l'amiante prévus *(Décr. n° 2012-639 du 4 mai 2012, art. 2)* « à l'article R. 4412-97 du code du travail » sont joints au plan de prévention. – *[Anc. art. R. 237-7, al. 10.]*

Art. R. 4512-12 Lorsque l'établissement d'un plan de prévention par écrit est obligatoire, en application de l'article R. 4512-7 :

1° Ce plan est tenu, pendant toute la durée des travaux, à la disposition de l'inspection du travail, des agents de prévention des organismes de sécurité sociale et, le cas échéant, de l'Organisme professionnel de prévention du bâtiment et des travaux publics ;

2° Le chef de l'entreprise utilisatrice informe par écrit l'inspection du travail de l'ouverture des travaux. – *[Anc. art. R. 237-9.]*

SECTION IV **TRAVAIL ISOLÉ**

Art. R. 4512-13 Lorsque l'opération est réalisée de nuit ou dans un lieu isolé ou à un moment où l'activité de l'entreprise utilisatrice est interrompue, le chef de l'entreprise extérieure intéressé prend les mesures nécessaires pour qu'aucun travailleur ne travaille isolément en un point où il ne pourrait être secouru à bref délai en cas d'accident. – *[Anc. art. R. 237-10, al. 1er.]*

Art. R. 4512-14 Pour les travaux accomplis dans un établissement agricole, les dispositions de l'article R. 4512-13 ne s'appliquent qu'aux travaux réalisés dans les locaux de l'exploitation, de l'entreprise ou de l'établissement ou à proximité de ceux-ci. – *[Anc, art. R. 237-10, al. 2.]*

SECTION V **INFORMATION DES TRAVAILLEURS**

Art. R. 4512-15 Avant le début des travaux et sur le lieu même de leur exécution, le chef de l'entreprise extérieure fait connaître à l'ensemble des travailleurs qu'il affecte à ces travaux les dangers spécifiques auxquels ils sont exposés et les mesures de prévention prises en application du présent titre.

Il précise notamment les zones dangereuses ainsi que les moyens adoptés pour les matérialiser. Il explique l'emploi des dispositifs collectifs et individuels de protection.

Il montre à ces travailleurs les voies à emprunter pour accéder au lieu d'intervention et le quitter, pour accéder aux locaux et installations mis à leur disposition ainsi que, s'il y a lieu, les issues de secours. – *[Anc. art. R. 237-11, al. 1er à 3.]*

Art. R. 4512-16 Le temps consacré à l'information des travailleurs est assimilé à du temps de travail effectif. – *[Anc. art. R. 237-11, al. 4.]*

CHAPITRE III **MESURES À PRENDRE PENDANT L'EXÉCUTION DES OPÉRATIONS**

SECTION PREMIÈRE **INSPECTIONS ET RÉUNIONS PÉRIODIQUES DE COORDINATION**

Art. R. 4513-1 Pendant l'exécution des opérations, chaque entreprise met en œuvre les mesures prévues par le plan de prévention.

Le chef de l'entreprise utilisatrice s'assure auprès des chefs des entreprises extérieures que les mesures décidées sont exécutées. Il coordonne les mesures nouvelles à prendre lors du déroulement des travaux. – *[Anc. art. R. 237-12, al. 1er.]*

Art. R. 4513-2 Le chef de l'entreprise utilisatrice organise, avec les chefs des entreprises extérieures qu'il estime utile d'inviter, des inspections et réunions périodiques, selon une périodicité qu'il définit, afin d'assurer, en fonction des risques ou lorsque les circonstances l'exigent :

1° Soit la coordination générale dans l'enceinte de l'entreprise utilisatrice ;

2° Soit la coordination des mesures de prévention pour une opération donnée ;

3° Soit la coordination des mesures rendues nécessaires par les risques liés à l'interférence entre deux ou plusieurs opérations. – *[Anc. art. R. 237-12, al. 2.]*

Art. R. 4513-3 Les chefs des entreprises intéressées par les opérations en cause sont informés de la date à laquelle se tiennent les inspections et réunions périodiques de coordination.

Lorsqu'ils l'estiment nécessaire en fonction des risques, les chefs des entreprises extérieures qui ne sont pas conviés participent, sur leur demande, aux réunions et inspections organisées par l'entreprise utilisatrice.

En l'absence de réunion ou d'inspection, les chefs des entreprises extérieures peuvent, lorsqu'ils l'estiment nécessaire pour la sécurité des travailleurs, demander au chef de l'entreprise utilisatrice d'organiser de telles réunions ou inspections. – *[Anc. art. R. 237-12, al. 3 à 5.]*

Art. R. 4513-4 Les mesures prises lors de la coordination font l'objet d'une mise à jour du plan de prévention. – *[Anc. art. R. 237-12, al. 6.]*

Art. R. 4513-5 Lorsque l'ensemble des opérations des entreprises extérieures présentes dans l'établissement conduit à l'emploi de travailleurs pour une durée totale supérieure à 90 000 heures pour les douze mois à venir, les inspections et réunions périodiques de coordination se tiennent au moins tous les trois mois.

Ces dispositions s'appliquent, y compris lorsque sont mises en œuvre les dispositions des deuxième et troisième alinéas de l'article R. 4513-3. – *[Anc. art. R. 237-13.]*

Art. R. 4513-6 Lorsque de nouveaux travailleurs sont affectés à l'exécution des travaux en cours d'opération, le chef de l'entreprise extérieure en informe le chef de l'entreprise utilisatrice.

Le chef de l'entreprise *(Décr. no 2009-289 du 13 mars 2009)* « extérieure » est tenu, à l'égard de ces travailleurs, aux obligations d'information prévues à l'article R. 4512-15. – *[Anc. art. R. 237-14.]*

Art. R. 4513-7 Le chef de l'entreprise utilisatrice s'assure auprès des chefs des entreprises extérieures qu'ils ont donné aux travailleurs des instructions appropriées aux risques liés à la présence dans son établissement de plusieurs entreprises. – *[Anc. art. R. 237-15.]*

SECTION II **LOCAUX ET INSTALLATIONS À L'USAGE DES ENTREPRISES EXTÉRIEURES**

Art. R. 4513-8 Les installations sanitaires, les vestiaires collectifs et les locaux de restauration sont mis par l'entreprise utilisatrice à la disposition des entreprises extérieures présentes dans l'établissement, excepté lorsque ces dernières mettent en place un dispositif équivalent.

Des installations supplémentaires sont mises en place, si nécessaire, sur la base de l'effectif moyen des travailleurs des entreprises extérieures devant être employés au cours de l'année à venir de manière habituelle dans l'établissement de l'entreprise utilisatrice. – *[Anc. art. R. 237-16.]*

SECTION III **SUIVI INDIVIDUEL DE L'ÉTAT DE SANTÉ** *(Décr. no 2016-1908 du 27 déc. 2016, art. 17, en vigueur le 1er janv. 2017).*

Art. R. 4513-9 Lorsque l'établissement d'un plan de prévention par écrit est obligatoire, en application de l'article R. 4512-7, ce plan est tenu à la disposition du médecin du travail de l'entreprise utilisatrice et des médecins du travail des entreprises extérieures intéressées.

Ceux-ci sont informés de ses mises à jour.

Le plan de prévention et ses mises à jour leur sont communiqués sur leur demande. – *[Anc. art. R. 237-17.]*

Art. R. 4513-10 Le médecin du travail de l'entreprise extérieure communique au médecin du travail de l'entreprise utilisatrice, sur demande de ce dernier, les éléments du dossier médical individuel des travailleurs de l'entreprise extérieure qui lui sont nécessaires.

Le médecin du travail de l'entreprise utilisatrice fournit au médecin du travail de l'entreprise extérieure, sur demande de ce dernier, les indications sur les risques particuliers que présentent les travaux pour la santé des travailleurs intéressés de l'entreprise extérieure. – *[Anc. art. R. 237-18.]*

Art. R. 4513-11 Le médecin du travail de l'entreprise utilisatrice assure, pour le compte de l'entreprise extérieure, la réalisation des examens complémentaires rendus nécessaires par la nature et la durée des travaux réalisés par le travailleur de l'entreprise extérieure dans l'entreprise utilisatrice.

Les résultats sont communiqués au médecin du travail de l'entreprise extérieure *(Abrogé par Décr. n° 2016-1908 du 27 déc. 2016, art. 17, à compter du 1er janv. 2017)* ***« , notamment en vue de la détermination de l'aptitude médicale du salarié ».***

Art. R. 4513-12 *(Décr. n° 2012-135 du 30 janv. 2012, art. 1er-II et 3)* Par accord entre les chefs de l'entreprise utilisatrice et de l'entreprise extérieure et les médecins du travail intéressés, *(Décr. n° 2016-1908 du 27 déc. 2016, art. 17, en vigueur le 1er janv. 2017)* « le suivi individuel de l'état de santé » et pour les salariés agricoles, à l'article R. 717-15 du code rural et de la pêche maritime, peut être réalisé par le médecin du travail de l'entreprise utilisatrice pour le compte de l'entreprise extérieure. Cet accord peut également prévoir que le médecin du travail de l'entreprise utilisatrice et, le cas échéant, les autres membres de l'équipe pluridisciplinaire de santé au travail, mènent les actions sur le milieu de travail prévues aux articles R. 4624-1 et suivants pour le compte des salariés de l'entreprise extérieure.

Le médecin du travail de l'entreprise utilisatrice communique les résultats au médecin de l'entreprise extérieure *(Abrogé par Décr. n° 2016-1908 du 27 déc. 2016, art. 17, à compter du 1er janv. 2017)* ***« , notamment en vue de la détermination de l'aptitude médicale ».***

Art. R. 4513-13 Les conditions dans lesquelles le médecin du travail de l'entreprise extérieure a accès aux postes de travail occupés ou susceptibles d'être occupés par les travailleurs de l'entreprise extérieure sont fixées entre l'entreprise utilisatrice et l'entreprise extérieure, après avis des médecins du travail intéressés. – *[Anc. art. R. 237-21.]*

CHAPITRE IV **RÔLE DES INSTITUTIONS REPRÉSENTATIVES DU PERSONNEL**

SECTION PREMIÈRE **DISPOSITIONS COMMUNES**

Art. R. 4514-1 Les comités d'hygiène, de sécurité et des conditions de travail de l'entreprise utilisatrice et des entreprises extérieures sont informés :

1° De la date de l'inspection commune préalable par les chefs des entreprises intéressées, dès qu'ils en ont connaissance et au plus tard trois jours avant qu'elle ait lieu. En cas d'urgence, ils sont informés sur le champ ;

2° De la date des inspections et réunions périodiques de coordination, au plus tard trois jours avant qu'elles aient lieu. En cas d'urgence, ils sont informés sur le champ ;

3° De toute situation d'urgence et de gravité mentionnée au 3° de l'article L. 4614-6. – *[Anc. art. R. 237-22, al. 1er à 3.]*

Art. R. 4514-2 Lorsque l'établissement d'un plan de prévention par écrit est obligatoire, en application de l'article R. 4512-7, ce plan est tenu à la disposition du comité d'hygiène, de sécurité et des conditions de travail de l'entreprise utilisatrice et de ceux des entreprises extérieures.

Ces comités sont informés de ses mises à jour.

Ce plan et ses mises à jour leur sont communiqués sur leur demande.

Ils reçoivent toutes informations nécessaires à l'exercice de leurs missions. – *[Anc. art. R. 237-22, al. 4.]*

Art. R. 4514-3 Le comité d'hygiène, de sécurité et des conditions de travail de l'entreprise utilisatrice compétent charge, s'il l'estime nécessaire, un ou plusieurs de ses membres appartenant à la délégation du personnel de participer à l'inspection commune préalable.

Les comités d'hygiène, de sécurité et des conditions de travail des entreprises extérieures intéressées participent, s'ils l'estiment nécessaire, à l'inspection commune préalable, dans les conditions prévues à l'article R. 4514-9.

Les membres des comités désignés pour participer à l'inspection commune préalable émettent un avis sur les mesures de prévention. Cet avis est porté sur le plan de prévention lorsque ce plan doit être établi par écrit. – *[Anc. art. R. 237-23.]*

Art. R. 4514-4 Des inspections et réunions périodiques de coordination sont organisées à la demande motivée de deux représentants du personnel au comité d'hygiène, de sécurité et des conditions de travail de l'entreprise utilisatrice.

A la demande motivée de deux représentants du personnel au comité d'hygiène, de sécurité et des conditions de travail de l'entreprise extérieure, les dispositions prévues aux deuxième et troisième alinéas de l'article R. 4513-3 sont mises en œuvre par le chef de l'entreprise extérieure. – *[Anc. art. R. 237-24.]*

Art. R. 4514-5 Aux lieux d'entrée et de sortie du personnel de l'entreprise utilisatrice sont affichés :

1° Les noms et lieux de travail des membres du comité d'hygiène, de sécurité et des conditions de travail de l'entreprise utilisatrice et des entreprises extérieures ;

2° Le nom du médecin du travail de l'entreprise utilisatrice ;

3° Le lieu où est située l'infirmerie de l'entreprise utilisatrice. – *[Anc. art. R. 237-25.]*

SECTION II **COMITÉ D'HYGIÈNE, DE SÉCURITÉ ET DES CONDITIONS DE TRAVAIL DE L'ENTREPRISE UTILISATRICE**

Art. R. 4514-6 Le comité d'hygiène, de sécurité et des conditions de travail de l'entreprise utilisatrice charge, s'il l'estime nécessaire, un ou plusieurs de ses membres appartenant à la délégation du personnel de participer aux inspections et réunions périodiques de coordination.

Ces membres émettent un avis sur les mesures de prévention. Cet avis est porté sur le plan de prévention lorsque ce plan doit être établi par écrit. – *[Anc. art. R. 237-26.]*

Art. R. 4514-7 Lorsqu'il peut y avoir des risques liés à l'interférence entre les activités, les installations et matériels des différentes entreprise, le comité d'hygiène, de sécurité et des conditions de travail de l'entreprise utilisatrice procède, dans le cadre de ses missions, aux inspections et enquêtes prévues aux articles L. 4612-4 et L. 4612-5, sur les lieux de travail temporairement occupés par des travailleurs d'entreprises extérieures. – *[Anc. art. R. 237-27.]*

Art. R. 4514-7-1 *(Décr. n° 2008-467 du 19 mai 2008)* Les représentants des entreprises extérieures au comité d'hygiène, de sécurité et des conditions de travail de l'entreprise utilisatrice, élargi en application de l'article L. 4523-11, ne sont pas considérés comme appartenant à la délégation du personnel du comité d'hygiène, de sécurité et des conditions de travail de l'entreprise utilisatrice.

SECTION III **COMITÉ D'HYGIÈNE, DE SÉCURITÉ ET DES CONDITIONS DE TRAVAIL DE L'ENTREPRISE EXTÉRIEURE**

Art. R. 4514-8 Le comité d'hygiène, de sécurité et des conditions de travail de l'entreprise extérieure charge, s'il l'estime nécessaire, un ou plusieurs de ses membres appartenant à la délégation du personnel de participer aux inspections et réunions périodiques de coordination, lorsqu'il est prévu que l'entreprise extérieure y participe.

Ces membres émettent un avis sur les mesures de prévention. Cet avis est porté sur le plan de prévention lorsque ce plan doit être établi par écrit. – *[Anc. art. R. 237-28, al. 1er et 2.]*

Art. R. 4514-9 Avant le début des travaux, lorsqu'un représentant du personnel au comité d'hygiène, de sécurité et des conditions de travail est appelé à faire partie de l'équipe intervenant dans l'entreprise utilisatrice et que le comité entend participer à l'inspection commune préalable, en application du deuxième alinéa de l'article R. 4514-3, ce représentant du personnel est désigné pour participer à cette inspection.

Dans le cas contraire, le comité peut désigner un représentant du personnel élu titulaire d'un autre mandat, s'il est appelé à être affecté dans l'entreprise utilisatrice. – *[Anc. art. R. 237-28, al. 3.]*

Art. R. 4514-10 Les dispositions de l'article R. 4514-9 s'appliquent pendant l'exécution des travaux lorsque le comité d'hygiène, de sécurité et des conditions de travail de l'entreprise extérieure entend faire application du premier alinéa de l'article R. 4514-8. – *[Anc. art. R. 237-28, al. 4.]*

CHAPITRE V **OPÉRATIONS DE CHARGEMENT ET DE DÉCHARGEMENT**

SECTION PREMIÈRE **CHAMP D'APPLICATION**

Art. R. 4515-1 Les dispositions du présent chapitre s'appliquent aux opérations de chargement ou de déchargement réalisées par des entreprises extérieures transportant des marchandises, en provenance ou à destination d'un lieu extérieur à l'enceinte de l'entreprise utilisatrice, dite "entreprise d'accueil".

Elles dérogent aux dispositions relatives :

1° A la transmission à l'inspection du travail de l'état des heures passées à l'exécution de l'opération, prévue à l'article R. 4511-12 ;

2° A l'inspection commune préalable prévue aux articles R. 4512-2 à R. 4512-5 ;

3° Au plan de prévention prévu aux articles R. 4512-6 à R. 4512-11 ;

4° A l'information et à la communication au comité d'hygiène, de sécurité et des conditions de travail des renseignements et documents prévues aux articles R. 4514-1 et R. 4514-2. – *[Anc. art. R. 237-1, al. 4, anc. art. 1er, al. 1er, et anc. art. 1er R, Arr. du 4 juill. 1996.]*

Art. R. 4515-2 On entend par opération de chargement ou de déchargement, l'activité concourant à la mise en place ou à l'enlèvement sur ou dans un engin de transport routier, de produits, fonds et valeurs, matériels ou engins, déchets, objets et matériaux de quelque nature que ce soit. – *[Anc. art. 1er, al. 2, Arr. du 26 avr. 1996.]*

Art. R. 4515-3 On entend par opérations de chargement ou de déchargement à caractère répétitif, celles qui portent sur des produits ou substances de même nature, sont accomplies sur les mêmes emplacements, selon le même mode opératoire, et mettent en œuvre les mêmes types de véhicules et de matériels de manutention. – *[Anc. art. 4, phrase 1, Arr. du 26 avr. 1996.]*

SECTION II **PROTOCOLE DE SÉCURITÉ**

Art. R. 4515-4 Les opérations de chargement ou de déchargement, font l'objet d'un document écrit, dit "protocole de sécurité", remplaçant le plan de prévention. – *[Anc. art. 2, al. 1er, Arr. du 26 avr. 1996.]*

Art. R. 4515-5 Le protocole de sécurité comprend les informations utiles à l'évaluation des risques de toute nature générés par l'opération ainsi que les mesures de prévention et de sécurité à observer à chacune des phases de sa réalisation. – *[Anc. art. 2, al. 2, Arr. du 26 avr. 1996.]*

Art. R. 4515-6 Pour l'entreprise d'accueil, le protocole de sécurité comprend, notamment, les informations suivantes :

1° Les consignes de sécurité, particulièrement celles qui concernent l'opération de chargement ou de déchargement ;

2° Le lieu de livraison ou de prise en charge, les modalités d'accès et de stationnement aux postes de chargement ou de déchargement accompagnées d'un plan et des consignes de circulation ;

3° Les matériels et engins spécifiques utilisés pour le chargement ou le déchargement ;
4° Les moyens de secours en cas d'accident ou d'incident ;
5° L'identité du responsable désigné par l'entreprise d'accueil, auquel l'employeur *(Décr. n° 2009-289 du 13 mars 2009)* « délègue, le cas échéant, ses attributions ». – *[Anc. art. 2, al. 3 à 9, Arr. du 26 avr. 1996.]*

Art. R. 4515-7 Pour le transporteur, le protocole de sécurité décrit, notamment :
1° Les caractéristiques du véhicule, son aménagement et ses équipements ;
2° La nature et le conditionnement de la marchandise ;
3° Les précautions ou sujétions particulières résultant de la nature des substances ou produits transportés, notamment celles imposées par la réglementation relative au transport de matières dangereuses. – *[Anc. art. 2, al. 10 à 13, Arr. du 26 avr. 1996.]*

Art. R. 4515-8 Le protocole de sécurité est établi dans le cadre d'un échange entre les employeurs intéressés, préalablement à la réalisation de l'opération.
Chacune des opérations ne revêtant pas le caractère répétitif défini à l'article R. 4515-3 donne lieu à un protocole de sécurité spécifique. – *[Anc. art. 3, Arr. du 26 avr. 1996.]*

Art. R. 4515-9 Les opérations de chargement ou de déchargement impliquant les mêmes entreprises et revêtant un caractère répétitif font l'objet d'un seul protocole de sécurité établi préalablement à la première opération.
Ce protocole de sécurité reste applicable aussi longtemps que les employeurs intéressés considèrent que les conditions de déroulement des opérations n'ont subi aucune modification significative, dans l'un quelconque de leurs éléments constitutifs. – *[Anc. art. 4, phrases 1 et 2, Arr. du 26 avr. 1996.]*

Art. R. 4515-10 Lorsque le prestataire ne peut pas être identifié préalablement par l'entreprise d'accueil ou lorsque l'échange préalable n'a pas permis de réunir toutes les informations nécessaires, par dérogation aux dispositions de l'article R. 4515-8, l'employeur de l'entreprise d'accueil fournit et recueille par tout moyen approprié les éléments qui se rapportent au protocole de sécurité. – *[Anc. art. 5, Arr. du 26 avr. 1996.]*

Art. R. 4515-11 Les chefs d'établissement des entreprises d'accueil et de transport tiennent un exemplaire de chaque protocole de sécurité, daté et signé, à la disposition :
1° Des comités d'hygiène, de sécurité et des conditions de travail des entreprises intéressées ;
2° De l'inspection du travail. – *[Anc. art. 6, Arr. du 26 avr. 1996.]*

TITRE DEUXIÈME **INSTALLATIONS NUCLÉAIRES DE BASE ET INSTALLATIONS SUSCEPTIBLES DE DONNER LIEU À DES SERVITUDES D'UTILITÉ PUBLIQUE**

CHAPITRE PREMIER **CHAMP D'APPLICATION**

Le présent chapitre ne comprend pas de dispositions réglementaires.

CHAPITRE II **COORDINATION DE LA PRÉVENTION**

Le présent chapitre ne comprend pas de dispositions réglementaires.

CHAPITRE III **COMITÉ D'HYGIÈNE, DE SÉCURITÉ ET DES CONDITIONS DE TRAVAIL**

SECTION PREMIÈRE **ATTRIBUTIONS PARTICULIÈRES** *(Décr. n° 2008-467 du 19 mai 2008).*

Art. R. 4523-1 La liste des postes de travail liés à la sécurité de l'installation prévue à l'article L. 4523-2 précise, le cas échéant, au titre des actions de prévention prévues aux articles L. 4121-3 et L. 4121-4 :
1° Les postes qui ne peuvent être confiés à des salariés titulaires d'un contrat de travail à durée déterminée ou à des salariés temporaires ;

2° Les postes destinés à être occupés par les salariés de l'établissement ;

3° Les postes dont les tâches exigent la présence d'au moins deux personnes qualifiées. – *[Anc. art. L. 236-2, al. 11, phrase 3.]*

Art. R. 4523-2 Le comité d'hygiène, de sécurité et des conditions de travail peut décider de faire appel à l'expert en risques technologiques mentionné à l'article L. 4523-5 à l'occasion de la demande d'autorisation préfectorale prévue par l'article L. 512-1 du code de l'environnement et avant d'émettre l'avis prévu à l'article R. 4612-4.

Le comité peut prendre sa décision à compter de la réunion au cours de laquelle il est informé sur les documents joints à la demande d'autorisation communiquée au préfet.

Cet expert, choisi après consultation du service instructeur de la demande d'autorisation, remet son rapport au comité avant la clôture de l'enquête publique. Il le présente en réunion du comité avant la consultation de ce dernier sur l'ensemble du dossier. – *[Anc. art. L. 236-9-II fin et anc. art. R. 236-10-1-II, al. 1er.]*

Art. R. 4523-3 Le comité d'hygiène, de sécurité et des conditions de travail peut faire appel à l'expert en risques technologiques mentionné à l'article L. 4523-5 en cas de danger grave en rapport avec l'installation classée.

L'expert présente son rapport dans le délai de quarante-cinq jours à compter de sa saisine. – *[Anc. art. L. 236-9-II fin et anc. art. R. 236-10-1-II, al. 2.]*

Art. R. 4523-4 Les représentants des entreprises extérieures mentionnés à l'article L. 4523-11 disposent d'une voix consultative au comité d'hygiène, de sécurité et des conditions de travail élargi. – *[Anc. art. L. 236-1, al. 8, phrases 5 et 6.]*

Art. R. 4523-4-1 *(Décr. nº 2009-289 du 13 mars 2009)* Les accidents du travail pour lesquels le comité d'hygiène, de sécurité et des conditions de travail élargi est réuni, en application de l'article L. 4523-13, sont les accidents ayant entraîné ou ayant pu entraîner des conséquences graves.

SECTION II **DISPOSITIONS RELATIVES À L'ÉLARGISSEMENT DU COMITÉ, APPLICABLES EN L'ABSENCE DE CONVENTION OU D'ACCORD COLLECTIF**

(Décr. nº 2008-467 du 19 mai 2008)

SOUS-SECTION 1 **DÉSIGNATION DES ENTREPRISES EXTÉRIEURES ET DE LEURS REPRÉSENTANTS**

A titre transitoire, le premier mandat des représentants des salariés des entreprises extérieures au CHSCT de l'entreprise utilisatrice élargi prend fin à la date d'expiration du mandat en cours des membres du CHSCT de l'entreprise utilisatrice. La première réunion du comité en formation élargie se tient dans les six mois suivant la publication du décret au JO, le 21 mai 2008 (Décr. nº 2008-467 du 19 mai 2008, art. 2).

Art. R. 4523-5 Pour élargir la composition du comité d'hygiène, de sécurité et des conditions de travail de l'entreprise utilisatrice à une représentation des entreprises extérieures, en application de l'article L. 4523-11, il incombe :

1° Au chef d'établissement de l'entreprise utilisatrice d'identifier les entreprises extérieures répondant aux critères définis à l'article R. 4523-6 et de sélectionner parmi celles-ci les entreprises appelées à désigner un ou des représentants ;

2° Au chef de chaque entreprise extérieure de désigner nominativement les représentants de son entreprise.

Art. R. 4523-6 L'identification et la sélection des entreprises extérieures par l'entreprise utilisatrice s'effectuent sur la base des trois critères cumulatifs suivants :

1° La nature des risques particuliers liés à l'intervention et susceptibles de porter atteinte à la sécurité des travailleurs présents au sein ou à proximité de l'installation, qui constitue le critère prépondérant ;

2° L'importance des effectifs intervenant ou appelés à intervenir, exprimée en nombre moyen d'hommes par jour présents au sein ou à proximité de l'installation durant une période de douze mois consécutifs ;

3° La durée des interventions prévisibles à compter du jour de la consultation du comité d'hygiène, de sécurité et des conditions de travail, prévue à l'article R. 4523-8.

Art. R. 4523-7 Le chef d'établissement de l'entreprise utilisatrice classe la liste des entreprises extérieures répondant aux critères définis à l'article R. 4523-6 par ordre de pertinence. Il mentionne les entreprises qu'il envisage de sélectionner et, pour chacune d'elles, sa représentation soit par un ou des salariés, soit par un représentant de la direction, soit par une représentation des salariés et de la direction.

Le nombre total de représentants des salariés des entreprises extérieures est égal au nombre de représentants du personnel de l'entreprise utilisatrice, dans la limite de trois représentants par entreprise extérieure. Le nombre de représentants de la direction des entreprises extérieures est au plus égal au nombre d'entreprises sélectionnées pour désigner une représentation de salariés.

Art. R. 4523-8 Le chef d'établissement de l'entreprise utilisatrice communique cette liste au comité d'hygiène, de sécurité et des conditions de travail, accompagnée des éléments qui justifient la composition retenue au regard des critères fixés à l'article R. 4523-6. Après un délai de trente jours au moins et soixante jours au plus suivant cette communication, le comité d'hygiène, de sécurité et des conditions de travail rend son avis sur la liste et la représentation mentionnées à l'article R. 4523-7.

Art. R. 4523-9 Dans les quinze jours suivant la consultation du comité d'hygiène, de sécurité et des conditions de travail, le chef d'établissement de l'entreprise utilisatrice :

1° Communique aux chefs des entreprises extérieures figurant sur la liste mentionnée à l'article R. 4523-7 l'avis du comité d'hygiène, de sécurité et des conditions de travail prévu à l'article R. 4523-8 et les consulte avant d'arrêter la liste des entreprises extérieures appelées à désigner une représentation de leur direction ;

2° Arrête la liste des entreprises extérieures appelées à désigner une représentation de salariés et le nombre de représentants par entreprise ;

3° Envoie sa décision aux chefs des entreprises sélectionnées ;

4° *(Décr. n° 2016-1417 du 20 oct. 2016, art. 12)* « Communique sa décision, à l'agent de contrôle de l'inspection du travail, à la demande de celui-ci », accompagnée des éléments qui la motivent et du procès-verbal de la réunion de consultation du comité d'hygiène, de sécurité et des conditions de travail.

Art. R. 4523-10 Dans les trente jours suivant l'envoi de la décision de sélection des entreprises extérieures, chaque chef d'entreprise extérieure sélectionnée :

1° Organise la désignation des représentants des salariés ou, selon les cas, de la direction de son entreprise au comité d'hygiène, de sécurité et des conditions de travail élargi de l'entreprise utilisatrice, selon les modalités fixées à l'article R. 4523-11 ;

2° Transmet au chef d'établissement de l'entreprise utilisatrice les noms et adresses des représentants désignés.

Art. R. 4523-11 Les représentants des salariés des entreprises extérieures sont désignés parmi ceux qui sont intervenus régulièrement, sur ou à proximité de l'installation de l'entreprise utilisatrice, durant les douze derniers mois ou parmi ceux qui sont appelés à y intervenir régulièrement durant les douze prochains mois.

Ils sont désignés par le comité d'hygiène, de sécurité et des conditions de travail constitué dans leur établissement ou, à défaut, par leurs délégués du personnel.

En l'absence de comité d'hygiène, de sécurité et des conditions de travail et de délégués du personnel, la représentation des salariés est désignée par les salariés qui, au jour du vote au scrutin secret, interviennent régulièrement dans l'établissement de l'entreprise utilisatrice depuis douze mois au moins ou sont appelés à y intervenir régulièrement au cours des douze prochains mois. Le procès-verbal de désignation des salariés, accompagné de la liste d'émargement datée et signée par les personnes ayant participé à la désignation et par leur employeur ou son représentant, est tenu à la disposition de l'inspecteur du travail.

Art. R. 4523-12 *(Décr. n° 2016-1417 du 20 oct. 2016, art. 13)* Le chef de l'entreprise utilisatrice communique, à l'agent de contrôle de l'inspection du travail, à la demande de celui-ci, les noms des représentants des entreprises extérieures désignés selon les modalités prévues à l'article R. 4523-11.

Art. R. 4523-13 Le chef d'établissement de l'entreprise utilisatrice affiche la liste nominative des représentants des entreprises extérieures au comité d'hygiène, de sécurité et des conditions de travail élargi au même emplacement que celui réservé aux informations mentionnées à l'article R. 4514-5. Il adresse cette liste, qui doit être actualisée au moins tous les deux ans selon les modalités fixées aux articles R. 4523-7 à R. 4523-12, à toutes les entreprises extérieures.

SOUS-SECTION 2 FONCTIONNEMENT DU COMITÉ ÉLARGI

Art. R. 4523-14 Les représentants des entreprises extérieures au comité d'hygiène, de sécurité et des conditions de travail de l'entreprise utilisatrice sont désignés pour une durée de deux ans renouvelable. Si, pendant la durée normale de son mandat, un représentant cesse ses fonctions, il est remplacé dans le délai d'un mois, pour la période du mandat restant à courir, sauf si cette période est inférieure à trois mois. Les modalités de ce remplacement sont celles fixées aux articles R. 4523-10 et R. 4523-11.

Art. R. 4523-15 Les réunions du comité d'hygiène, de sécurité et des conditions de travail de l'entreprise utilisatrice en formation élargie se tiennent séparément de celles du comité en formation ordinaire.

L'ordre du jour de la réunion du comité élargi et les documents joints sont transmis par le président du comité, selon les modalités fixées à l'article R. 4614-3, au moins trente jours avant la date fixée pour la réunion.

Le temps passé en réunion du comité élargi est considéré comme temps de travail et payé à l'échéance normale.

Art. R. 4523-16 Les procès-verbaux des réunions du comité élargi sont transmis aux personnes qui y siègent et sont tenus à la disposition de toutes les entreprises extérieures.

SOUS-SECTION 3 DÉROGATION APPLICABLE AUX ÉTABLISSEMENTS COMPRENANT UNE INSTALLATION NUCLÉAIRE DE BASE

Art. R. 4523-17 Les établissements comprenant une installation nucléaire de base qui ne sont pas soumis aux dispositions relatives au comité d'hygiène, de sécurité et des conditions de travail élargi, en application de l'article L. 4523-12, répondent aux caractéristiques suivantes :

1° Une instance est exclusivement dédiée au dialogue interentreprises dans le but d'améliorer la sécurité des travailleurs et de contribuer à la prévention des risques professionnels liés à l'interférence entre les activités, les installations et les matériels des différentes entreprises présentes sur un même lieu de travail. Elle se réunit au moins une fois par an ;

2° La sélection des entreprises extérieures appelées à désigner des représentants pour siéger à cette instance fait l'objet d'une consultation de la représentation du personnel ou syndicale de l'entreprise utilisatrice ;

3° Le critère prépondérant de sélection des entreprises extérieures est la nature des risques particuliers liés à l'intervention extérieure, qui sont susceptibles de porter atteinte à la sécurité des travailleurs présents au sein ou à proximité de l'installation nucléaire de base ;

4° Les représentants des salariés des entreprises extérieures sont désignés parmi ceux qui interviennent régulièrement sur ou à proximité de l'installation nucléaire de base. Ils exercent leurs fonctions durant leur temps de travail ;

5° Les président et secrétaire de comité d'hygiène, de sécurité et des conditions de travail des établissements de l'entreprise utilisatrice situés à proximité de l'installation nucléaire de base sont invités aux réunions de l'instance prévue au présent article ;

6° Les procès-verbaux des réunions de cette instance sont tenus à la disposition de toutes les entreprises extérieures.

CHAPITRE IV COMITÉ INTERENTREPRISES DE SANTÉ ET DE SÉCURITÉ AU TRAVAIL

SECTION PREMIÈRE MISE EN PLACE

Art. R. 4524-1 Lorsqu'un plan de prévention des risques technologiques a été prescrit en application de l'article L. 515-15 du code de l'environnement, le préfet met en place un comité interentreprises de santé et de sécurité au travail.

Ce comité représente tous les établissements comprenant au moins une installation susceptible de donner lieu à des servitudes d'utilité publique en application de l'article L. 515-8 du même code ou mentionnée aux articles 3-1 et 104 à 104-8 du code minier, situés dans le périmètre de ce plan. — *[Anc. art. R. 236-10-2-I, al. 1er, phrase 1.]*

Art. R. 4524-2 Lorsque le périmètre d'exposition au risque couvre tout ou partie du territoire de plusieurs départements, le préfet qui organise la mise en place du comité interentreprises de santé et de sécurité au travail est celui du département le plus exposé. — *[Anc. art. R. 236-10-2-I, al. 2, phrase 1.]*

SECTION II MISSIONS

Art. R. 4524-3 Pour l'exercice de leur mission, les membres du comité interentreprises de santé et de sécurité au travail peuvent émettre des observations, des préconisations et proposer des actions de prévention. — *[Anc. art. R. 236-10-2-II, al. 1er et 10.]*

Art. R. 4524-4 Le comité interentreprises de santé et de sécurité au travail est informé, par le préfet, des dispositions du plan de prévention des risques technologiques. — *[Anc. art. R. 236-10-2-II, al. 2.]*

SECTION III COMPOSITION

Art. R. 4524-5 Le comité interentreprises de santé et de sécurité au travail est composé du président de chacun des comités d'hygiène, de sécurité et des conditions de travail concernés et de représentants des salariés, à raison d'un membre titulaire et d'un membre suppléant.

Ses membres sont désignés, en son sein, par la délégation du personnel de chacun des comités. — *[Anc. art. R. 236-10-2-I, al. 3.]*

Art. R. 4524-6 Les représentants du personnel au comité interentreprises sont désignés pour une durée de trois ans renouvelable.

Leur mandat prend fin dès qu'ils cessent d'être représentants des salariés au comité d'hygiène, de sécurité et des conditions de travail de leur établissement. Il est procédé à leur remplacement dans les conditions prévues à l'article R. 4524-5. — *[Anc. art. R. 236-10-2-I, al. 4.]*

SECTION IV FONCTIONNEMENT

Art. R. 4524-7 La *[Le]* comité interentreprises de santé et de sécurité au travail est présidé par le *(Décr. nº 2009-1377 du 10 nov. 2009)* « directeur régional des entreprises, de la concurrence, de la consommation, du travail et de l'emploi » ou son représentant.

Lorsque le périmètre d'exposition au risque couvre tout ou partie du territoire de plusieurs départements, le comité est présidé par le directeur département du travail, de l'emploi et de la formation professionnelle du département le plus exposé. — *[Anc. art. R. 236-10-2-I, al. 1er, phrase 2, et al. 2, phrase 2.]*

Les modifications issues du Décr. nº 2009-1377 du 10 nov. 2009 prennent effet, dans chaque région, à la date de nomination du directeur régional des entreprises, de la concurrence, de la consommation, du travail et de l'emploi (Décr. préc., art. 7-I). — V. Arr. de nomination de ces directeurs des 30 déc. 2009 (JO 5 janv. 2010) et 9 févr. 2010 (JO 14 févr.).

Ces modifications s'appliquent à la région Île-de-France à compter du 1er juill. 2010 (Décr. nº 2010-687 du 24 juin 2010, art. 2).

Art. R. 4524-8 Le comité interentreprises de santé et de sécurité au travail est réuni par le président au moins une fois par an ou à la demande motivée d'un tiers de ses membres.

Seuls ses membres ont voix délibérative. – *[Anc. art. R. 236-10-2-I, al. 7.]*

Art. R. 4524-9 Le préfet peut inviter les présidents et les secrétaires des comités d'hygiène, de sécurité et des conditions de travail constitués dans d'autres établissements et situés dans le périmètre de ce plan, à assister aux réunions du comité mis en place à cet effet en raison de risques particuliers liés à leur implantation ou à leur activité.

Les inspecteurs du travail et les inspecteurs des installations classées, compétents pour contrôler ces établissements, sont invités à participer aux réunions du comité interentreprises.

Le président peut inviter toute personne susceptible d'éclairer les débats en raison de sa compétence. – *[Anc. art. R. 236-10-2-I, al. 5 et 6.]*

Art. R. 4524-10 Les chefs d'établissement intéressés communiquent au comité interentreprises toutes les informations utiles à l'exercice de ses missions, notamment :

1° La politique de prévention des accidents majeurs qu'ils conduisent ;

2° Les systèmes de gestion de la sécurité mis en œuvre dans chaque établissement et les résultats des contrôles de ces systèmes, audits et revues de direction, organisés par les chefs d'établissement ;

3° Les risques d'accidents majeurs, identifiés comme susceptibles d'affecter les établissements voisins comportant des installations classées ;

4° Les plans d'urgence et les exercices relatifs à ces plans d'urgence ;

5° Les enseignements tirés du retour d'expérience des établissements concernés ;

6° Les projets de modification ou d'extension des installations à l'origine du risque, le plus en amont possible. – *[Anc. art. R. 236-10-2-II, al. 3 à 9.]*

CHAPITRE V **DISPOSITIONS PARTICULIÈRES EN MATIÈRE D'INCENDIE ET DE SECOURS**

Le présent chapitre ne comprend pas de dispositions réglementaires.

CHAPITRE VI **DISPOSITIONS PARTICULIÈRES EN CAS DE DANGER GRAVE ET IMMINENT ET DROIT DE RETRAIT**

Le présent chapitre ne comprend pas de dispositions réglementaires.

TITRE TROISIÈME **BÂTIMENT ET GÉNIE CIVIL**

CHAPITRE PREMIER **PRINCIPES DE PRÉVENTION**

Le présent chapitre ne comprend pas de dispositions réglementaires.

CHAPITRE II **COORDINATION LORS DES OPÉRATIONS DE BÂTIMENT ET DE GÉNIE CIVIL**

SECTION PREMIÈRE **CATÉGORIES D'OPÉRATIONS**

Art. R. 4532-1 Les opérations de bâtiment et de génie civil sont classées en trois catégories :

1° Première catégorie : opérations soumises à l'obligation de constituer un collège interentreprises de sécurité, de santé et des conditions de travail ;

2° Deuxième catégorie : opérations soumises à l'obligation de déclaration préalable prévue à l'article L. 4532-1 ne relevant pas de la première catégorie ;

3° Troisième catégorie : opérations soumises à l'obligation d'établir un plan général de coordination simplifié en application des articles R. 4532-52 et R. 4532-54 et autres opérations ne relevant pas des première et deuxième catégories. – *[Anc. art. R. 238-8.]*

SECTION II **DÉCLARATION PRÉALABLE**

Art. R. 4532-2 Les opérations de bâtiment ou de génie civil, soumises à l'obligation de déclaration préalable prévue à l'article L. 4532-1, sont celles pour lesquelles l'effectif prévisible des travailleurs doit dépasser vingt travailleurs à un moment quelconque des travaux et dont la durée doit excéder trente jours ouvrés, ainsi que celles dont le volume prévu des travaux doit être supérieur à 500 hommes-jours. – *[Anc. art. R. 238-1.]*

Art. R. 4532-3 La déclaration préalable est adressée à l'inspecteur du travail et aux organismes mentionnés à l'article L. 4532-1 territorialement compétents au lieu de l'opération.

Elle est adressée à la date de dépôt de la demande de permis de construire lorsque celui-ci est requis ou, lorsque celui-ci n'est pas requis, au moins trente jours avant le début effectif des travaux. – *[Anc. art. R. 238-2.]*

SECTION III **MISSION DE COORDINATION ET COORDONNATEUR EN MATIÈRE DE SÉCURITÉ ET DE PROTECTION DE LA SANTÉ**

SOUS-SECTION 1 **OBLIGATIONS DU MAÎTRE D'OUVRAGE**

Art. R. 4532-4 Le maître d'ouvrage désigne un coordonnateur en matière de sécurité et de protection de la santé dès le début de la phase d'élaboration de l'avant-projet sommaire, au sens de l'article 4 du décret n° 93-1268 du 29 novembre 1993 relatif aux missions de maîtrise d'œuvre confiées par des maîtres d'ouvrage publics à des prestataires de droit privé, ou de la phase d'élaboration de son équivalent, lorsque l'opération n'est pas soumise à une telle élaboration. – *[Anc. art. R. 238-4, al. 1er.]*

Art. R. 4532-5 Lorsque le maître d'ouvrage désigne, pour la phase de réalisation de l'ouvrage, un coordonnateur distinct de celui de la phase de conception, d'étude et d'élaboration du projet, cette désignation intervient avant le lancement de la consultation des entreprises. – *[Anc. art. R. 238-4, al. 2.]*

Art. R. 4532-6 Afin notamment d'assurer au coordonnateur l'autorité et les moyens nécessaires au bon déroulement de sa mission, le maître d'ouvrage prévoit, dès les études d'avant-projet de l'ouvrage, la coopération entre les différents intervenants dans l'acte de construire et le coordonnateur.

Les modalités pratiques de cette coopération font l'objet d'un document joint aux contrats conclus avec les différents intervenants. – *[Anc. art. R. 238-17, al. 1er fin et al. 4.]*

Art. R. 4532-7 Le maître d'ouvrage demande au propriétaire du bâtiment les dossiers techniques regroupant les informations relatives à la recherche et à l'identification des matériaux contenant de l'amiante prévus *(Décr. n° 2012-639 du 4 mai 2012, art. 2)* « à l'article R. 4412-97 du code du travail ».

Il communique ces documents au maître d'œuvre et au coordonnateur. – *[Anc. art. R. 238-17, al. 2.]*

Art. R. 4532-8 Le maître d'ouvrage veille à ce que le coordonnateur soit associé pendant toutes les phases de l'opération à l'élaboration et à la réalisation du projet de l'ouvrage, en particulier en lui donnant accès à toutes les réunions organisées par le maître d'œuvre et en le rendant destinataire, dans un délai compatible avec l'exercice de sa mission, de toutes les études réalisées par celui-ci. – *[Anc. art. R. 238-17, al. 3.]*

Art. R. 4532-9 Le maître d'ouvrage tient compte, lorsqu'il les estime justifiées, des observations du coordonnateur ou adopte des mesures d'une efficacité au moins équivalente. – *[Anc. art. R. 238-17, al. 5.]*

Art. R. 4532-10 Dans le cas d'opérations entreprises par un particulier non soumises à l'obtention d'un permis de construire, prévu au 2° de l'article L. 4532-7, la coordination est assurée, pendant chacune de ses interventions sur le chantier, par l'entreprise dont la part de main-d'œuvre dans l'opération est la plus élevée.

Lorsque cette entreprise interrompt ou met fin à son intervention, l'entreprise qui répond à son tour au critère défini au premier alinéa prend en charge la coordination.

Chaque changement de titulaire de la mission de coordination donne préalablement lieu à concertation entre les entrepreneurs concernés. – *[Anc. art. R. 238-3.]*

SOUS-SECTION 2 COORDONNATEUR EN MATIÈRE DE SÉCURITÉ ET DE PROTECTION DE LA SANTÉ

§ 1er MISSIONS DU COORDONNATEUR

Art. R. 4532-11 Le coordonnateur veille *(Abrogé par Décr. nº 2009-289 du 13 mars 2009)* « *, sous la responsabilité du maître d'ouvrage,* » à ce que les principes généraux de prévention définis aux articles L. 4531-1 et L. 4535-1 soient effectivement mis en œuvre.

(Décr. nº 2009-289 du 13 mars 2009) « Il exerce ses missions sous la responsabilité du maître d'ouvrage. »

Art. R. 4532-12 Le coordonnateur, au cours de la conception, de l'étude et de l'élaboration du projet de l'ouvrage :

1° Élabore le plan général de coordination lorsqu'il est requis ;

2° Constitue le dossier d'intervention ultérieure sur l'ouvrage ;

3° Ouvre un registre-journal de la coordination dès la signature du contrat ou de l'avenant spécifique ;

4° Définit les sujétions relatives à la mise en place et à l'utilisation des protections collectives, des appareils de levage, des accès provisoires et des installations générales, notamment les installations électriques. Il mentionne dans les pièces écrites leur répartition entre les différents corps d'état ou de métier qui interviendront sur le chantier ;

5° Assure le passage des consignes et la transmission des documents mentionnés aux 1° à 4° au coordonnateur de la phase de réalisation de l'ouvrage lorsque celui-ci est différent. – *[Anc. art. R. 238-18, al. 3 à 8.]*

Art. R. 4532-13 Le coordonnateur, au cours de la réalisation de l'ouvrage :

1° Organise entre les entreprises, y compris sous-traitantes, qu'elles se trouvent ou non présentes ensemble sur le chantier, la coordination de leurs activités simultanées ou successives, les modalités de leur utilisation en commun des installations, matériels et circulations verticales et horizontales, leur information mutuelle ainsi que l'échange entre elles des consignes en matière de sécurité et de protection de la santé. A cet effet, il procède avec chaque entreprise, préalablement à l'intervention de celle-ci, à une inspection commune au cours de laquelle sont en particulier précisées, en fonction des caractéristiques des travaux que cette entreprise s'apprête à exécuter, les consignes à observer ou à transmettre et les observations particulières de sécurité et de santé prises pour l'ensemble de l'opération. Cette inspection commune est réalisée avant remise du plan particulier de sécurité et de protection de la santé lorsque l'entreprise est soumise à l'obligation de le rédiger ;

2° Veille à l'application correcte des mesures de coordination qu'il a définies ainsi que des procédures de travail qui interfèrent ;

3° Tient à jour et adapte le plan général de coordination et veille à son application ;

4° Complète en tant que de besoin le dossier d'intervention ultérieure sur l'ouvrage. – *[Anc. art. R. 238-18, al. 9 à 13.]*

Art. R. 4532-14 Le coordonnateur tient compte des interférences avec les activités d'exploitation sur le site à l'intérieur ou à proximité duquel est implanté le chantier et à cet effet, notamment :

1° Procède avec le chef de l'établissement en activité, préalablement au commencement des travaux, à une inspection commune visant à :

a) Délimiter le chantier ;

b) Matérialiser les zones du secteur dans lequel se situe le chantier qui peuvent présenter des dangers spécifiques pour les travailleurs des entreprises appelées à intervenir ;

c) (Décr. nº 2008-1382 du 19 déc. 2008) « Préciser les voies de circulation que pourront emprunter les travailleurs, les véhicules et engins de toute nature des entreprises concourant à la réalisation des travaux, ainsi qu'à définir, pour les chantiers non clos et non indépendants, les installations sanitaires, les vestiaires, les locaux de restauration et le local ou les aménagements mentionnés à l'article R. 4534-142-1 auxquels auront accès leurs travailleurs ; »

2° Communique aux entreprises appelées à intervenir sur le chantier les consignes de sécurité arrêtées avec le chef d'établissement et, en particulier, celles qu'elles devront donner à leurs travailleurs, ainsi que, s'agissant des chantiers non clos et non indépendants, l'organisation prévue pour assurer les premiers secours en cas d'urgence et la description du dispositif mis en place à cet effet dans l'établissement. – *[Anc. art. R. 238-18, al. 14 à 16.]*

Art. R. 4532-15 Le coordonnateur préside le collège interentreprises de sécurité, de santé et des conditions de travail lorsque sa création est requise. – *[Anc. art. R. 238-18, al. 17.]*

Art. R. 4532-16 Le coordonnateur prend les dispositions nécessaires pour que seules les personnes autorisées puissent accéder au chantier. – *[Anc. art. R. 238-18, al. 18.]*

§ 2 CONDITIONS ET MODALITÉS D'EXERCICE DE LA MISSION

Art. R. 4532-17 *(Décr. n° 2009-289 du 13 mars 2009)* « Sauf dans les cas d'opérations entreprises par un particulier pour son usage personnel, prévus à l'article L. 4532-7, nul » ne peut exercer la fonction de coordonnateur s'il ne possède *[pas]* la compétence requise conformément aux dispositions des paragraphes 3 et 4. – *[Anc. art. R. 238-6.]*

Art. R. 4532-18 Une personne morale en mesure d'affecter à cette fonction une personne physique compétente peut être désignée en tant que coordonnateur. – *[Anc. art. R. 238-6, al. 2.]*

Art. R. 4532-19 Une personne physique qui exerce la fonction de coordonnateur, en son nom propre ou au nom de l'organisme qui l'emploie, ne peut pas être chargée de la fonction de contrôleur technique prévue à l'article L. 111-23 du code de la construction et de l'habitation dans le cadre d'une même opération de bâtiment ou de génie civil.

(Décr. n° 2009-289 du 13 mars 2009) « Sauf dans les cas d'opérations entreprises par un particulier pour son usage personnel, prévus à l'article L. 4532-7, cette » personne ne peut pas, lorsque l'opération excède le montant fixé par l'article R. 4533-1, être chargée d'une autre fonction dans le cadre de la même opération. Toutefois, cette disposition n'est pas applicable aux opérations de bâtiment ou de génie civil entreprises par les communes ou groupements de communes de moins de 5 000 habitants, dans lesquels il est fait application de l'article L. 4531-2. – *[Anc. art. R. 238-6, al. 3 et 4.]*

Art. R. 4532-20 La mission de coordination fait l'objet de contrats ou d'avenants spécifiques écrits.

Elle est rémunérée distinctement.

La rémunération tient compte, notamment, du temps passé sur le chantier par le coordonnateur et, le cas échéant, des frais de fonctionnement occasionnés par la mise en place du collège interentreprises de sécurité, de santé et des conditions de travail, en particulier, des frais de secrétariat. – *[Anc. art. R. 238-16, al. 1er phrase 1 fin et phrases 2 et 3.]*

Art. R. 4532-21 Lorsque le coordonnateur est employé par le maître d'ouvrage et lié à celui-ci par un contrat de travail, la mission de coordination fait l'objet d'un document écrit permettant d'individualiser chaque opération. – *[Anc. art. R. 238-16, al. 2.]*

Art. R. 4532-22 Le contrat, l'avenant ou le document :

1° Définit le contenu de la mission confiée au coordonnateur, les moyens, notamment financiers, que le maître d'ouvrage met à la disposition de celui-ci ainsi que l'autorité qu'il lui confère par rapport à l'ensemble des intervenants dans l'opération, maître d'œuvre et entrepreneurs, employeurs ou travailleurs indépendants ;

2° Précise les obligations du coordonnateur, notamment les modalités de sa présence aux réunions lors de la phase de conception, d'étude et d'élaboration du projet et aux réunions de chantier pendant la phase de réalisation de l'ouvrage. – *[Anc. art. R. 238-16, al. 3 et 4.]*

§ 3 COMPÉTENCES

Art. R. 4532-23 Les trois niveaux de compétence de coordonnateur en matière de sécurité et de protection de la santé sont :

1° Niveau 1 : aptitude à coordonner toutes opérations ;

2° Niveau 2 : aptitude à coordonner les opérations des deuxième et troisième catégories ;

3° Niveau 3 : aptitude à coordonner les opérations de troisième catégorie. – *[Anc. art. R. 238-9, al. 1er à 4.]*

Art. R. 4532-24 Pour ce qui concerne les opérations des première et deuxième catégories, l'aptitude à coordonner est distincte pour la phase de conception, d'étude et d'élaboration du projet et pour la phase de réalisation de l'ouvrage. – *[Anc. art. R. 238-9, al. 5.]*

Art. R. 4532-25 Est réputée compétente, pour exercer la fonction de coordonnateur durant la phase de conception, d'étude et d'élaboration du projet de l'ouvrage, la personne physique qui justifie à la fois :

(Décr. no 2011-39 du 10 janv. 2011) « 1° Soit d'une expérience professionnelle en architecture, ingénierie ou maîtrise d'œuvre d'une durée minimale de cinq ans pour la compétence de niveaux 1 et 2 ou de trois ans pour la compétence de niveau 3, soit d'un diplôme de niveau au moins égal à la licence en architecture ou dans le domaine de la construction, du bâtiment et des travaux publics ou de la prévention des risques professionnels, pour la compétence de niveau 3 ;

« 2° D'une formation spécifique de coordonnateur en matière de sécurité et de protection de la santé adaptée, d'une part, à l'expérience professionnelle ou au diplôme du candidat et, d'autre part, au niveau de compétence défini à l'article R. 4532-23. Cette formation est actualisée tous les cinq ans, dans l'année civile qui suit l'échéance de la dernière attestation de compétence prévue à l'article R. 4532-31. »

Art. R. 4532-26 Est réputée compétente, pour exercer la fonction de coordonnateur durant la phase de réalisation de l'ouvrage*[,]* la personne physique qui justifie à la fois :

(Décr. no 2011-39 du 10 janv. 2011) « 1° Soit d'une expérience professionnelle en matière de contrôle des travaux, d'ordonnancement, de pilotage et de conduite des travaux ou de maîtrise de chantier ou en tant que coordonnateur ou agent en matière de sécurité, d'une durée minimale de cinq ans pour la compétence de niveaux 1 et 2 ou de trois ans pour la compétence de niveau 3, soit d'un diplôme de niveau au moins égal à la licence en architecture ou dans le domaine de la construction, du bâtiment et des travaux publics ou de la prévention des risques professionnels, pour la compétence de niveau 3 ;

« 2° D'une formation spécifique de coordonnateur en matière de sécurité et de protection de la santé adaptée, d'une part, à l'expérience professionnelle ou au diplôme du candidat et, d'autre part, au niveau de compétence défini à l'article R. 4532-23. Cette formation est actualisée tous les cinq ans, dans l'année civile qui suit l'échéance de la dernière attestation de compétence prévue à l'article R. 4532-31. »

Art. R. 4532-27 Le coordonnateur qui a exercé pendant cinq ans sa fonction à un niveau de compétence donné peut se voir reconnaître le niveau de compétence immédiatement supérieur, s'il a préalablement acquis, à l'issue de la formation correspondante, l'attestation de compétence correspondant à ce niveau.

(Décr. no 2011-39 du 10 janv. 2011) « S'il est titulaire de l'un des diplômes visés au 1° de l'article R. 4532-25 ou de l'article R. 4532-26, la condition de durée d'exercice mentionnée au premier alinéa est réduite à deux ans. »

Art. R. 4532-28 L'aptitude peut être étendue à la phase pour laquelle elle n'a pas été initialement prévue lorsque le coordonnateur apporte la preuve de l'acquisition de l'expérience professionnelle requise.

Cette expérience professionnelle est vérifiée par l'organisme de formation de son choix et portée par ce dernier sur l'attestation de compétence prévue à l'article R. 4532-31. – *[Anc. art. R. 238-10, al. 9.]*

Art. R. 4532-29 Le maître d'ouvrage justifie, sur demande de l'inspection du travail, de la compétence du coordonnateur qu'il a désigné. – *[Anc. art. R. 238-7.]*

§ 4 FORMATION DU COORDONNATEUR ET ORGANISME DE FORMATION

Art. R. 4532-30 *(Décr. nº 2011-39 du 10 janv. 2011)* Peut exercer la fonction de formateur de coordonnateurs la personne physique qui justifie à la fois :

1° D'un niveau de compétence au moins égal à celui exigé pour les coordonnateurs aux articles R. 4532-25 et R. 4532-26, excepté lorsqu'elle fait partie du personnel qualifié de l'un des organismes de prévention mentionnés au 2° ;

2° Du suivi d'un stage de formation de formateurs auprès de l'Organisme professionnel de prévention dans le bâtiment et les travaux publics, de l'Institut national de recherche et de sécurité ou d'un organisme établi dans un autre État membre de l'Union européenne ou partie à l'accord sur l'Espace économique européen autorisé dans cet État à pratiquer une telle activité de formation, sous réserve que la formation dispensée soit reconnue équivalente à celle prévue en application du présent paragraphe.

Art. R. 4532-31 *(Décr. nº 2011-39 du 10 janv. 2011)* « La durée et le contenu de la formation des coordonnateurs et des formateurs sont adaptés au niveau de compétence recherché ainsi qu'à l'expérience professionnelle ou au diplôme des candidats. »

La formation donne lieu à un contrôle de capacité à l'issue du stage et à la délivrance, par l'organisme de formation, d'une attestation de compétence.

Art. R. 4532-32 L'admission à un stage de formation de coordonnateur ou de formateur est prononcée par l'organisme de formation, après qu'il a vérifié que les conditions d'expérience professionnelle *(Décr. nº 2011-39 du 10 janv. 2011)* « ou de diplôme » sont satisfaites. – *[Anc. art. R. 238-14, al. 1er.]*

Art. R. 4532-33 *(Décr. nº 2011-39 du 10 janv. 2011)* Le refus d'admission à un stage de formation de formateurs est motivé. Il peut faire l'objet, dans les formes et délai prévus à l'article R. 4723-1, d'une réclamation auprès du ministre chargé du travail, qui statue dans le délai prévu aux articles R. 4723-2 et R. 4723-3.

Art. R. 4532-34 *(Décr. nº 2011-39 du 10 janv. 2011)* Peuvent assurer la formation de coordonnateurs prévue aux articles R. 4532-25 et R. 4532-26 l'Organisme professionnel de prévention dans le bâtiment et les travaux publics et les organismes de formation certifiés, au vu d'un référentiel garantissant qu'ils satisfont aux exigences issues du présent code, par un organisme bénéficiant à cette fin d'une accréditation délivrée par un organisme mentionné au premier alinéa de l'article R. 4724-1.

Art. R. 4532-35 La formation des coordonnateurs est dispensée dans chaque organisme par des formateurs remplissant les conditions prévues à l'article R. 4532-30.

Toutefois, pour des domaines requérant des compétences particulières, ces organismes peuvent faire appel à d'autres personnes justifiant de la qualification adéquate, sous réserve que le volume horaire qui leur est imparti n'excède pas la moitié du volume horaire total du cycle de formation. – *[Anc. art. R. 238-11, al. 2.]*

Art. R. 4532-36 *Abrogé par Décr. nº 2011-39 du 10 janv. 2011, art. 2-6º.*

Art. R. 4532-37 *(Décr. nº 2011-39 du 10 janv. 2011)* Un arrêté conjoint des ministres chargés du travail et de l'agriculture détermine :

1° Les garanties minimales que doivent présenter les organismes de formation mentionnés à l'article R. 4532-34, relatives notamment aux méthodes et qualités pédagogiques des personnes chargées de la formation et à la capacité à évaluer les candidats au regard de leur compétence professionnelle ou de leur diplôme, à se conformer au référentiel de formation prévu au 2° et à assurer le contrôle des connaissances et des acquis ;

2° Le référentiel des formations prévues aux articles R. 4532-25 et R. 4532-26, précisant leurs objectifs, leur durée et leur contenu ;

3° Les indications à faire figurer sur l'attestation prévue à l'article R. 4532-31 ;

4° Les conditions d'organisation de la formation de formateurs par l'Organisme professionnel de prévention du bâtiment et des travaux publics et par l'Institut national de recherche et de sécurité et celles de leur contribution aux stages d'actualisation de la formation ;

5° Les conditions de reconnaissance du caractère équivalent de la formation mentionnée à l'article R. 4532-30.

SOUS-SECTION 3 **REGISTRE-JOURNAL**

Art. R. 4532-38 Le coordonnateur consigne sur le registre-journal de la coordination, au fur et à mesure du déroulement de l'opération :

1° Les comptes rendus des inspections communes, les consignes à transmettre et les observations particulières prévues au 1° de l'article R. 4532-13, qu'il fait viser par les entreprises concernées ;

2° Les observations ou notifications qu'il juge nécessaire de faire au maître d'ouvrage, au maître d'œuvre ou à tout autre intervenant sur le chantier, qu'il fait viser dans chaque cas par les intéressés avec leur réponse éventuelle ;

3° Dès qu'il en a connaissance, les noms et adresses des entrepreneurs contractants, cocontractants et sous-traitants, ainsi que la date approximative d'intervention de chacun d'eux sur le chantier, et, par entreprise, l'effectif prévisible des travailleurs affectés au chantier et la durée prévue des travaux. Cette liste est, si nécessaire, précisée au moment de l'intervention sur le chantier et tenue à jour ;

4° Le procès-verbal de passation de consignes avec le coordonnateur appelé à lui succéder. – *[Anc. art. R. 238-19, al. 1er à 5.]*

Art. R. 4532-39 Une copie du procès-verbal de transmission du dossier d'intervention ultérieure sur l'ouvrage mentionné à l'article R. 4532-97 est annexée au registre-journal. – *[Anc. art. R. 238-19, al. 6.]*

Art. R. 4532-40 Le coordonnateur présente le registre-journal, sur leur demande, au maître d'œuvre, à l'inspection du travail, aux agents des services de prévention des organismes de sécurité sociale, aux agents de l'Organisme professionnel de prévention du bâtiment et des travaux publics, et, lorsqu'il est constitué, aux membres du collège interentreprises de sécurité, de santé et des conditions de travail. – *[Anc. art. R. 238-19, al. 7.]*

Art. R. 4532-41 Le registre-journal est conservé par le coordonnateur pendant une durée de cinq ans à compter de la date de réception de l'ouvrage. – *[Anc. art. R. 238-19, al. 8.]*

SECTION IV **PLAN GÉNÉRAL DE COORDINATION EN MATIÈRE DE SÉCURITÉ ET DE PROTECTION DE LA SANTÉ**

SOUS-SECTION 1 **OPÉRATIONS DE PREMIÈRE ET DEUXIÈME CATÉGORIES**

Art. R. 4532-42 Le maître d'ouvrage, ou l'entrepreneur principal en cas de sous-traitance, mentionne dans les documents remis aux entrepreneurs, que le chantier sur lequel ils seront appelés à travailler en cas de conclusion d'un contrat est soumis à l'obligation de plan général de coordination en matière de sécurité et de protection de la santé. – *[Anc. art. R. 238-20.]*

Art. R. 4532-43 Le plan général de coordination est un document écrit qui définit l'ensemble des mesures propres à prévenir les risques découlant de l'interférence des activités des différents intervenants sur le chantier, ou de la succession de leurs activités lorsqu'une intervention laisse subsister après son achèvement des risques pour les autres entreprises. – *[Anc. art. R. 238-21.]*

Art. R. 4532-44 Le plan général de coordination est joint aux autres documents remis par le maître d'ouvrage aux entrepreneurs qui envisagent de contracter. Il énonce notamment :

1° Les renseignements d'ordre administratif intéressant le chantier, et notamment ceux complétant la déclaration préalable ;

2° Les mesures d'organisation générale du chantier arrêtées par le maître d'œuvre en concertation avec le coordonnateur ;

3° Les mesures de coordination prises par le coordonnateur en matière de sécurité et de santé et les sujétions qui en découlent concernant, notamment :

a) Les voies ou zones de déplacement ou de circulation horizontales ou verticales ;

b) Les conditions de manutention des différents matériaux et matériels, en particulier pour ce qui concerne l'interférence des appareils de levage sur le chantier ou à proximité, ainsi que la limitation du recours aux manutentions manuelles ;

c) La délimitation et l'aménagement des zones de stockage et d'entreposage des différents matériaux, en particulier s'il s'agit de matières ou de substances dangereuses ;

d) Les conditions de stockage, d'élimination ou d'évacuation des déchets et des décombres ;

e) Les conditions d'enlèvement des matériaux dangereux utilisés ;

f) L'utilisation des protections collectives, des accès provisoires et de l'installation électrique générale ;

g) Les mesures prises en matière d'interactions sur le site ;

4° Les sujétions découlant des interférences avec des activités d'exploitation sur le site à l'intérieur ou à proximité duquel est implanté le chantier ;

5° Les mesures générales prises pour assurer le maintien du chantier en bon ordre et en état de salubrité satisfaisant, notamment :

a) Pour les opérations de construction de bâtiment, les mesures arrêtées par le maître de l'ouvrage en application de l'article R. 4533-1 ;

b) Pour les opérations de génie civil, les dispositions prises par le maître d'ouvrage pour établir des conditions telles que les locaux destinés au personnel du chantier soient conformes aux prescriptions qui leur sont applicables en matière de santé, de sécurité et de conditions de travail ;

6° Les renseignements pratiques propres au lieu de l'opération concernant les secours et l'évacuation des travailleurs ainsi que les mesures communes d'organisation prises en la matière ;

7° Les modalités de coopération entre les entrepreneurs, employeurs ou travailleurs indépendants. – *[Anc. art. R. 238-22, al. 1er à 17.]*

Art. R. 4532-45 Le plan général de coordination rappelle, dans le cas de la constitution d'un collège interentreprises de sécurité, de santé et des conditions de travail, la mission de ce collège en la matière. – *[Anc. art. R. 238-22, al. 18.]*

Art. R. 4532-46 Les dossiers techniques regroupant les informations relatives à la recherche et à l'identification des matériaux contenant de l'amiante prévus aux articles R. 1334-22, R. 1334-27 et R. 1334-28 du code de la santé publique sont joints au plan général de coordination. – *[Anc. art. R. 238-22, al. 19.]*

Art. R. 4532-47 Le plan général de coordination est complété et adapté en fonction de l'évolution du chantier et de la durée effective à consacrer aux différents types de travaux ou phases de travail.

Ces modifications sont portées à la connaissance des entreprises. – *[Anc. art. R. 238-23, al. 1er.]*

Art. R. 4532-48 Le plan général de coordination intègre, notamment, au fur et à mesure de leur élaboration et en les harmonisant, les plans particuliers de sécurité et de santé ainsi que, lorsqu'ils sont requis, les plans de prévention prévus par d'autres dispositions du code du travail. – *[Anc. art. R. 238-23, al. 2.]*

Art. R. 4532-49 Dès la phase de consultation des entreprises, le maître d'ouvrage adresse le plan général de coordination, sur leur demande, à l'inspection du travail, à l'Organisme professionnel de prévention du bâtiment et des travaux publics et au service de prévention des organismes de sécurité sociale. – *[Anc. art. R. 238-24, al. 1er.]*

Art. R. 4532-50 Le plan général de coordination tenu sur le chantier peut être consulté par :

1° Les membres des comités d'hygiène, de sécurité et des conditions de travail ou, à défaut, les délégués du personnel, appelés à intervenir sur le chantier ;

2° Le médecin du travail ;

3° Les membres du collège interentreprises de sécurité, de santé et des conditions de travail ;

4° L'inspection du travail ;
5° L'Organisme professionnel de prévention du bâtiment et des travaux publics ;
6° Le service de prévention des organismes de sécurité sociale. – *[Anc. art. R. 238-24, al. 2.]*

Art. R. 4532-51 Le plan général de coordination tenu sur le chantier est conservé par le maître d'ouvrage pendant une durée de cinq années à compter de la date de réception de l'ouvrage. – *[Anc. art. R. 238-25.]*

SOUS-SECTION 2 OPÉRATIONS DE TROISIÈME CATÉGORIE

Art. R. 4532-52 Lorsqu'il est prévu, pour une opération de bâtiment ou de génie civil faisant intervenir plusieurs entreprises et n'appartenant pas à la première ou à la deuxième catégorie, d'exécuter des travaux présentant des risques particuliers inscrits sur la liste fixée par l'arrêté prévu par l'article L. 4532-8, le coordonnateur établit par écrit, avant la phase de consultation des entreprises, un plan général simplifié de coordination en matière de sécurité et de protection de la santé.

Ce plan prend en considération les mesures propres à prévenir les risques découlant de l'interférence de ces travaux avec les autres activités des différents intervenants sur le chantier, ou de la succession de leurs activités lorsqu'une intervention laisse subsister après son achèvement un des risques particuliers énumérés dans la même liste. – *[Anc. art. R. 238-25-1, al. 1er.]*

Art. R. 4532-53 Les dossiers techniques regroupant les informations relatives à la recherche et à l'identification des matériaux contenant de l'amiante prévus aux articles R. 1334-22, R. 1334-27 et R. 1334-28 du code de la santé publique sont joints au plan général simplifié de coordination. – *[Anc. art. R. 238-25-1, al. 2.]*

Art. R. 4532-54 Lorsque, lors d'une opération de troisième catégorie, un coordonnateur a connaissance, après le début des travaux, de l'existence d'un ou plusieurs des travaux présentant des risques particuliers inscrits sur la liste fixée par l'arrêté prévu par l'article L. 4532-8, il prend toutes les mesures utiles afin de rédiger, avant toute poursuite des travaux, le plan général simplifié de coordination en matière de sécurité et de protection de la santé.

Les sujétions découlant de l'observation de ce plan sont définies, le cas échéant, par voie d'avenants aux différents contrats conclus avec les entreprises chargées de l'exécution des travaux. – *[Anc. art. R. 238-25-2.]*

Art. R. 4532-55 Sont applicables au plan général simplifié de coordination et, dès son élaboration, à celui établi en application de l'article R. 4532-54, les dispositions des articles R. 4532-42 et R. 4532-47 à R. 4532-51. – *[Anc. art. R. 238-25-3.]*

SECTION V PLAN PARTICULIER DE SÉCURITÉ ET DE PROTECTION DE LA SANTÉ

SOUS-SECTION 1 OPÉRATIONS DE PREMIÈRE ET DEUXIÈME CATÉGORIES

Art. R. 4532-56 L'entrepreneur tenu de remettre un plan particulier de sécurité et de santé au coordonnateur ou au maître d'ouvrage, en application du premier alinéa de l'article L. 4532-9, dispose de trente jours à compter de la réception du contrat signé par le maître de l'ouvrage pour établir ce plan. – *[Anc. art. R. 238-27.]*

Art. R. 4532-57 L'entrepreneur qui intervient seul remet au maître d'ouvrage un plan particulier de sécurité, en application du deuxième alinéa de l'article L. 4532-9, lorsqu'il est prévu qu'il réalisera des travaux d'une durée supérieure à un an et qu'il emploiera, à un moment quelconque des travaux, plus de cinquante travailleurs pendant plus de dix jours ouvrés consécutifs.

Il dispose du délai prévu à l'article R. 4532-56. – *[Anc. art. R. 238-26.]*

Art. R. 4532-58 Dès la conclusion du contrat de l'entreprise, le coordonnateur communique à chacun des entrepreneurs appelés à intervenir sur un chantier soumis à l'obligation de plan général de coordination, les noms et adresses des entrepreneurs contractants.

Il transmet à chaque entrepreneur qui en fait la demande les plans particuliers de sécurité et de protection de la santé établis par les autres entrepreneurs. – *[Anc. art. R. 238-28, phrase 1.]*

Art. R. 4532-59 En cas d'opération de construction de bâtiment, le coordonnateur communique aux autres entrepreneurs les plans particuliers de sécurité et de santé des entrepreneurs chargés du gros œuvre ou du lot principal et de ceux ayant à exécuter des travaux présentant des risques particuliers, tels qu'énumérés sur la liste prévue à l'article L. 4532-8. – *[Anc. art. R. 238-28, phrase 2.]*

Art. R. 4532-60 L'entrepreneur qui fait exécuter le contrat conclu avec le maître d'ouvrage, en tout ou partie, par un ou plusieurs sous-traitants remet à ceux-ci :

1° Un exemplaire du plan général de coordination ;

2° Le cas échéant, un document précisant les mesures d'organisation générales qu'il a retenues pour la partie du chantier dont il a la responsabilité et qui sont de nature à avoir une incidence sur la santé et la sécurité des travailleurs. – *[Anc. art. R. 238-29.]*

Art. R. 4532-61 Pour l'élaboration du plan particulier de sécurité, le sous-traitant tient compte des informations fournies par l'entrepreneur, notamment de celles qui sont contenues dans le plan général de coordination.

Il tient également compte des informations contenues dans le document prévu au 2° de l'article R. 4532-60. – *[Anc. art. R. 238-30, al. 1er.]*

Art. R. 4532-62 A compter de la réception du contrat signé par l'entrepreneur, le sous-traitant dispose d'au moins trente jours pour établir le plan particulier de sécurité.

Ce délai est réduit à huit jours pour les travaux du second œuvre lorsqu'il s'agit d'une opération de bâtiment ou pour les lots ou travaux accessoires dans le cas d'une opération de génie civil, dès lors que ceux-ci ne figurent pas sur la liste des travaux comportant des risques particuliers prévue à l'article L. 4532-8. – *[Anc. art. R. 238-30, al. 2.]*

Art. R. 4532-63 Le plan particulier de sécurité indique :

1° Les nom et adresse de l'entrepreneur ;

2° L'évolution prévisible de l'effectif sur le chantier ;

3° Le cas échéant, les noms et qualité de la personne chargée de diriger l'exécution des travaux. – *[Anc. art. R. 238-31-I.]*

Art. R. 4532-64 Le plan particulier de sécurité est adapté aux conditions spécifiques de l'intervention sur le chantier.

A cet effet, outre la prise en compte des mesures de coordination générale décidées par le coordonnateur et l'énumération des installations de chantier et des matériels et dispositifs prévus pour la réalisation de l'opération, le plan mentionne, en les distinguant :

1° Les mesures spécifiques prises par l'entreprise pour prévenir les risques spécifiques découlant :

a) De l'exécution par d'autres entreprises de travaux dangereux pouvant avoir une incidence sur la santé et la sécurité des travailleurs de l'entreprise ou du travailleur indépendant ;

b) Des contraintes propres au chantier ou à son environnement, en particulier en matière de circulations ou d'activités d'exploitation particulièrement dangereuses ;

2° La description des travaux et des processus de travail de l'entreprise pouvant présenter des risques pour la santé et la sécurité des autres intervenants sur le chantier, notamment lorsqu'il s'agit de travaux comportant des risques particuliers tels que ceux énumérés sur la liste prévue à l'article L. 4532-8 ;

3° Les dispositions à prendre pour prévenir les risques pour la santé et la sécurité que peuvent encourir les travailleurs de l'entreprise lors de l'exécution de ses propres travaux. – *[Anc. art. R. 238-31-III, al. 1er à 6.]*

Art. R. 4532-65 Lorsqu'il ressort du plan général de coordination et de l'évaluation préalable des risques menée par l'entreprise que des mesures mentionnées à l'article R. 4532-64 n'ont pas à être prises du fait de l'absence de risques, résultant en particulier de l'exécution de travaux figurant sur la liste prévue à l'article L. 4532-8, l'employeur le mentionne expressément sur le plan. – *[Anc. art. R. 238-31-III, al. 7.]*

Art. R. 4532-66 Le plan particulier de sécurité :

1° Analyse de manière détaillée les procédés de construction et d'exécution ainsi que les modes opératoires retenus dès lors qu'ils ont une incidence particulière sur la santé et la sécurité des travailleurs sur le chantier ;

2° Définit les risques prévisibles liés aux modes opératoires, aux matériels, dispositifs et installations mis en œuvre, à l'utilisation de produits, aux déplacements des travailleurs, à l'organisation du chantier ;

3° Indique les mesures de protection collective ou, à défaut, individuelle, adoptées pour parer à ces risques ainsi que les conditions dans lesquelles sont contrôlés l'application de ces mesures et l'entretien des moyens matériels qui s'y rattachent ;

4° Précise les mesures prises pour assurer la continuité des solutions de protection collective lorsque celles-ci requièrent une adaptation particulière. – *[Anc. art. R. 238-32.]*

Art. R. 4532-67 Le plan particulier de sécurité comporte de manière détaillée :

1° Les dispositions en matière de secours et d'évacuation, notamment :

a) Les consignes de premiers secours aux victimes d'accidents et aux malades ;

b) Le nombre de travailleurs du chantier formés pour donner les premiers secours en cas d'urgence ;

c) Le matériel médical existant sur le chantier ;

d) Les mesures prises pour évacuer, dans les moindres délais, dans un établissement hospitalier de toute victime d'accident semblant présenter des lésions graves ;

2° Les mesures assurant l'hygiène des conditions de travail et celle des locaux destinés aux travailleurs. Il mentionne, pour chacune des installations prévues, leur emplacement sur le chantier et leur date de mise en service prévisible. – *[Anc. art. R. 238-31-II, al. 1er à 6 et 8.]*

Art. R. 4532-68 Lorsque les dispositions en matière de secours et d'évacuation sont prévues par le plan général de coordination, mention peut être faite dans le plan particulier de sécurité du renvoi au plan général de coordination. – *[Anc. art. R. 238-31-II, al. 7.]*

Art. R. 4532-69 Le plan particulier de sécurité peut être consulté pour avis, avant toute intervention sur le chantier, par le médecin du travail ainsi que par les membres des comités d'hygiène, de sécurité et des conditions de travail ou, à défaut, les délégués du personnel. – *[Anc. art. R. 238-33.]*

Art. R. 4532-70 L'entrepreneur chargé du gros œuvre ou du lot principal ainsi que celui appelé à exécuter des travaux présentant des risques particuliers figurant sur la liste de travaux prévue à l'article L. 4532-8, adressent à l'inspection du travail, au service de prévention des organismes de sécurité sociale et à l'Organisme professionnel de prévention du bâtiment et des travaux publics, avant toute intervention sur le chantier, un exemplaire du plan particulier de sécurité. Ils joignent les avis du médecin du travail et des membres du comité d'hygiène, de sécurité et des conditions de travail ou, à défaut, des délégués du personnel, s'ils ont été donnés dans les conditions prévues à l'article R. 4532-69. – *[Anc. art. R. 238-34.]*

Art. R. 4532-71 Un exemplaire à jour du plan particulier de sécurité est tenu disponible en permanence sur le chantier. Sont joints, y compris pour les entrepreneurs non mentionnés à l'article R. 4532-70, les avis du médecin du travail et du comité d'hygiène, de sécurité et des conditions de travail prévus à l'article R. 4532-69. – *[Anc. art. R. 238-35, al. 1er.]*

Art. R. 4532-72 Lorsqu'une mesure de prévention prévue au plan n'a pu être appliquée, l'entrepreneur indique sur le plan les moyens d'une efficacité au moins équivalente qui ont été mis en œuvre. Cette substitution est portée à la connaissance du coordonnateur et des personnes et organismes mentionnés à l'article R. 4532-70. – *[Anc. art. R. 238-35, al. 2.]*

Art. R. 4532-73 Le plan particulier de sécurité tenu sur le chantier peut être consulté par :

1° Les membres du collège interentreprises de sécurité, de santé et des conditions de travail ;

2° Les membres du comité d'hygiène, de sécurité et des conditions de travail ou, à défaut, les délégués du personnel ;

3° Le médecin du travail ;

4° L'inspection du travail ;

5° Le service de prévention des organismes de sécurité sociale ;

6° L'Organisme professionnel de prévention du bâtiment et des travaux publics. – *[Anc. art. R. 238-36, al. 1er et 2.]*

Art. R. 4532-74 Le plan particulier de sécurité tenu sur le chantier est conservé par l'entrepreneur pendant une durée de cinq années à compter de la date de réception de l'ouvrage. – *[Anc. art. R. 238-36, al. 3.]*

SOUS-SECTION 2 OPÉRATIONS DE TROISIÈME CATÉGORIE

Art. R. 4532-75 Pour les opérations soumises à l'obligation de plan général simplifié de coordination en matière de sécurité et de protection de la santé prévue aux articles R. 4532-52 et R. 4532-54, chaque entrepreneur appelé à exécuter des travaux présentant des risques particuliers figurant sur la liste de travaux prévue à l'article L. 4532-8 établit par écrit, préalablement à leur début ou à leur poursuite, un plan particulier simplifié de sécurité et de protection de la santé. Le plan évalue ces risques et décrit les consignes à observer ou à transmettre aux travailleurs appelés à intervenir sur le chantier et les conditions de santé et de sécurité dans lesquelles vont être exécutés les travaux. – *[Anc. art. R. 238-36-1.]*

Art. R. 4532-76 Sont applicables au plan particulier simplifié, les dispositions des articles R. 4532-56 à R. 4532-62, de l'article R. 4532-63, des 2° et 3° de l'article R. 4532-64 et des articles R. 4532-69 à R. 4532-74. – *[Anc. art. R. 238-36-2.]*

SECTION VI COLLÈGE INTERENTREPRISES DE SÉCURITÉ, DE SANTÉ ET DES CONDITIONS DE TRAVAIL

SOUS-SECTION 1 CONDITIONS DE MISE EN PLACE

Art. R. 4532-77 Le maître d'ouvrage constitue un collège interentreprises de sécurité, de santé et des conditions de travail lorsque le chantier doit dépasser un volume de 10 000 hommes-jours et que le nombre d'entreprises, travailleurs indépendants et entreprises sous-traitantes inclus, est supérieur à dix s'il s'agit d'une opération de bâtiment ou à cinq s'il s'agit d'une opération de génie civil.

Cette constitution est effective au plus tard vingt et un jours avant le début des travaux. – *[Anc. art. R. 238-46.]*

SOUS-SECTION 2 COMPOSITION

Art. R. 4532-78 Le collège interentreprises de sécurité, de santé et des conditions de travail comprend :

1° Les coordonnateurs en matière de santé et de sécurité ;

2° Le maître d'œuvre désigné par le maître d'ouvrage ;

3° Les entrepreneurs ;

4° Des salariés employés sur le chantier, avec voix consultative. – *[Anc. art. L. 235-11, al. 2, phrase 1.]*

Art. R. 4532-79 Peuvent assister aux réunions du collège interentreprises à titre consultatif :

1° Les médecins du travail ;

2° Les représentants de l'inspection du travail ;

3° Les représentants de l'Organisme professionnel de prévention du bâtiment et des travaux publics ;

4° Les représentants du service de prévention des organismes de sécurité sociale. – *[Anc. art. L. 235-11, al. 2, phrase 2.]*

Art. R. 4532-80 Pendant la durée de son intervention sur le chantier, chaque entreprise est représentée au collège interentreprises par :

1° Le chef de l'entreprise ou son représentant habilité à cet effet ;

2° Un salarié effectivement employé sur le chantier, désigné par le comité d'hygiène, de sécurité et des conditions de travail ou, à défaut, par les délégués du personnel ou, en leur absence, choisi par les membres de l'équipe appelée à intervenir sur le chantier. – *[Anc. art. R. 238-47, al. 1er à 3.]*

Art. R. 4532-81 Chaque entreprise communique les noms de ses deux représentants au président du collège interentreprises, au plus tard avant la réunion d'adoption de son règlement prévue à l'article R. 4532-92. – *[Anc. art. R. 238-47, al. 4.]*

Art. R. 4532-82 Ne sont pas tenues de participer aux travaux du collège interentreprises les entreprises dont il est prévu qu'elles n'occuperont pas sur le chantier au moins dix travailleurs pendant au moins quatre semaines, dès lors qu'elles n'auront pas à exécuter l'un des travaux figurant sur la liste de travaux comportant des risques particuliers prévue à l'article L. 4532-8. – *[Anc. art. R. 238-47, al. 5.]*

Art. R. 4532-83 La liste nominative des représentants des entreprises et des autres membres du collège interentreprises, ainsi que des personnes qui peuvent assister aux réunions du collège à titre consultatif, est tenue à jour et affichée sur le chantier par le coordonnateur. – *[Anc. art. R. 238-47, al. 6.]*

SOUS-SECTION 3 **FONCTIONNEMENT**

Art. R. 4532-84 Le collège interentreprises de sécurité, de santé et des conditions de travail est présidé par le coordonnateur en matière de sécurité et de protection de la santé désigné pour la phase de réalisation de l'ouvrage en application de l'article L. 4532-3. – *[Anc. art. R. 238-48.]*

Art. R. 4532-85 Le collège interentreprises se réunit pour la première fois dès que deux entreprises au moins sont effectivement présentes sur le chantier, puis au moins tous les trois mois sur convocation de son président.

En outre, il est réuni par celui-ci :

1° A la demande de la majorité des représentants ayant voix délibérative ;

2° A la demande motivée du tiers des membres représentant les salariés ;

3° A la suite de tout accident ayant eu ou ayant pu avoir des conséquences graves. – *[Anc. art. R. 238-49, al. 1er à 4.]*

Art. R. 4532-86 Les réunions du collège interentreprises ont lieu sur le chantier dans un local approprié et, sauf cas exceptionnels justifiés par l'urgence, pendant les heures de travail.

Les réunions sont précédées par une inspection du chantier. – *[Anc. art. R. 238-49, al. 5 et 6.]*

Art. R. 4532-87 L'ordre du jour des séances du collège interentreprises peut évoquer toute question entrant dans le cadre de ses missions, notamment, la formation et l'information des travailleurs.

La convocation et l'ordre du jour des séances sont établis par le président du collège interentreprises. Sauf en cas de réunion d'urgence, ils sont communiqués quinze jours au moins avant la date de réunion aux membres du collège, à l'inspection du travail, à l'Organisme professionnel de prévention du bâtiment et des travaux publics et au service de prévention des organismes de sécurité sociale. Le procès-verbal de la réunion précédente est joint à cet envoi.

Les membres du collège interentreprises peuvent demander par écrit au président de porter à l'ordre du jour toute question relevant de sa compétence dans les huit jours qui suivent la réception de la convocation. – *[Anc. art. R. 238-50.]*

Art. R. 4532-88 Les procès-verbaux des réunions du collège interentreprises sont consignés sur un registre tenu à la disposition de l'inspection du travail, de l'Organisme professionnel de prévention du bâtiment et des travaux publics et du service de prévention des organismes de sécurité sociale.

Les procès-verbaux font ressortir, notamment :

1° Les décisions prises par le collège interentreprises ;

2° Le compte rendu des inspections du chantier ;

3° Les formations à la sécurité dispensées par les entreprises en application de l'article L. 4141-2 ainsi que les formations à la sécurité complémentaires décidées par le collège interentreprises. – *[Anc. art. R. 238-51, al. 1er à 5.]*

Art. R. 4532-89 Les membres du collège interentreprises peuvent consulter le registre des procès-verbaux de ses réunions à tout moment.

Le registre est conservé par le coordonnateur pendant une durée de cinq années à compter de la date de réception de l'ouvrage. – *[Anc. art. R. 238-51, al. 6 et 7.]*

Art. R. 4532-90 Les règles de fonctionnement du collège interentreprises sont précisées par un règlement.

Ce règlement prévoit, notamment :

1° La fréquence accrue des réunions du collège en fonction de l'importance et de la nature des travaux ;

2° Les procédures propres à assurer le respect des règles communes relatives à la santé, à la sécurité et aux conditions de travail ;

3° Les conditions de la vérification de l'application des mesures prises par le coordonnateur ou par le collège interentreprises ;

4° La procédure de règlement des difficultés qui pourraient s'élever entre ses membres ;

5° Les attributions du président. – *[Anc. art. R. 238-52.]*

Art. R. 4532-91 Le projet de règlement du collège interentreprises est élaboré par le coordonnateur pendant la phase de conception, d'étude et d'élaboration du projet.

Il est annexé aux documents du dossier de consultation adressés par le maître d'ouvrage aux entrepreneurs et, en l'absence de consultation, à chaque marché ou contrat conclu pour une opération entrant dans les prévisions de l'article R. 4532-77.

En cas de sous-traitance, l'entrepreneur principal communique à chacun de ses sous-traitants le règlement du collège, ou son projet si le règlement n'a pas encore été adopté au moment de la conclusion du contrat de sous-traitance. – *[Anc. art. R. 238-53.]*

Art. R. 4532-92 Sur l'initiative de son président, le collège interentreprises est réuni, en temps utile, aux fins d'adoption du règlement du collège.

(Décr. no 2016-1417 du 20 oct. 2016, art. 14) « Le président communique le règlement ainsi que le procès-verbal de la séance au cours de laquelle il a été adopté, à leur demande, à l'agent de contrôle de l'inspection du travail, à l'Organisme professionnel de prévention du bâtiment et des travaux publics et au service de prévention des organismes de sécurité sociale. Ce procès-verbal mentionne les résultats du vote émis à l'occasion de cette adoption. »

Art. R. 4532-93 Lorsque, sur un chantier soumis à la présente section, il a été prévu de différer l'attribution de certains lots, les entreprises appelées à intervenir après la constitution du collège interentreprises ont l'obligation d'y participer dès leur intervention sur le chantier.

Elles se conforment également au règlement du collège et communiquent au président le nom de leurs représentants dans les conditions prévues à l'article R. 4532-81. – *[Anc. art. R. 238-55.]*

Art. R. 4532-94 Les comités d'hygiène, de sécurité et des conditions de travail ou, à défaut, les délégués du personnel des établissements appelés à intervenir sur le chantier reçoivent les copies des procès-verbaux du collège interentreprises et peuvent saisir par écrit le président de ce dernier de toute question relevant de sa compétence.

Le président répond par écrit aux observations formulées et en informe les membres du collège en temps utile et, au plus tard, lors de la réunion qui suit la demande des intéressés. – *[Anc. art. R. 238-56.]*

SECTION VII **INTERVENTIONS ULTÉRIEURES SUR L'OUVRAGE**

Art. R. 4532-95 Le dossier d'intervention ultérieure sur l'ouvrage prévu à l'article L. 4532-16 rassemble, sous bordereau, tous les documents, tels que les plans et notes techniques, de nature à faciliter l'intervention ultérieure sur l'ouvrage, ainsi que le dossier technique regroupant les informations relatives à la recherche et à l'identification des matériaux contenant de l'amiante prévus aux articles R. 1334-22 et R. 1334-28 du code de la santé publique.

Il comporte notamment, s'agissant des bâtiments destinés à recevoir des travailleurs, le dossier de maintenance des lieux de travail prévu à l'article R. 4211-3 ;

Pour ce qui concerne les autres ouvrages, il comporte, notamment, les dispositions prévues aux 1° à 4° de l'article R. 4211-3 et à l'article R. 4211-4. – *[Anc. art. R. 238-37, al. 1er et 2.]*

Art. R. 4532-96 Le dossier d'intervention ultérieur est constitué dès la phase de conception de l'ouvrage par le coordonnateur qui en a la responsabilité et transmis au coordonnateur chargé de la phase de réalisation des travaux lorsque celui-ci est différent. Cette transmission fait l'objet d'un procès-verbal joint au dossier. – *[Anc. art. R. 238-37, al. 3.]*

Art. R. 4532-97 Le dossier d'intervention ultérieure sur l'ouvrage est remis au maître d'ouvrage par le coordonnateur en fonctions lors de la réception de l'ouvrage. Cette transmission fait l'objet d'un procès-verbal joint au dossier.

Le dossier est joint aux actes notariés établis à chaque mutation de l'ouvrage.

Dans le cas d'une copropriété, un exemplaire du dossier est également remis au syndic de l'immeuble. – *[Anc. art. R. 238-38.]*

Art. R. 4532-98 Lors de toute nouvelle opération pour laquelle un coordonnateur en matière de sécurité et de santé est requis, un exemplaire du dossier d'intervention ultérieure sur l'ouvrage est remis au coordonnateur en matière de sécurité et de santé désigné par le maître de l'ouvrage.

Le coordonnateur apporte au dossier les modifications et compléments éventuels découlant des nouveaux travaux.

Les règles de transmission prévues à la présente section s'appliquent au dossier mis à jour. – *[Anc. art. R. 238-39.]*

CHAPITRE III **PRESCRIPTIONS TECHNIQUES APPLICABLES AVANT L'EXÉCUTION DES TRAVAUX**

SECTION PREMIÈRE **VOIES ET RÉSEAUX DIVERS**

Art. R. 4533-1 Lorsque le montant d'une opération de construction de bâtiment excède 760 000 €, le chantier relatif à cette opération dispose, en un point au moins de son périmètre, d'une desserte en voirie, d'un raccordement à des réseaux de distribution d'eau potable et d'électricité, d'une évacuation des matières usées, dans des conditions telles que les locaux destinés aux travailleurs du chantier soient conformes aux dispositions qui leur sont applicables en matière de santé et de sécurité au travail.

Le maître d'ouvrage prend les mesures nécessaires, avant toute intervention des entrepreneurs et des sous-traitants sur le chantier dans les conditions prévues à la présente section. – *[Anc. art. L. 235-16, al. 1er, et anc. art. R. 238-40.]*

Art. R. 4533-2 Une voie d'accès au chantier est construite pour permettre aux véhicules et aux piétons de parvenir en un point au moins du périmètre d'emprise du chantier.

Cette voie est prolongée dans le chantier par d'autres voies permettant aux travailleurs d'accéder aux zones où sont installés les divers locaux qui leur sont destinés.

Les voies d'accès sont constamment praticables. Les eaux pluviales sont drainées et évacuées.

Ces voies sont convenablement éclairées. – *[Anc. art. R. 238-41.]*

Art. R. 4533-3 Le raccordement à un réseau de distribution d'eau potable est réalisé de manière à permettre une alimentation suffisante des divers points d'eau prévus dans les locaux destinés aux travailleurs. – *[Anc. art. R. 238-42.]*

Art. R. 4533-4 Le raccordement à un réseau de distribution électrique permet de disposer d'une puissance suffisante pour alimenter les divers équipements et installations prévus dans les locaux destinés aux travailleurs. – *[Anc. art. R. 238-43.]*

Art. R. 4533-5 Les matières usées sont évacuées conformément aux règlements sanitaires en vigueur. – *[Anc. art. R. 238-44.]*

SECTION II **DÉROGATIONS**

Art. R. 4533-6 Le *(Décr. nº 2009-1377 du 10 nov. 2009)* « directeur régional des entreprises, de la concurrence, de la consommation, du travail et de l'emploi » peut, sur la demande du maître d'ouvrage, accorder des dérogations à titre exceptionnel :

1° Aux règles d'accès prévues à l'article R. 4533-2 lorsque la configuration du chantier ou son isolement s'oppose soit à l'aménagement de tout ou partie des voies prévues à cet article, soit au respect des conditions fixées par celui-ci ;

2° Aux règles de raccordement prévues aux articles R. 4533-3 et R. 4533-4 lorsqu'il n'existe pas de réseau de distribution d'eau potable ou d'électricité à proximité du chantier. – *[Anc. art. R. 238-45, al. 1er à 3.]*

Les modifications issues du Décr. nº 2009-1377 du 10 nov. 2009 prennent effet, dans chaque région, à la date de nomination du directeur régional des entreprises, de la concurrence, de la consommation, du travail et de l'emploi (Décr. préc., art. 7-I). — V. Arr. de nomination de ces directeurs des 30 déc. 2009 (JO 5 janv. 2010) et 9 févr. 2010 (JO 14 févr.).

Ces modifications s'appliquent à la région Île-de-France à compter du 1er juill. 2010 (Décr. nº 2010-687 du 24 juin 2010, art. 2).

Art. R. 4533-7 Les dérogations du *(Décr. nº 2009-1377 du 10 nov. 2009)* « directeur régional des entreprises, de la concurrence, de la consommation, du travail et de l'emploi » sont accordées sous réserve de la mise en œuvre de mesures compensatrices d'hygiène et de sécurité.

Elles sont prises après consultation de l'Organisme professionnel de prévention du bâtiment et des travaux publics.

Elles fixent la durée de leur application. – *[Anc. art. R. 238-45, al. 4 et 5.]*

V. notes ss. art. R. 4533-6.

CHAPITRE IV **PRESCRIPTIONS TECHNIQUES DE PROTECTION DURANT L'EXÉCUTION DES TRAVAUX**

SECTION PREMIÈRE **CHAMP D'APPLICATION**

Art. R. 4534-1 Les dispositions du présent chapitre s'appliquent aux employeurs du bâtiment et des travaux publics, dont les travailleurs accomplissent, même à titre occasionnel, des travaux de terrassement, de construction, d'installation, de démolition, d'entretien, de réfection, de nettoyage, toutes opérations annexes et tous autres travaux prévus par le présent chapitre, portant sur des immeubles par nature ou par destination.

Elles s'appliquent également aux autres employeurs dont les travailleurs accomplissent les mêmes travaux. – *[Anc. art. 1er, al. 1er, Décr. nº 65-48 du 8 janv. 1965.]*

Art. R. 4534-2 Les dispositions du présent chapitre ne s'appliquent pas aux travaux de démontage, d'entretien ou de maintenance portant sur des immeubles par destination, y compris ceux mentionnés à l'article 524 du code civil, dès lors qu'ils sont soumis aux conditions d'installations des équipements de travail prévues aux articles R. 4323-7 à R. 4323-12. – *[Anc. art. 1er, al. 2, Décr. nº 65-48 du 8 janv. 1965.]*

SECTION II **MESURES GÉNÉRALES DE SÉCURITÉ**

SOUS-SECTION 1 **CHUTES DE PERSONNES**

Art. R. 4534-3 Les parties d'une construction qui ne sont pas livrables au service du chantier et dont l'accès présente des dangers pour les personnes sont nettement délimitées et visiblement signalées.

Leur accès est interdit par des dispositifs matériels. – *[Anc. art. 6, al. 1er, Décr. n° 65-48 du 8 janv. 1965.]*

Art. R. 4534-4 **Les ouvertures d'une construction donnant sur le vide, telles que les baies, sont munies, une fois le gros œuvre d'un étage terminé, de garde-corps placés à 90 cm des planchers et de plinthes d'une hauteur de 15 cm au moins, sauf si ces ouvertures comportent des dispositifs de protection d'une efficacité au moins équivalente ou si leur accès a été interdit en application des dispositions de l'article R. 4534-3.** – *[Anc. art. 6, al. 2, Décr. n° 65-48 du 8 janv. 1965.]*

Art. R. 4534-5 **Lorsque, pour l'exécution des travaux à l'intérieur d'une construction, sont installées des plates-formes coupant les ouvertures en bordure du vide dans leur hauteur, à une distance verticale de plus de 90 cm de la partie supérieure des ouvertures, un garde-corps et une plinthe sont établis au droit de ces ouvertures.** – *[Anc. art. 6, al. 3, Décr. n° 65-48 du 8 janv. 1965.]*

Art. R. 4534-6 **Les orifices des puits, des galeries d'une inclinaison de plus de 45°, et les ouvertures, telles que celles qui sont prévues pour le passage des ascenseurs, ou telles que les trémies de cheminées ou les trappes, pouvant exister dans les planchers d'une construction ainsi que dans les planchers des échafaudages, passerelles ou toutes autres installations, sont clôturés** *(Décr. n° 2009-289 du 13 mars 2009)* **« ou obturés » :**

1° Soit par un garde-corps placé à une hauteur de 90 cm et une plinthe d'une hauteur minimale de 15 cm ;

2° Soit par un plancher provisoire jointif convenablement fixé ;

3° Soit par tout autre dispositif équivalent. – *[Anc. art. 7, Décr. n° 65-48 du 8 janv. 1965.]*

SOUS-SECTION 2 RANGEMENT ET ÉCLAIRAGE DU CHANTIER

Art. R. 4534-7 **Les matériaux se trouvant sur le chantier sont empilés et disposés de manière à ne pas mettre des travailleurs en danger.** – *[Anc. art. 14, Décr. n° 65-48 du 8 janv. 1965.]*

Art. R. 4534-8 **Il est interdit de laisser à l'abandon sur le chantier des planches munies de pointes saillantes.** – *[Anc. art. 15, Décr. n° 65-48 du 8 janv. 1965.]*

Art. R. 4534-9 **Les lieux où sont exécutés des travaux, ainsi que leur accès, sont convenablement éclairés.** – *[Anc. art. 12, Décr. n° 65-48 du 8 janv. 1965.]*

SOUS-SECTION 3 TRAVAUX FAISANT APPEL À DES VÉHICULES, APPAREILS ET ENGINS DE CHANTIER

Art. R. 4534-10 **Lorsqu'un chantier comporte habituellement un important mouvement de camions ou de tous autres véhicules de transport, des pistes spécialement réservées à la circulation de ces véhicules et convenablement balisées sont aménagées.** – *[Anc. art. 20, al. 1er, Décr. n° 65-48 du 8 janv. 1965.]*

Art. R. 4534-11 **Lorsque le conducteur d'un camion exécute une manœuvre, notamment de recul, dans des conditions de visibilité insuffisantes, un ou plusieurs travailleurs dirigent le conducteur et avertissent, par la voix ou par des signaux conventionnels, les personnes survenant dans la zone où évolue le véhicule.**

Les mêmes mesures sont prises lors du déchargement d'une benne de camion. – *[Anc. art. 20, al. 2, Décr. n° 65-48 du 8 janv. 1965.]*

Art. R. 4534-12 **Le véhicule, l'appareil ou l'engin de chantier mobile qui se trouve, sans son conducteur, à l'arrêt sur un terrain en pente est maintenu immobilisé par tout moyen approprié.** – *[Anc. art. 21, Décr. n° 65-48 du 8 janv. 1965.]*

Art. R. 4534-13 **Il est interdit d'entreprendre un travail sous la benne d'un camion ou sous une partie mobile d'un engin de chantier sans que soit utilisé un dispositif approprié pour empêcher un accident en cas de défaillance du dispositif normal de retenue.**

Dans les bétonnières, le dispositif courant d'arrêt de la benne agissant sur le câble de manœuvre est doublé par un dispositif complémentaire d'immobilisation en position

haute. Ce dispositif est indépendant du mécanisme de manœuvre, fixé en attente au châssis, et toujours prêt à être utilisé. – *[Anc. art. 227, Décr. n° 65-48 du 8 janv. 1965.]*

Art. R. 4534-14 Les crics sont munis d'un dispositif capable de s'opposer à un retour de manivelle. – *[Anc. art. 228, Décr. n° 65-48 du 8 janv. 1965.]*

SOUS-SECTION 4 **EXAMENS, VÉRIFICATIONS, REGISTRES**

Art. R. 4534-15 Le matériel, les engins, les installations et les dispositifs de protection de toute nature utilisés sur un chantier sont, avant leur mise ou remise en service, examinés dans toutes leurs parties en vue de s'assurer qu'ils sont conformes aux dispositions du présent chapitre. – *[Anc. art. 22, al. 1er, Décr. n° 65-48 du 8 janv. 1965.]*

Art. R. 4534-16 Les examens du matériel, des engins, des installations ou des dispositifs de sécurité sont renouvelés aussi souvent que nécessaire, notamment :

1° Après chaque démontage ou modification, ou lorsque l'une de leurs parties a été remplacée ;

2° A la suite de toute défaillance ayant entraîné ou non un accident ;

3° Après tout effort anormal ou incident ayant pu provoquer un désordre dans les installations. – *[Anc. art. 22, al. 2, Décr. n° 65-48 du 8 janv. 1965.]*

Art. R. 4534-17 Tant qu'il n'a pas été procédé aux examens et, éventuellement, aux réparations nécessaires, le matériel, l'engin, l'installation ou le dispositif de sécurité dont l'état paraît défectueux est retiré du service.

Le matériel, l'engin, l'installation ou le dispositif réformé est définitivement retiré du service. – *[Anc. art. 22, al. 3 et 4, Décr. n° 65-48 du 8 janv. 1965.]*

Art. R. 4534-18 L'employeur fait réaliser les examens par une personne compétente désignée à cet effet.

Le nom et la qualité de cette personne sont consignés sur un registre de sécurité. Ce registre est conservé sur le chantier ou, en cas d'impossibilité, au siège de l'établissement. – *[Anc. art. 22, al. 5, Décr. n° 65-48 du 8 janv. 1965.]*

Art. R. 4534-19 Un registre d'observations est mis à la disposition des travailleurs et des membres du comité d'hygiène, de sécurité et des conditions de travail ou, à défaut, des délégués du personnel.

Ceux-ci y consignent leurs observations relatives à l'état du matériel et des installations, l'existence de causes susceptibles d'en compromettre la solidité et l'application des dispositions du présent chapitre.

L'employeur peut également y consigner ses observations. – *[Anc. art. 24, al. 1er, phrase 1, Décr. n° 65-48 du 8 janv. 1965.]*

Art. R. 4534-20 Le registre d'observations est tenu à la disposition de l'inspection du travail, du médecin du travail, des agents de l'Organisme professionnel de prévention du bâtiment et des travaux publics, du service de prévention des organismes de sécurité sociale, ainsi que des membres du collège interentreprises de sécurité, de santé et des conditions de travail.

Il est conservé sur le chantier ou, en cas d'impossibilité, au siège de l'établissement. – *[Anc. art. 24, al. 1er, phrase 2, et al. 2, Décr. n° 65-48 du 8 janv. 1965.]*

SECTION III **OPÉRATION DE CHARGEMENT OU DE DÉCHARGEMENT EN HAUTEUR**

Art. R. 4534-21 Les recettes sont aménagées de telle sorte que les travailleurs chargés des opérations de chargement ou de déchargement ne soient pas obligés, pour tirer la charge, de se pencher au-dessus du vide.

Toutefois, pour le chargement ou le déchargement de matériaux ou d'objets d'un poids inférieur ou égal à 50 kilogrammes, il peut être mis à la disposition des travailleurs, d'une part, des crochets d'une longueur suffisante pour amener les charges à l'aplomb du plancher de la recette, ou tout autre dispositif équivalent, d'autre part, des appuis leur permettant d'assurer efficacement leur équilibre. – *[Anc. art. 38 et anc. art. 50, Décr. n° 65-48 du 8 janv. 1965.]*

SECTION IV **TRAVAUX DE TERRASSEMENT À CIEL OUVERT**

Art. R. 4534-22 Afin de prendre s'il y a lieu les mesures de sécurité appropriées et avant de commencer des travaux de terrassement, l'employeur s'informe auprès du service de voirie compétent dans le cas de travaux sur le domaine public ou auprès du propriétaire dans le cas de travaux sur le domaine privé :

1° De l'existence éventuelle de terres rapportées ;

2° De l'emplacement et de la nature des canalisations ou câbles souterrains pouvant se trouver dans la zone où les travaux seront entrepris ;

3° Des risques d'imprégnation du sous-sol par des émanations ou produits nocifs. – *[Anc. art. 64, Décr. n° 65-48 du 8 janv. 1965.]*

Art. R. 4534-23 Les arbres, les blocs de pierre, ainsi que le matériel, les matériaux et objets de toute nature se trouvant à proximité de l'emplacement où des fouilles sont entreprises, sont enlevés ou solidement maintenus lorsqu'il apparaît que leur équilibre risque d'être compromis lors de l'exécution des travaux. – *[Anc. art. 65, Décr. n° 65-48 du 8 janv. 1965.]*

Art. R. 4534-24 Les fouilles en tranchée de plus de 1,30 mètre de profondeur et d'une largeur égale ou inférieure aux deux tiers de la profondeur sont, lorsque leurs parois sont verticales ou sensiblement verticales, blindées, étrésillonnées ou étayées.

Les parois des autres fouilles en tranchée, ainsi que celles des fouilles en excavation ou en butte sont aménagées, eu égard à la nature et à l'état des terres, de façon à prévenir les éboulements. A défaut, des blindages, des étrésillons ou des étais appropriés à la nature et à l'état des terres sont mis en place. Ces mesures de protection ne sont pas réduites ou supprimées lorsque les terrains sont gelés.

Ces mesures de protection sont prises avant toute descente d'un travailleur ou d'un employeur dans la fouille pour un travail autre que celui de la mise en place des dispositifs de sécurité.

Lorsque nul n'a à descendre dans la fouille, les zones situées à proximité du bord et qui présenteraient un danger pour les travailleurs sont nettement délimitées et visiblement signalées. – *[Anc. art. 66, Décr. n° 65-48 du 8 janv. 1965.]*

Art. R. 4534-25 Pour la détermination de l'inclinaison à donner aux parois ou pour l'établissement des blindages, des étrésillons et des étais des fouilles en tranchée ou en excavation, il est tenu compte des surcharges dues aux constructions ou aux dépôts de toute nature, tels que matériaux divers, déblais, matériel, existant dans le voisinage, ainsi que des surcharges et des ébranlements prévisibles dus à la circulation sur les voies carrossables, les pistes de circulation et les voies ferrées se trouvant à proximité des fouilles. – *[Anc. art. 67, Décr. n° 65-48 du 8 janv. 1965.]*

Art. R. 4534-26 La reprise des fondations en sous-œuvre ne peut être exécutée que par petites portions et au fur et à mesure que les blindages, les étrésillons ou les étais mis en place assurent une sécurité suffisante.

Toutefois, cette prescription ne fait pas obstacle à l'emploi de procédés particuliers assurant aux travailleurs une sécurité au moins équivalente. – *[Anc. art. 68, Décr. n° 65-48 du 8 janv. 1965.]*

Art. R. 4534-27 Les pentes et les crêtes des parois sont débarrassées des éléments dont la chute présente un danger. – *[Anc. art. 69, al. 1er, Décr. n° 65-48 du 8 janv. 1965.]*

Art. R. 4534-28 Lorsque des parties en surplomb d'un terrain ne peuvent être abattues, des mesures appropriées, telles qu'étaiement et consolidation, sont prises pour empêcher leur éboulement. – *[Anc. art. 69, al. 2, Décr. n° 65-48 du 8 janv. 1965.]*

Art. R. 4534-29 La mise en place des blindages, étrésillons ou étais est accomplie dès que l'avancement des travaux le permet. – *[Anc. art. 70, Décr. n° 65-48 du 8 janv. 1965.]*

Art. R. 4534-30 Lorsque les divers éléments d'un blindage sont assemblés hors de la fouille, la hauteur de ces éléments est au moins égale à la profondeur totale de la fouille.

Pour éviter tout renversement ou déplacement, le blindage, après avoir été descendu dans la fouille, est convenablement calé. – *[Anc. art. 71, Décr. n° 65-48 du 8 janv. 1965.]*

Art. R. 4534-31 Afin d'empêcher les chutes de déblais, de matériaux, d'outils ou d'objets de toute nature à l'intérieur des fouilles en tranchée de plus de 1,30 mètre de profondeur, celles-ci sont entourées de plinthes d'une hauteur de 15 centimètres au moins ou comportent un blindage dont les éléments constituants dépassent le niveau du sol d'une hauteur minimale de 15 centimètres. – *[Anc. art. 72, Décr. n° 65-48 du 8 janv. 1965.]*

Art. R. 4534-32 Des déblais ou du matériel ne peuvent être déposés le long d'une tranchée de plus de 1,30 mètre de profondeur que s'il est possible de ménager une berme d'une largeur de 40 centimètres au moins.

Cette berme reste constamment dégagée de tout dépôt. – *[Anc. art. 73, Décr. n° 65-48 du 8 janv. 1965.]*

Art. R. 4534-33 Des mesures, telles que le creusement de cunettes et l'exécution de drainages sont prises pour limiter les infiltrations provenant des eaux de ruissellement.

En outre, des mesures, telles que la mise en service de pompes, sont prévues pour remédier aux effets des infiltrations qui pourraient se produire. – *[Anc. art. 74, al. 1er et 2, Décr. n° 65-48 du 8 janv. 1965.]*

Art. R. 4534-34 Après une période de pluie ou de gel, il est procédé à un examen du talus des fouilles en excavation ou en tranchée. S'il y a lieu, le blindage est consolidé.

L'employeur fait procéder à cet examen par une personne compétente. Le nom et la qualité de cette personne sont consignés sur le registre de sécurité. – *[Anc. art. 74, al. 3 et 4, Décr. n° 65-48 du 8 janv. 1965.]*

Art. R. 4534-35 Les fouilles en tranchée ou en excavation comportent les moyens nécessaires à une évacuation rapide des travailleurs. – *[Anc. art. 75, Décr. n° 65-48 du 8 janv. 1965.]*

Art. R. 4534-36 Lorsque des travailleurs sont appelés à franchir une tranchée de plus de 40 centimètres de largeur, des moyens de passage sont mis en place. – *[Anc. art. 76, Décr. n° 65-48 du 8 janv. 1965.]*

Art. R. 4534-37 Il ne peut être procédé à l'enlèvement d'un blindage, d'un étrésillon ou d'un étai que lorsque des mesures de protection efficaces ont été prises contre les risques d'éboulement. – *[Anc. art. 77, Décr. n° 65-48 du 8 janv. 1965.]*

Art. R. 4534-38 L'abattage en sous-cave ne peut être réalisé qu'à l'aide d'engins mus mécaniquement et à condition qu'il n'en résulte aucun danger pour les travailleurs.

Lors de l'exécution de tels travaux, des mesures sont prises pour interdire l'accès de la zone dans laquelle l'éboulement est appelé à se produire. – *[Anc. art. 78, Décr. n° 65-48 du 8 janv. 1965.]*

Art. R. 4534-39 En cas de découverte d'un engin susceptible d'exploser, le travail est immédiatement interrompu au voisinage jusqu'à ce que les autorités compétentes aient fait procéder à l'enlèvement de l'engin. – *[Anc. art. 79, Décr. n° 65-48 du 8 janv. 1965.]*

SECTION V **TRAVAUX SOUTERRAINS**

SOUS-SECTION 1 **ÉBOULEMENTS ET CHUTES DE BLOCS**

Art. R. 4534-40 Dans tous les ouvrages souterrains, les risques d'éboulement ou de chutes de blocs sont prévenus, selon des modalités appropriées à la hauteur de l'ouvrage :

1° Soit au moyen d'un soutènement appuyé ou suspendu et d'un garnissage approprié à la nature des terrains ;

2° Soit grâce à la surveillance, au sondage et à la purge méthodique des parements et de la couronne. – *[Anc. art. 80, Décr. n° 65-48 du 8 janv. 1965.]*

Art. R. 4534-41 Les parois des puits et des galeries souterraines, le toit de ces dernières, ainsi que les travaux de consolidation réalisés ou les dispositifs de soutènement mis en place, sont examinés :

1° A la reprise de chaque poste de travail, sur toute la hauteur des puits et sur toute la longueur des galeries ;

2° Après chaque tir de mine, sur une longueur de 50 mètres au moins en arrière du front de tir.

Ces examens sont réalisés par une personne compétente choisie par l'employeur. Le nom et la qualité de cette personne sont consignés sur le registre de sécurité. – *[Anc. art. 81, Décr. nº 65-48 du 8 janv. 1965.]*

Art. R. 4534-42 Lorsqu'un puits ou une galerie souterraine sont destinés à recevoir un revêtement maçonné ou bétonné, les éléments du dispositif de soutènement ne sont enlevés qu'au fur et à mesure de l'avancement des travaux et seulement dans la mesure où, eu égard à la stabilité du terrain traversé, cet enlèvement ne peut nuire à la sécurité des travailleurs.

Des précautions similaires sont prises pour l'exécution de travaux d'abattage latéral ainsi que pour l'exécution de travaux de comblement. – *[Anc. art. 82, Décr. nº 65-48 du 8 janv. 1965.]*

SOUS-SECTION 2 **VENTILATION**

Art. R. 4534-43 La qualité de l'air des galeries souterraines en cours de percement et des puits en cours de fonçage doit être compatible avec la santé et la sécurité des travailleurs. – *[Anc. art. 83, Décr. nº 65-48 du 8 janv. 1965.]*

Art. R. 4534-44 Lorsque l'aération naturelle d'une galerie en cours de percement est insuffisante, l'assainissement de l'atmosphère est obtenu au moyen d'une installation de ventilation mécanique.

Cette installation de ventilation assure au front de taille un débit minimal d'air de vingt-cinq litres par seconde et par homme.

L'air introduit est prélevé loin de toute source de pollution. – *[Anc. art. 84, Décr. nº 65-48 du 8 janv. 1965.]*

Art. R. 4534-45 Dans les galeries souterraines en cours de percement où il est fait usage d'explosifs, la ventilation est réalisée dans les conditions suivantes :

1° Il est introduit au front de taille, au moyen d'une installation de ventilation mécanique, 200 litres au moins d'air par seconde et par mètre carré de la plus grande section de galerie ventilée. L'air introduit est prélevé loin de toute source de pollution ;

2° Après chaque tir, une aspiration est réalisée le plus près possible du front de taille, afin d'éliminer au maximum les poussières en suspension ;

3° Éventuellement, une ventilation auxiliaire permet d'accélérer l'absorption du bouchon de tir. – *[Anc. art. 85, Décr. nº 65-48 du 8 janv. 1965.]*

Art. R. 4534-46 Lorsqu'il est fait usage de moteurs à combustion interne ou qu'il existe des émanations nocives, les quantités minimales d'air à introduire prévues par les articles R. 4534-44 et R. 4534-45 sont augmentées de telle sorte que la qualité de l'air demeure compatible avec la santé et la sécurité des travailleurs. – *[Anc. art. 86, Décr. nº 65-48 du 8 janv. 1965.]*

Art. R. 4534-47 Lorsqu'une galerie est percée ou lorsqu'un puits est foncé dans une roche renfermant de la silice libre, seuls des fleurets à injection d'eau ou munis d'un dispositif efficace pour le captage à sec des poussières sont utilisés.

Une consigne indique les postes de travail où il est nécessaire de renforcer les mesures de protection collective par l'utilisation d'un appareil respiratoire approprié. Cette consigne précise, en outre, pour chaque poste de travail, la durée maximale de port de l'appareil et les conditions de son entretien. – *[Anc. art. 87, Décr. nº 65-48 du 8 janv. 1965.]*

Art. R. 4534-48 Dans les travaux où il est fait usage d'explosifs ainsi que dans ceux qui sont exécutés dans des terrains renfermant de la silice libre, les déblais sont arrosés. – *[Anc. art. 88, Décr. nº 65-48 du 8 janv. 1965.]*

Art. R. 4534-49 Dans les galeries souterraines et les puits où des émanations de gaz susceptibles de former avec l'air un mélange détonant sont à craindre, l'usage de lampes ou d'appareils à feu nu est interdit. – *[Anc. art. 89, Décr. nº 65-48 du 8 janv. 1965.]*

SOUS-SECTION 3 CIRCULATION

Art. R. 4534-50 Dans les puits dont la profondeur dépasse vingt-cinq mètres, les treuils utilisés pour le transport des travailleurs sont mus mécaniquement. – *[Anc. art. 90, Décr. n° 65-48 du 8 janv. 1965.]*

Art. R. 4534-51 Tant qu'il y a des travailleurs dans une galerie souterraine ou au fond d'un puits, la présence d'un travailleur est requise en permanence pour la manœuvre du treuil.

Lorsque la profondeur d'un puits dépasse six mètres, le service d'un treuil mû à la main est assuré par deux travailleurs au moins. – *[Anc. art. 91, Décr. n° 65-48 du 8 janv. 1965.]*

Art. R. 4534-52 Les puits dans lesquels est installée une descenderie par échelles, des paliers de repos d'une dimension suffisante pour accueillir au moins deux travailleurs sont établis à six mètres au plus les uns des autres. Les volées ainsi délimitées peuvent être verticales.

A chaque palier, des poignées fixes sont placées de façon à en permettre facilement l'accès. – *[Anc. art. 92, Décr. n° 65-48 du 8 janv. 1965.]*

Art. R. 4534-53 Lorsqu'une galerie est percée dans un terrain où des venues d'eau importantes et soudaines sont à craindre, cette galerie comporte des issues permettant une évacuation rapide des travailleurs. A défaut, des mesures appropriées, telles que l'aménagement de niches surélevées en nombre suffisant, sont mises en œuvre.

Lorsqu'un puits est foncé dans un terrain analogue à celui mentionné au premier alinéa, des échelles de secours sont installées du fond du puits à l'orifice au jour ou à un emplacement sûr. – *[Anc. art. 93, Décr. n° 65-48 du 8 janv. 1965.]*

Art. R. 4534-54 Dans les galeries souterraines où se trouvent disposées des voies ferrées, à défaut d'un espace libre de 55 centimètres mesuré entre la partie la plus saillante du matériel roulant et les parties les plus saillantes des parois de la galerie, il est aménagé, au fur et à mesure de l'avancement des travaux et tous les 10 mètres au plus, une niche de sûreté ayant des dimensions suffisantes pour abriter simultanément deux travailleurs et ayant au moins 60 centimètres de profondeur.

En cas d'impossibilité, la sécurité des travailleurs est assurée d'une autre manière par des mesures appropriées. L'employeur porte préalablement ces mesures à la connaissance de l'inspection du travail. – *[Anc. art. 94, Décr. n° 65-48 du 8 janv. 1965.]*

SOUS-SECTION 4 SIGNALISATION ET ÉCLAIRAGE

Art. R. 4534-55 Les orifices des puits et des galeries d'une inclinaison de plus de 45° sont convenablement signalés la nuit. – *[Anc. art. 95, al. 1er, Décr. n° 65-48 du 8 janv. 1965.]*

Art. R. 4534-56 Les ouvertures ou dénivellations existant dans le sol d'une galerie, les passages resserrés, les abaissements de voûte ainsi que tous obstacles pouvant présenter un danger ou une gêne pour la circulation des travailleurs, des véhicules ou des convois sont convenablement signalés par des moyens appropriés, tels que la pose de feux de position ou de dispositifs réfléchissants d'une efficacité équivalente.

A défaut d'un éclairage suffisant, des dispositifs avertisseurs sont prévus, tels que chaînettes et fils pendants, balais souples, dont le contact permet de signaler aux travailleurs la présence d'un obstacle. – *[Anc. art. 95, al. 2, Décr. n° 65-48 du 8 janv. 1965.]*

Art. R. 4534-57 A défaut d'un éclairage suffisant dans les galeries où circulent des véhicules ou des convois, les postes de travail sont signalés par des feux très visibles et les véhicules ou convois sont munis :

1° A l'avant, d'un feu blanc ;

2° A l'arrière, d'un feu rouge, soit d'un dispositif réfléchissant de même couleur ou d'une efficacité équivalente. – *[Anc. art. 95, al. 3, Décr. n° 65-48 du 8 janv. 1965.]*

Art. R. 4534-58 Sauf dans les galeries pourvues d'un éclairage fixe suffisant, les véhicules sont munis d'un projecteur capable d'éclairer sur une distance au moins égale au parcours d'arrêt du véhicule ou du convoi. – *[Anc. art. 95, al. 4, Décr. n° 65-48 du 8 janv. 1965.]*

Art. R. 4534-59 Lorsque les chantiers souterrains sont éclairés électriquement, un éclairage de sécurité destiné à être utilisé en cas d'arrêt du courant pendant le temps nécessaire pour assurer l'évacuation du chantier est mis à la disposition des travailleurs. – *[Anc. art. 96, Décr. n° 65-48 du 8 janv. 1965.]*

SECTION VI **TRAVAUX DE DÉMOLITION**

Art. R. 4534-60 Avant de commencer les travaux de démolition d'un ouvrage, l'employeur vérifie la résistance et de la stabilité de chacune des parties de cet ouvrage, notamment des planchers.

S'il y a lieu, des étaiements sûrs sont mis en place. – *[Anc. art. 97, Décr. n° 65-48 du 8 janv. 1965.]*

Art. R. 4534-61 Aucun travailleur ne peut être chargé d'un travail de démolition ou de démontage pour lequel il n'est pas compétent et qui comporte, pour lui ou pour les autres travailleurs du chantier, un risque anormal. – *[Anc. art. 98, al. 1er, Décr. n° 65-48 du 8 janv. 1965.]*

Art. R. 4534-62 Dès que les travaux nécessitent l'emploi de dix travailleurs, un chef d'équipe est exclusivement affecté à la surveillance des travaux.

Au moins un chef d'équipe est désigné pour dix travailleurs.

Lorsque des travaux nécessitent l'intervention simultanée de plusieurs équipes, les chefs de ces équipes sont placés sous l'autorité d'un chef unique. – *[Anc. art. 98, al. 2 à 4, Décr. n° 65-48 du 8 janv. 1965.]*

Art. R. 4534-63 La démolition des ouvrages en béton armé ou en matériaux précontraints, ainsi que la démolition des ouvrages soutenus par une charpente métallique, ne peut être accomplie que sous la direction de travailleurs ayant l'expérience des techniques particulières mises en œuvre pour la démolition de ces ouvrages. – *[Anc. art. 99, Décr. n° 65-48 du 8 janv. 1965.]*

Art. R. 4534-64 Les travailleurs ne peuvent être employés à des hauteurs différentes que si les précautions sont prises pour assurer la sécurité de ceux qui travaillent dans les plans inférieurs. – *[Anc. art. 100, al. 2, Décr. n° 65-48 du 8 janv. 1965.]*

Art. R. 4534-65 Les murs à abattre sont préalablement débarrassés de toutes les pièces de bois ou de fer en saillie qui ne sont pas scellées ou qui, bien que scellées, sont en saillie de plus de deux mètres. – *[Anc. art. 101, al. 1er, Décr. n° 65-48 du 8 janv. 1965.]*

Art. R. 4534-66 Lorsque, dans une construction, des éléments présentant une certaine élasticité sont soumis à des contraintes et qu'un fouettement peut résulter de leur rupture ou de leur brusque libération, ou que leur dépose peut avoir des conséquences graves sur la stabilité de tout ou partie de la construction, il ne peut être procédé à leur enlèvement que d'une manière sûre et, s'agissant de travailleurs, conformément aux directives de l'employeur. – *[Anc. art. 101, al. 2, Décr. n° 65-48 du 8 janv. 1965.]*

Art. R. 4534-67 Lorsque la démolition d'un pan de mur ou de tout autre élément de construction est réalisée par des tractions exercées au moyen de câbles métalliques, de cordages ou de tous autres dispositifs similaires, la zone dans laquelle le pan de mur ou l'élément de construction viendra s'écrouler est délimitée avec soin. – *[Anc. art. 102, al. 1er, Décr. n° 65-48 du 8 janv. 1965.]*

Art. R. 4534-68 Lorsque la démolition d'un pan de mur ou de tout autre élément de construction est réalisée au moyen de poussées ou de chocs, des mesures appropriées sont prises pour empêcher l'écroulement du mur ou de l'élément de construction du côté où se trouvent les travailleurs. – *[Anc. art. 102, al. 2, Décr. n° 65-48 du 8 janv. 1965.]*

Art. R. 4534-69 Lorsque à la suite de la démolition de certains éléments d'un ouvrage, l'équilibre des parties restantes ou des constructions voisines paraît compromis, des mesures, telles que la pose d'étais, sont prises pour prévenir tout risque d'écroulement. – *[Anc. art. 103, Décr. n° 65-48 du 8 janv. 1965.]*

Art. R. 4534-70 Le sapement d'un ouvrage au moyen d'un engin mû mécaniquement n'est autorisé que s'il n'en résulte aucun danger. – *[Anc. art. 104, Décr. n° 65-48 du 8 janv. 1965.]*

Art. R. 4534-71 Un plancher de travail est mis en place pour les travaux de démolition réalisés à une hauteur de plus de six mètres au-dessus du sol.

Le plancher situé en bordure du vide est clôturé par des garde-corps et des plinthes établis conformément aux dispositions de l'article R. 4534-78. – *[Anc. art. 105, al. 1er et 2, Décr. n° 65-48 du 8 janv. 1965.]*

Art. R. 4534-72 Lorsque les travaux de démolition sont réalisés à une hauteur qui ne dépasse pas 6 mètres au-dessus du sol, l'installation d'un plancher de travail n'est pas obligatoire, sous réserve des dispositions suivantes :

1° Les travaux ne peuvent être confiés qu'à des travailleurs qualifiés ;

2° Il est interdit de laisser monter des travailleurs sur des murs à déraser de moins de 35 centimètres d'épaisseur. – *[Anc. art. 105, al. 3 à 5, Décr. n° 65-48 du 8 janv. 1965.]*

Art. R. 4534-73 Le port du casque de protection est obligatoire pour les travaux de démolition. – *[Anc. art. 100, al. 1er, Décr. n° 65-48 du 8 janv. 1965.]*

SECTION VII **UTILISATION DE PLATES-FORMES DE TRAVAIL, PASSERELLES ET ESCALIERS**

SOUS-SECTION 1 **PLATES-FORMES DE TRAVAIL**

Art. R. 4534-74 Les dispositions de la présente section ne font pas obstacles *[obstacle]* à celles applicables à l'exécution des travaux temporaires en hauteur et aux équipements de travail utilisés à cette fin prévues aux articles R. 4323-58 et suivants.

Art. R. 4534-75 Les plates-formes de travail, les passerelles et les escaliers sont :

1° Construits de manière qu'aucune de leurs parties ne puisse subir une flexion exagérée ou inégale ;

2° Construits et entretenus de manière à réduire autant que possible, compte tenu des conditions existantes, les risques de trébuchement ou de glissement de personnes ;

3° Maintenus libres de tout encombrement inutile ;

4° Constamment débarrassés de tous gravats et décombres. – *[Anc. art. 141, Décr. n° 65-48 du 8 janv. 1965.]*

Art. R. 4534-76 Les plates-formes de travail sont établies sur des parties solides de la construction.

Les plates-formes servant à l'exécution de travaux à l'intérieur des constructions prennent appui sur des traverses reposant sur des solives. Elles ne peuvent s'appuyer sur des hourdis de remplissage. – *[Anc. art. 142, Décr. n° 65-48 du 8 janv. 1965.]*

Art. R. 4534-77 Les plates-formes de travail et les boulins supportant leur plancher obéissent aux caractéristiques prévues pour les échafaudages aux articles R. 4323-69 et suivants. – *[Anc. art. 143, Décr. n° 65-48 du 8 janv. 1965.]*

Art. R. 4534-78 Les plates-formes de travail sont munies, sur les côtés extérieurs :

1° De garde-corps constitués par deux lisses placées l'une à un mètre, l'autre à 45 centimètres au-dessus du plancher ;

2° De plinthes d'une hauteur de 15 centimètres au moins.

Toutefois, ces dispositions ne font pas obstacle à l'établissement de dispositifs de protection d'une efficacité au moins équivalente. – *[Anc. art. 144, Décr. n° 65-48 du 8 janv. 1965.]*

Art. R. 4534-79 Les garde-corps des plates-formes de travail sont solidement fixés à l'intérieur des montants. – *[Anc. art. 145, Décr. n° 65-48 du 8 janv. 1965.]*

Art. R. 4534-80 Lorsque des plates-formes de travail reposent sur des chevalets ou des tréteaux, ces derniers ne sont pas espacés de plus de 2 mètres. Ils sont rigides, ont leurs pieds soigneusement étrésillonnés et reposent sur des points d'appui résistants.

Il est interdit de les surélever par des moyens de fortune, de les superposer et de les disposer sur le plancher d'un autre échafaudage ou d'une autre plate-forme. – *[Anc. art. 146, Décr. n° 65-48 du 8 janv. 1965.]*

SOUS-SECTION 2 **PASSERELLES ET ESCALIERS**

Art. R. 4534-81 Les planchers des passerelles obéissent aux dispositions relatives aux planchers des plates-formes de travail. – *[Anc. art. 147, al. 1er, Décr. no 65-48 du 8 janv. 1965.]*

Art. R. 4534-82 Les passerelles ainsi que les diverses installations sur lesquelles circulent des personnes sont munies, en bordure du vide, de garde-corps placés à une hauteur de 90 centimètres et de plinthes de 15 centimètres de hauteur au moins ou de tous autres dispositifs de protection d'une efficacité au moins équivalente. – *[Anc. art. 147, al. 2, Décr. no 65-48 du 8 janv. 1965.]*

Art. R. 4534-83 Lorsque les passerelles sont rendues glissantes par suite de verglas, de gelée ou de neige, des mesures sont prises pour prévenir toute glissade. – *[Anc. art. 147, al. 3, Décr. no 65-48 du 8 janv. 1965.]*

Art. R. 4534-84 Les escaliers qui ne sont pas munis de leurs rampes définitives sont bordés, du côté du vide, de garde-corps et de plinthes. – *[Anc. art. 148, Décr. no 65-48 du 8 janv. 1965.]*

SECTION VIII **TRAVAUX SUR TOITURES**

Art. R. 4534-85 Lorsque des travailleurs sont appelés à intervenir sur un toit présentant des dangers de chute de personnes ou de matériaux d'une hauteur de plus de trois mètres, des mesures appropriées sont prises pour éviter toute chute. – *[Anc. art. 156, Décr. no 65-48 du 8 janv. 1965.]*

Art. R. 4534-86 Les échafaudages utilisés pour exécuter des travaux sur les toitures sont munis de garde-corps constitués par des éléments jointifs ou écartés de sorte qu'ils ne puissent permettre le passage d'un corps humain. Ces garde-corps ont une solidité suffisante pour s'opposer efficacement à la chute dans le vide d'une personne ayant perdu l'équilibre.

A défaut d'échafaudages appropriés, des dispositifs de protection collective d'une efficacité au moins équivalente sont mis en place.

Lorsque l'utilisation de ces dispositifs de protection est reconnue impossible, le port d'un système d'arrêt de chute est obligatoire. – *[Anc. art. 157, al. 1er à 3, Décr. no 65-48 du 8 janv. 1965.]*

Art. R. 4534-87 Lorsqu'il existe des dispositifs permanents de protection, tels que crochets de service, rambardes, mains courantes, ceux-ci ne peuvent être utilisés qu'après avoir été examinés en vue de s'assurer de leur solidité.

Ces examens sont accomplis par une personne compétente choisie par l'employeur. Le nom et la qualité de cette personne sont consignés sur le registre de sécurité. – *[Anc. art. 158, Décr. no 65-48 du 8 janv. 1965.]*

Art. R. 4534-88 Les travailleurs intervenant sur des toitures en matériaux d'une résistance insuffisante, tels que vitres, plaques en agglomérés à base de ciment, tôles, ou vétustes, travaillent sur des échafaudages, plates-formes de travail, planches ou échelles leur permettant de ne pas prendre directement appui sur ces matériaux.

Les dispositifs ainsi interposés entre ces travailleurs et la toiture portent sur une étendue de toiture comprenant plusieurs éléments de charpente, dont un à chaque extrémité des dispositifs, et sont agencés de manière à prévenir tout effet de bascule.

Au fur et à mesure de l'avancement des travaux, ces dispositifs doivent pouvoir, le cas échéant, être déplacés sans que les travailleurs aient à prendre directement appui sur la couverture. – *[Anc. art. 159, al. 1er à 3, Décr. no 65-48 du 8 janv. 1965.]*

Art. R. 4534-89 Lorsque le respect des dispositions de l'article R. 4534-88 est impossible, des dispositifs propres à prévenir efficacement les conséquences d'une chute sont installés en dessous de la toiture.

Lorsque la mise en place de ces dispositifs est impossible, le port d'un système d'arrêt de chute est obligatoire. – *[Anc. art. 159, al. 4, Décr. no 65-48 du 8 janv. 1965.]*

Art. R. 4534-90 Lors des travaux de vitrage sur toiture, les débris de verre sont immédiatement enlevés. – *[Anc. art. 159, al. 5, Décr. no 65-48 du 8 janv. 1965.]*

Art. R. 4534-91 Les échelles plates, dites "échelles de couvreurs", sont fixées de manière à ne pouvoir ni glisser ni basculer. – *[Anc. art. 160, Décr. nº 65-48 du 8 janv. 1965.]*

Art. R. 4534-92 Les antennes de radio ou de télévision, les haubans ainsi que les obstacles de toute nature pouvant exister sur les parties de toiture sur lesquelles les travailleurs sont appelés à circuler sont signalés, pendant la durée des travaux, par les dispositifs visibles. – *[Anc. art. 161, Décr. nº 65-48 du 8 janv. 1965.]*

Art. R. 4534-93 Lorsque des travailleurs réalisent fréquemment, pendant plus d'une journée, sur des chéneaux, chemins de marche ou tous autres lieux de passage, des déplacements comportant des risques de chute sur une toiture en matériaux d'une résistance insuffisante, cette toiture, à défaut de garde-corps ou d'un dispositif permanent de protection, est recouverte de planches ou de tous autres dispositifs capables d'arrêter une personne ayant perdu l'équilibre. – *[Anc. art. 162, Décr. nº 65-48 du 8 janv. 1965.]*

Art. R. 4534-94 Il est interdit de travailler sur des toits rendus glissants par les circonstances atmosphériques, sauf s'il existe des dispositifs de protection installés à cet effet. – *[Anc. art. 163, Décr. nº 65-48 du 8 janv. 1965.]*

SECTION IX **MONTAGE, DÉMONTAGE ET LEVAGE DE CHARPENTES ET OSSATURES**

Art. R. 4534-95 Lors des travaux de montage, de démontage et de levage de charpentes et ossatures, toutes mesures sont prises pour réduire au minimum les travaux et déplacements en hauteur qui exposent les travailleurs à un risque de chute.

A cette fin, il est procédé, chaque fois que cela est possible, à l'assemblage des pièces au sol et à la mise en œuvre de dispositifs d'accrochage ou de décrochage à distance. – *[Anc. art. 164, Décr. nº 65-48 du 8 janv. 1965.]*

Art. R. 4534-96 Lorsque, dans les travaux de montage, de démontage et de levage de charpentes et ossatures, les travailleurs sont appelés à accéder à un poste de travail ou à circuler en se trouvant exposé à un risque de chute dans le vide, l'employeur prend l'une des mesures suivantes :

1º Installation d'échelles de service en nombre suffisant fixées en tête et au pied, et des paliers de repos convenablement aménagés ;

2º Installation de passerelles munies de garde-corps placés à une hauteur de 90 centimètres et de plinthes de 15 centimètres de hauteur au moins, susceptibles d'être déplacées à l'aide d'un appareil de levage ;

3º Élévation, dans les conditions prévues par l'article R. 4534-98, des travailleurs dans les nacelles, ou tous autres dispositifs similaires, suspendues *[suspendus]* à un appareil de levage. – *[Anc. art. 165, al. 1er à 4, Décr. nº 65-48 du 8 janv. 1965.]*

Art. R. 4534-97 Lorsque, dans les travaux de montage, de démontage et de levage de charpentes et ossatures, des travailleurs sont appelés à intervenir en se trouvant exposé à un risque de chute dans le vide, l'employeur prend l'une des mesures suivantes :

1º Installation de planchers de travail fixes, munis de garde-corps placés à une hauteur de 90 centimètres et de plinthes de 15 centimètres de hauteur au moins ;

2º Mise en œuvre, dans les conditions prévues par l'article R. 4534-98, de plates-formes de travail mobiles, ou tous autres dispositifs similaires, suspendues *[suspendus]* à un appareil de levage. – *[Anc. art. 165, al. 5 à 7, Décr. nº 65-48 du 8 janv. 1965.]*

Art. R. 4534-98 Les plates-formes de travail, nacelles et dispositifs similaires utilisés pour le transport ou le travail en élévation des travailleurs employés à des travaux mentionnés à la présente section, ainsi que les appareils de levage auxquels ces plates-formes, nacelles ou dispositifs similaires sont suspendus, obéissent aux dispositions relatives au levage des personnes prévues par les articles R. 4323-31 et R. 4323-32. – *[Anc. art. 166, Décr. nº 65-48 du 8 janv. 1965.]*

Art. R. 4534-99 **A défaut de l'installation des dispositifs prévus par les articles R. 4534-96 et R. 4534-97, ou à défaut de l'utilisation de nacelles et de plates-formes de travail, ou tous autres dispositifs similaires, suspendues** *[suspendus]* **à un appareil de levage, sont installés :**

1° Soit des auvents, éventails ou planchers propres à empêcher une chute libre de plus de trois mètres ;

2° Soit des filets, ou tous autres dispositifs présentant une élasticité au moins équivalente, propres à empêcher une chute libre de plus de six mètres. – *[Anc. art. 167, al. 1er à 3, Décr. n° 65-48 du 8 janv. 1965.]*

Art. R. 4534-100 **Les dispositifs prévus aux 1° et 2° de l'article R. 4534-99 sont agencés de manière à prévenir les effets de bascule ou de rebondissement.** – *[Anc. art. 167, al. 5, Décr. n° 65-48 du 8 janv. 1965.]*

Art. R. 4534-101 **Lorsque la mise en œuvre des mesures de sécurité prévues par les articles R. 4534-96 à R. 4534-99 paraît impossible, le port d'un système d'arrêt de chute est obligatoire.** – *[Anc. art. 168, Décr. n° 65-48 du 8 janv. 1965.]*

Art. R. 4534-102 **Le port d'un casque de protection est obligatoire pour les travaux de montage, de démontage et de levage de charpentes et ossatures.** – *[Anc. art. 169, Décr. n° 65-48 du 8 janv. 1965.]*

SECTION X **TRAVAUX DE CONSTRUCTION COMPORTANT LA MISE EN ŒUVRE D'ÉLÉMENTS PRÉFABRIQUÉS LOURDS OU DE BÉTON PRÉCONTRAINT**

Art. R. 4534-103 **Lors de l'exécution des travaux de construction comportant la mise en œuvre d'éléments préfabriqués lourds, la stabilité de chacun de ces éléments est assurée, dès sa mise en place, par des dispositifs rigides appropriés.**

L'enlèvement des dispositifs mis en œuvre ne peut être accompli que sur l'ordre du chef de chantier et sous son contrôle personnel. – *[Anc. art. 170, Décr. n° 65-48 du 8 janv. 1965.]*

Art. R. 4534-104 **La mise en tension des armatures du béton précontraint ainsi que l'enlèvement des vérins utilisés pour cette opération ne peuvent être réalisés que sous la surveillance du chef de chantier ou d'un agent des cadres ou d'un ingénieur désigné par l'employeur en raison de sa compétence.**

Cet agent veille à la mise en place de dispositifs appropriés pour protéger efficacement les travailleurs contre le danger qui pourrait résulter d'une libération intempestive de l'énergie emmagasinée dans les armatures au cours de leur mise en tension. – *[Anc. art. 219, Décr. n° 65-48 du 8 janv. 1965.]*

SECTION XI **ÉTAIEMENTS, CINTRES ET COFFRAGES**

Art. R. 4534-105 **La conception des étaiements d'une hauteur de plus de six mètres est justifiée par une note de calcul et leur construction réalisée conformément à un plan de montage préalablement établi, sauf en cas d'urgence ou d'impossibilité. La note de calcul et le plan de montage sont conservés sur le chantier.**

Ces dispositions ne sont pas applicables aux étaiements mis en œuvre pour l'exécution des travaux souterrains. – *[Anc. art. 218, Décr. n° 65-48 du 8 janv. 1965.]*

Art. R. 4534-106 **L'enlèvement des cintres et des coffrages ainsi que l'enlèvement des charpentes soutenant ces installations ne peut** *[peuvent]* **être réalisé***[s]* **que sous le contrôle d'une personne compétente désignée par l'employeur.** – *[Anc. art. 220, Décr. n° 65-48 du 8 janv. 1965.]*

SECTION XII TRAVAUX AU VOISINAGE DE LIGNES, CANALISATIONS ET INSTALLATIONS ÉLECTRIQUES

SOUS-SECTION 1 LIGNES, CANALISATIONS ET INSTALLATIONS INTÉRIEURES ET EXTÉRIEURES DE HAUTE TENSION ET DE BASSE TENSION B ET LIGNES, CANALISATIONS ET INSTALLATIONS SITUÉES À L'EXTÉRIEUR DE LOCAUX ET DE BASSE TENSION A

§ 1er CHAMP D'APPLICATION

Art. R. 4534-107 Les dispositions de la présente sous-section s'appliquent lors de l'exécution de travaux au voisinage de lignes, canalisations et installations électriques :

1° Situées à l'extérieur de locaux et du domaine basse tension A (BTA), c'est-à-dire dont la tension excède 50 volts, sans dépasser 500 volts en courant alternatif, ou excède 120 volts, sans dépasser 750 volts en courant continu lisse ;

2° Situées à l'extérieur ou à l'intérieur de locaux et du domaine basse tension B (BTB), c'est-à-dire dont la tension excède 500 volts, sans dépasser 1 000 volts en courant alternatif, ou excède 750 volts, sans dépasser 1 500 volts en courant continu lisse ;

3° Situées à l'extérieur ou à l'intérieur de locaux et du domaine haute tension A (HTA), c'est-à-dire dont la tension excède 1 000 volts en courant alternatif sans dépasser 50 000 volts ou excède 1 500 volts sans dépasser 75 000 volts en courant continu lisse ;

4° Situées à l'extérieur ou à l'intérieur de locaux et du domaine haute tension B (HTB), c'est-à-dire dont la tension excède 50 000 volts en courant alternatif ou excède 75 000 volts en courant continu lisse. – *[Anc. art. 171, Décr. n° 65-48 du 8 janv. 1965.]*

V. Circ. DGT n° 13 du 12 déc. 2013 relative aux travaux d'élagage dans l'environnement des lignes électriques aériennes.

§ 2 DISTANCES MINIMALES DE SÉCURITÉ

Art. R. 4534-108 L'employeur qui envisage d'accomplir des travaux au voisinage de lignes ou d'installations électriques s'informe auprès de l'exploitant, qu'il s'agisse du représentant local de la distribution d'énergie ou de l'exploitant de la ligne ou installation publique ou privée en cause, de la valeur des tensions de ces lignes ou installations. Au vu de ces informations, l'employeur s'assure qu'au cours de l'exécution des travaux les travailleurs ne sont pas susceptibles de s'approcher ou d'approcher les outils, appareils ou engins qu'ils utilisent, ou une partie quelconque des matériels et matériaux qu'ils manutentionnent, à une distance dangereuse des pièces conductrices nues normalement sous tension, notamment, à une distance inférieure à :

1° Trois mètres pour les lignes ou installations dont la plus grande des tensions, en valeur efficace pour le courant alternatif, existant en régime normal entre deux conducteurs quelconques est inférieure à 50 000 volts ;

2° Cinq mètres pour les lignes ou installations dont la plus grande des tensions, en valeur efficace pour le courant alternatif, existant en régime normal entre deux conducteurs quelconques est égale ou supérieure à 50 000 volts. – *[Anc. art. 172, al. 1er à 3, Décr. n° 65-48 du 8 janv. 1965.]*

Art. R. 4534-109 Il est tenu compte, pour déterminer les distances minimales à respecter par rapport aux pièces conductrices nues normalement sous tension :

1° De tous les mouvements possibles des pièces conductrices nues sous tension de la ligne, canalisation ou installation électrique ;

2° De tous les mouvements, déplacements, balancements, fouettements, notamment en cas de rupture éventuelle d'un organe, ou chutes possibles des engins utilisés pour les travaux envisagés. – *[Anc. art. 172, al. 4, Décr. n° 65-48 du 8 janv. 1965.]*

Art. R. 4534-110 L'employeur qui envisage de réaliser des travaux de terrassement, des fouilles, des forages ou des enfoncements s'informe, auprès du service de voirie compétent en cas de travaux sur le domaine public, auprès du propriétaire en cas de travaux sur le domaine privé et, dans tous les cas, auprès du représentant local de la distribution d'énergie électrique, s'il existe des canalisations électriques souterraines, qu'elles soient ou non enterrées, à l'intérieur du périmètre des travaux projetés ou à moins de 1,50 mètre à l'extérieur de ce périmètre. – *[Anc. art. 173, Décr. n° 65-48 du 8 janv. 1965.]*

§ 3 TRAVAUX EXÉCUTÉS HORS TENSION

Art. R. 4534-111 L'employeur ne peut accomplir les travaux qu'après la mise hors tension de l'installation électrique, à moins que l'exploitant ait fait connaître par écrit qu'il ne peut, pour une raison qu'il juge impérieuse, procéder à la mise hors tension.

Dans ce dernier cas, l'employeur se conforme aux prescriptions du paragraphe 4. – *[Anc. art. 174, Décr. n° 65-48 du 8 janv. 1965.]*

Art. R. 4534-112 Lorsqu'il a été convenu de mettre hors tension la ligne, la canalisation ou l'installation électrique, souterraine ou non, l'employeur demande à l'exploitant de faire procéder à cette mise hors tension.

Il fixe, après accord écrit de l'exploitant, les dates auxquelles les travaux pourront avoir lieu et, pour chaque jour, l'heure du début et de la fin des travaux. Ces indications, utiles pour l'organisation des travaux, ne dispensent pas d'établir et de remettre l'attestation de mise hors tension et l'avis de cessation de travail. – *[Anc. art. 175, al. 1er, Décr. n° 65-48 du 8 janv. 1965.]*

Art. R. 4534-113 Le travail ne peut commencer que lorsque l'employeur est en possession de l'attestation de mise hors tension écrite, datée et signée par l'exploitant. – *[Anc. art. 175, al. 2, Décr. n° 65-48 du 8 janv. 1965.]*

Art. R. 4534-114 Lorsque le travail a cessé, qu'il soit interrompu ou terminé, l'employeur s'assure que les travailleurs ont évacué le chantier ou ne courent plus aucun risque. Il établit alors et signe l'avis de cessation de travail qu'il remet à l'exploitant, cette remise valant décharge. – *[Anc. art. 175, al. 3, Décr. n° 65-48 du 8 janv. 1965.]*

Art. R. 4534-115 Lorsque l'employeur a délivré l'avis de cessation de travail, il ne peut reprendre les travaux que s'il est en possession d'une nouvelle attestation de mise hors tension. – *[Anc. art. 175, al. 4, Décr. n° 65-48 du 8 janv. 1965.]*

Art. R. 4534-116 L'attestation de mise hors tension et l'avis de cessation de travail sont conformes à un modèle fixé par un arrêté du ministre chargé du travail.

La remise en mains propres de ces documents peut être remplacée par l'échange de messages téléphoniques ou électroniques enregistrés sur un carnet spécial et relus en retour, avec le numéro d'enregistrement, lorsque le temps de transmission d'un document écrit augmenterait dans une mesure excessive la durée de l'interruption de la distribution. – *[Anc. art. 175, al. 5 et 6, Décr. n° 65-48 du 8 janv. 1965.]*

Art. R. 4534-117 En cas de travaux exécutés dans le voisinage d'une ligne, canalisation ou installation électrique du domaine basse tension A (BTA), et dans ce cas seulement, l'employeur peut, sous réserve de l'accord écrit de l'exploitant, procéder à la mise hors tension avant les travaux et au rétablissement de la tension après les travaux.

L'employeur :

1° N'ordonne le début du travail qu'après avoir vérifié que la mise hors tension est effective ;

2° Signale de façon visible la mise hors tension ;

3° Se prémunit contre le rétablissement inopiné de la tension pendant la durée des travaux, de préférence en condamnant, en position d'ouverture, les appareils de coupure ou de sectionnement correspondants ;

4° Ne rétablit la tension que lorsque les travaux ont cessé et que les travailleurs ne courent plus aucun danger. – *[Anc. art. 175, al. 7 à 11, Décr. n° 65-48 du 8 janv. 1965.]*

§ 4 TRAVAUX EXÉCUTÉS SOUS TENSION

Art. R. 4534-118 Lorsque l'exploitant a fait connaître par écrit qu'il ne peut, pour une raison qu'il juge impérieuse, mettre hors tension la ligne, la canalisation ou l'installation électrique au voisinage de laquelle les travaux seront accomplis, l'employeur arrête, avant le début des travaux et en accord avec l'exploitant, les mesures de sécurité à prendre.

L'employeur porte, au moyen de la consigne prévue par l'article R. 4534-125, ces mesures à la connaissance des travailleurs. – *[Anc. art. 176, Décr. n° 65-48 du 8 janv. 1965.]*

Art. R. 4534-119 Lorsque les travaux à réaliser se situent au voisinage d'une ligne ou d'une installation électrique autre qu'une canalisation souterraine et que l'exploitant, pour une raison qu'il juge impérieuse, estime qu'il ne peut mettre hors tension cette ligne ou cette installation, la consigne prévue par l'article R. 4534-125 précise les mesures à prendre pour mettre la ligne ou l'installation hors d'atteinte des travailleurs.

Si la ligne ou l'installation électrique est du domaine basse tension A (BTA), cette mise hors d'atteinte est réalisée :

1° Soit en mettant en place des obstacles efficaces solidement fixés ;

2° Soit en isolant par recouvrement les conducteurs ou autres pièces nus sous tension, ainsi que le neutre. – *[Anc. art. 177, al. 1er à 4, Décr. n° 65-48 du 8 janv. 1965.]*

Art. R. 4534-120 S'il n'est pas possible de recourir aux mesures prévues à l'article R. 4534-119, la consigne prévue par l'article R. 4534-125 prescrit aux travailleurs de porter des gants isolants mis à leur disposition par l'employeur ainsi que des vêtements à manches longues et une coiffe. Ces mesures ne font pas obstacle aux mesures propres à isoler les travailleurs par rapport au sol. – *[Anc. art. 177, al. 5, Décr. n° 65-48 du 8 janv. 1965.]*

Art. R. 4534-121 Lorsque la ligne ou l'installation électrique est des domaines basse tension B (BTB), haute tension A (HTA) et haute tension B (HTB), la mise hors d'atteinte de cette ligne ou de cette installation est réalisée en mettant en place des obstacles efficaces solidement fixés devant les conducteurs ou pièces nus sous tension, ainsi que devant le neutre.

Si cette mesure ne peut être envisagée, la zone de travail est délimitée matériellement, dans tous les plans possibles, par une signalisation très visible, telle que pancartes, barrières, rubans. La consigne prévue par l'article R. 4534-125 précise les conditions dans lesquelles cette délimitation est réalisée. En outre, l'employeur désigne une personne compétente ayant pour unique fonction de s'assurer que les travailleurs ne franchissent pas la limite de la zone de travail et de les alerter dans le cas contraire.

Les mises hors d'atteinte susceptibles d'amener des travailleurs à une distance dangereuse des pièces conductrices nues normalement sous tension, ainsi que l'intervention directe sur des lignes, installations électriques ou pièces nues normalement sous tension, ne peuvent être accomplies que par des travailleurs compétents et pourvus du matériel approprié. – *[Anc. art. 177, al. 6 à 8, Décr. n° 65-48 du 8 janv. 1965.]*

Art. R. 4534-122 Lorsque des travaux de terrassement, des fouilles, des forages ou des enfoncements sont à réaliser au voisinage de canalisations électriques souterraines de quelque classe que ce soit, le parcours des canalisations et l'emplacement des installations sont balisés de façon très visible à l'aide de pancartes, banderoles, fanions, peintures ou tous autres dispositifs ou moyens équivalents. Ce balisage est réalisé en tenant compte des informations recueillies par application des articles R. 4534-110 à R. 4534-118. Il est accompli avant le début des travaux et maintenu pendant toute leur durée.

En outre, l'employeur désigne une personne compétente pour surveiller les travailleurs et les alerter dès qu'ils s'approchent ou approchent leurs outils à moins de 1,50 mètre des canalisations et installations électriques souterraines. – *[Anc. art. 178, Décr. n° 65-48 du 8 janv. 1965.]*

Art. R. 4534-123 Lorsque des engins de terrassement, de transport, de levage ou de manutention doivent être utilisés ou déplacés au voisinage d'une ligne, installation ou canalisation électrique de quelque classe que ce soit, et que l'exploitant, pour une raison qu'il juge impérieuse, estime qu'il ne peut mettre hors tension cette ligne, installation ou canalisation, les emplacements à occuper et les itinéraires à suivre par ces engins sont choisis, dans toute la mesure du possible, de manière à éviter qu'une partie quelconque des engins approche de la ligne, installation ou canalisation à une distance inférieure aux distances minimales de sécurité fixées par les articles R. 4534-108 et R. 4534-110.

S'il ne peut en être ainsi, la consigne prévue par l'article R. 4534-125 précise les précautions à prendre pour éviter de tels rapprochements, même s'il existe des limiteurs de déplacement des éléments mobiles ou si des dispositions appropriées d'avertissement ou d'arrêt ont été prises. – *[Anc. art. 179, Décr. n° 65-48 du 8 janv. 1965.]*

§ 5 DISPOSITIONS COMMUNES

Art. R. 4534-124 En cas de désaccord entre l'employeur et l'exploitant, soit sur la possibilité de mettre l'installation hors tension, soit, dans le cas où la mise hors tension est reconnue impossible, sur les mesures à prendre pour assurer la protection des travailleurs, les contestations sont portées par l'employeur devant l'inspecteur du travail, qui tranche le litige, en accord, s'il y a lieu, avec le service chargé du contrôle de la distribution d'énergie électrique en cause. – *[Anc. art. 180, Décr. n° 65-48 du 8 janv. 1965.]*

Art. R. 4534-125 En application des dispositions de la présente sous-section et avant le début des travaux, l'employeur :

1° Fait mettre en place les dispositifs protecteurs nécessaires ;

2° Informe les travailleurs, au moyen d'une consigne écrite, sur les mesures de protection à mettre en œuvre lors de l'exécution des travaux. – *[Anc. art. 181, Décr. n° 65-48 du 8 janv. 1965.]*

SOUS-SECTION 2 LIGNES, CANALISATIONS ET INSTALLATIONS SITUÉES À L'INTÉRIEUR DES LOCAUX ET DE BASSE TENSION A

Art. R. 4534-126 Les dispositions de la présente sous-section s'appliquent lors de l'exécution de travaux à l'intérieur de locaux ne comportant que des lignes ou installations électriques du domaine basse tension A (BTA) au sens de l'article R. 4534-107. – *[Anc. art. 182, Décr. n° 65-48 du 8 janv. 1965.]*

Art. R. 4534-127 Lorsque les travailleurs risquent, au cours de l'exécution des travaux, d'entrer directement ou indirectement en contact soit avec un conducteur ou pièce conductrice sous tension nu ou insuffisamment isolé, soit avec une masse métallique pouvant être mise accidentellement sous tension, les travaux ne sont réalisés que lorsque la ligne ou l'installation a été mise hors tension.

Excepté le cas où les travaux sont exécutés dans des locaux très conducteurs et le cas où les travailleurs sont susceptible*[s]* d'avoir les pieds ou les mains humides, il peut être dérogé aux dispositions du premier alinéa lorsque l'exploitant a fait connaître par écrit qu'il ne peut, pour une raison qu'il juge impérieuse, mettre la ligne ou l'installation hors tension, sous réserve toutefois que les travaux soient exécutés dans les conditions fixées par les articles R. 4534-129 et R. 4534-130. – *[Anc. art. 183, Décr. n° 65-48 du 8 janv. 1965.]*

Art. R. 4534-128 En cas de mise hors tension de la ligne ou de l'installation, l'employeur demande à l'exploitant ou à l'usager de la ligne ou de l'installation de procéder à cette mise hors tension ou obtient de lui l'autorisation de la réaliser lui-même.

L'employeur :

1° N'ordonne le début du travail qu'après avoir vérifié que la mise hors tension est effective ;

2° Signale de façon visible la mise hors tension ;

3° Se prémunit contre le rétablissement inopiné de la tension pendant la durée des travaux, de préférence en condamnant, en position d'ouverture, les appareils de coupure ou de sectionnement correspondants ;

4° Ne rétablit la tension que lorsque les travaux ont cessé et que le personnel ne court plus aucun danger. – *[Anc. art. 184, al. 1er à 6, Décr. n° 65-48 du 8 janv. 1965.]*

Art. R. 4534-129 Lorsque les travaux sont réalisés alors que la ligne ou l'installation demeure sous tension, les parties de la ligne ou de l'installation susceptibles de provoquer des contacts dangereux sont mises hors d'atteinte :

1° Soit en disposant des obstacles efficaces solidement fixés ;

2° Soit en faisant procéder ou en procédant à une isolation efficace par recouvrement des conducteurs et pièces nus ou insuffisamment isolés sous tension ou susceptibles d'y être portés. – *[Anc. art. 185, al. 1er à 3, Décr. nº 65-48 du 8 janv. 1965.]*

Art. R. 4534-130 Les dispositions de l'article R. 4534-129 ne font pas obstacle à la mise en œuvre, en accord avec l'usager, de toute autre mesure de protection appropriée à chaque cas considéré, telle que l'isolation des travailleurs au moyen de vêtements, de gants, de coiffures ou de planchers isolants.

L'employeur porte, au moyen d'une consigne, à la connaissance des travailleurs intéressés les mesures de sécurité mises en œuvre. – *[Anc. art. 185, al. 4, Décr. nº 65-48 du 8 janv. 1965.]*

SECTION XIII **TRAVAUX DE SOUDAGE, DE RIVETAGE, DE SABLAGE OU DE DÉCOUPAGE**

Art. R. 4534-131 Les travaux de soudage, de rivetage et de sablage ne peuvent être confiés qu'à des travailleurs compétents.

Des moyens de protection individuelle, tels que des gants, des guêtres ou cuissards, des tabliers ou gilets de protection, des baudriers "supports de tas", des masques ou cagoules, des lunettes de sûreté, sont mis à la disposition de ces travailleurs et de leurs aides, afin de les protéger contre les risques de brûlure ou de projections de matières. – *[Anc. art. 223, al. 1er et 2, Décr. nº 65-48 du 8 janv. 1965.]*

Art. R. 4534-132 Des appareils respiratoires empêchant l'inhalation des vapeurs ou poussières nocives sont mis à la disposition des travailleurs qui réalisent des travaux de soudage, de rivetage ou de découpage sur des éléments recouverts de peinture au minium de plomb, ainsi qu'à la disposition des travailleurs qui réalisent des travaux de métallisation ou de sablage.

Ces appareils sont maintenus en bon état de fonctionnement et désinfectés avant d'être attribués à un nouveau titulaire. – *[Anc. art. 224, al. 1er et 2, Décr. nº 65-48 du 8 janv. 1965.]*

Art. R. 4534-133 Lorsque des travaux de soudage à l'arc sont accomplis sur un chantier, des écrans masquent les arcs aux personnes autres que les soudeurs ou leurs aides, afin de supprimer les risques d'éblouissement et les dangers du rayonnement ultra-violet.

A défaut d'écrans protecteurs, les zones dangereuses sont délimitées et convenablement signalées. – *[Anc. art. 225, Décr. nº 65-48 du 8 janv. 1965.]*

SECTION XIV **TRAVAUX EXPOSANT À DES RISQUES DE PROJECTION**

Art. R. 4534-134 Des mesures sont prises pour éviter que les travailleurs puissent être blessés par des projections de béton, de mortier ou de ciment mis en œuvre par des moyens mécaniques ou pneumatiques. – *[Anc. art. 221, Décr. nº 65-48 du 8 janv. 1965.]*

Art. R. 4534-135 Le port de lunettes de sûreté est obligatoire pour tous travaux sur des matériaux durs susceptibles de produire des éclats. – *[Anc. art. 222, Décr. nº 65-48 du 8 janv. 1965.]*

SECTION XV **TRAVAUX EXPOSANT À DES RISQUES DE NOYADE**

Art. R. 4534-136 Lorsque des travailleurs sont exposés à des risques de noyade, l'employeur prend, indépendamment des mesures de sécurité prescrites par le présent chapitre, les mesures particulières de protection suivantes :

1° Les travailleurs exposés sont munis de gilets de sauvetage ;

2° Un signal d'alarme est prévu ;

3° Le cas échéant, une barque au moins, conduite par des mariniers sachant nager et plonger, est placée en permanence auprès des postes de travail les plus dangereux. Cette barque est équipée de gaffes, de cordages et de bouées de sauvetage. Le nombre de barques de sauvetage est en rapport avec le nombre de travailleurs exposés au risque de noyade ;

4° Lorsque des travaux sont réalisés la nuit, des projecteurs orientables sont installés, afin de permettre l'éclairage de la surface de l'eau, et les mariniers sont munis de lampes puissantes ;

5° Lorsqu'un chantier fixe occupant plus de vingt travailleurs pendant plus de quinze jours est éloigné de tout poste de secours, un appareil de respiration artificielle ou tout autre dispositif ou moyen d'une efficacité au moins équivalente est placé en permanence sur le chantier. – *[Anc. art. 226, al. 1er à 6, Décr. no 65-48 du 8 janv. 1965.]*

SECTION XVI **MESURES D'HYGIÈNE**

Art. R. 4534-137 Sous réserve de l'observation des dispositions correspondantes prévues par la présente section, il peut être dérogé, dans les chantiers dont la durée n'excède pas quatre mois, aux obligations relatives :

1° Aux installations sanitaires, prévues par les articles R. 4228-2 à R. 4228-7 et R. 4228-10 à R. 4228-18 ;

2° A la restauration, prévues par les articles R. 4228-22 à R. 4228-25. – *[Anc. art. 186, al. 1er, Décr. no 65-48 du 8 janv. 1965.]*

Art. R. 4534-138 Les locaux de travail fermés qui appartiennent, sont loués ou sont gérés par les entreprises chargées des travaux ainsi que ceux mis à la disposition de ces entreprises sur les chantiers soumis à l'obligation de coordination en matière de sécurité et de protection de la santé, répondent aux dispositions suivantes :

1° Règles d'aération et d'assainissement prévues aux articles R. 4222-1 à R. 4222-17 et R. 4222-20 à R. 4222-22 ;

2° Règles relatives à l'ambiance thermique, au froid et aux intempéries prévues aux articles R. 4223-13 et R. 4223-15 ;

3° Règles relatives à la sécurité des lieux de travail prévues par les R. 4224-2 à R. 4224-18 ;

4° Règles relatives à d'aménagement des lieux de travail prévues à l'article R. 4225-5. – *[Anc. art. 186, al. 2, Décr. no 65-48 du 8 janv. 1965.]*

Art. R. 4534-139 L'employeur met à la disposition des travailleurs un local-vestiaire :

1° Convenablement aéré et éclairé, et suffisamment chauffé ;

2° Nettoyé au moins une fois par jour et tenu en état constant de propreté ;

3° Pourvu d'un nombre suffisant de sièges.

Il est interdit d'y entreposer des produits ou matériels dangereux ou salissants ainsi que des matériaux.

Lorsque l'exiguïté du chantier ne permet pas d'équiper le local d'armoires-vestiaires individuelles en nombre suffisant, le local est équipé de patères en nombre suffisant.

Pour les chantiers souterrains, le local est installé au jour. – *[Anc. art. 187, Décr. no 65-48 du 8 janv. 1965.]*

Art. R. 4534-140 Lorsque les installations prévues à l'article R. 4534-139 ne sont pas adaptées à la nature du chantier, des véhicules de chantier spécialement aménagés à cet effet peuvent être utilisés pour permettre aux travailleurs d'assurer leur propreté individuelle, de disposer de cabinets d'aisances, de vestiaires et, si possible, de douches à l'abri des intempéries.

L'utilisation d'un local en sous-sol est exceptionnelle et n'est tolérée que s'il est possible de le tenir en état constant de propreté, de l'aérer et de l'éclairer convenablement. – *[Anc. art. 188, Décr. no 65-48 du 8 janv. 1965.]*

Art. R. 4534-141 Les employeurs mettent à la disposition des travailleurs une quantité d'eau potable suffisante pour assurer leur propreté individuelle. Lorsqu'il est impossible de mettre en place l'eau courante, un réservoir d'eau potable d'une capacité suffisante est raccordé aux lavabos afin de permettre leur alimentation.

Dans les chantiers mentionnés à l'article R. 4534-137, sont installés des lavabos ou des rampes, si possible à température réglable, à raison d'un orifice pour dix travailleurs.

Des moyens de nettoyage et de séchage ou d'essuyage appropriés, entretenus et changés chaque fois que nécessaire, sont mis à disposition des travailleurs. – *[Anc. art. 189, Décr. no 65-48 du 8 janv. 1965.]*

Art. R. 4534-142 Lorsque des travailleurs prennent leur repas sur le chantier, un local réfectoire est mis à leur disposition.

Ce local répond aux exigences suivantes :

1° Il est pourvu de tables et de chaises en nombre suffisant :

2° Il dispose d'au moins un appareil permettant d'assurer le réchauffage ou la cuisson des aliments et d'un garde-manger destiné à protéger les aliments d'une capacité suffisante et, si possible, d'un réfrigérateur ;

3° Il est tenu en parfait état de propreté. – *[Anc. art. 190, Décr. n° 65-48 du 8 janv. 1965.]*

Art. R. 4534-142-1 *(Décr. n° 2008-1382 du 19 déc. 2008)* Les travailleurs disposent soit d'un local permettant leur accueil dans des conditions de nature à préserver leur santé et leur sécurité en cas de survenance de conditions climatiques susceptibles d'y porter atteinte, soit d'aménagements de chantiers les garantissant dans des conditions équivalentes.

Art. R. 4534-143 L'employeur met à la disposition des travailleurs de l'eau potable et fraîche pour la boisson, à raison de trois litres au moins par jour et par travailleur.

Les conventions collectives nationales prévoient les situations de travail, notamment climatiques, pour lesquelles des boissons chaudes non alcoolisées sont mises gratuitement à la disposition des travailleurs. – *[Anc. art. 191, Décr. n° 65-48 du 8 janv. 1965.]*

Art. R. 4534-144 Sur les chantiers, des cabinets d'aisance conformes aux dispositions *(Décr. n° 2009-289 du 13 mars 2009)* « des articles R. 4228-11 à R. 4228-15 » sont mis à la disposition des travailleurs. – *[Anc. art. 192, Décr. n° 65-48 du 8 janv. 1965.]*

Art. R. 4534-145 Lorsque la disposition des lieux ne permet pas de mettre en place les véhicules de chantier, le local réfectoire et les cabinets d'aisance, prévus aux articles R. 4534-140, R. 4534-142 et R. 4534-144, l'employeur recherche à proximité du chantier un local ou un emplacement offrant des conditions au moins équivalentes. – *[Anc. art. 192 bis, Décr. n° 65-48 du 8 janv. 1965.]*

SECTION XVII **HÉBERGEMENT**

Art. R. 4534-146 Dans les chantiers où sont logés des travailleurs, les locaux affectés au logement satisfont aux obligations de l'employeur en matière de prévention des risques d'incendies et d'évacuation, prévues aux articles R. 4227-1 à R. 4227-14, et d'hébergement, prévues aux articles R. 4228-26 à R. 4228-35.

Toutefois, s'agissant d'installations provisoires, ces dispositions ne font pas obstacle à l'utilisation de logements mobiles tels que voitures ou remorques routières, sous réserve que des mesures compensatrices soient mises en œuvre afin d'assurer aux travailleurs des conditions d'hébergement au moins équivalentes. – *[Anc. art. 193, Décr. n° 65-48 du 8 janv. 1965.]*

Art. R. 4534-147 Les voies d'accès aux logements des travailleurs sont entretenues de telle sorte qu'elles soient praticables et convenablement éclairées. – *[Anc. art. 194, Décr. n° 65-48 du 8 janv. 1965.]*

Art. R. 4534-148 Les comités d'hygiène, de sécurité et des conditions de travail ou, à défaut, les délégués du personnel des entreprises appelées à intervenir sur les chantiers où il est prévu de loger des travailleurs, ainsi que le comité interentreprises de sécurité, de santé et des conditions de travail, sont consultés sur les installations prévues. – *[Anc. art. 195, al. 1er, Décr. n° 65-48 du 8 janv. 1965.]*

Art. R. 4534-149 Les situations dans lesquelles les travailleurs déplacés sont logés à proximité du chantier et nourris sont déterminées par les conventions collectives nationales concernant ces travailleurs. – *[Anc. art. 196, Décr. n° 65-48 du 8 janv. 1965.]*

Art. R. 4534-150 Il est interdit à l'employeur de laisser les travailleurs loger sur le terrain mis à sa disposition par le maître d'ouvrage, à moins que les logements occupés présentent des garanties d'hygiène correspondant au moins à celles prévues par la présente section. – *[Anc. art. 217, Décr. n° 65-48 du 8 janv. 1965.]*

Art. R. 4534-151 L'inspecteur du travail peut accorder des dérogations lorsque l'application des mesures prévues par la présente section est rendue difficile par les conditions d'exploitation du chantier. – *[Anc. art. 195, al. 2, Décr. nº 65-48 du 8 janv. 1965.]*

SECTION XVIII **PREMIERS SECOURS**

Art. R. 4534-152 Des mesures appropriées sont prises pour donner rapidement les premiers secours au travailleur blessé au cours du travail. – *[Anc. art. 229, al. 1er, Décr. nº 65-48 du 8 janv. 1965.]*

SECTION XIX **AFFICHAGE ET INFORMATION**

Art. R. 4534-153 Les obligations prévues par le présent chapitre sont affichées dans le local-vestiaire prévu par l'article R. 4534-139.

Elles sont affichées à une place convenable, aisément accessibles et tenues dans un bon état de lisibilité. – *[Anc. art. 230, al. 1er, Décr. nº 65-48 du 8 janv. 1965.]*

Art. R. 4534-154 Dans les chantiers où la durée des travaux dépasse une semaine, l'employeur indique, par un avis, l'adresse ou le numéro téléphonique du service d'urgence auquel s'adresser en cas d'accident. – *[Anc. art. 229, al. 2, Décr. nº 65-48 du 8 janv. 1965.]*

Art. R. 4534-155 Dans les chantiers autres que ceux mentionnés à l'article R. 4534-137, un document rappelant les obligations prévues par le présent chapitre est remis à chaque travailleur intéressé. – *[Anc. art. 230, al. 2, Décr. nº 65-48 du 8 janv. 1965.]*

SECTION XX **DÉROGATIONS**

Art. R. 4534-156 Les ministres chargés du travail et de l'agriculture peuvent, par décision prise sur le rapport de l'inspecteur ou du contrôleur du travail, et après avis du *(Décr. nº 2016-1834 du 22 déc. 2016, art. 2)* « Conseil d'orientation des conditions de travail », autoriser pour un ou des chantiers déterminés et, le cas échéant, pour une certaine nature de travaux, des dérogations temporaires et limitées à certaines dispositions du présent chapitre.

Ils peuvent également autoriser par arrêté, pour une durée déterminée, des dérogations de portée générale à certaines dispositions.

Ces décisions et arrêtés ne peuvent intervenir que sous réserve de prévoir des mesures compensatrices de sécurité. – *[Anc. art. 232, Décr. nº 65-48 du 8 janv. 1965.]*

CHAPITRE V **DISPOSITIONS APPLICABLES AUX TRAVAILLEURS INDÉPENDANTS**

SECTION PREMIÈRE **PRESCRIPTIONS TECHNIQUES DURANT L'EXÉCUTION DE TRAVAUX DE BÂTIMENT ET DE GÉNIE CIVIL**

Art. R. 4535-1 Sous réserve des adaptations prévues par la présente section, les travailleurs indépendants ainsi que les employeurs qui exercent directement une activité sur un chantier de bâtiment et de génie civil sont soumis aux dispositions du chapitre IV à l'exception de celles relatives aux mesures générales d'hygiène, prévues par la section XVI, et au logement provisoire des travailleurs, prévues par la section XVII. – *[Anc. art. 1er, al. 3, Décr. nº 65-48 du 8 janv. 1965.]*

Art. R. 4535-2 Les travailleurs indépendants ainsi que les employeurs, lorsqu'ils exercent directement une activité sur un chantier de bâtiment et de génie civil, ne sont soumis aux dispositions prévues en matière d'examen du matériel, des engins, installations ou dispositifs de sécurité par l'article R. 4534-18 que sur les chantiers soumis à obligation de coordination en matière de sécurité et de santé des travailleurs mentionnés à l'article L. 4532-2, à l'exception des opérations entreprises par un particulier pour son usage personnel mentionné au 2º de l'article L. 4532-7.

De même, le respect des dispositions des premier et deuxième alinéas de l'article R. 4534-86 et celles de l'article R. 4534-99 n'est pas obligatoire pour ces travailleurs, sous réserve qu'ils utilisent effectivement un système d'arrêt de chute. – *[Anc. art. 22, al. 6, anc. art. 157, al. 4, et anc. art. 167, al. 4, Décr. n° 65-48 du 8 janv. 1965.]*

Art. R. 4535-3 Pour les travaux au voisinage de lignes, canalisations et installations électriques, le travailleur indépendant peut suivre la procédure prévue à l'article R. 4534-117, sous réserve de respecter les prescriptions des 2° à 4° du même article.

Il suit la procédure prévue à l'article R. 4534-128 en respectant les prescriptions des 2° à 4° du même article. – *[Anc. art. 175, al. 12, et anc. art. 184, al. 7, Décr. n° 65-48 du 8 janv. 1965.]*

Art. R. 4535-4 Lors des travaux mentionnés à l'article R. 4534-132, les travailleurs indépendants et les employeurs, lorsqu'ils exercent directement une activité sur un chantier de bâtiment et de génie civil, portent des appareils respiratoires appropriés et en bon état de fonctionnement. – *[Anc. art. 224, al. 3, Décr. n° 65-48 du 8 janv. 1965.]*

Art. R. 4535-5 Lors des travaux exposant à des risques de noyade mentionnés à l'article R. 4534-136, les travailleurs indépendants et les employeurs, lorsqu'ils exercent directement une activité sur un chantier de bâtiment et de génie civil, portent des gilets de sauvetage. – *[Anc. art. 226, al. 7, Décr. n° 65-48 du 8 janv. 1965.]*

SECTION II **UTILISATION D'ÉQUIPEMENTS DE TRAVAIL ET DE PROTECTION INDIVIDUELLE**

Art. R. 4535-6 Lorsqu'ils utilisent des équipements de travail et des équipements de protection individuelle, les travailleurs indépendants ainsi que les employeurs qui exercent directement une activité sur un chantier de bâtiment et de génie civil sont soumis aux dispositions suivantes :

1° Règles générales d'utilisation des équipements de travail et des moyens de protection prévues aux articles R. 4321-1 à R. 4321-5 ;

2° Obligation de maintien en conformité prévue à l'article R. 4322-1 ;

3° Règles d'installation et d'utilisation des équipements de travail prévues aux articles R. 4323-6, R. 4323-14 et R. 4323-18 ;

4° Règles de vérification des équipements de travail prévues aux articles R. 4323-22 à R. 4323-28 ;

5° Dispositions particulières applicables aux équipements de travail servant au levage de charges prévues aux articles R. 4323-29 à R. 4323-36, R. 4323-39, R. 4323-40 et R. 4323-44 à R. 4323-49 ;

6° Dispositions particulières applicables aux équipements de travail mobiles prévues à l'article R. 4323-53 ;

7° Formation à la conduite prévue à l'article R. 4323-55 ;

8° Dispositions particulières applicables aux travaux en hauteur prévues aux articles R. 4323-58 à R. 4323-89 ;

9° Règles d'utilisation et de vérifications des équipements de protection individuelle prévues aux articles R. 4323-91 à R. 4323-94 et R. 4323-98 à R. 4323-103. – *[Anc. art. R. 233-48.]*

Art. R. 4535-7 S'ils répondent aux critères de qualification et de compétence définis par les articles R. 4323-24 et R. 4323-100, les travailleurs indépendants peuvent procéder eux-mêmes aux vérifications périodiques des équipements de travail et des équipements de protection individuelle.

Dans les situations prévues aux articles R. 4722-23 et suivants, les travailleurs indépendants consignent les résultats de ces vérifications, ainsi que le nom et la qualité de la personne qui les a réalisées sur le registre prévu à l'article R. 4534-18. – *[Anc. art. R. 233-11, al. 8 et 9, et anc. art. R. 233-42-2, al. 8 et 9.]*

SECTION III **RISQUES CHIMIQUES**

SOUS-SECTION 1 **MESURES GÉNÉRALES DE PRÉVENTION DES RISQUES CHIMIQUES**

Art. R. 4535-8 Lorsqu'ils sont exposés ou susceptibles d'être exposés à des agents chimiques dangereux autres que des agents cancérogènes, mutagènes ou toxiques pour la reproduction, les travailleurs indépendants ainsi que les employeurs qui exercent directement une activité sur un chantier de bâtiment et de génie civil sont soumis aux dispositions relatives aux risques d'exposition aux agents chimiques dangereux suivantes :

1° Champ d'application et définitions prévus aux articles R. 4412-1 à R. 4412-4 ;

2° Évaluation des risques prévue aux articles R. 4412-5 à R. 4412-8 et à l'article R. 4412-10 ;

3° Mesures et moyens de prévention prévus aux articles R. 4412-11 à R. 4412-22 à l'exception du 3° de l'article R. 4412-11 ;

4° Vérifications des installations et appareils de protection collective prévues aux articles R. 4412-23 et R. 4412-26 ;

5° Mesures en cas d'accident ou d'incident prévues aux articles R. 4412-33 à R. 4412-37 ;

6° Surveillance médicale prévue aux articles R. 4412-44 à R. 4412-57.

SOUS-SECTION 2 AGENTS CANCÉROGÈNES, MUTAGÈNES OU TOXIQUES POUR LA REPRODUCTION

Art. R. 4535-9 Lorsqu'ils sont exposés ou susceptibles d'être exposés à des agents chimiques dangereux cancérogènes, mutagènes ou toxiques pour la reproduction, les travailleurs indépendants ainsi que les employeurs qui exercent directement une activité sur un chantier de bâtiment et de génie civil sont soumis aux dispositions relatives aux risques d'exposition aux agents cancérogènes, mutagènes et toxiques pour la reproduction suivantes :

1° Champ d'application et définitions prévus aux articles R. 4412-59 à R. 4412-60 ;

2° Évaluation des risques prévue aux articles R. 4412-61 à R. 4412-65 à l'exception du premier alinéa de l'article R. 4412-64 ;

3° Mesures et moyens de prévention prévus aux articles R. 4412-66 à R. 4412-75 à l'exception du 2° de l'article R. 4412-70 ;

4° Mesures à prendre en cas d'accidents ou d'incidents prévues aux articles R. 4412-83 à R. 4412-85.

Ils sont également soumis aux dispositions relatives aux risques d'exposition aux agents chimiques dangereux suivantes :

1° Champ d'application et définitions prévus aux articles R. 4412-1 à R. 4412-4 ;

2° Mesures et dispositions à prendre contre les dangers découlant des propriétés chimiques et physico-chimiques des agents chimiques prévues aux articles R. 4412-7 et R. 4412-18 ;

3° Vérifications des installations et appareils de protection collective prévues aux articles R. 4412-23 à R. 4412-26 ;

4° Mesures en cas d'accident ou d'incident prévues aux articles R. 4412-33 à R. 4412-37 ;

5° Surveillance médicale prévue aux articles R. 4412-44 à R. 4412-57. – *[Anc. art. R. 231-56, al. 4.]*

SOUS-SECTION 3 ACTIVITÉS DE CONFINEMENT ET DE RETRAIT D'AMIANTE ET ACTIVITÉS ET INTERVENTIONS SUR DES MATÉRIAUX ET APPAREILS SUSCEPTIBLES DE LIBÉRER DES FIBRES D'AMIANTE

Art. R. 4535-10 Lorsqu'ils sont susceptibles d'être exposés à l'inhalation de poussières d'amiante à l'occasion d'activités de confinement et de retrait d'amiante ou d'activités ou interventions sur des matériaux et appareils susceptibles de libérer des fibres d'amiante, les travailleurs indépendants ainsi que les employeurs qui exercent directement une activité sur un chantier de bâtiment et de génie civil sont soumis aux dispositions particulières relatives aux risques d'exposition à l'amiante de la section III du chapitre II du titre Ier du livre IV, à l'exception *(Décr. n° 2012-639 du 4 mai 2012, art. 3)* « des articles *(Décr. n° 2013-594 du 5 juill. 2013, art. 3)* « R. 4412-116 » et R. 4412-118 du code du travail ».

Ils sont également soumis aux dispositions de l'article R. 4535-9.

SECTION IV **RISQUES ÉLECTRIQUES**

(Décr. n° 2013-607 du 9 juill. 2013)

Les installations existantes au 1er juill. 2011 et conformes aux dispositions du Décr. n° 88-1056 du 14 nov. 1988 relatif à la protection des travailleurs dans les établissements qui mettent en œuvre des courants électriques sont réputées satisfaire aux prescriptions des art. R. 4227-14 et R. 4324-21 C. trav. (Décr. n° 2010-1018 du 30 août 2010, art. 7).

SOUS-SECTION 1 **UTILISATION DES INSTALLATIONS ÉLECTRIQUES**

Art. R. 4535-11 **Les travailleurs indépendants et les employeurs qui exercent directement une activité sur un chantier de bâtiment et de génie civil sont soumis aux dispositions des articles R. 4226-1 à R. 4226-21.**

SOUS-SECTION 2 **OPÉRATIONS SUR OU AU VOISINAGE DES INSTALLATIONS ÉLECTRIQUES**

Art. R. 4535-12 **Les travailleurs indépendants ou les employeurs qui exercent directement une activité sur un chantier de bâtiment et de génie civil, lorsqu'ils effectuent des opérations sur les installations électriques ou dans leur voisinage, ont un niveau de connaissance des risques liés à l'électricité et des mesures à prendre pour intervenir en sécurité équivalent à celui des travailleurs auxquels sont confiées ces opérations.**

SECTION V **RISQUE HYPERBARE**

(Décr. n° 2013-607 du 9 juill. 2013)

Art. R. 4535-13 **Les travailleurs indépendants ainsi que les employeurs qui exercent directement une activité sur un chantier de bâtiment et de génie civil sont soumis aux dispositions du titre VI du livre IV du code du travail.**

TITRE QUATRIÈME **AUTRES ACTIVITÉS ET OPÉRATIONS** *(Décr. n° 2009-289 du 13 mars 2009).*

CHAPITRE PREMIER **MANUTENTION DES CHARGES**

SECTION PREMIÈRE **DISPOSITIONS GÉNÉRALES**

Art. R. 4541-1 **Les dispositions du présent** *(Décr. n° 2009-289 du 13 mars 2009)* **« chapitre » s'appliquent à toutes les manutentions dites manuelles comportant des risques, notamment dorso-lombaires, pour les travailleurs en raison des caractéristiques de la charge ou des conditions ergonomiques défavorables.** — *[Anc. art. R. 231-66, al. 1er.]*

Les dispositions de l'art. R. 4541-1 C. trav. visent l'ensemble des manutentions manuelles comportant tout risque pour les travailleurs en raison des caractéristiques de la charge ou des conditions ergonomiques défavorables ; l'absence de prévention du risque emporte reconnaissance de la faute inexcusable de l'employeur, indépendamment de la question de savoir s'il était concrètement informé de l'existence de ce risque. • Civ. 2e 18 nov. 2010 : *Dalloz actualité, 3 déc. 2010, obs. Astaix ; JCP S 2011. 1128, obs. Tauran.*

Art. R. 4541-2 **On entend par manutention manuelle, toute opération de transport ou de soutien d'une charge, dont le levage, la pose, la poussée, la traction, le port ou le déplacement, qui exige l'effort physique d'un ou de plusieurs travailleurs.** — *[Anc. art. R. 231-66, al. 2.]*

SECTION II **PRINCIPES DE PRÉVENTION**

Art. R. 4541-3 **L'employeur prend les mesures d'organisation appropriées ou utilise les moyens appropriés, et notamment les équipements mécaniques, afin d'éviter le recours à la manutention manuelle de charges par les travailleurs.** — *[Anc. art. R. 231-67, al. 1er.]*

Art. R. 4541-4 Lorsque la nécessité d'une manutention manuelle de charges ne peut être évitée, notamment en raison de la configuration des lieux où cette manutention est réalisée, l'employeur prend les mesures d'organisation appropriées ou met à la disposition des travailleurs les moyens adaptés, si nécessaire en combinant leurs effets, de façon à limiter l'effort physique et à réduire le risque encouru lors de cette opération. – *[Anc. art. R. 231-67, al. 2.]*

SECTION III **ÉVALUATION DES RISQUES**

Art. R. 4541-5 Lorsque la manutention manuelle ne peut pas être évitée, l'employeur :

1° Évalue les risques que font encourir les opérations de manutention pour la santé et la sécurité des travailleurs ;

2° Organise les postes de travail de façon à éviter ou à réduire les risques, notamment dorso-lombaires, en mettant en particulier à la disposition des travailleurs des aides mécaniques ou, à défaut de pouvoir les mettre en œuvre, les accessoires de préhension propres à rendre leur tâche plus sûre et moins pénible. – *[Anc. art. R. 231-68, al. 1er à 3.]*

Art. R. 4541-6 Pour l'évaluation des risques et l'organisation des postes de travail, l'employeur tient compte :

1° Des caractéristiques de la charge, de l'effort physique requis, des caractéristiques du milieu de travail et des exigences de l'activité ;

2° Des facteurs individuels de risque, définis par arrêté conjoint des ministres chargés du travail et de l'agriculture. – *[Anc. art. R. 231-68, al. 4.]*

SECTION IV **MESURES ET MOYENS DE PRÉVENTION**

Art. R. 4541-7 L'employeur veille à ce que les travailleurs reçoivent des indications estimatives et, chaque fois que possible, des informations précises sur le poids de la charge et sur la position de son centre de gravité ou de son côté le plus lourd lorsque la charge est placée de façon excentrée dans un emballage. – *[Anc. art. R. 231-70.]*

Art. R. 4541-8 L'employeur fait bénéficier les travailleurs dont l'activité comporte des manutentions manuelles :

1° D'une information sur les risques qu'ils encourent lorsque les activités ne sont pas exécutées d'une manière techniquement correcte, en tenant compte des facteurs individuels de risque définis par l'arrêté prévu à l'article R. 4541-6 ;

2° D'une formation adéquate à la sécurité relative à l'exécution de ces opérations. Au cours de cette formation, essentiellement à caractère pratique, les travailleurs sont informés sur les gestes et postures à adopter pour accomplir en sécurité les manutentions manuelles. – *[Anc. art. R. 231-71.]*

Art. R. 4541-9 Lorsque le recours à la manutention manuelle est inévitable et que les aides mécaniques prévues au 2° de l'article R. 4541-5 ne peuvent pas être mises en œuvre, un travailleur ne peut être admis à porter d'une façon habituelle des charges supérieures à 55 kilogrammes qu'à condition d'y avoir été reconnu apte par le médecin du travail, sans que ces charges puissent être supérieures à 105 kilogrammes.

Toutefois, les femmes ne sont pas autorisées à porter des charges supérieures à 25 kilogrammes ou à transporter des charges à l'aide d'une brouette supérieures à 40 kilogrammes, brouette comprise. – *[Anc. art. R. 231-72 et anc. art. R. 234-6, al. 1er, 2, 7, 13 et 14.]*

Art. R. 4541-10 L'expéditeur de tout colis ou objet pesant 1 000 kilogrammes ou plus de poids brut destiné à être transporté par mer ou voie navigable intérieure porte, sur le colis, l'indication de son poids marquée à l'extérieur de façon claire et durable.

Dans les cas exceptionnels où il est difficile de déterminer le poids exact, le poids marqué peut être un poids maximum établi d'après le volume et la nature du colis.

A défaut de l'expéditeur, cette obligation incombe au mandataire chargé par lui de l'expédition du colis. – *[Anc. art. L. 233-7, al. 1er à 3.]*

SECTION V **SURVEILLANCE MÉDICALE**

Art. R. 4541-11 *Abrogé par Décr. n° 2012-135 du 30 janv. 2012, art. 2-1° et 3.*

CHAPITRE II **UTILISATION D'ÉCRANS DE VISUALISATION**

SECTION PREMIÈRE **CHAMP D'APPLICATION ET DÉFINITIONS**

Art. R. 4542-1 Les dispositions du présent chapitre s'appliquent aux travailleurs qui utilisent de façon habituelle et pendant une partie non négligeable du temps de travail des équipements de travail comportant des écrans de visualisation.

Toutefois, elles ne s'appliquent pas aux équipements suivants :

1° Les postes de conduite de véhicules ou d'engins ;

2° Les systèmes informatiques à bord d'un moyen de transport ;

3° Les systèmes informatiques destinés à être utilisés en priorité par le public ;

4° Les systèmes portables dès lors qu'ils ne font pas l'objet d'une utilisation soutenue à un poste de travail ;

5° Les machines à calculer, les caisses enregistreuses et tout équipement possédant un petit dispositif de visualisation de données ou de mesures nécessaires à l'utilisation directe de cet équipement. – *[Anc. art. 1er, Décr. n° 91-451 du 14 mai 1991.]*

Art. R. 4542-2 Pour l'application des dispositions du présent chapitre, on entend par écran de visualisation, un écran alphanumérique ou graphique quel que soit le procédé d'affichage utilisé.

On entend par poste de travail, l'ensemble comprenant un équipement de travail comportant notamment un écran de visualisation, un clavier ou un dispositif de saisies de données, des périphériques, un siège et une table ou une surface de travail, ainsi que l'environnement de travail immédiat. – *[Anc. art. 2, Décr. n° 91-451 du 14 mai 1991.]*

SECTION II **ÉVALUATION DES RISQUES**

Art. R. 4542-3 Après analyse des conditions de travail et évaluation des risques de tous les postes comportant un écran de visualisation, l'employeur prend les mesures appropriées pour remédier aux risques constatés. – *[Anc. art. 3, al. 1er, Décr. n° 91-451 du 14 mai 1991.]*

SECTION III **MESURES ET MOYENS DE PRÉVENTION**

Art. R. 4542-4 L'employeur organise l'activité du travailleur de telle sorte que son temps quotidien de travail sur écran soit périodiquement interrompu par des pauses ou par des changements d'activité réduisant la charge de travail sur écran. – *[Anc. art. 3, al. 2, Décr. n° 91-451 du 14 mai 1991.]*

Art. R. 4542-5 Pour l'élaboration, le choix, l'achat et la modification de logiciels ainsi que pour la définition des tâches impliquant l'utilisation d'écrans de visualisation, l'employeur prend en compte les facteurs suivants, dans la mesure où les exigences ou les caractéristiques intrinsèques de la tâche ne s'y opposent pas :

1° Le logiciel est adapté à la tâche à exécuter ;

2° Le logiciel est d'un usage facile et est adapté au niveau de connaissance et d'expérience de l'utilisateur ;

3° Les systèmes fournissent aux travailleurs des indications sur leur déroulement ;

4° Les systèmes affichent l'information dans un format et à un rythme adaptés aux opérateurs ;

5° Les principes d'ergonomie sont appliqués en particulier au traitement de l'information par l'homme. – *[Anc. art. 4, Décr. n° 91-451 du 14 mai 1991.]*

Art. R. 4542-6 L'écran de visualisation obéit aux caractéristiques suivantes :

1° Les caractères sont d'une bonne définition et formés d'une manière claire, d'une dimension suffisante et avec un espace adéquat entre les caractères et les lignes ;

2° L'image est stable ;

3° La luminance ou le contraste entre les caractères et le fond de l'écran sont facilement adaptables par l'utilisateur de terminaux à écrans et facilement adaptables aux conditions ambiantes ;

4° L'écran est orientable et inclinable facilement pour s'adapter aux besoins de l'utilisateur. Il peut être installé sur un pied séparé ou sur une table réglable ;

5° L'écran est exempt de reflets et de réverbérations susceptibles de gêner l'utilisateur. – *[Anc. art. 7, Décr. n° 91-451 du 14 mai 1991.]*

Art. R. 4542-7 Le clavier de l'écran de visualisation obéit aux caractéristiques suivantes :

1° Il est inclinable et dissocié de l'écran pour permettre au travailleur d'avoir une position confortable qui ne provoque pas de fatigue des avant-bras ou des mains ;

2° L'espace devant le clavier est suffisant pour permettre un appui pour les mains et les avant-bras de l'utilisateur ;

3° Le clavier a une surface mate pour éviter les reflets ;

4° La disposition du clavier et les caractéristiques des touches tendent à faciliter son utilisation ;

5° Les symboles des touches sont suffisamment contrastés et lisibles à partir de la position de travail normale. – *[Anc. art. 8, Décr. n° 91-451 du 14 mai 1991.]*

Art. R. 4542-8 L'espace de travail obéit aux caractéristiques suivantes :

1° Le plateau de la table ou de la surface de travail a une surface peu réfléchissante et de dimensions suffisantes pour permettre de modifier l'emplacement respectif de l'écran, du clavier, des documents et du matériel accessoire ;

2° Le support de documents est stable et réglable. Il se situe de telle façon que les mouvements inconfortables de la tête, du dos et des yeux soient évités au maximum ;

3° L'espace de travail est suffisant pour permettre une position confortable pour les travailleurs. – *[Anc. art. 9, Décr. n° 91-451 du 14 mai 1991.]*

Art. R. 4542-9 Le siège est, s'il y a lieu, adaptable en hauteur et en inclinaison.

Un repose-pieds est mis à la disposition des travailleurs qui en font la demande. – *[Anc. art. 10, Décr. n° 91-451 du 14 mai 1991.]*

Art. R. 4542-10 Les dimensions et l'aménagement du poste de travail assurent suffisamment de place pour permettre au travailleur de changer de position et de se déplacer. – *[Anc. art. 11, Décr. n° 91-451 du 14 mai 1991.]*

Art. R. 4542-11 Les dispositions des articles R. 4542-6 à R. 4542-10 ne s'appliquent que dans la mesure où les éléments considérés existent dans le poste de travail et où les caractéristiques de la tâche en rendent l'application possible. – *[Anc. art. 12, Décr. n° 91-451 du 14 mai 1991.]*

SECTION IV **AMBIANCE PHYSIQUE DE TRAVAIL**

Art. R. 4542-12 Les équipements des postes de travail ne doivent pas produire un surcroît de chaleur susceptible de constituer une gêne pour les travailleurs. – *[Anc. art. 13-I, Décr. n° 91-451 du 14 mai 1991.]*

Art. R. 4542-13 Les radiations, à l'exception de la partie visible du spectre électromagnétique, sont réduites à des niveaux négligeables pour la protection de la santé et de la sécurité des travailleurs. – *[Anc. art. 13-II, Décr. n° 91-451 du 14 mai 1991.]*

Art. R. 4542-14 Un taux d'humidité satisfaisant est établi et maintenu dans les locaux affectés au travail sur écran de visualisation. – *[Anc. art. 13-III, Décr. n° 91-451 du 14 mai 1991.]*

Art. R. 4542-15 Le bruit émis par les équipements du poste de travail est pris en compte lors de l'aménagement du poste de façon, en particulier, à ne pas perturber l'attention et l'audition. – *[Anc. art. 13-IV, Décr. n° 91-451 du 14 mai 1991.]*

SECTION V **SUIVI INDIVIDUEL DE L'ÉTAT DE SANTÉ** *(Décr. n° 2016-1908 du 27 déc. 2016, art. 17, en vigueur le 1er janv. 2017).*

Art. R. 4542-16 L'employeur assure l'information et la formation des travailleurs sur les modalités d'utilisation de l'écran et de l'équipement de travail dans lequel cet écran est intégré.

Chaque travailleur en bénéficie avant sa première affectation à un travail sur écran de visualisation et chaque fois que l'organisation du poste de travail est modifiée de manière substantielle. – *[Anc. art. 5, Décr. n° 91-451 du 14 mai 1991.]*

SECTION VI SURVEILLANCE MÉDICALE

Art. R. 4542-17 **Un travailleur ne peut être affecté à des travaux sur écran de visualisation que s'il a fait l'objet** *(Décr. n° 2016-1908 du 27 déc. 2016, art. 17, en vigueur le 1er janv. 2017)* **« dans le cadre des visites d'information et de prévention » d'un examen** *(Abrogé par Décr. n° 2016-1908 du 27 déc. 2016, art. 17, à compter du 1er janv. 2017)* ***« médical préalable »*** **et approprié des yeux et de la vue** *(Abrogé par Décr. n° 2016-1908 du 27 déc. 2016, art. 17, à compter du 1er janv. 2017)* ***« par le médecin du travail ».***

(Décr. n° 2016-1908 du 27 déc. 2016, art. 17, en vigueur le 1er janv. 2017) **« Si le résultat de cet examen le nécessite, ils bénéficient d'un examen ophtalmologique complémentaire prescrit par le médecin du travail dans les conditions prévues aux articles R. 4624-35 à R. 4624-38. »**

Art. R. 4542-18 **L'employeur fait examiner par le médecin du travail tout travailleur se plaignant de troubles pouvant être dus au travail sur écran de visualisation.**

Si les résultats des examens médicaux le rendent nécessaire, un examen ophtalmologique est pratiqué. – *[Anc. art. 6, al. 2 et 3, Décr. n° 91-451 du 14 mai 1991.]*

Art. R. 4542-19 **Si les résultats de la surveillance médicale rendent nécessaire une correction et si les dispositifs de correction normaux ne peuvent être utilisés, les travailleurs sur écran de visualisation reçoivent des dispositifs de correction spéciaux en rapport avec le travail concerné.**

Ces dispositifs ne peuvent entraîner aucune charge financière additionnelle pour les travailleurs. – *[Anc. art. 6, al. 4, Décr. n° 91-451 du 14 mai 1991.]*

CHAPITRE III INTERVENTIONS SUR LES ÉQUIPEMENTS ÉLÉVATEURS ET INSTALLÉS À DEMEURE

(Décr. n° 2008-1325 du 15 déc. 2008)

SECTION PREMIÈRE CHAMP D'APPLICATION

Art. R. 4543-1 **Les dispositions des sections II à VI du présent chapitre sont applicables, sans préjudice de celles du titre Ier du présent livre, aux interventions de vérification, de maintenance, de contrôle technique ainsi qu'aux travaux de réparation et de transformation effectués sur les équipements installés à demeure suivants : ascenseurs, monte-charges, élévateurs de personnes dont la vitesse n'excède pas 0,15 mètre par seconde, escaliers mécaniques, trottoirs roulants ou installations de parcage automatique de véhicules.**

SECTION II ÉTUDE DE SÉCURITÉ SPÉCIFIQUE

Art. R. 4543-2 **Les interventions et travaux mentionnés à l'article R. 4543-1 ne peuvent être réalisés sur un équipement qui n'a pas fait l'objet d'une étude de sécurité spécifique, effectuée par l'entreprise chargée de ces interventions et travaux, dénommée "entreprise intervenante". Cette étude est réalisée dans les six semaines suivant la prise en charge de l'équipement par l'entreprise.**

Ces dispositions entrent en vigueur le 17 déc. 2010. Toutefois, les entreprises intervenantes concernées établissent, avant la date d'entrée en vigueur du présent décret, la liste des monte-charges et des élévateurs de personnes n'excédant pas une vitesse de 0,15 mètre par seconde qui, en application de l'art. R. 4543-2, doivent faire l'objet d'une étude de sécurité. Les études relatives aux équipements figurant sur cette liste doivent être réalisées, par tiers, dans les trois ans suivant cette date (Décr. n° 2008-1325 du 15 déc. 2008, art. 7).

Art. R. 4543-3 **L'étude est confiée à une personne compétente dans le domaine de la prévention des risques et connaissant les dispositions applicables aux interventions et travaux mentionnés à l'article R. 4543-1 ainsi que les dispositions réglementaires applicables aux équipements concernés.**

Art. R. 4543-4 L'étude de sécurité spécifique est mise à jour, dans un délai de six semaines, lorsque survient un événement susceptible d'affecter l'évaluation des risques, notamment :

1° En cas de transformation importante ;

2° A la réception, pour les ascenseurs, du rapport d'inspection du contrôleur technique ;

3° Après l'intervention de mesures consécutives au signalement d'une situation de danger grave et imminent dans les conditions de l'article L. 4131-1.

Art. R. 4543-5 Le rapport de contrôle technique défini à l'article R. 125-2-4 du code de la construction et de l'habitation est réputé constituer l'étude de sécurité de l'entreprise intervenante qui réalise ce contrôle. Pour cette entreprise, il vaut étude de sécurité préalable aux vérifications qu'elle réalise ultérieurement sur le même équipement.

Art. R. 4543-6 Sauf dans le cas prévu à l'article R. 4543-5, l'étude de sécurité spécifique reste la propriété de l'entreprise intervenante. Il en est remis copie au propriétaire de l'appareil.

Art. R. 4543-7 Le chef de l'entreprise intervenante tient l'étude de sécurité à la disposition de l'inspecteur ou du contrôleur du travail, des agents des services de prévention des organismes de sécurité sociale, du médecin du travail et des membres du comité d'hygiène, de sécurité et des conditions de travail ou, en l'absence d'un tel comité, des délégués du personnel.

Art. R. 4543-8 Lorsque le dossier de maintenance élaboré en application de l'article R. 4211-3 du code du travail existe, son détenteur met à la disposition de l'entreprise intervenante celles des pièces de ce dossier qui précisent les conditions d'accès aux équipements.

Art. R. 4543-9 Pour chaque équipement pris en charge dans le cadre de la réalisation d'interventions ou travaux mentionnés à l'article R. 4543-1, l'étude de sécurité spécifique complète le document unique d'évaluation des risques de l'entreprise intervenante, en tenant compte des caractéristiques particulières de l'équipement et des risques de chute ou d'écrasement.

Art. R. 4543-10 L'étude de sécurité comporte toutes les données permettant au chef de l'entreprise intervenante de définir et de mettre en œuvre les mesures de prévention qui s'imposent pour assurer la sécurité et préserver la santé des personnes chargées de l'intervention ou des travaux.

A ce titre, elle comporte notamment :

1° La description de l'équipement ;

2° Les conditions d'accès aux différentes parties de l'équipement, et notamment la machinerie ;

3° Le descriptif des dispositifs d'aide à la manutention ;

4° L'évaluation de l'équipement et de son installation au regard de la sécurité des travailleurs chargés des interventions ou des travaux ainsi que les mesures de prévention, y compris les modes opératoires, pertinentes ;

5° L'appréciation de la validité et de l'exhaustivité des documents techniques disponibles.

Art. R. 4543-11 Une fiche signalétique annexée à l'étude de sécurité spécifique récapitule l'ensemble des risques mis en évidence. Cette récapitulation peut être réalisée à l'aide de pictogrammes. Lorsque la nature du risque exige que des mesures particulières de prévention soient prises, la fiche signalétique renvoie, par tout moyen approprié, à la consultation de l'étude de sécurité pour la mise en œuvre de ces mesures.

SECTION III **INFORMATION DES TRAVAILLEURS INTERVENANTS**

Art. R. 4543-12 Le personnel de l'entreprise intervenante a accès à l'étude de sécurité spécifique, avant l'exécution des interventions ou des travaux.

Art. R. 4543-13 La fiche signalétique est tenue en permanence à la disposition des travailleurs de l'entreprise intervenante soit dans le local de machinerie de l'ascenseur ou du monte-charge, soit dans un lieu proche, pour les autres équipements.

Elle est communiquée par le propriétaire de l'équipement à toute personne appelée, du fait de ses fonctions, à pénétrer dans les parties normalement inaccessibles de l'appareil.

SECTION IV **ORGANISATION DE L'INTERVENTION**

Art. R. 4543-14 Le chef de l'entreprise intervenante organise les interventions ou travaux de manière à assurer la sécurité et à préserver la santé des travailleurs qui les effectuent.

A ce titre, il prend les mesures de prévention appropriées en vue d'éviter tout risque pouvant résulter, pour les travailleurs et les autres personnes exposées, de l'éventuelle neutralisation des dispositifs de sécurité.

Art. R. 4543-15 Le chef de l'entreprise intervenante définit les interventions ou travaux nécessitant l'emploi de plus d'un travailleur, en fonction de leur caractère pénible, répétitif ou complexe.

Lors de l'intervention de deux ou plusieurs travailleurs, le chef de l'entreprise intervenante prend les mesures de prévention nécessaires pour éliminer les risques liés à la simultanéité de l'activité de ces travailleurs et pour assurer une communication satisfaisante entre eux.

Art. R. 4543-16 Lors de l'organisation des interventions ou travaux mentionnés à l'article R. 4543-15, le chef de l'entreprise intervenante définit les modes opératoires appropriés à la technologie de l'équipement et à son environnement.

Cette organisation prend en compte :

1° Les conséquences de l'introduction de nouvelles technologies ;

2° Les conclusions tirées de l'expérience acquise et de l'analyse des accidents du travail ;

3° Les formations et les qualifications professionnelles des personnels au regard de l'aptitude nécessaire à la réalisation des interventions ou travaux.

Art. R. 4543-17 Lorsqu'un ou plusieurs appareils circulent simultanément dans la même gaine, les interventions ou travaux sur l'un d'eux sont effectués lorsque les autres ont été mis à l'arrêt, sauf si la séparation entre les équipements permet d'assurer la sécurité des intervenants.

Art. R. 4543-18 Lorsque les interventions ou travaux exigent la présence d'un travailleur en toit de cabine et que l'équipement est doté du dispositif de commande de manœuvre d'inspection, ces interventions ou travaux ne peuvent être entrepris qu'après vérification du bon fonctionnement de ce dispositif selon une méthode permettant de s'assurer de la prise de contrôle.

SECTION V **TRAVAILLEURS ISOLÉS**

Art. R. 4543-19 Un travailleur isolé doit pouvoir signaler toute situation de détresse et être secouru dans les meilleurs délais.

Art. R. 4543-20 Un travailleur isolé ne peut réaliser des interventions ou travaux qui :

1° Comportent le port manuel d'une masse supérieure à 30 kg, la pose ou la dépose manuelle d'éléments d'appareils d'une masse supérieure à 50 kg, ou la pose ou la dépose des câbles de traction d'ascenseur ;

2° Exigent le port d'un équipement de protection individuelle respiratoire isolant ou filtrant à ventilation assistée.

Art. R. 4543-21 Un travailleur isolé ne peut réaliser des interventions ou travaux qui conduisent à sa présence sur le toit de l'habitacle d'un équipement pendant son déplacement qu'aux conditions cumulatives suivantes :

1° L'équipement est doté d'un dispositif de commande de manœuvre d'inspection conçu et installé de manière à garantir la sécurité des intervenants ;

2° La prévention du risque de chute est assurée :

a) Prioritairement, par la conception de l'installation ou par la mise en œuvre de mesures de protection collective ;

b) A défaut, par le port d'un équipement de protection individuelle empêchant toute sortie du travailleur de la surface du toit de l'habitacle, sous réserve que cette protection soit adaptée à la nature du risque compte tenu de la technologie de l'équipement, de la nature et de la durée des interventions ou travaux ainsi que de la possibilité de les réaliser dans des conditions ergonomiques.

SECTION VI **FORMATION DES TRAVAILLEURS**

Art. R. 4543-22 Tout travailleur effectuant les interventions ou travaux mentionnés à l'article R. 4543-1, y compris les travailleurs temporaires ou sous contrat à durée déterminée, reçoit de l'entreprise qui l'emploie une formation particulière. Cette formation est renouvelée aussi souvent que nécessaire, notamment lors de l'introduction de nouvelles technologies.

Cette formation porte notamment :

1° Sur l'évaluation du risque figurant dans l'étude de sécurité en vue de faciliter la compréhension des mesures d'organisation et techniques qu'elle préconise et leur mise en œuvre ;

2° Sur les méthodes de travail et les procédures d'intervention applicables aux équipements sur lesquels le travailleur peut être amené à intervenir ;

3° Sur les équipements de travail et les équipements de protection individuelle qui doivent être utilisés.

Art. R. 4543-23 La formation comporte une période d'exercices pratiques effectuée sous le contrôle d'un tuteur désigné par l'employeur. Ce tuteur dispose de la qualification nécessaire et connaît notamment les principes de sécurité applicables aux interventions ou travaux.

La durée de la période de tutorat est définie par l'employeur en fonction de la qualification et de l'expérience du travailleur. Elle permet à celui-ci d'acquérir les savoir-faire correspondant au contenu théorique de la formation.

Art. R. 4543-24 L'accomplissement de la formation spécifique prévue à la présente section fait l'objet d'une attestation nominative remise au travailleur par l'employeur, après une évaluation effectuée par ce dernier. Cette attestation porte la date à laquelle elle a été délivrée, et mentionne la durée de la formation.

L'employeur tient à la disposition de l'inspecteur ou du contrôleur du travail, ainsi que des agents des services de prévention des organismes de sécurité sociale les copies des attestations de formation spécifique qu'il a délivrées.

SECTION VII **MONTAGE ET DÉMONTAGE DES ASCENSEURS**

Art. R. 4543-25 Les dispositions de la présente section s'appliquent au montage et au démontage des ascenseurs, sans préjudice de celles du titre III du présent livre.

Art. R. 4543-26 Le montage et le démontage des ascenseurs sont réalisés en suivant une méthode sûre. Celle-ci est établie pour le montage et, le cas échéant, pour le démontage sur la base des éléments fournis par le constructeur.

La méthode de montage des ascenseurs tient, notamment, compte des documentations et indications prévues à l'article R. 125-2-24 du code de la construction et de l'habitation.

Pendant toutes les phases de démontage d'un ascenseur, la stabilité de la cabine est assurée et son toit ne peut être utilisé comme poste de travail que s'il satisfait aux dispositions des articles R. 4323-58 à R. 4323-61.

Art. R. 4543-27 Toute opération de levage ou de maintien en hauteur de la cabine est effectuée au moyen d'un appareil de levage approprié.

Art. R. 4543-28 Tout salarié se déplaçant dans la trémie dispose des équipements de travail et des équipements de protection individuelle prévus par les articles R. 4323-62 et R. 4323-64.

CHAPITRE IV **OPÉRATIONS SUR LES INSTALLATIONS ÉLECTRIQUES OU DANS LEUR VOISINAGE**

(Décr. n° 2010-1118 du 22 sept. 2010)

V. Circ. DGT 2012/12 du 9 oct. 2012 relative à la prévention des risques électriques.

SECTION I **CHAMP D'APPLICATION ET DÉFINITIONS**

Art. R. 4544-1 Les dispositions du présent chapitre comportent les prescriptions particulières aux opérations effectuées sur des installations électriques ou dans leur voisinage.

Elles ne s'appliquent pas aux installations des distributions d'énergie électrique régies par la loi du 15 juin 1906 sur les distributions d'énergie.

Dans le cas des installations de traction électrique, cette exclusion s'étend aux chantiers d'extension, de transformation et d'entretien de ces installations, aux équipements électriques du matériel roulant ferroviaire ainsi qu'aux installations techniques et de sécurité ferroviaires.

Art. R. 4544-2 Pour l'application des dispositions du présent chapitre, on entend par opérations sur les installations électriques :

1° Dans les domaines haute et basse tension, les travaux hors tension, les travaux sous tension, les manœuvres, les essais, les mesurages et les vérifications ;

2° Dans le domaine basse tension, les interventions.

On entend par opérations effectuées dans le voisinage d'installations électriques les opérations d'ordre électrique et non électrique effectuées dans une zone définie autour de pièces nues sous tension, dont les dimensions varient en fonction du domaine de tension. Un arrêté des ministres chargés du travail et de l'agriculture précise ces dimensions. – *V. Arr. du 9 juill. 2013 (JO 23 juill.).*

Art. R. 4544-3 La définition des opérations sur les installations électriques ou dans leur voisinage ainsi que les modalités recommandées pour leur exécution figurent dans les normes homologuées dont les références sont publiées au *Journal officiel* de la République française par arrêté des ministres chargés du travail et de l'agriculture. – *V. Arr. du 26 avr. 2012 (JO 5 mai).*

SECTION II **OBLIGATIONS GÉNÉRALES DE L'EMPLOYEUR**

Art. R. 4544-4 L'employeur définit et met en œuvre les mesures de prévention de façon à supprimer ou, à défaut, à réduire autant qu'il est possible le risque d'origine électrique lors des opérations sur les installations électriques ou dans leur voisinage. A cet effet, il s'assure que :

1° Les travaux sont effectués hors tension, sauf s'il ressort de l'évaluation des risques que les conditions d'exploitation rendent dangereuse la mise hors tension ou en cas d'impossibilité technique ;

2° Les opérations effectuées au voisinage de pièces nues sous tension sont limitées aux cas où il n'a pas été possible de supprimer ce voisinage soit en consignant l'installation ou la partie d'installation à l'origine de ce voisinage soit à défaut, en assurant la protection par éloignement, obstacle ou isolation ;

3° Les opérations d'ordre non électrique dans le voisinage de pièces nues sous tension sont limitées aux seules opérations qui concourent à l'exploitation et à la maintenance des installations électriques.

SECTION III **PRESCRIPTIONS PARTICULIÈRES**

Art. R. 4544-5 Les travaux hors tension sont réalisés dans les conditions suivantes :

1° La partie de l'installation sur laquelle ils sont effectués doit être préalablement identifiée et consignée, de telle façon que, pendant toute la durée des travaux, aucune tension ne subsiste, ne puisse apparaître ou réapparaître dans cette partie d'installation ;

2° La tension ne doit pouvoir être rétablie dans la partie d'installation considérée qu'après que l'installation a été déconsignée, et que si le rétablissement de la tension ne présente aucun risque.

Art. R. 4544-6 Dans le cas de travaux effectués au voisinage de parties actives nues sous tension des domaines HTA ou HTB mentionnés aux 3° et 4° de l'article R. 4226-2, une surveillance permanente est assurée par une personne habilitée, désignée à cet effet, qui veille à l'application des mesures de sécurité prescrites.

L'accès aux locaux ou emplacements à risques particuliers de choc électrique mentionnés à l'article R. 4226-9 est réservé aux personnes titulaires d'une habilitation appropriée. Toutefois, pour des opérations d'ordre non électrique, d'autres personnes peuvent être autorisées à y pénétrer, à la condition d'avoir été informées des instructions de sécurité à respecter vis-à-vis des risques électriques et d'être placées sous la surveillance constante d'une personne habilitée et désignée à cet effet.

Art. R. 4544-7 Les travaux sous tension, y compris lorsqu'ils sont confiés à une entreprise extérieure, ne peuvent être entrepris que sur un ordre écrit du chef de l'établissement dans lequel ils sont effectués, justifiant la nécessité de travailler sous tension.

Art. R. 4544-8 Pour la réalisation de travaux sous tension, l'employeur met en œuvre les mesures de prévention qui comprennent, compte tenu de l'évaluation des risques :

1° La définition des modes opératoires appropriés ;

2° Le choix des équipements de travail appropriés aux conditions et caractéristiques des travaux à effectuer ainsi que des équipements de protection individuelle et des vêtements de travail, appropriés aux risques et aux conditions dans lesquelles les travaux sont effectués.

Ces mesures de prévention sont conformes aux normes homologuées dont les références sont précisées par arrêté des ministres chargés du travail et de l'agriculture.

SECTION IV **TRAVAILLEURS AUTORISÉS À EFFECTUER DES OPÉRATIONS SUR LES INSTALLATIONS ÉLECTRIQUES OU DANS LEUR VOISINAGE**

Art. R. 4544-9 Les opérations sur les installations électriques ou dans leur voisinage ne peuvent être effectuées que par des travailleurs habilités.

Art. R. 4544-10 Un travailleur est habilité dans les limites des attributions qui lui sont confiées. L'habilitation, délivrée par l'employeur, spécifie la nature des opérations qu'il est autorisé à effectuer.

Avant de délivrer l'habilitation, l'employeur s'assure que le travailleur a reçu la formation théorique et pratique qui lui confère la connaissance des risques liés à l'électricité et des mesures à prendre pour intervenir en sécurité lors de l'exécution des opérations qui lui sont confiées.

L'employeur délivre, maintient ou renouvelle l'habilitation selon les modalités contenues dans les normes mentionnées à l'article R. 4544-3.

L'employeur remet à chaque travailleur un carnet de prescriptions établi sur la base des prescriptions pertinentes de ces normes, complété, le cas échéant, par des instructions de sécurité particulières au travail effectué.

(Décr. nº 2016-1908 du 27 déc. 2016, art. 17, en vigueur le 1er janv. 2017) « Tout travailleur habilité au titre du présent article bénéficie d'un suivi individuel renforcé prévu aux articles R. 4624-22 à R. 4624-28 en application du II de l'article R. 4624-23. »

Art. R. 4544-11 *(Décr. nº 2016-1318 du 5 oct. 2016, art. 1er, en vigueur le 1er janv. 2017)* I. — Tout travailleur qui effectue des travaux sous tension est titulaire d'une habilitation spécifique délivrée par l'employeur après l'obtention d'un document délivré par un organisme de formation agréé attestant qu'il a acquis les connaissances et les compétences nécessaires. Cette habilitation spécifique est délivrée, maintenue ou renouvelée selon les modalités contenues dans les normes mentionnées à l'article R. 4544-3.

II. — L'employeur s'assure avant toute formation que les travailleurs qui suivent la formation mentionnée au I ont les capacités et les compétences et expérience professionnelles requises dans le domaine des opérations d'ordre électrique.

III. — Les organismes de formation mentionnés au I sont agréés pour une durée d'au plus quatre ans par le ministre chargé du travail, au vu du rapport technique établi par un organisme expert compétent et après avis du conseil d'orientation des conditions de travail.

IV. — Un arrêté du ministre chargé du travail détermine la procédure et les modalités de délivrance ou de retrait d'agrément des organismes de formation et désigne l'organisme expert mentionné au III chargé d'établir un rapport technique sur toute demande d'agrément.

A compter du 1er janv. 2017, les habilitations délivrées par les employeurs aux travailleurs qui effectuent des travaux sous tension conservent leur validité pendant un délai de deux ans.

Les organismes chargés de la formation et de l'évaluation des travailleurs qui exercent au 7 oct. 2016 sont autorisés à poursuivre cette activité jusqu'à la date de leur premier agrément, qui intervient au plus tard au 1er janv. 2018.

Les employeurs disposent d'un délai maximal de deux ans à compter du 1er janv. 2018 pour délivrer les habilitations spécifiques mentionnées au I de l'art. R. 4544-11 (Décr. no 2016-1318 du 5 oct. 2016, art. 2).

Ancien art. R. 4544-11 ***Les travailleurs qui effectuent des travaux sous tension sont titulaires d'une habilitation spécifique.***

Cette habilitation est délivrée par l'employeur après certification des travailleurs par un organisme de certification accrédité.

Un arrêté des ministres chargés du travail et de l'agriculture fixe :

1o Les compétences requises pour les travailleurs qui effectuent des travaux sous tension ;

2o Les critères d'évaluation qui sont utilisés par l'organisme de certification ;

3o Les normes au vu desquelles sont accrédités les organismes de certification.

LIVRE SIXIÈME **INSTITUTIONS ET ORGANISMES DE PRÉVENTION**

TITRE PREMIER **COMITÉ D'HYGIÈNE, DE SÉCURITÉ ET DES CONDITIONS DE TRAVAIL**

CHAPITRE PREMIER **RÈGLES GÉNÉRALES**

Art. R. 4611-1 *(Décr. no 2016-510 du 25 avr. 2016, art. 8, en vigueur le 1er juill. 2016)* **L'autorité administrative mentionnée au deuxième alinéa de l'article L. 4611-5 est le directeur régional des entreprises, de la concurrence, de la consommation, du travail et de l'emploi.**

CHAPITRE II **ATTRIBUTIONS**

SECTION PREMIÈRE **MISSIONS**

Art. R. 4612-1 **Le comité d'hygiène, de sécurité et des conditions de travail définit les missions qu'il confie à ses membres pour l'accomplissement des tâches qui relèvent de sa compétence.** — *[Anc. art. L. 236-2, al. 15.]*

Art. R. 4612-2 **Les enquêtes du comité d'hygiène, de sécurité et des conditions de travail en cas d'accidents du travail ou de maladies professionnelles ou à caractère professionnel sont réalisées par une délégation comprenant au moins :**

1o L'employeur ou un représentant désigné par lui ;

2o Un représentant du personnel siégeant à ce comité. — *[Anc. art. R. 236-10.]*

Art. R. 4612-2-1 *(Décr. no 2012-134 du 30 janv. 2012, art. 2)* **Les membres du comité d'hygiène, de sécurité et des conditions de travail peuvent se faire présenter l'ensemble des livres, registres et documents non nominatifs rendus obligatoires par la partie IV du présent code.**

SECTION II CONSULTATIONS OBLIGATOIRES DANS LES ÉTABLISSEMENTS COMPORTANT UNE OU PLUSIEURS INSTALLATIONS SOUMISES À AUTORISATION OU UNE INSTALLATION NUCLÉAIRE DE BASE

Art. R. 4612-3 Les dispositions de la présente section s'appliquent aux établissements comportant une ou plusieurs installations soumises à autorisation en application de l'article L. 512-1 du code de l'environnement ou mentionnées aux articles 3-1 et 104 à 104-8 du code minier.

Art. R. 4612-4 Les documents joints à la demande d'autorisation, prévue à l'article L. 512-1 du code de l'environnement, sont portés à la connaissance du comité d'hygiène, de sécurité et des conditions de travail préalablement à leur envoi au préfet.

(Décr. nº 2017-81 du 26 janv. 2017, art. 10) « Le dossier établi par l'employeur à l'appui de sa demande est transmis au comité dans un délai de quinze jours à compter du lancement de l'enquête publique prévue à l'article L. 181-9 du même code.

« Il émet un avis motivé sur ce dossier dans un délai de quinze jours à compter de la réception par l'employeur du rapport de l'enquête publique.

« Le président du comité transmet cet avis au préfet dans les trois jours suivant la remise de l'avis du comité. »

Art. R. 4612-5 Le comité d'hygiène, de sécurité et des conditions de travail émet un avis :

1° Sur le plan d'opération interne prévu *(Décr. nº 2017-81 du 26 janv. 2017, art. 10)* « au cinquième alinéa de l'article R. 181-54 » du code de l'environnement ;

2° Sur la teneur des informations transmises au préfet en application *(Décr. nº 2017-81 du 26 janv. 2017, art. 10)* « de l'article R. 181-13 » ainsi que du *(Décr. nº 2017-81 du 26 janv. 2017, art. 10)* « I de l'article R. 181-47 » du même code.

Le président du comité transmet ces avis au préfet dans un délai de trente jours à compter de la consultation. – *[Anc. art. R. 236-10-1-I, al. 2.]*

Art. R. 4612-5-1 *(Décr. nº 2008-467 du 19 mai 2008)* Dans les établissements comportant une installation nucléaire de base, le comité d'hygiène, de sécurité et des conditions de travail émet un avis sur tout projet d'élaboration ou de modification du plan d'urgence interne, après un délai de trente jours au moins et soixante jours au plus suivant la communication du dossier, sauf cas exceptionnel justifié par l'urgence.

Art. R. 4612-6 Le comité d'hygiène, de sécurité et des conditions de travail est informé par l'employeur des prescriptions imposées par les autorités publiques chargées de la protection de l'environnement. – *[Anc. art. L. 236-2, al. 9, phrase 4.]*

SECTION III RAPPORT ET PROGRAMME ANNUELS

Art. R. 4612-7 Des arrêtés conjoints des ministres chargés du travail, de l'agriculture et des transports déterminent :

1° Les informations figurant au rapport annuel, notamment le bilan des conditions de la manutention manuelle de charges ;

2° La nature des renseignements que les comités d'hygiène, de sécurité et des conditions de travail fournissent à l'administration. – *[Anc. art. R. 231-69, al. 2, et anc. art. R. 236-12.]*

Art. R. 4612-8 Le programme annuel de prévention des risques professionnels et d'amélioration des conditions de travail est établi à partir des analyses mentionnées à l'article L. 4612-2 et, s'il y a lieu, des informations figurant au bilan social prévu à l'article L. 2323-68.

Ce programme fixe la liste détaillée des mesures devant être prises au cours de l'année à venir dans les mêmes domaines afin de satisfaire, notamment :

1° Aux principes généraux de prévention prévus aux articles L. 4121-1 à L. 4121-5 et L. 4221-1 ;

2° A l'information et à la formation des travailleurs prévues aux articles L. 4141-1 à L. 4143-1 ;

3° A l'information et à la formation des salariés titulaires d'un contrat de travail à durée déterminée et des salariés temporaires prévues aux articles L. 4154-2 et L. 4154-4 ;

4° A la coordination de la prévention prévue aux articles L. 4522-1 et L. 4522-2. – *[Anc. art. L. 236-4, al. 4, phrases 1 et 2.]*

Art. R. 4612-9 L'avis du comité d'hygiène, de sécurité et des conditions de travail sur le rapport et le programme annuels est transmis pour information à l'inspecteur du travail. – *[Anc. art. L. 236-4, al. 5, phrase 2.]*

CHAPITRE III COMPOSITION ET DÉSIGNATION

SECTION PREMIÈRE COMPOSITION

Art. R. 4613-1 La délégation du personnel au comité d'hygiène, de sécurité et des conditions de travail est composée comme suit :

1° Établissements de 199 salariés et moins, trois salariés dont un appartenant au personnel de maîtrise ou des cadres ;

2° Établissements de 200 à 499 salariés, quatre salariés dont un appartenant au personnel de maîtrise ou des cadres ;

3° Établissements de 500 à 1 499 salariés, six salariés dont deux appartenant au personnel de maîtrise ou des cadres ;

4° Établissements de 1 500 salariés et plus, neuf salariés, dont trois appartenant au personnel de maîtrise ou des cadres. – *[Anc. art. R. 236-1, al. 1er à 4.]*

1. Absence de candidats dans un collège. Pour l'élection des membres du CHSCT, s'il n'y a pas de candidats pour occuper le ou les sièges réservés au personnel d'encadrement, il y a lieu de les laisser vacants. • Soc. 10 mai 2012 : *Dr. soc. 2012. 753, obs. Petit ; RJS 2012. 554, n° 647 ; JCP S 2012. 1351, obs. Cottin.*

2. Ingénieur. Un ingénieur est un cadre au sens des dispositions relatives aux élections des membres du CHSCT. • Soc. 26 sept. 2012 : *Dalloz actualité, 10 oct. 2012, obs. Perrin ; RJS 2012. 824, n° 974 ; JS Lamy 2012, n° 331-3, obs. Lhernould ; JCP S 2012. 1512, obs. Cottin.*

3. Affectation catégorielle. L'art. R. 4613-1 qui impose de réserver un certain nombre de sièges à la catégorie agents de maîtrise et cadres n'interdit pas que des salariés appartenant à cette catégorie puissent être par ailleurs élus pour pourvoir les sièges auxquels le code du travail n'attribue aucune affectation catégorielle particulière. • Soc. 14 janv. 2014 : *Dalloz actualité, 26 févr. 2014, obs. Ines ; RJS 2014. 203, n° 251.*

Art. R. 4613-2 L'inspecteur du travail peut autoriser des dérogations aux règles déterminant la répartition des sièges entre les représentants du personnel de maîtrise ou des cadres et ceux des autres catégories de personnel. – *[Anc. art. R. 236-1, al. 5.]*

1. Lorsque la convention collective applicable dans une entreprise de plus de 1500 salariés se borne à distinguer entre cadres et techniciens, il appartient au juge de rechercher parmi ces derniers ceux qui, par les fonctions et les pouvoirs qu'ils exercent, ont un degré d'autonomie permettant de les ranger dans la catégorie du personnel de maîtrise. • Soc. 25 sept. 2002, n° 01-60.705 P : *RJS 2002. 1036, n° 1408.*

2. L'inspecteur du travail ne peut accorder de dérogation aux règles de répartition des sièges au sein de la délégation du personnel du CHSCT qu'en raison d'une disproportion manifeste entre l'importance respective des collèges de salariés et l'importance respective du nombre de sièges qui leur sont attribués. • CE 2 juill. 2007 : *JCP E 2007. 2315, obs. Béal.*

Art. R. 4613-3 Dans un établissement de cinq cents salariés et plus, lorsque plusieurs comités sont institués, en application de l'article L. 4613-4, la délégation du personnel au sein de chacun de ces comités est constituée conformément à l'article R. 4613-1. – *[Anc. art. R. 236-2.]*

Art. R. 4613-4 Lorsque les entreprises du bâtiment et des travaux publics mettent en place un comité d'hygiène, de sécurité et des conditions de travail, en application de l'article L. 4611-5, les règles énoncées à l'article R. 4613-1 s'appliquent. – *[Anc. art. R. 236-3.]*

SECTION II **DÉSIGNATION**

Art. R. 4613-5 *(Décr. n° 2016-868 du 29 juin 2016, art. 4)* « Le mandat des représentants du personnel au comité d'hygiène, de sécurité et des conditions de travail est renouvelable. Il peut être prorogé par accord unanime des membres élus du comité d'entreprise nouvellement élu, après la fin du mandat des membres élus du comité d'entreprise les ayant désignés et jusqu'à la désignation d'une nouvelle délégation du personnel au comité d'hygiène, de sécurité et des conditions de travail, dans la limite de six mois suivant la fin des mandats. »

Lorsque, pendant la durée normale de son mandat, un représentant du personnel cesse ses fonctions, il est remplacé dans le délai d'un mois, pour la période du mandat restant à courir. Il n'est pas pourvu à son remplacement si la période de mandat restant à courir est inférieure à trois mois.

Lorsque le représentant du personnel au CHSCT dont il convient d'assurer le remplacement occupe l'un des deux sièges réservés aux cadres et agents de maîtrise, il ne peut être remplacé que par un salarié appartenant à cette même catégorie. • Soc. 24 sept. 2008 : *JCP S 2008. 1673, obs. Cottin ; RJS 2008. 995, n° 1201.*

Art. R. 4613-6 Lorsque le mandat du comité d'hygiène, de sécurité et des conditions de travail vient à expiration, ou lorsqu'un siège de ce comité devient vacant et doit être pourvu dans les conditions prévues à l'article R. 4613-5, le collège chargé de désigner les membres de la représentation du personnel se réunit dans un délai de quinze jours à compter des dates d'expiration du mandat ou d'ouverture de la vacance.

Le procès-verbal de la réunion du collège renouvelant le comité ou palliant la vacance du siège est remis dès sa conclusion à l'employeur. Ce dernier l'adresse à l'inspecteur du travail, dans un délai de huit jours à compter de la réception. – *[Anc. art. R. 236-5.]*

Art. R. 4613-7 En application de l'article L. 4611-6, lorsqu'un comité d'hygiène, de sécurité et des conditions de travail a été institué par accord entre plusieurs entreprises de moins de cinquante salariés, le collège appelé à désigner les représentants du personnel est constitué par l'ensemble des représentants élus du personnel des entreprises parties à l'accord, à moins que cet accord n'en dispose autrement. – *[Anc. art. R. 236-4.]*

Art. R. 4613-8 La liste nominative des membres de chaque comité d'hygiène, de sécurité et des conditions de travail est affichée dans les locaux affectés au travail.

Elle indique l'emplacement de travail habituel des membres du comité. – *[Anc. art. R. 236-7, al. 2.]*

SECTION III **RECOURS ET CONTESTATIONS**

Art. R. 4613-9 Lorsque, en application de l'article L. 4611-4, la décision de l'inspecteur du travail d'imposer la création d'un comité d'hygiène, de sécurité et des conditions de travail fait l'objet d'une réclamation devant le *(Décr. n° 2009-1377 du 10 nov. 2009)* « directeur régional des entreprises, de la concurrence, de la consommation, du travail et de l'emploi », cette dernière s'exerce dans les conditions de délai et de procédure fixées à l'article R. 4723-1. – *[Anc. art. L. 236-1, al. 3, phrase 2 fin.]*

Les modifications issues du Décr. n° 2009-1377 du 10 nov. 2009 prennent effet, dans chaque région, à la date de nomination du directeur régional des entreprises, de la concurrence, de la consommation, du travail et de l'emploi (Décr. préc., art. 7-I). — V. Arr. de nomination de ces directeurs des 30 déc. 2009 (JO 5 janv. 2010) et 9 févr. 2010 (JO 14 févr.).

Ces modifications s'appliquent à la région Île-de-France à compter du 1er juill. 2010 (Décr. n° 2010-687 du 24 juin 2010, art. 2).

Art. R. 4613-10 Le recours hiérarchique prévu à l'article L. 4613-4 contre la décision de l'inspecteur du travail fixant le nombre de comités d'hygiène, de sécurité et des conditions de travail dans les établissements de cinq cents salariés et plus ainsi que les mesures nécessaires à la coordination de ces différents comités est exercé dans les conditions de délai et de procédure fixées à l'article R. 4723-1. – *[Anc. art. L. 236-6, al. 2.]*

Art. R. 4613-11 Le tribunal d'instance statue en dernier ressort sur les contestations relatives à la délégation des représentants du personnel au comité d'hygiène, de sécurité et des conditions de travail prévues à l'article L. 4613-3.

Le tribunal d'instance est saisi des contestations par voie de déclaration au greffe.

Cette déclaration n'est recevable que si elle est faite dans les quinze jours suivant la désignation. — *[Anc. art. L. 236-5, al. 4, phrase 1, et al. 5, et anc. art. R. 236-5-1, al. 1er et 2.]*

1. Point de départ. Le point de départ du délai de 15 jours pour contester la désignation de la délégation du personnel court à compter de la date à laquelle la désignation a été portée à la connaissance de la personne qui la conteste. • Soc. 26 nov. 2003 : *RJS 2004. 150, n° 216* • 26 mai 2010 : *RJS 2010. 620, n° 693 ; JCP S 2010. 1336, obs. Cottin ; Dr. soc. 2010. 1003, obs. Petit*.

2. Dès lors que le procès-verbal relatant la désignation des représentants au CHSCT a été transmis par courrier intérieur, le tribunal n'a pu relever qu'il avait été porté à la connaissance du chef d'entreprise à une date permettant de fixer le point de départ du délai de prescription. • Soc. 11 juin 1996, n° 95-60.808 P : *D. 1996. IR 80 ; RJS 1996. 514, n° 798.*

3. Contestation de candidature. La contestation de la candidature pour les élections au CHSCT, qui n'est soumise à aucun délai, peut être présentée dans les 15 jours qui suivent la désignation du candidat. • Soc. 18 févr. 2004, n° 03-60.110 P : *RJS 2004. 375, n° 552.* ♦ La contestation d'une candidature, quels qu'en soient les motifs, se rattache à la régularité des élections et doit donc être introduite avant l'expiration d'un délai de 15 jours suivant la promulgation des résultats. • 16 oct. 2013 : *Dalloz actualité, 15 nov. 2013, obs. Fraisse ; RJS 12/2013, n° 838.* ♦ Dès lors qu'il a été constaté que la désignation d'un salarié comme représentant du personnel au sein du comité d'hygiène, de sécurité et des conditions de travail résultait d'un vote du collège désignatif, l'employeur qui n'a pas contesté l'élection dans les délais prévus par l'art. R. 4613-11, ne peut remettre en cause, à l'occasion d'un licenciement, la régularité de l'élection du salarié et le bénéfice protecteur. • Soc. 12 févr. 2008 : *RJS 2008. 355, n° 450 ; JCP S 2008. 440, obs. Matinon.*

4. Annulation des élections du comité d'entreprise et des délégués du personnel. Le délai de 15 jours pour la contestation de la désignation des membres du CHSCT n'est pas affecté par l'annulation des élections des membres du comité d'entreprise et des délégués du personnel dès lors que cette annulation est prononcée passé le délai de 15 jours. • Soc. 16 nov. 2011 : *Dalloz actualité, 16 déc. 2011, obs. Dechristé ; Dr. soc. 2012. 106, obs. Petit ; RJS 2012. 145, n° 178 ; JCP S 2011. 1030, obs. Cottin.*

Art. R. 4613-12 Le tribunal d'instance statue dans les dix jours de sa saisine sans frais ni forme de procédure et sur avertissement qu'il donne trois jours à l'avance à toutes les parties intéressées.

La décision du tribunal est notifiée par le greffe dans les trois jours par lettre recommandée avec avis de réception.

Le délai du pourvoi en cassation est de dix jours. Le pourvoi est formé, instruit et jugé dans les conditions fixées par les articles 999 à 1008 du code de procédure civile. — *[Anc. art. L. 236-5, al. 4, phrase 2, et anc. art. R. 236-5-1, al. 3 à 5.]*

CHAPITRE IV **FONCTIONNEMENT**

SECTION PREMIÈRE **DISPOSITIONS GÉNÉRALES**

Art. R. 4614-1 Le secrétaire du comité d'hygiène, de sécurité et des conditions de travail est choisi parmi les représentants du personnel au sein de ce comité. — *[Anc. art. L. 236-5, al. 7, phrase 2.]*

SECTION II **RÉUNIONS**

Art. R. 4614-2 Outre le médecin du travail, le responsable du service de sécurité et des conditions de travail ou, à défaut, l'agent chargé de la sécurité et des conditions de travail assiste, s'il existe, à titre consultatif, aux réunions du comité d'hygiène, de sécurité et des conditions de travail. — *[Anc. art. R. 236-6.]*

Art. R. 4614-3 *(Décr. n° 2013-552 du 26 juin 2013)* L'ordre du jour de la réunion du comité d'hygiène, de sécurité et des conditions de travail et, le cas échéant, les documents s'y rapportant sont transmis par le président aux membres du comité et à l'inspecteur du travail *(Décr. n° 2016-868 du 29 juin 2016, art. 2)* « huit » jours au moins avant la date fixée pour la réunion, sauf cas exceptionnel justifié par l'urgence.

Toutefois, lorsque le comité est réuni dans le cadre d'un projet de restructuration et de compression des effectifs mentionné à l'article *(Décr. n° 2016-868 du 29 juin 2016, art. 3)* « L. 2323-31 », l'ordre du jour et, le cas échéant, les documents s'y rapportant sont transmis trois jours au moins avant la date fixée pour la réunion.

L'ordre du jour est transmis dans les mêmes conditions aux agents des services de prévention des organismes de sécurité sociale qui peuvent assister aux réunions du comité.

Est satisfaite l'obligation qui pèse sur le président du CHSCT de transmettre l'ordre du jour à tous les membres du CHSCT et le cas échéant, les documents s'y rapportant, l'envoi de ces documents par voie électronique au moyen d'une liste de distribution. • Soc. 25 nov. 2015 : *D. 2015. Actu. 2508 ; RJS 2/2016, n° 134 ; JCP S 2016. 1028, obs. Icard.*

Art. R. 4614-4 Les réunions du comité d'hygiène, de sécurité et des conditions de travail ont lieu dans l'établissement, dans un local approprié et, sauf exception justifiée par l'urgence, pendant les heures de travail.

Les procès-verbaux des réunions ainsi que le rapport et le programme annuels mentionnés à l'article L. 4612-16 sont conservés dans l'établissement. Ils sont tenus à la disposition de l'inspecteur du travail, du médecin inspecteur du travail et des agents des services de prévention des organismes de sécurité sociale. — *[Anc. art. R. 236-8, al. 4, et anc. art. R. 236-11.]*

Art. R. 4614-5 Les documents mentionnés à l'article L. 4711-1 sont présentés au comité d'hygiène, de sécurité et des conditions de travail au cours de la réunion qui suit leur réception par l'employeur.

Chaque membre du comité peut à tout moment demander la transmission de ces documents.

Le président informe le comité des observations de l'inspecteur du travail, du médecin inspecteur du travail et des agents des services de prévention des organismes de sécurité sociale au cours de la réunion qui suit leur intervention. — *[Anc. art. R. 236-13.]*

Art. D. 4614-5-1 *(Décr. n° 2016-453 du 12 avr. 2016)* Les réunions par visioconférence du comité d'hygiène, de sécurité et des conditions de travail sur le fondement de l'article L. 4614-11-1 sont tenues dans les conditions prévues aux articles D. 2325-1-1 et suivants.

SECTION II *BIS* DÉLAIS DE CONSULTATION

(Décr. n° 2016-868 du 29 juin 2016, art. 2)

Art. R. 4614-5-2 Pour l'exercice de ses attributions consultatives mentionnées à l'article L. 4612-8 pour lesquelles la loi n'a pas fixé de délai spécifique, le délai de consultation du comité d'hygiène, de sécurité et des conditions de travail court à compter de la communication par l'employeur des informations prévues par le présent code pour la consultation ou de l'information par l'employeur de leur mise à disposition dans la base de données dans les conditions prévues aux articles R. 2323-1-5 et suivants.

Art. R. 4614-5-3 I. — Pour l'exercice de ses attributions consultatives mentionnées à l'article L. 4612-8, à défaut d'accord, le comité d'hygiène, de sécurité et des conditions de travail est réputé avoir été consulté et avoir rendu un avis négatif à l'expiration d'un délai d'un mois à compter de la date fixée à l'article R. 4614-5-2.

En cas d'intervention d'un expert mentionné à l'article L. 4614-12, le délai mentionné au premier alinéa est porté à deux mois.

II. — Dans le cas prévu au troisième alinéa du I de l'article R. 2323-1-1 :

1° Les délais prévus au I du présent article s'appliquent au comité d'hygiène, de sécurité et des conditions de travail ;

2° L'avis du comité d'hygiène, de sécurité et des conditions de travail est transmis au comité d'entreprise au plus tard sept jours avant la date à laquelle ce dernier est réputé avoir été consulté et avoir rendu un avis négatif.

SECTION III RECOURS À UN EXPERT

Art. R. 4614-6 Les experts auxquels le comité d'hygiène, de sécurité et des conditions de travail peut faire appel en application de l'article L. 4614-12 sont agréés *(Abrogé* *par Décr. nº 2011-1953 du 23 déc. 2011)* « *, compte tenu de leurs compétences,* » pour le ou les domaines suivants :

1° Santé et sécurité au travail ;

2° Organisation du travail et de la production. — *[Anc. art. R. 236-40-I, al. 1er à 3.]*

Art. R. 4614-7 Les experts, personnes physiques ou morales, sont agréées par *(Décr. nº 2011-1953 du 23 déc. 2011)* « arrêté du ministre chargé du travail ». Cet agrément est pris après avis du *(Décr. nº 2016-1834 du 22 déc. 2016, art. 2)* « Conseil d'orientation des conditions de travail ».

L'arrêté fixe la durée de validité de chacun des agréments. *(Décr. nº 2011-1953 du 23 déc. 2011)* « Elle » ne peut excéder *(Décr. nº 2011-1953 du 23 déc. 2011)* « cinq ans », renouvelable.

L'arrêté précise *(Décr. nº 2011-1953 du 23 déc. 2011)* « le ou les domaines dans lesquels l'expert agréé intervient ». — *[Anc. art. L. 236-9-I, al. 4, et anc. art. R. 236-40-I, al. 4 et 5.]*

Art. R. 4614-8 *(Décr. nº 2011-1953 du 23 déc. 2011)* Pour délivrer l'agrément, il est notamment tenu compte :

— de l'expérience professionnelle et des compétences du demandeur pour mener des expertises dans le ou les domaines mentionnés à l'article R. 4614-6 pour lesquels l'agrément est sollicité ;

— de la pertinence des méthodes d'intervention proposées ;

— des engagements déontologiques relatifs à la prévention des conflits d'intérêt et à la pratique professionnelle de l'expertise au regard des règles définies selon les modalités prévues à l'article R. 4614-9 ;

— de la compatibilité de l'agrément demandé avec les activités du demandeur autres que d'expertise.

Art. R. 4614-9 *(Décr. nº 2011-1953 du 23 déc. 2011)* L'agrément peut être suspendu pour une durée n'excédant pas un an ou retiré par le ministre chargé du travail, après avis du *(Décr. nº 2016-1834 du 22 déc. 2016, art. 2)* « Conseil d'orientation des conditions de travail », et après que l'expert agréé a été mis à même de présenter ses observations, lorsque les conditions prévues à l'article R. 4614-8 cessent d'être remplies ou lorsque la qualité des expertises cesse d'être conforme aux obligations professionnelles, méthodologiques et déontologiques définies par arrêté de ce ministre. Ce même arrêté détermine les modalités de contrôle du respect des obligations précitées.

Art. R. 4614-10 *(Abrogé par Décr. nº 2011-1953 du 23 déc. 2011) Les organismes habilités à procéder à la vérification de la conformité des équipements de travail à la réglementation qui leur est applicable sont réputés agréés pour procéder aux expertises ayant pour seul objet d'apprécier cette conformité. Dans ce cas, l'expert désigné ne peut être la personne ou l'organisme qui a procédé à cette vérification.*

Art. R. 4614-11 *(Décr. nº 2011-1953 du 23 déc. 2011)* La demande d'agrément justifie de l'expérience et de la compétence du demandeur pour procéder à des expertises dans le ou les domaines mentionnés à l'article R. 4614-6 pour lesquels l'agrément est sollicité.

Elle est adressée au ministre chargé du travail, par tous moyens, y compris électronique, permettant d'établir une date certaine avant le 1er mars ou avant le 1er septembre de l'année en cours pour produire effet respectivement au 1er juillet de la même année et au 1er janvier de l'année suivante. Le silence gardé pendant plus de quatre mois à compter de la date limite de réception de la demande vaut décision de rejet.

Art. R. 4614-12 La demande d'agrément est accompagnée des pièces suivantes :

1° Statuts de la personne morale ou identification de la personne physique ;

2° Liste des administrateurs et du personnel de direction lorsqu'il s'agit d'une personne morale ;

3° Liste des personnes appelées à réaliser effectivement les expertises, avec toutes indications permettant d'apprécier, pour chacune d'elles, sa qualification et son expérience dans le ou les domaines de l'agrément sollicité ;

4° Note détaillée exposant les principales méthodes d'intervention mises en œuvre ;

(Décr. n° 2011-1953 du 23 déc. 2011) « 5° Déclaration des activités autres que les expertises mentionnées à l'article L. 4614-12 ; »

6° Tarifs applicables aux expertises réalisées dans le cadre de l'agrément prévu par l'article L. 4614-12 ;

(Abrogé par Décr. n° 2011-1953 du 23 déc. 2011) ***« 7° En cas de demande de renouvellement, bilan d'activité précisant notamment les expertises réalisées. »***

(Décr. n° 2011-1953 du 23 déc. 2011) « Si le dossier est incomplet, le ministre en informe le demandeur et l'invite à produire les pièces ou informations manquantes, dans un délai qu'il fixe, et qui ne peut être inférieur à huit jours. »

Art. R. 4614-13 Lorsqu'il est saisi d'une demande d'agrément, le ministre chargé du travail peut procéder aux contrôles ou inspections nécessaires à la vérification de l'aptitude des experts.

Pour l'instruction des demandes d'agrément, le ministre chargé du travail peut demander à l'Agence nationale pour l'amélioration des conditions de travail et à l'Institut national de recherche et de sécurité de lui apporter leur concours *(Décr. n° 2011-1953 du 23 déc. 2011)* « , selon des modalités fixées par arrêté de ce ministre ». Le ministre chargé du travail et ces organismes peuvent demander tous documents et informations utiles ou procéder aux entretiens nécessaires à l'instruction des demandes d'agrément.

V. Arr. du 23 déc. 2011 (JO 27 déc.).

Art. R. 4614-14 *(Décr. n° 2011-1953 du 23 déc. 2011)* « Les experts » agréés adressent au *(Décr. n° 2011-1953 du 23 déc. 2011)* « ministre chargé du travail », avant le 31 décembre de chaque année, la liste des expertises réalisées au cours de l'année *(Décr. n° 2011-1953 du 23 déc. 2011)* « civile » écoulée. *(Décr. n° 2011-1953 du 23 déc. 2011)* « Ils fournissent, à sa demande », une copie des rapports auxquels ont donné lieu ces expertises.

Art. R. 4614-15 *(Décr. n° 2011-1953 du 23 déc. 2011)* Les experts agréés peuvent sous-traiter une partie des travaux que nécessite l'expertise.

Le sous-traitant est lui-même agréé sauf s'il intervient en tant qu'organisme habilité à réaliser des contrôles techniques ou des vérifications de conformité, dans le cadre de la réglementation relative à la santé et la sécurité au travail.

Dans ce cas, le sous-traitant ne peut être la personne ou l'organisme ayant procédé précédemment à ce contrôle ou à cette vérification.

Art. R. 4614-16 Toute modification des listes des personnes, des statuts, des tarifs pratiqués, *(Décr. n° 2011-1953 du 23 déc. 2011)* « mentionnés » à l'article R. 4614-12, est déclarée au ministre chargé du travail. – *[Anc. art. R. 236-42-III.]*

Art. R. 4614-17 *(Décr. n° 2011-1953 du 23 déc. 2011)* « Les experts » agréés sont tenus au secret professionnel pour toutes les questions relatives aux procédés de fabrication dont ils auraient eu connaissance dans le cadre des expertises.

Art. R. 4614-18 L'expertise faite en application du 2° de l'article L. 4614-12 est réalisée dans le délai d'un mois. Ce délai peut être prolongé pour tenir compte des nécessités de l'expertise. Le délai total ne peut excéder quarante-cinq jours.

(Décr. n° 2013-552 du 26 juin 2013) « Lorsque cette expertise est organisée dans le cadre d'un projet de restructuration et de compression des effectifs mentionné à l'article *(Décr. n° 2016-868 du 29 juin 2016, art. 3)* « L. 2323-31 » et selon les modalités définies à l'article L. 4614-12-1, l'absence de remise du rapport de l'expert désigné n'a pas pour effet de prolonger le délai prévu à l'article L. 1233-30. En cas de contestation, les dispositions de l'article R. 4616-10 s'appliquent. »

Art. R. 4614-19 *(Décr. n° 2016-1761 du 16 déc. 2016, art. 1er)* Les contestations de l'employeur prévues au deuxième alinéa de l'article L. 4614-13 relèvent de la compétence du président du tribunal de grande instance. Le délai du pourvoi en cassation formé à l'encontre du jugement est de dix jours à compter de sa notification.

Art. R. 4614-20 *(Décr. n° 2016-1761 du 16 déc. 2016, art. 2)* La contestation par l'employeur du coût final de l'expertise prévue à l'article L. 4614-13-1 relève de la compétence du tribunal de grande instance.

SECTION IV **FORMATION**

SOUS-SECTION 1 **CONTENU ET ORGANISATION DE LA FORMATION**

Art. R. 4614-21 La formation des représentants du personnel aux comités d'hygiène, de sécurité et des conditions de travail a pour objet :

1° De développer leur aptitude à déceler et à mesurer les risques professionnels et leur capacité d'analyse des conditions de travail ;

2° De les initier aux méthodes et procédés à mettre en œuvre pour prévenir les risques professionnels et améliorer les conditions de travail. – *[Anc. art. R. 236-15, al. 1er, phrase 1, et al. 2, phrase 2.]*

Art. R. 4614-22 La formation est dispensée dès la première désignation des représentants du personnel au comité d'hygiène, de sécurité et des conditions de travail.

Elle est dispensée selon un programme théorique et pratique préétabli qui tient compte :

1° Des caractéristiques de la branche professionnelle de l'entreprise ;

2° Des caractères spécifiques de l'entreprise ;

3° Du rôle du représentant au comité d'hygiène, de sécurité et des conditions de travail dans l'entreprise. – *[Anc. art. R. 236-15, al. 1er, phrase 2, et al. 2, phrases 1 et 3.]*

Art. R. 4614-23 Le renouvellement de la formation des représentants du personnel aux comités d'hygiène, de sécurité et des conditions de travail fait l'objet de stages distincts de celui organisé en application de l'article R. 4614-21.

Ce renouvellement a pour objet de permettre au représentant du personnel d'actualiser ses connaissances et de se perfectionner. A cet effet, le programme établi par l'organisme de formation a un caractère plus spécialisé. Il est adapté aux demandes particulières du stagiaire et tient compte notamment des changements technologiques et d'organisation affectant l'entreprise, l'établissement ou la branche d'activité. – *[Anc. art. R. 236-15, al. 3.]*

Art. R. 4614-24 Dans les établissements de moins de trois cents salariés, la durée de la formation des représentants au *(Décr. no 2011-774 du 28 juin 2011, art. 30)* « comité d'hygiène, de sécurité et des conditions de travail » est de trois jours. – *[Anc. art. R. 236-22-1.]*

SOUS-SECTION 2 **OBLIGATIONS DES ORGANISMES DE FORMATION**

Art. R. 4614-25 La formation des représentants du personnel au comité d'hygiène, de sécurité et des conditions de travail est dispensée soit par des organismes figurant sur une liste arrêtée par le ministre chargé du travail selon la procédure prévue à l'article *(Décr. no 2016-1552 du 18 nov. 2016, art. 7-I, en vigueur le 1er janv. 2017)* « R. 2145-3 », soit par des organismes agréés par le préfet de région selon la procédure prévue à l'article R. 2325-8.

Art. R. 4614-26 Les organismes qui demandent à figurer sur la liste arrêtée par le préfet de région établissent leur aptitude à assurer, conformément aux dispositions de la sous-section 1, la formation des représentants du personnel au comité d'hygiène, de sécurité et des conditions de travail.

Ils justifient notamment des capacités de leurs formateurs et de l'expérience acquise par ces derniers en matière de prévention des risques professionnels et de conditions de travail.

Le préfet de région se prononce après avis du *(Décr. no 2014-1055 du 16 sept. 2014, art. 5-I)* « comité régional de l'emploi, de la formation et de l'orientation professionnelles ».

Le silence gardé pendant plus de quatre mois sur une demande d'agrément vaut décision de rejet. – *[Anc. art. R. 236-18, al. 1er à 4.]*

En application à l'art. L. 231-5 CRPA, et par exception à l'application du délai de deux mois prévu à l'art. L. 231-1 du même code, le délai à l'expiration duquel le silence gardé par l'administration vaut décision de rejet est fixé à quatre mois pour une demande d'agrément des organismes de formation des représentants du personnel au comité d'hygiène, de sécurité et des conditions de travail (Décr. no 2014-1289 du 23 oct. 2014, art. 1er).

Art. R. 4614-27 Lorsqu'un organisme cesse de répondre aux qualifications ayant justifié son inscription sur la liste préfectorale, il en est radié par décision motivée du préfet de région.

Cette décision est prise après avis du *(Décr. nº 2014-1055 du 16 sept. 2014, art. 5-I)* « comité régional de l'emploi, de la formation et de l'orientation professionnelles ». – *[Anc. art. R. 236-18, al. 5.]*

Art. R. 4614-28 L'organisme de formation délivre, à la fin du stage, une attestation d'assiduité que l'intéressé remet à son employeur lorsqu'il reprend son travail. – *[Anc. art. R. 236-19, al. 1er.]*

Art. R. 4614-29 Les organismes de formation remettent chaque année avant le 30 mars, au ministre chargé du travail ou aux préfets de région selon les cas, un compte rendu de leurs activités au cours de l'année écoulée. Ce compte rendu indique le nombre des stages organisés ainsi que leurs programmes. – *[Anc. art. R. 236-19, al. 2.]*

SOUS-SECTION 3 CONGÉS DE FORMATION

Art. R. 4614-30 Le représentant du personnel au comité d'hygiène, de sécurité et des conditions de travail qui souhaite bénéficier de son droit à un congé de formation en fait la demande à l'employeur. Cette demande précise la date à laquelle il souhaite prendre son congé, la durée de celui-ci, le prix du stage et le nom de l'organisme chargé de l'assurer.

La demande de congé est présentée au moins trente jours avant le début du stage. A sa date de présentation, elle est imputée par priorité sur les contingents mentionnés à l'article *(Décr. nº 2016-1552 du 18 nov. 2016, art. 7, en vigueur le 1er janv. 2017)* « L. 2145-8 ». – *[Anc. art. R. 236-17, al. 1er et 2.]*

Art. R. 4614-31 Le congé de formation est pris en une seule fois à moins que le bénéficiaire et l'employeur ne décident d'un commun accord qu'il le sera en deux fois. – *[Anc. art. R. 236-16.]*

Art. R. 4614-32 Lorsque pour refuser la demande de congé, l'employeur estime que l'absence du salarié pourrait avoir des conséquences préjudiciables à la production et à la bonne marche de l'entreprise, le refus est notifié à l'intéressé dans un délai de huit jours à compter de la réception de la demande.

Dans ce cas, le congé formation peut être reporté dans la limite de six mois. – *[Anc. art. R. 236-17, al. 3.]*

SOUS-SECTION 4 DÉPENSES DE FORMATION

Art. R. 4614-33 Les frais de déplacement au titre de la formation des représentants du personnel au comité d'hygiène, de sécurité et des conditions de travail sont pris en charge par l'employeur à hauteur du tarif de seconde classe des chemins de fer applicable au trajet le plus direct depuis le siège de l'établissement jusqu'au lieu de dispense de la formation.

Les frais de séjour sont pris en charge à hauteur du montant de l'indemnité de mission fixée en application de la réglementation applicable aux déplacements temporaires des fonctionnaires. – *[Anc. art. R. 236-21.]*

Art. R. 4614-34 *(Décr. nº 2008-558 du 13 juin 2008)* Les dépenses afférentes à la rémunération des organismes de formation sont prises en charge par l'employeur, à concurrence d'un montant qui ne peut dépasser, par jour et par stagiaire, l'équivalent de trente-six fois le montant horaire du salaire minimum de croissance.

Art. R. 4614-35 Le temps consacré à la formation des représentants du personnel au comité d'hygiène, de sécurité et des conditions de travail est pris sur le temps de travail et rémunéré comme tel. – *[Anc. art. R. 236-22-2, phrase 1.]*

Art. R. 4614-36 Les dépenses de rémunération des organismes de formation et les frais de déplacement et de séjour exposés par les stagiaires ne s'imputent pas sur la participation au développement de la formation professionnelle continue prévue à l'article L. 6331-1.

Dans les entreprises de moins de trois cents salariés, les dépenses engagées au titre de la rémunération du temps de formation des stagiaires sont déductibles dans la limite de 0,08 % du montant des salaires payés pendant l'année en cours, du montant de la participation des employeurs au financement de la formation professionnelle continue. – *[Anc. art. R. 236-20 et anc. art. R. 236-22-2, phrase 2.]*

CHAPITRE V **COMITÉ D'HYGIÈNE, DE SÉCURITÉ ET DES CONDITIONS DE TRAVAIL DANS CERTAINS ÉTABLISSEMENTS DE SANTÉ, SOCIAUX ET MÉDICO-SOCIAUX**

SECTION PREMIÈRE **CHAMP D'APPLICATION ET DÉFINITIONS**

Art. R. 4615-1 Les dispositions des chapitres Ier à IV s'appliquent aux établissements de santé, sociaux et médico-sociaux *(Abrogé par Décr. n° 2012-1483 du 27 déc. 2012, art. 11-II-1°)* ***« et aux syndicats interhospitaliers »*** mentionnés à l'article 2 de la loi n° 86-33 du 9 janvier 1986 portant dispositions statutaires relatives à la fonction publique hospitalière, sous réserve des dispositions particulières prévues par le présent chapitre.

Art. R. 4615-2 Pour l'application des dispositions des articles L. 4612-13 et L. 4612-17 et de celles du présent chapitre, le comité technique se substitue au comité d'entreprise. – *[Anc. art. R. 236-29, al. 2 et 3.]*

SECTION II **CONDITIONS DE MISE EN PLACE**

Art. R. 4615-3 Des comités d'hygiène, de sécurité et des conditions de travail sont constitués dans les établissements *(Abrogé par Décr. n° 2012-1483 du 27 déc. 2012, art. 11-II-2°)* ***« ou syndicats interhospitaliers »*** qui emploient au moins cinquante agents.

L'effectif à prendre en considération est l'effectif réel de l'ensemble des personnels, y compris les personnels médicaux, employés dans l'établissement *(Abrogé par Décr. n° 2012-1483 du 27 déc. 2012, art. 11-II-2°)* ***« ou le syndicat interhospitalier »*** au 31 décembre de la dernière année civile. – *[Anc. art. R. 236-23, al. 1er.]*

Art. R. 4615-4 Lorsque dans les établissements *(Abrogé par Décr. n° 2012-1483 du 27 déc. 2012, art. 11-II-3°)* ***« ou les syndicats interhospitaliers »*** employant moins de cinquante agents un comité d'hygiène, de sécurité et des conditions de travail n'a pas été constitué, les représentants du personnel au *(Décr. n° 2011-184 du 15 févr. 2011, art. 55)* « comité technique » de l'établissement *(Abrogé par Décr. n° 2012-1483 du 27 déc. 2012, art. 11-II-3°)* ***« ou du syndicat interhospitalier »*** exercent, dans le cadre des moyens dont ils disposent en tant que membres du *(Décr. n° 2011-184 du 15 févr. 2011, art. 55)* « comité technique », les missions dévolues aux membres du comité d'hygiène, de sécurité et des conditions de travail. Ils sont soumis aux mêmes obligations que ces derniers. – *[Anc. art. R. 236-23, al. 2.]*

Art. R. 4615-5 Lorsqu'au *[Lorsque au]* cours de son mandat, un représentant cesse ses fonctions dans l'établissement *(Abrogé par Décr. n° 2012-1483 du 27 déc. 2012, art. 11-II-4°)* ***« ou le syndicat interhospitalier »***, il est remplacé dans le délai d'un mois, dans les formes prévues à l'article R. 4615-11. Il en est de même des représentants frappés des incapacités prononcées en application des articles L. 5 à L. 7 du code électoral.

Dans les établissements où il n'existe pas d'organisation syndicale, il n'est pas procédé au remplacement d'un représentant du personnel non médecin, non pharmacien et non odontologiste cessant ses fonctions lorsque la période du mandat restant à courir est inférieure à trois mois. – *[Anc. art. R. 236-26, al. 2 et 3.]*

Art. R. 4615-6 Les représentants mentionnés au 1° de l'article R. 4615-9 cessent de faire partie du comité d'hygiène, de sécurité et des conditions de travail lorsque l'organisation qui les a désignés en a fait la demande par écrit au chef d'établissement *(Abrogé par Décr. n° 2012-1483 du 27 déc. 2012, art. 11-II-5°)* ***« ou au secrétaire général du syndicat interhospitalier »***.

Ils sont remplacés dans le délai d'un mois, dans les formes prévues à l'article R. 4615-11. – *[Anc. art. R. 236-26, al. 4.]*

Art. R. 4615-7 Le chef d'établissement *(Abrogé par Décr. n° 2012-1483 du 27 déc. 2012, art. 11-II-6°)* ***« ou le secrétaire général du syndicat interhospitalier »*** arrête la liste nominative des membres du comité d'hygiène, de sécurité et des conditions de travail. – *[Anc. art. R. 236-27, phrase 1.]*

Art. R. 4615-8 Le chef d'établissement *(Abrogé par Décr. n° 2012-1483 du 27 déc. 2012, art. 11-II-6°)* ***« ou le secrétaire général du syndicat interhospitalier »*** informe l'autorité de tutelle de sa réclamation éventuelle contre la décision de créer un comité d'hygiène, de sécurité et des conditions de travail ou de créer des comités distincts, prise par l'inspecteur du travail en application des articles L. 4611-4 et L. 4613-4. – *[Anc. art. R. 236-30.]*

SECTION III **COMPOSITION ET DÉSIGNATION**

Art. R. 4615-9 La délégation du personnel au comité d'hygiène, de sécurité et des conditions de travail comporte un nombre égal de titulaires et de suppléants. Elle comprend :

1° Des représentants des personnels non médecins, non pharmaciens et non odontologistes à raison de :

a) Trois représentants dans les établissements *(Abrogé par Décr. n° 2012-1483 du 27 déc. 2012, art. 11-II-7°)* ***« et syndicats interhospitaliers »*** de 199 agents et moins ;

b) Quatre représentants dans les établissements *(Abrogé par Décr. n° 2012-1483 du 27 déc. 2012, art. 11-II-7°)* ***« et syndicats interhospitaliers »*** de 200 à 499 agents ;

c) Six représentants dans les établissements *(Abrogé par Décr. n° 2012-1483 du 27 déc. 2012, art. 11-II-7°)* ***« et syndicats interhospitaliers »*** de 500 à 1499 agents ;

d) Neuf représentants dans les établissements *(Abrogé par Décr. n° 2012-1483 du 27 déc. 2012, art. 11-II-7°)* ***« et syndicats interhospitaliers »*** de 1500 agents et plus ;

2° Des représentants des personnels médecins, pharmaciens et odontologistes à raison de :

a) Un représentant dans les établissements *(Abrogé par Décr. n° 2012-1483 du 27 déc. 2012, art. 11-II-7°)* ***« et syndicats interhospitaliers »*** de 2500 agents et moins ;

b) Deux représentants dans les établissements *(Abrogé par Décr. n° 2012-1483 du 27 déc. 2012, art. 11-II-7°)* ***« et syndicats interhospitaliers »*** de plus de 2500 agents. – *[Anc. art. R. 236-24, al. 1er à 9.]*

Ni les dispositions législatives ou réglementaires, ni aucun autre texte ne prévoient l'institution de délégués suppléants des personnels dans les comités d'hygiène, de sécurité et des conditions de travail. • CE 5 mai 1993 : ☎ *RJS 1993. 441, n° 754.*

Art. R. 4615-10 Le renouvellement des représentants du personnel intervient dans un délai de trois mois à compter du renouvellement *(Décr. n° 2012-285 du 29 févr. 2012)* « du comité technique d'établissement ». Le mandat est renouvelable. – *[Anc. art. R. 236-26, al. 1er.]*

Art. R. 4615-11 Les représentants mentionnés au 1° de l'article R. 4615-9 sont désignés par les organisations syndicales existant dans l'établissement *(Abrogé par Décr. n° 2012-1483 du 27 déc. 2012, art. 11-II-8°)* ***« ou le syndicat interhospitalier »*** lors de la constitution ou du renouvellement du comité.

Les sièges sont attribués proportionnellement au nombre de voix recueilli*[es]* par chacune des organisations syndicales, dans l'établissement *(Abrogé par Décr. n° 2012-1483 du 27 déc. 2012, art. 11-II-8°)* ***« ou le syndicat interhospitalier »***, à l'occasion du renouvellement *(Décr. n° 2012-285 du 29 févr. 2012)* « du comité technique d'établissement ». Lorsqu'il reste des sièges à pourvoir, les sièges restants sont attribués sur la base de la plus forte moyenne.

(Décr. n° 2012-285 du 29 févr. 2012) « Au sein de l'Assistance publique-hôpitaux de Paris, les sièges aux comités d'hygiène, de sécurité et des conditions de travail institués dans les groupements d'hôpitaux, les hôpitaux ou les pôles d'intérêt commun sont attribués proportionnellement au nombre de voix recueillies par les organisations syndicales lors de l'élection du comité technique d'établissement local.

« Lorsqu'il n'existe pas de comité technique d'établissement ou lorsque aucune candidature n'a été déposée lors des élections au comité technique d'établissement, les représentants sont élus par l'ensemble du personnel au scrutin uninominal à un tour. » Chaque candidat au siège de représentant titulaire se présente avec un candidat suppléant appelé à le remplacer en cas d'indisponibilité.

Les représentants mentionnés au 2° de l'article R. 4615-9 sont désignés par la commission médicale d'établissement en son sein.

Tout représentant suppléant désigné selon le cas par une organisation syndicale ou la commission médicale d'établissement peut siéger en remplacement de tout représentant titulaire désigné dans les mêmes conditions. – *[Anc. art. R. 236-24, al. 10 à 13.]*

SECTION IV **FONCTIONNEMENT**

Art. R. 4615-12 Le comité d'hygiène, de sécurité et des conditions de travail est présidé par le chef d'établissement *(Abrogé par Décr. n° 2012-1483 du 27 déc. 2012, art. 11-II-9°)* « ***ou le secrétaire général du syndicat interhospitalier*** » ou son représentant.

Outre les médecins du travail, assistent aux réunions du comité à titre consultatif, lorsqu'ils existent :

1° Le responsable des services économiques ;

2° L'ingénieur ou, à défaut, le technicien chargé de l'entretien des installations ;

3° L'infirmier général ;

4° Un professeur des universités-praticien hospitalier chargé de l'enseignement de l'hygiène. – *[Anc. art. R. 236-25.]*

Art. R. 4615-13 Dans les établissements de cinq cents salariés et plus, pour l'application de l'article L. 4613-4, le chef d'établissement *(Abrogé par Décr. n° 2012-1483 du 27 déc. 2012, art. 11-II-9°)* « ***ou le secrétaire général du syndicat interhospitalier*** » prend les décisions après consultation du comité technique.

Lorsque plusieurs comités d'hygiène, de sécurité et des conditions de travail sont institués, la délégation du personnel au sein de chacun de ces comités est constituée conformément aux règles fixées à l'article R. 4615-9. Cette composition tient compte du nombre des agents relevant de la compétence de chacun des comités d'hygiène, de sécurité et des conditions de travail constitués. – *[Anc. art. R. 236-28.]*

SECTION V **FORMATION**

Art. R. 4615-14 La formation des représentants du personnel aux comités d'hygiène, de sécurité et des conditions de travail, qui revêt un caractère théorique et pratique, a pour objet :

1° De développer leur aptitude à déceler et à mesurer les risques professionnels et leur capacité d'analyse des conditions de travail ;

2° De les initier aux méthodes et procédés à mettre en œuvre pour prévenir les risques professionnels et améliorer les conditions de travail, en tenant compte des caractéristiques des établissements mentionnés à l'article 2 du titre IV du statut général des fonctionnaires de l'État et des collectivités territoriales. – *[Anc. art. R. 236-32.]*

Art. R. 4615-15 Les organismes chargés d'assurer la formation d'un représentant du personnel aux comités d'hygiène, de sécurité et des conditions de travail sont :

1° Soit les organismes figurant sur la liste établie en application de l'article 1er du décret du 6 mai 1988 relatif à l'attribution du congé pour formation syndicale dans la fonction publique hospitalière ;

2° Soit les organismes figurant sur la liste mentionnée à l'article R. 4614-25. – *[Anc. art. R. 236-35.]*

Art. R. 4615-16 Un congé de formation avec traitement est attribué aux représentants titulaires du personnel au comité d'hygiène, de sécurité et des conditions de travail.

La durée maximale de ce congé de formation est de cinq jours. Tout nouveau mandat ouvre droit au renouvellement de ce congé.

Le congé de formation est, à la demande du bénéficiaire, pris en une ou deux fois. – *[Anc. art. R. 236-33.]*

Art. R. 4615-17 Le représentant du personnel au comité d'hygiène, de sécurité et des conditions de travail qui souhaite bénéficier de son droit à un congé de formation en fait la demande au chef d'établissement. La demande précise la date à laquelle il souhaite prendre son congé, la durée de celui-ci, le prix du stage et le nom de l'organisme chargé de l'assurer.

La demande de congé est présentée au moins trente jours avant le début du stage. A sa date de présentation, elle est imputée en priorité sur le contingent fixé au premier alinéa de l'article 2 du décret n° 88-676 du 6 mai 1988 relatif à l'attribution du congé pour formation syndicale dans la fonction publique hospitalière. – *[Anc. art. R. 236-34, al. 1er et 2.]*

Art. R. 4615-18 Si les nécessités du service l'imposent, le congé de formation peut être refusé après avis de la commission administrative paritaire compétente siégeant en formation plénière. En ce qui concerne les agents non titulaires, la commission consultée est la commission compétente à l'égard des agents titulaires exerçant les mêmes fonctions que l'agent non titulaire intéressé.

La décision de refus est motivée. – *[Anc. art. R. 236-34, al. 3 et 4.]*

Art. R. 4615-19 Les dépenses prises en charge par l'établissement au titre de la formation des représentants du personnel au comité d'hygiène, de sécurité et des conditions de travail ne s'imputent pas sur le financement des actions de formation prévues par le décret n° 90-319 du 5 avril 1990 relatif à la formation professionnelle continue des agents de la fonction publique hospitalière. – *[Anc. art. R. 236-37.]*

Art. R. 4615-20 Les frais de déplacement et de séjour sont pris en charge par l'établissement dans les conditions applicables aux agents relevant du titre IV du statut général des fonctionnaires de l'État et des collectivités territoriales. – *[Anc. art. R. 236-38.]*

Art. R. 4615-21 Les dépenses relatives à la rémunération des organismes de formation sont prises en charge dans les conditions fixées par l'article R. 4614-34. – *[Anc. art. R. 236-39.]*

CHAPITRE VI **INSTANCE DE COORDINATION DES COMITÉS D'HYGIÈNE, DE SÉCURITÉ ET DES CONDITIONS DE TRAVAIL**

(Décr. n° 2013-552 du 26 juin 2013)

SECTION PREMIÈRE **COMPOSITION ET DÉSIGNATION**

Art. R. 4616-1 Lors de la première réunion suivant la désignation des représentants du personnel au comité d'hygiène, de sécurité et des conditions de travail, la délégation du personnel choisit en son sein trois représentants, par ordre de priorité, susceptibles de siéger au sein de l'instance de coordination prévue à l'article L. 4616-1 selon les modalités définies à l'article L. 4614-2 et au 2° de l'article L. 4616-2.

Pour les CHSCT déjà constitués au 1er juill. 2013, la désignation des représentants de la délégation du personnel susceptibles de siéger au sein de l'instance de coordination prévue à l'art. L. 4616-1 est organisée lors de la prochaine réunion du comité, selon les modalités prévues à l'art. R. 4616-1. Dans le cas où une instance de coordination est mise en place avant la prochaine réunion d'un ou plusieurs comités concernés par le projet commun, une réunion extraordinaire de chacun de ces comités est tenue en urgence pour désigner leurs représentants au sein de l'instance (Décr. n° 2013-552 du 26 juin 2013, art. 4).

Art. R. 4616-2 Lorsque, pendant la durée normale de son mandat, un représentant du personnel d'un comité d'hygiène, de sécurité et des conditions de travail à l'instance de coordination cesse ses fonctions, il est remplacé à l'occasion de la réunion suivante du comité d'hygiène, de sécurité et des conditions de travail concerné, pour la période du mandat restant à courir. Il n'est pas pourvu à son remplacement si la période restant à courir est inférieure à trois mois.

Toutefois, dans le cas où une instance de coordination est mise en place pour un projet commun concernant son établissement avant la réunion suivante du comité d'hygiène, de sécurité et des conditions de travail, une réunion extraordinaire du comité est tenue en urgence pour désigner ce nouveau représentant.

Art. R. 4616-3 Lorsqu'une instance de coordination est mise en place, la liste nominative de ses membres *(Décr. n° 2016-1417 du 20 oct. 2016, art. 9)* « est communiquée par tout moyen aux salariés » de chaque établissement concerné par le projet commun.

Elle indique la qualité, les coordonnées et l'emplacement de travail habituel des membres de l'instance.

SECTION II **FONCTIONNEMENT**

Art. R. 4616-4 Les représentants du personnel au sein de l'instance de coordination choisissent parmi eux le secrétaire.

Art. R. 4616-5 L'ordre du jour des réunions de l'instance et, le cas échéant, les documents s'y rapportant sont transmis par le président aux membres de cette instance *(Décr. n° 2016-868 du 29 juin 2016, art. 3)* « huit » jours au moins avant la date fixée pour la réunion, sauf cas exceptionnel justifié par l'urgence.

(Décr. n° 2016-868 du 29 juin 2016, art. 3) « Lorsque » l'instance est réunie dans le cadre d'un projet de restructuration et de compression des effectifs mentionné à l'article *(Décr. n° 2016-868 du 29 juin 2016, art. 3)* « **L. 2323-31** », l'ordre du jour et, le cas échéant, les documents s'y rapportant sont transmis *(Décr. n° 2016-868 du 29 juin 2016, art. 3)* « huit » jours au moins avant la date fixée pour la réunion.

Art. R. 4616-6 Les réunions de l'instance ont lieu dans un local approprié et, sauf exception justifiée par l'urgence, pendant les heures de travail.

Art. D. 4616-6-1 *(Décr. n° 2016-453 du 12 avr. 2016)* Les réunions par visioconférence de l'instance de coordination sur le fondement de l'article **L. 4616-6** satisfont aux conditions prévues aux articles **D. 2325-1-1** et suivants.

Art. R. 4616-7 Les procès-verbaux des réunions et les avis de l'instance sont conservés au siège social de l'entreprise.

Ils sont transmis, par l'employeur, aux membres de la délégation du personnel des comités d'hygiène, de sécurité et des conditions de travail concernés par le projet commun.

Ils sont communiqués, à leur demande, aux médecins du travail, aux inspecteurs du travail, aux agents des services de prévention de l'organisme de sécurité sociale et, le cas échéant, aux agents de l'organisme professionnel de prévention du bâtiment et des travaux publics des établissements concernés.

Art. R. 4616-8 *(Décr. n° 2016-868 du 29 juin 2016, art. 3)* I. — Pour l'exercice de ses attributions consultatives mentionnées *(Décr. n° 2016-1761 du 16 déc. 2016, art. 3)* « aux articles **L. 4612-8** et **L. 4616-3** », l'instance de coordination est réputée avoir été consultée et avoir rendu un avis négatif à l'expiration d'un délai d'un mois à compter de la communication par l'employeur des informations prévues par le présent code pour sa consultation.

En cas d'intervention d'un expert mentionné à l'article **L. 4614-12**, ce délai est porté à trois mois.

II. — Dans le cas prévu au troisième alinéa du I de l'article **R. 2323-1-1** :

1° Les délais prévus au I du présent article s'appliquent à l'instance de coordination ;

2° L'avis de l'instance est transmis au comité d'entreprise au plus tard sept jours avant la date à laquelle ce dernier est réputé avoir été consulté et avoir rendu un avis négatif.

III. — Lorsqu'il y a lieu de consulter à la fois l'instance de coordination et un ou plusieurs comités d'hygiène, de sécurité et des conditions de travail, les délais prévus au I du présent article s'appliquent à l'instance de coordination.

Dans ce cas, l'avis de chaque comité d'hygiène, de sécurité et des conditions de travail est réputé avoir été rendu et transmis à l'instance de coordination au plus tard sept jours avant la date à laquelle cette dernière est réputée avoir été consultée et avoir rendu un avis négatif.

Art. R. 4616-9 L'expertise unique organisée par l'instance en application de l'article **L. 4616-3** est réalisée dans le délai d'un mois à compter de la désignation de l'expert. Ce délai peut être prolongé pour tenir compte des nécessités de l'expertise sans excéder soixante jours.

Toutefois, lorsque cette expertise est organisée dans le cadre d'un projet de restructuration et de compression des effectifs mentionné à l'article L. 2323-15 et selon les modalités définies à l'article L. 4614-12-1, le rapport d'expertise est remis à l'employeur au plus tard quinze jours avant l'expiration du délai prévu à l'article L. 1233-30. L'absence de remise du rapport de l'expert désigné n'a pas pour effet de prolonger le délai prévu à l'article L. 1233-30.

Art. R. 4616-10 Les contestations relatives à l'expertise prévue à l'article L. 4614-12-1 doivent être dûment motivées et adressées au directeur régional des entreprises, de la concurrence, de la consommation, du travail et de l'emploi territorialement compétent, par tout moyen permettant de conférer une date certaine :

1° Par l'employeur, s'agissant des dispositions de l'alinéa 2 de l'article L. 4614-13 ;

2° Par les membres de l'instance lorsque les conditions fixées par l'alinéa 3 de l'article L. 4614-13 ne sont pas réunies.

Le directeur régional se prononce dans un délai de cinq jours à compter de la date de réception de la demande. Une copie de la décision est adressée aux autres parties.

TITRE DEUXIÈME **SERVICES DE SANTÉ AU TRAVAIL**

(Décr. n° 2012-135 du 30 janv. 2012, art. 1er-III et 3)

CHAPITRE PREMIER **CHAMP D'APPLICATION**

Art. R. 4621-1 Les dispositions du présent titre ne s'appliquent pas aux entreprises et établissements agricoles, dont les services de santé au travail sont régis par le livre VII du code rural et de la pêche maritime.

CHAPITRE II **MISSIONS ET ORGANISATION**

SECTION PREMIÈRE **ORGANISATION DES SERVICES DE SANTÉ AU TRAVAIL**

Art. D. 4622-1 *(Décr. n° 2012-137 du 30 janv. 2012, art. 1er-1° et 2)* Le service de santé au travail est organisé sous la forme :

1° Soit d'un service autonome, qui peut être un service de groupe au sens de l'article L. 2331-1, d'entreprise, inter-établissements, d'établissement ou commun aux entreprises constituant une unité économique et sociale ;

2° Soit d'un service de santé au travail interentreprises.

Art. D. 4622-2 *(Décr. n° 2012-137 du 30 janv. 2012, art. 1er-1° et 2)* Lorsque, pour organiser le service de santé au travail, l'entreprise a le choix entre les deux formes de service prévues à l'article D. 4622-1, ce choix est fait par l'employeur.

Le comité d'entreprise préalablement consulté peut s'opposer à cette décision. L'opposition est motivée.

Art. D. 4622-3 *(Décr. n° 2012-137 du 30 janv. 2012, art. 1er-1° et 2)* Lorsque le comité d'entreprise s'est opposé à la décision de l'employeur, celui-ci saisit le directeur régional des entreprises, de la concurrence, de la consommation, du travail et de l'emploi, qui se prononce sur la forme du service, après avis du médecin inspecteur du travail.

Art. R. 4622-4 *(Décr. n° 2012-135 du 30 janv. 2012, art. 1er-III et 3)* Le choix par l'employeur de la forme du service est réputée approuvée par le directeur régional des entreprises, de la concurrence, de la consommation, du travail et de l'emploi si aucune opposition ne lui a été notifiée dans le délai d'un mois à compter de la réception de sa saisine.

SECTION II **SERVICES AUTONOMES DE SANTÉ AU TRAVAIL**

SOUS-SECTION 1 **SERVICES DE SANTÉ AU TRAVAIL DE GROUPE, D'ENTREPRISE OU D'ÉTABLISSEMENT**

Art. D. 4622-5 *(Décr. n° 2012-137 du 30 janv. 2012, art. 1er-2° et 2)* Un service de santé au travail de groupe, d'entreprise ou d'établissement peut être institué lorsque l'effectif de salariés suivis atteint ou dépasse 500 salariés.

Le service de santé au travail de groupe est institué par accord entre tout ou partie des entreprises du groupe.

Art. D. 4622-6 *(Décr. nº 2012-137 du 30 janv. 2012, art. 1er-2º et 2)* Le service de santé au travail d'entreprise ou d'établissement est administré par l'employeur sous la surveillance du comité d'entreprise.

Le comité est consulté sur les questions relatives à l'organisation et au fonctionnement du service de santé au travail.

Art. D. 4622-7 *(Décr. nº 2012-137 du 30 janv. 2012, art. 1er-2º et 2)* Le comité d'entreprise est informé des observations formulées et des mises en demeure notifiées par l'inspection du travail dans le domaine de la santé au travail ainsi que des observations d'ordre technique faites par l'inspection médicale du travail.

Art. D. 4622-8 *(Décr. nº 2012-137 du 30 janv. 2012, art. 1er-2º et 2)* Des modalités particulières de gestion du service de santé au travail peuvent être établies par accord de groupe, d'entreprise ou à défaut par accord entre l'employeur et le comité d'entreprise.

Dans le cas d'un service de santé au travail de groupe, l'accord prévoit les conditions dans lesquelles s'exercent la surveillance et la consultation prévues à l'article D. 4622-6.

SOUS-SECTION 2 SERVICES DE SANTÉ AU TRAVAIL INTERÉTABLISSEMENTS

Art. D. 4622-9 *(Décr. nº 2012-137 du 30 janv. 2012, art. 1er-3º et 2)* Un service de santé au travail inter-établissements peut être créé entre plusieurs établissements d'une entreprise lorsque l'effectif de salariés suivis atteint ou dépasse 500 salariés.

La création de ce service est soumise aux dispositions de la section I ainsi qu'aux conditions d'agrément prévues à la sous-section 1 de la section IV.

Art. D. 4622-10 *(Décr. nº 2012-137 du 30 janv. 2012, art. 1er-3º et 2)* Le service de santé au travail inter-établissements est administré par l'employeur sous la surveillance du comité central d'entreprise et des comités d'établissement intéressés.

Art. D. 4622-11 *(Décr. nº 2012-137 du 30 janv. 2012, art. 1er-3º et 2)* Pour la surveillance du service de santé au travail inter-établissements, chaque comité d'établissement exerce les mêmes attributions que celles définies aux articles D. 4622-6 à D. 4622-8 pour ce qui concerne l'organisation et le fonctionnement du service de santé au travail dans l'établissement.

SOUS-SECTION 3 SERVICES DE SANTÉ AU TRAVAIL COMMUNS AUX ENTREPRISES CONSTITUANT UNE UNITÉ ÉCONOMIQUE ET SOCIALE

Art. D. 4622-12 *(Décr. nº 2012-137 du 30 janv. 2012, art. 1er-4º et 2)* Lorsqu'une unité économique et sociale a été reconnue entre des entreprises distinctes dans les conditions prévues à l'article L. 2322-4 et que l'effectif de salariés suivis atteint ou dépasse 500 salariés, un service de santé au travail commun à ces entreprises peut être créé, après accord du comité d'entreprise commun.

Art. D. 4622-13 *(Décr. nº 2012-137 du 30 janv. 2012, art. 1er-4º et 2)* Sauf dans le cas où il est administré paritairement en application de l'accord conclu par l'employeur, le service de santé au travail est placé sous la surveillance du comité d'entreprise commun qui exerce alors les attributions prévues aux articles D. 4622-6 à D. 4622-8.

SECTION III SERVICES DE SANTÉ AU TRAVAIL INTERENTREPRISES

SOUS-SECTION 1 ORGANISATION DU SERVICE DE SANTÉ AU TRAVAIL

§ 1er MISE EN PLACE ET ADMINISTRATION

Art. D. 4622-14 *(Décr. nº 2012-137 du 30 janv. 2012, art. 1er-5º et 2)* Les entreprises et établissements qui ne relèvent pas d'un service autonome de santé au travail en application de la section II organisent ou adhèrent à un service de santé au travail interentreprises.

Toutefois, une entreprise ou un établissement, quel que soit son effectif, peut faire suivre ses salariés par un service de santé au travail d'entreprise dans les cas suivants :

1° L'entreprise ou l'établissement appartient à un groupe au sens de l'article L. 2331-1 ;

2° L'entreprise ou l'établissement intervient régulièrement en tant qu'entreprise extérieure auprès d'une entreprise, dans les conditions prévues à l'article R. 4511-1.

Dans les cas prévus aux 1° et 2°, une convention est conclue entre l'entreprise qui a organisé le service de santé au travail et l'entreprise ou l'établissement concerné. Le comité de l'entreprise ou de l'établissement concerné préalablement consulté peut s'y opposer. L'opposition est motivée.

Art. D. 4622-15 *(Décr. n° 2012-137 du 30 janv. 2012, art. 1er-5° et 2)* Le service de santé au travail interentreprises est constitué sous la forme d'un organisme à but non lucratif, doté de la personnalité civile et de l'autonomie financière.

Lorsqu'il comprend un service social du travail, ce dernier est animé par un assistant social du travail ou par un conseiller du travail. L'assistant social du travail est un assistant social diplômé d'État ayant acquis un diplôme équivalent à celui de conseiller du travail.

Art. D. 4622-16 *(Décr. n° 2012-137 du 30 janv. 2012, art. 1er-5° et 2)* Lorsqu'ils ont conclu un accord de coopération pour la mise en œuvre des mesures de prévention relatives à la santé et à la sécurité de leurs salariés, des établissements travaillant sur un même site et appartenant à des entreprises différentes peuvent constituer un service de santé au travail, par dérogation aux dispositions des articles D. 4622-5, D. 4622-9 et D. 4622-12.

La création de ce service est autorisée par le directeur régional des entreprises, de la concurrence, de la consommation, du travail et de l'emploi, après consultation des comités d'entreprise intéressés et lorsque l'effectif des salariés suivis atteint ou dépasse 500 salariés.

Art. R. 4622-17 Le comité d'entreprise est consulté sur le choix du service de santé au travail interentreprises.

Art. R. 4622-18 *(Décr. n° 2012-137 du 30 janv. 2012, art. 1er-6° et 2)* Les entreprises foraines adhèrent à un service de santé au travail interentreprises territorialement compétent :

1° Soit pour la commune de résidence ou pour la commune de rattachement de l'employeur ;

2° Soit pour l'une des communes où l'entreprise exerce habituellement son activité.

(Décr. n° 2016-1908 du 27 déc. 2016, art. 18, en vigueur le 1er janv. 2017) « Lorsqu'une entreprise foraine est appelée à embaucher un travailleur lors de son passage dans une localité éloignée d'un centre d'examen du service de santé au travail auquel elle est affiliée, l'examen médical d'aptitude ou la visite d'information et de prévention réalisés à l'embauche peuvent avoir lieu lors du prochain passage dans une localité où fonctionne un de ces centres dans un délai qui n'excède pas un an. »

L'art. D. 4622-18 devient l'art. R. 4622-18 (Décr. n° 2016-1908 du 27 déc. 2016, art. 18, en vigueur le 1er janv. 2017).

Art. D. 4622-19 *(Décr. n° 2012-137 du 30 janv. 2012, art. 1er-6° et 2)* Les représentants des employeurs au conseil d'administration du service de santé au travail interentreprises sont désignés par les entreprises adhérentes après avis des organisations professionnelles d'employeurs représentatives au plan national interprofessionnel ou professionnel.

En l'absence de dispositions statutaires particulières du service de santé au travail interentreprises, lorsque des candidats aux fonctions de président et de trésorier ont obtenu le même nombre de voix, le poste est attribué au plus âgé des candidats.

La durée du mandat des membres du conseil d'administration est de quatre ans.

Un compte rendu de chaque réunion du conseil d'administration est tenu à disposition du directeur régional des entreprises, de la concurrence, de la consommation, du travail et de l'emploi.

Art. D. 4622-20 *(Décr. n° 2012-137 du 30 janv. 2012, art. 1er-6° et 2)* Le service de santé au travail interentreprises fait connaître au directeur régional des entreprises, de la concurrence, de la consommation, du travail et de l'emploi, dans les trois mois, tout changement survenu dans son administration ou sa direction ainsi que toute modification apportée à ses statuts.

Art. D. 4622-21 *(Décr. n° 2012-137 du 30 janv. 2012, art. 1er-6° et 2)* Sauf avis contraire du directeur régional des entreprises, de la concurrence, de la consommation, du travail et de l'emploi, un service de santé au travail interentreprises ne peut s'opposer à l'adhésion d'une entreprise relevant de sa compétence.

§ 2 ADHÉSION ET CESSATION D'ADHÉSION

Art. D. 4622-22 *(Décr. n° 2012-137 du 30 janv. 2012, art. 1er-7° et 2)* Les droits et obligations réciproques du service de santé au travail interentreprises et de ses adhérents sont déterminés dans les statuts ou le règlement intérieur de celui-ci. Ces statuts et ce règlement sont communiqués à l'entreprise, lors de la demande d'adhésion, avec la grille des cotisations du service de santé au travail interentreprises et un document détaillant les contreparties individualisées de l'adhésion.

(Décr. n° 2016-1908 du 27 déc. 2016, art. 18, en vigueur le 1er janv. 2017) « L'employeur adresse au service de santé au travail un document précisant le nombre et la catégorie des travailleurs à suivre et les risques professionnels auxquels ils sont exposés, notamment les risques mentionnés à l'article R. 4624-23, qui permettent au travailleur de bénéficier d'un suivi individuel renforcé de son état de santé. Ce document est établi en cohérence avec l'évaluation des risques prévue à l'article L. 4121-3 et le recensement des postes exposés à des facteurs de risques prévu à l'article R. 4624-46 après avis du ou des médecins du travail concernés ainsi que du comité d'hygiène, de sécurité et des conditions de travail ou, à défaut, des délégués du personnel s'ils existent. »

(Décr. n° 2014-799 du 11 juill. 2014, art. 1er) « Ce document est mis à jour chaque année selon les mêmes modalités. »

Il est tenu à disposition du directeur régional des entreprises, de la concurrence, de la consommation, du travail et de l'emploi.

Art. D. 4622-23 *(Décr. n° 2012-137 du 30 janv. 2012, art. 1er-7° et 2)* La cessation de l'adhésion à un service de santé au travail interentreprises est décidée par l'employeur, sauf opposition du *(Décr. n° 2016-1908 du 27 déc. 2016, art. 18, en vigueur le 1er janv. 2017)* « comité d'hygiène, de sécurité et des conditions de travail » préalablement consulté. L'opposition est motivée.

En cas d'opposition, la décision de l'employeur est subordonnée à l'autorisation du directeur régional des entreprises, de la concurrence, de la consommation, du travail et de l'emploi qui se prononce après avis du médecin inspecteur du travail.

En l'absence d'opposition, l'employeur informe le directeur régional des entreprises, de la concurrence, de la consommation, du travail et de l'emploi de sa décision.

Art. R. 4622-24 L'autorisation de cessation d'adhésion à un service de santé au travail interentreprises est réputée accordée par le directeur régional des entreprises, de la concurrence, de la consommation, du travail et de l'emploi si aucune opposition n'a été notifiée à l'employeur dans le délai d'un mois à compter de la réception de sa demande.

L'autorisation et le refus d'autorisation sont motivés. En cas d'autorisation implicite, les motifs sont fournis, sur demande, dans le délai d'un mois.

§ 3 SECTEURS

Art. D. 4622-25 *(Décr. n° 2012-137 du 30 janv. 2012, art. 1er-8° et 2)* Le service de santé au travail interentreprises est organisé en secteurs géographiques, professionnels ou interprofessionnels.

Art. D. 4622-26 *(Décr. n° 2012-137 du 30 janv. 2012, art. 1er-8° et 2)* L'équipe pluridisciplinaire prévue à l'article L. 4622-8 intervient dans chacun des secteurs.

Le nombre de médecins du travail affectés à un secteur est déterminé par l'agrément prévu à la sous-section 1 de la section IV.

Art. D. 4622-27 *(Décr. nº 2012-137 du 30 janv. 2012, art. 1er-8º et 2)* Chaque secteur comporte au moins un centre médical fixe.

Dans chaque centre médical fixe ou mobile est affichée la liste nominative avec leurs coordonnées :

1° Des médecins du travail du secteur ;

2° Des autres membres de l'équipe pluridisciplinaire ;

3° Des membres de la commission de contrôle ou des membres du comité interentreprises.

SOUS-SECTION 2 COMMISSION MÉDICO-TECHNIQUE

Art. D. 4622-28 *(Décr. nº 2012-137 du 30 janv. 2012, art. 1er-9º et 2)* La commission médico-technique prévue à l'article L. 4622-13 élabore le projet pluriannuel de service. Elle est informée de la mise en œuvre des priorités du service et des actions à caractère pluridisciplinaire.

Elle est en outre consultée sur les questions relatives :

1° A la mise en œuvre des compétences pluridisciplinaires au sein du service de santé au travail ;

2° A l'équipement du service ;

3° A l'organisation des actions en milieu de travail *(Décr. nº 2016-1908 du 27 déc. 2016, art. 18, en vigueur le 1er janv. 2017)* « et du suivi de l'état de santé des travailleurs ;

« 3° *bis* A l'élaboration et à la mise en œuvre des protocoles prévus à l'article R. 4623-14 » ;

4° A l'organisation d'enquêtes et de campagnes ;

5° Aux modalités de participation à le veille sanitaire.

Elle peut également être consultée sur toute question relevant de sa compétence.

Art. D. 4622-29 *(Décr. nº 2012-137 du 30 janv. 2012, art. 1er-9º et 2)* La commission médico-technique est constituée à la diligence du président du service de santé au travail.

Elle est composée :

1° Du président du service de santé au travail ou de son représentant ;

2° Des médecins du travail du service ou, s'il y a lieu, de leurs délégués *(Décr. nº 2014-799 du 11 juill. 2014, art. 1er)* « , élus à raison d'un titulaire et d'un suppléant pour huit médecins » ;

3° Des intervenants en prévention des risques professionnels du service ou, s'il y a lieu, de leurs délégués élus à raison d'un titulaire et d'un suppléant pour huit intervenants ;

4° Des infirmiers ou, s'il y a lieu, de leurs délégués élus à raison d'un titulaire et d'un suppléant pour huit infirmiers ;

5° Des assistants de services de santé au travail ou, s'il y a lieu, de leurs délégués élus à raison d'un titulaire et d'un suppléant pour huit assistants ;

6° Des professionnels recrutés après avis des médecins du travail ou, s'il y a lieu, de leurs délégués élus à raison d'un titulaire et d'un suppléant pour huit professionnels.

Art. D. 4622-30 *(Décr. nº 2012-137 du 30 janv. 2012, art. 1er-9º et 2)* La commission médico-technique se réunit au moins trois fois par an.

Elle établit son règlement intérieur.

Elle communique ses conclusions au conseil d'administration et, selon le cas, au comité interentreprises ou à la commission de contrôle. Elle les tient à disposition du médecin inspecteur du travail.

Elle présente chaque année à ces instances l'état de ses réflexions et travaux.

SOUS-SECTION 3 ORGANES DE SURVEILLANCE ET DE CONSULTATION

§ 1er DISPOSITIONS COMMUNES

Art. D. 4622-31 *(Décr. no 2012-137 du 30 janv. 2012, art. 1er-10o et 2)* **Le comité interentreprises ou la commission de contrôle est consulté sur l'organisation et le fonctionnement du** *(Décr. no 2014-799 du 11 juill. 2014, art. 1er)* **« service de santé au travail, notamment sur » :**

1° *(Décr. no 2012-1247 du 7 nov. 2012, art. 2)* **« Le budget » ainsi que l'exécution du budget du service de santé au travail ;**

2° La modification de la compétence géographique ou professionnelle du service de santé au travail ;

3° Les créations, suppressions ou modifications de secteurs ;

4° Les créations et suppressions d'emploi de médecin du travail, d'intervenant en prévention des risques professionnels ou d'infirmier ;

5° Les recrutements de médecins du travail en contrat de travail à durée déterminée ;

6° La nomination, le changement d'affectation, le licenciement, la rupture conventionnelle du contrat de travail, la rupture du contrat de travail à durée déterminée dans les cas prévus à l'article L. 4623-5-1 et le transfert d'un médecin du travail ;

7° Le licenciement d'un intervenant en prévention des risques professionnels ou d'un infirmier.

Le comité ou la commission peut en outre être consulté sur toute question relevant de sa compétence.

Art. D. 4622-32 *(Décr. no 2012-137 du 30 janv. 2012, art. 1er-10o et 2)* **Le comité interentreprises ou la commission de contrôle est informé :**

1° De tout changement de secteur ou d'affectation d'un médecin d'une entreprise ou d'un établissement de cinquante salariés et plus ;

2° Des observations et des mises en demeure de l'inspection du travail relatives aux missions des services de santé au travail et des mesures prises pour s'y conformer ;

3° Des observations d'ordre technique faites par l'inspection médicale du travail et des mesures prises pour s'y conformer ;

4° Des suites données aux suggestions qu'il a formulées ;

5° De l'état d'application des clauses des accords ou conventions collectifs relatives à l'activité et aux missions des services de santé au travail dès lors que ces accords ou conventions intéressent une ou plusieurs des entreprises adhérentes à ces services.

§ 2 DISPOSITIONS PARTICULIÈRES À LA COMMISSION DE CONTRÔLE

Art. D. 4622-33 *(Décr. no 2012-137 du 30 janv. 2012, art. 1er-11o et 2)* **La commission de contrôle comprend neuf membres au moins et vingt et un membres au plus, issus des entreprises adhérant au service de santé au travail.**

Art. D. 4622-34 *(Décr. no 2012-137 du 30 janv. 2012, art. 1er-11o et 2)* **La commission de contrôle est constituée puis renouvelée à la diligence du président du service de santé au travail.**

Lorsque, par défaut de candidatures, la commission de contrôle n'a pas été constituée ou renouvelée, un procès-verbal est établi par le président. Celui-ci *(Décr. no 2016-1418 du 20 oct. 2016, art. 4)* **« communique, par tout moyen, le procès-verbal aux salariés ». Il le transmet dans les quinze jours au directeur régional des entreprises, de la concurrence, de la consommation, du travail et de l'emploi.**

Art. D. 4622-35 *(Décr. no 2012-137 du 30 janv. 2012, art. 1er-11o et 2)* **Les représentants des salariés sont désignés par les organisations syndicales de salariés représentatives au niveau national et interprofessionnel.**

Les représentants des employeurs sont désignés par les entreprises adhérentes après avis des organisations professionnelles d'employeurs représentatives au plan national interprofessionnel ou professionnel.

La répartition des sièges pour les représentants des employeurs et les représentants des salariés fait l'objet respectivement d'un accord entre le président du service de santé au travail et les organisations professionnelles d'employeurs représentatives au

plan national interprofessionnel ou professionnel et d'un accord *(Décr. n° 2014-799 du 11 juill. 2014, art. 1er)* « , valide au sens de l'article L. 2232-2, » entre le président du service de santé au travail et les organisations syndicales de salariés représentatives au niveau national et interprofessionnel intéressées.

La fonction de trésorier du conseil d'administration est incompatible avec celle de président de la commission de contrôle.

Art. D. 4622-36 *(Décr. n° 2012-137 du 30 janv. 2012, art. 1er-11° et 2)* La composition de la commission de contrôle ainsi que toute modification intervenant dans cette composition sont communiquées, dans le délai d'un mois, au directeur régional des entreprises, de la concurrence, de la consommation, du travail et de l'emploi.

Art. D. 4622-37 *(Décr. n° 2012-137 du 30 janv. 2012, art. 1er-11° et 2)* Les difficultés soulevées par l'application des articles D. 4622-33 à D. 4622-36 sont tranchées par le directeur régional des entreprises, de la concurrence, de la consommation, du travail et de l'emploi.

(Décr. n° 2014-799 du 11 juill. 2014, art. 1er) « Toutefois, le directeur régional des entreprises, de la concurrence, de la consommation, du travail et de l'emploi ne peut être saisi de difficultés liées à la répartition des sièges entre organisations au sein de la commission de contrôle qu'en l'absence d'accord mentionné au troisième alinéa de l'article D. 4622-35. »

Art. D. 4622-38 *(Décr. n° 2012-137 du 30 janv. 2012, art. 1er-11° et 2)* La durée du mandat des membres de la commission de contrôle est de quatre ans.

Art. D. 4622-39 *(Décr. n° 2012-137 du 30 janv. 2012, art. 1er-11° et 2)* Les membres de la commission de contrôle bénéficient, dans les trois mois qui suivent leur nomination, de la formation nécessaire à l'exercice de leur mandat, auprès de l'organisme de leur choix. Cette formation est à la charge du service de santé au travail.

En cas de renouvellement de leur mandat et lorsqu'ils ont exercé leurs fonctions pendant trois ans, consécutifs ou non, les membres de la commission de contrôle bénéficient, dans les mêmes conditions, d'un stage de perfectionnement et d'actualisation de leurs connaissances.

Le contenu et les conditions d'organisation de ces formations peuvent être précisés par accord collectif de branche.

Art. D. 4622-40 *(Décr. n° 2012-137 du 30 janv. 2012, art. 1er-11° et 2)* La commission élabore son règlement intérieur, qui précise notamment :

1° Le nombre de réunions annuelles de la commission ;

2° La possibilité et les modalités de réunions extraordinaires ;

3° Les modalités selon lesquelles les représentants des employeurs désignent parmi eux le secrétaire de la commission ;

4° Les conditions d'élaboration de l'ordre du jour de chaque réunion.

Art. D. 4622-41 *(Décr. n° 2012-137 du 30 janv. 2012, art. 1er-11° et 2)* L'ordre du jour des réunions de la commission de contrôle est arrêté par le président et le secrétaire de la commission.

Il est transmis par le président aux membres de la commission au moins quinze jours avant la date de la réunion, accompagné des documents correspondants.

Ce délai est porté à dix jours en cas de mise à pied d'un médecin du travail, dans le cadre de la procédure prévue au quatrième alinéa de l'article R. 4623-20.

L'ordre du jour est communiqué, dans les mêmes conditions, au directeur régional des entreprises, de la concurrence, de la consommation, du travail et de l'emploi.

Art. D. 4622-42 *(Décr. n° 2012-137 du 30 janv. 2012, art. 1er-11° et 2)* Le procès-verbal de chaque réunion, cosigné par le président et le secrétaire de la commission, est tenu à disposition du directeur régional des entreprises, de la concurrence, de la consommation, du travail et de l'emploi dans le délai d'un mois à compter de la date de la réunion.

Art. D. 4622-43 *(Décr. n° 2012-137 du 30 janv. 2012, art. 1er-11° et 2)* Les membres salariés de la commission de contrôle sont indemnisés intégralement par leur employeur de toute éventuelle perte de rémunération résultant de l'exercice de leur mandat. Cette indemnisation prend notamment en compte le temps de déplacement et les frais de transport.

Le service de santé au travail interentreprises rembourse à l'employeur les frais ainsi engagés.

SOUS-SECTION 4 CONTRACTUALISATION

Art. D. 4622-44 *(Décr. nº 2012-137 du 30 janv. 2012, art. 1er-12º et 2)* Le contrat pluriannuel d'objectifs et de moyens mentionné à l'article L. 4622-10 est conclu entre chaque service de santé au travail agréé d'une part, le directeur régional des entreprises, de la concurrence, de la consommation, du travail et de l'emploi et les organismes de prévention des caisses de sécurité sociale d'autre part, après avis du *(Décr. nº 2016-1834 du 22 déc. 2016, art. 2-II)* « groupe permanent régional d'orientation des conditions de travail ».

Art. D. 4622-45 *(Décr. nº 2012-137 du 30 janv. 2012, art. 1er-12º et 2)* Le contrat pluriannuel définit des actions visant à :

1º Mettre en œuvre les priorités d'actions du projet de service pluriannuel prévu à l'article *(Décr. nº 2014-799 du 11 juill. 2014, art. 1er)* « L. 4622-14 » et faire émerger des bonnes pratiques ;

2º Améliorer la qualité individuelle et collective de la prévention des risques professionnels et des conditions de travail ;

3º Mettre en œuvre les objectifs régionaux de santé au travail définis dans les plans régionaux de santé au travail ;

4º Promouvoir une approche collective et concertée et les actions en milieu de travail ;

5º Mutualiser, y compris entre les services de santé au travail, des moyens, des outils, des méthodes, des actions, notamment en faveur des plus petites entreprises ;

6º Cibler des moyens et des actions sur certaines branches professionnelles, en faveur de publics particuliers ou sur la prévention de risques spécifiques ;

7º Permettre le maintien dans l'emploi des salariés et lutter contre la désinsertion professionnelle.

Art. D. 4622-46 *(Décr. nº 2012-137 du 30 janv. 2012, art. 1er-12º et 2)* Le contrat pluriannuel indique les moyens mobilisés par les parties, la programmation des actions et les modalités de collaboration pour atteindre des objectifs chiffrés. Il détermine également les modalités de suivi, de contrôle et d'évaluation des résultats, à l'aide d'indicateurs quantitatifs et qualitatifs.

Art. D. 4622-47 *(Décr. nº 2012-137 du 30 janv. 2012, art. 1er-12º et 2)* Le contrat pluriannuel est conclu pour une durée maximale de cinq ans. Il peut être révisé par voie d'avenants.

SECTION IV DISPOSITIONS COMMUNES

SOUS-SECTION 1 AGRÉMENTS

Art. D. 4622-48 *(Décr. nº 2012-137 du 30 janv. 2012, art. 1er-13º et 2)* Chaque service de santé au travail fait l'objet d'un agrément, pour une période de cinq ans, par le directeur régional des entreprises, de la concurrence, de la consommation, du travail et de l'emploi, après avis du médecin inspecteur du travail.

Le directeur régional peut autoriser le rattachement, au service de santé au travail qu'il agrée, d'un établissement ou d'une entreprise situé dans le ressort d'une autre région, sous réserve de l'accord du directeur régional géographiquement compétent.

L'agrément fixe l'effectif maximal de travailleurs suivis par *[le]* médecin du travail ou, pour les services de santé au travail interentreprises, par l'équipe pluridisciplinaire de santé au travail.

Les agréments délivrés en application des dispositions des art. D. 4622-15 et D. 4622-36 dans leur rédaction antérieure au Décr. nº 2012-137 du 30 janv. 2012 restent valables jusqu'à leur date d'échéance (Décr. préc., art. 2).

Art. D. 4622-49 *(Décr. n° 2012-137 du 30 janv. 2012, art. 1er-13° et 2)* L'agrément ne peut être refusé que pour des motifs tirés de la non-conformité aux prescriptions du présent titre *(Décr. n° 2014-799 du 11 juill. 2014, art. 1er)* « ou des besoins en médecine du travail, appréciés au niveau régional ».

Tout refus d'agrément est motivé.

Art. D. 4622-50 *(Décr. n° 2012-137 du 30 janv. 2012, art. 1er-13° et 2)* La demande d'agrément ou de renouvellement d'agrément est accompagnée d'un dossier dont les éléments sont fixés par arrêté du ministre chargé du travail qui tient compte notamment de la couverture géographique assurée, professionnelle ou interprofessionnelle, des moyens affectés ainsi que des locaux et des équipements dédiés et, le cas échéant, de la mise en œuvre des dispositions du contrat pluriannuel d'objectifs et de moyens par le service de santé au travail interentreprises.

La demande de renouvellement d'agrément est présentée au moins quatre mois avant le terme de l'agrément en cours.

Art. D. 4622-51 *(Décr. n° 2012-137 du 30 janv. 2012, art. 1er-13° et 2)* Lorsque le directeur régional des entreprises, de la concurrence, de la consommation, du travail et de l'emploi constate que les conditions de fonctionnement du service de santé ne satisfont pas aux obligations résultant des dispositions du présent titre, il peut, après avis du médecin inspecteur du travail :

(Décr. n° 2014-799 du 11 juill. 2014, art. 1er) « 1° En cas de demande d'agrément ou de renouvellement, délivrer un agrément pour une durée maximale de deux ans non renouvelable, sous réserve d'un engagement précis et daté de mise en conformité de la part du service de santé au travail. Lorsqu'à l'issue de cette période le service de santé au travail satisfait à ses obligations, l'agrément lui est accordé pour cinq ans ;

« 2° En cours d'agrément :

« *a)* Soit mettre fin à l'agrément accordé et délivrer un agrément pour une durée maximale de deux ans non renouvelable, sous réserve d'un engagement précis et daté de mise en conformité de la part du service de santé au travail. Lorsqu'à *[Lorsque à]* l'issue de cette période le service de santé au travail satisfait à ces obligations, l'agrément lui est accordé pour cinq ans ;

« *b)* Soit modifier ou retirer, par décision motivée, l'agrément délivré, ces mesures ne pouvant intervenir que lorsque le service de santé au travail, invité par tout moyen permettant de conférer date certaine à cet envoi à se mettre en conformité dans un délai fixé par le directeur régional dans la limite de six mois, n'a pas accompli dans ce délai les diligences nécessaires. »

Le président du service de santé au travail informe individuellement les entreprises adhérentes de la modification ou du retrait de l'agrément.

Art. R. 4622-52 Le silence gardé pendant plus de quatre mois sur une demande d'agrément ou de renouvellement d'agrément vaut décision d'agrément.

Le silence gardé pendant plus de quatre mois par le ministre chargé du travail saisi d'un recours hiérarchique sur une décision relative à l'agrément vaut décision d'agrément.

Art. D. 4622-53 *(Décr. n° 2012-137 du 30 janv. 2012, art. 1er-14° et 2)* Chaque année, le directeur régional des entreprises, de la concurrence, de la consommation, du travail et de l'emploi présente la politique régionale d'agrément au *(Décr. n° 2016-1834 du 22 déc. 2016, art. 2-III)* « groupe permanent régional d'orientation des conditions de travail ».

SOUS-SECTION 2 **RAPPORTS**

Art. D. 4622-54 *(Décr. n° 2012-137 du 30 janv. 2012, art. 1er-15° et 2)* L'employeur ou le président du service de santé au travail interentreprises établit et présente le rapport annuel relatif à l'organisation, au fonctionnement et à la gestion financière du service de santé au travail soit au comité d'entreprise, soit au comité interentreprises ou à la commission de contrôle et au conseil d'administration.

Cette présentation est faite au plus tard à la fin du quatrième mois qui suit l'année pour laquelle il a été établi.

L'instance mentionnée au premier alinéa peut faire toute proposition relative à l'organisation, au fonctionnement, à l'équipement et au budget du service de santé au travail, notamment sur le financement des examens médicaux complémentaires prévus à l'article R. 4624-25.

Art. D. 4622-55 *(Décr. n° 2012-137 du 30 janv. 2012, art. 1er-15° et 2)* L'employeur ou le président du service de santé au travail interentreprises communique un exemplaire du rapport mentionné à l'article D. 4622-54 au directeur régional des entreprises, de la concurrence, de la consommation, du travail et de l'emploi chargé du contrôle du service.

Cette communication, accompagnée des observations de l'instance compétente selon le cas, est faite dans le délai d'un mois à compter de sa présentation devant l'instance intéressée.

Art. D. 4622-56 *(Décr. n° 2012-137 du 30 janv. 2012, art. 1er-15° et 2)* Un arrêté du ministre chargé du travail fixe le modèle de rapport annuel.

Art. D. 4622-57 *(Décr. n° 2012-137 du 30 janv. 2012, art. 1er-15° et 2)* Un rapport comptable d'entreprise, certifié par un commissaire aux comptes, est versé en complément du rapport prévu à l'article D. 4622-54 au plus tard avant la fin du premier semestre suivant l'exercice considéré.

CHAPITRE III **PERSONNELS CONCOURANT AUX SERVICES DE SANTÉ AU TRAVAIL**

(Décr. n° 2012-135 du 30 janv. 2012, art. 1er-III et 3)

SECTION PREMIÈRE **MÉDECIN DU TRAVAIL**

SOUS-SECTION 1 **MISSIONS DU MÉDECIN DU TRAVAIL**

Art. R. 4623-1 *(Décr. n° 2016-1908 du 27 déc. 2016, art. 18, en vigueur le 1er janv. 2017)* Le médecin du travail est le conseiller de l'employeur, des travailleurs, des représentants du personnel et des services sociaux. Dans le champ de ses missions :

1° Il participe à la prévention des risques professionnels et à la protection de la santé des travailleurs, notamment par :

a) L'amélioration des conditions de vie et de travail dans l'entreprise ;

b) L'adaptation des postes, des techniques et des rythmes de travail à la santé physique et mentale, notamment en vue de préserver le maintien dans l'emploi des salariés ;

c) La protection des travailleurs contre l'ensemble des nuisances, notamment contre les risques d'accidents du travail ou d'exposition à des agents chimiques dangereux ;

d) L'amélioration de l'hygiène générale de l'établissement et l'hygiène dans les services de restauration ;

e) La prévention et l'éducation sanitaires dans le cadre de l'établissement en rapport avec l'activité professionnelle ;

f) La construction ou les aménagements nouveaux ;

g) Les modifications apportées aux équipements ;

h) La mise en place ou la modification de l'organisation du travail de nuit ;

i) L'accompagnement en cas de réorganisation importante de l'entreprise ;

2° Il conseille l'employeur, notamment en participant à l'évaluation des risques dans le cadre de l'élaboration de la fiche d'entreprise et dans le cadre de son action sur le milieu de travail, réalisées, conformément à sa mission définie à l'article L. 4622-3, au service de la prévention et du maintien dans l'emploi des travailleurs, qu'il conduit avec les autres membres de l'équipe pluridisciplinaire, qu'il anime et coordonne ;

3° Il décide du suivi individuel de l'état de santé des travailleurs, qui a une vocation exclusivement préventive et qu'il réalise avec les personnels de santé mentionnés au premier alinéa de l'article L. 4624-1, qui exercent dans le cadre de protocoles et sous son autorité ;

4° Il contribue à la veille épidémiologique et à la traçabilité.

Dans les services de santé au travail interentreprises, l'équipe pluridisciplinaire et, le cas échéant, le service social du travail, se coordonnent avec le service social du travail de l'entreprise.

SOUS-SECTION 2 RECRUTEMENT, NOMINATION, AFFECTATION ET CONDITIONS D'EXERCICE

§ 1er RECRUTEMENT

Art. R. 4623-2 Seul un médecin remplissant l'une des conditions suivantes peut pratiquer la médecine du travail :

1° Être qualifié en médecine du travail ;

2° Avoir été autorisé, à titre exceptionnel, à poursuivre son exercice en tant que médecin du travail en application de l'article 28 de la loi n° 98-535 du 1er juillet 1998 ou de l'article 189 de la loi n° 2002-73 du 17 janvier 2002 de modernisation sociale ;

3° Être titulaire d'une capacité en médecine de santé au travail et de prévention des risques professionnels.

Art. R. 4623-3 Le médecin du travail communique ses titres à l'inspection médicale du travail, dans le mois qui suit son entrée en fonction dans un service de santé au travail.

Art. R. 4623-4 Le médecin du travail est lié par un contrat de travail conclu avec l'employeur ou le président du service de santé au travail interentreprises, dans les conditions prévues par le code de déontologie médicale prévu à l'article L. 4127-1 du code de la santé publique.

1. Recours pour excès de pouvoir. Les contrats types établis sur le fondement du code de déontologie constituent des actes réglementaires pouvant être l'objet d'un recours pour excès de pouvoir devant les juridictions administratives au même titre que la décision du conseil de l'ordre qui en adopte les dispositions et qui en est indissociable. • CE 13 mai 1987 : *Lebon 530 ; D. 1989. Somm. 65, obs. Chelle et Prétot ; Dr. soc. 1987. 749, concl. de Clausade ; JCP E 1988. II. 15157, note Chaumette* (décision statuant sur la légalité de certaines clauses du contrat type des médecins du travail relevant de services interentreprises rendu public le 1er avr. 1978).

2. Rôle du conseil de l'ordre. Les contrats doivent être communiqués au conseil de l'ordre, mais n'ont pas à être approuvés par lui ; celui-ci ne peut donc prendre une sanction disciplinaire au motif qu'il n'a pas approuvé un contrat. • CE 3 juill. 1970 : *Lebon 460.*

§ 2 NOMINATION

Art. R. 4623-5 Le médecin du travail est nommé et affecté avec l'accord du comité d'entreprise ou, dans les services de santé au travail interentreprises, avec l'accord du comité interentreprises ou de la commission de contrôle, ainsi que du conseil d'administration.

1. Légalité des dispositions réglementaires. Sur la légalité des dispositions réglementaires soumettant la nomination ou le licenciement du médecin du travail à l'accord, soit du comité d'entreprise, soit de la commission de contrôle du service interentreprises, V. • Crim. 9 mai 1978 : *Dr. soc. 1979. 452, annexe 3, note Javillier* • CE 12 juill. 1957 : *Lebon 480.*

2. Sur la légalité du règlement R PS 24 B établi par la Société nationale des chemins de fer français relatif au service médical de médecine du travail. • CE 6 nov. 2000 : *req. n° 207780.*

3. Principe du contradictoire. Le médecin, dont l'audition par le comité d'entreprise ou l'organisme de contrôle n'est pas exigée, doit avoir été mis à même de présenter ses moyens de défense. • Soc. 9 déc. 1964 : *Dr. soc. 1965. 316, obs. Savatier.* ♦ Rappr. • Soc. 10 mars 1971 : *Bull. civ. V, n° 194.*

4. Majorité. Dans le cadre de l'art. R. 241-31 [R. 4623-5 nouv.], une résolution doit, pour être adoptée, avoir recueilli les suffrages favorables de plus de la moitié des personnes composant le comité ou la commission de contrôle. • Crim. 4 mars 1980 : *Bull. crim. n° 78* • Soc. 10 déc. 1986 : *Bull. civ. V, n° 587.*

5. Dossiers de candidature. Le comité d'entreprise n'étant pas compétent pour effectuer le choix parmi les candidats retenus par l'employeur, celui-ci n'a pas à lui transmettre les dossiers des candidatures. • CE 20 avr. 1984 : *Dr. soc. 1984. 559, concl. Pauti.*

Art. R. 4623-6 Les instances mentionnées à l'article R. 4623-5 se prononcent par un vote à bulletin secret, à la majorité de leurs membres, régulièrement convoqués, présents ou représentés. Chaque membre ne peut disposer du pouvoir que d'un seul autre membre.

Art. R. 4623-7 Les instances mentionnées à l'article R. 4623-5 ont communication des données suivantes :

1° L'effectif des salariés suivis par le médecin nommé ;

2° Dans les services de santé au travail d'entreprise ou d'établissement, le secteur auquel le médecin du travail est affecté ;

3° Dans les services de santé au travail de groupe, inter-établissements ou commun aux entreprises constituant une unité économique et sociale, la liste des entreprises ou établissements surveillés par le médecin du travail ;

4° Dans les services de santé au travail interentreprises, la liste des entreprises surveillées par le médecin du travail.

Art. R. 4623-8 La consultation des instances mentionnées à l'article R. 4623-5 intervient au plus tard avant la fin de la période d'essai.

A défaut d'accord de ces instances, la nomination intervient sur autorisation de l'inspecteur du travail prise après avis du médecin inspecteur du travail.

Art. R. 4623-9 Lorsque l'effectif d'une entreprise, d'un établissement ou d'un service de santé au travail interentreprises correspond à l'emploi d'un seul médecin du travail à temps plein ou à temps partiel, il ne peut être fait appel à plusieurs médecins du travail.

Des dérogations peuvent être accordées, à titre exceptionnel, par le directeur régional des entreprises, de la concurrence, de la consommation, du travail et de l'emploi après avis du médecin inspecteur du travail.

Art. R. 4623-10 Dans les services de santé au travail interentreprises, une liste d'entreprises et d'établissements indiquant les effectifs de travailleurs correspondants et les risques professionnels auxquels ils sont exposés est attribuée à chaque médecin.

Art. R. 4623-11 Dans les services autonomes de santé au travail employant plusieurs médecins du travail, chacun d'eux est affecté à un secteur déterminé, défini par l'employeur et dont l'effectif salarié lui est communiqué.

§ 3 CHANGEMENT D'AFFECTATION

Art. R. 4623-12 La procédure prévue à l'article R. 4623-5 s'applique également :

1° Dans les services autonomes de santé au travail, en cas de changement de secteur ou d'entreprise du groupe suivi par un médecin du travail, lorsque ce changement est contesté par l'intéressé ou par le comité d'entreprise concerné ;

2° Dans les services de santé au travail interentreprises :

a) En cas de changement d'affectation d'une entreprise ou d'un établissement à un médecin du travail, lorsque ce changement est contesté par le médecin du travail, par l'employeur ou par le comité d'entreprise concerné ;

b) En cas de changement de secteur d'un médecin du travail, lorsque ce changement est contesté par le médecin du travail, par le comité interentreprises ou la commission de contrôle du service ou son conseil d'administration.

Art. R. 4623-13 A défaut d'accord des instances mentionnées à l'article R. 4623-5 ou de l'employeur, les changements de secteur et d'affectation du médecin du travail interviennent sur autorisation de l'inspecteur du travail délivrée après avis du médecin inspecteur du travail.

Un document annuel faisant état de ces changements, ainsi que de tout autre changement d'affectation d'une entreprise ou d'un établissement de plus de cinquante salariés, est tenu à disposition du directeur régional des entreprises, de la concurrence, de la consommation, du travail et de l'emploi ainsi que du médecin inspecteur du travail.

§ 4 MODALITÉS D'EXERCICE

Art. R. 4623-14 Le médecin du travail assure personnellement l'ensemble de ses fonctions, dans le cadre des missions définies à l'article R. 4623-1. Elles sont exclusives de toute autre fonction dans les établissements dont il a la charge et dans le service interentreprises dont il est salarié.

Toutefois, le médecin du travail peut confier certaines activités, sous sa responsabilité, dans le cadre de protocoles écrits, *(Décr. n° 2014-798 du 11 juill. 2014, art. 4)* « aux collaborateurs médecins, aux internes, aux candidats à l'autorisation d'exercice », aux infirmiers, aux assistants de service de santé au travail ou, lorsqu'elle est mise en place, aux membres de l'équipe pluridisciplinaire. Pour les professions dont les conditions d'exercice relèvent du code de la santé publique, ces activités sont exercées dans la limite des compétences respectives des professionnels de santé déterminées par les dispositions de ce code.

Art. R. 4623-15 Le médecin du travail peut être remplacé durant son absence.

Lorsque la durée de l'absence excède trois mois, son remplacement est de droit.

Lorsque la durée de l'absence est inférieure à trois mois, le médecin du travail peut être remplacé par un médecin du travail, par un collaborateur médecin ou par un interne en médecine du travail dans les conditions mentionnées à l'article *(Décr. n° 2014-798 du 11 juill. 2014, art. 4)* « R. 4623-28 ».

SOUS-SECTION 3 PARTICIPATION AUX ORGANES DE SURVEILLANCE ET DE CONSULTATION

Art. R. 4623-16 Lorsque l'ordre du jour comporte des questions relatives à l'organisation et au fonctionnement des services de santé au travail ou des questions qui concernent les missions des médecins telles que définies à l'article L. 4622-3, le médecin du travail ou, en cas de pluralité de médecins, le ou les délégués des médecins assistent, avec voix consultative, aux réunions :

1° Du comité d'entreprise lorsqu'ils relèvent d'un service autonome de santé au travail ;

2° Du comité interentreprises ou de la commission de contrôle ainsi que du conseil d'administration lorsqu'ils relèvent d'un service de santé au travail interentreprises.

Art. R. 4623-17 Dans les services autonomes de santé au travail, les délégués des médecins du travail sont élus à raison d'un titulaire et d'un suppléant pour huit médecins, dans la limite de quatre titulaires et quatre suppléants.

Dans les services interentreprises, ils sont élus à raison d'un titulaire et d'un suppléant par secteur, dans la limite de quatre titulaires et quatre suppléants.

La durée du mandat des délégués est de trois ans.

L'employeur ou le président du service de santé au travail organise l'élection.

SOUS-SECTION 4 PROCÉDURE D'AUTORISATION APPLICABLE À LA RUPTURE OU AU TRANSFERT DU CONTRAT

Art. R. 4623-18 Lorsqu'est envisagé le licenciement ou la rupture conventionnelle du contrat de travail d'un médecin du travail, ou en cas de rupture de son contrat de travail à durée déterminée dans les cas prévus à l'article L. 4623-5-1, le comité d'entreprise, le comité interentreprises ou la commission de contrôle ainsi que le conseil d'administration, selon le cas, se prononcent après audition de l'intéressé. L'entretien préalable prévu à l'article L. 1232-2 précède la consultation de l'instance.

1. Application du statut. La procédure de l'art. R. 241-31-2 [R. 4623-20 nouv.] doit être suivie lorsque le licenciement est la conséquence de la suppression par une entreprise de son propre service médical. • CE 5 févr. 1988 : *D. 1990. Somm. 135, obs. Chelle et Prétot ; Dr. soc. 1988. 449, concl. Robineau ; JCP 1988. II. 21151, note Moderne.* ♦ ... Ou lorsque le médecin est mis à la retraite. • Crim. 2 févr. 1982 : *Bull. crim. n° 38.* ♦ La rupture du contrat de travail pendant la période d'essai est soumise aux dispositions particulières de l'art. R. 241-31 [R. 4623-20 nouv.]. • Soc. 9 févr. 1966 : *Bull. civ. IV, n° 162 ; Dr. soc., n° spéc. avr. 1980, 61* • 4 mars 1987 : *Liaisons soc. Lég. soc., n° 5943, 19* • 26 oct. 2005 : *D. 2006. 115, note Mouly ; ibid. 2006. Pan. 419, obs. Lokiec ; JCP E 2005. 1801, note Boulmier ; JS Lamy 2005, n° 178-2.*

2. Inapplication du statut. Le statut protecteur ne s'applique pas à un médecin chef du service médical d'une compagnie aérienne qui dispose déjà d'un médecin du travail. • Soc. 7 déc. 1966 : *Bull. civ. IV, n° 923.* ♦ ... Ni aux médecins faisant partie du service central d'appui à la médecine du travail et au médecin coordonnateur qui n'exercent aucune des attributions confiées aux médecins du travail. • CE 15 janv.

1999 : ⚖ *pourvoi n° 189568.* ♦ Mais il bénéficie même à un médecin recruté sans l'accord du comité d'entreprise ou de l'organisme de contrôle. • CE 22 déc. 1967 : *Gaz. Pal. 1968. 1. 249* • Crim. 2 oct. 1985 : *JS UIMM 1986. 99.*

Art. R. 4623-19 Les instances mentionnées à l'article R. 4623-18 se prononcent par un vote à bulletin secret, à la majorité de leurs membres, régulièrement convoqués, présents ou représentés.

Chaque membre ne peut disposer du pouvoir que d'un seul autre membre.

Art. R. 4623-20 *(Décr. n° 2012-135 du 30 janv. 2012, art. 1er-III et 3) (Décr. n° 2014-798 du 11 juill. 2014, art. 4)* **« La demande d'autorisation de licenciement d'un médecin du travail, de rupture du contrat de travail à durée déterminée dans les cas prévus à l'article L. 4623-5-1 ainsi que la demande de constatation de l'arrivée du terme du contrat dans le cas prévu à l'article L. 4623-5-2 sont adressées à l'inspecteur du travail dont dépend le service de santé au travail qui l'emploie par tout moyen permettant de conférer date certaine.**

« En cas de licenciement, de rupture anticipée ou de non-renouvellement du contrat de travail à durée déterminée, la demande en énonce les motifs. Elle est accompagnée du procès-verbal de la réunion des instances mentionnées à l'article R. 4623-18 ».

La demande est transmise dans les quinze jours suivant la délibération des instances mentionnées à l'article R. 4623-18.

En cas de mise à pied, la consultation de ces instances a lieu dans un délai de dix jours à compter de la mise à pied.

La demande d'autorisation de licenciement ou de rupture du contrat à durée déterminée avant l'échéance du terme ou de non-renouvellement du contrat à durée déterminée est transmise à l'inspecteur du travail dans les quarante-huit heures suivant la délibération des instances mentionnées à l'article R. 4623-18.

Art. R. 4623-21 L'inspecteur du travail procède à une enquête contradictoire au cours de laquelle le médecin du travail peut, sur sa demande, se faire assister par une personne de son choix appartenant au personnel du service de santé au travail ou de l'entreprise.

L'inspecteur du travail prend sa décision dans un délai de quinze jours, réduit à huit jours en cas de mise à pied. Ce délai court à compter de la réception de la demande motivée présentée par l'employeur. Il n'est prolongé que si les nécessités de l'enquête le justifient.

Art. R. 4623-22 La décision de l'inspecteur du travail est motivée. Elle est notifiée *(Décr. n° 2014-798 du 11 juill. 2014, art. 4)* **« par tout moyen permettant de lui conférer une date certaine » :**

1° A l'employeur ;

2° Au médecin du travail ;

(Décr. n° 2014-798 du 11 juill. 2014, art. 4) **« 3° Dans le cas d'un service autonome, au comité d'entreprise ;**

« 4° Dans le cas d'un service interentreprises, au conseil d'administration et, selon le cas, soit au comité interentreprises, soit à la commission de contrôle. »

1. Portée de l'autorisation administrative de licenciement. L'autorisation de licenciement donnée par l'inspecteur du travail se substitue entièrement à la délibération de la commission de contrôle et, par suite, les moyens tirés d'irrégularités dont serait entachée la délibération de cette commission sont inopérants. • CE 12 oct. 1990 : ⚖ *RJS 1991. 106, n° 192.*

2. Office du juge. En cas de licenciement, le juge doit rechercher si cette mesure était en rapport avec l'exercice normal des fonctions de médecin du travail. • CE 5 févr. 1988 : ⚖ *D. 1990. Somm. 135, obs. Chelle et Prétôt* ✎ *; Dr. soc. 1988. 449, concl. Robineau ; JCP 1988. II. 21151, note Moderne.* ♦ Dès lors que la procédure de licenciement n'a pas été sans rapport avec l'exercice normal des fonctions du médecin du travail, l'inspecteur du travail était tenu de refuser son autorisation. • CE 6 mai 1996 : ⚖ *RJS 1996. 515, n° 799.*

3. Licenciement abusif. Est abusif, bien que régulier en la forme, le licenciement d'un médecin d'un service interentreprises en raison de ses mauvaises relations avec certains employeurs qui l'ont obligé à réclamer le respect de son indépendance dans le domaine médical. • Crim. 10 oct. 1979 : *Dr. soc., n° spéc. avr. 1980, S. 109, obs. Savatier.*

Art. R. 4623-23 Lors du transfert partiel de l'entreprise ou de l'établissement auquel appartient le médecin du travail, seules les dispositions des articles R. 4623-21 et R. 4623-22 s'appliquent. La demande d'autorisation de transfert prévue à l'article L. 4623-5-3 est adressée à l'inspecteur du travail par lettre recommandée avec avis de réception quinze jours avant la date arrêtée pour le transfert.

Art. R. 4623-24 Le ministre peut annuler ou réformer la décision de l'inspecteur du travail mentionnée à l'article *(Décr. n° 2014-798 du 11 juill. 2014, art. 4)* « R. 4623-22 » sur le recours de l'employeur ou du médecin du travail.

Ce recours est introduit dans un délai de deux mois à compter de la notification de la décision de l'inspecteur.

Le silence gardé pendant plus de quatre mois sur ce recours vaut décision de rejet.

1. Référé. Constitue un trouble manifestement illicite justifiant la compétence du juge des référés la violation par une entreprise des dispositions protectrices des fonctions de médecin du travail. • Soc. 7 mai 1987 : *Bull. civ. V, n° 274.*

2. Sanctions. Le licenciement donné sans accord préalable de l'organisme de contrôle est nul. • Soc. 12 mai 1965 : *Bull. civ. IV, n° 374* • 3 nov. 1967 : *Dr. soc. 1968. 242, obs. Savatier* • 19 juin 1975 : *Bull. civ. V, n° 342.* ♦ Comp., lorsque l'absence de cet organisme ou du comité d'entreprise n'est pas due à la faute de l'employeur : • Soc. 24 mai 1967 : *Bull. civ. IV, n° 422* • 16 mars 1978 : *Dr. soc., n° spéc., avr. 1980, S. 106, obs. Savatier.*

3. Rôle des syndicats. La réglementation de la médecine du travail n'a pas été instituée principalement dans l'intérêt de la profession des médecins du travail, mais elle a pour objet essentiel de protéger la santé du personnel des entreprises, ce qui, en cas de violation de cette réglementation, autorise l'action civile des syndicats représentant l'intérêt collectif de la profession. • Crim. 9 mai 1978 : *Dr. soc. 1979. 452, annexe 3, note Javillier.*

SECTION II **COLLABORATEUR MÉDECIN**

Art. R. 4623-25 Le service de santé au travail ou l'employeur peut recruter des collaborateurs médecins. Ces médecins s'engagent à suivre une formation en vue de l'obtention de la qualification en médecine du travail auprès de l'ordre des médecins. Ils sont encadrés par un médecin qualifié en médecine du travail qu'ils assistent dans ses missions.

(Décr. n° 2016-1358 du 11 oct. 2016, art. 1er) « Les collaborateurs médecins communiquent leurs titres à l'inspection médicale du travail dans le mois qui suit leur embauche.

« Ils exercent leurs fonctions dans les conditions fixées aux articles R. 4623-25-1 et R. 4623-25-2. »

Art. R. 4623-25-1 *(Décr. n° 2014-798 du 11 juill. 2014, art. 2)* Le collaborateur médecin remplit les missions que lui confie le médecin du travail qui l'encadre, dans le cadre du protocole écrit prévu par l'article R. 4623-14 et validé par ce dernier, en fonction des compétences et de l'expérience qu'il a acquises.

(Décr. n° 2016-1358 du 11 oct. 2016, art. 2) « Ce protocole définit notamment les conditions dans lesquelles le collaborateur médecin procède aux examens prévus dans le cadre du suivi individuel de l'état de santé du salarié. »

(Abrogé par Décr. n° 2016-1358 du 11 oct. 2016, art. 2) « Dans ce cas, les avis prévus à l'article R. 4624-34 sont pris par le médecin du travail sur le rapport du collaborateur médecin. »

Art. R. 4623-25-2 *(Décr. n° 2014-798 du 11 juill. 2014, art. 2)* Le collaborateur médecin dispose du temps nécessaire et des moyens requis pour exercer ses missions et suivre la formation mentionnée à l'article R. 4623-25.

Il ne peut subir de discrimination en raison de l'exercice de ses missions.

SECTION III **INTERNE EN MÉDECINE DU TRAVAIL**

Art. R. 4623-26 Les services de santé au travail peuvent être agréés, dans les conditions prévues par l'article L. 632-5 du code de l'éducation, comme organismes extrahospitaliers accueillant en stage les internes inscrits au diplôme d'études spécialisées de médecine du travail ou les étudiants inscrits en deuxième cycle des études médicales.

Art. R. 4623-27 L'interne en médecine du travail est soumis aux dispositions relatives au régime de l'internat déterminé en application de l'article L. 6153-1 du code de la santé publique et à l'organisation du troisième cycle des études médicales fixée en application de l'article L. 632-2 du code de l'éducation.

Art. R. 4623-28 Peuvent être autorisés à exercer la médecine du travail en remplacement d'un médecin du travail temporairement absent, l'interne en médecine du travail disposant du niveau d'études requis par l'article L. 4131-2 du code de la santé publique et autorisé par le conseil départemental de l'ordre des médecins dans les conditions fixées par ce même article. L'interne en médecine du travail peut aussi être autorisé à exercer la médecine du travail dans l'attente de la prise de fonction d'un médecin du travail.

SECTION IV **MÉDECIN CANDIDAT À L'AUTORISATION D'EXERCICE**

(Décr. n° 2014-798 du 11 juill. 2014, art. 3)

Art. R. 4623-25-3 I. — Le candidat à l'autorisation ministérielle d'exercice de la profession de médecin, dans la spécialité médecine du travail, prévue au I de l'article L. 4111-2 du code de la santé publique, lauréat des épreuves de vérification des connaissances, peut être recruté par un service de santé au travail, agréé comme organisme extrahospitalier accueillant en stage les internes inscrits au diplôme d'études spécialisées de médecine du travail, pour l'accomplissement des fonctions requises par les dispositions du même article.

Ces fonctions sont exercées à temps plein ou à temps partiel selon les dispositions prévues au quatrième alinéa du I de l'article L. 4111-2 du code de la santé publique ou à l'article 83 de la loi n° 2006-1640 du 21 décembre 2006 de financement de la sécurité sociale pour 2007 modifiée.

II. — Le candidat à l'autorisation d'exercice de la profession de médecin, dans la spécialité médecine du travail, prévue au II de l'article L. 4111-2 et à l'article L. 4131-1-1 du code de la santé publique, qui effectue un stage d'adaptation en application de l'article R. 4111-18 du même code, peut être recruté par un service de santé au travail pour l'accomplissement de ce stage.

Art. R. 4623-25-4 Le candidat à l'autorisation d'exercice est lié par un contrat de travail conclu avec l'employeur ou le président du service de santé au travail interentreprises.

La durée du contrat de travail est, selon le cas, soit conforme aux dispositions du second alinéa du I de l'article R. 4623-25-3, soit égale à la durée du stage prescrit en application de l'article R. 4111-17 du code de la santé publique, dans la limite de trois ans.

Le non-renouvellement du contrat à l'issue d'une période d'engagement est notifié avec un préavis de deux mois. Les démissions sont présentées avec le même préavis.

Art. R. 4623-25-5 Le médecin recruté en application des dispositions de l'article R. 4623-25-3 exerce sous la responsabilité d'un médecin qualifié en médecine du travail.

SECTION V **PERSONNEL INFIRMIER**

La section IV est devenue la section V (Décr. n° 2014-798 du 11 juill. 2014, art. 3).

SOUS-SECTION 1 **DISPOSITIONS COMMUNES**

Art. R. 4623-29 L'infirmier recruté dans un service de santé au travail est diplômé d'État ou a l'autorisation d'exercer sans limitation dans les conditions prévues par le code de la santé publique. Si l'infirmier n'a pas suivi une formation en santé au travail, l'employeur l'y inscrit au cours des douze mois qui suivent son recrutement et favorise sa formation continue.

Art. R. 4623-30 Dans le respect des dispositions des articles R. 4311-1 et suivants du code de la santé publique, l'infirmier exerce ses missions propres ainsi que celles définies par le médecin du travail, sur la base du protocole mentionné à l'article R. 4623-14 du présent code.

Art. R. 4623-31 Un entretien infirmier peut être mis en place pour réaliser les activités confiées à l'infirmier par le protocole prévu à l'article R. 4623-14. Cet entretien donne lieu à la délivrance d'une *(Décr. n° 2016-1908 du 27 déc. 2016, art. 18, en vigueur le 1er janv. 2017)* « attestation de suivi » qui ne comporte aucune mention relative à l'aptitude ou l'inaptitude médicale du salarié.

L'infirmier peut également, selon les mêmes modalités, effectuer des examens complémentaires et participer à des actions d'information collectives conçues en collaboration avec le médecin du travail et validées par lui dans le respect des règles liées à l'exercice de la profession d'infirmier déterminées en application de l'article L. 4311-1 du code de la santé publique.

SOUS-SECTION 2 LE PERSONNEL INFIRMIER EN ENTREPRISE

Art. R. 4623-32 Dans les établissements industriels de 200 à 800 salariés, est présent au moins un infirmier et, au-delà de cet effectif, un infirmier supplémentaire par tranche de 600 salariés.

Dans les autres établissements de 500 à 1 000 salariés, est présent au moins un infirmier et, au-delà de cet effectif, un infirmier supplémentaire par tranche de 1 000 salariés.

Art. R. 4623-33 Dans les établissements industriels de moins de 200 salariés et dans les autres établissements de moins de 500 salariés, un infirmier est présent si le médecin du travail et le comité d'entreprise en font la demande.

Lorsque l'employeur conteste la demande, la décision est prise par l'inspecteur du travail après avis du médecin inspecteur du travail.

Art. R. 4623-34 *(Décr. n° 2016-1908 du 27 déc. 2016, art. 18, en vigueur le 1er janv. 2017)* L'infirmier assure ses missions de santé au travail sous l'autorité du médecin du travail de l'entreprise dans le cadre de protocoles écrits ou sous celle du médecin du service de santé interentreprises intervenant dans l'entreprise, dans le cadre de protocoles écrits. L'équipe pluridisciplinaire se coordonne avec l'infirmier de l'entreprise.

SOUS-SECTION 3 LE PERSONNEL INFIRMIER AU SEIN DES SERVICES DE SANTÉ AU TRAVAIL INTERENTREPRISES

Art. R. 4623-35 L'infirmier est recruté après avis du ou des médecins du travail.

Art. R. 4623-36 Les missions de l'infirmier sont exclusivement préventives, à l'exception des situations d'urgence.

SECTION VI INTERVENANT EN PRÉVENTION DES RISQUES PROFESSIONNELS DES SERVICES DE SANTÉ AU TRAVAIL INTERENTREPRISES

La section V est devenue la section VI (Décr. n° 2014-798 du 11 juill. 2014, art. 3).

Art. R. 4623-37 L'intervenant en prévention des risques professionnels a des compétences techniques ou organisationnelles en matière de santé et de sécurité au travail. Il dispose du temps nécessaire et des moyens requis pour exercer ses missions.

Il ne peut subir de discrimination en raison de ses activités de prévention.

Il assure ses missions dans des conditions garantissant son indépendance.

Art. R. 4623-38 L'intervenant en prévention des risques professionnels participe, dans un objectif exclusif de prévention, à la préservation de la santé et de la sécurité des travailleurs et à l'amélioration des conditions de travail. Dans ce cadre, il assure des missions de diagnostic, de conseil, d'accompagnement et d'appui, et communique les résultats de ses études au médecin du travail.

Art. R. 4623-39 Lorsque le service de santé au travail ne dispose pas des compétences techniques nécessaires à son intervention, il fait appel, le cas échéant, à un intervenant en prévention des risques professionnels enregistré en application des dispositions de l'article L. 4644-1.

SECTION VII ASSISTANT DE SERVICE DE SANTÉ AU TRAVAIL

La section VI est devenue la section VII (Décr. n° 2014-798 du 11 juill. 2014, art. 3).

Art. R. 4623-40 Dans les services de santé au travail interentreprises, l'assistant de service de santé au travail apporte une assistance administrative au médecin du travail et aux autres membres de l'équipe pluridisciplinaire dans leurs activités.

Il contribue également à repérer les dangers et à identifier les besoins en santé au travail, notamment dans les entreprises de moins de vingt salariés. Il participe à l'organisation, à l'administration des projets de prévention et à la promotion de la santé au travail et des actions du service dans ces mêmes entreprises.

CHAPITRE IV ACTIONS ET MOYENS DES MEMBRES DE L'ÉQUIPE PLURIDISCIPLINAIRE DE SANTÉ AU TRAVAIL

(Décr. n° 2012-135 du 30 janv. 2012, art. 1er-III et 3)

SECTION PREMIÈRE ACTIONS SUR LE MILIEU DE TRAVAIL

Art. R. 4624-1 Les actions sur le milieu de travail s'inscrivent dans la mission des services de santé au travail définie à l'article L. 4622-2. Elles comprennent notamment :

1° La visite des lieux de travail ;

2° L'étude de postes en vue de l'amélioration des conditions de travail, de leur adaptation dans certaines situations ou du maintien dans l'emploi ;

3° L'identification et l'analyse des risques professionnels ;

4° L'élaboration et la mise à jour de la fiche d'entreprise ;

5° La délivrance de conseils en matière d'organisation des secours et des services d'urgence ;

6° La participation aux réunions du comité d'hygiène, de sécurité et des conditions de travail ;

7° La réalisation de mesures métrologiques ;

8° L'animation de campagnes d'information et de sensibilisation aux questions de santé publique en rapport avec l'activité professionnelle ;

9° Les enquêtes épidémiologiques ;

10° La formation aux risques spécifiques ;

11° L'étude de toute nouvelle technique de production ;

12° L'élaboration des actions de formation à la sécurité prévues à l'article L. 4141-2 et à celle des secouristes.

Art. R. 4624-2 Les actions sur le milieu de travail sont menées :

1° Dans les entreprises disposant d'un *(Décr. n° 2014-798 du 11 juill. 2014, art. 4)* « service autonome de santé au travail », par le médecin du travail, en collaboration avec les services chargés des activités de protection des salariés et de prévention des risques professionnels dans l'entreprise ;

2° Dans les entreprises adhérant à un service de santé au travail interentreprises, par l'équipe pluridisciplinaire de santé au travail, sous la conduite du médecin du travail et dans le cadre des objectifs fixés par le projet pluriannuel prévu à l'article L. 4622-14.

Art. R. 4624-3 *(Décr. n° 2016-1908 du 27 déc. 2016, art. 18, en vigueur le 1er janv. 2017)* « Les professionnels de santé de l'équipe pluridisciplinaire a *[ont]* libre accès aux lieux de travail, sous l'autorité du médecin du travail. »

Il y réalise des visites soit à son initiative, soit à la demande de l'employeur ou du comité d'hygiène, de sécurité et des conditions de travail ou, à défaut, des délégués du personnel.

Art. R. 4624-4 L'employeur ou le président du service interentreprises prend toutes mesures pour permettre au médecin du travail de consacrer à ses missions en milieu de travail le tiers de son temps de travail, dans le cadre des actions mentionnées à l'article R. 4624-1.

Ce temps comporte au moins cent cinquante demi-journées de travail effectif chaque année, pour un médecin à plein temps. Pour un médecin à temps partiel, cette obligation est calculée proportionnellement à son temps de travail. *(Décr. n° 2016-1908 du 27 déc. 2016, art. 18, en vigueur le 1er janv. 2017)* « Ce temps est également consacré par le médecin du travail à sa mission d'animation et de coordination de l'équipe pluridisciplinaire en santé au travail. »

Art. R. 4624-4-1 Afin d'éviter toute altération de la santé des travailleurs du fait de leur travail, le médecin du travail ou, dans les services de santé au travail interentreprises, l'équipe pluridisciplinaire est informé :

1° De la nature et de la composition des produits utilisés ainsi que de leurs modalités d'emploi. L'employeur transmet notamment au médecin du travail les fiches de données de sécurité délivrées par le fournisseur de ces produits ;

2° Des résultats de toutes les mesures et analyses réalisées dans les domaines mentionnés à l'article R. 4623-1.

Art. R. 4624-5 Le médecin du travail ou, dans les services de santé au travail interentreprises, l'équipe pluridisciplinaire a accès à tous les documents non nominatifs rendus obligatoires par la présente partie.

Ce droit d'accès s'exerce dans des conditions garantissant le caractère confidentiel des données ainsi que la protection des informations mentionnées à l'article R. 4624-9.

Art. R. 4624-6 L'employeur prend en considération les avis présentés par le médecin du travail sur l'application des dispositions relatives à l'emploi des travailleurs handicapés. Il lui fait connaître les motifs qui s'opposent à ce qu'il y soit donné suite.

En cas de difficulté ou de désaccord, la décision est prise par l'inspecteur du travail, après avis du médecin inspecteur du travail.

Art. R. 4624-7 Dans l'exercice de ses fonctions, le médecin du travail peut, aux frais de l'employeur, réaliser ou faire réaliser des prélèvements et des mesures aux fins d'analyses. Il peut également faire procéder à des analyses ou mesures qu'il estime nécessaires par un organisme habilité. En cas de désaccord entre l'employeur et le médecin du travail, la décision est prise par l'inspecteur du travail, après avis du médecin inspecteur du travail.

Le médecin du travail avertit l'employeur, qui informe les travailleurs concernés ainsi que le comité d'hygiène, de sécurité et des conditions de travail, des risques éventuels et des moyens de protection dont il doit être fait usage.

Art. R. 4624-8 Le médecin du travail communique à l'employeur les rapports et les résultats des études menées par lui ou, dans les services de santé au travail interentreprises, l'équipe pluridisciplinaire, dans le cadre de son action en milieu de travail. L'employeur porte ces rapports et résultats à la connaissance du comité d'hygiène, de sécurité et des conditions de travail ou, à défaut, des délégués du personnel. Il les tient à disposition du médecin inspecteur du travail.

Art. R. 4624-9 Il est interdit au médecin du travail et, dans les services de santé au travail interentreprises, aux autres membres de l'équipe pluridisciplinaire, de révéler les secrets de fabrication et les procédés d'exploitation dont il pourrait prendre connaissance dans l'exercice de ses fonctions.

La méconnaissance de ces interdictions est punie conformément à l'article 226-13 du code pénal.

SECTION II **LE SUIVI INDIVIDUEL DE L'ÉTAT DE SANTÉ DU TRAVAILLEUR**

(Décr. n° 2016-1908 du 27 déc. 2016, art. 1er, en vigueur le 1er janv. 2017)

Au 1er janv. 2017, ces dispositions s'appliquent à tous les travailleurs à compter de la première visite ou du premier examen médical effectué au titre de leur suivi individuel (Décr. n° 2016-1908 du 27 déc. 2016, art. 20-I).

SOUS-SECTION 1 **DISPOSITIONS RELATIVES AU SUIVI DE L'ÉTAT DE SANTÉ DES TRAVAILLEURS**

§ 1er VISITE D'INFORMATION ET DE PRÉVENTION

Art. R. 4624-10 Tout travailleur bénéficie d'une visite d'information et de prévention, réalisée par l'un des professionnels de santé mentionnés au premier alinéa de l'article L. 4624-1 dans un délai qui n'excède pas trois mois à compter de la prise effective du poste de travail.

Art. R. 4624-11 La visite d'information et de prévention dont bénéficie le travailleur est individuelle. Elle a notamment pour objet :

1° D'interroger le salarié sur son état de santé ;

2° De l'informer sur les risques éventuels auxquels l'expose son poste de travail ;

3° De le sensibiliser sur les moyens de prévention à mettre en œuvre ;

4° D'identifier si son état de santé ou les risques auxquels il est exposé nécessitent une orientation vers le médecin du travail ;

5° De l'informer sur les modalités de suivi de son état de santé par le service et sur la possibilité dont il dispose, à tout moment, de bénéficier d'une visite à sa demande avec le médecin du travail.

Art. R. 4624-12 Lors de cette visite, un dossier médical en santé au travail est ouvert par le professionnel de santé du service de santé au travail mentionné au premier alinéa de l'article L. 4624-1, sous l'autorité du médecin du travail dans les conditions prévues à l'article L. 4624-8.

Art. R. 4624-13 A l'issue de toute visite d'information et de prévention, si elle n'a pas été réalisée par le médecin du travail, le professionnel de santé qui a effectué cette visite peut, s'il l'estime nécessaire, orienter sans délai le travailleur vers le médecin du travail dans le respect du protocole prévu au troisième alinéa de l'article L. 4624-1. Cette nouvelle visite, effectuée par le médecin du travail, a notamment pour objet de proposer, si elles sont nécessaires, des adaptations du poste ou l'affectation à d'autres postes.

Art. R. 4624-14 Le professionnel de santé délivre une attestation de suivi au travailleur et à l'employeur à l'issue de toute visite d'information et de prévention.

Art. R. 4624-15 Lorsque le travailleur a bénéficié d'une visite d'information et de prévention dans les cinq ans ou, pour le travailleur mentionné à l'article R. 4624-17, dans les trois ans précédant son embauche, l'organisation d'une nouvelle visite d'information et de prévention n'est pas requise dès lors que l'ensemble des conditions suivantes sont réunies :

1° Le travailleur est appelé à occuper un emploi identique présentant des risques d'exposition équivalents ;

2° Le professionnel de santé mentionné au premier alinéa de l'article L. 4624-1 est en possession de la dernière attestation de suivi ou du dernier avis d'aptitude ;

3° Aucune mesure formulée au titre de l'article L. 4624-3 ou aucun avis d'inaptitude rendu en application *[de l'article]* L. 4624-4 n'a été émis au cours des cinq dernières années ou, pour le travailleur mentionné à l'article R. 4624-17, au cours des trois dernières années.

§ 2 PÉRIODICITÉ DU SUIVI INDIVIDUEL DE L'ÉTAT DE SANTÉ DES TRAVAILLEURS

Art. R. 4624-16 Le travailleur bénéficie d'un renouvellement de la visite d'information et de prévention initiale, réalisée par un professionnel de santé mentionné au premier alinéa de l'article L. 4624-1, selon une périodicité qui ne peut excéder cinq ans. Ce délai, qui prend en compte les conditions de travail, l'âge et l'état de santé du salarié, ainsi que les risques auxquels il est exposé, est fixé par le médecin du travail dans le cadre du protocole mentionné à l'article L. 4624-1.

§ 3 ADAPTATION DU SUIVI INDIVIDUEL DE L'ÉTAT DE SANTÉ DES TRAVAILLEURS

Art. R. 4624-17 Tout travailleur dont l'état de santé, l'âge, les conditions de travail ou les risques professionnels auxquels il est exposé le nécessitent, notamment les travailleurs handicapés, les travailleurs qui déclarent être titulaires d'une pension d'invalidité et les travailleurs de nuit mentionnés à l'article L. 3122-5, bénéficie, à l'issue de la visite d'information et de prévention, de modalités de suivi adaptées déterminées dans le cadre du protocole écrit prévu au troisième alinéa de l'article L. 4624-1, selon une périodicité qui n'excède pas une durée de trois ans.

Art. R. 4624-18 Tout travailleur de nuit mentionné à l'article L. 3122-5 et tout travailleur âgé de moins de dix-huit ans bénéficie d'une visite d'information et de prévention réalisée par un professionnel de santé mentionné au premier alinéa de l'article L. 4624-1 préalablement à son affectation sur le poste.

Art. R. 4624-19 Toute femme enceinte, venant d'accoucher ou allaitante est, à l'issue de la visite d'information et de prévention, ou, à tout moment si elle le souhaite, orientée sans délai vers le médecin du travail dans le respect du protocole mentionné à l'article L. 4624-1. Cette nouvelle visite, effectuée par le médecin du travail, a notamment pour objet de proposer, si elles sont nécessaires, des adaptations du poste ou l'affectation à d'autres postes.

Art. R. 4624-20 Lors de la visite d'information et de prévention, tout travailleur handicapé ou qui déclare être titulaire d'une pension d'invalidité mentionné au cinquième alinéa de l'article L. 4624-1 est orienté sans délai vers le médecin du travail, qui peut préconiser des adaptations de son poste de travail. Le médecin du travail, dans le cadre du protocole mentionné à l'article L. 4624-1, détermine la périodicité et les modalités du suivi de son état de santé qui peut être réalisé par un professionnel de santé mentionné au premier alinéa de l'article L. 4624-1.

Art. R. 4624-21 Si le médecin du travail est informé et constate que le travailleur est affecté à un poste présentant des risques particuliers pour sa santé ou sa sécurité ou pour celles de ses collègues ou des tiers évoluant dans l'environnement immédiat de travail défini à l'article R. 4624-23, le travailleur bénéficie sans délai des modalités de suivi individuel renforcé prévues à la sous-section 2.

SOUS-SECTION 2 **SUIVI INDIVIDUEL RENFORCE DE L'ÉTAT DE SANTÉ DES TRAVAILLEURS**

Art. R. 4624-22 Tout travailleur affecté à un poste présentant des risques particuliers pour sa santé ou sa sécurité ou pour celles de ses collègues ou des tiers évoluant dans l'environnement immédiat de travail défini à l'article R. 4624-23 bénéficie d'un suivi individuel renforcé de son état de santé selon des modalités définies par la présente sous-section.

§ 1er DÉFINITION DES POSTES À RISQUE

Art. R. 4624-23 I. – Les postes présentant des risques particuliers mentionnés au premier alinéa de l'article L. 4624-2 sont ceux exposant les travailleurs :

1° A l'amiante ;

2° Au plomb dans les conditions prévues à l'article R. 4412-160 ;

3° Aux agents cancérogènes, mutagènes ou toxiques pour la reproduction mentionnés à l'article R. 4412-60 ;

4° Aux agents biologiques des groupes 3 et 4 mentionnés à l'article R. 4421-3 ;

5° Aux rayonnements ionisants ;

6° Au risque hyperbare ;

7° Au risque de chute de hauteur lors des opérations de montage et de démontage d'échafaudages.

II. – Présente également des risques particuliers tout poste pour lequel l'affectation sur celui-ci est conditionnée à un examen d'aptitude spécifique prévu par le présent code.

III. – S'il le juge nécessaire, l'employeur complète la liste des postes entrant dans les catégories mentionnées au I. par des postes présentant des risques particuliers pour la santé ou la sécurité du travailleur ou pour celles de ses collègues ou des tiers évoluant dans l'environnement immédiat de travail mentionnés au premier alinéa de l'article L. 4624-2, après avis du ou des médecins concernés et du comité d'hygiène, de sécurité et des conditions de travail ou, à défaut, des délégués du personnel s'ils existent, en cohérence avec l'évaluation des risques prévue à l'article L. 4121-3 et, le cas échéant, la fiche d'entreprise prévue à l'article R. 4624-46. Cette liste est transmise au service de santé au travail, tenue à disposition du directeur régional des entreprises, de la concurrence, de la consommation, du travail et de l'emploi et des services de prévention des organismes de sécurité sociale et mise à jour tous les ans. L'employeur motive par écrit l'inscription de tout poste sur cette liste.

IV. – Le Conseil d'orientation des conditions de travail est consulté tous les trois ans sur la mise à jour éventuelle de la liste mentionnée au I du présent article.

§ 2 EXAMEN MÉDICAL D'APTITUDE À L'EMBAUCHE

Art. R. 4624-24 Le suivi individuel renforcé comprend un examen médical d'aptitude, qui se substitue à la visite d'information et de prévention prévue à l'article R. 4624-10. Il est effectué par le médecin du travail préalablement à l'affectation sur le poste.

Cet examen a notamment pour objet :

1° De s'assurer que le travailleur est médicalement apte au poste de travail auquel l'employeur envisage de l'affecter, notamment en vérifiant la compatibilité du poste avec l'état de santé du travailleur qui y est affecté, afin de prévenir tout risque grave d'atteinte à sa santé ou à sa sécurité ou à celles de ses collègues ou des tiers évoluant dans l'environnement immédiat de travail ;

2° De rechercher si le travailleur n'est pas atteint d'une affection comportant un danger pour les autres travailleurs ;

3° De proposer éventuellement les adaptations du poste ou l'affectation à d'autres postes ;

4° D'informer le travailleur sur les risques des expositions au poste de travail et le suivi médical nécessaire ;

5° De sensibiliser le travailleur sur les moyens de prévention à mettre en œuvre.

Art. R. 4624-25 Cet examen ainsi que son renouvellement donnent lieu à la délivrance par le médecin du travail d'un avis d'aptitude ou d'inaptitude rendu conformément aux dispositions de l'article L. 4624-4. Cet avis d'aptitude ou d'inaptitude est transmis au travailleur et à l'employeur et versé au dossier médical en santé au travail de l'intéressé.

Art. R. 4624-26 Lors de cette visite, un dossier médical en santé au travail est constitué par le médecin du travail dans les conditions prévues à l'article L. 4624-8.

Art. R. 4624-27 Lorsque le travailleur a bénéficié d'une visite médicale d'aptitude dans les deux ans précédant son embauche, l'organisation d'un nouvel examen médical d'aptitude n'est pas requise dès lors que l'ensemble des conditions suivantes sont réunies :

1° Le travailleur est appelé à occuper un emploi identique présentant des risques d'exposition équivalents ;

2° Le médecin du travail intéressé est en possession du dernier avis d'aptitude du travailleur ;

3° Aucune mesure formulée au titre de l'article L. 4624-3 ou aucun avis d'inaptitude rendu en application *[de l'article]* L. 4624-4 n'a été émis au cours des deux dernières années.

§ 3 PÉRIODICITÉ DU SUIVI INDIVIDUEL RENFORCÉ

Art. R. 4624-28 Tout travailleur affecté à un poste présentant des risques particuliers pour sa santé ou sa sécurité ou pour celles de ses collègues ou des tiers évoluant dans l'environnement immédiat de travail, tels que définis à l'article R. 4624-23, bénéficie, à l'issue de l'examen médical d'embauche, d'un renouvellement de cette visite, effectuée par le médecin du travail selon une périodicité qu'il détermine et qui ne peut être supérieure à quatre ans. Une visite intermédiaire est effectuée par un professionnel de santé mentionné au premier alinéa de l'article L. 4624-1 au plus tard deux ans après la visite avec le médecin du travail.

SOUS-SECTION 3 VISITES DE PRÉREPRISE ET DE REPRISE DU TRAVAIL

Art. R. 4624-29 En vue de favoriser le maintien dans l'emploi des travailleurs en arrêt de travail d'une durée de plus de trois mois, une visite de préreprise est organisée par le médecin du travail à l'initiative du médecin traitant, du médecin conseil des organismes de sécurité sociale ou du travailleur.

Art. R. 4624-30 Au cours de l'examen de préreprise, le médecin du travail peut recommander :

1° Des aménagements et adaptations du poste de travail ;

2° Des préconisations de reclassement ;

3° Des formations professionnelles à organiser en vue de faciliter le reclassement du travailleur ou sa réorientation professionnelle.

A cet effet, il s'appuie en tant que de besoin sur le service social du travail du service de santé au travail interentreprises ou sur celui de l'entreprise.

Il informe, sauf si le travailleur s'y oppose, l'employeur et le médecin conseil de ces recommandations afin que toutes les mesures soient mises en œuvre en vue de favoriser le maintien dans l'emploi du travailleur.

Art. R. 4624-31 Le travailleur bénéficie d'un examen de reprise du travail par le médecin du travail :

1° Après un congé de maternité ;

2° Après une absence pour cause de maladie professionnelle ;

3° Après une absence d'au moins trente jours pour cause d'accident du travail, de maladie ou d'accident non professionnel.

Dès que l'employeur a connaissance de la date de la fin de l'arrêt de travail, il saisit le service de santé au travail qui organise l'examen de reprise le jour de la reprise effective du travail par le travailleur, et au plus tard dans un délai de huit jours qui suivent cette reprise.

Art. R. 4624-32 L'examen de reprise a pour objet :

1° De vérifier si le poste de travail que doit reprendre le travailleur ou le poste de reclassement auquel il doit être affecté est compatible avec son état de santé ;

2° D'examiner les propositions d'aménagement ou d'adaptation du poste repris par le travailleur ou de reclassement faites par l'employeur à la suite des préconisations émises le cas échéant par le médecin du travail lors de la visite de préreprise ;

3° De préconiser l'aménagement, l'adaptation du poste ou le reclassement du travailleur ;

4° D'émettre, le cas échéant, un avis d'inaptitude.

Art. R. 4624-33 Le médecin du travail est informé par l'employeur de tout arrêt de travail d'une durée inférieure à trente jours pour cause d'accident du travail afin de pouvoir apprécier, notamment, l'opportunité d'un nouvel examen médical et, avec l'équipe pluridisciplinaire, de préconiser des mesures de prévention des risques professionnels.

SOUS-SECTION 4 **VISITES À LA DEMANDE DE L'EMPLOYEUR, DU TRAVAILLEUR OU DU MÉDECIN DU TRAVAIL**

Art. R. 4624-34 Indépendamment des examens d'aptitude à l'embauche et périodiques ainsi que des visites d'information et de prévention, le travailleur bénéficie, à sa demande ou à celle de l'employeur, d'un examen par le médecin du travail.

Le travailleur peut solliciter notamment une visite médicale, lorsqu'il anticipe un risque d'inaptitude, dans l'objectif d'engager une démarche de maintien en emploi et de bénéficier d'un accompagnement personnalisé.

La demande du travailleur ne peut motiver aucune sanction.

Le médecin du travail peut également organiser une visite médicale pour tout travailleur le nécessitant.

SOUS-SECTION 5 **EXAMENS COMPLÉMENTAIRES**

Art. R. 4624-35 Le médecin du travail peut réaliser ou prescrire les examens complémentaires nécessaires :

1° A la détermination de la compatibilité entre le poste de travail et l'état de santé du travailleur, notamment au dépistage des affections pouvant entraîner une contre-indication à ce poste de travail ;

2° Au dépistage d'une maladie professionnelle ou à caractère professionnel susceptible de résulter de l'activité professionnelle du travailleur ;

3° Au dépistage des maladies dangereuses pour l'entourage professionnel du travailleur.

Art. R. 4624-36 Les examens complémentaires sont à la charge de l'employeur lorsqu'il dispose d'un service autonome de santé au travail et du service de santé au travail interentreprises dans les autres cas.

Le médecin du travail réalise ou fait réaliser ces examens au sein du service de santé au travail, ou choisit l'organisme chargé de pratiquer les examens.

Ces derniers sont réalisés dans des conditions garantissant le respect de leur anonymat.

Art. R. 4624-37 Dans le cadre du suivi des travailleurs de nuit, le médecin du travail peut prescrire, s'il le juge utile, des examens spécialisés complémentaires, qui sont à la charge de l'employeur.

Art. R. 4624-38 En cas de désaccord entre l'employeur et le médecin du travail sur la nature et la fréquence de ces examens, la décision est prise par le médecin inspecteur du travail.

SOUS-SECTION 6 DÉROULEMENT DES VISITES ET DES EXAMENS MÉDICAUX

Art. R. 4624-39 Le temps nécessité par les visites et les examens médicaux, y compris les examens complémentaires, est soit pris sur les heures de travail des travailleurs sans qu'aucune retenue de salaire puisse être opérée, soit rémunéré comme temps de travail effectif lorsque ces examens ne peuvent avoir lieu pendant les heures de travail.

Le temps et les frais de transport nécessités par ces visites et ces examens sont pris en charge par l'employeur.

Art. R. 4624-40 Dans les établissements de 200 travailleurs et plus, le suivi individuel peut être réalisé dans l'établissement.

Art. R. 4624-41 Un arrêté du ministre chargé du travail détermine les caractéristiques auxquelles répondent les centres de visites et d'examens fixes ou mobiles et leurs équipements, en fonction de l'importance du service de santé au travail. Cet arrêté précise le matériel minimum nécessaire au médecin du travail, au collaborateur médecin, à l'interne ou à l'infirmier pour l'exercice de leurs missions.

SOUS-SECTION 7 DÉCLARATION D'INAPTITUDE

Art. R. 4624-42 Le médecin du travail ne peut constater l'inaptitude médicale du travailleur à son poste de travail que :

1° S'il a réalisé au moins un examen médical de l'intéressé, accompagné, le cas échéant, des examens complémentaires, permettant un échange sur les mesures d'aménagement, d'adaptation ou de mutation de poste ou la nécessité de proposer un changement de poste ;

2° S'il a réalisé ou fait réaliser une étude de ce poste ;

3° S'il a réalisé ou fait réaliser une étude des conditions de travail dans l'établissement et indiqué la date à laquelle la fiche d'entreprise a été actualisée ;

4° S'il a procédé à un échange, par tout moyen, avec l'employeur.

Ces échanges avec l'employeur et le travailleur permettent à ceux-ci de faire valoir leurs observations sur les avis et les propositions que le médecin du travail entend adresser.

S'il estime un second examen nécessaire pour rassembler les éléments permettant de motiver sa décision, le médecin réalise ce second examen dans un délai qui n'excède pas quinze jours après le premier examen. La notification de l'avis médical d'inaptitude intervient au plus tard à cette date.

Le médecin du travail peut mentionner dans cet avis que tout maintien du salarié dans un emploi serait gravement préjudiciable à sa santé ou que l'état de santé du salarié fait obstacle à tout reclassement dans un emploi.

Art. R. 4624-43 **Avant d'émettre son avis, le médecin du travail peut consulter le médecin inspecteur du travail.**

Art. R. 4624-44 **Les motifs de l'avis du médecin du travail sont consignés dans le dossier médical en santé au travail du travailleur.**

SOUS-SECTION 8 CONTESTATION DES AVIS ET MESURES ÉMIS PAR LE MÉDECIN DU TRAVAIL

Art. R. 4624-45 **En cas de contestation des éléments de nature médicale justifiant les avis, propositions, conclusions écrites ou indications émis par le médecin du travail mentionnés à l'article L. 4624-7, la formation de référé est saisie dans un délai de quinze jours à compter de leur notification. Les modalités de recours ainsi que ce délai sont mentionnés sur les avis et mesures émis par le médecin du travail.**

Ces dispositions s'appliquent aux avis, propositions, conclusions écrites ou indications émis par le médecin du travail à compter du 1er janv. 2017.

Les avis, propositions, conclusions écrites ou indications émis antérieurement sont contestés auprès de l'inspecteur du travail, après avis du médecin inspecteur du travail, conformément aux art. R. 4624-35 et R. 4624-36 dans leur rédaction antérieure au 29 déc. 2016, dès lors que cette contestation intervient avant le 1er janv. 2017.

A compter du 1er janv. 2017, les avis, propositions, conclusions écrites ou indications émis antérieurement à cette date sont contestés selon les dispositions de l'art. R. 4624-45 à l'exception du délai de contestation qui reste fixé à deux mois (Décr. no 2016-1908 du 27 déc. 2016, art. 20).

SECTION III DOCUMENTS ET RAPPORTS

SOUS-SECTION 1 FICHE D'ENTREPRISE

(Décr. no 2014-798 du 11 juill. 2014, art. 1er)

Art. R. 4624-46 **Pour chaque entreprise ou établissement, le médecin du travail ou, dans les services de santé au travail interentreprises, l'équipe pluridisciplinaire établit et met à jour une fiche d'entreprise ou d'établissement sur laquelle figurent, notamment, les risques professionnels et les effectifs de salariés qui y sont exposés.**

L'art. R. 4624-37 devient l'art. R. 4624-46 (Décr. no 2016-1908 du 27 déc. 2016, art. 1er, en vigueur le 1er janv. 2017).

Art. R. 4624-47 **Pour les entreprises adhérentes à un service de santé au travail interentreprises, la fiche d'entreprise est établie dans l'année qui suit l'adhésion de l'entreprise ou de l'établissement à ce service.**

L'art. R. 4624-38 devient l'art. R. 4624-47 (Décr. no 2016-1908 du 27 déc. 2016, art. 1er, en vigueur le 1er janv. 2017).

Art. R. 4624-48 **La fiche d'entreprise est transmise à l'employeur.**

Elle est présentée au comité d'hygiène, de sécurité et des conditions de travail ou, à défaut, aux délégués du personnel en même temps que le bilan annuel prévu à l'article L. 4612-16.

L'art. R. 4624-39 devient l'art. R. 4624-48 (Décr. no 2016-1908 du 27 déc. 2016, art. 1er, en vigueur le 1er janv. 2017).

Art. R. 4624-49 **La fiche d'entreprise est tenue à la disposition du directeur régional des entreprises, de la concurrence, de la consommation, du travail et de l'emploi et du médecin inspecteur du travail.**

Elle peut être consultée par les agents des services de prévention des organismes de sécurité sociale et par ceux des organismes professionnels de santé, de sécurité et des conditions de travail mentionnés à l'article L. 4643-1.

L'art. R. 4624-40 devient l'art. R. 4624-49 (Décr. no 2016-1908 du 27 déc. 2016, art. 1er, en vigueur le 1er janv. 2017).

Art. R. 4624-50 **Le modèle de fiche d'entreprise est fixé par arrêté du ministre chargé du travail.**

L'art. R. 4624-41 devient l'art. R. 4624-50 (Décr. n° 2016-1908 du 27 déc. 2016, art. 1er, en vigueur le 1er janv. 2017).

SOUS-SECTION 2 RAPPORT ANNUEL D'ACTIVITÉ

(Décr. n° 2014-798 du 11 juill. 2014, art. 1er)

Art. R. 4624-51 Le médecin du travail établit un rapport annuel d'activité pour les entreprises dont il a la charge.

Pour les services de santé au travail interentreprises, le directeur du service établit une synthèse annuelle de l'activité du service de santé au travail qui rend compte de la réalisation des actions approuvées par le conseil d'administration dans le cadre du projet pluriannuel de service, de la réalisation des actions sur le milieu de travail, définies à l'article R. 4624-1, et des actions menées pour assurer le suivi individuel de la santé des salariés, notamment à partir du rapport annuel établi par chaque médecin du travail pour les entreprises dont il a la charge.

La commission médico-technique prévue à l'article L. 4622-13 émet un avis sur cette synthèse, avant sa présentation aux organes de surveillance.

Un arrêté du ministre chargé du travail fixe les modèles de rapport annuel d'activité du médecin du travail et de synthèse annuelle de l'activité du service de santé au travail.

L'art. R. 4624-42 devient l'art. R. 4624-51 (Décr. n° 2016-1908 du 27 déc. 2016, art. 1er, en vigueur le 1er janv. 2017).

Art. R. 4624-52 Le rapport annuel d'activité est remis par le médecin du travail :

1° Pour les services autonomes, au comité d'entreprise ou d'établissement compétent ;

2° Pour les services interentreprises, au conseil d'administration et, selon les cas, au comité interentreprises ou à la commission de contrôle.

Cette présentation intervient au plus tard à la fin du quatrième mois qui suit l'année pour laquelle le rapport a été établi.

Pour les services interentreprises, la synthèse annuelle mentionnée à l'article R. 4624-42 est remise aux organes mentionnés au 2° dans les mêmes conditions.

L'art. R. 4624-43 devient l'art. R. 4624-52 (Décr. n° 2016-1908 du 27 déc. 2016, art. 1er, en vigueur le 1er janv. 2017).

Art. R. 4624-53 L'employeur ou le président du service de santé au travail transmet, dans le délai d'un mois à compter de sa présentation devant l'organe compétent, un exemplaire du rapport annuel d'activité de chaque médecin du travail et de la synthèse annuelle au directeur régional des entreprises, de la concurrence, de la consommation, du travail et de l'emploi et au médecin inspecteur du travail. Cette transmission est accompagnée des éventuelles observations formulées par l'organe de surveillance.

L'art. R. 4624-44 devient l'art. R. 4624-53 (Décr. n° 2016-1908 du 27 déc. 2016, art. 1er, en vigueur le 1er janv. 2017).

Art. R. 4624-54 Dans les entreprises ou établissements de plus de trois cents salariés, le médecin du travail établit un rapport annuel d'activité propre à l'entreprise. Ce rapport est transmis au comité d'entreprise dans les conditions prévues à l'article R. 4624-43 ainsi qu'au comité d'hygiène, de sécurité et des conditions de travail.

Il en est de même dans les autres entreprises ou établissements lorsque le comité en fait la demande.

L'art. R. 4624-45 devient l'art. R. 4624-54 (Décr. n° 2016-1908 du 27 déc. 2016, art. 1er, en vigueur le 1er janv. 2017).

SOUS-SECTION 3 AVIS MÉDICAUX D'APTITUDE ET D'INAPTITUDE *(Décr. n° 2016-1908 du 27 déc. 2016, art. 1er, en vigueur le 1er janv. 2017).*

Art. R. 4624-55 *(Décr. n° 2016-1908 du 27 déc. 2016, art. 1er, en vigueur le 1er janv. 2017)* L'avis médical d'aptitude ou d'inaptitude émis par le médecin du travail est transmis au salarié ainsi qu'à l'employeur par tout moyen leur conférant une date certaine. L'employeur le conserve pour être en mesure de le présenter à tout moment, sur leur demande, à l'inspecteur du travail et au médecin inspecteur du travail. Une copie de l'avis est versée au dossier médical en santé au travail du travailleur.

Art. R. 4624-56 *(Décr. n° 2016-1908 du 27 déc. 2016, art. 1er, en vigueur le 1er janv. 2017)* Lorsque le médecin du travail constate que l'inaptitude du salarié est susceptible d'être en lien avec un accident ou une maladie d'origine professionnelle, il remet à ce dernier le formulaire de demande prévu à l'article D. 433-3 du code de la sécurité sociale.

Art. R. 4624-57 *(Décr. n° 2016-1908 du 27 déc. 2016, art. 1er, en vigueur le 1er janv. 2017)* Le modèle d'avis d'aptitude ou d'inaptitude est fixé par arrêté du ministre chargé du travail.

SECTION IV **RECHERCHES, ÉTUDES ET ENQUÊTES**

Art. R. 4624-58 Le médecin du travail participe, notamment en liaison avec le médecin inspecteur du travail, à toutes recherches, études et enquêtes, en particulier à caractère épidémiologique, entrant dans le cadre de ses missions.

L'art. R. 4624-50 devient l'art. R. 4624-58 (Décr. n° 2016-1908 du 27 déc. 2016, art. 1er, en vigueur le 1er janv. 2017).

CHAPITRE V **SUIVI DE L'ÉTAT DE SANTÉ DE CATÉGORIES PARTICULIÈRES DE TRAVAILLEURS** *(Décr. n° 2016-1908 du 27 déc. 2016, art. 19, en vigueur le 1er janv. 2017).*

(Décr. n° 2012-135 du 30 janv. 2012, art. 1er-III et 3)

BIBL. GÉN. ▸ CASAUX, *Dr. soc.* 1994. 943. – DOUAY et FANTONI-QUINTON, *Dr. soc.* 2004. 636.

SECTION PREMIÈRE **MODALITÉS DE SUIVI INDIVIDUEL APPLICABLES AUX TRAVAILLEURS TITULAIRES DE CONTRATS À DURÉE DÉTERMINÉE**

(Décr. n° 2016-1908 du 27 déc. 2016, art. 2, en vigueur le 1er janv. 2017)

Art. R. 4625-1 Les dispositions des chapitres Ier à IV sont applicables aux travailleurs titulaires de contrats à durée déterminée. Ces travailleurs bénéficient d'un suivi individuel de leur état de santé d'une périodicité équivalente à celui des salariés en contrat à durée indéterminée, notamment des dispositions prévues aux articles R. 4624-15 et R. 4624-27.

SECTION II **MODALITÉS DE SUIVI INDIVIDUEL APPLICABLES AUX TRAVAILLEURS TEMPORAIRES**

(Décr. n° 2016-1908 du 27 déc. 2016, art. 2, en vigueur le 1er janv. 2017)

SOUS-SECTION 1 **CHAMP D'APPLICATION**

Art. R. 4625-2 Les dispositions des chapitres Ier à IV sont applicables aux travailleurs temporaires, sous réserve des modalités particulières prévues par la présente section.

SOUS-SECTION 2 **AGRÉMENT DU SERVICE DE SANTÉ AU TRAVAIL**

Art. R. 4625-3 Pour les entreprises de travail temporaire, la demande d'agrément et de renouvellement des services de santé au travail est accompagnée d'un dossier spécifique dont les éléments sont fixés par arrêté du ministre chargé du travail.

Art. R. 4625-4 Le service de santé au travail interentreprises agréé pour exercer les missions de santé au travail pour les travailleurs temporaires constitue un secteur à compétence géographique propre réservé à ces salariés.

Ce secteur peut être commun à plusieurs services de santé au travail interentreprises agréés pour exercer les missions de santé au travail pour les travailleurs temporaires.

Art. R. 4625-5 Le secteur réservé aux travailleurs temporaires n'est pas soumis à l'obligation de créer au moins un centre médical fixe. Lorsqu'aucun centre médical fixe n'est créé, ce secteur est rattaché au centre d'un autre secteur du même service.

Art. R. 4625-6 L'affectation d'un médecin du travail au secteur réservé aux travailleurs temporaires ne peut être faite à titre exclusif. Une dérogation peut être accor-

dée après avis du médecin inspecteur du travail par le directeur régional des entreprises, de la concurrence, de la consommation, du travail et de l'emploi, lorsque les caractéristiques particulières du secteur l'exigent.

SOUS-SECTION 3 ACTION SUR LE MILIEU DE TRAVAIL

Art. R. 4625-7 Les conditions dans lesquelles le médecin du travail et, sous son autorité, les professionnels de santé de l'entreprise de travail temporaire ont accès aux postes de travail utilisés ou susceptibles d'être utilisés par des travailleurs temporaires sont fixées entre l'entreprise utilisatrice et l'entreprise de travail temporaire, après avis des médecins du travail intéressés.

SOUS-SECTION 4 SUIVI INDIVIDUEL DE L'ÉTAT DE SANTÉ DES TRAVAILLEURS TEMPORAIRES

§ 1er DISPOSITIONS COMMUNES

Art. R. 4625-8 Pour les travailleurs temporaires, les visites prévues par les sous-sections 1 et 2 de la section II du présent chapitre sont réalisées par le service de santé au travail de l'entreprise de travail temporaire. Les entreprises de travail temporaire ont également la possibilité de s'adresser, sous réserve de leur accord, aux services suivants pour faire réaliser ces visites :

1° Un service interentreprises de santé au travail proche du lieu de travail du salarié temporaire, d'un autre secteur ou professionnel ;

2° Le service autonome de l'entreprise utilisatrice auprès de laquelle est détaché le travailleur temporaire.

Les entreprises de travail temporaire informent le médecin inspecteur du travail qui les suit de leur intention de recourir à cette faculté.

Les entreprises de travail temporaire recourant à cette faculté communiquent au service de santé au travail concerné les coordonnées de leur service de médecine du travail habituel afin de faciliter l'échange d'informations entre les deux services dans le respect des obligations de confidentialité.

Art. R. 4625-9 Si le travailleur est affecté, le cas échéant en cours de mission, à un poste à risque mentionné à l'article R. 4624-23 pour lequel il n'a pas bénéficié du suivi individuel renforcé mentionné au paragraphe 3 de la présente sous-section, l'entreprise utilisatrice organise un examen médical d'aptitude pour ce poste.

Le médecin du travail de l'entreprise utilisatrice se prononce, le cas échéant, sur l'aptitude ou l'inaptitude du travailleur à occuper ce poste de travail.

Le médecin du travail de l'entreprise de travail temporaire est informé du résultat de cet examen.

§ 2 SUIVI INDIVIDUEL DE L'ÉTAT DE SANTÉ DES TRAVAILLEURS TEMPORAIRES

Art. R. 4625-10 Les visites réalisées en application de la sous-section 1 de la section II du présent chapitre peuvent être effectuées pour plusieurs emplois, dans la limite de trois.

Art. R. 4625-11 Il n'est pas réalisé de nouvelle visite d'information et de prévention par le personnel de santé du service de santé au travail de l'entreprise de travail temporaire avant une nouvelle mission si l'ensemble des conditions suivantes sont réunies :

1° Le personnel de santé a pris connaissance d'une attestation de suivi délivrée pour un même emploi dans les deux années précédant l'embauche ;

2° Le travailleur est appelé à occuper un emploi identique présentant des risques d'exposition équivalents ;

3° Aucun avis médical formulé au titre des articles L. 4624-3 ou avis d'inaptitude rendu en application *[de l'article]* L. 4624-4 n'a été émis au cours des deux dernières années.

§ 3 SUIVI INDIVIDUEL RENFORCÉ DE L'ÉTAT DE SANTÉ DES TRAVAILLEURS TEMPORAIRES

Art. R. 4625-12 Les examens médicaux d'aptitude réalisés en application de la sous-section 2 de la section II du présent chapitre peuvent être effectués pour plusieurs emplois, dans la limite de trois. Ils sont réalisés par le médecin du travail de l'entreprise de travail temporaire, dans les conditions mentionnées à l'article R. 4625-9.

Art. R. 4625-13 Il n'est pas réalisé de nouvel examen médical d'aptitude avant la nouvelle mission si les conditions suivantes sont réunies :

1° Le médecin du travail a pris connaissance d'un avis d'aptitude pour un même emploi dans les deux années précédant l'embauche ;

2° Le travailleur est appelé à occuper un emploi identique présentant des risques d'exposition équivalents ;

3° Aucun avis médical formulé au titre des articles L. 4624-3 ou avis d'inaptitude rendu en application *[de l'article]* L. 4624-4 n'a été émis au cours des deux dernières années.

Art. R. 4625-14 Lorsqu'un décret intéressant certaines professions, certains modes de travail ou certains risques pris en application au *[du]* 3° de l'article L. 4111-6 prévoit la réalisation d'examens obligatoires destinés à vérifier l'aptitude à un emploi, notamment avant l'affectation, ces examens sont réalisés par le médecin du travail de l'entreprise utilisatrice, qui se prononce sur l'aptitude ou l'inaptitude du travailleur.

SOUS-SECTION 5 DOCUMENTS ET RAPPORTS

Art. R. 4625-15 Dans les entreprises de travail temporaire, le document prévu à l'article D. 4622-22 comporte des indications particulières, fixées par arrêté du ministre chargé du travail.

Art. R. 4625-16 Le rapport annuel relatif à l'organisation, au fonctionnement et à la gestion financière du service de santé au travail et les rapports d'activité du médecin du travail comportent des éléments particuliers consacrés au suivi individuel de l'état de santé des travailleurs temporaires.

SOUS-SECTION 6 DOSSIER MÉDICAL

Art. R. 4625-17 Le médecin du travail ou, sous son autorité, les personnels de santé du service de santé au travail de l'entreprise de travail temporaire constituent et complètent le dossier médical en santé au travail prévu à l'article L. 4624-8. Le médecin du travail conserve ce dossier médical.

SOUS-SECTION 7 COMMUNICATION D'INFORMATIONS ENTRE ENTREPRISES DE TRAVAIL TEMPORAIRE ET ENTREPRISES UTILISATRICES

Art. R. 4625-18 Lors de la signature du contrat de mise à disposition du travailleur temporaire, l'entreprise de travail temporaire et l'entreprise utilisatrice se transmettent l'identité de leur service de santé au travail.

L'entreprise utilisatrice indique à l'entreprise de travail temporaire si le poste de travail occupé par le travailleur présente des risques particuliers mentionné à l'article L. 4624-2.

Les médecins du travail de l'entreprise de travail temporaire et de l'entreprise utilisatrice sont également informés.

Art. R. 4625-19 Les informations nécessaires à l'exercice des missions de médecine du travail au bénéfice des travailleurs temporaires sont communiquées par l'entreprise de travail temporaire à l'entreprise utilisatrice et aux autres entreprises de travail temporaire intéressées.

Art. R. 4625-20 Le médecin du travail de l'entreprise utilisatrice et le médecin du travail de l'entreprise de travail temporaire échangent les renseignements nécessaires à l'accomplissement de leur mission.

SECTION II SALARIÉ SAISONNIER

Art. D. 4625-22 *(Décr. n° 2012-137 du 30 janv. 2012, art. 1er-26° et 2)* Un examen médical d'embauche est obligatoire pour les salariés saisonniers recrutés pour une durée au moins égale à quarante-cinq jours de travail effectif *(Décr. n° 2016-1908 du*

27 déc. 2016, art. 19, en vigueur le 1er janv. 2017) « affectés à des emplois présentant des risques particuliers mentionnés à l'article R. 4624-23, » sauf en ce qui concerne les salariés recrutés pour un emploi équivalent à ceux précédemment occupés si aucune inaptitude n'a été reconnue lors du dernier examen médical intervenu au cours des vingt-quatre mois précédents.

Pour les salariés saisonniers recrutés pour une durée inférieure à quarante-cinq jours *(Décr. nº 2016-1908 du 27 déc. 2016, art. 19, en vigueur le 1er janv. 2017)* « et ceux affectés à des emplois autres que ceux présentant des risques particuliers mentionnés à l'article R. 4624-23 », le service de santé au travail organise des actions de formation et de prévention. Ces actions peuvent être communes à plusieurs entreprises.

Le comité d'hygiène, de sécurité et des conditions de travail est consulté sur ces actions.

SECTION III TRAVAILLEURS ÉLOIGNÉS

(Décr. nº 2014-423 du 24 avr. 2014)

SOUS-SECTION 1 CHAMP D'APPLICATION

Art. D. 4625-23 Les dispositions des chapitres Ier à IV sont applicables à la surveillance médicale des travailleurs éloignés définis à l'article L. 4625-1, sous réserve des modalités particulières prévues par la présente section.

Art. D. 4625-24 Pour l'application de la présente section, le service de santé au travail chargé du suivi des travailleurs de l'établissement est appelé : service de santé au travail principal.

Le service de santé au travail interentreprises chargé du suivi des travailleurs éloignés est appelé : service de santé au travail de proximité.

SOUS-SECTION 2 ADHÉSION À UN SERVICE DE SANTÉ AU TRAVAIL

Art. D. 4625-25 L'employeur peut adhérer à un ou plusieurs services de santé au travail de proximité situés dans le département où travaillent, à titre principal, ses travailleurs éloignés.

En cas d'adhésion à plusieurs services de santé au travail de proximité, ces derniers ne sont pas compétents sur le même secteur géographique.

Art. D. 4625-26 L'employeur peut adhérer à un service de santé au travail de proximité pour ses travailleurs éloignés :

1º Soit parce que l'affectation de ces travailleurs éloignés en dehors de l'établissement qui les emploie est suffisamment durable ;

2º Soit parce que ces travailleurs éloignés ne se rendent pas habituellement au sein de l'établissement qui les emploie.

Art. D. 4625-27 L'employeur informe et consulte le comité d'entreprise sur le recours à un ou plusieurs services de santé au travail de proximité pour la surveillance médicale de ses travailleurs éloignés.

Art. D. 4625-28 Lors de son adhésion, l'employeur communique au service de santé au travail de proximité les informations suivantes :

1º La liste des travailleurs concernés, dont ceux relevant d'*(Décr. nº 2016-1908 du 27 déc. 2016, art. 19, en vigueur le 1er janv. 2017)* « un suivi individuel renforcé » ;

2º L'adresse du site ou des sites à suivre ;

3º La fiche d'entreprise prévue à l'article R. 4624-37 ;

4º Les coordonnées du service de santé au travail principal *(Décr. nº 2016-1908 du 27 déc. 2016, art. 19, en vigueur le 1er janv. 2017)* « , des médecins du travail et des professionnels de santé mentionnés au premier alinéa de l'article L. 4624-1 » compétents.

SOUS-SECTION 3 ÉCHANGES D'INFORMATIONS, DOCUMENTS ET RAPPORTS

Art. D. 4625-29 Le service de santé au travail principal est informé, par l'employeur, dans le délai d'un mois après son adhésion au service de santé au travail de proximité :

1° Des coordonnées du service de santé au travail de proximité ;

2° Du nom et des coordonnées des médecins du travail *(Décr. n° 2016-1908 du 27 déc. 2016, art. 19, en vigueur le 1er janv. 2017)* « et des professionnels de santé mentionnés au premier alinéa de l'article L. 4624-1 » compétents ;

3° De la liste des travailleurs suivis par le service de santé au travail de proximité, dont ceux relevant d'*(Décr. n° 2016-1908 du 27 déc. 2016, art. 19, en vigueur le 1er janv. 2017)* « un suivi individuel renforcé ».

Art. D. 4625-30 Le médecin du travail du service de santé au travail principal et le médecin du travail du service de santé au travail de proximité échangent les renseignements nécessaires à l'accomplissement de leur mission.

Art. D. 4625-31 Le rapport annuel propre à l'entreprise, prévu à l'article R. 4624-45, est élaboré par le médecin du travail du service de santé au travail principal. Ce rapport tient compte des informations communiquées par les médecins du travail de chacun des services de santé au travail de proximité compétents pour le suivi des travailleurs éloignés.

Art. D. 4625-32 La fiche d'entreprise prévue à l'article R. 4624-37 est complétée, le cas échéant, par les informations communiquées par le médecin du travail qui anime et coordonne l'équipe pluridisciplinaire de chacun des services de santé au travail de proximité compétents pour le suivi des travailleurs éloignés.

SOUS-SECTION 4 DOSSIER MÉDICAL EN SANTÉ AU TRAVAIL

Art. D. 4625-33 Le médecin du travail du service de santé au travail de proximité constitue, complète et conserve le dossier médical en santé au travail prévu à l'article *(Décr. n° 2016-1908 du 27 déc. 2016, art. 19, en vigueur le 1er janv. 2017)* « L. 4624-8 ».

SOUS-SECTION 5 CONTESTATION DES AVIS MÉDICAUX

Art. D. 4625-34 En cas de contestation d'un avis émis par le médecin du travail en application *(Décr. n° 2016-1908 du 27 déc. 2016, art. 19, en vigueur le 1er janv. 2017)* « de l'article L. 4624-7, le recours est adressé au conseil de prud'hommes dans le ressort duquel se trouve » l'établissement qui emploie le salarié.

(Décr. n° 2016-1908 du 27 déc. 2016, art. 19, en vigueur le 1er janv. 2017) « Le médecin inspecteur du travail saisi par le conseil de prud'hommes d'une consultation relative à la contestation est celui dont la compétence géographique couvre le service de santé au travail de proximité. »

CHAPITRE VI SERVICES DE SANTÉ AU TRAVAIL DES ÉTABLISSEMENTS DE SANTÉ, SOCIAUX ET MÉDICO-SOCIAUX

SECTION PREMIÈRE CHAMP D'APPLICATION

Art. D. 4626-1 Les dispositions des chapitres Ier à V s'appliquent aux établissements de santé, sociaux et médico-sociaux *(Abrogé par Décr. n° 2012-1483 du 27 déc. 2012, art. 11-II-10°)* *« et aux syndicats interhospitaliers »* mentionnés à l'article 2 de la loi n° 86-33 du 9 janvier 1986 portant dispositions particulières relatives à la fonction publique hospitalière, sous réserve des dispositions du présent chapitre. — *[Anc. art. R. 241-1, al. 1er milieu, et anc. art. R. 242-1, al. 1er début.]*

SECTION II SERVICES DE SANTÉ AU TRAVAIL

SOUS-SECTION 1 ORGANISATION

Art. D. 4626-2 *(Décr. n° 2015-1588 du 4 déc. 2015, art. 2, en vigueur le 1er janv. 2016)* Le service de santé au travail est organisé sous la forme :

1° Soit d'un service autonome de santé au travail propre à l'établissement ;

2° Soit d'un service autonome de santé au travail constitué par convention entre plusieurs établissements.

Toutefois, pour les établissements de moins de mille cinq cents agents, lorsque la création d'un service autonome de santé au travail se révélerait impossible, l'établissement peut passer convention avec :

– un service commun à plusieurs administrations prévu au deuxième alinéa de l'article 11 du décret n° 82-453 du 28 mai 1982 modifié relatif à l'hygiène et à la sécurité du travail ainsi qu'à la prévention médicale dans la fonction publique ;

– un service de santé au travail interentreprises tel que défini aux articles D. 4622-22 et suivants.

Art. D. 4626-3 *(Décr. n° 2015-1588 du 4 déc. 2015, art. 3, en vigueur le 1er janv. 2016)* Lorsque le service autonome de santé au travail regroupe par convention plusieurs établissements, la convention fixe notamment les modalités de gestion du service et de répartition des charges. La gestion du service peut être confiée à l'un des établissements parties à la convention.

Art. D. 4626-4 L'effectif à prendre en considération pour l'organisation du service *(Décr. n° 2015-1588 du 4 déc. 2015, art. 4, en vigueur le 1er janv. 2016)* « autonome » de santé au travail est *(Décr. n° 2015-1588 du 4 déc. 2015, art. 4, en vigueur le 1er janv. 2016)* « l'effectif physique de l'ensemble des agents » y compris les personnels médicaux, employés dans l'établissement *(Abrogé par Décr. n° 2012-1483 du 27 déc. 2012, art. 11-II-13°)* *« ou le syndicat »* au 31 décembre de la dernière année civile.

Art. D. 4626-4-1 *(Décr. n° 2015-1588 du 4 déc. 2015, art. 5, en vigueur le 1er janv. 2016)* Les caractéristiques auxquelles répondent les locaux médicaux et leurs équipements sont déterminées en fonction de l'importance du service autonome de santé au travail, après consultation du médecin du travail et du comité d'hygiène, de sécurité et des conditions de travail compétents.

Art. D. 4626-5 *(Décr. n° 2015-1588 du 4 déc. 2015, art. 6, en vigueur le 1er janv. 2016)* Lorsque le service autonome de santé au travail regroupe par convention plusieurs établissements, le montant total des dépenses est réparti entre les établissements intéressés proportionnellement à l'effectif physique de l'ensemble des agents employés par chacun d'eux au 31 décembre de la dernière année civile.

Art. D. 4626-5-1 *(Décr. n° 2015-1588 du 4 déc. 2015, art. 7, en vigueur le 1er janv. 2016)* Les services autonomes de santé au travail ne sont pas soumis aux dispositions des articles D. 4622-48 à D. 4622-53 du présent code.

L'établissement qui gère le service autonome de santé au travail adresse une déclaration décrivant l'organisation et le fonctionnement du service au directeur régional des entreprises, de la concurrence, de la consommation, du travail et de l'emploi. Dans un délai de quatre mois, celui-ci peut présenter ses observations à l'établissement sur l'organisation et le fonctionnement prévus du service.

Le contenu de la déclaration est précisé par arrêté conjoint des ministres chargés de la santé et du travail. La déclaration est actualisée tous les cinq ans.

SOUS-SECTION 2 **RAPPORT ANNUEL**

Art. D. 4626-6 *(Décr. n° 2015-1588 du 4 déc. 2015, art. 8, en vigueur le 1er janv. 2016)* Le chef d'établissement établit chaque année un rapport sur l'organisation, le fonctionnement et la gestion financière du service autonome de santé au travail. Il est élaboré selon un modèle fixé par arrêté conjoint des ministres chargés de la santé et du travail.

Lorsque le service autonome de santé au travail regroupe par convention plusieurs établissements, un rapport commun est établi par le chef d'établissement hébergeant le service. Il retrace l'activité du service autonome de santé au travail dans chacun des *établissements concernés. Un* exemplaire de ce rapport est adressé à chaque établissement partie à la convention.

Art. D. 4626-7 *(Décr. n° 2015-1588 du 4 déc. 2015, art. 9, en vigueur le 1er janv. 2016)* Le rapport annuel est présenté en même temps que le rapport mentionné à l'article D. 4626-32 et que le bilan social au comité technique d'établissement, à la commission médicale d'établissement et au comité d'hygiène, de sécurité et des conditions de travail. Il est transmis, assorti des observations éventuelles de ces instances, dans un délai d'un mois, au directeur régional des entreprises, de la concurrence, de la consommation, du travail et de l'emploi.

Art. D. 4626-8 Les dispositions de l'article D. 4626-7 s'appliquent lorsque l'établissement *(Abrogé par Décr. nº 2015-1588 du 4 déc. 2015, art. 10, à compter du 1er janv. 2016)* *« ou le syndicat »* a conclu une convention avec un service de santé au travail interentreprises.

(Abrogé par Décr. nº 2015-1588 du 4 déc. 2015, art. 10 ; Décr. nº 2012-1483 du 27 déc. 2012, art. 11-II-16º) *« Lorsqu'un service de santé au travail est commun à plusieurs établissements ou syndicats interhospitaliers, un rapport commun est établi. Il retrace l'activité du service commun dans chacun des établissements ou syndicats concernés. Un exemplaire de ce rapport est adressé au chef d'établissement ou au secrétaire général du syndicat, à l'assemblée gestionnaire, au comité technique, au comité d'hygiène, de sécurité et des conditions de travail de chaque établissement ou syndicat ainsi qu'aux destinataires prévus aux 2º et 3º de l'article précité. »*

SECTION III **PERSONNELS CONCOURANT AUX SERVICES DE SANTÉ AU TRAVAIL** *(Décr. nº 2015-1588 du 4 déc. 2015, art. 11, en vigueur le 1er janv. 2016).*

SOUS-SECTION 1 **MÉDECIN DU TRAVAIL** *(Décr. nº 2015-1588 du 4 déc. 2015, art. 11, en vigueur le 1er janv. 2016).*

Art. R. 4626-9 Les médecins du travail sont recrutés parmi les médecins remplissant les conditions prévues à l'article R. 4623-2. – *[Anc. art. R. 242-4.]*

Art. R. 4626-10 Le certificat d'études spéciales de médecine du travail et le diplôme d'études spécialisé*[e]*s de médecine du travail ne sont pas obligatoires pour les médecins chargés d'un service de médecine préventive du personnel en fonction à la date du 8 septembre 1985. – *[Anc. art. R. 242-24.]*

Art. R. 4626-11 *(Décr. nº 2015-1588 du 4 déc. 2015, art. 12, en vigueur le 1er janv. 2016)* Le médecin du travail est lié par un contrat conclu avec l'établissement chargé de la gestion du service de santé au travail conformément à un modèle de contrat établi par arrêté conjoint des ministres chargés de la santé et du travail.

Art. R. 4626-12 *(Décr. nº 2015-1588 du 4 déc. 2015, art. 13, en vigueur le 1er janv. 2016)* L'établissement informe le comité technique d'établissement, le comité d'hygiène, de sécurité et des conditions de travail et le directeur régional des entreprises, de la concurrence, de la consommation, du travail et de l'emploi de la nomination ou du recrutement du médecin du travail.

Sans préjudice des dispositions réglementaires applicables en matière disciplinaire aux personnels visés à l'article L. 952-21 du code de l'éducation et au 1° de l'article L. 6152-1 du code de la santé publique, la décision de licenciement du médecin du travail, de rupture ou de non-renouvellement de son contrat à durée déterminée est prise après avis conforme de l'inspecteur du travail. Cet avis est rendu après consultation du comité d'hygiène, de sécurité et des conditions de travail compétent et avis du médecin inspecteur du travail.

Art. R. 4626-13 *(Décr. nº 2015-1588 du 4 déc. 2015, art. 14, en vigueur le 1er janv. 2016)* Le médecin du travail assure personnellement l'ensemble de ses fonctions. Dans les établissements dont il a la charge, ces fonctions sont exclusives de toute autre fonction susceptible de remettre en cause l'indépendance du médecin du travail prévue à l'article L. 4622-4 ou qui déroge à l'article R. 4127-99 du code de la santé publique.

Toutefois, le médecin du travail peut confier certaines activités, sous sa responsabilité et dans le cadre de protocoles écrits, notamment aux collaborateurs médecins, aux internes, aux candidats à l'autorisation d'exercice, aux infirmiers, aux assistants de service de santé au travail. Pour les professions dont les conditions d'exercice relèvent du code de la santé publique, ces activités sont exercées dans la limite des compétences respectives des professionnels de santé déterminées par les dispositions du présent code.

Art. R. 4626-13-1 *(Décr. n° 2015-1588 du 4 déc. 2015, art. 15, en vigueur le 1er janv. 2016)* Dans les centres hospitaliers universitaires, les fonctions de médecin du travail peuvent être confiées à un professeur des universités-praticien hospitalier en médecine du travail dans les conditions définies aux articles R. 4626-12 et R. 4626-13. Dans ce cas, les dispositions des articles R. 4623-4 et R. 4626-9 ne sont pas applicables.

Art. R. 4626-14 *(Décr. n° 2015-1588 du 4 déc. 2015, art. 16, en vigueur le 1er janv. 2016)* Le service autonome de santé au travail comprend au moins un médecin du travail employé à temps complet pour mille cinq cents agents.

Pour tout effectif ou fraction inférieure à mille cinq cents agents, il est fait appel à un médecin du travail employé à temps partiel.

Le seuil de mille cinq cents agents est porté à deux mille lorsque le service autonome de santé au travail est assisté de l'équipe pluridisciplinaire composée de l'ensemble des agents mentionnés aux 1° à 3° de l'article R. 4626-17.

Art. R. 4626-15 Lorsque le service *(Décr. n° 2015-1588 du 4 déc. 2015, art. 17, en vigueur le 1er janv. 2016)* « autonome » de santé au travail comprend plusieurs médecins, la coordination administrative de leurs activités peut être confiée à l'un d'entre eux. — *[Anc. art. R. 242-8, al. 2.]*

Art. R. 4626-16 Dans le cas d'un *(Décr. n° 2015-1588 du 4 déc. 2015, art. 18, en vigueur le 1er janv. 2016)* « service autonome de santé au travail constitué par convention entre plusieurs établissements », le temps consacré aux déplacements est compté dans le temps de travail du médecin. — *[Anc. art. R. 242-8, al. 3.]*

SOUS-SECTION 2 **ÉQUIPES PLURIDISCIPLINAIRES** *(Décr. n° 2015-1588 du 4 déc. 2015, art. 11, en vigueur le 1er janv. 2016).*

Art. R. 4626-17 *(Décr. n° 2015-1588 du 4 déc. 2015, art. 19)* Afin d'assurer la mise en œuvre des compétences médicales, techniques et organisationnelles nécessaires à la prévention des risques professionnels et à l'amélioration des conditions de travail, l'établissement met à disposition du service autonome de santé au travail les moyens nécessaires à son bon fonctionnement et à la réalisation de ses missions, notamment :

1° Du personnel infirmier ;

2° Du personnel assistant de service de santé au travail ;

3° Sur proposition du médecin du travail, de manière ponctuelle ou permanente, des personnes ou des organismes possédant des compétences nécessaires à la prévention des risques professionnels et à l'amélioration des conditions de travail.

L'équipe pluridisciplinaire ainsi constituée est animée et coordonnée par le médecin du travail.

Les membres de l'équipe pluridisciplinaire exercent leurs fonctions en toute indépendance.

L'indépendance des personnes et des organismes associés extérieurs à l'établissement est garantie dans le cadre d'une convention qui précise :

— les actions qui leur sont confiées et les modalités de leur exercice ;

— les moyens mis à leur disposition ainsi que les règles assurant leur accès aux lieux de travail et les conditions d'accomplissements de leurs missions, notamment celles propres à assurer la libre présentation de leurs observations et propositions.

Les services sociaux peuvent être associés à la mise en œuvre des actions menées par l'équipe du service autonome de santé au travail.

Art. R. 4626-18 (Abrogé par Décr. n° 2015-1588 du 4 déc. 2015, art. 20, à compter du 1er janv. 2016) ***Les caractéristiques auxquelles répondent les locaux médicaux et leurs équipements sont déterminées en fonction de l'importance du service de santé au travail par arrêté conjoint des ministres chargés de la santé et du travail.***

SECTION IV **ACTIONS ET MOYENS DES MEMBRES DE L'ÉQUIPE PLURIDISCIPLINAIRE DE SANTÉ AU TRAVAIL** *(Décr. n° 2015-1588 du 4 déc. 2015, art. 21, en vigueur le 1er janv. 2016).*

SOUS-SECTION 1 **ACTION SUR LE MILIEU DE TRAVAIL**

Art. R. 4626-19 *(Décr. n° 2015-1588 du 4 déc. 2015, art. 22, en vigueur le 1er janv. 2016)* **Le médecin du travail est informé dans les meilleurs délais par le chef d'établissement de toute déclaration de maladie professionnelle, de maladie contractée pendant le travail et d'accident du travail.**

Il établit, s'il l'estime nécessaire, un rapport sur les mesures à prendre pour éviter la répétition de tels faits. Ce rapport est adressé au comité d'hygiène, de sécurité et des conditions de travail ainsi qu'au chef d'établissement qui en adresse copie à l'autorité de tutelle, et il est tenu à la disposition de l'inspecteur du travail et du médecin inspecteur du travail.

Le médecin du travail est également informé de la saisine du comité médical ou de la commission départementale de réforme. Il rédige un rapport dans les conditions précisées à l'article 9 du décret n° 88-386 du 19 avril 1988 modifié relatif aux conditions d'aptitude physique et aux congés de maladie des agents de la fonction publique hospitalière.

Art. R. 4626-20 **Le médecin du travail consacre à ses missions en milieu de travail le tiers de son temps de travail.**

(Décr. n° 2015-1588 du 4 déc. 2015, art. 23, en vigueur le 1er janv. 2016) **« Le chef d'établissement prend toutes les mesures pour permettre au médecin du travail d'effectuer ce tiers-temps dans le cadre des actions mentionnées à l'article R. 4624-1. »**

Art. R. 4626-21 *(Décr. n° 2015-1588 du 4 déc. 2015, art. 24, en vigueur le 1er janv. 2016)* **Le médecin du travail assiste, à titre consultatif, aux réunions du comité technique d'établissement et de la commission médicale d'établissement lorsque l'ordre du jour de ces instances comporte des questions intéressant la santé, la sécurité et les conditions de travail.**

SOUS-SECTION 2 **EXAMENS MÉDICAUX**

§ 1er **EXAMEN MÉDICAL PRÉALABLE À LA PRISE DE FONCTION ET VACCINATIONS**

Art. R. 4626-22 **L'agent fait l'objet, avant sa prise de fonction, d'un examen médical par le médecin du travail. Celui-ci est informé du poste auquel cet agent est affecté.** – *[Anc. art. R. 242-15, al. 1er.]*

Art. R. 4626-23 *(Décr. n° 2015-1588 du 4 déc. 2015, art. 27, en vigueur le 1er janv. 2016)* **Le médecin du travail prévoit les examens complémentaires adaptés en fonction des antécédents de la personne, du poste qui sera occupé et dans une démarche de prévention des maladies infectieuses transmissibles.**

Le médecin du travail procède ou fait procéder aux examens complémentaires prévus par les dispositions en vigueur pour certaines catégories de travailleurs exposés à des risques particuliers dans les conditions prévues à l'article R. 4626-31.

Art. R. 4626-24 (Abrogé par Décr. n° 2015-1588 du 4 déc. 2015, art. 26, à compter du 1er janv. 2016) ***Le médecin du travail procède ou fait procéder aux examens complémentaires prévus par les dispositions en vigueur pour certaines catégories de travailleurs exposés à des risques particuliers.***

Art. R. 4626-25 **Le médecin du travail veille, sous la responsabilité du chef d'établissement** *(Abrogé par Décr. n° 2015-1588 du 4 déc. 2015, art. 2, à compter du 1er janv. 2016)* ***« ou du secrétaire général du syndicat »***, **à l'application des dispositions du code de la santé publique sur les vaccinations obligatoires.**

Il procède lui-même ou fait procéder à ces vaccinations ainsi qu'à celles qui seraient imposées par une épidémie. Les agents peuvent les faire pratiquer par le médecin de leur choix. Ils fournissent un certificat détaillé.

Le médecin du travail est habilité à pratiquer les vaccinations qui sont recommandées en cas de risques particuliers de contagion. – *[Anc. art. R. 242-16.]*

§ 2 EXAMENS PÉRIODIQUES

Art. R. 4626-26 *(Décr. n° 2015-1588 du 4 déc. 2015, art. 28, en vigueur le 1er janv. 2016)* Les agents bénéficient d'un examen médical au moins tous les vingt-quatre mois.

Des examens médicaux ou, en application du premier alinéa de l'article R. 4623-31, des entretiens infirmiers peuvent être réalisés plus fréquemment, à l'appréciation du médecin du travail.

§ 3 SURVEILLANCE MÉDICALE RENFORCÉE

Art. R. 4626-27 *(Décr. n° 2015-1588 du 4 déc. 2015, art. 29, en vigueur le 1er janv. 2016)* Bénéficient d'une surveillance médicale renforcée :

1° Les agents mentionnés à l'article R. 4624-18 ;

2° Les agents réintégrés après un congé de longue durée ou de longue maladie.

Art. R. 4626-28 *(Décr. n° 2015-1588 du 4 déc. 2015, art. 30, en vigueur le 1er janv. 2016)* Le médecin du travail détermine les modalités de la surveillance médicale renforcée en tenant compte des recommandations de bonnes pratiques.

§ 4 EXAMENS DE PRÉ-REPRISE ET DE REPRISE DU TRAVAIL *(Décr. n° 2015-1588 du 4 déc. 2015, art. 31, en vigueur le 1er janv. 2016).*

Art. R. 4626-29 *(Décr. n° 2015-1588 du 4 déc. 2015, art. 32, en vigueur le 1er janv. 2016)* L'agent bénéficie d'un examen de reprise par le médecin du travail :

1° Après un congé de maternité ;

2° Après une absence pour cause de maladie professionnelle ;

3° Après une absence d'au moins trente jours pour cause d'accident du travail, de maladie ou d'accident non professionnel ou, à l'initiative du médecin du travail, pour une absence d'une durée inférieure à trente jours.

L'examen de reprise est organisé dans un délai de huit jours à compter de la reprise du travail par l'agent.

Art. R. 4626-29-1 *(Décr. n° 2015-1588 du 4 déc. 2015, art. 33, en vigueur le 1er janv. 2016)* Un examen de pré-reprise peut être organisé dans les conditions prévues aux articles R. 4624-20 à R. 4624-21.

§ 5 EXAMENS COMPLÉMENTAIRES

Art. R. 4626-30 *(Décr. n° 2015-1588 du 4 déc. 2015, art. 34, en vigueur le 1er janv. 2016)* Le médecin du travail peut prescrire les examens complémentaires nécessaires :

1° A la détermination de l'aptitude de l'agent au poste de travail et notamment au dépistage des affections comportant une contre-indication à ce poste de travail ;

2° Au dépistage d'une maladie professionnelle ou à caractère professionnel susceptible de résulter de l'activité professionnelle de l'agent ;

3° Au dépistage des affections susceptibles d'exposer l'entourage de l'agent à des risques de contagion.

A cet effet, le médecin du travail est informé par le chef d'établissement, le plus tôt possible, de tout changement d'affectation et peut, à cette occasion, prendre l'initiative de procéder à un nouvel examen de l'agent.

§ 6 DÉROULEMENT DES EXAMENS MÉDICAUX

Art. R. 4626-31 *(Décr. n° 2015-1588 du 4 déc. 2015, art. 35, en vigueur le 1er janv. 2016)* Les examens médicaux prévus à la présente sous-section sont :

1° A la charge de l'établissement lorsqu'il dispose d'un service autonome de santé au travail ou lorsqu'il est lié par convention à un service commun à plusieurs administrations. L'établissement fournit au médecin du travail le moyen d'assurer le respect de l'anonymat des examens. Dans la mesure où ces examens ne peuvent être réalisés dans l'établissement, le médecin du travail choisit l'organisme chargé de les pratiquer ;

2° A la charge du service de santé au travail interentreprises lorsque l'établissement fait appel à cette structure, sauf clause contraire figurant dans la convention signée avec le service de santé au travail interentreprises.

SECTION V **DOCUMENTS ET RAPPORTS**

SOUS-SECTION 1 **RAPPORT ANNUEL D'ACTIVITÉ**

Art. D. 4626-32 *(Décr. n° 2015-1588 du 4 déc. 2015, art. 36, en vigueur le 1er janv. 2016)* Le médecin du travail établit chaque année, après consultation de l'équipe pluridisciplinaire, un rapport d'activité qui doit être annexé au bilan social.

Ce rapport annuel est présenté en même temps que celui mentionné à l'article D. 4626-6 et que le bilan social au comité technique d'établissement, à la commission médicale d'établissement et au comité d'hygiène, de sécurité et des conditions de travail. Il est transmis assorti des observations éventuelles de ces instances dans un délai d'un mois au destinataire prévu à l'article D. 4626-7.

SOUS-SECTION 2 **DOSSIER MÉDICAL ET FICHE MÉDICALE D'APTITUDE**

Art. R. 4626-33 *(Décr. n° 2015-1588 du 4 déc. 2015, art. 37, en vigueur le 1er janv. 2016)* Un dossier médical en santé au travail est constitué par le médecin du travail dans les conditions prévues à l'article L. 4624-2 du code du travail.

Dans le respect des dispositions prévues aux articles L. 1110-4 et L. 1111-7 du code de la santé publique, le médecin du travail recueille et actualise avec l'agent et les services concernés les informations administratives, médicales et professionnelles nécessaires aux actions individuelles et collectives en santé au travail. Ces données sont conservées dans le dossier médical en santé au travail. Il en est de même des avis des différentes instances médicales formulés en application de l'article 71 de la loi n° 86-33 du 9 janvier 1986 modifiée portant dispositions statutaires relatives à la fonction publique hospitalière.

Lorsque l'agent quitte l'établissement, un double du dossier médical est remis, avec son accord, au médecin du travail de sa nouvelle affectation. En cas de refus de l'agent, seuls la liste des vaccinations pratiquées et les résultats des tests tuberculiniques sont transmis au médecin du travail.

Art. D. 4626-34 (Abrogé par Décr. n° 2015-1588 du 4 déc. 2015, art. 38, à compter du 1er janv. 2016) *Lorsque l'agent quitte l'établissement ou le syndicat, un double du dossier médical peut être remis, avec son accord, au médecin chargé de la protection médicale du personnel dans sa nouvelle affectation.*

En cas de refus de cet accord, la liste des vaccinations pratiquées et les résultats des tests tuberculiniques sont transmis.

Art. R. 4626-35 *(Décr. n° 2015-1588 du 4 déc. 2015, art. 39, en vigueur le 1er janv. 2016)* Le médecin du travail établit, à l'issue de chacun des examens médicaux prévus à la sous-section 2 de la section IV, à l'exception de l'examen de pré-reprise mentionné à l'article R. 4626-29-1, une fiche médicale d'aptitude en triple exemplaire.

Il en remet un exemplaire à l'agent, classe un exemplaire dans son dossier médical en santé au travail et transmet le troisième à l'employeur par tout moyen conférant date certaine, qui le conserve dans le dossier administratif de l'agent. Cet exemplaire est présenté, à tout moment, sur leur demande, à l'inspecteur du travail et au médecin inspecteur du travail.

Cette fiche ne contient aucun renseignement sur la nature des affections dont l'agent serait ou aurait été atteint. Elle mentionne uniquement les contre-indications et les recommandations concernant l'affectation éventuelle à certains postes de travail.

TITRE TROISIÈME **SERVICE SOCIAL DU TRAVAIL**

CHAPITRE PREMIER **MISE EN PLACE ET MISSIONS**

Art. D. 4631-1 Le service social agit sur les lieux mêmes du travail pour suivre et faciliter la vie personnelle des travailleurs, notamment des femmes, des jeunes et des travailleurs handicapés.

Il peut éventuellement agir en dehors des lieux de travail pour seconder l'action des services sociaux sur les questions en rapport avec l'activité professionnelle. – *[Anc. art. R. 250-2, al. 1er.]*

CHAPITRE II **ORGANISATION ET FONCTIONNEMENT**

Art. D. 4632-1 Dans l'exercice de ses missions dans le domaine social, le comité d'entreprise s'appuie sur le service social.

Le comité établit chaque année un rapport sur l'organisation, le fonctionnement et la gestion financière du service social. *(Décr. no 2016-1418 du 20 oct. 2016, art. 9)* « Ce rapport est communiqué, à sa demande, à l'agent de contrôle de l'inspection du travail dont dépend l'entreprise. »

Art. D. 4632-2 Lorsque plusieurs entreprises possèdent déjà ou envisagent de créer un service social commun et ont, par application de l'article R. 2323-33, créé un comité interentreprises chargé de sa gestion, celui-ci établit chaque année un rapport sur l'organisation, le fonctionnement et la gestion financière du service social. *(Décr. no 2016-1418 du 20 oct. 2016, art. 10)* « Ce rapport est communiqué, sur sa demande, à l'agent de contrôle de l'inspection du travail. »

Les difficultés pouvant naître de l'application du présent article, notamment entre les employeurs et la délégation des salariés siégeant au comité, ou entre plusieurs entreprises ou des comités d'entreprise, sont portées devant l'inspecteur du travail.

Art. D. 4632-3 Le service social du travail dispose d'un bureau au moins. – *[Anc. art. R. 250-9.]*

Art. D. 4632-4 Le service social est assuré par un conseiller du travail qui exerce les fonctions de conseiller technique pour les questions sociales auprès du comité d'entreprise. Le conseiller du travail peut être chargé par lui de l'organisation et de la direction des institutions sociales de l'entreprise.

Il assiste de droit, avec voix consultative, à toutes les réunions du comité ou des commissions spéciales consacrées, selon leur ordre du jour, à des questions sociales.

Il assure les tâches d'ordre social dévolues par l'employeur au service social sur le lieu de travail.

Il réalise, tous les trois mois, un compte rendu de son activité au comité d'entreprise et à l'employeur. – *[Anc. art. R. 250-6.]*

BIBL. ▶ DUCROT, *Dr. soc. 1990. 880* ✎ (mutation professionnelle des conseillers du travail).

Art. D. 4632-5 Le conseiller du travail est désigné et maintenu en fonction après accord, selon le cas, entre l'employeur et le comité d'entreprise ou entre les employeurs et le comité interentreprises.

En cas de désaccord, la décision est prise par l'inspecteur du travail. – *[Anc. art. R. 250-7.]*

En application de l'art. L. 231-5 CRPA, et par exception à l'application du délai de deux mois prévu à l'art. L. 231-1 du même code, le silence gardé par l'administration pendant deux mois vaut décision de rejet pour une demande de désignation ou maintien en fonction des conseillers du travail (Décr. no 2014-1289 du 23 oct. 2014, art. 1er).

Art. D. 4632-6 Le conseiller du travail consacre au moins trois demi-journées par semaine pour chaque groupe de deux cent cinquante salariés. – *[Anc. art. R. 250-8.]*

Art. D. 4632-7 Le conseiller du travail doit être titulaire du diplôme spécial délivré par le ministre chargé du travail. – *[Anc. art. R. 250-2, al. 3.]*

Art. D. 4632-8 Le conseiller du travail agit sur les lieux du travail afin :

1° De veiller au bien-être du travailleur dans l'entreprise et de faciliter son adaptation au travail ;

2° D'étudier plus particulièrement les problèmes soulevés par l'emploi des femmes, des jeunes et des travailleurs handicapés ;

3° De coordonner et de promouvoir les réalisations sociales décidées par l'employeur et par le comité d'entreprise et d'exercer auprès de ce dernier les fonctions de conseiller technique pour les questions sociales ;

4° De concourir à toute action d'ordre éducatif entreprise par le comité d'entreprise. – *[Anc. art. R. 250-10, al. 1er à 5.]*

Art. D. 4632-9 Le conseiller du travail collabore avec le service de santé au travail de l'entreprise. Il recherche, en accord avec l'employeur et le comité d'entreprise ou le comité interentreprises, les améliorations susceptibles d'être apportées aux conditions de travail, au bien-être des travailleurs et au fonctionnement des œuvres sociales de l'entreprise ou interentreprises. – *[Anc. art. R. 250-10, al. 6.]*

Art. D. 4632-10 Le conseiller du travail est en liaison constante avec les organismes de prévoyance, d'assistance, de placement, des diverses institutions sociales et les services sociaux de la sécurité sociale et de la santé publique en vue de faciliter aux travailleurs l'exercice des droits que lui confère la législation sociale et de les orienter, le cas échéant, vers les organismes compétents. – *[Anc. art. R. 250-10, al. 7.]*

Art. D. 4632-11 Le conseiller du travail responsable, dans les entreprises ou les services interentreprises, de l'initiative, de l'étude et de la mise en place des réalisations sociales décidées par le comité d'entreprise et l'employeur exerce les fonctions de conseiller chef du travail. – *[Anc. art. R. 250-10, al. 8.]*

TITRE QUATRIÈME **INSTITUTIONS CONCOURANT À L'ORGANISATION DE LA PRÉVENTION**

CHAPITRE PREMIER **CONSEIL D'ORIENTATION DES CONDITIONS DE TRAVAIL ET COMITÉS RÉGIONAUX D'ORIENTATION DES CONDITIONS DE TRAVAIL**

(Décr. n° 2016-1834 du 22 déc. 2016)

SECTION PREMIÈRE **CONSEIL D'ORIENTATION DES CONDITIONS DE TRAVAIL**

SOUS-SECTION 1 **DISPOSITIONS GÉNÉRALES**

§ 1er MISSIONS

Art. R. 4641-1 Le Conseil d'orientation des conditions de travail est placé auprès du ministre chargé du travail.

I. – Il participe à l'élaboration des orientations des politiques publiques dans les domaines de la santé et de la sécurité au travail et de l'amélioration des conditions de travail, en particulier les *[des]* stratégies nationales d'action et les *[des]* projets de stratégies et d'instruments internationaux. Cette participation peut se faire en soumettant des avis et des propositions dans les domaines relevant de sa compétence et en diligentant à cette fin des études ou en établissant des rapports particuliers.

II. – Il est consulté sur les projets de textes législatifs et réglementaires qui concourent à la mise en œuvre de ces politiques publiques :

1° Les projets de loi ou d'ordonnance relatifs à la protection et à la promotion de la santé et de la sécurité au travail dans les établissements mentionnés aux articles L. 4111-1 et L. 4111-3 ;

2° Les projets de décrets et d'arrêtés pris relevant de la quatrième partie du présent code ou en application des textes mentionnés au 1° ci-dessus ;

3° Les projets de décrets et d'arrêtés pris en application des dispositions législatives des chapitres V, VI et VII du titre Ier du livre VII du code rural et de la pêche maritime.

Il constitue, pour le ministre chargé de l'agriculture, l'organisme mentionné à l'article R. 717-74 du code rural et de la pêche maritime consulté sur les projets de textes réglementaires applicables aux professions agricoles et sur les priorités nationales en santé et sécurité au travail conformément à l'article D. 717-33 de ce code.

La formalité de consultation du Conseil d'orientation des conditions de travail, requise en application du II, est réputée avoir été satisfaite lorsque les projets de loi, d'ordonnance, de décret ou d'arrêté publiés postérieurement à l'installation dudit conseil ont fait l'objet, avant la date de cette installa-

tion, d'une consultation du Conseil d'orientation sur les conditions de travail, dans les conditions prévues aux art. R. 4641-2 s., dans leur rédaction antérieure au Décr. n° 2016-1834 du 22 déc. 2016 (Décr. préc., art. 3).

Art. R. 4641-2 Le Conseil d'orientation des conditions de travail est constitué des formations suivantes :

1° Le Conseil national d'orientation des conditions de travail, présidé par le ministre chargé du travail, et le groupe permanent d'orientation des conditions de travail, qui exercent les fonctions d'orientation du Conseil d'orientation des conditions de travail ;

2° La commission générale, présidée par le président de la section sociale du Conseil d'État et les commissions spécialisées, qui exercent les fonctions consultatives du Conseil d'orientation des conditions de travail.

§ 2 COMPOSITION ET DÉSIGNATION

Art. R. 4641-3 Chacune des formations du conseil, à l'exception du groupe permanent d'orientation, comprend :

1° Le collège des départements ministériels ;

2° Le collège des partenaires sociaux, comportant un nombre égal de représentants des salariés et des employeurs ;

3° Le collège des organismes nationaux de sécurité sociale, d'expertise et de prévention ;

4° Le collège des personnalités qualifiées.

Les membres des collèges mentionnés aux 2° et 4° sont nommés par arrêté du ministre chargé du travail pour un mandat de trois ans renouvelable au sein des différentes formations du conseil et par arrêté conjoint du ministre chargé du travail et du ministre chargé de l'agriculture pour la commission spécialisée chargée des questions relatives aux activités agricoles. Pour chacun des membres du collège mentionné au 2°, deux suppléants sont nommés dans les mêmes conditions.

Le mandat des membres du Conseil d'orientation sur les conditions de travail et des comités régionaux de prévention des risques professionnels, dans leur composition en vigueur au 24 déc. 2016, est prolongé jusqu'à l'installation du Conseil d'orientation des conditions de travail et des comités régionaux d'orientation des conditions de travail prévus aux art. R. 4641-1 s. dans leur rédaction issue du Décr. n° 2016-1834 du 22 déc. 2016 et au plus tard le 1er janv. 2017 (Décr. préc., art. 4).

§ 3 FONCTIONNEMENT

Art. R. 4641-4 Le vice-président du Conseil national d'orientation des conditions de travail est nommé par arrêté du ministre chargé du travail pour un mandat de trois ans renouvelable. Le secrétaire général, qui l'assiste dans ses missions, est nommé par arrêté du ministre chargé du travail. Il assure, sous l'autorité du vice-président, l'organisation et l'animation des travaux du Conseil national d'orientation des conditions de travail et du groupe permanent d'orientation des conditions de travail ainsi que l'établissement de leurs rapports. Il est membre de droit de chacune des formations du conseil dont il peut assurer, le cas échéant, la présidence en cas d'absence des présidents titulaire et suppléant.

La convocation et l'ordre du jour des réunions du Conseil national d'orientation des conditions de travail et du groupe permanent d'orientation sont établis par le secrétaire général du Conseil d'orientation des conditions de travail, qui en assure le secrétariat. La convocation et l'ordre du jour des réunions de la commission générale et des commissions spécialisées sont établis par le directeur général du travail ou son représentant, qui en assurent le secrétariat. Pour la commission spécialisée chargée des questions relatives aux activités agricoles, ces fonctions sont assurées par le directeur des affaires financières, sociales et logistiques du ministère chargé de l'agriculture ou son représentant.

Les positions du groupe permanent d'orientation sont adoptées par consensus.

Les avis des formations du Conseil d'orientation des conditions de travail requis en application du II de l'article R. 4641-1 sont retracés dans le compte rendu de séance établi par les services du ministère chargé du travail, et, pour la commission chargée des questions relatives aux activités agricoles, par les services du ministère chargé de l'agriculture. Ce compte rendu est signé par le président de séance.

S'il le juge nécessaire, le président des formations consultatives peut procéder à un vote. Les membres des formations du Conseil d'orientation des conditions de travail mentionnés au 2° de l'article R. 4641-3 disposent chacun d'une voix. Lorsqu'il n'est pas suppléé, chacun de ces membres peut donner mandat à un autre membre du même collège pour le représenter.

Le président de chaque formation du Conseil d'orientation des conditions de travail peut, dans le cadre des attributions de celle-ci, constituer et mandater des groupes de travail et faire appel à des experts afin d'apporter un avis technique sur une question particulière, formuler des recommandations ou diligenter des études. Dotés d'un mandat et d'un calendrier prévisionnel, ces groupes rapportent le résultat de leurs travaux devant la formation qui les a mandatés.

La participation aux réunions du Conseil d'orientation des conditions de travail ouvre droit aux indemnités pour frais de déplacement et de séjour dans les conditions prévues par le décret n° 2006-781 du 3 juillet 2006 fixant les conditions et les modalités de règlement des frais occasionnés par les déplacements temporaires des personnels civils de l'État.

SOUS-SECTION 2 **CONSEIL NATIONAL D'ORIENTATION DES CONDITIONS DE TRAVAIL ET GROUPE PERMANENT D'ORIENTATION DES CONDITIONS DE TRAVAIL**

§ 1er CONSEIL NATIONAL D'ORIENTATION DES CONDITIONS DE TRAVAIL

Art. R. 4641-5 Le Conseil national d'orientation des conditions de travail :

1° Participe à l'élaboration des orientations stratégiques nationales et internationales relatives à la santé et à la sécurité au travail, à l'amélioration des conditions de travail et à la prévention des risques professionnels, et notamment du plan santé au travail, le cas échéant sur la base des propositions du groupe permanent d'orientation ainsi qu'au suivi de leur mise en œuvre ;

2° Examine le bilan annuel des conditions de travail établi par les services du ministère chargé du travail, qui comprend le bilan annuel des comités régionaux d'orientation des conditions de travail. Dans ce cadre, il organise un suivi des statistiques sur les conditions de travail et peut réaliser toute étude se rapportant aux conditions de travail ;

3° Participe à la coordination des acteurs intervenant dans ces domaines.

Art. R. 4641-6 Le Conseil national d'orientation des conditions de travail est présidé par le ministre chargé du travail, ou en son absence, par le vice-président du conseil.

Il comprend :

1° Au titre du collège des partenaires sociaux :

a) Huit représentants des salariés, soit : deux sur proposition de la Confédération générale du travail (CGT), deux sur proposition de la Confédération française démocratique du travail (CFDT), deux sur proposition de la Confédération générale du travail-Force ouvrière (CGT-FO), un sur proposition de la Confédération française des travailleurs chrétiens (CFTC) et un sur proposition de la Confédération française de l'encadrement-Confédération générale des cadres (CFE-CGC) ;

b) Huit représentants des employeurs, soit : quatre sur proposition du Mouvement des entreprises de France (MEDEF), un sur proposition de la Confédération générale des petites et moyennes entreprises (CGPME), un sur proposition de l'Union professionnelle artisanale (UPA), un sur proposition conjointe de la Fédération nationale des syndicats d'exploitants agricoles (FNSEA) et de la Confédération nationale de la mutualité, de la coopération et du crédit agricoles (CNMCCA) et un sur proposition de l'Union nationale des professions libérales (UNAPL) ;

2° Au titre du collège des départements ministériels :

a) Le directeur général du travail ou son représentant ;

b) Le directeur général de la santé ou son représentant ;

c) Le directeur général des entreprises ou son représentant ;

d) Le directeur général de la prévention des risques ou son représentant ;

e) Le directeur des affaires financières, sociales et logistiques du ministère chargé de l'agriculture ou son représentant ;

f) Le directeur général des infrastructures, des transports et de la mer ou son représentant ;

g) Le directeur général de la fonction publique ou son représentant ;

h) Le directeur général des collectivités locales ou son représentant ;

i) Le directeur de la sécurité sociale ou son représentant ;

j) Le directeur général de l'offre de soins ou son représentant ;

k) Le chef du service de l'inspection générale des affaires sociales ou son représentant ;

3° Au titre du collège des organismes nationaux de sécurité sociale, d'expertise et de prévention :

a) Le directeur de l'Agence nationale de sécurité sanitaire de l'alimentation, de l'environnement et du travail ou son représentant ;

b) Le directeur de l'Agence nationale de santé publique ou son représentant ;

c) Le directeur de l'Agence nationale pour l'amélioration des conditions de travail ou son représentant ;

d) Le directeur de l'Institut national de recherche et de sécurité ou son représentant ;

e) Le directeur des risques professionnels de la Caisse nationale d'assurance maladie des travailleurs salariés ou son représentant ;

f) Le directeur de la santé et de la sécurité au travail de la Caisse centrale de la mutualité sociale agricole ou son représentant ;

g) Le directeur de l'Organisme professionnel de prévention du bâtiment et des travaux publics ou son représentant ;

h) Le directeur de l'Institut de radioprotection et de sûreté nucléaire ou son représentant ;

4° Au titre du collège des personnalités qualifiées et des représentants d'associations ou des organisations professionnelles de prévention, quinze représentants :

a) Douze personnalités qualifiées, dont le président et les vice-présidents de la commission des accidents du travail et des maladies professionnelles de la Caisse nationale d'assurance maladie des travailleurs salariés et neuf personnalités, parmi lesquelles sont désignés les présidents des commissions spécialisées ;

b) Trois représentants d'associations de victimes des risques professionnels et des organisations professionnelles de prévention.

Ce collège comporte au moins une personne spécialiste de médecine du travail.

§ 2 GROUPE PERMANENT D'ORIENTATION DES CONDITIONS DE TRAVAIL

Art. R. 4641-7 Le groupe permanent d'orientation des conditions de travail :

1° Participe à l'élaboration du plan santé au travail, en proposant au ministre chargé du travail les orientations pour celui-ci ;

2° Participe à l'orientation de la politique publique en santé *[et en]* sécurité au travail, en formulant des avis ou des propositions sur les questions particulières figurant dans son programme de travail annuel ou traitées à la demande du ministre chargé du travail ou encore de tout autre thème entrant dans son domaine de compétences ;

3° Contribue à la définition de la position française sur les questions stratégiques au niveau européen ou international en matière de santé et de sécurité au travail ;

4° Participe à la coordination des acteurs de la santé au travail, notamment en formulant des avis et des propositions visant à améliorer son pilotage ;

5° Participe à la coordination et l'information des groupes permanents régionaux d'orientation des conditions de travail mentionnés aux articles R. 4641-21 et suivants ;

6° Élabore une synthèse annuelle de l'évolution des conditions de travail.

Art. R. 4641-8 Le groupe permanent d'orientation des conditions de travail est présidé par le vice-président du Conseil d'orientation des conditions de travail et animé par son secrétaire général.

Il comprend :

1° Au titre du collège des partenaires sociaux : un représentant de chacune des organisations mentionnées au 1° de l'article R. 4641-6 relatif au Conseil national d'orientation des conditions de travail ;

2° Au titre du collège des départements ministériels et du collège des organismes nationaux de sécurité sociale, d'expertise et de prévention :

a) Le directeur général du travail ou son représentant ;

b) Le directeur des affaires financières, sociales et logistiques du ministère chargé de l'agriculture ou son représentant ;

c) Le directeur des risques professionnels de la Caisse nationale d'assurance maladie des travailleurs salariés ou son représentant.

Le groupe permanent d'orientation établit un programme de travail annuel par consensus entre ses membres, sur la base d'une proposition élaborée par le secrétaire général.

En fonction des thèmes inscrits à l'ordre du jour, un expert ou un représentant d'un département ministériel figurant au sein du collège ministériel ne siégeant pas au groupe permanent d'orientation peut être sollicité à titre consultatif par le secrétaire général.

Les membres du collège des partenaires sociaux peuvent demander l'inscription d'un sujet à l'ordre du jour établi par le secrétaire général.

SOUS-SECTION 3 LA COMMISSION GÉNÉRALE ET LES COMMISSIONS SPÉCIALISÉES

§ 1er LA COMMISSION GÉNÉRALE

Art. R. 4641-9 La commission générale est consultée sur les projets de loi et d'ordonnance ainsi que sur les projets de décret pris sur le rapport du ministre chargé du travail. Sur ces textes, elle rend l'avis du Conseil d'orientation des conditions de travail.

Cet avis rend compte, s'il y a lieu, de la position de la commission spécialisée chargée des questions relatives aux activités agricoles pour les textes applicables aux activités agricoles.

Les travaux de la commission générale portant sur les projets de décret pris sur le rapport du ministre chargé du travail sont préparés par les commissions spécialisées.

Art. R. 4641-10 La commission générale est présidée par le président de la section sociale du Conseil d'État, ou, en son absence, par un président de commission spécialisée ou, en son absence, le directeur général du travail ou son représentant.

Elle comprend :

1° Au titre du collège des partenaires sociaux :

a) Cinq représentants des salariés, soit : un sur proposition de la Confédération générale du travail (CGT), un sur proposition de la Confédération française démocratique du travail (CFDT), un sur proposition de la Confédération générale du travail-Force ouvrière (CGT-FO), un sur proposition de la Confédération française des travailleurs chrétiens (CFTC) et un sur proposition de la Confédération française de l'encadrement-Confédération générale des cadres (CFE-CGC) ;

b) Cinq représentants des employeurs, soit : un sur proposition du Mouvement des entreprises de France (MEDEF), un sur proposition de la Confédération générale des petites et moyennes entreprises (CGPME), un sur proposition de l'Union professionnelle artisanale (UPA), un sur proposition conjointe de la Fédération nationale des syndicats d'exploitants agricoles (FNSEA) et de la Confédération nationale de la mutualité, de la coopération et du crédit agricoles (CNMCCA) et un sur proposition de l'Union nationale des professions libérales (UNAPL) ;

2° Au titre du collège des départements ministériels :

a) Le directeur général du travail ou son représentant ;

b) Le directeur général de la santé ou son représentant ;

c) Le directeur général de la prévention des risques ou son représentant ;

d) Le directeur des affaires financières, sociales et logistiques du ministère chargé de l'agriculture ou son représentant ;

e) Le directeur de la sécurité sociale ou son représentant ;

3° Au titre du collège des organismes nationaux de sécurité sociale, d'expertise et de prévention :

a) Le directeur de l'Agence nationale pour l'amélioration des conditions de travail ou son représentant ;

b) Le directeur de l'Institut national de recherche et de sécurité ou son représentant ;

c) Le directeur des risques professionnels de la Caisse nationale d'assurance maladie des travailleurs salariés ou son représentant ;

d) Le directeur de la santé et de la sécurité au travail de la Caisse centrale de la mutualité sociale agricole ou son représentant ;

e) Le directeur de l'Organisme professionnel de prévention du bâtiment et des travaux publics ou son représentant ;

4° Au titre du collège des personnalités qualifiées : huit personnalités désignées à raison de leurs compétences personnelles en santé au travail, dont les présidents des commissions spécialisées.

§ 2 LES COMMISSIONS SPÉCIALISÉES

Art. R. 4641-11 Les commissions spécialisées :

1° Préparent les avis de la commission générale ;

2° Sont consultées sur les instruments internationaux et européens, les projets de décrets autres que ceux pris sur le rapport du ministre chargé du travail, ainsi que sur les projets d'arrêtés pris sur le rapport du ministre chargé du travail. Sur ces textes, elles rendent l'avis du Conseil d'orientation des conditions de travail prévu au II de l'article R. 4641-1.

Art. R. 4641-12 Les six commissions spécialisées, à l'exception de la commission spécialisée chargée des questions relatives aux activités agricoles, comprennent :

1° Au titre du collège des partenaires sociaux :

a) Cinq représentants des salariés, soit : un sur proposition de la Confédération générale du travail (CGT), un sur proposition de la Confédération française démocratique du travail (CFDT), un sur proposition de la Confédération générale du travail-Force ouvrière (CGT-FO), un sur proposition de la Confédération française des travailleurs chrétiens (CFTC) et un sur proposition de la Confédération française de l'encadrement-Confédération générale des cadres (CFE-CGC) ;

b) Cinq représentants des employeurs, soit : un sur proposition du Mouvement des entreprises de France (MEDEF), un sur proposition de la Confédération générale des petites et moyennes entreprises (CGPME), un sur proposition de l'Union professionnelle artisanale (UPA), un sur proposition conjointe de la Fédération nationale des syndicats d'exploitants agricoles (FNSEA) et de la Confédération nationale de la mutualité, de la coopération et du crédit agricoles (CNMCCA) et un sur proposition de l'Union nationale des professions libérales (UNAPL) ;

2° Au titre du collège des départements ministériels : cinq représentants des départements ministériels, désignés par décision du directeur général du travail parmi ceux désignés au 2° de l'article R. 4641-6 ;

3° Au titre du collège des organismes nationaux de sécurité sociale, d'expertise et de prévention : cinq représentants désignés par décision du directeur général du travail parmi ceux désignés au 3° de l'article R. 4641-6 ;

4° Au titre du collège des personnalités qualifiées : six personnalités désignées à raison de leurs compétences personnelles au regard des attributions de la commission.

Pour chaque commission spécialisée, à l'exception de la commission spécialisée chargée des questions relatives aux activités agricoles mentionnée à l'article R. 4641-14, un président est nommé au sein du collège des personnalités qualifiées, parmi ses membres visés au 4° de l'article R*[.]* 4641-6. En son absence, la commission est présidée par un suppléant désigné au sein du collège mentionné au 4° du présent article ou un représentant du directeur général du travail.

Art. R. 4641-13 Les cinq premières commissions spécialisées formées au sein du Conseil d'orientation des conditions de travail sont les suivantes :

1° Une commission spécialisée relative aux questions transversales, aux études et à la recherche. Elle est notamment compétente sur la promotion et la diffusion de la culture de prévention, la formation, les risques relatifs à l'organisation du travail, les études, la recherche et les interventions des agences publiques dans ces domaines, notamment celles de l'Agence nationale de sécurité sanitaire de l'alimentation, de l'environnement et du travail et de l'Agence nationale pour l'amélioration des conditions de travail. Elle est également compétente sur les missions, l'organisation et le fonctionnement du Conseil d'orientation des conditions de travail et des comités régionaux d'orientation des conditions de travail. Elle est compétente sur les aspects transversaux et les orientations de la politique européenne et internationale ;

2° Une commission spécialisée relative à la prévention des risques physiques, chimiques et biologiques pour la santé au travail ;

3° Une commission spécialisée relative à la prévention des risques liés à la conception et à l'utilisation des équipements de travail, des équipements de protection individuelle et des locaux et lieux de travail temporaires ;

4° Une commission spécialisée relative aux pathologies professionnelles. Elle est notamment compétente sur les questions relatives à la connaissance de l'origine professionnelle des pathologies, aux maladies professionnelles et à l'articulation entre la réparation et la prévention des pathologies professionnelles ;

5° Une commission spécialisée relative aux acteurs de la prévention en entreprise. Elle est notamment compétente sur les services de santé au travail et médecins du travail, membres de l'équipe pluridisciplinaire et sur les comités d'hygiène, de sécurité et des conditions de travail.

Art. R. 4641-14 La commission spécialisée chargée des questions relatives aux activités agricoles est consultée, en application des dispositions de l'article R. 4641-1, sur les textes présentés sur le rapport du ministre chargé de l'agriculture.

Par exception aux dispositions de l'article R. 4641-11, elle peut être également saisie par le ministre chargé de l'agriculture soit d'autres projets de loi, d'ordonnance, de décret ou d'arrêté lorsqu'ils intéressent la santé et la sécurité des travailleurs en agriculture, soit de questions relatives à ces matières. Elle peut proposer à ce ministre toutes mesures susceptibles d'être prises en ce domaine. Le compte rendu de ses travaux est communiqué à la commission générale.

Cette commission spécialisée comprend :

1° Au titre du collège des partenaires sociaux :

a) Cinq représentants des salariés, soit : un sur proposition de la Confédération générale du travail (CGT), un sur proposition de la Confédération française démocratique du travail (CFDT), un sur proposition de la Confédération générale du travail-Force ouvrière (CGT-FO), un sur proposition de la Confédération française des travailleurs chrétiens (CFTC) et un sur proposition de la Confédération française de l'encadrement-Confédération générale des cadres (CFE-CGC) ;

b) Cinq représentants des employeurs, soit : un sur proposition de la Fédération nationale des syndicats d'exploitants agricoles (FNSEA), un sur proposition de la Fédération nationale des syndicats d'exploitants forestiers, scieurs et industriels du bois (FNB), un sur proposition de COOP de France, un sur proposition d'Entrepreneurs des territoires et un sur proposition de l'Union nationale des entrepreneurs du paysage (UNEP) ;

2° Au titre du collège des départements ministériels : cinq représentants ;

3° Au titre du collège des organismes nationaux de sécurité sociale, d'expertise et de prévention : cinq représentants ;

4° Au titre du collège des personnalités qualifiées : cinq personnalités désignées à raison de leurs compétences au regard des attributions de la commission.

La commission spécialisée chargée des questions relatives aux activités agricoles est présidée par une personne qualifiée mentionnée au *a* du 4° de l'article R. 4641-6, nommée par arrêté conjoint des ministres chargés de l'agriculture et du travail, ou, en son absence, par un représentant du ministre chargé de l'agriculture.

SECTION II COMITÉS RÉGIONAUX D'ORIENTATION DES CONDITIONS DE TRAVAIL

SOUS-SECTION 1 DISPOSITIONS GÉNÉRALES

§ 1er MISSIONS

Art. R. 4641-15 Placé auprès du préfet de région, le comité régional d'orientation des conditions de travail participe à l'élaboration des orientations de la politique de santé et de sécurité au travail et d'amélioration des conditions de travail au plan régional.

Un groupe permanent régional d'orientation des conditions de travail est constitué en son sein. Il exerce une fonction d'orientation dans le domaine de la politique de santé et de sécurité au travail et d'amélioration des conditions de travail.

§ 2 COMPOSITION ET DÉSIGNATION

Art. R. 4641-16 Les formations du comité régional d'orientation des conditions de travail, à l'exception du groupe régional d'orientation des conditions de travail, comprennent :

1° Le préfet de région ou son représentant, président ;

2° Un collège de représentants des administrations régionales de l'État ;

3° Un collège de représentants, en nombre égal, des organisations d'employeurs et de salariés représentatives au niveau national ;

4° Un collège des organismes régionaux de sécurité sociale, d'expertise et de prévention ;

5° Un collège de personnalités qualifiées, comprenant notamment :

a) Des personnalités désignées à raison de leurs compétences en santé au travail, dont, notamment, des experts scientifiques ou techniques de la prévention en entreprise ;

b) Des représentants d'associations de victimes de risques professionnels et d'organisations de professionnels de la prévention.

Les membres des collèges mentionnés aux 3° et 5° du présent article sont nommés par arrêté du préfet pour trois ans renouvelables au sein des différentes formations du comité régional. Les membres du collège mentionné au 3° du même article peuvent être représentés par leur suppléant nommé dans les mêmes conditions.

V. note ss. art. R. 4641-1.

§ 3 FONCTIONNEMENT

Art. R. 4641-17 Les membres du comité régional mentionnés aux 3° et 5° de l'article R. 4641-16 remplissent et actualisent une déclaration individuelle d'intérêts déposée à la direction régionale des entreprises, de la concurrence, de la consommation, du travail et de l'emploi. Ils ne participent pas aux travaux susceptibles de comporter un conflit d'intérêts.

En tant que de besoin, tout représentant ministériel ou toute autre personne que le représentant de la direction régionale des entreprises, de la concurrence, de la consommation, du travail et de l'emploi estime utile à la réflexion sur les thèmes inscrits à l'ordre du jour.

Dans le cadre de ses attributions, le comité régional d'orientation des conditions de travail peut constituer et mandater des groupes de travail sur une question particulière pour accompagner et suivre la mise en œuvre du plan régional *[de]* santé au travail, formuler des recommandations ou diligenter des études. Dotés d'un mandat et d'un calendrier prévisionnel, ces groupes rapportent le résultat de leurs travaux devant le comité régional.

Lorsqu'un vote est demandé soit par le président, soit par la moitié des représentants du collège des partenaires sociaux, il est acquis à la majorité des membres présents ayant voix délibérative. En cas de partage des voix, la voix du président est prépondérante.

La participation aux réunions du comité régional d'orientation des conditions de travail ouvre droit aux indemnités pour frais de déplacement et de séjour, au sein de la région, dans les conditions prévues par le décret n° 2006-781 du 3 juillet 2006 fixant les conditions et les modalités de règlement des frais occasionnés par les déplacements temporaires des personnels civils de l'État.

SOUS-SECTION 2 LE COMITÉ RÉGIONAL D'ORIENTATION DES CONDITIONS DE TRAVAIL

§ 1er MISSIONS

Art. R. 4641-18 Placé auprès du préfet de région, le comité régional d'orientation des conditions de travail :

1° Participe à l'élaboration et à l'actualisation de diagnostics territoriaux portant sur les conditions de travail et la prévention des risques professionnels ;

2° Participe à l'élaboration et au suivi du plan régional santé au travail, qui décline à l'échelle régionale le plan santé au travail. Il constitue le programme de prévention des risques liés au travail du plan régional de santé publique, mentionné à l'article L. 1411-11 du code de la santé publique ;

3° Est consulté sur la mise en œuvre régionale des politiques publiques intéressant la santé et la sécurité au travail ainsi que l'amélioration des conditions de travail, qui lui sont soumises par les autorités publiques ;

4° Est consulté sur les actions coordonnées prévues à l'article D. 717-43-2 du code rural et de la pêche maritime adoptées après avis du comité technique régional visé à l'article R. 751-160 de ce code ;

5° Est consulté sur les instruments régionaux d'orientation des politiques publiques en matière de santé et de sécurité au travail et est informé de la mise en œuvre des politiques publiques intéressant ces domaines ;

6° Contribue à la coordination avec la commission de coordination des politiques de prévention de l'agence régionale de santé et à l'organisation territoriale de la politique de santé publique mentionnée à l'article L. 1411-11 du code de la santé publique ;

7° Contribue à la coordination avec le comité régional d'orientation et de suivi (CROS) chargé de la mise en œuvre territoriale du plan Ecophyto conformément à l'article L. 253-6 du code rural et de la pêche maritime, dans ses actions relatives à la santé et sécurité au travail lors de l'utilisation des produits phytopharmaceutiques ;

8° Adopte les avis du groupe permanent régional d'orientation.

§ 2 COMPOSITION

Art. R. 4641-19 Les membres du comité régional sont :

1° Au titre du collège des administrations régionales de l'État :

a) Le directeur régional des entreprises, de la concurrence, de la consommation, du travail et de l'emploi ou son représentant et trois autres membres de ce service qu'il désigne ;

b) Le directeur général de l'Agence régionale de santé ou son représentant ;

c) Le directeur régional de l'environnement, de l'aménagement et du logement ou son représentant ;

2° Au titre du collège des partenaires sociaux :

a) Huit représentants des salariés, soit : deux sur proposition de la Confédération générale du travail (CGT), deux sur proposition de la Confédération française démocratique du travail (CFDT), deux sur proposition de la Confédération générale du travail-Force ouvrière (CGT-FO), un sur proposition de la Confédération française des travailleurs chrétiens (CFTC) et un sur proposition de la Confédération française de l'encadrement-Confédération générale des cadres (CFE-CGC) ;

b) Huit représentants des employeurs, soit : quatre sur proposition du Mouvement des entreprises de France (MEDEF), dont deux issus d'organisations de branche, deux sur proposition de la Confédération générale des petites et moyennes entreprises (CGPME), un sur proposition de l'Union professionnelle artisanale (UPA) et un sur proposition conjointe de la Fédération nationale des syndicats d'exploitants agricoles (FNSEA) et de la coopération et du crédit agricoles (CNMCCA) ;

3° Au titre du collège des représentants d'organismes de sécurité sociale, d'expertise et de prévention :

a) Le directeur de la caisse régionale d'assurance retraite et de la santé au travail de la circonscription régionale ou son représentant ;

b) Le directeur de l'association régionale pour l'amélioration des conditions de travail ou son représentant ;

c) Le médecin du travail, coordonnateur régional santé et sécurité au travail de la mutualité sociale agricole ou son représentant ;

d) Le directeur du comité régional de l'Organisme professionnel de prévention du bâtiment et des travaux publics ou son représentant ;

4° Au titre du collège des personnalités qualifiées :

a) Huit personnes physiques désignées par arrêté préfectoral ;

b) Deux représentants de personnes morales désignés par arrêté préfectoral.

Ce collège comporte au moins une personne spécialiste en médecine du travail.

§ 3 ORGANISATION ET FONCTIONNEMENT

Art. R. 4641-20 Le comité régional se réunit au moins une fois par an en séance plénière. Il se réunit également à l'initiative de son président ou à la demande d'une moitié, au moins, des représentants du collège des partenaires sociaux.

Seuls le président et les membres des collèges du comité régional mentionnés aux 1°, 2° et 3° de l'article R. 4641-19 ont voix délibérative.

Le compte rendu de chaque réunion, établi par les services de direction régionale des entreprises, de la concurrence, de la consommation et de l'emploi, rend compte de l'expression de tous les membres du comité. Il est diffusé aux membres du comité.

SOUS-SECTION 3 LE GROUPE PERMANENT RÉGIONAL D'ORIENTATION DES CONDITIONS DE TRAVAIL

§ 1er MISSIONS

Art. R. 4641-21 Le groupe permanent régional d'orientation des conditions de travail exerce une fonction d'orientation dans les domaines de la santé et de la sécurité au travail et de l'amélioration des conditions de travail dans le ressort du territoire régional. A ce titre, il :

1° Rend un avis sur toute question de nature stratégique dans le domaine de la santé au travail, des conditions de travail et des risques professionnels dont il se saisit ;

2° Formule les orientations du plan régional santé au travail et participe au suivi de sa mise en œuvre ;

3° Participe à l'élaboration du diagnostic territorial portant sur la santé au travail, les conditions de travail et la prévention des risques professionnels ;

4° Favorise la coordination des orientations et des positions prises adoptées dans les principales instances paritaires régionale dans le champ de la santé au travail, en cohérence avec les orientations du groupe permanent d'orientation mentionné à l'article R. 4641-7 ;

5° Adresse au groupe permanent d'orientation un bilan annuel de son activité.

Il rend un avis, qu'il remet au comité régional d'orientation des conditions de travail :

a) Sur le contenu des contrats pluriannuels d'objectifs et de moyens des services de santé au travail prévus à l'article L. 4622-10 ;

b) Sur la politique régionale d'agrément prévue à l'article D. 4622-53.

Dans le cadre de son domaine de compétence, le groupe permanent régional peut, de sa propre initiative, soumettre des propositions et des avis et diligenter des analyses ou des études.

§ 2 COMPOSITION ET FONCTIONNEMENT

Art. R. 4641-22 Le groupe permanent régional d'orientation des conditions de travail est présidé par le préfet de région ou son représentant. Deux vice-présidents sont élus respectivement par les membres des collèges mentionnés aux *a* et *b* du 2° de l'article R. 4641-19, l'un au titre des représentants des salariés, l'autre au titre des représentants des employeurs. Le directeur régional des entreprises, de la concurrence, de la consommation, du travail et de l'emploi ou son représentant assure l'animation de ses travaux.

Le groupe permanent régional d'orientation des conditions de travail est formé au sein du comité régional d'orientations des conditions de travail. Il comprend :

1° Au titre du collège des partenaires sociaux : les représentants mentionnés au 2° de l'article R. 4641-19 ;

2° Un représentant de la caisse régionale d'assurance retraite et de la santé au travail de la circonscription régionale.

CHAPITRE II **AGENCE NATIONALE POUR L'AMÉLIORATION DES CONDITIONS DE TRAVAIL**

(Décr. n° 2015-968 du 31 juill. 2015, art. 1er)

SECTION PREMIÈRE **MISSIONS DE L'AGENCE ET DE SON RÉSEAU**

Art. R. 4642-1 I. – L'Agence nationale pour l'amélioration des conditions de travail est un établissement public national à caractère administratif placé sous la tutelle du ministre chargé du travail.

Dans le cadre des missions qui lui sont confiées en application de l'article L. 4642-1, l'agence conduit des actions visant à agir sur les éléments déterminants des conditions de travail, notamment l'organisation du travail et les relations professionnelles, en vue de leur amélioration.

Ses champs d'intervention, dans le cadre des politiques publiques, couvrent notamment :

1° La promotion de la santé au travail et de la qualité de vie au travail, en particulier lors de la conception des organisations, des équipements et des installations de travail ;

2° La prévention des risques professionnels dans le cadre de l'organisation du travail ;

3° L'amélioration de l'environnement de travail par l'adaptation des postes, des lieux et des situations de travail.

L'agence met également à disposition son expertise pour faciliter l'expression des salariés sur les conditions de réalisation de leur travail, notamment lors de la conduite de projets de transformation des entreprises et des organisations, et pour aider au dialogue social sur les questions de conditions de travail.

Les activités conduites par l'agence dans le champ de l'amélioration des conditions de travail et de la qualité de vie au travail contribuent notamment à l'accès et au maintien en emploi durable des travailleurs, au développement des connaissances et des compétences des travailleurs tout au long de leur vie professionnelle et à l'égalité professionnelle.

II. – Pour mener à bien ses missions, l'agence :

1° Conduit des interventions à caractère expérimental dans les entreprises, les associations et les structures publiques ;

2° Développe et produit à partir de ces expérimentations des outils et des méthodes susceptibles d'être utilisés par les employeurs, les travailleurs et leurs représentants ;

3° Assure l'information, la diffusion et la formation nécessaires à l'utilisation de ces outils et méthodes ;

4° Conduit une activité de veille, d'étude et de prospective sur les enjeux liés aux conditions de travail ;

5° Développe des partenariats avec les autres acteurs intervenant dans le domaine des conditions de travail, au niveau national et international.

Les actions de l'agence, conduites au besoin par l'intermédiaire de tout acteur pertinent tel que les organisations professionnelles, consulaires ou de formation, bénéficient prioritairement aux petites et moyennes entreprises.

Ses interventions au sein des structures publiques sont subordonnées à la passation d'une convention de partenariat fixant notamment les conditions dans lesquelles la structure contribue financièrement à l'intervention.

L'agence conduit ses activités dans le respect des principes de neutralité et d'impartialité vis-à-vis des acteurs de l'entreprise, de l'association ou de la structure publique au sein de laquelle elle est amenée à intervenir.

Art. R. 4642-2 Des associations régionales paritaires ayant pour objet l'amélioration des conditions de travail participent aux missions définies à l'article R. 4642-1. Elles constituent un réseau dont l'agence assure le pilotage.

L'appartenance au réseau est subordonnée à l'adhésion de l'association à la charte du réseau mentionnée à l'article R. 4642-4. Chaque association conclut avec l'agence une convention annuelle fixant ses actions et les financements correspondants.

Les services déconcentrés de l'État en charge du travail et de l'emploi peuvent également confier à ces associations la réalisation d'actions dans les domaines énumérés à l'article R. 4642-1, en lien avec les objectifs stratégiques de l'agence mentionnés à l'article R. 4642-4. Les obligations réciproques qui en résultent font l'objet de conventions spécifiques.

Chaque association est dotée d'un comité d'orientation composé de représentants des organisations d'employeurs et des organisations de salariés qui siègent au conseil d'administration de l'association, de représentants des institutions publiques participant au financement de l'association et de personnes qualifiées. Ce comité se prononce sur les orientations et la programmation des activités de l'association. Une commission de financement constituée en son sein se prononce sur la programmation des activités et l'affectation des ressources correspondantes.

SECTION II **ORGANISATION ET FONCTIONNEMENT**

SOUS-SECTION 1 **CONSEIL D'ADMINISTRATION**

Art. R. 4642-3 I. — L'Agence nationale pour l'amélioration des conditions de travail est administrée par un conseil d'administration et dirigée par un directeur général.

Le conseil d'administration comprend :

1° Neuf représentants des employeurs nommés dans les conditions suivantes :

a) Cinq représentants, sur proposition du Mouvement des entreprises de France (MEDEF) ;

b) Un représentant des entreprises publiques, après consultation du Mouvement des entreprises de France (MEDEF) ;

c) Un représentant, sur proposition de la Confédération générale des petites et moyennes entreprises (CGPME) ;

d) Un représentant, sur proposition de la Fédération nationale des syndicats d'exploitants agricoles (FNSEA) ;

e) Un représentant, sur proposition de l'Union professionnelle artisanale (UPA) ;

2° Neuf représentants de salariés nommés dans les conditions suivantes :

a) Trois représentants, sur proposition de la Confédération générale du travail (CGT) ;

b) Deux représentants, sur proposition de la Confédération française démocratique du travail (CFDT) ;

c) Deux représentants, sur proposition de la Confédération générale du travail-Force ouvrière (CGT-FO) ;

d) Un représentant, sur proposition de la Confédération française de l'encadrement-Confédération générale des cadres (CFE-CGC) ;

e) Un représentant, sur proposition de la Confédération française des travailleurs chrétiens (CFTC) ;

3° Six représentants de l'État, membres de droit :

a) Le ministre chargé du travail ou son représentant ;

b) Le ministre chargé de l'emploi ou son représentant ;

c) Le ministre chargé de l'agriculture ou son représentant ;

d) Le ministre chargé de l'économie ou son représentant ;

e) Le ministre chargé du droit des femmes ou son représentant ;

f) Le ministre chargé de la fonction publique ou son représentant ;

4° Trois personnes qualifiées en matière de conditions de travail, dont l'une sur proposition de l'Association des régions de France.

II. — Outre les personnalités prévues au quatrième alinéa de l'article L. 4642-2, assistent avec voix consultative aux réunions du conseil d'administration :

1° Le directeur général et l'agent comptable de l'agence ou leurs représentants ;

2° Le président du conseil scientifique de l'agence ;

3° Le contrôleur budgétaire de l'agence ou son représentant ;

4° En tant que de besoin, les représentants des ministres qui ne siègent pas au conseil d'administration lorsque le conseil est appelé à connaître de questions entrant dans leurs attributions.

En outre, le conseil d'administration peut entendre toute personne dont il estime l'audition utile à son information.

III. — Le conseil d'administration élit un président parmi ses membres, à la majorité absolue. Son mandat est d'une durée de trois ans renouvelable.

En cas d'absence ou d'empêchement du président, le ministre chargé du travail ou son représentant exerce ses prérogatives.

Les membres du conseil d'administration mentionnés aux 1°, 2° et 4° du I sont nommés pour trois ans renouvelables par arrêté du ministre chargé du travail.

Les membres du conseil d'administration mentionnés aux 1° et 2° du même article peuvent être représentés par leur suppléant nommé dans les mêmes conditions.

Les fonctions de membre du conseil d'administration sont incompatibles avec la qualité de membre du conseil scientifique.

En cas de vacance d'un siège du fait de l'empêchement définitif de son titulaire ou de la perte par un membre de la qualité au titre de laquelle il a été désigné, il est procédé à la désignation d'un nouveau membre ou d'un nouveau président dans les conditions prévues au présent article. Le mandat de ce membre ou du président expire dans les mêmes délais que le mandat du membre ou du président qui est remplacé.

Les dispositions du I et III de cet art. entrent en vigueur le 1er nov. 2015. Le conseil d'administration de l'Agence nationale pour l'amélioration des conditions de travail en fonction le 5 août 2015 continue à exercer ses fonctions jusqu'au 1er nov. 2015 (Décr. n° 2015-968 du 31 juill. 2015, art. 2).

Art. R. 4642-4 Le conseil d'administration fixe par ses délibérations les orientations générales de l'agence. Outre les attributions qu'il tient du titre III du décret n° 2012-1246 du 7 novembre 2012 relatif à la gestion budgétaire et comptable publique, il délibère notamment sur :

1° Les objectifs stratégiques pluriannuels, notamment ceux fixés dans le cadre du contrat d'objectifs et de performance conclu entre l'agence et l'État ;

2° Le programme de travail de l'agence ;

3° L'organisation générale de l'agence et son règlement intérieur ;

4° Le budget de l'agence et ses modifications, le compte financier, l'affectation des résultats, le tableau des emplois ainsi que les emprunts ;

5° Les conditions générales d'emploi et de recrutement du personnel ;

6° Les acquisitions, aliénations, échanges d'immeubles et les baux et locations concernant l'agence ;

7° L'acceptation ou le refus de dons et legs ;

8° L'approbation des conventions de partenariat dès lors que les recettes qu'elles procurent dépassent un montant fixé par le conseil d'administration ;

9° La participation à un groupement d'intérêt public ou tout autre organisme.

En outre, le conseil d'administration adopte la charte qui fixe les relations entre l'agence et les associations mentionnées à l'article R. 4642-2 et approuve les conventions mentionnées à ce même article ainsi que la synthèse annuelle budgétaire et financière de ces associations.

Il autorise le directeur général à ester en justice.

Il donne un avis sur toute question qui lui est soumise par le président du conseil d'administration ou par le ministre chargé du travail et, le cas échéant, par d'autres ministres.

Art. R. 4642-5 Le conseil d'administration est réuni au moins quatre fois par an, sur convocation de son président. Il se réunit également sur demande du ministre chargé du travail, du directeur général de l'agence ou de la moitié de ses membres.

L'ordre du jour de chaque réunion est arrêté par le président sur proposition du directeur général. Toute question dont l'inscription a été demandée par le ministre chargé du travail ou par six membres au moins du conseil d'administration est portée à l'ordre du jour.

Les membres du conseil d'administration mentionnés au I de l'article R. 4642-3 disposent chacun d'une voix. Chaque membre du conseil d'administration peut donner mandat à un autre membre du conseil d'administration pour le représenter. Nul ne peut être porteur de plus d'un de ces mandats.

Le conseil d'administration ne délibère valablement que si la moitié au moins des membres est présente. Si le quorum n'est pas atteint, le conseil est convoqué sur le même ordre du jour au plus tard dans les quinze jours suivants. Il délibère alors valablement, quel que soit le nombre des membres présents.

Les délibérations du conseil d'administration sont prises à la majorité des membres présents. En cas de partage, la voix du président est prépondérante.

En cas d'urgence, les délibérations du conseil d'administration peuvent être adoptées selon les modalités prévues par l'ordonnance n° 2014-1329 du 6 novembre 2014 relative aux délibérations à distance des instances administratives à caractère collégial.

Les délibérations du conseil d'administration sont exécutoires dans un délai d'un mois suivant leur transmission au ministre chargé du travail dès lors qu'ils *[il]* n'a pas fait connaître son opposition motivée. Les délibérations portant sur le budget de l'agence et ses modifications, le compte financier, l'affectation des résultats, le tableau des emplois, les emprunts, les acquisitions, les aliénations, les échanges d'immeubles, les baux et locations, la participation à un groupement d'intérêt public ou tout autre organisme, les conventions mentionnées au 9° de l'article R. 4642-4, ainsi que les conventions et la synthèse annuelle budgétaire et financière mentionnées à l'avant-dernier alinéa de cet article, sont également transmises au ministre chargé du budget, qui peut, dans le même délai, faire connaître son opposition motivée. Le délai d'un mois est suspendu jusqu'à la production des informations ou documents complémentaires demandés, le cas échéant, par ces ministres.

Le procès-verbal de chaque séance, signé par le président, est approuvé lors de la séance suivante du conseil d'administration.

Les fonctions de membre du conseil d'administration sont exercées à titre gracieux. Elles ouvrent droit aux indemnités pour frais de déplacement et de séjour dans les conditions prévues par le décret n° 2006-781 du 3 juillet 2006 fixant les conditions et les modalités de règlement des frais occasionnés par les déplacements temporaires des personnels civils de l'État.

SOUS-SECTION 2 DIRECTEUR GÉNÉRAL ET PERSONNELS DE L'AGENCE

Art. R. 4642-6 Le directeur général est nommé pour une durée de trois ans renouvelable par arrêté du ministre en charge du travail.

Il exerce la direction générale de l'établissement.

Il accomplit tous les actes qui ne sont pas réservés au conseil d'administration en application de l'article R. 4642-4.

Il prépare les délibérations du conseil d'administration et en assure l'exécution.

Il propose au conseil d'administration les orientations stratégiques, le programme de travail et le bilan d'activité de l'établissement.

Il assure le fonctionnement des services de l'établissement. Il a autorité sur l'ensemble du personnel.

Il est ordonnateur des dépenses et des recettes.

Il assure la coordination et le pilotage du réseau mentionné à l'article R. 4642-2.

Il représente l'établissement en justice et dans tous les actes de la vie civile et dans ses rapports avec les tiers. Il passe, au nom de l'établissement, les contrats, les marchés et conventions ainsi que les actes d'acquisition et de vente et les transactions, sous réserve des attributions conférées au conseil d'administration par l'article R. 4642-4.

Il est assisté d'un secrétaire général qui le supplée en cas d'absence ou d'empêchement. Il peut déléguer sa signature à ceux de ses collaborateurs qui exercent une fonction de direction au sein de l'agence.

Art. R. 4642-7 L'agence peut employer des agents contractuels dans les conditions prévues par le décret n° 2014-21 du 9 janvier 2014 fixant les conditions contractuelles applicables aux agents de l'Agence nationale pour l'amélioration des conditions de travail.

SOUS-SECTION 3 CONSEIL SCIENTIFIQUE

Art. R. 4642-8 I. – Le conseil scientifique comprend :

1° Huit membres, ayant voix délibérative, nommés sur proposition du directeur général de l'agence, choisis parmi les personnalités compétentes et reconnues dans le domaine d'intervention de celle-ci :

a) Six personnalités du monde de la recherche en sciences humaines, économiques et sociales ;

b) Deux personnalités ayant une expertise sur les questions d'organisation du travail en entreprise ;

2° Cinq membres, ayant voix consultative, représentants d'organismes ou d'administrations intervenant dans le domaine de compétence de l'agence :

a) Le directeur de l'animation de la recherche, des études et des statistiques au ministère chargé du travail ou son représentant ;

b) Le directeur du Centre d'études et de recherches sur les qualifications ou son représentant ;

c) Le directeur général de l'Institut national de recherche et de sécurité pour la prévention des accidents du travail et des maladies professionnelles ou son représentant ;

d) Le directeur général de l'Agence nationale de sécurité sanitaire de l'alimentation, de l'environnement et du travail ou son représentant ;

e) Le directeur de la Fondation de Dublin ou son représentant.

II. — Les membres du conseil scientifique sont nommés pour une durée de trois ans renouvelable par arrêté du ministre chargé du travail.

En cas de vacance d'un siège du fait de l'empêchement définitif de son titulaire ou de la perte par un membre de la qualité au titre de laquelle il a été désigné, il est procédé à la désignation d'un nouveau membre dans les conditions prévues au présent article. Le mandat de ce membre expire dans les mêmes délais que le mandat du membre qui est remplacé.

Le conseil scientifique élit son président pour trois ans parmi les membres mentionnés au 1° du I. Son mandat est renouvelable.

Le directeur général ou son représentant participe avec voix consultative aux séances du conseil scientifique.

Le conseil scientifique peut s'adjoindre le concours de tout collaborateur de son choix.

III. — Le conseil scientifique est chargé :

1° De donner un avis sur les orientations et sur le projet de programme de travail préalablement à la tenue des délibérations du conseil d'administration prévues à l'article R. 4642-4 ;

2° De contribuer au suivi et à l'évaluation des actions menées par l'agence ;

3° D'assister l'agence dans ses missions d'anticipation de l'évolution des conditions de travail ;

4° D'assister l'agence dans l'élaboration de projets.

En outre, le conseil scientifique donne un avis, à la demande du président du conseil d'administration, du directeur général ou de sa propre initiative, sur toute question scientifique ou technique entrant dans le champ de compétence de l'agence.

IV. — Le conseil scientifique est convoqué par son président, à la demande du directeur général, à la demande du conseil d'administration ou à l'initiative d'au moins un tiers de ses membres. Il se réunit au moins deux fois par an.

Les fonctions de membre du conseil scientifique sont exercées à titre gracieux. Elles ouvrent droit aux indemnités pour frais de déplacement et de séjour dans les conditions prévues à l'article R. 4642-5.

SECTION III **RÉGIME FINANCIER ET COMPTABLE**

Art. R. 4642-9 Le régime financier de l'agence est fixé, sous réserve des dispositions résultant du présent chapitre, par les titres Ier et III du décret n° 2012-1246 du 7 novembre 2012 relatif à la gestion budgétaire et comptable publique.

Le budget de l'agence comprend, d'une manière générale, toutes les recettes autorisées par les lois et les règlements et les dépenses prévues à l'article 178 du décret n° 2012-1246 du 7 novembre 2012 relatif à la gestion budgétaire et comptable publique.

Art. R. 4642-10 Le Fonds pour l'amélioration des conditions de travail a pour objet d'inciter et d'aider les entreprises, notamment les petites et moyennes entreprises, les associations ou les branches professionnelles au moyen de subventions et dans le cadre de démarches participatives, à concevoir et à mettre en œuvre des projets d'expérimentation dans le champ des missions confiées à l'Agence nationale pour l'amélioration des conditions de travail. Les modalités d'attribution des subventions allouées au titre du fonds sont fixées par arrêté du ministre chargé du travail. – *V. Arr. du 22 oct. 2015, JO 30 oct.*

La gestion des crédits du Fonds pour l'amélioration des conditions de travail est confiée à l'Agence nationale pour l'amélioration des conditions de travail. Le cadre général d'intervention de l'agence fait l'objet d'une convention conclue entre l'État et l'agence.

CHAPITRE III **ORGANISMES ET COMMISSIONS DE SANTÉ ET DE SÉCURITÉ**

SECTION PREMIÈRE **DISPOSITIONS GÉNÉRALES**

Art. R. 4643-1 Dans les branches d'activité où existe un organisme professionnel de santé, de sécurité et des conditions de travail, prévu à l'article L. 4643-1, cet organisme est chargé de promouvoir la formation à la sécurité et d'apporter son concours technique pour sa mise en œuvre. – *[Anc. art. R. 231-33.]*

SECTION II **ORGANISME PROFESSIONNEL DE PRÉVENTION DU BÂTIMENT ET DES TRAVAUX PUBLICS**

SOUS-SECTION 1 **MISSIONS**

Art. R. 4643-2 L'Organisme professionnel de prévention du bâtiment et des travaux publics a pour mission, notamment, de contribuer à la promotion de la prévention des accidents du travail et des maladies professionnelles ou à caractère professionnel ainsi qu'à l'amélioration des conditions de travail dans les entreprises adhérentes. – *[Anc. art. 2, al. 1er, phrase 1, Décr. nº 85-682 du 4 juill. 1985.]*

Art. R. 4643-3 Afin de remplir sa mission, l'Organisme professionnel de prévention du bâtiment et des travaux publics :

1º Participe à la veille en matière de risques professionnels ;

2º Conduit les études relatives aux conditions de travail ;

3º Analyse les causes des risques professionnels ;

4º Suscite les initiatives des professionnels de la branche du bâtiment et des travaux publics ainsi que de toutes les personnes qui interviennent dans le processus de construction pour une meilleure prise en compte de la sécurité dans les procédés de fabrication ;

5º Propose aux pouvoirs publics toutes mesures résultant du retour d'expérience organisé dans la profession ;

6º Exerce des actions d'information et de conseil en matière de prévention ;

7º Contribue à la formation à la sécurité ;

8º Participe aux travaux menés dans le cadre de l'Union européenne dans son champ de compétences. – *[Anc. art. 2, al. 1er, phrase 2, et al. 2, Décr. nº 85-682 du 4 juill. 1985.]*

SOUS-SECTION 2 **COMPOSITION**

Art. R. 4643-4 Les entreprises qui relèvent des caisses de congés payés des professions du bâtiment et des travaux publics adhèrent à l'Organisme professionnel de prévention du bâtiment et des travaux publics. – *[Anc. art. 1er, al. 2, Décr. nº 85-682 du 4 juill. 1985.]*

SOUS-SECTION 3 **ORGANISATION ET FONCTIONNEMENT**

§ 1er COMITÉ NATIONAL

Art. R. 4643-5 L'Organisme professionnel de prévention du bâtiment et des travaux publics comprend un comité national qui règle, par ses délibérations, les affaires de l'organisme.

A ce titre, le conseil du comité national :

1º Détermine les orientations de l'organisme, fixe le programme annuel et adopte le rapport d'activité, conformément à la politique générale de prévention et d'amélioration des conditions de travail définie par le ministre chargé du travail et en concertation avec les organismes chargés de la santé et de la sécurité et de l'amélioration des conditions de travail ;

2° Anime, coordonne et contrôle l'action des comités régionaux de prévention prévus à l'article R. 4643-19 ;

3° Vote le budget ;

4° Approuve le bilan et les comptes de résultats de l'exercice ;

5° Autorise les acquisitions et les ventes de biens immobiliers ainsi que les emprunts. Le comité national peut déléguer cette compétence au bureau ;

6° Se prononce sur les conditions générales de recrutement, d'emploi et de rémunération du personnel ;

7° Nomme le secrétaire général ;

8° Établit le règlement intérieur type du comité national et des comités régionaux de prévention. – *[Anc. art. 3 et anc. art. 5, Décr. n° 85-682 du 4 juill. 1985.]*

Art. R. 4643-6 Le conseil du comité national comprend dix membres, dont cinq sont désignés par les organisations professionnelles d'employeurs représentatives au plan national et cinq par les organisations syndicales de salariés représentatives au plan national. Le ministre chargé du travail procède à la répartition des sièges entre les organisations.

Dix suppléants sont désignés dans les mêmes conditions.

Les désignations sont soumises à l'approbation du ministre chargé du travail. Le mandat d'un représentant peut prendre fin à la demande de l'organisation qui l'avait désigné. – *[Anc. art. 4, al. 1er à 3, Décr. n° 85-682 du 4 juill. 1985.]*

Art. R. 4643-7 Le conseil du comité national élit, chaque année, en son sein, un bureau composé d'un président et d'un vice-président appelé à remplacer le président en cas d'absence ou d'empêchement.

Lorsque le président appartient à la catégorie des membres représentant les employeurs, le vice-président est choisi parmi les membres représentant les salariés et inversement. – *[Anc. art. 4, al. 4, Décr. n° 85-682 du 4 juill. 1985.]*

Art. R. 4643-8 Le conseil du comité national se réunit sur la convocation de son président et sur l'ordre du jour fixé par lui. Il est également réuni à la demande de la majorité de ses membres ou du ministre chargé du travail.

Il ne peut délibérer que si trois membres au moins appartenant à chaque catégorie sont présents. A défaut, il est convoqué une nouvelle fois dans les quinze jours et sur le même ordre du jour, il délibère sans condition de nombre. – *[Anc. art. 4, al. 5, Décr. n° 85-682 du 4 juill. 1985.]*

Art. R. 4643-9 Sauf convocation du conseil du comité national en cas d'urgence motivée, les dossiers relatifs à l'ordre du jour sont adressés aux membres ainsi qu'aux représentants avec voix consultative, quinze jours au moins avant la date fixée sur la convocation. – *[Anc. art. 4, al. 6, Décr. n° 85-682 du 4 juill. 1985.]*

Art. R. 4643-10 Le secrétaire général prépare et exécute les délibérations du conseil comité national.

Il est le chef des services de l'organisme, recrute et dirige le personnel.

Il définit l'organisation opérationnelle de l'organisme qu'il propose au conseil du comité national pour accord. – *[Anc. art. 6, al. 1er, Décr. n° 85-682 du 4 juill. 1985.]*

Art. R. 4643-11 Le secrétaire général, un représentant de la Caisse nationale d'assurance maladie et le représentant du ministre chargé du travail assistent aux séances du comité national avec voix consultative. Ce dernier peut jouer le rôle d'arbitre en cas de nécessité.

Le comité national peut faire appel à toute personne qualifiée. – *[Anc. art. 4, al. 7 et 8, Décr. n° 85-682 du 4 juill. 1985.]*

Art. R. 4643-12 Les délibérations du comité national, énumérées à l'article R. 4643-5 sont exécutoires de plein droit, à l'exception de celles portant sur le vote du budget.

Ces dernières sont adoptées et rendues exécutoires dans les conditions suivantes :

1° Le budget primitif, détaillé selon le plan comptable applicable aux établissements de droit privé, est adopté par le conseil du comité national au plus tard vingt et un jours avant le début de l'année auquel il s'applique. Il n'est exécutoire que si, dans le délai de vingt et un jours de son adoption, le ministre chargé du travail n'a pas fait connaître son opposition. L'adoption du budget primitif est précédée, dans le courant du mois d'octobre, d'un débat d'orientation au sein du comité national destiné à préparer le budget primitif de l'année suivante à la lumière, notamment, de l'exécution du budget en cours et du programme annuel envisagé pour l'année à venir ;

2° A défaut d'adoption du budget primitif dans le délai prévu ou d'approbation, le ministre chargé du travail peut autoriser l'organisme à reconduire le budget de l'exercice précédent selon la règle dite du douzième ;

3° Les modifications à apporter en cours d'exercice à l'exécution du budget primitif sont approuvées par le conseil du comité national. Elles ne sont exécutoires que si le ministre chargé du travail n'a pas fait connaître son opposition dans le délai de quinze jours de leur adoption. – *[Anc. art. 5-1, Décr. n° 85-682 du 4 juill. 1985.]*

Art. R. 4643-13 Le conseil du comité national est assisté, pour le suivi des questions financières, d'un comité financier.

Le comité financier comprend le président et le vice-président de l'Organisme professionnel de prévention du bâtiment et des travaux publics, un représentant désigné par chacun des deux collèges siégeant au comité national, le secrétaire général de l'organisme et le représentant désigné par le ministre chargé du travail.

Le président de l'organisme préside le comité financier. – *[Anc. art. 5-2, al. 1er, Décr. n° 85-682 du 4 juill. 1985.]*

Art. R. 4643-14 Le comité financier se réunit en tant que de besoin, et au moins deux fois par an, sur convocation du secrétaire général. – *[Anc. art. 5-2, al. 2, Décr. n° 85-682 du 4 juill. 1985.]*

Art. R. 4643-15 Le comité financier donne son avis sur le projet de budget primitif de l'organisme, ainsi que sur les modifications de ce budget envisagées en cours de gestion, et sur le financement des investissements.

Au cours de ses réunions, il se prononce sur l'état de l'exécution du budget en cours qui lui est présenté par le secrétaire général de l'organisme. – *[Anc. art. 5-2, al. 3 et 4, Décr. n° 85-682 du 4 juill. 1985.]*

Art. R. 4643-16 Les documents relatifs à l'ordre du jour du comité financier sont transmis, par le secrétaire général, aux membres du comité quinze jours avant sa tenue, sauf en cas d'urgence. – *[Anc. art. 5-2, al. 5, Décr. n° 85-682 du 4 juill. 1985.]*

Art. R. 4643-17 Le secrétaire général porte à la connaissance du comité national les avis du comité financier lors de la première réunion qui suit celle de ce dernier. – *[Anc. art. 5-2, al. 6, Décr. n° 85-682 du 4 juill. 1985.]*

Art. R. 4643-18 Le comité national s'adjoint, en qualité de conseiller technique, un médecin choisi parmi les médecins du travail assurant la surveillance médicale des salariés de la branche d'activité. – *[Anc. art. 12, Décr. n° 85-682 du 4 juill. 1985.]*

§ 2 COMITÉS RÉGIONAUX

Art. R. 4643-19 L'Organisme professionnel de prévention du bâtiment et des travaux publics comprend des comités régionaux de prévention chargés, notamment :

1° De conduire les actions en vue de l'amélioration de l'hygiène, de la santé, de la sécurité et des conditions de travail sur tous les lieux dans lesquels interviennent les entreprises adhérentes ;

2° De mettre en œuvre, sous le contrôle du comité national et conformément au programme d'actions adopté par le conseil du comité national, les programmes d'action de l'Organisme professionnel de prévention du bâtiment et des travaux publics dans leur champ de compétence territorial. – *[Anc. art. 3 et anc. art. 7, al. 1er et 2, Décr. n° 85-682 du 4 juill. 1985.]*

Art. R. 4643-20 Le conseil du comité régional de prévention assure l'organisation et le fonctionnement des services mis à sa disposition par le comité national, conformément aux orientations définies par celui-ci.

Il adopte le programme régional d'action annuel en cohérence avec celui défini par le conseil du comité national.

Il fixe ses prévisions de dépenses.

Il établit son règlement intérieur conformément au règlement intérieur type établi par le conseil du comité national. — *[Anc. art. 9, Décr. n° 85-682 du 4 juill. 1985.]*

Art. R. 4643-21 Le comité national fixe le nombre des comités régionaux de prévention. — *[Anc. art. 7, al. 3, Décr. n° 85-682 du 4 juill. 1985.]*

Art. R. 4643-22 Chaque conseil de comité régional de prévention comprend dix membres nommés par le conseil du comité national, à raison de cinq sur proposition des organisations professionnelles d'employeurs représentatives au plan national et cinq sur proposition des organisations syndicales de salariés représentatives au plan national.

Dix suppléants sont désignés dans les mêmes conditions. — *[Anc. art. 8, al. 1er, Décr. n° 85-682 du 4 juill. 1985.]*

Art. R. 4643-23 Le conseil de comité régional de prévention élit, chaque année, en son sein, un bureau composé d'un président et d'un vice-président, lequel est chargé de remplacer le président en cas d'absence ou d'empêchement.

Lorsque le président appartient à la catégorie des membres désignés sur proposition des organisations professionnelles d'employeurs, le vice-président est choisi parmi les membres désignés sur proposition des organisations syndicales de salariés, et inversement. — *[Anc. art. 8, al. 2, Décr. n° 85-682 du 4 juill. 1985.]*

Art. R. 4643-24 Le conseil de comité régional de prévention se réunit sur la convocation de son président et sur l'ordre du jour fixé par lui. Il est également réuni à la demande de la majorité de ses membres ou du *(Décr. n° 2009-1377 du 10 nov. 2009)* « directeur régional des entreprises, de la concurrence, de la consommation, du travail et de l'emploi ».

Il ne peut délibérer que si trois membres au moins appartenant à chaque catégorie sont présents. A défaut, convoqué une nouvelle fois dans les quinze jours et sur le même ordre du jour, il délibère sans condition de nombre.

Le responsable opérationnel du comité régional, un représentant de la caisse régionale d'assurance maladie et le *(Décr. n° 2009-1377 du 10 nov. 2009)* « directeur régional des entreprises, de la concurrence, de la consommation, du travail et de l'emploi » siègent avec voix consultative. Ce dernier peut jouer le rôle d'arbitre en cas de nécessité.

Le conseil régional peut faire appel à toute personne qualifiée. — *[Anc. art. 8, al. 3 à 5, Décr. n° 85-682 du 4 juill. 1985.]*

Les modifications issues du Décr. n° 2009-1377 du 10 nov. 2009 prennent effet, dans chaque région, à la date de nomination du directeur régional des entreprises, de la concurrence, de la consommation, du travail et de l'emploi (Décr. préc., art. 7-I). — V. Arr. de nomination de ces directeurs des 30 déc. 2009 (JO 5 janv. 2010) et 9 févr. 2010 (JO 14 févr.).

Ces modifications s'appliquent à la région Île-de-France à compter du 1er juill. 2010 (Décr. n° 2010-687 du 24 juin 2010, art. 2).

Art. R. 4643-25 Les responsables opérationnels régionaux préparent et exécutent les délibérations des conseils des comités régionaux de prévention.

Ils dirigent, par délégation du secrétaire général, les services et le personnel mis à leur disposition. — *[Anc. art. 6, al. 2, Décr. n° 85-682 du 4 juill. 1985.]*

Art. R. 4643-26 Chaque comité régional s'adjoint, en qualité de conseiller technique, un médecin choisi parmi les médecins du travail assurant la surveillance médicale des salariés de la branche d'activité. — *[Anc. art. 12, Décr. n° 85-682 du 4 juill. 1985.]*

Art. R. 4643-27 L'action du comité régional de prévention est mise en œuvre notamment par des ingénieurs et des techniciens de prévention, dont les modalités de recrutement sont fixées par délibération du conseil du comité national. — *[Anc. art. 13, Décr. n° 85-682 du 4 juill. 1985.]*

§ 3 MEMBRES DES COMITÉS

Art. R. 4643-28 Nul ne peut appartenir au conseil du comité national ou à celui d'un comité régional de prévention s'il ne justifie de l'exercice, pendant cinq années au moins, d'une profession, d'un métier ou d'une activité salariée dans la branche du bâtiment et des travaux publics. – *[Anc. art. 10, Décr. n° 85-682 du 4 juill. 1985.]*

Art. R. 4643-29 L'employeur laisse aux salariés membres d'un conseil d'un comité de l'organisme le temps nécessaire à l'exercice de leurs fonctions.

L'organisme assure aux intéressés le maintien de leur rémunération pendant les absences correspondantes ou, le cas échéant, rembourse, à la demande de l'employeur, les charges supportées par lui à ce titre. – *[Anc. art. 11, Décr. n° 85-682 du 4 juill. 1985.]*

Art. R. 4643-30 Les membres du conseil du comité national et le secrétaire général, dûment mandatés par lui et les membres du personnel de l'organisme, mandatés par le secrétaire général, ont libre accès dans les établissements et chantiers des entreprises adhérentes.

Les membres du conseil du comité régional de prévention et le responsable opérationnel de ce comité, dûment mandatés par lui et les membres du personnel mandaté par ce responsable, ont libre accès dans les établissements et chantiers des entreprises adhérentes de la circonscription.

Dans ces établissements et chantiers, les personnes mentionnées aux premier et deuxième alinéas peuvent, au cours de leurs visites, demander communication des documents mentionnés à l'article L. 4711-1. Les représentants mandatés peuvent porter à la connaissance de l'inspecteur du travail les manquements répétés ou les infractions graves qu'ils constatent aux dispositions légales en matière de santé et sécurité au travail. – *[Anc. art. 14, al. 1er à 3, Décr. n° 85-682 du 4 juill. 1985.]*

Art. R. 4643-31 De leur propre initiative ou à la demande d'un délégué du personnel, les personnes mentionnées aux premier et deuxième alinéas de l'article R. 4643-30 procèdent aux enquêtes techniques sur les causes des accidents du travail et des maladies professionnelles ou à caractère professionnel dans les entreprises qui ne disposent pas d'un comité d'hygiène, de sécurité et des conditions de travail.

Dans les autres entreprises, ces personnes peuvent participer à ces enquêtes à la demande de l'employeur ou d'un membre du comité d'hygiène, de sécurité et des conditions de travail. – *[Anc. art. 14, al. 4, Décr. n° 85-682 du 4 juill. 1985.]*

Art. R. 4643-32 L'ordre du jour des réunions du comité d'hygiène, de sécurité et des conditions de travail est communiqué au comité régional de prévention dans les conditions fixées par l'article R. 4614-3.

Un représentant mandaté du comité régional peut assister aux réunions avec voix consultative. – *[Anc. art. 14, al. 5, Décr. n° 85-682 du 4 juill. 1985.]*

Art. R. 4643-33 Les membres du comité du conseil national et des comités des conseils régionaux ainsi que les salariés de l'Organisme professionnel de prévention du bâtiment et des travaux publics sont tenus de ne rien révéler des secrets dont ils pourraient avoir connaissance dans l'exercice de leurs fonctions.

Ils ne peuvent faire état de procédés de fabrication améliorant la prise en compte de la sécurité qu'avec l'accord exprès de l'employeur qui en dispose. – *[Anc. art. 15, Décr. n° 85-682 du 4 juill. 1985.]*

Art. R. 4643-34 Les employeurs des entreprises adhérentes déclarent au comité régional, dans les quarante-huit heures, tout accident grave.

On entend par accident grave, au sens du présent article, l'accident ayant entraîné la mort ou paraissant devoir entraîner une incapacité permanente ou ayant révélé l'existence d'un danger grave, même si les conséquences ont pu en être évitées, ainsi que toute maladie professionnelle ou à caractère professionnel.

Les employeurs communiquent au comité régional, à sa demande, tous renseignements statistiques nécessaires à l'exercice de sa mission, ainsi que toutes informations de nature à permettre un bon déroulement des enquêtes prévues à l'article R. 4643-31.

Ils transmettent au comité régional une copie de la déclaration d'ouverture de tout chantier ou autre lieu de travail à caractère temporaire prévue au second alinéa de l'article R. 8113-1. – *[Anc. art. 16, Décr. n° 85-682 du 4 juill. 1985.]*

§ 4 DISPOSITIONS FINANCIÈRES

Art. R. 4643-35 Les ressources de l'Organisme professionnel de prévention du bâtiment et des travaux publics comprennent :

1° Les cotisations des entreprises adhérentes ;

2° A titre exceptionnel, la rémunération des services rendus qui par leur nature, leur importance ou leur durée excéderaient les limites habituelles des interventions de l'organisme ;

3° Le produit des ventes des productions et publications ;

4° Les produits financiers. – *[Anc. art. 17, Décr. n° 85-682 du 4 juill. 1985.]*

Art. R. 4643-36 Les cotisations sont constituées :

1° Par une fraction du montant des salaires versés aux salariés permanents par les entreprises adhérentes, augmenté des indemnités de congés payés pour lesquelles une cotisation est perçue par les caisses de congés payés instituées dans la branche du bâtiment et des travaux publics ;

2° Par une contribution au titre des salariés temporaires mis à la disposition de ces entreprises. Cette contribution est assise sur le produit obtenu en multipliant le nombre d'heures de travail accomplies par les salariés temporaires auxquels les entreprises adhérentes font appel par le salaire de référence fixé dans les conditions prévues à l'article R. 4643-38. – *[Anc. art. 18, al. 1er, Décr. n° 85-682 du 4 juill. 1985.]*

Art. R. 4643-37 Les entreprises dotées d'un comité d'hygiène, de sécurité et des conditions de travail peuvent être admises à cotiser à taux réduit par décision du comité régional de prévention dont elles relèvent, compte tenu de leurs résultats en matière de prévention tels qu'ils ressortent, notamment, des documents mentionnés à l'article L. 4612-16. – *[Anc. art. 18, al. 2, Décr. n° 85-682 du 4 juill. 1985.]*

Art. R. 4643-38 Un arrêté du ministre chargé du travail, pris après avis du conseil du comité national de l'Organisme professionnel de prévention du bâtiment et des travaux publics, fixe le taux plein et le taux réduit des cotisations.

Il fixe le salaire de référence de la contribution due au titre de l'emploi de salariés temporaires, ainsi que les taux qui lui sont applicables. – *[Anc. art. 18, al. 3, Décr. n° 85-682 du 4 juill. 1985.] – V. Arr. du 16 déc. 1999 (JO 29 déc.), mod. Arr. du 15 déc. 2015 (JO 22 déc.).*

Art. R. 4643-39 Le recouvrement des cotisations est assuré par les caisses de congés payés instituées dans la branche d'activité, dans les mêmes conditions que celui des cotisations de congés payés.

Le recouvrement de la contribution est assuré par trimestre civil sur la base des heures accomplies au cours du trimestre précédant la date du recouvrement.

Le montant des frais de recouvrement et de gestion des fonds est fixé par convention entre le comité national et les caisses intéressées. – *[Anc. art. 18, al. 4, Décr. n° 85-682 du 4 juill. 1985.]*

Art. R. 4643-40 Le montant des cotisations recouvrées est versé à l'Union des caisses de France – Congés intempéries BTP et porté au crédit de l'Organisme professionnel de prévention du bâtiment et des travaux publics. – *[Anc. art. 18, al. 5, Décr. n° 85-682 du 4 juill. 1985.]*

Art. R. 4643-41 L'Union des caisses de France – Congés intempéries BTP procède au règlement des dépenses figurant au budget de l'organisme suivant les ordres qu'elle reçoit à cet effet du secrétaire général. Elle transmet chaque année au comité national un état récapitulatif des opérations comptables effectuées pour le compte de l'organisme. L'organisme la met en mesure de connaître, préalablement à l'exécution des ordres, la situation des soldes comptables et bancaires.

Les opérations d'encaissement des cotisations et de règlement des dépenses de l'organisme font l'objet, dans les écritures de l'Union des caisses de France – Congés intempéries BTP, d'une comptabilité distincte. – *[Anc. art. 19, al. 1er et 2, Décr. n° 85-682 du 4 juill. 1985.]*

Art. R. 4643-42 La gestion financière de l'Organisme professionnel de prévention du bâtiment et des travaux publics est soumise au contrôle du ministre chargé du travail. – *[Anc. art. 19, al. 3, Décr. n° 85-682 du 4 juill. 1985.]*

CHAPITRE IV AIDE À L'EMPLOYEUR POUR LA GESTION DE LA SANTÉ ET DE LA SÉCURITÉ AU TRAVAIL

(Décr. n° 2012-135 du 30 janv. 2012, art. 1er-IV et 3)

SECTION PREMIÈRE CONDITIONS D'EXERCICE

Art. R. 4644-1 Les personnes mentionnées au premier alinéa de l'article L. 4644-1 sont désignées après avis du comité d'hygiène, de sécurité et des conditions de travail, ou, à défaut, des délégués du personnel.

Elles disposent du temps nécessaire et des moyens requis pour exercer leurs missions. Elles ne peuvent subir de discrimination en raison de leurs activités de prévention.

Art. R. 4644-2 L'intervention de l'intervenant en prévention des risques professionnels enregistré dans les conditions prévues à la section II est subordonnée à la conclusion d'une convention entre celui-ci et l'employeur ou le président du service de santé au travail interentreprises.

Cette convention précise :

1° Les activités confiées à l'intervenant ainsi que les modalités de leur exercice ;

2° Les moyens mis à la disposition de l'intervenant ainsi que les règles définissant son accès aux lieux de travail et l'accomplissement de ses missions, notamment la présentation de ses propositions, dans des conditions assurant son indépendance.

Art. R. 4644-3 Lorsque l'employeur fait appel à un intervenant en prévention des risques professionnels enregistré ou aux organismes de prévention mentionnés à l'article L. 4644-1, il informe son service de santé au travail de cette intervention ainsi que des résultats des études menées dans ce cadre.

Art. R. 4644-4 La convention mentionnée à l'article R. 4644-2 ne peut comporter de clauses autorisant l'intervenant en prévention des risques professionnels enregistré à réaliser des actes relevant de la compétence du médecin du travail.

Art. R. 4644-5 L'intervenant en prévention des risques professionnels enregistré a accès à tous les documents non nominatifs rendus obligatoires par la présente partie.

Ce droit d'accès s'exerce dans des conditions garantissant le caractère confidentiel des données ainsi que la protection des informations mentionnées à l'article R. 4624-9.

SECTION II ENREGISTREMENT

Art. D. 4644-6 *(Décr. n° 2012-137 du 30 janv. 2012, art. 1er-27° et 2)* Le dossier de l'enregistrement prévu à l'article L. 4644-1 est adressé au directeur régional des entreprises, de la concurrence, de la consommation, du travail et de l'emploi par lettre recommandée avec avis de réception. Il contient :

1° Les justificatifs attestant de la détention par le demandeur d'un diplôme d'ingénieur *(Décr. n° 2014-799 du 11 juill. 2014, art. 1er)* « ou » d'un diplôme sanctionnant au moins deux ans d'études supérieures dans les domaines de la santé, de la sécurité ou de l'organisation du travail, d'un diplôme sanctionnant au moins trois ans d'études supérieures dans un domaine scientifique ou dans une matière relevant des sciences humaines et sociales et *(Décr. n° 2014-799 du 11 juill. 2014, art. 1er)* « liés » au travail ou d'une expérience professionnelle dans le domaine de la prévention des risques professionnels d'au moins cinq ans ;

2° Une déclaration d'intérêts dont le modèle est fixé par arrêté ;

3° Un rapport d'activité de l'intervenant en prévention des risques professionnels concernant les cinq dernières années d'exercice lorsqu'il s'agit d'un renouvellement de l'enregistrement.

Art. D. 4644-7 *(Décr. n° 2012-137 du 30 janv. 2012, art. 1er-27° et 2)* Le directeur régional des entreprises, de la concurrence, de la consommation, du travail et de l'emploi enregistre l'intervenant en prévention des risques professionnels dans un délai d'un mois, à compter de la date de réception du dossier.

Art. D. 4644-8 *(Décr. n° 2012-137 du 30 janv. 2012, art. 1er-27° et 2)* L'enregistrement des intervenants en prévention des risques professionnels est renouvelé au terme d'un délai de cinq ans.

Il est valable pour l'ensemble du territoire national.

Art. D. 4644-9 *(Décr. n° 2012-137 du 30 janv. 2012, art. 1er-27° et 2)* Le directeur régional des entreprises, de la concurrence, de la consommation, du travail et de l'emploi peut mettre fin, à tout moment, à l'enregistrement d'un intervenant en prévention des risques professionnels lorsque celui-ci ne dispose pas des compétences nécessaires, qu'il ne respecte pas les prescriptions légales ou qu'il n'est plus en mesure d'assurer sa mission.

Art. D. 4644-10 *(Décr. n° 2012-137 du 30 janv. 2012, art. 1er-27° et 2)* L'intervenant en prévention des risques professionnels tient à disposition du directeur régional des entreprises, de la concurrence, de la consommation, du travail et de l'emploi les éléments permettant de justifier son activité.

Art. D. 4644-11 *(Décr. n° 2012-137 du 30 janv. 2012, art. 1er-27° et 2)* Une personne d'un État membre de l'Union européenne non établie en France peut effectuer de façon occasionnelle des prestations de prévention des risques professionnels si elle peut justifier de compétences ou de diplômes équivalents dans son pays d'origine.

LIVRE SEPTIÈME **CONTRÔLE**

TITRE PREMIER **DOCUMENTS ET AFFICHAGES OBLIGATOIRES**

CHAPITRE UNIQUE

Art. D. 4711-1 L'employeur affiche, dans des locaux normalement accessibles aux travailleurs, l'adresse et le numéro d'appel :

1° Du médecin du travail ou du service de santé au travail compétent pour l'établissement ;

2° Des services de secours d'urgence ;

3° De l'inspection du travail compétente ainsi que le nom de l'inspecteur compétent. – *[Anc. art. L. 620-5.]*

Art. D. 4711-2 Les attestations, consignes, résultats et rapports relatifs aux vérifications et contrôles mis à la charge de l'employeur au titre de la santé et de la sécurité au travail sont datés.

Ils mentionnent l'identité de la personne ou de l'organisme chargé du contrôle ou de la vérification ainsi que celle de la personne qui a réalisé le contrôle ou la vérification. – *[Anc. art. L. 620-6, al. 1er fin.]*

Art. D. 4711-3 Sauf dispositions particulières, l'employeur conserve les documents concernant les observations et mises en demeure de l'inspection du travail ainsi que ceux concernant les vérifications et contrôles mis à la charge des employeurs au titre de la santé et de la sécurité au travail des cinq dernières années et, en tout état de cause, ceux des deux derniers contrôles ou vérifications.

(Décr. n° 2009-289 du 13 mars 2009) « Il conserve, pendant la même durée, les copies des déclarations d'accidents du travail déclarés à la caisse primaire d'assurance maladie. »

TITRE DEUXIÈME **MISES EN DEMEURE ET DEMANDES DE VÉRIFICATION**

CHAPITRE PREMIER **MISES EN DEMEURE**

SECTION PREMIÈRE **MISES EN DEMEURE DU DIRECTEUR DÉPARTEMENTAL DU TRAVAIL, DE L'EMPLOI ET DE LA FORMATION PROFESSIONNELLE**

Art. R. 4721-1 La mise en demeure du directeur régional des entreprises, de la concurrence, de la consommation, du travail et de l'emploi, prévue au 2° de l'article

L. 4721-1, peut être adressée à l'employeur lorsque la situation dangereuse créant un risque professionnel trouve son origine, notamment :

1° Dans les conditions d'organisation du travail ou d'aménagement du poste de travail ;

2° Dans l'état des surfaces de circulation ;

3° Dans l'état de propreté et d'ordre des lieux de travail ;

4° Dans le stockage des matériaux et des produits de fabrication. — *[Anc. art. L. 231-5, al. 1er, phrase 1 milieu, et al. 2, phrase 1 début.]*

Art. R. 4721-2 Le délai d'exécution de la mise en demeure prévue au 2° de l'article L. 4721-1 ne peut être inférieur à quatre jours ouvrables. — *[Anc. art. R. 231-13, al. 2.]*

Art. R. 4721-3 La mise en demeure du directeur des entreprises, de la concurrence, de la consommation, du travail et de l'emploi adressée à l'employeur est écrite, datée et signée. — *[Anc. art. L. 230-5, phrase 2 début.]*

SECTION II **MISES EN DEMEURE DE L'INSPECTEUR DU TRAVAIL ET DU CONTRÔLEUR DU TRAVAIL**

SOUS-SECTION 1 **MISE EN DEMEURE PRÉALABLE AU PROCÈS-VERBAL**

Art. R. 4721-4 La mise en demeure préalable prévue à l'article L. 4721-4 est écrite, datée et signée. — *[Anc. art. L. 231-4, al. 4, phrase 2.]*

Art. R. 4721-5 Le tableau ci-après détermine les dispositions de la présente partie qui donnent lieu à l'application de la procédure de mise en demeure préalable ainsi que le délai minimum d'exécution :

Prescriptions pour lesquelles la mise en demeure est prévue	Délai minimum d'exécution
Femmes enceintes, venant d'accoucher ou allaitant	
Local dédié à l'allaitement prévu à l'article L. 1225-32	1 mois
Utilisation des lieux de travail	
Dispositions relatives aux obligations de l'employeur pour l'utilisation des lieux de travail du titre II du livre II à l'exception du deuxième alinéa de l'article R. 4224-7 et de l'article R. 4224-15	8 jours
Obligation de former des secouristes dans les ateliers où sont accomplis des travaux dangereux prévue à l'article R. 4224-15	1 mois
Conditions d'installation et de protection des cuves, bassins et réservoirs prévues à l'article R. 4224-7	1 mois
Utilisation des équipements de travail	
Principes généraux d'utilisation des équipements de travail et des moyens de protection prévus aux articles R. 4321-1 à R. 4321-5	8 jours
Mise à disposition des représentants du personnel de la documentation relative aux équipements de travail prévue à l'article R. 4323-5	8 jours
Largeur, profil et état des passages et allées de circulation prévus à l'article R. 4323-12	3 mois

Prescriptions pour lesquelles la mise en demeure est prévue	Délai minimum d'exécution
Gabarit et profil des voies de circulation empruntées par les équipements de travail mobiles prévus à l'article R. 4323-50	3 mois
Caractéristiques et conditions d'utilisation des équipements de protection individuelle prévues aux article R. 4323-91 à R. 4323-94	8 jours
Élaboration et mise à disposition des représentants du personnel de la consigne d'utilisation des équipements de protection individuelle prévues à l'article R. 4323-105	8 jours
Risques chimiques	
Mesures contre les risques de débordement, d'éclaboussure et de déversement par rupture des cuves, bassins, réservoirs et récipients prévues à l'article R. 4412-17, 2°	1 mois
Vibrations mécaniques	
Caractéristiques des équipements de protection individuelle contre les effets nuisibles des vibrations mécaniques prévues à l'article R. 4445-3	8 jours
Travaux du bâtiment et du génie civil	
Dispositions relatives à l'hébergement des travailleurs prévues aux articles R. 4534-146, R. 4534-147	8 jours
Services de santé au travail	
Dispositions du titre II du livre VI relatives : – Aux conditions de qualification exigées des médecins et des infirmiers des services de santé au travail, prévues aux articles R. 4623-2 et R. 4623-53 ; – Aux modalités d'établissement du contrat de travail des médecins du travail, prévues à l'article R. 4623-4 ; – A l'obligation pour le médecin du travail d'exercer personnellement ses fonctions, prévues à l'article R. 4623-16 ; – A la présence dans l'établissement d'au moins un infirmier pendant les heures normales de travail, prévues à l'article R. 4623-56 ; – A l'installation matérielle du service de santé au travail, prévues par l'arrêté mentionné à l'article R. 4624-30	1 mois
Service social du travail	
Dispositions du titre III du livre VI relatives à la mise en place, aux missions, à l'organisation et au fonctionnement du service social du travail	1 mois

[Anc. art. L. 241-10, anc. art. L. 250-1, anc. art. R. 224-6, anc. art. R. 232-14, anc. art. R. 233-47 et anc. art. 233, Décr. n° 65-48 du 8 janv. 1965.]

SOUS-SECTION 2 MISE EN DEMEURE PRÉALABLE À L'ARRÊT TEMPORAIRE D'ACTIVITÉ

Art. R. 4721-6 Dès qu'il a constaté que les travailleurs se trouvent dans la situation dangereuse mentionnée à l'article L. 4721-8, l'*(Décr. n° 2016-510 du 25 avr. 2016, art. 4, en vigueur le 1er juill. 2016)* « agent de contrôle de l'inspection du travail mentionné à l'article L. 8112-1 » met l'employeur en demeure de remédier à cette situation. Cette mise en demeure se déroule selon les deux étapes suivantes :

1° Dès le constat de la situation dangereuse, l'*(Décr. n° 2016-510 du 25 avr. 2016, art. 4, en vigueur le 1er juill. 2016)* « agent de contrôle de l'inspection du travail mentionné à l'article L. 8112-1 » demande à l'employeur de lui transmettre par écrit, dans un délai de quinze jours, un plan d'action contenant les mesures correctives appropriées qu'il prend parmi celles prévues notamment aux articles R. 4412-66 à R. 4412-71 en vue de remédier à cette situation ainsi qu'un calendrier prévisionnel. Il lui notifie en même temps, si les circonstances l'exigent, l'obligation de prendre des mesures provisoires afin de protéger immédiatement la santé et la sécurité des travailleurs ;

2° Dans un délai de quinze jours à compter de la réception de ce plan d'action, l'*(Décr. n° 2016-510 du 25 avr. 2016, art. 4, en vigueur le 1er juill. 2016)* « agent de contrôle de l'inspection du travail mentionné à l'article L. 8112-1 » met l'employeur en demeure de réaliser les mesures correctives. Il fixe un délai d'exécution et communique, le cas échéant, ses observations concernant le contenu du plan d'action. – *[Anc. art. R. 231-12-6, al. 1er, 2 et 5.]*

Art. R. 4721-7 L'employeur informe sans délai les agents des services de prévention des organismes de sécurité sociale, le médecin du travail, le comité d'hygiène, de sécurité et des conditions de travail ou, à défaut, les délégués du personnel, ainsi que les travailleurs intéressés, du constat de situation dangereuse effectué par l'inspecteur du travail en application du 1° de l'article R. 4721-6. – *[Anc. art. R. 231-12-6, al. 3.]*

Art. R. 4721-8 Le plan d'action est établi par l'employeur après avis du médecin du travail, du comité d'hygiène, de sécurité et des conditions de travail ou, à défaut, des délégués du personnel.

En l'absence d'avis, il est passé outre dès lors que le médecin du travail, le comité d'hygiène, de sécurité et des conditions de travail ou, à défaut, les délégués du personnel, ont été régulièrement informés et convoqués pour cette consultation. – *[Anc. art. R. 231-12-6, al. 4.]*

Art. R. 4721-9 L'employeur informe et consulte régulièrement le médecin du travail, le comité d'hygiène, de sécurité et des conditions de travail ou, à défaut, des délégués du personnel sur la mise en œuvre du plan d'action. – *[Anc. art. R. 231-12-6, al. 6.]*

Art. R. 4721-10 A défaut de réception du plan d'action ou à l'issue du délai d'exécution fixé en application du 2° de l'article R. 4721-6, *(Décr. n° 2016-510 du 25 avr. 2016, art. 3, en vigueur le 1er juill. 2016)* « si l'agent de contrôle de l'inspection du travail mentionné à l'article L. 8112-1 » constate que la situation dangereuse persiste, il peut, après avoir entendu l'employeur, ordonner l'arrêt temporaire de l'activité *(Décr. n° 2009-289 du 13 mars 2009)* « dans les conditions prévues aux articles R. 4731-9 et suivants ». – *[Anc. art. R. 231-12-7.]*

SOUS-SECTION 3 MISE EN DEMEURE DE RÉDUCTION D'INTERVALLE ENTRE LES VÉRIFICATIONS PÉRIODIQUES

Art. R. 4721-11 L'inspecteur ou le contrôleur du travail peut mettre l'employeur en demeure de réduire l'intervalle entre les vérifications des équipements de travail ou catégories d'équipements de travail prévues par les arrêtés mentionnés à l'article R. 4323-23 lorsque, en raison notamment des conditions ou de la fréquence d'utilisation, du mode de fonctionnement ou de la conception de certains organes, les équipements de travail sont soumis à des contraintes génératrices d'une usure prématurée susceptible d'être à l'origine de situations dangereuses. – *[Anc. art. R. 233-11, al. 3.]*

Art. R. 4721-12 L'inspecteur ou le contrôleur du travail peut mettre l'employeur en demeure de réduire l'intervalle entre les vérifications des équipements de protection

individuelle ou catégories d'équipements de protection individuelle prévues par les arrêtés mentionnés à l'article R. 4323-99 lorsque, en raison notamment des conditions de stockage ou d'environnement, du mode de fonctionnement ou de la conception de certains organes, les équipements de protection individuelle sont soumis à des contraintes susceptibles de nuire à leur fonction protectrice. – *[Anc. art. R. 233-42-2, al. 3.]*

CHAPITRE II **DEMANDES DE VÉRIFICATIONS, D'ANALYSES ET DE MESURES**

SECTION PREMIÈRE **AÉRATION ET ASSAINISSEMENT DES LOCAUX DE TRAVAIL**

Art. R. 4722-1 L'inspecteur ou le contrôleur du travail peut demander à l'employeur de faire procéder par une personne ou un organisme agréé aux contrôles et aux mesures permettant de vérifier la conformité de l'aération et de l'assainissement des locaux de travail avec les dispositions des articles R. 4222-6 à R. 4222-17, R. 4222-20 et R. 4222-21. – *[Anc. art. R. 232-5-10, al. 1er.]*

En application de l'art. L. 231-5 CRPA, et par exception à l'application du délai de deux mois prévu à l'art. L. 231-1 du même code, le délai à l'expiration duquel le silence gardé par l'administration vaut décision de rejet est fixé à quatre mois pour une demande d'agrément des organismes chargés de vérifier la conformité de l'aération et de l'assainissement des locaux de travail (Décr. n° 2014-1289 du 23 oct. 2014, art. 1er).

Art. R. 4722-2 L'employeur justifie qu'il a saisi l'organisme agréé dans les quinze jours suivant la date de demande de vérification.

Il transmet à l'inspection du travail les résultats dans les dix jours qui suivent leur réception. – *[Anc. art. R. 232-5-10, al. 3.]*

SECTION II **ÉCLAIRAGE DES LIEUX DE TRAVAIL**

Art. R. 4722-3 L'inspecteur ou le contrôleur du travail peut demander à l'employeur de faire procéder à des relevés photométriques par une personne ou un organisme agréé, permettant de vérifier la conformité de l'éclairage des lieux de travail avec les dispositions des articles R. 4223-4 à R. 4223-8. – *[Anc. art. R. 232-7-9, al. 1er.]*

En application de l'art. L. 231-5 CRPA, et par exception à l'application du délai de deux mois prévu à l'art. L. 231-1 du même code, le délai à l'expiration duquel le silence gardé par l'administration vaut décision de rejet est fixé à quatre mois pour une demande d'agrément des personnes ou organismes chargés de procéder à des relevés photométriques (Décr. n° 2014-1289 du 23 oct. 2014, art. 1er).

Art. R. 4722-4 L'employeur transmet les résultats des relevés photométriques à l'inspection du travail dans les quinze jours qui suivent leur réception. – *[Anc. art. R. 232-7-9, al. 3.]*

SECTION III **ÉQUIPEMENTS DE TRAVAIL ET MOYENS DE PROTECTION**

Art. R. 4722-5 L'inspecteur du travail ou le contrôleur du travail peut demander à l'employeur de faire vérifier, par un organisme *(Décr. n° 2008-1156 du 7 nov. 2008)* **« accrédité », la conformité des équipements de travail mentionnés à l'article L. 4321-1 avec les dispositions qui leur sont applicables.** – *[Anc. art. L. 233-5-2, al. 1er.]*

Sur les modalités de réalisation des vérifications de l'état de conformité des équipements de travail à la demande de l'inspection du travail et sur les conditions et modalités d'accréditation des organismes chargés de ces vérifications, V. Arr. du 22 oct. 2009 (JO 5 nov).

Art. R. 4722-6 L'inspecteur ou le contrôleur du travail peut demander de faire vérifier, par un organisme *(Décr. n° 2008-1156 du 7 nov. 2008)* **« accrédité », la conformité des équipements de travail et moyens de protection d'occasion soumis à la procédure de certification de conformité prévue par l'article** *(Décr. n° 2008-1156 du 7 nov. 2008)* **« R. 4313-14 » et faisant l'objet d'une des opérations mentionnées à l'article L. 4311-3, avec les dispositions techniques qui leur sont applicables.** – *[Anc. art. R. 233-80.]*

Art. R. 4722-7 L'employeur ou le responsable de l'opération mentionnée à l'article L. 4311-3 justifie qu'il a saisi l'organisme *(Décr. n° 2008-1156 du 7 nov. 2008)* « accrédité » dans les quinze jours suivant la date de demande de vérification.

Il transmet les résultats des vérifications à l'inspection du travail dans les dix jours qui suivent leur réception.

L'art. R. 4722-8 est devenu l'art. R. 4722-7 depuis le 29 déc. 2009 (Décr. n° 2008-1156 du 7 nov. 2008).

Art. R. 4722-8 Une copie du rapport de l'organisme *(Décr. n° 2008-1156 du 7 nov. 2008)* « accrédité » est adressée simultanément par l'employeur au service de prévention de l'organisme de sécurité social*[e]* compétent.

L'art. R. 4722-9 est devenu l'art. R. 4722-8 depuis le 29 déc. 2009 (Décr. n° 2008-1156 du 7 nov. 2008).

SECTION IV **RISQUES CHIMIQUES**

SOUS-SECTION 1 **ANALYSE DE PRODUITS**

Art. R. 4722-9 Sans préjudice du droit de prélèvement prévu à l'article L. 8113-3, l'inspecteur du travail peut, après avis du médecin du travail, demander à l'employeur de faire procéder, par un organisme agréé par le ministre chargé du travail, à des analyses des substances et préparations dangereuses, en vue d'en connaître la composition et les effets sur l'organisme humain.

L'art. R. 4722-10 est devenu l'art. R. 4722-9 depuis le 29 déc. 2009 (Décr. n° 2008-1156 du 7 nov. 2008).

Art. R. 4722-10 L'inspecteur du travail fixe dans sa demande le délai dans lequel les résultats des analyses doivent lui être adressés par l'employeur.

Le prélèvement des échantillons de produits à analyser et leur expédition à l'organisme agréé choisi sont réalisés sous le contrôle de l'inspecteur du travail.

L'art. R. 4722-11 est devenu l'art. R. 4722-10 depuis le 29 déc. 2009 (Décr. n° 2008-1156 du 7 nov. 2008).

Art. R. 4722-11 L'employeur transmet les résultats des analyses à l'inspecteur du travail, qui en transmet copie au médecin inspecteur du travail et à l'organisme désigné en application de l'article R. 4411-61.

L'art. R. 4722-12 est devenu l'art. R. 4722-11 depuis le 29 déc. 2009 (Décr. n° 2008-1156 du 7 nov. 2008).

SOUS-SECTION 2 **CONTRÔLE DES VALEURS LIMITES D'EXPOSITION PROFESSIONNELLE**

(Décr. n° 2009-1570 du 15 déc. 2009)

Art. R. 4722-12 L'inspecteur ou le contrôleur du travail peut demander à l'employeur de faire procéder à un contrôle technique des valeurs limites d'exposition professionnelle par un organisme accrédité conformément aux articles R. 4724-8 à R. 4724-13.

Il fixe le délai dans lequel l'organisme accrédité doit être saisi.

L'art. R. 4722-13 est devenu l'art. R. 4722-12 depuis le 29 déc. 2009 (Décr. n° 2008-1156 du 7 nov. 2008).

Art. R. 4722-13 L'employeur justifie qu'il a saisi l'organisme accrédité pendant le délai qui lui a été fixé et transmet à l'inspecteur ou au contrôleur du travail les résultats dès leur réception.

L'art. R. 4722-14 est devenu l'art. R. 4722-13 depuis le 29 déc. 2009 (Décr. n° 2008-1156 du 7 nov. 2008).

SOUS-SECTION 3 **AMIANTE**

Art. R. 4722-14 L'inspecteur ou le contrôleur du travail du travail peut demander à l'employeur exerçant une activité relevant de la section III du chapitre II du titre Ier du

livre IV, relatif à la prévention des risques d'exposition à l'amiante, de faire procéder à un contrôle des niveaux d'empoussièrement en fibres d'amiante par un laboratoire accrédité, qui procède au prélèvement et à l'analyse.

La demande de vérification fixe un délai d'exécution.

L'art. R. 4722-15 est devenu l'art. R. 4722-14 depuis le 29 déc. 2009 (Décr. n° 2008-1156 du 7 nov. 2008).

Art. R. 4722-15 **L'employeur justifie qu'il a saisi le laboratoire accrédité pendant le délai d'exécution qui lui a été fixé.**

Il transmet les résultats à l'inspection du travail dès leur réception.

L'art. R. 4722-16 est devenu l'art. R. 4722-15 depuis le 29 déc. 2009 (Décr. n° 2008-1156 du 7 nov. 2008).

SECTION V **BRUIT**

Art. R. 4722-16 **L'inspecteur ou le contrôleur du travail peut demander à l'employeur de faire procéder à un mesurage de l'exposition au bruit par un organisme accrédité dans ce domaine, en vue de s'assurer du respect des obligations relatives à la prévention des risques d'exposition au bruit prévues par le titre III du livre IV.**

L'art. R. 4722-17 est devenu l'art. R. 4722-16 depuis le 29 déc. 2009 (Décr. n° 2008-1156 du 7 nov. 2008).

Art. R. 4722-17 **L'employeur justifie qu'il a saisi l'organisme accrédité dans les quinze jours suivant la date de mise en demeure.**

Il transmet à l'inspection du travail les résultats dans les dix jours qui suivent leur réception.

L'art. R. 4722-18 est devenu l'art. R. 4722-17 depuis le 29 déc. 2009 (Décr. n° 2008-1156 du 7 nov. 2008).

SECTION VI **VIBRATIONS MÉCANIQUES**

Art. R. 4722-18 **L'inspecteur ou le contrôleur du travail peut demander à l'employeur de faire procéder à un mesurage de l'exposition aux vibrations mécaniques par un organisme accrédité, en vue de s'assurer du respect des obligations relatives à la prévention des risques d'exposition aux vibrations mécaniques prévues au titre IV du livre IV.**

L'art. R. 4722-19 est devenu l'art. R. 4722-18 depuis le 29 déc. 2009 (Décr. n° 2008-1156 du 7 nov. 2008).

Art. R. 4722-19 **L'employeur justifie qu'il a saisi l'organisme accrédité dans les quinze jours suivant la date de mise en demeure.**

Il transmet à l'inspection du travail les résultats dans les dix jours qui suivent leur réception.

L'art. R. 4722-20 est devenu l'art. R. 4722-19 depuis le 29 déc. 2009 (Décr. n° 2008-1156 du 7 nov. 2008).

SECTION VII **RAYONNEMENTS** *(Décr. n° 2010-750 du 2 juill. 2010).*

Art. R. 4722-20 *(Décr. n° 2010-750 du 2 juill. 2010)* **« L'inspecteur ou le contrôleur du travail », l'inspecteur de la radioprotection mentionné à l'article L. 1333-17 du code de la santé publique ou les agents mentionnés à l'article L. 1333-18 du même code peuvent demander à l'employeur de faire procéder, par un organisme de contrôle agréé mentionné à l'article R. 1333-95 du code de la santé publique ou par l'Institut de radioprotection et de sûreté nucléaire, aux contrôles et aux mesures permettant de vérifier le respect des dispositions des articles** *(Décr. n° 2010-750 du 2 juill. 2010, art. 4)* **« R. 4451-29 et R. 4451-30. Cette prescription fixe le délai dans lequel l'organisme doit être saisi ».**

L'ancien art. R. 4722-21 est devenu l'art. R. 4722-20 depuis le 29 déc. 2009 (Décr. n° 2008-1156 du 7 nov. 2008).

Art. R. 4722-20-1 *(Décr. n° 2010-750 du 2 juill. 2010)* **L'employeur justifie qu'il a saisi l'organisme agréé ou l'Institut de radioprotection et de sûreté nucléaire pendant le délai qui lui a été fixé.**

Il transmet les résultats à l'agent ayant demandé la vérification dès leur réception.

Art. R. 4722-21 *(Décr. n° 2010-750 du 2 juill. 2010)* **L'inspecteur ou le contrôleur du travail peut demander à l'employeur de faire procéder à un contrôle technique des valeurs limites d'exposition aux rayonnements optiques artificiels définies aux articles R. 4452-5 et R. 4452-6 par un organisme accrédité.**

Il fixe le délai dans lequel l'organisme accrédité doit être saisi.

L'ancien art. R. 4722-22 est devenu l'art. R. 4722-21 depuis le 29 déc. 2009 (Décr. n° 2008-1156 du 7 nov. 2008).

Art. R. 4722-21-1 *(Décr. n° 2010-750 du 2 juill. 2010)* **L'employeur justifie qu'il a saisi l'organisme accrédité pendant le délai qui lui a été fixé et transmet à l'inspecteur ou au contrôleur du travail les résultats dès leur réception.**

Art. R. 4722-21-2 *(Décr. n° 2016-1074 du 3 août 2016, art. 2, en vigueur le 1er janv. 2017)* **L'agent de contrôle de l'inspection du travail mentionné à l'article L. 8112-1 peut demander à l'employeur de faire procéder à un contrôle technique des valeurs limites d'exposition aux champs électromagnétiques définies aux articles R. 4453-3 et R. 4453-4 par un organisme accrédité ou, le cas échéant, un laboratoire agréé dans des conditions définies par arrêté des ministres chargés du travail et de l'agriculture.**

Art. R. 4722-21-3 *(Décr. n° 2016-1074 du 3 août 2016, art. 2, en vigueur le 1er janv. 2017)* **L'employeur justifie qu'il a saisi l'organisme accrédité ou le laboratoire agréé pendant le délai qui lui a été fixé et transmet à l'agent de contrôle de l'inspection du travail les résultats dès leur réception.**

SECTION VIII **TRAVAUX DU BÂTIMENT ET DU GÉNIE CIVIL**

Art. R. 4722-22 **L'inspecteur ou le contrôleur du travail peut demander à l'employeur réalisant des travaux de bâtiment ou de génie civil soumis aux prescriptions techniques du chapitre III du titre III du livre V, de faire procéder à une vérification de tout ou partie du matériel, des installations ou dispositifs de sécurité par un vérificateur ou un organisme agréé.**

L'art. R. 4722-23 est devenu l'art. R. 4722-22 depuis le 29 déc. 2009 (Décr. n° 2008-1156 du 7 nov. 2008).

Art. R. 4722-23 **L'employeur transmet à l'inspection du travail les résultats dans les quatre jours qui suivent leur réception.**

L'art. R. 4722-24 est devenu l'art. R. 4722-23 depuis le 29 déc. 2009 (Décr. n° 2008-1156 du 7 nov. 2008).

Art. R. 4722-24 **Les résultats et les dates des vérifications, ainsi que les noms, qualités et adresses des personnes qui les ont accomplies, sont consignés sur le registre de sécurité prévu à l'article R. 4534-18.**

L'art. R. 4722-25 est devenu l'art. R. 4722-24 depuis le 29 déc. 2009 (Décr. n° 2008-1156 du 7 nov. 2008).

SECTION IX **INSTALLATIONS ÉLECTRIQUES**

(Décr. n° 2010-1018 du 30 août 2010)

Art. R. 4722-26 **L'inspecteur du travail ou le contrôleur du travail peut demander à l'employeur de faire vérifier, par un organisme accrédité, la conformité de tout ou partie des installations électriques fixes ou temporaires aux dispositions qui leur sont applicables.**

Art. R. 4722-27 **L'employeur justifie qu'il a saisi l'organisme accrédité dans les quinze jours suivant la date de demande de vérification.**

Il transmet à l'inspecteur du travail, dans les dix jours qui suivent sa réception, le rapport établi par l'organisme.

Art. R. 4722-28 **Une copie du rapport de l'organisme accrédité est adressée simultanément par l'employeur au service de prévention de l'organisme de sécurité sociale compétent.**

SECTION X **DISPOSITIONS COMMUNES**

(Décr. nº 2010-1018 du 30 août 2010)

Art. R. 4722-29 **Pour la mise en œuvre des vérifications demandées par l'inspecteur ou le contrôleur du travail, au titre du présent chapitre, l'employeur ou le destinataire de la demande de vérification fait appel, selon les dispositions applicables :**

1° Soit à une personne ou à un organisme agréé, sur une liste arrêtée conjointement par les ministres chargés du travail et de l'agriculture ;

2° Soit à un organisme accrédité.

Art. R. 4722-30 **Le coût des prestations liées aux contrôles et mesurages réalisés au titre du présent chapitre sont à la charge de l'employeur.**

Ces deux articles reprennent les dispositions des art. R. 4722-25 et R. 4722-26 dans leur version antérieure à l'entrée en vigueur du Décr. nº 2010-1018 du 30 août 2010. L'art. R. 4722-25 disparaît de la nouvelle numérotation.

CHAPITRE III **RECOURS**

Art. R. 4723-1 **Le recours contre les mises en demeure prévu à l'article L. 4723-1 est formé devant le** *(Décr. nº 2009-1377 du 10 nov. 2009)* **« directeur régional des entreprises, de la concurrence, de la consommation, du travail et de l'emploi » avant l'expiration du délai d'exécution fixé en application des articles L. 4721-2 ou L. 4721-6 et, au plus tard, dans les quinze jours qui suivent la mise en demeure.**

Le recours contre une demande de vérification prévu à l'article L. 4723-1 est formé au plus tard dans les quinze jours suivants la demande de vérification.

Ces recours sont suspensifs.

Ils sont faits par lettre recommandée avec avis de réception. – *[Anc. art. L. 231-5-1, al. 1er et 2, anc. art. L. 233-5-2, al. 2, phrase 1, et anc. art. R. 231-13-1, al. 1er, phrase 1.]*

Art. R. 4723-2 **La date de présentation de la lettre recommandée adressée au** *(Décr. nº 2009-1377 du 10 nov. 2009)* **« directeur régional des entreprises, de la concurrence, de la consommation, du travail et de l'emploi » constitue le point de départ du délai accordé à ce dernier pour prendre sa décision.** – *[Anc. art. R. 231-13-1, al. 1er, phrase 2.]*

Art. R. 4723-3 **Le directeur régional du travail et de la formation professionnelle prend sa décision dans un délai de vingt et un jours.**

Si les nécessités de l'instruction de la réclamation l'exigent, ce délai peut être prolongé d'une nouvelle période de vingt et un jours. L'employeur en est informé par lettre recommandée avec avis de réception. – *[Anc. art. R. 231-13-1, al. 2.]*

Art. R. 4723-4 **La non-communication à l'employeur de la décision du** *(Décr. nº 2009-1377 du 10 nov. 2009)* **« directeur régional des entreprises, de la concurrence, de la consommation, du travail et de l'emploi » dans le délai prévu à l'article R. 4723-3 vaut acceptation du recours.** – *[Anc. art. L. 231-5-1, al. 3, phrase 1, et anc. art. L. 233-5-2, al. 3, phrase 1.]*

Art. R. 4723-5 **L'employeur qui conteste la nature, l'importance ou le délai imposé par l'inspecteur du travail d'une demande d'analyse de produit faite en application de l'article R. 4722-10, adresse son recours, dans les huit jours de la mise en demeure, au** *(Décr. nº 2009-1377 du 10 nov. 2009)* **« directeur régional des entreprises, de la concurrence, de la consommation, du travail et de l'emploi ».**

Le recours est suspensif. Toutefois, il ne fait pas obstacle à l'exécution du prélèvement. – *[Anc. art. R. 231-55-5.]*

Art. R. 4723-6 (Abrogé par Décr. n° 2016-510 du 25 avr. 2016, art. 5, à compter du 1er juill. 2016) ***L'employeur qui conteste la mise en demeure de l'inspecteur du travail, préalable à l'arrêt d'activité, en application de l'article L. 4723-2, saisit le président du tribunal de grande instance qui statue en référé.***

CHAPITRE IV ORGANISMES DE MESURES ET DE VÉRIFICATIONS

SECTION PREMIÈRE ACCRÉDITATIONS

Art. R. 4724-1 *(Décr. n° 2010-699 du 25 juin 2010, art. 1er)* **Les accréditations sont délivrées par le Comité français d'accréditation ou par tout autre organisme d'accréditation désigné en application du règlement (CE) n° 765/2008 du Parlement européen et du Conseil du 9 juillet 2008 fixant les prescriptions relatives à l'accréditation et à la surveillance du marché pour la commercialisation des produits.**

Un organisme d'un État membre de l'Union européenne non établi en France peut effectuer de façon occasionnelle des prestations de service mentionnées à l'article L. 4722-1 s'il dispose d'une accréditation attestant qu'il a été reconnu compétent pour mettre en œuvre toute méthode normalisée ou assimilée, applicable sur le territoire national, dans le domaine de compétence au titre duquel il intervient.

V. Arr. du 15 déc. 2009 relatif aux contrôles techniques des valeurs limites d'exposition professionnelle sur les lieux de travail et aux conditions d'accréditation des organismes chargés des contrôles (JO 17 déc.).

SECTION II ORGANISMES DE VÉRIFICATION EN MATIÈRE D'AÉRATION ET D'ASSAINISSEMENT DES LOCAUX DE TRAVAIL

Art. R. 4724-2 **Des arrêtés conjoints des ministres chargés du travail et de l'agriculture fixent les conditions et modalités d'agrément des organismes mentionnés à l'article R. 4722-1.** – *[Anc. art. R. 232-5-11, al. 1er et 2.]*

Art. R. 4724-3 **Le silence gardé pendant plus de quatre mois sur une demande d'agrément vaut décision de rejet.** – *[Anc. art. R. 232-5-11, al. 5.]*

En application de l'art. L. 231-5 CRPA, et par exception à l'application du délai de deux mois prévu à l'art. L. 231-1 du même code, le délai à l'expiration duquel le silence gardé par l'administration vaut décision de rejet est fixé à quatre mois pour une demande d'agrément des organismes chargés de vérifier la conformité de l'aération et de l'assainissement des locaux de travail (Décr. n° 2014-1289 du 23 oct. 2014, art. 1er).

SECTION III ORGANISMES DE VÉRIFICATION DES ÉQUIPEMENTS DE TRAVAIL

Art. R. 4724-4 **Pour l'application des articles R. 4722-5 et R. 4722-6, un arrêté des ministres chargés du travail et de l'agriculture fixe** *(Décr. n° 2008-1156 du 7 nov. 2008)* **« les conditions de recours à l'accréditation ».**

Art. R. 4724-5 *(Abrogé par Décr. n° 2008-1156 du 7 nov. 2008)* ***Le silence gardé pendant plus de quatre mois sur une demande d'agrément vaut décision de rejet.***

SECTION IV ORGANISMES DE CONTRÔLE DES RISQUES CHIMIQUES

SOUS-SECTION 1 ANALYSE DE PRODUITS

Art. R. 4724-6 **Pour l'application de l'article R. 4722-10, un arrêté conjoint des ministres chargés du travail et de l'agriculture fixe les modalités d'agrément des organismes chargés de réaliser les analyses des produits prévues par cet article.** – [Anc. art. *R. 231-55-3, al. 1er.]*

Art. R. 4724-7 **Les ministres chargés du travail et de l'agriculture établissent une liste d'organismes agréés en précisant pour chacun d'eux les types d'analyses qu'il est susceptible de réaliser et les conditions auxquelles l'agrément est éventuellement soumis. L'agrément est révocable.** – *[Anc. art. R. 231-55-3, al. 2.]*

SOUS-SECTION 2 CONTRÔLE DES VALEURS LIMITES D'EXPOSITION PROFESSIONNELLE

(Décr. n° 2009-1570 du 15 déc. 2009)

Art. R. 4724-8 Les contrôles techniques destinés à vérifier, en application des articles R. 4412-27 et R. 4412-76, le respect des valeurs limites d'exposition professionnelle aux agents chimiques fixées par les articles R. 4412-149 et R. 4412-150 sont réalisés par un organisme accrédité dans ce domaine.

Art. R. 4724-9 L'organisme accrédité, dont le personnel est tenu au secret professionnel, est indépendant des établissements qu'il contrôle. Il possède les compétences spécifiques requises pour chacun des agents chimiques sur lesquels il opère des contrôles techniques.

Art. R. 4724-10 L'organisme accrédité établit la stratégie de prélèvement, après consultation de l'employeur, du médecin du travail et du comité d'hygiène, de sécurité et des conditions de travail ou, à défaut, des délégués du personnel. L'employeur lui communique toutes données utiles, notamment le résultat de l'évaluation des risques chimiques.

Les prélèvements sont faits par l'organisme accrédité sur des postes de travail en situation représentative de l'exposition.

Art. R. 4724-11 L'organisme accrédité qui établit la stratégie de prélèvement et effectue les prélèvements dans l'entreprise est maître d'œuvre du contrôle technique. Il peut sous-traiter la prestation d'analyse en la confiant à un autre organisme accrédité.

Art. R. 4724-12 Indépendamment de la communication du rapport prévue à l'article R. 4412-30, l'organisme maître d'œuvre du contrôle technique communique les résultats à un organisme national désigné par arrêté des ministres chargés du travail et de l'agriculture. Ce dernier les exploite, dans le respect de l'anonymat des entreprises concernées, à des fins d'études et d'évaluation.

V. Arr. du 15 déc. 2009 relatif aux contrôles techniques des valeurs limites d'exposition professionnelle sur les lieux de travail et aux conditions d'accréditation des organismes chargés des contrôles (JO 17 déc.).

Art. R. 4724-13 Des arrêtés des ministres chargés du travail et de l'agriculture précisent :

1° Les conditions d'accréditation des organismes chargés des contrôles techniques, qui comportent le respect des dispositions de l'article R. 4412-151, des articles R. 4724-9 à R. 4724-12 et des normes techniques européennes en vigueur, ainsi que la vérification de leur capacité d'intervention dans des délais appropriés pour réaliser les contrôles techniques ;

2° Les modalités de communication des résultats à l'organisme national mentionné à l'article R. 4724-12.

V. note ss. art. R. 4724-12.

SOUS-SECTION 3 CONTRÔLE DE LA CONCENTRATION EN FIBRES D'AMIANTE

Art. R. 4724-14 *(Décr. n° 2012-639 du 4 mai 2012, art. 4)* Un arrêté du ministre chargé du travail détermine :

1° Les conditions de mesurage des niveaux d'empoussièrement des processus mis en œuvre par les entreprises ;

2° Les conditions de contrôle du respect de la valeur limite d'exposition professionnelle ;

3° Les conditions d'accréditation des organismes procédant au mesurage des niveaux d'empoussièrement selon le référentiel technique défini par l'organisme chargé de l'accréditation pour la stratégie d'échantillonnage, le prélèvement et l'analyse.

V. Arr. du 14 août 2012 (JO 23 août).

SOUS-SECTION 4 CONTRÔLE DES VALEURS LIMITES BIOLOGIQUES

(Décr. n° 2009-1570 du 15 déc. 2009)

Art. R. 4724-15 Les analyses destinées à vérifier le respect des valeurs limites biologiques fixées par décret sont réalisées par un organisme accrédité dans ce domaine.

Ces dispositions entrent en vigueur le 1er janv. 2012. Jusqu'à cette date, les agréments délivrés en application de l'art. R. 4724-15 le sont conformément aux dispositions des art. R. 4724-8 à R. 4724-12 dans leur rédaction antérieure à l'entrée en vigueur du Décr. n° 2009-1570 du 15 déc. 2009. — V. ces art.

Art. R. 4724-15-1 L'organisme accrédité, dont le personnel est tenu au secret professionnel, est indépendant des établissements qu'il contrôle. Il possède les compétences spécifiques requises pour chacun des agents chimiques sur lesquels il conduit ses analyses.

V. note ss. art. R. 4724-15.

Art. R. 4724-15-2 Un arrêté des ministres chargés du travail et de l'agriculture précise les conditions d'accréditation des organismes chargés des analyses, qui comportent le respect des dispositions des articles R. 4412-51-2 et R. 4724-15-1 et des normes techniques européennes en vigueur.

V. note ss. art. R. 4724-15.

SECTION V CONTRÔLE DES AMBIANCES PHYSIQUES DE TRAVAIL

Art. R. 4724-16 Les conditions et les modalités de l'agrément prévu par l'article R. 4722-3 pour les relevés photométriques ainsi que les règles à suivre pour réaliser ces relevés sont fixées par arrêtés des ministres chargés du travail et de l'agriculture. – *[Anc. art. R. 232-7-9, al. 4.]*

En application de l'art. L. 231-5 CRPA, et par exception à l'application du délai de deux mois prévu à l'art. L. 231-1 du même code, le délai à l'expiration duquel le silence gardé par l'administration vaut décision de rejet est fixé à quatre mois pour une demande d'agrément des personnes ou organismes chargés de procéder à des relevés photométriques (Décr. n° 2014-1289 du 23 oct. 2014, art. 1er).

Art. R. 4724-17 Le silence gardé pendant plus de quatre mois sur une demande d'agrément vaut décision de rejet. – *[Anc. art. R. 232-7-9, al. 5.]*

Art. R. 4724-17-1 *(Décr. n° 2016-1074 du 3 août 2016, art. 3, en vigueur le 1er janv. 2017)* Les conditions et les modalités de délivrance de l'agrément au laboratoire prévu par l'article R. 4722-21-2 pour le contrôle technique des valeurs limites d'exposition aux champs électromagnétiques ainsi que les règles à suivre pour réaliser ce contrôle sont fixées par arrêté des ministres chargés du travail et de l'agriculture.

Art. R. 4724-17-2 *(Décr. n° 2016-1074 du 3 août 2016, art. 3, en vigueur le 1er janv. 2017)* Le silence gardé pendant plus de quatre mois sur une demande d'agrément vaut décision de rejet.

Art. R. 4724-18 Des arrêtés conjoints des ministres chargés du travail et de l'agriculture précisent les conditions d'accréditation et les méthodes à utiliser pour le mesurage :

1° Du bruit ;

2° Des vibrations mécaniques ;

(Décr. n° 2010-750 du 2 juill. 2010, art. 4) « 3° Des rayonnements optiques artificiels » ;

(Décr. n° 2016-1074 du 3 août 2016, art. 4, en vigueur le 1er janv. 2017) « 4° Des champs électromagnétiques. »

V. Arr. du 1er mars 2016 relatif aux conditions d'accréditation des organismes pouvant procéder au mesurage de l'exposition aux rayonnements optiques artificiels en milieu de travail (JO 18 mars).

SECTION VI **VÉRIFICATION DES INSTALLATIONS ÉLECTRIQUES**

(Décr. n° 2010-1018 du 30 août 2010)

Art. R. 4724-19 Les modalités de la vérification prévue à l'article R. 4722-26, ainsi que le contenu du rapport de vérification, sont fixés par arrêté des ministres chargés du travail et de l'agriculture.

TITRE TROISIÈME **MESURES ET PROCÉDURES D'URGENCE**

CHAPITRE PREMIER **ARRÊTS TEMPORAIRES DE TRAVAUX OU D'ACTIVITÉ**

SECTION PREMIÈRE **ARRÊT DE TRAVAUX**

Art. R. 4731-1 Pour l'application de l'article L. 4731-1, l'*(Décr. n° 2016-510 du 25 avr. 2016, art. 4, en vigueur le 1er juill. 2016)* « agent de contrôle de l'inspection du travail mentionné à l'article L. 8112-1 » relève les éléments caractérisant la situation de danger grave et imminent et précise les mesures qu'il prend pour y remédier.

Sa décision, qui est d'application immédiate, fait l'objet d'un écrit. – *[Anc. art. R. 231-12.]*

Art. R. 4731-2 Lorsque l'employeur ou son représentant est présent sur le chantier, la décision lui est remise directement contre récépissé.

A défaut, elle est adressée d'urgence à l'employeur par tous moyens appropriés et confirmée au plus tard dans le délai d'un jour franc par lettre recommandée avec avis de réception.

Toutefois, cette décision, ou copie de celle-ci dans le cas où elle lui a déjà été adressée dans les formes prévues au premier alinéa, est remise directement, contre récépissé, à l'employeur qui s'est porté à la rencontre de l'inspecteur du travail. Cette procédure se substitue alors à celle définie au deuxième alinéa. – *[Anc. art. R. 231-12-1, al. 1er à 3.]*

Art. R. 4731-3 Lorsque la décision a été remise directement au représentant de l'employeur, copie en est adressée à ce dernier par lettre recommandée avec avis de réception dans le délai mentionné au deuxième alinéa de l'article R. 4731-2. – *[Anc. art. R. 231-12-1, al. 4.]*

Art. R. 4731-4 L'employeur informe, par écrit, l'*(Décr. n° 2016-510 du 25 avr. 2016, art. 4, en vigueur le 1er juill. 2016)* « agent de contrôle de l'inspection du travail mentionné à l'article L. 8112-1 » des mesures qu'il a prises pour faire cesser la situation de danger grave et imminent.

Cette lettre est remise directement contre récépissé à l'*(Décr. n° 2016-510 du 25 avr. 2016, art. 4, en vigueur le 1er juill. 2016)* « agent de contrôle de l'inspection du travail mentionné à l'article L. 8112-1 » ou lui est adressée par lettre recommandée avec avis de réception. – *[Anc. art. R. 231-12-2.]*

Art. R. 4731-5 L'*(Décr. n° 2016-510 du 25 avr. 2016, art. 4, en vigueur le 1er juill. 2016)* « agent de contrôle de l'inspection du travail mentionné à l'article L. 8112-1 » ***vérifie d'urgence, et au plus tard*** dans un délai de deux jours à compter de la date de remise ou de réception de la lettre de l'employeur ou de son représentant, le caractère approprié des mesures prises pour faire cesser la cause de danger grave et imminent. – *[Anc. art. R. 231-12-3, al. 1er.]*

Art. R. 4731-6 La décision d'autorisation ou de refus d'autorisation de reprise des travaux motivé par l'inadéquation ou l'insuffisance de mesures prises pour faire cesser la cause de danger grave et imminent est notifiée dans les formes et les délais définis aux articles R. 4731-2 et R. 4731-3. – *[Anc. art. R. 231-12-3, al. 2.]*

Art. R. 4731-7 Un arrêté conjoint des ministres chargés du travail, de l'agriculture et des transports précise les mentions qui figurent sur les décisions prévues au présent chapitre. – *[Anc. art. R. 231-12-4.]*

Art. R. 4731-8 (Abrogé par Décr. n° 2016-510 du 25 avr. 2016, art. 5, à compter du 1er juill. 2016) ***L'employeur qui conteste la décision de l'inspecteur du travail, en application de l'article L. 4731-4, saisit le président du tribunal de grande instance qui statue en référé.***

SECTION II **ARRÊT D'ACTIVITÉ**

Art. R. 4731-9 (Abrogé par Décr. n° 2016-510 du 25 avr. 2016, art. 5, à compter du 1er juill. 2016) ***Pour l'application de la procédure d'arrêt d'activité prévue à l'article L. 4731-2, sont considérées comme substances chimiques cancérogènes, mutagènes ou toxiques pour la reproduction les agents définis à l'article R. 4412-60 pour lesquels des valeurs limites d'exposition professionnelle contraignantes sont fixées à l'article R. 4412-149.***

Art. R. 4731-10 **L'arrêt temporaire d'activité** *(Décr. n° 2009-289 du 13 mars 2009)* **« faisant suite à la procédure de mise de demeure prévue aux articles R. 4721-6 et suivants » fait l'objet d'une décision motivée comportant les éléments de fait et de droit caractérisant la persistance de la situation dangereuse et l'injonction à l'employeur de prendre des mesures appropriées pour y remédier, ainsi que la voie de recours prévue par l'article L. 4731-4.**

Cette décision est notifiée à l'employeur soit par remise en main propre contre décharge, soit par lettre recommandée avec avis de réception. Elle prend effet le jour de remise de la notification ou le jour de la présentation de la lettre recommandée. – *[Anc. art. R. 231-12-8.]*

Art. R. 4731-11 **L'employeur informe, par écrit, l'***(Décr. n° 2016-510 du 25 avr. 2016, art. 4, en vigueur le 1er juill. 2016)* **« agent de contrôle de l'inspection du travail mentionné à l'article L. 8112-1 » des mesures qu'il a prises pour faire cesser la situation dangereuse et lui communique l'avis du médecin du travail, du comité d'hygiène, de sécurité et des conditions de travail ou, à défaut, des délégués du personnel concernant ces mesures.**

Cette lettre est remise directement contre récépissé à l'*(Décr. n° 2016-510 du 25 avr. 2016, art. 4, en vigueur le 1er juill. 2016)* **« agent de contrôle de l'inspection du travail mentionné à l'article L. 8112-1 » ou lui est adressée par lettre recommandée** *[avec]* **avis de réception.** – *[Anc. art. R. 231-12-9.]*

Art. R. 4731-12 **L'***(Décr. n° 2016-510 du 25 avr. 2016, art. 4, en vigueur le 1er juill. 2016)* **« agent de contrôle de l'inspection du travail mentionné à l'article L. 8112-1 » vérifie, au plus tard dans un délai de huit jours à compter de la date de remise ou de réception de la lettre de l'employeur, le caractère approprié des mesures prises par ce dernier pour faire cesser la situation dangereuse.**

La décision d'autorisation ou la décision de refus d'autorisation de reprise de l'activité concernée motivée par l'inadéquation ou l'insuffisance de ces mesures est alors notifiée sans délai par l'*(Décr. n° 2016-510 du 25 avr. 2016, art. 4, en vigueur le 1er juill. 2016)* **« agent de contrôle de l'inspection du travail mentionné à l'article L. 8112-1 » dans les formes définies à l'article R. 4731-10.** – *[Anc. art. R. 231-12-10.]*

Art. R. 4731-13 (Abrogé par Décr. n° 2016-510 du 25 avr. 2016, art. 5, à compter du 1er juill. 2016) ***L'employeur qui conteste la décision de l'inspecteur du travail, en application de l'article L. 4731-4, saisit le président du tribunal de grande instance qui statue en référé.***

Art. R. 4731-14 (Abrogé par Décr. n° 2016-510 du 25 avr. 2016, art. 5, à compter du 1er juill. 2016) ***Le contrôleur du travail peut mettre en œuvre les dispositions des articles L. 4721-8 et L. 4731-2 par délégation de l'inspecteur du travail dont il relève et sous son autorité.***

Art. R. 4731-15 **Un arrêté conjoint des ministres chargés du travail et de l'agriculture précise les mentions qui figurent sur les décisions prévues aux articles R. 4731-10 et R. 4731-12.** – *[Anc. art. R. 231-12-12.]*

CHAPITRE II **PROCÉDURES DE RÉFÉRÉ**

Le présent chapitre ne comprend pas de dispositions réglementaires.

TITRE QUATRIÈME **DISPOSITIONS PÉNALES**

CHAPITRE PREMIER **INFRACTIONS AUX RÈGLES DE SANTÉ ET DE SÉCURITÉ**

SECTION PREMIÈRE **INFRACTIONS COMMISES PAR L'EMPLOYEUR OU SON REPRÉSENTANT**

Art. R. 4741-1 Le fait de ne pas transcrire ou de ne pas mettre à jour les résultats de l'évaluation des risques, dans les conditions prévues aux articles R. 4121-1 et R. 4121-2, est puni de l'amende prévue pour les contraventions de cinquième classe.

La récidive est réprimée conformément aux articles 132-11 et 132-15 du code pénal. – *[Anc. art. R. 263-1-1.]*

Art. R. 4741-1-1 *(Décr. n° 2015-1885 du 30 déc. 2015, art. 2-XI)* Le fait de ne pas remplir ou actualiser la fiche de suivi des expositions d'un travailleur mentionné au 2° du V de l'article L. 4161-1, dans les conditions prévues par l'article D. 4161-1-1, est puni de l'amende prévue pour les contraventions de la cinquième classe.

L'amende est appliquée autant de fois qu'il y a de travailleurs concernés par l'infraction.

La récidive est réprimée conformément aux articles 132-11 et 132-15 du code pénal.

Art. R. 4741-2 (Abrogé par Décr. n° 2016-510 du 25 avr. 2016, art. 5, à compter du 1er juill. 2016) *Le fait de ne pas avoir satisfait à la mise en demeure du* (Décr. n° 2009-1377 du 10 nov. 2009) *« directeur régional des entreprises, de la concurrence, de la consommation, du travail et de l'emploi » prévue à l'article L. 4721-1 à l'expiration du délai prévu à l'article R. 4721-2, est puni de l'amende prévue pour les contraventions de la cinquième classe.*

L'amende est appliquée autant de fois qu'il y a de travailleurs directement exposés à la situation dangereuse visée par la mise en demeure.

La récidive est réprimée conformément aux articles 132-11 et 132-15 du code pénal.

Art. R. 4741-3 Le fait de méconnaître les dispositions des articles L. 4711-1 à L. 4711-5 *(Décr. n° 2009-289 du 13 mars 2009)* « ainsi que celles des articles D. 4711-1 à D. 4711-3 » relatives aux documents et affichages obligatoires est puni de l'amende prévue pour les contraventions de la quatrième classe.

L'amende est appliquée autant de fois qu'il y a de personnes employées dans des conditions susceptibles d'être sanctionnées au titre du présent article. – *[Anc. art. R. 632-1 et anc. art. R. 632-2.]*

Art. R. 4741-3-1 *(Décr. n° 2010-150 du 17 févr. 2010)* Le fait de ne pas donner aux travailleurs et à leurs représentants l'accès aux informations prévues à l'article 35 du règlement (CE) n° 1907/2006 est puni de l'amende prévue pour les contraventions de la cinquième classe.

L'amende est appliquée autant de fois qu'il y a de personnes employées dans les conditions susceptibles d'être sanctionnées au titre du présent article.

La récidive est réprimée conformément aux articles 132-11 et 132-15 du code pénal.

SECTION II **INFRACTIONS COMMISES PAR UNE PERSONNE AUTRE QUE L'EMPLOYEUR OU SON REPRÉSENTANT**

Art. R. 4741-4 Est puni de la peine d'amende prévue pour les contraventions de la cinquième classe le fait, pour un maître d'ouvrage :

1° De ne pas avoir mentionné dans les contrats, en méconnaissance de l'article L. 4532-12, l'obligation de participer à un collège interentreprises de sécurité, de santé et des conditions de travail ;

2° De ne pas avoir constitué, en méconnaissance de l'article R. 4532-77, un collège interentreprises de sécurité, de santé et des conditions de travail ;

3° De ne pas avoir annexé aux documents du dossier de consultation adressé aux entreprises, ou aux marchés ou contrats conclus avec elles, en méconnaissance de l'article R. 4532-91, le projet de règlement du collège ;

4° De ne pas s'être assuré, en méconnaissance de l'article R. 4532-94*[,]* de l'envoi aux comités d'hygiène, de sécurité et des conditions de travail ou, à défaut, aux délégués du personnel des entreprises ou établissements intervenant sur le chantier, des procès-verbaux des réunions du collège.

La récidive est réprimée conformément aux articles 132-11 et 132-15 du code pénal. — *[Anc. art. R. 263-3, al. 1er à 6.]*

Art. R. 4741-5 Est puni de la peine d'amende prévue pour les contraventions de la cinquième classe le fait, pour l'entrepreneur ou le sous-traitant :

1° De ne pas avoir laissé les travailleurs émettre des opinions pendant les réunions du collège ou de les avoir sanctionnés ou licenciés, en méconnaissance de l'article L. 4532-11 ;

2° De ne pas avoir fait mentionner dans les contrats de soustraitance l'obligation de participer à un collège interentreprises de sécurité, de santé et des conditions de travail, en méconnaissance de l'article L. 4532-12 ;

3° De ne pas avoir laissé aux travailleurs désignés comme membres du collège le temps nécessaire pour assister aux réunions du collège ou d'avoir refusé de rémunérer ce temps comme temps de travail en méconnaissance de l'article L. 4532-15 ;

4° De ne pas avoir désigné de représentants au collège en méconnaissance de l'article R. 4532-80 ;

5° De ne pas avoir participé ou d'avoir empêché son représentant de participer aux réunions du collège dans les conditions prévues aux articles R. 4532-85 et R. 4532-86.

La récidive est réprimée conformément aux articles 132-11 et 132-15 du code pénal. — *[Anc. art. R. 263-3, al. 7 à 13.]*

SECTION III **DISPOSITIONS PARTICULIÈRES AUX PERSONNES MORALES**

La présente section ne comprend pas de dispositions réglementaires.

CHAPITRE II **INFRACTIONS AUX RÈGLES DE REPRÉSENTATION DES SALARIÉS**

Le présent chapitre ne comprend pas de dispositions réglementaires.

CHAPITRE III **INFRACTIONS AUX RÈGLES CONCERNANT LE TRAVAIL DES JEUNES ET DES FEMMES ENCEINTES, VENANT D'ACCOUCHER OU ALLAITANT**

Art. R. 4743-1 Le fait d'employer une femme enceinte, venant d'accoucher ou allaitant à des travaux interdits, en méconnaissance de l'article L. 4152-1 et des décrets pris pour son application, est puni de l'amende prévue pour les contraventions de la cinquième classe.

La récidive est réprimée conformément aux articles 132-11 et 132-15 du code pénal. — *[Anc. art. R. 263-1.]*

Art. R. 4743-2 Le fait de méconnaître les dispositions des articles R. 4152-13 à R. 4152-28, relatives au local dédié à l'allaitement, est puni de l'amende prévue pour les contraventions de la cinquième classe, prononcée autant de fois qu'il y a de travailleurs concernés par l'infraction.

La récidive de la contravention prévue au présent article est réprimée conformément aux articles 132-11 et 132-15 du code pénal.

En cas de pluralité de contraventions entraînant les peines de la récidive, l'amende est appliquée autant de fois qu'il a été relevé de nouvelles infractions. — *[Anc. art. R. 260-1, al. 3, et anc. art. R. 262-7.]*

Art. R. 4743-3 Le fait d'employer un travailleur de moins de dix-huit ans à des travaux interdits, en méconnaissance de l'article L. 4153-8 et des décrets pris pour son application, est puni de l'amende prévue pour les contraventions de la cinquième classe.

La récidive est réprimée conformément aux articles 132-11 et 132-15 du code pénal. – *[Anc. art. R. 263-1.]*

Art. R. 4743-4 Le fait d'employer un travailleur de moins de dix-huit ans à des travaux mentionnés à l'article L. 4153-9, en méconnaissance des conditions énoncées à ce même article et de celles des décrets pris pour son application, est puni de l'amende prévue pour les contraventions de la cinquième classe.

La récidive est réprimée conformément aux articles 132-11 et 132-15 du code pénal. – *[Anc. art. R. 263-1.]*

Art. R. 4743-5 Le fait de méconnaître les dispositions relatives à l'âge d'admission prévues aux articles L. 4153-1 à L. 4153-5 ainsi que celles des décrets pris pour leur application, est puni de l'amende prévue pour les contraventions de la cinquième classe.

La récidive est réprimée conformément aux articles 132-11 et 132-15 du code pénal. – *[Anc. art. R. 261-1.]*

Art. R. 4743-6 L'amende prévue à l'article R. 4743-5 est appliquée autant de fois qu'il y a de personnes employées dans des conditions contraires aux prescriptions mentionnées à ce même article.

En cas de pluralité de contraventions entraînant les peines de la récidive, l'amende est appliquée autant de fois qu'il a été relevé de nouvelles infractions. – *[Anc. art. R. 260-1.]*

Art. R. 4743-7 Le fait, pour un exploitant d'un débit de boissons à consommer sur place, sans avoir obtenu l'agrément prévu à l'article R. 4153-8, d'employer ou de recevoir en stage des mineurs, à l'exception du conjoint du débitant ou de ses parents ou alliés jusqu'au quatrième degré inclusivement, est puni de l'amende prévue pour les contraventions de la cinquième classe.

La récidive est réprimée conformément aux articles 132-11 et 132-15 du code pénal. – *[Anc. art. R. 261-1-1.]*

CHAPITRE IV OPÉRATIONS DE BÂTIMENT ET DE GÉNIE CIVIL

Le présent chapitre ne comprend pas de dispositions réglementaires.

CHAPITRE V INFRACTIONS AUX RÈGLES RELATIVES À LA MÉDECINE DU TRAVAIL

Art. R. 4745-1 Le fait de méconnaître les dispositions relatives aux missions et à l'organisation des services de santé au travail, prévues aux articles L. 4622-1 à *(Décr. n° 2014-798 du 11 juill. 2014, art. 4)* « L. 4622-17 » ainsi que celles des décrets pris pour leur application, est puni de l'amende prévue pour les contraventions de la cinquième classe. – *[Anc. art. R. 264-1.]*

1. Participation à une réunion d'information. Commet l'infraction prévue à l'art. R. 264-1 [R. 4745-1 nouv.] le chef d'un service médical interentreprises qui interdit à un médecin de son service de se rendre, sur l'invitation de l'inspection du travail, à une réunion d'information organisée dans une entreprise afin d'exposer au personnel les règles d'hygiène jusqu'alors méconnues, la participation à une telle réunion s'inscrivant dans le cadre de la mission de conseiller du chef d'entreprise telle qu'elle est envisagée par l'art. R. 241-41. • Crim. 15 oct. 1985 : *Dr. soc. 1986. 779, note Savatier.*

2. Articulation avec les dispositions applicables du code rural et de la pêche maritime. Ne peut être condamné l'employeur, soumis aux dispositions de l'article 1000-5 C. rur., qui transmet à la médecine du travail la liste des salariés devant subir la visite médicale obligatoire, sans qu'il puisse lui être reproché de n'avoir pas effectivement pris toutes dispositions utiles pour que les salariés se présentent aux examens de médecine du travail. • Crim. 26 nov. 1991 : *Bull. crim. n° 435.*

Art. R. 4745-2 Le fait de méconnaître les dispositions relatives au recrutement, aux conditions d'exercice *(Décr. n° 2014-798 du 11 juill. 2014, art. 4)* « , à la protection et à l'indépendance professionnelle » dont bénéficie le médecin du travail, prévues aux articles L. 4623-1 à *(Décr. n° 2014-798 du 11 juill. 2014, art. 4)* « L. 4623-8 » *(Décr.*

n° 2012-135 du 30 janv. 2012, art. 1er-V) « et L. 1237-15 » et celles des décrets pris pour leur application, est puni de l'amende prévue pour les contraventions de la cinquième classe. — *[Anc. art. R. 264-1.]*

Art. R. 4745-3 Le fait de méconnaître les dispositions relatives à l'action du médecin du travail, prévues à l'article L. 4624-1 et celles des décrets pris pour leur application, est puni de l'amende prévue pour les contraventions de la cinquième classe. — *[Anc. art. R. 264-1.]*

Art. R. 4745-4 Le fait, pour un employeur ou son préposé, de ne pas avoir organisé des services sociaux du travail dans un établissement dont l'effectif est égal ou supérieur à deux cent cinquante, en méconnaissance de l'article L. 4631-1, est puni de l'amende prévue pour les contraventions de la quatrième classe. — *[Anc. art. R. 265-1.]*

Art. R. 4745-5 *(Décr. n° 2014-798 du 11 juill. 2014, art. 4)* Le fait de méconnaître les dispositions relatives à la surveillance médicale des catégories particulières de travailleurs prévues aux articles L. 4625-1 et L. 4625-2 et à celles des décrets pris pour leur application est puni de l'amende prévue pour les contraventions de la cinquième classe.

Art. R. 4745-6 *(Décr. n° 2014-798 du 11 juill. 2014, art. 4)* Le fait de méconnaître les dispositions relatives au personnel infirmier en entreprise prévues aux articles R. 4623-32 à *[et]* R. 4623-33 ou, s'agissant des professions agricoles, à l'article R. 717-53 du code rural et de la pêche maritime est puni de l'amende prévue pour les contraventions de la cinquième classe.

LIVRE HUITIÈME **DISPOSITIONS RELATIVES À L'OUTRE-MER**

TITRE PREMIER **DISPOSITIONS GÉNÉRALES**

Le présent titre ne comprend pas de dispositions réglementaires.

TITRE DEUXIÈME **DÉPARTEMENTS D'OUTRE-MER, SAINT-BARTHÉLEMY, SAINT-MARTIN ET SAINT-PIERRE-ET-MIQUELON**

CHAPITRE PREMIER **DISPOSITIONS GÉNÉRALES**

Le présent chapitre ne comprend pas de dispositions réglementaires.

CHAPITRE II **SERVICES DE SANTÉ AU TRAVAIL**

Art. R. 4822-1 La décision prévue à l'article L. 4822-1 est prise par le ministre chargé du travail sur la demande du préfet de Saint-Pierre-et-Miquelon constatant l'absence de médecin du travail dans l'archipel. — *[Anc. art. L. 824-1, al. 1er début.]*

TITRE TROISIÈME **DISPOSITIONS RELATIVES À MAYOTTE, À WALLIS-ET-FUTUNA ET AUX TERRES AUSTRALES ET ANTARCTIQUES FRANÇAISES**

Le présent titre ne comprend pas de dispositions réglementaires.

CINQUIÈME PARTIE **L'EMPLOI**

LIVRE PREMIER **LES DISPOSITIFS EN FAVEUR DE L'EMPLOI**

TITRE PREMIER **POLITIQUE DE L'EMPLOI**

CHAPITRE PREMIER **OBJET**

Art. R. 5111-1 Pour la mise en œuvre de la politique de l'emploi définie à l'article L. 5111-1, le ministre chargé de l'emploi est habilité à conclure des conventions de coopération avec les organismes professionnels ou interprofessionnels, les organisations syndicales et avec des entreprises. – *[Anc. art. L. 322-2, al. 3, et anc. art. R. 322-1-1.]*

Art. R. 5111-2 Les actions d'urgence conclues dans le cadre des conventions de coopération comportent, notamment :

1° Des mesures temporaires de formation professionnelle ;

2° Des mesures temporaires assurant certaines garanties de ressources aux salariés privés de tout ou partie de leur rémunération par suite de circonstances économiques ;

3° Des aides favorisant l'embauche et la mobilité professionnelle des salariés ;

4° Des aides temporaires aux entreprises qui réalisent un programme de reclassement de leurs salariés en engageant des actions de réinsertion professionnelle préalables aux suppressions d'emplois et en accordant aux salariés intéressés un congé de conversion ;

5° Des actions de reclassement de salariés licenciés pour motif économique ou menacés de l'être. – *[Anc. art. R. 322-1, al. 1er à 5 début, 6 début, 8, 9 début et 11.]*

La revalorisation prévue à l'art. 4 de la convention type annexée à l'arrêté du 22 août 1985, pris pour l'application de l'art. R. 322-1, 5° [R. 5111-2, 5° nouv.], ne s'applique pas en cas d'augmentations individualisées versées aux salariés, dès lors qu'elles n'ont pas un caractère général et ne présentent pas une discrimination fautive à l'égard des intéressés. • Soc. 10 janv. 1991 : *CSB 1991. 45, S. 20 ; RJS 1991. 196, n° 369.*

Art. R. 5111-3 Le comité d'entreprise ou, à défaut, les délégués du personnel sont consultés sur les projets de convention mentionnés à l'article R. 5111-1.

Lorsque les conventions font partie des mesures prévues à l'occasion d'un projet de licenciement pour motif économique, elles sont soumises à l'une ou l'autre des réunions du comité d'entreprise prévues aux articles L. 1233-8 et L. 1233-28. – *[Anc. art. R. 322-8.]*

Art. R. 5111-4 Le comité de coordination régional de l'emploi et de la formation professionnelle est consulté sur les conditions générales de mise en œuvre dans la région des conventions et actions prévues à l'article R. 5111-1, notamment en ce qui concerne leur adaptation aux caractères spécifiques de la région concernée en matière d'emploi. – *[Anc. art. R. 322-9.]*

Art. R. 5111-5 Les conventions mentionnées à l'article R. 5111-1, à l'exception de celles conclues à l'occasion d'un projet de licenciement de moins de dix salariés dans une même période de trente jours, sont soumises, avant leur conclusion, pour avis :

1° *(Décr. n° 2014-965 du 22 août 2014, art. 3)* « Au Conseil national de l'emploi, de la formation et de l'orientation professionnelles » lorsqu'elles relèvent de la compétence du ministre chargé de l'emploi ;

2° Au comité de coordination régional de l'emploi et de la formation professionnelle lorsqu'elles relèvent de la compétence du préfet de région ;

3° A la commission départementale de l'emploi et de l'insertion lorsqu'elles relèvent de la compétence du préfet. – *[Anc. art. R. 322-10.]*

Art. R. 5111-6 Chaque année, avant l'examen du projet de loi de finances, le ministre chargé de l'emploi fournit au Parlement un rapport sur les mesures prises pour mettre en œuvre les aides à l'emploi prévues à l'article L. 5111-1. – *[Anc. art. L. 322-5, al. 2.]*

CHAPITRE II **INSTANCES CONCOURANT À LA POLITIQUE DE L'EMPLOI**

SECTION PREMIÈRE *[ABROGÉE]* **CONSEIL NATIONAL DE L'EMPLOI**

Les dispositions de cette section sont abrogées à compter de l'installation du Conseil national de l'emploi, de la formation et de l'orientation professionnelles créé par le Décr. n° 2014-965 du 22 août 2014, V. infra, section I nouvelle (Décr. préc., art. 4).

SECTION II **COMMISSIONS DÉPARTEMENTALES**

SOUS-SECTION 1 **MISSIONS**

Art. R. 5112-11 Des commissions départementales de l'emploi et de l'insertion concourent à la mise en œuvre des orientations de la politique publique de l'emploi et de l'insertion professionnelle et des décisions du Gouvernement en la matière.

Elles sont régies par les dispositions des articles 8 et 9 du décret n° 2006-665 du 7 juin 2006. – *[Anc. art. L. 322-2-1 et anc. art. R. 322-15, al. 1er.]*

Art. R. 5112-12 La commission départementale de l'emploi et de l'insertion est compétente en matière d'apprentissage en liaison avec le comité de coordination régional de l'emploi et de la formation professionnelle. – *[Anc. art. R. 322-15, al. 2.]*

Art. R. 5112-13 La commission départementale de l'emploi et de l'insertion coordonne ses travaux avec ceux des commissions ou conseils placés auprès des collectivités territoriales dans le domaine de l'emploi et de l'insertion.

Elle émet, sur les demandes d'agrément, les avis prévus par les dispositions légales. – *[Anc. art. R. 322-15, al. 3 et 4.]*

SOUS-SECTION 2 **COMPOSITION ET FONCTIONNEMENT**

Art. R. 5112-14 La commission départementale de l'emploi et de l'insertion est présidée par le préfet. Elle comprend :

1° Des représentants de l'État, notamment le directeur départemental de l'emploi, du travail et de la formation professionnelle et le directeur départemental des affaires sanitaires et sociales ;

2° Des élus, représentants des collectivités territoriales et de leurs groupements, dont un membre du conseil départemental, élu par ce conseil, un membre du conseil régional, élu par ce conseil, et des élus, représentants de communes et des établissements publics de coopération intercommunale du département, sur proposition de l'association départementale des maires. En cas de pluralité d'associations, ces représentants sont désignés par accord des présidents d'associations des maires du département ou, à défaut d'accord, par le préfet ;

3° Des représentants des organisations professionnelles et interprofessionnelles d'employeurs ;

4° Des représentants des organisations syndicales de salariés, représentatives au niveau national, désignés par leurs confédérations respectives ;

5° Des représentants des chambres consulaires ;

6° Des personnes qualifiées désignées par le préfet en raison de leur compétence dans le domaine de l'emploi, de l'insertion et de la création d'entreprise. – *[Anc. art. R. 322-15-1.]*

Art. R. 5112-15 Au sein de la commission départementale de l'emploi et de l'insertion sont instituées deux formations spécialisées compétentes respectivement dans le domaine de l'emploi et dans le domaine de l'insertion par l'activité économique. – *[Anc. art. R. 322-15-2, al. 1er.]*

Art. R. 5112-16 La formation spécialisée compétente dans le domaine de l'emploi se compose de quinze membres :

1° Cinq représentants de l'État désignés par le préfet, dont *(Abrogé par Décr. n° 2013-703 du 1er août 2013)* ***« le trésorier-payeur général, »*** le *(Décr. n° 2009-1377 du 10 nov. 2009)* « directeur régional des entreprises, de la concurrence, de la consommation, du

travail et de l'emploi » *(Abrogé par Décr. n° 2008-1503 du 30 déc. 2008)* **«*, le chef du service départemental de l'inspection du travail, de l'emploi et de la politique sociale agricoles* » et le directeur régional de l'industrie, de la recherche et de l'environnement ;**

2° Cinq représentants des organisations syndicales de salariés représentatives ;

3° Cinq représentants des organisations d'employeurs représentatives.

(Décr. n° 2013-703 du 1er août 2013) **« Le directeur départemental ou, le cas échéant, régional des finances publiques ou son représentant peut être entendu par la formation spécialisée compétente dans le domaine de l'emploi si elle le juge utile. »**

Les avis et propositions régulièrement émis par les organismes dont la composition est modifiée par le Décr. n° 2013-703 du 1er août 2013 demeurent valables pour l'édiction des décisions qu'ils préparent lorsque celles-ci interviennent après le 3 août 2013, date de publication du décret (Décr. préc., art. 6).

Art. R. 5112-17 **La formation spécialisée compétente en matière d'insertion par l'activité économique, dénommée "conseil départemental de l'insertion par l'activité économique", comprend, outre le préfet :**

1° Le *(Décr. n° 2009-1377 du 10 nov. 2009)* **« directeur régional des entreprises, de la concurrence, de la consommation, du travail et de l'emploi » ;**

2° Le directeur départemental des affaires sanitaires et sociales ;

(Décr. n° 2016-531 du 27 avr. 2016) **« 3° Le directeur régional des services pénitentiaires ; »**

4° Des élus, représentants des collectivités territoriales et de leurs groupements, dont un membre du conseil départemental, élu par ce conseil, un membre du conseil régional, élu par ce conseil, et des élus, représentants de communes et d'établissements publics de coopération intercommunale du département, sur proposition de l'association départementale des maires. En cas de pluralité d'associations, ces représentants sont désignés par accord des présidents d'associations des maires du département ou, à défaut d'accord, par le préfet ;

5° Un représentant de *(Décr. n° 2014-524 du 22 mai 2014, art. 16-III)* **« Pôle emploi » ;**

6° Des représentants du secteur de l'insertion par l'activité économique ;

7° Des représentants des organisations professionnelles et interprofessionnelles d'employeurs ;

8° Des représentants des organisations syndicales représentatives des salariés, désignés par leurs confédérations respectives. — *[Anc. art. R. 322-15-2, al. 6 à 14.]*

Art. R. 5112-18 **Le Conseil départemental de l'insertion par l'activité économique a pour missions :**

1° D'émettre les avis relatifs aux demandes de conventionnement des employeurs mentionnés à l'article L. 5132-2 et aux demandes de concours du fonds départemental pour l'insertion prévu à l'article R. 5132-44 ;

2° De déterminer la nature des actions à mener en vue de promouvoir les actions d'insertion par l'activité économique. A cette fin, il élabore un plan d'action pour l'insertion par l'activité économique et veille à sa cohérence avec les autres dispositifs concourant à l'insertion, notamment le programme départemental d'insertion mentionné à l'article L. 263-3 du code de l'action sociale et des familles et les plans locaux pluriannuels pour l'insertion et l'emploi mentionnés à l'article L. 5131-2 du présent code. — *[Anc. art. R. 322-15-2, al. 15 à 17.]*

SECTION III **CONSEIL RÉGIONAL DE L'EMPLOI**

(Décr. n° 2008-1010 du 29 sept. 2008)

SOUS-SECTION 1 **MISSIONS**

Art. R. 5112-19 à R. 5112-22 *Abrogés par Décr. n° 2014-1055 du 16 sept. 2014, art. 5-I.*

SECTION IV DEMANDES D'INFORMATIONS RELATIVES À CERTAINS DISPOSITIFS D'AIDES À L'EMPLOI

(Décr. n° 2009-1696 du 29 déc. 2009)

Art. R. 5112-23 Le préfet se prononce de façon motivée sur toute demande d'un employeur ayant pour objet de connaître l'application à sa situation de dispositions relatives aux dispositifs en faveur de l'emploi énumérés à l'article D. 5112-24.

Art. D. 5112-24 Les dispositifs en faveur de l'emploi auxquels s'appliquent les dispositions de l'article R. 5112-23 sont ceux qui sont définis aux articles L. 5121-3 à L. 5124-1, L. 5132-1 à L. 5132-17 et L. 5134-100 à L. 5134-109.

TITRE DEUXIÈME AIDES AU MAINTIEN ET À LA SAUVEGARDE DE L'EMPLOI

CHAPITRE PREMIER AIDES À L'ADAPTATION DES SALARIÉS AUX ÉVOLUTIONS DE L'EMPLOI ET DES COMPÉTENCES ET À LA GESTION DES ÂGES *(Décr. n° 2013-222 du 15 mars 2013).*

SECTION PREMIÈRE AIDE AU DÉVELOPPEMENT DE L'EMPLOI ET DES COMPÉTENCES

Art. D. 5121-1 Les conventions d'aide au développement de l'emploi et des compétences mentionnées à l'article L. 5121-1 déterminent en particulier :

1° Le champ de l'accord : branches professionnelles ou territoires ;

2° L'objet de l'accord : étude prospective, diagnostic sectoriel ou territorial, actions de développement des compétences ;

3° La durée d'application de l'accord ;

4° Les objectifs à atteindre au terme de l'exécution de l'accord au regard, notamment, de la prévention des risques d'inadaptation à l'emploi et du maintien dans l'emploi des salariés en seconde partie de carrière ;

5° Les moyens techniques et financiers de mise en œuvre ;

6° Les modalités de suivi et de contrôle en cours d'exécution et au terme de l'engagement. — *[Anc. art. L. 322-10, al. 2, phrase 2, à al. 8.]*

Art. D. 5121-2 Les conventions conclues au niveau national sont soumises à l'avis du *(Décr. n° 2014-965 du 22 août 2014, art. 3)* « Conseil national de l'emploi, de la formation et de l'orientation professionnelles » et signées par le ministre chargé de l'emploi.

Les conventions conclues aux niveaux régional et local sont soumises à l'avis du *(Décr. n° 2014-1055 du 16 sept. 2014, art. 5-I)* « comité régional de l'emploi, de la formation et de l'orientation professionnelles » et signées par le préfet de région. — *[Anc. art. D. 322-10-12 et anc. art. L. 322-10, al. 9 et 10.]*

Art. D. 5121-3 Ces conventions précisent notamment les modalités de participation des organisations syndicales de salariés préalablement consultées en vue de leur élaboration au suivi et à l'évaluation des opérations prévues par ces conventions. — *[Anc. art. D. 322-10-13.]*

SECTION II AIDE À L'ÉLABORATION D'UN PLAN DE GESTION PRÉVISIONNELLE DES EMPLOIS ET DES COMPÉTENCES

Art. D. 5121-4 Le plan de gestion prévisionnelle des emplois et des compétences prévu à l'article L. 5121-3 comprend, notamment, des actions de formation destinées à assurer l'adaptation des salariés à l'évolution de leurs emplois ou des actions favorisant l'égalité professionnelle entre les femmes et les hommes, en particulier grâce à des mesures améliorant l'articulation entre l'activité professionnelle et la vie personnelle et familiale. — *[Anc. art. L. 322-7, al. 6, phrase 1 fin.]*

Art. D. 5121-5 L'État prend en charge une partie des frais liés aux études préalables à la conception du plan de gestion prévisionnelle des emplois et des compétences. — *[Anc. art. L. 322-7, al. 6, phrase 2 fin.]*

Art. D. 5121-6 L'État peut prendre en charge, dans la limite de 50 %, les coûts supportés par les entreprises pour la conception et l'élaboration d'un plan de gestion prévisionnelle des emplois et des compétences dans le cadre de conventions dénommées "conventions d'aide au conseil".

(Décr. n° 2013-222 du 15 mars 2013) « Lorsque l'aide est accordée pour la mise en œuvre du contrat de génération, ce taux peut être porté jusqu'à 70 %. »

Art. D. 5121-7 Dans le cadre d'une convention conclue avec une seule entreprise, dont l'effectif ne peut excéder trois cents salariés, la participation financière de l'État est au maximum de 15 000 €. Cette convention est signée par le préfet.

Dans le cadre d'une convention conclue avec plusieurs entreprises, la participation financière de l'État est, au maximum, de 12 500 € par entreprise. Elle est conclue par le préfet de région lorsque les sièges sociaux des entreprises signataires sont situés dans plusieurs départements compris dans une même région. – *[Anc. art. D. 322-10-14, al. 2 et 3.]*

Art. D. 5121-8 L'entreprise précise dans sa demande, adressée à l'autorité administrative compétente, les motifs de sa démarche de gestion prévisionnelle au regard, notamment :

1° De son organisation du travail ;

2° De l'évolution des compétences des salariés et du maintien de leur emploi ;

3° De sa gestion des âges ;

4° Du développement du dialogue social ;

5° De la prise en compte du principe d'égalité professionnelle entre les femmes et les hommes ;

6° Des perspectives d'amélioration de l'articulation entre l'activité professionnelle et la vie personnelle et familiale de ses salariés ;

7° De la promotion de la diversité. – *[Anc. art. D. 322-10-14, al. 4 à 12.]*

Art. D. 5121-9 Le comité d'entreprise ou, à défaut, les délégués du personnel sont consultés sur la conclusion de cette convention avec l'État. Ils sont consultés sur le contenu et les modalités de mise en œuvre du plan de gestion prévisionnelle des emplois et des compétences. – *[Anc. art. D. 322-10-14, al. 13.]*

Art. D. 5121-10 L'État peut conclure avec des organismes professionnels ou interprofessionnels ou tout organisme représentant ou animant un réseau d'entreprises des conventions ayant pour objet de préparer les entreprises aux enjeux de la gestion prévisionnelle des emplois et des compétences. – *[Anc. art. D. 322-10-15, al. 1er.]*

Art. D. 5121-11 Les conventions mentionnées à l'article D. 5121-10 sont signées par le ministre chargé de l'emploi lorsqu'elles sont conclues au niveau national et par le préfet de région ou le préfet lorsqu'elles sont conclues au niveau régional ou départemental. – *[Anc. art. D. 322-10-15, al. 2.]*

Art. D. 5121-12 Ces conventions peuvent prévoir :

1° D'une part, des actions d'information, de communication et d'animation ;

2° D'autre part, des actions de capitalisation, d'évaluation et de diffusion de bonnes pratiques. – *[Anc. art. D. 322-10-15, al. 3, phrase 1.]*

Art. D. 5121-13 L'État peut prendre en charge jusqu'à 70 % du coût global des actions, en prenant en compte le nombre des entreprises visées, leurs effectifs et l'intérêt des actions envisagées. – *[Anc. art. D. 322-10-15, al. 3, phrase 2.]*

SECTION III **AIDE AUX ACTIONS DE FORMATION POUR L'ADAPTATION DES SALARIÉS**

SOUS-SECTION 1 **AGRÉMENT**

§ 1er DISPOSITIONS COMMUNES

Art. R. 5121-14 L'aide de l'État aux actions de formation pour l'adaptation des salariés est attribuée sur agrément du ministre chargé de l'emploi, du préfet de région ou du préfet après avis :

1° *(Décr. n° 2014-965 du 22 août 2014, art. 3)* « Du Conseil national de l'emploi, de la formation et de l'orientation professionnelles » lorsqu'il relève de la compétence du ministre chargé de l'emploi ;

2° Du *(Décr. n° 2014-1055 du 16 sept. 2014, art. 5-I)* « comité régional de l'emploi, de la formation et de l'orientation professionnelles » lorsqu'il relève de la compétence du préfet de région ;

3° De la commission départementale de l'emploi et de l'insertion lorsqu'il relève de la compétence du préfet. – *[Anc. art. L. 322-7, al. 4, phrase 1, et anc. art. R. 322-10-3, al. 1er à 4.]*

Art. R. 5121-15 L'agrément peut être donné pour tout ou partie des actions prévues par les accords ou projets de formation prévus à l'article R. 5121-20. Il est délivré pour la durée de validité de l'accord mentionné à l'article L. 5121-4.

Il peut être retiré si les conditions posées pour son attribution cessent d'être remplies. – *[Anc. art. L. 322-7, al. 4, phrase 2, et anc. art. R. 322-10-3, al. 5.]*

Art. R. 5121-16 Pour être agréé, l'accord d'entreprise doit :

1° Satisfaire aux conditions de validité des conventions et accords collectifs de travail ;

2° Être conclu dans le cadre d'une convention de branche ou d'un accord professionnel sur l'emploi national, régional ou local ;

3° Tenir compte des prévisions mentionnées à l'article L. 2323-56. – *[Anc. art. R. 322-10-1, al. 1er à 4.]*

Art. R. 5121-17 L'accord d'entreprise comporte les indications suivantes :

1° Le nombre et les catégories de salariés intéressés, les critères d'éligibilité aux actions de formation et les modalités d'évaluation et d'orientation des salariés intéressés par ces actions ;

2° La nature et la durée des formations envisagées en vue de favoriser l'adaptation des salariés aux évolutions de l'emploi dans l'entreprise ;

3° Les conditions de validation des acquis de ces formations ;

4° Les modalités d'information et de consultation du comité d'entreprise ou, à défaut, des délégués du personnel sur l'organisation, le suivi des actions de formation et leurs conséquences sur l'emploi ;

5° La durée du maintien du contrat de travail à l'issue de la période de formation ;

6° La durée de l'accord, laquelle ne peut être supérieure à trois ans. – *[Anc. art. R. 322-10-1, al. 5 à 11.]*

Art. R. 5121-18 Lorsque le bénéfice des actions de formation est étendu par une convention de branche ou un accord professionnel aux salariés dont l'entreprise envisage le reclassement externe, l'accord d'entreprise contient, pour pouvoir être agréé, les indications suivantes :

1° Les catégories de salariés susceptibles de se voir proposer des actions de formation pouvant déboucher sur un reclassement externe ;

2° Les modalités de proposition des actions de formation aux salariés et de leur accord ;

3° Les modalités de proposition des emplois de reclassement aux salariés et de leur accord exprès ;

4° Les garanties applicables aux salariés ayant échoué dans les formations et à ceux dont le reclassement n'est pas devenu définitif ;

5° Les dispositions applicables aux salariés ayant refusé les emplois de reclassement qui leur étaient proposés. – *[Anc. art. R. 322-10-1-1.]*

§ 2 ENTREPRISES DÉPOURVUES DE REPRÉSENTANTS SYNDICAUX

Art. R. 5121-19 Dans les entreprises ne disposant pas de délégué syndical, la convention de branche ou l'accord professionnel sur l'emploi, mentionné à l'article L. 5121-5, prévoit des modalités d'application directe comprenant notamment :

1° Les modalités d'information et de consultation du comité d'entreprise ou, à défaut, des délégués du personnel ;

2° Les modalités d'information des salariés lorsqu'il n'y a pas d'instance représentative du personnel. – *[Anc. art. R. 322-10-2, al. 1er à 3.]*

Art. R. 5121-20 Le bénéfice de l'aide de l'État aux actions de formation pour l'adaptation des salariés est accordé aux entreprises dépourvues de représentants syndicaux après agrément d'un projet de formation comprenant les dispositions prévues aux articles R. 5121-16 et R. 5121-17 et établi dans le cadre du plan de formation s'il existe. – *[Anc. art. R. 322-10-2, al. 4.]*

Art. R. 5121-21 La demande d'agrément du projet de formation est accompagnée :

1° Soit du procès-verbal de la réunion du comité d'entreprise ou, à défaut, des délégués du personnel au cours de laquelle le projet aura été examiné ;

2° Soit des procès-verbaux de carence prévus aux articles L. 2314-5 et L. 2324-8. – *[Anc. art. R. 322-10-2, al. 5.]*

Art. R. 5121-22 L'agrément du projet de formation est délivré pour une durée d'un an. – *[Anc. art. R. 322-10-2, al. 6.]*

SOUS-SECTION 2 CALCUL DE L'AIDE

Art. R. 5121-23 L'aide de l'État aux actions de formation pour l'adaptation des salariés, est calculée forfaitairement par salarié, en fonction de la durée de la formation.

Ce montant est majoré lorsque la formation est organisée au bénéfice de salariés âgés de quarante-cinq ans et plus. – *[Anc. art. L. 322-7, al. 3, phrases 1, début et 2.]*

Art. R. 5121-24 L'aide de l'État est attribuée sous les conditions suivantes :

1° Les actions de formation ont une durée minimale de cinq cents heures ;

2° Les actions concernent des salariés justifiant d'une ancienneté de deux ans dans l'entreprise. – *[Anc. art. R. 322-10-4, al. 1er et 2.]*

Art. R. 5121-25 Les modalités de calcul de l'aide de l'État sont fixées par arrêté conjoint des ministres chargés de l'emploi et du budget. – *[Anc. art. R. 322-10-4, al. 3.]*

SECTION IV CONTRAT DE GÉNÉRATION

(Décr. nº 2013-222 du 15 mars 2013)

SOUS-SECTION 1 DISPOSITIONS GÉNÉRALES

Art. R. 5121-26 Les effectifs mentionnés aux articles L. 5121-7 à L. 5121-9 sont appréciés au 31 décembre, tous établissements confondus, en fonction de la moyenne au cours de l'année civile des effectifs déterminés chaque mois.

Pour la détermination des effectifs du mois, il est tenu compte des salariés titulaires d'un contrat de travail le dernier jour de chaque mois, y compris les salariés absents, conformément aux dispositions des articles L. 1111-2, L. 1111-3 et L. 1251-54.

Pour une entreprise créée au cours de l'année, l'effectif est apprécié à la date de sa création. Au titre de l'année suivante, l'effectif de cette entreprise est apprécié dans les conditions définies aux deux premiers alinéas du présent article en fonction de la moyenne des effectifs de chacun des mois d'existence de la première année.

SOUS-SECTION 2 ACCORDS COLLECTIFS ET PLANS D'ACTION

Art. D. 5121-27 Le diagnostic prévu à l'article L. 5121-10 comporte des éléments relatifs :

1° A la pyramide des âges ;

2° Aux caractéristiques des jeunes et des salariés âgés et à l'évolution de leur place respective dans l'entreprise, le groupe ou la branche sur les trois dernières années disponibles ;

3° Aux prévisions de départ à la retraite ;

4° Aux perspectives de recrutement ;

5° Aux compétences dont la préservation est considérée comme essentielle pour l'entreprise, le groupe ou la branche, dites "compétences clés" ;

6° Aux conditions de travail des salariés âgés et aux situations de pénibilité, telles qu'identifiées, le cas échéant, dans les accords ou plans d'action en faveur de la prévention de la pénibilité, lorsqu'ils existent.

Le diagnostic s'appuie sur celui effectué pour la détermination des objectifs et mesures relatifs à l'égalité professionnelle entre les femmes et les hommes et sur le bilan des mesures prises dans le cadre des accords ou plans d'action portant sur la gestion prévisionnelle des emplois et des compétences, lorsqu'ils existent. Il identifie notamment les métiers dans lesquels la proportion de femmes et d'hommes est déséquilibrée.

Art. R. 5121-28 En s'appuyant sur le diagnostic établi, les accords collectifs d'entreprise, de groupe ou de branche et les plans d'action comportent, au titre du 1° de l'article L. 5121-11, les éléments suivants :

1° Les tranches d'âge des jeunes et des salariés âgés concernés par les engagements souscrits par l'employeur ;

2° S'agissant des engagements en faveur de l'insertion durable des jeunes :

a) Les objectifs chiffrés de l'entreprise, du groupe ou de la branche, en matière de recrutements de jeunes en contrat à durée indéterminée ;

b) Les modalités d'intégration, de formation et d'accompagnement des jeunes dans l'entreprise, qui comprennent au minimum la mise en place d'un parcours d'accueil dans l'entreprise, la désignation d'un référent, la description des fonctions de celui-ci et éventuellement l'organisation de sa charge de travail ;

c) Les modalités de mise en œuvre d'un entretien de suivi entre le jeune, son responsable hiérarchique et son référent portant en particulier sur l'évaluation de la maîtrise des compétences du jeune ;

d) Les perspectives de développement de l'alternance et les conditions de recours aux stages ainsi que les modalités d'accueil des alternants et des stagiaires ;

e) Le cas échéant, la mobilisation d'outils existants dans l'entreprise permettant de lever les freins matériels à l'accès à l'emploi, tels que les difficultés de transport ou de garde d'enfants ;

3° S'agissant des engagements en faveur de l'emploi des salariés âgés :

a) Les objectifs chiffrés de l'entreprise, du groupe ou de la branche en matière d'embauche et de maintien dans l'emploi des salariés âgés ;

b) Des mesures destinées à favoriser l'amélioration des conditions de travail et la prévention de la pénibilité, notamment par l'adaptation et l'aménagement du poste de travail ;

c) Les actions pertinentes dans au moins deux des cinq domaines suivants :

— recrutement de salariés âgés dans l'entreprise, le groupe ou la branche ;
— anticipation des évolutions professionnelles et gestion des âges ;
— organisation de la coopération intergénérationnelle ;
— développement des compétences et des qualifications et accès à la formation ;
— aménagement des fins de carrière et de la transition entre activité et retraite ;

4° L'accord ou le plan d'action définit des actions permettant la transmission des savoirs et des compétences en direction des jeunes. Il peut également préciser les modalités de transmission des compétences en direction des salariés âgés. Il veille à garantir la transmission des compétences et savoirs techniques les plus sensibles pour l'entreprise en s'appuyant sur les "compétences clés" identifiées dans le diagnostic.

Les modalités de transmission des compétences prévues par l'accord collectif ou le plan d'action peuvent comprendre notamment :

a) La mise en place de binômes d'échange de compétences entre des salariés expérimentés et des jeunes ayant développé une première expérience professionnelle dans l'entreprise ;

b) L'organisation de la diversité des âges au sein des équipes de travail.

Les objectifs d'égalité professionnelle entre les femmes et les hommes dans l'entreprise, de mixité des emplois et de prévention de la pénibilité s'appuient sur les engagements souscrits par l'employeur dans le cadre des accords ou plans d'action mentionnés aux articles L. 2242-5 et L. 2242-5-1 du présent code et L. 138-29 du code de la sécurité sociale.

Art. R. 5121-29 L'entreprise ou le groupe dépose l'accord collectif ou le plan d'action dans les conditions définies à l'article L. 2231-6. Outre les pièces prévues en application de cet article, le dépôt de l'accord collectif et du plan d'action est accompagné des pièces suivantes :

1° Dans tous les cas, du diagnostic mentionné à l'article L. 5121-10 et d'une fiche descriptive du contenu de celui-ci et de l'accord ou du plan d'action, dont le modèle est établi par arrêté du ministre chargé de l'emploi ; *— V. Arr. du 26 avr. 2013 (JO 8 mai).*

2° Dans le cas des plans d'action, d'une copie de l'avis mentionné au troisième alinéa de l'article L. 5121-12 et, le cas échéant, du procès-verbal de désaccord mentionné aux articles L. 5121-8 et L. 5121-9.

Art. R. 5121-30 (Abrogé par Décr. n° 2015-249 du 3 mars 2015, art. 1er) *Le diagnostic mentionné au VI de l'article L. 5121-17 est transmis par l'entreprise couverte par un accord de branche étendu à la direction régionale des entreprises, de la concurrence, de la consommation, du travail et de l'emploi.*

Art. R. 5121-31 Outre les pièces prévues en application de l'article L. 2231-6, le dépôt de l'accord de branche est accompagné du diagnostic mentionné à l'article L. 5121-10 et d'une fiche signalétique dont le contenu est établi par arrêté du ministre chargé de l'emploi. — *V. Arr. du 26 avr. 2013 (JO 8 mai).*

Art. R. 5121-32 Le contrôle de conformité prévu à l'article L. 5121-13 est effectué par le directeur régional des entreprises, de la concurrence, de la consommation, du travail et de l'emploi dans un délai de trois semaines dans le cas d'un accord et de six semaines dans le cas d'un plan d'action, à compter de la date de dépôt de l'ensemble des pièces mentionnées à l'article R. 5121-29.

(Décr. n° 2015-249 du 3 mars 2015, art. 2) « A défaut de notification d'une décision de conformité dans ces délais, l'accord ou le plan d'action est réputé conforme pour l'application des articles L. 5121-8 et L. 5121-9. »

SOUS-SECTION 3 **PÉNALITÉS**

Art. R. 5121-33 Pour les entreprises mentionnées à l'article L. 5121-9, en cas d'absence d'accord ou de plan d'action, ou en cas d'accord ou de plan d'action non conforme aux articles L. 5121-10 à L. 5121-12, le directeur régional des entreprises, de la concurrence, de la consommation, du travail et de l'emploi met en demeure l'entreprise de régulariser sa situation dans un délai compris entre un et quatre mois, qu'il fixe en fonction de l'ampleur des régularisations à apporter. Ce délai court à compter de la date de réception de la mise en demeure adressée par lettre recommandée avec accusé de réception.

Si l'employeur n'est pas en mesure de communiquer au directeur régional des entreprises, de la concurrence, de la consommation, du travail et de l'emploi un accord ou plan d'action remplissant les conditions fixées aux articles L. 5121-10 à L. 5121-12 dans le délai fixé par la mise en demeure, il justifie des motifs de la défaillance de l'entreprise.

L'entreprise peut être entendue, à sa demande, par le directeur régional avant que la décision de sanction prévue par l'article R. 5121-34 ne lui soit notifiée.

Art. R. 5121-34 A l'issue du délai imparti par la mise en demeure, le directeur régional décide, en tenant compte des éléments qui lui ont été communiqués par l'entreprise, du taux de la pénalité mentionnée à l'article L. 5121-9. Le montant de la pénalité est déterminé par application de ce taux au montant le plus élevé parmi ceux mentionnés à la deuxième phrase du deuxième alinéa de l'article L. 5121-14.

Pour déterminer le taux, le directeur régional tient compte des efforts réalisés par l'entreprise pour établir un accord ou un plan d'action conforme aux dispositions des articles L. 5121-10 à L. 5121-12, notamment :

1° De la réalisation d'un diagnostic ;

2° De l'ouverture d'une négociation ;

3° De l'existence d'un accord ou plan d'action négocié ou élaboré antérieurement portant sur les thématiques du contrat de génération ;

4° Du degré de non-conformité de l'accord ou du plan d'action lorsqu'il existe ;

5° Du fait que l'entreprise ait franchi le seuil d'effectifs prévu à l'article L. 5121-9 au cours des douze mois précédant l'envoi de la mise en demeure mentionnée à l'article R. 5121-33.

Il tient également compte de la situation économique et financière de l'entreprise.

Le directeur régional notifie à l'employeur, par lettre recommandée avec demande d'avis de réception, dans le délai d'un mois à compter de la date d'expiration de la mise en demeure prévue à l'article R. 5121-33, la décision motivée d'application de la sanction qui comprend notamment le taux retenu.

Il adresse une copie de cette notification à l'organisme chargé du recouvrement des cotisations de sécurité sociale du régime général ou du régime de la protection sociale agricole dont relève l'employeur.

Art. R. 5121-35 La pénalité est due par l'entreprise pour chaque mois entier au cours duquel l'entreprise n'a pas été couverte par un accord ou un plan d'action dont l'administration a validé la conformité en application de l'article L. 5121-13. En outre, elle est due jusqu'à ce que l'entreprise ait conclu un accord ou établi un plan d'action dont l'administration a validé la conformité.

La pénalité est calculée par l'employeur par application du taux notifié selon les modalités prévues à l'article R. 5121-34. Elle est déclarée et versée par l'employeur auprès de l'organisme chargé du recouvrement des cotisations de sécurité sociale du régime général ou du régime agricole dont il dépend, au plus tard à la date d'échéance de ses cotisations et contributions sociales.

Art. R. 5121-36 Le document d'évaluation prévu aux articles L. 5121-15 et L. 5121-16 comporte au minimum :

1° L'actualisation des données mentionnées dans le diagnostic ;

2° Le suivi des indicateurs mis en place pour chacune des actions portant sur l'insertion durable des jeunes, et en particulier sur les objectifs chiffrés en matière de recrutements de jeunes en contrat à durée indéterminée ;

3° Le suivi des indicateurs mis en place pour chacune des actions en faveur de l'emploi des salariés âgés, en particulier sur les objectifs chiffrés en matière de recrutement et de maintien dans l'emploi des salariés âgés ;

4° Le suivi des actions en faveur de la transmission des compétences.

Le document d'évaluation précise le niveau de réalisation des autres actions contenues dans l'accord collectif ou le plan d'action.

Il justifie, le cas échéant, les raisons pour lesquelles certaines des actions prévues n'ont pas été réalisées. Il mentionne les objectifs de progression pour l'année à venir et les indicateurs associés.

Le contenu du document d'évaluation est précisé par arrêté du ministre chargé de l'emploi.

Art. R. 5121-37 Le document d'évaluation prévu à l'article L. 5121-15 est transmis chaque année au directeur régional des entreprises, de la concurrence, de la consommation, du travail et de l'emploi.

Le directeur régional peut adresser à l'entreprise des observations portant sur la mise en œuvre de l'accord ou du plan d'action sur la base du document d'évaluation. Le courrier d'observations est transmis aux délégués syndicaux et au comité d'entreprise ou, à défaut, aux délégués du personnel.

Le contenu du document d'évaluation est fixé par Arr. du 26 avr. 2013 (JO 8 mai).

Art. R. 5121-38 La mise en demeure prévue à l'article L. 5121-15 est adressée par le directeur régional des entreprises, de la concurrence, de la consommation, du travail et de l'emploi.

Si l'employeur n'est pas en mesure de communiquer au directeur régional un document d'évaluation de l'accord ou du plan d'action remplissant les conditions fixées à l'article R. 5121-36 dans le délai d'un mois fixé par la mise en demeure, il justifie des motifs de la défaillance de l'entreprise. Jusqu'à la notification de la pénalité, l'entreprise peut être entendue, à sa demande, par le directeur régional.

La décision motivée d'application de la pénalité est notifiée par le directeur régional. Une copie de cette notification est adressée à l'organisme chargé du recouvrement des cotisations de sécurité sociale du régime général ou du régime de la protection sociale agricole dont relève l'employeur.

La pénalité est due par l'entreprise pour chaque mois entier au cours duquel elle n'a pas transmis le document d'évaluation, à compter de la réception de la décision du directeur régional lui notifiant la pénalité et jusqu'à la réception du document d'évaluation par le directeur régional.

La pénalité est déclarée et versée par l'employeur à l'organisme chargé du recouvrement des cotisations de sécurité sociale du régime général ou du régime de la protection sociale agricole dont il dépend à la date d'échéance de ses cotisations et contributions sociales.

Art. D. 5121-39 Le montant de la pénalité prévue à l'article L. 5121-15 est de mille cinq cents euros par mois entier de retard.

SOUS-SECTION 4 MODALITÉS DE L'AIDE

Art. R. 5121-40 L'entreprise est considérée comme étant à jour de ses obligations déclaratives et de paiement à l'égard des organismes de recouvrement de cotisation et de contribution de sécurité sociale ou d'assurance chômage lorsque l'employeur a souscrit et respecte un plan d'apurement des cotisations restant dues.

Art. R. 5121-41 Les conditions d'âge mentionnées à l'article L. 5121-17 sont appréciées au premier jour d'exécution du contrat de travail à durée indéterminée du jeune *(Décr. nº 2015-249 du 3 mars 2015, art. 3)* « et*[,]* pour le contrat d'apprentissage en contrat de travail à durée indéterminée mentionné au second alinéa de l'article L. 6222-7, au premier jour d'exécution de ce contrat suivant l'expiration de la période d'apprentissage ».

Art. D. 5121-42 *(Décr. nº 2014-1046 du 12 sept. 2014, art. 1er)* « I. — » Le montant de l'aide prévue par les articles L. 5121-17 et L. 5121-18 est de quatre mille euros par an, à hauteur de deux mille euros au titre de l'embauche du jeune mentionné au 1º du I de l'article L. 5121-17 ou à l'article L. 5121-18 et de deux mille euros au titre du maintien en emploi du salarié âgé mentionné au 2º du I de l'article L. 5121-17 ou du chef d'entreprise mentionné à l'article L. 5121-18.

(Décr. nº 2014-1046 du 12 sept. 2014, art. 1er) « Lorsque l'entreprise satisfait la condition prévue au *b* du 2º du I de l'article L. 5121-17 et que la date d'embauche du jeune intervient au plus tard six mois après celle du salarié âgé, le montant de l'aide prévue par ce même article est de huit mille euros, à hauteur de quatre mille euros au titre de l'embauche du jeune et de quatre mille euros au titre de l'embauche du salarié âgé.

« II. — » Le montant de l'aide due au titre de chacun des deux membres du binôme est proratisé, le cas échéant :

1º En fonction de la durée du travail du jeune ou du salarié âgé, lorsque cette durée est inférieure au temps plein ;

2º En cas d'embauche ou de départ du jeune ou du salarié âgé ou du chef d'entreprise en cours de trimestre, en fonction de la durée d'exécution du contrat ou de la présence dans l'entreprise.

Art. R. 5121-43 L'aide prévue aux articles L. 5121-17 et L. 5121-18 ne peut se cumuler *(Décr. nº 2013-815 du 11 sept. 2013)* « avec une autre aide de l'État à l'insertion, à l'accès ou au retour à l'emploi », à l'exception du contrat de professionnalisation.

Art. D. 5121-44 L'entreprise bénéficie de l'aide pendant trois ans à compter du premier jour d'exécution du contrat de travail à durée indéterminée du jeune *(Décr. nº 2015-249 du 3 mars 2015, art. 3)* « et*[,]* pour le contrat d'apprentissage en contrat de travail à durée indéterminée, au premier jour d'exécution de ce contrat suivant l'expiration de la période d'apprentissage ».

Art. R. 5121-45 La demande d'aide est déposée par l'employeur auprès de Pôle emploi dans les trois mois suivant le premier jour d'exécution du contrat de travail du jeune recruté dans les conditions prévues au 1º du I de l'article L. 5121-17 *(Décr. nº 2015-249 du 3 mars 2015, art. 3)* « et*[,]* pour le contrat d'apprentissage en contrat de travail à durée indéterminée, suivant le premier jour d'exécution de ce contrat suivant l'expiration de la période d'apprentissage ».

Art. R. 5121-46 L'aide est interrompue, dans sa totalité, en cas de rupture du contrat de travail à durée indéterminée du jeune mentionné au 1º du I de l'article L. 5121-17 ou à l'article L. 5121-18 ou en cas de diminution de sa durée hebdomadaire de travail en deçà des quatre cinquièmes de la durée collective de travail hebdomadaire de l'entreprise.

Elle est également interrompue dans sa totalité en cas de rupture du contrat de travail du salarié âgé mentionné au 2° du I de l'article L. 5121-17 :

1° Dans les six mois suivant le premier jour d'exécution du contrat de travail à durée indéterminée du jeune, quel que soit le motif de rupture ;

2° Au-delà des six mois suivant le premier jour d'exécution du contrat de travail à durée indéterminée du jeune, en cas de licenciement pour une cause autre que la faute grave ou lourde ou l'inaptitude ou de rupture conventionnelle.

En cas de rupture du contrat de travail du salarié âgé mentionné au 2° du I de l'article L. 5121-17 dans les six mois suivant le premier jour d'exécution du contrat de travail à durée indéterminée du jeune pour les motifs de départ en retraite, licenciement pour faute grave ou lourde, inaptitude physique, ou décès, l'aide est maintenue, dans sa totalité, pour le trimestre civil concerné lorsque ce salarié est remplacé dans les trois mois suivant la rupture de son contrat de travail par un autre salarié âgé dans les conditions prévues au 2° du I de l'article L. 5121-17.

L'aide est interrompue dans sa totalité en cas de départ du chef d'entreprise mentionné à l'article L. 5121-18 *(Décr. n° 2013-815 du 11 sept. 2013)* « dans les six mois suivant le premier jour d'exécution du contrat de travail à durée indéterminée du jeune recruté dans les conditions prévues au 1° du I de l'article L. 5121-17. Lorsque le départ du chef d'entreprise intervient au-delà de ce délai de six mois, l'aide est maintenue. »

En cas de licenciement de l'un des salariés âgés mentionnés au IV de l'article L. 5121-17 pour une cause autre que la faute grave ou lourde ou l'inaptitude, l'entreprise perd le bénéfice de la dernière aide accordée au titre du contrat de génération, à compter du trimestre au cours duquel le départ d'un des salariés est intervenu.

Art. R. 5121-47 L'aide est versée trimestriellement.

Au terme de chaque trimestre civil suivant celui au cours duquel a eu lieu la demande initiale de l'aide, l'employeur adresse à Pôle emploi une déclaration d'actualisation permettant le calcul et le versement de l'aide.

Chaque déclaration d'actualisation doit être adressée à Pôle emploi dans le mois qui suit le trimestre civil pour lequel l'aide est demandée. A défaut, l'aide n'est pas due pour le trimestre concerné. En l'absence d'actualisation par l'entreprise de deux trimestres consécutifs, l'aide est interrompue dans sa totalité.

L'aide n'est pas versée lorsque son montant dû au titre d'un trimestre est inférieur à cinquante euros.

En cas de diminution du temps de travail du jeune mentionné au 1° du I de l'article L. 5121-17 et L. 5121-18 en deçà de la durée hebdomadaire prévue au 1° de l'article L. 5121-17 en cours de trimestre, l'aide est interrompue à compter de la date à laquelle survient cette diminution.

Art. R. 5121-48 Lorsque le contrat de travail du jeune mentionné au 1° du I de l'article L. 5121-17 ou à l'article L. 5121-18 ou du salarié âgé mentionné au 2° du I de l'article L. 5121-17 est suspendu durant au moins trente jours consécutifs au cours du trimestre civil, sans que soit maintenue la rémunération du salarié, l'aide afférente à ce trimestre civil n'est pas due pour la partie de l'aide afférente au jeune ou au salarié âgé dont le contrat de travail est suspendu.

Art. R. 5121-49 Pôle emploi contrôle l'exactitude des déclarations du bénéficiaire de l'aide.

Le bénéficiaire de l'aide tient à sa disposition tout document permettant d'effectuer ce contrôle. Il adresse à Pôle emploi les documents demandés par celui-ci dans un délai maximum d'un mois suivant la demande de leur communication. Cette demande est adressée par tout moyen permettant d'établir une date certaine.

L'absence de réponse de l'entreprise dans ce délai interrompt le versement de l'aide associée au contrat de génération sur laquelle porte le contrôle, sans préjudice du recouvrement par Pôle emploi des sommes indûment versées.

Art. R. 5121-50 *(Décr. n° 2013-815 du 11 sept. 2013)* Pour la gestion du versement de l'aide, Pôle emploi est habilité à mettre en œuvre un traitement automatisé comportant des données à caractère personnel collectées auprès des employeurs.

Ce traitement est dénommé "aide-contrat de génération".

Art. R. 5121-51 *(Décr. nº 2013-815 du 11 sept. 2013)* Les catégories de données, comportant des données à caractère personnel, enregistrées dans le cadre de ce traitement sont les suivantes :

I. – Données concernant le salarié jeune embauché :

1° Numéro d'inscription au répertoire national d'identification des personnes physiques ;

2° Données relatives à l'identité : nom, prénom, date de naissance, adresse et numéro de téléphone ;

3° Données relatives à la vie professionnelle : date d'embauche et caractéristiques du contrat, nature de l'emploi ; le cas échéant, période de suspension du contrat, date et motif de la rupture du contrat et reconnaissance de la qualité de travailleur handicapé ; niveau de formation ; situation professionnelle avant l'embauche ;

4° Situation économique et financière ; salaire ;

II. – Données concernant le salarié âgé maintenu en emploi :

1° Numéro d'identification au répertoire national d'identification des personnes physiques ;

2° Données relatives à l'identité : nom, prénom et date de naissance ;

3° Données relatives à la vie professionnelle : date d'embauche et caractéristiques du contrat, nature de l'emploi ; le cas échéant, période de suspension du contrat, date et motif de la rupture du contrat et reconnaissance de la qualité de travailleur handicapé ;

III. – Données concernant l'employeur ou le correspondant de Pôle emploi dans l'entreprise :

1° Données d'identification de l'entreprise : nom, raison sociale, numéro SIRET, adresse postale, adresse électronique, téléphone ;

2° Données relatives aux caractéristiques de l'entreprise : effectifs, convention collective applicable ;

3° Le cas échéant, pour les entreprises mentionnées à l'article L. 5121-7 bénéficiaires de l'aide prévue à l'article L. 5121-18, date de naissance du chef d'entreprise.

Art. R. 5121-52 *(Décr. nº 2013-815 du 11 sept. 2013)* Pour les besoins de la finalité mentionnée à l'article R. 5121-50, les agents de Pôle emploi exerçant leur activité au sein de Pôle emploi Services nommément désignés et habilités par le directeur général de Pôle emploi sont destinataires des données du traitement.

Sont également destinataires des données du traitement, à l'exclusion du numéro d'inscription au répertoire d'identification des personnes physiques et, le cas échéant, de la donnée relative à la reconnaissance de la qualité de travailleur handicapé, *(Décr. nº 2015-249 du 3 mars 2015, art. 4)* « les agents de la délégation générale à l'emploi et à la formation professionnelle et les services déconcentrés du ministère chargé de l'emploi désignés et habilités par l'autorité responsable pour les besoins de suivi, pilotage et évaluation du dispositif ainsi que » les agents des services statistiques du ministre chargé de l'emploi désignés et habilités par le responsable de ces services, pour les besoins de l'élaboration de données statistiques et financières anonymes destinées à être transmises au ministre chargé de l'emploi et à ses services.

Art. R. 5121-53 *(Décr. nº 2013-815 du 11 sept. 2013)* Les données du traitement ne peuvent être conservées, pour les besoins de l'accomplissement de la finalité mentionnée à l'article R. 5121-50, au-delà d'une période de cinq ans après le terme de l'aide accordée à l'entreprise au titre du contrat de génération.

Art. R. 5121-54 *(Décr. nº 2013-815 du 11 sept. 2013)* Les droits d'accès et de rectification prévus aux articles 39 et 40 de la loi nº 78-17 du 6 janvier 1978 relative à l'informatique, aux fichiers et aux libertés s'exercent auprès de Pôle emploi – Pôle emploi Services.

Art. R. 5121-55 *(Décr. nº 2013-815 du 11 sept. 2013)* Le droit d'opposition institué par le premier alinéa de l'article 38 de la loi nº 78-17 du 6 janvier 1978 relative à l'informatique, aux fichiers et aux libertés n'est pas applicable au traitement mentionné à l'article R. 5121-50.

CHAPITRE II **AIDE AUX SALARIÉS PLACÉS EN ACTIVITÉ PARTIELLE**

(Décr. n° 2013-551 du 26 juin 2013).

BIBL. ► BAUGARD, *Dr. soc. 2013. 798* (indemnisation de l'activité partielle après la loi du 14 juin 2013 et le décret du 26 juin 2013).

V. Circ. DGEFP n° 2013-12 du 12 juill. 2013, Sem. soc. Lamy 2013, n° 1596, p. 3.

Art. R. 5122-1 *(Décr. n° 2012-1271 du 19 nov. 2012)* **« L'employeur peut placer ses salariés en position** *(Décr. n° 2013-551 du 26 juin 2013)* **« d'activité partielle » lorsque l'entreprise est contrainte de réduire ou de suspendre temporairement son activité pour l'un des motifs suivants : »**

1° La conjoncture économique ;

2° Des difficultés d'approvisionnement en matières premières ou en énergie ;

3° Un sinistre ou des intempéries de caractère exceptionnel ;

4° La transformation, restructuration ou modernisation de l'entreprise ;

5° Toute autre circonstance de caractère exceptionnel.

Les dispositions issues du Décr. n° 2013-551 du 26 juin 2013 s'appliquent à toute nouvelle demande d'autorisation administrative préalable de placement en chômage partiel déposée à compter du 1er juill. 2013 (Décr. préc., art. 22).

1. Les allocations de chômage partiel se substituant au salaire, elles sont à bon droit incluses dans l'assiette des rémunérations servant de base au calcul d'une prime de treizième mois. • Soc. 26 nov. 1996 : *Dr. soc. 1997. 93, obs. Savatier*. ♦ Comp., s'agissant de la base de calcul d'une indemnité de licenciement, note 16 ss. art. L. 1234-9.

2. Les périodes de chômage partiel n'étant pas assimilées par l'art. L. 223-4 [L. 3141-4 nouv.] à un temps de travail effectif, les indemnités ne doivent pas être intégrées dans la rémunération servant de base au calcul de l'indemnité de congés payés. • Soc. 17 févr. 1992, n° 88-42.632 P : *D. 1992. IR 120 ; CSB 1992. 118, S. 69 ; RJS 1992. 263, n° 458.*

Art. R. 5122-2 *(Décr. n° 2013-551 du 26 juin 2013)* **L'employeur adresse au préfet du département où est implanté l'établissement concerné une demande préalable d'autorisation d'activité partielle.**

La demande précise :

1° Les motifs justifiant le recours à l'activité partielle ;

2° La période prévisible de sous-activité ;

3° Le nombre de salariés concernés.

Elle est accompagnée de l'avis préalable du comité d'entreprise en application de l'article L. 2323-6 ou, en l'absence de comité d'entreprise, de l'avis préalable des délégués du personnel en application de l'article L. 2313-13.

Lorsque la demande s'effectue sur le fondement du II de l'article R. 5122-9, elle mentionne les engagements que l'employeur propose de souscrire.

La demande d'autorisation est adressée par voie dématérialisée *(Décr. n° 2014-740 du 30 juin 2014, art. 1er)* **« dans les conditions fixées par l'article R. 5122-26 ».**

Ces dispositions s'appliquent à toute nouvelle demande d'autorisation administrative préalable de placement en chômage partiel déposée à compter du 1er juill. 2013 (Décr. n° 2013-551 du 26 juin 2013, art. 22).

La date d'entrée en vigueur de la procédure sous forme dématérialisée, mentionnée à l'art. R. 5122-2, est fixée par arrêté du ministre chargé de l'emploi et au plus tard au 1er juill. 2014.

Jusqu'à cette date, la demande d'autorisation est adressée par l'employeur au directeur régional des entreprises, de la concurrence, de la consommation, du travail et de l'emploi par tout moyen permettant de lui donner date certaine (Décr. préc., art. 23).

BIBL. ► DALMASSO, *RDT 2012. 641* (retour à l'autorisation administrative de l'allocation spécifique de chômage partiel : quelle incidence sur les licenciements économiques ?).

Art. R. 5122-3 *(Décr. n° 2012-1271 du 19 nov. 2012)* **Par dérogation à l'article R. 5122-2, en cas de suspension d'activité due à un sinistre ou à des intempéries prévus au 3° de l'article R. 5122-1, l'employeur dispose d'un délai de trente jours pour adresser sa demande** *(Décr. n° 2013-551 du 26 juin 2013)* **« par tout moyen conférant date certaine ».**

Art. R. 5122-4 *(Décr. n° 2012-1271 du 19 nov. 2012)* **La décision d'***(Décr. n° 2013-551 du 26 juin 2013)* **« autorisation » ou de refus** *(Décr. n° 2014-740 du 30 juin 2014, art. 2)* **« , signée par le préfet, » est notifiée à l'employeur dans un délai de quinze jours à compter de la date de réception de la demande d'autorisation.**

(Décr. n° 2014-740 du 30 juin 2014, art. 2) **« La décision d'autorisation précise notamment les coordonnées bancaires de l'employeur. »**

L'absence de décision dans un délai de quinze jours vaut acceptation implicite de la demande.

La décision de refus est motivée.

(Décr. n° 2013-551 du 26 juin 2013) **« La décision du préfet est notifiée par voie dématérialisée à l'employeur. Celui-ci en informe le comité d'entreprise ou, en l'absence de comité d'entreprise, les délégués du personnel. »**

La date d'entrée en vigueur de la procédure sous forme dématérialisée, mentionnée à l'art. R. 5122-4, est fixée par arrêté du ministre chargé de l'emploi et au plus tard au 1er juill. 2014.

Jusqu'à cette date, la notification de la décision d'autorisation est adressée par tout moyen permettant de lui donner date certaine (Décr. préc., art. 23).

V. Arr. du 24 juill. 2014, JO 1er août.

Art. R. 5122-5 *(Décr. n° 2013-551 du 26 juin 2013)* **En cas de décision d'autorisation expresse ou tacite prévue à l'article R. 5122-4, l'employeur peut adresser à l'Agence de services et de paiement une demande d'indemnisation au titre de l'allocation d'activité partielle prévue à l'article L. 5122-1.**

Cette demande comporte :

1° Des informations relatives à l'identité de l'employeur ;

2° La liste nominative des salariés concernés ainsi que le numéro d'inscription au répertoire national d'identification des personnes physiques ;

3° Les états nominatifs précisant notamment le nombre d'heures chômées par salarié.

Pour les établissements appliquant un accord d'aménagement du temps de travail sur une période supérieure à la semaine et inférieure à l'année, l'employeur y joint, dans le cas où il ne souhaite pas un remboursement à la fin de la période, une demande de remboursement mensuel.

La demande est adressée par voie dématérialisée *(Décr. n° 2014-740 du 30 juin 2014, art. 3)* **« à l'Agence de services et de paiement qui se charge d'en assurer la conservation selon des modalités garantissant l'intégrité des informations reçues ».**

Après vérification, l'Agence de services et de paiement liquide l'allocation d'activité partielle selon les modalités fixées aux articles R. 5122-14 à R. 5122-17.

La date d'entrée en vigueur de la procédure sous forme dématérialisée, mentionnée à l'art. R. 5122-5, est fixée par arrêté du ministre chargé de l'emploi et au plus tard au 1er juill. 2014.

Jusqu'à cette date, la demande d'indemnisation est adressée par l'employeur au directeur régional des entreprises, de la concurrence, de la consommation, du travail et de l'emploi par tout moyen permettant de lui donner date certaine (Décr. préc., art. 23).

Art. R. 5122-6 L'allocation *(Décr. n° 2013-551 du 26 juin 2013)* **« d'activité partielle » est attribuée dans la limite d'un contingent annuel d'heures indemnisables fixé, en tenant compte de la situation économique, par arrêté du ministre chargé de l'emploi.**

Cette limite ne peut être dépassée que dans des cas exceptionnels résultant de la situation particulière de l'entreprise, sur décision conjointe des ministres chargés de l'emploi et du budget. — *[Anc. art. R. 351-50, al. 3.]*

Les dispositions issues du Décr. n° 2013-551 du 26 juin 2013 s'appliquent à toute nouvelle demande d'autorisation administrative préalable de placement en chômage partiel déposée à compter du 1er juill. 2013 (Décr. préc., art. 22).

Le contingent annuel d'heures indemnisables au titre de l'allocation d'activité partielle prévu à l'art. R. 5122-6 est fixé à 1 000 heures par salarié par an (Arr. du 26 août 2013, JO 6 sept.).

Art. R. 5122-7 Au sein du contingent annuel d'heures indemnisables, l'arrêté du ministre chargé de l'emploi fixe *(Abrogé par Décr. n° 2013-551 du 26 juin 2013)* **« ,** ***dans la limite correspondant au volume horaire du nombre de semaines défini au 4° de***

l'article R. 5122-8, » le nombre d'heures pouvant être indemnisées en cas de modernisation des installations et des bâtiments de l'entreprise.

Cette limite ne peut être dépassée que dans des cas exceptionnels résultant de la situation particulière de l'entreprise, sur décision conjointe du préfet *(Décr. n° 2013-551 du 26 juin 2013)* « de département » et du *(Décr. n° 2013-551 du 26 juin 2013)* « directeur départemental des finances publiques ».

Les dispositions issues du Décr. n° 2013-551 du 26 juin 2013 s'appliquent à toute nouvelle demande d'autorisation administrative préalable de placement en chômage partiel déposée à compter du 1er juill. 2013 (Décr. préc., art. 22).

Le contingent annuel d'heures indemnisables au titre de l'allocation d'activité partielle prévu à l'art. R. 5122-7 est fixé à 100 heures par salarié par an (Arr. du 26 août 2013, JO 6 sept.).

Art. R. 5122-8 *(Décr. n° 2013-551 du 26 juin 2013)* Ne peuvent bénéficier de l'allocation et de l'indemnité d'activité partielle :

1° Les employeurs et leurs salariés quand la réduction ou la suspension de l'activité est provoquée par un différend collectif de travail intéressant l'établissement dans lequel ces salariés sont employés. Toutefois, dans le cas d'une fermeture de l'entreprise ou d'un service décidée par l'employeur suite à une grève, le versement des allocations et des indemnités peut être autorisé par décision du ministre chargé de l'emploi, si la fermeture se prolonge plus de trois jours ;

2° En cas de réduction de l'horaire de travail habituellement pratiqué dans l'établissement, les salariés dont la durée du travail est fixée par forfait en heures ou en jours sur l'année, en application des articles *(Décr. n° 2016-1551 du 18 nov. 2016, art. 6-V, en vigueur le 1er janv. 2017)* « **L. 3121-56** et **L. 3121-58** ». Toutefois, ces salariés en bénéficient en cas de fermeture totale de l'établissement ou d'une partie de l'établissement dont ils relèvent.

Ces dispositions s'appliquent à toute nouvelle demande d'autorisation administrative préalable de placement en chômage partiel déposée à compter du 1er juill. 2013 (Décr. n° 2013-551 du 26 juin 2013, art. 22).

I. — Les demandes préalables reçues antérieurement au 11 mars 2012 sont régies par les dispositions en vigueur à la date de leur réception.

II. — L'allocation spécifique de chômage partiel, prévue à l'art. L. 5122-1 C. trav., due au titre des heures de chômage partiel effectuées est liquidée dans les conditions suivantes :

1° Les heures de chômage partiel décomptées à partir du 1er mars 2012 sont liquidées et versées sur la base du taux prévu par l'art. D. 5122-13 C. trav. dans sa rédaction issue du Décr. du 28 févr. 2012 ;

2° Les heures de chômage partiel décomptées avant le 1er mars 2012 sont liquidées et versées sur la base du taux prévu par l'art. D. 5122-13 C. trav. dans sa rédaction issue du Décr. du 29 janv. 2009 (Décr. n° 2012—341 du 9 mars 2012, art. 8).

L'allocation spécifique ne peut être refusée, sur le fondement de l'art. R. 351-51, 2° [R. 5122-8 nouv.], à des salariés d'une entreprise dont le chômage avait été provoqué par la grève d'une autre entreprise au motif que les deux entreprises constitueraient une unité économique et sociale. • CE 9 oct. 1992 : *D. 1994. Somm. 244, obs. Chelle et Prétot ; RJS 1993. 50, n° 63.*

Art. R. 5122-9 *(Décr. n° 2013-551 du 26 juin 2013)* I. — Une autorisation d'activité partielle peut être accordée pour une durée maximum de six mois. Elle peut être renouvelée dans les conditions fixées au II.

II. — Lorsque l'employeur a, préalablement à sa demande, déjà placé ses salariés en activité partielle au cours des trente-six mois précédant la date de dépôt de la demande d'autorisation, celle-ci mentionne les engagements souscrits par l'employeur.

Ces engagements peuvent notamment porter sur :

1° Le maintien dans l'emploi des salariés pendant une durée pouvant atteindre le double de la période d'autorisation ;

2° Des actions spécifiques de formation pour les salariés placés en activité partielle ;

3° Des actions en matière de gestion prévisionnelle des emplois et des compétences ;

4° Des actions visant à rétablir la situation économique de l'entreprise.

L'autorité administrative fixe ces engagements en tenant compte de la situation de l'entreprise, d'un éventuel accord collectif sur les conditions du recours à l'activité partielle ou, à défaut, des propositions figurant dans la demande d'autorisation ainsi que de la récurrence du recours à l'activité partielle dans l'établissement.

III. – Les engagements sont notifiés dans la décision d'autorisation.

IV. – L'autorité administrative s'assure du respect des engagements souscrits par l'employeur.

Ces dispositions s'appliquent à toute nouvelle demande d'autorisation administrative préalable de placement en chômage partiel déposée à compter du 1er juill. 2013 (Décr. n° 2013-551 du 26 juin 2013, art. 22).

Art. R. 5122-10 *(Décr. n° 2013-551 du 26 juin 2013)* **L'autorité administrative demande à l'employeur le remboursement des sommes perçues au titre de l'allocation d'activité partielle en cas de non-respect par l'entreprise, sans motif légitime, des engagements mentionnés dans la décision d'autorisation.**

Le remboursement peut ne pas être exigé s'il est incompatible avec la situation économique et financière de l'entreprise.

Ces dispositions s'appliquent à toute nouvelle demande d'autorisation administrative préalable de placement en chômage partiel déposée à compter du 1er juill. 2013 (Décr. n° 2013-551 du 26 juin 2013, art. 22).

Obligations de l'employeur. C'est à l'employeur qu'il appartient de transmettre la demande du salarié fondée sur les dispositions de l'art. R. 351-52 [R. 5122-10 nouv.] au service de la direction départementale du travail et de l'emploi. • Soc. 24 mars 1993 : *Dr. soc. 1993. 456* • 2 avr. 1997, n° 95-42.723 P.

Art. R. 5122-11 *(Décr. n° 2013-551 du 26 juin 2013)* **Les heures non travaillées au titre de l'activité partielle font l'objet du versement de l'allocation dans la limite de la durée légale ou, lorsqu'elle est inférieure, la durée collective du travail ou la durée stipulée au contrat sur la période considérée. Au-delà de la durée légale ou, lorsqu'elle est inférieure, la durée collective du travail ou la durée stipulée au contrat sur la période considérée, les heures non travaillées au titre de l'activité partielle sont considérées comme chômées mais n'ouvrent pas droit au versement par l'État à l'employeur de l'allocation d'activité partielle et au versement par l'employeur au salarié de l'indemnité prévues à l'article L. 5122-1.**

La totalité des heures chômées est prise en compte pour le calcul de l'acquisition des droits à congés payés. Elle est également prise en compte pour la répartition de la participation et de l'intéressement lorsque cette répartition est proportionnelle à la durée de présence du salarié. Lorsque cette répartition est proportionnelle au salaire, les salaires à prendre en compte sont ceux qu'aurait perçus le salarié s'il n'avait pas été placé en activité partielle.

Ces dispositions s'appliquent à toute nouvelle demande d'autorisation administrative préalable de placement en chômage partiel déposée à compter du 1er juill. 2013 (Décr. n° 2013-551 du 26 juin 2013, art. 22).

Les heures supplémentaires, soit les heures supérieures à la durée légale, ne donnent pas lieu à indemnisation au titre du chômage partiel. • Soc. 28 oct. 2008 : *D. 2008. AJ 2876 ; RJS 2009. 70, n° 61 ; JCP S 2009. 1041, obs. Verkindt.*

Art. R. 5122-12 *(Décr. n° 2013-551 du 26 juin 2013)* **Le taux horaire de l'allocation d'activité partielle est fixé par décret. Il est d'un montant supérieur pour les entreprises de moins de 250 salariés.**

Ces dispositions s'appliquent à toute nouvelle demande d'autorisation administrative préalable de placement en chômage partiel déposée à compter du 1er juill. 2013 (Décr. n° 2013-551 du 26 juin 2013, art. 22).

Art. D. 5122-13 *(Décr. n° 2009-110 du 29 janv. 2009)* **Le taux horaire de l'allocation** *(Décr. n° 2013-551 du 26 juin 2013)* **« d'activité partielle » est fixé à :**

1° *(Décr. n° 2013-551 du 26 juin 2013)* **« 7,74 € » pour les entreprises de un à deux cent cinquante salariés ;**

2° *(Décr. n° 2013-551 du 26 juin 2013)* **« 7,23 € » pour les entreprises de plus de deux cent cinquante salariés.**

(Décr. n° 2013-551 du 26 juin 2013) **« Si le salarié perçoit une rémunération déterminée en pourcentage du salaire interprofessionnel de croissance et qu'une convention collective ou qu'un accord de branche ou d'entreprise ne s'applique pas, le taux horaire de l'allocation d'activité partielle est plafonné à la rémunération horaire brute du salarié. »**

Les dispositions issues du Décr. n° 2013-551 du 26 juin 2013 s'appliquent à toute nouvelle demande d'autorisation administrative préalable de placement en chômage partiel déposée à compter du 1er juill. 2013 (Décr. préc., art. 22).

Art. R. 5122-14 *(Décr. n° 2013-551 du 26 juin 2013)* **L'allocation d'activité partielle est liquidée mensuellement par l'Agence de services et de paiement pour le compte de l'État et de l'organisme gestionnaire du régime d'assurance chômage.**

Les indemnités mentionnées au II de l'article L. 5122-1 sont versées aux salariés à la date normale de paie par l'employeur.

Ces dispositions s'appliquent à toute nouvelle demande d'autorisation administrative préalable de placement en chômage partiel déposée à compter du 1er juill. 2013 (Décr. n° 2013-551 du 26 juin 2013, art. 22).

Art. R. 5122-15 *Abrogé par Décr. n° 2012-341 du 9 mars 2012.*

Art. R. 5122-16 En cas de procédure de sauvegarde ou de redressement ou de liquidation judiciaire, ou de difficultés financières de l'employeur, le préfet, ou sur délégation le *(Décr. n° 2009-1377 du 10 nov. 2009)* **« directeur régional des entreprises, de la concurrence, de la consommation, du travail et de l'emploi », peut faire procéder au paiement direct** *(Décr. n° 2013-551 du 26 juin 2013)* **« par l'Agence de services et, de** *[et de]* **paiement » de l'allocation** *(Décr. n° 2013-551 du 26 juin 2013)* **« d'activité partielle » aux salariés.**

La procédure de paiement direct *(Décr. n° 2013-551 du 26 juin 2013)* **« par l'Agence de services et de paiement » de l'allocation aux salariés peut également être employée pour assurer, sous le contrôle des services de l'emploi, l'indemnisation des travailleurs à domicile habituellement employés par plusieurs employeurs.** – *[Anc. art. R. 351-54, al. 6.]*

Les dispositions issues du Décr. n° 2013-551 du 26 juin 2013 s'appliquent à toute nouvelle demande d'autorisation administrative préalable de placement en chômage partiel déposée à compter du 1er juill. 2013 (Décr. préc., art. 22).

Art. R. 5122-17 A l'occasion du paiement de l'allocation *(Décr. n° 2013-551 du 26 juin 2013)* **« d'activité partielle », un document indiquant le nombre des heures indemnisées, les taux appliqués et les sommes versées au titre de la période considérée est remis au salarié par l'employeur ou, en cas de paiement direct, par** *(Décr. n° 2013-551 du 26 juin 2013)* **« l'agence** *[l'Agence]* **de services et de » paiement.** – *[Anc. art. R. 351-54, al. 7.]*

Les dispositions issues du Décr. n° 2013-551 du 26 juin 2013 s'appliquent à toute nouvelle demande d'autorisation administrative préalable de placement en chômage partiel déposée à compter du 1er juill. 2013 (Décr. préc., art. 22).

Art. R. 5122-18 *(Décr. n° 2013-551 du 26 juin 2013)* **Le salarié placé en activité partielle reçoit une indemnité horaire, versée par son employeur, correspondant à 70 % de sa rémunération brute servant d'assiette de l'indemnité de congés payés telle que prévue au II de l'article** *(Décr. n° 2016-1551 du 18 nov. 2016, art. 6-V, en vigueur le 1er janv. 2017)* **« L. 3141-24 » ramenée à un montant horaire sur la base de la durée légale du travail applicable dans l'entreprise ou, lorsqu'elle est inférieure, la durée collective du travail ou la durée stipulée au contrat de travail.**

Pendant les actions de formation mentionnées à l'article L. 5122-2 mises en œuvre pendant les heures chômées, cette indemnité horaire est portée à 100 % de la rémunération nette antérieure du salarié.

Pour les salariés en contrat d'apprentissage ou de professionnalisation, l'allocation mentionnée à l'article L. 5122-1 ne peut être supérieure au montant de l'indemnité horaire due par l'employeur.

Ces dispositions s'appliquent à toute nouvelle demande d'autorisation administrative préalable de placement en chômage partiel déposée à compter du 1er juill. 2013 (Décr. n° 2013-551 du 26 juin 2013, art. 22).

Art. R. 5122-19 *(Décr. n° 2013-551 du 26 juin 2013)* **Le nombre d'heures pouvant justifier de l'attribution de l'allocation d'activité partielle correspond à la différence entre la durée légale du travail sur la période considérée ou, lorsqu'elle est inférieure, la durée collective du travail ou la durée stipulée au contrat, et le nombre d'heures travaillées sur ladite période.**

Lorsque la durée du travail du salarié est fixée par forfait en heures ou en jours sur l'année, en application des articles *(Décr. n° 2016-1551 du 18 nov. 2016, art. 6-V, en vigueur le 1er janv. 2017)* **« L. 3121-56 et L. 3121-58 », est prise en compte la durée légale correspondant aux jours de fermeture de l'établissement.**

Lorsque le salarié est employé dans le cadre d'un régime d'équivalence tel que prévu *(Décr. n° 2016-1551 du 18 nov. 2016, art. 6-V, en vigueur le 1er janv. 2017)* **« aux articles L. 3121-13 à L. 3121-15 », est déduit de la durée légale mentionnée au premier alinéa le nombre d'heures rémunérées sur la période considérée.**

Pour l'application du présent article, la durée légale du travail et la durée stipulée au contrat sont définies sur la période considérée en tenant compte du nombre de mois entiers, du nombre de semaines entières et du nombre de jours ouvrés.

Art. R. 5122-20 *(Décr. n° 2014-740 du 30 juin 2014, art. 4)* **L'Agence de services et de paiement est autorisée à mettre en œuvre un traitement automatisé des données à caractère personnel contenues dans les demandes préalables d'autorisation de placement en position d'activité partielle et les demandes d'indemnisation en application des articles R. 5122-2 et R. 5122-5.**

Le traitement automatisé a pour finalité :

1° La gestion, le contrôle et le suivi des demandes préalables d'autorisation de placement en position d'activité partielle de salariés et des demandes d'indemnisation ;

2° Le calcul et le paiement de l'allocation d'activité partielle versée à l'établissement ou au salarié en cas de paiement direct selon les modalités prévues à l'article R. 5122-16 ;

3° L'élaboration de données statistiques et financières anonymisées.

Pour l'application de ces dispositions, un arrêté du ministre chargé du budget et du ministre chargé de l'emploi précise la répartition des rôles respectifs entre les services de l'État et l'Agence de services et de paiement pour le processus de gestion dématérialisée du dispositif d'activité partielle (Décr. n° 2014-740 du 30 juin 2014, art. 5).

Art. R. 5122-21 *(Décr. n° 2014-740 du 30 juin 2014, art. 4)* **Les catégories de données à caractère personnel enregistrées sont les suivantes :**

1° En cas de paiement de l'allocation de l'activité partielle à l'établissement :

***a)* Les identifiants de connexion ;**

***b)* Le nom d'usage et le prénom des salariés ;**

***c)* Le numéro d'inscription au répertoire national d'identification des personnes physiques ;**

***d)* La catégorie socioprofessionnelle ;**

***e)* Les coordonnées bancaires de l'établissement ;**

***f)* Le mode d'aménagement du temps de travail de chaque salarié, le nombre d'heures chômées et celles ouvrant droit à indemnisation sur la période considérée, dans les conditions prévues à l'article R. 5122-11 ;**

2° En cas de paiement direct aux salariés de l'allocation d'activité partielle dans le cadre des articles R. 5122-16 et R. 5122-17 :

***a)* Les identifiants de connexion ;**

***b)* Les nom d'usage, nom de famille, prénom, civilité, date de naissance, commune de naissance, code INSEE de la commune de naissance des salariés ;**

***c)* Le numéro d'inscription au répertoire national d'identification des personnes physiques ;**

***d)* L'adresse des salariés, le code postal et la commune ;**

***e)* Les coordonnées bancaires des salariés ;**

f) Le mode d'aménagement du temps de travail de chaque salarié, le nombre d'heures chômées et celles ouvrant droit à indemnisation sur la période considérée, dans les conditions prévues à l'article R. 5122-11.

V. note ss art. R. 5122-20.

Art. R. 5122-22 *(Décr. nº 2014-740 du 30 juin 2014, art. 4)* A l'exception du numéro d'inscription au répertoire national d'identification des personnes physiques, sont destinataires des données du traitement pour les nécessités liées aux seules finalités mentionnées aux 1°, 2° et 3° de l'article R. 5122-20, les agents des administrations et organismes mentionnés ci-après, désignés et habilités par l'autorité responsable de ces administrations et organismes :

1° La délégation générale à l'emploi et à la formation professionnelle ;

2° L'organisme gestionnaire du régime d'assurance chômage ;

3° Les services déconcentrés du ministère chargé de l'emploi.

V. note ss art. R. 5122-20.

Art. R. 5122-23 *(Décr. nº 2014-740 du 30 juin 2014, art. 4)* Les agents des services statistiques du ministère chargé de l'emploi désignés et habilités par l'autorité responsable de ces services sont destinataires des données, à l'exception du nom de famille et, le cas échéant, du nom d'usage, ainsi que du numéro d'inscription au répertoire national d'identification des personnes physiques, pour les nécessités liées à la seule finalité mentionnée au 3° de l'article R. 5122-20.

V. note ss art. R. 5122-20.

Art. R. 5122-24 *(Décr. nº 2014-740 du 30 juin 2014, art. 4)* Les données à caractère personnel ne peuvent être conservées au-delà de cinq ans. Toutefois, en cas de contentieux relatif à une demande d'indemnisation, les données correspondantes sont conservées jusqu'au règlement définitif de l'affaire.

L'enregistrement, l'utilisation, la conservation et la transmission de ces données sont réalisés selon des modalités propres à garantir leur confidentialité.

V. note ss art. R. 5122-20.

Art. R. 5122-25 *(Décr. nº 2014-740 du 30 juin 2014, art. 4)* Les droits d'accès et de rectification prévus aux articles 39 et 40 de la loi nº 78-17 du 6 janvier 1978 relative à l'informatique, aux fichiers et aux libertés s'exercent auprès de l'Agence de services et de paiement.

V. note ss art. R. 5122-20.

Art. R. 5122-26 *(Décr. nº 2014-740 du 30 juin 2014, art. 4)* I. — La demande d'autorisation mentionnée à l'article R. 5122-2 adressée par voie dématérialisée est établie sur un site accessible en ligne, par l'intermédiaire du réseau internet, offrant les fonctionnalités nécessaires à la dématérialisation des échanges d'information entre l'employeur et le préfet de manière sécurisée et confidentielle.

Les conditions générales d'utilisation de ce site précisent notamment les règles relatives à l'identification de l'auteur de la demande d'autorisation, à l'intégrité, à la lisibilité et à la fiabilité de la transmission, à sa date et à son heure, à l'assurance de sa réception ainsi qu'à sa conservation.

Pour adhérer à ces conditions générales d'utilisation, l'employeur fournit les informations nécessaires à son identification ainsi que le nom de la personne physique, dûment habilitée, chargée de procéder à la demande d'autorisation et une adresse électronique, afin que puissent lui être communiquées les informations permettant d'authentifier l'auteur de la demande d'autorisation.

L'adhésion par l'employeur donne lieu à la délivrance d'un récépissé électronique établi dans des conditions de nature à permettre sa conservation garantissant son intégrité sur la durée.

Cette adhésion lui ouvre l'accès au dépôt de sa demande dématérialisée d'activité partielle.

II. — La demande d'autorisation, qui comporte notamment les coordonnées bancaires du compte sur lequel sera payée l'allocation mentionnée à l'article L. 5122-1, donne lieu à la délivrance d'un récépissé électronique de dépôt établi dans des conditions de nature à permettre sa conservation garantissant son intégrité sur la durée. Ce récépissé récapitule notamment les informations relatives à l'identification de l'auteur de la demande, la date et l'heure de la réception de celle-ci et le délai au terme duquel l'absence de décision vaut acceptation implicite de la demande d'autorisation.

La transmission de ce récépissé est assurée de manière sécurisée.

V. note ss art. R. 5122-20.

CHAPITRE III **AIDES AUX ACTIONS DE RECLASSEMENT ET DE RECONVERSION PROFESSIONNELLE**

SECTION PREMIÈRE **DISPOSITIONS GÉNÉRALES**

Art. R. 5123-1 Le ministre chargé de l'emploi engage les actions de reclassement, de placement et de reconversion professionnelle prévues à l'article L. 5123-1 et peut accorder les aides individuelles au reclassement mentionnées aux articles L. 5123-2 et L. 5123-3 après avis du *(Décr. n° 2014-965 du 22 août 2014, art. 3)* « Conseil national de l'emploi, de la formation et de l'orientation professionnelles ». — *[Anc. art. L. 322-4, al. 1er partiel.]*

Art. R. 5123-2 Pour l'application du 4° de l'article R. 5111-2, le congé de conversion accordé aux salariés doit être d'une durée au moins égale à quatre mois et leur garantir une allocation de conversion au moins égale à 65 % de la rémunération brute moyenne des douze mois précédant l'entrée en congé, et à 85 % du salaire minimum de croissance.

Les conventions de congé de conversion sont conformes à une convention type fixée par arrêté conjoint des ministres chargés de l'économie et de l'emploi. — *[Anc. art. R. 322-1, al. 6 fin et 7.]*

SECTION II **CONVENTION DE COOPÉRATION POUR LA MISE EN ŒUVRE DES CELLULES DE RECLASSEMENT**

Art. R. 5123-3 Pour l'application du 5° de l'article R. 5111-2, la convention de coopération détermine la nature des actions de reclassement, leur champ d'application et le montant de la participation de l'État au financement des cellules chargées de les mettre en œuvre.

Le taux maximal de cette participation et la durée maximale pendant laquelle les intéressés peuvent bénéficier de ces actions sont fixés par arrêté conjoint des ministres chargés de l'emploi et de l'économie. — *[Anc. art. R. 322-1, al. 9 fin et 10.]*

Lorsque la convention visée à l'art. R. 5123-3 C. trav. a pour objectif de mettre en place un accompagnement collectif renforcé afin de favoriser le retour à l'emploi de salariés licenciés pour motif économique dans des entreprises en redressement ou liquidation judiciaire, l'État peut, sur décision du ministre en charge de l'emploi, participer financièrement au coût de la prestation dans la limite de 4 000 € (TTC) par salarié. La contribution de l'État tient compte de la capacité contributive de l'entreprise.

En cas de manquement du cocontractant de l'État à ses obligations figurant à la convention, les dispositions de celle-ci pourront être suspendues ou révisées et les sommes indûment perçues feront l'objet d'un reversement (Arr. du 22 janv. 2014, JO 29 janv.).

Art. D. 5123-4 Les maisons de l'emploi mentionnées à l'article L. 5313-1 peuvent, pour la mise en œuvre de cellules de reclassement interentreprises, conclure avec l'État une convention de coopération portant sur les actions prévues au 5° de l'article R. 5111-2. — *[Anc. art. D. 322-7-1.]*

SECTION III **CONVENTION DE FORMATION**

Art. R. 5123-5 Les conventions prévoyant des mesures temporaires de formation professionnelle mentionnées au 1° de l'article R. 5111-2 sont conclues pour une durée limitée en vue d'organiser :

1° Des actions de conversion ;

2° Des actions d'adaptation ;

3° Des actions de prévention. — *[Anc. art. R. 322-2.]*

Art. R. 5123-6 Ces conventions peuvent prévoir :

1° Soit l'organisation de sections temporaires homogènes de formation ;

2° Soit l'accomplissement du stage aux postes mêmes de travail, sous la direction de moniteurs. – *[Anc. art. R. 322-3.]*

Art. R. 5123-7 Les conventions de formation déterminent notamment :

1° L'objet, la nature et la durée de la formation dispensée ainsi que le nombre prévu de stagiaires ;

2° Les conditions de création et de fonctionnement des stages ;

3° Le contrôle technique permettant notamment de fixer le temps de formation servant de base à la participation de l'État aux dépenses de fonctionnement ;

4° Les conditions de prise en charge des frais de formation pédagogique des moniteurs et de leur rémunération ;

5° La participation de l'État aux dépenses de matières d'œuvre et d'amortissement des machines, et éventuellement, pour les sections homogènes de formation, sa participation à l'équipement en matériel et à l'aménagement des locaux ;

6° La partie de la rémunération et des charges sociales des stagiaires pris en charge par l'État dans le cas des stages d'adaptation ou de prévention, conformément aux dispositions des articles L. 6341-2, L. 6341-9 et R. 6341-10. – *[Anc. art. R. 322-4.]*

Art. R. 5123-8 Le salarié qui suit une action de conversion ayant fait l'objet d'une convention est rémunéré dans les conditions fixées par l'article L. 6341-4. – *[Anc. art. R. 322-5.]*

SECTION IV **CONVENTION D'ALLOCATION TEMPORAIRE DÉGRESSIVE**

Art. R. 5123-9 Les conventions mentionnées au 2° de l'article R. 5111-2 peuvent prévoir le versement d'une allocation temporaire dégressive aux salariés ayant fait l'objet d'un licenciement économique et reclassés dans un emploi comportant une rémunération inférieure à celle qu'ils recevaient au titre de leur emploi antérieur. – *[Anc. art. R. 322-6, al. 1er.]*

L'allocation temporaire dégressive ne saurait bénéficier à une personne ayant la qualité de mandataire social. • CE 3 mars 1997 : ⚖ *RJS 1997. 383, n° 588.*

Art. R. 5123-10 Les conventions d'allocation temporaire dégressive garantissent à leurs bénéficiaires, pour une période qui ne peut excéder deux ans, le versement d'une allocation évaluée au moment de l'embauche et calculée forfaitairement en prenant en compte l'écart existant entre le salaire net moyen perçu au cours des douze derniers mois au titre du dernier emploi, à l'exclusion de la rémunération des heures supplémentaires et des primes et indemnités n'ayant pas le caractère d'un complément de salaire, et le salaire net de l'emploi de reclassement. – *[Anc. art. R. 322-6, al. 2.]*

Art. R. 5123-11 La participation de l'État ne peut excéder 75 % du montant de l'allocation, ni dépasser un montant maximum par salarié fixé par arrêté conjoint des ministres chargés de l'emploi et du budget. – *[Anc. art. R. 322-6, al. 3.]*

SECTION V **CONVENTION D'ALLOCATION SPÉCIALE POUR LES TRAVAILLEURS ÂGÉS**

Art. R. 5123-12 La convention mentionnée au 2° de l'article L. 5123-2 peut prévoir l'attribution d'une allocation spéciale pour les travailleurs âgés faisant l'objet d'un licenciement pour motif économique qui, selon des modalités fixées par chaque convention, ont été déclarés non susceptibles d'un reclassement. – *[Anc. art. R. 322-7-I, al. 1er.]*

V. Arr. du 20 avr. 1999 (JO 24 avr.) fixant les conditions d'adhésion et les droits des bénéficiaires des conventions de préretraite progressive, mod. par Arr. du 18 déc. 2003 (JO 23 janv. 2004).

V. Arr. du 29 août 2001 (JO 4 sept.) fixant les conditions d'adhésion et les droits des bénéficiaires des conventions d'allocations spéciales du Fonds national de l'emploi, mod. par Arr. du 9 mars 2005 (JO 31 mars).

V. Circ. CDE n° 93-12 du 26 mars 1993 relative aux conventions de préretraite progressive du FNE (BOMT n° 93/10, texte n° 417) ; Circ. CDE n° 93-58 du 30 déc. 1993 relative aux conven-

tions d'allocations spéciales du FNE (BOMT n° 94/5, p. 132) ; Instr. CDGEFP n° 97-14 du 28 mai 1997 relative à la préretraite progressive (BOMT n° 97/14, p. 71).

Pour le calcul du salaire de référence, doivent être prises en compte les primes de sujétion individuelles présentant un caractère habituel. • CE 14 oct. 1996 : ☎ *RJS 1997. 55, n° 80.*

Art. R. 5123-13 La convention détermine le montant de la contribution financière due par l'entreprise signataire. – *[Anc. art. R. 322-7-I, al. 2.]*

Art. R. 5123-14 Le salaire de référence servant de base à la détermination de l'allocation spéciale est fixé d'après les rémunérations sur lesquelles ont été assises les contributions au régime d'assurance chômage au titre des douze derniers mois civils précédant le dernier jour de travail payé à l'intéressé, dans la limite du double du plafond prévu à l'article L. 241-3 du code de la sécurité sociale. Il est calculé selon les règles définies dans le cadre du régime d'assurance chômage prévu au chapitre II du titre II du livre IV de la partie V du présent code. – *[Anc. art. R. 322-7-I, al. 3.]*

Art. R. 5123-15 Le montant total de l'allocation spéciale est égal à 65 % du salaire journalier de référence dans la limite du plafond prévu à l'article L. 241-3 du code de la sécurité sociale, auxquels s'ajoutent 50 % du salaire de référence pour la part de ce salaire comprise entre une et deux fois ce même plafond. – *[Anc. art. R. 322-7-I, al. 4.]*

Art. R. 5123-16 Le montant de l'allocation spéciale ne peut être inférieur au montant minimum de l'allocation d'assurance chômage prévue à l'article L. 5422-3.

Le montant de l'allocation journalière garantie ne peut excéder 85 % du salaire de référence. – *[Anc. art. R. 322-7-I, al. 5.]*

Art. R. 5123-17 L'allocation spéciale est attribuée au plus tard jusqu'à *(Décr. n° 2011-620 du 31 mai 2011)* « l'âge prévu au 1° de l'article L. 351-8 du code de la sécurité sociale ». Les conditions dans lesquelles elle peut être éventuellement cumulée avec une pension de retraite et les modalités de ce cumul sont déterminées par décret. – *[Anc. art. R. 322-7-III, al. 1er.]*

Art. R. 5123-18 Le versement de l'allocation spéciale est suspendu en cas de reprise d'une activité professionnelle. – *[Anc. art. R. 322-7-III, al. 2, phrase 1.]*

Art. R. 5123-19 Cependant, à titre exceptionnel et pour certaines tâches d'intérêt général accomplies pour le compte d'organismes privés à but non lucratif ou de collectivités publiques ayant à cet effet conclu une convention avec le préfet, le versement de l'allocation spéciale peut être maintenu en tenant compte des rémunérations éventuellement perçues par l'intéressé. – *[Anc. art. R. 322-7-III, al. 3, phrase 1.]*

Art. R. 5123-20 Le salaire de référence et le montant minimum de l'allocation sont revalorisés dans des conditions et suivant des modalités définies par décret. – *[Anc. art. R. 322-7-IV.]*

Art. R. 5123-21 Un arrêté conjoint des ministres chargés de l'emploi et du budget précise notamment les conditions d'adhésion des salariés aux conventions, les modalités de calcul du salaire de référence et les modalités de détermination de la contribution financière des entreprises. – *[Anc. art. R. 322-7-V.]*

SECTION VI **CONVENTION D'ALLOCATION POUR CESSATION ANTICIPÉE D'ACTIVITÉ**

SOUS-SECTION 1 **CONVENTION**

Art. R. 5123-22 L'État peut prendre partiellement en charge le revenu de remplacement versé aux salariés bénéficiant d'avantages de préretraite, en application d'un accord professionnel national ouvrant droit à une exonération des cotisations de sécurité sociale dans les conditions prévues aux articles L. 5123-6 et L. 5422-10 et d'un accord d'entreprise dans les conditions définies ci-après, lorsque les salariés connaissent des difficultés d'adaptation à l'évolution de leur emploi liées à des conditions spécifiques d'exercice de leur activité. – *[Anc. art. R. 322-7-2-I, al. 1er.]*

Art. R. 5123-23 La prise en charge partielle par l'État du revenu de remplacement dans le cadre d'une convention d'allocation pour cessation anticipée d'activité ne peut être accordée que si l'accord professionnel national a déterminé :

1° Son champ d'application ;

2° Les conditions d'ouverture pour les salariés du droit à la cessation d'activité ;

3° Les conditions d'âge pour en bénéficier ;

4° Le montant de l'allocation servie au bénéficiaire ainsi que les modalités de son versement ;

5° Les conditions de reprise d'activité dans l'entreprise par les salariés intéressés ;

6° La période pendant laquelle les salariés peuvent adhérer aux mesures de cessation d'activité, l'État ne pouvant s'engager que si la durée de cette période n'excède pas cinq ans. – *[Anc. art. R. 322-7-2-I, al. 2.]*

Art. R. 5123-24 La prise en charge de l'allocation par l'État ne peut intervenir que si l'entreprise a prévu par convention ou accord collectif de travail des dispositions relatives à la gestion prévisionnelle de l'emploi, au développement des compétences de ses salariés et à leur adaptation à l'évolution de leur emploi. La convention ou l'accord collectif de travail détermine également le nombre maximum de bénéficiaires de l'allocation pour la période d'adhésion définie par l'accord professionnel. – *[Anc. art. R. 322-7-2-II.]*

Art. R. 5123-25 L'employeur consulte, avant la conclusion d'une convention de cessation d'activité, le comité d'entreprise ou, à défaut, les délégués du personnel. Il s'engage également à leur présenter annuellement un bilan de l'application de la convention relative à la cessation d'activité. – *[Anc. art. R. 322-7-2-III.]*

Art. R. 5123-26 Une convention conclue entre l'État, l'entreprise et, l'organisme gestionnaire désigné par l'accord professionnel pour effectuer, au nom de l'entreprise, le versement de l'allocation aux bénéficiaires de la cessation d'activité indique le nombre maximum de salariés susceptibles d'être placés en cessation d'activité pendant la période prévue au 6° de l'article R. 5123-23. – *[Anc. art. R. 322-7-2-VI, al. 1er.]*

Art. R. 5123-27 La convention prévoit que, chaque année, l'entreprise fait connaître par une déclaration à l'autorité signataire de la convention le nombre de salariés répartis par âge qui sont susceptibles d'adhérer au dispositif pendant l'année suivant celle au cours de laquelle cette déclaration est établie. Cette déclaration n'est pas susceptible de modification.

Le revenu de remplacement versé au salarié ne peut faire l'objet d'une prise en charge partielle par l'État si l'adhésion de l'intéressé n'est pas prévue dans la déclaration visée au premier alinéa.

La convention prévoit également que l'entreprise transmet annuellement à l'autorité signataire de la convention un état de la réalisation des engagements qu'elle a souscrits dans l'accord d'entreprise ainsi qu'un bilan précisant le nombre de bénéficiaires ayant effectivement opté pour le dispositif.

La convention stipule que, pendant la période prévue au 6° de l'article R. 5123-23, l'entreprise s'engage à ne solliciter aucune convention tendant à l'attribution de l'allocation spéciale pour les travailleurs âgés prévue à l'article R. 5123-12. – *[Anc. art. R. 322-7-2-VI, al. 2 à 5.]*

Art. R. 5123-28 Aucune convention au titre de la cessation d'activité ne peut être conclue avec une entreprise ayant déjà conclu une convention en vue de l'attribution de l'allocation spéciale pour les travailleurs âgés, durant la période pendant laquelle les salariés peuvent adhérer à cette dernière convention. – *[Anc. art. R. 322-7-2-VI, al. 6.]*

SOUS-SECTION 2 **CONDITIONS D'ATTRIBUTION RELATIVES AU SALARIÉ**

Art. R. 5123-29 Pour bénéficier de la prise en charge partielle de l'allocation pour cessation anticipée d'activité par l'État, le salarié remplit les conditions suivantes :

1° Le salarié a adhéré personnellement au dispositif de cessation d'activité ;

2° Son contrat de travail est suspendu pendant la durée du versement effectif de l'allocation ;

3° Il est âgé d'au moins cinquante-sept ans ;

4° Il a adhéré au dispositif, au plus tôt, à cinquante-cinq ans et, au plus tard, avant son soixante-cinquième anniversaire ;

5° Il a été salarié de l'entreprise de manière continue pendant un an au moins avant son adhésion au dispositif ;

6° Il a :

a) Soit accompli quinze ans de travail à la chaîne au sens du *c* de l'article 70-3 du décret du 29 décembre 1945 dans sa rédaction issue du décret n° 76-404 du 10 mai 1976 ou de travail en équipes successives, soit avoir travaillé habituellement deux cents nuits ou plus par an pendant quinze ans ;

b) Soit, s'il est travailleur handicapé au sens de l'article L. 5212-13 à la date d'entrée en vigueur de l'accord professionnel mentionné à l'article R. 5123-22, justifié d'au moins quarante trimestres valables pour la retraite au sens des articles R. 351-3, R. 351-4, R. 351-12 et R. 351-15 du code de la sécurité sociale, dans un ou plusieurs régimes de sécurité sociale de salariés ;

7° Il n'a pas réuni les conditions nécessaires à la validation d'une retraite à taux plein au sens *(Décr. n° 2008-1555 du 31 déc. 2008)* « de l'article R. 351-27 » du code de la sécurité sociale ;

8° Il n'exerce aucune autre activité professionnelle ;

9° Il ne bénéficie ni d'un avantage vieillesse à caractère viager acquis à titre personnel liquidé après l'entrée dans le dispositif, ni d'une indemnisation versée en application des articles L. 5421-2, R. 5123-12 ou de la loi n° 96-126 du 21 février 1996 portant création d'un fonds paritaire en faveur de l'emploi.

Un arrêté du ministre chargé de l'emploi détermine les modalités selon lesquelles il est vérifié que le salarié remplit les conditions ci-dessus. – *[Anc. art. R. 322-7-2-IV.]*

SOUS-SECTION 3 **CALCUL ET PAIEMENT DE L'ALLOCATION**

Art. R. 5123-30 Pendant la durée de la suspension du contrat de travail du salarié, l'entreprise lui assure le versement d'une allocation pour cessation anticipée d'activité dont le montant minimum est déterminé par l'accord professionnel. – *[Anc. art. R. 322-7-2-V, al. 1er.]*

Art. R. 5123-31 Le versement de l'allocation est interrompu en cas de reprise d'une activité professionnelle par le salarié.

L'allocation cesse d'être versée lorsque, à partir de *(Décr. n° 2011-620 du 31 mai 2011)* « l'âge prévu à l'article L. 161-17-2 du code de la sécurité sociale », les bénéficiaires remplissent les conditions nécessaires à la validation d'une retraite à taux plein au sens *(Décr. n° 2008-1555 du 31 déc. 2008)* « de l'article R. 351-27 » du code de la sécurité sociale. – *[Anc. art. R. 322-7-2-V, al. 2 et 3.]*

Art. R. 5123-32 L'État participe au financement de l'allocation versée aux bénéficiaires dans les conditions suivantes :

1° La participation de l'État n'est due qu'après l'expiration d'un délai courant à compter de la date de suspension du contrat de travail et comprenant un nombre de jours correspondant aux indemnités compensatrices de congés payés versées par l'employeur ;

2° L'assiette prise en compte pour la détermination de la participation financière de l'État est égale à l'allocation définie par l'accord professionnel national, dans la limite de 65 % du salaire de référence pour la part du salaire n'excédant pas le plafond prévu à l'article L. 241-3 du code de la sécurité sociale auxquels s'ajoutent 50 % du salaire de référence pour la part de ce salaire comprise entre une et deux fois ce même plafond ;

3° Le montant de la participation de l'État au financement de l'allocation est égal à une proportion, fixée par arrêté conjoint des ministres chargés de l'emploi et des finances, de l'assiette définie au 2° ci-dessus. Cette proportion croît dans les conditions précisées par cet arrêté en fonction de l'âge auquel le salarié a bénéficié de la cessation d'activité. – *[Anc. art. R. 322-7-2-VII, al. 1er à 3 et 6.]*

Art. R. 5123-33 Le salaire de référence est déterminé d'après les rémunérations sur lesquelles ont été assises les contributions au régime d'assurance chômage au titre des douze derniers mois civils précédant l'adhésion au dispositif de cessation d'activité.

Il est calculé selon les règles définies dans le cadre du régime d'assurance chômage prévu au chapitre II du titre II du livre IV. Il est revalorisé selon les règles définies aux deuxième et troisième alinéas de l'article L. 161-23-1 du code de la sécurité sociale. La première revalorisation ne peut intervenir que dès lors que les rémunérations qui composent le salaire de référence sont intégralement afférentes à des périodes de plus de six mois à la date de revalorisation.

Le salaire de référence pour les salariés bénéficiant d'une préretraite progressive est celui qui a servi de base au versement des allocations de préretraite progressive, revalorisé le cas échéant dans les conditions prévues aux articles 1er et 2 du décret n° 98-1024 du 12 novembre 1998 portant application de l'article R. 322-7 du code du travail. – *[Anc. art. R. 322-7-2-VII, al. 4 et 5.]*

Art. R. 5123-34 L'État rembourse l'entreprise en versant à l'organisme gestionnaire désigné par l'accord professionnel la participation financière qui est à sa charge.

Ce remboursement s'effectue trimestriellement à terme échu. – *[Anc. art. R. 322-7-2-VIII.]*

SOUS-SECTION 4 SUSPENSION OU DÉNONCIATION DE LA CONVENTION

Art. R. 5123-35 La convention de cessation d'activité peut être totalement ou partiellement suspendue en cas de non-respect par l'entreprise des dispositions des accords professionnel ou d'entreprise ou des dispositions de la convention. – *[Anc. art. R. 322-7-2-IX, al. 1er début.]*

Art. R. 5123-36 La convention peut être dénoncée en cas de dénonciation des accords professionnel ou d'entreprise. – *[Anc. art. R. 322-7-2-IX, al. 1er fin.]*

Art. R. 5123-37 La suspension de la convention entraîne la suspension du versement de la participation financière de l'État à compter du premier jour du mois suivant celui au cours duquel le manquement a été constaté. Elle n'a pas pour effet de prolonger la durée de la convention.

Toutefois, l'autorité signataire de la convention peut, après appréciation de la gravité des manquements de l'entreprise, de sa situation et des nouveaux engagements pris par l'employeur, conclure un avenant à la convention prévoyant le maintien d'une partie de la participation financière de l'État. – *[Anc. art. R. 322-7-2-IX, al. 2 et 3.]*

Art. R. 5123-38 La dénonciation de la convention entraîne la cessation définitive du versement de la participation financière de l'État, à compter du premier jour du mois suivant celui au cours duquel l'accord cesse de produire effet. – *[Anc. art. R. 322-7-2-IX, al. 4.]*

Art. R. 5123-39 L'accord professionnel national et l'accord d'entreprise ne peuvent délier l'entreprise des engagements pris à l'égard des salariés et notamment du versement de l'allocation lorsque la participation financière de l'État est suspendue ou interrompue en application des dispositions de la présente sous-section. – *[Anc. art. R. 322-7-2-IX, al. 6.]*

SECTION VII CONVENTION D'AIDE AU PASSAGE À TEMPS PARTIEL

Art. R. 5123-40 L'allocation complémentaire mentionnée au 4° de l'article L. 5123-2 est accordée aux salariés acceptant la transformation de leur emploi à temps plein en emploi dont la durée de travail est inférieure d'au moins un cinquième à la durée légale du travail afin d'éviter des licenciements pour motif économique. – *[Anc. art. R. 322-7-1, al. 1er.]*

Art. R. 5123-41 Cette allocation dégressive est versée pendant une durée maximale de deux ans. Son montant, sa durée et les règles de détermination de la participation respective de l'État et de l'employeur à son financement, ainsi que les conditions d'adhésion et les garanties complémentaires dont bénéficient les salariés intéressés, notamment en cas de licenciement, pendant la période de versement ou à son issue, sont fixés par arrêté conjoint des ministres chargés de l'emploi et du budget. – *[Anc. art. R. 322-7-1, al. 2.]*

CHAPITRE IV DISPOSITIONS PÉNALES

Le présent chapitre ne comprend pas de dispositions réglementaires.

TITRE TROISIÈME AIDES À L'INSERTION, À L'ACCÈS ET AU RETOUR À L'EMPLOI

CHAPITRE PREMIER ACCOMPAGNEMENT PERSONNALISÉ POUR L'ACCÈS À L'EMPLOI

SECTION PREMIÈRE OBJET ET CONVENTIONS

Art. R. 5131-1 Les personnes mentionnées à l'article L. 5131-1 sont, notamment :

1° Les jeunes de dix-huit à vingt-cinq ans révolus rencontrant des difficultés particulières d'accès à l'emploi ;

2° Les chômeurs de longue durée ;

3° Les chômeurs âgés de plus de cinquante ans ;

4° Les bénéficiaires du revenu minimum d'insertion ;

5° Les personnes handicapées. – *[Anc. art. L. 322-4-17, al. 1er milieu.]*

Art. R. 5131-2 Les conventions mentionnées au second alinéa de l'article L. 5131-1 peuvent prévoir des aides de l'État.

Les modalités de ces conventions et, notamment, le montant des aides sont fixées *[fixés]* par décret. – *[Anc. art. L. 322-4-17, al. 2.]*

SECTION II PLAN LOCAL PLURIANNUEL POUR L'INSERTION ET L'EMPLOI

Art. R. 5131-3 L'État apporte son concours, pour une durée maximale de cinq ans, à la mise en œuvre des plans locaux pluriannuels pour l'insertion et l'emploi, dans le cadre d'accords conclus avec les collectivités intéressées et les agences d'insertion mentionnées à l'article L. 522-1 du code de l'action sociale et des familles. – *[Anc. art. L. 322-4-16-6, phrase 3.]*

SECTION III DROIT À L'ACCOMPAGNEMENT DES JEUNES VERS L'EMPLOI ET L'AUTONOMIE

(Décr. n° 2016-1855 du 23 déc. 2016, en vigueur le 1er janv. 2017)

SOUS-SECTION 1 DROIT À L'ACCOMPAGNEMENT

Art. R. 5131-4 L'État établit, en concertation avec la région, des orientations stratégiques relatives à la mise en œuvre du droit à l'accompagnement des jeunes confrontés à un risque d'exclusion professionnelle mentionné à l'article L. 5131-3. Il associe à ces travaux les départements, les communes et leurs groupements.

Ces orientations s'inscrivent dans le cadre du schéma prévisionnel de développement du service public régional de l'orientation mentionné au 5° de l'article L. 214-13 du code de l'éducation et de la stratégie régionale coordonnée en matière d'emploi, d'orientation et de formation professionnelles mentionnée à l'article L. 6123-4-1 du code du travail.

Ces orientations font l'objet d'une concertation préalable au sein du comité régional de l'emploi, de la formation et de l'orientation professionnelles, qui en assure également le suivi.

Ces orientations précisent notamment les conditions de mobilisation par les missions locales des acteurs de l'éducation, de l'information, de l'orientation, de l'insertion, de la formation et de l'emploi au bénéfice de l'accompagnement des jeunes.

Art. R. 5131-5 Dans le cadre des orientations stratégiques définies à l'article R. 5131-4, les missions locales mettent en œuvre le droit à l'accompagnement, en lien avec l'ensemble des organismes susceptibles d'y contribuer, dans le cadre du conseil en évolution professionnelle mentionné à l'article L. 6111-6.

Art. R. 5131-6 L'État conclut avec les missions locales des conventions pluriannuelles d'objectifs. Les collectivités territoriales et leurs groupements signent également ces conventions lorsqu'ils participent au financement des missions locales.

Au vu des orientations stratégiques mentionnées à l'article R. 5131-4, ces conventions précisent :

1° Les jeunes susceptibles de bénéficier prioritairement du parcours d'accompagnement contractualisé vers l'emploi et l'autonomie ;

2° Les objectifs à atteindre en termes d'accès à l'emploi et à l'autonomie des jeunes ;

3° L'offre de services proposée et les moyens mobilisés afin d'identifier les modalités du parcours contractualisé les plus adaptées pour ses bénéficiaires ;

4° L'offre de services proposée aux entreprises dans leurs processus de recrutement ;

5° Les financements accordés pour la mise en œuvre des dispositifs nationaux de la politique de l'emploi ;

6° Leurs modalités de suivi et d'évaluation.

Les conseils départementaux signataires des conventions pluriannuelles d'objectifs peuvent confier l'accompagnement des bénéficiaires du revenu de solidarité active et de leur conjoint, concubin ou partenaire lié par un pacte civil de moins de vingt-cinq ans révolus aux missions locales, qui l'assureront dans le cadre du parcours contractualisé d'accompagnement vers l'emploi et l'autonomie.

Art. R. 5131-7 Les cas de dérogation prévus aux articles L. 5131-4 et L. 5131-6 concernent les cas d'absence d'une mission locale sur tout ou partie du territoire ou de cessation d'activité d'une mission locale et les cas où une mission locale ne serait pas sur un territoire en mesure d'accompagner seule les jeunes dans le cadre du parcours contractualisé d'accompagnement vers l'emploi et l'autonomie et de la garantie jeunes. Dans ces cas, un autre organisme peut être désigné par le représentant de l'État dans le département, après consultation du comité régional de l'emploi, de la formation et de l'orientation professionnelles, pour mettre en œuvre le parcours contractualisé d'accompagnement vers l'emploi et l'autonomie et la garantie jeunes. L'État, la région et les autres collectivités territoriales qui participent au financement de l'organisme désigné définissent par convention son cadre d'intervention et notamment la durée de l'intervention, son périmètre et les moyens mobilisés par chaque partie.

Les organismes désignés dans ce cadre mettent en œuvre les dispositions de la présente section dans les mêmes conditions que les missions locales.

SOUS-SECTION 2 **PARCOURS CONTRACTUALISÉ D'ACCOMPAGNEMENT VERS L'EMPLOI ET L'AUTONOMIE**

§ 1er MODALITÉS DU PARCOURS

Art. R. 5131-8 Le diagnostic prévu à l'article L. 5131-4 résulte d'une analyse menée avec le jeune de sa situation, de ses demandes, de ses projets et de ses besoins. Ce diagnostic formalisé permet notamment d'identifier et valoriser les compétences. Il fonde l'orientation du jeune vers la modalité la plus adaptée du parcours contractualisé d'accompagnement vers l'emploi et l'autonomie.

Art. R. 5131-9 Le parcours contractualisé d'accompagnement vers l'emploi et l'autonomie est constitué de phases d'accompagnement pouvant varier dans leur durée et leur intensité. Chaque phase fait l'objet d'objectifs définis avec le jeune et d'une évaluation à son terme, en vue de mesurer la progression du jeune vers l'accès à l'emploi et l'autonomie et de s'assurer que les objectifs de la phase ont été atteints. Chaque phase d'accompagnement peut comporter :

1° Des périodes de formation ;

2° Des situations professionnelles, y compris des périodes de mise en situation en *milieu professionnel mentionnées* aux articles L. 5131-5 et suivants ;

3° Des actions spécifiques dans le cadre de l'accompagnement social et professionnel ;

4° Des actions portées par d'autres organismes susceptibles de contribuer à l'accompagnement.

Art. R. 5131-10 Le contrat d'engagements est signé un mois au plus tard après la réalisation du diagnostic, d'une part, au nom de l'État, par le représentant légal de la

mission locale, ou tout salarié dûment habilité par lui et, d'autre part, par le bénéficiaire de l'accompagnement.

Il mentionne :

1° Les phases du parcours, leurs objectifs et leur durée définis par le bénéficiaire et le conseiller référent ;

2° Les engagements de chaque partie au contrat pour chaque phase. Parmi ces engagements figurent pour le bénéficiaire la participation active aux différentes actions prévues au sein des phases d'accompagnement ainsi que la sincérité et l'exactitude des informations communiquées, notamment au titre de l'article R. 5131-13 ;

3° Le cas échéant, l'attribution d'une allocation, son montant et sa durée prévisionnels.

La première phase du parcours débute au plus tard un mois après la signature du contrat.

Le contrat peut être modifié en fonction des évaluations mentionnées à l'article R. 5131-9 ou de l'évolution de la situation du jeune.

Les contrats d'engagements réciproques conclus dans le cadre de la garantie jeunes antérieurement au 1er janv. 2017 continuent à produire leurs effets dans les conditions applicables avant cette date, jusqu'à leur terme (Décr. no 2016-1855 du 23 déc. 2016, art. 2-II).

§ 2 FIN DU CONTRAT ET SANCTIONS

Art. R. 5131-11 **Le contrat d'engagements du parcours contractualisé est conclu pour une durée déterminée et peut être renouvelé dans la limite de vingt-quatre mois consécutifs.**

Toutefois, lorsque le bénéficiaire du parcours contractualisé intègre en cours de parcours la garantie jeunes, le contrat d'engagements peut être prolongé jusqu'à la fin de la garantie jeunes.

Le contrat d'engagements prend fin :

1° Lorsque l'autonomie du jeune est considérée comme acquise, au vu des évaluations mentionnées à l'article R. 5131-9 ou de l'évolution de la situation du jeune ;

2° Lorsque son bénéficiaire atteint son vingt-sixième anniversaire ;

3° A la demande expresse de son bénéficiaire ;

4° En cas de manquement du bénéficiaire à ses engagements contractuels.

Art. R. 5131-12 **En cas de manquement du bénéficiaire à ses engagements contractuels, le représentant légal de la mission locale, après avoir mis à même l'intéressé de présenter ses observations, peut procéder à :**

1° La suspension du paiement de l'allocation ;

2° La suppression du paiement de l'allocation ;

3° La rupture du contrat.

Il notifie sa décision, dûment motivée, par tout moyen conférant date certaine au bénéficiaire de l'accompagnement ou à ses représentants légaux lorsque celui-ci est mineur ou fait l'objet d'une mesure de protection juridique.

§ 3 MONTANT ET MODALITÉS DE VERSEMENT DE L'ALLOCATION

Art. R. 5131-13 **Le bénéfice de l'allocation prévue à l'article L. 5131-5 peut être accordé par le représentant de la mission locale, au nom et pour le compte de l'État, à compter de la signature du contrat d'engagements, en fonction de la situation et des besoins de l'intéressé pendant les périodes durant lesquelles ce dernier ne perçoit ni une rémunération au titre d'un emploi ou d'un stage, ni une autre allocation.**

Art. R. 5131-14 **Le montant de l'allocation et sa durée prévisionnelle sont fixés dans le contrat d'engagements et peuvent être révisés à l'issue des évaluations de chaque phase ou en cas d'évolution de la situation de l'intéressé.**

Le montant mensuel de l'allocation ne peut pas excéder le montant mensuel du revenu de solidarité active mentionné à l'article L. 262-2 du code de l'action sociale et des familles pour une personne seule, déduction faite de la fraction mentionnée au 1° de l'article R. 262-9 du même code. L'allocation versée au bénéficiaire est plafonnée à trois fois ce montant par an.

Art. R. 5131-15 L'allocation est versée mensuellement et à terme échu, au nom de l'État, par l'Agence de services et de paiement, qui transmet au ministre chargé de l'emploi les éléments d'information nécessaires au suivi statistique des bénéficiaires de l'allocation, à la connaissance des crédits engagés ainsi qu'à l'évaluation de la mesure.

SOUS-SECTION 3 **GARANTIE JEUNES**

Art. R. 5131-16 La garantie jeunes est une modalité spécifique du parcours contractualisé vers l'emploi et l'autonomie. Elle constitue une phase d'accompagnement du parcours contractualisé d'une durée de douze mois. Cette durée peut être prolongée jusqu'à six mois sur décision de la commission mentionnée à l'article R. 5131-17.

Les articles R. 5131-8, R. 5131-9, R. 5131-10, R. 5131-11 et R. 5131-15 sont applicables à la garantie jeunes.

Art. R. 5131-17 Les missions locales s'assurent que les jeunes demandant à bénéficier de la garantie jeunes respectent les conditions d'entrée fixées à l'article L. 5131-6.

Une commission locale, présidée par le représentant de l'État dans le département, réunissant les acteurs impliqués dans l'insertion sociale et professionnelle des jeunes et les signataires de la convention pluriannuelle d'objectifs, est chargée du suivi des parcours en garantie jeunes et prend, dans ce cadre, les décisions de prolongation. Elle prend également les décisions en cas de manquement du bénéficiaire à ses engagements contractuels mentionnées à l'article R. 5131-18. Elle peut prendre des décisions d'admission à titre conservatoire pour les jeunes apportant des éléments de nature à démontrer qu'ils satisfont aux conditions d'éligibilité mentionnées à l'article L. 5131-6 mais ne disposant pas de l'ensemble des pièces justificatives permettant d'en attester, ainsi que des décisions d'admission à titre dérogatoire pour les jeunes dont les ressources dépassent le niveau mentionné au même article, lorsque leur situation le justifie et sans pouvoir dépasser ce niveau de ressources de plus de 30 %.

Art. R. 5131-18 En cas de manquement du bénéficiaire à ses engagements contractuels, la commission mentionnée à l'article R. 5131-17, après avoir mis à même l'intéressé de présenter ses observations, peut procéder à :

1° La suspension du paiement de l'allocation ;

2° La suppression du bénéfice de la garantie jeunes.

Elle notifie sa décision, dûment motivée, par tout moyen conférant date certaine au bénéficiaire de la garantie jeunes ou à ses représentants légaux lorsque celui-ci est mineur ou fait l'objet d'une mesure de protection juridique.

Art. D. 5131-19 I. — Le niveau de ressources ouvrant droit à la garantie jeunes, pour l'application de l'article L. 5131-6, correspond au montant forfaitaire du revenu de solidarité active mentionné à l'article L. 262-2 du code de l'action sociale et des familles pour une personne seule, déduction faite de la fraction mentionnée au 1° de l'article R. 262-9 du même code.

II. — Sont pris en compte pour la détermination du niveau de ressources ouvrant droit au bénéfice de la garantie jeunes :

1° Les revenus mentionnés aux articles R. 844-1 et R. 844-2 du code de la sécurité sociale ;

2° Les bourses d'études ainsi que l'allocation pour la diversité dans la fonction publique ;

3° Les revenus tirés de stages réalisés en application de l'article L. 124-1 du code de l'éducation ;

4° L'allocation aux adultes handicapés mentionnée aux articles L. 821-1 et L. 821-2 du code de la sécurité sociale ;

5° L'allocation temporaire d'attente mentionnée à l'article L. 5423-8 du code du travail ;

6° Le revenu de solidarité active mentionné à l'article L. 262-1 du code de l'action sociale et des familles ;

7° La prime d'activité mentionnée à l'article L. 841-1 du code de la sécurité sociale.

Art. D. 5131-20 La garantie jeunes ouvre droit à une allocation forfaitaire, d'un montant mensuel équivalent à celui du revenu de solidarité active mentionné à l'article

L. 262-2 du code de l'action sociale et des familles pour une personne seule, déduction faite de la fraction mentionnée au 1° de l'article R. 262-9 du même code.

Art. R. 5131-21 L'allocation est intégralement cumulable avec les ressources d'activité du jeune tant que celles-ci ne dépassent pas un montant mensuel net de 300 euros. Au-delà, l'allocation est dégressive linéairement et s'annule lorsque le total des ressources d'activité du jeune équivaut à 80 % du montant mensuel brut du salaire minimum interprofessionnel de croissance.

Art. R. 5131-22 Sont considérés comme des ressources d'activité, pour l'application de l'article L. 5131-6 :

1° Les revenus mentionnés à l'article R. 844-1 du code de la sécurité sociale ;

2° Les allocations versées aux travailleurs involontairement privés d'emploi en application du titre II du livre IV de la cinquième partie du code du travail, ainsi que de l'article L. 1233-68 du même code ;

3° Les bourses d'études ainsi que l'allocation pour la diversité dans la fonction publique ;

4° Les revenus tirés de stages réalisés en application de l'article L. 124-1 du code de l'éducation.

L'allocation est entièrement cumulable avec les autres ressources perçues par le bénéficiaire, sous réserve des articles R. 5131-23 à R. 5131-25.

Art. R. 5131-23 L'allocation n'est cumulable ni avec l'indemnité de service civique ni avec l'allocation temporaire d'attente. Le cas échéant, le versement de l'allocation est suspendu pendant la période durant laquelle le jeune perçoit ces prestations.

Art. R. 5131-24 L'allocation n'est pas cumulable avec la prime d'activité mentionnée à l'article L. 841-1 du code de la sécurité sociale, sauf pour les personnes à charge mentionnées à l'article R. 842-3 du même code. Le versement de l'allocation prend fin, le cas échéant, à compter de l'ouverture du droit à la prime d'activité. Toutefois, lorsqu'un droit à la prime d'activité est ouvert au titre d'une activité antérieure à l'entrée dans la garantie jeunes, la prime correspondant à cette période d'activité demeure cumulable avec l'allocation.

Art. R. 5131-25 L'allocation n'est pas cumulable avec le revenu de solidarité active mentionné à l'article L. 262-1 du code de l'action sociale et des familles, sauf pour les personnes à charge mentionnées à l'article R. 262-3 du même code. Les bénéficiaires du revenu de solidarité active et leur conjoint, concubin ou partenaire lié par un pacte civil de solidarité qui sont accompagnés en garantie jeunes dans le cadre fixé à l'article R. 5131-6 ne bénéficient pas de l'allocation prévue à l'article L. 5131-6.

CHAPITRE II INSERTION PAR L'ACTIVITÉ ÉCONOMIQUE

SECTION PREMIÈRE ENTREPRISES D'INSERTION

SOUS-SECTION 1 CONVENTION

Art. R. 5132-1 Après consultation du conseil départemental de l'insertion par l'activité économique, et en tenant compte de l'offre existante pour assurer un développement équilibré des actions d'insertion, le préfet peut conclure les conventions prévues à l'article L. 5132-2 avec des *(Décr. n° 2014-197 du 21 févr. 2014)* « entreprises candidates au conventionnement d'entreprise d'insertion », quelle que soit leur forme juridique, *(Décr. n° 2014-197 du 21 févr. 2014)* « contribuant à l'insertion professionnelle des personnes » mentionnées à l'article L. 5132-1.

Art. R. 5132-2 *(Décr. n° 2014-197 du 21 févr. 2014, art. 2, art. 16-XIV)* La convention conclue avec une entreprise d'insertion comporte notamment :

1° Une présentation du projet d'insertion de la structure précisant :

a) Les caractéristiques générales de la structure ;

b) Les principales caractéristiques des personnes en difficulté embauchées *(Décr. n° 2016-531 du 27 avr. 2016)* « ou des personnes détenues ayant signé un acte d'engagement tel que défini à l'article R. 57-9-2 du code de procédure pénale » ;

c) Les modalités d'accompagnement des salariés en insertion et de collaboration avec, d'une part, *(Décr. n° 2014-524 du 22 mai 2014)* « Pôle emploi » et, d'autre part, les organismes chargés de l'insertion sociale et professionnelle de ces personnes ;

d) Le cas échéant, la mention de l'existence d'une autre convention au titre d'une structure de l'insertion par l'activité économique ;

e) L'adéquation du projet économique et social de la structure avec l'environnement local et l'offre d'insertion déjà existante ;

2° La présentation des moyens en personnel ainsi que des moyens matériels et financiers mobilisés pour mettre en œuvre le projet d'insertion de la structure et accomplir les tâches administratives et les obligations comptables résultant de l'activité de l'entreprise d'insertion ;

3° Le nombre de postes d'insertion ouvrant droit à l'aide financière prévue à l'article R. 5132-7 ;

4° Les engagements d'insertion pris par la structure et les indicateurs destinés à rendre compte des actions et des résultats ;

5° Les modalités de dépôt des offres d'emploi auprès de *(Décr. n° 2014-524 du 22 mai 2014, art. 16-XIV)* « Pôle emploi » ;

6° La nature et le montant des autres aides publiques directes ou privées dont la structure a bénéficié les années antérieures ;

7° Les règles selon lesquelles sont rémunérés les salariés en insertion *(Décr. n° 2016-531 du 27 avr. 2016)* « ou les personnes détenues ayant signé un acte d'engagement » et, le cas échéant, la nature des différents contrats proposés ;

8° La durée collective de travail applicable dans la structure ;

9° Les modalités de suivi, de contrôle et d'évaluation de la convention ;

(Décr. n° 2016-531 du 27 avr. 2016) « 10° Lorsque l'entreprise d'insertion exerce son activité dans un établissement pénitentiaire, le contrat d'implantation conclu à ce titre. »

Art. R. 5132-3 *(Décr. n° 2014-197 du 21 févr. 2014, art. 3)* La convention peut être conclue pour une durée maximale de trois ans avec des structures présentant des perspectives de viabilité économique ; elle peut être renouvelée selon la même procédure.

Les stipulations financières des conventions pluriannuelles font l'objet d'avenants annuels.

La structure transmet chaque année au préfet ses comptes annuels et un bilan d'activité précisant pour les salariés en insertion *(Décr. n° 2016-531 du 27 avr. 2016)* « ou les personnes détenues ayant signé un acte d'engagement », les actions mises en œuvre et leurs résultats à l'issue du parcours dans la structure.

Ce document précise les réalisations en termes de suivi, d'accompagnement social et professionnel, d'encadrement des personnes présentant des difficultés sociales et professionnelles particulières, comportant notamment les mentions suivantes :

1° Les moyens humains et matériels affectés à la réalisation de ces actions ;

2° Les caractéristiques des personnes embauchées et de leur contrat de travail *(Décr. n° 2016-531 du 27 avr. 2016)* « ou des personnes détenues ayant signé un acte d'engagement » ;

3° La nature, l'objet, la durée des actions de suivi individualisé et d'accompagnement social et professionnel des personnes ;

4° Le cas échéant, les propositions d'action sociale faites à la personne pendant la durée de l'action et avant la sortie de la structure ;

5° Les propositions d'orientation professionnelle, de formation préqualifiante ou qualifiante, ou d'emploi faites aux personnes ainsi que les suites qui leur auront été données ;

6° Les résultats en termes d'accès et de retour à l'emploi des personnes sorties de la structure.

Art. R. 5132-4 *(Décr. n° 2014-197 du 21 févr. 2014, art. 4)* Le préfet contrôle l'exécution de la convention. L'employeur lui fournit, à sa demande, tout élément permettant de vérifier la bonne exécution de la convention, la réalité des actions d'insertion mises en œuvre ainsi que leurs résultats.

Ces dispositions s'appliquent aux avenants annuels prévus aux art. R. 5132-3 et R. 5132-10-8 qui sont conclus pour l'ensemble de l'année 2014 (Décr. n° 2014-197 du 21 févr. 2014, art. 32).

Art. R. 5132-5 En cas de non-respect des dispositions de la convention par l'employeur, le préfet l'informe par lettre recommandée de son intention de résilier la convention. Celui-ci dispose d'un délai, qui ne peut être inférieur à *(Décr. n° 2014-197 du 21 févr. 2014, art. 5)* « un mois », pour faire connaître ses observations.

Le préfet peut alors demander le reversement des sommes indûment perçues. – *[Anc. art. 8, al. 1er et 2, Décr. n° 99-107 du 19 févr. 1999.]*

Les dispositions issues du Décr. n° 2014-197 du 21 févr. 2014 s'appliquent aux avenants annuels prévus aux art. R. 5132-3 et R. 5132-10-8 qui sont conclus pour l'ensemble de l'année 2014 (Décr. préc., art. 32).

Art. R. 5132-6 *(Décr. n° 2014-197 du 21 févr. 2014, art. 6)* Lorsque l'aide financière est obtenue à la suite de fausses déclarations ou lorsque la convention est détournée de son objet, le préfet résilie la convention après avoir observé la procédure prévue à l'article R. 5132-5. Les sommes indûment perçues donnent alors lieu à reversement.

Ces dispositions s'appliquent aux avenants annuels prévus aux art. R. 5132-3 et R. 5132-10-8 qui sont conclus pour l'ensemble de l'année 2014 (Décr. n° 2014-197 du 21 févr. 2014, art. 32).

SOUS-SECTION 2 AIDE FINANCIÈRE

Art. R. 5132-7 L'embauche des personnes mentionnées à l'article L. 5132-1 *(Décr. n° 2016-531 du 27 avr. 2016)* « ou l'emploi des personnes détenues ayant signé un acte d'engagement » par les entreprises d'insertion ouvre droit, dans la limite du nombre de postes d'insertion fixé par la convention, à une *(Décr. n° 2014-197 du 21 févr. 2014, art. 7)* « aide financière.

« Cette aide comprend un montant socle et un montant modulé. Le montant modulé est déterminé chaque année par le préfet, dans les conditions fixées par l'article R. 5132-8, en tenant compte :

« – des caractéristiques des personnes embauchées *(Décr. n° 2016-531 du 27 avr. 2016)* « et le cas échéant des personnes détenues ayant signé un acte d'engagement » ;

« – des actions et des moyens d'insertion mis en œuvre ;

« – des résultats constatés à la sortie de la structure. »

Art. R. 5132-8 *(Décr. n° 2014-197 du 21 févr. 2014, art. 8)* L'aide financière est versée à l'entreprise d'insertion pour chaque poste de travail occupé à temps plein. Le cas échéant, le montant de l'aide est réduit à due proportion de l'occupation des postes.

« Son montant socle, le montant maximum de la part modulée dans la limite d'un pourcentage du montant socle et ses conditions de versement sont fixés par arrêté conjoint des ministres chargés de l'emploi et du budget *(Décr. n° 2016-531 du 27 avr. 2016)* « respectivement pour les salariés en insertion recrutés sous contrat de travail et pour les personnes détenues ayant signé un acte d'engagement ». Un arrêté conjoint du ministre chargé de l'emploi et du ministre chargé du budget revalorise, chaque année, cette aide en fonction de l'évolution du salaire minimum de croissance à compter du 1er janvier 2015. »

(Décr. n° 2015-1435 du 5 nov. 2015, art. 2) « En cas de modification de la situation juridique de l'employeur au sens de l'article L. 1224-1, le nouvel employeur est substitué dans les droits et obligations de l'employeur initial résultant de la convention prévue à l'article R. 5132-2. »

Art. R. 5132-9 *(Décr. n° 2014-197 du 21 févr. 2014, art. 9)* L'aide financière mentionnée à l'article R. 5132-7 est versée, pour le compte de l'État, par l'Agence de services et de paiement.

Cette aide ne peut se cumuler pour un même poste avec une autre aide à l'emploi financée par l'État.

Art. R. 5132-10 Lorsque la durée du travail prévue au contrat de travail du salarié *(Décr. n° 2016-531 du 27 avr. 2016)* « ou dans l'acte d'engagement de la personne détenue » est inférieure à trente-cinq heures par semaine, le montant de l'aide au poste qu'il occupe est réduit par application du rapport entre la durée prévue au contrat *(Décr. n° 2016-531 du 27 avr. 2016)* « ou dans l'acte d'engagement » et :

1° La durée collective applicable à l'organisme employeur si cette durée est au moins égale à trente-cinq heures par semaine ;

2° La durée de trente-cinq heures si la durée collective du travail applicable à l'organisme employeur est inférieure à trente-cinq heures par semaine. — *[Anc. art. 6, Décr. n° 99-107 du 19 févr. 1999.]*

SOUS-SECTION 3 **PÉRIODES DE MISE EN SITUATION EN MILIEU PROFESSIONNEL**

(Décr. n° 2014-1360 du 13 nov. 2014, art. 4)

V. Circ. DGEFP n° 01/2015 du 14 janv. 2015, Questions-réponses et fiches techniques sur la mise en œuvre des périodes de mise en situation en milieu professionnel.

Art. D. 5132-10-1 La convention mentionnée à l'article L. 5132-2 peut prévoir la possibilité pour l'entreprise d'insertion signataire de mettre en place des périodes de mise en situation en milieu professionnel pour ses salariés recrutés dans le cadre de contrats conclus en application de l'article L. 5132-5.

Dans ce cas, la convention précise :

1° Le nombre prévisionnel de salariés concernés ;

2° Les structures d'accueil auprès desquelles ces salariés peuvent effectuer des périodes de mise en situation en milieu professionnel ;

3° Les modalités d'accompagnement spécifiques prévues par l'entreprise d'insertion pendant ces périodes ;

4° Le ou les objets, parmi ceux mentionnés à l'article L. 5135-1, pour lesquels il pourra être mis en œuvre des périodes de mise en situation en milieu professionnel.

Art. D. 5132-10-2 Chaque période de mise en situation en milieu professionnel prescrite, en accord avec son employeur, pour un salarié en insertion, fait l'objet d'une convention selon les modalités prévues au chapitre V du présent titre, sous réserve des dispositions prévues par la présente sous-section.

Art. D. 5132-10-3 La durée cumulée de l'ensemble des périodes de mise en situation en milieu professionnel effectuées au cours du contrat conclu en application de l'article L. 5132-5 ne peut représenter plus de 25 % de la durée totale du contrat.

Art. D. 5132-10-4 L'entreprise d'insertion transmet à l'Agence de services et de paiement une copie de la convention mentionnée à l'article D. 5135-2.

SECTION PREMIÈRE *BIS* **ENTREPRISES DE TRAVAIL TEMPORAIRE D'INSERTION**

(Décr. n° 2014-197 du 21 févr. 2014, art. 10)

Les dispositions de cette section s'appliquent aux avenants annuels prévus aux art. R. 5132-3 et R. 5132-10-8 qui sont conclus pour l'ensemble de l'année 2014 (Décr. n° 2014-197 du 21 févr. 2014, art. 32).

SOUS-SECTION 1 **CONVENTION**

Les dispositions de cette sous-section s'appliquent aux avenants annuels prévus aux art. R. 5132-3 et R. 5132-10-8 qui sont conclus pour l'ensemble de l'année 2014 (Décr. n° 2014-197 du 21 févr. 2014, art. 32).

Art. R. 5132-10-6 Après consultation du conseil départemental de l'insertion par l'activité économique, et en tenant compte de l'offre existante pour assurer un développement équilibré des actions d'insertion, le préfet peut conclure les conventions prévues à l'article L. 5132-2 avec des entreprises candidates au conventionnement d'entreprise de travail temporaire d'insertion, quelle que soit leur forme juridique, contribuant à l'insertion professionnelle des personnes mentionnées à l'article L. 5132-1.

Art. R. 5132-10-7 La convention conclue avec une entreprise de travail temporaire d'insertion comporte notamment :

1° Une présentation du projet d'insertion de la structure précisant :

a) Les caractéristiques générales de la structure ;

b) Les principales caractéristiques des personnes en difficulté embauchées ;

c) Les modalités d'accompagnement des salariés en insertion et de collaboration avec, d'une part, *(Décr. n° 2014-524 du 22 mai 2014, art. 16-XIV)* « Pôle emploi » et, d'autre part, les organismes chargés de l'insertion sociale et professionnelle de ces personnes ;

d) Le cas échéant, la mention de l'existence d'une autre convention au titre d'une structure de l'insertion par l'activité économique ;

e) L'adéquation du projet économique et social de la structure avec l'environnement local et l'offre d'insertion déjà existante ;

2° La présentation des moyens en personnel ainsi que des moyens matériels et financiers mobilisés pour mettre en œuvre le projet d'insertion de la structure et accomplir les tâches administratives et les obligations comptables résultant de l'activité de l'entreprise de travail temporaire d'insertion ;

3° Le nombre de postes d'insertion ouvrant droit à l'aide financière prévue à l'article *(Décr. n° 2015-1435 du 5 nov. 2015, art. 3)* « R. 5132-10-12 » ;

4° Les engagements d'insertion pris par la structure et les indicateurs destinés à rendre compte des actions et des résultats ;

5° Les modalités de dépôt des offres d'emploi auprès de *(Décr. n° 2014-524 du 22 mai 2014, art. 16-XIV)* « Pôle emploi » ;

6° La nature et le montant des autres aides publiques directes ou privées dont la structure a bénéficié les années antérieures ;

7° Les modalités de suivi, de contrôle et d'évaluation de la convention.

Art. R. 5132-10-8 La convention peut être conclue pour une durée maximale de trois ans avec des structures présentant des perspectives de viabilité économique ; elle peut être renouvelée selon la même procédure.

Les stipulations financières des conventions pluriannuelles font l'objet d'avenants annuels.

La structure transmet chaque année ses comptes annuels et un bilan d'activité précisant pour les salariés en insertion, les actions mises en œuvre et leurs résultats à l'issue du parcours dans la structure.

Ce document précise les réalisations en termes de suivi, d'accompagnement social et professionnel, d'encadrement des personnes présentant des difficultés sociales et professionnelles particulières, comportant notamment les mentions suivantes :

1° Les moyens humains et matériels affectés à la réalisation de ces actions ;

2° Les caractéristiques des personnes embauchées et de leur contrat de travail ;

3° La nature, l'objet, la durée des actions de suivi individualisé et d'accompagnement social et professionnel des personnes ;

4° Le cas échéant, les propositions d'action sociale faites à la personne pendant la durée de l'action et avant la sortie de la structure ;

5° Les propositions d'orientation professionnelle, de formation préqualifiante ou qualifiante, ou d'emploi faites aux personnes ainsi que les suites qui leur auront été données ;

6° Les résultats en termes d'accès et de retour à l'emploi des personnes sorties de la structure.

Art. R. 5132-10-9 Le préfet contrôle l'exécution de la convention. L'employeur lui fournit, à sa demande, tout élément permettant de vérifier la bonne exécution de la convention, la réalité des actions d'insertion mises en œuvre ainsi que leurs résultats.

Art. R. 5132-10-10 En cas de non-respect des dispositions de la convention par l'employeur, le préfet l'informe par lettre recommandée de son intention de résilier la convention. Celui-ci dispose d'un délai, qui ne peut être inférieur à un mois, pour faire connaître ses observations.

Le préfet peut alors demander le reversement des sommes indûment perçues.

Art. R. 5132-10-11 Lorsque l'aide financière est obtenue à la suite de fausses déclarations ou lorsque la convention est détournée de son objet, le préfet résilie la convention après avoir observé la procédure prévue à l'article R. 5132-10-10. Les sommes indûment perçues donnent alors lieu à reversement.

SOUS-SECTION 2 **AIDE FINANCIÈRE**

Les dispositions de cette sous-section s'appliquent aux avenants annuels prévus aux art. R. 5132-3 et R. 5132-10-8 qui sont conclus pour l'ensemble de l'année 2014 (Décr. n° 2014-197 du 21 févr. 2014, art. 32).

Art. R. 5132-10-12 L'embauche des personnes mentionnées à l'article L. 5132-1 par les entreprises de travail temporaire d'insertion ouvre droit, dans la limite du nombre de poste *[postes]* d'insertion fixé par la convention, à une aide financière. Cette aide comprend un montant socle et un montant modulé. Le montant modulé est déterminé chaque année par le préfet, dans les conditions fixées par l'article R. 5132-10-13, en tenant compte :

– des caractéristiques des personnes embauchées ;
– des actions et des moyens d'insertion mis en œuvre ;
– des résultats constatés à la sortie de la structure.

Art. R. 5132-10-13 L'aide financière est versée à l'entreprise de travail temporaire d'insertion pour chaque poste de travail occupé à temps plein. Le cas échéant, le montant de l'aide est réduit à due proportion de l'occupation des postes.

Son montant socle, le montant maximum *[maximal]* de la part modulée dans la limite d'un pourcentage du montant socle et ses conditions de versement sont fixés par arrêté conjoint des ministres chargés de l'emploi et du budget. Un arrêté conjoint du ministre chargé de l'emploi et du ministre chargé du budget revalorise, chaque année, cette aide en fonction de l'évolution du salaire minimum de croissance à compter du 1er janvier 2015.

Art. R. 5132-10-14 L'aide financière mentionnée à l'article R. 5132-10-12 est versée, pour le compte de l'État, par l'Agence de services et de paiement.

Cette aide ne peut se cumuler pour un même poste avec une autre aide à l'emploi financée par l'État.

SECTION II **ASSOCIATIONS INTERMÉDIAIRES**

SOUS-SECTION 1 **CONVENTION**

Art. R. 5132-11 *(Décr. nº 2014-197 du 21 févr. 2014, art. 11)* Après consultation du conseil départemental de l'insertion par l'activité économique et en tenant compte de l'offre existante pour assurer un développement équilibré des actions d'insertion, le préfet peut conclure les conventions prévues à l'article L. 5132-7 avec des associations candidates au statut d'association intermédiaire contribuant à l'insertion professionnelle des personnes mentionnées à l'article L. 5132-1. Cette convention peut porter sur tout ou partie des activités d'insertion des associations candidates.

Art. R. 5132-12 *(Décr. nº 2014-197 du 21 févr. 2014, art. 12)* La convention conclue avec une association intermédiaire comporte notamment :

1° Une présentation du projet d'insertion de la structure précisant :

a) Les caractéristiques générales de la structure ;

b) Les principales caractéristiques des personnes en difficulté embauchées ;

c) Les modalités d'accompagnement des personnes accueillies et des salariés en insertion ainsi que les modalités de collaboration avec, d'une part, Pôle emploi et, d'autre part, les organismes chargés de l'insertion sociale et professionnelle de ces personnes ;

d) Le cas échéant, la mention de l'existence d'une autre convention au titre d'une structure de l'insertion par l'activité économique ;

e) L'adéquation du projet économique et social de la structure avec l'environnement local et l'offre d'insertion déjà existante ;

f) Le territoire dans lequel l'association se propose d'exercer son activité ;

2° La présentation des moyens en personnel ainsi que des moyens matériels et financiers mobilisés pour :

a) Accomplir les tâches administratives et les obligations comptables résultant de l'activité de l'association ;

b) Mettre en œuvre le projet d'insertion de la structure ;

c) Assurer une permanence d'une durée au moins équivalente à trois jours par semaine pour l'accueil des publics et la réception des offres d'activité ;

3° Le nombre de postes d'insertion, ouvrant droit à l'aide financière prévue à l'article R. 5132-23 ;

4° Les engagements d'insertion pris par la structure et les indicateurs destinés à rendre compte des actions et des résultats ;

5° Les conditions de coopération envisagées avec l'institution mentionnée à l'article L. 5312-1 afin de favoriser l'insertion dans l'emploi des personnes dont l'association assure le suivi ainsi que les modalités de dépôt des offres d'emploi auprès de cette institution ;

6° La nature et le montant des autres aides publiques directes ou privées dont la structure a bénéficié les années antérieures ;

7° Les modalités de suivi, de contrôle et d'évaluation de la convention.

Art. R. 5132-13 *(Décr. n° 2014-197 du 21 févr. 2014, art. 13)* La convention peut être conclue pour une durée maximale de trois ans avec des structures présentant des perspectives de viabilité économique ; elle peut être renouvelée selon la même procédure.

Les stipulations financières des conventions pluriannuelles font l'objet d'avenants annuels.

La structure transmet chaque année ses comptes annuels et un bilan d'activité précisant pour les salariés en insertion, les actions mises en œuvre et leurs résultats à l'issue du parcours dans la structure.

Ce document précise les réalisations en termes de suivi, d'accompagnement social et professionnel, d'encadrement des personnes présentant des difficultés sociales et professionnelles particulières, comportant notamment les mentions suivantes :

1° Les moyens humains et matériels affectés à la réalisation de ces actions ;

2° Les caractéristiques des personnes embauchées et de leur contrat de travail ;

3° La nature, l'objet, la durée des actions de suivi individualisé et d'accompagnement social et professionnel des personnes ;

4° Le cas échéant, les propositions d'action sociale faites à la personne pendant la durée de l'action et avant la sortie de la structure ;

5° Les propositions d'orientation professionnelle, de formation préqualifiante ou qualifiante, ou d'emploi faites aux personnes ainsi que les suites qui leur auront été données ;

6° Les résultats en termes d'accès et de retour à l'emploi des personnes sorties de la structure.

Art. R. 5132-14 (Abrogé par Décr. n° 2014-197 du 21 févr. 2014, art. 30) *Lorsque l'association bénéficie de l'aide financière prévue au 6° de l'article R. 5132-12, le bilan d'activité annuel fournit les renseignements suivants relatifs aux actions d'accompagnement et de suivi social et professionnel des personnes accueillies et mises à disposition :*

1° La nature et l'objet des actions d'accompagnement et de suivi professionnels des salariés en insertion ;

2° La nature et l'objet des actions d'accompagnement social dont ont pu, par ailleurs, bénéficier les intéressés ;

3° La durée et les moyens consacrés à chaque type d'action ;

4° Le montant et les modalités de financement de ces actions, ainsi que les moyens humains affectés à leur réalisation ;

5° Les propositions d'orientation professionnelle, d'emploi ou de formation faites aux personnes arrivant au terme de leur contrat avec l'association intermédiaire, ainsi que les suites qui leur auront été données.

Art. R. 5132-15 *(Décr. n° 2014-197 du 21 févr. 2014, art. 14)* Le préfet contrôle l'exécution de la convention. L'employeur lui fournit, à sa demande, tout élément permettant de vérifier la bonne exécution de la convention, la réalité des actions d'insertion mises en œuvre ainsi que leurs résultats.

Art. R. 5132-16 *(Décr. n° 2014-197 du 21 févr. 2014, art. 15)* En cas de non-respect des dispositions de la convention par l'employeur, le préfet l'informe par lettre recommandée de son intention de résilier la convention. Celui-ci dispose d'un délai, qui ne peut être inférieur à un mois, pour faire connaître ses observations.

Le préfet peut alors demander le reversement des sommes indûment perçues.

SOUS-SECTION 2 CONVENTION DE COOPÉRATION ET MISE À DISPOSITION

Art. R. 5132-17 La convention de coopération prévue à l'article L. 5132-8 comporte, notamment :

1° Les modalités de mise en relation des candidats avec l'association intermédiaire ;

2° Les modalités selon lesquelles l'association informe l'agence locale pour l'emploi de toute évolution de la situation de ses salariés justifiant son intervention ;

3° Les actions susceptibles d'être réalisées par l'agence pour faciliter l'accès à l'emploi des personnes salariées de l'association ;

4° Le cas échéant, les conditions dans lesquelles l'association intermédiaire réalise des prestations pour le compte de *(Décr. nº 2014-524 du 22 mai 2014, art. 16-III)* « Pôle emploi », ainsi que les conditions de financement de ces prestations. — *[Anc. art. 7, Décr. nº 99-108 du 18 févr. 1999.]*

Art. R. 5132-18 En application de l'article L. 5132-9, les conditions suivantes doivent être respectées :

1° Le seuil prévu au 1° de l'article précité est de 16 heures ;

2° La durée totale mentionnée au 2° de ce même article est de *(Décr. nº 2014-197 du 21 févr. 2014, art. 13)* « 480 heures ».

Art. R. 5132-19 L'association intermédiaire ne peut pas mettre ses salariés à disposition d'employeurs pour des activités situées hors du territoire défini dans la convention conclue par elle avec l'État. — *[Anc. art. L. 322-4-16-3, al. 3, et anc. art. 6, Décr. nº 99-108 du 18 févr. 1999.]*

Art. R. 5132-20 Un contrat est établi par écrit entre l'association intermédiaire et la personne, dite l'utilisateur, à la disposition de laquelle elle met un ou plusieurs salariés.

Le contrat comporte notamment :

1° Le nom des salariés mis à disposition ;

2° Les tâches à remplir ;

3° Le lieu où elles s'exécutent ;

4° Le terme de la mise à disposition ;

5° Lorsque l'utilisateur est une entreprise, le montant de la rémunération avec ses différentes composantes, y compris, s'il en existe, les primes et accessoires de salaire que percevrait après période d'essai un salarié de qualification équivalente occupant le même poste de travail ;

6° La nature des équipements de protection individuelle que le salarié doit utiliser en précisant, le cas échéant, s'ils sont fournis par l'association intermédiaire. — *[Anc. art. 5, Décr. nº 99-108 du 18 févr. 1999.]*

Art. R. 5132-21 Les travaux particulièrement dangereux figurant sur la liste prévue à l'article L. 5132-10 sont ceux mentionnés à l'article D. 4154-1. — *[Anc. art. L. 322-4-16-3, 5 al. 2.]*

Art. R. 5132-22 La convention conclue avec l'État peut être résiliée par le préfet si l'association intermédiaire effectue des mises à disposition pour la réalisation de travaux particulièrement dangereux pour lesquels il ne peut être fait appel à des salariés sous contrat de travail à durée déterminée, en application de l'article L. 1242-6, ou ne respecte pas les conditions de mise à disposition mentionnées à l'article L. 5132-9. — *[Anc. art. 4, al. 4, Décr. nº 99-108 du 18 févr. 1999.]*

SOUS-SECTION 3 **AIDE FINANCIÈRE**

Art. R. 5132-23 *(Décr. nº 2014-197 du 21 févr. 2014, art. 17)* L'embauche des personnes mentionnées à l'article L. 5132-1 par les associations intermédiaires ouvre droit, dans la limite du nombre de postes d'insertion fixé par la convention, à une aide financière.

Cette aide comprend un montant socle et un montant modulé. Le montant modulé est déterminé chaque année par le préfet, dans les conditions fixées par l'article R. 5132-24, en tenant compte :

— des caractéristiques des personnes embauchées ;

— des actions et des moyens d'insertion mis en œuvre ;

— des résultats constatés à la sortie de la structure.

Art. R. 5132-24 *(Décr. nº 2014-197 du 21 févr. 2014, art. 18)* L'aide financière est versée à l'association intermédiaire pour chaque poste de travail occupé à temps plein. Le cas échéant, le montant de l'aide est réduit à due proportion de l'occupation des postes.

Son montant socle, le montant maximum *[maximal]* de la part modulée dans la limite d'un pourcentage du montant socle et ses conditions de versement sont fixés par arrêté conjoint des ministres chargés de l'emploi et du budget. Un arrêté conjoint du ministre chargé de l'emploi et du ministre chargé du budget revalorise, chaque année, cette aide en fonction de l'évolution du salaire minimum de croissance à compter du 1er janvier 2015.

Art. R. 5132-25 *(Décr. nº 2014-197 du 21 févr. 2014, art. 19)* L'aide financière mentionnée à l'article R. 5132-23 est versée, pour le compte de l'État, par l'Agence de services et de paiement.

Cette aide ne peut se cumuler pour un même poste avec une autre aide à l'emploi financée par l'État.

(Décr. nº 2015-1435 du 5 nov. 2015, art. 2) « En cas de modification de la situation juridique de l'employeur au sens de l'article L. 1224-1, le nouvel employeur est substitué dans les droits et obligations de l'employeur initial résultant de la convention prévue à l'article R. 5132-12. »

Art. R. 5132-26 *(Décr. nº 2014-197 du 21 févr. 2014, art. 20)* Lorsque l'aide financière est obtenue à la suite de fausses déclarations ou lorsque la convention est détournée de son objet, le préfet résilie la convention après avoir observé la procédure prévue à l'article R. 5132-16. Les sommes indûment perçues donnent alors lieu à reversement.

SOUS-SECTION 4 PÉRIODES DE MISE EN SITUATION EN MILIEU PROFESSIONNEL

(Décr. nº 2014-1360 du 13 nov. 2014, art. 5)

Art. D. 5132-26-1 La convention mentionnée à l'article L. 5132-2 peut prévoir la possibilité, pour l'association intermédiaire signataire, de mettre en place des périodes de mise en situation en milieu professionnel pour ses salariés recrutés dans le cadre de contrats conclus en application de l'article L. 5132-11-1.

Dans ce cas, la convention précise :

1º Le nombre prévisionnel de salariés concernés ;

2º Les structures d'accueil auprès desquelles ces salariés peuvent effectuer des périodes de mise en situation en milieu professionnel ;

3º Les modalités d'accompagnement spécifiques prévues par l'association intermédiaire pendant ces périodes ;

4º Le ou les objets, parmi ceux mentionnés à l'article L. 5135-1, pour lesquels il pourra être mis en œuvre des périodes de mise en situation en milieu professionnel.

Art. D. 5132-26-2 Chaque période de mise en situation en milieu professionnel prescrite, en accord avec son employeur, pour un salarié en insertion fait l'objet d'une convention selon les modalités prévues au chapitre V du présent titre, sous réserve des dispositions prévues par la présente sous-section.

Art. D. 5132-26-3 La durée cumulée de l'ensemble des périodes de mise en situation en milieu professionnel effectuées au cours du contrat conclu en application de l'article L. 5132-11-1 ne peut représenter plus de 25 % de la durée totale du contrat.

Art. D. 5132-26-4 L'association intermédiaire transmet à l'Agence de services et de paiement une copie de la convention mentionnée à l'article D. 5135-2.

SOUS-SECTION 5 SUIVI DE L'ÉTAT DE SANTÉ DES SALARIÉS DE L'ASSOCIATION INTERMÉDIAIRE *(Décr. nº 2016-1908 du 27 déc. 2016, art. 19, en vigueur le 1er janv. 2017).*

(Décr. nº 2012-135 du 30 janv. 2012, art. 1er-VI et 3)

Art. R. 5132-26-6 L'association intermédiaire assure le suivi *(Décr. nº 2016-1908 du 27 déc. 2016, art. 19, en vigueur le 1er janv. 2017)* « de l'état de santé » des personnes mises à disposition d'un utilisateur par un service de santé au travail interentreprises.

Art. R. 5132-26-7 *(Décr. nº 2016-1908 du 27 déc. 2016, art. 19, en vigueur le 1er janv. 2017)* « La visite d'information et de prévention et l'examen médical d'embauche » de

la personne mise à disposition d'un utilisateur *(Décr. nº 2016-1908 du 27 déc. 2016, art. 19, en vigueur le 1er janv. 2017)* **« sont organisés » par l'association intermédiaire, dès sa première mise à disposition ou au plus tard dans le mois suivant.**

(Abrogé par Décr. nº 2016-1908 du 27 déc. 2016, art. 19, à compter du 1er janv. 2017) ***« Elle est renouvelée deux ans après la première mise à disposition.***

« Cette périodicité peut être modifiée lorsque l'agrément du service de santé au travail interentreprises le prévoit. »

Art. R. 5132-26-8 *(Décr. nº 2016-1908 du 27 déc. 2016, art. 19, en vigueur le 1er janv. 2017)* **Les visites réalisées en application des sous-sections 1 et 2 de la section II du chapitre IV du titre II du livre VI de la quatrième partie du présent code peuvent être effectuées pour plusieurs emplois, dans la limite de trois.**

SECTION III **ATELIERS ET CHANTIERS D'INSERTION**

SOUS-SECTION 1 **CONVENTIONS**

Art. R. 5132-27 *(Décr. nº 2014-197 du 21 févr. 2014, art. 21)* **Après consultation du conseil départemental de l'insertion par l'activité économique et en tenant compte de l'offre existante pour assurer un développement équilibré des actions d'insertion sociale et professionnelle, le préfet peut conclure des conventions pour la mise en place d'un ou** *[de]* **plusieurs ateliers et chantiers d'insertion avec :**

1° Un organisme de droit privé à but non lucratif ayant pour objet l'embauche de personnes mentionnées à l'article L. 5132-1 *(Décr. nº 2016-531 du 27 avr. 2016)* **« ou l'emploi de personnes détenues ayant signé un acte d'engagement » afin de faciliter leur insertion sociale et professionnelle en développant des activités ayant principalement un caractère d'utilité sociale ;**

2° Un centre communal ou intercommunal d'action sociale ;

3° Une commune ;

4° Un établissement public de coopération intercommunale ;

5° Un syndicat mixte ;

6° Les départements ;

7° Une chambre d'agriculture ;

8° Un établissement d'enseignement professionnel et d'enseignement agricole de l'État ;

9° L'Office national des forêts.

Art. R. 5132-28 *(Décr. nº 2014-197 du 21 févr. 2014, art. 22)* **La convention conclue pour la mise en place d'un ou** *[de]* **plusieurs ateliers et chantiers d'insertion comporte notamment :**

1° Une présentation du projet d'insertion de l'organisme conventionné précisant :

a) **Le statut juridique de l'organisme porteur ;**

b) **Le nombre, l'objet, la durée et les caractéristiques des ateliers et chantiers d'insertion ;**

c) **Les modalités d'accompagnement des salariés en insertion** *(Décr. nº 2016-531 du 27 avr. 2016)* **« ou des personnes détenues ayant signé un acte d'engagement » et de collaboration avec, d'une part,** *(Décr. nº 2014-524 du 22 mai 2014, art. 16)* **« Pôle emploi » et, d'autre part, les organismes chargés de l'insertion sociale et professionnelle de ces personnes ;**

d) **Le cas échéant, la mention de l'existence d'une autre convention au titre d'une structure de l'insertion par l'activité économique ;**

e) **L'adéquation du projet économique et social des ateliers et chantiers d'insertion avec l'environnement local et l'offre d'insertion déjà existante ;**

f) **Le territoire dans lequel les ateliers et chantiers d'insertion sont réalisés ;**

(Décr. nº 2016-531 du 27 avr. 2016) **«** ***g)*** **Lorsque l'activité est réalisée dans un établissement pénitentiaire, le contrat d'implantation conclu à ce titre ; »**

2° La présentation des moyens en personnel ainsi que des moyens matériels et financiers mobilisés pour mettre en œuvre le projet d'insertion de l'organisme conventionné et accomplir les tâches administratives et les obligations comptables résultant de l'activité de l'organisme conventionné ;

3° Le nombre de postes d'insertion susceptibles d'être conventionnés ouvrant droit à l'aide financière prévue à l'article R. 5132-37 et, le cas échéant, leur affectation entre les différents ateliers et chantiers d'insertion ;

4° Les engagements d'insertion pris par l'organisme conventionné et les indicateurs destinés à rendre compte des actions et des résultats ;

5° Les modalités de dépôt des offres d'emploi auprès de l'institution précitée ;

6° La nature et le montant des aides publiques et privées dont l'organisme conventionné est susceptible de bénéficier pour réaliser des ateliers et chantiers d'insertion et, pour ceux qui ont une activité de commercialisation, le montant des ressources tirées de la commercialisation des biens et services produits ;

7° Les modalités de suivi, de contrôle et d'évaluation de la convention.

Art. R. 5132-29 *(Décr. nº 2014-197 du 21 févr. 2014, art. 23)* La convention pour la mise en place d'un ou *[de]* plusieurs chantiers d'insertion peut être conclue pour une durée maximale de trois ans avec des organismes présentant des perspectives de viabilité économique ; elle peut être renouvelée selon la même procédure.

Les stipulations financières des conventions pluriannuelles font l'objet d'avenants annuels.

L'organisme conventionné au titre d'un atelier ou chantier d'insertion transmet chaque année ses comptes annuels et un bilan d'activité précisant *(Décr. nº 2016-531 du 27 avr. 2016)* « respectivement » pour les salariés en insertion *(Décr. nº 2016-531 du 27 avr. 2016)* « et les personnes détenues ayant signé un acte d'engagement », les actions mises en œuvre et leurs résultats à l'issue du parcours dans la structure.

Ce document précise les réalisations en termes de suivi, d'accompagnement social et professionnel, d'encadrement des personnes présentant des difficultés sociales et professionnelles particulières, comportant notamment les mentions suivantes :

1° Les moyens humains et matériels affectés à la réalisation de ces actions ;

2° Les caractéristiques des personnes embauchées et de leur contrat de travail *(Décr. nº 2016-531 du 27 avr. 2016)* « et le cas échéant des personnes détenues ayant signé un acte d'engagement » ;

3° La nature, l'objet, la durée des actions de suivi individualisé et d'accompagnement social et professionnel des personnes ;

4° Le cas échéant, les propositions d'action sociale faites à la personne pendant la durée de l'action et avant la sortie de la structure ;

5° Les propositions d'orientation professionnelle, de formation préqualifiante ou qualifiante, ou d'emploi faites aux personnes ainsi que les suites qui leur auront été données ;

6° Les résultats en termes d'accès et de retour à l'emploi des personnes sorties de la structure.

Art. D. 5132-30 Après avis favorable du conseil départemental de l'insertion par l'activité économique, un organisme conventionné au titre d'un atelier ou chantier d'insertion peut également être conventionné au titre d'une entreprise d'insertion ou d'une association intermédiaire.

Les activités réalisées par l'organisme conventionné au titre de chacune des deux conventions font alors l'objet d'une comptabilité distincte et donnent lieu à une information sectorielle distincte donnée en annexe des comptes. – *[Anc. art. D. 322-28, al. 2.]*

Art. D. 5132-31 Lorsque l'organisme conventionné au titre de l'article L. 5132-15 est une association, elle établit les comptes annuels conformément au règlement de l'Autorité des normes comptables en vigueur pour les comptes annuels des associations. – *[Anc. art. D. 322-28, al. 3.]*

Art. R. 5132-32 *(Décr. nº 2014-197 du 21 févr. 2014, art. 24)* En cas de non-respect des dispositions de la convention par l'employeur, le préfet l'informe par lettre recommandée de son intention de résilier la convention. Celui-ci dispose d'un délai, qui ne peut être inférieur à un mois, pour faire connaître ses observations.

Le préfet peut alors demander le reversement des sommes indûment perçues.

Art. R. 5132-33 (Abrogé par Décr. n° 2014-197 du 21 févr. 2014, art. 30) *Lorsque l'organisme conventionné ne respecte pas les obligations prévues à l'article R. 5132-35, le préfet peut demander le reversement des aides indûment perçues.*

SOUS-SECTION 2 MISE EN ŒUVRE DES ACTIONS

Art. D. 5132-34 La commercialisation des biens et des services produits dans le cadre des ateliers et des chantiers d'insertion est possible lorsqu'elle contribue à la réalisation et au développement des activités d'insertion sociale et professionnelle des personnes mentionnées à l'article L. 5132-1.

Toutefois, les recettes tirées de cette commercialisation ne peuvent couvrir qu'une part inférieure à 30 % des charges liées à ces activités.

Cette part peut être augmentée sur décision du préfet, dans la limite de 50 %, après avis favorable du conseil départemental de l'insertion par l'activité économique, si les activités développées ne sont pas déjà assurées et satisfaites par les entreprises locales. – *[Anc. art. D. 322-28, al. 1er.]*

Art. R. 5132-35 *(Décr. n° 2014-197 du 21 févr. 2014, art. 25)* Le préfet contrôle l'exécution de la convention conclue pour la mise en place d'un ou *[de]* plusieurs ateliers et chantiers d'insertion. L'employeur lui fournit, à sa demande, tout élément permettant de vérifier la bonne exécution de la convention, la réalité des actions d'insertion mises en œuvre ainsi que leurs résultats.

Art. R. 5132-36 (Abrogé par Décr. n° 2014-197 du 21 févr. 2014, art. 30) *Le préfet contrôle l'exécution de la convention. A cette fin, l'organisme conventionné lui fournit à sa demande tout élément permettant de vérifier la bonne exécution de la convention et la réalité des actions d'insertion et d'accompagnement mises en œuvre.*

SOUS-SECTION 3 AIDE FINANCIÈRE

Art. R. 5132-37 *(Décr. n° 2014-197 du 21 févr. 2014, art. 26)* L'embauche des personnes mentionnées à l'article L. 5132-1 *(Décr. n° 2016-531 du 27 avr. 2016)* « ou l'emploi des personnes détenues ayant signé un acte d'engagement » par les organismes conventionnés au titre d'un atelier ou chantier d'insertion ouvre droit, dans la limite du nombre de postes d'insertion fixé par la convention, à une aide financière.

Cette aide comprend un montant socle et un montant modulé. Le montant modulé est déterminé chaque année par le préfet, dans les conditions fixées par l'article R. 5132-38, en tenant compte :

– des caractéristiques des personnes embauchées *(Décr. n° 2016-531 du 27 avr. 2016)* « et, le cas échéant, des personnes détenues ayant signé un acte d'engagement » ;
– des actions et des moyens d'insertion mis en œuvre ;
– des résultats constatés à la sortie de la structure.

Art. R. 5132-38 *(Décr. n° 2014-197 du 21 févr. 2014, art. 27)* L'aide financière est versée à l'organisme conventionné au titre d'un atelier ou chantier d'insertion pour chaque poste de travail occupé à temps plein. Le cas échéant, le montant de l'aide est réduit à due proportion de l'occupation des postes.

Son montant socle, le montant maximum *[maximal]* de la part modulée dans la limite d'un pourcentage du montant socle et ses conditions de versement sont fixés par arrêté conjoint des ministres chargés de l'emploi et du budget *(Décr. n° 2016-531 du 27 avr. 2016)* « respectivement pour les salariés en insertion recrutés sous contrat de travail et pour les personnes détenues ayant signé un acte d'engagement ». Un arrêté conjoint du ministre chargé de l'emploi et du ministre chargé du budget revalorise, chaque année, cette aide en fonction de l'évolution du salaire minimum de croissance à compter du 1er janvier 2015.

Art. R. 5132-39 (Abrogé par Décr. n° 2014-197 du 21 févr. 2014) *Le préfet peut préciser les critères d'attribution et de modulation de l'aide sur la base d'une charte de qualité élaborée au niveau départemental par l'ensemble des acteurs concernés et après avis du conseil départemental de l'insertion par l'activité économique.*

Lorsque cette charte qualité existe, l'adhésion à celle-ci subordonne l'attribution de l'aide aux organismes conventionnés.

Art. R. 5132-40 *(Décr. n° 2014-197 du 21 févr. 2014)* L'aide financière mentionnée à l'article R. 5132-37 est versée, pour le compte de l'État, par l'Agence de services et de paiement.

Cette aide ne peut se cumuler pour un même poste avec une autre aide à l'emploi financée par l'État.

(Décr. n° 2015-1435 du 5 nov. 2015, art. 2) « En cas de modification de la situation juridique de l'employeur au sens de l'article L. 1224-1, le nouvel employeur est substitué dans les droits et obligations de l'employeur initial résultant de la convention prévue à l'article R. 5132-28. »

Art. D. 5132-41 *(Décr. n° 2014-728 du 27 juin 2014)* Pour l'application du troisième alinéa de l'article L. 5132-3-1, la participation mensuelle du département aux aides financières est égale, pour chaque salarié en insertion qui était, avant son embauche, bénéficiaire du revenu de solidarité active financé par le département, à 88 % du montant forfaitaire mentionné *(Décr. n° 2015-1710 du 21 déc. 2015, art. 4-IV)* « à » l'article L. 262-2 du code de l'action sociale et des familles applicable à un foyer composé d'une seule personne, dans la limite de la durée de conventionnement avec la structure d'insertion par l'activité économique concernée.

Art. R. 5132-42 (Abrogé par Décr. n° 2014-197 du 21 févr. 2014) ***Un arrêté conjoint des ministres chargés de l'emploi et du budget fixe le montant maximal de l'aide à l'accompagnement et précise ses modalités de versement.***

Art. R. 5132-43 *(Décr. n° 2014-197 du 21 févr. 2014, art. 29)* Lorsque l'aide financière est obtenue à la suite de fausses déclarations ou lorsque la convention est détournée de son objet, le préfet résilie la convention après avoir observé la procédure prévue à l'article R. 5132-32. Les sommes indûment perçues donnent alors lieu à reversement.

SOUS-SECTION 4 PÉRIODES DE MISE EN SITUATION EN MILIEU PROFESSIONNEL

(Décr. n° 2014-1360 du 13 nov. 2014, art. 6)

Art. D. 5132-43-1 La convention mentionnée à l'article L. 5132-2 peut prévoir la possibilité pour l'organisme conventionné en tant qu'atelier et chantier d'insertion signataire de mettre en place des périodes de mise en situation en milieu professionnel pour ses salariés recrutés dans le cadre de contrats conclus en application de l'article L. 5132-15-1.

Dans ce cas, la convention précise :

1° Le nombre prévisionnel de salariés concernés ;

2° Les structures auprès desquelles ces salariés peuvent effectuer des périodes de mise en situation en milieu professionnel ;

3° Les modalités d'accompagnement spécifiques prévues par l'organisme conventionné en tant qu'atelier et chantier d'insertion pendant ces périodes ;

4° Le ou les objets, parmi ceux mentionnés à l'article L. 5135-1, pour lesquels il pourra être mis en œuvre des périodes de mise en situation en milieu professionnel.

Art. D. 5132-43-2 Chaque période de mise en situation en milieu professionnel prescrite, en accord avec son employeur, pour un salarié en insertion fait l'objet d'une convention selon les modalités prévues au chapitre V du présent titre, sous réserve des dispositions prévues par la présente sous-section.

Art. D. 5132-43-3 La durée cumulée de l'ensemble des périodes de mise en situation en milieu professionnel effectuées au cours du contrat conclu en application de l'article L. 5132-15-1 ne peut représenter plus de 25 % de la durée totale du contrat.

Art. D. 5132-43-4 L'organisme conventionné en tant qu'atelier et chantier d'insertion transmet à l'Agence de services et de paiement une copie de la convention mentionnée à l'article D. 5135-2.

SOUS-SECTION 5 DÉROGATION À LA DURÉE HEBDOMADAIRE DE TRAVAIL

(Décr. n° 2015-1435 du 5 nov. 2015, art. 1er)

Art. R. 5132-43-5 La dérogation à la durée hebdomadaire de travail du titulaire d'un contrat à durée déterminée conclu en application de l'article L. 1242-3 dans les ateliers et chantiers d'insertion intervient après examen par Pôle emploi de la situation de l'intéressé.

La période durant laquelle il peut être dérogé à la durée hebdomadaire minimale de vingt heures ne peut excéder six mois.

Cette période peut être prolongée après un bilan établi par l'employeur de la situation du salarié au regard de l'emploi, des actions d'accompagnement et de formation dont il a bénéficié, le cas échéant en coopération avec Pôle emploi et les organismes chargés de l'insertion sociale et professionnelle de cette personne.

La prolongation doit permettre d'achever les actions d'accompagnement et de formation prescrite lors de la demande initiale. Sa durée ne peut excéder la durée de l'action ou de l'atelier et chantier conventionné.

La demande de dérogation intervient soit à l'initiative de l'employeur avant l'embauche, soit à l'initiative du salarié en accord avec son employeur.

Art. R. 5132-43-6 Lorsqu'un employeur envisage de conclure un contrat de travail dérogeant à la durée hebdomadaire minimale de vingt heures, il fournit à Pôle emploi avant l'embauche :

1° Tout document visant à établir que la situation de la personne recrutée présente les caractéristiques mentionnées à l'article R. 5132-43-7 et justifie le recours à cette dérogation ;

2° Un document répertoriant les actions d'accompagnement et de formation qu'il envisage de mettre en œuvre pendant la période dérogatoire.

Lorsqu'un salarié envisage de passer à une durée de travail hebdomadaire inférieure à la durée minimale de vingt heures, il fait une demande écrite et motivée à son employeur qui, s'il accepte cette demande, saisit Pôle emploi dans les conditions prévues ci-dessus.

Art. R. 5132-43-7 En application des dispositions de l'article L. 5132-15-1, le diagnostic de la situation des personnes susceptibles de bénéficier d'une durée de travail inférieure à vingt heures doit permettre d'établir que leurs difficultés particulièrement importantes caractérisent un risque de grande exclusion dont l'absence de prise en charge ferait obstacle à leur insertion professionnelle.

Ce diagnostic est réalisé par Pôle emploi, le cas échéant en collaboration avec les organismes chargés de l'insertion sociale et professionnelle de la personne concernée, avant son embauche.

SECTION IV **FONDS DÉPARTEMENTAL D'INSERTION**

Art. R. 5132-44 Dans chaque département, un fonds pour l'insertion finance le développement et la consolidation des initiatives locales en matière d'insertion par l'activité économique. – *[Anc. art. L. 322-4-16-5, al. 1er et 2.]*

Art. R. 5132-45 Le fonds départemental pour l'insertion est géré par le préfet qui arrête le montant des aides accordées. – *[Anc. art. L. 322-4-16-5, al. 3.]*

Art. R. 5132-46 Le fonds départemental pour l'insertion a pour objet de concourir au financement :

1° D'aides au conseil nécessaires à l'identification, à l'élaboration et au suivi des projets de développement d'activités des organismes mentionnés à l'article L. 5132-2 ;

2° D'aides au démarrage, au développement et, à titre exceptionnel, à la consolidation de l'activité de ces organismes. – *[Anc. art. 1er, Décr. nº 99-275 du 12 avr. 1999.]*

Art. R. 5132-47 Après avis du conseil départemental de l'insertion par l'activité économique, les concours du fonds départemental pour l'insertion sont attribués par le préfet, qui en détermine le montant. Ils font l'objet de conventions entre l'État et l'organisme, qui mentionnent notamment la nature, la durée et l'objet de l'action financée.

Le préfet peut subordonner l'attribution de ces aides à des engagements de l'organisme concernant le suivi des actions financées. – *[Anc. art. 2, Décr. nº 99-275 du 12 avr. 1999.]*

CHAPITRE III **PRIME DE RETOUR À L'EMPLOI**

SECTION PREMIÈRE **PRIME DE RETOUR À L'EMPLOI** *(Décr. n° 2009-404 du 15 avr. 2009, art. 11).*

Art. R. 5133-1 Pour ouvrir droit à la prime de retour à l'emploi instituée par l'article L. 5133-1, la durée minimale de l'activité professionnelle exercée par le bénéficiaire de l'une des allocations mentionnées à ce même article est de quatre mois consécutifs.

Lorsque cette activité est salariée, la durée contractuelle résultant de la conclusion d'un ou plusieurs contrats de travail est au moins égale à soixante-dix-huit heures mensuelles. — *[Anc. art. R. 322-19, al. 1er.]*

Art. R. 5133-2 La liste des justificatifs exigés pour l'ouverture du droit à la prime et attestant l'effectivité de la reprise d'activité est fixée par arrêté des ministres chargés de l'action sociale *(Décr. n° 2009-289 du 13 mars 2009)* « et de l'emploi ». — *[Anc. art. R. 322-19, al. 2.]*

Art. R. 5133-3 Le montant de la prime de retour à l'emploi est de 1 000 €. — *[Anc. art. R. 322-20, al. 1er.]*

Art. R. 5133-4 Lorsque la reprise d'activité résulte de la conclusion d'un ou plusieurs contrats de travail à durée indéterminée ou d'un ou plusieurs contrats de travail à durée déterminée de plus de six mois, la prime est, à la demande de l'intéressé, versée par anticipation dès la fin du premier mois d'activité.

Dans les autres cas, la prime est versée à compter de la fin du quatrième mois d'activité professionnelle. — *[Anc. art. R. 322-20, al. 2 et 3.]*

Art. R. 5133-5 Le bénéfice de la prime de retour à l'emploi ne peut être accordé plus d'une fois dans un délai de dix-huit mois, courant à compter du premier des quatre mois d'activité mentionnés à l'article R. 5133-1. — *[Anc. art. R. 322-20, al. 4.]*

Art. R. 5133-6 Lorsqu'une personne bénéficie simultanément de l'allocation solidarité spécifique et du revenu minimum d'insertion ou de l'allocation de parent isolé, la prime lui est versée en sa qualité de bénéficiaire de l'allocation de solidarité spécifique.

Lorsqu'une personne bénéficie simultanément du revenu minimum d'insertion et de l'allocation de parent isolé, la prime lui est versée en sa qualité de bénéficiaire de l'allocation parent isolé. — *[Anc. art. R. 322-20, al. 5.]*

Art. R. 5133-7 Tout paiement indu de la prime est récupéré par remboursement en un ou plusieurs versements.

La créance peut être réduite ou remise en cas de précarité de la situation du débiteur, sauf en cas de manœuvre frauduleuse ou de fausse déclaration. — *[Anc. art. L. 322-12, al. 4, phrases 2, début et 4.]*

Art. R. 5133-8 La récupération de l'indu sur la prime de retour à l'emploi intervient après information écrite de l'intéressé sur la source de l'erreur et expiration du délai de recours. — *[Anc. art. L. 322-12, al. 4, phrase 2 fin.]*

SECTION II **AIDE PERSONNALISÉE DE RETOUR À L'EMPLOI**

(Décr. n° 2009-404 du 15 avr. 2009)

Art. R. 5133-9 Une fraction des crédits du Fonds national des solidarités actives, définie chaque année par arrêté des ministres chargés du budget, de l'action sociale et de l'emploi, est consacrée à l'aide personnalisée de retour à l'emploi. — *V., pour l'année 2012, Arr. du 4 avr. 2012 (JO 22 avr.).*

Art. R. 5133-10 L'aide personnalisée de retour à l'emploi peut être attribuée aux bénéficiaires du revenu de solidarité active tenus à l'obligation prévue à l'article L. 262-28 du code de l'action sociale et des familles.

Elle a pour objet de prendre en charge tout ou partie des coûts exposés à l'occasion de la prise ou la reprise d'une activité professionnelle, que ce soit sous la forme d'un emploi, du suivi d'une formation ou de la création d'une entreprise.

Art. R. 5133-11 Les dépenses mentionnées à l'article R. 5133-10 justifiant le versement de l'aide sont notamment celles découlant du retour à l'emploi, en matière de transport, d'habillement, de logement, d'accueil des jeunes enfants, d'obtention d'un diplôme, licence, certification ou autorisation qu'implique une activité professionnelle.

Art. R. 5133-12 L'aide personnalisée de retour à l'emploi est versée :

1° Soit au bénéficiaire, pour couvrir tout ou partie de dépenses exposées par lui-même ;

2° Soit à un prestataire en paiement direct d'une dépense.

Le montant de l'aide est attribué sur la base de justificatifs, selon les modalités et dans la limite d'un plafond fixé par la convention mentionnée à l'article L. 262-32 du code de l'action sociale et des familles.

Art. R. 5133-13 Une convention entre le président du conseil de gestion du Fonds national des solidarités actives et Pôle emploi détermine les conditions dans lesquelles l'aide personnalisée de retour à l'emploi intervient pour abonder les aides et mesures attribuées par cet organisme aux bénéficiaires du revenu de solidarité active, en cas de reprise d'activité professionnelle.

Art. R. 5133-14 Le montant des crédits attribués par département au titre de l'aide personnalisée de retour à l'emploi est arrêté par le président du conseil de gestion du Fonds national des solidarités actives en fonction du nombre prévisionnel de bénéficiaires du revenu de solidarité active relevant des dispositions de l'article L. 262-28 du code de l'action sociale et des familles. Ce montant est notifié au préfet avant le 31 mars de chaque année.

Art. R. 5133-15 Sur la base de la convention d'orientation prévue à l'article L. 262-32 du code de l'action sociale et des familles, le préfet arrête la répartition des crédits entre les organismes au sein desquels peuvent être désignés des référents en application de l'article L. 262-27 du code de l'action sociale et des familles. Cette répartition tient compte, notamment, du nombre des bénéficiaires suivis par l'organisme, de l'objet des aides versées et du retour à l'emploi des bénéficiaires effectivement constaté. La convention détermine les modalités de versement et de suivi des dépenses. Le préfet notifie les sommes attribuées à chaque organisme.

Les crédits ainsi répartis sont versés par le Fonds national des solidarités actives sur la base de l'arrêté du préfet.

Art. R. 5133-16 Avant la fin de chaque exercice budgétaire, le préfet procède à l'estimation des crédits engagés pour le service de l'aide personnalisée de retour à l'emploi. Il peut procéder à une répartition modificative de ces crédits entre organismes, sur la base des besoins constatés.

Art. R. 5133-17 En l'absence de convention d'orientation prévue à l'article L. 262-32 du code de l'action sociale et des familles, le préfet répartit les crédits qui lui sont notifiés au titre de l'article R. 5133-14 du présent code entre les organismes chargés du service du revenu de solidarité active.

L'aide personnalisée de retour à l'emploi est alors servie par les organismes aux bénéficiaires du revenu de solidarité active relevant des dispositions de l'article L. 262-28 du code de l'action sociale et des familles et qui ont débuté ou repris une activité professionnelle au cours de l'année.

Les dispositions des articles L. 262-45 à L. 262-53 du même code sont applicables.

CHAPITRE IV **CONTRATS DE TRAVAIL AIDÉS**

SECTION PREMIÈRE **CONTRAT EMPLOI-JEUNE**

SOUS-SECTION 1 **OBJET**

Art. D. 5134-1 La condition d'activité prévue au 2° de l'article L. 5134-1 est appréciée à compter de la fin de la scolarité et à l'exclusion des périodes de travail accomplies en exécution des contrats de travail suivants :

1° Le contrat d'apprentissage ;

2° Le contrat d'accompagnement dans l'emploi ;

3° Le contrat initiative-emploi ;

4° Le contrat de professionnalisation ;

(Abrogé par Décr. n° 2015-1723 du 21 déc. 2015, art. 2, à compter du 1er janv. 2016) *« 5° Le contrat d'insertion par l'activité mentionné à l'article L. 522-8 du code de l'action sociale et des familles ; »*

6° Les contrats conclus avec un employeur relevant des dispositions de l'article L. 5132-1 relatif à l'insertion par l'activité économique. – *[Anc. art. L. 322-4-19, al. 1er, phrase 2.]*

SOUS-SECTION 2 CONVENTION

Art. D. 5134-2 Les conventions pluriannuelles mentionnées à l'article L. 5134-3 répondent aux exigences d'un cahier des charges qui comporte notamment les conditions prévisibles de la pérennisation des activités et les dispositions de nature à assurer la professionnalisation des emplois.

Elles comportent également des dispositions relatives aux objectifs de qualification, aux conditions de la formation professionnelle et, selon les besoins, aux modalités du tutorat.

Les régions, dans le cadre de leurs compétences, ainsi que d'autres personnes morales peuvent participer à l'effort de formation. – *[Anc. art. L. 322-4-18, al. 1er fin et 7.]*

Art. D. 5134-3 La convention emploi-jeune mentionnée au 1° de l'article L. 5134-2 précise notamment :

1° La description des activités prévues ;

2° Le nombre de postes et la nature des contrats de travail ouvrant droit à l'aide dont la création est envisagée ;

3° La fixation de la période, de douze mois au plus à compter de la conclusion de la convention, pendant laquelle les postes peuvent être créés ;

4° La durée collective de travail applicable dans l'organisme employeur ;

5° Pour chaque poste, la durée du travail fixée au contrat de travail du salarié occupant le poste ;

6° Les objectifs fixés pour assurer la professionnalisation des activités envisagées et, le cas échéant, les actions de formation et de qualification professionnelle des salariés exerçant ces activités ;

7° La convention collective éventuellement applicable ;

8° Le montant et les modalités de versement de l'aide de l'État ;

9° Les modalités du contrôle de l'application de la convention. – *[Anc. art. 2, al. 1er à 10, Décr. n° 97-954 du 17 oct. 1997.]*

Art. D. 5134-4 Aucune embauche ne peut intervenir avant la date de la signature de la convention. – *[Anc. art. 2, al. 11, Décr. n° 97-954 du 17 oct. 1997.]*

V. Circ. DGEFP n° 2005/12 du 21 mars 2005 relative à la mise en œuvre du contrat d'accompagnement dans l'emploi (CAE).

Art. D. 5134-5 Le préfet contrôle l'exécution de la convention. A cette fin, l'employeur fournit à sa demande tout élément permettant de vérifier la bonne exécution de la convention et la réalité des emplois créés. – *[Anc. art. 4, Décr. n° 97-954 du 17 oct. 1997.]*

Art. D. 5134-6 Les conventions conclues, en application de l'article L. 5134-3, avec les établissements d'enseignement, publics ou sous contrat, sont instruites, signées et résiliées par les autorités académiques et exécutées sous leur contrôle, lorsque les activités envisagées participent directement à l'action éducatrice.

Les conventions relatives aux activités périscolaires relèvent de la compétence du préfet, qui consulte les autorités académiques sur les projets de convention concernés. – *[Anc. art. 6, Décr. n° 97-954 du 17 oct. 1997.]*

SOUS-SECTION 3 CONTRAT DE TRAVAIL

Art. D. 5134-7 L'autorité administrative mentionnée à l'article L. 5134-11 est le préfet, signataire de la convention. – *[Anc. art. L. 322-4-20-I, al. 1er, phrase 3 milieu.]*

SOUS-SECTION 4 AIDE FINANCIÈRE ET EXONÉRATIONS

Art. D. 5134-8 L'aide prévue par la convention pluriannuelle est versée pendant une durée de soixante mois à compter de la création du poste de travail, pour les périodes pendant lesquelles le poste est effectivement occupé par une personne remplissant les conditions prévues à l'article L. 5134-1. – *[Anc. art. 3, al. 1er, Décr. no 97-954 du 17 oct. 1997.]*

Art. D. 5134-9 Le montant annuel de l'aide par poste de travail est fixé à 15 924,55 €.

L'aide est versée mensuellement et par avance à l'organisme employeur. – *[Anc. art. 3, al. 2, Décr. no 97-954 du 17 oct. 1997.]*

Art. D. 5134-10 Lorsque le paiement de l'aide a été suspendu à la suite d'une vacance de poste due à une rupture du contrat de travail, il n'y a pas de reprise du versement de l'aide de l'État.

Le versement de l'aide peut cependant être repris pour les postes pour lesquels les conventions initiales ont fait l'objet d'un avenant portant la durée de l'aide à une période supérieure à soixante mois.

Les personnes morales qui en sollicitent la reprise en font la demande au préfet qui vérifie les conditions d'exécution de la convention à la date de la demande. – *[Anc. art. 3, al. 3, Décr. no 97-954 du 17 oct. 1997.]*

V. Circ. DGEFP no 2005/09 du 19 mars 2005 relative à la mise en œuvre du contrat insertion-revenu minimum d'activité (CI-RMA).

Art. D. 5134-11 Pour chaque poste, les conventions conclues avec les organismes de droit privé à but non lucratif peuvent faire l'objet d'avenants prévoyant, au cours d'une durée additionnelle de trente-six mois, le versement d'une partie de l'aide initiale ainsi que l'octroi d'une prime de consolidation d'un montant maximum de 15 245 €. – *[Anc. art. 3, al. 4, Décr. no 97-954 du 17 oct. 1997.]*

Art. D. 5134-12 En cas de résiliation des avenants, les sommes que l'employeur aurait dû percevoir au titre de l'aide initiale s'il n'avait pas opté pour le versement différé de cette aide lui sont reversées. – *[Anc. art. 3, al. 5, Décr. no 97-954 du 17 oct. 1997.]*

Art. D. 5134-13 Lorsque la durée du travail prévue au contrat de travail du salarié est inférieure à trente-cinq heures par semaine, le montant de l'aide est réduit par application du rapport entre la durée prévue au contrat et la durée collective applicable à l'organisme employeur où est créé le poste. – *[Anc. art. 3, al. 6, Décr. no 97-954 du 17 oct. 1997.]*

SECTION PREMIÈRE-1 CONTRAT UNIQUE D'INSERTION

(Décr. no 2009-1442 du 25 nov. 2009)

Dans les départements d'outre-mer et les collectivités de Saint-Barthélemy, Saint-Martin et Saint-Pierre-et-Miquelon, ces dispositions entrent en vigueur dans les conditions prévues à l'art. 29 de la L. no 2008-1249 du 1er déc. 2008 (Décr. no 2009-1442 du 25 nov. 2009).

SOUS-SECTION 1 DISPOSITIONS GÉNÉRALES

Art. R. 5134-14 *(Décr. no 2014-524 du 22 mai 2014, art. 16-IV)* « Pôle emploi » *(Décr. no 2012-1211 du 31 oct. 2012 art. 1er-I-1o)* « , les organismes mentionnés à l'article L. 5314-1 et au 1° *bis* de l'article L. 5311-4, ainsi que les recteurs d'académie pour les contrats mentionnés à l'article L. 5134-125, peuvent attribuer pour le compte de l'État des aides à l'insertion professionnelle en application » de l'article L. 5134-19-1, dans le cadre des missions d'insertion professionnelle que l'État leur confie par une convention ou par un marché et dans la limite de l'enveloppe financière qu'il notifie annuellement à chaque organisme.

Art. R. 5134-15 Lorsque les organismes mentionnés *(Décr. no 2012-1211 du 31 oct. 2012 art. 1er-I-2o)* « à l'article L. 5314-1 et au 1° *bis* de l'article L. 5311-4, ainsi que les recteurs d'académie pour les contrats mentionnés à l'article L. 5134-125 *[,]* » prennent des décisions ou *(Décr. no 2012-1211 du 31 oct. 2012, art. 1er-I-2o)* « attri-

buent des aides à l'insertion professionnelle » pour le compte de l'État en application *(Abrogé par Décr. nº 2012-1211 du 31 oct. 2012, art. 1er-I-2º)* **« *du a du 1º* » de l'article L. 5134-19-1, ils statuent également au nom de l'État en cas de recours gracieux formés contre ces décisions** *(Abrogé par Décr. nº 2012-1211 du 31 oct. 2012, art. 1er-I-2º)* **« *ou conventions* ». Les recours hiérarchiques sont portés devant le préfet de région.**

Art. R. 5134-16 La convention annuelle d'objectifs et de moyens prévue à l'article L. 5134-19-4 comporte une annexe, dont le modèle est fixé par arrêté du ministre chargé de l'emploi, faisant apparaître la liste des taux de prise en charge de l'aide financière définis en application du dernier alinéa de l'article L. 5134-19-1, du cinquième et du sixième alinéa de l'article L. 5134-19-4. Cette annexe mentionne également le nombre prévisionnel *(Décr. nº 2012-1211 du 31 oct. 2012, art. 1er-I-3º)* **« d'aides à l'insertion professionnelle attribuées » par le président du conseil départemental, selon que l'aide est financée pour partie ou en totalité par le département.**

La convention annuelle d'objectifs et de moyens peut être modifiée en cours d'année par avenant.

*L'annexe à la convention annuelle d'objectifs et de moyens pour la mise en œuvre du contrat unique d'insertion est établie selon le modèle du CERFA nº 13999*01, les imprimés sont délivrés par l'Agence de service et de paiement (Arr. du 4 janv. 2010, JO 15 janv.).*

Art. R. 5134-17 La *(Décr. nº 2012-1211 du 31 oct. 2012, art. 1er-I-4º)* **« demande d'aide à l'insertion professionnelle », dont le modèle est fixé par arrêté du ministre chargé de l'emploi, comporte :**

1º Des informations relatives à l'identité du bénéficiaire et à sa situation au regard de l'emploi, des allocations dont il bénéficie et de sa qualification ;

2º Des informations relatives à l'identité et aux caractéristiques de l'employeur ;

3º Des informations relatives à la nature, aux caractéristiques et au contenu du contrat de travail conclu avec le salarié ;

4º Les modalités de mise en œuvre de *(Décr. nº 2012-1211 du 31 oct. 2012, art. 1er-I-4º)* **« l'aide à l'insertion professionnelle », notamment :**

***a)* La nature des actions prévues au cours du contrat d'accompagnement dans l'emploi ou du contrat initiative-emploi, respectivement, en matière d'orientation et d'accompagnement professionnel, de formation professionnelle et de validation des acquis de l'expérience, en application de l'article L. 5134-22, et en matière d'accompagnement professionnel et, le cas échéant, de formation, en application de l'article L. 5134-65 ;**

***b)* Le cas échéant, l'indication qu'une ou plusieurs périodes d'immersion auprès d'un autre employeur sont prévues au cours du contrat, en application de l'article L. 5134-20 ;**

***c)* Le nom du référent mentionné aux articles R. 5134-37 et R. 5134-60 et l'organisme dont il relève ;**

***d)* Le nom et la fonction du tuteur mentionné aux articles R. 5134-38 et R. 5134-61 ;**

***e)* Le taux de prise en charge servant au calcul de l'aide versée à l'employeur et le nombre d'heures de travail auquel il s'applique ;**

***f)* L'identité de l'organisme ou des organismes en charge du versement de l'aide financière et les modalités de versement ;**

***g)* Les modalités de contrôle par l'autorité** *(Décr. nº 2012-1211 du 31 oct. 2012, art. 1er-I-4º)* **« attribuant l'aide de la mise en œuvre de l'aide.**

« Les conditions d'attribution de l'aide peuvent être modifiées avant le terme prévu par la décision avec l'accord de l'employeur, du salarié et de l'autorité visée à l'article R. 5134-14 ayant attribué l'aide. »

*La convention individuelle de contrat unique d'insertion est établie selon le modèle du CERFA nº 13998*01 ; les imprimés sont délivrés par l'Agence de services et de paiement (Arr. du 4 janv. 2010, JO 15 janv.).*

V. Arr. du 2 nov. 2012 relatif au modèle de demande d'aide à l'insertion professionnelle de l'emploi d'avenir (JO 24 nov.).

Art. R. 5134-17-1 *(Décr. nº 2012-1211 du 31 oct. 2012, art. 1er-I-5º)* **La décision d'attribution de l'aide à l'insertion professionnelle est transmise par l'autorité signataire à l'Agence de services et de paiement.**

Elle comprend l'ensemble des éléments indiqués à l'article R. 5134-17.

SOUS-SECTION 2 **SUIVI FINANCIER ET STATISTIQUE**

Art. R. 5134-18 L'Agence de services et de paiement est autorisée à mettre en œuvre un traitement automatisé des données à caractère personnel contenues dans les *(Décr. n° 2012-1211 du 31 oct. 2012, art. 1er-I-6°)* « décisions d'attribution de l'aide à l'insertion professionnelle ».

Le traitement automatisé a pour finalité :

1° La gestion, le contrôle et le suivi des *(Décr. n° 2012-1211 du 31 oct. 2012, art. 1er-I-6°)* « aides à l'insertion professionnelle » ;

2° Le calcul et le paiement de l'aide versée à l'employeur ;

3° L'identification des cas dans lesquels l'allocation de revenu de solidarité active est intégralement à la charge du Fonds national des solidarités actives en application du troisième alinéa du I de l'article L. 262-24 du code de l'action sociale et des familles ;

4° L'élaboration de données statistiques et financières anonymes ;

(Décr. n° 2012-657 du 4 mai 2012, art. 1er) « 5° La réalisation d'enquêtes permettant d'étudier la situation des personnes en contrats aidés et leur parcours professionnel. » *— Les dispositions du 5° peuvent être modifiées par décret simple (Décr. n° 2012-657 du 4 mai 2012, art. 3).*

Art. R. 5134-19 Les catégories de données à caractère personnel enregistrées sont les suivantes :

1° Le nom de famille et, le cas échéant, le nom *(Décr. n° 2012-1211 du 31 oct. 2012, art. 1er-I-7°)* « d'usage », les prénoms, le sexe et la date de naissance ;

2° La nationalité, sous l'une des formes suivantes :

– français ;

– ressortissant d'un État membre de l'Union européenne ;

– ressortissant d'un État tiers.

3° Le numéro d'inscription au répertoire national d'identification des personnes physiques ;

4° Le niveau de formation ;

5° L'adresse ;

6° Le cas échéant, le numéro d'inscription sur la liste des demandeurs d'emploi et la durée de cette inscription ;

7° Le cas échéant, l'indication de la qualité de bénéficiaire du revenu de solidarité active financé par le département, le numéro d'allocataire, l'organisme en charge du versement et la durée pendant laquelle il a bénéficié de cette allocation ;

8° Le cas échéant, l'indication de la qualité de bénéficiaire de l'allocation de solidarité spécifique, de l'allocation aux adultes handicapés ou de l'allocation temporaire d'attente et la durée pendant laquelle il a bénéficié de cette allocation ;

9° Le cas échéant, l'indication *(Décr. n° 2012-1211 du 31 oct. 2012, art. 1er-I-7°)* « de la reconnaissance de la qualité de bénéficiaire de l'obligation d'emploi des travailleurs handicapés, pour les personnes mentionnées à l'article L. 5212-13 » ;

10° Les données mentionnées aux 2°, 3° et 4° de l'article R. 5134-17.

Art. R. 5134-20 Pour les nécessités liées à la seule finalité mentionnée au 3° de l'article R. 5134-18 les agents des organismes mentionnés à l'article L. 262-16 du code de l'action sociale et des familles désignés et habilités par l'autorité responsable de ces organismes sont destinataires des données du traitement relatives aux personnes bénéficiaires du revenu de solidarité active financé par le département et portant sur :

1° Le nom et l'adresse des intéressés ;

2° Leur numéro d'inscription au répertoire national d'identification des personnes physiques ;

3° Leur numéro d'allocataire ;

4° La date de leur embauche.

Art. R. 5134-21 A l'exception du numéro d'inscription au répertoire national d'identification des personnes physiques et, le cas échéant, du numéro d'allocataire du revenu de solidarité active financé par le département, sont destinataires des données du traitement pour les nécessités liées aux seules finalités mentionnées aux 1°, 2° et 4° de l'article R. 5134-18 les agents des administrations et organismes mentionnés ci-après, désignés et habilités par l'autorité responsable de ces administrations et organismes :

1° Les services déconcentrés du ministre chargé de l'emploi dans le département ;

2° Les *(Décr. n° 2012-657 du 4 mai 2012, art. 1er)* « agences » locales de Pôle emploi ;

3° Les organismes mentionnés à l'article R. 5134-14, pour les *(Décr. n° 2012-1211 du 31 oct. 2012, art. 1er-I-8°)* « aides attribuées » au nom de l'État ;

4° Le cas échéant, le département, lorsque le président du conseil départemental le demande, pour les *(Décr. n° 2012-1211 du 31 oct. 2012, art. 1er-I-8°)* « aides qu'il a attribuées ».

Art. R. 5134-22 *(Décr. n° 2012-657 du 4 mai 2012, art. 1er)* Pour permettre aux agents des services statistiques du ministre chargé de l'emploi désignés et habilités par l'autorité responsable de ces services de conduire les opérations prévues aux 4° et 5° de l'article R. 5134-18, ces derniers sont destinataires des données du traitement, à l'exception du numéro d'inscription au répertoire national d'identification des personnes physiques.

Ces données ne peuvent être conservées par les services statistiques du ministre chargé de l'emploi au-delà de la période nécessaire à la conduite de ces opérations et au plus tard cinq ans après *(Décr. n° 2012-1211 du 31 oct. 2012, art. 1er-I-9°)* « le terme de l'aide à l'insertion professionnelle ».

Les dispositions du 1er al. peuvent être modifiées par décret simple (Décr. n° 2012-657 du 4 mai 2012, art. 3).

Art. R. 5134-23 Les données à caractère personnel ne peuvent être conservées au-delà de la période nécessaire à la conduite des opérations prévues à l'article R. 5134-18 et au maximum un an après *(Décr. n° 2012-1211 du 31 oct. 2012, art. 1er-I-10°)* « le terme de l'aide à l'insertion professionnelle ».

Toutefois, en cas de contentieux relatif à une *(Décr. n° 2012-1211 du 31 oct. 2012, art. 1er-I-10°)* « aide à l'insertion professionnelle », les données correspondantes sont conservées jusqu'à une décision de justice devenue définitive.

L'enregistrement, l'utilisation, la conservation et la transmission de ces données sont réalisés selon des modalités propres à garantir leur confidentialité.

Art. R. 5134-24 Les droits d'accès et de rectification prévus aux articles 39 et 40 de la loi n° 78-17 du 6 janvier 1978 relative à l'informatique, aux fichiers et aux libertés s'exercent auprès de l'Agence de services et de paiement.

Art. D. 5134-25 *Abrogé par Décr. n° 2012-657 du 4 mai 2012, art. 1er-5°.*

SECTION II CONTRAT D'ACCOMPAGNEMENT DANS L'EMPLOI

(Décr. n° 2009-1442 du 25 nov. 2009)

Dans les départements d'outre-mer et les collectivités de Saint-Barthélemy, Saint-Martin et Saint-Pierre-et-Miquelon, ces dispositions entrent en vigueur dans les conditions prévues à l'art. 29 de la L. n° 2008-1249 du 1er déc. 2008 (Décr. n° 2009-1442 du 25 nov. 2009).

SOUS-SECTION 1 AIDE À L'INSERTION PROFESSIONNELLE *(Décr. n° 2012-1211 du 31 oct. 2012, art. 1er-II-1°).*

Art. R. 5134-26 *(Décr. n° 2012-1211 du 31 oct. 2012, art. 1er-II-2°)* L'aide à l'insertion professionnelle est attribuée préalablement à la conclusion du contrat de travail *mentionné à l'article L. 5134-24.*

Art. R. 5134-27 *(Décr. n° 2012-1211 du 31 oct. 2012, art. 1er-II-3°)* L'employeur qui effectue une nouvelle demande d'aide à l'insertion professionnelle transmet à l'autorité appelée à attribuer cette aide les éléments nécessaires à l'établissement du bilan mentionné à l'article L. 5134-21-1.

Art. R. 5134-28 L'employeur informe, dans un délai franc de sept jours, de toute suspension ou rupture du contrat de travail qui interviendrait avant la fin de *(Décr. n° 2012-1211 du 31 oct. 2012, art. 1er-II-4°)* « l'attribution de l'aide à l'insertion professionnelle » :

1° L'autorité *(Décr. n° 2012-1211 du 31 oct. 2012, art. 1er-II-4°)* « ayant attribué l'aide » ;

2° Le ou les organismes chargés du versement des aides.

Un arrêté du ministre chargé de l'emploi fixe le modèle de fiche de signalement, par l'employeur, des suspensions ou ruptures du contrat de travail. – *V. Arr. du 1er mars 2010 (JO 19 mars).*

Art. R. 5134-29 *(Décr. n° 2012-1211 du 31 oct. 2012, art. 1er-II-5°)* En cas de non-respect par l'employeur des dispositions de la décision d'attribution de l'aide à l'insertion professionnelle, l'aide à l'insertion professionnelle n'est pas due et les sommes versées font l'objet d'un remboursement.

L'autorité attribuant l'aide informe l'employeur de son intention de procéder à la récupération de l'indu.

L'employeur dispose d'un délai franc de sept jours pour faire connaître ses observations.

Tout paiement indu donne lieu à remboursement par l'employeur de la totalité des aides perçues.

L'autorité attribuant l'aide informe l'organisme de recouvrement des cotisations sociales de la procédure.

Art. R. 5134-30 En cas de modification de la situation juridique de l'employeur au sens de l'article L. 1224-1, le nouvel employeur est substitué dans les droits de l'employeur en ce qui concerne le contrat de travail. Le nouvel employeur est également substitué dans les droits de l'employeur initial en ce qui concerne *(Décr. n° 2012-1211 du 31 oct. 2012, art. 1er-II-6°)* « l'aide à l'insertion professionnelle, sous réserve de l'accord de l'autorité ayant attribué l'aide, au regard des engagements du nouvel employeur ».

Art. R. 5134-31 En application de l'article L. 5134-23-2, l'employeur qui souhaite prolonger une *(Décr. n° 2012-1211 du 31 oct. 2012, art. 1er-II-7°)* « aide à l'insertion professionnelle » au titre d'un contrat d'accompagnement dans l'emploi adresse à l'autorité *(Décr. n° 2012-1211 du 31 oct. 2012, art. 1er-II-7°)* « qui a attribué l'aide » initiale une demande préalable.

Cette demande motivée est accompagnée d'un bilan des actions réalisées en matière d'accompagnement et de formation, notamment des actions d'aide à la prise de poste, de remise à niveau, d'acquisition de nouvelles compétences, de formation qualifiante, ou de la réalisation d'une période d'immersion. L'employeur joint également à sa demande un document répertoriant les actions d'accompagnement et de formation qu'il envisage de mettre en œuvre pendant la période de prolongation.

Art. R. 5134-32 La durée maximale de *(Décr. n° 2012-1211 du 31 oct. 2012, art. 1er-II-8°)* « l'aide à l'insertion professionnelle », fixée à vingt-quatre mois par l'article L. 5134-23, peut être prolongée, en application du premier alinéa de l'article L. 5134-23-1, pour la durée de la formation suivie par le salarié restant à courir et dans la limite de soixante mois.

La demande de prolongation déposée par l'employeur est accompagnée :

1° De tous justificatifs visant à établir que l'action de formation professionnelle qualifiante visée à l'article L. 6314-1 et *(Décr. n° 2012-1211 du 31 oct. 2012, art. 1er-II-8°)* « prévue au titre de l'aide attribuée » initiale est en cours de réalisation et que le terme de cette action dépasse le terme de *(Décr. n° 2012-1211 du 31 oct. 2012, art. 1er-II-8°)* « l'aide » ;

2° Des éléments d'organisation des actions de formation permettant de s'assurer qu'elles pourront être réalisées durant la période de prolongation.

Art. R. 5134-33 La durée maximale de vingt-quatre mois de *(Décr. n° 2012-1211 du 31 oct. 2012, art. 1er-II-9°)* « l'aide à l'insertion professionnelle » peut, pour les personnes mentionnées au premier alinéa de l'article L. 5134-23-1, être portée, par *(Décr. n° 2012-1211 du 31 oct. 2012, art. 1er-II-9°)* « décisions de prolongation successives » d'un an au plus, à soixante mois.

La condition d'âge mentionnée au premier alinéa des articles L. 5134-23-1 et L. 5134-25-1 s'apprécie à l'échéance de la durée maximale de *(Décr. n° 2012-1211 du 31 oct. 2012, art. 1er-II-9°)* « l'aide ».

Art. R. 5134-34 (Abrogé par Décr. n° 2015-1435 du 5 nov. 2015, art. 4) ***La durée maximale de vingt-quatre mois de*** (Décr. n° 2012-1211 du 31 oct. 2012, art. 1er-II-10°)

« l'aide » peut, pour les personnes mentionnées au second alinéa de l'article L. 5134-23-1, être dépassée par (Décr. n° 2012-1211 du 31 oct. 2012, art. 1er-II-10°) *« décisions de prolongation successives » d'un an au plus.*

La condition d'âge mentionnée au second alinéa de l'article L. 5134-23-1 et au troisième alinéa de l'article L. 5134-25-1 s'apprécie à l'échéance de la durée maximale de (Décr. n° 2012-1211 du 31 oct. 2012, art. 1er-II-10°) *« l'aide ».*

Art. R. 5134-35 En application de l'article L. 2323-48, les institutions représentatives du personnel des organismes employeurs, lorsqu'elles existent, sont informées des contrats d'accompagnement dans l'emploi conclus.

SOUS-SECTION 2 CONTRAT DE TRAVAIL

Art. R. 5134-36 En application de l'article L. 5134-26, pour le calcul de la rémunération, le nombre d'heures hebdomadaires de travail accomplies est réputé égal à la durée du travail contractuelle.

Le programme prévisionnel de la répartition de la durée du travail sur l'année ou sur la période couverte par le contrat de travail est indiqué dans le contrat de travail.

Ce programme prévisionnel peut être modifié à la condition que cette possibilité ait été prévue dans le contrat de travail. En ce cas, sa modification éventuelle respecte un délai de prévenance de quinze jours au moins.

SOUS-SECTION 3 ACCOMPAGNEMENT

Art. R. 5134-37 L'autorité *(Décr. n° 2012-1211 du 31 oct. 2012, art. 1er-II-11°)* « qui attribue l'aide à l'insertion professionnelle » désigne en son sein ou auprès d'un organisme chargé de l'accompagnement ou de l'insertion, en le mentionnant dans la *(Décr. n° 2012-1211 du 31 oct. 2012, art. 1er-II-11°)* « décision d'attribution initiale de l'aide », un référent chargé d'assurer le suivi du parcours d'insertion professionnelle du salarié en contrat d'accompagnement dans l'emploi.

Dans le cas où ce salarié est bénéficiaire du revenu de solidarité active, le référent peut être le même que celui désigné en application de l'article L. 262-27 du code de l'action sociale et des familles.

Art. R. 5134-38 Dès la *(Décr. n° 2012-1211 du 31 oct. 2012, art. 1er-II-12°)* « transmission de la demande d'aide à l'insertion professionnelle », l'employeur désigne un tuteur parmi les salariés qualifiés et volontaires pour assumer cette fonction.

Ce dernier doit justifier d'une expérience professionnelle d'au moins deux ans. Exceptionnellement, sur autorisation de l'autorité *(Décr. n° 2012-1211 du 31 oct. 2012, art. 1er-II-12°)* « qui attribue l'aide », l'employeur peut assurer lui-même le tutorat. Le tuteur ne peut suivre plus de trois salariés en contrat d'accompagnement dans l'emploi.

Art. R. 5134-39 Les missions du tuteur sont les suivantes :

1° Participer à l'accueil, aider, informer et guider le salarié en contrat d'accompagnement dans l'emploi ;

2° Contribuer à l'acquisition des savoir-faire professionnels ;

3° Assurer la liaison avec le référent mentionné à l'article R. 5134-37 ;

4° Participer à l'établissement de l'attestation d'expérience professionnelle prévue à l'article L. 5134-28-1 avec le salarié concerné et l'employeur.

SOUS-SECTION 4 AIDE FINANCIÈRE ET EXONÉRATIONS

§ 1er AIDE FINANCIÈRE

Art. R. 5134-40 L'aide mentionnée à l'article L. 5134-30 est versée mensuellement :

1° Par l'Agence de services et de paiement pour le compte de l'État ;

2° Par le département ou par tout organisme qu'il mandate à cet effet, lorsque *(Décr. n° 2012-1211 du 31 oct. 2012, art. 1er-II-13°)* « l'aide à l'insertion professionnelle est attribuée pour » un bénéficiaire du revenu de solidarité active financé par le département.

L'employeur communique aux organismes mentionnés au 1° ou au 2° *(Abrogé par Décr. n° 2012-1211 du 31 oct. 2012, art. 1er-II-13°)* « *, tous les trois mois à compter de la date d'embauche,* » les justificatifs attestant de l'effectivité de l'activité du salarié.

Art. D. 5134-41 Pour l'application de l'article L. 5134-30-2, la participation mensuelle du département au financement de l'aide est égale à 88 % du montant forfaitaire mentionné *(Décr. n° 2015-1710 du 21 déc. 2015, art. 4-IV)* « à » l'article L. 262-2 du code de l'action sociale et des familles, applicable à un foyer composé d'une seule personne, dans la limite de l'aide effectivement versée.

(Décr. n° 2011-1999 du 27 déc. 2011) « Toutefois, lorsque la convention individuelle de contrat d'accompagnement dans l'emploi prévoit une prise en charge de la durée hebdomadaire de travail égale à sept heures en application de la dérogation prévue à l'article L. 5134-26, le taux de la participation mensuelle du département mentionné à l'alinéa précédent est réduit à 45 %. »

Art. R. 5134-42 Les taux de prise en charge déterminant le montant de l'aide financière mentionné à l'article L. 5134-30-1 sont fixés par un arrêté du préfet de région, en fonction des critères énumérés à l'article L. 5134-30 et compte tenu, le cas échéant, des statistiques publiques de l'emploi dans la région.

Art. R. 5134-43 Lorsque, en application du cinquième alinéa de l'article L. 5134-19-4, le département majore les taux de l'aide à l'employeur mentionnés à l'article R. 5134-42, le coût induit par cette majoration est à la charge du département. Cette contribution du département s'ajoute au montant de sa participation telle que définie à l'article D. 5134-41.

Art. R. 5134-44 Lorsque le contrat d'accompagnement dans l'emploi est suspendu sans que soit maintenue la rémunération du salarié, l'aide afférente à la période de suspension n'est pas versée.

Lorsque, au cours de la période de suspension, la rémunération est maintenue en totalité ou partiellement, l'aide afférente à la période de suspension est versée au prorata de la rémunération effectivement versée par l'employeur.

Art. R. 5134-45 En cas de rupture du contrat de travail à l'initiative de l'employeur avant la fin de *(Décr. n° 2012-1211 du 31 oct. 2012, art. 1er-II-14°)* « l'aide à l'insertion professionnelle, celle-ci n'est pas due ».

Sous réserve des cas mentionnés aux articles R. 5134-46 et R. 5134-47, l'employeur reverse alors à l'Agence de services et de paiement ou, le cas échéant, au département ou à l'organisme désigné par lui dans le cadre de l'article R. 5134-40 l'intégralité des sommes déjà perçues au titre de *(Décr. n° 2012-1211 du 31 oct. 2012, art. 1er-II-14°)* « l'aide à l'insertion professionnelle ».

Art. R. 5134-46 Les *(Décr. n° 2012-1211 du 31 oct. 2012, art. 1er-II-15°)* « montants perçus au titre de l'aide à l'insertion professionnelle » ne font pas l'objet d'un reversement et l'employeur conserve le bénéfice des aides correspondant au nombre de jours travaillés par le salarié dont le contrat d'accompagnement dans l'emploi est un contrat à durée indéterminée dans les cas suivants :

1° Licenciement pour faute grave du salarié ;

2° Licenciement pour force majeure ;

3° Licenciement pour inaptitude médicalement constatée ;

4° Licenciement pour motif économique notifié dans le cadre d'une procédure de redressement ou de liquidation judiciaire ;

5° Rupture du contrat au cours de la période d'essai ;

6° Rupture conventionnelle intervenue dans le cadre de l'article L. 1237-11.

Art. R. 5134-47 Les *(Décr. n° 2012-1211 du 31 oct. 2012, art. 1er-II-16°)* « montants perçus au titre de l'aide à l'insertion professionnelle » ne font pas l'objet d'un reversement, et l'employeur conserve le bénéfice des aides correspondant au nombre de jours travaillés par le salarié dont le contrat d'accompagnement dans l'emploi est un contrat à durée déterminée, en cas de :

1° Rupture anticipée résultant de la volonté claire et non équivoque des parties ;

2° Rupture anticipée pour faute grave ;

3° Rupture anticipée pour force majeure ;

4° Rupture anticipée au cours de la période d'essai.

§ 2 EXONÉRATIONS

Art. D. 5134-48 Le montant de l'exonération prévue au 1° de l'article L. 5134-31 est égal à celui des cotisations patronales au titre des assurances sociales et des allocations familiales correspondant à la fraction de la rémunération n'excédant pas le produit du salaire minimum de croissance par le nombre d'heures rémunérées, dans la limite de la durée légale du travail calculée sur le mois ou, si elle est inférieure, de la durée conventionnelle applicable dans l'établissement.

Art. R. 5134-49 En cas de suspension du contrat de travail avec maintien total ou partiel de la rémunération mensuelle brute du salarié, le nombre d'heures rémunérées pris en compte pour le calcul de l'exonération est égal au produit de la durée de travail que le salarié aurait accomplie s'il avait continué à travailler et de la part de la rémunération restée à la charge de l'employeur et soumise à cotisation. Le nombre d'heures rémunérées ainsi déterminé ne peut excéder au titre du mois civil considéré la durée légale du travail calculée sur le mois ou, si elle est inférieure, la durée conventionnelle applicable dans l'établissement.

Art. R. 5134-50 En cas de rupture du contrat d'accompagnement dans l'emploi à l'initiative de l'employeur avant la fin de *(Décr. n° 2012-1211 du 31 oct. 2012, art. 1er-II-17°)* « l'aide à l'insertion professionnelle » dans un cas autre que ceux mentionnés aux articles R. 5134-46 et R. 5134-47, l'employeur verse le montant des cotisations et contributions sociales patronales dont il a été exonéré en application de l'article L. 5134-31.

Ces cotisations et contributions sont versées au plus tard à la première date d'exigibilité des cotisations et contributions sociales qui suit la date d'effet de la rupture du contrat de travail.

SOUS-SECTION 5 PÉRIODES DE MISE EN SITUATION EN MILIEU PROFESSIONNEL

(Décr. n° 2014-1360 du 13 nov. 2014, art. 2)

Art. D. 5134-50-1 Une ou plusieurs périodes de mise en situation en milieu professionnel peuvent être prescrites à un salarié en contrat d'accompagnement dans l'emploi, avec son accord et celui de son employeur.

Chacune de ces périodes fait l'objet d'une convention selon les modalités prévues au chapitre V du présent titre, sous réserve des dispositions prévues par la présente sous-section.

Art. D. 5134-50-2 La durée cumulée de l'ensemble des périodes de mise en situation en milieu professionnel effectuées au cours du contrat d'accompagnement dans l'emploi ne peut représenter plus de 25 % de la durée totale du contrat.

Art. D. 5134-50-3 L'organisme prescripteur de la mise en situation en milieu professionnel en application de l'article L. 5135-2 transmet à l'Agence de services et de paiement une copie de la convention mentionnée à l'article D. 5135-2.

SECTION III CONTRAT INITIATIVE-EMPLOI

(Décr. n° 2009-1442 du 25 nov. 2009)

Dans les départements d'outre-mer et les collectivités de Saint-Barthélemy, Saint-Martin et Saint-Pierre-et-Miquelon, ces dispositions entrent en vigueur dans les conditions prévues à l'art. 29 de la L. n° 2008-1249 du 1er déc. 2008 (Décr. n° 2009-1442 du 25 nov. 2009).

SOUS-SECTION 1 AIDE À L'INSERTION PROFESSIONNELLE *(Décr. n° 2012-1211 du 31 oct. 2012, art. 1er-III-1°).*

Art. R. 5134-51 *(Décr. n° 2012-1211 du 31 oct. 2012, art. 1er-III-2°)* L'aide à l'insertion professionnelle est attribuée préalablement à la conclusion du contrat de travail mentionné à l'article L. 5134-69.

Art. R. 5134-52 *(Décr. n° 2012-1211 du 31 oct. 2012, art. 1er-III-3°)* L'employeur qui effectue une nouvelle demande d'aide à l'insertion professionnelle transmet à l'autorité

appelée à attribuer cette aide les éléments nécessaires à l'établissement du bilan mentionné à l'article L. 5134-66-1.

Art. R. 5134-53 **L'employeur informe, dans un délai franc de sept jours, de toute suspension ou rupture du contrat de travail qui interviendrait avant la fin de** *(Décr. n° 2012-1211 du 31 oct. 2012, art. 1er-III-4°)* **« l'attribution de l'aide à l'insertion professionnelle » :**

1° L'autorité *(Décr. n° 2012-1211 du 31 oct. 2012, art. 1er-III-4°)* **« ayant attribué l'aide » ;**

2° Le ou les organismes chargés du versement des aides.

Un arrêté du ministre chargé de l'emploi fixe le modèle de fiche de signalement, par l'employeur, des suspensions ou ruptures du contrat de travail. – *V. Arr. du 1er mars 2010 (JO 19 mars).*

Art. R. 5134-54 *(Décr. n° 2012-1211 du 31 oct. 2012, art. 1er-III-5°)* **En cas de non-respect par l'employeur des dispositions de la décision d'attribution de l'aide à l'insertion professionnelle, cette aide n'est pas due et les sommes versées font l'objet d'un remboursement.**

L'autorité attribuant l'aide informe l'employeur de son intention de procéder à la récupération de l'indu.

L'employeur dispose d'un délai franc de sept jours pour faire connaître ses observations.

Tout paiement indu donne lieu à remboursement par l'employeur de la totalité des aides perçues.

L'autorité attribuant l'aide informe l'organisme de recouvrement des cotisations sociales de la procédure.

Art. R. 5134-55 **En cas de modification de la situation juridique de l'employeur au sens de l'article L. 1224-1, le nouvel employeur est substitué dans les droits de l'employeur en ce qui concerne le contrat de travail. Le nouvel employeur est substitué également dans les droits de l'employeur initial en ce qui concerne** *(Décr. n° 2012-1211 du 31 oct. 2012, art. 1er-III-6°)* **« l'aide à l'insertion professionnelle sous réserve de l'accord de l'autorité ayant attribué l'aide, au regard des engagements du nouvel employeur » et à condition qu'il n'entre pas dans un des cas mentionnés à l'article L. 5134-68.**

Art. R. 5134-56 **En application de l'article L. 5134-67-2, l'employeur qui souhaite prolonger une** *(Décr. n° 2012-1211 du 31 oct. 2012, art. 1er-III-7°)* **« aide à l'insertion professionnelle » au titre du contrat initiative-emploi adresse à l'autorité** *(Décr. n° 2012-1211 du 31 oct. 2012, art. 1er-III-7°)* **« qui a attribué l'aide » initiale une demande préalable.**

Cette demande motivée est accompagnée d'un bilan des actions réalisées en matière d'accompagnement et de formation, notamment des actions d'aide à la prise de poste, de remise à niveau, d'acquisition de nouvelles compétences et de formation qualifiante. L'employeur joint également à sa demande un document répertoriant les actions d'accompagnement et de formation qu'il envisage de mettre en œuvre pendant la période de prolongation.

Art. R. 5134-57 **La durée maximale de** *(Décr. n° 2012-1211 du 31 oct. 2012, art. 1er-III-8°)* **« l'aide à l'insertion professionnelle », fixée à vingt-quatre mois par l'article L. 5134-67-1, peut être prolongée, en application du troisième alinéa du même article, pour la durée de la formation suivie par le salarié restant à courir et dans la limite de soixante mois.**

La demande de prolongation faite par l'employeur est accompagnée :

1° ***De tous justificatifs*** **visant à établir que l'action de formation professionnelle qualifiante visée à l'article L. 6314-1** *(Décr. n° 2012-1211 du 31 oct. 2012, art. 1er-III-8°)* **« prévue au titre de l'aide attribuée » initiale est en cours de réalisation et que le terme de cette action dépasse le terme de** *(Décr. n° 2012-1211 du 31 oct. 2012, art. 1er-III-8°)* **« l'aide » ;**

2° Des éléments d'organisation des actions de formation permettant de s'assurer qu'elles pourront être réalisées durant la période de prolongation.

Art. R. 5134-58 La durée maximale de vingt-quatre mois de *(Décr. n° 2012-1211 du 31 oct. 2012, art. 1er-III-9°)* « l'aide à l'insertion professionnelle » peut, pour les personnes mentionnées au troisième alinéa de l'article L. 5134-67-1, être portée, par *(Décr. n° 2012-1211 du 31 oct. 2012, art. 1er-III-9°)* « décisions de prolongation successives » d'un an au plus, à soixante mois.

La condition d'âge mentionnée au troisième alinéa de l'article L. 5134-67-1 et à l'article L. 5134-69-1 s'apprécie à l'échéance de la durée maximale de *(Décr. n° 2012-1211 du 31 oct. 2012, art. 1er-III-9°)* « l'aide ».

Art. R. 5134-59 En application de l'article L. 2323-48, les institutions représentatives du personnel des organismes employeurs, lorsqu'elles existent, sont informées des contrats initiative-emploi conclus.

SOUS-SECTION 2 ACCOMPAGNEMENT

Art. R. 5134-60 L'autorité *(Décr. n° 2012-1211 du 31 oct. 2012, art. 1er-III-10°)* « qui attribue l'aide à l'insertion professionnelle » désigne en son sein ou auprès d'un organisme chargé de l'accompagnement ou de l'insertion, en le mentionnant dans la *(Décr. n° 2012-1211 du 31 oct. 2012, art. 1er-III-10°)* « décision d'attribution initiale de l'aide », un référent chargé d'assurer le suivi du parcours d'insertion professionnelle du salarié en contrat initiative-emploi.

Dans le cas où ce salarié est bénéficiaire du revenu de solidarité active, le référent peut être le même que celui désigné en application de l'article L. 262-27 du code de l'action sociale et des familles.

Art. R. 5134-61 L'employeur, dès la *(Décr. n° 2012-1211 du 31 oct. 2012, art. 1er-III-11°)* « transmission de la demande d'aide à l'insertion professionnelle », désigne un tuteur parmi les salariés qualifiés et volontaires pour assumer cette fonction.

Ce dernier doit justifier d'une expérience professionnelle d'au moins deux ans. Exceptionnellement, sur autorisation de l'autorité *(Décr. n° 2012-1211 du 31 oct. 2012, art. 1er-III-11°)* « qui attribue l'aide », l'employeur peut assurer lui-même le tutorat. Le tuteur ne peut suivre plus de trois salariés en contrat initiative-emploi.

Art. R. 5134-62 Les missions du tuteur sont les suivantes :

1° Participer à l'accueil, aider, informer et guider le salarié en contrat initiative-emploi ;

2° Contribuer à l'acquisition des savoir-faire professionnels ;

3° Assurer la liaison avec le référent mentionnés à l'article R. 5134-60 ;

4° Participer à l'établissement de l'attestation d'expérience professionnelle prévue à l'article L. 5134-70-2 avec le salarié concerné et l'employeur.

SOUS-SECTION 3 AIDE FINANCIÈRE

Art. R. 5134-63 L'aide mentionnée à l'article L. 5134-72 est versée mensuellement :

1° Par l'Agence de services et de paiement pour le compte de l'État ;

2° Par le département ou par tout organisme qu'il mandate à cet effet, lorsque *(Décr. n° 2012-1211 du 31 oct. 2012, art. 1er-III-12°)* « l'aide à l'insertion professionnelle est attribuée pour » un bénéficiaire du revenu de solidarité active financé par le département.

L'employeur communique aux organismes mentionnés au 1° ou au 2° *(Abrogé par Décr. n° 2012-1211 du 31 oct. 2012, art. 1er-III-12°)* « ***, tous les trois mois à compter de la date d'embauche,*** » les justificatifs attestant de l'effectivité de l'activité du salarié.

Art. D. 5134-64 Pour l'application de l'article L. 5134-72-2, la participation mensuelle du département au financement de l'aide est égale à 88 % du montant forfaitaire mentionné *(Décr. n° 2015-1710 du 21 déc. 2015, art. 4-IV)* « à » l'article L. 262-2 du code de l'action sociale et des familles, applicable à un foyer composé d'une seule personne, dans la limite du montant de l'aide effectivement versée.

(Abrogé par Décr. n° 2015-1723 du 21 déc. 2015, art. 2, à compter du 1er janv. 2016) *(Décr. n° 2011-522 du 13 mai 2011)* « ***Toutefois, pour les conventions individuelles initiales conclues du 1er avril 2011 au 31 décembre 2011 et pour leurs éventuels renouvellements postérieurs à cette date, la participation mensuelle du département au financement de***

l'aide prévue à l'article L. 5134-72-2 est égale à 67 % du montant forfaitaire mentionné au 2° de l'article L. 262-2 du code de l'action sociale et des familles applicable à un foyer composé d'une seule personne, dans la limite du montant de l'aide effectivement versée. »

Art. R. 5134-65 Les taux de prise en charge déterminant le montant de l'aide financière mentionné à l'article L. 5134-72-1 sont fixés par un arrêté du préfet de région, en fonction des critères énumérés à l'article L. 5134-72 et compte tenu, le cas échéant, des statistiques publiques de l'emploi dans la région.

Art. R. 5134-66 Lorsque, en application du cinquième alinéa de l'article L. 5134-19-4, le département majore les taux de prise en charge mentionnés à l'article R. 5134-65, le coût induit par cette majoration est à la charge du département. Cette contribution du département s'ajoute au montant de sa participation telle que définie à l'article D. 5134-64.

Art. R. 5134-67 Lorsque le contrat initiative-emploi est suspendu sans que soit maintenue la rémunération du salarié, l'aide afférente à la période de suspension n'est pas versée.

Lorsque, au cours de la période de suspension, la rémunération est maintenue en totalité ou partiellement, l'aide afférente à la période de suspension est versée au prorata de la rémunération effectivement versée par l'employeur.

Art. R. 5134-68 En cas de rupture du contrat de travail à l'initiative de l'employeur avant la fin de *(Décr. n° 2012-1211 du 31 oct. 2012, art. 1er-III-13°)* « l'aide à l'insertion professionnelle, celle-ci n'est pas due ».

Sous réserve des cas mentionnés aux articles R. 5134-69 et R. 5134-70, l'employeur reverse alors à l'Agence de services et de paiement ou, le cas échéant, au département ou à l'organisme désigné par lui dans le cadre de l'article R. 5134-63 l'intégralité des sommes déjà perçues au titre de *(Décr. n° 2012-1211 du 31 oct. 2012, art. 1er-III-13°)* « l'aide à l'insertion professionnelle ».

Art. R. 5134-69 Les *(Décr. n° 2012-1211 du 31 oct. 2012, art. 1er-III-14°)* « montants perçus au titre de l'aide à l'insertion professionnelle » ne font pas l'objet d'un reversement et l'employeur conserve le bénéfice des aides correspondant au nombre de jours travaillés par le salarié dont le contrat initiative-emploi est un contrat à durée indéterminée, dans les cas suivants :

1° Licenciement pour faute grave du salarié ;
2° Licenciement pour force majeure ;
3° Licenciement pour inaptitude médicalement constatée ;
4° Licenciement pour motif économique notifié dans le cadre d'une procédure de redressement ou de liquidation judiciaire ;
5° Rupture du contrat au cours de la période d'essai ;
6° Rupture conventionnelle intervenue dans le cadre de l'article L. 1237-11.

Art. R. 5134-70 Les *(Décr. n° 2012-1211 du 31 oct. 2012, art. 1er-III-15°)* « montants perçus au titre de l'aide à l'insertion professionnelle » ne font pas l'objet d'un reversement, et l'employeur conserve le bénéfice des aides correspondant au nombre de jours travaillés par le salarié dont le contrat initiative-emploi est un contrat à durée déterminée, dans les cas suivants :

1° Rupture anticipée résultant de la volonté claire et non équivoque des parties ;
2° Rupture anticipée pour faute grave ;
3° Rupture anticipée pour force majeure ;
4° Rupture anticipée au cours de la période d'essai.

SOUS-SECTION 4 PÉRIODES DE MISE EN SITUATION EN MILIEU PROFESSIONNEL

(Décr. n° 2014-1360 du 13 nov. 2014, art. 3)

Art. D. 5134-71-1 Une ou plusieurs périodes de mise en situation en milieu professionnel peuvent être prescrites à un salarié en contrat initiative-emploi, avec son accord et celui de son employeur.

Chacune de ces périodes fait l'objet d'une convention selon les modalités prévues au chapitre V du présent titre, sous réserve des dispositions prévues par la présente sous-section.

Art. D. 5134-71-2 La durée cumulée de l'ensemble des périodes de mise en situation en milieu professionnel effectuées au cours du contrat initiative-emploi ne peut représenter plus de 25 % de la durée totale du contrat.

Art. D. 5134-71-3 L'organisme prescripteur de la mise en situation en milieu professionnel en application de l'article L. 5135-2 transmet à l'Agence de services et de paiement une copie de la convention mentionnée à l'article D. 5135-2.

SECTION IV *[ABROGÉE]* CONTRAT INITIATIVE-EMPLOI

(Abrogée par Décr. n° 2009-1442 du 25 nov. 2009)

SECTION V *[ABROGÉE]* CONTRAT INSERTION-REVENU MINIMUM D'ACTIVITÉ

(Abrogée par Décr. n° 2009-1442 du 25 nov. 2009)

SECTION VI CONTRAT RELATIF AUX ACTIVITÉS D'ADULTES-RELAIS

SOUS-SECTION 1 OBJET

Art. D. 5134-145 Les adultes-relais mentionnés à l'article L. 5134-100 assurent des missions de médiation sociale et culturelle. Les activités de ces adultes-relais consistent notamment à :

1° Accueillir, écouter, exercer toute activité qui concourt au lien social ;

2° Informer et accompagner les habitants dans leurs démarches, faciliter le dialogue entre services publics et usagers, et notamment établir des liens entre les parents et les services qui accueillent leurs enfants ;

3° Contribuer à améliorer ou préserver le cadre de vie ;

4° Prévenir et aider à la résolution des petits conflits de la vie quotidienne par la médiation et le dialogue ;

5° Faciliter le dialogue entre les générations, accompagner et renforcer la fonction parentale par le soutien aux initiatives prises par les parents ou en leur faveur ;

6° Contribuer à renforcer la vie associative locale et développer la capacité d'initiative et de projet dans le quartier et la ville. — *[Anc. art. 1er, al. 1er à 7, Décr. n° 2002-374 du 20 mars 2002.]*

Art. D. 5134-146 Les adultes-relais ne peuvent accomplir aucun acte relevant du maintien de l'ordre public et ne peuvent être employés à des fonctions dont le seul objet est d'assurer les services au domicile des personnes physiques mentionnés à l'article L. 7231-1.

Les personnes morales de droit public et les personnes morales de droit privé chargées d'un service public ne peuvent pas embaucher d'adultes-relais pour des missions relevant de leur activité normale. — *[Anc. art. 1er, al. 8, Décr. n° 2002-374 du 20 mars 2002.]*

Les dispositions de l'art. D. 5134-146 sont applicables aux contrats insertion-revenu minimum d'activité conclus à compter du 15 oct. 2006 (Décr. n° 2008-244 du 7 mars 2008, art. 4-IV).

SOUS-SECTION 2 CONVENTION

Art. D. 5134-147 Les personnes morales mentionnées à l'article L. 5134-101 qui sollicitent le bénéfice d'une convention ouvrant droit au bénéfice de contrats relatifs à des activités d'adultes-relais en font la demande au préfet. — *[Anc. art. 2, al. 1er, phrase 1, Décr. n° 2002-374 du 20 mars 2002.]*

Art. D. 5134-148 La demande de convention se traduit par le dépôt d'un dossier qui comprend notamment :

1° La présentation de l'organisme employeur, de son projet et de ses objectifs ;

2° Le nombre et les caractéristiques des postes ;

3° Les zones urbaines sensibles ou les autres territoires prioritaires des contrats de ville au bénéfice duquel le projet doit se mettre en place ;

4° Pour les organismes privés à but non lucratif, les statuts et les comptes pour le dernier exercice complet ou le compte de résultat et le bilan lorsque celui-ci est établi ;

5° Le budget prévisionnel de l'action, précisant notamment les contributions financières au titre de la rémunération, de la formation ou de l'encadrement obtenues en dehors de l'État. – *[Anc. art. 2, al. 1er, phrase 2, et 2 à 6, Décr. n° 2002-374 du 20 mars 2002.]*

Art. D. 5134-149 Les projets retenus font l'objet d'une convention par poste signée entre l'employeur et l'État, représenté par le préfet, et en présence de l'Agence nationale pour la cohésion sociale et l'égalité des chances, représentée par son délégué départemental. – *[Anc. art. 3, al. 1er, Décr. n° 2002-374 du 20 mars 2002.]*

Art. D. 5134-150 La durée pour laquelle la convention est signée ne peut excéder trois ans.

La convention peut être renouvelée par accord exprès des parties. – *[Anc. art. 3, al. 2 et 3, Décr. n° 2002-374 du 20 mars 2002.]*

Art. D. 5134-151 La convention précise :

1° La nature du projet ;

2° La durée hebdomadaire de travail ;

3° Les caractéristiques du poste et de l'activité engagée au regard des besoins à satisfaire ;

4° Le montant et les modalités de versement de l'aide versée, au nom de l'État, par l'agence et les modalités du contrôle de l'application de la convention ;

5° Le cas échéant, la dérogation du préfet sur le lieu de résidence de l'adulte-relais lorsque ce dernier ne réside pas en zone urbaine sensible mentionnée à l'article L. 5134-102. – *[Anc. art. 3, al. 4 à 9, Décr. n° 2002-374 du 20 mars 2002.]*

Art. D. 5134-152 Aucune embauche ne peut intervenir avant la date de la signature de la convention. – *[Anc. art. 3, al. 10, Décr. n° 2002-374 du 20 mars 2002.]*

Art. D. 5134-153 Le préfet contrôle l'exécution de la convention. A cette fin, l'employeur lui fournit, à sa demande, tout élément de nature à permettre de vérifier la bonne exécution de la convention et la réalité des emplois créés. – *[Anc. art. 6, Décr. n° 2002-374 du 20 mars 2002.]*

Art. D. 5134-154 La convention peut être résiliée par le préfet, notamment en cas de non-respect par l'employeur des clauses de la convention. Le préfet, en sa qualité de délégué de l'agence, peut demander le reversement des sommes indûment perçues.

Lorsque l'aide est obtenue à la suite de fausses déclarations ou lorsque la convention est détournée de son objet, celle-ci est résiliée d'office. Les sommes indûment perçues donnent lieu à reversement.

La convention est également résiliée d'office lorsque l'employeur n'a pas, sans justification, transmis pendant deux trimestres consécutifs les pièces prévues à la convention.

La convention peut être résiliée par l'employeur. Celui-ci en avertit le préfet avec un préavis de deux mois. – *[Anc. art. 7, Décr. n° 2002-374 du 20 mars 2002.]*

SOUS-SECTION 3 **CONTRAT DE TRAVAIL**

Art. D. 5134-155 Le contrat de travail est conclu avec une personne remplissant à la date de la signature les conditions de l'article L. 5134-102. – *[Anc. art. 4, phrase 1, Décr. n° 2002-374 du 20 mars 2002.]*

Art. D. 5134-156 Le contrat de travail, lorsqu'il est conclu à temps partiel, ne peut être inférieur à un mi-temps. – *[Anc. art. 4, phrases 2 et 3, Décr. n° 2002-374 du 20 mars 2002.]*

SOUS-SECTION 4 **AIDE FINANCIÈRE**

Art. D. 5134-157 L'aide financière de l'État mentionnée à l'article L. 5134-108, forfaitaire, est versée par l'Agence nationale pour la cohésion sociale et l'égalité des chances.

L'agence peut confier, dans le cadre d'une convention, la gestion de cette aide *(Décr. n° 2009-340 du 27 mars 2009, art. 10)* « à l'Agence de services et de paiement ». – *[Anc. art. 1-1 et anc. art. 5, al. 1er, Décr. n° 2002-374 du 20 mars 2002.]*

Art. D. 5134-158 L'aide de l'État est versée à compter de la création du poste d'adulte-relais pour les périodes pendant lesquelles le poste est effectivement occupé.

Pour un emploi à temps partiel, elle est versée à due proportion du temps de travail prévu à la convention par rapport à un emploi à temps plein. – *[Anc. art. 5, al. 2, Décr. n° 2002-374 du 20 mars 2002.]*

Art. D. 5134-159 Sous réserve des cas de résiliation de la convention mentionnés à l'article D. 5134-154 et de la production des documents justificatifs prévus dans la convention, l'aide est versée pendant la durée de la convention. – *[Anc. art. 5, al. 3, Décr. n° 2002-374 du 20 mars 2002.]*

Art. D. 5134-160 Le montant annuel de l'aide par poste de travail à temps plein est fixé par décret. – *Montant annuel de l'aide financière de l'État par poste de travail à temps plein fixé à 18 823,09 euros (Décr. n° 2015-1235 du 2 oct. 2015).*

Ce montant est revalorisé annuellement au 1er juillet, proportionnellement à l'évolution du salaire minimum de croissance depuis le 1er juillet de l'année précédente et arrondi au dixième d'euro le plus proche. – *[Anc. art. 5, al. 4, phrase 2, Décr. n° 2002-374 du 20 mars 2002.]*

SECTION VII **EMPLOI D'AVENIR**

(Décr. n° 2012-1210 du 31 oct. 2012)

V. Instr. PE n° 2012-156 du 14 déc. 2012, BOPE n° 129-2012 du 14 déc. 2012.

SOUS-SECTION 1 **DISPOSITIONS GÉNÉRALES**

Art. R. 5134-161 Peuvent être recrutés en emploi d'avenir les jeunes sans emploi de seize à vingt-cinq ans et les personnes handicapées de moins de trente ans sans emploi, à la date de la signature du contrat, qui :

1° Soit ne détiennent aucun diplôme du système de formation initiale ;

2° Soit sont titulaires uniquement d'un diplôme ou d'un titre à finalité professionnelle enregistré au répertoire national des certifications professionnelles prévu à l'article L. 335-6 du code de l'éducation et classé au niveau V de la nomenclature interministérielle des niveaux de formation mentionnée à l'article R. 335-13 du code de l'éducation, et totalisent une durée de six mois minimum de recherche d'emploi au cours des douze derniers mois. *(Décr. n° 2014-188 du 20 févr. 2014, art. 1er)* « Sur appréciation des organismes mentionnés aux 1° et 2° de l'article L. 5134-19-1, cette durée peut être inférieure à six mois si le parcours de formation des intéressés, leurs perspectives locales d'accès à l'emploi au regard de leur qualification ou des difficultés sociales particulières le justifient ; »

3° Soit, à titre exceptionnel, s'ils résident dans une zone urbaine sensible, dans une zone de revitalisation rurale ou dans un département d'outre-mer, à Saint-Barthélemy, à Saint-Martin ou à Saint-Pierre-et-Miquelon, ont atteint au plus le niveau du premier cycle de l'enseignement supérieur, et totalisent une durée de douze mois minimum de recherche d'emploi au cours des dix-huit derniers mois. *(Décr. n° 2014-188 du 20 févr. 2014, art. 1er)* « Sur appréciation des organismes mentionnés aux 1° et 2° de l'article L. 5134-19-1, cette durée peut être inférieure à douze mois si le parcours de formation des intéressés, leurs perspectives locales d'accès à l'emploi au regard de leur qualification ou des difficultés sociales particulières le justifient. »

Art. R. 5134-162 I. – Le schéma d'orientation régional définit la stratégie territoriale de mise en œuvre des emplois d'avenir, notamment :

1° Les filières et secteurs d'activité prioritaires pour le déploiement des emplois d'avenir, en particulier les secteurs qui présentent un fort potentiel de création d'emplois ou offrent des perspectives de développement d'activités nouvelles, en cohérence avec les stratégies de développement économique et de développement des compétences au niveau régional ;

2° Les principaux parcours d'insertion et de qualification qui peuvent être proposés dans ces différents filières et secteurs.

II. – Le schéma d'orientation régional tient compte des modalités d'accès des jeunes à la formation définies au contrat de plan régional de développement des formations professionnelles adopté au titre de l'article L. 214-13 du code de l'éducation.

Art. R. 5134-163 I. – Chaque année, le *(Décr. nº 2014-1055 du 16 sept. 2014, art. 5-I)* « comité régional de l'emploi, de la formation et de l'orientation professionnelles » est consulté sur le schéma d'orientation régional mentionné à l'article R. 5134-162 et, s'il y a lieu, sur le bilan des emplois d'avenir au titre de l'année écoulée.

II. – Le projet de schéma d'orientation régional mentionné à l'article R. 5134-162 est établi par le préfet de région, après consultation du président du conseil régional. Il est soumis pour avis au *(Décr. nº 2014-1055 du 16 sept. 2014, art. 5-I)* « comité régional de l'emploi, de la formation et de l'orientation professionnelles » et fait l'objet, avant son adoption, d'une publication sous forme électronique sur le site de la préfecture de région. Les conseils départementaux, les communes, *(Décr. nº 2014-524 du 22 mai 2014, art. 16-II)* « Pôle emploi », les missions locales pour l'insertion professionnelle et sociale des jeunes mentionnées à l'article L. 5314-1 ainsi que la chambre régionale de l'économie sociale et solidaire peuvent faire connaître leur avis au préfet de région dans un délai d'un mois à compter de cette publication.

III. – A l'issue de la procédure de consultation définie au II, le préfet de région publie le schéma d'orientation régional au recueil des actes administratifs de la préfecture de région.

Art. R. 5134-164 I. – Est éligible à l'aide à l'emploi d'avenir l'employeur relevant du huitième alinéa de l'article L. 5134-111 qui :

1° Propose au titulaire d'un emploi d'avenir une perspective de qualification et d'insertion professionnelle durable ;

2° Appartient à un secteur d'activité présentant un fort potentiel de création d'emplois ou offrant des perspectives de développement d'activités nouvelles.

II. – Les secteurs mentionnés au 2° du I sont fixés par arrêté du préfet de région, compte tenu des secteurs prioritaires définis au schéma d'orientation régional en application de l'article R. 5134-162.

Art. R. 5134-165 L'emploi d'avenir est conclu sous la forme, selon le cas :

1° S'agissant d'un employeur mentionné au 2° ou au 3° de l'article L. 5134-111, d'un contrat d'accompagnement dans l'emploi à durée déterminée, d'au moins douze mois et d'au plus trente-six mois, régi par les dispositions de la section Ire-1 et de la section II du présent chapitre, sous réserve des dispositions spécifiques prévues par la présente section ;

2° S'agissant des autres employeurs mentionnés à l'article L. 5134-111, selon leur situation, d'un contrat d'accompagnement dans l'emploi régi par les dispositions de la section Ire-1 et de la section II du présent chapitre ou d'un contrat initiative-emploi régi par les dispositions de la section Ire-1 et de la section III du présent chapitre, sous réserve des dispositions spécifiques prévues par la présente section.

SOUS-SECTION 2 **AIDE À L'INSERTION PROFESSIONNELLE**

Art. R. 5134-166 Par dérogation selon le cas aux articles R. 5134-42 ou R. 5134-65, un arrêté du ministre chargé de l'emploi et du ministre chargé du budget fixe les taux de prise en charge déterminant le montant de l'aide financière relative à l'emploi d'avenir.

Le montant de l'aide de l'État pour les emplois d'avenir conclus sous forme de contrats d'accompagnement dans l'emploi (CAE) est fixé à 75 % du taux horaire brut du salaire minimum de croissance.

Le montant de l'aide de l'État pour les emplois d'avenir conclus sous forme de contrats initiative-emploi (CIE) est fixé, dans le cas général, à 35 % du taux horaire brut du salaire minimum de croissance. Pour les groupements d'employeurs pour l'insertion et la qualification, et les entreprises d'insertion, qui sont éligibles au contrat initiative-emploi, le taux de prise en charge est fixé à 47 % du taux horaire brut du salaire minimum de croissance (Arr. du 31 oct. 2012, JO 1er nov.).

Art. R. 5134-167 La durée maximale de l'aide, fixée à trente-six mois par l'article L. 5134-113, peut être prolongée, sur autorisation de l'autorité délivrant la décision d'attribution, afin de permettre au bénéficiaire d'achever la formation professionnelle qu'il a engagée, dans la limite d'une durée totale de soixante mois. La demande de prolongation faite par l'employeur est accompagnée des documents mentionnés selon le cas aux articles R. 5134-32 et R. 5134-57.

Art. R. 5134-168 L'exécution des engagements de l'employeur, notamment en matière de formation, est examinée par l'autorité délivrant la décision d'attribution de l'aide à chaque échéance annuelle. En cas de non-respect de ces engagements, l'aide fait l'objet d'un remboursement selon la procédure prévue selon le cas aux articles R. 5134-29 et R. 5134-54.

SECTION VIII EMPLOI D'AVENIR PROFESSEUR

(Décr. n° 2013-50 du 15 janv. 2013)

Art. R. 5134-169 L'étudiant bénéficiaire d'un emploi d'avenir professeur doit posséder la qualité de boursier de l'enseignement supérieur au titre de l'année universitaire durant laquelle il est recruté.

Sa qualité de boursier est vérifiée à chaque renouvellement de contrat.

Art. R. 5134-170 La liste des académies et la liste des disciplines connaissant des besoins particuliers justifiant la priorité de recrutement prévue au III de l'article L. 5134-120 sont fixées par arrêté conjoint du ministre chargé de l'éducation nationale et du ministre chargé de l'enseignement agricole. – *V. Arr. du 18 janv. 2013 (JO 26 janv.).*

Art. R. 5134-171 Dans chaque académie concernée, une commission présidée par le recteur ou son représentant vérifie si les candidats à un emploi d'avenir professeur remplissent les conditions leur permettant d'en bénéficier.

Le recteur désigne les membres de la commission qui comprend :

1° Au moins deux et au maximum six enseignants-chercheurs, dont au moins un président d'université ou de pôle de recherche et d'enseignement supérieur ou un directeur de grand établissement, ou leur représentant ;

2° Au moins un directeur académique des services de l'éducation nationale ;

3° Au moins quatre et au maximum six membres des corps d'inspection et chefs d'établissement, dont au moins un chef d'établissement d'enseignement privé ayant passé un contrat avec l'État.

La commission comprend également le directeur régional de l'alimentation, de l'agriculture et de la forêt ou son représentant.

Art. R. 5134-172 Sur la base d'un dossier de candidature dont le contenu est fixé par arrêté du ministre chargé de l'éducation nationale, la commission donne un avis sur l'aptitude des candidats à un emploi d'avenir professeur. – *V. Arr. du 18 janv. 2013 (JO 26 janv.).*

L'avis rendu par la commission tient compte, notamment, du projet professionnel de l'étudiant et de ses résultats universitaires.

A partir de la liste des candidats établie par la commission, le recteur propose aux établissements publics locaux d'enseignement et aux établissements d'enseignement privés ayant passé un contrat avec l'État le nom d'un ou plusieurs candidats à un recrutement au titre d'un emploi d'avenir professeur dans le premier ou le second degré.

S'agissant de l'enseignement agricole, le directeur régional de l'alimentation, de l'agriculture et de la forêt propose aux établissements publics locaux d'enseignement et de formation professionnelle agricoles et aux établissements d'enseignement privé agricole ayant passé un contrat avec l'État le nom d'un ou plusieurs candidats à un recrutement au titre d'un emploi d'avenir professeur.

Art. R. 5134-173 Un arrêté conjoint du ministre chargé de l'emploi, du ministre chargé du budget, du ministre chargé de l'éducation nationale ou du ministre chargé de l'enseignement agricole fixe les taux de prise en charge déterminant le montant de l'aide financière relative à l'emploi d'avenir professeur. – *V. Arr. du 5 févr. 2013 (JO 10 févr.).*

Art. R. 5134-174 Le salaire mensuel du bénéficiaire d'un emploi d'avenir professeur est égal au produit du montant du salaire minimum interprofessionnel de croissance par le nombre moyen mensuel d'heures de travail.

Art. R. 5134-175 I. – Le contrat conclu pour le recrutement d'un étudiant sur un emploi d'avenir professeur précise l'établissement ou l'école au sein duquel l'étudiant exerce ses fonctions, la durée du contrat, la durée hebdomadaire moyenne de travail et les modalités de variation de celle-ci au cours de l'année scolaire.

Le contrat comporte également l'engagement de l'étudiant de suivre la formation universitaire dans laquelle il est inscrit et de se présenter à un des concours de recrutement d'enseignants du premier ou du second degré organisés par l'État.

II. — La durée moyenne hebdomadaire de travail est fixée par arrêté conjoint du ministre chargé de l'éducation nationale et du ministre chargé de l'enseignement agricole dans la limite de la moitié de la durée fixée à l'article *(Décr. n° 2016-1551 du 18 nov. 2016, art. 6-V, en vigueur le 1er janv. 2017)* « L. 3121-27 ».

Le même arrêté détermine les critères de variation de la durée hebdomadaire de travail afin de prendre en compte, notamment, le calendrier de la formation universitaire et le temps nécessaire à la préparation et aux épreuves du concours ainsi que l'organisation du temps de travail de l'école ou de l'établissement scolaire dans lequel l'étudiant exerce. — *V. Arr. du 18 janv. 2013 (JO 26 janv.).*

Art. R. 5134-176 Les étudiants recrutés sur des emplois d'avenir professeur accomplissent, dans les établissements d'enseignement et dans les écoles, sous la direction des autorités chargées de l'organisation du service, des fonctions d'appui éducatif.

En appui des enseignants, ils peuvent participer aux séquences d'enseignement, aux actions de soutien scolaire ainsi qu'à toute activité de nature éducative organisée au sein de l'établissement ou de l'école.

Les étudiants recrutés sur des emplois d'avenir professeur peuvent également assister à certains conseils de l'établissement ou de l'école.

Art. D. 5134-177 Pour bénéficier de la priorité de recrutement fixée au III de l'article L. 5134-120, les étudiants doivent avoir résidé au moins deux ans dans l'une des zones mentionnées ou avoir effectué au moins deux années d'études secondaires dans un établissement situé dans l'une de ces zones ou dans un établissement relevant de l'éducation prioritaire.

Art. D. 5134-178 Le tutorat des étudiants recrutés sur des emplois d'avenir professeur est assuré par un enseignant désigné par le recteur d'académie.

Dans l'enseignement agricole, le directeur régional de l'alimentation, de l'agriculture et de la forêt désigne l'enseignant chargé du tutorat.

L'enseignant suit et accompagne l'étudiant dans sa formation progressive au métier du professorat notamment en l'associant à la préparation et à la conduite de séquences d'enseignement, à la gestion de classe et au suivi des élèves.

CHAPITRE V **PÉRIODES DE MISE EN SITUATION EN MILIEU PROFESSIONNEL**

(Décr. n° 2014-1360 du 13 nov. 2014, art. 1er)

Art. D. 5135-1 Lorsque le bénéficiaire est salarié, son employeur est également partie à la convention de mise en situation en milieu professionnel mentionnée à l'article L. 5135-4.

V. Arr. du 13 nov. 2014, JO 15 nov.

Art. D. 5135-2 La convention mentionnée à l'article L. 5135-4, dont le modèle est fixé par arrêté du ministre chargé de l'emploi, comporte notamment les indications suivantes :

1° La dénomination, l'adresse et la forme juridique de l'organisme prescripteur ;

2° Les nom, prénom, adresse et date de naissance du bénéficiaire, sa situation professionnelle, l'indication, le cas échéant, de sa qualité de bénéficiaire du revenu de solidarité active financé par le département, et, s'il est salarié, les coordonnées de son employeur ;

3° La dénomination, l'adresse, la forme juridique, le numéro et la date d'immatriculation de la structure d'accueil, son activité principale et, le cas échéant, la convention collective dont elle relève, ainsi que le nom et la fonction de la personne en charge de l'accueil et du suivi du bénéficiaire et de la transmission des consignes d'hygiène et de sécurité ;

4° La dénomination, l'adresse et la forme juridique de la structure d'accompagnement, ainsi que le nom et la fonction du conseiller référent du bénéficiaire ;

5° Les dates de début et de fin de la ou des périodes de mise en situation, le nombre d'heures de présence, le lieu d'exécution, l'objet assigné à cette période parmi ceux mentionnés à l'article L. 5135-1 ainsi que le ou les objectifs précis fixés dans ce cadre et les modalités prévues pour évaluer leur réalisation ;

6° La description des tâches confiées au bénéficiaire dans le but de développer les compétences recherchées ainsi que les horaires de présence dans la structure d'accueil.

V. Arr. du 13 nov. 2014, JO 15 nov.

Art. D. 5135-3 La convention mentionnée à l'article L. 5135-4 est conclue pour une durée ne pouvant excéder un mois de date à date, que la présence du bénéficiaire au sein de la structure d'accueil soit continue ou discontinue.

Lorsque le ou les objectifs fixés conformément au 5° de l'article D. 5135-2 n'ont pas été atteints, la convention peut être renouvelée une fois, pour le même objet et les mêmes objectifs que ceux initialement fixés et pour une durée au plus égale à celle mentionnée au premier alinéa du présent article.

Il peut être conclu, avec un même bénéficiaire et au cours d'une période de douze mois consécutifs, au plus deux conventions de mise en situation en milieu professionnel dans la même structure d'accueil, sous réserve que ces conventions comportent des objets ou des objectifs différents et sans que la durée totale de ces conventions, renouvellements compris, n'excède soixante jours sur la même période.

Art. D. 5135-4 Pendant la durée de la période de mise en situation en milieu professionnel, le bénéficiaire observe le règlement intérieur de la structure d'accueil et les mesures en matière d'hygiène et de sécurité propres aux activités prévues par la convention mentionnée à l'article D. 5135-2.

Art. D. 5135-5 Pendant la période de mise en situation en milieu professionnel, la structure d'accueil désigne une personne chargée d'aider, d'informer, de guider et d'évaluer le bénéficiaire.

En cas d'accident survenant au cours ou sur le lieu de la mise en situation en milieu professionnel, ou pendant le trajet effectué par le bénéficiaire, la structure d'accueil informe au plus tard dans les vingt-quatre heures la structure d'accompagnement. La structure d'accompagnement transmet l'information sans délai à l'employeur, si le bénéficiaire est salarié*[,]* ou, dans le cas contraire, au prescripteur, qui procèdent l'un ou l'autre dans les quarante-huit heures à la déclaration d'accident du travail.

Art. D. 5135-6 L'organisme prescripteur s'assure de la pertinence de la période de mise en situation en milieu professionnel envisagée et établit le projet de convention mentionné à l'article D. 5135-2.

La structure d'accompagnement assure la mise en œuvre de la période de mise en situation en milieu professionnel et en réalise le bilan et l'évaluation.

Art. D. 5135-7 Les organismes mentionnés aux 1° à 3° de l'article L. 5135-2 peuvent conclure avec un organisme employant ou accompagnant des bénéficiaires de mise en situation en milieu professionnel des conventions autorisant ce dernier organisme à prescrire pour ces bénéficiaires des périodes de mise en situation en milieu professionnel.

Cette autorisation ne peut être liée à aucune clause financière et l'organisme qui l'a accordée peut la suspendre ou la retirer sans préavis.

Art. D. 5135-8 La convention mentionnée à l'article D. 5135-7 comporte notamment les indications suivantes :

1° La dénomination, l'adresse, la forme juridique de chaque partie à la convention, ainsi que le nom et la fonction de chaque signataire ;

2° Les catégories de personnes pouvant se voir prescrire des périodes de mise en situation parmi celles employées ou accompagnées par l'organisme prescripteur ;

3° La durée de la convention.

TITRE QUATRIÈME AIDES À LA CRÉATION D'ENTREPRISE

CHAPITRE PREMIER AIDES À LA CRÉATION OU À LA REPRISE D'ENTREPRISE

SECTION PREMIÈRE DISPOSITIONS COMMUNES

SOUS-SECTION 1 NATURE ET BÉNÉFICE DES AIDES

Art. R. 5141-1 Les aides destinées aux personnes qui créent ou reprennent une entreprise, ou qui entreprennent l'exercice d'une autre profession non salariée, prévues au présent chapitre, comprennent :

1° L'exonération de cotisations sociales prévue à l'article L. 161-1-1 du code de la sécurité sociale. Cette exonération peut être cumulée avec les allocations mentionnées à l'article 9 de la loi n° 98-657 du 29 juillet 1998 d'orientation relative à la lutte contre les exclusions ;

2° L'avance remboursable prévue à l'article L. 5141-2. La dotation aux jeunes agriculteurs accordée en application des articles R. 343-3 et suivants du code rural et de la pêche maritime n'est pas cumulable avec cette avance remboursable ;

3° Le versement par l'État, aux bénéficiaires des exonérations prévues au 1°, effectué conformément aux dispositions de l'article L. 5141-3. Pour les personnes admises au bénéfice de ces exonérations au cours de leur période d'indemnisation au titre de l'allocation d'assurance, le bénéfice de l'allocation de solidarité spécifique prévue à l'article L. 5423-1 est maintenu jusqu'au terme du bénéfice de ces exonérations ;

4° Le financement partiel par l'État des actions de conseil *(Décr. n° 2010-1642 du 23 déc. 2010)* « et » d'accompagnement au bénéfice des créateurs ou repreneurs d'entreprises *(Décr. n° 2010-1642 du 23 déc. 2010)* « en application de l'article L. 5141-5 du code du travail ». — *[Anc. art. R. 351-41.]*

Art. R. 5141-2 Pour l'application des dispositions de l'article L. 5141-1, sont considérés comme remplissant la condition de contrôle effectif de l'entreprise créée ou reprise lorsqu'elle est constituée sous la forme de société :

1° Le demandeur du bénéfice de ces dispositions qui détient, personnellement ou avec son conjoint, son partenaire lié par un pacte civil de solidarité ou son concubin, ses ascendants et descendants, plus de la moitié du capital de la société, sans que sa part personnelle puisse être inférieure à 35 % de celui-ci ;

2° Le demandeur qui a la qualité de dirigeant de la société et qui détient, personnellement ou avec son conjoint, son partenaire lié par un pacte civil de solidarité, ses ascendants et descendants, au moins un tiers du capital de celle-ci, sans que sa part personnelle puisse être inférieure à 25 % et sous réserve qu'un autre actionnaire ou porteur de parts ne détienne pas directement ou indirectement plus de la moitié du capital ;

3° Les demandeurs qui détiennent ensemble plus de la moitié du capital de la société, à condition qu'un ou plusieurs d'entre eux aient la qualité de dirigeant et que chaque demandeur détienne une part de capital égale à un dixième au moins de la part détenue par le principal actionnaire ou porteur de parts. — *[Anc. art. R. 351-43.]*

Art. R. 5141-3 Lorsqu'une personne a obtenu le bénéfice d'une aide à la création, à la reprise d'entreprise ou pour l'exercice d'une autre profession non salariée, elle ne peut obtenir à nouveau cette aide qu'à l'expiration d'un délai de trois ans suivant la précédente décision du préfet ou de l'organisme habilité prévu à l'article R. 5141-22.

(Décr. n° 2010-1642 du 23 déc. 2010) « Les dispositions du premier alinéa ne s'appliquent pas à l'aide prévue au 4° de l'article R. 5141-1. »

SOUS-SECTION 2 RETRAIT DES AIDES

Art. R. 5141-4 S'il est établi que l'aide a été obtenue à la suite de fausses déclarations ou si la condition de contrôle effectif de la société créée ou reprise cesse d'être remplie dans les deux ans suivant la création ou la reprise, et sous réserve de l'article R. 5141-6 :

1° Le bénéfice des exonérations de cotisations sociales mentionnées au 1° de l'article R. 5141-1 est retiré par décision de l'Union de recouvrement des cotisations de sécurité sociale et d'allocations familiales (URSSAF) ;

2° Le bénéfice de l'avance remboursable mentionnée au 2° de l'article précité est retiré par décision de l'organisme habilité ou du préfet, qui en informe l'URSSAF. – *[Anc. art. R. 351-48, al. 1er à 3.]*

Art. R. 5141-5 **Dans le cas prévu à l'article R. 5141-4, le bénéficiaire acquitte auprès des organismes de sécurité sociale concernés les cotisations dont il a été exonéré, en application des articles L. 161-1-1 et L. 161-24 du code de la sécurité sociale, et rembourse le montant de l'aide financière déjà perçue.** – *[Anc. art. R. 351-48, al. 4.]*

Art. R. 5141-6 **Par dérogation aux articles R. 5141-4 et R. 5141-5, lorsque la perte du contrôle effectif résulte de la cessation de l'activité créée ou reprise, ou de la cession de l'entreprise dans le cadre d'une procédure de sauvegarde, de redressement ou de liquidation judiciaire, le remboursement de l'aide financière ainsi que le versement des cotisations sociales dont le bénéficiaire a été exonéré peuvent ne pas être exigés, sur décision motivée du préfet.** – *[Anc. art. R. 351-48, al. 5.]*

SECTION II **EXONÉRATIONS DE CHARGES SOCIALES**

Art. R. 5141-7 **Peuvent être admis au bénéfice des exonérations de cotisations et des droits à prestation prévus aux articles L. 161-1-1 et L. 161-24 du code de la sécurité sociale :**

1° Les personnes privées d'emploi percevant l'allocation d'assurance chômage mentionnée à l'article L. 5422-1, l'allocation temporaire d'attente prévue à l'article L. 5423-8 et l'allocation de solidarité spécifique de l'article L. 5423-1 ;

2° Les personnes remplissant les conditions pour percevoir l'allocation d'assurance ou l'allocation prévue en cas de convention de reclassement prévue à l'article L. 1233-65 ;

3° Les bénéficiaires de l'allocation de revenu *(Décr. n° 2015-1709 du 21 déc. 2015, art. 3)* **« de solidarité active » ou leur conjoint ou concubin ainsi que les bénéficiaires de l'allocation prévue à l'article L. 524-1 du code de la sécurité sociale ;**

4° Les demandeurs d'emploi non indemnisés inscrits depuis plus de six mois au cours des dix-huit derniers mois et n'appartenant pas aux catégories mentionnées aux 2° et 3° ;

5° Les personnes mentionnées aux 4° à 9° de l'article L. 5141-1 ;

6° Les personnes mentionnées au premier alinéa de l'article L. 5141-2. – *[Anc. art. R. 351-42.]*

Art. R. 5141-8 **La demande d'attribution d'exonérations de cotisations sociales mentionnées au 1° de l'article R. 5141-1 est adressée au centre de formalités des entreprises.**

Elle peut être introduite dès le dépôt de la déclaration de création ou de reprise d'entreprise.

Elle est introduite au plus tard le quarante-cinquième jour qui suit ce dépôt. – *[Anc. art. R. 351-44, al. 1er, phrases 1 à 3.]*

Le centre de formalités des entreprises a pour seule mission de recevoir la demande d'exonération de cotisations sociales, d'assurer la constitution du dossier et de le transmettre pour décision à l'URSSAF une fois celui-ci complet ; il n'a pas qualité pour décider au lieu et place de l'URSSAF du rejet d'un dossier pour forclusion de la demande. • Civ. 2e, 10 nov. 2011 : ☎ *RJS 2012. 63, n° 71.*

Art. R. 5141-9 **Par dérogation à l'article R. 5141-8, les personnes qui se sont vu octroyer l'avance remboursable mentionnée au 2° de l'article R. 5141-1 sont dispensées de présenter la demande d'attribution d'exonérations de cotisations sociales.** – *[Anc. art. R. 351-44, al. 1er, phrase 4.]*

Art. R. 5141-10 **Un arrêté du ministre chargé de l'emploi définit la composition du dossier de demande d'attribution d'exonérations de cotisations sociales.** – *[Anc. art. R. 351-44, al. 2.]*

Art. R. 5141-11 **Lorsque le dossier de demande d'attribution d'exonérations de cotisations sociales est complet, le centre de formalités des entreprises délivre au demandeur un récépissé indiquant que la demande a été enregistrée. Il informe les organismes**

sociaux concernés de l'enregistrement de cette demande et transmet, dans les vingt-quatre heures, le dossier de demande et une copie du récépissé à l'URSSAF qui, au nom de l'État, statue sur la demande dans un délai d'un mois à compter de la date du récépissé. – *[Anc. art. R. 351-44, al. 3.]*

Art. R. 5141-12 Lorsque les conditions d'octroi sont remplies, l'URSSAF, le cas échéant pour le compte du régime social des indépendants et sous son appellation, délivre à l'intéressé une attestation d'admission au bénéfice de l'exonération mentionnée à l'article L. 161-1-1 du code de la sécurité sociale.

Lorsque ces conditions ne sont pas réunies, elle notifie au demandeur la décision de rejet de sa demande et en informe les organismes sociaux concernés.

Le silence gardé par l'URSSAF pendant plus d'un mois à compter de la date du récépissé vaut décision d'acceptation. – *[Anc. art. L. 351-24-1, al. 1er, et anc. art. R. 351-44, al. 4.]*

SECTION III **AVANCE REMBOURSABLE**

SOUS-SECTION 1 **NATURE ET CONDITIONS D'OCTROI**

Art. R. 5141-13 L'avance remboursable est un prêt sans intérêt financé par l'État et attribué, après expertise du projet de création ou de reprise d'entreprise, à une ou à plusieurs personnes physiques qui s'engagent à intégrer son montant au capital de la société créée ou reprise ou à l'utiliser pour le fonctionnement de l'entreprise individuelle créée ou reprise. – *[Anc. art. R. 351-44-2, al. 1er.]*

Art. R. 5141-14 Pour bénéficier de l'avance remboursable mentionnée au 2° de l'article R. 5141-1, le demandeur doit présenter un projet de création ou de reprise réel, consistant et viable au regard de l'environnement économique local, des moyens mobilisés et de ses compétences. – *[Anc. art. R. 351-44-1-I, al. 1er.]*

Art. R. 5141-15 La demande est préalable à la création ou reprise d'entreprise ou à l'exercice de la nouvelle activité. Elle est accompagnée d'un dossier justifiant que le demandeur remplit les conditions d'attribution de cette avance.

Un arrêté du ministre chargé de l'emploi définit la composition de ce dossier. – *[Anc. art. R. 351-44-1-I, al. 2.]*

Art. R. 5141-16 Lorsqu'il n'y a pas dans le département d'organisme mandaté, en application de l'article L. 5141-6, la demande tendant à l'octroi de l'avance remboursable est adressée au préfet.

Le préfet délivre au demandeur un accusé de réception et statue sur la demande dans un délai de deux mois à compter de la date de sa réception. Sa décision est notifiée au demandeur.

En cas de non-réponse dans le délai de deux mois, la demande est réputée rejetée. – *[Anc. art. R. 351-44-1-V.]*

Art. R. 5141-17 La décision d'attribution de l'avance remboursable emporte attribution simultanée des aides prévues aux 1° et 3° de l'article R. 5141-1. – *[Anc. art. R. 351-44-2, al. 2.]*

Art. R. 5141-18 L'attribution de l'avance remboursable est subordonnée à l'obtention d'un financement complémentaire. – *[Anc. art. R. 351-44-2, al. 3.]*

Art. R. 5141-19 Le montant de l'avance remboursable varie en fonction des caractéristiques financières du projet et du nombre de personnes physiques bénéficiaires de l'aide au titre de ce projet. – *[Anc. art. R. 351-44-2, al. 4.]*

Art. R. 5141-20 Le montant maximum de l'aide attribuée à un projet, selon que celui-ci est individuel, collectif ou concerne les salariés repreneurs de leur entreprise en difficulté prévus au 6° de l'article L. 5141-1, ainsi que les caractéristiques du financement complémentaire mentionné à l'article R. 5141-18, sont déterminés par arrêté conjoint des ministres chargés de l'emploi, de l'économie et du budget. – *[Anc. art. R. 351-44-2, al. 6.]*

Art. R. 5141-21 L'avance est remboursable dans le délai maximum de cinq ans.

Le premier remboursement intervient, au plus tard, douze mois après son versement. – *[Anc. art. R. 351-44-2, al. 5.]*

SOUS-SECTION 2 ORGANISMES HABILITÉS POUR ACCORDER ET GÉRER L'AVANCE

Art. R. 5141-22 Le préfet peut mandater des organismes, dont il fixe la liste par arrêté, afin d'accorder et gérer l'avance remboursable mentionnée au 2° de l'article R. 5141-1.

Lorsque la demande du créateur vise les avantages prévus aux 2°, 3° et 4° de l'article R. 5141-1, le mandataire se prononce sur l'octroi de chacun d'entre eux par une décision distincte. – *[Anc. art. R. 351-44-1-II, al. 1er.]*

Art. R. 5141-23 Lorsque l'avance remboursable est relative aux projets présentés par plus de dix demandeurs ou donnant lieu à une demande d'avance remboursable d'un montant supérieur à un seuil fixé par arrêté conjoint des ministres chargés de l'emploi, de l'économie et du budget, la décision d'attribution et la gestion de celle-ci peuvent être confiées, sous forme d'un mandat de gestion, à des organismes dont la liste est fixée par arrêté du ministre chargé de l'emploi. – *[Anc. art. R. 351-44-1-II, al. 2.]*

Art. R. 5141-24 Dans les cas prévus aux articles R. 5141-22 et R. 5141-23, le dossier de demande d'avance remboursable est adressé à l'organisme habilité qui délivre au demandeur une attestation de dépôt et statue sur la demande dans un délai de deux mois à compter de la date du dépôt.

Il notifie sa décision au demandeur et en informe simultanément le préfet et l'URSSAF.

En cas de non-réponse dans le délai de deux mois, la demande est réputée rejetée. – *[Anc. art. R. 351-44-1-II, al. 3.]*

Art. R. 5141-25 Seuls peuvent être titulaires d'une habilitation les organismes ayant pour objet exclusif de participer, par le versement d'aides financières, à la création ou à la reprise d'entreprise et ceux définis par les articles L. 511-1 et suivants du code monétaire et financier.

Ces organismes sont contrôlés par un commissaire aux comptes, tel que défini par les articles *(Décr. no 2016-1026 du 26 juill. 2016, art. 92)* « L. 822-1 » et suivants du code de commerce.

Pour être habilités, les organismes justifient des caractéristiques suivantes :

1° Leur capacité et leur savoir-faire en matière d'accueil et de conseil des créateurs ou repreneurs d'entreprise ;

2° Une compétence reconnue en matière financière ;

3° Une expérience en matière de mobilisation de financements complémentaires ;

4° Des moyens techniques adaptés à l'exercice de ce mandat. – *[Anc. art. R. 351-44-1-III.]*

Art. R. 5141-26 Le préfet ou le ministre chargé de l'emploi peut procéder à tout contrôle, sur pièces et sur place, de l'utilisation des fonds gérés par un organisme habilité par l'État. – *[Anc. art. R. 351-44-1-IV, al. 1er.]*

Art. R. 5141-27 L'organisme habilité communique au préfet ou au ministre chargé de l'emploi, un rapport d'activité semestriel comprenant notamment la liste des projets aidés, les conditions de leur réalisation, le montant des aides financières accordées, ainsi que le montant et la nature des financements complémentaires mobilisés.

L'organisme habilité communique également au préfet un rapport annuel d'évaluation portant notamment sur la consolidation et le développement des projets aidés. – *[Anc. art. R. 351-44-1-IV, al. 2 et 3.]*

SECTION IV MAINTIEN D'ALLOCATIONS

Art. R. 5141-28 L'aide de l'État prévue à l'article L. 5141-3 est attribuée pour une durée d'un an à compter de la date de création ou de reprise d'une entreprise. – *[Anc. art. L. 351-24-2, al. 1er.]*

SECTION V ORGANISATION ET LABELLISATION D'ACTIONS DE CONSEIL ET D'ACCOMPAGNEMENT

(Décr. n° 2010-1642 du 23 déc. 2010)

SOUS-SECTION 1 ORGANISATION DU PARCOURS D'ACCOMPAGNEMENT POUR LA CRÉATION OU LA REPRISE D'ENTREPRISE

Art. R. 5141-29 Les actions de conseil et d'accompagnement mentionnées au 4° de l'article R. 5141-1 sont réalisées par un opérateur avec lequel l'État passe à cet effet une convention.

Les actions sont réalisées dans le cadre d'un parcours comportant les trois phases suivantes :

1° Une phase d'aide au montage, d'une durée maximum de quatre mois pour un projet de création et de six mois pour un projet de reprise d'entreprise ;

2° Une phase d'aide à la structuration financière, d'une durée maximum de quatre mois pour un projet de création d'entreprise et de six mois pour un projet de reprise d'entreprise ;

3° Une phase d'accompagnement du démarrage et du développement de l'activité de l'entreprise *(Abrogé par Décr. n° 2015-731 du 24 juin 2015, art. 3) « immatriculée ou bénéficiant d'une dispense d'immatriculation en application de l'article L. 123-1-1 du code de commerce, »* d'une durée fixe de trente-six mois.

La convention peut porter sur tout ou partie des phases mentionnées aux 1° à 3°. Toutefois, un opérateur conventionné pour la phase d'aide à la structuration financière doit l'être également pour la phase d'accompagnement du démarrage et du développement de l'activité de l'entreprise.

Des expertises spécialisées répondant à un besoin particulier du projet peuvent également être réalisées au cours des phases mentionnées aux 1° et 3°, dans des conditions définies par la convention.

Art. R. 5141-30 Les personnes mentionnées à l'article L. 5141-5 peuvent solliciter auprès des opérateurs conventionnés de leur choix le bénéfice des actions de conseil et d'accompagnement prévues à l'article R. 5141-29. Elles peuvent demander à entrer dans le parcours à n'importe laquelle des phases prévues par cet article. Elles peuvent s'adresser pour chaque phase à un opérateur différent de celui qui les a accompagnées au cours de la phase précédente.

La demande est adressée à l'opérateur conventionné par tout moyen permettant d'établir avec certitude la date de sa réception. L'opérateur délivre à la personne un accusé de réception comportant les mentions prévues par le décret du 6 juin 2001 susvisé.

L'opérateur conventionné peut refuser d'accompagner une personne :

1° Soit en raison de l'absence de difficultés particulières du demandeur dans l'accès, le maintien ou le retour à l'emploi ;

2° Soit en raison du manque de consistance ou de viabilité économique du projet de création ou de reprise d'entreprise ;

L'opérateur peut également refuser la demande lorsqu'il ne dispose pas de moyens d'accompagnement suffisants.

Art. R. 5141-31 En cas d'acceptation de la demande, l'opérateur conclut avec la personne, par délégation de l'État, un contrat d'accompagnement indiquant, parmi les trois phases définies à l'article R. 5141-29, la phase par laquelle commence l'accompagnement. Les phases d'aide au montage et d'aide à la structuration financière peuvent être réalisées concomitamment ou successivement.

Le contrat d'accompagnement définit les engagements réciproques de l'opérateur et de la personne accompagnée.

L'opérateur peut résilier le contrat d'accompagnement lorsque la personne ne respecte pas, sans motif légitime, les engagements qui y sont stipulés. L'opérateur qui envisage de résilier le contrat le notifie à la personne, par tout moyen permettant d'attester la réception de la notification. La notification informe la personne de la possibilité de présenter ses observations par écrit ou dans le cadre d'un entretien, au cours duquel elle peut se faire assister d'une personne de son choix.

La décision de résiliation est notifiée à la personne par tout moyen permettant d'établir avec certitude la date de sa réception. La décision est motivée et comporte la mention des voies et délais de recours.

Art. R. 5141-32 Les décisions de refus d'accompagnement et de résiliation du contrat d'accompagnement peuvent faire l'objet d'un recours hiérarchique devant le préfet de région.

Art. R. 5141-33 Un arrêté du ministre chargé de l'emploi fixe la composition du dossier de demande et le modèle de contrat d'accompagnement.

SOUS-SECTION 2 MODALITÉS DE DÉLIVRANCE D'UN LABEL

Art. R. 5141-34 Il est créé un label attestant de la capacité d'une personne physique ou morale à assurer une ou plusieurs des phases de conseil et d'accompagnement des créateurs et repreneurs d'entreprise mentionnées à l'article R. 5141-29.

La décision d'accorder le label, pour une ou pour l'ensemble des phases mentionnées à l'article R. 5141-29, est prise par le préfet de région.

Les conditions d'octroi du label, sa durée de validité ainsi que les conditions de renouvellement et de prorogation sont définies par un arrêté du ministre chargé de l'emploi.

CHAPITRE II CONTRAT D'APPUI AU PROJET D'ENTREPRISE

Art. R. 5142-1 Dès la conclusion du contrat d'appui au projet d'entreprise prévu à l'article L. 5142-1, la personne morale responsable de l'appui informe d'une part l'Union de recouvrement des cotisations de sécurité sociale et d'allocations familiales (URSSAF) *(Décr. n° 2008-1010 du 29 sept. 2008)* « ou la Caisse générale de sécurité sociale (CGSS), d'autre part *(Décr. n° 2014-524 du 22 mai 2014, art. 16-II)* « Pôle emploi » de la conclusion du contrat d'appui et du terme prévu.

Elle les informe de ses renouvellements ou de sa rupture anticipée. – *[Anc. art. R. 783-1, al. 1er.]*

Art. R. 5142-2 Lorsque le bénéficiaire procède à l'immatriculation de son entreprise et qu'il effectue la déclaration prévue à l'annexe II du décret n° 96-650 du 19 juillet 1996, le centre de formalités des entreprises transmet aux organismes auxquels le bénéficiaire du contrat est tenu, le cas échéant, de s'affilier, à l'issue de ce contrat, une copie de celui-ci portant mention de son terme prévu.

La personne responsable de l'appui informe ces organismes des renouvellements ou de la rupture anticipée de celui-ci. – *[Anc. art. R. 783-1, al. 2.]*

Art. R. 5142-3 Sont considérés comme rémunération, au sens de l'article L. 242-1 du code de la sécurité sociale, et par dérogation aux dispositions du sixième alinéa de l'article R. 242-1 de ce code, les revenus correspondant aux recettes hors taxe dégagées par l'activité du bénéficiaire du contrat d'appui et à la rémunération prévue au 7° de l'article 1er du décret n° 2005-505 du 19 mai 2005 relatif au contrat d'appui au projet d'entreprise pour la création ou la reprise d'une activité économique, déduction faite des frais liés à l'exercice de l'activité du bénéficiaire et des frais mentionnés au deuxième alinéa de l'article L. 127-3 du code de commerce. – *[Anc. art. R. 783-2, al. 1er.]*

Art. R. 5142-4 Le recouvrement des cotisations et contributions de sécurité sociale s'effectue dans les conditions prévues au titre III et aux chapitres III et IV du titre IV du livre II du code de la sécurité sociale.

Par dérogation à l'article R. 243-6 du code de la sécurité sociale, les cotisations et les contributions de sécurité sociale dues à raison des rémunérations payées au cours d'un trimestre civil sont versées dans les quinze premiers jours du trimestre civil suivant à l'organisme chargé du recouvrement dans la circonscription de laquelle se trouve la personne morale responsable de l'appui. – *[Anc. art. R. 783-2, al. 2 et 3.]*

Art. R. 5142-5 Pour le calcul de l'allocation d'assurance et la détermination des contributions prévues aux articles L. 5422-9 à L. 5422-11, la rémunération est calculée selon les modalités fixées à l'article R. 5142-3. – *[Anc. art. R. 783-3.]*

Art. R. 5142-6 A compter du début d'activité économique, au sens de l'article L. 127-4 du code de commerce, et jusqu'à la fin du contrat d'appui, l'exonération prévue au 7° de l'article L. 5141-1 porte sur les cotisations de sécurité sociale calculées selon les modalités fixées par l'article R. 5142-3 et versées par la personne morale responsable de l'appui pour le compte du bénéficiaire du contrat. — *[Anc. art. R. 322-10-5.]*

TITRE CINQUIÈME **COMPTE PERSONNEL D'ACTIVITÉ**

(Décr. n° 2016-1950 du 28 déc. 2016, en vigueur le 1er janv. 2017)

CHAPITRE UNIQUE

SECTION PREMIÈRE **DISPOSITIONS GÉNÉRALES**

Art. R. 5151-1 Le compte personnel d'activité est mis en œuvre au moyen du traitement automatisé défini par la présente section.

Les dispositions de la présente section s'appliquent sans préjudice des dispositions régissant les systèmes d'information mis en œuvre pour le compte personnel de formation, le compte personnel de prévention de la pénibilité et le compte d'engagement citoyen.

Art. R. 5151-2 Conformément aux dispositions de l'article L. 5151-6, est autorisée la création, par le ministre chargé de l'emploi, d'un traitement automatisé de données à caractère personnel dénommé "Système d'information du compte personnel d'activité" (SI-CPA).

Ce traitement automatisé est mis en œuvre et géré par la Caisse des dépôts et consignations.

Art. R. 5151-3 Le système d'information du compte personnel d'activité a pour finalités de permettre :

1° La consultation par le titulaire du compte et l'utilisation, dans le compte personnel d'activité, des droits inscrits ou mentionnés sur le compte personnel de formation, le compte personnel de prévention de la pénibilité ou le compte d'engagement citoyen, dans le cadre du service en ligne mentionné au I de l'article L. 5151-6 ;

2° L'accès des titulaires du compte à un service de consultation de leurs bulletins de paie, lorsqu'ils ont été transmis par l'employeur sous forme électronique dans les conditions prévues par l'article L. 3243-2 au moyen de la plateforme de services en ligne mentionnée au II de l'article L. 5151-6 ;

3° L'accès des titulaires du compte à des services utiles à la sécurisation des parcours professionnels et à la mobilité géographique et professionnelle, au moyen de la même plateforme ainsi que l'accompagnement des titulaires dans l'utilisation de ces services ;

4° Le partage entre titulaires de compte de tout ou partie des données de leur espace personnel dans les conditions prévues au II de l'article R. 5151-6 afin de favoriser les échanges sur des questions liées à la sécurisation des parcours professionnels et à la mobilité géographique et professionnelle ;

5° L'analyse de l'utilisation et l'évaluation de la mise en œuvre du compte personnel d'activité, notamment par le biais de la statistique.

Art. R. 5151-4 Dans la mesure où leur exploitation est nécessaire à la poursuite des finalités définies à l'article R. 5151-3, les catégories de données à caractère personnel pouvant être enregistrées dans le traitement automatisé sont les suivantes :

1° Des données issues du système d'information du compte personnel de formation, y compris celles relevant du compte d'engagement citoyen ;

2° Des données issues du système d'information du compte personnel de prévention de la pénibilité ;

3° Des données à caractère personnel librement renseignées par le titulaire du compte et des données issues de l'utilisation par celui-ci des services en ligne mentionnés au I et aux 2° et 3° du II de l'article L. 5151-6 relatives aux éléments suivants :

a) Les données relatives au parcours professionnel du titulaire du compte : activités professionnelles exercées ou ayant été exercées, activités d'engagement citoyen exercées ou ayant été exercées, études et formations initiales et continues suivies, diplômes et certifications obtenus, qualifications détenues et exercées ;

b) Les données relatives aux compétences professionnelles du titulaire du compte : aptitudes et compétences, permis de conduire, langues étrangères ;

c) Les données issues de l'utilisation des services en ligne susmentionnés ;

d) Les données relatives au projet professionnel du titulaire du compte : métiers envisagés ou recherchés, formations envisagées ou recherchées, région de résidence actuelle ou recherchée, région du lieu de travail actuel et du lieu de travail recherché ;

e) Les données issues du profil professionnel du titulaire du compte : dénomination de la branche professionnelle d'origine, code APE de l'employeur ;

f) Les données relatives aux coordonnées du titulaire de compte : adresse électronique.

Art. R. 5151-5 Le titulaire du compte personnel d'activité accède directement aux données à caractère personnel le concernant.

Dans la mesure nécessaire à l'exercice de leurs missions, les personnels de la Caisse des dépôts et consignations assurant la gestion du traitement accèdent directement à tout ou partie des données à caractère personnel du système d'information du compte personnel d'activité, pour la gestion des services en ligne mentionnés au I et au 2° et au 3° du II de l'article L. 5151-6.

Les agents des organismes de conseil en évolution professionnelle mentionnés à l'article L. 6111-6 sont habilités, lorsque le titulaire y consent, à accéder aux données mentionnées au *c* du 3° de l'article R. 5151-4 se rapportant à ses profils, parcours, compétences et projets professionnels dans les limites strictement nécessaires à l'exercice de leurs missions.

Art. R. 5151-6 I. — Sont destinataires de tout ou partie des données à caractère personnel incluses dans le traitement automatisé, dans les limites strictement nécessaires à l'exercice de leurs missions :

1° Les agents de la direction de l'animation de la recherche, des études et des statistiques du ministère chargé de l'emploi, et des organismes qu'elle mandate au moyen de conventions de recherche, pour leur exploitation à des fins statistiques destinées à la recherche ou à l'évaluation du " Système d'information du compte personnel d'activité " (SI-CPA) ;

2° Les agents de la délégation générale à l'emploi et à la formation professionnelle ;

3° Les agents de la direction générale du travail ;

4° Les agents de la direction de la sécurité sociale ;

5° Les agents de la direction de la jeunesse, de l'éducation populaire et de la vie associative.

II. — Dans le cadre de la finalité mentionnée au 4° de l'article R. 5151-3, le titulaire du compte peut décider de rendre accessibles aux autres titulaires de compte tout ou partie des données issues de son espace personnel dans des conditions garantissant qu'ils ne font pas l'objet d'une indexation par des moteurs de recherche. Il peut, à tout moment, revenir sur cette décision.

Art. R. 5151-7 I. — Une information conforme aux dispositions de l'article 32 de la loi n° 78-17 du 6 janvier 1978 relative à l'informatique, aux fichiers et aux libertés figure sur le service en ligne mentionné au I de l'article L. 5151-6.

II. — Le droit d'opposition prévu à l'article 38 de la même loi ne s'applique pas au système d'information du compte personnel d'activité.

III. — Le droit d'accès et de rectification prévu aux articles 39 et 40 de la même loi s'exerce auprès de la Caisse des dépôts et consignations.

Art. R. 5151-8 Les données à caractère personnel et les informations enregistrées dans le système d'information du compte personnel d'activité sont conservées pendant toute la durée d'ouverture du compte et pendant une durée de trois ans à compter de la date du décès du titulaire du compte. En cas de contentieux, ce délai est prorogé jusqu'à l'intervention d'une décision juridictionnelle définitive.

Art. R. 5151-9 Toute opération relative au système d'information du compte personnel d'activité fait l'objet d'un enregistrement comprenant l'identification de l'utilisateur, la date, l'heure et la nature de l'intervention dans ce traitement. Ces informations sont conservées pendant une durée d'un an.

Art. R. 5151-10 I. – Les personnes morales de droit public et les personnes morales de droit privé chargées d'une mission de service public qui développent et mettent à disposition les services en ligne mentionnés au 3° du II de l'article L. 5151-6 sont autorisées à créer les traitements de données à caractère personnel nécessaires dans les conditions définies au présent article.

La personne morale qui développe et met à disposition le service en ligne est responsable du traitement de données à caractère personnel correspondant.

Le traitement de données à caractère personnel doit avoir reçu le consentement du titulaire du compte personnel d'activité.

Conformément au IV de l'article 26 de la loi du 6 janvier 1978 précitée, la mise en œuvre de chaque traitement est subordonnée à l'envoi préalable à la Commission nationale de l'informatique et des libertés, d'un engagement de conformité aux dispositions du présent article. Cet engagement est accompagné d'un dossier technique sommaire décrivant le traitement mis en œuvre et les mesures prises pour en assurer la sécurité.

II. – Dans la mesure où elles sont strictement nécessaires à la fourniture du service en ligne, peuvent être collectées, traitées et conservées les données mentionnées à l'article R. 5151-4, à l'exception des données suivantes :

1° Les données relatives à la pénibilité mentionnées aux 3° à 6° du I de l'article 2 du décret du 11 août 2016 autorisant la création d'un traitement de données à caractère personnel dénommé "compte personnel de prévention de la pénibilité" ;

2° Les données relatives aux activités bénévoles ou de volontariat enregistrées en application de l'article L. 5151-8, lorsqu'elles relèvent des données énumérées par l'article 8 de la loi du 6 janvier 1978 précitée.

III. – Un arrêté du ministre chargé de l'emploi, pris après avis motivé et publié de la Commission nationale de l'informatique et des libertés, précise les conditions techniques d'accès aux données.

IV. – Peuvent être destinataires des données mentionnées au II, à condition d'avoir été spécifiquement habilités à cette fin, les employés et agents des organismes mentionnés au I de même nature que ceux mentionnés aux articles R. 5151-5 et R. 5151-6.

V. – Chaque responsable de traitement conserve les données mentionnées au II pour la durée des opérations requises par la fourniture du service en ligne. Cette durée ne peut excéder un mois après l'achèvement des opérations.

VI. – Chaque responsable du traitement procède, conformément aux dispositions du I de l'article 32 de la loi du 6 janvier 1978 précitée, à l'information des personnes dans le cadre du service en ligne. Cette information mentionne notamment l'identité du responsable de traitement, la finalité poursuivie par le traitement, les destinataires des données et les modalités d'exercice des droits des personnes.

Les droits d'opposition, d'accès et de rectification s'exercent, conformément aux articles 38 à 40 de la même loi, auprès des services désignés par le responsable de traitement dans l'engagement de conformité mentionné au I.

SECTION PREMIÈRE *BIS* COMPTE PERSONNEL D'ACTIVITÉ DES TRAVAILLEURS INDÉPENDANTS, DES MEMBRES DES PROFESSIONS LIBÉRALES ET DES PROFESSIONS NON SALARIÉES, DE LEURS CONJOINTS COLLABORATEURS ET DES ARTISTES AUTEURS

(Décr. n° 2016-1999 du 30 déc. 2016, en vigueur le 1er janv. 2018)

Art. D. 5151-10 Conformément à l'article L. 5151-2 du code du travail, un compte personnel d'activité est ouvert pour toute personne assujettie à la contribution prévue aux articles L. 6331-48, L. 6331-53 et L. 6331-65 et à l'article L. 718-2-1 du code rural et de la pêche maritime. Il est constitué :

1° Du compte personnel de formation, dans les conditions définies par les articles L. 6323-25 à L. 6323-31 et les dispositions prises pour leur application ;

2° Du compte d'engagement citoyen, dans les conditions définies par les articles L. 5151-7 à L. 5151-11 et les dispositions prises pour leur application.

SECTION II COMPTE D'ENGAGEMENT CITOYEN

(Décr. n° 2016-1970 du 28 déc. 2016, en vigueur le 1er janv. 2017)

SOUS-SECTION 1 DISPOSITIONS GÉNÉRALES

Art. D. 5151-11 Les heures acquises au titre de l'engagement citoyen sont mobilisées après utilisation des heures inscrites sur le compte personnel de formation, sous réserve des dispositions prévues au 4° du III de l'article L. 6323-6.

Art. D. 5151-12 L'action financée en tout ou partie par les heures acquises au titre de l'engagement citoyen est prise en charge dans les conditions définies par le chapitre III du titre II du livre III de la sixième partie du présent code.

Lorsque le titulaire du compte d'engagement citoyen ne relève pas de l'une des situations mentionnées aux 1° à 3° de l'article L. 5151-2, un organisme paritaire collecteur désigné par arrêté du ministre chargé de la formation professionnelle assure cette prise en charge.

Art. D. 5151-13 L'organisme ayant assuré la prise en charge est remboursé par les personnes morales mentionnées à l'article L. 5151-11, dans un délai et dans la limite d'un plafond fixés par arrêté des ministres chargés de la formation professionnelle, de la vie associative, des collectivités territoriales, de la santé, de la sécurité civile, de la défense et du budget. Toutefois, lorsque le coût de l'heure de formation excède ce plafond, une valorisation monétaire supplémentaire des heures de formation, dans la limite du plafond, peut être accordée sur demande de l'usager par la mobilisation d'un nombre d'heures supplémentaires du compte engagement citoyen.

Lorsque, en application de l'article L. 5151-11, plusieurs personnes morales financent les heures mobilisées au titre de l'engagement citoyen, elles remboursent l'organisme mentionné au premier alinéa au prorata des heures financées par chacune d'entre elles.

La Caisse des dépôts et consignations transmet, selon une périodicité définie par arrêté des ministres chargés de la formation professionnelle, de la vie associative, des collectivités territoriales de la santé, de la sécurité civile, de la défense et du budget, les informations nécessaires aux personnes morales mentionnées à l'article L. 5151-11.

SOUS-SECTION 2 ACQUISITION DES DROITS

Art. D. 5151-14 I. – La durée minimale nécessaire à l'acquisition de vingt heures sur le compte personnel de formation correspond à :

1° Pour le service civique, une durée de six mois continus ;

2° Pour la réserve militaire opérationnelle, une durée d'activités accomplies de quatre-vingt-dix jours ;

3° Pour la réserve militaire citoyenne, une durée d'engagement de cinq ans ;

4° Pour la réserve communale de sécurité civile, une durée d'engagement de cinq ans ;

5° Pour la réserve sanitaire, une durée d'engagement de trois ans ;

6° Pour l'activité de maître d'apprentissage, une durée de six mois, quel que soit le nombre d'apprentis accompagnés ;

7° Pour les activités de bénévolat associatif, une durée de 200 heures, réalisées dans une ou plusieurs associations, dont au moins 100 heures dans une même association.

II. – Pour les activités mentionnées au 2° et au 7° du I, la durée est appréciée sur l'année civile écoulée. La déclaration à la Caisse des dépôts et consignations intervient à l'issue de cette année civile.

Pour les activités mentionnées au 1° et au 6° du I, la durée est appréciée sur l'année civile écoulée et sur l'année précédente. La déclaration à la Caisse des dépôts et consignations intervient à l'issue de l'année civile écoulée.

Pour les activités mentionnées aux 3° à 5° du I, la durée est appréciée au vu du contrat d'engagement signé par le réserviste. La déclaration à la Caisse des dépôts et consignations intervient à l'issue de l'année civile au cours de laquelle le contrat d'engagement a été signé.

III. – Il ne peut être acquis plus de vingt heures sur le compte personnel de formation au titre d'une même année civile et d'une même catégorie d'activités bénévoles ou volontaires.

Art. D. 5151-15 Les activités sont déclarées à la Caisse des dépôts et consignations :

1° Pour le service civique, par l'Agence de services et de paiement mentionnée à l'article L. 313-1 du code rural et de la pêche maritime, le ministre chargé des affaires étrangères, le ministre chargé du commerce extérieur, l'agence Business France ou l'association France Volontaires ;

2° Pour la réserve militaire, par le ministre chargé de la défense ou le ministre chargé de l'intérieur ;

3° Pour la réserve communale de sécurité civile, par la commune, ou par l'établissement public de coopération intercommunale ou le service départemental d'incendie et de secours chargé de la gestion de la réserve communale dans les conditions définies par l'article L. 724-2 du code de la sécurité intérieure ;

4° Pour la réserve sanitaire, par l'Agence nationale de santé publique mentionnée à l'article L. 1413-1 du code de la santé publique ;

5° Pour l'activité de maître d'apprentissage, par l'employeur de celui-ci ou par le maître d'apprentissage lui-même s'il est un travailleur indépendant, dans le cadre du service dématérialisé gratuit mentionné à l'article 4 de la loi n° 2011-893 du 28 juillet 2011 pour le développement de l'alternance et la sécurisation des parcours professionnels.

SOUS-SECTION 3 DÉCLARATION DE L'ENGAGEMENT ASSOCIATIF BÉNEVOLE

(Décr. n° 2016-1826 du 21 déc. 2016, en vigueur le 1er janv. 2017)

Art. R. 5151-16 Le titulaire du compte personnel d'activité souhaitant acquérir des heures inscrites sur son compte personnel de formation au titre des activités mentionnées au 6° de l'article L. 5151-9 déclare à la Caisse des dépôts et consignations, au plus tard le 30 juin de chaque année, le nombre d'heures qu'il a réalisées au cours de l'année civile précédente en tant que bénévole siégeant dans l'organe d'administration ou de direction de l'association ou participant à l'encadrement d'autres bénévoles.

Art. R. 5151-17 L'exactitude des données figurant dans la déclaration mentionnée à l'article R. 5151-16 est attestée, auprès de la Caisse des dépôts et consignations, par l'une des personnes chargées de l'administration ou de la direction de l'association au plus tard le 31 décembre de l'année au cours de laquelle la déclaration a été effectuée.

Art. R. 5151-18 Les activités faisant l'objet d'une déclaration ou d'une attestation au-delà des dates prévues aux articles R. 5151-16 et R. 5151-17 ne sont pas prises en compte pour le calcul de la durée d'activité nécessaire à l'acquisition de vingt heures inscrites sur le compte personnel formation mentionnée à l'article L. 5151-10.

Art. R. 5151-19 Le service en ligne mentionné à l'article L. 5151-6 permet la transmission à la Caisse des dépôts et consignation de la déclaration prévue à l'article R. 5151-16.

Le compte association mentionné au 2° de l'article 1-1 du décret n° 2009-730 du 18 juin 2009 relatif à l'espace de stockage accessible en ligne pris en application de l'article 7 de l'ordonnance n° 2005-1516 du 8 décembre 2005 relative aux échanges électroniques entre les usagers et les autorités administratives et entre les autorités administratives permet la transmission à la Caisse des dépôts et consignation de l'attestation prévue à l'article R. 5151-17.

Le traitement de données à caractère personnel mentionné au II de l'article L. 6323-8 recense les activités mentionnées à la présente sous-section.

LIVRE DEUXIÈME **DISPOSITIONS APPLICABLES CERTAINES CATÉGORIES DE TRAVAILLEURS**

TITRE PREMIER **TRAVAILLEURS HANDICAPÉS**

CHAPITRE PREMIER **OBJET DES POLITIQUES EN FAVEUR DE L'EMPLOI DES PERSONNES HANDICAPÉES**

Art. D. 5211-1 Pour la mise en œuvre des politiques d'accès à la formation et à la qualification prévues à l'article L. 5211-2, une programmation pluriannuelle de l'accueil en formation garantit un ensemble complet de services aux personnes handicapées.

Cette offre respecte la possibilité de libre choix de ces personnes tout en tenant compte de l'analyse des besoins et de la proximité des lieux de formation. – *[Anc. art. L. 323-11-1, al. 3.]*

Art. D. 5211-2 En application de l'article L. 5211-4, les organismes de formation ordinaires, ceux spécialement conçus pour la compensation des conséquences du handicap ou la réparation du préjudice et les acteurs mentionnés à l'article D. 6312-1 mettent en œuvre, au titre de la formation professionnelle continue, un accueil à temps partiel ou discontinu, une durée adaptée de formation et des modalités adaptées de validation de la formation professionnelle pour les personnes handicapées mentionnées à l'article L. 5212-13 du présent code et à l'article L. 114 du code de l'action sociale et des familles. – *[Anc. art. D. 323-10-1, al. 1er.]*

Art. D. 5211-3 Les adaptations mentionnées à l'article D. 5211-2 peuvent être individuelles ou collectives pour un groupe de personnes ayant des besoins similaires. Elles portent également sur les méthodes et les supports pédagogiques et peuvent recourir aux technologies de l'information et de la communication. – *[Anc. art. D. 323-10-1, al. 2.]*

Art. D. 5211-4 *(Décr. no 2009-289 du 13 mars 2009)* « Les adaptations sont mises en œuvre sur la base des informations fournies par :

« 1° La personne handicapée ; »

2° Le service public de l'emploi ;

3° Les organismes de placement spécialisés qui l'accompagnent dans son parcours d'accès à l'emploi ;

4° La commission des droits et de l'autonomie des personnes handicapées ;

5° Les organismes participant à l'élaboration de son projet d'insertion sociale et professionnelle. – *[Anc. art. D. 323-10-1, al. 3.]*

Art. D. 5211-5 L'adaptation de la validation de la formation professionnelle porte sur les aménagements des modalités générales d'évaluation des connaissances et des compétences acquises au cours de la formation. – *[Anc. art. D. 323-10-1, al. 4.]*

Art. D. 5211-6 Les organismes dispensant des formations professionnelles et les institutions délivrant des diplômes, titres professionnels ou certificats de qualification professionnelle mettent en œuvre les adaptations, notamment en faisant évoluer leur propre réglementation. – *[Anc. art. D. 323-10-1, al. 5.]*

CHAPITRE II **OBLIGATION D'EMPLOI DES TRAVAILLEURS HANDICAPÉS, MUTILÉS DE GUERRE ET ASSIMILÉS**

SECTION PREMIÈRE **OBLIGATION D'EMPLOI**

Art. R. 5212-1 L'employeur assujetti à l'obligation d'emploi déclare au titre de chaque année civile :

1° La répartition par sexe et selon la nomenclature des professions et catégories socioprofessionnelles de l'effectif total des salariés de l'établissement. Ces éléments sont communiqués *(Décr. no 2012-1354 du 4 déc. 2012)* « à l'association mentionnée à l'article L. 5214-1 » dans la déclaration annuelle des données sociales prévue aux articles 87 et 87 A du code général des impôts ;

(Décr. nº 2012-1354 du 4 déc. 2012) « 2º Au titre de la déclaration annuelle prévue à l'article L. 5212-5, les éléments mentionnés à l'article R. 5212-2. Cette déclaration est adressée, par tout moyen permettant de rapporter la preuve de sa date de réception, à l'association mentionnée à l'article L. 5214-1, selon des modalités fixées par arrêté du ministre chargé de l'emploi, au plus tard le 1er mars de l'année suivante. »

(Décr. nº 2015-655 du 10 juin 2015, art. 1er) « Pour l'application de l'article L. 5212-3, dans les entreprises à établissements multiples, la déclaration prévue au 2º est établie par établissement assujetti qui s'entend d'un établissement dont le chef dispose d'un pouvoir de direction incluant le recrutement et le licenciement du personnel. »

Art. R. 5212-1-1 *(Décr. nº 2009-641 du 9 juin 2009)* Le salarié dont la durée de travail est inférieure à la moitié de la durée légale ou conventionnelle est pris en compte pour une demi-unité. Pour le calcul du nombre de travailleurs handicapés dans l'effectif des entreprises au titre de l'année civile, chaque demi-unité est multipliée par le nombre de jours de présence du salarié dans l'entreprise, rapporté à l'année.

Art. R. 5212-1-2 *(Décr. nº 2012-1354 du 4 déc. 2012)* L'association mentionnée à l'article L. 5214-1 est chargée :

1º De la gestion de la déclaration obligatoire des travailleurs handicapés, qui comprend notamment l'établissement et l'envoi des formulaires de déclaration aux employeurs assujettis ;

2º Des contrôles de cohérence et de conformité des déclarations ;

3º Du contrôle des contributions mentionnées à l'article L. 5212-9 ;

4º De la gestion des indus et trop-perçus, ainsi que du traitement des recours gracieux et contentieux sur ces indus et trop-perçus.

Elle a accès à la déclaration annuelle des données sociales mentionnée au 1º de l'article R. 5212-1 et aux données des systèmes d'information publics lui permettant d'accomplir ses missions de gestion et de contrôle des déclarations, ainsi que sa mission d'évaluation prévue à l'article R. 5214-20.

Les dispositions issues du Décr. nº 2012-1354 sont applicables aux déclarations relatives à l'obligation d'emploi des travailleurs handicapés adressées au titre de l'année 2012. Toutefois, pour ces déclarations, la date limite mentionnée à l'art. R. 5212-1 est fixée au 31 mars ; cette date est fixée au 30 avr. lorsque la déclaration est effectuée par voie électronique (Décr. préc., art. 9).

Art. R. 5212-1-3 *(Décr. nº 2012-1354 du 4 déc. 2012)* L'association mentionnée à l'article L. 5214-1 transmet au ministre chargé de l'emploi les données relatives à l'obligation d'emploi des travailleurs handicapés mentionnées à l'article R. 5212-2.

V. note ss. art. R. 5212-1-2.

Art. R. 5212-1-4 *(Décr. nº 2012-1354 du 4 déc. 2012)* Une convention, conclue entre l'État et l'association mentionnée à l'article L. 5214-1, détermine les modalités de gestion et de contrôle de la déclaration annuelle obligatoire d'emploi des travailleurs handicapés et précise les obligations respectives des signataires en matière d'échanges d'informations.

V. note ss. art. R. 5212-1-2.

Art. R. 5212-2 L'employeur joint *(Décr. nº 2012-1354 du 4 déc. 2012)* « à la déclaration annuelle prévue à l'article L. 5212-5, » selon les modalités retenues pour satisfaire à l'obligation d'emploi :

1º La liste des bénéficiaires de l'obligation d'emploi *(Abrogé par Décr. nº 2012-1354 du 4 déc. 2012)* « ***, ainsi que les pièces justifiant de leur qualité de bénéficiaire,*** » et leur effectif apprécié dans les conditions prévues à l'article L. 5212-14 ;

(Décr. nº 2012-1354 du 4 déc. 2012) « 2º Les modalités de calcul et le paiement de la contribution mentionnée à l'article L. 5212-9 ; »

3º La répartition des emplois qui relèvent des catégories d'emplois exigeant des conditions d'aptitude particulières mentionnées à l'article L. 5212-9 ;

(Abrogé par Décr. nº 2012-1354 du 4 déc. 2012) « ***4º L'état d'avancement du programme prévu par l'accord conclu en application de l'article L. 5212-8 et portant sur des plans :***

« a) D'embauche en milieu ordinaire de travail ;
« b) D'insertion et de formation ;
« c) D'adaptation aux mutations technologiques ;
« d) De maintien dans l'entreprise en cas de licenciement ; »

4° La liste des contrats de fournitures, de sous-traitance ou de prestations de services, prévus à l'article L. 5212-6, conclus au cours de l'année écoulée *(Abrogé par Décr. n° 2012-1354 du 4 déc. 2012) « ainsi que toutes justifications permettant de calculer, selon les dispositions de l'article R. 5212-6, leur équivalence en nombres de bénéficiaires de l'obligation d'emploi ;*

« 6° Les conventions de stage mentionnées à l'article R. 5212-11. » — *[Anc. art. R. 323-9-1.]*

Art. R. 5212-2-1 *(Décr. n° 2012-1354 du 4 déc. 2012)* L'employeur communique à l'association mentionnée à l'article L. 5214-1, à la demande de celle-ci, toute pièce justificative nécessaire au contrôle de sa déclaration, et notamment :

1° Pour les bénéficiaires de l'obligation d'emploi, les pièces justifiant de leur qualité ;

2° Pour la contribution mentionnée à l'article L. 5212-9, les pièces justifiant de ses minorations et des déductions de son montant attribuées respectivement en application des dispositions du même article et de l'article L. 5212-10 ;

3° Pour les contrats prévus à l'article L. 5212-6, les pièces justificatives permettant de calculer, selon les dispositions de l'article R. 5212-6, leur équivalence en nombre de bénéficiaires de l'obligation d'emploi.

V. note ss. art. R. 5212-1-2.

Art. R. 5212-2-2 *(Décr. n° 2012-1354 du 4 déc. 2012)* Lorsque l'employeur a conclu un accord en application de l'article L. 5212-8, il adresse à l'autorité administrative qui a agréé l'accord l'état d'avancement du programme prévu par l'accord et portant sur les plans :

1° D'embauche en milieu ordinaire de travail ;

2° D'insertion et de formation ;

3° D'adaptation aux mutations technologiques ;

4° De maintien dans l'entreprise en cas de licenciement.

Il lui communique également, à sa demande, les pièces justificatives nécessaires au contrôle des bilans annuels et du bilan final de l'accord.

V. note ss. art. R. 5212-1-2.

Art. R. 5212-2-3 *(Décr. n° 2016-1435 du 25 oct. 2016, art. 4)* La demande de l'employeur mentionnée au premier alinéa de l'article L. 5212-5-1 est adressée par tout moyen permettant d'apporter la preuve de sa réception à l'association mentionnée à l'article L. 5214-1 du code du travail à laquelle l'employeur est tenu d'adresser la déclaration prévue au 2° de l'article R. 5212-1.

La demande doit comporter :

1° La raison sociale de l'établissement, ses adresses postale et électronique le cas échéant ;

2° Son numéro de SIRET ;

3° Les références aux dispositions législatives ou réglementaires au regard desquelles la demande est à apprécier ;

4° Une présentation précise, complète et sincère de la situation de nature à permettre à l'association mentionnée à l'article L. 5214-1 du code du travail d'apprécier si les conditions requises par la réglementation sont satisfaites.

Art. R. 5212-2-4 *(Décr. n° 2016-1435 du 25 oct. 2016, art. 4)* La demande est réputée complète si, dans un délai de quinze jours à compter de sa réception, l'association mentionnée à l'article L. 5214-1 du code du travail n'a pas fait connaître à l'employeur la liste des pièces ou des informations manquantes.

A réception de ces pièces ou informations, l'organisme notifie au demandeur, par tout moyen permettant de rapporter la preuve de sa date de réception, que la demande est complète. En l'absence de réception des pièces et informations manquantes dans un délai d'un mois, la demande est réputée caduque.

L'association mentionnée à l'article L. 5214-1 dispose d'un délai de deux mois à compter de la date de réception de la demande complète pour se prononcer sur cette demande et notifier sa réponse à l'employeur par tout moyen permettant d'apporter la preuve de sa réception.

Lorsque l'association mentionnée à l'article L. 5214-1 modifie sa position, elle en informe l'établissement selon les mêmes modalités.

En l'absence de réponse à sa demande à la date prévue au 2° de l'article R. 5212-1, l'employeur est tenu d'adresser la déclaration annuelle citée à l'article L. 5212-5 à l'association mentionnée à l'article L. 5214-1 au plus tard à cette date.

En cas de réponse postérieure à la date prévue au 2° de l'article R. 5212-1, l'employeur adresse, le cas échéant, une déclaration rectificative intégrant les éléments de réponse fournis, à l'association susmentionnée.

Art. R. 5212-2-5 *(Décr. nº 2016-1435 du 25 oct. 2016, art. 4)* Sous réserve que la situation de l'employeur et que la réglementation applicable soient inchangées, la position prise par l'association mentionnée à l'article L. 5214-1 est valable cinq ans à compter de sa date de notification.

Art. D. 5212-3 Le délai prévu à l'article L. 5212-4 est fixé à trois ans.

Il court à compter de la date à laquelle l'entreprise a atteint le seuil de vingt salariés. — *[Anc. art. D. 323-1.]*

Art. R. 5212-4 L'employeur porte à la connaissance du comité d'entreprise ou, à défaut, des délégués du personnel la déclaration annuelle prévue à l'article L. 5212-5.

Toutefois, le document transmis ne comprend pas la liste des bénéficiaires de l'obligation d'emploi. — *[Anc. art. R. 323-10.]*

SECTION II **MODALITÉS DE MISE EN ŒUVRE DE L'OBLIGATION**

SOUS-SECTION 1 **MISE EN ŒUVRE PARTIELLE**

§ 1er MISE EN ŒUVRE PAR LA PASSATION DE CONTRATS

Art. R. 5212-5 La passation de contrats de fournitures, de sous-traitance ou de prestations de services dans les conditions de l'article L. 5212-6 ne donne lieu à l'exonération partielle de l'obligation d'emploi que si ces contrats ont été conclus :

1° Soit avec des entreprises adaptées ou des centres de distribution de travail à domicile créés et ayant conclu un contrat d'objectifs mentionné à l'article L. 5213-13 ;

2° Soit avec des établissements ou services d'aide par le travail mentionnés à l'article L. 344-2 du code de l'action sociale et des familles et autorisés dans les conditions prévues par les articles L. 313-1 à L. 313-9 du même code ;

(Décr. nº 2016-60 du 28 janv. 2016, art. 1er) « 3° Soit avec un travailleur indépendant handicapé tel que défini au 4° de l'article L. 5212-6. »

Art. D. 5212-5-1 *(Décr. nº 2012-943 du 1er août 2012)* Pour l'application de l'article L. 5212-10, le montant hors taxes des contrats de fournitures, de sous-traitance ou de services mentionnés à l'article L. 5212-6 doit être supérieur, sur quatre ans, à :

1° 400 fois le salaire horaire minimum de croissance dans les entreprises de 20 à 199 salariés ;

2° 500 fois le salaire horaire minimum de croissance dans les entreprises de 200 à 749 salariés ;

3° 600 fois le salaire horaire minimum de croissance dans les entreprises de 750 salariés et plus.

Art. R. 5212-6 Le nombre d'équivalents bénéficiaires de l'obligation d'emploi au titre de la passation de contrats prévus à l'article R. 5212-5 est égal au quotient obtenu en divisant le prix hors taxes des fournitures, travaux ou prestations figurant au contrat, déduction faite des coûts des matières premières, produits, matériaux, consommations et des frais de vente, par deux mille fois le salaire horaire minimum de croissance en vigueur au 31 décembre de l'année d'assujettissement à l'obligation d'emploi.

Ce nombre ne peut dépasser la limite définie par l'article R. 5212-9.

(Décr. nº 2016-60 du 28 janv. 2016, art. 2) « Pour les contrats conclus avec les travailleurs indépendants handicapés cités au 3° de l'article R. 5212-5, le quotient mentionné au premier alinéa est, le cas échéant, divisé par le nombre de salariés employés

par le travailleur indépendant au prorata du temps de travail inscrit à leur contrat, dans la limite de la durée légale ou conventionnelle de travail. »

Art. R. 5212-6-1 *(Décr. nº 2016-60 du 28 janv. 2016, art. 3)* Pour les travailleurs indépendants handicapés relevant du régime prévu par l'article L. 133-6-8 du code de la sécurité sociale, le nombre d'équivalents bénéficiaires de l'obligation d'emploi au titre de la passation de contrats prévus au 3° de l'article R. 5212-5 est égal au quotient obtenu en divisant par deux mille fois le salaire horaire minimum de croissance en vigueur au 31 décembre de l'année d'assujettissement à l'obligation d'emploi le prix hors taxe des fournitures, travaux ou prestations figurant au contrat, déduction faite d'un abattement. Cet abattement est calculé sur la base d'un des taux d'abattement forfaitaires fixés, selon la catégorie d'activité, au troisième alinéa de l'article 50-0 du code général des impôts pour les exploitants individuels imposés selon le régime des micro-entreprises ou du taux d'abattement fixé à l'article 102 *ter* de ce même code pour les travailleurs indépendants dont l'imposition relève des bénéfices des professions non commerciales.

Ce nombre ne peut dépasser la limite définie par l'article R. 5212-9.

Art. R. 5212-7 Par dérogation aux dispositions de l'article R. 5212-6, pour la passation de contrats de prestations de services donnant lieu à la mise à disposition de travailleurs handicapés par des entreprises adaptées ou par des établissements ou services d'aide par le travail, le dénominateur du quotient mentionné à cet article est fixé à mille six cents fois le salaire horaire minimum de croissance.

L'employeur ne peut pas décompter ces travailleurs handicapés dans l'effectif des bénéficiaires de l'obligation d'emploi. – *[Anc. art. R. 323-2, al. 2.]*

Art. R. 5212-8 Le contrat de fournitures, de sous-traitance ou de prestations de services donnant lieu à la mise à disposition de travailleurs handicapés prévu à l'article R. 5212-7 précise les éléments chiffrés nécessaires au calcul de la déduction définie à l'article R. 5212-6. – *[Anc. art. R. 323-2, al. 3.]*

Art. R. 5212-9 La dispense partielle de l'obligation d'emploi, en application de l'article L. 5212-6, ne peut être supérieure à la moitié du pourcentage fixé à l'article L. 5212-2. – *[Anc. art. R. 323-3.]*

§ 2 MISE EN ŒUVRE PAR L'ACCUEIL DE PERSONNES HANDICAPÉES

Art. R. 5212-10 *(Décr. nº 2009-641 du 9 juin 2009)* « Pour l'application de l'article L. 5212-7 *(Décr. nº 2016-60 du 28 janv. 2016, art. 4)* « et de l'article L. 5212-7-1 », sont prises en compte les personnes mentionnées à l'article L. 5212-13 *(Décr. nº 2016-60 du 28 janv. 2016, art. 4)* « qui sont accueillies par l'établissement au titre de l'une des situations suivantes » :

« – un stage mentionné à l'article L. 6341-3 ;

« – un stage organisé par l'association mentionnée à l'article L. 5214-1 ;

« – un stage prescrit par *(Décr. nº 2014-524 du 22 mai 2014, art. 16-II)* « Pôle emploi » ;

« – un stage au titre de l'article L. 331-4 du code de l'éducation ;

« – un stage au titre de l'article 9 de la loi nº 2006-396 du 31 mars 2006 pour l'égalité des chances ;

(Décr. nº 2016-60 du 28 janv. 2016, art. 4) « – une période de mise en situation en milieu professionnel au titre des articles L. 5135-1 et suivants.

« La durée du stage ou de la période de mise en situation en milieu professionnel est égale ou supérieure à trente-cinq heures. »

Ces personnes sont décomptées au titre de l'année où se termine le stage *(Décr. nº 2016-60 du 28 janv. 2016, art. 4)* « ou de la période de mise en situation en milieu professionnel ». Elles comptent pour un effectif calculé en divisant la durée du stage *(Décr. nº 2016-60 du 28 janv. 2016, art. 4)* « ou de la période de mise en situation en milieu professionnel » par la durée annuelle de travail applicable dans l'entreprise.

Art. R. 5212-11 Pour chaque stagiaire accueilli, une convention est conclue entre l'entreprise d'accueil *(Décr. nº 2009-641 du 9 juin 2009)* « , le stagiaire et l'organisme de formation ou l'organisme œuvrant pour l'insertion professionnelle ». Cette convention indique :

1° Le nom et l'adresse de l'entreprise d'accueil, de l'organisme de formation *(Décr. n° 2009-641 du 9 juin 2009)* « ou de l'organisme œuvrant pour l'insertion professionnelle » et du stagiaire ;

2° La nature, l'objectif et les modalités d'exécution du stage ;

3° Le lieu, la durée en heures et les dates de début et de fin de stage ;

4° Le tuteur désigné pour accompagner le stagiaire au cours du stage ;

5° Les modalités d'assurance du stagiaire au titre des accidents du travail ;

6° Les modalités d'assurance au titre de la responsabilité civile en cas de dommage causé au stagiaire ou par le stagiaire. — *[Anc. art. R. 323-3-1, al. 3 à 9.]*

SOUS-SECTION 2 MISE EN ŒUVRE PAR APPLICATION D'UN ACCORD

Art. R. 5212-12 Lorsqu'un accord d'entreprise conclu en application de l'article L. 5212-8 concerne plusieurs établissements situés dans des départements différents, l'employeur adresse *(Décr. n° 2012-1354 du 4 déc. 2012)* « à l'association mentionnée à l'article L. 5214-1 », dans les conditions prévues au 2° de l'article R. 5212-1, une déclaration globale comportant :

1° La copie de la déclaration de l'effectif total des salariés de l'établissement *(Abrogé par Décr. n° 2012-1354 du 4 déc. 2012)* *« et des pièces justificatives mentionnées à l'article R. 5212-2 relatives à chacun des établissements intéressés »* ;

2° L'agrégation au niveau de l'entreprise des éléments chiffrés d'information contenus dans ces déclarations.

Les dispositions issues du Décr. n° 2012-1354 sont applicables aux déclarations relatives à l'obligation d'emploi des travailleurs handicapés adressées au titre de l'année 2012. Toutefois, pour ces déclarations, la date limite mentionnée à l'art. R. 5212-1 est fixée au 31 mars ; cette date est fixée au 30 avr. lorsque la déclaration est effectuée par voie électronique (Décr. préc., art. 9).

Art. R. 5212-13 Lorsqu'un accord de groupe conclu en application de l'article L. 5212-8 concerne des entreprises situées dans plusieurs départements, l'entreprise mandatée pour représenter le groupe ou, à défaut, l'entreprise du groupe qui est dominante dans le périmètre de l'accord adresse *(Décr. n° 2012-1354 du 4 déc. 2012)* « à l'association mentionnée à l'article L. 5214-1 », dans les conditions prévues au 2° de l'article R. 5212-1, une déclaration globale comportant :

1° La copie de la déclaration de l'effectif total des salariés de l'établissement *(Abrogé par Décr. n° 2012-1354 du 4 déc. 2012)* *« et des pièces justificatives mentionnées à l'article R. 5212-2 relatives à chacune des entreprises intéressées »* ;

2° L'agrégation au niveau du groupe des éléments chiffrés d'information contenus dans ces déclarations.

V. note ss. art. R. 5212-12.

Art. R. 5212-14 Le programme annuel ou pluriannuel prévu par les accords de l'article L. 5212-8 comporte un plan d'embauche en milieu ordinaire *(Décr. n° 2014-1386 du 20 nov. 2014, art. 1er)* « , un plan de maintien dans l'entreprise ainsi qu'une au moins des actions suivantes » :

1° Un plan d'insertion et de formation ;

2° Un plan d'adaptation aux mutations technologiques ;

(Abrogé par Décr. n° 2014-1386 du 20 nov. 2014, art. 1er) *« 3° Un plan de maintien dans l'entreprise en cas de licenciement. »*

Art. R. 5212-15 Les autorités administratives compétentes pour l'agrément des accords sont :

1° Pour chaque accord de branche, le ministre chargé de l'emploi *(Abrogé par Décr. n° 2012-1354 du 4 déc. 2012)* *« après avis du Conseil supérieur pour le reclassement professionnel et social des travailleurs handicapés »* ;

2° Pour chaque accord de groupe, d'entreprise ou d'établissement, le préfet après avis de la commission départementale de l'emploi et de l'insertion.

L'agrément est donné pour la durée de validité de l'accord. *(Décr. n° 2012-1354 du 4 déc. 2012)* « Celui-ci est transmis à l'association mentionnée à l'article L. 5214-1. »

V. note ss. art. R. 5212-12.

Art. R. 5212-16 L'accord de branche, de groupe, d'entreprise ou d'établissement est transmis pour agrément à l'autorité administrative compétente par la partie la plus diligente. – *[Anc. art. R. 323-4.]*

Art. R. 5212-17 En cas d'accord de groupe concernant des entreprises situées dans plusieurs départements, l'agrément est accordé par le préfet du département où est situé le siège de l'entreprise mandatée pour représenter le groupe ou, à défaut, par le préfet du département où est situé le siège de l'entreprise qui est dominante dans le périmètre du groupe.

En cas d'accord d'entreprise concernant des établissements situés dans plusieurs départements, l'agrément est accordé par le préfet du département où est situé le siège de l'entreprise. – *[Anc. art. R. 323-6, al. 2 et 3.]*

Art. R. 5212-18 L'accord de branche, de groupe ou d'entreprise peut prévoir une péréquation entre établissements d'une même entreprise de l'obligation d'emploi mise à la charge de l'employeur. – *[Anc. art. R. 323-7.]*

SOUS-SECTION 3 **MISE EN ŒUVRE PAR LE VERSEMENT D'UNE CONTRIBUTION ANNUELLE**

Art. D. 5212-19 La contribution annuelle est égale au produit des éléments suivants :

1° Le nombre de bénéficiaires manquants, calculé conformément aux dispositions de l'article D. 5212-22, déduction faite, le cas échéant, des coefficients de minoration à l'article D. 5212-23 au titre des efforts consentis par l'employeur en matière de maintien dans l'emploi ou de recrutement direct de bénéficiaires de l'obligation d'emploi ;

2° Le cas échéant, le coefficient de minoration défini à l'article D. 5212-24 au titre des emplois exigeant des conditions d'aptitude particulières occupés par des salariés de l'établissement ;

3° Les montants fixés à l'article D. 5212-26 pour tenir compte de l'effectif de l'entreprise. – *[Anc. art. D. 323-2-I.]*

Art. D. 5212-20 La contribution annuelle ne peut pas être inférieure au produit du nombre de bénéficiaires manquants, calculé selon les règles définies au 1° de l'article D. 5212-19, par cinquante fois le salaire horaire minimum de croissance. – *[Anc. art. D. 323-2-II.]*

Art. D. 5212-21 Par exception aux dispositions des articles D. 5212-19 et D. 5212-20, dans les établissements employant plus de 80 % de salariés dont les emplois relèvent des catégories exigeant des conditions d'aptitude particulières, la contribution annuelle est égale au nombre de bénéficiaires manquants, calculé selon les règles définies au 1° de l'article D. 5212-19, multiplié par quarante fois le salaire horaire minimum de croissance. – *[Anc. art. D. 323-2-III.]*

Art. D. 5212-22 Le nombre de bénéficiaires manquants est égal à la différence entre le nombre des bénéficiaires de l'obligation d'emploi prévue par la loi et le nombre de bénéficiaires effectivement employés auquel est ajouté l'équivalent d'embauche de bénéficiaires dû à la passation de contrats de fournitures, de sous-traitance ou de prestation de services avec des entreprises adaptées, des centres de distribution de travail à domicile, des établissements ou des services d'aides par le travail ou dû à l'accueil de stagiaires handicapés.

Un bénéficiaire employé ne peut pas être comptabilisé plusieurs fois au motif qu'il entre dans plusieurs catégories de bénéficiaires prévues à l'article L. 5212-13. – *[Anc. art. D. 323-2-1.]*

Art. D. 5212-23 Le coefficient de minoration, au titre des efforts consentis par l'employeur en matière de maintien dans l'emploi ou de recrutement direct de bénéficiaires de l'obligation d'emploi, est égal :

1° A 0,5 à titre permanent pour l'embauche d'un bénéficiaire de l'obligation d'emploi et âgé de moins de vingt-six ans ou de cinquante ans révolus et plus ;

2° A 1 pour l'embauche ou le maintien dans l'emploi d'un bénéficiaire de l'obligation d'emploi pour lequel le *(Décr. n° 2009-1377 du 10 nov. 2009)* « directeur régional des entreprises, de la concurrence, de la consommation, du travail et de l'emploi » a

reconnu la lourdeur du handicap, en application de l'article R. 5213-45, pour la durée de la validité de la décision ;

3° A 0,5 la première année pour l'embauche du premier travailleur handicapé appartenant à l'une des catégories de bénéficiaires de l'obligation d'emploi ;

4° A 1 la première année pour l'embauche d'un bénéficiaire de l'obligation d'emploi en chômage de longue durée ;

5° A 1 à titre permanent pour l'embauche d'un bénéficiaire de l'obligation d'emploi à sa sortie d'une entreprise adaptée, d'un centre de distribution de travail à domicile ou d'un établissement ou service d'aide par le travail. – *[Anc. art. D. 323-2-2.]*

Les modifications issues du Décr. n° 2009-1377 du 10 nov. 2009 prennent effet, dans chaque région, à la date de nomination du directeur régional des entreprises, de la concurrence, de la consommation, du travail et de l'emploi (Décr. préc., art. 7-I). — V. Arr. de nomination de ces directeurs des 30 déc. 2009 (JO 5 janv. 2010) et 9 févr. 2010 (JO 14 févr.).

Ces modifications s'appliquent à la région Île-de-France à compter du 1er juill. 2010 (Décr. n° 2010-687 du 24 juin 2010, art. 2).

Art. D. 5212-24 Le coefficient de minoration, au titre des emplois exigeant des conditions d'aptitude particulières, est égal à 1 moins 1,3 fois le pourcentage de l'effectif des salariés occupant des emplois qui relèvent des catégories exigeant des conditions d'aptitude particulières.

Ce pourcentage est calculé par rapport à l'effectif total des salariés de l'établissement.

Le nombre de salariés affectés à des emplois relevant des catégories exigeant des conditions d'aptitude particulières et le nombre total de salariés de l'établissement sont calculés conformément aux dispositions de l'article L. 1111-2. – *[Anc. art. D. 323-2-3, al. 1er.]*

Art. D. 5212-25 Les catégories d'emploi exigeant des conditions d'aptitude particulières sont énumérées dans la liste ci-dessous :

NUMÉRO DE LA NOMENCLATURE	INTITULÉ DE LA NOMENCLATURE DES PROFESSIONS ET CATÉGORIES socioprofessionnelles – emplois salariés d'entreprise (PCS-ESE)
389b	Officiers et cadres navigants techniques et commerciaux de l'aviation civile.
389c	Officiers et cadres navigants techniques de la marine marchande.
480b	Maîtres d'équipage de la marine marchande et de la pêche.
526e	Ambulanciers.
533a	Pompiers.
533b	Agents techniques forestiers, gardes des espaces naturels, exclusivement pour les gardes-chasse et les gardes-pêche.
534a	Agents civils de sécurité et de surveillance, excepté les gardiens d'usine et les gardiens de nuit.
534b	Convoyeurs de fonds, gardes du corps, enquêteurs privés et métiers assimilés.
546a	Contrôleurs des transports (personnels roulants).
546b	Hôtesses de l'air et stewards.

NUMÉRO DE LA NOMENCLATURE	INTITULÉ DE LA NOMENCLATURE DES PROFESSIONS ET CATÉGORIES socioprofessionnelles – emplois salariés d'entreprise (PCS-ESE)
546e	**Autres agents et hôtesses d'accompagnement (transports, tourisme).**
553b	**Vendeurs polyvalents des grands magasins.**
624d	**Monteurs qualifiés en structures métalliques.**
621a	**Chefs d'équipe du gros œuvre et des travaux publics.**
621b	**Ouvriers qualifiés du travail en béton.**
621c	**Conducteurs qualifiés d'engins de chantiers du bâtiment et des travaux publics.**
621e	**Autres ouvriers qualifiés des travaux publics.**
621g	**Mineurs de fond qualifiés et autres ouvriers qualifiés des industries d'extraction (carrières, pétrole, gaz...).**
632a	**Maçons qualifiés.**
632c	**Charpentiers en bois qualifiés.**
632e	**Couvreurs qualifiés.**
641a	**Conducteurs routiers et grands routiers.**
641b	**Conducteurs de véhicules routiers de transport en commun.**
643a	**Conducteurs livreurs et coursiers.**
651a	**Conducteurs d'engins lourds de levage.**
651b	**Conducteurs d'engins lourds de manœuvre.**
652b	**Dockers.**
654b	**Conducteurs qualifiés d'engins de transport guidés (sauf remontées mécaniques).**
654c	**Conducteurs qualifiés de systèmes de remontées mécaniques.**
656b	**Matelots de la marine marchande.**
656c	**Capitaines et matelots timoniers de la navigation fluviale.**
671c	**Ouvriers non qualifiés des travaux publics et du travail du béton.**
671d	**Aides-mineurs et ouvriers non qualifiés de l'extraction.**
681a	**Ouvriers non qualifiés du gros œuvre du bâtiment.**
691a	**Conducteurs d'engins agricoles ou forestiers.**
692a	**Marins pêcheurs et ouvriers de l'aquaculture.**

Art. D. 5212-26 Les montants mentionnés au 3° de l'article D. 5212-19 afin de tenir compte de l'effectif de l'entreprise sont fixés :

1° A 400 fois le salaire horaire minimum de croissance dans les entreprises de 20 à 199 salariés ;

2° A 500 fois le salaire horaire minimum de croissance dans les entreprises de 200 à 749 salariés ;

3° A 600 fois le salaire horaire minimum de croissance dans les entreprises de 750 salariés et plus. — *[Anc. art. D. 323-2-4, al. 1er à 4.]*

Art. D. 5212-27 Pour les établissements n'employant aucun travailleur handicapé, mutilé de guerre et assimilé et n'acquittant pas partiellement cette obligation d'emploi en passant des contrats de fournitures, de sous-traitance ou de services *(Décr. n° 2012-943 du 1er août 2012)* « dans les conditions prévues à l'article L. 5212-10 » ou n'appliquant pas d'accord tel que prévu à l'article L. 5212-8 pendant une période supérieure à trois ans, le montant mentionné au 3° de l'article D. 5212-19 est fixé à 1 500 fois le salaire horaire minimum de croissance quel que soit le nombre de salariés de l'entreprise. — *[Anc. art. D. 323-2-4, al. 5.]*

Art. D. 5212-28 Dans la limite de 10 % du montant de la contribution annuelle calculée selon les dispositions des articles D. 5212-19 à D. 5212-27, l'employeur peut déduire du montant de cette contribution les dépenses ne lui incombant pas en application d'une disposition légale qu'il a supportée pour favoriser l'accueil, l'insertion ou le maintien dans l'emploi des travailleurs handicapés au sein de l'entreprise ou l'accès à la vie professionnelle de personnes handicapées.

Sont exclues des dépenses déductibles les dépenses donnant lieu à une décision de reconnaissance de la lourdeur du handicap mentionnée aux articles R. 5213-40 à R. 5213-51. — *[Anc. art. D. 323-2-5, al. 1er et 2.]*

Art. D. 5212-29 Les dépenses déductibles en application de l'article D. 5212-28 sont celles liées :

1° A la réalisation de travaux, dans les locaux de l'entreprise, afin de faciliter l'accessibilité sous toutes ses formes des travailleurs handicapés ;

2° A la réalisation d'études et d'aménagements des postes de travail en liaison avec le médecin du travail et le comité d'hygiène, de sécurité et des conditions de travail, afin d'améliorer l'insertion professionnelle des travailleurs handicapés dans l'entreprise ;

3° A la mise en place de moyens de transport adaptés en fonction de la mobilité et du problème particulier de chaque travailleur handicapé ;

4° A la mise en œuvre de moyens pour le maintien dans l'emploi et la reconversion professionnelle de travailleurs handicapés ;

5° A la mise en place d'actions pour aider au logement des travailleurs handicapés afin qu'ils puissent se rapprocher de leur lieu de travail ;

6° A la mise en place d'actions pour aider à la formation des travailleurs handicapés des entreprises adaptées et des établissements ou services d'aide par le travail dans le cas d'adaptation de la qualification liée à l'achat d'une prestation ;

7° Au partenariat avec des associations ou organismes œuvrant pour l'insertion sociale et professionnelle des personnes handicapées, à l'exclusion des actions financées dans le cadre du mécénat ;

8° A la mise en place d'actions d'aide à la création d'entreprises par des personnes handicapées ;

9° A la formation et à la sensibilisation de l'ensemble des salariés de l'entreprise dans le cadre de l'embauche ou du maintien dans l'emploi des travailleurs handicapés ;

10° A la conception et à la réalisation de matériel ou d'aides techniques pour les travailleurs handicapés ;

11° A l'aide à l'équipement et à l'apport de compétences et de matériel aux organismes de formation pour accroître leur accueil de personnes handicapées ;

12° A la formation initiale et professionnelle en faveur des personnes handicapées au-delà de l'obligation légale ;

(Décr. n° 2016-1192 du 1er sept. 2016) « 13° Aux démarches précédant l'ouverture de la négociation collective en vue de la conclusion d'un accord mentionné à l'article L. 5212-8. Dès lors que ces démarches aboutissent à l'agrément d'un premier accord,

ces dépenses sont imputées au titre de la déclaration obligatoire de l'emploi des travailleurs handicapés de l'année précédant la première année de l'agrément de l'accord. »

Art. R. 5212-30 **L'employeur qui verse la contribution annuelle à l'association chargée de la gestion du fonds de développement pour l'insertion professionnelle des handicapés, s'acquitte de cette obligation au plus tard** *(Décr. nº 2012-1354 du 4 déc. 2012)* **« à la date mentionnée » à l'article R. 5212-1, pour l'année civile de référence au titre de laquelle la contribution est due.**

V. note ss. art. R. 5212-12.

SOUS-SECTION 4 SANCTION ADMINISTRATIVE

Art. R. 5212-31 *(Décr. nº 2012-1354 du 4 déc. 2012)* **La liste des employeurs qui n'ont pas rempli les obligations définies aux articles L. 5212-2 et L. 5212-6 à L. 5212-11 est transmise par l'association mentionnée à l'article L. 5214-1 au préfet de département compétent pour prononcer la pénalité prévue à l'article L. 5212-12. Les modalités de cette transmission sont précisées par arrêté du ministre chargé de l'emploi.**

La pénalité est notifiée à l'employeur défaillant par décision motivée :

1° Du préfet du département où est situé l'établissement ;

2° Du préfet du département où est situé chaque établissement en cas d'application d'un accord mentionné à l'article L. 5212-8 ;

3° Du préfet du département où est situé le siège de l'entreprise dans le cas des entreprises ayant conclu un accord concernant des établissements situés dans plusieurs départements.

Le préfet établit un titre de perception pour la somme correspondante.

Il transmet ce titre au *(Décr. nº 2014-551 du 27 mai 2014, art. 29)* **« directeur départemental ou, le cas échéant, régional des finances publiques » qui en assure le recouvrement.**

V. note ss. art. R. 5212-12.

CHAPITRE III RECONNAISSANCE ET ORIENTATION DES TRAVAILLEURS HANDICAPÉS

SECTION PREMIÈRE ORIENTATION ET PLACEMENT

Art. R. 5213-1 Le pilotage des actions du service public de l'emploi et des organismes de placement spécialisés en matière d'insertion professionnelle des personnes handicapées associe :

1° L'État ;

2° Le service public de l'emploi ;

3° L'association chargée de la gestion du fonds de développement pour l'insertion professionnelle des handicapés ;

4° Le Fonds de développement pour l'insertion professionnelle des handicapés dans la fonction publique ;

5° Les organismes de placement spécialisés. – *[Anc. art. L. 323-11, al. 3.]*

Art. R. 5213-2 Des centres de préorientation contribuent à l'orientation professionnelle des travailleurs handicapés.

Ils accueillent, sur décision motivée de la commission des droits et de l'autonomie des personnes handicapées, des travailleurs reconnus handicapés dont l'orientation professionnelle présente des difficultés particulières qui n'ont pu être résolues par l'équipe technique de cette commission. – *[Anc. art. L. 323-11, al. 1er, et anc. art. R. 323-33-1.]*

Art. R. 5213-3 Les centres de préorientation ont une compétence interdépartementale ou régionale et peuvent être rattachés à des établissements de réadaptation fonctionnelle ou de rééducation professionnelle. Dans ce cas, ils ont une gestion autonome et une comptabilité distincte. – *[Anc. art. R. 323-33-2.]*

Art. R. 5213-4 La préorientation est opérée dans le cadre d'un stage dont la durée est en moyenne et par stagiaire de huit semaines sans pouvoir excéder douze semaines.

A cet effet, l'agrément du stage prévu à l'article L. 6341-4 est exprimé en nombre de semaines-stagiaires. Ce dernier est au plus égal au produit du nombre de places par le nombre annuel de semaines ouvrées. – *[Anc. art. R. 323-33-3.]*

Art. R. 5213-5 Pendant son séjour en centre de préorientation, la personne handicapée est mise dans des situations de travail caractéristiques de catégories de métiers nettement différentes les unes des autres. Elle est informée des perspectives professionnelles que lui offrent ces métiers et mise en état de pouvoir élaborer un projet professionnel en liaison avec les services de *(Décr. n° 2014-524 du 22 mai 2014, art. 16-III)* « Pôle emploi ». – *[Anc. art. R. 323-33-4.]*

Art. R. 5213-6 A l'issue de la période de préorientation, le centre adresse à la commission des droits et de l'autonomie des personnes handicapées un rapport détaillé sur les souhaits et sur les capacités d'adaptation intellectuelles et physiques de la personne observée à l'exercice ou à l'apprentissage d'un métier. La commission se prononce au vu de ce rapport. – *[Anc. art. R. 323-33-5.]*

Art. R. 5213-7 Des organismes de placement spécialisés, en charge de la préparation, de l'accompagnement et du suivi durable dans l'emploi des personnes handicapées, participent au dispositif d'insertion professionnelle et d'accompagnement particulier pendant la période d'adaptation au poste de travail des travailleurs handicapés mis en œuvre par l'État, le service public de l'emploi, l'association chargée de la gestion du fonds de développement pour l'insertion professionnelle des handicapés et le gestionnaire du fonds pour l'insertion professionnelle des handicapés dans la fonction publique.

Ils sont conventionnés à cet effet et peuvent, à cette condition, recevoir l'aide de l'association et du fonds mentionnés au premier alinéa.

Les conventions sont conformes aux orientations fixées par la convention d'objectifs conclue entre l'État et l'association chargée de la gestion du fonds de développement pour l'insertion professionnelle des handicapés. – *[Anc. art. L. 323-11, al. 2 et 4.]*

Art. R. 5213-8 Les centres de préorientation et les organismes de placement spécialisés concluent une convention avec la maison départementale des personnes handicapées mentionnée à l'article L. 146-3 du code de l'action sociale et des familles afin de coordonner leurs interventions auprès des personnes handicapées. – *[Anc. art. L. 323-11, al. 5.]*

SECTION II **RÉADAPTATION, RÉÉDUCATION ET FORMATION PROFESSIONNELLE**

SOUS-SECTION 1 **CENTRES D'ÉDUCATION, DE RÉÉDUCATION ET DE FORMATION PROFESSIONNELLE**

Art. R. 5213-9 L'éducation ou la rééducation professionnelle des travailleurs handicapés est assurée par :

1° Les centres d'éducation ou de rééducation professionnelle créés par l'État, par une collectivité publique ou par un établissement public, et notamment les écoles de reconversion mentionnées par l'article D. 526 du code des pensions militaires d'invalidité et des victimes de guerre ;

2° Les centres d'éducation ou de rééducation professionnelle créés par les organismes de sécurité sociale ;

3° Les centres d'éducation ou de rééducation professionnelle privés autres que ceux qui sont mentionnés au 2° ;

4° Les employeurs au titre d'actions d'éducation ou de rééducation professionnelle ;

5° Les centres collectifs ou d'entreprise agréés par le ministre chargé du travail ;

6° Les organismes de formation au titre d'actions agréées en application de l'article L. 6341-4. – *[Anc. art. L. 323-15, al. 1er fin, et anc. art. R. 323-34.]*

Art. R. 5213-10 La commission des droits et de l'autonomie des personnes handicapées est consultée sur toutes les demandes ou propositions de rééducation ou de réadaptation d'un travailleur handicapé. – *[Anc. art. R. 323-35, al. 1er, phrase 1.]*

Si les établissements dont la mission est d'assurer la rééducation ou la réadaptation professionnelle des travailleurs handicapés ont la faculté de demander à la COTOREP une révision du classement des intéressés en cas d'aggravation du handicap et s'ils peuvent prendre les mesures provisoires nécessaires à leur bon fonctionnement, ils ne sauraient mettre fin au stage d'un salarié pour des motifs tirés de son infirmité. • CE 13 juill. 1979 : *Lebon 324.*

Art. R. 5213-11 En cas d'urgence, l'organisme de prise en charge du travailleur handicapé peut, à titre provisoire, prononcer l'admission de l'intéressé, sous réserve de transmettre dans les trois jours son dossier à la commission des droits et de l'autonomie des personnes handicapées. En ce cas, celle-ci statue en urgence. — *[Anc. art. R. 323-35, al. 1er, phrases 2 et 3.]*

Art. R. 5213-12 La commission des droits et de l'autonomie des personnes handicapées donne également son avis sur la nature, les modalités et la durée de la réadaptation, rééducation ou formation professionnelle appropriée.

En cas de prolongation de la période de stage ou en cas de mutation de section, la commission est saisie à nouveau pour avis. Elle est tenue informée avant la fin du stage des résultats de celui-ci. Ces informations sont portées sans délai à la connaissance de la commission par l'intermédiaire du *(Décr. nº 2009-1377 du 10 nov. 2009)* « directeur régional des entreprises, de la concurrence, de la consommation, du travail et de l'emploi » du département où se trouve situé le centre en cause de l'entreprise. — *[Anc. art. R. 323-35, al. 2.]*

Art. R. 5213-13 Les demandes de subvention présentées par les centres collectifs de réadaptation, de rééducation ou de formation professionnelle ou par des entreprises du chef de leurs centres accueillant des travailleurs handicapés dans les conditions prévues à l'article R. 5213-9 à R. 5213-12 sont soumises pour avis à la section permanente du conseil supérieur pour le reclassement professionnel et social des travailleurs handicapés. — *[Anc. art. R. 323-37, al. 1er.]*

Art. R. 5213-14 L'attribution d'une aide financière fait l'objet d'une convention conclue entre le ministre chargé du travail et l'organisation ou l'établissement intéressé. Il est tenu compte, lors de cette attribution, des autres subventions que ce centre pourrait recevoir.

La convention détermine notamment :

1° Le nombre de bénéficiaires ;

2° La nature et les types de programmes ;

3° La durée des stages de réadaptation, de rééducation ou de formation professionnelle ;

4° Les modalités du contrôle technique et financier exercé sur le centre. — *[Anc. art. R. 323-37, al. 2 et 3.]*

SOUS-SECTION 2 *[ABROGÉE]* PRIME DE RECLASSEMENT

(Abrogée par Décr. nº 2012-362 du 14 mars 2012)

Art. D. 5213-15 *Les primes de reclassement prévues à l'article L. 5213-4 peuvent être attribuées aux travailleurs handicapés qui ont été admis sur avis favorable de la commission des droits et de l'autonomie des personnes handicapées à suivre un stage de rééducation, de réadaptation et de formation professionnelle dans un des centres mentionnés à l'article R. 5213-9.* — [Anc. art. D. 323-4.]

Art. D. 5213-16 *Pour prétendre au bénéfice des primes de reclassement, le travailleur handicapé répond aux exigences suivantes :*

1° Avoir suivi intégralement, dans des conditions jugées satisfaisantes par le directeur du centre de rééducation, de réadaptation ou de formation professionnelle ou par l'employeur, le stage auquel il a été admis ;

2° Produire une attestation certifiant qu'il ne peut bénéficier au titre de la législation dont il relève d'une prime de même nature ;

3° S'il ne possède pas la nationalité française ou celle d'un État membre de l'Union européenne, résider en France depuis trois ans au moins à la date de son admission en stage. — [Anc. art. D. 323-5.]

Art. D. 5213-17 *Le montant de la prime de reclassement est fixé à une somme comprise entre 77 € et 154 € en fonction notamment des ressources dont peut disposer le bénéficiaire.* – [Anc. art. D. 323-6.]

Art. D. 5213-18 *La demande d'attribution de la prime de reclassement est adressée par l'intéressé à la commission des droits et de l'autonomie des personnes handicapées au plus tard dans le mois qui suit la fin du stage.* – [Anc. art. D. 323-7.]

Art. D. 5213-19 *La commission des droits et de l'autonomie des personnes handicapées examine la demande, au regard des dispositions des articles D. 5213-15 et D. 5213-17, en tenant compte notamment pour la détermination du montant de la prime, de l'aide matérielle dont l'intéressé, en raison de sa situation individuelle, peut avoir besoin en vue de la reprise de l'activité professionnelle pour laquelle il a suivi un stage de rééducation.* – [Anc. art. D. 323-8.]

Art. D. 5213-20 *La décision de la commission des droits et de l'autonomie des personnes handicapées portant fixation de la prime est transmise au* (Décr. n° 2009-1377 du 10 nov. 2009) *« directeur régional des entreprises, de la concurrence, de la consommation, du travail et de l'emploi » du siège de la commission en vue de sa notification à l'intéressé.* – [Anc. art. D. 323-9.]

Art. D. 5213-21 *La prime de reclassement est payée au bénéficiaire en un versement effectué dans le mois qui suit la notification de la décision de la commission des droits et de l'autonomie des personnes handicapées.*

Toutefois, la commission peut prescrire un échelonnement des versements dans la limite d'une période maximum de trois mois. – [Anc. art. D. 323-10.]

SOUS-SECTION 3 RÉENTRAÎNEMENT AU TRAVAIL

Art. R. 5213-22 Le réentraînement au travail prévu à l'article L. 5213-5 a pour but de permettre au salarié qui a dû interrompre son activité professionnelle à la suite d'une maladie ou d'un accident, de reprendre son travail et de retrouver après une période de courte durée son poste de travail antérieur ou, le cas échéant, d'accéder directement à un autre poste de travail. – *[Anc. art. R. 323-39.]*

Art. R. 5213-23 Les obligations d'assurer le réentraînement au travail et la rééducation professionnelle sont satisfaites par :

1° La création d'un atelier spécial de rééducation et de réentraînement au travail ;

2° L'aménagement dans l'entreprise de postes spéciaux de rééducation et de réentraînement ;

3° La mise en œuvre simultanée de ces deux types de mesures. – *[Anc. art. R. 323-40, al. 1er.]*

Art. R. 5213-24 Le médecin du travail et le comité d'hygiène, de sécurité et des conditions de travail sont consultés sur les moyens les mieux adaptés aux conditions d'exploitation et à la nature des activités professionnelles visant le réentraînement au travail et la rééducation professionnelle. – *[Anc. art. R. 323-40, al. 2.]*

Art. R. 5213-25 Les modalités de réentraînement et de rééducation retenues sont communiquées à l'inspecteur du travail qui peut mettre l'employeur en demeure d'adopter, dans un délai déterminé, l'une ou l'autre des mesures énoncées à l'article R. 5213-23 ou de compléter les dispositions prises. – *[Anc. art. R. 323-40, al. 3.]*

Art. R. 5213-26 L'affectation du travailleur handicapé aux ateliers ou postes spéciaux prévus à l'article R. 5213-23 est prononcée sur avis du médecin du travail. – *[Anc. art. R. 323-41.]*

SECTION III AGRÉMENT ET CONTRÔLE DES CENTRES DE PRÉORIENTATION ET D'ÉDUCATION PROFESSIONNELLE

Art. R. 5213-27 Les centres de préorientation définis à l'article R. 5213-2 et les centres d'éducation ou de rééducation professionnelle définis aux 1° à 3° de l'article R. 5213-9 sont agréés par le préfet de région. – *[Anc. art. R. 323-41-1.]*

Art. R. 5213-28 La demande d'agrément est adressée par la personne responsable du projet au préfet de la région dans laquelle est situé l'établissement. Elle est accompagnée d'un dossier dont la composition est fixée par arrêté conjoint des ministres chargés des personnes handicapées et de l'emploi et qui comprend, notamment, les programmes de formation projetés.

Cette demande est soumise pour avis aux organismes d'assurance maladie intéressés, au comité de coordination régional de l'emploi et de la formation professionnelle et au conseil régional. – *[Anc. art. R. 323-41-2.]*

Art. R. 5213-29 L'extension d'un centre doit faire l'objet d'un nouvel agrément pris dans les conditions fixées aux articles R. 5213-27 et R. 5213-28.

La modification des programmes de formation est agréée par le préfet de région, après consultation du comité de coordination régional de l'emploi et de la formation professionnelle. – *[Anc. art. R. 323-41-3.]*

Art. R. 5213-30 L'agrément peut être retiré dans les formes et après les consultations prévues aux articles R. 5213-27 et R. 5213-28. L'institution gestionnaire est alors mise à même de présenter ses observations.

En cas d'urgence, l'agrément peut être suspendu par le préfet de région. – *[Anc. art. R. 323-41-4.]*

Art. R. 5213-31 Les centres de préorientation sont placés sous le contrôle des ministres chargés de la sécurité sociale, de l'action sociale, de l'emploi, de la formation professionnelle et, le cas échéant, de l'agriculture ainsi que du ministre chargé de la défense en ce qui concerne les établissements gérés par l'Office national des anciens combattants.

Les centres adressent chaque année un rapport d'activité aux ministres intéressés par l'intermédiaire du préfet de région. – *[Anc. art. R. 323-41-5.]*

SECTION IV **ORIENTATION EN MILIEU PROFESSIONNEL**

SOUS-SECTION 1 **AIDES FINANCIÈRES**

§ 1er AIDE POUR L'ADAPTATION DU LIEU DE TRAVAIL

Art. R. 5213-32 L'aide financière prévue à l'article L. 5213-10 peut concerner, notamment :

1° L'adaptation des machines ou des outillages ;

2° L'aménagement de postes de travail, y compris l'équipement individuel nécessaire aux travailleurs handicapés pour occuper ces postes ;

3° Les accès aux lieux de travail. – *[Anc. art. L. 323-9, al. 6, phrase 2.]*

Art. R. 5213-33 La demande d'aide financière présentée au titre de l'article R. 5213-32 est adressée au préfet du département où est situé l'établissement.

Elle est accompagnée d'une description technique du projet et d'un devis estimatif ainsi que de l'avis du comité d'hygiène, de sécurité et des conditions de travail. – *[Anc. art. R. 323-117, al. 1er.]*

Art. R. 5213-34 Le montant de l'aide financière susceptible d'être accordée ne peut excéder 80 % du coût de l'adaptation ou de l'aménagement envisagé. – *[Anc. art. R. 323-117, al. 2.]*

Art. R. 5213-35 Le préfet statue sur la demande d'aide financière.

Toutefois, lorsque l'aide susceptible d'être accordée excède un montant fixé par arrêté conjoint des ministres chargés du budget et de l'emploi, l'arrêté du préfet est, avant mise à exécution, transmis au ministre chargé de l'emploi, qui dispose d'un délai de quinze jours à compter de la réception de cet arrêté pour évoquer le dossier et statuer sur la demande. – *[Anc. art. R. 323-117, al. 3.]*

§ 2 AIDE POUR LE RENFORCEMENT DE L'ENCADREMENT

Art. R. 5213-36 Lorsque la demande d'aide financière concerne la compensation des charges supplémentaires d'encadrement, elle est adressée au préfet du département où est situé l'établissement.

Elle est accompagnée de la justification des dépenses correspondant à ce supplément d'encadrement ainsi que de l'avis du comité d'hygiène, de sécurité et des conditions de travail. – *[Anc. art. R. 323-118, al. 1er.]*

Art. R. 5213-37 L'aide financière susceptible d'être accordée ne peut concerner que la seule période durant laquelle la présence d'un encadrement supplémentaire est nécessaire pour assurer l'adaptation à l'emploi des travailleurs handicapés et ne peut excéder 50 % des dépenses d'encadrement supplémentaire correspondant à cette période. – *[Anc. art. R. 323-118, al. 2 et 3.]*

Art. R. 5213-38 Le préfet statue sur la demande d'aide financière.

Toutefois, lorsque l'aide susceptible d'être accordée excède un montant fixé par arrêté conjoint des ministres chargés du budget et de l'emploi, l'arrêté du préfet est, avant mise à exécution, transmis au ministre chargé de l'emploi, qui dispose d'un délai de quinze jours à compter de la réception de cet arrêté pour évoquer le dossier et statuer sur la demande. – *[Anc. art. R. 323-118, al. 4.]*

§ 3 COMPENSATION DE LA LOURDEUR DU HANDICAP

Art. R. 5213-39 *(Décr. n° 2016-100 du 2 févr. 2016, art. 1er, en vigueur le 1er juill. 2016)* La reconnaissance de la lourdeur du handicap mentionnée à l'article L. 5212-9 et l'attribution de l'aide mentionnée à l'article L. 5213-11 font l'objet de décisions de l'association mentionnée à l'article L. 5214-1.

Art. R. 5213-40 La modulation de la contribution annuelle et l'attribution de l'aide à l'emploi prévues aux articles L. 5212-9 et L. 5213-11 ont pour objet de compenser la lourdeur du handicap d'un bénéficiaire de l'obligation d'emploi.

La lourdeur du handicap est évaluée, au regard du poste de travail, après aménagement optimal de ce dernier. – *[Anc. art. R. 323-120.]*

Art. R. 5213-41 (Abrogé par Décr. n° 2016-100 du 2 févr. 2016, art. 11, à compter du 1er juill. 2016) ***L'employeur demande la reconnaissance de la lourdeur du handicap du salarié, par pli recommandé avec avis de réception, au*** (Décr. n° 2012-896 du 19 juill. 2012) ***« délégué régional de l'association chargée de la gestion du fonds de développement pour l'insertion professionnelle des handicapés de la région » où est situé l'établissement auquel le bénéficiaire de l'obligation d'emploi est rattaché.***

Art. R. 5213-42 *(Décr. n° 2016-100 du 2 févr. 2016, art. 2, en vigueur le 1er juill. 2016)* La demande de reconnaissance de la lourdeur du handicap est présentée par l'employeur au moyen d'un formulaire dont le modèle est fixé par arrêté conjoint des ministres chargés de l'emploi et des personnes handicapées.

Ce formulaire, dûment renseigné et signé, est accompagné des pièces suivantes :

1° L'un des justificatifs de la qualité de bénéficiaire de l'obligation d'emploi dont la liste figure à l'article L. 5212-13 du code du travail ;

(Décr. n° 2016-1908 du 27 déc. 2016, art. 19, en vigueur le 1er janv. 2017) « 2° L'avis d'aptitude ou l'attestation de suivi délivrés par les professionnels de santé du service de santé au travail ; »

3° Le contrat de travail du bénéficiaire et, le cas échéant, le ou les avenants à ce contrat ;

4° Le dernier bulletin de salaire du bénéficiaire ;

5° Les justificatifs des coûts supportés par l'employeur dans le cadre de l'aménagement optimal du poste et de l'environnement de travail du bénéficiaire ;

6° Les justificatifs des coûts supportés par l'employeur au titre des charges pérennes induites par le handicap.

V. Arr. du 2 févr. 2016 relatif aux modèles de formulaire de demande de reconnaissance de la lourdeur du handicap, aux modalités de calcul mentionnées à l'art. R. 5213-45 C. trav. et au montant annuel de l'aide à l'emploi mentionné à l'art. R. 5213-49 du même code (JO 4 févr.).

Art. R. 5213-43 L'employeur informe le salarié du dépôt de la demande de la reconnaissance de la lourdeur de son handicap. – *[Anc. art. R. 323-121, al. 9.]*

Art. R. 5213-44 *(Décr. n° 2016-100 du 2 févr. 2016, art. 3, en vigueur le 1er juill. 2016)* Lorsque la demande émane d'un bénéficiaire de l'obligation d'emploi exerçant une activité professionnelle non salariée, elle est présentée au moyen d'un formulaire dont le modèle est fixé par arrêté conjoint des ministres chargés de l'emploi et des personnes handicapées.

Ce formulaire, dûment renseigné et signé, est accompagné des pièces suivantes :

1° L'un des justificatifs de la qualité de bénéficiaire de l'obligation d'emploi dont la liste figure à l'article L. 5212-13 du code du travail ;

2° Un justificatif d'immatriculation ou d'inscription attestant de l'activité de travailleur non salarié ;

3° Un justificatif des revenus professionnels de la dernière année écoulée ;

4° Les justificatifs des coûts supportés par le bénéficiaire dans le cadre de l'aménagement optimal de son poste et de son environnement de travail ;

5° Les justificatifs des coûts supportés par le bénéficiaire au titre des charges pérennes induites par son handicap.

V. Arr. du 2 févr. 2016 relatif aux modèles de formulaire de demande de reconnaissance de la lourdeur du handicap, aux modalités de calcul mentionnées à l'art. R. 5213-45 C. trav. et au montant annuel de l'aide à l'emploi mentionné à l'art. R. 5213-49 du même code (JO 4 févr.).

Art. R. 5213-45 *(Décr. n° 2016-100 du 2 févr. 2016, art. 4, en vigueur le 1er juill. 2016)* L'association mentionnée à l'article L. 5214-1 détermine le montant annuel des charges pérennes induites par le handicap mentionnées au 6° de l'article R. 5213-42 ou au 5° de l'article R. 5213-44, en application des modalités de calcul fixées par arrêté conjoint des ministres chargés de l'emploi et des personnes handicapées.

La reconnaissance de la lourdeur du handicap est accordée comme suit :

1° Pour les salariés, lorsque le montant déterminé par l'association est supérieur ou égal à 20 % du produit du salaire horaire minimum de croissance par un nombre d'heures correspondant, sur une base annuelle, soit à la durée collective du travail applicable dans l'établissement, soit à la durée de travail inscrite au contrat en cas de temps partiel, dans la limite d'une durée correspondant à l'application, sur une base annuelle, de la durée légale du travail fixée à l'article *(Décr. n° 2016-1551 du 18 nov. 2016, art. 6-V, en vigueur le 1er janv. 2017)* « L. 3121-27 » ;

2° Pour les bénéficiaires de l'obligation d'emploi qui exercent une activité professionnelle non salariée, lorsque le montant déterminé par l'association est supérieur ou égal à 20 % du produit du salaire horaire minimum de croissance par un nombre d'heures correspondant à l'application, sur une base annuelle, de la durée légale du travail fixée à l'article *(Décr. n° 2016-1551 du 18 nov. 2016, art. 6-V, en vigueur le 1er janv. 2017)* « L. 3121-27 ».

V. Arr. du 2 févr. 2016 relatif aux modèles de formulaire de demande de reconnaissance de la lourdeur du handicap, aux modalités de calcul mentionnées à l'art. R. 5213-45 C. trav. et au montant annuel de l'aide à l'emploi mentionné à l'art. R. 5213-49 du même code (JO 4 févr.).

Art. R. 5213-46 *(Décr. n° 2016-100 du 2 févr. 2016, art. 5, en vigueur le 1er juill. 2016)* La décision prise par l'association mentionnée à l'article L. 5214-1 est motivée, puis notifiée au demandeur. Lorsque celui-ci est l'employeur, il en informe aussitôt le bénéficiaire de l'obligation d'emploi.

Cette décision prend effet à compter de la date du dépôt de la demande. Elle est accordée pour une durée de trois ans. Si le contrat de travail, ou l'activité professionnelle du travailleur non salarié, se termine ou est interrompu avant cette échéance, la décision de reconnaissance de la lourdeur du handicap prend fin à cette même date.

Pour les personnes âgées de 50 ans révolus et plus à la date du dépôt de la demande, la décision de reconnaissance de la lourdeur du handicap est valable jusqu'à la fin de l'activité professionnelle pour laquelle elle a été obtenue, sauf si elles se trouvent dans un des cas prévus à l'article R. 5213-46-2, et sans préjudice de l'article R. 5213-48.

Art. R. 5213-46-1 *(Décr. n° 2016-100 du 2 févr. 2016, art. 6, en vigueur le 1er juill. 2016)* Pour les personnes présentant un taux d'invalidité ou d'incapacité permanente égal ou supérieur à 80 %, dans le cas d'une première demande ou d'une demande de révision, la décision de reconnaissance de la lourdeur du handicap peut être accordée pour une durée d'un an, sur présentation de la liste des prévisions d'aménagement du poste et de l'environnement de travail. Ces aménagements sont à réaliser au cours de l'année qui suit le dépôt de la demande. A l'expiration de cette décision, la demande

de reconnaissance de la lourdeur du handicap devra être faite dans les conditions fixées aux articles R. 5213-42 ou R. 5213-44.

Art. R. 5213-46-2 *(Décr. nº 2016-100 du 2 févr. 2016, art. 6, en vigueur le 1er juill. 2016)* **Pour les salariés ouvrant droit à l'aide au poste sortant d'entreprises adaptées ou de centres de distribution de travail à domicile mentionnés à l'article L. 5213-13 du code du travail, et les usagers sortant d'établissements et services d'aide par le travail mentionnés à l'article L. 344-2 du code de l'action sociale et des familles, recrutés par une entreprise du milieu ordinaire de travail autre qu'une entreprise adaptée ou un centre de distribution de travail à domicile, la première décision de reconnaissance de la lourdeur du handicap est prise sur présentation du justificatif établi par la structure du milieu adapté ou protégé, attestant de la sortie depuis moins d'un an à la date du dépôt de la demande. Cette première décision ouvre droit à une aide à l'emploi à taux majoré ou***[,]* **le cas échéant***[,]* **à une modulation de la contribution annuelle prévue à l'article L. 5212-9 dans les conditions prévues à l'article R. 5213-51. Le modèle de formulaire contenant l'attestation susmentionnée est fixé par arrêté conjoint des ministres chargés de l'emploi et des personnes handicapées. Ce formulaire, dûment renseigné et signé par l'employeur ou le travailleur non salarié demandeur de la reconnaissance de la lourdeur du handicap, est accompagné des justificatifs prévus aux 1°, 2° et 3° de l'article R. 5213-42 ou aux 1° et 2° de l'article R. 5213-44.**

V. Arr. du 2 févr. 2016 relatif aux modèles de formulaire de demande de reconnaissance de la lourdeur du handicap, aux modalités de calcul mentionnées à l'art. R. 5213-45 C trav. et au montant annuel de l'aide à l'emploi mentionné à l'art. R. 5213-49 du même code (JO 4 févr.).

Art. R. 5213-47 *(Décr. nº 2016-100 du 2 févr. 2016, art. 7, en vigueur le 1er juill. 2016)* **La reconnaissance de la lourdeur du handicap peut être renouvelée, à l'expiration de la décision, sur présentation d'une nouvelle demande.**

Si la décision de reconnaissance de la lourdeur du handicap, venue à expiration, a été faite dans les conditions fixées à l'article R. 5213-42 ou à l'article R. 5213-44, et dans le cas où la demande de renouvellement n'inclut pas une demande de révision au titre de l'article R. 5213-48 et si la personne handicapée est âgée de moins de 50 ans à la date du dépôt de cette nouvelle demande, la décision de l'association mentionnée à l'article L. 5214-1 est prise au vu d'un formulaire simplifié dont le modèle est fixé par arrêté conjoint des ministres chargés de l'emploi et des personnes handicapées, accompagné des pièces prévues aux 1°, 2° et 4° de l'article R. 5213-42 ou aux 1° et 3° de l'article R. 5213-44. Cette demande de renouvellement simplifiée doit être présentée dans un délai de six mois maximum à compter de la date de fin de la décision précédente.

V. Arr. du 2 févr. 2016 relatif aux modèles de formulaire de demande de reconnaissance de la lourdeur du handicap, aux modalités de calcul mentionnées à l'art. R. 5213-45 C. trav. et au montant annuel de l'aide à l'emploi mentionné à l'art. R. 5213-49 du même code (JO 4 févr.).

Art. R. 5213-48 *(Décr. nº 2016-100 du 2 févr. 2016, art. 8, en vigueur le 1er juill. 2016)* **Lorsqu'une décision de reconnaissance de la lourdeur du handicap est en cours et que le bénéficiaire de l'obligation d'emploi change de poste au sein de l'entreprise ou d'activité non salariée, ou lorsque son handicap ou son environnement de travail évolue, l'employeur ou le bénéficiaire non salarié présente une demande de révision dans les conditions fixées aux articles R. 5213-42 ou R. 5213-44.**

Art. R. 5213-49 *(Décr. nº 2016-100 du 2 févr. 2016, art. 9, en vigueur le 1er juill. 2016)* **Un arrêté conjoint des ministres chargés de l'emploi et des personnes handicapées fixe le montant de l'aide à l'emploi, ainsi qu'un montant majoré. Ce montant majoré est applicable lorsque le montant annuel des charges pérennes induites par le handicap est supérieur ou égal à 50 % du produit résultant du calcul déterminé en application des alinéas 3 ou 4 de l'article R. 5213-45.**

V. Arr. du 2 févr. 2016 relatif aux modèles de formulaire de demande de reconnaissance de la lourdeur du handicap, aux modalités de calcul mentionnées à l'art. R. 5213-45 et au montant annuel de l'aide à l'emploi mentionné à l'art. R. 5213-49 (JO 4 févr.).

Art. R. 5213-50 **L'aide à l'emploi est calculée à due proportion du temps de travail accompli par rapport à la durée collective du travail applicable dans l'établissement,**

ou, pour le bénéficiaire de l'obligation d'emploi non salarié, par rapport à la durée légale du travail. – *[Anc. art. R. 323-125, phrase 2.]*

Art. R. 5213-51 *(Décr. nº 2016-100 du 2 févr. 2016, art. 10, en vigueur le 1er juill. 2016)* Dans le mois qui suit la date de notification de la décision, l'employeur soumis à l'obligation d'emploi peut opter pour la modulation de la contribution annuelle prévue à l'article L. 5212-9.

Faute d'avoir notifié son option pour la modulation, dans ce délai d'un mois, l'employeur est censé avoir opté, pour toute la durée de la décision, pour le versement de l'aide à l'emploi.

Dans le cas où, pendant la durée de la décision, l'employeur ayant opté pour la modulation ne serait plus assujetti à l'obligation d'emploi ou remplirait cette obligation, l'aide à l'emploi se substituerait, à sa demande, à la modulation de la contribution.

§ 4 SUBVENTION À L'INSTALLATION POUR L'EXERCICE D'UNE ACTIVITÉ INDÉPENDANTE

Art. R. 5213-52 La personne handicapée pour laquelle la commission des droits et de l'autonomie des personnes handicapées prononce une orientation vers le marché du travail et qui se dirige vers une activité indépendante peut bénéficier d'une subvention d'installation.

Cette subvention, dont le montant et les conditions d'attribution sont fixés par décret, contribue à l'achat et à l'installation de l'équipement nécessaire à cette activité. – *[Anc. art. R. 323-73.]*

Art. D. 5213-53 Pour prétendre à la subvention d'installation, le travailleur handicapé répond aux conditions suivantes :

1° Il n'a subi aucune des condamnations prévues par le chapitre VIII du titre II du livre premier du code de commerce ;

2° Il présente toutes les garanties de moralité nécessaires ;

3° S'il ne possède pas la nationalité française ou celle d'un État membre de l'Union européenne, il réside en France depuis trois ans au moins au moment de la demande ;

4° Il dispose d'un local permettant l'exercice de la profession et remplit les conditions habituelles d'exploitation ;

5° Il justifie des diplômes éventuellement exigés pour l'exercice de la profession ;

6° Il est inscrit au répertoire des métiers au registre du commerce et aux ordres professionnels, lorsque cette inscription est nécessaire pour l'exercice de la profession. – *[Anc. art. D. 323-17.]*

Art. D. 5213-54 La demande de subvention est adressée par l'intéressé au secrétariat de la commission des droits et de l'autonomie des personnes handicapées de son lieu de résidence, au plus tard dans les douze mois qui suivent la fin du stage de formation ou de la sortie de l'université.

La commission instruit la demande et la transmet avec son avis motivé au préfet de département de résidence de l'intéressé, qui prend la décision. – *[Anc. art. D. 323-18.]*

Art. D. 5213-55 La subvention est attribuée dans la limite des crédits délégués par le ministère chargé de l'emploi.

Son montant maximum est fixé par arrêté conjoint des ministres chargés de l'emploi et du budget. – *[Anc. art. D. 323-20.]*

Art. D. 5213-56 Le versement de la subvention est subordonné à l'établissement d'une convention précisant son objet et les modalités de contrôle exercé par la collectivité publique. – *[Anc. art. D. 323-21.]*

Art. D. 5213-57 La subvention est affectée à l'achat ou à l'installation de l'équipement nécessaire à l'exercice de la profession indépendante vers laquelle le travailleur handicapé a été dirigé par la commission des droits et de l'autonomie des personnes handicapées. – *[Anc. art. D. 323-22, al. 1er.]*

Art. D. 5213-58 La profession indépendante exercée est choisie dans une des branches déterminées par arrêté du ministre chargé de l'emploi sur avis des ministres chargés de l'industrie, de l'économie, du commerce et de l'artisanat ainsi que de l'agriculture si la subvention est destinée à l'équipement d'une entreprise du secteur agricole. – *[Anc. art. D. 323-22, al. 2.]*

Art. D. 5213-59 Pour bénéficier de la subvention d'installation, le travailleur handicapé s'engage à exploiter personnellement l'entreprise indépendante ainsi qu'à exercer personnellement la profession libérale en vue de laquelle la subvention est sollicitée. – *[Anc. art. D. 323-22, al. 3.]*

Art. D. 5213-60 Le remboursement de la subvention est exigible en cas d'utilisation à des fins autres que celles pour lesquelles elle a été consentie, de non-exploitation du fonds ou d'abandon non justifié de la profession par l'intéressé. – *[Anc. art. D. 323-23.]*

Art. D. 5213-61 L'inspection du travail est habilitée à contrôler l'utilisation de la subvention. – *[Anc. art. D. 323-24.]*

SOUS-SECTION 2 **ENTREPRISES ADAPTÉES ET CENTRES DE DISTRIBUTION DE TRAVAIL À DOMICILE**

§ 1er *[ABROGÉ]* CADRE D'INTERVENTION

Art. R. 5213-62 (Abrogé par Décr. n° 2015-60 du 26 janv. 2015) *Les entreprises adaptées et les centres de distribution de travail à domicile permettent à des travailleurs handicapés à efficience réduite, d'exercer une activité professionnelle salariée dans des conditions adaptées à leurs possibilités.*

Ils favorisent le projet professionnel du salarié handicapé en vue de sa valorisation, de sa promotion et de sa mobilité au sein de la structure elle-même ou vers d'autres entreprises.

Art. R. 5213-63 (Abrogé par Décr. n° 2015-60 du 26 janv. 2015) *L'entreprise adaptée ou le centre de distribution de travail à domicile ne peut embaucher que des travailleurs handicapés orientés vers le marché du travail par la commission des droits et de l'autonomie des personnes handicapées.*

Art. R. 5213-64 (Abrogé par Décr. n° 2015-60 du 26 janv. 2015) *Selon les nécessités de sa production, l'entreprises adaptée ou le centre de distribution de travail à domicile peut embaucher des salariés valides dans la limite de 20 % de ses effectifs.*

§ 1er CONTRAT D'OBJECTIFS

Art. R. 5213-65 Le contrat d'objectifs prévu au *(Décr. n° 2015-60 du 26 janv. 2015, art. 1er)* « quatrième » alinéa de l'article L. 5213-13 valant agrément des entreprises adaptées et des centres de distribution de travail à domicile est conclu avec le préfet de la région d'implantation de l'entreprise ou du centre pour une durée de trois ans.

Il est conclu après avis du comité de coordination régional de l'emploi et de la formation professionnelle. – *[Anc. art. L. 323-31, al. 2 début, et anc. art. R. 323-62, al. 1er.]*

Art. R. 5213-66 Le contrat d'objectifs comprend notamment :

1° Les données relatives à l'identification de l'entreprise ou du centre et un descriptif de ses activités ;

2° Les données et les objectifs relatifs à l'effectif de l'entreprise ou du centre et aux salariés accueillis ;

3° Les données et les objectifs économiques et financiers relatifs à l'entreprise ou au centre ainsi que des prévisions d'activités ;

4° Les modalités et les objectifs d'accueil, en lien avec le service public de l'emploi et les organismes de placement spécialisés, de suivi et d'accompagnement des salariés handicapés dans leur projet professionnel ;

5° Le nombre de travailleurs handicapés ouvrant droit, à la date de signature du contrat, à l'aide au poste et les conditions de révision du nombre d'aides au poste en cours d'année en cas de variation de l'effectif employé ;

6° Les documents administratifs, comptables et financiers à transmettre à l'administration ;

7° Les conditions d'évaluation et de résiliation du contrat. – *[Anc. art. R. 323-62, al. 2 à 9.]*

Art. R. 5213-67 Le contrat d'objectifs est renouvelé selon la même procédure que celle prévue pour sa conclusion. – *[Anc. art. R. 323-62, al. 10.]*

Art. R. 5213-68 *(Décr. n° 2015-60 du 26 janv. 2015, art. 2)* Le contrat d'objectifs prévoit, par un avenant financier annuel, un contingent d'aides au poste. Ce contingent peut être révisé en cours d'année en cas de variation du nombre des travailleurs handicapés ouvrant droit à l'aide au poste.

En outre, le préfet de région peut réviser en cours d'année, à la hausse ou à la baisse, le contingent des aides au poste prévu par l'avenant financier lorsqu'un écart de consommation des aides au poste, au moins égal à 10 %, est observé pendant au moins trois mois consécutifs, après avoir mis les dirigeants des entreprises adaptées concernées par ces modifications à même de faire connaître leurs observations.

Art. R. 5213-69 L'avenant financier annuel fait état de l'avancement de la réalisation des objectifs du contrat triennal, actualise les données relatives à la situation de l'entreprise adaptée ou du centre de distribution de travail à domicile et fixe le nombre et le montant des aides au poste. – *[Anc. art. R. 323-62, al. 11.]*

§ 2 FONCTIONNEMENT

Art. R. 5213-70 Chaque entreprise adaptée ou centre de distribution de travail à domicile est placé sous l'autorité d'un responsable, sans préjudice des responsabilités incombant à l'organisme gestionnaire.

Quand une section d'entreprise adaptée est annexée à un établissement ou service d'aide par le travail, elle peut être placée sous l'autorité du même responsable. – *[Anc. art. R. 323-61, al. 1er.]*

Art. R. 5213-71 Chaque entreprise adaptée ou centre de distribution de travail à domicile fait l'objet d'une comptabilité distincte tenue conformément aux prescriptions du plan comptable général. – *[Anc. art. R. 323-61, al. 2.]*

Art. R. 5213-72 L'entreprise adaptée dispose de ses propres locaux.

Si plusieurs activités sont organisées dans le même ensemble immobilier, l'entreprise adaptée peut être distinguée des autres activités. – *[Anc. art. R. 323-61, al. 3.]*

Art. R. 5213-73 Les organismes gestionnaires des entreprises adaptées et des centres de distribution de travail à domicile se soumettent au contrôle des agents des services du travail et de l'emploi. Ceux-ci peuvent se faire présenter tous les documents relatifs à la gestion, notamment les livres et registres dont la tenue est prescrite aux employeurs par les dispositions légales. – *[Anc. art. R. 323-63.]*

§ 3 AIDE AU POSTE

Sur les critères ouvrant droit à l'aide au poste et à la subvention spécifique dans le cadre des recrutements opérés directement par les entreprises adaptées et les centres de distribution de travail à domicile, V. Arr. du 24 mars 2015 (JO 4 avr.).

Art. R. 5213-74 (Abrogé par Décr. n° 2015-60 du 26 janv. 2015) ***La personne handicapée recrutée, sur proposition du service public de l'emploi ou d'un organisme de placement spécialisé, par les entreprises adaptées et centres de distribution de travail à domicile ayant conclu un contrat d'objectifs avec l'État ouvre droit à l'aide au poste prévue au premier alinéa de l'article L. 5213-19, dans la limite du nombre d'aides au poste fixé dans l'avenant financier annuel.***

Art. R. 5213-75 (Abrogé par Décr. n° 2015-60 du 26 janv. 2015) ***La personne handicapée qui n'est pas recrutée sur proposition du service public de l'emploi ou d'un organisme de placement spécialisé n'ouvre droit à l'aide au poste que si elle remplit les critères d'efficience réduite fixés par arrêté conjoint des ministres chargés de l'emploi et de la santé.***

Art. R. 5213-76 *(Décr. n° 2009-642 du 9 juin 2009)* Le montant de l'aide au poste est égal à 80 % du salaire minimum de croissance brut correspondant à la durée collective du travail applicable ou à la durée du travail inscrite au contrat en cas de travail à temps partiel, dans la limite de la durée légale du travail. L'aide est versée mensuellement.

L'aide au poste est réduite au prorata du temps de travail effectif ou assimilé. Sont considérés comme du temps de travail effectif, quand ils sont rémunérés, les trois premiers jours d'absence justifiée par l'incapacité résultant de maladie ou d'accident.

Une aide au poste minorée est versée à l'entreprise adaptée ou au centre de distribution de travail à domicile lorsque l'employeur est tenu, en application de dispositions légales ou conventionnelles, de maintenir la rémunération pendant les périodes donnant lieu au versement de l'indemnité journalière prévue à l'article L. 321-1 du code de la sécurité sociale. Son montant est calculé dans les conditions prévues au premier alinéa sur la base de 30 % du salaire horaire minimum de croissance brut. Lorsque l'absence ne recouvre pas un mois civil entier, l'aide est réduite au prorata du nombre d'indemnités journalières versées.

§ 4 SUBVENTION SPÉCIFIQUE

Sur les critères ouvrant droit à l'aide au poste et à la subvention spécifique dans le cadre des recrutements opérés directement par les entreprises adaptées et les centres de distribution de travail à domicile, V. Arr. du 24 mars 2015 (JO 4 avr.).

Art. D. 5213-77 *(Décr. nº 2015-214 du 25 févr. 2015, art. 1er)* **La subvention spécifique prévue au deuxième alinéa de l'article L. 5213-19, versée dans la limite des crédits de la loi de finances à l'entreprise adaptée ou au centre de distribution de travail à domicile, est composée :**

1° D'une partie forfaitaire permettant un accompagnement social et professionnel renforcé des travailleurs handicapés en emploi ;

2° Le cas échéant, d'une partie sur critères permettant la prise en compte du développement économique de la structure, le maintien dans l'emploi des salariés vieillissants et la mobilité professionnelle externe ;

3° Le cas échéant, d'une partie variable destinée prioritairement à soutenir les projets tendant à développer les compétences des salariés handicapés pour la réalisation de leur projet professionnel.

La partie forfaitaire de la subvention spécifique, mentionnée au 1° de l'art. D. 5213-77, est versée à toute entreprise adaptée ou centre de distribution de travail à domicile, sur la base de son effectif de référence en équivalent temps plein, fixé dans l'avenant financier au contrat d'objectif triennal prévu à l'art. R. 5213-68. Son montant est égal à 925 euros multipliés par l'effectif de référence.

La partie sur critères de la subvention spécifique, mentionnée au 2° de l'art. D. 5213-77, se compose des éléments suivants :

1° Une aide pour le développement économique de la structure, attribuée dans la limite de l'effectif de référence au 31 décembre de l'année précédente. Son montant est égal, par travailleur handicapé en équivalent temps plein pris en compte dans l'effectif de référence, à :

— 40 % de la dotation moyenne aux amortissements de l'année précédente, par travailleur handicapé ;

— diminué de 150 euros ;

— sans que ce total ne puisse excéder 1 100 euros ;

2° Une aide au maintien dans l'emploi des travailleurs vieillissants.

Son montant est de 600 euros par travailleur handicapé, âgé de 50 à 55 ans révolus et de 1 060 euros par travailleur handicapé âgé de 56 ans et plus, présent dans l'effectif de référence, au 31 décembre de l'année précédente ;

3° Une aide à la mobilité professionnelle des travailleurs handicapés vers d'autres emplois du marché du travail, exception faite des emplois en entreprise adaptée et en centre de distribution de travail à domicile.

Son montant est de 4 600 euros par travailleur handicapé ayant effectué sa mobilité au cours de l'année écoulée.

Le montant de la partie variable de la subvention spécifique, mentionnée au 3° de l'art. D. 5213-77, ne peut excéder 3 000 euros par travailleur handicapé dans la limite de l'effectif de référence au 31 décembre de l'année précédente. Les montants versés au titre de la partie sur critères sont déduits de la partie variable (Arr. du 25 févr. 2015, JO 27 févr.).

Art. D. 5213-78 *(Décr. nº 2015-214 du 25 févr. 2015, art. 2)* **Les modalités de mise en œuvre de la subvention spécifique mentionnée à l'article D. 5213-77, notamment**

les montants des différentes parties composant cette subvention, sont fixées par arrêté conjoint des ministres chargés du budget et de l'emploi.

Art. D. 5213-79 Pendant les deux premières années civiles de fonctionnement, une aide au démarrage, dont le montant est fixé par arrêté conjoint des ministres chargés de l'emploi et du budget, se substitue à la subvention spécifique, si elle excède le montant cumulé de la partie forfaitaire et *(Décr. n° 2015-214 du 25 févr. 2015, art. 3)* « de la partie sur critères ».

Le montant de l'aide au démarrage est fixé à 4 600 € par embauche d'un travailleur handicapé, sans que le total puisse excéder 92 000 €, au cours des deux premières années civiles de fonctionnement de l'entreprise adaptée (Arr. du 25 févr. 2015, JO 27 févr.).

Art. D. 5213-80 La subvention spécifique ne peut être allouée qu'aux entreprises adaptées et centres de distribution de travail à domicile qui ont conclu le contrat d'objectifs mentionné à l'article L. 5213-13.

Après avis du comité de coordination régional de l'emploi et de la formation professionnelle, un avenant financier au contrat d'objectifs fixe le montant de la subvention spécifique et les modalités du contrôle exercé par l'État. – *[Anc. art. D. 323-28.]*

§ 5 MISES À DISPOSITION DANS UNE AUTRE ENTREPRISE

Art. D. 5213-81 Le travailleur handicapé employé dans une entreprise adaptée peut, avec son accord et en vue d'une embauche éventuelle, être mis à la disposition d'un autre employeur, dans le cadre du contrat de mise à disposition prévu à l'article D. 5213-84. Il continue à ouvrir droit, pour l'entreprise adaptée, à l'aide au poste et à la subvention spécifique prévus à l'article L. 5213-19.

Le travailleur handicapé *(Abrogé par Décr. n° 2015-60 du 26 janv. 2015, art. 3)* « *à efficience réduite* » embauché pour le remplacer peut ouvrir droit à l'aide au poste dans la limite du nombre d'aides au poste fixé par avenant financier. – *[Anc. art. D. 323-25-3, al. 1er.]*

Art. D. 5213-82 Les conditions de la mise à disposition du travailleur handicapé sont fixées par des contrats écrits que l'organisme gestionnaire de l'entreprise adaptée conclut, d'une part, avec l'employeur utilisateur et, d'autre part, avec le travailleur handicapé. – *[Anc. art. D. 323-25-3, al. 2.]*

Art. D. 5213-83 Les contrats de mise à disposition sont conclus pour une durée maximale d'un an, renouvelable une fois.

Ils sont soumis au visa de l'inspecteur du travail et donnent lieu à une consultation du comité d'entreprise de l'entreprise utilisatrice et de celui de l'entreprise adaptée ou à défaut des délégués du personnel. – *[Anc. art. D. 323-25-3, al. 3 et 4.]*

Art. D. 5213-84 Le contrat de mise à disposition liant l'organisme gestionnaire à l'employeur utilisateur précise, notamment :

1° Le nombre de travailleurs demandés, les qualifications professionnelles requises, le lieu, l'horaire et les caractéristiques particulières des travaux à accomplir ;

2° La nature des travaux incompatibles avec certains types de handicaps ;

3° Les modalités de rémunération de la prestation de service ;

4° Les conditions d'une offre d'embauche. – *[Anc. art. D. 323-25-4.]*

Art. D. 5213-85 Le contrat liant l'organisme gestionnaire de l'entreprise adaptée avec le travailleur handicapé précise, notamment :

1° La qualification professionnelle du salarié ;

2° La nature, le lieu, l'horaire et les caractéristiques particulières du travail à accomplir ;

3° Les éléments et les modalités de paiement de la rémunération due au salarié ;

4° Les conditions d'une offre d'embauche. – *[Anc. art. D. 323-25-5.]*

Art. D. 5213-86 Le salarié handicapé qui a démissionné d'une entreprise adaptée ou d'un centre de distribution de travail à domicile pour travailler dans une entreprise ordinaire bénéficie, dans le délai d'un an à compter de la rupture de son contrat, de la priorité d'embauche mentionnée à l'article L. 5213-17 s'il manifeste le souhait de réintégrer l'entreprise adaptée ou le centre de distribution de travail à domicile. Dans ce cas, l'entreprise adaptée ou le centre de distribution de travail à domicile l'informe de tout emploi disponible compatible avec sa qualification. – *[Anc. art. D. 323-26.]*

SECTION V **AUTRES ORIENTATIONS**

Art. R. 5213-87 Lorsque la commission des droits et de l'autonomie des personnes handicapées envisage l'orientation sur le marché du travail ou vers un établissement ou service d'aide par le travail, elle se prononce par une décision motivée, en tenant compte des possibilités réelles d'insertion dans le marché du travail ou au sein d'un tel établissement ou service. – *[Anc. art. L. 323-30, al. 2.]*

SECTION VI **MODALITÉS DE MISE EN ŒUVRE ET CAHIER DES CHARGES DU DISPOSITIF D'EMPLOI ACCOMPAGNÉ**

(Décr. nº 2016-1899 du 27 déc. 2016, en vigueur le 1er janv. 2017)

Art. D. 5213-88 Le dispositif d'emploi accompagné mentionné à l'article L. 5213-2-1 est mis en œuvre aux fins d'insertion dans le milieu ordinaire de travail, par une personne morale gestionnaire qui organise, au moyen de la convention de gestion mentionnée au III du même article, le soutien à l'insertion professionnelle et l'accompagnement médico-social du travailleur handicapé ainsi que l'accompagnement de son employeur. Il s'inscrit dans le cadre du plan régional d'insertion des travailleurs handicapés défini à l'article L. 5211-5.

La personne morale gestionnaire est :

1° Soit un établissement ou un service mentionnés aux 5° ou 7° de l'article L. 312-1 du code de l'action sociale et des familles ayant conclu une convention de gestion avec l'un au moins des organismes mentionnés aux articles L. 5214-3-1, L. 5312-1 et L. 5314-1 du présent code ;

2° Soit un organisme ayant conclu une convention de gestion avec un établissement ou service mentionné à l'alinéa précédent et avec au moins un des organismes mentionnés au même alinéa.

Art. D. 5213-89 Peuvent être bénéficiaires du dispositif d'emploi accompagné, donnant lieu à l'accompagnement de leur employeur :

1° Les travailleurs handicapés reconnus au titre de l'article L. 5213-2 ayant un projet d'insertion en milieu ordinaire de travail ;

2° Les travailleurs handicapés accueillis dans un établissement ou service d'aide par le travail mentionné au *a* du 5° du I de l'article L. 312-1 du code de l'action sociale et des familles ayant un projet d'insertion en milieu ordinaire de travail ;

3° Les travailleurs handicapés en emploi en milieu ordinaire de travail qui rencontrent des difficultés particulières pour sécuriser de façon durable leur insertion professionnelle.

Le dispositif d'emploi accompagné est ouvert dès l'âge de seize ans.

Art. D. 5213-90 I. – La personne morale gestionnaire chargée de mettre en œuvre le dispositif d'emploi accompagné respecte un cahier des charges défini, pour chaque personne gestionnaire, par l'agence régionale de santé, conjointement avec la direction régionale des entreprises, de la concurrence, de la consommation, du travail et de l'emploi, après consultation du Fonds de développement pour l'insertion professionnelle des handicapés mentionné à l'article L. 5214-1 et du Fonds d'insertion des personnes handicapées dans la fonction publique.

II. – Le cahier des charges comprend notamment :

1° La description des activités et des prestations de soutien à l'insertion professionnelle et des prestations d'accompagnement médico-social proposées, ainsi que les modalités d'entrée et de sortie du dispositif. Ces activités et prestations sont adaptées aux besoins du travailleur handicapé et couvrent toutes les périodes durant lesquelles l'accompagnement est nécessaire. Cet accompagnement comporte au moins l'un des quatre modules suivants :

a) L'évaluation de la situation du travailleur handicapé, en tenant compte de son projet professionnel, de ses capacités et de ses besoins, ainsi que, le cas échéant, des besoins de l'employeur ;

b) La détermination du projet professionnel et l'aide à sa réalisation, en vue de l'insertion dans l'emploi en milieu ordinaire de travail dans les meilleurs délais ;

c) L'assistance du bénéficiaire dans sa recherche d'emploi en lien avec les entreprises susceptibles de le recruter ;

d) L'accompagnement dans l'emploi afin de sécuriser le parcours professionnel du travailleur handicapé en facilitant notamment l'accès à la formation et aux bilans de compétences, incluant si nécessaire une intermédiation entre la personne handicapée et son employeur, ainsi que des modalités d'adaptation ou d'aménagement de l'environnement de travail aux besoins de la personne handicapée, en lien notamment avec les acteurs de l'entreprise, notamment le médecin de travail ;

2° La description de la nature des activités et des prestations visant à répondre aux besoins des employeurs, pouvant inclure l'appui ponctuel du référent emploi accompagné de la personne handicapée pour prévenir ou pallier les difficultés rencontrées dans l'exercice des missions confiées au travailleur handicapé, pour s'assurer des modalités d'adaptation au collectif de travail notamment par la sensibilisation et la formation des équipes de travail, pour évaluer et adapter le poste et l'environnement de travail, ainsi que pour faciliter la gestion des compétences et le parcours du travailleur handicapé en lien avec les acteurs de l'entreprise dont le médecin du travail ;

3° La présentation des entreprises avec lesquelles la personne morale gestionnaire du dispositif d'emploi accompagné envisage d'intervenir sur le territoire considéré, ainsi que sa démarche de sensibilisation auprès de nouvelles entreprises susceptibles de recruter des travailleurs handicapés ;

4° La présentation des moyens mobilisés pour la mise en œuvre des actions prévues aux alinéas précédents, notamment les effectifs, leur qualification et les compétences mobilisées, l'organisation retenue pour l'accompagnement du travailleur handicapé et de l'employeur par un même référent emploi accompagné au regard du nombre de personnes susceptibles d'être accompagnées au titre d'une année ;

5° La convention de gestion mentionnée au III de l'article L. 5213-2-1 ;

6° Les modalités de suivi et d'évaluation du dispositif d'emploi accompagné, comportant des données quantitatives et qualitatives relatives aux profils des travailleurs handicapés et des employeurs accompagnés, à la file active, à la durée effective des accompagnements, aux sorties du dispositif et à leurs motifs, à la nature des prestations mobilisées ainsi qu'aux difficultés rencontrées, le cas échéant, à chacune des étapes d'accompagnement. Le suivi des indicateurs est réalisé par la personne morale gestionnaire conformément à un référentiel national élaboré selon les modalités précisées dans la convention prévue à l'article D. 5213-91.

Art. D. 5213-91 La convention de financement conclue en application du IV de l'article L. 5213-2-1 peut notamment associer le Fonds de développement pour l'insertion professionnelle des handicapés mentionné à l'article L. 5214-1 et le Fonds d'insertion des personnes handicapées dans la fonction publique mentionné à l'article L. 323-8-6-1 dans les conditions prévues par une convention nationale conclue, le cas échéant, entre l'État et ces deux fonds.

Art. D. 5213-92 Le dispositif d'emploi accompagné fait l'objet d'un appel à candidatures de l'agence régionale de santé, qui définit le ou les territoires d'intervention du dispositif dans le respect du cahier des charges mentionné à l'article D. 5213-90. Pour l'instruction des candidatures, l'agence régionale de santé peut associer la direction régionale des entreprises, de la concurrence, de la consommation, du travail et de l'emploi et consulter le Fonds de développement pour l'insertion professionnelle des handicapés et le Fonds d'insertion des personnes handicapées dans la fonction publique.

A l'issue de la procédure d'appel à candidatures, l'agence régionale de santé informe la commission mentionnée à l'article L. 146-9 du code de l'action sociale et des familles de la ou des personnes morales gestionnaires sélectionnées.

Art. D. 5213-93 I. — La décision d'admission du travailleurs handicapé dans le dispositif, prise après accord de l'intéressé, est rendue par la commission mentionnée à l'article L. 146-9 du code de l'action sociale et des familles conformément aux dispositions de l'article L. 241-6 du même code.

Le dispositif d'emploi accompagné et la maison départementale des personnes handicapées compétente organisent, le cas échéant dans le cadre d'une convention, les modalités de partenariat et d'échanges permettant à la commission mentionnée à l'article L. 146-9 précité de prononcer une décision en urgence au titre du 5° de l'article R. 241-28 du même code.

II. — En amont des décisions mentionnées au I, une évaluation préliminaire peut être réalisée à la demande du travailleur handicapé ou de la maison départementale des personnes handicapée dont il relève afin de déterminer si, au regard de son projet professionnel, de ses capacités et de ses besoins, ainsi que des besoins de l'employeur, le travailleur handicapé peut entrer dans le dispositif. Pour les besoins de cette évaluation, peuvent être mobilisées les ressources et les prestations des partenaires parties prenantes à la convention de gestion mentionnée au I de l'article D. 5313-88, du Fonds de développement pour l'insertion professionnelle des handicapés et du Fonds d'insertion des personnes handicapées dans la fonction publique.

III. — La décision est notifiée à l'intéressé, au gestionnaire du dispositif d'emploi accompagné aux fins de l'élaboration de la convention individuelle prévue au II de l'article L. 5213-2-1 et, le cas échéant, à l'employeur.

CHAPITRE IV **INSTITUTIONS ET ORGANISMES CONCOURANT À L'INSERTION PROFESSIONNELLE DES HANDICAPÉS**

SECTION PREMIÈRE **COORDINATION**

Art. R. 5214-1 Le ministre chargé de l'emploi est chargé de coordonner l'activité des organismes et services publics ou privés qui, à quelque titre que ce soit, concourent à l'une des opérations prévues aux articles L. 5212-6 et suivants et de définir les modalités de liaison entre ces organismes et services. — *[Anc. art. R. 323-80.]*

SECTION II **CONSEIL SUPÉRIEUR POUR LE RECLASSEMENT PROFESSIONNEL ET SOCIAL DES TRAVAILLEURS HANDICAPÉS**

SOUS-SECTION 1 **MISSIONS**

Art. R. 5214-2 *Abrogé par Décr. n° 2011-1073 du 8 sept. 2011.*

SOUS-SECTION 2 **COMPOSITION**

Art. R. 5214-3 à R. 5214-5 *Abrogés par Décr. n° 2011-1073 du 8 sept. 2011.*

SOUS-SECTION 3 **FONCTIONNEMENT**

Art. R. 5214-6 à R. 5214-12 *Abrogés par Décr. n° 2011-1073 du 8 sept. 2011.*

SOUS-SECTION 4 **SECTION PERMANENTE**

Art. R. 5214-13 *Abrogé par Décr. n° 2011-1073 du 8 sept. 2011.*

Art. D. 5214-14 à D. 5214-18 *Abrogés par Décr. n° 2011-1073 du 8 sept. 2011.*

SECTION III **FONDS DE DÉVELOPPEMENT POUR L'INSERTION PROFESSIONNELLE DES HANDICAPÉS**

Art. R. 5214-19 Les statuts de l'association chargée de la gestion du Fonds de développement pour l'insertion professionnelle des handicapés mentionnée à l'article *L. 5214-1 sont agréés par le ministre* chargé de l'emploi. — [*Anc. art. L. 323-8-3, al. 1er fin.]*

Art. R. 5214-20 L'association procède annuellement à l'évaluation des actions qu'elle conduit pour l'insertion professionnelle des personnes handicapées en milieu ordinaire.

Elle publie un rapport d'activité annuel et est soumise au contrôle administratif et financier de l'État. — *[Anc. art. L. 323-8-3, al. 2.]*

Art. R. 5214-21 L'association transmet au ministre chargé de l'emploi, pour approbation, le projet de répartition des contributions pour l'année en cours, au plus tard au 31 mars de chaque année.

Elle lui adresse également le rapport d'utilisation des contributions pour l'année écoulée. – *[Anc. art. R. 323-8.]*

Art. R. 5214-22 Dans le respect des missions prévues à l'article L. 5214-3, la convention d'objectifs détermine notamment :

1° Les engagements réciproques contribuant à la cohérence entre les mesures de droit commun de l'emploi et de la formation professionnelle et les mesures spécifiques arrêtées par l'association et les moyens financiers nécessaires à l'atteinte de ces objectifs ;

2° Les priorités et les grands principes d'intervention du service public de l'emploi et des organismes de placement spécialisés. – *[Anc. art. L. 323-8-3, al. 3, phrase 2 et 4.]*

Art. R. 5214-23 Une convention de coopération est conclue entre l'association chargée de la gestion du fonds de développement pour l'insertion professionnelle des handicapés et le fonds pour l'insertion professionnelle des handicapés dans la fonction publique.

Elle détermine notamment les obligations respectives des parties à l'égard des organismes de placement spécialisés. – *[Anc. art. L. 323-10-1.]*

CHAPITRE V **DISPOSITIONS PÉNALES**

Art. R. 5215-1 Le fait de ne pas respecter l'obligation de réentraînement au travail et de rééducation professionnelle des salariés malades et blessés, en méconnaissance des dispositions de l'article L. 5213-5, est puni de l'amende prévue pour les contraventions de la quatrième classe. – *[Anc. art. R. 362-2.]*

TITRE DEUXIÈME **TRAVAILLEURS ÉTRANGERS**

CHAPITRE PREMIER **EMPLOI D'UN SALARIÉ ÉTRANGER**

SECTION PREMIÈRE **CATÉGORIES D'AUTORISATION*[s]* DE TRAVAIL ET ACTIVITÉS PROFESSIONNELLES AUTORISÉES**

Art. R. 5221-1 Pour exercer une activité professionnelle *(Décr. nº 2016-1456 du 28 oct. 2016, art. 20)* « salariée » en France, les personnes suivantes *(Décr. nº 2008-634 du 30 juin 2008)* « doivent détenir » une autorisation de travail et *(Décr. nº 2016-1456 du 28 oct. 2016, art. 20)* « , lorsqu'elles doivent le produire, » le certificat médical mentionné au *(Décr. nº 2016-1456 du 28 oct. 2016, art. 20)* « 3° » de l'article R. 313-1 du code de l'entrée et du séjour des étrangers et du droit d'asile *(Décr. nº 2008-634 du 30 juin 2008)* « qui leur est remis à l'issue de la visite médicale à laquelle elles se soumettent au plus tard trois mois après la délivrance de l'autorisation de travail » :

1° Étranger non ressortissant d'un État membre de l'Union européenne, d'un autre État partie à l'Espace économique européen ou de la Confédération suisse ;

2° Étranger ressortissant d'un État membre de l'Union européenne pendant la période d'application des mesures transitoires relatives à la libre circulation des travailleurs. – *[Anc. art. R. 341-1, phrase 1.]*

Art. R. 5221-2 *(Décr. nº 2016-1456 du 28 oct. 2016, art. 20)* Sont dispensés de l'autorisation de travail prévue à l'article R. 5221-1 :

1° Le salarié, détaché dans les conditions prévues aux articles L. 1262-1 et L. 1262-2 et travaillant de façon régulière et habituelle pour le compte d'un employeur établi sur le territoire d'un État membre de l'Union européenne, d'un autre État partie à l'accord sur l'Espace économique européen ou de la Confédération suisse ;

2° Le salarié, ressortissant d'un État membre de l'Union européenne pendant la période d'application des mesures transitoires, dans les conditions prévues au dernier alinéa de l'article L. 121-2 du code de l'entrée et du séjour des étrangers et du droit d'asile ;

3° L'étranger, entré en France pour exercer une activité professionnelle salariée pour une durée inférieure ou égale à trois mois, dans les conditions prévues à l'article L. 5221-2-1.

Art. D. 5221-2-1 *(Décr. nº 2016-1461 du 28 oct. 2016)* En application de l'article L. 5221-2-1 du code du travail, n'est pas soumis à la condition prévue au 2° de l'article L. 5221-2 du même code l'étranger qui entre en France afin d'y exercer une activité salariée pour une durée inférieure ou égale à trois mois dans les domaines suivants :

1° Les manifestations sportives, culturelles, artistiques et scientifiques ;

2° Les colloques, séminaires et salons professionnels ;

3° La production et la diffusion cinématographiques, audiovisuelles, du spectacle et de l'édition phonographique, lorsqu'il est artiste du spectacle ou personnel technique attaché directement à la production ou à la réalisation ;

4° Le mannequinat et la pose artistique ;

5° Les services à la personne et les employés de maison pendant le séjour en France de leurs employeurs particuliers ;

6° Les missions d'audit et d'expertise en informatique, gestion, finance, assurance, architecture et ingénierie, lorsqu'il est détaché en application des dispositions de l'article L. 1262-1 du code du travail ;

7° Les activités d'enseignement dispensées, à titre occasionnel, par des professeurs invités.

Art. R. 5221-3 *(Décr. nº 2016-1456 du 28 oct. 2016, art. 20)* L'autorisation de travail peut être constituée par l'un des documents suivants :

1° La carte de résident, délivrée en application de l'article L. 314-4 du code de l'entrée et du séjour des étrangers et du droit d'asile.

Elle permet l'exercice de toute activité professionnelle salariée ;

2° La carte de séjour pluriannuelle portant la mention "passeport talent" délivrée en application des 1°, 2°, 3°, 4°, 9° et 10° de l'article L. 313-20 du code de l'entrée et du séjour des étrangers et du droit d'asile ou le visa de long séjour valant titre de séjour mentionné au 9° de l'article R. 311-3 du même code.

Elle permet l'exercice de l'activité professionnelle salariée ayant justifié la délivrance du titre de séjour.

Lorsqu'elle est délivrée en application du 1° et du 2° de l'article L. 313-20, elle autorise à exercer toute activité salariée à l'issue de sa deuxième année de validité sous réserve du respect de ses conditions de délivrance.

Lorsqu'elle est délivrée en application du 3° de l'article L. 313-20, elle permet l'exercice d'une activité professionnelle salariée dans le cadre de la mission ayant justifié sa délivrance.

Lorsqu'elle est délivrée en application du 4° de l'article L. 313-20, elle permet l'exercice d'une activité salariée dans le cadre de la convention d'accueil ayant justifié sa délivrance ;

Lorsqu'elle est délivrée en application du 10° de l'article L. 313-20, elle permet l'exercice de toute activité professionnelle salariée ;

3° La carte de séjour pluriannuelle portant la mention "passeport-talent (famille)", délivrée en application de l'article L. 313-21 du code de l'entrée et du séjour des étrangers et du droit d'asile ou le visa de long séjour valant titre de séjour correspondant mentionné au 9° de l'article R. 311-3 du même code.

Elle permet l'exercice de toute activité professionnelle salariée ;

3° *bis* La carte de séjour temporaire portant la mention "stagiaire ICT (famille)" délivrée en application du deuxième alinéa du I de l'article L. 313-7-2 du code de l'entrée et du séjour des étrangers et du droit d'asile.

Elle permet l'exercice de toute activité professionnelle salariée ;

4° La carte de séjour pluriannuelle portant la mention "travailleur saisonnier", délivrée en application de l'article L. 313-23 du code de l'entrée et du séjour des étrangers et du droit d'asile, accompagné*[e]* du contrat de travail visé.

Elle permet l'exercice d'une activité salariée dans les conditions prévues aux articles R. 5221-23, R. 5221-24 et R. 5221-25 du code du travail ;

5° La carte de séjour pluriannuelle portant la mention "salarié détaché ICT", délivrée en application de l'article L. 313-24 du code de l'entrée et du séjour des étrangers et du droit d'asile.

Lorsqu'elle est délivrée en application du I et du premier alinéa du IV de l'article L. 313-24, elle permet l'exercice d'une activité professionnelle salariée dans le cadre du détachement ayant justifié sa délivrance.

Lorsqu'elle est délivrée en application du II et du deuxième alinéa du IV de l'article L. 313-24 elle permet l'exercice de toute activité professionnelle salariée ;

6° La carte de séjour pluriannuelle générale portant la mention "salarié", délivrée en application de l'article L. 313-17 du code de l'entrée et du séjour des étrangers et du droit d'asile.

Elle permet l'exercice de toute activité professionnelle salariée ;

7° La carte de séjour temporaire ou pluriannuelle portant la mention "étudiant", délivrée en application du 3° de l'article L. 121-1, de l'article L. 313-7 ou des articles L. 313-17 et L. 313-19 du code de l'entrée et du séjour des étrangers et du droit d'asile ainsi que le visa de long séjour valant titre de séjour mentionné au 6° de l'article R. 311-3 du même code.

Elle permet l'exercice de toute activité professionnelle salariée dans les conditions prévues aux articles R. 5221-26 et R. 5221-27 du code du travail ;

8° La carte de séjour temporaire portant la mention "salarié", délivrée en application du 1° de l'article L. 313-10 du code de l'entrée et du séjour des étrangers et du droit d'asile ou le visa de long séjour valant titre de séjour mentionné au 7° de l'article R. 311-3 du même code, accompagné du contrat de travail visé.

Elle autorise à exercer une activité professionnelle salariée dans le respect des termes de l'autorisation de travail accordée.

A l'issue de la deuxième année de validité, elle autorise à exercer toute activité professionnelle salariée.

Lorsqu'elle a été délivrée dans les conditions prévues à l'article L. 313-4-1 du code de l'entrée et du séjour des étrangers et du droit d'asile, elle permet l'exercice de toute activité professionnelle salariée après un séjour de douze mois continus à compter de sa délivrance ;

9° La carte de séjour temporaire portant la mention "travailleur temporaire", délivrée en application du 2° de l'article L. 313-10 du code de l'entrée et du séjour des étrangers et du droit d'asile ou le visa de long séjour valant titre de séjour mentionné au 8° de l'article R. 311-3 du même code, accompagné du contrat de travail visé.

Elle permet l'exercice de l'activité professionnelle salariée dans le respect des termes de l'autorisation de travail accordée ;

10° La carte de séjour temporaire ou pluriannuelle portant la mention "vie privée et familiale", délivrée en application des articles L. 313-11, L. 316-1, L. 316-3, L. 313-17 et L. 313-19 du code de l'entrée et du séjour des étrangers et du droit d'asile ; ou le visa de long séjour valant titre de séjour mentionné aux 4° et 11° de l'article R. 311-3 du même code.

Elle permet l'exercice de toute activité professionnelle salariée sous réserve des dispositions du quatrième alinéa de l'article L. 313-12 du même code ;

11° Le récépissé de première demande ou de demande de renouvellement d'un titre de séjour portant la mention "autorise son titulaire à travailler".

Il permet l'exercice d'une activité professionnelle salariée ;

12° L'autorisation provisoire de séjour, délivrée en application de l'article L. 311-11 du code de l'entrée et du séjour des étrangers et du droit d'asile.

Elle permet l'exercice d'une activité professionnelle salariée dans les conditions prévues aux articles L. 311-11 et R. 311-35 du code de l'entrée et du séjour des étrangers et du droit d'asile ;

13° La carte de séjour délivrée au ressortissant d'un État membre de l'Union européenne soumis à des mesures transitoires par son traité d'adhésion ou au membre de sa famille portant la mention "Toutes activités professionnelles". Elle permet l'exercice d'une activité professionnelle salariée dans le respect des termes de l'autorisation de travail accordée.

Lorsqu'elle est délivrée sur le fondement du dernier alinéa du I, du II de l'article R. 121-16, du *[de l'article]* R. 122-1 ou du *[de l'article]* R. 122-2 du code de l'entrée et du séjour des étranger et du droit d'asile, elle permet l'exercice de toute activité professionnelle salariée ;

14° L'autorisation provisoire de travail, d'une durée maximale de douze mois renouvelable, délivrée soit à l'étranger salarié qui, par la nature de son séjour ou de son activité, ne relève pas du champ d'application des autorisations de travail précitées, soit à l'étudiant qui, en raison de son cursus, dépasse la durée annuelle de travail prévue par l'article L. 313-7 du code de l'entrée et du séjour des étrangers et du droit d'asile.

Elle permet l'exercice de l'activité professionnelle salariée dans le respect des termes de l'autorisation provisoire de travail accordée ;

15° L'autorisation provisoire de séjour, délivrée en application de l'article L. 311-12 du code de l'entrée et du séjour des étrangers et du droit d'asile.

Elle permet l'exercice de toute activité professionnelle salariée ;

16° Le formulaire de demande d'autorisation de travail revêtu du visa accordée par le préfet, dans l'attente de la délivrance des cartes de séjour mentionnées aux 8° et 9° du présent article (salarié et travailleur temporaire) ;

Il permet l'exercice de l'activité professionnelle salariée dans le respect des termes de l'autorisation de travail accordée ;

17° Le visa d'une durée supérieure à trois mois prévu au 3° *bis* de l'article R. 311-3 du même code.

Il permet l'exercice d'une activité professionnelle salariée à titre accessoire ;

18° La carte de séjour portant la mention "Carte de séjour de membre de la famille d'un citoyen de l'Union/EEE/Suisse – toutes activités professionnelles" délivrée au salarié non ressortissant d'un État membre de l'Union européenne, d'un autre État partie à l'Espace économique européen ou de la Confédération suisse, en application de l'article R. 121-14.

Elle permet l'exercice de toute activité professionnelle salariée.

1. Principe. Les dispositions de l'art. R. 341-4 [R. 5221-17 nouv.] sont applicables à l'autorisation provisoire de travail délivrée à un salarié étranger conformément à l'art. R. 341-7. • CE 3 juill. 1992 : ☏ *RJS 1992. 715, n° 1311.*

2. Illustration. L'article R. 341-7 [R. 5221-17 nouv.] s'applique à l'interne zaïrois, recruté par un centre hospitalier pour une durée de 6 mois à compter du 2 novembre 1993, la circonstance que ces fonctions se situent dans le prolongement des études spécialisées de chirurgie thoracique cardiovasculaire qu'il suivait par ailleurs depuis quatre ans n'ayant pas pour effet de le soustraire à l'obligation d'obtenir l'autorisation de travail. • CE 7 oct. 1996 : ☏ *pourvoi n° 159953.*

Art. R. 5221-4 L'autorisation de travail permet à l'étranger d'exercer *(Décr. n° 2016-1456 du 28 oct. 2016, art. 20)* « une activité professionnelle salariée, dans les conditions prévues à l'article R. 5221-3 », sous réserve de la justification des conditions d'exercice de cette activité lorsqu'elle est soumise à une réglementation particulière.

Art. R. 5221-5 (Abrogé par Décr. n° 2016-1456 du 28 oct. 2016, art. 20) *Ouvrent droit à toute activité professionnelle salariée :*

1° Les autorisations de travail mentionnées aux 1° et 12° de l'article R. 5221-3 ;

2° L'autorisation de travail mentionnée au 2° de l'article R. 5221-3, dans le cadre du projet mentionné à l'article L. 315-3 du code de l'entrée et du séjour des étrangers et du droit d'asile ;

3° L'autorisation de travail mentionnée au 3° de l'article R. 5221-3, sur le territoire métropolitain, pour la durée et dans les conditions prévues aux articles R. 5221-26 à R. 5221-27 ;

4° L'autorisation de travail mentionnée au 6° de l'article R. 5221-3 à partir de son premier renouvellement, pour les étrangers titulaires de la carte de résident de longue durée-CE obtenue dans un autre État membre de l'Union européenne et mentionnée à l'article L. 313-4-1 du code de l'entrée et du séjour des étrangers et du droit d'asile ;

5° L'autorisation de travail mentionnée au 6° de l'article R. 5221-3 du présent code, à partir de son deuxième renouvellement ;

6° Les autorisations de travail mentionnées aux 8° et 9° de l'article R. 5221-3, dans les conditions prévues respectivement aux articles R. 5221-23 à R. 5221-25, R. 5221-30 et R. 5221-31 ;

7° L'autorisation de travail mentionnée au 10° de l'article R. 5221-3, sous réserve des dispositions du quatrième alinéa de l'article L. 313-12 du code de l'entrée et du séjour des étrangers et du droit d'asile ;

(Décr. n° 2011-1049 du 6 sept. 2011, art. 53) *« 8° L'autorisation de travail mentionnée au 7° de l'article R. 5221-3 lorsque son renouvellement est obtenu après un séjour de douze mois continus sous son couvert, pour les étrangers titulaires de la carte de résident de longue durée-CE obtenue dans un autre État membre de l'Union européenne et mentionnée à l'article L. 313-4-1 du code de l'entrée et du séjour des étrangers et du droit d'asile ;*

« 9° L'autorisation de travail mentionnée au 9° bis de l'article R. 5221-3, à l'issue de la deuxième année de sa période de validité. »

Art. R. 5221-6 *(Décr. n° 2016-1456 du 28 oct. 2016, art. 20)* **Sous réserve des dispositions de l'article R. 5221-22, le contrat de travail conclu dans le cadre de dispositifs en faveur de l'emploi prévus au livre I de la cinquième partie ou dans le cadre de la formation professionnelle tout au long de la vie prévue à la sixième partie du présent code ne permet pas la délivrance de l'une des autorisations de travail mentionnées aux 2°, 4°, au deuxième alinéa du 5°, aux 8°, 9°, 13° et 14° de l'article R. 5221-3 du présent code et ne peuvent être conclus par les titulaires des documents de séjour mentionnés aux 7°, 15° et 17° de l'article R. 5221-3 du même code.**

Art. R. 5221-7 *(Décr. n° 2016-1456 du 28 oct. 2016, art. 20)* **Par dérogation à l'article R. 5221-6, peut conclure un contrat d'apprentissage ou de professionnalisation relevant de la formation professionnelle tout au long de la vie l'étudiant étranger, titulaire du document de séjour visé au 7° de l'article R. 5221-3 du présent code, à l'issue d'une première année de séjour.**

Pour pouvoir exercer une activité salariée dont la durée excède le nombre d'heures prévu à l'article R. 5221-26 du présent code, une autorisation provisoire de travail prévue au 13° de l'article R. 5221-3 lui est délivrée de plein droit lorsqu'il a signé un tel contrat.

Art. R. 5221-8 *(Décr. n° 2016-1456 du 28 oct. 2016, art. 20)* **Sous réserve de l'article R. 5221-8-1, les autorisations de travail mentionnées aux 1°, 2°, 3°, 7°, 10° de l'article R. 5221-3 sont valables sur l'ensemble du territoire métropolitain.**

Art. R. 5221-8-1 *(Décr. n° 2011-1049 du 6 sept. 2011, art. 54)* **L'autorisation de travail mentionnée** *(Décr. n° 2016-1456 du 28 oct. 2016, art. 20)* **« au troisième alinéa du 2°, aux 13° et 18° » de l'article R. 5221-3 est valable sur l'ensemble du territoire métropolitain ainsi que dans les départements d'outre-mer.**

Art. R. 5221-9 La validité des autorisations de travail mentionnées aux 6°, 7°, 8°, 9°, 11° et 13° de l'article R. 5221-3 est déterminée pour une, plusieurs ou toutes les zones géographiques du territoire métropolitain en fonction de la situation de l'emploi. – *[Anc. art. R. 341-2-4-I, phrase 2.]*

Art. R. 5221-10 (Abrogé par Décr. n° 2016-1456 du 28 oct. 2016, art. 20) ***La validité des autorisations de travail mentionnées aux 4°, 7°, 8°, 9° et 13° de l'article R. 5221-3 est limitée à un ou des employeurs ou entreprises d'accueil déterminés.***

SECTION II **PROCÉDURE DE DEMANDE**

Art. R. 5221-11 La demande d'autorisation de travail relevant des *(Décr. n° 2016-1456 du 28 oct. 2016, art. 21)* **« 4°, 8°, 9°, 13° et 14° » de l'article R. 5221-3 est faite par l'employeur.**

Elle peut également être présentée par une personne habilitée à cet effet par un mandat écrit de l'employeur.

Art. R. 5221-12 La liste des documents à présenter à l'appui d'une demande d'autorisation de travail est fixée par un arrêté conjoint des ministres chargés de l'immigration et du travail. – *[Anc. art. R. 341-3, al. 1er, phrase 3.]*

Art. R. 5221-13 *Abrogé par Décr. n° 2009-477 du 27 avr. 2009.*

Art. R. 5221-14 Peut faire l'objet de la demande prévue à l'article R. 5221-11 l'étranger résidant hors du territoire national ou, lorsque la détention d'un titre de

séjour est obligatoire, l'étranger résidant en France sous couvert d'une carte de séjour, d'un récépissé de demande ou de renouvellement de carte de séjour ou d'une autorisation provisoire de séjour. – *[Anc. art. R. 341-3, al. 3.]*

Art. R. 5221-15 Lorsque l'étranger est déjà présent sur le territoire national, la demande d'autorisation de travail mentionnée à l'article R. 5221-11 est adressée au préfet de son département de résidence. – *[Anc. art. R. 341-3-1, al. 1er.]*

Art. R. 5221-16 Lorsque l'étranger ne réside pas sur le territoire national *(Abrogé par Décr. n° 2008-634 du 30 juin 2008)* ***« et que son adresse en France n'est pas connue »*, la demande est adressée :**

1° Lorsque l'employeur est établi en France, au préfet du département dans lequel se trouve l'établissement auquel l'étranger sera rattaché ou dans lequel se trouve le domicile du particulier qui se propose de l'embaucher ;

2° Lorsque l'employeur est établi hors de France, soit au préfet du département où se trouve le cocontractant de l'employeur lorsque l'étranger est détaché dans le cadre du 1° de l'article L. 1262-1, soit au préfet du département de l'établissement d'accueil lorsque l'étranger est détaché dans le cadre soit du 2° de l'article L. 1262-1, soit de l'article L. 1262-2. Si l'étranger exerce un emploi itinérant, la demande est adressée au préfet du département de son premier lieu d'emploi. Dans les autres cas, la demande est adressée au préfet du département du lieu d'emploi. – *[Anc. art. R. 341-3-1, al. 2 à 4.]*

SECTION III DÉLIVRANCE DES AUTORISATIONS DE TRAVAIL

Art. R. 5221-17 La décision relative à la demande d'autorisation de travail mentionnée à l'article R. 5221-11 est prise par le préfet. Elle est notifiée à l'employeur ou au mandataire qui a présenté la demande, ainsi qu'à l'étranger. – *[Anc. art. R. 341-4, al. 1er.]*

1. Champ d'application. Les dispositions de l'art. R. 341-4 [R. 5221-17 à 5221-19 nouv.] sont applicables à l'autorisation provisoire de travail délivrée à un salarié étranger conformément à l'art. R. 341-7 [R. 5221-48 nouv.]. • CE 3 juill. 1992 : *RJS 1992. 715, n° 1311.*

2. En prévoyant l'apposition de la mention « salarié » sur le certificat de résidence délivré aux ressortissants algériens et en précisant que cette mention constitue l'autorisation de travail exigée par la législation française, les auteurs de l'accord franco-algérien du 27 déc. 1968 ont habilité les services compétents à opérer sur l'exercice par ces ressortissants d'une activité salariée un contrôle fondé sur la situation de l'emploi, de la nature de celui que prévoit l'art. R. 341-4. • CE 6 oct. 1995 : *D. 1996. 525, note Artus* (application à un agent contractuel de droit public d'une commune).

3. Pouvoir du préfet. Le pouvoir d'apprécier la situation du demandeur d'une carte de séjour, au regard de l'exercice d'une activité salariée, appartient au préfet et, le cas échéant, au directeur départemental du travail en vertu d'une délégation de signature et non au préfet délégué pour la police. • *CE 24 févr. 1989 : D. 1989. IR 113 ; AJDA 1989. 404, obs. Prétot.*

4. Exemple d'erreur manifeste d'appréciation. Pour un exemple d'erreur manifeste d'appréciation de la part du préfet, V. • CE 8 juill. 1988 : *D. 1990. Somm. 135, obs. Chelle et Prétot ; Dr. ouvrier 1989. 69* • 19 juin 1992 : *RJS 1992. 648, n° 1171.* – V. aussi • CE 29 déc. 1993 : *RJS 1994. 305, n° 482* • 23 févr. 1994 : *ibid. 305, n° 481.* ♦ Est injustifié le refus de délivrance d'un certificat de résidence mention « salarié » justifié par la situation de l'emploi alors que le demandeur avait appartenu au 1er régiment de tirailleurs et servi dans une unité combattante de l'armée française. • CE 4 nov. 1998 : *pourvoi n° 170218.*

5. Exemple de refus justifié. Est justifié le refus d'autorisation d'employer des travailleurs étrangers fondé sur le fait que les conditions d'application par l'employeur de la réglementation relative au travail ne sont pas satisfaisantes, dès lors que l'intéressé a fait l'objet d'un procès-verbal pour emploi sans autorisation d'un travailleur étranger ; la circonstance que l'autorité judiciaire ait décidé de classer sans suite ce procès-verbal ne fait pas obstacle à la constatation de la réalité des faits qu'il mentionne et à leur prise en compte par l'autorité administrative. • CE 19 déc. 1994 : *RJS 1995. 215, n° 314.*

Art. R. 5221-18 En cas d'accord, le préfet adresse les autorisations de travail portant sur des contrats d'une durée supérieure à trois mois ou sur des contrats de travail saisonniers à l'*(Décr. n° 2009-331 du 25 mars 2009)* **« Office français de l'immigration et de l'intégration ».** – *[Anc. art. R. 341-4, al. 2.]*

Art. R. 5221-19 Les recours hiérarchiques dirigés contre les décisions mentionnées aux articles R. 5221-17, *(Abrogé par Décr. nº 2016-1456 du 28 oct. 2016, art. 22)* « *R. 5221-25,* » R. 5221-32 et suivants sont formés auprès du ministre chargé de l'immigration.

Art. R. 5221-20 Pour accorder ou refuser l'une des autorisations de travail mentionnées à l'article R. 5221-11, le préfet prend en compte les éléments d'appréciation suivants :

1º La situation de l'emploi dans la profession et dans la zone géographique pour lesquelles la demande est formulée, compte tenu des spécificités requises pour le poste de travail considéré, et les recherches déjà accomplies par l'employeur auprès des *(Décr. nº 2016-1456 du 28 oct. 2016, art. 22)* « organismes concourant au service public de l'emploi » pour recruter un candidat déjà présent sur le marché du travail ;

2º L'adéquation entre la qualification, l'expérience, les diplômes ou titres de l'étranger et les caractéristiques de l'emploi auquel il postule ; *(Décr. nº 2016-1456 du 28 oct. 2016, art. 22)* « Lorsque la demande concerne un étudiant ayant achevé son cursus sur le territoire français cet élément s'apprécie au regard des seules études suivies et seuls diplômes obtenus en France » ;

3º Le respect par l'employeur *(Décr. nº 2008-634 du 30 juin 2008)* « , l'utilisateur mentionné à l'article L. 1251-1 » ou l'entreprise d'accueil de la législation relative au travail et à la protection sociale ;

4º Le cas échéant, le respect par *(Décr. nº 2008-634 du 30 juin 2008)* « l'employeur, l'utilisateur, l'entreprise d'accueil ou » le salarié des conditions réglementaires d'exercice de l'activité considérée ;

5º Les conditions d'emploi et de rémunération offertes à l'étranger, qui sont comparables à celles des salariés occupant un emploi de même nature dans l'entreprise ou, à défaut, *(Décr. nº 2016-1456 du 28 oct. 2016, art. 22)* « conformes aux rémunérations pratiquées sur le marché du travail pour l'emploi sollicité » ;

6º Le salaire proposé à l'étranger qui, même en cas d'emploi à temps partiel, est au moins équivalent à la rémunération minimale mensuelle mentionnée à l'article L. 3232-1 ;

7º Le cas échéant, lorsque l'étranger réside hors de France au moment de la demande et lorsque l'employeur ou l'entreprise d'accueil pourvoit à son hébergement, les dispositions prises par l'employeur pour assurer ou faire assurer, dans des conditions normales, le logement de l'étranger directement ou par une personne entrant dans le champ d'application de la loi nº 73-548 du 27 juin 1973 relative à l'hébergement collectif. Ces dispositions s'appliquent également lorsque l'étranger change d'employeur avant l'expiration du délai de six mois prévu à l'article R. 5221-23.

Art. R. 5221-21 *(Décr. nº 2016-1456 du 28 oct. 2016, art. 22)* Les éléments d'appréciation mentionnés au 1º de l'article R. 5221-20 ne sont pas opposables lorsque la demande d'autorisation de travail est présentée au bénéfice de :

1º L'étranger visé à l'article L. 121-2 du code de l'entrée et du séjour des étrangers et du droit d'asile ou au sixième alinéa de l'article L. 313-10 du même code lorsque l'emploi sollicité figure sur l'une des listes visées par ces dispositions ;

2º L'étudiant, titulaire d'une autorisation provisoire de séjour délivrée en application de l'article L. 311-11 du code de l'entrée et du séjour des étrangers et du droit d'asile et qui présente un contrat de travail en relation avec sa formation et assorti d'une rémunération au moins égale à un montant fixé par décret ;

3º L'étudiant visé au septième alinéa de l'article L. 313-10 du code de l'entrée et du séjour des étrangers et du droit d'asile qui, titulaire d'un diplôme obtenu dans l'année, justifie d'un contrat de travail en relation avec sa formation et assorti d'une rémunération au moins égale à une fois et demie le montant de la rémunération minimale mensuelle ;

4º Le mineur étranger, pris en charge par l'aide sociale à l'enfance, lorsqu'il remplit les conditions de l'article R. 5221-22 du code du travail.

Art. D. 5221-21-1 *(Décr. nº 2016-1463 du 28 oct. 2016)* Le seuil de rémunération mentionné au 2º de l'article R. 5221-21 et au deuxième alinéa de l'article L. 311-11 du code de l'entrée et du séjour des étrangers et du droit d'asile est fixé à une fois et demie le montant de la rémunération minimale mensuelle.

Art. R. 5221-22 Lorsque l'autorisation de travail est demandée en vue de la conclusion d'un contrat d'apprentissage ou d'un contrat de professionnalisation, la situation de l'emploi ne peut être opposée à la demande d'un étranger qui a été pris en charge par le service de l'aide sociale à l'enfance mentionné à l'article L. 221-1 du code de l'action sociale et des familles avant qu'il ait atteint l'âge de seize ans et qui l'est toujours au moment où il présente sa demande.

(Décr. n° 2011-1049 du 6 sept. 2011, art. 59) « La situation de l'emploi ne peut être opposée lorsque l'autorisation de travail est demandée par un étranger confié à l'aide sociale à l'enfance entre l'âge de seize ans et l'âge de dix-huit ans, dès lors qu'il satisfait les conditions fixées à l'article L. 313-15 du code de l'entrée et du séjour des étrangers et du droit d'asile pour obtenir la carte de séjour temporaire prévue au 1° de l'article L. 313-10 du même code et portant la mention "salarié" ou la mention "travailleur temporaire". »

SECTION IV **TRAVAILLEURS SAISONNIERS, ÉTUDIANTS, SALARIÉS EN MISSION ET TRAVAILLEURS HAUTEMENT QUALIFIÉS** *(Décr. n° 2011-1049 du 6 sept. 2011, art. 56).*

SOUS-SECTION 1 **TRAVAILLEURS SAISONNIERS**

Art. R. 5221-23 Un étranger peut occuper un ou plusieurs emplois saisonniers dont la durée cumulée ne peut excéder six mois par an. – *[Anc. art. R. 341-4-2, al. 1er.]*

Art. R. 5221-24 L'étranger justifiant d'un contrat de travail d'une durée d'au moins trois mois obtient, sous réserve du respect des conditions mentionnées aux articles R. 5221-20 et R. 5221-21, l'autorisation de travail correspondant au premier emploi saisonnier et prenant la forme d'une carte de séjour *(Décr. n° 2016-1456 du 28 oct. 2016, art. 23)* « pluriannuelle » portant la mention "travailleur saisonnier".

Art. R. 5221-25 Le contrat de travail saisonnier de l'étranger est visé, avant son entrée en France, par le préfet territorialement compétent selon les critères mentionnés à l'article R. 5221-16 et sous réserve des conditions d'appréciation mentionnées aux articles R. 5221-20 et R. 5221-21.

(Décr. n° 2008-634 du 30 juin 2008) « La procédure de visa par le préfet s'applique également lors du renouvellement de ce contrat et lors de la conclusion d'un nouveau contrat de travail saisonnier en France. » – *[Anc. art. R. 341-4-2, al. 3.]*

SOUS-SECTION 2 **ÉTUDIANTS**

Art. R. 5221-26 L'étranger titulaire du titre de séjour *(Décr. n° 2009-477 du 27 avr. 2009)* « ou du visa pour un séjour d'une durée supérieure à trois mois mentionné au *(Décr. n° 2016-1456 du 28 oct. 2016, art. 23)* « 7° » de l'article R. 5221-3 » portant la mention "étudiant" est autorisé à exercer une activité salariée, à titre accessoire, dans la limite d'une durée annuelle de travail égale à 964 heures.

Il en est de même pour l'étranger titulaire d'une autorisation provisoire de séjour mentionnée à l'article L. 311-11 du code de l'entrée et du séjour des étrangers et du droit d'asile, jusqu'à la conclusion du contrat correspondant à sa première expérience professionnelle. – *[Anc. art. R. 341-4-3-I.]*

Art. R. 5221-27 La déclaration nominative préalable prévue à l'article L. 5221-9 est adressée par l'employeur au préfet qui a accordé à l'étranger le titre de séjour mentionné à l'article R. 5221-26 *(Décr. n° 2009-477 du 27 avr. 2009)* « ou, s'agissant d'un étranger titulaire d'un visa pour un séjour d'une durée supérieure à trois mois mentionné au *(Décr. n° 2016-1456 du 28 oct. 2016, art. 23)* « 7° » de l'article R. 5221-3, au préfet du département du lieu de résidence de l'étranger », au moins deux jours ouvrables avant la date d'effet de l'embauche. Cette formalité est accomplie soit par lettre datée, signée et recommandée avec avis de réception, soit par courrier électronique. – *[Anc. art. R. 341-4-3-II, al. 1er, phrases 1 et 2.]*

Art. R. 5221-28 La déclaration nominative comporte la transmission d'une copie du titre produit par l'étranger ou, à la demande du préfet, le document original.

La déclaration comporte également les indications suivantes :

1° La dénomination sociale ou les nom et prénoms de l'employeur, l'adresse de l'employeur, le numéro du système d'identification du répertoire des entreprises et de leurs établissements ou, à défaut, le numéro sous lequel les cotisations de sécurité sociale sont versées ;

2° Les nom de famille, prénoms, nationalité, date et lieu de naissance du salarié ;

3° Le numéro du titre de séjour de l'étranger *(Décr. n° 2009-477 du 27 avr. 2009)* « ou le numéro du visa pour un séjour d'une durée supérieure à trois mois mentionné au *(Décr. n° 2016-1456 du 28 oct. 2016, art. 23)* « 7° » de l'article R. 5221-3 » ;

4° La nature de l'emploi, la durée du contrat et le nombre d'heures de travail annuel ;

5° La date prévue d'embauche. — *[Anc. art. R. 341-4-3-II, al. 1er, phrase 3, et 2 à 7, et anc. art. R. 341-8.]*

Art. R. 5221-29 (Abrogé par Décr. n° 2016-1456 du 28 oct. 2016, art. 23) ***Le seuil de rémunération du contrat correspondant à la première expérience professionnelle d'un étranger ayant achevé avec succès un cycle de formation conduisant à un diplôme au moins équivalent au master, mentionné à l'article L. 311-11 du code de l'entrée et du séjour des étrangers et du droit d'asile, est fixé à une fois et demie le montant de la rémunération minimale mensuelle.***

SOUS-SECTION 3 *[ABROGÉE]* SALARIÉS EN MISSION

(Abrogée par Décr. n° 2016-1456 du 28 oct. 2016, art. 23)

SOUS-SECTION 4 *[ABROGÉE]* TRAVAILLEURS HAUTEMENT QUALIFIÉS

(Abrogée par Décr. n° 2016-1456 du 28 oct. 2016, art. 23)

SECTION V RENOUVELLEMENT DE L'AUTORISATION DE TRAVAIL

SOUS-SECTION 1 PROCÉDURE DE RENOUVELLEMENT

Art. R. 5221-32 Le renouvellement d'une autorisation de travail mentionnée à l'article R. 5221-11 est sollicité dans le courant des deux mois précédant son expiration.

La demande de renouvellement est accompagnée de documents dont la liste est fixée par arrêté conjoint des ministres chargés de l'immigration et du travail.

L'autorisation de travail est renouvelée dans la limite de la durée du contrat de travail restant à courir ou de la mission restant à accomplir en France. — *[Anc. art. R. 341-5, al. 1er.]*

Art. R. 5221-33 Par dérogation à l'article R. 5221-32, la validité *(Décr. n° 2016-1456 du 28 oct. 2016, art. 23)* « de l'autorisation de travail mentionnée au 8° de l'article R. 5221-3 » est prorogée d'un an lorsque l'étranger se trouve involontairement privé d'emploi à la date de la première demande de renouvellement.

Si, au terme de cette période de prorogation, l'étranger est toujours privé d'emploi, il est statué sur sa demande compte tenu de ses droits au regard du régime d'indemnisation des travailleurs involontairement privés d'emploi. — *[Anc. art. R. 341-5, al. 2.]*

Art. R. 5221-34 Le renouvellement d'une des autorisations de travail mentionnées aux articles R. 5221-32 et R. 5221-33 peut être refusé en cas de non-respect des termes de l'autorisation par l'étranger ou en cas de non*[-]*respect par l'employeur :

1° De la législation relative au travail ou à la protection sociale ;

2° Des conditions d'emploi, de rémunération ou de logement fixées par cette autorisation. — *[Anc. art. R. 341-5, al. 3.]*

Art. R. 5221-35 Les critères mentionnés à l'article R. 5221-20 sont également opposables lors du premier renouvellement de l'une de ces autorisations de travail lorsque l'étranger demande à occuper un emploi dans un métier ou une zone géographique différents de ceux qui étaient mentionnés sur l'autorisation de travail initiale. — *[Anc. art. R. 341-5, al. 4.]*

Art. R. 5221-36 Le premier renouvellement peut également être refusé lorsque le contrat de travail a été rompu dans les douze mois suivant l'embauche sauf en cas de privation involontaire d'emploi. — *[Anc. art. R. 341-5, al. 5.]*

SOUS-SECTION 2 TAXE

Art. D. 5221-37 à D. 5221-40 *Abrogés par Décr. n° 2009-2 du 2 janv. 2009.*

SECTION VI CONTRÔLE DES AUTORISATIONS DE TRAVAIL

Art. R. 5221-41 Pour s'assurer de l'existence de l'autorisation de travail d'un étranger qu'il se propose d'embaucher, en application de l'article L. 5221-8, l'employeur adresse au préfet du département du lieu d'embauche ou, à Paris, au préfet de police une lettre datée, signée et recommandée avec avis de réception ou un courrier électronique, comportant la transmission d'une copie du document produit par l'étranger. A la demande du préfet, il peut être exigé la production par l'étranger du document original. – *[Anc. art. R. 341-6, al. 1er, et anc. art. R. 341-8.]*

Art. R. 5221-42 La demande de l'employeur est adressée au préfet au moins deux jours ouvrables avant la date d'effet de l'embauche.

Le préfet notifie sa réponse à l'employeur par courrier, télécopie ou courrier électronique dans un délai de deux jours ouvrables à compter de la réception de la demande. A défaut de réponse dans ce délai, l'obligation de l'employeur de s'assurer de l'existence de l'autorisation de travail est réputée accomplie. – *[Anc. art. R. 341-6, al. 2.]*

Art. R. 5221-43 Les dispositions des articles R. 5221-41 et R. 5221-42 s'appliquent lorsque l'autorisation de travail produite par l'étranger est matérialisée par l'un des documents mentionnés à l'article R. 5221-3.

Elles ne s'appliquent pas lorsque l'étranger produit à l'employeur un justificatif d'inscription sur la liste des demandeurs d'emploi délivré par *(Décr. n° 2014-524 du 22 mai 2014, art. 16-III)* « Pôle emploi » ou lorsqu'il se trouve dans le cas prévu au *(Décr. n° 2016-1456 du 28 oct. 2016, art. 24)* « 2° » de l'article R. 5221-2. – *[Anc. art. R. 341-6, al. 3.]*

Art. R. 5221-44 Lorsqu'une entreprise de travail temporaire s'est s'assurée de l'existence de l'autorisation de travail dans les conditions prévues à l'article R. 5221-41, cette formalité est réputée remplie pour la durée de validité du titre de séjour et pour tout contrat de mission, conclu entre l'étranger et cette entreprise de travail temporaire. – *[Anc. art. R. 341-6-1, al. 1er.]*

Art. R. 5221-45 La déclaration de l'employeur accomplie en application de l'article R. 5221-27 pour l'embauche d'un étranger titulaire de la carte de séjour temporaire *(Décr. n° 2009-477 du 27 avr. 2009)* « ou du visa pour un séjour d'une durée supérieure à trois mois mentionné au *(Décr. n° 2016-1456 du 28 oct. 2016, art. 24)* « 7° » de l'article R. 5221-3, » portant la mention "étudiant" vaut accomplissement de la vérification de l'existence des autorisations de travail, à défaut de réponse du préfet dans un délai de deux jours ouvrables à compter de la réception de cette déclaration. – *[Anc. art. R. 341-6-1, al. 2.]*

Art. R. 5221-46 L'autorisation de travail est présentée sans délai à toute demande des autorités mentionnées à l'article L. 8271-17. – *[Anc. art. R. 341-2-5.]*

SECTION VII INSCRIPTION SUR LA LISTE DES DEMANDEURS D'EMPLOI

Art. R. 5221-47 Pour demander son inscription sur la liste des demandeurs d'emploi, le travailleur étranger doit satisfaire aux conditions d'inscription prévues par la section I du chapitre premier du titre premier du livre IV, et notamment à celles mentionnées *(Décr. n° 2015-1264 du 9 oct. 2015, art. 4)* « aux articles R. 5411-2 et R. 5411-3 » et au 5° de l'article R. 5411-6 relatives à la justification de la régularité de sa situation au regard des dispositions qui réglementent l'exercice d'activités professionnelles par les étrangers. – *[Anc. art. R. 341-7, al. 1er début et milieu.]*

Les dispositions issues du Décr. n° 2015-1264 du 9 oct. 2015 sont applicables aux demandes d'inscription effectuées :

1° A compter du premier jour qui suit la publication dudit décret dans les départements suivants : Haute-Corse, Corse-du-Sud, Doubs, Haute-Saône, Jura, Territoire de Belfort, Guyane, Aisne, Somme et Oise ;

2° Dans les autres départements, territoires et collectivités selon un calendrier fixé par un ou plusieurs arrêtés du ministre chargé de l'emploi, et au plus tard le 31 déc. 2016 (Décr. préc., art. 6).

Art. R. 5221-48 *(Décr. n° 2016-1456 du 28 oct. 2016, art. 25)* **Pour être inscrit, le travailleur étranger doit être titulaire de l'un des titres de séjour suivants :**

1° La carte de résident délivrée en application des articles L. 314-8, L. 314-8-1, L. 314-8-2, L. 314-9, L. 314-11, L. 314-12, L. 314-14 et L. 316-3 du code de l'entrée et du séjour des étrangers et du droit d'asile ;

2° La carte de séjour pluriannuelle portant la mention "salarié" mentionnée au 6° de l'article R. 5221-3 du code du travail ;

3° La carte de séjour portant la mention "passeport talent" délivrée en application des 1°, 2°, 4° et 9° de l'article L. 313-20 ou de l'article L. 313-21 du code de l'entrée et du séjour des étrangers et du droit d'asile, ainsi que le visa de long séjour valant titre de séjour correspondant à ces motifs de séjour ;

4° La carte de séjour temporaire portant la mention "salarié" mentionnée au 8° et au 13° de l'article R. 5221-3 du code du travail ;

5° L'un des documents mentionnés au 9° ou l'autorisation provisoire de travail mentionnée au 14° de l'article R. 5221-3, lorsque le contrat de travail, conclu avec un employeur établi en France, a été rompu avant son terme, du fait de l'employeur, pour un motif qui lui est imputable ou pour un cas de force majeure ;

6° La carte de séjour temporaire ou pluriannuelle portant la mention "vie privée et familiale", délivrée en application de l'article L. 313-11, de *[l'article]* **L. 316-1 ainsi que des articles L. 313-17 et L. 313-19 du code de l'entrée et du séjour des étrangers et du droit d'asile ; ou le visa de long séjour valant titre de séjour mentionné aux 4° et 11° de l'article R. 311-3 du même code ;**

7° Le récépissé mentionné au 11° de l'article R. 5221-3 du présent code ;

8° Les visas de long séjour valant titre de séjour mentionnés aux 8° et 10° de l'article R. 5221-3.

Art. R. 5221-49 (Abrogé par Décr. n° 2015-1264 du 9 oct. 2015, art. 5) ***Afin de procéder à la vérification prévue à l'article L. 5411-4,*** (Décr. n° 2014-524 du 22 mai 2014, art. 16-III) ***« Pôle emploi » adresse une copie du titre de séjour du travailleur étranger qui sollicite son inscription sur la liste des demandeurs d'emploi à la préfecture qui l'a délivré. A la demande du préfet, il peut être exigé la production par le travailleur étranger du document original.***

Cette démarche est accomplie par lettre recommandée avec avis réception ou par courrier électronique.

Cette abrogation est applicable aux demandes d'inscription effectuées :

1° A compter du premier jour qui suit la publication du Décr. n° 2015-1264 du 9 oct. 2015 dans les départements suivants : Haute-Corse, Corse-du-Sud, Doubs, Haute-Saône, Jura, Territoire de Belfort, Guyane, Aisne, Somme et Oise ;

2° Dans les autres départements, territoires et collectivités selon un calendrier fixé par un ou plusieurs arrêtés du ministre chargé de l'emploi, et au plus tard le 31 déc. 2016 (Décr. préc., art. 6).

Art. R. 5221-50 (Abrogé par Décr. n° 2015-1264 du 9 oct. 2015, art. 5) ***Le préfet notifie sa réponse à*** (Décr. n° 2014-524 du 22 mai 2014, art. 16-III) ***« Pôle emploi » par courrier, télécopie ou courrier électronique dans un délai de deux jours ouvrables à compter de la réception de la demande. A défaut de réponse dans ce délai, la vérification est réputée accomplie.***

Pour l'application de cette abrogation, V. note ss. art. R. 5221-49.

CHAPITRE II **INTERDICTIONS**

Le présent chapitre ne comprend pas de dispositions réglementaires.

CHAPITRE III **OFFICE FRANÇAIS DE L'IMMIGRATION ET DE L'INTÉGRATION** *(Décr. n° 2009-331 du 25 mars 2009).*

SECTION PREMIÈRE **MISSIONS ET EXERCICE DES MISSIONS**

Art. R. 5223-1 *(Décr. n° 2012-336 du 7 mars 2012)* L'Office français de l'immigration et de l'intégration met en œuvre les missions définies à l'article L. 5223-1 dans les conditions fixées par le code de l'entrée et du séjour des étrangers et du droit d'asile.

Pour la mise en œuvre de la politique d'accueil des demandeurs d'asile, l'Office français de l'immigration et de l'intégration assure le pilotage d'un réseau de structures de premier accueil, d'information, d'orientation et d'accompagnement dont les missions sont définies par le ministère chargé de l'asile et dont il peut déléguer la gestion, par convention, à des personnes morales de droit privé.

En application des dispositions de l'article *(Décr. n° 2015-1166 du 21 sept. 2015, art. 26, en vigueur le 1er nov. 2015)* « L. 744-4 du code de l'entrée et du séjour des étrangers et du droit d'asile », l'Office assure également, pour le compte du ministère chargé de l'asile, la coordination du dispositif national d'hébergement des demandeurs d'asile et des réfugiés.

Art. R. 5223-2 L'*(Décr. n° 2009-331 du 25 mars 2009)* « Office français de l'immigration et de l'intégration » peut, par convention, associer à ses missions tout organisme privé ou public, notamment les collectivités territoriales et les organismes de droit privé à but non lucratif *(Abrogé par Décr. n° 2012-336 du 7 mars 2012) « spécialisés dans l'aide aux migrants ». — [Anc. art. L. 341-9, al. 9.]*

Art. R. 5223-3 La mise en œuvre des missions de l'agence *[l'office]* fait l'objet d'un *(Décr. n° 2012-336 du 7 mars 2012)* « contrat d'objectifs et de performance » conclu avec l'État. *— [Anc. art. R. 341-9, al. 2.]*

SECTION II **STATUT, ORGANISATION ET FONCTIONNEMENT**

SOUS-SECTION 1 **STATUT**

Art. R. 5223-4 L'*(Décr. n° 2009-331 du 25 mars 2009)* « Office français de l'immigration et de l'intégration » est placé *(Décr. n° 2012-336 du 7 mars 2012)* « sous la tutelle des ministres chargés de l'immigration et de l'intégration ». *— [Anc. art. R. 341-9, al. 1er.]*

SOUS-SECTION 2 **ORGANISATION**

§ 1er CONSEIL D'ADMINISTRATION

Art. R. 5223-5 *(Décr. n° 2012-336 du 7 mars 2012)* Le conseil d'administration de l'Office comprend, outre son président *(Décr. n° 2016-358 du 25 mars 2016, art. 1er)* « et deux parlementaires désignés l'un par l'Assemblée nationale et l'autre par le Sénat », quinze membres :

1° Huit membres représentant l'État :

a) Le représentant du ministre chargé de l'immigration ;

b) Le représentant du ministre chargé de l'intégration ;

c) Le représentant du ministre chargé de l'emploi ;

d) Le représentant du ministre chargé des affaires étrangères ;

e) *(Décr. n° 2016-358 du 25 mars 2016, art. 1er)* « Le représentant du ministre chargé des affaires sociales ; »

f) Le représentant du ministre chargé de l'enseignement supérieur ;

g) Le représentant du ministre chargé de la santé ;

h) Le représentant du ministre chargé du budget ;

2° Deux représentants du personnel élus dans les conditions fixées par le chapitre II du titre II de la loi n° 83-675 du 26 juillet 1983 relative à la démocratisation du secteur public, à l'exception des dispositions relatives à la durée de leur mandat. Celle-ci est de trois ans ;

3° Cinq personnalités qualifiées désignées par les ministres chargés de l'immigration et de l'intégration en raison de leur expérience dans les domaines de compétences de l'Office.

Art. R. 5223-6 *(Décr. n° 2012-336 du 7 mars 2012)* Le président du conseil d'administration est nommé par décret, pour une durée de trois ans renouvelable, sur proposition conjointe des ministres chargés de l'immigration et de l'intégration.

Il est assisté de deux vice-présidents :

1° Un des représentants des ministres chargés de l'immigration et de l'intégration, désigné conjointement par ces derniers ;

2° Une personnalité qualifiée désignée en son sein par le conseil d'administration.

Les présidents du conseil d'administration ainsi que les membres de ces organes désignés avant le 10 mars 2012 (date d'entrée en vigueur du Décr. n° 2012-336) demeurent en fonction jusqu'au terme de leurs mandats respectifs (Décr. n° 2012-336 du 7 mars 2012, art. 27).

Art. R. 5223-7 Les membres du conseil d'administration mentionnés *(Décr. n° 2012-336 du 7 mars 2012)* « au 3° » de l'article R. 5223-5 sont nommés pour une durée de trois ans, renouvelable une fois, *(Décr. n° 2012-336 du 7 mars 2012)* « par arrêté conjoint du ministre chargé de l'immigration et du ministre chargé de l'intégration ».

Chaque membre du conseil d'administration, hormis les personnalités qualifiées, dispose d'un suppléant désigné et nommé dans les mêmes conditions. – *[Anc. art. R. 341-10, al. 14.]*

Art. R. 5223-8 Toute vacance, pour quelque cause que ce soit ou perte de la qualité au titre de laquelle les membres du conseil ont été désignés, donne lieu à remplacement dans les mêmes conditions dans un délai de deux mois à compter de cette vacance, pour la durée du mandat restant à courir. – *[Anc. art. R. 341-10, al. 15.]*

Art. R. 5223-9 *(Décr. n° 2012-336 du 7 mars 2012)* I. – Dans le cadre des missions fixées à l'article L. 5223-1, le conseil d'administration délibère sur :

1° Les conditions générales d'organisation et de fonctionnement de l'établissement, et notamment les ouvertures et fermetures des directions territoriales en France et des représentations à l'étranger ;

2° Les missions et l'implantation des services territoriaux et de ses représentations à l'étranger ;

3° Le projet de contrat d'objectifs et de performance conclu avec l'État ;

4° Le programme prévisionnel d'activité, le projet de budget de l'Office et ses modifications ;

5° Le compte financier et l'affectation des résultats de l'établissement ;

6° Le tableau des emplois ;

7° Le rapport annuel d'activité présenté par le directeur général ;

8° Le placement des fonds disponibles dans les conditions fixées par le ministre chargé du budget ;

9° La stratégie immobilière de l'établissement, notamment son schéma pluriannuel de stratégie immobilière, les achats, ventes, échanges d'immeubles et prises à bail d'immeubles, constitution et cession de droits réels immobiliers ;

10° Les conditions générales de vente des produits et services fournis par l'établissement ;

11° L'acceptation ou le refus de dons et legs ;

12° L'autorisation des transactions.

II. – Le conseil d'administration rend un avis sur les projets d'arrêtés prévus à l'article R. 512-1-2 du code de l'entrée et du séjour des étrangers et du droit d'asile concernant les conditions d'octroi et le montant de l'aide au retour.

III. – Le conseil d'administration peut déléguer au directeur général certaines de ses attributions mentionnées aux 11° et 12° dans les conditions qu'il détermine. Le directeur général rend compte au conseil d'administration, lors de sa plus prochaine réunion, des décisions qu'il a prises en vertu de cette délégation.

IV. – Pour l'adoption des délibérations modificatives prévues au 4° du I et de celles relatives aux baux d'immeubles prévues au 9° du I, le recours à une procédure de consultation des membres du conseil d'administration par visioconférence peut être décidé par le président lorsque l'urgence l'impose.

A titre exceptionnel, lorsqu'il ne peut être procédé à une consultation par visioconférence, le recours à une procédure de consultation écrite peut être décidé par le président lorsque l'urgence impose de consulter le conseil d'administration dans les délais les plus brefs. Dans ce cas, les membres du conseil d'administration sont consultés individuellement par tout moyen écrit permettant d'établir la preuve de la réception de la demande de consultation. Les observations émises sur la délibération par l'un des membres du conseil d'administration sont immédiatement communiquées aux autres membres.

Tout membre du conseil d'administration peut s'opposer à ce mode de consultation, auquel cas il est mis un terme à la procédure et le conseil d'administration est convoqué par son président afin de procéder au vote sur la ou les décisions soumises à consultation écrite.

Ces décisions sont prises selon les règles de majorité fixées à l'article R. 5223-13. Elles font l'objet d'une information au conseil d'administration dans les meilleurs délais et sont inscrites au compte rendu de sa plus prochaine séance.

Les modalités de mise en œuvre de ces deux procédures de consultation en urgence, et notamment le délai minimum d'envoi des documents avant la date à laquelle il appartient aux membres du conseil d'administration de se prononcer sur les questions dont ils sont saisis, sont arrêtées par le règlement intérieur du conseil d'administration.

Art. R. 5223-10 *(Décr. n° 2012-336 du 7 mars 2012)* « Le président convoque le conseil d'administration et fixe l'ordre du jour de sa réunion sur proposition du directeur général de l'Office.

« Le conseil d'administration se réunit au moins deux fois par an pour délibérer sur l'approbation du compte financier présenté par le comptable et l'adoption du budget primitif. »

Le conseil d'administration est réuni de plein droit à la demande des ministres de tutelle ou de la majorité de ses membres, sur les points de l'ordre du jour déterminés par eux, dans le délai d'un mois suivant la demande. – *[Anc. art. R. 341-12, al. 1er et 2.]*

Art. R. 5223-11 *(Décr. n° 2012-336 du 7 mars 2012)* « Le conseil d'administration ne peut valablement délibérer que si la moitié au moins de ses membres titulaires ou suppléants est présente ou représentée. »

Si le quorum n'est pas atteint, le conseil est à nouveau convoqué sur le même ordre du jour dans un délai maximum de quinze jours. Il délibère alors sans condition de quorum. – *[Anc. art. R. 341-12, al. 3.]*

Art. R. 5223-12 En cas d'absence ou d'empêchement du président, le conseil d'administration est présidé par le vice-président représentant *(Décr. n° 2012-336 du 7 mars 2012)* « les ministres chargés de l'immigration et de l'intégration ». – *[Anc. art. R. 341-12, al. 4.]*

Art. R. 5223-13 Les délibérations du conseil d'administration sont adoptées à la majorité des voix des membres présents ou représentés. La voix du président est prépondérante en cas de partage égal des voix. – *[Anc. art. R. 341-12, al. 5.]*

Art. R. 5223-14 *(Décr. n° 2016-358 du 25 mars 2016, art. 2)* « Les secrétaires généraux des ministères de tutelle ou leurs représentants, le directeur général, le contrôleur budgétaire et l'agent comptable assistent aux réunions du conseil d'administration avec voix consultative. »

(Décr. n° 2012-336 du 7 mars 2012) « Le directeur général peut être assisté de membres du personnel de l'établissement qui participent aux réunions du conseil d'administration sans prendre part aux votes. »

Art. R. 5223-15 Les fonctions de membre du conseil d'administration ne sont pas rémunérées.

Toutefois, le président reçoit une indemnité de fonctions dont le montant est fixé par arrêté des ministres chargés de l'immigration et du budget. – *[Anc. art. R. 341-13, al. 1er.]*

Art. R. 5223-16 Les membres du conseil d'administration peuvent bénéficier du remboursement de leurs frais de déplacement et de séjour dans les conditions prévues par la réglementation applicable aux fonctionnaires de l'État. – *[Anc. art. R. 341-13, al. 2.]*

Art. R. 5223-17 *(Décr. n° 2012-336 du 7 mars 2012)* Sous réserve des dispositions de l'article R. 5223-37, les délibérations du conseil d'administration sont exécutoires de plein droit quinze jours après leur réception par les ministres chargés de l'immigration et de l'intégration.

§ 2 DIRECTEUR GÉNÉRAL

Art. R. 5223-18 L'*(Décr. n° 2009-331 du 25 mars 2009)* « Office français de l'immigration et de l'intégration » est dirigé par un directeur général nommé par décret *(Décr. n° 2012-336 du 7 mars 2012)* « pour trois ans renouvelables » sur proposition du ministre chargé de l'immigration. – *[Anc. art. L. 341-10, al. 1er fin et 3 fin, et anc. art. R. 341-17, al. 1er.]*

Art. R. 5223-19 *(Abrogé par Décr. n° 2012-336 du 7 mars 2012)* ***Le directeur général représente l'agence*** [l'Office] ***en justice et dans tous les actes de la vie civile.***

Art. R. 5223-20 Le directeur général assure la gestion et la conduite générale de l'*(Décr. n° 2012-336 du 7 mars 2012)* « Office », la préparation et l'exécution des délibérations du conseil d'administration. Il est ordonnateur des recettes et des dépenses de l'établissement. Il passe tous actes, contrats ou marchés et conclut les transactions.

(Décr. n° 2012-336 du 7 mars 2012) « Il peut ester en justice et représente l'Office en justice ainsi que dans tous les actes de la vie civile. »

Art. R. 5223-21 Le directeur général peut déléguer sa signature à tout agent de l'établissement exerçant des fonctions d'encadrement.

Il peut nommer des ordonnateurs secondaires. – *[Anc. art. R. 341-17, al. 4 et 5.]*

Art. R. 5223-22 Le directeur général élabore la contribution de l'*(Décr. n° 2012-336 du 7 mars 2012)* « Office » au rapport annuel sur les orientations pluriannuelles de la politique d'immigration prévu par l'article L. 111-10 du code de l'entrée et du séjour des étrangers et du droit d'asile. – *[Anc. art. R. 341-18, al. 1er.]*

Art. R. 5223-23 Il dresse chaque année un rapport qu'il présente au conseil d'administration au cours du premier semestre, qui rend compte de l'exécution du *(Décr. n° 2012-336 du 7 mars 2012)* « contrat d'objectifs et de performance » mentionné à l'article R. 5223-3 et de l'activité de l'*(Décr. n° 2012-336 du 7 mars 2012)* « Office » durant l'exercice écoulé. – *[Anc. art. R. 341-18, al. 2.]*

Art. R. 5223-24 *(Décr. n° 2012-812 du 16 juin 2012, art. 1er)* Le directeur général est ordonnateur secondaire à vocation nationale pour l'émission des titres de perception relatifs à la contribution spéciale mentionnée à l'article L. 8253-1 et de ceux relatifs à la contribution forfaitaire représentative des frais de réacheminement de l'étranger dans son pays d'origine mentionnée à l'article L. 626-1 du code de l'entrée et du séjour des étrangers et du droit d'asile.

§ 3 *[ABROGÉ]* COMITÉ CONSULTATIF

(Abrogé par Décr. n° 2016-358 du 25 mars 2016, art. 3)

Art. R. 5223-25 *à* R. 5223-32 *Abrogés par Décr. n° 2016-358 du 25 mars 2016, art. 3.*

SOUS-SECTION 3 FONCTIONNEMENT

Art. R. 5223-33 L'*(Décr. n° 2009-331 du 25 mars 2009)* « Office français de l'immigration et de l'intégration » peut accueillir en détachement ou par voie de mise à disposition des agents relevant de la fonction publique ainsi que des agents relevant d'organismes publics ou privés assurant la gestion d'un service public, dans le cadre de la réglementation qui leur est applicable. – *[Anc. art. R. 341-20.]*

Art. R. 5223-34 Les missions de l'*(Décr. n° 2012-336 du 7 mars 2012)* « Office » à l'étranger sont placées sous le contrôle permanent des représentants diplomatiques et consulaires français à l'étranger.

(Décr. n° 2012-509 du 18 avr. 2012, art. 14) « Les représentations de l'office à l'étranger sont placées sous le contrôle des représentations diplomatiques et consu-

laires françaises. Elles mettent en œuvre les orientations définies par le conseil d'administration de l'établissement. »

SECTION III RESSOURCES

Art. R. 5223-35 *(Décr. nº 2012-336 du 7 mars 2012)* Les ressources de l'Office proviennent :

1º Des taxes, redevances et frais de dossiers qu'il est autorisé à percevoir ;

2º Des taxes versées par les employeurs qui embauchent des travailleurs étrangers, telles qu'elles sont déterminées par l'article L. 311-15 du code de l'entrée et du séjour des étrangers et du droit d'asile ;

3º De la contribution spéciale prévue à l'article L. 8253-1 et de la contribution au titre des frais de réacheminement prévue à l'article L. 626-1 du code de l'entrée et du séjour des étrangers et du droit d'asile ;

4º Des dons, legs et libéralités de toute nature qu'elle est appelée à recueillir ;

5º Des avances et subventions de l'État ou d'autres collectivités publiques ;

6º Des produits financiers résultant du placement de ses fonds ;

7º Du produit des cessions et des participations ;

8º Du produit des aliénations ;

9º De tout autre produit prévu par des dispositions légales, réglementaires ou conventionnelles.

Art. R. 5223-36 *Abrogé par Décr. nº 2012-1247 du 7 nov. 2012, art. 45.*

Art. R. 5223-37 *(Décr. nº 2012-1247 du 7 nov. 2012, art. 45)* Les délibérations portant sur le budget et le compte financier sont exécutoires dans les conditions prévues par le titre III du décret nº 2012-1246 du 7 novembre 2012 relatif à la gestion budgétaire et comptable publique.

Art. R. 5223-38 *(Décr. nº 2012-1247 du 7 nov. 2012, art. 45)* L'établissement public est soumis aux dispositions des titres Ier et III du décret nº 2012-1246 du 7 novembre 2012 relatif à la gestion budgétaire et comptable publique.

Art. R. 5223-39 *(Abrogé par Décr. nº 2012-1247 du 7 nov. 2012, art. 45) « L'agent comptable de l'(Décr. nº 2012-336 du 7 mars 2012) « Office » est nommé par arrêté conjoint des ministres chargés de l'immigration, (Décr. nº 2012-336 du 7 mars 2012) « de l'intégration » et du budget. »* Des comptables secondaires peuvent être désignés par le directeur général avec l'agrément du ministre chargé du budget et de l'agent comptable de l'Office.

Des régies de recettes et d'avances peuvent être instituées conformément aux dispositions du décret nº 92-681 du 20 juillet 1992 relatives aux régies de recettes et aux régies d'avances des organismes publics. — *[Anc. art. R. 341-26.]*

CHAPITRE IV DISPOSITIONS PÉNALES

Art. R. 5224-1 Le fait de ne pas s'assurer de l'existence de l'autorisation de travail ou de ne pas accomplir une déclaration nominative de l'étranger, en méconnaissance des dispositions des articles L. 5221-8 et L. 5221-9, est puni de l'amende prévue pour les contraventions de la 5e classe.

La récidive de la contravention prévue au présent article est réprimée conformément aux articles 132-11 et 132-15 du code pénal. — *[Anc. art. R. 364-1.]*

LIVRE TROISIÈME SERVICE PUBLIC DE L'EMPLOI ET PLACEMENT

TITRE PREMIER LE SERVICE PUBLIC DE L'EMPLOI

CHAPITRE PREMIER MISSIONS ET COMPOSANTES DU SERVICE PUBLIC DE L'EMPLOI

Art. R. 5311-1 *(Décr. nº 2008-1010 du 29 sept. 2008)* La convention pluriannuelle prévue à l'article L. 5312-3 est conclue entre l'État, représenté par le ministre chargé

de l'emploi, l'organisme gestionnaire de l'assurance chômage, représenté par son président, son vice-président et son directeur général et *(Décr. nº 2014-524 du 22 mai 2014, art. 16-XVI)* **« Pôle emploi, représenté » par le président de son conseil d'administration et son directeur général.**

Sans préjudice des dispositions de l'article L. 5312-3, cette convention détermine :

1° Les orientations relatives aux mesures que *(Décr. nº 2014-524 du 22 mai 2014, art. 16-XVI)* **« l'établissement » met en œuvre destinées à faciliter les opérations de recrutement des entreprises, à favoriser l'insertion, le reclassement, la promotion professionnelle et la mobilité géographique et professionnelle des personnes, qu'elles disposent ou non d'un emploi ;**

2° Les modalités de constitution du dossier unique du demandeur d'emploi et de l'accès à ce dossier ;

3° Les échanges de données et d'informations nécessaires à l'accomplissement des missions de l'État, de l'organisme d'assurance chômage mentionné à l'article L. 5427-1 et de *(Décr. nº 2014-524 du 22 mai 2014, art. 16-XVI)* **« Pôle emploi » et répondant à leurs besoins.**

Art. R. 5311-2 *(Décr. nº 2008-1010 du 29 sept. 2008)* **Le comité de suivi prévu à l'article L. 5312-3 comprend :**

1° Trois représentants de l'État désignés par le ministre chargé de l'emploi ;

2° Le directeur général et deux représentants du conseil d'administration, nommés sur proposition de ce conseil, de l'organisme gestionnaire de l'assurance chômage mentionné à l'article L. 5427-1 ;

3° Le président du conseil d'administration et le directeur général de *(Décr. nº 2014-524 du 22 mai 2014, art. 16-II)* **« Pôle emploi ».**

Le président du comité de suivi est désigné en son sein par le ministre chargé de l'emploi.

Les membres et le président du comité de suivi sont nommés par arrêté du ministre chargé de l'emploi.

Le comité de suivi se réunit au moins deux fois par an sur convocation de son président.

Le représentant *(Décr. nº 2012-1247 du 7 nov. 2012, art. 2)* **« du contrôleur budgétaire » assiste aux réunions du comité de suivi.**

Art. R. 5311-3 *(Décr. nº 2008-1010 du 29 sept. 2008)* **Le comité de suivi remet chaque année au** *(Décr. nº 2014-965 du 22 août 2014, art. 3)* **« Conseil national de l'emploi, de la formation et de l'orientation professionnelles » un rapport annuel sur la mise en œuvre de la convention pluriannuelle prévue à l'article L. 5312-3.**

Ce rapport est rendu public.

CHAPITRE II **PLACEMENT ET ACCOMPAGNEMENT DES DEMANDEURS D'EMPLOI**

SECTION PREMIÈRE **STATUT ET MISSIONS DE PÔLE EMPLOI** *(Décr. nº 2014-524 du 22 mai 2014, art. 1er-I).*

Art. R. 5312-1 *(Décr. nº 2014-524 du 22 mai 2014, art. 2-I)* **Pôle emploi est un établissement public à caractère administratif.**

Art. R. 5312-1-1 *(Décr. nº 2014-524 du 22 mai 2014, art. 2-II)* **Dans le cadre des missions mentionnées à l'article L. 5312-1, Pôle emploi apporte son concours à l'orientation et au placement des travailleurs handicapés.**

Art. R. 5312-2 Les préfets de région et de département, assistés des directeurs régionaux et départementaux du travail, de l'emploi et de la formation professionnelle, coordonnent l'action de *(Décr. nº 2014-524 du 22 mai 2014, art. 16-III)* **« Pôle emploi » avec celle des autres services et organismes chargés de la mise en œuvre de la politique de l'emploi définie par les pouvoirs publics.** – *[Anc. art. R. 311-4-11, al. 1er.]*

Art. R. 5312-3 *(Décr. nº 2014-524 du 22 mai 2014, art. 16-XVII)* **« Pôle emploi rend compte au ministre chargé de l'emploi, aux préfets de région et de département et aux**

directeurs régionaux des entreprises, de la concurrence, de la consommation, du travail et de l'emploi des activités du service public de l'emploi qu'il » assure avec le concours des organismes visés aux articles L. 5311-2 à L. 5311-4 et L. 5322-2.

Art. R. 5312-4 *(Décr. n° 2014-524 du 22 mai 2014, art. 3)* **Lorsque Pôle emploi prend des décisions ou conclut des conventions pour le compte de l'État ou du fonds de solidarité prévu à l'article L. 5423-24, il statue également, au nom de l'État ou du fonds de solidarité, en cas de recours administratifs formés contre ces décisions ou ces conventions.**

Art. R. 5312-5 *(Décr. n° 2014-524 du 22 mai 2014, art. 16-IV)* **« Pôle emploi » représente l'État** *(Décr. n° 2014-524 du 22 mai 2014, art. 4)* **« ou le fonds de solidarité prévu à l'article L. 5423-24 » devant les juridictions administratives compétentes en cas de litiges relatifs à des décisions prises ou à des conventions conclues** *(Décr. n° 2014-524 du 22 mai 2014, art. 4)* **« pour leur compte ».**

SECTION II **ORGANISATION ET FONCTIONNEMENT DE L'INSTITUTION MENTIONNÉE À L'ARTICLE L. 5312-1**

(Décr. n° 2008-1010 du 29 sept. 2008)

Les dispositions de cette section entrent en vigueur à la date de la première réunion du conseil d'administration de l'institution prévue à l'art. L. 5312-1 (Décr. n° 2008-1010 du 29 sept. 2008, art. 14).

La première réunion du conseil d'administration portant officiellement création de « Pôle emploi » s'est tenue le 19 déc. 2008.

SOUS-SECTION 1 **CONSEIL D'ADMINISTRATION**

§ 1er ATTRIBUTIONS

Art. R. 5312-6 Le conseil d'administration règle les affaires relatives à l'objet de *(Décr. n° 2014-524 du 22 mai 2014, art. 5)* **« Pôle emploi ». Il délibère sur :**

1° Les orientations annuelles et les plans de développement des activités ;

2° Les mesures destinées à faciliter les opérations de recrutement des entreprises, à favoriser l'insertion, le reclassement, la promotion professionnelle et la mobilité géographique et professionnelle des personnes, qu'elles disposent ou non d'un emploi, en application de la convention tripartite mentionnée à l'article L. 5312-3 ;

(Décr. n° 2014-524 du 22 mai 2014, art. 5) **« 3° Les conditions de mise en œuvre par Pôle emploi des dispositifs de la politique publique de l'emploi ;**

« 4° La nature des conventions soumises à délibération préalable et spéciale du conseil, dans la limite, le cas échéant, d'un montant qu'il détermine ; »

5° Les conditions de recours à des prestataires spécialisés pour l'exécution d'actions organisées en faveur des demandeurs d'emploi ou des entreprises, dans le cadre des orientations fixées par la convention tripartite mentionnée à l'article L. 5312-3 ;

6° Le rapport annuel d'activité ;

7° Les conditions générales d'organisation et de fonctionnement de *(Décr. n° 2014-524 du 22 mai 2014, art. 5)* **« Pôle emploi, en particulier la création ou la suppression d'établissements à compétence nationale ou spécifique » ;**

8° Le programme des implantations territoriales ;

9° Les conditions générales d'emploi et de rémunération du personnel ;

10° Le règlement intérieur de *(Décr. n° 2014-524 du 22 mai 2014, art. 5)* **« Pôle emploi », qui prévoit notamment le régime des frais de déplacement applicable à ses personnels ;**

11° Le budget initial et ses révisions ;

12° Les comptes annuels ;

13° Les emprunts et encours maximum des crédits de trésorerie ;

14° L'acceptation des dons et legs ;

15° *(Décr. n° 2014-524 du 22 mai 2014, art. 5)* **« Les prises » de participation financière, de participation à des groupements d'intérêt économique, à des groupements d'intérêt public ou à des groupements européens de coopération territoriale ;**

16° Les conditions générales de tarification pour services rendus ;

17° La nature *(Décr. n° 2014-524 du 22 mai 2014)* « des actions en justice, des transactions et des remises de dette » pour lesquelles le directeur général peut agir sans délibération préalable et spéciale du conseil, dans la limite, le cas échéant, d'un montant *(Décr. n° 2014-524 du 22 mai 2014, art. 5)* « que le conseil détermine » ;

18° La désignation des commissaires aux comptes ;

19° Le règlement intérieur des marchés, ainsi que la composition de la commission des marchés ;

20° La nature des marchés que le directeur général peut conclure sans délibération préalable et spéciale du conseil, dans la limite, le cas échéant, d'un montant *(Décr. n° 2014-524 du 22 mai 2014, art. 5)* « que le conseil détermine ».

Il autorise le président du conseil d'administration et le directeur général à signer la convention pluriannuelle mentionnée à l'article L. 5312-3.

Lors de chaque réunion, le conseil d'administration examine le compte rendu d'activité et de gestion de *(Décr. n° 2014-524 du 22 mai 2014, art. 5)* « Pôle emploi » préparé par le directeur général.

§ 2 COMPOSITION, NOMINATION ET MANDAT

Art. R. 5312-7 Le conseil d'administration de *(Décr. n° 2014-524 du 22 mai 2014, art. 6)* « Pôle emploi » est ainsi composé :

1° Cinq représentants de l'État :

– un représentant désigné par le ministre chargé de l'emploi ;

– un représentant désigné par le ministre chargé du budget ;

– un représentant désigné par le ministre chargé de l'éducation nationale ;

– un représentant désigné par le ministre chargé de l'intérieur ;

– un représentant désigné par le ministre chargé *(Décr. n° 2014-524 du 22 mai 2014, art. 6)* « des affaires sociales » ;

2° Cinq représentants des organisations syndicales de salariés interprofessionnelles représentatives au niveau national :

a) Un représentant nommé sur proposition de la Confédération générale du travail (CGT) ;

b) Un représentant nommé sur proposition de la Confédération française démocratique du travail (CFDT) ;

c) Un représentant nommé sur proposition de la Confédération générale du travail-Force ouvrière (CGT-FO) ;

d) Un représentant nommé sur proposition de la Confédération française des travailleurs chrétiens (CFTC) ;

e) Un représentant nommé sur proposition de la Confédération française de l'encadrement-CGC (CFE-CGC) ;

3° Cinq représentants des organisations professionnelles d'employeurs représentatives au niveau national et interprofessionnel :

a) Trois représentants nommés sur proposition du Mouvement des entreprises de France (MEDEF) ;

b) Un représentant nommé sur proposition de la Confédération générale des petites et moyennes entreprises (CGPME) ;

c) Un représentant nommé sur proposition de l'Union professionnelle artisanale (UPA) ;

4° Deux personnalités qualifiées désignées par le ministre chargé de l'emploi ;

(Décr. n° 2015-1192 du 28 sept. 2015) « 5° Un représentant des régions, désigné sur proposition de l'Association des régions de France ;

« 6° Un représentant des autres collectivités territoriales, désigné sur proposition conjointe de l'Association des départements de France et l'Association des maires de France. »

Art. R. 5312-8 Le président est élu par le conseil d'administration en son sein à la majorité absolue des suffrages exprimés. Il est assisté par deux vice-présidents élus par le conseil d'administration.

Art. R. 5312-9 Les membres du conseil d'administration sont nommés par arrêté du ministre chargé de l'emploi.

Chaque membre, à l'exception des personnalités qualifiées, peut se faire représenter par un suppléant, nommé dans les mêmes conditions.

Art. R. 5312-10 Le directeur général et le représentant du contrôle général économique et financier participent aux séances du conseil d'administration avec voix consultative.

Art. R. 5312-11 La durée du mandat des membres titulaires et suppléants du conseil d'administration est de trois ans renouvelable.

Le mandat des membres du conseil d'administration est gratuit, sous réserve du remboursement des frais de déplacement et de séjour, ainsi que, le cas échéant, de perte de salaire, dans les conditions prévues par le règlement intérieur mentionné à l'article R. 5312-14.

Art. R. 5312-12 Les membres décédés, démissionnaires ou qui ont perdu la qualité au titre de laquelle ils ont été nommés sont remplacés dans un délai de trois mois. Dans ce cas, le mandat des nouveaux membres expire à la date à laquelle aurait normalement pris fin celui de leur prédécesseur.

§ 3 FONCTIONNEMENT ET RÉUNIONS

Art. R. 5312-13 Le conseil d'administration est convoqué par son président. Il se réunit au minimum six fois par an.

Art. R. 5312-14 Le conseil d'administration se dote d'un règlement intérieur relatif à son fonctionnement.

Ce règlement intérieur détermine notamment la composition et les attributions du comité d'audit prévu à l'article L. 5312-5, auquel assiste le représentant du *(Décr. n° 2012-1247 du 7 nov. 2012, art. 2)* « contrôle budgétaire », et du comité d'évaluation prévu à l'article L. 5312-5 ainsi que les conditions dans lesquelles ceux-ci peuvent avoir recours à des compétences extérieures.

Art. R. 5312-15 L'ordre du jour de chaque réunion est arrêté par le président, après consultation des vice-présidents, et sur proposition du directeur général.

La convocation est de droit si elle est demandée par le ministre chargé de l'emploi, le directeur général ou la majorité des membres, sur un ordre du jour déterminé.

Art. R. 5312-16 Le conseil d'administration ne peut valablement délibérer que si au moins dix de ses membres sont présents. Si ce nombre n'est pas atteint, le conseil est convoqué à nouveau dans un délai de quinze jours. Il peut alors délibérer valablement quel que soit le nombre des membres présents.

(Décr. n° 2014-524 du 22 mai 2014, art. 7) « Le vote par procuration est admis. Un membre du conseil ne peut être porteur que d'une procuration. »

Les décisions sont prises à la majorité des membres présents *(Décr. n° 2014-524 du 22 mai 2014, art. 7)* « ou représentés », à l'exception de celles relatives aux matières mentionnées aux 11° et 13° de l'article R. 5312-6 qui le sont à la majorité des deux tiers des membres présents *(Décr. n° 2014-524 du 22 mai 2014, art. 7)* « ou représentés ». En cas de partage égal de voix, celle du président est prépondérante.

Art. R. 5312-17 Le secrétariat du conseil d'administration est assuré à la diligence du directeur général. Un exemplaire du procès-verbal de chaque réunion du conseil d'administration, signé par le président, est transmis aux membres du conseil d'administration ainsi qu'au représentant du contrôle général économique et financier.

SOUS-SECTION 2 DIRECTEUR GÉNÉRAL

Art. R. 5312-18 Le directeur général est nommé pour une durée de trois ans. Son mandat est renouvelable.

Art. R. 5312-19 Le directeur général prépare les délibérations du conseil d'administration et en assure l'exécution. Il prend toutes les décisions autres que celles qui relèvent de la compétence de ce conseil.

Il représente *(Décr. n° 2014-524 du 22 mai 2014, art. 8)* « Pôle emploi » en justice et dans les actes de la vie civile, sous réserve des dispositions des articles R. 5312-23 et R. 5312-26.

Il a autorité sur l'ensemble du personnel de *(Décr. nº 2014-524 du 22 mai 2014, art. 8)* « Pôle emploi ». Il nomme les directeurs régionaux *(Décr. nº 2014-524 du 22 mai 2014, art. 8)* « ainsi que les directeurs des établissements créés sur le fondement du 7º de l'article R. 5312-6 ».

Il peut déléguer sa signature aux personnels placés sous son autorité. Il peut déléguer ses pouvoirs dans le cadre fixé par une délibération du conseil d'administration.

SOUS-SECTION 3 DISPOSITIONS ÉCONOMIQUES ET FINANCIÈRES

Art. R. 5312-20 Les comptes de *(Décr. nº 2014-524 du 22 mai 2014, art. 16-VI)* « Pôle emploi » sont certifiés par deux commissaires aux comptes.

Art. R. 5312-21 *(Décr. nº 2014-524 du 22 mai 2014, art. 16-XVIII)* « Pôle emploi est soumis » au *(Décr. nº 2012-1247 du 7 nov. 2012, art. 2)* « contrôle budgétaire prévu par le décret nº 2012-1246 du 7 novembre 2012 relatif à la gestion budgétaire et comptable publique ».

(Décr. nº 2014-524 du 22 mai 2014, art. 16-XVIII) « Pôle emploi est soumis » au contrôle de la Cour des comptes.

Art. R. 5312-22 Les opérations de dépenses et de recettes des deux premières sections du budget de *(Décr. nº 2014-524 du 22 mai 2014, art. 16-VI)* « Pôle emploi » sont présentées en compte de tiers.

Les conventions relatives aux mandats confiés à l'institution définissent les dispositions assurant la neutralité des opérations pour le budget et la trésorerie de l'institution.

Une délibération du conseil d'administration précise les modalités de présentation du budget.

(Décr. nº 2014-524 du 22 mai 2014, art. 16-VII) « Pôle emploi » tient une comptabilité analytique dont les principes de présentation sont délibérés par le conseil d'administration.

Dans le cas où, avant le début de l'exercice, le budget n'a pas été voté par le conseil d'administration, les opérations de recettes et de dépenses sont effectuées sur la base du budget de l'exercice précédent.

Art. R. 5312-23 Le règlement intérieur des marchés et des achats précise notamment les marchés pour lesquels les directeurs régionaux exercent le pouvoir adjudicateur.

Art. R. 5312-24 *(Décr. nº 2014-524 du 22 mai 2014, art. 16-XIX)* « Pôle emploi n'est pas soumis » au chapitre II du titre II du livre Ier de la partie réglementaire du code du domaine de l'État et aux dispositions du décret nº 86-455 du 14 mars 1986 relatif à la suppression des commissions des opérations immobilières et de l'architecture et modalités de consultation du service des domaines.

Les projets de cession, d'apport ou de création de sûreté portant sur un ouvrage ou terrain répondant aux caractéristiques de l'article L. 5312-13 sont communiqués aux ministres chargés de l'emploi et du budget, accompagnés du projet de convention avec le cessionnaire, le destinataire de l'apport ou le bénéficiaire de la sûreté. Ces ministres disposent d'un délai de trois mois à compter de la réception du projet pour faire connaître leur décision motivée d'opposition ou, le cas échéant, les conditions particulières auxquelles ils subordonnent la réalisation de l'opération.

SOUS-SECTION 4 DIRECTEUR RÉGIONAL OU D'ÉTABLISSEMENT

Art. R. 5312-25 *(Décr. nº 2014-524 du 22 mai 2014, art. 10)* « Sous l'autorité du directeur général, le directeur régional ou le directeur d'un établissement créé sur le fondement du 7º de l'article R. 5312-6 anime et contrôle l'activité de Pôle emploi dans la région ou dans le ressort de l'établissement. »

Il a autorité sur l'ensemble du personnel *(Décr. nº 2014-524 du 22 mai 2014, art. 10)* « affecté à la région ou à l'établissement ».

Il peut déléguer sa signature aux personnels placés sous son autorité. Il peut déléguer ses pouvoirs dans le cadre fixé par une délibération du conseil d'administration.

Art. R. 5312-26 Le directeur régional représente *(Décr. n° 2014-524 du 22 mai 2014, art. 11)* « Pôle emploi » dans ses relations avec les usagers *(Décr. n° 2014-524 du 22 mai 2014, art. 11)* « , les agents » et les tiers et dans les actions en justice et les actes de la vie civile intéressant la région, en particulier ceux relatifs aux acquisitions, échanges et aliénations de biens immobiliers conformément au programme des implantations territoriales voté par le conseil d'administration et mis en œuvre par le directeur général. *(Décr. n° 2014-524 du 22 mai 2014, art. 11)* « Il prend l'ensemble des décisions en matière de gestion de la liste des demandeurs d'emploi, notamment les décisions mentionnées aux articles R. 5411-18, R. 5412-1 et R. 5412-8.

« Le directeur d'un établissement créé sur le fondement du 7° de l'article R. 5312-6 représente Pôle emploi dans ses relations avec les usagers, les agents et les tiers et dans les actes de la vie civile relevant des attributions de l'établissement. »

(Abrogé par Décr. n° 2014-524 du 22 mai 2014, art. 11) ***« Il se prononce sur les recours hiérarchiques des usagers contre les décisions prises par les agents placés sous son autorité. »***

Art. R. 5312-27 *(Décr. n° 2014-524 du 22 mai 2014, art. 16-XX)* Le directeur régional transmet au préfet de région les informations nécessaires à l'analyse et au suivi des actions de Pôle emploi dans la région.

SOUS-SECTION 5 INSTANCE PARITAIRE RÉGIONALE

Art. R. 5312-28 L'instance paritaire régionale prévue à l'article L. 5312-10 comprend cinq membres représentant les employeurs et cinq membres représentant les salariés désignés par les organisations syndicales de salariés et d'employeurs représentatives au plan national et interprofessionnel mentionnées à l'article L. 5422-22.

Les membres de l'instance paritaire régionale sont désignés pour trois ans. Ce mandat est renouvelable. Pour chacun d'entre eux, un suppléant, chargé de le remplacer en cas d'empêchement, est désigné dans les mêmes conditions. Les suppléants peuvent assister aux réunions de l'instance.

Tous les ans, au cours de la première réunion de l'exercice, l'instance paritaire désigne parmi ses membres un président et un vice-président, qui ne peuvent appartenir au même collège.

Les membres décédés, démissionnaires ou qui ont perdu la qualité au titre de laquelle ils ont été désignés sont remplacés dans un délai de trois mois. Dans ce cas, le mandat des nouveaux membres expire à la date à laquelle aurait normalement pris fin celui de leur prédécesseur.

Le mandat de l'instance paritaire est gratuit, sous réserve du remboursement des frais de déplacement et de séjour, ainsi que, le cas échéant, de perte de salaire, dans les conditions prévues par le règlement intérieur de *(Décr. n° 2014-524 du 22 mai 2014, art. 16-VI)* « Pôle emploi ».

Art. R. 5312-29 L'instance paritaire régionale de *(Décr. n° 2014-524 du 22 mai 2014, art. 16-VI)* « Pôle emploi » est réunie sur convocation de son président, qui arrête l'ordre du jour.

Art. R. 5312-30 Un exemplaire du procès-verbal de chaque réunion de l'instance paritaire, signé par le président, est transmis :

1° Aux membres de l'instance paritaire ;

2° Au directeur régional de *(Décr. n° 2014-524 du 22 mai 2014, art. 16-II)* « Pôle emploi » ;

3° Au préfet de région ;

4° Au président du conseil d'administration et au directeur général de *(Décr. n° 2014-524 du 22 mai 2014, art. 16-II)* « Pôle emploi » ;

5° Au président, au vice-président et au directeur général de l'organisme gestionnaire de l'assurance chômage mentionné à l'article L. 5427-1.

Art. R. 5312-31 (Abrogé par Décr. n° 2014-524 du 22 mai 2014, art. 2-III) ***L'institution mentionnée à l'article L. 5312-1 est dénommée "Pôle emploi".***

SECTION III **TRANSMISSIONS À PÔLE EMPLOI D'UNE LISTE NOMINATIVE DES BÉNÉFICIAIRES DU REVENU DE SOLIDARITÉ ACTIVE ET DE L'ALLOCATION AUX ADULTES HANDICAPÉS**

(Décr. n° 2011-2096 du 30 déc. 2011)

Art. R. 5312-32 Est autorisée la création par la Caisse nationale des allocations familiales, d'une part, et la Caisse centrale de la mutualité sociale agricole, d'autre part, de traitements de données à caractère personnel dénommés "transmissions à Pôle emploi de données relatives aux bénéficiaires du revenu de solidarité active *(Décr. n° 2015-1863 du 29 déc. 2015, art. 9)* « , de la prime d'activité » et de l'allocation aux adultes handicapés". Ces traitements ont pour finalité l'identification, parmi les demandeurs d'emploi, des bénéficiaires de ces allocations. Ces données sont enregistrées par Pôle emploi dans ses traitements automatisés de données relatives à la gestion de la demande d'emploi, afin de lui permettre de :

1° Remplir ses missions prévues à l'article L. 5312-1 du code du travail ;

2° Satisfaire aux obligations posées à l'article L. 262-42 du code de l'action sociale et des familles ;

3° Mettre en œuvre des dispositions particulières prévues aux articles L. 5132-5, L. 5134-23-1 et L. 5134-25-1 du code du travail.

V. Décr. n° 2015-1863 du 29 déc. 2015 autorisant les traitements de données à caractère personnel destinés à la mise en œuvre de la prime d'activité, JO 31 déc.

Art. R. 5312-33 Les données à caractère personnel collectées sont celles permettant d'identifier le bénéficiaire ainsi que, le cas échéant, son conjoint, concubin ou partenaire lié par un pacte civil de solidarité, soit, pour chacun d'eux :

1° Le nom de famille et, le cas échéant, le nom marital, le prénom, la date de naissance, la commune de résidence ;

2° Le numéro d'inscription au répertoire national d'identification des personnes physiques ;

3° Le numéro de la caisse de rattachement, le numéro d'allocataire et l'allocation perçue ;

4° Pour le revenu de solidarité active *(Décr. n° 2015-1863 du 29 déc. 2015, art. 9)* « et la prime d'activité », la date d'ouverture des droits, la date de la demande, la nature de l'allocation perçue et la date de sortie de l'allocation.

Art. R. 5312-34 Pôle emploi conserve les données à caractère personnel collectées dans le cadre des traitements mis en place par l'article R. 5312-32 jusqu'à l'extinction du droit du demandeur d'emploi au revenu de solidarité active *(Décr. n° 2015-1863 du 29 déc. 2015, art. 9)* « , à la prime d'activité » ou à l'allocation aux adultes handicapés.

Art. R. 5312-35 Sont destinataires des données à caractère personnel mentionnées aux 3° et 4° de l'article R. 5312-33, pour les nécessités liées aux seules finalités mentionnées à l'article R. 5312-32, les agents de Pôle emploi désignés et habilités par l'autorité responsable de cet organisme pour accéder aux traitements de données relatives à la gestion de la demande d'emploi mentionnés au premier alinéa de l'article R. 5312-32.

Art. R. 5312-36 Les droits d'accès et de rectification prévus par les articles 39 et 40 de la loi n° 78-17 du 6 janvier 1978 relative à l'informatique, aux fichiers et aux libertés s'exercent auprès de l'organisme chargé du service de l'allocation dont bénéficie l'intéressé parmi celles mentionnées à l'article R. 5312-32.

Art. R. 5312-37 Le droit d'opposition prévu au premier alinéa de l'article 38 de la loi n° 78-17 du 6 janvier 1978 relative à l'informatique, aux fichiers et aux libertés ne s'applique pas aux traitements prévus par la présente section.

SECTION IV **SYSTÈME D'INFORMATION CONCERNANT LES DEMANDEURS D'EMPLOI ET LES SALARIÉS**

(Décr. n° 2016-729 du 1er juin 2016)

Art. R. 5312-38 Est autorisée la création par Pôle emploi d'un traitement automatisé de données à caractère personnel dénommé "Système d'information concernant les demandeurs d'emploi et salariés".

Il a pour finalités :

1° L'information, l'accueil, l'orientation et l'accompagnement des personnes à la recherche d'un emploi, d'une formation ou d'un conseil professionnel et leur mise en relation avec des employeurs ;

2° L'inscription, le non-renouvellement de l'inscription, les changements de situation sur la liste des demandeurs d'emploi, l'actualisation et la radiation de cette liste ;

3° L'élaboration et le suivi du projet personnalisé d'accès à l'emploi, le contrôle de la recherche d'emploi ;

4° L'attribution et le versement d'allocations et d'aides, la répétition des sommes indûment perçues ;

5° La gestion des réclamations et des contentieux ;

6° La gestion électronique des documents ;

7° L'échange de données avec des organismes de sécurité sociale ou de retraite complémentaire afin de garantir les droits sociaux des demandeurs d'emploi ou d'éviter les cumuls indus d'allocations et aides avec des prestations sociales ou un salaire ;

8° Le partage de données entre les acteurs des services publics de l'emploi, de l'orientation et de la formation ainsi qu'avec l'Agence de services et de paiement visée à l'article L. 313-1 du code rural et de la pêche maritime, afin de permettre l'exercice des missions légales de chacun ;

9° La prévention et la lutte contre la fraude ;

10° L'alimentation et l'agrégation des données afin de produire les statistiques afférentes aux missions prévues à l'article L. 5312-1 et les indicateurs permettant le pilotage des activités de Pôle emploi.

Art. R. 5312-39 Dans le cadre des finalités mentionnées à l'article R. 5312-38, est également mis à disposition par Pôle emploi un téléservice permettant d'accomplir, à travers un espace personnel sur le site internet de Pôle emploi ou à travers toute autre technologie de l'information et de la communication, des démarches et formalités visant notamment à :

1° Être mis en relation avec un employeur ;

2° Créer ou télécharger un *curriculum vitae* et le transmettre à des employeurs ou à des partenaires de Pôle emploi ;

3° S'inscrire à une prestation ou faire une demande d'aide ;

4° S'inscrire sur la liste des demandeurs d'emploi, faire une demande d'allocation, préparer le premier entretien du parcours personnalisé d'accès à l'emploi et télécharger des documents justificatifs ;

5° Actualiser sa situation sur la liste des demandeurs d'emploi, actualiser son projet personnalisé d'accès à l'emploi, faire une demande d'aide ou une réclamation ;

6° Être en contact avec un conseiller par messagerie électronique ou instantanée, par visioconférence ou par téléphone ;

7° Effectuer des modules de conseil ou de formation en ligne et participer à des forums.

Les démarches et formalités mentionnées au 4° sont accomplies uniquement par l'usage d'un téléservice, avec l'assistance du personnel de Pôle emploi dans les conditions définies par l'article R. 5411-2 du code du travail.

Art. R. 5312-40 Outre les données directement collectées auprès des personnes concernées, le système d'information est alimenté, dans le cadre des finalités mentionnées à l'article R. 5312-38 et dans la stricte limite des informations nécessaires, par :

1° Le traitement de données à caractère personnel dénommé "Déclaration sociale nominative" mentionné par l'article 3 du décret n° 2013-266 du 28 mars 2013 relatif à la déclaration sociale nominative ;

2° La déclaration préalable à l'embauche mentionnée à l'article R. 1221-17 ;

3° Le traitement automatisé de données à caractère personnel dénommé "Système d'information du compte personnel de formation" mentionné à l'article R. 6323-13 ;

4° Un fichier d'annonces légales permettant d'identifier les entreprises et leurs dirigeants.

Art. R. 5312-41 Dans le cadre des finalités mentionnées à l'article R. 5312-38, le système d'information est mis en relation, aux fins de vérification et de mise à jour, avec :

1° Le système national de gestion des identifiants mis en œuvre par la Caisse nationale d'assurance vieillesse des travailleurs salariés, mentionné à l'article L. 114-12-1 du code de la sécurité sociale, pour identifier de manière unique les demandeurs d'emploi et les salariés par la certification de leur numéro d'inscription au répertoire national d'identification des personnes physiques (NIR) ;

2° L'application de gestion des dossiers des ressortissants étrangers en France (AGDREF2) mentionnée à l'article R. 611-1 du code de l'entrée et du séjour des étrangers en France pour vérifier la validité du titre de séjour, l'accès au marché du travail et le droit de s'inscrire sur la liste des demandeurs d'emploi ;

3° Le fichier national des comptes bancaires (FICOBA2), mentionné par l'article 2 de l'arrêté du 14 juin 1982 relatif à l'extension d'un système automatisé de gestion du fichier des comptes bancaires, pour vérifier que les coordonnées bancaires sont celles du demandeur d'emploi ;

4° Les fichiers des organismes mentionnés aux 7° et 8° de l'article R. 5312-38 ;

5° Un fichier d'annonces légales, afin de vérifier si l'usager exerce un mandat social, et ainsi fiabiliser les données issues de la demande d'inscription sur la liste des demandeurs d'emploi, de la demande d'allocation de chômage ou de toute demande d'aide à l'emploi pouvant être accordée au demandeur d'emploi ou à l'employeur.

Art. R. 5312-42 Les catégories de données à caractère personnel traitées dans le système d'information sont :

1° Concernant les demandeurs d'emploi et salariés :

a) Données d'identification : numéro d'inscription au répertoire national d'identification des personnes physiques (NIR), noms, prénoms, sexe, date et lieu de naissance, adresse, domiciliation fiscale, nationalité, photographie de la personne, caractéristiques physiques pour les mannequins et artistes interprètes, numéros d'identifiant internes à Pôle emploi, régime de protection sociale, numéro d'enregistrement dans l'AGDREF2, date d'expiration et référence réglementaire du titre de séjour, numéros de téléphone, adresses de messagerie électronique ;

b) Données relatives à la vie personnelle : situation familiale, nombre d'enfants à charge ;

c) Données relatives à la vie professionnelle : formation, qualification, expérience professionnelle, périodes de travail, périodes et motifs d'inscription sur la liste des demandeurs d'emploi, caractéristiques des emplois recherchés, *curriculum vitae* correspondant au modèle téléchargeable sur le téléservice de Pôle emploi au titre du 2° de l'article R. 5312-39, projet personnalisé d'accès à l'emploi, suivi des actions menées avec le demandeur d'emploi ou le salarié, informations sur les contacts et relations entre le demandeur d'emploi ou le salarié et Pôle emploi, périodes d'indisponibilité pour la recherche d'un emploi, reconnaissance de la qualité de travailleur handicapé ;

d) Données d'ordre économique et financier : coordonnées bancaires, revenus, allocations ou aides versées par Pôle emploi, périodes de perception de pensions d'invalidité ou vieillesse, d'indemnités journalières de sécurité sociale, d'allocations parentales liées à une suspension d'activité professionnelle ou toutes autres allocations ou prestations sociales, bénéfice du revenu de solidarité active, montant des pensions d'invalidité ou de retraites, charges et revenus du foyer, sommes indument perçues ;

e) Données relatives aux contentieux et à l'exécution des décisions liées à l'inscription et au suivi du demandeur d'emploi, à l'attribution et au versement des aides et allocations, à la discrimination, à la fausse déclaration et à la fraude ;

f) Données relatives aux personnes sous main de justice aptes à exercer un emploi et disponibles dans un délai de six mois : données enregistrées sous une forme codifiée (PMJ), numéros d'écrou, catégories administratives du quartier d'affectation, dates de transfert, dates prévisibles et effectives de libération, dates d'éligibilité à un aménagement de peine, dates et types d'aménagement de peine demandés et décidés, dates de placement sous surveillance électronique et dates de fin de peine ;

2° Concernant les huissiers et avocats : nom, prénom, adresse professionnelle, téléphone, adresse électronique ;

3° Concernant les correspondants de Pôle emploi au sein des organismes de formation, des prestataires, des partenaires ou des entreprises : nom, prénom, adresse professionnelle, téléphone, adresse électronique, identification de l'entreprise ;

4° Concernant les agents de Pôle emploi : nom, prénom, adresse professionnelle, téléphone et adresse électronique professionnels, identifiants de connexion et traces des actions effectuées.

Art. R. 5312-43 Les catégories de destinataires de tout ou partie des données à caractère personnel incluses dans le système d'information sont :

1° A raison de leurs attributions respectives et dans la stricte limite des informations dont ils ont à connaître dans le cadre de l'exercice de leurs missions :

a) Les membres du service public de l'emploi ;

b) Les partenaires, organismes ou établissements liés à Pôle emploi par une convention ;

c) Les collectivités territoriales compétentes en matière d'emploi, formation, orientation et insertion sociale ;

d) Les organismes participant au financement de la formation professionnelle ;

e) Les organismes de formation ;

f) Les employeurs mentionnés à l'article L. 5424-1 dans le cadre de la gestion de l'assurance chômage de leurs anciens agents ;

g) Les employeurs dans le cadre du placement et de la gestion des contrats aidés ;

h) Les organismes de sécurité sociale et de retraite complémentaire ;

i) Les huissiers et avocats ;

j) Les services ministériels ou déconcentrés de l'État ;

k) Les institutions des États membres de l'Union européenne compétentes pour la mise en œuvre du règlement portant sur la coordination des systèmes de sécurité sociale ;

l) Le Fonds social européen ;

2° Les demandeurs d'emploi pour les noms, prénoms, numéro de téléphone et l'adresse électronique professionnelle du conseiller chargé de leur accompagnement ou de leur indemnisation.

Art. R. 5312-44 Les données à caractère personnel et les informations enregistrées dans le système d'information sont conservées pendant une durée maximum de vingt années à compter de la cessation d'inscription sur la liste des demandeurs d'emploi, sans préjudice des durées de conservation fixées dans les traitements comportant une durée inférieure.

Les données à caractère personnel et les informations enregistrées dans le système d'information relatives à l'incarcération des personnes sous main de justice visées au *f* du 1° de l'article R. 5312-42 sont conservées pendant une durée de trois mois à compter de la fin de l'incarcération de ces personnes.

Pour toute personne ne sollicitant pas son inscription sur la liste des demandeurs d'emploi ayant accompli des démarches auprès de Pôle emploi en utilisant le téléservice mentionné à l'article R. 5312-39, les données à caractère personnel et les informations enregistrées sont conservées pendant une durée de treize mois à compter de l'absence d'utilisation du téléservice.

Art. R. 5312-45 Les droits d'accès et de rectification prévus par les articles 39 et 40 de la loi n° 78-17 du 6 janvier 1978 modifiée relative à l'informatique, aux fichiers et aux libertés s'exercent à l'agence Pôle emploi où ils sont inscrits pour les demandeurs d'emploi et, pour les autres personnes, auprès du correspondant informatique et libertés de Pôle emploi à la direction générale de Pôle emploi.

Art. R. 5312-46 Le droit d'opposition prévu à l'article 38 de la loi n° 78-17 du 6 janvier 1978 modifiée relative à l'informatique, aux fichiers et aux libertés ne s'applique pas au traitement visé à l'article R. 5312-38.

CHAPITRE III **MAISONS DE L'EMPLOI**

SECTION PREMIÈRE **ACTIONS D'INFORMATION ET DE SENSIBILISATION**

Art. R. 5313-1 Les maisons de l'emploi mentionnées à l'article L. 5313-1 conduisent auprès des employeurs privés et publics des actions d'information et de sensibilisation aux phénomènes des discriminations à l'embauche et dans l'emploi. – *[Anc. art. L. 311-10, al. 2.]*

Art. R. 5313-2 Les maisons de l'emploi et, pour les Français établis hors de France, les *(Décr. nº 2014-144 du 18 févr. 2014, art. 40)* « conseils consulaires » conduisent auprès des employeurs privés et publics en activité dans leur ressort des actions d'information et de sensibilisation relatives à l'égalité professionnelle et à la réduction des écarts de rémunération entre les femmes et les hommes. – *[Anc. art. L. 311-10, al. 3.]*

SECTION II **AIDE DE L'ÉTAT ET CONVENTIONS**

Art. R. 5313-3 *(Décr. nº 2009-1593 du 18 déc. 2009)* L'aide de l'État mentionnée à l'article L. 5313-1 est attribuée, par le préfet de région, aux maisons de l'emploi, pour la mise en œuvre, à partir d'un diagnostic territorial, des actions suivantes :

1° Participation à l'anticipation des mutations économiques ;

2° Contribution au développement de l'emploi local ;

3° Réduction des obstacles culturels ou sociaux à l'accès à l'emploi.

Cette aide ne peut être attribuée qu'à la condition que la maison de l'emploi se constitue sous forme d'association ou sous forme de groupement d'intérêt public.

Les membres fondateurs à titre obligatoire doivent disposer de la majorité des voix au sein du conseil d'administration et du bureau.

Art. R. 5313-4 *(Décr. nº 2009-1593 du 18 déc. 2009)* Les maisons de l'emploi ne peuvent bénéficier de l'aide de l'État que si elles remplissent les conditions figurant dans un cahier des charges, pris par arrêté du ministre chargé de l'emploi, qui précise les relations avec leurs partenaires et les modalités de leur financement par l'État.

Art. R. 5313-5 *(Décr. nº 2009-1593 du 18 déc. 2009)* La participation de l'État ne peut excéder un pourcentage du budget de fonctionnement de la maison de l'emploi et un plafond fixés par arrêté du ministre chargé de l'emploi.

L'aide de l'État ne peut porter que sur les dépenses de fonctionnement.

Art. R. 5313-6 *(Décr. nº 2009-1593 du 18 déc. 2009)* Une convention est conclue entre le préfet de région et la maison de l'emploi. Cette convention précise les objectifs à atteindre, les moyens mis en œuvre, la durée du conventionnement et le budget de la maison de l'emploi, ainsi que le montant et les conditions de contrôle de l'utilisation de l'aide allouée.

Le préfet de région présente la convention au conseil régional de l'emploi.

Art. R. 5313-7 *(Décr. nº 2009-1593 du 18 déc. 2009)* Les maisons de l'emploi adressent chaque année au préfet de région un compte rendu financier et un bilan d'activité mettant en évidence les contributions apportées au fonctionnement du service public de l'emploi et du marché de l'emploi sur leur territoire d'intervention.

SECTION III **ORGANISATION SOUS FORME DE GROUPEMENT D'INTÉRÊT PUBLIC**

Art. R. 5313-8 Lorsque la maison de l'emploi prend la forme d'un groupement d'intérêt public, elle est administrée par un conseil d'administration composé de représentants de ses membres constitutifs. Ce conseil élit son président en son sein.

Le directeur du groupement, nommé par le conseil d'administration, assure, sous l'autorité du conseil et de son président, le fonctionnement du groupement. – *[Anc. art. L. 311-10-1, al. 3 et 4.]*

SECTION IV *[ABROGÉE]* COMMISSION NATIONALE DES MAISONS DE L'EMPLOI

(Abrogée par Décr. n° 2009-1593 du 18 déc. 2009)

Art. R. 5313-9 à R. 5313-12 *Abrogés par Décr. n° 2009-1593 du 18 déc. 2009.*

CHAPITRE IV MISSIONS LOCALES POUR L'INSERTION PROFESSIONNELLE ET SOCIALE DES JEUNES

Art. D. 5314-0 *(Décr. n° 2010-485 du 12 mai 2010, art. 5)* **Les missions locales pour l'insertion professionnelle et sociale des jeunes assurent par tout moyen à leur disposition une information sur le service civique créé par la loi n° 2010-241 du 10 mars 2010.**

SECTION UNIQUE *[ABROGÉE]* CONSEIL NATIONAL DES MISSIONS LOCALES

(Abrogée par Décr. n° 2016-1376 du 12 oct. 2016, art. 5) (Décr. n° 2015-967 du 31 juill. 2015, art. 1er)

CHAPITRE V ÉTABLISSEMENT PUBLIC CHARGÉ DE LA FORMATION PROFESSIONNELLE DES ADULTES

(Décr. n° 2016-1539 du 15 nov. 2016, art. 1er, en vigueur le 1er janv. 2017 au plus tard)

Les dispositions de ce chapitre entrent en vigueur à la date d'effet de la décision portant dissolution de l'Association nationale pour la formation professionnelle des adultes, et au plus tard le 1er janv. 2017 (Décr. n° 2016-1539 du 15 nov. 2016, art. 8).

SECTION PREMIÈRE ORGANISATION ET FONCTIONNEMENT

SOUS-SECTION 1 CONSEIL D'ADMINISTRATION

Art. R. 5315-1 L'établissement mentionné à l'article L. 5315-1 est placé sous la tutelle conjointe des ministres chargés de l'emploi, de la formation professionnelle et du budget.

Art. R. 5315-2 Le conseil d'administration de l'établissement est composé des membres suivants :

1° Neuf représentants de l'État, disposant chacun de deux voix, désignés selon les modalités suivantes :

a) Deux représentants désignés par le ministre chargé de l'emploi ;
b) Deux représentants désignés par le ministre chargé du budget ;
c) Un représentant désigné par le ministre chargé de la formation professionnelle ;
d) Un représentant désigné par le ministre chargé de l'économie ;
e) Un représentant désigné par le ministre chargé de l'éducation nationale ;
f) Un représentant désigné par le ministre chargé des affaires sociales ;
g) Un représentant désigné par le ministre chargé de l'intérieur ;

2° Quatre personnalités qualifiées, dont au moins une personne choisie parmi les représentants des usagers, nommées sur proposition conjointe des ministres chargés de l'emploi, de la formation professionnelle et du budget ;

3° Quatre représentants élus des conseils régionaux, nommés sur proposition de l'Association des régions de France. Chaque représentant dispose de deux voix ;

4° Un représentant de chaque organisation syndicale de salariés représentative au plan national et interprofessionnel, désigné par chacune d'elles ;

5° Un représentant de chaque organisation professionnelle d'employeurs représentative au plan national et interprofessionnel, désigné par chacune d'elles ;

6° Deux représentants du personnel, désignés dans les conditions prévues au chapitre II du titre II de la loi n° 83-675 du 26 juillet 1983 relative à la démocratisation du secteur public.

Les membres mentionnés au 1° peuvent se faire représenter.

La durée du mandat des membres du conseil d'administration est de cinq ans renouvelable une fois.

Le directeur général, l'autorité chargée du contrôle économique et financier et le secrétaire du comité central d'entreprise participent aux séances du conseil d'administration avec voix consultative.

Art. R. 5315-3 Le conseil d'administration règle les affaires de l'établissement. Il délibère notamment sur :

1° Les orientations annuelles et pluriannuelles, notamment celles prévues dans le contrat d'objectifs et de performance signé entre l'État et l'établissement public, représenté, sur son autorisation, par le président et le directeur général ;

2° Les plans de développement des activités, les mesures destinées à favoriser l'insertion, la qualification et à accompagner la promotion et la mobilité des personnes, qu'elles disposent ou non d'un emploi ;

3° Les conditions de mise en œuvre par l'établissement des dispositifs des politiques publiques concourant au service public de l'emploi pour le compte de l'État selon les orientations fixées par le contrat d'objectifs et de performance ;

4° La nature des conventions soumises à délibération préalable et spéciale du conseil, dans la limite, le cas échéant, d'un montant qu'il détermine ;

5° Les conditions générales d'organisation et de fonctionnement de l'établissement, en particulier la création ou la suppression de filiales ;

6° Le programme des implantations territoriales ;

7° Les projets d'achat d'immeubles et les baux à long terme ;

8° Les projets d'aliénation de biens immobiliers ;

9° Les conditions générales d'emploi et de rémunération du personnel ;

10° Le règlement intérieur de l'établissement ;

11° Les règlements intérieurs du conseil d'administration et de ses comités mentionnés à l'article R. 5315-5 ;

12° Le rapport annuel d'activité et le rapport social ;

13° Le budget initial, les autorisations d'emplois ainsi que leurs rectifications ;

14° Les comptes annuels ;

15° Les emprunts autorisés et encours maximum des crédits de trésorerie ;

16 L'octroi de cautions, garanties et autres sûretés personnelles ;

17° La constitution de sûretés sur les biens de l'établissement public ;

18° L'acceptation des dons et legs ;

19° Les prises de participation financière, de participation à des groupements d'intérêt économique, groupements d'intérêt public et organismes ;

20° La nature des actions en justice, des transactions et des remises de dette pour lesquelles le directeur général peut agir sans délibération préalable et spéciale du conseil, dans la limite, le cas échéant, d'un montant que le conseil détermine ;

21° La désignation des commissaires aux comptes ;

22° Les principes de présentation de la comptabilité analytique prévue à l'article R. 5315-10, qu'il approuve après avis du comité d'audit mentionné au 1° de l'article R. 5315-5.

Après avis du comité d'audit mentionné au 1° de l'article R. 5315-5, le conseil d'administration examine lors de chaque réunion, le compte rendu d'activité et de gestion de l'établissement préparé par le directeur général.

Art. R. 5315-4 Le président du conseil d'administration :

1° Préside les débats du conseil d'administration. Il a voix prépondérante en cas de partage égal des voix ;

2° Convoque le conseil d'administration, arrête son ordre du jour sur proposition du directeur général, signe les procès-verbaux des séances du conseil d'administration et veille à ce qu'ils soient adressés sans délai aux ministres de tutelle ;

3° S'assure de la mise en œuvre de ses délibérations, dont le directeur général rend compte régulièrement ;

4° Signe, conjointement avec le directeur général, le contrat d'objectifs et de performance mentionné au 1° de l'article R. 5315-2.

Art. R. 5315-5 Afin d'assister le président du conseil d'administration et le directeur général dans la conduite de l'établissement, sont institués au sein du conseil d'administration :

1° Un comité d'audit ;

2° Un comité stratégique ;

3° Un comité des nominations et des rémunérations.

Les membres de chaque comité sont désignés par le conseil d'administration sur proposition du président. L'autorité chargée du contrôle économique et financier assiste aux réunions de ces comités.

Art. R. 5315-6 Le conseil d'administration se réunit sur convocation de son président au moins trois fois par an.

Il est en outre réuni de plein droit, à la demande écrite d'un tiers de ses membres ou à celle de l'un des ministres de tutelle, sur les points de l'ordre du jour déterminés par eux, dans le délai d'un mois suivant la demande.

L'ordre du jour ainsi que les documents nécessaires à la préparation des questions devant faire l'objet d'une délibération sont portés à la connaissance des membres du conseil d'administration au moins dix jours avant la réunion, sauf en cas d'urgence motivée. Dans ce cas, le délai ne peut être inférieur à quarante-huit heures.

Le conseil d'administration délibère valablement si la moitié au moins de ses membres sont présents.

Le conseil d'administration entend les ministres de tutelle à leur demande.

Le conseil d'administration, à son initiative ou à celle de son président, peut entendre toute personne dont l'audition lui paraît utile.

Lorsque le conseil d'administration délibère sur une décision dans laquelle un des membres a, directement ou indirectement, un intérêt quelconque, le membre intéressé n'assiste pas à la délibération. Les délibérations prises en violation de cette obligation sont nulles de plein droit.

Il est établi un procès-verbal de chaque séance du conseil d'administration.

Le mandat d'administrateur est gratuit, sans préjudice du remboursement par l'établissement public des frais exposés pour l'exercice de ce mandat.

Art. R. 5315-7 Sous réserve de l'alinéa suivant et des dispositions de l'article R. 5315-12 en ce qui concerne les délibérations relevant du 8° de l'article R. 5315-3, les délibérations du conseil d'administration sont exécutoires quinze jours après leur réception par les ministres de tutelle si ceux-ci ne s'y sont pas opposés. Elles peuvent être immédiatement exécutées, en cas d'urgence déclarée par le conseil d'administration, après autorisation des ministres de tutelle.

Les délibérations relevant des 4°, 6°, 7°, 9°, 13°, 14°, 15°, 16°, 19° et 20° de l'article R. 5315-3 sont exécutoires après approbation conjointe des ministres de tutelle. Dans le cas où aucune décision expresse n'a été notifiée dans le délai d'un mois après leur réception par ces autorités, ces décisions sont réputées approuvées. Lorsqu'un ministre de tutelle demande par écrit des informations ou documents complémentaires, ce délai est suspendu jusqu'à la production de ces informations ou documents.

SOUS-SECTION 2 **DIRECTEUR GÉNÉRAL**

Art. R. 5315-8 Le directeur général est nommé par décret sur proposition conjointe des ministres de tutelle.

Le directeur général :

1° Prépare, cosigne et exécute le contrat d'objectifs et de performance prévu au 1° de l'article R. 5315-3 ;

2° Prépare les délibérations du conseil d'administration et en assure l'exécution ;

3° Prépare et exécute le budget de l'établissement ;

4° Est ordonnateur des recettes et des dépenses ;

5° A autorité sur l'ensemble des personnels de l'établissement et en assure la gestion. A ce titre, il recrute, nomme et gère le personnel ;

6° Préside le comité central d'entreprise et le comité d'hygiène, de sécurité et des conditions de travail ;

7° Conclut les conventions et marchés se rapportant aux missions de l'établissement dans les limites fixées par le conseil d'administration ;

8° Représente l'établissement en justice et dans les actes de la vie civile dans les conditions prévues par le conseil d'administration en application du 20° de l'article R. 5315-3 ;

9° Établit le rapport annuel d'activité ainsi que le rapport social ;

10° Rend compte de sa gestion au conseil d'administration.

Il peut déléguer sa signature aux personnels placés sous son autorité.

SOUS-SECTION 3 RÈGLES FINANCIÈRES ET COMPTABLES

Art. R. 5315-9 L'établissement public est soumis :

1° En matière de gestion financière et comptable, aux règles applicables aux entreprises industrielles et commerciales ;

2° Au contrôle économique et financier de l'État, dans les conditions fixées par les décrets n° 53-707 du 9 août 1953 relatif au contrôle de l'État sur les entreprises publiques nationales et certains organismes ayant un objet d'ordre économique ou social et n° 55-733 du 26 mai 1955 relatif au contrôle économique et financier de l'État ;

3° Au contrôle de la Cour des comptes.

Art. R. 5315-10 L'établissement public tient une comptabilité analytique permettant de répondre aux exigences de gestion des services d'intérêt économique général et d'évaluation des obligations de service public donnant lieu à compensation.

Art. R. 5315-11 Le budget de l'établissement comporte un compte de résultat prévisionnel et un état prévisionnel de l'évolution de la situation patrimoniale en droits constatés. Les crédits concernant les dépenses de personnel, à l'exception des personnels recrutés à titre temporaire ou occasionnel, sont limitatifs.

Dans le cas où, avant le début de l'exercice, le budget n'a pas été voté par le conseil d'administration ou n'a pas été approuvé par les ministres de tutelle à la date d'ouverture de l'exercice, l'ordonnateur peut être autorisé par les ministres de tutelle à exécuter temporairement les opérations de recettes et de dépenses strictement nécessaires à la continuité de l'activité.

Art. R. 5315-12 Les projets de cession, d'apport ou de création de sûreté portant sur un bien mentionné au deuxième alinéa de l'article L. 5315-7 sont communiqués aux ministres de tutelle, accompagnés du projet de convention avec le cessionnaire, le destinataire de l'apport ou le bénéficiaire de la sûreté. Ces ministres disposent d'un délai de trois mois à compter de la réception du projet pour faire connaître leur décision conjointe, soit d'approbation, soit d'opposition motivée ou, le cas échéant, les conditions particulières auxquelles ils subordonnent la réalisation de l'opération. Dans le cas où aucune décision expresse n'a été notifiée dans le délai précité après leur réception, ces projets sont réputés rejetés.

Concernant les biens meubles, un arrêté conjoint des ministres de tutelle détermine les conditions dans lesquelles il peut être dérogé à ces dispositions.

SOUS-SECTION 4 ORGANISATION TERRITORIALE

Art. R. 5315-13 L'établissement public est composé d'une direction nationale et de directions régionales.

Le directeur régional est placé sous l'autorité du directeur général. Pour les activités conduites dans le cadre du service public de l'emploi, il rend également compte au préfet de région et au comité régional de l'emploi, de la formation et de l'orientation professionnelles mentionné à l'article L. 6123-3.

SECTION II MÉDIATEUR

Art. R. 5315-14 Le médiateur mentionné à l'article L. 5315-4 remet chaque année au conseil d'administration de l'établissement un rapport dans lequel il formule les propositions qui lui paraissent de nature à améliorer le fonctionnement du service rendu aux usagers. Ce rapport est transmis aux ministres chargés de l'emploi, de la formation professionnelle et du budget et au Défenseur des droits.

En dehors de celles qui mettent en cause l'établissement public, les réclamations qui relèvent de la compétence du Défenseur des droits sont transmises directement à ce dernier.

La saisine du Défenseur des droits, dans son champ de compétences, met fin à la procédure de réclamation.

TITRE DEUXIÈME **PLACEMENT**

CHAPITRE PREMIER **PRINCIPES**

Le présent chapitre ne comprend pas de dispositions réglementaires.

CHAPITRE II **RÔLE DES COLLECTIVITÉS TERRITORIALES**

Art. R. 5322-1 Lorsqu'une commune souhaite réaliser des opérations de placement, elle adresse sa demande de convention au préfet et à *(Décr. n° 2014-524 du 22 mai 2014)* « Pôle emploi ».

Une copie de la délibération du conseil municipal autorisant le maire à conclure une convention avec *(Décr. n° 2014-524 du 22 mai 2014, art. 16-XII)* « l'établissement » et l'État est jointe à la demande. — *[Anc. art. R. 311-5-1.]*

Art. R. 5322-2 Le projet de convention est soumis par le préfet à l'avis de l'instance paritaire régionale prévue à l'article L. 5312-10. — *[Anc. art. R. 311-5-2.]*

Art. R. 5322-3 La convention par laquelle une commune devient correspondant de *(Décr. n° 2014-524 du 22 mai 2014, art. 16-XII)* « Pôle emploi » est conclue compte tenu des moyens que la commune est disposée à mettre en œuvre au profit des usagers du service public du placement.

Cette convention est signée par le préfet et par le directeur régional. — *[Anc. art. R. 311-5-3.]*

Art. R. 5322-4 Lorsque des informations sont communiquées au maire au titre de l'article L. 5322-3, elles comprennent les noms, prénoms et adresses des demandeurs d'emploi et, le cas échéant, l'indication qu'un revenu de remplacement mentionné à l'article L. 5421-1 est versé. — *[Anc. art. R. 311-5-4.]*

Art. R. 5322-5 Les informations reçues par le maire en application de l'article L. 5322-3 ne peuvent être partagées par lui qu'avec ses adjoints ayant reçu délégation en matière de placement, ou d'attribution d'avantages sociaux ainsi qu'avec les services municipaux compétents dans l'un de ces domaines. — *[Anc. art. R. 311-5-5.]*

Art. R. 5322-6 Les dépenses occasionnées par la communication au maire de la liste des demandeurs d'emploi sont réparties entre *(Décr. n° 2014-524 du 22 mai 2014, art. 16-III)* « Pôle emploi » et la commune dans les conditions fixées par arrêté des ministres chargés des collectivités locales, du budget et de l'emploi. — *[Anc. art. R. 311-5-6.]*

CHAPITRE III **PLACEMENT PRIVÉ**

SECTION PREMIÈRE *[ABROGÉE]* **DÉCLARATION PRÉALABLE**

(Abrogée par Décr. n° 2012-539 du 20 avr. 2012)

Art. R. 5323-1 *La déclaration préalable à l'exercice à titre principal d'une activité de placement prévue à l'article L. 5323-1 est adressée au préfet du département du siège social de l'organisme. Cette déclaration est envoyée par lettre recommandée avec avis de réception au plus tard la veille de la date de début d'activité.*

La déclaration préalable est conforme à un modèle fixé par arrêté du ministre chargé de l'emploi. — [Anc. art. R. 312-1, al. 1er, phrase 1 et 5.]

Art. R. 5323-2 *Outre les informations relatives au respect des conditions fixées à l'article* [aux articles] *L. 5321-2 et L. 5321-3, la déclaration préalable mentionne :*

1° S'il s'agit d'une personne morale : la dénomination sociale, l'objet social, les nom patronymique, prénoms, date et lieu de naissance, adresse du dirigeant de l'entreprise, le code APE ;

2° S'il s'agit d'une personne physique : ses nom patronymique et prénoms, date et lieu de naissance, adresse. – [Anc. art. L. 312-1, al. 3, phrase 1, et anc. art. R. 312-1, al. 1er, phrase 2, 2 et 3.]

Art. R. 5323-3 *Les informations transmises pour la déclaration préalable font l'objet d'une saisie informatique par les services du préfet.* – [Anc. art. R. 312-1, al. 4.]

Art. R. 5323-4 *Le préfet, après s'être assuré de la conformité de la déclaration avec les prescriptions des articles R. 5323-1 à R. 5323-3, adresse au déclarant, dans les quinze jours qui suivent la réception de la déclaration, un document en accusant réception.*

Ce document est produit par l'organisme privé de placement sur demande de l'administration. – [Anc. art. R. 312-2.]

Art. R. 5323-5 *Le déclarant fait connaître au préfet toute modification des informations mentionnées à l'article R. 5323-2, notamment sa cessation d'activité.* – [Anc. art. L. 312-1, al. 3, phrase 2, et anc. art. R. 312-4, al. 1er.]

Art. R. 5323-6 *La déclaration préalable à l'exercice à titre principal d'une activité de placement devient caduque lorsque le bilan annuel d'activité prévu à l'article R. 5323-8 ne fait apparaître aucun placement pendant deux années consécutives, ou si aucun bilan d'activité n'a été transmis pendant deux années consécutives.* – [Anc. art. R. 312-4, al. 2.]

SECTION PREMIÈRE **TRANSMISSION D'INFORMATIONS**

La section II est devenue la section I (Décr. n° 2012-539 du 20 avr. 2012).

Art. R. 5323-7 L'agence de placement privée adresse régulièrement au préfet des renseignements d'ordre statistique sur son activité de placement. – *[Anc. art. L. 312-1, al. 3, phrase 3.]*

Art. R. 5323-8 L'organisme de droit privé exerçant *(Abrogé par Décr. n° 2012-539 du 20 avr. 2012) « à titre principal »* une fonction de placement adresse au préfet chaque année, avant le 31 mars de l'année suivante et selon un modèle fixé par arrêté du ministre chargé de l'emploi :

1° Le chiffre d'affaires relatif au placement, réalisé sur l'année écoulée, rapporté s'il y a lieu au chiffre d'affaire*[s]* total ;

2° Le nombre des *[de]* personnes à la recherche d'un emploi, réparties selon le sexe et l'âge :

a) Reçues au cours de l'année ;

b) Placées au cours de l'année ;

c) Inscrites dans les fichiers de l'organisme au 31 décembre. – *[Anc. art. R. 312-3.]*

Art. R. 5323-9 L'organisme privé de placement peut collecter les données à caractère personnel relatives aux personnes à la recherche d'un emploi dans la mesure où elles sont nécessaires à l'activité de placement, à l'exception du numéro d'inscription au répertoire national d'identification des personnes physiques. – *[Anc. art. R. 312-5, al. 1er.]*

Art. R. 5323-10 La collecte, l'utilisation, la conservation et la transmission des données à caractère personnel sont réalisées dans le respect du principe de non-discrimination mentionné aux articles L. 1132-1 à L. 1132-4 et de la loi n° 78-17 du 6 janvier 1978 relative à l'informatique, aux fichiers et aux libertés. – *[Anc. art. R. 312-5, al. 2.]*

Art. R. 5323-11 Les données relatives aux personnes à la recherche d'un emploi enregistrées dans un traitement de données mis en œuvre par les seuls organismes privés de placement ne peuvent être conservées au-delà d'un délai de six ans à compter de leur enregistrement. – *[Anc. art. R. 312-7.]*

SECTION II **CONTRATS DE PRESTATIONS**

La section III est devenue la section II (Décr. n° 2012-539 du 20 avr. 2012).

Art. R. 5323-12 L'organisme privé de placement qui a conclu un contrat de prestations de services avec l'un des organismes participant au service public de l'emploi mentionnés à l'article L. 5311-2 pour la prise en charge de demandeurs d'emploi est destinataire du projet personnalisé d'accès à l'emploi prévu par les articles R. 5411-14 à R. 5411-16. — *[Anc. art. R. 312-6, al. 1er et 2.]*

Art. R. 5323-13 L'organisme privé de placement adresse à l'organisme du service public de l'emploi commanditaire de la prestation de placement et, dans tous les cas, à *(Décr. no 2014-524 du 22 mai 2014, art. 16-III)* « Pôle emploi », les informations relatives au demandeur d'emploi qui sont nécessaires, notamment :

1° A l'adaptation dans le temps du projet personnalisé d'accès à l'emploi du demandeur d'emploi ;

2° A l'actualisation de la liste des demandeurs d'emploi ;

3° A l'indemnisation des demandeurs d'emploi ;

4° A l'exercice effectif des opérations de suivi de la recherche d'emploi prévues aux articles L. 5426-1 à L. 5426-4. — *[Anc. art. R. 312-6, al. 1er et 3 à 7.]*

Art. R. 5323-14 Les échanges d'informations prévus à l'article R. 5323-13 sont réalisés par la transmission du dossier unique du demandeur d'emploi et selon les modalités fixées par la convention conclue entre l'État, *(Décr. no 2014-524 du 22 mai 2014, art. 16-III)* « Pôle emploi » et les organismes gestionnaires du régime d'assurance chômage.

Ces échanges d'informations sont conformes à des normes définies par arrêté du ministre chargé de l'emploi. — *[Anc. art. R. 312-6, al. 8 et 9.]*

CHAPITRE IV **CONTRÔLE**

Art. R. 5324-1 Lorsque des manquements à la réglementation ont été constatés dans les conditions fixées à l'article L. 5324-1, l'organisme privé de placement est invité à présenter ses observations dans un délai de quinze jours.

Au-delà de ce délai, le préfet peut adresser à l'organisme une mise en demeure de se mettre en conformité. Cette mise en demeure, notifiée par lettre recommandée avec avis de réception, énonce les manquements constatés.

Passé un délai qui ne peut être inférieur à quinze jours, le préfet peut ordonner la fermeture de l'organisme pour une durée n'excédant pas trois mois. — *[Anc. art. R. 312-8.]*

CHAPITRE V **DISPOSITIONS PÉNALES**

Le présent chapitre ne comprend pas de dispositions réglementaires.

TITRE TROISIÈME **DIFFUSION ET PUBLICITÉ DES OFFRES ET DEMANDES D'EMPLOI**

CHAPITRE PREMIER **INTERDICTIONS**

Le présent chapitre ne comprend pas de dispositions réglementaires.

CHAPITRE II **CONDITIONS DE PUBLICATION ET DE DIFFUSION DES OFFRES D'EMPLOI**

Art. R. 5332-1 L'autorité administrative mentionnée à l'article L. 5332-4 est le *(Décr. no 2009-1377 du 10 nov. 2009)* « directeur régional des entreprises, de la concurrence, de la consommation, du travail et de l'emploi ». — *[Anc. art. L. 311-4, al. 4 début.]*

Art. R. 5332-2 La transmission des offres d'emploi au *(Décr. no 2009-1377 du 10 nov. 2009)* « directeur régional des entreprises, de la concurrence, de la consommation, du travail et de l'emploi » n'est faite que sur demande expresse de celui-ci précisant le numéro ou la date de la publication auxquels ces offres se rapportent. — *[Anc. art. D. 311-4.]*

CHAPITRE III **CONTRÔLE**

Le présent chapitre ne comprend pas de dispositions réglementaires.

CHAPITRE IV **DISPOSITIONS PÉNALES**

Art. R. 5334-1 Le fait de méconnaître les dispositions des articles *(Décr. n° 2009-289 du 13 mars 2009)* « L. 5331-1, L. 5331-2, L. 5331-4, L. 5332-1 et L. 5332-3 », relatives aux conditions de publication et de diffusion des offres d'emploi, est puni de l'amende prévue pour les contraventions de la 3e classe. – *[Anc. art. R. 361-1.]*

LIVRE QUATRIÈME **LE DEMANDEUR D'EMPLOI**

TITRE PREMIER **DROITS ET OBLIGATIONS DU DEMANDEUR D'EMPLOI**

CHAPITRE PREMIER **INSCRIPTION DU DEMANDEUR D'EMPLOI ET RECHERCHE D'EMPLOI**

SECTION PREMIÈRE **INSCRIPTION SUR LA LISTE DES DEMANDEURS D'EMPLOI**

BIBL. ► PRÉTOT, *Dr. soc. 2005. 1179* (contrôle des demandeurs d'emploi).

V. Circ. DGEFP n° 2005-33 du 5 sept. 2005 relative à la réforme du suivi de la recherche d'emploi (BOMT 2005, n° 10).

V. Instr. DGEFP n° 33-06 du 4 mai 2006.

V. Circ. UNEDIC n° 2006-16 du 26 juill. 2006.

Art. R. 5411-1 La liste des demandeurs d'emploi est tenue par *(Décr. n° 2014-524 du 22 mai 2014, art. 16-III)* « Pôle emploi ». – *[Anc. art. R. 311-3-1-I.]*

Art. R. 5411-2 *(Décr. n° 2015-1264 du 9 oct. 2015, art. 1er)* **L'inscription sur la liste des demandeurs d'emploi est faite par voie électronique auprès de Pôle emploi. Le travailleur recherchant un emploi qui demande son inscription déclare sa domiciliation et transmet les informations permettant de procéder à son identification.**

A défaut de parvenir à s'inscrire lui-même par voie électronique, le travailleur recherchant un emploi peut procéder à cette inscription dans les services de Pôle emploi, également par voie électronique, et bénéficier le cas échéant de l'assistance du personnel de Pôle emploi.

Les modalités d'application du présent article sont déterminées par un arrêté du ministre chargé de l'emploi. – *V. Arr. du 14 oct. 2015, JO 31 oct.*

Ces dispositions sont applicables aux demandes d'inscription effectuées :

1° A compter du premier jour qui suit la publication du Décr. n° 2015-1264 du 9 oct. 2015 dans les départements suivants : Haute-Corse, Corse-du-Sud, Doubs, Haute-Saône, Jura, Territoire de Belfort, Guyane, Aisne, Somme et Oise ;

2° Dans les autres départements, territoires et collectivités selon un calendrier fixé par un ou plusieurs arrêtés du ministre chargé de l'emploi, et au plus tard le 31 déc. 2016 (Décr. préc., art. 6 ; Arr. du 24 déc. 2015, JO 17 janv. 2016).

Art. R. 5411-3 *(Abrogé par Décr. n° 2015-1264 du 9 oct. 2015, art. 2)* ***« Pour demander son inscription, le travailleur recherchant un emploi justifie de son identité et déclare sa domiciliation.***

« (Décr. n° 2008-1056 du 13 oct. 2008) ***« Un arrêté du ministre chargé de l'emploi fixe la liste des documents permettant au demandeur d'emploi de justifier de son identité ». »*** – *V. Arr. du 29 mai 2013 (JO 28 juin).*

Le travailleur étranger justifie *(Abrogé par Décr. n° 2015-1264 du 9 oct. 2015, art. 2)* ***« , en outre, »*** **de la régularité de sa situation au regard des dispositions réglementant l'exercice d'activités professionnelles salariées par les étrangers.**

L'abrogation des 1er et 2e al. issue du Décr. n° 2015-1264 du 9 oct. 2015 est applicable aux demandes d'inscription effectuées :

1° A compter du premier jour qui suit la publication dudit décret dans les départements suivants : Haute-Corse, Corse-du-Sud, Doubs, Haute-Saône, Jura, Territoire de Belfort, Guyane, Aisne, Somme et Oise ;

2° Dans les autres départements, territoires et collectivités selon un calendrier fixé par un ou plusieurs arrêtés du ministre chargé de l'emploi, et au plus tard le 31 déc. 2016 (Décr. préc., art. 6).

Art. R. 5411-4 **Lors de son inscription, le travailleur recherchant un emploi est informé de ses droits et obligations.** – *[Anc. art. R. 311-3-1-II, al. 3.]*

Art. R. 5411-5 (Abrogé par Décr. n° 2015-1264 du 9 oct. 2015, art. 2) ***La personne qui demande son inscription moins de six mois après avoir cessé d'être inscrite ou après avoir été radiée de la liste des demandeurs d'emploi n'est pas tenue de se présenter personnellement aux services mentionnés à l'article R. 5411-2.***

Dans ce cas, l'inscription est faite par voie postale ou électronique, dans des conditions fixées par un arrêté du ministre chargé de l'emploi. Cet arrêté précise notamment les modalités selon lesquelles le service destinataire adresse à cette personne la preuve de sa demande.

L'abrogation issue du Décr. n° 2015-1264 du 9 oct. 2015 est applicable aux demandes d'inscription effectuées :

1° A compter du premier jour qui suit la publication dudit décret dans les départements suivants : Haute-Corse, Corse-du-Sud, Doubs, Haute-Saône, Jura, Territoire de Belfort, Guyane, Aisne, Somme et Oise ;

2° Dans les autres départements, territoires et collectivités selon un calendrier fixé par un ou plusieurs arrêtés du ministre chargé de l'emploi, et au plus tard le 31 déc. 2016 (Décr. préc., art. 6).

SECTION II **CHANGEMENT DE SITUATION**

Art. R. 5411-6 **Les changements affectant la situation au regard de l'inscription ou du classement du demandeur d'emploi et devant être portés à la connaissance de** *(Décr. n° 2014-524 du 22 mai 2014, art. 16-III)* **« Pôle emploi », en application du second alinéa de l'article L. 5411-2, sont les suivants :**

1° L'exercice de toute activité professionnelle, même occasionnelle ou réduite et quelle que soit sa durée ;

2° Toute période d'indisponibilité due à une maladie, une maternité, à un accident de travail, une incorporation dans le cadre du service national ou une incarcération ;

3° La participation à une action de formation, rémunérée ou non ;

4° L'obtention d'une pension d'invalidité au titre des 2° et 3° de l'article L. 341-4 du code de la sécurité sociale ;

5° Pour le travailleur étranger, l'échéance de son titre de travail. – *[Anc. art. R. 311-3-2, al. 1er à 6.]*

1. Exercice non déclaré d'une activité professionnelle. L'exercice sans déclaration à l'ANPE d'une activité professionnelle fait perdre à un chômeur tout droit à revenu de remplacement alors même que le versement d'une rémunération ne serait pas établi. • CE 26 mai 1995 : *RJS 1996. 39, n° 54* • 31 mai 1995 : *eod. loc.*

2. Défaut de déclaration de changement d'adresse. Peut valablement être radié le chômeur qui, inscrit dans une des agences locales de l'emploi de la région Île-de-France et qui était tenu pour maintenir son inscription de renouveler mensuellement sa demande, n'a pas retourné à cette agence la « carte d'actualisation » qui lui avait été adressée et n'a pas répondu à la lettre l'invitant à se présenter sans délai à l'agence, l'intéressé ne pouvant justifier ne pas avoir reçu les courriers de l'ANPE adressés à l'hôtel où il était domicilié en raison de la fermeture pendant plusieurs mois de cet établissement, car il lui appartenait de faire connaître son changement d'adresse aux services de l'Agence nationale pour l'emploi dont il relevait. • CE 16 oct. 1998 : *D. 2000. 349, note Erizo.* ♦ En revanche, le chômeur qui signale à l'agence dont il dépend son changement de domicile ne peut ultérieurement être tenu pour responsable du fait que les courriers adressés ne lui sont pas parvenus à sa nouvelle adresse. • CE 24 févr. 1998 : *pourvoi n° 163579.*

3. Grève des postes. L'ANPE n'est pas fondée à radier un chômeur dès lors que le non-respect des délais résultait de ses propres retards et de grèves ayant perturbé le fonctionnement des services postaux. • CE 30 juill. 1997 : *pourvoi n° 149066.*

Art. R. 5411-7 **Le demandeur d'emploi porte à la connaissance de** *(Décr. n° 2014-524 du 22 mai 2014, art. 16-III)* **« Pôle emploi » les changements de situation le concernant dans un délai de soixante-douze heures.** – *[Anc. art. R. 311-3-2, al. 7.]*

Art. R. 5411-8 **Le demandeur d'emploi informe, dans un délai de soixante-douze heures, les services de** *(Décr. n° 2014-524 du 22 mai 2014, art. 16-III)* **« Pôle emploi »**

de toute absence de sa résidence habituelle d'une durée supérieure à sept jours et de tout changement de domicile. – *[Anc. art. R. 311-3-2, al. 8 et 9.]*

SECTION III RECHERCHE D'EMPLOI

SOUS-SECTION 1 DISPONIBILITÉ DU DEMANDEUR D'EMPLOI

Art. R. 5411-9 **Est considérée comme immédiatement disponible pour occuper un emploi, pour l'application de l'article L. 5411-6, la personne qui n'exerce aucune activité professionnelle, qui ne suit aucune action de formation professionnelle et dont la situation personnelle lui permet d'occuper sans délai un emploi.** – *[Anc. art. R. 311-3-3, al. 1er.]*

Art. R. 5411-10 **Est réputée immédiatement disponible pour occuper un emploi, au sens de l'article L. 5411-7** *(Décr. no 2008-1056 du 13 oct. 2008)* **« et pour l'application de l'article L. 5411-6 », la personne qui, au moment de son inscription à** *(Décr. no 2014-524 du 22 mai 2014, art. 16-III)* **« Pôle emploi » ou du renouvellement de sa demande d'emploi :**

1° Exerce ou a exercé au cours du mois précédent une activité occasionnelle ou réduite n'excédant pas soixante-dix-huit heures par mois ;

2° Suit une action de formation n'excédant pas au total quarante heures ou dont les modalités d'organisation, notamment sous forme de cours du soir ou par correspondance, lui permettent d'occuper simultanément un emploi ;

3° S'absente de son domicile habituel, après en avoir avisé *(Décr. no 2014-524 du 22 mai 2014, art. 16-III)* **« Pôle emploi », dans la limite de trente-cinq jours dans l'année civile ;**

4° Est en congé de maladie ou en incapacité temporaire de travail, pour une durée n'excédant pas quinze jours ;

5° Est incarcérée pour une durée n'excédant pas quinze jours ;

6° Bénéficie d'un congé de paternité. – *[Anc. art. R. 311-3-3, al. 2 à 8.]*

SOUS-SECTION 2 OBLIGATION D'ACTES POSITIFS DE RECHERCHE D'EMPLOI

Art. R. 5411-11 **Sous réserve des dispenses prévues à l'article L. 5411-8 et au deuxième alinéa de l'article L. 5421-3, le demandeur d'emploi immédiatement disponible accomplit de manière permanente, tant sur proposition de l'un des organismes mentionnés à l'article L. 5311-2, en particulier dans le cadre du projet personnalisé d'accès à l'emploi prévu** *(Décr. no 2008-1056 du 13 oct. 2008)* **« à l'article L. 5411-6-1 », que de leur** *[sa]* **propre initiative, des actes positifs et répétés en vue de retrouver un emploi, de créer ou de reprendre une entreprise.** – *[Anc. art. R. 311-3-4, al. 1er.]*

Art. R. 5411-12 **Le caractère réel et sérieux des démarches entreprises par le demandeur d'emploi est apprécié compte tenu de la situation du demandeur et de la situation** *(Décr. no 2008-1056 du 13 oct. 2008)* **« du marché du travail local ».** – *[Anc. art. R. 311-3-4, al. 2.]*

Art. D. 5411-13 *(Abrogé par Décr. no 2008-1056 du 13 oct. 2008)* ***La personne âgée de cinquante-cinq ans et plus qui ne bénéficie pas de l'allocation d'assurance ou de l'allocation de solidarité spécifique est dispensée, sur sa demande, de l'accomplissement des actes positifs de recherche d'emploi.***

Cette abrogation entre en vigueur à la date de la première réunion du conseil d'administration de l'institution prévue à l'article L. 5312-1 (Décr. no 2008-1056 du 13 oct. 2008, art. 13).

La première réunion du conseil d'administration portant officiellement création de « Pôle emploi » s'est tenue le 19 déc. 2008.

SOUS-SECTION 3 PROJET PERSONNALISÉ D'ACCÈS À L'EMPLOI ET OFFRE RAISONNABLE D'EMPLOI *(Décr. no 2008-1056 du 13 oct. 2008).*

Art. R. 5411-14 *(Décr. no 2014-524 du 22 mai 2014, art. 12)* **Le projet personnalisé d'accès à l'emploi est élaboré conjointement par le demandeur d'emploi et Pôle emploi ou un des organismes mentionnés à l'article L. 5411-6-1 lors de l'inscription sur la**

liste des demandeurs d'emploi ou au plus tard dans les *(Décr. n° 2015-1264 du 9 oct. 2015, art. 3)* « trente » jours suivant cette inscription. Il est actualisé selon la périodicité et les modalités définies avec le demandeur d'emploi. A l'issue de l'élaboration ou de l'actualisation du projet, Pôle emploi ou l'un des organismes mentionnés à l'article L. 5411-6-1 le communique au demandeur d'emploi.

V. note ss. art. R. 5411-2.

Art. R. 5411-15 *(Décr. n° 2008-1056 du 13 oct. 2008)* Pour l'application de l'article L. 5411-6-3, le salaire antérieurement perçu est défini selon les règles de détermination du salaire de référence servant au calcul de l'allocation d'assurance fixées par l'accord relatif à l'assurance chômage prévu à l'article L. 5422-20, agréé par le ministre chargé de l'emploi.

Le salaire antérieurement perçu est apprécié sur une base horaire.

Art. R. 5411-16 *(Décr. n° 2008-1056 du 13 oct. 2008)* Les conventions conclues entre *(Décr. n° 2014-524 du 22 mai 2014, art. 16-II)* « Pôle emploi » et les organismes participant au service public de l'emploi mentionnés à l'article L. 5311-4 définissent, conformément aux dispositions prévues par la convention pluriannuelle mentionnée à l'article L. 5312-3 :

1° Les règles d'élaboration et d'actualisation du projet personnalisé d'accès à l'emploi des demandeurs d'emploi dont l'accompagnement et le placement sont confiés à ces organismes ;

2° L'offre de service adaptée que ces organismes proposent ;

3° Les modalités de mise en œuvre du suivi de la recherche d'emploi ;

4° Les modalités d'échange d'information, d'évaluation et de suivi des résultats.

Les conventions prévoient également que, lorsque ces organismes constatent des faits susceptibles de constituer un des manquements mentionnés aux articles L. 5412-1 et L. 5412-2, ils en informent *(Décr. n° 2014-524 du 22 mai 2014, art. 16-II)* « Pôle emploi ».

SECTION IV **CESSATION D'INSCRIPTION SUR LA LISTE DES DEMANDEURS D'EMPLOI**

Art. R. 5411-17 Cesse d'être inscrit sur la liste des demandeurs d'emploi ou est transféré dans la catégorie correspondant à sa nouvelle situation, le demandeur d'emploi :

1° Soit qui ne satisfait pas à l'obligation de renouvellement périodique de sa demande d'emploi ;

2° Soit pour lequel l'employeur ou un organisme lui assurant une indemnisation, un avantage social ou une formation porte à la connaissance de *(Décr. n° 2014-524 du 22 mai 2014, art. 16-III)* « Pôle emploi » une reprise d'emploi ou d'activité, une entrée en formation ou tout autre changement affectant sa situation au regard des conditions d'inscription ou de classement dans une catégorie. – *[Anc. art. R. 311-3-10, al. 1er.]*

Art. R. 5411-18 La décision motivée par laquelle *(Décr. n° 2014-524 du 22 mai 2014, art. 13)* « le directeur régional de Pôle emploi » constate la cessation d'inscription sur la liste des demandeurs d'emploi ou le changement de catégorie est notifiée à l'intéressé.

La personne qui entend la contester forme un recours préalable dans les conditions prévues à l'article R. 5412-8. – *[Anc. art. R. 311-3-10, al. 2.]*

CHAPITRE II **RADIATION DE LA LISTE DES DEMANDEURS D'EMPLOI**

Art. R. 5412-1 *(Décr. n° 2014-524 du 22 mai 2014, art. 14)* « Le directeur régional de Pôle emploi » radie les personnes de la liste des demandeurs d'emploi dans les cas prévus *(Décr. n° 2008-1056 du 13 oct. 2008)* « aux articles L. 5412-1 et L. 5412-2 ».

Al. abrogé par Décr. n° 2008-1056 du 13 oct. 2008.

Art. R. 5412-2 Les décisions de radiation de la liste des demandeurs d'emploi sont transmises sans délai au préfet. – *[Anc. art. R. 311-3-5, al. 9.]*

Art. R. 5412-3 *(Abrogé par Décr. n° 2008-1056 du 13 oct. 2008)* ***Le directeur délégué de*** (Décr. n° 2008-1010 du 29 sept. 2008) ***« l'institution mentionnée à l'article L. 5312-1 du***

code du travail » peut, pour l'exercice des attributions définies à l'article R. 5412-1, déléguer sa signature aux directeurs d'institution locale pour l'emploi placés sous son autorité. – [Anc. art. R. 311-3-6.]

Cette abrogation entre en vigueur à la date de la première réunion du conseil d'administration de l'institution prévue à l'art. L. 5312-1 (Décr. n° 2008-1056 du 13 oct. 2008, art. 13).

La première réunion du conseil d'administration portant officiellement création de « Pôle emploi » s'est tenue le 19 déc. 2008.

Art. R. 5412-4 **Le retrait du bénéfice du revenu de remplacement pour l'un des motifs énumérés à l'article R. 5426-3 entraîne pour l'intéressé la radiation de la liste des demandeurs d'emploi.** – *[Anc. art. R. 311-3-7.]*

Art. R. 5412-5 **La radiation de la liste des demandeurs d'emploi entraîne l'impossibilité d'obtenir une nouvelle inscription :**

1° Pendant une période de quinze jours lorsque sont constatés pour la première fois les manquements mentionnés *(Décr. n° 2008-1056 du 13 oct. 2008)* **« au 1° et aux *b*, *e* et *f* du 3° » de l'article L. 5412-1. En cas de manquements répétés, cette période peut être portée à une durée comprise entre un et six mois consécutifs ;**

2° Pendant une période de deux mois lorsque sont constatés pour la première fois les manquements mentionnés aux *(Décr. n° 2008-1056 du 13 oct. 2008)* **« 2° et *a*, *c* et *d* du 3° » de l'article précité. En cas de manquements répétés, cette période peut être portée à une durée comprise entre deux et six mois consécutifs ;**

3° Pendant une période dont la durée est comprise entre six et douze mois consécutifs lorsque sont constatées les fausses déclarations mentionnées *(Décr. n° 2008-1056 du 13 oct. 2008)* **« à l'article L. 5412-2 ».** – *[Anc. art. R. 311-3-8, al. 1er à 4.]*

Art. R. 5412-6 **Lorsque la radiation est prononcée en application des dispositions de l'article R. 5412-4, sa durée ne peut excéder celle de la suppression du revenu de remplacement.** – *[Anc. art. R. 311-3-8, al. 5.]*

Art. R. 5412-7 **La décision de radiation du demandeur d'emploi intervient après que l'intéressé a été mis à même de présenter ses observations** *(Décr. n° 2009-289 du 13 mars 2009)* **« écrites ».**

La décision, notifiée à l'intéressé, est motivée. Elle indique la durée de la radiation. – *[Anc. art. R. 311-3-9, al. 1er et 2.]*

Art. R. 5412-8 **La personne qui entend contester une décision de radiation de la liste des demandeurs d'emploi forme un recours préalable devant** *(Décr. n° 2014-524 du 22 mai 2014, art. 15)* **« le directeur régional de Pôle emploi ».**

(Décr. n° 2008-1056 du 13 oct. 2008, art. 5) **« Ce recours n'est pas suspensif. »**

CHAPITRE III **DISPOSITIONS PÉNALES**

Le présent chapitre ne comprend pas de dispositions réglementaires.

TITRE DEUXIÈME **INDEMNISATION DES TRAVAILLEURS INVOLONTAIREMENT PRIVÉS D'EMPLOI**

CHAPITRE PREMIER **DISPOSITIONS GÉNÉRALES**

Art. R. 5421-1 *(Abrogé par Décr. n° 2008-1056 du 13 oct. 2008)* ***En application du deuxième alinéa de l'article L. 5421-3, sont dispensés, à leur demande, de la condition de recherche d'emploi :***

1° Les bénéficiaires de l'allocation d'assurance âgés d'au moins cinquante-sept ans et demi ou, s'ils justifient d'au moins 160 trimestres validés dans les régimes de base obligatoires d'assurance vieillesse ou de périodes reconnues équivalentes, d'au moins cinquante-cinq ans ;

2° Les bénéficiaires de l'allocation de solidarité spécifique âgés de cinquante-cinq ans ou plus. – [Anc. art. R. 351-26, al. 1er à 3.]

Cette abrogation entre en vigueur à la date de la première réunion du conseil d'administration de l'institution prévue à l'article L. 5312-1 (Décr. n° 2008-1056 du 13 oct. 2008, art. 13).

La première réunion du conseil d'administration portant officiellement création de « Pôle emploi » s'est tenue le 19 déc. 2008.

Art. R. 5421-2 Le bénéficiaire d'une dispense de recherche d'emploi informe, dans un délai de soixante-douze heures, l'organisme qui lui verse le revenu de remplacement de tout changement susceptible d'affecter sa situation au regard du paiement du revenu de remplacement, notamment de toute reprise d'activité, salariée ou non, rémunérée ou non. – *[Anc. art. R. 351-26, al. 4.]*

Art. R. 5421-3 Le travailleur étranger bénéficie du revenu de remplacement prévu à l'article L. 5421-1 dans les mêmes conditions que le travailleur français s'il se trouve en situation régulière au regard des dispositions réglementant son activité professionnelle salariée. – *[Anc. art. R. 351-25.]*

CHAPITRE II **RÉGIME D'ASSURANCE**

SECTION PREMIÈRE **CONDITIONS ET MODALITÉS D'ATTRIBUTION DE L'ALLOCATION D'ASSURANCE**

SOUS-SECTION 1 **CONDITIONS D'ATTRIBUTION**

Art. R. 5422-1 *(Décr. nº 2009-339 du 27 mars 2009)* La durée pendant laquelle l'allocation d'assurance est accordée ne peut être inférieure à la durée d'activité du salarié au cours des vingt-huit mois précédant la fin du dernier contrat de travail dans la limite de sept cent trente jours ou, pour les salariés âgés de cinquante ans ou plus, à la durée d'activité au cours des trente-six mois précédant la fin de ce contrat dans la limite de mille quatre-vingt-quinze jours.

Cette durée ne peut être inférieure à cent vingt-deux jours.

(Décr. nº 2014-670 du 24 juin 2014) « Cette durée est diminuée, le cas échéant, de la durée du contrat de sécurisation professionnelle dont l'intéressé a bénéficié à la fin du même contrat de travail en application de l'article L. 1233-65. »

Art. R. 5422-2 *(Décr. nº 2014-670 du 24 juin 2014)* I. – Lorsque l'intéressé a exercé une activité salariée alors qu'il n'avait pas encore épuisé les droits à l'allocation d'assurance qui lui avaient été précédemment accordés, il bénéficie, en cas de perte de cette nouvelle activité, de la reprise du versement du reliquat de ses droits jusqu'à leur épuisement.

Si l'intéressé justifie d'une durée d'affiliation d'au moins 150 heures au titre d'activités exercées antérieurement à la date d'épuisement des droits mentionnés à l'alinéa précédent, il bénéficie, à cette date, de droits à l'allocation d'assurance dont la durée et le montant prennent en compte ces activités.

(Décr. nº 2015-922 du 27 juill. 2015, art. 1er) « II. – Lorsque l'intéressé n'a pas épuisé les droits à l'allocation d'assurance qui lui ont été précédemment accordés et qu'il remplit les conditions qui permettraient une ouverture de nouveaux droits, il peut, par dérogation aux dispositions du I du présent article, opter pour une durée, et le montant d'indemnisation auquel il a droit en fonction de cette durée, prenant exclusivement en compte ces nouveaux droits si :

« 1º Le montant de l'allocation journalière de son reliquat est inférieur ou égal à un montant fixé dans l'accord relatif à l'assurance chômage prévu à l'article L. 5422-20 ;

« 2º Ou le montant de l'allocation journalière qui lui aurait été servi en l'absence de reliquat est supérieur au montant de l'allocation journalière du reliquat d'au moins une fraction fixée dans l'accord relatif à l'assurance chômage prévu à l'article L. 5422-20.

« III. – » Lorsque l'intéressé n'a pas épuisé les droits à l'allocation d'assurance qui lui ont été précédemment accordés au titre des contrats prévus aux articles L. 6221-1 et L. 6325-1, et qu'il remplit les conditions qui permettraient une ouverture de nouveaux droits, il peut, par dérogation aux dispositions du I du présent article, opter pour une durée et un montant d'indemnisation prenant exclusivement en compte ces nouveaux droits.

SOUS-SECTION 2 **MODALITÉS DE CALCUL POUR LES TRAVAILLEURS MIGRANTS**

Art. R. 5422-3 Lorsque, après avoir exercé une activité salariée dans un autre État membre de la Communauté européenne ou partie à l'accord sur l'Espace économique

européen, le travailleur privé d'emploi a été employé en France pendant moins de quatre semaines, le salaire de référence prévu à l'article 68, paragraphe 1, du règlement (CEE) n° 1408/71 et servant de base au calcul de l'allocation d'assurance est déterminé par le *(Décr. n° 2009-1377 du 10 nov. 2009)* **« directeur régional des entreprises, de la concurrence, de la consommation, du travail et de l'emploi » du lieu de résidence de l'intéressé.** — *[Anc. art. R. 351-1-1, al. 1er.]*

Les modifications issues du Décr. n° 2009-1377 du 10 nov. 2009 prennent effet, dans chaque région, à la date de nomination du directeur régional des entreprises, de la concurrence, de la consommation, du travail et de l'emploi (Décr. préc., art. 7-I). — V. Arr. de nomination de ces directeurs des 30 déc. 2009 (JO 5 janv. 2010) et 9 févr. 2010 (JO 14 févr.).

Ces modifications s'appliquent à la région Île-de-France à compter du 1er juill. 2010 (Décr. n° 2010-687 du 24 juin 2010, art. 2).

Art. R. 5422-4 **Le salaire de référence mentionné à l'article R. 5422-3 est le salaire usuel correspondant, au lieu où le travailleur privé d'emploi réside, à un emploi équivalent ou analogue à celui qu'il a exercé en dernier lieu sur le territoire de l'un des États mentionnés à ce même article.**

Ce salaire ne peut être inférieur à un plancher fixé en pourcentage du dernier salaire réellement perçu au titre de l'emploi mentionné au premier alinéa. Ce plancher est déterminé par arrêté du ministre chargé de l'emploi. — *[Anc. art. R. 351-1-1, al. 2 et 3.]* — *Plancher fixé à 65 % du dernier salaire réellement perçu (Arr. du 7 août 1995, JO 9 août).*

SECTION II **OBLIGATIONS D'ASSURANCE ET DE DÉCLARATION DES RÉMUNÉRATIONS**

Art. R. 5422-5 **Pour satisfaire à son obligation d'affiliation définie à l'article L. 5422-13, l'employeur qui embauche pour la première fois un salarié qu'il est tenu d'assurer contre le risque de privation d'emploi, adresse un bordereau d'affiliation à** *(Décr. n° 2014-524 du 22 mai 2014, art. 16-II)* **« Pôle emploi ».**

(Décr. n° 2008-1010 du 29 sept. 2008) **« Il est réputé s'être acquitté de cette obligation par l'accomplissement de la déclaration mentionnée à l'article R. 1221-16. »**

Quelle que soit la date à laquelle ces formalités déclaratives ont été accomplies, l'affiliation prend effet à la date d'embauche du premier salarié.

Art. R. 5422-6 **L'employeur adresse à l'organisme de recouvrement compétent une déclaration comportant, pour chaque salarié, le montant total des rémunérations payées et les périodes de travail correspondantes.** — *[Anc. art. R. 351-3.]*

Art. R. 5422-7 **La déclaration prévue à l'article R. 5422-6 et le paiement des cotisations correspondant aux rémunérations déclarées sont faits aux mêmes dates que le paiement des cotisations dues au régime général de sécurité sociale.**

(Abrogé par Décr. n° 2008-1010 du 29 sept. 2008) ***« Toutefois, l'employeur est autorisé à n'accomplir qu'une déclaration et un versement par an lorsque le montant de ce versement est inférieur au minimum fixé par l'accord relatif à l'assurance chômage mentionné à l'article L. 5422-20. »*** — *[Anc. art. R. 351-4, al. 1er et 2.]*

Art. R. 5422-8 **L'employeur** *(Décr. n° 2008-1010 du 29 sept. 2008)* **« déclare à l'organisme de recouvrement compétent mentionné à l'article L. 5427-1 » l'ensemble des rémunérations payées à ses salariés.**

Il joint à *(Décr. n° 2008-1010 du 29 sept. 2008)* **« cette déclaration », le cas échéant, le versement** *(Décr. n° 2008-1010 du 29 sept. 2008)* **« des cotisations correspondant aux rémunérations déclarées ».** — *[Anc. art. R. 351-4, al. 3.]*

SECTION III **ACTIONS EN RECOUVREMENT ET SANCTIONS**

Art. R. 5422-9 **La mise en demeure de l'organisme de recouvrement prévue à l'article L. 5422-15 est adressée par lettre recommandée avec avis de réception.**

(Abrogé par Décr. n° 2008-1010 du 29 sept. 2008) ***« Elle est transmise au directeur départemental du travail, de l'emploi et de la formation professionnelle. »*** — *[Anc. art. L. 351-6, al. 1er milieu et 3.]*

Art. R. 5422-10 à R. 5422-15 *Abrogés par Décr. n° 2008-1010 du 29 sept. 2008.*

SECTION IV ACCORDS RELATIFS À L'ASSURANCE CHÔMAGE

Art. R. 5422-16 L'agrément des accords mentionnés à l'article L. 5422-22 est délivré par le ministre chargé de l'emploi, après avis du *(Décr. nº 2014-965 du 22 août 2014, art. 3)* « Conseil national de l'emploi, de la formation et de l'orientation professionnelles ».

Il peut être retiré lorsque les stipulations de l'accord ou ses conditions d'application cessent d'être en conformité avec les dispositions légales. — *[Anc. art. L. 352-2, al. 2, 5 et 6.]*

Art. R. 5422-17 Dans le cas prévu à l'article L. 5422-23, le ministre chargé de l'emploi peut procéder à l'agrément de l'accord lorsque l'avis motivé favorable du *(Décr. nº 2014-965 du 22 août 2014, art. 3)* « Conseil national de l'emploi, de la formation et de l'orientation professionnelles » a été émis sans l'opposition écrite et motivée, soit de deux organisations d'employeurs, soit de deux organisations de salariés représentées à ce conseil.

En cas d'opposition, le ministre peut à nouveau consulter le *(Décr. nº 2014-965 du 22 août 2014, art. 3)* « Conseil national de l'emploi, de la formation et de l'orientation professionnelles » à partir d'un rapport qui précise la portée des dispositions en cause, ainsi que les conséquences de l'agrément.

Le ministre chargé de l'emploi peut délivrer l'agrément au vu du nouvel avis émis par le conseil. Cette décision est motivée. — *[Anc. art. L. 352-2-1, al. 1er fin, 2 et 3.]*

CHAPITRE III RÉGIME DE SOLIDARITÉ

SECTION PREMIÈRE ALLOCATIONS

SOUS-SECTION 1 ALLOCATION DE SOLIDARITÉ SPÉCIFIQUE

§ 1er CONDITIONS D'ATTRIBUTION

Art. R. 5423-1 Pour bénéficier de l'allocation de solidarité spécifique, les personnes mentionnées à l'article L. 5423-1 :

1° Justifient de cinq ans d'activité salariée dans les dix ans précédant la fin du contrat de travail à partir de laquelle ont été ouverts leurs droits aux allocations d'assurance. En ce qui concerne les personnes ayant interrompu leur activité salariée pour élever un enfant, cette durée est réduite, dans la limite de trois ans, d'un an par enfant à charge ou élevé dans les conditions fixées à l'article R. 342-2 du code de la sécurité sociale ;

2° Sont effectivement à la recherche d'un emploi au sens de l'article L. 5421-3, sous réserve des dispositions de l'article R. 5421-1 ;

3° Justifient, à la date de la demande, de ressources mensuelles inférieures à un plafond correspondant à 70 fois le montant journalier de l'allocation pour une personne seule et 110 fois le même montant pour un couple. — *[Anc. art. R. 351-13, al. 1er à 4.]*

Exclusion des travaux d'utilité collective. La période correspondant à l'accomplissement de travaux d'utilité collective ne peut être prise en considération pour le calcul de la durée d'activité salariée exigée par l'art. R. 351-13 [R. 5423-1 nouv.]. • CE 12 nov. 1990 : *RJS 1991. 42, nº 72.*

Art. R. 5423-2 Les ressources prises en considération pour l'application du plafond prévu au 3° de l'article R. 5423-1 comprennent l'allocation de solidarité ainsi que les autres ressources de l'intéressé et, le cas échéant, de son conjoint, partenaire lié par un pacte civil de solidarité ou concubin, telles qu'elles doivent être déclarées à l'administration fiscale pour le calcul de l'impôt sur le revenu avant déduction des divers abattements. Toutefois ces dispositions ne s'appliquent pas lorsque le conjoint, partenaire lié par un pacte civil de solidarité ou concubin du demandeur est dirigeant d'une entreprise entrant dans le champ d'application de l'article 50-0 du code général des impôts.

Le montant pris en compte est le douzième du total des ressources perçues pendant les douze mois précédant celui au cours duquel la demande a été présentée.

Les ressources perçues hors du territoire national sont prises en compte comme si elles avaient été perçues sur ce territoire. – *[Anc. art. R. 351-13, al. 5 et 6.]*

Prise en compte des revenus du concubin. En faveur de l'assimilation à un couple des personnes vivant en concubinage, un tel état impliquant la mise en commun des ressources au sens des dispositions du code du travail, V. • CE 13 nov. 1991 : *D. 1992. IR 6 ; Dr. soc. 1992. 405, concl. Le Chatellier ; RFDA 1993. 816, note Chauchard.*

Art. R. 5423-3 Ne sont pas prises en compte pour la détermination du droit à l'allocation de solidarité spécifique, les ressources suivantes :

1° L'allocation d'assurance précédemment perçue par l'intéressé ;

2° La majoration de l'allocation de solidarité ;

3° Les prestations familiales ;

4° La prime exceptionnelle de retour à l'emploi instituée par le décret n° 2005-1054 du 29 août 2005 créant une prime exceptionnelle de retour à l'emploi en faveur de certains bénéficiaires de minima sociaux ;

5° La prime de retour à l'emploi instituée par l'article L. 5133-1 ;

6° Les primes forfaitaires instituées respectivement par les articles L. 5425-3 du présent code, L. 262-11 du code de l'action sociale et des familles et L. 524-5 du code de la sécurité sociale ;

7° L'allocation de logement prévue aux articles L. 831-1 et suivants du code de la sécurité sociale. – *[Anc. art. R. 351-13, al. 7, phrase 1.]*

Art. R. 5423-4 La pension alimentaire ou la prestation compensatoire fixée par *(L. n° 2016-1907 du 28 déc. 2016, art. 13)* « une convention de divorce par consentement mutuel prévue à l'article 229-1 du code civil, un acte reçu en la forme authentique par un notaire, une convention de divorce homologuée par le juge ou par » une décision de justice devenue exécutoire est déduite des ressources de celui qui la verse.

Art. R. 5423-5 Il n'est pas tenu compte, pour la détermination des ressources, des allocations de solidarité, *(Décr. n° 2009-289 du 13 mars 2009)* « des allocations d'assurance, » des rémunérations de stage ou des revenus d'activité perçus pendant la période de référence lorsqu'il est justifié que leur perception est interrompue de manière certaine à la date de la demande et que le bénéficiaire de ces ressources ne peut prétendre à un revenu de substitution.

Lorsque le bénéficiaire peut prétendre à un revenu de substitution, un abattement de 30 % est appliqué sur la moyenne des ressources auxquelles ce revenu se substitue. – *[Anc. art. R. 351-13, al. 8.]*

Art. R. 5423-6 Lorsque le total des ressources prises en considération excède le plafond mentionné au 3° de l'article R. 5423-1, l'allocation n'est versée qu'à concurrence d'un montant global de ressources égal au plafond. – *[Anc. art. R. 351-13, al. 9.]*

§ 2 VERSEMENT, RENOUVELLEMENT ET PROLONGATION

Art. R. 5423-7 *(Abrogé par Décr. n° 2008-1010 du 29 sept. 2008) Les décisions relatives à l'allocation de solidarité spécifique peuvent faire l'objet d'un recours devant le préfet de région.* – [Anc. art. R. 351-12.]

Art. R. 5423-8 L'allocation de solidarité spécifique est attribuée pour une période de six mois renouvelable.

Toutefois, l'allocation est attribuée par périodes d'un an renouvelables aux bénéficiaires de la dispense de recherche d'emploi prévue à l'article L. 5421-3. – *[Anc. art. R. 351-15, al. 1er et 2.]*

Art. R. 5423-9 Le renouvellement de l'allocation est subordonné aux mêmes conditions que son attribution initiale. – *[Anc. art. R. 351-15, al. 4.]*

Art. R. 5423-10 *(Abrogé par Décr. n° 2008-1056 du 13 oct. 2008) En cas de refus de renouvellement de l'allocation, la commission de recours prévue à l'article R. 5423-11 est la commission mentionnée à l'article R. 5426-5. La décision qu'elle prend se substitue à la décision initiale.* – [Anc. art. R. 351-15, al. 5.]

Art. R. 5423-11 *(Abrogé par Décr. n° 2008-1056 du 13 oct. 2008) Après un rapport d'évaluation et suivant des modalités fixées par décret, à l'échéance de la période de verse-*

ment de l'allocation, le bénéficiaire peut saisir une commission de recours qui pourra prolonger le bénéfice de l'allocation à condition que l'intéressé se soit engagé dans une démarche active et encadrée de recherche d'emploi. – [Anc. art. L. 351-10, al. 4.]

Art. R. 5423-12 Le délai dans lequel doit être présentée la demande de paiement de l'allocation solidarité spécifique, est fixé à deux ans à compter du jour où les personnes intéressées remplissent l'ensemble des conditions exigées pour pouvoir prétendre au bénéfice de cette allocation. – *[Anc. art. R. 351-17.]*

Art. R. 5423-13 Dans les cas où la condition de ressources est applicable aux bénéficiaires, l'allocation solidarité spécifique n'est pas versée lorsque le montant mensuel dû est inférieur au taux journalier de cette allocation. – *[Anc. art. R. 351-18.]*

Art. R. 5423-14 *Abrogé par Décr. nº 2012-1066 du 18 sept. 2012, art. 2.*

SOUS-SECTION 2 ALLOCATION DE FIN DE FORMATION

§ 1er CONDITIONS D'ATTRIBUTION

Art. R. 5423-15 Peuvent bénéficier de l'allocation de fin de formation les demandeurs d'emploi qui entreprennent une action de formation permettant d'acquérir une qualification reconnue au sens de l'article L. 6314-1 et d'accéder à un emploi pour lequel sont identifiées des difficultés de recrutement.

La liste de ces métiers est fixée par arrêté du préfet de région au vu des statistiques d'offres et demandes d'emploi de *(Décr. nº 2014-524 du 22 mai 2014, art. 16-III)* « Pôle emploi ». Ces statistiques sont présentées par métier en fonction d'un nombre minimum d'offres demeurées non satisfaites et indiquant pour chacun le rapport moyen sur les quatre derniers trimestres connus entre les offres et les demandes. – *[Anc. art. R. 351-19-1-I.]*

§ 2 VERSEMENT

Art. R. 5423-16 L'allocation de fin de formation est versée pendant la durée de l'action de formation.

Toutefois, la durée cumulée de versement aux demandeurs d'emploi en formation de l'allocation d'assurance chômage et de l'allocation de fin de formation ne peut excéder la durée maximum de formation mentionnée à l'article R. 6341-15. – *[Anc. art. R. 351-19-1-II.]*

Art. R. 5423-17 Le montant journalier de l'allocation de fin de formation est égal au dernier montant journalier de l'allocation d'assurance chômage perçu par l'intéressé à la date de l'expiration de ses droits à cette allocation. – *[Anc. art. R. 351-19-1-III.]*

SOUS-SECTION 3 ALLOCATION TEMPORAIRE D'ATTENTE

§ 1er CONDITIONS D'ATTRIBUTION

Art. R. 5423-18 (Abrogé par Décr. nº 2015-1166 du 21 sept. 2015, art. 26) ***Pour bénéficier d'une allocation temporaire d'attente, les ressortissants étrangers mentionnés au 1º*** (Décr. nº 2015-754 du 24 juin 2015, art. 1er) ***« et au 1º bis » de l'article L. 5423-8 doivent être âgés de dix-huit ans révolus.***

Art. R. 5423-19 Les ressortissants étrangers admis au séjour mentionnés *(Décr. nº 2015-1166 du 21 sept. 2015, art. 26)* « au 3º » de l'article L. 5423-8, peuvent bénéficier de l'allocation temporaire d'attente *(Décr. nº 2009-289 du 13 mars 2009)* « pendant la durée du bénéfice de la protection subsidiaire ». – *[Anc. art. R. 351-7.]*

Art. R. 5423-20 Sont admis, en application *(Décr. nº 2015-754 du 24 juin 2015, art. 2)* « du 3º, du 5º et du 6º » de l'article L. 5423-8, au bénéfice de l'allocation temporaire d'attente :

1º Les apatrides ;

2º Les anciens détenus, lorsque la durée de leur détention n'a pas été inférieure à deux mois ;

3° Les travailleurs salariés expatriés non couverts par le régime d'assurance chômage qui, lors de leur retour en France, justifient d'une durée de travail de cent quatre-vingt-deux jours au cours des douze mois précédant la fin de leur contrat de travail ;

(Décr. nº 2015-754 du 24 juin 2015, art. 2) « 4° Les ressortissants étrangers bénéficiaires de la protection subsidiaire. » — *[Anc. art. R. 351-8-I.]*

Art. R. 5423-21 *(Décr. nº 2015-754 du 24 juin 2015, art. 3)* L'allocation temporaire d'attente est attribuée aux catégories de bénéficiaires mentionnés à l'article R. 5423-20, sous réserve d'être inscrits comme demandeurs d'emploi et de remplir la condition de ressources mentionnée à l'article R. 5423-23. Pour les bénéficiaires mentionnés aux 1°, 2° et 3° de l'article R. 5423-20, elle est attribuée pour une durée maximale de douze mois.

Art. R. 5423-22 Le droit à l'allocation temporaire d'attente ne peut être ouvert qu'une fois au titre de chacun des cas mentionnés à l'article L. 5423-8. — *[Anc. art. R. 351-9.]*

Art. R. 5423-23 Pour bénéficier de l'allocation temporaire d'attente, la personne justifie de ressources mensuelles inférieures au montant du revenu minimum d'insertion. — *[Anc. art. R. 351-10, al. 1er, phrase 1.]*

Art. R. 5423-24 Les ressources prises en considération pour l'application du plafond mentionné à l'article R. 5423-23 comprennent, hors l'allocation temporaire d'attente, celles de l'intéressé et, le cas échéant, de son conjoint, partenaire lié par un pacte civil de solidarité ou concubin, telles qu'elles doivent être déclarées à l'administration fiscale pour le calcul de l'impôt sur le revenu avant déduction des divers abattements. Le montant pris en compte est le douzième du total des ressources perçues pendant les douze mois précédant celui au cours duquel les ressources sont examinées.

Les ressources perçues hors du territoire national sont prises en compte comme si elles avaient été perçues sur ce territoire. — *[Anc. art. R. 351-10, al. 1er, phrases 2 et 3, et al. 2.]*

Constitue la demande visée par l'art. R. 351-10, 2° [R. 5423-25 nouv.], la demande de reconnaissance de la qualité de réfugié dont un étranger saisit l'Office français de protection des réfugiés et apatrides, puis la commission des recours des réfugiés, à l'exception des demandes présentant un caractère manifestement dilatoire. • CE 29 juill. 1994 : *D. 1994. IR 232.*

Art. R. 5423-25 La condition relative aux ressources est appréciée le mois de la demande d'allocation, puis à échéance semestrielle. — *[Anc. art. R. 351-10, al. 1er, phrase 4.]*

Art. R. 5423-26 Ne sont pas prises en compte pour la détermination du droit à l'allocation temporaire d'attente, les ressources suivantes :

1° Les prestations familiales ;

2° Les allocations d'assurance ou de solidarité, les rémunérations de stage ou des revenus d'activité perçus pendant la période de référence lorsqu'il est justifié que leur perception est interrompue de manière certaine à la date de la demande et que le bénéficiaire de ces ressources ne peut prétendre à un revenu de substitution.

La pension alimentaire ou la prestation compensatoire fixée par *(L. nº 2016-1907 du 28 déc. 2016, art. 13)* « une convention de divorce par consentement mutuel prévue à l'article 229-1 du code civil, un acte reçu en la forme authentique par un notaire, une convention de divorce homologuée par le juge ou par » une décision de justice devenue exécutoire est déduite des ressources de celui qui la verse. — *[Anc. art. R. 351-10, al. 3 à 5.]*

Art. R. 5423-27 Lorsque le bénéficiaire peut prétendre à un revenu de substitution, un abattement de 30 % est appliqué sur la moyenne des ressources auxquelles ce revenu se substitue. — *[Anc. art. R. 351-10, al. 6.]*

§ 2 VERSEMENT

Art. R. 5423-28 Le délai dans lequel doit être présentée la demande de paiement de l'allocation temporaire d'attente, est fixé à deux ans à compter du jour où les personnes intéressées remplissent l'ensemble des conditions exigées pour pouvoir prétendre au bénéfice de cette allocation. – *[Anc. art. R. 351-17.]*

Art. R. 5423-29 Dans les cas où la condition de ressources est applicable aux bénéficiaires, l'allocation temporaire d'attente n'est pas versée lorsque le montant mensuel dû est inférieur au taux journalier de cette allocation. – *[Anc. art. R. 351-18.]*

Art. R. 5423-30 *(Décr. nº 2015-754 du 24 juin 2015, art. 4)* La décision motivée en fonction de chaque cas d'espèce de suspension, mentionnée au II de l'article L. 5423-11, du versement de l'allocation temporaire d'attente prend effet à compter de la date de son édiction.

Art. R. 5423-30-1 *(Décr. nº 2015-754 du 24 juin 2015, art. 4)* La reprise du versement intervient à compter de la date à laquelle la décision dûment motivée de rétablissement, mentionnée au II de l'article L. 5423-11, a été prise.

§ 3 COMMUNICATION D'INFORMATIONS

Art. R. 5423-31 *à* R. 5423-37 *Abrogés par Décr. nº 2015-1166 du 21 sept. 2015, art. 26.*

SOUS-SECTION 4 ALLOCATION FORFAITAIRE DU CONTRAT NOUVELLES EMBAUCHES

Art. D. 5423-38 L'allocation forfaitaire mentionnée à l'article L. 5423-15 *[abrogé]* est accordée, dès lors que le salarié justifie d'une période d'activité continue de quatre mois en contrat nouvelles embauches, pour une durée égale à un mois. – *[Anc. art. 1er, Décr. nº 2005-894 du 2 août 2005.]*

Art. D. 5423-39 Le montant journalier de l'allocation forfaitaire est fixé à 16,40 €. – *[Anc. art. 2, Décr. nº 2005-894 du 2 août 2005.]*

Art. D. 5423-40 L'inscription comme demandeur d'emploi doit intervenir dans les trois mois à compter de la fin du contrat de travail pris en considération pour l'ouverture des droits. – *[Anc. art. 3-I, Décr. nº 2005-894 du 2 août 2005.]*

Art. R. 5423-41 Le délai dans lequel la demande de paiement de l'allocation forfaitaire doit être présentée est fixé à six mois à compter du jour où l'intéressé remplit les conditions exigées pour prétendre au bénéfice de cette allocation. – *[Anc. art. 3-II, Décr. nº 2005-894 du 2 août 2005.]*

Art. R. 5423-42 L'action en paiement, qui est obligatoirement précédée du dépôt de la demande de paiement de l'allocation forfaitaire, se prescrit par deux ans à compter de la date de notification de la décision d'ouverture de droits. – *[Anc. art. 3-III, Décr. nº 2005-894 du 2 août 2005.]*

Art. R. 5423-43 Le travailleur involontairement privé d'emploi qui a cessé de bénéficier du service de l'allocation forfaitaire, alors que la période d'indemnisation précédemment ouverte n'était pas épuisée, et qui n'a pas acquis de nouveaux droits à l'allocation d'assurance chômage, bénéficie d'une reprise de ses droits.

Toutefois cette règle ne s'applique que si le temps écoulé depuis la date d'admission du travailleur n'est pas supérieur à la durée des droits augmentée de trois ans de date à date. – *[Anc. art. 3-IV, Décr. nº 2005-894 du 2 août 2005.]*

Art. R. 5423-44 Le versement de l'allocation forfaitaire ne peut se cumuler avec le versement de l'allocation spécifique.

Lorsque le travailleur privé d'emploi a droit à l'allocation de solidarité spécifique à la date de rupture de son contrat, ces droits sont reportés à la date à laquelle prend fin le versement de l'allocation forfaitaire. Toutefois, il conserve la faculté de renoncer au versement de l'allocation forfaitaire au profit du versement de l'allocation de solidarité spécifique. – *[Anc. art. 3-V, Décr. nº 2005-894 du 2 août 2005.]*

Art. R. 5423-45 *Abrogé par Décr. nº 2012-1066 du 18 sept. 2012, art. 2.*

Art. R. 5423-46 Les dispositions prévues aux articles R. 5421-3, R. 5425-2 à R. 5425-7, R. 5425-12, R. 5426-1 à R. 5426-4, R. 5426-6 à R. 5426-14 et R. 5427-1 sont applicables à l'allocation forfaitaire. – *[Anc. art. 5-I, Décr. nº 2005-894 du 2 août 2005.]*

Art. R. 5423-47 Sont dispensés, à leur demande, de la condition de recherche d'emploi les bénéficiaires de l'allocation forfaitaire :

1º Âgés d'au moins cinquante-sept ans et demi ;

2º Âgés d'au moins cinquante-cinq ans, lorsqu'ils justifient d'au moins 160 trimestres validés dans les régimes de base obligatoire d'assurance vieillesse ou de périodes reconnues équivalentes. – *[Anc. art. 5-II, Décr. nº 2005-894 du 2 août 2005.]*

SECTION II FINANCEMENT DES ALLOCATIONS

SOUS-SECTION 1 FONDS DE SOLIDARITÉ

Art. R. 5423-48 Le Fonds de solidarité mentionné à l'article L. 5423-24 est un établissement public national de caractère administratif, doté de l'autonomie financière. Il est placé sous la tutelle des ministres chargés de l'emploi et du budget.

Le fonds est administré par un conseil d'administration dont le président est nommé par décret.

(Décr. nº 2012-1247 du 7 nov. 2012, art. 45) « Le fonds est soumis aux dispositions des titres Ier et III du décret nº 2012-1246 du 7 novembre 2012 relatif à la gestion budgétaire et comptable publique. »

SOUS-SECTION 2 CONTRIBUTION EXCEPTIONNELLE DE SOLIDARITÉ

Art. R. 5423-49 La contribution exceptionnelle de solidarité prévue à l'article L. 5423-26 est précomptée et versée par l'employeur au fonds de solidarité dans les quinze premiers jours du mois suivant celui du versement des rémunérations ayant supporté le précompte. – *[Anc. art. 2, al. 2, phrase 2, L. nº 82-939 du 4 nov. 1982.]*

Art. R. 5423-50 Le versement de la contribution exceptionnelle de solidarité est accompagné d'une déclaration de l'employeur indiquant notamment le nombre de personnes assujetties à cette contribution, son assiette et son montant.

En cas d'absence de déclaration dans les délais prescrits, le directeur du fonds de solidarité peut fixer forfaitairement à titre provisionnel le montant de cette contribution. – *[Anc. art. 2, al. 3 et 4, L. nº 82-939 du 4 nov. 1982.]*

Art. R. 5423-51 La rétention indue du précompte, malgré une mise en demeure non suivie d'effet dans le mois, rend l'employeur passible des pénalités prévues au chapitre IV du titre IV du livre II du code de la sécurité sociale.

Dans ce cas, les poursuites sont engagées à la requête du ministère public sur la demande du directeur du fonds de solidarité. – *[Anc. art. 2, al. 8 et 9, L. nº 82-939 du 4 nov. 1982.]*

Art. R. 5423-52 Le montant prévu au deuxième alinéa de l'article L. 5423-32 est égal au traitement mensuel brut afférent à l'indice brut 296 de la fonction publique. – *[Anc. art. 4, al. 1er, L. nº 82-939 du 4 nov. 1982.]*

CHAPITRE IV RÉGIMES PARTICULIERS

SECTION PREMIÈRE DISPOSITIONS PARTICULIÈRES À CERTAINS SALARIÉS DU SECTEUR PUBLIC

Art. R. 5424-1 Pour les salariés des employeurs mentionnés aux 1º, 3º et 4º de l'article L. 5424-2, la contribution prévue à l'article L. 5422-9 est égale au montant de la contribution exceptionnelle qu'ils auraient dû verser en application de l'article L. 5423-26.

Elle est versée par l'employeur. – *[Anc. art. L. 351-12, al. 9, phrase 2.]*

Art. R. 5424-2 Lorsque, au cours de la période retenue pour l'application de l'article L. 5422-2, la durée totale d'emploi accomplie pour le compte d'un ou plusieurs employeurs affiliés au régime d'assurance a été plus longue que l'ensemble des périodes d'emploi accomplies pour le compte d'un ou plusieurs employeurs relevant de l'article L. 5424-1, la charge de l'indemnisation incombe à *(Décr. n° 2014-524 du 22 mai 2014, art. 16-II)* « Pôle emploi » pour le compte de l'organisme mentionné à l'article L. 5427-1 ».

Dans le cas contraire, cette charge incombe à l'employeur relevant de l'article L. 5424-1, ou à celui des employeurs relevant de cet article qui a employé l'intéressé durant la période la plus longue. – *[Anc. art. R. 351-20, al. 1er et 2.]*

Art. R. 5424-3 Lorsque, au cours de la période retenue pour l'application de l'article L. 5422-2, les durées d'emploi accomplies pour le compte d'un ou plusieurs employeurs relevant de l'article L. 5424-1 et pour le compte d'un ou plusieurs employeurs affiliés au régime d'assurance sont égales, la charge de l'indemnisation incombe :

1° A l'employeur relevant de l'article L. 5424-1 ou à celui des employeurs relevant de cet article qui a employé l'intéressé pendant la durée la plus longue, si le dernier contrat de travail ou engagement liait l'intéressé à un tel employeur ;

2° Au régime d'assurance si le dernier employeur est affilié à ce régime.

A égalité de durée d'emploi pour le compte de plusieurs employeurs relevant de l'article L. 5424-1, la charge de l'indemnisation incombe à l'employeur auquel l'intéressé a été lié par le dernier contrat de travail ou engagement. – *[Anc. art. R. 351-20, al. 3.]*

Art. R. 5424-4 Le calcul des périodes d'emploi s'effectue, le cas échéant, après application à chacune d'elles d'un coefficient égal au rapport entre la durée hebdomadaire de travail de l'intéressé, fixée par son contrat de travail ou engagement, pendant la période d'emploi et la durée légale de travail ou la durée de travail conventionnelle lorsque celle-ci est inférieure à la durée légale, applicable à l'employeur pendant cette période d'emploi.

Toutefois, ce correctif n'est appliqué que lorsque la durée hebdomadaire de travail de l'intéressé est inférieure à la moitié de la durée de travail légale ou conventionnelle précédemment mentionnée pendant la période d'emploi. – *[Anc. art. R. 351-20, al. 4.]*

Art. R. 5424-5 Pour l'ouverture des droits à indemnisation, la durée totale des activités salariées accomplies par un même travailleur pour le compte d'employeurs relevant des articles L. 5422-13 ou L. 5424-1 est prise en compte. – *[Anc. art. R. 351-20, al. 5.]*

Art. R. 5424-6 *(Décr. n° 2014-670 du 24 juin 2014)* Lorsque l'intéressé a épuisé les droits ouverts lors d'une précédente admission et qu'il remplit les conditions lui permettant de bénéficier de droits au titre d'une ou de plusieurs activités exercées antérieurement à la fin des droits, en application du I de l'article R. 5422-2, l'allocation est à la charge de l'employeur ou de l'institution mentionnée à l'article L. 5312-1 pour le compte de l'organisme mentionné à l'article L. 5427-1 qui décide de la nouvelle admission, après, le cas échéant, application des dispositions des articles R. 5424-2 à R. 5424-5.

SECTION II ENTREPRISES DU BÂTIMENT ET DES TRAVAUX PUBLICS PRIVÉES D'EMPLOI PAR SUITE D'INTEMPÉRIES

SOUS-SECTION 1 CHAMP D'APPLICATION

Art. D. 5424-7 Les dispositions des articles L. 5424-6 à L. 5424-19 sont applicables :

1° Aux travailleurs appartenant aux activités professionnelles mentionnées par le décret n° 59-534 du 9 avril 1959 relatif à la nomenclature des activités économiques sous les numéros ci-après :

330.

331.

332 (à l'exception des entreprises de fabrication de décors de théâtre).

333.

334.

335 (à l'exclusion de 335-2).
336 (à l'exclusion de 336-22 et de 336-23).
337-03.
338.
34 (à l'exclusion de 348-22 et de 348-3).

2° Aux carrières à ciel ouvert extrayant des matériaux destinés au bâtiment et aux travaux publics et qui sont directement exploitées par les entreprises du bâtiment et des travaux publics. – *[Anc. art. L. 731-1, al. 2 à 5 et 7, et anc. art. R. 731-1.]*

SOUS-SECTION 2 PÉRIODES D'ARRÊT SAISONNIER

Art. D. 5424-8 Les périodes d'arrêt saisonnier de travail prévues à l'article L. 5424-7 sont déterminées par le *(Décr. n° 2009-1377 du 10 nov. 2009)* « directeur régional des entreprises, de la concurrence, de la consommation, du travail et de l'emploi » après avis d'une commission composée comme suit :

1° Quatre membres employeurs et quatre membres salariés désignés respectivement par les organisations d'employeurs et de salariés représentatives pour les activités professionnelles mentionnées à l'article D. 5424-7 ;

2° Le directeur départemental de l'équipement ;

3° L'*(Décr. n° 2009-1106 du 10 sept. 2009)* « ingénieur en chef des ponts, des eaux et des forêts » du service ordinaire.

Peut également être appelée à siéger, en tant que de besoin, toute personne dont la compétence est jugée utile par les membres de la commission. – *[Anc. art. R. 731-2, al. 1er et 2.]*

Les modifications issues du Décr. n° 2009-1377 du 10 nov. 2009 prennent effet, dans chaque région, à la date de nomination du directeur régional des entreprises, de la concurrence, de la consommation, du travail et de l'emploi (Décr. préc., art. 7-I). – V. Arr. de nomination de ces directeurs des 30 déc. 2009 (JO 5 janv. 2010) et 9 févr. 2010 (JO 14 févr.).

Ces modifications s'appliquent à la région Île-de-France à compter du 1er juill. 2010 (Décr. n° 2010-687 du 24 juin 2010, art. 2).

Art. D. 5424-9 Les périodes d'arrêt saisonnier peuvent varier selon la nature des professions énumérées à l'article D. 5424-7. Elles peuvent, chaque année, faire l'objet d'une révision intervenant avant le 1er août. – *[Anc. art. R. 731-2, al. 3.]*

Art. D. 5424-10 La décision du *(Décr. n° 2009-1377 du 10 nov. 2009)* « directeur régional des entreprises, de la concurrence, de la consommation, du travail et de l'emploi » est soumise à l'approbation du ministre chargé de l'emploi. – *[Anc. art. R. 731-2, al. 4.]*

V. notes ss. art. D. 5424-8.

SOUS-SECTION 3 CONDITIONS D'ATTRIBUTION DE L'INDEMNITÉ

Art. D. 5424-11 Le nombre minimum d'heures de travail ouvrant droit à l'indemnisation pour intempéries prévu à l'article L. 5424-11 est fixé à 200 heures durant les deux mois précédant l'arrêt de travail. – *[Anc. art. R. 731-3.]*

Art. D. 5424-12 L'indemnité journalière d'intempéries est due pour chaque heure perdue à partir de la deuxième au cours d'une même semaine ou au cours d'une période continue d'arrêt. – *[Anc. art. R. 731-4, al. 1er.]*

Art. D. 5424-13 La limite d'indemnisation prévue à l'article L. 5424-12 est fixée aux trois quarts du salaire.

Le nombre maximum d'heures de travail pouvant être indemnisées est fixé à neuf heures par jour dans la limite de quarante-cinq heures par semaine. – *[Anc. art. R. 731-4, al. 2 et 3.]*

Art. D. 5424-14 Le nombre maximum des indemnités journalières susceptibles d'être attribuées au cours d'une année civile est fixé à cinquante-cinq. – *[Anc. art. R. 731-4, al. 4.]*

SOUS-SECTION 4 **CALCUL DE L'INDEMNITÉ**

Art. D. 5424-15 Le montant de l'indemnité horaire versée en application des articles L. 5424-12 et L. 5424-13 est calculé en prenant pour base le salaire horaire perçu par le salarié à la veille de l'interruption du travail, y compris, le cas échéant, les primes accessoires du salaire et les primes de rendement. Les primes représentatives de frais ou de risque et des majorations pour heures supplémentaires sont exclues. – *[Anc. art. R. 731-6, al. 1er.]*

Art. D. 5424-16 La partie du salaire dépassant la somme correspondant au salaire limite prévu pour le calcul des cotisations de sécurité sociale majoré de 20 % n'est pas prise en compte pour la fixation de la base de calcul de l'indemnité. – *[Anc. art. R. 731-6, al. 2.]*

SOUS-SECTION 5 **SITUATION DES SALARIÉS**

Art. D. 5424-17 Les heures de travail effectuées en remplacement des heures perdues pour cause d'intempéries sont rémunérées conformément à la réglementation sans tenir compte de l'indemnisation à laquelle elles ont donné lieu au titre des articles L. 5424-6 à L. 5424-19. – *[Anc. art. R. 731-8.]*

Art. D. 5424-18 Le salarié bénéficiant du régime chômage intempéries reste à la disposition de l'entreprise qui l'employait au moment de l'arrêt de travail pendant toute la période de l'inactivité du chantier. – *[Anc. art. R. 731-9, al. 1er.]*

Art. D. 5424-19 Le salarié perd son droit à indemnisation s'il refuse d'exécuter les travaux qui lui sont demandés par son entreprise, lorsque ces travaux peuvent être accomplis pendant l'intempérie, notamment en atelier ou bureau. – *[Anc. art. R. 731-9, al. 2.]*

Art. D. 5424-20 L'employeur qui occupe le salarié pendant l'intempérie lui maintient, pendant la durée des travaux, le salaire qu'il percevait avant l'arrêt de travail dû aux intempéries.

Les heures ainsi rémunérées sont déduites des heures chômées donnant lieu à indemnisation. – *[Anc. art. R. 731-9, al. 3 et 4.]*

Art. D. 5424-21 La date de reprise de travail pour le salarié mis en chômage est décidée par l'employeur ou le représentant du maître d'œuvre sur les chantiers.

Elle est portée à la connaissance du salarié par un avis affiché au siège ou au bureau de l'entreprise ou à l'entrée du chantier.

Le salarié qui ne reprend pas le travail dès la réouverture du chantier cesse d'avoir droit à l'indemnité à partir de la date de cette réouverture. – *[Anc. art. R. 731-9, al. 5 et 6.]*

Art. D. 5424-22 L'entreprise ne peut, sauf en cas de faute grave de l'intéressé ou en cas d'arrêt des travaux par le maître d'œuvre dans les chantiers de travaux publics, licencier un salarié au cours de la période d'inactivité du chantier sur lequel celui-ci est employé.

Toutefois, ces dispositions ne portent pas atteinte aux effets découlant de l'expiration du préavis au cours de la période d'inactivité lorsque le préavis a été donné avant le début de cette période. – *[Anc. art. R. 731-10.]*

Art. D. 5424-23 Lorsque l'employeur met à la disposition de collectivités publiques les salariés, en application du premier alinéa de l'article L. 5424-18, il dépose, à la demande de la mairie de la commune du lieu du chantier, l'effectif et la spécialité des salariés dont l'activité est interrompue. – *[Anc. art. L. 731-12, al. 1er, phrase 2.]*

Art. D. 5424-24 L'indemnité différentielle prévue au second alinéa de l'article L. 5424-18 est remboursée aux collectivités publiques par les caisses de congés payés. – *[Anc. art. L. 731-12, al. 2, phrase 2.]*

SOUS-SECTION 6 **REMBOURSEMENT DE L'EMPLOYEUR**

Art. D. 5424-25 L'entreprise est remboursée par les caisses de congés payés des indemnités versées à ses salariés au titre de la législation sur les intempéries qui sont calculées en affectant le montant de chaque indemnité versée d'un coefficient égal au rapport entre le montant des salaires servant de base à la cotisation versée par l'entreprise en application de l'article D. 5424-36 et le montant de ces salaires avant déduction de l'abattement prévu à ce même article. – *[Anc. art. R. 731-20, al. 1er.]*

Art. D. 5424-26 Il est versé à l'employeur 85 % du montant obtenu à l'article D. 5424-25 lorsque la masse salariale dépasse trois fois le montant de l'abattement prévu au même article et 90 % lorsque la masse salariale est au plus égale à trois fois le montant de cet abattement. – *[Anc. art. R. 731-20, al. 2.]*

Art. D. 5424-27 Pour les six premières heures indemnisées suivant l'heure de carence prévue à l'article D. 5424-12, il est versé de façon uniforme à l'employeur 10 % du montant obtenu à l'article D. 5424-25. – *[Anc. art. R. 731-20, al. 3.]*

Art. D. 5424-28 L'employeur adresse le bordereau de déclaration d'arrêt de travail et de demande de remboursement des indemnités versées aux salariés à la caisse des congés payés mentionnée à l'article D. 5424-32 dans un délai fixé par arrêté du ministre chargé de l'emploi.

Le modèle de ce bordereau est établi par la caisse nationale de surcompensation.

L'employeur transmet aux délégués du personnel, à leur demande, les informations du bordereau relatives au nombre des heures perdues pour cause d'intempéries et à leurs dates. – *[Anc. art. R. 731-5.]*

SOUS-SECTION 7 **COTISATIONS ET PÉRÉQUATION DES CHARGES**

Art. D. 5424-29 Les dépenses d'indemnisation du chômage-intempéries sont couvertes au moyen d'une cotisation mise à la charge des entreprises exerçant une ou plusieurs activités professionnelles mentionnées à l'article D. 5424-7. – *[Anc. art. R. 731-11.]*

Art. D. 5424-30 Les services créés au sein des caisses de congés payés en vue de l'attribution de l'indemnité journalière d'intempéries définie à l'article L. 5424-12 ont une comptabilité distincte de celle des autres services de la caisse de compensation. – *[Anc. art. R. 731-12.]*

Art. D. 5424-31 L'employeur délivre au salarié qui quitte l'entreprise un certificat indiquant le nombre d'heures et les périodes pendant lesquelles il a bénéficié de l'indemnité chômage-intempéries pendant la période de l'année civile en cours durant laquelle il a été employé dans l'entreprise. – *[Anc. art. R. 731-14.]*

Art. D. 5424-32 L'employeur verse les cotisations de l'assurance intempérie à la caisse de compensation dont il dépend déjà pour l'application de la législation sur les congés payés. – *[Anc. art. R. 731-15, al. 1er.]*

Art. D. 5424-33 Pour les entreprises énumérées au 2° de l'article D. 5424-7 qui, au titre de la législation sur les congés payés, ne sont pas tenues de s'affilier à une caisse de compensation du bâtiment ou des travaux publics, l'employeur verse ses cotisations à la caisse de compensation compétente pour les entreprises du bâtiment et la localité du siège de l'entreprise. – *[Anc. art. R. 731-15, al. 2.]*

Art. D. 5424-34 L'employeur se conforme aux obligations découlant du règlement établi pour l'application de la présente section par la caisse à laquelle il est affilié. – *[Anc. art. R. 731-15, al. 3.]*

Art. D. 5424-35 L'affiliation prévue aux articles D. 5424-32 et D. 5424-33 prend effet à la date à laquelle l'entreprise a commencé à employer des salariés. – *[Anc. art. R. 731-15, al. 4.]*

Art. D. 5424-36 Les cotisations versées par l'employeur aux caisses de congés payés sont assises sur l'ensemble des salaires pris en compte pour le calcul des cotisations de sécurité sociale, déduction faite pour chacun d'eux d'un abattement dont le montant est fixé annuellement par un arrêté conjoint des ministres chargés de l'emploi et du budget. Cet abattement ne peut être inférieur à 8 000 fois le salaire horaire d'un manœuvre de l'industrie du bâtiment. — *[Anc. art. R. 731-18.] — V. Arr. du 18 sept. 2013 (JO 1er oct.), mod. par Arr. du 24 févr. 2015 (JO 11 mars). — V. Arr. du 6 avr. 2016 (JO 20 avr.).*

Art. D. 5424-37 La cotisation comporte deux taux distincts applicables l'un aux entreprises du gros œuvre et des travaux publics, l'autre aux entreprises n'entrant pas dans cette catégorie.

L'entreprise qui, du fait de ses activités, appartient simultanément à ces deux catégories est rattachée à celle qui correspond à son activité principale sauf lorsqu'elle dispose d'établissements distincts pour chaque catégorie. — *[Anc. art. R. 731-19, al. 1er et 2.]*

Art. D. 5424-38 Les taux de cotisations sont calculés de façon à assurer entre toutes les entreprises assujetties une péréquation des charges sur le plan national, tout en tenant compte des particularités propres à chacune des deux catégories définies à l'article D. 5424-37. — *[Anc. art. R. 731-19, al. 3.]*

Art. D. 5424-39 Des arrêtés des ministres chargés de l'emploi et de l'économie, pris après avis de la Caisse nationale de surcompensation du bâtiment et des travaux publics, répartissent les entreprises entre les deux catégories d'après la nomenclature des activités économiques et fixent le montant de l'abattement prévu à l'article D. 5424-36. — *[Anc. art. R. 731-19, al. 4.].*

Art. D. 5424-40 Les arrêtés mentionnés à l'article D. 5424-39 fixent chaque année les taux de cotisations mises à la charge des entreprises et le montant du fonds de réserve destiné à assurer le remboursement des indemnités journalières d'intempéries. Lorsque ce montant est dépassé, le conseil d'administration de la Caisse nationale de surcompensation peut, lorsque les ministres chargés de l'emploi et de l'économie, préalablement informés, n'ont pas fait connaître leur opposition dans un délai d'un mois à compter de la réception de cette information, réduire pour le reste de l'année les cotisations des entreprises dans la limite de 20 % des taux initialement fixés. — *[Anc. art. R. 731-19, al. 5.] — V. Arr. du 6 avr. 2016 (JO 20 avr.).*

Art. D. 5424-41 La péréquation des charges mentionnées à l'article L. 5424-15 est opérée par *(Décr. no 2009-289 du 13 mars 2009)* « l'Union des caisses de France-Congés intempérie BTP » et par les caisses des congés payés prévues par l'article D. 3141-12, dans les conditions fixées par arrêté du ministre chargé de l'emploi pris sur proposition de la caisse de surcompensation. — *[Anc. art. L. 731-9, al. 2 milieu, et anc. art. R. 731-7.]*

V. Arr. du 24 févr. 2015 (JO 11 mars), Arr. du 27 nov. 2015 (JO 19 déc.) et Arr. du 6 avr. 2016 (JO 20 avr.).

Art. D. 5424-42 *(Décr. no 2009-289 du 13 mars 2009)* « L'Union des caisses de France-Congés intempérie BTP » est autorisée à se procurer, par des emprunts à court terme, les sommes nécessaires pour permettre aux caisses de congés payés, en attendant le recouvrement des cotisations des entreprises, d'effectuer des remboursements. — *[Anc. art. R. 731-21.]*

Art. D. 5424-43 En cas de retard dans le paiement des cotisations et dans la production des déclarations de salaires, le taux de majoration prévu à l'article L. 5424-17 est de 1 % par jour de retard.

Cette majoration ne peut être appliquée qu'après mise en demeure par la caisse des congés payés à l'employeur d'effectuer le versement des cotisations ou les déclarations de salaires. — *[Anc. art. L. 731-11, phrases 1 fin et 2.]*

SOUS-SECTION 8 **CONTRÔLES ET CONTESTATIONS**

Art. D. 5424-44 L'employeur présente à tout moment aux contrôleurs des caisses de congés payés les bulletins de paye en vue de leur permettre de contrôler l'exactitude du montant des salaires servant d'assiette au calcul de la cotisation ainsi que toutes pièces justifiant le versement effectif de la cotisation et des indemnités prévues. — *[Anc. art. R. 731-13.]*

Art. D. 5424-45 Les contestations collectives résultant de l'application de la présente section, sauf en ce qui concerne les salariés employés en régie par l'État, sont soumises à une commission paritaire de conciliation.

Cette commission est composée de quatre membres employeurs et de quatre membres salariés désignés respectivement par les organisations d'employeurs et de salariés représentatives pour l'ensemble des activités professionnelles énumérées à l'article D. 5424-7.

Elle siège sous la présidence du *(Décr. n° 2009-1377 du 10 nov. 2009)* « directeur régional des entreprises, de la concurrence, de la consommation, du travail et de l'emploi » en présence, le cas échéant, des représentants des administrations intéressées. – *[Anc. art. R. 731-16.]*

SOUS-SECTION 9 SALARIÉS EMPLOYÉS EN RÉGIE PAR L'ÉTAT

Art. D. 5424-46 En ce qui concerne les salariés employés en régie par l'État, les ministres intéressés peuvent, en tant que de besoin, prévoir des modalités spéciales pour l'application de la présente section. – *[Anc. art. R. 731-17, al. 1er.]*

Art. D. 5424-47 Les heures de travail accomplies pour l'exécution en régie des travaux publics ou de bâtiment pour le compte de l'État entrent dans le calcul du minimum d'heures prévu à l'article D. 5424-11. – *[Anc. art. R. 731-17, al. 2.]*

Art. D. 5424-48 Les journées directement indemnisées par l'État, au titre des intempéries, entrent en compte pour le calcul du maximum de soixante jours prévus à l'article D. 5424-14. – *[Anc. art. R. 731-17, al. 3.]*

Art. D. 5424-49 Le préfet délivre aux salariés intéressés quittant le service un certificat portant les indications prévues à l'article D. 5424-31. – *[Anc. art. R. 731-17, al. 4.]*

SECTION III PROFESSIONS DE LA PRODUCTION CINÉMATOGRAPHIQUE, DE L'AUDIOVISUEL OU DU SPECTACLE

SOUS-SECTION 1 ALLOCATION DE PROFESSIONNALISATION ET DE SOLIDARITÉ ET ALLOCATION DE FIN DE DROITS

Art. D. 5424-50 Les allocations spécifiques d'indemnisation du chômage mentionnées à l'article L. 5424-21 prennent, selon le cas, la forme :

1° D'une allocation de professionnalisation et de solidarité ;

2° D'une allocation de fin de droits. – *[Anc. art. D. 351-4.]*

Art. D. 5424-51 L'allocation de professionnalisation et de solidarité est attribuée selon les règles définies par les annexes VIII et X au règlement général annexé à la convention du 18 janvier 2006 relative à l'aide au retour à l'emploi et à l'indemnisation du chômage.

Outre les périodes mentionnées dans ces annexes, sont pris en compte pour la recherche de la condition d'activité antérieure :

1° Les congés maladie de trois mois ou plus. Ces périodes sont assimilées à des heures d'activité à raison de cinq heures de travail par jour de congé ;

2° Les congés de maladie correspondant aux maladies, quelle qu'en soit la durée, figurant sur la liste fixée à l'article D. 322-1 du code de la sécurité sociale. Ces périodes sont assimilées à des heures d'activité à raison de cinq heures de travail par jour de congé ;

3° Dans la limite de 120 heures, les heures d'enseignement dispensées dans des établissements d'enseignement ou de formation dans lesquels les intéressés interviennent au titre de leur profession pour transmettre leurs compétences. La liste de ces établissements est fixée par arrêté du ministre chargé de l'emploi. Ces heures d'enseignement réduisent à due proportion le nombre d'heures de formation assimilables conformément aux annexes précitées. – *[Anc. art. D. 351-5, al. 1er à 5.] – V. Arr. du 22 juill. 2016, JO 27 juill.*

Art. D. 5424-52 Le versement de l'allocation de professionnalisation et de solidarité cesse définitivement au titre de la même ouverture de droits dès lors que l'allocataire justifie des conditions d'attribution de l'allocation d'assurance chômage. – *[Anc. art. D. 351-5, al. 6.]*

Art. D. 5424-53 Bénéficie de l'allocation de fin de droits, le travailleur involontairement privé d'emploi qui :

1° A épuisé ses droits à l'allocation d'assurance mentionnée à l'article L. 5422-1 ou à l'allocation de professionnalisation et de solidarité ;

2° Ne satisfait pas à nouveau aux conditions d'attribution de l'allocation d'assurance chômage ou de l'allocation de professionnalisation et de solidarité ;

3° Justifie de 507 heures de travail selon les règles définies à l'article D. 5424-51 au cours des douze mois précédant la fin de contrat de travail immédiatement antérieure à la demande d'allocation de fin de droits. – *[Anc. art. D. 351-6, al. 1er à 4.]*

Art. D. 5424-54 La demande d'allocation de fin de droits est déposée auprès de l'organisme gestionnaire du régime d'assurance chômage dans un délai de deux mois suivant la fin de contrat de travail prise en considération pour l'ouverture des droits. – *[Anc. art. D. 351-6, al. 5.]*

Art. D. 5424-55 La durée de versement de l'allocation de fin de droits varie en fonction d'une ancienneté continue de prise en charge dans le régime d'assurance chômage spécifique aux artistes et techniciens du spectacle prévu à l'article L. 5424-20 ou dans le régime d'indemnisation du chômage prévu à l'article L. 5424-21 ainsi qu'au titre du fonds spécifique provisoire et du fonds transitoire, dans les conditions fixées aux articles D. 5424-58 à D. 5424-61.

Les périodes de congés de maladie ou de maternité n'interrompent pas la durée d'ancienneté. Elles ne sont pas prises en compte pour le calcul de celle-ci.

La durée d'ancienneté s'apprécie au terme du dernier contrat de travail retenu pour l'ouverture des droits à l'allocation de fin de droits. – *[Anc. art. D. 351-7, al. 1er à 3.]*

Art. D. 5424-56 Les travailleurs involontairement privés d'emploi mentionnés à l'article L. 5424-21 peuvent bénéficier :

1° D'une seule ouverture de droits au titre de l'allocation de fin de droits lorsqu'ils justifient d'une ancienneté continue inférieure à cinq ans ;

2° De deux ouvertures de droits au titre de l'allocation de fin de droits, entre la date à laquelle ils ont acquis cinq ans d'ancienneté et la date à laquelle ils acquièrent dix ans d'ancienneté lorsque :

a) Ils justifient d'une ancienneté continue comprise entre cinq ans et moins de dix ans ;

b) Ils ont été admis au bénéfice de l'allocation d'assurance mentionnée à l'article L. 5422-1 entre deux prises en charge au titre de l'allocation de fin de droits ;

3° De trois ouvertures de droits à l'allocation de fin de droits, postérieurement à la date à laquelle ils ont acquis dix ans d'ancienneté lorsque :

a) Ils justifient d'une ancienneté continue de dix ans ou plus ;

b) Ils ont été admis au bénéfice de l'allocation d'assurance mentionnée à l'article L. 5422-1 entre deux prises en charge au titre de l'allocation de fin de droits. – *[Anc. art. D. 351-7, al. 3 à 7.]*

Art. D. 5424-57 Le travailleur involontairement privé d'emploi qui a cessé de bénéficier de l'allocation de fin de droits, alors que la période d'indemnisation n'était pas épuisée, et qui n'a pas acquis de nouveaux droits au titre de l'allocation d'assurance mentionnée à l'article L. 5422-1 ou au titre de l'allocation de professionnalisation et de solidarité, bénéficie d'une reprise de ses droits à l'allocation de fin de droits dès lors que le temps écoulé depuis la date d'admission à la période d'indemnisation considérée n'est pas supérieur à la durée de cette période augmentée de trois ans de date à date. – *[Anc. art. D. 351-7, al. 8.]*

Art. D. 5424-58 Le montant journalier de l'allocation de fin de droits est fixé à 30 €. – *[Anc. art. D. 351-8, al. 1er.]*

Art. D. 5424-59 La durée d'indemnisation de l'allocation de fin de droits est de :

1° 61 jours lorsque le travailleur privé d'emploi justifie de moins de cinq ans d'ancienneté au sens de l'article D. 5424-55 ;

2° 92 jours lorsque le travailleur privé d'emploi justifie d'au moins cinq ans d'ancienneté ou plus ;

3° 182 jours lorsque le travailleur privé d'emploi justifie de dix ans d'ancienneté ou plus. – *[Anc. art. D. 351-8, al. 2 à 5.]*

Art. D. 5424-60 L'allocation de fin de droits est partiellement cumulable avec les revenus tirés d'une activité professionnelle.

Le nombre de jours indemnisables au cours d'un mois civil est égal à la différence entre le nombre de jours calendaires du mois civil concerné et le nombre de jours correspondant au montant des rémunérations brutes mensuelles divisé par cinquante. – *[Anc. art. D. 351-8, al. 6.]*

Art. D. 5424-61 Le versement de l'allocation de fin de droits cesse définitivement au titre de la même ouverture de droits dès lors que l'allocataire justifie des conditions d'attribution de l'allocation d'assurance chômage ou de l'allocation de professionnalisation et de solidarité. – *[Anc. art. D. 351-8, al. 7.]*

SOUS-SECTION 2 ALLOCATION DE SOLIDARITÉ SPÉCIFIQUE

Art. D. 5424-62 Bénéficient de l'allocation de solidarité spécifique, dans les conditions et selon les modalités fixées aux 2° et 3° de l'article R. 5423-1 et aux articles R. 5423-12 à R. 5423-14 et R. 5425-1 :

1° Les artistes auteurs d'œuvres, mentionnés au titre V du livre VI du code de la sécurité sociale ;

2° Les artistes du spectacle qui ne sont pas réputés salariés, au sens de l'article L. 762-1, à condition qu'ils justifient d'un exercice professionnel et qu'ils aient retiré de cet exercice des moyens d'existence réguliers pendant au moins trois ans.

Pour les artistes auteurs d'œuvres, cette condition est réputée satisfaite lorsqu'ils justifient de leur affiliation au régime général de la sécurité sociale, conformément au titre V du livre VI du code de la sécurité sociale. – *[Anc. art. R. 351-22, al. 1er, 6 et 7.]*

Art. D. 5424-63 Pour bénéficier de l'allocation de solidarité spécifique, les intéressés doivent être âgés d'au moins dix-huit ans. – *[Anc. art. R. 351-23, al. 1er.]*

Art. D. 5424-64 L'allocation de solidarité spécifique est attribuée pour une période maximale de 274 jours.

A l'expiration de cette durée, de nouveaux droits peuvent être ouverts à l'intéressé s'il satisfait à nouveau aux conditions fixées par la présente sous-section. – *[Anc. art. R. 351-24.]*

SOUS-SECTION 3 ACTIONS EN RECOUVREMENT

Art. D. 5424-65 Par dérogation à la règle de compétence territoriale énoncée à l'article R. 5422-11, l'opposition du débiteur faisant l'objet de la contrainte mentionnée à l'article L. 5422-16 est formée auprès du tribunal dans le ressort duquel l'organisme créancier a son siège lorsque la contrainte a été délivrée pour le recouvrement de contributions et de majorations de retard dues pour l'emploi de salariés intermittents relevant des professions de la production cinématographique, de l'audiovisuel ou du spectacle. – *[Anc. art. R. 351-5-1, al. 4.]*

SOUS-SECTION 4 COMPOSITION ET FONCTIONNEMENT DU COMITÉ D'EXPERTISE SUR LES RÈGLES SPÉCIFIQUES APPLICABLES EN MATIÈRE D'INDEMNISATION DES ARTISTES ET DES TECHNICIENS INTERMITTENTS DU SPECTACLE

(Décr. n° 2015-1889 du 30 déc. 2015)

Art. D. 5424-66 Le comité d'expertise est composé :

1° Du directeur de l'animation de la recherche, des études et des statistiques du ministère en charge de l'emploi ou de son représentant ;

2° Du chef du département des études, de la prospective et des statistiques du ministère en charge de la culture ou de son représentant ;

3° Du directeur des statistiques, des études et de l'évaluation de Pôle emploi ou de son représentant ;

4° Du directeur des études et analyses de l'organisme chargé de la gestion du régime d'assurance chômage mentionné à l'article L. 5427-1 ou de son représentant ;

5° De quatre personnalités qualifiées nommées par arrêté conjoint du ministre chargé de l'emploi et du ministre chargé de la culture.

Le président du comité d'expertise est désigné par l'arrêté mentionné au 5° parmi les quatre personnalités qualifiées qui y siègent.

Le mandat des personnalités qualifiées prend fin neuf mois avant la fin de validité des accords prévus à l'article L. 5422-20. Toute vacance ou perte de qualité au titre de laquelle elles ont été désignées donne lieu à remplacement pour la durée du mandat restant à courir.

Art. D. 5424-67 Le comité d'expertise se réunit sur convocation de son président.

Le secrétariat du comité d'expertise est conjointement assuré par le ministère chargé de l'emploi et le ministère chargé de la culture.

Le comité d'expertise adopte un règlement intérieur.

Les membres du comité d'expertise sont tenus au respect de la confidentialité sur les informations qui leur sont transmises et sur les délibérations du comité.

Art. D. 5424-68 Le comité est saisi dans les conditions prévues au II de l'article L. 5424-23. Il transmet le résultat de son évaluation à l'organisation qui l'a saisi. Cette dernière peut communiquer le résultat de cette évaluation.

Le délai prévu au III de l'article L. 5424-23 est fixé à vingt jours à compter de la réception de l'accord par le président du comité d'expertise. Le résultat de l'évaluation de l'accord est rendu public par le président du comité d'expertise.

Les informations mentionnées au IV de l'article L. 5424-23 du code du travail sont transmises par Pôle emploi et l'organisme chargé de la gestion de l'assurance chômage mentionné à l'article L. 5427-1 au comité d'expertise dans les formes et délais que ce dernier précise.

Art. D. 5424-69 Les personnalités qualifiées qui n'ont pas la qualité de fonctionnaire ou d'agent de l'État bénéficient du remboursement de leurs frais de déplacement dans les conditions prévues par le décret n° 66-619 du 10 août 1966.

CHAPITRE V **MAINTIEN DES DROITS AU REVENU DE REMPLACEMENT DU DEMANDEUR INDEMNISÉ**

SECTION PREMIÈRE **CUMUL D'UN REVENU DE REMPLACEMENT AVEC D'AUTRES REVENUS**

SOUS-SECTION 1 **EXERCICE D'UNE ACTIVITÉ PROFESSIONNELLE**

Art. R. 5425-1 L'exercice d'une activité professionnelle ou le fait de suivre une formation rémunérée ne fait pas obstacle à la reprise du versement des allocations solidarité spécifique, temporaire d'attente et équivalent retraite.

Toutefois, ce versement ne peut être réalisé qu'à l'expiration des droits éventuels aux allocations d'assurance chômage et à la condition qu'il n'intervienne pas plus de quatre ans après la date d'admission à l'allocation considérée ou la date de son dernier renouvellement. – *[Anc. art. R. 351-16.]*

Art. R. 5425-2 La rémunération tirée de l'exercice d'une activité professionnelle peut être cumulée avec le versement de l'allocation temporaire d'attente, ainsi qu'avec celui de l'allocation de solidarité spécifique lorsque le bénéficiaire de cette dernière reprend une activité professionnelle salariée d'une durée inférieure à soixante-dix-huit heures par mois, pendant une durée maximale de douze mois à compter du début de cette activité, dans la limite des droits aux allocations restants.

Tout mois civil au cours duquel une activité même occasionnelle ou réduite a été exercée est pris en compte pour le calcul de cette durée. – *[Anc. art. R. 351-35-I, al. 1er.]*

Art. R. 5425-3 Pendant les six premiers mois d'activité professionnelle, le nombre des allocations journalières est réduit jusqu'à sa suppression éventuelle dans la proportion de 40 % du quotient, lorsqu'il est positif, par le montant journalier de l'allocation, de la rémunération brute perçue, diminuée d'un montant égal à la moitié du produit du salaire minimum de croissance par le nombre d'heures correspondant à la durée légale du travail.

Du septième au douzième mois civil suivant d'activité professionnelle, le nombre des allocations journalières est réduit dans la proportion de 40 % du quotient, par le montant journalier de l'allocation, de la rémunération brute perçue. – *[Anc. art. R. 351-35-I, al. 2 et 3.]*

Art. R. 5425-4 Lorsque le bénéficiaire de l'allocation de solidarité spécifique reprend une activité professionnelle salariée d'une durée de travail au moins égale à soixante-dix-huit heures par mois ou une activité professionnelle non salariée, le nombre des allocations journalières n'est pas réduit pendant les trois premiers mois d'activité professionnelle.

Du quatrième au douzième mois d'activité professionnelle, le montant de l'allocation est diminué des revenus d'activité perçus par le bénéficiaire.

Il perçoit mensuellement la prime forfaitaire pour reprise d'activité d'un montant de 150 €.

Pour la détermination de la durée de travail, il est tenu compte, le cas échéant, des différents contrats de travail conclus par l'intéressé au cours de la période considérée.

La liste des justificatifs exigés, le cas échéant pour chaque mois d'activité professionnelle, pour le bénéfice de la prime forfaitaire est fixée par arrêté conjoint des ministres chargés de la solidarité et de l'emploi. – *[Anc. art. R. 351-35-II.]*

Art. R. 5425-5 Lorsque, au terme de la période de versement prévue aux articles R. 5425-2 à R. 5425-4, le nombre total des heures d'activité professionnelle n'atteint pas sept cent cinquante heures, le bénéfice de ces dispositions est maintenu à l'allocataire qui exerce une activité professionnelle jusqu'à ce qu'il atteigne ce plafond des sept cent cinquante heures. – *[Anc. art. R. 351-35-III, al. 1er.]*

Art. R. 5425-6 Lorsque le bénéficiaire d'une des allocations ou de la prime mentionnées aux articles R. 5425-2 à R. 5425-4 interrompt son activité professionnelle pendant une durée minimale de six mois, il peut bénéficier à nouveau et dans leur intégralité des dispositions de la présente sous-section. – *[Anc. art. R. 351-35-III, al. 2.]*

Art. R. 5425-7 Lorsque le bénéficiaire d'une des allocations ou de la prime mentionnées aux articles R. 5425-2 à R. 5425-4 cesse son activité pendant ou au terme de la période de versement de l'allocation ou de la prime, il n'est pas fait application du délai de quatre ans institué à l'article R. 5425-1 s'il sollicite la reprise du versement de l'allocation dont il bénéficiait avant la fin du mois suivant la cessation d'activité. – *[Anc. art. R. 351-35-III, al. 3.]*

Art. R. 5425-8 Les revenus procurés par les activités professionnelles mentionnées aux articles R. 5425-2 à R. 5425-7 sont pris en compte pour l'application des conditions de ressources prévues pour le bénéfice de l'allocation temporaire d'attente et de l'allocation de solidarité spécifique. – *[Anc. art. R. 351-37.]*

SOUS-SECTION 2 BÉNÉFICIAIRES D'UN CONTRAT D'INSERTION PAR L'ACTIVITÉ

(Décr. no 2009-1442 du 25 nov. 2009)

Dans les départements d'outre-mer et les collectivités de Saint-Barthélemy, Saint-Martin et Saint-Pierre-et-Miquelon, ces dispositions entrent en vigueur dans les conditions prévues à l'art. 29 de la L. no 2008-1249 du 1er déc. 2008 (Décr. no 2009-1442 du 25 nov. 2009).

Art. R. 5425-9 Par dérogation aux dispositions de la sous-section 1, le bénéficiaire du contrat d'insertion par l'activité mentionné à l'article L. 522-8 du code de l'action sociale et des familles peut cumuler la rémunération perçue au titre de ce contrat avec le versement de l'allocation temporaire d'attente et de l'allocation de solidarité spécifique pendant toute la durée de ce contrat. Le nombre des allocations journalières est réduit à proportion de 60 % du quotient, par le montant journalier de l'allocation, de la rémunération brute perçue.

Art. R. 5425-10 Les revenus procurés par les activités professionnelles mentionnées à l'article R. 5425-9 sont pris en compte pour l'application des conditions de ressources prévues pour le bénéfice de l'allocation temporaire d'attente et de l'allocation de solidarité spécifique.

SECTION II **PRIME FORFAITAIRE POUR REPRISE D'ACTIVITÉ**

Art. R. 5425-14 La prime forfaitaire pour reprise d'activité prévue à l'article L. 5425-3 est versée par *(Décr. nº 2014-524 du 22 mai 2014, art. 16-II)* « Pôle emploi ». – *[Anc. art. L. 351-20, al. 6.]*

Art. R. 5425-15 Le délai dans lequel la demande de paiement de la prime forfaitaire pour reprise d'activité doit être présentée est fixé à deux ans à compter du jour où les personnes intéressées remplissent l'ensemble des conditions exigées pour pouvoir prétendre au bénéfice de la prime forfaitaire pour reprise d'activité. – *[Anc. art. R. 351-17.]*

Art. R. 5425-16 Lorsque la condition de ressources est applicable aux bénéficiaires, les allocations mentionnées aux articles R. 5423-12 et R. 5423-28 ne sont pas versées si le montant mensuel dû est inférieur au taux journalier de ces allocations. – *[Anc. art. R. 351-18.]*

Art. R. 5425-17 *Abrogé par Décr. nº 2012-1066 du 18 sept. 2012, art. 2.*

Art. R. 5425-18 *Abrogé par Décr. nº 2008-1010 du 29 sept. 2008.*

SECTION III **EXERCICE D'UNE ACTIVITÉ D'INTÉRÊT GÉNÉRAL**

Art. R. 5425-19 Le travailleur involontairement privé d'emploi bénéficiaire du revenu de remplacement peut accomplir des tâches d'intérêt général prévues à l'article L. 5425-9 pendant une durée maximale de cinquante heures par mois lorsque les tâches en question donnent lieu à une rémunération et de quatre-vingts heures par mois dans le cas contraire.

La durée pendant laquelle le travailleur peut participer à des tâches d'intérêt général ne peut excéder six mois. – *[Anc. art. R. 351-39.]*

Art. R. 5425-20 Sont réputées tâches d'intérêt général les tâches qui, sur proposition d'une collectivité publique ou d'un organisme privé à but non lucratif, ont fait l'objet d'un agrément par le préfet du département dans le ressort duquel se trouve la collectivité publique ou le siège de l'organisme intéressé.

La décision fixe la durée de l'agrément ainsi que les conditions dans lesquelles sont accomplies les tâches d'intérêt général qui font l'objet de cet agrément. – *[Anc. art. R. 351-40.]*

CHAPITRE VI **CONTRÔLE ET SANCTIONS**

SECTION PREMIÈRE **AGENTS CHARGÉS DU CONTRÔLE DE LA CONDITION D'APTITUDE AU TRAVAIL ET DE RECHERCHE D'EMPLOI**

Art. R. 5426-1 Le contrôle de la condition d'aptitude au travail prévu à l'article L. 5421-1 relève de la compétence du préfet. – *[Anc. art. R. 351-29, phrase 2.]*

Art. R. 5426-2 Les agents chargés des opérations de contrôle peuvent se faire communiquer par *(Décr. nº 2014-524 du 22 mai 2014, art. 16-III)* « Pôle emploi » tous documents et informations nécessaires à l'accomplissement de leur mission de contrôle. – *[Anc. art. R. 351-30.]*

SECTION II **RÉDUCTION, SUSPENSION OU SUPPRESSION DU REVENU DE REMPLACEMENT**

Art. R. 5426-3 Le préfet supprime le revenu de remplacement mentionné à l'article L. 5421-1, de manière temporaire ou définitive, ou en réduit le montant, selon les modalités suivantes :

1º En cas de manquement mentionné *(Décr. nº 2008-1056 du 13 oct. 2008)* « au 1º et aux *b*, *e* et *f* du 3º » de l'article L. 5412-1, il réduit de 20 % le montant du revenu de remplacement, pendant une durée de deux à six mois. En cas de répétition de ces mêmes manquements, le montant du revenu de remplacement est réduit de 50 % pour une durée de deux à six mois ou bien le revenu de remplacement est supprimé de façon définitive ;

2° En cas de manquement mentionné aux *(Décr. n° 2008-1056 du 13 oct. 2008)* « 2° et *a*, *c* et *d* du 3° » de l'article L. 5412-1, il supprime le revenu de remplacement pour une durée de deux mois. En cas de répétition de ces mêmes manquements, le revenu de remplacement est supprimé pour une durée de deux à six mois ou bien de façon définitive ;

3° *(Décr. n° 2008-1056 du 13 oct. 2008)* « En cas de manquement mentionné à l'article L. 5412-2 et, en application du deuxième alinéa de l'article L. 5426-2, en cas d'absence de déclaration, ou de déclaration mensongère du demandeur d'emploi, faites en vue de percevoir indûment le revenu de remplacement, il supprime ce revenu de façon définitive. » Toutefois, lorsque ce manquement est lié à une activité non déclarée d'une durée très brève, le revenu de remplacement est supprimé pour une durée de deux à six mois. — *[Anc. art. R. 351-28-I.]*

Sur la légalité des mesures réglementaires prises pour assurer le respect de l'obligation de recherche d'emploi, V. • CE 28 déc. 1992 : *Dr. soc. 1993. 376, concl. de Froment ; RJS 1993. 182, n° 298.*

Art. R. 5426-4 *(Abrogé par Décr. n° 2008-1056 du 13 oct. 2008)* ***Les organismes gestionnaires de l'assurance chômage peuvent, à titre conservatoire et jusqu'à ce que le préfet ait statué sur la situation du demandeur d'emploi selon les modalités prévues à l'article R. 5426-3, prendre une mesure de suspension du versement ou de réduction du montant du revenu de remplacement pour les motifs prévus au 3° b de l'article L. 5412-1 et au 3° de l'article R. 5426-3.***

Cette mesure ne peut intervenir qu'après que l'intéressé a été mis à même de présenter ses observations.

Elle cesse de produire effet au-delà d'une durée de deux mois à l'issue de laquelle, en l'absence de décision explicite du préfet, le versement du revenu de remplacement est rétabli. — [Anc. art. R. 351-28-II.]

Art. R. 5426-5 *(Abrogé par Décr. n° 2008-1056 du 13 oct. 2008)* ***Les décisions de réduction, de suspension prévue à l'article L. 5426-3 ou de suppression du revenu de remplacement sont prises par le préfet après consultation d'une commission dans laquelle sont représentés les organismes gestionnaires du régime d'assurance chômage et*** (Décr. n° 2008-1010 du 29 sept. 2008) ***« l'institution mentionnée à l'article L. 5312-1 du code du travail »***. — [Anc. art. L. 351-18, al. 3 et 4.]

Art. R. 5426-6 Lorsque les agents chargés du contrôle de la recherche d'emploi constatent l'un des manquements prévus *(Décr. n° 2008-1056 du 13 oct. 2008)* « à l'article R. 5426-3 », ils le signalent sans délai au préfet, sans préjudice de l'exercice du pouvoir de radiation *(Décr. n° 2008-1056 du 13 oct. 2008)* « du directeur général » de *(Décr. n° 2014-524 du 22 mai 2014, art. 16-III)* « Pôle emploi » *(Décr. n° 2008-1056 du 13 oct. 2008)* « ou de la personne qu'il désigne en son sein » prévu à l'article R. 5412-1 *(Abrogé par Décr. n° 2008-1056 du 13 oct. 2008)* ***« ou du pouvoir de suspension conservatoire des organismes de l'assurance chômage prévu à l'article R. 5426-4 ».***

Ce signalement comporte les éléments de fait et de droit de nature à justifier le constat réalisé *(Abrogé par Décr. n° 2008-1056 du 13 oct. 2008)* ***« et, le cas échéant, la mesure de suspension conservatoire ».***

Art. R. 5426-7 A la suite du signalement d'un manquement et, sous réserve des dispositions de l'article R. 5426-10, le préfet se prononce dans un délai de trente jours à compter de la réception d'un dossier complet.

Il fait connaître *(Décr. n° 2008-1056 du 13 oct. 2008)* « à *(Décr. n° 2014-524 du 22 mai 2014, art. 16-II)* « Pôle emploi » les suites données à ses » signalements.

(Abrogé par Décr. n° 2008-1056 du 13 oct. 2008) ***« Lorsqu'il n'envisage pas de donner suite à une mesure de suspension ou de réduction prise à titre conservatoire, le versement du revenu de remplacement est rétabli sans délai. »***

Art. R. 5426-8 Lorsqu'il envisage de prendre une décision de suppression ou de réduction du revenu de remplacement, le préfet fait connaître au demandeur d'emploi les motifs de sa décision.

(Décr. n° 2008-1056 du 13 oct. 2008) « Le préfet informe l'intéressé qu'il a la possibilité, dans un délai de dix jours, de présenter ses observations écrites ou, si la sanc-

tion envisagée est une suppression du revenu de remplacement, d'être entendu par la commission prévue à l'article R. 5426-9. »

Art. R. 5426-9 *(Décr. n° 2008-1056 du 13 oct. 2008)* **La commission chargée de donner un avis sur le projet d'une décision de suppression du revenu de remplacement est composée :**

1° D'un représentant de l'État ;

2° De deux membres titulaires ou suppléants de l'instance paritaire mentionnée à l'article L. 5312-10, proposés par celle-ci ;

3° D'un représentant de *(Décr. n° 2014-524 du 22 mai 2014, art. 16-II)* **« Pôle emploi ».**

Ce dernier assure le secrétariat de cette commission.

Les membres de cette commission sont nommés par arrêté du préfet.

Pour chacun d'entre eux, un suppléant, chargé de le remplacer en cas d'empêchement, est désigné dans les mêmes conditions.

Art. R. 5426-10 La commission émet son avis dans un délai de trente jours à compter de la réception du dossier complet.

Le préfet se prononce dans un délai de quinze jours à compter de la réception de cet avis. – *[Anc. art. R. 351-33-IV, al. 2.]*

Art. R. 5426-11 *(Décr. n° 2008-1056 du 13 oct. 2008)* **« Le demandeur d'emploi intéressé » forme, lorsqu'il entend contester la décision du préfet, un recours gracieux préalable.**

Ce recours n'est pas suspensif. – *[Anc. art. R. 351-34, al. 1er.]*

La légalité de la décision prise par le préfet doit s'apprécier compte tenu des éléments d'appréciation dont disposait le préfet au moment où il a statué sur ce recours. • CE 11 mars 1994 : *RJS 1994. 368, n° 591.*

Art. R. 5426-12 *(Abrogé par Décr. n° 2008-1056 du 13 oct. 2008)* ***Le recours gracieux préalable peut être soumis, par le préfet, pour avis, à une commission départementale composée :***

1° Du directeur départemental du travail, de l'emploi et de la formation professionnelle ;

2° Du chef du service départemental du travail, de l'emploi et de la politique sociale agricoles ;

3° D'employeurs et de salariés en nombre égal, nommés par le préfet sur proposition des organisations d'employeurs et de salariés représentatives dans le département. – [Anc. art. R. 351-34, al. 2.]

Art. R. 5426-13 Le silence gardé pendant plus de quatre mois sur un recours gracieux préalable vaut décision de rejet. – *[Anc. art. R. 351-34, al. 3.]*

Art. R. 5426-14 La décision prise sur recours gracieux peut faire l'objet d'un recours devant le préfet de région. – *[Anc. art. R. 351-34, al. 4.]*

SECTION III **PÉNALITÉ ADMINISTRATIVE**

Art. R. 5426-15 Le préfet peut prononcer pour des faits présentant un caractère délibéré et selon les modalités fixées par l'article L. 5426-5 et suivants, la pénalité prévue à cet article, après avis de la commission mentionnée à l'article *(Décr. n° 2008-1056 du 13 oct. 2008)* **« R. 5426-9 ».**

Lorsqu'il envisage de prononcer cette pénalité, il informe préalablement par écrit la personne concernée des faits qui lui sont reprochés et de la pénalité envisagée, en lui indiquant qu'elle dispose d'un délai d'un mois pour présenter ses observations écrites ou pour demander à être entendue par la commission mentionnée au premier alinéa, le cas échéant assistée d'une personne de son choix. – *[Anc. art. L. 365-3, partiel, et anc. art. R. 351-38, al. 1er.]*

Art. R. 5426-16 La commission émet son avis dans un délai de trente jours à compter de la réception du dossier complet.

Si elle ne s'est pas prononcée au terme de ce délai, son avis est réputé rendu. – *[Anc. art. R. 351-38, al. 2.]*

Art. R. 5426-17 Le préfet se prononce dans un délai de quinze jours à compter de la réception de l'avis de la commission ou de l'expiration du délai mentionné à l'article R. 5426-16. – *[Anc. art. R. 351-38, al. 3.]*

SECTION IV **RÉPÉTITION DES PRESTATIONS INDUES**

(Décr. n° 2012-1066 du 18 sept. 2012, art. 1er)

Art. R. 5426-18 *(Décr. n° 2014-524 du 22 mai 2014, art. 16-IV)* « Pôle emploi » peut, si le débiteur n'en conteste pas le caractère indu, procéder au recouvrement par retenue des paiements indus mentionnés à l'article L. 5426-8-1 sur les prestations à venir, dans la limite de 20 % de leur montant pour celles prévues aux articles L. 5423-1 et L. 5423-8.

Art. R. 5426-19 Le débiteur qui conteste le caractère indu des prestations qui lui sont réclamées forme un recours gracieux préalable devant le directeur général de *(Décr. n° 2014-524 du 22 mai 2014, art. 16-II)* « Pôle emploi » *(Décr. n° 2016-1592 du 24 nov. 2016)* « dans un délai de deux mois à compter de la date de notification de l'indu par Pôle emploi.

« Conformément aux dispositions de l'article L. 411-7 du code des relations entre le public et l'administration, lorsque la décision du directeur général de Pôle emploi sur ce recours gracieux n'a pas été portée à la connaissance du requérant dans le délai de deux mois, l'intéressé peut considérer sa contestation comme rejetée. Il peut alors, s'il le souhaite, se pourvoir devant le juge compétent. »

Art. R. 5426-20 La contrainte prévue à l'article L. 5426-8-2 est délivrée après que le débiteur a été mis en demeure de rembourser l'allocation, l'aide ou toute autre prestation indue mentionnée à l'article L. 5426-8-1.

Le directeur général de *(Décr. n° 2014-524 du 22 mai 2014, art. 16-II)* « Pôle emploi » lui adresse, par lettre recommandée avec demande d'avis de réception, une mise en demeure qui comporte le motif, la nature et le montant des sommes demeurant réclamées, la date du ou des versements indus donnant lieu à recouvrement ainsi que, le cas échéant, le motif ayant conduit à rejeter totalement ou partiellement le recours formé par le débiteur.

Si la mise en demeure reste sans effet au terme du délai d'un mois à compter de sa notification, le directeur général de *(Décr. n° 2014-524 du 22 mai 2014, art. 16-II)* « Pôle emploi » peut décerner la contrainte prévue à l'article L. 5426-8-2.

Art. R. 5426-21 La contrainte est notifiée au débiteur par lettre recommandée avec demande d'avis de réception ou lui est signifiée par acte d'huissier de justice. A peine de nullité, l'acte d'huissier ou la lettre recommandée mentionne :

1° La référence de la contrainte ;

2° Le montant des sommes réclamées et la nature des allocations, aides et autres prestations en cause ;

3° Le délai dans lequel l'opposition doit être formée ;

4° L'adresse du tribunal compétent et les formes requises pour sa saisine.

L'huissier de justice avise dans les huit jours l'organisme créancier de la date de signification.

Art. R. 5426-22 Le débiteur peut former opposition par inscription au secrétariat du tribunal compétent dans le ressort duquel il est domicilié ou par lettre recommandée avec demande d'avis de réception adressée au secrétariat dudit tribunal dans les quinze jours à compter de la notification.

L'opposition est motivée. Une copie de la contrainte contestée y est jointe.

Cette opposition suspend la mise en œuvre de la contrainte.

La décision du tribunal, statuant sur opposition, est exécutoire de droit à titre provisoire.

Art. R. 5426-23 Le secrétariat du tribunal informe le directeur général de *(Décr. n° 2014-524 du 22 mai 2014, art. 16-II)* « Pôle emploi » dans les huit jours de la réception de l'opposition.

Dès qu'il a connaissance de l'opposition, le directeur général adresse au tribunal une copie de la contrainte, accompagnée d'une copie de la mise en demeure comportant l'indication du montant des sommes réclamées qui a servi de base à l'établissement de la contrainte, ainsi que l'avis de réception, par le débiteur, de cette mise en demeure.

Art. R. 5426-24 Les allocations, aides et autres prestations mentionnées à l'article L. 5426-8-1 d'un montant inférieur à 77 € indûment versées par *(Décr. nº 2014-524 du 22 mai 2014, art. 16-II)* « Pôle emploi » ne donnent pas lieu à récupération.

CHAPITRE VII **ORGANISME GESTIONNAIRE DU RÉGIME D'ASSURANCE CHÔMAGE**

SECTION PREMIÈRE **GESTION CONFIÉE À UN ORGANISME DE DROIT PRIVÉ PAR VOIE D'ACCORD OU DE CONVENTION**

Art. R. 5427-1 *(Décr. nº 2014-524 du 22 mai 2014, art. 16-IV)* « Pôle emploi » communique aux organismes de sécurité sociale les renseignements nécessaires à la garantie des droits sociaux des bénéficiaires du revenu de remplacement. — *[Anc. art. R. 351-31.]*

SECTION II **GESTION CONFIÉE À UN ÉTABLISSEMENT PUBLIC EN L'ABSENCE DE CONVENTION**

Art. D. 5427-2 Le conseil d'administration de l'établissement public mentionné à l'article L. 5427-7 règle par ses délibérations les affaires de l'établissement.

A l'exclusion de celles qui présentent le caractère d'actes d'administration courante, ces délibérations ne sont exécutoires qu'en l'absence d'opposition des ministres chargés de l'emploi ou du budget, dans un délai fixé par décret. — *[Anc. art. L. 351-22, al. 4, phrases 2 et 3.]*

Art. D. 5427-3 Deux commissaires du Gouvernement, représentant respectivement les ministres chargés de l'emploi et du budget, assistent aux séances du conseil d'administration et sont entendus chaque fois qu'ils le demandent. — *[Anc. art. L. 351-22, al. 5.]*

Art. D. 5427-4 Les associations pour l'emploi dans l'industrie et le commerce (Assedic) et l'Union nationale interprofessionnelle pour l'emploi dans l'industrie et le commerce (Unedic) tiennent leur comptabilité selon un plan comptable approuvé par le ministre chargé des finances, après avis de l'Autorité des normes comptables.

Les instructions relatives à la tenue de la comptabilité sont soumises à l'agrément préalable du ministre chargé des finances. — *[Anc. art. D. 352-1.]*

Art. D. 5427-5 Les organismes énumérés à l'article D. 5427-4 procèdent aux opérations de recettes et de dépenses selon les règles en usage dans le commerce.

Ces opérations sont toujours effectuées sous double signature, celle du président du conseil d'administration et celle du directeur de l'organisme ou, à leur défaut, les personnes habilitées à cet effet par le conseil d'administration. — *[Anc. art. D. 352-2.]*

Art. D. 5427-6 Les organismes énumérés à l'article D. 5427-4 sont soumis aux vérifications de l'inspection générale des finances et à celles des *(Décr. nº 2014-552 du 27 mai 2014, art. 17)* « comptables de la direction générale des finances publiques ».

Ces derniers arrêtent la caisse, s'assurent de la régularité des écritures et de l'exacte application de l'article D. 5427-10 ainsi que de l'arrêté prévu par l'article L. 5427-10. — *[Anc. art. D. 352-3.]*

Art. D. 5427-7 Les organismes énumérés à l'article D. 5427-4, établissent à la fin de chaque exercice un compte d'exploitation*[,]* un compte des pertes et profits et un bilan.

Après approbation de ces documents par le conseil d'administration, une expédition en est adressée au *(Décr. nº 2014-552 du 27 mai 2014, art. 17)* « directeur départemental ou, le cas échéant, régional des finances publiques » chargé des vérifications ainsi qu'au *(Décr. nº 2012-1247 du 7 nov. 2012, art. 2)* « contrôleur budgétaire » prévu à l'article D. 5427-11. — *[Anc. art. D. 352-4.]*

Art. D. 5427-8 Les pièces justificatives de recettes et de dépenses sont conservées pendant un délai minimum de cinq ans après la clôture de l'exercice pour être présentées à toute réquisition. – *[Anc. art. D. 352-5.]*

Art. D. 5427-9 L'Unedic établit, à la fin de chaque mois et de chaque année, un état faisant ressortir, pour chacun des organismes énumérés à l'article D. 5427-4, les renseignements d'ordre statistique et financier permettant de suivre leur fonctionnement. – *[Anc. art. D. 352-6.]*

Art. D. 5427-10 Les fonds disponibles des Assedic sont versés à l'Unedic qui les gère dans les conditions fixées par l'arrêté prévu à l'article L. 5427-10. – *[Anc. art. D. 352-7.]*

Art. D. 5427-11 Un *(Décr. n° 2012-1247 du 7 nov. 2012, art. 2)* « contrôleur budgétaire » exerce son contrôle sur les organismes prévus à l'article D. 5427-4 dans les conditions et selon les modalités prévues par *(Décr. n° 2012-1247 du 7 nov. 2012, art. 2)* « le décret n° 2012-1246 du 7 novembre 2012 relatif à la gestion budgétaire et comptable publique ».

Art. D. 5427-12 Un décret pris sur le rapport du ministre chargé des finances détermine le montant et les modalités des versements que doivent faire les organismes contrôlés pour assurer la couverture des frais nécessités par l'exercice du contrôle. – *[Anc. art. D. 352-8, al. 2.]*

Art. D. 5427-13 Le ministre chargé de l'emploi reçoit communication des états prévus à l'article D. 5427-9.

Il reçoit également communication des délibérations des circulaires de portée générale concernant l'application de la convention et de ses annexes. – *[Anc. art. D. 352-9, al. 1er et 2.]*

Art. D. 5427-14 Les délibérations de la commission paritaire instituée par l'article 2 de la convention du 31 décembre 1958 et relatives au champ d'application de la convention agréée sont soumises à l'approbation du ministre chargé de l'emploi.

A défaut de décision expresse dans un délai de trois semaines à dater du dépôt de la délibération auprès des services du ministère chargé du travail, celle-ci est considérée comme approuvée. – *[Anc. art. D. 352-9, al. 3.]*

Art. D. 5427-15 Les services centraux et extérieurs de la Délégation générale à l'emploi et à la formation professionnelle sont habilités à s'assurer auprès des organismes énumérés à l'article D. 5427-4 du respect des dispositions légales mentionnées aux articles L. 5422-21 et L. 5422-22. – *[Anc. art. D. 352-10.]*

CHAPITRE VIII **DISPOSITIONS FINANCIÈRES**

Le présent chapitre ne comprend pas de dispositions réglementaires.

CHAPITRE IX **DISPOSITIONS PÉNALES**

Art. R. 5429-1 Le fait de méconnaître les dispositions du premier alinéa de l'article L. 5422-13 et des articles L. 5422-14 et R. 5422-5 à R. 5422-8 est puni de l'amende prévue pour les contraventions de la cinquième classe. – *[Anc. art. R. 365-1, al. 1er.]*

Art. R. 5429-2 L'employeur qui a indûment retenu la contribution du salarié prévue à l'article L. 5422-9 et précomptée sur le salaire est puni de l'amende prévue pour les contraventions de la cinquième classe. – *[Anc. art. R. 365-1, al. 2.]*

Art. R. 5429-3 Le fait de ne pas donner suite à la mise en demeure prévue à l'article D. 5424-43 dans le délai de quinze jours est puni de l'amende prévue pour les contraventions de la troisième classe prononcée, sans préjudice de la condamnation, par le même jugement, au paiement de la somme représentant les cotisations ainsi qu'au paiement des intérêts de retard.

L'amende est appliquée autant de fois qu'il y a de personnes pour lesquelles les déclarations de salaires ou les versements de cotisations n'ont pas été effectués. – *[Anc. art. R. 793-1.]*

LIVRE CINQUIÈME **DISPOSITIONS RELATIVES À L'OUTRE-MER**

TITRE PREMIER **DISPOSITIONS GÉNÉRALES**

Le présent titre ne comprend pas de dispositions réglementaires.

TITRE DEUXIÈME **DÉPARTEMENTS D'OUTRE-MER, SAINT-BARTHÉLEMY, SAINT-MARTIN ET SAINT-PIERRE-ET-MIQUELON**

CHAPITRE PREMIER **DISPOSITIONS GÉNÉRALES**

Art. R. 5511-1 *(Décr. nº 2014-551 du 27 mai 2014, art. 29)* Pour l'application du présent livre à Saint-Pierre-et-Miquelon, les références au "directeur départemental ou, le cas échéant, régional des finances publiques" sont remplacées par la référence au "directeur chargé de la direction des finances publiques de Saint-Pierre-et-Miquelon".

SECTION PREMIÈRE **FEDOM**

SOUS-SECTION 1 **ÉTAT ANNUEL**

Art. R. 5521-1 Un état annuel des interventions en faveur de l'emploi, appelé FEDOM, récapitule les actions menées par l'État pour l'année en cours dans ce domaine dans les départements d'outre-mer, à Saint-Barthélemy, à Saint-Martin, à Saint-Pierre-et-Miquelon et à Mayotte. – *[Anc. art. L. 832-4, al. 1er.]*

Art. R. 5521-2 L'état annuel est soumis à l'avis d'un comité directeur composé de représentants de l'État et d'élus des départements d'outre-mer, de Saint-Barthélemy, de Saint-Martin, de Saint-Pierre-et-Miquelon et de Mayotte. – *[Anc. art. L. 832-4, al. 2.]*

Art. R. 5521-3 Le président du conseil d'administration de l'agence d'insertion fournit annuellement au comité directeur du FEDOM un rapport sur l'activité de l'établissement et sur l'emploi des crédits qui lui ont été alloués par le fonds l'année précédente. – *[Anc. art. L. 832-4, al. 3.]*

Art. R. 5521-4 Les actions mentionnées au FEDOM sont financées sur les crédits ouverts chaque année au programme "emploi outre-mer" de la mission "outre-mer" du budget de l'État. – *[Anc. art. R. 835-1.]*

Art. D. 5521-5 Les dépenses en faveur de l'emploi correspondent aux actions suivantes :

(Abrogé par Décr. nº 2015-1723 du 21 déc. 2015, art. 2, à compter du 1er janv. 2016) ***« 1º Le versement aux agences d'insertion d'une participation financière aux contrats d'insertion par l'activité ;***

« 2º L'exonération de charges sociales et les aides forfaitaires pour les contrats d'accès à l'emploi conclu[s] hors des secteurs d'activité définis par l'article 4 de la loi nº 94-638 du 25 juillet 1994 tendant à favoriser l'emploi, l'insertion et les activités économiques dans les départements d'outre-mer, à Saint-Pierre-et-Miquelon et à Mayotte ;

« 3º L'exonération de charges sociales pour les contrats de retour à l'emploi en cours ;

« 4º Le financement des contrats emploi-solidarité ; »

5º Le financement des primes à la création d'emploi ;

(Abrogé par Décr. nº 2015-1723 du 21 déc. 2015, art. 2, à compter du 1er janv. 2016) ***« 6º Le versement aux agences d'insertion des sommes dues à l'Unedic au titre de l'assurance chômage des contrats d'insertion par l'activité ;***

« 7º Le financement des dépenses prévues par les articles L. 5522-3 et L. 5522-4 ; »

8º Le financement des contrats emploi-jeune ;

9º Le financement du projet initiative-jeune ;

10° Le financement de l'allocation de retour à l'activité prévue par l'article L. 5524-1, et du congé solidarité prévu par l'article 15 de la loi n° 2000-1207 du 13 décembre 2000 d'orientation pour l'outre-mer ;

11° L'évaluation et le suivi des actions en faveur de l'emploi.

SOUS-SECTION 2 COMITÉ DIRECTEUR

Art. R. 5521-6 Le comité directeur est consulté sur les orientations et sur les objectifs de la politique pour l'emploi conduite par l'État dans les départements d'outre-mer, à Saint-Barthélemy, à Saint-Martin, à Mayotte et à Saint-Pierre-et-Miquelon.

Il donne son avis sur l'état mentionné à l'article R. 5521-1, et notamment sur la répartition entre les collectivités de ces interventions. Il est informé de l'emploi de ces crédits et des résultats obtenus. – *[Anc. art. R. 835-4.]*

Art. D. 5521-7 Le comité directeur est informé à chacune de ses réunions :

1° Par le ministre chargé de la lutte contre l'exclusion, de la situation en matière d'insertion, de pauvreté et de précarité dans les départements d'outre-mer, à Saint-Barthélemy, à Saint-Martin, à Mayotte et à Saint-Pierre-et-Miquelon ;

2° Par le ministre chargé de l'emploi, de la situation de l'emploi et de la formation professionnelle dans les départements d'outre-mer, à Saint-Barthélemy, à Saint-Martin, à Mayotte et à Saint-Pierre-et-Miquelon ;

3° Par le président de leur conseil d'administration, de l'activité des agences d'insertion ;

4° Par le ministre chargé de l'outre-mer, de l'activité de l'agence mahoraise pour le développement d'activités d'utilité sociale. – *[Anc. art. R. 835-5.]*

Art. D. 5521-8 Sont membres du comité directeur :

1° Le ministre chargé de l'outre-mer ou son représentant, président ;

2° Les ministres chargés de l'économie et des finances, du travail, de l'emploi et de la formation professionnelle, de la sécurité sociale, de la lutte contre l'exclusion, et du budget ou leurs représentants ;

3° Huit députés désignés par le président de l'Assemblée nationale et représentant chacune des huit collectivités intéressées ;

4° Trois sénateurs désignés par le président du Sénat parmi les représentants de ces collectivités ;

5° Les préfets de région, préfets des départements d'outre-mer ou leur représentant et les représentants de l'État à Saint-Barthélemy, à Saint-Martin, à Mayotte et à Saint-Pierre-et-Miquelon ou leurs représentants ;

6° Le délégué général à l'emploi et à la formation professionnelle ou son représentant ;

7° Le directeur général de la cohésion sociale ou son représentant ;

8° Le directeur du budget ou son représentant ;

9° Le directeur général de *(Décr. n° 2014-524 du 22 mai 2014, art. 16-III)* « Pôle emploi » ou son représentant ;

10° Le directeur des affaires économiques, sociales et culturelles de l'outre-mer ou son représentant. – *[Anc. art. R. 835-3, al. 1er à 11.]*

Art. D. 5521-9 Le mandat des parlementaires membres du comité directeur prend fin de plein droit à l'expiration du mandat électif au titre duquel ils ont été désignés. – *[Anc. art. R. 835-3, al. 12.]*

Art. D. 5521-10 Le comité directeur se réunit au moins une fois par an, sur convocation de son président qui en fixe l'ordre du jour. – *[Anc. art. R. 835-6.]*

SECTION II *[ABROGÉE]* CONSEIL TERRITORIAL DE L'EMPLOI

(Abrogée par Décr. n° 2014-1055 du 16 sept. 2014, art. 5-I)

Art. R. 5521-11 *à* R. 5521-14 *Abrogés par Décr. n° 2014-1055 du 16 sept. 2014, art. 5-I.*

CHAPITRE II **DISPOSITIFS EN FAVEUR DE L'EMPLOI**

SECTION PREMIÈRE **AIDES À L'INSERTION, À L'ACCÈS ET AU RETOUR À L'EMPLOI**

SOUS-SECTION 1 **CONTRAT JEUNE EN ENTREPRISE**

Art. D. 5522-1 La demande de bénéfice de l'aide prévue dans le cadre du contrat jeune en entreprise, mentionnée à l'article L. 5522-3, est déposée auprès de l'organisme gestionnaire après l'embauche du salarié et au plus tard trois mois après celle-ci.

Elle est transmise par l'organisme gestionnaire au directeur du travail, de l'emploi et de la formation professionnelle, à Saint-Pierre-et-Miquelon au chef du service du travail, de l'emploi et de la formation professionnelle et, à Saint-Barthélemy et Saint-Martin, au représentant de l'État. – *[Anc. art. D. 832-4, phrases 1 et 2.]*

Art. D. 5522-2 La demande d'aide comporte :

1° L'engagement de l'employeur de respecter les conditions générales d'attribution de l'aide ;

2° Les documents permettant de vérifier le respect des conditions prévues à l'article L. 5522-3, et notamment la copie du diplôme du salarié. – *[Anc. art. D. 832-4, phrase 3.]*

Art. D. 5522-3 Pour les salariés à temps plein dont la rémunération est égale au salaire minimum de croissance, le montant de l'aide est fixé à 225 € par mois. – *[Anc. art. D. 832-1, al. 1er.]*

Art. D. 5522-4 Pour les rémunérations supérieures au montant fixé à l'article D. 5522-3, le montant de l'aide est déterminé en multipliant le montant de 225 € par le rapport entre, d'une part, la rémunération et, d'autre part, le salaire minimum de croissance, dans la limite de 292,50 €. – *[Anc. art. D. 832-1, al. 2.]*

Art. D. 5522-5 Lorsque la durée du travail prévue par le contrat de travail est inférieure à la durée collective de travail applicable dans l'entreprise, le montant de l'aide est réduit par l'application d'un coefficient égal au rapport entre la durée du travail prévue par ce contrat et la durée collective de travail applicable dans l'entreprise. – *[Anc. art. D. 832-1, al. 3.]*

Art. D. 5522-6 Pour les professions affiliées aux caisses de congés prévues à l'article *(Décr. n° 2016-1553 du 18 nov. 2016, art. 7-IV, en vigueur le 1er janv. 2017)* « L. 3141-32 », le montant de l'aide est majoré de 10 %. – *[Anc. art. D. 832-7.]*

Art. D. 5522-7 L'aide de l'État est due pour une durée de trois années consécutives à compter de la date d'embauche.

Un abattement de 50 % lui est appliqué au titre de la troisième année du contrat. – *[Anc. art. D. 832-2, al. 1er.]*

Art. D. 5522-8 Le montant de l'aide est versé à l'employeur trimestriellement, à terme échu. – *[Anc. art. D. 832-2, al. 2.]*

Art. D. 5522-9 Le versement de l'aide est interrompu pour toute suspension du contrat de travail d'une durée au moins égale à quinze jours. Ces interruptions reportent d'autant ce versement. – *[Anc. art. D. 832-2, al. 3.]*

Art. D. 5522-10 Toute rupture, suspension ou modification du contrat jeune en entreprise qui ouvre droit au versement de l'aide entraînant un changement de son montant ou l'interruption de son paiement est communiquée par l'employeur à l'organisme gestionnaire. Ce dernier transmet cette information au directeur du travail, de l'emploi et de la formation professionnelle, à Saint-Pierre-et-Miquelon au chef du service du travail, de l'emploi et de la formation professionnelle et, à Saint-Barthélemy et Saint-Martin, au représentant de l'État. – *[Anc. art. D. 832-5.]*

Art. D. 5522-11 En cas de rupture du contrat de travail à l'initiative de l'employeur avant le terme de la période mentionnée à l'article D. 5522-7, le montant de l'aide est intégralement reversé par l'employeur à l'État.

Toutefois, le reversement n'est pas dû en cas de :
1° Rupture intervenant au cours de la période d'essai ;
2° Licenciement pour faute grave ou faute lourde du salarié ;
3° Force majeure ;
4° Inaptitude professionnelle ou médicalement constatée ;
5° Motif économique. – *[Anc. art. D. 832-6.]*

SOUS-SECTION 2 **CONTRAT UNIQUE D'INSERTION**

(Décr. n° 2015-1722 du 21 déc. 2015, en vigueur le 1er janv. 2016)

Art. R. 5522-12 Pour son application en Guadeloupe, en Guyane, à la Martinique, à La Réunion, à Saint-Barthélemy, à Saint-Martin et à Saint-Pierre-et-Miquelon, l'article R. 5134-63 est complété par un alinéa ainsi rédigé :

"Lorsque l'État concourt à la prise en charge d'une formation au titre de l'article L. 5522-2-2, sont précisés dans la décision d'attribution de l'aide à l'insertion professionnelle ou une décision modificatrice prise ultérieurement :
1° La nature de cette formation, sa durée et les modalités de son organisation ;
2° La période pendant laquelle elle est dispensée ;
3° Le nom et la qualification professionnelle de la personne chargée au sein de l'entreprise de suivre le déroulement de la formation ;
4° La nature de la sanction de la formation dispensée ;
5° Le montant et les modalités de la prise en charge de cette formation par l'État".

Art. R. 5522-13 Lorsqu'une formation est prévue par la décision d'attribution de l'aide à l'insertion professionnelle ou par une décision modificatrice ultérieure à celle-ci, elle peut faire l'objet d'une aide de l'État sous réserve d'avoir une durée de 200 heures au minimum et d'être dispensée dans le cadre d'une convention avec un organisme de formation mentionné à l'article L. 6351-1.

Art. R. 5522-14 Les frais de formation pris en charge par l'État au titre de l'article R. 5222-12 sont calculés sur une base forfaitaire par heure de formation dispensée et dans la limite de mille heures.

Un premier versement égal à 50 % du coût de la formation est réalisé à la date du début de la formation. Le solde est versé au terme de la formation sur présentation d'une attestation de l'organisme de formation, de l'employeur et du salarié.

V. art. D. 5522-16.

Art. R. 5522-15 Lorsque le contrat de travail est rompu avant le terme de la formation mentionnée à l'article R. 5522-12, les sommes déjà versées à l'employeur correspondant à des heures de formation non réalisées font l'objet d'un reversement.

Lorsque l'aide à l'insertion professionnelle ou une décision modificatrice ultérieure a prévu des heures de formation dispensées en entreprise, ces heures sont réputées être également réparties sur la période de formation.

Art. D. 5522-16 *(Décr. n° 2015-1723 du 21 déc. 2015, art. 1er, en vigueur le 1er janv. 2016)* Le montant horaire de l'aide forfaitaire pour les frais de formation mentionnés à l'article R. 5522-14 est fixé à 7,62 euros.

SECTION II **AIDES À LA CRÉATION D'ENTREPRISE**

SOUS-SECTION 1 **PRIME À LA CRÉATION D'EMPLOI**

§ 1er CONDITIONS D'ATTRIBUTION

Art. R. 5522-45 Les entreprises, dont l'un au moins des établissements est implanté dans un département d'outre-mer, à Saint-Barthélemy, à Saint-Martin ou à Saint-Pierre-et-Miquelon et qui contribuent à l'accroissement et à la diversification des débouchés commerciaux matériels et immatériels, peuvent bénéficier d'une prime à la création d'emploi. – *[Anc. art. L. 832-7, al. 1er.]*

Art. R. 5522-46 La prime est versée aux entreprises agréées par le représentant de l'État dans le département qui, après avis du président du conseil régional, s'assure que l'activité de l'entreprise présente un intérêt pour le développement économique du département. – *[Anc. art. L. 832-7, al. 2.]*

Art. R. 5522-47 Dès réception de la demande d'agrément prévu à l'article R. 5522-46, le représentant de l'État saisit le président du conseil régional en vue de recueillir son avis, qui, à défaut de réponse explicite, est réputé avoir été donné dans un délai de quatre semaines à compter de la saisine. – *[Anc. art. R. 831-20, al. 1er.]*

Art. R. 5522-48 Les pièces et informations transmises dans la demande d'agrément sont définies par arrêté des ministres chargés de l'emploi et de l'outre-mer.

Le représentant de l'État peut solliciter des éléments d'information complémentaire nécessaires à l'appréciation du projet. – *[Anc. art. R. 831-20, al. 2.]*

Art. R. 5522-49 L'agrément précise l'effectif de référence des salariés. – *[Anc. art. R. 831-20, al. 3.]*

Art. R. 5522-50 Pour percevoir la prime à la création d'emplois, l'entreprise agréée :

1° Transmet au représentant de l'État les informations sur les effectifs et le développement de l'entreprise dont le contenu et la date de transmission sont déterminés par arrêté des ministres chargés de l'emploi et de l'outre-mer ;

2° S'acquitte de ses obligations fiscales et sociales, le cas échéant dans le cadre d'un plan d'apurement ;

3° Accroît ses effectifs salariés par rapport à l'effectif de référence. – *[Anc. art. R. 831-21, al. 1er à 4.]*

Art. R. 5522-51 L'effectif de référence est l'effectif moyen de l'année civile précédant celle au cours de laquelle est accordé l'agrément. Il est calculé conformément à l'article L. 1111-2 et arrondi à l'entier le plus voisin, à l'exclusion des contrats d'accès à l'emploi. – *[Anc. art. R. 831-21, al. 5.]*

§ 2 VERSEMENT

Art. R. 5522-52 La prime est versée pendant dix ans, de façon dégressive, pour les créations nettes d'emplois postérieures à la date de l'agrément. – *[Anc. art. L. 832-7, al. 3, phrase 1.]*

Art. D. 5522-53 La prime à la création d'emplois, d'un montant de 34 650 €, est versée annuellement selon le barème suivant :

1° Au cours de chacune des trois premières années civiles : 5 500 € ;

2° Au cours de chacune des trois années civiles suivantes : 3 650 € ;

3° Au cours de chacune des quatre années civiles restant à courir : 1 800 €. – *[Anc. art. D. 831-5.]*

Art. R. 5522-54 La prime est versée pour chaque emploi supplémentaire créé dans le département ou la collectivité territoriale, en équivalent temps plein, au-delà de l'effectif de référence.

Les fractions d'emploi ne sont pas prises en compte. – *[Anc. art. R. 831-21, al. 6 et 7.]*

Art. R. 5522-55 En cas de réduction de l'effectif, le versement des primes correspondant aux plus récentes créations d'emplois est suspendu à due concurrence de cette baisse d'effectif. – *[Anc. art. R. 831-21, al. 8.]*

Art. R. 5522-56 La moitié du montant de la prime est versée dès que l'emploi créé est pourvu à temps plein. Le solde est versé au plus tard le 31 mars de l'année suivante, après vérification de l'effectif moyen.

Chaque année, l'aide pour les emplois créés au cours des années précédentes fait l'objet d'un versement de 50 % de son montant avant le 30 juin, le solde dû étant versé avant le 31 mars de l'année qui suit. – *[Anc. art. R. 831-21, al. 9.]*

SOUS-SECTION 2 AIDE AU PROJET INITIATIVE-JEUNE

§ 1er DISPOSITIONS COMMUNES

SOUS-§ 1er DEMANDE D'AIDE

Art. R. 5522-57 La demande tendant au bénéfice de l'aide au projet initiative-jeune, prévue *[à]* l'article L. 5522-22, est adressée au préfet préalablement à la réalisation de ce projet professionnel.

Elle est accompagnée d'un dossier :

1° Justifiant que le demandeur appartient à l'une des catégories énumérées à l'article précité ;

2° Permettant d'apprécier la réalité et la consistance du projet répondant à l'une ou l'autre des aides énumérées à l'article L. 5522-23, ainsi que sa viabilité. – *[Anc. art. R. 831-10, al. 1er et 2.]*

Art. R. 5522-58 Un arrêté des ministres chargés de l'emploi et de l'outre-mer précise la composition du dossier de demande d'aide au projet initiative-jeune et les modalités de son dépôt. – *[Anc. art. R. 831-10, al. 3.]*

Art. R. 5522-59 Pour l'élaboration de son projet en vue de réaliser une formation en mobilité, le demandeur bénéficie du concours, le cas échéant, d'un organisme agréé dans les conditions des articles R. 5522-80 et R. 5522-82. – *[Anc. art. R. 831-10, al. 4.]*

SOUS-§ 2 INSTRUCTION, ATTRIBUTION ET VERSEMENT DES AIDES

Art. R. 5522-60 L'instruction du dossier de demande d'aide au projet initiative-jeune est assurée :

1° Pour la création d'entreprise, dans les mêmes conditions que pour les aides prévues aux articles L. 5141-1, L. 5141-2 et L. 5141-5. Le dossier peut être examiné conjointement à celles-ci ;

2° Pour la formation en mobilité, par le délégué régional de l'Agence nationale pour l'insertion et la promotion des travailleurs d'outre-mer ou par le *(Décr. no 2014-524 du 22 mai 2014, art. 16-XI)* « directeur régional de Pôle emploi ou son représentant » ou par le responsable de l'organisme agréé à cet effet selon les modalités prévues aux articles R. 5522-80 et R. 5522-82. – *[Anc. art. R. 831-11.]*

Art. R. 5522-61 La décision d'attribution de l'aide est prise par le préfet, qui apprécie la réalité, la consistance et la viabilité du projet. – *[Anc. art. L. 832-6, al. 5.]*

Art. R. 5522-62 La gestion des crédits et le versement de l'aide en capital ainsi que des mensualités pour la formation en mobilité sont confiés à l' *(Décr. no 2009-340 du 27 mars 2009, art. 10)* « Agence de services et de paiement ». – *[Anc. art. R. 831-15, al. 1er, phrase 1.]*

Art. R. 5522-63 Les modalités de la gestion par l'organisme gestionnaire mentionné à l'article R. 5522-62 sont précisées par une convention conclue avec le ministre chargé de l'outre-mer. – *[Anc. art. R. 831-15, al. 3.]*

SOUS-§ 3 SUSPENSION OU SUPPRESSION DU VERSEMENT DE L'AIDE

Art. R. 5522-64 Le bénéfice du versement de l'aide au projet initiative-jeune est suspendu par décision du préfet lorsque le projet professionnel n'est plus conforme au projet initial ainsi que dans les cas suivants :

1° En cas d'aide à la création d'entreprise, lorsque l'entreprise a cessé son activité, en cas de procédure de sauvegarde, de redressement ou de liquidation judiciaire, ou si la condition de direction effective de l'entreprise créée ou reprise cesse d'être remplie ;

2° En cas d'aide à la formation en mobilité pour manque d'assiduité à la formation professionnelle prévue. – *[Anc. art. R. 831-16, al. 1er à 3.]*

Art. R. 5522-65 Le bénéfice du versement de l'aide est supprimé par décision du préfet en l'absence de modification de la situation du bénéficiaire à l'expiration d'un délai de trois mois suivant la notification de la décision par laquelle l'aide a été suspendue ou en cas de fausse déclaration du bénéficiaire de l'aide. Dans le cas de déclarations frauduleuses, le bénéficiaire rembourse à l'organisme gestionnaire l'aide versée. – *[Anc. art. R. 831-16, al. 4.]*

§ 2 AIDE DE CRÉATION OU REPRISE D'ENTREPRISE

Art. R. 5522-66 Dans le cas prévu au 1° de l'article L. 5522-23, l'aide de l'État prend la forme d'un capital versé en deux ou plusieurs fractions. – *[Anc. art. L. 832-6, al. 3, phrase 2.]*

Art. R. 5522-67 Est considéré comme remplissant la condition de direction effective de l'entreprise créée ou reprise le demandeur qui, sous sa propre responsabilité, assure la direction de l'entreprise et la représente dans ses rapports avec les tiers. – *[Anc. art. R. 831-12.]*

Art. R. 5522-68 L'aide à la création d'entreprise ne peut être cumulée avec :

1° Un contrat d'apprentissage ;

2° Un contrat d'accompagnement dans l'emploi ;

3° Un contrat emploi-jeune ;

(Abrogé par Décr. n° 2015-1722 du 21 déc. 2015, art. 2, en vigueur le 1er janv. 2016) ***« 4° Un contrat d'accès à l'emploi ; »***

5° Un contrat de professionnalisation.

(Abrogé par Décr. n° 2015-1722 du 21 déc. 2015, art. 2, en vigueur le 1er janv. 2016) ***« 6° Un contrat d'insertion par l'activité prévu à l'article L. 522-8 du code de l'action sociale et des familles. »***

Art. D. 5522-69 Le montant maximum de l'aide est de 7 320 €. – *[Anc. art. D. 831-2.]*

Art. D. 5522-70 Lorsque l'aide est destinée à la création d'entreprise, 15 % maximum de son montant est consacré à des actions de conseil ou de formation à la gestion d'entreprise. – *[Anc. art. D. 831-4.]*

§ 3 AIDE À LA FORMATION EN MOBILITÉ

Art. R. 5522-71 Le délai dont dispose le préfet pour statuer sur la demande d'aide à la formation en mobilité, prévue au 2° de l'article L. 5522-23, est d'un mois.

Le silence gardé pendant plus d'un mois sur cette demande vaut décision de rejet. – *[Anc. art. R. 831-13.]*

Art. R. 5522-72 L'aide à la formation en mobilité comprend :

1° Une allocation mensuelle, dans la limite de deux ans et d'un montant maximum fixé par décret qui varie en fonction du lieu où est dispensée la formation par rapport au centre des intérêts du bénéficiaire ;

2° Une prise en charge des frais liés à la formation, notamment des frais d'installation, dans la limite d'un montant fixé par ce même décret. – *[Anc. art. L. 832-6, al. 4, phrase 2, et anc. art. R. 831-14, al. 1er.]*

Art. D. 5522-73 Le montant maximum de l'allocation mensuelle est de 305 €. Lorsque la mobilité a lieu à l'intérieur de l'archipel de la Guadeloupe, il est de 152,50 €.

Les frais liés à la formation peuvent faire l'objet d'une prise en charge forfaitaire d'un montant maximum de 762 €. – *[Anc. art. D. 831-3.]*

Art. R. 5522-74 L'allocation mensuelle est versée dans la limite de vingt-quatre mensualités à compter du premier jour du mois où débute la formation, et jusqu'au premier jour du mois civil suivant celui où a pris fin la formation, ou le cas échéant, sur justification de l'inscription sur la liste des demandeurs d'emploi, jusqu'au terme d'une période de deux mois à l'issue de la formation s'il est attesté d'une recherche effective d'emploi au sens de l'article L. 5421-3. – *[Anc. art. R. 831-14, al. 2.]*

Art. R. 5522-75 Lorsque la formation en mobilité se déroule à l'étranger, la gestion des crédits et le versement des aides peuvent être confiés à un organisme, qui conclut une convention à cet effet, dans les conditions prévues à l'article R. 5522-77. – *[Anc. art. R. 831-15, al. 1er, phrase 2.]*

Art. R. 5522-76 La gestion de l'aide pour les frais liés à la formation est assurée par l'Agence nationale pour l'insertion et la promotion des travailleurs d'outre-mer ou un organisme agréé dans les conditions des articles R. 5522-80 à R. 5522-82. – *[Anc. art. R. 831-15, al. 2.]*

Art. R. 5522-77 Les modalités de la gestion par les organismes gestionnaires mentionnés aux articles R. 5522-75 et R. 5522-76 sont précisées par une convention qu'ils concluent avec le ministre chargé de l'outre-mer. – *[Anc. art. R. 831-15, al. 3.]*

Art. R. 5522-78 La formation en mobilité est dispensée sous forme :

1° D'un contrat d'apprentissage ;

2° De l'une des actions de formation énumérées à l'article L. 6313-1 ;

3° D'un contrat en alternance ;

4° D'un stage en entreprise accompli en France ou à l'étranger. – *[Anc. art. R. 831-18, al. 1er.]*

Art. R. 5522-79 L'aide à la formation en mobilité ne peut être cumulée avec :

1° Un contrat d'accompagnement dans l'emploi ;

2° Un contrat emploi-jeune ;

(Abrogé par Décr. n° 2015-1722 du 21 déc. 2015, art. 2, en vigueur le 1er janv. 2016) « *3° Un contrat d'accès à l'emploi ;*

« *4° Un contrat d'insertion par l'activité prévu à l'article L. 522-8 du code de l'action sociale et des familles ;* »

5° L'allocation de retour à l'activité prévue à l'article L. 5524-1.

Art. R. 5522-80 Peut être agréé au titre du 2° de l'article L. 5522-23, un organisme public ou privé ayant la capacité de proposer, ou faire accéder à une formation professionnelle, en France ou à l'étranger, ainsi que d'assurer un accompagnement du stagiaire. – *[Anc. art. R. 831-19, al. 1er.]*

Art. R. 5522-81 L'agrément est délivré par le préfet pour une durée de un à trois ans, renouvelable. – *[Anc. art. R. 831-19, al. 2.]*

Art. R. 5522-82 Un arrêté des ministres chargés de l'emploi et de l'outre-mer précise la composition du dossier, les modalités de dépôt ainsi que les conditions d'agrément. – *[Anc. art. R. 831-19, al. 3.]*

CHAPITRE III **DISPOSITIONS APPLICABLES À CERTAINES CATÉGORIES DE TRAVAILLEURS**

SECTION PREMIÈRE **TRAVAILLEURS HANDICAPÉS**

Art. R. 5523-1 Le préfet soumet pour avis chaque accord de groupe, d'entreprise ou d'établissement mettant en œuvre l'application de l'obligation d'emploi prévue à l'article L. 5212-2 :

1° Au comité de coordination régional de l'emploi et de la formation professionnelle dans les départements d'outre-mer, à Saint-Barthélemy et à Saint-Martin ;

2° Au comité de coordination de l'emploi et de la formation professionnelle de Saint-Pierre-et-Miquelon. – *[Anc. art. R. 323-5, phrase 2 début et fin.]*

Art. R. 5523-2 A Saint-Pierre-et-Miquelon, l'autorité administrative compétente pour conclure un contrat d'objectifs des entreprises adaptées ou des centres de distribution de travail à domicile mentionnée à l'article L. 5213-13, est le représentant de l'État dans la collectivité. – *[Anc. art. L. 832-11.]*

SECTION II **TRAVAILLEURS ÉTRANGERS**

Art. R. 5523-3 Pour exercer une activité professionnelle salariée à Saint-Pierre-et-Miquelon, le travailleur étranger est titulaire d'une autorisation de travail en cours de validité. – *[Anc. art. R. 830-1, al. 1er.]*

Art. R. 5523-4 L'autorisation de travail est délivrée par le préfet de Saint-Pierre-et-Miquelon. Elle autorise l'étranger à exercer les activités professionnelles salariées de son choix dans cette collectivité. – *[Anc. art. R. 830-1, al. 2.]*

Art. R. 5523-5 A Saint-Pierre-et-Miquelon, l'autorisation de travail est présentée, sur demande, aux autorités chargées du contrôle des conditions de travail. – *[Anc. art. R. 830-1, al. 3.]*

Art. R. 5523-6 A Saint-Pierre-et-Miquelon, l'autorisation de travail peut être délivrée sous la forme :

1° D'une carte de résident ;

2° D'une carte de séjour temporaire portant la mention "salarié" ;

3° D'une autorisation provisoire de travail. – *[Anc. art. R. 830-2, al. 1er.]*

Art. R. 5523-7 A Saint-Pierre-et-Miquelon, la carte de résident confère le droit d'exercer toute activité professionnelle salariée dans le cadre de la législation en vigueur. – *[Anc. art. R. 830-2, al. 2.]*

Art. R. 5523-8 A Saint-Pierre-et-Miquelon, la carte de séjour temporaire portant la mention "salarié" autorise à exercer une ou plusieurs activités professionnelles salariées dans le cadre de la législation en vigueur.

Sa durée est au plus égale à un an. Elle est renouvelable. – *[Anc. art. R. 830-2, al. 3.]*

Art. R. 5523-9 A Saint-Pierre-et-Miquelon, une autorisation provisoire de travail peut être délivrée à l'étranger qui ne peut prétendre ni à la carte de séjour temporaire portant la mention "salarié", ni à la carte de résident et qui est appelé à exercer chez un employeur déterminé, pendant une période dont la durée initialement prévue n'excède pas un an, une activité présentant, par sa nature ou les circonstances de son exercice, un caractère temporaire.

La durée de validité de cette autorisation, dont les caractéristiques sont fixées par arrêté du ministre chargé des travailleurs immigrés, ne peut dépasser neuf mois. Elle est renouvelable. – *[Anc. art. R. 830-2, al. 4.]*

Art. R. 5523-10 L'étranger qui souhaite exercer une activité professionnelle salariée à Saint-Pierre-et-Miquelon joint à sa première demande d'autorisation de travail le contrat ou la promesse d'embauche, précisant la profession, le salaire offert et la durée hebdomadaire de travail, revêtus du visa du chef du service du travail et de l'emploi qu'il a dû obtenir avant son entrée dans cette collectivité. – *[Anc. art. R. 830-3, al. 1er.]*

Art. R. 5523-11 Par dérogation à l'article R. 5523-10, l'étranger qui séjourne régulièrement à Saint-Pierre-et-Miquelon peut être autorisé à y travailler. Il joint à sa demande un contrat de travail. – *[Anc. art. R. 830-3, al. 2.]*

Art. R. 5523-12 Pour les marins, les autorisations mentionnées à l'article R. 5523-10 sont délivrées par l'autorité maritime dans les conditions fixées au code du travail maritime. – *[Anc. art. R. 830-3, al. 3.]*

Art. R. 5523-13 A Saint-Pierre-et-Miquelon, sauf s'il est titulaire d'une carte de résident, l'étranger qui sollicite le renouvellement de l'autorisation de travail joint à sa demande un contrat ou une promesse de contrat de travail précisant la profession, le salaire offert et la durée hebdomadaire de travail. – *[Anc. art. R. 830-4.]*

Art. R. 5523-14 Pour accorder ou refuser l'autorisation de travail sollicitée, le préfet de Saint-Pierre-et-Miquelon prend notamment en considération :

1° La situation de l'emploi présente et à venir dans la profession demandée par le travailleur étranger ;

2° Les conditions d'application par l'employeur de la réglementation relative au travail ;

3° Les conditions d'emploi et de rémunération offertes au travailleur étranger, qui doivent être identiques à celles dont bénéficient les travailleurs français ;

4° Les dispositions prises par l'employeur pour assurer ou faire assurer, dans des conditions normales, le logement du travailleur étranger. – *[Anc. art. R. 830-5, al. 1er à 5.]*

Art. R. 5523-15 Seuls les éléments d'appréciation mentionnés aux 2° et 3° de l'article R. 5523-14 sont pris en considération pour l'examen des demandes présentées par les réfugiés et par les apatrides. – *[Anc. art. R. 830-5, al. 6.]*

CHAPITRE IV **LE DEMANDEUR D'EMPLOI**

SECTION UNIQUE **ALLOCATION DE RETOUR À L'ACTIVITÉ**

SOUS-SECTION 1 **DEMANDE ET GESTION DE L'ALLOCATION**

Art. R. 5524-1 à R. 5524-6 *Abrogés par Décr. n° 2010-1783 du 31 déc. 2010.*

SOUS-SECTION 2 **CONDITIONS D'ATTRIBUTION ET VERSEMENT**

Art. R. 5524-7 à R. 5524-12 *Abrogés par Décr. n° 2010-1783 du 31 déc. 2010.*

TITRE TROISIÈME **MAYOTTE, WALLIS-ET-FUTUNA ET TERRES AUSTRALES ET ANTARCTIQUES FRANÇAISES**

CHAPITRE UNIQUE

Art. R. 5531-1 A Mayotte, outre les dépenses prévues à l'article D. 5521-5, les actions suivantes sont également financées :

1° Le versement à l'agence mahoraise pour le développement d'activités d'utilité sociale d'une participation financière aux contrats emploi-développement mentionnés à l'article L. 325-6 du code du travail applicable à Mayotte ;

2° L'attribution à l'agence mahoraise pour le développement d'activités d'utilité sociale des contributions de l'État mentionnées à l'article L. 325-8 du code du travail précité.

SIXIÈME PARTIE **LA FORMATION PROFESSIONNELLE TOUT AU LONG DE LA VIE**

LIVRE PREMIER **PRINCIPES GÉNÉRAUX ET ORGANISATION INSTITUTIONNELLE DE LA FORMATION PROFESSIONNELLE**

TITRE PREMIER **PRINCIPES GÉNÉRAUX**

CHAPITRE PREMIER **DISPOSITIONS COMMUNES**

(Décr. n° 2015-742 du 24 juin 2015, art. 1er)

Ce chapitre entre en vigueur le premier jour du quatrième mois après la publication de l'arrêté prévu à l'art. R. 6111-2, et au plus tard le 1er janv. 2016 (Décr. n° 2015-742 du 24 juin 2015, art. 3).

SECTION UNIQUE **SYSTÈME D'INFORMATION RELATIF À L'OFFRE DE FORMATION PROFESSIONNELLE**

Art. R. 6111-1 Le système d'information national prévu à l'article L. 6111-7 utilise un langage de référence commun dénommé "Langage harmonisé d'échange d'informations sur l'offre de formation - LHÉO".

Art. R. 6111-2 Le langage de référence mentionné à l'article R. 6111-1 est défini par arrêté du ministre en charge de la formation professionnelle, pris après avis du Conseil national de l'emploi, de la formation et de l'orientation professionnelles et publié au *Journal officiel* de la République française. Il est actualisé de façon régulière.

Il est mis à disposition du public par voie dématérialisée.

Art. R. 6111-3 L'information préalable relative aux sessions de formation prévue au premier alinéa de l'article L. 6121-5 et l'information relative à l'offre de formation professionnelle continue sur le territoire par la région déterminée à l'article L. 6121-6 sont diffusées selon le langage de référence mentionné à l'article R. 6111-1.

Le système d'information du compte personnel de formation défini au II de l'article L. 6323-8 recense l'offre de formation professionnelle selon le même langage.

Art. R. 6111-4 Les membres du service public de l'emploi, les opérateurs du conseil en évolution professionnelle ainsi que les organismes mentionnés aux 3° et 4° du II de l'article L. 6323-4 sont destinataires des informations mentionnées au premier alinéa de l'article R. 6111-3.

CHAPITRE II **ÉGALITÉ D'ACCÈS À LA FORMATION**

Art. D. 6112-1 Toute personne concourant à la formation professionnelle tout au long de la vie est formée aux règles relatives à l'égalité professionnelle entre les femmes et les hommes et contribue, dans l'exercice de son activité, à favoriser cette égalité. — *[Anc. art. L. 900-5, al. 3.]*

CHAPITRE III **SOCLE DE CONNAISSANCES ET DE COMPÉTENCES PROFESSIONNELLES**

(Décr. n° 2015-172 du 13 févr. 2015)

Art. D. 6113-1 Le socle de connaissances et de compétences mentionné aux articles L. 6121-2, L. 6324-1 et L. 6323-6 est constitué de l'ensemble des connaissances et des compétences qu'il est utile pour un individu de maîtriser afin de favoriser son accès à la formation professionnelle et son insertion professionnelle. Ce socle doit être apprécié dans un contexte professionnel. Ces connaissances et compétences sont également utiles à la vie sociale, civique et culturelle de l'individu.

Art. D. 6113-2 I. — Le socle de connaissances et de compétences professionnelles comprend :

1° La communication en français ;

2° L'utilisation des règles de base de calcul et du raisonnement mathématique ;

3° L'utilisation des techniques usuelles de l'information et de la communication numérique ;

4° L'aptitude à travailler dans le cadre de règles définies d'un travail en équipe ;

5° L'aptitude à travailler en autonomie et à réaliser un objectif individuel ;

6° La capacité d'apprendre à apprendre tout au long de la vie ;

7° La maîtrise des gestes et postures et le respect des règles d'hygiène, de sécurité et environnementales élémentaires.

II. — Au socle de connaissances et de compétences professionnelles mentionné au I, peuvent s'ajouter des modules complémentaires définis dans le cadre du service public régional de la formation professionnelle, pour lutter contre l'illettrisme et favoriser l'accès à la qualification.

Art. D. 6113-3 Le socle de connaissances et de compétences professionnelles mentionné à l'article D. 6113-1 fait l'objet, sur proposition du Comité paritaire interprofessionnel national pour l'emploi et la formation, d'une certification.

Cette certification s'appuie sur un référentiel qui précise les connaissances et les compétences mentionnées à l'article D. 6113-2 et sur un référentiel de certification qui détermine les conditions d'évaluation des acquis.

Le référentiel de certification prévoit les principes directeurs permettant une mise en perspective du socle de connaissances et compétences pour prendre en compte les spécificités des différents secteurs d'activité professionnelle.

Le Comité paritaire interprofessionnel national pour l'emploi et la formation définit les modalités de délivrance de la certification. Dans ce cadre, il s'assure notamment que la délivrance de la certification s'effectue dans le respect :

1° De la transparence de l'information donnée au public ;

2° De la qualité du processus de certification.

Cette certification est recensée à l'inventaire prévu à l'article L. 335-6 du code de l'éducation, sous réserve de la transmission à la Commission nationale de la certification professionnelle des référentiels prévus au présent article.

Art. D. 6113-4 Les modules complémentaires mentionnés au II de l'article D. 6113-2 sont définis par arrêté du ministre en charge de la formation professionnelle sur proposition de l'Association des régions de France.

Art. D. 6113-5 Les formations relatives à l'acquisition des compétences et connaissances peuvent être proposées indépendamment les unes des autres. *(Décr. n° 2016-1367 du 12 oct. 2016, art. 3, en vigueur le 1er janv. 2017)* « Elles peuvent comprendre une évaluation des compétences et des connaissances des bénéficiaires de l'action de formation, antérieurement ou postérieurement à ces formations. » La modularisation des formations et l'évaluation préalable visent, par une bonne utilisation des acquis de la personne, à permettre l'adaptation de l'action de formation aux besoins de celle-ci.

TITRE DEUXIÈME **RÔLE DES RÉGIONS, DE L'ÉTAT ET DES INSTITUTIONS DE LA FORMATION PROFESSIONNELLE**

CHAPITRE PREMIER **RÔLE DES RÉGIONS**

SECTION PREMIÈRE **PROCÉDURE D'HABILITATION DES ORGANISMES CHARGÉS D'ACTIONS D'INSERTION ET DE FORMATION PROFESSIONNELLE**

(Décr. n° 2014-1390 du 21 nov. 2014, art. 1er, en vigueur le 1er janv. 2015)

Art. R. 6121-1 L'habilitation prévue à l'article L. 6121-2-1 est insérée dans une convention conclue entre la région et un organisme, qui confie à celui-ci un mandat de service d'intérêt économique général.

Elle charge cet organisme, en contrepartie d'une juste compensation financière, de mettre en œuvre des actions d'insertion et de formation professionnelle à destination des jeunes et des adultes rencontrant des difficultés d'apprentissage ou d'insertion, visant leur accès au marché du travail.

Elle est délivrée selon la procédure prévue aux articles R. 6121-2 à R. 6121-7. Le code des marchés publics ne lui est pas applicable.

Art. R. 6121-2 La procédure d'habilitation s'effectue dans le respect des principes de transparence et d'égalité de traitement des candidats.

Elle est ouverte après l'établissement d'un dossier d'habilitation et le lancement d'un appel public à propositions.

Art. R. 6121-3 Le dossier d'habilitation comporte notamment les informations suivantes :

1° La définition de la mission, en référence aux besoins de formation ;

2° La nature et le contenu des obligations de service public ;

3° La nature des actions d'insertion et de formation professionnelle comportant un accompagnement à caractère pédagogique, social ou professionnel devant être mises en œuvre par l'organisme, le public concerné ainsi qu'une estimation des éléments quantitatifs caractérisant ces actions ;

4° Le territoire concerné ;

5° La nature des partenariats à développer et leur contenu ;

6° Les paramètres de calcul, de contrôle et de révision de la juste compensation financière mentionnée à l'article L. 6121-2-1, qui peut être fixée en fonction des coûts prévisionnels ou des coûts réels. Les coûts prévisionnels peuvent tenir lieu de plafonds de dépenses ;

7° Les modalités de paiement, ainsi que les modalités de remboursement éventuel, notamment dans le cas d'une surcompensation ;

8° La durée de la convention d'habilitation, qui peut être fractionnée en périodes reconductibles sans pouvoir excéder cinq ans ;

9° Les modalités de conclusion d'un avenant à la convention d'habilitation et de sa résiliation, dans les conditions fixées à l'article R. 6121-6 ;

10° Les modalités de suivi et d'évaluation de l'exercice de la mission, fondée sur des indicateurs et des modalités de contrôle reposant notamment sur la vérification des comptes de la mission confiée et sur l'imputation des coûts de structure, ainsi que le régime des pénalités ;

11° Une référence à la décision 2012/21/UE de la Commission du 20 décembre 2011 relative à l'application de l'article 106, paragraphe 2, du traité sur le fonctionnement de l'Union européenne aux aides d'État sous forme de compensations de service public octroyées à certaines entreprises chargées de la gestion de services d'intérêt économique général ainsi que, le cas échéant, les droits exclusifs ou spéciaux octroyés par la région.

Art. R. 6121-4 Le mode de publicité préalable relève de la responsabilité de la région. Il comprend les éléments suivants :

1° Les informations à fournir par le candidat, relatives à ses capacités financières, notamment à ses comptes annuels, à ses bilans, comptes de résultat et annexes, aux moyens qui seront mis en œuvre pour l'accomplissement de la mission, au budget prévisionnel de celle-ci et aux autres éléments sollicités en fonction des critères de sélection. Le candidat indique s'il se présente seul ou en groupement ;

2° Le dossier d'habilitation prévu à l'article R. 6121-3 ;

3° La date de clôture du dépôt des propositions par les candidats et leur durée de validité ;

4° La procédure de sélection des candidats, comprenant les critères objectifs de sélection des propositions, notamment la qualité des réponses, leur capacité à répondre aux besoins, aux obligations de service public et aux critères prévus dans l'appel à propositions, ainsi que les modalités de consultation éventuelle des candidats.

Art. R. 6121-5 Après le dépôt des propositions des candidats, la région peut solliciter de leur part des éléments autres que ceux mentionnés à l'article R. 6121-4, en fonction des critères de sélection retenus. Elle peut également demander à un candidat de compléter son dossier et en informe alors les autres candidats.

Elle peut autoriser les candidats à proposer des variantes au dossier d'habilitation mentionné à l'article R. 6121-3, sous réserve du respect des exigences minimales qu'elle définit.

Elle peut demander aux candidats de préciser, améliorer ou adapter leur proposition afin de mieux répondre aux obligations de service public mentionnées dans le dossier d'habilitation. Si elle choisit de ne faire cette demande qu'à certains candidats, elle en informe les autres candidats en leur en donnant la raison.

Art. R. 6121-6 Dès que le choix de l'organisme a été effectué et notifié à celui-ci, ce choix et le rejet motivé des autres candidatures sont notifiés aux candidats par tout moyen permettant d'établir la date de sa réception.

La région peut déclarer la procédure de sélection infructueuse en motivant sa décision et en la notifiant aux candidats.

Art. R. 6121-7 I. — La convention d'habilitation contient les informations figurant aux 1° à 11° de l'article R. 6121-3 et mentionne les droits et les engagements de l'organisme retenu.

Elle est signée par celui-ci puis par le président du conseil régional. Sa notification au candidat retenu permet son exécution.

II. — Lorsque la compensation financière est d'un montant égal ou supérieur à 207 000 euros HT, la convention d'habilitation fait l'objet d'un avis d'attribution transmis à l'office des publications officielles de l'Union européenne.

III. — Au plus tard six mois avant l'échéance de la convention d'habilitation, l'organisme signataire fournit à la région les éléments lui permettant d'évaluer quantitativement et qualitativement la réalisation de la mission de service public qu'il assure, au regard des objectifs de celle-ci et des indicateurs mentionnés au 10° de l'article R. 6121-3.

Art. R. 6121-8 La région peut résilier la convention d'habilitation :

1° Pour un motif d'intérêt général, sous réserve des droits à indemnités de l'organisme titulaire ;

2° Du fait d'une inexécution partielle ou totale par l'organisme titulaire de ses obligations, après une mise en demeure mentionnant les obligations non respectées à laquelle il n'est pas donné suite dans un délai de trente jours. La résiliation est prononcée par une décision mentionnant expressément son motif et sa date d'effet. Un décompte des dépenses engagées est produit selon les principes fixés à l'article R. 6121-3 et donne lieu à un paiement.

SECTION II **SERVICE PUBLIC RÉGIONAL DE LA FORMATION PROFESSIONNELLE**

(Décr. n° 2016-153 du 12 févr. 2016, art. 1er)

Art. R. 6121-9 *(Décr. n° 2016-380 du 29 mars 2016)* La gratuité de la formation professionnelle, financée par la région en application du deuxième alinéa du I de l'article L. 6121-2 au bénéfice de toute personne cherchant à s'insérer sur le marché du travail, s'entend des dépenses liées aux frais pédagogiques de cette formation et aux frais de la procédure d'acquisition de la certification professionnelle classée au plus au niveau IV auquel elle conduit.

Elle peut également s'étendre à la prise en charge par la région des frais d'inscription et d'éventuels frais annexes, notamment des frais d'hébergement ou de restauration.

Ces dispositions sont applicables aux formations débutant après l'entrée en vigueur de la délibération prise par la région, avant le 31 sept. 2016, pour arrêter les modalités de la gratuité des formations professionnelles qu'elle finance.

Toutefois, en ce qui concerne les formations sociales initiales mentionnées à l'art. L. 451-2-1 CASF et les formations paramédicales initiales ou continues mentionnées au 2e al. de l'art. L. 4383-3 CSP, la délibération est prise au plus tard le 1er janv. 2017 (Décr. n° 2016-380 du 29 mars 2016, art. 2).

Art. R. 6121-10 *(Décr. n° 2016-380 du 29 mars 2016)* La région fixe, dans le cadre du programme régional d'apprentissage et de formation professionnelle continue mentionné au VI de l'article L. 214-13 du code de l'éducation, les modalités de la gratuité des formations professionnelles qu'elle finance, conformément aux dispositions de l'article R. 6121-9 du présent code.

Art. D. 6121-11 Sans préjudice des dispositions du 5° du II de l'article L. 6121-2, l'accès au service public régional de la formation professionnelle est garanti dans les mêmes conditions quel que soit le lieu de résidence de la personne.

A défaut de conclusion des conventions prévues au troisième alinéa de l'article L. 6121-2, la région contribue au financement des actions de formation du programme régional de formation et des droits associés mis en œuvre sur son territoire sans distinction du lieu de résidence de la personne.

Le financement des aides individuelles à la formation prévues au 2° de l'article L. 6121-1 relève de la compétence de la région de résidence de la personne.

CHAPITRE II **RÔLE DE L'ÉTAT**

SECTION PREMIÈRE **FINANCEMENT DES ACTIONS DE FORMATION PROFESSIONNELLE CONTINUE**

Art. D. 6122-1 Chaque année, le gouvernement présente au Parlement un document :

1° Regroupant les crédits demandés pour l'année suivante et l'emploi de ceux accordés pour l'année antérieure et pour l'année en cours ;

2° Retraçant l'emploi de la participation des employeurs au développement de la formation professionnelle continue, prévue à l'article L. 6331-1, notamment en matière de contrats de professionnalisation pour les jeunes, et de conditions de mise en œuvre *de la formation professionnelle* continue dans les entreprises de moins de dix salariés selon les secteurs d'activité. Ce rapport fait apparaître les situations propres à chacun des secteurs intéressés de l'artisanat, du commerce et des professions libérales ;

3° Comportant un état des ressources et des dépenses des fonds régionaux de l'apprentissage et de la formation professionnelle continue pour l'année antérieure et pour l'année en cours. – *[Anc. art. L. 941-3, al. 2 et 3.]*

Art. D. 6122-2 L'État met à disposition du Parlement, du *(Décr. n° 2014-965 du 22 août 2014, art. 3)* « Conseil national de l'emploi, de la formation et de l'orientation professionnelles », des syndicats professionnels, du Conseil supérieur pour le reclassement professionnel et social des travailleurs handicapés et du Conseil national consultatif des personnes handicapées, les résultats de l'exploitation des données recueillies auprès des organismes collecteurs paritaires agréés mentionnés à l'article L. 6332-1 et du fonds national de péréquation mentionné à l'article L. 6332-18. – *[Anc. art. L. 941, al. 6 début.]*

Art. D. 6122-3 L'État assure la publication régulière des données qui lui sont transmises par les organismes collecteurs paritaires agréés et le fonds national de péréquation, en application de l'article L. 6332-23. – *[Anc. art. L. 941, al. 6 fin.]*

SECTION II **CONVENTION DE FORMATION PROFESSIONNELLE CONTINUE**

Art. D. 6122-4 Les conventions de formation professionnelle continue conclues en application du premier alinéa de l'article L. 6122-1 sont arrêtées conformément à l'un des modèles annexés à la fin du présent livre. – *[Anc. art. D. 940-1.]*

V. annexe ss. art. R. 6123-3-15.

Art. D. 6122-5 Les conventions de formation professionnelle continue renseignent avec les mentions appropriées les articles figurant dans les "dispositions communes applicables aux conventions de formation professionnelle comportant une aide de l'État", annexées à la fin du présent livre. – *[Anc. art. D. 940-2.]*

V. annexe ss. art. R. 6123-3-15.

Art. D. 6122-6 Les conventions de formation professionnelle continue ouvrent droit au concours de l'État dans les conditions qu'elles prévoient. – *[Anc. art. D. 940-3.]*

CHAPITRE III **INSTITUTIONS DE LA FORMATION PROFESSIONNELLE**

SECTION PREMIÈRE **CONSEIL NATIONAL DE L'EMPLOI, DE LA FORMATION ET DE L'ORIENTATION PROFESSIONNELLES**

(Décr. nº 2014-965 du 22 août 2014, art. 2)

SOUS-SECTION 1 **MISSIONS**

Art. R. 6123-1 Le Conseil national de l'emploi, de la formation et de l'orientation professionnelles élabore, au niveau national, des orientations triennales énonçant des priorités et une stratégie concertée en vue de favoriser la mise en œuvre coordonnée de ces orientations dans le cadre des actions relevant des collectivités et organismes qui interviennent en matière d'emploi, de formation et d'orientation professionnelles.

Art. R. 6123-1-1 Chaque année, le Conseil national de l'emploi, de la formation et de l'orientation professionnelles établit un rapport sur :

1° L'utilisation des ressources affectées à l'emploi, à la formation et à l'orientation professionnelles conformément au 6° de l'article L. 6123-1, à partir de données déterminées de manière concertée entre l'État, les organisations syndicales de salariés et les organisations professionnelles d'employeurs, en prenant en compte les bilans régionaux des actions financées au titre de l'emploi, de l'orientation et de la formation professionnelles, mentionnés au 6° de l'article L. 6123-1 ;

2° La mobilisation du compte personnel de formation.

Art. R. 6123-1-2 Le Conseil national de l'emploi, de la formation et de l'orientation professionnelles arrête tous les trois ans un programme d'évaluation des politiques d'information et d'orientation professionnelles, de formation professionnelle initiale et continue, d'insertion et de maintien dans l'emploi.

A cette fin, il s'appuie sur les études et les travaux d'observation réalisés par l'État, les collectivités territoriales et les organismes paritaires de gestion ou d'observation des branches professionnelles, Pôle emploi et les observatoires régionaux de l'emploi et de la formation professionnelle.

Art. R. 6123-1-3 Le Conseil national de l'emploi, de la formation et de l'orientation professionnelles, point national de référence qualité pour la France auprès de l'Union européenne, participe au réseau du cadre européen de référence pour l'assurance de la qualité dans l'enseignement et la formation professionnels. Il en promeut les principes, les critères de référence et les indicateurs auprès de l'ensemble des financeurs et des dispensateurs de formation.

Il établit un rapport faisant la synthèse des démarches de qualité menées dans le champ de la formation professionnelle, en liaison avec les financeurs.

(Décr. nº 2015-790 du 30 juin 2015, art. 1er-II) « Il favorise l'amélioration et la promotion des démarches de certification qualité, notamment sur la base du rapport mentionné à l'alinéa précédent. »

Art. R. 6123-1-4 Les rapports mentionnés à l'article R. 6123-1-1 et le programme mentionné à l'article R. 6123-1-2 sont transmis au Premier ministre, au ministre chargé de l'emploi, au ministre chargé de la formation professionnelle et au Parlement.

Art. R. 6123-1-5 Pour veiller à la mise en réseau des systèmes d'information sur l'emploi, la formation et l'orientation professionnelles conformément au 4° de l'article L. 6123-1, le Conseil national de l'emploi, de la formation et de l'orientation professionnelles peut réaliser toute étude ou tout audit qu'il estime nécessaire, avec le concours des collectivités et organismes qui lui transmettent des données. Il peut formuler des recommandations sur l'adaptation des systèmes d'information en vue de promouvoir leur cohérence.

Art. R. 6123-1-6 Le Conseil national de l'emploi, de la formation et de l'orientation professionnelles est destinataire :

1° Des travaux, des études et des évaluations élaborés dans le champ de l'emploi, de la formation et de l'orientation professionnelles par les administrations et les établissements publics de l'État, les régions, les organismes consulaires, les organismes paritaires de gestion et d'observation des branches professionnelles ;

2° Du rapport annuel sur la mise en œuvre de la convention pluriannuelle prévue à l'article L. 5312-3 conclue entre l'État, l'organisme gestionnaire de l'assurance chômage et Pôle emploi ;

3° Des données et informations relatives aux organismes collecteurs paritaires agréés et au fonds paritaire de sécurisation des parcours professionnels et de l'état statistique et financier de chaque organisme paritaire collecteur agréé, transmis à l'État en application des articles L. 6332-23 et R. 6332-30 ;

4° Des contrats de plans régionaux de développement des formations et de l'orientation professionnelles prévus à l'article L. 214-13 du code de l'éducation ainsi que de leurs conventions annuelles d'application ;

5° Des conventions régionales pluriannuelles de coordination prévues à l'article L. 6123-4 du code du travail.

Les documents mentionnés aux 2° à 5° sont transmis au Conseil national par le ministre chargé de l'emploi et de la formation professionnelle.

Art. R. 6123-1-7 Le Conseil national de l'emploi, de la formation et de l'orientation professionnelles rend publics selon des modalités qu'il détermine :

1° Les avis rendus sur le fondement du 1° de l'article L. 6123-1 ;

2° Ses autres avis, ses recommandations et ses autres travaux adoptés en séance plénière.

SOUS-SECTION 2 COMPOSITION

Art. R. 6123-1-8 Le Conseil national de l'emploi, de la formation et de l'orientation professionnelles est composé, outre de son président, des membres suivants, nommés par arrêté du Premier ministre :

1° Un député et un sénateur, sur proposition des présidents de leur assemblée respective ;

2° Quatorze représentants des régions et des collectivités ultramarines exerçant les compétences dévolues aux conseils régionaux en matière de formation professionnelle, désignés par l'Association des régions de France ;

3° Deux représentants des départements, désignés par l'Association des départements de France ;

4° Douze représentants de l'État, désignés respectivement par le ministre en charge de l'emploi, le ministre en charge de la formation professionnelle, le ministre en charge de l'éducation nationale, le ministre en charge de l'enseignement supérieur, le ministre en charge de la jeunesse et des sports, le ministre en charge de l'agriculture, le ministre en charge de la santé, le ministre en charge des affaires sociales, le ministre en charge des collectivités territoriales, le ministre en charge de l'industrie, le ministre en charge de l'outre-mer et le ministre en charge du budget ;

5° Un représentant de chaque organisation syndicale de salariés représentative au plan national et interprofessionnel sur proposition de leur organisation respective ;

6° Un représentant de chaque organisation professionnelle d'employeurs représentative au plan national et interprofessionnel sur proposition de leur organisation respective ;

7° Un représentant de chaque organisation professionnelle d'employeurs représentative au plan national multiprofessionnel sur proposition de leur organisation respective ;

8° Deux représentants au titre des organisations syndicales de salariés intéressées sur proposition de leur organisation respective. Ces organisations sont déterminées par arrêté du ministre en charge de l'emploi et de la formation ; *– V. Arr. du 3 oct. 2014 (JO 11 oct.).*

9° Un représentant pour chaque réseau consulaire, sur proposition de CCI France, de l'Assemblée permanente des chambres d'agriculture et de l'Assemblée permanente des chambres de métiers et de l'artisanat ;

10° Une personnalité qualifiée en matière d'emploi, de formation et d'orientation professionnelles ;

11° *(Décr. n° 2015-574 du 27 mai 2015, art. 1er-I)* « Quinze » représentants des principaux opérateurs de l'emploi, de la formation et de l'orientation professionnelles, désignés dans les conditions définies à l'article *(Décr. n° 2015-574 du 27 mai 2015, art. 1er-I)* « R. 6123-1-9 ».

Les représentants désignés en application des 2°, 3° et 4° comprennent un nombre égal de femmes et d'hommes, conformément au principe de parité tel que défini à l'article L. 6123-2.

Les représentants de l'État mentionnés au 4° ne se prononcent pas sur les textes qu'ils soumettent à l'avis du conseil.

Art. R. 6123-1-9 Les représentants des directions des opérateurs du champ de l'emploi, de la formation et de l'orientation professionnelles mentionnés au 11° de l'article R. 6123-1-8 sont nommés sur proposition de leur organisation respective à raison de :

1° Un représentant de Pôle emploi ;

2° Un représentant de l'association pour l'emploi des cadres ;

3° Un représentant des missions locales, *(Décr. n° 2016-1376 du 12 oct. 2016, art. 4)* « désigné dans des conditions fixées par décret » ;

4° Un représentant des organismes spécialisés dans l'emploi des travailleurs handicapés ;

5° Un représentant de l'Association de gestion des fonds pour l'insertion professionnelle des personnes handicapées ;

6° Un représentant du Fonds paritaire de sécurisation des parcours professionnels ;

7° Un représentant de l'Union nationale pour l'emploi dans l'industrie et le commerce ;

8° Un représentant de la Commission nationale de la certification professionnelle ;

9° Un représentant du Centre pour le développement de l'information sur la formation permanente ;

10° Un représentant de l'Office national d'information des enseignements et des professions ;

11° Un représentant de la Conférence des présidents d'université ;

12° Un représentant de l'Association nationale des collectivités territoriales pour la formation, l'insertion et l'emploi, dénommée "Alliance Ville Emploi" ;

13° Un représentant de l'association du réseau des centres animation réseaux d'information (CARIF) et des observatoires régionaux emploi-formation (OREF) ;

14° Un représentant de la Fédération de la formation professionnelle ;

(Décr. n° 2015-574 du 27 mai 2015, art. 1er-II) « 15° Un représentant de *(Décr. n° 2016-1539 du 15 nov. 2016, art. 6)* « l'établissement mentionné à l'article L. 5315-1 du code du travail ».

Art. R. 6123-1-10 La durée du mandat des membres du Conseil national de l'emploi, de la formation et de l'orientation professionnelles est fixée à trois ans.

Art. R. 6123-1-11 Par dérogation à l'article R. 133-3 du code des relations entre le public et l'administration, des membres suppléants sont désignés pour les membres mentionnés aux 1° à 9° de l'article R. 6123-1-8 dans les mêmes conditions qu'eux, à hauteur d'un suppléant par membre titulaire.

Pour les représentants mentionnés aux 2° à 6° de l'article R. 6123-1-8 ayant la qualité de membres du bureau du Conseil national, un second suppléant est désigné.

Les suppléants peuvent également assister aux séances du Conseil national de l'emploi, de la formation et de l'orientation professionnelles. Ils ne délibèrent qu'en l'absence des membres titulaires.

SOUS-SECTION 3 **ORGANISATION ET FONCTIONNEMENT**

Art. R. 6123-2 Deux vice-présidents sont désignés au sein du Conseil de l'emploi, de la formation et de l'orientation professionnelles, l'un par les représentants des collectivités territoriales mentionnées au 2° de l'article R. 6123-1-8, l'autre par les représentants des organisations syndicales de salariés et professionnelles d'employeurs représentatives au plan national et interprofessionnel mentionnées aux 5° et 6° du même article. Ce dernier vice-président est choisi alternativement, pour une durée de dix-huit mois, parmi les représentants des organisations syndicales de salariés et professionnelles d'employeurs représentatives au plan national et interprofessionnel.

Art. R. 6123-2-1 Le Conseil national de l'emploi, de la formation et de l'orientation professionnelles adopte un règlement intérieur qui fixe notamment l'organisation de ses travaux.

Art. R. 6123-2-2 La convocation du Conseil national de l'emploi, de la formation et de l'orientation professionnelles est adressée par le président à ses membres titulaires et suppléants, accompagnée des documents relatifs aux points inscrits à l'ordre du jour, au moins cinq jours calendaires avant la date de la séance.

Dans le cadre de la procédure d'urgence mentionnée au dernier alinéa de l'article L. 6123-1, le délai de consultation est réduit à 48 heures. Les documents relatifs aux points soumis pour avis au Conseil national en application du 1° de l'article L. 6123-1, sont adressés à ses membres titulaires et suppléants par voie électronique. Les positions des membres titulaires et suppléants sont formulées selon les mêmes modalités.

Art. R. 6123-2-3 Le Conseil national de l'emploi, de la formation et de l'orientation professionnelles constitue un bureau comprenant, outre le président :

1° Quatre représentants de l'État parmi ceux mentionnés au 4° de l'article R. 6123-1-8 désignés par le Premier ministre, dont un représentant du ministre en charge de l'emploi ou de la formation professionnelle et un représentant du ministre en charge de l'éducation ;

2° Quatre représentants des régions et des collectivités ultramarines exerçant les compétences dévolues aux conseils régionaux en matière de formation professionnelle mentionnées au 2° de l'article R. 6123-1-8, désignés par l'Association des régions de France ;

3° Les cinq représentants des organisations syndicales de salariés représentatives au plan national et interprofessionnel mentionnées au 5° de l'article R. 6123-1-8 ;

4° Les trois représentants des organisations professionnelles d'employeurs représentatives au plan national et interprofessionnel mentionnées au 6° de l'article R. 6123-1-8.

Art. R. 6123-2-4 Le bureau prépare les réunions du Conseil. Il oriente et suit les travaux des commissions mentionnées à l'article R. 6123-2-5.

Dans le cadre de la procédure d'urgence mentionnée au dernier alinéa de l'article L. 6123-1, le délai de consultation du bureau sur les documents relatifs aux points mentionnés au 1° de l'article L. 6123-1 est de 48 heures.

L'avis du bureau est réputé rendu à l'expiration du délai de 48 heures.

Art. R. 6123-2-5 Sont notamment constituées au sein du Conseil :

1° Une commission des comptes, chargée notamment d'établir le rapport mentionné à l'article R. 6123-1-1 ;

2° Une commission d'évaluation, chargée notamment de mettre en œuvre le programme d'évaluation mentionné à l'article R. 6123-1-2 et de préparer les travaux du Conseil concernant les modalités de suivi et d'évaluation des contrats de plan régionaux de développement des formations et de l'orientation professionnelles.

Art. R. 6123-2-6 Le secrétaire général du Conseil national de l'emploi, de la formation et de l'orientation professionnelles est nommé par arrêté du ministre en charge de l'emploi et de la formation professionnelle.

Il est chargé de préparer les travaux du Conseil national et de ses commissions, dans le cadre des orientations définies par le bureau. Il assiste aux réunions du bureau, du Conseil et des commissions. Il s'appuie sur les services du ministère en charge de l'emploi et de la formation professionnelle et, en tant que de besoin, sur la collaboration d'agents affectés au fonctionnement du Conseil national.

SECTION II **COMITÉ RÉGIONAL DE L'EMPLOI, DE LA FORMATION ET DE L'ORIENTATION PROFESSIONNELLES** *(Décr. n° 2014-1055 du 16 sept. 2014, art. 1er).*

SOUS-SECTION 1 **MISSIONS**

(Décr. n° 2014-1055 du 16 sept. 2014, art. 2)

Art. R. 6123-3 I. — Le comité régional de l'emploi, de la formation et de l'orientation professionnelles est chargé des fonctions de diagnostic, d'étude, de suivi et d'évaluation des politiques nécessaires pour assurer la coordination entre les acteurs des politiques d'orientation, de formation professionnelle et d'emploi et la cohérence des programmes de formation dans la région, en lien avec le Conseil national de l'emploi, de la formation et de l'orientation professionnelles mentionné à l'article L. 6123-1.

II. — Pour l'exercice de ces fonctions, le comité régional de l'emploi, de la formation et de l'orientation professionnelles s'appuie en tant que de besoin sur les études et les travaux d'observation réalisés notamment par :

1° Les collectivités territoriales ressortissant du territoire régional ;

2° Le Conseil économique, social et environnemental régional ;

3° Pôle emploi ;

4° Les services statistiques de l'État et les organismes publics d'étude et de recherche ;

5° Les organismes paritaires de gestion et d'observation des branches professionnelles, présents dans la région ;

6° Le Centre d'animation, de ressources et d'information sur la formation-observatoire régional de l'emploi et de la formation professionnelle.

III. — Le comité régional de l'emploi, de la formation et de l'orientation professionnelles est informé :

1° Chaque année, par les services compétents de l'État, du montant des sommes collectées au titre de la taxe d'apprentissage et de leurs affectations, ainsi que du financement des contrats de professionnalisation ;

2° Des projets d'investissement et des moyens d'intervention dont disposent les services régionaux de Pôle emploi.

Il est, en outre, destinataire des comptes rendus des séances plénières et des commissions du Conseil national de l'emploi, de la formation et de l'orientation professionnelles, ainsi que de ses études et travaux.

Art. R. 6123-3-1 Chaque année, le comité régional de l'emploi, de la formation et de l'orientation professionnelles établit un bilan régional des actions financées au titre de l'emploi, de la formation et de l'orientation professionnelles selon une méthodologie définie par le Conseil national de l'emploi, de la formation et de l'orientation professionnelles.

Art. R. 6123-3-2 Le comité régional de l'emploi, de la formation et de l'orientation professionnelles émet, avant leur adoption ou leur conclusion, un avis sur :

1° Les conventions régionales pluriannuelles de coordination de l'emploi, de l'orientation et de la formation relevant de l'article L. 6123-4 ;

2° La carte régionale des formations professionnelles initiales mentionné à l'article L. 214-13-1 du code de l'éducation ;

3° Les programmes relevant du service public régional de formation professionnelle dont celui prévu à l'article L. 5211-3, ainsi que le projet de convention élaboré en application de l'article L. 6121-4 ;

4° Le cahier des charges prévu à l'article L. 6111-5, fixant des normes de qualité aux organismes participant au service public régional de l'orientation ;

5° La convention annuelle de coordination relative au service public de l'orientation professionnelle conclue entre l'État et la région prévue à l'article L. 6111-3.

Les avis sont rendus publics par le comité et sont transmis au Conseil national de l'emploi, de la formation et de l'orientation professionnelles.

SOUS-SECTION 2 COMPOSITION

(Décr. n° 2014-1055 du 16 sept. 2014, art. 2)

Art. R. 6123-3-3 Le comité régional de l'emploi, de la formation et de l'orientation professionnelles est composé, outre le préfet de région et le président du conseil régional, de membres nommés par arrêté du préfet de région :

1° Six représentants de la région désignés par le conseil régional ;

2° Six représentants de l'État :

a) *(Décr. n° 2015-1616 du 10 déc. 2015, art. 10, en vigueur le 1er janv. 2016)* « Le recteur de région académique » ;

b) Le directeur régional des entreprises, de la concurrence, de la consommation, du travail et de l'emploi (DIRECCTE) ;

c) Le directeur régional de la jeunesse, des sports et de la cohésion sociale (DRJSCS) ;

d) Le directeur régional de l'alimentation, de l'agriculture et de la forêt (DRAAF) ;

e) Les autres représentants de l'État restant à nommer après application des *a* à *d*, désignés par le préfet de région ;

3° Des représentants des organisations syndicales de salariés et professionnelles d'employeurs sur proposition de leur organisation respective :

a) Un représentant de chaque organisation syndicale de salariés, représentative au plan national et interprofessionnel ;

b) Un représentant de chaque organisation professionnelle d'employeurs, représentative au plan national et interprofessionnel ;

c) Un représentant de chaque organisation professionnelle d'employeurs représentative au plan national et multi professionnel ;

d) Deux représentants des organisations syndicales intéressées. Ces organisations sont déterminées par l'arrêté du ministre en charge de l'emploi et de la formation professionnelle prévu à l'article R. 6123-1-8 ;

4° Un représentant pour chacun des trois réseaux consulaires sur proposition de leur organisation respective ;

5° Des représentants des principaux opérateurs de l'emploi, de la formation et de l'orientation professionnelles dans la région, dont un représentant du regroupement d'établissements d'enseignement supérieurs constitué en application des dispositions combinées de l'article L. 718-2 et du 2° de l'article L. 718-3 du code de l'éducation, le directeur régional de Pôle emploi, le délégué régional de l'association de gestion du fonds pour l'insertion professionnelle des personnes handicapées, le représentant régional des Cap emploi, le directeur du fonds de gestion du congé individuel de formation, le président de l'association régionale des missions locales, le délégué en région de l'association pour l'emploi des cadres mentionné à l'article L. 6111-6, le directeur du centre d'animation, de ressources et d'information sur la formation et observatoire régional de l'emploi et de la formation professionnelle ainsi que le directeur régional de l'office national d'information des enseignements et des professions.

Les représentants désignés en application du 1° comprennent un nombre égal de femmes et d'hommes, conformément au principe de parité tel que défini à l'article

L. 6123-3. Les représentants désignés au titre du *e* du 2° comprennent un nombre égal de femmes et d'hommes s'ils sont en nombre pair, et au moins une personne de chaque sexe si leur nombre est impair et au moins égal à deux.

Les membres mentionnés au 5° du présent article siègent sans voix délibératives.

Art. R. 6123-3-4 Les collectivités départementales du ressort de la région sont associées aux réflexions et travaux conduits par le comité en matière d'insertion professionnelle, selon des modalités définies dans son règlement intérieur.

Art. R. 6123-3-5 Pour chaque représentant, un suppléant est désigné dans les mêmes conditions que le titulaire.

Les suppléants peuvent assister avec les titulaires aux séances du comité régional de l'emploi, de la formation et de l'orientation professionnelles. Ils ne délibèrent qu'en l'absence des membres titulaires.

Pour les représentants ayant la qualité de membres du bureau du comité régional de l'emploi, de la formation et de l'orientation professionnelles, mentionné à l'article R. 6123-3-9, un second suppléant peut être désigné dans les mêmes conditions que pour le titulaire.

Art. R. 6123-3-6 Les membres du comité régional de l'emploi, de la formation et de l'orientation professionnelles sont nommés pour une durée de trois ans.

Toute vacance ou perte de la qualité au titre de laquelle ils ont été désignés donne lieu à remplacement pour la durée du mandat restant à courir.

Art. R. 6123-3-7 Avant de procéder à la nomination des membres du comité en application de l'article R. 6123-3-3, le préfet de région consulte le président du conseil régional sur la nomination, au titre du 5° de cet article, de représentants d'opérateurs qui n'y sont pas mentionnés, dans la limite de trois.

SOUS-SECTION 3 **ORGANISATION ET FONCTIONNEMENT**

(Décr. n° 2014-1055 du 16 sept. 2014, art. 2)

Art. R. 6123-3-8 Le comité régional de l'emploi, de la formation et de l'orientation professionnelles ainsi que son bureau sont présidés conjointement par le préfet de région et le président du conseil régional.

La vice-présidence du comité et de son bureau est assurée conjointement par :

a) Un représentant des organisations professionnelles d'employeurs, désigné par les représentants mentionnés au *b* du 3° de l'article R. 6123-3-3 pour le comité et au 3° de l'article R. 6123-3-10 pour le bureau ;

b) Un représentant des organisations syndicales de salariés, désigné par les représentants mentionnés au *a* du 3° de l'article R. 6123-3-3 pour le comité et par les représentants mentionnés au 3° de l'article R. 6123-3-10 pour le bureau.

Art. R. 6123-3-9 Le bureau prépare les réunions du comité régional. Il oriente et suit les travaux des commissions prévues mentionnées à l'article R. 6123-3-13.

Il est chargé de la concertation entre l'État, la région et les organisations professionnelles et syndicales représentatives au plan national et interprofessionnel sur les sujets mentionnés aux articles L. 6111-6, L. 6121-1, L. 6241-3, L. 6241-10.*[,]* L. 6323-3, L. 6323-16 et L. 6323-21.

Il favorise dans ce cadre la définition et la mise en œuvre d'une stratégie régionale concertée en matière d'orientation professionnelle, de développement de l'alternance et de formation professionnelle des salariés comme des demandeurs d'emploi.

Art. R. 6123-3-10 Le bureau comprend :

1° Quatre représentants de l'État, dont le préfet de région et trois représentants désignés par lui parmi ceux mentionnés au 2° de l'article R. 6123-3-3, dont le directeur régional des entreprises, de la concurrence, de la consommation, du travail et de l'emploi et *(Décr. n° 2015-1616 du 10 déc. 2015, art. 10, en vigueur le 1er janv. 2016)* « le recteur de région académique » ;

2° Quatre représentants de la région, dont le président du conseil régional et trois représentants désignés par le conseil régional parmi ceux mentionnés au 1° de l'article R. 6123-3-3 ;

3° Un représentant dans la région de chaque organisation syndicale de salariés et de chaque organisation professionnelle d'employeurs mentionnés aux *a* et *b* du 3° de l'article R. 6123-3-3, représentative au plan national et interprofessionnel.

Art. R. 6123-3-11 En tant que de besoin, le président du conseil régional et le préfet de région peuvent inviter conjointement des représentants de collectivités territoriales ou d'opérateurs ne faisant pas partie du comité régional de l'emploi, de la formation et de l'orientation professionnelles, ou des personnalités qualifiées, à participer aux séances plénières du comité sans prendre part aux délibérations relatives aux avis mentionnés à l'article R. 6123-3-2, à celles du bureau ou celles des commissions mentionnées à l'article R. 6123-3-13.

Art. R. 6123-3-12 Le comité régional de l'emploi, de la formation et de l'orientation professionnelles adopte un règlement intérieur qui fixe l'organisation de ses travaux.

Art. R. 6123-3-13 Le comité régional de l'emploi, de la formation et de l'orientation professionnelles se dote des commissions nécessaires à son fonctionnement ainsi que d'un secrétariat permanent.

Art. R. 6123-3-14 Le comité régional de l'emploi, de la formation et de l'orientation professionnelles se réunit au moins deux fois par an, sur convocation conjointe du préfet de région et du président du conseil régional qui fixent l'ordre du jour, ou à la demande de la majorité de ses membres.

La convocation est accompagnée des documents relatifs aux points inscrits à l'ordre du jour.

Art. R. 6123-3-15 La convocation du bureau du comité est effectuée conjointement par le préfet de région et le président du conseil régional au moins cinq jours avant sa réunion. Elle est accompagnée des documents relatifs aux points inscrits à l'ordre du jour.

Dans les cas d'urgence définis conjointement par le préfet de région et le président du conseil régional pour la mise en œuvre des dispositions du cinquième alinéa de l'article L. 6123-3, le délai mentionné au premier alinéa est ramené à 48 heures.

Le bureau est réputé s'être prononcé à l'expiration du délai mentionné au précédent alinéa.

ANNEXE

DÉFINISSANT LES MODÈLES DE CONVENTION DE FORMATION PROFESSIONNELLE CONTINUE PRÉVUS PAR LES ARTICLES D. 6122-4 ET D. 6122-5

CONVENTION DE FORMATION PROFESSIONNELLE PRÉVOYANT UNE AIDE FINANCIÈRE DE L'ÉTAT AU FONCTIONNEMENT DES STAGES

Entre le (ministre ou préfet de région) ....

et le (dénomination du centre) ....

Il est convenu ce qui suit :

Article 1er

La présente convention est conclue en application des livres premier et III de la partie VI du code du travail.

Les dispositions prévues par l'annexe mentionnée aux articles D. 6122-4 et D. 6122-5 du code du travail lui sont applicables, à l'exclusion des articles 9 (2, *c*) et 11.

Article 2

En exécution de la présente convention, le centre s'engage à s'organiser les cycles de formation prévus à l'annexe pédagogique et dans les conditions fixées par cette annexe.

Article 3

En application des articles L. 6341-1 et suivants du code du travail, l'État apporte son aide à la rémunération des stagiaires dans la limite des effectifs prévus par l'annexe jointe,

ou

Il n'est prévu aucune aide de l'État à la rémunération des stagiaires.

Article 4

L'État apporte au centre l'aide technique prévue à l'article 9-1 de l'annexe mentionnée aux articles D. 6122-4 et D. 6122-5 du code du travail (préciser s'il y a lieu).

L'État apporte au centre une aide financière, dans les conditions prévues par la réglementation en vigueur et dont le montant est fixé chaque année par une annexe financière.

Article 5

Le contrôle pédagogique, technique et financier sera exercé par ....

Article 6

La présente convention prend effet à compter du ....

CONVENTION DE FORMATION PROFESSIONNELLE PRÉVOYANT UNE AIDE DE L'ÉTAT À L'ÉQUIPEMENT DU CENTRE

Entre le (ministre ou préfet de région) ....

et le (dénomination du centre) ....

Il est convenu ce qui suit :

Article 1er

La présente convention est conclue en application des livres premier et III de la partie VI du code du travail.

Les dispositions prévues par les articles 1er, 2, 5, 8, 9 (2, *c*) et 11 de l'annexe mentionnée aux articles D. 6122-4 et D. 6122-5 du code du travail lui sont également applicables.

Article 2

Le centre organisera les formations prévues à l'annexe jointe.

Article 3

L'État apportera une aide financière à la construction et à l'équipement du centre dans les conditions prévues par la réglementation en vigueur et pour un montant de ....

Article 4

Le contrôle technique et financier sera exercé par ....

DISPOSITIONS COMMUNES À L'ENSEMBLE DES CONVENTIONS DE FORMATION PROFESSIONNELLE COMPORTANT UNE AIDE DE L'ÉTAT

I. — Objet et organisation du centre et des cycles de formation

Article 1er

Pour bénéficier d'une aide de l'État, le centre organise une ou plusieurs actions de formation professionnelle répondant aux orientations prioritaires et aux critères d'intervention définis par les instances de la formation professionnelle.

Article 2

Le conseil de centre

Le centre de formation est doté d'un conseil auquel participent notamment les employeurs et salariés désignés par les organismes ou organisations professionnels, ou, le cas échéant, par les entreprises et travailleurs intéressés.

Dans des conditions fixées par le conseil, des représentants des stagiaires seront appelés à participer aux réunions du conseil.

Lorsqu'un accord conclu entre les organisations d'employeurs et de salariés prévoit la composition *et les modalités de fonctionnement* de ce conseil, ce sont les dispositions de cet accord qui s'appliquent.

Lorsque la gestion du centre est assurée par une entreprise ou un groupe d'entreprises de cinquante salariés et plus, le ou les comités d'entreprises intéressés exercent les attributions que leur confère la réglementation en vigueur. Ils doivent en particulier avoir délibéré sur les problèmes propres à l'entreprise relatifs à la formation professionnelle continue et sur les actions pour lesquelles l'aide de l'État est accordée.

Article 3

Organisation des cycles

La formation est délivrée par le centre au moyen de cycles de formation qui peuvent comporter des stages à temps plein ou à temps partiel, ainsi que des cours de types divers.

L'objet du cycle, les types de stage, le lieu, la durée, le nombre de stagiaires prévus, le niveau de la formation dispensée et la sanction prévue sont définis pour chaque cycle dans une annexe pédagogique jointe à la convention.

Les règles particulières aux stages qui pourraient être mis en place ultérieurement sont fixées par avenant.

Les parties peuvent demander des modifications dans les conditions prévues à l'article 12 ci-après.

Pour les actions s'adressant à des stagiaires sous contrat de travail, la formation dispensée à temps partiel est, en principe, donnée pendant les heures normales de travail. Cependant, l'organisation des stages à temps partiel pourra tenir compte des situations particulières relatives aux conditions et aux horaires de travail ainsi qu'à la nature des formations dispensées et à la situation des stagiaires au regard du droit à congé de formation.

Article 4

Personnel du centre

Le personnel assurant un enseignement au centre peut comprendre des personnels à temps plein et des personnels à temps partiel.

Ce personnel est choisi par le responsable du centre, après avis du conseil du centre.

La rémunération des personnes dispensant un enseignement au centre, ainsi que celle du personnel de direction et d'administration, est assurée par le centre.

II. — Stagiaires

Article 5

Recrutement

Les stagiaires sont recrutés parmi les candidats qui adressent à titre individuel leur demande d'admission au centre, et notamment, ceux auxquels les services de l'emploi ainsi que les organismes d'information et d'orientation compétents peuvent apporter leur concours ou parmi les candidats présentés par les entreprises ou les organisations professionnelles et syndicales.

Le choix des stagiaires est opéré sur des critères et dans les conditions arrêtées en accord avec l'autorité cosignataire.

Lorsque les stagiaires sont envoyés par leur entreprise aucune participation financière ne doit leur être demandée.

Article 6

Rémunération

Les stagiaires présentés au centre par leur employeur bénéficient, de la part de ce dernier, du maintien intégral de la rémunération qu'ils percevaient avant leur entrée en stage. Lorsque les conditions prévues par la législation en vigueur sont remplies, l'État peut prendre en charge une partie de la rémunération maintenue.

Les autres stagiaires peuvent bénéficier, sous réserve de remplir les conditions prévues, du versement de la rémunération prévu par les articles L. 6341-1 et suivants du code du travail.

Dans tous les cas, l'aide de l'État ne peut intervenir que si elle est prévue expressément par la convention ou par un avenant à la convention.

Article 7

Protection sociale

Le centre s'assure que les stagiaires bénéficient d'une protection sociale.

Il prend les dispositions appropriées pour assurer la couverture des risques sociaux et notamment des accidents du travail pour les stagiaires qui ne seraient pas couverts par la réglementation en vigueur.

Article 8

Reconnaissance de la formation acquise

Le centre s'engage à rechercher auprès des employeurs intéressés les modalités propres à assurer la reconnaissance de la formation acquise par les stagiaires du centre.

III. — Aide de l'État

Article 9

L'État peut apporter :

1. Une aide technique :

a) Concours à la formation des personnels appelés à assurer un enseignement au centre ;

b) Mise à disposition de locaux et installations ;

c) Mise à disposition de documents d'ordre technique et pédagogique ;

d) Mise à disposition de personnel d'enseignement.

2. Une aide financière :

L'État peut verser au centre :

a) Une subvention destinées *[destinée]* à permettre la mise au point des différents cycles ;

b) Une subvention forfaitaire de fonctionnement.

Le montant de cette subvention est calculé, pour chaque exercice, dans les conditions fixées par le ministre chargé de la formation professionnelle, après avis du Conseil national de la formation professionnelle tout au long de la vie.

Dans tous les cas, il est tenu une comptabilité distincte pour les cycles et stagiaires relevant de la convention.

Dans l'hypothèse où les effectifs réellement présents ou la durée des formations seraient inférieurs aux prévisions, le montant de la subvention sera réduit à due concurrence.

Si le montant des différentes ressources perçues au titre des cycles conventionnés excède le montant des dépenses effectivement exposées pour le fonctionnement de ces cycles, cet excédent devra être déduit de la subvention due au titre de l'exercice suivant ou reversé au Trésor.

c) Une subvention destinée à couvrir une partie du coût de construction et d'équipement du centre.

Les conditions d'attribution de cette subvention, ainsi que les modalités selon lesquelles elle est calculée, sont fixées par le ministre chargé de la formation professionnelle, après avis du Conseil national de la formation professionnelle tout au long de la vie.

Le montant de cette subvention ne peut être augmenté si le coût réel des travaux réalisés dépasse le montant du devis prévisionnel, que ce dépassement résulte d'une sous-estimation du coût des travaux, d'une actualisation du prix de l'opération ou d'une hausse de prix contractuelle.

Le centre bénéficiaire d'une subvention d'équipement est tenu, au cas où il serait mis fin aux formations prévues par la convention ou si les équipements réalisés ne sont pas utilisés conformément aux stipulations de la convention, de rembourser la subvention reçue, proportionnellement au nombre d'années restant à courir sur les délais d'amortissement : cinq ans pour le matériel, dix ans pour les aménagements immobiliers, vingt ans pour les constructions ou achats d'immeubles. Lorsque l'aide de l'État a porté sur l'acquisition du terrain, cette participation doit être remboursée intégralement.

De même, si la capacité de formation est inférieure à celle prévue par la convention, le centre rembourse la subvention reçue proportionnellement au nombre de places prévues et non réalisées.

3. Une aide technique et financière :

Les aides prévues aux 1 et 2 ci-dessus peuvent se cumuler.

Dans ce cas, les aides techniques font l'objet d'une évaluation financière et sont déduites du monde de la subvention.

IV. — Contrôle de l'État

Article 10

Aide au fonctionnement

a) Contrôle pédagogique et technique.

Le centre est soumis au contrôle pédagogique exercé par les services et organismes compétents désignés par l'autorité cosignataire. Il porte sur l'objet de la formation, les méthodes, les programmes et la qualité des enseignements dispensés. Le conseil de centre est consulté à l'occasion de ce contrôle.

b) Contrôle financier.

Le responsable du centre adresse chaque année un compte rendu des résultats qu'ont permis d'obtenir les cycles de formation organisés, un bilan financier des dépenses et ressources réellement constatées et un budget annuel ; ces différents documents sont transmis avec l'avis du conseil du centre.

Sans préjudice des contrôles que l'État peut exercer en vertu de la réglementation en vigueur sur les organismes et entreprises recevant des subventions sur fonds publics, les services ou organismes désignés par l'autorité cosignataire, compétents pour effectuer des inspections administratives, financières et techniques, ont accès dans les locaux du centre. Ils peuvent en outre se faire communiquer toutes pièces nécessaires permettant de contrôler l'activité du centre de l'assiduité des stagiaires, et notamment les situations d'effectifs et les emplois du temps.

Article 11

Aide à l'équipement

Pendant l'exécution des travaux, le service chargé du contrôle peut s'assurer de leur conformité avec les plans et devis présentés.

Lorsque les travaux sont achevés ou les matériels acquis, l'autorité cosignataire pourra s'assurer à tout moment que la capacité créée et l'utilisation des équipements sont bien conformes à la destination prévue par l'annexe à la convention.

A cet effet, les services désignés par cette autorité ont accès dans les locaux du centre et peuvent se faire communiquer toutes précisions nécessaires permettant de contrôler son activité.

V. — Application et durée de la convention

Article 12

Modification de la convention

L'autorité cosignataire peut, à tout moment, mettre fin sans délai à la convention dans le cas où le contrôle exercé sur le centre fait apparaître que l'organisation des cycles de formation ou les conditions de sa gestion ne répondent pas aux conditions définies dans la convention.

L'autorité cosignataire peut également demander, à tout moment, au responsable du centre de modifier les conditions d'organisation ou de fonctionnement d'un cycle de formation en cours lorsque celui-ci *[celles-ci]* apparaissent défectueuses.

Dans ces deux cas, le conseil du centre est consulté.

En dehors de ces cas, chacune des parties porte à la connaissance de l'autre, au moins deux mois à l'avance, les modifications éventuelles qu'elle désire voir apporter aux dispositions de la convention ou de ses annexes.

C'est notamment le cas lorsqu'il apparaît nécessaire d'adapter l'objet des cycles ou les méthodes de formation aux exigences ou aux possibilités nouvelles que ferait apparaître l'évolution de l'emploi et des moyens de formation existant*[s]*.

Les modifications arrêtées d'un commun accord et après consultation du conseil du centre font l'objet d'un avenant.

Article 13

Résiliation de la convention

La convention peut être résiliée par l'une ou l'autre des parties sur préavis de trois mois.

Lorsqu'il est mis fin à la convention, des dispositions particulières sont prises, le conseil du centre ayant été consulté pour sauvegarder les intérêts des stagiaires en cours de formation.

SECTION III **COMITÉ PARITAIRE INTERPROFESSIONNEL NATIONAL POUR L'EMPLOI ET LA FORMATION**

(Décr. n° 2014-966 du 22 août 2014)

Art. R. 6123-5 I. — Le Comité paritaire interprofessionnel national pour l'emploi et la formation mentionné à l'article L. 6123-5 comprend dix représentants titulaires des organisations professionnelles d'employeurs et dix représentants titulaires des organisations syndicales de salariés représentatives au niveau national et interprofessionnel désignés par leur organisation respective. La répartition des sièges entre ces deux collèges est fixée par un arrêté du ministre chargé du travail.

II. — Des membres suppléants sont désignés dans les mêmes conditions et en nombre égal à celui des titulaires. Ils peuvent assister aux réunions du comité mais n'ont voix délibérative qu'en l'absence des membres titulaires qu'ils suppléent.

III. — Toute vacance ou perte de la qualité au titre de laquelle les membres du comité ont été désignés donne lieu à un remplacement pour la durée du mandat restant à courir.

IV. — Le mandat des membres de chacun des collèges du comité expire un mois après l'entrée en vigueur de chacun des arrêtés du ministre chargé du travail fixant respectivement la liste des organisations syndicales de salariés et la liste des organisations professionnelles d'employeurs reconnues représentatives au niveau national et interprofessionnel ou multiprofessionnel en application des articles L. 2122-11 et L. 2152-6.

V. — Le comité est présidé conjointement par un représentant des organisations professionnelles d'employeurs et un représentant des organisations syndicales de salariés, choisis parmi les membres des organisations mentionnées au I selon des modalités définies dans le règlement intérieur prévu au VI.

VI. — Le Comité paritaire interprofessionnel national pour l'emploi et la formation adopte un règlement intérieur qui fixe ses modalités d'organisation et de fonctionnement.

Par dérogation aux dispositions du I, jusqu'à la publication des deux arrêtés pris après la prochaine mesure de représentativité des organisations syndicales et professionnelles d'employeurs, la composition du Comité paritaire interprofessionnel national pour l'emploi et la formation est la suivante :

1° Trois représentants pour la Confédération générale des petites et moyennes entreprises ;

2° Six représentants pour le Mouvement des entreprises de France ;

3° Un représentant pour l'Union professionnelle artisanale ;

4° Deux représentants pour la Confédération française démocratique du travail ;

5° Deux représentants pour la Confédération française de l'encadrement-Confédération générale des cadres ;

6° Deux représentants pour la Confédération française des travailleurs chrétiens ;

7° Deux représentants pour la Confédération générale du travail ;

8° Deux représentants pour la Confédération générale du travail-Force ouvrière (Décr. n° 2014-966 du 22 août 2014, art. 2).

SECTION IV **COMITÉ PARITAIRE INTERPROFESSIONNEL RÉGIONAL POUR L'EMPLOI ET LA FORMATION**

(Décr. n° 2014-1311 du 31 oct. 2014)

Art. R. 6123-6 I. — Le Comité paritaire interprofessionnel régional pour l'emploi et la formation mentionné à l'article L. 6123-6 comprend dix représentants titulaires des organisations professionnelles d'employeurs et dix représentants titulaires des organisations syndicales de salariés représentatives au niveau national et interprofessionnel, désignés par leurs organisations respectives. La répartition des sièges entre ces deux collèges est fixée par un arrêté du ministre chargé du travail.

II. — Des membres suppléants sont désignés dans les mêmes conditions et en nombre égal à celui des titulaires. Ils peuvent assister aux réunions du comité mais n'ont voix délibérative qu'en l'absence des membres titulaires qu'ils suppléent.

III. — Toute vacance ou perte de la qualité au titre de laquelle les membres du comité ont été désignés donne lieu à un remplacement pour la durée du mandat restant à courir.

IV. — Le mandat des membres de chacun des collèges du comité expire deux mois après l'entrée en vigueur de chacun des arrêtés du ministre chargé du travail fixant respectivement la liste des organisations syndicales de salariés et la liste des organisations professionnelles d'employeurs reconnues représentatives au niveau national et interprofessionnel ou multiprofessionnel en application des articles L. 2122-11 et L. 2152-6.

V. — Le comité est présidé conjointement par un représentant des organisations professionnelles d'employeurs et un représentant des organisations syndicales de salariés, choisis parmi les membres des organisations mentionnées au I selon des modalités définies dans le règlement intérieur prévu au VI.

VI. — Le Comité paritaire interprofessionnel régional pour l'emploi et la formation adopte un règlement intérieur qui fixe ses modalités d'organisation et de fonctionnement.

Par dérogation aux dispositions du I de l'art. R. 6123-6 C. trav., jusqu'à la publication des arrêtés pris après la prochaine mesure de représentativité des organisations syndicales et professionnelles d'employeurs, la composition du Comité paritaire interprofessionnel régional pour l'emploi et la formation est la suivante :

1° Trois représentants pour la Confédération générale des petites et moyennes entreprises ;

2° Six représentants pour le Mouvement des entreprises de France ;

3° Un représentant pour l'Union professionnelle artisanale ;

4° Deux représentants pour la Confédération française démocratique du travail ;

5° Deux représentants pour la Confédération française de l'encadrement-Confédération générale des cadres ;

6° Deux représentants pour la Confédération française des travailleurs chrétiens ;

7° Deux représentants pour la Confédération générale du travail ;

8° Deux représentants pour la Confédération générale du travail-Force ouvrière (Décr. n° 2014-1311 du 31 oct. 2014, art. 2).

LIVRE DEUXIÈME **L'APPRENTISSAGE**

TITRE PREMIER **DISPOSITIONS GÉNÉRALES**

CHAPITRE UNIQUE

SECTION PREMIÈRE **CONTRAT D'OBJECTIFS ET DE MOYENS**

Art. D. 6211-1 (Abrogé par Décr. n° 2014-1031 du 10 sept. 2014, art. 2-6°) ***Les contrats d'objectifs et de moyens, prévus à l'article L. 6211-3, précisent les objectifs poursuivis en vue :***

1° D'adapter l'offre quantitative et qualitative de formation, en particulier au regard des perspectives d'emploi dans les différents secteurs d'activité ;

2° D'améliorer la qualité du déroulement des formations dispensées en faveur des apprentis ;

3° De valoriser la condition matérielle des apprentis ;

4° De développer le préapprentissage, notamment la formation d'apprenti junior prévue à l'article L. 337-3 du code de l'éducation ;

5° De promouvoir le soutien à l'initiative pédagogique et à l'expérimentation ;

6° De faciliter le déroulement de séquences d'apprentissage dans des États membres de la Communauté européenne ;

7° De favoriser l'accès des personnes handicapées à l'apprentissage.

Art. D. 6211-2 Les contrats d'objectifs et de moyens indiquent les moyens mobilisés par les parties pour atteindre les objectifs arrêtés. — *[Anc. art. L. 118-1, al. 10.]*

SECTION II **RÔLE DES CHAMBRES CONSULAIRES**

Art. D. 6211-3 Les chambres consulaires mentionnées à l'article L. 6211-4 peuvent soit individuellement, soit en commun, organiser des services d'apprentissage chargés de contribuer :

3° *[1°]* Au placement des jeunes en apprentissage ;

2° A la préparation des contrats d'apprentissage ;

3° A l'élaboration de documents statistiques sur l'apprentissage, notamment à la demande de la commission départementale de l'emploi et de l'insertion ;

4° A la réalisation d'enquêtes sur le devenir professionnel des jeunes formés par la voie de l'apprentissage ;

5° Au fonctionnement des divers services sociaux organisés en faveur des apprentis. — *[Anc. art. R. 118-1, al. 1er à 6.]*

Art. D. 6211-4 Les chambres consulaires adressent à la commission départementale de l'emploi et de l'insertion tout avis sur l'apprentissage dans le département. — *[Anc. art. R. 118-1, al. 7.]*

Art. D. 6211-5 Conformément à l'article 39 du code de l'artisanat, les chambres de métiers et de l'artisanat *(Décr. n° 2010-1356 du 11 nov. 2010, art. 25)* « de région » peuvent créer des centres d'information et d'orientation professionnelle pour les jeunes qui souhaitent entrer en apprentissage.

Ces centres sont habilités à constater, dans les conditions définies aux articles R. 6222-38 à R. 6222-40, l'aptitude d'un apprenti à exercer le métier auquel il se prépare. – *[Anc. art. R. 118-1, al. 9.]*

SECTION III **RÔLE DES INSTANCES CONSULTATIVES**

Art. R. 6211-6 Conformément au 3° de l'article L. 6123-1, le *(Décr. n° 2014-965 du 22 août 2014, art. 3)* « Conseil national de l'emploi, de la formation et de l'orientation professionnelles » est consulté sur les projets de dispositions réglementaires prévus par le présent livre.

Le Conseil supérieur de l'éducation est consulté sur les projets de décret en Conseil d'État prévus par le présent livre et sur les projets de décret prévus à l'article L. 6241-2.

Le décret en Conseil d'État prévu à l'article L. 6222-33 est pris après avis des commissions professionnelles consultatives compétentes. – *[Anc. art. L. 115-2, al. 1er, phrase 2 début, anc. art. L. 116-5, al. 1er, anc. art. L. 117-10, al. 1er fin, anc. art. L. 117-12, al. 3, anc. art. L. 117-15, al. 3, anc. art. L. 117-17, al. 1er fin, anc. art. L. 117 bis-6, phrase 1 début, anc. art. L. 118-2-2, al. 11, phrase 2, anc. art. L. 118-2-2, al. 7, phrase 1 fin, anc. art. L. 118-7, al. 3, anc. art. L. 119-4, al. 1er et anc. art. L. 119-4, al. 3.]*

TITRE DEUXIÈME **CONTRAT D'APPRENTISSAGE**

CHAPITRE PREMIER **DÉFINITION ET RÉGIME JURIDIQUE**

Le présent chapitre ne comprend pas de dispositions réglementaires.

CHAPITRE II **CONTRAT DE TRAVAIL ET CONDITIONS DE TRAVAIL**

SECTION PREMIÈRE **FORMATION, EXÉCUTION ET RUPTURE DU CONTRAT DE TRAVAIL**

SOUS-SECTION 1 **CONDITIONS D'ÂGE**

Art. D. 6222-1 Les dérogations à la limite d'âge supérieure, prévue à l'article L. 6222-2, sont applicables dans les conditions suivantes :

1° Pour les dérogations prévues aux *(Décr. n° 2009-596 du 26 mai 2009)* « 1° et 2° », l'âge de l'apprenti au moment de la conclusion du contrat est de trente ans au plus ;

2° Pour les dérogations prévues aux 1° et 2°, le contrat d'apprentissage doit être souscrit dans un délai maximum d'un an après l'expiration du précédent contrat ;

3° Pour la dérogation prévue au 2°, les causes indépendantes de la volonté de l'apprenti ayant entraîné la rupture du contrat d'apprentissage sont les suivantes :

a) La cessation d'activité de l'employeur ;

b) La faute de l'employeur ou les manquements répétés à ses obligations ;

c) La mise en œuvre de la procédure de suspension de l'exécution du contrat d'apprentissage, prévue aux articles L. 6225-4 et suivants ;

4° Pour l'inaptitude physique et temporaire de l'apprenti constatée dans les conditions prévues aux articles R. 6222-38 à R. 6222-40. – *[Anc. art. D. 117.]*

Art. R. 6222-1-1 *(Décr. n° 2014-1031 du 10 sept. 2014, art. 1er)* En application du troisième alinéa de l'article L. 6222-1, les jeunes qui atteignent l'âge de quinze ans avant le terme de l'année civile peuvent être inscrits, sous statut scolaire, dans un lycée professionnel ou dans un centre de formation d'apprentis pour débuter leur formation, dans les conditions suivantes :

1° L'élève a accompli la scolarité du premier cycle de l'enseignement secondaire ;

2° L'élève est inscrit, soit dans un lycée professionnel, soit dans un centre de formation d'apprentis sous statut scolaire, pour commencer une formation conduisant à la délivrance d'un diplôme ou d'un titre à finalité professionnelle enregistré au répertoire national des certifications professionnelles. La formation comprend des périodes de formation en milieu professionnel, qui sont régies par les articles D. 331-3, D. 331-4 et D. 331-15 du code de l'éducation et R. 715-1 et R. 715-1-5 du code rural et de la pêche maritime.

SOUS-SECTION 2 CONCLUSION DU CONTRAT

Art. R. 6222-2 Le contrat d'apprentissage est établi par écrit, en trois exemplaires originaux.

Chaque exemplaire est signé par l'employeur, l'apprenti et, le cas échéant, son représentant légal. – *[Anc. art. R. 117-10.]*

Art. R. 6222-3 Le contrat d'apprentissage précise le nom du maître d'apprentissage, les titres ou diplômes dont il est titulaire et la durée de son expérience professionnelle dans l'activité en relation avec la qualification recherchée. – *[Anc. art. R. 117-11, al. 2.]*

Art. R. 6222-4 Le contrat d'apprentissage fixe le salaire dû à l'apprenti pour chacune des années *(Décr. n° 2014-1031 du 10 sept. 2014, art. 2-1°)* « du contrat ou de la période d'apprentissage ». Ce salaire ne peut être inférieur aux taux prévus par l'article D. 6222-26.

Lorsque des avantages en nature sont accordés, le contrat fixe, dans des limites prévues par décret, les conditions dans lesquelles ils sont déduits du salaire. – *[Anc. art. R. 117-12.]*

Art. R. 6222-5 Un arrêté conjoint des ministres chargés de la formation professionnelle, de l'agriculture et des transports, pris après avis du *(Décr. n° 2014-965 du 22 août 2014, art. 3)* « Conseil national de l'emploi, de la formation et de l'orientation professionnelles », détermine un contrat type d'apprentissage, qui comporte les mentions définies aux articles R. 6222-3 et R. 6222-4. *(Décr. n° 2011-1924 du 21 déc. 2011)* « Cet arrêté fixe, en outre, la liste des pièces liées au contrat d'apprentissage.

« Sur demande de l'organisme chargé de l'enregistrement du contrat d'apprentissage, l'employeur produit les pièces mentionnées dans l'arrêté prévu au présent article. » – *V. Arr. du 6 juill. 2012 (JO 18 juill.).*

SOUS-SECTION 3 DURÉE DU CONTRAT

§ 1er PRINCIPE ET DÉROGATION

Art. R. 6222-6 Sous réserve des dispositions des articles R. 6222-7 et R. 6222-8, la durée des contrats *(Décr. n° 2014-1031 du 10 sept. 2014, art. 2-2°)* « ou de la période » d'apprentissage conclus pour la préparation d'un diplôme, ou d'un titre à finalité professionnelle inscrit au répertoire national des certifications professionnelles, est fixée à deux ans.

Pour la préparation d'un titre d'ingénieur diplômé ou d'un diplôme d'enseignement supérieur long, la durée du contrat *(Décr. n° 2014-1031 du 10 sept. 2014, art. 2-2°)* « ou de la période d'apprentissage » est portée à trois ans, lorsque telle est la durée réglementaire de préparation du diplôme. – *[Anc. art. R. 117-6.]*

Art. R. 6222-7 La durée du contrat *(Décr. n° 2014-1031 du 10 sept. 2014, art. 2-3°)* « ou de la période » d'apprentissage conclu pour la préparation d'un diplôme, ou d'un titre à finalité professionnelle inscrit au répertoire national des certifications professionnelles, peut être réduite ou allongée pour tenir compte du type de profession, du niveau de qualification visés ainsi que de la durée minimale de formation en centre de formation d'apprentis fixée, le cas échéant, par le règlement d'examen :

1° Soit par une convention ou un accord de branche étendu par un arrêté, pris en application de l'article L. 2261-15, après avis du *(Décr. n° 2014-965 du 22 août 2014, art. 3)* « Conseil national de l'emploi, de la formation et de l'orientation professionnelles » ;

2° Soit, à défaut de convention ou d'accord de branche étendu, par un arrêté conjoint des ministres chargés de la formation professionnelle, de l'éducation et, le cas échéant, du ministre qui délivre le diplôme ou le titre. – *[Anc. art. R. 117-6-1.]*

Art. R. 6222-8 La durée du contrat *(Décr. n° 2014-1031 du 10 sept. 2014, art. 2-3°)* « ou de la période » d'apprentissage peut varier entre six mois et un an dans les cas prévus à l'article L. 6222-9.

La décision est prise par le recteur, le directeur régional de l'alimentation, de l'agriculture et de la forêt ou le *(Décr. n° 2009-1540 du 10 déc. 2009)* « directeur régional de la jeunesse, des sports et de la cohésion sociale », après avis du directeur du centre de formation d'apprentis, ou, dans le cas d'une section d'apprentissage, du responsable d'établissement.

L'absence de réponse dans un délai d'un mois à compter du dépôt de la demande par l'employeur vaut décision d'acceptation. – *[Anc. art. R. 117-6-2.]*

§ 2 PRISE EN COMPTE DU NIVEAU INITIAL DE COMPÉTENCE DE L'APPRENTI

Art. R. 6222-9 La durée du contrat *(Décr. n° 2014-1031 du 10 sept. 2014, art. 2-4°)* « ou de la période » d'apprentissage peut être réduite ou allongée, à la demande des cocontractants, pour tenir compte du niveau initial de compétence de l'apprenti, sans pouvoir conduire à la conclusion de contrats d'apprentissage *(Décr. n° 2014-1031 du 10 sept. 2014, art. 2-4°)* « ou à des périodes d'apprentissage » d'une durée inférieure à un an ou supérieure à trois ans.

Cette adaptation est autorisée, au vu de l'évaluation des compétences de l'intéressé, par le recteur de l'académie, le directeur régional de l'alimentation, de l'agriculture et de la forêt ou le *(Décr. n° 2009-1540 du 10 déc. 2009)* « directeur régional de la jeunesse, des sports et de la cohésion sociale », après avis, le cas échéant, du président de l'université ou du directeur de l'établissement d'enseignement supérieur concerné.

L'absence de réponse dans un délai d'un mois à compter du dépôt de la demande vaut décision d'acceptation. – *[Anc. art. R. 117-7-3-I, al. 1er à 3.]*

Art. R. 6222-10 *(Abrogé par Décr. n° 2014-1031 du 10 sept. 2014, art. 2-5°)* ***« L'autorisation d'adapter la durée du contrat d'apprentissage est réputée acquise lorsque le contrat est conclu dans le cadre de la formation d'apprenti junior, prévue à l'article L. 337-3 du code de l'éducation. »***

Dans le cas de l'enseignement supérieur, l'autorisation du service de l'inspection de l'apprentissage est réputée acquise lorsqu'un avis favorable a été émis par le président d'université ou le chef d'établissement d'enseignement supérieur. – *[Anc. art. L. 115-2, al. 2, phrases 3 et 4.]*

Art. R. 6222-11 La réduction de la durée du contrat *(Décr. n° 2014-1031 du 10 sept. 2014, art. 2-3°)* « ou de la période » d'apprentissage autorisée dans les conditions prévues à l'article R. 6222-9 n'est pas cumulable avec les réductions de durée prévues par les articles R. 6222-15 et R. 6222-16. – *[Anc. art. R. 117-7-3-I, al. 4.]*

Art. R. 6222-12 La décision par laquelle le conseil régional arrête les modalités de prise en compte du niveau initial de compétence de l'apprenti, en application de l'article L. 6222-10, est prise après avis du *(Décr. n° 2014-1055 du 16 sept. 2014, art. 5-I)* « comité régional de l'emploi, de la formation et de l'orientation professionnelles ». – *[Anc. art. L. 115-2, al. 11.]*

Art. R. 6222-13 Le préfet de région et le président du conseil régional arrêtent conjointement, après avis du *(Décr. n° 2014-1055 du 16 sept. 2014, art. 5-I)* « comité régional de l'emploi, de la formation et de l'orientation professionnelles », une liste des organismes chargés de l'évaluation des compétences des jeunes.

Ils sont choisis parmi les organismes prestataires de bilans de compétences mentionnés au 2° de l'article R. 6322-32 et les centres de formation d'apprentis ou les sections d'apprentissage.

Le directeur du centre de formation d'apprentis ou, dans le cas d'une section d'apprentissage, le responsable d'établissement, organise, avec des établissements figurant sur la liste, la mise en œuvre de l'évaluation des compétences prévue au deuxième alinéa de l'article R. 6222-9. – *[Anc. art. R. 117-7-3-II.]*

Art. R. 6222-14 Les modalités de mise en œuvre, notamment financières, des contrats d'apprentissage donnant lieu à l'application des dispositions du présent paragraphe et de l'évaluation des compétences sont déterminées par la convention créant le centre de formation d'apprentis. – *[Anc. art. R. 117-7-3-III.]*

§ 3 AUTRES POSSIBILITÉS D'ADAPTATION

Art. R. 6222-15 Lorsque la durée du contrat *(Décr. n° 2014-1031 du 10 sept. 2014, art. 2-7°)* « ou de la période d'apprentissage » est fixée à deux ans et plus, elle est réduite d'un an pour les personnes qui remplissent les conditions suivantes :

1° Avoir bénéficié, pendant une année au moins :

a) Soit d'une formation à temps complet dans un établissement d'enseignement technologique ;

b) Soit d'un contrat d'apprentissage ;

c) Soit d'un contrat de professionnalisation ;

2° Entrer en apprentissage pour achever l'une des formations mentionnées au 1°. – *[Anc. art. R. 117-7, al. 1er.]*

Art. R. 6222-16 Lorsque la durée du contrat *(Décr. n° 2014-1031 du 10 sept. 2014, art. 2-7°)* « ou de la période d'apprentissage » est fixée à deux ans et plus, elle peut être réduite, sur demande, d'un an pour les personnes suivantes :

1° Celles titulaires d'un diplôme ou d'un titre homologué de niveau supérieur à celui qu'elles souhaitent préparer ;

2° Celles ayant accompli un stage de formation professionnelle conventionné ou agréé par l'État ou une région et ayant pour objet l'acquisition d'une qualification ;

3° Celles titulaires d'un diplôme de l'enseignement technologique ou professionnel ou d'un titre homologué et qui souhaitent préparer un diplôme ou un titre de même niveau, lorsque la nouvelle qualification recherchée est en rapport direct avec celle qui résulte du premier diplôme ou du titre obtenu. – *[Anc. art. R. 117-7-1, al. 1er, et anc. art. R. 117-7-2, al. 1er.]*

Art. R. 6222-16-1 *(Décr. n° 2012-419 du 23 mars 2012)* Pour les apprentis engagés dans la préparation d'un baccalauréat professionnel, la durée du contrat *(Décr. n° 2014-1031 du 10 sept. 2014, art. 2-3°)* « ou de la période » d'apprentissage, qui fait l'objet d'un avenant conclu en application des dispositions du deuxième alinéa de l'article L. 6222-22-1, peut être réduite d'un an dans les conditions prévues à l'article R. 6222-17.

Ces dispositions sont applicables aux avenants qui seront pris sur le fondement de l'art. L. 6222-22-1 C. trav. pour les contrats d'apprentissage conclus à compter du 28 juill. 2011 (Décr. n° 2012-419 du 23 mars 2012, art. 3).

Art. R. 6222-17 La décision de réduire d'un an la durée du contrat *(Décr. n° 2014-1031 du 10 sept. 2014, art. 2-3°)* « ou de la période » d'apprentissage, en application de l'article R. 6222-16 *(Décr. n° 2012-419 du 23 mars 2012)* « ou de l'article R. 6222-16-1 », est prise par le recteur ou par le directeur régional de l'alimentation, de l'agriculture et de la forêt ou par le *(Décr. n° 2009-1540 du 10 déc. 2009)* « directeur régional de la jeunesse, des sports et de la cohésion sociale », après avis du directeur du centre de formation d'apprentis.

L'absence de réponse dans un délai d'un mois à compter du dépôt de la demande vaut décision d'acceptation. – *[Anc. art. R. 117-7-1, al. 2 et 3, et anc. art. R. 117-7-2, al. 2 et 3.]*

Les dispositions issues du Décr. n° 2012-419 du 23 mars 2012 sont applicables aux avenants qui seront pris sur le fondement de l'art. L. 6222-22-1 C. trav. pour les contrats d'apprentissage conclus à compter du 28 juill. 2011 (Décr. préc., art. 3).

Art. R. 6222-18 Les apprentis mentionnés à l'article R. 6222-15[,] *(Décr. n° 2012-419 du 23 mars 2012)* « aux 1° et 2° de l'article R. 6222-16 et à l'article R. 6222-16-1 » sont considérés, notamment pour déterminer la rémunération minimale, comme ayant déjà accompli une première année d'apprentissage. – *[Anc. art. R. 117-7, al. 2, et anc. art. R. 117-7-1, al. 4.]*

V. note ss. art. R. 6222-16-1.

§ 4 DÉBUT DE L'APPRENTISSAGE

Art. D. 6222-19 La date du début du contrat *(Décr. n° 2014-1031 du 10 sept. 2014, art. 2-8°)* « ou de la période » d'apprentissage peut être fixée en dehors des périodes déterminées par l'article L. 6222-12 sur demande de dérogation adressée au recteur ou au directeur régional de l'alimentation, de l'agriculture et de la forêt ou au *(Décr. n° 2009-1540 du 10 déc. 2009)* « directeur régional de la jeunesse, des sports et de la cohésion sociale ».

Cette demande mentionne expressément le motif invoqué à son appui et les résultats de l'évaluation des compétences de l'intéressé, mise en œuvre dans les conditions prévues à l'article R. 6222-9.

Elle est transmise par l'intermédiaire du directeur du centre de formation d'apprentis ou, dans le cas d'une section d'apprentissage, du responsable d'établissement, qui y joint son avis.

L'absence de réponse du recteur ou du directeur régional de l'alimentation, de l'agriculture et de la forêt ou du *(Décr. n° 2009-1540 du 10 déc. 2009)* « directeur régional de la jeunesse, des sports et de la cohésion sociale » dans un délai de deux semaines à compter du jour où il a été saisi vaut décision d'acceptation. – *[Anc. art. R. 117-8.]*

Art. D. 6222-19-1 *(Décr. n° 2011-2075 du 30 déc. 2011)* Les stages professionnalisants mentionnés à l'article L. 6222-12-1 sont mis en œuvre, selon les cas, dans les conditions prévues à l'article D. 331-15 du code de l'éducation ou à l'article R. 715-1-5 du code rural et de la pêche maritime.

Pour chaque stage professionnalisant, une convention est signée entre le jeune, ou, s'il est mineur son représentant légal, le centre de formation d'apprentis et le représentant de l'entreprise accueillant le jeune.

Cette convention fixe les dates de début et de fin de stage, précise ses objectifs, son programme et ses modalités d'organisation. Un tuteur appartenant à l'entreprise et possédant la qualification professionnelle requise est désigné par le représentant de l'entreprise.

Art. D. 6222-20 L'évaluation des compétences, prévue au second alinéa de l'article L. 6222-8, est obligatoire et préalable à la signature du contrat lorsque la date du début de l'apprentissage se situe en dehors de la période prévue à l'article L. 6222-12. – *[Anc. art. L. 115-2, al. 3.]*

SOUS-SECTION 4 **RUPTURE DU CONTRAT**

Art. R. 6222-21 La rupture unilatérale du contrat d'apprentissage par l'une des parties pendant les deux premiers mois de son exécution ou la rupture convenue d'un commun accord est constatée par écrit.

Elle est notifiée au directeur du centre de formation d'apprentis ou, dans le cas d'une section d'apprentissage, au responsable d'établissement, ainsi qu'à l'organisme ayant enregistré le contrat.

L'organisme la transmet sans délai à la *(Décr. n° 2009-1377 du 10 nov. 2009)* « direction régionale des entreprises, de la concurrence, de la consommation, du travail et de l'emploi » *(Abrogé par Décr. n° 2008-1503 du 30 déc. 2008)* *« ou au service assimilé »* du lieu d'exécution du contrat d'apprentissage. – *[Anc. art. R. 117-16, al. 1er.]*

Art. R. 6222-22 Les dispositions de l'article R. 6222-21 s'appliquent lorsque la rupture intervient à l'initiative de l'apprenti suite à l'obtention d'un diplôme ou d'un titre. – *[Anc. art. R. 117-16, al. 2.]*

Art. R. 6222-23 L'apprenti qui souhaite rompre son contrat en cas d'obtention du diplôme ou du titre préparé, en application de l'article L. 6222-19, en informe l'employeur, par écrit, au moins deux mois avant la fin du contrat. – *[Anc. art. L. 115-2, al. 12 fin.]*

SECTION II **CONDITIONS DE TRAVAIL DE L'APPRENTI**

SOUS-SECTION 1 **DURÉE DU TRAVAIL**

Art. R. 6222-24 La dérogation à l'interdiction du travail de nuit des apprentis, prévue à l'article L. 6222-26, est accordée par l'inspecteur du travail pour une durée maximale d'une année, renouvelable. Celui-ci apprécie les caractéristiques particulières de l'activité mentionnée à l'article R. 3163-1 justifiant cette dérogation.

L'absence de réponse dans le délai d'un mois à compter du dépôt de la demande vaut décision d'acceptation. – *[Anc. art. R. 213-10, al. 1er.]*

Art. R. 6222-25 Le travail de nuit des apprentis de moins de dix-huit ans, accompli dans les conditions prévues à l'article R. 6222-24, est réalisé sous la responsabilité du maître d'apprentissage. – *[Anc. art. R. 213-10, al. 2.]*

SOUS-SECTION 2 **SALAIRE**

Art. D. 6222-26 Le salaire minimum perçu par l'apprenti, prévu à l'article L. 6222-29 *(Décr. n° 2014-1031 du 10 sept. 2014, art. 3)* « pendant le contrat ou la période d'apprentissage », est fixé :

1° Pour les jeunes âgés de seize à dix-sept ans :

a) A 25 % du salaire minimum de croissance pendant la première année d'exécution du contrat ;

b) A 37 % du salaire minimum de croissance pendant la deuxième année d'exécution du contrat ;

c) A 53 % du salaire minimum de croissance pendant la troisième année d'exécution du contrat ;

2° Pour les jeunes âgés de dix-huit à vingt ans :

a) A 41 % du salaire minimum de croissance pendant la première année d'exécution du contrat ;

b) A 49 % du salaire minimum de croissance pendant la deuxième année d'exécution du contrat ;

c) A 65 % du salaire minimum de croissance pendant la troisième année d'exécution du contrat ;

3° Pour les jeunes âgés de vingt et un ans et plus :

a) A 53 % *(Décr. n° 2016-510 du 25 avr. 2016, art. 9, en vigueur le 1er juill. 2016)* « du salaire minimum de croissance ou, s'il est supérieur, du salaire minimum conventionnel correspondant à l'emploi occupé » pendant la première année d'exécution du contrat ;

b) A 61 % *(Décr. n° 2016-510 du 25 avr. 2016, art. 9, en vigueur le 1er juill. 2016)* « du salaire minimum de croissance ou, s'il est supérieur, du salaire minimum conventionnel correspondant à l'emploi occupé » pendant la deuxième année d'exécution du contrat ;

c) A 78 % *(Décr. n° 2016-510 du 25 avr. 2016, art. 9, en vigueur le 1er juill. 2016)* « du salaire minimum de croissance ou, s'il est supérieur, du salaire minimum conventionnel correspondant à l'emploi occupé » pendant la troisième année d'exécution du contrat. – *[Anc. art. D. 117-1, al. 1er à 13.]*

Art. D. 6222-27 Les jeunes apprentis de moins de seize ans bénéficient d'une rémunération identique à celle prévue pour les apprentis âgés de seize à dix-sept ans. – *[Anc. art. D. 117-1, al. 14.]*

Art. D. 6222-28 Lorsque l'apprentissage est prolongé, par application de l'article L. 6222-11 ou L. 6222-12, le salaire minimum applicable pendant la prolongation est celui correspondant à la dernière année précédant cette prolongation. – *[Anc. art. D. 117-2, al. 1er.]*

Art. D. 6222-29 La rémunération minimale de l'apprenti pendant la période d'apprentissage excédant, en application de l'article L. 6222-8, la durée du contrat fixée conformément à l'article L. 6222-7, est celle fixée à l'article D. 6222-26 pour l'année d'exécution du contrat correspondant à cette période. – *[Anc. art. D. 117-2, al. 3.]*

Art. D. 6222-30 Lorsque la durée de l'apprentissage fixée en application de l'article L. 6222-8 est inférieure à celle prévue à l'article L. 6222-7, l'apprenti est considéré, en ce qui concerne sa rémunération minimale, comme ayant déjà accompli une durée d'apprentissage égale à la différence entre ces deux durées. – *[Anc. art. D. 117-2, al. 6.]*

Art. D. 6222-31 Lorsqu'un apprenti conclut un nouveau contrat d'apprentissage avec le même employeur, sa rémunération est au moins égale à celle qu'il percevait lors de la dernière année d'exécution du contrat précédent, sauf quand l'application des rémunérations prévues à la présente sous-section en fonction de son âge est plus favorable. – *[Anc. art. D. 117-5, al. 1er.]*

Art. D. 6222-32 Lorsqu'un apprenti conclut un nouveau contrat d'apprentissage avec un employeur différent, sa rémunération est au moins égale à la rémunération minimale à laquelle il pouvait prétendre lors de la dernière année d'exécution du contrat précédent, sauf dans le cas où l'application des rémunérations prévues à la présente sous-section en fonction de son âge est plus favorable. – *[Anc. art. D. 117-5, al. 2.]*

Art. D. 6222-33 Lorsqu'un contrat d'apprentissage est conclu en application du 3° de l'article R. 6222-16, il est appliqué une majoration de quinze points aux pourcentages correspondant à la dernière année de la durée de formation telle que prévue à l'article L. 6222-7.

Dans ce cas, les jeunes issus d'une voie de formation autre que celle de l'apprentissage sont considérés, en ce qui concerne leur rémunération minimale, comme ayant accompli la durée d'apprentissage pour l'obtention de leur diplôme ou titre. – *[Anc. art. D. 117-2, al. 5.]*

Art. D. 6222-34 Les montants des rémunérations prévues aux articles D. 6222-26 à D. 6222-30 et D. 6222-33 sont majorés à compter du premier jour du mois suivant le jour où l'apprenti atteint dix-huit ans ou vingt et un ans.

Les années du contrat exécutées avant que l'apprenti ait atteint l'âge de dix-huit ans ou vingt et un ans sont prises en compte pour le calcul de ces montants de rémunération. – *[Anc. art. D. 117-3.]*

Art. D. 6222-35 Excepté dans le cas où un taux moins élevé est prévu par une convention ou un contrat particulier, les avantages en nature dont bénéficie l'apprenti peuvent être déduits du salaire dans la limite de 75 % de la déduction autorisée, pour les autres travailleurs, par la réglementation applicable en matière de sécurité sociale.

Ces déductions ne peuvent excéder, chaque mois, un montant égal aux trois quarts du salaire. – *[Anc. art. D. 117-4.]*

SOUS-SECTION 3 **SANTÉ ET SÉCURITÉ**

Art. R. 6222-36 L'aptitude d'un apprenti à exercer le métier qu'il a commencé à apprendre peut faire l'objet d'une vérification à l'initiative de l'une de ces personnes :

1° L'employeur ;

2° L'apprenti ou son représentant légal ;

3° Le directeur du centre de formation d'apprentis ou, dans le cas d'une section d'apprentissage, le responsable d'établissement. – *[Anc. art. R. 117-19, phrase 1.]*

Art. R. 6222-37 La vérification de l'aptitude d'un apprenti peut être ordonnée par le juge saisi d'une demande de résiliation du contrat d'apprentissage. – *[Anc. art. R. 117-19, phrase 2.]*

Art. R. 6222-38 Selon la nature de l'inaptitude alléguée, la vérification prend la forme d'un examen individuel réalisé :

1° Soit par un centre d'information et d'orientation public ou par un centre créé en application de l'article 39 du code de l'artisanat ;

2° Soit par un médecin attaché à l'un de ces centres ou, à défaut, par un médecin du travail, un médecin de la santé scolaire ou un médecin attaché à un établissement scolaire. – *[Anc. art. R. 117-20, al. 1er, phrase 1.]*

Art. R. 6222-39 Dans les cas prévus à l'article R. 6222-38, l'avis circonstancié du directeur du centre de formation d'apprentis ou, dans le cas d'une section d'apprentissage, du responsable d'établissement est transmis, sous pli confidentiel, à la personne chargée de l'examen individuel. – *[Anc. art. R. 117-20, al. 1er, phrase 2.]*

Art. R. 6222-40 Les conclusions de l'examen individuel sont adressées :

1° Aux parties au contrat ;

2° Au directeur du centre de formation d'apprentis ou, dans le cas d'une section d'apprentissage, au responsable d'établissement ;

3° Au *(Décr. n° 2009-1377 du 10 nov. 2009)* « directeur régional des entreprises, de la concurrence, de la consommation, du travail et de l'emploi » *(Abrogé par Décr. n° 2008-1503 du 30 déc. 2008) « ou au chef du service assimilé »* du lieu d'exécution du contrat d'apprentissage, par l'intermédiaire de l'organisme ayant enregistré le contrat ;

4° Au juge du contrat, lorsque la vérification de l'aptitude de l'apprenti a été ordonnée par lui. – *[Anc. art. R. 117-20, al. 2.]*

Art. R. 6222-40-1 *(Décr. n° 2016-1908 du 27 déc. 2016, art. 19, en vigueur le 1er janv. 2017)* L'apprenti bénéficie d'une visite d'information et de prévention prévue aux articles R. 4624-10 à R. 4624-15 ou d'un examen médical d'embauche prévu aux articles R. 4623-22 à R. 4624-27 au plus tard dans les deux mois qui suivent son embauche.

SECTION III PRÉSENTATION ET PRÉPARATION AUX EXAMENS

Art. R. 6222-41 L'apprenti a le droit de se présenter aux examens de son choix dans les conditions prévues par le chapitre II du titre II du livre III, relatives au congé pour examen.

Toutefois, aucune condition d'ancienneté dans la branche professionnelle ou dans l'entreprise ne lui est opposable. – *[Anc. art. R. 117-8-1.]*

SECTION IV CARTE D'ÉTUDIANT DES MÉTIERS *(Décr. n° 2011-2001 du 28 déc. 2011).*

Art. D. 6222-42 Une carte *(Décr. n° 2011-2001 du 28 déc. 2011)* « d'étudiant des métiers » est délivrée à l'apprenti par le centre qui assure sa formation *(Décr. n° 2011-2001 du 28 déc. 2011)* « dans les trente jours qui suivent l'inscription par le centre de formation d'apprentis. En cas de rupture du contrat d'apprentissage, la carte est remise à l'établissement de formation, qui assure sa destruction. »

Art. D. 6222-43 La carte permet à l'apprenti de faire valoir la spécificité de son statut auprès des tiers, notamment en vue d'accéder, le cas échéant, à des réductions tarifaires.

Elle est valable sur l'ensemble du territoire national. – *[Anc. art. L. 117 bis-8, al. 2.]*

Art. D. 6222-44 *(Décr. n° 2011-2001 du 28 déc. 2011)* La carte d'étudiant des métiers comporte les mentions suivantes :

Au recto :

– la photo du titulaire, tête découverte ;

– la date de début et de fin de la formation pour laquelle la carte est délivrée ;

– le nom et le prénom du titulaire ;

– la date de naissance du titulaire ;

– la signature du titulaire ;

– les mentions : "Carte d'étudiant des métiers" et "Cette carte est strictement personnelle" ;

– le logo du ministère chargé de la formation professionnelle.

Au verso :

– le nom, l'adresse et les coordonnées téléphoniques de l'établissement délivrant la formation ;

– les nom, prénom et signature du directeur de l'établissement délivrant la formation ;

– les mentions : "Carte d'étudiant des métiers" et "Merci de retourner cette carte à l'adresse indiquée ci-dessus".

Le modèle de la carte d'étudiant des métiers est déterminé par arrêté du ministre chargé de la formation professionnelle.

SECTION V AMÉNAGEMENTS EN FAVEUR DES PERSONNES HANDICAPÉES

SOUS-SECTION 1 CHAMP D'APPLICATION

Art. R. 6222-45 Les dispositions de la présente section s'appliquent aux personnes auxquelles la qualité de travailleur handicapé est reconnue et qui souscrivent un contrat d'apprentissage en application du 1° du I de l'article L. 241-6 du code de l'action sociale et des familles. – *[Anc. art. R. 119-72.]*

SOUS-SECTION 2 **DURÉE DU CONTRAT ET TEMPS DE TRAVAIL** *(Décr. nº 2016-1711 du 12 déc. 2016, art. 1er).*

Art. R. 6222-46 La durée du contrat d'apprentissage du travailleur handicapé peut être portée à quatre ans. – *[Anc. art. L. 115-2, al. 10.]*

Art. R. 6222-47 Lorsque l'état de l'apprenti handicapé l'exige, l'enseignement dispensé dans le centre de formation d'apprentis ou la section d'apprentissage en vue de conduire au diplôme prévu au contrat est réparti sur une période de temps égale à la durée normale d'apprentissage pour la formation considérée, augmentée d'un an au plus.

L'annexe pédagogique de la convention régissant le centre de formation d'apprentis ou la section d'apprentissage concerné fixe les conditions dans lesquelles cette règle est mise en œuvre. – *[Anc. art. R. 119-77.]*

Art. R. 6222-48 Dans le cas prévu à l'article R. 6222-47, la durée de l'apprentissage est prolongée d'un an au plus, sans faire obstacle à la conclusion, s'il y a lieu, d'un nouveau contrat avec un autre employeur en application du 2° de l'article L. 6222-11. – *[Anc. art. R. 119-78, al. 1er.]*

Art. R. 6222-49 *(Décr. nº 2016-1711 du 12 déc. 2016, art. 1er)* Les dispositions des articles R. 6222-47, R. 6222-48 et R. 6222-50 sont également applicables aux apprentis auxquels la qualité de travailleur handicapé est reconnue au cours de leur apprentissage.

Art. R. 6222-49-1 *(Décr. nº 2016-1711 du 12 déc. 2016, art. 1er)* Le médecin du travail peut proposer un aménagement du temps de travail de l'apprenti reconnu travailleur handicapé.

SOUS-SECTION 3 **AMÉNAGEMENTS DE LA FORMATION**

Art. R. 6222-50 Lorsque l'apprenti handicapé est en mesure de suivre l'enseignement normal du centre de formation d'apprentis ou de la section d'apprentissage, moyennant un aménagement particulier de la pédagogie appliquée dans ce centre ou cette section d'apprentissage, la mise en œuvre de cet aménagement est soumise à autorisation.

Lorsque l'apprenti n'est pas en mesure, en raison de son handicap, de fréquenter utilement le centre de formation d'apprentis ou la section d'apprentissage correspondant à la formation prévue au contrat, il peut être autorisé à suivre par correspondance un enseignement équivalent à celui dispensé. – *[Anc. art. R. 119-75, al. 1er et 2.]*

Art. R. 6222-51 Les autorisations prévues à l'article R. 6222-50 font l'objet de décisions individuelles prises soit par le recteur, soit par le directeur régional de l'alimentation, de l'agriculture et de la forêt *(Décr. nº 2009-1540 du 10 déc. 2009)* « ou le directeur régional de la jeunesse, des sports et de la cohésion sociale », après avis motivé de la commission des droits et de l'autonomie des personnes handicapées.

L'absence de réponse dans le délai d'un mois suivant le dépôt de la demande vaut autorisation. – *[Anc. art. R. 119-75, al. 3 et 4.]*

Art. R. 6222-52 Les dispositions des articles R. 6222-50 et R. 6222-51 sont applicables, dans les mêmes conditions, aux apprentis auxquels la qualité de travailleur handicapé est reconnue au cours de leur apprentissage. – *[Anc. art. R. 119-75, al. 5.]*

Art. R. 6222-53 La formation générale associée à la formation technologique, théorique et pratique complétant la formation reçue dans l'entreprise et prévue au contrat d'apprentissage peut être également dispensée, sur avis motivé de la commission des droits et de l'autonomie des personnes handicapées, dans une section de centre de formation d'apprentis, ou dans un centre de formation d'apprentis, ou dans une section d'apprentissage adapté aux personnes handicapées, sous réserve qu'une convention ait été conclue dans les conditions prévues aux articles L. 6232-1 et suivants.

Cette convention peut être aménagée pour tenir compte de la spécificité des formations. – *[Anc. art. R. 119-76.]*

SOUS-SECTION 4 PRIMES AUX EMPLOYEURS

Art. R. 6222-54 Lorsque la durée du contrat d'apprentissage est prolongée, en application de l'article R. 6222-48, il est appliqué une majoration uniforme de quinze points aux pourcentages correspondant à la dernière année de la durée du contrat. – *[Anc. art. D. 117-2, al. 2.]*

Art. R. 6222-55 Les primes prévues à l'article L. 6222-38 donnent lieu à l'attribution, au titre de chaque apprenti, d'une somme globale payée en deux versements égaux à l'issue de chacune des deux premières années d'apprentissage.

Le montant de cette somme est déterminé par référence au salaire horaire minimum de croissance applicable au premier jour du mois de juillet compris dans la première année d'apprentissage. – *[Anc. art. R. 119-79, al. 1er et 2.]*

Art. R. 6222-56 Les primes ne sont pas dues lorsque le contrat est rompu durant les deux premiers mois de l'apprentissage. – *[Anc. art. R. 119-79, al. 3.]*

Art. R. 6222-57 Lorsque la rupture du contrat résulte, par application du second alinéa de l'article L. 6222-18, de l'accord exprès et bilatéral des parties, les primes sont dues, mais la somme définie à l'article R. 6222-55 est réduite proportionnellement à la durée effective de l'apprentissage.

A défaut d'accord, lorsque le conseil de prud'hommes prononce la rupture pour faute grave de l'employeur ou manquements répétés à ses obligations, les primes ne sont pas dues et l'employeur rembourse les sommes qui ont pu lui être payées. – *[Anc. art. R. 119-79, al. 4 et 5.]*

Art. R. 6222-58 La demande d'attribution des primes est adressée au *(Décr. no 2009-1377 du 10 nov. 2009)* « directeur régional des entreprises, de la concurrence, de la consommation, du travail et de l'emploi » du lieu de résidence de l'employeur.

Un arrêté conjoint des ministres chargés de la formation professionnelle, de l'éducation, de la jeunesse et des sports et de l'agriculture fixe la liste des justifications à joindre à cette demande. – *[Anc. art. R. 119-79, al. 6.]*

SECTION VI AMÉNAGEMENTS EN FAVEUR DES SPORTIFS DE HAUT NIVEAU

(Décr. no 2016-1711 du 12 déc. 2016, art. 2)

SOUS-SECTION 1 CHAMP D'APPLICATION

Art. R. 6222-59 Les dispositions de la présente section s'appliquent aux sportifs de haut niveau figurant sur la liste mentionnée au premier alinéa de l'article L. 221-2 du code du sport qui concluent un contrat d'apprentissage.

SOUS-SECTION 2 DURÉE DU CONTRAT

Art. R. 6222-60 La durée du contrat d'apprentissage du sportif de haut niveau peut être portée à quatre ans.

Dans ce cas, la rémunération de l'apprenti au titre de la quatrième année d'exécution du contrat est identique à celle prévue à l'article D. 6222-26 pour la troisième année.

Art. R. 6222-61 Lorsque les activités sportives de l'apprenti l'exigent, l'enseignement dispensé dans l'établissement de formation en vue de conduire au diplôme ou au titre à finalité professionnelle prévu au contrat est réparti sur une période de temps égale à la durée normale d'apprentissage pour la formation considérée, augmentée d'un an au plus.

L'annexe pédagogique de la convention régissant l'établissement de formation concerné fixe les conditions dans lesquelles cette règle est mise en œuvre.

Art. R. 6222-62 Dans le cas prévu à l'article R. 6222-61, la durée de l'apprentissage est prolongée d'un an au plus, sans faire obstacle à la conclusion, s'il y a lieu, d'un nouveau contrat avec un autre employeur.

Art. R. 6222-63 Les dispositions des articles R. 6222-61 et R. 6222-62 sont également applicables aux apprentis auxquels la qualité de sportif de haut niveau est reconnue au cours de leur apprentissage.

SOUS-SECTION 3 AMÉNAGEMENT DE LA FORMATION PRATIQUE ET THÉORIQUE

Art. R. 6222-64 L'employeur de l'apprenti s'engage à libérer ce dernier pour ses activités sportives, et prend l'attache de la fédération sportive dont dépend le sportif de haut niveau afin d'organiser son temps de formation pratique.

Sauf dispositions particulières prévues par le contrat, les périodes consacrées à ces activités sportives n'emportent pas rémunération de l'apprenti.

Art. R. 6222-65 L'établissement de formation dans lequel est inscrit l'apprenti prend l'attache de la fédération sportive dont dépend le sportif de haut niveau afin d'adapter l'organisation de l'enseignement théorique au calendrier des activités sportives.

CHAPITRE III OBLIGATIONS DE L'EMPLOYEUR

SECTION PREMIÈRE ORGANISATION DE L'APPRENTISSAGE

SOUS-SECTION 1 DÉCLARATION DE L'EMPLOYEUR

Art. R. 6223-1 La déclaration de l'employeur relative à l'organisation de l'apprentissage, prévue à l'article L. 6223-1, précise :

1° Les nom et prénoms de l'employeur ou la dénomination de l'entreprise ;

2° Le nombre de salariés de l'entreprise autres que les apprentis ;

(Décr. n° 2011-1924 du 21 déc. 2011) « 3° Le diplôme et le titre préparés par l'apprenti ;

« 4° Les nom et prénom du maître d'apprentissage ;

« 5° Le titre ou diplôme le plus élevé dont il est titulaire et la durée de son expérience professionnelle dans l'activité en relation avec la qualification recherchée par l'apprenti. »

Art. R. 6223-2 *(Décr. n° 2011-1924 du 21 déc. 2011)* L'employeur informe l'organisme chargé de l'enregistrement des contrats d'apprentissage de tout changement concernant le maître d'apprentissage désigné en application de l'article L. 6223-5.

Art. R. 6223-3 *(Abrogé par Décr. n° 2011-1924 du 21 déc. 2011) La déclaration de l'employeur est accompagnée des justificatifs des compétences professionnelles des maîtres d'apprentissage.* — [Anc. art. R. 117-2-I, al. 6, phrase 2.]

Art. R. 6223-4 *(Décr. n° 2011-1924 du 21 déc. 2011)* La déclaration de l'employeur, accompagnée du contrat d'apprentissage, est adressée à l'organisme chargé de l'enregistrement des contrats d'apprentissage.

Art. R. 6223-5 Pendant la durée du contrat d'apprentissage, l'employeur fournit, à la demande des agents mentionnés à l'article L. 6251-1, les pièces attestant du respect de sa déclaration. Celles-ci sont précisées par l'arrêté prévu à l'article R. 6222-5. — *[Anc. art. L. 117-5, al. 2.]*

SOUS-SECTION 2 NOMBRE MAXIMAL D'APPRENTIS

Art. R. 6223-6 Le nombre maximal d'apprentis ou d'élèves de classes préparatoires à l'apprentissage pouvant être accueillis simultanément dans une entreprise ou un établissement est fixé à deux par maître d'apprentissage.

Le maître d'apprentissage peut également, en application de l'article L. 6222-11, accueillir un apprenti dont la formation est prolongée en cas d'échec à l'examen. — *[Anc. art. R. 117-1, al. 1er et 2.]*

Art. R. 6223-7 La commission départementale de l'emploi et de l'insertion peut délivrer des dérogations individuelles au plafond de deux apprentis lorsque la qualité de la formation dispensée dans l'entreprise et les possibilités d'insertion professionnelle dans la branche considérée le justifient.

Ces dérogations sont valables pour cinq ans au plus, renouvelables. – *[Anc. art. R. 117-1, al. 3.]*

Art. R. 6223-8 Pour une branche professionnelle déterminée, un arrêté interministériel, pris après avis de la Commission professionnelle consultative nationale compétente pour la branche considérée, peut fixer des plafonds d'emplois simultanés, différents de celui prévu au premier alinéa de l'article R. 6223-6.

Ces plafonds sont fixés en tenant compte du rapport qui doit être maintenu entre le nombre d'apprentis et celui des personnes possédant les qualifications prévues à l'article R. 6223-24. – *[Anc. art. R. 117-1, al. 4.]*

SOUS-SECTION 3 **OBLIGATIONS ENVERS LES REPRÉSENTANTS DE L'APPRENTI**

Art. R. 6223-9 L'employeur prévient les représentants légaux de l'apprenti mineur, en cas de maladie ou d'absence, ou de tout fait de nature à motiver leur intervention. – *[Anc. art. L. 117-11.]*

SOUS-SECTION 4 **CONVENTIONNEMENT AVEC UNE ENTREPRISE D'ACCUEIL**

Art. R. 6223-10 *(Décr. n° 2012-627 du 2 mai 2012, art. 1er)* I. — Afin de permettre à l'apprenti de compléter sa formation, en application de l'article L. 6221-1, une partie de sa formation pratique peut être dispensée dans d'autres entreprises que celle qui l'emploie notamment pour recourir à des équipements ou des techniques qui ne sont pas utilisés dans celle-ci.

L'accueil de l'apprenti dans d'autres entreprises que celle qui l'emploie ne peut excéder la moitié du temps de formation en entreprise prévu par le contrat d'apprentissage. Le nombre d'entreprises d'accueil autres que celle qui l'emploie ne peut être supérieur à deux au cours de l'exécution d'un même contrat d'apprentissage.

II. — En application des dispositions de l'article L. 6223-5, un maître d'apprentissage est nommé au sein de chaque entreprise d'accueil.

Pour l'application de l'article R. 6223-6 à chaque entreprise d'accueil, l'apprenti est pris en compte dans le calcul du nombre maximal d'apprentis par maître d'apprentissage.

La dérogation à l'interdiction du travail de nuit des apprentis, prévue à l'article L. 6222-26, est accomplie sous la responsabilité du maître d'apprentissage nommé au sein de l'entreprise d'accueil.

III. — Pour l'application de l'article 230 H du code général des impôts, l'apprenti est pris en compte au prorata de son temps de travail dans chaque entreprise d'accueil.

Art. R. 6223-11 *(Décr. n° 2012-627 du 2 mai 2012, art. 2)* « L'accueil de l'apprenti dans une autre entreprise que celle qui l'emploie fait l'objet d'une convention tripartite conclue entre l'employeur, l'entreprise d'accueil et l'apprenti. »

La convention précise, notamment :

(Décr. n° 2012-627 du 2 mai 2012, art. 2) « 1° Le titre ou le diplôme préparé par l'apprenti ;

« 2° La durée de la période d'accueil ;

« 3° La nature des tâches confiées à l'apprenti, qui doivent être en relation directe avec la formation professionnelle prévue au contrat d'apprentissage ;

« 4° Les horaires et le lieu de travail ;

« 5° Le nom du maître d'apprentissage désigné au sein de l'entreprise avec laquelle a été signé le contrat d'apprentissage ;

« 6° Le nom du maître d'apprentissage désigné au sein de l'entreprise d'accueil, les titres ou diplômes dont il est titulaire et la durée de son expérience professionnelle dans l'activité en relation avec la qualification recherchée ;

« 7° Les modalités selon lesquelles l'entreprise d'accueil informe l'employeur de l'apprenti du déroulement de la formation professionnelle de l'apprenti en son sein ;

« 8° Les modalités selon lesquelles est organisée la liaison entre les maîtres d'apprentissage et le centre de formation des apprentis ;

« 9° Les modalités de partage, entre l'employeur et l'entreprise d'accueil, des charges, rémunérations et avantages liés à l'emploi de l'apprenti ;

« 10° Les modalités de prise en charge par l'employeur ou l'entreprise d'accueil de l'apprenti des frais de transport et d'hébergement ;

« 11° » L'obligation pour l'entreprise d'accueil de se garantir en matière de responsabilité civile. – *[Anc. art. R. 117-5-1, al. 2, phrase 2.]*

Art. R. 6223-12 Dès sa conclusion, la convention est adressée par l'employeur au directeur du centre de formation d'apprentis ou, dans le cas d'une section d'apprentissage, au responsable d'établissement.

Ce dernier la transmet, accompagnée de son avis :

1° A l'organisme chargé de l'enregistrement du contrat ;

2° Au *(Décr. n° 2009-1377 du 10 nov. 2009)* « directeur régional des entreprises, de la concurrence, de la consommation, du travail et de l'emploi » *(Abrogé par Décr. n° 2008-1503 du 30 déc. 2008) « ou au chef de service assimilé »* ;

3° Au recteur, au directeur régional de l'alimentation, de l'agriculture et de la forêt ou au *(Décr. n° 2009-1540 du 10 déc. 2009)* « directeur régional de la jeunesse, des sports et de la cohésion sociale ». – *[Anc. art. R. 117-5-1, al. 3, phrase 1.]*

Les modifications issues du Décr. n° 2009-1377 du 10 nov. 2009 prennent effet, dans chaque région, à la date de nomination du directeur régional des entreprises, de la concurrence, de la consommation, du travail et de l'emploi (Décr. préc., art. 7-I). — V. Arr. de nomination de ces directeurs des 30 déc. 2009 (JO 5 janv. 2010) et 9 févr. 2010 (JO 14 févr.).

Ces modifications s'appliquent à la région Île-de-France à compter du 1er juill. 2010 (Décr. n° 2010-687 du 24 juin 2010, art. 2).

Art. R. 6223-13 *Abrogé par Décr. n° 2012-627 du 2 mai 2012, art. 3.*

Art. R. 6223-14 Pendant l'exécution de la convention, l'apprenti continue de suivre les enseignements dispensés par le centre de formation ou la section d'apprentissage auquel il est inscrit. Il se conforme au règlement intérieur de l'entreprise d'accueil. – *[Anc. art. R. 117-5-1, al. 4.]*

Art. R. 6223-15 L'entreprise d'accueil est responsable du respect des dispositions relatives à la durée du travail ainsi qu'à la santé et la sécurité au travail.

Lorsque l'activité exercée par l'apprenti dans l'entreprise d'accueil nécessite *(Décr. n° 2016-1908 du 27 déc. 2016, art. 19, en vigueur le 1er janv. 2017)* « un suivi individuel renforcé », les obligations correspondantes sont à la charge de cette entreprise.

Art. R. 6223-16 L'engagement d'apprentis par une entreprise peut faire l'objet d'une décision d'opposition selon la procédure prévue à l'article L. 6225-1, lorsqu'il s'avère que les conditions dans lesquelles une partie de la formation est dispensée dans une ou plusieurs autres entreprises ne permettent pas le bon déroulement du contrat d'apprentissage. – *[Anc. art. R. 117-5-1, al. 6.]*

SOUS-SECTION 5 CONVENTIONNEMENT AVEC UNE ENTREPRISE D'UN AUTRE ÉTAT MEMBRE DE LA COMMUNAUTÉ EUROPÉENNE

Art. R. 6223-17 La convention conclue entre l'employeur de l'apprenti et la ou les entreprises d'un autre État membre de la Communauté européenne accueillant temporairement l'apprenti, en application de l'article L. 6211-5, précise, notamment :

1° La durée de la période d'accueil ;

2° L'objet de la formation ;

3° Le nom et la qualification de la personne chargée d'en suivre le déroulement ;

4° La nature des tâches confiées à l'apprenti ;

5° Les équipements utilisés ;

6° Les horaires et le lieu de travail ;

7° Les modalités de prise en charge par l'employeur ou l'entreprise d'accueil de l'apprenti des frais de transport et d'hébergement ;

8° L'obligation pour l'entreprise d'accueil de se garantir en matière de responsabilité civile. – *[Anc. art. R. 117-5-1-1, al. 1er, phrase 1.]*

Art. R. 6223-18 La convention est établie conformément à un modèle fixé par arrêté conjoint des ministres chargés de la formation professionnelle, de l'éducation nationale, de l'agriculture et de la jeunesse et des sports. – *[Anc. art. R. 117-5-1-1, al. 1er, phrase 2.]*

Art. R. 6223-19 Dès sa conclusion, la convention est adressée par l'employeur au directeur du centre de formation d'apprentis ou, dans le cas d'une section d'apprentissage, au responsable d'établissement.

Ce dernier la transmet, accompagnée de son avis :

1° A l'organisme chargé de l'enregistrement du contrat ;

2° Au *(Décr. n° 2009-1377 du 10 nov. 2009)* « directeur régional des entreprises, de la concurrence, de la consommation, du travail et de l'emploi » *(Abrogé par Décr. n° 2008-1503 du 30 déc. 2008) « ou au chef de service assimilé »* ;

3° Au recteur, au directeur régional de l'alimentation, de l'agriculture et de la forêt ou au *(Décr. n° 2009-1540 du 10 déc. 2009)* « directeur régional de la jeunesse, des sports et de la cohésion sociale ». – *[Anc. art. R. 117-5-1-1, al. 2, phrase 1.]*

Les modifications issues du Décr. n° 2009-1377 du 10 nov. 2009 prennent effet, dans chaque région, à la date de nomination du directeur régional des entreprises, de la concurrence, de la consommation, du travail et de l'emploi (Décr. préc., art. 7-I). – V. Arr. de nomination de ces directeurs des 30 déc. 2009 (JO 5 janv. 2010) et 9 févr. 2010 (JO 14 févr.).

Ces modifications s'appliquent à la région Île-de-France à compter du 1er juill. 2010 (Décr. n° 2010-687 du 24 juin 2010, art. 2).

Art. R. 6223-20 La convention peut s'appliquer dès réception par l'employeur de l'accord, fondé sur la nature, la qualité ou les conditions de réalisation de la formation et des activités proposées, du recteur ou du directeur régional de l'alimentation, de l'agriculture et de la forêt ou du *(Décr. n° 2009-1540 du 10 déc. 2009)* « directeur régional de la jeunesse, des sports et de la cohésion sociale ».

La convention peut également s'appliquer, à défaut d'opposition de l'autorité compétente, après l'expiration d'un délai d'un mois à compter de sa réception par cette dernière. – *[Anc. art. R. 117-5-1-1, al. 2, phrases 2 et 3.]*

Art. R. 6223-21 En cas de refus, le recteur ou le directeur régional de l'alimentation, de l'agriculture et de la forêt ou le *(Décr. n° 2009-1540 du 10 déc. 2009)* « directeur régional de la jeunesse, des sports et de la cohésion sociale » en informe l'organisme chargé de l'enregistrement du contrat et le *(Décr. n° 2009-1377 du 10 nov. 2009)* « directeur régional des entreprises, de la concurrence, de la consommation, du travail et de l'emploi » *(Abrogé par Décr. n° 2008-1503 du 30 déc. 2008) « ou le chef de service assimilé »*. – *[Anc. art. R. 117-5-1-1, al. 2, phrase 4.]*

V. note ss. art. R. 6223-19.

SECTION II **MAÎTRE D'APPRENTISSAGE**

SOUS-SECTION 1 **DISPOSITIONS GÉNÉRALES**

Art. R. 6223-22 Le maître d'apprentissage mentionné à l'article L. 6223-5 doit être majeur et offrir toutes garanties de moralité. – *[Anc. art. L. 117-4, al. 1er, phrase 2.]*

Art. R. 6223-23 Lorsque la fonction tutorale est partagée entre plusieurs salariés constituant une équipe tutorale, un maître d'apprentissage référent est désigné.

Il assure la coordination de l'équipe et la liaison avec le centre de formation d'apprentis. – *[Anc. art. L. 117-4, al. 3.]*

Art. R. 6223-24 Sont réputées remplir la condition de compétence professionnelle exigée d'un maître d'apprentissage en application de l'article L. 6223-1 :

1° Les personnes titulaires d'un diplôme ou d'un titre relevant du domaine professionnel correspondant à la finalité du diplôme ou du titre préparé par l'apprenti et d'un niveau au moins équivalent, justifiant de *(Décr. n° 2011-1358 du 25 oct. 2011)* « deux » années d'exercice d'une activité professionnelle en relation avec la qualification visée par le diplôme ou le titre préparé ;

2° Les personnes justifiant de *(Décr. n° 2011-1358 du 25 oct. 2011)* « trois » années d'exercice d'une activité professionnelle en relation avec la qualification visée par le diplôme ou le titre préparé et d'un niveau minimal de qualification déterminé par la commission départementale de l'emploi et de l'insertion ;

3° Les personnes possédant une expérience professionnelle de *(Décr. n° 2011-1358 du 25 oct. 2011)* « trois » ans en rapport avec le diplôme ou le titre préparé par l'apprenti après avis du recteur, du directeur régional de l'alimentation, de l'agriculture et de la forêt ou du *(Décr. nº 2009-1540 du 10 déc. 2009)* « directeur régional de la jeunesse, des sports et de la cohésion sociale ». L'absence de réponse dans un délai d'un mois à compter de la saisine de l'autorité compétente vaut avis favorable.

(Décr. nº 2011-1358 du 25 oct. 2011) « Les stages et les périodes de formation effectués en milieu professionnel, dans le cadre d'une formation initiale ou continue qualifiante prévue à l'article L. 6314-1, ne sont pas pris en compte dans le décompte de la durée d'expérience requise. » — *[Anc. art. R. 117-3.]*

SOUS-SECTION 2 MAÎTRE D'APPRENTISSAGE CONFIRMÉ

Art. R. 6223-25 Le titre de maître d'apprentissage confirmé peut être décerné à une personne qui remplit les conditions suivantes :

1° Avoir une expérience professionnelle d'au moins cinq ans ;

2° Avoir une expérience d'au moins deux ans dans l'exercice des fonctions de tuteur auprès de jeunes titulaires d'un contrat d'apprentissage ou d'un contrat de professionnalisation ;

3° Avoir acquis des compétences et un savoir-faire en matière tutorale et pédagogique, validés selon les modalités fixées par les conventions prévues à l'article R. 6223-27. — *[Anc. art. R. 117-21.]*

Art. R. 6223-26 Le titre de maître d'apprentissage confirmé est attribué par les chambres consulaires lorsqu'il s'agit de leurs ressortissants et des conjoints collaborateurs de ceux-ci inscrits aux différents répertoires.

Dans les autres cas, ce titre est attribué par les organismes créés ou désignés à cet effet par les organisations d'employeurs et de salariés par voie d'accord collectif étendu, sous réserve de la conclusion, par chaque organisme avec l'État, de la convention prévue à l'article R. 6223-27. L'accord collectif détermine son champ d'application géographique et professionnel ou interprofessionnel. — *[Anc. art. R. 117-22.]*

Art. R. 6223-27 Les organismes mentionnés au second alinéa de l'article R. 6223-26 ne peuvent délivrer le titre de maître d'apprentissage confirmé qu'après avoir conclu une convention avec l'État.

En ce qui concerne les chambres consulaires, ces conventions peuvent être conclues par le ministre chargé du travail avec les institutions qui assurent la représentation de ces organismes au niveau national. — *[Anc. art. R. 117-23, al. 1er.]*

Art. R. 6223-28 Sous réserve des dispositions du dernier alinéa de l'article R. 6223-29, les conventions conclues avec l'État sont conformes à une convention type fixée par arrêté conjoint des ministres chargés du travail, de l'éducation nationale, de l'agriculture, de l'industrie et de l'artisanat. Cet arrêté est pris après avis du *(Décr. nº 2014-965 du 22 août 2014, art. 3)* « Conseil national de l'emploi, de la formation et de l'orientation professionnelles ». — *[Anc. art. R. 117-23, al. 2.]*

Art. R. 6223-29 Les conventions conclues avec l'État fixent :

1° Leur champ d'application géographique et professionnel ou interprofessionnel ;

2° Les modalités de prise en compte de l'expérience et des connaissances du candidat pour l'appréciation de ses compétences et de son savoir-faire en matière tutorale et pédagogique ;

3° Le dossier type de candidature ;

4° Les modalités de délivrance du titre.

Les conventions peuvent comporter des dispositions spécifiques pour tenir compte, notamment, des secteurs professionnels qu'elles concernent. — *[Anc. art. R. 117-23, al. 3 à 8.]*

Art. R. 6223-30 La décision d'opposition à l'engagement d'apprentis dans les conditions prévues à l'article L. 6225-1 ou à la poursuite de l'exécution du contrat, en application du second alinéa de l'article L. 6225-5, entraîne et mentionne le retrait d'office du titre de maître d'apprentissage confirmé lorsque celui-ci a été délivré à l'employeur.

Lorsque le titre de maître d'apprentissage confirmé a été délivré à un salarié, il peut lui être retiré par le préfet si la décision d'opposition à l'engagement d'apprentis est motivée par de graves manquements de l'intéressé à sa mission de maître d'apprentissage. – *[Anc. art. R. 117-24.]*

Art. R. 6223-31 Lorsqu'il est constaté, sur rapport de l'inspection de l'apprentissage, qu'un organisme habilité à délivrer le titre de maître d'apprentissage confirmé ne respecte pas les clauses de la convention prévue à l'article R. 6223-28, celle-ci peut être dénoncée par l'autorité de l'État signataire, après que l'organisme a été mis à même de présenter ses observations. – *[Anc. art. R. 117-26.]*

CHAPITRE IV **ENREGISTREMENT DU CONTRAT**

SECTION PREMIÈRE **DEMANDE D'ENREGISTREMENT**

Art. R. 6224-1 Avant le début de l'exécution du contrat d'apprentissage ou, au plus tard, dans les cinq jours ouvrables qui suivent celui-ci, l'employeur transmet les exemplaires du contrat complet accompagné du visa du directeur du centre de formation d'apprentis attestant l'inscription de l'apprenti :

(Décr. n° 2008-1253 du 1er déc. 2008) « 1° A la chambre de métiers et de l'artisanat de région, lorsque l'employeur est inscrit au répertoire des métiers, y compris dans le cas où il est également immatriculé au registre du commerce et des sociétés ; »

2° A la chambre d'agriculture, lorsqu'il emploie un apprenti mentionné au 7° de l'article L. 722-20 du code rural et de la pêche maritime, sauf pour une entreprise artisanale rurale n'employant pas plus de *(Décr. n° 2013-1222 du 23 déc. 2013, art. 4)* « deux salariés de façon permanente » ;

(Décr. n° 2008-1253 du 1er déc. 2008) « 3° A la chambre de commerce et d'industrie territoriale, dans les autres cas à l'exception de ceux où l'employeur relève du secteur public au sens du chapitre II de la loi n° 92-675 du 17 juillet 1992.

« L'organisme consulaire territorialement compétent pour enregistrer le contrat d'apprentissage est celui du lieu d'exécution du contrat. »

(Décr. n° 2012-419 du 23 mars 2012) « Les dispositions du présent article s'appliquent aux avenants aux contrats d'apprentissage conclus sur le fondement de l'article L. 6222-22-1. » – *Ces dispositions sont applicables aux avenants qui seront pris sur le fondement de l'art. L. 6222-22-1 C. trav. pour les contrats d'apprentissage conclus à compter du 28 juill. 2011 (Décr. n° 2012-419 du 23 mars 2012, art. 3).*

Art. R. 6224-2 *(Abrogé par Décr. n° 2011-1924 du 21 déc. 2011)* ***Pour son enregistrement, le contrat d'apprentissage est accompagné de la fiche médicale d'aptitude délivrée par le médecin du travail :***

1° Lorsque l'inspecteur du travail a accordé une dérogation pour le dépassement de la durée quotidienne ou hebdomadaire du travail, en application de l'article L. 6222-25 ;

2° Lorsque l'inspecteur du travail a autorisé l'utilisation d'un équipement de travail dangereux, en application de l'article D. 4153-41 ;

3° En cas de travaux comportant des exigences ou des risques spéciaux déterminés par arrêté du ministre chargé du travail ou de l'agriculture ;

4° En cas de travaux faisant l'objet de prescriptions particulières, en application des décrets prévus au 3° de l'article L. 4111-6. – [Anc. art. R. 117-9, al. 1er.]

Art. R. 6224-3 *(Abrogé par Décr. n° 2011-1924 du 21 déc. 2011)* ***Dans les cas autres que ceux mentionnés à l'article R. 6224-2, la fiche médicale d'aptitude est transmise, au plus tard, dans un délai de quinze jours à compter de l'enregistrement du contrat à l'organisme chargé de cet enregistrement.***

L'organisme l'adresse sans délai à la (Décr. n° 2009-1377 du 10 nov. 2009) ***« direction régionale des entreprises, de la concurrence, de la consommation, du travail et de l'emploi »*** (Abrogé par Décr. n° 2008-1503 du 30 déc. 2008) ***« ou au service assimilé » du lieu d'exécution du contrat.***– [Anc. art. R. 117-9, al. 2.]

SECTION II **DÉCISION D'ENREGISTREMENT**

Art. R. 6224-4 La chambre consulaire compétente dispose d'un délai de quinze jours à compter de la réception du contrat *(Décr. n° 2012-419 du 23 mars 2012)* « ou de l'avenant à ce contrat conclu sur le fondement de l'article L. 6222-22-1 » pour l'enregistrer.

Le silence gardé dans ce délai vaut décision d'acceptation d'enregistrement.

(Décr. n° 2011-1924 du 21 déc. 2011) « Le refus d'enregistrement est notifié aux parties, le cas échéant par voie électronique. Le contrat *(Décr. n° 2012-419 du 23 mars 2012)* « ou l'avenant à ce contrat conclu sur le fondement de l'article L. **6222-22-1** » ne peut alors recevoir ou continuer de recevoir exécution. »

Les dispositions issues du Décr. n° 2012-419 du 23 mars 2012 sont applicables aux avenants qui seront pris sur le fondement de l'art. L. 6222-22-1 C. trav. pour les contrats d'apprentissage conclus à compter du 28 juill. 2011 (Décr. préc., art. 3).

Art. R. 6224-5 *(Abrogé par Décr. n° 2011-1924 du 21 déc. 2011)* ***Un exemplaire du contrat d'apprentissage enregistré,*** (Abrogé par Décr. n° 2008-1253 du 1er déc. 2008) ***« accompagné de ses éventuelles pièces annexes, » est transmis, sans délai, par la chambre consulaire aux parties ainsi qu'à la*** (Décr. n° 2009-1377 du 10 nov. 2009) ***« direction régionale des entreprises, de la concurrence, de la consommation, du travail et de l'emploi »*** (Abrogé par Décr. n° 2008-1503 du 30 déc. 2008) ***« ou au service assimilé » du lieu d'exécution du contrat d'apprentissage.***

(Décr. n° 2008-1253 du 1er déc. 2008) ***« Sur demande du*** (Décr. n° 2009-1377 du 10 nov. 2009) ***« directeur régional des entreprises, de la concurrence, de la consommation, du travail et de l'emploi » ou du chef de service assimilé, les éventuelles pièces annexes du contrat lui sont transmises par la chambre consulaire. »***

Art. R. 6224-6 La chambre consulaire adresse copie du contrat *(Décr. n° 2012-419 du 23 mars 2012)* « ou de l'avenant à ce contrat conclu sur le fondement de l'article L. **6222-22-1** » :

1° A l'union de recouvrement des cotisations de sécurité sociale ou à la caisse de mutualité sociale agricole compétente ;

2° A la caisse de retraite complémentaire dont relève l'employeur ;

3° Au président du conseil régional de la région dans laquelle est implanté l'entreprise ou l'établissement qui emploie l'apprenti ;

4° Au directeur du centre de formation d'apprentis ou, dans le cas d'une section d'apprentissage, au responsable d'établissement ;

5° Au service chargé de l'inspection de l'apprentissage ;

(Décr. n° 2011-1924 du 21 déc. 2011) « 6° A la direction régionale des entreprises, de la concurrence, de la consommation, du travail et de l'emploi du lieu d'exécution du contrat d'apprentissage *(Décr. n° 2012-419 du 23 mars 2012)* « ou de l'avenant à ce contrat conclu sur le fondement de l'article L. **6222-22-1** », sous une forme dématérialisée. »

V. note ss. art. R. 6224-4.

SECTION III **DÉCISION D'OPPOSITION À L'ENREGISTREMENT**

Art. R. 6224-7 *(Abrogé par Décr. n° 2011-1924 du 21 déc. 2011)* ***Lorsque, dans un délai de quinze jours à compter de la date de réception du contrat enregistré, le*** (Décr. n° 2009-1377 du 10 nov. 2009) ***« directeur régional des entreprises, de la concurrence, de la consommation, du travail et de l'emploi »*** (Abrogé par Décr. n° 2008-1503 du 30 déc. 2008) ***« ou le chef du service assimilé » constate que l'enregistrement du contrat d'apprentissage n'est pas valide, il signifie sa décision à l'organisme qui a procédé à l'enregistrement.***

Le contrat ne peut alors recevoir ou continuer de recevoir exécution. — [Anc. art. R. 117-15, al. 1er.]

Art. R. 6224-8 *(Abrogé par Décr. n° 2011-1924 du 21 déc. 2011)* ***Lorsque le défaut de validité peut être corrigé dans un délai de dix jours, le*** (Décr. n° 2009-1377 du 10 nov. 2009) ***« directeur régional des entreprises, de la concurrence, de la consommation, du travail et de l'emploi » ou le chef du service assimilé peut mettre en demeure l'organisme qui a procédé à l'enregistrement de régulariser celui-ci dans ce délai.***

Lorsque l'enregistrement n'est pas régularisé, le contrat ne peut recevoir ou continuer de recevoir exécution.

Art. R. 6224-9 *(Abrogé par Décr. n° 2011-1924 du 21 déc. 2011)* ***L'organisme chargé de l'enregistrement du contrat d'apprentissage adresse sa décision motivée de retrait d'enregistrement aux parties ainsi qu'aux organismes, aux services et à la collectivité territoriale mentionnés à l'article R. 6224-6.***

SECTION IV **APPRENTI EMPLOYÉ PAR UN ASCENDANT**

Art. R. 6224-10 Lorsque l'apprenti mineur est employé par un ascendant, la déclaration prévue à l'article L. 6222-5 comporte les mentions énumérées aux articles R. 6222-3 à R. 6222-5. Elle précise le lien de parenté existant entre l'apprenti mineur et l'employeur. – *[Anc. art. R. 117-17, al. 1er.]*

Art. R. 6224-11 La déclaration désigne la caisse d'épargne ou l'établissement bancaire dans lequel un compte a été ouvert au nom de l'apprenti pour recevoir la partie du salaire que l'ascendant employeur est tenu de verser sur ce compte.

Cette partie est au moins égale à 25 % du salaire fixé au contrat. – *[Anc. art. R. 117-17, al. 2.]*

Art. R. 6224-12 La déclaration est souscrite par l'ascendant employeur. Elle est revêtue de la signature de l'apprenti.

Elle est visée par le directeur du centre de formation d'apprentis ou, dans le cas d'une section d'apprentissage, le responsable d'établissement.

Elle est soumise à enregistrement dans les conditions prévues au présent chapitre. – *[Anc. art. R. 117-18.]*

CHAPITRE V **PROCÉDURES D'OPPOSITION, DE SUSPENSION ET D'INTERDICTION DE RECRUTEMENT**

SECTION PREMIÈRE **MISE EN DEMEURE PRÉALABLE À L'OPPOSITION**

Art. R. 6225-1 Lorsqu'il est constaté, soit lors d'un contrôle de l'inspection de l'apprentissage ou de l'inspection du travail, soit lors de l'examen accompli par l'organisme chargé de l'enregistrement du contrat ou le *(Décr. nº 2009-1377 du 10 nov. 2009)* « directeur régional des entreprises, de la concurrence, de la consommation, du travail et de l'emploi » *(Abrogé par Décr. nº 2008-1503 du 30 déc. 2008)* ***« ou le chef de service assimilé »***, que l'employeur méconnaît les obligations mentionnées à l'article L. 6225-1, l'inspecteur du travail ou l'inspecteur de l'apprentissage met l'employeur en demeure de régulariser la situation et de prendre les mesures ou d'assurer les garanties de nature à permettre une formation satisfaisante. – *[Anc. art. R. 117-5-2, al. 1er, phrase 1.]*

Les modifications issues du Décr. nº 2009-1377 du 10 nov. 2009 prennent effet, dans chaque région, à la date de nomination du directeur régional des entreprises, de la concurrence, de la consommation, du travail et de l'emploi (Décr. préc., art. 7-I). – V. Arr. de nomination de ces directeurs des 30 déc. 2009 (JO 5 janv. 2010) et 9 févr. 2010 (JO 14 févr.).

Ces modifications s'appliquent à la région Île-de-France à compter du 1er juill. 2010 (Décr. nº 2010-687 du 24 juin 2010, art. 2).

Art. R. 6225-2 Lorsqu'il est constaté, par les services mentionnés à l'article R. 6225-1, qu'un maître d'apprentissage, autre que l'employeur, méconnaît les obligations mises à sa charge par le contrat d'apprentissage ou ne présente plus les garanties de moralité requises, l'inspecteur du travail ou l'inspecteur de l'apprentissage met l'employeur en demeure de désigner un autre maître d'apprentissage et d'informer de ses nom, prénoms et compétences professionnelles, l'organisme chargé de l'enregistrement du contrat. Ce dernier transmet sans délai ces éléments à la *(Décr. nº 2009-1377 du 10 nov. 2009)* « direction régionale des entreprises, de la concurrence, de la consommation, du travail et de l'emploi » *(Abrogé par Décr. nº 2008-1503 du 30 déc. 2008)* ***« ou au service assimilé »***. – *[Anc. art. R. 117-5-2, al. 2, phrase 1.]*

V. note ss. art. R. 6225-1.

Art. R. 6225-3 Lorsqu'il est constaté par les services mentionnés à l'article R. 6225-1 qu'un employeur, en tant que maître d'apprentissage, méconnaît les obligations mises à sa charge par le contrat d'apprentissage ou ne présente plus les garanties de moralité requises, l'inspecteur du travail ou l'inspecteur de l'apprentissage le met en demeure de régulariser la situation et de prendre les mesures ou d'assurer les garanties de nature à permettre une formation satisfaisante. – *[Anc. art. R. 117-5-2, al. 3 début.]*

SECTION II OPPOSITION À L'ENGAGEMENT D'APPRENTIS

Art. R. 6225-4 Dans les cas prévus à la section I, la décision d'opposition du préfet à l'engagement d'apprenti intervient, s'il y a lieu, dans un délai de trois mois à compter de l'expiration du délai fixé par la mise en demeure de l'inspecteur du travail ou d'apprentissage. – *[Anc. art. R. 117-5-2, al. 1er, phrase 2, 2, phrase 2, 3 fin et al. 4.]*

Art. R. 6225-5 La décision d'opposition à l'engagement d'apprentis est communiquée à l'inspecteur du travail, au comité d'entreprise ou, à défaut, aux délégués du personnel ainsi qu'à la chambre consulaire compétente. – *[Anc. art. L. 117-5, al. 5.]*

Art. R. 6225-6 Lorsque le préfet prend une décision d'opposition à l'engagement d'apprentis, en application de l'article L. 6225-1 ou de l'article R. 6223-16, l'employeur peut lui demander de mettre fin à cette opposition.

Il joint à sa demande toutes justifications de nature à établir qu'il remplit les obligations mises à sa charge par le présent code ou par d'autres dispositions légales applicables aux jeunes travailleurs et aux apprentis. – *[Anc. art. R. 117-5-I, al. 1er, phrases 1 et 2.]*

Art. R. 6225-7 Lorsque le préfet, au vu des justifications de l'employeur, décide de mettre fin à l'opposition, il notifie sa décision à l'employeur.

L'employeur peut à nouveau procéder à la déclaration mentionnée à l'article L. 6223-1. – *[Anc. art. R. 117-5-I, al. 1er, phrase 3.]*

Art. R. 6225-8 Est communiquée *[Sont communiquées]* sans délai à l'organisme chargé de l'enregistrement du contrat :

1° La décision d'opposition à l'engagement d'apprentis, prise en application de l'article L. 6225-1 ou de l'article R. 6223-16 ;

2° La décision de levée d'opposition, prise en application de l'article R. 6225-7. – *[Anc. art. R. 117-5-II, al. 1er et 2.]*

SECTION III SUSPENSION DE L'EXÉCUTION DU CONTRAT ET INTERDICTION DE RECRUTEMENT

SOUS-SECTION 1 SUSPENSION DE L'EXÉCUTION DU CONTRAT DE TRAVAIL

Art. R. 6225-9 En application de l'article L. 6225-4, l'inspecteur du travail propose la suspension de l'exécution du contrat d'apprentissage, après qu'il ait *[a]* été procédé, lorsque les circonstances le permettent, à une enquête contradictoire. Il en informe sans délai l'employeur et adresse cette proposition au *(Décr. n° 2009-1377 du 10 nov. 2009)* « directeur régional des entreprises, de la concurrence, de la consommation, du travail et de l'emploi ».

Ce dernier se prononce sans délai et, le cas échéant, dès la fin de l'enquête contradictoire. – *[Anc. art. L. 117-5-1, al. 1er, phrases 1 et 3, et anc. art. R. 117-5-3.]*

Les modifications issues du Décr. n° 2009-1377 du 10 nov. 2009 prennent effet, dans chaque région, à la date de nomination du directeur régional des entreprises, de la concurrence, de la consommation, du travail et de l'emploi (Décr. préc., art. 7-I). – V. Arr. de nomination de ces directeurs des 30 déc. 2009 (JO 5 janv. 2010) et 9 févr. 2010 (JO 14 févr.).

Ces modifications s'appliquent à la région Île-de-France à compter du 1er juill. 2010 (Décr. n° 2010-687 du 24 juin 2010, art. 2).

SOUS-SECTION 2 INTERDICTION DE RECRUTEMENT DE NOUVEAUX APPRENTIS

Art. R. 6225-10 Lorsque le *(Décr. n° 2009-1377 du 10 nov. 2009)* « directeur régional des entreprises, de la concurrence, de la consommation, du travail et de l'emploi » a interdit le recrutement de nouveaux apprentis, en application de l'article L. 6225-6, l'employeur peut lui demander de mettre fin à cette interdiction.

L'employeur joint à sa demande toutes justifications de nature à établir qu'il a pris les mesures nécessaires pour supprimer tout risque d'atteinte à la santé ou à l'intégrité physique ou morale des apprentis dans l'entreprise. – *[Anc. art. R. 117-5-I, al. 2.]*

V. note ss. art. R. 6225-9.

Art. R. 6225-11 Lorsque le *(Décr. n° 2009-1377 du 10 nov. 2009)* « directeur régional des entreprises, de la concurrence, de la consommation, du travail et de l'emploi » décide, au vu des justifications présentées par l'employeur, de mettre fin à l'interdiction de recruter de nouveaux apprentis, il notifie sa décision à l'employeur.

L'employeur peut à nouveau procéder à la déclaration prévue à l'article L. 6223-1. – *[Anc. art. R. 117-5-I, al. 3.]*

V. note ss. art. R. 6225-9.

Art. R. 6225-12 Est communiquée sans délai à l'organisme chargé de l'enregistrement du contrat :

1° La décision d'interdiction de recruter de nouveaux apprentis, prise en application de l'article L. 6225-6 ;

2° La décision de levée d'interdiction de recruter de nouveaux apprentis, prise en application de l'article R. 6225-11. – *[Anc. art. R. 117-5-II, al. 1er et 3.]*

CHAPITRE VI **ENTREPRISES DE TRAVAIL TEMPORAIRE**

(Décr. n° 2012-472 du 11 avr. 2012)

SECTION PREMIÈRE **DISPOSITIONS GÉNÉRALES**

(Décr. n° 2012-472 du 11 avr. 2012)

Art. R. 6226-1 Le contrat d'apprentissage conclu avec une entreprise de travail temporaire précise notamment le nom du maître d'apprentissage nommé dans cette dernière et la durée de son expérience en entreprise de travail temporaire.

Art. R. 6226-2 Le contrat de mise à disposition de l'apprenti au sein de l'entreprise utilisatrice précise :

1° Le titre ou diplôme préparé par l'apprenti ;

2° La nature des travaux confiés à l'apprenti, qui doivent être en relation directe avec la formation professionnelle prévue au contrat d'apprentissage ;

3° Le nom du maître d'apprentissage désigné au sein de l'entreprise de travail temporaire ;

4° Le nom du maître d'apprentissage désigné au sein de l'entreprise utilisatrice, les titres ou diplômes dont il est titulaire et la durée de son expérience professionnelle dans l'activité en relation avec la qualification recherchée ;

5° Les modalités selon lesquelles l'entreprise utilisatrice informe l'entreprise de travail temporaire du déroulement de la formation professionnelle de l'apprenti en son sein ;

6° Les modalités selon lesquelles est organisée la liaison entre les maîtres d'apprentissage et le centre de formation des apprentis.

Art. R. 6226-3 I. – Les mentions figurant sur le contrat de mission en application de l'article L. 1251-16 sont complétées par les mentions du contrat de mise à disposition de l'apprenti prévues à l'article R. 6226-2.

II. – L'entreprise de travail temporaire adresse le contrat de mission de l'apprenti, dès sa conclusion, au directeur du centre de formation d'apprentis ou, dans le cas d'une section d'apprentissage, au responsable d'établissement. Elle l'informe de tout changement concernant le maître d'apprentissage désigné au sein de l'entreprise utilisatrice.

III. – La suspension du contrat d'apprentissage, en application des dispositions de l'article L. 6225-4, emporte la suspension du contrat de mission de l'apprenti. La rupture du contrat d'apprentissage, en application des dispositions de l'article L. 6225-5, emporte la rupture du contrat de mission de l'apprenti.

Art. R. 6226-4 Pour la formation de l'apprenti qu'elle emploie, l'entreprise de travail temporaire ne peut pas conclure de convention avec une entreprise d'accueil en application de l'article R. 6223-10 ni avec une entreprise d'un autre État membre de la Communauté européenne susceptible d'accueillir temporairement l'apprenti en application de l'article L. 6211-5.

SECTION II MAÎTRES D'APPRENTISSAGE

(Décr. n° 2012-472 du 11 avr. 2012)

Art. R. 6226-5 Le maître d'apprentissage désigné au sein de l'entreprise de travail temporaire assure le suivi de l'apprenti tout au long de sa formation et veille à sa progression, en liaison avec le centre de formation des apprentis et les maîtres d'apprentissage nommés dans les entreprises utilisatrices.

Est réputée remplir la condition de compétence professionnelle exigée, en application de l'article L. 6223-1, d'un maître d'apprentissage nommé dans une entreprise de travail temporaire une personne justifiant d'une expérience professionnelle minimale de deux années dans ce type d'entreprise.

Par dérogation aux dispositions de l'article R. 6223-6, le nombre maximal d'apprentis pouvant être accueillis simultanément dans une entreprise de travail temporaire est fixé à cinq par maître d'apprentissage.

Art. R. 6226-6 En application de l'article L. 6223-5, le maître d'apprentissage nommé au sein de l'entreprise utilisatrice contribue à l'acquisition par l'apprenti dans cette entreprise des compétences correspondant à la qualification recherchée et au titre ou diplôme préparé, en liaison avec le maître d'apprentissage désigné au sein de l'entreprise de travail temporaire et avec le centre de formation d'apprentis.

Pour l'application de l'article R. 6223-6 à l'entreprise utilisatrice, l'apprenti mis à disposition par une entreprise de travail temporaire est pris en compte dans le calcul du nombre maximal d'apprentis par maître d'apprentissage.

La dérogation à l'interdiction du travail de nuit des apprentis, prévue à l'article L. 6222-26, est accomplie sous la responsabilité du maître d'apprentissage nommé au sein de l'entreprise utilisatrice.

CHAPITRE VII DISPOSITIONS PÉNALES

Le chapitre VI du titre II du livre II de la sixième partie du code du travail devient le chapitre VII (Décr. n° 2012-472 du 11 avr. 2012, art. 1er), les art. R. 6226-1 à R. 6226-10 deviennent les art. R. 6227-1 à R. 6227-10.

Art. R. 6227-1 Le fait, pour l'employeur, de méconnaître les dispositions des articles L. 6222-1, L. 6222-2, L. 6222-11, L. 6222-24, L. 6223-2 à L. 6223-8, R. 6223-9, R. 6223-22 et R. 6223-23, est puni de l'amende prévue pour les contraventions de la quatrième classe. — *[Anc. art. R. 151-2, al. 1er.]*

Art. R. 6227-2 Le fait d'employer un apprenti à un travail effectif excédant huit heures par jour ou la durée légale hebdomadaire fixée par l'article *(Décr. n° 2016-1551 du 18 nov. 2016, art. 6-V, en vigueur le 1er janv. 2017)* « L. 3121-27 » du code du travail et par l'article L. 713-2 du code rural et de la pêche maritime, en méconnaissance des dispositions du premier alinéa de l'article L. 6222-25, est puni de l'amende prévue pour les contraventions de la quatrième classe. — *[Anc. art. R. 151-4.]*

Art. R. 6227-3 Le fait d'employer un apprenti âgé de moins de dix-huit ans à un travail de nuit, en méconnaissance des dispositions de l'article L. 6222-26, est puni de l'amende prévue pour les contraventions de la cinquième classe.

La récidive est réprimée conformément aux articles 132-11 et 132-15 du code pénal. — *[Anc. art. R. 151-5.]*

Art. R. 6227-4 Le fait de verser un salaire à l'apprenti inférieur au minimum prévu par l'article L. 6222-27, est puni de l'amende prévue pour les contraventions de la cinquième classe.

L'amende est appliquée autant de fois qu'il y a d'apprentis rémunérés dans des conditions illégales.

La récidive est réprimée conformément aux articles 132-11 et 132-15 du code pénal. — *[Anc. art. R. 151-3.]*

Art. R. 6227-5 Le fait d'employer un apprenti à des travaux dangereux pour sa santé ou sa sécurité, en méconnaissance des dispositions de l'article L. 6222-30, est puni de l'amende prévue pour les contraventions de la cinquième classe.

La récidive est réprimée conformément aux articles 132-11 et 132-15 du code pénal. – *[Anc. art. R. 263-1.]*

Art. R. 6227-6 Le fait de ne pas présenter l'apprenti aux épreuves du diplôme ou du titre prévu par le contrat d'apprentissage, en méconnaissance des dispositions de l'article L. 6222-34, est puni de l'amende prévue pour les contraventions de la cinquième classe.

La récidive est réprimée conformément aux articles 132-11 et 132-15 du code pénal. – *[Anc. art. R. 151-5.]*

Art. R. 6227-7 Le fait de ne pas accorder un congé supplémentaire de cinq jours à l'apprenti pour lui permettre de préparer les épreuves dans un centre de formation d'apprentis, ou de ne pas maintenir le salaire de l'apprenti pendant ce congé en méconnaissance des dispositions de l'article L. 6222-35, est puni de l'amende prévue pour les contraventions de la cinquième classe.

La récidive est réprimée conformément aux articles 132-11 et 132-15 du code pénal. – *[Anc. art. R. 151-5.]*

Art. R. 6227-8 Le fait, pour l'employeur, de méconnaître les dispositions de l'article L. 6223-1, est puni de l'amende prévue pour les contraventions de la cinquième classe. – *[Anc. art. R. 151-2, al. 2.]*

Art. R. 6227-9 Le fait, pour l'employeur, de méconnaître les dispositions de l'article L. 6225-1, est puni de l'amende prévue pour les contraventions de la cinquième classe. – *[Anc. art. R. 151, al. 2.]*

Art. R. 6227-10 Le fait, pour le responsable d'un organisme qui n'a pas souscrit avec l'État la convention prévue à l'article R. 6223-27, de décerner le titre de maître d'apprentissage confirmé, est puni de l'amende prévue pour les contraventions de la cinquième classe. – *[Anc. art. R. 151-6.]*

TITRE TROISIÈME **CENTRES DE FORMATION D'APPRENTIS ET SECTIONS D'APPRENTISSAGE**

CHAPITRE PREMIER **MISSIONS DES CENTRES DE FORMATION D'APPRENTIS**

Art. R. 6231-1 Les centres de formation d'apprentis développent l'aptitude à tirer profit d'actions ultérieures de formation professionnelle ou à poursuivre des études par les voies de l'apprentissage, de l'enseignement professionnel ou technologique ou par toute autre voie. – *[Anc. art. L. 116-1, al. 2.]*

CHAPITRE II **CRÉATION DE CENTRES DE FORMATION D'APPRENTIS ET DE SECTIONS D'APPRENTISSAGE**

SECTION PREMIÈRE **CRÉATION DE CENTRES DE FORMATION D'APPRENTIS**

SOUS-SECTION 1 **DEMANDE DE CONVENTION**

Art. R. 6232-1 La demande de conclusion d'une convention de création d'un centre de formation d'apprentis, prévue à l'article L. 6232-1, et le projet de convention qui y fait suite *(Décr. n° 2014-1031 du 10 sept. 2014, art. 4-1°)* « sont soumis au comité régional de l'emploi, de la formation et de l'orientation professionnelles intéressé qui émet un avis en tenant compte : »

1° Des besoins de formation professionnelle existant ou à prévoir dans le champ d'application de la convention envisagée ;

2° De la cohérence du projet avec la partie consacrée aux jeunes du *(Décr. n° 2014-1031 du 10 sept. 2014, art. 4-1°)* « contrat de » plan régional de développement des formations *(Décr. n° 2014-1031 du 10 sept. 2014, art. 4-1°)* « et de l'orientation » professionnelles, prévu par l'article L. 214-13 du code de l'éducation ;

3° Des recommandations émises par les commissions professionnelles consultatives ;

4° Des garanties offertes par le gestionnaire du centre, notamment en ce qui concerne les locaux, l'équipement et le personnel ;

5° Du financement envisagé et en particulier du montant prévisible de ressources par apprenti, par domaine et par niveau de formation dont pourrait disposer le centre de formation d'apprentis par année d'exécution de la convention. – *[Anc. art. L. 116-2, al. 2, phrases 3 et 4, et anc. art. R. 116-20.]*

Art. R. 6232-2 La demande de conclusion d'une convention donne lieu à une décision dans un délai de six mois à compter du dépôt de la demande.

La décision de refus est motivée. – *[Anc. art. L. 116-2, al. 2, phrases 1 et 2.]*

SOUS-SECTION 2 **CONTENU ET CONCLUSION DE LA CONVENTION**

Art. R. 6232-3 (Abrogé par Décr. n° 2014-1031 du 10 sept. 2014, art. 4-3°) ***La convention créant un centre de formation d'apprentis est conforme à la convention type établie par l'État ou la région.***

Cette convention type se conforme aux dispositions prévues aux articles R. 6232-7, R. 6232-8, R. 6232-14, R. 6233-1 à R. 6233-6, R. 6233-9 à R. 6233-11, R. 6233-18, R. 6233-22, R. 6233-27 à R. 6233-50, R. 6233-54, R. 6233-56, R. 6233-57 et R. 6233-61.

Art. R. 6232-4 Les conventions types de création d'un centre de formation d'apprentis, prévues à l'article L. 6232-2, sont définies après avis *(Abrogé par Décr. n° 2014-1031 du 10 sept. 2014, art. 4-2°)* ***« , selon le cas, du Conseil national de la formation professionnelle tout au long de la vie ou »*** du comité *(Décr. n° 2014-1031 du 10 sept. 2014, art. 4-2°)* « régional de l'emploi, de la formation et de l'orientation professionnelles ». – *[Anc. art. L. 116-2, al. 4, phrase 3.]*

Art. R. 6232-5 La convention créant un centre de formation d'apprentis détermine, pour la durée de celle-ci, les coûts de formation pratiqués par le centre.

Ces coûts incluent, en les identifiant, les charges d'amortissement des immeubles et des équipements. Les coûts ainsi fixés peuvent être révisés chaque année par avenant à la convention. – *[Anc. art. L. 118-2-2, al. 9.]*

Art. R. 6232-6 La convention créant un centre de formation d'apprentis détermine les modalités d'organisation administrative, pédagogique et financière du centre. – *[Anc. art. R. 116-1, al. 1er.]*

Art. R. 6232-7 La convention créant un centre de formation d'apprentis définit l'aire normale de recrutement des apprentis et les spécialisations professionnelles du centre de formation d'apprentis.

Elle détermine le nombre minimal et maximal d'apprentis admis annuellement au centre pour les formations qui y seront dispensées et qui conduiront à un diplôme ou un titre à finalité professionnelle enregistré au répertoire national des certifications professionnelles, dans les conditions prévues à l'article L. 335-6 du code de l'éducation. – *[Anc. art. R. 116-2.]*

Art. R. 6232-8 La convention créant un centre de formation d'apprentis peut prévoir la création d'annexes locales assurant tout ou partie de certaines formations. – *[Anc. art. R. 116-3, al. 2.]*

Art. R. 6232-9 La convention créant un centre de formation d'apprentis est assortie d'annexes pédagogiques qui précisent, pour chaque titre ou diplôme, le contenu et la progression des formations ainsi que les conditions d'encadrement des apprentis.

Pour les diplômes, ces annexes pédagogiques doivent respecter les règles communes minimales définies par arrêté du ministre chargé de l'éducation nationale ou du ministre chargé de l'agriculture ou du ministre intéressé. Les commissions professionnelles consultatives ou les organismes qui en tiennent lieu sont associés à leur préparation.

Pour les titres, les annexes pédagogiques doivent respecter les règles définies lors de l'homologation par la commission technique d'homologation des titres et des diplômes de l'enseignement technologique. – *[Anc. art. R. 116-1, al. 3.]*

Art. R. 6232-10 La convention créant un centre de formation d'apprentis est conclue entre le président du conseil régional et l'une des personnes énumérées à l'article

L. 6232-1 ou, dans le cas mentionné à l'article L. 6232-8, une association telle que définie par l'article R. 6232-23.

(*Abrogé par Décr. nº 2014-1031 du 10 sept. 2014, art. 4*) *« La convention portant création d'un centre à recrutement national est conclue entre le ministre chargé de l'éducation nationale, en accord avec le ministre intéressé, ou le ministre chargé de l'agriculture, ou le ministre chargé de l'enseignement supérieur ou leur représentant dans la région, et l'une des personnes énumérées à l'article L. 6232-1. »*

La convention portant création d'un centre mentionné au premier alinéa est conclue conformément au (*Décr. nº 2014-1031 du 10 sept. 2014, art. 4-4º*) « contrat de » plan régional de développement des formations (*Décr. nº 2014-1031 du 10 sept. 2014, art. 4-4º*) « et de l'orientation » professionnelles pour sa partie consacrée aux jeunes, prévu au II de l'article L. 214-13 du code de l'éducation. – [*Anc. art. R. 116-18, al. 1er, 2 et 4.*]

Art. R. 6232-11 Lorsque plusieurs personnes décident de créer conjointement un centre de formation d'apprentis, sans pour autant constituer une personne morale nouvelle pour en assurer la gestion, elles désignent parmi elles un représentant chargé de conclure (*Abrogé par Décr. nº 2014-1031 du 10 sept. 2014, art. 4-5º*) *« avec l'État ou »* avec la région une convention de création.

Ce représentant est le gestionnaire du centre. – [*Anc. art. R. 116-19.*]

Art. R. 6232-12 (Abrogé par Décr. nº 2014-1031 du 10 sept. 2014, art. 4-3º) *La convention créant un centre de formation d'apprentis est conclue pour une durée de cinq ans à partir d'une date d'effet qu'elle fixe expressément.*

SOUS-SECTION 3 DÉNONCIATION, AVENANT ET RENOUVELLEMENT DE LA CONVENTION

Art. R. 6232-13 La dénonciation d'une convention créant un centre de formation d'apprenti[*s*] est motivée.

La décision de dénonciation est prise selon les procédures prévues aux articles R. 6232-1 et R. 6232-2. – [*Anc. art. L. 116-2, al. 2, phrases 2 et 3.*]

Art. R. 6232-14 Pendant la durée de la convention, la liste des formations du centre et les autres clauses de la convention peuvent être modifiées pour tenir compte notamment de l'évolution des besoins de formation professionnelle.

Ces modifications font l'objet d'un avenant conclu dans les mêmes formes que la convention (*Abrogé par Décr. nº 2014-1031 du 10 sept. 2014, art. 4-6º*) *« , lorsqu'elles entraînent une diminution de l'effectif global minimal, un dépassement de l'effectif global maximal, un changement notable de l'aire de recrutement ou du champ d'action professionnel du centre, une transformation des conditions de participation de l'État ou de la région.*

« Dans les autres cas, ces modifications sont autorisées par le préfet de région ou par le président du conseil régional, sur demande de l'organisme gestionnaire ou de l'établissement d'accueil ».

Art. R. 6232-15 Dix-huit mois au moins avant la date d'expiration de la convention, les parties se concertent afin de préparer son renouvellement en tenant compte, s'il y a lieu, des adaptations rendues nécessaires par l'évolution des besoins de formation.

Lorsqu'il apparaît que la convention ne peut être renouvelée, le recrutement de nouveaux apprentis est interrompu. La convention en vigueur est prorogée de plein droit jusqu'à l'achèvement des formations en cours, lorsque cet achèvement a lieu après la date d'expiration de la convention. – [*Anc. art. R. 116-23.*]

Art. R. 6232-16 La convention est renouvelée dans les conditions prévues à l'article R. 6232-15. – [*Anc. art. R. 116-21, al. 2.*]

SECTION II CRÉATION DE SECTIONS D'APPRENTISSAGE ET D'UNITÉS DE FORMATION PAR APPRENTISSAGE

SOUS-SECTION 1 SECTIONS D'APPRENTISSAGE

Art. D. 6232-17 La convention créant une section d'apprentissage est conforme à la convention type établie par la région.

Elle se conforme aux dispositions prévues aux articles R. 6232-20, R. 6233-1 à R. 6233-6, R. 6233-9 à R. 6233-11, R. 6233-22, R. 6233-27 à R. 6233-50, R. 6233-54, R. 6233-56 et R. 6233-57.

Sont applicables à cette convention, les dispositions applicables aux conventions créant les centres de formation d'apprentis prévues par les articles R. 6232-6 à R. 6232-9. — *[Anc. art. L. 118-2-2, al. 9, anc. art. R. 116-1 et anc. art. R. 116-2.]*

Art. R. 6232-18 La convention créant une section d'apprentissage est conclue entre :

1° Le président du conseil régional ;

2° Le responsable de l'établissement d'enseignement ou de formation et de recherche après accord du conseil d'administration ou de l'instance délibérante en tenant lieu ;

3° L'une des personnes morales énumérées à l'article L. 6232-1. — *[Anc. art. R. 116-18, al. 3.]*

Art. R. 6232-19 La convention créant une section d'apprentissage est conclue conformément au plan régional de développement des formations professionnelles pour sa partie consacrée aux jeunes, prévu au II de l'article L. 214-13 du code de l'éducation. — *[Anc. art. R. 116-18, al. 4.]*

Art. R. 6232-20 Pendant la durée de la convention, le contenu de la formation de la section d'apprentissage et les autres clauses de la convention peuvent être modifiées *[modifiés]* pour tenir compte notamment de l'évolution des besoins de formation professionnelle.

Ces modifications font l'objet d'un avenant conclu dans les mêmes formes que la convention *(Abrogé par Décr. n° 2014-1031 du 10 sept. 2014, art. 4-7°)* « ***, lorsqu'elles entraînent une diminution de l'effectif global minimal, un dépassement de l'effectif global maximal, un changement notable de l'aire de recrutement ou du champ d'action professionnel de la section d'apprentissage ou une transformation des conditions de participation de la région.***

« ***Dans les autres cas, ces modifications sont autorisées par le président du conseil régional, sur demande de l'établissement d'accueil*** ».

Art. R. 6232-21 Six mois au moins avant la date d'expiration de la convention, les parties se concertent afin de préparer son renouvellement en tenant compte, s'il y a lieu, des adaptations rendues nécessaires par l'évolution des besoins de formation.

Lorsqu'il apparaît que la convention ne peut être renouvelée, le recrutement de nouveaux apprentis est interrompu. La convention en vigueur est prorogée de plein droit jusqu'à l'achèvement des formations en cours, lorsque cet achèvement se place après la date d'expiration de la convention. — *[Anc. art. R. 116-23.]*

SOUS-SECTION 2 **UNITÉS DE FORMATION PAR APPRENTISSAGE**

Art. R. 6232-22 La signature de la convention créant une unité de formation par apprentissage, prévue au deuxième alinéa de l'article L. 6232-8, est conditionnée à l'accord préalable du conseil d'administration de l'établissement ou de l'instance délibérante qui en tient lieu. — *[Anc. art. R. 116-3-1, al. 1er.]*

Art. R. 6232-23 La convention créant une unité de formation par apprentissage peut être conclue, notamment, avec un centre de formation d'apprentis créé par convention entre une région et une association constituée au niveau régional par une organisation professionnelle ou interprofessionnelle, une chambre de commerce et d'industrie de région, une chambre régionale de métiers, une chambre régionale d'agriculture ou un groupement d'entreprises en vue de développer les formations en apprentissage.

La création de l'association est subordonnée à un avis favorable motivé du *(Décr. n° 2014-1055 du 16 sept. 2014, art. 5-I)* « comité régional de l'emploi, de la formation et de l'orientation professionnelles ». — *[Anc. art. L. 115-1, al. 6, phrases 1 fin et 2.]*

Art. R. 6232-24 La convention créant une unité de formation par apprentissage est conclue pour une durée au moins égale à celle du cycle de la formation, nécessaire à l'acquisition d'un titre ou diplôme, pour laquelle elle a été ouverte.

Elle est renouvelée dans les conditions prévues à l'article R. 6232-21. — *[Anc. art. R. 116-21, al. 2 et 3.]*

Art. D. 6232-25 La convention créant une unité de formation par apprentissage détermine notamment :

1° Le recrutement et les effectifs des apprentis à former ;

2° Les personnels, locaux et équipements destinés à la formation, y compris, le cas échéant, les locaux destinés à l'hébergement ;

3° Les diplômes préparés ;

4° Le rythme d'alternance et les durées respectives de l'enseignement dans l'établissement et de la formation en entreprise, ainsi que les modalités de coordination entre l'établissement, le centre de formation d'apprentis et les entreprises ;

5° Les orientations générales de l'unité de formation par apprentissage, l'organisation pédagogique et le contenu des enseignements selon le titre ou le diplôme préparé ;

6° Les moyens de financement. – *[Anc. art. R. 116-3-1, al. 2 à 8.]*

CHAPITRE III **FONCTIONNEMENT DES CENTRES DE FORMATION D'APPRENTIS ET DES SECTIONS D'APPRENTISSAGE**

SECTION PREMIÈRE **RESSOURCES**

SOUS-SECTION 1 **BUDGET**

Art. R. 6233-1 La convention de création prévoit les conditions dans lesquelles est établi le budget du centre ou de la section d'apprentissage. – *[Anc. art. R. 116-15, al. 1er, phrase 1.]*

Art. R. 6233-2 Le budget d'un centre de formation d'apprentis est distinct de celui de l'organisme gestionnaire. – *[Anc. art. R. 116-15, al. 1er, phrase 2.]*

Art. R. 6233-3 Le budget d'une section d'apprentissage est identifié au sein du budget de l'établissement. – *[Anc. art. R. 116-15, al. 1er, phrase 3.]*

Art. R. 6233-4 Le budget des organismes et établissements soumis au *(Décr. nº 2012-1247 du 7 nov. 2012, art. 48)* « **décret nº 2012-1246 du 7 novembre 2012 relatif à la gestion budgétaire et comptable publique** » ou à la tutelle de l'État est constitué par une section particulière du budget général de l'organisme ou de l'établissement dans lequel est créée la section d'apprentissage.

Cette disposition s'applique également aux établissements d'enseignement privés sous contrat. – *[Anc. art. R. 116-15, al. 2.]*

Art. R. 6233-5 La comptabilité d'un centre de formation d'apprentis ou d'une section d'apprentissage est distincte de celle de l'organisme gestionnaire. – *[Anc. art. R. 116-15, al. 3.]*

Art. R. 6233-6 Pour les centres de formation d'apprentis dont la comptabilité n'est pas tenue par un comptable public, les comptes sont certifiés par un commissaire aux comptes. – *[Anc. art. R. 116-15, al. 4.]*

Art. R. 6233-7 L'excédent de ressources, prévu au second alinéa de l'article L. 6233-1, est reversé :

1° Au profit du fonds régional de l'apprentissage et de la formation professionnelle continue, lorsque la convention de création d'un centre ou d'une section d'apprentissage a été conclue avec le conseil régional ;

2° Au profit du *(Décr. nº 2011-1970 du 26 déc. 2011)* « **compte d'affectation spéciale "Financement national du développement et de la modernisation de l'apprentissage"** », lorsque la convention a été conclue avec l'État. Ce reversement est ensuite attribué à un fonds régional qui l'utilisera dans les conditions prévues à l'article L. 6241-10. – *[Anc. art. R. 116-17.]*

SOUS-SECTION 2 **SUBVENTIONS**

Art. R. 6233-8 Un organisme gestionnaire de centres de formation d'apprentis peut recevoir des subventions d'équipement et de fonctionnement de l'État, des collectivités locales et des établissements publics. – *[Anc. art. L. 118-4.]*

Art. R. 6233-9 La convention de création détermine, sur la base du nombre d'apprentis accueillis par le centre ou la section d'apprentissage, le mode de calcul de la subvention versée, selon le cas, au centre, à la section d'apprentissage ou à l'établissement d'enseignement ou de formation et de recherche.

Ce mode de calcul prend en compte :

1° Le coût de formation annuel d'un apprenti, incluant les charges d'amortissement des immeubles et des équipements, calculé pour chacune des formations dispensées ;

2° Le coût forfaitaire annuel de l'hébergement, de la restauration et des dépenses de transport par apprenti. – *[Anc. art. R. 116-16, al. 1er à 3.]*

Art. R. 6233-10 La convention de création peut prendre en compte les coûts liés à des innovations ou des expérimentations à caractère technique ou pédagogique conduites par le centre ou la section d'apprentissage. – *[Anc. art. R. 116-16, al. 4.]*

Art. R. 6233-11 Le montant définitif de la subvention due au titre d'un exercice déterminé est arrêté en fonction des participations financières réelles perçues. – *[Anc. art. R. 116-16, al. 5.]*

SECTION II **PERSONNEL**

Art. R. 6233-12 Une personne frappée d'une incapacité prévue à l'article L. 911-5 du code de l'éducation ne peut être employée dans un centre de formation d'apprentis. – *[Anc. art. R. 116-26.]*

Art. R. 6233-13 Une personne appelée à enseigner dans un centre de formation d'apprentis justifie :

1° Pour exercer des fonctions d'enseignement général, du niveau de qualification exigé des candidats postulant à un emploi d'enseignement dans les établissements publics d'enseignement préparant à des diplômes professionnels ou des titres de même nature et de même niveau, conformément aux conditions arrêtées par le ministre intéressé ;

2° Pour exercer des fonctions d'enseignement technique, théorique et d'enseignement pratique :

(Décr. no 2008-1253 du 1er déc. 2008) « *a)* Soit du niveau de qualification exigé des candidats à un emploi d'enseignement dans un établissement public d'enseignement ;

« *b)* Soit d'un diplôme ou d'un titre de même niveau que le diplôme ou le titre auquel prépare l'enseignement professionnel dispensé et d'une expérience professionnelle minimum de deux ans dans la spécialité enseignée au cours des dix dernières années. »

Art. R. 6233-14 Pour les centres relevant du ministère de l'agriculture, un niveau de qualification supérieur à celui prévu à l'article R. 6233-13 peut être fixé par arrêté conjoint des ministres chargés de l'agriculture et de la formation professionnelle, après avis de la commission professionnelle consultative concernée. – *[Anc. art. R. 116-28, al. 4.]*

Art. R. 6233-15 Les dispositions des articles R. 6233-13 et R. 6233-14 ne sont pas opposables aux enseignants de centres de formation d'apprentis en fonction le 30 janvier 1988. – *[Anc. art. R. 116-28, al. 7.]*

Art. R. 6233-16 Pour satisfaire des besoins particuliers de formation, il peut être fait appel à des personnes possédant les compétences spécifiques à l'enseignement professionnel considéré.

Le recteur d'académie ou le directeur régional du département ministériel concerné peut délivrer une autorisation d'enseignement, au vu du dossier de l'intéressé présenté par l'organisme gestionnaire.

Cette autorisation est accordée pour la durée du cycle de formation prévu. Elle est renouvelable sur demande expresse de l'organisme gestionnaire. – *[Anc. art. R. 116-28, al. 5 et 6.]*

Art. R. 6233-17 Pour toute personne appelée à diriger un centre de formation d'apprentis ou à y enseigner, l'organisme gestionnaire dans le premier cas, le directeur du centre dans le second, adresse soit au recteur d'académie, soit au directeur régional du département ministériel intéressé et, le cas échéant, au président du conseil régional, un dossier établissant que l'intéressé satisfait aux conditions posées aux articles R. 6233-12 à R. 6233-16.

Lorsque ces conditions ne sont pas remplies, le recteur d'académie ou le directeur régional du département ministériel concerné, peut, dans le délai d'un mois, faire opposition motivée à l'entrée ou au maintien en fonctions de l'intéressé. – *[Anc. art. R. 116-29.]*

Art. R. 6233-18 Indépendamment des stages pratiques en entreprise prévus au second alinéa de l'article L. 6233-3 dans le cas de fermeture d'un centre ou d'une section, l'État ou la région et l'organisme gestionnaire recherchent conjointement les conditions dans lesquelles le personnel de direction, d'enseignement et d'encadrement peut être employé dans un autre centre de formation d'apprentis ou dans tout autre établissement d'enseignement technologique ou de formation professionnelle. – *[Anc. art. R. 116-31.]*

Art. R. 6233-19 Les jurys des examens de l'enseignement technologique auxquels préparent les centres de formation d'apprentis comprennent un ou plusieurs membres du personnel enseignant de ces centres, selon des modalités fixées par arrêté du ministre compétent. – *[Anc. art. R. 116-32.]*

Art. R. 6233-20 Les enseignements en section d'apprentissage sont dispensés par les catégories de personnels qui ont vocation à enseigner dans l'établissement d'accueil de la section, dans le respect des règles statutaires applicables à ces personnels. – *[Anc. art. R. 116-32-1.]*

Art. R. 6233-21 Le droit des personnels à exercer dans les conditions prévues par l'article L. 6233-4 est conféré par le comité de coordination régional de l'emploi et de la formation professionnelle, sous réserve, le cas échéant, d'avoir à accomplir un stage de recyclage et de perfectionnement pédagogique organisé sous le contrôle des ministères compétents. – *[Anc. art. L. 116-5, al. 2, phrase 2.]*

SECTION III **ORGANISATION**

SOUS-SECTION 1 **DIRECTION**

Art. R. 6233-22 Chaque centre de formation d'apprentis est placé sous l'autorité d'un directeur qui doit satisfaire aux conditions fixées aux articles R. 6233-23 à R. 6233-26. – *[Anc. art. R. 116-4, al. 1er.]*

Art. R. 6233-23 Le directeur d'un centre de formation d'apprentis justifie :

1° Être titulaire d'un diplôme ou titre au moins équivalent à un diplôme de fin de premier cycle de l'enseignement supérieur général ou technologique ;

2° Avoir accompli, pendant cinq ans au moins, des fonctions d'enseignement dans un établissement technique public ou privé ou dans un centre de formation d'apprentis, à raison d'au moins 200 heures par an. Toutefois, lorsque l'intéressé est titulaire d'un diplôme de second cycle de l'enseignement supérieur et justifie de cinq années d'activité professionnelle, il peut en être dispensé par décision du recteur d'académie ou du directeur régional du département ministériel intéressé. – *[Anc. art. R. 116-27, al. 2 à 4.]*

Art. R. 6233-24 Sur demande du président de l'organisme gestionnaire du centre de formation d'apprentis, le recteur d'académie ou le directeur régional du département ministériel intéressé peut autoriser, à titre exceptionnel, la nomination comme directeur de centre d'un titulaire d'un diplôme ou d'un titre d'un niveau au moins équivalent à celui du baccalauréat si l'intéressé répond à la condition définie au 2° de l'article R. 6233-23. – *[Anc. art. R. 116-27, al. 5.]*

Art. R. 6233-25 Les dispositions des articles R. 6233-23 et R. 6233-24 ne sont pas opposables aux directeurs de centres de formation d'apprentis en fonction le 30 janvier 1988. – *[Anc. art. R. 116-27, al. 6.]*

Art. R. 6233-26 Lorsque l'importance, la nature ou l'organisation du centre de formation d'apprentis justifient l'emploi, auprès du directeur, d'une personne investie d'une responsabilité dans le domaine pédagogique, celle-ci doit répondre aux mêmes conditions que celles exigées du directeur du centre. – *[Anc. art. R. 116-27, al. 7.]*

Art. R. 6233-27 Le directeur d'un centre de formation d'apprentis est responsable du fonctionnement pédagogique et administratif du centre, sous réserve des pouvoirs d'ordre administratif et financier appartenant à l'organisme gestionnaire précisés par la convention de création du centre.

Art. R. 6233-28 Le personnel du centre est recruté sur proposition du directeur et est placé sous son autorité. – *[Anc. art. R. 116-4, al. 4.]*

Art. R. 6233-29 Le responsable de l'établissement d'enseignement ou de formation et de recherche dans lequel est créée une unité de formation par apprentissage est, par dérogation aux dispositions de l'article R. 6233-27, chargé de la direction pédagogique des enseignements de cette unité.

Le responsable de l'établissement dans lequel est créée une section d'apprentissage est chargé de la direction pédagogique et administrative de la section.

Le personnel de l'unité de formation par apprentissage et de la section d'apprentissage est placé sous l'autorité du responsable de l'établissement dans lequel l'enseignement est dispensé. – *[Anc. art. R. 116-4-1.]*

SOUS-SECTION 2 **CONSEIL DE PERFECTIONNEMENT**

Art. R. 6233-31 Le conseil de perfectionnement prévu à l'article L. 6232-3 est placé auprès du directeur et de l'organisme gestionnaire du centre. – *[Anc. art. R. 116-5, al. 1er.]*

Art. R. 6233-32 Dans l'établissement où ont été ouvertes une ou plusieurs sections d'apprentissage, un conseil de perfectionnement est constitué auprès du conseil d'administration de l'établissement ou de l'instance délibérante qui en tient lieu. – *[Anc. art. R. 116-5, al. 3.]*

Art. R. 6233-33 Le conseil de perfectionnement comprend, dans les conditions fixées par la convention créant le centre de formation des apprentis :

1° Le directeur du centre ;

2° Un ou des représentants de l'organisme gestionnaire du centre ;

3° Pour au moins la moitié de ses membres et en nombre égal, des représentants des organisations professionnelles d'employeurs et de salariés, extérieurs au centre de formation d'apprentis, représentatives au plan national ;

4° Des représentants élus des personnels d'enseignement et d'encadrement et un représentant élu des autres catégories du personnel du centre ;

5° Des représentants élus des apprentis ;

6° Dans les centres dispensant des formations de niveau*[x]* V et IV, des représentants des parents d'apprentis, désignés par les associations de parents d'élèves les plus représentatives dans le ressort territorial d'application de la convention. – *[Anc. art. R. 116-6, al. 1er à 6.]*

Art. R. 6233-34 La convention créant un centre de formation d'apprentis définit les modalités de désignation du président du conseil de perfectionnement et la durée du mandat de ses membres. – *[Anc. art. R. 116-6, al. 7.]*

Art. R. 6233-35 Le conseil de perfectionnement institué dans un établissement où sont ouvertes une ou plusieurs sections d'apprentissage comprend :

1° Le responsable de l'établissement, président ;

2° Son adjoint ou le conseiller principal d'éducation ou la personne qui en tient lieu ;

3° Le gestionnaire de l'établissement ;

4° Le chef de travaux ;

5° Les représentants mentionnés aux 3° à 6° de l'article R. 6233-33, siégeant dans les mêmes conditions. – *[Anc. art. R. 116-6, al. 8.]*

Art. R. 6233-36 Le conseil de perfectionnement peut faire appel, pour participer à certains de ses travaux, à titre consultatif et pour une durée limitée, à des personnes qualifiées en raison de leur expérience pédagogique et professionnelle.

Il peut également faire appel, selon l'autorité signataire de la convention, à un représentant de l'État ou de la région. – *[Anc. art. R. 116-6, al. 9.]*

Art. R. 6233-37 Les représentants des salariés extérieurs au centre de formation d'apprentis qui siègent dans le conseil de perfectionnement sont désignés :

1° Lorsqu'il s'agit d'un centre de formation d'apprentis d'entreprise, par le comité d'entreprise ;

2° Lorsqu'il s'agit d'un centre de formation d'apprentis géré soit paritairement, soit par des organisations patronales, soit par des associations dont celles-ci sont membres fondateurs, par les organisations syndicales de salariés, selon des modalités fixées par un protocole d'accord conclu entre les organismes d'employeurs gestionnaires de ces centres et les organisations syndicales de salariés intéressées ;

3° Dans les autres cas, par les organisations syndicales de salariés intéressées. – *[Anc. art. R. 116-6-1, al. 1er à 4.]*

Art. R. 6233-38 Le temps passé aux réunions du conseil de perfectionnement par les représentants des salariés extérieurs est rémunéré comme temps de travail.

Les frais de déplacement et de séjour sont pris en charge par le centre de formation d'apprentis ou la section d'apprentissage auprès duquel fonctionne le conseil de perfectionnement. – *[Anc. art. R. 116-6-1, al. 5.]*

Art. R. 6233-39 Le conseil de perfectionnement se réunit au moins trois fois par an, sur convocation de son président, qui arrête l'ordre du jour. – *[Anc. art. R. 116-7-I.]*

Art. R. 6233-40 Le conseil de perfectionnement est saisi pour avis des questions relatives à l'organisation et au fonctionnement du centre de formation d'apprentis et de la section d'apprentissage, notamment sur :

1° Les perspectives d'ouverture ou de fermeture de sections ;

2° Les conditions générales d'admission des apprentis ;

3° L'organisation et le déroulement de la formation ;

4° Les modalités des relations entre les entreprises et le centre ou la section d'apprentissage ;

5° Le contenu des conventions conclues en application des articles L. 6231-2 et L. 6231-3 par l'organisme gestionnaire ou par l'établissement où est ouverte une section d'apprentissage ;

6° Les conditions générales de préparation et de perfectionnement pédagogique des formateurs. – *[Anc. art. R. 116-7-II.]*

Art. R. 6233-41 Le conseil de perfectionnement est informé :

1° Des conditions générales de recrutement et de gestion des personnels éducatifs du centre ou de la section d'apprentissage et du plan de formation de ces personnels ;

2° De la situation financière du centre ou de la section d'apprentissage et des projets d'investissements ;

3° Des objectifs et du contenu des formations conduisant aux diplômes et titres ;

4° Des résultats aux examens ;

5° Des décisions d'opposition à l'engagement d'apprentis et de refus d'autoriser la reprise de l'exécution du contrat d'apprentissage ;

6° Du projet d'établissement, lorsqu'il est institué dans un établissement où ont été ouvertes une ou plusieurs sections d'apprentissage. – *[Anc. art. R. 116-7-III.]*

Art. R. 6233-42 Le conseil de perfectionnement suit l'application des dispositions arrêtées dans les différents domaines mentionnés aux articles R. 6233-40 et R. 6233-41. – *[Anc. art. R. 116-7-IV.]*

Art. R. 6233-43 Le directeur du centre ou, dans le cas d'une section d'apprentissage, le responsable d'établissement, assure la préparation des réunions ainsi que la diffusion des comptes rendus et procès-verbaux des séances du conseil de perfectionnement. – *[Anc. art. R. 116-7-1, al. 1er.]*

Art. R. 6233-44 Les comptes rendus des séances du conseil de perfectionnement sont transmis :

1° Au président de l'organisme gestionnaire du centre, au président du conseil régional et au recteur d'académie ou au directeur régional du département ministériel intéressé, pour les centres de formation d'apprentis créés par convention avec les régions ;

2° Au ministre intéressé, pour les centres de formation d'apprentis créés par convention avec l'État. – *[Anc. art. R. 116-7-1, al. 2.]*

Art. R. 6233-45 Lorsque le conseil de perfectionnement est institué dans le cas prévu à l'article R. 6233-32, les comptes rendus des séances sont transmis au conseil d'administration ou à l'instance délibérante de l'établissement, au président du conseil régional et au recteur d'académie ou au directeur régional du département ministériel intéressé par le fonctionnement de l'établissement. – *[Anc. art. R. 116-7-1, al. 3.]*

SOUS-SECTION 3 COMITÉ DE LIAISON

Art. R. 6233-46 Dans chaque établissement d'enseignement ou de formation et de recherche où a été ouverte une unité de formation par apprentissage, il est institué, pour chacune d'elles, un comité de liaison entre l'établissement et le centre de formation d'apprentis. – *[Anc. art. R. 116-5, al. 2.]*

Art. R. 6233-47 Le comité de liaison s'assure de la conformité du fonctionnement de l'unité de formation par apprentissage aux stipulations de la convention, notamment aux orientations générales mentionnées au 5° de l'article D. 6232-25. – *[Anc. art. R. 116-7-2, al. 2.]*

Art. R. 6233-48 Le comité de liaison est présidé par le responsable de l'établissement dans lequel est ouverte l'unité de formation par apprentissage. – *[Anc. art. R. 116-7-2, al. 1er, phrase 1.]*

Art. R. 6233-49 Le comité de liaison comprend, en nombre égal, des représentants désignés par le conseil de perfectionnement du centre de formation d'apprentis et des représentants désignés par le conseil d'administration de l'établissement ou de l'instance délibérante en tenant lieu.

Ils sont désignés parmi les personnels enseignants de l'unité, pour une durée déterminée par la convention conclue entre le centre et l'établissement. – *[Anc. art. R. 116-7-2, al. 1er, phrase 2.]*

SOUS-SECTION 4 RÈGLEMENT INTÉRIEUR

Art. R. 6233-50 Un règlement intérieur est établi par l'autorité compétente de l'organisme gestionnaire du centre de formation d'apprentis, sur proposition du directeur du centre et après consultation du conseil de perfectionnement. – *[Anc. art. R. 116-8, phrase 1.]*

Art. R. 6233-51 Pour les sections d'apprentissage ou les unités de formation par apprentissage, le règlement intérieur de l'établissement d'enseignement ou de formation et de recherche est applicable, sauf dispositions particulières que le conseil de perfectionnement peut soumettre, pour adoption, au conseil d'administration de cet établissement ou à l'instance délibérante qui en tient lieu. – *[Anc. art. R. 116-8 , phrase 2.]*

SECTION IV FONCTIONNEMENT PÉDAGOGIQUE DES CENTRES DE FORMATION D'APPRENTIS ET DES SECTIONS D'APPRENTISSAGE

Art. D. 6233-51-1 *(Décr. n° 2010-485 du 12 mai 2010)* Chaque centre de formation d'apprentis organise chaque année une information sur le service civique créé par la loi n° 2010-241 du 10 mars 2010.

SOUS-SECTION 1 DURÉE ET HORAIRES DE LA FORMATION

Art. R. 6233-52 La durée de la formation dispensée dans les centres de formation d'apprentis mentionnée à l'article L. 6233-8 ne peut être inférieure à 400 heures par an en moyenne sur les années d'application du contrat. Elle est fixée après avis du *(Décr. n° 2014-965 du 22 août 2014, art. 3)* « Conseil national de l'emploi, de la formation et de l'orientation professionnelles ». – *[Anc. art. L. 116-3 , al. 1er, phrases 1 et 2 fin.]*

Art. R. 6233-53 L'horaire minimum prévu à l'article L. 6233-9 ne peut être inférieur à 240 heures par an en cas de prolongation de l'apprentissage pour une durée d'une année. – *[Anc. art. L. 116-3 , al. 3.]*

Art. R. 6233-54 La convention détermine la durée totale de chacune des formations assurées et la distribution des heures d'enseignement par matière et par année conformément à la réglementation applicable aux diplômes ou titres considérés. – *[Anc. art. R. 116-9.]*

SOUS-SECTION 2 **ORGANISATION DE L'ENSEIGNEMENT**

Art. R. 6233-55 Chaque centre de formation d'apprentis est organisé de manière à constituer, sur le plan fonctionnel, une unité administrative et pédagogique indépendante. – *[Anc. art. R. 116-3 , al. 1er.]*

Art. R. 6233-56 Dans les centres de formation d'apprentis, les enseignements destinés à ceux-ci sont dispensés entre huit heures et dix-neuf heures.

Dans les établissements d'enseignement ou de formation et de recherche comportant une section d'apprentissage ou une unité de formation par apprentissage, les horaires des enseignements destinés aux apprentis sont ceux pratiqués par l'établissement, dans les limites mentionnées au premier alinéa.

Dans les établissements de formation et de recherche relevant de l'enseignement supérieur, les enseignements sont dispensés selon des horaires déterminés par l'établissement. – *[Anc. art. R. 116-10.]*

Art. R. 6233-57 Le centre de formation d'apprentis et la section d'apprentissage assurent la coordination entre la formation qu'ils dispensent et celle assurée en entreprise. A cet effet, le directeur du centre de formation d'apprentis ou, dans le cas de la section d'apprentissage, le responsable de l'établissement :

1° Établit pour chaque métier, en liaison avec les représentants des entreprises intéressées et après avis du conseil de perfectionnement, des progressions conformes aux annexes pédagogiques de la convention ;

2° Désigne, pour chaque apprenti, parmi le personnel du centre ou celui de la section d'apprentissage, un formateur qui, en coordination avec les autres formateurs, est plus spécialement chargé de suivre la formation de cet apprenti, de vérifier son assiduité et d'assurer une liaison avec le responsable de la formation pratique dans l'entreprise occupant cet apprenti ;

3° Établit et met à la disposition du responsable de la formation pratique dans l'entreprise les documents pédagogiques nécessaires à cet effet ;

4° Apporte son aide aux apprentis dont le contrat est rompu pour la recherche d'un employeur susceptible de contribuer à l'achèvement de leur formation. Eventuellement, il les assiste dans l'accomplissement des formalités nécessaires pour bénéficier de l'allocation d'assurance chômage ;

5° Organise, au bénéfice des employeurs qui ont accompli la déclaration relative à l'organisation de l'apprentissage et de leurs collaborateurs ayant la qualité de maître d'apprentissage, une information sur l'enseignement par alternance ainsi que sur les programmes et les documents pédagogiques correspondant aux formations à dispenser. Une attestation de présence est délivrée aux personnes qui ont régulièrement suivi cette action d'information ;

6° Organise, à l'intention des employeurs, toutes autres activités nécessaires pour assurer la coordination de la formation dispensée par le centre ou la section d'apprentissage et de la formation en entreprise ;

7° Organise l'entretien d'évaluation prévu à l'article R. 6233-58 et établit le compte rendu de cet entretien ;

8° Organise les stages pratiques en entreprise prévus au second alinéa de l'article L. 6233-3 bénéficiant aux enseignants, au moment de l'accès à la fonction d'enseignant, puis tous les cinq ans. – *[Anc. art. R. 116-11.]*

Art. R. 6233-58 Afin de procéder à une première évaluation du déroulement de la formation et, le cas échéant, d'adapter cette dernière, l'apprenti est convié, par le centre de formation d'apprentis, à un entretien d'évaluation dans les deux mois suivant la conclusion du contrat d'apprentissage.

L'employeur, le maître d'apprentissage, un formateur du centre de formation d'apprentis et, en cas de besoin, son représentant légal participent à cet entretien. – *[Anc. art. L. 115-2-1.]*

Art. R. 6233-59 La convention créant un centre de formation d'apprentis à caractère interprofessionnel peut prévoir, après avis du comité de coordination régional de l'emploi et de la formation professionnelle, la création d'une section "Métiers divers" destinée à accueillir temporairement, dans la limite des places disponibles, les apprentis des métiers à faible effectif.

Cette section est créée selon les règles prévues à l'article R. 6233-60. – *[Anc. art. R. 116-12.]*

Art. R. 6233-60 L'enseignement général du centre interprofessionnel de formation d'apprentis est dispensé aux apprentis inscrits dans la section "Métiers divers".

Lorsque les enseignements technologiques correspondant à leur métier ne peuvent être organisés par le centre, ces apprentis sont inscrits, à la diligence du directeur du centre et au moins pour ces enseignements, dans le centre le plus proche qui dispense de tels enseignements ou dans un centre spécialisé régional ou national. – *[Anc. art. R. 116-13.]*

Art. R. 6233-61 La convention créant un centre de formation d'apprentis à vocation régionale, interrégionale ou nationale prévoit les modalités d'organisation des enseignements qui peuvent être dispensés localement par un autre centre de formation d'apprentis ou un établissement d'enseignement technologique ainsi que les modalités d'organisation et de prise en charge du transport et du séjour des apprentis pour les formations spécialisées qui ne peuvent être données qu'au niveau du centre régional, interrégional ou national.

La convention peut prévoir qu'une partie des enseignements est dispensée par correspondance, sous réserve d'un contrôle de la progression des apprentis. – *[Anc. art. R. 116-14.]*

SOUS-SECTION 3 CONVENTION AVEC UNE ENTREPRISE OU UN GROUPEMENT D'ENTREPRISES

Art. R. 6233-62 La convention créant un centre de formation d'apprentis ou une section d'apprentissage prévoit les conditions dans lesquelles celui-ci ou celle-ci peut conclure, au titre de l'article L. 6231-2, une convention avec une ou plusieurs entreprises, ou un groupement d'entreprises habilités en vue d'assurer une partie des enseignements technologiques et pratiques normalement assurés par le centre ou la section d'apprentissage. – *[Anc. art. R. 116-14-1, al. 1er.]*

Art. D. 6233-63 Pour l'application de l'article R. 6233-62, la demande d'habilitation est soumise par le directeur du centre de formation d'apprentis ou par le responsable de l'établissement, selon le cas, au recteur d'académie ou au directeur régional compétent.

Elle est accompagnée d'un dossier comportant :

1° Le compte rendu de la consultation du ou des comités d'entreprise ou, à défaut, des délégués du personnel ;

2° La mention des qualifications des personnes chargées de dispenser les enseignements technologiques et pratiques ;

3° La nature des équipements mis à la disposition des apprentis ainsi que les technologies auxquelles ils ont accès ;

4° Le nombre d'apprentis pouvant être accueillis simultanément ;

5° L'avis du conseil de perfectionnement du centre de formation d'apprentis ou de la section d'apprentissage. – *[Anc. art. R. 116-14-1, al. 2 à 7.]*

Art. D. 6233-64 L'habilitation est accordée lorsque le projet pédagogique présenté est de nature à assurer une formation satisfaisante.

Le recteur d'académie ou le directeur régional du département ministériel compétent statue dans le délai de deux mois à compter de la réception de la demande. L'absence de réponse dans ce délai vaut décision d'acceptation.

L'habilitation est valable pour la durée de la convention conclue entre le centre de formation ou la section d'apprentissage et une ou plusieurs entreprises ou un groupement d'entreprises, sauf s'il apparaît que les conditions initialement prévues ne sont plus remplies.

En cas de retrait de l'habilitation, le responsable du centre de formation d'apprentis ou de la section d'apprentissage résilie la convention. – *[Anc. art. R. 116-14-1, al. 8 à 10.]*

Art. D. 6233-65 La convention précise les conditions dans lesquelles sont assurés le financement des interventions des entreprises ou du groupement d'entreprises et l'accueil des apprentis avec lesquels les entreprises ne sont pas liées par un contrat d'apprentissage. – *[Anc. art. R. 116-14-1, al. 11.]*

CHAPITRE IV **DISPOSITIONS PÉNALES**

Le présent chapitre ne comprend pas de dispositions réglementaires.

TITRE QUATRIÈME **FINANCEMENT DE L'APPRENTISSAGE**

CHAPITRE PREMIER **TAXE D'APPRENTISSAGE**

SECTION PREMIÈRE **PRINCIPES**

Art. R. 6241-1 Sont pris en compte pour déterminer les sommes consacrées par une entreprise au développement de l'apprentissage, au sens de l'article L. 6241-2 :

1° La *(Décr. n° 2015-151 du 10 févr. 2015, art. 1er)* « fraction régionale pour l'apprentissage » versée au Trésor public, prévue au *(Décr. n° 2015-151 du 10 févr. 2015, art. 1er)* « I » de l'article L. 6241-2 ;

2° Les concours financiers attribués aux centres de formation d'apprentis et sections d'apprentissage, en application de l'article L. 6241-4 ;

3° Les concours financiers attribués aux écoles et centres, prévus aux articles L. 6241-5 et L. 6241-6 ;

4° A défaut, le versement au Trésor public prévu au I de l'article 4 de la loi n° 71-578 du 16 juillet 1971 sur la participation des employeurs au financement des premières formations technologiques et professionnelles. – *[Anc. art. R. 119-2.]*

Les dispositions issues du Décr. n° 2015-151 du 10 févr. 2015 sont applicables à la taxe d'apprentissage due au titre des rémunérations versées à compter du 1er janv. 2014 (Décr. préc., art. 9).

Art. R. 6241-2 Les concours financiers mentionnés à l'article R. 6241-1 sont destinés à assurer le fonctionnement ainsi que les investissements des centres, sections et écoles mentionnés à cet article. – *[Anc. art. R. 119-3, al. 1er.]*

Art. R. 6241-3 *(Décr. n° 2014-985 du 28 août 2014, art. 1er)* L'arrêté du représentant de l'État dans la région mentionné à l'article L. 6241-10 est publié au plus tard le 31 décembre de l'année au titre de laquelle la taxe d'apprentissage est due. Il comporte la liste des formations, des organismes et des services ouverts ou maintenus pour l'année suivante.

Ces dispositions sont applicables à la taxe d'apprentissage due au titre des rémunérations versées à compter du 1er janv. 2014 (Décr. n° 2014-985 du 28 août 2014, art. 10).

Art. R. 6241-3-1 *(Décr. n° 2014-985 du 28 août 2014, art. 1er)* Le préfet de région publie, au plus tard le 31 décembre de l'année au titre de laquelle la taxe d'apprentissage est due, la liste, communiquée par le président du conseil régional, des formations dispensées dans un centre de formation d'apprentis ou dans une section d'apprentissage, comportant l'indication du coût de la formation fixé dans la convention mentionnée à l'article L. 6232-1.

Ces dispositions sont applicables à la taxe d'apprentissage due au titre des rémunérations versées à compter du 1er janv. 2014 (Décr. n° 2014-985 du 28 août 2014, art. 10).

Art. D. 6241-4 *(Décr. n° 2014-985 du 28 août 2014, art. 2)* La proposition de répartition prévue à l'article L. 6241-3 est transmise à chaque région ou à la collectivité

territoriale de Corse avant le 15 mai de chaque année. Cette transmission mentionne la répartition des fonds du quota affectés par les entreprises conformément à l'article L. 6241-2. Le président du conseil régional ou du conseil exécutif de Corse notifie aux organismes collecteurs, au plus tard le 1er juillet, ses recommandations sur cette répartition.

La décision des organismes collecteurs est transmise à chaque région ou à la collectivité territoriale de Corse au plus tard le 15 juillet. Si elle n'est pas conforme aux recommandations régionales, cette décision est motivée en indiquant notamment les critères ou, le cas échéant, les clés de répartition retenus.

Ces dispositions sont applicables à la taxe d'apprentissage due au titre des rémunérations versées à compter du 1er janv. 2014 (Décr. nº 2014-985 du 28 août 2014, art. 10).

Art. R. 6241-5 Les organismes collecteurs de la taxe d'apprentissage mentionnés à l'article L. 6242-1 *(Décr. nº 2009-289 du 13 mars 2009)* **« et à l'article L. 6242-2 » reversent :**

1° Au Trésor public, la *(Décr. nº 2015-151 du 10 févr. 2015, art. 1er)* **« fraction régionale pour l'apprentissage », définie au** *(Décr. nº 2015-151 du 10 févr. 2015, art. 1er)* **« I » de l'article L. 6241-2, le 30 avril de chaque année au plus tard ;**

2° Aux établissements bénéficiaires, les concours financiers destinés aux centres de formation d'apprentis, aux sections d'apprentissage ainsi qu'aux écoles ou centres, prévus aux articles L. 6241-5 et L. 6241-6, le *(Décr. nº 2014-985 du 28 août 2014, art. 3)* **« 15 juillet » de chaque année au plus tard.**

Les dispositions issues du Décr. nº 2015-151 du 10 févr. 2015 sont applicables à la taxe d'apprentissage due au titre des rémunérations versées à compter du 1er janv. 2014 (Décr. préc., art. 9).

Art. R. 6241-6 Les organismes collecteurs paritaires agréés au titre de la professionnalisation et du droit individuel à la formation, mentionnés à l'article L. 6332-16, informent le conseil régional du montant des concours qu'ils ont apportés aux formations en apprentissage dans la région, en application de ce même article, au plus tard le *(Décr. nº 2014-985 du 28 août 2014, art. 3)* **« 15 mai » de l'année au cours de laquelle les décisions d'affectation prévues à l'article R. 6332-78 sont prises.**

Art. R. 6241-7 L'assujetti à la taxe d'apprentissage a droit à une exonération totale ou partielle de cette taxe, à raison des dépenses *(Décr. nº 2014-985 du 28 août 2014, art. 4)* **« et subventions effectuées » par lui au cours de l'année d'imposition,** *(Décr. nº 2014-985 du 28 août 2014, art. 4)* **« conformément aux dispositions de l'article L. 6241-8 et » par l'intermédiaire d'un des organismes collecteurs de la taxe d'apprentissage mentionnés aux articles L. 6242-1 et L. 6242-2.**

Ces dispositions sont applicables à la taxe d'apprentissage due au titre des rémunérations versées à compter du 1er janv. 2014 (Décr. nº 2014-985 du 28 août 2014, art. 10).

Art. D. 6241-8 (Abrogé par Décr. nº 2015-151 du 10 févr. 2015, art. 1er) ***Le montant du quota de la taxe d'apprentissage est fixé, en application du premier alinéa de l'article L. 6241-2, à*** (Décr. nº 2011-1936 du 23 déc. 2011) ***« 59 % » de la taxe due en raison des salaires versés pendant l'année considérée.***

Cette abrogation est applicable à la taxe d'apprentissage due au titre des rémunérations versées à compter du 1er janv. 2014 (Décr. nº 2015-151 du 10 févr. 2015, art. 9).

Art. D. 6241-9 (Abrogé par Décr. nº 2015-151 du 10 févr. 2015, art. 1er) ***Le montant du quota de la taxe d'apprentissage versé au Trésor public est fixé, en application du deuxième alinéa de l'article L. 6241-2, à 22 % de la taxe due en raison des salaires versés pendant l'année précédente.***

Cette abrogation est applicable à la taxe d'apprentissage due au titre des rémunérations versées à compter du 1er janv. 2014 (Décr. nº 2015-151 du 10 févr. 2015, art. 9).

Art. R. 6241-10 *(Décr. nº 2014-985 du 28 août 2014, art. 5)* **Les frais de stage organisés en milieu professionnel mentionnés au 3° de l'article L. 6241-8-1 peuvent donner lieu à exonération dans la limite de 3 % du montant de la taxe d'apprentissage.**

Ces dispositions sont applicables à la taxe d'apprentissage due au titre des rémunérations versées à compter du 1er janv. 2014 (Décr. nº 2014-985 du 28 août 2014, art. 10).

SECTION II FINANCEMENT NATIONAL DU DÉVELOPPEMENT ET DE LA MODERNISATION DE L'APPRENTISSAGE *(Décr. n° 2011-1970 du 26 déc. 2011).*

SECTION III VERSEMENTS LIBÉRATOIRES

Art. R. 6241-18 (Abrogé par Décr. n° 2015-151 du 10 févr. 2015, art. 3) ***Le versement du concours financier de l'employeur au centre de formation d'apprentis ou à la section d'apprentissage, prévu à l'article L. 6241-4, est réalisé postérieurement au versement au Trésor public prévu à l'article L. 6241-2 et préalablement à toutes autres dépenses libératoires.***

Cette abrogation est applicable à la taxe d'apprentissage due au titre des rémunérations versées à compter du 1er janv. 2014 (Décr. n° 2015-151 du 10 févr. 2015, art. 9).

Art. R. 6241-19 Lorsque plusieurs apprentis, accueillis dans une même entreprise ou un même établissement, sont inscrits dans des centres de formation d'apprentis ou des sections d'apprentissage différents et, si le produit du nombre d'apprentis par le montant mentionné à l'article L. 6241-4 excède le quota de la taxe d'apprentissage, en application du *(Décr. n° 2015-151 du 10 févr. 2015, art. 3)* **« II » de l'article L. 6241-2,** *(Abrogé par Décr. n° 2015-151 du 10 févr. 2015, art. 3)* ***« après imputation du versement au Trésor public mentionné au deuxième alinéa de ce même article, »*** **cette** *(Décr. n° 2015-151 du 10 févr. 2015, art. 3)* **« fraction » est répartie par l'employeur ou par l'organisme collecteur entre ces centres ou sections, proportionnellement au nombre d'apprentis inscrits dans chacun d'entre eux.**

Les dispositions issues du Décr. n° 2015-151 du 10 févr. 2015 sont applicables à la taxe d'apprentissage due au titre des rémunérations versées à compter du 1er janv. 2014 (Décr. préc., art. 9).

Art. R. 6241-19-1 (Abrogé par Décr. n° 2015-151 du 10 févr. 2015, art. 3) (Décr. n° 2012-628 du 2 mai 2012) ***I. — L'information des centres de formation d'apprentis et des sections d'apprentissage prévue à l'article L. 6241-12 est mise en œuvre selon les modalités suivantes :***

1° Lorsqu'il effectue le versement de la taxe d'apprentissage, le redevable de cette taxe peut donner mandat aux organismes collecteurs mentionnés aux articles L. 6242-1 et L. 6242-2 auxquels il verse un concours financier d'informer les centres de formation d'apprentis et sections d'apprentissage des sommes qu'il doit leur affecter en application de l'article L. 6241-4 ou qu'il décide de leur affecter ;

2° L'organisme collecteur ainsi mandaté transmet, le 15 mai de chaque année au plus tard, par tout moyen permettant d'établir la preuve de sa date de réception par son destinataire :

a) A chaque centre de formation ou section d'apprentissage bénéficiaire de versements qu'il a collectés : un document établi sur un support dématérialisé détaillant, par redevable de la taxe d'apprentissage, les sommes qui lui ont été affectées ;

b) A chaque redevable de la taxe d'apprentissage lui ayant versé un concours financier : une copie du récapitulatif adressé aux centres de formation ou sections d'apprentissage bénéficiaires de ses versements ;

3° A défaut d'avoir mandaté les organismes collecteurs auxquels il a versé des concours financiers au titre de la taxe d'apprentissage dans les conditions prévues au 1°, le redevable de cette taxe doit informer, avant le 1er mars de chaque année au titre de laquelle la taxe d'apprentissage est due, les centres de formation d'apprentis et sections d'apprentissage des sommes qu'il doit leur affecter en application de l'article L. 6241-4 ou qu'il décide de leur affecter.

II. — Les sommes mentionnées aux 1° et 2° s'entendent hors frais de collecte et de gestion susceptibles d'être retenus par l'organisme collecteur dans la limite du plafond prévu par l'article R. 6242-15.

Cette abrogation est applicable à la taxe d'apprentissage due au titre des rémunérations versées à compter du 1er janv. 2014 (Décr. n° 2015-151 du 10 févr. 2015, art. 9).

SECTION IV AFFECTATION DES FONDS

Art. R. 6241-20 Le montant minimum de ressources par apprenti, par domaine et par niveau de formation *(Abrogé par Décr. n° 2015-151 du 10 févr. 2015, art. 4)* ***« , prévu au 1° de l'article L. 6241-10, »*** **est déterminé par arrêté conjoint du ministre**

chargé de la formation professionnelle et, en fonction des formations concernées, du ministre chargé de l'éducation, de l'enseignement supérieur, des sports ou de l'agriculture, après avis du *(Décr. n° 2014-965 du 22 août 2014, art. 3)* **« Conseil national de l'emploi, de la formation et de l'orientation professionnelles ».** — *[Anc. art. L. 118-2-2, al. 8, et anc. art. R. 116-17-1, al. 1er.]*

Les dispositions issues du Décr. n° 2015-151 du 10 févr. 2015 sont applicables à la taxe d'apprentissage due au titre des rémunérations versées à compter du 1er janv. 2014 (Décr. préc., art. 9).

Art. R. 6241-21 (Abrogé par Décr. n° 2015-151 du 10 févr. 2015, art. 4) ***Le président du conseil régional présente chaque année au*** (Décr. n° 2014-1055 du 16 sept. 2014, art. 5-I) ***« comité régional de l'emploi, de la formation et de l'orientation professionnelles » un rapport indiquant l'utilisation des sommes versées en application*** (Décr. n° 2011-1970 du 26 déc. 2011) ***« du b du 2° du I de l'article 23 de la loi n° 2011-900 du 29 juillet 2011 de finances rectificative pour 2011 ».***

Cette abrogation est applicable à la taxe d'apprentissage due au titre des rémunérations versées à compter du 1er janv. 2014 (Décr. n° 2015-151 du 10 févr. 2015, art. 9).

Art. R. 6241-22 *(L. n° 2014-985 du 28 août 2014, art. 6)* **Sous réserve d'avoir satisfait aux dispositions** *(Décr. n° 2015-151 du 10 févr. 2015, art. 4)* **« des I et II de l'article L. 6241-2 », les employeurs assujettis à la taxe d'apprentissage répartissent les dépenses prévues au 1° de l'article L. 6241-8, selon les niveaux de formation ainsi définis :**

1° Catégorie A : niveaux III, IV et V ;

2° Catégorie B : niveaux I et II.

Ces dispositions sont applicables à la taxe d'apprentissage due au titre des rémunérations versées à compter du 1er janv. 2014 (Décr. n° 2014-985 du 28 août 2014, art. 10 ; Décr. n° 2015-151 du 10 févr. 2015, art. 9).

Art. R. 6241-23 Les pourcentages affectés aux niveaux de formation, en application de l'article R. 6241-22, sont les suivants :

1° Catégorie A : *(Décr. n° 2014-985 du 28 août 2014, art. 7)* **« 65 % » ;**

2° Catégorie B : *(Décr. n° 2014-985 du 28 août 2014, art. 7)* **« 35 % » ;**

(Abrogé par Décr. n° 2014-985 du 28 août 2014, art. 7) ***« 3° Catégorie C : 20 % ».***

Les dispositions issues du Décr. n° 2014-985 du 28 août 2014 sont applicables à la taxe d'apprentissage due au titre des rémunérations versées à compter du 1er janv. 2014 (Décr. préc., art. 10).

Art. R. 6241-24 Les formations mentionnées à l'article R. 6241-22 bénéficient de versements correspondant au niveau de formation dans lequel elles se situent. *(Abrogé par Décr. n° 2014-985 du 28 août 2014, art. 8)* ***« Elles peuvent également bénéficier du pourcentage affecté à un niveau voisin. »*** — *[Anc. art. D. 118-8, al. 9.]*

Art. R. 6241-25 *(Décr. n° 2014-985 du 28 août 2014, art. 9)* **Les employeurs assujettis à la taxe d'apprentissage sont, sous réserve d'avoir satisfait aux dispositions des articles L. 6241-2 et L. 6241-8, dispensés de l'obligation de respecter la répartition par niveau de formation prévue à l'article R. 6241-22, lorsque le montant brut de la taxe n'excède pas 415 euros.**

Ces dispositions sont applicables à la taxe d'apprentissage due au titre des rémunérations versées à compter du 1er janv. 2014 (Décr. préc., art. 10).

Art. R. 6241-26 *(Décr. n° 2014-985 du 28 août 2014, art. 9)* **Le total des dépenses mentionnées à l'article L. 6241-10 ne doit pas dépasser 26 % du montant de la taxe restant dû après acquittement des fractions réservées** *(Décr. n° 2015-151 du 10 févr. 2015, art. 4)* **« à » l'apprentissage en application du** *[des]* *(Décr. n° 2015-151 du 10 févr. 2015, art. 4)* **« I et II » de l'article L. 6241-2.**

Les dispositions sont applicables à la taxe d'apprentissage due au titre des rémunérations versées à compter du 1er janv. 2015 (Décr. n° 2014-985 du 28 août 2014, art. 10 ; Décr. n° 2015-151 du 10 févr. 2015, art. 9).

Art. R. 6241-27 Le montant minimum de ressources par apprenti, par domaine et par niveau de formation peut être modulé par le conseil régional dans une limite de 10 % par rapport au montant de référence.

Cette modulation est décidée après avis du *(Décr. nº 2014-985 du 28 août 2014, art. 9)* « comité régional de l'emploi, de la formation et de l'orientation professionnelles » et tient compte, notamment, des niveaux de salaires pratiqués dans la région dans les mêmes domaines d'activité ainsi que des coûts immobiliers constatés. – *[Anc. art. R. 116-17-1, al. 2.]*

L'art. R. 6241-25 devient l'art. R. 6241-27, à compter de la taxe d'apprentissage versée en 2015, assise sur la masse salariale 2014 (Décr. nº 2014-985 du 28 août 2014, art. 9).

Art. R. 6241-28 Le montant minimum de ressources par apprenti, par domaine et par niveau de formation est garanti pendant toute la durée de validité de la convention. – *[Anc. art. R. 116-17-1, al. 3.]*

L'art. R. 6241-26 devient l'art. R. 6241-28, à compter de la taxe d'apprentissage versée en 2015, assise sur la masse salariale 2014 (Décr. nº 2014-985 du 28 août 2014, art. 9).

CHAPITRE II **ORGANISMES COLLECTEURS DE LA TAXE D'APPRENTISSAGE**

SECTION PREMIÈRE **HABILITATION**

SOUS-SECTION 1 **PRINCIPES**

Art. R. 6242-1 *(Décr. nº 2014-986 du 29 août 2014, art. 1er)* L'habilitation d'un organisme mentionné à l'article L. 6332-1 à collecter les versements des entreprises donnant lieu à exonération de la taxe d'apprentissage et à les reverser est délivrée, en application du premier alinéa de l'article L. 6242-1, par arrêté du ministre chargé de la formation professionnelle.

Les organismes mentionnés à l'article L. 6332-1 peuvent être habilités par l'État à collecter sur le territoire national, dans tout ou partie de leurs champs de compétences déterminés par l'accord mentionné au dernier alinéa de ce même article, les versements donnant lieu à exonération de la taxe d'apprentissage des entreprises qui leur versent la contribution prévue aux articles L. 6331-2 ou L. 6331-9.

Dans le champ d'application professionnel des accords visés au deuxième alinéa, l'habilitation au titre de la collecte des versements des entreprises donnant lieu à exonération de la taxe d'apprentissage n'est accordée qu'à un même organisme paritaire collecteur agréé.

A défaut d'habilitation de l'organisme mentionné à l'article L. 6332-1 dont elle relève au titre de la contribution prévue aux articles L. 6331-2 ou L. 6331-9, ou en cas d'habilitation de cet organisme ne concernant pas la branche professionnelle dont l'entreprise relève, cette dernière peut effectuer ses versements à un organisme collecteur paritaire interprofessionnel habilité en vertu du premier alinéa.

Par dérogation aux dispositions du dern. al. de l'art. R. 6242-1, les organismes mentionnés à l'art. L. 6332-1 habilités à collecter sur le territoire national sur un champ de compétences interprofessionnel les versements donnant lieu à exonération de la taxe d'apprentissage peuvent recevoir à ce titre les versements de l'ensemble des entreprises dus au titre des années 2015 et 2016 (Décr. nº 2014-986 du 29 août 2014, art. 15).

Art. R. 6242-2 *(Décr. nº 2014-986 du 29 août 2014, art. 2)* Pour l'organisme à vocation régionale désigné dans le cadre de la convention mentionnée à l'article L. 6242-2, l'habilitation à collecter les versements des entreprises donnant lieu à exonération de la taxe d'apprentissage et à les reverser est délivrée par arrêté du préfet de région.

Art. R. 6242-3 Un organisme ne peut être habilité à collecter les versements des entreprises donnant lieu à exonération de la taxe d'apprentissage que lorsqu'il s'engage à inscrire de façon distincte dans ses comptes les opérations relatives au quota de la taxe d'apprentissage. – *[Anc. art. L. 118-2-4, al. 7.]*

SOUS-SECTION 2 **CONVENTION-CADRE DE COOPÉRATION**

Art. R. 6242-4 Le ministre chargé de l'éducation ou de l'enseignement supérieur ou de l'agriculture ou de la jeunesse et des sports, conjointement avec, le cas échéant, le ministre compétent pour le secteur d'activité considéré peut conclure *(Décr. n° 2014-986 du 29 août 2014, art. 3)* « avec les organismes et, le cas échéant, conjointement avec les organisations mentionnés à l'article L. 6242-1 » une convention-cadre de coopération, *(Décr. n° 2014-986 du 29 août 2014, art. 3)* « conformément au II du même article ».

Cette convention est conclue pour une durée maximale de cinq ans. Elle ne peut être tacitement renouvelée.

Art. R. 6242-5 *(Décr. n° 2014-986 du 29 août 2014, art. 4)* Les fonds non affectés par les entreprises, à l'exclusion de la fraction mentionnée au II de l'article L. 6241-2, recueillis par l'organisme signataire d'une convention-cadre de coopération définie au II de l'article L. 6242-1 sont destinés à la mise en œuvre des actions prévues par cette convention dans la limite d'un montant maximal qu'elle détermine.

SOUS-SECTION 3 **MODALITÉS ET RETRAIT DE L'HABILITATION** *(Décr. n° 2014-986 du 29 août 2014, art. 5).*

Art. R. 6242-6 (Abrogé par Décr. n° 2014-986 du 29 août 2014, art. 5) ***L'agrément prévu au 2° de l'article L. 6242-1 est délivré par arrêté conjoint des ministres chargé*[s] *de la formation professionnelle et du budget ainsi que, le cas échéant, par le ministre compétent pour le secteur d'activité considéré.***

Art. R. 6242-7 (Abrogé par Décr. n° 2014-986 du 29 août 2014, art. 5) ***Pour les organismes à vocation régionale, l'agrément est accordé par le préfet de région, après avis du comité de coordination régional de l'emploi et de la formation professionnelle.***

Art. R. 6242-8 *(Décr. n° 2014-986 du 29 août 2014, art. 5)* Pour être habilité, un organisme :

1° Consacre une partie de ses activités à des actions destinées à favoriser les formations technologiques et professionnelles initiales, notamment l'apprentissage ;

2° Met en place une instance chargée d'émettre des propositions de répartition des sommes collectées. Lorsqu'il s'agit d'un organisme collecteur à vocation régionale, cette instance est composée des chambres consulaires signataires de la convention mentionnée à l'article L. 6242-2. Un représentant de la région désigné par le conseil régional parmi ses membres participe à titre consultatif à cette instance où il peut se faire suppléer par un agent des services du conseil régional qu'il désigne.

Lorsqu'il s'agit d'un organisme paritaire collecteur agréé mentionné à l'article L. 6242-1, cette instance est son conseil d'administration ;

3° Justifie de sa capacité d'assurer un suivi comptable des fonds collectés dans deux comptes séparés, l'un au titre des fractions consacrées à la taxe d'apprentissage mentionnées à l'article L. 6241-2, l'autre au titre du montant restant dû après application de ces fractions ;

4° Justifie de sa capacité d'assurer un suivi comptable de la contribution supplémentaire à l'apprentissage ;

5° Lorsque l'organisme a l'intention de déléguer en tout ou partie la collecte et la répartition des fonds affectés, justifie des modalités de cette délégation par la production d'un projet de convention de délégation.

Le délai de deux mois, imparti au ministre chargé de la formation professionnelle ou au préfet de région selon que l'organisme a une vocation nationale ou régionale, à l'issue duquel naît une décision implicite de rejet, court à compter de la réception de l'ensemble des pièces requises en application du premier alinéa de l'article R. 6242-9. Il en est donné acte à l'organisme qui demande l'habilitation par tout moyen propre à donner date certaine à cette notification.

Art. R. 6242-9 Un arrêté du ministre chargé de la formation professionnelle détermine la composition du dossier de demande d'*(Décr. n° 2014-986 du 29 août 2014, art. 5)* « habilitation des organismes à vocation nationale et régionale.

« Cet arrêté fixe les clauses obligatoires de la convention de délégation mentionnée aux deuxièmes alinéas des articles L. 6242-2 et L. 6242-4 qui sont nécessaires pour la mise en œuvre des obligations incombant à l'organisme titulaire de l'habilitation. »

Art. R. 6242-10 *(Décr. n° 2014-986 du 29 août 2014, art. 5)* L'habilitation peut être retirée par arrêté de l'autorité administrative qui l'a délivrée si les conditions d'habilitation prévues à l'article R. **6242-8** ne sont pas respectées, ou en cas de manquement aux obligations résultant des autres dispositions du présent chapitre ou des articles L. 6242-4, L. 6242-7 ou L. 6242-8.

La décision de retrait intervient après que l'organisme collecteur de taxe d'apprentissage a été amené à faire valoir ses observations.

L'arrêté précise la date à laquelle il prend effet. Il est notifié à l'organisme par tout moyen propre à donner date certaine à cette notification.

Art. R. 6242-11 (Abrogé par Décr. n° 2014-986 du 29 août 2014, art. 5) *Les dispositions des 1°, 2° et 4° de l'article R. **6242-8** s'appliquent aux organismes qui ont conclu une convention-cadre de coopération dans les conditions prévues à l'article R. **6242-4**.*

*Les dispositions des 1° et 4° du même article s'appliquent aux chambres consulaires mentionnées au 1° de l'article L. **6242-2**. Avant le 15 juin de l'année au cours de laquelle la taxe est répartie, les chambres consulaires informent le comité de coordination régional de l'emploi et de la formation professionnelle des sommes collectées ainsi que de leurs intentions d'affectation.*

SECTION II **DISPOSITIONS FINANCIÈRES**

Art. R. 6242-12 L'organisme collecteur de la taxe d'apprentissage reverse les concours financiers destinés aux établissements bénéficiaires de la taxe, au plus tard le *(Décr. n° 2015-151 du 10 févr. 2015, art. 5)* « **15** juillet » de chaque année. – *[Anc. art. R. 119-8-IV, al. 1er.]*

Art. R. 6242-13 *(Décr. n° 2014-986 du 29 août 2014, art. 6)* L'organisme collecteur remet chaque année, au plus tard le 1er octobre, au président du conseil régional, au préfet de région et au comité régional de l'emploi, de la formation et de l'orientation professionnelles, un rapport annuel, le cas échéant sous forme dématérialisée, retraçant pour l'année au cours de laquelle la taxe est versée l'activité pour laquelle il est habilité.

Art. R. 6242-14 Le rapport annuel *(Décr. n° 2014-986 du 29 août 2014, art. 7)* « mentionné à l'article R. **6242-13** » comprend :

(Décr. n° 2014-986 du 29 août 2014, art. 7) « 1° Le montant des fonds collectés, en distinguant à chaque fois les fractions mentionnées à l'article L. **6241-2** et les montants restant dus au-delà de cette fraction ainsi que la contribution supplémentaire à l'apprentissage ; »

2° Le montant des fonds affectés par les employeurs redevables de la taxe d'apprentissage aux centres et établissements bénéficiaires ainsi que le montant disponible après déduction du montant des fonds ainsi affectés. Cette information est donnée en distinguant selon que les fonds ont été ou non collectés au titre du quota *(Décr. n° 2014-986 du 29 août 2014, art. 7)* « ou de la contribution supplémentaire à l'apprentissage » ;

3° Les critères et modalités de répartition des sommes collectées au titre de l'année en cours ;

4° Un état analytique des concours versés et de leurs bénéficiaires dans la région en distinguant les fonds affectés et les fonds disponibles. Cet état tient compte de la répartition entre fonds collectés au titre *(Décr. n° 2014-986 du 29 août 2014, art. 7)* « des fractions mentionnées à l'article L. **6241-2** » et ceux restant dus au-delà *(Décr. n° 2014-986 du 29 août 2014, art. 7)* « de ces fractions en différenciant ceux versés au titre de l'article L. **6241-9** de ceux versés au titre de l'article L. **6241-10** » ;

(Abrogé par Décr. n° 2014-986 du 29 août 2014, art. 7) « 5° Une note d'information relative aux priorités et critères retenus pour la répartition des fonds versés aux centres et établissements bénéficiaires ; »

6° La part de la taxe consacrée au financement d'actions *(Décr. n° 2014-986 du 29 août 2014, art. 7)* « d'amélioration et de promotion relatives aux formations initiales » technologiques professionnelles qu'ils assurent directement dans les conditions définies à l'article R. **6242-5** et qui fait l'objet d'un document distinct indiquant l'utilisation des sommes ainsi affectées.

Art. R. 6242-15 Les frais de collecte et de gestion des organismes collecteurs de la taxe d'apprentissage ne peuvent excéder un plafond fixé par arrêté conjoint des ministres chargés de la formation professionnelle *(Abrogé par Décr. n° 2014-986 du 29 août 2014, art. 8)* « *, de l'éducation nationale* » et du budget. *— V. Arr. du 8 déc. 2015 (JO 20 mars 2016).*

Ils sont prélevés sur les fonds issus de la collecte, dans les conditions définies par arrêté du ministre chargé de la formation professionnelle. *— [Anc. art. R. 119-8-V.]*

Art. R. 6242-15-1 *(Décr. n° 2014-986 du 29 août 2014, art. 9)* La convention triennale d'objectifs et de moyens prévue à l'article L. 6242-6 est conclue avec :

1° Le ministre chargé de la formation professionnelle pour les organismes à vocation nationale, dans les conditions prévues au dernier alinéa de l'article L. 6332-1-1 ;

2° Le préfet de région pour les organismes à vocation régionale.

Art. R. 6242-16 L'organisme collecteur de la taxe d'apprentissage adresse *(Décr. n° 2014-986 du 29 août 2014, art. 10)* « , le cas échéant sous forme dématérialisée, » chaque année au ministre chargé de la formation professionnelle lorsque l'habilitation est nationale, au préfet de région territorialement compétent lorsque l'habilitation est régionale, un état *(Décr. n° 2014-986 du 29 août 2014, art. 10)* « de collecte et de répartition » dont le modèle est fixé par arrêté du ministre. *— V. Arr. du 28 nov. 2011 (JO 7 déc.).*

Cet état comporte les renseignements administratifs, statistiques et financiers permettant de suivre le fonctionnement de l'organisme et d'apprécier l'activité de collecte et l'emploi des sommes collectées.

(Décr. n° 2014-986 du 29 août 2014, art. 10) « Il est accompagné des éléments extraits de la comptabilité qui retracent l'ensemble des chiffres portés dans l'état mentionné ci-dessus. »

SECTION III **DÉLÉGATION DE COLLECTE**

Art. R. 6242-17 (Abrogé par Décr. n° 2014-986 du 29 août 2014, art. 14) *La liste des conventions de délégation de collecte conclues en application du second alinéa de l'article L. 6242-4 est transmise chaque année au comité de coordination régional de l'emploi et de la formation professionnelle concerné.*

Art. R. 6242-18 *(Décr. n° 2014-986 du 29 août 2014, art. 11)* « I. — L'organisme collecteur de la taxe d'apprentissage à vocation nationale visé à l'article L. 6242-1 peut déléguer :

« 1° Soit l'ensemble de la collecte et de la répartition des fonds affectés pour laquelle il est habilité à un délégataire ;

« 2° Soit tout ou partie de la collecte et de la répartition des fonds affectés pour laquelle il est habilité, à ses délégataires désignés dans les conditions prévues à l'article R. 6332-17.

« II. — L'organisme collecteur de la taxe d'apprentissage à vocation régionale visé à l'article L. 6242-2 peut déléguer la collecte et la répartition des fonds affectés à un ou des délégataires relevant du même ressort territorial dès lors que la convention de délégation de collecte en définit le champ géographique ou professionnel et en précise ses modalités. Un même champ géographique ou professionnel ne peut donner lieu qu'à une seule délégation.

« III. — Dans tous les cas, la convention de délégation de collecte prévoit que le cocontractant remplit les conditions prévues aux 3° et 4° de l'article R. 6242-8.

« IV. — » La modification de la convention fait l'objet, dans un délai de deux mois à compter de la demande, de l'avis du service chargé du contrôle de la formation professionnelle, prévu au second alinéa de l'article L. 6242-4. L'avis est réputé rendu au terme de ce délai.

Art. R. 6242-19 En l'absence de convention de délégation de collecte ou en l'absence de demande d'avis, la collecte reçue par un organisme collecteur, par l'intermédiaire d'un délégataire, est reversée au Trésor public dans les conditions prévues au deuxième alinéa de l'article L. 6252-10. *— [Anc. art. R. 119-8-VI, al. 3.]*

Art. R. 6242-20 Les frais éventuellement induits par la convention de délégation de collecte sont inclus dans les frais de collecte et de gestion des organismes collecteurs définis à l'article R. 6242-15. *— [Anc. art. R. 119-8-VI, al. 4.]*

SECTION IV **RÈGLES COMPTABLES**

Art. R. 6242-21 Les organismes collecteurs de la taxe d'apprentissage mentionnés à l'article L. 6242-1 *(Abrogé par Décr. n° 2014-986 du 29 août 2014, art. 12)* ***« et au 2° de l'article L. 6242-2 »*** établissent des comptes selon les principes et méthodes comptables définis par le code de commerce.

Le plan comptable applicable à ces organismes est approuvé par arrêté conjoint du garde des sceaux, ministre de la justice, et des ministres chargés de l'économie et de la formation professionnelle, après avis de l'Autorité des normes comptables. – *[Anc. art. R. 119-10, al. 1er et 2.]*

Art. R. 6242-22 Les organismes collecteurs de la taxe d'apprentissage mentionnés *(Décr. n° 2014-986 du 29 août 2014, art. 13)* « à » l'article L. 6242-2 établissent des comptes conformément aux règles qui leur sont applicables.

Art. R. 6242-23 (Abrogé par Décr. n° 2014-986 du 29 août 2014, art. 14) ***Les organismes collecteurs de la taxe d'apprentissage à activités multiples tiennent une comptabilité distincte de l'activité qu'ils mènent au titre de l'habilitation à collecter les versements donnant lieu à exonération de la taxe d'apprentissage.***

Art. R. 6242-24 Les sommes collectées par les organismes collecteurs auprès des employeurs redevables de la taxe d'apprentissage sont conservées en numéraire, déposées à vue ou placées à court terme.

Les intérêts produits par les sommes déposées ou placées à court terme ont le même caractère que les sommes dont ils sont issus. Ils sont soumis aux mêmes conditions d'utilisation ainsi qu'à la procédure de contrôle administratif et financier prévue aux articles L. 6252-4 et suivants. – *[Anc. art. R. 119-11.]*

CHAPITRE III **AIDES À L'APPRENTISSAGE**

SECTION PREMIÈRE **PRIME À L'APPRENTISSAGE** *(Décr. n° 2014-1031 du 10 sept. 2014, art. 5).*

Art. R. 6243-1 Le versement de *(Décr. n° 2014-1031 du 10 sept. 2014, art. 5)* « la prime à l'apprentissage » est à la charge de la région dans laquelle est situé l'établissement du lieu de travail de l'apprenti. – *[Anc. art. R. 119-6-I.]*

Art. R. 6243-2 *(Décr. n° 2008-1253 du 1er déc. 2008)* Le montant minimal de *(Décr. n° 2014-1031 du 10 sept. 2014, art. 5)* « la prime à l'apprentissage » est, pour chaque année du cycle de formation, fixé à 1 000 €. Hors le cas prévu à l'article L. 6222-19, ce montant est fonction de la durée effective du contrat *(Décr. n° 2014-1031 du 10 sept. 2014, art. 5)* « ou de la période d'apprentissage ».

Art. R. 6243-3 *(Abrogé par Décr. n° 2008-1253 du 1er déc. 2008)* ***En cas de rupture du contrat d'apprentissage à l'initiative de l'apprenti, excepté dans le cas prévu à l'article L. 6222-19, l'employeur reverse à la région le montant de l'indemnité compensatrice forfaitaire calculé à due proportion de la durée du contrat restant à courir.*** – [Anc. art. R. 119-6-IV.]

Art. R. 6243-4 *(Décr. n° 2008-1253 du 1er déc. 2008) (Décr. n° 2014-1031 du 10 sept. 2014, art. 5)* « La prime à l'apprentissage » n'est pas due et, si elle a été versée, l'employeur est tenu de la reverser, dans les cas de : »

1° Rupture du contrat d'apprentissage prononcée par le conseil de prud'hommes aux torts de l'employeur, en application du second alinéa de l'article L. 6222-18 ;

(Décr. n° 2008-1253 du 1er déc. 2008) « 2° Rupture du contrat par l'une ou l'autre des parties durant les deux premiers mois de l'apprentissage en application de l'article L. 6222-18 ; »

3° Non-respect par l'employeur des obligations prévues aux articles *(Décr. n° 2008-1253 du 1er déc. 2008)* « L. 6223-2, » L. 6223-3 et L. 6223-4 ;

4° Décision d'opposition à l'engagement d'apprentis prise en application de l'article L. 6225-1 ;

5° Rupture du contrat d'apprentissage dans le cas prévu au second alinéa de l'article L. 6225-5. – *[Anc. art. R. 119-6-III.]*

SECTION II **EXONÉRATION DE CHARGES SALARIALES**

Art. D. 6243-5 Pour l'application de l'article L. 6243-2, la partie du salaire exonérée de toute charge sociale d'origine légale et conventionnelle et de toute charge fiscale est égale à 11 % du salaire minimum de croissance. – *[Anc. art. L. 118-5, al. 1er.]*

V. Circ. Unedic n° 2012-05 du 20 janv. 2012, relative aux contributions et cotisations dues pour les apprentis.

Art. R. 6243-6 *(Décr. n° 2009-775 du 23 juin 2009)* Pour l'application des dispositions prévues à l'article L. 6243-2, l'effectif de l'entreprise calculé au 31 décembre, tous établissements confondus, est égal à la moyenne des effectifs déterminés chaque mois de l'année civile.

Pour la détermination des effectifs du mois, il est tenu compte des salariés titulaires d'un contrat de travail le dernier jour de chaque mois, y compris les salariés absents, conformément aux dispositions des articles L. 1111-2, L. 1111-3 et L. 1251-54.

Pour une entreprise créée en cours d'année, l'effectif est apprécié à la date de sa création. Au titre de l'année suivante, l'effectif de cette entreprise est apprécié dans les conditions définies aux deux alinéas précédents, en fonction de la moyenne des effectifs de chacun des mois d'existence de la première année.

Pour la détermination de la moyenne mentionnée aux premier et troisième alinéas, les mois au cours desquels aucun salarié n'est employé ne sont pas pris en compte.

TITRE CINQUIÈME **INSPECTION ET CONTRÔLE DE L'APPRENTISSAGE**

CHAPITRE PREMIER **INSPECTION DE L'APPRENTISSAGE**

SECTION PREMIÈRE **ORGANISATION DU SERVICE**

Art. R. 6251-1 Le service de l'inspection de l'apprentissage, institué dans chaque académie, est placé sous l'autorité du recteur.

Les conditions d'organisation de ce service sont fixées par le ministre chargé de l'éducation nationale. – *[Anc. art. R. 119-48, al. 1er.]*

Art. R. 6251-2 L'inspection de l'apprentissage est assurée par des fonctionnaires des corps d'inspection à compétence pédagogique ou, dans le cas de l'enseignement supérieur, par des enseignants-chercheurs. Ces fonctionnaires sont commissionnés par les ministres chargés de l'éducation nationale et de l'enseignement supérieur. Le commissionnement de ces fonctionnaires est délégué au recteur.

Pour l'apprentissage agricole, elle est assurée par *(Décr. n° 2009-289 du 13 mars 2009)* « l'inspection de l'enseignement agricole et » une mission régionale dont les inspecteurs de l'enseignement agricole ou, à défaut, les fonctionnaires chargés d'inspection sont commissionnés par le ministre chargé de l'agriculture. Cette mission est placée sous l'autorité du directeur régional de l'alimentation, de l'agriculture et de la forêt. L'organisation de la mission et ses relations avec l'administration centrale sont déterminées par le ministre chargé de l'agriculture.

Pour le secteur de la jeunesse, des sports et de la vie associative, l'inspection de l'apprentissage est assurée par une mission régionale dont les inspecteurs de la jeunesse et des sports sont commissionnés à cet effet par le ministre chargé de la jeunesse et des sports, placée sous l'autorité du *(Décr. n° 2009-1540 du 10 déc. 2009)* « directeur régional de la jeunesse, des sports et de la cohésion sociale ». L'organisation de la mission est déterminée par le ministre chargé de la jeunesse, des sports et de la vie associative. – *[Anc. art. L. 119-1, al. 1er, et anc. art. R. 119-48, al. 2 et 3.]*

Art. R. 6251-3 L'inspection de l'apprentissage peut être exercée conjointement, en tant que de besoin, par d'autres fonctionnaires que ceux mentionnés à l'article R. 6251-2, commissionnés en raison de leurs compétences techniques et qui relèvent de ministères exerçant une tutelle sur les établissements concernés.

Ces fonctionnaires exercent ces missions conjointement avec le service académique de l'inspection de l'apprentissage, la direction régionale de l'alimentation, de l'agriculture et de la forêt ou la *(Décr. n° 2009-1540 du 10 déc. 2009)* « direction régionale de la jeunesse, des sports et de la cohésion sociale ». – *[Anc. art. L. 119-1, al. 2, et anc. art. R. 119-48, al. 4.]*

Art. R. 6251-4 Le commissionnement peut être retiré par le ministre chargé de l'éducation nationale, le ministre chargé de l'agriculture ou le ministre chargé de la jeunesse, des sports et de la vie associative, après avis d'un conseil présidé, selon le cas, par le recteur ou le directeur régional compétent.

Ce conseil est composé :

1° De deux représentants de l'administration désignés par le préfet de région ;

2° De deux membres non fonctionnaires de la commission d'apprentissage du comité de coordination régional de l'emploi et de la formation professionnelle, désignés par cette dernière ;

3° De deux représentants élus des inspecteurs commissionnés. – *[Anc. art. R. 119-61.]*

Art. R. 6251-5 Le service d'inspection de l'apprentissage apporte son concours aux comités de coordination régionaux et départementaux de l'emploi et de la formation professionnelle ainsi qu'aux conseils régionaux, pour l'exercice de leurs attributions en matière d'apprentissage. – *[Anc. art. R. 119-48, al. 6.]*

SECTION II **SECRET PROFESSIONNEL**

Art. R. 6251-6 Avant leur entrée en fonctions, les inspecteurs de l'apprentissage commissionnés prêtent le serment, devant le président du tribunal de grande instance, de ne pas divulguer à des personnes non qualifiées les faits ou les renseignements dont ils auraient connaissance à l'occasion de leurs missions d'inspection, et de ne pas révéler les secrets et procédés de fabrication dont ils pourraient prendre connaissance. – *[Anc. art. R. 119-60.]*

SECTION III **MISSIONS**

Art. R. 6251-7 L'inspection de l'apprentissage a pour mission :

1° L'inspection pédagogique des centres de formation d'apprentis et des sections d'apprentissage ;

2° L'inspection administrative et financière de ces centres et sections d'apprentissage ;

3° Le contrôle de la formation dispensée aux apprentis dans les entreprises ;

4° Le contrôle de la délivrance du titre de maître d'apprentissage confirmé régi par les articles R. 6223-25 à R. 6223-31. – *[Anc. art. R. 119-49, al. 1er à 5.]*

Art. R. 6251-8 L'inspection de l'apprentissage peut apporter, en accord avec les organismes gestionnaires :

1° Ses conseils aux centres de formation d'apprentis et aux sections d'apprentissage ;

2° Son concours à la formation des personnels des centres et des sections d'apprentissage ainsi qu'à l'information et à la formation des maîtres d'apprentissage et des personnes qui contribuent à la formation des apprentis dans le cadre des dispositions des articles R. 6223-10 à R. 6223-16 et R. 6233-62 à D. 6233-65. – *[Anc. art. R. 119-49, al. 6.]*

Art. R. 6251-9 L'inspection de l'apprentissage exerce ses missions en liaison avec l'inspection du travail, ainsi qu'avec les agents compétents pour réaliser des inspections administratives et financières relevant des ministres ou des conseils régionaux au nom desquels ont été conclues les conventions de création des centres de formation d'apprentis ou des sections d'apprentissage.

Dans la mesure du possible, des inspections conjointes sont réalisées dans une même entreprise ou une même localité. – *[Anc. art. R. 119-50.]*

Art. R. 6251-10 Les rapports sont transmis à la commission départementale de l'emploi et de l'insertion chaque fois qu'ils établissent un manquement aux dispositions du présent code relatives à l'apprentissage. Ils sont transmis au comité de coordination régional de l'emploi et de la formation professionnelle ainsi qu'au conseil régional lorsque le manquement met en cause la gestion ou le fonctionnement d'un centre de formation d'apprentis ou d'une section d'apprentissage.

Lorsque les faits sont susceptibles de constituer une infraction pénale dont la constatation relève de l'inspecteur du travail ou de l'un des autres fonctionnaires chargés du contrôle de la législation du travail, le rapport est en outre communiqué sans délai à ce fonctionnaire. – *[Anc. art. R. 119-51.]*

SECTION IV **DROIT D'ENTRÉE DANS LES LOCAUX ET RAPPORTS ANNUELS**

Art. R. 6251-11 Les inspecteurs commissionnés ont accès à tous les locaux dépendant des centres de formation d'apprentis ou des sections d'apprentissage, ou utilisés par ces centres ou ces sections d'apprentissage.

Ils peuvent exiger la communication de tous documents d'ordre administratif, comptable ou pédagogique, y compris ceux concernant l'enseignement à distance.

Ils sont notamment habilités à contrôler le montant et l'utilisation des fonds collectés par l'organisme gestionnaire au titre de la taxe d'apprentissage dans le cadre de l'article R. 6241-7. – *[Anc. art. R. 119-52.]*

Art. R. 6251-12 Les inspecteurs commissionnés ont le droit d'entrer dans toutes les entreprises employant des apprentis ou participant à leur formation et dans toutes celles qui ont déposé une demande d'habilitation au sens de l'article D. 6233-63. – *[Anc. art. R. 119-53, phrase 1.]*

Art. R. 6251-13 L'employeur indique, sur la demande des inspecteurs commissionnés, les tâches ou postes de travail qui sont ou seront confiés aux apprentis, leur communique les documents en sa possession relatifs aux apprentis, leur permet de s'entretenir avec les apprentis et les personnes de l'entreprise responsables de leur formation. Lorsqu'il assure le logement des apprentis, l'employeur indique les conditions dans lesquelles est assuré ce logement. – *[Anc. art. R. 119-53, phrases 2 et 3.]*

Art. R. 6251-14 Après chaque inspection d'un centre de formation d'apprentis ou d'une section d'apprentissage, l'inspecteur adresse un rapport au chef du service de l'inspection de l'apprentissage qui le communique au directeur du centre ou de la section d'apprentissage et à l'organisme gestionnaire ou, dans le cas d'une section d'apprentissage, au responsable de l'établissement d'enseignement ou de formation et de recherche, ainsi qu'à l'autorité cosignataire de la convention portant création du centre ou de la section d'apprentissage. – *[Anc. art. R. 119-54, al. 1er.]*

Art. R. 6251-15 Après chaque visite accomplie dans les entreprises, l'inspecteur adresse un compte rendu au chef de service de l'inspection de l'apprentissage qui le communique à l'employeur et au comité d'entreprise ou d'établissement s'il en existe un. – *[Anc. art. R. 119-54, al. 2.]*

Art. R. 6251-16 Des rapports annuels sur l'activité des services d'inspection de l'apprentissage sont adressés au préfet de région ainsi qu'au président du conseil régional par le recteur *(Décr. nº 2015-1616 du 10 déc. 2015, art. 10)* « de région académique », par le directeur régional de l'alimentation, de l'agriculture et de la forêt ou par le *(Décr. nº 2009-1540 du 10 déc. 2009)* « directeur régional de la jeunesse, des sports et de la cohésion sociale ».

SECTION V **APPEL À DES EXPERTS**

Art. R. 6251-17 Il peut être fait appel à des experts désignés par le recteur, le directeur régional de l'alimentation, de l'agriculture et de la forêt ou le *(Décr. nº 2009-1540 du 10 déc. 2009)* « directeur régional de la jeunesse, des sports et de la cohésion sociale » afin d'assister les agents chargés de l'inspection de l'apprentissage pour des actes déterminés. – *[Anc. art. R. 119-57, al. 1er, phrase 1.]*

Art. R. 6251-18 Les experts prêtent serment dans les conditions prévues à l'article R. 6251-6. – *[Anc. art. R. 119-57, al. 1er, phrase 2.]*

Art. R. 6251-19 Les experts sont rémunérés sur la base de vacations dont le taux et les conditions sont fixés par arrêté conjoint des ministres chargés de l'éducation nationale, de l'agriculture, de la jeunesse et des sports, de la fonction publique et du budget. – *[Anc. art. R. 119-57, al. 2.]*

CHAPITRE II **CONTRÔLE**

SECTION PREMIÈRE **CONTRÔLE DES CENTRES DE FORMATION D'APPRENTIS**

Art. R. 6252-1 Le contrôle pédagogique de la formation dispensée aux apprentis dans les centres ou dans les établissements d'enseignement ou de formation et de recherche ainsi que sur les lieux de travail est exercé dans les conditions prévues au chapitre premier. – *[Anc. art. R. 116-34.]*

Art. R. 6252-2 Les agents compétents pour accomplir des inspections administratives et financières ont accès aux locaux des centres de formation d'apprentis ou des sections d'apprentissage pour l'accomplissement de toute mission dont les chargent le ministre dont ils relèvent ou le préfet de région ainsi que, pour les centres et les sections relevant de la région, le président du conseil régional.

Ils peuvent, en outre, se faire communiquer toutes pièces permettant de contrôler l'activité ainsi que le fonctionnement administratif et financier du centre ou de la section d'apprentissage.

Ces dispositions ne font pas obstacle aux contrôles que l'État exerce en application de la réglementation en vigueur sur les établissements, organismes ou entreprises soumis au *(Décr. n° 2012-1247 du 7 nov. 2012, art. 48)* « décret n° 2012-1246 du 7 novembre 2012 relatif à la gestion budgétaire et comptable publique », ou recevant des subventions sur fonds publics. – *[Anc. art. R. 116-33.]*

Art. R. 6252-3 La dénonciation de la convention de création d'un centre de formation d'apprentis à la suite d'un contrôle par l'État ou la région, dans les cas prévus à l'article L. 6252-2, ne peut intervenir qu'après une mise en demeure non suivie d'effet. – *[Anc. art. L. 116-4, al. 2.]*

Art. R. 6252-4 Lorsque la convention est dénoncée, tout recrutement est interrompu.

La collectivité publique signataire prend les mesures nécessaires pour assurer l'achèvement des formations en cours. Elle peut fixer la date de la fermeture définitive du centre ou de la section d'apprentissage et imposer à l'organisme gestionnaire ou à l'établissement d'accueil des mesures particulières de fonctionnement pendant la période comprise entre la date d'effet de la dénonciation de la convention et la fermeture du centre ou de la section d'apprentissage.

Ces mesures peuvent concerner, notamment :

1° La désignation d'un membre de l'enseignement public comme responsable pédagogique du centre pendant cette période ;

2° Le transfert d'une partie des apprentis dans un autre centre ou dans une autre section d'apprentissage ;

3° La cessation des fonctions de certains membres du personnel ;

4° Toutes dispositions d'ordre administratif ou pédagogique de nature à remédier aux insuffisances ou manquements constatés. – *[Anc. art. R. 116-35.]*

Art. R. 6252-5 Dans le cas des centres de formation d'apprentis, si les mesures prévues à l'article R. 6252-4 ne sont pas suffisantes ou si les circonstances de la dénonciation impliquent l'impossibilité pour l'organisme gestionnaire d'assurer de façon satisfaisante la liquidation du centre et l'achèvement des formations, le préfet de région ou le président du conseil régional désigne un administrateur provisoire.

Celui-ci est entièrement substitué, pour les besoins de la liquidation et de l'achèvement, au directeur du centre et aux organes de direction de l'organisme gestionnaire.

L'administrateur provisoire agit pour le compte de l'organisme gestionnaire, sous l'autorité du préfet de région ou du président du conseil régional. Il établit et clôture le compte de liquidation. – *[Anc. art. R. 116-36.]*

SECTION II **CONTRÔLE ADMINISTRATIF ET FINANCIER**

Art. R. 6252-6 Lorsque le contrôle porte sur des établissements bénéficiaires des fonds de l'apprentissage mentionnés au 1° de l'article L. 6252-4, l'autorité administrative compétente à l'égard de ces établissements est informée préalablement du contrôle. – *[Anc. art. L. 119-1-2, al. 4.]*

Art. R. 6252-7 Le *(Décr. n° 2014-1055 du 16 sept. 2014, art. 5-I)* « comité régional de l'emploi, de la formation et de l'orientation professionnelles » est tenu informé des décisions de versement au Trésor public prévues à l'article L. 6252-12. – *[Anc. art. L. 119-1-2, al. 7, phrase 4.]*

SECTION III **SANCTIONS**

Art. R. 6252-8 Le délai de la mise en demeure prévue à l'article L. 6252-11 ne peut être inférieur à quatre jours ni supérieur à soixante jours. – *[Anc. art. R. 119-12.]*

CHAPITRE III **DISPOSITIONS PÉNALES**

Le présent chapitre ne comprend pas de dispositions réglementaires.

TITRE SIXIÈME **DISPOSITIONS PARTICULIÈRES AUX DÉPARTEMENTS DE LA MOSELLE, DU BAS-RHIN ET DU HAUT-RHIN**

CHAPITRE PREMIER

SECTION PREMIÈRE **DISPOSITIONS GÉNÉRALES**

Art. R. 6261-1 Les décrets n°s 72-279 et 72-283 du 12 avril 1972 ainsi que les dispositions du présent livre *(Abrogé par Décr. n° 2015-151 du 10 févr. 2015, art. 6-1°)* « *, à l'exclusion de celles des articles D. 6241-8 et D. 6241-9,* » s'appliquent dans les départements de la Moselle, du Bas-Rhin et du Haut-Rhin, dans la mesure où il n'y est pas dérogé par les dispositions des articles R. 6261-2 à R. 6261-14.

Les textes modifiant ou remplaçant ces décrets et ces dispositions ne sont applicables à ces départements qu'après consultation des comités *(Décr. n° 2015-151 du 10 févr. 2015, art. 6-1°)* « régionaux de l'emploi, de la formation et de l'orientation professionnelles » ainsi que *(Décr. n° 2015-151 du 10 févr. 2015, art. 6-1°)* « , dans le département de la Moselle, de la chambre de métiers et de l'artisanat et de la chambre de commerce et d'industrie territoriale ».

Art. R. 6261-2 Toute disposition visant des personnes, entreprises, activités ou professions régies par le décret n° 83-487 du 10 juin 1983 s'applique, dans les départements de la Moselle, du Bas-Rhin et du Haut-Rhin, aux personnes, entreprises, activités ou professions qui, dans ces départements, relèvent des chambres de métiers et de l'artisanat de région. – *[Anc. art. R. 119-33.]*

SECTION II **CONTRAT D'APPRENTISSAGE**

Art. R. 6261-3 La durée des contrats d'apprentissage, telle qu'elle résulte du 2° de l'article R. 6222-7, peut être adaptée en fonction de spécificités locales par un arrêté conjoint du ministre chargé de la formation professionnelle et du ministre qui délivre le diplôme après avis des chambres consulaires, des comités de coordination régionaux de l'emploi et de la formation professionnelle concernés et des conseils régionaux. – *[Anc. art. R. 119-34.]*

Art. R. 6261-4 La décision de réduire la durée du contrat d'apprentissage, prévue à l'article R. 6222-16, est notifiée à la chambre consulaire concernée. – *[Anc. art. R. 119-45.]*

Art. R. 6261-5 Dans les entreprises relevant de la chambre de métiers et de l'artisanat de région, les litiges entre les employeurs et les apprentis ou leurs représentants légaux sur l'exécution ou la rupture du contrat d'apprentissage ne peuvent être portés devant la juridiction compétente qu'après une tentative de conciliation devant la commission paritaire ou l'organisme délégué à cet effet par la chambre de métiers et de l'artisanat de région.

La procédure de conciliation n'a pas à être mise en œuvre lorsqu'une infraction a été constatée.

Faute de conciliation dans le mois suivant la notification du litige à la chambre, la juridiction peut être saisie. – *[Anc. art. R. 119-42.]*

Art. R. 6261-6 Le nombre maximal d'apprentis ou d'élèves de classes préparatoires à l'apprentissage pouvant être accueillis simultanément dans les entreprises ou les établissements par les personnes possédant les qualifications prévues à l'article R. 6223-24 et, le cas échéant, celles prévues à l'article R. 6261-9 est fixé par la commission départementale de l'emploi et de l'insertion, après avis de la chambre consulaire intéressée.

Ces plafonds sont déterminés par métier, en tenant compte :

1° S'il y a lieu, des différents types d'entreprise existant dans le métier considéré ;

2° De la relation qui doit être maintenue au sein de l'entreprise ou de l'établissement entre le nombre des apprentis et le nombre des personnes qualifiées dans le métier faisant l'objet de la formation. – *[Anc. art. R. 119-35.]*

Art. R. 6261-7 Dès sa conclusion, la convention prévue à l'article R. 6223-10 est adressée par l'employeur au directeur du centre de formation d'apprentis, ou, dans le cas d'une section d'apprentissage, au responsable de l'établissement d'enseignement ou de l'établissement de formation et de recherche.

Ce dernier la transmet à l'organisme chargé de l'enregistrement du contrat, ainsi qu'au *(Décr. n° 2009-1377 du 10 nov. 2009)* « directeur régional des entreprises, de la concurrence, de la consommation, du travail et de l'emploi » *(Abrogé par Décr. n° 2008-1503 du 30 déc. 2008) « ou au chef de service assimilé »*.

La convention peut recevoir application dès réception par l'employeur de l'accord de la chambre concernée ou, à défaut d'opposition de celle-ci, après l'expiration du délai d'un mois à compter de sa transmission au directeur du centre de formation d'apprentis ou, dans le cas d'une section d'apprentissage, au responsable de l'établissement d'enseignement ou de l'établissement de formation et de recherche. – *[Anc. art. R. 119-44.]*

Les modifications issues du Décr. n° 2009-1377 prennent effet, dans chaque région, à la date de nomination du directeur régional des entreprises, de la concurrence, de la consommation, du travail et de l'emploi. – V. Arr. de nomination de ces directeurs des 30 déc. 2009 (JO 5 janv. 2010) et 9 févr. 2010 (JO 14 févr.) (Décr. n° 2009-1377 du 10 nov. 2009, art. 7-I).

Ces modifications s'appliquent à la région Île-de-France à compter du 1er juill. 2010 (Décr. n° 2010-687 du 24 juin 2010, art. 2).

Art. R. 6261-8 L'employeur transmet les exemplaires du contrat d'apprentissage, selon les modalités définies à l'article R. 6224-1 :

1° A la chambre des métiers et de l'artisanat, si l'entreprise est inscrite à la première section du registre des entreprises ;

2° A la chambre d'agriculture, s'il emploie un apprenti mentionné au 7° de l'article L. 722-20 du code rural et de la pêche maritime, *(Décr. n° 2013-1222 du 23 déc. 2013, art. 4)* « sauf pour une entreprise artisanale rurale n'employant pas plus de deux salariés de façon permanente » ;

3° A la chambre de commerce et d'industrie territoriale, *(Décr. n° 2008-1253 du 1er déc. 2008)* « dans les autres cas à l'exception de ceux où l'employeur relève du secteur public au sens du chapitre II de la loi n° 92-675 du 17 juillet 1992 ». – *[Anc. art. R. 119-39.]*

SECTION III **MAÎTRE D'APPRENTISSAGE**

Art. R. 6261-9 Dans les entreprises relevant de la chambre de métiers et de l'artisanat de région, le maître d'apprentissage doit être titulaire du brevet de maîtrise délivré par les chambres de métiers et de l'artisanat de région de la Moselle, du Bas-Rhin et du Haut-Rhin ou d'un diplôme ou titre de niveau équivalent. – *[Anc. art. R. 119-36-II, al. 1er à 3.]*

Art. R. 6261-10 Dans des métiers de création récente, ainsi que là où des cas particuliers le rendent nécessaire, il peut être dérogé à la condition de titre prévue à l'article R. 6261-9.

Dans ce cas, l'avis de la chambre de métiers et de l'artisanat de région est demandé avant l'enregistrement du contrat d'apprentissage. – *[Anc. art. R. 119-36-II, al. 4.]*

SECTION IV **FONCTIONNEMENT DES CENTRES DE FORMATION D'APPRENTIS ET DES SECTIONS D'APPRENTISSAGE**

Art. R. 6261-11 Le conseil de perfectionnement de chaque centre de formation d'apprentis ou, dans le cas d'une ou plusieurs sections d'apprentissage ouvertes dans un établissement d'enseignement ou de formation et de recherche, le conseil de perfectionnement constitué auprès du conseil d'administration de l'établissement ou de l'instance qui en tient lieu, comprend, outre les membres désignés aux articles R. 6233-33 et R. 6233-35, deux représentants des chambres consulaires. – *[Anc. art. R. 119-38.]*

Art. R. 6261-12 Le directeur du centre de formation d'apprentis ou, dans le cas d'une section d'apprentissage, le responsable de l'établissement d'enseignement ou de l'établissement de formation et de recherche soumet la demande d'habilitation, prévue à l'article D. 6233-63, au chef du service académique de l'inspection de l'apprentissage ou au directeur régional de l'alimentation, de l'agriculture et de la forêt *(Décr. nº 2009-1540 du 10 déc. 2009)* « ou au directeur régional de la jeunesse, des sports et de la cohésion sociale », après avoir recueilli l'avis de la chambre de métiers et de l'artisanat de région ou de la chambre de commerce et d'industrie territoriale dont relèvent les entreprises concernées. – *[Anc. art. R. 119-43.]*

SECTION V **FINANCEMENT DE L'APPRENTISSAGE**

Art. R. 6261-13 Dans les départements de la Moselle, du Bas-Rhin et du Haut-Rhin, et conformément aux dispositions de l'article 9 de la loi nº 71-578 du 16 juillet 1971, le taux de la taxe d'apprentissage est réduit au montant *(Décr. nº 2015-151 du 10 févr. 2015, art. 6)* « des fractions » de cette taxe *(Décr. nº 2015-151 du 10 févr. 2015, art. 6)* « réservées au financement de l'apprentissage », en application *(Décr. nº 2015-151 du 10 févr. 2015, art. 6)* « des I et II » de l'article L. 6241-2.

(Décr. nº 2015-151 du 10 févr. 2015, art. 6) « Les versements réalisés à ce titre s'imputent sur la fraction régionale pour l'apprentissage puis sur la fraction quota. »

Les dispositions issues du Décr. nº 2015-151 du 10 févr. 2015 sont applicables à la taxe d'apprentissage due au titre des rémunérations versées à compter du 1er janv. 2014 (Décr. préc., art. 9).

Art. R. 6261-14 La déclaration de l'employeur relative à l'organisation de l'apprentissage prévue à l'article L. 6223-1 précise :

1º Les nom et prénoms de l'employeur ou la dénomination de l'entreprise ;

2º Le nombre de salariés de l'entreprise autres que les apprentis ;

3º Les diplômes et les titres susceptibles d'être préparés ;

4º Les noms et prénoms du ou des maîtres d'apprentissage, les titres ou diplômes dont ils sont titulaires et la durée de leur expérience professionnelle dans l'activité en relation avec la qualification recherchée.

La déclaration contient une attestation de l'employeur indiquant qu'il prend les mesures nécessaires à l'organisation de l'apprentissage, qu'il donne les garanties mentionnées au premier alinéa de l'article L. 6223-1 et qu'il s'engage à informer l'autorité administrative compétente de tout changement concernant le ou les maîtres d'apprentissage. Elle est accompagnée des justificatifs des compétences professionnelles du ou des maîtres d'apprentissage.

La déclaration est adressée au chef du service chargé, dans le département où se trouve le lieu d'exécution du contrat d'apprentissage, du contrôle de l'application de la législation du travail et des lois sociales dans la branche d'activité à laquelle se rattache l'entreprise, par l'intermédiaire de l'un des organismes mentionnés au premier alinéa de l'article R. 6261-8. – *[Anc. art. R. 119-36-I.]*

SECTION VI **INSPECTION DE L'APPRENTISSAGE**

Art. R. 6261-15 Les dispositions du chapitre premier du titre V relatif à l'inspection de l'apprentissage sont applicables dans les départements de la Moselle, du Bas-Rhin et du Haut-Rhin, sous réserve des exceptions et des règles spéciales résultant des articles qui suivent. – *[Anc. art. R. 119-65.]*

Art. R. 6261-16 Le contrôle de la formation dispensée aux apprentis dans les entreprises auxquelles s'applique le décret nº 73-942 du 3 octobre 1973 est assuré par des inspecteurs de l'apprentissage qui relèvent des chambres de métiers et de l'artisanat de région des départements de la Moselle, du Bas-Rhin et du Haut-Rhin.

Le contrôle de la formation dispensée aux apprentis dans les entreprises relevant des secteurs de l'industrie et du commerce est assuré par des inspecteurs de l'apprentissage qui relèvent des chambres de commerce et d'industrie territoriales de ces mêmes départements. – *[Anc. art. R. 119-66.]*

Art. R. 6261-17 Nul ne peut être nommé inspecteur de l'apprentissage d'une chambre de métiers et de l'artisanat de région ou d'une chambre de commerce et d'industrie territoriale, en application de l'article R. 6261-16 :

1° S'il ne jouit de ses droits civiques et s'il n'est pas de bonne moralité ;

2° S'il ne se trouve en position régulière au regard des lois sur le recrutement de l'armée ;

3° S'il n'est reconnu apte à l'exercice de la fonction à la suite d'une visite médicale ;

4° S'il est frappé d'une des incapacités prévues par l'article L. 911-5 du code de l'éducation ;

5° S'il n'est âgé de trente ans au moins ;

6° S'il n'est titulaire d'un diplôme ou titre d'un niveau au moins équivalent à un diplôme de fin de premier cycle de l'enseignement supérieur général ou technologique ;

7° S'il n'a accompli, pendant cinq ans au moins, des fonctions d'enseignement dans un établissement technique public ou privé ou dans un centre de formation d'apprentis créé en application des articles L. 6231-1 à L. 6232-5, à raison d'au moins 200 heures par an. Il peut être dérogé à cette condition, par décision du ministre de l'éducation nationale, si l'intéressé est titulaire d'un diplôme de second cycle de l'enseignement supérieur ou justifie de cinq années d'activité professionnelle dans un emploi au moins équivalent à celui de technicien supérieur. – *[Anc. art. R. 119-67, al. 1er à 9.]*

Art. R. 6261-18 Les dispositions de l'article R. 6261-17 ne sont pas opposables aux inspecteurs de l'apprentissage en fonction le 13 octobre 1988. – *[Anc. art. R. 119-67, al. 10.]*

Art. R. 6261-19 Les inspecteurs de l'apprentissage des chambres de métiers et de l'artisanat de région et des chambres de commerce et d'industrie territoriales sont commissionnés par le ministre de l'éducation nationale pour une durée de trois ans renouvelable sans limitation de durée. – *[Anc. art. R. 119-67, al. 11.]*

Art. R. 6261-20 En cas de faute ou d'insuffisance professionnelle, les dispositions relatives au retrait du commissionnement, prévues par l'article R. 6251-4, sont applicables aux inspecteurs de l'apprentissage des chambres de métiers de l'artisanat et des chambres de commerce et d'industrie territoriales.

Lorsque le conseil prévu à ce même article est appelé à donner un avis sur le cas d'un inspecteur de l'apprentissage des chambres de métiers et de l'artisanat de région ou des chambres de commerce et d'industrie territoriales, il est complété par deux représentants de la chambre de métiers et de l'artisanat de région ou de la chambre de commerce ou d'industrie intéressée qui sont désignés par celle-ci. En outre, l'un des deux représentants élus des inspecteurs de l'apprentissage, désigné par tirage au sort, est remplacé par un inspecteur de l'apprentissage des chambres de métiers et de l'artisanat de région ou des chambres de commerce et d'industrie territoriales élu par ses collègues. – *[Anc. art. R. 119-68.]*

Art. R. 6261-21 Les dispositions relatives au secret professionnel, prévues à l'article R. 6251-6, sont applicables aux inspecteurs de l'apprentissage des chambres de métiers et de l'artisanat de région et des chambres de commerce et d'industrie territoriales. – *[Anc. art. R. 119-67, al. 12.]*

Art. R. 6261-22 Les dispositions de l'article R. 6251-10 sont applicables aux rapports des inspecteurs de l'apprentissage des chambres de métiers et de l'artisanat de région et des chambres de commerce et d'industrie territoriales.

Toutefois, la transmission de ces rapports est assurée par le président de la chambre intéressée. – *[Anc. art. R. 119-69, al. 2.]*

Art. R. 6261-23 Les dispositions des articles R. 6251-11 et R. 6251-14 ne sont pas applicables aux inspecteurs de l'apprentissage des chambres de métiers et de l'artisanat de région et des chambres de commerce et d'industrie territoriales. – *[Anc. art. R. 119-69, al. 1er.]*

Art. R. 6261-24 Chaque inspecteur de l'apprentissage des chambres de métiers et de l'artisanat de région et des chambres de commerce et d'industrie territoriales établit annuellement un rapport d'activité.

Ce rapport est transmis par le président de la chambre intéressée au préfet de région. – *[Anc. art. R. 119-70.]*

Art. R. 6261-25 Un règlement établi avec l'accord du préfet de région par le recteur et la chambre de métiers et de l'artisanat ou la chambre de commerce et d'industrie territoriale intéressée fixe les modalités de la coopération entre l'administration académique et cette chambre en vue de coordonner l'organisation locale de l'apprentissage et le contrôle de la formation des apprentis. – *[Anc. art. R. 119-71.]*

LIVRE TROISIÈME **LA FORMATION PROFESSIONNELLE CONTINUE**

TITRE PREMIER **DISPOSITIONS GÉNÉRALES**

CHAPITRE PREMIER **OBJET DE LA FORMATION PROFESSIONNELLE CONTINUE**

Le présent chapitre ne comprend pas de dispositions réglementaires.

CHAPITRE II **ACCÈS À LA FORMATION PROFESSIONNELLE CONTINUE**

Art. D. 6312-1 L'État, les collectivités locales, les établissements publics, les établissements d'enseignement publics et privés, les associations, les organisations d'employeurs, de salariés et familiales, ainsi que les entreprises, concourent à assurer la formation professionnelle continue. – *[Anc. art. L. 900-1, al. 4.]*

CHAPITRE III **CATÉGORIES D'ACTIONS DE FORMATION**

Le présent chapitre ne comprend pas de dispositions réglementaires.

CHAPITRE IV **DROIT À LA QUALIFICATION PROFESSIONNELLE**

Art. D. 6314-1 Les régions et l'État contribuent à l'exercice du droit à la qualification, notamment pour les personnes n'ayant pas acquis de qualification reconnue dans le cadre de la formation initiale. – *[Anc. art. L. 900-3, al. 5.]*

CHAPITRE VI **QUALITÉ DES ACTIONS DE LA FORMATION PROFESSIONNELLE CONTINUE**

(Décr. no 2015-790 du 30 juin 2015, art. 1er, en vigueur le 1er janv. 2017)

Art. R. 6316-1 Les critères mentionnés à l'article L. 6316-1 sont :

1° L'identification précise des objectifs de la formation et son adaptation au public formé ;

2° L'adaptation des dispositifs d'accueil, de suivi pédagogique et d'évaluation aux publics de stagiaires ;

3° L'adéquation des moyens pédagogiques, techniques et d'encadrement à l'offre de formation ;

4° La qualification professionnelle et la formation continue des personnels chargés des formations ;

5° Les conditions d'information du public sur l'offre de formation, ses délais d'accès et les résultats obtenus ;

6° La prise en compte des appréciations rendues par les stagiaires.

Les organismes financeurs s'assurent en outre du respect des dispositions des articles L. 6352-3 à L. 6352-5, L. 6353-1, L. 6353-8 et L. 6353-9.

Art. R. 6316-2 Les organismes financeurs mentionnés à l'article L. 6316-1 inscrivent sur un catalogue de référence les prestataires de formation qui remplissent les conditions définies à l'article R. 6316-1 :

1° Soit dans le cadre de leurs procédures internes d'évaluation ;

2° Soit par la vérification que le prestataire bénéficie d'une certification ou d'un label au sens de l'article R. 6316-3.

Ce catalogue est mis à la disposition du public par chacun de ces organismes.

Art. R. 6316-3 Les certifications ou labels dont les exigences sont conformes aux critères mentionnés à l'article R. 6316-1 sont inscrits sur une liste établie par le Conseil national de l'emploi, de la formation et de l'orientation professionnelle selon des modalités qu'il détermine.

Cette liste est mise à la disposition du public.

Art. R. 6316-4 Les organismes financeurs mentionnés à l'article L. 6316-1 veillent à l'adéquation financière des prestations achetées aux besoins de formation, à l'ingénierie pédagogique déployée par le prestataire, à l'innovation des moyens mobilisés et aux tarifs pratiqués dans des conditions d'exploitation comparables pour des prestations analogues.

Art. R. 6316-5 Les organismes financeurs mentionnés à l'article L. 6316-1 mettent à disposition des organismes de formation, des entreprises et du public, selon des modalités qu'ils déterminent, des informations relatives aux outils, méthodologies et indicateurs permettant de faciliter l'appréciation de la qualité des formations dispensées.

TITRE DEUXIÈME **DISPOSITIFS DE FORMATION PROFESSIONNELLE CONTINUE**

CHAPITRE PREMIER **FORMATIONS À L'INITIATIVE DE L'EMPLOYEUR ET PLAN DE FORMATION**

SECTION PREMIÈRE **DÉROULEMENT DES ACTIONS DE FORMATION**

Art. D. 6321-1 Les actions de formation financées par l'employeur en vue de s'acquitter de l'obligation de participation au développement de la formation professionnelle continue, prévue à l'article L. 6331-1, se déroulent conformément à un programme établi en fonction d'objectifs préalablement déterminés.

Ce programme précise les moyens pédagogiques et d'encadrement mis en œuvre. Il définit un dispositif permettant de suivre son exécution et d'en apprécier les résultats. – *[Anc. art. R. 950-4, al. 1er.]*

Art. R. 6321-2 Le bilan de compétences, lorsqu'il est réalisé au titre du plan de formation de l'entreprise, fait l'objet d'une convention tripartite conclue entre l'employeur, le salarié bénéficiaire et l'organisme prestataire de bilans de compétences dans les conditions prévues aux articles R. 6322-32 et suivants. – *[Anc. art. R. 900-3, al. 1er fin.]*

Art. D. 6321-3 La formation est en principe dispensée dans des locaux distincts des lieux de travail.

Lorsqu'elle comporte un enseignement pratique, ce dernier peut être donné sur les lieux de travail. Dans ce cas, un compte rendu des mesures prises pour que l'enseignement réponde aux conditions fixées à l'article D. 6321-1 est adressé au comité d'entreprise ou aux délégués du personnel ou, à défaut, à la commission spéciale mentionnée à l'article R. 2323-3. – *[Anc. art. R. 950-4, al. 2 et 3.]*

SECTION II **RÉGIMES APPLICABLES AUX HEURES DE FORMATION DE DÉVELOPPEMENT DES COMPÉTENCES**

Art. R. 6321-4 L'accord sur les actions de formation ayant pour objet le développement des compétences des salariés, prévu à l'article L. 6321-6, est écrit.

Il peut être dénoncé dans un délai de huit jours à compter de sa conclusion. – *[Anc. art. L. 932-1-III, al. 1er.]*

Art. D. 6321-5 Le montant de l'allocation de formation mentionné à l'article L. 6321-10 est égal à 50 % de la rémunération nette de référence du salarié.

(Décr. n° 2009-763 du 22 juin 2009) « Lorsqu'elle est due au titre d'une action de formation réalisée durant une période pendant laquelle le salarié relève des dispositions de l'article L. 5122-1 du code du travail, le versement de l'allocation de formation ne peut avoir pour effet de porter la rémunération nette du salarié à un niveau supérieur à celle dont il aurait bénéficié s'il n'avait pas relevé, durant cette période, des dispositions de ce même article. »

Art. D. 6321-6 Le salaire horaire de référence pour le calcul du montant de l'allocation de formation est déterminé par le rapport constaté entre le total des rémunérations nettes versées au salarié par son entreprise au cours des douze derniers mois précédant le début de la formation et le nombre total d'heures rémunérées au cours de ces mêmes douze derniers mois.

Lorsque le salarié ne dispose pas de l'ancienneté suffisante dans l'entreprise pour prétendre à l'application de la règle de calcul prévue au premier alinéa, son salaire horaire de référence est calculé en fonction du total des rémunérations et du total des heures rémunérées depuis son arrivée dans l'entreprise. – *[Anc. art. D. 933-1, al. 1er, phrases 1 et 2.]*

Art. D. 6321-7 Pour la détermination du salaire horaire de référence pour le calcul du montant de l'allocation de formation des salariés temporaires, sont prises en compte les heures rémunérées au titre de la mission en cours ou, à défaut, de la dernière mission.

Pour les salariés dont la durée du travail est fixée par une convention de forfait en jours, le salaire horaire de référence est déterminé par le rapport entre la rémunération nette annuelle versée au salarié et la formule suivante :

$$151{,}67 \text{ heures} \times \frac{\text{Nombre de jours de la convention institutionnelle de forfait}}{217 \text{ jours}} \times 12 \text{ mois}$$

– *[Anc. art. D. 933-1, al. 1er, phrase 3 et al. 2.]*

Art. D. 6321-8 Lorsqu'un accord de branche le prévoit, une majoration d'au moins 10 % de l'allocation de formation est accordée au salarié qui engage des frais supplémentaires de garde d'enfant afin de suivre une action de formation en dehors de son temps de travail. – *[Anc. art. L. 932-1-III, al. 5, phrase 1.]*

Art. D. 6321-9 A défaut de dispositions d'un accord collectif interprofessionnel, de branche ou d'entreprise, l'allocation de formation est versée par l'employeur au salarié, au plus tard à la date d'échéance de la paie du mois suivant celui où les heures de formation ont été accomplies en dehors du temps de travail dans le cadre des articles L. 6321-6, L. 6321-7, L. 6321-10 à L. 6321-12, L. 6323-13 à L. 6323-16, L. 6331-5, R. 6321-4, D. 6321-5 et D. 6321-8. – *[Anc. art. D. 933-1, al. 3, phrase 1.]*

Art. D. 6321-10 Un document récapitulatif retraçant l'ensemble des heures de formation réalisées et des versements de l'allocation correspondants est remis au salarié chaque année. Ce document est annexé au bulletin de paie. – *[Anc. art. D. 933-1, al. 3, phrase 2.]*

CHAPITRE II **FORMATIONS À L'INITIATIVE DU SALARIÉ**

SECTION PREMIÈRE **CONGÉ INDIVIDUEL DE FORMATION**

SOUS-SECTION 1 **CONDITIONS D'OUVERTURE**

§ 1er CONDITION D'ANCIENNETÉ

Art. R. 6322-1 Pour bénéficier du congé individuel de formation, le salarié justifie d'une ancienneté d'au moins vingt-quatre mois consécutifs ou non, quelle qu'ait été la nature des contrats de travail successifs, dont douze mois dans l'entreprise. – *[Anc. art. L. 931-2, al. 2 fin.]*

Art. R. 6322-2 Pour bénéficier du congé individuel de formation, le salarié d'une entreprise artisanale de moins de dix salariés justifie d'une ancienneté d'au moins trente-six mois consécutifs ou non, quelle qu'ait été la nature des contrats de travail successifs, dont douze mois dans l'entreprise. – *[Anc. art. L. 931-2, al. 3 fin.]*

§ 2 DEMANDE DE CONGÉS

Art. R. 6322-3 La demande de congé individuel de formation est adressée par écrit, au plus tard cent vingt jours à l'avance lorsqu'elle comporte une interruption continue de travail d'au moins six mois.

Elle est formulée au plus tard soixante jours à l'avance lorsqu'elle concerne :

1° La participation à un stage, une activité d'enseignement ou une activité de recherche et d'innovation d'une durée inférieure à six mois ;

2° La participation à un stage, une activité d'enseignement ou une activité de recherche et d'innovation à temps partiel ;

3° Le passage ou la préparation d'un examen. – *[Anc. art. R. 931-1, al. 1er à 4.]*

Art. R. 6322-4 La demande de congé individuel de formation indique :

1° Soit la date du début du stage, de l'activité d'enseignement ou de l'activité de recherche et d'innovation, la désignation et la durée de celui-ci ainsi que le nom de l'organisme qui en est responsable ;

2° Soit l'intitulé et la date de l'examen concerné. Dans ce cas, un certificat d'inscription est joint à la demande. – *[Anc. art. R. 931-1, al. 5.]*

Art. R. 6322-5 Dans les trente jours suivant la réception de la demande de congé individuel de formation, l'employeur informe l'intéressé de sa réponse.

Il indique les raisons motivant le rejet ou le report de la demande. – *[Anc. art. R. 931-1, al. 6.]*

En l'absence de réponse de l'employeur dans le délai légal, l'autorisation de prendre un congé de formation est acquise de plein droit. • Soc. 22 janv. 1992 : *Dr. soc. 1992. 266 ; RJS 1992. 198, n° 327.*

Art. R. 6322-6 Les demandes de congé individuel de formation qui ne peuvent être satisfaites intégralement du fait des dispositions des articles L. 6322-7 à L. 6322-9 ou des articles L. 6322-54 à L. 6322-56 et L. 6322-58 sont retenues suivant l'ordre de priorité suivant :

1° Demandes présentées pour passer un examen ;

2° Demandes déjà présentées et qui ont été différées ;

3° Demandes formulées par les salariés dont le stage, l'activité d'enseignement ou l'activité de recherche et d'innovation a dû être interrompu pour des motifs reconnus valables, après avis du comité d'entreprise ou, à défaut, des délégués du personnel ;

4° Demandes formulées par les salariés ayant le plus d'ancienneté dans l'entreprise. – *[Anc. art. R. 931-2.]*

Art. R. 6322-7 La durée pendant laquelle le congé individuel de formation peut être différé, en raison de conséquences préjudiciables au travail et à la marche de l'entreprise, ne peut excéder neuf mois. – *[Anc. art. R. 931-3, al. 1er.]*

§ 3 OBLIGATIONS DU BÉNÉFICIAIRE

Art. R. 6322-8 Le bénéficiaire du congé individuel de formation remet à l'employeur une attestation de présence effective du stage à la fin de chaque mois et au moment de la reprise du travail.

Le salarié qui, sans motif légitime, cesse de fréquenter le stage, perd le bénéfice du congé. – *[Anc. art. R. 931-4, al. 1er et 2.]*

Art. R. 6322-9 Lorsque le congé individuel de formation est accordé en vue de passer un examen, le bénéficiaire fournit à l'entreprise une attestation de présence aux examens.

Lorsque, sans motif valable, le salarié ne peut produire cette attestation, il perd le bénéfice du maintien de la rémunération prévue à l'article L. 6322-19. – *[Anc. art. R. 931-4, al. 3 et 4.]*

§ 4 NOUVELLES DEMANDES DE CONGÉS

Art. R. 6322-10 Le salarié ayant bénéficié d'un congé individuel de formation pris en charge par un organisme collecteur paritaire agréé, dans les conditions prévues à l'article L. 6322-17, ne peut prétendre, dans la même entreprise, au bénéfice d'un nouveau congé individuel de formation avant un délai dont la durée, exprimée en mois, est égale au douzième de la durée, exprimée en heures, du congé individuel de formation précédemment suivi.

Ce délai ne peut être inférieur à six mois ni supérieur à six ans. – *[Anc. art. R. 931-7, al. 1er.]*

Art. R. 6322-11 Au cours d'une même année civile, les salariés peuvent prétendre au bénéfice de plusieurs congés individuels de formation pour passer un examen en vue de l'obtention des titres ou diplômes définis à l'article L. 6322-3.

La durée de ces congés ne peut dépasser par année vingt-quatre heures de temps de travail.

La durée totale de ces congés n'est pas prise en compte pour le calcul du délai prévu à l'article R. 6322-10. – *[Anc. art. R. 931-9.]*

SOUS-SECTION 2 CONDITIONS DE PRISE EN CHARGE

Art. R. 6322-12 En l'absence de l'accord ou de la convention prévu à l'article L. 6322-14, lorsque les demandes de prise en charge présentées aux organismes collecteurs paritaires agréés par les salariés bénéficiaires d'un congé individuel de formation ne peuvent être simultanément satisfaites, ces organismes sont admis à déclarer prioritaires les demandes émanant de certaines catégories d'actions ou de publics, dès lors que les conditions suivantes ont été respectées :

1° Détermination de priorités, en tenant compte des listes de priorités établies selon le cas par les commissions paritaires professionnelles ou interprofessionnelles de l'emploi compétentes, selon, notamment :

a) La nature des formations ;

b) La catégorie professionnelle des demandeurs ;

c) La taille de l'entreprise qui les emploie ;

2° Répartition prévisionnelle des crédits entre les actions ou catégories reconnues prioritaires et les actions ou catégories non prioritaires ;

3° Information des employeurs et des salariés sur les priorités et la répartition mentionnées aux 1° et 2°. – *[Anc. art. R. 931-20, al. 1er à 4.]*

Art. R. 6322-13 Les priorités et la répartition prévues à l'article R. 6322-12 sont définies annuellement. Elles peuvent être modifiées ou reconduites d'année en année.

Toutefois, la part des crédits réservés à des formations répondant à des conditions fixées par décret ne peut être inférieure à 40 % des ressources de l'organisme collecteur paritaire agréé. Le pourcentage des crédits affectés à l'ensemble des interventions prioritaires ne peut atteindre 100 % des ressources. – *[Anc. art. R. 931-20, al. 5.]*

Art. R. 6322-14 Lorsque des priorités ont été définies conformément aux dispositions des articles R. 6322-12 et R. 6322-13, les demandes se rattachant à ces priorités sont satisfaites dans l'ordre de leur réception ainsi que dans la limite des crédits réservés à leur financement.

Les demandes ne se rattachant pas à ces priorités sont satisfaites dans l'ordre de leur réception, dans la limite des crédits réservés à leur financement.

En l'absence de définition de priorités, les demandes sont satisfaites dans l'ordre de leur réception. – *[Anc. art. R. 931-21.]*

Art. R. 6322-15 L'organisme collecteur paritaire agréé qui rejette en tout ou partie une demande de prise en charge informe le salarié des raisons motivant le rejet. Il l'informe également de sa possibilité de déposer un recours gracieux. – *[Anc. art. R. 931-21-1, al. 1er, phrase 1.]*

Art. R. 6322-16 Le recours gracieux contre la décision de l'organisme collecteur paritaire agréé lui est adressé dans un délai de deux mois à compter de la date d'envoi de la notification du rejet.

Il est examiné par une instance paritaire de recours créée au sein de l'organisme par son conseil d'administration.

L'organisme détermine les conditions dans lesquelles il délègue à cette instance le pouvoir de se prononcer sur les recours au nom du conseil d'administration. – *[Anc. art. R. 931-21-1, al. 1er, phrase 2 et 2.]*

Art. R. 6322-17 La décision prise sur le recours gracieux est notifiée au salarié. En cas de confirmation du rejet, elle est motivée. – *[Anc. art. R. 931-21-1, al. 3.]*

Art. R. 6322-18 Les organismes collecteurs paritaires agréés adressent chaque année au ministre chargé de la formation professionnelle et, s'il y a lieu, au préfet de région, un compte rendu portant sur :

1° Les demandes de prise en charge des congés individuels de formation dont ils sont saisis ;

2° Les conditions dans lesquelles ils ont satisfait ces demandes compte tenu des priorités qu'ils ont éventuellement définies ;

3° Le volume des demandes qu'ils n'ont pas pu satisfaire et les raisons de cette situation. – *[Anc. art. R. 931-22, al. 1er.]*

Art. R. 6322-19 Le ministre chargé de la formation professionnelle transmet le compte rendu prévu à l'article R. 6322-18 au *(Décr. no 2014-965 du 22 août 2014, art. 3)* « Conseil national de l'emploi, de la formation et de l'orientation professionnelles ».

Lorsqu'il en est destinataire, le préfet de région le transmet au comité de coordination régional de l'emploi et de la formation professionnelle. – *[Anc. art. R. 931-22, al. 2.]*

SOUS-SECTION 3 SALARIÉS TITULAIRES DE CONTRATS DE TRAVAIL À DURÉE DÉTERMINÉE OU DE CONTRATS NOUVELLES EMBAUCHES

§ 1er CONDITIONS D'ANCIENNETÉ

Art. R. 6322-20 En application de l'article L. 6322-27, pour bénéficier du congé individuel de formation, le salarié justifie des conditions d'ancienneté suivantes :

1° Vingt-quatre mois, consécutifs ou non, en qualité de salarié, quelle qu'ait été la nature des contrats successifs, au cours des cinq dernières années ;

2° Dont quatre mois, consécutifs ou non, sous contrat de travail à durée déterminée, au cours des douze derniers mois. – *[Anc. art. L. 931-15, al. 2 et 3.]*

Art. D. 6322-21 Ne peut être prise en compte pour le calcul des quatre mois mentionnés au 2° de l'article R. 6322-20, l'ancienneté acquise au titre :

1° Des contrats d'accompagnement dans l'emploi ;

2° Des contrats d'avenir ;

3° Des contrats d'apprentissage ;

4° Des contrats de professionnalisation ;

5° Des contrats conclus avec des jeunes au cours de leur cursus scolaire ou universitaire ;

6° Des contrats de travail à durée déterminée qui se poursuivent par des contrats à durée indéterminée. – *[Anc. art. L. 931-15, al. 5.]*

§ 2 CONDITIONS DE PRISE EN CHARGE

Art. R. 6322-22 Lorsque les demandes de prise en charge présentées par les salariés bénéficiaires d'un congé individuel de formation aux organismes collecteurs paritaires agréés ne peuvent être simultanément satisfaites et en l'absence de l'accord ou de la convention prévu à l'article L. 6322-14, ces organismes définissent chaque année des priorités en tenant compte :

1° Des listes de catégories d'actions de formation ou de publics établies par les commissions paritaires professionnelles ou interprofessionnelles de l'emploi compétentes ;

2° De la qualification professionnelle des demandeurs, compte tenu de l'évolution de leur emploi et des besoins exprimés par les entreprises ;

3° De la nature des actions de formation, en privilégiant l'objectif de l'insertion dans un emploi durable, notamment par l'acquisition d'un niveau supérieur de qualification ou l'obtention d'une qualification différente, en vue d'un changement d'activité ou de profession. – *[Anc. art. R. 931-23, al. 1er à 4.]*

Art. R. 6322-23 La part des crédits réservés aux priorités prévues à l'article R. 6322-22 ne peut être inférieure à 40 % des ressources de la section particulière de l'organisme collecteur paritaire agréé. – *[Anc. art. R. 931-23, al. 5.]*

Art. R. 6322-24 Lorsque des priorités ont été définies conformément aux dispositions de l'article R. 6322-22, les demandes se rattachant à ces priorités sont satisfaites dans l'ordre de leur réception ainsi que dans la limite des crédits qui leur sont affectés.

Les demandes ne se rattachant pas à ces priorités sont satisfaites dans l'ordre de leur réception, dans la limite des crédits réservés à leur financement.

En l'absence de définition de priorités, les demandes sont satisfaites dans l'ordre de leur réception. – *[Anc. art. R. 931-24.]*

Art. R. 6322-25 Les organismes collecteurs paritaires agréés informent les salariés sur les priorités et l'échéancier d'examen des demandes de prise en charge ainsi que sur les crédits affectés à ces priorités. – *[Anc. art. R. 931-25.]*

Art. R. 6322-26 Le recours gracieux contre une décision de rejet de demande de prise en charge par un organisme collecteur paritaire agréé, prévu à l'article R. 6322-15, s'applique au salarié titulaire d'un contrat de travail à durée déterminée. – *[Anc. art. R. 931-25-1.]*

Art. R. 6322-27 Outre les obligations auxquelles ils sont tenus, en application des articles R. 6332-30 à R. 6332-34, les organismes collecteurs paritaire*[s]* agréés adressent chaque année au ministre chargé de la formation professionnelle et, s'il y a lieu, au préfet de région les renseignements statistiques et financiers permettant de suivre le fonctionnement de la section particulière mentionnée à l'article D. 6322-28.

A cette fin, l'état mentionné à l'article R. 6332-30 est complété conformément à un modèle établi par arrêté conjoint des ministres chargés de la formation professionnelle et du budget.

Les organismes collecteurs fournissent pour cette section particulière les informations mentionnées à l'article R. 6322-18. – *[Anc. art. R. 931-26.]*

§ 3 FINANCEMENT DU CONGÉ

Art. D. 6322-28 Les sommes versées au titre du financement du congé individuel de formation, en application de l'article L. 6322-37, sont mutualisées au sein d'une section particulière de l'organisme collecteur paritaire agréé.

(Décr. n° 2009-289 du 13 mars 2009) « Les contrats mentionnés à l'article D. 6322-21 ne donnent pas lieu à ce versement. »

Art. D. 6322-29 Le paiement du versement au titre du financement du congé individuel de formation est opéré avant le 1er mars de l'année suivant celle au titre de laquelle il est dû. – *[Anc. art. L. 931-20, al. 2.]*

Art. D. 6322-30 Pour obtenir la restitution prévue à l'article L. 6322-39, l'employeur adresse à l'organisme collecteur paritaire agréé une demande de remboursement. Cette demande est accompagnée des copies des deux contrats successifs qu'il a signés avec le salarié.

La demande est adressée dans un délai de six mois à compter de la date de conclusion du contrat de travail à durée indéterminée. – *[Anc. art. D. 931-1, al. 1er à 3.]*

Art. D. 6322-31 L'organisme collecteur paritaire agréé procède à la restitution dans un délai maximum de trois mois à compter de la réception de la demande écrite de l'employeur.

La restitution est réalisée sur les fonds qu'il détient au titre de la section particulière prévue à l'article D. 6322-28. – *[Anc. art. D. 931-1, al. 4.]*

SECTION II **CONGÉ DE BILAN DE COMPÉTENCES**

SOUS-SECTION 1 **CONVENTION TRIPARTITE**

Art. R. 6322-32 Un bilan de compétences, lorsqu'il est accompli dans le cadre d'un congé de bilan de compétences, ne peut être réalisé qu'après conclusion d'une convention tripartite entre :

1° Le salarié ;

2° L'organisme prestataire de bilans de compétences ;

3° L'organisme collecteur paritaire agréé au titre du congé individuel de formation mentionné à l'article L. 6331-10 lorsque le bilan de compétences est accompli dans le cadre du congé de bilan de compétences. – *[Anc. art. R. 900-3, al. 1er début.]*

Art. R. 6322-33 La convention tripartite est établie conformément à des conventions types définies par un arrêté du ministre chargé de la formation professionnelle. Cet arrêté rappelle aux signataires les principales obligations qui leur incombent. – *[Anc. art. R. 900-3, al. 2.]*

Art. R. 6322-34 Lorsqu'il demande le consentement du salarié pour la réalisation du bilan de compétences, l'employeur lui présente la convention tripartite complétée.

Le salarié dispose d'un délai de dix jours pour signifier son acceptation en restituant à l'employeur la convention sur laquelle il appose sa signature précédée de la mention "lu et approuvé".

L'absence de réponse du salarié dans ce délai vaut refus. – *[Anc. art. R. 950-13-2.]*

SOUS-SECTION 2 **CONTENU ET DÉROULEMENT DU BILAN**

Art. R. 6322-35 Le bilan de compétences comprend, sous la conduite du prestataire, les trois phases suivantes :

1° Une phase préliminaire qui a pour objet :

a) De confirmer l'engagement du bénéficiaire dans sa démarche ;

b) De définir et d'analyser la nature de ses besoins ;

c) De l'informer des conditions de déroulement du bilan, ainsi que des méthodes et techniques mises en œuvre ;

2° Une phase d'investigation permettant au bénéficiaire :

a) D'analyser ses motivations et intérêts professionnels et personnels ;

b) D'identifier ses compétences et aptitudes professionnelles et personnelles et, le cas échéant, d'évaluer ses connaissances générales ;

c) De déterminer ses possibilités d'évolution professionnelle ;

3° Une phase de conclusions qui, par la voie d'entretiens personnalisés, permet au bénéficiaire :

a) De prendre connaissance des résultats détaillés de la phase d'investigation ;

b) De recenser les facteurs susceptibles de favoriser ou non la réalisation d'un projet professionnel et, le cas échéant, d'un projet de formation ;

c) De prévoir les principales étapes de la mise en œuvre de ce projet. – *[Anc. art. R. 900-1, al. 1er à 13.]*

Art. R. 6322-36 Les actions du bilan de compétences sont menées de façon individuelle.

Toutefois, certaines actions conduites dans la phase d'investigation peuvent l'être de façon collective, à condition qu'il ne soit pas porté atteinte au respect de la vie privée des bénéficiaires. – *[Anc. art. R. 900-1, al. 15.]*

Art. R. 6322-37 La phase de conclusions du bilan de compétences, prévue au 3° de l'article R. 6322-35, se termine par la présentation au bénéficiaire du document de synthèse prévu au troisième alinéa de l'article L. 6313-10.

L'organisme prestataire communique également au bénéficiaire, au terme du bilan de compétences, les conclusions détaillées du bilan. – *[Anc. art. R. 900-1, al. 14 et 16.]*

Art. R. 6322-38 Le document de synthèse est élaboré pendant la phase de conclusions du bilan de compétences. Il comporte les indications suivantes :

1° Circonstances du bilan ;

2° Compétences et aptitudes du bénéficiaire au regard des perspectives d'évolution envisagées ;

3° Le cas échéant, éléments constitutifs du projet professionnel et éventuellement du projet de formation du bénéficiaire et principales étapes prévues pour la réalisation de ce projet. – *[Anc. art. R. 900-2, al. 1er à 4.]*

Art. R. 6322-39 Le document de synthèse est établi par l'organisme prestataire, sous sa seule responsabilité.

Il est soumis au bénéficiaire pour d'éventuelles observations. – *[Anc. art. R. 900-2, al. 5.]*

SOUS-SECTION 3 CONDITIONS D'OUVERTURE ET DE MISE EN ŒUVRE DU CONGÉ

Art. R. 6322-40 La demande d'autorisation d'absence au titre du congé de bilan de compétences indique les dates et la durée du bilan, ainsi que la dénomination de l'organisme prestataire choisi par le salarié.

Cette demande est transmise à l'employeur au plus tard soixante jours avant le début du bilan. – *[Anc. art. R. 931-28, al. 1er et 2.]*

Art. R. 6322-41 Dans les trente jours suivant la réception de la demande de congé de bilan de compétences, l'employeur informe l'intéressé de son accord ou les raisons de service motivant le report de l'autorisation d'absence. Ce report ne peut excéder six mois. – *[Anc. art. R. 931-28, al. 2.]*

Art. R. 6322-42 Le salarié ayant bénéficié d'une autorisation d'absence pour accomplir un bilan de compétences ne peut prétendre, dans la même entreprise, au bénéfice d'une nouvelle autorisation d'absence dans le même but avant cinq ans. – *[Anc. art. R. 931-32, al. 1er.]*

SOUS-SECTION 4 CONDITIONS DE PRISE EN CHARGE DU CONGÉ DE BILAN DE COMPÉTENCES ET RÉMUNÉRATION

§ 1er CONDITIONS DE PRISE EN CHARGE

Art. R. 6322-43 Lorsque les demandes de prise en charge de congés pour bilan de compétences présentées aux organismes collecteurs paritaires agréés par les bénéficiaires d'un congé de bilan de compétences ne peuvent être simultanément satisfaites, ces organismes sont admis à déclarer prioritaires les demandes émanant de certaines catégories de publics dès lors que les conditions suivantes sont respectées :

1° Détermination de priorités, notamment selon :

a) Soit la catégorie professionnelle des demandeurs ;

b) Soit la taille des entreprises qui les emploient, en tenant compte des listes de priorités établies par les commissions paritaires professionnelles ou interprofessionnelles de l'emploi compétentes ;

2° Répartition des crédits entre les catégories prioritaires et non prioritaires ;

3° Information des employeurs et des demandeurs sur les priorités et la répartition mentionnée aux 1° et 2°. – *[Anc. art. R. 931-29, al. 1er à 4.]*

Art. R. 6322-44 Les priorités prévues à l'article R. 6322-43 sont définies annuellement.

Lorsqu'elles ont été définies, les demandes qui s'y rattachent sont satisfaites dans l'ordre de leur réception ainsi que dans la limite des crédits réservés à leur financement.

Lorsque les demandes ne se rattachent pas à ces priorités ou en l'absence de définition de priorités, les demandes sont satisfaites dans l'ordre de leur réception. – *[Anc. art. R. 931-29, al. 5 à 7.]*

Art. R. 6322-45 L'organisme collecteur paritaire agréé qui rejette en tout ou partie une demande de prise en charge informe le salarié des raisons motivant le rejet. Il l'informe également de sa possibilité de déposer un recours gracieux. – *[Anc. art. R. 931-30, al. 1er début.]*

Art. R. 6322-46 Le recours gracieux contre la décision de l'organisme collecteur paritaire agréé lui est adressé dans un délai de deux mois à compter de la date d'envoi de la notification du rejet.

Il est examiné par une instance paritaire de recours créée au sein de l'organisme par son conseil d'administration.

L'organisme détermine les conditions dans lesquelles il délègue à cette instance le pouvoir de se prononcer sur les recours au nom du conseil d'administration. – *[Anc. art. R. 931-30, al. 1er fin et 2, phrase 1.]*

Art. R. 6322-47 La décision prise sur le recours gracieux est notifiée au salarié. En cas de confirmation du rejet, la décision est motivée. – *[Anc. art. R. 931-30, al. 2, phrase 2.]*

§ 2 RÉMUNÉRATION

Art. R. 6322-48 Le salarié bénéficiaire d'un congé de bilan de compétences a droit, dès lors qu'il a obtenu d'un organisme collecteur paritaire agréé la prise en charge des dépenses correspondantes à ce congé, à une rémunération égale à celle qu'il aurait perçue s'il était resté à son poste de travail, dans la limite de vingt-quatre heures par bilan de compétences.

Cette rémunération est versée, suivant les cas, dans les conditions prévues à l'article *[aux articles]* L. 6322-20 ou L. 6322-34. – *[Anc. art. R. 931-33.]*

SOUS-SECTION 5 FINANCEMENT

Art. R. 6322-49 L'État et les régions peuvent concourir au financement des dépenses occasionnées par les bilans de compétences. – *[Anc. art. L. 931-25, al. 4.]*

Art. R. 6322-50 Les dépenses de rémunération engagées par l'employeur sont prises en compte conformément aux dispositions de l'article R. 6331-22. – *[Anc. art. R. 950-13-1, al. 4.]*

SOUS-SECTION 6 OBLIGATIONS DE L'ORGANISME PRESTATAIRE DE BILANS DE COMPÉTENCES ET DU SALARIÉ

§ 1er OBLIGATIONS PRÉALABLES À LA RÉALISATION DU BILAN

Art. R. 6322-51 Les organismes chargés de la réalisation des bilans de compétences pris en charge par les employeurs sont ceux figurant sur la liste mentionnée à l'article L. 6322-48.

Peuvent seuls figurer sur cette liste les organismes qui présentent des garanties suffisantes en ce qui concerne le respect des obligations et conditions prévues par les articles R. 1233-35, R. 6321-2, R. 6322-32, R. 6322-33, R. 6322-35 à R. 6322-39 et R. 6322-56 à R. 6322-61. – *[Anc. art. R. 931-27, al. 1er, et anc. art. R. 950-13-1, al. 1er.]*

Art. R. 6322-52 Les organismes collecteurs paritaires agréés transmettent chaque année au préfet de région la liste des organismes chargés de la réalisation des bilans de compétences qu'ils ont arrêtée. – *[Anc. art. R. 931-27, al. 2.]*

Art. R. 6322-53 Lorsqu'il apparaît, notamment à la suite d'un contrôle exercé en application de l'article L. 6361-2, qu'un organisme prestataire de bilans de compétences figurant sur la liste méconnaît ou n'est plus en mesure de respecter les conditions et obligations prévues par les articles R. 6322-35 à R. 6322-61, cet organisme est exclu de cette liste.

Cette exclusion est prononcée par l'organisme collecteur paritaire agréé, à la demande du ministre chargé de la formation professionnelle ou du préfet de région. – *[Anc. art. R. 931-27, al. 3 et 4.]*

Art. R. 6322-54 Un employeur peut recourir à un organisme *(Abrogé par Décr. no 2009-289 du 13 mars 2009) « collecteur paritaire »* non inscrit sur la liste lorsque cet organisme présente des garanties suffisantes en ce qui concerne le respect des obligations et conditions prévues par les articles R. 6322-35 à R. 6322-61.

Ces garanties sont appréciées par le préfet de région, auquel l'employeur transmet préalablement les informations contenues dans la convention prévue à l'article R. 6322-32.

L'accord du préfet de région est acquis à défaut de décision de refus notifiée à l'employeur dans le mois qui suit la réception du dossier. – *[Anc. art. R. 950-13-1, al. 2.]*

Art. R. 6322-55 Les dépenses engagées par l'employeur dans le cas prévu à l'article R. 6322-54 au titre de la réalisation du bilan de compétences couvrent les frais afférents à cette réalisation et à la rémunération des bénéficiaires. – *[Anc. art. R. 950-13-1, al. 3.]*

§ 2 OBLIGATIONS DURANT LA RÉALISATION DU BILAN

Art. R. 6322-56 Les organismes prestataires utilisent, pour réaliser les bilans de compétences, des méthodes et des techniques fiables, mises en œuvre par des personnels qualifiés, dans le respect des dispositions des articles mentionnés au second alinéa de l'article R. 6322-51. – *[Anc. art. R. 900-4.]*

Art. R. 6322-57 Les entreprises ne peuvent réaliser elles-mêmes des bilans de compétences pour leurs salariés. – *[Anc. art. R. 900-5, al. 4.]*

Art. R. 6322-58 L'organisme prestataire de bilans de compétences qui exerce par ailleurs plusieurs autres activités :

1° Dispose au sein de son organisation d'une structure identifiée, exclusivement destinée à la réalisation de bilans de compétences et d'actions d'évaluation ou d'orientation en matière professionnelle ;

2° Tient une comptabilité séparée pour chacune de ces activités. – *[Anc. art. R. 900-5, al. 1er à 3.]*

Art. R. 6322-59 Sauf demande écrite du bénéficiaire du bilan de compétences, les documents élaborés pour la réalisation de ce bilan sont aussitôt détruits par l'organisme prestataire.

La demande du bénéficiaire doit être fondée sur la nécessité d'un suivi de sa situation.

Ces documents ne peuvent être gardés plus d'un an. – *[Anc. art. R. 900-6.]*

Art. R. 6322-60 Les organismes prestataires de bilans de compétences transmettent chaque année au préfet de région, avant le 30 avril suivant l'année civile considérée, un compte rendu statistique et financier de leur activité en ce domaine.

Ce compte rendu est établi conformément à un modèle défini par arrêté du ministre chargé de la formation professionnelle. – *[Anc. art. R. 900-7, al. 1er.]*

Art. R. 6322-61 A la demande du préfet de région, les organismes prestataires de bilans de compétences lui transmettent le descriptif des méthodes, techniques et moyens d'intervention susceptibles d'être mis en œuvre ainsi que la justification des compétences des intervenants. Les organismes qui exercent leur activité au-delà d'une seule région transmettent ces documents au ministre chargé de la formation professionnelle, à sa demande.

Ils tiennent ces informations à la disposition des organismes collecteurs paritaires agréés au titre du congé individuel de formation mentionnés à l'article L. 6331-10. – *[Anc. art. R. 900-7, al. 2.]*

§ 3 OBLIGATIONS DU BÉNÉFICIAIRE

Art. R. 6322-62 Au terme d'un congé de bilan de compétences, le bénéficiaire présente une attestation de présence délivrée par l'organisme prestataire.

Le salarié qui, sans motif valable, ne suit pas l'ensemble de l'action pour laquelle le congé a été accordé perd le bénéfice de ce congé. – *[Anc. art. R. 931-31.]*

Art. R. 6322-63 L'autorisation d'absence accordée pour accomplir un bilan de compétences n'est pas prise en compte dans le calcul du délai de franchise applicable aux congés individuel*[s]* de formation, d'enseignement ou de recherche, de formation pour les salariés de vingt-cinq ans et moins ainsi que de validation des acquis de l'expérience. – *[Anc. art. R. 931-32, al. 2.]*

SECTION III **AUTRES CONGÉS**

SOUS-SECTION 1 **CONGÉS D'ENSEIGNEMENT OU DE RECHERCHE**

§ 1er CONDITION D'OUVERTURE

Art. R. 6322-64 Les salariés définis à l'article L. 6322-53 ont droit à une autorisation d'absence en vue de dispenser un enseignement ou de se livrer à une activité de recherche et d'innovation :

1° Soit à temps partiel, l'absence de l'entreprise ne pouvant alors excéder huit heures par semaine ou quarante heures par mois ;

2° Soit à temps plein pour une période maximale d'un an. – *[Anc. art. R. 931-10.]*

Art. R. 6322-65 L'autorisation d'absence en vue de dispenser un enseignement ou de se livrer à une activité de recherche et d'innovation à temps partiel est accordée pour une période maximale d'un an.

Elle peut être renouvelée sur demande faite auprès de l'employeur. – *[Anc. art. R. 931-11.]*

Art. R. 6322-66 L'employeur peut différer la date de prise de congé de recherche et d'innovation lorsqu'il estime, après avis du comité d'entreprise ou, le cas échéant, des délégués du personnel, que l'absence du salarié peut avoir des conséquences préjudiciables sur la politique de recherche et de développement technologique de l'entreprise.

La durée pendant laquelle ce congé peut être différé ne peut excéder neuf mois. – *[Anc. art. R. 931-3.]*

Art. R. 6322-67 Le salarié ayant bénéficié d'un congé d'enseignement à temps plein ou d'un congé de recherche et d'innovation à temps plein ne peut prétendre, dans la même entreprise, au bénéfice d'un nouveau congé avant un délai dont la durée, exprimée en mois, est égale au douzième de la durée, exprimée en heures, du congé précédemment suivi.

Ce délai ne peut être inférieur à six mois ni supérieur à six ans. – *[Anc. art. R. 931-7, al. 2.]*

§ 2 OBLIGATIONS DU SALARIÉ

Art. R. 6322-68 Le bénéficiaire du congé d'enseignement ou de recherche remet à l'employeur une attestation d'exercice effectif de l'enseignement ou de l'activité de recherche et d'innovation. Cette attestation est remise à la fin de chaque mois et au moment de la reprise du travail. – *[Anc. art. R. 931-4, al. 1er.]*

Art. R. 6322-69 Le salarié qui, sans motif légitime, cesse d'exercer l'enseignement ou de se livrer à l'activité de recherche et d'innovation pour lesquels le congé a été accordé perd le bénéfice du congé. – *[Anc. art. R. 931-4, al. 2.]*

SOUS-SECTION 2 **CONGÉS DE FORMATION POUR LES SALARIÉS DE VINGT-CINQ ANS ET MOINS**

Art. R. 6322-70 La durée minimum de présence dans l'entreprise pour l'ouverture du droit au congé de formation pour les salariés âgés de vingt-cinq ans et moins est fixée à trois mois. – *[Anc. art. R. 931-13.]*

Art. R. 6322-71 La demande de congé est formulée au plus tard trente jours avant la date d'effet.

Elle indique la date, la désignation et la durée d'ouverture du stage ainsi que le nom de l'organisme qui en est responsable. – *[Anc. art. R. 931-15, al. 1er et 2.]*

Art. R. 6322-72 Dans les dix jours suivant la réception de la demande de congé, l'employeur fait connaître à l'intéressé soit son accord, soit les raisons qui motivent le rejet ou le report de la demande. – *[Anc. art. R. 931-15, al. 3.]*

Art. R. 6322-73 La durée pendant laquelle le congé peut être différé, en application du 3° de l'article L. 6322-63, ne peut excéder trois mois. – *[Anc. art. R. 931-16.]*

Art. R. 6322-74 Lorsque les nécessités de l'entreprise font obstacle à ce que les demandes de congés présentées soient simultanément satisfaites, les demandes sont départagées selon l'ordre de priorité suivant :

1° Demandes déjà différées ;

2° Demandes présentées par les salariés dont le stage a été interrompu pour des motifs reconnus valables, après avis du comité d'entreprise ou, à défaut, des délégués du personnel ;

3° Demandes formulées par les salariés ayant la plus grande ancienneté dans l'entreprise. – *[Anc. art. R. 931-17.]*

Art. R. 6322-75 Le report de congé ne supprime pas le droit à congé pour le salarié qui atteint :

1° Soit l'âge de *(Décr. n° 2009-289 du 13 mars 2009)* « vingt-six » ans après le dépôt de sa demande ;

2° Soit vingt-quatre mois d'activité professionnelle après le dépôt de *(Décr. n° 2009-289 du 13 mars 2009)* « sa » demande. – *[Anc. art. R. 931-18, phrase 1.]*

Art. R. 6322-76 Outre la possibilité de bénéficier du congé individuel de formation prévu à l'article L. 6322-1, le salarié conserve le droit de prendre le congé de formation prévu à la présente sous-section au-delà des limites énoncées à l'article R. 6322-75. – *[Anc. art. R. 931-18, phrase 2.]*

Art. R. 6322-77 La décision de refus ou de report de congé est prise après avis du comité d'entreprise ou, à défaut, des délégués du personnel. – *[Anc. art. R. 931-19.]*

Art. R. 6322-78 Les heures de congé auxquelles a droit le salarié peuvent, sur sa demande, être reportées d'une année à l'autre.

Le congé total peut être utilisé en une ou plusieurs fois pour suivre des stages, continus ou discontinus, à temps plein ou à temps partiel. – *[Anc. art. R. 931-14.]*

SECTION IV **FORMATIONS SE DÉROULANT EN DEHORS DU TEMPS DE TRAVAIL**

(Décr. n° 2010-65 du 18 janv. 2010)

Art. D. 6322-79 La durée minimum mentionnée au second alinéa de l'article L. 6322-64 est fixée à cent vingt heures.

CHAPITRE III **LE COMPTE PERSONNEL DE FORMATION**

(Décr. n° 2014-1120 du 2 oct. 2014, art. 1er, en vigueur le 1er janv. 2015)

Ce chapitre est applicable à compter du 1er janv. 2015, à l'exception de sa sect. V, applicable le 5 oct. 2014 (Décr. nos 2014-1119 et 2014-1120 du 2 oct. 2014).

SECTION PREMIÈRE **ALIMENTATION DU COMPTE**

Art. R. 6323-1 I. – Pour les salariés dont la durée de travail à temps plein est fixée en application d'un accord d'entreprise ou de branche, le nombre d'heures de travail de référence pour le calcul de l'alimentation du compte personnel de formation est égal à la durée conventionnelle de travail.

II. – Pour les salariés dont la durée de travail à temps plein n'est pas fixée en application d'un accord d'entreprise ou de branche, le nombre d'heures de travail de référence pour le calcul de l'alimentation du compte personnel de formation est égal à 1 607 heures.

III. – Lorsque le salarié a effectué une durée de travail inférieure à la durée de travail mentionnée au I ou à 1 607 heures sur l'ensemble de l'année, l'alimentation du compte est calculée au prorata du rapport entre le nombre d'heures effectuées et la durée conventionnelle mentionnée au I ou 1 607 heures. Lorsque le calcul ainsi effectué aboutit à un nombre d'heures de formation comportant une décimale, ce chiffre est arrondi au nombre entier immédiatement supérieur.

IV. — Pour les salariés dont la durée de travail est déterminée par une convention de forfait en jours, le nombre d'heures de travail de référence pour le calcul de l'alimentation du compte personnel de formation est fixé à 1 607 heures.

V. — Pour les salariés dont la rémunération n'est pas établie en fonction d'un horaire de travail, le montant de référence pour le calcul de l'alimentation du compte personnel de formation est fixé à 2 080 fois le montant du salaire minimum horaire de croissance.

L'alimentation du compte de ces salariés est calculée au prorata du rapport entre la rémunération effectivement perçue et le montant de référence mentionné à l'alinéa précédent. Lorsque le calcul ainsi effectué aboutit à un nombre d'heures de formation comportant une décimale, ce chiffre est arrondi au nombre entier immédiatement supérieur.

VI. — En vue d'assurer l'alimentation des comptes personnels de formation des salariés mentionnés aux I et III, les entreprises concernées informent l'organisme paritaire collecteur agréé dont elles relèvent, avant le 1er mars de chaque année, de la durée de travail à temps plein applicable à ces salariés.

Art. R. 6323-2 I. — Lorsqu'en application des dispositions du second alinéa de l'article L. 6323-11 des dispositions plus favorables ont été prévues par un accord d'entreprise, de groupe ou de branche pour l'alimentation du compte personnel de formation des salariés qui n'ont pas effectué une durée de travail à temps complet sur l'ensemble de l'année, l'entreprise effectue annuellement, pour chaque salarié concerné, le calcul du nombre d'heures venant abonder le compte personnel de formation.

II. — La somme due par l'entreprise au titre du financement spécifique prévu au second alinéa de l'article L. 6323-11 correspond au nombre d'heures mentionné au I, multiplié par un montant forfaitaire déterminé par l'accord d'entreprise, de groupe ou de branche, sans que ce montant forfaitaire ne puisse être inférieur à 13 euros.

III. — Lorsqu'un accord d'entreprise a été conclu sur le fondement de l'article L. 6331-10, la somme mentionnée au II s'ajoute aux sommes qui doivent être consacrées par l'employeur au financement du compte personnel de formation.

IV. — En l'absence d'accord conclu sur le fondement de l'article L. 6331-10, la somme mentionnée au II est versée par l'employeur à l'organisme collecteur paritaire agréé dont il relève et est gérée par cet organisme dans la section consacrée au financement du compte personnel de formation mentionnée au 3° de l'article L. 6332-3.

V. — En vue d'assurer le suivi des comptes personnels de formation par la Caisse des dépôts et consignations, les entreprises concernées adressent avant le 1er mars de chaque année à l'organisme paritaire collecteur agréé dont elles relèvent la liste des salariés bénéficiaires des dispositions plus favorables mentionnées au I ainsi que le nombre d'heures de formation supplémentaires attribuées.

Art. R. 6323-3 I. — Pour l'application des dispositions du premier alinéa de l'article L. 6323-13 et en vue d'assurer le suivi des comptes personnels de formation par la Caisse des dépôts et consignations, les entreprises concernées adressent chaque année à l'organisme paritaire collecteur agréé dont elles relèvent la liste des salariés bénéficiaires de l'abondement mentionné au dernier alinéa du II de l'article L. 6315-1 ainsi que le nombre d'heures de formation attribuées selon que le salarié exerce une activité à temps plein ou à temps partiel au moment de l'entretien professionnel mentionné au premier alinéa du II du même article.

II. — La somme que doit verser l'entreprise à l'organisme paritaire collecteur agréé mentionné au I correspond au nombre d'heures ainsi ajoutées multiplié par un montant forfaitaire de 30 euros.

III. — La déclaration mentionnée au I et le versement de la somme due mentionnée au II sont adressés par l'entreprise à l'organisme collecteur paritaire agréé avant le 1er mars de chaque année.

Art. D. 6323-3-1 *(Décr. n° 2016-1367 du 12 oct. 2016, art. 1er, en vigueur le 1er janv. 2017)* I. — Afin de bénéficier de la majoration de ses droits au compte personnel de formation prévue à l'article L. 6323-11-1, le titulaire du compte déclare remplir les conditions prévues à cet article par l'intermédiaire des services dématérialisés mentionnés à l'article L. 5151-6 et au I de l'article L. 6323-8. Cette déclaration peut être effectuée selon les mêmes modalités par son conseiller en évolution professionnelle ou le financeur de sa formation.

La Caisse des dépôts et consignations procède alors au calcul des droits acquis par le titulaire depuis l'ouverture de son compte personnel de formation, ou depuis le 1er janvier 2017 si le compte a été ouvert avant cette date, conformément aux dispositions des articles L. 6323-11 et L. 6323-11-1.

II. — Le titulaire du compte qui ne remplit plus les conditions prévues à l'article L. 6323-11-1 le déclare par l'intermédiaire des services dématérialisés mentionnés à l'article L. 5151-6 et au I de l'article L. 6323-8. Il cesse de bénéficier des dispositions du même article à compter de l'année civile suivante.

III. — Une information spécifique portant sur les modalités de cette déclaration, sur la majoration des droits en résultant, ainsi que sur les conséquences d'une déclaration frauduleuse ou erronée est fournie par l'intermédiaire des services dématérialisés mentionnés à l'article L. 5151-6 et au I de l'article L. 6323-8. Cette information est également délivrée par le conseil en évolution professionnelle, dans des conditions définies par le cahier des charges mentionné au troisième alinéa de l'article L. 6111-6.

IV. — En cas de déclaration frauduleuse ou erronée, les droits inscrits au compte personnel de formation font l'objet d'un nouveau calcul opéré conformément aux dispositions de l'article L. 6323-11, sans préjudice des sanctions prévues aux articles 313-3 et 441-6 du code pénal.

SECTION II **MOBILISATION DU COMPTE**

Art. R. 6323-4 I. — Le salarié qui souhaite bénéficier d'une formation suivie en tout ou partie pendant le temps de travail au titre du compte personnel de formation demande l'accord préalable de l'employeur sur le contenu et le calendrier de la formation au minimum soixante jours avant le début de celle-ci en cas de durée inférieure à six mois et au minimum cent vingt jours dans les autres cas.

II. — Si le salarié souhaite bénéficier d'une formation suivie en tout ou partie pendant le temps de travail, financée au titre des heures créditées sur le compte personnel de formation en application de l'article L. 6323-13, d'une formation mentionnée aux I et III de l'article L. 6323-6 ainsi que dans des cas prévus par accord de branche, d'entreprise ou de groupe, la demande d'accord préalable de l'employeur mentionnée au I ne porte que sur le calendrier de la formation.

III. — A compter de la réception de la demande, l'employeur dispose d'un délai de trente jours calendaires pour notifier sa réponse au salarié. L'absence de réponse de l'employeur dans ce délai vaut acceptation de la demande.

SECTION III **PRISE EN CHARGE DES FRAIS DE FORMATION AU TITRE DU COMPTE PERSONNEL DE FORMATION**

Art. R. 6323-5 I. — Les frais pédagogiques et les frais annexes, composés des frais de transport, de repas, et d'hébergement occasionnés par la formation suivie par le salarié qui mobilise son compte personnel de formation, pendant son temps de travail ou hors temps de travail, sont pris en charge par l'organisme collecteur paritaire agréé ou par l'employeur lorsque celui-ci a conclu un accord d'entreprise sur le fondement de l'article L. 6331-10, dans le cadre des fonds affectés à la prise en charge du compte personnel de formation. Les frais de garde d'enfant ou de parent à charge occasionnés par la formation suivie par le salarié qui mobilise son compte personnel de formation en tout ou partie hors temps de travail peuvent être pris en charge par l'organisme paritaire collecteur agréé ou par l'employeur lorsque celui-ci a conclu un accord d'entreprise sur le fondement de l'article L. 6331-10, dans le cadre des fonds affectés à la prise en charge du compte personnel de formation.

II. — La prise en charge de ces frais par l'organisme paritaire collecteur agréé pour collecter la contribution mentionnée aux articles L. 6331-2 et L. 6331-9 est effectuée au regard du coût réel de la formation. Toutefois, cette prise en charge peut faire l'objet d'un plafond déterminé par le conseil d'administration de l'organisme. En application de l'article L. 6316-1, l'organisme paritaire collecteur agréé s'assure de la capacité du prestataire de formation qu'il finance dans ce cadre à dispenser une formation de qualité.

III. — Lorsque l'employeur a conclu un accord d'entreprise sur le fondement de l'article L. 6331-10, la prise en charge de ces frais est effectuée au regard du coût réel de la formation. Toutefois, cette prise en charge peut faire l'objet d'un plafond déterminé par cet accord.

IV. — La prise en charge par un organisme paritaire collecteur agréé de la rémunération des salariés en formation pendant le temps de travail au titre du compte personnel de formation, dans la limite, pour chaque salarié concerné, de 50 % du montant total pris en charge par cet organisme pour le financement de la formation des heures inscrites sur le compte, est subordonnée à l'existence d'un accord exprès du conseil d'administration de cet organisme.

V. — La prise en compte par un employeur de la rémunération assurée par celui-ci aux salariés en formation pendant le temps de travail au titre du financement du compte personnel de formation, dans la limite de 50 % des fonds affectés par l'entreprise au financement des heures inscrites sur le compte personnel de formation, est subordonnée à la mention expresse de cette possibilité dans l'accord d'entreprise conclu en application de l'article L. 6331-10.

VI. — Un suivi de la mise en œuvre des dispositions du présent article est effectué par le Conseil national de l'emploi, de la formation et de l'orientation professionnelles. Il est intégré au rapport prévu à l'article L. 6323-9.

Art. R. 6323-6 Le financement par le fonds paritaire de sécurisation des parcours professionnels mentionné au II de l'article L. 6323-20 des frais pédagogiques associés au congé individuel de formation et la prise en charge des actions de formation au bénéfice des demandeurs d'emploi dans les conditions déterminées par l'article L. 6323-23 prennent en considération les modalités de financement appliquées, d'une part, par les organismes mentionnés aux articles L. 6333-1 et L. 6333-2 et, d'autre part, par les régions et par Pôle emploi.

Ce financement est déterminé selon les modalités définies aux neuvième et dixième alinéas de l'article L. 6332-21. Il peut faire l'objet, dans ce cadre, d'un plafonnement de son niveau de prise en charge.

SECTION IV **MOBILISATION DU DROIT INDIVIDUEL À LA FORMATION DANS LE CADRE DU COMPTE PERSONNEL DE FORMATION**

Art. R. 6323-7 Afin de permettre l'utilisation du droit individuel à la formation, les employeurs doivent informer par écrit, avant le 31 janvier 2015, chaque salarié du nombre total d'heures acquises et non utilisées au titre du droit individuel à la formation au 31 décembre 2014.

Lorsqu'une personne bénéficie d'une formation dans le cadre de son compte personnel de formation, les heures acquises et non utilisées au titre du droit individuel à la formation sont mobilisées en premier lieu et, le cas échéant, sont complétées par les heures inscrites sur le compte personnel de formation de l'intéressé dans la limite d'un plafond total de 150 heures. Ces heures de formation sont prises en charge par les financements affectés au compte personnel de formation et peuvent être abondées dans les conditions prévues par l'article L. 6323-5.

SECTION V **FORMATIONS ÉLIGIBLES AU COMPTE PERSONNEL DE FORMATION**

(Décr. n° 2014-1119 du 2 oct. 2014, art. 1er)

Art. R. 6323-8 I. — Le ministre chargé de la formation professionnelle vérifie les conditions d'élaboration des listes de formation établies au titre du II de l'article L. 6323-6, et notamment la compétence pour élaborer ces listes des organismes mentionnés au I de l'article L. 6323-16 et au I de l'article L. 6323-21 ayant pris en charge leur élaboration.

Pour les listes de formations établies par une convention de branche ou un accord interprofessionnel, le contrôle s'effectue dans le cadre de la procédure d'extension prévue à la section VII du chapitre Ier du titre VI du livre II de la deuxième partie du présent code.

II. — La vérification porte également :

1° Pour les formations mentionnées au 1° du II de l'article L. 6323-6, sur l'effectivité de l'enregistrement des certifications professionnelles au répertoire national des certifications professionnelles et, dès lors qu'elles sont mentionnées en tant que telles au sein de la liste, l'existence de parties identifiées de certification professionnelle, classées au sein de ce répertoire, visant à l'acquisition d'un bloc de compétences ;

2° Pour les formations mentionnées au 2° du II du même article, sur le respect des dispositions de l'article L. 6314-2 pour les certifications de qualification professionnelle ;

3° Pour les formations mentionnées au 3° du II de l'article L. 6323-6, sur l'effectivité de l'inscription des certifications et habilitations à l'inventaire mentionné au dixième alinéa du II de l'article L. 335-6 du code de l'éducation ;

4° Pour les formations mentionnées au 4° du II de l'article L. 6323-6 du présent code, sur le respect des conditions fixées au 2° du I de l'article L. 6323-21.

L'expertise du président de la Commission nationale de la certification professionnelle est sollicitée, en tant que de besoin, pour l'exercice de ces vérifications.

III. — La liste de formations satisfaisant aux contrôles prévus au I et au II est transmise selon les modalités prévues à l'article R. 6323-9.

Une liste de formations ne satisfaisant pas à ces contrôles fait l'objet d'une décision de rejet motivée et notifiée par tout moyen permettant d'apporter la preuve de sa réception aux organismes mentionnés, selon le cas, au I de l'article L. 6323-16 ou au I de l'article L. 6323-21.

Art. D. 6323-8-1 *(Décr. n° 2016-1367 du 12 oct. 2016, art. 2, en vigueur le 1er janv. 2017)* I. — Les dispositions des articles R. 6322-35 à R. 6322-39 et R. 6322-56 à R. 6322-61 sont applicables aux bilans de compétences réalisés en mobilisant des droits inscrits au compte personnel de formation.

Le bilan de compétences peut notamment être effectué dans le cadre du conseil en évolution professionnelle défini à l'article L. 6111-6. A cet effet, le titulaire du compte est informé de la possibilité de s'adresser à un organisme de conseil en évolution professionnelle pour être accompagné dans sa réflexion sur son évolution professionnelle, préalablement à la décision de mobiliser ses heures pour effectuer un bilan. Cette information est fournie par l'intermédiaire des services dématérialisés mentionnés à l'article L. 5151-6 et au I de l'article L. 6323-8.

II. — Les organismes chargés de la réalisation des bilans de compétences en application du I doivent respecter les conditions suivantes :

1° Être inscrits sur l'une des listes établies en application de l'article L. 6322-48 ;

2° Respecter les critères de qualité définis aux 1° à 6° de l'article R. 6316-1 ;

3° Être inscrits par les organismes financeurs sur leur catalogue de référence dans les conditions fixées à l'article R. 6316-2.

Ces listes sont consolidées et mises à jour. Elles sont accessibles par l'intermédiaire des services dématérialisés mentionnés à l'article L. 5151-6 et au I de l'article L. 6323-8.

Art. D. 6323-8-2 *(Décr. n° 2016-1367 du 12 oct. 2016, art. 2, en vigueur le 1er janv. 2017)* I. — Les actions de formation dispensées aux créateurs ou repreneurs d'entreprises éligibles au compte personnel de formation, mentionnées au 3° du III de l'article L. 6323-6, comportent des actions de formation d'accompagnement et de conseil, conformément aux dispositions du 12° de l'article L. 6313-1.

Elles sont réalisées dans le cadre d'un parcours suivi par le créateur ou le repreneur d'entreprise, au sens des dispositions du deuxième alinéa de l'article L. 6353-1, ayant pour objet de réaliser le projet de création ou de reprise d'entreprise et de pérenniser son activité.

II. — Ces actions sont mises en œuvre par des opérateurs ayant procédé à la déclaration prévue à l'article L. 6351-1. Les opérateurs respectent les critères de qualité définis aux 1° à 6° de l'article R. 6316-1 et sont inscrits par les organismes financeurs sur leur catalogue de référence dans les conditions fixées à l'article R. 6316-2.

Les actions d'accompagnement et de conseil dispensées aux créateurs ou repreneurs d'entreprises ne sont pas éligibles au compte personnel de formation lorsqu'elles sont entièrement réalisées ou financées par Pôle emploi, l'Association pour l'emploi des cadres, les missions locales pour l'insertion professionnelle et sociale des jeunes ou les organismes de placement spécialisés dans l'insertion professionnelle des personnes handicapées mentionnés au 1° *bis* de l'article L. 5311-4.

III. — La prestation dispensée aux créateurs ou repreneurs d'entreprise peut être valorisée par l'opérateur soit sous la forme d'un forfait en euros et en nombre d'heures, soit sur la base du nombre d'heures effectivement dispensées.

IV. — L'opérateur peut refuser de dispenser à la personne les actions mentionnées au I du présent article, soit en raison du manque de consistance ou de viabilité économique du projet de création ou de reprise d'entreprise, soit lorsque le projet du créateur ou du repreneur ne correspond pas au champ de compétences de l'opérateur.

V. — La liste des opérateurs respectant les conditions définies par le présent article est accessible par l'intermédiaire des services dématérialisés mentionnés à l'article L. 5151-6 et au I de l'article L. 6323-8.

Jusqu'au 31 déc. 2017, les opérateurs ayant conclu une convention avec l'État en application de l'art. L. 5141-5 C. trav. à la date du 31 déc. 2016 sont réputés respecter les critères mentionnés au II de l'art. D. 6323-8-2 (Décr. n° 2016-1367 du 12 oct. 2016, art. 4-II).

Art. R. 6323-9 La transmission des listes de formations à l'organisme gestionnaire mentionné au III de l'article L. 6323-8, prévue respectivement au III de l'article L. 6323-16 et au II de l'article L. 6323-21, est réalisée sous forme dématérialisée, dans des conditions précisées par un arrêté du ministre chargé de la formation professionnelle.

A cette fin, les organismes mentionnés respectivement au I de l'article L. 6323-16 et au I de l'article L. 6323-21 transmettent à l'organisme gestionnaire mentionné au III de l'article L. 6323-8 l'identité des personnes habilitées pour l'exercice de cette transmission.

Art. R. 6323-10 Les formations conformes, au sens des vérifications énumérées à l'article R. 6323-8, et transmises dans les formes prévues à l'article R. 6323-9 sont publiées par le service dématérialisé prévu à l'article L. 6323-8 ainsi que sur le site internet de *[la]* Commission nationale de la certification professionnelle.

Cette publication fait l'objet d'un archivage accessible sur ces services dématérialisés.

Art. R. 6323-11 Afin de faciliter la mobilité géographique des demandeurs d'emploi, chaque comité paritaire interprofessionnel régional pour l'emploi et la formation peut décider d'inscrire sur la liste des formations mentionnée au 2° du I de l'article L. 6323-21 les formations figurant sur la liste élaborée, dans les conditions fixées au 2° du I du même article, par le comité paritaire interprofessionnel relevant d'une autre région. L'application de cette disposition fait l'objet d'un suivi au sein du Conseil national de l'emploi, de la formation et de l'orientation professionnelles.

SECTION VI **SYSTÈME D'INFORMATION DU COMPTE PERSONNEL DE FORMATION**

(Décr. n° 2014-1717 du 30 déc. 2014, art. 1er)

Art. R. 6323-12 Le compte personnel de formation est mis en œuvre au moyen du traitement automatisé mentionné à la présente section.

V. Décr. n° 2015-1224 du 2 oct. 2015, JO 4 oct.

Art. R. 6323-13 Conformément à l'article L. 6323-8, est autorisée la création, par le ministre chargé de la formation professionnelle, d'un traitement automatisé de données à caractère personnel dénommé "Système d'information du compte personnel de formation" (SI-CPF), permettant la gestion des droits inscrits ou mentionnés sur le compte personnel de formation.

Ce traitement automatisé est mis en œuvre et géré par la Caisse des dépôts et consignations.

Art. R. 6323-14 Le traitement automatisé mentionné à l'article R. 6323-13 a pour finalités de permettre :

1° La gestion *(Décr. n° 2016-1950 du 28 déc. 2016, art. 2, en vigueur le 1er janv. 2017)* « et le contrôle » des droits inscrits ou mentionnés sur le compte personnel de formation accessible via un site internet mis en place à cet effet ;

2° L'information du titulaire d'un compte sur le nombre d'heures créditées sur ce compte, les formations éligibles et les abondements complémentaires pouvant être sollicités ;

3° L'analyse de l'utilisation et l'évaluation de la mise en œuvre du compte personnel de formation, notamment par le biais de la statistique ;

(Décr. n° 2016-1950 du 28 déc. 2016, art. 2, en vigueur le 1er janv. 2017) « 4° La mise à disposition des informations du compte personnel de formation dans le cadre du compte personnel d'activité par l'intermédiaire du service en ligne mentionné au I de l'article L. 5151-6 ;

« 5° La gestion et le contrôle des droits inscrits ou mentionnés sur le compte d'engagement citoyen. »

Art. R. 6323-15 Dans la mesure où leur exploitation est nécessaire à la poursuite des finalités définies à l'article R. 6323-14, les catégories de données à caractère personnel pouvant être enregistrées dans le traitement automatisé sont les suivantes :

1° Données personnelles relatives au titulaire du compte personnel de formation :

a) Numéro d'inscription au répertoire national d'identification des personnes physiques (NIR) ;

b) Date de création dans le référentiel CPF ;

c) Nom de naissance, nom d'usage, nom marital et prénoms, sexe, date et lieu de naissance, indication d'un handicap éventuel ;

d) Adresse en France et, le cas échéant, à l'étranger, adresse du lieu de travail, numéro de téléphone et adresse électronique ;

e) Le cas échéant, date de décès ;

(Décr. n° 2016-1950 du 28 déc. 2016, art. 2, en vigueur le 1er janv. 2017) « *f)* Le cas échéant, les numéros d'identifiant internes à Pôle emploi mentionnés au *a* du 1° de l'article R. 5312-42 ; »

2° Données relatives aux heures comptabilisées :

a) Heures acquises au titre du droit individuel à la formation mentionné au V de la loi n° 2014-288 du 5 mars 2014 relative à la formation professionnelle, à l'emploi et à la démocratie sociale ;

b) Heures inscrites sur le compte *(Décr. n° 2016-1950 du 28 déc. 2016, art. 2, en vigueur le 1er janv. 2017)* « personnel de formation ;

« *b bis)* Heures inscrites au titre du compte d'engagement citoyen : nature et date des activités au titre desquelles les heures ont été acquises, identité du déclarant ;

« *b ter)* Indicateur sur la présence de points sur le compte personnel de prévention de la pénibilité ; »

c) Informations sur la nature des droits : périodes d'activité et d'inactivité (avec le motif de celle-ci), dates prises en compte ;

d) SIRET de l'employeur, code profession ;

e) Temps de travail, taux de temps de travail ;

f) Rémunération du titulaire du compte ;

3° Données relatives au dossier de formation :

a) Formations éligibles ;

b) Historique des opérations effectuées sur le compte ;

c) Champ de saisie de commentaires par le titulaire ;

d) Titre, intitulé complet et objectif de la formation ;

e) Date d'accord du titulaire pour la mobilisation d'heures inscrites au compte ;

f) Données relatives à l'organisme de formation : SIRET, raison sociale, coordonnées, contact, adresse inscription, renseignement spécifique, code public visé ;

g) Données relatives à la formation : date, durée et coût total de la formation, prévus et réalisés, modalités (lieu, présentielle ou à distance, interne ou externe, entrée-sortie), contenu, rythme, contact, parcours, conditions (niveau d'entrée, code de ce niveau, conditions spécifiques) ;

h) Statut du stagiaire, niveau ou titre obtenu, catégorie socio-professionnelle ;

i) En cas de stagiaire salarié : SIRET, raison sociale, effectifs, adresse de l'employeur, URSSAF, activité principale de l'entreprise/nomenclature des activités françaises (APE/NAF), OPCA de l'entreprise, identifiant convention collective/convention collective nationale (IDCC/CCN), imputation ;

j) Rémunération éventuelle sur le minimum de 0,2 % du montant des rémunérations mentionné au I de l'article L. 6323-20 ; prise en charge éventuelle des frais ;

k) Financement de la formation : solde disponible en heures du droit individuel à la formation et des droits acquis au titre du compte personnel de formation ; droits acquis en heures mobilisés au titre du droit individuel à la formation et au titre du compte personnel de formation ; coût des frais pédagogiques annexes ; montant de la rémunération prise en charge ; en cas de financement d'heures complémentaires en application du II de l'article L. 6323-4, et par financeur, nom de l'organisme, nombre d'heures financées, montant financé, commentaire ;

4° Données relatives au passeport d'orientation, de formation et de compétences :

a) Études et formations suivies ;

b) Diplômes et certifications obtenus *(Décr. n° 2016-1950 du 28 déc. 2016, art. 2, en vigueur le 1er janv. 2017)* « et dates d'obtention » ;

c) Qualifications détenues et exercées ;

d) Expérience professionnelle ;

e) Aptitudes et compétences ;

f) Permis de conduire ;

g) Langues étrangères ;

h) Assermentations ;

5° Données relatives aux gestionnaires des organismes :

a) Nom et prénom, fonction ;

b) Organisme employeur, unité d'appartenance, numéro de téléphone et adresse électronique ;

(Décr. n° 2016-1950 du 28 déc. 2016, art. 2, en vigueur le 1er janv. 2017) « 6° Données relatives aux engagements bénévoles et de volontariat :

« *a)* Date et description des activités exercées ;

« *b)* Identité des organismes au sein desquels ces activités ont été exercées ;

« *c)* Aptitudes et compétences acquises dans le cadre de ces activités ;

« *d)* Jours de congés accordés par l'employeur en application de l'article L. 5151-12 ;

« 7° Données relatives au bulletin de salaire :

« *a)* Opérateur communiquant le bulletin de salaire ;

« *b)* Clé de sécurité et date de validité de la clé. »

Art. R. 6323-16 I. — Le titulaire du compte personnel de formation accède directement aux données à caractère personnel le concernant, en vue de constituer et mettre à jour ses données à caractère personnel, son dossier de formation et son passeport d'orientation, de formation et de compétences.

II. — Dans la mesure nécessaire à l'exercice de leurs missions, les personnels de la Caisse des dépôts et consignations assurant la gestion du traitement accèdent directement à tout ou partie des données à caractère personnel mentionnées à l'article R. 6323-15, pour la constitution et la mise à jour des données relatives aux comptes d'heures et de formation.

III. — Sont seuls habilités à accéder directement aux données à caractère personnel incluses dans le traitement automatisé, dans les limites strictement nécessaires à l'exercice de leurs missions et pour la constitution ou la mise à jour des données relatives au compte d'heures, au projet de formation et aux sources de financement de la formation :

1° Les agents des collectivités et organismes chargés du financement des formations et mentionnés aux 3°, 4°, 7°, 8° et 9° du II de l'article L. 6323-4 ;

2° Les agents des organismes de conseil en évolution professionnelle mentionnés à l'article L. 6111-6 *(Décr. n° 2016-1950 du 28 déc. 2016, art. 2, en vigueur le 1er janv. 2017)* « et les agents des structures contribuant au service public de l'orientation tout au long de la vie qui interviennent en faveur des jeunes sortant du système éducatif sans diplôme mentionnés à l'article L. 122-2 du code de l'éducation », pour les données relatives aux comptes d'heures de formation, à l'historique des formations suivies ou au contenu du passeport d'orientation, de formation et de compétences, lorsque cet organisme a été autorisé à cet effet par le titulaire du compte ;

3° Les agents des employeurs assurant la gestion du financement des heures de formation acquises au titre du droit individuel à la formation précédemment mentionné.

Art. R. 6323-17 Sont destinataires de tout ou partie des données à caractère personnel incluses dans le traitement automatisé, dans les limites strictement nécessaires à l'exercice de leurs missions :

1° Les agents de la Caisse nationale d'assurance vieillesse, dans le cadre de la gestion du compte personnel de prévention de la pénibilité dont celle-ci est chargée par l'article L. 4162-11 ;

2° Les agents de la direction de l'animation de la recherche, des études et des statistiques du ministère chargé de la formation professionnelle, et des organismes qu'elle mandate au moyen de conventions de recherche, pour leur exploitation à des fins statistiques destinées à la recherche ou à l'évaluation du SI-CPF ;

3° Les agents de la délégation générale à l'emploi et à la formation professionnelle, notamment dans le cadre de l'évaluation prévue à l'article L. 6323-9.

Art. R. 6323-18 I. – Dans le cadre des finalités définies à l'article R. 6323-14 et dans la limite des informations nécessaires, le traitement peut être alimenté par les traitements automatisés relatifs :

1° Au Système national de gestion des identifiants ;

2° Aux données sociales collectées par le Centre national de transfert de données sociales ;

3° Aux données sociales collectées par la Mutualité sociale agricole ;

(Décr. n° 2016-1950 du 28 déc. 2016, art. 2, en vigueur le 1er janv. 2017) « 3° *bis* Aux données sociales collectées par l'Établissement national des invalides de la marine ; »

4° Aux données sociales collectées au titre des activités mentionnées aux articles L. 6331-55 *(Décr. n° 2016-1950 du 28 déc. 2016, art. 2, en vigueur le 1er janv. 2017)* « , L. 6331-63 » et L. 6331-65 ;

5° Aux données collectées par les organismes collecteurs paritaires agréés pour alimenter le compte par les heures complémentaires et supplémentaires mentionnées aux articles L. 6323-4, L. 6323-13 et L. 6323-14 ;

(Décr. n° 2016-1950 du 28 déc. 2016, art. 2, en vigueur le 1er janv. 2017) « 5° *bis* Aux données collectées par les fonds d'assurance-formation de non-salariés, les chambres de métiers et de l'artisanat de région, les chambres régionales de métiers et de l'artisanat et les organismes collecteurs paritaires agréés mentionnés aux articles L. 6331-53 et L. 6331-68, pour alimenter le compte par les heures complémentaires et supplémentaires mentionnées aux articles L. 6323-4 et L. 6323-29 ; »

6° Aux données mentionnées à l'article L. 313-7 du code de l'éducation relatives aux jeunes quittant les systèmes de formation initiale sans diplôme ni qualification professionnelle ;

(Décr. n° 2016-1950 du 28 déc. 2016, art. 2, en vigueur le 1er janv. 2017) « 7° Aux données relatives aux diplômes et compétences des élèves et des étudiants collectées par les ministres chargés de l'éducation nationale et de l'enseignement supérieur ;

« 8° Aux données relatives aux parcours de formation professionnelle mentionnées à l'article L. 6353-10. »

II. – Dans le cadre des mêmes finalités, le traitement peut être mis en relation avec les traitements automatisés des collectivités et organismes mentionnés au III de l'article R. 6323-16. Ces mises en relation sont subordonnées, conformément au II de l'article 30 de la loi n° 78-17 du 6 janvier 1978 relative à l'informatique, aux fichiers et aux libertés, à l'information préalable de la Commission nationale de l'informatique et des libertés et, le cas échéant, à la modification des actes portant autorisation de ces traitements.

(Décr. n° 2016-1950 du 28 déc. 2016, art. 2, en vigueur le 1er janv. 2017) « III.– Dans le cadre de la finalité mentionnée au 5° de l'article R. 6323-14, le traitement peut être alimenté par les traitements automatisés relatifs :

1° Aux données collectées par les ministres chargés des affaires étrangères et du commerce extérieur, l'Agence des services et de paiement, Business France et l'association France Volontaires dans le cadre du service civique ;

2° Aux données collectées par l'Agence nationale de santé publique dans le cadre de la réserve sanitaire ;

3° Aux données collectées par les ministres chargés de la défense et de l'intérieur dans le cadre de la réserve militaire ;

4° Aux données collectées par les communes dans le cadre de la réserve communale de sécurité civile ;

5° A l'activité de maître d'apprentissage, par l'intermédiaire du service dématérialisé mentionné à l'article 4 de la loi n° 2011-893 du 28 juillet 2011 pour le développement de l'alternance et la sécurisation des parcours professionnels. »

Art. R. 6323-19 I. — Une information conforme aux dispositions de l'article 32 de la loi du 6 janvier 1978 précédemment mentionnée figure sur le site internet du traitement automatisé mentionné à l'article R. 6323-13.

II. — Le droit d'opposition prévu à l'article 38 de la même loi ne s'applique pas à ce traitement.

III. — Le droit d'accès et de rectification prévu aux articles 39 et 40 de la même loi s'exerce auprès de la Caisse des dépôts et consignations.

Art. R. 6323-20 Les données à caractère personnel et les informations enregistrées dans le traitement sont conservées pendant une durée de trois ans à compter de la date du décès du titulaire du compte personnel de formation.

En cas de contentieux, ce délai est prorogé, le cas échéant, jusqu'à l'intervention d'une décision juridictionnelle définitive.

Art. R. 6323-21 Toute opération relative au traitement automatisé mentionné à l'article R. 6323-13 fait l'objet d'un enregistrement comprenant l'identification de l'utilisateur, la date, l'heure et la nature de l'intervention dans ce traitement. Ces informations sont conservées pendant une durée d'un an.

SECTION VII FINANCEMENT DU COMPTE PERSONNEL DE FORMATION DE DROIT PRIVÉ DES PERSONNES PUBLIQUES

(Décr. n° 2016-1997 du 30 déc. 2016, en vigueur le 1er janv. 2017)

Art. D. 6323-22 Le taux mentionné au second alinéa de l'article L. 6323-20-1 est de 0,2 %.

SECTION VII MISE EN ŒUVRE DU COMPTE PERSONNEL DE FORMATION POUR LES TRAVAILLEURS INDÉPENDANTS, LES MEMBRES DES PROFESSIONS LIBÉRALES ET DES PROFESSIONS NON SALARIÉES, LEURS CONJOINTS COLLABORATEURS ET LES ARTISTES AUTEURS

(Décr. n° 2016-1999 du 30 déc. 2016, art. 2, en vigueur le 1er janv. 2018)

Cette section a été créée par le Décr. n° 2016-1999 du 30 déc. 2016 sans tenir compte du Décr. n° 2016-1997 de la même date créant également une section VII.

SOUS-SECTION 1 ALIMENTATION DU COMPTE

Art. D. 6323-22 Lorsque le travailleur n'a pas versé au titre d'une année entière l'une des contributions prévues aux articles L. 6331-48, L. 6331-53 et L. 6331-65 du présent code et à l'article L. 718-2-1 du code rural, le nombre d'heures mentionné inscrites sur le compte personnel de formation est diminué au prorata de la contribution versée. Lorsque le calcul ainsi effectué aboutit à un nombre d'heures de formation comportant une décimale, ce chiffre est arrondi au nombre entier immédiatement supérieur.

SOUS-SECTION 2 FORMATIONS ÉLIGIBLES ET MOBILISATION DU COMPTE

Art. D. 6323-23 Les formations éligibles au compte personnel de formation mentionnées au deuxième alinéa de l'article L. 6323-31 sont définies par l'organe compétent en vertu de l'acte constitutif du fonds d'assurance-formation de non-salariés ou par le conseil de la formation de la chambre de métiers et de l'artisanat de région ou de la chambre régionale de métiers et de l'artisanat. Pour le fonds d'assurance-formation des chefs d'entreprise exerçant une activité artisanale créé en application de l'article 8 de l'ordonnance n° 2003-1213 du 18 décembre 2003, l'organe compétent est le conseil d'administration.

Pour les travailleurs indépendants de la pêche maritime, les employeurs de pêche maritime de moins de onze salariés, ainsi que les travailleurs indépendants et les employeurs de cultures marines de moins de onze salariés, les formations éligibles sont définies par l'organisme collecteur paritaire agréé mentionné au troisième alinéa de l'article L. 6331-53, sur proposition de la section particulière chargée de gérer la contribution mentionnée au même article.

Pour les artistes auteurs, les formations éligibles sont définies par le conseil d'administration de l'organisme collecteur paritaire agréé mentionné au premier alinéa de l'article L. 6331-68, sur proposition de la section particulière mentionnée au même article L. 6331-68.

Art. D. 6323-24 Pour la détermination des listes de formations éligibles dans le cadre de la présente section, l'organe compétent mentionné à l'article D. 6323-23 détermine les critères selon lesquels les formations sont inscrites et publie ces listes. Celles-ci sont actualisées de façon régulière.

Le ministre chargé de la formation professionnelle vérifie les conditions d'élaboration des listes de formation éligibles dans le cadre de la présente section, notamment le respect des dispositions du présent article.

Art. D. 6323-25 Les dispositions des articles R. 6323-9 et R. 6323-10 sont applicables à la transmission des listes de formations éligibles et à leur publication dans le cadre de la présente section.

SOUS-SECTION 3 PRISE EN CHARGE DES FRAIS DE FORMATION

Art. D. 6323-26 I. — Les frais pédagogiques et les frais annexes, composés des frais de transport, de repas, et d'hébergement occasionnés par la formation suivie par le travailleur qui mobilise son compte personnel de formation, sont pris en charge par l'organisme mentionné à l'article L. 6323-32.

Les frais de garde d'enfant ou de parent à charge occasionnés par la formation suivie par le travailleur qui mobilise son compte personnel de formation peuvent être pris en charge par l'organisme mentionné à l'article L. 6323-32.

II. — La prise en charge de ces frais par l'organisme mentionné au I est effectuée au regard du coût réel de la formation. Toutefois, cette prise en charge peut faire l'objet d'un plafond déterminé par l'organe compétent mentionné à l'article D. 6323-23.

III. — La prise en charge par l'organisme d'une indemnité permettant la compensation de la perte d'exploitation entraînée par le suivi de la formation au titre du compte personnel de formation est subordonnée à l'existence d'un accord exprès de l'organe compétent mentionné à l'article D. 6323-23. Cet accord doit définir les modalités de cette prise en charge ainsi que ses plafonds.

SECTION VIII MISE EN ŒUVRE DU COMPTE PERSONNEL DE FORMATION POUR LES PLURIACTIFS

Art. D. 6323-27 Lorsqu'une personne exerce simultanément plusieurs activités professionnelles, elle cumule les heures inscrites sur le compte personnel de formation au titre de chacune d'entre elles. Toutefois, l'alimentation du compte personnel de formation ne peut dépasser vingt-quatre heures par année de travail, ou quarante-huit heures lorsqu'il est fait application des dispositions de l'article L. 6323-11-1 ou du cinquième alinéa de l'article 22 *ter* de la loi n° 83-634 du 13 juillet 1983 modifiée portant droits et obligations des fonctionnaires.

Art. D. 6323-28 Lorsqu'une personne exerce simultanément plusieurs activités professionnelles, elle peut choisir l'activité au titre de laquelle elle mobilise son compte personnel de formation. La mobilisation du compte est alors régie par les dispositions applicables à cette activité.

Ce choix est effectué par l'intermédiaire des services dématérialisés mentionnés à l'article *[aux articles]* L. 5151-6 et L. 6323-8.

SECTION VIII ASSIETTE DE CONTRIBUTION DES ÉTABLISSEMENTS ET SERVICES D'AIDE PAR LE TRAVAIL POUR LES PERSONNES HANDICAPÉES ACCUEILLIES

(Décr. n° 2016-1899 du 27 déc. 2016, art. 2, en vigueur le 1er janv. 2017)

Le Décr. n° 2016-1997 du 30 déc. 2016 a créé une section VII, sans tenir compte de cette section VII. Il faudrait donc lire « Section VIII ».

Art. D. 6323-29 L'assiette forfaitaire de la contribution mentionnée à l'article L. 6323-36 est égale à la somme :

1° D'une part, de la fraction de rémunération garantie mentionnée à l'article L. 243-4 du code de l'action sociale et des familles qui est financée par l'établissement ou le service d'aide par le travail ;

2° Et, d'autre part, de la moitié de l'aide au poste financée par l'État et mentionnée au même article L. 243-4.

CHAPITRE IV PÉRIODES DE PROFESSIONNALISATION

SECTION PREMIÈRE OBJET ET CONDITIONS D'OUVERTURE

Art. D. 6324-1 *(Décr. n° 2014-969 du 22 août 2014, art. 1er)* La durée minimale mentionnée à l'article L. 6324-5-1 est fixée, pour chaque salarié bénéficiaire d'une période de professionnalisation, à 70 heures, réparties sur une période maximale de douze mois calendaires.

Cette durée minimale ne s'applique pas :

1° Aux actions permettant aux travailleurs de faire valider les acquis de leur expérience ;

2° Aux formations financées dans le cadre de l'abondement visé au dernier alinéa de l'article L. 6324-1 ;

3° Aux formations sanctionnées par les certifications inscrites à l'inventaire mentionné au dixième alinéa du II de l'article L. 335-6 du code de l'éducation.

Art. D. 6324-1-1 (Abrogé par Décr. n° 2014-969 du 22 août 2014, art. 2) (Décr. n° 2010-62 du 18 janv. 2010) *La durée minimale mentionnée au second alinéa de l'article L. 6324-5 est fixée à quatre-vingts heures.*

SECTION II TUTORAT

Art. D. 6324-2 Pour chaque salarié en période de professionnalisation, l'employeur peut choisir un tuteur parmi les salariés qualifiés de l'entreprise.

Le salarié choisi pour être tuteur doit être volontaire et justifier d'une expérience professionnelle d'au moins deux ans dans une qualification en rapport avec l'objectif de professionnalisation visé.

L'employeur peut assurer lui-même le tutorat dès lors qu'il remplit les conditions de qualification et d'expérience. – *[Anc. art. D. 981-8, al. 1er.]*

Art. D. 6324-3 Les missions du tuteur sont les suivantes :

1° Accueillir, aider, informer et guider les bénéficiaires des périodes de professionnalisation ;

2° Organiser avec les salariés intéressés l'activité de ces bénéficiaires dans l'entreprise et contribuer à l'acquisition des savoir-faire professionnels ;

3° Veiller au respect de l'emploi du temps du bénéficiaire ;

4° Assurer la liaison avec l'organisme ou le service chargé des actions d'évaluation, de formation et d'accompagnement des bénéficiaires à l'extérieur de l'entreprise ;

5° Participer à l'évaluation du suivi de la formation. – *[Anc. art. D. 981-8, al. 2, phrases 1 et 2, et anc. art. D. 981-10, al. 2 à 5.]*

Art. D. 6324-4 L'employeur laisse au tuteur le temps nécessaire pour exercer ses fonctions et se former. – *[Anc. art. D. 981-8, al. 2, phrase 3.]*

Art. D. 6324-5 Lorsqu'il est salarié, le tuteur ne peut exercer simultanément ses fonctions à l'égard de plus de trois salariés bénéficiaires de contrats de professionnalisation ou d'apprentissage ou de périodes de professionnalisation.

L'employeur ne peut assurer simultanément le tutorat à l'égard de plus de deux salariés. — *[Anc. art. D. 981-8, al. 3.]*

Art. D. 6324-6 Dans le cas d'un contrat de mission conclu avec une entreprise de travail temporaire ou d'un contrat de travail conclu avec un groupement d'employeurs, lorsque l'entreprise utilisatrice a désigné un tuteur, les missions mentionnées à l'article D. 6324-3 peuvent, pendant les périodes de mise à disposition, être confiées à ce tuteur.

Toutefois, lorsque l'entreprise de travail temporaire ou le groupement d'employeurs désigne un tuteur, l'évaluation du suivi de la formation et la liaison avec l'organisme de formation, ou le service de formation, sont assurées par ce tuteur. Les conditions prévues aux articles D. 6324-2 et D. 6324-5 ne s'appliquent pas à ce tuteur. — *[Anc. art. D. 981-8, al. 4.]*

CHAPITRE V **CONTRATS DE PROFESSIONNALISATION**

SECTION PREMIÈRE **FORMATION, ENREGISTREMENT ET RUPTURE DU CONTRAT**

Art. D. 6325-1 *(Décr. n° 2011-535 du 17 mai 2011)* L'employeur adresse le contrat de professionnalisation accompagné du document annexé à ce contrat mentionné à l'article D. 6325-11 à l'organisme paritaire collecteur agréé au titre de la professionnalisation, au plus tard dans les cinq jours qui suivent le début du contrat.

(Décr. n° 2015-1093 du 28 août 2015, art. 1er-1°, en vigueur le 1er sept. 2016) « L'employeur transmet, sous une forme dématérialisée, les documents prévus au premier alinéa au moyen du service dématérialisé favorisant le développement de la formation en alternance mentionné à l'article 4 de la loi n° 2011-893 du 28 juillet 2011 pour le développement de l'alternance et la sécurisation des parcours professionnels.

« Les décisions d'accord ou de refus de prise en charge prévues à l'article D. 6325-2 sont notifiées à l'employeur au moyen du service dématérialisé mentionné au précédent alinéa.

« Ces décisions sont également adressées au directeur régional des entreprises, de la concurrence, de la consommation, du travail et de l'emploi du lieu d'exécution du contrat par l'intermédiaire du service dématérialisé mentionné au deuxième alinéa. »

Art. D. 6325-2 *(Décr. n° 2011-535 du 17 mai 2011)* Dans le délai de vingt jours à compter de la réception du contrat et du document annexé à ce contrat, l'organisme collecteur se prononce sur la prise en charge financière. Il vérifie notamment que les stipulations du contrat ne sont pas contraires à une disposition légale ou à une stipulation conventionnelle. Il notifie à l'employeur sa décision relative à la prise en charge financière. *(Abrogé par Décr. n° 2015-1093 du 28 août 2015, art. 1er-2°, à compter du 1er sept. 2016)* ***« Il dépose le contrat, accompagné de sa décision, auprès du directeur régional des entreprises, de la concurrence, de la consommation, du travail et de l'emploi du lieu d'exécution du contrat, sous une forme dématérialisée. »*** A défaut d'une décision de l'organisme dans ce délai, la prise en charge est réputée acceptée et le contrat est réputé déposé.

Lorsque l'organisme refuse la prise en charge financière au motif que les stipulations du contrat sont contraires à une disposition légale ou à une stipulation conventionnelle, il notifie sa décision motivée à l'employeur et au salarié titulaire du contrat.

Art. D. 6325-3 *Abrogé par Décr. n° 2011-535 du 17 mai 2011.*

Art. D. 6325-4 Les périodes en entreprise réalisées au titre de la formation initiale des jeunes sous statut scolaire ou universitaire ne peuvent donner lieu à la conclusion de contrats de professionnalisation. — *[Anc. art. R. 981-1, al. 3.]*

Art. D. 6325-5 Lorsque le contrat de professionnalisation, ou l'action de professionnalisation lorsqu'il s'agit d'un contrat de travail à durée indéterminée, est rompu avant son terme, l'employeur signale cette rupture dans un délai de trente jours :

1° Au *(Décr. n° 2009-1377 du 10 nov. 2009)* « directeur régional des entreprises, de la concurrence, de la consommation, du travail et de l'emploi » *(Décr. n° 2015-1093 du*

28 août 2015, art. 1er-3°, en vigueur le 1er sept. 2016) « par l'intermédiaire du service dématérialisé mentionné au deuxième alinéa de l'article D. 6325-1 » ;

2° A l'organisme collecteur paritaire agréé *(Décr. n° 2015-1093 du 28 août 2015, art. 1er-3°, en vigueur le 1er sept. 2016)* « par l'intermédiaire du service dématérialisé mentionné au deuxième alinéa de l'article D. 6325-1 » ;

3° A l'organisme chargé du recouvrement des cotisations et contributions sociales.

Les modifications issues du Décr. n° 2009-1377 prennent effet, dans chaque région, à la date de nomination du directeur régional des entreprises, de la concurrence, de la consommation, du travail et de l'emploi. — V. Arr. de nomination de ces directeurs des 30 déc. 2009 (JO 5 janv. 2010) et 9 févr. 2010 (JO 14 févr.) (Décr. n° 2009-1377 du 10 nov. 2009, art. 7-I).

Ces modifications s'appliquent à la région Île-de-France à compter du 1er juill. 2010 (Décr. n° 2010-687 du 24 juin 2010, art. 2).

SECTION II **TUTORAT**

Art. D. 6325-6 Pour chaque salarié en contrat de professionnalisation, l'employeur *(Décr. n° 2014-969 du 22 août 2014, art. 3)* « choisit » un tuteur parmi les salariés qualifiés de l'entreprise.

Le salarié choisi pour être tuteur doit être volontaire et justifier d'une expérience professionnelle d'au moins deux ans dans une qualification en rapport avec l'objectif de professionnalisation visé.

(Décr. n° 2014-969 du 22 août 2014, art. 3) « Toutefois, l'employeur peut, notamment en l'absence d'un salarié qualifié répondant aux conditions prévues au second alinéa et à l'article D. 6325-9, assurer lui-même le tutorat dès lors qu'il remplit les conditions de qualification et d'expérience. »

Art. D. 6325-7 Les missions du tuteur sont les suivantes :

1° Accueillir, aider, informer et guider les bénéficiaires du contrat de professionnalisation ;

2° Organiser avec les salariés intéressés l'activité de ces bénéficiaires dans l'entreprise et contribuer à l'acquisition des savoir-faire professionnels ;

3° Veiller au respect de l'emploi du temps du bénéficiaire ;

4° Assurer la liaison avec l'organisme ou le service chargé des actions d'évaluation, de formation et d'accompagnement des bénéficiaires à l'extérieur de l'entreprise ;

5° Participer à l'évaluation du suivi de la formation. — *[Anc. art. D. 981-8, al. 2, phrases 1 et 2, et anc. art. D. 981-10, al. 2 à 5.]*

Art. D. 6325-8 L'employeur laisse au tuteur le temps nécessaire pour exercer ses fonctions et se former. — *[Anc. art. D. 981-8, al. 2, phrase 3.]*

Art. D. 6325-9 Lorsqu'il est salarié, le tuteur ne peut exercer simultanément ses fonctions à l'égard de plus de trois salariés bénéficiaires de contrats de professionnalisation ou d'apprentissage ou de périodes de professionnalisation.

L'employeur ne peut assurer simultanément le tutorat à l'égard de plus de deux salariés. — *[Anc. art. D. 981-8, al. 3.]*

Art. D. 6325-10 *(Décr. n° 2014-969 du 22 août 2014, art. 4)* Dans le cadre d'un contrat de professionnalisation conclu avec une entreprise de travail temporaire ou un groupement d'employeurs, l'entreprise utilisatrice désigne un tuteur chargé d'exercer, pendant les périodes de mise à disposition, les missions prévues aux 1°, 2° et 3° de l'article D. 6325-7.

L'entreprise de travail temporaire ou le groupement d'employeurs désigne également un tuteur chargé d'exercer, en lien avec le tuteur de l'entreprise utilisatrice, les missions prévues aux 4° et 5° de l'article D. 6325-7. Les conditions prévues aux articles D. 6325-6 et D. 6325-9 ne s'appliquent pas à ce tuteur.

SECTION III **ORGANISATION DE LA FORMATION**

Art. D. 6325-11 Un document précisant les objectifs, le programme et les modalités d'organisation, d'évaluation et de sanction de la formation est annexé au contrat de professionnalisation. — *[Anc. art. R. 981-1, al. 1er.]*

Art. D. 6325-12 Les actions d'accompagnement ainsi que les enseignements généraux, professionnels et technologiques mentionnés à l'article L. 6325-13, mis en place dans le cadre d'un contrat de professionnalisation par un organisme de formation ou un établissement d'enseignement, donnent lieu à la signature, entre l'entreprise et l'organisme de formation ou l'établissement d'enseignement, d'une convention précisant les objectifs, le programme et les modalités d'organisation, d'évaluation et de sanction de la formation. — *[Anc. art. R. 981-1, al. 2.]*

Art. D. 6325-13 Dans les deux mois suivant le début du contrat de professionnalisation, l'employeur examine avec le salarié l'adéquation du programme de formation au regard des acquis du salarié.

En cas d'inadéquation, l'employeur et le salarié peuvent, dans les limites de la durée de ce contrat, conclure un avenant.

Cet avenant est transmis à l'organisme collecteur paritaire agréé. Il est déposé à la *(Décr. n° 2009-1377 du 10 nov. 2009)* « direction régionale des entreprises, de la concurrence, de la consommation, du travail et de l'emploi » selon les modalités et dans les conditions définies *(Décr. n° 2011-535 du 17 mai 2011)* « à l'article D. 6325-2 ». — *[Anc. art. R. 981-3.]*

Les modifications issues du Décr. n° 2009-1377 prennent effet, dans chaque région, à la date de nomination du directeur régional des entreprises, de la concurrence, de la consommation, du travail et de l'emploi. — V. Arr. de nomination de ces directeurs des 30 déc. 2009 (JO 5 janv. 2010) et 9 févr. 2010 (JO 14 févr.) (Décr. n° 2009-1377 du 10 nov. 2009, art. 7-I).

Ces modifications s'appliquent à la région Île-de-France à compter du 1er juill. 2010 (Décr. n° 2010-687 du 24 juin 2010, art. 2).

SECTION IV **SALAIRE**

Art. D. 6325-14 Les salariés âgés de moins de vingt-six ans titulaires d'un contrat de professionnalisation perçoivent pendant la durée du contrat de travail à durée déterminée ou de l'action de professionnalisation du contrat de travail à durée indéterminée un salaire minimum calculé en fonction de leur âge et de leur niveau de formation. — *[Anc. art. D. 981-1, al. 1er.]*

Art. D. 6325-15 Le salaire ne peut être inférieur à 55 % du salaire minimum de croissance pour les bénéficiaires âgés de moins de vingt et un ans et à 70 % du salaire minimum de croissance pour les bénéficiaires âgés de vingt et un ans et plus.

Ces rémunérations ne peuvent, respectivement, être inférieures à 65 % et 80 % du salaire minimum de croissance, lorsque le bénéficiaire est titulaire d'une qualification au moins égale à celle d'un baccalauréat professionnel ou d'un titre ou diplôme à finalité professionnelle de même niveau. — *[Anc. art. D. 981-1, al. 2.]*

Art. D. 6325-16 Les montants de rémunération prévus à l'article D. 6325-15 sont calculés à partir du premier jour du mois suivant le jour où le titulaire du contrat a atteint l'âge indiqué. — *[Anc. art. D. 981-1, al. 3.]*

Art. D. 6325-17 Excepté dans le cas où un taux moins élevé est prévu par une convention collective ou un contrat, les avantages en nature dont bénéficie le titulaire du contrat de professionnalisation peuvent être déduits du salaire dans la limite de 75 % de la déduction autorisée pour les autres salariés par la réglementation applicable en matière de sécurité sociale.

Ces déductions ne peuvent excéder, chaque mois, un montant égal aux trois quarts du salaire. — *[Anc. art. D. 981-2.]*

Art. D. 6325-18 La rémunération du titulaire d'un contrat de professionnalisation âgé d'au moins vingt-six ans, prévue à l'article L. 6325-9, ne peut être inférieure à 85 % de la rémunération minimale prévue par les dispositions de la convention ou de l'accord collectif de branche dont relève l'entreprise. — *[Anc. art. L. 981-5, al. 2.]*

SECTION V **EXONÉRATIONS DE COTISATIONS SOCIALES**

Art. D. 6325-19 En cas de suspension du contrat de travail avec maintien total ou partiel de la rémunération mensuelle brute du salarié, le nombre d'heures rémunérées pris en compte pour le calcul *(Décr. n° 2009-612 du 2 juin 2009)* « des exonérations prévues aux articles L. 6325-16 et L. 6325-17 » est égal au produit de la durée de travail que le salarié aurait accomplie s'il avait continué à travailler et du pourcentage de la rémunération demeuré à la charge de l'employeur et soumis à cotisation.

Ce nombre d'heures rémunérées ne peut excéder, au titre du mois civil considéré, la durée légale du travail calculée sur le mois, ou, lorsqu'elle est inférieure, la durée conventionnelle applicable dans l'établissement. — *[Anc. art. D. 981-3-I.]*

Art. D. 6325-19-1 *(Décr. n° 2009-612 du 2 juin 2009)* L'exonération prévue à l'article L. 6325-17 bénéficie aux groupements d'employeurs *(Décr. n° 2015-998 du 17 août 2015, art. 2)* « pour l'insertion et la qualification » bénéficiant de l'aide prévue aux articles D. 6325-23 et D. 6325-24.

Art. R. 6325-20 Lorsque les services chargés du contrôle de l'exécution du contrat ou les agents de contrôle mentionnés à l'article L. 6361-5 constatent que l'employeur a méconnu les dispositions de l'article L. 1111-3, relatives aux modalités de calcul des effectifs, et celles du présent chapitre, le *(Décr. n° 2009-1377 du 10 nov. 2009)* « directeur régional des entreprises, de la concurrence, de la consommation, du travail et de l'emploi » peut, par décision motivée, prononcer le retrait du bénéfice de l'exonération. — *[Anc. art. R. 981-4, al. 1er.]*

Les modifications issues du Décr. n° 2009-1377 prennent effet, dans chaque région, à la date de nomination du directeur régional des entreprises, de la concurrence, de la consommation, du travail et de l'emploi. — V. Arr. de nomination de ces directeurs des 30 déc. 2009 (JO 5 janv. 2010) et 9 févr. 2010 (JO 14 févr.) (Décr. n° 2009-1377 du 10 nov. 2009, art. 7-I).

Ces modifications s'appliquent à la région Île-de-France à compter du 1er juill. 2010 (Décr. n° 2010-687 du 24 juin 2010, art. 2).

Art. R. 6325-21 La décision de retrait du bénéfice de l'exonération est notifiée à l'employeur. Ce dernier en informe les représentants du personnel.

Elle est également transmise à l'organisme chargé du recouvrement des cotisations et contributions sociales et à l'organisme collecteur paritaire agréé.

Les cotisations dont l'employeur a été exonéré avant la notification de la décision de retrait sont versées au plus tard à la première date d'exigibilité des cotisations et contributions sociales qui suit la date de notification de la décision. — *[Anc. art. R. 981-4, al. 2 et 3.]*

SECTION VI **DISPOSITIONS APPLICABLES AUX GROUPEMENTS D'EMPLOYEURS**

Art. D. 6325-22 Dans le cas d'un contrat de travail conclu avec un groupement d'employeurs, lorsque l'entreprise utilisatrice désigne un tuteur, les missions prévues à l'article D. 6325-7 peuvent, pendant les périodes de mise à disposition, être confiées à ce tuteur.

Toutefois, lorsque l'employeur désigne un tuteur, l'évaluation du suivi de la formation et la liaison avec l'organisme de formation, ou le service de formation, sont assurées par ce tuteur. Les conditions prévues aux articles D. 6325-6 et D. 6325-9 ne s'appliquent pas à ce tuteur. — *[Anc. art. D. 981-8, al. 4.]*

Art. D. 6325-23 Le groupement d'employeurs *(Décr. n° 2015-998 du 17 août 2015, art. 3)* « pour l'insertion et la qualification » qui organise, dans le cadre du contrat de professionnalisation, des parcours d'insertion et de qualification peut bénéficier d'une aide de l'État.

Cette aide est réservée au groupement organisant l'accompagnement personnalisé vers l'emploi au profit des catégories de personnes suivantes :

1° Jeunes âgés de seize à vingt-cinq ans sortis du système scolaire sans qualification ou rencontrant des difficultés particulières d'accès à l'emploi ;

2° Demandeurs d'emploi âgés de quarante-cinq ans et plus. — *[Anc. art. D. 981-11.]*

Le montant de l'aide est fixé à 814 € par accompagnement et en année pleine (Arr. du 17 août 2015, JO 18 août).

Art. D. 6325-24 Pour bénéficier de l'aide prévue à l'article D. 6325-23, les groupements d'employeurs concluent une convention avec le préfet.

Cette convention précise :

1° Le nombre prévisionnel d'accompagnements dans l'année de jeunes âgés de seize à vingt-cinq ans et de demandeurs d'emploi âgés de quarante-cinq ans et plus, embauchés en contrat de professionnalisation ;

2° Les secteurs d'activité concernés, les qualifications préparées, les postes de travail sur lesquels les bénéficiaires du contrat sont embauchés ;

3° Le contenu et les modalités de mise en œuvre de l'accompagnement personnalisé vers l'emploi ;

4° Le nombre et la qualité des personnes chargées de l'accompagnement. — *[Anc. art. D. 981-12, al. 1er à 4.]*

Art. D. 6325-25 Le groupement d'employeurs bénéficiant de l'aide prévue à l'article D. 6325-23 établit annuellement un bilan d'exécution de la convention. — *[Anc. art. D. 981-12, al. 5.]*

Art. D. 6325-26 L'aide de l'État prévue aux articles D. 6325-23 et D. 6325-24 est attribuée chaque année, en fonction du nombre d'accompagnements prévus par le groupement d'employeurs.

Elle est calculée sur une base forfaitaire par accompagnement et par an, dont le montant est fixé par arrêté conjoint des ministres chargés de l'emploi et du budget.

(Décr. nº 2009-612 du 2 juin 2009) « Elle est cumulable avec les exonérations prévues aux articles L. 6325-16 et L. 6325-17. »

Art. D. 6325-27 L'aide de l'État est versée à raison de 75 % de son montant prévisionnel au moment de la conclusion de la convention.

Le solde est versé après examen du bilan d'exécution de la convention par la *(Décr. nº 2009-1377 du 10 nov. 2009)* « direction régionale des entreprises, de la concurrence, de la consommation, du travail et de l'emploi ». — *[Anc. art. D. 981-14, al. 1er.]*

Les modifications issues du Décr. nº 2009-1377 prennent effet, dans chaque région, à la date de nomination du directeur régional des entreprises, de la concurrence, de la consommation, du travail et de l'emploi. — V. Arr. de nomination de ces directeurs des 30 déc. 2009 (JO 5 janv. 2010) et 9 févr. 2010 (JO 14 févr.) (Décr. nº 2009-1377 du 10 nov. 2009, art. 7-I).

Ces modifications s'appliquent à la région Île-de-France à compter du 1er juill. 2010 (Décr. nº 2010-687 du 24 juin 2010, art. 2).

Art. D. 6325-28 Lorsqu'il ressort de l'examen du bilan d'exécution que le nombre d'accompagnements réalisés est inférieur à celui prévu par la convention ou que le contenu et les modalités de mise en œuvre de l'accompagnement ne sont pas conformes à la convention, les sommes correspondantes sont déduites du solde de l'aide restant à verser et, le cas échéant, reversées au Trésor public pour la part excédant le montant du solde. — *[Anc. art. D. 981-14, al. 2.]*

SECTION VII CARTE D'ÉTUDIANT DES MÉTIERS

(Décr. nº 2011-2001 du 28 déc. 2011)

Art. D. 6325-29 Une carte d'étudiant des métiers est délivrée gratuitement aux salariés en contrat de professionnalisation mentionnés à l'article L. 6325-6-2, par l'organisme ou le service chargé de leur formation dans les trente jours suivant la conclusion du contrat. En cas de rupture du contrat de professionnalisation, la carte est remise à l'établissement de formation, qui assure sa destruction.

La carte d'étudiant des métiers comporte les mentions prévues à l'article D. 6222-44 et est conforme au modèle défini en application de ce même article.

SECTION VIII CONVENTIONNEMENT AVEC L'ENTREPRISE D'ACCUEIL

(Décr. nº 2016-95 du 1er févr. 2016, art. 1er)

Art. D. 6325-30 En application du second alinéa de l'article L. 6325-2, l'accueil du salarié dans d'autres entreprises que celle qui l'emploie ne peut excéder la moitié du temps de formation en entreprise prévu par le contrat de professionnalisation. Cet accueil doit permettre au salarié de compléter sa formation en recourant, notamment, à des équipements ou des techniques qui ne sont pas utilisés par l'employeur.

Chaque entreprise d'accueil désigne un tuteur.

Le salarié doit se conformer au règlement intérieur de chaque entreprise d'accueil.

Chaque entreprise d'accueil est responsable du respect des dispositions relatives à la durée du travail ainsi qu'à la santé et la sécurité au travail.

Lorsque l'activité exercée par le salarié en entreprise d'accueil nécessite *(Décr. n° 2016-1908 du 27 déc. 2016, art. 19, en vigueur le 1er janv. 2017)* « un suivi individuel renforcé », les obligations correspondantes sont à la charge de cette entreprise.

Art. D. 6325-31 L'accueil du salarié dans d'autres entreprises que celles *[celle]* qui l'emploie fait l'objet d'une convention conclue entre l'employeur, les entreprises d'accueil et le salarié.

La convention précise notamment :

1° Le titre, le diplôme ou le certificat de qualification professionnel préparé, la durée de la période d'accueil et la nature des tâches confiées au salarié ;

2° Les horaires et les lieux de travail ;

3° Les modalités de partage, entre l'employeur et chaque entreprise d'accueil, des charges, rémunérations et avantages liés à l'emploi du salarié ;

4° Les modalités de partage, entre l'employeur et chaque entreprise d'accueil, des frais de transport et d'hébergement ;

5° L'obligation pour chaque entreprise d'accueil de se garantir en matière de responsabilité civile.

Art. D. 6325-32 Dès sa conclusion, la convention est adressée par l'employeur à l'établissement de formation dans lequel est inscrit le salarié, ainsi qu'à l'organisme paritaire collecteur agréé chargé de financer la formation de ce contrat.

TITRE TROISIÈME **FINANCEMENT DE LA FORMATION PROFESSIONNELLE CONTINUE**

CHAPITRE PREMIER **PARTICIPATION DES EMPLOYEURS AU DÉVELOPPEMENT DE LA FORMATION PROFESSIONNELLE CONTINUE**

SECTION PREMIÈRE **MODALITÉS DE CALCUL DES EFFECTIFS**

Art. R. 6331-1 *(Décr. n° 2009-775 du 23 juin 2009)* Pour la détermination du montant de la participation des employeurs au développement de la formation professionnelle continue, l'effectif de l'entreprise calculé au 31 décembre, tous établissements confondus, est égal à la moyenne des effectifs déterminés chaque mois de l'année civile.

Pour la détermination des effectifs du mois, il est tenu compte des salariés titulaires d'un contrat de travail le dernier jour de chaque mois, y compris les salariés absents, conformément aux dispositions des articles L. 1111-2, L. 1111-3 et L. 1251-54.

Pour une entreprise créée en cours d'année, l'effectif est apprécié à la date de sa création. Au titre de l'année suivante, l'effectif de cette entreprise est apprécié dans les conditions définies aux deux alinéas précédents, en fonction de la moyenne des effectifs de chacun des mois d'existence de la première année.

Pour la détermination de la moyenne mentionnée aux premier et troisième alinéas, les mois au cours desquels aucun salarié n'est employé ne sont pas pris en compte.

SECTION II **EMPLOYEURS DE MOINS DE DIX SALARIÉS**

Art. R. 6331-2 *(Décr. n° 2014-968 du 22 août 2014)* Pour l'application de l'article L. 6331-2, l'employeur de moins de dix salariés procède au versement de la participation avant le 1er mars de l'année suivant celle au titre de laquelle elle est due.

Les dispositions issues du Décr. n° 2014-968 du 22 août 2014 s'appliquent à la collecte des contributions dues au titre de l'année 2015.

Art. R. 6331-3 à R. 6331-8 *(Articles omis).*

SECTION III **EMPLOYEURS DE DIX SALARIÉS ET PLUS**

SOUS-SECTION 1 **MONTANT ET MISE EN ŒUVRE DE LA PARTICIPATION**

§ 1er DISPOSITIONS GÉNÉRALES

Art. R. 6331-9 *(Décr. n° 2014-968 du 22 août 2014)* **Pour l'application de l'article L. 6331-9, l'employeur de dix salariés et plus procède au versement de la participation avant le 1er mars de l'année suivant celle au titre de laquelle elle est due.**

V. note ss. art. R. 6331-2.

Art. D. 6331-10 *Abrogé par Décr. n° 2014-968 du 22 août 2014.*

§ 2 PRISE EN COMPTE D'UN ACCROISSEMENT D'EFFECTIF

Art. R. 6331-11 *Abrogé par Décr. n° 2014-968 du 22 août 2014.*

Art. R. 6331-12 *(Décr. n° 2014-968 du 22 août 2014)* **Lorsque, en raison de l'accroissement de leur effectif, les employeurs atteignent ou dépassent au titre d'une année l'effectif de dix salariés, dans les conditions prévues à l'article L. 6331-15, le pourcentage minimal mentionné au premier alinéa de l'article L. 6331-9 est calculé en diminuant respectivement, pour les quatrième et cinquième années, le montant des rémunérations versées pendant l'année en cours d'un montant équivalent à** *(Décr. n° 2016-189 du 24 févr. 2016)* **« 30 % puis 10 % ».**

V. note ss. art. R. 6331-2.

§ 3 DÉPENSES ÉLIGIBLES AU FINANCEMENT PAR L'EMPLOYEUR DU COMPTE PERSONNEL DE FORMATION *(Décr. n° 2014-968 du 28 août 2014).*

Art. R. 6331-13 *(Décr. n° 2014-968 du 22 août 2014)* **L'accord d'entreprise mentionné à l'article L. 6331-10 porte sur la masse salariale de l'année civile au titre de laquelle il est conclu et sur celles des deux années suivantes.**

Lorsque à l'issue de la période de ces trois années les dépenses effectuées par l'employeur sont inférieures au montant total correspondant à 0,2 % de la masse salariale des trois années couvertes par l'accord, une somme égale à la différence entre ce montant total et les dépenses effectivement consacrées par l'employeur au financement du compte personnel de formation de ses salariés et à son abondement fait l'objet d'un versement à l'organisme collecteur paritaire agréé mentionné à l'article L. 6331-11 avant le 1er mars de l'année qui suit la dernière année d'application de l'accord.

V. note ss. art. R. 6331-2.

Art. R. 6331-14 *Abrogé par Décr. n° 2014-968 du 22 août 2014.*

Art. R. 6331-15 **En cas de cession, de cessation d'entreprise ou de décès de l'exploitant, les dispositions** *(Décr. n° 2014-968 du 22 août 2014)* **« du second alinéa de l'article R. 6331-13 » ne sont applicables qu'aux dépenses engagées et payées antérieurement à la cession, à la cessation de l'entreprise ou au décès.**

Art. R. 6331-16 *(Décr. n° 2014-1120 du 2 oct. 2014, art. 2)* **Les dépenses effectuées par l'employeur, mentionnées au second alinéa de l'article R. 6331-13, sont prises en compte selon les modalités définies aux I, III et V de l'article R. 6323-5.**

Art. R. 6331-17 à R. 6331-28 *Abrogés par Décr. n° 2014-968 du 22 août 2014.*

SOUS-SECTION 2 **DÉCLARATION À L'AUTORITÉ ADMINISTRATIVE**

Art. R. 6331-29 à R. 6331-35 *Abrogés par Décr. n° 2015-600 du 2 juin 2015.*

SECTION IV **DISPOSITIONS APPLICABLES À CERTAINES CATÉGORIES D'EMPLOYEURS ET DE TRAVAILLEURS INDÉPENDANTS** *(Décr. n° 2012-1370 du 7 déc. 2012, art. 2).*

SOUS-SECTION 1 **EMPLOYEURS DU BÂTIMENT ET DES TRAVAUX PUBLICS**

Art. R. 6331-36 La cotisation prévue à l'article L. 6331-35 contribue au développement des actions mentionnées au 2° de l'article L. 6331-36, en ce qui concerne en particulier :

1° Le financement des investissements et du fonctionnement des établissements d'enseignement professionnel, des centres de formation d'apprentis et des sections d'apprentissage ;

2° La formation des personnels enseignants et des maîtres d'apprentissage ;

3° L'acquisition de matériel technique et pédagogique. – *[Anc. art. L. 951-10-1-I, al. 5.]*

Art. R. 6331-37 La cotisation donne lieu à trois versements d'acomptes provisionnels, les 30 avril, 31 juillet et 31 octobre de chaque année.

Le montant de chaque acompte est égal au quart de la cotisation mise à la charge du redevable au cours de la dernière année au titre de laquelle il a été assujetti. Pour l'année en cours, leur montant est égal au quart de la cotisation évaluée sur la base des rémunérations de l'année précédente calculée selon les modalités prévues à l'article L. 6331-37. – *[Anc. art. L. 951-10-1-IV, al. 1er, phrase 2.]*

Art. R. 6331-38 La cotisation est liquidée le 31 janvier de l'année suivant le paiement du dernier acompte. Le solde de cotisation exigible est versé à cette date.

Les éventuels trop-perçus sont déduits de l'acompte suivant, sauf si l'entreprise en demande expressément le remboursement. Dans ce cas, le remboursement est réalisé dans le délai de trois mois. – *[Anc. art. L. 951-10-1-IV, al. 2.]*

Art. R. 6331-39 Pour les entreprises nouvellement créées ou celles qui entrent dans le champ d'application prévu à l'article L. 6331-35, les acomptes des cotisations prévues à l'article L. 6331-35 sont calculés pour la première année sur la base de l'effectif moyen de l'entreprise de l'année en cours. Ils sont assis, de manière forfaitaire, sur le salaire minimum de croissance applicable aux travailleurs intéressés. La régularisation est opérée au moment de la liquidation de la cotisation, dans les conditions prévues à l'article R. 6331-38. – *[Anc. art. L. 951-10-1-IV, al. 3.]*

Art. R. 6331-40 Les entreprises redevables de la cotisation adressent leurs versements à la caisse BTP Prévoyance selon les modalités prévues aux articles R. 6331-37 à R. 6331-39. – *[Anc. art. L. 951-10-1-V, al. 3.]*

Art. R. 6331-41 L'ensemble des opérations liées au recouvrement de la cotisation et au versement de son produit au Comité de concertation et de coordination de l'apprentissage du bâtiment et des travaux publics fait l'objet d'une comptabilité distincte dans les comptes de la caisse BTP Prévoyance. – *[Anc. art. L. 951-10-1-V, al. 4.]*

Art. R. 6331-42 Le produit de la cotisation est versé mensuellement par la caisse BTP Prévoyance au Comité de concertation et de coordination de l'apprentissage du bâtiment et des travaux publics, déduction faite d'un prélèvement de 0,6 % hors cotisations. Ce prélèvement représente les frais engagés par la caisse BTP Prévoyance pour procéder au recouvrement de la cotisation. – *[Anc. art. L. 951-10-1-V, al. 5.]*

Art. R. 6331-43 La limite prévue au 4° de l'article L. 6331-36 est déterminée par le taux du montant total de la collecte de la cotisation fixé par arrêté du ministre chargé de la formation professionnelle, au regard de la mission particulière d'intérêt général du Comité de concertation et de coordination de l'apprentissage du bâtiment et des travaux publics. – *[Anc. art. L. 951-10-1-I, al. 7.]*

Art. R. 6331-44 Un commissaire du Gouvernement auprès du Comité de concertation et de coordination de l'apprentissage du bâtiment et des travaux publics est désigné par le ministre chargé de l'éducation nationale en accord avec les ministres chargés de l'équipement, du logement et de la formation professionnelle. – *[Anc. art. L. 951-10-1-VII, al. 5.]*

Art. R. 6331-45 Le contrôleur général économique et financier de l'État auprès du Comité de concertation et de coordination de l'apprentissage du bâtiment et des travaux publics est compétent pour contrôler l'ensemble des opérations relatives à la collecte et au recouvrement de la cotisation instituée au profit de ce comité, y compris lorsque ces opérations sont assurées par la caisse BTP Prévoyance. – *[Anc. art. L. 951-10-1-VII, al. 6.]*

Art. R. 6331-46 Un compte rendu annuel d'activités et des sommes consacrées à la prise en charge des dépenses mentionnées au 5° de l'article L. 6331-6 est adressé au commissaire du Gouvernement et au contrôleur général économique et financier de l'État placés auprès du Comité de concertation et de coordination de l'apprentissage du bâtiment et des travaux publics. – *[Anc. art. L. 951-10-1-I, al. 9.]*

SOUS-SECTION 2 TRAVAILLEURS INDÉPENDANTS, MEMBRES DES PROFESSIONS LIBÉRALES ET PROFESSIONS NON SALARIÉES

Art. R. 6331-47 La contribution prévue à l'article L. 6331-48 est due par les personnes non salariées, à l'exception de celles dont la rémunération ne peut être prise en compte pour la détermination du montant des salaires, entendu au sens du 1 de l'article 231 du code général des impôts, prévues aux articles L. 6331-53 et L. 6331-54.

Ces personnes ne peuvent bénéficier du droit à la formation professionnelle continue que si elles sont à jour du paiement de cette contribution. – *[Anc. art. R. 953-1, al. 1er et 2.]*

Art. R. 6331-48 La contribution prévue à l'article L. 6331-53 est due au titre de la participation au développement de la formation professionnelle continue des travailleurs indépendants et des employeurs de la pêche maritime de moins de dix salariés ainsi que des travailleurs indépendants et des employeurs de cultures marines de moins de dix salariés.

Cette disposition s'applique également aux conjoint, partenaire lié par un pacte civil de solidarité ou concubin des personnes mentionnées au premier alinéa, s'ils sont leurs collaborateurs ou associés.

Ces personnes ne peuvent bénéficier du droit à la formation professionnelle continue que si elles sont à jour du paiement de cette contribution. – *[Anc. art. R. 953-15.]*

Art. R. 6331-49 Les personnes mentionnées à l'article R. 6331-48 adhèrent à l'organisme collecteur paritaire agréé mentionné au troisième alinéa de l'article L. 6331-53. – *[Anc. art. R. 953-16.]*

Art. R. 6331-50 L'agrément de l'organisme collecteur paritaire agréé mentionné au troisième alinéa de l'article L. 6331-53 est prononcé par arrêté conjoint des ministres chargés de la formation professionnelle, des gens de mer et de la pêche maritime. – *[Anc. art. R. 953-17, al. 1er.]*

Art. R. 6331-51 L'agrément peut être retiré par arrêté conjoint des ministres chargés de la formation professionnelle, des gens de mer et de la pêche maritime lorsque les dispositions légales applicables à l'organisme ou les conditions particulières prévues le cas échéant par l'agrément ne sont pas respectées.

La décision de retrait intervient après que l'organisme gestionnaire a été appelé à s'expliquer. – *[Anc. art. R. 953-17, al. 3.]*

Art. R. 6331-52 La contribution prévue au premier alinéa de l'article L. 6331-53 est reversée à l'organisme collecteur paritaire agréé avant le premier mois de l'année suivant celle du recouvrement. – *[Anc. art. R. 953-18, al. 1er.]*

Art. R. 6331-53 Les modalités du reversement prévu à l'article R. 6331-52 sont précisées par arrêté conjoint des ministres chargés de la formation professionnelle, des gens de mer et de la pêche maritime.

Cet arrêté détermine, notamment, le montant maximum des frais de gestion que la Caisse maritime d'allocations familiales est autorisée à prélever. – *[Anc. art. R. 953-18, al. 2.]*

Art. R. 6331-54 L'organisme collecteur paritaire agréé désigne en son sein une section particulière.

Cette section est gérée par les organisations syndicales représentatives des travailleurs indépendants et des employeurs de la pêche maritime et des cultures marines. – *[Anc. art. R. 953-19.]*

SOUS-SECTION 3 TRAVAILLEURS INDÉPENDANTS DU SECTEUR ARTISANAL

(Décr. nº 2012-528 du 19 avr. 2012)

§ 1er FONDS D'ASSURANCE FORMATION DES CHEFS D'ENTREPRISE ARTISANALE *(Décr. nº 2015-254 du 3 mars 2015, art. 1er).*

Art. R. 6331-55 I. – Le fonds d'assurance formation des chefs d'entreprise exerçant une activité artisanale créé en application de l'article 8 de l'ordonnance nº 2003-1213 du 18 décembre 2003 a pour mission d'organiser, de développer et de promouvoir la formation de ces chefs d'entreprise ainsi que celle de leurs conjoints collaborateurs ou associés, de leurs auxiliaires familiaux et, pour l'exercice de leurs responsabilités, de ceux d'entre eux qui ont la qualité d'élus des organisations professionnelles. Il participe au financement de cette formation.

II. – Ce fonds est constitué sous forme d'une association régie par la loi du 1er juillet 1901 et placé sous la tutelle du ministre chargé de l'artisanat.

III. – Le fonds est habilité par arrêté conjoint du ministre chargé de l'artisanat et du ministre chargé de la formation professionnelle après vérification de la conformité de son statut et de son règlement intérieur aux dispositions législatives et réglementaires en vigueur.

En cas de modification de ce statut ou de ce règlement, une nouvelle habilitation est requise.

(Décr. nº 2015-254 du 3 mars 2015, art. 2) « IV. – En cas de non-respect des dispositions législatives et réglementaires applicables, l'habilitation peut être retirée par arrêté conjoint des autorités mentionnées au III. Préalablement à cette décision, le conseil d'administration du fonds est informé et appelé à présenter ses observations.

« Cet arrêté est motivé et précise la date à laquelle il prend effet ainsi que les modalités de dévolution des biens du fonds dans les conditions prévues à l'article R. 6331-63. Il fait l'objet d'une publication au *Journal officiel* de la République française.

« V. – L'acte constitutif du fonds détermine son champ professionnel par référence à la nomenclature des activités françaises de l'artisanat. »

Art. R. 6331-56 Le fonds d'assurance formation des chefs d'entreprise exerçant une activité artisanale est administré par un conseil d'administration et dirigé par un directeur général, nommé par le conseil d'administration.

Art. R. 6331-57 Le conseil d'administration du fonds définit les priorités de financement de la formation professionnelle des bénéficiaires mentionnés à l'article R. 6331-55 dans le respect des conditions fixées par les dispositions du chapitre III du titre Ier du présent livre et des articles L. 6353-1 et L. 6353-2. Il détermine les critères et les modalités de prise en charge des actions de formation financées par le fonds. *(Décr. nº 2015-254 du 3 mars 2015, art. 2)* « Le fonds rend publiques ces informations. »

Il fixe les principes de gestion et les règles de procédure applicables au financement des actions de formation. Il contrôle leur mise en œuvre.

Il décide des actions d'information, de sensibilisation et de conseil des bénéficiaires mentionnés à l'article R. 6331-55 relatives aux besoins et aux moyens de formation.

Art. R. 6331-58 Le fonds respecte le principe d'égalité de traitement des ressortissants du fonds, et des prestataires de formation ou d'actions entrant dans le champ d'application des titres Ier et III du livre troisième de la sixième partie du présent code. Le conseil d'administration veille à ce que l'allocation des financements tienne compte des besoins de formation des différents métiers représentés au sein du fonds.

(Décr. nº 2015-254 du 3 mars 2015, art. 2) « Le fonds établit, en coordination avec l'assemblée permanente des chambres de métiers et de l'artisanat, la liste relative à la nature des actions de formation finançables par le fonds. Cette liste est rendue publique auprès des bénéficiaires mentionnés à l'article R. 6331-55 et est établie de manière à rendre impossible tout cofinancement d'une même action de formation par le fonds d'assurance formation des chefs d'entreprise artisanale et par les conseils de la formation institués auprès des chambres de métiers et de l'artisanat de niveau régional.

« Le fonds crée un site internet dédié proposant un service dématérialisé de traitement des demandes de financement des formations professionnelles.

« Ce site internet présente des éléments comptables et extra-comptables du fonds. Il comporte notamment au sein de rubriques dédiées et identifiables :

« 1° La liste relative à la nature des actions de formation financées par le fonds prévue au deuxième alinéa du présent article ;

« 2° Les priorités de financement et les critères et modalités de prise en charge des actions de formation prévues à l'article R. 6331-57 ;

« 3° Les comptes annuels du fonds et le rapport du commissaire aux comptes, sans préjudice de l'application des dispositions de l'article L. 612-4 du code de commerce ;

« 4° Le bilan annuel quantitatif et financier de l'activité du fonds qui présente :

« – l'état des ressources et la répartition des dépenses ;

« – la typologie des entreprises et des stagiaires qui bénéficient d'un financement du fonds ;

« – la typologie des actions de formation financées par le fonds ;

« – la formation des élus des organisations professionnelles ;

« 5° Le bilan annuel détaillé qualitatif et financier des actions prévues au *b* de l'article R. 6331-60 du code du travail.

« Les rubriques 1° et 2° sont actualisées dans les quinze jours suivant la modification de l'une de ces informations.

« Les rubriques 3°, 4° et 5° relatives à un exercice sont mises en ligne au plus tard le 30 juin de l'exercice suivant. Ces informations portant sur les cinq derniers exercices sont consultables sur le site internet du fonds. »

Art. R. 6331-59 I. – Les statuts et le règlement intérieur du fonds fixent la composition du conseil d'administration, les modalités et les conditions de désignation ou de radiation de ses membres ainsi que ses règles de fonctionnement. Ils peuvent prévoir la mise en place de commissions dont les membres sont nommés par le conseil d'administration.

II. – Le président du conseil d'administration est élu par ce conseil.

III. – Les membres du conseil d'administration doivent être des chefs d'entreprise en activité exerçant une activité artisanale ou des conjoints collaborateurs ou associés en activité au moment de leur désignation. Ils doivent être à jour de leurs cotisations sociales et fiscales. La cessation d'activité entraîne obligatoirement le remplacement au sein du conseil.

(Décr. nº 2015-254 du 3 mars 2015, art. 2) « IV. – Nul ne peut être salarié du fonds s'il est administrateur ou salarié dans un établissement de formation, un établissement bancaire ou un organisme de crédit.

« Le cumul des fonctions d'administrateur du fonds avec celles de salarié ou d'administrateur d'un établissement de formation, d'un établissement bancaire ou d'un organisme de crédit doit être porté à la connaissance du conseil d'administration du fonds ainsi qu'à celle du commissaire aux comptes qui établit, s'il y a lieu, un rapport spécial.

« Le directeur et le personnel du fonds ne peuvent être membres d'une des organisations professionnelles administrant le fonds.

« V. – Le directeur général du fonds peut procéder à des vérifications auprès des organismes de formation *(Décr. nº 2016-480 du 18 avr. 2016, art. 1er)* « et des bénéficiaires mentionnés au I de l'article R. 6331-55 » pour s'assurer de la bonne exécution des prestations pour lesquelles une prise en charge est demandée au fonds. »

Art. R. 6331-60 I. – Les ressources du fonds d'assurance formation des chefs d'entreprise exerçant une activité artisanale, lorsqu'elles proviennent des contributions mentionnées à l'article 1601 B et au troisième alinéa de l'article 1609 *quatervicies* B du code général des impôts, assurent le financement :

a) Des actions de formations mentionnées à l'article L. 6313-1, et notamment de celles qui permettent l'accès à la qualification professionnelle au sens de l'article L. 6314-1, et la prise en charge des frais de transport et d'hébergement des stagiaires ;

b) Des actions d'information, de sensibilisation et de conseil des chefs d'entreprise exerçant une activité artisanale, de leurs conjoints collaborateurs ou associés et de leurs auxiliaires familiaux relatives aux besoins et aux moyens de formation. La mise en œuvre de ces actions par des prestataires extérieurs est subordonnée à la conclusion d'une convention approuvée par le conseil d'administration ;

c) Des frais de gestion du fonds. Cette gestion ne peut pas être confiée à un établissement de formation, à un établissement bancaire, à un organisme de crédit ou à une organisation professionnelle ;

d) De la formation des élus des organisations professionnelles ;

e) Le cas échéant, des indemnités pour perte de ressources allouées aux membres du conseil d'administration et aux membres des commissions mentionnées à l'article R. 6331-59.

II. — L'agrément financier d'une formation par le fonds ne peut être délivré plus de trois mois avant le début du stage. Il est soumis obligatoirement à l'identification du stagiaire qui se matérialise par une inscription formelle.

Le niveau de prise en charge des actions de formation est déterminé de manière à permettre le caractère effectif de celle-ci pendant la durée de l'exercice. Il fait, le cas échéant, l'objet d'ajustements en cours d'année à cette fin.

III. — Les dépenses sont engagées à concurrence de la totalité de la contribution perçue au titre des articles 1601 B et 1609 *quatervicies* B du code général des impôts en appliquant le principe de la mutualisation au premier euro dès réception des dossiers complets dans les conditions prévues à l'article R. 6331-58 et au II ci-dessus. Les paiements sont effectués après exécution des prestations et réception des justificatifs probants, et notamment les attestations de présence et les feuilles d'émargement signées par les stagiaires.

Les dépenses mentionnées aux *b, c, d* et *e* du I ci-dessus ne peuvent excéder un plafond fixé par arrêté du ministre chargé de l'artisanat.

Art. R. 6331-61 *(Décr. n° 2015-254 du 3 mars 2015, art. 2)* Le fonds d'assurance formation des chefs d'entreprise exerçant une activité artisanale ne peut posséder d'autres biens, meubles et immeubles, que ceux qui sont nécessaires à son fonctionnement.

Art. R. 6331-62 *(Décr. n° 2015-254 du 3 mars 2015, art. 2)* « I. — » Toutes les sommes destinées au fonds d'assurance formation des chefs d'entreprise exerçant une activité artisanale sont versées directement et sans délai à son compte bancaire.

(Décr. n° 2015-254 du 3 mars 2015, art. 2) « II. — » Les intérêts produits par les sommes placées à court terme ont le même caractère que les sommes dont ils sont issus. Ils sont soumis aux mêmes conditions d'utilisation et à la même procédure de contrôle.

(Décr. n° 2015-254 du 3 mars 2015, art. 2) « III. — Les disponibilités, au sens de l'article R. 6332-29, dont le fonds peut disposer au 31 décembre d'un exercice ne peuvent excéder le tiers du montant des charges comptabilisées au cours dudit exercice, à l'exception des dotations aux amortissements, des dépréciations et des provisions autres que celles relatives à un contentieux engagé avec un organisme de formation.

« En cas d'excédent, celui-ci est reversé au Trésor public *(Décr. n° 2016-480 du 18 avr. 2016, art. 2)* « avant le 30 avril de l'année suivant la clôture de l'exercice ».

« IV. — La comptabilité du fonds est tenue par référence au plan comptable applicable aux organismes collecteurs paritaires mentionnés à l'article R. 6332-39. Elle est certifiée par un commissaire aux comptes en application des dispositions prévues aux articles L. 612-1 à L. 612-5 du code du commerce.

« Les pièces justificatives des recettes et des dépenses sont transmises, à leur demande, aux autorités de tutelle ou de contrôle.

« V. — Le fonds d'assurance formation transmet au ministre chargé de l'artisanat, après validation de son conseil d'administration et au plus tard le 30 juin de l'année suivant la clôture de l'exercice, la liste des éléments comptables et extra-comptables comprenant notamment :

« 1° Un état comportant les renseignements statistiques et financiers permettant de suivre son fonctionnement, la réalisation des programmes d'intervention et l'emploi des fonds collectés.

« Celui-ci présente notamment :

« *a)* Sous forme de graphiques appropriés les données ci-après :

« – les ressources du fonds et leur affectation au titre des différentes catégories de dépenses prévues à l'article R. 6331-60 ;

« – la typologie des entreprises et des stagiaires qui bénéficient d'un financement du fonds. Pour les créateurs et repreneurs d'entreprise de moins de trois ans, les futurs créateurs et repreneurs d'entreprise et les *(Décr. n° 2016-480 du 18 avr. 2016, art. 2)* « travailleurs indépendants mentionnés au II de l'article L. 133-6-8 du code de la sécurité sociale », des graphiques spécifiques présentent des données relatives au nombre de stagiaires et aux montants financiers qui leur sont alloués ;

« – la typologie des actions de formation financées par le fonds et les financements accordés ;

« – le nombre d'élus des organisations professionnelles formés et les financements accordés ;

« *b)* Un bilan détaillé qualitatif et financier des actions prévues au *b* de l'article R. 6331-60 ;

« 2° Un bilan et un compte de résultat certifié par le commissaire aux comptes ;

« 3° Un rapport présentant les principales orientations de son activité.

« Les procès-verbaux des conseils d'administration du fonds sont transmis au ministre chargé de l'artisanat dans les quinze jours qui suivent la date de leur validation par le conseil d'administration. »

Art. R. 6331-63 En cas de cessation d'activité du fonds d'assurance formation des chefs d'entreprise exerçant une activité artisanale, ses biens sont dévolus, sous réserve des dispositions de l'article 2 du décret n° 2007-1268 du 24 août 2007, à d'autres fonds d'assurance formation désignés par le conseil d'administration ou, à défaut, à l'État. La dévolution des biens, des droits et des obligations à d'autres fonds d'assurance formation est soumise à l'accord préalable conjoint du ministre chargé de l'artisanat et du ministre chargé de la formation professionnelle. Les conditions de cette dévolution sont fixées par arrêté conjoint des ministres chargés de l'artisanat et du budget.

§ 2 CONSEILS DE LA FORMATION INSTITUÉS AUPRÈS DES CHAMBRES DE MÉTIERS ET DE L'ARTISANAT DE RÉGION ET AUPRÈS DES CHAMBRES RÉGIONALES DE MÉTIERS ET DE L'ARTISANAT *(Décr. n° 2016-480 du 18 avr. 2016, art. 3).*

(Décr. n° 2015-254 du 3 mars 2015, art. 4)

Art. R. 6331-63-1 Il est institué *(Décr. n° 2016-480 du 18 avr. 2016, art. 4)* « auprès des chambres de métiers et de l'artisanat de région et auprès des chambres régionales de métiers et de l'artisanat » un conseil de la formation chargé de promouvoir et de financer les actions de formation professionnelle, au sens des articles L. 6313-1 et L. 6353-1, des chefs d'entreprise exerçant une activité artisanale ainsi que de leurs conjoints collaborateurs ou associés, de leurs auxiliaires familiaux dans le seul domaine de la gestion et du développement de leurs entreprises.

L'information des chefs d'entreprise sur la nature des actions de formation pouvant être financées par les conseils de la formation est assurée par l'assemblée permanente des chambres de métiers et de l'artisanat en coordination avec le fonds d'assurance formation mentionné à l'article R. 6331-55.

La liste relative à la nature des actions de formation est établie de manière à rendre impossible tout cofinancement d'une même action de formation par les conseils de la formation et par le fonds d'assurance formation des chefs d'entreprise artisanale.

Art. R. 6331-63-2 Le conseil de la formation a pour missions :

1° De définir les priorités de financement de la formation professionnelle dans le respect des conditions prévues à l'article R. 6331-63-1 et de fixer les critères et les modalités de prise en charge des actions de formation qu'il finance ;

2° De fixer les principes de gestion et les règles de procédure applicables au financement des actions de formation ;

3° De rendre publics les priorités annuelles, les critères et les modalités de prise en charge des actions de formation fixés par le conseil ainsi que les règles de traitement des demandes de financement des actions de formation, notamment celles portant sur les critères applicables aux organismes de formation leur permettant de présenter des demandes collectives de prise en charge de formations pour le compte des stagiaires dans le cadre de la subrogation de paiement.

L'ensemble de ces informations sont mises en ligne sur le site internet de la chambre de métiers et de l'artisanat compétente au sein d'une rubrique dédiée au conseil de la formation, dans un délai de quinze jours suivant leur approbation par le conseil de la formation.

Art. R. 6331-63-3 Le conseil de la formation délibère sur :

1° Les priorités de financement, les critères et les modalités de prise en charge des formations ;

2° Les orientations ainsi que les mesures générales relatives à son organisation et à son fonctionnement ;

3° Les actions financées au titre du 3° du I de l'article R. 6331-63-6 ;

4° Le budget et ses modifications ;

5° Le compte financier et l'affectation des résultats de l'exercice ;

6° Le rapport annuel d'activité ;

7° Les conventions relatives aux modalités et aux conditions de mise en œuvre de la procédure de subrogation de paiement entre le conseil de la formation et un organisme de formation et celles visant à déléguer la mise en œuvre des actions prévues au 3° du I de l'article R. 6331-63-6 ;

8° Le règlement intérieur.

Le conseil de la formation contrôle la mise en œuvre de ces décisions.

Art. R. 6331-63-4 Le conseil de la formation est constitué de sept membres désignés parmi les élus des chambres de métiers et de l'artisanat de région *(Décr. n° 2016-480 du 18 avr. 2016, art. 5)* « et des chambres régionales de métiers et de l'artisanat. Le règlement intérieur mentionné à l'article R. 6331-63-3 peut prévoir, lorsque la diversité de représentation des métiers le justifie, de porter le nombre de membres jusqu'à treize et la désignation de membres suppléants. »

Les fonctions de membre du conseil sont incompatibles avec celles :

1° D'administrateur ou de salarié d'un établissement de formation, d'un établissement bancaire ou d'un organisme de crédit ;

2° De président, de trésorier et de vice-président responsable de la formation des chambres de métiers et de l'artisanat ;

3° De personnel administratif affecté au service de formation de la chambre.

Le président du conseil de la formation est élu par ce conseil.

Le président du conseil et le commissaire du Gouvernement mentionné à l'article R. 6331-63-5 peuvent conjointement convier toute personne qu'ils jugent utile d'inviter au conseil afin d'y apporter *[qu'elle y apporte]* son expertise sur un point particulier.

Le conseil de la formation fixe ses règles de fonctionnement, notamment les modalités de vote applicables en son sein, par un règlement intérieur approuvé par le préfet de région.

Art. R. 6331-63-5 Un commissaire du Gouvernement est nommé par le préfet de région auprès du conseil de la formation.

Il veille au respect de la réglementation, du règlement intérieur du conseil, de l'application des décisions prises par le conseil, de l'égalité d'accès à la formation et de l'égalité de traitement des organismes de formation. Il s'assure de la bonne utilisation des fonds et de leur affectation au compte mentionné à l'article R. 6331-63-9.

Il a accès aux documents comptables ou extra-comptables nécessaires à l'exercice de ses missions.

Il assiste aux réunions du conseil. Il reçoit quinze jours avant la réunion du conseil l'ordre du jour et l'ensemble des documents soumis à examen, notamment ceux relatifs au compte mentionné à l'article R. 6331-63-9 ainsi que le projet de procès-verbal de la réunion précédente.

Il peut formuler des observations ou des réserves sur les décisions du conseil. Il peut également, dans un délai de huit jours à compter de la date d'une délibération, en demander une nouvelle. Cette demande a un effet suspensif jusqu'à l'intervention d'une nouvelle délibération.

Art. R. 6331-63-6 I. — Les recettes du conseil de la formation sont constituées des fonds provenant du droit additionnel prévu au *c* de l'article 1601 du code général des impôts et de la contribution prévue au deuxième alinéa de l'article 1609 *quatervicies* B du même code ainsi que, le cas échéant, des concours financiers de l'État et des collectivités territoriales.

Les recettes et dépenses du conseil de la formation sont retracées dans un budget et une comptabilité distincts de ceux de la chambre de métiers et de l'artisanat auprès de laquelle le conseil est institué.

Les dépenses du conseil de la formation sont constituées :

1° Du financement des actions de formation prévues à l'article R. 6331-63-1 ;

2° Du financement des actions prévues au 12° de l'article L. 6313-1 et du stage de préparation à l'installation prévu à l'article 2 de la loi n° 82-1091 du 23 décembre 1982 relative à la formation professionnelle des artisans ;

3° Du financement des actions d'information, de sensibilisation et de conseil des chefs d'entreprise exerçant une activité artisanale, de leurs conjoints collaborateurs ou associés, de leurs auxiliaires familiaux, relatives aux besoins et aux moyens de formation ;

4° Du financement de la formation des élus *(Décr. n° 2016-480 du 18 avr. 2016, art. 6)* « du réseau des chambres de métiers et de l'artisanat » ;

5° Du financement des frais de transport et d'hébergement des stagiaires ;

6° Du financement des indemnités pour perte de ressources servies aux membres du conseil lorsqu'il en est alloué ;

7° Du financement des frais de gestion de l'ensemble de ces actions.

Les dépenses mentionnées aux 2°, 3°, 4°, 5°, 6° et 7° ci-dessus ne doivent pas excéder des plafonds fixés par arrêté du ministre chargé de l'artisanat.

II. — L'agrément financier d'une formation par le conseil ne peut être délivré plus de trois mois avant le début du stage. Il est soumis obligatoirement à l'identification du stagiaire qui se matérialise par une inscription formelle.

Le niveau de prise en charge des actions de formation est déterminé de manière à permettre le caractère effectif de celle-ci pendant la durée de l'exercice comptable. Il fait, le cas échéant, l'objet des ajustements nécessaires en cours d'année.

III. — Sous réserve du respect du principe de l'équilibre réel du budget, les dépenses sont engagées à concurrence de la totalité de la contribution perçue au titre des articles 1601 *c* et 1609 *quatervicies* B du code général des impôts en appliquant le principe de la mutualisation au premier euro dès réception des dossiers complets. Les paiements sont effectués après exécution des prestations et réception des justificatifs probants, notamment les attestations de présence et les feuilles d'émargement signées par les stagiaires.

Art. R. 6331-63-7 Un agent comptable est nommé auprès du conseil de la formation de chaque chambre de métiers et de l'artisanat de région *(Décr. n° 2016-480 du 18 avr. 2016, art. 7)* « et de chaque chambre régionale de métiers et de l'artisanat », par arrêté conjoint du préfet de région et du directeur régional des finances publiques.

Il assiste aux réunions du conseil. Il reçoit quinze jours avant la réunion du conseil l'ordre du jour et l'ensemble des documents soumis à examen ainsi que le projet de procès-verbal de la réunion précédente.

Art. R. 6331-63-8 Par dérogation aux dispositions de l'article 3 du décret n° 2012-1246 du 7 novembre 2012 relatif à la gestion budgétaire et comptable publique, les conseils de la formation sont soumis aux dispositions des titres Ier et III de ce même décret, à l'exception des 1° et 2° de l'article 175 et des articles 178 à 185, 204 à 208 et 220 à 228.

Art. R. 6331-63-9 Les recettes du conseil de la formation mentionnées à l'article R. 6331-63-6 sont versées directement et sans délai au compte de dépôt de fonds au Trésor, ouvert à son nom.

Art. R. 6331-63-10 Les disponibilités, au sens de l'article R. 6332-29, dont le conseil peut disposer au 31 décembre d'un exercice déterminé ne peuvent excéder le tiers du montant des charges comptabilisées au cours de cet exercice à l'exception des dotations aux amortissements, des dépréciations et des provisions autres que celles relatives à un contentieux engagé avec un organisme de formation.

En cas d'excédent, celui-ci est reversé au Trésor public *(Décr. n° 2016-480 du 18 avr. 2016, art. 8)* « avant le 30 avril de l'année suivant la clôture de l'exercice ».

Art. R. 6331-63-11 Le conseil de la formation transmet au préfet de région et au ministre chargé de l'artisanat, au plus tard le 31 mars de l'année suivant la clôture de l'exercice, le compte financier établi dans les conditions prévues aux articles 210 à 214 du décret n° 2012-1246 du 7 novembre 2012 relatif à la gestion budgétaire et comptable publique ainsi que des éléments extra-comptables comprenant notamment :

1° Un état comportant les renseignements statistiques et financiers permettant de suivre son fonctionnement, la réalisation des programmes d'intervention et l'emploi des fonds collectés ;

2° Un rapport présentant les principales orientations de son activité ;

3° Un bilan détaillé qualitatif et financier des actions prévues au 3° du I de l'article R. 6331-63-6.

Art. R. 6331-63-12 En cas de cessation d'activité d'un conseil de la formation, les modalités d'une nouvelle affectation de ses droits et obligations sont fixées par arrêté *(Décr. n° 2016-480 du 18 avr. 2016, art. 9)* « du préfet de région ».

SOUS-SECTION 4 ARTISTES AUTEURS

(Décr. n° 2012-1370 du 7 déc. 2012)

Art. R. 6331-64 I. — Il est créé au sein de l'organisme paritaire collecteur agréé mentionné à l'article L. 6331-55 une section particulière chargée de gérer les contributions mentionnées à l'article L. 6331-65 du présent code.

II. — Le conseil d'administration de l'organisme paritaire collecteur agréé arrête, sur proposition du conseil de gestion de la section mentionnée au I, les services et actions de formation susceptibles d'êtres financés, les priorités, les critères et les conditions de prise en charge des demandes de formation présentées par les artistes auteurs. A défaut de proposition, le conseil d'administration délibère valablement sur ces questions.

III. — Le conseil de gestion de la section mentionnée au I est composé de représentants :

1° Des organisations professionnelles représentant les artistes auteurs ;

2° Des organisations professionnelles représentant les diffuseurs ;

3° Des représentants des sociétés d'auteurs contribuant au financement.

Le conseil de gestion arrête son règlement intérieur qu'il communique au conseil d'administration.

IV. — *(Abrogé par CE 15 oct. 2014)* « ***La répartition en nombre de sièges entre les organisations professionnelles représentant les artistes auteurs, d'une part, et des diffuseurs, d'autre part, est déterminée en fonction du montant de leur contribution respective. Un accord entre les organisations professionnelles des artistes auteurs, des diffuseurs et les sociétés d'auteurs détermine le nombre de sièges de représentants et la durée de leur mandat ainsi que la répartition en nombre de sièges au sein des trois collèges.*** »

Est annulé, à compter du 1er janv. 2015, l'art. 2 du Décr. n° 2012-1370 du 7 déc. 2012 en tant qu'il introduit le IV de l'art. R. 6331-64 (CE 15 oct. 2014, nos 365936 et 365940).

Art. R. 6331-65 Les ressources reçues au titre de l'article L. 6331-65 peuvent être également destinées :

1° Au financement des frais de fonctionnement liés aux actions de formation mentionnées à l'article L. 6313-1 et des frais de transport et d'hébergement afférents des stagiaires ;

2° Au financement des dépenses d'information et de conseil aux artistes auteurs ;

3° Au financement des autres frais de gestion de la section mentionnée à l'article R. 6331-64.

Les dépenses mentionnées aux 2° et 3° ne peuvent excéder le plafond fixé pour les fonds d'assurance formation des non-salariés en application de l'article R. 6332-64.

Art. R. 6331-66 Sont applicables à la gestion des actions de formation des artistes auteurs les dispositions de l'article R. 6332-63.

CHAPITRE II **ORGANISMES COLLECTEURS PARITAIRES AGRÉÉS**

SECTION PREMIÈRE **DISPOSITIONS GÉNÉRALES**

SOUS-SECTION 1 **AGRÉMENT**

§ 1er DÉLIVRANCE DE L'AGRÉMENT

Art. R. 6332-1 Peuvent seuls recevoir les contributions des employeurs les organismes mentionnés à l'article L. 6332-1 agréés dans les conditions définies par la présente sous-section. – *[Anc. art. R. 964-1, al. 1er.]*

Art. R. 6332-2 La composition du dossier de demande d'agrément est fixée par arrêté du ministre chargé de la formation professionnelle. – *[Anc. art. R. 964-1, al. 3.]*

V. Arr. du 20 sept. 2011 (JO 11 oct.).

Art. R. 6332-3 L'agrément des organismes collecteurs paritaires est accordé par arrêté du ministre chargé de la formation professionnelle, après avis du *(Décr. n° 2014-1240 du 24 oct. 2014, art. 1er, en vigueur le 1er janv. 2015)* « Conseil national de l'emploi, de la formation et de l'orientation professionnelles ».

Art. R. 6332-4 L'agrément des organismes collecteurs paritaires est subordonné à l'existence d'un accord conclu à cette fin entre les organisations d'employeurs et de salariés représentatives dans le champ d'application de l'accord.

Cet accord détermine le champ d'intervention géographique et professionnel ou interprofessionnel de l'organisme collecteur.

(Décr. n° 2010-1116 du 22 sept. 2010) « Le conseil d'administration de l'organisme collecteur paritaire agréé est composé d'un nombre égal de représentants des employeurs et des salariés désignés par les organisations signataires. »

Art. R. 6332-5 *(Décr. n° 2010-1116 du 22 sept. 2010)* Dans le champ d'application des accords mentionnés à l'article R. 6332-4, les agréments au titre de la collecte des contributions mentionnées aux *(Décr. n° 2014-1240 du 24 oct. 2014, art. 2)* « articles L. 6331-2 et L. 6331-9 » ne sont accordés qu'à un même organisme collecteur paritaire *(Abrogé par Décr. n° 2014-1240 du 24 oct. 2014, art. 2)* *« pour une ou plusieurs de ces catégories »*.

Art. R. 6332-6 *Abrogé par Décr. n° 2014-1240 du 24 oct. 2014, art. 3.*

Art. R. 6332-7 *(Décr. n° 2014-1240 du 24 oct. 2014, art. 4)* « La gestion de la contribution mentionnée aux articles L. 6331-2 et L. 6331-9 au sein des sections et sous-sections mentionnées respectivement aux articles L. 6332-3 et L. 6332-3-1, ainsi que celle des contributions mentionnées à l'article L. 6332-1-2 versées en application d'un accord national professionnel, et celle des contributions mentionnées à l'article L. 6332-1-2 qui résultent d'un versement volontaire de l'entreprise, font l'objet d'un suivi comptable distinct.

« Sous réserve des dispositions des 1° et 2° des articles L. 6332-3-3 et L. 6332-3-4, la répartition des dépenses mentionnées à l'article R. 6332-36 de l'organisme collecteur paritaire s'effectue, lorsque cet organisme n'est pas, par ailleurs, agréé pour prendre en charge le congé individuel de formation en application de l'article L. 6331-2, au prorata des sommes perçues dans le cadre :

« 1° Des sections mentionnées aux 3° à 5° de l'article L. 6332-3 ;

« 2° S'agissant du financement du plan de formation, des sous-sections mentionnées à l'article L. 6332-3-1 ;

« 3° Le cas échéant, des sections constituées en application du III de l'article R. 6332-22-1 pour regrouper les sommes versées au titre des contributions supplémentaires versées en application de l'article L. 6332-1-2 soit en application d'un accord professionnel national, soit sur une base volontaire par l'entreprise.

« Lorsque l'organisme collecteur paritaire est par ailleurs agréé pour prendre en charge le congé individuel de formation en application de l'article L. 6333-2, les frais de collecte mentionnés au 1° des articles R. 6332-36 et R. 6333-13 sont répartis au prorata des sommes perçues dans le cadre des sections mentionnées aux 2° à 5° de l'article L. 6332-3. »

(Décr. nº 2010-1116 du 22 sept. 2010) « Cette répartition peut toutefois faire l'objet d'une modulation déterminée par la convention d'objectifs et de moyens mentionnée au dernier alinéa de l'article L. 6332-1-1. »

Art. R. 6332-8 *(Décr. nº 2010-1116 du 22 sept. 2010)* Pour l'appréciation des conditions auxquelles l'article L. 6332-1 subordonne l'agrément des organismes collecteurs paritaires habilités à recevoir les contributions des employeurs, il est tenu compte notamment de la capacité financière et des performances de gestion, de l'estimation de la collecte, de la mise en œuvre d'une comptabilité analytique, de l'estimation des frais d'information et de gestion, de la cohérence du champ d'intervention professionnel, de la capacité à assurer une représentation au niveau territorial, de l'aptitude à assurer des services de proximité à destination des très petites, petites et moyennes entreprises et du respect des règles de publicité conformément aux dispositions de l'article R. 6332-23.

Art. R. 6332-9 *(Décr. nº 2014-1240 du 24 oct. 2014, art. 5)* L'agrément des organismes collecteurs paritaires pour collecter les contributions mentionnées aux articles L. 6331-2, L. 6331-9, L. 6331-55 et celles mentionnées à l'article L. 6332-1-2 n'est accordé que lorsque le montant estimé des collectes annuelles est supérieur à cent millions d'euros.

Art. R. 6332-10 *(Abrogé par Décr. nº 2010-1116 du 22 sept. 2010)* ***Par exception aux articles R. 6332-8, R. 6332-9 et R. 6332-13, un organisme collecteur paritaire à compétence nationale peut être agréé dans certains secteurs professionnels, notamment artisanaux, libéraux ou agricoles, lorsque le seuil de quinze millions d'euros prévu à l'article R. 6332-9 ne peut être atteint en raison de l'insuffisance de la masse salariale des entreprises des secteurs considérés et de la spécificité de l'activité de ces secteurs.*** — [Anc. art. R. 964-1-3, al. 4.]

Art. R. 6332-11 Les conventions *(Décr. nº 2010-1116 du 22 sept. 2010)* « de collecte » prévues au premier alinéa de l'article L. 6332-2 sont conclues après avis du *(Décr. nº 2014-1240 du 24 oct. 2014, art. 6)* « Conseil national de l'emploi, de la formation et de l'orientation professionnelles ».

(Abrogé par Décr. nº 2014-1240 du 24 oct. 2014, art. 6) « ***Conformément aux dispositions des articles L. 6331-3 et R. 6331-2,*** » Les versements réalisés dans le cadre des conventions conclues en application du deuxième alinéa de l'article L. 6332-2 par les employeurs *(Abrogé par Décr. nº 2014-1240 du 24 oct. 2014, art. 6)* « ***occupant moins de dix salariés*** » *(Décr. nº 2014-1240 du 24 oct. 2014, art. 6)* « ne peuvent venir en déduction de la contribution mentionnée aux articles L. 6331-2 et L. 6331-9 ».

Art. R. 6332-12 Les conventions prévues à l'article R. 6332-11 définissent notamment :

1° Leur champ d'application quant aux employeurs et aux contributions concernés ;

2° Les délais de reversement de ces contributions aux organismes collecteurs paritaires pour le compte desquels elles sont perçues ;

3° Le cas échéant, les frais de perception. — *[Anc. art. R. 964-1-11.]*

§ 2 RETRAIT DE L'AGRÉMENT

Art. R. 6332-13 L'agrément est retiré lorsque le montant des collectes annuelles n'atteint pas, pendant *(Décr. nº 2014-1240 du 24 oct. 2014, art. 7)* « trois » années consécutives, le seuil prévu à l'article R. 6332-9.

Art. R. 6332-14 L'agrément peut être retiré en cas de manquement aux obligations résultant des dispositions de la présente partie.

Il peut également être retiré lorsqu'il apparaît que les dispositions applicables aux organismes collecteurs ou les conditions prévues par la décision d'agrément ne sont pas respectées. — *[Anc. art. L. 951-4, al. 2, phrase 1, et anc. art. R. 964-1-5, al.]*

Art. R. 6332-15 L'agrément est retiré par arrêté du ministre chargé de la formation professionnelle.

La décision de retrait intervient après que l'organisme collecteur paritaire a été appelé à s'expliquer.

L'arrêté précise la date à laquelle il prend effet ainsi que les modalités de dévolution des biens de l'organisme prévues à l'article R. 6332-20. Il est notifié à l'organisme et fait l'objet d'une publication au *Journal officiel* de la République française. – *[Anc. art. L. 951-4, al. 2, phrase 2, et anc. art. R. 964-1-5, al. 1er et 2.]*

SOUS-SECTION 2 CONSTITUTION ET FONCTIONNEMENT DES ORGANISMES

Art. R. 6332-16 L'acte de constitution d'un organisme collecteur paritaire détermine son champ d'intervention géographique et professionnel ou interprofessionnel ainsi que les conditions de sa gestion. Il fixe notamment :

1° La composition et l'étendue des pouvoirs du conseil d'administration paritaire *(Décr. no 2014-1240 du 24 oct. 2014, art. 8)* « ainsi que les modalités de prise en compte par celui-ci des orientations, priorités de formation et conditions de prise en charge des actions de formation proposées par les sections paritaires professionnelles constituées dans les conditions prévues au 3° » ;

2° Les règles de détermination des actions donnant lieu à intervention de l'organisme et de répartition des ressources entre ces interventions. *(Abrogé par Décr. no 2014-1240 du 24 oct. 2014, art. 8) « Sous réserve des dispositions des articles L. 6332-3 (Décr. no 2010-1116 du 22 sept. 2010) « , L. 6332-3-1 » et L. 6332-4, l'acte de constitution peut prévoir à cet effet l'existence de sections professionnelles. Les fonds perçus auprès de l'ensemble des entreprises par l'organisme collecteur paritaire sont toutefois mutualisés avant la clôture de l'exercice comptable qui suit les versements et, au plus tard, avant le (Décr. no 2010-1116 du 22 sept. 2010) « 31 octobre » de chaque année »* ;

3° Le mode de désignation des organes chargés de la préparation des mesures énumérées au présent article et de l'exécution des décisions de gestion de l'organisme. *(Décr. no 2014-1240 du 24 oct. 2014, art. 8)* « L'acte de constitution peut prévoir à cet effet l'existence de sections paritaires professionnelles chargées de proposer au conseil d'administration paritaire les orientations et priorités de formation pour les branches professionnelles concernées. »

Art. R. 6332-17 *(Décr. no 2011-1427 du 2 nov. 2011)* Les organismes collecteurs paritaires agréés peuvent conclure avec une personne morale, relevant des organisations d'employeurs ou des organisations d'employeurs et de salariés, signataires de l'accord mentionné à l'article R. 6332-4, une convention de délégation de mise en œuvre de tout ou partie des décisions en matière de gestion et d'information et des décisions relatives aux missions prévues au II de l'article R. 6332-36, prises par le conseil d'administration de l'organisme.

Cette convention peut être conclue au plan national ou territorial avec les personnes morales mentionnées à l'alinéa précédent dans leur champ d'application géographique, à l'exclusion de tout champ d'application professionnel.

La délégation est exercée sous la responsabilité et le contrôle du conseil d'administration.

Cette convention est transmise au ministre chargé de la formation professionnelle.

Les personnes morales mentionnées au premier alinéa, ainsi que celles mentionnées à l'article L. 6332-2, transmettent avant le 30 avril de chaque année au conseil d'administration de l'organisme collecteur paritaire agréé avec lequel elles ont conclu une telle convention, ainsi qu'au ministre chargé de la formation professionnelle et au conseil d'administration du fonds paritaire de sécurisation des parcours professionnels, un rapport d'activité établi selon un modèle fixé par arrêté de ce ministre et retraçant l'exécution des missions qui leur ont été confiées ainsi que les frais de gestion, d'information et de mission afférents à celles-ci.

Art. R. 6332-18 Les tâches de gestion d'un organisme collecteur paritaire agréé ne peuvent être confiées directement ou indirectement, notamment dans le cadre des conventions prévues à l'article R. 6332-17, à un établissement de formation ou à un établissement de crédit.

Art. R. 6332-19 Lorsqu'une personne exerce une fonction salariée dans un établissement de formation *(Décr. nº 2014-1315 du 3 nov. 2014, art. 18)* « , un établissement de crédit ou une société de financement », elle ne peut exercer une fonction salariée dans un organisme collecteur paritaire agréé, ou délégué par lui au titre de l'article R. 6332-17.

Le cumul des fonctions d'administrateur dans un organisme collecteur paritaire agréé et dans un établissement de formation *(Décr. nº 2014-1315 du 3 nov. 2014, art. 18)* « , un établissement de crédit ou une société de financement » est porté à la connaissance des instances paritaires de l'organisme collecteur ainsi qu'à celle du commissaire aux comptes qui établit, s'il y a lieu, un rapport spécial. – *[Anc. art. R. 964-1-4, al. 6, phrases 2 et 3.]*

Art. R. 6332-20 Les biens des organismes collecteurs paritaires agréés qui cessent leur activité sont dévolus à des organismes de même nature, désignés par le conseil d'administration.

Cette dévolution est soumise à l'accord préalable du ministre chargé de la formation professionnelle. La décision est publiée au *Journal officiel* de la République française.

A défaut, les biens sont dévolus au Trésor public. – *[Anc. art. R. 964-1-6.]*

Art. R. 6332-21 Les ressources des organismes collecteurs paritaires agréés sont constituées par les contributions des employeurs. Ces organismes peuvent recevoir, en outre, des concours financiers apportés par les collectivités publiques. – *[Anc. art. R. 964-1-7-I.]*

Art. R. 6332-22 Les organismes collecteurs paritaires agréés ne peuvent posséder d'autres biens que ceux nécessaires à leur fonctionnement. – *[Anc. art. R. 964-1-8, al. 1er.]*

SOUS-SECTION 3 **GESTION DES FONDS**

§ 1er SECTIONS FINANCIÈRES ET RÉPARTITION DES SOMMES PERÇUES PAR L'ORGANISME COLLECTEUR PARITAIRE

(Décr. nº 2014-1240 du 24 oct. 2014, art. 9)

Art. R. 6332-22-1 I. – L'organisme collecteur paritaire agréé gère paritairement les contributions mentionnées aux articles L. 6331-2, L. 6331-9 et L. 6332-1-2 au sein des sections consacrées au financement respectivement :

1° Du fonds paritaire de sécurisation des parcours professionnels ;

2° Du congé individuel de formation ;

3° Du compte personnel de formation ;

4° Des actions de professionnalisation mentionnées aux articles L. 6332-14 à L. 6332-16-1 ;

5° Du plan de formation.

II. – La section consacrée au financement du plan de formation comporte quatre sous-sections au sein desquelles sont gérées paritairement les sommes versées, respectivement, par :

1° Les employeurs de moins de dix salariés ;

2° Les employeurs de dix à moins de cinquante salariés ;

3° Les employeurs de cinquante à moins de trois cents salariés ;

4° Le cas échéant, les employeurs d'au moins trois cents salariés.

III. – L'organisme collecteur paritaire agréé gère paritairement, le cas échéant, dans le cadre de sections constituées en son sein à cet effet, les contributions supplémentaires ayant pour objet le développement de la formation professionnelle continue mentionnées à l'article L. 6332-1-2 qui lui sont versées :

1° En application d'un accord professionnel national ;

2° Sur une base volontaire par l'entreprise.

Art. R. 6332-22-2 La contribution mentionnée à l'article L. 6331-2 des employeurs de moins de dix salariés est affectée à hauteur de 0,15 % de la masse salariale au financement des actions de professionnalisation et à hauteur de 0,40 % de la masse salariale au financement du plan de formation.

Art. R. 6332-22-3 La contribution mentionnée à l'article L. 6331-9 des employeurs de dix à quarante-neuf salariés est affectée, en application de l'article L. 6332-3-4, à hauteur de 0,15 % de la masse salariale au fonds paritaire de sécurisation des parcours professionnels mentionné à l'article L. 6332-18, à hauteur de 0,15 % de la masse salariale au financement du congé individuel de formation, à hauteur de 0,30 % de la masse salariale pour le financement des actions de professionnalisation, à hauteur de 0,20 % de la masse salariale pour le financement du plan de formation et, sous réserve des dispositions de l'article L. 6331-10, à hauteur de 0,20 % de la masse salariale pour le financement du compte personnel de formation.

Art. R. 6332-22-4 La contribution mentionnée à l'article L. 6331-9 des employeurs de cinquante à moins de trois cents salariés est affectée, en application de l'article L. 6332-3-3, à hauteur de 0,20 % de la masse salariale au fonds paritaire de sécurisation des parcours professionnels mentionné à l'article L. 6332-18, à hauteur de 0,20 % de la masse salariale au financement du congé individuel de formation, à hauteur de 0,30 % de la masse salariale au financement des actions de professionnalisation, à hauteur de 0,10 % de la masse salariale au financement du plan de formation et, sous réserve des dispositions de l'article L. 6331-10, à hauteur de 0,20 % de la masse salariale au financement du compte personnel de formation.

Art. R. 6332-22-5 La contribution mentionnée à l'article L. 6331-9 des employeurs de trois cents salariés et plus est affectée en application de l'article L. 6332-3-3 à hauteur de 0,20 % de la masse salariale au fonds paritaire de sécurisation des parcours professionnels mentionné à l'article L. 6332-18, à hauteur de 0,20 % de la masse salariale au financement du congé individuel de formation, à hauteur de 0,40 % de la masse salariale au financement des actions de professionnalisation et, sous réserve des dispositions de l'article L. 6331-10, à hauteur de 0,20 % de la masse salariale au financement du compte personnel de formation.

Art. R. 6332-22-6 Les sommes correspondant aux parts mentionnées au 1° des articles L. 6332-3-3 et L. 6332-3-4 sont versées par les organismes collecteurs paritaires au fonds paritaire de sécurisation des parcours professionnels avant le 30 avril de chaque année.

Art. R. 6332-22-7 Sauf lorsqu'il est agréé sur le fondement de l'article L. 6333-2, l'organisme collecteur paritaire verse les sommes correspondant aux parts mentionnées au 2° des articles L. 6332-3-3 et L. 6332-3-4 et aux contributions dues en application de l'article L. 6322-37 au fonds paritaire de sécurisation des parcours professionnels avant le 31 mars de chaque année.

§ 2 PRISE EN CHARGE DES DEMANDES DES EMPLOYEURS

Le § 1er devient le § 2 à compter du 1er janv. 2015 (Décr. n° 2014-1240 du 24 oct. 2014, art. 9).

Art. R. 6332-23 *(Décr. n° 2010-1116 du 22 sept. 2010)* Les organismes collecteurs paritaires agréés doivent créer un service dématérialisé qui publie au sein d'une rubrique dédiée et identifiable :

1° La liste des priorités, des critères et des conditions de prise en charge des demandes présentées par les employeurs, des coûts de diagnostics visés au cinquième alinéa de l'article L. 6332-1-1 ainsi que les services proposés correspondant à l'emploi des sommes prévues au 3° du I et au II de l'article R. 6332-36 *(Abrogé par Décr. n° 2014-1240 du 24 oct. 2014, art. 10)* ***« et au 5° de l'article R. 6332-37 »*** ;

2° La liste des organismes de formation bénéficiaires des fonds de l'organisme collecteur ainsi que le montant pour chacun des organismes ;

3° Les comptes annuels des organismes collecteurs paritaires agréés et le rapport du commissaire aux comptes en application du 6° de l'article L. 6332-1, sans préjudice de l'application des dispositions de l'article L. 612-4 du code de commerce.

Cette rubrique est actualisée dans les quinze jours suivant la modification de l'une de ces informations.

Art. R. 6332-24 Les décisions de rejet total ou partiel par un organisme collecteur paritaire agréé d'une demande de prise en charge formée par un employeur *(Décr.*

n° 2015-790 du 30 juin 2015, art. 2) « ou un prestataire de formation » sont motivées. – *[Anc. art. R. 964-1-7-III.]*

Art. R. 6332-25 Le paiement des frais de formation pris en charge par les organismes collecteurs paritaires agréés est réalisé après exécution des prestations de formation et sur transmission de pièces justificatives, dont les attestations *(Décr. n° 2014-1240 du 24 oct. 2014, art. 11, en vigueur le 1er janv. 2015)* « de présence ou les éléments mentionnés à l'article R. 6332-26 contribuant à établir l'assiduité du stagiaire ».

Art. R. 6332-26 *(Décr. n° 2014-1240 du 24 oct. 2014, art. 12, en vigueur le 1er janv. 2015)* « Les employeurs ou les prestataires de formation adressent à l'organisme collecteur qui en fait la demande une copie des feuilles d'émargement à partir desquelles sont établies les attestations de présence ou des éléments mentionnés à l'article D. 6353-4 qui sont pris en compte pour établir l'assiduité du stagiaire qui suit une séquence de formation ouverte ou à distance. » Ces feuilles d'émargement *(Décr. n° 2014-1240 du 24 oct. 2014, art. 12, en vigueur le 1er janv. 2015)* « ou éléments » font partie des documents que les organismes collecteurs sont tenus de produire aux agents chargés du contrôle prévu aux articles L. 6362-5 à L. 6362-7. – *[Anc. art. R. 964-1-7-IV, al. 1er, phrases 2 et 3.]*

Art. R. 6332-26-1 *(Décr. n° 2015-790 du 30 juin 2015, art. 2)* Pour remplir leurs missions prévues respectivement au 4° de l'article L. 6332-1-1 et au 5° de l'article L. 6333-3, les organismes paritaires agréés concernés s'assurent de l'exécution des formations dans le cadre d'un contrôle de service fait selon des modalités qu'ils déterminent.

En cas d'anomalie constatée dans l'exécution d'une action, l'organisme paritaire sollicite auprès de l'employeur ou du prestataire de formation tout document complémentaire à ceux mentionnés aux articles R. 6332-25 et R. 6332-26 pour s'assurer de la réalité de l'action qu'il finance et de sa conformité aux dispositions légales, réglementaires et conventionnelles.

Le défaut de justification constitue, après que l'employeur ou l'organisme de formation a été appelé à s'expliquer, un motif de refus de prise en charge ou de non-paiement des frais de formation au sens des articles R. 6332-24 et R. 6332-25. Ces organismes paritaires effectuent tout signalement utile et étayé auprès des services de l'État chargés du contrôle de la formation professionnelle.

Art. R. 6332-27 Par dérogation aux dispositions de l'article R. 6332-25, les parties peuvent convenir d'un échelonnement des paiements au fur et à mesure du déroulement des actions de formation et sur transmission des pièces justificatives visées à ce même article.

Cet échelonnement peut être assorti d'une avance dont le montant ne peut être supérieur à 30 % du prix convenu pour les prestations de formation. – *[Anc. art. R. 964-1-7-IV, al. 2.]*

§ 3 DISPONIBILITÉS

Le § 2 devient le § 3 à compter du 1er janv. 2015 (Décr. n° 2014-1240 du 24 oct. 2014, art. 9).

Art. R. 6332-28 Les disponibilités, dont un organisme collecteur paritaire agréé *(Abrogé par Décr. n° 2014-1240 du 24 oct. 2014, art. 13)* ***« au titre de la professionnalisation et du droit individuel à la formation ou du congé individuel de formation »*** peut disposer au 31 décembre d'une année donnée *(Décr. n° 2014-1240 du 24 oct. 2014, art. 13)* « au titre des actions de professionnalisation ou du plan de formation », ne peuvent excéder le tiers des charges comptabilisées au cours du dernier exercice clos.

N'entrent pas dans le calcul des disponibilités les dotations aux amortissements et provisions *(Abrogé par Décr. n° 2010-1116 du 22 sept. 2010)* ***« et les versements opérés en application des articles R. 6332-56, R. 6332-62, R. 6332-83, R. 6332-84, D. 6332-94 et D. 6332-95 ».***

Art. R. 6332-28-1 *(Décr. n° 2014-1240 du 24 oct. 2014, art. 14)* Les disponibilités dont un organisme collecteur paritaire agréé peut disposer au 31 décembre d'une année donnée au titre du compte personnel de formation ne peuvent excéder le quart des charges comptabilisées au cours du dernier exercice clos.

N'entrent pas dans le calcul des disponibilités les dotations aux amortissements et provisions.

Art. R. 6332-29 Les disponibilités au 31 décembre sont constituées par les montants figurant aux comptes de placement, de banque et de caisse, tels que définis par le plan comptable prévu à l'article R. 6332-40. Les placements sont toutefois appréciés à leur valeur liquidative.

(Décr. n° 2014-1240 du 24 oct. 2014, art. 15) « Les disponibilités excédant les montants dont l'organisme collecteur peut disposer en application des articles R. 6332-28 et R. 6332-28-1 sont versées au fonds paritaire de sécurisation des parcours professionnels avant le 30 avril de l'année suivant la clôture de l'exercice. »

§ 4 TRANSMISSION DE DOCUMENTS

Le § 3 devient le § 4 à compter du 1er janv. 2015 (Décr. n° 2014-1240 du 24 oct. 2014, art. 9).

Art. R. 6332-30 L'organisme collecteur paritaire agréé transmet chaque année, avant le 31 mai suivant l'année civile considérée, au ministre chargé de la formation professionnelle *(Abrogé par Décr. n° 2014-1240 du 24 oct. 2014, art. 16)* *« ou, lorsque l'agrément est régional, au préfet de région, »* un état, dont le modèle est fixé par le ministre chargé de la formation professionnelle.

Ce modèle précise ceux des renseignements statistiques et financiers qui peuvent être rendus publics par le ministre chargé de la formation professionnelle.

(Décr. n° 2010-1116 du 22 sept. 2010) « Le commissaire aux comptes de l'organisme atteste de la réalité et de l'exactitude des renseignements financiers. »

Art. R. 6332-31 L'état mentionné à l'article R. 6332-30 comporte les renseignements statistiques et financiers permettant de suivre le fonctionnement de l'organisme collecteur paritaire agréé et d'apprécier l'emploi des fonds reçus, ainsi que ses comptes et bilans.

(Décr. n° 2015-790 du 30 juin 2015, art. 2) « L'état est accompagné d'une note présentant les principales orientations de l'activité de l'organisme et d'un document, élaboré par l'organisme, concernant l'évolution des charges et l'organisation du contrôle interne. Le commissaire aux comptes présente, dans un rapport, ses observations sur ce dernier document. » Ces documents font l'objet d'une délibération du conseil d'administration paritaire de l'organisme préalablement à leur transmission. — *[Anc. art. R. 964-1-9-I, al. 1er fin.]*

Art. R. 6332-32 L'état et les documents mentionnés à l'article R. 6332-31 sont transmis, avant le 31 mai suivant l'année civile considérée, au *(Décr. n° 2010-1116 du 22 sept. 2010)* « fonds paritaire de sécurisation des parcours professionnels ».

Le conseil d'administration du *(Décr. n° 2010-1116 du 22 sept. 2010)* « fonds paritaire de sécurisation des parcours professionnels » peut, en tant que de besoin, recourir à des experts, notamment des commissaires aux comptes, pour pratiquer des audits auprès des organismes collecteurs paritaires agréés. Les organismes collecteurs leur présentent toutes pièces ou documents établissant la réalité et le bien-fondé des éléments figurant sur l'état statistique et financier mentionné à l'article R. 6332-30. — *[Anc. art. R. 964-1-9-I, al. 4.]*

Art. R. 6332-33 L'organisme collecteur paritaire agréé transmet, sur demande du ministre chargé de la formation professionnelle *(Abrogé par Décr. n° 2014-1240 du 24 oct. 2014, art. 17)* *« ou, si l'agrément est régional, sur celle du préfet de région, »* le rapport prévu à l'article R. 6332-17.

Art. R. 6332-34 Chaque organisme collecteur paritaire agréé transmet au ministre chargé de la formation professionnelle les informations individuelles relatives aux bénéficiaires des contrats de professionnalisation qu'ils contribuent à financer en vue de la réalisation d'études statistiques.

Ces informations sont transmises lors de la conclusion, de la modification et de la fin des contrats.

Les organismes collecteurs transmettent en même temps les informations relatives aux entreprises qui ont conclu ces contrats ainsi qu'aux actions de formation correspondantes. – *[Anc. art. R. 964-1-9-II.]*

Art. R. 6332-35 *Abrogé par Décr. n° 2014-1240 du 24 oct. 2014, art. 18.*

Art. R. 6332-35-1 *(Décr. n° 2015-87 du 28 janv. 2015, art. 2)* **Les organismes paritaires collecteurs agréés définis aux articles L. 6332-1 à L. 6332-2-1 du code du travail communiquent chaque année au fonds paritaire défini à l'article L. 2135-15 et au ministère du travail le nombre et la composition des conseils d'administration et des sections paritaires professionnelles mises en place pour chaque branche professionnelle.**

§ 5 FRAIS DE GESTION ET D'INFORMATION ET FRAIS RELATIFS AUX MISSIONS DES ORGANISMES COLLECTEURS PARITAIRES AGRÉÉS *(Décr. n° 2014-1240 du 24 oct. 2014, art. 19-I).*

Le § 4 devient le § 5 à compter du 1er janv. 2015 (Décr. n° 2014-1240 du 24 oct. 2014, art. 9).

Art. R. 6332-36 *(Décr. n° 2010-1116 du 22 sept. 2010)* **I. – Les frais de gestion et d'information mentionnés au 7° de l'article L. 6332-6 des organismes collecteurs paritaires agréés** *(Décr. n° 2014-1240 du 24 oct. 2014, art. 19)* **« en application de l'article L. 6332-1 » sont constitués par :**

1° Les frais de collecte des contributions des employeurs ;

2° Les frais de gestion administrative relatifs à l'instruction et au suivi des dossiers de formation ;

3° Les frais d'information générale et de sensibilisation des entreprises ;

(Décr. n° 2014-1240 du 24 oct. 2014, art. 19) **« 4° Le remboursement des frais de déplacement, de séjour et de restauration engagés par les personnes qui siègent au sein des organes de direction de l'organisme ; »**

(Abrogé par Décr. n° 2014-1240 du 24 oct. 2014, art. 19) ***« 5° La contribution due dans les conditions fixées par les articles R. 6332-96 à R. 6332-99 au fonds national de gestion paritaire de la formation professionnelle continue. »***

II. – Les frais relatifs aux missions mentionnées à l'article L. 6332-1-1 des organismes collecteurs paritaires agréés *(Décr. n° 2014-1240 du 24 oct. 2014, art. 19)* **« en application de l'article L. 6332-1 » sont constitués par :**

1° Les frais d'accompagnement des entreprises dans l'analyse et la définition de leurs besoins en matière de formation visés au 2° de l'article L. 6332-1-1 ;

2° Les frais d'information-conseil, de pilotage de projet et de service de proximité aux entreprises notamment des très petites entreprises et des petites et moyennes entreprises ;

3° Les dépenses réalisées pour le fonctionnement d'observatoires prospectifs des métiers et des qualifications destinées à mesurer l'évolution quantitative et qualitative des emplois et des qualifications, dans la limite d'un plafond fixé par arrêté du ministre chargé de la formation professionnelle ;

4° Le financement d'études ou de recherches intéressant la formation et notamment les frais relatifs à l'ingénierie de certification visée au *(Décr. n° 2014-1240 du 24 oct. 2014, art. 19)* **« sixième » alinéa de l'article L. 6332-1-1, dans la limite d'un plafond fixé par arrêté du ministre en charge de la formation professionnelle ;**

5° Les coûts des diagnostics des entreprises mentionnées au *(Décr. n° 2014-1240 du 24 oct. 2014, art. 19)* **« sixième » alinéa à l'article L. 6332-1-1, dans la limite d'un plafond fixé par arrêté du ministre chargé de la formation professionnelle ;**

(Décr. n° 2014-1240 du 24 oct. 2014, art. 19) **« 6° Les frais engagés pour s'assurer de la qualité des formations dispensées ».**

V. Arr. du 20 sept. 2011 (JO 11 oct.).

Art. R. 6332-37 *(Décr. n° 2014-1240 du 24 oct. 2014, art. 19-IV)* **« Les frais de gestion et d'information mentionnés au I de l'article R. 6332-36 ne peuvent excéder un plafond déterminé dans la convention d'objectifs et de moyens mentionnée au dernier alinéa de l'article L. 6332-1-1.**

« Ce plafond est compris entre un minimum et un maximum déterminés en pourcentage de la collecte comptabilisée au titre des articles L. 6331-2, L. 6331-9,

L. 6331-55 et L. 6332-1-2 par arrêté du ministre chargé de la formation professionnelle. »

La convention d'objectifs et de moyens fixe la proportion des ressources collectées consacrées aux frais relatifs à chacune des missions définies au II de l'article R. 6332-36.

L'art. R. 6332-37-1 devient l'art. R. 6332-37 (Décr. n° 2014-1240 du 24 oct. 2014, art. 19-IV).

Art. R. 6332-37-1 *(Décr. n° 2010-1116 du 22 sept. 2010)* En cas d'absence de conclusion de la convention d'objectifs et de moyens prévue au dernier alinéa de l'article L. 6332-1-1 applicable à l'organisme collecteur paritaire agréé, *(Décr. n° 2014-1240 du 24 oct. 2014, art. 19-VI)* « les dépenses mentionnées au premier alinéa de l'article R. 6332-37 ne peuvent excéder le minimum mentionné au deuxième alinéa du même article ».

L'art. R. 6332-37-4 devient l'art. R. 6332-37-1 (Décr. n° 2014-1240 du 24 oct. 2014, art. 19-VI).

Art. R. 6332-37-2 *(Décr. n° 2010-1116 du 22 sept. 2010)* Les parties procèdent annuellement à une évaluation de la convention d'objectifs et de moyens.

L'art. R. 6332-37-5 devient l'art. R. 6332-37-2 (Décr. n° 2014-1240 du 24 oct. 2014, art. 19-VII).

Art. R. 6332-37-3 *(Décr. n° 2010-1116 du 22 sept. 2010)* En cas de dépassement des plafonds définis à l'article *(Décr. n° 2014-1240 du 24 oct. 2014, art. 19-VIII)* « R. 6332-37 », le ministre chargé de la formation professionnelle adresse à l'organisme collecteur paritaire agréé *(Abrogé par Décr. n° 2014-1240 du 24 oct. 2014, art. 19-VIII)* « *signataire de la convention* » une mise en demeure motivée de présenter, dans un délai d'un mois, ses observations écrites ou orales justifiant le montant du dépassement constaté. A défaut de justifications utiles dans le délai imparti, l'organisme collecteur paritaire agréé procède à un versement au Trésor public correspondant au montant du dépassement constaté.

L'art. R. 6332-37-6 devient l'art. R. 6332-37-3 (Décr. n° 2014-1240 du 24 oct. 2014, art. 19-VIII).

§ 6 CONTRÔLE ET COMPTABILITÉ

Le § 5 devient le § 6 à compter du 1er janv. 2015 (Décr. n° 2014-1240 du 24 oct. 2014, art. 9).

Art. R. 6332-38 Les agents de contrôle, mentionnés à l'article L. 6361-5, sont habilités à exercer le contrôle des recettes et des dépenses des organismes collecteurs paritaires agréés. — *[Anc. art. R. 964-1-10.]*

Art. R. 6332-39 Les organismes collecteurs paritaires agréés établissent des comptes annuels selon les principes et méthodes comptables définis au code de commerce. — *[Anc. art. R. 964-1-12, al. 1er.]*

Art. R. 6332-40 Le plan comptable applicable aux organismes collecteurs paritaires agréés est approuvé par arrêté du garde des sceaux, ministre de la justice, et des ministres chargés de l'économie et de la formation professionnelle, après avis de l'Autorité des normes comptables. — *[Anc. art. R. 964-1-12, al. 2.]*

Art. R. 6332-41 Pour l'exercice du contrôle des comptes, les organismes collecteurs paritaires agréés désignent au moins un commissaire aux comptes et un suppléant. — *[Anc. art. R. 964-1-12, al. 3.]*

Art. R. 6332-42 Les ressources des organismes collecteurs paritaires sont conservées en numéraire, soit déposées à vue, soit placées à court terme.

Les intérêts produits par les sommes déposées ou placées à court terme ont le même caractère que les sommes dont ils sont issus. Ils sont soumis aux mêmes conditions d'utilisation et à la même procédure de contrôle. — *[Anc. art. R. 964-1-13.]*

SECTION II PRISE EN CHARGE PAR L'ORGANISME COLLECTEUR PARITAIRE AGRÉÉ DES FORMATIONS RELEVANT DU PLAN DE FORMATION

(Décr. n° 2014-1240 du 24 oct. 2014, art. 21)

§ 1er SECTIONS FINANCIÈRES ET RÉPARTITION DES SOMMES PERÇUES PAR L'ORGANISME COLLECTEUR PARITAIRE

Art. R. 6332-43 Les organismes collecteurs paritaires agréés gèrent paritairement les contributions des employeurs affectées au financement du plan de formation selon les modalités définies par les articles R. 6332-22-2 à R. 6332-22-4, sous réserve des dispositions du deuxième alinéa de l'article L. 6332-3-2, au sein de quatre sous-sections :

1° La sous-section plan de formation des employeurs occupant moins de dix salariés ;

2° La sous-section plan de formation des employeurs occupant de dix à moins de cinquante salariés ;

3° La sous-section plan de formation des employeurs de cinquante à moins de trois cents salariés ;

4° Le cas échéant, la sous-section plan de formation des employeurs d'au moins trois cents salariés.

Ils définissent les services proposés, les priorités, les critères et les conditions de prise en charge des demandes présentées par les employeurs.

Dès leur réception, les fonds mentionnés aux 1° à 4° du présent article sont mutualisés au sein de chacune des sous-sections.

§ 2 GESTION DES RESSOURCES

Art. R. 6332-44 Dans le respect de la gestion paritaire au sein des sous-sections prévues à l'article R. 6332-43, les ressources au titre du plan de formation des organismes collecteurs paritaires sont destinées :

1° Au financement des frais de fonctionnement des actions de formation mentionnées aux articles L. 6313-1, L. 6313-13, L. 6313-14 et L. 6314-1 organisées dans le cadre du plan de formation ;

2° Au financement des frais prévus à l'article R. 6332-36. Ces frais sont répartis selon les modalités définies à l'article R. 6332-7 ;

3° Au financement de l'allocation de formation mentionnée à l'article L. 6321-10 ;

(Décr. n° 2016-189 du 24 févr. 2016) « 4° Les ressources affectées au plan de formation des employeurs occupant moins de dix salariés peuvent également, selon des modalités précisées par le conseil d'administration de l'organisme collecteur paritaire, être destinées à la prise en charge de la rémunération et charges sociales légales et conventionnelles des salariés en formation, dans la limite du coût horaire du salaire minimum interprofessionnel de croissance par heure de formation.

« Le conseil d'administration détermine, le cas échéant, les priorités, les critères et les conditions de prise en charge des demandes présentées par les employeurs. »

Les formations se déroulent selon les modalités définies à l'article L. 6353-1. Les frais de fonctionnement de la formation couvrent les frais pédagogiques et les frais de transport, de repas et d'hébergement occasionnés par la formation suivie. Lorsque les formations se déroulent en tout ou partie en dehors du temps de travail, les frais de garde d'enfants ou de parents à charge peuvent également être pris en charge par l'organisme collecteur.

§ 3 CONTRÔLE

Art. R. 6332-45 Les agents de contrôle mentionnés à l'article L. 6361-5 sont habilités à exercer le contrôle des recettes et des dépenses des organismes collecteurs paritaires au titre du plan de formation.

Donnent lieu à un reversement de même montant par l'organisme collecteur paritaire au Trésor public les emplois de fonds qui ne sont pas conformes aux règles posées par les articles R. 6332-22, R. 6332-22-2 à R. 6332-22-4, R. 6332-25 à R. 6332-27, R. 6332-28 et R. 6332-29, R. 6332-42 et R. 6332-43 à R. 6332-44.

SECTION III **FONDS D'ASSURANCE FORMATION DE NON-SALARIÉS** *(Décr. nº 2010-1116 du 22 sept. 2010).*

§ 1er CONSTITUTION

Art. R. 6332-63 *(Abrogé par Décr. nº 2010-1116 du 22 sept. 2010) « Outre les dispositions communes applicables aux fonds d'assurance formation »* Sont applicables aux fonds d'assurance formation de non-salariés habilités au titre *(Décr. nº 2010-1116 du 22 sept. 2010)* « de la présente section », y compris aux fonds d'assurance formation de non-salariés des employeurs et travailleurs indépendants de la pêche maritime et des cultures marines, les articles suivants :

1º R. 6332-20, relatif à la dévolution des biens des organismes collecteurs paritaires agréés qui cessent leur activité ;

2º R. 6332-22, relatif aux biens nécessaires au fonctionnement des organismes collecteurs paritaires agréés ;

3º R. 6332-23 *(Décr. nº 2009-289 du 13 mars 2009)* « , premier alinéa, » à R. 6332-25, relatifs aux conditions de prise en charge et de paiement des frais de formation ;

(Abrogé par Décr. nº 2014-1240 du 24 oct. 2014, art. 22) (Décr. nº 2010-1116 du 22 sept. 2010) « 4º R. 6332-52 à R. 6332-54, relatifs aux disponibilités dont un organisme collecteur agréé au titre du plan de formation peut disposer ; »

4º R. 6332-30 à R. 6332-34, relatifs à la transmission de documents par les organismes collecteurs paritaires agréés ;

5º R. 6332-39 à R. 6332-41, relatifs à la comptabilité et au contrôle des comptes des organismes collecteurs paritaires agréés ;

6º R. 6332-42, relatif aux ressources des organismes collecteurs paritaires agréés ;

(Décr. nº 2010-1116 du 22 sept. 2010) « 7º R. 6332-55 et R. 6332-56, relatifs au contrôle. »

Les 5º, 6º, 7º et 8º deviennent respectivement les 4º, 5º, 6º et 7º (Décr. nº 2014-1240 du 24 oct. 2014, art. 22).

Art. R. 6332-64 Un fonds d'assurance formation de non-salariés est destiné à recevoir la contribution des travailleurs indépendants, membres des professions libérales et professions non salariées prévue à l'article R. 6331-47.

Ce fonds a pour objet exclusif de financer la formation des personnes intéressées. *(Décr. nº 2015-753 du 24 juin 2015, art. 1er)* « Il définit les services proposés, les priorités, les critères et les conditions de prise en charge des demandes présentées. »

(Décr. nº 2010-1116 du 22 sept. 2010) « Les ressources du fonds sont destinées :

« 1º Au financement des frais de fonctionnement des actions de formation mentionnées aux articles L. 6313-1 et L. 6314-1 et des frais de transport, d'hébergement et d'indemnisation de la perte de ressources des stagiaires ;

« 2º Au financement d'études ou de recherches intéressant la formation ;

« 3º Au financement des dépenses d'information et de conseil des non-salariés ;

« 4º Au financement des frais de gestion du fonds d'assurance formation.

« Les dépenses mentionnées au 2º à 4º ne peuvent excéder un plafond fixé par arrêté du ministre chargé de la formation professionnelle. » — *V. Arr. du 20 sept. 2011, JO 11 oct.*

Art. R. 6332-65 Le fonds d'assurance formation de non-salariés est créé soit par des organisations d'employeurs représentatives et des chambres de commerce et d'industrie territoriales, soit par des organisations représentatives de professions libérales. — *[Anc. art. R. 953-2, al. 1er.]*

Art. R. 6332-66 L'acte constitutif du fonds d'assurance formation de non-salariés détermine son champ d'intervention géographique et professionnel ou interprofessionnel.

Lorsqu'il est professionnel, ce champ d'intervention est obligatoirement national.

Ce champ est défini par référence à la Nomenclature d'activités française. — *[Anc. art. R. 953-2, al. 2 et 3.]*

Art. R. 6332-67 L'acte constitutif du fonds d'assurance formation de non-salariés fixe notamment :

1° La composition du conseil de gestion et l'étendue des pouvoirs de celui-ci ;

2° Les règles de détermination des actions donnant lieu à intervention du fonds et de répartition des ressources entre ces interventions ;

3° Le mode de désignation des organes chargés de la préparation des mesures énumérées aux 1° et 2° et de l'exécution des décisions de gestion du fonds. — *[Anc. art. R. 953-2, al. 4 à 7.]*

§ 2 HABILITATION

Art. R. 6332-68 Le fonds d'assurance formation de non-salariés est habilité par l'État. — *[Anc. art. R. 953-1, al. 3 fin.]*

Art. R. 6332-69 L'habilitation d'un fonds d'assurance formation de non salariés est accordée par arrêté du ministre chargé de la formation professionnelle, après avis du *(Décr. nº 2014-965 du 22 août 2014, art. 3)* « Conseil national de l'emploi, de la formation et de l'orientation professionnelles ». — *[Anc. art. R. 953-3, al. 1er.]*

Art. R. 6332-70 L'habilitation du fonds d'assurance formation de non-salariés ne peut être délivrée que s'il respecte les dispositions légales relatives à sa constitution.

L'habilitation n'est accordée que lorsque le montant estimé de la collecte annuelle est supérieur à un seuil fixé par arrêté du ministre chargé de la formation professionnelle. Ce seuil est déterminé en vue d'assurer une capacité financière suffisante pour le développement de la formation professionnelle. — *[Anc. art. R. 953-3, al. 2 et 3.]*

Art. R. 6332-71 L'habilitation d'un fonds d'assurance formation de non-salariés peut être retirée lorsque les dispositions légales applicables aux fonds d'assurance formation ou les conditions particulières prévues par la décision d'habilitation ne sont pas respectées.

L'habilitation est également retirée lorsque le montant de la collecte annuelle n'atteint pas, pendant deux années consécutives, le seuil prévu au second alinéa de l'article R. 6332-70.

La décision de retrait intervient après que le fonds d'assurance formation a été appelé à s'expliquer. — *[Anc. art. R. 953-4.]*

§ 3 CONTRIBUTION ET GESTION

Art. R. 6332-72 Lorsque la contribution des travailleurs indépendants, membres des professions libérales et professions non salariées prévue à l'article R. 6331-47 est recouvrée par les organismes chargés du recouvrement des cotisations de sécurité sociale du régime général, conformément au second alinéa de l'article L. 6331-51, elle est acquittée au plus tard le 31 mai de chaque année auprès de ces organismes. — *[Anc. art. R. 953-6, al. 1er.]*

Art. R. 6332-73 La contribution est assise sur le montant du plafond annuel de la sécurité sociale de l'année précédant celle de la mise en recouvrement.

Elle est versée par la personne non salariée à l'organisme destinataire de ses cotisations personnelles d'allocations familiales. — *[Anc. art. R. 953-6, al. 2 et 3.]*

Art. R. 6332-74 Un arrêté du ministre chargé de la sécurité sociale fixe le modèle des déclarations que les travailleurs indépendants, membres des professions libérales et professions non salariées mentionnés à l'article R. 6331-47 fournissent aux organismes de recouvrement pour le versement de la contribution. — *[Anc. art. R. 953-6, al. 4.]*

Art. R. 6332-75 Un arrêté du ministre chargé de la formation professionnelle fixe les modalités de répartition, entre les fonds habilités, du produit des contributions encaissées par les organismes chargés du recouvrement des cotisations du régime général de la sécurité sociale, et centralisées par l'Agence centrale des organismes de sécurité sociale.

Cette répartition est établie en fonction de la population des cotisants relevant du champ d'intervention de chaque fonds. — *[Anc. art. R. 953-7.]*

V. Arr. du 26 juill. 2016 (JO 29 juill.).

Art. R. 6332-76 Le pourcentage de la collecte mentionné à l'article L. 6332-11 est déterminé par arrêté conjoint des ministres chargés de l'emploi, du commerce, de l'artisanat et des professions libérales. – *[Anc. art. L. 961-10, al. 3.]*

Art. R. 6332-77 Les tâches de gestion d'un fonds d'assurance formation de non-salariés ne peuvent être confiées à un établissement de formation, à un établissement bancaire ou à un organisme de crédit. – *[Anc. art. R. 953-2, al. 8.]*

Art. R. 6332-77-1 *(Décr. n° 2014-1240 du 24 oct. 2014, art. 24)* Les disponibilités dont un fonds d'assurance formation de non-salariés peut disposer au 31 décembre d'un exercice déterminé ne peuvent excéder le montant des charges comptabilisées au cours du même exercice.

Les disponibilités au 31 décembre sont constituées par les montants figurant aux comptes de placement, de banque et de caisse, tels que définis par le plan comptable prévu à l'article R. 6332-40. Les placements sont toutefois appréciés à leur valeur liquidative.

Les disponibilités excédant les montants dont le fonds d'assurance formation de non-salariés peut disposer en application du premier alinéa du présent article sont versées au Trésor public avant le 30 avril de l'année suivant la clôture de l'exercice.

Lors du versement, les excédents sont accompagnés d'un bordereau indiquant, outre la désignation et l'adresse du déclarant, le montant de l'excédent à reverser. Ce bordereau est remis au service des impôts du siège du fonds d'assurance formation de non-salariés.

A défaut, il est fait application de la procédure prévue par les articles L. 6362-8 à L. 6362-12.

SECTION IV **PRISE EN CHARGE PAR L'ORGANISME COLLECTEUR PARITAIRE AGRÉÉ DES ACTIONS DE PROFESSIONNALISATION MENTIONNÉES AUX ARTICLES L. 6332-14 À L. 6332-16-1** *(Décr. n° 2014-1240 du 24 oct. 2014, art. 25).*

SOUS-SECTION 1 **AFFECTATION ET GESTION DES FONDS**

Art. R. 6332-78 Dans le respect des priorités définies par un accord de branche ou, à défaut, par un accord collectif conclu entre les organisations représentatives d'employeurs et de salariés signataires d'un accord constitutif d'un organisme paritaire interprofessionnel collecteur des fonds de la formation professionnelle, les ressources des organismes collecteurs paritaires *(Décr. n° 2014-1240 du 24 oct. 2014, art. 26)* « affectées à la prise en charge des actions de professionnalisation mentionnées aux articles L. 6332-14 à L. 6332-16-1 » sont destinées au financement :

1° Des dépenses réalisées pour des actions de formation organisées dans le cadre des contrats ou des périodes de professionnalisation *(Décr. n° 2014-1240 du 24 oct. 2014, art. 26)* « et du compte personnel de formation », selon les modalités définies respectivement aux articles R. 6332-79 et R. 6332-80 ;

2° Des dépenses réalisées pour la *(Décr. n° 2014-1240 du 24 oct. 2014, art. 26)* « formation pédagogique des tuteurs ou des maîtres d'apprentissage » dans la limite d'un plafond horaire et d'une durée maximale fixés par décret. Ces dépenses comprennent les frais pédagogiques, les rémunérations et charges sociales légales et conventionnelles ainsi que les frais de transport et d'hébergement ;

3° Des coûts liés à l'exercice de la fonction tutorale engagés par les entreprises pour les salariés mentionnés aux articles L. 6325-1 et *(Décr. n° 2014-1240 du 24 oct. 2014, art. 26)* « L. 6324-5 », *(Décr. n° 2010-1116 du 22 sept. 2010)* « dans la limite de plafonds mensuels et de durées maximales fixés par décret » ;

4° Des dépenses de fonctionnement des centres de formation d'apprentis conventionnés par l'État ou les régions dans les conditions définies à l'article L. 6332-16 ;

(Décr. n° 2014-1240 du 24 oct. 2014, art. 26) « 5° Des dépenses liées à la mise en œuvre de la préparation opérationnelle à l'emploi mentionnée aux articles L. 6326-1 et L. 6326-3 dans les conditions déterminées par l'article L. 6332-16-1 ;

« 6° Des frais prévus à l'article R. 6332-36 répartis selon les modalités définies à l'article R. 6332-7. »

Art. R. 6332-79 Lorsque les dépenses mentionnées au 1° de l'article R. 6332-78 se rapportent à des actions de formation organisées dans le cadre des contrats ou des périodes de professionnalisation, les montants pris en charge par les organismes collecteurs paritaires agréés sont fixés selon les modalités définies à l'article L. 6332-14.

(Décr. nº 2010-1116 du 22 sept. 2010) « Ces montants couvrent tout ou partie des frais pédagogiques, des rémunérations et charges sociales légales et conventionnelles des stagiaires ainsi que des frais de transport et d'hébergement. »

Art. R. 6332-80 *(Décr. nº 2014-1240 du 24 oct. 2014, art. 27)* Lorsque les dépenses mentionnées au 1° de l'article R. 6332-78 se rapportent à des actions de formation organisées dans le cadre du compte personnel de formation, celles-ci s'effectuent dans les conditions prévues par le dernier alinéa de l'article L. 6324-1.

Art. R. 6332-81 Pour les dépenses mentionnées au 4° de l'article R. 6332-78, l'accord de branche ou, à défaut, l'accord interprofessionnel prévu à l'article L. 6332-16 détermine, notamment :

1° Les priorités en matière de développement de l'apprentissage, en particulier les évolutions souhaitables des effectifs d'apprentis ;

2° L'organisme collecteur paritaire agréé *(Abrogé par Décr. nº 2014-1240 du 24 oct. 2014, art. 28)* ***« au titre de la professionnalisation et du droit individuel à la formation »*** retenu et la liste des centres de formation d'apprentis concernés ;

3° Les pourcentages maximums *[maximaux]* du montant des contributions collectées par les organismes collecteurs paritaires agréés *(Décr. nº 2014-1240 du 24 oct. 2014, art. 28)* « au titre des actions de professionnalisation », affectés à ce type de dépenses ;

4° Les modalités d'association des instances paritaires de ces organismes collecteurs à la décision d'affectation des fonds, qui intervient au plus tard le 30 juin ;

5° Les justifications de demandes présentées par les centres de formation d'apprentis et les conditions d'utilisation des fonds par ceux-ci ;

6° Les modalités du suivi annuel de l'exécution de l'accord.

Art. D. 6332-81-1 *(Décr. nº 2016-1721 du 13 déc. 2016)* Les dépenses de fonctionnement des établissements mentionnés au second alinéa de l'article L. 6332-16 pouvant être prises en charge par les organismes collecteurs paritaires agréés sont les dépenses directement attachées à la réalisation de formations de jeunes sans qualification conduisant à l'obtention de diplômes professionnels ou technologiques classés aux niveaux IV ou V dans la nomenclature interministérielle des niveaux de formation.

Art. R. 6332-82 *(Abrogé par Décr. nº 2010-1116 du 22 sept. 2010)* ***Les dépenses mentionnées au 6° de l'article R. 6332-78 ne peuvent excéder un plafond fixé par arrêté du ministre chargé de la formation professionnelle.*** — [Anc. art. R. 964-16-1, al. 17.]

Art. R. 6332-83 *Abrogé par Décr. nº 2014-1240 du 24 oct. 2014, art. 15.*

Art. R. 6332-84 *(Décr. nº 2014-1240 du 24 oct. 2014, art. 29)* Les emplois de fonds qui ne répondent pas aux règles définies par les articles R. 6332-22, R. 6332-22-2 à R. 6332-22-5, R. 6332-25 à R. 6332-27, R. 6332-28 et R. 6332-29, R. 6332-42 et R. 6332-78 donnent lieu à un versement d'égal montant au Trésor public, dans les conditions prévues par le chapitre II du titre VI.

Art. R. 6332-85 *et* R. 6332-86 *Abrogés par Décr. nº 2014-1240 du 24 oct. 2014, art. 30.*

Art. D. 6332-87 En l'absence de forfaits horaires fixés dans les conditions prévues à l'article L. 6332-14, la prise en charge des actions d'évaluation, d'accompagnement et de formation, par les organismes collecteurs paritaires agréés *(Abrogé par Décr. nº 2014-1240 du 24 oct. 2014, art. 31)* ***« mentionnés au 1° de l'article R. 6331-2 et au 2° de l'article R. 6331-9 »***, se fait sur la base de 9,15 euros par heure *(Décr. nº 2010-60 du 18 janv. 2010)* « ou, lorsqu'elle porte sur des contrats conclus avec les personnes mentionnées à l'article L. 6325-1-1, sur la base de 15 euros par heure. »

Art. D. 6332-88 Les organismes gestionnaires du régime d'assurance chômage peuvent prendre en charge directement ou par l'intermédiaire des organismes collecteurs paritaires agréés les dépenses afférentes aux contrats de professionnalisation des demandeurs d'emploi âgés de vingt-six ans et plus.

Cette prise en charge est réalisée dans la limite des forfaits horaires déterminés à l'article L. 6332-14. – *[Anc. art. D. 981-6.]*

Art. D. 6332-89 Les dépenses exposées par les employeurs au-delà des montants forfaitaires prévus par l'article L. 6332-14 *(Décr. n° 2010-1116 du 22 sept. 2010)* « peuvent être financées » *(Décr. n° 2014-1240 du 24 oct. 2014, art. 32)* « par l'organisme collecteur paritaire agréé au titre des fonds affectés au plan de formation en application des articles R. 6332-22-2 à R. 6332-22-4 ».

SOUS-SECTION 2 DÉPENSES DE TUTORAT ET DE FORMATION PÉDAGOGIQUE DES MAÎTRES D'APPRENTISSAGE *(Décr. n° 2014-1240 du 24 oct. 2014, art. 33).*

Art. D. 6332-90 Le plafond horaire et la durée maximale prévus *(Décr. n° 2014-1240 du 24 oct. 2014, art. 34)* « au 2° de l'article R. 6332-78 » s'appliquent dans la limite d'un plafond de 15 euros par heure de formation et d'une durée maximale de 40 heures.

Ces dépenses comprennent les frais pédagogiques, les rémunérations, les cotisations et contributions sociales légales et conventionnelles ainsi que les frais de transport et d'hébergement.

Art. D. 6332-91 Pour l'application des dispositions *(Décr. n° 2014-1240 du 24 oct. 2014, art. 35)* « du 3° de l'article R. 6332-78 », les ressources des organismes collecteurs paritaires agréés mentionnés au 1° de l'article R. 6331-2 et au 2° de l'article R. 6331-9 peuvent être destinées au financement des dépenses liées à l'exercice du tutorat dans la limite :

1° D'un plafond de 230 euros par mois et par *(Décr. n° 2010-60 du 18 janv. 2010)* « salarié en contrat ou en période de professionnalisation » ;

2° Pour une durée maximale de six mois.

(Décr. n° 2010-60 du 18 janv. 2010) « Le plafond mensuel mentionné au 1° est majoré de 50 % lorsque la personne chargée de l'exercice du tutorat est âgée de 45 ans ou plus ou accompagne une personne mentionnée à l'article L. 6325-1-1. »

Art. D. 6332-92 Les dépenses prises en charge en application de l'article D. 6332-91 comprennent les rémunérations et cotisations et contributions sociales légales et conventionnelles ainsi que les frais de transport. – *[Anc. art. D. 981-10, al. 6.]*

SECTION V PRISE EN CHARGE PAR L'ORGANISME COLLECTEUR PARITAIRE AGRÉÉ DES FORMATIONS ORGANISÉES AU TITRE DU COMPTE PERSONNEL DE FORMATION

(Décr. n° 2014-1240 du 24 oct. 2014, art. 36)

§ 1er SOMMES PERÇUES PAR L'ORGANISME COLLECTEUR PARITAIRE AGRÉÉ

Art. R. 6332-93 Les organismes collecteurs paritaires agréés gèrent paritairement les contributions des employeurs affectées au financement du compte personnel de formation selon les modalités définies par les articles R. 6332-22-3 à R. 6332-22-5 et suivent l'emploi des sommes collectées au sein d'une section particulière.

Ils définissent les services proposés, les priorités, les critères et les conditions de prise des demandes présentées dans le cadre du compte personnel de formation selon les modalités définies par l'article R. 6323-5.

Dès leur réception, les fonds mentionnés au premier alinéa sont mutualisés au sein de la section particulière.

§ 2 GESTION DES RESSOURCES

Art. R. 6332-94 Les ressources au titre de la section particulière mentionnée à l'article R. 6332-93 sont destinées :

1° Au financement des frais de formation des actions de formation mentionnées à l'article L. 6323-16 organisées dans le cadre du compte personnel de formation selon les modalités définies par l'article R. 6323-5 ;

2° Au financement des frais prévus à l'article R. 6332-36. Ces frais sont répartis selon les modalités définies à l'article R. 6332-7.

Les formations se déroulent selon les modalités définies à l'article L. 6353-1.

§ 3 CONTRÔLE

Art. R. 6332-95 Les agents de contrôle mentionnés à l'article L. 6361-5 sont habilités à exercer le contrôle des recettes et des dépenses des organismes collecteurs paritaires au titre du compte personnel de formation.

Donnent lieu à un reversement de même montant par l'organisme collecteur paritaire au Trésor public les emplois de fonds qui ne sont pas conformes aux règles posées par les articles R. 6332-22, R. 6332-22-3 à R. 6332-22-5, R. 6332-25 à R. 6332-27, R. 6332-28-1 et R. 6332-29, R. 6332-42 et R. 6332-94.

SECTION VI FONDS PARITAIRE DE SÉCURISATION DES PARCOURS PROFESSIONNELS *(Décr. n° 2010-155 du 19 févr. 2010 ; Décr. n° 2010-1116 du 22 sept. 2010).*

La sect. VII devient la sect. VI (Décr. n° 2014-1240 du 24 oct. 2014, art. 37-II, en vigueur le 1er janv. 2015).

SOUS-SECTION 1 CRÉATION ET AGRÉMENT DU FONDS

Art. R. 6332-104 *(Décr. n° 2010-155 du 19 févr. 2010)* I. — Pour accorder l'agrément du fonds paritaire de sécurisation des parcours professionnels, l'autorité administrative vérifie que sont respectées notamment :

1° Les dispositions de l'article L. 6332-21 déterminant la nature des dépenses dont le fonds assure le financement ;

2° Les règles d'incompatibilité définies à l'article R. 6332-104-1.

II. — La demande d'agrément du fonds paritaire de sécurisation des parcours professionnels est accompagnée des documents suivants :

1° Les statuts de l'association gestionnaire du fonds et, le cas échéant, son règlement intérieur ;

2° La liste des membres du conseil d'administration de l'association gestionnaire du fonds.

En cas de changement dans la composition du conseil d'administration, le président et le vice-président transmettent la nouvelle liste au commissaire du Gouvernement.

Art. R. 6332-104-1 *(Décr. n° 2010-155 du 19 févr. 2010)* Lorsqu'une personne exerce une fonction d'administrateur dans un organisme *(Abrogé par Décr. n° 2014-967 du 22 août 2014, art. 1er)* *« collecteur »* paritaire agréé, elle ne peut exercer les fonctions de président, de vice-président ou de trésorier ou trésorier adjoint de l'association gestionnaire du fonds paritaire de sécurisation des parcours professionnels. Elle ne peut, par ailleurs, si elle est membre du conseil d'administration de cette association, prendre part au vote organisé par l'association lorsque celui-ci porte sur l'affectation de fonds à l'organisme *(Abrogé par Décr. n° 2014-967 du 22 août 2014, art. 1er)* *« collecteur »* paritaire agréé concerné.

Lorsqu'une personne exerce une fonction de salarié d'un organisme *(Abrogé par Décr. n° 2014-967 du 22 août 2014, art. 1er)* *« collecteur »* paritaire agréé, elle ne peut exercer les fonctions d'administrateur de l'association gestionnaire du fonds paritaire de sécurisation des parcours professionnels.

Art. R. 6332-105 L'agrément du *(Décr. n° 2010-155 du 19 févr. 2010)* « fonds paritaire de sécurisation des parcours professionnels » est accordé par arrêté du ministre chargé de la formation professionnelle sur examen d'une demande de l'association gestionnaire. — *[Anc. art. R. 964-18-2, al. 1er.]*

SOUS-SECTION 2 ATTRIBUTIONS ET FONCTIONNEMENT DU FONDS

Art. R. 6332-106 *(Décr. n° 2010-155 du 19 févr. 2010)* Les publics bénéficiaires des actions prévues au 1° de l'article L. 6332-21 ainsi que ces actions sont définis par la convention-cadre mentionnée au même article conclu entre l'État et le fonds.

La répartition des fonds destinés au financement des actions mentionnées au premier alinéa *(Décr. nº 2014-967 du 22 août 2014, art. 1er)* « peut être réalisée » après appel à projets auprès des organismes *(Abrogé par Décr. nº 2014-967 du 22 août 2014, art. 1er)* *« collecteurs »* paritaires agréés au titre de la professionnalisation ou du congé individuel de formation et des personnes mentionnées au *(Décr. nº 2014-967 du 22 août 2014)* « onzième alinéa » de l'article L. 6332-21. Les décisions sont prises par le conseil d'administration de l'association gestionnaire du fonds, après examen de *[des]* demandes présentées par des porteurs de projets devant une commission *ad hoc* composée d'administrateurs du fonds à laquelle est invité à participer le commissaire du Gouvernement.

Le fonds rend public sur son site internet le contenu de l'appel à projet ainsi que les décisions de répartition prises par le conseil d'administration de l'association gestionnaire du fonds.

Art. D. 6332-106-1 *(Décr. nº 2014-967 du 22 août 2014, art. 1er)* La part des fonds engagés pour la prise en charge des contrats de professionnalisation mentionnée au 1º de l'article L. 6332-22 est fixée à 25 % au moins des fonds recueillis par l'organisme collecteur paritaire agréé au titre des actions de professionnalisation.

Art. R. 6332-106-2 *(Décr. nº 2010-155 du 19 févr. 2010)* La péréquation des fonds mentionnée au 2º de l'article L. 6332-21 a pour objet d'opérer des transferts de disponibilités aux organismes collecteurs paritaires agréés au titre de la professionnalisation *(Abrogé par Décr. nº 2014-967 du 22 août 2014, art. 1er)* *« et du congé individuel de formation »* afin de permettre la prise en charge de formations excédant les ressources de l'organisme collecteur. La péréquation des fonds au titre de la professionnalisation s'effectue dans le respect des conditions fixées à l'article L. 6332-22.

(Décr. nº 2014-967 du 22 août 2014, art. 1er) « Les fonds disponibles transférés permettent la prise en charge des contrats de professionnalisation selon des modalités de mise en œuvre définies dans la convention cadre mentionnée au dixième alinéa de l'article L. 6332-21. »

Art. R. 6332-106-3 *(Décr. nº 2014-967 du 22 août 2014, art. 1er)* Pour l'accomplissement de la mission de péréquation, le fonds procède à l'attribution d'une enveloppe de fonds réservés au profit d'organismes collecteurs paritaires agréés au titre de la professionnalisation sur la base de prévisions d'activité démontrant une insuffisance de couverture. Les prévisions d'activité détaillent les besoins d'engagements nouveaux et anciens. L'attribution tient compte de la moyenne d'annulation des engagements constatés au cours des trois dernières années et exclut du besoin de couverture les engagements anciens de plus de trois ans.

Art. R. 6332-106-4 *(Décr. nº 2014-967 du 22 août 2014, art. 1er)* Pour l'accomplissement de la mission de répartition des fonds destinés au financement du congé individuel de formation en application de l'article L. 6332-3-6, le fonds procède à l'attribution des fonds reçus des organismes collecteurs paritaires agréés au profit des organismes paritaires agréés au titre du congé de formation en fonction de la masse salariale des établissements par région et selon des modalités précisées par la convention cadre mentionnée au dixième alinéa de l'article L. 6332-21.

L'attribution des fonds reçus des organismes collecteurs paritaires agréés au profit des organismes paritaires agréés au titre du congé de formation est effectuée avant le 30 avril de l'année suivant celle au titre de laquelle est effectué le recouvrement.

Pour les contributions versées par les employeurs au titre du financement du congé individuel de formation au titre des années 2015, 2016 et 2017, la répartition réalisée dans les conditions prévues au présent art. est également fonction du montant perçu par les organismes paritaires agréés au titre du congé individuel de formation au cours des trois années précédant l'année au cours de laquelle cette répartition est effectuée (Décr. préc., art. 2).

Art. R. 6332-106-5 *(Décr. nº 2014-967 du 22 août 2014)* Pour l'accomplissement de ses missions mentionnées à l'article L. 6332-21, le fonds peut prendre en charge tout ou partie des dépenses liées à des études et évaluations.

Art. R. 6332-107 Le *(Décr. nº 2010-155 du 19 févr. 2010)* « fonds paritaire de sécurisation des parcours professionnels » recueille les comptes relatifs à la gestion des organismes collecteurs paritaires agréés.

Il transmet chaque année ces comptes définitifs, ainsi que ses propres comptes, au *(Décr. n° 2014-967 du 22 août 2014, art. 1er)* « Conseil national de l'emploi, de la formation et de l'orientation professionnelles *[rédaction applicable jusqu'au 31 déc. 2014 : Conseil national de la formation professionnelle tout au long de la vie]* ».

(Décr. n° 2010-155 du 19 févr. 2010) « Pour l'accomplissement des missions mentionnées à l'article L. 6332-21, sur décision conjointe, le président et le vice-président de l'association gestionnaire du fonds paritaire de sécurisation des parcours professionnels peuvent faire réaliser des audits auprès des organismes collecteurs paritaires agréés, portant notamment sur les informations transmises par ces organismes. Les organismes collecteurs présentent toute pièce ou document nécessaires pour la réalisation des audits. »

Art. D. 6332-107-1 *(Décr. n° 2010-1571 du 15 déc. 2010)* Le comptable compétent pour recouvrer les sommes mentionnées au *(Décr. n° 2014-967 du 22 août 2014, art. 1er)* « 2° » de l'article L. 6332-19 du code du travail est le comptable du service des impôts des entreprises dans le ressort duquel est situé le siège social de l'organisme concerné.

Le recouvrement de ces sommes est assuré sur la base d'un document qui est adressé à ce comptable en courrier simple par le fonds paritaire de sécurisation des parcours professionnels.

Ce document contient les mentions nécessaires à l'établissement de l'avis de mise en recouvrement, notamment le nom, l'adresse et le numéro d'identité mentionné à l'article R. 123-221 du code de commerce de l'organisme collecteur paritaire agréé, la nature de l'imposition, le montant à recouvrer, la période visée ainsi que les dispositions législatives et réglementaires sur le fondement desquelles le recouvrement est mis en œuvre.

Art. R. 6332-108 Lorsque le *(Décr. n° 2010-155 du 19 févr. 2010)* « fonds paritaire de sécurisation des parcours professionnels » cesse de fonctionner, un arrêté du ministre chargé de la formation professionnelle fixe la date à laquelle cette décision prend effet ainsi que les conditions de liquidation du fonds.

(Décr. n° 2010-155 du 19 févr. 2010) « En cas d'absence d'accord mentionné à l'article L. 6332-21 applicable avant le 1er novembre de chaque année, les parties engagent une nouvelle négociation en vue de la conclusion d'un accord avant le 1er mai de l'année suivante. A défaut d'un tel accord, un arrêté du ministre chargé de la formation professionnelle détermine l'affectation des ressources du fonds paritaire de sécurisation des parcours professionnels.

« En cas d'absence de convention-cadre mentionnée à l'article L. 6332-21 applicable avant le 1er janvier de chaque année, les parties engagent une négociation en vue de la conclusion d'une nouvelle convention-cadre. Les stipulations de la convention-cadre applicable antérieurement sont prorogées pour une durée maximale de six mois. »

SOUS-SECTION 3 GESTION DU FONDS PAR UNE ASSOCIATION

Art. R. 6332-109 Pour l'application des dispositions *(Décr. n° 2010-155 du 19 févr. 2010)* « des articles L. 6332-18 à L. 6332-21 », les organisations interprofessionnelles d'employeurs et de salariés représentatives au niveau national peuvent créer une association gestionnaire du *(Décr. n° 2010-155 du 19 févr. 2010)* « fonds paritaire de sécurisation des parcours professionnels ». — *[Anc. art. R. 964-18-1, al. 1er.]*

Art. R. 6332-110 Les articles R. 6332-22 et R. 6332-38 à R. 6332-42 s'appliquent à l'association gestionnaire du *(Décr. n° 2010-155 du 19 févr. 2010)* « fonds paritaire de sécurisation des parcours professionnels.

« Le fonds paritaire de sécurisation des parcours professionnels est tenu de présenter les documents mentionnés à l'article L. 6362-5. La procédure applicable pour le contrôle des fonds est celle qui est définie aux articles L. 6362-8 à L. 6362-13. »

Art. R. 6332-110-1 *(Décr. n° 2010-155 du 19 févr. 2010)* Les emplois de fonds qui ne répondent pas aux règles fixées par les articles L. 6332-21 et L. 6332-22 donnent lieu à un versement de même montant au Trésor public dans les conditions prévues par le chapitre II du titre VI.

Art. R. 6332-111 Le ministre chargé de la formation professionnelle désigne, par arrêté, un commissaire du Gouvernement auprès de l'association gestionnaire du *(Décr. n° 2010-155 du 19 févr. 2010)* « fonds paritaire de sécurisation des parcours professionnels ». – *[Anc. art. L. 961-13, al. 3, phrase 3, et anc. art. R. 964-18-4, al. 1er, phrase 1.]*

Art. R. 6332-112 Le commissaire du Gouvernement assiste de droit aux séances de toutes les instances de délibération et d'administration de l'organisme.

Il dispose d'un droit de veto suspensif de quinze jours, exprimé par écrit et motivé, sur les décisions. Pendant ce délai, l'instance qui a pris la décision procède à un nouvel examen.

Il a communication de tous les documents relatifs à la gestion du fonds national et au fonctionnement de l'association. – *[Anc. art. R. 964-18-4, al. 1er, phrase 2, 2 et 3.]*

Art. R. 6332-113 L'association gestionnaire du *(Décr. n° 2010-155 du 19 févr. 2010)* « fonds paritaire de sécurisation des parcours professionnels » adresse chaque année, au plus tard le 30 avril, au ministre chargé de la formation professionnelle un compte rendu de son activité au cours de l'année civile précédente.

Ce document est accompagné du bilan, du compte de résultats et de l'annexe.

(Décr. n° 2010-155 du 19 févr. 2010) « Le compte rendu d'activité visé au premier alinéa, les documents comptables visés au deuxième alinéa ainsi que le rapport du commissaire aux comptes, et les décisions des instances de délibération et d'administration de l'association gestionnaire du fonds sont rendus publics, sur le site internet du fonds, par les instances de délibération et d'administration de l'association gestionnaire du fonds paritaire de sécurisation des parcours professionnels. »

SECTION VII **INFORMATION DE L'ÉTAT** *(Décr. n° 2010-1116 du 22 sept. 2010)*.

La section VIII devient la section VII (Décr. n° 2014-1240 du 24 oct. 2014, art. 37-II, en vigueur le 1er janv. 2015).

Art. R. 6332-114 La mise en demeure prévue à l'article L. 6332-24 est réalisée par le préfet de région. – *[Anc. art. L. 941, al. 5.]*

CHAPITRE III **ORGANISMES PARITAIRES AGRÉES POUR LA PRISE EN CHARGE DU CONGÉ INDIVIDUEL DE FORMATION**

(Décr. n° 2014-1240 du 24 oct. 2014, art. 38)

SECTION PREMIÈRE **AGRÉMENT**

Art. R. 6333-1 Peuvent seuls recevoir les contributions affectées au financement du congé individuel de formation en application des articles L. 6322-37 et R. 6332-22-3 à R. 6332-22-5, les organismes paritaires agréés pour la prise en charge du congé individuel de formation mentionnés aux articles L. 6333-1 et L. 6333-2.

Art. R. 6333-2 La composition du dossier de demande d'agrément est fixée dans les conditions prévues à l'article R. 6332-2 et l'agrément est accordé selon les modalités prévues par l'article R. 6332-3.

Art. R. 6333-3 L'agrément des organismes paritaires interprofessionnels à compétence régionale mentionnés à l'article L. 6333-1 est subordonné à l'existence d'un accord interprofessionnel conclu à cette fin entre les organisations d'employeurs et de salariés représentatives dans le champ d'application de l'accord.

L'agrément des organismes paritaires mentionnés à l'article L. 6333-2 est subordonné à l'existence d'un accord national professionnel conclu à cette fin entre les organisations d'employeurs et de salariés représentatives dans le champ d'application de l'accord.

Ces accords déterminent le champ d'intervention géographique, professionnel ou interprofessionnel de l'organisme paritaire.

Le conseil d'administration des organismes paritaires mentionnés à l'article L. 6333-1 est composé d'un nombre égal de représentants des employeurs et des salariés désignés par les organisations signataires.

Art. R. 6333-4 L'agrément peut être retiré en cas de manquement aux obligations résultant des dispositions du présent chapitre ou aux dispositions mentionnées à l'article L. 6333-7. Il peut également être retiré lorsqu'il apparait que les conditions prévues par la décision d'agrément ne sont pas respectées.

Le retrait d'agrément s'effectue dans les conditions prévues par l'article R. 6332-15.

SECTION II **CONSTITUTION ET FONCTIONNEMENT DES ORGANISMES**

Art. R. 6333-5 L'acte de constitution d'un organisme paritaire agréé pour la prise en charge du congé individuel de formation détermine son champ d'intervention géographique et professionnel ou interprofessionnel ainsi que les conditions de sa gestion. Il fixe notamment :

1° La composition et l'étendue des pouvoirs du conseil d'administration paritaire ;

2° Les règles de détermination des actions donnant lieu à intervention de l'organisme et de répartition des ressources entre ces interventions.

Art. R. 6333-6 Les organismes paritaires agréés gèrent paritairement les contributions des employeurs affectées au financement du congé individuel de formation selon les modalités définies par les articles L. 6322-37 et R. 6332-22-3 à R. 6332-22-5 au sein de deux sections particulières :

1° La section contributions des employeurs affectées au financement du congé individuel de formation selon les modalités définies par les articles R. 6332-22-3 à R. 6332-22-5 ;

2° La section contributions des employeurs affectées au financement du congé individuel de formation des salariés titulaires de contrats à durée déterminée selon les modalités définies par l'article L. 6322-37.

Dès leur réception, les fonds mentionnés aux 1° et 2° sont mutualisés au sein de leurs sections respectives.

Art. R. 6333-7 Les sections mentionnées à l'article R. 6333-6 font l'objet d'un suivi comptable distinct.

Sous réserve des dispositions prévues par le troisième alinéa de l'article R. 6332-7, la répartition des dépenses mentionnées à l'article R. 6333-13 de l'organisme paritaire s'effectue au prorata des sommes perçues dans le cadre des sections financières mentionnées à l'article R. 6333-6.

Art. R. 6333-8 Les dispositions prévues par les articles R. 6332-18 à R. 6332-22 *(Décr. n° 2015-790 du 30 juin 2015, art. 3)* « et R. 6332-38 à R. 6332-42 » sont applicables aux organismes paritaires agréés pour la prise en charge du congé individuel de formation.

Art. R. 6333-9 Le paiement des frais pris en charge par les organismes paritaires au titre du congé individuel de formation pour les actions de formation, de bilans de compétences ou de validation des acquis de l'expérience s'effectue dans les conditions prévues par les articles R. 6332-24 à R. 6332-27.

Les bénéficiaires mentionnés à l'article L. 6322-25 d'un congé individuel de formation ont droit à une rémunération versée mensuellement par l'organisme paritaire.

Art. R. 6333-10 Les organismes paritaires agréés doivent créer un service dématérialisé qui publie au sein d'une rubrique dédiée et identifiable la liste des priorités, des critères et des conditions de prise en charge des formations organisées dans le cadre du congé individuel de formation.

SECTION III **DISPONIBILITÉS**

Art. R. 6333-11 Les disponibilités dont un organisme paritaire agréé peut disposer au 31 décembre d'une année donnée au titre de l'une ou l'autre des sections mentionnées à l'article R. 6333-6 sont déterminées selon les règles et sanctions prévues par les articles R. 6332-28 et R. 6332-29.

SECTION IV **TRANSMISSION DE DOCUMENTS**

Art. R. 6333-12 Les articles R. 6332-30 à R. 6332-32 sont applicables aux organismes paritaires agréés pour la prise en charge du congé individuel de formation.

SECTION V FRAIS DE GESTION ET D'INFORMATION ET FRAIS RELATIFS AUX MISSIONS DES ORGANISMES AGRÉÉS POUR LA PRISE EN CHARGE DU CONGÉ INDIVIDUEL DE FORMATION

Art. R. 6333-13 Les frais de gestion, d'information, de conseil, d'accompagnement et d'études et recherches mentionnés à l'article L. 6333-4 des organismes paritaires agréés pour la prise en charge du congé individuel de formation sont constitués par :

1° Les frais de collecte des contributions des employeurs lorsque l'organisme est agréé en application de l'article L. 6333-2 ;

2° Les frais de gestion administrative relatifs à l'instruction et au suivi des dossiers de formation ;

3° Le remboursement des frais de déplacement, de séjour et de restauration engagés par les personnes qui siègent au sein des organes de direction de l'organisme ;

4° Les frais d'information des salariés sur les congés de formation, de bilans de compétences, d'examen et de validation des acquis de l'expérience ;

5° Les dépenses relatives au conseil et à l'accompagnement mentionnées au 1° de l'article L. 6333-4 ;

6° Les dépenses d'études et de recherches ;

7° Les dépenses visant à s'assurer de la qualité des formations dispensées.

Art. R. 6333-14 Les dépenses de gestion, d'information, de conseil, d'accompagnement et d'études et recherches mentionnées à l'article R. 6333-13 ne peuvent excéder un plafond déterminé dans la convention d'objectifs et de moyens mentionnée à l'article L. 6332-6.

Ce plafond est compris entre un minimum et un maximum déterminés par arrêté du ministre chargé de la formation professionnelle en pourcentage de la collecte comptabilisée.

En cas d'absence de conclusion de la convention d'objectifs et de moyens applicable à l'organisme paritaire agréé, les dépenses mentionnées à l'article R. 6332-13 ne peuvent excéder le minimum mentionné au deuxième alinéa du présent article.

En cas de dépassement du plafond mentionné au deuxième ou, le cas échéant au troisième alinéa du présent article, sont applicables les dispositions de l'article R. 6332-37-3.

SECTION VI CONTRÔLE

Art. R. 6333-15 Les emplois de fonds qui ne répondent pas aux règles définies par les articles R. 6332-22, R. 6333-7, R. 6333-9, R. 6333-11, R. 6333-13 et R. 6333-14 donnent lieu à un versement d'égal montant au Trésor public dans les conditions fixées au chapitre II du titre VI.

TITRE QUATRIÈME STAGIAIRE DE LA FORMATION PROFESSIONNELLE

CHAPITRE PREMIER RÉMUNÉRATION DU STAGIAIRE

SECTION PREMIÈRE FINANCEMENT DES STAGES RÉMUNÉRÉS PAR L'ÉTAT OU LA RÉGION

SOUS-SECTION 1 DISPOSITIONS GÉNÉRALES

Art. R. 6341-1 Les actions de formations définies aux articles L. 6313-1 à L. 6314-1 ouvrent droit au bénéfice des régimes de rémunération du stagiaire prévus au présent chapitre, si elles répondent aux conditions prévues à la présente section. – *[Anc. art. R. 961-1.]*

SOUS-SECTION 2 AGRÉMENT DES STAGES

Art. R. 6341-2 *(Décr. n° 2015-466 du 23 avr. 2015, art. 1er)* « Dans la limite de leurs compétences respectives, l'agrément des stages de formation professionnelle est accordé par : »

1° Le ministre chargé de la formation professionnelle, après avis du *(Décr. n° 2014-965 du 22 août 2014, art. 3)* « Conseil national de l'emploi, de la formation et de l'orientation professionnelles », pour les stages organisés et financés au niveau national ;

2° Le préfet de région, après avis du *(Décr. n° 2014-1055 du 16 sept. 2014, art. 5-I)* « comité régional de l'emploi, de la formation et de l'orientation professionnelles », pour les stages organisés et financés au niveau régional ;

3° Le préfet de département, après avis du *(Décr. n° 2014-1055 du 16 sept. 2014, art. 5-I)* « comité régional de l'emploi, de la formation et de l'orientation professionnelles », pour les stages organisés et financés au niveau départemental.

Art. R. 6341-3 La consultation du *(Décr. n° 2014-965 du 22 août 2014, art. 3)* « Conseil national de l'emploi, de la formation et de l'orientation professionnelles » et du *(Décr. n° 2015-466 du 23 avr. 2015, art. 2)* « comité régional de l'emploi, de la formation et de l'orientation professionnelles » prévue à l'article R. 6341-2 porte sur les programmes au titre desquels sont organisés les stages dont l'agrément est sollicité.

Art. R. 6341-4 Les stages autres que ceux mentionnés à l'article R. 6341-2 sont agréés par le président du conseil régional après avis du *(Décr. n° 2015-466 du 23 avr. 2015, art. 2)* « comité régional de l'emploi, de la formation et de l'orientation professionnelles ».

Art. R. 6341-5 L'autorité administrative compétente pour délivrer l'agrément examine le projet de stage selon les critères d'appréciation suivants :

1° La nature du stage ;

2° Les conditions d'admission du stagiaire ;

3° Le niveau de la formation ;

4° Le contenu des programmes ;

5° Le contenu du plan de formation prévu à l'article R. 6341-12 ;

6° La sanction des études ;

7° La qualification des enseignants et des responsables du stage ;

8° L'installation des locaux ;

9° L'exercice du contrôle financier, technique et pédagogique. — *[Anc. art. R. 961-2, al. 7 et 8.]*

Art. R. 6341-6 La décision d'agrément précise :

1° Lorsqu'il s'agit de stages dont la durée est préalablement définie :

a) Le nombre maximal de stagiaires susceptibles d'être rémunérés chaque année ;

b) La durée totale et la durée hebdomadaire du stage, ainsi que le nombre de mois-stagiaires ;

c) Les dates de début et de fin du stage ;

2° Lorsqu'il s'agit de stages accueillant des stagiaires en continu : le nombre annuel de mois-stagiaires ;

3° Lorsqu'il s'agit de stages comportant un enseignement à distance, outre le nombre de stagiaires et les dates de début et de fin du stage :

a) Lorsque l'enseignement est dispensé en totalité à distance ;

— Le nombre d'heures estimées nécessaires pour réaliser les travaux demandés à chaque stagiaire ;

— La fréquence, au moins mensuelle, et la durée des séances d'évaluation pédagogique se déroulant dans les locaux du centre de formation ;

b) Lorsque l'enseignement, dispensé en formation dite ouverte, comporte alternativement un enseignement dans les locaux d'un centre de formation et un enseignement à distance ;

— La durée totale, en heures, de l'ensemble de ces enseignements ;

— Pour l'enseignement à distance, le nombre d'heures estimées nécessaires pour réaliser les travaux demandés à chaque stagiaire. — *[Anc. art. R. 961-2, al. 9 à 21.]*

Art. R. 6341-7 Les stages organisés par les employeurs en application de l'article L. 6341-2 ne peuvent être agréés que lorsque leur création est motivée par une création d'emplois, une modification du processus de production, une réduction de l'effectif ou une cessation d'activité. — *[Anc. art. R. 961-2, al. 22.]*

Art. R. 6341-8 L'agrément du stage est délivré pour une durée de trois ans maximum.

Son renouvellement, au terme de la période pour laquelle il a été délivré, intervient par une décision explicite. – *[Anc. art. R. 961-2, al. 23, phrases 1 et 2.]*

Art. R. 6341-9 L'agrément du stage peut être retiré après un préavis de trois mois en raison des résultats des contrôles opérés par les organismes ou services chargés *[de]* réaliser les inspections administrative, financière ou technique.

Le retrait d'agrément ne fait pas obstacle au maintien de la rémunération des intéressés jusqu'à la fin du stage. – *[Anc. art. R. 961-2, al. 23, phrases 3 et 4.]*

Art. R. 6341-10 Les conventions mentionnées à l'article R. 5111-1 prévoyant le financement d'une action de formation ou d'adaptation valent agrément de cette action par l'État au titre de la rémunération des stagiaires. – *[Anc. art. R. 961-2, al. 24.]*

Art. R. 6341-11 L'établissement public de l'État auquel la gestion des rémunérations peut être confiée, en application de l'article L. 6341-6, est un établissement public à caractère administratif. – *[Anc. art. L. 961-2, al. 5, phrase 2.]*

SOUS-SECTION 3 **PLAN DE FORMATION DES STAGES COMPORTANT UN ENSEIGNEMENT À DISTANCE**

Art. R. 6341-12 Les stages comportant un enseignement dispensé en totalité ou en partie à distance donnent lieu, avant le début des travaux du stagiaire, à l'élaboration d'un plan de formation établi par accord entre le directeur de l'établissement et le stagiaire. – *[Anc. art. R. 961-3, al. 1er, phrase 1.]*

Art. R. 6341-13 Le plan de formation définit :

1° Pour chaque mois, le calendrier, la nature, la durée estimée nécessaire pour réaliser les travaux demandés et le mode de vérification de l'exécution de ces derniers ;

2° L'assiduité du stagiaire, par le rapport entre la durée estimée de l'exécution des travaux effectivement réalisés par le stagiaire et vérifiés par l'établissement et la durée estimée nécessaire pour réaliser tous les travaux prévus chaque mois. – *[Anc. art. R. 961-3, al. 1er, phrase 2 et 2.]*

Art. R. 6341-14 Le plan de formation est transmis, avec la demande de rémunération établie par le stagiaire, dans les conditions prévues au 1° de l'article R. 6341-33. – *[Anc. art. R. 961-3, al. 3.]*

SOUS-SECTION 4 **DURÉE DES STAGES**

Art. R. 6341-15 Les durées des stages sont les suivantes :

1° Stages à temps plein :

a) Durée maximum : trois ans ;

b) Durée minimum : quarante heures ;

c) Durée minimum hebdomadaire : trente heures ;

2° Stages à temps partiel :

a) Durée maximum : trois ans ;

b) Durée minimum : quarante heures. – *[Anc. art. R. 961-4.]*

SOUS-SECTION 5 **TITULAIRES D'UN LIVRET D'ÉPARGNE**

Art. R. 6341-16 Le titulaire d'un livret d'épargne institué par l'article 80 de la loi n° 76-1232 du 29 décembre 1976 qui envisage de créer ou d'acquérir une entreprise artisanale, ainsi que son conjoint, partenaire lié par un pacte civil de solidarité ou concubin, est prioritaire pour l'accès aux stages agréés ou conventionnés par l'État lorsque la formation dispensée vise l'acquisition de la qualification nécessaire à la gestion d'une entreprise. – *[Anc. art. R. 941-1, phrase 1.]*

Art. R. 6341-17 Le titulaire d'un livret d'épargne bénéficie de la priorité prévue à l'article R. 6341-16 dans l'année qui précède ou qui suit l'échéance du plan d'épargne et pour une formation d'une durée maximale de quatre cents heures. – *[Anc. art. R. 941-1, phrase 2.]*

Art. R. 6341-18 L'État prend en charge les frais de stage des titulaires d'un livret d'épargne. – *[Anc. art. R. 941-2.]*

Art. R. 6341-19 Le stagiaire, qui ne crée pas ou n'acquiert pas une entreprise artisanale dans l'année qui suit l'achèvement du stage, rembourse à l'État 50 % des frais de stage :

1° Soit lorsque l'aide de l'État est limitée aux titulaires d'un livret d'épargne ;

2° Soit lorsque le stage a été suivi avec maintien du contrat de travail et que les conditions de délai prévues à l'article R. 6322-10 ne sont pas remplies. – *[Anc. art. R. 941-3, al. 1er à 3.]*

Art. R. 6341-20 Le titulaire d'un livret d'épargne est exonéré du remboursement prévu à l'article R. 6341-19 lorsque l'établissement dépositaire du livret d'épargne a refusé de délivrer le prêt prévu au deuxième alinéa du III de l'article 80 de la loi n° 76-1232 du 29 décembre 1976. – *[Anc. art. R. 941-3, al. 4.]*

Art. R. 6341-21 Le titulaire d'un livret d'épargne peut être exonéré du remboursement en fonction de circonstances exceptionnelles, par décision de l'autorité signataire de la convention ou, dans le cas d'un stage ne faisant pas l'objet d'une convention, par décision du préfet de région. – *[Anc. art. R. 941-3, al. 5.]*

Art. R. 6341-22 Les dispositions relatives à la périodicité du congé individuel de formation, prévues par l'article R. 6322-10, ne s'appliquent pas au titulaire d'un livret d'épargne et à son conjoint salarié, partenaire lié par un pacte civil de solidarité ou concubin.

Ils peuvent bénéficier, sans condition de délai, dans l'année qui précède ou qui suit l'échéance du plan d'épargne, d'un congé individuel de formation d'une durée maximum de 400 heures en vue de les préparer à la fonction de chef d'entreprise. – *[Anc. art. R. 931-7, al. 3.]*

SECTION II **RÉMUNÉRATION**

SOUS-SECTION 1 **MONTANT ET CUMUL DE LA RÉMUNÉRATION**

§ 1er TRAVAILLEURS NON SALARIÉS

Art. D. 6341-23 La durée minimale d'activité professionnelle mentionnée à l'article L. 6341-8 est d'au moins douze mois, dont six consécutifs, dans les trois années qui précèdent l'entrée en stage. – *[Anc. art. L. 961-6.]*

Art. R. 6341-24 Les travailleurs titulaires d'un livret d'épargne institué par l'article 80 de la loi n° 76-1232 du 29 décembre 1976 ainsi que leur conjoint, partenaire lié par un pacte civil de solidarité ou concubin reçoivent une rémunération dont le montant est fixé par décret lorsqu'ils suivent un stage de formation agréé par l'État ou par une région au titre de la rémunération des stagiaires et que leur demande de prise en charge, présentée au titre du 2° de l'article L. 6331-11, n'a pas reçu de suite favorable. – *[Anc. art. R. 961-5.]*

§ 2 TRAVAILLEURS PRIVÉS D'EMPLOI

Art. R. 6341-25 Les travailleurs ayant la qualité de demandeur d'emploi perçoivent une rémunération déterminée sur une base mensuelle lorsque :

1° Ils ne sont pas pris en charge dans les conditions prévues au deuxième alinéa de l'article L. 6341-1 ;

2° Ils suivent des stages agréés en application des dispositions de l'article L. 6341-4. – *[Anc. art. R. 961-6, al. 1er.]*

Art. D. 6341-26 La rémunération due aux travailleurs handicapés privés d'emploi ayant exercé une activité salariée pendant six mois au cours d'une période de douze mois ou pendant douze mois au cours d'une période de vingt-quatre mois est établie sur la base du salaire perçu antérieurement.

Elle est calculée selon la durée légale du travail fixée à l'article *(Décr. n° 2016-1553 du 18 nov. 2016, art. 7-IV, en vigueur le 1er janv. 2017)* « L. 3121-27 » à partir de la moyenne des salaires perçus pendant la durée d'activité de six mois ou de douze mois considérée. Les majorations pour heures supplémentaires, les indemnités compensatrices de congé payé et de préavis ainsi que les primes et indemnités qui ne sont pas retenues pour le calcul des cotisations sociales n'entrent pas dans le décompte des salaires perçus.

Lorsque l'interruption du travail est antérieure depuis plus d'un an à l'entrée en stage, le salaire perçu dans le dernier emploi est affecté d'un coefficient de revalorisation correspondant aux majorations du salaire minimum de croissance au cours de la période considérée. — *[Anc. art. R. 961-6, al. 2 et 3 à 5.]*

Art. R. 6341-27 La rémunération due aux demandeurs d'emploi qui n'entrent pas dans la catégorie définie à l'article D. 6341-26 et qui ont également exercé une activité salariée pendant six mois au cours d'une période de douze mois ou pendant douze mois au cours d'une période de vingt-quatre mois est fixée par décret à partir du montant de l'allocation de solidarité spécifique prévue à l'article L. 5423-1.

Le nombre d'heures à retenir pour calculer les sommes dues à ces stagiaires est celui de la durée légale du travail fixée à l'article *(Décr. nº 2016-1551 du 18 nov. 2016, art. 6-V, en vigueur le 1er janv. 2017)* « L. 3121-27 ». — *[Anc. art. R. 961-6, al. 2, 6 et 8.]*

Art. R. 6341-28 La rémunération due aux demandeurs d'emploi qui n'entrent pas dans les catégories définies aux articles D. 6341-26 et R. 6341-27 est fixée par décret en fonction :

1° Soit de leur situation personnelle ;

2° Soit de leur âge ;

3° Soit de la catégorie de stages définie à l'initiative de l'État. — *[Anc. art. R. 961-6, al. 2, 7 et 8.]*

Art. R. 6341-29 La rémunération perçue au titre d'un stage de formation professionnelle peut se cumuler avec les pensions et les rentes versées aux travailleurs reconnus handicapés au sens de l'article L. 5213-1 *(Décr. nº 2015-466 du 23 avr. 2015, art. 4)* « ou avec la rémunération perçue pour une activité salariée à temps partiel. »

Art. R. 6341-30 Les indemnités journalières, à l'exclusion de celle servie par application combinée des articles L. 432-9 et L. 433-1 du code de la sécurité sociale *(Abrogé par Décr. nº 2015-466 du 23 avr. 2015, art. 5)* « *, ainsi que les salaires,* » sont déduites de la rémunération perçue au titre des stages de formation professionnelle.

A cet effet, le montant des indemnités journalières est notifié par les organismes concernés :

1° Au préfet du département dans lequel est situé l'établissement de formation ou, le cas échéant, à l' *(Décr. nº 2009-340 du 27 mars 2009, art. 10)* « Agence de services et de paiement », lorsque le stage a été agréé par l'État ;

2° Au président du conseil régional, lorsque le stage a été agréé par une région.

Art. R. 6341-31 Les bénéficiaires de l'allocation aux adultes handicapés, définie à l'article L. 821-1 du code de la sécurité sociale, et de la prestation de compensation, définie à l'article L. 245-1 du code de l'action sociale et des familles, peuvent cumuler avec celles-ci les rémunérations perçues au titre d'un stage de formation professionnelle dans la limite des plafonds prévus par ces codes. — *[Anc. art. R. 961-7-II, al. 1er.]*

Art. R. 6341-32 Pour permettre le versement aux bénéficiaires de l'aide sociale des allocations qu'ils sont susceptibles de percevoir, le service chargé du paiement de ces rémunérations ou éventuellement *(Décr. nº 2009-340 du 27 mars 2009, art. 10)* « l'Agence de services et de paiement » notifie le montant de la rémunération versée à l'occasion d'un stage de formation professionnelle aux caisses d'allocations familiales, aux caisses de mutualité sociale agricole *(Décr. nº 2010-344 du 31 mars 2010, art. 350)* « aux directions départementales interministérielles chargées de la cohésion sociale ». — *[Anc. art. R. 961-7-II, al. 2.]*

SOUS-SECTION 2 **OBLIGATIONS DU DIRECTEUR DE L'ÉTABLISSEMENT OU DU CENTRE DE FORMATION**

Art. R. 6341-33 Les rémunérations dues aux stagiaires sont liquidées sur demande établie par les intéressés le premier jour du stage. Le directeur de l'établissement ou du centre de formation certifie :

1° Les mentions portées sur la demande et relatives au stage ;

2° Que cette demande est comprise dans les limites de l'effectif agréé au titre du stage considéré par la décision prévue aux articles R. 6341-6 et R. 6341-7. – *[Anc. art. R. 961-8, al. 1er à 3.]*

Art. R. 6341-34 Dès le début du stage, le directeur de l'établissement ou du centre de formation :

1° Lorsqu'il s'agit de stages agréés par l'État, et en ce qui concerne les stagiaires pour lesquels la gestion de la rémunération est confiée à *(Décr. n° 2014-524 du 22 mai 2014, art. 16-XXI)* « Pôle emploi, adresse la demande à cet établissement » ;

2° Lorsqu'il s'agit de stages agréés par l'État, et en ce qui concerne les autres stagiaires, adresse la demande au service régional *(Décr. n° 2009-340 du 27 mars 2009, art. 10)* « de l'Agence de services et de paiement » dans le ressort duquel est implanté l'établissement ou le centre de formation ;

3° Lorsqu'il s'agit de stages agréés par la région, donne suite à la demande conformément aux instructions du président du conseil régional.

(Décr. n° 2016-1539 du 15 nov. 2016, art. 6) « L'établissement mentionné à l'article L. 5315-1 du code du travail » assure les obligations prévues par l'article R. 6341-33 pour les stagiaires dont elle est chargée par convention de gérer la rémunération. – *[Anc. art. R. 961-8, al. 4 à 8.]*

Art. R. 6341-35 Le directeur de l'établissement ou du centre de formation :

1° Fait connaître à l'institution ou au service chargé de la gestion des rémunérations tout changement survenu dans la situation des stagiaires susceptible de modifier le montant notifié par la décision mentionnée à l'article R. 6341-36 ;

2° Certifie les documents individuels mensuels de présence en ce qui concerne les stagiaires pour lesquels la gestion de la rémunération est confiée à *(Décr. n° 2014-524 du 22 mai 2014, art. 16-XXII)* « Pôle emploi et notifie à cet établissement » les abandons et les renvois de stage ainsi que leurs motifs et les accidents du travail ;

3° Communique au service chargé de la rémunération en ce qui concerne les autres stagiaires les états mensuels de présence et notifie à ce service les abandons et les renvois de stage ainsi que leurs motifs et les accidents du travail.

Dans le cas des stages comportant un enseignement à distance, les documents individuels mensuels de présence et les états mensuels de présence mentionnés aux 2° et 3° précisent les durées définies au 3° de l'article R. 6341-6. – *[Anc. art. R. 961-9.]*

SOUS-SECTION 3 **PAIEMENT**

Art. R. 6341-36 Selon le cas, l'organisme auquel a été confiée la gestion, ou *(Décr. n° 2009-340 du 27 mars 2009, art. 10)* « l'Agence de services et de paiement », ou le président du conseil régional, fixe le montant de la rémunération à servir pendant la durée du stage et notifie sa décision au stagiaire. – *[Anc. art. R. 961-10, al. 1er.]*

Art. R. 6341-37 Lorsqu'il s'agit de stages agréés par l'État et que la gestion de la rémunération est assurée par *(Décr. n° 2014-524 du 22 mai 2014, art. 16-XXIII)* « Pôle emploi » ou par *(Décr. n° 2016-1539 du 15 nov. 2016, art. 6)* « l'établissement mentionné à l'article L. 5315-1 du code du travail », le préfet, *(Décr. n° 2014-524 du 22 mai 2014, art. 16-XXIII)* « saisi par l'établissement ou l'association » :

1° Prononce les décisions de rejet relatives à la prise en charge ;

2° Prend les décisions relatives aux demandes qui lui sont soumises ;

3° Statue sur les cas dans lesquels la décision de *(Décr. n° 2014-524 du 22 mai 2014, art. 16-XXIII)* « l'établissement » ou de l'association a été contestée par le stagiaire. – *[Anc. art. R. 961-10, al. 2.]*

Art. R. 6341-38 Pour l'application des dispositions de l'article R. 6341-37, le préfet compétent est :

1° Soit celui du département du siège de l'institution chargée de la gestion de la rémunération ;

2° Soit celui du département dans lequel est implanté le centre de *(Décr. n° 2016-1539 du 15 nov. 2016, art. 6)* « l'établissement mentionné à l'article L. 5315-1 du code du travail » qui dispense le stage, en ce qui concerne les stagiaires qu'elle est chargée de rémunérer. – *[Anc. art. R. 961-10, al. 3.]*

Art. R. 6341-39 Les rémunérations des stagiaires, lorsqu'elles sont à la charge de l'État, sont payées, selon le cas, par l'organisme auquel a été confiée la gestion ou par *(Décr. n° 2009-340 du 27 mars 2009, art. 10)* « l'Agence de services et de paiement ». – *[Anc. art. R. 961-11, al. 1er.]*

Art. R. 6341-40 Les rémunérations dues aux stagiaires à plein temps sont payées mensuellement et à terme échu.

Dès la fin du premier mois de stage ouvrant droit à rémunération à la charge de l'État, ces stagiaires perçoivent au moins un acompte dont le montant est fixé par décret. – *[Anc. art. R. 961-11, al. 2.]*

Art. R. 6341-41 Lorsque la rémunération des stagiaires est déterminée par décret en application des articles L. 6341-7 et L. 6341-8, le paiement de l'acompte peut être opéré, par l'organisme ou l'établissement mentionnés à l'article R. 6341-39, avant notification au stagiaire de la décision prévue à l'article R. 6341-36. – *[Anc. art. R. 961-11, al. 3.]*

Art. R. 6341-42 La liquidation et le paiement des sommes dues aux stagiaires à l'issue d'un stage à titre de solde des rémunérations et, le cas échéant, des indemnités compensatrices de congés payés, sont réalisés dans les mêmes conditions que la liquidation et le paiement des rémunérations. – *[Anc. art. R. 961-12.]*

Art. R. 6341-43 Par dérogation aux dispositions des articles R. 6341-39 à R. 6341-42, le paiement des rémunérations à la charge de l'État peut être réalisé par les établissements ou centres de formation lorsque ceux-ci sont soumis au contrôle administratif et financier de l'État.

Des conventions conclues entre ces organismes, le ministre de l'économie et des finances et le ministre intéressé fixent les modalités d'application du présent article. – *[Anc. art. R. 961-13.]*

Art. R. 6341-44 La fraction de la rémunération à rembourser à l'employeur qui maintient le salaire des salariés qui suivent des stages agréés ainsi que les cotisations de sécurité sociale relatives à cette fraction sont liquidées, en application du 1° de l'article L. 6341-2, sur demande de l'employeur, selon le cas par :

1° Le préfet du département du lieu du stage ;

2° Le président du conseil régional ;

3° Le directeur *(Décr. n° 2009-340 du 27 mars 2009, art. 10)* « de l'Agence de services et de paiement », lorsqu'il s'agit de stages relevant du ministre de l'agriculture ou faisant l'objet d'une convention conclue au nom de l'État par ce ministre. – *[Anc. art. L. 961-4 et anc. art. R. 961-14.]*

Art. R. 6341-45 Les rémunérations versées aux stagiaires et les rémunérations remboursées aux employeurs ainsi que, le cas échéant, les sommes payées au titre des cotisations de sécurité sociale afférentes à ces rémunérations, font l'objet de retenues proportionnelles à la durée des absences non justifiées aux séances de formation. – *[Anc. art. R. 961-15, al. 1er.]*

Art. R. 6341-46 Les manquements non justifiés à l'obligation d'assiduité déterminée dans les conditions prévues au 2° de l'article R. 6341-13 et les absences non justifiées aux séquences de formation en centre, dans le cas des formations ouvertes, font l'objet des retenues proportionnelles prévues à l'article R. 6341-45.

Les absences non justifiées aux séquences d'évaluation pédagogique en centre donnent lieu au reversement de la rémunération perçue depuis la dernière séquence, ou à retenue de la rémunération due depuis celle-ci. – *[Anc. art. R. 961-15, al. 2.]*

Art. R. 6341-47 Lorsque le stagiaire abandonne sans motif légitime le stage ou fait l'objet d'un renvoi pour faute lourde, les rémunérations perçues par les stagiaires et les rémunérations qui ont été remboursées aux employeurs ainsi que, le cas échéant, les sommes versées au titre des cotisations de sécurité sociale afférentes à ces rémunérations sont reversées en totalité à l'État ou, selon le cas, à la région. – *[Anc. art. R. 961-15, al. 3.]*

Art. R. 6341-48 Le recouvrement des sommes indûment versées est opéré, suivant le cas, soit par le préfet lorsque le reversement n'a pu être obtenu par l'organisme auquel a été confiée la gestion de la rémunération, soit par *(Décr. n° 2009-340 du 27 mars 2009, art. 10)* « l'Agence de services et de paiement », soit par le président du conseil régional.

A titre exceptionnel, une remise partielle ou totale de dette peut être accordée, suivant le cas, par le préfet, par *(Décr. n° 2009-340 du 27 mars 2009, art. 10)* « l'Agence de services et de paiement » ou par le président du conseil régional.

Pour l'application de ces dispositions, le préfet compétent est celui mentionné à l'article R. 6341-38. – *[Anc. art. R. 961-15, al. 4 à 6.]*

SECTION III **REMBOURSEMENT DES FRAIS DE TRANSPORT**

Art. R. 6341-49 Les stagiaires dont la rémunération est prise en charge par l'État ou par la région ont droit *(Décr. n° 2015-466 du 23 avr. 2015, art. 6)* « à la prise en charge » des frais de transport exposés à l'occasion des déplacements réalisés en fonction des nécessités des stages *(Décr. n° 2015-466 du 23 avr. 2015, art. 6)* « dans les conditions précisées à la présente section ».

Le remboursement couvre notamment, dans le cas des stages comportant un enseignement à distance, les frais de transport exposés au début et à la fin de chaque période en centre et de chaque séance d'évaluation pédagogique.

Art. R. 6341-50 A condition que la distance à parcourir à partir de leur domicile soit supérieure à 25 kilomètres, les stagiaires dont la rémunération est prise en charge par l'État ou par la région ont droit au remboursement de la totalité des frais de transport exposés au début et à la fin du stage pour rejoindre l'établissement ou le centre de formation et en revenir. – *[Anc. art. R. 963-1, al. 3.]*

Art. R. 6341-51 Les stagiaires ont droit au remboursement des trois quarts des frais de transport exposés pour se rendre *(Décr. n° 2015-466 du 23 avr. 2015, art. 7)* « à leur domicile habituel », à condition que la distance à parcourir soit supérieure à 25 kilomètre*[s]*, à raison :

1° Pour les stagiaires âgés de moins de dix-huit ans, d'un voyage mensuel ;

2° Pour les autres stagiaires, lorsqu'ils sont célibataires, d'un voyage si la durée du stage est supérieure à huit mois ;

3° Pour les autres stagiaires, lorsqu'ils sont mariés ou chargés de famille, d'un voyage si la durée du stage est comprise entre trois et huit mois et de deux voyages si cette durée est supérieure à huit mois. – *[Anc. art. R. 963-2.]*

Art. R. 6341-52 Les frais de transport exposés par les stagiaires participant à des sessions de regroupement ouvrant droit à rémunération dans le cadre de stages d'enseignement à distance sont remboursés dans les mêmes conditions que les frais correspondants *[correspondant]* aux déplacements mentionnés au premier alinéa de l'article R. 6341-49. – *[Anc. art. R. 963-3.]*

Art. R. 6341-53 Le remboursement des frais de transport est opéré dans les conditions prévues aux articles R. 6341-35 à R. 6341-43. – *[Anc. art. R. 963-4.]*

CHAPITRE II **PROTECTION SOCIALE DU STAGIAIRE**

Art. R. 6342-1 Sous réserve de l'application des dispositions du présent titre, les obligations qui incombent à l'employeur en application des législations de sécurité sociale sont assumées par la personne, le service ou l'organisme qui assure le versement de la rémunération due au stagiaire. – *[Anc. art. R. 962-1, al. 1er.]*

Art. R. 6342-2 L'organisme qui assure le versement de la rémunération des stagiaires est dispensé du versement des cotisations dues au titre des assurances sociales et des prestations familiales en ce qui concerne :

1° Les travailleurs reconnus handicapés au sens de l'article L. 5213-1 et dont les périodes de stages sont prises en compte sans cotisation pour l'ouverture des droits aux assurances sociales et aux prestations familiales ;

2° Les travailleurs privés d'emploi dont la rémunération est assurée par *(Décr. nº 2008-1010 du 29 sept. 2008 ; Décr. nº 2014-524 du 22 mai 2014, art. 16-II)* « Pôle emploi pour le compte de l'organisme mentionné à l'article L. 5427-1 », en application des dispositions du second alinéa de l'article L. 6341-1, et qui bénéficient des dispositions du 2° de l'article L. 351-3 du code de la sécurité sociale. – *[Anc. art. R. 962-1, al. 2 à 4.]*

Art. R. 6342-3 En matière d'accidents du travail et de maladies professionnelles, les obligations autres que celles qui concernent le paiement des cotisations incombent à la personne ou à l'organisme responsable de la gestion du centre où le stage est accompli. – *[Anc. art. R. 962-1, al. 5.]*

Art. R. 6342-4 Les stagiaires relevant du régime social des indépendants restent tenus au paiement des cotisations dues au titre de ce régime et des régimes d'assurance vieillesse et de prestations familiales dont ils relèvent. – *[Anc. art. R. 962-3.]*

CHAPITRE III **CONDITIONS DE TRAVAIL DU STAGIAIRE**

Le présent chapitre ne comprend pas de dispositions réglementaires.

TITRE CINQUIÈME **ORGANISMES DE FORMATION**

CHAPITRE PREMIER **DÉCLARATION D'ACTIVITÉ**

SECTION PREMIÈRE **DÉPÔT ET ENREGISTREMENT DE LA DÉCLARATION**

Art. R. 6351-1 *(Décr. nº 2010-530 du 20 mai 2010)* La déclaration d'activité prévue à l'article L. 6351-2 est adressée par le prestataire de formation au préfet de région compétent. Elle est complétée des pièces justificatives mentionnées à l'article R. 6351-5.

Cette déclaration est effectuée au plus tard dans les trois mois qui suivent la conclusion par le prestataire de formation de la première convention ou du premier contrat de formation professionnelle.

Art. R. 6351-2 *(Décr. nº 2010-530 du 20 mai 2010)* L'organisme prestataire se déclare auprès du préfet de région compétent à raison soit du lieu de son principal établissement, soit du lieu où est assurée sa direction effective, soit du lieu de son siège social.

Art. R. 6351-3 Les organismes de formation qui exercent leur activité sur le territoire français, mais dont le siège social se trouve hors de ce territoire, désignent un représentant domicilié en France habilité à répondre en leur nom aux obligations résultant de la présente partie. *(Décr. nº 2010-530 du 20 mai 2010)* « Dans ce cas, l'organisme se déclare auprès du préfet de région compétent à raison du lieu du domicile de ce représentant. »

Cette obligation ne concerne pas les organismes de formation dont le siège social est situé dans un autre État membre de la Communauté européenne ou de l'Espace économique européen et qui interviennent de manière occasionnelle sur le territoire français.

Art. R. 6351-4 La déclaration d'activité indique la dénomination, l'adresse, l'objet de l'activité et le statut juridique du déclarant.

(Décr. nº 2010-530 du 20 mai 2010) « Le cas échéant, l'organisme mentionne dans sa déclaration les autres activités exercées. »

Art. R. 6351-5 *(Décr. nº 2010-530 du 20 mai 2010)* La déclaration d'activité est accompagnée des pièces justificatives suivantes :

1° Une copie du justificatif d'attribution du numéro SIREN ;

2° Le bulletin n° 3 du casier judiciaire du dirigeant pour les personnes morales ou celui du déclarant pour les personnes physiques ;

3° Une copie de la première convention de formation professionnelle prévue à l'article L. 6351-1 ou, à défaut, du bon de commande ou de la facture établis pour la réalisation de la prestation de formation, conformément à l'article L. 6353-2, ou, s'il y a lieu, du premier contrat de formation professionnelle prévu à l'article L. 6353-3 ;

4° Pour les organismes qui présentent à l'appui de leur déclaration une convention de bilan de compétences pour un salarié, un justificatif d'inscription sur la liste mentionnée à l'article L. 6322-48 ;

5° Une copie du programme de la formation, prévu à l'article L. 6353-1, ainsi que la liste des personnes qui interviennent dans la réalisation de l'action avec la mention de leurs titres et qualités, du lien entre ces titres et qualités et la prestation réalisée conformément à l'article L. 6352-1 et du lien contractuel qui les lie à l'organisme.

L'administration peut demander, pour l'appréciation de la conformité de la déclaration d'activité aux dispositions de l'article L. 6353-1*[,]* un justificatif relatif à la première prestation de formation réalisée, au public bénéficiaire ou à la nature de cette prestation.

Elle peut aussi demander, pour l'appréciation de la conformité de cette déclaration aux dispositions de l'article L. 6352-1, un justificatif relatif aux titres et qualités des personnes qui interviennent dans la réalisation de la prestation et à la relation entre ces titres et qualités et la prestation.

La demande de justificatifs complémentaires prévue aux deux alinéas précédents est adressée à l'organisme dans le délai de dix jours à compter de la réception des pièces mentionnées aux 1° à 5° du présent article. L'organisme dispose d'un délai de quinze jours à compter de la réception de la demande pour fournir les justificatifs.

Art. R. 6351-6 *(Décr. n° 2010-530 du 20 mai 2010)* « Dans les trente jours qui suivent la réception de la déclaration complétée des pièces justificatives mentionnées à l'article R. 6351-5, le préfet de région délivre un récépissé comportant un numéro d'enregistrement à l'organisme qui satisfait aux conditions d'enregistrement de la déclaration d'activité.

« Jusqu'à la délivrance de ce récépissé ou la notification de la décision de refus d'enregistrement, l'organisme est réputé déclaré. »

A l'exception de la première convention ou du premier contrat de formation professionnelle, le prestataire de formation fait figurer ce numéro d'enregistrement sur les conventions et, en l'absence de conventions, sur les bons de commandes ou factures, ou les contrats de formation professionnelle qu'il conclut, sous la forme suivante : "déclaration d'activité enregistrée sous le numéro auprès du préfet de région de ...".

Art. R. 6351-6-1 *(Décr. n° 2010-530 du 20 mai 2010)* La décision de refus d'enregistrement est notifiée au prestataire de formation par le préfet de région dans les trente jours qui suivent la réception de la déclaration complétée des pièces justificatives.

Le silence gardé dans ce délai vaut enregistrement de la déclaration.

Art. R. 6351-7 Toute personne qui exerce, en droit ou en fait, une fonction de direction ou d'administration dans un organisme de formation au sens du présent titre présente, sur demande du préfet de région territorialement compétent, un bulletin n° 3 de son casier judiciaire de moins d'un mois. – *[Anc. art. R. 921-1.]*

SECTION II **DÉCLARATION RECTIFICATIVE ET ANNULATION**

Art. R. 6351-8 La modification de la déclaration ainsi que la cessation d'activité du prestataire de formation font l'objet, dans un délai de trente jours, d'une déclaration rectificative auprès du préfet de région destinataire de la déclaration d'activité.

Celui-ci en informe le président du conseil régional. – *[Anc. art. R. 921-6, al. 1er.]*

Art. R. 6351-9 *(Décr. n° 2010-530 du 20 mai 2010)* Pour l'appréciation des conditions d'annulation de l'enregistrement de la déclaration d'activité mentionnées aux 1° et 2° de l'article L. 6351-4, les prestations examinées sont celles qui correspondent aux recettes figurant dans le dernier bilan pédagogique et financier adressé par le prestataire au préfet de région en application des articles L. 6352-11 et R. 6352-22 à

R. 6352-24 et aux recettes perçues entre la date de la fin de ce bilan et la date du contrôle.

Lorsque le prestataire vient de déclarer son activité et n'est donc pas tenu de dresser le bilan pédagogique et financier, l'examen porte sur les prestations réalisées jusqu'à la date du contrôle.

Art. R. 6351-10 *(Décr. n° 2010-530 du 20 mai 2010)* L'annulation de l'enregistrement de la déclaration est prononcée par le préfet de région.

Art. R. 6351-11 *(Décr. n° 2010-530 du 20 mai 2010)* L'intéressé qui entend contester la décision de refus ou d'annulation de l'enregistrement de la déclaration d'activité saisit d'une réclamation, préalablement à tout recours pour excès de pouvoir, l'autorité qui a pris la décision.

Art. D. 6351-12 *(Décr. n° 2010-63 du 18 janv. 2010)* Le délai mentionné au 3° de l'article L. 6351-4 est fixé à trente jours.

CHAPITRE II **FONCTIONNEMENT**

SECTION PREMIÈRE **RÈGLEMENT INTÉRIEUR**

Art. R. 6352-1 Le règlement intérieur est établi dans tous les organismes de formation, y compris dans ceux qui accueillent les stagiaires dans des locaux mis à leur disposition.

Lorsque l'organisme comporte plusieurs établissements, le règlement intérieur peut faire l'objet des adaptations nécessaires, notamment en matière de santé et de sécurité au travail.

Lorsque la formation se déroule dans une entreprise ou un établissement déjà doté d'un règlement intérieur, les mesures de santé et de sécurité applicables aux stagiaires sont celles de ce dernier règlement. — *[Anc. art. R. 922-1.]*

Art. R. 6352-2 Le règlement intérieur est établi dans les trois mois suivant le début de l'activité de l'organisme de formation.

Il se conforme aux dispositions de la présente section. — *[Anc. art. R. 922-2.]*

SECTION II **DROIT DISCIPLINAIRE**

Art. R. 6352-3 Constitue une sanction toute mesure, autre que les observations verbales, prise par le directeur de l'organisme de formation ou son représentant, à la suite d'un agissement du stagiaire considéré par lui comme fautif, que cette mesure soit de nature à affecter immédiatement ou non la présence de l'intéressé dans le stage ou à mettre en cause la continuité de la formation qu'il reçoit.

Les amendes ou autres sanctions pécuniaires sont interdites. — *[Anc. art. R. 922-3.]*

Art. R. 6352-4 Aucune sanction ne peut être infligée au stagiaire sans que celui-ci ait été informé au préalable des griefs retenus contre lui. — *[Anc. art. R. 922-4.]*

Art. R. 6352-5 Lorsque le directeur de l'organisme de formation ou son représentant envisage de prendre une sanction qui a une incidence, immédiate ou non, sur la présence d'un stagiaire dans une formation, il est procédé comme suit :

1° Le directeur ou son représentant convoque le stagiaire en lui indiquant l'objet de cette convocation. Celle-ci précise la date, l'heure et le lieu de l'entretien. Elle est écrite et est adressée par lettre recommandée ou remise à l'intéressé contre décharge ;

2° Au cours de l'entretien, le stagiaire peut se faire assister par la personne de son choix, notamment le délégué de stage. La convocation mentionnée au 1° fait état de cette faculté ;

3° Le directeur ou son représentant indique le motif de la sanction envisagée et recueille les explications du stagiaire. — *[Anc. art. R. 922-5, al. 1er à 4.]*

Art. R. 6352-6 La sanction ne peut intervenir moins d'un jour franc ni plus de quinze jours après l'entretien.

Elle fait l'objet d'une décision écrite et motivée, notifiée au stagiaire par lettre recommandée ou remise contre récépissé. — *[Anc. art. R. 922-5, al. 5.]*

Art. R. 6352-7 Lorsque l'agissement a rendu indispensable une mesure conservatoire d'exclusion temporaire à effet immédiat, aucune sanction définitive, relative à cet agissement, ne peut être prise sans que la procédure prévue à l'article R. 6352-4 et, éventuellement, aux articles R. 6352-5 et R. 6352-6, ait été observée. – *[Anc. art. R. 922-6.]*

Art. R. 6352-8 Le directeur de l'organisme de formation informe de la sanction prise :

1° L'employeur, lorsque le stagiaire est un salarié bénéficiant d'une action de formation dans le cadre du plan de formation d'une entreprise ;

2° L'employeur et l'organisme collecteur paritaire agréé qui a pris en charge les dépenses de la formation, lorsque le stagiaire est un salarié bénéficiant d'un congé individuel de formation ;

3° L'organisme collecteur paritaire agréé qui a assuré le financement de l'action de formation dont a bénéficié le stagiaire. – *[Anc. art. R. 922-7.]*

SECTION III **REPRÉSENTATION DES STAGIAIRES**

SOUS-SECTION 1 **ÉLECTION ET SCRUTIN**

Art. R. 6352-9 Pour chacune des actions de formation mentionnées au 3° de l'article L. 6352-4 prenant la forme de stages collectifs, il est procédé simultanément à l'élection d'un délégué titulaire et d'un délégué suppléant au scrutin uninominal à deux tours.

Tous les stagiaires sont électeurs et éligibles. – *[Anc. art. R. 922-8.]*

Art. R. 6352-10 Le scrutin se déroule pendant les heures de la formation. Il a lieu au plus tôt vingt heures et au plus tard quarante heures après le début du stage. – *[Anc. art. R. 922-9, al. 1er.]*

Art. R. 6352-11 Le directeur de l'organisme de formation est responsable de l'organisation du scrutin. Il en assure le bon déroulement. – *[Anc. art. R. 922-9, al. 2.]*

Art. R. 6352-12 Lorsque, à l'issue du scrutin, il est constaté que la représentation des stagiaires ne peut être assurée, le directeur dresse un procès-verbal de carence. – *[Anc. art. R. 922-9, al. 3.]*

SOUS-SECTION 2 **MANDAT ET ATTRIBUTION**

Art. R. 6352-13 Les délégués sont élus pour la durée du stage. Leurs fonctions prennent fin lorsqu'ils cessent de participer au stage.

Lorsque le délégué titulaire et le délégué suppléant ont cessé leurs fonctions avant la fin du stage, il est procédé à une nouvelle élection, dans les conditions prévues à la sous-section 1. – *[Anc. art. R. 922-10.]*

Art. R. 6352-14 Les délégués font toute suggestion pour améliorer le déroulement des stages et les conditions de vie des stagiaires dans l'organisme de formation.

Ils présentent les réclamations individuelles ou collectives relatives à ces matières, aux conditions de santé et de sécurité au travail et à l'application du règlement intérieur. – *[Anc. art. R. 922-11.]*

Art. R. 6352-15 Les dispositions de la présente section ne sont pas applicables aux détenus admis à participer à une action de formation professionnelle. – *[Anc. art. R. 922-12.]*

SECTION IV **OBLIGATIONS COMPTABLES**

Art. D. 6352-16 Les dispensateurs de formation qui ont un statut de droit privé établissent des comptes annuels selon les principes et méthodes comptables définis au code de commerce. – *[Anc. art. R. 923-1, al. 1er.]*

Art. D. 6352-17 Le plan comptable applicable aux dispensateurs de formation est approuvé par arrêté conjoint du garde des sceaux, ministre de la justice, du ministre du budget et du ministre chargé de la formation professionnelle.

Cet arrêté est pris après avis de l'Autorité des normes comptables. – *[Anc. art. R. 923-1, al. 2.]*

Art. D. 6352-18 Les organismes qui interviennent dans le déroulement des actions destinées à la validation des acquis de l'expérience tiennent une comptabilité distincte pour cette activité lorsqu'ils exercent simultanément plusieurs autres activités. – *[Anc. art. R. 923-4.]*

Art. R. 6352-19 Sans préjudice des dispositions du *(Décr. n° 2016-1026 du 26 juill. 2016, art. 92)* « I de l'article L. 822-1 » du code de commerce applicables aux sociétés anonymes, les dispensateurs de formation de droit privé désignent au moins un commissaire aux comptes et un suppléant lorsqu'ils dépassent, à la fin de l'année civile ou à la clôture de l'exercice, les chiffres fixés pour deux des trois critères suivants :

1° Trois pour le nombre des salariés ;

2° 153 000 € pour le montant hors taxe du chiffre d'affaires ou des ressources ;

3° 230 000 € pour le total du bilan. – *[Anc. art. R. 923-2.]*

Art. R. 6352-20 Les dispensateurs de formation de droit privé ne sont pas tenus à l'obligation de désigner un commissaire aux comptes lorsqu'ils ne dépassent pas les chiffres fixés pour deux des trois critères définis à l'article R. 6352-19 pendant deux exercices successifs. – *[Anc. art. R. 923-3.]*

Art. R. 6352-21 Le montant du chiffre annuel mentionné à l'article L. 6352-9 est fixé à 152 449,02 € hors taxes. – *[Anc. art. L. 920-8, al. 4.]*

SECTION V **BILAN PÉDAGOGIQUE ET FINANCIER**

Art. R. 6352-22 Le bilan pédagogique et financier prévu à l'article L. 6352-11 indique :

1° Les activités de formation conduites au cours de l'exercice comptable ;

2° Le nombre de stagiaires accueillis ;

3° Le nombre d'heures-stagiaires et d'heures de formation correspondant, en fonction de la nature, du niveau, des domaines et de la durée des formations dispensées au titre de la formation professionnelle continue ;

4° La répartition des fonds reçus selon leur nature et le montant des factures émises par le prestataire ;

5° Les données comptables relatives aux prestations de formation professionnelle continue ;

6° Les produits financiers tirés du placement des fonds reçus. – *[Anc. art. R. 921-7, al. 1er à 5.]*

Art. R. 6352-23 Le prestataire de formation déclaré ou l'établissement autonome adresse au préfet de région son bilan pédagogique et financier avant le 30 avril de chaque année. – *[Anc. art. R. 921-7, al. 6.]*

Art. R. 6352-24 Sur la demande du préfet de région compétent, le prestataire produit la liste des prestations de formation réalisées ou à accomplir.

Cette liste mentionne, le cas échéant, le montant des résorptions opérées par le prestataire auprès des entreprises. – *[Anc. art. R. 921-7, al. 7.]*

SECTION VI **CENTRES DE FORMATION PROFESSIONNELLE**

SOUS-SECTION 1 **OBJET, ORGANISATION ET FONCTIONNEMENT**

Art. D. 6352-25 Les centres de formation professionnelle ont pour objet :

1° Soit de délivrer aux travailleurs une formation professionnelle accélérée leur permettant d'exercer un métier, de s'adapter à un nouveau métier ou d'acquérir une qualification professionnelle d'un niveau supérieur ;

2° Soit de former les moniteurs aptes à assurer cette formation. – *[Anc. art. 2, Décr. n° 46-2511 du 9 nov. 1946.]*

Art. D. 6352-26 Les centres de formation professionnelle peuvent être créés sous forme :

1° Soit de centres d'entreprises par une entreprise dans ses propres établissements ;

2° Soit de centres collectifs par des organisations professionnelles d'employeurs ou de salariés, par des collectivités publiques ou par des associations ayant pour objet la rééducation professionnelle. – *[Anc. art. 3, Décr. n° 46-2511 du 9 nov. 1946.]*

Art. R. 6352-27 Les centres de formation professionnelle sont soumis à la déclaration d'activité prévue à l'article L. 6351-1.

Art. D. 6352-28 La gestion des centres d'entreprises est soumise au contrôle du comité d'entreprise.

La gestion des centres collectifs est soumise au contrôle d'une commission composée de trois représentants des employeurs et de trois représentants des salariés. – *[Anc. art. 4, Décr. n° 46-2511 du 9 nov. 1946.]*

Art. D. 6352-29 Les centres d'entreprises sont installés dans des locaux séparés des locaux de travail, suivant les modalités permettant de s'assurer que tout en participant, le cas échéant, à l'activité, les salariés sont formés ou perfectionnés progressivement. – *[Anc. art. 5.]*

Art. D. 6352-30 La comptabilité du centre de formation professionnelle et les comptes bancaires qu'il se fait ouvrir sont distincts de ceux de l'organisme créateur.

La comptabilité est tenue suivant les règles fixées par un arrêté conjoint des ministres chargés de la formation professionnelle et des finances. – *[Anc. art. 15, Décr. n° 46-2511 du 9 nov. 1946.]*

Art. D. 6352-31 En cas de cessation d'activité d'un centre de formation professionnelle, le ministre chargé de la formation professionnelle fixe les conditions dans lesquelles il est procédé à la liquidation du centre ou à sa prise en charge par un autre groupement. – *[Anc. art. 16, Décr. n° 46-2511 du 9 nov. 1946.]*

SOUS-SECTION 2 **STAGIAIRES**

Art. D. 6352-32 Les stagiaires des centres d'entreprises sont recrutés soit parmi le personnel de l'entreprise, soit parmi les candidats présentés par le service public de l'emploi.

Les stagiaires des centres collectifs sont recrutés parmi les candidats présentés par le service public de l'emploi. – *[Anc. art. 6, al. 1er et 2, Décr. n° 46-2511 du 9 nov. 1946.]*

Art. D. 6352-33 L'entrée en stage est subordonnée à un examen médical et psychotechnique organisé ou contrôlé par le service public de l'emploi. – *[Anc. art. 6, al. 3, Décr. n° 46-2511 du 9 nov. 1946.]*

Art. D. 6352-34 La rémunération versée par le centre de formation professionnelle au demandeur d'emploi se substitue à l'allocation qui lui est versée à ce titre.

Ce stagiaire est tenu de suivre le cours de formation jusqu'à son expiration.

Le stagiaire qui abandonne le stage pour des motifs non reconnus valables est exclu du bénéfice des allocations de chômage pendant une durée d'un an, à compter du jour de son départ. – *[Anc. art. 18, Décr. n° 46-2511 du 9 nov. 1946.]*

SOUS-SECTION 3 **SUBVENTIONS**

Art. R. 6352-35 Les centres de formation professionnelle peuvent bénéficier des financements de la région ou de l'État dans les conditions prévues respectivement aux articles L. 6121-1 et L. 6122-1.

Art. D. 6352-36 Les dépenses ouvrant droit à subvention sont :

1° Pour les centres d'entreprise, les salaires des moniteurs et les charges sociales correspondantes ;

2° Pour les centres collectifs :

a) Les salaires du personnel administratif, technique et de service nécessaire au fonctionnement du centre, ainsi que les charges sociales correspondantes ;

b) Les frais de location et d'aménagement du mobilier ainsi que d'entretien des locaux et ateliers nécessaires au fonctionnement du centre ;

c) Les frais de bureau, affranchissement, téléphone, frais divers ;

d) Les frais d'achat de machines-outils, d'outillage et de moteurs ;

e) Les frais de location ou d'amortissement du matériel ;

f) Les frais d'assurances comprenant les assurances accidents du personnel et des élèves, les assurances de vol et incendie du matériel et des locaux, les assurances recours contre le tiers ;

g) Les frais d'achat de matières premières et de petit outillage ;

h) Les frais d'éclairage, frais de chauffage, frais d'eau des locaux ainsi que les frais de combustible et de force motrice ;

i) Les frais d'inspection médicale et de service social ;

j) Les frais d'aménagement et d'entretien des locaux mis à la disposition des stagiaires. — *[Anc. art. 9, Décr. n° 46-2511 du 9 nov. 1946.]*

Art. D. 6352-37 Les subventions portent sur les dépenses opérées au cours de chaque trimestre civil, compte tenu des recettes, notamment des heures passées à la production, vente des vieilles matières et des produits fabriqués par les stagiaires. — *[Anc. art. 10, Décr. n° 46-2511 du 9 nov. 1946.]*

Art. D. 6352-38 Les subventions ne peuvent s'appliquer qu'aux dépenses ayant fait l'objet de prévisions fournies par le centre et acceptées par le ministre chargé de la formation professionnelle.

A cet effet, le centre présente au début de chaque trimestre civil des prévisions de recettes et de dépenses portant sur le trimestre qui suit. Ces prévisions sont fournies en même temps que la demande de subventions.

Exceptionnellement, les subventions peuvent porter, si elles s'avèrent indispensables à l'exécution des programmes de rééducation établis par les centres. — *[Anc. art. 11, Décr. n° 46-2511 du 9 nov. 1946.]*

Art. D. 6352-39 La demande de subvention est présentée dans un délai de dix jours à compter de l'expiration de chaque trimestre civil au *(Décr. n° 2009-1377 du 10 nov. 2009)* « directeur régional des entreprises, de la concurrence, de la consommation, du travail et de l'emploi ».

Elle est accompagnée d'un relevé de la situation financière du centre de formation professionnelle faisant ressortir les recettes et les dépenses effectuées au cours du trimestre considéré. — *[Anc. art. 12, Décr. n° 46-2511 du 9 nov. 1946.]*

Les modifications issues du Décr. n° 2009-1377 prennent effet, dans chaque région, à la date de nomination du directeur régional des entreprises, de la concurrence, de la consommation, du travail et de l'emploi. — V. Arr. de nomination de ces directeurs des 30 déc. 2009 (JO 5 janv. 2010) et 9 févr. 2010 (JO 14 févr.) (Décr. n° 2009-1377 du 10 nov. 2009, art. 7-I).

Ces modifications s'appliquent à la région Île-de-France à compter du 1er juill. 2010 (Décr. n° 2010-687 du 24 juin 2010, art. 2).

Art. D. 6352-40 Des avances à valoir sur subventions peuvent être allouées au centre.

Lors du démarrage, ces avances peuvent être égales aux dépenses de fonctionnement prévues pour les deux premiers trimestres civils qui suivent la date d'ouverture du centre sur la base des prévisions fournies à l'appui de la demande d'agrément.

Par la suite, elles peuvent être égales aux dépenses de fonctionnement prévues pour le trimestre auquel s'appliquent les prévisions fournies dans les conditions fixées au deuxième alinéa de l'article D. 6352-38. — *[Anc. art. 13, Décr. n° 46-2511 du 9 nov. 1946.]*

CHAPITRE III **RÉALISATION DES ACTIONS DE FORMATION**

Art. R. 6353-1 Les conventions, les bons de commande ou factures mentionnés à l'article L. 6353-2 précisent :

1° L'intitulé, la nature, la durée, les effectifs, les modalités du déroulement et de sanction de la formation ;

2° Le prix et les contributions financières éventuelles de personnes publiques. — *[Anc. art. L. 920-1, al. 2 fin.]*

Art. R. 6353-2 *(Décr. nº 2010-530 du 20 mai 2010)* Lorsque la formation a lieu à l'initiative du salarié avec l'accord de son employeur ou lorsqu'elle se déroule en dehors du temps de travail avec l'accord du salarié et que la formation a notamment pour objet l'obtention d'un diplôme, d'un titre à finalité professionnelle, d'un certificat de qualification professionnelle, les éléments figurant au 1º de l'article R. 6353-1 font l'objet d'une convention avec la personne qui bénéficie de la formation.

Art. D. 6353-3 *(Décr. nº 2014-935 du 20 août 2014, art. 1er)* Les moyens d'organisation, d'accompagnement ou d'assistance, pédagogique et technique, mis à disposition du stagiaire qui suit une séquence de formation ouverte ou à distance, qui doivent être précisés dans le programme mentionné à l'article L. 6353-1, comprennent notamment :

1º Les compétences et qualifications des personnes chargées d'assister le bénéficiaire de la formation ;

2º Les modalités techniques selon lesquelles le stagiaire est accompagné ou assisté, les périodes et les lieux mis à sa disposition pour s'entretenir avec les personnes chargées de l'assister ou les moyens dont il dispose pour contacter ces personnes ;

3º Les délais dans lesquels les personnes en charge de son suivi sont tenues de l'assister en vue du bon déroulement de l'action, lorsque cette aide n'est pas apportée de manière immédiate.

Art. D. 6353-4 *(Décr. nº 2014-935 du 20 août 2014, art. 1er)* L'assiduité du stagiaire contribue à justifier de l'exécution de l'action de formation.

Pour établir l'assiduité d'un stagiaire à des séquences de formation ouvertes ou à distance, sont pris en compte :

1º Les justificatifs permettant d'attester de la réalisation des travaux exigés en application du 1º de l'article L. 6353-1 ;

2º Les informations et données relatives au suivi de l'action, à l'accompagnement et à l'assistance du bénéficiaire par le dispensateur de la formation ;

3º Les évaluations spécifiques, organisées par le dispensateur de la formation, qui jalonnent ou terminent la formation.

CHAPITRE IV SANCTIONS FINANCIÈRES

Le présent chapitre ne comprend pas de dispositions réglementaires.

CHAPITRE V DISPOSITIONS PÉNALES

Le présent chapitre ne comprend pas de dispositions réglementaires.

TITRE SIXIÈME CONTRÔLE DE LA FORMATION PROFESSIONNELLE CONTINUE

CHAPITRE PREMIER OBJET DU CONTRÔLE ET FONCTIONNAIRES DE CONTRÔLE

Art. R. 6361-1 Avant d'entrer en fonction, *(Décr. nº 2010-530 du 20 mai 2010)* « les agents de contrôle mentionnés au premier alinéa de l'article L. 6361-5 » prêtent serment devant le tribunal de grande instance de leur résidence administrative en ces termes : "Je jure d'accomplir avec exactitude et probité, en conformité avec les lois et règlements en vigueur, les missions de contrôle qui me sont confiées".

Art. R. 6361-2 *(Décr. nº 2010-530 du 20 mai 2010)* « Les agents de contrôle mentionnés au premier alinéa de l'article L. 6361-5 » sont commissionnés par :

1º Le préfet de région lorsqu'ils interviennent dans les limites d'une région ;

2º Le ministre chargé de la formation professionnelle lorsqu'ils ont vocation à intervenir sur l'ensemble du territoire.

Art. D. 6361-3 *(Décr. nº 2010-530 du 20 mai 2010)* Les agents de la fonction publique de l'État placés sous l'autorité du ministre chargé de la formation professionnelle mentionnés au premier alinéa de l'article L. 6361-5 suivent une formation pratique de six mois dans les services en charge des contrôles.

Durant ce stage, ils participent aux contrôles en qualité d'assistant.

Art. D. 6361-4 *(Décr. nº 2010-530 du 20 mai 2010)* Les inspecteurs et contrôleurs du travail mentionnés au premier alinéa de l'article L. 6361-5 suivent la formation préalable à l'exercice des missions de contrôle prévue par les dispositions statutaires relatives aux formations et aux stages précédant leur titularisation.

CHAPITRE II DÉROULEMENT DES OPÉRATIONS DE CONTRÔLE

Art. R. 6362-1 Les personnes et organismes mentionnés aux articles L. 6361-1 et L. 6361-2, 1°, qui ont fait l'objet d'un contrôle sur place, sont informés de la fin de la période d'instruction par lettre recommandée avec avis de réception.

Des faits nouveaux constatés postérieurement à la réception de cette lettre peuvent justifier l'ouverture d'une nouvelle période d'instruction.

(Décr. nº 2010-530 du 20 mai 2010) « Les dispositions qui précèdent ne s'appliquent pas lorsque la procédure d'évaluation d'office est mise en œuvre. »

Art. R. 6362-1-1 *(Décr. nº 2010-530 du 20 mai 2010)* En cas d'obstacle à l'accomplissement des contrôles réalisés par les agents mentionnés à l'article L. 6361-5, la procédure d'évaluation d'office est mise en œuvre au plus tôt trente jours après l'envoi d'une mise en demeure de lever tout obstacle à l'exercice par les agents de contrôle de leurs missions.

Art. R. 6362-1-2 *(Décr. nº 2010-530 du 20 mai 2010)* L'évaluation d'office est établie à partir des déclarations souscrites en matière de formation professionnelle, des informations recueillies auprès des administrations et organismes visés à l'article L. 6362-1 ou à l'occasion de contrôles par les agents mentionnés au premier alinéa de l'article L. 6361-5 des organismes ou entreprises participant au financement des actions de formation.

Les bases ou les éléments servant au calcul des remboursements ou des versements à opérer au bénéfice du Trésor public et leurs modalités de détermination sont notifiés à l'intéressé conformément à l'article L. 6362-9 avec les garanties prévues aux articles R. 6362-2 à R. 6362-6.

L'intéressé peut faire valoir ses observations sur la détermination des éléments chiffrés par l'administration.

Art. R. 6362-1-3 *(Décr. nº 2010-530 du 20 mai 2010)* La mise en demeure est motivée. Elle précise le délai dont dispose l'intéressé pour permettre aux agents de débuter ou de reprendre le contrôle sur place et rappelle les dispositions applicables dans le cas où la procédure d'évaluation d'office est mise en œuvre. Elle est visée par l'autorité qui a commissionné l'agent de contrôle en application de l'article R. 6361-2.

Art. R. 6362-2 La notification des résultats du contrôle prévue à l'article L. 6362-9 intervient dans un délai ne pouvant dépasser trois mois à compter de la fin de la période d'instruction avec l'indication des procédures dont l'organisme contrôlé dispose pour faire valoir ses observations.

Les résultats du contrôle peuvent comporter des observations adressées à l'organisme contrôlé.

(Décr. nº 2010-530 du 20 mai 2010) « Lorsque la procédure d'évaluation d'office est mise en œuvre, le délai mentionné ci-dessus est de six mois à compter de la fin de la période fixée par la mise en demeure. »

Art. R. 6362-3 Les résultats des contrôles prévus aux articles L. 6361-1 à L. 6361-3 sont notifiés à l'intéressé avec l'indication du délai dont il dispose pour présenter des observations écrites et demander, le cas échéant, à être entendu.

Ce délai ne peut être inférieur à trente jours à compter de la date de la notification. – *[Anc. art. R. 991-4, al. 1er et 2.]*

Art. R. 6362-4 La décision du ministre chargé de la formation professionnelle ou du préfet de région ne peut être prise qu'au vu des observations écrites et après audition, le cas échéant, de l'intéressé, à moins qu'aucun document ni aucune demande d'audition n'aient été présentés avant l'expiration du délai prévu à l'article R. 6362-3.

La décision est motivée et notifiée à l'intéressé. – *[Anc. art. R. 991-4, al. 3 et 4.]*

Art. R. 6362-5 Les décisions de rejet de dépenses et de versement sont transmises, s'il y a lieu, à l'administration fiscale. – *[Anc. art. L. 991-8, al. 4, phrase 1.]*

Art. R. 6362-6 L'intéressé qui entend contester la décision administrative qui lui a été notifiée en application de l'article R. 6362-4, saisit d'une réclamation, préalablement à tout recours pour excès de pouvoir, l'autorité qui a pris la décision.

Le rejet total ou partiel de la réclamation fait l'objet d'une décision motivée notifiée à l'intéressé. – *[Anc. art. R. 991-8, al. 1er.]*

Art. R. 6362-7 Le ministre chargé de la formation professionnelle et le préfet de région peuvent déférer ou défendre devant le juge administratif tout contentieux consécutif aux contrôles mentionnés aux articles L. 6361-1 à L. 6361-3, à l'exception du contentieux relatif à l'établissement et au recouvrement des versements mentionnés aux articles L. 6331-31 et L. 6362-8 à L. 6362-12. – *[Anc. art. R. 991-8, al. 2.]*

Art. R. 6362-8 Le préfet de région présente chaque année au *(Décr. nº 2014-1055 du 16 sept. 2014, art. 5-I)* « comité régional de l'emploi, de la formation et de l'orientation professionnelles » un rapport relatif à l'activité des services de contrôle et au développement du dispositif régional de formation professionnelle. – *[Anc. art. L. 991-3, al. 5.]*

Art. R. 6362-9 *(Décr. nº 2012-133 du 30 janv. 2012)* Les dispositions du présent chapitre sont applicables au contrôle des informations déclarées par les entreprises aux organismes collecteurs de la contribution supplémentaire à la taxe d'apprentissage, prévu à l'article L. 6252-4-1, à l'exception du délai mentionné à l'article R. 6362-3, qui est fixé à quinze jours.

CHAPITRE III CONSTATATION DES INFRACTIONS ET DISPOSITIONS PÉNALES

Art. R. 6363-1 *(Décr. nº 2010-530 du 20 mai 2010)* « Les agents de contrôle mentionnés au premier alinéa de l'article L. 6361-5 » sont habilités à rechercher et constater par procès-verbal les infractions prévues aux articles L. 6355-1 à L. 6355-24 et L. 6363-2. – *[Anc. art. R. 991-1, al. 2.]*

LIVRE QUATRIÈME VALIDATION DES ACQUIS DE L'EXPÉRIENCE

TITRE PREMIER OBJET DE LA VALIDATION DES ACQUIS DE L'EXPÉRIENCE ET RÉGIME JURIDIQUE

CHAPITRE PREMIER OBJET DE LA VALIDATION DES ACQUIS DE L'EXPÉRIENCE

Le présent chapitre ne comprend pas de dispositions réglementaires.

CHAPITRE II RÉGIME JURIDIQUE

Art. R. 6412-1 La procédure de validation des acquis de l'expérience pour la délivrance d'une certification professionnelle est fixée par les articles R. 335-5 à R. 335-11 du code de l'éducation.

TITRE DEUXIÈME MISE EN ŒUVRE DE LA VALIDATION DES ACQUIS DE L'EXPÉRIENCE

CHAPITRE PREMIER GARANTIES

Le présent chapitre ne comprend pas de dispositions réglementaires.

CHAPITRE II **CONGÉ POUR VALIDATION DES ACQUIS DE L'EXPÉRIENCE**

SECTION PREMIÈRE **CONDITIONS D'OUVERTURE ET AUTORISATION D'ABSENCE**

SOUS-SECTION 1 **DEMANDE DE CONGÉ** *(Décr. n° 2014-1354 du 12 nov. 2014).*

Art. R. 6422-1 Le congé pour validation des acquis de l'expérience peut être demandé en vue :

1° De participer aux épreuves de validation organisées par l'autorité ou l'organisme habilité à délivrer une certification inscrite au répertoire national des certifications professionnelles ;

2° De bénéficier d'un accompagnement à la préparation de cette validation. – *[Anc. art. R. 931-34.]*

Art. R. 6422-2 La demande d'autorisation d'absence au titre du congé pour validation des acquis de l'expérience précise :

1° Le diplôme, le titre ou le certificat de qualification postulé ;

2° Les dates, la nature et la durée des actions permettant au salarié de faire valider les acquis de son expérience ;

3° La dénomination de l'autorité ou de l'organisme qui délivre la certification. – *[Anc. art. R. 931-35, al. 1er.]*

Art. R. 6422-3 La demande d'autorisation d'absence est transmise à l'employeur au plus tard soixante jours avant le début des actions de validation des acquis de l'expérience. – *[Anc. art. R. 931-35, al. 2.]*

Art. R. 6422-4 Dans les trente jours suivant la réception de la demande d'autorisation d'absence, l'employeur fait connaître par écrit à l'intéressé son accord ou les raisons de service motivant le report de l'autorisation d'absence.

Ce report ne peut excéder six mois à compter de la demande. – *[Anc. art. R. 931-35, al. 3.]*

Art. R. 6422-5 Au terme d'un congé de validation des acquis de l'expérience, le bénéficiaire du congé présente une attestation de présence fournie par l'autorité ou l'organisme habilité à délivrer une certification inscrite au répertoire national des certifications professionnelles. – *[Anc. art. R. 931-36.]*

Art. R. 6422-6 Le salarié ayant bénéficié d'une autorisation d'absence pour accomplir des actions de validation des acquis de l'expérience ne peut prétendre, dans la même entreprise, au bénéfice d'une nouvelle autorisation dans le même but avant un an. – *[Anc. art. R. 931-37, al. 1er.]*

Art. R. 6422-7 L'autorisation d'absence n'est pas prise en compte dans le calcul du délai de franchise applicable aux congés suivants :

1° Congé individuel de formation ;

2° Congé de bilan de compétences ;

3° Congé d'enseignement ou de recherche ;

4° Congé de formation pour les salariés de vingt-cinq ans et moins. – *[Anc. art. R. 931-37, al. 2.]*

SOUS-SECTION 2 **DISPOSITIONS PROPRES AUX SALARIÉS TITULAIRES D'UN CONTRAT À DURÉE DÉTERMINÉE**

(Décr. n° 2014-1354 du 12 nov. 2014, art. 1er)

Art. R. 6422-7-1 Pour bénéficier d'un congé pour validation des acquis de l'expérience, la personne titulaire d'un contrat à durée déterminée justifie de vingt-quatre mois d'activité salariée ou d'apprentissage, consécutifs ou non, quelle qu'ait été la nature des contrats successifs, au cours des cinq dernières années.

Art. R. 6422-7-2 Le congé pour validation des acquis de l'expérience se déroule en dehors de la période d'exécution du contrat de travail à durée déterminée. Il débute au plus tard douze mois après le terme du contrat.

Par dérogation, le congé pour validation des acquis de l'expérience peut être pris, à la demande du salarié et après accord de l'employeur, en tout ou partie avant le terme du contrat de travail.

SECTION II CONDITIONS DE PRISE EN CHARGE ET RÉMUNÉRATION

Art. D. 6422-8 Le salarié bénéficiaire d'un congé pour validation des acquis de l'expérience a droit, dès lors qu'il a obtenu d'un organisme collecteur paritaire agréé la prise en charge des dépenses correspondantes à ce congé, à une rémunération égale à celle qu'il aurait perçue s'il était resté à son poste de travail, dans la limite de vingt-quatre heures par validation.

Cette rémunération est versée dans les conditions prévues à l'article L. 6322-20, lorsque le salarié est titulaire d'un contrat de travail à durée indéterminée, ou L. 6322-34, lorsque le salarié est titulaire d'un contrat de travail à durée déterminée ou d'un contrat nouvelles embauches. – *[Anc. art. R. 931-38.]*

Art. R. 6422-9 Les dépenses réalisées par l'employeur, en application des articles R. 6422-11 à R. 6422-13, couvrent les frais relatifs à la validation organisée par l'autorité ou l'organisme habilité à délivrer une certification inscrite au répertoire national des certifications professionnelles et à l'accompagnement du candidat à la préparation de cette validation, ainsi que la rémunération des bénéficiaires dans une limite de vingt-quatre heures. – *[Anc. art. R. 950-13-4, al. 1er.]*

Art. R. 6422-10 Les dépenses de rémunération sont prises en compte conformément aux dispositions de l'article R. 6331-22. – *[Anc. art. R. 950-13-4, al. 2.]*

SECTION III CONVENTION

Art. R. 6422-11 Les actions de validation des acquis de l'expérience, lorsqu'elles sont financées par l'employeur dans le cadre du plan de formation, sont réalisées en application d'une convention conclue entre :

1° Le salarié ;

2° L'employeur ;

3° L'organisme ou chacun des organismes qui intervient en vue de la validation des acquis de l'expérience du candidat. – *[Anc. art. R. 950-13-3, al. 1er, phrase 1.]*

Art. R. 6422-12 La convention est conforme aux dispositions relatives aux conventions de formation prévues par l'article L. 6353-2.

Elle précise :

1° Le diplôme, le titre ou le certificat de qualification visé ;

2° La période de réalisation ;

3° Les conditions de prise en charge des frais correspondants *[correspondant]* aux actions permettant au salarié de faire valider les acquis de son expérience. – *[Anc. art. R. 950-13-3, al. 1er, phrase 2.]*

Art. R. 6422-13 La signature par le salarié de la convention atteste de son consentement au sens de l'article L. 6421-1. – *[Anc. art. R. 950-13-3, al. 2.]*

CHAPITRE III ACCOMPAGNEMENT DES CANDIDATS À LA VALIDATION DES ACQUIS DE L'EXPÉRIENCE

(Décr. n° 2014-1354 du 12 nov. 2014)

SECTION PREMIÈRE DISPOSITIONS GÉNÉRALES

Art. R. 6423-1 L'accompagnement des candidats à la validation des acquis de l'expérience entre dans le champ d'application des dispositions relatives à la formation professionnelle continue prévues au 11° de l'article L. 6313-1.

SECTION II **CONTENU ET DÉROULEMENT**

Art. R. 6423-2 L'accompagnement débute dès que le dossier de demande de validation a été déclaré recevable et prend fin à la date d'évaluation par le jury.

Il peut s'étendre, en cas de validation partielle, jusqu'au contrôle complémentaire prévu au septième alinéa du II de l'article L. 335-5 du code de l'éducation ou au deuxième alinéa de l'article L. 613-4 du même code.

Art. R. 6423-3 L'accompagnement à la validation des acquis de l'expérience comprend un module de base composé d'une aide méthodologique à la description des activités et de l'expérience du candidat correspondant aux exigences du référentiel de la certification visée, à la formalisation de son dossier de validation, à la préparation de l'entretien avec le jury et le cas échéant à la mise en situation professionnelle.

Cet accompagnement est réalisé en fonction des besoins du candidat déterminés, le cas échéant, avec l'autorité ou l'organisme délivrant la certification demandée et sous réserve des règles de prise en charge définies par les organismes paritaires agréés et les organismes collecteurs paritaires agréés compétents, les régions ou Pôle emploi.

Sur proposition d'un représentant d'un des organismes membres du service public de l'orientation, l'accompagnement peut aussi comprendre une assistance à l'orientation et à la recherche de financement pour la prise en charge d'une formation complémentaire correspondant aux formations obligatoires requises par le référentiel de la certification recherchée ou à l'acquisition d'un bloc de compétences manquant dans le parcours du candidat et correspondant à une partie identifiée dans ce référentiel.

SECTION III **INFORMATION DES CANDIDATS**

Art. R. 6423-4 Toute personne qui souhaite recourir à un service d'accompagnement pour la validation des acquis de l'expérience bénéficie d'une information sur les conditions d'accueil, les modalités et méthodes utilisées par l'organisme intervenant et sur la formation et la qualification des accompagnateurs.

SECTION IV **SUIVI STATISTIQUE DES PARCOURS DE VALIDATION DES ACQUIS DE L'EXPÉRIENCE**

Art. R. 6423-5 Dans le cadre de leurs missions respectives mentionnées aux articles L. 6423-1 et L. 6423-2, le comité régional de l'emploi, de la formation et de l'orientation professionnelles et le Conseil national de l'emploi, de la formation et de l'orientation professionnelles assurent le suivi statistique du parcours des candidats à la validation des acquis de l'expérience depuis le dépôt du dossier de recevabilité de la demande jusqu'à l'expiration du délai prévu par l'article R. 335-9 du code de l'éducation pour les candidats ayant obtenu une validation partielle.

Au niveau régional, les autorités ou organismes publics et privés en charge d'instruire les dossiers de recevabilité de la demande de validation et de délivrer la certification ainsi que les organismes en charge de l'accompagnement des candidats sont tenus de transmettre leurs données anonymisées selon des modalités établies par le comité régional de l'emploi, de la formation et de l'orientation professionnelles.

En application du 4° de l'article L. 6123-1, le Conseil national de l'emploi, de la formation et de l'orientation professionnelles veille à l'harmonisation des catégories de données collectées par les systèmes automatisés de traitement d'informations régionales afin de permettre à la fois le suivi longitudinal des parcours des candidats à la validation des acquis de l'expérience et le suivi des effectifs annuels accueillis à chaque étape du dispositif.

LIVRE CINQUIÈME **DISPOSITIONS RELATIVES À L'OUTRE-MER**

TITRE PREMIER **DISPOSITIONS GÉNÉRALES**

Le présent titre ne comprend pas de dispositions réglementaires.

TITRE DEUXIÈME **DÉPARTEMENTS D'OUTRE-MER, SAINT-BARTHÉLEMY, SAINT-MARTIN ET SAINT-PIERRE-ET-MIQUELON**

CHAPITRE PREMIER *[ABROGÉ]* **DISPOSITIONS GÉNÉRALES**

(Abrogé par Décr. n° 2014-1055 du 16 sept. 2014, art. 3)

Art. R. 6521-1 à R. 6523-14 *Abrogés par Décr. n° 2014-1055 du 16 sept. 2014, art. 3.*

SECTION II **SAINT-BARTHÉLEMY, SAINT-MARTIN ET SAINT-PIERRE-ET-MIQUELON**

Art. D. 6521-15 *Les dispositions de la section I sont applicables à Saint-Barthélemy, Saint-Martin et Saint-Pierre-et-Miquelon sous réserve des adaptations suivantes :*

1° Les compétences dévolues au président du conseil régional sont exercées par le président du conseil territorial ;

2° Les références à la région sont remplacées par celles de Saint-Barthélemy, Saint-Martin et Saint-Pierre-et-Miquelon. — [Anc. art. D. 910-21, al. 1er à 3.]

Art. R. 6521-16 *Les attributions du comité de coordination régional de l'emploi et de la formation professionnelle, prévu à l'article D. 6123-18, sont exercées, à Saint-Barthélemy, Saint-Martin et Saint-Pierre-et-Miquelon, par le comité de coordination de l'emploi et de la formation professionnelle.* — [Anc. art. L. 910-1, al. 6.]

Art. D. 6521-17 *Le comité de coordination de l'emploi et de la formation professionnelle comprend :*

1° Le représentant de l'État dans la collectivité, coprésident ;

2° Le président du conseil territorial, coprésident ;

3° Quatre représentants du conseil territorial ;

4° A Saint-Pierre-et-Miquelon, un représentant par commune de la collectivité ;

5° Le président du comité économique et social de la collectivité ;

6° Quatre représentants de l'État désignés par le préfet, dont le chef du service de l'éducation nationale, le directeur du travail, de l'emploi et de la formation professionnelle et le chef du service de la jeunesse et des sports ;

7° Cinq représentants des organisations syndicales de salariés ;

8° Cinq représentants des organisations d'employeurs et de la chambre d'agriculture, de commerce, d'industrie et des métiers. — [Anc. art. D. 910-21, al. 4 à 12.]

CHAPITRE II **APPRENTISSAGE**

Art. D. 6522-1 Les dispositions du livre II relatives à l'apprentissage sont applicables dans les départements d'outre-mer, à Saint-Barthélemy et à Saint-Martin, *(Décr. n° 2015-151 du 10 févr. 2015, art. 7-1°)* « sous réserve que, dans les centres de formation d'apprentis, les enseignements destinés à ceux-ci peuvent débuter à sept heures ».

(Abrogé par Décr. n° 2015-151 du 10 févr. 2015, art. 7-1°) « 1° Dans les centres de formation d'apprentis, les enseignements destinés à ceux-ci peuvent débuter à sept heures ;

« 2° Le montant du quota, prévu au premier alinéa de l'article L. 6241-2, est fixé à 52 % de la taxe due en raison des salaires versés pendant l'année considérée ;

« 3° Le montant de part du quota versée au Trésor public, en application du deuxième alinéa de l'article L. 6241-2, est fixé à 12 % de la taxe due en raison des salaires versés pendant l'année précédente. »

Art. D. 6522-2 Le montant de la partie du salaire versée aux apprentis ne donnant lieu à aucune charge sociale, ni à aucune charge fiscale en application du premier alinéa de l'article L. 6243-2, est fixé à 20 % du salaire minimum interprofessionnel de croissance. — *[Anc. art. D. 811, al. 8.]*

Art. D. 6522-3 (Abrogé par Décr. n° 2015-151 du 10 févr. 2015, art. 7) *Pour l'application du 1° de l'article D. 6241-12, relatif aux recettes du* (Décr. n° 2011-1970 du 26 déc. 2011) *« compte d'affectation spéciale "Financement national du développement et de*

la modernisation de l'apprentissage" », aux régions d'outre-mer, à Saint-Barthélemy et à Saint-Martin, si le résultat final est plus favorable à la région ou à la collectivité considérée, le montant de la taxe d'apprentissage par apprenti perçue par les centres de formation d'apprentis et les sections d'apprentissage dans la région métropolitaine où ce montant est le plus faible est retenu comme dénominateur de ce quotient.

Cette abrogation est applicable à la taxe d'apprentissage due au titre des rémunérations versées à compter du 1er janv. 2014 (Décr. no 2015-151 du 10 févr. 2015, art. 9).

CHAPITRE III **FORMATION PROFESSIONNELLE CONTINUE**

SECTION PREMIÈRE **DISPOSITIONS GÉNÉRALES**

Art. R. 6523-1 Les modalités d'application dans les départements d'outre-mer, à Saint-Barthélemy et à Saint-Martin des dispositions relatives à l'accès des salariés à la formation, prévues à l'article L. 6312-1, à l'obligation de l'employeur en matière de formation, prévues à l'article L. 6321-1, à la participation des employeurs au développement de la formation professionnelle continue, prévues par les articles L. 6331-1 et suivants, sont celles qui résultent des articles R. 6322-3 à R. 6322-11, R. 6322-64 à R. 6322-78, R. 6331-1, R. 6331-13 à R. 6331-35 dans la mesure où il n'y est pas dérogé par les dispositions du présent chapitre. – *[Anc. art. R. 992-1.]*

SECTION II **FINANCEMENT DE LA FORMATION PROFESSIONNELLE CONTINUE**

Art. R. 6523-2 Les employeurs des départements d'outre-mer, de Saint-Barthélemy et de Saint-Martin employant des salariés à temps partiel, d'une manière intermittente ou travaillant à domicile ne sont soumis à l'obligation de participer au financement de la formation professionnelle continue, prévue par les articles L. 6313-1 et suivants, que si le montant total des salaires versés pendant l'année est au moins égal à 520 fois le salaire hebdomadaire minimum de croissance.

En cas de début ou de fin d'activité, ce nombre est réduit, pour l'année considérée, à due proportion du nombre de semaines pendant lesquelles l'activité est exercée. – *[Anc. art. R. 992-2.]*

Art. D. 6523-2-1 *(Décr. no 2014-1378 du 18 nov. 2014, art. 1er)* Dans chacun des départements d'outre-mer, à Saint-Barthélemy et à Saint-Martin, les contributions des entreprises mentionnées au chapitre Ier du titre III du livre III de la sixième partie du présent code peuvent être collectées par des organismes collecteurs paritaires agréés à compétence professionnelle, lorsque ces derniers satisfont les deux conditions cumulatives suivantes :

1° Un montant de contributions annuelles collectées au moins égal à un seuil fixé, pour chaque collectivité concernée, par arrêté conjoint des ministres chargés de la formation professionnelle et de l'outre-mer ; – *V. Arr. du 2 févr. 2015, JO 13 juin.*

2° Une implantation locale leur permettant d'assurer des services de proximité auprès des entreprises concernées.

Ces dispositions s'appliquent à la collecte des contributions dues au titre de l'année 2015 (Décr. no 2014-1378 du 18 nov. 2014, art. 2).

Art. D. 6523-2-2 *(Décr. no 2014-1378 du 18 nov. 2014, art. 1er, en vigueur le 1er janv. 2015)* Les organismes paritaires agréés à compétence professionnelle qui souhaitent collecter, auprès des entreprises relevant de leur champ de compétence tel que défini par leur agrément, les contributions mentionnées à l'article D. 6523-2-1 saisissent d'une demande en ce sens les ministres chargés de la formation professionnelle et de l'outre-mer.

Cette demande est accompagnée des éléments de nature à justifier le respect des conditions fixées à l'article D. 6523-2-1.

Lorsque ces mêmes conditions sont réunies, un arrêté conjoint des ministres chargés de la formation professionnelle et de l'outre-mer autorise l'organisme paritaire agréé à collecter les contributions mentionnées à l'article D. 6523-2-1. Cet arrêté précise les collectivités territoriales et les champs professionnels concernés.

V. note ss. art. D. 6523-2-1.

Art. D. 6523-2-3 *(Décr. nº 2014-1378 du 18 nov. 2014, art. 1er, en vigueur le 1er janv. 2015)* **Les organismes paritaires autorisés à collecter les contributions mentionnées à l'article D. 6523-2-1 mentionnent dans l'état statistique et financier prévu à l'article R. 6332-30, pour la collectivité territoriale concernée, les montants des fonds collectés et des fonds dépensés, ainsi que le nombre de salariés concernés.**

V. note ss. art. D. 6523-2-1.

Art. D. 6523-2-4 *(Décr. nº 2014-1378 du 18 nov. 2014, art. 1er, en vigueur le 1er janv. 2015)* **L'autorisation accordée en application de l'article D. 6523-2-2 est retirée, par arrêté conjoint des ministres chargés de la formation professionnelle et de l'outre-mer, lorsque les conditions justifiant sa délivrance cessent d'être remplies.**

La décision de retrait intervient après que l'organisme collecteur paritaire a été appelé à s'expliquer.

L'arrêté retirant l'autorisation précise la date à laquelle il prend effet. Il est notifié à l'organisme et fait l'objet d'une publication au *Journal officiel* de la République française.

V. note ss. art. D. 6523-2-1.

SECTION III **PARRAINAGE**

Art. R. 6523-3 Peuvent être agréées pour exercer l'activité de parrainage, prévue à l'article L. 6523-3, les personnes volontaires justifiant soit d'une expérience minimale de deux années en qualité de maître d'apprentissage ou de tuteur, soit d'une expérience professionnelle de cinq ans. – *[Anc. art. R. 811-1, al. 1er.]*

Art. R. 6523-4 L'agrément des personnes habilitées à exercer les fonctions de parrain est délivré par le préfet pour trois ans. – *[Anc. art. L. 811-2, al. 2, et anc. art. R. 811-1.]*

Art. R. 6523-5 Une même personne ne peut parrainer simultanément plus de trois apprentis ou jeunes bénéficiaires de contrat de professionnalisation. – *[Anc. art. R. 811-1, al. 3.]*

Art. R. 6523-6 Le parrain a pour mission d'assister et d'informer l'apprenti ou le jeune bénéficiaire en contrat de professionnalisation.

Cette mission est complémentaire des fonctions du maître d'apprentissage ou du tuteur désigné dans le cadre du contrat précité. – *[Anc. art. R. 811-1, al. 4 et 5.]*

Art. R. 6523-7 La fonction de parrain n'est pas rémunérée. – *[Anc. art. R. 811-1, al. 6.]*

Art. R. 6523-8 La liste des parrains agréés est arrêtée par le préfet.

Elle comporte le nom, le prénom, le métier antérieurement exercé ainsi que la qualification professionnelle de chaque parrain.

Elle est tenue à disposition des employeurs à la direction du travail, de l'emploi et de la formation professionnelle et dans chaque mairie. – *[Anc. art. R. 811-2.]*

Art. D. 6523-9 Les revenus de remplacement mentionnés au deuxième alinéa de l'article L. 6523-3 sont :

1° L'allocation d'assurance, mentionnée au 1° de l'article L. 5421-2 ;

2° Les allocations et indemnités régies par les régimes particuliers, mentionnées au 3° de ce même article ;

3° L'allocation de congé solidarité, instituée sur le fondement de l'article 15 de la loi nº 2000-1207 du 13 décembre 2000 d'orientation pour l'outre-mer ;

4° L'allocation de remplacement pour l'emploi (ARPE). – *[Anc. art. D. 811-1.]*

SECTION IV **REMBOURSEMENT DES FRAIS DE TRANSPORT EXPOSÉS PAR LES STAGIAIRES**

Art. R. 6523-10 Les dispositions du premier alinéa de l'article R. 6341-49 sont applicables aux stagiaires qui suivent dans un département d'outre-mer, à Saint-Barthélemy ou à Saint-Martin un stage ouvrant droit à rémunération à la charge de l'État, de la région ou de la collectivité. – *[Anc. art. R. 992-4.]*

Art. R. 6523-11 Les stagiaires résidant dans un département d'outre-mer, à Saint-Barthélemy ou à Saint-Martin qui suivent, dans ce même département ou cette même collectivité, un stage donnant lieu à rémunération à la charge de l'État ou de la région ont droit :

1° Au remboursement par l'État ou la région de la totalité des frais de transport exposés au début et à la fin du stage pour rejoindre l'établissement ou le centre de formation et en revenir, à condition que la distance à parcourir à partir de leur domicile soit supérieure à 25 km ;

2° Au remboursement des trois quarts des frais de transport exposés pour se rendre dans leur famille, à condition que la distance à parcourir soit supérieure à 25 km, à raison :

a) Pour les stagiaires âgés de moins de dix-huit ans, d'un voyage mensuel ;

b) Pour les autres stagiaires ; *[:]*

– lorsqu'ils sont célibataires, d'un voyage si la durée du stage est supérieure à huit mois ;

– lorsqu'ils sont mariés, liés par un pacte civil de solidarité, concubins ou chargés de famille, d'un voyage si la durée du stage est comprise entre trois et huit mois et de deux voyages si cette durée est supérieure à huit mois. – *[Anc. art. R. 992-5.]*

Art. R. 6523-12 Les stagiaires résidant en Guadeloupe, Guyane, Martinique ou à Saint-Barthélemy, Saint-Martin et qui suivent un stage donnant lieu à rémunération à la charge de l'État, de la région ou de la collectivité dans l'un des autres départements ou collectivités précités ont droit au remboursement par l'État de la totalité des frais de transport exposés au début et à la fin du stage pour rejoindre l'établissement de formation et en revenir.

Ces stagiaires ont également droit au remboursement par l'État des trois quarts des frais de transport exposés pour se rendre dans leur famille, dans l'un des départements précités, à raison d'un voyage par stage d'une durée supérieure à six mois. – *[Anc. art. R. 992-6.]*

Art. R. 6523-13 Les stagiaires résidant dans un département d'outre-mer, à Saint-Barthélemy ou à Saint-Martin qui suivent en France métropolitaine un stage donnant lieu à rémunération à la charge de l'État ou de la région ont droit au remboursement de la totalité des frais de transport exposés au début et à la fin du stage pour rejoindre l'établissement ou le centre de formation et en revenir, sur décision individuelle du ministre chargé de la formation professionnelle prise après avis du *(Décr. n° 2014-965 du 22 août 2014, art. 3)* « Conseil national de l'emploi, de la formation et de l'orientation professionnelles ». – *[Anc. art. R. 992-7.]*

Art. R. 6523-14 Le remboursement des frais de transport est opéré dans les conditions prévues aux articles R. 6341-35 à R. 6341-43. – *[Anc. art. R. 992-8.]*

SECTION V **COMITÉ RÉGIONAL DE L'EMPLOI, DE LA FORMATION ET DE L'ORIENTATION PROFESSIONNELLES**

(Décr. n° 2014-1055 du 16 sept. 2014, art. 3)

SOUS-SECTION 1 **GUADELOUPE, GUYANE, MARTINIQUE, LA RÉUNION**

Pour l'application en Guyane et en Martinique de cette sous-section, et jusqu'à la date de la première réunion suivant la première élection de l'assemblée de Guyane et de l'assemblée de Martinique créées en application des dispositions de la L. n° 2011-884 du 27 juill. 2011 :

1° Au a de l'art. R. 6523-17, la charte ou le plan régional de prévention et de lutte contre l'illettrisme sur laquelle le comité régional de l'emploi, de la formation et de l'orientation professionnelles émet un avis est établi sous l'égide du préfet et du président du conseil régional ;

2° Au 4° de l'art. R. 6523-18, le comité régional de l'emploi, de la formation et de l'orientation professionnelles est informé du bilan des activités du conseil général en matière d'aide à l'insertion sociale et professionnelle ;

3° A l'art. R. 6521-19, le comité régional de l'emploi, de la formation et de l'orientation professionnelles est co-présidé par le président du conseil régional, et composé de sept représentants de la région désignés par le conseil régional ainsi que du président du conseil général ou de son représentant ;

4° Au 2° de l'art. R. 6523-21, le bureau du comité régional de l'emploi, de la formation et de l'orientation professionnelles est composé de deux représentants dont le président du conseil régional et un représentant de la région désigné par lui parmi ceux qui ont été nommés en application du 2° de l'art. R. 6523-19 (Décr. n° 2014-1055 du 16 sept. 2014, art. 4).

Art. R. 6523-15 **La section II du chapitre III du titre II du livre Ier de la présente partie s'applique en Guadeloupe, en Guyane, en Martinique et à La Réunion sous réserve des dispositions de la présente sous-section.**

Art. R. 6523-16 **I. – Les articles R. 6123-3-3, R. 6123-3-4 et R. 6123-3-10 ne sont pas applicables.**

II. – Pour l'application de l'article R. 6123-3-9, les mots : "national et" sont supprimés.

Art. R. 6523-17 **Outre les attributions dévolues au comité régional par les articles R. 6123-3 à R. 6123-3-2, le comité de chacune des collectivités mentionnées à l'article R. 6523-15 est chargé :**

***a)* D'émettre un avis sur la charte ou le plan régional de prévention et de lutte contre l'illettrisme établi sous l'égide du préfet et du président du conseil régional en Guadeloupe et à La Réunion, du préfet et du président de l'assemblée en Guyane, ou du préfet et du président du conseil exécutif en Martinique ;**

***b)* D'examiner toute question relative à l'emploi et à la formation professionnelle en mobilité.**

Pour l'application en Guyane et en Martinique de cette sous-section, et jusqu'à la date de la première réunion suivant la première élection de l'assemblée de Guyane et de l'assemblée de Martinique créées en application des dispositions de la L. du 27 juill. 2011, au a de l'art. R. 6523-17, la charte ou le plan régional de prévention et de lutte contre l'illettrisme sur laquelle le comité régional de l'emploi, de la formation et de l'orientation professionnelles émet un avis est établi sous l'égide du préfet et du président du conseil régional (Décr. n° 2014-1055 du 16 sept. 2014, art. 4).

Art. R. 6523-18 **Au III de l'article R. 6123-3, sont ajoutées après le troisième alinéa les dispositions suivantes :**

3° Chaque année, des activités de l'Agence de l'outre-mer pour la mobilité et du service militaire adapté dans la collectivité ;

4° Chaque année, du bilan des activités du conseil général, de l'assemblée de Guyane ou de l'assemblée de Martinique en matière d'aide à l'insertion sociale et professionnelle ;

5° Chaque année, par les services compétents de l'État, des données relatives au département d'outre-mer concernées figurant dans les états statistiques et financiers des organismes paritaires collecteurs agréés.

Pour l'application en Guyane et en Martinique de cette sous-section, et jusqu'à la date de la première réunion suivant la première élection de l'assemblée de Guyane et de l'assemblée de Martinique créées en application des dispositions de la L. du 27 juill. 2011, au 4° de l'art. R. 6523-18, le comité régional de l'emploi, de la formation et de l'orientation professionnelles est informé du bilan des activités du conseil général en matière d'aide à l'insertion sociale et professionnelle (Décr. n° 2014-1055 du 16 sept. 2014, art. 4).

Art. R. 6523-19 **Le comité régional de l'emploi, de la formation et de l'orientation professionnelle est composé, outre le préfet ou son représentant et, selon le cas, le président du conseil régional en Guadeloupe et à La Réunion, le président de l'assemblée de Guyane ou le président du conseil exécutif de la Martinique, de membres nommés par arrêté du préfet :**

1° Huit représentants de l'État :

***a)* Le recteur d'académie ;**

***b)* Le chef de corps commandant le régiment du service militaire adapté présent dans la collectivité ;**

***c)* Le directeur des entreprises, de la concurrence, de la consommation, du travail et de l'emploi ;**

***d)* Le directeur régional de la jeunesse, des sports et de la cohésion sociale ;**

***e)* Le directeur de la mer ;**

***f)* Le directeur de l'agriculture, de l'agroalimentaire et de la forêt ;**

***g)* Un représentant local de l'administration pénitentiaire ;**

h) Un autre représentant de l'État désigné par le préfet ;

2° Sept représentants de la région désignés par le conseil régional, ainsi que le président du conseil général ou son représentant en Guadeloupe et à La Réunion, huit représentants de l'assemblée de Guyane et huit représentants de l'assemblée de la Martinique ;

3° Un nombre compris entre cinq et onze au titre du *a* comme du *b* de représentants désignés par leurs organisations respectives :

a) Des organisations syndicales de salariés représentatives au niveau national et interprofessionnel, des organisations syndicales de salariés représentatives au niveau régional et interprofessionnel et des organisations syndicales de salariés intervenant dans les secteurs d'activités correspondant à ceux des organisations intéressées désignées par l'arrêté du ministre chargé de l'emploi et de la formation professionnelle prévu au 6° de l'article R. 6123-1-8 ;

b) Des organisations professionnelles d'employeurs représentatives au niveau national et interprofessionnel, des organisations professionnelles d'employeurs représentatives au niveau régional et interprofessionnel, ou au niveau multi professionnel, ainsi que de chacun des trois réseaux consulaires ;

4° Des représentants des principaux opérateurs de l'emploi, de la formation et de l'orientation professionnelles implantés localement, dont un représentant du regroupement des établissements d'enseignement supérieur constitué en application des dispositions combinées de l'article L. 718-2 et du 2° de l'article L. 718-3 du code de l'éducation, le directeur régional de Pôle emploi, le représentant régional des Cap emploi, le directeur du fonds de gestion du congé individuel de formation, le président de l'association régionale des missions locales, le délégué en région de l'association pour l'emploi des cadres, le directeur du centre d'animation, de ressources et d'information sur les formations et observatoire régional de l'emploi et de la formation professionnelle, le directeur régional de l'Office national d'information des enseignements et des professions, le président du conseil économique, social et environnemental régional, le directeur de l'association de gestion du fonds pour l'insertion professionnelles *[professionnelle]* des personnes handicapées, et le délégué régional de l'agence de l'outremer pour la mobilité.

Les représentants désignés en application du 2° comprennent un nombre égal de femmes et d'hommes, conformément au principe de parité tel que défini à l'article L. 6123-3. Le représentant désigné en application du *h* du 1° de l'article R. 6523-19 doit être du sexe qui a le moins de représentants nommés en application des *a* à *g*.

Les membres mentionnés au 4° du présent article siègent sans voix délibératives.

Pour l'application du présent article, le préfet arrête le nombre et la liste des organisations représentatives au niveau régional mentionnées au *a* et *b* du 3° de l'article R. 6523-19, en application des dispositions du chapitre II du titre II du livre Ier de la deuxième partie et du chapitre II du titre V du même livre.

Pour l'application en Guyane et en Martinique de cette sous-section, et jusqu'à la date de la première réunion suivant la première élection de l'assemblée de Guyane et de l'assemblée de Martinique créées en application des dispositions de la L. du 27 juill. 2011, à l'art. R. 6521-19, le comité régional de l'emploi, de la formation et de l'orientation professionnelles est co-présidé par le président du conseil régional, et composé de sept représentants de la région désignés par le conseil régional ainsi que du président du conseil général ou de son représentant (Décr. n° 2014-1055 du 16 sept. 2014, art. 4).

Art. R. 6523-20 Afin d'obtenir le même nombre de représentants, d'une part, des organisations syndicales et, d'autre part, des organisations professionnelles augmentées des représentants des réseaux consulaires, le préfet peut nommer des représentants supplémentaires d'une organisation syndicale ou professionnelle. Selon le cas, les sièges supplémentaires sont attribués aux organisations syndicales de salariés ayant obtenu les meilleurs résultats dans le cadre de la mesure de l'audience effectuée en application des dispositions du chapitre II du titre II du livre Ier de la deuxième partie ou aux organisations professionnelles d'employeurs dont la mesure d'audience effectuée en application des dispositions du chapitre II du titre V du livre Ier de la deuxième partie est la plus importante.

Art. R. 6523-21 Le comité régional de l'emploi, de la formation et de l'orientation professionnelles constitue en son sein en un bureau comprenant :

1° Trois représentants de l'État, dont le préfet de région, le recteur et un représentant de l'État désigné par le préfet de région parmi ceux mentionnés au 1° de l'article R. 6123-19 ;

2° Trois représentants des collectivités territoriales investies des compétences en matière de formation et d'orientation professionnelles, selon les modalités suivantes :

a) En Guadeloupe et à La Réunion, trois représentants de la région, dont le président du conseil régional et deux représentants de la région désignés par lui parmi ceux qui ont été nommés en application du 2° de l'article R. 6523-19 ;

b) En Guyane, trois représentants de l'assemblée de Guyane dont son président et deux représentants désignés par lui parmi ceux qui ont été nommés en application du 2° de l'article R. 6523-19 ;

c) En Martinique, trois représentants de l'assemblée de Martinique dont le président du conseil exécutif et deux représentants désignés par lui parmi ceux qui ont été nommés en application du 2° de l'article R. 6523-19 ;

3° Quatre représentants des organisations syndicales de salariés représentatives au plan national et interprofessionnel ou au plan régional et interprofessionnel et des organisations professionnelles d'employeurs représentatives au plan national et interprofessionnel ou représentatives au niveau régional et interprofessionnel, désignés sur proposition du collège constitué par l'ensemble des représentants des partenaires sociaux mentionnés au 3° de l'article R. 6523-19.

Dans le cas où aucun accord ne peut être obtenu au sein du collège mentionné à l'alinéa précédent dans un délai d'un mois à compter de la saisine à cet effet de tous ses membres par le préfet de région, celui-ci désigne deux organisations syndicales de salariés et deux organisations professionnelles d'employeurs dont l'audience, mesurée suivant les dispositions des titres II et V du livre Ier de la deuxième partie, est la plus forte.

Pour l'application en Guyane et en Martinique de cette sous-section, et jusqu'à la date de la première réunion suivant la première élection de l'assemblée de Guyane et de l'assemblée de Martinique créées en application des dispositions de la L. du 27 juill. 2011, au 2° de l'art. R. 6523-21, le bureau du comité régional de l'emploi, de la formation et de l'orientation professionnelles est composé de deux représentants dont le président du conseil régional et un représentant de la région désigné par lui parmi ceux qui ont été nommés en application du 2° de l'art. R. 6523-19 (Décr. n° 2014-1055 du 16 sept. 2014, art. 4).

SOUS-SECTION 2 SAINT-BARTHÉLEMY ET SAINT-MARTIN

(Décr. n° 2014-1055 du 16 sept. 2014, art. 3)

Art. R. 6523-22 Les dispositions de la sous-section 1 de la présente section, à l'exclusion de l'article R. 6523-19, sont applicables à Saint-Barthélemy et Saint-Martin sous réserve des adaptations suivantes :

1° Les attributions du comité régional de l'emploi, de la formation et de l'orientation professionnelles, sont exercées par le comité de l'emploi, de la formation et de l'orientation professionnelles ;

2° Les attributions dévolues au préfet de région sont exercées par le représentant de l'État à Saint-Barthélemy et à Saint-Martin ;

3° Les compétences dévolues au président du conseil régional sont exercées par le président du conseil territorial ;

4° Les références à la région, à la Guadeloupe, à la Guyane, à la Martinique et à La Réunion sont remplacées par celles de Saint-Barthélemy et de Saint-Martin ;

5° Les références au conseil général sont remplacées par celles du conseil territorial.

Art. R. 6523-23 Le Comité de l'emploi, de la formation et de l'orientation professionnelle est composé, outre le représentant de l'État à Saint-Barthélemy et à Saint-Martin et le président du conseil territorial, de membres nommés par arrêté du représentant de l'État dans chacune des collectivités :

1° Six représentants de l'État :

a) Le recteur d'académie ou son représentant ;

b) Le chef de corps commandant le régiment du service militaire adapté présent en Guadeloupe ou son représentant ;

c) Le directeur des entreprises, de la concurrence, de la consommation, du travail et de l'emploi (DIECCTE) ou son représentant ;

d) Le directeur régional de la jeunesse, des sports et de la cohésion sociale (DRJSCS) ou son représentant ;

e) Deux autres représentants des services de l'État désignés par le représentant de l'État ;

2° Six représentants de la collectivité d'outre-mer désigné par le président du conseil territorial ;

3° Un nombre compris entre quatre et huit, au titre du *a* comme du *b*, de représentants désignés par leurs organisations respectives :

a) Des organisations syndicales de salariés représentatives au niveau national et interprofessionnel, des organisations syndicales de salariés représentatives au niveau régional et interprofessionnel et des organisations syndicales de salariés intervenant dans les secteurs d'activités correspondant à ceux des organisations intéressées désignées par l'arrêté du ministre chargé de l'emploi et de la formation professionnelle prévu au 6° de l'article R. 6123-1-8 ;

b) Des organisations professionnelles d'employeurs représentatives au niveau national et interprofessionnel, des organisations professionnelles d'employeurs représentatives au niveau régional et interprofessionnel ou au niveau multi-professionnel, ainsi que de la chambre économique multi-professionnelle à Saint-Barthélemy et de la chambre consulaire interprofessionnelle à Saint-Martin.

4° Des représentants des principaux opérateurs de l'emploi, de la formation et de l'orientation professionnelles implantés localement dont le directeur de l'institut universitaire, le directeur régional de Pôle emploi, le directeur du fonds de gestion du congé individuel de formation, le directeur de l'association régionale des missions locales, le représentant du réseau des associations de financement des créateurs-repreneurs d'entreprise, le directeur du centre d'animation, de ressources et d'information sur les formations et observatoire régional de l'emploi et de la formation professionnelle, le président du comité économique, social et environnemental régional, le directeur régional de l'Office national d'information des enseignements et des professions ainsi que le directeur régional de l'agence de l'outre-mer pour la mobilité ou leurs représentants.

Les représentants désignés en application du *e* du 1° et du 2° comprennent un nombre égal de femmes et d'hommes, conformément au principe de parité tel que défini à l'article L. 6123-3.

Les membres mentionnés au 4° du présent article siègent sans voix délibératives.

Pour l'application du présent article, le représentant de l'État arrête la liste des organisations représentatives au niveau local mentionnées aux *a* et *b* du 3°, en application des dispositions du chapitre II du titre II du livre Ier de la deuxième partie et du chapitre II du titre V du même livre.

SOUS-SECTION 3 SAINT-PIERRE-ET-MIQUELON

(Décr. n° 2014-1055 du 16 sept. 2014, art. 3)

Art. R. 6523-24 Les dispositions de la sous-section 1 de la présente section, à l'exception de celles du II de l'article R. 6523-16, du *a* de l'article R. 6523-17, de l'article R. 6523-18 en ce qu'il ajoute un 3° et un 4° au III de l'article R. 6123-3, de l'article R. 6523-19 et de l'article R. 6523-21, sont applicables à Saint-Pierre-et-Miquelon sous réserve des adaptations suivantes :

1° Les attributions du comité régional de l'emploi, de la formation et de l'orientation professionnelles, sont exercées par le comité de l'emploi, de la formation et de l'orientation professionnelles ;

2° Les attributions dévolues au préfet de région sont exercées par le représentant de l'État à Saint-Pierre-et-Miquelon ;

3° Les compétences dévolues au président du conseil régional sont exercées par le président du conseil territorial ;

4° Les références à la région, à la Guadeloupe, à la Guyane, à la Martinique et à La Réunion sont remplacées par celles de Saint-Pierre-et-Miquelon ;

5° Les références au conseil général sont remplacées par celles du conseil territorial ;

6° L'article R. 6123-3-4 n'est pas applicable à Saint-Pierre-et-Miquelon.

Art. R. 6523-25 Le comité de l'emploi, de la formation et de l'orientation professionnelle est composé, outre le représentant de l'État à Saint-Pierre-et-Miquelon et le président du conseil territorial, de membres nommés par arrêté du représentant de l'État :

1° Quatre représentants de l'État :

a) Le chef de service de l'éducation nationale ;

b) Le directeur de la cohésion sociale, du travail, de l'emploi et de la population ;

c) Le correspondant aux droits des femmes et à l'égalité ;

d) Le directeur du centre pénitentiaire ;

2° Trois représentants de la collectivité d'outre-mer désigné par le président du conseil territorial ;

3° Un nombre compris entre quatre et six, au titre du *a* comme du *b*, de représentants désignés par leurs organisations respectives :

a) Des organisations syndicales de salariés représentatives au niveau national et interprofessionnel, des organisations syndicales de salariés représentatives au niveau régional et interprofessionnel et des organisations syndicales de salariés intervenant dans les secteurs d'activités correspondant à ceux des organisations intéressées désignées par l'arrêté du ministre chargé de l'emploi et de la formation professionnelle prévu au 6° de l'article R. 6123-1-8 ;

b) Des organisations professionnelles d'employeurs les plus représentatives au niveau national et interprofessionnel, des organisations syndicales des salariés représentatives au niveau régional et interprofessionnel, dans la région au niveau interprofessionnel ou multi professionnel, ainsi que de la chambre d'agriculture, du commerce, d'industrie et des métiers ;

4° Des représentants des principaux opérateurs de l'emploi, de la formation et de l'orientation professionnelles implantés localement dont le directeur régional de Pôle emploi, le chef du centre d'information et d'orientation et le directeur du groupement d'intérêt public Expertise, mobilisation et valorisation des initiatives vers l'emploi (EMVIE).

Les représentants désignés en application du 2° comprennent au moins une personne de chaque sexe.

Chaque membre du conseil émet un avis sauf les membres mentionnés au 4° du présent article. Ils peuvent, le cas échéant, être entendus pour éclairer les débats.

Pour l'application du présent article, le représentant de l'État arrête la liste des organisations les plus représentatives au niveau local mentionnées aux *a* et *b* du 3° en application des dispositions du chapitre II du titre II du livre Ier de la deuxième partie et du chapitre II du titre V du même livre.

Art. R. 6523-26 Le comité de l'emploi, de la formation et de l'orientation professionnelles constitue en son sein un bureau comprenant le représentant de l'État, le président du conseil territorial, un représentant des organisations syndicales de salariés représentatives au plan national et interprofessionnel et un représentant des organisations professionnelles d'employeurs représentatives au plan national et interprofessionnel.

Les représentants des organisations syndicales de salariés et des organisations professionnelles d'employeurs représentatives sont désignés sur proposition du collège constitué par l'ensemble des personnes nommées au titre du 3° de l'article R. 6523-26. Dans le cas où aucun accord ne peut être obtenu sur cette désignation dans le délai d'un mois à compter de la saisine à cet effet des membres concernés par le représentant de l'État, celui-ci désigne, pour le choix des deux membres du bureau l'organisation syndicale de salariés et l'organisation professionnelle d'employeurs dont l'audience, mesurée suivant les dispositions des titres II et V du livre Ier de la deuxième partie est la plus forte.

SECTION VI **COMITÉ PARITAIRE INTERPROFESSIONNEL RÉGIONAL POUR L'EMPLOI ET LA FORMATION**

(Décr. n° 2014-1311 du 31 oct. 2014)

Art. R. 6523-27 I. — Le I de l'article R. 6123-6 n'est pas applicable en Guadeloupe, en Guyane, en Martinique, à La Réunion, à Saint-Barthélemy, à Saint-Martin et à Saint-Pierre-et-Miquelon.

II. — Pour l'application du V de l'article R. 6123-6 dans les collectivités mentionnées au I, les mots : "mentionnées au I" sont remplacés par les mots : "mentionnées au I de l'article R. 6523-28".

Art. R. 6523-28 I. — Les comités paritaires interprofessionnels régionaux pour l'emploi et la formation de Guadeloupe, de Guyane, de Martinique, de La Réunion, de Saint-Barthélemy, de Saint-Martin et de Saint-Pierre-et-Miquelon sont composés à parité, d'une part, d'un collège de quatre à neuf représentants des organisations syndicales de salariés mentionnées à l'article L. 6523-6-2 et, d'autre part, d'un collège de quatre à neuf représentants d'organisations professionnelles d'employeurs mentionnées au même article. Ils sont désignés par leurs organisations respectives selon les critères fixés aux 1° et 2° du même article.

II. — Pour l'application du I, le nombre des membres du comité et la liste des organisations mentionnées au 1° et au 2° de l'article L. 6523-6-2 les plus représentatives dans chaque collectivité sont arrêtés par le représentant de l'État en application des dispositions du chapitre II du titre II du livre Ier de la deuxième partie et du chapitre II du titre V du même livre.

III. — Afin de garantir le caractère paritaire du comité, le représentant de l'État complète, le cas échéant, la liste du collège comportant le moins de représentants en tenant compte de la représentativité des organisations mentionnées dans la liste citée au II.

Pour l'application de l'art. R. 6523-28 et jusqu'à la publication des arrêtés pris en application de l'art. L. 2152-6 C. trav., les organisations professionnelles représentatives au niveau national et interprofessionnel sont la Confédération générale des petites et moyennes entreprises, le Mouvement des entreprises de France et l'Union professionnelle artisanale (Décr. n° 2014-1311 du 31 oct. 2014).

CHAPITRE IV **VALIDATION DES ACQUIS DE L'EXPÉRIENCE**

Le présent chapitre ne comprend pas de dispositions réglementaires.

SEPTIÈME PARTIE **DISPOSITIONS PARTICULIÈRES À CERTAINES PROFESSIONS ET ACTIVITÉS**

LIVRE PREMIER **JOURNALISTES PROFESSIONNELS, PROFESSIONS DU SPECTACLE, DE LA PUBLICITÉ ET DE LA MODE**

TITRE PREMIER **JOURNALISTES PROFESSIONNELS**

CHAPITRE PREMIER **CHAMP D'APPLICATION ET DÉFINITIONS**

SECTION PREMIÈRE **CARTE D'IDENTITÉ PROFESSIONNELLE**

SOUS-SECTION 1 **DÉLIVRANCE ET RENOUVELLEMENT**

Art. R. 7111-1 La carte d'identité professionnelle des journalistes ne peut être délivrée qu'aux personnes qui, conformément aux dispositions des articles L. 7111-3 à L. 7111-5, sont journalistes professionnels ou sont assimilées à des journalistes professionnels. — *[Anc. art. R. 761-3, al. 2.]*

Art. R. 7111-2 A l'appui de sa première demande adressée à la commission de la carte d'identité des journalistes professionnels, prévue à la section II, l'intéressé fournit :

1° La justification de son identité et de sa nationalité ;

2° Un *curriculum vitae* affirmé sur l'honneur ;

3° Le bulletin n° 3 de son casier judiciaire daté de moins de trois mois ;

4° L'affirmation sur l'honneur que le journalisme est bien sa profession principale, régulière et rétribuée et qu'il en tire une rémunération au moins égale au salaire minimum résultant de l'application des dispositions du présent code. Cette affirmation est accompagnée de l'indication des publications quotidiennes ou périodiques, agences de presse ou entreprises de communication audiovisuelle dans lesquelles le postulant exerce sa profession ;

5° L'indication des autres occupations régulières rétribuées ;

6° L'engagement de faire connaître à la commission tout changement qui surviendrait dans sa situation et qui entraînerait une modification des déclarations sur la production desquelles la carte aurait été délivrée. Cet engagement comporte l'obligation de rendre la carte à la commission lorsque le titulaire perd la qualité de journaliste professionnel. – *[Anc. art. R. 761-8.]*

Art. R. 7111-3 Après examen, et dans les conditions prévues aux articles R. 7111-27 et R. 7111-28, la commission de la carte d'identité des journalistes professionnels statue sur les demandes de délivrance de cartes dont elle est saisie.

Elle peut préalablement procéder ou faire procéder aux vérifications qu'elle juge utiles. – *[Anc. art. R. 761-9, al. 1er.]*

Art. R. 7111-4 La personne étrangère présentant une demande de carte d'identité de journaliste professionnel doit respecter les dispositions du présent code relatives aux conditions d'exercice d'une activité salariée par un étranger en France. – *[Anc. art. R. 761-9, al. 2.]*

Art. R. 7111-5 La commission de la carte d'identité des journalistes professionnels délivre une carte de stagiaire à la personne qui a moins de deux ans d'ancienneté dans la profession. – *[Anc. art. R. 761-10.]*

Art. R. 7111-6 La carte d'identité de journaliste professionnel comporte la photographie du titulaire, sa signature, l'indication de ses nom, prénoms, nationalité et domicile, la mention des publications, agences de presse ou entreprise de communication audiovisuelle dans lesquelles il exerce sa profession.

Le cachet de la commission de la carte d'identité des journalistes professionnels et la signature de deux de ses membres, pris respectivement parmi les représentants des employeurs et des salariés, sont apposés sur la carte. – *[Anc. art. R. 761-11.]*

Art. R. 7111-7 La carte d'identité de journaliste professionnel est valable pour une durée d'un an. Elle mentionne la période de sa validité.

Elle est renouvelée pour une même durée sur décision favorable de la commission de la carte d'identité des journalistes professionnels. – *[Anc. art. R. 761-12, al. 1er.]*

En application de l'art. L. 231-5 CRPA, et par exception à l'application du délai de deux mois prévu à l'art. L. 231-1 du même code, le silence gardé par l'administration pendant deux mois vaut décision de rejet pour une demande de délivrance et renouvellement de la carte d'identité de journaliste professionnel (Décr. n° 2014-1304 du 23 oct. 2014, art. 1er).

Art. R. 7111-8 Lors du renouvellement de la carte d'identité de journaliste professionnel, la commission détermine les justificatifs à fournir à l'appui de la demande de renouvellement, compte tenu des justificatifs déjà fournis à l'appui de la demande initiale. – *[Anc. art. R. 761-12, al. 2.]*

Art. R. 7111-9 Lorsque, sans faute de sa part, un journaliste professionnel ayant possédé cette qualité pendant deux ans au moins se trouve momentanément privé de travail, la commission peut lui délivrer une carte provisoire d'identité de journaliste professionnel dont la durée est expressément limitée.

Cette carte ne diffère de la carte ordinaire que par l'absence d'indication des publications, agences de presse ou entreprises de communication audiovisuelle dans lesquelles le titulaire est employé. – *[Anc. art. R. 761-14.]*

Art. R. 7111-10 La décision de la commission de refus de délivrance ou de renouvellement de la carte est notifiée à l'intéressé par lettre recommandée avec avis de réception. — *[Anc. art. R. 761-15, al. 2.]*

SOUS-SECTION 2 MODIFICATIONS ET ANNULATION

Art. R. 7111-11 Le titulaire d'une carte d'identité de journaliste professionnelle *[professionnel]* qui cesse d'être employé dans les publications, agences de presse ou entreprises de communication audiovisuelle auxquelles il était attaché au moment de la délivrance de la carte d'identité, saisit la commission.

Cette dernière modifie la carte en tenant compte de sa nouvelle situation ou engage, s'il y a lieu, la procédure d'annulation prévue aux articles R. 7111-12 et R. 7111-13. — *[Anc. art. R. 761-13.]*

Art. R. 7111-12 La commission de la carte d'identité des journalistes professionnels peut annuler une carte.

Au préalable, le président de la commission convoque le titulaire devant celle-ci par lettre recommandée. Ce dernier, qui peut être assisté d'un conseil, présente ses explications. Lorsqu'il ne comparaît pas, il peut faire parvenir à la commission des explications écrites. — *[Anc. art. R. 761-15, al. 1er.]*

Art. R. 7111-13 La décision de la commission d'annuler de la carte est notifiée à l'intéressé par lettre recommandée avec avis de réception. — *[Anc. art. R. 761-15, al. 2.]*

SOUS-SECTION 3 CARTE D'IDENTITÉ DE JOURNALISTE PROFESSIONNEL HONORAIRE

Art. R. 7111-14 A l'appui de sa demande de carte de journaliste professionnel honoraire, l'intéressé fournit :

1° La justification de son identité et de sa nationalité ;

2° Un *curriculum vitae* affirmé sur l'honneur indiquant notamment les publications quotidiennes ou périodiques, agences de presse ou entreprises de communication audiovisuelle dans lesquelles il exerçait la profession de journaliste professionnel, dans les conditions définies aux articles L. 7111-3 et L. 7111-4 ;

3° Le bulletin n° 3 de son casier judiciaire daté de moins de trois mois ;

(Décr. n° 2014-1767 du 31 déc. 2014, art. 1er) « 4° S'il bénéficie d'une pension de retraite, une notification de l'organisme qui lui sert cette pension de retraite attestant qu'il a été affilié en qualité de journaliste professionnel et la justification de l'exercice de la profession de journaliste pendant vingt ans au moins. Lorsqu'il ne bénéficie pas d'une pension de retraite, il justifie d'avoir atteint l'âge d'ouverture du droit à une pension de retraite prévu à l'article L. 161-17-2 du code de la sécurité sociale ainsi que de l'exercice de sa profession de journaliste pendant trente ans. La justification de la qualité de journaliste est établie par la possession de la carte d'identité de journaliste professionnel ou par la production d'attestations de ses anciens employeurs ; »

5° Deux photographies récentes. — *[Anc. art. R. 761-20.]*

En application de l'art. L. 231-5 CRPA, et par exception à l'application du délai de deux mois prévu à l'art. L. 231-1 du même code, le silence gardé par l'administration pendant deux mois vaut décision de rejet pour une demande de délivrance de la carte d'identité de journaliste honoraire (Décr. no 2014-1304 du 23 oct. 2014, art. 1er).

Art. R. 7111-15 Après examen, et dans les conditions prévues aux articles R. 7111-27 et R. 7111-28, la commission de la carte d'identité des journalistes professionnels statue sur les demandes de délivrance de cartes de journaliste professionnel honoraire dont elle est saisie.

Elle peut préalablement procéder ou faire procéder aux vérifications jugées utiles. — *[Anc. art. R. 761-21.]*

Art. R. 7111-16 Le modèle de la carte d'identité de journaliste professionnel honoraire ainsi que les mentions qu'elle comporte sont établis par le règlement intérieur de la commission de la carte d'identité des journalistes professionnels. — *[Anc. art. R. 761-22, al. 1er.]*

Art. R. 7111-17 La carte d'identité de journaliste professionnel honoraire peut être annulée suivant la procédure prévue aux articles R. 7111-12 et R. 7111-13 lorsque le titulaire reprend son activité dans la profession ou lorsqu'il est établi que la carte lui a été délivrée au vu de déclarations ou attestations sciemment inexactes. – *[Anc. art. R. 761-22, al. 2.]*

SECTION II COMMISSION DE LA CARTE D'IDENTITÉ DES JOURNALISTES PROFESSIONNELS

SOUS-SECTION 1 ATTRIBUTIONS, COMPOSITION ET MANDAT

Art. R. 7111-18 La commission chargée d'attribuer la carte d'identité des journalistes professionnels est paritaire.

Elle comprend :

1° Huit représentants des employeurs, dont :

a) Sept au titre des directeurs de journaux et agences de presse ;

b) Un au titre des entreprises de communication audiovisuelle ;

2° Huit représentants des journalistes professionnels. – *[Anc. art. R. 761-3, al. 1er, et anc. art. R. 761-5, al. 1er.]*

Art. R. 7111-19 Les membres de la commission justifient de l'exercice de leur profession pendant deux ans au moins durant les cinq années précédant leur désignation ou leur élection.

Ils ne doivent avoir fait l'objet d'aucune interdiction, déchéance ou incapacité relative à leurs droits civiques. – *[Anc. art. R. 761-5, al. 4.]*

Art. R. 7111-20 Le mandat des membres désignés et des membres élus de la commission est de trois ans, renouvelable.

Il expire en même temps pour les deux catégories. – *[Anc. art. R. 761-5, al. 5.]*

SOUS-SECTION 2 DÉSIGNATION ET ÉLECTION DES MEMBRES

Art. R. 7111-21 Les représentants des employeurs sont désignés par les organisations représentatives des directeurs de journaux et agences de presse et des entreprises de communication audiovisuelle.

En cas de désaccord, le siège en litige est pourvu par arrêté du ministre chargé de la communication. – *[Anc. art. R. 761-5, al. 2, phrases 1 et 2.]*

Art. R. 7111-22 Les représentants des journalistes professionnels sont élus par les journalistes titulaires de la carte d'identité professionnelle.

Leur élection a lieu à bulletin secret au scrutin de liste à deux tours, à la représentation proportionnelle suivant la règle de la plus forte moyenne, avec vote préférentiel et sans panachage.

Les listes peuvent comporter un nombre de candidats inférieur à celui des sièges à pourvoir. – *[Anc. art. R. 761-5, al. 2, phrase 3, et 3, phrases 1 et 2.]*

Art. R. 7111-23 Au premier tour de scrutin de l'élection des représentants des journalistes professionnels, chaque liste est établie par les organisations de salariés représentatives au niveau national. Lorsque le nombre de votants est inférieur à la moitié des électeurs inscrits, il est procédé, dans un délai d'un mois, à un second tour de scrutin.

Pour le second tour, les électeurs peuvent voter pour des listes autres que celles qui sont présentées par les organisations précédemment mentionnées.

Les modalités techniques du scrutin sont précisées par le protocole d'accord électoral ou, à défaut, le règlement intérieur de la commission. – *[Anc. art. R. 761-5, al. 3, phrases 3 à 5.]*

Art. R. 7111-24 Des membres suppléants, en nombre égal à celui des représentants des employeurs et des journalistes professionnels, sont désignés et élus simultanément et dans les mêmes conditions que les membres titulaires.

Un des suppléants des représentants des employeurs est désigné au titre des entreprises de communication audiovisuelle du secteur privé par les organisations professionnelles représentatives de ces entreprises.

En cas de désaccord entre les organisations mentionnées au premier alinéa de l'article R. 7111-21, le siège en litige est pourvu par arrêté du ministre chargé de la communication.

Ces représentants suppléent les membres titulaires absents et remplacent, entre deux renouvellements, les membres décédés, démissionnaires ou qui cessent de faire partie de la commission par suite de décès ou de toute autre cause.

Les membres suppléants qui ne remplacent pas un membre titulaire peuvent être entendus par la commission, avant que celle-ci ne délibère. – *[Anc. art. R. 761-6, al. 1er, 2 et 5.]*

Art. R. 7111-25 Dans les régions délimitées par le règlement intérieur de la commission un représentant et un remplaçant de chaque catégorie sont désignés en qualité de correspondants.

Dans chaque région, le représentant et le remplaçant des employeurs sont désignés par l'organisation la plus représentative des directeurs de journaux, agences de presse et entreprises de communication audiovisuelle. Le représentant et le remplaçant des journalistes professionnels sont élus par les journalistes titulaires de la carte d'identité professionnelle.

Les correspondants peuvent être entendus par la commission, avant que celle-ci ne délibère. – *[Anc. art. R. 761-6, al. 3 à 5.]*

SOUS-SECTION 3 ORGANISATION ET FONCTIONNEMENT

Art. R. 7111-26 Le président de la commission de la carte d'identité des journalistes professionnels est alternativement un représentant des employeurs et un représentant des journalistes professionnels. Le sort détermine celui qui préside la commission la première fois. – *[Anc. art. R. 761-7, al. 2.]*

Art. R. 7111-27 La commission de la carte d'identité des journalistes professionnels établit son règlement intérieur.

La commission ne peut délibérer que lorsqu'au moins cinq représentants des employeurs et cinq représentants des journalistes professionnels sont présents et participent au vote.

Lorsque, au cours d'une séance, l'une des deux catégories a plus de membres présents que l'autre, le nombre de ses représentants autorisés à prendre part au vote est ramené au nombre des présents de l'autre catégorie, dans des conditions déterminées par le règlement intérieur de la commission. – *[Anc. art. R. 761-7, al. 1er et 3.]*

Art. R. 7111-28 Les décisions de la commission de la carte d'identité des journalistes professionnels, notamment celles qui comportent délivrance, renouvellement ou annulation de la carte, sont prises à la majorité absolue des représentants présents. – *[Anc. art. R. 761-7, al. 4.]*

SOUS-SECTION 4 RÉCLAMATIONS

Art. R. 7111-29 Toute décision de la commission de la carte d'identité des journalistes professionnels peut faire l'objet d'une réclamation, par l'intéressé, devant la commission supérieure mentionnée à l'article R. 7111-32. – *[Anc. art. R. 761-16, al. 1er début, et anc. art. R. 761-23.]*

Art. R. 7111-30 Le délai pour formuler une réclamation devant la commission supérieure est d'un mois franc à compter de la notification de la décision comportant annulation, refus de délivrance ou de renouvellement de la carte.

Pour les personnes qui, domiciliées en France, en sont temporairement éloignées pour une cause reconnue légitime, le délai pour formuler la réclamation devant la commission supérieure est porté à six mois. – *[Anc. art. R. 761-17, al. 1er et 2.]*

Art. R. 7111-31 La réclamation est adressée par lettre recommandée avec avis de réception au président de la commission supérieure. Elle est suspensive.

La commission statue dans les conditions prévues aux articles R. 7111-12 et R. 7111-13. – *[Anc. art. R. 761-17, al. 3, et anc. art. R. 761-18.]*

Art. R. 7111-31-1 *(Décr. no 2014-1767 du 31 déc. 2014, art. 2)* Le président de la commission supérieure représente l'État devant les juridictions compétentes en cas de litige relatif aux décisions de cette commission, à l'exception des pourvois devant le Conseil d'État.

Art. R. 7111-32 La commission supérieure comprend :

1° Un conseiller à la Cour de cassation, en exercice ou honoraire, président ;

2° Deux magistrats de la cour d'appel de Paris, en exercice ou honoraires ;

3° Un représentant des directeurs de journaux, agences de presse et entreprises de communication audiovisuelle ;

4° Un représentant des journalistes professionnels. – *[Anc. art. R. 761-16, al. 1er fin à 5.]*

Art. R. 7111-33 Les trois magistrats de la commission supérieure ainsi qu'un suppléant pour chacun d'eux sont désignés par le premier président de la cour dont ils relèvent.

Les représentants des directeurs de journaux, agences de presse et entreprises de communication audiovisuelle et des journalistes professionnels, ainsi que deux suppléants pour chacun d'eux, sont respectivement désignés et élus simultanément et dans les mêmes conditions que les membres de la commission de la carte d'identité des journalistes professionnels. – *[Anc. art. R. 761-16, al. 6 et 7.]*

Art. R. 7111-34 Le mandat de représentant à la commission supérieure est incompatible avec celui de membre de la commission de la carte d'identité des journalistes professionnels. – *[Anc. art. R. 761-16, al. 8.]*

Art. R. 7111-35 Il est procédé tous les trois ans au renouvellement complet de la commission supérieure. Les membres sortants peuvent être désignés ou élus à nouveau. – *[Anc. art. R. 761-16, al. 9.]*

CHAPITRE II **CONTRAT DE TRAVAIL**

Art. D. 7112-1 L'indemnité de rupture du contrat de travail, prévue à l'article L. 7112-3, ne peut être inférieure à un mois de salaire, par année ou fraction d'année d'ancienneté.

Le maximum des mensualités est fixé à quinze. – *[Anc. art. L. 761-5, al. 1er.]*

Art. D. 7112-2 La commission arbitrale prévue à l'article L. 7112-4 détermine l'indemnité due au salarié dont l'ancienneté excède quinze années. – *[Anc. art. L. 761-5, al. 2.]*

Art. D. 7112-3 La décision de la commission arbitrale est obligatoire. Elle produit effet à compter de sa saisine. Aucune disposition ne peut prescrire que ses effets rétroagiront avant cette date.

Sa minute est déposée par l'un des arbitres ou par le président de la commission au greffe du tribunal de grande instance dans le ressort duquel la décision a été rendue. Ce dépôt est accompli dans les vingt-quatre heures et rend la décision exécutoire.

Les actes nécessités par l'application de l'article L. 7112-4 et du présent article sont dispensés de formes et de frais, en particulier de timbre et d'enregistrement. – *[Anc. art. L. 761-6 et anc. art. R. 761-1, al. 1er et 3.]*

Art. D. 7112-4 La décision de la commission arbitrale est notifiée aux parties par lettre recommandée avec avis de réception vingt-quatre heures après avoir été rendue. Cette notification est faite par l'un des arbitres ou par le président de la commission. – *[Anc. art. R. 761-1, al. 2.]*

Art. D. 7112-5 La commission arbitrale comprend deux arbitres désignés par les organisations professionnelles d'employeurs et deux arbitres désignés par les organisations syndicales de salariés. – *[Anc. art. L. 761-5, al. 3.]*

Art. D. 7112-6 La nomination des arbitres par le président du tribunal de grande instance intervient huit jours après une mise en demeure adressée par lettre recommandée à la partie défaillante par l'autre organisation ou aux deux parties par l'intéressé lui-même. – *[Anc. art. L. 761-5, al. 4.]*

CHAPITRE III **RÉMUNÉRATION**

Le présent chapitre ne comprend pas de dispositions réglementaires.

CHAPITRE IV **DISPOSITIONS PÉNALES**

Le présent chapitre ne comprend pas de dispositions réglementaires.

TITRE DEUXIÈME **PROFESSIONS DU SPECTACLE, DE LA PUBLICITÉ ET DE LA MODE**

CHAPITRE PREMIER **ARTISTES DU SPECTACLE**

SECTION PREMIÈRE **AGENTS ARTISTIQUES**

(Décr. n° 2011-517 du 11 mai 2011)

SOUS-SECTION 1 **DISPOSITIONS GÉNÉRALES**

Art. R. 7121-1 L'agent artistique représente l'artiste du spectacle. A cette fin, il exerce notamment les missions suivantes :

1° Défense des activités et des intérêts professionnels de l'artiste du spectacle ;

2° Assistance, gestion, suivi et administration de la carrière de l'artiste du spectacle ;

3° Recherche et conclusion des contrats de travail pour l'artiste du spectacle ;

4° Promotion de la carrière de l'artiste du spectacle auprès de l'ensemble des professionnels du monde artistique ;

5° Examen de toutes propositions qui sont faites à l'artiste du spectacle ;

6° Gestion de l'agenda et des relations de presse de l'artiste du spectacle ;

7° Négociation et examen du contenu des contrats de l'artiste du spectacle, vérification de leur légalité et de leur bonne exécution auprès des employeurs.

Art. R. 7121-2 La personne physique ou la personne morale, qui opère sur le territoire national le placement des artistes du spectacle au sens de l'article L. 7121-9, s'inscrit préalablement dans le registre national des agents artistiques auprès du ministère chargé de la culture.

L'inscription mentionnée à l'alinéa précédent est effectuée préalablement à la première prestation de service sur le territoire national par l'agent artistique ressortissant d'un État membre de la Communauté européenne ou d'un autre État partie à l'accord sur l'Espace économique européen.

Art. R. 7121-3 L'inscription au registre national des agents artistiques mentionné à l'article R. 7121-2 comporte les éléments suivants transmis par l'agent artistique :

1° Le nom et le prénom de la personne physique ou du dirigeant de la personne morale ;

2° L'adresse professionnelle, le numéro de téléphone et l'adresse électronique ;

3° S'il y a lieu, le nom de l'enseigne commerciale ;

4° La forme juridique sous laquelle est exercée l'activité ;

5° La ou les spécialités de l'agence artistique ;

6° Une déclaration de la personne physique ou morale indiquant si elle exerce, directement ou indirectement, l'activité de producteur d'œuvres cinématographiques ou audiovisuelles.

L'agent artistique doit avertir dans le délai d'un mois, par tous moyens y compris par voie électronique, le ministre chargé de la culture de tout changement intervenu depuis la date de son inscription dans les éléments mentionnés au présent article.

Lorsqu'une modification de ces éléments est constatée par le ministre, celui-ci ne peut modifier le registre qu'à l'expiration d'un délai de quinze jours suivant l'information préalable de l'intéressé, adressée par tous moyens y compris par voie électronique.

Art. R. 7121-4 Le ministre chargé de la culture délivre un document attestant de l'inscription sur le registre, le cas échéant par voie électronique.

Art. R. 7121-5 Le ministre chargé de la culture tient à jour une liste accessible au public des agents inscrits sur le registre national des agents artistiques, le cas échéant sous forme électronique. La liste comporte les mentions énumérées à l'article R. 7121-3.

SOUS-SECTION 2 **LE MANDAT**

Art. R. 7121-6 Le mandat entre un agent artistique et un artiste est régi dans les conditions prévues au titre XIII du livre III du code civil. Il précise au minimum :

1° La ou les missions confiées et les modalités pour rendre compte de leur exécution périodique ;

2° Leurs conditions de rémunération ;

3° Le terme du mandat ou les autres modalités par lesquelles il prend fin.

Il est établi à titre gratuit.

SOUS-SECTION 3 **RÉMUNÉRATIONS**

(Décr. nº 2011-1018 du 25 août 2011)

Art. D. 7121-7 L'agent artistique perçoit en contrepartie de ses services, dans les conditions fixées par le mandat mentionné à l'article R. 7121-6, une rémunération calculée en pourcentage des rémunérations, fixes ou proportionnelles à l'exploitation, perçues par l'artiste.

Les sommes perçues par l'agent artistique en contrepartie des missions définies à l'article R. 7121-1, autres que celles mentionnées au second alinéa de l'article D. 7121-8, ne peuvent excéder un plafond de 10 % du montant brut des rémunérations définies au premier alinéa.

Toutefois, lorsque, conformément aux usages professionnels en vigueur notamment dans le domaine des musiques actuelles, des missions particulières justifiant une rémunération complémentaire sont confiées par l'artiste à l'agent en matière d'organisation et de développement de sa carrière, le plafond mentionné à l'alinéa précédent est porté à 15 %.

Le contrat de travail signé entre l'artiste et l'employeur prévoit la partie qui prend en charge les sommes dues à l'agent artistique et, le cas échéant, selon quel partage. Ne peuvent être prises en charge par l'employeur que les sommes calculées en pourcentage des rémunérations qu'il verse directement à l'artiste et dont l'agent artistique bénéficiaire est explicitement désigné dans le contrat de travail.

La rémunération complémentaire mentionnée au troisième alinéa est prise en charge par l'artiste. Elle peut toutefois être versée par l'employeur pour le compte de l'artiste.

Art. D. 7121-8 Ne peuvent être pris en considération pour le calcul de la rémunération de l'agent artistique en application du premier alinéa de l'article D. 7121-7 les remboursements, indemnités et avantages en nature perçus par l'artiste à titre de frais professionnels.

Dans les conditions fixées par le mandat mentionné à l'article R. 7121-6 et sur présentation de pièces justificatives, les frais engagés par l'agent artistique en accord avec l'artiste peuvent faire l'objet d'un remboursement.

SECTION II **CONGÉS PAYÉS**

SOUS-SECTION 1 **CHAMP D'APPLICATION**

Art. D. 7121-28 La présente section détermine, conformément à l'article *(Décr. nº 2016-1553 du 18 nov. 2016, art. 7-IV, en vigueur le 1er janv. 2017)* « **L. 3141-32** », les modalités d'application des dispositions relatives aux congés payés du personnel artistique et technique du spectacle occupé :

1° Dans les entreprises de spectacle occupant les activités prévues au code 92.3 et aux codes 92.7A et 55.4C de la nomenclature des activités françaises (NAF) ainsi que par les impresarios, agences théâtrales, chefs d'orchestre, chefs de troupe ou dans les hôtels, cafés, restaurants ;

2° Dans les entreprises exerçant les activités cinématographiques et vidéo prévues au code 92.1 de la nomenclature NAF ;

3° Dans les entreprises exerçant les activités de radio et de télévision prévues au code 92.2 de la nomenclature NAF ;

4° Dans les entreprises exerçant les activités d'édition d'enregistrements sonores prévues au code 22.1G. – *[Anc. art. D. 762-1, al. 1er et 2.]*

Art. D. 7121-29 La présente section s'applique également pour leur personnel artistique et technique :

1° Aux personnes morales de droit public exerçant les types d'activités mentionnés à l'article D. 7121-28 à titre principal, accessoire ou occasionnel, sous quelque forme juridique que ce soit ;

2° Au personnel artistique et technique détaché dans les conditions prévues à l'article L. 1261-3. – *[Anc. art. D. 762-1, al. 3 et 4.]*

SOUS-SECTION 2 **DROIT AU CONGÉ**

Art. D. 7121-30 Les dispositions relatives aux congés payés, prévus par le chapitre premier du titre IV du livre premier de la partie III, qui ne sont pas contraires aux dispositions de la présente section s'appliquent. – *[Anc. art. D. 762-11.]*

Art. D. 7121-31 Lorsqu'il justifie d'au moins quatre semaines d'engagement ou de trente cachets au cours de la période de référence chez un ou plusieurs des employeurs assujettis, le bénéficiaire de la présente section a droit à un congé déterminé conformément aux dispositions des articles L. 3141-3 à *(Décr. no 2016-1553 du 18 nov. 2016, art. 7-IV, en vigueur le 1er janv. 2017)* « **L. 3141-31** ».

Chaque journée de congé payé est considérée, pour la détermination du droit au congé ultérieur, comme correspondant à une journée de travail ou à un cachet. – *[Anc. art. D. 762-5.]*

Art. D. 7121-32 L'employeur délivre au salarié qu'il cesse d'employer ou qui peut bénéficier de son congé annuel un certificat justificatif de ses droits à congé en double exemplaire.

Ce certificat indique :

1° La durée des engagements ou le nombre des cachets accomplis pour le compte de l'employeur dans les douze mois qui précédent *[précèdent]* et le montant de la rémunération versée pendant la période envisagée ;

2° La raison sociale et l'adresse de la caisse de congés payés à laquelle l'employeur est affilié.

Il lui remet également une enveloppe timbrée nécessaire à la transmission de ce certificat à la caisse de congés payés. – *[Anc. art. D. 762-6, al. 1er.]*

Art. D. 7121-33 Le salarié transmet à la caisse de congés payés prévue à la sous-section 3 un exemplaire du certificat justificatif de ses droits à congés. – *[Anc. art. D. 762-6, al. 2, phrase 1.]*

Art. D. 7121-34 Lorsque, au moment du départ du salarié, l'employeur ne lui a pas délivré le certificat justificatif de ses droits à congés, l'intéressé peut le réclamer dans les six mois suivant son départ.

En cas de refus de l'employeur, l'intéressé informe la caisse de congés. – *[Anc. art. D. 762-6, al. 2, phrase 2.]*

Art. D. 7121-35 Le versement des cotisations accompli par l'employeur en application de l'article D. 7121-44 le dispense du paiement de l'indemnité compensatrice de congé, prévue à l'article *(Décr. no 2016-1553 du 18 nov. 2016, art. 7-IV, en vigueur le 1er janv. 2017)* « **L. 3141-28** », en cas de rupture du contrat de travail d'un salarié qui a au moins un mois d'ancienneté dans l'entreprise et qui n'a pas bénéficié de son congé payé. – *[Anc. art. D. 762-6, al. 3.]*

Art. D. 7121-36 Pour bénéficier du congé annuel continu, en application de l'article D. 7121-31, le salarié transmet à la caisse de congés payés les certificats qu'il a reçus de son employeur ou de ses employeurs successifs. Cette transmission est faite quinze jours au moins avant la date à laquelle il prend son congé.

Après vérification, la caisse verse à l'intéressé le montant de l'indemnité à laquelle il a droit contre remise d'une pièce justifiant son immatriculation à la sécurité sociale. – *[Anc. art. D. 762-7.]*

Art. D. 7121-37 Le montant de l'indemnité journalière de congé est égal à la rémunération journalière moyenne que l'intéressé a reçue dans les entreprises où il a été employé pendant la période prise en considération pour la détermination du droit au congé.

Le montant de l'indemnité journalière ne peut excéder le chiffre maximum fixé dans les conventions collectives de travail ou par sentence arbitrale, rendue dans les conditions prévues aux articles L. 2524-1 et suivants.

En cas d'absence de convention collective, le montant de l'indemnité journalière est limité au triple du montant du salaire minimum de la catégorie professionnelle, à moins qu'une sentence arbitrale n'ait fixé une limite plus élevée. – *[Anc. art. D. 762-8.]*

SOUS-SECTION 3 CAISSE DE CONGÉS PAYÉS

§ 1er CONSTITUTION

Art. D. 7121-38 Une caisse de congés payés assure le service des congés annuels au personnel artistique et technique employé de façon intermittente dans les entreprises mentionnées aux articles D. 7121-28 et D. 7121-29.

Cette caisse répartit entre ces entreprises les charges résultant de l'attribution des congés payés. – *[Anc. art. D. 762-2, al. 1er.]*

Art. D. 7121-39 La caisse de congés payés est agréée par le ministre chargé du travail.

Le ministre approuve ses statuts et règlements ainsi que les modifications qui leurs sont apportées. Ils ne peuvent être modifiés qu'avec son approbation.

Un arrêté du ministre chargé du travail fixe les pièces, justifications et garanties à fournir par la caisse, soit en vue de son agrément, soit au cours de son fonctionnement. Cet arrêté détermine également les dispositions que contiennent ses statuts et règlements. – *[Anc. art. D. 762-2, al. 2 à 4.]*

En application de l'art. L. 231-5 CRPA, et par exception à l'application du délai de deux mois prévu à l'art. L. 231-1 du même code, le silence gardé par l'administration pendant deux mois vaut décision de rejet pour une demande d'agrément de la caisse de congés payés du spectacle (Décr. no 2014-1289 du 23 oct. 2014, art. 1er).

§ 2 AFFILIATION

Art. D. 7121-40 Les employeurs mentionnés aux articles D. 7121-28 et D. 7121-29 s'affilient, pour le personnel artistique et technique qu'ils emploient, à la caisse de congés payés prévue à l'article D. 7121-38. – *[Anc. art. D. 762-3, al. 1er.]*

Art. D. 7121-41 Les employeurs déclarent à la caisse de congés payés le personnel artistique et technique qu'ils n'ont pas employé de façon continue pendant les douze mois précédant la demande de congé. – *[Anc. art. D. 762-3, al. 2.]*

Art. D. 7121-42 Les entreprises établies dans un autre État membre de l'Union européenne ou d'un autre État partie à l'accord sur l'Espace économique européen qui emploient des salariés détachés mentionnés au 2° de l'article D. 7121-29 peuvent s'exonérer des obligations figurant à la présente section lorsqu'elles justifient que ces salariés bénéficient, pour la période de détachement, de leurs droits à congés payés dans des conditions au moins équivalentes à celles prévues par la législation française. – *[Anc. art. D. 762-3, al. 4.]*

Art. D. 7121-43 Lorsque, dans le pays où elles sont établies, les entreprises mentionnées à l'article D. 7121-42 sont affiliées à une institution équivalente aux caisses de congés payés, elles justifient, pour bénéficier de l'exonération :

1° Qu'elles sont à jour de leurs obligations à l'égard de ces institutions à la date du commencement de la prestation ;

2° Qu'elles ont continué à cotiser à l'institution compétente durant le détachement temporaire. – *[Anc. art. D. 762-3, al. 5.]*

Art. D. 7121-44 La cotisation versée par l'employeur affilié à la caisse de congés payés est déterminée par un pourcentage du montant des salaires et appointements payés au personnel intéressé.

Le règlement intérieur de la caisse détermine le pourcentage, les périodes et les modes de versement des cotisations ainsi que les justifications dont ce versement est accompagné.

Il détermine également les vérifications auxquelles se soumettent les employeurs. – *[Anc. art. D. 762-4.]*

Art. D. 7121-45 L'employeur *(Décr. n° 2016-1418 du 20 oct. 2016, art. 5)* « communique par tout moyen aux salariés » la raison sociale et l'adresse de la caisse de congés payés à laquelle il est affilié.

Art. D. 7121-46 L'employeur justifie aux agents de l'inspection du travail et aux officiers de police judiciaire qu'il est à jour de ses obligations envers la caisse de congés payés en produisant les pièces émanant de cette caisse. – *[Anc. art. D. 762-10, al. 1er, phrase 2.]*

Art. D. 7121-47 L'employeur indique à la caisse de congés payés la caisse d'allocations familiales à laquelle il adhère.

Il justifie, par des pièces émanant de la caisse de congés payés, trimestriellement et plus souvent si nécessaire :

1° Du taux de compensation qui lui est appliqué ;

2° Qu'il est à jour de ses obligations envers la caisse de congés payés. – *[Anc. art. D. 762-10, al. 2.]*

§ 3 COMMISSION PARITAIRE

Art. D. 7121-48 Une commission paritaire est instituée auprès de la caisse de congés payés.

Elle est chargée :

1° De contrôler le fonctionnement de la caisse quant à l'attribution des indemnités de congé aux ayants droit ;

2° De statuer sur les contestations qui peuvent s'élever sur le droit au congé. – *[Anc. art. D. 762-9, al. 2, phrase 1.]*

Art. D. 7121-49 La commission paritaire est composée en nombre égal de représentants des employeurs et des salariés. Ces représentants sont désignés respectivement par les organisations professionnelles représentatives au niveau national des entreprises et professions pour lesquelles la caisse est agréée.

En cas de contestation sur la détermination des organisations représentatives, le ministre chargé du travail se prononce dans les conditions prévues à l'article L. 2121-2. – *[Anc. art. D. 762-9, al. 1er, et 2, phrase 2.]*

SECTION III **DISPOSITIONS PÉNALES**

(Décr. n° 2011-517 du 11 mai 2011)

Art. R. 7121-50 Le fait, pour toute personne d'exercer sur le territoire national l'activité d'agent artistique définie à l'article L. 7121-9 sans être préalablement inscrite au registre mentionné à l'article L. 7121-10 en méconnaissance de ces dispositions, est puni de l'amende prévue pour les contraventions de la cinquième classe.

Art. R. 7121-51 Le fait, pour un agent artistique titulaire d'une licence d'entrepreneur de spectacles vivants et produisant un spectacle vivant, de percevoir une commission sur l'ensemble des artistes composant la distribution du spectacle, en méconnaissance des dispositions de l'article L. 7121-12, est puni de l'amende prévue pour les contraventions de la cinquième classe.

Art. R. 7121-52 Le fait, pour un agent artistique établi sur le territoire national, de percevoir des sommes, en méconnaissance des dispositions de l'article L. 7121-13, est puni de l'amende prévue pour les contraventions de la cinquième classe.

CHAPITRE II **ENTREPRISES DE SPECTACLES VIVANTS**

SECTION PREMIÈRE **ACTIVITÉ D'ENTREPRENEUR DE SPECTACLES VIVANTS TITULAIRE D'UNE LICENCE**

SOUS-SECTION 1 **DÉFINITIONS**

Art. D. 7122-1 Les entrepreneurs de spectacles vivants sont classés en trois catégories :

1° Les exploitants de lieux de spectacles aménagés pour les représentations publiques ;

2° Les producteurs de spectacles ou entrepreneurs de tournées qui ont la responsabilité d'un spectacle et notamment celle d'employeur à l'égard du plateau artistique ;

3° Les diffuseurs de spectacles qui ont la charge, dans le cadre d'un contrat, de l'accueil du public, de la billetterie et de la sécurité des spectacles, et les entrepreneurs de tournées qui n'ont pas la responsabilité d'employeur à l'égard du plateau artistique. – *[Anc. art. 1-1, al. 2 à 5, Ord. n° 45-2339 du 13 oct. 1945.]*

SOUS-SECTION 2 **LICENCE D'ENTREPRENEUR DE SPECTACLES VIVANTS**

§ 1er ENTREPRENEUR DE SPECTACLES VIVANTS ÉTABLI EN FRANCE

Art. R. 7122-2 La licence d'entrepreneur de spectacles vivants d'une ou plusieurs des catégories prévues à l'article D. 7122-1 est délivrée aux personnes physiques ou aux représentants légaux ou statutaires des personnes morales mentionnées à l'article L. 7122-5 qui remplissent les conditions suivantes :

1° Être majeur ;

2° Être titulaire d'un diplôme de l'enseignement supérieur ou justifier d'une expérience professionnelle *(Décr. n° 2011-994 du 23 août 2011)* « d'un an » au moins ou d'une formation professionnelle de cinq cents heures au moins dans le domaine du spectacle ;

3° Justifier de la capacité juridique d'exercer une activité commerciale. – *[Anc. art. 1er-I, Décr. n° 2000-609 du 29 juin 2000.]*

V. Arr. du 20 déc. 2012 relatif à la licence d'entrepreneur de spectacles vivants (JO 26 déc.).

Art. R. 7122-3 La délivrance de la licence correspondant à la catégorie d'exploitant de lieux de spectacles aménagés pour les représentations publiques est soumise, outre aux dispositions de l'article R. 7122-2, aux conditions suivantes :

1° Être propriétaire, locataire ou titulaire d'un titre d'occupation du lieu de spectacle qui fait l'objet de l'exploitation ;

2° Avoir suivi, auprès d'un organisme agréé, une formation à la sécurité des spectacles adaptée à la nature du lieu de spectacle ou justifier de la présence dans l'entreprise d'une personne qualifiée dans le domaine de la sécurité des spectacles. – *[Anc. art. 1er-II, Décr. n° 2000-609 du 29 juin 2000.]*

En application de l'art. L. 231-5 CRPA, et par exception à l'application du délai de deux mois prévu à l'art. L. 231-1 du même code, le délai à l'expiration duquel le silence gardé par l'administration vaut décision de rejet est fixé à six mois pour une demande d'agrément des organismes assurant une formation spécifique à la sécurité des spectacles adaptée à la nature du lieu de spectacle (Décr. n° 2014-1305 du 23 oct. 2014, art. 1er).

Art. R. 7122-4 Lorsque l'entrepreneur de spectacles vivants est établi en France, la licence d'entrepreneur de spectacles vivants est délivrée *(Décr. n° 2011-994 du 23 août 2011)* « par le préfet de région du lieu de l'établissement principal » de l'entreprise de spectacles vivants pour une durée de trois ans renouvelable.

Cette licence est accordée après avis motivé de la commission consultative régionale mentionnée à l'article R. 7122-18. – *[Anc. art. 2, al. 1er, Décr. n° 2000-609 du 29 juin 2000, et anc. art. 4, al. 3, Ord. n° 45-2339 du 13 oct. 1945.]*

Art. R. 7122-5 Le transfert à une personne désignée par l'entreprise des droits attachés à une licence, dans les conditions prévues à l'article L. 7122-5, ne peut excéder six mois.

L'identité de la personne désignée est transmise dans un délai de quinze jours au préfet *(Décr. nº 2011-994 du 23 août 2011)* « de région » à compter de sa désignation. – *[Anc. art. 5, al. 6, Ord. nº 45-2339 du 13 oct. 1945.]*

§ 2 ENTREPRENEUR DE SPECTACLES VIVANTS NON ÉTABLI EN FRANCE

SOUS-§ 1er CONDITIONS D'ÉTABLISSEMENT EN FRANCE DES RESSORTISSANTS D'UN ÉTAT MEMBRE DE L'UNION EUROPÉENNE OU D'UN AUTRE ÉTAT PARTIE À L'ACCORD SUR L'ESPACE ÉCONOMIQUE EUROPÉEN *(Décr. nº 2011-994 du 23 août 2011)*.

Art. R. 7122-6 *(Décr. nº 2011-994 du 23 août 2011)* Pour pouvoir s'établir en France et exercer sans licence leur activité en France, les entrepreneurs de spectacles vivants ressortissants d'un État membre de l'Union européenne autre que la France ou d'un autre État partie à l'accord sur l'Espace économique européen doivent être en possession d'un titre, mentionné à l'article L. 7122-10, jugé d'effet équivalent.

Art. R. 7122-7 Le titre mentionné à l'article L. 7122-10 est produit par l'entrepreneur de spectacles vivants au ministre chargé de la culture.

Le ministre chargé de la culture est compétent pour apprécier l'équivalence du titre mentionné à l'article L. 7122-10.

Lorsqu'il juge le titre d'effet équivalent à une licence d'entrepreneur de spectacles vivants, il délivre un récépissé valant licence pour la catégorie et pour la durée correspondant au titre.

Lorsqu'il ne le juge pas d'effet équivalent à une licence d'entrepreneur de spectacles vivants, il en informe l'intéressé par une décision motivée qui lui est notifiée par lettre recommandée avec avis de réception. Le ministre l'invite à se conformer aux dispositions de l'article L. 7122-11. – *[Anc. art. 2, al. 2, Décr. nº 2000-609 du 29 juin 2000, et anc. art. 4, al. 2, Ord. nº 45-2339 du 13 oct. 1945.]*

Art. R. 7122-8 La liste et les conditions de présentation des documents requis lorsque l'intéressé se prévaut du titre mentionné à l'article L. 7122-10 sont déterminées par un arrêté du ministre chargé de la culture. – *[Anc. art. 10, al. 1er et 2, Décr. nº 2000-609 du 29 juin 2000.]*

SOUS-§ 2 CONDITIONS DE PRESTATION DE SERVICES EN FRANCE DES ENTREPRENEURS DE SPECTACLES VIVANTS ÉTABLIS DANS UN ÉTAT MEMBRE DE L'UNION EUROPÉENNE OU DANS UN AUTRE ÉTAT PARTIE À L'ACCORD SUR L'ESPACE ÉCONOMIQUE EUROPÉEN *(Décr. nº 2011-994 du 23 août 2011)*.

Art. R. 7122-9 *(Décr. nº 2011-994 du 23 août 2011)* La déclaration préalable mentionnée au 1° de l'article L. 7122-11 est adressée par tous moyens, y compris par voie électronique, au préfet de région du lieu de la représentation publique ou, lorsque les représentations sont données dans plusieurs régions, au préfet de région du lieu de la première représentation publique, au moins un mois avant la date prévue pour cette représentation. Après avoir accompli cette déclaration dans les conditions prévues au présent article, l'entrepreneur de spectacles vivants peut exercer son activité.

Le préfet de région délivre un récépissé dans un délai de quinze jours suivant la réception de cette déclaration, le cas échéant sous forme électronique.

Toutefois, en cas de situation d'urgence justifiée par l'entrepreneur de spectacles vivants, les délais mentionnés aux deux alinéas précédents peuvent être réduits respectivement à quinze et huit jours.

La liste et les conditions de présentation des informations requises à l'appui de cette déclaration sont déterminées par un arrêté du ministre chargé de la culture.

SOUS-§ 3 ENTREPRENEURS NON ÉTABLIS DANS UN ÉTAT MEMBRE DE L'UNION EUROPÉENNE OU DE L'ESPACE ÉCONOMIQUE EUROPÉEN *(Décr. nº 2011-994 du 23 août 2011, art. 8)*.

Art. R. 7122-10 *(Décr. nº 2011-994 du 23 août 2011, art. 9)* I. – La licence d'entrepreneur de spectacles vivants prévue au 2° de l'article L. 7122-11 est délivrée par le préfet de région du lieu de la représentation, pour la durée des représentations publiques envisagées ou, si les représentations publiques sont données dans plusieurs régions, par le préfet de région du lieu de la première représentation publique.

Cette licence est accordée après avis motivé de la commission consultative régionale mentionnée à l'article R. 7122-18.

II. – Lorsqu'il n'entend pas solliciter une licence pour la durée des représentations publiques envisagées, l'entrepreneur de spectacles adresse une déclaration au préfet de région du lieu de la représentation publique ou, lorsque les représentations sont données dans plusieurs régions, au préfet de région du lieu de la première représentation publique, au moins un mois avant la date prévue pour cette représentation, à laquelle est jointe une copie du contrat conclu avec un entrepreneur de spectacles détenteur d'une licence correspondant à l'une des trois catégories mentionnées à l'article L. 7122-2.

Au vu de la déclaration et du contrat qui l'accompagne, le préfet de région délivre un récépissé dans le délai de quinze jours suivant la réception de cette déclaration, le cas échéant sous forme électronique.

Art. R. 7122-11 La liste et les conditions de présentation des documents requis *(Décr. n° 2011-994 du 23 août 2011)* « à l'appui des déclarations préalables prévues au 2° de l'article L. 7122-11 » sont déterminées par un arrêté du ministre chargé de la culture. – *[Anc. art. 10, al. 1er et 3, Décr. n° 2000-609 du 29 juin 2000.]*

§ 3 DISPOSITIONS COMMUNES À L'INSTRUCTION DES LICENCES

Art. R. 7122-12 La demande de délivrance d'une licence d'entrepreneur de spectacles vivants est adressée par l'intéressé au préfet *(Décr. n° 2011-994 du 23 août 2011)* « de région », par lettre recommandée avec avis de réception.

Lorsqu'elle émane d'*(Décr. n° 2011-994 du 23 août 2011)* « un entrepreneur qui n'est pas établi dans un État membre de l'Union européenne ou partie à l'accord sur l'Espace économique européen », la demande peut être formulée, au nom de celui-ci et sur présentation d'un mandat exprès, par un entrepreneur de spectacles vivants établi en France.

(Décr. n° 2011-994 du 23 août 2011) « La liste et les conditions de présentation des documents requis pour les demandes de licences prévues à l'article L. 7122-3 et au 2° de l'article L. 7122-11 sont fixées par un arrêté du ministre chargé de la culture. »

Art. R. 7122-13 Le préfet *(Décr. n° 2011-994 du 23 août 2011)* « de région » dispose d'un délai de quatre mois à compter du jour de la réception de la demande de licence d'entrepreneur de spectacles vivants pour prendre une décision.

En l'absence de réponse dans ce délai, et sous réserve des dispositions des articles R. 7122-14 et R. 7122-15, la licence est accordée. – *[Anc. art. 3, al. 2, Décr. n° 2000-609 du 29 juin 2000.]*

Art. R. 7122-14 Lorsque le dossier de demande de licence est complet, le préfet *(Décr. n° 2011-994 du 23 août 2011)* « de région » fait connaître au demandeur, dès réception de la demande, par lettre recommandée avec avis de réception, le numéro d'enregistrement de sa demande et la date avant laquelle la décision doit lui être notifiée.

Il l'informe également que si aucune décision ne lui a été notifiée avant cette date, cette lettre vaut licence d'entrepreneur de spectacles vivants pour la catégorie qui faisait l'objet de la demande, sous réserve du retrait, dans le délai du recours contentieux, de la décision tacite au cas où elle serait entachée d'illégalité. – *[Anc. art. 3, al. 3, Décr. n° 2000-609 du 29 juin 2000.]*

Art. R. 7122-15 Lorsque le dossier est incomplet, le préfet *(Décr. n° 2011-994 du 23 août 2011)* « de région » invite l'intéressé, dès réception de la demande, par lettre recommandée avec avis de réception, à fournir les pièces nécessaires.

Lorsque ces pièces ont été produites, il est fait application des dispositions de l'article R. 7122-14.

Le délai de quatre mois mentionné au premier alinéa de l'article R. 7122-13 court à partir de la réception de la dernière pièce requise pour compléter le dossier. – *[Anc. art. 3, al. 4, Décr. n° 2000-609 du 29 juin 2000.]*

Art. R. 7122-16 La licence d'entrepreneur de spectacles vivants peut être retirée par le préfet *(Décr. n° 2011-994 du 23 août 2011)* « de région » compétent pour la délivrer

lorsque le bénéficiaire ne remplit plus les conditions de compétence ou *(Décr. n° 2011-994 du 23 août 2011)* **« lorsqu'il ne satisfait plus aux dispositions des articles L. 7122-12, R. 7122-2 et R. 7122-3 ».**

Le préfet *(Décr. n° 2011-994 du 23 août 2011)* **« de région » recueille l'avis préalable de la commission consultative régionale mentionnée à l'article R. 7122-18.** – *[Anc. art. 5, Décr. n° 2000-609 du 29 juin 2000.]*

Art. R. 7122-17 La décision portant refus d'attribution, refus de renouvellement ou retrait de la licence ne peut être prononcée sans que l'intéressé ait été préalablement informé par lettre recommandée avec avis de réception des motifs invoqués à l'appui de la mesure envisagée.

Il dispose d'un délai de huit jours pour présenter ses observations. – *[Anc. art. 6, Décr. n° 2000-609 du 29 juin 2000.]*

SOUS-SECTION 3 COMMISSION CONSULTATIVE RÉGIONALE

Art. R. 7122-18 Une commission consultative régionale donne au préfet *(Décr. n° 2011-994 du 23 août 2011, art. 3)* **« de région » son avis sur la délivrance, le renouvellement et le retrait de la licence d'entrepreneur de spectacles.**

Elle comprend :

(Décr. n° 2014-926 du 18 août 2014, art. 1er) **« 1° Trois membres représentant les personnels artistiques et techniques ;**

« 2° Trois membres représentant les auteurs ;

« 3° Trois personnalités qualifiées nommées en raison de leur compétence en matière de sécurité des spectacles et de relations du travail. »

Les dispositions réglementaires instituant la commission consultative régionale relative à la licence d'entrepreneur de spectacles sont prorogées pour une durée de cinq ans (Décr. n° 2009-633 du 6 juin 2009).

Les commissions consultatives sont renouvelées pour une durée d'un an à compter du 8 juin 2014 (Décr. n° 2014-601 du 6 juin 2014, art. 1er).

Art. R. 7122-19 Les membres de la commission consultative régionale sont nommés pour une durée de cinq ans par le préfet de région.

Les membres mentionnés *(Décr. n° 2014-926 du 18 août 2014, art. 2)* **« aux 1° et 2° » de l'article R. 7122-18 sont nommés sur proposition des organisations professionnelles représentatives** *(Abrogé par Décr. n° 2014-926 du 18 août 2014, art. 2) « des entrepreneurs de spectacles, »* **des auteurs et des personnels artistiques et techniques.**

Pour chaque membre titulaire, un suppléant est nommé dans les mêmes conditions. – *[Anc. art. 4, al. 6, Décr. n° 2000-609 du 29 juin 2000.]*

Les membres des commissions consultatives régionales, autres que les représentants des entrepreneurs de spectacles dont le mandat prend fin au 21 août 2014, continuent de siéger jusqu'à la fin de leur mandat en cours (Décr. n° 2014-926 du 18 août 2014, art. 3).

V. note ss. art. R. 7122-18.

Art. R. 7122-20 La commission consultative régionale est présidée par le préfet de région ou son représentant. Elle se réunit sur convocation de son président.

Elle ne peut valablement délibérer que lorsque la moitié au moins de ses membres sont présents. En cas de partage égal des voix, la voix du président est prépondérante. – *[Anc. art. 4, al. 6 et 7, Décr. n° 2000-609 du 29 juin 2000.]*

Art. R. 7122-21 La commission consultative régionale peut entendre les candidats à une licence d'entrepreneur de spectacles vivants.

Elle entend, à leur demande, les personnes à l'encontre desquelles une procédure de retrait de licence est engagée. – *[Anc. art. 4, al. 9, Décr. n° 2000-609 du 29 juin 2000.]*

Art. R. 7122-22 Le secrétariat de la commission consultative régionale est assuré par le directeur régional des affaires culturelles ou son représentant. – *[Anc. art. 4, al. 8, Décr. n° 2000-609 du 29 juin 2000.]*

Art. R. 7122-23 Les conditions de fonctionnement de la commission consultative régionale sont fixées par arrêté du ministre chargé de la culture. – *[Anc. art. 10, al. 4, Décr. n° 2000-609 du 29 juin 2000.]*

SOUS-SECTION 4 PROTECTION DES SALAIRES

Art. D. 7122-24 Pour assurer le paiement des salaires, le président du tribunal peut autoriser, en application de l'article L. 7122-15, la saisie des recettes du spectacle. – *[Anc. art. 8, al. 2, Ord. n° 45-2339 du 13 oct. 1945.]*

SOUS-SECTION 5 CONTRÔLE

Art. D. 7122-25 Les affiches, les prospectus et la billetterie de tout spectacle vivant mentionnent le numéro de la licence de l'un au moins des entrepreneurs de spectacles vivants qui le produisent ou le diffusent.

Lorsque la représentation en public est assurée en application de contrats conclus entre plusieurs entrepreneurs de spectacles, ces contrats font mention, selon le cas :

1° Du nom et du prénom du producteur titulaire de la licence de producteur de spectacles ou d'entrepreneur de tournées ;

2° De la dénomination sociale et du siège de celle-ci lorsque le producteur de spectacles ou l'entrepreneur de tournées est une personne morale. – *[Anc. art. 7, Décr. n° 2000-609 du 29 juin 2000.] – V. art. R. 7122-43, pén.*

SECTION II ACTIVITÉ D'ENTREPRENEUR DE SPECTACLES VIVANTS À TITRE OCCASIONNEL

Art. R. 7122-26 Le plafond annuel permettant d'exercer occasionnellement l'activité d'entrepreneur de spectacles vivants, sans être titulaire d'une licence, est fixé à six représentations.

Chaque représentation fait l'objet de la déclaration préalable prévue à l'article L. 7122-20 au moins un mois avant la date prévue. – *[Anc. art. 10, art. 10 R al. 1er et 4, Ord. n° 45-2339 du 13 oct. 1945.]*

Art. R. 7122-27 *(Décr. n° 2011-994 du 23 août 2011)* La déclaration préalable est adressée par tous moyens, y compris par voie électronique, au préfet de région du lieu de la représentation publique ou, lorsque les représentations sont données dans plusieurs régions, au préfet de région du lieu de la première représentation publique, au moins un mois avant la date prévue pour cette représentation. Le préfet de région délivre un récépissé dans le délai de quinze jours suivant la réception de la déclaration, le cas échéant sous forme électronique.

Art. R. 7122-28 La liste et les conditions de présentation des documents requis pour la déclaration préalable sont fixées par un arrêté du ministre chargé de la culture. – *[Anc. art. 10, al. 1er et 2, Décr. n° 2000-609 du 29 juin 2000.]*

SECTION III GUICHET UNIQUE POUR LE SPECTACLE VIVANT

Art. R. 7122-29 L'employeur procède aux déclarations obligatoires mentionnées à l'article L. 7122-23 :

1° Soit au moyen d'un document appelé "déclaration unique et simplifiée" ;

2° Soit par voie électronique, dans les conditions prévues à l'article L. 133-5 du code de la sécurité sociale. – *[Anc. art. L. 620-9-II, al. 1er fin.]*

Art. R. 7122-30 La déclaration unique et simplifiée concerne l'embauche et l'emploi d'artistes du spectacle ainsi que des ouvriers et techniciens relevant des professions du spectacle vivant et occupant un des emplois définis par l'accord relatif à l'application du régime d'assurance chômage à ces professions prévu à l'article L. 5422-20. – *[Anc. art. R. 620-6, al. 2 fin.]*

Art. R. 7122-31 La déclaration unique et simplifiée permet de satisfaire :

1° Aux déclarations prévues par les dispositions suivantes, ou requises pour leur application :

a) Article 87 A du code général des impôts ;

b) Articles L. 922-2, R. 243-2, R. 243-13, R. 243-14 et R. 312-4 du code de la sécurité sociale ;

c) Articles L. 1221-10 et L. 1221-11, relatifs à la déclaration préalable à l'embauche ;

d) Article R. 1234-9, relatif à l'attestation d'assurance chômage ;

e) Article L. 4622-6, relatif aux dépenses afférentes aux services de santé au travail ;

f) Articles L. 6331-55 et L. 6331-56, relatifs à la participation des employeurs de salariés intermittents au développement de la formation professionnelle continue ;

g) Articles R. 4622-1 à R. 4622-4, relatifs à l'organisation du service de santé au travail ;

(Décr. n° 2016-1908 du 27 déc. 2016, art. 19, en vigueur le 1er janv. 2017) « *h)* Articles R. 4624-10 à R. 4624-15, relatifs à la visite d'information et de prévention, ou aux articles R. 4624-24 à R. 4624-27 relatif*[s]* à l'examen médical d'aptitude » ;

i) Articles R. 5422-5 et R. 5422-6, relatifs à l'obligation d'assurance contre le risque de privation d'emploi et à l'obligation pour l'employeur d'adresser à *(Décr. n° 2014-524 du 22 mai 2014, art. 16-II)* « Pôle emploi » des déclarations ;

j) Article D. 7121-40, relatif à l'affiliation à la caisse de congés payés des artistes du spectacle ;

2° Aux déclarations et au versement des cotisations et contributions dues :

a) Aux organismes chargés du recouvrement des cotisations et contributions du régime général de la sécurité sociale ;

b) *(Décr. n° 2008-1010 du 29 sept. 2008)* « A *(Décr. n° 2014-524 du 22 mai 2014, art. 16-II)* « Pôle emploi » pour le compte de l'organisme mentionné à l'article L. 5427-1 » ;

c) Aux institutions mettant en œuvre les régimes de retraite complémentaire mentionnés au chapitre premier du titre II du livre IX du code de la sécurité sociale ;

d) Aux services de santé au travail interentreprises organisés en application de l'article L. 4622-2 ;

e) A l'organisme collecteur paritaire agréé chargé du recouvrement de la contribution mentionnée à l'article L. 6331-55 ;

f) A la caisse des congés payés mentionnée à l'article D. 7121-38.

Art. R. 7122-32 La déclaration unique et simplifiée comporte deux volets :

1° Un premier volet qui permet de satisfaire à la déclaration préalable à l'embauche prévue à l'article L. 1221-10 ;

2° Un second volet constitué de quatre feuillets identiques qui permet de satisfaire aux autres obligations mentionnées aux articles L. 7122-24 et R. 7122-31. – *[Anc. art. R. 620-6-2-I.]*

Art. R. 7122-33 L'employeur est réputé satisfaire aux obligations énumérées aux articles L. 7122-24 et R. 7122-31 lorsque les deux volets de la déclaration unique et simplifiée comportent les informations suivantes :

1° Mentions relatives à l'employeur :

a) Nom, prénom ou dénomination sociale ;

b) Code APE ;

c) Numéro SIRET ;

d) Numéro d'inscription au répertoire national d'identification des personnes physiques lorsque l'employeur est un particulier ;

e) Adresse ;

f) Numéros de téléphone et de télécopie ;

g) Numéro de compte bancaire ;

2° Mentions relatives au salarié :

a) Nom et prénom ;

b) Nom marital ;

c) Adresse ;

d) Numéro d'immatriculation à la sécurité sociale ;

e) Date et lieu de naissance ;

f) Sexe ;

g) Nationalité ;

3° Mentions relatives à l'embauche et à l'emploi :

a) Date et heure d'embauche ;

b) Motif du contrat ;

c) Emploi occupé ;

d) Le cas échéant, durée de la période d'essai ;

e) Salaire horaire brut ou valeur unitaire en cas de rémunération au cachet ;
f) Intitulé de la convention collective de branche applicable ;
4° Mentions relatives à l'exécution et à la cessation du contrat de travail :
a) Nombre d'heures de travail accomplies ou, pour les artistes, nombre de cachets ;
b) Période pendant laquelle l'emploi a été pourvu ;
c) Rémunération nette ;
d) Date de paiement de la rémunération ;
e) Signature de l'employeur à la date d'expiration du contrat de travail. – *[Anc. art. R. 620-6-2-II.]*

Art. R. 7122-34 Les employeurs mentionnés à l'article L. 7122-22 adressent à l'organisme habilité par l'État la déclaration unique et simplifiée. – *[Anc. art. R. 620-6, al. 2 début.]*

Art. R. 7122-35 L'organisme habilité délivre avant l'embauche la déclaration unique et simplifiée à l'employeur, à la demande de l'employeur ou de la personne susceptible d'être embauchée.

Au plus tard lors de l'embauche, l'employeur adresse à l'organisme habilité le premier volet de la déclaration permettant de satisfaire à l'obligation prévue à l'article L. 1221-10. L'employeur est dispensé des envois prévus à l'article R. 1221-3.

Lorsque l'employeur ne dispose pas de la déclaration avant le début effectif du travail, il satisfait aux dispositions des articles R. 1221-1 à R. 1221-12, relatives à la déclaration préalable à l'embauche.

Dans tous les cas, il n'est pas dérogé aux modes de preuve prévus à l'article R. 1221-5. – *[Anc. art. R. 620-6-3, I et II.]*

Art. R. 7122-36 Au plus tard dans les deux jours suivant l'embauche, l'employeur remet au salarié le feuillet de la déclaration unique simplifiée permettant de satisfaire aux obligations relatives à la forme, au contenu et à la transmission du contrat de travail à durée déterminée prévues aux articles L. 1242-12 et L. 1242-13. – *[Anc. art. R. 620-6-3-III, al. 1er.]*

Art. R. 7122-37 Au terme du contrat de travail, l'employeur remet au salarié les feuillets permettant de satisfaire aux obligations de délivrance des attestations d'assurance chômage, du certificat de travail et du certificat justificatif du droit au congé, prévues par les articles L. 1234-19, R. 1234-9 et D. 3141-9. – *[Anc. art. R. 620-6-3-III, al. 2.]*

Art. R. 7122-38 Au plus tard le quinzième jour suivant le terme du contrat de travail, l'employeur adresse à l'organisme habilité le feuillet du second volet prévu à cet effet. Cet envoi est accompagné du versement des cotisations et contributions sociales dont l'employeur est redevable au titre de l'emploi de ce salarié. – *[Anc. art. R. 620-6-3-IV.]*

Art. R. 7122-39 L'employeur adresse à l'organisme habilité les volets de la déclaration unique simplifiée par voie postale, par télécopie, par télématique ou par échanges de données informatisées dans des conditions définies par arrêté conjoint des ministres chargés du travail et de la sécurité sociale.

L'organisme habilité lui délivre un avis de réception. – *[Anc. art. R. 620-6-3-V.]*

SECTION IV **DISPOSITIONS PÉNALES ET SANCTIONS ADMINISTRATIVES** *(Décr. n° 2011-994 du 23 août 2011).*

Art. R. 7122-40 *(Décr. n° 2011-994 du 23 août 2011)* Peuvent être sanctionnés d'une amende administrative d'un montant maximum de 1 500 euros pour une personne physique et de 7 500 euros pour une personne morale :

1° Le fait, pour un entrepreneur de spectacles vivants établi en France, de contracter avec un entrepreneur de spectacles vivants ressortissant d'un État membre de l'Union européenne ou de l'Espace économique européen, non établi en France, qui n'est pas titulaire du titre prévu à l'article L. 7122-10 et n'a pas procédé à la déclaration prévue aux articles L. 7122-11 et R. 7122-9 ;

2° Le fait, pour un entrepreneur de spectacles vivants établi en France, de conclure le contrat prévu à l'article L. 7122-11 avec un entrepreneur de spectacles établi dans un pays non membre de l'Union européenne ou de l'Espace économique européen, si ce dernier n'a pas adressé au préfet de région la déclaration préalable prévue au même article.

Art. R. 7122-41 *(Décr. n° 2011-994 du 23 août 2011)* Les amendes prévues à l'article R. 7122-40 sont prononcées par le préfet de région du lieu de l'établissement principal après avoir notifié par lettre recommandée avec demande d'avis de réception à la personne mise en cause les griefs qui lui sont reprochés.

Le préfet mentionne dans cette notification qu'elle dispose d'un délai d'un mois pour transmettre ses observations écrites. Il lui indique les sanctions éventuellement encourues et lui précise qu'elle peut prendre connaissance et copie des pièces du dossier et se faire assister ou représenter par tout conseil de son choix.

Le préfet fixe la sanction en tenant compte de l'ensemble des circonstances de l'affaire.

La décision de sanction est notifiée par lettre recommandée avec demande d'avis de réception à la personne mise en cause.

Les amendes mentionnées au présent article sont versées au Trésor et sont recouvrées comme les créances de l'État étrangères à l'impôt et au domaine.

Art. R. 7122-42 Le fait, pour une personne exerçant occasionnellement l'activité d'entrepreneur de spectacles vivants, d'exercer cette activité sans avoir adressé au préfet *(Décr. n° 2011-994 du 23 août 2011)* « de région » la déclaration préalable, mentionnée à l'article L. 7122-20, est puni de l'amende prévue pour les contraventions de la cinquième classe. – *[Anc. art. 8, al. 1er et 4, Décr. n° 2006-609 du 29 juin 2000.]*

Art. R. 7122-43 *(Décr. n° 2009-289 du 13 mars 2009)* Est puni de l'amende prévue pour les contraventions de la quatrième classe le fait, pour un entrepreneur de spectacles vivants :

1° De ne pas faire figurer sur les affiches, les prospectus et la billetterie des spectacles les mentions prévues au premier alinéa de l'article *(Décr. n° 2016-510 du 25 avr. 2016, art. 10)* « D. 7122-25 » ;

2° De ne pas faire figurer dans les contrats conclus avec d'autres entrepreneurs de spectacles vivants les mentions prévues au deuxième alinéa de ce même article.

CHAPITRE III MANNEQUINS ET AGENCES DE MANNEQUINS

SECTION PREMIÈRE MANNEQUINS

SOUS-SECTION 1 CONTRAT DE TRAVAIL

Art. R. 7123-1 Le contrat de travail conclu entre une agence de mannequins et chaque mannequin mis à la disposition d'un utilisateur est remis au mannequin, ou à ses représentants légaux, au plus tard dans les deux jours ouvrables suivant sa mise à disposition.

Ce contrat comporte :

1° La date de la délivrance du contrat de mise à disposition prévu à l'article L. 7123-17 ;

2° La qualification du mannequin au regard des conventions et accords collectifs de travail applicables ;

3° Le montant, ou le cas échéant le taux horaire, et les modalités de fixation et de versement des salaires et rémunérations dus au mannequin ;

4° Une clause de rapatriement du mannequin à la charge de l'agence de mannequins lorsque la mission est réalisée hors du territoire métropolitain. Cette clause n'est pas applicable en cas de rupture du contrat à l'initiative du mannequin, sauf si celui-ci est mineur ;

5° Le nom et l'adresse de la caisse de retraite complémentaire et, le cas échéant, de l'organisme de prévoyance dont relève l'agence de mannequins ;

6° Une clause précisant les conditions dans lesquelles est autorisée par le mannequin, ou ses représentants légaux, et rémunérée la vente ou l'exploitation de l'enregistrement de sa présentation, au sens de l'article L. 7123-6. – *[Anc. art. R. 763-1, al. 1er à 8.]*

Art. R. 7123-2 Le contrat de travail conclu entre une agence de mannequins et chaque mannequin mis à la disposition d'un utilisateur est signé par les représentants légaux du mannequin lorsque celui-ci est mineur. Celui-ci peut y apposer sa signature. – *[Anc. art. R. 763-1, al. 9.]*

SOUS-SECTION 2 **RÉMUNÉRATION**

Art. R. 7123-3 Aucune des retenues successives mentionnées à l'article L. 7123-9 et opérées par l'agence de mannequins en remboursement des frais qu'elle a avancés pour la promotion et le déroulement de la carrière du mannequin ne peut excéder 20 % du montant des salaires et rémunérations exigibles versés au mannequin. – *[Anc. art. R. 763-3.]*

SECTION II **SUIVI DE L'ÉTAT DE SANTÉ DES MANNEQUINS EN MILIEU DE TRAVAIL** *(Décr. nº 2016-1908 du 27 déc. 2016, art. 19, en vigueur le 1er janv. 2017).*

Art. R. 7123-4 *(Décr. nº 2016-1908 du 27 déc. 2016, art. 19, en vigueur le 1er janv. 2017)* « La visite d'information et de prévention prévue aux articles R. 4624-10 à R. 4624-21 et l'examen médical d'aptitude prévu aux articles R. 4624-23 à R. 4624-27 sont réalisés » par le service de santé au travail chargé du suivi médical des mannequins. *(Décr. nº 2016-1908 du 27 déc. 2016, art. 19, en vigueur le 1er janv. 2017)* « Le certificat médical mentionné à l'article L. 7123-2-1 du code du travail est délivré à l'occasion de cette visite ou de cet examen. »

Art. R. 7123-5 Par dérogation aux dispositions *(Décr. nº 2016-1908 du 27 déc. 2016, art. 19, en vigueur le 1er janv. 2017)* « des sous-sections 1 et 2 de la section II du chapitre IV du titre II du livre VI de la quatrième partie du présent code, la visite d'information et de prévention ou », l'examen médical d'embauche demeure valable un an pour les contrats conclus par le mannequin auprès de la même agence de mannequins ou six mois pour les contrats conclus avec plusieurs agences de mannequins lorsque les conditions suivantes sont réunies :

1° Le mannequin est appelé à occuper un emploi identique ;

(Décr. nº 2016-1908 du 27 déc. 2016, art. 19, en vigueur le 1er janv. 2017) « 2° Les professionnels de santé du service de santé au travail, chargés du suivi de l'état de santé des mannequins de chaque agence de mannequins, sont en possession de l'avis médical d'aptitude ou de l'attestation de suivi de chaque mannequin et de l'avis médical prévu à l'article L. 7123-2-1 du code du travail » ;

3° Aucune inaptitude n'a été reconnue *(Décr. nº 2016-1908 du 27 déc. 2016, art. 19, en vigueur le 1er janv. 2017)* « ni mesure proposée en application de l'article L. 4624-3 » lors du dernier examen médical intervenu au cours des douze mois précédents.

Art. R. 7123-6 La mise en œuvre de la dérogation mentionnée à l'article R. 7123-5 est subordonnée à la conclusion et à l'extension d'un accord de branche, prévoyant notamment les modalités de répartition du financement de la surveillance médicale. – *[Anc. art. R. 763-30, al. 6.]*

Art. R. 7123-7 Chaque mannequin bénéficie d'au moins *(Décr. nº 2016-1908 du 27 déc. 2016, art. 19, en vigueur le 1er janv. 2017)* « une visite ou un examen réalisés par un professionnel de santé du service de santé au travail » par période de douze mois en vue de s'assurer *(Décr. nº 2016-1908 du 27 déc. 2016, art. 19, en vigueur le 1er janv. 2017)* « , s'il relève du suivi individuel renforcé, » du maintien de son aptitude à exercer l'emploi considéré.

(Décr. nº 2016-1908 du 27 déc. 2016, art. 19, en vigueur le 1er janv. 2017) « La première visite ou le premier examen » a lieu dans les douze mois *(Décr. nº 2016-1908 du 27 déc. 2016, art. 19, en vigueur le 1er janv. 2017)* « qui suivent la première visite d'information et de prévention ou l'examen médical d'embauche ».

SECTION III **AGENCES DE MANNEQUINS**

SOUS-SECTION 1 **LICENCE D'AGENCE DE MANNEQUINS ET DÉCLARATION PRÉALABLE**

(Décr. nº 2011-1001 du 24 août 2011, art. 1er)

Les licences délivrées avant le 26 août 2011 restent valables jusqu'à leur date d'expiration (Décr. nº 2011-1001 du 24 août 2011, art. 3).

§ 1er DÉLIVRANCE DE LA LICENCE ET DÉCLARATION PRÉALABLE

Art. R. 7123-8 Toute personne établie sur le territoire national qui exerce une activité de placement de mannequins à titre onéreux doit être titulaire d'une licence d'agence de mannequins.

Art. R.* 7123-9 La licence d'agence de mannequins est délivrée pour une durée indéterminée par le préfet de Paris. Le directeur régional des entreprises, de la concurrence, de la consommation, du travail et de l'emploi d'Île-de-France instruit le dossier et sollicite l'avis du directeur régional des affaires culturelles d'Île-de-France.

L'arrêté portant délivrance de la licence d'agence de mannequins est notifié aux intéressés et publié au *Journal officiel* de la République française.

Art. R. 7123-10 La demande de licence est adressée au préfet mentionné à l'article R.* 7123-9, par lettre recommandée avec demande d'avis de réception.

Elle précise le lieu choisi comme siège de l'agence. Elle est accompagnée des documents mentionnés, suivant les cas, à l'article R. 7123-10-1 ou à l'article R. 7123-10-2.

Lorsque la demande de licence est incomplète, le préfet indique au demandeur les documents manquants et fixe un délai pour la réception de ces pièces.

Le silence gardé pendant plus de deux mois sur une demande de licence assortie d'un dossier complet vaut acceptation.

Art. R. 7123-10-1 La demande de licence comporte :

1° Un extrait K ou un extrait K *bis* de l'entreprise accompagné de ses statuts ;

2° Un *curriculum vitae* indiquant, notamment, l'expérience professionnelle du demandeur à la date de la demande ;

3° La liste des collaborateurs permanents, des délégataires de l'agence et des personnes habilitées à représenter l'agence pour tout ou partie de ses activités, au siège de l'agence ou dans les succursales, avec l'indication, pour chacune d'elles, des nom, prénoms, nationalité, date et lieu de naissance, adresse personnelle, expérience professionnelle (*curriculum vitae*) ainsi que des fonctions exercées au sein de l'agence ;

4° Une copie de l'attestation de la garantie financière mentionnée à l'article L. 7123-19 ;

5° Un extrait de bulletin de casier judiciaire nº 2 ou tout document équivalent du demandeur de la licence, des dirigeants sociaux et des gérants de l'agence ;

6° Une note sur les conditions dans lesquelles l'agence exercera son activité, notamment au plan géographique, et comportant l'identification des succursales et les secteurs professionnels concernés ;

7° Au titre des activités ou professions susceptibles d'entraîner une situation de conflit d'intérêts mentionnées à l'article R. 7123-16, une déclaration indiquant, le cas échéant, les autres activités ou professions exercées et les mandats sociaux détenus par chaque dirigeant, mandataire social, associé, délégataire et salarié. La déclaration précise, en outre, l'adresse d'exercice de l'activité en cause ou le siège de la société dont ils sont mandataires. Cette déclaration est également exigée en l'absence d'autres activités ou de mandats sociaux.

Art. R. 7123-10-2 Une agence de mannequins, légalement établie dans un autre État membre de l'Union européenne ou partie à l'accord sur l'Espace économique européen, produit à l'appui de sa demande de licence les documents mentionnés à l'article R. 7123-10-1. Si cette agence a obtenu dans son pays d'origine un titre d'effet équivalent, elle en produit la copie et est dispensée de produire ceux des documents mentionnés à l'article R. 7123-10-1 qu'elle a dû présenter dans le cadre de la procédure de délivrance de ce titre.

Art. R. 7123-11 Le bénéficiaire de la licence informe le préfet mentionné à l'article R.* 7123-9 dans le délai d'un mois, par lettre recommandée avec demande d'avis de réception, de tout changement de lieu du siège social de l'agence ou de ses succursales, ou de modification de ses statuts.

Il informe le préfet dans le même délai de tout changement de dirigeants, de collaborateurs permanents, de délégataires ou d'associés de l'agence en indiquant les nom, prénoms, nationalité, date et lieu de naissance, adresse personnelle, expérience professionnelle *(curriculum vitae)* ainsi que des fonctions exercées dans le cadre de l'agence de tout nouveau dirigeant, délégataire ou associé de cette agence, et transmet au préfet les éléments mentionnés aux 3°, 5° et 7° de l'article R. 7123-10-1.

Le bénéficiaire de la licence qui cesse ses activités en fait la déclaration au préfet mentionné à l'article R.* 7123-9 dans le délai d'un mois.

Art. R. 7123-12 Les agences de mannequins légalement établies dans un autre État membre de l'Union européenne ou partie à l'accord sur l'Espace économique européen qui veulent exercer cette activité de façon temporaire et occasionnelle sur le territoire national adressent à la direction régionale des entreprises, de la concurrence, de la consommation, du travail et de l'emploi du lieu d'exécution de la prestation et préalablement à celle-ci la déclaration comportant les informations suivantes :

1° Les références de l'immatriculation de l'agence à un registre professionnel de son pays d'origine ;

2° Le nom ou la raison sociale et l'adresse du lieu d'établissement de l'agence de mannequins ;

3° Les nom, prénoms et adresse du domicile des dirigeants de l'agence ;

4° La désignation du ou des organismes auxquels l'agence de mannequins verse les cotisations de sécurité sociale ;

5° La preuve de l'obtention d'une garantie financière conformément à l'article L. 7123-19 ou la preuve de l'obtention d'une garantie équivalente dans le pays d'établissement ;

6° Le nom ou la raison sociale ainsi que l'adresse de l'utilisateur ;

7° Les lieux, dates, durée et, le cas échéant, les heures d'exécution de la prestation ;

8° S'il y a lieu, l'autorisation individuelle pour l'emploi d'enfants mentionnée à l'article L. 7124-1.

Art. R. 7123-12-1 Pour l'application des dispositions de l'article L. 7123-4-1, les mannequins reconnus comme prestataires de services établis dans un État membre de l'Union européenne ou dans un autre État partie à l'accord sur l'Espace économique européen qui veulent exercer leur activité en France, par la voie de la prestation de services, à titre temporaire et indépendant, indiquent à l'autorité administrative mentionnée à l'article R. 7123-12 le ou les organismes auxquels ils versent les cotisations de sécurité sociale.

Art. R. 7123-13 Le bénéficiaire de la licence adresse au préfet mentionné à l'article R.* 7123-9, par lettre recommandée avec demande d'avis de réception, tous les trois ans, dans les deux mois qui précèdent la date anniversaire de l'obtention de la licence, une déclaration certifiant qu'aucun changement n'est intervenu dans la situation de l'agence au regard des pièces fournies dans la demande initiale, compte tenu, le cas échéant, des documents communiqués en application de l'article R. 7123-11.

§ 2 REFUS, SUSPENSION ET RETRAIT DE LICENCE D'AGENCE DE MANNEQUINS

Art. R. 7123-14 I. – La licence d'agence de mannequins est refusée ou retirée par le préfet mentionné à l'article R.* 7123-9 :

1° Lorsque l'auteur de la demande de licence ou les dirigeants de l'agence n'offrent pas ou n'offrent plus les garanties de moralité nécessaires. A tout moment, l'autorité administrative peut demander la délivrance du bulletin n° 2 du casier judiciaire ou de tout document d'effet équivalent ;

2° Lorsque les dispositions légales ou conventionnelles relatives aux conditions d'emploi des mannequins fixées par les articles L. 7123-5, L. 7123-7 à L. 7123-9, et à l'exercice de l'activité d'agence de mannequins fixées par les articles L. 7123-14, L. 7123-15, L. 7123-17, L. 7123-19 et L. 7123-22, ne sont pas ou ne sont plus respectées.

Elle est retirée lorsque les dispositions de l'article R. 7123-15 ne sont pas ou ne sont plus respectées.

II. — En cas d'urgence, et lorsque l'agence de mannequins a commis une irrégularité particulièrement grave, le préfet mentionné à l'article R.* 7123-9 peut suspendre la licence pour une durée maximum d'un mois.

III. — La décision portant retrait est motivée. Elle ne peut être prononcée sans que l'intéressé ait été préalablement informé, par lettre recommandée avec demande d'avis de réception, des motifs invoqués à l'appui de la mesure envisagée et invité à présenter ses observations dans un délai déterminé par le préfet.

IV. — Les arrêtés portant refus, suspension ou retrait de licence sont notifiés aux intéressés. Les arrêtés portant retrait de licence sont publiés au *Journal officiel* de la République française.

§ 3 PRÉVENTION DES CONFLITS D'INTÉRÊTS

Art. R. 7123-15 Pour l'application de l'article L. 7123-15 et dans le cadre du contrôle de son activité, l'agence de mannequins porte à la connaissance de chaque mannequin, de chaque utilisateur et de la direction régionale des entreprises, de la concurrence, de la consommation, du travail et de l'emploi du lieu d'exercice de l'activité :

1° Les modalités de facturation permettant d'identifier la part consacrée à la prestation du mannequin au sens de l'article L. 7123-2 ;

2° Au titre des activités ou professions susceptibles d'entraîner une situation de conflit d'intérêts, le détail des mandats sociaux exercés par chaque dirigeant, dirigeant social, associé et salarié indiquant la nature de l'activité ou la qualité de mandataire social, l'adresse d'exercice de l'activité ou le siège de la société dont il est mandataire. *(Décr. n° 2016-1417 du 20 oct. 2016, art. 10)* « Ces informations sont portées, par tout moyen, à la connaissance du public et des salariés. »

Art. R. 7123-16 Les activités ou professions dont l'exercice conjoint avec l'activité d'agences de mannequins sont susceptibles d'entraîner des situations de conflits d'intérêts sont :

1° Production ou réalisation d'œuvres cinématographiques ou audiovisuelles ;

2° Distribution ou sélection pour l'adaptation d'une production ;

3° Organisation de cours ou de stages de formation payants pour mannequins ou comédiens ;

4° Agence de publicité ;

5° Organisation de défilés de mode ;

6° Photographe.

Art. R. 7123-17 Peut être sanctionné d'une amende administrative d'un montant maximum de 1 500 € pour une personne physique et de 7 500 € pour une personne morale, et respectivement de 3 000 € et de 15 000 € en cas de récidive, le fait de méconnaître les dispositions de l'article R. 7123-15.

Art. R. 7123-17-1 Le préfet du lieu de constat de l'infraction notifie à la personne mise en cause les griefs qui lui sont reprochés et les sanctions encourues et l'invite à présenter ses observations dans un délai d'un mois. La notification est faite par lettre recommandée adressée à l'intéressé avec demande d'avis de réception.

Pendant le délai mentionné au premier alinéa, l'intéressé peut prendre connaissance et copie des pièces du dossier et se faire assister ou représenter par tout conseil de son choix.

La décision de sanction est notifiée à l'intéressé par lettre recommandée avec demande d'avis de réception.

Les amendes prévues à l'article R. 7123-17 sont prononcées par arrêté du préfet. Elles donnent lieu à l'émission d'un titre de perception exécutoire, établi par le préfet et recouvré au profit de l'État par les comptables du Trésor, selon les modalités prévues pour les créances étrangères à l'impôt et au domaine.

SOUS-SECTION 2 MISE À DISPOSITION

Art. R. 7123-18 Le contrat de mise à disposition prévu à l'article L. 7123-17 est conclu avant le début de la prestation.

Il est établi pour chaque mannequin et lui est remis ainsi que, le cas échéant, à ses représentants légaux. – *[Anc. art. R. 763-2, al. 1er et 2.]*

Art. R. 7123-19 Le contrat de mise à disposition mentionne notamment :

1° La nature et les caractéristiques de la prestation, notamment en ce qui concerne les conditions de travail et les horaires prévisibles d'emploi et de sélection ;

2° La durée prévisible et le lieu de la mission ;

3° Pour les enfants, l'avis d'un pédiatre ou d'un médecin généraliste ;

4° Le pourcentage minimum prévu à l'article L. 7123-7 et correspondant à la prestation réalisée par le mannequin ;

5° Le nom et l'adresse du garant financier de l'agence de mannequins prévu par l'article L. 7123-19. – *[Anc. art. R. 763-2, al. 3 à 7.]*

SOUS-SECTION 3 GARANTIE FINANCIÈRE

§ 1er OBJET ET MONTANT DE LA GARANTIE FINANCIÈRE

Art. R. 7123-20 La garantie financière prévue à l'article L. 7123-19 a exclusivement pour objet d'assurer :

1° Le paiement aux mannequins, mis à la disposition d'utilisateurs par une agence de mannequins, de leur salaire et de ses accessoires, de l'indemnité compensatrice de congés payés et des rémunérations dues au titre de l'article L. 7123-6 ;

2° Le paiement aux organismes de sécurité sociale ou autres institutions sociales des cotisations obligatoires dues pour ces salariés. – *[Anc. art. R. 763-4.]*

Art. R. 7123-21 Le montant de la garantie financière peut être révisé à tout moment et fait l'objet d'un réexamen chaque année.

Ce montant ne peut être inférieur, pour chaque agence de mannequins, à 6 % de la masse salariale résultant des déclarations annuelles réalisées au titre de l'article R. 243-14 du code de la sécurité sociale, ni à un minimum fixé à 15 200 € et révisable par décret. – *[Anc. art. R. 763-5.]*

Art. R. 7123-22 En cas d'absorption ou de fusion d'agences de mannequins, le montant de la garantie de l'agence ainsi formée ne peut être inférieur au montant des garanties cumulées de ces agences.

En cas de scission d'une agence de mannequins, le montant de sa garantie est ventilé entre les agences issues de la scission, proportionnellement à leur masse salariale respective. – *[Anc. art. R. 763-6.]*

§ 2 ATTESTATION DE GARANTIE

Art. R. 7123-23 L'agence de mannequins doit être en possession d'une attestation de garantie délivrée par le garant, indiquant notamment le nom et l'adresse de celui-ci, le montant, la date de prise d'effet et la date d'expiration de la garantie accordée.

Cette attestation de garantie est tenue à la disposition des agents de l'inspection du travail et des agents de contrôle des organismes de sécurité sociale et institutions sociales intéressées. – *[Anc. art. R. 763-7.]*

Art. R. 7123-24 *(Abrogé par Décr. n° 2011-1001 du 24 août 2011) L'agence de mannequins établie dans un autre État de la Communauté européenne ou d'un autre État partie à l'accord sur l'Espace économique européen adresse, préalablement à l'exercice d'une activité sur le territoire français, à la* (Décr. n° 2009-1377 du 10 nov. 2009) *« direction régionale des entreprises, de la concurrence, de la consommation, du travail et de l'emploi » du lieu d'exécution de son activité, une déclaration comportant les mentions suivantes :*

1° Le nom ou la raison sociale et l'adresse du lieu d'établissement de l'agence de mannequins ;

2° Les nom, prénom et domicile des dirigeants de l'agence ;

3° La preuve de l'obtention d'une garantie financière conformément à l'article L. 7123-19 ou la preuve de l'obtention d'une garantie équivalente dans le pays d'établissement. – [Anc. art. R. 763-5-1.]

Art. R. 7123-25 Les dirigeants de l'agence de mannequins font figurer sur les documents concernant l'agence, notamment sur les contrats de travail qui les lient à chacun des mannequins et les contrats de mise à disposition qu'ils concluent avec les utilisateurs, le nom et l'adresse de leur garant ainsi que la référence à l'article L. 7123-19. – *[Anc. art. R. 763-8.]*

§ 3 ENGAGEMENT DE CAUTION

Art. R. 7123-26 La garantie financière ne peut être donnée par des sociétés de caution mutuelle que lorsqu'elles ont pour objet unique de garantir les créances définies à l'article R. 7123-20. – *[Anc. art. R. 763-9.]*

Art. R. 7123-27 L'engagement de caution prévu à l'article L. 7123-20 ne peut être pris par un organisme de garantie collective, une entreprise d'assurances, une banque ou un établissement financier habilité à donner caution que lorsque cet organisme, entreprise, banque ou établissement peut légalement exercer son activité en France. – *[Anc. art. R. 763-10.]*

Art. R. 7123-28 L'engagement de caution fait l'objet d'un contrat écrit précisant les conditions et le montant de la garantie accordée ainsi que les modalités du contrôle comptable que le garant peut exercer sur l'agence de mannequins.

Ce contrat mentionne la renonciation du garant, en cas de défaillance de l'agence de mannequins, au bénéfice de discussion prévu aux articles 2298 à 2301 du code civil.

Le contrat est tenu, au siège de l'agence de mannequins, à la disposition des agents de l'inspection du travail et des agents de contrôle des organismes de sécurité sociale et des institutions sociales. – *[Anc. art. R. 763-11.]*

Art. R. 7123-29 Lorsque l'engagement de caution dont bénéficie une agence de mannequins prend fin, l'agence ne peut poursuivre son activité que si elle a obtenu, dans les conditions prévues par les articles R. 7123-26 à R. 7123-28, un autre engagement de caution, de sorte que le paiement des dettes définies à l'article R. 7123-20 soit garanti sans interruption. – *[Anc. art. R. 763-17.]*

§4 OBLIGATIONS DU GARANT

Art. R. 7123-30 L'agence de mannequins est considérée comme défaillante, au sens de l'article L. 7123-19, lorsqu'à l'expiration d'un délai de quinze jours suivant la réception d'une mise en demeure, elle n'a pas payé tout ou partie des dettes énumérées à l'article R. 7123-20.

L'agence de mannequins est également considérée comme défaillante lorsqu'elle fait l'objet d'une procédure de sauvegarde, de redressement ou de liquidation judiciaire. Dans ce cas, le garant est informé du jugement, dans les mêmes formes, par le mandataire judiciaire ou par le liquidateur. – *[Anc. art. R. 763-12, al. 1er et 3.]*

Art. R. 7123-31 La mise en demeure mentionnée à l'article R. 7123-30 peut émaner soit d'un salarié, soit d'un organisme de sécurité sociale ou d'une institution sociale, dès lors que leurs créances sont certaines, liquides et exigibles. Cette mise en demeure est faite par lettre recommandée avec avis de réception.

Le garant est informé de l'envoi de la mise en demeure par le créancier par lettre recommandée avec avis de réception ou par lettre remise contre récépissé. – *[Anc. art. R. 763-12, al. 2.]*

Art. R. 7123-32 Dès la constatation de la défaillance de l'agence de mannequins, le titulaire de l'une des créances définies à l'article R. 7123-20 peut adresser au garant une demande de paiement par lettre recommandée avec avis de réception ou par lettre remise contre récépissé.

Le garant entend le représentant de l'agence de mannequins et reçoit ses explications sur la demande présentée. – *[Anc. art. R. 763-13, al. 1er.]*

Art. R. 7123-33 Lorsqu'une agence de mannequins fait l'objet d'une procédure de sauvegarde, de redressement ou de liquidation judiciaire, le mandataire judiciaire ou le liquidateur adresse au garant un relevé, visé par le juge commissaire, des salaires, des cotisations impayées et rémunérations dues au titre de l'article L. 7123-6.

Ce relevé est adressé dans le délai de dix jours à compter du prononcé du jugement et dans les formes prévues à l'article R. 7123-32. Il précise les droits de chacun des créanciers et éventuellement les sommes versées par le mandataire judiciaire ou le liquidateur. – *[Anc. art. R. 763-13, al. 2.]*

Art. R. 7123-34 Le garant paye les sommes dues dans les dix jours à compter de la réception de la demande de paiement.

Lorsque le reliquat de paiements demandés excède le montant de la garantie financière, les créances de même nature sont réglées proportionnellement aux paiements demandés. – *[Anc. art. R. 763-14.]*

Art. R. 7123-35 Lorsque le garant conteste l'existence, l'exigibilité ou le montant de la créance, le salarié ou l'organisme social peut l'assigner directement devant les juridictions compétentes. – *[Anc. art. R. 763-15.]*

Art. R. 7123-36 Le garant qui a payé les sommes définies à l'article R. 7123-20 est subrogé, à due concurrence, dans tous les droits des salariés, des organismes de sécurité sociale et des institutions sociales contre l'agence de mannequins.

Le garant informe l'utilisateur intéressé ainsi que le préfet du paiement de ces sommes. – *[Anc. art. R. 763-16.]*

Art. R. 7123-37 En cas de cessation de la garantie, le garant en informe dans un délai de trois jours à compter de la date à laquelle il en est informé, par lettre recommandée avec avis de réception, dans la circonscription du siège de l'agence de mannequins :

1° La *(Décr. n° 2009-1377 du 10 nov. 2009)* « direction régionale des entreprises, de la concurrence, de la consommation, du travail et de l'emploi » ;

2° L'organisme chargé du recouvrement des cotisations de sécurité sociale. – *[Anc. art. R. 763-18.]*

Les modifications issues du Décr. n° 2009-1377 du 10 nov. 2009 prennent effet, dans chaque région, à la date de nomination du directeur régional des entreprises, de la concurrence, de la consommation, du travail et de l'emploi (Décr. préc., art. 7-I). – V. Arr. de nomination de ces directeurs des 30 déc. 2009 (JO 5 janv. 2010) et 9 févr. 2010 (JO 14 févr.).

Ces modifications s'appliquent à la région Île-de-France à compter du 1er juill. 2010 (Décr. n° 2010-687 du 24 juin 2010, art. 2).

§ 5 SUBSTITUTION DE L'UTILISATEUR À L'AGENCE DE MANNEQUINS EN CAS D'INSUFFISANCE DE LA CAUTION

Art. R. 7123-38 En cas d'insuffisance de la caution, l'utilisateur est substitué à l'agence de mannequins pour le paiement des sommes définies à l'article R. 7123-20 qui restent dues par elle au titre des prestations réalisées par des mannequins pour le compte de cet utilisateur. Cette règle s'applique nonobstant toute convention contraire et obligations qui découlent pour l'agence de mannequins des dispositions relatives à l'assurance contre le risque de non[-]paiement, prévu par les articles L. 3253-6 à L. 3253-21.

Dans ce cas, soit le salarié ou l'organisme de sécurité sociale ou l'institution sociale, soit, en cas de procédure de sauvegarde, de redressement ou de liquidation judiciaire, le mandataire judiciaire ou le liquidateur informe l'utilisateur de l'insuffisance de la caution en lui adressant une demande de paiement des sommes restant dues. Cette demande est faite par lettre recommandée avec avis de réception ou par lettre remise contre récépissé.

Le paiement des sommes dues est réalisé par l'utilisateur dans le délai de dix jours à compter de la réception de la demande. – *[Anc. art. R. 763-19.]*

Art. R. 7123-39 Les salariés ainsi que les organismes de sécurité sociale ont une action directe contre l'utilisateur ainsi substitué pour les sommes qui restaient dues à l'agence de mannequins par cet utilisateur pour la mise à disposition des salariés. – *[Anc. art. R. 763-20.]*

Art. R. 7123-40 L'utilisateur qui a payé les sommes définies à l'article R. 7123-20 qui restaient dues est subrogé, à due concurrence, dans tous les droits des salariés, des organismes de sécurité sociale contre l'agence de mannequins. – *[Anc. art. R. 763-21.]*

Art. R. 7123-41 Lorsqu'un organisme de sécurité sociale poursuit à l'encontre de l'utilisateur, substitué à une agence de mannequins en raison de l'insuffisance de la caution, le remboursement de prestations sociales pour défaut de versement des cotisations dues, la somme réclamée ne peut être supérieure au montant des cotisations dues pour les salariés mis à la disposition provisoire de l'utilisateur par cette agence. – *[Anc. art. R. 763-22.]*

CHAPITRE IV **ENFANTS DANS LE SPECTACLE, LES PROFESSIONS AMBULANTES, LA PUBLICITÉ ET LA MODE**

SECTION PREMIÈRE **AUTORISATION INDIVIDUELLE**

Art. R. 7124-1 Toute personne souhaitant engager ou produire un enfant âgé de moins de seize ans pour un spectacle ou une production déterminés, dans une entreprise de cinéma, de radiophonie, de télévision ou d'enregistrement sonore, dépose préalablement une demande d'autorisation auprès du préfet du siège de l'entreprise.

Lorsque le siège de l'entreprise se trouve à l'étranger ou lorsque l'entreprise n'a pas de siège fixe, la demande est déposée auprès du préfet de Paris.

Une demande d'autorisation est également déposée par toute personne, autre que l'agence de mannequins agréée, qui souhaite sélectionner, engager, employer ou produire un enfant âgé de moins de seize ans pour exercer une activité de mannequin au sens de l'article L. 7123-2. – *[Anc. art. R. 211-2.]*

Art. R. 7124-2 La demande d'autorisation individuelle est accompagnée :

1° D'une pièce établissant l'état civil de l'enfant ;

2° De l'autorisation écrite de ses représentants légaux accompagnée de la liste des emplois précédemment ou actuellement occupés par l'enfant ;

3° De tous documents permettant d'apprécier les difficultés et la moralité du rôle qu'il est appelé à jouer ou de la prestation qu'il fournit en tant que mannequin ;

4° De toutes précisions sur ses conditions d'emploi, sur sa rémunération et sur les dispositions prises pour assurer sa fréquentation scolaire. – *[Anc. art. R. 211-3.]*

Art. R. 7124-3 L'autorisation individuelle est accordée sur avis conforme d'une commission dont la composition et le mode de fonctionnement sont déterminés à la section III. – *[Anc. art. L. 211-7, al. 1er.]*

Art. R. 7124-4 La demande d'autorisation individuelle est instruite par le *(Décr. no 2009-1377 du 10 nov. 2009)* « directeur régional des entreprises, de la concurrence, de la consommation, du travail et de l'emploi » et par le directeur départemental *(Décr. no 2011-1001 du 24 août 2011)* « interministériel en charge de la cohésion sociale », chacun en ce qui le concerne. – *[Anc. art. R. 211-6, al. 1er.]*

Art. R. 7124-5 L'instruction permet à la commission d'apprécier :

1° Si le rôle proposé ou la prestation de mannequin peut, compte tenu de ses difficultés et de sa moralité, être normalement confié à l'enfant ;

2° Si l'enfant a déjà été ou est actuellement employé dans des activités du spectacle ou comme mannequin et à quelles conditions ;

3° Si, compte tenu de son âge, de l'obligation scolaire à laquelle il est soumis et de son état de santé, l'enfant est en mesure d'assurer le travail qui lui est proposé. A cet effet, un examen médical pris en charge par l'employeur est réalisé par un pédiatre ou par un médecin généraliste ;

4° Si les conditions d'emploi de l'enfant sont satisfaisantes au regard :

a) Des horaires de travail ;

b) Du rythme des représentations, notamment en ce qui concerne sa participation éventuelle à des représentations en soirée ou à plusieurs représentations au cours de la même semaine ;

c) De sa rémunération ;
d) Des congés et temps de repos ;
e) De l'hygiène, de la sécurité ;
f) De la sauvegarde de sa santé et de sa moralité ;
5° Si des dispositions sont prises en vue de lui assurer une fréquentation scolaire normale ;
6° Si la famille de l'enfant ou les personnes qui en ont la charge sont en mesure d'exercer à son égard une surveillance efficace, notamment pendant les heures de repos et les trajets. – *[Anc. art. R. 211-6, al. 2 à 4, 5, phrases 1 et 2, et 7 à 9.]*

Art. R. 7124-6 Pour les demandes d'autorisations individuelles présentées en Île-de-France, l'examen médical prévu au 3° de l'article R. 7124-5 est réalisé par un médecin du travail du service interprofessionnel de santé au travail spécialisé en médecine du travail des artistes et techniciens du spectacle. – *[Anc. art. R. 211-6, al. 5, phrase 3.]*

Art. R. 7124-7 Un arrêté du ministre chargé de la santé fixe les vérifications auxquelles il doit être procédé au cours de l'examen médical prévu au 3° de l'article de l'article R. 7124-5 pour s'assurer, en fonction de l'âge, de l'état de santé de l'enfant, de la durée, du rythme et des horaires de l'activité proposée, que cette activité n'est pas néfaste pour la santé de l'enfant et pour déterminer d'éventuelles contre-indications. – *[Anc. art. R. 211-6, al. 6.] – V. Arr. du 14 avr. 2009 (JO 6 mai).*

SECTION II **DÉROGATIONS POUR L'EMPLOI D'ENFANTS PAR DES AGENCES DE MANNEQUINS AGRÉÉES**

§ 1er AGRÉMENT DE L'AGENCE

Art. R. 7124-8 La demande d'agrément ou de renouvellement d'agrément présentée par une agence de mannequins en vue d'engager des enfants est accompagnée des documents suivants :
1° Un extrait d'acte de naissance des dirigeants, associés et gérants de l'agence ;
2° Une attestation de versement des cotisations aux organismes de sécurité sociale pour les agences en activité au moment du dépôt de la demande d'agrément ;
3° Une attestation par laquelle l'agence s'engage à faire passer à l'enfant un examen médical aux frais de l'agence ;
4° Un exemplaire de la notice prévue à l'article R. 7124-15 ;
5° Tous éléments permettant d'apprécier :
a) La moralité, la compétence et l'expérience professionnelle en matière d'emploi d'enfants mannequins des dirigeants, associés et gérants de l'agence de mannequins ;
b) La situation financière de l'agence, si elle est en activité au moment du dépôt de la demande ;
c) Les conditions de fonctionnement de l'agence, notamment en ce qui concerne l'équipement dont elle dispose, les locaux dans lesquels elle est installée, l'effectif et la compétence du personnel employé ;
d) Les conditions dans lesquelles elle exercera son activité avec des enfants. – *[Anc. art. R. 211-6-1-I, al. 1er à 3, 4, phrase 1, et 5 à 10.]*

Art. R. 7124-9 L'examen médical préalable à l'emploi de l'enfant, prévu au 3° de l'article R. 7124-5, est réalisé par un pédiatre ou par un médecin généraliste, selon les modalités prévues par l'arrêté mentionné à l'article R. 7124-7.
Il fait apparaître si, compte tenu de l'âge et de l'état de santé de l'enfant, celui-ci est en mesure d'assurer une activité de mannequin sans compromettre sa santé ou son développement.
Cet examen est renouvelé tous les trois mois pour les enfants âgés de moins de trois ans, tous les six mois pour ceux âgés de trois à six ans et tous les ans pour ceux âgés de plus de six ans.
En cas d'avis négatif du médecin, l'enfant ne peut être employé. – *[Anc. art. R. 211-6-1-I, al. 4, phrases 2 à 5.]*

Art. R. 7124-10 Le préfet accorde l'agrément, pour une durée d'un an renouvelable, sur avis conforme d'une commission dont la composition et le mode de fonctionnement sont déterminés à la section III.

Il peut également le suspendre en cas d'urgence. – *[Anc. art. L. 211-7.]*

Art. R. 7124-11 L'agrément ou le renouvellement d'agrément ne peut être accordé que lorsque les garanties assurées aux enfants quant à leur sécurité physique et psychique sont suffisantes.

Dans le cadre de l'instruction de la demande, le préfet peut demander la délivrance du bulletin n° 2 du casier judiciaire. Aucun agrément ne peut être accordé ou renouvelé s'il apparaît qu'un dirigeant, associé ou gérant de l'agence a fait l'objet d'une condamnation figurant sur ce bulletin. – *[Anc. art. R. 211-6-1-II.]*

Art. R. 7124-12 La décision de suspension de l'agrément doit être justifiée par l'urgence et ne peut être fondée que sur des faits mettant en cause immédiatement et gravement la santé ou la moralité des enfants employés par l'agence ou de certains d'entre eux. Elle est motivée. – *[Anc. art. R. 211-8-2, al. 1er.]*

Art. R. 7124-13 La durée de la suspension de l'agrément ne peut excéder un mois. Dans ce délai, la commission, saisie par le préfet, propose à ce dernier, après que l'agence intéressée a été mise en mesure de présenter ses observations :

1° Soit le retrait de l'agrément ;

2° Soit la levée de la suspension si les mesures prises par l'agence sont de nature à supprimer les risques encourus par les enfants et à éviter leur renouvellement.

La suspension prend fin à l'expiration du délai d'un mois si le préfet n'a pas fait connaître sa décision définitive dans ce délai. – *[Anc. art. R. 211-8-2, al. 2 à 5.]*

Art. R. 7124-14 La liste des décisions portant attribution, renouvellement, non-renouvellement ou retrait de l'agrément est publiée sous forme d'avis *(Abrogé par Décr. no 2011-1001 du 24 août 2011)* ***« [,] au cours du premier et du troisième trimestre de chaque année civile [,] »*** au *Journal officiel* de la République française. – *[Anc. art. R. 211-8, al. 11.]*

§ 2 CONDITIONS DE FONCTIONNEMENT

Art. R. 7124-15 L'agence de mannequins agréée qui engage un enfant lui remet ainsi qu'à ses représentants légaux, contre récépissé, une notice explicative précisant :

1° Le fonctionnement de l'agence ;

2° Le contrôle médical de l'enfant ;

3° La procédure de sélection par les utilisateurs ;

4° Les conditions de mise à disposition de l'utilisateur, y compris les durées de déplacement et les temps d'attente ;

5° Les durées maximales d'emploi ;

6° Les conditions de rémunération. – *[Anc. art. R. 211-13-I.]*

Art. R. 7124-16 L'agence de mannequins agréée consigne dans un registre spécial :

1° L'identité et l'adresse des enfants sélectionnés ou employés ainsi que celles de leurs représentants légaux ;

2° La date, le lieu et l'heure des opérations de sélection réalisées pour chaque enfant avec l'identité de l'utilisateur et du commanditaire ;

3° Les mises à disposition de l'utilisateur de chaque enfant, avec les horaires quotidiens d'emploi, la durée des déplacements et le temps d'attente. – *[Anc. art. R. 211-13-II, al. 1er à 4.]*

Art. R. 7124-17 Le registre spécial est tenu à la disposition de l'inspection du travail et des représentants légaux de l'enfant en cas de sélection ou d'emploi. Les représentants légaux de l'enfant le contresignent au moins trimestriellement.

En cas de contrôle de la sélection ou de l'emploi d'un enfant mannequin, celui-ci ainsi que ses représentants légaux sont entendus par l'inspection du travail sur sa demande ou à leur propre demande. – *[Anc. art. R. 211-13-II, al. 5 et 6.]*

Art. R. 7124-18 Lors de la conclusion du contrat de mise à disposition mentionné à l'article L. 7123-17, l'utilisateur informe l'enfant de la nature et des conditions de la prestation. – *[Anc. art. R. 763-2, al. 8.]*

SECTION III **DISPOSITIONS COMMUNES**

§ 1er COMPOSITION ET FONCTIONNEMENT DE LA COMMISSION CONSULTATIVE

Art. R. 7124-19 La commission participe à l'examen des demandes d'autorisation individuelles et des demandes d'agrément des agences de mannequins en vue d'engager des enfants.

Elle comprend :

1° Un magistrat chargé des fonctions de juge des enfants et désigné par le premier président de la cour d'appel, président ;

2° *(Décr. n° 2012-16 du 5 janv. 2012)* « Le directeur académique des services de l'éducation nationale agissant sur délégation du recteur d'académie » ou son représentant ;

3° Le *(Décr. n° 2009-1377 du 10 nov. 2009)* « directeur régional des entreprises, de la concurrence, de la consommation, du travail et de l'emploi » ou son représentant ;

4° Le directeur départemental *(Décr. n° 2011-1001 du 24 août 2011)* « interministériel en charge de la cohésion sociale » ou son représentant ;

5° Un médecin inspecteur de la santé ;

6° Le directeur régional des affaires culturelles ou son représentant. – *[Anc. art. R. 211-3-1.]*

Art. R. 7124-20 A Paris, la commission comprend :

1° Le président du tribunal pour enfants ou son suppléant, président ;

2° Le directeur de l'enseignement de la ville de Paris ou son représentant ;

3° Le *(Décr. n° 2009-1377 du 10 nov. 2009)* « directeur régional des entreprises, de la concurrence, de la consommation, du travail et de l'emploi » ou son représentant ;

4° Le directeur *(Décr. n° 2011-1001 du 24 août 2011)* « départemental de la cohésion sociale de Paris » ou son représentant ;

5° Un médecin inspecteur de la santé de la préfecture de la région d'Île-de-France, préfecture de Paris ;

6° Un représentant du ministre chargé de la culture, désigné par arrêté ;

7° Un représentant du ministre chargé de l'information, désigné par arrêté. – *[Anc. art. R. 211-4.]*

Art. R. 7124-21 La commission se réunit sur convocation du préfet aussi souvent qu'il est nécessaire. Elle lui remet un avis circonstancié sur chaque demande d'autorisation individuelle ou d'agrément qui lui est soumise.

Elle ne délibère valablement que lorsqu'elle réunit au moins trois de ses membres dont l'une des personnes chargées d'assurer sa présidence.

Elle rend son avis à la majorité des voix des membres présents. En cas de partage égal des voix, celle du président est prépondérante.

Elle peut, en toute circonstance, entendre l'enfant et ses représentants légaux, séparément ou non, sur leur demande ou à celle de l'un de ses membres. – *[Anc. art. R. 211-7.]*

Art. R. 7124-22 Le secrétariat de la commission est chargé, notamment, de la conservation des dossiers de chaque enfant. – *[Anc. art. R. 211-5, al. 2.]*

§ 2 PROCÉDURE DEVANT LA COMMISSION CONSULTATIVE

Art. R. 7124-23 Dans le délai d'un mois à compter du jour du dépôt de la demande d'autorisation individuelle, d'agrément ou de renouvellement d'agrément et à la condition que le dossier déposé soit complet, le préfet notifie aux parties intéressées :

1° Le refus de l'autorisation ou l'agrément ;

2° Le fait qu'il procède à un complément d'instruction et, dans ce cas, le délai d'un mois est prorogé d'un mois ;

3° Il soumet l'autorisation ou l'agrément au respect de certaines conditions ou modalités ;

4° Il accorde l'autorisation ou l'agrément.

Une copie de cette notification est adressée, dans les cas prévus aux 3° et 4°, à la Caisse des dépôts et consignations. – *[Anc. art. R. 211-8, al. 1er à 5 et 7.]*

Art. R. 7124-24 Lorsque le préfet n'a pas fait connaître sa décision dans le délai d'un mois fixé au premier alinéa de l'article R. 7124-23 :

1° La demande d'autorisation individuelle ou d'agrément est considérée comme rejetée ;

2° La demande de renouvellement de l'agrément est considérée comme acceptée. – *[Anc. art. R. 211-8, al. 8 à 10.]*

Art. R. 7124-25 Les refus et retraits d'autorisation individuelle et d'agrément sont motivés. Ils peuvent notamment être prononcés à la demande de personnes qualifiées en raison de leurs activités dans le domaine de la protection de l'enfance ou de l'intérêt qu'elles portent aux mineurs concernés.

Les convocations aux séances de la commission sont adressées par lettre recommandée avec avis de réception.

Les demandeurs sont entendus par la commission s'ils le souhaitent. Ils peuvent se faire assister ou représenter par une personne de leur choix. – *[Anc. art. R. 211-8-1.]*

Art. R. 7124-26 Le retrait de l'autorisation individuelle et de l'agrément prévu aux articles L. 7124-3 et L. 7124-5 est prononcé par le préfet sur avis conforme de la commission soit d'office, soit à la demande de toute personne qualifiée. – *[Anc. art. L. 211-7, al. 3, phrase 1 fin.]*

SECTION IV **CONDITIONS DE TRAVAIL DES ENFANTS**

SOUS-SECTION 1 **DURÉE DU TRAVAIL ET REPOS**

Art. R. 7124-27 L'emploi d'un enfant âgé de moins de six ans révolus exerçant une activité de mannequin et la sélection préalable en vue de cette activité ne peuvent être autorisés que selon les durées suivantes :

1° Durée journalière maximum :

a) Une heure, dont pas plus d'une demi-heure en continu, jusqu'à l'âge de trois ans révolus ;

b) Deux heures, dont pas plus d'une heure en continu, de trois à six ans ;

2° Durée hebdomadaire maximum :

a) Une heure, jusqu'à l'âge de six mois ;

b) Deux heures, de six mois à trois ans ;

c) Trois heures, de trois ans à six ans. – *[Anc. art. R. 211-12-1, al. 1er à 8.]*

Art. R. 7124-28 L'emploi et la sélection d'un enfant scolarisé mentionné à l'article *(Décr. nº 2009-289 du 13 mars 2009)* « L. 7124-8 » ne sont autorisés que les jours et demi-journées de repos autres que le dimanche. – *[Anc. art. R. 211-12-1, al. 9.]*

Art. R. 7124-29 Durant les périodes scolaires, l'emploi d'un enfant âgé de six à seize ans exerçant une activité de mannequin et la sélection préalable en vue d'exercer cette activité ne peuvent être autorisés que les jours ou demi-journées de repos hebdomadaire autres que le dimanche, et selon les durées suivantes :

1° Durée journalière maximum :

a) Trois heures, dont pas plus d'une heure et demie en continu, de six à onze ans ;

b) Quatre heures, dont pas plus de deux heures en continu, de douze à seize ans.

Cette durée journalière est réduite de moitié pour l'emploi et la sélection de l'enfant pendant une demi-journée.

2° Durée hebdomadaire maximum :

a) Quatre heures et demie, de six à onze ans ;

b) Six heures, de douze à seize ans. – *[Anc. art. R. 211-12-2.]*

Art. R. 7124-30 Durant les périodes de congés scolaires, l'emploi d'un enfant âgé de six à seize ans exerçant une activité de mannequin et la sélection préalable en vue d'exercer cette activité ne peuvent être autorisés que pendant la moitié des congés et selon les durées suivantes :

1° Durée journalière maximum :

a) Six heures, dont pas plus de deux heures en continu de six à onze ans ;

b) Sept heures, dont pas plus de trois heures en continu, de douze à seize ans ;

2° Durée hebdomadaire maximum :
a) Douze heures, de six à onze ans ;
b) Quinze heures, de douze à quatorze ans ;
c) Dix-huit heures, de quatorze à seize ans. – *[Anc. art. R. 211-12-3.]*

Art. R. 7124-30-1 *(Décr. n° 2008-889 du 2 sept. 2008)* Dans le secteur du spectacle, le travail de nuit des enfants de moins de 16 ans ne peut être autorisé que jusqu'à 24 heures.

Art. R. 7124-30-2 *(Décr. n° 2009-1049 du 27 août 2009)* Constitue un temps de travail effectif au sens de l'article L. 3121-1 la durée des représentations payantes auxquelles participent les enfants appartenant à une manécanterie développant une activité de production de spectacles itinérants dans le cadre du projet pédagogique d'un établissement d'enseignement.

SOUS-SECTION 2 RÉMUNÉRATION

Art. R. 7124-31 La part de la rémunération perçue par l'enfant dont le montant peut être laissé à la disposition de ses représentants légaux est fixée par la commission mentionnée à l'article R. 7124-19. – *[Anc. art. L. 211-8, al. 1er et 2.]*

Art. R. 7124-32 La commission statue sur demande des contractants préalablement présentée à toute exécution. – *[Anc. art. L. 211-4, al. 2.]*

Art. R. 7124-33 Dans les cas énoncés aux 3° et 4° de l'article R. 7124-23, la notification précise la fraction de rémunération affectée à la constitution du pécule.

Cette notification rappelle l'obligation faite à l'employeur par l'article R. 7124-35. Cette fraction porte sur le salaire et la rémunération perçue par l'enfant conformément aux articles L. 7123-6 et L. 7123-12 à L. 7123-16. – *[Anc. art. R. 211-8, al. 6.]*

Art. R. 7124-34 L'autorisation donnée aux représentants légaux de l'enfant, en application de l'article L. 7124-9, de réaliser des prélèvements, en cas d'urgence et à titre exceptionnel, sur son pécule peut être retirée à tout moment s'il apparaît que les sommes déjà prélevées n'ont pas été intégralement affectées à l'usage auquel elles étaient destinées.

Les prélèvements sur le pécule sont autorisés par le président de la commission.

Ces prélèvements ne peuvent être autorisés que dans l'intérêt exclusif de l'enfant. – *[Anc. art. L. 211-8, al. 3, et anc. art. R. 211-9.]*

Art. R. 7124-35 Le versement à la Caisse des dépôts et consignations prévu au deuxième alinéa de l'article L. 7124-9 est accompagné d'une déclaration de l'employeur rappelant l'état civil de l'enfant, son domicile et le nom de ses représentants légaux. – *[Anc. art. R. 211-10, al. 1er.]*

Art. R. 7124-36 La Caisse des dépôts et consignations ouvre dans ses écritures, au nom de chacun des mineurs intéressés, un compte de dépôt auquel sont portés les versements réalisés par les employeurs.

Le taux et le mode de calcul des intérêts produits par le compte de dépôts sont fixés dans les conditions prévues à l'article L. 518-23 du code monétaire et financier. Ce taux ne peut être inférieur au taux de l'intérêt légal de l'exercice en cours. – *[Anc. art. R. 211-10, al. 2 et 3.]*

Le taux des intérêts visé à l'al. 2 est fixé à 2 %, V. Arr. du 4 oct. 2011 (JO 11 oct.).

Art. R. 7124-37 Avant le 31 mars de chaque année, la Caisse des dépôts et consignations transmet au titulaire du compte ou à son représentant légal, à la dernière adresse connue, un document indiquant l'encours des dépôts et les intérêts qu'ils ont générés pour l'année précédente.

Lorsque l'enfant atteint sa majorité, la Caisse des dépôts et consignations lui communique à la dernière adresse connue, par lettre recommandée avec avis de réception, le solde de son compte et l'informe qu'elle tient les fonds de son pécule à sa disposition.

Lorsque, à la suite de l'émancipation du mineur, la commission décide que tout ou partie du pécule pourra être remis à l'intéressé, cette décision est notifiée à la Caisse des dépôts et consignations.

A compter de la majorité de l'enfant ou de la notification prévue au troisième alinéa, la Caisse des dépôts et consignations transfère les fonds mis à la disposition de l'intéressé à un compte ordinaire de dépôt. – *[Anc. art. R. 211-11.]*

SECTION V **CONTRÔLE**

Art. R. 7124-38 Toute infraction aux dispositions des articles L. 4153-7, L. 7124-1 à L. 7124-11, L. 7124-13 à L. 7124-18 et L. 7124-21 ainsi que des articles R. 7124-3, R. 7124-10, R. 7124-26, R. 7124-31 et R. 7124-34 commise à l'étranger à l'égard de Français doit être dénoncée, dans le plus bref délai, par les agents consulaires de la France aux autorités françaises ou aux autorités locales si les lois du pays en assurent la répression.

Ces agents doivent, en outre, prendre les mesures nécessaires pour assurer le rapatriement en France des enfants d'origine française. – *[Anc. art. R. 211-12.]*

LIVRE DEUXIÈME **CONCIERGES ET EMPLOYÉS D'IMMEUBLES À USAGE D'HABITATION, EMPLOYÉS DE MAISON ET SERVICES À LA PERSONNE**

TITRE PREMIER **CONCIERGES ET EMPLOYÉS D'IMMEUBLES À USAGE D'HABITATION**

CHAPITRE PREMIER **DISPOSITIONS GÉNÉRALES**

Le présent chapitre ne comprend pas de dispositions réglementaires.

CHAPITRE II **CONTRAT DE TRAVAIL**

Art. R. 7212-1 Le délai minimum avant lequel, en application de l'article L. 7212-1, le salarié dont le contrat de travail est rompu à l'initiative de l'employeur ne peut être obligé à quitter son logement est de trois mois. – *[Anc. art. L. 771-3, al. 1er.]*

CHAPITRE III **CONGÉS PAYÉS**

SECTION PREMIÈRE **DROIT AU CONGÉ**

Art. R. 7213-1 Le congé à attribuer à deux salariés déterminés à l'article L. 7213-3 est déterminé compte tenu des droits distincts de chacun. – *[Anc. art. R. 771-7, phrase 1.]*

Art. R. 7213-2 Les jours autres que le dimanche et ceux qui, en application de la loi, de l'usage ou de la convention sont fériés et obligatoirement chômés par les catégories de salariés mentionnées à l'article L. 7211-2, sont réputés ouvrables pour la détermination du congé. – *[Anc. art. R. 771-3, al. 1er.]*

Art. R. 7213-3 Le congé ne peut être confondu avec :

1° Une absence pour cause de maladie ;

2° Les périodes de cure indemnisées par la sécurité sociale ;

3° Les périodes légales de repos des femmes enceintes ;

4° Les périodes obligatoires d'instruction du service national ;

5° Les repos payés bénévolement accordés par l'employeur. – *[Anc. art. R. 771-3, al. 2.]*

SECTION II **DURÉE DU CONGÉ**

Art. R. 7213-4 Le congé annuel d'une durée inférieure ou égale à douze jours ouvrables est continu. – *[Anc. art. R. 771-2, al. 2, phrase 1.]*

Art. R. 7213-5 Le congé annuel d'une durée supérieure à douze jours ouvrables peut être fractionné par l'employeur avec l'accord du salarié. En cas de fractionnement, l'une des fractions est de deux semaines civiles au moins. – *[Anc. art. R. 771-2, al. 2, phrases 2 et 3.]*

Art. R. 7213-6 L'employeur peut imposer à un concierge d'immeuble à usage d'habitation un congé annuel d'une durée supérieure à celle du congé légal auquel peut prétendre l'intéressé.

Dans ce cas, l'employeur verse à l'intéressé, pendant toute la durée du repos supplémentaire, une indemnité qui ne peut être inférieure aux sommes qui seraient dues pour un même temps de congé légal.

Ce temps de repos supplémentaire et l'indemnité correspondante ne peuvent être imputés sur les congés légaux à venir et sur les indemnités correspondantes. – *[Anc. art. R. 771-9.]*

SECTION III **PRISE DES CONGÉS**

Art. R. 7213-7 Sauf accord du bénéficiaire, le congé annuel est pris au cours des mois de mai à octobre inclus. – *[Anc. art. R. 771-2, al. 1er.]*

Art. R. 7213-8 Le délai dont dispose l'employeur pour déclarer s'il accepte ou refuse le remplaçant proposé par le salarié, mentionné à l'article L. 7213-6, est de huit jours. – *[Anc. art. R. 771-10.]*

SECTION IV **INDEMNITÉ DE CONGÉS PAYÉS**

Art. R. 7213-9 L'indemnité correspondante au congé prévu par l'article L. 3141-3 ne peut être inférieure ni au douzième de la rémunération totale perçue par l'intéressé au cours de la période de référence, ni au salaire qui serait dû au moment du règlement de l'indemnité pour un temps de travail égal à celui du congé.

Chaque jour de congé supplémentaire accordé conformément aux dispositions de l'article *(Décr. no 2016-1551 du 18 nov. 2016, art. 6-V, en vigueur le 1er janv. 2017)* « L. 3141-8 » donne lieu à l'attribution d'une indemnité égale au quotient de l'indemnité correspondante au congé principal par le nombre de jours ouvrables compris dans ce congé. – *[Anc. art. R. 771-4, al. 1er et 2.]*

Art. R. 7213-10 Pour le calcul de l'indemnité de congé à attribuer à deux salariés relevant de l'article L. 7213-3, la rémunération des intéressés, tant en espèces qu'en nature, est considérée, sauf accord contraire, comme due pour moitié à chacun d'eux. – *[Anc. art. R. 771-7, phrase 2.]*

Art. R. 7213-11 A l'indemnité calculée suivant les dispositions des articles R. 7213-9 et R. 7221-2, s'ajoute, s'il y a lieu, une indemnité représentative des avantages en nature garantis par le contrat et dont le travailleur cesse de bénéficier pendant son congé.

Le montant de cette indemnité ne peut être inférieur à celui qui est fixé chaque année pour chaque département, localité ou groupe de localités, par arrêté préfectoral. – *[Anc. art. R. 771-5.]*

Art. R. 7213-12 En cas de licenciement, de démission ou de décès du salarié, les indemnités prévues par les articles R. 7213-9 à R. 7213-11 sont dues dans les conditions déterminées par les articles *(Décr. no 2016-1551 du 18 nov. 2016, art. 6-V, en vigueur le 1er janv. 2017)* « L. 3141-28 à L. 3141-30 », relatifs aux indemnités de congés consécutives à la rupture du contrat de travail, et à l'article D. 3141-9 *[D. 3141-8]* lorsque l'employeur est tenu d'adhérer à une caisse de congés payés. – *[Anc. art. R. 771-6.]*

SECTION V **INTERDICTIONS**

Art. R. 7213-13 Il est interdit au bénéficiaire d'un congé légal d'accepter un travail rémunéré pendant ce congé. – *[Anc. art. R. 771-8, phrase 1.]*

Art. R. 7213-14 Il est interdit à toute personne de proposer un emploi rémunéré à un salarié lorsqu'elle sait que celui-ci est en congé annuel légal. – *[Anc. art. R. 771-8, phrase 2.]*

CHAPITRE IV **SURVEILLANCE MÉDICALE**

SECTION PREMIÈRE **SERVICES DE SANTÉ AU TRAVAIL**

SOUS-SECTION 1 **ORGANISATION ET FONCTIONNEMENT**

Art. R. 7214-1 La création et la constitution d'un service de santé au travail interentreprises destiné uniquement à assurer la surveillance médicale des gardiens d'immeubles à usage d'habitation et des employés de maison, sont soumises aux règles applicables aux services de santé au travail interentreprises en ce qui concerne tant la définition de leur compétence territoriale que leur agrément. – *[Anc. art. D. 773-1.]*

Art. R. 7214-2 *à* R. 7214-4 *Abrogés par Décr. n° 2016-1908 du 27 déc. 2016, art. 19, à compter du 1er janv. 2017.*

SOUS-SECTION 2 **ADHÉSION**

Art. R. 7214-5 Lorsqu'il ne dispose pas d'un service autonome de santé au travail, l'employeur d'un gardien d'immeubles à usage d'habitation ou d'un employé de maison adhère à un service de santé au travail interentreprises habilité à faire assurer la surveillance médicale. – *[Anc. art. R. 773-4, al. 1er.]*

Art. R. 7214-6 L'adhésion à un service de santé au travail interentreprises habilité est demandée dans le délai d'un mois à compter de l'engagement du premier salarié. – *[Anc. art. R. 773-4, al. 2.]*

SOUS-SECTION 3 **DÉPENSES ET FRAIS**

Art. R. 7214-7 Les frais de transport du salarié pour se rendre au service de santé au travail interentreprises et pour en revenir sont à la charge de l'employeur. – *[Anc. art. R. 773-6, al. 1er.]*

Art. R. 7214-8 Le temps passé par le salarié pour satisfaire aux obligations de la surveillance médicale est assimilé à une période de travail. Ce temps ne peut justifier une réduction de la rémunération. – *[Anc. art. R. 773-6, al. 2.]*

SECTION II **OBJET DE LA SURVEILLANCE ET EXAMENS MÉDICAUX**

Art. R. 7214-9 *à* R. 7214-16 *Abrogés par Décr. n° 2016-1908 du 27 déc. 2016, art. 19, à compter du 1er janv. 2017.*

SECTION III **DOCUMENTS ET RAPPORTS**

SOUS-SECTION 1 **RAPPORTS**

Art. R. 7214-17 *à* R. 7214-19 *Abrogés par Décr. n° 2016-1908 du 27 déc. 2016, art. 19, à compter du 1er janv. 2017.*

SOUS-SECTION 2 **DOCUMENTS MÉDICAUX**

Art. R. 7214-20 *Abrogé par Décr. n° 2016-1908 du 27 déc. 2016, art. 19, à compter du 1er janv. 2017.*

Art. R. 7214-21 Le dossier médical est complété lors des visites ultérieures.

Ces visites donnent lieu à l'établissement d'une nouvelle fiche médicale d'aptitude remise à l'employeur et au salarié dans les mêmes conditions que la fiche médicale d'aptitude initiale. – *[Anc. art. R. 773-10, al. 6.]*

CHAPITRE V **LITIGES**

Art. R. 7215-1 *à* R. 7215-3 *Abrogés par Décr. n° 2016-1908 du 27 déc. 2016, art. 19, à compter du 1er janv. 2017.*

CHAPITRE VI *[ABROGÉ]* DISPOSITIONS PÉNALES

(Abrogé par Décr. nº 2016-1908 du 27 déc. 2016, art. 19)

Art. R. 7216-1 *Le fait, pour les responsables d'un service de santé au travail, de ne pas satisfaire aux dispositions du présent code qui lui sont applicables, en méconnaissance des dispositions de l'article R. 7214-3, est puni de l'amende prévue pour les contraventions de la cinquième classe.* — [Anc. art. R. 797-1.]

Art. R. 7216-2 *Le fait de ne pas adhérer à un service de santé au travail, en méconnaissance des dispositions de l'article R. 7214-5, ou de ne pas adhérer dans le délai prévu à l'article R. 7214-6, est puni de l'amende prévue pour les contraventions de la cinquième classe.* — [Anc. art. R. 797-1.]

Art. R. 7216-3 *Le fait de méconnaître les dispositions relatives à la participation des employeurs aux dépenses du service de santé au travail interentreprises, mentionnée à l'article R. 7214-4, est puni de l'amende prévue pour les contraventions de la cinquième classe.* — [Anc. art. R. 797-1.]

Art. R. 7216-4 *Le fait de ne pas prendre en charge les frais de transport du salarié pour se rendre au service de santé au travail ou de ne pas le rémunérer pour le temps consacré à sa surveillance médicale, en méconnaissance des dispositions des articles R. 7214-7 et R. 7214-8, est puni de l'amende prévue pour les contraventions de la cinquième classe.* — [Anc. art. R. 797-1.]

Art. R. 7216-5 *Le fait de méconnaître les dispositions des articles R. 7214-9 et R. 7214-10, est puni de l'amende prévue pour les contraventions de la cinquième classe.* — [Anc. art. R. 797-1.]

Art. R. 7216-6 *Le fait de méconnaître la finalité de l'examen médical d'embauche, des visites médicales périodiques et des visites médicales de reprise, prévue aux articles R. 7214-11 et R. 7214-14, est puni de l'amende prévue pour les contraventions de la cinquième classe.* — [Anc. art. R. 797-1.]

Art. R. 7216-7 *Le fait de ne pas faire pratiquer l'examen médical d'embauche avant l'engagement du salarié ou au plus tard dans les quinze jours ouvrables qui suivent cet engagement, en méconnaissance des dispositions de l'article R. 7214-12, est puni de l'amende prévue pour les contraventions de la cinquième classe.* — [Anc. art. R. 797-1.]

Art. R. 7216-8 *Le fait de ne pas respecter les dispositions de l'article R. 7214-13, est puni de l'amende prévue pour les contraventions de la cinquième classe.* — [Anc. art. R. 797-1.]

Art. R. 7216-9 *Le fait de méconnaître les dispositions des articles R. 7214-20 et R. 7214-21, est puni de l'amende prévue pour les contraventions de la cinquième classe.* — [Anc. art. R. 797-1.]

TITRE DEUXIÈME EMPLOYÉS DE MAISON

CHAPITRE PREMIER DISPOSITIONS GÉNÉRALES

Art. R. 7221-1 L'employeur peut imposer à un employé de maison, à l'exclusion, sauf convention contraire, des femmes et des hommes de ménage, un congé annuel d'une durée supérieure à celle du congé légal auquel peut prétendre l'intéressé.

Dans ce cas l'employeur verse à l'intéressé, pendant toute la durée du repos supplémentaire, une indemnité qui ne peut être inférieure aux sommes qui seraient dues pour un même temps de congé légal.

Ce temps de repos supplémentaire et l'indemnité correspondante ne peuvent être imputés sur les congés légaux à venir et sur les indemnités correspondantes. — *[Anc. art. R. 771-9.]*

Art. R. 7221-2 L'indemnité journalière de congé due aux femmes et aux hommes de ménage est égale au sixième du salaire hebdomadaire habituel sauf si l'application de la règle du douzième énoncée au premier alinéa de l'article R. 7213-9 est plus favorable. — *[Anc. art. R. 771-4, al. 3.]*

CHAPITRE II **DISPOSITIONS PÉNALES**

Art. R. 7222-1 Le fait de méconnaître les dispositions des 2° à 5° de l'article L. 7221-2 est puni de l'amende prévue pour les contraventions de la cinquième classe. – *[Anc. art. R. 797-1.]*

TITRE TROISIÈME **ACTIVITÉS DE SERVICES À LA PERSONNE**

CHAPITRE PREMIER **CHAMP D'APPLICATION**

Art. D. 7231-1 *(Décr. n° 2016-750 du 6 juin 2016)* « I. – Les activités de service à la personne soumises à agrément, en application de l'article L. 7232-1, sont les suivantes :

« 1° Garde d'enfants à domicile, en dessous d'un âge fixé par arrêté conjoint du *(Décr. n° 2016-1895 du 28 déc. 2016, art. 1er)* « ministre chargé de l'économie » et du ministre chargé de la famille ;

« 2° Accompagnement des enfants en dessous d'un âge fixé par arrêté conjoint du *(Décr. n° 2016-1895 du 28 déc. 2016, art. 1er)* « ministre chargé de l'économie » et du ministre chargé de la famille dans leurs déplacements en dehors de leur domicile (promenades, transport, actes de la vie courante) ;

« 3° Assistance dans les actes quotidiens de la vie ou aide à l'insertion sociale aux personnes âgées et aux personnes handicapées ou atteintes de pathologies chroniques qui ont besoin de telles prestations à domicile, quand ces prestations sont réalisées dans les conditions prévues aux 1° et 2° de l'article L. 7232-6 du présent code, à l'exclusion d'actes de soins relevant d'actes médicaux à moins qu'ils ne soient exécutés dans les conditions prévues à l'article L. 1111-6-1 du code de la santé publique et du décret n° 99-426 du 27 mai 1999 habilitant certaines catégories de personnes à effectuer des aspirations endo-trachéales ;

« 4° Prestation de conduite du véhicule personnel des personnes âgées, des personnes handicapées ou atteintes de pathologies chroniques du domicile au travail, sur le lieu de vacances, pour les démarches administratives quand cette prestation est réalisée dans les conditions prévues aux 1° et 2° de l'article L. 7232-6 du présent code ;

« 5° Accompagnement des personnes âgées, des personnes handicapées ou atteintes de pathologies chroniques, dans leurs déplacements en dehors de leur domicile (promenades, aide à la mobilité et au transport, actes de la vie courante) quand cet accompagnement est réalisé dans les conditions prévues aux 1° et 2° de l'article L. 7232-6 du même code. »

(Décr. n° 2011-1133 du 20 sept. 2011, art. 3) II. – Les activités de services à la personne soumises à titre facultatif à la déclaration prévue à l'article L. 7232-1-1 sont, outre celles mentionnées au I du présent article *(Décr. n° 2016-750 du 6 juin 2016)* « et à l'article D. 312-6-2 du code de l'action sociale et des familles », les activités suivantes :

« 1° Entretien de la maison et travaux ménagers ;

« 2° Petits travaux de jardinage, y compris les travaux de débroussaillage ;

« 3° Travaux de petit bricolage dits "homme toutes mains" ;

« 4° Garde d'enfants à domicile au-dessus d'un âge fixé par arrêté conjoint du *(Décr. n° 2016-1895 du 28 déc. 2016, art. 1er)* « ministre chargé de l'économie » et du ministre chargé de la famille ;

« 5° Soutien scolaire à domicile ou cours à domicile ;

« 6° Soins d'esthétique à domicile pour les personnes dépendantes ;

« 7° Préparation de repas à domicile, y compris le temps passé aux *(Décr. n° 2016-750 du 6 juin 2016)* « courses » ;

« 8° Livraison de repas à domicile ;

« 9° Collecte et livraison à domicile de linge repassé ;

« 10° Livraison de courses à domicile ;

« 11° Assistance informatique *(Abrogé par Décr. n° 2016-750 du 6 juin 2016) « et internet »* à domicile ;

« 12° Soins et promenades d'animaux de compagnie, à l'exception des soins vétérinaires et du toilettage, pour les personnes dépendantes ;

« 13° Maintenance, entretien et vigilance temporaires, à domicile, de la résidence principale et secondaire ;

« 14° Assistance administrative à domicile ;

« 15° Accompagnement des enfants de plus de trois ans dans leurs déplacements en dehors de leur domicile (promenades, transport, actes de la vie courante) ;

(Décr. n° 2016-750 du 6 juin 2016) « 16° Téléassistance et visio-assistance ;

« 17° Interprète en langue des signes, technicien de l'écrit et codeur en langage parlé complété ;

« 18° Prestation de conduite du véhicule personnel des personnes mentionnées au 20° du II du présent article, du domicile au travail, sur le lieu de vacances, pour les démarches administratives ;

« 19° Accompagnement des personnes mentionnées au 20° du II du présent article dans leurs déplacements en dehors de leur domicile (promenades, aide à la mobilité et au transport, actes de la vie courante) ;

« 20° Assistance aux personnes autres que celles mentionnées au 3° du I du présent article qui ont besoin temporairement d'une aide personnelle à leur domicile, à l'exclusion des soins relevant d'actes médicaux ;

« 21° Coordination et délivrance des services mentionnés au présent article. »

« III. – Les activités mentionnées *(Décr. n° 2016-750 du 6 juin 2016)* « aux 2°, 4° et 5° du I et aux 8°, 9°, 10°, 15°, 18° et 19° » du II du présent article n'ouvrent droit au bénéfice du 1° de l'article L. 7233-2 du code du travail et de l'article L. 241-10 du code de la sécurité sociale qu'à la condition que la prestation soit comprise dans une offre de services incluant un ensemble d'activités réalisées à domicile. »

Art. D. 7231-2 (Abrogé par Décr. n° 2014-753 du 2 juill. 2014, art. 4) *L'émergence d'activités nouvelles de services à la personne entrant dans le champ d'activité de l'article L. 7231-1 fait l'objet, chaque année, d'une évaluation réalisée par l'Agence nationale des services à la personne en vue, le cas échéant, de modifier la liste des activités mentionnées à l'article D. 7231-1.*

CHAPITRE II **AGRÉMENT ET DÉCLARATION DES PERSONNES MORALES ET ENTREPRENEURS INDIVIDUELS** *(Décr. n° 2011-1132 du 20 sept. 2011, art. 1er-1°).*

SECTION PREMIÈRE **DEMANDE D'AGRÉMENT**

Art. R. 7232-1 *(Décr. n° 2011-1132 du 20 sept. 2011, art. 1er-2°)* La demande d'agrément d'une personne morale ou d'un entrepreneur individuel mentionné à l'article L. 7232-1 est adressée par son représentant légal au préfet de département par voie électronique ou par lettre recommandée avec avis de réception.

Art. R. 7232-2 *(Décr. n° 2016-1895 du 28 déc. 2016, art. 1er)* « La demande d'agrément mentionne : »

(Décr. n° 2011-1132 du 20 sept. 2011, art. 1er-3°) « 1° L'adresse et la raison sociale de la personne morale ou le nom de l'entrepreneur individuel ;

« 2° L'adresse du principal établissement de la personne morale ou de l'entrepreneur individuel ainsi que l'adresse de leurs établissements secondaires, le cas échéant ;

« 3° Les départements où seront exercées les activités ;

« 4° La nature des prestations proposées et des publics ou clients visés ; »

5° Les conditions d'emploi du personnel ;

6° Les moyens d'exploitation mis en œuvre.

Art. R. 7232-3 A la demande d'agrément est joint un dossier comprenant :

(Décr. n° 2011-1132 du 20 sept. 2011, art. 1er-4°) « 1° Un extrait du registre du commerce et des sociétés ou du répertoire des métiers ou une copie des statuts de la personne morale, ou, le cas échéant, pour les ressortissants d'un État membre de l'Union européenne ou d'un autre État partie à l'accord sur l'Espace économique européen, un document équivalent ; »

2° Les éléments permettant d'apprécier le niveau de qualité des services mis en œuvre ;

3° Un modèle de document prévoyant une information des clients et des usagers en matière fiscale et des services administratifs en matière statistique ;

4° La liste des sous-traitants.

(Décr. n° 2011-1132 du 20 sept. 2011, art. 1er-4°) « Les personnes morales ou entrepreneurs individuels qui sont légalement établis dans un autre État membre de l'Union européenne ou partie à l'accord sur l'Espace économique européen joignent à leur dossier toute information et tout document relatifs à leur situation au regard de la mise en œuvre des obligations prévues, le cas échéant, par la législation applicable dans l'État où ils sont établis, en vue de l'examen de leur demande d'agrément. »

SECTION II **DÉLIVRANCE DE L'AGRÉMENT**

Art. R. 7232-4 *(Décr. n° 2011-1132 du 20 sept. 2011, art. 1er-5°)* L'agrément des personnes morales ou des entrepreneurs individuels mentionnés à l'article L. 7232-1 est délivré par le préfet du département du lieu d'implantation du principal établissement de la personne morale ou de l'entrepreneur individuel *(Décr. n° 2016-1895 du 28 déc. 2016, art. 1er)* « . Lorsque cet agrément est demandé au titre du 1° de l'article L. 7232-1, le président du conseil départemental donne un avis » sur la capacité des personnes morales ou des entrepreneurs individuels demandant l'agrément à assurer une prestation de qualité et sur l'affectation de moyens humains, matériels et financiers proportionnés à cette exigence.

Si le dossier est incomplet, le préfet en informe le demandeur et l'invite à produire les pièces ou informations manquantes.

Le silence gardé par le préfet pendant plus de trois mois à compter de la date de réception d'un dossier complet de demande d'agrément emporte décision d'acceptation.

Lorsque la personne morale ou l'entrepreneur individuel est établi hors de France, la demande d'agrément est adressée au préfet du département où sa principale activité sera exercée.

En application à l'art. L. 231-5 CRPA, et par exception à l'application du délai de deux mois prévu à l'art. L. 231-1 du même code, le délai à l'expiration duquel le silence gardé par l'administration vaut décision d'acceptation est fixé à trois mois pour une demande d'agrément pour l'exercice d'une activité s'adressant à un public fragile dans le secteur des services à la personne (Décr. n° 2014-1281 du 23 oct. 2014, art. 1er).

Art. R. 7232-5 *(Décr. n° 2011-1132 du 20 sept. 2011, art. 1er-6°)* Si la personne morale ou l'entrepreneur individuel projette d'exercer *(Décr. n° 2016-1895 du 28 déc. 2016, art. 1er)* « l'activité mentionnée au 1° de l'article L. 7232-1 » dans plusieurs départements, le préfet du département du lieu d'implantation du principal établissement de la personne morale ou de l'entrepreneur individuel recueille l'avis des présidents de conseil départemental des départements intéressés, par l'intermédiaire des préfets territorialement compétents.

Toute demande d'extension de l'agrément à une nouvelle activité ou à un nouveau département fait l'objet d'une demande de modification de l'agrément adressée au préfet du département du lieu d'implantation du principal établissement de la personne morale ou de l'entrepreneur individuel. *(Décr. n° 2016-1895 du 28 déc. 2016, art. 1er)* « Lorsqu'il s'agit de l'activité mentionnée au 1° de l'article L. 7232-1, « ce dernier recueille l'avis du président du conseil départemental du département intéressé, par l'extension d'agrément, par l'intermédiaire du préfet territorialement compétent.

Si le dossier de demande d'extension est incomplet, le préfet en informe le demandeur et l'invite à produire les pièces ou informations manquantes. Le silence gardé par le préfet pendant plus de trois mois à compter de la date de réception d'un dossier complet emporte décision d'acceptation.

Art. R. 7232-6 *(Décr. n° 2011-1132 du 20 sept. 2011, art. 1er-8°)* Le préfet accorde l'agrément lorsque les conditions suivantes sont remplies :

1° La personne morale ou l'entrepreneur individuel dispose, en propre ou au sein du réseau dont il fait partie, des moyens humains, matériels et financiers permettant de satisfaire l'objet pour lequel l'agrément est sollicité ;

(Abrogé par Décr. n° 2016-1895 du 28 déc. 2016, art. 1er) « *2° La personne morale ou l'entrepreneur individuel comportant plusieurs établissements dispose d'une charte de qualité*

qui répond aux exigences de l'agrément et à laquelle les établissements adhèrent. La mise en œuvre de cette charte par les établissements donne lieu à une évaluation interne périodique ; »

(Décr. n° 2016-1895 du 28 déc. 2016, art. 1er) **« 2° » Le demandeur de l'agrément s'engage à respecter un cahier des charges approuvé par arrêté** *(Décr. n° 2016-1895 du 28 déc. 2016, art. 1er)* **« du ministre chargé de l'économie » et du ministre chargé de la famille. Ce cahier des charges précise les conditions de fonctionnement, d'organisation et, le cas échéant, de continuité des services, ainsi que les conditions de délivrance et d'évaluation des prestations, permettant de répondre aux exigences de qualité** *(Décr. n° 2016-1895 du 28 déc. 2016, art. 1er)* **« mentionnées à l'article L. 7232-1 » ;** *— V. Arr. du 26 déc. 2011 (JO 30 déc.).*

(Décr. n° 2016-1895 du 28 déc. 2016, art. 1er) **« 3° » Les dirigeants de la personne morale ou l'entrepreneur individuel n'ont pas fait l'objet d'une condamnation pénale ni d'une sanction civile, commerciale ou administrative de nature à leur interdire de gérer, administrer ou diriger une personne morale ou d'exercer une activité commerciale ;**

(Décr. n° 2016-1895 du 28 déc. 2016, art. 1er) **« 4° » Lorsque l'activité de services à la personne est en lien avec les mineurs, la personne représentant la personne morale ou l'entrepreneur individuel** *(Décr. n° 2016-1895 du 28 déc. 2016, art. 1er)* **« ainsi que l'encadrant et les intervenants définis par arrêté du ministre chargé de l'économie et du ministre chargé de la famille ne sont pas inscrits » au fichier judiciaire national automatisé des auteurs d'infractions sexuelles** *(Décr. n° 2016-1895 du 28 déc. 2016, art. 1er)* **« mentionné à l'article 706-53-7 du code de procédure pénale » ou, pour les ressortissants d'un État membre de l'Union européenne ou d'un autre État partie à l'accord sur l'Espace économique européen, sur un document équivalent s'il existe.**

L'art. R. 7232-7 devient l'art. R. 7232-6 (Décr. n° 2016-1895 du 28 déc. 2016, art. 1er).

Art. R. 7232-7 **L'agrément est délivré pour une durée de cinq ans.** *— [Anc. art. R. 129-4, al. 1er, phrase 1.]*

L'art. R. 7232-8 devient l'art. R. 7232-7 (Décr. n° 2016-1895 du 28 déc. 2016, art. 1er).

Art. R. 7232-8 *(Décr. n° 2011-1132 du 20 sept. 2011, art. 1er-9°)* **La demande de renouvellement est déposée, au plus tard, trois mois avant le terme de la période d'agrément auprès du préfet du département du lieu d'implantation du principal établissement de la personne morale ou de l'entrepreneur individuel.**

(Abrogé par Décr. n° 2016-1895 du 28 déc. 2016, art. 1er) ***« Les organismes agréés relevant du 2° de l'article L. 313-1-2 du code de l'action sociale et des familles fournissent les résultats de leur évaluation externe dans les conditions et délais prévus en application des dispositions combinées des articles L. 312-8 et L. 313-1-2 du code de l'action sociale et des familles.***

« La certification dispense de l'évaluation externe dans les conditions prévues en application des dispositions combinées de l'article L. 312-8 et de l'article L. 313-1-2 du code de l'action sociale et des familles. Elle ouvre droit au renouvellement automatique de l'agrément, dans les conditions prévues à l'alinéa suivant sous réserve qu'elle concerne les mêmes activités et les mêmes établissements. »

Chaque organisme agréé et certifié bénéficie d'un renouvellement automatique de son précédent agrément à condition que l'ensemble de ses activités et établissements concernés soient couverts par une certification telle que définie à l'article *(Décr. n° 2016-1895 du 28 déc. 2016, art. 1er)* **« L. 433-3 » du code de la consommation. Cette certification doit être fondée sur un référentiel des services à la personne qui respecte les exigences fixées par le cahier des charges mentionné au** *(Décr. n° 2016-1895 du 28 déc. 2016, art. 1er)* **« 2° de l'article R. 7232-6 ». La conformité du référentiel de chaque organisme certificateur au cahier des charges est reconnue par** *(Décr. n° 2014-753 du 2 juill. 2014, art. 5)* **« un arrêté du ministre** *(Décr. n° 2016-1895 du 28 déc. 2016, art. 1er)* **« chargé de l'économie », qui est publiée** *[publié]* **au *Bulletin officiel* du** *(Décr. n° 2016-1895 du 28 déc. 2016, art. 1er)* **« ministère en charge de l'économie ».**

L'art. R. 7232-9 devient l'art. R. 7232-8 (Décr. n° 2016-1895 du 28 déc. 2016, art. 1er).

Art. R. 7232-9 *(Décr. n° 2011-1132 du 20 sept. 2011, art. 1er-10°)* **La personne morale ou l'entrepreneur individuel agréé produit au moins chaque trimestre un état d'activité**

et chaque année un bilan qualitatif et quantitatif de l'activité exercée au titre de l'année écoulée ainsi qu'un tableau statistique annuel. Ces documents sont adressés par voie électronique *(Décr. n° 2016-1895 du 28 déc. 2016, art. 1er)* « au préfet, qui les rend accessibles au ministre chargé de l'économie ». A défaut, ils sont adressés sous forme de documents papiers au préfet, qui en assure *(Décr. n° 2016-1895 du 28 déc. 2016, art. 1er)* « la transmission au ministre chargé de l'économie. » Celui-ci les rend accessibles par voie électronique au ministre chargé de l'emploi, à des fins statistiques.

Lorsque la personne morale ou l'entrepreneur individuel dispose de plusieurs établissements, les états statistiques et le bilan annuel distinguent l'activité exercée par chaque établissement.

L'art. R. 7232-10 devient l'art. R. 7232-9 (Décr. n° 2016-1895 du 28 déc. 2016, art. 1er).

Art. R. 7232-10 L'agrément délivré à *(Décr. n° 2011-1132 du 20 sept. 2011, art. 1er-11°)* « une personne morale ou un entrepreneur individuel disposant de » plusieurs établissements peut être modifié lorsqu'un de ses établissements se trouve dans un des cas de retrait mentionnés *(Décr. n° 2016-1895 du 28 déc. 2016, art. 1er)* « à l'article **R. 7232-12** ». – *[Anc. art. R. 129-5, II.]*

L'art. R. 7232-11 devient l'art. R. 7232-10 (Décr. n° 2016-1895 du 28 déc. 2016, art. 1er).

Art. R. 7232-11 La décision d'agrément est publiée au recueil des actes administratifs de la préfecture.

(Décr. n° 2011-1132 du 20 sept. 2011, art. 1er-12°) « Le préfet » en informe *(Abrogé par Décr. n° 2014-753 du 2 juill. 2014, art. 5)* ***« l'Agence nationale des services à la personne et »*** l'organisme chargé du recouvrement des cotisations de sécurité sociale.

L'art. R. 7232-12 devient l'art. R. 7232-11 (Décr. n° 2016-1895 du 28 déc. 2016, art. 1er).

SECTION III **RETRAIT D'AGRÉMENT**

Art. R. 7232-12 L'agrément est retiré à *(Décr. n° 2011-1132 du 20 sept. 2011, art. 1er-13°)* « la personne morale ou à l'entrepreneur individuel » qui :

1° Cesse de remplir les conditions ou de respecter les obligations mentionnées aux articles R. 7232-4 à *(Décr. n° 2016-1895 du 28 déc. 2016, art. 1er)* « **R. 7232-9** » ;

2° Ne respecte pas les dispositions légales relatives à la santé et à la sécurité au travail ;

3° Exerce des activités autres que celles déclarées dans la demande d'agrément ;

(Abrogé par Décr. n° 2011-1132 du 20 sept. 2011, art. 1er-13°) ***« 4° N'est pas en mesure de justifier à tout moment du caractère exclusif de son activité de service ; »***

(Décr. n° 2011-1132 du 20 sept. 2011, art. 1er-13°) « 4° » Ne transmet pas au préfet compétent, avant la fin du premier semestre de l'année, le bilan qualitatif et quantitatif de l'activité exercée au titre de l'année écoulée.

L'art. R. 7232-13 devient l'art. R. 7232-12 (Décr. n° 2016-1895 du 28 déc. 2016, art. 1er).

Art. R. 7232-13 *(Décr. n° 2011-1132 du 20 sept. 2011, art. 1er-15°)* « La personne morale ou l'entrepreneur individuel » qui ne remplit plus les conditions de l'agrément en est informée *[informé]* par lettre recommandée *(Décr. n° 2011-1132 du 20 sept. 2011, art. 1er-15°)* « avec avis de réception.

« Il dispose » d'un délai de quinze jours au moins pour faire valoir ses observations.

L'art. R. 7232-15 devient l'art. R. 7232-13 (Décr. n° 2016-1895 du 28 déc. 2016, art. 1er).

Art. R. 7232-14 Lorsque l'agrément lui est retiré, *(Décr. n° 2011-1132 du 20 sept. 2011, art. 1er-16°)* « la personne morale ou l'entrepreneur individuel » en informe sans délai l'ensemble des bénéficiaires de ses prestations de service *[services]* par lettre individuelle.

(Décr. n° 2011-1132 du 20 sept. 2011, art. 1er-16°) « A défaut de justification de l'accomplissement de cette obligation et après mise en demeure restée sans effet, le préfet publie aux frais de la personne morale ou de l'entrepreneur individuel sa décision dans deux journaux locaux ou dans un journal local et un journal à diffusion nationale lorsque les activités en cause de services à la personne sont exercées sur le territoire d'au moins deux régions. »

L'art. R. 7232-16 devient l'art. R. 7232-14 (Décr. n° 2016-1895 du 28 déc. 2016, art. 1er).

Art. R. 7232-15 *(Décr. n° 2011-1132 du 20 sept. 2011, art. 1er-17°)* La décision de retrait d'agrément est publiée au recueil des actes administratifs de la préfecture.

Le préfet en informe le président des conseils départementaux intéressés, *(Décr. n° 2016-1895 du 28 déc. 2016, art. 1er)* « le ministre chargé de l'économie » ainsi que l'organisme chargé du recouvrement des cotisations de sécurité sociale territorialement compétent.

L'art. R. 7232-17 devient l'art. R. 7232-15 (Décr. n° 2016-1895 du 28 déc. 2016, art. 1er).

SECTION IV **DÉCLARATION, ENREGISTREMENT D'ACTIVITÉ ET RETRAIT DE L'ENREGISTREMENT**

(Décr. n° 2011-1132 du 20 sept. 2011, art. 1er-18°)

Art. R. 7232-16 La déclaration de la personne morale ou de l'entrepreneur individuel, mentionnée à l'article L. 7232-1-1, est effectuée auprès du préfet du département du lieu d'implantation du principal établissement de la personne morale ou du lieu d'établissement de l'entrepreneur individuel. Elle est adressée par voie électronique ou par lettre recommandée avec avis de réception par son représentant légal.

Lorsque la personne morale ou l'entrepreneur individuel est établi hors de France, sa déclaration est adressée au préfet du département où sa principale activité sera exercée.

Lorsque la personne morale ou l'entrepreneur individuel dispose de plusieurs établissements ou exerce une nouvelle activité, l'ouverture d'un nouvel établissement ou l'exercice de la nouvelle activité fait l'objet d'une déclaration modificative dans les mêmes conditions que la déclaration initiale.

L'art. R. 7232-18 devient l'art. R. 7232-16 (Décr. n° 2016-1895 du 28 déc. 2016, art. 1er).

Art. R. 7232-17 La déclaration comprend :

1° La raison sociale de la personne morale ou le nom de l'entrepreneur individuel et leur adresse ;

2° L'adresse du principal établissement de la personne morale ou de l'entrepreneur individuel ainsi que l'adresse de leurs établissements secondaires ;

3° La mention des activités de services à la personne proposées ;

4° L'engagement du représentant légal de la personne morale ou de l'entrepreneur individuel d'exercer son activité dans le champ des services à la personne à titre exclusif, conformément à l'article L. 7232-1-1, sous réserve du 5° ;

5° L'engagement du représentant légal de la personne morale dispensée de la condition d'activité exclusive en application de l'article L. 7232-1-2 de mettre en place une comptabilité séparée relative aux prestations de services à la personne mentionnées à l'article L. 7231-1 ;

6° Pour certaines prestations identifiées à ce titre par le décret prévu au 1° de l'article L. 7231-2, l'engagement d'inclure ces prestations dans une offre de services comprenant un ensemble d'activités de services à la personne réalisées à domicile.

L'art. R. 7232-19 devient l'art. R. 7232-17 (Décr. n° 2016-1895 du 28 déc. 2016, art. 1er).

Art. R. 7232-18 Dès réception du dossier de déclaration complet, le préfet du département du lieu d'implantation du principal établissement de la personne morale ou de l'entrepreneur individuel enregistre la déclaration et lui délivre un récépissé. Dans le cas où le dossier est incomplet, le préfet en informe le demandeur et l'invite à produire les pièces ou informations manquantes.

Le récépissé délivré à la personne morale ou à l'entrepreneur individuel est publié au recueil des actes administratifs de la préfecture.

Le préfet en informe *(Abrogé par Décr. n° 2014-753 du 2 juill. 2014, art. 5) « l'Agence nationale des services à la personne ainsi que »* le directeur des services fiscaux et l'organisme chargé du recouvrement des cotisations de sécurité sociale territorialement compétents. *(Décr. n° 2016-1895 du 28 déc. 2016, art. 1er)* « Le ministre chargé de l'économie » rend accessible au public par voie électronique la liste des personnes morales et entrepreneurs individuels dont la déclaration a donné lieu à délivrance d'un récépissé.

Le bénéfice des exonérations de cotisations de sécurité sociale mentionnées à l'article L. 241-10 du code de la sécurité sociale est acquis à compter du premier jour du mois qui suit la publication du récépissé.

L'art. R. 7232-20 devient l'art. R. 7232-18 (Décr. n° 2016-1895 du 28 déc. 2016, art. 1er).

Art. R. 7232-19 La personne morale ou l'entrepreneur individuel qui a effectué une déclaration produit au moins chaque trimestre un état d'activité et chaque année un bilan qualitatif et quantitatif de l'activité exercée au titre de l'année écoulée ainsi qu'un tableau statistique annuel. Ces documents sont adressés par voie électronique *(Décr. n° 2016-1895 du 28 déc. 2016, art. 1er)* « au préfet, qui les rend accessibles au ministre chargé de l'économie. » A défaut, ils sont adressés sous forme de documents papiers au préfet, *(Décr. n° 2016-1895 du 28 déc. 2016, art. 1er)* « qui en assure la transmission au ministre chargé de l'économie ». Celui-ci les rend accessibles par voie électronique au ministre chargé de l'emploi, à des fins statistiques.

Lorsque la personne morale ou l'entrepreneur individuel dispose de plusieurs établissements, les états statistiques et le bilan annuel mentionnés au premier alinéa distinguent l'activité exercée par chaque établissement.

La personne morale ou l'entrepreneur individuel qui a effectué une déclaration s'engage à apposer sur tous ses supports commerciaux le logotype identifiant le secteur des services à la personne. Ce logotype est mis gratuitement à la disposition des personnes morales et des entrepreneurs individuels *(Décr. n° 2016-1895 du 28 déc. 2016, art. 1er)* « par le ministre chargé de l'économie ».

L'art. R. 7232-21 devient l'art. R. 7232-19 (Décr. n° 2016-1895 du 28 déc. 2016, art. 1er).

Art. R. 7232-20 La personne morale ou l'entrepreneur individuel qui cesse de remplir les conditions ou de respecter les obligations mentionnées aux 4°, 5° et 6° de l'article *(Décr. n° 2016-1895 du 28 déc. 2016, art. 1er)* « R. 7232-17 » ou qui méconnaît de façon répétée, après mise en demeure par le préfet restée sans effet, les obligations définies à l'article *(Décr. n° 2016-1895 du 28 déc. 2016, art. 1er)* « R. 7232-19 » perd le bénéfice des dispositions de l'article L. 7233-2 et des dispositions de l'article L. 241-10 du code de la sécurité sociale.

Il en est informé par le préfet, par lettre recommandée avec accusé de réception. Il dispose d'un délai de quinze jours pour faire valoir ses observations.

Lorsque le préfet estime que les manquements relevés ne justifient pas le retrait de l'enregistrement mais rendent nécessaire une modification des termes de la déclaration, la personne en cause est invitée par le préfet à apporter à sa déclaration la modification requise.

La décision de retrait ou de modification d'un enregistrement de déclaration est prise par le préfet du département où la déclaration a été enregistrée. Elle est publiée au recueil des actes administratifs de la préfecture.

Le préfet en informe *(Abrogé par Décr. n° 2016-1895 du 28 déc. 2016, art. 1er)* « *(Décr. n° 2014-753 du 2 juill. 2014, art. 5)* ***« le ministre chargé des services à la personne » ainsi que*** » le directeur des services fiscaux et l'organisme chargé du recouvrement des cotisations de sécurité sociale territorialement compétents.

L'art. R. 7232-22 devient l'art. R. 7232-20 (Décr. n° 2016-1895 du 28 déc. 2016, art. 1er).

Art. R. 7232-21 La décision de retrait de l'enregistrement et du bénéfice des dispositions des articles L. 7233-2 du code du travail et de l'article L. 241-10 du code de la sécurité sociale prend effet immédiatement. La personne morale ou l'entrepreneur individuel en informe sans délai l'ensemble des bénéficiaires de ses prestations de services par lettre individuelle.

A défaut de justification de l'accomplissement de cette obligation, et après mise en demeure restée sans effet, le préfet publie aux frais de la personne morale ou de l'entrepreneur individuel sa décision dans deux journaux locaux ou dans un journal local et un journal à diffusion nationale lorsque les activités en cause de services à la personne sont exercées sur le territoire d'au moins deux régions.

L'art. R. 7232-23 devient l'art. R. 7232-21 (Décr. n° 2016-1895 du 28 déc. 2016, art. 1er).

Art. R. 7232-22 Dans le cas prévu au premier alinéa de l'article L. 7232-8, la personne morale ou l'entrepreneur individuel qui a fait l'objet d'une décision de retrait du bénéfice des articles L. 7233-2 du code du travail et de l'article L. 241-10 du code de la sécurité sociale ne peut, en application du deuxième alinéa de l'article L. 7232-8, faire une nouvelle déclaration qu'après un délai d'un an à compter de la date de la notification de la décision de retrait de l'enregistrement de la déclaration.

L'art. R. 7232-24 devient l'art. R. 7232-22 (Décr. n° 2016-1895 du 28 déc. 2016, art. 1er).

CHAPITRE III **DISPOSITIONS FINANCIÈRES**

SECTION PREMIÈRE **FACTURATION DES SERVICES**

Art. D. 7233-1 *(Décr. n° 2011-1133 du 20 sept. 2011, art. 4)* « Lorsqu'ils assurent » la fourniture aux personnes physiques de prestations de services à la personne, *(Décr. n° 2011-1133 du 20 sept. 2011, art. 4)* « les personnes morales et les entrepreneurs individuels » produisent une facture faisant apparaître :

1° Le nom et l'adresse de *(Décr. n° 2011-1133 du 20 sept. 2011, art. 4)* « la personne morale ou de l'entrepreneur individuel ;

« 2° Le numéro et la date d'enregistrement de la déclaration si celle-ci a été demandée ainsi que le numéro et la date de délivrance de l'agrément lorsque les activités relèvent de l'article L. 7232-1 ; »

3° Le nom et l'adresse du bénéficiaire de la prestation de service ;

4° La nature exacte des services fournis ;

5° Le montant des sommes effectivement acquittées au titre de la prestation de service ;

6° Un numéro d'immatriculation de l'intervenant permettant son identification dans les registres des salariés de l'entreprise ou de l'association prestataire ;

7° Les taux horaires de main-d'œuvre ou, le cas échéant, le prix forfaitaire de la prestation ;

8° Le décompte du temps passé ;

9° Les prix des différentes prestations ;

10° Le cas échéant, les frais de déplacement ;

(Décr. n° 2011-1133 du 20 sept. 2011, art. 4) « 11° Lorsque la personne morale ou l'entrepreneur individuel est agréé en application de l'article *(Décr. n° 2016-1895 du 28 déc. 2016, art. 1er)* « L. 7232-1 » mais non déclaré au titre de l'article L. 7232-1-1, les devis, factures et documents commerciaux indiquent que les prestations fournies n'ouvrent pas droit aux avantages fiscaux prévus par l'article L. 7233-2. »

Art. D. 7233-2 Lorsque les prestations de service sont imposables à la taxe sur la valeur ajoutée, les taux, prix et frais de déplacement mentionnés à l'article D. 7233-1 comprennent cette taxe. – *[Anc. art. D. 129-38, al. 12.]*

Art. D. 7233-3 Seules peuvent ouvrir droit à *(Décr. n° 2016-1895 du 28 déc. 2016, art. 1er)* « l'aide » prévue par l'article 199 *sexdecies* du code général des impôts, les factures acquittées :

1° Soit par carte de paiement, prélèvement, virement, titre universel ou interbancaire de paiement ou par chèque ;

2° Soit par chèque emploi service universel. – *[Anc. art. D. 129-38, al. 13.]*

Art. D. 7233-4 *(Décr. n° 2011-1133 du 20 sept. 2011, art. 5-I)* « La personne morale ou l'entrepreneur individuel déclaré en application de l'article L. 7232-1-1 » délivre à *chacun de ses clients une* attestation fiscale annuelle, pour leur permettre de bénéficier de *(Décr. n° 2016-1895 du 28 déc. 2016, art. 1er)* « l'aide prévue par l'article 199 *sexdecies* du code général des impôts ».

Cette attestation mentionne :

1° Le nom, l'adresse et le numéro d'identification de *(Décr. n° 2011-1133 du 20 sept. 2011, art. 5-I)* « la personne morale ou de l'entrepreneur individuel » ;

2° Le numéro et la date *(Décr. n° 2011-1133 du 20 sept. 2011, art. 5-I)* « d'enregistrement de la déclaration » ;

3° Le nom de la personne ayant bénéficié du service, son adresse, le numéro de son compte débité le cas échéant, le montant effectivement acquitté ;

4° Un récapitulatif des interventions faisant apparaître le nom et le code identifiant de l'intervenant, ainsi que la date et la durée de l'intervention.

SECTION II **MESURES FISCALES**

Art. D. 7233-5 Les activités de service à la personne à domicile ouvrent droit à *(Décr. nº 2016-1895 du 28 déc. 2016, art. 1er)* « l'aide » prévue par l'article 199 *sexdecies* du code général des impôts sous les réserves suivantes :

1° Le montant total *(Décr. nº 2011-1133 du 20 sept. 2011, art. 5-II)* « des travaux de petit bricolage dits » "hommes toutes mains" est plafonné à 500 € par an et par foyer fiscal. La durée d'une intervention de petit bricolage ne peut excéder deux heures ;

2° Le montant de l'assistance informatique et Internet à domicile est plafonné à *(Décr. nº 2013-524 du 19 juin 2013)* « 3 000 » € par an et par foyer fiscal ;

3° Le montant des interventions de petits travaux de jardinage des particuliers est plafonné à *(Décr. nº 2013-524 du 19 juin 2013)* « 5 000 » € par an et par foyer fiscal.

SECTION III **AIDE FINANCIÈRE EN FAVEUR DES SALARIÉS, DU CHEF D'ENTREPRISE OU DES DIRIGEANTS SOCIAUX**

Art. D. 7233-6 *(Décr. nº 2011-1133 du 20 sept. 2011, art. 5-III)* L'aide financière mentionnée à l'article L. 7233-4 peut financer des services à la personne au sein de l'entreprise au bénéfice de ses salariés.

Art. D. 7233-7 Les bénéficiaires de l'aide financière *(Décr. nº 2011-1133 du 20 sept. 2011, art. 5-IV)* « prévue à l'article L. 7233-4 » sont les salariés ou agents des personnes physiques ou morales de droit public ou de droit privé ainsi que ceux mentionnés à l'article L. 7233-5 dans les conditions prévues à cet article. — *[Anc. art. D. 129-30.]*

Art. D. 7233-8 Le montant maximum de l'aide financière est fixé à 1 830 € par année civile et par bénéficiaire.

Ce montant maximum est révisé annuellement, par arrêté conjoint des ministres chargés *(Abrogé par Décr. nº 2016-1895 du 28 déc. 2016, art. 1er)* *« de l'emploi, »* de l'économie et de la sécurité sociale, en fonction de l'évolution de l'indice des prix à la consommation des ménages.

Ce montant ne peut excéder le coût des services supportés par le bénéficiaire. — *[Anc. art. D. 129-31, al. 1er et 2.]*

Art. D. 7233-9 Le comité d'entreprise ou l'entreprise qui verse l'aide financière établit, aux fins de contrôle, au titre de chaque année civile, un état récapitulatif individuel des aides versées aux salariés de l'entreprise et aux autres personnes mentionnées à l'article L. 7233-5. — *[Anc. art. D. 129-32.]*

Art. D. 7233-10 Le comité d'entreprise qui verse l'aide financière transmet à l'entreprise, dans les dix premiers jours du mois de janvier de l'année suivant celle de l'attribution de l'aide, l'identité des bénéficiaires et le montant qui leur a été versé à ce titre au cours de l'année civile précédente. — *[Anc. art. D. 129-33.]*

Art. D. 7233-11 L'employeur communique au bénéficiaire de l'aide, avant le 1er février de l'année suivant celle de l'attribution de l'aide versée par le comité d'entreprise ou l'entreprise au cours de l'année écoulée, une attestation mentionnant le montant total de celle-ci et précisant son caractère non imposable.

La déclaration annuelle prévue par l'article 87 du code général des impôts, souscrite par l'entreprise, mentionne, pour chaque bénéficiaire, le montant de l'aide accordée par le comité d'entreprise ou par l'entreprise. — *[Anc. art. D. 129-34.]*

Art. R. 7233-12 Les dispositions de l'article L. 7233-4 s'appliquent à l'aide financière de la personne morale de droit public destinée à financer les chèques emploi-service universels au bénéfice de ses agents et salariés et des ayants droit. — *[Anc. art. L. 129-13, al. 1er milieu.]*

LIVRE TROISIÈME VOYAGEURS, REPRÉSENTANTS OU PLACIERS, GÉRANTS DE SUCCURSALES ET ENTREPRENEURS SALARIÉS ASSOCIÉS D'UNE COOPÉRATIVE D'ACTIVITÉ ET D'EMPLOI *(Décr. n° 2015-1363 du 27 oct. 2015, art. 1er).*

TITRE PREMIER VOYAGEURS, REPRÉSENTANTS ET PLACIERS

CHAPITRE PREMIER CHAMP D'APPLICATION ET DÉFINITIONS

Le présent chapitre ne comprend pas de dispositions réglementaires.

CHAPITRE II ACCÈS À LA PROFESSION

Art. D. 7312-1 à D. 7312-25 *Abrogés par Décr. n° 2009-289 du 13 mars 2009.*

CHAPITRE III CONTRAT DE TRAVAIL

Art. D. 7313-1 **Pour l'application de la législation sur les congés payés, le voyageur, représentant ou placier qui exerce sa profession dans les conditions prévues par les articles L. 7311-1 à L. 7311-3, L. 7313-1 et L. 7313-6 a droit à la rémunération moyenne qu'il a reçue pour une période de même durée dans l'année qui a précédé son congé.**

L'allocation de cette indemnité n'entraîne pas de réduction du montant des commissions auxquelles il a droit, dans les conditions prévues à son contrat, en raison de son activité antérieure à son départ en congé. – *[Anc. art. R. 751-1.]*

1. Principe de proportionnalité. L'indemnité de congés payés doit être proportionnelle aux salaires perçus pendant la période de référence, quelle que soit la durée du temps d'occupation de l'intéressé. • Soc. 6 mars 1963 : *D. 1963. 330.*

2. Assiette de calcul. Doivent être prises en compte pour le calcul de l'indemnité de congés payés toutes les sommes dues en rémunération de l'activité du représentant pendant la période de référence. • Soc. 4 mars 1964 : *Bull. civ. V, n° 196.* ♦ ... Y compris les commissions afférentes aux achats directs antérieurs à son congé. • Soc. 28 oct. 1963 : *D. 1964. 337 ; JCP 1964. II. 13550, note B.A.* – V. aussi • Soc. 4 juill. 1966 : *D. 1967. 533, 2e esp., note J. Blaise.* ♦ Sur la preuve de l'inclusion des congés payés dans les commissions. • Soc. 3 mars 1971 : *Bull. civ. V, n° 183* • 28 oct. 1971 : *ibid., n° 613.*

3. La rémunération visée par l'art. R. 751-1 est celle due en contrepartie du travail, à l'exclusion des frais professionnels. • Soc. 18 juill. 1961 : *Bull. civ. IV, n° 804.* ♦ Dès lors que les frais professionnels sont inclus dans les commissions, il y a lieu de pratiquer un abattement. • Soc. 10 juin 1965 : *Dr. soc. 1965. 560, obs. Savatier.*

4. Modalités de paiement. Aucune disposition légale n'interdit de verser l'indemnité de congés payés en même temps que les commissions. • Soc. 18 oct. 1975 : *Bull. civ. V, n° 163* • 2 févr. 1983 : *ibid. n° 700.* ♦ Mais s'il n'est pas interdit aux parties de prévoir expressément dans le contrat de travail une rémunération mensuelle forfaitaire incluant l'indemnité de congés payés, sous réserve de ne pas aboutir pour le salarié à un résultat moins favorable que la stricte application des dispositions légales ou conventionnelles, c'est à la condition, pour un VRP payé à la commission, que soit prévue une majoration du taux desdites commissions. • Soc. 30 mai 2000, ☎ n° 97-45.946 P.

5. A défaut de dispositions contraires, l'inclusion des congés payés dans les commissions n'ayant pu être stipulée qu'en fonction de la durée légale des congés, il y a lieu de tenir compte des modifications intervenues dans la durée légale des congés payés. • Soc. 21 avr. 1977 : *Bull. civ. V, n° 267.*

CHAPITRE IV DISPOSITIONS PÉNALES

Le présent chapitre ne comprend pas de dispositions réglementaires.

TITRE DEUXIÈME GÉRANTS DE SUCCURSALES

CHAPITRE PREMIER DISPOSITIONS GÉNÉRALES

Le présent chapitre ne comprend pas de dispositions réglementaires.

CHAPITRE II GÉRANTS NON SALARIÉS DES SUCCURSALES DE COMMERCE DE DÉTAIL ALIMENTAIRE

Art. D. 7322-1 L'autorité administrative mentionnée à l'article L. 7322-4 est le ministre chargé du travail. Il prend les décisions mentionnées au même article par arrêté. – *[Anc. art. L. 782-4.]*

TITRE III ENTREPRENEURS SALARIÉS ASSOCIÉS D'UNE COOPÉRATIVE D'ACTIVITÉ ET D'EMPLOI

(Décr. nº 2015-1363 du 27 oct. 2015, art. 1er, en vigueur le 1er janv. 2016)

CHAPITRE PREMIER ORGANISATION DES COOPÉRATIVES D'ACTIVITÉ ET D'EMPLOI

Art. R. 7331-1 La coopérative d'activité et d'emploi assure l'ensemble des obligations légales, réglementaires et contractuelles inhérentes à l'exercice de l'activité économique de chaque entrepreneur salarié avec lequel elle conclut le contrat d'entrepreneur salarié mentionné au 2° de l'article L. 7331-2.

Elle assure notamment les obligations fiscales, sociales et comptables relatives à l'activité de l'entrepreneur salarié.

Art. R. 7331-2 La coopérative d'activité et d'emploi assure un accompagnement individuel de chaque entrepreneur salarié en vue de favoriser le développement de son activité économique.

Les statuts de la coopérative d'activité et d'emploi déterminent les services mutualisés proposés pour l'accompagnement individuel et collectif des entrepreneurs salariés.

L'assemblée générale délibère chaque année sur les actions nécessaires à l'accompagnement individuel et collectif des entrepreneurs salariés et les ressources à affecter à cet effet.

Art. R. 7331-3 Le contrat d'entrepreneur salarié mentionné au 2° de l'article L. 7331-2 définit les conditions dans lesquelles l'entrepreneur salarié bénéficie, par période de douze mois, d'au moins deux entretiens individuels d'accompagnement faisant l'objet d'un document écrit et signé par l'entrepreneur salarié. Ce document comporte notamment le bilan et les perspectives d'évolution prévisible de son activité économique, les actions individuelles et collectives nécessaires au développement de son activité économique ainsi que les besoins d'accompagnement.

Art. R. 7331-4 Sans préjudice des dispositions de l'article L. 7332-2, la coopérative d'activité et d'emploi informe et conseille les entrepreneurs salariés aux fins d'assurer leur sécurité ou de protéger leur santé dans l'exercice de leur activité.

Art. R. 7331-5 La coopérative d'activité et d'emploi tient, pour chaque activité économique autonome :

1° Un compte analytique de bilan qui récapitule les éléments de l'actif et du passif ;

2° Un compte analytique de résultat qui récapitule les produits et les charges de l'exercice.

L'entrepreneur salarié a accès au système d'information de la coopérative pour consulter le compte d'activité et les opérations comptables qui le concernent, ainsi que pour prendre connaissance de sa situation financière. A défaut de système d'information, ces informations lui sont transmises une fois par mois par la coopérative ou à sa demande pour les besoins de gestion de son activité.

Art. R. 7331-6 Lorsque plusieurs entrepreneurs salariés d'une même coopérative d'activité et d'emploi exercent ensemble une activité économique autonome, ils concluent préalablement avec la coopérative d'activité et d'emploi une convention précisant notamment la nature de l'activité économique ainsi que les modalités de répartition de la rémunération entre les entrepreneurs salariés. Cette convention précise aussi la répartition de la propriété de la clientèle, du nom commercial commun et de tous éléments matériels et immatériels mis en commun.

Art. R. 7331-7 La coopérative d'activité et d'emploi peut tenir un seul compte analytique de bilan et un seul compte analytique de résultat pour un entrepreneur salarié qui exerce plusieurs activités économiques.

Art. R. 7331-8 Les statuts de la coopérative d'activité et d'emploi déterminent les principes régissant la contribution des entrepreneurs salariés au financement des services mutualisés mis en œuvre par la coopérative.

L'assemblée générale arrête les assiettes, les taux ou les montants de la contribution aux conditions de majorité des assemblées générales ordinaires prévues, selon la forme juridique de la coopérative d'activité et d'emploi, aux articles L. 223-29, L. 223-30, L. 225-98 ou L. 227-9 du code de commerce.

Le contrat d'entrepreneur salarié mentionné au 2° de l'article L. 7331-2 peut prévoir que les assiettes, les taux ou les montants de la contribution mentionnés au précédent alinéa sont, le cas échéant, modifiés par l'assemblée générale.

Art. R. 7331-9 La contribution de l'entrepreneur salarié mentionnée au *c* du 2° de l'article L. 7331-2 participe au financement des dépenses, permettant à la coopérative la réalisation de son objet tel qu'il est défini par l'article 26-41 de la loi n° 47-1775 du 10 septembre 1947.

La coopérative met à la disposition de l'entrepreneur salarié le compte analytique des services mutualisés de la coopérative d'activité et d'emploi établi à la clôture de l'exercice comptable.

Art. R. 7331-10 Le contrat d'entrepreneur salarié mentionné au 2° de l'article L. 7331-2 précise les délais et les modalités par lesquels l'entrepreneur salarié devient associé de la coopérative dans les conditions posées par l'article L. 7331-3.

CHAPITRE II **DÉTERMINATION DE LA RÉMUNÉRATION DE L'ENTREPRENEUR SALARIÉ D'UNE COOPÉRATIVE D'ACTIVITÉ ET D'EMPLOI**

Art. R. 7331-11 La rémunération prévue à l'article L. 7332-3, fixée au contrat, est composée :

1° D'une part fixe versée mensuellement dont le montant est déterminé forfaitairement en fonction des objectifs d'activités minimales définis dans le contrat de l'entrepreneur salarié ;

2° D'une part variable calculée pour chaque exercice en fonction du chiffre d'affaires défini à l'article L. 7332-3. Un acompte sur la part variable de la rémunération peut être versé mensuellement.

Art. R. 7331-12 En fin d'exercice, la coopérative d'activité et d'emploi procède à la régularisation du calcul de la part variable de la rémunération de chaque entrepreneur salarié et au versement du solde restant dû dans un délai maximum d'un mois après la date de l'assemblée générale statuant sur la clôture des comptes de l'exercice.

Le contrat d'entrepreneur salarié peut stipuler les conditions dans lesquelles les parties conviennent en fin d'exercice comptable des modalités de constitution d'un résultat net comptable. Ce résultat est affecté en application des conventions et accords collectifs de travail et des statuts de la coopérative.

LIVRE QUATRIÈME **TRAVAILLEURS À DOMICILE**

TITRE PREMIER **DISPOSITIONS GÉNÉRALES**

CHAPITRE PREMIER **CHAMP D'APPLICATION ET DISPOSITIONS D'APPLICATION**

Le présent chapitre ne comprend pas de dispositions réglementaires.

CHAPITRE II **DÉFINITIONS**

Le présent chapitre ne comprend pas de dispositions réglementaires.

CHAPITRE III **MISE EN ŒUVRE**

SECTION PREMIÈRE **COMPTABILITÉ**

Art. R. 7413-1 Le donneur d'ouvrage à domicile tient une comptabilité distincte des matières premières et fournitures destinées au travailleur à domicile.

Cette comptabilité fait ressortir séparément :

1° A l'entrée dans l'établissement : la date d'entrée, la quantité et la nature de chaque article ;

2° A la remise de l'ouvrage aux travailleurs :

a) La date de remise, la quantité, la nature de chaque article ;

b) La nature de l'ouvrage ;

c) Le nom du travailleur ;

3° A la livraison de l'ouvrage par les travailleurs : la date de la livraison. – *[Anc. art. R. 721-3, al. 1er à 5.]*

Art. R. 7413-2 Les registres de la comptabilité du donneur d'ouvrage sont tenus à la disposition de l'inspection du travail.

Le *(Décr. no 2009-1377 du 10 nov. 2009)* « directeur régional des entreprises, de la concurrence, de la consommation, du travail et de l'emploi » peut demander un contrôle de cette comptabilité. – *[Anc. art. R. 721-3, al. 6 et 7.]*

Art. R. 7413-3 Sous réserve de l'application de l'article L. 8232-2, relatif aux obligations et à la solidarité du donneur d'ordres, la responsabilité du travailleur à domicile pour l'application, à l'auxiliaire auquel il recourt, de l'ensemble des dispositions applicables aux salariés est, suivant que l'auxiliaire est employé à son propre domicile ou à celui du travailleur à domicile :

1° Soit celle d'un donneur d'ouvrage vis-à-vis d'un travailleur à domicile ;

2° Soit celle d'un chef d'entreprise industrielle vis-à-vis d'un ouvrier en atelier. – *[Anc. art. R. 721-4.]*

SECTION II **RUPTURE DU CONTRAT DE TRAVAIL**

Art. R. 7413-4 Pour l'application aux travailleurs à domicile liés par un contrat de travail à durée indéterminée des dispositions des articles L. 1234-1 à L. 1234-8 et L. 1237-1, relatives au préavis, l'indemnité due, sauf rupture pour faute grave, en cas d'inobservation du préavis, est calculée sur la moyenne des salaires des six mois précédant la rupture du contrat. – *[Anc. art. R. 721-5.]*

Sur la preuve de la rupture du contrat de travail d'un salarié à domicile, V. • Soc. 28 mars 1979 : *Bull. civ. V, no 287.*

SECTION III **DISPOSITIONS PÉNALES**

Art. R. 7413-5 Le fait de méconnaître les dispositions des articles R. 7413-1 et R. 7413-2, est puni de l'amende prévue pour les contraventions de la troisième classe. – *[Anc. art. R. 792-1, al. 1er.]*

TITRE DEUXIÈME **RÉMUNÉRATION ET CONDITIONS DE TRAVAIL**

CHAPITRE PREMIER **FOURNITURE ET LIVRAISON DES TRAVAUX**

SECTION PREMIÈRE **BULLETIN ET CARNET DE TRAVAIL**

Art. R. 7421-1 Le bulletin ou le carnet remis au travailleur à domicile, en application de l'article L. 7421-2, est établi en deux exemplaires au moins.

Il mentionne :

1° Le nom et l'adresse de l'établissement ou les nom, prénoms et adresse du donneur d'ouvrage ;

2° La référence des organismes auxquels le donneur d'ouvrage verse les cotisations de sécurité sociale et le numéro d'immatriculation sous lequel ces cotisations sont versées ;

3° Le numéro d'inscription au registre du commerce ou au registre des métiers ;

4° La nature et la quantité du travail, la date à laquelle il est donné, les temps d'exécution, les prix de façon ou les salaires applicables ;

5° La nature et la valeur des fournitures imposées au travailleur ainsi que les frais d'atelier et accessoires ;

6° Le cas échéant, la date à laquelle le travail est livré. – *[Anc. art. L. 721-7, al. 2 fin à al. 8.]*

Art. R. 7421-2 Lors de la livraison du travail achevé, le bulletin ou carnet mentionne :

1° La date de la livraison ;

2° Le montant :

a) Des prix de façon acquis par le travailleur ;

b) Des frais d'ateliers qui s'y ajoutent ;

c) De l'allocation de congés payés ;

d) Des retenues que la loi fait obligation aux employeurs d'opérer ;

e) Le cas échéant, des divers frais accessoires laissés à la charge de l'intéressé par le donneur d'ouvrage, dans les limites prévues aux articles L. 3251-1 et L. 3251-2, relatifs à la saisie et à la cession des sommes dues au titre de rémunération ;

3° La somme nette payée ou à payer au travailleur compte tenu des éléments énumérés aux *a*, *b* et *c* du 2° et après déduction des frais et retenues mentionnées aux *d* et *e* du 2°. – *[Anc. art. L. 721-7, al. 9 fin à al. 17.]*

Art. R. 7421-3 Les inscriptions relatives à chaque travail sont portées sous un numéro d'ordre qui figure sur tous les exemplaires du bulletin ou carnet. – *[Anc. art. L. 721-7, al. 18.]*

SECTION II **DISPOSITIONS PÉNALES**

Art. R. 7421-4 Le fait de méconnaître les dispositions des articles L. 7421-1 et L. 7421-2 ou des règlements pris pour leur application, est puni de l'amende prévue pour les contraventions de la troisième classe, prononcée autant de fois qu'il y a de personnes concernées.

Le fait de porter des mentions inexactes sur les bulletins ou carnets et leur duplicata est puni des mêmes peines. – *[Anc. art. R. 792-1, al. 1er et al. 4.]*

CHAPITRE II **CONDITIONS DE RÉMUNÉRATION**

SECTION PREMIÈRE **DÉTERMINATION DES TEMPS D'EXÉCUTION**

Art. R. 7422-1 Dans les cas prévus à l'article L. 7422-2, le tableau des temps d'exécution des travaux est dressé par le préfet, après avis d'une commission départementale composée de trois employeurs et de trois travailleurs à domicile. – *[Anc. art. L. 721-11, al. 1er début.]*

Art. R. 7422-2 Les membres de la commission départementale sont désignés par le préfet selon la nature de l'activité, après consultation :

1° Des organisations d'employeurs et de travailleurs intéressées représentatives au niveau national ;

2° Du *(Décr. n° 2009-1377 du 10 nov. 2009)* « directeur régional des entreprises, de la concurrence, de la consommation, du travail et de l'emploi ». – *[Anc. art. L. 721-11, al. 1er fin et anc. art. R. 721-6, phrase 1.]*

Les modifications issues du Décr. n° 2009-1377 du 10 nov. 2009 prennent effet, dans chaque région, à la date de nomination du directeur régional des entreprises, de la concurrence, de la consommation, du travail et de l'emploi (Décr. préc., art. 7-I). – V. Arr. de nomination de ces directeurs des 30 déc. 2009 (JO 5 janv. 2010) et 9 févr. 2010 (JO 14 févr.).

Ces modifications s'appliquent à la région Île-de-France à compter du 1er juill. 2010 (Décr. n° 2010-687 du 24 juin 2010, art. 2).

Art. R. 7422-3 La composition de la commission départementale peut varier, d'une part, selon la nature des travaux pour lesquels elle est consultée, d'autre part, pour une même branche d'activité, selon qu'elle est appelée à émettre un avis sur les temps d'exécution des travaux ou sur les salaires et les frais d'atelier. – *[Anc. art. R. 721-6, phrase 2.]*

Art. R. 7422-4 Les arrêtés pris par le préfet conformément à l'article R. 7422-1 sont publiés dans un délai d'un mois à compter de la date à laquelle ils ont été pris et insérés au recueil des actes administratifs du département.

A l'expiration du délai d'un jour franc à compter de leur publication au chef-lieu du département, ces arrêtés sont applicables dans l'étendue du département ou de la circonscription.

Les arrêtés ministériels pris conformément aux articles R. 7422-5 et R. 7422-6 sont publiés au *Journal officiel* de la République française. – *[Anc. art. R. 721-7.]*

Art. R. 7422-5 Un arrêté conjoint des ministres chargé du travail, de l'intérieur et des finances détermine les conditions dans lesquelles les membres employeurs sont indemnisés de leurs frais de déplacement et les membres travailleurs de leurs frais de déplacement et de leurs pertes de salaires. – *[Anc. art. L. 721-11, al. 2, phrase 1.]*

Art. R. 7422-6 Dans les cas prévus à l'article L. 7422-3, le ministre chargé du travail prend un arrêté après avis :

1° Soit des commissions départementales compétentes mentionnées à l'article R. 7422-1, lorsqu'il s'agit de plusieurs départements ;

2° Soit d'une commission nationale des temps d'exécution lorsqu'il s'agit de l'ensemble du territoire.

La composition de la commission nationale des temps d'exécution est fixée dans chaque cas par arrêté du ministre chargé du travail. – *[Anc. art. L. 721-13, fin.]*

SECTION II **DÉTERMINATION DU SALAIRE**

Art. R. 7422-7 Le préfet prend la décision prévue au premier alinéa de l'article L. 7422-6 sur avis conforme de la commission départementale prévue à l'article R. 7422-1.

Il prend la décision prévue au deuxième alinéa de l'article L. 7422-6 sur avis simple de cette commission. – *[Anc. art. L. 721-12.]*

Art. R. 7422-8 Les arrêtés pris par le préfet conformément aux articles L. 7422-6 et L. 7422-11 sont publiés et insérés au recueil des actes administratifs du département dans un délai d'un mois à compter de la date à laquelle ils ont été pris.

A l'expiration du délai d'un jour franc à compter de leur publication au chef-lieu du département, ces arrêtés sont applicables dans l'étendue du département ou de la circonscription.

L'arrêté ministériel pris conformément à l'article L. 7422-7, est publié au *Journal officiel* de la République française. – *[Anc. art. R. 721-7.]*

Art. R. 7422-9 Les taux horaires de salaires applicables aux professions mentionnées à l'article L. 7422-7 sont fixés par le ministre chargé du travail, après avis :

1° Soit des commissions départementales compétentes mentionnées à l'article R. 7422-1 lorsqu'il s'agit de plusieurs départements ;

2° Soit de la commission nationale de salaires lorsqu'il s'agit de l'ensemble du territoire.

La composition de la commission nationale des salaires est fixée dans chaque cas par arrêté du ministre chargé du travail après consultation des organisations d'employeurs et de travailleurs intéressées représentatives au niveau national. – *[Anc. art. L. 721-14, al. 1er fin.]*

SECTION III **MAJORATIONS**

Art. R. 7422-10 Pour apprécier si un donneur d'ouvrage doit verser à un travailleur à domicile les majorations pour heures supplémentaires prévues à l'article L. 7422-9, il est tenu compte :

1° Des temps d'exécution résultant de la convention collective de travail étendue ou, à défaut, de l'arrêté préfectoral ou ministériel pris en application des articles L. 7422-2 et R. 7422-6 ;

2° Le cas échéant, des concours auxquels le travailleur à domicile a eu recours conformément au 2° de l'article L. 7412-1. – *[Anc. art. R. 721-8, al. 1er à 3.]*

Art. R. 7422-11 Pour l'application des majorations mentionnées à l'article R. 7422-10, les jours de la semaine autres que les dimanches et les jours de fêtes légales sont considérés comme jours ouvrables.

Dans le cas d'exécution d'heures supplémentaires, le pourcentage correspondant aux frais d'atelier porte sur le tarif normal, à l'exclusion de la majoration appliquée au titre des heures supplémentaires. – *[Anc. art. R. 721-8, al. 4 et 5.]*

SECTION IV **AFFICHAGES**

Art. R. 7422-12 Les temps d'exécution des travaux à domicile, les prix de façon ou les salaires applicables à ces travaux et les frais d'atelier et frais accessoires sont affichés en permanence par le donneur d'ouvrage dans les locaux d'attente ainsi que dans ceux où la remise au travailleur des matières premières ou objets et la réception des articles après exécution est réalisée.

Ces dispositions ne s'appliquent pas au domicile privé des travailleurs, lorsque la remise de ces matières premières ou objets et la réception des marchandises y sont réalisées par les donneurs d'ouvrages ou leurs intermédiaires. – *[Anc. art. R. 721-9, al. 1er.]*

Art. R. 7422-13 Le préfet peut décider l'affichage dans les mairies des communes intéressées des dispositions réglementaires relatives aux temps d'exécution, aux prix de façon, aux frais d'atelier et frais accessoires ainsi que la remise d'un extrait de ces dispositions à chaque travailleur à domicile de la profession. – *[Anc. art. R. 721-9, al. 2.]*

SECTION V **DISPOSITIONS PÉNALES**

Art. R. 7422-14 Le fait de méconnaître les dispositions de l'article L. 7422-4 ou des règlements pris pour leur application, est puni de l'amende prévue pour les contraventions de la quatrième classe, prononcée autant de fois qu'il y a de travailleurs concernés. – *[Anc. art. R. 792-1, al. 2 et 3.]*

Art. R. 7422-15 Le fait de méconnaître les dispositions de l'article L. 7422-8 ou des règlements pris pour leur application, est puni de l'amende prévue pour les contraventions de la quatrième classe, prononcée autant de fois qu'il y a de travailleurs concernés. – *[Anc. art. R. 792-1, al. 2 et 3.]*

Art. R. 7422-16 Le fait de méconnaître les dispositions *(Décr. n° 2009-289 du 13 mars 2009)* « des premier à troisième alinéa de l'article L. 7422-9 et de l'article L. 7422-10 » ou des règlements pris pour leur application, est puni de l'amende prévue pour les contraventions de la quatrième classe, prononcée autant de fois qu'il y a de travailleurs concernés. – *[Anc. art. R. 792-1, al. 2 et 3.]*

Art. R. 7422-17 Le fait de méconnaître les dispositions du premier alinéa de l'article R. 7422-12, est puni de l'amende prévue pour les contraventions de la troisième classe. – *[Anc. art. R. 792-1, al. 1er.]*

CHAPITRE III **RÈGLEMENT DES LITIGES**

Art. R. 7423-1 Le conseil de prud'hommes connaît les litiges relatifs à la rémunération des travailleurs à domicile et redresse notamment les comptes faisant ressortir des tarifs inférieurs au tarif minimum défini aux articles L. 7422-4 et L. 7422-5.

La différence constatée entre le salaire effectivement versé et celui qui aurait dû l'être est payée au travailleur. Il ne doit pas être tenu compte de l'indemnité à laquelle le donneur d'ouvrage peut être condamné. – *[Anc. art. R. 721-10.]*

Art. R. 7423-2 A l'occasion de différend portant sur la rémunération d'un travailleur exécutant des travaux à domicile, le conseil de prud'hommes rend public, par affichage à la porte du prétoire, le tarif d'espèce résultant du jugement.

Tout intéressé et tout groupement professionnel sont autorisés à prendre sans frais copie de ces tarifs, au greffe du conseil de prud'hommes, et à les publier. – *[Anc. art. R. 721-11.]*

CHAPITRE IV **SANTÉ ET SÉCURITÉ AU TRAVAIL**

Art. R. 7424-1 L'employeur ou le préposé qui fait exécuter à domicile des travaux présentant des risques compris dans un arrêté pris en exécution de l'article L. 7424-1, mentionne la nature exacte des travaux dans la déclaration qu'il adresse à l'inspection du travail. – *[Anc. art. R. 721-13.]*

Art. R. 7424-2 Le délai minimum d'exécution de la mise en demeure prévue par l'article L. 7424-3 est fixé à quinze jours. – *[Anc. art. R. 721-14.]*

LIVRE CINQUIÈME **DISPOSITIONS RELATIVES À L'OUTRE-MER**

TITRE PREMIER **DISPOSITIONS GÉNÉRALES**

Le présent titre ne comprend pas de dispositions réglementaires.

TITRE DEUXIÈME **DÉPARTEMENTS D'OUTRE-MER, SAINT-BARTHÉLEMY, SAINT-MARTIN ET SAINT-PIERRE-ET-MIQUELON**

CHAPITRE PREMIER **DISPOSITIONS GÉNÉRALES**

Le présent chapitre ne comprend pas de dispositions réglementaires.

CHAPITRE II **JOURNALISTES PROFESSIONNELS**

Art. D. 7522-1 Les modalités d'application des dispositions des articles R. 7111-2 à R. 7111-35, relatives à la carte d'identité professionnelle et à la commission de la carte d'identité des journalistes professionnels, sont déterminées dans les départements d'outre-mer, à Saint-Barthélemy et à Saint-Martin par arrêté du représentant de l'État dans le département ou la collectivité. – *[Anc. art. D. 871-1.]*

HUITIÈME PARTIE **CONTRÔLE DE L'APPLICATION DE LA LÉGISLATION DU TRAVAIL**

LIVRE PREMIER **INSPECTION DU TRAVAIL**

TITRE PREMIER **COMPÉTENCES ET MOYENS D'INTERVENTION**

CHAPITRE PREMIER **RÉPARTITION DES COMPÉTENCES ENTRE LES DIFFÉRENTS DÉPARTEMENTS MINISTÉRIELS**

SECTION PREMIÈRE **INSPECTION DU TRAVAIL DANS L'INDUSTRIE, LES COMMERCES ET LES SERVICES, LES PROFESSIONS AGRICOLES ET LE SECTEUR DES TRANSPORTS** *(Décr. n° 2008-1503 du 30 déc. 2008).*

BIBL. ▶ Bessière, *Dr. soc. 2011. 1021* ✎.

Art. R. 8111-1 Sous réserve des dispositions des autres sections du présent chapitre, les missions d'inspection du travail sont exercées par les inspecteurs et contrôleurs du travail placés sous l'autorité du ministre chargé du travail.

SECTION II **INSPECTION DU TRAVAIL DANS LES MINES ET CARRIÈRES**

Art. R. 8111-8 Dans les mines et carrières, ainsi que dans leurs dépendances, les missions d'inspection du travail sont exercées par les fonctionnaires habilités à cet effet par les directeurs régionaux de l'environnement, de l'aménagement et du logement parmi les agents placés sous leur autorité. Ces missions sont exercées sous l'autorité du ministre chargé du travail.

(Abrogé par Décr. n° 2016-510 du 25 avr. 2016, art. 11, à compter du 1er juill. 2016) ***« Toutefois, pour l'application de l'article 218 du code minier, ces fonctionnaires relèvent exclusivement du ministre chargé des mines. »***

Art. R. 8111-9 Les dispositions de l'article R. 8111-8 ne s'appliquent pas aux carrières situées sur le domaine de l'État mis à la disposition du ministère de la défense.

Pour ces dernières, les missions d'inspection du travail sont exercées par des agents habilités à cet effet par le ministre de la défense. – *[Anc. art. L. 711-12, al. 3.]*

SECTION III **INSPECTION DU TRAVAIL DANS LES INDUSTRIES ÉLECTRIQUES ET GAZIÈRES**

Art. R. 8111-10 *(Décr. n° 2011-1697 du 1er déc. 2011, art. 30)* Dans les établissements et ouvrages des aménagements hydroélectriques concédés, placés sous le contrôle du ministre chargé de l'énergie, les missions d'inspection du travail sont exercées par les ingénieurs ou techniciens, habilités à cet effet par les directeurs régionaux de l'environnement, de l'aménagement et du logement ou le directeur régional et interdépartemental de l'environnement et de l'énergie d'Île-de-France parmi les agents placés sous leur autorité.

Ces missions sont exercées sous l'autorité du ministre chargé du travail.

Art. R. 8111-11 Dans les centrales de production d'électricité comprenant une ou plusieurs installations nucléaires de base au sens du III de l'article 28 de la loi n° 2006-686 du 13 juin 2006 relative à la transparence et à la sécurité en matière nucléaire, les missions d'inspection du travail sont exercées par les ingénieurs ou techniciens, habilités à cet effet par l'Autorité de sûreté nucléaire, parmi les agents en relevant.

Ces missions sont exercées sous l'autorité du ministre chargé du travail. – *[Anc. art. L. 611-4-1, al. 4 et al. 5.]*

SECTION IV **INSPECTION DU TRAVAIL DANS LES ÉTABLISSEMENTS DE LA DÉFENSE**

Art. R. 8111-12 Pour les établissements placés sous l'autorité du ministre de la défense et dont l'accès est réglementé et surveillé en permanence, les missions d'inspection du travail, conformément à l'article L. 8112-3, sont exercées, sous l'autorité du ministre de la défense, par les agents civils et militaires qu'il désigne. – *[Anc. art. L. 611-2.]*

CHAPITRE II **COMPÉTENCES DES AGENTS**

Art. R. 8112-1 Dans la mise en œuvre des actions d'inspection du travail prévues à l'article L. 8112-1, l'inspecteur du travail contribue, notamment, à la prévention des risques professionnels, ainsi qu'à l'amélioration des conditions de travail et des relations sociales.

(Décr. n° 2009-1377 du 10 nov. 2009) « Outre l'exercice de ces attributions principales, il concourt à l'exécution des missions de la direction régionale des entreprises, de la concurrence, de la consommation, du travail et de l'emploi, en ce qui concerne les politiques du travail, de l'emploi et de la formation professionnelle. » – *[Anc. art. 8, al. 2, Décr. n° 94-1166.]*

Art. R. 8112-2 L'inspecteur du travail assure un rôle de conseil et de conciliation en vue de la prévention et du règlement des conflits. – *[Anc. art. 8, al. 4, Décr. n° 94-1166.]*

Art. R. 8112-3 L'inspecteur du travail contribue à l'élaboration des statistiques relatives aux conditions du travail dans le secteur qu'il est chargé de surveiller. – *[Anc. art. R. 611-1.]*

Art. R. 8112-4 L'inspecteur du travail fournit des rapports circonstanciés sur l'application, dans toute l'étendue de sa circonscription, des dispositions dont il est chargé d'assurer le contrôle de l'exécution.

Ces rapports mentionnent les accidents dont les salariés ont été victimes et leurs causes.

Ils contiennent des propositions relatives aux prescriptions nouvelles qui seraient de nature à mieux assurer la santé et la sécurité au travail. – *[Anc. art. R. 611-2.]*

Art. R. 8112-5 Un rapport de synthèse de l'ensemble des communications des inspecteurs du travail est publié tous les ans par le ministre chargé du travail. – *[Anc. art. R. 611-3.]*

Art. R. 8112-6 *(Décr. nº 2011-2029 du 29 déc. 2011)* Pour l'application des articles L. 242-7, L. 422-3 et L. 422-4 du code de la sécurité sociale et des articles L. 751-21 et L. 751-48 du code rural et de la pêche maritime, l'inspecteur ou le contrôleur du travail informe la caisse chargée de la prévention et de la tarification des accidents du travail et des maladies professionnelles compétente des mesures qu'il a prises à l'encontre d'une entreprise dans laquelle il a constaté une situation particulièrement grave de risque exceptionnel, notamment dans le cas de situations de danger grave et imminent ou de risque sérieux pour l'intégrité physique des travailleurs mentionnées au titre III du livre VII de la quatrième partie du présent code.

CHAPITRE III **PRÉROGATIVES ET MOYENS D'INTERVENTION**

SECTION PREMIÈRE **INFORMATION SUR LES LIEUX DE TRAVAIL À CARACTÈRE TEMPORAIRE**

Art. R. 8113-1 Les employeurs, autres que ceux des professions agricoles, tiennent à la disposition de l'inspection du travail, au siège de leur établissement, une liste de leurs chantiers et autres lieux de travail à caractère temporaire.

Ils informent par écrit l'inspection du travail de l'ouverture de tout chantier ou autre lieu de travail employant dix salariés au moins pendant plus d'une semaine. – *[Anc. art. R. 620-4.]*

SECTION II **ACCÈS AUX DOCUMENTS**

Art. D. 8113-2 Lorsque un *[Lorsqu'un]* décret, pris en application de l'article L. 8113-6, après consultation des organisations représentatives d'employeurs et de salariés, prévoit que l'employeur peut recourir à un support de substitution pour la tenue de certains registres, ce support est conçu et tenu de façon à obtenir, sans difficulté d'utilisation et de compréhension et sans risque d'altération, toutes les mentions obligatoires.

Il est présenté dans les mêmes conditions et conservé pendant le même délai que le registre auquel il se substitue. – *[Anc. art. D. 620-1, al. 1er et anc. art. L. 620-7, al. 1er.]*

Art. D. 8113-3 En cas de traitement automatisé de données nominatives pour la tenue d'un registre, l'employeur ou le responsable du traitement justifie à l'inspecteur du travail de la délivrance du récépissé attestant qu'il a accompli la déclaration préalable prévue par la loi nº 78-17 du 6 janvier 1978 relative à l'informatique, aux fichiers et aux libertés. – *[Anc. art. D. 620-1, al. 2.]*

Art. R. 8113-3-1 *(Décr. nº 2015-1359 du 26 oct. 2015, art. 3)* Pour l'application des dispositions des articles L. 124-8, L. 124-10, L. 124-13, L. 124-14 et du premier alinéa de l'article L. 124-9 du code de l'éducation, l'organisme d'accueil ou l'établissement d'enseignement communique, à leur demande, aux agents de contrôle de l'inspection du travail une copie de la convention de stage conclue avec le stagiaire.

SECTION III **MISES EN DEMEURE ET DEMANDES DE VÉRIFICATION**

Art. R. 8113-4 Les mises en demeure et demandes de vérification de l'inspecteur ou du contrôleur du travail sont notifiées par écrit à l'employeur soit par remise en main propre contre décharge, soit par lettre recommandée avec avis de réception. – *[Anc. art. L. 611-14, al. 1er.]*

Art. R. 8113-5 Le délai d'exécution des mises en demeure ainsi que les délais de recours courent à compter du jour de remise de la notification ou du jour de présentation de la lettre recommandée. – *[Anc. art. L. 611-14, al. 2.]*

SECTION IV **CONSTATS DANS LES ÉTABLISSEMENTS DE L'ÉTAT, LES COLLECTIVITÉS TERRITORIALES ET LEURS ÉTABLISSEMENTS PUBLICS ADMINISTRATIFS**

Art. R. 8113-6 Les constatations de l'inspecteur ou du contrôleur du travail dans un établissement de l'État, d'une collectivité territoriale ou de l'un de leurs établissements publics administratifs, sont consignées dans un registre spécial fourni par l'administration intéressée ou adressées au directeur de l'établissement, qui les annexe à ce registre.

Une copie de ces observations est adressée au directeur régional des entreprises, de la concurrence, de la consommation, du travail et de l'emploi. — *[Anc. art. 1er, Décr. 2 mars 1905.]*

Art. R. 8113-7 Le directeur de l'établissement fait connaître au directeur *(Décr. n° 2009-289 du 13 mars 2009)* « régional » des entreprises, de la concurrence, de la consommation, du travail et de l'emploi, dans un délai d'un mois, les suites qu'il entend donner aux observations de l'inspecteur ou du contrôleur du travail.

Une copie de cette lettre est annexée au registre spécial sur lequel figurent les observations de l'inspection du travail. — *[Anc. art. 2, Décr. 2 mars 1905.]*

Art. R. 8113-8 En cas de désaccord entre le directeur de l'établissement et le directeur régional des entreprises, de la concurrence, de la consommation, du travail et de l'emploi, ce dernier informe le ministre chargé du travail, qui saisit le ministre intéressé. — *[Anc. art. 3, Décr. 2 mars 1905.]*

SECTION V **PRESTATION DE SERMENT**

Art. D. 8113-9 Avant d'entrer en fonctions, l'inspecteur du travail prête le serment prévu à l'article L. 8113-10 devant le tribunal de grande instance dans le ressort duquel se trouve la résidence de sa première affectation. — *[Anc. art. D. 611-1.]*

CHAPITRE IV **DISPOSITIONS PÉNALES**

SECTION PREMIÈRE **CONTRAVENTIONS** *(Décr. n° 2016-510 du 25 avr. 2016, art. 1er, en vigueur le 1er juill. 2016).*

Art. R. 8114-1 Le fait de méconnaître les dispositions de l'article R. 8113-1 est puni de l'amende prévue pour les contraventions de la quatrième classe.

Cette amende est appliquée autant de fois qu'il y a de personnes employées dans des conditions susceptibles d'être sanctionnées au titre des dispositions de cet article. — *[Anc. art. R. 632-1 et anc. art. R. 632-2, 2.]*

Art. R. 8114-2 *(Décr. n° 2009-289 du 13 mars 2009)* Le fait de ne pas présenter à l'inspection du travail les livres, registres et documents rendus obligatoires par le présent code ou par une disposition légale relative au régime du travail, en méconnaissance de l'article L. 8113-4, est puni de l'amende prévue pour les contraventions de la troisième classe.

SECTION II **TRANSACTION PÉNALE**

(Décr. n° 2016-510 du 25 avr. 2016, art. 1er, en vigueur le 1er juill. 2016)

Art. R. 8114-3 La proposition de transaction mentionnée à l'article L. 8114-4 est établie par le directeur régional des entreprises, de la concurrence, de la consommation, du travail et de l'emploi.

Art. R. 8114-4 La proposition de transaction mentionne :

1° La nature des faits reprochés et leur qualification juridique ;

2° Le montant des peines encourues ;

3° Le montant de l'amende transactionnelle ;

4° Les délais impartis pour le paiement et, s'il y a lieu, pour l'exécution des obligations ;

5° Le cas échéant, la nature et les modalités d'exécution des obligations imposées en vue de faire cesser l'infraction, d'éviter son renouvellement ou de remettre en conformité les situations de travail ;

6° L'indication que la proposition, une fois acceptée par l'auteur de l'infraction, doit être homologuée par le procureur de la République.

Art. R. 8114-5 La proposition de transaction est adressée en double exemplaire à l'auteur de l'infraction par tout moyen permettant d'établir date certaine, dans le délai de quatre mois pour les contraventions et d'un an pour les délits, à compter de la date de clôture du procès-verbal de constatation de l'infraction.

S'il l'accepte, l'auteur de l'infraction en retourne un exemplaire signé dans le délai d'un mois à compter de sa réception. Si l'auteur de l'infraction n'a pas renvoyé un exemplaire signé dans le délai susmentionné, la proposition de transaction est réputée refusée.

Art. R. 8114-6 Après acceptation de l'intéressé, le directeur régional des entreprises, de la concurrence, de la consommation, du travail et de l'emploi transmet le dossier de transaction au procureur de la République pour homologation.

Dès que l'homologation du procureur de la République sur la proposition de transaction est intervenue, l'autorité administrative notifie celle-ci à l'auteur de l'infraction, par tout moyen permettant d'établir date certaine, pour exécution. Cette notification fait courir les délais d'exécution des obligations prévues par la transaction.

CHAPITRE V SANCTIONS ADMINISTRATIVES

(Décr. nº 2015-364 du 30 mars 2015, art. 7)

SECTION PREMIÈRE DISPOSITIONS GÉNÉRALES

Art. R. 8115-1 Lorsqu'un agent de contrôle de l'inspection du travail constate l'un des manquements aux obligations mentionnées à la section II du présent chapitre, il transmet au directeur régional des entreprises, de la concurrence, de la consommation, du travail et de l'emploi un rapport sur le fondement duquel ce dernier peut décider de prononcer une amende administrative. *– V. art. R. 8115-9.*

Art. R. 8115-2 Lorsque le directeur régional des entreprises, de la concurrence, de la consommation, du travail et de l'emploi décide de prononcer une amende administrative, il indique à l'intéressé *(Décr. nº 2015-1579 du 3 déc. 2015, art. 2)* « par l'intermédiaire du représentant de l'employeur mentionné au II de l'article L. 1262-2-1 » le montant de l'amende envisagée et l'invite à présenter ses observations dans un délai de quinze jours.

A l'expiration du délai fixé et au vu des observations éventuelles de l'intéressé, il notifie sa décision et émet le titre de perception correspondant.

L'indication de l'amende envisagée et la notification de la décision infligeant l'amende sont effectuées par tout moyen permettant de leur conférer date certaine.

Art. R. 8115-3 La décision du directeur régional des entreprises, de la concurrence, de la consommation, du travail et de l'emploi indique les voies et délais de recours.

Art. R. 8115-4 L'amende est prise en charge et recouvrée par le comptable public assignataire de la recette. Les règles applicables aux créances de l'État mentionnées aux articles 112 à 124 du décret nº 2012-1246 du 7 novembre 2012 relatif à la gestion budgétaire et comptable publique sont applicables au recouvrement des amendes.

SECTION II DISPOSITIONS PARTICULIÈRES

SOUS-SECTION 1 PRESTATIONS DE SERVICES INTERNATIONALES *(Décr. nº 2015-1579 du 3 déc. 2015, art. 2).*

Art. R. 8115-5 *(Décr. nº 2015-1579 du 3 déc. 2015, art. 2)* Les manquements aux obligations mentionnées à l'article R. 8115-1 sont ceux résultant de la méconnaissance des dispositions des articles L. 1262-2-1, L. 1262-4-1 *(Décr. nº 2016-27 du 19 janv. 2016, art. 3)* « , L. 1263-6 et L. 1263-7 » du code du travail.

SOUS-SECTION 2 ACCUEIL ET ENCADREMENT DES STAGIAIRES

(Décr. n° 2015-1359 du 26 oct. 2015, art. 4)

Art. R. 8115-6 Les manquements mentionnés à l'article R. 8115-1 sont ceux résultant de la méconnaissance des articles L. 124-8, L. 124-14 et du premier alinéa de l'article L. 124-9 du code de l'éducation.

Pour fixer le montant de l'amende applicable aux manquements des articles L. 124-8, L. 124-14 et du premier alinéa de l'article L. 124-9 du code de l'éducation, le directeur régional des entreprises, de la concurrence, de la consommation, du travail et de l'emploi tient compte des éléments du rapport prévu à l'article R. 8115-1, des circonstances de fait, notamment, du caractère réitéré du manquement, de la proportion de stagiaires par rapport à l'effectif tel que défini à l'article R. 124-12 du code de l'éducation, de la situation économique, sociale et financière de l'établissement, ainsi que*[,]* le cas échéant, de la commission d'autres infractions.

Le débiteur de l'amende administrative prévue à l'article L. 124-17 est l'organisme d'accueil du stagiaire.

SOUS-SECTION 3 CARTE D'IDENTIFICATION PROFESSIONNELLE DES SALARIÉS DU BÂTIMENT ET DES TRAVAUX PUBLICS

(Décr. n° 2016-175 du 22 févr. 2016, art. 2)

Ces dispositions entrent en application le lendemain de la publication de l'arrêté déterminant les conditions de fonctionnement du traitement informatisé des informations relatives aux salariés, aux employeurs et entreprises utilisatrices.

Dans les deux mois suivant la publication de l'arrêté, les employeurs mentionnés aux premier, deuxième et troisième al. de l'art. R. 8291-1 C. trav. ou, le cas échéant, les entreprises utilisatrices de salariés intérimaires détachés sont tenus de procéder à une déclaration de leurs salariés titulaires d'un contrat conclu avant la date de parution de l'arrêté, auprès de l'union des caisses mentionnée à l'art. R. 8291-2 C. trav. pour l'obtention d'une carte d'identification professionnelle, selon les modalités prévues aux art. R. 8293-5 et R. 8293-6 de ce même code (Décr. n° 2016-175 du 22 févr. 2016, art. 3).

Art. R. 8115-7 Lorsqu'un agent de contrôle de l'inspection du travail constate l'un des manquements aux obligations de déclaration et d'information mentionnées aux articles R. 8293-1 à R. 8293-4, et R. 8295-3 commis par l'employeur d'un salarié ou le cas échéant de l'entreprise utilisatrice d'un salarié intérimaire détaché, il transmet au directeur régional des entreprises, de la concurrence, de la consommation, du travail et de l'emploi, un rapport sur le fondement duquel ce dernier peut décider de prononcer l'amende administrative prévue par l'article L. 8291-2, selon les modalités prévues aux articles R. 8115-2 à R. 8115-4.

Art. R. 8115-8 Lorsqu'un agent de la direction générale des finances publiques ou un agent de la direction générale des douanes et des droits indirects constate l'un des manquements aux obligations de déclaration et d'information mentionnées aux articles R. 8293-1 à R. 8293-4 et R. 8295-3 commis par l'employeur d'un salarié ou le cas échéant de l'entreprise utilisatrice d'un salarié intérimaire détaché, il transmet, sous couvert du directeur sous l'autorité duquel il est placé, un rapport au directeur régional des entreprises, de la concurrence, de la consommation, du travail et de l'emploi, aux fins du prononcé de l'amende administrative prévue à l'article L. 8291-2.

SOUS-SECTION 4 MANQUEMENTS EN MATIÈRE DE SANTÉ ET SÉCURITÉ AU TRAVAIL, DURÉE DU TRAVAIL, REPOS ET SALAIRES

(Décr. n° 2016-510 du 25 avr. 2016, art. 2, en vigueur le 1er juill. 2016)

Art. R. 8115-9 Les manquements mentionnés à l'article R. 8115-1 sont ceux résultant de la méconnaissance des articles L. 4751-1 à L. 4753-2 et de l'article L. 8115-1.

Art. R. 8115-10 Par dérogation à l'article R. 8115-2, lorsque le directeur régional des entreprises, de la concurrence, de la consommation, du travail et de l'emploi décide de prononcer une amende administrative sur le fondement des articles

L. 4751-1 à L. 4753-2 et L. 8115-1 à L. 8115-8, il invite l'intéressé à présenter ses observations dans un délai d'un mois.

Ce délai peut être prorogé d'un mois à la demande de l'intéressé, si les circonstances ou la complexité de la situation le justifient.

TITRE DEUXIÈME **SYSTÈME D'INSPECTION DU TRAVAIL**

CHAPITRE PREMIER **ÉCHELON CENTRAL**

SECTION PREMIÈRE **CONSEIL NATIONAL DE L'INSPECTION DU TRAVAIL**

SOUS-SECTION 1 **ATTRIBUTIONS**

Art. D. 8121-1 Le Conseil national de l'inspection du travail, institué auprès du ministre chargé du travail, contribue à assurer, par ses attributions consultatives auprès du ministre, l'exercice des missions et garanties de l'inspection du travail telles qu'elles sont notamment définies par les conventions n° 81 et n° 129 de l'OIT sur l'inspection du travail et par le présent code. – *[Anc. art. 1er, Décr. n° 2007-279 du 2 mars 2007.]*

Art. D. 8121-2 Le Conseil national de l'inspection du travail peut être saisi par tout agent participant aux activités de contrôle de l'inspection du travail de tout acte d'une autorité administrative de nature à porter directement et personnellement atteinte aux conditions dans lesquelles il doit pouvoir exercer sa mission.

(Décr. n° 2016-299 du 14 mars 2016) « Le conseil se prononce sur la recevabilité de la saisine. Dans le cas où elle est recevable, il procède à l'instruction du dossier, informe l'autorité centrale, qui présente ses observations si elle le juge utile et rend un avis motivé » transmis au ministre chargé du travail et, le cas échéant, au ministre dont relève l'agent et notifié à l'agent.

(Décr. n° 2016-299 du 14 mars 2016) « L'avis est simultanément adressé à l'autorité centrale et à la commission administrative paritaire du corps interministériel dont relève l'agent. »

Art. D. 8121-3 *(Décr. n° 2016-299 du 14 mars 2016)* « Le Conseil national de l'inspection du travail peut être saisi par le ministre chargé du travail, par un autre ministre en charge d'un service d'inspection du travail ou par l'autorité centrale de l'inspection du travail de toute question à caractère général concernant le respect des missions et garanties de l'inspection du travail. »

L'avis rendu est transmis aux ministres *(Décr. n° 2016-299 du 14 mars 2016)* « , à l'autorité centrale » et communiqué au *(Décr. n° 2011-184 du 15 févr. 2011, art. 55)* « comité technique » compétent.

Art. D. 8121-4 Les attributions du Conseil national de l'inspection du travail sont sans incidence sur les compétences des instances paritaires telles qu'elles sont définies par les dispositions légales. – *[Anc. art. 2, al. 3, Décr. n° 2007-279 du 2 mars 2007.]*

Art. D. 8121-5 Le Conseil national de l'inspection du travail établit un rapport annuel d'activité. Ce rapport est public. – *[Anc. art. 2, al. 4, Décr. n° 2007-279 du 2 mars 2007.]*

SOUS-SECTION 2 **COMPOSITION ET MANDAT**

Art. D. 8121-6 Le Conseil national de l'inspection du travail est composé :

1° D'un conseiller d'État *(Décr. n° 2016-299 du 14 mars 2016)* « en activité ou honoraire » désigné par le vice-président du Conseil d'État ;

2° *(Décr. n° 2016-299 du 14 mars 2016)* « D'un membre de la Cour de cassation ayant au moins le grade de conseiller, en activité ou honoraire » désigné par le premier président de la Cour de cassation ;

3° D'un inspecteur général des affaires sociales, désigné par le chef de l'inspection générale des affaires sociales ;

(Décr. n° 2008-1510 du 30 déc. 2008) « 4° D'un membre du corps de l'inspection du travail exerçant les fonctions de directeur régional des entreprises, de la concurrence,

de la consommation, du travail et de l'emploi *(Décr. n° 2016-299 du 14 mars 2016)* « ou de chef de pôle Travail dans une direction régionale des entreprises, de la concurrence, de la consommation, du travail et de l'emploi » désigné par le collège des directeurs régionaux ; »

5° D'un inspecteur du travail, sur proposition des représentants du personnel élus à la commission administrative paritaire du corps interministériel des inspecteurs du travail ;

6° D'un contrôleur du travail, sur proposition des représentants du personnel élus à la commission administrative paritaire du corps interministériel des contrôleurs du travail.

(Décr. n° 2016-299 du 14 mars 2016) « Chaque membre titulaire a un suppléant désigné dans les mêmes conditions, appelé à participer aux travaux en cas d'absence ponctuelle ou d'empêchement, ou à lui succéder en cas de cessation de fonctions. »

Art. D. 8121-7 *(Décr. n° 2008-1510 du 30 déc. 2008)* Les membres *(Décr. n° 2016-299 du 14 mars 2016)* « titulaires et suppléants » du Conseil national de l'inspection du travail sont nommés par arrêté du ministre chargé du travail.

Art. D. 8121-8 Le mandat des membres *(Décr. n° 2016-299 du 14 mars 2016)* « titulaires et suppléants » du Conseil national de l'inspection du travail est de trois ans. Il est renouvelable une fois *(Décr. n° 2016-299 du 14 mars 2016)* « dans l'une ou l'autre qualité ».

Si, en cours de mandat, un membre *(Décr. n° 2016-299 du 14 mars 2016)* « titulaire ou suppléant » du conseil cesse d'exercer ses fonctions *(Décr. n° 2016-299 du 14 mars 2016)* « pour quelque cause que ce soit », le mandat de son successeur est limité à la période restant à courir.

La durée du mandat des suppléants nommés en application de l'art. D. 8121-6 C. trav., effectué jusqu'à l'échéance du mandat des membres titulaires en fonctions au 16 mars 2016, n'est pas prise en compte pour l'application du premier al. de l'art. D. 8121-8 du même code (Décr. n° 2016-299 du 14 mars 2016, art. 2).

SOUS-SECTION 3 **FONCTIONNEMENT**

Art. D. 8121-9 Le Conseil national de l'inspection du travail établit un règlement intérieur approuvé par arrêté des ministres intéressés. *(Décr. n° 2016-299 du 14 mars 2016)* « Ce règlement fixe les modalités de l'instruction contradictoire des affaires soumises au conseil. » — *V. Arr. du 14 mars 2016 (JO 16 mars).*

Art. D. 8121-9-1 *(Décr. n° 2016-299 du 14 mars 2016)* Les membres du Conseil national de l'inspection du travail exercent leur mission dans le respect des exigences d'indépendance, d'impartialité et d'intégrité. Ils sont soumis au secret des débats de l'instance et ne peuvent intervenir à d'autres titres pendant l'instruction d'une affaire dont le conseil a été saisi en application de l'article D. 8121-2.

Tout membre du conseil s'abstient de participer aux débats et travaux se rapportant à une demande portant sur une affaire dans laquelle il est partie prenante ou qui le met en cause.

Art. D. 8121-10 Le Conseil national de l'inspection du travail élit son président, en son sein, à chaque renouvellement triennal.

En cas d'empêchement, de démission ou pour toute autre raison empêchant le président d'achever son mandat, son remplaçant est désigné dans les mêmes conditions pour la durée de la période restant à courir. — *[Anc. art. 5, phrase 2, Décr. n° 2007-279 du 2 mars 2007.]*

Art. D. 8121-11 Le secrétariat du Conseil national de l'inspection du travail est assuré par le directeur général du travail ou son représentant. — *[Anc. art. 6, Décr. n° 2007-279 du 2 mars 2007.]*

Art. D. 8121-12 Les fonctions de membre du Conseil national de l'inspection du travail ne sont pas rémunérées.

Les frais de déplacement donnent lieu à indemnisation dans les conditions prévues par le décret n° 2006-781 du 3 juillet 2006 fixant les conditions et les modalités de

règlement des frais occasionnés par les déplacements temporaires des personnels civils de l'État. – *[Anc. art. 7, Décr. n° 2007-279 du 2 mars 2007.]*

SECTION II **DIRECTION GÉNÉRALE DU TRAVAIL**

Art. R. 8121-13 *(Décr. n° 2008-1503 du 30 déc. 2008)* **La direction générale du travail a autorité sur les services déconcentrés et est chargée de l'application de la convention n° 81 de l'Organisation internationale du travail (OIT) du 11 juillet 1947 sur l'inspection du travail, ainsi que de la convention n° 129 du 25 juin 1969 sur l'inspection du travail en agriculture** *(Décr. n° 2014-359 du 20 mars 2014)* **« , de la convention n° 178 du 22 octobre 1996 et des règles 5.1.4 à 5.1.6 du titre 5 de la convention de travail maritime 2006 » sur l'inspection des conditions de travail et de vie des gens de mer.**

Elle exerce à ce titre pour les agents de l'inspection du travail la fonction d'autorité centrale, d'organe central et d'autorité centrale de coordination prévue par ces conventions.

Elle a autorité sur les agents de l'inspection du travail dans le champ des relations du travail.

(Décr. n° 2014-359 du 20 mars 2014) **« Elle fixe les modalités de coordination entre les différentes unités de contrôle du système d'inspection. »**

Art. R. 8121-14 **La direction générale du travail :**

1° Détermine les orientations de la politique du travail, coordonne et évalue les actions, notamment en matière de contrôle de l'application du droit du travail ;

2° Contribue à la définition des principes de l'organisation du réseau territorial ;

3° Assure l'appui et le soutien des services déconcentrés dans l'exercice de leurs missions ;

4° Veille au respect des règles déontologiques des agents de l'inspection du travail ;

5° Coordonne les liaisons avec les services *(Décr. n° 2008-1503 du 30 déc. 2008)* **« exerçant des fonctions d'inspection du travail » relevant d'autres départements ministériels ;**

(Décr. n° 2014-359 du 20 mars 2014, art. 1er) **« 6° Conduit des actions spécifiques de contrôle. »**

SECTION III **GROUPE NATIONAL DE VEILLE, D'APPUI ET DE CONTRÔLE**

(Décr. n° 2014-359 du 20 mars 2014, en vigueur le 1er janv. 2015)

Art. R. 8121-15 **Le groupe national de veille, d'appui et de contrôle mène ou apporte un appui à des opérations qui nécessitent une expertise particulière, un accompagnement des services, un contrôle spécifique ou une coordination des contrôles. Des inspecteurs et contrôleurs du travail y sont affectés. Il est placé sous l'autorité d'un inspecteur du travail.**

CHAPITRE II **SERVICES DÉCONCENTRÉS**

Art. R. 8122-1 *(Décr. n° 2009-1377 du 10 nov. 2009)* **Dans le cadre des directives du directeur général du travail, le directeur régional des entreprises, de la concurrence, de la consommation, du travail et de l'emploi :**

1° Met en œuvre au plan régional la politique définie par les pouvoirs publics afin d'améliorer les relations collectives et individuelles et les conditions de travail dans les entreprises ;

2° Définit les orientations générales des actions d'inspection de la législation du travail, qu'il organise, coordonne, suit et évalue ;

3° Coordonne l'action de ses services avec les autres services de l'État et les organismes chargés de la prévention ou du contrôle, en matière d'inspection de la législation du travail, de prévention des risques professionnels et d'amélioration des conditions de travail. A ce titre, il est tenu informé par l'Agence nationale pour l'amélioration des conditions de travail de ses interventions dans la région ;

4° Assure le suivi de la négociation collective dans les entreprises et au niveau territorial ;

5° Est chargé des relations avec les autorités judiciaires, sous réserve des attributions confiées par la loi aux inspecteurs du travail ;

6° Exerce les pouvoirs propres qui lui sont conférés par les dispositions en vigueur ou sur le fondement de telles dispositions.

L'art. R. 8122-10 devient l'art. R. 8122-1 (Décr. n° 2009-1377 du 10 nov. 2009).

Art. R. 8122-2 *(Décr. n° 2009-1377 du 10 nov. 2009)* Pour l'exercice des compétences en matière d'actions d'inspection de la législation du travail, le directeur régional des entreprises, de la concurrence, de la consommation, du travail et de l'emploi peut déléguer sa signature au chef du pôle en charge des questions de travail et aux responsables d'unités départementales chargées des politiques du travail, de l'emploi, de la formation professionnelle et de développement des entreprises.

En accord avec le délégant, ceux-ci peuvent donner délégation pour signer des actes relatifs aux affaires pour lesquelles ils ont eux-mêmes reçu délégation aux agents du corps de l'inspection du travail placés sous leur autorité. Le directeur régional peut mettre fin à tout ou partie de cette délégation. Il peut également fixer la liste des compétences qu'il souhaite exclure de la délégation que peuvent consentir ces chefs de service aux agents du corps de l'inspection du travail placés sous leur autorité.

Les responsables d'unité départementale exercent, au nom du directeur régional, le pouvoir hiérarchique sur les agents chargés des actions d'inspection de la législation du travail.

L'art. R. 8122-11 devient l'art. R. 8122-2 (Décr. n° 2009-1377 du 10 nov. 2009).

Art. R. 8122-3 *(Décr. n° 2014-359 du 20 mars 2014, en vigueur au plus tard le 1er janv. 2015)* Sans préjudice des dispositions de l'article R. 8121-15, les inspecteurs et les contrôleurs du travail exercent leur mission :

1° Soit dans une unité de contrôle départementale ou infra-départementale ;

2° Soit dans une unité de contrôle interdépartementale ;

3° Soit dans une unité de contrôle régionale ;

4° Soit dans une unité de contrôle interrégionale.

Chacune de ces unités de contrôle est placée sous l'autorité d'un inspecteur du travail.

Ces dispositions entrent en vigueur dans chaque région à compter de la publication au recueil des actes administratifs de l'arrêté du directeur régional des entreprises, de la concurrence, de la consommation, du travail et de l'emploi déterminant les unités de contrôle et les sections d'inspection (art. R. 8122-6) et au plus tard le 1er janv. 2015 (Décr. n° 2014-359 du 20 mars 2014, art. 4).

Art. R. 8122-4 *(Décr. n° 2014-359 du 20 mars 2014, en vigueur au plus tard le 1er janv. 2015)* Les unités de contrôle de niveau infra-départemental, départemental ou interdépartemental, rattachées à une unité départementale, et les unités de contrôle interrégionales, rattachées à une direction régionale des entreprises, de la concurrence, de la consommation, du travail et de l'emploi, sont composées de sections, dans lesquelles un inspecteur ou un contrôleur du travail exerce ses compétences.

Le responsable de l'unité de contrôle est chargé, notamment dans la mise en œuvre de l'action collective, de l'animation, de l'accompagnement et du pilotage de l'activité des agents de contrôle. Il peut apporter un appui à une opération de contrôle menée sur le territoire de l'unité dont il est responsable. Il peut en outre, sur décision du directeur régional des entreprises, de la concurrence, de la consommation, du travail et de l'emploi, être chargé d'exercer les fonctions d'inspecteur du travail dans une section relevant de son unité.

Pour l'entrée en vigueur de ces dispositions, V. note ss. art. R. 8122-3.

Art. R. 8122-5 *(Décr. n° 2014-359 du 20 mars 2014, en vigueur au plus tard le 1er janv. 2015)* Le nombre d'unités de contrôle infra-départementales, départementales ou interdépartementales et leur rattachement sont fixés pour chaque région par arrêté du ministre chargé du travail.

Lorsque des spécificités sectorielles ou thématiques justifient l'intervention d'une unité de contrôle spécialisée dont la compétence territoriale excède la région, un arrêté du ministre en charge du travail fixe sa localisation, sa délimitation et son champ d'intervention. Cet arrêté précise la direction régionale des entreprises, de la concurrence, de la consommation, du travail et de l'emploi à laquelle est rattachée cette unité de contrôle.

Pour l'entrée en vigueur de ces dispositions, V. note ss. art. R. 8122-3.

Art. R. 8122-6 *(Décr. nº 2014-359 du 20 mars 2014, en vigueur au plus tard le 1er janv. 2015)* Dans les limites de sa circonscription territoriale, le directeur régional des entreprises, de la concurrence, de la consommation, du travail et de l'emploi décide de la localisation et de la délimitation des unités de contrôle et, dans chaque unité de contrôle, du nombre, de la localisation et de la délimitation, et le cas échéant du champ d'intervention sectoriel ou thématique, des sections d'inspection.

Il nomme les responsables des unités de contrôle et affecte les agents de contrôle de l'inspection du travail dans les sections d'inspection.

Pour l'entrée en vigueur de ces dispositions, V. note ss. art. R. 8122-3.

Art. R. 8122-7 *(Décr. nº 2014-359 du 20 mars 2014, en vigueur au plus tard le 1er janv. 2015)* Dans chaque département, au moins une section exerce les missions définies au chapitre II du titre Ier du présent livre dans les exploitations, entreprises et établissements définis à l'article L. 717-1 du code rural et de la pêche maritime, sauf exception justifiée par le faible volume de l'activité agricole et prévue par arrêté des ministres chargés de l'agriculture et du travail. Le directeur régional des entreprises, de la concurrence, de la consommation, du travail et de l'emploi peut en tant que de besoin élargir le champ de compétence des sections agricoles tel qu'il résulte de l'application de l'article L. 717-1 du code rural et de la pêche maritime.

Pour l'entrée en vigueur de ces dispositions, V. note ss. art. R. 8122-3.

Art. R. 8122-8 *(Décr. nº 2014-359 du 20 mars 2014, en vigueur au plus tard le 1er janv. 2015)* Dans chaque région, une unité régionale d'appui et de contrôle, rattachée au pôle "politique du travail" de la direction régionale des entreprises, de la concurrence, de la consommation, du travail et de l'emploi, est chargée de la lutte contre le travail illégal *(Décr. nº 2015-1579 du 3 déc. 2015, art. 3)* « et du contrôle du respect des dispositions relatives aux salariés détachés temporairement en France par une entreprise non établie en France ».

Art. R. 8122-9 *(Décr. nº 2014-359 du 20 mars 2014, en vigueur au plus tard le 1er janv. 2015)* Afin d'opérer un contrôle sectoriel ou thématique *(Décr. nº 2015-1579 du 3 déc. 2015, art. 4)* « , de prévenir un risque particulier ou d'assurer le renfort des agents des unités de contrôle », le directeur régional des entreprises, de la concurrence, de la consommation, du travail et de l'emploi peut :

1° Soit désigner au sein des unités de contrôle des agents disposant de compétences particulières pour assurer dans la région un appui aux unités de contrôle infradépartementales, départementales ou interdépartementales ou de mener une action régionale ;

2° Soit proposer la création d'une unité de contrôle régionale chargée d'opérer ce contrôle sectoriel ou thématique *(Décr. nº 2015-1579 du 3 déc. 2015, art. 4)* « [,] de prévenir ce risque particulier ou d'assurer ce renfort ». Cette unité, rattachée au pôle "politique du travail" de la direction régionale des entreprises, de la concurrence, de la consommation, du travail et de l'emploi, est créée par arrêté du ministre chargé du travail.

Art. R. 8122-10 *(Décr. nº 2014-359 du 20 mars 2014, en vigueur au plus tard le 1er janv. 2015)* I. — Dans chaque unité de contrôle mentionnée au 1° de l'article R. 8122-3, l'agent de contrôle de l'inspection du travail exerce ses missions sur le territoire d'une section. Il peut, lorsqu'une action le rend nécessaire, intervenir sur le reste du territoire de l'unité départementale à laquelle est rattachée l'unité de contrôle où il est affecté.

II. — Dans chaque unité de contrôle mentionnée au 2° de l'article R. 8122-3, l'agent de contrôle de l'inspection du travail exerce ses missions sur le territoire d'une section. Il peut, lorsqu'une action le rend nécessaire, intervenir sur le territoire de son unité de contrôle et sur celui de l'unité départementale de la direction régionale des entreprises, de la concurrence, de la consommation, du travail et de l'emploi à laquelle cette unité de contrôle est rattachée.

III. – Dans chaque unité de contrôle mentionnée au 4° de l'article R. 8122-3, l'agent de contrôle de l'inspection du travail exerce ses missions sur le territoire d'une section. Il peut, lorsqu'une action le rend nécessaire, intervenir sur le territoire de son unité de contrôle et sur celui de la direction régionale des entreprises, de la concurrence, de la consommation, du travail et de l'emploi à laquelle cette unité de contrôle est rattachée.

IV. – Toutefois, l'inspecteur du travail est seul habilité à prendre, dans la section où il exerce ses missions, les décisions qui relèvent de sa compétence exclusive en vertu de dispositions législatives ou réglementaires.

Pour l'entrée en vigueur de ces dispositions, V. note ss. art. R. 8122-3.

Art. R. 8122-11 *(Décr. n° 2014-359 du 20 mars 2014, en vigueur au plus tard le 1er janv. 2015)* Lorsque les actions d'inspection de la législation du travail ont été confiées, dans une section, à un contrôleur du travail, le directeur régional des entreprises, de la concurrence, de la consommation, du travail et de l'emploi :

1° Désigne un ou plusieurs inspecteurs du travail pour prendre les décisions qui relèvent de la compétence exclusive de l'inspecteur du travail, en vertu de dispositions législatives ou réglementaires ;

2° Peut confier le contrôle des établissements d'au moins cinquante salariés à un ou plusieurs inspecteurs du travail.

Pour l'entrée en vigueur de ces dispositions, V. note ss. art. R. 8122-3.

CHAPITRE III **APPUI À L'INSPECTION DU TRAVAIL**

SECTION PREMIÈRE **MÉDECIN INSPECTEUR DU TRAVAIL**

Art. R. 8123-1 Le médecin inspecteur du travail concourt à l'ensemble des missions des services déconcentrés relevant des ministres chargés du travail, de l'emploi et de la formation professionnelle *(Abrogé par Décr. n° 2008-1503 du 30 déc. 2008)* ***« ainsi que de ceux relevant du ministre chargé de l'agriculture »***.

A ce titre, il formule les avis et prend les décisions prévues par les dispositions légales.

Il est notamment chargé de l'étude des risques professionnels et de leur prévention. Il exerce une mission d'information au bénéfice des médecins du travail et des médecins de main-d'œuvre, qu'il associe aux études entreprises.

Il est chargé du contrôle technique de l'activité des médecins de main-d'œuvre. – *[Anc. art. 5, al. 1er, phrase 2 et al. 2, Décr. n° 94-1166 du 28 déc. 1994.]*

Art. D. 8123-2 Le médecin inspecteur du travail veille, avec les services de l'inspection du travail et en liaison avec les comités techniques des caisses de sécurité sociale, à l'application des dispositions légales relatives à la santé et la sécurité au travail. – *[Anc. art. D. 612-1, al. 1er et 2.]*

Art. D. 8123-3 Le médecin inspecteur du travail exerce une action permanente en vue de la protection des travailleurs sur leur lieu de leur travail.

Cette action porte également sur le contrôle du fonctionnement des services de santé au travail. – *[Anc. art. D. 612-1, al. 3.]*

Art. D. 8123-4 Le médecin inspecteur du travail communique aux comités techniques des caisses de sécurité sociale les renseignements qu'il possède sur les risques de maladies professionnelles et d'accidents du travail inhérents aux différentes entreprises. – *[Anc. art. D. 612-1, al. 4.]*

Art. D. 8123-5 Le médecin inspecteur du travail assure, en coordination étroite avec les services psychotechniques, l'examen médical des travailleurs en vue de leur orientation professionnelle, de leur reclassement et de l'envoi dans les centres de rééducation de ceux qui sont provisoirement inaptes au travail ou handicapés physiquement. – *[Anc. art. D. 612-1, al. 5.]*

Art. R. 8123-6 Le médecin inspecteur du travail est placé sous l'autorité du directeur régional des entreprises, de la concurrence, de la consommation, du travail et de l'emploi, sauf dans l'exercice des compétences qu'il tient directement des dispositions légales, et sous réserve des dispositions de l'article R. 8123-7. – *[Anc. art. 5, al. 1er, phrase 1, Décr. nº 94-1166 du 28 déc. 1994.]*

Art. R. 8123-7 Le médecin inspecteur du travail est placé sous l'autorité du chef du service de l'inspection médicale du travail pour l'exercice de ses compétences techniques. – *[Anc. art. 5, al. 3, Décr. nº 94-1116 du 22 déc. 1994.]*

SECTION II **MISSIONS SPÉCIALES TEMPORAIRES CONFIÉES À DES MÉDECINS ET INGÉNIEURS**

Art. R. 8123-8 Les médecins conseils de l'inspection du travail, prévus à l'article L. 8123-6, sont choisis sur une liste arrêtée par décret pris après avis du *(Décr. nº 2016-1834 du 22 déc. 2016, art. 2)* « Conseil d'orientation des conditions de travail ». – *[Anc. art. R. 611-4, phrase 1.]*

Art. R. 8123-9 Les ingénieurs conseils de l'inspection du travail mentionnés à l'article L. 8123-6 sont choisis sur une liste arrêtée par décret pris après avis du *(Décr. nº 2016-1834 du 22 déc. 2016, art. 2)* « Conseil d'orientation des conditions de travail ». – *[Anc. art. R. 611-4, phrase 2.]*

LIVRE DEUXIÈME **LUTTE CONTRE LE TRAVAIL ILLÉGAL**

TITRE PREMIER **DISPOSITIONS GÉNÉRALES**

(Décr. nº 2015-1327 du 21 oct. 2015, art. 1er)

CHAPITRE UNIQUE **DISPOSITIONS RELATIVES À LA PUBLICATION DES DÉCISIONS PÉNALES**

BIBL. ► FARZAM-ROCHON, *Sem. soc. Lamy 2016, nº 1696* (la mise en ligne de la liste noire des condamnations pour travail illégal ou le retour des peines « infamantes »).

Art. R. 8211-1 Lorsque la juridiction qui a prononcé une amende a ordonné la diffusion de sa décision dans les conditions prévues à la dernière phrase du 4° des articles L. 8224-3 et L. 8256-3 ainsi qu'au dernier alinéa des articles L. 8224-5, L. 8234-1, L. 8234-2, L. 8243-1, L. 8243-2 et L. 8256-7, cette diffusion est assurée par les services du ministre chargé du travail sur une partie du site internet de ce ministère, dédiée à la diffusion des décisions pénales prononcées sur le fondement des dispositions susmentionnées à titre de peine complémentaire, en matière d'infractions de travail illégal. Cette rubrique est consultable librement et gratuitement par toute personne.

Art. R. 8211-2 Lorsqu'une personne physique ou morale est condamnée par une décision pénale pour l'une des infractions de travail illégal mentionnées aux articles L. 8224-1, L. 8224-2, L. 8224-5, L. 8234-1, L. 8234-2, L. 8243-1, L. 8256-2 et L. 8256-7 à une peine complémentaire de diffusion de la décision pénale sur la partie dédiée du site internet du ministère, le greffe de la juridiction transmet la décision aux services de l'administration centrale du ministère chargé du travail dès qu'elle a acquis un caractère définitif dans les conditions prévues par l'article 708 du code de procédure pénale, et sans préjudice des dispositions des articles 471 et 512 du même code.

La transmission, qui peut être dématérialisée, est assurée dans des conditions garantissant l'intégrité et la confidentialité des données transmises.

Le greffe informe la personne condamnée de la transmission de la décision pénale au ministère chargé du travail en vue d'une publication sur la partie dédiée du site internet de ce ministère.

Art. R. 8211-3 Les informations relatives aux personnes physiques ou morales condamnées mises en ligne sur le site internet sont :

1° Pour les personnes physiques :

a) Identité (nom, prénom(s), sexe, date et lieu de naissance) ;

b) SIREN ou SIRET ou, le cas échéant, numéro d'immatriculation à un registre professionnel ou autre référence équivalente pour la personne établie à l'étranger, ou à un organisme chargé du recouvrement des cotisations de sécurité sociale ;

c) Adresse professionnelle ;
d) Activité principale exercée (APE/NAF) ;
e) Nature de l'infraction mentionnée à l'article R. 8211-2 ;
f) Date et dispositif de la décision ;
g) Date de mise en ligne ;
h) Durée de la diffusion et date de fin de la diffusion ;
i) Références de la juridiction et indication d'un éventuel appel ou d'un éventuel recours en cassation lorsque le juge du fond a ordonné l'exécution provisoire du jugement ou de l'arrêt en application respectivement des articles 471 et 512 du code de procédure pénale ;
2° Pour les personnes morales :
a) Dénomination sociale, objet social ou statut ;
b) Identité du représentant légal lorsque celui-ci est également condamné ;
c) Numéro SIREN ou SIRET ou, le cas échéant, numéro d'immatriculation à un registre professionnel, ou autre référence équivalente pour la personne établie à l'étranger ;
d) Adresse du siège social ;
e) Activité principale exercée (APE/NAF) ;
f) Nature de l'infraction mentionnée à l'article R. 8211-2 ;
g) Date et dispositif de la décision ;
h) Date de mise en ligne ;
i) Durée et date de fin de la diffusion ;
j) Références de la juridiction.

Art. R. 8211-4 La peine complémentaire de diffusion prend effet à compter de la date de la mise en ligne de la décision pénale sur la partie dédiée du site internet du ministère chargé du travail, pour la durée fixée par cette décision.

Lorsqu'au cours du délai de diffusion fixé par la juridiction qui a ordonné l'exécution provisoire en application des articles 471 et 512 du code de procédure pénale, les termes du dispositif de la décision diffusée sont confirmés ou modifiés par les juridictions supérieures, les services du ministre chargé du travail procèdent sans délai, pour la durée de diffusion de la décision fixée par la juridiction du fond, à la mise à jour de la partie dédiée du site internet relative :

1° A la mention sur la partie dédiée du site d'un recours en appel ou en cassation ;

2° A la confirmation ou à la modification par la juridiction supérieure des termes du dispositif de la décision ;

3° A la cessation de la diffusion de la décision de condamnation sur la partie dédiée du site internet, lorsque la modification du jugement ou de l'arrêt par la juridiction supérieure implique le retrait des données.

Pour l'application des dispositions du présent article, le greffe de la juridiction concernée transmet sans délai aux services du ministre chargé du travail les nouvelles données nécessaires.

Art. R. 8211-5 L'autorité responsable du site internet au titre de la diffusion mentionnée à l'article R. 8211-1 des décisions pénales en matière d'infractions de travail illégal est le ministre chargé du travail (direction générale du travail).

Art. R. 8211-6 L'autorité responsable prend les mesures nécessaires pour assurer l'intégrité et la sécurité des pages sur lesquelles sont diffusées les informations mentionnées à *l'article* R. 8211-3 et la protection des données identifiantes en vue d'empêcher leur indexation par les sites de moteur de recherche.

Ces pages mentionnent l'interdiction faite à ces sociétés de procéder à l'indexation et au référencement des données contenues durant l'exécution de la peine ou à l'issue de celle-ci.

Elles informent que ces données ne peuvent faire l'objet par quiconque d'une reproduction sur d'autres sites internet ou sur tout support électronique.

Art. R. 8211-7 L'autorité responsable indique sur ces pages la possibilité pour la personne condamnée d'exercer ses droits d'accès et de rectification des informations la concernant auprès du ministre chargé du travail (direction générale du travail), en application des articles 39 et 40 de la loi n° 78-17 du 6 janvier 1978 relative à l'informatique, aux fichiers et aux libertés, et qu'elle ne dispose pas du droit d'opposition prévu à l'article 38 de ladite loi pendant la durée d'exécution de la peine.

Art. R. 8211-8 L'autorité responsable conserve les décisions transmises par les greffes des juridictions pendant une durée de cinq ans avant de procéder à leur destruction.

TITRE DEUXIÈME **TRAVAIL DISSIMULÉ**

CHAPITRE PREMIER **INTERDICTIONS**

SECTION PREMIÈRE **TRAVAIL DISSIMULÉ PAR DISSIMULATION D'ACTIVITÉ**

Art. R. 8221-1 L'entrepreneur travaillant sur un chantier ayant donné lieu à la délivrance d'un permis de construire affiche sur ce chantier, pendant la durée de l'affichage du permis, son nom, sa raison ou sa dénomination sociale ainsi que son adresse.

L'affichage est assuré sur un panneau dont les indications sont lisibles de la voie publique. – *[Anc. art. R. 324-1.]*

SECTION II **TRAVAIL DISSIMULÉ PAR DISSIMULATION D'EMPLOI SALARIÉ**

Art. R. 8221-2 *(Décr. nº 2011-681 du 16 juin 2011)* Sur demande des agents de contrôle mentionnés à l'article L. 8271-7, pour l'application des dispositions du 1° de l'article L. 8221-5, l'employeur produit l'avis de réception prévu à l'article R. 1221-7 s'il est encore tenu de le conserver en application de l'article R. 1221-8 ou, tant qu'il n'a pas reçu cet avis, les éléments leur permettant de vérifier qu'il a procédé à la déclaration préalable à l'embauche du salarié.

SECTION III **RÈGLES APPLICABLES À LA DIFFUSION D'ANNONCE**

Art. R. 8221-3 Le numéro d'identification mentionné au *a* du 1° de l'article L. 8221-7 est le numéro unique d'identification des entreprises défini à l'article D. 123-235 du code de commerce. – *[Anc. art. R. 324-8.]*

CHAPITRE II **OBLIGATIONS ET SOLIDARITÉ FINANCIÈRE DES DONNEURS D'ORDRE ET DES MAÎTRES D'OUVRAGE**

SECTION PREMIÈRE **DISPOSITIONS COMMUNES**

Art. R. 8222-1 Les vérifications à la charge de la personne qui conclut un contrat, prévues à l'article L. 8222-1, sont obligatoires pour toute opération d'un montant au moins égal à *(Décr. nº 2015-364 du 30 mars 2015, art. 13-I)* « 5 000 euros hors taxes ». – *[Anc. art. L. 324-14, al. 1er début.]*

Art. R. 8222-2 L'injonction adressée au cocontractant par le maître d'ouvrage ou le donneur d'ordre, en application du premier alinéa de l'article L. 8222-5, est réalisée par lettre recommandée avec avis de réception. – *[Anc. art. L. 324-14-1, al. 1er.]*

Art. R. 8222-3 L'injonction adressée à l'entreprise en situation irrégulière par la personne morale de droit public, en application du premier alinéa de l'article L. 8222-6, est réalisée par lettre recommandée avec avis de réception.

L'entreprise mise en demeure dispose d'un délai de quinze jours pour répondre à la personne publique. – *[Anc. art. L. 324-14-1, al. 3 et 4.]*

SECTION II **COCONTRACTANT ÉTABLI EN FRANCE**

Art. D. 8222-4 *Le particulier qui* contracte pour son usage personnel, celui de son conjoint, partenaire lié par un pacte civil de solidarité, concubin ou de ses ascendants ou descendants, est considéré comme ayant procédé aux vérifications imposées par l'article L. 8222-1 s'il se fait remettre, par son cocontractant, lors de la conclusion du contrat et tous les six mois jusqu'à la fin de son exécution, l'un des documents énumérés à l'article D. 8222-5. – *[Anc. art. R. 324-3.]*

Art. D. 8222-5 La personne qui contracte, lorsqu'elle n'est pas un particulier répondant aux conditions fixées par l'article D. 8222-4, est considérée comme ayant procédé aux vérifications imposées par l'article L. 8222-1 si elle se fait remettre par son cocontractant, lors de la conclusion et tous les six mois jusqu'à la fin de son exécution :

(Décr. n° 2011-1601 du 21 nov. 2011) « 1° Une attestation de fourniture des déclarations sociales et de paiement des cotisations et contributions de sécurité sociale prévue à l'article L. 243-15 émanant de l'organisme de protection sociale chargé du recouvrement des cotisations et des contributions datant de moins de six mois dont elle s'assure de l'authenticité auprès de l'organisme de recouvrement des cotisations de sécurité sociale ; »

2° Lorsque l'immatriculation du cocontractant au registre du commerce et des sociétés ou au répertoire des métiers est obligatoire ou lorsqu'il s'agit d'une profession réglementée, l'un des documents suivants :

a) Un extrait de l'inscription au registre du commerce et des sociétés (K ou K *bis*) ;

b) Une carte d'identification justifiant de l'inscription au répertoire des métiers ;

c) Un devis, un document publicitaire ou une correspondance professionnelle, à condition qu'y soient mentionnés le nom ou la dénomination sociale, l'adresse complète et le numéro d'immatriculation au registre du commerce et des sociétés ou au répertoire des métiers ou à une liste ou un tableau d'un ordre professionnel, ou la référence de l'agrément délivré par l'autorité compétente ;

d) Un récépissé du dépôt de déclaration auprès d'un centre de formalités des entreprises pour les personnes en cours d'inscription ;

3° *Abrogé par Décr. n° 2011-1601 du 21 nov. 2011.*

Sur les modalités de l'attestation de vigilance exigée du sous-traitant, V. Circ. DSS/SD5C/2012/186 du 16 nov. 2012, NOR : AFSS1225441C.

SECTION III **COCONTRACTANT ÉTABLI À L'ÉTRANGER**

Art. D. 8222-6 Le particulier qui contracte pour son usage personnel, celui de son conjoint, partenaire lié par un pacte civil de solidarité, concubin ou de ses ascendants ou descendants, est considéré comme ayant procédé aux vérifications imposées par l'article L. 8222-4 s'il se fait remettre par son cocontractant établi ou domicilié à l'étranger, lors de la conclusion du contrat et tous les six mois jusqu'à la fin de son exécution, l'un des documents énumérés à l'article D. 8222-7. – *[Anc. art. R. 324-6.]*

Art. D. 8222-7 La personne qui contracte, lorsqu'elle n'est pas un particulier répondant aux conditions fixées par l'article D. 8222-6, est considérée comme ayant procédé aux vérifications imposées par l'article *(Décr. n° 2009-289 du 13 mars 2009)* « L. 8222-4 » si elle se fait remettre par son cocontractant établi ou domicilié à l'étranger, lors de la conclusion du contrat et tous les six mois jusqu'à la fin de son exécution :

1° Dans tous les cas, les documents suivants :

a) Un document mentionnant son numéro individuel d'identification attribué en application de l'article 286 *ter* du code général des impôts. Si le cocontractant n'est pas tenu d'avoir un tel numéro, un document mentionnant son identité et son adresse *ou, le cas échéant*, les coordonnées de son représentant fiscal ponctuel en France ;

(Décr. n° 2011-1601 du 21 nov. 2011) « *b)* Un document attestant de la régularité de la situation sociale du cocontractant au regard du règlement (CE) n° 883/2004 du 29 avril 2004 ou d'une convention internationale de sécurité sociale et, lorsque la législation du pays de domiciliation le prévoit, un document émanant de l'organisme gérant le régime social obligatoire et mentionnant que le cocontractant est à jour de ses déclarations sociales et du paiement des cotisations afférentes, ou un document équivalent ou, à défaut, une attestation de fourniture des déclarations sociales et de paiement des cotisations et contributions de sécurité sociale prévue à l'article L. 243-15 du code de la sécurité sociale. Dans ce dernier cas, elle doit s'assurer de l'authenticité de cette attestation auprès de l'organisme chargé du recouvrement des cotisations et contributions sociales ; »

2° Lorsque l'immatriculation du cocontractant à un registre professionnel est obligatoire dans le pays d'établissement ou de domiciliation, l'un des documents suivants :

a) Un document émanant des autorités tenant le registre professionnel ou un document équivalent certifiant cette inscription ;

b) Un devis, un document publicitaire ou une correspondance professionnelle, à condition qu'y soient mentionnés le nom ou la dénomination sociale, l'adresse complète et la nature de l'inscription au registre professionnel ;

c) Pour les entreprises en cours de création, un document datant de moins de six mois émanant de l'autorité habilitée à recevoir l'inscription au registre professionnel et attestant de la demande d'immatriculation audit registre ;

3° *Abrogé par Décr. n° 2011-1601 du 21 nov. 2011.*

Art. D. 8222-8 Les documents et attestations énumérés à l'article D. 8222-7 sont rédigés en langue française ou accompagnés d'une traduction en langue française. – *[Anc. art. R. 324-7, al. 10.]*

CHAPITRE III **DROITS DES SALARIÉS ET ACTIONS EN JUSTICE** *(Décr. n° 2015-364 du 30 mars 2015, art. 14).*

Art. D. 8223-1 En application de l'article L. 8223-2, le salarié obtient les informations relatives à l'accomplissement par l'employeur de la déclaration préalable à l'embauche le concernant sur demande écrite.

La demande du salarié contient :

1° Ses nom, prénoms, nationalité, date et lieu de naissance ;

2° Son numéro national d'identification, s'il est déjà immatriculé à la sécurité sociale ;

3° Son adresse ;

4° Sa date d'embauche et la période de travail pour laquelle l'information relative à l'accomplissement de la déclaration préalable à l'embauche est sollicitée. – *[Anc. art. R. 324-9, al. 1er à 6.]*

Art. D. 8223-2 La réponse à la demande du salarié lui est adressée dans les trente jours qui suivent la réception de sa demande.

Elle contient les informations relatives à :

1° L'existence ou non d'une déclaration préalable à l'embauche le concernant, correspondant à la date d'embauche et à la période d'emploi mentionnées dans sa demande ;

2° Lorsque l'embauche a fait l'objet d'une déclaration, la date et l'heure prévisibles d'embauche indiquées par l'employeur, ainsi que la date et l'heure auxquelles il a procédé à la déclaration ;

3° La dénomination sociale ou les nom et prénoms de l'employeur qui a procédé à cette déclaration ainsi que son adresse professionnelle et, le cas échéant, son numéro SIRET. – *[Anc. art. R. 324-9, al. 7 à 11.]*

Art. D. 8223-3 Lorsque la demande du salarié est présentée verbalement, cette demande et la réponse qui lui est apportée sont consignées par procès-verbal. – *[Anc. art. R. 324-9, al. 12.]*

Art. D. 8223-4 *(Décr. n° 2015-364 du 30 mars 2015, art. 14)* Le salarié est informé de l'action en justice envisagée par l'organisation syndicale représentative en application de l'article L. 8223-4 par tout moyen conférant date certaine. *(Décr. n° 2015-1327 du 21 oct. 2015, art. 2)* « Cette information » précise la nature et l'objet de l'action envisagée par l'organisation syndicale et indique que :

1° *Le salarié peut faire connaître* à l'organisation syndicale son opposition à l'action envisagée dans un délai de quinze jours à compter de la date de réception de l'information ;

2° L'organisation syndicale peut exercer elle-même les voies de recours ;

3° Le salarié peut, à tout moment, intervenir dans l'instance engagée par l'organisation syndicale.

CHAPITRE IV **DISPOSITIONS PÉNALES**

Art. R. 8224-1 Le fait de ne pas respecter l'obligation d'affichage prévue à l'article R. 8221-1, est puni de l'amende prévue pour les contraventions de la 5e classe. – *[Anc. art. R. 362-5.]*

TITRE TROISIÈME **MARCHANDAGE**

CHAPITRE PREMIER **INTERDICTION**

Le présent chapitre ne comprend pas de dispositions réglementaires.

CHAPITRE II **OBLIGATIONS ET SOLIDARITÉ FINANCIÈRE DU DONNEUR D'ORDRE**

Art. D. 8232-1 L'entrepreneur qui, en application de l'article L. 8232-1, a conclu un contrat avec un chef d'entreprise sans être propriétaire d'un fonds de commerce ou d'un fonds artisanal et qui fait exécuter des travaux dans les ateliers, magasins ou chantiers autres que ceux de l'entrepreneur principal qui lui a confié ces travaux, affiche dans chacun de ces ateliers, magasins ou chantiers, le nom et l'adresse de la personne de qui il tient les travaux. – *[Anc. art. R. 125-1.]*

CHAPITRE III **ACTIONS EN JUSTICE**

Art. D. 8233-1 *(Décr. no 2015-364 du 30 mars 2015, art. 15)* Le salarié est informé de l'action en justice envisagée par l'organisation syndicale représentative en application de l'article L. 8233-1 par tout moyen conférant date certaine. Cette information précise la nature et l'objet de l'action envisagée par l'organisation syndicale et indique que :

1° Le salarié peut faire connaître à l'organisation syndicale son opposition à l'action envisagée dans un délai de quinze jours à compter de la date de réception de l'information ;

2° L'organisation syndicale peut exercer elle-même les voies de recours ;

3° Le salarié peut, à tout moment, intervenir dans l'instance engagée par l'organisation syndicale.

Art. D. 8233-2 Passé le délai de quinze jours prévu au 4° de l'article D. 8233-1, l'acceptation du salarié est considérée comme tacitement acquise. – *[Anc. art. R. 125-2, al. 6.]*

CHAPITRE IV **DISPOSITIONS PÉNALES**

Art. R. 8234-1 Le fait, pour un entrepreneur ayant conclu un contrat dans les conditions prévues à l'article D. 8232-1, de ne pas afficher dans chacun des ateliers, magasins ou chantiers, le nom et l'adresse de la personne de qui il tient les travaux, est puni de l'amende prévue pour les contraventions de la 4e classe. – *[Anc. art. R. 152-7.]*

TITRE QUATRIÈME **PRÊT ILLICITE DE MAIN-D'ŒUVRE**

CHAPITRE PREMIER **INTERDICTION**

Le présent chapitre ne comprend pas de dispositions réglementaires.

CHAPITRE II **ACTIONS EN JUSTICE**

Art. R. 8242-1 *(Décr. no 2015-364 du 30 mars 2015, art. 15)* Le salarié est informé de l'action en justice envisagée par l'organisation syndicale représentative en application de l'article L. 8242-1 *(Décr. no 2015-1327 du 21 oct. 2015, art. 2)* « par tout moyen conférant date certaine. Cette information » précise la nature et l'objet de l'action envisagée par l'organisation syndicale et indique que :

1° Le salarié peut faire connaître à l'organisation syndicale son opposition à l'action envisagée dans un délai de quinze jours à compter de la date de réception de la lettre ;

2° L'organisation syndicale peut exercer elle-même les voies de recours ;

3° Le salarié peut, à tout moment, intervenir dans l'instance engagée par l'organisation syndicale.

Art. R. 8242-2 Passé le délai de quinze jours prévu au 4° de l'article R. 8242-1, l'acceptation du salarié est considérée comme tacitement acquise. – *[Anc. art. R. 125-2, al. 6.]*

CHAPITRE III **DISPOSITIONS PÉNALES**

Le présent chapitre ne comprend pas de dispositions réglementaires.

TITRE CINQUIÈME **EMPLOI D'ÉTRANGERS NON AUTORISÉS À TRAVAILLER** *(Décr. n° 2016-1456 du 28 oct. 2016, art. 26).*

CHAPITRE PREMIER **INTERDICTIONS**

Le présent chapitre ne comprend pas de dispositions réglementaires.

CHAPITRE II **DROITS DU SALARIÉ ÉTRANGER**

SECTION PREMIÈRE **INFORMATION DES ÉTRANGERS NON AUTORISÉS À TRAVAILLER AU REGARD DE LEURS DROITS** *(Décr. n° 2016-1456 du 28 oct. 2016, art. 26).*

(Décr. n° 2011-1693 du 30 nov. 2011)

Art. R. 8252-1 Lorsque l'un des agents mentionnés à l'article L. 8271-7 constate qu'un travailleur étranger est occupé sans être en possession d'un titre l'autorisant à exercer une activité salariée en France, il lui remet un document l'informant de ses droits dont le contenu est défini à l'article R. 8252-2.

SECTION II **LE DOCUMENT D'INFORMATION**

(Décr. n° 2011-1693 du 30 nov. 2011)

Art. R. 8252-2 Le document remis au salarié étranger *(Décr. n° 2016-1456 du 28 oct. 2016, art. 26)* « non autorisé à travailler » comporte les informations suivantes :

1° Dans tous les cas :

a) Le droit aux salaires et indemnités mentionnés aux 1° et 2° de l'article L. 8252-2 ;

b) L'obligation qui incombe à l'employeur de remettre les bulletins de paie, le certificat de travail et le solde de tout compte correspondant à la période d'emploi dans l'entreprise ;

c) La possibilité, lorsqu'il est placé dans l'une des situations mentionnées à la dernière phrase du premier alinéa de l'article L. 8252-4, d'obtenir le recouvrement des salaires et des indemnités auprès de l'Office français de l'immigration et de l'intégration ;

d) La possibilité, le cas échéant, de saisir la juridiction compétente en matière prud'homale aux fins d'obtenir le paiement des salaires et des indemnités, pour la partie non recouvrée par l'Office français de l'immigration et de l'intégration, notamment par l'intermédiaire d'une organisation syndicale représentative, conformément aux dispositions de l'article L. 8255-1 ;

e) La possibilité de saisir également la juridiction compétente en matière prud'homale afin de réclamer des dommages et intérêts s'il est en mesure d'établir l'existence d'un préjudice non réparé au titre des dispositions de l'article L. 8252-2 ;

f) La possibilité de porter plainte contre une personne qu'il accuse d'avoir commis à son encontre les infractions visées aux articles 225-4-1 à 225-4-6 et 225-5 à 225-10 *du code pénal et de* pouvoir bénéficier à cet effet d'une carte de séjour temporaire durant la procédure, au titre de l'article L. 316-1 du code de l'entrée et du séjour des étrangers et du droit d'asile ;

2° En outre, l'indication de l'indemnité forfaitaire mentionnée au 2° de l'article L. 8252-2 ou celle prévue par l'article L. 8223-1, en cas d'emploi dans les conditions définies aux articles L. 8221-3 et L. 8221-5.

Le document est traduit dans les langues les plus couramment utilisées désignées par le ministre chargé de l'immigration.

SECTION III **MODALITÉS DE PAIEMENT, DE RECOUVREMENT ET DE VERSEMENT DES SALAIRES ET INDEMNITÉS DUS AU SALARIÉ ÉTRANGER NON AUTORISÉ À TRAVAILLER** *(Décr. nº 2016-1456 du 28 oct. 2016, art. 26).*

(Décr. nº 2011-1693 du 30 nov. 2011)

SOUS-SECTION 1 **DISPOSITIONS GÉNÉRALES**

Art. R. 8252-4 L'organisme mentionné à l'article L. 8252-4 est l'Office français de l'immigration et de l'intégration.

Art. R. 8252-5 Lorsqu'un des agents mentionnés à l'article L. 8271-7 a relevé une infraction à l'emploi d'étranger *(Décr. nº 2016-1456 du 28 oct. 2016, art. 26)* « non autorisé à travailler », il en informe sans délai l'Office français de l'immigration et de l'intégration, en précisant l'identité du contrevenant, du ou des salariés concernés ainsi que tout élément relatif à la mise en œuvre des dispositions de l'article L. 8252-2. Le préfet du département et, à Paris, le préfet de police tiennent l'office informé des mesures prises à l'égard du salarié concerné. Ce dernier informe l'office de sa situation au regard du règlement des sommes auxquelles il a droit en application de l'article L. 8252-2.

SOUS-SECTION 2 **PAIEMENT SPONTANÉ PAR L'EMPLOYEUR DES SALAIRES ET INDEMNITÉS DUS AU SALARIÉ ÉTRANGER NON AUTORISÉ À TRAVAILLER** *(Décr. nº 2016-1456 du 28 oct. 2016, art. 26).*

Art. R. 8252-6 L'employeur d'un étranger *(Décr. nº 2016-1456 du 28 oct. 2016, art. 26)* « non autorisé à travailler » s'acquitte par tout moyen, dans le délai mentionné à l'article L. 8252-4, des salaires et indemnités déterminés à l'article L. 8252-2.

Il remet au salarié étranger *(Décr. nº 2016-1456 du 28 oct. 2016, art. 26)* « non autorisé à travailler » les bulletins de paie correspondants, un certificat de travail ainsi que le solde de tout compte. Il justifie, auprès de l'Office français de l'immigration et de l'intégration, par tout moyen, de l'accomplissement de ses obligations légales.

Art. R. 8252-7 Lorsque le salarié étranger est placé en rétention administrative, est assigné à résidence ou n'est déjà plus sur le territoire national, son employeur s'acquitte des sommes déterminées à l'article L. 8252-2, dans le délai mentionné à l'article L. 8252-4, auprès de l'Office français de l'immigration et de l'intégration, lequel les reverse à l'intéressé.

SOUS-SECTION 3 **RECOUVREMENT FORCÉ DES SALAIRES ET INDEMNITÉS DUS AU SALARIÉ ÉTRANGER NON AUTORISÉ À TRAVAILLER** *(Décr. nº 2016-1456 du 28 oct. 2016, art. 26).*

Art. R. 8252-8 Pour tout salarié étranger placé en rétention administrative, assigné à résidence ou qui ne se trouve plus sur le territoire national, le directeur général de l'office rappelle à son employeur, par lettre recommandée avec avis de réception ou par tout autre moyen permettant de faire la preuve de sa réception par le destinataire, qu'il doit, s'il ne s'est pas déjà acquitté des sommes mentionnées à l'article R. 8252-6, les verser sans délai sur un compte ouvert par l'office au nom du salarié étranger concerné.

A défaut de règlement par l'employeur au terme du délai mentionné à l'article L. 8252-4, le directeur général émet à son encontre un titre exécutoire correspondant aux sommes dues en application de l'article L. 8252-2, pour permettre à l'agent comptable de l'office d'en effectuer le recouvrement. Le directeur général notifie sa décision à l'employeur ainsi que le titre de recouvrement par lettre recommandée avec avis de réception ou par tout autre moyen permettant de faire la preuve de sa réception par le destinataire.

Le recouvrement des sommes mentionnées au présent article est réalisé conformément aux dispositions régissant les états exécutoires émis pour le recouvrement des créances des établissements publics nationaux.

Si le salarié étranger est toujours sur le territoire national, l'agent comptable de l'office reverse les sommes au salarié étranger concerné.

Si le salarié étranger a quitté le territoire national, ces sommes sont transférées dans le pays où il est retourné ou a été reconduit afin qu'elles lui soient remises. Les frais d'envoi mentionnés au 3° de l'article L. 8252-2 sont mis à la charge de l'employeur.

Art. R. 8252-9 Si, dans la situation du salarié étranger mentionnée à l'article R. 8252-8, le directeur général de l'Office français de l'immigration et de l'intégration décide de mettre en œuvre la solidarité financière du donneur d'ordre mentionné à l'article L. 8254-2, il informe le donneur d'ordre, par lettre recommandée avec avis de réception ou par tout autre moyen permettant de faire la preuve de sa réception par le destinataire, qu'il doit verser les sommes dues sur un compte ouvert par l'office au nom du salarié étranger concerné.

A défaut de règlement par le donneur d'ordre au terme du délai fixé dans la décision mentionnée à l'alinéa précédent, qui ne peut être inférieur à quinze jours suivant sa notification, il est procédé dans les mêmes conditions qu'à l'article R. 8252-8.

SOUS-SECTION 4 **RECOUVREMENT DES SOMMES DUES AU SALARIÉ ÉTRANGER NON AUTORISÉ À TRAVAILLER SUR DÉCISION JUDICIAIRE** *(Décr. nº 2016-1456 du 28 oct. 2016, art. 26).*

§ 1er DISPOSITIONS GÉNÉRALES

Art. R. 8252-10 Lorsque la juridiction statuant en matière prud'homale, saisie par un salarié étranger *(Décr. nº 2016-1456 du 28 oct. 2016, art. 26)* « non autorisé à travailler » ou son représentant, en application de l'article L. 8252-2, a rendu une décision passée en force de chose jugée condamnant l'employeur ou le donneur d'ordre au paiement des sommes restant dues, le greffe transmet une copie de cette décision au directeur général de l'Office français de l'immigration et de l'intégration.

Art. R. 8252-11 Lorsqu'une juridiction correctionnelle a prononcé une décision définitive condamnant une personne pour avoir recouru sciemment aux services d'un employeur d'un étranger *(Décr. nº 2016-1456 du 28 oct. 2016, art. 26)* « non autorisé à travailler », le greffe transmet une copie de la décision au directeur général de l'Office français de l'immigration et de l'intégration, afin de lui permettre de procéder à la mise en œuvre de la solidarité financière prévue à l'article L. 8254-2-2.

§ 2 INTERVENTION DE L'OFFICE FRANÇAIS DE L'IMMIGRATION ET DE L'INTÉGRATION SAISI SUR DÉCISION JUDICIAIRE

Art. R. 8252-12 Lorsque le directeur général de l'Office français de l'immigration et de l'intégration est saisi d'une décision judiciaire mentionnée à l'article R. 8252-10, il enjoint la personne condamnée de verser ces sommes sur un compte ouvert au nom du salarié étranger concerné, par lettre recommandée avec avis de réception ou par tout autre moyen permettant de faire la preuve de sa réception par le destinataire.

A défaut de règlement par la personne condamnée au terme du délai fixé dans la décision mentionnée à l'alinéa précédent, qui ne peut être inférieur à quinze jours suivant sa notification, il est procédé dans les mêmes conditions qu'à l'article R. 8252-8.

Art. R. 8252-13 Lorsque le directeur général de l'Office français de l'immigration et de l'intégration est saisi d'une décision pénale mentionnée à l'article R. 8252-11, il met en œuvre dans les mêmes conditions la procédure prévue à l'article R. 8252-8.

CHAPITRE III **CONTRIBUTION SPÉCIALE**

Art. R. 8253-1 *(Décr. nº 2012-812 du 16 juin 2012, art. 2)* La contribution spéciale prévue à l'article L. 8253-1 est due pour chaque étranger employé en méconnaissance des dispositions du premier alinéa de l'article L. 8251-1.

Cette contribution est à la charge de l'employeur qui a embauché ou employé un travailleur étranger non muni d'une autorisation de travail.

Art. R. 8253-2 *(Décr. n° 2013-467 du 4 juin 2013, art. 1er)* I. – Le montant de la contribution spéciale prévue à l'article L. 8253-1 est égal à 5 000 fois le taux horaire, à la date de la constatation de l'infraction, du minimum garanti prévu à l'article L. 3231-12.

II. – Ce montant est réduit à 2 000 fois le taux horaire du minimum garanti dans l'un ou l'autre des cas suivants :

1° Lorsque le procès-verbal d'infraction ne mentionne pas d'autre infraction commise à l'occasion de l'emploi du salarié étranger en cause que la méconnaissance des dispositions du premier alinéa de l'article L. 8251-1 ;

2° Lorsque l'employeur s'est acquitté des salaires et indemnités mentionnés à l'article L. 8252-2 dans les conditions prévues par les articles R. 8252-6 et R. 8252-7.

III. – Dans l'hypothèse mentionnée au 2° du II, le montant de la contribution spéciale est réduit à 1 000 fois le taux horaire du minimum garanti lorsque le procès-verbal d'infraction ne mentionne l'emploi que d'un seul étranger sans titre l'autorisant à exercer une activité salariée en France.

IV. – Le montant de la contribution spéciale est porté à 15 000 fois le taux horaire du minimum garanti lorsqu'une méconnaissance du premier alinéa de l'article L. 8251-1 a donné lieu à l'application de la contribution spéciale à l'encontre de l'employeur au cours de la période de cinq années précédant la constatation de l'infraction.

Art. R. 8253-3 *(Décr. n° 2012-812 du 16 juin 2012, art. 2)* Au vu des procès-verbaux qui lui sont transmis en application de l'article L. 8271-17, le directeur général de l'Office français de l'immigration et de l'intégration indique à l'employeur, par lettre recommandée avec avis de réception ou par tout autre moyen permettant de faire la preuve de sa date de réception par le destinataire, que les dispositions de l'article L. 8253-1 sont susceptibles de lui être appliquées et qu'il peut présenter ses observations dans un délai de quinze jours.

Art. R. 8253-4 *(Décr. n° 2012-812 du 16 juin 2012, art. 2)* A l'expiration du délai fixé, le directeur général de l'Office français de l'immigration et de l'intégration décide, au vu des observations éventuelles de l'employeur, de l'application de la contribution spéciale prévue à l'article L. 8253-1, la liquide et émet le titre de perception correspondant.

La créance est recouvrée par le comptable public compétent comme en matière de créances étrangères à l'impôt et au domaine.

CHAPITRE IV **SOLIDARITÉ FINANCIÈRE DU DONNEUR D'ORDRE**

SECTION PREMIÈRE **VÉRIFICATIONS PRÉALABLES**

Art. D. 8254-1 Les vérifications à la charge de la personne qui conclut un contrat, prévues aux articles L. 8254-1 et L. 8254-3, sont obligatoires pour toute opération d'un montant au moins égal à *(Décr. n° 2015-364 du 30 mars 2015, art. 13-II)* « 5 000 euros hors taxes ». – *[Anc. art. L. 341-6-4, al. 1er et 2.]*

Art. D. 8254-2 La personne à qui les vérifications prévues à l'article L. 8254-1 s'imposent se fait remettre, par son cocontractant, lors de la conclusion du contrat, la liste nominative des salariés étrangers employés par ce dernier et soumis à l'autorisation de travail prévue à l'article L. 5221-2.

Cette liste, établie à partir du registre unique du personnel, précise pour chaque salarié :

1° Sa date d'embauche ;

2° Sa nationalité ;

3° Le type et le numéro d'ordre du titre valant autorisation de travail. – *[Anc. art. R. 341-30, al. 1er.]*

Art. D. 8254-3 Lorsque le contrat est conclu avec un prestataire établi à l'étranger détachant des salariés sur le territoire national pour l'exécution de ce contrat, dans les conditions définies à l'article L. 1262-1, elle se fait remettre, lors de la conclusion du contrat, une liste nominative des salariés étrangers soumis à autorisation de travail, comprenant les indications prévues à l'article D. 8254-2. – *[Anc. art. R. 341-30-1, phrase 1.]*

Art. D. 8254-4 Sauf en ce qui concerne les particuliers, la liste nominative des salariés étrangers soumis à autorisation de travail est adressée tous les six mois, jusqu'à la fin de l'exécution du contrat. – *[Anc. art. R. 341-30, al. 2, phrase 1 et anc. art. R. 341-30-1, phrase 2.]*

Art. D. 8254-5 Pour les entreprises de travail temporaire, la communication de la liste nominative prévue à l'article D. 8254-2 est réputée accomplie lorsque les informations relatives au salarié étranger figurent dans le contrat de mise à disposition conclu avec l'utilisateur. – *[Anc. art. R. 341-30, al. 2, phrase 2.]*

Art. D. 8254-6 L'agent de contrôle qui constate l'embauche ou l'emploi d'un étranger non muni d'un titre l'autorisant à exercer une activité salariée en France par le cocontractant prévu à l'article D. 8254-2, s'assure auprès de la personne à laquelle ce même article est applicable qu'elle s'est fait remettre par ce cocontractant la liste nominative des salariés étrangers soumis à autorisation de travail.

Lorsque cette liste n'a pas été remise, l'agent de contrôle le mentionne dans le procès-verbal prévu à l'article *(Décr. n° 2012-812 du 16 juin 2012, art. 3)* « L. 8271-17 » ou dans une notice qui lui est annexée en précisant :

1° L'identité et l'adresse de chacune des personnes intéressées ;

2° L'objet et le montant de chacun des contrats qu'elles ont conclus en méconnaissance des obligations prévues à l'article L. 8254-1.

Un exemplaire du procès-verbal et, le cas échéant, de la notice sont adressés au *(Décr. n° 2009-1377 du 10 nov. 2009)* « directeur régional des entreprises, de la concurrence, de la consommation, du travail et de l'emploi ». – *[Anc. art. R. 341-31.]*

SECTION II **MÉCONNAISSANCE DE L'OBLIGATION**

Art. D. 8254-7 Indépendamment de la procédure prévue aux articles R. 8253-2 et suivants, le *(Décr. n° 2009-1377 du 10 nov. 2009)* « directeur régional des entreprises, de la concurrence, de la consommation, du travail et de l'emploi » informe chaque personne mentionnée dans le procès-verbal ou la notice, par lettre recommandée avec avis de réception, que les dispositions de l'article L. 8254-2 sont susceptibles de lui être appliquées et qu'elle peut lui adresser des observations dans un délai de quinze jours. – *[Anc. art. R. 341-32, al. 1er.]*

Art. D. 8254-8 *(Abrogé par Décr. n° 2008-1510 du 30 déc. 2008)* ***Dès réception des observations de l'intéressé, et au plus tard à l'expiration du délai de quinze jours, le fonctionnaire compétent, s'il n'est pas le directeur départemental du travail, de l'emploi et de la formation professionnelle, les transmet à ce dernier avec le procès-verbal, accompagné de la notice, si elle a été établie, ainsi que de son avis.*** – [Anc. art. R. 341-32, al. 2.]

Art. D. 8254-9 Dès que le délai de quinze jours est expiré et qu'il dispose des pièces mentionnées aux deuxième et troisième alinéas de l'article D. 8254-11, le directeur général de l'*(Décr. n° 2009-331 du 25 mars 2009)* « Office français de l'immigration et de l'intégration » peut prescrire aux personnes mentionnées à l'article L. 8254-1 de consigner, sans délai, entre les mains de l'agent comptable de l'agence *[l'Office]*, une somme égale à 40 % du montant de la contribution spéciale. Cette somme est calculée conformément à l'article R. 8253-8.

Les dispositions de l'article R. 8253-10 sont applicables à cette consignation. – *[Anc. art. R. 341-32-1, al. 1er et 2.]*

Art. D. 8254-10 Lorsque plusieurs personnes sont mentionnées au titre du même salarié étranger dans le procès-verbal mentionné à l'article R. 8253-2 et qu'il a ordonné la consignation, le directeur général de l'*(Décr. n° 2009-331 du 25 mars 2009)* « Office français de l'immigration et de l'intégration » répartit à due proportion le montant de la somme à consigner entre ces personnes. – *[Anc. art. R. 341-32-1, al. 3.]*

Art. D. 8254-11 Le *(Décr. n° 2009-1377 du 10 nov. 2009)* « directeur régional des entreprises, de la concurrence, de la consommation, du travail et de l'emploi » vérifie que les conditions des articles L. 8254-1 et suivants sont réunies et demande à l'agent verbalisateur, si nécessaire, toutes informations complémentaires.

Il transmet au directeur général de l'*(Décr. n° 2009-331 du 25 mars 2009)* « Office français de l'immigration et de l'intégration », son avis sur les modalités de mise en œuvre de la contribution spéciale à l'égard de chacune des personnes mentionnées dans la procédure.

Cet avis est accompagné du procès-verbal et de la notice qui lui est éventuellement annexée, ainsi que des observations de chacune de ces personnes s'il en a été produit. – *[Anc. art. R. 341-33.]*

Art. D. 8254-12 Au vu des documents qui lui sont transmis en application des articles D. 8254-2, D. 8254-4 et D. 8254-5, le directeur général de l'*(Décr. n° 2009-331 du 25 mars 2009)* « Office français de l'immigration et de l'intégration » décide, conformément à l'article R. 8253-6, de l'application de la contribution spéciale à l'employeur qui a occupé le salarié étranger non muni d'un titre de travail.

S'il décide de faire application de la règle de solidarité financière prévue à l'article L. 8254-2, il notifie le titre de recouvrement soit à celui qui a occupé le salarié, soit aux personnes mentionnées à ce même article. – *[Anc. art. R. 341-34, al. 1er.]*

Art. D. 8254-13 Lorsque plusieurs personnes sont concernées par l'application, au titre du même salarié étranger, de la règle de solidarité financière prévue à l'article L. 8254-2, le directeur général de l'*(Décr. n° 2009-331 du 25 mars 2009)* « Office français de l'immigration et de l'intégration » répartit le montant de la contribution spéciale à due proportion du nombre de personnes ayant contracté en méconnaissance des dispositions de l'article D. 8254-2. – *[Anc. art. R. 341-34, al. 2.]*

Art. D. 8254-14 Lorsque la contribution spéciale est mise à la charge des personnes mentionnées à l'article L. 8254-1, elle est déterminée et recouvrée conformément aux dispositions des articles R. 8253-1, R. 8253-7, R. 8253-8, R. 8253-11, R. 8253-13 et R. 8253-14. – *[Anc. art. R. 341-35.]*

CHAPITRE V **ACTIONS EN JUSTICE**

Art. D. 8255-1 *(Décr. n° 2015-364 du 30 mars 2015, art. 15-III)* Le salarié est informé de l'action en justice envisagée par l'organisation syndicale représentative en application de l'article L. 8255-1 par tout moyen conférant date certaine. Cette information précise la nature et l'objet de l'action envisagée par l'organisation syndicale et indique que :

1° Le salarié peut faire connaître à l'organisation syndicale son opposition à l'action envisagée ;

2° L'organisation syndicale peut exercer elle-même les voies de recours ;

3° Le salarié peut toujours intervenir dans l'instance engagée par l'organisation syndicale.

CHAPITRE VI **DISPOSITIONS PÉNALES**

Art. R. 8256-1 Le fait d'engager ou de conserver à son service un étranger dans une catégorie professionnelle, une profession ou une zone géographique autres que celles mentionnées, le cas échéant, sur le titre de travail mentionné au premier alinéa de *l'article L. 8251-1, en méconnaissance* du second alinéa de ce même article, est puni de l'amende prévue pour les contraventions de la cinquième classe.

La récidive est réprimée conformément aux articles 132-11 et 132-15 du code pénal. – *[Anc. art. R. 364-1.]*

TITRE SIXIÈME **CUMULS IRRÉGULIERS D'EMPLOIS**

CHAPITRE PREMIER **INTERDICTIONS ET DÉROGATIONS**

Art. D. 8261-1 Les agents de l'inspection du travail peuvent se faire communiquer, par les chefs d'établissement soumis à leur contrôle, la liste des noms et adresses de tous les fournisseurs de ces établissements et, pour chacun de ces fournisseurs, une lettre ou tout autre document faisant mention de l'inscription au registre du commerce ou au registre des métiers. – *[Anc. art. D. 324-1, al. 3.]*

Art. D. 8261-2 Lorsque des présomptions tirées notamment des conditions d'organisation du travail de tout ou partie des salariés employés dans une entreprise laissent craindre à l'inspecteur ou au contrôleur du travail que cet emploi constitue une infraction à la fois à l'interdiction de cumul d'emploi prévue à l'article L. 8261-1 et à la dérogation prévue à l'article L. 8261-3, il peut demander à l'employeur d'exiger des salariés désignés une attestation écrite certifiant qu'ils ne contreviennent pas à ces mêmes dispositions ou à celles relatives à la durée du travail. – *[Anc. art. D. 324-2.]*

CHAPITRE II **DISPOSITIONS PÉNALES**

Art. R. 8262-1 Le fait, pour un salarié, d'accomplir des travaux rémunérés au-delà de la durée maximale hebdomadaire du travail, telle qu'elle ressort des dispositions légales de sa profession, en méconnaissance des dispositions de l'article L. 8261-1, est puni de l'amende prévue pour les contraventions de la cinquième classe.

La récidive est réprimée conformément aux articles 132-11 et 132-15 du code pénal. – *[Anc. art. R. 362-4.]*

Art. R. 8262-2 Le fait de recourir aux services d'une personne qui méconnaît les dispositions de l'article L. 8261-1 est puni de l'amende prévue pour les contraventions de la cinquième classe.

La récidive est réprimée conformément aux articles 132-11 et 132-15 du code pénal. – *[Anc. art. R. 362-4.]*

TITRE SEPTIÈME **CONTRÔLE DU TRAVAIL ILLÉGAL**

CHAPITRE PREMIER **COMPÉTENCE DES AGENTS**

SECTION UNIQUE **CUMULS IRRÉGULIERS D'EMPLOIS**

Art. D. 8271-1 Pour l'application des articles L. 8261-1 et suivants, relatifs aux interdictions et dérogations de cumul d'emplois, les droits et pouvoirs des inspecteurs du travail et contrôleurs du travail, définis au livre Ier, sont étendus à tous les établissements dont le chef exerce habituellement une profession industrielle, commerciale ou artisanale, même s'il s'agit d'établissements de famille ou n'occupant pas de salariés.

Les chefs de ces établissements tiennent à la disposition des agents de l'inspection du travail toutes justifications de leurs inscriptions soit au registre du commerce, soit au registre des métiers. – *[Anc. art. D. 324-1, al. 1er et 2.]*

CHAPITRE II **SANCTIONS ADMINISTRATIVES**

SECTION PREMIÈRE **REFUS D'ATTRIBUTION ET REMBOURSEMENT DES AIDES PUBLIQUES**

(Décr. no 2011-1693 du 30 nov. 2011)

SOUS-SECTION 1 **DISPOSITIONS GÉNÉRALES**

Art. D. 8272-1 Pour l'application de l'article L. 8272-1, l'autorité compétente est l'autorité gestionnaire des aides publiques. Cette autorité peut, dans les conditions prévues à la présente section, refuser d'accorder les aides publiques, ou demander leur remboursement, correspondant aux dispositifs suivants :

1° Contrat d'apprentissage ;

2° Contrat unique d'insertion ;

3° Contrat de professionnalisation ;

4° Prime à la création d'emploi dans les départements d'outre-mer et à Saint-Pierre-et-Miquelon ;

5° Aides des collectivités territoriales et de leurs groupements prévues aux articles L. 1511-1 à L. 1511-5 du code général des collectivités territoriales ;

6° Aides et subventions de soutien à la création, à la production et à la diffusion du spectacle vivant et enregistré.

Art. D. 8272-2 **Toute décision de refus ou de remboursement des aides publiques prise par l'autorité compétente est portée à la connaissance du préfet du département situé dans le ressort de l'autorité mentionnée à l'article D. 8272-1, ou, à Paris, du préfet de police.**

SOUS-SECTION 2 **REFUS DES AIDES PUBLIQUES**

Art. D. 8272-3 **Lorsque l'autorité compétente est saisie d'une demande pour l'une des aides mentionnées à l'article D. 8272-1, elle vérifie si le demandeur a été verbalisé pour l'une des infractions constitutives du travail illégal prévues à l'article L. 8211-1, dans les douze mois précédant sa demande, auprès du préfet mentionné à l'article D. 8272-2.**

V. Circ. NOR : EFIZ1239322C intermin. du 28 nov. 2012 relative aux sanctions administratives suite à un procès-verbal relevant une infraction de travail illégal.

Art. D. 8272-4 **Si l'entreprise ou son responsable de droit ou de fait ont été verbalisés dans les douze mois précédant la demande, l'autorité compétente peut décider de refuser l'aide sollicitée. Elle informe alors l'entreprise, par lettre recommandée avec avis de réception ou par tout autre moyen permettant de faire la preuve de sa réception par le destinataire, de son intention en lui précisant qu'elle peut présenter ses observations écrites dans un délai de quinze jours.**

A l'expiration du délai fixé, l'autorité compétente peut décider, au vu des observations éventuelles de l'entreprise, de ne pas lui attribuer l'aide sollicitée pendant une durée maximale de cinq ans qu'elle détermine en fonction des critères mentionnés au premier alinéa de l'article L. 8272-1, compte tenu de sa situation économique, sociale et financière. Elle lui notifie sa décision par lettre recommandée avec avis de réception ou par tout autre moyen permettant de faire la preuve de sa réception par le destinataire et en adresse copie au préfet.

SOUS-SECTION 3 **REMBOURSEMENT DES AIDES PUBLIQUES**

Art. D. 8272-5 **Au vu des informations qui lui sont transmises sur la verbalisation d'une entreprise ou de son responsable de droit ou de fait, le préfet mentionné à l'article D. 8272-2 informe les autorités compétentes gestionnaires des aides mentionnées à l'article D. 8272-1 qu'elles peuvent enjoindre l'entreprise de rembourser tout ou partie des aides versées au cours des douze mois précédant l'établissement du procès-verbal de constatation de l'infraction.**

Art. D. 8272-6 **Si l'autorité compétente décide de mettre en œuvre la sanction prévue à l'article L. 8272-1, elle informe l'entreprise concernée, par lettre recommandée avec avis de réception ou par tout autre moyen permettant de faire la preuve de sa réception par le destinataire, de son intention en lui précisant qu'elle peut présenter ses observations écrites dans un délai de quinze jours.**

***A l'expiration du délai fixé,* l'autorité compétente peut décider, au vu des observations éventuelles de l'entreprise, le remboursement de tout ou partie des aides publiques octroyées au cours des douze mois précédant l'établissement du procès-verbal de constatation de l'infraction, en fonction des critères mentionnés au premier alinéa de l'article L. 8272-1, compte tenu de sa situation économique, sociale et financière. Elle lui notifie sa décision par lettre recommandée avec avis de réception ou par tout autre moyen permettant de faire la preuve de sa réception par le destinataire et en adresse copie au préfet.**

SECTION II DISPOSITIONS RELATIVES À LA FERMETURE ADMINISTRATIVE ET À L'EXCLUSION DES CONTRATS ADMINISTRATIFS MENTIONNÉS AUX ARTICLES L. 551-1 ET L. 551-5 DU CODE DE JUSTICE ADMINISTRATIVE

(Décr. n° 2011-1693 du 30 nov. 2011)

SOUS-SECTION 1 DISPOSITIONS GÉNÉRALES

Art. R. 8272-7 Le préfet du département dans lequel est situé l'établissement, ou, à Paris, le préfet de police, peut décider, au vu des informations qui lui sont transmises, de mettre en œuvre à l'égard de l'employeur verbalisé l'une ou les mesures prévues aux articles L. 8272-2 et L. 8272-4, en tenant compte de l'ensemble des éléments de la situation constatée, et notamment des autres sanctions qu'il encourt. Préalablement, il informe l'entreprise, par lettre recommandée avec avis de réception ou par tout autre moyen permettant de faire la preuve de sa réception par le destinataire, de son intention en lui précisant la ou les mesures envisagées et l'invite à présenter ses observations dans un délai de quinze jours. A l'expiration de ce délai, au vu des observations éventuelles de l'entreprise, le préfet peut décider de la mise à exécution de la ou des sanctions appropriées. Il notifie sa décision à l'entreprise par lettre recommandée avec avis de réception ou par tout autre moyen permettant de faire la preuve de sa réception par le destinataire et transmet immédiatement une copie au procureur de la République. Il en adresse copie au préfet du siège de l'entreprise si l'établissement est situé dans un département différent.

SOUS-SECTION 2 FERMETURE ADMINISTRATIVE

Art. R. 8272-8 *(Décr. n° 2015-364 du 30 mars 2015, art. 16-I)* « Le préfet tient compte, pour déterminer la durée de fermeture d'au plus trois mois de l'établissement relevant de l'entreprise où a été constatée l'infraction conformément à l'article L. 8272-2, de la nature, du nombre, de la durée de la ou des infractions relevées, du nombre de salariés concernés ainsi que de la situation économique, sociale et financière de l'entreprise ou de l'établissement. »

Si le préfet décide que la fermeture s'accompagne de la saisie conservatoire du matériel professionnel du contrevenant, la décision précise les machines-outils, les moyens de transport et tout autre matériel appartenant à l'employeur, utilisés dans le secteur d'activité dont relève l'établissement concerné, sur lesquels la saisie porte effet.

Art. R. 8272-9 Lorsque l'activité de l'employeur mis en cause s'exerce dans un lieu temporaire de travail ou dans un établissement ne relevant pas de son entreprise, le préfet du département dans le ressort duquel se trouve l'établissement mis en cause, ou, à Paris, le préfet de police, peut infliger la sanction prévue à l'article L. 8272-2 en décidant la fermeture de l'établissement employeur dans les mêmes conditions qu'à l'article R. 8272-8.

Pour les chantiers du bâtiment ou de travaux publics, la fermeture administrative, décidée par le préfet du département dans le ressort duquel a été constatée l'infraction, ou, à Paris, le préfet de police, prend la forme d'un arrêt de l'activité de l'entreprise sur le site concerné, après avis du maître d'ouvrage le cas échéant ou, à défaut, du responsable du chantier. Celui-ci prend les mesures permettant de prévenir tout risque pour la santé ou la sécurité des travailleurs présents sur le site concerné ainsi que des usagers ou des tiers, qui résulterait de l'arrêt de l'activité de l'entreprise mise en cause.

La décision du préfet est portée à la connaissance du public par voie d'affichage sur les lieux du chantier.

SOUS-SECTION 3 EXCLUSION DES CONTRATS ADMINISTRATIFS

Art. R. 8272-10 *(Décr. n° 2015-364 du 30 mars 2015, art. 16-II)* Le préfet tient compte, pour déterminer la durée de l'exclusion des contrats administratifs de la personne ayant commis l'infraction conformément à l'article L. 8272-4, de la nature, du nombre, de la durée de la ou des infractions relevées, du nombre de salariés concernés ainsi que de la situation économique, sociale et financière de cette personne.

Art. R. 8272-11 Lorsqu'il est prononcé une décision d'exclusion temporaire à l'encontre d'une entreprise, cette décision vaut pour l'entreprise et son responsable légal qui ne peut soumissionner à d'autres contrats administratifs personnellement ou par personne interposée ou encore en créant une entreprise nouvelle dont il assure la direction en droit ou en fait.

CHAPITRE III COORDINATION INTERMINISTÉRIELLE DE LA LUTTE CONTRE LE TRAVAIL ILLÉGAL

SECTIONS PREMIÈRE *et* II *[ABROGÉES]*

(Abrogées par Décr. n° 2008-371 du 18 avr. 2008)

Art. D. 8273-1 *à* D. 8273-25 *Abrogés par Décr. n° 2008-371 du 18 avr. 2008.*

TITRE HUITIÈME OBLIGATION DU DONNEUR D'ORDRE EN MATIÈRE D'APPLICATION DE LA LÉGISLATION DU TRAVAIL

(Décr. n° 2015-364 du 30 mars 2015, art. 17)

CHAPITRE PREMIER OBLIGATION DE VIGILANCE ET RESPONSABILITÉ DU DONNEUR D'ORDRE

Art. R. 8281-1 Le maître d'ouvrage ou le donneur d'ordre concerné enjoint l'employeur, dans un délai de vingt-quatre heures à compter de son information, de faire cesser immédiatement le non-respect de l'une des dispositions énumérées par l'article L. 8281-1.

Art. R. 8281-2 Dès réception de l'injonction, l'employeur informe dans un délai de quinze jours le maître d'ouvrage ou le donneur d'ordre des mesures prises pour faire cesser la situation.

Le maître d'ouvrage ou le donneur d'ordre transmet aussitôt cette réponse à l'agent de contrôle auteur du signalement.

Art. R. 8281-3 En l'absence de réponse de l'employeur à son injonction, le maître d'ouvrage ou le donneur d'ordre informe l'agent auteur du signalement dans les deux jours suivant l'expiration du délai prévu par l'article R. 8281-2.

Art. R. 8281-4 Les injonctions et les informations mentionnées aux articles R. 8281-1 à R. 8281-3 sont effectuées par tout moyen leur conférant date certaine.

CHAPITRE II DISPOSITIONS PÉNALES

(Décr. n° 2015-364 du 30 mars 2015, art. 17)

Art. R. 8282-1 Est puni de l'amende prévue pour les contraventions de la cinquième classe le maître d'ouvrage ou le donneur d'ordre, informé par un agent mentionné à l'article L. 8271-1-2 d'une infraction commise par l'employeur à l'une des dispositions légales ou des stipulations conventionnelles énumérées par l'article L. 8281-1 :

1° Qui n'a pas enjoint l'employeur de faire cesser la situation dans le délai mentionné à l'article R. 8281-1 ; ou

2° Qui n'a pas informé l'agent de contrôle auteur du signalement de l'absence de réponse de l'employeur dans le délai mentionné à l'article R. 8281-3.

TITRE NEUVIÈME CARTE D'IDENTIFICATION PROFESSIONNELLE DES SALARIÉS DU BÂTIMENT ET DES TRAVAUX PUBLICS

(Décr. n° 2016-175 du 22 févr. 2016, art. 1er)

Les dispositions du titre IX entre en application le lendemain de la publication de l'arrêté déterminant les conditions de fonctionnement du traitement informatisé des informations relatives aux salariés, aux employeurs et entreprises utilisatrices.

Dans les deux mois suivant la publication de l'arrêté, les employeurs mentionnés aux premier, deuxième et troisième al. de l'art. R. 8291-1 C. trav. ou, le cas échéant, les entreprises utilisatrices de salariés intérimaires détachés sont tenus de procéder à une déclaration de leurs salariés titulaires d'un contrat conclu avant la date de parution de l'arrêté, auprès de l'union des caisses mentionnée à l'art. R. 8291-2 C. trav. pour l'obtention d'une carte d'identification professionnelle, selon les modalités prévues aux art. R. 8293-5 et R. 8293-6 de ce même code (Décr. nº 2016-175 du 22 févr. 2016, art. 3).

CHAPITRE PREMIER **DISPOSITIONS GÉNÉRALES**

Pour l'entrée en vigueur de ces dispositions, V. note ss. l'intitulé du titre IX.

SECTION PREMIÈRE **CHAMP D'APPLICATION**

Art. R. 8291-1 Les dispositions du présent titre s'appliquent aux employeurs établis en France dont les salariés accomplissent, dirigent ou organisent, même à titre occasionnel, accessoire ou secondaire, dans les secteurs du bâtiment et des travaux publics, des travaux d'excavation, de terrassement, d'assainissement, de construction, de montage et démontage d'éléments préfabriqués, d'aménagements ou équipements intérieurs ou extérieurs, de réhabilitation ou de rénovation, de démolition ou de transformation, de curage, de maintenance ou d'entretien des ouvrages, de réfection ou de réparation ainsi que de peinture et de nettoyage afférents à ces travaux et de toutes opérations annexes qui y sont directement liées.

Elles s'appliquent aux entreprises de travail temporaire établies en France employant des salariés pour effectuer l'un ou plusieurs des travaux mentionnés au premier alinéa et toutes opérations annexes qui y sont directement liées.

Elles s'appliquent aux employeurs qui ne sont pas établis sur le territoire français et qui détachent des salariés pour effectuer l'un ou plusieurs des travaux mentionnés au premier alinéa et toutes opérations annexes qui y sont directement liées dans le cadre d'une prestation de services internationale selon les modalités définies aux articles L. 1262-1 et L. 1262-2, ainsi qu'aux entreprises utilisatrices ayant recours à des salariés détachés intérimaires.

Elles ne s'appliquent pas aux employeurs dont les salariés exercent les métiers suivants, même lorsqu'ils travaillent sur un site ou un chantier de travaux de bâtiment ou de travaux publics : architectes, diagnostiqueurs immobilier, métreurs, coordinateurs en matière de sécurité et de protection de la santé, chauffeurs et livreurs.

Pour l'entrée en vigueur de ces dispositions, V. note ss. l'intitulé du titre IX.

SECTION II **DISPOSITIONS RELATIVES À L'ORGANISME NATIONAL CHARGÉ DE LA GESTION DE LA CARTE D'INDENTIFICATION PROFESSIONNELLE DES SALARIÉS DU BÂTIMENT ET DES TRAVAUX PUBLICS**

Pour l'entrée en vigueur de ces dispositions, V. note ss. l'intitulé du titre IX.

Art. R. 8291-2 L'association dénommée "Congés intempéries BTP-Union des caisses de France", dénommée "l'union des caisses" dans le présent titre, délivre la carte d'identification professionnelle mentionnée à l'article L. 8291-1. Elle est chargée de la gestion administrative, technique et financière de cette carte.

La comptabilité des opérations de l'union des caisses qui relève de sa mission de gestion de cette carte est distincte de celles afférentes aux autres missions qui lui sont confiées.

Pour l'entrée en vigueur de ces dispositions, V. note ss. l'intitulé du titre IX.

Art. R. 8291-3 Les charges afférentes à la gestion de la carte d'identification professionnelle du bâtiment et des travaux publics sont couvertes par une redevance dont le montant est fixé par l'union mentionnée à l'article R. 8291-2 et mise à la charge des employeurs mentionnés aux premier, deuxième et troisième alinéas de l'article R. 8291-1 ou, le cas échéant, des entreprises utilisatrices de salariés intérimaires détachés. Le produit de cette redevance ne peut être affecté au financement d'autres missions confiées à l'union des caisses mentionnée à l'article R. 8291-2.

Pour l'entrée en vigueur de ces dispositions, V. note ss. l'intitulé du titre IX.

Art. R. 8291-4 Les données nominatives recueillies par l'union des caisses mentionnée à l'article R. 8291-2 dans le cadre de la gestion de la carte d'identification professionnelle des salariés du bâtiment et des travaux publics ne peuvent faire l'objet d'une utilisation à d'autres fins que celles de la délivrance, de la mise à jour et de la gestion de la carte d'identification professionnelle mentionnée à l'article L. 8291-1.

Pour l'entrée en vigueur de ces dispositions, V. note ss. l'intitulé du titre IX.

Art. R. 8291-5 L'union des caisses mentionnée à l'article R. 8291-2 établit chaque année un bilan de l'application de ce dispositif et le communique au ministre chargé du travail.

Pour l'entrée en vigueur de ces dispositions, V. note ss. l'intitulé du titre IX.

Art. R. 8291-6 Les modifications des statuts de l'union des caisses mentionnée à l'article R. 8291-2 requises par la délivrance, la mise à jour et la gestion de la carte sont approuvées par le ministre du travail.

Pour l'entrée en vigueur de ces dispositions, V. note ss. l'intitulé du titre IX.

CHAPITRE II DISPOSITIONS RELATIVES À LA CARTE D'IDENTIFICATION PROFESSIONNELLE

Pour l'entrée en vigueur de ces dispositions, V. note ss. l'intitulé du titre IX.

Art. R. 8292-1 La carte d'identification professionnelle est une carte individuelle sécurisée destinée à tout salarié effectuant un ou des travaux de bâtiment ou de travaux publics énumérés au premier alinéa de l'article R. 8291-1. La carte est la propriété de l'union des caisses mentionnée à l'article R. 8291-2. Elle comporte les logotypes de la "Marianne" et de l'union des caisses. Y sont mentionnés :

1° L'identité du salarié : nom, prénoms, sexe ;

2° La date de délivrance et le numéro de gestion de la carte ;

3° Un code permettant d'accéder aux données relatives à l'emploi concerné dans le traitement automatisé d'informations à caractère personnel mentionné à l'article R. 8295-1 ;

4° Les coordonnées de l'union des caisses mentionnée au premier alinéa.

Elle comporte une photographie d'identité du salarié conforme aux normes prévues par l'article 6-1 du décret n° 2005-1726 du 30 décembre 2005 modifié relatif aux passeports.

Pour l'entrée en vigueur de ces dispositions, V. note ss. l'intitulé du titre IX.

Art. R. 8292-2 Sont mentionnées sur la carte d'identification professionnelle, en plus des informations indiquées à l'article R. 8292-1 :

1° Pour les salariés des entreprises mentionnées au premier alinéa de l'article R. 8291-1, les mentions suivantes :

a) La raison sociale de l'entreprise ;

b) Le numéro SIREN ;

c) Le logo de l'entreprise, à sa demande ;

2° Pour les salariés des entreprises mentionnées au deuxième alinéa de l'article R. 8291-1, la mention : "salarié intérimaire" ;

3° Pour les salariés intérimaires détachés en France par une entreprise de travail temporaire établie à l'étranger, les mentions suivantes :

a) La mention "salarié intérimaire détaché" ;

b) La raison sociale ou le nom de l'entreprise de travail temporaire ;

c) Le logo de l'entreprise, à sa demande ;

4° Pour les travailleurs détachés en France par une entreprise prestataire de services établie à l'étranger, les mentions suivantes :

a) La mention "salarié détaché" ;

b) La raison sociale ou le nom de l'entreprise qui l'emploie ;

c) Le logo de l'entreprise, à sa demande.

Pour l'entrée en vigueur de ces dispositions, V. note ss. l'intitulé du titre IX.

Art. R. 8292-3 La durée de validité de la carte d'identification professionnelle d'un salarié est ainsi déterminée :

1° Pour les salariés des entreprises mentionnées au premier alinéa de l'article R. 8291-1, la durée de validité de la carte est celle du contrat de travail du salarié dans l'entreprise ou, en cas de succession de contrats, la durée totale de ces contrats ;

2° Pour les salariés intérimaires employés par une entreprise de travail temporaire établie en France, la durée de validité de la carte est de cinq ans ;

3° Pour les travailleurs détachés en France par une entreprise prestataire de services établie à l'étranger, y compris en qualité de travailleurs intérimaires, la durée de validité de la carte est celle de leur détachement.

Pour l'entrée en vigueur de ces dispositions, V. note ss. l'intitulé du titre IX.

Art. R. 8292-4 Le renouvellement de la carte d'identification professionnelle s'effectue à partir des déclarations prévues aux articles R. 8293-1, R. 8293-2 et R. 8293-3.

Pour l'entrée en vigueur de ces dispositions, V. note ss. l'intitulé du titre IX.

CHAPITRE III **DÉCLARATION DES SALARIÉS ET PAIEMENT DE LA CARTE**

Pour l'entrée en vigueur de ces dispositions, V. note ss. l'intitulé du titre IX.

SECTION PREMIÈRE **EMPLOYEURS ÉTABLIS EN FRANCE**

Pour l'entrée en vigueur de ces dispositions, V. note ss. l'intitulé du titre IX.

Art. R. 8293-1 I. — Lors de l'embauche d'un salarié, l'employeur mentionné au premier alinéa de l'article R. 8291-1 adresse une déclaration auprès de l'union des caisses mentionnée à l'article R. 8291-2, afin d'obtenir une carte d'identification professionnelle.

La déclaration est accompagnée des renseignements mentionnés au 1° de l'article R. 8292-1, au 1° de l'article R. 8292-2 et à l'article R. 8295-2 et de la photographie d'identité du salarié.

(Décr. n° 2016-1748 du 15 déc. 2016, art. 2) « Cette déclaration est effectuée par voie dématérialisée sur un site internet dédié de l'union des caisses mentionnée à l'article R. 8291-2. »

II. — Pour les salariés intérimaires ne disposant pas d'une carte en cours de validité au début de la mission, l'entreprise de travail temporaire adresse une déclaration auprès de l'union des caisses mentionnée à l'article R. 8291-2, afin d'obtenir une carte d'identification professionnelle.

La déclaration est accompagnée des renseignements mentionnés au 1° de l'article R. 8292-1, au 2° de l'article R. 8292-2 et à l'article R. 8295-2 et de la photographie d'identité du salarié.

(Décr. n° 2016-1748 du 15 déc. 2016, art. 2) « Cette déclaration est effectuée par voie dématérialisée sur un site internet dédié de l'union des caisses mentionnée à l'article R. 8291-2. »

III. — Avant d'effectuer la déclaration, l'employeur informe le salarié de la transmission des données à caractère personnel le concernant à l'union des caisses mentionnée à l'article R. 8291-2.

Pour l'entrée en vigueur de ces dispositions, V. note ss. l'intitulé du titre IX.

SECTION II **RÉGLEMENTATION APPLICABLE**

(Décr. n° 2016-1748 du 15 déc. 2016, art. 3)

Art. R. 8293-2 La déclaration de détachement mentionnée aux articles R. 1263-3 et R. 1263-4 effectuée par l'employeur d'un salarié réalisant des travaux de bâtiment ou des travaux publics vaut déclaration en vue d'une demande de carte d'identification professionnelle des salariés du bâtiment et des travaux publics.

Avant d'effectuer la déclaration prévue à l'alinéa précédent, l'employeur informe le salarié de la transmission des données à caractère personnel le concernant à l'union des caisses mentionnée à l'article R. 8291-2.

Art. R. 8293-3 Par dérogation à l'article R. 8293-2, lorsque le salarié détaché est employé par une entreprise de travail temporaire établie hors de France, la déclaration est faite par l'entreprise utilisatrice de ce dernier.

Cette déclaration est accompagnée des renseignements mentionnés à l'article R. 8295-2.

Art. R. 8293-4 A réception des données transmises par le fichier SIPSI, l'union des caisses mentionnée à l'article R. 8291-2 informe par tout moyen conférant date certaine l'entreprise prestataire de services établie à l'étranger ou, lorsqu'elle l'a désigné, son représentant en France, de l'obligation de lui adresser par voie dématérialisée, sur son site internet dédié mentionné à l'article R. 8293-5, la photographie d'identité de chaque salarié détaché, l'indication de son sexe, la nature de son contrat et le cas échéant le numéro de l'autorisation de travail ou de la carte de séjour valant autorisant *[autorisation]* de travail, ainsi que l'obligation d'effectuer par télépaiement le versement de la redevance mentionnée à l'article R. 8293-5.

Après paiement de la redevance, l'union des caisses mentionnée à l'article R. 8291-2 adresse la carte d'identification professionnelle ou le cas échéant une attestation provisoire valant carte d'identification professionnelle à l'entreprise prestataire de services établie à l'étranger ou le cas échéant, à son représentant en France, par tout moyen lui conférant date certaine.

SECTION III **MODALITÉS DE DÉCLARATION DES SALARIÉS ET DE PAIEMENT DE LA CARTE**

Pour l'entrée en vigueur de ces dispositions, V. note ss. l'intitulé du titre IX.

Art. R. 8293-5 *(Abrogé par Décr. nº 2016-1748 du 15 déc. 2016) « Les déclarations mentionnées aux articles R. 8293-1 et R. 8293-2 sont effectuées par voie dématérialisée sur un site internet dédié de l'union des caisses mentionnée à l'article R. 8291-2. »*

L'union des caisses mentionnée à l'article R. 8291-2 vérifie que l'employeur ou l'entreprise utilisatrice qui effectue la déclaration entre dans le champ d'application de l'article R. 8291-1 et que le salarié n'est possesseur d'aucune autre carte valide.

Pour l'entrée en vigueur de ces dispositions, V. note ss. l'intitulé du titre IX.

Art. R. 8293-6 La redevance mentionnée à l'article R. 8291-3 est exigible au moment de la déclaration mentionnée aux articles R. 8293-1 à R. 8293-3. Le paiement est effectué par télépaiement.

A défaut de paiement, la carte n'est pas délivrée. Les sanctions prévues aux articles R. 8115-7 et R. 8115-8 sont alors applicables à l'employeur ou, le cas échéant, à l'entreprise utilisatrice.

Pour l'entrée en vigueur de ces dispositions, V. note ss. l'intitulé du titre IX.

CHAPITRE IV **MODALITÉS DE DÉLIVRANCE DE LA CARTE D'IDENTIFICATION PROFESSIONNELLE**

Pour l'entrée en vigueur de ces dispositions, V. note ss. l'intitulé du titre IX.

Art. R. 8294-1 A la réception de la déclaration mentionnée aux articles R. 8293-1 à R. 8293-3, l'union des caisses mentionnée à l'article R. 8291-2 adresse la carte d'identification professionnelle à l'employeur ou au représentant de l'employeur, ou à l'entreprise utilisatrice d'un salarié intérimaire détaché.

Pour l'entrée en vigueur de ces dispositions, V. note ss. l'intitulé du titre IX.

Art. R. 8294-2 Dans l'attente de l'édition de la carte d'identification professionnelle, une attestation provisoire valant carte d'identification professionnelle est adressée par l'union des caisses mentionnée à l'article R. 8291-2 à l'employeur ou au représentant de l'employeur, ou à l'entreprise utilisatrice d'un salarié intérimaire détaché, par voie dématérialisée pour être délivrée au salarié concerné.

La validité de cette attestation provisoire cesse dans un délai fixé par l'arrêté mentionné à l'article R. 8295-1 à compter de la date de la transmission de la carte professionnelle à l'employeur ou au représentant de l'employeur, ou à l'entreprise utilisatrice d'un salarié intérimaire détaché. Ce délai ne peut excéder soixante-douze heures.

La carte d'identification professionnelle est adressée par l'union des caisses mentionnée à l'article R. 8291-2 à l'employeur ou à l'entreprise utilisatrice d'un salarié intérimaire détaché, par tout moyen lui conférant date certaine.

Pour l'entrée en vigueur de ces dispositions, V. note ss. l'intitulé du titre IX.

Art. R. 8294-3 Le titulaire de la carte d'identification professionnelle informe, dans un délai de vingt-quatre heures, son employeur ou l'entreprise utilisatrice de toute dégradation, perte ou vol de sa carte, afin que l'employeur ou l'entreprise utilisatrice en informe l'union des caisses mentionnée à l'article R. 8291-2, selon la procédure prévue par cet organisme.

Toute carte signalée comme volée, perdue ou gravement détériorée est invalidée. L'union des caisses édite, sur demande de l'employeur ou de l'entreprise utilisatrice et après paiement de la redevance mentionnée à l'article R. 8291-3, une nouvelle carte pour le salarié concerné.

Pour l'entrée en vigueur de ces dispositions, V. note ss. l'intitulé du titre IX.

Art. R. 8294-4 Le salarié est tenu, lors de la cessation de son contrat dans l'entreprise ou à l'issue de son détachement en France, de remettre sa carte d'identification professionnelle à son employeur ou à l'entreprise utilisatrice afin que celui-ci la transmette à l'union des caisses mentionnée à l'article R. 8291-2, pour qu'elle soit détruite.

Pour l'entrée en vigueur de ces dispositions, V. note ss. l'intitulé du titre IX.

Art. R. 8294-5 Le titulaire de la carte d'identification professionnelle ou de l'attestation provisoire est tenu de la présenter sans délai à toute demande des agents de contrôle mentionnés à l'article L. 8271-1-2.

Pour l'entrée en vigueur de ces dispositions, V. note ss. l'intitulé du titre IX.

Art. R. 8294-6 Tout maître d'ouvrage ou tout donneur d'ordre peut vérifier auprès de l'union des caisses mentionnée à l'article R. 8291-2 que les salariés de son cocontractant, d'un sous-traitant direct ou indirect ou d'un cocontractant d'un sous-traitant ont été déclarés auprès de cet organisme et que leurs cartes ou attestations ont été émises par celui-ci. Cette vérification est faite selon la procédure prévue par cet organisme.

Pour l'entrée en vigueur de ces dispositions, V. note ss. l'intitulé du titre IX.

Art. R. 8294-7 Le salarié titulaire d'une carte d'identification professionnelle ou de l'attestation provisoire est tenu de la présenter sans délai à la demande du maître d'ouvrage ou d'un donneur d'ordre intervenant sur le chantier où le salarié exerce son activité.

Pour l'entrée en vigueur de ces dispositions, V. note ss. l'intitulé du titre IX.

CHAPITRE V **SYSTÈME AUTOMATISÉ D'INFORMATION DE LA CARTE D'IDENTIFICATION PROFESSIONNELLE**

Pour l'entrée en vigueur de ces dispositions, V. note ss. l'intitulé du titre IX.

SECTION PREMIÈRE **CARACTÉRISTIQUES GÉNÉRALES**

Pour l'entrée en vigueur de ces dispositions, V. note ss. l'intitulé du titre IX.

Art. R. 8295-1 Il est créé au sein de l'union des caisses mentionnée à l'article R. 8291-2 un traitement automatisé d'informations à caractère personnel dénommé "Système d'information de la carte d'identification professionnelle" (SI-CIP), ayant pour finalité la gestion et le suivi du dispositif de la carte d'identification professionnelle des salariés du bâtiment et des travaux publics.

Un arrêté du ministre chargé du travail pris après avis de la Commission nationale de l'informatique et des libertés détermine les modalités du traitement informatisé des informations relatives aux salariés, aux employeurs et aux entreprises utilisatrices mentionnées à l'article R. 8295-2.

Pour l'entrée en vigueur de ces dispositions, V. note ss. l'intitulé du titre IX.

Art. R. 8295-2 Les catégories de données à caractère personnel pouvant être enregistrées dans le traitement automatisé sont les suivantes :

1° Données personnelles relatives au titulaire de la carte d'identification professionnelle : nom et prénoms, sexe, date et lieu de naissance, nationalité, nature du contrat de travail, photographie d'identité numérisée et, pour les salariés étrangers titulaires d'une autorisation ou d'une carte de séjour valant autorisation de travail, le numéro de cette carte ;

2° Données personnelles relatives à l'employeur du salarié et, le cas échéant, à l'entreprise utilisatrice d'un salarié intérimaire détaché ;

a) Pour les personnes physiques :

– identité (nom, prénoms, sexe, date et lieu de naissance), nationalité(s), SIRET ou SIREN ou à défaut le numéro d'immatriculation à un registre professionnel ou à un organisme chargé du recouvrement des cotisations de sécurité sociale, adresse professionnelle postale et électronique, activité principale exercée (APE/NAF) ;

b) Pour les personnes morales :

– dénomination sociale, objet social ou statut, identité du représentant légal ou du représentant en France, numéro SIREN ou SIRET ou à défaut le numéro d'immatriculation à un registre professionnel, adresse du siège social, activité principale exercée (APE/NAF) ;

3° Données relatives au chantier ou au lieu d'activité : adresse, date de début du chantier, durée prévisible du chantier ou date de fin du chantier.

Les renseignements énumérés aux 1°, 2° et 3° du présent article sont mentionnés par les employeurs et les entreprises utilisatrices de travailleurs intérimaires détachés sur les déclarations mentionnées aux articles R. 8293-1 à R. 8293-3.

Pour l'entrée en vigueur de ces dispositions, V. note ss. l'intitulé du titre IX.

SECTION II **ACTUALISATION DES DONNÉES**

Pour l'entrée en vigueur de ces dispositions, V. note ss. l'intitulé du titre IX.

Art. R. 8295-3 L'employeur ou, le cas échéant, l'entreprise utilisatrice d'un salarié intérimaire détaché informe dans un délai de vingt-quatre heures l'union des caisses mentionnée à l'article R. 8291-2 de toute modification relative aux renseignements le ou la concernant ou relatives aux salariés ou portant sur l'adresse du site ou du chantier de travaux.

Pour l'entrée en vigueur de ces dispositions, V. note ss. l'intitulé du titre IX.

LIVRE TROISIÈME **DISPOSITIONS RELATIVES À L'OUTRE-MER**

TITRE PREMIER **DISPOSITIONS GÉNÉRALES**

Le présent titre ne comprend pas de dispositions réglementaires.

TITRE DEUXIÈME **DÉPARTEMENTS D'OUTRE-MER, SAINT-BARTHÉLEMY, SAINT-MARTIN ET SAINT-PIERRE-ET-MIQUELON**

CHAPITRE PREMIER **DISPOSITIONS GÉNÉRALES**

Le présent chapitre ne comprend pas de dispositions réglementaires.

CHAPITRE II **INSPECTION DU TRAVAIL**

SECTION I **COMPÉTENCES ET MOYENS D'INTERVENTION** *(Décr. n° 2010-1582 du 17 déc. 2010, art. 35-I).*

Art. D. 8322-1 Les inspecteurs du travail des départements d'outre-mer, de Saint-Barthélemy et de Saint-Martin ont les mêmes attributions que les inspecteurs du travail de la métropole.

(Abrogé par Décr. nº 2008-1510 du 30 déc. 2008) ***« Ils sont chargés, en outre, de veiller à l'application des lois sociales en agriculture, dans la mesure où celles-ci ne relèvent pas de la législation sur la sécurité sociale et sont placés à cet égard sous l'autorité du ministre chargé de l'agriculture. »*** – *[Anc. art. D. 861-1.]*

SECTION II **SYSTÈMES D'INSPECTION DU TRAVAIL**

(Décr. nº 2010-1582 du 17 déc. 2010, art. 35-I)

Art. R. 8322-2 Pour l'application des articles *(Décr. nº 2015-364 du 30 mars 2015, art. 7)* « R. 8115-1 à R. 8115-4, » *(Décr. nº 2015-1359 du 26 oct. 2015, art. 5)* « R. 8115-6, » R. 8122-1 et R. 8122-2 dans les régions d'outre-mer :

1° Les attributions dévolues aux directeurs régionaux des entreprises, de la concurrence, de la consommation, du travail et de l'emploi sont exercées par les directeurs des entreprises, de la concurrence, de la consommation, du travail et de l'emploi ;

2° Les dispositions relatives aux responsables d'unités départementales ne s'appliquent pas.

CHAPITRE III **LUTTE CONTRE LE TRAVAIL ILLÉGAL**

Art. R. 8323-1 Dans le département de la Guyane, le document mentionnant le numéro individuel d'identification prévu au *a)* du 1° de l'article D. 8222-7 est remplacé par une attestation certifiant que le cocontractant est connu des services fiscaux de son État d'établissement ou de domiciliation. – *[Anc. art. R. 832-1.]*

TITRE TROISIÈME **MAYOTTE, WALLIS-ET-FUTUNA ET TERRES AUSTRALES ET ANTARCTIQUES FRANÇAISES**

Le présent titre ne comprend pas de dispositions réglementaires.

APPENDICE

I CONVENTIONS RELATIVES AU TRAVAIL

A Apprentissage

Décret n° 2011-523 du 16 mai 2011,

Relatif à l'aide à l'embauche d'un jeune sous contrat d'apprentissage ou de professionnalisation supplémentaire dans les petites et moyennes entreprises.

Art. 1er Les employeurs de moins de 250 salariés peuvent demander le bénéfice d'une aide de l'État pour toute embauche d'un jeune de moins de vingt-six ans ayant pour effet d'augmenter le nombre de salariés employés en contrat d'apprentissage ou de professionnalisation.

L'effectif total de l'entreprise est apprécié au *(Décr. n° 2011-1971 du 26 déc. 2011)* « 31 décembre 2011 » dans les conditions des articles L. 1111-2, L. 1111-3 et L. 1251-54 du code du travail. L'effectif moyen de salariés employés en contrat de professionnalisation et d'apprentissage mentionnés aux articles L. 6221-1 et L. 6325-1 du code du travail est apprécié au 28 février 2011.

Lorsque la date de la création de l'entreprise est postérieure au *(Décr. n° 2011-1971 du 26 déc. 2011)* « 31 décembre 2011 », ces effectifs sont appréciés à la date de l'embauche pour laquelle l'aide est demandée.

Les dispositions issues du Décr. n° 2011-1971 du 26 déc. 2011 sont applicables aux contrats dont la date de début d'exécution est comprise entre le 1er janv. et le 30 juin 2012 (Décr. préc., art. 2).

Art. 2 L'aide mentionnée à l'article 1er est subordonnée au respect des conditions suivantes :

1° L'embauche est réalisée sous la forme d'un contrat de travail prévu aux articles L. 6221-1 ou L. 6325-1 du code du travail, au bénéfice d'un jeune de moins de vingt-six ans. L'âge du salarié est apprécié à la date de début de l'exécution du contrat ;

2° La date du début de l'exécution du contrat est comprise *(Décr. n° 2011-1971 du 26 déc. 2011)* « entre le 1er mars 2011 et le 30 juin 2012 » ;

3° L'embauche a pour effet d'augmenter l'effectif annuel moyen des salariés employés en alternance au 28 février 2011, comparé à l'effectif annuel moyen des salariés employés en alternance calculé au terme du premier mois de l'embauche ;

4° Le contrat n'ouvre pas droit à une exonération totale de cotisations patronales de sécurité sociale en vigueur à la date de l'embauche, en application de l'article L. 6243-2 du code du travail ;

5° L'employeur n'a pas procédé, dans les six mois qui précèdent l'embauche, à un licenciement économique au sens de l'article L. 1233-3 du code du travail sur le poste pourvu par le recrutement ;

6° Le titulaire du contrat n'a pas appartenu à l'effectif de l'entreprise au cours des six mois précédant la date de l'embauche.

Les dispositions issues du Décr. n° 2011-1971 du 26 déc. 2011 sont applicables aux contrats dont la date de début d'exécution est comprise entre le 1er janv. et le 30 juin 2012 (Décr. préc., art. 2).

Art. 3 I. – Le montant de l'aide accordée pour une durée de douze mois est calculé dans les conditions suivantes :

1° Lorsque l'embauche est réalisée au moyen d'un contrat d'apprentissage, le montant de l'aide est ainsi calculé :

SMIC horaire applicable au 1er janvier de l'année en cours × 151,67 × (pourcentage du salaire minimum de croissance mentionné à l'article D. 6222-26 du code du travail applicable à la date de début d'exécution du contrat de travail – 11 %) × 0,14 × 12.

Pour les départements d'outre-mer, à Saint-Barthélemy et à Saint-Martin, le montant de l'aide est ainsi calculé :

SMIC horaire applicable au 1er janvier de l'année en cours × 151,67 × (pourcentage du salaire minimum de croissance mentionné à l'article D. 6222-26 du code du travail applicable à la date de début d'exécution du contrat de travail – 20 %) × 0,14 × 12 ;

2° Lorsque l'embauche est réalisée au moyen d'un contrat de professionnalisation, le montant de l'aide est ainsi calculé :

a) Dans une entreprise de moins de vingt salariés :

SMIC horaire applicable au 1er janvier de l'année en cours × 151,67 × (pourcentage du salaire minimum de croissance mentionné à l'article D. 6325-15 du code du travail applicable à la date de début d'exécution du contrat de travail) × 0,12 × 12 ;

b) Dans une entreprise de vingt salariés et plus :

SMIC horaire applicable au 1er janvier de l'année en cours × 151,67 × (pourcentage du salaire minimum de croissance mentionné à l'article D. 6325-15 du code du travail applicable à la date de début d'exécution du contrat de travail) × 0,14 × 12.

II. — Le montant de l'aide est arrondi à l'euro supérieur.

Art. 4 L'aide est gérée par Pôle emploi avec lequel l'État conclut une convention.

Le versement de l'aide est subordonné au fait, pour l'employeur, d'être à jour de ses obligations déclaratives et de paiement à l'égard des organismes de recouvrement des cotisations et des contributions de sécurité sociale ou d'assurance chômage. La condition de paiement est considérée comme remplie dès lors que l'employeur a souscrit et respecte un plan d'apurement des cotisations restant dues.

Lorsque les conditions prévues à l'alinéa précédent ne sont pas remplies, le versement de l'aide est suspendu jusqu'à ce que l'employeur se soit mis en conformité avec ses obligations déclaratives et de paiement et, au plus tard, jusqu'à l'expiration d'un délai de quinze mois suivant la date du début de l'exécution du contrat concerné. L'aide n'est plus due au-delà de ce délai.

Art. 5 Pour bénéficier de l'aide, l'employeur adresse à Pôle emploi une demande dans les *(Décr. nº 2011-1971 du 26 déc. 2011)* « quatre mois » suivant le début de l'exécution du contrat concerné ou, pour les embauches antérieures à la date de publication du présent décret, suivant la date de cette publication. La demande comprend :

1° Un formulaire renseigné par l'employeur mentionnant, d'une part, l'effectif annuel moyen de salariés employés en alternance au 28 février 2011 et, d'autre part, l'effectif annuel moyen de salariés employés en alternance calculé au terme du mois au cours duquel l'embauche éligible a été réalisée ;

2° Une copie, selon le cas, du contrat d'apprentissage et de la décision d'enregistrement par la chambre consulaire compétente dans les conditions fixées aux articles L. 6224-1 et suivants du code du travail ou du contrat de professionnalisation accompagnée, le cas échéant, de la décision de prise en charge financière de l'organisme paritaire collecteur agréé ou, à défaut, de la preuve de dépôt du contrat auprès de cet organisme.

Les dispositions issues du Décr. nº 2011-1971 du 26 déc. 2011 sont applicables aux contrats dont la date de début d'exécution est comprise entre le 1er janv. et le 30 juin 2012 (Décr. préc., art. 2).

Art. 6 I. — Lorsque les conditions sont remplies, l'aide est versée dans les conditions suivantes :

1° Un premier versement correspondant aux six premiers mois du bénéfice de l'aide, *(Décr. nº 2011-1971 du 26 déc. 2011)* « réalisé au cours du deuxième mois suivant la date de réception de la demande » ou, pour les embauches antérieures à la date de publication du présent décret, dans les trois mois suivant la date de cette publication ;

2° Un deuxième versement correspondant aux six derniers mois du bénéfice de l'aide, réalisé au cours du dixième mois suivant le début d'exécution du contrat.

II. — Pour donner lieu au paiement du deuxième versement de l'aide, l'employeur adresse à Pôle emploi, dans les deux mois suivant le septième mois d'exécution du contrat, une déclaration attestant que le contrat est en cours d'exécution à ladite échéance.

Si le contrat est arrivé à échéance ou a été interrompu à l'issue du premier versement et avant la date limite pour adresser la déclaration prévue à l'alinéa précédent, le second versement n'est pas dû.

III. — En cas de rupture du contrat d'apprentissage en application des articles L. 6222-18, L. 6225-3 ou L. 6225-5 du code du travail, ou du contrat de professionnalisation en application des articles L. 1231-1 ou L. 1243-1 du même code, l'aide est reversée par l'employeur au Trésor public, dans son intégralité si cette rupture intervient dans les six premiers mois d'exécution du contrat, ou à due proportion du nombre de mois de présence du salarié dans l'entreprise si cette rupture intervient dans les six mois suivants.

Les dispositions issues du Décr. n° 2011-1971 du 26 déc. 2011 sont applicables aux contrats dont la date de début d'exécution est comprise entre le 1er janv. et le 30 juin 2012 (Décr. préc., art. 2).

Art. 7 Pôle emploi contrôle l'exactitude des déclarations réalisées par le demandeur. Le bénéficiaire de l'aide tient à sa disposition tout document permettant d'effectuer ce contrôle.

B Contrat de travail

Code de l'action sociale et des familles

CHAPITRE III (du titre IV du livre II) *Travailleurs handicapés*

Art. L. 243-1 *(L. n° 2016-1088 du 8 août 2016, art. 52)* Les personnes handicapées nécessitant un accompagnement médico-social pour s'insérer durablement dans le marché du travail, en particulier les travailleurs handicapés accueillis dans un établissement ou service d'aide par le travail mentionné au *a* du 5° du I de l'article L. 312-1 du présent code et ayant un projet d'insertion en milieu ordinaire de travail, peuvent bénéficier d'un dispositif d'emploi accompagné mentionné à l'article L. 5213-2-1 du code du travail.

Art. L. 243-4 *(L. n° 2005-102 du 11 févr. 2005, art. 17)* Tout travailleur handicapé accueilli dans un établissement ou service relevant du *a* du 5° du I de l'article L. 312-1 bénéficie du contrat de soutien et d'aide par le travail mentionné à l'article L. 311-4 et a droit à une rémunération garantie versée par l'établissement ou le service d'aide par le travail qui l'accueille et qui tient compte du caractère à temps plein ou à temps partiel de l'activité qu'il exerce. Elle est versée dès l'admission en période d'essai du travailleur handicapé sous réserve de la conclusion du contrat de soutien et d'aide par le travail.

Son montant est déterminé par référence au salaire minimum de croissance, dans des conditions et dans des limites fixées par voie réglementaire.

Afin de l'aider à financer la rémunération garantie mentionnée au premier alinéa, l'établissement ou le service d'aide par le travail reçoit, pour chaque personne handicapée qu'il accueille, une aide au poste financée par l'État.

L'aide au poste varie dans des conditions fixées par voie réglementaire, en fonction de la part de rémunération financée par l'établissement ou le service d'aide par le travail et du caractère à temps plein ou à temps partiel de l'activité exercée par la personne handicapée. Les modalités d'attribution de l'aide au poste ainsi que le niveau de la participation de l'établissement ou du service d'aide par le travail à la rémunération des travailleurs handicapés sont déterminés par voie réglementaire.

Code civil

TITRE IV **Du régime général des obligations** *(Ord. n° 2016-131 du 10 févr. 2016, art. 1er).*

CHAPITRE II *Des délits et des quasi-délits*

Art. 1242 On est responsable non seulement du dommage que l'on cause par son propre fait, mais encore de celui qui est causé par le fait des personnes dont on doit répondre, ou des choses que l'on a sous sa garde.

[...]

Les maîtres et les commettants, du dommage causé par leurs domestiques et préposés dans les fonctions auxquelles ils les ont employés ; *[...]*

RESPONSABILITÉ DES COMMETTANTS

BIBL. R. Legeais, *Études J. Savatier, PUF, 1992, p. 303* (droits français et allemand). – M. Th. Rives-Lange, *JCP 1970. I. 2309.* – Molfessis, *Mélanges Gobert, Economica, 2004, p. 495* (évolution de la jurisprudence). Abus de fonctions : *Euzen, LPA 30 mai 1997.* – Frémeaux, *Dr. et patr., déc. 2002, p. 40.* – Hassler, *D. 1980. Chron. 125.* – Jourdain, *obs. RTD civ. 1990. 495.* – Kessous et Desportes, *R. 2000, p. 257* (arrêt *Costedoat* – Ass. plén. 25 févr. 2000). – Lambert-Faivre, *D. 1986. Chron. 143.* – Puill, *JCP 1996. I. 3939.* – Veaux, *Trav. Assoc. Capitant, XXVIII-1977, p. 77.* Ayissi Manga, *RRJ 2002/2. 703* (préposé et responsabilité). – Brun, *Dr. et patr., janv. 2001, p. 52* (mise en œuvre). – Durand-Pasquier, *RLDC 2008/51, suppl., n° 3087* (préposé de fait). – Durry,

Mélanges Gobert, préc., p. 549 (pour une révision de la jurisprudence *Costedoat*). – Fournier, *LPA 23 juill. 1997* (faute personnelle du préposé). – Gallmeister, *Gaz. Pal. 2005. Doctr. 3052* (faute du préposé). – Gaudu, *D. 1988. Chron. 235* (prêt de main-d'œuvre). – Hontebeyrie, *D. 2004. Chron. 81* (responsabilité des cliniques du fait des médecins). – Mazeaud, *RLDC 2008/51, suppl., n° 3084* (autorité du commettant). – Molfessis, *Dr. soc. 2004. 31* (vie personnelle des préposés et responsabilité des commettants). – Peano, *D. 1991. Chron. 51* (qualités de gardien et de préposé). – Radé, *RLDC 2008/51, suppl., n° 3085*. – Vignal, *Dr. et patr., sept. 2003, p. 72* (responsabilité des salariés). – Viney, *Études Lapoyade-Deschamps, Univ. Montesquieu-Bordeaux IV, 2003* (responsabilité personnelle du préposé).

1. Caractère alternatif de l'al. 5 et de l'al. 6 de l'art. 1384. La responsabilité des artisans à l'égard de leurs apprentis et celle des commettants à l'égard de leurs préposés sont exclusives l'une de l'autre. • Civ. 2e, 8 déc. 1961 : *JCP 1962. II. 12658, note Pierron.*

2. Rapport de préposition. Le lien de subordination, d'où découle la responsabilité mise à la charge des commettants par l'art. 1384, al. 5, suppose essentiellement que ceux-ci ont le droit de faire acte d'autorité en donnant à leurs préposés des ordres ou des instructions sur la manière de remplir, à titre temporaire ou permanent, avec ou sans rémunération, fût-ce en l'absence de tout louage de service, les emplois qui leur ont été confiés pour un temps et un objet déterminés. • Crim. 7 nov. 1968 : *Bull. crim. n° 291* • 16 avr. 1975 : *Gaz. Pal. 1975. 2. 506* • 30 juin 1987 : *Bull. crim. n° 278* • 14 juin 1990 : *ibid. n° 245.*

3. Occupation d'un logement de fonction. Le salarié qui occupe un logement de fonction dans les locaux de l'entreprise n'est plus, en dehors du temps de travail, dans un lien de subordination découlant du contrat de travail. • Civ. 2e, 10 juin 1999 : *RCA 1999, n° 288, note Groutel.*

4. Profit indifférent. La notion de profit n'est pas déterminante pour apprécier qui est le commettant, le lien de préposition résultant du pouvoir de commandement, du droit de donner des ordres et des instructions. • Civ. 2e, 17 déc. 1964 : *JCP 1965. II. 14125, note R. Rodière.* ♦ Mais ce lien n'implique pas nécessairement chez le commettant les connaissances techniques pour pouvoir donner des ordres avec compétence. • Civ. 2e, 11 oct. 1989 : *Bull. civ. II, n° 175.*

5. Qualités professionnelles indifférentes. Le commettant ne saurait se soustraire à sa responsabilité sous le prétexte que son préposé présentait, pour son emploi, des garanties professionnelles auxquelles il n'avait qu'à se remettre. • Crim. 20 juin 1924 : *DP 1925. 1. 93.* ♦ En ce sens, pour un jockey dit « de grande cravache » : • Civ. 2e, 26 oct. 2000, n° 98-19.387 P.

6. Professionnels de santé. BIBL. Riot, *D. 2006. Chron. 111* (exercice « subordonné » de l'art médical). ♦ L'indépendance professionnelle du médecin dans l'exercice de son art n'est pas incompatible avec l'état de subordination résultant d'un contrat de louage de services le liant à un tiers, lequel peut dès lors être déclaré civilement responsable de son préposé. • Crim. 5 mars 1992 : *JCP 1993. II. 22013, note Chabas ; RTD civ. 1993. 137, obs. Jourdain.* ♦ Rappr. : • Civ. 1re, 17 févr. 2011 : *D. 2011. 675, obs. Gallmeister ; RLDC 2011/81, n° 4204, obs. Bugnicourt.* ♦ Comp. • T. confl. 14 févr. 2000 : *Bull. civ. n° 2 ; D. 2000. IR 138 ; JCP 2001. II. 10584, note Hardy ; LPA 26 avr. 2001, note De Andrade ; RFDA 2000. 1232, note Pouyaud ; RDSS 2001. 85, obs. Mémeteau* (l'argumentation d'un médecin salarié d'une clinique et auteur d'une faute, fondée sur les principes de la responsabilité des commettants du fait de leurs préposés, ne saurait être retenue).

7. Travail temporaire, stage, gardiennage, location avec chauffeur. Sur le problème de la détermination du commettant, V. aussi : • Crim. 29 nov. 1973 : *D. 1974. 194, note Dauvergne* • 10 mai 1976 : *Gaz. Pal. 1976. 2. 587 ; RTD civ. 1976. 785, obs. Durry* • Paris, 25 févr. 1977 : *D. 1977. IR 329, obs. Larroumet* (salarié d'une entreprise de travail temporaire) • Com. 26 janv. 1976 : *D. 1976. 449, rap. Mérimée* (agent de la SNCF mis à la disposition d'une entreprise privée) • Civ. 1re, 18 janv. 1989, n° 87-13.131 P : *R., p. 335 ; RTD civ. 1989. 561, obs. Jourdain* (salarié d'une entreprise de gardiennage).

Responsabilité cumulative de deux commettants d'un même préposé (entreprise de surveillance et magasin où est placé l'agent) : • Orléans, 21 avr. 1986 : *Gaz. Pal. 1986. 2. 628, note F. Lévy.* ♦ Détermination du commettant dans le cas de location de camion-citerne avec chauffeur par un fournisseur de gaz propane : V. • Civ. 2e, 19 oct. 2006, n° 05-14.338 P : *D. 2006. IR 2876 ; JCP 2007. I. 115, n° 7, obs. Stoffel-Munck ; RCA 2007, n° 15, note Groutel ; RTD civ. 2007. 133, obs. Jourdain.* ♦ Pour l'absence de tout lien de préposition entre le maître de stage et un stagiaire à l'origine d'un accident, la convention de stage indiquant que l'élève stagiaire, non rémunéré, demeure sous la seule responsabilité du chef d'établissement : • Civ. 2e, 20 déc. 2007, n° 07-11.679 P. (réparation du préjudice conformément aux règles du droit commun).

8. Apparence. Le rapport de subordination prévu par l'art. 1384, al. 5, ne peut résulter d'une situation de pure apparence. • Crim. 15 févr. 1972 : *D. 1972. 368 ; JCP 1972. II. 17159, note D. Mayer.*

9. Régime de la responsabilité – Jurisprudence traditionnelle – Faute du préposé. Il a toujours été admis que la responsabilité civile du commettant ne peut être engagée qu'en cas de faute du préposé. • Civ. 2e, 8 oct. 1969 : *Bull. civ. II, n° 269.* ♦ Lorsque le préposé est, en application de l'art. 489-2 C. civ., obligé à réparer le dommage qu'il a causé par ses agissements, la responsabilité de son employeur se trouve engagée en application des dispositions de l'art. 1384, al. 5. • Civ. 2e, 3 mars 1977 : *D. 1977. 501, note Larroumet ; Gaz. Pal. 1977. 2. 573, note Viatte.* ♦ Le principe même de la responsabilité civile du commettant à raison d'un fait dommageable envisagé comme constitutif d'une infraction imputable à son préposé est subordonné à l'existence de l'infraction et, par conséquent, à la décision définitive à intervenir sur la poursuite pénale • Crim. 8 janv. 1959 : *D. 1960. 414.* ♦ Lorsque cette décision est intervenue, le juge a l'obligation de statuer sur l'action civile, exercée contre le commettant déclaré civilement responsable en application de l'art. 1384. • Crim. 17 mai 1976 : *D. 1977. 650, rapport Lecourtier.* ♦ Le principe de l'exigence d'une faute du préposé subsiste à ce jour, au moins dans le domaine du sport : engage la responsabilité de son employeur le sportif professionnel salarié qui, au cours d'une compétition, cause un dommage à un autre participant par sa faute caractérisée par une violation des règles du jeu. • Civ. 2e, 8 avr. 2004, n° 03-11.653 P : *D. 2004. 2601, note Serinet ; D. 2005. Pan. 187, obs. D. Mazeaud ; D. 2006. Pan. 190, obs. Centre de droit et d'économie du sport ; JCP 2004. II. 10131, note Imbert ; Gaz. Pal. 2004. Doctr. 2785, étude Perez et Polère ; Dr. et patr., oct. 2004, p. 105, obs. Chabas ; RTD civ. 2004. 517, obs. Jourdain .* — Et, sur renvoi, • Angers, aud. sol., 7 oct. 2005 : *D. 2006. 1733, note Jacotot .*

10. Action de la victime contre le préposé. La victime avait la possibilité d'agir contre le préposé seul, sans que celui-ci eût alors le droit d'appeler le commettant en garantie. • Civ. 1re, 28 oct. 1987, n° 85-17.737 P : *R., p. 218.* ♦ Mais la responsabilité du commettant peut être directement recherchée par la victime d'un dommage, qui n'est nullement tenue d'assigner en même temps le préposé par la faute duquel le dommage est survenu. • Civ. 2e, 11 mars 1971, n° 70-10.366 P.

11. Action récursoire du commettant contre le préposé. Le commettant condamné en tant que gardien était en droit de réclamer une indemnité à son préposé, par la faute duquel il s'est trouvé obligé de réparer le dommage. • Civ. 2e, 28 janv. 1955 : *D. 1955. 449, note R. Savatier.* ♦ Aucune disposition légale n'interdisait au commettant d'exercer une action récursoire contre le préposé, sans nécessité d'établir une faute lourde à la charge de ce dernier. • Civ. 1re, 20 mars 1979 : *D. 1980. 29, note Larroumet.*

12. Préjudice personnellement subi par le commettant. La responsabilité civile mise à la charge du commettant ne prive pas ce dernier, lorsqu'il a été lui-même victime du dommage, du droit appartenant à toute victime d'un préjudice d'en demander en principe réparation à son auteur, fût-il son préposé. • Soc. 28 avr. 1964, n° 63-11.637 P.

13. Régime de la responsabilité. Nouvelle jurisprudence. Préposé ayant agi dans les limites de sa fonction. Aujourd'hui, selon la jurisprudence, n'engage pas sa responsabilité à l'égard des tiers le préposé qui agit sans excéder les limites de la mission qui lui a été impartie par son commettant. • Cass., ass. plén., 25 févr. 2000, *Costedoat,* n° 97-17.378 P : *R., p. 257 et 315 ; GAJC, 11e éd., n° 217 ; BICC 15 avr. 2000, concl. Kessous, note Ponroy ; D. 2000. 673, note Brun ; ibid. Somm. 467, obs. Delebecque ; JCP 2000. II. 10295, concl. Kessous, note Billiau ; ibid. I. 241, nos 16 s., obs. Viney ; Gaz. Pal. 2000. 2. 1462, note Rinaldi ; RCA 2000. Chron. 11, par Groutel, et Chron. 22, par Radé ; RTD civ. 2000. 582, obs. Jourdain* • Crim. 23 janv. 2001 : *Bull. crim. n° 21 ; R., p. 444 ; RCA 2001, n° 212, note Groutel* • Civ. 2e, 5 oct. 2006, n° 05-18.494 P : *D. 2007. 2004, note J. Mouly ; LPA 21 févr. 2007, note Lafay* (pour un arbitre de rugby). ♦ Dans le même sens, en cas d'infraction pénale non intentionnelle du préposé : • Lyon, 19 janv. 2006 : *D. 2006. 1516, note A. Paulin .* ♦ Dans le cas d'un accident de la circulation : • Civ. 2e, 28 mai 2009, n° 08-13.310 P : *D. 2009. AJ 1606, obs. Gallmeister ; ibid., Chron. C. cass. 2069, obs. Nicolétis ; ibid. 2667, note N. Pierre ; ibid. 2010, Pan. 49, obs. Brun ; Gaz. Pal. 2009. 2621, obs. Clerc-Renaud ; JCP 2009, n° 28, p. 18, note Mouly ; ibid., n° 38, p. 42, obs. Bloch ; Dr. et patr., nov. 2009, p. 48, note Pellet ; RLDC 2009/63, n° 3528, obs. Bugnicourt ; ibid. 2009/67, n° 3600, note Corgas-Bernard ; RTD civ. 2009. 541, obs. Jourdain .* ♦ Ainsi, n'engage pas sa responsabilité à l'égard des tiers le préposé qui agit sans excéder les limites de la mission qui lui est impartie par son commettant, hors le cas où le préjudice de la victime résulte d'une infraction pénale intentionnelle. • Civ. 2e, 21 févr. 2008 : *D. 2008. 2125, note Laydu ; JCP 2008. I. 186, n° 5, obs. Stoffel-Munck.* ♦ V., se référant à la notion de faute personnelle commise hors des fonctions : • Civ. 2e, 18 mai 2000, n° 98-13.688 P : *JCP 2000. I. 280, nos 19 s., obs. Viney ; Gaz. Pal. 2001. Somm. 611, obs. Chabas.* ♦ Déjà jugé que sont justement mis hors de cause des préposés, salariés du commettant, qui ont agi dans le cadre de leur mission, sans en outrepasser les limites, ce dont il ressort qu'aucune faute personnelle susceptible d'engager leur responsabilité n'est caractérisée à leur encontre. • Com. 12 oct. 1993 : *D. 1994. 124, note Viney ; JCP 1995. II. 22493, note Chabas ; Defrénois 1994. 812, obs. Aubert ; RTD civ. 1994. 111, obs. Jourdain .*

14. Infraction intentionnelle du préposé. **BIBL.** M.-C. Guérin, *LPA 11 janv. 2006.* – J. Mouly,

D. 2006. Chron. 2756 (quelle faute pour la responsabilité civile du salarié ?). ♦ Cependant, le préposé condamné pénalement pour avoir intentionnellement commis, fût-ce sur l'ordre du commettant, une infraction ayant porté préjudice à un tiers, engage sa responsabilité civile à l'égard de celui-ci. • Cass., ass. plén., 14 déc. 2001, *Cousin*, n° 00-82.066 P : *R., p. 444 ; BICC 1er mars 2002, concl. de Gouttes ; D. 2002. 1230, note J. Julien ; ibid. Somm. 1317, obs. D. Mazeaud ; ibid. Somm. 2117, obs. Thullier ; JCP 2002. II. 10026, note Billiau ; ibid. I. 124, nos 22 s., obs. Viney ; JCP E 2002. 275, note Brière ; Gaz. Pal. 2002. 124, concl. de Gouttes, note Monnet ; Dr. et patr., mars 2002, p. 94, obs. Chabas ; RCA 2002. Chron. 4, par Groutel ; RTD civ. 2002. 108, obs. Jourdain* • Crim. 28 mars 2006 : *Bull. crim. n° 91 ; JCP 2006. II. 10188, note J. Mouly ; Gaz. Pal. 2006. Somm. 3484, obs. Y. M. ; RCA 2006, n° 289, note Groutel ; RTD civ. 2007. 135, obs. Jourdain* (faute qualifiée, au sens de l'art. 121-3 C. pén., commise dans l'exercice de ses fonctions par un préposé titulaire d'une délégation de pouvoir). ♦ Rappr., pour un capitaine de navire : • Crim. 13 mars 2007 : *RCA 2007. Étude 13, par Vialard.* ♦ V. conf., en l'absence de condamnation pénale : • Crim. 7 avr. 2004 : *Bull. crim. n° 94 ; D. 2004. IR 1563 ; Gaz. Pal. 2004. 3802, note Y. M.*

15. Indépendance professionnelle du préposé. **BIBL.** Riot, *D. 2006. Chron. 111* (exercice « subordonné » de l'art médical). ♦ Dans un premier temps, maintien des solutions anciennes lorsque le recours de la victime (patient d'une clinique) était fondé sur la responsabilité contractuelle et non sur l'art. 1384, al. 5 : • Civ. 1re, 9 avr. 2002, n° 00-21.014 P : *JCP 2002. I. 186, nos 20 s., obs. Viney ; RCA 2002, n° 234, et Chron. 13, par Radé ; Dr. et patr., juill.-août 2002, p. 96, obs. Chabas ; RTD civ. 2002. 516, obs. Jourdain* (rejet du pourvoi contre l'arrêt ayant condamné un médecin salarié, coupable d'une faute de maladresse, à garantie envers son employeur). ♦ V. aussi • Civ. 1re, 13 nov. 2002, n° 00-22.432 P : *D. 2003. 580, note Deis-Beauquesne ; ibid. Somm. 459, obs. Jourdain ; JCP 2003. II. 10096, note Billiau ; Gaz. Pal. 2003. 1000, note Chabas ; RCA 2003, n° 50, note Groutel ; RGDA 2003. 96, note Rémy ; LPA 29 mai 2003, note Barbiéri* (si l'établissement de santé peut être déclaré responsable des fautes commises par un praticien salarié, ce principe ne fait pas obstacle à l'action récursoire de l'établissement de santé, en raison de l'indépendance professionnelle du médecin, même salarié). ♦ Comp., également, pour l'agent général d'assurances : • Civ. 1re, 10 déc. 2002, n° 99-15.180 P : *D. 2003. 510, concl. Sainte-Rose ; RCA 2003, n° 52 ; ibid. Repères 2, par Groutel ; RGDA 2003. 129, note Laugé.* ♦ Mais remise en cause de ces solutions par la Cour de cassation à partir de 2004 et cassation d'arrêts ayant condamné *in solidum* les intéressés et leur établissement employeur au motif de leur indépendance professionnelle : • Civ. 1re, 9 nov. 2004, n° 01-17.908 P : *R., p. 348 ; D. 2005. 253, note Chabas ; ibid. Pan. 406, obs. Penneau ; JCP 2005. II. 10020, rapp. Duval-Arnould, note Porchy-Simon ; ibid. I. 132, nos 8 s., obs. Viney ; JCP E 2005. 625, note Viottolo ; LPA 22 déc. 2004, note Barbiéri ; RTD civ. 2005. 143, obs. Jourdain* (médecin salarié) • 9 nov. 2004, n° 01-17.168 P : *eod. loc. ; Gaz. Pal. 2005. 360, note Bangoura* (sage-femme salariée). — Sur ces arrêts : Asselain, *RCA 2005. Étude 6.* — V. conf., sur renvoi après cassation, médecin salarié : • Civ. 1re, 9 nov. 2004, n° 01-17.908 P. • Paris, 20 janv. 2006 : *RCA 2006, n° 349, note Radé.* ♦ Le médecin salarié qui agit sans excéder les limites de la mission qui lui est impartie par l'établissement de santé privé qui l'emploie n'engage pas sa responsabilité à l'égard du patient. • Civ. 1re, 12 juill. 2007, n° 06-12.624 P : *D. 2007. 2908, note Porchy-Simon ; D. 2008. Pan. 506, obs. Penneau ; ibid. Pan. 2894, obs. Brun ; JCP 2007. II. 10162, note Hocquet-Berg ; ibid. 2008. I. 125, n° 8, obs. Stoffel-Munck ; LPA 12 déc. 2007, note Barbiéri ; RDSS 2007. 1108, note Arhab ; RTD civ. 2008. 109, obs. Jourdain.*

16. Action récursoire. Le commettant ne dispose d'aucune action récursoire contre son salarié devant la juridiction de droit commun dès lors qu'il ne peut se prévaloir d'une subrogation dans les droits de la victime, laquelle ne dispose d'aucune action contre le préposé qui a agi dans les limites de la mission qui lui était impartie, hors le cas où le préjudice de la victime résulte d'une infraction pénale intentionnelle. • Civ. 2e, 20 déc. 2007, n° 07-13.403 P : *D. 2008. Chron. C. cass. 657, n° 12, obs. Nicoletis ; ibid. 1248, note Mouly ; RCA 2008, n° 50, note Groutel ; RTD civ. 2008. 315, obs. Jourdain* (compétence de la juridiction prud'homale). ♦ Sur le recours subrogatoire entre assureurs, V. • Civ. 1re, 12 juill. 2007, n° 06-12.624 P : *D. 2007. 2908, note Porchy-Simon ; D. 2008. Pan. 509, obs. Penneau ; RTD civ. 2008. 109, obs. Jourdain.*

17. Abus de fonction : principe. Le commettant s'exonère de sa responsabilité si son préposé a agi hors des fonctions auxquelles il était employé, sans autorisation, et à des fins étrangères à ses attributions. • Cass., ass. plén., 19 mai 1988, n° 87-82.654 P : *R., p. 223 ; D. 1988. 513, note Larroumet ; Gaz. Pal. 1988. 2. 640, concl. Dorwling-Carter ; Defrénois 1988. 1097, obs. Aubert ; RTD civ. 1989. 89, obs. Jourdain.* — V. déjà : • Cass., ass. plén., 17 juin 1983, n° 82-91.632 P : *R., p. 38 ; GAJC, 11e éd., n° 211-215 (III) ; D. 1984. 134, note Denis ; JCP 1983. II. 20120, concl. Sadon, note Chabas ; RTD civ. 1984. 315, obs. Durry* • 15 nov. 1985, n° 84-12.601 P : *R., p. 123 ; D. 1986. 81, note Aubert ; JCP 1986. II. 20568, note Viney ; RTD civ. 1986. 128, obs. J. Huet.* ♦ Mais la seule constatation qu'une faute constitutive d'une infraction pénale volontaire, autre que de négligence ou d'inattention de nature quasi délictuelle, ne peut entrer dans le cadre de l'obligation qui revient à l'employeur d'assumer les conséquences civiles des fautes commises par ses employés ou salariés ne suffit pas à établir l'existence des conditions d'exonération de l'employeur. • Civ. 2e, 12 mai 2011 : *D. 2011. Actu. 1412, obs. Gallmeister*.

18. Applications diverses : détournements. Ne se place pas hors de ses fonctions l'employé qui détourne des fonds qui lui ont été remis dans l'exercice de celles-ci. • Civ. 2e, 11 juin 1992, n° 91-10.281 P. • Crim. 4 janv. 1996 : *Bull. crim. n° 6.* ♦ N'agit pas hors de ses fonctions un inspecteur d'assurances qui, chargé de rechercher par prospection à domicile la conclusion de contrats, fait souscrire à une personne différents titres et détourne à son profit une partie des sommes versées. • Cass., ass. plén., 19 mai 1988, n° 87-82.654 P : *R., p. 223 ; D. 1988. 513, note Larroumet ; Gaz. Pal. 1988. 2. 640, concl. Dorwling-Carter ; Defrénois 1988. 1097, obs. Aubert ; RTD civ. 1989. 89, obs. Jourdain.* ♦ ... Ou l'employé d'un agent général d'une compagnie d'assurances qui a commis des détournements au temps et au lieu de son travail, à l'occasion de ses fonctions et avec le matériel mis à sa disposition. • Civ. 2e, 19 juin 2003, n° 00-22.626 P : *D. 2003. IR 1808*. ♦ ... Ou le professeur de musique, reconnu coupable de viols et d'agressions sexuelles à l'encontre de plusieurs élèves, qui a trouvé dans l'exercice de sa profession, sur son lieu de travail et pendant son temps de travail, les moyens de sa faute et l'occasion de la commettre. • Civ. 2e, 17 mars 2011 : *RJS 2011. 459, n° 498.*

19. Harcèlement moral. L'employeur est civilement responsable du délit de harcèlement moral commis par un salarié représentant du personnel à l'encontre d'un autre salarié, notamment lors de réunions du comité d'établissement, dès lors que les agissements en cause, commis au temps et sur les lieux de travail, étaient connus de la direction qui n'est pas intervenue pour les faire cesser, et étaient étrangers aux mandats du prévenu ainsi qu'à la défense de l'intérêt des salariés. • Crim. 28 mai 2013 : *Dr. soc. 2014. 269, étude Salomon ; RJS 2013. 659, n° 721.*

20. Escroquerie, abus de confiance. Était hors de ses attributions religieuses le « prêtre de l'Église néo-apostolique » qui, dans le cadre de son activité professionnelle (gérant de SCI), a commis une escroquerie au préjudice d'un tiers rencontré grâce à son appartenance à cette même église. • Civ. 2e, 6 févr. 2003, n° 00-20.780 P : *JCP 2003. II. 10120, note Castets-Renard.* ♦ L'existence d'un mandat donné par ses clients à un employé de banque, condamné pour abus de confiance à leur détriment, n'implique pas nécessairement que celui-ci ait agi hors de ses fonctions, les victimes ayant pu être fondées à croire qu'elles avaient traité avec lui en sa qualité de préposé de la banque. • Civ. 2e, 29 ma 1996, n° 94-15.460 P. ♦ Comp. • Com. 14 déc. 1999, n° 97-15.241 P : *R., p. 357 ; D. 2000. AJ 81, obs. Faddoul ; RTD civ. 2000. 336, obs. Jourdain* (de l'absence d'instructions écrites du client il résulte que le préposé n'a pas agi hors de ses fonctions). ♦ Le délit d'abus de faiblesse commis par la gardienne d'une résidence pour personnes âgées qui a soutiré de l'argent à une pensionnaire n'implique pas qu'elle ait agi hors de ses fonctions, de sorte que son employeur ne s'exonère pas de sa responsabilité. • Civ. 2e, 16 juin 2005, n° 03-19.705 P : *D. 2005. IR 1806 ; JCP 2006. I. 111, n° 10, obs. Stoffel-Munck ; LPA 16 avr. 2007, note Chaaban.*

21. Vol. N'a pas agi hors de ses fonctions le préposé d'une entreprise de nettoyage auteur d'un vol dans les locaux d'une bijouterie que son entreprise était chargée de nettoyer, dès lors qu'il a agi sur le lieu de son travail, pendant le temps et à l'occasion de celui-ci. • Civ. 2e, 22 mai 1995, n° 92-19.172 P : *R., p. 318 ; JCP 1995. I. 3893, n° 12, obs. Viney ; RTD civ. 1996. 181, obs. Jourdain*. ♦ Il en est de même des préposés d'Air France qui ont commis des vols pendant leurs heures de service alors qu'ils procédaient conformément à leur fonction de bagagiste à l'embarquement des bagages et qu'ils ont pu dissimuler le produit des vols sans être inquiétés en raison de leur qualité d'employés d'Air France. • Civ. 2e, 22 janv. 1997 : *RCA 1997, n° 123.* ♦ ... Du préposé d'une société de gardiennage auteur de vols dans les locaux soumis à sa surveillance. • Crim. 16 févr. 1999 : *Bull. crim. n° 23 ; JCP 2000. I. 199, n° 11, obs. Viney ; RTD civ. 1999. 409, obs. Jourdain*. ♦ Comp. l'affirmation antérieure que le préposé se place nécessairement hors de ses fonctions lorsqu'il agit à des fins non seulement étrangères, mais encore contraires à ses attributions (préposés d'entreprises de gardiennage ayant commis des vols dans les locaux qu'ils étaient chargés de surveiller) : • Crim. 23 juin 1988 : *Gaz. Pal. 1989. 1. 13, note Doucet (3e et 4e esp.) ; RTD civ. 1989. 94, obs. Jourdain.* — Dans le même sens : • Civ. 2e, 17 mars 1993, n° 91-19.419 P. ♦ N'a pas agi hors de ses fonctions l'agent technico-commercial qui a établi un bon d'enlèvement pour s'approprier des colis entreposés chez son employeur. • Crim. 23 juin 1988 : *Gaz. Pal. 1989. 1. 13, note Doucet (2e esp.).*

22. Malhonnêtetés diverses. N'a pas agi hors de ses fonctions le démarcheur qui a falsifié un bon de commande qu'il avait fait souscrire par un client dans l'exercice de ses fonctions. • Civ. 2e, 8 nov. 1993, n° 92-12.677 P. ♦ ... Ni la directrice de gestion chargée de faire établir les chèques destinés au Trésor public, qui a émis des chèques à son profit personnel en imitant la signature du président du conseil d'administration (ce qui a pour conséquence de paralyser le recours du commettant, responsable des agisse-

…posée, contre la banque qui a dé-…son compte). • Com. 7 juin 1994, …3 P : *Defrénois 1995. 343, obs.* …*D civ. 1995. 127, obs. Jourdain* ✐. ♦ N'était pas hors de ses fonctions l'employé qui a importé en contrebande des marchandises prohibées en utilisant le camion de son employeur lors d'un transport effectué pour le compte de celui-ci pendant le temps du travail. • Crim. 19 févr. 2003 : *Bull. crim. n° 43.*

23. Travail au noir. Ne peut se fonder sur l'art. 1384, al. 5, le client qui a fait faire un travail de ravalement par un préposé de l'entreprise en dehors de tout devis et pour une rémunération « de la main à la main ». • Civ. 2e, 14 janv. 1998, n° 96-13.832 P : *D. Affaires 1998. 372, obs. J. F.*

24. Dommages à la personne. Était dans l'exercice de ses fonctions et a trouvé dans son emploi l'occasion et les moyens de sa faute le salarié qui a projeté de l'air comprimé dans le rectum d'un compagnon de travail. • Crim. 23 juin 1988 : *Gaz. Pal. 1989. 1. 13 (1re esp.), note Doucet.* ♦ Pour la reprise de cette solution par la deuxième chambre civile. • Civ. 2e, 17 mars 2011 : *D. 2011. 1530, note Sindres* ✐ (viols commis à l'occasion du travail). ♦ L'assassinat d'un chef de service, commis sur les lieux du travail par un de ses subordonnés venant d'apprendre qu'il était licencié, n'est pas indépendant du rapport de préposition et entraîne la responsabilité civile du commettant. • Crim. 25 mars 1998 : *Bull. crim. n° 113.*

25. Dommages aux biens. Était hors de ses attributions le préposé qui s'est introduit par curiosité dans le véhicule d'un tiers, à l'insu de celui-ci, par l'effet d'une initiative personnelle sans rapport avec sa mission, et a causé le dommage en le faisant volontairement démarrer. • Civ. 2e, 3 juin 2004, n° 03-10.819 P : *JCP 2005. I. 132, n° 5, obs. Viney ; Gaz. Pal. 2004. 3857, note Gréau ; RCA 2004, n° 250, note Groutel ; RTD civ. 2004. 742, obs. Jourdain* ✐.

26. Responsabilité contractuelle d'une société de gardiennage. Pour l'application de la responsabilité contractuelle de l'entreprise de gardiennage dont le préposé, abusant de ses fonctions, a commis un vol, V. • Crim. 23 juin 1988 : *Bull. crim. n° 289, arrêts 7, 8 et 9* • Paris, 26 févr. 1986 : *D. 1986. 397, note Vialard ; RTD civ. 1986. 354, obs. J. Huet.* ♦ … Ou allumé un incendie, V. • Civ. 1re, 18 janv. 1989, n° 87-13.131 P : *R., p. 335 ; JCP 1989. II. 21326, note Larroumet ; RTD civ. 1989. 330, obs. Jourdain.* — V. aussi • Com. 3 oct. 1989 : *D. 1990. 81, concl. Jéol* ✐ ; *JCP 1990. II. 21423, concl. Jéol ; RTD civ. 1990. 87, obs. Jourdain* ✐.

LIVRE III **Des différentes manières dont on acquiert la propriété**

TITRE XIII **Du mandat**

CHAPITRE IV ***Des différentes manières dont le mandat finit***

Art. 2007 **Le mandataire peut renoncer au mandat, en notifiant au mandant sa renonciation.**

Néanmoins, si cette renonciation préjudicie au mandant, il devra en être indemnisé par le mandataire, à moins que celui-ci ne se trouve dans l'impossibilité de continuer le mandat sans en éprouver lui-même un préjudice considérable.

1. Le droit spécial des agents commerciaux ne dérogeant pas à l'art. 2007, la brusque cessation de fonctions d'un agent commercial, dès lors qu'elle entraîne pour son mandant divers préjudices, l'expose à des dommages-intérêts. • Com. 14 mars 1995, n° 93-12.144 P : *RTD civ. 1996. 195, obs. Gautier* ✐.

2. En application de l'art. 2007, la démission d'un dirigeant de société, qui constitue un acte juridique unilatéral, produit tous ses effets dès lors qu'elle a été portée à la connaissance de la société ; la méconnaissance de l'obligation statutaire de respecter un préavis peut seulement ouvrir droit à des dommages-intérêts sauf pour le dirigeant démissionnaire à établir qu'il était dans l'impossibilité de continuer le mandat. • Soc. 1er févr. 2011 : *D. 2011. 440, obs. A. Lienhard* ✐ ; *JCP S 2011. 1164, obs. Puigelier.*

TITRE XVII **De la convention de procédure participative**

Art. 2064 *(L. n° 2010-1609 du 22 déc. 2010, art. 37-I)* **Toute personne, assistée de son avocat, peut conclure une convention de procédure participative sur les droits dont elle a la libre disposition, sous réserve des dispositions de l'article 2067.**

(Abrogé par L. n° 2015-990 du 6 août 2015, art. 258-IV) ***« Toutefois, aucune convention ne peut être conclue à l'effet de résoudre les différends qui s'élèvent à l'occasion de tout contrat de travail soumis aux dispositions du code du travail entre les employeurs, ou leurs représentants, et les salariés qu'ils emploient. »***

Code de commerce

CHAPITRE PREMIER (du titre IV du livre Ier) *De la vente du fonds de commerce*

SECTION III *De l'instauration d'un délai permettant aux salariés de présenter une offre en cas de vente d'un fonds de commerce dans les entreprises qui ne sont pas soumises à l'obligation de mettre en place un comité d'entreprise* (L. nº 2015-990 du 6 août 2015, art. 204-II-1º et 2º).

(L. nº 2014-856 du 31 juill. 2014, art. 19)

Les art. L. 141-23 à L. 141-27 s'appliquent aux cessions conclues trois mois au moins après la date de publication de la L. nº 2014-856 du 31 juill. 2014 (L. préc., art. 98).

V. 2e note rédactionnelle au-dessus de l'art. L. 23-10-1.

BIBL. ▶ JEANTET et DONDERO, *RDT 2014. Controverse 10* (faut-il encourager le rachat des entreprises par leurs salariés ?).

Art. L. 141-23 Dans les entreprises qui n'ont pas l'obligation de mettre en place un comité d'entreprise en application de l'article L. 2322-1 du code du travail, lorsque le propriétaire d'un fonds de commerce veut le *(L. nº 2015-990 du 6 août 2015, art. 204-II-3º)* « vendre », les salariés en sont informés, et ce au plus tard deux mois avant la *(L. nº 2015-990 du 6 août 2015, art. 204-II-1º)* « vente », afin de permettre à un ou plusieurs salariés de l'entreprise de présenter une offre pour l'acquisition du fonds.

Lorsque le propriétaire du fonds n'en est pas l'exploitant, cette information est notifiée à l'exploitant du fonds et le délai court à compter de la date de cette notification. L'exploitant du fonds porte sans délai à la connaissance des salariés cette notification, en les informant qu'ils peuvent *(L. nº 2015-990 du 6 août 2015, art. 204-II-6º)* « lui » présenter *(Abrogé par L. nº 2015-990 du 6 août 2015, art. 204-II-5º)* *« au cédant »* une offre *(L. nº 2015-990 du 6 août 2015, art. 204-II-4º)* « d'achat ».

(L. nº 2015-990 du 6 août 2015, art. 204-II-7º) « L'exploitant notifie sans délai au propriétaire toute offre d'achat présentée par un salarié. »

Lorsque le fonds est exploité par son propriétaire, celui-ci notifie sa volonté de *(L. nº 2015-990 du 6 août 2015, art. 204-II-3º)* « vendre » directement aux salariés en les informant qu'ils peuvent lui présenter une offre *(L. nº 2015-990 du 6 août 2015, art. 204-II-4º)* « d'achat », et le délai court à compter de la date de cette notification.

La *(L. nº 2015-990 du 6 août 2015, art. 204-II-1º)* « vente » peut intervenir avant l'expiration du délai de deux mois dès lors que chaque salarié a fait connaître *(Abrogé par L. nº 2015-990 du 6 août 2015, art. 204-II-5º)* *« au cédant »* sa décision de ne pas présenter d'offre.

(L. nº 2015-990 du 6 août 2015, art. 204-II-8º) « Lorsqu'une action en responsabilité est engagée, la juridiction saisie peut, à la demande du ministère public, prononcer une amende civile dont le montant ne peut excéder 2 % du montant de la vente. »

Art. L. 141-24 A leur demande, les salariés peuvent se faire assister par un représentant de la chambre de commerce et de l'industrie régionale, de la chambre régionale d'agriculture, de la chambre régionale de métiers et de l'artisanat territorialement compétentes en lien avec les chambres régionales de l'économie sociale et solidaire et par toute personne désignée par les salariés, dans des conditions définies par décret.

Art. L. 141-25 L'information des salariés peut être effectuée par tout moyen, précisé par voie réglementaire, de nature à rendre certaine la date de sa réception par ces derniers.

(L. nº 2015-990 du 6 août 2015, art. 204-II-9º) « Lorsque l'information est faite par lettre recommandée avec demande d'avis de réception, la date de réception de l'information est la date de la première présentation de la lettre. »

Les salariés sont tenus à une obligation de discrétion s'agissant des informations reçues en application de la présente section, dans les mêmes conditions que celles prévues pour les membres des comités d'entreprise à l'article L. 2325-5 du code du travail, sauf à l'égard des personnes dont le concours est nécessaire pour leur permettre de présenter *(Abrogé par L. nº 2015-990 du 6 août 2015, art. 204-II-5º)* *« au cédant »* une offre *(L. nº 2015-990 du 6 août 2015, art. 204-II-4º)* « d'achat ».

Art. L. 141-26 La *(L. nº 2015-990 du 6 août 2015, art. 204-II-1º)* « vente » intervient dans un délai maximal de deux ans après l'expiration du délai prévu à l'article L. 141-23. Au-delà de ce délai, toute *(L. n° 2015-990 du 6 août 2015, art. 204-II-1°)* « vente » est soumise aux articles L. 141-23 à L. 141-25.

Art. L. 141-27 La présente section n'est pas applicable :

1° En cas de *(L. n° 2015-990 du 6 août 2015, art. 204-II-10°)* « vente » du fonds à un conjoint, à un ascendant ou à un descendant ;

2° Aux entreprises faisant l'objet d'une procédure de conciliation, de sauvegarde, de redressement ou de liquidation judiciaires régie par le livre VI ;

(L. n° 2015-990 du 6 août 2015, art. 204-II-10°) « 3° Si, au cours des douze mois qui précèdent la vente, celle-ci a déjà fait l'objet d'une information en application de l'article 18 de la loi n° 2014-856 du 31 juillet 2014 relative à l'économie sociale et solidaire. »

SECTION IV ***De l'information anticipée des salariés leur permettant de présenter une offre en cas de vente d'un fonds de commerce dans les entreprises employant de cinquante à deux cent quarante-neuf salariés*** *(L. n° 2015-990 du 6 août 2015, art. 204-II-1°).*

(L. n° 2014-856 du 31 juill. 2014, art. 19)

Les art. L. 141-28 à L. 141-32 s'appliquent aux cessions conclues trois mois au moins après la date de publication de la L. n° 2014-856 du 31 juill. 2014 (L. préc., art. 98).

V. 2e note rédactionnelle au-dessus de l'art. L. 23-10-1.

Art. L. 141-28 Dans les entreprises soumises à l'obligation de mettre en place un comité d'entreprise en application de l'article L. 2322-1 du code du travail et se trouvant, à la clôture du dernier exercice, dans la catégorie des petites et moyennes entreprises au sens de l'article 51 de la loi n° 2008-776 du 4 août 2008 de modernisation de l'économie, lorsqu'il veut *(L. n° 2015-990 du 6 août 2015, art. 204-II-3°)* « vendre » un fonds de commerce, son propriétaire notifie sa volonté de *(L. n° 2015-990 du 6 août 2015, art. 204-II-3°)* « vendre » à l'exploitant du fonds.

Au plus tard en même temps qu'il procède, en application de l'article *(L. n° 2015-994 du 17 août 2015, art. 18-XV, en vigueur le 1er janv. 2016)* « L. 2323-33 *[ancienne rédaction : L. 2323-19]* » du code du travail, à l'information et à la consultation du comité d'entreprise, l'exploitant du fonds porte à la connaissance des salariés la notification prévue au premier alinéa du présent article et leur indique qu'ils peuvent *(L. n° 2015-990 du 6 août 2015, art. 204-II-6°)* « lui » présenter *(Abrogé par L. n° 2015-990 du 6 août 2015, art. 204-II-5°)* « *au cédant* » une offre *(L. n° 2015-990 du 6 août 2015, art. 204-II-4°)* « d'achat ».

(L. n° 2015-990 du 6 août 2015, art. 204-II-7°) « L'exploitant notifie sans délai au propriétaire toute offre d'achat présentée par un salarié. »

Lorsque le fonds est exploité par son propriétaire, celui-ci notifie directement aux salariés sa volonté de *(L. n° 2015-990 du 6 août 2015, art. 204-II-3°)* « vendre », en les informant qu'ils peuvent lui présenter une offre *(L. n° 2015-990 du 6 août 2015, art. 204-II-4°)* « d'achat ».

(L. n° 2015-990 du 6 août 2015, art. 204-II-12°) « Lorsqu'une action en responsabilité est engagée, la juridiction saisie peut, à la demande du ministère public, prononcer une amende civile dont le montant ne peut excéder 2 % du montant de la vente. »

En cas d'absences concomitantes du comité d'entreprise et de délégué du personnel, constatées conformément aux articles L. 2324-8 et L. 2314-5 du code du travail, la *(L. n° 2015-990 du 6 août 2015, art. 204-II-1°)* « vente » est soumise *(L. n° 2015-990 du 6 août 2015, art. 204-II-12°)* « aux articles L. 141-23 à L. 141-27 » du présent code.

Art. L. 141-29 A leur demande, les salariés peuvent se faire assister par un représentant de la chambre de commerce et de l'industrie régionale, de la chambre régionale d'agriculture, de la chambre régionale de métiers et de l'artisanat territorialement compétentes en lien avec les chambres régionales de l'économie sociale et solidaire et par toute personne désignée par les salariés, dans des conditions définies par décret.

Art. L. 141-30 L'information des salariés peut être effectuée par tout moyen, précisé par *voie réglementaire, de nature à rendre* certaine la date de sa réception par ces derniers.

(L. n° 2015-990 du 6 août 2015, art. 204-II-9°) « Lorsque l'information est faite par lettre recommandée avec demande d'avis de réception, la date de réception de l'information est la date de la première présentation de la lettre. »

Les salariés sont tenus à une obligation de discrétion s'agissant des informations reçues en application de la présente section, dans les mêmes conditions que celles prévues pour les membres des comités d'entreprise à l'article L. 2325-5 du code du travail, sauf à l'égard des personnes dont le concours est nécessaire pour leur permettre de présenter *(Abrogé par L. n° 2015-990 du 6 août 2015, art. 204-II-5°)* ***« au cédant »*** une offre *(L. n° 2015-990 du 6 août 2015, art. 204-II-4°)* « d'achat ».

Art. L. 141-31 La *(L. n° 2015-990 du 6 août 2015, art. 204-II-1°)* « vente » est de nouveau soumise aux articles L. 141-28 à L. 141-30 lorsqu'elle intervient plus de deux ans après *(L. n° 2015-990 du 6 août 2015, art. 204-II-13°)* « la date à laquelle tous les salariés ont été informés de la vente ».

Si pendant cette période de deux ans le comité d'entreprise est consulté, en application de l'article *(L. n° 2015-994 du 17 août 2015, art. 18-XV, en vigueur le 1er janv. 2016)* « L. 2323-33 *[ancienne rédaction : L. 2323-19]* » du code du travail, sur un projet de *(L. n° 2015-990 du 6 août 2015, art. 204-II-1°)* « vente » du fonds de commerce, le cours de ce délai de deux ans est suspendu entre la date de saisine du comité et la date où il rend son avis et, à défaut, jusqu'à la date où expire le délai imparti pour rendre cet avis.

Art. L. 141-32 La présente section n'est pas applicable :

1° En cas de *(L. n° 2015-990 du 6 août 2015, art. 204-II-10°)* « vente » du fonds à un conjoint, à un ascendant ou à un descendant ;

2° Aux entreprises faisant l'objet d'une procédure de conciliation, de sauvegarde, de redressement ou de liquidation judiciaires régie par le livre VI ;

(L. n° 2015-990 du 6 août 2015, art. 204-II-10°) « **3° Si, au cours des douze mois qui précèdent la vente, celle-ci a déjà fait l'objet d'une information en application de l'article 18 de la loi n° 2014-856 du 31 juillet 2014 relative à l'économie sociale et solidaire.** »

CHAPITRE V (du titre II du livre II) *Des sociétés anonymes*

SECTION II *De la direction des sociétés anonymes*

SOUS-SECTION 1 *Du conseil d'administration des sociétés anonymes*

BIBL. GÉN. ▶ Administrateurs salariés : SAVATIER, *Dr. soc. 1989. 641 ; ibid. 1995. 33* (modifications issues de la loi du 25 juillet 1994).

Art. L. 225-22 Un salarié de la société ne peut être nommé administrateur que si son contrat de travail correspond à un emploi effectif. Il ne perd pas le bénéfice de ce contrat de travail. Toute nomination intervenue en violation des dispositions du présent alinéa est nulle. Cette nullité n'entraîne pas celle des délibérations auxquelles a pris part l'administrateur irrégulièrement nommé.

Le nombre des administrateurs liés à la société par un contrat de travail ne peut dépasser le tiers des administrateurs en fonction.

Toutefois, les administrateurs élus par les salariés *(L. n° 2013-504 du 14 juin 2013, art. 9-I)* « ou désignés en application de l'article L. 225-27-1 », les administrateurs représentant les salariés actionnaires ou le fonds commun de placement d'entreprise en application de l'article L. 225-23 et, dans les sociétés anonymes à participation ouvrière, les représentants de la société coopérative de main-d'œuvre ne sont pas comptés pour la détermination du nombre des administrateurs liés à la société par un contrat de travail mentionné à l'alinéa précédent.

En cas de fusion ou de scission, le contrat de travail peut avoir été conclu avec l'une des sociétés fusionnées ou avec la société scindée. — *[L. n° 66-537 du 24 juill. 1966, art. 93.]*

Art. L. 225-22-1 *(L. n° 2005-842 du 26 juill. 2005, art. 8-I)* Dans les sociétés dont les titres sont admis aux négociations sur un marché réglementé, en cas de nomination aux fonctions de président, de directeur général ou de directeur général délégué d'une personne liée par un contrat de travail à la société ou à toute société contrôlée ou qui la contrôle au sens des II et III de l'article L. 233-16, les dispositions dudit contrat correspondant, le cas échéant, à des éléments de rémunération, des indemnités ou des avantages dus ou susceptibles d'être dus à raison de la cessation ou du changement de ces fonctions, ou postérieurement à celles-ci, *(L. n° 2015-990 du 6 août 2015, art. 229-I-1°)* « ou des engagements de retraite à prestations définies répondant aux caractéristiques des régimes mentionnés à l'article L. 137-11 du code de la sécurité sociale pour la période d'exercice du mandat social, » sont soumises *(L. n° 2007-1223 du 21 août 2007, art. 17-II)* « au régime prévu par l'article L. 225-42-1 » *(L. n° 2015-990 du 6 août 2015, art. 229-I-1°)* « du présent code ».

Art. L. 225-23 *(L. n° 2006-1770 du 30 déc. 2006, art. 32-I)* « Dans les sociétés dont les titres sont admis aux négociations sur un marché réglementé, » *(L. n° 2002-73 du 17 janv. 2002, art. 217)* « lorsque le rapport présenté par le conseil d'administration lors de l'assemblée générale en application de l'article L. 225-102 établit que les actions détenues par le personnel de la société ainsi que par le personnel de sociétés qui lui sont liées au sens de l'article L. 225-180 représentent plus de 3 % du capital social de la société, un ou plusieurs administrateurs *(L. n° 2006-1770 du 30 déc. 2006, art. 32-I)* « sont élus » par l'assemblée générale des actionnaires sur proposition des actionnaires visés à l'article L. 225-102. *(L. n° 2006-1770 du 30 déc. 2006, art. 32-I)* « Ceux-ci se prononcent par un vote dans des conditions fixées par les statuts ». Ces administrateurs *(L. n° 2006-1770 du 30 déc. 2006, art. 32-I)* « sont élus » parmi les salariés actionnaires ou, le cas échéant, parmi les salariés membres du conseil de surveillance d'un fonds commun de placement d'entreprise détenant des actions de la société. Ces administrateurs ne sont pas pris en compte pour la détermination du nombre minimal et du nombre maximal d'administrateurs prévus à l'article L. 225-17. » *(L. n° 2006-1770 du 30 déc. 2006, art. 32-I)* « La durée de leur mandat est déterminée par application de l'article L. 225-18. Toutefois, leur mandat prend fin par l'arrivée du terme ou la rupture, pour quelque cause que ce soit, de leur contrat de travail. »

(L. n° 2001-152 du 19 févr. 2001) « Si l'assemblée générale extraordinaire ne s'est pas réunie dans un délai de dix-huit mois à compter de la présentation du rapport, tout salarié actionnaire peut demander au président du tribunal statuant en référé d'enjoindre sous astreinte au conseil d'administration de convoquer une assemblée générale extraordinaire et de soumettre à celle-ci les projets de résolutions tendant à modifier les statuts dans le sens prévu à l'alinéa précédent et au dernier alinéa du présent article.

« Lorsqu'il est fait droit à la demande, l'astreinte et les frais de procédure sont à la charge des administrateurs. »

Les sociétés dont le conseil d'administration comprend un ou plusieurs administrateurs nommés parmi les membres du conseil de surveillance des fonds communs de placement d'entreprise représentant les salariés, ou un ou plusieurs salariés élus en application des dispositions de l'article L. 225-27, ne sont pas tenues aux obligations prévues *(L. n° 2001-152 du 19 févr. 2001)* « au premier alinéa ».

(L. n° 2001-152 du 19 févr. 2001) « Lorsque l'assemblée générale extraordinaire est convoquée en application du premier alinéa, elle se prononce également sur un projet de résolution prévoyant l'élection d'un ou plusieurs administrateurs par le personnel de la société et des filiales directes ou indirectes dont le siège social est fixé en France. Le cas échéant, ces représentants sont désignés dans les conditions prévues à l'article L. 225-27. »

....

Art. L. 225-27 Il peut être stipulé dans les statuts que le conseil d'administration comprend, outre les administrateurs dont le nombre et le mode de désignation sont prévus aux articles L. 225-17 et L. 225-18, des administrateurs élus soit par le personnel de la société, soit par le personnel de la société et celui de ses filiales directes ou indirectes dont le siège social est fixé sur le territoire français. Le nombre de ces administrateurs ne peut être supérieur à quatre ou, dans les sociétés dont les actions sont admises aux négociations sur un marché réglementé, cinq, ni excéder le tiers du nombre des autres administrateurs. Lorsque le nombre des administrateurs élus par les salariés est égal ou supérieur à deux, les ingénieurs, cadres et assimilés ont un siège au moins.

Les administrateurs élus par les salariés ne sont pas pris en compte pour la détermination du nombre minimal et du nombre maximal d'administrateurs prévus à l'article L. 225-17 *(L. n° 2011-103 du 27 janv. 2011, art. 1er-V, en vigueur le 1er janv. 2017)* « , ni pour l'application du premier alinéa de l'article L. 225-18-1 ». — *[L. n° 66-537 du 24 juill. 1966, art. 97-1.]*

Art. L. 225-27-1 *(L. n° 2013-504 du 14 juin 2013, art. 9-I)* I. — Dans les sociétés qui emploient, à la clôture de deux exercices consécutifs, au moins *(L. n° 2015-994 du 17 août 2015, art. 11-I)* « mille » salariés permanents dans la société et ses filiales, directes ou indirectes, dont le siège social est fixé sur le territoire français, ou au moins *(L. n° 2015-994 du 17 août 2015, art. 11-I)* « cinq mille » salariés permanents dans la société et ses filiales, directes ou indirectes, dont le siège social est fixé sur le territoire français et à l'étranger, *(Abrogé par L. n° 2015-994 du 17 août 2015, art. 11-I) « **et qui ont pour obligation de mettre en place un comité d'entreprise en application de l'article L. 2322-1 du code du travail,** »* il est stipulé dans les statuts que le conseil d'administration comprend, outre les administrateurs dont le nombre et le mode de désignation sont prévus aux articles L. 225-17 et L. 225-18 du présent code, des administrateurs représentant les salariés.

(L. n° 2015-994 du 17 août 2015, art. 11-I) « Sauf lorsqu'elle est soumise à l'obligation de mettre en place un comité d'entreprise en application de l'article L. 2322-1 du code du travail, une société dont l'activité principale est d'acquérir et de gérer des filiales et des participations peut ne pas mettre en œuvre l'obligation prévue au premier alinéa du présent I si

elle détient une ou plusieurs filiales remplissant les conditions et appliquant l'obligation prévues au même alinéa. »

Une société n'est pas soumise à l'obligation prévue *(L. n° 2015-994 du 17 août 2015, art. 11-I)* « aux deux premiers alinéas » du présent I dès lors qu'elle est la filiale, directe ou indirecte, d'une société elle-même soumise à cette obligation.

II. — Le nombre des administrateurs représentant les salariés est au moins égal à deux dans les sociétés dont le nombre d'administrateurs mentionnés aux articles L. 225-17 et L. 225-18 est supérieur à douze et au moins à un s'il est égal ou inférieur à douze.

Les administrateurs représentant les salariés ne sont pas pris en compte pour la détermination du nombre minimal et du nombre maximal d'administrateurs prévus à l'article L. 225-17, ni pour l'application du premier alinéa de l'article L. 225-18-1. *(L. n° 2015-994 du 17 août 2015, art. 10)* « L'élection des administrateurs représentant les salariés sur le fondement du 1° du III du présent article respecte la parité conformément à l'article L. 225-28. Lorsque deux administrateurs sont désignés sur le fondement du 2° du même III, le comité de groupe, le comité central d'entreprise ou le comité d'entreprise désigne une femme et un homme. »

III. — Dans les six mois suivant la clôture du second des deux exercices mentionnés au I, après avis, selon le cas, du comité de groupe, du comité central d'entreprise ou du comité d'entreprise, l'assemblée générale extraordinaire procède à la modification des statuts pour déterminer les conditions dans lesquelles sont désignés les administrateurs représentant les salariés, selon l'une des modalités suivantes :

1° L'organisation d'une élection auprès des salariés de la société et de ses filiales, directes ou indirectes, dont le siège social est fixé sur le territoire français dans les conditions fixées à l'article L. 225-28 ;

2° La désignation, selon le cas, par le comité de groupe prévu à l'article L. 2331-1 du code du travail, le comité central d'entreprise ou le comité d'entreprise de la société mentionnée au I du présent article ;

3° La désignation par l'organisation syndicale ayant obtenu le plus de suffrages au premier tour des élections mentionnées aux articles L. 2122-1 et L. 2122-4 du même code dans la société et ses filiales, directes ou indirectes, dont le siège social est fixé sur le territoire français lorsqu'un seul administrateur est à désigner, ou par chacune des deux organisations syndicales ayant obtenu le plus de suffrages au premier tour de ces élections lorsque deux administrateurs sont à désigner ;

4° Lorsqu'au *[Lorsque au]* moins deux administrateurs sont à désigner, la désignation de l'un des administrateurs selon l'une des modalités fixées aux 1° à 3° et de l'autre par le comité d'entreprise européen, s'il existe, ou, pour les sociétés européennes au sens de l'article L. 2351-1 du code du travail, par l'organe de représentation des salariés mentionné à l'article L. 2352-16 du même code ou, à défaut, par le comité de la société européenne mentionné à l'article L. 2353-1 dudit code.

L'élection ou la désignation des administrateurs représentant les salariés intervient dans les six mois suivant la modification des statuts prévue au premier alinéa du présent III.

IV. — Si l'assemblée générale extraordinaire ne s'est pas réunie dans le délai prévu au premier alinéa du III, tout salarié peut demander au président du tribunal statuant en référé d'enjoindre sous astreinte au conseil d'administration de convoquer une assemblée générale extraordinaire et de soumettre à celle-ci les projets de résolution tendant à modifier les statuts dans le sens prévu au même III.

A défaut de modification des statuts à l'issue du délai prévu au premier alinéa dudit III, les administrateurs représentant les salariés sont désignés par la voie de l'élection mentionnée au 1° du III dans les six mois suivant l'expiration du même délai. Tout salarié peut demander au président du tribunal statuant en référé d'enjoindre sous astreinte à la société d'organiser l'élection.

V. — Les sociétés répondant aux critères fixés au I du présent article et dont le conseil d'administration comprend un ou plusieurs membres désignés en application de l'article L. 225-27 du présent code *(L. n° 2015-990 du 6 août 2015, art. 178-I)* « ou du I » *(Ord. n° 2014-948 du 20 août 2014, art. 37-I)* « de l'article 7 de l'ordonnance n° 2014-948 du 20 août 2014 relative à la gouvernance et aux opérations sur le capital des sociétés à participation publique, » ainsi que leurs filiales directes ou indirectes, ne sont pas soumises à l'obligation prévue aux I à III du présent article dès lors que le nombre de ces administrateurs est au moins égal au nombre prévu au II.

Lorsque le nombre de ces administrateurs est inférieur au nombre prévu au II, les I à IV sont applicables à l'expiration du mandat en cours des administrateurs représentant les salariés.

Pour les sociétés répondant aux critères posés aux art. L. 225-27-1, L. 225-79-2 ou L. 226-5-1 C. com. à la date de promulgation de la L. n° 2013-504 du 14 juin 2013, l'entrée en fonction des administrateurs mentionnés à l'art. L. 225-27-1 et des membres du conseil de surveillance mentionnés aux mêmes art. L. 225-79-2 et L. 226-5-1 doit intervenir au plus tard six mois après l'assemblée générale portant les modifications statutaires nécessaires à leur élection ou désignation, qui doit elle-même intervenir au plus tard en 2014 (L. préc., art. 9-VIII).

Dans les sociétés soumises à l'obligation prévue aux art. L. 225-27-1, L. 225-79-2 ou L. 226-5-1 C. com. sur le fondement de la L. n° 2015-994 du 17 août 2015, l'entrée en fonction des administrateurs et des membres du conseil de surveillance représentant les salariés doit intervenir au plus tard six mois après l'assemblée générale portant les modifications statutaires nécessaires à leur élection ou à leur désignation. Cette assemblée générale a lieu au plus tard dans les six mois suivant la clôture :

1° De l'exercice 2016 pour les sociétés qui emploient, à la clôture des deux exercices consécutifs précédents, plus de cinq mille salariés permanents dans la société et ses filiales, directes ou indirectes, dont le siège social est fixé sur le territoire français, ou plus de dix mille salariés permanents dans la société et ses filiales, directes ou indirectes, dont le siège social est fixé sur le territoire français et à l'étranger ;

2° De l'exercice 2017 pour les sociétés qui emploient, à la clôture des deux exercices consécutifs précédents, plus de mille salariés permanents dans la société et ses filiales, directes ou indirectes, dont le siège social est fixé sur le territoire français, ou plus de cinq mille salariés permanents dans la société et ses filiales, directes ou indirectes, dont le siège social est fixé sur le territoire français et à l'étranger.

Dans les sociétés mentionnées au premier al. du I des art. L. 225-27-1 et L. 225-79-2 C. com. qui ne sont pas soumises à l'obligation prévue au même al. dans sa rédaction antérieure à la L. n° 2015-994 du 17 août 2015 et dont l'une des filiales, directe ou indirecte, est soumise à l'obligation prévue aux art. L. 225-27-1, L. 225-79-2 ou L. 226-5-1 du même code sur le fondement de leur rédaction antérieure à la loi précitée, l'entrée en fonction des administrateurs et des membres du conseil de surveillance représentant les salariés doit intervenir au plus tard à la date du terme des mandats exercés, dans la ou les filiales ci-dessus mentionnées, par les administrateurs et les membres du conseil de surveillance représentant les salariés (L. préc., art. 11-II).

Pour la sanction, V. art. L. 225-29.

BIBL. ▶ GOMEZ et HOLLANDTS, *RDT 2015. 451* (la représentation des salariés au conseil d'administration). – URBAN, *RDT 2013. 689*.

Art. L. 225-28 Les administrateurs élus par les salariés *(L. n° 2013-504 du 14 juin 2013, art. 9-I)* **« ou désignés en application de l'article L. 225-27-1 » doivent être titulaires d'un contrat de travail avec la société ou l'une de ses filiales directes ou indirectes dont le siège social est fixé sur le territoire français antérieur de deux années au moins à leur nomination et correspondant à un emploi effectif.** *(L. n° 2013-504 du 14 juin 2013, art. 9-I)* **« Par dérogation, le second administrateur désigné en application du 4° du III de l'article L. 225-27-1 doit être titulaire d'un contrat de travail avec la société ou l'une de ses filiales directes ou indirectes antérieur de deux années au moins à sa nomination et correspondant à un emploi effectif. » Toutefois, la condition d'ancienneté n'est pas requise lorsque au jour de la nomination la société est constituée depuis moins de deux ans.**

Tous les salariés de la société et le cas échéant de ses filiales directes ou indirectes, dont le siège social est fixé sur le territoire français dont le contrat de travail est antérieur de trois mois à la date de l'élection sont électeurs. Le vote est secret.

Lorsqu'un siège au moins est réservé aux ingénieurs, cadres et assimilés *(L. n° 2013-504 du 14 juin 2013, art. 9-I)* **« en application de l'article L. 225-27 », les salariés sont divisés en deux collèges votant séparément. Le premier collège comprend les ingénieurs, cadres et assimilés, le second les autres salariés. Les statuts fixent la répartition des sièges par collège en fonction de la structure du personnel.**

(L. n° 2013-504 du 14 juin 2013, art. 9-I) **« Lorsqu'il est fait application du même article L. 225-27, »** ***les candidats ou listes de candidats*** **peuvent être présentés soit par une ou plusieurs organisations syndicales représentatives au sens de l'article L. 2122-1 du code du travail, soit par le vingtième des électeurs ou, si le nombre de ceux-ci est supérieur à deux mille, par cent d'entre eux.** *(L. n° 2013-504 du 14 juin 2013, art. 9-I)* **« Lorsqu'il est fait application de l'article L. 225-27-1 du présent code, les candidats ou listes de candidats sont présentés par une ou plusieurs organisations syndicales représentatives au sens de l'article L. 2122-1 du code du travail. »**

Lorsqu'il y a un seul siège à pourvoir pour l'ensemble du corps électoral, l'élection a lieu au scrutin majoritaire à deux tours. Lorsqu'il y a un seul siège à pourvoir dans un collège électoral, l'élection a lieu au scrutin majoritaire à deux tours dans ce collège. Chaque candidature doit comporter, outre le nom du candidat, celui de son remplaçant éventuel. *(L. n° 2013-504 du 14 juin 2013, art. 9-I)* « Le candidat et son remplaçant sont de sexe différent. » Est déclaré élu le candidat ayant obtenu au premier tour la majorité absolue des suffrages exprimés, au second tour la majorité relative.

Dans les autres cas, l'élection a lieu au scrutin de liste à la représentation proportionnelle au plus fort reste et sans panachage. Chaque liste doit comporter un nombre de candidats double de celui des sièges à pourvoir *(L. n° 2011-103 du 27 janv. 2011, art. 1er-VI, en vigueur le 1er janv. 2017)* « et être composée alternativement d'un candidat de chaque sexe. Sur chacune des listes, l'écart entre le nombre des *[de]* candidats de chaque sexe ne peut être supérieur à un. » — *La L. n° 2013-504 du 14 juin 2013, art. 9-VII, a supprimé l'entrée en vigueur différée, pour l'art. L. 225-28, des dispositions introduites par la L. n° 2011-103 du 27 janv. 2011.*

En cas d'égalité des voix, les candidats dont le contrat de travail est le plus ancien sont déclarés élus.

Les autres modalités du scrutin sont fixées par les statuts.

Les contestations relatives à l'électorat, à l'éligibilité et à la régularité des opérations électorales sont portées devant le juge d'instance qui statue en dernier ressort dans les conditions prévues par le premier alinéa de l'article L. 433-11 *[L. 2324-23]* du code du travail. — *[L. n° 66-537 du 24 juill. 1966, art. 97-2.]*

Art. L. 225-29 La durée du mandat d'administrateur élu par les salariés *(L. n° 2013-504 du 14 juin 2013, art. 9-I)* « ou désigné en application de l'article L. 225-27-1 » est déterminée par les statuts, sans pouvoir excéder six ans. Le mandat est renouvelable, sauf stipulation contraire des statuts.

Toute nomination intervenue en violation des articles L. 225-27, *(L. n° 2013-504 du 14 juin 2013, art. 9-I)* « L. 225-27-1, » L. 225-28 et du présent article est nulle. Cette nullité n'entraîne pas celle des délibérations auxquelles a pris part l'administrateur irrégulièrement nommé. — *[L. n° 66-537 du 24 juill. 1966, art. 97-3.]*

Art. L. 225-30 Le mandat d'administrateur élu par les salariés *(L. n° 2013-504 du 14 juin 2013, art. 9-I)* « ou désigné en application de l'article L. 225-27-1 » est incompatible avec tout mandat de délégué syndical, de membre du comité d'entreprise, *(L. n° 2013-504 du 14 juin 2013, art. 9-I)* « de membre du comité de groupe, » de délégué du personnel ou de membre du comité d'hygiène, de sécurité et des conditions de travail de la société. *(L. n° 2013-504 du 14 juin 2013, art. 9-I)* « Il est également incompatible avec tout mandat de membre d'un comité d'entreprise européen, s'il existe, ou, pour les sociétés européennes au sens de l'article L. 2351-1 du code du travail, de membre de l'organe de représentation des salariés mentionné à l'article L. 2352-16 du même code ou de membre d'un comité de la société européenne mentionné à l'article L. 2353-1 dudit code. » L'administrateur qui, lors de son élection *(L. n° 2013-504 du 14 juin 2013, art. 9-I)* « ou de sa désignation en application de l'article L. 225-27-1 du présent code », est titulaire d'un ou de plusieurs de ces mandats doit s'en démettre dans les huit jours. A défaut, il est réputé démissionnaire de son mandat d'administrateur. — *[L. n° 66-537 du 24 juill. 1966, art. 97-4.]*

Le mandat des permanents syndicaux, désignés en sus des délégués syndicaux en application d'un accord collectif pour leur permettre de se consacrer à plein temps à l'action syndicale dans l'entreprise, est un mandat syndical ; dès lors il est incompatible avec un mandat d'administrateur élu par les salariés en ce qu'il est susceptible de créer des conflits d'intérêts. • Soc. 30 sept. 2005 : ☏ *JCP S 2005. 31, note Vatinet.*

Art. L. 225-30-1 *(L. n° 2013-504 du 14 juin 2013, art. 9-I)* Les administrateurs élus par les salariés ou désignés en application de l'article L. 225-27-1 disposent du temps nécessaire pour exercer utilement leur mandat, dans les *[des]* conditions définies par décret en Conseil d'État.

Art. L. 225-30-2 *(L. n° 2013-504 du 14 juin 2013, art. 9-I)* Les administrateurs élus par les salariés ou désignés en application de l'article L. 225-27-1 bénéficient à leur demande d'une formation adaptée à l'exercice de leur mandat, à la charge de la société, dans des conditions définies par décret en Conseil d'État. Ce temps de formation *(L. n° 2015-994 du 17 août 2015, art. 10)* « , dont la durée ne peut être inférieure à vingt heures par an, » n'est pas imputable sur le crédit d'heures prévu à l'article L. 225-30-1.

Art. L. 225-31 Les administrateurs élus par les salariés *(L. n° 2013-504 du 14 juin 2013, art. 9-I)* « ou désignés en application de l'article L. 225-27-1 » ne perdent pas le bénéfice de leur contrat de travail. Leur rémunération en tant que salariés ne peut être réduite du fait de l'exercice de leur mandat. — *[L. n° 66-537 du 24 juill. 1966, art. 97-5.]*

Art. L. 225-32 La rupture du contrat de travail met fin au mandat de l'administrateur élu par les salariés *(L. n° 2013-504 du 14 juin 2013, art. 9-I)* « ou désigné en application de l'article L. 225-27-1 ».

Les administrateurs élus par les salariés *(L. n° 2013-504 du 14 juin 2013, art. 9-I)* « ou désignés en application de l'article L. 225-27-1 » ne peuvent être révoqués que pour faute dans l'exercice de leur mandat, par décision du président du tribunal de grande instance, rendue en la forme des référés, à la demande de la majorité des membres du conseil d'administration. La décision est exécutoire par provision. — *[L. n° 66-537 du 24 juill. 1966, art. 97-6.]*

Art. L. 225-33 *(Abrogé par L. n° 2013-504 du 14 juin 2013, art. 9-I)* ***Sauf en cas de résiliation à l'initiative du salarié, la rupture du contrat de travail d'un administrateur élu par les salariés ne peut être prononcée que par le bureau de jugement du conseil des prud'hommes statuant en la forme des référés. La décision est exécutoire par provision.*** — [L. n° 66-537 du 24 juill. 1966, art. 97-7.]

Art. L. 225-34 I. — En cas de vacance, par décès, démission, révocation, rupture du contrat de travail ou pour toute autre cause que ce soit, d'un siège d'administrateur élu par les salariés *(L. n° 2013-504 du 14 juin 2013, art. 9-I)* « ou désigné en application de l'article L. 225-27-1 », le siège vacant est pourvu de la manière suivante :

1° Lorsque l'élection a eu lieu au scrutin majoritaire à deux tours, par le remplaçant ;

2° Lorsque l'élection a eu lieu au scrutin de liste, par le candidat figurant sur la même liste immédiatement après le dernier candidat élu ;

(L. n° 2013-504 du 14 juin 2013, art. 9-I) « 3° Lorsque la désignation a eu lieu selon l'une des modalités prévues aux 2° à 4° du III de l'article L. 225-27-1, par un salarié désigné dans les mêmes conditions. »

II. — Le mandat de l'administrateur ainsi désigné prend fin à l'arrivée du terme normal du mandat des autres administrateurs élus par les salariés *(L. n° 2013-504 du 14 juin 2013, art. 9-I)* « ou désignés en application de l'article L. 225-27-1 ». — *[L. n° 66-537 du 24 juill. 1966, art. 97-8.]*

....

SOUS-SECTION 2 *Du directoire et du conseil de surveillance*

Art. L. 225-61 *(L. n° 2001-420 du 15 mai 2001)* « Les membres du directoire ou le directeur général unique peuvent être révoqués par l'assemblée générale, ainsi que, si les statuts le prévoient, par le conseil de surveillance ». Si la révocation est décidée sans juste motif, elle peut donner lieu à dommages-intérêts.

Au cas où l'intéressé aurait conclu avec la société un contrat de travail, la révocation de ses fonctions de membre du directoire n'a pas pour effet de résilier ce contrat. — *[L. n° 66-537 du 24 juill. 1966, art. 121.]*

....

Art. L. 225-71 *(L. n° 2006-1770 du 30 déc. 2006, art. 32-I)* « Dans les sociétés dont les titres sont admis aux négociations sur un marché réglementé, » *(L. n° 2002-73 du 17 janv. 2002, art. 217)* « lorsque le rapport présenté par le directoire lors de l'assemblée générale en application de l'article L. 225-102 établit que les actions détenues par le personnel de la société ainsi que par le personnel de sociétés qui lui sont liées au sens de l'article L. 225-180 représentent plus de 3 % du capital social de la société, un ou plusieurs membres du conseil de surveillance *(L. n° 2006-1770 du 30 déc. 2006, art. 32-I)* « sont élus » par l'assemblée générale des actionnaires sur proposition des actionnaires visés à l'article L. 225-102. *(L. n° 2006-1770 du 30 déc. 2006, art. 32-I)* « Ceux-ci se prononcent par un vote dans des conditions fixées par les statuts ». Ces membres *(L. n° 2006-1770 du 30 déc. 2006, art. 32-I)* « sont élus » parmi les salariés actionnaires ou, le cas échéant, parmi les salariés membres du conseil de surveillance d'un fonds commun de placement d'entreprise détenant des actions de la société. Ces membres ne sont pas pris en compte pour la détermination du nombre minimal et du nombre maximal de membres du conseil de surveillance prévus à l'article L. 225-69. » *(L. n° 2006-1770 du 30 déc. 2006, art. 32-I)* « La durée de leur mandat est déterminée par application de l'article L. 225-18. Toutefois, leur mandat prend fin par l'arrivée du terme ou la rupture, pour quelque cause que ce soit, de leur contrat de travail. » – *V.* **C. com.**, *Décr. n° 95-237 du 2 mars 1995.*

(L. n° 2001-152 du 19 févr. 2001) « Si l'assemblée générale extraordinaire ne s'est pas réunie dans un délai de dix-huit mois à compter de la présentation du rapport, tout salarié actionnaire peut demander au président du tribunal statuant en référé d'enjoindre sous astreinte au directoire de convoquer une assemblée générale extraordinaire et de soumettre à celle-ci les projets de résolutions tendant à modifier les statuts dans le sens prévu à l'alinéa précédent et au dernier alinéa du présent article.

« Lorsqu'il est fait droit à la demande, l'astreinte et les frais de procédure sont à la charge des membres du directoire. »

Les sociétés dont le conseil de surveillance comprend un ou plusieurs membres nommés parmi les membres des conseils de surveillance des fonds communs de placement d'entreprise représentant les salariés, ou un ou plusieurs salariés élus en application des dispositions de l'article L. 225-79, ne sont pas tenues aux obligations prévues *(L. n° 2001-152 du 19 févr. 2001)* « au premier alinéa ».

(L. n° 2001-152 du 19 févr. 2001) « Lorsque l'assemblée générale extraordinaire est convoquée en application du premier alinéa, elle se prononce également sur un projet de résolution prévoyant l'élection d'un ou plusieurs membres du conseil de surveillance par le personnel de la société et des filiales directes ou indirectes dont le siège social est fixé en France. Le cas échéant, ces représentants sont désignés dans les conditions prévues à l'article L. 225-79. »

....

Art. L. 225-79 Il peut être stipulé dans les statuts que le conseil de surveillance comprend, outre les membres dont le nombre et le mode de désignation sont prévus aux articles L. 225-69 et L. 225-75, des membres élus soit par le personnel de la société, soit par le personnel de la société et celui de ses filiales directes ou indirectes dont le siège social est fixé sur le territoire français.

Le nombre des membres du conseil de surveillance élus par les salariés ne peut être supérieur à quatre ni excéder le tiers du nombre des autres membres. Lorsque le nombre des membres élus par les salariés est égal ou supérieur à deux, les ingénieurs, cadres et assimilés ont un siège au moins.

Les membres du conseil de surveillance élus par les salariés ne sont pas pris en compte pour la détermination du nombre minimal et du nombre maximal de membres prévus à l'article L. 225-69 *(L. n° 2011-103 du 27 janv. 2011, art. 2-VI, en vigueur le 1er janv. 2017)* « , ni pour l'application du premier alinéa de l'article L. 225-69-1 ». – *[L. n° 66-537 du 24 juill. 1966, art. 137-1.]*

Art. L. 225-79-1 *(L. n° 2005-842 du 26 juill. 2005, art. 8-I)* Dans les sociétés dont les titres sont admis aux négociations sur un marché réglementé, en cas de nomination aux fonctions de membre du directoire d'une personne liée par un contrat de travail à la société ou à toute société contrôlée ou qui la contrôle au sens des II et III de l'article L. 233-16, les dispositions dudit contrat correspondant, le cas échéant, à des éléments de rémunération, des indemnités ou des avantages dus ou susceptibles d'être dus à raison de la cessation ou du changement de ces fonctions, ou postérieurement à celles-ci, *(L. n° 2015-990 du 6 août 2015, art. 229-I-1°)* « ou des engagements de retraite à prestations définies répondant aux caractéristiques des régimes mentionnés à l'article L. 137-11 du code de la sécurité sociale pour la période d'exercice du mandat social, » sont soumises *(L. n° 2007-1223 du 21 août 2007)* « au régime prévu par l'article L. 225-90-1 » *(L. n° 2015-990 du 6 août 2015, art. 229-I-1°)* « du présent code ».

Art. L. 225-79-2 *(L. n° 2013-504 du 14 juin 2013, art. 9-II)* I. – Dans les sociétés qui emploient, à la clôture de deux exercices consécutifs, au moins *(L. n° 2015-994 du 17 août 2015, art. 11-I)* « mille » salariés permanents dans la société et ses filiales, directes ou indirectes, dont le siège social est fixé sur le territoire français, ou au moins *(L. n° 2015-994 du 17 août 2015, art. 11-I)* « cinq mille » salariés permanents dans la société et ses filiales, directes ou indirectes, dont le siège social est fixé sur le territoire français et à l'étranger, *(Abrogé par L. n° 2015-994 du 17 août 2015, art. 11-I)* ***« et qui ont pour obligation de mettre en place un comité d'entreprise en application de l'article L. 2322-1 du code du travail, »*** il est stipulé dans les statuts que le conseil de surveillance comprend, outre les membres dont le nombre et le mode de désignation sont prévus aux articles L. 225-69 et L. 225-75 du présent code, des membres représentant les salariés.

(L. n° 2015-994 du 17 août 2015, art. 11-I) « Sauf lorsqu'elle est soumise à l'obligation de mettre en place un comité d'entreprise en application de l'article L. 2322-1 du code du tra-

vail, une société dont l'activité principale est d'acquérir et de gérer des filiales et des participations peut ne pas mettre en œuvre l'obligation prévue au premier alinéa du présent I si elle détient une ou plusieurs filiales remplissant les conditions et appliquant l'obligation prévues au même alinéa. »

Une société n'est pas soumise à l'obligation prévue *(L. n° 2015-994 du 17 août 2015, art. 11)* « aux deux premiers alinéas » du présent I dès lors qu'elle est la filiale, directe ou indirecte, d'une société elle-même soumise à cette obligation.

II. — Le nombre des membres du conseil de surveillance représentant les salariés est au moins égal à deux dans les sociétés dont le nombre de membres désignés selon les modalités mentionnées à l'article L. 225-75 est supérieur à douze et au moins à un s'il est égal ou inférieur à douze.

Les membres du conseil de surveillance représentant les salariés ne sont pris en compte ni pour la détermination du nombre minimal et du nombre maximal des membres du conseil de surveillance prévus à l'article L. 225-69, ni pour l'application du premier alinéa de l'article L. 225-69-1.

(L. n° 2015-994 du 17 août 2015, art. 10) « L'élection des administrateurs représentant les salariés sur le fondement du 1° du III du présent article respecte la parité conformément à l'article L. 225-28. Lorsque deux administrateurs sont désignés sur le fondement du 2° du même III, le comité de groupe, le comité central d'entreprise ou le comité d'entreprise désigne une femme et un homme. »

III. — Dans les six mois suivant la clôture du second des deux exercices mentionnés au I, après avis, selon le cas, du comité de groupe, du comité central d'entreprise ou du comité d'entreprise, l'assemblée générale extraordinaire procède à la modification des statuts pour déterminer les conditions dans lesquelles sont désignés les membres du conseil de surveillance représentant les salariés, selon l'une des modalités suivantes :

1° L'organisation d'une élection auprès des salariés de la société et de ses filiales, directes ou indirectes, dont le siège social est fixé sur le territoire français dans les conditions fixées à l'article L. 225-28 ;

2° La désignation, selon le cas, par le comité de groupe prévu à l'article L. 2331-1 du code du travail, le comité central d'entreprise ou le comité d'entreprise de la société mentionnée au I du présent article ;

3° La désignation par l'organisation syndicale ayant obtenu le plus de suffrages au premier tour des élections mentionnées aux articles L. 2122-1 et L. 2122-4 du code du travail dans la société et ses filiales, directes ou indirectes, dont le siège social est fixé sur le territoire français lorsqu'un seul membre est à désigner, ou par chacune des deux organisations syndicales ayant obtenu le plus de suffrages au premier tour de ces élections lorsque deux membres sont à désigner ;

4° Lorsqu'au *[Lorsque au]* moins deux membres sont à désigner, la désignation de l'un des membres selon l'une des modalités fixées aux 1° à 3° et de l'autre par le comité d'entreprise européen, s'il existe, ou, pour les sociétés européennes au sens de l'article L. 2351-1 du code du travail, par l'organe de représentation des salariés mentionné à l'article L. 2352-16 du même code ou, à défaut, par le comité de la société européenne mentionné à l'article L. 2353-1 dudit code.

L'élection ou la désignation des membres du conseil de surveillance représentant les salariés intervient dans les six mois suivant la modification des statuts prévue au premier alinéa du présent III.

IV. — Si l'assemblée générale extraordinaire ne s'est pas réunie dans le délai prévu au premier alinéa du III, tout salarié peut demander au président du tribunal statuant en référé d'enjoindre sous astreinte au directoire de convoquer une assemblée générale extraordinaire et de soumettre à celle-ci les projets de résolutions tendant à modifier les statuts dans le sens prévu au même III.

A défaut de modification des statuts à l'issue du délai prévu au premier alinéa dudit III, les membres du conseil de surveillance représentant les salariés sont désignés par la voie de l'élection mentionnée au 1° du III dans les six mois suivant l'expiration du même délai. Tout salarié peut demander au président du tribunal statuant en référé d'enjoindre sous astreinte à la société d'organiser l'élection.

V. — Les sociétés répondant aux critères fixés au I du présent article et dont le conseil de surveillance comprend un ou plusieurs membres désignés en application de l'article L. 225-79 du présent code *(L. n° 2015-990 du 6 août 2015, art. 178-I)* « ou du I » *(Ord. n° 2014-948 du 20 août 2014, art. 37-I)* « de l'article 7 de l'ordonnance n° 2014-948 du 20 août 2014 relative à la gouvernance et aux opérations sur le capital des sociétés à participation publique, » ainsi que leurs filiales directes ou indirectes, ne sont pas soumises à

l'obligation prévue aux I à III du présent article dès lors que le nombre de ces administrateurs est au moins égal au nombre prévu au II.

Lorsque le nombre de ces membres est inférieur au nombre prévu au II, les I à IV sont applicables à l'expiration du mandat en cours des membres du conseil de surveillance représentant les salariés.

Pour les dispositions transitoires, V. note ss. art. L. 225-27-1.

Art. L. 225-80 **Les conditions relatives à l'éligibilité, à l'électorat, à la composition des collèges, aux modalités du scrutin, aux contestations, à la durée et aux conditions d'exercice du mandat, à la révocation, à la protection du contrat de travail et au remplacement des membres du conseil de surveillance élus par les salariés** *(L. n° 2013-504 du 14 juin 2013, art. 9-II)* **« ou désignés en application de l'article L. 225-79-2 » sont fixées selon les règles définies aux articles L. 225-28 à L. 225-34.** – *[L. n° 66-537 du 24 juill. 1966, art. 137-2.]*

Sur la présence de représentants des salariés dans les conseils d'administration ou de surveillance des sociétés privatisées en application de la L. de privatisation n° 93-923 du 19 juill. 1993, art. 2, V. L. n° 86-912 du 6 août 1986, art. 8-1, issu de la L. n° 94-640 du 25 juill. 1994 (D. et ALD 1994. 401). – ***C. sociétés.***

Sur la démocratisation des conseils d'administration ou de surveillance des sociétés du secteur public, V. L. n° 83-675 du 26 juill. 1983, modifiée, art. 1er s., 5 s. et 14 s. – ***C. sociétés.***

....

Art. L. 225-85 **Les membres du conseil de surveillance ne peuvent recevoir de la société aucune rémunération, permanente ou non, autre que celles qui sont prévues aux articles L. 225-81, L. 225-83 et L. 225-84 et, le cas échéant, celles dues au titre d'un contrat de travail correspondant à un emploi effectif.**

Le nombre des membres du conseil de surveillance liés à la société par un contrat de travail ne peut dépasser le tiers des membres en fonctions. Toutefois, les membres du conseil de surveillance élus conformément aux articles L. 225-79 et L. 225-80 et ceux nommés conformément aux dispositions de l'article L. 225-71 ne sont pas comptés pour la détermination de ce nombre.

Toute clause statutaire contraire est réputée non écrite et toute décision contraire est nulle. – *[L. n° 66-537 du 24 juill. 1966, art. 142.]*

Les dispositions de l'art. L. 225-85, al. 1er et 3, ci-dessus ne sont pas applicables aux salariés nommés au conseil de surveillance des sociétés dans lesquelles l'État détient plus de 50 p. 100 du capital social ou dans lesquelles des entreprises publiques et éventuellement l'État détiennent, conjointement ou séparément, plus de 50 p. 100 du capital social (L. n° 73-1196 du 27 déc. 1973, art. 15). – V. aussi L. n° 83-675 du 26 juill. 1983 relative à la démocratisation du secteur public. – ***C. sociétés.***

SECTION III *Des assemblées d'actionnaires*

Art. L. 225-102 **Le rapport présenté par le conseil d'administration ou le directoire, selon le cas, à l'assemblée générale rend compte annuellement de l'état de la participation des salariés au capital social au dernier jour de l'exercice et établit la proportion du capital que représentent les actions détenues par le personnel de la société et par le personnel des sociétés qui lui sont liées au sens de l'article L. 225-180 dans le cadre du plan d'épargne d'entreprise prévu par les articles L. 3332-1 à L. 3332-28 du code du travail et par les salariés et anciens salariés dans le cadre des fonds communs de placement d'entreprise régis par le chapitre III de la loi n° 88-1201 du 23 décembre 1988 relative aux organismes de placement collectif en valeurs mobilières et portant création des fonds communs de créances** *[C. mon. fin., art. L. 214-39 s. –* ***C. mon. fin.****]. (L. n° 2015-990 du 6 août 2015, art. 135-III)* **« Sont également prises en compte les actions nominatives détenues directement par les salariés en application des articles L. 225-187 et L. 225-196 du présent code, dans leur rédaction antérieure à l'entrée en vigueur de la loi n° 2001-152 du 19 février 2001 sur l'épargne salariale, de l'article L. 225-197-1 du présent code, de l'article L. 3324-10 du code du travail, de l'article 31-2 de l'ordonnance n° 2014-948 du 20 août 2014 relative à la gouvernance et aux opérations sur le capital des sociétés à participation publique et de l'article 11 de la loi n° 86-912 du 6 août 1986 relative aux modalités des privatisations, dans sa rédaction antérieure à l'entrée en vigueur de l'ordonnance n° 2014-948 du 20 août 2014 précitée. »**

Les titres acquis par les salariés dans le cadre d'une opération de rachat d'une entreprise par ses salariés prévue par la loi n° 84-578 du 9 juillet 1984 sur le développement de l'initiative économique ainsi que par les salariés d'une *(L. n° 2014-856 du 31 juill. 2014, art. 30-I)* **« société coopérative de production au sens de la loi n° 78-763 du 19 juillet 1978**

portant statut des sociétés coopératives de production » ne sont pas pris en compte pour l'évaluation de la proportion du capital prévue à l'alinéa précédent.

(L. n° 2001-152 du 19 févr. 2001) « Lorsque le rapport annuel ne comprend pas les mentions prévues au premier alinéa, toute personne intéressée peut demander au président du tribunal statuant en référé d'enjoindre sous astreinte au conseil d'administration ou au directoire, selon le cas, de communiquer ces informations.

« Lorsqu'il est fait droit à la demande, l'astreinte et les frais de procédure sont à la charge des administrateurs ou des membres du directoire, selon le cas. »

Les modifications issues de la L. n° 2015-990 du 6 août 2015 s'appliquent aux actions gratuites dont l'attribution a été autorisée par une décision de l'assemblée générale extraordinaire postérieure à la publication de ladite loi (L. préc., art. 135-VII).

SECTION IV *Des modifications du capital social et de l'actionnariat des salariés*

....

§ 3 *Des attributions d'actions gratuites*

Art. L. 225-197-1 *(L. n° 2004-1484 du 30 déc. 2004, art. 83 ; L. n° 2006-1770 du 30 déc. 2006, art. 39)* « I. — L'assemblée générale extraordinaire, sur le rapport du conseil d'administration ou du directoire, selon le cas, et sur le rapport spécial des commissaires aux comptes, peut autoriser le conseil d'administration ou le directoire à procéder, au profit des membres du personnel salarié de la société ou de certaines catégories d'entre eux, à une attribution gratuite d'actions existantes ou à émettre.

« L'assemblée générale extraordinaire fixe le pourcentage maximal du capital social pouvant être attribué dans les conditions définies au premier alinéa. Le nombre total des actions attribuées gratuitement ne peut excéder 10 % du capital social à la date de la décision de leur attribution par le conseil d'administration ou le directoire. » *(Abrogé par L. n° 2015-990 du 6 août 2015, art. 135-IV-1°) (L. n° 2014-384 du 29 mars 2014, art. 9)* ***« Ce pourcentage est porté à 30 % lorsque l'attribution d'actions gratuites bénéficie à l'ensemble des membres du personnel salarié de la société. L'écart entre le nombre d'actions distribuées à chaque salarié ne peut être supérieur à un rapport de un à cinq. »*** *(L. n° 2012-387 du 22 mars 2012, art. 14)* « Dans les sociétés dont les titres ne sont pas admis aux négociations sur un marché réglementé ou sur un système multilatéral de négociation et ne dépassant pas, à la clôture d'un exercice social, les seuils définissant les petites et moyennes entreprises prévus à l'article 2 de l'annexe à la recommandation 2003/361/CE de la Commission, du 6 mai 2003, concernant la définition des micro, petites et moyennes entreprises, les statuts peuvent prévoir *(L. n° 2014-384 du 29 mars 2014, art. 9)* « , dans le cas d'attributions gratuites d'actions à certaines catégories des membres du personnel salarié de la société uniquement, » un pourcentage plus élevé, qui ne peut toutefois excéder 15 % du capital social à la date de la décision d'attribution des actions par le conseil d'administration ou le directoire. » *(Abrogé par L. n° 2015-990 du 6 août 2015, art. 135-IV-1°) (L. n° 2014-384 du 29 mars 2014, art. 9)* ***« Ce pourcentage est porté à 30 % lorsque l'attribution d'actions gratuites bénéficie à l'ensemble des membres du personnel salarié de la société. L'écart entre le nombre d'actions distribuées à chaque salarié ne peut être supérieur à un rapport de un à cinq. »***

(L. n° 2015-990 du 6 août 2015, art. 135-IV-2° et 3°) « Les pourcentages mentionnés au deuxième alinéa sont portés à 30 % lorsque l'attribution d'actions gratuites bénéficie à l'ensemble des membres du personnel salarié de la société. Au-delà du pourcentage de 10 % ou de 15 %, l'écart entre le nombre d'actions distribuées à chaque salarié ne peut être supérieur à un rapport de un à cinq.

« L'assemblée générale extraordinaire » *(L. n° 2006-1770 du 30 déc. 2006, art. 39-I)* « fixe également le délai pendant lequel cette autorisation peut être utilisée par le conseil d'administration ou le directoire. Ce délai ne peut excéder trente-huit mois.

« Lorsque l'attribution porte sur des actions à émettre, l'autorisation donnée par l'assemblée générale extraordinaire emporte de plein droit, au profit des bénéficiaires des actions attribuées gratuitement, renonciation des actionnaires à leur droit préférentiel de souscription. L'augmentation de capital correspondante est définitivement réalisée du seul fait de l'attribution définitive des actions aux bénéficiaires.

« L'attribution des actions à leurs bénéficiaires est définitive au terme d'une période d'acquisition dont la durée minimale, qui ne peut être inférieure à *(L. n° 2015-990 du 6 août 2015, art. 135-IV-4°)* « un an », est déterminée par l'assemblée générale extraordinaire. Toutefois, l'assemblée peut prévoir l'attribution définitive des actions avant le terme de la période d'acquisition en cas d'invalidité du bénéficiaire correspondant au classement dans la deuxième ou la troisième des catégories prévues à l'article L. 341-4 du code de la sécurité sociale.

« L'assemblée générale extraordinaire *(L. nº 2015-990 du 6 août 2015, art. 135-IV-5º)* « peut également fixer » également la durée minimale de l'obligation de conservation des actions par les bénéficiaires. Cette durée court à compter de l'attribution définitive des actions *(Abrogé par L. nº 2015-990 du 6 août 2015, art. 135-IV-5º)* « *, mais ne peut être inférieure à deux ans* ». Toutefois, les actions sont librement cessibles en cas d'invalidité des bénéficiaires correspondant à leur classement dans les catégories précitées du code de la sécurité sociale.

« *(L. nº 2015-990 du 6 août 2015, art. 135-IV-6º)* « La durée cumulée des périodes d'acquisition et de conservation ne peut être inférieure à deux ans. »

« Dans une société dont les titres sont admis aux négociations sur un marché réglementé, à l'issue de la période d'obligation de conservation, les actions ne peuvent pas être cédées :

« 1º Dans le délai de dix séances de bourse précédant et *(L. nº 2012-387 du 22 mars 2012, art. 14)* « de trois séances de bourse » suivant la date à laquelle les comptes consolidés, ou à défaut les comptes annuels, sont rendus publics ;

« 2º Dans le délai compris entre la date à laquelle les organes sociaux de la société ont connaissance d'une information qui, si elle était rendue publique, pourrait avoir une incidence significative sur le cours des titres de la société, et la date postérieure de dix séances de bourse à celle où cette information est rendue publique.

« Le conseil d'administration ou, le cas échéant, le directoire détermine l'identité des bénéficiaires des attributions d'actions mentionnées au premier alinéa. Il fixe les conditions et, le cas échéant, les critères d'attribution des actions. »

II. – Le président du conseil d'administration, le directeur général, les directeurs généraux délégués, les membres du directoire ou le gérant d'une société par actions peuvent se voir attribuer des actions de la société dans les mêmes conditions que les membres du personnel salarié *(L. nº 2008-1258 du 3 déc. 2008)* « et dans le respect des conditions mentionnées à l'article L. 225-197-6 ».

Ils peuvent également se voir attribuer des actions d'une société liée dans les conditions prévues à l'article L. 225-197-2, sous réserve que les actions de cette dernière soient admises aux négociations sur un marché réglementé *(L. nº 2008-1258 du 3 déc. 2008)* « et dans le respect des conditions mentionnées à l'article L. 225-197-6 ».

Il ne peut pas être attribué d'actions aux salariés et aux mandataires sociaux détenant chacun plus de 10 % du capital social. Une attribution gratuite d'actions ne peut pas non plus avoir pour effet que les salariés et les mandataires sociaux détiennent chacun plus de 10 % du capital social.

(L. nº 2006-1770 du 30 déc. 2006, art. 62-II) « Par dérogation aux dispositions précédentes, pour les actions ainsi attribuées au président du conseil d'administration, au directeur général, aux directeurs généraux délégués, aux membres du directoire ou au gérant d'une société par actions, le conseil d'administration ou, selon le cas, le conseil de surveillance soit décide que ces actions ne peuvent être cédées par les intéressés avant la cessation de leurs fonctions, soit fixe la quantité de ces actions qu'il sont tenus de conserver au nominatif jusqu'à la cessation de leurs fonctions. L'information correspondante est publiée dans le rapport mentionné à l'article L. 225-102-1. »

(L. nº 2006-1770 du 30 déc. 2006, art. 39-I) « III. – En cas d'échange sans soulte d'actions résultant d'une opération de fusion ou de scission réalisée conformément à la réglementation en vigueur pendant les périodes d'acquisition ou de conservation prévues au I, les dispositions du présent article et, notamment, les périodes précitées, pour leur durée restant à courir à la date de l'échange, restent applicables aux droits à attribution et aux actions reçus en échange. Il en est de même de l'échange résultant d'une opération d'offre publique, de division ou de regroupement réalisée conformément à la réglementation en vigueur qui intervient pendant la période de conservation.

« En cas d'apport à une société ou à un fonds commun de placement dont l'actif est exclusivement composé de titres de capital ou donnant accès au capital émis par la société ou par une société qui lui est liée au sens de l'article L. 225-197-2, l'obligation de conservation prévue au I reste applicable, pour la durée restant à courir à la date de l'apport, aux actions ou parts reçues en contrepartie de l'apport. »

V. note ss. art. L. 225-102.

V. aussi Décr. nº 2009-348 du 30 mars 2009 (JO 31 mars).

Art. L. 225-197-2 *(L. n° 2004-1484 du 30 déc. 2004, art. 83-I)* I. — Des actions peuvent être attribuées, dans les mêmes conditions que celles mentionnées à l'article L. 225-197-1 :

1° Soit au bénéfice des membres du personnel salarié des sociétés ou des groupements d'intérêt économique dont 10 % au moins du capital ou des droits de vote sont détenus, directement ou indirectement, par la société qui attribue les actions ;

2° Soit au bénéfice des membres du personnel salarié des sociétés ou des groupes d'intérêt économique détenant, directement ou indirectement, au moins 10 % du capital ou des droits de vote de la société qui attribue les actions ;

3° Soit au bénéfice des membres du personnel salarié des sociétés ou des groupements d'intérêt économique dont 50 % au moins du capital ou des droits de vote sont détenus, directement ou indirectement, par une société détenant elle-même, directement ou indirectement, au moins 50 % du capital de la société qui attribue les actions.

Les actions qui ne sont pas admises aux négociations sur un marché réglementé ne peuvent être attribuées dans les conditions ci-dessus qu'aux salariés de la société qui procède à cette attribution ou à ceux mentionnés au 1°.

(L. n° 2006-1770 du 30 déc. 2006, art. 40-II) « II. — Des actions peuvent également être attribuées dans les mêmes conditions que celles prévues à l'article L. 225-197-1 par une entreprise contrôlée, directement ou indirectement, exclusivement ou conjointement, par un organe central, des organes centraux ou les établissements de crédit *(Ord. n° 2013-544 du 27 juin 2013, en vigueur le 1er janv. 2014)* « ou les sociétés de financement » qui lui ou leur sont affiliés au sens et pour l'application des articles L. 511-30 à L. 511-32 du code monétaire et financier, aux salariés de ces sociétés ainsi qu'à ceux des entités dont le capital est détenu pour plus de 50 %, directement ou indirectement, exclusivement ou conjointement, par cet organe central, ces organes centraux » *(Ord. n° 2013-544 du 27 juin 2013, en vigueur le 1er janv. 2014)* « , ces établissements de crédit ou ces sociétés de financement ».

Art. L. 225-197-3 *(L. n° 2004-1484 du 30 déc. 2004, art. 83-I)* Les droits résultant de l'attribution gratuite d'actions sont incessibles jusqu'au terme de la période d'acquisition.

En cas de décès du bénéficiaire, ses héritiers peuvent demander l'attribution des actions dans un délai de six mois à compter du décès. *(L. n° 2006-1770 du 30 déc. 2006, art. 39-I)* « Ces actions sont librement cessibles. »

Art. L. 225-197-4 *(L. n° 2004-1484 du 30 déc. 2004, art. 83-I)* Un rapport spécial informe chaque année l'assemblée générale ordinaire des opérations réalisées en vertu des dispositions prévues aux articles L. 225-197-1 à L. 225-197-3.

Ce rapport rend également compte :

— du nombre et de la valeur des actions qui, durant l'année et à raison des mandats et fonctions exercés dans la société, ont été attribuées gratuitement à chacun de ces mandataires par la société et par celles qui lui sont liées dans les conditions prévues à l'article L. 225-197-2.

— du nombre et de la valeur des actions qui ont été attribuées gratuitement, durant l'année à chacun de ces mandataires, à raison des mandats et fonctions qu'ils y exercent, par les sociétés contrôlées au sens de l'article L. 233-16.

Ce rapport indique également le nombre et la valeur des actions qui, durant l'année, ont été attribuées gratuitement par la société et par les sociétés ou groupements qui lui sont liés dans les conditions prévues à l'article L. 225-197-2, à chacun des dix salariés de la société non mandataires sociaux dont le nombre d'actions attribuées gratuitement est le plus élevé.

(L. n° 2008-1258 du 3 déc. 2008) « Ce rapport indique également le nombre et la valeur des actions qui, durant l'année, ont été attribuées gratuitement par les sociétés visées à l'alinéa précédent à l'ensemble des salariés bénéficiaires ainsi que le nombre de ceux-ci et la répartition des actions attribuées entre les catégories de ces bénéficiaires. »

Art. L. 225-197-5 *(L. n° 2004-1484 du 30 déc. 2004, art. 83-I)* L'assemblée générale ordinaire de la société contrôlant majoritairement, directement ou indirectement, celle qui attribue gratuitement les actions est informée dans les conditions prévues à l'article L. 225-197-4.

CHAPITRE VI *Des sociétés en commandite par actions*

Art. L. 226-5 Les statuts doivent prévoir pour l'exercice des fonctions de membre du conseil de surveillance une limite d'âge s'appliquant soit à l'ensemble *(L. n° 2003-7 du 3 janv. 2003, art. 50)* « des membres du conseil de surveillance », soit à un pourcentage déterminé d'entre eux.

A défaut de disposition expresse dans les statuts, le nombre des membres du conseil de surveillance ayant atteint l'âge de soixante-dix ans ne peut être supérieur au tiers des membres du conseil de surveillance en fonctions.

Toute nomination intervenue en violation des dispositions prévues à l'alinéa précédent est nulle.

A défaut de disposition expresse dans les statuts prévoyant une autre procédure, lorsque la limitation statutaire ou légale fixée pour l'âge des membres du conseil de surveillance est dépassée, le membre du conseil de surveillance le plus âgé est réputé démissionnaire d'office. – *[L. nº 66-537 du 24 juill. 1966, art. 253-1.]*

Art. L. 226-5-1 *(L. nº 2013-504 du 14 juin 2013, art. 9-III)* Dans les sociétés répondant aux critères fixés au I de l'article L. 225-79-2, les salariés sont représentés au sein du conseil de surveillance dans les conditions prévues aux articles L. 225-79-2 et L. 225-80.

La modification des statuts nécessaire pour déterminer les conditions dans lesquelles sont désignés les membres du conseil de surveillance représentant les salariés est adoptée selon les règles définies au présent chapitre. Si l'assemblée des commanditaires ou des commandités ne s'est pas réunie dans le délai prévu au premier alinéa du III de l'article L. 225-79-2, tout salarié peut demander au président du tribunal statuant en référé d'enjoindre sous astreinte au gérant ou à l'un des gérants de convoquer une assemblée des commanditaires ou des commandités et de soumettre à celle-ci les projets de résolution tendant à modifier les statuts dans le sens prévu au même III.

Pour les sociétés répondant aux critères posés aux art. L. 225-27-1, L. 225-79-2 ou L. 226-5-1 C. com. au 16 juin 2013, date de promulgation de la loi nº 2013-504 du 14 juin 2013, l'entrée en fonction des administrateurs mentionnés à l'art. L. 225-27-1 et des membres du conseil de surveillance mentionnés aux mêmes art. L. 225-79-2 et L. 226-5-1 doit intervenir au plus tard six mois après l'assemblée générale portant les modifications statutaires nécessaires à leur élection ou désignation, qui doit elle-même intervenir au plus tard en 2014.

Avant le 30 juin 2015, le Gouvernement remet au Parlement un rapport portant sur le bilan de la mise en œuvre de l'obligation de représentation des salariés au conseil d'administration ou de surveillance et formulant des propositions en vue de son extension, s'agissant notamment du nombre de représentants des salariés, du champ des entreprises concernées, de l'application de cette obligation aux filiales et de la participation des représentants des salariés aux différents comités du conseil d'administration ou de surveillance (L. nº 2013-504 du 14 juin 2013, art. 9-VIII et IX).

CHAPITRE X (du livre II du titre III) ***De l'information des salariés en cas de vente de leur société*** *(L. nº 2015-990 du 6 août 2015, art. 204).*

(L. nº 2014-856 du 31 juill. 2014, art. 20)

Les art. L. 23-10-1 à L. 23-10-12 s'appliquent aux cessions conclues trois mois au moins après la date de publication de la L. nº 2014-856 du 31 juill. 2014 (L. préc., art. 98).

Un dispositif d'information des salariés sur les possibilités de reprise d'une société par les salariés est instauré à destination de l'ensemble des salariés des sociétés de moins de deux cent cinquante salariés soumises au livre II C. com. Cette information est organisée au moins une fois tous les trois ans et porte, en particulier, sur les conditions juridiques de la reprise d'une entreprise par les salariés, sur ses avantages et ses difficultés, ainsi que sur les dispositifs d'aide dont ils peuvent bénéficier. Le contenu et les modalités de cette information sont définis par un décret qui prend en compte la taille des entreprises concernées (L. nº 2014-856 du 31 juill. 2014, art. 18).

Les modifications apportées par l'art. 204-II de la L. nº 2015-990 du 6 août 2015 aux art. L. 23-10-1, L. 23-10-3 à L. 23-10-7, L. 23-10-9 à L. 23-10-12 entrent en vigueur à une date fixée par décret, et au plus tard six mois après la promulgation de la loi (L. préc., art. 204-III).

SECTION I ***De l'instauration d'un délai permettant aux salariés de présenter une offre en cas de vente des parts sociales, actions ou valeurs mobilières donnant accès à la majorité du capital dans les sociétés qui ne sont pas soumises à l'obligation de mettre en place un comité d'entreprise*** *(L. nº 2015-990 du 6 août 2015, art. 204-II-14º).*

BIBL. ► VERNAC, *RDT 2015. 43* (le droit à l'information préalable des salariés en cas de cession de leur entreprise).

Art. L. 23-10-1 Dans les sociétés qui n'ont pas l'obligation de mettre en place un comité d'entreprise en application de l'article L. 2322-1 du code du travail, lorsque le propriétaire d'une participation représentant plus de 50 % des parts sociales d'une société à responsabilité limitée ou d'actions ou valeurs mobilières donnant accès à la majorité du capital d'une société par actions veut les *(L. n° 2015-990 du 6 août 2015, art. 204-II-3°)* « vendre », les salariés en sont informés, et ce au plus tard deux mois avant la *(L. n° 2015-990 du 6 août 2015, art. 204-II-1°)* « vente », afin de permettre à un ou plusieurs salariés de présenter une offre d'achat de cette participation.

(L. n° 2015-990 du 6 août 2015, art. 204-II-15°) « Lorsque le propriétaire n'est pas le chef d'entreprise, la notification est faite à ce dernier et le délai court à compter de cette notification. Le chef d'entreprise » notifie sans délai aux salariés cette information, en leur indiquant qu'ils peuvent *(L. n° 2015-990 du 6 août 2015, art. 204-II-6°)* « lui » présenter *(Abrogé par L. n° 2015-990 du 6 août 2015, art. 204-II-5°) « au cédant »* une offre d'achat.

(L. n° 2015-990 du 6 août 2015, art. 204-II-15°) « Le chef d'entreprise notifie sans délai au propriétaire toute offre d'achat présentée par un salarié.

« Lorsque la participation est détenue par le chef d'entreprise, celui-ci notifie sa volonté de vendre directement aux salariés en les informant qu'ils peuvent lui présenter une offre d'achat, et le délai court à compter de la date de cette notification. »

La *(L. n° 2015-990 du 6 août 2015, art. 204-II-1°)* « vente » peut intervenir avant l'expiration du délai de deux mois dès lors que chaque salarié a fait connaître *(Abrogé par L. n° 2015-990 du 6 août 2015, art. 204-II-5°) « au cédant »* sa décision de ne pas présenter d'offre.

(Abrogé par Cons. const. n° 2015-476 QPC 17 juill. 2015) « La cession intervenue en méconnaissance du présent article peut être annulée à la demande de tout salarié.

« L'action en nullité se prescrit par deux mois à compter de la date de publication de la cession de la participation ou de la date à laquelle tous les salariés en ont été informés. »

(L. n° 2015-990 du 6 août 2015, art. 204-II-8°) « Lorsqu'une action en responsabilité est engagée, la juridiction saisie peut, à la demande du ministère public, prononcer une amende civile dont le montant ne peut excéder 2 % du montant de la vente. »

Constitutionnalité de l'art. L. 23-10-1. Pour la conformité à la Constitution des dispositions des trois premiers alinéas de l'art. L. 23-10-1, V. • Cons. const. 17 juill. 2015, ☎ n° 2015-476 QPC.

Art. L. 23-10-2 A leur demande, les salariés peuvent se faire assister par un représentant de la chambre de commerce et de l'industrie régionale, de la chambre régionale d'agriculture, de la chambre régionale de métiers et de l'artisanat territorialement compétentes en lien avec les chambres régionales de l'économie sociale et solidaire et par toute personne désignée par les salariés, dans des conditions définies par décret.

Art. L. 23-10-3 L'information des salariés peut être effectuée par tout moyen, précisé par voie réglementaire, de nature à rendre certaine la date de sa réception par ces derniers.

(L. n° 2015-990 du 6 août 2015, art. 204-II-9°) « Lorsque l'information est faite par lettre recommandée avec demande d'avis de réception, la date de réception de l'information est la date de la première présentation de la lettre. »

Les salariés sont tenus à une obligation de discrétion s'agissant des informations reçues en application de la présente section, dans les mêmes conditions que celles prévues pour les membres des comités d'entreprise à l'article L. 2325-5 du code du travail, sauf à l'égard des personnes dont le concours est nécessaire pour leur permettre de présenter *(Abrogé par L. n° 2015-990 du 6 août 2015, art. 204-II-5°) « au cédant »* une offre d'achat.

Art. L. 23-10-4 Les articles L. 23-10-1 à L. 23-10-3 sont applicables à la *(L. n° 2015-990 du 6 août 2015, art. 204-II-1°)* « vente » d'une participation dans une société soumise à une réglementation particulière prescrivant que tout ou partie de son capital soit détenu par un ou plusieurs associés ou actionnaires répondant à certaines conditions en termes notamment de qualification professionnelle, sous réserve :

1° Soit qu'un au moins des salariés pouvant présenter l'offre d'achat remplisse les conditions requises ;

2° Soit que la *(L. n° 2015-990 du 6 août 2015, art. 204-II-1°)* « vente » ne porte pas sur la partie du capital soumise à la réglementation et détenue par l'associé ou l'actionnaire répondant aux conditions requises.

Art. L. 23-10-5 La *(L. n° 2015-990 du 6 août 2015, art. 204-II-1°)* « vente » intervient dans un délai maximal de deux ans après l'expiration du délai prévu à l'article L. 23-10-1. Au-delà de ce délai, toute *(L. n° 2015-990 du 6 août 2015, art. 204-II-1°)* « vente » est soumise aux articles L. 23-10-1 à L. 23-10-3.

Art. L. 23-10-6 La présente section n'est pas applicable :

1° En cas de *(L. n° 2015-990 du 6 août 2015, art. 204-II-10°)* « vente » de la participation à un conjoint, à un ascendant ou à un descendant ;

2° Aux sociétés faisant l'objet d'une procédure de conciliation, de sauvegarde, de redressement ou de liquidation judiciaires régie par le livre VI ;

(L. n° 2015-990 du 6 août 2015, art. 204-II-10°) « 3° Si, au cours des douze mois qui précèdent la vente, celle-ci a déjà fait l'objet d'une information en application de l'article 18 de la loi n° 2014-856 du 31 juillet 2014 relative à l'économie sociale et solidaire. »

SECTION II *De l'information des salariés leur permettant de présenter une offre en cas de vente des parts sociales ou actions ou valeurs mobilières donnant accès à la majorité du capital, dans les sociétés soumises à l'obligation de mettre en place un comité d'entreprise* (L. n° 2015-990 du 6 août 2015, art. 204-II-16°).

Art. L. 23-10-7 Dans les sociétés soumises à l'obligation de mettre en place un comité d'entreprise en application de l'article L. 2322-1 du code du travail et se trouvant, à la clôture du dernier exercice, dans la catégorie des petites et moyennes entreprises au sens de l'article 51 de la loi n° 2008-776 du 4 août 2008 de modernisation de l'économie, lorsqu'il veut *(L. n° 2015-990 du 6 août 2015, art. 204-II-3°)* « vendre » une participation représentant plus de 50 % des parts sociales d'une société à responsabilité limitée ou des actions ou valeurs mobilières donnant accès à la majorité du capital d'une société par actions, le *(L. n° 2015-990 du 6 août 2015, art. 204-II-17°)* « propriétaire de la participation » notifie sa volonté de *(L. n° 2015-990 du 6 août 2015, art. 204-II-3°)* « vendre » à la société.

Au plus tard en même temps qu'il procède, en application de l'article *(L. n° 2015-994 du 17 août 2015, art. 18-XV, en vigueur le 1er janv. 2016)* « L. 2323-33 *[ancienne rédaction : L. 2323-19]* » du code du travail, à l'information et à la consultation du comité d'entreprise, le chef d'entreprise porte à la connaissance des salariés la notification prévue au premier alinéa du présent article et leur indique qu'ils peuvent *(L. n° 2015-990 du 6 août 2015, art. 204-II-6°)* « lui » présenter *(Abrogé par L. n° 2015-990 du 6 août 2015, art. 204-II-5°)* « *au cédant* » une offre *(L. n° 2015-990 du 6 août 2015, art. 204-II-4°)* « d'achat ».

(L. n° 2015-990 du 6 août 2015, art. 204-II-17°) « Le chef d'entreprise notifie sans délai au propriétaire toute offre d'achat présentée par un salarié.

« Lorsque la participation est détenue par le chef d'entreprise, celui-ci notifie sa volonté de vendre directement aux salariés, en les informant qu'ils peuvent lui présenter une offre d'achat.

(Abrogé par Cons. const. 17 juill. 2015, n° 2015-476 QPC) « *La cession intervenue en méconnaissance du présent article peut être annulée à la demande de tout salarié.*

« *L'action en nullité se prescrit par deux mois à compter de la date de publication de la cession de la participation ou de la date à laquelle tous les salariés en ont été informés.* »

(L. n° 2015-990 du 6 août 2015, art. 204-II-12°) « Lorsqu'une action en responsabilité est engagée, la juridiction saisie peut, à la demande du ministère public, prononcer une amende civile dont le montant ne peut excéder 2 % du montant de la vente. »

En cas d'absences concomitantes du comité d'entreprise et de délégué du personnel, constatées conformément aux articles L. 2324-8 et L. 2314-5 du code du travail, la *(L. n° 2015-990 du 6 août 2015, art. 204-II-1°)* « vente » est soumise *(L. n° 2015-990 du 6 août 2015, art. 204-II-17°)* « aux articles L. 23-10-1 à L. 23-10-6 » du présent code.

Constitutionnalité de l'art. L. 23-10-7. Pour la conformité à la Constitution des dispositions des alinéas 1er, 2 et 5 de l'art. L. 23-10-7, V. • Cons. const. 17 juill. 2015, ⚖ n° 2015-476 QPC.

Art. L. 23-10-8 A leur demande, les salariés peuvent se faire assister par un représentant de la chambre de commerce et de l'industrie régionale, de la chambre régionale d'agriculture, de la chambre régionale de métiers et de l'artisanat territorialement compétentes en lien avec les chambres régionales de l'économie sociale et solidaire et par toute personne désignée par les salariés, dans des conditions définies par décret.

Art. L. 23-10-9 L'information des salariés peut être effectuée par tout moyen, précisé par voie réglementaire, de nature à rendre certaine la date de sa réception par ces derniers.

(L. n° 2015-990 du 6 août 2015, art. 204-II-9°) « Lorsque l'information est faite par lettre recommandée avec demande d'avis de réception, la date de réception de l'information est la date de la première présentation de la lettre. »

Les salariés sont tenus à une obligation de discrétion s'agissant des informations reçues en application de la présente section, dans les mêmes conditions que celles prévues pour les

membres des comités d'entreprise à l'article L. 2325-5 du code du travail, sauf à l'égard des personnes dont le concours est nécessaire pour leur permettre de présenter *(Abrogé par L. n° 2015-990 du 6 août 2015, art. 204-II-5°)* *« au cédant »* **une offre d'achat.**

Constitutionnalité de l'art. L. 23-10-9. Pour la conformité à la Constitution des dispositions du premier alinéa de l'art. L. 23-10-9, V. • Cons. const. 17 juill. 2015, ☎ n° 2015-476 QPC.

Art. L. 23-10-10 **Les articles L. 23-10-7 à L. 23-10-9 sont applicables à la** *(L. n° 2015-990 du 6 août 2015, art. 204-II-1°)* **« vente » d'une participation dans une société soumise à une réglementation particulière prescrivant que tout ou partie de son capital soit détenu par un ou plusieurs associés ou actionnaires répondant à certaines conditions en termes notamment de qualification professionnelle, sous réserve :**

1° Soit qu'un au moins des salariés pouvant présenter l'offre d'achat remplisse les conditions requises ;

2° Soit que la *(L. n° 2015-990 du 6 août 2015, art. 204-II-1°)* **« vente » ne porte pas sur la partie du capital soumise à la réglementation et détenue par l'associé ou l'actionnaire répondant aux conditions requises.**

Art. L. 23-10-11 **La** *(L. n° 2015-990 du 6 août 2015, art. 204-II-1°)* **« vente » est de nouveau soumise aux articles L. 23-10-7 à L. 23-10-9 lorsqu'elle intervient plus de deux ans après** *(L. n° 2015-990 du 6 août 2015, art. 204-II-13°)* **« la date à laquelle tous les salariés ont été informés de la vente ».**

Si pendant cette période de deux ans le comité d'entreprise est consulté, en application de l'article *(L. n° 2015-994 du 17 août 2015, art. 18-XV, en vigueur le 1er janv. 2016)* **« L. 2323-33** *[ancienne rédaction : L. 2323-19]* **» du code du travail, sur un projet de** *(L. n° 2015-990 du 6 août 2015, art. 204-II-1°)* **« vente » des éléments faisant l'objet de la notification prévue à l'article L. 23-10-7, le cours de ce délai de deux ans est suspendu entre la date de saisine du comité et la date où il rend son avis et, à défaut, jusqu'à la date où expire le délai imparti pour rendre cet avis.**

Art. L. 23-10-12 **La présente section n'est pas applicable :**

1° En cas de *(L. n° 2015-990 du 6 août 2015, art. 204-II-10°)* **« vente » de la participation à un conjoint, à un ascendant ou à un descendant ;**

2° Aux sociétés faisant l'objet d'une procédure de conciliation, de sauvegarde, de redressement ou de liquidation judiciaires régie par le livre VI ;

(L. n° 2015-990 du 6 août 2015, art. 204-II-10°) **« 3° Si, au cours des douze mois qui précèdent la vente, celle-ci a déjà fait l'objet d'une information en application de l'article 18 de la loi n° 2014-856 du 31 juillet 2014 relative à l'économie sociale et solidaire. »**

LIVRE VI **Des difficultés des entreprises**

TITRE II **De la sauvegarde**

*V. **C. com. ; C. pr. coll.***

BIBL. GÉN. ▶ Sur la loi du 26 juill. 2005 en général : Le Corre, *D. 2005, Cah. dr. aff., suppl. au n° 33*. – Pételh, *JCP E 2005, n° 42, p. 173*. – Morvan, *ibid., p. 1751*.

▶ Sur la réforme résultant de l'Ord. 18 déc. 2008 : Lienhard, *D. 2009. Chron. 110* ✐. – Dossier spécial, *D. 2009. 638*. – Pételh, *JCP E 2009. 1049*.

Art. L. 620-1 *(Ord. n° 2008-1345 du 18 déc. 2008)* **« Il est institué une procédure de sauvegarde ouverte sur demande d'un débiteur mentionné à l'article L. 620-2 qui, sans être en cessation des paiements, justifie de difficultés qu'il n'est pas en mesure de surmonter. »** *(L. n° 2005-845 du 26 juill. 2005, art. 12)* **« Cette procédure est destinée à faciliter la réorganisation de l'entreprise afin de permettre la poursuite de l'activité économique, le maintien de l'emploi et l'apurement du passif.**

« La procédure de sauvegarde donne lieu à un plan arrêté par jugement à l'issue d'une période d'observation et, le cas échéant, à la constitution de deux comités de créanciers, conformément aux dispositions des articles L. 626-29 et L. 626-30 ».

.....

CHAPITRE PREMIER ***De l'ouverture de la procédure***

....

Art. L. 621-4 *(L. n° 2005-845 du 26 juill. 2005, art. 17)* Dans le jugement d'ouverture, le tribunal désigne le juge-commissaire, dont les fonctions sont définies à l'article L. 621-9. Il peut, en cas de nécessité, en désigner plusieurs. *(L. n° 2016-1547 du 18 nov. 2016, art. 99)* « Le président du tribunal, s'il a connu du débiteur en application du titre Ier du présent livre, ne peut être désigné juge-commissaire.

Il invite le comité d'entreprise ou, à défaut, les délégués du personnel à désigner un représentant parmi les salariés de l'entreprise. En l'absence de comité d'entreprise et de délégués du personnel, les salariés élisent leur représentant, qui exerce les fonctions dévolues à ces institutions par les dispositions du présent titre. Les modalités de désignation ou d'élection du représentant des salariés sont précisées par décret en Conseil d'État. Lorsque aucun représentant des salariés ne peut être désigné ou élu, un procès-verbal de carence est établi par le *(Ord. n° 2008-1345 du 18 déc. 2008, art. 163)* « débiteur ». – *V. C. com., art. R. 621-14.* – ***C. com.***

Dans le même jugement, sans préjudice de la possibilité de nommer un ou plusieurs experts en vue d'une mission qu'il détermine, le tribunal désigne deux mandataires de justice qui sont le mandataire judiciaire et l'administrateur judiciaire, dont les fonctions sont respectivement définies à l'article L. 622-20 et à l'article L. 622-1. Il peut, *(L. n° 2015-990 du 6 août 2015, art. 237-1°)* « d'office ou » à la demande du ministère public *(Ord. n° 2014-326 du 12 mars 2014, art. 17, en vigueur le 1er juill. 2014 ; L. n° 2015-990 du 6 août 2015, art. 237-1°)* « ou du débiteur et après avoir sollicité les observations du débiteur si celui-ci n'a pas formé la demande, » désigner plusieurs mandataires judiciaires ou plusieurs administrateurs judiciaires.

Toutefois, le tribunal n'est pas tenu de désigner un administrateur judiciaire lorsque la procédure est ouverte au bénéfice *(Ord. n° 2010-1512 du 9 déc. 2010, art. 3)* « d'un débiteur » dont le nombre de salariés et le chiffre d'affaires hors taxes sont inférieurs à des seuils fixés par décret en Conseil d'État. Dans ce cas, les dispositions du chapitre VII du présent titre sont applicables. Jusqu'au jugement arrêtant le plan, le tribunal peut, à la demande du débiteur, du mandataire judiciaire ou du ministère public, décider de nommer un administrateur judiciaire. – *V. C. com., art. R. 621-11.* – ***C. com.***

(Ord. n° 2014-326 du 12 mars 2014, art. 17, en vigueur le 1er juill. 2014) « Le ministère public peut soumettre à la désignation du tribunal le nom d'un ou de plusieurs administrateurs et mandataires judiciaires, sur lequel *[lesquels]* le tribunal sollicite les observations du débiteur. Le rejet de la proposition du ministère public est spécialement motivé. Le débiteur peut proposer le nom d'un ou *[de]* plusieurs administrateurs. » *(Ord. n° 2008-1345 du 18 déc. 2008, art. 14)* « Lorsque la procédure est ouverte à l'égard d'un débiteur qui bénéficie ou a bénéficié d'un mandat *ad hoc* ou d'une procédure de conciliation dans les dix-huit mois qui précèdent, le ministère public peut en outre s'opposer à ce que le mandataire *ad hoc* ou le conciliateur soit désigné en qualité d'administrateur ou de mandataire judiciaire. » *(Ord. n° 2014-326 du 12 mars 2014, art. 17, en vigueur le 1er juill. 2014)* « Lorsque la procédure est ouverte à l'égard d'un débiteur dont le nombre de salariés est au moins égal à un seuil fixé par décret en Conseil d'État, le tribunal sollicite les observations des institutions mentionnées à l'article L. 3253-14 du code du travail sur la désignation du mandataire judiciaire *(L. n° 2016-1547 du 18 nov. 2016, art. 99)* « et de l'administrateur judiciaire ». »

(Ord. n° 2008-1345 du 18 déc. 2008, art. 14) « Si le débiteur en fait la demande, le tribunal désigne, en considération de leurs attributions respectives telles qu'elles résultent des dispositions qui leur sont applicables, un commissaire-priseur judiciaire, un huissier de justice, un notaire ou un courtier en marchandises assermenté aux fins de réaliser l'inventaire prévu à l'article L. 622-6. Dans le cas contraire, l'article L. 622-6-1 est applicable. »

(Ord. n° 2014-326 du 12 mars 2014, art. 17, en vigueur le 1er juill. 2014) « Les mandataires de justice et les personnes mentionnées à l'alinéa précédent font connaître sans délai au tribunal tout élément qui pourrait justifier leur remplacement. »

1. Protection du représentant des salariés. Le candidat aux fonctions de représentant des salariés n'est pas protégé. • Soc. 1er mars 2005, ⚖ n° 02-44.293 P : *RJS 2005. 383, n° 549.* ♦ En raison des fonctions et prérogatives attribuées au représentant des salariés, la méconnaissance des règles régissant leur désignation ou leur remplacement porte atteinte à l'intérêt collectif de la profession (cassation du jugement ayant déclaré irrecevable l'intervention volontaire du syndicat au soutien de l'action du salarié). • Soc. 15 juin 2011 : ⚖ *D. 2011. Actu. 1752* ✎ ; *Act. proc. coll.*

2011, n° 196, obs. Fin-Langer ; LEDEN sept. 2011, p. 7, obs. G. Dedessus-Le-Moustier ; Gaz. Pal. 7-8 oct. 2011, p. 32, obs. Gailhbaud.

2. Licenciement du représentant des salariés par le cessionnaire. Le cessionnaire de l'entreprise en redressement judiciaire, tenu de maintenir provisoirement le contrat de travail du représentant des salariés, peut tirer les conséquences du licenciement prononcé par l'administrateur judiciaire en application du jugement arrêtant le plan de cession après autorisation de l'inspecteur du travail. • Soc. 14 mars 2007 : *RDT 2007. 384, note Chagny.*

3. Fin du mandat. Le représentant des salariés licencié avec l'autorisation de l'administration du travail n'a plus le pouvoir d'agir en cette qualité après l'expiration du préavis qui met fin au mandat. • Soc. 4 juill. 2007 : *RDT 2008. 47, obs. Chagny ; Dr. soc. 2007. 1187, obs. Verkindt.*

CHAPITRE II *De l'entreprise au cours de la période d'observation*

Art. L. 622-10 *(L. n° 2005-845 du 26 juill. 2005, art. 28)* **A tout moment de la période d'observation, le tribunal, à la demande du débiteur peut ordonner la cessation partielle de l'activité.**

Dans les mêmes conditions, *(Ord. n° 2008-1345 du 18 déc. 2008)* **« à la demande du débiteur, de l'administrateur, du mandataire judiciaire, du ministère public ou d'office, » il convertit la procédure en un redressement judiciaire, si les conditions de l'article L. 631-1, sont réunies ou prononce la liquidation judiciaire, si les conditions de l'article L. 640-1 sont réunies.**

(Ord. n° 2008-1345 du 18 déc. 2008) **« A la demande du débiteur** *(Ord. n° 2014-326 du 12 mars 2014, art. 22, en vigueur le 1er juill. 2014)* **« ou, à la demande de l'administrateur, du mandataire judiciaire ou du ministère public, lorsqu'** *[lorsque]* **aucun plan n'a été adopté conformément aux dispositions de l'article L. 626-30-2 et, le cas échéant, de l'article L. 626-32 par les comités mentionnés à la section III du chapitre VI du présent titre », il décide également la conversion en redressement judiciaire si l'adoption d'un plan de sauvegarde est manifestement impossible et si la clôture de la procédure conduirait, de manière certaine et à bref délai, à la cessation des paiements. »**

Il statue après avoir entendu ou dûment appelé le débiteur, l'administrateur, le mandataire judiciaire, les contrôleurs et les représentants du comité d'entreprise ou, à défaut, des délégués du personnel, et avoir recueilli l'avis du ministère public.

Lorsqu'il convertit la procédure de sauvegarde en procédure de redressement judiciaire, le tribunal peut, si nécessaire, modifier la durée de la période d'observation restant à courir *(L. n° 2016-1547 du 18 nov. 2016, art. 99)* **« ou la prolonger pour une durée maximale de six mois ».**

(Ord. n° 2008-1345 du 18 déc. 2008) **« Aux fins de réaliser la prisée des actifs du débiteur au vu de l'inventaire établi pendant la procédure de sauvegarde, il désigne, en considération de leurs attributions respectives telles qu'elles résultent des dispositions qui leur sont applicables, un commissaire-priseur judiciaire, un huissier de justice, un notaire ou un courtier en marchandises assermenté. »**

Les dispositions issues de la L. n° 2016-1547 du 18 nov. 2016 ne sont pas applicables aux procédures en cours au 19 nov. 2016 (L. préc., art. 114-XVI).

Art. L. 622-17 *(L. n° 2005-845 du 26 juill. 2005, art. 33)* **« I. — Les créances nées régulièrement après le jugement d'ouverture pour les besoins du déroulement de la procédure ou de la période d'observation, ou en contrepartie d'une prestation fournie au débiteur pendant cette période, sont payées à leur échéance.**

« II. — Lorsqu'elles ne sont pas payées à l'échéance, ces créances sont payées par privilège avant toutes les autres créances, assorties ou non de privilèges ou sûretés, à l'exception de celles garanties par le privilège établi aux articles L. 143-10 *[L. 3253-2 et L. 3253-3]*, **L. 143-11** *[L. 3253-4]*, **L. 742-6 et L. 751-15** *[L. 7313-8]* **du code du travail,** *(Ord. n° 2008-1345 du 18 déc. 2008)* **« des frais de justice nés régulièrement après le jugement d'ouverture pour les besoins du déroulement de la procédure » et de celles garanties par le privilège établi par l'article L. 611-11 du présent code. »**

III. — Leur paiement se fait dans l'ordre suivant :

1° Les créances de salaires dont le montant n'a pas été avancé en application des articles L. 143-11-1 à L. 143-11-3 *[L. 3253-6 et L. 3253-8 à L. 3253-13]* **du code du travail ;**

2° Les prêts consentis ainsi que les créances résultant de l'exécution des contrats poursuivis conformément aux dispositions de l'article L. 622-13 et dont le cocontractant accepte de recevoir un paiement différé ; ces prêts et délais de paiement sont autorisés par le juge-commissaire dans la limite nécessaire à la poursuite de l'activité pendant la période d'observation et font l'objet d'une publicité. En cas de résiliation d'un contrat régulièrement poursuivi, les indemnités et pénalités sont exclues du bénéfice *(L. n° 2005-845 du 26 juill. 2005, art. 33)* **« du présent article » ;**

3° Les autres créances, selon leur rang. — *[C. com., ancien art. L. 621-32.]*

(L. n° 2005-845 du 26 juill. 2005, art. 33) **« IV. — Les créances impayées perdent le privilège que leur confère le** *(Ord. n° 2008-1345 du 18 déc. 2008)* **« II du » présent article si elles n'ont pas été portées à la connaissance** *(Ord. n° 2008-1345 du 18 déc. 2008)* **« de l'administateur et, à défaut, du mandataire judiciaire » ou, lorsque ces organes ont cessé leurs fonctions, du commissaire à l'exécution du plan ou du liquidateur, dans le délai d'un an à compter de la fin de la période d'observation. »** *(Ord. n° 2014-326 du 12 mars 2014, art. 24, en vigueur le 1er juill. 2014)* **« Lorsque cette information porte sur une créance déclarée pour le compte du créancier en application de l'article L. 622-24, elle rend caduque cette déclaration si le juge n'a pas statué sur l'admission de la créance. »** — *V. C. com., art. R. 622-15.* — ***C. com.***

....

CHAPITRE III *De l'élaboration du bilan économique, social et environnemental*

Art. L. 623-3 **L'administrateur reçoit du juge-commissaire tous renseignements et documents utiles à l'accomplissement de sa mission et de celle des experts.**

Lorsque la procédure est ouverte *(L. n° 2005-845 du 26 juill. 2005, art. 45)* **« à l'égard d'une entreprise qui bénéficie de l'accord amiable homologué prévu à l'article L. 611-8 du présent code ou à l'article L. 351-6 du code rural et de la pêche maritime », l'administrateur reçoit communication du rapport d'expertise mentionné à l'article** *(L. n° 2005-845 du 26 juill. 2005, art. 45)* **« L. 611-6 » ou, le cas échéant, du rapport d'expertise et du compte rendu mentionnés aux articles L. 351-3 et L. 351-6 du code rural et de la pêche maritime.**

L'administrateur consulte le mandataire judiciaire et entend toute personne susceptible de l'informer sur la situation et les perspectives de redressement de l'entreprise, les modalités de règlement du passif et conditions sociales de la poursuite de l'activité. *(L. n° 2005-845 du 26 juill. 2005, art. 45)* **« Il en informe le débiteur et recueille ses observations ».**

Il informe de l'avancement de ses travaux le mandataire judiciaire ainsi que le comité d'entreprise ou, à défaut, les délégués du personnel.

(L. n° 2005-845 du 26 juill. 2005, art. 45) **« Lorsque le débiteur exerce une profession libérale soumise à un statut législatif ou réglementaire ou dont le titre est protégé, l'administrateur consulte l'ordre professionnel ou l'autorité compétente dont, le cas échéant, relève le débiteur. »**

....

CHAPITRE IV *De la détermination du patrimoine du débiteur*

SECTION I *De la vérification et de l'admission des créances*

Art. L. 624-1 **Dans le délai fixé par le tribunal, le mandataire judiciaire établit, après avoir sollicité les observations du débiteur, la liste des créances déclarées avec ses propositions d'admission, de rejet ou de renvoi devant la juridiction compétente. Il transmet cette liste au juge-commissaire.**

(Ord. n° 2014-326 du 12 mars 2014, art. 33, en vigueur le 1er juill. 2014) **« Les observations du débiteur sont faites dans un délai fixé par décret en Conseil d'État. Le débiteur qui ne formule pas d'observations dans ce délai ne peut émettre aucune contestation ultérieure sur la proposition du mandataire judiciaire. »**

Le mandataire judiciaire ne peut être rémunéré au titre des créances déclarées ne figurant pas sur la liste établie dans le délai mentionné ci-dessus *(L. n° 2005-845 du 26 juill. 2005, art. 46)* **« , sauf pour des créances déclarées après ce délai, en application des deux derniers alinéas de l'article L. 622-24. »** — *[C. com., ancien art. L. 621-103.]*

....

CHAPITRE V *Du règlement des créances résultant du contrat de travail*

SECTION I *De la vérification des créances*

Art. L. 625-1 Après vérification, le mandataire judiciaire établit, dans les délais prévus à l'article L. 143-11-7 *[art. L. 3523-19 nouv.]* du code du travail, les relevés des créances résultant d'un contrat de travail, le débiteur entendu ou dûment appelé. Les relevés des créances sont soumis au représentant des salariés dans les conditions prévues à l'article L. 625-2. Ils sont visés par le juge-commissaire, déposés au greffe du tribunal et font l'objet d'une mesure de publicité dans des conditions fixées par décret en Conseil d'État.

Le salarié dont la créance ne figure pas en tout ou en partie sur un relevé peut saisir à peine de forclusion le conseil de prud'hommes dans un délai de deux mois à compter de l'accomplissement de la mesure de publicité mentionnée à l'alinéa précédent. Il peut demander au représentant des salariés de l'assister ou de le représenter devant la juridiction prud'homale.

(Ord. n° 2008-1345 du 18 déc. 2008) « Le débiteur et l'administrateur lorsqu'il a une mission d'assistance sont mis en cause. »

Le délai de saisine du conseil de prud'hommes de deux mois en contestation des créances salariales court à compter de la publication du relevé de créances salariales, indépendamment de l'absence d'information du liquidateur. • Soc. 29 sept. 2010 : *JCP S 2010. 1519, obs. Brissy.*

Art. L. 625-2 *(L. n° 2005-845 du 26 juill. 2005, art. 57)* « Les relevés des créances résultant des contrats de travail sont » soumis pour vérification par le mandataire judiciaire au représentant des salariés mentionné à l'article *(L. n° 2005-845 du 26 juill. 2005, art. 57)* « L. 621-4 ». Le mandataire judiciaire doit lui communiquer tous documents et informations utiles. En cas de difficultés, le représentant des salariés peut s'adresser à l'administrateur et, le cas échéant, saisir le juge-commissaire. Il est tenu à l'obligation de discrétion mentionnée à l'article L. 432-7 du code du travail. Le temps passé à l'exercice de sa mission tel qu'il est fixé par le juge-commissaire est considéré de plein droit comme temps de travail et payé à l'échéance normale. — *[C. com., ancien art. L. 621-36.]*

Art. L. 625-3 *(Ord. n° 2008-1345 du 18 déc. 2008)* « Les instances en cours devant la juridiction prud'homale à la date du jugement d'ouverture sont poursuivies en présence du mandataire judiciaire et de l'administrateur lorsqu'il a une mission d'assistance ou ceux-ci dûment appelés. »

Le mandataire judiciaire informe dans les dix jours la juridiction saisie et les salariés parties à l'instance de l'ouverture de la procédure.

BIBL. ▶ Chagny, Un rappel nécessaire : l'ouverture de la procédure collective de l'employeur n'interrompt pas les instances prud'homales en cours, *RDT 2009. 601*.

1. Les dispositions des art. 369 et 372 C. pr. civ. [C. pr. civ.] ne sont pas applicables aux instances visées à l'art. L. 621-126 [L. 625-3] C. com., qui ne sont ni suspendues ni interrompues. • Soc. 17 sept. 2003, n° 01-41.255 P : *D. 2003. AJ 2376 ; Act. proc. coll. 2003, n° 210, obs. Blanc ; JCP E 2004, n° 13, p. 517, obs. Morvan* • 24 nov. 2004, n° 02-45.126 P : *RTD com. 2005. 174, obs. Vallens ; Rev. proc. coll. 2005. 217, obs. Staes.*

2. Sur la poursuite d'une instance en référé, après mise en cause du GARP, dans le régime antérieur à la loi du 26 juill. 2005, V. • Paris, 22 oct. 1993 : *BICC 1994, n° 82.*

3. Est irrecevable, en raison de l'indivisibilité de la procédure collective, le pourvoi formé par une société mise en redressement judiciaire entre la date de la décision attaquée et la date du pourvoi, dès lors que le représentant des créanciers ne s'est pas joint à la déclaration de pourvoi et n'a pas non plus été désigné comme défendeur dans cette déclaration, de telle sorte que les organes de la procédure collective n'ont pas été mis en cause devant la Cour de cassation. • Soc. 12 juill. 1994, n° 92-41.557 P : *D. 1994. IR 221.*

4. Le tribunal de commerce ayant mis fin à la mission du représentant des créanciers de l'ancien employeur, le commissaire à l'exécution du plan peut, valablement au regard de l'art. 124 [C. com., art. L. 625-3], intervenir à l'instance. • Soc. 30 sept. 1997, n° 94-44.943 P : *D. 1997. IR 219 ; Rev. proc. coll. 1999. 156, obs. Monsèrié.*

5. L'instance introduite par le salarié, qui était en cours à la date du jugement d'ouverture, recommence à la suite de l'opposition formée par les parties défaillantes contre l'arrêt de défaut. C'est la même instance qui se poursuit en présence de l'employeur et des organes de la procédure, aucune forclusion n'étant encourue par le salarié. • Soc. 16 mars 1999 : *JCP E 1999, n° 20, p. 841.*

6. La radiation d'une procédure introduite devant la juridiction prud'homale, avant que l'employeur ne soit placé en liquidation judiciaire, ne constitue qu'une simple mesure d'administration judiciaire qui laisse subsister l'instance, laquelle se poursuit après l'ouverture de la procédure collective et le rétablissement de l'affaire. • Soc. 14 mai 2003, ♖ n° 01-40.110 P : *D. 2003. IR 1735* ✎.

7. Le représentant des créanciers qui n'a pas informé de l'ouverture de la procédure de redressement judiciaire les salariés et la juridiction saisie ne peut valablement se prévaloir d'une inopposabilité de la décision rendue au terme de l'instance prud'homale. • Soc. 17 sept. 2003 : ♖ *préc. note 1* • 24 juin 2008 : *RJS 2009. 815, n° 998.* ♦ Lorsque cette information n'a pas été donnée, il ne peut être opposé au salarié, qui a introduit une action avant que l'employeur soit mis en redressement judiciaire, que sa créance ne figure pas sur le relevé des créances et qu'il n'a intenté aucune action ni mis en cause le représentant des créanciers, dans les conditions de l'art. 123 [C. com., art. L. 625-1]. • Soc. 13 juill. 1999 : ♖ *Act. proc. coll. 1999, n° 188.*

Art. L. 625-4 **Lorsque les institutions mentionnées à l'article L. 143-11-4** *[art. L. 3253-14]* **du code du travail refusent pour quelque cause que ce soit de régler une créance figurant sur un relevé des créances résultant d'un contrat de travail, elles font connaître leur refus au mandataire judiciaire qui en informe immédiatement le représentant des salariés et le salarié concerné.**

Ce dernier peut saisir du litige le conseil de prud'hommes. Le mandataire judiciaire, le chef d'entreprise *(Ord. n° 2008-1345 du 18 déc. 2008, en vigueur le 15 févr. 2009)* **« et l'administrateur lorsqu'il a une mission d'assistance » sont mis en cause.**

Le salarié peut demander au représentant des salariés de l'assister ou de le représenter devant la juridiction prud'homale. — *[C. com., ancien art. L. 621-127.]*

Art. L. 625-5 **Les litiges soumis au conseil de prud'hommes en application des articles L. 625-1 et L. 625-4 sont portés directement devant le bureau de jugement.** — *[C. com., ancien art. L. 621-128.]*

Art. L. 625-6 **Les relevés des créances résultant d'un contrat de travail, visés par le juge-commissaire, ainsi que les décisions rendues par la juridiction prud'homale sont portés sur l'état des créances déposé au greffe. Toute personne intéressée, à l'exclusion de celles visées aux articles L. 625-1 à L. 625-4, peut former une réclamation ou une tierce opposition dans des conditions prévues par décret en Conseil d'État.** — *[C. com., art. L. 621-129.]*

1. Pouvoirs du conseil de prud'hommes. Le conseil de prud'hommes doit se borner à déterminer le montant des sommes à inscrire sur l'état des créances déposé au greffe du tribunal, sans pouvoir condamner le liquidateur de l'employeur à payer celles-ci à l'intéressé. • Soc. 6 juin 1989, ♖ n° 87-45.172 P. • 15 juin 1995 : ♖ *Rev. proc. coll. 1996. 121, obs. Taquet.* – V. aussi • Soc. 27 oct. 1998 : ♖ *D. 2001. Somm. 114, obs. Derrida* ✎ ; *JCP 1999. I. 183, n° 20, obs. Morvan.* ♦ Le conseil de prud'hommes ne peut porter condamnation du représentant des créanciers à payer des sommes dues aux salariés. Cette juridiction doit se borner, pour les créances nées antérieurement à l'ouverture de la procédure de redressement judiciaire, à déterminer le montant des sommes à inscrire sur l'état des créances déposé au greffe du tribunal. Le représentant des créanciers ne peut être condamné à payer les créances nées après l'ouverture de la procédure collective. • Soc. 8 avr. 1992, ♖ n° 89-43.284 P : *D. 1992. IR 187* ✎.

2. Le conseil de prud'hommes qui juge que les intérêts légaux des sommes dues aux salariés courent à partir de la date de la saisine de la juridiction prud'homale, alors qu'il constate que certaines créances ont pris naissance avant le jugement d'ouverture du redressement judiciaire, viole l'art. 55 [C. com., art. L. 622-28]. • Soc. 8 avr. 1992 : ♖ *préc. note 1.*

3. Réclamation. Le salarié dont la créance n'a pas été incluse dans celle de l'AGS admise au passif, s'il est sans intérêt à relever appel de l'ordonnance d'admission, dès lors que selon l'art. L. 143-11-7 [L. 3253-19 s.] C. trav. ses droits à l'égard de cet organisme sont indépendants de la déclaration que ce dernier fait dans les conditions des art. L. 621-43 [L. 622-24] s. C. com., peut toutefois agir par voie de réclamation conformément aux art. L. 621-129 [L. 625-6] C. com., 83 et 84 du Décr. du 27 déc. 1985 [C. com., art. R. 624-8 à R. 624-10]. • Aix-en-Provence, 4 févr. 2004 : *BICC 2005, n° 2161.*

4. Plan de redressement. Les sommes dues par l'employeur en exécution du contrat de travail antérieurement au jugement ouvrant la procédure de redressement judiciaire restent soumises, même après l'adoption d'un plan de redressement, qu'il soit par cession ou par continuation, au régime de la procédure collective. • Soc. 27 oct. 1998 : ♖ *D. 1998. IR 259* ✎ ; *JCP E 1999, n° 17, p. 774, note Serret* • 10 mai 2006, ♖ n° 04-42.076 P : *D. 2006. AJ 1529, obs. Lienhard* ✎ ; *Gaz. Pal. 6-7 oct. 2006, p. 24, obs. Roussel Galle.* ♦ Doit être cassé, pour violation des art. 76 et 127 [C. com., art. L. 626-20 et L. 625-4], l'arrêt qui, pour condamner un employeur en redressement judiciaire à payer une indemnité pour licenciement sans cause réelle et sérieuse à un salarié licencié antérieurement à la procédure, énonce que l'employeur, qui a bénéficié d'un plan de redressement, est tenu de réparer l'entier préjudice causé aux salariés par application de l'art. 76 [C. com., art. L. 626-20] (2°), alors que les juges du fond constatent que les créances du salarié sont nées antérieurement au jugement d'ouverture du redressement judiciaire de l'employeur et qu'ils devaient donc se borner à déterminer le montant des sommes à inscrire sur l'état des créances déposé au greffe du tribunal sans pouvoir condamner le débiteur à payer celles-ci au salarié. • Soc. 27 oct. 1998 : *préc.* V. aussi note 27 ss. art. L. 3253-8 C. trav., ss. art. L. 625-9.

5. Portée de l'état des créances salariales. Il résulte de l'art. 127 [C. com., art. L. 625-6] qu'outre les relevés des créances visés par le juge-commissaire, seules les décisions rendues par la juridiction prud'homale doivent être portées sur l'état des créances salariales et, par voie de conséquence, ouvrent aux salariés les droits à l'assurance contre le risque de non-paiement des sommes qui leur sont dues en exécution du contrat de travail. • Soc. 14 mars 2000, n° 97-45.335 P.

6. Prescription. Dès lors que le relevé des créances salariales, qui n'a fait l'objet d'aucune contestation en ce qui concerne les salariés en cause, est porté sur l'état des créances déposé au greffe du tribunal de commerce et que cette admission au passif de la procédure collective revêt un caractère irrévocable, il en résulte qu'elle entraîne la substitution de la prescription trentenaire à la prescription quinquennale. • Soc. 21 nov. 2012 : *D. 2012. Actu. 2798 ; Act. proc. coll. 2012, n° 300, obs. Fin-Langer ; LEDEN janv. 2013, p. 5, obs. G. Dedessus-Le-Moustier.*

SECTION II *Du privilège des salariés*

Art. L. 625-7 Les créances résultant d'un contrat de travail sont garanties en cas d'ouverture d'une procédure *(L. n° 2005-845 du 26 juill. 2005, art. 58-II)* « de sauvegarde » :

1° Par le privilège établi par les articles L. 143-10, L. 143-11, L. 742-6 et L. 751-15 *[L. 3253-2, L. 3253-3, L. 3253-4 et L. 7318-8 nouv.]* du code du travail, pour les causes et montants définis auxdits articles ;

2° Par le privilège du 4° de l'article 2101 *[2331]* et du 2° de l'article 2104 *[2375]* du code civil. — *[C. com., ancien art. L. 621-130.]*

Art. L. 625-8 Nonobstant l'existence de toute autre créance, les créances que garantit le privilège établi aux articles L. 143-10, L. 143-11, L. 742-6 et L. 751-15 *[art. L. 3253-2 à L. 3253-4, L. 7313-8]* du code du travail doivent *(Ord. n° 2008-1345 du 18 déc. 2008)* « , sur ordonnance du juge-commissaire, être payées dans les dix jours du prononcé du jugement ouvrant la procédure par le débiteur ou, lorsqu'il a une mission d'assistance, par l'administrateur, si le débiteur ou l'administrateur » dispose des fonds nécessaires.

Toutefois, avant tout établissement du montant de ces créances, *(Ord. n° 2008-1345 du 18 déc. 2008)* « le débiteur ou l'administrateur s'il a une mission d'assistance » doit, avec l'autorisation du juge-commissaire et dans la mesure des fonds disponibles, verser immédiatement aux salariés, à titre provisionnel, une somme égale à un mois de salaire impayé, sur la base du dernier bulletin de salaire, et sans pouvoir dépasser le plafond visé à l'article L. 143-10 *[L. 3253-2 nouv.]* du code du travail.

A défaut de disponibilités, les sommes dues en vertu des deux alinéas précédents doivent être acquittées sur les premières rentrées de fonds. — *[C. com., ancien art. L. 621-131.]*

SECTION III *De la garantie du paiement des créances résultant du contrat de travail*

Art. L. 625-9 *(Ord. n° 2008-1345 du 18 déc. 2008)* Sans préjudice des règles fixées aux articles L. 625-7 et L. 625-8, les créances résultant du contrat de travail ou du contrat d'apprentissage sont garanties dans les conditions fixées aux articles L. 3253-2 à L. 3253-4, L. 3253-6 à L. 3253-21 et L. 8252-3 du code du travail.

…………………………………………………………………………………………

CHAPITRE VI *Du plan de sauvegarde*

Art. L. 626-1 *(L. n° 2005-845 du 26 juill. 2005, art. 59)* Lorsqu'il existe une possibilité sérieuse pour l'entreprise d'être sauvegardée, le tribunal arrête dans ce but un plan qui met fin à la période d'observation.

(Ord. n° 2014-326 du 12 mars 2014, art. 36, en vigueur le 1er juill. 2014) « Le plan de sauvegarde comporte, s'il y a lieu, l'arrêt, l'adjonction ou la cession d'une ou de plusieurs activités.

« Les cessions faites en application du présent article sont soumises aux dispositions de la section I du chapitre II du titre IV et à celles de l'article L. 642-22. Toutefois, le mandataire judiciaire exerce les missions confiées au liquidateur. En outre, le tribunal peut, par un jugement spécialement motivé, après avoir recueilli l'avis du ministère public et demandé celui des contrôleurs, déroger aux interdictions prévues au premier alinéa de l'article L. 642-3 et autoriser la cession à l'une des personnes mentionnées à cet alinéa, à l'exception des contrôleurs et du débiteur au titre de l'un quelconque de ses patrimoines.

« Lorsqu'un plan de sauvegarde de l'emploi doit être élaboré, il est fait application des dispositions du III de l'article L. 1233-58 du code du travail. »

(Ord. nº 2008-1345 du 18 déc. 2008) « Les droits de préemption institués par le code rural et de la pêche maritime ou le code de l'urbanisme ne peuvent s'exercer sur un bien compris dans une cession d'une ou de plusieurs activités décidée en application du présent article. »

SECTION I *De l'élaboration du projet de plan*

Art. L. 626-2 *(Ord. nº 2008-1345 du 18 déc. 2008)* « Au vu du bilan économique, social et, le cas échéant, environnemental, le débiteur, avec le concours de l'administrateur, propose un plan, sans préjudice de l'application des dispositions de l'article L. 622-10. »

(L. nº 2005-845 du 26 juill. 2005, art. 60) Le projet de plan détermine les perspectives de redressement en fonction des possibilités et des modalités d'activités, de l'état du marché et des moyens de financement disponibles.

Il définit les modalités de règlement du passif et les garanties éventuelles que le *(Ord. nº 2008-1345 du 18 déc. 2008)* « débiteur » doit souscrire pour en assurer l'exécution.

Ce projet expose et justifie le niveau et les perspectives d'emploi ainsi que les conditions sociales envisagées pour la poursuite d'activité. Lorsque le projet prévoit des licenciements pour motif économique, il rappelle les mesures déjà intervenues et définit les actions à entreprendre en vue de faciliter le reclassement et l'indemnisation des salariés dont l'emploi est menacé. Le projet tient compte des travaux recensés par le bilan environnemental.

Il recense, annexe et analyse les offres d'acquisition portant sur une ou plusieurs activités, présentées par des tiers. Il indique la ou les activités dont sont proposés l'arrêt ou l'adjonction.

Art. L. 626-2-1 *(L. nº 2014-856 du 31 juill. 2014, art. 73)* Lorsque le débiteur exerce une activité, bénéficiant d'une autorisation administrative, d'un agrément, d'un conventionnement ou d'une habilitation, mentionnée au II de l'article 1er de la loi nº 2014-856 du 31 juillet 2014 relative à l'économie sociale et solidaire, il consulte l'autorité administrative ou l'autorité de contrôle et de tarification pour l'élaboration du projet de plan. Lorsqu'un créancier soumet un projet de plan en application de l'article L. 626-30-2, il consulte également cette autorité. L'administrateur, lorsqu'il en a été désigné *[un]*, s'assure qu'il a été procédé à ces consultations. Le débiteur ou, s'il y a lieu, l'administrateur fait connaître au tribunal les diligences effectuées ainsi que l'avis de l'autorité administrative ou de l'autorité de contrôle et de tarification. L'autorité administrative ou l'autorité de contrôle et de tarification rend son avis dans le délai d'un mois, en tenant compte du *b* du 3° du I de l'article 1er de la loi nº 2014-856 du 31 juillet 2014 précitée. L'absence d'avis dans ce délai ne peut faire obstacle au jugement du tribunal.

....

Art. L. 626-5 *(L. nº 2005-845 du 26 juill. 2005, art. 63)* Les propositions pour le règlement des dettes *(L. nº 2010-1249 du 22 oct. 2010, art. 58-I-1º)* « peuvent porter sur des délais, remises et conversions en titres donnant ou pouvant donner accès au capital. Elles » sont, au fur et à mesure de leur élaboration et sous surveillance du juge-commissaire, communiquées par l'administrateur au mandataire judiciaire, aux contrôleurs ainsi qu'au comité d'entreprise ou, à défaut, aux délégués du personnel.

(L. nº 2010-1249 du 22 oct. 2010, art. 58-I-1º) « Lorsque la proposition porte sur des délais et remises, le mandataire judiciaire recueille, individuellement ou collectivement, l'accord de chaque créancier qui a déclaré sa créance conformément à l'article L. 622-24. » En cas de consultation par écrit, le défaut de réponse, dans le délai de trente jours à compter de la réception de la lettre du mandataire judiciaire, vaut acceptation. Ces dispositions sont applicables aux institutions visées à l'article L. 143-11-4 *[L. 3253-14]* du code du travail pour les sommes mentionnées au quatrième alinéa de l'article L. 622-24, même si leurs créances ne sont pas encore déclarées. *(Ord. nº 2008-1345 du 18 déc. 2008, art. 54)* « Elles le sont également aux créanciers mentionnés au premier alinéa de l'article L. 626-6 lorsque la proposition qui leur est soumise porte exclusivement sur des délais de paiement. » — *V. C. com., art. R. 626-7 et R. 626-8. —* ***C. com.***

(L. nº 2010-1249 du 22 oct. 2010, art. 58-I-1º) « Lorsque la proposition porte sur une conversion en titres donnant ou pouvant donner accès au capital, le mandataire judiciaire recueille, individuellement et par écrit, l'accord de chaque créancier qui a déclaré sa créance

conformément à l'article L. 622-24. Le défaut de réponse, dans le délai de trente jours à compter de la réception de la lettre du mandataire judiciaire, vaut refus.

« Le mandataire judiciaire n'est pas tenu de consulter les créanciers pour lesquels le projet de plan ne modifie pas les modalités de paiement ou prévoit un paiement intégral en numéraire dès l'arrêté du plan ou dès l'admission de leurs créances. »

La L. nº 2010-1249 du 22 oct. 2010 est applicable aux procédures de sauvegarde et de redressement judiciaire ouvertes à compter du premier jour du cinquième mois suivant sa publication (L. préc., art. 58-II, JO 23 oct.), soit à compter du 1er mars 2011.

Art. L. 626-6 *(L. nº 2005-845 du 26 juill. 2005, art. 63)* Les administrations financières, les organismes de sécurité sociale, les institutions gérant le régime d'assurance chômage prévu par les articles L. 351-3 et suivants du code du travail *[L. 5422-1 s. nouv.]* et les institutions régies par le livre IX du code de la sécurité sociale peuvent accepter de remettre tout ou partie de ses dettes au débiteur dans des conditions similaires à celles que lui octroierait, dans des conditions normales de marché, un opérateur économique privé placé dans la même situation.

Dans ce cadre, les administrations financières peuvent remettre l'ensemble des impôts directs perçus au profit de l'État et des collectivités territoriales ainsi que des produits divers du budget de l'État dus par le débiteur. S'agissant des impôts indirects perçus au profit de l'État et des collectivités territoriales, seuls les intérêts de retard, majorations, pénalités ou amendes peuvent faire l'objet d'une remise.

Les conditions de la remise de la dette sont fixées par décret.

Les créanciers visés au premier alinéa peuvent également décider des cessions de rang de privilège ou d'hypothèque ou de l'abandon de ces sûretés.

....

Art. L. 626-8 *(Ord. nº 2008-1345 du 18 déc. 2008)* « Le comité d'entreprise ou, à défaut, les délégués du personnel et le mandataire judiciaire sont informés et consultés sur les mesures que le débiteur envisage de proposer dans le projet de plan au vu des informations et offres reçues.

« Ils le sont également, ainsi que le ou les contrôleurs, sur le bilan économique et social et sur le projet de plan, qui leur sont communiqués par l'administrateur et complétés, le cas échéant, de ses observations.

« Les documents mentionnés au deuxième alinéa sont simultanément adressés » à l'autorité administrative compétente en matière de droit du travail. Le procès-verbal de la réunion à l'ordre du jour de laquelle a été inscrite la consultation des représentants du personnel est transmis au tribunal ainsi qu'à l'autorité administrative mentionnée ci-dessus.

(Ord. nº 2008-1345 du 18 déc. 2008) « Le ministère public en reçoit communication. »

TITRE III **Du redressement judiciaire**

CHAPITRE PREMIER ***De l'ouverture et du déroulement du redressement judiciaire***

....

Art. L. 631-17 *(L. nº 2005-845 du 26 juill. 2005, art. 92)* Lorsque des licenciements pour motif économique présentent un caractère urgent, inévitable et indispensable pendant la période d'observation, l'administrateur peut être autorisé par le juge-commissaire à procéder à ces licenciements.

Préalablement à la saisine du juge-commissaire, *(L. nº 2013-504 du 14 juin 2013, art. 18-XXIII)* « l'administrateur met en œuvre le plan de licenciement dans les conditions prévues à l'article L. 1233-58 du code du travail ». Il joint, à l'appui de la demande qu'il adresse au juge-commissaire, l'avis recueilli et les justifications de ses diligences en vue de faciliter l'indemnisation et le reclassement des salariés *(L. nº 2013-504 du 14 juin 2013, art. 18-XXIII)* « , ainsi que la décision de l'autorité administrative prévue à l'article L. 1233-57-4 du code du travail ».

Les dispositions issues de la L. nº 2013-504 du 14 juin 2013 sont applicables aux procédures de licenciement collectif engagées à compter du 1er juill. 2013.

Une procédure de licenciement collectif est réputée engagée à compter de la date d'envoi de la convocation à la première réunion du comité d'entreprise mentionnée à l'art. L. 1233-30 C. trav. (L. préc., art. 18-XXXIII).

BIBL. ▶ Tillié, *Dr. ouvrier 1985. 167*. – Grelon, *Gaz. Pal. 1984. 1. Doctr. 101*. – Langlois, *Mélanges Jeantin, Dalloz, 1999, p. 419* (divorce du droit social et du droit du redressement judiciaire). – Savenier, *Rev. proc. coll. 2001. 224* (obligation de reclassement) ; *ibid. 227* (plan social). – Pezzino, *ibid. 230* (licenciements). – Becquet, *ibid. 237* (décision du juge-commissaire). – Morand, *Cah. dr. entr. 2002, n° 2, p. 21* (particularités des licenciements économiques).

1. Autorisation de licencier. Lorsqu'un licenciement a été autorisé par une ordonnance du juge-commissaire, le caractère économique du licenciement et la régularité cette ordonnance ne peuvent être discutés devant l'administration ; seul le juge judiciaire étant compétent pour ce faire. • Soc. 23 mars 2016, n° 14-22.950 : *Dalloz actualité, 22 avr. 2016, obs. Ines ; JS Lamy 2016, n° 409-4, obs. Tissandier.* ♦ L'autorisation du juge-commissaire n'interdit pas à la juridiction prud'homale de statuer sur les demandes des salariés licenciés au regard de leur situation individuelle. • Soc. 5 mai 1993, n° 92-40.835 P : *D. 1993. IR 138*. ♦ Ainsi, l'autorité de l'ordonnance du juge-commissaire autorisant les licenciements ne s'étend pas à la situation individuelle des salariés au regard de l'obligation de reclassement de l'employeur, qui relève de la compétence du juge prud'homal. • Soc. 22 nov. 2000 : *Act. proc. coll. 2001, n° 64.* — V. aussi note 10.

2. Dès lors que la lettre de licenciement n'a été adressée au salarié qu'après l'obtention par l'administrateur judiciaire de l'autorisation du juge-commissaire, peu importe que la procédure ait été engagée auparavant. • Soc. 18 juin 1997, n° 96-40.279 P : *D. 1997. IR 162 ; Rev. proc. coll. 1997. 352, obs. Taquet.*

3. Le prononcé du jugement de redressement judiciaire entraîne l'ouverture de la période d'observation dès la première heure du jour de son prononcé, et, dès l'instant que la période d'observation est ouverte, il appartient au juge-commissaire d'autoriser le licenciement, en vérifiant la cause économique du licenciement et son caractère urgent, inévitable et indispensable. • Soc. 12 mai 1998, n° 96-40.606 P : *D. 1998. IR 148 ; Rev. proc. coll. 1999. 39, obs. Taquet.* — V. aussi • Soc. 11 juill. 2000 : *Act. proc. coll. 2000, n° 213* • 3 mai 2001, n° 99-41.813 P : *JCP E 2001, n° 26, p. 1075.*

4. Motifs de licenciement. L'économie fondée sur les congédiements répond aux exigences de l'art. 45 [C. com., art. L. 631-17] lorsque l'opération de compression des effectifs peut être une composante de la mise en place et de la réussite d'un plan de redressement. • T. com. Versailles, 17 nov. 1986 : *Rev. proc. coll. 1987, n° 3, p. 33, obs. Langlois.* — Comp. : • T. com. Melun, 7 mai 1987 : *Gaz. Pal. 1987. 2. Somm. 313.*

5. La lettre de licenciement que l'administrateur est tenu d'adresser au salarié doit comporter le visa de l'ordonnance du juge-commissaire autorisant les licenciements économiques. À défaut, le licenciement est réputé sans cause réelle et sérieuse. • Cass., ass. plén., 24 janv. 2003, n° 00-41.741 P : *BICC 15 mars 2003, p. 95, concl. de Gouttes et rapp. Mazars ; D. 2003. IR 465 ; Gaz. Pal. 2002. 502, note Pansier ; Act. proc. coll. 2003, n° 47, obs. Taquet ; RJ com. 2003. 374, note Courtier* • Soc. 19 mars 2003, n° 01-44.376 P. ♦ La seule référence à la procédure de redressement judiciaire ne constitue donc pas une motivation suffisante. • Soc. 5 oct. 1999, n° 96-40.746 P : *D. 2000. Somm. 6, obs. Derrida*.

6. Notification du licenciement. Si, en application de l'art. L. 621-37 [L. 631-17] C. com., après autorisation donnée par ordonnance du juge-commissaire, il appartient à l'administrateur judiciaire de procéder aux licenciements pour motif économique présentant un caractère urgent, inévitable et indispensable, la circonstance que le licenciement prononcé au visa de cette ordonnance ait été notifié par le débiteur, au lieu de l'administrateur, ne suffit pas à le priver de cause réelle et sérieuse mais ouvre droit à indemnisation pour inobservation de la procédure. • Soc. 11 juin 2008, n° 07-40.352 P : *D. 2008. AJ 1834 ; Act. proc. coll. 2008, n° 224, obs. Fin-Langer ; Gaz. Pal. 21-22 janv. 2009, p. 48, obs. Duprat.*

7. Consultation du comité d'entreprise. Ni l'avis donné dans le cadre distinct de la procédure de sauvegarde, les conditions des licenciements étant différentes, ni l'audition du représentant des salariés lors de la conversion en redressement judiciaire ne peuvent tenir lieu de l'avis exigé par l'art. L. 631-17 dans sa rédaction antérieure à la L. n° 2013-504 du 14 juin 2013. • Com. 5 nov. 2013, n° 12-25.362 P : *D. 2013. Actu. 2642 ; RDT 2014. 37, obs. Driguez ; RJS 2014. 90, n° 112 ; Rev. sociétés 2013. 732, obs. Roussel Galle ; Dict. perm. diff. entrep., bull. n° 353, obs. Rémery ; LEDEN déc. 2013, p. 3, obs. Mouial-Bassilana ; Act. proc. coll. 2013, n° 294, obs. Fin-Langer ; RJDA 2014, n° 50 ; Gaz. Pal. 12-14 janv. 2014, p. 36, obs. Gailhbaud ; Bull. Joly Entrep. diff. 2014. 21, note Jacotot ; Rev. proc. coll. 2014, n° 36, obs. Taquet.* ♦ Le renvoi à l'art. L. 321-9 [L. 1233-58] C. trav. ne comporte aucune réserve dont pourrait se déduire une dispense d'observer les règles applicables d'ordinaire aux réunions du comité d'entreprise, lesquelles comprennent la convocation obligée de tous ses membres et le respect du délai préalable. • Versailles, 19 sept. 1989 : *D. 1991. Somm. 107, obs. Derrida*.

8. Dispense de préavis. Il entre dans les pouvoirs que l'administrateur judiciaire tient de l'art. L. 621-37 [L. 631-17] C. com. de dispenser le salarié de l'exécution de son préavis. • Soc. 22 oct. 2008, n° 07-42.140 P.

9. Recours. Est recevable le recours formé par le représentant des salariés contre une décision du juge-commissaire autorisant des licenciements pendant la période d'observation. • T. com. Paris, 14 janv. 1988 : *Gaz. Pal. 1989. 1. 354, note Marchi.* ♦ Sur l'absence de qualité de partie des organisations syndicales, V. • T. com. Lille, 30 janv. 1989 : *LPA 29 mars 1989.* ♦ Lorsque l'ordonnance du juge-commissaire est devenue définitive, le caractère économique du motif du licenciement ne peut plus être contesté. • Soc. 9 juill. 1996, n° 93-41.877 P : *D. 1997. 60, note Bailly ; JCP E 1997. II. 915, note Serret.* ♦ Dès lors qu'un licenciement a été autorisé par une ordonnance du juge-commissaire, les éléments du motif de licenciement ne peuvent être contestés qu'en exerçant les voies de recours ouvertes contre cette ordonnance et ne peuvent être discutés devant l'administration. • CE 3 juill. 2013 : *Rev. proc. coll. 2014, n° 54, obs. Jacotot.* ♦ Lorsqu'un licenciement a été autorisé par une ordonnance du juge-commissaire, le caractère économique du licenciement et la régularité de l'ordonnance ne peuvent être discutés devant l'administration, seul le juge judiciaire est compétent. • Soc. 23 mars 2016, n° 14-22.950 : *Dalloz actualité, 22 avr. 2016, obs. Ines ; RDT 2016. 263, obs. Fabre ; Sem. soc. Lamy 2016, n° 1719, obs. Bailly.*

10. Compétence du conseil de prud'hommes. **BIBL.** Maggi-Germain, *LPA 12 août 1998.* – Dechristé, *D. Affaires 1999. 358.* ♦ Si, conformément à l'art. 45 [C. com., art. L. 631-17], le juge-commissaire a autorisé l'administrateur à procéder au licenciement présentant un caractère urgent, inévitable et indispensable, la juridiction prud'homale est demeurée compétente pour en apprécier le caractère réel et sérieux qui fait défaut dès lors que la lettre de licenciement ne contient aucune motivation sur les causes économiques ayant justifié le licenciement. • Soc. 21 févr. 1996 : *D. 1997. 60, note Bailly ; JCP E 1996. II. 862, note Serret.* ♦ Le salarié qui a adhéré à une convention de conversion gardant la possibilité, malgré son acceptation, de contester le caractère réel et sérieux de son licenciement, une cour d'appel, qui constate que l'employeur ne justifie d'aucune recherche au sein de la société et du groupe auquel elle appartient, ni d'aucune proposition en vue du reclassement des salariés peut décider que les licenciements prononcés sont sans cause réelle et sérieuse. • Soc. 3 mars 1998, n° 95-45.201 P : *D. 1998. 418, note Bailly.*

Art. L. 631-19 *(Ord. n° 2014-326 du 12 mars 2014, art. 54, en vigueur le 1er juill. 2014)* I. — Les dispositions du chapitre VI du titre II, à l'exception des troisième et quatrième alinéas de l'article L. 626-1, sont applicables au plan de redressement, sous réserve des dispositions qui suivent.

Il incombe à l'administrateur, avec le concours du débiteur, d'élaborer le projet de plan et, le cas échéant, de présenter aux comités de créanciers les propositions prévues au premier alinéa de l'article L. 626-30-2. *(L. n° 2014-856 du 31 juill. 2014, art. 73)* « Pour l'application de l'article L. 626-2-1, la consultation est faite par l'administrateur, lorsqu'il en a été désigné un. » Les comités se prononcent sur chacune des propositions faites. Pour l'application du premier alinéa de l'article L. 626-8, l'information et la consultation portent sur les mesures qui sont soumises au vote des comités de créanciers.

Lorsqu'une ou plusieurs personnes autres que les associés ou actionnaires s'engagent à exécuter le plan de redressement, sous la condition d'une participation au capital de la société à l'égard de laquelle la procédure a été ouverte, le projet de plan voté par les comités prévus à l'article L. 626-30 et, s'il y a lieu, par l'assemblée prévue par l'article L. 626-32, est soumis aux assemblées mentionnées à l'article L. 626-3.

Les assemblées sont appelées à délibérer sur chacun des projets de plan arrêtés.

II. — En cas de modification du capital social ou de cession des droits sociaux prévue dans le projet de plan ou dans le plan, les clauses d'agrément sont réputées non écrites.

III. — Le plan est arrêté par le tribunal après que la procédure prévue au I de l'article L. 1233-58 du code du travail a été mise en œuvre par l'administrateur. L'avis du comité d'entreprise et, le cas échéant, celui du comité d'hygiène et*[,]* de sécurité *[et]* des conditions de travail et de l'instance de coordination sont rendus au plus tard le jour ouvré avant l'audience du tribunal qui statue sur le plan. L'absence de remise du rapport de l'expert mentionné aux articles L. 1233-34, L. 1233-35, L. 2323-27 ou L. 4612-8 du code du travail ne peut avoir pour effet de reporter ce délai.

Le plan précise notamment les licenciements qui doivent intervenir dans le délai d'un mois après le jugement, sur simple notification de l'administrateur, sous réserve des droits de préavis prévus par la loi, les conventions ou accords collectifs du travail.

Lorsqu'un plan de sauvegarde de l'emploi doit être élaboré, l'administrateur met en œuvre la procédure prévue au II de l'article L. 1233-58 dans le délai d'un mois après le jugement. Le délai de huit jours mentionné au II du même article court à compter de la date de la réception de la demande qui est postérieure au jugement arrêtant le plan.

Lorsque le licenciement concerne un salarié bénéficiant d'une protection particulière en matière de licenciement, l'intention de rompre doit être manifestée dans le délai d'un mois prévu à l'alinéa précédent.

Art. L. 631-19-1 *(Ord. n° 2008-1345 du 18 déc. 2008)* Lorsque le redressement de l'entreprise le requiert, le tribunal, sur la demande du ministère public, peut subordonner l'adoption du plan au remplacement d'un ou plusieurs dirigeants de l'entreprise.

A cette fin et dans les mêmes conditions, le tribunal peut prononcer l'incessibilité des parts sociales, titres de capital ou valeurs mobilières donnant accès au capital, détenus par un ou plusieurs dirigeants de droit ou de fait et décider que le droit de vote y attaché sera exercé, pour une durée qu'il fixe, par un mandataire de justice désigné à cet effet. De même, il peut ordonner la cession de ces parts sociales, titres de capital ou valeurs mobilières donnant accès au capital détenu par ces mêmes personnes, le prix de cession étant fixé à dire d'expert.

Le tribunal statue après avoir entendu ou dûment appelé les dirigeants et les représentants du comité d'entreprise ou, à défaut, des délégués du personnel.

Les dispositions du présent article ne sont pas applicables lorsque le débiteur exerce une activité professionnelle libérale soumise à un statut législatif ou réglementaire.

Art. L. 631-19-2 *(L. n° 2015-990 du 6 août 2015, art. 238-I)* Lorsque la cessation d'activité d'une entreprise d'au moins cent cinquante salariés ou constituant, au sens de l'article L. 2331-1 du code du travail, une entreprise dominante d'une ou de plusieurs entreprises dont l'effectif total est d'au moins cent cinquante salariés est de nature à causer un trouble grave à l'économie nationale ou régionale et au bassin d'emploi et si la modification du capital apparaît comme la seule solution sérieuse permettant d'éviter ce trouble et de permettre la poursuite de l'activité, après examen des possibilités de cession totale ou partielle de l'entreprise, le tribunal peut, à la demande de l'administrateur judiciaire ou du ministère public et à l'issue d'un délai de trois mois après le jugement d'ouverture, en cas de refus par les assemblées mentionnées au I de l'article L. 631-19 d'adopter la modification du capital prévue par le projet de plan de redressement en faveur d'une ou de plusieurs personnes qui se sont engagées à exécuter celui-ci :

1° Désigner un mandataire chargé de convoquer l'assemblée compétente et de voter l'augmentation de capital en lieu et place des associés ou actionnaires ayant refusé la modification de capital, à hauteur du montant prévu par le plan.

L'augmentation de capital doit être réalisée dans le délai maximal de trente jours à compter de la délibération. Elle peut être libérée par les personnes qui se sont engagées à exécuter le plan de redressement, par compensation à raison du montant des créances sur la société qui ont été admises et dans la limite de la réduction dont elles sont l'objet dans le plan.

Si l'augmentation de capital est souscrite par apports en numéraire, les actions émises sont offertes par préférence aux actionnaires, proportionnellement à la partie du capital représentée par leurs actions ;

2° Ou ordonner, au profit des personnes qui se sont engagées à exécuter le projet de plan, la cession de tout ou partie de la participation détenue dans le capital par les associés ou actionnaires ayant refusé la modification de capital et qui détiennent, directement ou indirectement, une fraction du capital leur conférant une majorité des droits de vote ou une minorité de blocage dans les assemblées générales de cette société ou qui disposent seuls de la majorité des droits de vote dans cette société en application d'un accord conclu avec d'autres associés ou actionnaires, non contraire à l'intérêt de la société. Toute clause d'agrément est réputée non écrite.

Les associés ou actionnaires autres que ceux mentionnés au 2° disposent du droit de se retirer de la société et de demander simultanément le rachat de leurs droits sociaux par les cessionnaires.

Lorsque le tribunal est saisi de la demande de cession, en l'absence d'accord entre les intéressés sur la valeur des droits des associés ou actionnaires cédants et de ceux qui ont fait valoir leur volonté de se retirer de la société, cette valeur est déterminée à la date la plus proche de la cession par un expert désigné, à la demande de la partie la plus diligente, de l'administrateur ou du ministère public, par le président du tribunal. Le président statue en la forme des référés. L'ordonnance de désignation de l'expert n'est pas susceptible de recours. L'expert est tenu de respecter le principe du contradictoire.

Lorsque le tribunal statue sur la demande prévue aux 1° ou 2°, les débats ont lieu en présence du ministère public. Le tribunal entend les associés ou actionnaires concernés, les associés ou actionnaires dirigeants, les créanciers ou tiers qui se sont engagés à exécuter le plan et les représentants du comité d'entreprise ou, à défaut, des délégués du personnel. A défaut de délégués du personnel, le tribunal entend le représentant des salariés élu mentionné à l'article L. 621-4.

Le tribunal ne peut statuer sur la demande tendant à la cession qu'après avoir consulté l'Autorité des marchés financiers si les titres concernés sont cotés sur un marché réglementé ou sur un système multilatéral de négociation *(L. nº 2016-1691 du 9 déc. 2016, art. 42-II)* « soumis aux dispositions du II de l'article L. 433-3 du code monétaire et financier ». Il est fait application, pour les actionnaires, des articles L. 433-1 et suivants du *(L. nº 2016-1691 du 9 déc. 2016, art. 42-II)* « même code ».

Le tribunal statue par un seul et même jugement sur la cession et sur la valeur des droits sociaux cédés. Il désigne, dans ce jugement, un mandataire de justice chargé de passer les actes nécessaires à la réalisation de la cession ordonnée et d'en verser le prix aux associés ou actionnaires cédants.

Le tribunal subordonne l'adoption du plan à l'engagement du souscripteur ou du cessionnaire des parts sociales, titres de capital ou valeurs mobilières donnant accès au capital de conserver ses droits pendant une durée qui ne peut excéder celle du plan.

Le tribunal peut subordonner l'adoption du plan à la présentation, par les associés ou actionnaires souscripteurs ou cessionnaires, d'une garantie par un organisme de crédit, d'un montant égal à leurs engagements, figurant dans le plan de redressement. Il peut également subordonner cette conversion de créances en parts sociales, titres de capital ou valeurs mobilières donnant accès au capital de l'entreprise.

Le plan est arrêté sous la condition du paiement comptant du prix par les associés ou actionnaires souscripteurs ou cessionnaires. A défaut, le tribunal prononce, à la demande d'un associé cédant, du débiteur, du commissaire à l'exécution du plan, du mandataire de justice ou du ministère public, la résolution de la souscription ou de la cession des parts sociales, titres de capital ou valeurs mobilières donnant accès au capital.

Le commissaire à l'exécution du plan vérifie que les associés ou actionnaires souscripteurs ou cessionnaires respectent leurs obligations. Il a qualité pour agir à l'encontre des souscripteurs ou cessionnaires pour obtenir l'exécution de leurs engagements financiers. Il informe le comité d'entreprise ou, à défaut, les délégués du personnel de l'exécution du plan de redressement, ainsi que du respect de leurs engagements par les associés souscripteurs ou cessionnaires.

Le tribunal peut modifier le plan en application de l'article L. 626-26 et du dernier alinéa de l'article L. 626-31 du présent code.

En cas de défaillance d'un associé ou actionnaire souscripteur ou cessionnaire, le tribunal, saisi par le commissaire à l'exécution du plan ou par le ministère public, par le comité d'entreprise ou, à défaut, par les délégués du personnel, peut prononcer la résolution du plan de redressement, sans préjudice de la réparation du préjudice subi. Il statue en présence du ministère public. Le prix payé par le souscripteur ou le cessionnaire reste acquis.

Le présent article n'est pas applicable lorsque le débiteur exerce une activité professionnelle libérale soumise à un statut législatif ou réglementaire.

L'art. L. 631-19-2 est applicable aux procédures de redressement judiciaire ouvertes à compter du 7 août 2015. Il est applicable dans les îles Wallis-et-Futuna (L. nº 2015-990 du 6 août 2015, art. 238-III et IV).

Pour les voies de recours, V. art. L. 661-1 (I-6 bis).

TITRE IV **De la liquidation judiciaire**

CHAPITRE PRÉLIMINAIRE ***De l'ouverture et du déroulement de la liquidation judiciaire***

....

Art. L. 640-6 *(L. nº 2005-845 du 26 juill. 2005, art. 97)* Le comité d'entreprise ou, à défaut, les délégués du personnel peuvent communiquer au président du tribunal ou au ministère public tout fait révélant la cessation des paiements du débiteur.

CHAPITRE PREMIER ***Du jugement de liquidation judiciaire***

....

Art. L. 641-13 *(Ord. nº 2008-1345 du 18 déc. 2008)* « I. — *(Ord. nº 2014-326 du 12 mars 2014, art. 68, en vigueur le 1er juill. 2014)* « Sont payées à leur échéance les créances nées régulièrement après le jugement qui ouvre ou prononce la liquidation judiciaire :

« – si elles sont nées pour les besoins du déroulement de la procédure ou du maintien provisoire de l'activité autorisé en application de l'article L. 641-10 ;

« – si elles sont nées en contrepartie d'une prestation fournie au débiteur pendant le maintien de l'activité ou en exécution d'un contrat en cours *(L. n° 2016-1547 du 18 nov. 2016, art. 99)* « régulièrement décidée après le jugement d'ouverture de la procédure de sauvegarde ou de redressement judiciaire, s'il y a lieu, et après le jugement d'ouverture de la procédure de liquidation judiciaire » ;

« – ou si elles sont nées des besoins de la vie courante du débiteur, personne physique. »

« En cas de prononcé de la liquidation judiciaire, sont également payées à leur échéance, les créances nées régulièrement après le jugement d'ouverture de la procédure de sauvegarde ou de redressement judiciaire mentionnées au I de l'article L. 622-17.

« II. – Lorsqu'elles ne sont pas payées à l'échéance, ces créances » sont payées par privilège avant toutes les autres créances *(Ord. n° 2014-326 du 12 mars 2014, art. 68, en vigueur le 1er juill. 2014)* « , sans préjudice des droits de rétention opposables à la procédure collective, » à l'exception de celles qui sont garanties par le privilège établi aux articles L. 143-10, L. 143-11, L. 742-6 et L. 751-15 du code du travail *[L. 3253-2 à L. 3253-4 et L. 7313-8]*, *(Ord. n° 2008-1345 du 18 déc. 2008)* « des frais de justice nés régulièrement après le jugement d'ouverture pour les besoins du déroulement de la procédure », de celles qui sont garanties par le privilège établi par l'article L. 611-11 du présent code et de celles qui sont garanties par des sûretés immobilières » *(Abrogé par Ord. n° 2014-326 du 12 mars 2014, art. 68, à compter du 1er juill. 2014)* ***« ou par des sûretés mobilières spéciales assorties d'un droit de rétention ou constituées en application du chapitre V du titre II du livre V ».***

III. – Leur paiement se fait dans l'ordre suivant :

1° Les créances de salaires dont le montant n'a pas été avancé en application des articles L. 143-11-1 à L. 143-11-3 *[art. L. 3253-6 à L. 3253-12]* du code du travail ;

2° Les prêts consentis ainsi que les créances résultant de la poursuite d'exécution des contrats en cours conformément aux dispositions de l'article L. 622-13 du présent code et dont le cocontractant accepte de recevoir un paiement différé ; ces prêts et délais de paiement sont autorisés par le juge-commissaire dans la limite nécessaire à la poursuite de l'activité et font l'objet d'une publicité. En cas de résiliation d'un contrat régulièrement poursuivi, les indemnités et pénalités sont exclues du bénéfice du présent article ;

3° Les sommes dont le montant a été avancé en application du 3° de l'article L. 143-11-1 *[art. L. 3253-8, 4°]* du code du travail ;

4° Les autres créances, selon leur rang.

IV. – Les créances impayées perdent le privilège que leur confère le *(Ord. n° 2008-1345 du 18 déc. 2008)* « II du » présent article si elles n'ont pas été portées à la connaissance du mandataire judiciaire, de l'administrateur lorsqu'il en est désigné ou du liquidateur, *(Ord. n° 2008-1345 du 18 déc. 2008)* « au plus tard » dans le délai de six mois à compter de la publication du jugement ouvrant ou prononçant la liquidation ou, à défaut, dans le délai d'un an à compter de celle du jugement arrêtant le plan de cession. *(Ord. n° 2014-326 du 12 mars 2014, art. 68, en vigueur le 1er juill. 2014)* « Lorsque cette information porte sur une créance déclarée pour le compte du créancier en application de l'article L. 622-24, elle rend caduque cette déclaration si le juge n'a pas statué sur l'admission de la créance. »

Les dispositions issues de la L. n° 2016-1547 du 18 nov. 2016 ne sont pas applicables aux procédures en cours au 19 nov. 2016 (L. préc., art. 114-XVI).

TITRE VI **Des dispositions générales de procédure**

Art. L. 661-1 *(Ord. n° 2008-1345 du 18 déc. 2008)* « I. – Sont susceptibles d'appel ou de pourvoi en cassation :

« 1° Les décisions statuant sur l'ouverture des procédures de sauvegarde ou de redressement judiciaire de la part du débiteur, du créancier poursuivant et du ministère public ;

« 2° Les décisions statuant sur l'ouverture de la liquidation judiciaire de la part du débiteur, du créancier poursuivant, du comité d'entreprise ou, à défaut, des délégués du personnel et du ministère public ;

« 3° Les décisions statuant sur l'extension d'une procédure de sauvegarde, de redressement judiciaire ou de liquidation judiciaire *(Ord. n° 2010-1512 du 9 déc. 2010, art. 7)* « ou sur la réunion de patrimoines » de la part du débiteur soumis à la procédure, du débiteur visé par l'extension, du mandataire judiciaire ou du liquidateur, de l'administrateur et du ministère public ;

« 4° Les décisions statuant sur la conversion de la procédure de sauvegarde en redressement judiciaire de la part du débiteur, de l'administrateur, du mandataire judiciaire et du ministère public ;

« 5° Les décisions statuant sur le prononcé de la liquidation judiciaire au cours d'une période d'observation de la part du débiteur, de l'administrateur, du mandataire judiciaire, du comité d'entreprise ou, à défaut, des délégués du personnel et du ministère public ;

« 6° Les décisions statuant sur l'arrêté du plan de sauvegarde ou du plan de redressement de la part du débiteur, de l'administrateur, du mandataire judiciaire, du comité d'entreprise ou, à défaut, des délégués du personnel et du ministère public, ainsi que de la part du créancier ayant formé une contestation en application de l'article L. 626-34-1 ;

(L. nº 2015-990 du 6 août 2015, art. 238-II) « 6° *bis* Les décisions statuant sur la désignation d'un mandataire prévue au 1° de l'article L. 631-19-2 et sur la cession de tout ou partie de la participation détenue dans le capital prévue au 2° du même article, de la part du débiteur, de l'administrateur, du mandataire judiciaire, du comité d'entreprise ou, à défaut, des délégués du personnel ou, à défaut, du représentant des salariés mentionné à l'article L. 621-4, des associés ou actionnaires parties à la cession ou qui ont refusé la modification du capital prévue par le projet de plan et des cessionnaires ainsi que du ministère public ; »

— Le 6 bis de l'art. L. 661-1 est applicables aux procédures de redressement judiciaire ouvertes à compter de la publication de la L. nº 2015-990 du 6 août 2015, et à Wallis-et-Futuna (L. préc., art. 238-III et IV, JO 7 août).

« 7° Les décisions statuant sur la modification du plan de sauvegarde ou du plan de redressement de la part du débiteur, du commissaire à l'exécution du plan, du comité d'entreprise ou, à défaut, des délégués du personnel et du ministère public, ainsi que de la part du créancier ayant formé une contestation en application de l'article L. 626-34-1 ;

« 8° Les décisions statuant sur la résolution du plan de sauvegarde ou du plan de redressement de la part du débiteur, du commissaire à l'exécution du plan, du comité d'entreprise ou, à défaut des délégués du personnel, du créancier poursuivant et du ministère public. »

(L. nº 2005-845 du 26 juill. 2005, art. 147) « II. — L'appel du ministère public est suspensif, à l'exception de celui portant sur les décisions statuant sur l'ouverture de la procédure de sauvegarde ou de redressement judiciaire.

« III. — En l'absence de comité d'entreprise ou de délégué du personnel, le représentant des salariés exerce les voies de recours ouvertes à ces institutions par le présent article. »

....

Art. L. 661-10 Pour l'application du présent titre, les membres du comité d'entreprise ou les délégués du personnel désignent parmi eux la personne habilitée à exercer en leur nom les voies de recours.

....

Art. L. 662-4 Tout licenciement envisagé par l'administrateur, l'employeur ou le liquidateur, selon le cas, du représentant des salariés mentionné aux articles *(L. nº 2005-845 du 26 juill. 2005, art. 157)* « L. 621-4 et L. 641-1 » est obligatoirement soumis au comité d'entreprise, qui donne un avis sur le projet de licenciement.

Le licenciement ne peut intervenir que sur autorisation de l'inspecteur du travail dont dépend l'établissement. Lorsqu'il n'existe pas de comité d'entreprise dans l'établissement, l'inspecteur du travail est saisi directement.

Toutefois, en cas de faute grave, l'administrateur, l'employeur ou le liquidateur, selon le cas, a la faculté de prononcer la mise à pied immédiate de l'intéressé en attendant la décision définitive. En cas de refus de licenciement, la mise à pied est annulée et ses effets supprimés de plein droit.

La protection instituée en faveur du représentant des salariés pour l'exercice de sa mission fixée à l'article L. 625-2 cesse lorsque toutes les sommes versées au mandataire judiciaire par les institutions mentionnées à l'article L. 143-11-4 *[art. L. 3253-14]* du code du travail, en application du dixième alinéa de l'article L. 143-11-7 *[art. L. 3253-21]* dudit code, ont été reversées par ce dernier aux salariés.

Lorsque le représentant des salariés exerce les fonctions du comité d'entreprise ou, à défaut, des délégués du personnel, la protection cesse au terme de la dernière audition ou consultation prévue par la procédure de redressement judiciaire.

1. La période de protection du représentant des salariés dans l'entreprise en redressement ou en liquidation judiciaire instaurée par l'art. L. 627-5 [L. 662-4] C. com. correspond à la durée du mandat. • Soc. 1er mars 2005, ☎ nº 02-44.293 P. ♦ Il en résulte que le licenciement d'un candidat à une telle désignation ou élection n'est pas soumis à l'autorisation du comité d'entreprise et de l'inspecteur du travail. • Même arrêt. ♦ Le représentant des salariés, licencié avec l'autorisation de l'inspecteur du travail n'a plus le pouvoir d'agir en cette qualité après l'expiration du préavis qui met fin au mandat. Il en résulte l'irrecevabilité d'un pourvoi formé après l'expiration du préavis en qualité de représentant contre un jugement du tribunal de commerce rendu à propos de la procédure de redressement. • Soc. 4 juill. 2007 : *RJS 2007. 850, n° 1093 ; JCP S 2007. 1654, note Olivier.*

2. Le salarié protégé, qui a été licencié sans autorisation et qui ne demande pas la poursuite du contrat de travail illégalement rompu, a le droit d'obtenir non seulement une indemnité égale à la rémunération qu'il aurait perçue depuis la date de son éviction jusqu'à la fin de la période de protection, à titre de sanction de la méconnaissance par l'employeur du statut protecteur, mais encore, à défaut de faute grave, les indemnités de rupture et une indemnité si le licenciement est dépourvu de cause réelle et sérieuse. • Soc. 5 mai 1993, n° 92-40.835 P : *D. 1993. IR 138.*

3. Le cessionnaire, tenu de maintenir provisoirement le contrat de travail du représentant des salariés, en raison de la décision initiale de refus d'autorisation du licenciement de l'inspecteur du travail, peut tirer les conséquences du licenciement prononcé par l'administrateur en application du jugement arrêtant le plan de cession après autorisation de l'inspecteur du travail. • Soc. 14 mars 2007 : *D. 2007. AJ 1083.*

Code pénal

Du harcèlement sexuel

Art. 222-33 *(L. n° 2012-954 du 6 août 2012, art. 1er)* **I. — Le harcèlement sexuel est le fait d'imposer à une personne, de façon répétée, des propos ou comportements à connotation sexuelle qui soit portent atteinte à sa dignité en raison de leur caractère dégradant ou humiliant, soit créent à son encontre une situation intimidante, hostile ou offensante.**

II. — Est assimilé au harcèlement sexuel le fait, même non répété, d'user de toute forme de pression grave dans le but réel ou apparent d'obtenir un acte de nature sexuelle, que celui-ci soit recherché au profit de l'auteur des faits ou au profit d'un tiers.

III. — Les faits mentionnés aux I et II sont punis de deux ans d'emprisonnement et de 30 000 € d'amende.

Ces peines sont portées à trois ans d'emprisonnement et 45 000 € d'amende lorsque les faits sont commis :

1° Par une personne qui abuse de l'autorité que lui confèrent ses fonctions ;

2° Sur un mineur de quinze ans ;

3° Sur une personne dont la particulière vulnérabilité, due à son âge, à une maladie, à une infirmité, à une déficience physique ou psychique ou à un état de grossesse, est apparente ou connue de leur auteur ;

4° Sur une personne dont la particulière vulnérabilité ou dépendance résultant de la précarité de sa situation économique ou sociale est apparente ou connue de leur auteur ;

5° Par plusieurs personnes agissant en qualité d'auteur ou de complice.

Lorsque, en raison de l'abrogation de l'art. 222-33 C. pén. résultant de la décision du Conseil constitutionnel n° 2012-240 QPC du 4 mai 2012, le tribunal correctionnel ou la chambre des appels correctionnels constate l'extinction de l'action publique, la juridiction demeure compétente, sur la demande de la partie civile formulée avant la clôture des débats, pour accorder, en application des règles du droit civil, réparation de tous les dommages résultant des faits qui ont fondé la poursuite ainsi que le paiement d'une somme qu'elle détermine au titre des frais exposés par la partie civile et non payés par l'État (L. n° 2012-954 du 6 août 2012, art. 12).

Du harcèlement moral

Art. 222-33-2 **Le fait de harceler autrui par des** *(L. n° 2014-873 du 4 août 2014, art. 40)* **« propos ou comportements » répétés ayant pour objet ou pour effet une dégradation des conditions de travail susceptible de porter atteinte à ses droits et à sa dignité, d'altérer sa santé physique ou mentale ou de compromettre son avenir professionnel, est puni** *(L. n° 2012-954 du 6 août 2012, art. 2)* **« de deux ans d'emprisonnement et de 30 000 € d'amende ».**

BIBL. ▸ KATZ, *AJ pénal 2005. 13* (le délit de harcèlement moral. Une incrimination nécessaire ? Une application problématique). – MALABAT, *Dr. soc. 2003. 491* (à la recherche du sens du droit pénal du harcèlement). – MONTEIRO, *RSC 2003. 277* (le concept de harcèlement moral dans le code pénal et le code du travail).

Le délit de harcèlement moral n'exige pas que soient constatés des agissements répétés de nature différente, ni que ces agissements aient eu initialement pour objet ou pour effet une dégradation des conditions de travail susceptible de porter atteinte à la dignité et à la santé de la victime. • Crim. 26 janv. 2016, n° 14-80.455 P : *D. 2016. Actu. 316 ; ibid. Pan. 2431, obs. Miniato ; RJS 5/2016, n° 309 ; Dr. pén. 2016. Comm. 58, note Conte ; JCP S 2016. 1138, obs. Leborgne-Ingelaere.*

Des discriminations

Art. 225-1 Constitue une discrimination toute distinction opérée entre les personnes physiques *(L. n° 2016-1547 du 18 nov. 2016, art. 86-II-1°)* « sur le fondement de leur origine, de leur sexe, de leur situation de famille, de leur grossesse, de leur apparence physique, de la particulière vulnérabilité résultant de leur situation économique, apparente ou connue de son auteur, de leur patronyme, de leur lieu de résidence, de leur état de santé, de leur perte d'autonomie, de leur handicap, de leurs caractéristiques génétiques, de leurs mœurs, de leur orientation sexuelle, de leur identité de genre, de leur âge, de leurs opinions politiques, de leurs activités syndicales, de leur capacité à s'exprimer dans une langue autre que le français, de leur appartenance ou de leur non-appartenance, vraie ou supposée, à une ethnie, une Nation, une prétendue » race ou une religion déterminée.

Constitue également une discrimination toute distinction opérée entre les personnes morales *(L. n° 2016-1547 du 18 nov. 2016, art. 86-II-2°)* « sur le fondement de l'origine, du sexe, de la situation de famille, de la grossesse, de l'apparence physique, de la particulière vulnérabilité résultant de la situation économique, apparente ou connue de son auteur, du patronyme, du lieu de résidence, de l'état de santé, de la perte d'autonomie, du handicap, des caractéristiques génétiques, des mœurs, de l'orientation sexuelle, de l'identité de genre, de l'âge, des opinions politiques, des activités syndicales, de la capacité à s'exprimer dans une langue autre que le français, de l'appartenance ou de la non-appartenance, vraie ou supposée, à une ethnie, une Nation, une prétendue » race ou une religion déterminée des membres ou de certains membres de ces personnes morales.

Art. 225-1-1 *(L. n° 2012-954 du 6 août 2012, art. 3)* Constitue une discrimination toute distinction opérée entre les personnes parce qu'elles ont subi ou refusé de subir des faits de harcèlement sexuel tels que définis à l'article 222-33 ou témoigné de tels faits, y compris, dans le cas mentionné au I du même article, si les propos ou comportements n'ont pas été répétés.

Art. 225-2 La discrimination définie *(L. n° 2012-954 du 6 août 2012, art. 3-II)* « aux articles *(L. n° 2017-86 du 27 janv. 2017, art. 177)* « 225-1 à 225-1-2 », commise à l'égard d'une personne physique ou morale, est punie de *(L. n° 2004-204 du 9 mars 2004, art. 41-I)* « trois ans d'emprisonnement et de 45 000 € d'amende » lorsqu'elle consiste :

....

3° A refuser d'embaucher, à sanctionner ou à licencier une personne ;

....

5° A subordonner une offre d'emploi *(L. n° 2001-1066 du 16 nov. 2001)* « , une demande de stage ou une période de formation en entreprise » à une condition fondée sur l'un des éléments visés à l'article 225-1 *(L. n° 2012-954 du 6 août 2012, art. 3-III)* « ou prévue *(L. n° 2017-86 du 27 janv. 2017, art. 177)* « aux articles 225-1-1 ou 225-1-2 ».

(L. n° 2001-1066 du 16 nov. 2001) « 6° A refuser d'accepter une personne à l'un des stages visés par le 2° de l'article L. 412-8 du code de la sécurité sociale. »

(L. n° 2004-204 du 9 mars 2004, art. 41-I) « Lorsque le refus discriminatoire prévu au 1° est commis dans un lieu accueillant du public ou aux fins d'en interdire l'accès, les peines sont portées à cinq ans d'emprisonnement et à 75 000 € d'amende. » — *V. **Addendum**.*

1. Offre d'emploi discriminatoire. L'employeur qui diffuse une offre d'emploi subordonnée pour le candidat à la condition de fournir une carte d'électeur commet une discrimination fondée sur la nationalité. • Crim. 20 janv. 2009 : *Bull. crim. n° 19 ; AJ pén. 2009. 180, obs. Lasserre Capdeville ; D. 2009. AJ 997, note Detraz .* ♦ La mention « BBR » dans une offre d'emploi, dès lors que les produits à promouvoir ne justifient pas l'exclusion de ces personnes est constitutive d'une pratique discriminatoire. • Crim. 23 juin 2009 : *RDT 2009. 722, obs. Thierry ; RJS 2009. 717, n° 819 ; JS Lamy 2009 n° 263-4.*

2. Délit de refus d'embauche. Le délit de refus d'embauche suppose, pour être constitué, que la victime de la discrimination soit suffisamment identifiée. • Crim. 23 juin 2009 : *préc. note 1.*

Art. 225-3 Les dispositions de l'article précédent ne sont pas applicables :

1° Aux discriminations fondées sur l'état de santé, lorsqu'elles consistent en des opérations ayant pour objet la prévention et la couverture du risque décès, des risques portant atteinte à l'intégrité physique de la personne ou des risques d'incapacité de travail ou d'invalidité. *(L. n° 2002-303 du 4 mars 2002)* « Toutefois, ces discriminations sont punies des peines prévues à l'article précédent lorsqu'elles se fondent sur la prise en compte de tests génétiques prédictifs ayant pour objet une maladie qui n'est pas encore déclarée ou une prédisposition génétique à une maladie *(L. n° 2011-814 du 7 juill. 2011, art. 7)* « ou qu'elles se fondent sur la prise en compte des conséquences sur l'état de santé d'un prélèvement d'organe tel que défini à l'article L. 1231-1 du code de la santé publique » ; »

2° Aux discriminations fondées sur l'état de santé ou le handicap, lorsqu'elles consistent en un refus d'embauche ou un licenciement fondé sur l'inaptitude médicalement constatée soit dans le cadre du titre IV du livre II du code du travail, soit dans le cadre des lois portant dispositions statutaires relatives à la fonction publique ;

(L. n° 2008-496 du 27 mai 2008, art. 7) « 3° Aux discriminations fondées, en matière d'embauche, sur *(L. n° 2016-1547 du 18 nov. 2016, art. 86-III)* « un motif mentionné à l'article 225-1 du présent code », lorsqu'un tel motif constitue une exigence professionnelle essentielle et déterminante et pour autant que l'objectif soit légitime et l'exigence proportionnée ;

« 4° Aux discriminations fondées, en matière d'accès aux biens et services, sur le sexe lorsque cette discrimination est justifiée par la protection des victimes de violences à caractère sexuel, des considérations liées au respect de la vie privée et de la décence, la promotion de l'égalité des sexes ou des intérêts des hommes ou des femmes, la liberté d'association ou l'organisation d'activités sportives ;

« 5° Aux refus d'embauche fondés sur la nationalité lorsqu'ils résultent de l'application des dispositions statutaires relatives à la fonction publique ; »

(L. n° 2014-173 du 21 févr. 2014, art. 15) « 6° Aux discriminations liées au lieu de résidence lorsque la personne chargée de la fourniture d'un bien ou service se trouve en situation de danger manifeste.

« Les mesures prises en faveur des personnes résidant dans certaines zones géographiques et visant à favoriser l'égalité de traitement ne constituent pas une discrimination. »

Art. 225-3-1 *(L. n° 2006-396 du 31 mars 2006, art. 45)* Les délits prévus par la présente section sont constitués même s'ils sont commis à l'encontre d'une ou plusieurs personnes ayant sollicité l'un des biens, actes, services ou contrats mentionnés à l'article 225-2 dans le but de démontrer l'existence du comportement discriminatoire, dès lors que la preuve de ce comportement est établie.

Art. 225-4 *(L. n° 2009-526 du 12 mai 2009, art. 124-I)* « Les personnes morales déclarées responsables pénalement, dans les conditions prévues par l'article 121-2, des infractions définies à l'article 225-2 encourent, outre l'amende suivant les modalités prévues par l'article 131-38, les peines prévues par les 2° à 5°, 8° et 9° de l'article 131-39. »

L'interdiction mentionnée au 2° de l'article 131-39 porte sur l'activité dans l'exercice ou à l'occasion de l'exercice de laquelle l'infraction a été commise.

Sur les peines complémentaires, V. C. pén., art. 225-19. — ***C. pén.***

En ce qui concerne l'action civile des associations de lutte contre le racisme ou contre les discriminations fondées sur le sexe, les mœurs, l'état de santé ou le handicap, V. C. pr. pén., art. 2-1, 2-6 et 2-8. — ***C. pr. pén.*** *— V. aussi C. trav., art. L. 1132-1 s., L. 1142-1, L. 1142-2, L. 1144-1.*

V. Décr. n° 84-193 du 12 mars 1984 (D. et ALD 1984. 250) portant publication de la convention sur l'élimination de toutes les formes de discrimination à l'égard des femmes, ouverte à la signature à New York le 1er mars 1980. — V. aussi Décr. n° 85-164 du 31 janv. 1985 (D. et ALD 1985. 177) (levée d'une réserve concernant cette convention). — Décr. n° 2001-953 du 15 oct. 2001 (JO 20 oct.) portant publication du protocole facultatif à la convention sur l'élimination de toutes les formes de discriminations à l'égard des femmes, fait à New York le 6 oct. 1999.

De la traite des êtres humains

Art. 225-4-1 *(L. n° 2013-711 du 5 août 2013, art. 1er)* I. — La traite des êtres humains est le fait de recruter une personne, de la transporter, de la transférer, de l'héberger ou de l'accueillir à des fins d'exploitation dans l'une des circonstances suivantes :

1° Soit avec l'emploi de menace, de contrainte, de violence ou de manœuvre dolosive visant la victime, sa famille ou une personne en relation habituelle avec la victime ;

2° Soit par un ascendant légitime, naturel ou adoptif de cette personne ou par une personne qui a autorité sur elle ou abuse de l'autorité que lui confèrent ses fonctions ;

3° Soit par abus d'une situation de vulnérabilité due à son âge, à une maladie, à une infirmité, à une déficience physique ou psychique ou à un état de grossesse, apparente ou connue de son auteur ;

4° Soit en échange ou par l'octroi d'une rémunération ou de tout autre avantage ou d'une promesse de rémunération ou d'avantage.

L'exploitation mentionnée au premier alinéa du présent I est le fait de mettre la victime à sa disposition ou à la disposition d'un tiers, même non identifié, afin soit de permettre la commission contre la victime des infractions de proxénétisme, d'agression ou d'atteintes sexuelles, de réduction en esclavage, de soumission à du travail ou à des services forcés, de réduction en servitude, de prélèvement de l'un de ses organes, d'exploitation de la mendicité, de conditions de travail ou d'hébergement contraires à sa dignité, soit de contraindre la victime à commettre tout crime ou délit.

La traite des êtres humains est punie de sept ans d'emprisonnement et de 150 000 € d'amende.

II. — La traite des êtres humains à l'égard d'un mineur est constituée même si elle n'est commise dans aucune des circonstances prévues aux 1° à 4° du I.

Elle est punie de dix ans d'emprisonnement et de 1 500 000 € d'amende.

BIBL. ▶ CHAVENT-LECLÈRE, *AJ pénal 2013. 510* (adaptation du code pénal français aux engagements européens). – FORTIS, *Dr. soc. 2014. 458* (les formes d'exploitation par le travail sanctionnées pénalement et la loi n° 2013-711 du 5 août 2013). – LE COZ, *AJ pénal 2013. 512* (répression des atteintes aux personnes dans la loi n° 2013-711 du 5 août 2013). – GOZZI, *D. 2013. Pan. 2713* (L. n° 2013-711 du 5 août 2013).

V. le protocole contre le trafic illicite de migrants par terre, air et mer, additionnel à la Convention des Nations unies contre la criminalité transnationale organisée, adopté à New York le 15 nov. 2000, signé par la France le 12 déc. 2000, publié par le Décr. n° 2004-446 du 19 mai 2004 (JO 27 mai) et entré en vigueur le 28 janv. 2004.

V. également le protocole additionnel à la Convention des Nations unies contre la criminalité transnationale organisée visant à prévenir, réprimer et punir la traite des personnes, en particulier des femmes et des enfants, adopté à New York le 15 nov. 2000, signé par la France le 12 déc. 2000, publié par le Décr. n° 2004-447 du 19 mai 2004 (JO 27 mai) et entré en vigueur le 25 déc. 2003.

V. Convention du Conseil de l'Europe sur la lutte contre la traite des êtres humains, adoptée le 16 mai 2005 à Varsovie, signée par la France le 22 mai 2006 à Strasbourg, publiée par Décr. n° 2008-1118 du 31 oct. 2008 (JO 4 nov.) et entrée en vigueur le 1er mai 2008. — Sur cette convention, V. RSC 2009. Chron. 417, obs. Gallardo.

Des conditions de travail et d'hébergement contraires à la dignité de la personne, du travail forcé et de la réduction en servitude (L. n° 2013-711 du 5 août 2013, art. 1er).

Art. 225-13 Le fait d'obtenir d'une personne, *(L. n° 2003-239 du 18 mars 2003, art. 33)* « dont la vulnérabilité ou l'état de dépendance sont apparents ou connus de l'auteur », la fourniture de services non rétribués ou en échange d'une rétribution manifestement sans rapport avec l'importance du travail accompli est puni de *(L. n° 2003-239 du 18 mars 2003, art. 33)* « cinq ans d'emprisonnement et de 150 000 € d'amende ».

(L. n° 2009-1437 du 24 nov. 2009, art. 50-I) « Les personnes physiques ou morales coupables du délit prévu à la présente section encourent également la peine complémentaire suivante : interdiction de l'activité de prestataire de formation professionnelle continue au sens de l'article L. 6313-1 du code du travail pour une durée de cinq ans. »

Art. 225-14 Le fait de soumettre une personne, *(L. n° 2003-239 du 18 mars 2003, art. 34)* « dont la vulnérabilité ou l'état de dépendance sont apparents ou connus de l'auteur », à des conditions de travail ou d'hébergement incompatibles avec la dignité humaine est puni de *(L. n° 2003-239 du 18 mars 2003, art. 34)* « cinq ans d'emprisonnement et de 150 000 € d'amende ».

Est coupable du délit de soumission de personnes vulnérables à des conditions de travail indignes le chef d'entreprise qui dirige ses salariés en ayant recours à des hurlements et à des vexations permanents, qui utilise des procédés inadmissibles pour les humilier et qui impose des cadences et des conditions matérielles de travail faisant d'eux le prolongement d'une machine-outil ; l'employeur ayant profité de leur situation de vulnérabilité sociale et économique résultant de leur absence de qualification et de la situation particulièrement difficile de l'emploi en milieu rural et notamment dans le secteur de la confection. • Crim. 4 mars 2003 : *Bull. crim.* n° *58 ; D. 2004. somm. 181, obs. Aubert-Monpeyssen ; JCP 2003. IV. 1804 ; RJS 2003. 475, n° 702 ; JS Lamy 2003, n° 122-2.*

Art. 225-14-1 *(L. n° 2013-711 du 5 août 2013, art. 1er)* **Le travail forcé est le fait, par la violence ou la menace, de contraindre une personne à effectuer un travail sans rétribution ou en échange d'une rétribution manifestement sans rapport avec l'importance du travail accompli. Il est puni de sept ans d'emprisonnement et de 200 000 € d'amende.**

Art. 225-14-2 *(L. n° 2013-711 du 5 août 2013, art. 1er)* **La réduction en servitude est le fait de faire subir, de manière habituelle, l'infraction prévue à l'article 225-14-1 à une personne dont la vulnérabilité ou l'état de dépendance sont apparents ou connus de l'auteur. Elle est punie de dix ans d'emprisonnement et de 300 000 € d'amende.**

Art. 225-15 *(L. n° 2013-711 du 5 août 2013, art. 1er)* **I. — Lorsqu'elles sont commises à l'égard de plusieurs personnes :**

1° Les infractions définies aux articles 225-13 et 225-14 sont punies de sept ans d'emprisonnement et de 200 000 € d'amende ;

2° L'infraction définie à l'article 225-14-1 est punie de dix ans d'emprisonnement et de 300 000 € d'amende ;

3° L'infraction définie à l'article 225-14-2 est punie de quinze ans de réclusion criminelle et de 400 000 € d'amende.

II. — Lorsqu'elles sont commises à l'égard d'un mineur :

1° Les infractions définies aux articles 225-13 et 225-14 sont punies de sept ans d'emprisonnement et de 200 000 € d'amende ;

2° L'infraction définie à l'article 225-14-1 est punie de dix ans d'emprisonnement et de 300 000 € d'amende ;

3° L'infraction définie à l'article 225-14-2 est punie de quinze ans de réclusion criminelle et de 400 000 € d'amende.

III. — Lorsqu'elles sont commises à l'égard de plusieurs personnes parmi lesquelles figurent un ou plusieurs mineurs :

1° Les infractions définies aux articles 225-13 et 225-14 sont punies de dix ans d'emprisonnement et de 300 000 € d'amende ;

2° L'infraction définie à l'article 225-14-1 est punie de quinze ans de réclusion criminelle et de 400 000 € d'amende ;

3° L'infraction définie à l'article 225-14-2 est punie de vingt ans de réclusion criminelle et de 500 000 € d'amende.

Art. 225-15-1 *(L. n° 2003-239 du 18 mars 2003, art. 36)* **Pour l'application des articles 225-13** *(L. n° 2013-711 du 5 août 2013, art. 1er)* **« à 225-14-2 », les mineurs ou les personnes qui ont été victimes des faits décrits par ces articles à leur arrivée sur le territoire français sont considérés comme des personnes vulnérables ou en situation de dépendance.**

Art. 225-16 *(L. n° 2009-526 du 12 mai 2009, art. 124-I)* **« Les personnes morales déclarées responsables pénalement, dans les conditions prévues par l'article 121-2, des infractions définies aux articles 225-13 à 225-15 encourent, outre l'amende suivant les modalités prévues par l'article 131-38 : »**

2° *[1°]* **Les peines mentionnées à l'article 131-39.**

(L. n° 98-657 du 29 juill. 1998, art. 124) **« 3°** *[2°]* **La confiscation du fonds de commerce destiné à l'hébergement de personnes et ayant servi à commettre l'infraction prévue à l'article 225-14. »**

Sur les peines complémentaires, V. C. pén., art. 225-19. — ***C. pén.*** *— V. aussi CCH, art. L. 651-10, issu de L. n° 98-657 du 29 juill. 1998, art. 124-IV. —* ***CCH.***

Code de procédure civile

Actions en matière de discriminations

Art. 1263-1 *(Décr. n° 2008-799 du 20 août 2008)* **Les associations régulièrement déclarées depuis au moins cinq ans et se proposant, par leurs statuts, de lutter contre les discriminations peuvent exercer les actions en justice qui naissent de la loi n° 2008-496 du 27 mai 2008 en faveur de la victime d'une discrimination.**

L'association doit justifier avoir obtenu l'accord écrit de l'intéressé après avoir porté à sa connaissance les informations suivantes :

1° La nature et l'objet de l'action envisagée ;

2° Le fait que l'action sera conduite par l'association qui pourra exercer elle-même les voies de recours ;

3° Le fait que l'intéressé pourra, à tout moment, intervenir dans l'instance engagée par l'association ou y mettre fin.

V. aussi CJA, art. R. 779-9. – ***C. adm.***

Code de la propriété intellectuelle

PREMIÈRE PARTIE : ***LÉGISLATIVE***

(L. n° 92-597 du 1er juill. 1992).

C. com. ; CPI.

TITRE PREMIER (du livre Ier) **Objet du droit d'auteur**

....

Art. L. 113-9 *(L. n° 94-361 du 10 mai 1994)* « Sauf dispositions statutaires ou stipulations contraires, les droits patrimoniaux sur les logiciels et leur documentation créés par un ou plusieurs employés dans l'exercice de leurs fonctions ou d'après les instructions de leur employeur sont dévolus à l'employeur qui est seul habilité à les exercer. »

Toute contestation sur l'application du présent article est soumise au tribunal de grande instance du siège social de l'employeur.

....

CHAPITRE II (du livre II) ***Droits des artistes-interprètes***

Art. L. 212-4 La signature du contrat conclu entre un artiste-interprète et un producteur pour la réalisation d'une œuvre audiovisuelle vaut autorisation de fixer, reproduire et communiquer au public la prestation de l'artiste-interprète.

Ce contrat fixe une rémunération distincte pour chaque mode d'exploitation de l'œuvre. – *[L. n° 85-660 du 3 juill. 1985, art. 19, al. 1er et 2.]*

1. L'art. L. 212-4 est applicable aux contrats antérieurs au 1er janvier 1986. • Civ. 1re, 16 juill. 1992 : *RIDA, janv. 1993, p. 177 ; D. 1993. 220, note Daverat*. ♦ V. art. L. 212-7.

2. Sur la détermination du domaine de l'art. L. 212-4 et son articulation avec les principes posés par l'art. L. 212-3, V. notes 4 et 5 ss. art. L. 212-3.

3. La présomption de cession n'est pas applicable : au contrat relatif à un spectacle vivant et non à la réalisation d'une œuvre audiovisuelle. • Paris, 16 juin 1993 : *D. 1994. 218, note Edelman*. ♦ ... Aux contrats pour lesquels les artistes-interprètes n'ont été ni parties ni représentés. • Civ. 1re, 16 juill. 1992 : *préc. note 1.* ♦ ... A l'œuvre multimédia tirée d'une œuvre audiovisuelle. • TGI Paris, 26 mars 2003 : *Légipresse 2003, n° 205, I, p. 131.*

4. Le contrat conclu entre un artiste-interprète et un producteur vaut présomption de cession des droits de l'artiste-interprète pour la fixation, la reproduction et la communication de sa prestation, mais doit fixer une rémunération distincte pour chaque mode d'exploitation de l'œuvre. Il en résulte que la rémunération de l'artiste-interprète au titre de la cession de ses droits sur l'œuvre doit être distincte de la rémunération de sa prestation artistique. Une clause de rémunération globale est nulle. • Soc. 10 févr. 1998 : *D. 1998. IR 73 ; GAPI, 1re éd., n° 15 ; JCP E 1999. 1494, note Laporte-Legeais ; Légipresse 1998, III, p. 101, note Veyssière.*

5. La simple feuille de présence signée par l'artiste-interprète, qui ne porte aucune autre mention que la date de diffusion et ne comporte aucune clause d'aucune autre sorte, ne présente pas la nature d'un contrat au sens de l'art. L. 212-4. • Paris, 18 sept. 2002 : *D. 2002. AJ 3208 ; JCP E 2004. 561, n° 2, obs. Bochard* • Paris, 9 mai 2005 : *RTD com. 2006. 376, obs. Pollaud-Dulian*.

6. Catch-up TV. L'accord selon lequel les artistes-interprètes autorisent la mise à disposition en VOD de leur prestation pendant les sept jours qui suivent la diffusion, la rémunération étant comprise dans le salaire initial, ne contrevient pas aux dispositions de l'art. L. 212-4. • Paris, 31 mars 2010 : *Propr. intell. 2010, n° 36, p. 859, obs. Bruguière.*

Art. L. 212-5 Lorsque ni le contrat ni une convention collective ne mentionnent de rémunération pour un ou plusieurs modes d'exploitation, le niveau de celle-ci est fixé par référence à des barèmes établis par voie d'accords spécifiques conclus, dans chaque secteur d'activité, entre les organisations de salariés et d'employeurs représentatives de la profession. – *[L. n° 85-660 du 3 juill. 1985, art. 19, al. 3.]*

BIBL. ▶ DE TISSOT, *Les Annonces de la Seine, 4 juin 1998* (quelques observations sur les problèmes juridiques posés par la rémunération des artistes-interprètes).

Art. L. 212-6 Les dispositions de l'article L. 762-2 du code du travail *[L. 7121-8 nouv.]* ne s'appliquent qu'à la fraction de la rémunération versée en application du contrat excédant les bases fixées par la convention collective ou l'accord spécifique. – *[L. n° 85-660 du 3 juill. 1985, art. 19, al. 4.]*

La rémunération due pour un mode d'exploitation non prévu au contrat doit être déterminée par référence aux barèmes établis par les organisations représentatives de la profession. • Paris, 10 juill. 1990 : *RIDA, janv. 1991, p. 315.* ♦ Un artiste-interprète a vocation à percevoir un salaire lorsqu'il participe à un concert en public ou à l'enregistrement d'un disque, ou d'une bande musicale, et des royalties, ou redevances, lorsque l'enregistrement auquel il a participé est passé en public. • Paris, 31 janv. 1997 : *D. 1997. IR 58* • Soc. 21 juin 2004 : *D. 2004. AJ 2304 ; Légipresse 2004, I, p. 134 ; Propr. intell. 2004, n° 13, p. 926, obs. Lucas.*

Art. L. 212-7 Les contrats passés antérieurement au 1er janvier 1986 entre un artiste-interprète et un producteur d'œuvre audiovisuelle ou leurs cessionnaires sont soumis aux dispositions qui précèdent, en ce qui concerne les modes d'exploitation qu'ils excluaient. La rémunération correspondante n'a pas le caractère de salaire. – *[L. n° 85-660 du 3 juill. 1985, art. 19, al. 5.]*

TITRE III (du livre III) **Procédures et sanctions**

....

Art. L. 335-5 *(L. n° 94-102 du 5 févr. 1994)* Dans le cas de condamnation fondée sur l'une des infractions définies aux *(L. n° 2006-961 du 1er août 2006, art. 26)* « articles L. 335-2 à L. 335-4-2 », le tribunal peut ordonner la fermeture totale ou partielle, définitive ou temporaire, pour une durée au plus de cinq ans, de l'établissement ayant servi à commettre l'infraction.

La fermeture temporaire ne peut entraîner ni rupture ni suspension du contrat de travail, ni aucun préjudice pécuniaire à l'encontre des salariés concernés. Lorsque la fermeture définitive entraîne le licenciement du personnel, elle donne lieu, en dehors de l'indemnité de préavis et de l'indemnité de licenciement, aux dommages et intérêts prévus aux articles L. 122-14-4 et L. 122-14-5 du code du travail *[L. 1235-2 et L. 1235-5 nouv.]* en cas de rupture de contrat de travail. Le non-paiement de ces indemnités est puni de six mois d'emprisonnement et de 3 750 € d'amende.

TITRE II (du livre V) **Contentieux**

....

Art. L. 521-4 *(L. n° 2007-1544 du 29 oct. 2007, art. 3)* La contrefaçon peut être prouvée par tous moyens.

A cet effet, toute personne ayant qualité pour agir en contrefaçon est en droit de faire procéder en tout lieu et par tous huissiers, assistés d'experts désignés par le demandeur, en vertu d'une ordonnance rendue sur requête par la juridiction civile compétente, soit à la description détaillée, avec ou sans prélèvement d'échantillons, soit à la saisie réelle des objets prétendus contrefaisants ainsi que de tout document s'y rapportant.

La juridiction peut ordonner, aux mêmes fins probatoires, la saisie réelle des matériels et instruments utilisés pour produire ou distribuer les objets prétendus contrefaisants.

Elle peut subordonner l'exécution des mesures qu'elle ordonne à la constitution par le demandeur de garanties destinées à assurer l'indemnisation éventuelle du défendeur si l'action en contrefaçon est ultérieurement jugée non fondée ou la saisie annulée.

A défaut pour le demandeur de s'être pourvu au fond, par la voie civile ou pénale, dans un délai fixé par voie réglementaire, l'intégralité de la saisie, y compris la description, est annulée à la demande du saisi, sans que celui-ci ait à motiver sa demande et sans préjudice des dommages et intérêts qui peuvent être réclamés.

Art. L. 521-4-1 *(L. n° 2014-315 du 11 mars 2014, art. 4)* La juridiction peut ordonner, d'office ou à la demande de toute personne ayant qualité pour agir en contrefaçon, toutes les mesures d'instruction légalement admissibles, même si une saisie-contrefaçon n'a pas préalablement été ordonnée dans les conditions prévues à l'article L. 521-4.

TITRE PREMIER (du livre VI) **Brevets d'invention**

....

Art. L. 611-7 Si l'inventeur est un salarié, le droit au titre de propriété industrielle, à défaut de stipulation contractuelle plus favorable au salarié, est défini selon les dispositions ci-après :

1. Les inventions faites par le salarié dans l'exécution soit d'un contrat de travail comportant une mission inventive qui correspond à ses fonctions effectives, soit d'études et de recherches qui lui sont explicitement confiées, appartiennent à l'employeur. *(L. n° 2015-990 du 6 août 2015, art. 175)* « L'employeur informe le salarié auteur d'une telle invention lorsque cette dernière fait l'objet du dépôt d'une demande de titre de propriété industrielle et lors de la délivrance, le cas échéant, de ce titre. » Les conditions dans lesquelles le salarié, auteur d'une *(L. n° 2015-990 du 6 août 2015, art. 175)* « invention appartenant à l'employeur », bénéficie d'une rémunération supplémentaire sont déterminées par les conventions collectives, les accords d'entreprise et les contrats individuels de travail. *– V. C. trav., art. L. 2261-22 (12°, f).*

Si l'employeur n'est pas soumis à une convention collective de branche, tout litige relatif à la rémunération supplémentaire est soumis à la commission de conciliation instituée par l'article L. 615-21 ou au tribunal de grande instance.

2. Toutes les autres inventions appartiennent au salarié. Toutefois, lorsqu'une invention est faite par un salarié *(L. n° 94-102 du 5 févr. 1994, art. 22)* « soit dans le cours de l'exécution de ses fonctions », soit dans le domaine des activités de l'entreprise, soit par la connaissance ou l'utilisation des techniques ou de moyens spécifiques à l'entreprise, ou de données procurées par elle, l'employeur a le droit, dans des conditions et délais fixés par décret en Conseil d'État, de se faire attribuer la propriété ou la jouissance de tout ou partie des droits attachés au brevet protégeant l'invention de son salarié.

Le salarié doit en obtenir un juste prix qui, à défaut d'accord entre les parties, est fixé par la commission de conciliation instituée par l'article L. 615-21 ou par le tribunal de grande instance : ceux-ci prendront en considération tous éléments qui pourront leur être fournis notamment par l'employeur et par le salarié, pour calculer le juste prix tant en fonction des apports initiaux de l'un et de l'autre que de l'utilité industrielle et commerciale de l'invention.

3. Le salarié auteur d'une invention en informe son employeur qui en accuse réception selon des modalités et des délais fixés par voie réglementaire.

Le salarié et l'employeur doivent se communiquer tous renseignements utiles sur l'invention en cause. Ils doivent s'abstenir de toute divulgation de nature à compromettre en tout ou en partie l'exercice des droits conférés par le présent livre.

Tout accord entre le salarié et son employeur ayant pour objet une invention de salarié doit, à peine de nullité, être constaté par écrit.

4. Les modalités d'application du présent article sont fixées par décret en Conseil d'État. *– V. CPI, art. R. 611-1 s.*

5. Les dispositions du présent article sont également applicables aux agents de l'État, des collectivités publiques et de toutes autres personnes morales de droit public, selon des modalités qui sont fixées par décret en Conseil d'État. *– V. CPI, art. R. 611-11 s.* *– **CPI.***

BIBL. ▶ Pochart et Fortune, *JCP S 2016. 1022* (nouvelle obligation d'information de l'employeur en matière d'invention des salariés).

INVENTIONS DE SALARIÉS

1. Application de la loi dans le temps. La demande d'un salarié relative à des inventions antérieures à 1978 relève de la juridiction prud'homale. • Soc. 25 févr. 1988 : *Ann. propr. ind. 1988. 157* • Paris, 7 juin 1989 : *ibid. 1989. 71* • 4 déc. 1985 : *D. 1986. Somm. 133, obs. Mousseron et Schmidt.* ♦ Et la loi du 19 juill. 1978 ne leur est pas applicable. • TGI Paris, 1er sept. 1999 : *PIBD 2000. III. 225.* ♦ Les inventions de salariés réalisées avant le 1er juill. 1979 sont soumises aux principes dégagés par la jurisprudence. • Paris, 16 janv. 2002 : *D. 2002. AJ 1352* ✐ *; Propr. ind. 2002, comm. n° 29, note Raynard.*

2. Qualité de salarié. Doit être cassé l'arrêt qui, pour rejeter la demande du président-directeur général révoqué d'une société en paiement d'une redevance pour l'exploitation d'une invention dont il se prétend l'auteur, après avoir constaté la qualité de président du conseil d'administration de l'intéressé et les recherches qu'il avait personnellement menées, décide une application analogique de l'art. L. 611-7. Sauf stipulation contractuelle, le champ d'application de ce texte est limité aux inventions réalisées par des salariés et l'art. L. 611-6 énonce que le droit au titre de propriété industrielle appartient à l'inventeur. • Com. 21 juin 1988 : *RTD com. 1988. 621, obs. Chavanne et Azéma ; Ann. propr. ind. 1989. 54.* ♦ L'étudiant-stagiaire qui réalise une invention au cours de son stage est titulaire des droits sur le brevet déposé. • Com. 25 avr. 2006, n° 04-19.482 P : *D. 2006. AJ 1288, obs. Daleau ; ibid. 2007. Pan. 337, obs. Raynard ; CCE 2006, comm. n° 91, note Caron ; JCP E 2006, n° 2586, obs. Reinhard ; PIBD 2006. III. 459 ; Propr. ind. 2006, comm. n° 62, note Raynard ; Propr. intell. 2006, n° 20, p. 349, obs. Warusfel.* – Cassant • Paris, 10 sept. 2004 : *D. 2004. AJ 2576 .* ♦ Et, dans la même affaire, le Conseil d'État considéra que le directeur du laboratoire, en édictant que les brevets correspondant aux inventions réalisées par les étudiants au sein du laboratoire seraient la propriété du CNRS, ne tient d'aucun texte le pouvoir d'édicter une telle règle. • CE 22 févr. 2010 : *Dalloz actualité, 5 mars 2010, obs. de Montecler ; CCE 2010, comm. n° 46, obs. Caron ; LEPI, mai 2010, p. 5, obs. Clavier.*

3. Sur la date de réalisation de l'invention, V. • TGI Paris, 4 nov. 1993 : *PIBD 1994. III. 74 ; Dossiers Brevets 1994. II. 4 ; JCP E 1995. I. 471, n° 16, obs. Burst et Mousseron.*

4. Le régime des inventions de salariés s'applique aux inventions réalisées quelles que soient les extensions à l'étranger du brevet français initial. • TGI Paris, 15 déc. 1999 : *D. 2002. Somm. 1190, obs. Galloux .* ♦ En l'absence de dépôt de brevet, les anciens salariés sont libres d'utiliser dans de nouvelles fonctions le savoir-faire (brevetable) acquis par eux au sein de leur ancienne entreprise dès lors qu'ils ne commettent aucun détournement de secret de fabrication. • Paris, 5 mai 2004 : *D. 2005. Pan. 962, obs. Raynard ; PIBD 2004. III. 636 ; Propr. ind. 2005, comm. n° 15, obs. Schmidt-Szalewski.*

5. Invention de mission. La juridiction appelée à se prononcer sur la propriété d'un brevet, lorsque l'inventeur est un salarié, doit examiner si se trouve remplie l'une ou l'autre des conditions prévues à l'art. L. 611-7, en recherchant si l'invention a été faite par le salarié dans l'exécution soit d'un contrat de travail comportant une mission inventive qui corresponde à ses fonctions effectives, soit d'études ou de recherches qui lui ont été explicitement confiées. • Com. 18 déc. 1986 : *Bull. civ. IV, n° 241 ; Ann. propr. ind. 1987. 63* • 15 nov. 1994 : *PIBD 1995. III. 54.* – Rejet du pourvoi contre • Paris, 15 oct. 1992 : *GAPI, 1re éd., n° 23 ; PIBD 1993. III. 4* • Com. 10 mai 1989 : *Bull. civ. IV, n° 149.* ♦ Dès lors qu'il est établi qu'une entreprise a sollicité la réflexion de plusieurs salariés, pour rechercher une solution à un problème technique, et que les demandeurs, dont la tâche habituelle n'est pas de participer à un travail de recherche, avaient eux-mêmes reconnu que le travail leur avait été demandé par leur chef d'atelier, il peut en être déduit que l'invention revendiquée relevait d'une mission explicite de recherche donnée par l'entreprise. • Com. 13 janv. 1998 : *D. Affaires 1998. 258 ; D. 1998. IR 55 ; JCP 1998. IV. 1438 ; Dossiers Brevets 1998. I. 7.* ♦ Est une invention de mission celle qui est réalisée par un ingénieur affecté à un département ayant une mission d'études impliquant recherches et expérimentations, mission nécessitant de vaincre des obstacles énumérés par une note de service et revêtant ainsi un caractère inventif. • Paris, 17 déc. 1997 : *PIBD 1998. III. 160 ; Dossiers Brevets 1998, II. 3.* – Pourvoi rejeté par • Com. 21 nov. 2000 : *GAPI, 1re éd., n° 23 ; PIBD 2001. III. 128 ; Propr. ind. 2002, comm. n° 28, note Raynard* • Paris, 21 sept. 2007 : *PIDB 2007, III, p. 691.* ♦ Dès lors qu'un directeur marketing n'est à l'origine que de l'idée technique et marketing de l'invention mais aucunement de sa faisabilité technique, sa part dans l'invention doit être limitée à une invention de mission. • TGI Paris, 16 oct. 2001 : *PIBD 2002. III. 265 ; RDPI 2002, n° 136, p. 39.* ♦ L'invention, qui découle de l'exécution des études et recherches qui ont été confiées au salarié, appartient à l'employeur, peu important que son domaine d'application dépasse le domaine d'activité de celui-ci. • TGI Paris, 1er févr. 2006 : *D. 2007. Pan. 338, obs. Raynard ; PIBD 2006. III. 317 ; Propr. intell. 2006, n° 20, p. 347, obs. Galloux* • Paris, 15 déc. 2006 : *RTD com. 2007. 523, obs. Galloux ; PIBD 2007. III. 153.* ♦ La qualification d'invention de mission ne découle pas de la volonté des parties mais de considérations objectives. • TGI Paris, 22 sept. 2009 : *RTD com. 2010. 101, obs. Galloux .*

6. Le brevet est l'aboutissement d'actions très précisément voulues par l'employeur aux fins d'innovation et dont le chef de son service technique avait la responsabilité, son poste élevé et ses compétences reconnues dispensant son employeur de lui assigner expressément dans un contrat de travail une mission inventive, dont son comportement avait dès le début de l'emploi manifesté qu'il l'avait parfaitement intégrée dans ses fonctions. L'invention n'a pas été réalisée hors mission, mais par obligation fonctionnelle et avec le concours des moyens fournis par l'employeur ; elle est de plein droit la propriété de l'employeur. • Paris, 7 févr. 1991 : *Ann. propr. ind. 1992. 300 ; PIBD 1991. III. 394* • 15 oct. 1992 : *ibid. 1994. 75* • TGI Paris, 17 févr. 1989 : *Dossiers Brevets 1989. V. 5 ; PIBD 1989, III, p. 318.*

7. Rémunération supplémentaire. Aucun texte légal ou conventionnel applicable en l'espèce n'imposant que la rémunération supplémentaire due au salarié doive être fixée en fonction de son salaire, c'est à bon droit qu'une cour d'appel, qui n'a pas fixé le montant de cette rémunération uniquement sur l'intérêt économique de l'invention, s'est fondée sur la définition, l'intérêt scientifique et les difficultés de mise au point de l'invention, ainsi que sur l'importance de la contribution personnelle de l'employé. • Com. 21 nov. 2000, n° 98-11.900 P : *D. 2002. Somm. 1188, obs. Raynard ; Ann. propr. ind. 2001. 3, obs. Mathély ; Dossiers Brevets 2000. III. 2 ; JCP E 2001, p. 275, obs. Galloux ; PIBD 2001. III. 101 ; RIPIA 2001, n° 203, p. 50.* – Rejet du pourvoi contre • Paris, 19 déc. 1997 : *PIBD 1998. III. 157.* – Sur cette question, V. aussi • TGI Paris, 7 mai 1998 : *Dossiers Brevets 1998. II. 5 ; RDPI 1998, n° 89, p. 48* • TGI Paris, 30 sept. 2003 : *RTD com. 2004. 300, obs. Galloux* • 9 mars 2004 : *PIBD 2004. III. 321* • Paris, 28 avr. 2004 : *Propr. intell. 2004, n° 12, p. 791, obs. Galloux, Gutmann et Warusfel* • Paris, 13 mai 2005 : *Propr. ind. 2005, comm. n° 63, note Raynard* • Com. 18 déc. 2007 : *D. 2008. 1386, note Boizard ; ibid. 2009. Pan. 453, obs. Raynard ; CCE 2008, comm. n° 35, note Caron ; Propr. ind. 2008, comm. n° 18, note Raynard* • Paris, 14 avr. 2010 : *LEPI, juin 2010, p. 5, obs. Boutin.* ♦ Sur le refus du versement d'une rémunération supplémentaire lorsque le procédé exploité diffère de celui inventé par le salarié, V. • Paris, 20 janv. 2006 : *RTD com. 2006. 351, obs. Galloux ; Propr. ind. 2007, comm. n° 37, note Vigand ; Propr. intell. 2006, n° 20, p. 348, obs. Galloux.* ♦ Doit être réputée non écrite la convention collective qui impose au salarié, pour l'obtention de la rémunération supplémentaire, d'apporter la preuve que son invention présente un intérêt exceptionnel pour l'entreprise. • Lyon,14 nov. 2002 : *Propr. ind. 2004, comm. n° 69, note Raynard.* ♦ Un salarié ne peut se prévaloir d'un avantage individuellement acquis sur les modalités de calcul de la rémunération supplémentaire non incluses dans son contrat de travail mais résultant exclusivement des stipulations d'un accord d'entreprise qui s'applique à la date fixée par un nouvel accord, lequel a valeur normative, s'impose à tous et régit les situations en cours. • Com. 22 févr. 2005, n° 02-18.790 P : *D. 2007. Pan. 337, obs. Raynard ; JCP E 2005. 964, note Girard et Fleurance ; PIBD 2005. III. 253 ; Propr. ind. 2005, comm. n° 53, note Vigand.* ♦ Sur l'appréciation d'une « transaction » entre le salarié et l'employeur relative à l'attribution d'une rémunération supplémentaire pour « tous les brevets réalisés au cours de sa carrière dans la société », V. • Paris, 14 déc. 2005 : *D. 2007. Pan. 337, obs. Raynard ; Propr. intell. 2006, n° 19, p. 204, obs. Warusfel.* ♦ Lorsque l'invention de mission est antérieure à la conclusion du contrat de travail et correspond à un apport en nature, elle ne peut donner lieu à une rémunération supplémentaire. • Soc. 2 juin 2010 : *Propr. ind. 2010, comm. n° 56, note Boizard ; RJS 2010. 579, n° 639 ; Sem. soc. Lamy 2010, n° 1452, p. 12, obs. Hautefort ; JCP S 2010. 1343, obs. Blanc-Jouvan.*

8. Droit à rémunération supplémentaire et application de la loi dans le temps. Le droit à rémunération supplémentaire, pour un salarié investi d'une mission inventive, prenant naissance à la date de réalisation de l'invention brevetable et non à celle du dépôt ou de la délivrance d'un brevet, c'est la loi en vigueur à la première de ces dates qui doit seule s'appliquer pour déterminer la mise en œuvre de ce droit. • Com. 20 sept. 2011 : *D. 2011. AJ 2401, obs. Daleau ; RJS 2012. 98, n° 96.*

9. Cause réelle et sérieuse de licenciement. L'invention faite par le salarié dans l'exécution du contrat de travail comportant une mission inventive appartient à l'employeur ; le dépôt en son nom par un salarié du brevet d'une invention faite dans le cadre d'une mission inventive est susceptible de constituer une cause réelle et sérieuse. • Soc. 21 sept. 2011 : *RDT 2011. 696, obs. F. Héas ; RJS 2011. 821, n° 926 ; JS Lamy 2011, n° 308-5 ; Dr. ouvrier 2012. 50, obs. Marié ; JCP S 2011.1500, obs. Drai.*

10. Prescription. La prescription quinquennale ne peut commencer qu'à compter du moment où la créance devient déterminable, c'est-à-dire notamment à compter de la notification par une des parties au contrat de travail à l'autre de l'évaluation qu'elle croit pouvoir en faire ou, à défaut, de la perte de tout monopole d'exploitation par l'employeur ou encore de la cessation d'exploitation de l'invention si cette dernière est postérieure à l'expiration du brevet. • TGI Paris, 5 avr. 2006 : *D. 2007. Pan. 338, obs. Raynard ; PIBD 2006. III. 493 ; Propr. ind. 2006, comm. n° 91, note Raynard.* ♦ V. aussi • TGI Paris, 15 déc. 2009 : *RTD com. 2010. 101, obs. Galloux.* ♦ Sur la prescription quinquennale de la rémunération supplémentaire, V. • Paris, 28 avr. 2004 : *préc.*

11. Invention hors mission. Il n'y a pas invention de mission, dès lors qu'il n'est pas établi que l'inventeur, ingénieur de production, ait reçu une mission de recherche, ni dirigé un service de recherche, que son activité inventive n'a pas empiété sur le domaine d'activité de l'entreprise, qu'il n'a pas utilisé les moyens techniques de l'entreprise et qu'il ne s'est pas consacré à ses recherches pendant son temps de travail. • Lyon, 4 nov. 1981 : *PIBD 1982, III, p. 17.* ♦ Si le salarié était désigné comme responsable recherche développement dans les indications figurant sur le bulletin de salaire, il n'est pas prouvé qu'un tel service ait été mis en place dans cette société de taille très réduite, ni que la désignation correspondait à une réelle attribution, l'essentiel du travail du salarié étant de la maintenance et non la recherche d'un nouveau produit (au moment du dépôt de la demande de brevet, le salarié, qui avait une parfaite connaissance de la technique en cause avant même la création de la société, avait déjà été licencié par cette dernière, qui ne peut revendiquer le brevet). • Lyon, 18 nov. 1999 : *PIBD 2000. II. 65.* ♦ Sur l'appréciation des critères de classement de l'invention hors mission, V. • TGI Strasbourg, 1er déc. 2003 : *D. 2005. Pan. 693, obs. Raynard ; PIBD 2004. III. 125.*

12. Invention hors mission attribuable. Pour la qualification d'inventions entrant dans le domaine d'activité de l'entreprise, V. • Paris, 17 oct. 1989 : *RTD com. 1990. 200, obs. Chavanne et Azéma* ; *Ann. propr. ind. 1992. 291 ; PIBD 1990. III. 94* • Aix-en-Provence, 14 avr. 1987 : *Dossiers Brevets 1987. IV. 5 ; RDPI 1987 n° 11, p. 81.* ♦ Dès lors que le salarié n'a été investi par écrit d'aucune mission inventive, il convient uniquement, pour définir la nature de l'invention relevant du domaine d'activité de l'entreprise, de déterminer si le salarié était investi d'une mission inventive générale ou ponctuelle avant le dépôt de la demande de brevet par la société. • Paris, 23 oct. 1996 : *PIBD 1996. III. 85 ; Dossiers Brevets 1997. I. 1 ; Gaz. Pal. 29-30 juill. 1998, p. 32, note de Roquefeuil ; RDPI 1997, n° 80, p. 33.* ♦ En raison des fonctions purement administratives de l'inventeur et du fait que son invention a pu être mise au point grâce aux moyens de son employeur, il s'agit d'une invention hors mission attribuable. • TGI Marseille, 12 mai 1998 : *PIBD 1999. III. 65.* ♦ L'employeur qui a manifesté son intérêt pour une invention hors mission attribuable en déposant une demande de brevet et en optant pour l'attribution ne peut pas invoquer la nullité du brevet. • Paris, 17 oct. 1989 : *RTD com. 1990. 200, obs. Chavanne et Azéma* ; *Ann. propr. ind. 1992. 291 ; PIBD 1990. III. 94.* ♦ S'agissant d'une invention hors mission attribuable, l'employeur peut renoncer à son droit et le brevet est alors rétrocédé à l'inventeur sans rétroactivité. • Paris, 5 avr. 1990 : *Ann. propr. ind. 1991. 121 ; PIBD 1990. III. 447.* ♦ Sur l'invention hors mission attribuable au directeur du conseil d'administration, V. • TGI Paris, 3 oct. 2007 : *PIBD 2007, II, p. 726.*

13. Juste prix. Le juste prix vise à rémunérer la levée d'option par l'employeur d'une invention et pas d'un brevet. L'appréciation du juste prix doit être faite au moment où se produit l'attribution de l'invention à l'employeur par la levée de l'option et en tenant compte à cette date des perspectives normalement espérées alors, ainsi que de la part du salarié dans la conception de l'invention et de la participation de l'entreprise pour la fourniture des moyens nécessaires à sa réalisation. • Paris, 17 oct. 1989 : *RTD com. 1990. 200, obs. Chavanne et Azéma* ; *Ann. propr. ind. 1992. 291 ; PIBD 1990. III. 94* • 23 oct. 1996 : *D. 1997. Somm. 333, obs. Mousseron* ; *Dossiers Brevets 1997. I. 3* • Paris, 18 oct. 2000 : *PIBD 2001. III. 51* • TGI Marseille, 12 mai 1998 : *PIBD 1999. III. 65.* ♦ La détermination contentieuse du juste prix relève de la compétence du juge des brevets et non du conseil de prud'hommes. • Versailles, 6 oct. 1989 : *Dossiers Brevets 1989. V. 6 ; RTD com. 1990. 201, obs. Chavanne et Azéma* . ♦ La révocation du brevet européen couvrant l'invention du salarié doit être prise en compte dans la fixation du juste prix si elle entraîne des conséquences au niveau du brevet français. • TGI Lyon, 10 mars 1997 : *D. 1997. Somm. 333, obs. Mousseron* ; *Dossiers Brevets 1997. I. 5 ; PIBD 1997. III. 395.* ♦ Sur le calcul de la rémunération supplémentaire, tenant compte des perspectives ouvertes pour l'entreprise, V. • Paris, 19 déc. 1997 : *Dossiers Brevets 1998. II. 4 ; PIDB 1998, III, p. 157 ; RDPI 1998, n° 89, p. 9, note Martin.* ♦ La détermination du juste prix ne doit tenir compte que des éléments ayant un rapport direct avec l'invention brevetée. On ne tiendra donc pas compte des avantages dont le salarié a bénéficié lors de son licenciement, ni des accords passés avec lui à propos d'un brevet postérieur, ni des produits similaires mis sur le marché après son départ. En revanche, l'employeur est fondé à invoquer ses compétences techniques, son savoir-faire et ses investissements qui ont servi à réaliser le produit breveté, ainsi que le caractère peu innovant de l'invention. • Paris, 18 oct. 2000 : *PIDB 2001, III, p. 51.* ♦ Le juste prix ne peut être fixé au vu d'un pourcentage du chiffre d'affaires et de marges brutes actuels, réalisés plus de douze ans après l'attribution de l'invention en cause. • TGI Paris, 11 mars 2003 : *RTD com. 2004. 300, obs. Galloux* ; *PIBD 2003. III. 382 ; Propr. ind. 2003, comm. n° 87, note Raynard.* ♦ Lorsque le juste prix est déterminé par rapport à la valeur d'exploitation, l'employeur a l'obligation d'exploiter. En effet, si l'employeur estime que le brevet n'a aucune valeur, il a le choix de ne pas exercer sa faculté d'attribution. • Paris, 10 mai 2002 : *D. 2002. AJ 2262* ; *PIBD 2002. III. 361 ; Propr. ind. 2003, comm. n° 75, note Raynard ; Propr. intell. 2002, n° 5, p. 73, obs. Warusfel.* ♦ Sur l'appréciation du juste prix, V. • TGI Paris, 28 mars 2008 : *D. 2009. Pan. 456, obs. Raynard* ; *PIBD 2008. III. 333.* ♦ Pour prétendre à l'attribution du juste prix, encore faut-il démontrer son indépendance dans la réalisation de l'invention et sa diligence dans la procédure de dépôt de brevet. • Com. 3 juin 2008 : *D. 2009. Pan. 453, obs. Raynard* ; *Propr. ind. 2008, comm. n° 74, note Boizard.*

14. Preuve. Dès lors qu'il ne justifie pas avoir confié aux salariés défendeurs une mission conforme à leurs compétences respectives, ou des études et recherches précises dans le domaine de l'invention dont il s'agit, le demandeur en revendication n'est pas fondé dans son action car il ne rapporte pas la preuve lui incombant. • Paris, 11 sept. 1996 : *Ann. propr. ind. 1997. 136 ; Dossiers Brevets 1996. III. 2.*

15. Obligation de révélation. L'obligation de révélation ne se limite pas aux inventions que le salarié juge de son fait brevetables. • Paris, 12 sept. 2003 : *D. 2005. Pan. 962, obs. Raynard ; RTD com. 2004. 300, obs. Galloux* ✎ ; *PIBD 2004. III. 97.*

Art. L. 615-17 *(L. n° 2011-525 du 17 mai 2011, art. 196)* **Les actions civiles et les demandes relatives aux brevets d'invention, y compris** *(L. n° 2014-315 du 11 mars 2014, art. 1er)* **« dans les cas prévus à l'article L. 611-7 ou » lorsqu'elles portent également sur une question connexe de concurrence déloyale, sont exclusivement portées devant des tribunaux de grande instance, déterminés par voie réglementaire, à l'exception des recours formés contre les actes administratifs du ministre chargé de la propriété industrielle qui relèvent de la juridiction administrative.**

Les dispositions qui précèdent ne font pas obstacle au recours à l'arbitrage, dans les conditions prévues aux articles 2059 et 2060 du code civil.

Les tribunaux de grande instance mentionnés au premier alinéa du présent article sont seuls compétents pour constater que le brevet français cesse de produire ses effets, en totalité ou en partie, dans les conditions prévues à l'article L. 614-13 du présent code.

BIBL. ► RAU, *Résumé in PIBD 1998, II, p. 199* (quelle forme doit prendre une juridiction compétente en matière de brevets communautaires qui coexisterait avec les tribunaux nationaux, compte tenu du livre vert sur le brevet communautaire ?). – VÉRON, *RDPI mars 2001, n° 121, p. 4* (innovations apportées dans le contentieux de la propriété industrielle par le Règl. (CE) n° 44/2001 du 22 déc. 2000).

Art. L. 615-21 **Si l'une des parties le demande, toute contestation portant sur l'application de l'article L. 611-7 sera soumise à une commission paritaire de conciliation (employeurs, salariés), présidée par un magistrat de l'ordre judiciaire dont la voix est prépondérante en cas de partage.**

Dans les six mois de sa saisine, cette commission, créée auprès de l'Institut national de la propriété industrielle, formule une proposition de conciliation ; celle-ci vaut accord entre les parties, si, dans le mois de sa notification, l'une d'elles n'a pas saisi le tribunal de grande instance compétent statuant en chambre du conseil. Cet accord peut être rendu exécutoire par ordonnance du président du tribunal de grande instance saisi sur simple requête par la partie la plus diligente.

Les parties pourront se présenter elles-mêmes devant la commission et se faire assister ou représenter par une personne de leur choix.

La commission pourra se faire assister d'experts qu'elle désignera pour chaque affaire.

Les modalités d'application du présent article, qui comportent des dispositions particulières pour les agents visés au dernier alinéa de l'article L. 611-7, sont fixées par décret en Conseil d'État après consultation des organisations professionnelles et syndicales intéressées. *— V. CPI, art. R. 615-6 s. —* ***C. com. ; CPI.***

TITRE PREMIER (du livre VII) **Marques de fabrique, de commerce ou de service**

Art. L. 716-11-1 *(L. n° 94-102 du 5 févr. 1994)* **Outre les sanctions prévues aux articles L. 716-9 et L. 716-10, le tribunal peut ordonner la fermeture totale ou partielle, définitive ou temporaire, pour une durée au plus de cinq ans, de l'établissement ayant servi à commettre l'infraction** *[contrefaçon en matière de marques]*.

La fermeture temporaire ne peut entraîner ni rupture, ni suspension du contrat de travail, ni aucun préjudice pécuniaire à l'encontre des salariés concernés. Lorsque la fermeture définitive entraîne le licenciement du personnel, elle donne lieu, en dehors de l'indemnité de préavis et de l'indemnité de licenciement, aux dommages et intérêts prévus aux articles *L. 122-14-4* **et** *L. 122-14-5 [L. 1235-2 et L. 1235-5 nouv.]* **du code du travail en cas de rupture de contrat de travail. Le non-paiement de ces indemnités est puni de six mois d'emprisonnement et de 3 750 € d'amende.**

DEUXIÈME PARTIE : ***RÉGLEMENTAIRE***

(Décr. n° 95-385 du 10 avr. 1995)

TITRE PREMIER (du livre VI) **Brevets d'invention**

Inventions de salariés

RÉP. TRAV. v° *Inventions de salariés*, par OLLIER.

BIBL. GÉN. ► FROMONT et GUILLON, *JS Lamy 2001, n° 72, p. 4.*

Art. R. 611-1 Le salarié auteur d'une invention en fait immédiatement la déclaration à l'employeur.

En cas de pluralité d'inventeurs, une déclaration conjointe peut être faite par tous les inventeurs ou par certains d'entre eux seulement.

Art. R. 611-2 La déclaration contient les informations, en la possession du salarié, suffisantes pour permettre à l'employeur d'apprécier le classement de l'invention dans l'une des catégories prévues aux paragraphes 1 et 2 de l'article L. 611-7.

Ces informations concernent :

1° L'objet de l'invention ainsi que les applications envisagées ;

2° Les circonstances de sa réalisation, par exemple : instructions ou directives reçues, expériences ou travaux de l'entreprise utilisés, collaborations obtenues ;

3° Le classement de l'invention tel qu'il apparaît au salarié.

Art. R. 611-3 Lorsque le classement implique l'ouverture au profit de l'employeur du droit d'attribution, la déclaration est accompagnée d'une description de l'invention.

Cette description expose :

1° Le problème que s'est posé le salarié compte tenu éventuellement de l'état de la technique antérieure ;

2° La solution qu'il lui a apportée ;

3° Au moins un exemple de la réalisation accompagné éventuellement de dessins.

Art. R. 611-4 Si, contrairement au classement de l'invention résultant de la déclaration du salarié, le droit d'attribution de l'employeur est ultérieurement reconnu, le salarié, le cas échéant, complète immédiatement sa déclaration par les renseignements prévus à l'article R. 611-3.

Art. R. 611-5 Si la déclaration du salarié n'est pas conforme aux dispositions de l'article R. 611-2 (1° et 2°) ou, le cas échéant, de l'article R. 611-3, l'employeur communique à l'intéressé les points précis sur lesquels elle doit être complétée.

Cette communication est faite dans un délai de deux mois à compter de la date de réception de la déclaration. A défaut, la déclaration est réputée conforme.

Art. R. 611-6 Dans un délai de deux mois, l'employeur donne son accord au classement de l'invention résultant de la déclaration du salarié ou, en cas de défaut d'indication du classement, fait part au salarié, par une communication motivée, du classement qu'il retient.

Le délai de deux mois court à compter de la date de réception par l'employeur de la déclaration du salarié contenant les informations prévues à l'article R. 611-2 ou, en cas de demande de renseignements complémentaires reconnue justifiée, de la date à laquelle la déclaration a été complétée.

L'employeur qui ne prend pas parti dans le délai prescrit est présumé avoir accepté le classement résultant de la déclaration du salarié.

Art. R. 611-7 Le délai ouvert à l'employeur pour revendiquer le droit d'attribution est de quatre mois, sauf accord contraire entre les parties qui ne peut être que postérieur à la déclaration de l'invention.

Ce délai court à compter de la date de réception par l'employeur de la déclaration de l'invention contenant les indications prévues aux articles R. 611-2 (1° et 2°) et R. 611-3 ou, en cas de demande de renseignements complémentaires reconnue justifiée, de la date à laquelle la déclaration a été complétée.

La revendication du droit d'attribution s'effectue par l'envoi au salarié d'une communication précisant la nature et l'étendue des droits que l'employeur entend se réserver.

Art. R. 611-8 Les délais prévus aux articles R. 611-5 à R. 611-7 sont suspendus par l'engagement d'une action contentieuse portant sur la régularité de la déclaration ou le bien-fondé du classement de l'invention invoqué par le salarié, ou par la saisine, aux mêmes fins, de la commission de conciliation prévue à l'article L. 615-21.

Les délais continuent à courir du jour où il a été définitivement statué.

Art. R. 611-9 Toute déclaration ou communication émanant du salarié ou de l'employeur est faite par lettre recommandée avec demande d'avis de réception ou par tout autre moyen permettant d'apporter la preuve qu'elle a été reçue par l'autre partie.

La déclaration prévue à l'article R. 611-1 peut résulter de la transmission par l'Institut national de la propriété industrielle à l'employeur, selon les modalités fixées par arrêté du ministre chargé de la propriété industrielle, du second exemplaire d'un pli adressé par le salarié à l'institut pour y être conservé. *— V. Arr. du 29 août 1985. —* ***CPI***.

Cette procédure est facultative pour les interventions visées au premier paragraphe de l'article L. 611-7.

Art. R. 611-10 Le salarié et l'employeur s'abstiennent de toute divulgation de l'invention tant qu'une divergence subsiste sur son classement ou tant qu'il n'a pas été statué sur celui-ci.

Si l'une des parties, pour la conservation de ses droits, dépose une demande de brevet, elle notifie sans délai une copie des pièces du dépôt à l'autre partie.

Elle épuise les facultés offertes par la législation et la réglementation applicables pour que soit différée la publication de la demande.

Code du travail (ancien)

Sont reproduites les dispositions de l'ancien code du travail qui demeurent en vigueur, dans la rédaction en vigueur à la date de publication de l'Ord. n° 2007-329 du 12 mars 2007 et du Décr. n° 2008-244 du 7 mars 2008 (Ord. préc., art. 13, et Décr. préc., art. 10).

PARTIE LÉGISLATIVE

Paiement du salaire

Art. L. 143-11-4 Le régime d'assurance prévue *[prévu]* à l'article L. 143-11-1 est mis en œuvre par une association créée par les organisations nationales professionnelles d'employeurs les plus représentatives et agréée par le ministre chargé du travail.

Cette association passe une convention de gestion avec l'organisme gestionnaire du régime d'assurance mentionné à la section I du chapitre Ier du titre V du livre III de la première partie du code du travail et avec l'Agence centrale des organismes de sécurité sociale pour le recouvrement des cotisations mentionnées à l'article L. 143-11-6.

En cas de dissolution de cette association, le ministre chargé du travail confie à l'organisme prévu à l'article L. 351-21 la gestion du régime d'assurance institué à l'article L. 143-11-1, à l'exception du recouvrement des cotisations mentionnées à l'article L. 143-11-6 confié aux organismes mentionnés à l'article L. 351-5-1.

Art. L. 143-11-6 L'assurance est financée par des cotisations des employeurs qui sont assises sur les rémunérations servant de base au calcul des contributions au régime d'assurance-chômage défini par la section I du chapitre Ier du titre V du livre III du présent code.

Le recouvrement, le contrôle de ces cotisations et leur contentieux suivent les règles prévues à l'article L. 351-5-1.

Art. L. 143-11-7 *(L. n° 85-98 du 25 janv. 1985, art. 134)* Le mandataire judiciaire établit les relevés des créances dans les conditions suivantes :

1. Pour les créances mentionnées aux articles L. 143-10, L. 143-11, L. 742-6 et L. 751-15, dans les dix jours suivant le prononcé du jugement d'ouverture de la procédure ;

2. Pour les autres créances également exigibles à la date du jugement d'ouverture de la procédure, dans les trois mois suivant le prononcé du jugement ;

3. Pour les salaires et les indemnités de congés payés couvertes en application du 3° de l'article L. 143-11-1 *(L. n° 89-549 du 2 août 1989)* « et les salaires couverts en application du dernier alinéa de ce même article », dans les dix jours suivant l'expiration des périodes de garantie prévues à ce 3° et ce, jusqu'à concurrence du plafond mentionné aux articles L. 143-10, L. 143-11, L. 742-6 et L. 751-15 ;

4. Pour les autres créances, dans les trois mois suivant l'expiration de la période de garantie.

(L. n° 2005-845 du 26 juill. 2005, art. 181) « Les relevés des créances » précisent le montant des cotisations et contributions visées au septième alinéa de l'article L. 143-11-1 dues au titre de chacun des salariés intéressés. »

Si les créances ne peuvent être payées en tout ou partie sur les fonds disponibles avant l'expiration des délais prévus ci-dessus, le mandataire judiciaire demande, sur présentation des relevés, l'avance des fonds nécessaires *(L. n° 2008-126 du 13 févr. 2008)* « à l'organisme mentionné » à l'article L. 143-11-4. *(L. n° 2005-845 du 26 juill. 2005, art. 178)* « Dans le cas d'une procédure de sauvegarde, le mandataire judiciaire justifie à *(L. n° 2008-126 du 13 févr. 2008)* « cet organisme », lors de sa demande, que l'insuffisance des fonds disponibles est caractérisée. *(L. n° 2008-126 du 13 févr. 2008)* « Il peut » contester, dans un délai fixé par décret en Conseil d'État, la réalité de cette insuffisance devant le juge-commissaire. Dans ce cas, l'avance des fonds est soumise à l'autorisation du juge-commissaire. »

(L. n° 2008-126 du 13 févr. 2008) « L'organisme susmentionné verse » au mandataire judiciaire les sommes figurant sur les relevés et restées impayées :

1° Dans les cinq jours suivant la réception des relevés visés aux 1 et 3 ci-dessus ;

2° Dans les huit jours suivant la réception des relevés visés aux 2 et 4 ci-dessus.

(L. n° 2005-841 du 26 juill. 2005, art. 24) « Par dérogation aux dispositions des trois alinéas précédents, l'avance des contributions de l'employeur au financement de la convention de reclassement personnalisé mentionnée à l'article L. 321-4-2 est versée directement » *(L. n° 2008-126 du 13 févr. 2008)* « à l'institution mentionnée à l'article L. 311-7 ».

Le mandataire judiciaire reverse immédiatement les sommes qu'il a reçues aux salariés *(L. n° 96-1160 du 27 déc. 1996, art. 36)* « et organismes » créanciers, à l'exclusion des créanciers subrogés, et en informe le représentant des salariés.

(L. n° 2008-126 du 13 févr. 2008) « L'organisme susmentionné doit » avancer les sommes comprises dans le relevé, même en cas de contestation par un tiers.

(L. n° 2001-624 du 17 juill. 2001) « Il doit également avancer les sommes correspondant à des créances établies par décision de justice exécutoire, même si les délais de garantie sont expirés. Les décisions de justice seront de plein droit opposables à l'association visée à l'article L. 143-11-4. » Dans le cas où le mandataire judiciaire a cessé ses fonctions, le greffier du tribunal ou le commissaire à l'exécution du plan, selon le cas, adresse un relevé complémentaire *(L. n° 2008-126 du 13 févr. 2008)* « à l'organisme mentionné » ci-dessus, à charge pour lui de reverser les sommes aux salariés *(L. n° 96-1160 du 27 déc. 1996, art. 36)* « et organismes » créanciers.

Les dispositions de l'art. L. 143-11-7, dans leur rédaction en vigueur à la date de publication de l'Ord. n° 2007-329 du 12 mars 2007, demeurent en vigueur en tant qu'elles s'appliquent aux marins mentionnés à l'art. L. 742-6 (Ord. préc., art. 13).

Art. L. 143-11-9 *(L. n° 2008-126 du 13 févr. 2008)* « L'organisme mentionné à l'article L. 143-11-4 est subrogé dans les droits des salariés pour lesquels il a effectué des avances : »

(L. n° 2005-845 du 26 juill. 2005, art. 179) « *a)* Pour l'ensemble des créances, lors d'une procédure de sauvegarde ;

« *b)* Pour les créances garanties par le privilège prévu aux articles L. 143-10, L. 143-11, L. 742-6 et L. 751-15 et les créances avancées au titre du 3° de l'article L. 143-11-1, lors d'une procédure de redressement ou de liquidation judiciaire. Les autres sommes avancées dans le cadre de ces procédures lui sont remboursées dans les conditions prévues par les dispositions du livre VI du code de commerce pour le règlement des créances nées antérieurement au jugement d'ouverture de la procédure. *(L. n° 2008-126 du 13 févr. 2008)* « Il bénéficie » alors des privilèges attachés à celle-ci. »

Les dispositions de l'art. L. 143-11-9, dans leur rédaction en vigueur à la date de publication de l'Ord. n° 2007-329 du 12 mars 2007, demeurent en vigueur en tant qu'elles s'appliquent aux marins mentionnés à l'art. L. 742-6 (Ord. préc., art. 13).

....

Économats

Art. L. 148-2 L'interdiction posée à l'article précédent ne s'applique pas aux économats de la Société nationale des chemins de fer français et des réseaux de chemin de fer placés sous le contrôle de l'État dès lors que :

1° Le personnel n'est pas obligé de se fournir dans ces économats ;

2° La vente ne rapporte aucun bénéfice à l'employeur ;

3° L'économat est géré sous le contrôle d'une commission composée pour un tiers au moins de délégués élus par les salariés de ces entreprises ;

4° Il est procédé tous les cinq ans dans les conditions fixées par un arrêté ministériel à une consultation du personnel sur la suppression ou le maintien desdits économats.

Art. L. 148-3 Les dispositions de l'article précédent s'appliquent aux économats annexés aux établissements industriels dépendant de sociétés dont le capital appartient en majorité aux salariés en activité ou en retraite et dont les assemblées générales sont statutairement composées en majorité des mêmes personnes.

Art. L. 154-3 Toute infraction aux dispositions des articles L. 148-1 à L. 148-3 est punie d'une amende de 3 750 € et, en cas de récidive, d'une amende de 7 500 €.

Les dispositions de l'art. L. 154-3, dans leur rédaction en vigueur à la date de publication de l'Ord. n° 2007-329 du 12 mars 2007, demeurent en vigueur en tant qu'elles s'appliquent aux infractions aux dispositions des art. L. 148-2 et L. 148-3 (Ord. préc., art. 13).

Emploi

Obligation d'emploi des travailleurs handicapés, des mutilés de guerre et assimilés

Art. L. 323-2 L'État et, lorsqu'ils occupent au moins vingt agents à temps plein ou leur équivalent, les établissements publics de l'État autres qu'industriels et commerciaux, *(L. n° 2016-483 du 20 avr. 2016, art. 65-I)* « les juridictions administratives et financières, les autorités administratives indépendantes, les autorités publiques indépendantes, les groupements d'intérêt public », les collectivités territoriales et leurs établissements publics autres qu'industriels et commerciaux, y compris ceux qui sont énumérés à l'article 2 de la loi n° 86-33 du 9 janvier 1986 portant dispositions statutaires relatives à la fonction publique hospitalière, sont assujettis, selon des modalités fixées par décret en Conseil d'État, à l'obligation d'emploi instituée par l'article *(L. n° 2016-483 du 20 avr. 2016, art. 65-I)* « L. 5212-2 ; les dispositions des articles L. 323-4-1, L. 323-5, L. 5212-6 à L. 5212-7-1, L. 5212-13 » *(L. n° 2005-102 du 11 févr. 2005, art. 36)* « et L. 323-8-6-1 » leur sont applicables.

(L. n° 2007-148 du 2 févr. 2007, art. 34) « Les centres de gestion de la fonction publique territoriale ne sont assujettis à l'obligation d'emploi visée à l'alinéa précédent que pour leurs agents permanents. Leurs agents non permanents sont décomptés dans les effectifs de la collectivité ou de l'établissement qui les accueille dans les conditions prévues à l'article L. 323-4-1, excepté lorsqu'ils remplacent des agents permanents momentanément indisponibles. »

L'application *(L. n° 2007-148 du 2 févr. 2007, art. 34)* « des alinéas précédents » font l'objet, chaque année, d'un rapport présenté aux comités techniques paritaires ou aux instances en tenant lieu ainsi qu'aux conseils supérieurs de la fonction publique de l'État, de la fonction publique territoriale et de la fonction publique hospitalière.

Art. L. 323-4-1 *(L. n° 2005-102 du 11 févr. 2005, art. 36)* Pour le calcul du taux d'emploi fixé à l'article L. 323-2, l'effectif total pris en compte est constitué de l'ensemble des agents rémunérés par chaque employeur mentionné à l'article L. 323-2 au 1er janvier de l'année écoulée.

Pour le calcul du taux d'emploi susmentionné, l'effectif des bénéficiaires de l'obligation d'emploi est constitué de l'ensemble des personnes mentionnées aux articles *(L. n° 2016-483 du 20 avr. 2016, art. 65-I)* « L. 5212-13 » et L. 323-5 rémunérées par les employeurs mentionnés à l'alinéa précédent au 1er janvier de l'année écoulée.

Pour l'application des deux précédents alinéas, chaque agent compte pour une unité. *(L. n° 2007-148 du 2 févr. 2007, art. 35)* « Toutefois, les agents affectés sur des emplois non permanents ne sont pas comptabilisés lorsqu'ils ont été rémunérés pendant une période inférieure à six mois au 1er janvier de l'année écoulée. »

Le taux d'emploi correspond à l'effectif déterminé au deuxième alinéa rapporté à celui du premier alinéa.

Art. L. 323-5 Dans les entreprises, collectivités et organismes mentionnés aux articles L. 323-1 et L. 323-2, les titulaires d'un emploi réservé attribué en application des dispositions du chapitre IV du titre III du livre III du code des pensions militaires d'invalidité et des victimes de la guerre sont pris en compte pour le calcul du nombre de bénéficiaires de l'obligation d'emploi instituée par l'article L. 323-1.

Dans les collectivités et organismes mentionnés à l'article L. 323-2, sont également pris en compte pour le calcul du nombre de bénéficiaires de cette obligation :

– les agents qui ont été reclassés en application de l'article 63 de la loi n° 84-16 du 11 janvier 1984 portant dispositions statutaires relatives à la fonction publique de l'État, des articles 81 à 85 de la loi n° 84-53 du 26 janvier 1984 portant dispositions statutaires relatives à la fonction publique territoriale ou des articles 71 à 75 de la loi n° 86-33 du 9 janvier 1986 précitée ;

– les agents qui bénéficient d'une allocation temporaire d'invalidité en application de l'article 65 de la loi n° 84-16 du 11 janvier 1984 précitée, de l'article L. 417-8 du code des communes, du paragraphe III de l'article 119 de la loi n° 84-53 du 26 janvier 1984 précitée ou de l'article 80 de la loi n° 86-33 du 9 janvier 1986 précitée.

Art. L. 323-8 Les employeurs mentionnés aux articles L. 323-1 et L. 323-2 peuvent s'acquitter partiellement de l'obligation d'emploi instituée par l'article L. 323-1 en passant des contrats de fournitures de sous-traitance ou de prestations de services avec des *(L. n° 2005-102 du 11 févr. 2005, art. 37)* « entreprises adaptées », des centres de distribution de travail à domicile ou des centres d'aide par le travail. Cette exonération, dont les modalités et les limites sont fixées par voie réglementaire, est proportionnelle au volume de travail fourni à ces ateliers *[entreprises]* et centres.

(L. n° 2002-73 du 17 janv. 2002, art. 132) « Les employeurs mentionnés à l'article L. 323-1 peuvent s'acquitter partiellement de l'obligation instituée par cet article en accueillant en stage des personnes handicapées au titre de la formation professionnelle visée à l'article L. 961-3 ou des personnes handicapées bénéficiaires d'une rémunération au titre du deuxième alinéa de l'article L. 961-1. Le nombre de ces personnes comptabilisées au titre de l'obligation prévue au premier alinéa de l'article L. 323-1 ne peut dépasser 2 % de l'effectif total des salariés de l'entreprise. »

Art. L. 323-8-6-1 *(L. n° 2005-102 du 11 févr. 2005, art. 36)* I. – Il est créé un fonds pour l'insertion des personnes handicapées dans la fonction publique, géré par un établissement public placé sous la tutelle de l'État. Ce fonds est réparti en trois sections dénommées ainsi qu'il suit :

1° Section "Fonction publique de l'État" ;

2° Section "Fonction publique territoriale" ;

3° Section "Fonction publique hospitalière".

Ce fonds a pour mission de favoriser l'insertion professionnelle des personnes handicapées au sein des trois fonctions publiques, ainsi que la formation et l'information des agents en prise avec elles. *(L. n° 2010-1657 du 29 déc. 2010, art. 208-V)* « Il assure le financement et la mise en œuvre des parcours de formation professionnelle préqualifiante et certifiante des demandeurs d'emploi handicapés qui sont recrutés dans la fonction publique. »

(L. n° 2011-901 du 28 juill. 2011, art. 13) « Peuvent bénéficier du concours de ce fonds :

« 1° Les employeurs publics mentionnés à l'article L. 323-2 ;

« 2° Les organismes ou associations contribuant par leur action à l'insertion professionnelle des personnes handicapées dans la fonction publique et avec lesquels le fonds a conclu une convention ;

(Abrogé par L. n° 2016-483 du 20 avr. 2016, art. 65-I) « 3° La Poste jusqu'au 31 décembre 2011. »

« Peuvent également saisir ce fonds les agents reconnus travailleurs handicapés au sens de l'article L. 5212-13 et rémunérés par les employeurs publics mentionnés à l'article L. 323-2. »

Un comité national, composé de représentants des employeurs, des personnels et des personnes handicapées, définit notamment les orientations concernant l'utilisation des crédits du fonds par des comités locaux. Le comité national établit un rapport annuel qui est soumis aux conseils supérieurs de la fonction publique de l'État, de la fonction publique territoriale et de la fonction publique hospitalière, ainsi qu'au Conseil national consultatif des personnes handicapées.

II. – Les employeurs mentionnés à l'article L. 323-2 peuvent s'acquitter de l'obligation d'emploi instituée par cet article, en versant au fonds pour l'insertion des personnes handicapées dans la fonction publique une contribution annuelle pour chacun des bénéficiaires de la présente section qu'ils auraient dû employer.

Les contributions versées par les employeurs mentionnés à l'article 2 du titre II du statut général des fonctionnaires *(L. n° 2016-483 du 20 avr. 2016, art. 65-I)* « par les juridictions administratives et financières, par les autorités administratives indépendantes, et par les autorités publiques indépendantes, les groupements d'intérêt public » sont versées dans la section "Fonction publique de l'État".

Les contributions versées par les employeurs mentionnés à l'article 2 du titre III du statut général des fonctionnaires sont versées dans la section "Fonction publique territoriale".

Les contributions versées par les employeurs mentionnés à l'article 2 du titre IV du statut général des fonctionnaires sont versées dans la section "Fonction publique hospitalière".

(L. n° 2011-901 du 28 juill. 2011, art. 13) « III. — Les crédits de la section "Fonction publique de l'État" doivent exclusivement servir à financer des actions réalisées soit à l'initiative des employeurs mentionnés à l'article 2 de la loi n° 84-16 du 11 janvier 1984 portant dispositions statutaires relatives à la fonction publique de l'État *(L. n° 2016-483 du 20 avr. 2016, art. 65-I)* « , des juridictions administratives et financières, des autorités administratives indépendantes, des autorités publiques indépendantes et des groupements d'intérêt public », soit, à l'initiative du fonds, en vue de favoriser l'insertion professionnelle des personnes handicapées au sein de la fonction publique de l'État, ainsi que la formation et l'information des agents participant à la réalisation de cet objectif.

« Les crédits de la section "Fonction publique territoriale" doivent exclusivement servir à financer des actions réalisées soit à l'initiative des employeurs mentionnés à l'article 2 de la loi n° 84-53 du 26 janvier 1984 portant dispositions statutaires relatives à la fonction publique territoriale, soit, à l'initiative du fonds, en vue de favoriser l'insertion professionnelle des personnes handicapées au sein de la fonction publique territoriale, ainsi que la formation et l'information des agents participant à la réalisation de cet objectif.

« Les crédits de la section "Fonction publique hospitalière" doivent exclusivement servir à financer des actions réalisées soit à l'initiative des employeurs mentionnés à l'article 2 de la loi n° 86-33 du 9 janvier 1986 portant dispositions statutaires relatives à la fonction publique hospitalière, soit, à l'initiative du fonds, en vue de favoriser l'insertion professionnelle des personnes handicapées au sein de la fonction publique hospitalière, ainsi que la formation et l'information des agents participant à la réalisation de cet objectif.

« Des actions communes à plusieurs fonctions publiques peuvent être financées par les crédits relevant de plusieurs sections. »

IV. — La contribution mentionnée au II du présent article est due par les employeurs mentionnés à l'article L. 323-2.

Elle est calculée en fonction du nombre d'unités manquantes constatées au 1er janvier de l'année écoulée. Le nombre d'unités manquantes correspond à la différence entre le nombre total de personnes rémunérées par l'employeur auquel est appliquée la proportion de 6 %, arrondi à l'unité inférieure, et celui des bénéficiaires de l'obligation d'emploi prévue à l'article L. 323-2 qui sont effectivement rémunérés par l'employeur.

Le nombre d'unités manquantes est réduit d'un nombre d'unités égal au quotient obtenu en divisant le montant des dépenses réalisées en application *(L. n° 2016-483 du 20 avr. 2016, art. 65-I)* « de l'article L. 5212-6 » et de celles affectées à des mesures adoptées en vue de faciliter l'insertion professionnelle des personnes handicapées dans la fonction publique par le traitement brut annuel minimum servi à un agent occupant à temps complet un emploi public apprécié au 31 décembre de l'année écoulée. Le nombre d'unités manquantes est également réduit dans les mêmes conditions afin de tenir compte de l'effort consenti par l'employeur pour accueillir ou maintenir dans l'emploi des personnes lourdement handicapées.

Le montant de la contribution est égal au nombre d'unités manquantes, multiplié par un montant unitaire. Ce montant ainsi que ses modalités de modulation sont identiques, sous réserve des spécificités de la fonction publique, à ceux prévus pour la contribution définie à l'article *(L. n° 2016-483 du 20 avr. 2016, art. 65-I)* « L. 5214-1 ».

Pour les services de l'État, le calcul de la contribution est opéré au niveau de l'ensemble des personnels rémunérés par chaque ministère.

Les employeurs mentionnés à l'article L. 323-2 déposent, au plus tard le 30 avril, auprès du comptable *(Ord. n° 2010-420 du 27 avr. 2010, art. 120)* « du public compétent » une déclaration annuelle accompagnée du paiement de leur contribution. Le contrôle de la déclaration annuelle est effectué par le gestionnaire du fonds.

A défaut de déclaration et de régularisation dans le délai d'un mois après une mise en demeure adressée par le gestionnaire du fonds, l'employeur est considéré comme ne satisfaisant pas à l'obligation d'emploi. Le montant de la contribution est alors calculé en retenant la proportion de 6 % de l'effectif total rémunéré. Dans cette situation ou dans les cas de défaut de paiement ou de paiement insuffisant, le gestionnaire du fonds émet un titre exécutoire qui est recouvré par le comptable *(Ord. n° 2010-420 du 27 avr. 2010, art. 120)* « du public compétent » selon les règles applicables au recouvrement des créances étrangères à l'impôt et au domaine. — *V. Arr. du 2 juin 2006 (JO 7 juin).*

V. — Les modalités d'application du présent article sont précisées par un décret en Conseil d'État.

Les droits et obligations de l'État résultant du lot du marché conclu avec l'Association nationale pour la formation professionnelle des adultes relatif à la formation des demandeurs d'emploi reconnus travailleurs handicapés sont transférés à l'association mentionnée à l'art. L. 5214-1 C. trav. et au fonds mentionné à l'art. L. 323-8-6-1 du même code selon des modalités précisées par convention (L. n° 2010-1657 du 29 déc. 2010, art. 208-VI).

Art. L. 323-8-7 **Les associations ayant pour objet principal la défense des intérêts des bénéficiaires de la présente section peuvent exercer une action civile fondée sur l'inobservation des prescriptions figurant dans ladite section lorsque cette inobservation porte un préjudice certain à l'intérêt collectif qu'elles représentent.**

Les dispositions de l'art. L. 323-8-7, dans leur rédaction en vigueur à la date de publication de l'Ord. n° 2007-329 du 12 mars 2007, demeurent en vigueur en tant qu'elles s'appliquent aux collectivités et organismes mentionnés à l'art. L. 323-2 (Ord. préc., art. 13).

Art. L. 323-8-8 **Sauf dispositions contraires, les conditions d'application de la présente section sont fixées par décret en Conseil d'État.**

Les dispositions de l'art. L. 323-8-8, dans leur rédaction en vigueur à la date de publication de l'Ord. n° 2007-329 du 12 mars 2007, demeurent en vigueur en tant qu'elles s'appliquent aux collectivités et organismes mentionnés à l'art. L. 323-2 (Ord. préc., art. 13).

Art. L. 323-21 **Les travailleurs handicapés embauchés en vertu des dispositions** *(L. n° 87-517 du 10 juill. 1987)* **« de la section Ire du présent chapitre » ne peuvent, en cas de rechute de l'affection invalidante, bénéficier des avantages spéciaux accordés en cas de maladie par un statut particulier ou une** *(L. n° 82-957 du 13 nov. 1982)* **« convention ou accord collectif de travail ».**

Toutefois, lesdits statuts ou conventions ou accords collectifs de travail peuvent prévoir des dérogations aux dispositions ci-dessus.

Dans le cas d'accident ou de maladie autres que l'affection invalidante, les intéressés peuvent bénéficier desdits avantages spéciaux dès leur embauchage dans les mêmes conditions que les autres membres du personnel.

Lorsque l'affection du travailleur handicapé est dite consolidée, celui-ci peut, s'il est à nouveau atteint de la maladie qui était à l'origine de son invalidité, bénéficier des avantages spéciaux cités à l'alinéa 1er à l'expiration d'un délai d'un an, à compter de la date de la consolidation.

(L. n° 87-517 du 10 juill. 1987) **« Les modalités d'application des dispositions du présent article aux collectivités publiques mentionnées à l'article L. 323-2 sont déterminées par voie réglementaire. »**

Les dispositions de l'art. L. 323-8-7, dans leur rédaction en vigueur à la date de publication de l'Ord. n° 2007-329 du 12 mars 2007, demeurent en vigueur en tant qu'elles s'appliquent aux collectivités et organismes mentionnés à l'art. L. 323-2 (Ord. préc., art. 13).

Art. L. 323-34 *(L. n° 87-517 du 10 juill. 1987)* **Un décret en Conseil d'État détermine les modalités d'application de la présente section et notamment :**

– les modalités d'application de l'article L. 323-21 ;

– les modalités d'agrément, de fonctionnement et de contrôle des *(L. n° 2005-102 du 11 févr. 2005, art. 38)* **« entreprises adaptées » et des centres de distribution de travail à domicile ainsi que les conditions d'admission des travailleurs handicapés ;** *– V. art. R. 323-60 à R. 323-63-5.*

– les modalités de fonctionnement du conseil supérieur pour le reclassement professionnel et social des travailleurs handicapés et les conditions de nomination de ses membres. *– V. art. R. 323-81 à R. 323-92.*

(L. n° 75-534 du 30 juin 1975) **« En outre, des décrets en Conseil d'État déterminent :**

« Les conditions dans lesquelles les indemnités versées par l'État en application du titre VI du livre IX du présent code peuvent se cumuler avec les prestations versées au titre d'un régime de prévoyance ou d'aide sociale, y compris celles versées en application des articles 35 *[nouv. CSS, art. L. 821-1 s.]* **et 39 de la loi n° 75-534 du 30 juin 1975** *[L. 245-1 à L. 245-9, CASF]* **;**

« Les conditions et modalités selon lesquelles les intéressés sont appelés à participer, le cas échéant, aux frais de leur entretien et de leur hébergement pendant la durée du stage de formation ou de rééducation professionnelle ;

« Les conditions d'attribution des primes mentionnées à l'avant-dernier alinéa de l'article L. 323-16. »

V. Arr. du 10 août 1970 (D. et BLD 1970. 260) fixant les conditions de la participation financière de l'État pour l'aménagement des machines ou la dotation en équipement individuel nécessaire afin de faciliter la mise ou la remise au travail en milieu normal de production des travailleurs handicapés.

Les dispositions de l'art. L. 323-34, dans leur rédaction en vigueur à la date de publication de l'Ord. n° 2007-329 du 12 mars 2007, demeurent en vigueur en tant qu'elles s'appliquent aux collectivités et organismes mentionnés à l'art. L. 323-2 (Ord. préc., art. 13).

Art. L. 351-6 Toute action ou poursuite intentée contre un employeur pour infraction aux dispositions du présent chapitre, des chapitres correspondants des deuxième et troisième parties du présent code et des décrets pris pour leur application est obligatoirement précédée d'une mise en demeure par lettre recommandée avec demande d'avis de réception qui invite l'intéressé à régulariser sa situation *(Abrogé par L. n° 2008-126 du 13 févr. 2008) « dans les quinze jours ».*

Al. 2 à 5 abrogés par L. n° 2008-126 du 13 févr. 2008.

BIBL. ► TAQUET, *JCP E 1993. I. 279.*

Art. L. 351-8 Les mesures d'application des dispositions de la présente section *(L. n° 2008-126 du 13 févr. 2008)* « , à l'exception des articles L. 351-5 à L. 351-6, » font l'objet d'un accord conclu et agréé dans les conditions définies aux articles *(L. n° 89-488 du 10 juill. 1989)* « L. 352-1, L. 352-2 et L. 352-2-1 ».

L'agrément de cet accord a pour effet de le rendre obligatoire pour tous les employeurs mentionnés à l'article L. 351-4 ainsi que pour leurs salariés.

En l'absence d'accord ou agrément de celui-ci, ces mesures sont fixées par décret en Conseil d'État.

Art. L. 351-12 *(L. n° 87-588 du 30 juill. 1987, art. 65)* Ont droit *(L. n° 92-1446 du 31 déc. 1992)* « à l'allocation » d'assurance dans les conditions prévues à l'article L. 351-3 :

1° *(L. n° 2007-148 du 2 févr. 2007, art. 62)* « Les agents fonctionnaires et non fonctionnaires de l'État » et de ses établissements publics administratifs, les agents titulaires des collectivités territoriales ainsi que les agents statutaires des autres établissements publics administratifs *(L. n° 2007-148 du 2 févr. 2007, art. 62)* « ainsi que les militaires » ;

2° Les agents non titulaires des collectivités territoriales et les agents non statutaires des établissements publics administratifs autres que ceux de l'État et ceux mentionnés au 4° ci-dessous, *(L. n° 92-722 du 29 juill. 1992)* « ainsi que les agents non statutaires des groupements d'intérêt public » ;

3° Les salariés des entreprises, sociétés et organismes définis au *a* du paragraphe I de l'article 164 de l'ordonnance portant loi de finances pour 1959 (n° 58-1374 du 30 décembre 1958), les salariés relevant soit des établissements publics à caractère industriel et commercial des collectivités territoriales, soit des sociétés d'économie mixte dans lesquelles ces collectivités ont une participation majoritaire ;

4° Les salariés non statutaires des chambres de métiers, des services à caractère industriel et commercial gérés par les chambres de commerce et d'industrie territoriale, des chambres d'agriculture, ainsi que les salariés des établissements et services d'utilité agricole de ces chambres.

(L. n° 2003-1365 du 31 déc. 2003) « 5° Les fonctionnaires de France Télécom placés hors de la position d'activité dans leurs corps en vue d'assurer des fonctions soit dans l'entreprise, en application du cinquième alinéa de l'article 29 de la loi n° 90-568 du 2 juillet 1990 relative à l'organisation du service public de la poste et des télécommunications, soit dans l'une de ses filiales. »

La charge et la gestion de cette indemnisation sont assurées par les employeurs mentionnés au présent article. Ceux-ci peuvent toutefois, par convention conclue avec *(L. n° 2008-126 du 13 févr. 2008)* « l'institution mentionnée à l'article L. 311-7 pour le compte de l'organisme mentionné à l'article L. 351-21 », leur confier cette gestion.

Les employeurs mentionnés au 3° et au 4° ci-dessus ont aussi la faculté, par une option irrévocable, de se placer sous le régime de l'article L. 351-4.

(L. n° 92-722 du 29 juill. 1992) « Les employeurs mentionnés au 2° *(L. n° 99-587 du 12 juill. 1999, art. 6)* « ainsi que, pour leurs agents non titulaires, les établissements publics d'enseignement supérieur et les établissements publics à caractère scientifique et technologique » *(L. n° 2003-300 du 30 avr. 2003, art. 3)* « et, pour les assistants d'éducation, les établissements d'enseignement mentionnés à l'article L. 916-1 du code de l'éducation » peuvent également adhérer au régime prévu à l'article L. 351-4. La contribution incombant aux salariés prévue à l'article L. 351-5 est égale au montant de la contribution exceptionnelle qu'ils

auraient dû verser en application de l'article 2 de la loi n° 82-939 du 4 novembre 1982 relative à la contribution exceptionnelle de solidarité en faveur des travailleurs privés d'emploi et est versée par l'employeur. »

Un décret en Conseil d'État fixe les règles de coordination applicables pour l'indemnisation des travailleurs dont les activités antérieures prises en compte pour l'ouverture des droits ont été exercées auprès d'employeurs relevant, les uns de l'article L. 351-4, les autres du présent article.

(L. n° 92-722 du 29 juill. 1992) « Les employeurs visés au présent article sont tenus d'adhérer au régime d'assurance prévu à l'article L. 351-4 pour les salariés engagés à titre temporaire qui relèvent des professions de la production cinématographique, de l'audiovisuel ou du spectacle, lorsque l'activité exercée bénéficie de l'aménagement des conditions d'indemnisation mentionnées à l'article L. 351-14.

« Les litiges résultant de l'adhésion au régime prévu à l'article L. 351-4 » *(L. n° 2008-126 du 13 févr. 2008)* « suivent les règles de compétence prévues à l'article L. 351-5-1. »

Art. L. 351-13 Ont droit à l'allocation prévue à l'article L. 351-10, selon des conditions d'âge et d'activité antérieure qui sont fixées par décret en Conseil d'État :

1° Les marins pêcheurs embarqués sur des bateaux *(L. n° 87-588 du 30 juill. 1987, art. 66)* « remplissant une condition relative, soit à leur tonnage, soit à leur longueur fixée par le décret mentionné ci-dessus » ;

2° Les ouvriers dockers occasionnels ;

3° Les artistes non salariés,

dès lors qu'ils ne peuvent prétendre au bénéfice des allocations d'assurance.

Les dispositions de l'art. L. 351-13, dans leur rédaction applicable à la date de publication de l'Ord. n° 2007-329 du 12 mars 2007, demeurent en vigueur en tant qu'elles s'appliquent aux 1° et 2° de l'art. L. 351-13 (Ord. préc., art. 13).

Fonds salariaux

Art. L. 471-1 Les conventions ou accords collectifs conclus en application du titre III du livre premier peuvent prévoir la création de fonds salariaux servant à financer des investissements productifs ou des opérations tendant à la réduction de la durée du travail et à la création d'emplois.

La convention ou l'accord créant le fonds et prévoyant les versements doit être agréé par *(L. n° 85-10 du 3 janv. 1985, art. 18)* « l'autorité administrative compétente ».

Art. L. 471-2 Les sommes versées doivent demeurer indisponibles pendant au moins cinq ans. Elles sont mises à la disposition du salarié ou de ses ayants droit, sur leur demande, en cas de licenciement, d'invalidité correspondant au classement dans les deuxième et troisième catégories prévues à l'article L. 310 du code de la sécurité sociale *[nouv. CSS, art. L. 341-4]*, de décès ou de départ à la retraite du salarié ainsi qu'en cas de départ volontaire de l'entreprise.

(L. n° 84-578 du 9 juill. 1984, art. 3) « Ces sommes peuvent également être mises à la disposition des salariés bénéficiaires d'un congé pour la création d'entreprise prévu à l'article L. 122-32-12 du présent code. »

Art. L. 471-3 Des décrets en Conseil d'État fixent les modalités d'application du présent titre notamment les modalités d'agrément des conventions visées à l'article L. 471-1 ainsi que les modalités d'emploi des sommes collectées.

Obligations des employeurs

Art. L. 620-9 *(Ord. n° 2003-1059 du 6 nov. 2003, art. 1er)* I. – Les groupements d'artistes, mentionnés à l'article 10 de l'ordonnance n° 45-2339 du 13 octobre 1945 modifiée relative aux spectacles, et les personnes physiques ou morales, publiques ou privées, qui n'ont pour activité principale ou pour objet ni l'exploitation de lieux de spectacles, de parcs de loisirs ou d'attraction, ni la production ou la diffusion de spectacles, sont tenus, lorsqu'ils exercent l'activité d'entrepreneurs de spectacles vivants, de procéder, dans les conditions fixées au II, auprès d'un organisme habilité par l'État :

1° Aux déclarations obligatoires liées à l'embauche et à l'emploi sous contrat à durée déterminée d'artistes du spectacle mentionnés à l'article L. 762-1 ainsi que des ouvriers et des techniciens concourant au spectacle engagés pour pourvoir l'un des emplois figurant sur une liste fixée par voie réglementaire ;

2° Au versement de l'ensemble des cotisations et contributions sociales, d'origine légale ou conventionnelle, prévues par la loi et se rapportant uniquement à leur activité de spectacle.

II. — Il est procédé à la déclaration prévue au I au moyen d'un document appelé "déclaration unique et simplifiée" ou par voie électronique dans les conditions prévues *(Ord. n° 2003-1213 du 18 déc. 2003, art. 5-II)* « à l'article L. 133-5 » du code de la sécurité sociale.

L'employeur, qui remet au salarié et adresse à l'organisme habilité les éléments de ce document qui leur sont respectivement destinés, est réputé satisfaire aux obligations prévues par les articles L. 122-3-1, L. 122-16, L. 223-16 et L. 320. Toutefois, les parties au contrat conservent la faculté d'établir sur un autre document le contrat de travail.

L'organisme habilité délivre au salarié une attestation mensuelle d'emploi qui se substitue à la remise du bulletin de paie prévue par l'article L. 143-3.

III. — L'organisme habilité recouvre les cotisations et contributions pour le compte des administrations et organismes devant conclure l'une des conventions mentionnées à l'alinéa suivant.

Des conventions homologuées par l'État définissent les relations entre l'organisme habilité et les administrations ou organismes destinataires des déclarations ou au nom desquelles les cotisations et contributions visées au I sont recouvrées. En l'absence de convention, ces modalités sont fixées par voie réglementaire.

IV. — Les cotisations et contributions mentionnées au I sont recouvrées selon les règles et sous les garanties et sanctions applicables au recouvrement des contributions mentionnées à l'article L. 351-3-1.

Toutefois :

1° Le versement des cotisations et contributions est exigible au plus tard le quinzième jour suivant le terme du contrat de travail.

2° Il est appliqué une majoration de retard de 6 % du montant des cotisations et contributions qui n'ont pas été versées à la date d'exigibilité. Cette majoration est augmentée de 1 % du montant des cotisations et contributions dues par mois ou fraction de mois écoulé, après l'expiration d'un délai de trois mois à compter de la date limite d'exigibilité des cotisations et contributions.

Les employeurs mentionnés au I peuvent présenter auprès du directeur de l'organisme habilité une demande gracieuse de réduction, totale ou partielle, des majorations prévues ci-dessus.

3° Si la mise en demeure de régulariser la situation dans un délai de quinze jours reste sans effet, le directeur de l'organisme habilité peut délivrer une contrainte notifiée au débiteur par lettre recommandée avec accusé de réception. A défaut d'opposition du débiteur devant le tribunal d'instance ou de grande instance compétent, la contrainte comporte tous les effets d'un jugement et confère notamment le bénéfice de l'hypothèque judiciaire.

4° Les sûretés applicables sont celles prévues par les articles L. 243-4 et L. 243-5 du code de la sécurité sociale.

Les litiges résultant de l'application des dispositions du I du présent article aux employeurs mentionnés à l'article L. 351-12 *(L. n° 2008-126 du 13 févr. 2008)* « suivent les règles de compétence prévues à l'article L. 351-5-1 ». — *Les dispositions issues de la L. n° 2008-126 du 13 févr. 2008 entrent en vigueur le 1er janv. 2011 (L. préc., art. 5-III ; Décr. n° 2009-1708 du 30 déc. 2009).*

V. — Sans préjudice des missions et pouvoirs des agents des administrations et des organismes parties aux conventions prévues au III et de ceux des fonctionnaires et agents mentionnés à l'article L. 324-12, les organismes chargés du recouvrement des cotisations du régime général de sécurité sociale, mentionnés à l'article L. 243-7 du code de la sécurité sociale, sont habilités à contrôler l'application par les employeurs des dispositions du présent article pour le compte de l'organisme mentionné au I dans les conditions définies à la section IV du chapitre III du titre IV du livre II du code de la sécurité sociale. A ce titre, ils sont habilités à communiquer aux fonctionnaires et agents de contrôle mentionnés à l'article L. 324-12 et à recevoir de ces derniers tous renseignements et tous documents nécessaires à la lutte contre le travail dissimulé.

L'action civile prévue par l'article 2 du code de procédure pénale est exercée par l'organisme habilité au nom des organismes et administrations parties aux conventions prévues aux III.

VI. — Les modalités d'application du présent article sont définies par décret en Conseil d'État.

Art. L. 620-10 *(Ord. n° 2004-602 du 24 juin 2004, art. 1er)* Pour la mise en œuvre des dispositions du présent code, les effectifs de l'entreprise sont calculés conformément aux dispositions suivantes.

Les salariés titulaires d'un contrat à durée indéterminée à temps plein et les travailleurs à domicile sont pris intégralement en compte dans l'effectif de l'entreprise.

Les salariés titulaires d'un contrat à durée déterminée, les salariés titulaires d'un contrat de travail intermittent, les travailleurs mis à la disposition de l'entreprise par une entreprise extérieure, y compris les travailleurs temporaires, sont pris en compte dans l'effectif de l'entreprise au prorata de leur temps de présence au cours des douze mois précédents. Toutefois, les salariés titulaires d'un contrat à durée déterminée, d'un contrat de travail temporaire ou mis à disposition par une entreprise extérieure sont exclus du décompte des effectifs lorsqu'ils remplacent un salarié absent ou dont le contrat de travail est suspendu *(L. n° 2006-340 du 23 mars 2006)* « , notamment du fait d'un congé pris en application des articles L. 122-26 ou L. 122-28-1 ».

Les salariés à temps partiel, quelle que soit la nature de leur contrat de travail, sont pris en compte en divisant la somme totale des horaires inscrits dans leurs contrats de travail par la durée légale ou la durée conventionnelle du travail.

(Ord. n° 2005-892 du 2 août 2005, art. 1er) ***« Le salarié embauché à compter du 22 juin 2005 et âgé de moins de vingt-six ans n'est pas pris en compte, jusqu'à ce qu'il ait atteint l'âge de vingt-six ans, dans le calcul de l'effectif du personnel de l'entreprise dont il relève, quelle que soit la nature du contrat qui le lie à l'entreprise. Cette disposition ne peut avoir pour effet la suppression d'une institution représentative du personnel ou d'un mandat d'un représentant du personnel. Les dispositions du présent alinéa sont applicables jusqu'au 31 décembre 2007. »***

Les dispositions issues de l'Ord. n° 2005-892 du 2 août 2005 ont été suspendues par Décision du Conseil d'État jusqu'à ce que la CJCE se soit prononcée sur les difficultés sérieuses d'interprétation des directives n° 98/59/CE du 20 juill. 1998 et n° 2002/14/CE du 11 mars 2002 dont dépend la légalité de cette ordonnance (CE 23 nov. 2005, 286440 : D. 2005. IR 2972 ; RJS 2005. 54, n° 74). — Dispositions condamnées par la CJCE (CJCE 18 janv. 2007, aff. C-385/05 : D. 2007. 776, note Bonnin ; JS Lamy 2007, n° 206-3). — Ordonnance annulée par le Conseil d'État (CE 6 juill. 2007, n° 283892).

Dispositions spéciales à l'outre-mer

Art. L. 800-4 *(Ord. n° 2005-57 du 26 janv. 2005, art. 1er-IV)* Dans le présent code et sous réserve, le cas échéant, des dispositions du présent livre, les mots : "national", "nationales", "nationaux", "France", "territoire français", "ensemble du territoire" ou "ensemble du territoire national" ne s'appliquent qu'aux départements de métropole, de la Guadeloupe, de la Guyane, de la Martinique, de la Réunion et à Saint-Pierre-et-Miquelon.

Toutefois :

1° Lorsque les dispositions du présent code prévoient une sanction pénale d'interdiction du territoire français, cette interdiction, conformément aux dispositions du code pénal, s'applique sur l'ensemble du territoire de la République française ;

2° Les dispositions de l'article L. 439-1 s'appliquent aux entreprises dominantes dont le siège social se situe dans un département de métropole, d'outre-mer ou à Saint-Pierre-et-Miquelon et aux entreprises qu'elles contrôlent ou sur lesquelles elles exercent une influence dominante au sens du II de l'article L. 439-1 dont le siège social est situé dans ces départements ou cette collectivité, à Mayotte, en Nouvelle-Calédonie, en Polynésie française, à Wallis-et-Futuna ou dans les Terres australes et antarctiques françaises.

Les dispositions de l'art. L. 800-4 demeurent en vigueur, dans leur rédaction en vigueur à la date de publication de l'Ord. n° 2007-329 du 12 mars 2007, en tant qu'elles concernent la Nouvelle-Calédonie et la Polynésie française (Ord. préc., art. 13).

Art. L. 800-5 *(Ord. n° 2005-57 du 26 janv. 2005, art. 1er-IV)* Les salariés et les entreprises intervenant dans les collectivités de la République française exclues du champ d'application géographique défini à l'article L. 800-4 sont régis par les dispositions suivantes :

1° Les dispositions de l'article L. 122-14-8 sont applicables au salarié mis par la société mère au service de laquelle il était précédemment engagé et dont le siège social est situé dans un département métropolitain, un département d'outre-mer ou à Saint-Pierre-et-Miquelon à la disposition d'une filiale établie à Mayotte, en Nouvelle-Calédonie, en Polynésie française, à Wallis-et-Futuna ou dans les Terres australes et antarctiques françaises et à laquelle il est lié par un contrat de travail ;

2° L'agence pour l'amélioration des conditions de travail instituée à l'article L. 200-5 ainsi que les organismes professionnels d'hygiène, de sécurité et des conditions de travail mentionnés à l'article L. 231-2 dont elle coordonne l'activité peuvent exercer leurs missions à Mayotte, à Wallis-et-Futuna et dans les Terres australes et antarctiques françaises. Ils peuvent également les exercer en Nouvelle-Calédonie et en Polynésie française à la demande des autorités locales compétentes en matière de droit du travail ;

3° Les dispositions de l'article L. 324-14-2 sont applicables au cocontractant établi ou domicilié à Mayotte, en Nouvelle-Calédonie, en Polynésie française, à Wallis-et-Futuna ou dans les Terres australes et antarctiques françaises ;

4° L'accord ou la décision administrative prévus à l'article L. 435-4 instituant le comité central d'entreprise mentionné à l'article L. 435-1 assure la représentation des établissements distincts de celle-ci établis à Mayotte, en Nouvelle-Calédonie, en Polynésie française, à Wallis-et-Futuna ou dans les Terres australes et antarctiques françaises ;

5° Les salariés des entreprises soumises aux dispositions des articles L. 441-1, L. 442-1 et L. 443-1 exerçant leur activité à Mayotte, en Nouvelle-Calédonie, en Polynésie française, à Wallis-et-Futuna ou dans les Terres australes et antarctiques française *[françaises]* bénéficient de l'intéressement, de la participation et du plan d'épargne salariale dans les mêmes conditions que les salariés de celles-ci travaillant dans les départements de métropole, d'outre-mer ou à Saint-Pierre-et-Miquelon ;

6° Les dispositions du *(L. n° 2006-1770 du 30 déc. 2006, art. 52-II)* « quatrième alinéa du I » de l'article L. 513-3 s'appliquent également aux salariés travaillant dans un département de métropole ou d'outre-mer ou à Saint-Pierre-et-Miquelon et domiciliés à Mayotte, en Nouvelle-Calédonie, en Polynésie française ou à Wallis-et-Futuna.

V. note ss. L. 800-4.

Art. L. 812-1 Les modalités de gestion et de répartition de ce versement unique font l'objet d'un accord entre les organismes concernés avant le 1er juillet 2001. A défaut d'accord à cette date, ces modalités sont fixées par arrêté interministériel.

Dispositions relatives à la formation professionnelle des agents publics tout au long de la vie

Art. L. 970-1 Le présent titre est applicable :

1° Aux actions de formation professionnelle des fonctionnaires relevant de la fonction publique de l'État, de la fonction publique territoriale et de la fonction publique hospitalière, qui sont menées dans le cadre de l'article 22 de la loi n° 83-634 du 13 juillet 1983 portant droits et obligations des fonctionnaires ;

2° Aux actions de formation professionnelle des agents civils non titulaires relevant des administrations mentionnées à l'article 2 de la même loi.

Art. L. 970-2 Les administrations mentionnées à l'article 2 de la loi n° 83-634 du 13 juillet 1983 précitée mettent en œuvre au bénéfice des agents publics mentionnés à l'article L. 970-1 une politique coordonnée de formation professionnelle tout au long de la vie. Cette politique, semblable par sa portée et par les moyens employés à celle définie aux articles L. 900-1, L. 900-2 et L. 900-3, tient compte du caractère spécifique de la fonction publique.

Les grandes orientations de la politique de formation professionnelle et les conditions générales d'élaboration et de mise en œuvre des actions de formation professionnelle font l'objet d'une consultation des organisations syndicales dans le cadre des conseils supérieurs de chacune des fonctions publiques.

Les agents publics mentionnés à l'article L. 970-1 peuvent, à l'initiative de l'administration d'emploi, participer à des actions de formation professionnelle, soit comme stagiaires, soit comme formateurs. Ils peuvent également être autorisés à participer, sur leur demande, à de telles actions, soit comme stagiaires, soit comme formateurs.

Art. L. 970-3 Les organismes publics chargés de la mise en œuvre de la politique définie à l'article L. 970-2 ne sont pas soumis aux dispositions des titres II et IX du présent livre.

Les actions de formation relevant du présent titre peuvent également être assurées par les organismes mentionnés à l'article L. 920-4.

Art. L. 970-4 Au vu de leurs besoins, les administrations et les établissements publics de l'État mettent en œuvre une politique de formation professionnelle au bénéfice de leurs agents et contribuent à la formation interministérielle.

Un décret en Conseil d'État détermine la nature des formations interministérielles et les modalités de la participation des administrations et des établissements publics de l'État à ces actions.

Art. L. 970-5 Pour la mise en œuvre de la politique visée à l'article L. 970-2, les établissements mentionnés à l'article 2 de la loi n° 86-33 du 9 janvier 1986 portant dispositions statutaires relatives à la fonction publique hospitalière peuvent recourir à des organismes paritaires collecteurs agréés dans les conditions fixées par l'article 22 de la loi n° 90-579 du 4 juillet 1990 relative au crédit-formation, à la qualité et au contrôle de la formation professionnelle continue et modifiant le livre IX du code du travail. Le recours à ces organismes est obligatoire dans les cas prévus au 6° de l'article 41 de la loi n° 86-33 du 9 janvier 1986 précitée et au II de l'article 16 de l'ordonnance n° 2005-406 du 2 mai 2005 simplifiant le régime juridique des établissements de santé.

Art. L. 970-6 Peuvent également bénéficier des actions de formation prévues par le présent titre, dans les conditions prévues par décret en Conseil d'État :

1° Les personnes qui concourent à des missions de service public, sans avoir la qualité d'agent d'une collectivité publique ;

2° Les personnes qui, sans avoir la qualité d'agent d'une collectivité publique, se préparent aux procédures de recrutement de la fonction publique de l'État, de la fonction publique territoriale, de la fonction publique hospitalière et des institutions ou organes de la Communauté européenne et de l'Union européenne.

Art. L. 981-4 *[contrat de professionnalisation]* Les entreprises de travail temporaire peuvent embaucher des personnes visées à l'article L. 981-1 dans les conditions définies aux articles L. 981-1 à L. 981-3 et sous le régime d'un contrat à durée déterminée conclu en application de l'article L. 122-2. Les activités professionnelles en relation avec les enseignements reçus sont alors exercées dans le cadre des missions définies par le chapitre IV du titre II du livre Ier. Un accord conclu au niveau de la branche professionnelle entre les organisations professionnelles d'employeurs, les organisations syndicales de salariés représentatives du travail temporaire et l'État peut prévoir qu'une partie des fonds recueillis dans les conditions prévues au quatrième alinéa de l'article L. 951-1 et au troisième alinéa de l'article L. 952-1 est affectée au financement d'actions de formation réalisées dans le cadre de l'article L. 124-21 et ayant pour objet la professionnalisation des salariés intérimaires ou l'amélioration de leur insertion professionnelle.

PARTIE RÉGLEMENTAIRE
DÉCRETS EN CONSEIL D'ÉTAT

Régime particulier du personnel des entreprises de navigation intérieure

Art. R. 221-23 La présente section s'applique au personnel des entreprises assurant la restauration dans les trains et des entreprises exploitant les places couchées dans les trains.

Art. R. 221-24 Le personnel roulant a droit à des repos périodiques simples d'une durée d'au moins trente-cinq heures, ou doubles d'une durée d'au moins cinquante-neuf heures. Le nombre de jours de repos par période de vingt-huit jours est fixé par accord d'entreprise dans des conditions fixées par décret. Ces repos peuvent être donnés un autre jour que le dimanche. Toutefois, le personnel roulant employé à temps complet bénéficie d'au moins deux repos accordés le dimanche sur deux périodes consécutives de vingt-huit jours.

Art. R. 221-25 Le personnel roulant des entreprises assurant la restauration dans les trains ou l'avitaillement ne peut être occupé plus de cinq jours par semaine.

Le personnel roulant des entreprises assurant l'exploitation des places couchées et les services de restauration associés ne peut être occupé plus de six jours par semaine.

Art. R. 221-26 Pour le personnel sédentaire, le repos hebdomadaire pourra être accordé un autre jour que le dimanche aux personnels dont les activités sont liées aux horaires de transport. Lorsqu'ils sont employés à temps complet, ceux-ci bénéficient d'au moins deux repos hebdomadaires accordés le dimanche sur deux périodes consécutives de vingt-huit jours.

Art. R. 233-89-1 Toutefois, les machines susmentionnées conformes lors de leur mise en service à l'état neuf aux règles techniques applicables pendant la période transitoire définie par l'article 6 du décret n° 92-767 du 29 juillet 1992 et maintenues en état de conformité sont considérées comme répondant aux obligations définies aux alinéas précédents.

Art. R. 233-89-1-1 *(Décr. n° 2000-855 du 1er sept. 2000)* Les machines mobiles et les appareils de levage d'occasion visés au premier alinéa, qui satisfont aux prescriptions qui leur étaient respectivement applicables en vertu des décrets modifiés n° 47-1592 du 23 août 1947, n° 65-48 du 8 janvier 1965, n° 86-594 du 14 mars 1986, n° 89-78 du 7 février

1989, de l'arrêté du 30 juillet 1974 modifié et de l'arrêté du 25 avril 1977 modifié, sont considérés comme satisfaisant aux prescriptions techniques de la section III susvisée.

Industries électriques et gazières

Art. R. 713-10 **Les élections ont lieu à la même date pour l'ensemble des entreprises électriques et gazières. Un accord de branche étendu fixe la date des élections.**

Les membres des comités d'entreprise ou d'établissement et les délégués du personnel sont élus pour trois ans. Si, pour quelque cause que ce soit, certains sont élus à une autre date que celle fixée en application du premier alinéa, leur mandat prend fin lors du renouvellement général qui suit.

Art. R. 713-11 **La durée du mandat des représentants du personnel aux comités d'hygiène, de sécurité et des conditions de travail est fixée à trois ans.**

Art. R. 713-13 **Les comités d'entreprise ou d'établissement exercent leurs attributions dans les conditions prévues par le présent code, sous réserve des dispositions du statut national du personnel des industries électriques et gazières relatives à la gestion des activités sociales.**

Art. R. 713-14 **Lorsqu'il existe un comité central d'entreprise, les membres titulaires et suppléants sont élus, pour chacun des collèges, par l'ensemble des membres titulaires des comités d'établissement, sur des listes présentées par les organisations syndicales représentatives au niveau de l'entreprise et composées de membres titulaires ou suppléants des comités d'établissement.**

Dans les entreprises disposant de services communs en application de l'article 5 de la loi du 8 avril 1946, un nombre de sièges qui tient compte de l'importance de l'effectif de ces services rapporté à l'effectif total de l'entreprise doit être réservé à des représentants de ces services communs au sein de chacun des comités centraux desdites entreprises. Les membres titulaires des comités d'établissement des services communs sont électeurs pour chaque comité central d'entreprise.

Pour l'examen des questions intéressant spécifiquement des services communs visés à l'alinéa précédent, les attributions du comité central d'entreprise sont exercées par une délégation spéciale représentant les deux comités centraux concernés. Cette délégation est composée de l'ensemble des membres desdits comités issus des services communs. Elle est présidée par un directeur responsable désigné par accord entre les présidents des comités centraux d'entreprise.

Les modalités d'application du premier et du deuxième aliéna du présent article sont fixées par des accords d'entreprise. A défaut d'accord, il est procédé comme indiqué au quatrième alinéa de l'article L. 435-4.

Art. R. 742-1 (Abrogé par Décr. n° 2015-918 du 27 juill. 2015, art. 22) (Décr. n° 85-1256 du 4 nov. 1985) ***Les conventions et accords collectifs réglant les rapports entre les armateurs et les personnels navigants sont discutés entre les organisations représentant les armateurs et les organisations représentant ces personnels.***

Cet art. est abrogé à la date d'installation de la Commission nationale de la négociation collective maritime ou, à défaut, à compter du 1er oct. 2015 (Décr. n° 2015-918 du 27 juill. 2015, art. 22).

Art. R. 742-2 (Abrogé par Décr. n° 2015-918 du 27 juill. 2015, art. 22) (Décr. n° 85-1256 du 4 nov. 1985) ***Les dispositions d'une convention ou d'un accord collectif national, régional ou local peuvent, par arrêté du ministre chargé du travail et du ministre chargé de la marine marchande et après avis motivé de la commission nationale de la négociation collective de la marine marchande mentionnée à l'article R. 742-5 être rendues obligatoires pour tous les armateurs et tous les personnels navigants compris dans le champ d'application de la convention ou de l'accord collectif.***

V. note ss. art. R. 742-1.

Art. R. 742-3 (Abrogé par Décr. n° 2015-918 du 27 juill. 2015, art. 22) (Décr. n° 2008-1503 du 30 déc. 2008) ***Les conventions et accords collectifs mentionnés à l'article R. 742-1, ainsi que leurs avenants et annexes, sont déposés par la partie la plus diligente dans les conditions fixées par l'article D. 2231-2 et suivants du code du travail. Le*** (Décr. n° 2009-1377 du 10 nov. 2009) ***« directeur régional des entreprises, de la concurrence, de la consommation, du travail et de l'emploi » en adresse un exemplaire au directeur départemental des affaires maritimes du lieu de conclusion.***

Une copie des conventions et accords professionnels ou interprofessionnels mentionnés à l'article D. 2231-3 du code du travail est adressée par les services centraux du ministère chargé du travail aux services centraux du ministre chargé de la mer.

Si la convention ou l'accord collectif est conclu en dehors de la circonscription de la direction départementale ou interdépartementale des affaires maritimes, deux exemplaires sont déposés, l'un au ministère chargé de la mer, l'autre au ministère chargé du travail.

V. note ss. art. R. 742-1.

Art. R. 742-4 (Abrogé par Décr. n° 2015-918 du 27 juill. 2015, art. 22) (Décr. n° 85-1256 du 4 nov. 1985) *La conclusion de toute convention ou de tout accord collectif doit être signalée aux personnels navigants intéressés par avis affiché à bord du navire, ainsi que dans les bureaux des affaires maritimes du port siège de l'entreprise et du port d'armement du navire.*

Une copie de la convention collective applicable est annexée au rôle d'équipage du navire. Le texte des conventions collectives en vigueur est tenu à la disposition de tout intéressé dans la direction départementale ou interdépartementale des affaires maritimes (Décr. n° 2008-1503 du 30 déc. 2008) *« ainsi qu'à la* (Décr. n° 2009-1377 du 10 nov. 2009) *« direction régionale des entreprises, de la concurrence, de la consommation, du travail et de l'emploi » du lieu du dépôt et à la section d'inspection du travail compétente ».*

V. note ss. art. R. 742-1.

Art. R. 742-5 (Abrogé par Décr. n° 2015-918 du 27 juill. 2015, art. 22) (Décr. n° 85-1256 du 4 nov. 1985) *Une commission nationale de la négociation collective de la marine marchande siège auprès du ministre chargé de la marine marchande.*

Cette commission donne au ministre un avis motivé sur l'extension des conventions collectives prévue à l'article R. 742-2.

Elle donne également son avis sur toute difficulté née à l'occasion de la négociation de conventions collectives et, plus généralement, elle peut être consultée par le ministre sur toute question relative à la conclusion et à l'application de ces conventions.

V. note ss. art. R. 742-1.

Art. R. 742-6 (Abrogé par Décr. n° 2015-918 du 27 juill. 2015, art. 22) (Décr. n° 85-1256 du 4 nov. 1985) *La commission nationale de la négociation collective de la marine marchande a la composition suivante :*

Le ministre chargé de la marine marchande ou son représentant, président ;

Un membre du Conseil d'État en activité ou honoraire ;

Un représentant du ministre chargé du travail ;

Un représentant du ministre chargé des affaires économiques ;

Neuf représentants des armateurs, désignés respectivement pour la navigation de commerce et pour la pêche maritime, par les organisations syndicales nationales les plus représentatives dans chacun de ces deux genres de navigation ;

Neuf représentants des personnels navigants désignés, respectivement pour la navigation de commerce et pour la pêche maritime, par les organisations syndicales nationales les plus représentatives dans chacun de ces deux genres de navigation ;

Des membres suppléants en nombre double de celui des membres titulaires prévus aux alinéas précédents sont nommés dans les mêmes conditions.

Les modalités d'organisation et les règles de fonctionnement de la commission sont fixées par arrêté du ministre chargé de la marine marchande et du ministre chargé du travail. — V. Arr. du 23 juill. 1987 (JO 15 août).

V. note ss. art. R. 742-1.

Art. R. 742-7 *(Décr. n° 85-1256 du 4 nov. 1985)* **Pour l'application du chapitre III du titre II du livre V du présent code, les attributions dévolues au directeur régional du travail et de l'emploi sont exercées par le directeur régional des affaires maritimes.**

Les conflits collectifs de travail concernant les personnels navigants qui n'ont pas été soumis à la procédure conventionnelle de conciliation prévue à l'article L. 523-1, deuxième alinéa du présent code, peuvent être portés devant le chef du quartier des affaires maritimes en vue d'une conciliation.

A défaut de solution, ils peuvent être portés devant une commission nationale ou régionale de conciliation.

Art. R. 742-8 *(Décr. n° 85-1256 du 4 nov. 1985)* **La commission nationale de conciliation, qui siège au ministère de la marine marchande, est compétente pour connaître des conflits collectifs intéressant l'ensemble du territoire national ou plusieurs directions des affaires maritimes.**

Elle peut être saisie directement par le ministre chargé de la marine marchande, soit sur sa propre initiative, soit sur la proposition de tout directeur des affaires maritimes, soit à la

demande des parties ou de l'une d'elles, de tout conflit régional ou local, compte tenu de l'importance dudit conflit, des circonstances particulières dans lesquelles il s'est produit et du nombre des travailleurs intéressés.

Art. R. 742-8-1 Des comités d'hygiène, de sécurité et des conditions de travail sont constitués dans les entreprises d'armement maritime qui occupent au moins cinquante salariés.

Dans celles de ces entreprises qui comportent des comités d'établissement en application des dispositions du présent code, des comités d'hygiène, de sécurité et des conditions de travail sont constitués dans les établissements qui regroupent au moins cinquante salariés.

Lorsqu'une entreprise ou un établissement réunit du personnel sédentaire et des gens de mer, le comité de cette entreprise ou de cet établissement comporte deux sections distinctes :

1. La section du personnel sédentaire régie par les dispositions du chapitre VI du titre III du livre II du code du travail ;

2. La section des gens de mer régie par les dispositions ci-dessus indiquées et par celles de la présente section.

Les comités d'hygiène, de sécurité et des conditions de travail des entreprises d'armement maritime siègent en sections réunies pour l'examen des questions communes à l'ensemble du personnel et en section du personnel sédentaire ou en section des gens de mer pour l'examen des questions propres soit au personnel sédentaire, soit aux gens de mer.

Les entreprises et établissements de moins de 100 salariés auxquels sont applicables les dispositions du troisième alinéa du présent article sont dispensés de constituer une section des gens de mer s'ils justifient de leur rattachement à un comité interentreprises d'hygiène, de sécurité et des conditions de travail créé pour un port déterminé par une convention ou par un accord collectif liant une ou plusieurs organisations syndicales d'employeurs et de travailleurs les plus représentatives et conclu à la suite d'une négociation à laquelle auront été appelées à prendre part l'ensemble desdites organisations les plus représentatives.

Le comité interentreprises peut également concerner les entreprises de moins de cinquante salariés dans le cas prévu à l'article R. 742-8-11.

Art. R. 742-8-2 La délégation du personnel prévue à l'article L. 236-5 est composée comme suit pour la section des gens de mer :

– trois représentants, dont un du personnel officier, dans les entreprises ou établissements occupant moins de 100 salariés relevant de la section ;

– six représentants, dont deux du personnel officier, dans les entreprises ou établissements occupant de 100 à 499 salariés relevant de la section ;

– neuf représentants, dont trois du personnel officier, dans les entreprises ou établissements occupant 500 salariés et plus relevant de la section.

Les représentants du personnel d'exécution et des officiers sont désignés respectivement par les membres du comité d'entreprise élus au titre de chacune de ces catégories ; leur choix est recueilli par correspondance.

(Décr. n° 2008-1503 du 30 déc. 2008) « L'inspecteur du travail » peut autoriser pour une durée limitée des dérogations à la proportion entre les représentants des officiers et ceux du personnel d'exécution pour tenir compte des particularités de composition du personnel navigant d'une entreprise d'armement déterminée.

Dans les entreprises d'armement au commerce et pour les réunions ordinaires de la section des gens de mer, la délégation du personnel de la section comprend au moins les deux tiers de ses membres, sauf dérogation accordée par le directeur départemental ou interdépartemental des affaires maritimes sur demande motivée de l'entreprise d'armement.

• **Art. R. 742-8-3** Dans les entreprises d'armement au commerce, la section des gens de mer siège en réunion ordinaire au moins tous les semestres à l'initiative de son président.

Art. R. 742-8-4 Outre le médecin habilité à délivrer le certificat médical prévu à l'article 2 du décret du 6 août 1960 susvisé *[n° 60-865]*, assistent à titre consultatif aux réunions de la section, s'ils existent dans l'entreprise, le chef d'armement, le chef du service de sécurité ou, à défaut, l'agent chargé de la sécurité du travail ainsi que l'agent responsable de la formation.

Art. R. 742-8-5 Les représentants du personnel à la section des gens de mer sont désignés pour une durée de deux ans. Leur mandat est renouvelable. Si pendant la durée normale de son mandat, un représentant du personnel cesse ses fonctions, il est remplacé, dans le délai d'un mois, pour la période de mandat restant à courir, sauf si cette période est inférieure à trois mois.

La liste nominative des membres de la section compétente est affichée à bord de chaque navire.

Art. R. 742-8-6 L'ordre du jour des réunions de la section des gens de mer est communiqué par le président aux membres et au directeur départemental ou interdépartemental quinze jours au moins avant la date fixée pour la réunion, sauf cas exceptionnel justifié par l'urgence.

Art. R. 742-8-7 Les articles L. 236-2 et L. 236-2-1 (2e alinéa) du code du travail sont applicables à la section des gens de mer compte tenu des règles particulières ci-après énoncées :

1. En cas d'accident ayant entraîné ou ayant pu entraîner des conséquences graves, l'enquête éventuellement décidée peut comporter des déplacements à destination du navire sur lequel s'est produit l'accident.

Il en est de même dans le cas d'un accident du travail non prévu à l'alinéa précédent mais présentant un caractère de répétition pour un même poste de travail, pour une même fonction ou pour les postes ou fonctions similaires.

Chaque enquête est conduite par au moins trois membres de la section représentant respectivement le chef d'établissement, le personnel officier et le personnel d'exécution. D'autres membres du comité, désignés par ce dernier, peuvent leur être adjoints. Dans tous les cas le chef d'établissement ou son représentant peut se faire assister par un agent qu'il désigne.

La section émet un avis sur les conclusions de ces enquêtes et sur les suites qui leur auront été données.

2. Préalablement à la mise en service des navires neufs, la section reçoit en temps utile communication pour avis des plans et des documents relatifs à la sécurité. Elle peut, dans les six mois suivant leur mise en service, faire procéder à un examen des navires par des membres désignés dans les conditions définies au 1 ci-dessus.

La section peut également, soit à l'occasion des visites annuelles, soit pendant la durée d'une escale, faire procéder de la même manière et dans la limite de ses attributions à un examen des navires.

Mention est faite de ces examens au registre mentionné à l'article R. 742-8-9.

Le chef d'établissement communique à la section des gens de mer copie des procès-verbaux des visites de mise en service et des visites annuelles. La section est informée des suites données aux prescriptions et recommandations qu'ils contiennent.

3. La section est consultée, préalablement à leur mise en œuvre, sur les programmes de formation à la sécurité et leurs modifications ; à cet effet elle examine, en temps utile, les documents précisant, pour chaque action de formation, sa durée et les moyens prévus pour la réaliser. La section s'assure de leur mise en œuvre.

4. La section veille à ce que toutes les mesures utiles soient prises pour assurer l'instruction et le perfectionnement du personnel dans les domaines de l'hygiène, de la sécurité et des conditions de travail.

5. La section vérifie également que toutes les mesures utiles sont prises pour assurer, d'une part, l'organisation et l'instruction des équipes chargées des services d'incendie et de sauvetage, d'autre part, l'application des consignes concernant lesdits services.

Art. R. 742-8-8 Les représentants du personnel à la section des gens de mer bénéficient, au titre du temps nécessaire à l'exercice de leurs fonctions, d'au moins :

– 12 heures par semestre dans les établissements occupant jusqu'à 99 salariés ;
– 30 heures par semestre dans les établissements occupant de 100 à 299 salariés ;
– 60 heures par semestre dans les établissements occupant de 300 à 499 salariés ;
– 90 heures par semestre dans les établissements occupant de 500 à 1 499 salariés ;
– 120 heures par semestre dans les établissements occupant plus de 1 500 salariés.

Ce temps peut être dépassé en cas de circonstances exceptionnelles.

Sans préjudice de l'application, le cas échéant, des dispositions du cinquième alinéa de l'article L. 236-7, le temps passé aux réunions et aux enquêtes menées en application du 1 de l'article R. 742-8-7 est également payé comme temps de travail et n'est pas déduit des heures prévues au premier alinéa ci-dessus.

Art. R. 742-8-9 Les procès-verbaux des réunions sont établis par le secrétaire de la section. Ils sont conservés dans l'établissement et tenus à la disposition *(Décr. n° 2008-1503 du 30 déc. 2008)* « de l'inspecteur du travail ».

L'avis mentionné au premier alinéa de l'article L. 231-9 est consigné sur un registre spécial, coté et ouvert au timbre du comité. Ce registre doit être tenu, sous la responsabilité du chef d'établissement, en son bureau ou au bureau de la personne qu'il désigne, à la disposition des représentants du personnel à la section. Cet avis est daté et signé ; il comporte l'indication du ou des postes de travail concernés, de la nature du danger et de sa cause ainsi que le nom du ou des salariés exposés.

Le registre mentionné à l'alinéa précédent est tenu à la disposition du directeur départemental ou interdépartemental des affaires maritimes.

Le procès-verbal de la réunion consacrée à l'examen du rapport et du programme mentionnés aux alinéas 1 et 2 de l'article L. 236-4 ainsi que ce rapport et ce programme sont transmis *(Décr. nº 2008-1503 du 30 déc. 2008)* « à l'inspecteur du travail ». Il en est de même des rapports présentés en application de l'article R. 742-8-7.

Le comité est informé par son président des observations éventuelles du directeur départemental ou interdépartemental des affaires maritimes au cours de la réunion qui suit l'intervention de ce dernier.

Art. R. 742-8-10 Un arrêté du ministre chargé de la marine marchande détermine la nature des renseignements que les sections sont tenues de lui fournir, par l'entremise de *(Décr. nº 2008-1503 du 30 déc. 2008)* « l'inspecteur du travail », notamment pour assurer la liaison avec les commissions centrales et régionales de sécurité et *(Décr. nº 2008-1503 du 30 déc. 2008)* « le Conseil supérieur de la prévention des risques professionnels maritimes et du bien-être des gens de mer ».

Art. R. 742-8-11 *(Abrogé par Décr. nº 2015-1674 du 15 déc. 2015, art. 33, à compter du 1er janv. 2016)* « ***Dans les entreprises occupant moins de cinquante salariés, les délégués de bord sont investis des missions dévolues aux membres de la section des gens de mer. Ils exercent ces missions dans la limite des moyens prévus par la réglementation relative à ces délégués. Ils sont soumis aux mêmes obligations que les membres de la section des gens de mer.*** »

(Décr. nº 2008-1503 du 30 déc. 2008) « L'inspecteur du travail » peut imposer la création d'un comité comportant, le cas échéant, une section des gens de mer dans les entreprises occupant moins de cinquante salariés, notamment en raison de la nature de l'équipement des navires ou de celle de l'exploitation qui en est faite. Cette décision est susceptible d'une réclamation devant le *(Décr. nº 2008-1503 du 30 déc. 2008)* « directeur régional du travail, de l'emploi et de la formation professionnelle » dans les conditions fixées à l'article L. 231-5-1.

Le regroupement de plusieurs entreprises de moins de cinquante salariés en vue de la constitution d'un comité, en application des dispositions du cinquième alinéa de l'article L. 236-1, ne peut s'appliquer qu'à un port déterminé. Ce regroupement résulte d'une convention ou d'un accord collectif conclu dans les mêmes conditions que l'accord défini au dernier alinéa de l'article R. 742-8-1.

La convention ou l'accord collectif porte notamment sur le nombre de représentants du personnel, la création éventuelle d'une section des gens de mer et les modalités de répartition entre les employeurs des charges résultant du fonctionnement du comité. La convention ou l'accord collectif fixe également celles des attributions prévues au chapitre VI du titre III du livre II du présent code qu'exerce le comité *(Abrogé par Décr. nº 2015-1674 du 15 déc. 2015, art. 33, à compter du 1er janv. 2016)* « ***; les autres attributions des comités d'hygiène, de sécurité et des conditions de travail sont alors exercées par les délégués de bord, conformément aux dispositions du premier alinéa du présent article*** ».

Lorsqu'il existe une convention ou un accord collectif de regroupement, les alinéas 1 et 2 du présent article ne peuvent recevoir application.

Les entreprises occupant moins de cinquante salariés peuvent aussi se rattacher à un comité interentreprises créé en application du dernier alinéa de l'article R. 742-8-1.

Art. R. 742-8-12 *Abrogé par Décr. nº 2016-303 du 15 mars 2016, art. 6.*

Art. R. 742-8-13 *Abrogé par Décr. nº 2016-303 du 15 mars 2016, art. 6.*

Art. R. 742-9 *(Décr. nº 85-1256 du 4 nov. 1985)* Il est institué au siège de chaque direction des affaires maritimes une commission régionale de conciliation dont la compétence territoriale s'étend à toute la circonscription de ladite direction.

La commission régionale est compétente, sous réserve des dispositions de l'article R. 742-8 pour connaître de tous les conflits collectifs de travail survenant dans sa circonscription.

Art. R. 742-10 *(Décr. nº 85-1256 du 4 nov. 1985)* La commission nationale de conciliation comprend :

— le ministre chargé de la marine marchande ou son représentant, président ;

— un représentant du ministre chargé du travail ;

— six représentants des armateurs respectivement pour la navigation de commerce et pour la pêche maritime ;

– six représentants des personnels navigants, respectivement pour la navigation de commerce et pour la pêche maritime.

Art. R. 742-11 *(Décr. n° 85-1256 du 4 nov. 1985)* Chacune des commissions régionales de conciliation comprend :
– le directeur des affaires maritimes ou son représentant, président ;
Al. abrogé par Décr. n° 2006-665 du 7 juin 2006, art. 54 ;
– six représentants des armateurs, respectivement, pour la navigation de commerce et pour la pêche maritime ;
– six représentants des personnels navigants respectivement pour la navigation de commerce et pour la pêche maritime.

Art. R. 742-12 *(Décr. n° 85-1256 du 4 nov. 1985)* Les membres de la commission nationale de conciliation représentant les armateurs et les personnels navigants sont nommés pour trois ans par arrêté du ministre chargé de la marine marchande, sur proposition des organisations syndicales les plus représentatives sur le plan national.

Les membres des commissions régionales de conciliation sont nommés dans les mêmes conditions, sur proposition des organisations syndicales les plus représentatives sur le plan régional.

Ces organisations soumettent à cet effet au ministre, pour chacun des deux genres de navigation, des listes comportant un nombre de noms double de celui des membres titulaires et suppléants à nommer.

Les représentants des armateurs et des personnels navigants au sein des commissions régionales sont choisis parmi les armateurs et les personnels qui exercent effectivement leur activité professionnelle dans le ressort de la commission.

Al. abrogé par Décr. n° 2006-665 du 7 juin 2006, art. 54-II.

Des membres suppléants en nombre double de celui des titulaires sont désignés dans les mêmes conditions que ces derniers. Un membre suppléant ne peut siéger qu'en l'absence du titulaire.

Art. R. 742-13 *(Décr. n° 85-1256 du 4 nov. 1985)* Quand les parties intéressées prennent l'initiative de recourir à la procédure réglementaire de conciliation, la partie la plus diligente adresse au ministre ou au directeur des affaires maritimes intéressé une requête aux fins de conciliation rédigée sur papier libre et exposant les points sur lesquels porte le litige.

Le directeur des affaires maritimes transmet la requête au secrétaire de la commission compétente.

Quand le ministre ou le directeur saisit spontanément la commission, il adresse à celle-ci une communication écrite indiquant l'objet du conflit.

Les requêtes et communications susvisées doivent être inscrites à leur date sur un registre tenu au ministère de la marine marchande ou dans chaque direction des affaires maritimes.

Art. R. 742-14 *(Décr. n° 85-1256 du 4 nov. 1985)* Pour l'application à la marine marchande de l'article R. 523-14, les pièces mentionnées audit article sont communiquées au ministre chargé de la marine marchande. La minute de l'accord est déposée dans ses services.

Art. R. 742-15 *(Décr. n° 85-1256 du 4 nov. 1985)* Le secrétariat des commissions est assuré par les services dépendant du ministère de la marine marchande.

Art. R. 742-16 *(Décr. n° 85-1256 du 4 nov. 1985)* Les membres des commissions doivent être de nationalité française et jouir de leurs droits civils et politiques.

Art. R. 742-17 *(Décr. n° 85-1256 du 4 nov. 1985)* L'employeur est tenu de donner toutes facilités aux membres des commissions pour leur permettre de remplir leur mission.

Art. R. 742-18 *(Décr. n° 85-1256 du 4 nov. 1985)* Un arrêté conjoint du ministre chargé de la marine marchande et du ministre des finances et des affaires économiques fixe les conditions dans lesquelles seront allouées les indemnités de déplacement des membres des commissions et, pour les membres autres que les fonctionnaires en activité, les vacations.

Art. R. 742-19 *(Décr. n° 85-1256 du 4 nov. 1985)* Pour l'application à la marine marchande des articles R. 524-1 à R. 524-13, le directeur régional des affaires maritimes exerce les attributions conférées au directeur régional du travail et de l'emploi.

Art. R. 742-20 *(Décr. n° 85-1256 du 4 nov. 1985)* La liste des médiateurs appelés à être désignés par le ministre chargé de la marine marchande sur le plan national, en accord avec le ministre chargé du travail, comprend dix noms au moins de personnalités choisies en fonction de leur autorité morale et de leur compétence économique et sociale. Cette liste est arrêtée après consultation des organisations syndicales d'armateurs et de marins les plus représentatives sur le plan national, siégeant à la commission nationale des conventions collectives de la marine marchande. Elle est publiée au *Journal officiel*.

Les listes de médiateurs appelés à être désignés pour des différends ne dépassant pas le cadre régional sont préparées, pour chaque direction des affaires maritimes, par le directeur des affaires maritimes, après consultation des organisations syndicales d'armateurs et de marins les plus représentatives sur le plan national, siégeant à la commission nationale des conventions collectives de la marine marchande et après avis des préfets intéressés. Elles comprennent cinq noms au moins de personnalités choisies dans les conditions prévues au premier alinéa du présent article. Elles sont arrêtées par le ministre chargé de la marine marchande en accord avec le ministre chargé du travail. Elles sont publiées au *Journal officiel* ainsi qu'au Recueil des actes administratifs du ou des départements en cause.

Art. R. 742-21 *(Décr. n° 85-1256 du 4 nov. 1985)* En cas de non-conciliation, il peut être recouru à un arbitrage dans les conditions prévues par le titre II (chap. V) du livre V.

Dans le délai d'un jour franc, l'arbitre doit déposer la minute de sa sentence et les pièces remises pour *[par]* les parties au ministère de la marine marchande ou à la direction des affaires maritimes, suivant le lieu où aura été dressé le procès-verbal de non-conciliation.

Le cas échéant, les frais de ce dépôt sont à la charge des parties.

Des copies de la sentence sont, en outre, déposées dans les conditions et les délais prévus à l'article R. 742-3.

Art. R. 742-38 (Abrogé par Décr. n° 2012-361 du 14 mars 2012) *Les marins professionnels qui ont été liés lors de leur dernier emploi envers un armateur pour servir à bord d'un navire en vertu d'un contrat d'engagement maritime conclu en application de l'article 3 du code du travail maritime, peuvent être admis au bénéfice de l'aide publique à condition de s'être fait régulièrement inscrire comme demandeurs d'emploi, d'une part, auprès de la section locale de l'Agence nationale pour l'emploi de leur résidence, d'autre part, auprès du service spécialisé du port habituel de leur embarquement.*

L'inscription auprès du bureau central de la main-d'œuvre maritime est assimilée pour l'application des dispositions du précédent alinéa à l'inscription auprès du service spécialisé du port habituel d'embarquement.

Art. R. 742-39 Les formalités mentionnées aux articles R. 320-1 à R. 320-5 sont réputées accomplies dès lors qu'il a été satisfait aux obligations prévues par les articles 11 à 15-1 du code du travail maritime. – *Entrée en vigueur le 1er sept. 1993.*

Art. R. 743-2 Pour l'application de l'article L. 442-1, l'effectif des salariés employés habituellement par les entreprises de manutention mentionnées au livre IV du code des ports maritimes est calculé en ajoutant au nombre de salariés permanents le nombre moyen des ouvriers dockers professionnels, occasionnels ou assimilés embauchés par jour ouvrable au cours de l'exercice considéré dans l'ensemble des ports où ces entreprises possèdent un établissement.

Les constatations nécessaires sont faites par les bureaux centraux de la main-d'œuvre des ports intéressés, sous le contrôle de la caisse nationale de garantie des ouvriers dockers.

Art. R. 743-3 Pour l'application du second *[troisième]* alinéa de l'article L. 442-4 *[reprenant l'art. 10 de l'Ord. n° 86-1134 du 21 oct. 1986 modifiée]*, un ouvrier docker professionnel, occasionnel ou assimilé est réputé compter au moins trois mois de présence dans une entreprise de manutention mentionnée au livre IV du code des ports maritimes s'il a accompli au moins 120 vacations pour le compte de cette entreprise au cours de l'exercice considéré.

Art. R. 743-4 Lorsqu'en application de l'article L. 442-11 *[art. L. 442-10, reprenant l'art. 16 de l'Ord. n° 86-1134 du 21 oct. 1986 modifiée]*, les accords relatifs à la participation des salariés d'une entreprise de manutention mentionnée au titre *[livre]* IV du code des ports maritimes sont passés entre le chef de ladite entreprise et les délégués syndicaux, ceux-ci doivent comprendre des représentants des syndicats d'ouvriers dockers affiliés aux organisations les plus représentatives de la branche d'activité. Sont considérés comme membres du personnel de l'entreprise les représentants syndicaux titulaires de la carte professionnelle délivrée par le bureau central de la main-d'œuvre de l'un des ports où l'entreprise possède un établissement et qui ont travaillé pour cette entreprise au cours des douze mois précédant la conclusion de l'accord.

Art. R. 743-5 Des arrêtés conjoints du ministre chargé de l'équipement, du ministre chargé du travail et du ministre chargé de l'économie et des finances fixeront, en tant que de besoin, les modalités d'application des articles R. 743-2 à R. 743-5, notamment du second alinéa de l'article R. 743-2.

Art. R. 743-6 La commission paritaire spéciale prévue à l'article L. 743-1 (premier alinéa) comprend en nombre égal des représentants désignés par les organisations professionnelles d'employeurs les plus représentatives et par les organisations syndicales de travailleurs les plus représentatives.

L'effectif de cette commission est fixé comme suit :

Quatre membres lorsque l'effectif maximum autorisé des dockers professionnels n'excède pas 200 ;

Six membres lorsque le même effectif est compris entre 201 et 500 ;

Huit membres lorsque le même effectif excède 500.

Les membres sont désignés pour une durée de deux ans ; leur mandat est renouvelable.

Art. R. 743-7 Lors de chaque renouvellement, la commission élit un président et un vice-président qui sont rééligibles.

Si le président est un représentant des employeurs, le vice-président est un représentant des travailleurs et réciproquement.

Art. R. 743-8 La commission paritaire spéciale établit lors de sa première réunion un règlement intérieur qui précise les modalités de son fonctionnement, en particulier le nombre de ses réunions, ainsi que les conditions d'élaboration et de présentation des rapports et programmes annuels que les entreprises sont tenues de lui soumettre conformément aux dispositions combinées des articles L. 437-2 *[abrogé ; V. art. L. 236-4]* et L. 743-1.

Dans les ports où l'effectif maximum autorisé des dockers professionnels excède 300, la commission paritaire spéciale doit se réunir au moins deux fois par an.

Art. R. 743-9 La commission paritaire spéciale arrête chaque année le montant de ses dépenses de fonctionnement qui comprennent notamment, en application de l'article L. 437-3 *[abrogé ; V. art. L. 236-7]*, la couverture des salaires et charges sociales afférents aux périodes de temps de travail consacrées par les dockers soit à ses séances, soit aux visites des entreprises.

La couverture de ces dépenses est assurée par une contribution supportée par les employeurs et qui a pour assiette les salaires retenus pour le calcul des cotisations dues à la caisse de compensation des congés payés du port.

Le taux de cette contribution est fixé annuellement par la commission paritaire spéciale.

Art. R. 743-10 L'encaissement des contributions et le paiement des dépenses prévues à l'article R. 743-9 sont assurés par l'organisme de rattachement prévu à l'article L. 743-1 (2e alinéa).

Art. R. 743-11 Le règlement intérieur prévu à l'article R. 743-8 et, le cas échéant, les modifications apportées aux statuts de l'organisme de rattachement sont approuvés par le ministre chargé du travail.

Art. R. 743-12 Le directeur du port ou l'ingénieur en chef du service maritime désigne un représentant qui a en permanence accès aux réunions de la commission paritaire spéciale et qui reçoit communication de toutes les pièces destinées à la commission.

Peuvent en outre participer aux réunions de la commission, en tant que de besoin et avec voix consultative, des représentants des concessionnaires des outillages publics du port.

PARTIE RÉGLEMENTAIRE
DÉCRETS SIMPLES

Salaire minimum de croissance – Rémunération mensuelle minimale

Art. D. 141-7 *(Décr. n° 89-441 du 30 juin 1989)* Le personnel des hôtels, cafés, restaurants reçoit un salaire calculé sur la base de quarante-trois heures payées au taux du salaire minimum de croissance, le salaire ainsi établi correspondant à une durée hebdomadaire de présence de quarante-trois heures pour les cuisiniers, cinquante-deux heures pour les veilleurs de nuit et quarante-cinq heures pour les autres personnels.

L'application de ces dispositions aux salariés autres que les cuisiniers, employés sur la base d'un horaire hebdomadaire compris entre trente-neuf heures et les durées de présence fixées ci-dessus et qui ont accompli l'intégralité de leur temps de présence, ne peut conduire à verser à ces derniers un salaire calculé sur une base inférieure à trente-neuf heures payées au taux du salaire minimum de croissance.

Les dispositions des alinéas 1 et 2 du présent article ne s'appliquent pas aux salariés dont l'horaire est fixé contractuellement sur une base inférieure ou égale à trente-neuf heures par semaine pour lesquels chaque heure de présence est payée au taux du salaire minimum de croissance.

Les maisons de retraite et les maisons de santé spécialisées ne sont pas assimilables, en matière de réglementation du SMIC, aux hôtels, cafés et restaurants. • Soc. 31 oct. 1989 : *Bull. civ. V, nº 634.*

Durée du travail

Art. D. 212-12 Dans les établissements et professions assujettis à la réglementation de la durée du travail, à l'exception des entreprises de transport soumises au contrôle technique du ministère des transports, le dépassement de la durée quotidienne du travail effectif, fixée à dix heures par le deuxième alinéa de l'article L. 212-1, peut être autorisé dans tous les cas où un surcroît temporaire d'activité est imposé, notamment pour l'un des motifs ci-après.

Travaux devant être exécutés dans un délai déterminé en raison de leur nature, des charges imposées à l'entreprise ou des engagements contractés par celle-ci ;

Travaux saisonniers ;

Travaux impliquant une activité accrue pendant certains jours de la semaine, du mois ou de l'année.

Les dispositions de l'art. D. 212-12, dans leur rédaction applicable à la date de publication du Décr. nº 2008-244 du 7 mars 2008, demeurent en vigueur en tant qu'elles excluent les entreprises de transport soumises au contrôle technique du ministère des transports (Décr. préc., art. 10).

Art. D. 212-17 *(Décr. nº 96-1082 du 12 déc. 1996)* Les dispositions de la présente section sont applicables aux établissements visés à l'article L. 620-2 du code du travail, à l'exception des établissements visés par le décret nº 83-1111 du 19 décembre 1983 *[concernant la durée du travail dans la navigation intérieure]*.

Les dispositions de la présente section sont applicables, à l'exception des articles D. 212-21, D. 212-22 et D. 212-24, aux établissements visés par le décret nº 83-40 du 26 janvier 1983 *[concernant la durée du travail dans les transports routiers de marchandises]*.

Art. D. 220-4 Dans les établissements soumis au contrôle technique du ministère des transports, en l'absence d'accord collectif, des décrets particuliers définissent les conditions dans lesquelles la dérogation peut être mise en œuvre.

Transports et télécommunications

Art. D. 741-1 Dans les établissements appartenant aux sous-groupes ci-dessous énumérés de la nomenclature des entreprises publiée au *Journal officiel* du 27 novembre 1947, ainsi que dans les dépendances de ces établissements, le service des congés payés est assuré par des caisses constituées à cet effet. Ces caisses peuvent éventuellement former un seul organisme à compétence nationale :

Sous-groupes 62-3, 62-410 (pour le transport des marchandises seulement), 62-5, 67-300, 67-400, 67-410, 67-5, 73-12, 73-13, 89-502 (uniquement en ce qui concerne les entreprises travaillant pour le compte de la Société nationale des chemins de fer français), 89-610 (à l'exception des entreprises concessionnaires d'égouts).

Les caisses répartissent entre elles les charges résultant du paiement, par un seul organisme, des indemnités dues aux salariés successivement déclarés à différentes caisses.

Art. D. 741-2 Le ministre chargé du travail fixe, par arrêté, les pièces justificatives et garanties à fournir par les caisses soit en vue de leur agrément, soit au cours de leur fonctionnement, ainsi que les dispositions que doivent contenir les statuts et règlements des caisses. Il autorise dans la même forme, chacun de ces organismes à exercer son activité dans une circonscription territoriale déterminée, après avoir vérifié que le nombre de salariés qui doit être déclaré à la caisse justifie l'institution de celle-ci. Les statuts et règlements des caisses et toutes modifications de ces textes ne sont applicables qu'après avoir reçu l'approbation du ministre.

Art. D. 741-3 Au début de chaque mois les chefs des entreprises mentionnées à l'article D. 741-1 doivent déclarer à la caisse compétente pour la localité où est fixé le siège de l'établissement le salaire du personnel embauché au cours du mois écoulé.

Les salaires de ce personnel doivent continuer à être déclarés :

1° Jusqu'au 1er octobre, lorsque le salarié est occupé dans l'entreprise depuis moins de six mois, le 1er avril suivant la date de son embauchage ;

2° Jusqu'au 1er avril lorsque le salarié est occupé dans l'entreprise depuis moins de six mois le 1er octobre suivant la date de son embauchage.

Toutefois, l'employeur n'est pas tenu de déclarer :

a) Le personnel administratif ;

b) Le personnel non administratif lié à l'entreprise par un contrat à durée déterminée conclu pour une année au minimum et ayant acquis date certaine par enregistrement. En cas de résiliation d'un tel contrat avant le terme d'une année, la situation du travailleur sera appréciée compte tenu des règles prévues aux alinéas 1 et 2 du présent article. La caisse ne pourra cependant exiger le paiement des cotisations afférentes aux salaires versés pendant la période de référence écoulée, lorsque le congé acquis au cours de celle-ci aura été effectivement pris par l'intéressé.

Le chef d'entreprise peut également faire assurer par la caisse, moyennant le versement des cotisations correspondantes, le service des congés au personnel dont la déclaration n'est pas obligatoire.

L'employeur adhérent est tenu de se conformer tant aux prescriptions du présent chapitre qu'à celles des statuts et règlement de la caisse. Les effets de son affiliation ne peuvent en aucun cas, remonter au-delà de la date d'ouverture de la période de référence écoulée.

Art. D. 741-4 La cotisation que doit verser chaque entreprise affiliée est déterminée par un pourcentage du montant des salaires payés aux travailleurs déclarés.

Ce pourcentage est fixé par le conseil d'administration de la caisse. Le règlement intérieur de celle-ci précise d'autre part, les époques et les modes de versement des cotisations, les justifications dont ce versement doit être accompagné ainsi que les vérifications auxquelles doivent se soumettre les adhérents.

Art. D. 741-5 Les droits des travailleurs déclarés à la caisse, tant en ce qui concerne la durée de leur congé que l'indemnité y afférente, sont fixés suivant les dispositions du livre II, titre II, chapitre III du présent code. Il est précisé toutefois, que dix-sept journées de travail effectif sont considérées comme équivalentes à un mois pour la détermination de la durée du congé de ces travailleurs.

Art. D. 741-6 Le travailleur déclaré à la caisse doit avant son départ en vacances, ou à la date de résiliation de son contrat, recevoir de son chef d'entreprise un certificat en double exemplaire par lequel il justifiera, en temps opportun, de ses droits à congé, envers la caisse d'affiliation de son dernier employeur. Ce certificat indique le nombre de journées de travail effectuées par le salarié dans l'entreprise pendant l'année de référence, le taux du dernier salaire perçu par l'intéressé et ayant donné lieu au versement de cotisations ainsi que la raison sociale de l'établissement et l'adresse de la caisse d'affiliation.

Art. D. 741-7 Il est institué auprès de chaque caisse une commission composée, en nombre égal, de membres employeurs et salariés désignés par le directeur départemental du travail et de la main-d'œuvre, choisis parmi les organisations patronales et ouvrières les plus représentatives de la région considérée pour les professions assujetties.

Cette commission statue sur toutes les contestations relatives au droit aux congés des travailleurs déclarés à la caisse.

Les caisses sont soumises pour l'application des lois et règlements relatifs aux congés payés, au contrôle permanent du service chargé de l'inspection du travail dans les professions intéressées.

Art. D. 741-8 Les employeurs assujettis sont tenus d'afficher à des endroits apparents dans les locaux de leur entreprise où s'effectue la paie du personnel, la raison sociale et l'adresse de la caisse à laquelle ils sont affiliés.

Ils doivent également justifier, à tout moment, aux agents chargés de l'inspection du travail dans leur profession, aux officiers de police judiciaire et aux contrôleurs agréés par la caisse à laquelle ils sont tenus d'être affiliés, qu'ils sont à jour de leurs obligations envers celle-ci.

Art. D. 743-1 *(Décr. n° 93-633 du 27 mars 1993)* Le présent chapitre détermine les modalités d'application du livre II, chapitre III, du code du travail dans les entreprises occupant dans les ports maritimes des ouvriers dockers au sens de l'article L. 511-2-I du code des ports maritimes.

Art. D. 743-2 Dans chaque port il est créé une caisse de compensation agréée par le ministre chargé du travail pour répartir, entre tous les employeurs auxquels s'applique l'article D. 743-1, les charges résultant de l'octroi des congés payés dans les conditions prévues par le présent chapitre.

Le cas échéant, il peut être institué une seule caisse de compensation pour plusieurs ports.

Tous les employeurs d'un port où est créée une caisse de compensation ou des ports dans lesquels une caisse de compensation commune est créée sont tenus de s'affilier auxdites caisses.

Art. D. 743-2-1 *(Décr. n° 93-633 du 27 mars 1993)* Les ouvriers dockers professionnels mensualisés et intermittents, ainsi que les ouvriers dockers occasionnels doivent être déclarés par leur employeur à la caisse de congés payés.

Le chef d'entreprise peut également faire assurer par la caisse, avec l'accord de celle-ci et moyennant le versement des cotisations correspondantes, le service des congés au personnel dont la déclaration n'est pas obligatoire. L'employeur adhérent est tenu de se conformer tant aux prescriptions du présent chapitre qu'à celles des statuts et règlements de la caisse.

Art. D. 743-3 Le règlement de la caisse fixe pour chaque port, le mode de compensation, le mode de perception des contributions patronales et le mode de versement de l'indemnité à payer aux ouvriers en congé.

Un arrêté du ministre chargé du travail fixe les pièces et justifications à fournir par les caisses de compensation, soit en vue de leur agrément par le ministre, soit au cours de leur fonctionnement.

Art. D. 743-4 *(Décr. n° 93-633 du 27 mars 1993)* La durée du congé annuel des travailleurs déclarés à la caisse est déterminée conformément aux dispositions du livre II, titre II, chapitre III, du présent code. Il est précisé, en ce qui concerne les dockers professionnels intermittents et les dockers occasionnels dont les cotisations sociales sont acquittées à l'aide de vignettes, que quinze jours de travail sont considérés comme équivalents à un mois pour la détermination de la durée du congé de ces travailleurs.

Art. D. 743-5 Le règlement de la caisse de compensation indique comment sera déterminé et contrôlé le nombre de jours pendant lesquels les travailleurs ont été occupés par un ou plusieurs employeurs visés à l'article D. 743-1.

(Décr. n° 93-633 du 27 mars 1993) « Ce mode de détermination est fixé, pour chaque cas, par une commission paritaire composée en nombre égal de représentants des chambres syndicales, patronales et ouvrières, intéressées. »

A défaut d'accord à ce sujet au sein de la commission paritaire, le nombre de jours dont il s'agit sera déterminé en prenant pour base les attestations de versement délivrées aux assurés sociaux.

Art. D. 743-6 *(Décr. n° 93-633 du 27 mars 1993)* Le montant de l'indemnité de congés payés des ouvriers mensualisés est déterminé conformément aux dispositions de l'article L. 223-11 du code du travail.

L'indemnité à verser aux ouvriers dockers professionnels intermittents et aux ouvriers dockers occasionnels pour leur congé ne pourra être inférieure ni au dixième de la rémunération totale perçue au cours de la période de référence ni, pour chaque jour ouvrable de congé, au salaire de base à la journée pour leur profession et leur catégorie fixée par la convention en vigueur dans le port.

Art. D. 743-7 *(Décr. n° 93-633 du 27 mars 1993)* Le règlement de la caisse de compensation fixe en ce qui concerne les ouvriers dockers professionnels intermittents et les ouvriers dockers occasionnels la ou les périodes ordinaires de vacances.

Art. D. 743-8 Les dispositions du livre II, titre II, chapitre III, du présent code qui ne sont pas contraires aux dispositions qui précèdent sont applicables aux entreprises et aux travailleurs mentionnés à l'article D. 743-1 ci-dessus.

V. Arr. du 22 mars 1937 fixant les conditions d'agrément et de fonctionnement des caisses (BLD 1937. 312 ; JO 25 mars), mod. par Arr. du 10 mai 1957 (JO 19 mai).

Art. D. 744-1 Sont considérés comme établissements portuaires, pour l'application du présent chapitre, les ports autonomes et les établissements publics ou collectivités publiques concessionnaires des outillages publics des ports maritimes de commerce et de pêche.

Les articles L. 212-5-1 et D. 212-5 à D. 212-12 du code du travail sont applicables au personnel de ces établissements, sous réserve des dispositions qui suivent.

Art. D. 744-2 Dans les ports où, par suite des nécessités de l'exploitation, ont été institués des aménagements d'horaires comportant des systèmes de crédit-repos, les heures de travail effectuées au-delà de la durée hebdomadaire définie à l'article L. 212-5-1 du code du travail n'ouvrent droit au repos compensateur institué par ledit article que dans la mesure où elles ne font pas l'objet, dans le cadre des systèmes locaux de crédit-repos, d'une compensation de durée au moins égale à l'intérieur de l'année civile.

Les crédits-repos acquis en fin d'année peuvent toutefois être soldés dans les trois premiers mois de l'année suivante.

Art. D. 744-3 Le repos compensateur acquis au titre de l'article L. 212-5-1 du code du travail peut être pris par demi-journée, comptant pour quatre heures de repos.

Des contrats et des périodes de professionnalisation

Art. D. 981-4 Pour les salariés relevant du régime spécial de sécurité sociale des marins mentionné au 4° de l'article R. 711-1 du code de la sécurité sociale, l'exonération prévue à l'article L. 981-6 est applicable aux contributions et cotisations à la charge de l'employeur et dues :

1. Au titre des assurances maladie, maternité, invalidité, décès, vieillesse, accidents du travail et maladies professionnelles, à l'Établissement national des invalides de la marine ;

2. Au titre des allocations familiales, à la caisse maritime d'allocations familiales mentionnée à l'article L. 212-3 du code de la sécurité sociale.

Elle est déterminée selon les modalités suivantes :

I. — Sont considérés comme gains et rémunérations pour l'application de l'article L. 981-6 :

1. Pour le calcul de l'exonération applicable aux contributions à la charge de l'employeur et dues à l'Établissement national des invalides de la marine, le salaire forfaitaire d'assiette des contributions de l'employeur au régime spécial de sécurité sociale des marins défini à l'article L. 42 du code des pensions de retraite des marins français du commerce, de la pêche et de la plaisance ;

2. Pour le calcul de l'exonération applicable aux cotisations dues à la caisse maritime d'allocations familiales, les gains et rémunérations au sens de l'article L. 242-1 du code de la sécurité sociale s'agissant des marins du commerce et de la plaisance, et le salaire forfaitaire d'assiette des contributions de l'employeur au régime spécial de sécurité sociale des marins défini à l'article L. 42 du code des pensions de retraite des marins français du commerce, de la pêche et de la plaisance s'agissant des marins pêcheurs.

II. — Le nombre d'heures rémunérées pris en compte pour le calcul de l'exonération est réputé égal au produit de la durée légale du travail calculée sur le mois et du rapport entre le nombre de jours de service accomplis au cours du mois et la durée de trente jours.

Pour les marins titulaires d'un contrat de travail à temps partiel, le nombre de jours de service accomplis au cours du mois est réduit dans la même proportion que celle appliquée au salaire forfaitaire d'assiette des contributions de l'employeur au régime spécial de sécurité sociale des marins défini à l'article L. 42 du code des pensions de retraite des marins français du commerce, de la pêche et de la plaisance.

En cas de suspension du contrat de travail avec maintien total ou partiel de la rémunération mensuelle brute du salarié, le nombre de jours de service accomplis au titre de ces périodes de suspension est égal au produit du nombre de jours de service que le marin aurait accomplis s'il avait continué à travailler par le pourcentage de la rémunération demeuré à la charge de l'employeur et soumis à cotisations.

Code de procédure pénale

De l'exécution des peines privatives de liberté

Art. 717-3 *(L. n° 87-432 du 22 juin 1987)* « Les activités de travail et de formation professionnelle *(L. n° 2005-1549 du 12 déc. 2005, art. 9)* « ou générale » sont prises en compte pour l'appréciation des gages de réinsertion et de bonne conduite des condamnés. »

(L. n° 2005-1549 du 12 déc. 2005, art. 9) « Au sein des établissements pénitentiaires, toutes *[les]* dispositions sont prises pour assurer une activité professionnelle, une formation professionnelle ou générale aux personnes incarcérées qui en font la demande. »

(L. n° 87-432 du 22 juin 1987) « Les relations de travail des personnes incarcérées ne font pas l'objet d'un contrat de travail. » *(L. n° 90-9 du 2 janv. 1990)* « Il peut être dérogé à cette règle pour les activités exercées à l'extérieur des établissements pénitentiaires. »

(L. n° 75-624 du 11 juill. 1975) « Les règles relatives à la répartition des produits du travail des détenus sont fixées par décret. » *(L. n° 2002-1138 du 9 sept. 2002, art. 51)* « Le pro-

duit du travail des détenus ne peut faire l'objet d'aucun prélèvement pour frais d'entretien en établissement pénitentiaire. »

(L. nº 2009-1436 du 24 nov. 2009, art. 32) **« La rémunération du travail des personnes détenues ne peut être inférieure à un taux horaire fixé par décret et indexé sur le salaire minimum de croissance défini à l'article L. 3231-2 du code du travail. Ce taux peut varier en fonction du régime sous lequel les personnes détenues sont employées. »**

BIBL. ▶ HARBONNIER, *JCP S 2013. 1342* (travail et prison et droit du travail). – TUFFERY-ANDRIEU, *RDT 2013. 239* (contribution à l'étude sur le travail en prison).

1. Il résulte de l'art. 720 C. pr. pén., disposition législative dont il n'appartient pas aux tribunaux judiciaires de contrôler la conformité à la Constitution, et dont l'art. D. 103 C. pr. pén., inclus dans la partie réglementaire de ce code, n'est que l'application, que les relations de travail des personnes incarcérées ne font pas l'objet d'un contrat de travail ; en conséquence, c'est à juste titre qu'une cour d'appel retient l'incompétence de la juridiction prud'homale, celle-ci ne pouvant, aux termes de l'art. L. 511-1 C. trav. [L. 1411-1 à L. 1411-6, L. 1421-1, L. 1462-1 nouv.], connaître que des différends pouvant s'élever à l'occasion d'un contrat de travail ; la règle de compétence dont la cour d'appel a fait application n'est contraire, ni à l'art. 4 Conv. EDH, ni à aucune disposition de toute autre convention internationale signée par le gouvernement français et ayant en France un effet direct. • Soc. 17 déc. 1996 : *Dr. soc. 1997. 344, chron. Giudicelli-Delage et Massé*.

2. Présente un caractère sérieux et doit être renvoyée au Conseil constitutionnel la QPC ainsi rédigée : « L'art. 717-3 C. pr. pén., en ce qu'il dispose que les relations de travail des personnes incarcérées ne font pas l'objet d'un contrat de travail, porte-t-il atteinte aux droits et libertés garantis par la Constitution ? ». • Soc., QPC, 20 mars 2013 : *Dalloz actualité, 28 mars 2013, obs. Ines ; D. 2013. Actu. 841 ; RDT 2013. 309, note Auvergnon*.

3. Les dispositions de la première phrase du troisième al. de l'art. 717-3 sont conformes à la Constitution. • Cons. const. 14 juin 2013 : *D. 2013. 1477 ; Dr. ouvrier 2013. 616, obs. Gahdoun.*

Code rural et de la pêche maritime

PREMIÈRE PARTIE : ***LÉGISLATIVE***

LIVRE VII **Dispositions sociales**

(Ord. nº 2000-550 du 15 juin 2000)

CHAPITRE II *Titre emploi simplifié agricole*

Art. L. 712-1 **I. — L'employeur qui, au moment de l'embauche d'un salarié par contrat à durée déterminée à l'exclusion des contrats visés à l'article L. 122-2 du code du travail** *[L. 1242-3]*, **remet au salarié et adresse à la caisse de mutualité sociale agricole les parties qui leur sont respectivement destinées du document appelé "titre emploi simplifié agricole" est réputé satisfaire aux obligations prévues par les articles L. 122-3-1,** *(Ord. nº 2005-1127 du 8 sept. 2005)* **« L. 127-2, L. 127-9, » L. 143-3, L. 212-4-3 et L. 320 du code du travail** *[L. 1221-10, L. 1242-12, L. 1242-13, L. 1253-9, L. 1253-34, L. 3123-14, L. 3243-2]*, *(L. nº 2009-526 du 12 mai 2009, art. 51-II)* **« l'article 87 du code général des impôts, » et les articles L. 722-25, L. 741-3, L. 741-5 à L. 741-14** *(L. nº 2009-526 du 12 mai 2009, art. 51-II)* **« du présent code », ainsi qu'aux déclarations au titre** *(L. nº 2005-157 du 23 févr. 2005, art. 71-I)* **« du service de santé au travail » et du régime des prestations mentionnées à l'article L. 351-2 du code du travail** *[L. 5421-2.] — V. C. rur., art. R. 719-2 (pén.).*

L'inscription sur le registre unique du personnel est réputée accomplie lorsque les employeurs tiennent à la disposition des personnes mentionnées au troisième alinéa de l'article L. 620-3 du code du travail *[L. 1221-15]*, **et pour chacun des salariés concernés, un double du document prévu ci-dessus portant un numéro correspondant à leur ordre d'embauchage.**

Le titre emploi simplifié agricole est délivré par les caisses de mutualité sociale agricole aux employeurs qui font appel, au moyen d'un ou plusieurs contrats de travail à durée déterminée, à des salariés occupés dans les activités ou les exploitations, entreprises ou établissements mentionnés *(Ord. nº 2005-1127 du 8 sept. 2005)* **« aux 1º à 4º** *(Abrogé par L. nº 2012-1404 du 17 déc. 2012, art. 37-I-16º, à compter du 1er janv. 2014) « et 6º »* **de l'article L. 722-1 ainsi qu'aux 2º, 3º et 6º de l'article L. 722-20 ».**

Par dérogation à l'article L. 143-2 du code du travail *[L. 3243-3]*, lorsqu'il est fait usage de ce titre, pour des travaux saisonniers, les salariés sont rémunérés à l'issue de chaque campagne saisonnière et au moins une fois par mois.

Par dérogation aux dispositions de l'article 10 de la loi n° 86-966 du 18 août 1986 portant diverses mesures relatives au financement des retraites et pensions, la mention des cotisations patronales de sécurité sociale, d'origine législative, réglementaire ou conventionnelle n'est pas obligatoire sur le titre emploi simplifié agricole.

(L. n° 2009-526 du 12 mai 2009, art. 139-VI) « Le présent article ne s'applique qu'aux contrats répondant à des conditions de durée et de niveau de rémunération fixées par le décret mentionné au II. »

II. – Un décret en Conseil d'État fixe les modalités d'application du présent article et notamment les mentions qui doivent figurer sur le titre emploi simplifié agricole, les parties de ce document qui doivent comporter la signature du salarié, et les conditions et délais dans lesquels celles-ci sont remises à ses destinataires. *(L. n° 2009-526 du 12 mai 2009, art. 139-VI)* « Ce décret détermine les cas dans lesquels les formalités prévues au I et la délivrance du titre emploi simplifié agricole doivent être faites par voie électronique. » – *V. art. R. 712-1 s.*

III. – Un décret en Conseil d'État fixe les modalités de mise en œuvre du titre emploi simplifié agricole dans les départements d'outre-mer. – *[Ancien C. rur., art. 1000-6.]*

CHAPITRE II *bis* ***Titre emploi-service agricole***

(L. n° 2014-1170 du 13 oct. 2014, art. 37)

Art. L. 712-2 Toute entreprise, à l'exception de celles mentionnées aux articles L. 1251-42 et L. 1252-1 du code du travail, dont les salariés relèvent du régime des salariés agricoles et répondent aux conditions fixées à l'article L. 712-3 du présent code peut adhérer à un service d'aide à l'accomplissement de ses obligations en matière sociale, dénommé : "Titre emploi-service agricole" et proposé par les caisses de mutualité sociale agricole.

Art. L. 712-3 Le titre emploi-service agricole ne peut être utilisé qu'en France métropolitaine et par les entreprises :

1° Dont l'effectif n'excède pas vingt salariés titulaires d'un contrat à durée indéterminée ;

2° Ou qui, quel que soit leur effectif, emploient, dans la limite de cent dix-neuf jours consécutifs ou non, des salariés occupés dans les activités ou les exploitations ou les établissements mentionnés aux 1° à 3° et 6° de l'article L. 722-20. Lorsque l'effectif de l'entreprise dépasse le seuil mentionné au 1° du présent article, le service titre emploi-service agricole ne peut être utilisé qu'à l'égard de ces seuls salariés.

Art. L. 712-4 Le recours au service titre emploi-service agricole permet notamment à l'entreprise :

1° D'obtenir le calcul des rémunérations dues aux salariés en tenant compte des stipulations des conventions collectives applicables au secteur d'activité professionnelle concerné ainsi que de l'ensemble des cotisations et contributions créées par la loi et des cotisations et contributions conventionnelles obligatoires ou non ;

2° De souscrire, dans les conditions mentionnées aux articles L. 133-5 et L. 133-5-3 du code de la sécurité sociale, les déclarations sociales qui doivent être adressées aux différents organismes chargés de la gestion d'un régime obligatoire ou complémentaire de sécurité sociale, aux caisses de congés mentionnées à l'article *(L. n° 2016-1088 du 8 août 2016, art. 8)* « L. 3141-32 » du code du travail et à l'institution mentionnée à l'article L. 5312-1 du même code.

Art. L. 712-5 A partir des informations recueillies auprès de l'entreprise, les caisses de mutualité sociale agricole délivrent à cette dernière, pour remise au salarié, un bulletin de paie qui est réputé remplir les conditions prévues à l'article L. 3243-2 du code du travail.

Art. L. 712-6 L'employeur qui utilise le titre emploi-service agricole est réputé satisfaire, par la remise au salarié et l'envoi à la caisse de mutualité sociale agricole des éléments du titre emploi qui leur sont respectivement destinés, aux formalités suivantes :

1° Les règles relatives à l'établissement d'un contrat de travail, dans les conditions prévues à l'article L. 1221-1 du code du travail ;

2° La déclaration préalable à l'embauche prévue à l'article L. 1221-10 du même code ;

3° La délivrance d'un certificat de travail prévue à l'article L. 1234-19 dudit code ;

4° L'établissement d'un contrat de travail écrit prévu dans les conditions et délais définis aux articles L. 1242-12, L. 1242-13 et *(L. n° 2016-1088 du 8 août 2016, art. 8)* « L. 3123-6 » du même code.

Art. L. 712-7 L'employeur ayant recours au titre emploi-service agricole peut donner mandat à un tiers en vue d'accomplir les formalités correspondantes.

Art. L. 712-8 La date d'entrée en vigueur qui ne peut pas être postérieure au *(Ord. n° 2015-682 du 18 juin 2015, art. 7)* « 1er janvier 2017 » et les modalités d'application du présent chapitre sont déterminées par décret.

CHAPITRE VIII *Contrat vendanges*

(Ord. n° 2007-329 du 12 mars 2007)

Art. L. 718-4 Le contrat vendanges a pour objet la réalisation de travaux de vendanges. Ces travaux s'entendent des préparatifs de la vendange à la réalisation des vendanges, jusqu'aux travaux de rangement inclus.

Le contrat de vendanges est un contrat saisonnier conclu en application de l'art. L. 1242-2, 3° ; conformément à l'art. L. 1242-7, il doit comporter un terme fixé avec précision dès sa conclusion. • Soc. 6 oct. 2010 : *Dalloz actualité, 21 oct. 2010, obs. Dechristé ; Dr. soc. 2011. 1031, note Roy-Loustaunau ; RJS 2010. 823, n° 906 ; JCP S 2011. 1058, obs. Bousez.*

Art. L. 718-5 Le contrat vendanges a une durée maximale d'un mois. *(L. n° 2012-387 du 22 mars 2012, art. 86)* « Il précise la durée pour laquelle il est conclu. A défaut, il est réputé être établi pour une durée qui court jusqu'à la fin des vendanges. »

Un salarié peut recourir à plusieurs contrats vendanges successifs, sans que le cumul des contrats n'excède une durée de deux mois sur une période de douze mois.

Art. L. 718-6 Le salarié en congés payés peut bénéficier du contrat vendanges.

Les agents publics peuvent également bénéficier de ce contrat.

Les dispositions de l'article L. 1244-2 du code du travail, relatives au contrat de travail à caractère saisonnier, ne s'appliquent pas aux contrats vendanges.

DEUXIÈME PARTIE : *RÉGLEMENTAIRE*

LIVRE VII **Dispositions sociales**

(Décr. n° 2005-368 du 19 avr. 2005)

TITRE PREMIER **Réglementation du travail salarié**

CHAPITRE II *Titre emploi simplifié agricole*

Art. R. 712-1 L'effectif de salariés permanents mentionné au troisième alinéa du I de l'article L. 712-1 est déterminé par le nombre moyen mensuel de salariés employés par contrat à durée indéterminée pendant l'année précédente.

Art. R. 712-2 Le titre emploi simplifié agricole est conforme à un modèle fixé par arrêté du ministre chargé de l'agriculture et du ministre chargé du travail. *– V. C. rur., art. R. 719-2 (pén.).*

Art. R. 712-3 Le titre emploi simplifié agricole porte un numéro d'ordre préimprimé. Il comporte plusieurs volets destinés au salarié, à l'employeur et à la caisse de mutualité sociale agricole.

La caisse de mutualité sociale agricole remet à chaque employeur un relevé récapitulatif des numéros d'ordre correspondant aux titres qu'il a reçus.

Art. R. 712-4 L'employeur est réputé satisfaire aux obligations énumérées à l'article L. 712-1 lorsque le titre emploi simplifié agricole comporte les informations suivantes :

1° Mentions relatives à l'employeur :

a) Nom, prénom ou dénomination sociale ;

b) Code APE ou NAF s'il a été attribué ;

c) Numéro SIRET ou numéro MSA ;

d) Adresse ;

e) Numéro de téléphone ;

2° Mentions relatives au salarié :

a) Nom patronymique, prénom ;

b) Nom marital ;

c) Adresse ;

d) Numéro d'immatriculation à la Mutualité sociale agricole ou à la sécurité sociale, s'il est déjà immatriculé ;

e) Date de naissance ;

f) Lieu de naissance ;

g) Sexe ;

h) Nationalité ;

i) Pour les étrangers, désignation et numéro du titre valant autorisation de travail ;

3° Mentions relatives à l'embauche et à l'emploi :

a) Date et heure d'embauche ;

b) Motif du contrat ;

– remplacement d'un salarié absent et nom de celui-ci ;

– accroissement temporaire de l'activité ;

– emploi à caractère saisonnier ;

c) S'il s'agit d'un contrat à temps partiel, durée journalière ou hebdomadaire de travail, répartition de la durée du travail entre les jours de la semaine et les semaines du mois, conditions de modification de cette répartition, nombre maximal d'heures complémentaires pouvant être effectuées au cours d'une semaine ou au cours d'un mois ;

d) Le cas échéant, durée de la période d'essai ;

e) Date du terme ou durée minimale du contrat ;

f) Emploi occupé ;

g) Position dans la classification (coefficient ou niveau ou échelon) ;

h) Salaire horaire brut (ou valeur unitaire en cas de rémunération à la tâche) ;

i) Le cas échéant, prestations en nature ;

j) Autres éléments de rémunération ;

k) Intitulé de la convention collective de branche applicable ;

l) Lieu de travail ;

m) Le cas échéant, exposition à un risque professionnel ;

n) Signature de l'employeur lors de l'envoi du volet comportant les mentions de la déclaration préalable à l'embauche et signature du salarié lors de l'embauche ;

o) Demande de taux réduit de cotisations pour l'emploi d'un salarié occasionnel ou d'un demandeur d'emploi ;

p) Mention de la caisse de retraite complémentaire ;

4° Mentions relatives à l'exécution et à la cessation du contrat de travail :

a) Nombre de jours travaillés ;

b) Nombre d'heures de travail normales, supplémentaires, majorées et salaire horaire brut applicable ou bases de calcul en cas de salaire à la tâche ;

c) Le cas échéant, avantages en nature ;

d) Le cas échéant, primes ;

e) Le cas échéant, indemnité de congés payés ;

f) Le cas échéant, indemnité de fin de contrat ;

g) Le cas échéant, prestations en nature ;

h) Le cas échéant, montant des acomptes versés ;

i) Rémunération brute ;

j) Taux global de la part salariale des cotisations sociales et de la partie déductible de la contribution sociale généralisée ;

k) Taux global de la partie non déductible de la contribution sociale généralisée et de la contribution au remboursement de la dette sociale ;

l) Le cas échéant, absences non rémunérées ;

m) Période pendant laquelle le salarié a occupé l'emploi ;

n) Motif de la rupture du contrat ;

o) Signature de l'employeur lors de la sortie ;

p) Montant de la somme effectivement reçue par le salarié et date de paiement de cette somme ;

q) Mention invitant le salarié à conserver le volet sans limitation de durée.

Art. R. 712-5 L'employeur utilise les titres emplois simplifiés selon leur numérotation croissante correspondant à l'ordre d'embauche des salariés.

La conservation par l'employeur des volets du titre, du relevé récapitulatif mentionné à l'article R. 712-3 et, le cas échéant, de la copie des titres autorisant le travailleur étranger à exercer une activité salariée, tient lieu du registre unique du personnel institué par l'article L. 620-3 du code du travail.

L'employeur remet au salarié, avec chaque volet correspondant au bulletin de paie, l'indication de chacun des taux des cotisations salariales, de la contribution sociale généralisée et de la contribution au remboursement de la dette sociale acquittées.

Art. R. 712-6 L'envoi à la caisse de mutualité sociale agricole du lieu de travail du salarié, suivant les modalités définies à l'article R. 320-3 du code du travail, d'un volet du titre emploi simplifié agricole comportant les mentions indiquées aux 1° et 2° de l'article R. 712-4 ainsi que la date et l'heure d'embauche, le motif du contrat, la date du terme ou la durée minimale du contrat et l'exposition à un risque professionnel le cas échéant, vaut :

1° Déclaration nominative au sens de l'article L. 320 du code du travail ; par dérogation aux dispositions du dernier alinéa de l'article R. 320-1 du code du travail, la caisse de mutualité sociale agricole compétente pour recevoir le volet du titre est la caisse du lieu de travail du salarié. La caisse de mutualité sociale agricole destinataire du volet transmet, le cas échéant, les informations nécessaires à la caisse de mutualité sociale agricole de l'établissement devant employer le salarié ;

2° Déclaration au service médical du travail au sens de l'article R. 717-14 ;

3° Déclaration, aux fins d'immatriculation aux assurances sociales agricoles, au sens de l'article R. 722-35 ;

(Décr. nº 2012-17 du 4 janv. 2012) « 4° Demande du bénéfice des exonérations de cotisations patronales prévues au I des articles L. 741-16 et L. 741-16-1. »

Art. R. 712-7 L'envoi à la caisse de mutualité sociale agricole, au plus tard à la fin du mois civil suivant la période d'emploi, d'un volet du titre comportant les mentions indiquées aux 3° et 4° de l'article R. 712-4 est réputé satisfaire aux obligations prévues à l'article R. 741-2.

Art. R. 712-8 La transmission au salarié, dans les délais impartis par le code du travail, d'un volet du titre comportant les mentions indiquées aux 1°, 2° et 3° de l'article R. 712-4 vaut remise à l'intéressé :

1° Du contrat écrit prévu par l'article L. 122-3-1 du code du travail et, le cas échéant, par l'article L. 212-4-3 du même code ;

2° Du document prévu au deuxième alinéa de l'article R. 320-5 du code du travail.

Art. R. 712-9 La remise au salarié, lors du paiement de sa rémunération, d'un volet du titre comportant les mentions indiquées aux 3° et 4° de l'article R. 712-4 vaut remise à l'intéressé :

– du bulletin de paie prévu à l'article L. 143-3 du code du travail ;

– de l'attestation qui lui permettra de faire valoir, le cas échéant, ses droits aux prestations mentionnées à l'article L. 351-2 du code du travail.

Art. R. 712-10 La conservation pendant cinq ans par l'employeur du volet tenant lieu de bulletin de paie permet à celui-ci de satisfaire l'obligation mise à sa charge par le dernier alinéa de l'article L. 143-3 du code du travail.

Art. R. 712-11 Par dérogation aux dispositions de l'article R. 713-36, l'employeur qui a remis au salarié un volet du titre comportant les informations mentionnées au 4° de l'article R. 712-4 est dispensé de remettre au salarié une copie du document sur lequel il a enregistré ses heures de travail.

Art. R. 712-12 *(Décr. nº 2012-367 du 15 mars 2012)* Le titre emploi simplifié agricole ne peut être utilisé que pour les contrats à durée déterminée mentionnés à l'article L. 712-1 dont la durée est inférieure ou égale à trois mois et pour lesquels la rémunération brute n'excède pas trois fois le plafond de la sécurité sociale.

Art. R. 712-13 *(Décr. nº 2012-367 du 15 mars 2012)* Le titre emploi simplifié agricole est rempli et transmis par voie électronique :

1° Lorsque l'employeur est constitué sous la forme d'un groupement d'employeurs au sens de l'article L. 1253-1 du code du travail ;

2° Lorsque l'employeur utilise le titre emploi simplifié agricole pour des rémunérations comprises entre le plafond et trois fois le plafond de la sécurité sociale.

L'obligation de transmission du « titre emploi simplifié agricole » par voie électronique dans le cas prévu au 2° de l'art. R. 712-13 est effective à compter du 15 juill. 2012 (Arr. du 29 mai 2012, JO 7 juin).

Code général des collectivités territoriales

(L. n° 96-142 du 21 févr. 1996)

Garanties accordées aux titulaires de mandats municipaux

Art. L. 2123-1 L'employeur est tenu de laisser à tout salarié de son entreprise membre d'un conseil municipal le temps nécessaire pour se rendre et participer :

1° Aux séances plénières de ce conseil ;

2° Aux réunions de commissions dont il est membre et instituées par une délibération du conseil municipal ;

3° Aux réunions des assemblées délibérantes et des bureaux des organismes où il a été désigné pour représenter la commune.

Selon des modalités fixées par un décret en Conseil d'État, l'élu municipal doit informer l'employeur de la date de la séance ou de la réunion dès qu'il en a connaissance.

L'employeur n'est pas tenu de payer comme temps de travail le temps passé par l'élu aux séances et réunions précitées.

1. L'employeur, qui est tenu d'accorder aux titulaires de mandats municipaux l'autorisation d'utiliser le crédit d'heures prévu, ne peut contrôler l'usage qui en est fait. • Soc. 16 avr. 2008 : *D. 2008. AJ 1418 ; RJS 2008. 553, n° 689 ; JS Lamy 2008, n° 233-2 ; JCP S 2008. 1355, note Kerbouc'h.*

2. Modification des conditions de travail d'une salariée élue au conseil municipal. Une salariée élue au conseil municipal ne saurait légitimement refuser un changement de ses horaires de travail, qui constitue une modification des conditions de travail relevant du pouvoir de direction de l'employeur, dès lors que ce changement ne fait pas obstacle à l'exercice de son mandat. • Soc. 2 avr. 2014 : *Dalloz actualité, 29 avr. 2014, obs. Peyronnet ; Dr. soc. 2014. 572, obs. Mouly ; D. 2014. Actu. 875 ; RDT 2014. 478, obs. Pontif ; RJS 2014. 381, n° 465.*

Art. L. 2123-2 *(Crédit d'heures pour les maires, les adjoints, les conseillers municipaux).*

Art. L. 2123-3 *(Indemnisation des pertes de revenu).*

Art. L. 2123-4 *(Majoration de durée des crédits d'heures).*

Art. L. 2123-5 Le temps d'absence utilisé en application des articles L. 2123-1, *(L. n° 2002-276 du 27 févr. 2002)* « L. 2123-2 » et L. 2123-4 ne peut dépasser la moitié de la durée légale du travail pour une année civile.

....

Art. L. 2123-7 Le temps d'absence prévu aux articles L. 2123-1, *(L. n° 2002-276 du 27 févr. 2002)* « L. 2123-2 » et L. 2123-4 est assimilé à une durée de travail effective pour la détermination de la durée des congés payés *(Abrogé par L. n° 2002-276 du 27 févr. 2002, art. 89-I) « et du droit aux prestations sociales »* ainsi qu'au regard de tous les droits découlant de l'ancienneté.

Aucune modification de la durée et des horaires de travail prévus par le contrat de travail ne peut, en outre, être effectuée en raison des absences intervenues en application des dispositions prévues aux articles L. 2123-1, *(L. n° 2002-276 du 27 févr. 2002)* « L. 2123-2 » et L. 2123-4 sans l'accord de l'élu concerné.

Art. L. 2123-8 *(L. n° 2002-276 du 27 févr. 2002)* Aucun licenciement ni déclassement professionnel, aucune sanction disciplinaire ne peuvent être prononcés en raison des absences résultant de l'application des dispositions des articles L. 2123-1, L. 2123-2 et L. 2123-4 sous peine de nullité et de dommages et intérêts au profit de l'élu. La réintégration ou le reclassement dans l'emploi est de droit.

Il est interdit à tout employeur de prendre en considération les absences visées à l'alinéa précédent pour arrêter ses décisions en ce qui concerne l'embauche, la formation professionnelle, l'avancement, la rémunération et l'octroi d'avantages sociaux.

L'employeur peut se voir imputer la responsabilité de la rupture du contrat de travail lorsque, par son fait, il en a rendu la poursuite impossible pour le salarié, spécialement lorsqu'il a fait obstacle à l'exercice par le salarié de ses mandats électifs. • Soc. 28 oct. 1996, n° 94-40.567 P.

Art. L. 2123-9 *(L. n° 2000-295 du 5 avr. 2000, art. 12)* « Les maires, d'une part, ainsi que les adjoints au maire des communes de *(L. n° 2015-366 du 31 mars 2015, art. 8)* « 10 000 »

habitants au moins, d'autre part, qui, pour l'exercice de leur mandat, ont cessé d'exercer leur activité professionnelle, bénéficient », s'ils sont salariés, des dispositions *(Ord. n° 2009-1530 du 10 déc. 2009)* **« des articles** *(L. n° 2016-1088 du 8 août 2016, art. 9)* **« L. 3142-83 à L. 3142-87 » du code du travail » relatives aux droits des salariés élus membres de l'Assemblée nationale et du Sénat.**

(L. n° 2015-366 du 31 mars 2015, art. 8) **« Le droit à réintégration prévu à l'article** *(L. n° 2016-1088 du 8 août 2016, art. 9)* **« L. 3142-84 » du même code est maintenu aux élus mentionnés au premier alinéa du présent article jusqu'à l'expiration de deux mandats consécutifs.**

« L'application de l'article *(L. n° 2016-1088 du 8 août 2016, art. 9)* **« L. 3142-85 » du code du travail prend effet à compter du deuxième renouvellement du mandat.**

« Lorsqu'ils n'ont pas cessé d'exercer leur activité professionnelle, les élus mentionnés au premier alinéa du présent article sont considérés comme des salariés protégés au sens du livre IV de la deuxième partie du code du travail. »

V., pour l'application de ces dispositions, CGCT, art. R. 2123-1 à R. 2123-11. — **CGCT.**

V. les dispositions analogues applicables aux conseillers généraux, aux conseillers régionaux et membres des comités économiques et sociaux régionaux, aux membres du conseil de la communauté d'agglomération : CGCT, art. L. 3123-1 à L. 3123-7, L. 4135-1 à L. 4135-7 et L. 4134-6, L. 5216-4. — **CGCT.**

Conformité à la Constitution. N'est pas contraire à la liberté d'entreprendre et à la liberté contractuelle l'art. L. 2123-9 qui doit être interprété en ce sens que l'élu ne peut se prévaloir de la protection accordée, exigeant que le licenciement intervienne après autorisation de l'inspecteur du travail, lorsqu'il est établi qu'il n'a pas informé l'employeur de sa qualité au plus tard lors de l'entretien préalable au licenciement. • Soc. QPC, 14 sept. 2016, n° 16-40.223.

Convention de Rome du 19 juin 1980,

Convention publiée par Décr. n° 91-242 du 28 févr. 1991 (D. et ALD 1991. 171). — V. aussi Décr. n° 91-312 du 20 mars 1991 (JO 27 mars) (adhésion de la Grèce), Décr. n° 96-223 du 15 mars 1996 (JO 22 mars) (adhésion de l'Espagne et du Portugal), Décr. n° 2000-702 du 25 juill. 2000 (JO 27 juill.) (adhésion de l'Autriche, de la Finlande et de la Suède). — V. aussi Décr. n° 2005-17 du 5 janv. 2005 (JO 12 janv.) portant publication de deux protocoles concernant l'interprétation de cette convention par la Cour de justice des Communautés européennes.

La présente convention est entrée en vigueur le 1er avr. 1991.

Art. 6 *Contrat individuel de travail.* **1. Nonobstant les dispositions de l'article 3** *[liberté de choix des parties]*, **dans le contrat de travail, le choix par les parties de la loi applicable ne peut avoir pour résultat de priver le travailleur de la protection que lui assurent les dispositions impératives de la loi qui serait applicable, à défaut de choix, en vertu du paragraphe 2 du présent article.**

2. Nonobstant les dispositions de l'article 4 *[loi applicable à défaut de choix des parties]* **et à défaut de choix exercé conformément à l'article 3, le contrat de travail est régi :**

a) **Par la loi du pays où le travailleur, en exécution du contrat, accomplit habituellement son travail, même s'il est détaché à titre temporaire dans un autre pays, ou**

b) **Si le travailleur n'accomplit pas habituellement son travail dans un même pays, par la loi du pays où se trouve l'établissement qui a embauché le travailleur,**

à moins qu'il ne résulte de l'ensemble des circonstances que le contrat de travail présente des liens plus étroits avec un autre pays, auquel cas la loi de cet autre pays est applicable.

V. Règl. UE n° 1215/2012 du 12 déc. 2012, entré en vigueur le 10 janv. 2015 ; V. aussi Dr. soc. 2016. 359, note Moreau.

1. Limites de la loi d'autonomie. Le choix de la loi applicable par les parties à un contrat de travail international ne peut avoir pour effet de priver le travailleur de la protection assurée par les dispositions impératives résultant de la loi applicable en vertu de l'article 6, § 2, de la Convention de Rome. • Soc. 9 juill. 2015, n° 14-13.497 P : *Dalloz actualité, 31 août 2015, obs. Cortot ; D. 2015. Actu. 1605 ; Dr. soc. 2015. 741, note Pailler ; JS Lamy 2015, n° 395-3, obs. Taquet.*

2. La détermination du caractère plus favorable d'une loi doit résulter d'une appréciation globale des dispositions de cette loi ayant le même objet ou se rapprochant de la même cause ; aussi il ne peut être dérogé par contrat aux dispositions de la loi française concernant l'entretien préalable au licenciement et la proposition d'une convention de conversion en cas de licenciement économique. • Soc. 12 nov. 2002, n° 99-45.821 P : *D. 2003. IR 311 ; Dr. soc. 2003. 339, obs. Moreau ; RJS 2003. 120, n° 164.* ♦ Dès lors que le salarié n'est pas privé du droit d'accès au juge, les règles de procédure aménageant les délais de saisine des juridictions du travail ne portent pas atteinte aux dispositions impératives de la loi française qui auraient été applicables en l'absence de choix d'une loi étrangère applicable au contrat de travail. • Soc. 12 juill. 2010 : *Dalloz actualité, 16 nov. 2010, obs. Siro ; RJS 2010. 670, n° 728 ; JCP S 2010. 1409, obs. Brissy.* ♦ Le choix par les parties de la loi applicable ne peut avoir pour résultat de priver le travailleur de la protection que lui assurent les dispositions impératives de la loi qui serait applicable, à défaut de choix ; les dispositions impératives d'une loi sont celles auxquelles cette loi ne permet pas de déroger par contrat ; il ne peut donc être dérogé par contrat aux dispositions de la loi française concernant l'entretien préalable au licenciement. • Soc. 28 oct. 2015, n° 14-16.269 P : *Dalloz actualité, 30 nov. 2015, obs. Siro ; D. 2015. Actu. 2255 ; RJS 2/2016, n° 99.*

3. Un usage ne constitue pas une disposition légale impérative au sens de l'art. 6 de la convention de Rome. • Soc. 12 nov. 2002 : *préc. note 2.*

Sur le contrat de travail international, V. aussi notes 286 s. ss. art. L. 1221-1 C. trav.

4. Localisation du contrat et liens étroits. En l'absence d'élection de loi par les parties au contrat de travail, il appartient au juge de désigner la législation applicable à la relation de travail en raison de l'existence de liens étroits avec un pays ; en l'espèce, la loi française a été appliquée à un litige concernant des CDD successifs effectués en Arabie saoudite mais conclus en France entre une personne morale de droit français et un Français, le salaire libellé en francs français et déterminé par référence à la convention collective Syntec, les bulletins de paie portant la mention de cette convention, le salarié bénéficiant de la couverture sociale française et l'employeur cotisant à la caisse de sécurité sociale des Français à l'étranger, au régime de retraite complémentaire des cadres et au régime de l'assurance chômage. • Soc. 14 mars 2006 : *JCP E 2006. 2081, note Del Sol.* ♦ En revanche, la loi française n'est pas applicable au contrat de travail d'un salarié engagé en Inde et y accomplissant exclusivement son travail, rédigé en langue française ou anglaise, contenant des références à la monnaie locale, les bulletins de paie de l'intéressé étant établis à Delhi en roupies ou en euros et ce dernier ne démontrant pas acquitter ses impôts en France. • Soc. 13 oct. 2016, n° 15-16.872 P : *D. 2016. Actu. 2219 ; RJS 12/2016, n° 752 ; JCP S 2016. 1406, obs. Coursier.* ♦ S'il s'agit de rechercher, par application de l'art. 6 de la convention de Rome, la loi applicable à défaut de choix exercé par les parties, c'est à celui que prétend écarter la loi du lieu d'accomplissement habituel du travail de rapporter la preuve que le contrat présente des liens plus étroits avec un autre pays. • Soc. 29 sept. 2010 : *Dalloz actualité, 16 nov. 2010, obs. Siro ; RJS 2010. 825, n° 910.* ♦ En cas d'occupation simultanée sur le territoire de plusieurs pays, le droit applicable au contrat de travail doit être déterminé sur la base du critère du pays où le travailleur accomplit habituellement son travail, soit du pays où le travailleur s'acquitte de l'essentiel de ses obligations à l'égard de son employeur ; ce n'est que lorsqu'il est impossible de déterminer le lieu d'occupation habituel, sur la base de ces éléments concrets, qu'il convient d'appliquer le critère subsidiaire du pays où se trouve l'établissement qui a embauché le travailleur. • CJUE 15 déc. 2011 : *D. 2012. Actu. 454 ; Dr. soc. 2012. 315, obs. Chaumette ; RID comp. 2012. 648, note Pataut ; RJS 2012. 264, obs. Lhernould.* ♦ Lorsque le travailleur exerce ses activités dans plus d'un État partie à la convention de Rome, le pays dans lequel, en exécution de son contrat, il accomplit habituellement son travail est celui où il s'acquitte de l'essentiel de ses obligations à l'égard de l'employeur. • CJUE 15 mars 2011, aff. C-29/10 : *D. 2011. Actu. 957 ; Dr. soc. 2011. 849, note Grass ; JCP S 2011. 1241, obs. Jeansen* • Soc. 11 avr. 2012 : *Dalloz actualité, 21 mai 2012, obs. Siro ; D. 2012. Actu. 1068 ; Dr. soc. 2012. 648, obs. Chaumette ; RJS 2012. 494, n° 585 ; JCP S 2012. 1353, obs. Tricoit.* ♦ Lorsque le contrat de travail d'un salarié a été conclu antérieurement à la convention de Rome, le salarié qui en invoque les dispositions ne peut écarter l'application de cette convention à son contrat de travail. • Soc. 8 févr. 2012 : *Dalloz actualité, 5 mars 2012, obs. Fleuriot ; D. 2012. Actu. 560 ; RID comp. 2012. 576, note Jault-Seseke ; JCP S 2012. 1270, obs. Tricoit.* ♦ Sur l'application de la convention de Lugano, V. • Soc. 25 janv. 2012 : *Dalloz actualité, 13 févr. 2012, obs. Dechristé ; D. 2012. Actu. 444 ; Dr. soc. 2012. 542, obs. Laborde ; RJS 2012. 322, n° 379.*

5. Effet à l'égard des tiers. Lorsque par application de l'art. 3 de la convention de Rome, les parties ont choisi de soumettre leurs relations à une loi étrangère, la clause ne peut être opposée aux organismes de chômage appelés à indemniser le salarié licencié. • Soc. 29 sept. 2010 : *Dalloz actualité, 16 nov. 2010, obs. Siro ; RJS 2010. 825, n° 910.*

Décret n° 85-399 du 3 avril 1985,

Pris pour l'application de l'article L. 122-2 [L. 1242-3 nouv.] du code du travail.

Art. 1er Le contrat de travail peut être conclu pour une durée déterminée lorsqu'il permet le placement et la réinsertion de demandeurs d'emploi inscrits comme tels à l'institution mentionnée à l'article L. 5312-1 du code du travail depuis plus de douze mois.

Art. 2 Le contrat visé à l'article 1er ne peut être conclu par des entreprises ayant procédé à un licenciement économique dans les douze mois précédant la prise d'effet du nouveau contrat. Cette interdiction ne s'applique qu'aux recrutements sur des emplois correspondant aux qualifications des salariés concernés par le licenciement économique.

Art. 3 Le contrat visé à l'article 1er ne peut avoir une durée inférieure à six mois ni supérieure à vingt-quatre mois. Il peut être renouvelé une fois pour une durée déterminée, la durée totale des deux contrats ne pouvant excéder la limite maximale de vingt-quatre mois.

Le contrat doit prévoir la possibilité pour les titulaires du contrat de s'absenter pour bénéficier d'un entretien professionnel avec les services de l'institution mentionnée à l'article L. 5312-1 du code du travail au cours des deux derniers mois précédant le terme du contrat. Cette absence est rémunérée comme temps de travail.

Art. 4 Le contrat visé à l'article 1er est mis en œuvre par Pôle emploi de ses actions spécifiques de suivi, d'orientation et de placement en faveur des demandeurs d'emploi éprouvant des difficultés de réinsertion professionnelle.

Dans ce cadre, le chef d'entreprise qui propose la conclusion d'un tel contrat doit :

— notifier à l'institution mentionnée à l'article L. 5312-1 du code du travail et, le cas échéant, à ses correspondants, conformément à l'article L. 311-2, deuxième alinéa, du code du travail, toutes les offres d'emploi correspondant à un contrat visé à l'article 1er ;

— ne conclure de tels contrats qu'avec des demandeurs d'emploi tels que définis à l'article 1er, après attestation par les services de l'institution mentionnée à l'article L. 5312-1 du code du travail.

Art. 5 Tout contrat conclu en méconnaissance des dispositions des articles ci-dessus est réputé à durée indéterminée.

Art. 6 Les contrats visés à l'article 1er peuvent être conclus pendant une période de deux ans à compter de la date de publication du présent décret.

Art. 7 Pôle emploi présente chaque année d'application des présentes dispositions un rapport sur l'exécution de la mesure et ses effets sur le marché de l'emploi.

V., pour l'application de ce décret, Circ. CDE no 48/85 du 3 sept. 1985 (BOMT, no 85/43-44, texte no 13906).

Décret no 95-240 du 3 mars 1995,

Pris pour l'application de la loi no 94-665 du 4 août 1994 relative à l'emploi de la langue française (JO 5 mars).

Art. 3 Le fait de ne pas mettre à la disposition d'un salarié une version en langue française d'un document comportant des obligations à l'égard de ce salarié ou des dispositions dont la connaissance est nécessaire à celui-ci pour l'exécution de son travail *[V. C. trav., art. L. 1321-6]* est puni de la peine d'amende prévue pour les contraventions de la 4e classe.

Art. 4 Les personnes morales peuvent être déclarées responsables pénalement, dans les conditions prévues par l'article 121-2 du code pénal, des infractions définies aux articles 1er à 3.

Les personnes morales encourent la peine de l'amende suivant les modalités prévues par l'article 131-41 du code pénal.

Les dispositions des articles 132-66 à 132-70 du code pénal sont applicables en cas de condamnation d'une personne morale.

Règlement (CE) du Conseil no 44/2001 du 22 décembre 2000,

Concernant la compétence judiciaire, la reconnaissance et l'exécution des décisions en matière civile et commerciale (JOCE no L 12 du 16 janv. 2001).

Ce règlement a remplacé, à compter du 1er mars 2002, la Convention de Bruxelles du 27 sept. 1968, sauf entre le Danemark et les autres États membres. Un accord étendant les dispositions du règlement a été signé avec le Danemark le 19 oct. 2005 (Décision du Conseil, 27 avr. 2006, JOUE 5 mai 2006, p. 22).

CHAPITRE II *Compétence*

SECTION I *Dispositions générales*

Art. 2 1. Sous réserve des dispositions du présent règlement, les personnes domiciliées sur le territoire d'un État membre sont attraites, quelle que soit leur nationalité, devant les juridictions de cet État membre.

2. Les personnes qui ne possèdent pas la nationalité de l'État membre dans lequel elles sont domiciliées y sont soumises aux règles de compétence applicables aux nationaux.

L'art. 2, § 1er, du Règl. n° 44/2001, permet à un demandeur domicilié dans un État tiers d'attraire devant la juridiction d'un État membre des sociétés qui y sont domiciliées afin d'établir une situation de coemploi entre ces dernières et une société domiciliée dans un État tiers. • Soc. 28 janv. 2015, n° 13-22.994 P : *RDT 2015. 203, note Ines ; RJS 4/2015, n° 277 ; Bull. Joly 2015. 222, note Jault-Seseke.*

SECTION II *Compétences spéciales*

Art. 5 Une personne domiciliée sur le territoire d'un État membre peut être attraite, dans un autre État membre :

1) a) en matière contractuelle, devant le tribunal du lieu où l'obligation qui sert de base à la demande a été ou doit être exécutée ;

b) aux fins de l'application de la présente disposition, et sauf convention contraire, le lieu d'exécution de l'obligation qui sert de base à la demande est :

– pour la vente de marchandises, le lieu d'un État membre où, en vertu du contrat, les marchandises ont été ou auraient dû être livrées,

– pour la fourniture de services, le lieu d'un État membre où, en vertu du contrat, les services ont été ou auraient dû être fournis ;

c) le point a) s'applique si le point b) ne s'applique pas ;

2) en matière d'obligation alimentaire, devant le tribunal du lieu où le créancier d'aliments a son domicile ou sa résidence habituelle ou, s'il s'agit d'une demande accessoire à une action relative à l'état des personnes, devant le tribunal compétent selon la loi du for pour en connaître, sauf si cette compétence est uniquement fondée sur la nationalité d'une des parties ;

3) en matière délictuelle ou quasi délictuelle, devant le tribunal du lieu où le fait dommageable s'est produit ou risque de se produire ;

4) s'il s'agit d'une action en réparation de dommage ou d'une action en restitution fondées sur une infraction, devant le tribunal saisi de l'action publique, dans la mesure où, selon sa loi, ce tribunal peut connaître de l'action civile ;

5) s'il s'agit d'une contestation relative à l'exploitation d'une succursale, d'une agence ou de tout autre établissement, devant le tribunal du lieu de leur situation ;

6) en sa qualité de fondateur, de trustee ou de bénéficiaire d'un trust constitué soit en application de la loi, soit par écrit ou par une convention verbale, confirmée par écrit, devant les tribunaux de l'État membre sur le territoire duquel le trust a son domicile ;

7) s'il s'agit d'une contestation relative au paiement de la rémunération réclamé en raison de l'assistance ou du sauvetage dont a bénéficié une cargaison ou un fret, devant le tribunal dans le ressort duquel cette cargaison ou le fret s'y rapportant :

a) a été saisi pour garantir ce paiement, ou

b) aurait pu être saisi à cet effet, mais une caution ou une autre sûreté a été donnée, cette disposition ne s'applique que s'il est prétendu que le défendeur a un droit sur la cargaison ou sur le fret ou qu'il avait un tel droit au moment de cette assistance ou de ce sauvetage.

SECTION V *Compétence en matière de contrats individuels de travail*

Art. 18 1. En matière de contrats individuels de travail, la compétence est déterminée par la présente section, sans préjudice de l'article 4 et de l'article 5, point 5.

2. Lorsqu'un travailleur conclut un contrat individuel de travail avec un employeur qui n'est pas domicilié dans un État membre mais possède une succursale, une agence ou tout autre établissement dans un État membre, l'employeur est considéré, pour les contestations relatives à leur exploitation comme ayant son domicile dans cet État membre.

Art. 19 Un employeur ayant son domicile sur le territoire d'un État membre peut être attrait :

1) devant les tribunaux de l'État membre où il a son domicile, ou

2) dans un autre État membre :

a) devant le tribunal du lieu où le travailleur accomplit habituellement son travail ou devant le tribunal du dernier lieu où il a accompli habituellement son travail, ou

b) lorsque le travailleur n'accomplit pas ou n'a pas accompli habituellement son travail dans un même pays, devant le tribunal du lieu où se trouve ou se trouvait l'établissement qui a embauché le travailleur.

1. Lorsque l'obligation du salarié d'effectuer les activités convenues s'exerce dans plus d'un État contractant, le lieu où il accomplit habituellement son travail est l'endroit où, ou bien à partir duquel, compte tenu des circonstances du cas d'espèce, il s'acquitte en fait de l'essentiel de ses obligations à l'égard de son employeur ; le critère du pays où le travailleur « accomplit habituellement son travail », édicté au paragraphe 2, sous a), a vocation à s'appliquer dans une hypothèse où le travailleur exerce ses activités dans plus d'un État contractant, lorsqu'il est possible, pour la juridiction saisie, de déterminer l'État avec lequel le travail présente un rattachement significatif. • Soc. 11 avr. 2012 : *Dalloz actualité, 21 mai 2012, obs. Siro.* ♦ Le lieu habituel au sens de l'art. 19, § 2, a) du Régl. n° 44/2001 est l'endroit où le travailleur accomplit la majeure partie de son temps de travail pour le compte de son employeur en tenant compte de l'intégralité de la période d'activité de l'intéressé ; en cas de périodes stables de travail dans des lieux successifs différents, le dernier lieu d'activité devrait être retenu dès lors que, selon la volonté claire des parties, il a été décidé que le travailleur y exercerait de façon stable et durable. • Soc. 27 nov. 2013 : *D. 2013. Actu. 2859 ; RJS 2014. 128, n° 159.* ♦ Un employeur ayant son domicile dans un État membre de l'Union européenne peut être attrait devant le tribunal du lieu où le travailleur accomplit habituellement son travail ; la juridiction prud'homale française est donc compétente pour statuer sur le licenciement d'un salarié travaillant en France pour une société belge, avec demande de garantie de l'AGS, à la suite de la faillite prononcée en Belgique. • Soc. 27 nov. 2013 : *Dalloz actualité, 19 déc. 2013, obs. Ines ; RJS 2014. 127, n° 158 ; JS Lamy 2014, n° 359-6, obs. Tourreil.*

2. Délivrance d'un certificat E101. La délivrance d'un certificat E101, devenu A1, sur la base de déclarations unilatérales faites par l'employeur auprès d'une institution de sécurité sociale d'un autre État membre, ne saurait faire échec à la compétence du juge prud'homal français déterminée, en application de l'art. 19 du Règl. CE n° 44/2001 du 22 déc. 2000, par les conditions d'accomplissement du travail et le choix des parties, pour constater que le salarié ne relève pas de la catégorie des travailleurs détachés au sens du droit européen et assurer le respect par cet employeur des stipulations du contrat de travail. • Soc. 10 juin 2015, n° 13-17.799 P : *Dalloz actualité, 2 juill. 2015, obs. Cortot ; D. 2015. Actu. 1324 ; RJS 10/2015, n° 658.*

Art. 20 **1. L'action de l'employeur ne peut être portée que devant les tribunaux de l'État membre sur le territoire duquel le travailleur a son domicile.**

2. Les dispositions de la présente section ne portent pas atteinte au droit d'introduire une demande reconventionnelle devant le tribunal saisi de la demande originaire conformément à la présente section.

Loi n° 2002-1062 du 6 août 2002,

Portant amnistie (JO 9 août). — ***C. pén.***

BIBL. ▸ DUQUESNE, *Dr. soc. 2002. 959* .

CHAPITRE PREMIER *Amnistie de droit*

Art. 1er **Sont amnistiées de droit, en raison soit de leur nature ou des circonstances de leur commission, soit du quantum ou de la nature de la peine prononcée, les infractions mentionnées par le présent chapitre lorsqu'elles ont été commises avant le 17 mai 2002, à l'exception de celles qui sont exclues du bénéfice de l'amnistie en application des dispositions de l'article 14.**

L'amnistie prévue par le présent chapitre bénéficie aux personnes physiques et aux personnes morales.

....

Art. 3 **Sont amnistiés, lorsqu'ils sont passibles de moins de dix ans d'emprisonnement, les délits commis dans les circonstances suivantes :**

1° Délits commis à l'occasion de conflits du travail ou à l'occasion d'activités syndicales et revendicatives de salariés, d'agents publics et de membres de professions libérales, y compris au cours de manifestations sur la voie publique ou dans des lieux publics ;

....

5° Délits en relation avec des élections de toute nature, à l'exception de ceux qui sont en relation avec le financement direct ou indirect de campagnes électorales ou de partis politiques ;

....

Lorsqu'elle intervient après condamnation définitive, l'amnistie résultant du présent article est constatée par le ministère public près la juridiction ayant prononcé la condamnation, agissant soit d'office, soit sur requête du condamné ou de ses ayants droit. La décision du ministère public peut être contestée dans les conditions prévues aux deuxième et troisième alinéas de l'article 778 du code de procédure pénale.

Ne bénéficient pas de l'amnistie les faits d'entrave au fonctionnement du comité d'entreprise n'ayant pas été commis à l'occasion d'un conflit du travail ni à l'occasion d'activités syndicales ou revendications de salariés. • Crim. 22 juill. 2004 : *Bull. crim., n° 182 ; D. 2004. IR 2688 ; Dr. soc. 2004. 1107, obs. Duquesne ; Dr. ouvrier 2004. 466, note Gayat ; JS Lamy 2004, n° 155-3.*

....

Art. 5 Sont amnistiés les délits qui ont été ou seront punis de peines d'amende ou de jours-amendes, à l'exclusion de l'une des peines prévues à l'article 6.

Toutefois, si l'amende est supérieure à 750 €, l'amnistie ne sera acquise qu'après le paiement de cette amende ou après qu'aura été subie l'incarcération prévue par l'article 131-25 du code pénal ; l'amnistie sera également acquise après exécution de la *(L. n° 2004-204 du 9 mars 2004, art. 198)* « contrainte judiciaire », celle-ci ne faisant pas cependant obstacle au recouvrement ultérieur de l'amende.

Le délit d'entrave au fonctionnement du comité d'entreprise, lorsqu'il est commis avant le 17 mai 2002, relève des dispositions de l'art. 5 de la loi du 6 août 2002 portant amnistie en raison du quantum ou de la nature de la peine. • Crim. 22 juill. 2004 : *Bull. crim. n° 182 ; RJS 2004. 918, n° 1316.*

CHAPITRE III *Amnistie des sanctions disciplinaires ou professionnelles*

Art. 11 Sont amnistiés les faits commis avant le 17 mai 2002 en tant qu'ils constituent des fautes passibles de sanctions disciplinaires ou professionnelles.

Sont également comprises dans les dispositions de l'alinéa précédent les sanctions disciplinaires prononcées à l'encontre des élèves par des établissements d'enseignements français à l'étranger visés à l'article L. 451-1 du code de l'éducation ou entrant dans le champ de compétence de l'Agence pour l'enseignement français à l'étranger visé aux articles L. 452-2 à L. 452-5 dudit code.

Toutefois, si ces faits ont donné lieu à une condamnation pénale, l'amnistie des sanctions disciplinaires ou professionnelles est subordonnée à l'amnistie ou à la réhabilitation légale ou judiciaire de la condamnation pénale.

Sauf mesure individuelle accordée par décret du Président de la République, sont exceptés du bénéfice de l'amnistie prévue par le présent article les faits constituant des manquements à l'honneur, à la probité ou aux bonnes mœurs. La demande d'amnistie peut être présentée par toute personne intéressée dans un délai d'un an à compter soit de la promulgation de la présente loi, soit de la condamnation définitive.

L'amnistie de sanctions disciplinaires ou professionnelles dont bénéficie un salarié ne peut avoir pour effet de l'empêcher d'invoquer ces sanctions au soutien d'une demande tendant à établir qu'il a été victime de faits de harcèlement *moral* ou de discrimination syndicale ; le juge ne peut refuser de rechercher si ces sanctions sont de nature à caractériser les faits allégués par le salarié. • Cass., avis, 21 déc. 2006 : *D. 2007. AJ 730 ; RJS 2006. 323, n° 431 ; Dr. soc. 2007. 653, obs. Savatier ; JS Lamy 2007, n° 207-6.*

Art. 12 Sont amnistiés, dans les conditions prévues à l'article 11, les faits retenus ou susceptibles d'être retenus comme motifs de sanctions prononcées par un employeur.

L'inspection du travail veille à ce qu'il ne puisse être fait état des faits amnistiés. A cet effet, elle s'assure du retrait des mentions relatives à ces sanctions dans les dossiers de toute nature concernant les travailleurs qui bénéficient de l'amnistie.

Les règles de compétence applicables au contentieux des sanctions sont applicables au contentieux de l'amnistie.

Art. 13 Les contestations relatives au bénéfice de l'amnistie des sanctions disciplinaires ou professionnelles définitives sont portées devant l'autorité ou la juridiction qui a rendu la décision.

L'intéressé peut saisir cette autorité ou juridiction en vue de faire constater que le bénéfice de l'amnistie lui est effectivement acquis.

En l'absence de décision définitive, ces contestations sont soumises à l'autorité ou à la juridiction saisie de la poursuite.

L'exécution de la sanction est suspendue jusqu'à ce qu'il est statué sur la demande ; le recours contentieux contre la décision de rejet de la demande a également un caractère suspensif.

Toutefois, l'autorité ou la juridiction saisie de la demande ou du recours peut, par décision spécialement motivée, ordonner l'exécution provisoire de la sanction ; cette décision, lorsqu'elle relève de la compétence d'une juridiction, peut, en cas d'urgence, être rendue par le président de cette juridiction ou un de ses membres délégué à cet effet.

CHAPITRE IV *Exclusion de l'amnistie*

Art. 14 Sont exclues du bénéfice de l'amnistie prévue par la présente loi les infractions suivantes, qu'elles aient été reprochées à des personnes physiques ou à des personnes morales :

....

2° Délits de discrimination prévus par les articles 225-1 à 225-3 et 432-7 du code pénal et L. 123-1, L. 412-2 et L. 413-2 *[L. 1142-1, L. 2141-5 et L. 2134-2 nouv.]* du code du travail ;

....

15° Délits relatifs au marchandage, au travail dissimulé, à l'introduction ou à l'emploi de main-d'œuvre étrangère et à l'obstacle à l'accomplissement des devoirs d'un inspecteur ou d'un contrôleur du travail prévus par les articles L. 125-1, L. 125-3, L. 152-3, L. 324-9, L. 362-3, L. 364-1 à L. 364-6, L. 631-1 et L. 631-2 *[L. 5224-1, L. 5224-4, L. 8221-1, L. 8224-1, L. 8231-1, L. 8234-1, L. 8241-1, L. 8256-1 et L. 8256-2 nouv.]* du code du travail ;

16° Infractions d'atteinte à l'exercice du droit syndical, à la législation et à la réglementation en matière d'institutions représentatives du personnel dans les entreprises, à la législation et à la réglementation en matière de comité d'hygiène et de sécurité et des conditions de travail, prévues par les articles L. 481-2, L. 482-1, L. 483-1 et 263-2-2 *[L. 2146-1, L. 2316-1, L. 2328-1 et L. 4742-1 nouv.]* du code du travail, qui ont été ou seront punies d'une peine d'emprisonnement supérieure à un an ;

....

32° Lorsqu'elles sont commises par un employeur ou son représentant en raison de manquements aux obligations qui lui incombent en application des dispositions de la législation et de la réglementation du travail en matière de santé et de sécurité des travailleurs, infractions d'atteintes involontaires à la vie ou à l'intégrité de la personne et de risques causés à autrui prévues par les articles 221-6, 222-19, 222-20, 223-1, R. 625-2 et R. 625-3 du code pénal, ainsi que le délit prévu par l'article L. 263-2 *[L. 4741-1 nouv.]* du code du travail ;

....

CHAPITRE V *Effets de l'amnistie*

Art. 15 L'amnistie efface les condamnations prononcées ou éteint l'action publique en emportant les conséquences prévues par les articles 133-9 à 133-11 du code pénal et 6 et 769 du code de procédure pénale, sous réserve des dispositions du présent chapitre. Elle entraîne, sans qu'elle puisse donner lieu à restitution, la remise des peines et des mesures de police et de sûreté autres que celles prévues par l'article 16.

Elle fait obstacle au recouvrement du droit fixe de procédure visé à l'article 1018 A du code général des impôts.

Toute référence à une sanction ou à une condamnation amnistiée sur le fondement de la présente loi est punie d'une amende de 5 000 €. Les personnes morales peuvent être déclarées pénalement responsables, dans les conditions prévues à l'article 121-2 du code pénal, de l'infraction définie au présent alinéa. La peine encourue par les personnes morales est l'amende, dans les conditions prévues par l'article 131-38 du code pénal.

V. Circ. 6 août 2002 (JO 10 août) relative à l'application de cette loi.

[Jurisprudence rendue sous l'empire du droit antérieur]

1. L'art. 2, 2°, de la loi du 20 juill. 1988 s'applique, sans aucune distinction, à tous les auteurs des délits commis antérieurement au 22 mai 1988, à l'occasion d'activités syndicales et revendicatives de salariés ; tel est le cas lorsque l'employeur est poursuivi pour avoir indûment sanctionné des salariés ayant participé à des distributions régulières de tracts syndicaux. • Crim. 22 oct. 1991 : ☎ *Bull. crim. n° 364 ; RJS 1992. 139, n° 211.* – Dans le même sens : • Crim.

2 févr. 1993 : ♲ *Bull. crim. n° 54.* ♦ *Contra* : • Crim. 4 févr. 1986 : *Bull. crim. n° 46* • 29 nov. 1988 : *ibid. n° 404* (arrêts affirmant que les activités syndicales ou revendicatives ne pouvaient être exercées par un employeur dans ses rapports avec ses propres salariés).

2. Sont couvertes par l'amnistie les sanctions disciplinaires prises à l'égard de délégués syndicaux ayant organisé une grève. • Crim. 13 oct. 1981 : *Bull. crim. n° 270.* – V. aussi • Crim. 23 avr. 1970 : *ibid. n° 145.*

3. Bénéficie de l'amnistie le salarié dont le licenciement a été autorisé antérieurement à la date d'application de la loi du 20 juill. 1988, mais notifié postérieurement. • Soc. 29 juin 1994, ♲ n° 91-40.656 P : *JCP 1994. II. 22324, rapp. Waquet ; RJS 1994. 682, n° 1158 ; ibid. 650, concl. Chauvy* (nullité du licenciement et réintégration du salarié).

4. Jugé, sous l'empire de la loi du 4 août 1981 portant amnistie, que n'était pas amnistiable le fait pour un employeur de ne pas faire inscrire les salariés de son entreprise sur les listes électorales établies pour l'élection des conseillers prud'hommes. • Crim. 17 mai 1983 : *Bull. crim. n° 144.*

5. Le législateur peut, sans méconnaître aucun principe non plus qu'aucune règle de valeur constitutionnelle, étendre le champ d'application de la loi d'amnistie à des sanctions disciplinaires ou professionnelles dans un but d'apaisement social. • Cons. const. 20 juill. 1988, n° 88-244 DC : *D. 1989. 269, note Luchaire ; Dr. soc. 1988. 755, note Prétot.*

6. Ne constitue pas une sanction disciplinaire amnistiable le licenciement pour insuffisance professionnelle. • Soc. 4 déc. 1986 : *Bull. civ. V, n° 579.*

7. Ne constituent pas des manquements à la probité, aux bonnes mœurs ou à l'honneur l'affichage et la diffusion d'une motion contenant des accusations à l'encontre d'un dirigeant. • CE 15 janv. 1986 : *Lebon 6 ; D. 1988. Somm. 79, obs. Chelle et Prétot.* – V. aussi • CE 15 janv. 1982 : *Lebon 19* • 27 nov. 1981 : *ibid. 450 ; Dr. soc. 1982. 231, concl. Robineau.* ♦ Caractérisent, au contraire, de tels manquements : les actes de violence exercés par un délégué du personnel sur un salarié non gréviste. • CE 16 mars 1990 : ♲ *JCP 1990. IV. 144.* ♦ ... L'utilisation des heures de délégation à des fins personnelles. • Soc. 27 nov. 1985 : *Bull. civ. V, n° 557.* ♦ ... Le comportement malhonnête d'un employé de banque. • CE 11 juin 1990 : ♲ *RJS 1990. 473, n° 698.* ♦ ... Le détournement et la communication à des tiers de documents commerciaux et sociaux internes à l'entreprise. • CE 18 nov. 1996 : ♲ *RJS 1997. 45, n° 62.*

8. Dès lors qu'étaient amnistiés, selon les art. 13 et 14-1 de la loi du 4 août 1981, les faits commis antérieurement au 22 mai 1981 et constituant des fautes passibles de sanctions disciplinaires ou professionnelles ainsi que les faits retenus comme motifs de sanctions, un employeur ne peut invoquer comme motif d'un licenciement des fautes commises antérieurement au 22 mai 1981. • Soc. 13 oct. 1988 : *Bull. civ. V, n° 495 ; D. 1988. IR 245.* ♦ Constituent un délit le fait de laisser subsister dans le dossier d'un salarié la mention d'un avertissement amnistié et, d'autre part de produire devant le conseil de prud'hommes la lettre d'avertissement. • Crim. 21 mars 2000 : ♲ *Dr. ouvrier 2001. 21, obs. Gayat.*

9. Réintégration des représentants du personnel. Sur les limites posées à l'intervention du législateur, V. • Cons. const. 20 juill. 1988 : *préc. note 5.*

10. Ne peuvent bénéficier de l'amnistie que les institutions représentatives créées par voie conventionnelle qui sont de même nature que celles prévues par le code du travail ; tel n'est pas le cas d'une commission de coordination des CHSCT. • Soc. 19 déc. 1989, *Perrin c/ RNUR : Bull. civ. V, n° 719 ; D. 1990. IR 17 ; Dr. soc. 1990. 188, concl. Écoutin* ✐. ♦ ... Ou d'un conseil de discipline. • Soc. 19 juin 1991 : ♲ *D. 1991. IR 183.* ♦ Le salarié dont le mandat a pris fin à la date des faits reprochés ne peut être réintégré bien que bénéficiant encore de la protection légale. • Soc. 10 janv. 1991, n° 89-42.121 P : *CSB 1991. 79, obs. Philbert ; RJS 1991. 187, n° 358.*

11. Une cour d'appel a pu estimer que la plainte portée par un représentant du personnel contre son employeur, plainte dont le caractère outrancier avait conduit l'autorité administrative à autoriser le licenciement, n'avait pas été déposée à l'occasion de l'exercice des fonctions représentatives. • Soc. 16 janv. 1991, ♲ n° 89-43.153 P : *D. 1991. IR 43 ; RJS 1991. 187, n° 358* (plainte pour blessures volontaires et tentative d'homicide volontaire déposée par un membre du comité d'entreprise, blessé au cours d'une grève par un camion de l'entreprise). ♦ Sur les arrêts rendus sous l'empire de la loi du 4 août 1981, plus restrictive que la loi du 20 juill. 1988, V. • Soc. 26 juin 1984 : *D. 1984. 496, concl. Picca ; Dr. soc. 1984. 631, note Savatier* • 26 nov. 1985 : *Bull. civ. V, n° 360.*

12. La compétence du conseil de prud'hommes pour connaître du contentieux de la réintégration lui permet de donner sa véritable qualification à la cause du licenciement, sans que cette compétence ait pour effet de faire échec au principe de la séparation des pouvoirs et de remettre en cause une décision administrative autrement que par la voie d'une question préjudicielle. • Soc. 19 déc. 1989, *Jégouzo c/ RNUR : Bull. civ. V, n° 722 ; D. 1990. IR 27 ; Dr. soc. 1990. 188, concl. Écoutin* ✐. – Dans le même sens : • Soc. 16 janv. 1991, ♲ n° 90-41.203 P : *CSB 1991. 79, obs. Philbert.*

13. Faute lourde. Ayant relevé que le salarié

avait personnellement et activement participé à une action collective qui n'entrait pas dans le cadre de l'exercice licite d'une grève et au cours de laquelle avaient été commises des atteintes aux personnes et aux biens, la cour d'appel en a exactement déduit que l'intéressé avait commis une faute lourde exclusive de la réintégration. • Soc. 19 déc. 1989, *Léri c/ RNUR : Bull. civ. V, n° 720 ; D. 1990. 372, note Saint-Jours* ; *dr. soc. 1990. 188, concl. Écoutin*.

14. Caractérisent une faute lourde : le fait de bloquer pendant deux heures des véhicules destinés à un service d'ambulance. • Soc. 25 févr. 1988 : *Bull. civ. V, n° 134 ; D. 1988. IR 69.* ♦ ... La participation active à une manifestation au cours de laquelle les dirigeants de l'entreprise furent séquestrés, le représentant ayant en outre joué le rôle de meneur au cours de la séquestration. • Soc. 16 janv. 1991, n° 89-43.442 P : *D. 1991. IR 49 ; Dr. soc. 1991. 315, concl. Chauvy*. ♦ ... Les actes de violence volontaires exercés sur un responsable de l'entreprise. • Soc. 19 déc. 1990, n° 89-44.615 P : *CSB 1991. 79, obs. Philbert.* ♦ ... La participation à l'utilisation d'un système d'écoutes clandestines visant la direction. • Soc. 3 févr. 1993, n° 90-43.642 P : *RJS 1993. 176, n° 292.*

15. Dans le cadre d'une demande en réintégration, une cour d'appel n'est pas liée par le délai qui s'est écoulé entre les faits litigieux et l'ouverture de la procédure de licenciement, ni par le terme de faute grave utilisé par l'employeur pour décider que le comportement du salarié constituait une faute lourde. • Soc. 19 déc. 1990 : *préc. note 14.*

16. L'employeur ne peut invoquer comme caractérisant une faute lourde que des faits pris en considération par l'autorité administrative. • Soc. 16 janv. 1991, n° 89-43.152 P : *D. 1991. IR 43 ; Dr. ouvrier 1991. 207.*

17. En cas de condamnation à la fois pour blessures involontaires et infractions aux règles de sécurité, l'employeur ne peut bénéficier de l'amnistie, dès lors qu'il est prévu qu'en cas de condamnation pour infractions multiples, celui qui a été condamné pour l'une de celles exclues de l'amnistie, même si elle est punie de peines moins graves que les autres, ne peut être amnistié. • Crim. 20 juill. 1983 : *Bull. crim. n° 224.*

18. L'amnistie n'ayant d'effet rétroactif dans les rapports des parties quant aux sanctions prononcées et exécutées antérieurement que dans la mesure où elle le prévoit expressément, elle n'efface pas de droit les conséquences financières que la sanction du fait amnistié a pu entraîner. • Soc. 4 févr. 1988 : *Bull. civ. V, n° 93 ; D. 1988. IR 45.* ♦ Dans le même sens : • Soc. 4 nov. 1981 : *Bull. civ. V, n° 857 ; Gaz. Pal. 1981. 2. 763, note Rayroux* • 19 nov. 1987 : *Bull. civ. V, n° 654* • 29 mai 1985 : *ibid., n° 300 ; D. 1985. IR 433* • 8 avr. 1992, n° 89-42.192 P : *D. 1992. IR 181* (pas de restitution des salaires perdus du fait d'une mise à pied amnistiée).

19. Sur le sort des procédures en cours, V. • Soc. 10 oct. 1989 : *Bull. civ. V, n° 572* • 13 déc. 1989 : *JCP 1990. IV. 63* (l'amnistie ne concernant que la sanction, le salarié demeure recevable à critiquer une décision refusant de lui payer le salaire correspondant aux jours de mise à pied). ♦ Comp., lorsque la sanction n'a eu aucune incidence pécuniaire : • Soc. 3 mai 1989 : *Bull. civ. V, n° 326.*

20. La référence à une condamnation ou à une sanction amnistiée est pénalement réprimée, sous quelque forme que ce soit, y compris celle d'un document faisant état desdites condamnations ou sanctions. • Crim. 13 janv. 1988 : *Bull. crim. n° 17, 1re esp. ; JCP 1988. II. 20974, note Azibert.*

21. Si l'amnistie interdit le rappel du principe et du quantum d'une condamnation pénale, elle n'interdit pas au tiers d'évoquer les faits amnistiés. • Crim. 13 janv. 1988 : *Bull. crim. n° 17, 2e esp.*

Loi n° 2005-159 du 23 février 2005,

Relative au contrat de volontariat de solidarité internationale.

V. Décr. n° 2005-600 du 27 mai 2005 (JO 29 mai), ci-après.

BIBL. ▶ Jourdan, *JCP S 2005. 1002.*

Art. 1er Toute association de droit français agréée dans les conditions prévues à l'article 9, ayant pour objet des actions de solidarité internationale, peut conclure un contrat de volontariat de solidarité internationale avec une personne majeure.

Ce contrat est un contrat écrit qui organise une collaboration désintéressée entre l'association et le volontaire. Il ne relève pas, sauf dispositions contraires prévues par la présente loi, des règles du code du travail. Il est conclu pour une durée limitée dans le temps.

Ce contrat, exclusif de l'exercice de toute activité professionnelle, a pour objet l'accomplissement d'une mission d'intérêt général à l'étranger dans les domaines de la coopération au développement et de l'action humanitaire.

(L. n° 2010-241 du 10 mars 2010) « Ce contrat constitue un service civique effectué à l'étranger et obéissant aux règles spécifiques de la présente loi. »

Art. 2 Le volontaire de solidarité internationale accomplit une ou plusieurs missions dans un État autre que les États membres de l'Union européenne ou parties à l'accord sur l'Espace économique européen. Il ne peut accomplir de mission dans l'État dont il est le ressortissant ou le résident régulier.

Art. 3 Si le candidat volontaire est un salarié de droit privé, l'engagement pour une ou plusieurs missions de volontariat de solidarité internationale d'une durée continue minimale d'un an est un motif légitime de démission. Dans ce cas, si l'intéressé réunit les autres conditions pour bénéficier d'une indemnisation du chômage, ses droits seront ouverts à son retour de mission. Ces droits seront également ouverts en cas d'interruption de la mission.

L'ensemble des compétences acquises dans l'exécution d'un contrat de volontariat de solidarité internationale en rapport direct avec le contenu d'un diplôme, d'un titre à finalité professionnelle ou d'un certificat de qualification est pris en compte au titre de la validation des acquis de l'expérience dans les conditions prévues aux articles L. 335-5 et L. 335-6 du code de l'éducation.

A l'issue de sa mission, l'association délivre au volontaire une attestation d'accomplissement de mission de volontariat de solidarité internationale.

Art. 4 Le contrat de volontariat de solidarité internationale mentionne les conditions dans lesquelles le volontaire accomplit sa mission. Il est conclu pour une durée maximale de deux ans. La durée cumulée des missions accomplies par un volontaire, de façon continue ou non, pour le compte d'une ou plusieurs associations, ne peut excéder six ans.

Les associations assurent une formation aux volontaires avant leur départ, prennent en charge les frais de voyage liés à la mission et apportent un appui à la réinsertion professionnelle des volontaires à leur retour.

Il peut être mis fin de façon anticipée à un contrat de volontariat moyennant un préavis d'au moins un mois. Dans tous les cas, y compris en cas de retrait de l'agrément délivré à l'association en application de l'article 9, l'association assure le retour du volontaire vers son lieu de résidence habituelle.

Art. 5 L'association affilie le volontaire et ses ayants droit, à compter de la date d'effet du contrat, à un régime de sécurité sociale lui garantissant des droits d'un niveau identique à celui du régime général de la sécurité sociale française.

Ce régime de sécurité sociale assure la couverture des risques maladie, maternité, invalidité, décès, vieillesse, accidents du travail et maladies professionnelles. Pour les ayants droit, il assure la couverture des prestations en nature des risques maladie, maternité et invalidité.

Le volontaire et ses ayants droit bénéficient, dans des conditions fixées par décret, d'une assurance maladie complémentaire, d'une assurance responsabilité civile et d'une assurance pour le rapatriement sanitaire prises en charge par l'association.

Art. 6 Le volontaire bénéficie au minimum d'un congé de deux jours non chômés, au sens de la législation de l'État d'accueil, par mois de mission, dès lors qu'il accomplit une mission d'une durée au moins égale à six mois.

Le volontaire bénéficie des congés de maladie, de maternité, de paternité *(L. n° 2012-1404 du 17 déc. 2012, art. 94-IX)* « et d'accueil de l'enfant » et d'adoption prévus par le code du travail et le code de la sécurité sociale pour les travailleurs salariés.

Pendant la durée de ces congés, le volontaire perçoit la totalité de l'indemnité mentionnée à l'article 7.

Art. 7 Une indemnité est versée au volontaire. Elle lui permet d'accomplir sa mission dans des conditions de vie décentes. Cette indemnité n'a pas le caractère d'un salaire ou d'une rémunération. Elle n'est soumise, en France, ni à l'impôt sur le revenu, ni aux cotisations et contributions sociales.

Le montant de l'indemnité et les conditions dans lesquelles elle est versée sont fixés pour chaque volontaire dans son contrat. Les montants minimum et maximum de l'indemnité sont fixés par arrêté du ministre des affaires étrangères, après avis de la Commission du volontariat de solidarité internationale en tenant compte des conditions d'existence dans l'État où la mission a lieu.

Le montant minimum de l'indemnité est de 100 € hors prise en charge du logement et de la nourriture (Arr. du 21 déc. 2005, JO 24 déc.).

Art. 8 Il est institué une Commission du volontariat de solidarité internationale composée de manière paritaire de représentants des associations de volontariat et de représentants de l'État.

La composition de la Commission du volontariat de solidarité internationale et ses attributions sont fixées par décret. — *V. Décr. n° 2005-600 du 27 mai 2005 (JO 29 mai).*

Art. 9 Toute association qui souhaite faire appel au concours de volontaires dans les conditions prévues par la présente loi doit être agréée par le ministre des affaires étrangères. Cet agrément est délivré, après avis de la Commission du volontariat de solidarité internationale, pour une durée limitée, aux associations qui présentent des garanties suffisantes pour organiser des missions de volontaires de solidarité internationale dans les conditions prévues par la présente loi.

Art. 10 La présente loi entrera en vigueur trois mois après sa publication *[24 mai 2005]*.

Les conditions d'application de la présente loi sont fixées par décret.

Art. 11 Les dispositions de la présente loi sont applicables à Saint-Pierre-et-Miquelon et à Mayotte.

La présente loi sera exécutée comme loi de l'État.

Décret n° 2005-600 du 27 mai 2005,

Pris pour l'application de la loi n° 2005-159 du 23 février 2005 relative au contrat de volontariat de solidarité internationale.

TITRE III **Le contrat de volontariat de solidarité internationale**

Art. 9 Le contrat de volontariat de solidarité internationale mentionné à l'article 1er de la loi du 23 février 2005 susvisée indique :

1° L'identité des parties et leur domicile ;

2° La référence au projet associatif défini par les statuts ou éventuellement par la charte de l'association ;

3° Le contenu de la mission du volontaire, son lieu d'affectation et, le cas échéant, ses partenaires locaux ;

4° La durée de la mission et les conditions de rupture anticipée du contrat ;

5° L'identité et le lieu de résidence des ayants droit au sens de l'article 5 de la même loi, présents sur le lieu de mission, ainsi que la nature de leur lien avec le volontaire ;

6° Le régime de sécurité sociale et les assurances prévues à l'article 5 de la même loi dont le volontaire et ses ayants droit bénéficient ;

7° Le montant et les modalités de versement de l'indemnité prévue à l'article 7 de la même loi ;

8° Les modalités de prise en charge des frais de voyage aller et retour du volontaire et de ses ayants droit ;

9° Les modalités de l'appui apporté par l'association pour l'exercice d'une activité professionnelle par le volontaire à l'échéance du contrat.

Sont annexés au contrat de volontariat de solidarité internationale les informations relatives aux conditions de séjour du volontaire à l'étranger, les conditions relatives à son retour dans son pays de résidence ainsi que les textes législatifs et réglementaires relatifs au volontariat de solidarité internationale.

TITRE IV **Les aides de l'État**

Art. 10 L'association agréée bénéficie d'une contribution financière de l'État à la formation, à la gestion, à la couverture sociale et pour l'appui au retour à la vie professionnelle des volontaires qui ont conclu un ou plusieurs contrats d'une durée totale égale ou supérieure à 365 jours.

Les modalités de calcul de cette contribution sont fixées par un arrêté conjoint du ministre des affaires étrangères, du ministre chargé du budget et du ministre chargé de la protection sociale. *— V. Arr. du 21 déc. 2005, art. 4 (JO 24 déc.).*

Art. 11 Le volontaire de solidarité internationale reçoit, dans les conditions définies aux articles 13 et 14, des aides au retour qui sont prises en charge par l'État.

Un arrêté conjoint du ministre des affaires étrangères, du ministre chargé du budget et du ministre chargé de la protection sociale en fixe le montant.

Art. 12 L'État, sous forme de versement aux associations qui en feraient la demande, contribue forfaitairement pour chaque volontaire de solidarité internationale à la couverture maladie, maternité, invalidité, décès, accident du travail, maladie professionnelle et vieillesse.

Cette contribution est accordée sous réserve que l'intéressé ait perdu ses droits à une protection sociale et qu'il soit affilié à la Caisse des Français de l'étranger. Le volontaire de solidarité internationale est également affilié à l'assurance volontaire vieillesse prévue à l'article L. 742-1 du code de la sécurité sociale.

La contribution forfaitaire de l'État est effective soit à compter du premier jour pour les volontaires ayant conclu un contrat d'une durée supérieure ou égale à 365 jours, soit à compter du 366e jour pour les volontaires qui ont accompli plusieurs contrats d'une durée inférieure à 365 jours. — *Cette contribution est plafonnée à 272 € par mois et par volontaire (Arr. du 21 déc. 2005, JO 24 déc.).*

Art. 13 Le volontaire de solidarité internationale qui, à la fin de sa mission, ne remplit pas les conditions d'attribution du *(Décr. nº 2009-716 du 18 juin 2009)* « revenu de solidarité active » prévu au chapitre 2 du titre VI du livre II du code de l'action sociale et des familles et est inscrit sur la liste des demandeurs d'emploi de l'institution mentionnée à l'article L. 5312-1 du code du travail peut, dans un délai d'un an maximum à compter de la fin de sa mission, demander à recevoir une prime forfaitaire d'insertion professionnelle.

Le versement de cette prime est effectué dans la limite d'une durée maximale de neuf mois. Le cumul de la prime de réinsertion professionnelle avec une autre aide liée à la situation de recherche d'emploi est interdit.

Le volontaire de solidarité internationale dont le contrat est rompu avant terme ne peut prétendre au bénéfice de la prime d'insertion professionnelle, sauf lorsque la rupture résulte d'un cas de force majeure ou du fait de l'association.

Art. 14 Lors de son retour effectif dans son pays de résidence, s'il a effectué au moins vingt-quatre mois de mission, le volontaire de solidarité internationale peut prétendre à une indemnité de réinstallation.

Il peut prétendre à cette indemnité en ayant effectué moins de vingt-quatre mois sur place, si son retour est déterminé par un cas de force majeure et s'il a effectué une mission d'au moins douze mois. Le montant de l'indemnité est alors fonction de la durée de la mission.

Un volontaire de solidarité internationale peut prétendre à une nouvelle indemnité de réinstallation dans les conditions énoncées à l'alinéa précédent, s'il accomplit une mission qui débute plus de douze mois après la fin de la précédente.

Le volontaire de solidarité internationale fonctionnaire ou assimilé ne peut prétendre à l'indemnité de réinstallation. — *La prime forfaitaire d'insertion professionnelle est plafonnée à 2 001 € ; la prime de réinstallation est fixée à 3 700 € pour un volontaire ayant effectué 24 mois de mission minimum en continu (Arr. du 21 déc. 2005, JO 24 déc.).*

Décret nº 2005-1309 du 20 octobre 2005,

Pris pour l'application de la loi nº 78-17 du 6 janvier 1978 relative à l'informatique, aux fichiers et aux libertés.

BIBL. ▶ Metallinos, *Dr. soc. 2006. 378* ✎.

TITRE III **Des correspondants à la protection des données**

CHAPITRE PREMIER ***Du correspondant à la protection des données à caractère personnel***

Art. 42 La désignation d'un correspondant à la protection des données à caractère personnel par le responsable de traitements relevant des formalités prévues aux articles 22 à 24 de la loi du 6 janvier 1978 susvisée est notifiée à la Commission nationale de l'informatique et des libertés par *(Décr. nº 2007-451 du 25 mars 2007)* « lettre remise contre signature » ou par remise au secrétariat de la commission contre reçu, ou par voie électronique avec accusé de réception qui peut être adressé par la même voie.

Art. 43 La notification prévue à l'article 42 du présent décret mentionne :

1º Les nom, prénom*[s]*, profession et coordonnées professionnelles du responsable des traitements, le cas échéant, ceux de son représentant, ainsi que ceux du correspondant à la protection des données à caractère personnel. Pour les personnes morales, la notification mentionne leur forme, leur dénomination, leur siège social ainsi que l'organe qui les représente légalement ;

2º Lorsque le correspondant à la protection des données à caractère personnel est une personne morale, les mêmes renseignements concernant le préposé que la personne morale a désigné pour exercer les missions de correspondant ;

3° Si la désignation est faite seulement pour certains traitements ou catégories de traitements, l'énumération de ceux-ci ;

4° La nature des liens juridiques entre le correspondant et la personne, l'autorité publique, le service ou l'organisme auprès duquel il est appelé à exercer ses fonctions ;

5° Tout élément relatif aux qualifications ou références professionnelles du correspondant et, le cas échéant, de son préposé en rapport avec cette fonction ;

6° Les mesures prises par le responsable des traitements en vue de l'accomplissement par le correspondant de ses missions en matière de protection des données.

L'accord écrit de la personne désignée en qualité de correspondant est annexé à la notification.

La désignation d'un correspondant à la protection des données à caractère personnel prend effet un mois après la date de réception de la notification par la Commission nationale de l'informatique et des libertés.

Toute modification substantielle affectant les informations mentionnées aux 1° à 6° est portée à la connaissance de la Commission nationale de l'informatique et des libertés, dans les formes définies à l'article 42.

Art. 44 Lorsque plus de cinquante personnes sont chargées de la mise en œuvre ou ont directement accès aux traitements ou catégories de traitements automatisés pour lesquels le responsable entend désigner un correspondant à la protection des données à caractère personnel, seul peut être désigné un correspondant exclusivement attaché au service de la personne, de l'autorité publique ou de l'organisme, ou appartenant au service, qui met en œuvre ces traitements.

Par dérogation au premier alinéa :

a) Lorsque le responsable des traitements est une société qui contrôle ou qui est contrôlée au sens de l'article L. 233-3 du code de commerce, le correspondant peut être désigné parmi les personnes au service de la société qui contrôle, ou de l'une des sociétés contrôlées par cette dernière ;

b) Lorsque le responsable des traitements est membre d'un groupement d'intérêt économique au sens du titre V du livre deuxième du code de commerce, le correspondant peut être désigné parmi les personnes au service dudit groupement ;

c) Lorsque le responsable des traitements fait partie d'un organisme professionnel ou d'un organisme regroupant des responsables de traitements d'un même secteur d'activités, il peut désigner un correspondant mandaté à cette fin par cet organisme.

Art. 45 La désignation d'un correspondant à la protection des données à caractère personnel est, préalablement à sa notification à la Commission nationale de l'informatique et des libertés, portée à la connaissance de l'instance représentative du personnel compétente par le responsable des traitements, par *(Décr. n° 2007-451 du 25 mars 2007)* « lettre remise contre signature ».

Art. 46 Le correspondant à la protection des données à caractère personnel exerce sa mission directement auprès du responsable des traitements.

Le correspondant ne reçoit aucune instruction pour l'exercice de sa mission.

Le responsable des traitements ou son représentant légal ne peut être désigné comme correspondant.

Les fonctions ou activités exercées concurremment par le correspondant ne doivent pas être susceptibles de provoquer un conflit d'intérêts avec l'exercice de sa mission.

Art. 47 Le responsable des traitements fournit au correspondant tous les éléments lui permettant d'établir et d'actualiser régulièrement une liste des traitements automatisés mis en œuvre au sein de l'établissement, du service ou de l'organisme au sein duquel il a été désigné et qui, à défaut de désignation d'un correspondant, relèveraient des formalités de déclaration prévues par les articles 22 à 24 de la loi du 6 janvier 1978 susvisée.

Art. 48 Dans les trois mois de sa désignation, le correspondant à la protection des données à caractère personnel dresse la liste mentionnée à l'article 47. La liste précise, pour chacun des traitements automatisés :

1° Les nom et adresse du responsable du traitement et, le cas échéant, de son représentant ;

2° La ou les finalités de traitement ;

3° Le ou les services chargés de le mettre en œuvre ;

4° La fonction de la personne ou le service auprès duquel s'exerce le droit d'accès et de rectification ainsi que leurs coordonnées ;

5° Une description des catégories de données traitées, ainsi que les catégories de personnes concernées par le traitement ;

6° Les destinataires ou catégories de destinataires habilités à recevoir communication des données ;

7° La durée de conservation des données traitées.

La liste est actualisée en cas de modification substantielle des traitements en cause. Elle comporte la date et l'objet de ces mises à jour au cours des trois dernières années.

Le correspondant tient la liste à la disposition de toute personne qui en fait la demande.

Une copie de la liste est délivrée à l'intéressé à sa demande. Le responsable des traitements peut subordonner la délivrance de cette copie au paiement d'une somme qui ne peut excéder le coût de la reproduction.

Lorsque la liste ne recense pas la totalité des traitements mis en œuvre par le responsable, elle mentionne que d'autres traitements relevant du même responsable figurent sur la liste nationale mise à la disposition du public en application de l'article 31 de la loi du 6 janvier 1978 susvisée.

Art. 49 Le correspondant veille au respect des obligations prévues par la loi du 6 janvier 1978 susvisée pour les traitements au titre desquels il a été désigné.

A cette fin, il peut faire toute recommandation au responsable des traitements.

Il est consulté, préalablement à leur mise en œuvre, sur l'ensemble des nouveaux traitements appelés à figurer sur la liste prévue par l'article 47.

Il reçoit les demandes et les réclamations des personnes intéressées relatives aux traitements figurant sur la liste prévue par l'article 47. Lorsqu'elles ne relèvent pas de sa responsabilité, il les transmet au responsable des traitements et en avise les intéressés.

Il informe le responsable des traitements des manquements constatés avant toute saisine de la Commission nationale de l'informatique et des libertés.

Il établit un bilan annuel de ses activités qu'il présente au responsable des traitements et qu'il tient à la disposition de la commission.

Art. 50 Le responsable des traitements peut, avec l'accord du correspondant à la protection des données à caractère personnel, lui confier les missions mentionnées à l'article 49 pour la totalité des traitements qui dépendent du responsable.

Dans ce cas, la notification prévue à l'article 43 en fait mention.

Art. 51 La Commission nationale de l'informatique et des libertés peut être saisie à tout moment par le correspondant à la protection des données à caractère personnel ou le responsable des traitements de toute difficulté rencontrée à l'occasion de l'exercice des missions du correspondant. L'auteur de la saisine doit justifier qu'il en a préalablement informé, selon le cas, le correspondant ou le responsable des traitements.

La Commission nationale de l'informatique et des libertés peut à tout moment solliciter les observations du correspondant à la protection des données ou celles du responsable des traitements.

Art. 52 Lorsque la Commission nationale de l'informatique et des libertés constate, après avoir recueilli ses observations, que le correspondant manque aux devoirs de sa mission, elle demande au responsable des traitements de le décharger de ses fonctions en application du III de l'article 22 de la loi du 6 janvier 1978 susvisée.

Art. 53 Hors le cas prévu à l'article 52, lorsqu'il envisage de mettre fin aux fonctions du correspondant pour un motif tenant à un manquement aux devoirs de sa mission, le responsable des traitements saisit la Commission nationale de l'informatique et des libertés pour avis par *(Décr. n° 2007-451 du 25 mars 2007)* « lettre remise contre signature », comportant toutes précisions relatives aux faits dont il est fait grief.

Le responsable des traitements notifie cette saisine au correspondant dans les mêmes formes en l'informant qu'il peut adresser ses observations à la Commission nationale de l'informatique et des libertés.

La Commission nationale de l'informatique et des libertés fait connaître son avis au responsable des traitements dans un délai d'un mois à compter de la réception de sa saisine. Ce délai peut être renouvelé une fois sur décision motivée de son président.

Aucune décision mettant fin aux fonctions du correspondant ne peut intervenir avant l'expiration du délai prévu à l'alinéa précédent.

Art. 54 Lorsque le correspondant est démissionnaire ou déchargé de ses fonctions, le responsable des traitements en informe la Commission nationale de l'informatique et des libertés dans les formes prévues à l'article 42.

La notification de cette décision mentionne en outre le motif de la démission ou de la décharge. Il y est annexé, en lieu et place de l'accord prévu au huitième alinéa de l'article 43, le justificatif de la notification de la décision au correspondant.

Cette décision prend effet huit jours après sa date de réception par la Commission nationale de l'informatique et des libertés.

Hormis le cas du remplacement du correspondant, le responsable des traitements est alors tenu de procéder, dans le délai d'un mois, aux formalités prévues aux articles 23 et 24 de la loi du 6 janvier 1978 susvisée pour l'ensemble des traitements qui s'en étaient trouvés dispensés du fait de la désignation à laquelle il est mis fin.

Art. 55 Lorsque le responsable des traitements ne respecte pas ses obligations légales relatives au correspondant, la Commission nationale de l'informatique et des libertés l'enjoint par *(Décr. nº 2007-451 du 25 mars 2007)* « lettre remise contre signature » de procéder aux formalités prévues aux articles 23 et 24 de la loi du 6 janvier 1978 susvisée. Cette lettre mentionne les traitements concernés par l'injonction ainsi que le délai dans lequel le responsable des traitements doit s'y conformer.

CHAPITRE II *Du correspondant à la protection des données appartenant à un organisme de presse écrite ou audiovisuelle*

Art. 56 Le correspondant prévu au quatrième alinéa de l'article 67 de la loi du 6 janvier 1978 susvisée est désigné par le responsable de traitements de données à caractère personnel aux fins de journalisme mis en œuvre par un organisme de la presse écrite ou audiovisuelle. Ce correspondant est désigné parmi les personnes attachées au service de cet organisme.

Le correspondant est soumis aux dispositions du présent titre, à l'exception des règles relatives à la désignation et aux missions du correspondant prévues par le 2° de l'article 43, l'article 45, les 4° et 7° et les dixième, onzième et douzième alinéas de l'article 48, ainsi que le cinquième alinéa de l'article 49 du présent décret.

Décret nº 2006-1093 du 29 août 2006,

Pris pour l'application de l'article 9 de la loi nº 2006-396 du 31 mars 2006 pour l'égalité des chances.

BIBL. ▶ Flament, *JCP S 2011. 1460* (réforme des stages : entre lutte contre les abus et émergence d'un statut particulier). – Héas, *RDT 2010. 644* (encadrement des stages dans l'enseignement supérieur).

Art. 1er *(Décr. nº 2010-956 du 25 août 2010)* Les établissements d'enseignement dispensant une formation supérieure diplômante ou non diplômante dont les étudiants accomplissent, à titre obligatoire ou optionnel, des stages en entreprise prévus à l'article 9 de la loi du 31 mars 2006 susvisée élaborent, en concertation avec les entreprises intéressées, une convention de stage sur la base d'une convention type.

Ces stages sont intégrés à un cursus pédagogique dans les conditions suivantes :

– leur finalité et leurs modalités sont définies dans l'organisation de la formation ;

– ils font l'objet d'une restitution de la part de l'étudiant donnant lieu à évaluation de la part de l'établissement.

Sont également intégrés à un cursus, dès lors qu'ils satisfont aux conditions fixées aux troisième et quatrième alinéas du présent article, les stages organisés dans le cadre :

– des formations permettant une réorientation et proposées aux étudiants, notamment sur les conseils des services d'orientation ou d'un responsable de l'équipe pédagogique de la formation dans laquelle l'étudiant s'est engagé initialement ;

– de formations complémentaires destinées à favoriser des projets d'insertion professionnelle et validées en tant que telles par le responsable de la formation dans laquelle est inscrit l'étudiant ;

– des périodes pendant lesquelles l'étudiant suspend temporairement sa présence dans l'établissement dans lequel il est inscrit pour exercer d'autres activités lui permettant exclusivement d'acquérir des compétences en cohérence avec sa formation. Dans ce cas, en complément de la convention de stage, l'établissement d'enseignement et l'entreprise concluent un contrat pédagogique.

Art. 2 Les conventions types sont approuvées par les autorités compétentes des établissements et sont rendues publiques. Cette publicité peut intervenir par voie électronique sur le site internet des établissements.

Art. 3 Les conventions types précisent les clauses que doivent impérativement comporter les conventions de stage au nombre desquelles :

1° La définition des activités confiées au stagiaire en fonction des objectifs de formation ;

2° Les dates de début et de fin du stage ;

3° La durée hebdomadaire maximale de présence du stagiaire dans l'entreprise. La présence, le cas échéant, du stagiaire dans l'entreprise la nuit, le dimanche ou un jour férié doit être indiquée ;

4° Le montant de la gratification versée au stagiaire et les modalités de son versement ;

5° La liste des avantages offerts, le cas échéant, par l'entreprise au stagiaire, notamment en ce qui concerne sa restauration, son hébergement ou le remboursement des frais qu'il a engagés pour effectuer son stage ;

6° Le régime de protection sociale dont bénéficie le stagiaire, y compris la protection en cas d'accident du travail dans le respect de l'article L. 412-8 du code de la sécurité sociale ainsi que, le cas échéant, l'obligation faite au stagiaire de justifier d'une assurance couvrant sa responsabilité civile ;

7° Les conditions dans lesquelles les responsables du stage, l'un représentant l'établissement, l'autre l'entreprise, assurent l'encadrement du stagiaire ;

8° Les conditions de délivrance d'une "attestation de stage" et, le cas échéant, les modalités de validation du stage pour l'obtention du diplôme préparé ;

9° Les modalités de suspension et de résiliation du stage ;

10° Les conditions dans lesquelles le stagiaire est autorisé à s'absenter, notamment dans le cadre d'obligations attestées par l'établissement d'enseignement ;

11° Les clauses du règlement intérieur de l'entreprise applicables au stagiaire, lorsqu'il existe.

Art. 4 En l'absence de convention type, les conventions de stage doivent comporter les clauses énumérées à l'article 3.

Art. 5 La convention de stage du 26 avril 2006, à laquelle est annexée la "charte des stages étudiants en entreprise", est signée par :

1° Le représentant de l'établissement dans lequel est inscrit le stagiaire. Il mentionne sa qualité, le nom et l'adresse de cet établissement ;

2° Le représentant de l'entreprise, qui mentionne sa qualité, le nom et l'adresse de l'entreprise ;

3° Le stagiaire, qui mentionne son adresse et l'intitulé complet de son cursus ou de sa formation ; si le stagiaire est mineur, la convention est également signée par son représentant légal.

(Décr. n° 2008-96 du 31 janv. 2008) « L'entreprise établit et tient à jour la liste des conventions de stage qu'elle a conclues. »

Art. 6 Aucune convention de stage ne peut être conclue pour remplacer un salarié en cas d'absence, de suspension de son contrat de travail ou de licenciement, pour exécuter une tâche régulière correspondant à un poste de travail permanent, pour faire face à un accroissement temporaire de l'activité de l'entreprise, pour occuper un emploi saisonnier.

Art. 6-1 *(Décr. n° 2008-96 du 31 janv. 2008)* I. — Lorsque la durée d'un stage en entreprise, au sens du premier alinéa de l'article 9 de la loi du 31 mars 2006 susvisée, excède la durée indiquée au deuxième alinéa du même article, le stagiaire perçoit une gratification selon les modalités précisées au II et le montant indiqué au III.

II. — La durée de stage s'apprécie compte tenu de la convention de stage et des éventuels avenants qui ont pour effet de prolonger le stage.

La gratification est due au stagiaire sans préjudice du remboursement des frais engagés pour effectuer le stage et des avantages offerts, le cas échéant, pour la restauration, l'hébergement et le transport.

La gratification de stage est due au stagiaire à compter du premier jour du premier mois de stage.

La gratification de stage est versée mensuellement au stagiaire.

En cas de suspension ou de résiliation de la convention de stage, le montant de la gratification due au stagiaire est proratisé en fonction de la durée de stage effectuée.

III. — A défaut de convention de branche ou accord professionnel étendu, le montant horaire de la gratification due au stagiaire est fixé à 12,5 % du plafond horaire de la sécurité sociale défini en application de l'article L. 241-3 du code de la sécurité sociale.

Un rapport du Gouvernement est déposé au Parlement, avant le 30 juin 2011, sur les conditions d'introduction dans l'assiette des cotisations sociales de la gratification dont font l'objet les stages en entreprise, et sur les conditions de prise en compte de ces périodes de stage comme périodes assimilées pour la détermination du droit à pension ou rente lorsqu'elles ont donné lieu au versement d'un minimum de cotisations en application de l'art. L. 351-2 CSS.

Le Gouvernement remet, au plus tard le 30 juin 2011, aux commissions compétentes de l'Assemblée nationale et du Sénat, un rapport portant sur l'assimilation des périodes de travail en détention à des périodes de cotisations à part entière (L. n° 2010-1330 du 9 nov. 2010, art. 94).

Art. 6-2 *(Décr. n° 2008-96 du 31 janv. 2008)* **Conformément à l'article 9 de la loi du 31 mars 2006 susvisée, les stages effectués au sein d'une association, d'une entreprise publique ou d'un établissement public à caractère industriel et commercial sont soumis aux dispositions du présent décret.**

Loi n° 2006-1770 du 30 décembre 2006,

Pour le développement de la participation et de l'actionnariat salarié et portant diverses dispositions d'ordre économique et social.

BIBL. ▶ BONNIN, *RDT 2007. 379* ✐. – CORMIER, LE GOFF et LEMERCIER, *Dr. soc. 2007. 152* ✐.

Art. 47 **I. — Jusqu'au 31 décembre 2010, les organismes de recherche, les établissements d'enseignement supérieur et les entreprises peuvent mettre leurs salariés à la disposition d'une entreprise, d'un établissement d'enseignement supérieur ou d'un organisme de recherche faisant partie d'un même pôle de compétitivité tel que défini par l'article 24 de la loi n° 2004-1484 du 30 décembre 2004 de finances pour 2005.**

Les dispositions des articles L. 125-1 et L. 125-3 *[L. 8231-1, L. 8241-1 et L. 8241-2 nouv.]* **du code du travail ne sont pas applicables au prêt de main-d'œuvre réalisé dans les conditions prévues au présent article, dès lors qu'il n'a pas pour effet de causer un préjudice au salarié intéressé.**

II. — L'employeur qui entend mettre un ou des salariés, en contrat à durée indéterminée ou de droit public, à la disposition d'une entreprise, d'un établissement ou d'un organisme conclut avec ce dernier une convention écrite de mise à disposition qui définit notamment :

1° Les caractéristiques des emplois d'affectation, notamment les qualifications professionnelles exigées, le lieu d'exécution de la prestation de travail, le régime du temps de travail ou l'horaire, et l'exigence d'une formation renforcée à la sécurité lorsque ces emplois figurent sur la liste prévue au sixième alinéa de l'article L. 231-3-1 *[L. 4154-2 nouv.]* **du code du travail ;**

2° Le terme de la mise à disposition et les conditions de son renouvellement ;

3° Les conditions d'exercice des droits à congé ;

4° Le cas échéant, toute disposition relative à l'accès aux formations organisées par l'entreprise, l'établissement ou l'organisme d'accueil ;

5° Les conditions et modalités de rupture anticipée de la mise à disposition par le salarié ou par l'une ou l'autre des parties à la convention.

La mise à disposition ne peut affecter la protection dont jouit un salarié en vertu d'un mandat représentatif.

III. — Nonobstant toute disposition conventionnelle prévoyant une autre procédure, l'employeur qui entend mettre un salarié à la disposition d'une entreprise, d'un établissement ou d'un organisme doit adresser à ce salarié par lettre recommandée, ou par lettre remise en main propre contre décharge, une proposition écrite d'avenant à son contrat de travail. Cette proposition mentionne l'entreprise, l'établissement ou l'organisme auprès duquel il est envisagé de le mettre à disposition ; elle précise la durée et les conditions d'exercice de son activité telles qu'elles sont définies par les dispositions législatives, réglementaires et conventionnelles applicables au lieu du travail et par la convention prévue au II. Le salarié dispose d'un délai de quinze jours ouvrables pour faire connaître sa décision. En l'absence de réponse dans ce délai, le salarié est réputé avoir refusé cette proposition.

La même procédure est applicable à chaque renouvellement de la mise à disposition.

Un salarié ne peut être sanctionné, licencié ou faire l'objet d'une mesure discriminatoire pour avoir refusé une telle proposition ou pour avoir décidé de mettre fin à la mise à disposition.

IV. — Pendant la durée de la mise à disposition, l'entreprise, l'établissement ou l'organisme d'accueil est responsable des conditions d'exécution du travail applicables au lieu du travail, dans les matières touchant à la durée du travail, au travail de nuit, au repos hebdomadaire et des jours fériés, aux congés payés, à l'hygiène et à la sécurité, au travail des femmes et des jeunes travailleurs.

Les entreprises, établissements ou organismes d'origine, d'une part, et ceux d'accueil, d'autre part, sont respectivement tenus à l'endroit des salariés mis à disposition aux mêmes

responsabilités et obligations que celles que les troisième à dernier alinéas de l'article L. 124-4-6 *[L. 1251-22 et L. 1251-23 nouv.]* du code du travail ainsi que l'article L. 124-4-7 *[L. 1251-24 nouv.]* du même code mettent respectivement à la charge des entreprises de travail temporaire et des entreprises utilisatrices à l'endroit des salariés temporaires. Les salariés mis à disposition bénéficient en conséquence des droits définis par ces dispositions pour les salariés temporaires.

Pendant la durée de la mise à disposition, le salarié a droit au maintien de sa rémunération. Celle-ci ne peut être inférieure à celle que percevrait, dans l'entreprise, l'établissement ou l'organisme d'accueil, un salarié embauché directement par ceux-ci, de qualification équivalente, de même ancienneté et occupant un poste similaire.

Le salarié mis à disposition n'est pas pris en compte pour le calcul des effectifs de l'entreprise, l'établissement ou l'organisme d'accueil.

V. — A l'issue de la mise à disposition, ou si la mise à disposition prend fin avant le terme initialement fixé, le salarié retrouve son emploi ou un emploi équivalent assorti d'une rémunération au moins égale, ainsi que tous les droits attachés à son contrat de travail, notamment liés à son ancienneté, pour la détermination desquels la période de mise à disposition est considérée comme du travail effectif, et est prioritaire pour bénéficier d'une action de formation dans le cadre du plan de formation.

VI. — Le Gouvernement rend compte au Parlement de l'évaluation de l'application du présent article au plus tard le 31 décembre 2009.

Loi n° 2008-496 du 27 mai 2008,

Portant diverses dispositions d'adaptation au droit communautaire dans le domaine de la lutte contre les discriminations.

BIBL. ▶ LANQUETIN, *Dr. soc. 2009. 778* ✐.

Art. 1er Constitue une discrimination directe la situation dans laquelle, sur le fondement de *(L. n° 2016-1547 du 18 nov. 2016, art. 86-I-1°)* « son origine, de son sexe, de sa situation de famille, de sa grossesse, de son apparence physique, de la particulière vulnérabilité résultant de sa situation économique, apparente ou connue de son auteur, de son patronyme, de son lieu de résidence, de son état de santé, de sa perte d'autonomie, de son handicap, de ses caractéristiques génétiques, de ses mœurs, de son orientation sexuelle, de son identité de genre, de son âge, de ses opinions politiques, de ses activités syndicales, de sa capacité à s'exprimer dans une langue autre que le français, de son appartenance ou de sa non-appartenance, vraie ou supposée, à une ethnie, une nation, une prétendue race ou une religion déterminée », une personne est traitée de manière moins favorable qu'une autre ne l'est, ne l'a été ou ne l'aura été dans une situation comparable.

Constitue une discrimination indirecte une disposition, un critère ou une pratique neutre en apparence, mais susceptible d'entraîner, pour l'un des motifs mentionnés au premier alinéa, un désavantage particulier pour des personnes par rapport à d'autres personnes, à moins que cette disposition, ce critère ou cette pratique ne soit objectivement justifié par un but légitime et que les moyens pour réaliser ce but ne soient nécessaires et appropriés.

La discrimination inclut :

1° Tout agissement lié à l'un des motifs mentionnés au premier alinéa et tout agissement à connotation sexuelle, subis par une personne et ayant pour objet ou pour effet de porter atteinte à sa dignité ou de créer un environnement intimidant, hostile, dégradant, humiliant ou offensant ;

2° Le fait d'enjoindre à quiconque d'adopter un comportement prohibé par l'article 2.

Cet art. s'applique à toutes les personnes publiques ou privées, y compris celles exerçant une activité professionnelle indépendante ; sans préjudice des dispositions et conditions relatives à l'admission et au séjour des ressortissants des pays non membres de l'Union européenne et des apatrides (L. n° 2008-496 du 27 mai 2008, art. 5).

Art. 2 Sans préjudice de l'application des autres règles assurant le respect du principe d'égalité :

(Abrogé par L. n° 2016-1547 du 18 nov. 2016, art. 86-I-2°) ***« 1° Toute discrimination directe ou indirecte fondée sur l'appartenance ou la non-appartenance, vraie ou supposée, à une ethnie ou une race est interdite en matière de protection sociale, de santé, d'avantages sociaux, d'éducation, d'accès aux biens et services ou de fourniture de biens et services ; »***

2° Toute discrimination directe ou indirecte fondée sur *(L. n° 2016-1547 du 18 nov. 2016, art. 86-I-2°)* « un motif mentionné à l'article 1er » est interdite en matière d'affiliation et d'engagement dans une organisation syndicale ou professionnelle, y compris d'avantages procurés par elle, d'accès à l'emploi, d'emploi, de formation professionnelle et de travail, y compris de travail indépendant ou non salarié, ainsi que de conditions de travail et de promotion professionnelle.

Ce principe ne fait pas obstacle aux différences de traitement fondées sur les motifs visés à l'alinéa précédent lorsqu'elles répondent à une exigence professionnelle essentielle et déterminante et pour autant que l'objectif soit légitime et l'exigence proportionnée ;

(L. n° 2016-1547 du 18 nov. 2016, art. 86-I-2°) « 3° Toute discrimination directe ou indirecte fondée sur un motif mentionné à l'article 1er est interdite en matière de protection sociale, de santé, d'avantages sociaux, d'éducation, d'accès aux biens et services ou de fourniture de biens et services.

« Ce principe ne fait pas obstacle à ce que des différences soient faites selon l'un des motifs mentionnés au premier alinéa du présent 3° lorsqu'elles sont justifiées par un but légitime et que les moyens de parvenir à ce but sont nécessaires et appropriés.

« La dérogation prévue au deuxième alinéa du présent 3° n'est pas applicable aux différences de traitement fondées sur l'origine, le patronyme ou l'appartenance ou la non-appartenance, vraie ou supposée, à une ethnie ou une prétendue race ;

« 4° Toute discrimination directe ou indirecte est interdite en raison de la grossesse ou de la maternité, y compris du congé de maternité.

« Ce principe ne fait pas obstacle aux mesures prises en faveur des femmes en raison de la grossesse ou la maternité, y compris du congé de maternité, ou de la promotion de l'égalité entre les femmes et les hommes ;

« 5° Ces principes ne font notamment pas obstacle :

« *a)* Aux mesures prises en faveur des personnes handicapées et visant à favoriser l'égalité de traitement ;

« *b)* Aux mesures prises en faveur des personnes résidant dans certaines zones géographiques et visant à favoriser l'égalité de traitement ;

« *c)* A l'organisation d'enseignements par regroupement des élèves en fonction de leur sexe ;

« 6° Ces principes ne font pas obstacle aux différences de traitement prévues et autorisées par les lois et règlements en vigueur à la date de publication de la loi n° 2016-1547 du 18 novembre 2016 de modernisation de la justice du XXIe siècle. »

V. note ss. art. 1er.

Art. 3 Aucune personne ayant témoigné de bonne foi d'un agissement discriminatoire ou l'ayant relaté ne peut être traitée défavorablement de ce fait.

Aucune décision défavorable à une personne ne peut être fondée sur sa soumission ou son refus de se soumettre à une discrimination prohibée par l'article 2.

V. note ss. art. 1er.

Art. 4 Toute personne qui s'estime victime d'une discrimination directe ou indirecte présente devant la juridiction compétente les faits qui permettent d'en présumer l'existence. Au vu de ces éléments, il appartient à la partie défenderesse de prouver que la mesure en cause est justifiée par des éléments objectifs étrangers à toute discrimination. *(L. n° 2016-1547 du 18 nov. 2016, art. 86-I-3°)* « Le juge forme sa conviction après avoir ordonné, en cas de besoin, toutes les mesures d'instruction qu'il estime utiles. »

(L. n° 2017-86 du 27 janv. 2017, art. 180) « Le fait que la victime ait seulement poursuivi l'objectif de démontrer l'existence d'un agissement ou d'une injonction discriminatoire n'exclut pas, en cas de préjudice causé à cette personne, la responsabilité de la partie défenderesse. »

Le présent article ne s'applique pas devant les juridictions pénales. – *V. **Addendum**.*

V. note ss. art. 1er.

Sur les actions en matière de discriminations, V. C. pr. civ., art. 1263-1.

Loi n° 2008-596 du 25 juin 2008,

Portant modernisation du marché du travail.

Art. 6 Un contrat de travail à durée *déterminée* dont l'échéance est la réalisation d'un objet défini, d'une durée *minimale* de dix-huit mois et maximale de trente-six mois, peut être conclu *pour le* recrutement d'ingénieurs et de cadres, au sens des conventions collec*tives. Le* recours à ce contrat est subordonné à la conclusion d'un accord de branche étendu ou, à défaut, d'un accord d'entreprise.

L'accord de branche étendu ou l'accord d'entreprise définit :

1° Les nécessités économiques auxquelles ces contrats sont susceptibles d'apporter une réponse adaptée ;

2° Les conditions dans lesquelles les salariés sous contrat à durée déterminée à objet défini bénéficient de garanties relatives à l'aide au reclassement, à la validation des acquis de l'expérience, à la priorité de réembauchage et à l'accès à la formation professionnelle continue et peuvent, au cours du délai de prévenance, mobiliser les moyens disponibles pour organiser la suite de leur parcours professionnel ;

3° Les conditions dans lesquelles les salariés sous contrat à durée déterminée à objet défini ont priorité d'accès aux emplois en contrat à durée indéterminée dans l'entreprise.

Ce contrat est régi par le titre IV du livre II de la première partie du code du travail, à l'exception des dispositions spécifiques fixées par le présent article.

Ce contrat prend fin avec la réalisation de l'objet pour lequel il a été conclu, après un délai de prévenance au moins égal à deux mois. Il peut être rompu par l'une ou l'autre partie, pour un motif réel et sérieux, au bout de dix-huit mois puis à la date anniversaire de sa conclusion. Il ne peut pas être renouvelé. Lorsque, à l'issue du contrat, les relations contractuelles du travail ne se poursuivent pas par un contrat de travail à durée indéterminée, le salarié a droit à une indemnité d'un montant égal à 10 % de sa rémunération totale brute.

Le contrat à durée déterminée à objet défini est établi par écrit et comporte les clauses obligatoires pour les contrats à durée déterminée, sous réserve d'adaptations à ses spécificités, notamment :

1° La mention "contrat à durée déterminée à objet défini" ;

2° L'intitulé et les références de l'accord collectif qui institue ce contrat ;

3° Une clause descriptive du projet et mentionnant sa durée prévisible ;

4° La définition des tâches pour lesquelles le contrat est conclu ;

5° L'événement ou le résultat objectif déterminant la fin de la relation contractuelle ;

6° Le délai de prévenance de l'arrivée au terme du contrat et, le cas échéant, de la proposition de poursuite de la relation de travail en contrat à durée indéterminée ;

7° Une clause mentionnant la possibilité de rupture à la date anniversaire de la conclusion du contrat par l'une ou l'autre partie pour un motif réel et sérieux et le droit pour le salarié, lorsque cette rupture est à l'initiative de l'employeur, à une indemnité égale à 10 % de la rémunération totale brute du salarié.

Ce contrat est institué à titre expérimental pendant une période de *(L. n° 2013-660 du 22 juill. 2013, art. 123)* « six » ans à compter de la publication de la présente loi.

A l'issue de cette période, le Gouvernement présentera au Parlement un rapport, établi après concertation avec les partenaires sociaux et avis de la Commission nationale de la négociation collective, sur les conditions d'application de ce contrat et sur son éventuelle pérennisation.

BIBL. ▶ BOUSEZ, *JCP S 2008. 1362.*

Loi n° 2011-333 du 29 mars 2011,

Relative au Défenseur des droits.

V. Décr. n°s 2011-904 et 2011-905 du 29 juill. 2011 (JO 30 juill.).

A compter du 1er mai 2011, le Défenseur des droits succède au Défenseur des enfants, à la Commission nationale de déontologie de la sécurité et à la Haute Autorité de lutte contre les discriminations et pour l'égalité dans leurs droits et obligations au titre de leurs activités respectives (L. n° 2011-333 du 29 mars 2011, art. 44-II).

Les procédures ouvertes par la Haute Autorité de lutte contre les discriminations et pour l'égalité et non clôturées au 31 mars 2011 se poursuivent devant le Défenseur des droits. A cette fin, les actes valablement accomplis par la Haute Autorité de lutte contre les discriminations et pour l'égalité sont réputés avoir été valablement accomplis par le Défenseur des droits (L. n° 2011-333 du 29 mars 2011, art. 44-III).

BIBL. ▶ DANIEL et BAILLY, *JCP S 2011. 1320.*

BIBL. (rel. à la HALDE) ▶ ARTUS-JÉGOU et BÉATRIX, *JCP S 2007. 1776* (lutte contre les discriminations). – BOUTON, *RDT 2006. 320* ✎ (HALDE et transaction pénale). – BURNIER, *Dr. soc. 2008. 1042* ✎ (HALDE et entreprise). – LOISEAU, *Dr. soc. 2009. 142* ✎. – MAYAUD, *Dr. soc. 2007. 930* ✎. – PONCET, *JS Lamy 2010 et 2011, n°s 291-1 et 292-1* (la HALDE et les garanties fondamentales de la personne mise en cause). – ROZEC et MANIGOT, *JCP S 2010. 1294* (place de la HALDE dans le paysage judiciaire).

TITRE II **Dispositions relatives aux compétences et à la saisine du Défenseur des droits**

Art. 4 Le Défenseur des droits est chargé :

[...]

3° De lutter contre les discriminations, directes ou indirectes, prohibées par la loi ou par un engagement international régulièrement ratifié ou approuvé par la France ainsi que de promouvoir l'égalité ;

Art. 5 Le Défenseur des droits peut être saisi :

[...]

3° Par toute personne qui s'estime victime d'une discrimination, directe ou indirecte, prohibée par la loi ou par un engagement international régulièrement ratifié ou approuvé par la France, ou par toute association régulièrement déclarée depuis au moins cinq ans à la date des faits se proposant par ses statuts de combattre les discriminations ou d'assister les victimes de discriminations, conjointement avec la personne s'estimant victime de discrimination ou avec son accord ;

[...]

Le Défenseur des droits peut être saisi des agissements de personnes publiques ou privées.

Il peut en outre se saisir d'office ou être saisi par les ayants droit de la personne dont les droits et libertés sont en cause.

Il est saisi des réclamations qui sont adressées à ses adjoints.

Art. 7 Une réclamation peut être adressée à un député, à un sénateur ou à un représentant français au Parlement européen, qui la transmet au Défenseur des droits s'il estime qu'elle appelle son intervention. Le Défenseur des droits informe le député, le sénateur ou le représentant français au Parlement européen des suites données à cette transmission.

Les membres du Parlement peuvent, de leur propre initiative, saisir le Défenseur des droits d'une question qui leur paraît appeler son intervention.

Sur la demande de l'une des commissions permanentes de son assemblée, le président de l'Assemblée nationale ou le président du Sénat peut transmettre au Défenseur des droits, dans les domaines de sa compétence, toute pétition dont l'assemblée a été saisie.

Le Défenseur des droits instruit également les réclamations qui lui sont transmises par le Médiateur européen ou un homologue étranger et qui lui paraissent relever de sa compétence et appeler son intervention.

Art. 8 Lorsqu'il se saisit d'office ou lorsqu'il est saisi autrement qu'à l'initiative de la personne s'estimant lésée ou, s'agissant d'un enfant, de ses représentants légaux, le Défenseur des droits ne peut intervenir qu'à la condition que cette personne ou, le cas échéant, ses ayants droit ait été avertie et ne se soit pas opposée à son intervention. Toutefois, il peut toujours se saisir des cas lui paraissant mettre en cause l'intérêt supérieur d'un enfant et des cas relatifs à des personnes qui ne sont pas identifiées ou dont il ne peut recueillir l'accord.

TITRE III **Dispositions relatives à l'intervention du Défenseur des droits**

CHAPITRE PREMIER ***Dispositions relatives aux collèges***

....

Art. 15 Lorsqu'il intervient en matière de lutte contre les discriminations et de promotion de l'égalité, le Défenseur des droits consulte, sur toute question nouvelle, un collège qu'il préside et qui comprend, outre son adjoint, vice-président :

— trois personnalités qualifiées désignées par le président du Sénat ;

— trois personnalités qualifiées désignées par le président de l'Assemblée nationale ;

— une personnalité qualifiée désignée par le vice-président du Conseil d'État ;

— une personnalité qualifiée désignée par le premier président de la Cour de cassation.

Les membres du collège sont désignés en raison de leurs connaissances ou de leur expérience dans le domaine de la lutte contre les discriminations et de la promotion de l'égalité.

Les désignations du président du Sénat et du président de l'Assemblée nationale concourent à une représentation équilibrée entre les femmes et les hommes.

Lorsque le Défenseur des droits préside les réunions du collège, son adjoint ne prend pas part au vote.

En cas de partage égal des voix, celle du président est prépondérante.

CHAPITRE II *Dispositions relatives aux moyens d'information du Défenseur des droits*

Art. 18 Le Défenseur des droits peut demander des explications à toute personne physique ou morale mise en cause devant lui. A cet effet, il peut entendre toute personne dont le concours lui paraît utile.

Les personnes physiques ou morales mises en cause doivent faciliter l'accomplissement de sa mission.

Elles sont tenues d'autoriser leurs agents et préposés à répondre à ses demandes. Ceux-ci sont tenus de répondre aux demandes d'explications qu'il leur adresse et de déférer à ses convocations. Les convocations doivent mentionner l'objet de l'audition.

Lorsque le Défenseur des droits est saisi, les personnes auxquelles il demande des explications peuvent se faire assister du conseil de leur choix. Un procès-verbal contradictoire de l'audition est dressé et remis à la personne entendue.

Si le Défenseur des droits en fait la demande, les ministres donnent instruction aux corps de contrôle d'accomplir, dans le cadre de leur compétence, toutes vérifications ou enquêtes. Ils l'informent des suites données à ces demandes.

Art. 20 Les personnes physiques ou morales mises en cause communiquent au Défenseur des droits, sur sa demande motivée, toutes informations et pièces utiles à l'exercice de sa mission.

Le Défenseur des droits peut recueillir sur les faits portés à sa connaissance toute information qui lui apparaît nécessaire sans que son caractère secret ou confidentiel puisse lui être opposé, sauf en matière de secret concernant la défense nationale, la sûreté de l'État ou la politique extérieure. Le secret de l'enquête et de l'instruction ne peut lui être opposé.

Les informations couvertes par le secret médical ou par le secret professionnel applicable aux relations entre un avocat et son client ne peuvent lui être communiquées qu'à la demande expresse de la personne concernée. Toutefois, les informations couvertes par le secret médical peuvent lui être communiquées sans le consentement de la personne concernée lorsqu'elles sont relatives à des privations, sévices et violences physiques, sexuelles ou psychiques commis sur un mineur ou une personne qui n'est pas en mesure de se protéger en raison de son âge ou de son incapacité physique ou psychique.

Les personnes astreintes au secret professionnel ne peuvent être poursuivies en application de l'article 226-13 du code pénal pour les informations à caractère secret qu'elles ont pu révéler au Défenseur des droits, dès lors que ces informations entrent dans le champ de compétence de ce dernier tel que prévu à l'article 4 de la présente loi organique.

(L. n° 2016-1690 du 9 déc. 2016) « Les personnes ayant saisi le Défenseur des droits ne peuvent faire l'objet, pour ce motif, de mesures de rétorsion ou de représailles. »

CHAPITRE III *Dispositions relatives aux pouvoirs du Défenseur des droits*

Art. 24 Le Défenseur des droits apprécie si les faits qui font l'objet d'une réclamation ou qui lui sont signalés appellent une intervention de sa part.

Il indique les motifs pour lesquels il décide de ne pas donner suite à une saisine.

Art. 25 Le Défenseur des droits peut faire toute recommandation qui lui apparaît de nature à garantir le respect des droits et libertés de la personne lésée et à régler les difficultés soulevées devant lui ou à en prévenir le renouvellement.

Il peut recommander de régler en équité la situation de la personne dont il est saisi.

Les autorités ou personnes intéressées informent le Défenseur des droits, dans le délai qu'il fixe, des suites données à ses recommandations.

A défaut d'information dans ce délai ou s'il estime, au vu des informations reçues, qu'une recommandation n'a pas été suivie d'effet, le Défenseur des droits peut enjoindre à la personne mise en cause de prendre, dans un délai déterminé, les mesures nécessaires.

Lorsqu'il n'a pas été donné suite à son injonction, le Défenseur des droits établit un rapport spécial, qui est communiqué à la personne mise en cause. Le Défenseur des droits rend publics ce rapport et, le cas échéant, la réponse de la personne mise en cause, selon des modalités qu'il détermine.

Art. 26 Le Défenseur des droits peut procéder à la résolution amiable des différends portés à sa connaissance, par voie de médiation.

Les constatations effectuées et les déclarations recueillies au cours de la médiation ne peuvent être ni produites, ni invoquées ultérieurement dans les instances civiles ou administratives sans le consentement des personnes intéressées, sauf si la divulgation de l'accord est nécessaire à sa mise en œuvre ou si des raisons d'ordre public l'imposent.

Art. 27 Lorsque le Défenseur des droits estime, dans les conditions définies à l'article 24, que la réclamation d'une personne s'estimant victime d'une discrimination ou invoquant la protection des droits de l'enfant appelle une intervention de sa part, il l'assiste dans la constitution de son dossier et l'aide à identifier les procédures adaptées à son cas, y compris lorsque celles-ci incluent une dimension internationale.

Art. 28 I. – Le Défenseur des droits peut proposer à l'auteur de la réclamation et à la personne mise en cause de conclure une transaction dont il peut recommander les termes.

II. – Lorsqu'il constate des faits constitutifs d'une discrimination sanctionnée par les articles 225-2 et 432-7 du code pénal et L. 1146-1 et L. 2146-2 du code du travail, le Défenseur des droits peut, si ces faits n'ont pas déjà donné lieu à la mise en mouvement de l'action publique, proposer à l'auteur des faits une transaction consistant dans le versement d'une amende transactionnelle dont le montant ne peut excéder 3 000 € s'il s'agit d'une personne physique et 15 000 € s'il s'agit d'une personne morale et, s'il y a lieu, dans l'indemnisation de la victime. Le montant de l'amende est fixé en fonction de la gravité des faits ainsi que des ressources et des charges de l'auteur des faits.

La transaction proposée par le Défenseur des droits et acceptée par l'auteur des faits ainsi que, s'il y a lieu, par la victime doit être homologuée par le procureur de la République.

La personne à qui est proposée une transaction est informée qu'elle peut se faire assister par un avocat avant de donner son accord à la proposition du Défenseur des droits.

III. – Dans les cas prévus au II, le Défenseur des droits peut également proposer que la transaction consiste dans :

1° L'affichage d'un communiqué, dans des lieux qu'elle précise et pour une durée qui ne peut excéder deux mois ;

2° La transmission, pour information, d'un communiqué au comité d'entreprise ou aux délégués du personnel ;

3° La diffusion d'un communiqué, par son insertion au *Journal officiel* ou dans une ou plusieurs autres publications de presse, ou par la voie de services de communication électronique, sans que ces publications ou services de communication électronique puissent s'y opposer ;

4° L'obligation de publier la décision au sein de l'entreprise.

Les frais d'affichage ou de diffusion sont à la charge de l'auteur des faits, sans pouvoir toutefois excéder le montant maximal de l'amende transactionnelle prévue au II.

IV. – Les actes tendant à la mise en œuvre ou à l'exécution de la transaction mentionnée au même II sont interruptifs de la prescription de l'action publique.

L'exécution de la transaction constitue une cause d'extinction de l'action publique. Elle ne fait cependant pas échec au droit de la partie civile de délivrer citation directe devant le tribunal correctionnel. Le tribunal, composé d'un seul magistrat exerçant les pouvoirs conférés au président, ne statue alors que sur les seuls intérêts civils.

En cas de refus de la proposition de transaction ou d'inexécution d'une transaction acceptée et homologuée par le procureur de la République, le Défenseur des droits, conformément à l'article 1er du code de procédure pénale, peut mettre en mouvement l'action publique par voie de citation directe.

V. – Un décret précise les modalités d'application des II à IV.

Art. 29 Le Défenseur des droits peut saisir l'autorité investie du pouvoir d'engager les poursuites disciplinaires des faits dont il a connaissance et qui lui paraissent de nature à justifier une sanction.

Cette autorité informe le Défenseur des droits des suites réservées à sa saisine et, si elle n'a pas engagé de procédure disciplinaire, des motifs de sa décision.

A défaut d'information dans le délai qu'il a fixé ou s'il estime, au vu des informations reçues, que sa saisine n'a pas été suivie des mesures nécessaires, le Défenseur des droits peut établir un rapport spécial qui est communiqué à l'autorité mentionnée au premier alinéa. Il peut rendre publics ce rapport et, le cas échéant, la réponse de cette autorité selon des modalités qu'il détermine.

L'alinéa précédent ne s'applique pas à la personne susceptible de faire l'objet de la saisine du Conseil supérieur de la magistrature prévue à l'avant-dernier alinéa de l'article 65 de la Constitution.

Art. 30 Le Défenseur des droits, lorsqu'il a constaté une discrimination directe ou indirecte mentionnée au 3° de l'article 4 dans l'activité professionnelle d'une personne physique ou morale soumise à agrément ou autorisation par une autorité publique, ou à l'encontre de laquelle une telle autorité dispose du pouvoir de prendre des mesures conservatoires ou des sanctions pour non-respect de la législation relative aux discriminations ou au titre de l'ordre et des libertés publics peut recommander à cette autorité publique de faire usage des pouvoirs de suspension ou de sanction dont elle dispose.

Le Défenseur des droits est tenu informé des suites données à sa recommandation.

Art. 31 Lorsque le Défenseur des droits est saisi d'une réclamation, non soumise à une autorité juridictionnelle, qui soulève une question touchant à l'interprétation ou à la portée d'une disposition législative ou réglementaire, il peut consulter le Conseil d'État. Le Défenseur des droits peut rendre public cet avis. Ce dernier est rendu dans des conditions fixées par décret en Conseil d'État.

Art. 32 Le Défenseur des droits peut recommander de procéder aux modifications législatives ou réglementaires qui lui apparaissent utiles.

Il peut être consulté par le Premier ministre sur tout projet de loi intervenant dans son champ de compétence.

Il peut également être consulté par le Premier ministre, le président de l'Assemblée nationale ou le président du Sénat sur toute question relevant de son champ de compétence.

Il contribue, à la demande du Premier ministre, à la préparation et à la définition de la position française dans les négociations internationales dans les domaines relevant de son champ de compétence.

Dans les cas prévus aux deuxième et troisième alinéas, le Défenseur des droits rend son avis dans un délai d'un mois.

Art. 33 Le Défenseur des droits ne peut remettre en cause une décision juridictionnelle.

Les juridictions civiles, administratives et pénales peuvent, d'office ou à la demande des parties, l'inviter à présenter des observations écrites ou orales. Le Défenseur des droits peut lui-même demander à présenter des observations écrites ou à être entendu par ces juridictions ; dans ce cas, son audition est de droit.

Sans préjudice de l'application du II de l'article 28, lorsqu'il apparaît au Défenseur des droits que les faits portés à sa connaissance sont constitutifs d'un crime ou d'un délit, il en informe le procureur de la République. Il lui fait savoir, le cas échéant, qu'une mission de médiation a été initiée en application de l'article 26.

Le procureur de la République informe le Défenseur des droits des suites données à ses transmissions.

Le Défenseur des droits porte à la connaissance de l'autorité judiciaire les affaires concernant un mineur susceptibles de donner lieu à des mesures d'assistance éducative prévues à l'article 375 du code civil ou toutes informations qu'il aurait recueillies à l'occasion de sa saisine par un mineur impliqué dans une procédure en cours.

Art. 34 Le Défenseur des droits mène toute action de communication et d'information jugée opportune dans ses différents domaines de compétence.

Il favorise à cette fin la mise en œuvre de programmes de formation. Il conduit et coordonne des travaux d'étude et de recherche. Il suscite et soutient les initiatives de tous organismes publics ou privés en ce qui concerne l'élaboration et l'adoption d'engagements visant à la promotion des droits et de l'égalité. Il identifie et promeut toute bonne pratique en la matière.

Art. 36 I. – Le Défenseur des droits peut, après en avoir informé la personne mise en cause, décider de rendre publics ses avis, recommandations ou décisions avec, le cas échéant, la réponse faite par la personne mise en cause, selon des modalités qu'il détermine.

[...]

Loi n° 2015-994 du 17 août 2015,

Relative au dialogue social et à l'emploi.

« CDI intérimaire »

Art. 56 I. – Une entreprise de travail temporaire peut conclure avec le salarié un contrat à durée indéterminée pour l'exécution de missions successives. Chaque mission donne lieu à :

1° La conclusion d'un contrat de mise à disposition entre l'entreprise de travail temporaire et le client utilisateur, dit "entreprise utilisatrice" ;

2° L'établissement, par l'entreprise de travail temporaire, d'une lettre de mission.

II. — Le contrat de travail mentionné au I est régi par les dispositions du code du travail relatives au contrat à durée indéterminée, sous réserve des dispositions du présent article.

Il peut prévoir des périodes sans exécution de mission, dites "périodes d'intermission". Ces périodes sont assimilées à du temps de travail effectif pour la détermination des droits à congés payés et pour l'ancienneté.

Il est établi par écrit et comporte notamment les mentions suivantes :

1° L'identité des parties ;

2° Le cas échéant, les conditions relatives à la durée du travail, notamment le travail de nuit ;

3° Les horaires auxquels le salarié doit être joignable pendant les périodes d'intermission ;

4° Le périmètre de mobilité dans lequel s'effectuent les missions, qui tient compte de la spécificité des emplois et de la nature des tâches à accomplir, dans le respect de la vie personnelle et familiale du salarié ;

5° La description des emplois correspondant aux qualifications du salarié ;

6° Le cas échéant, la durée de la période d'essai ;

7° Le montant de la rémunération mensuelle minimale garantie ;

8° L'obligation de remise au salarié d'une lettre de mission pour chacune des missions qu'il effectue.

III. — Le contrat mentionné au I liant l'entreprise de travail temporaire au salarié prévoit le versement d'une rémunération mensuelle minimale garantie au moins égale au produit du montant du salaire minimum de croissance fixé en application des articles L. 3231-2 à L. 3231-12 du code du travail, par le nombre d'heures correspondant à la durée légale hebdomadaire pour le mois considéré, compte tenu, le cas échéant, des rémunérations des missions versées au cours de cette période.

IV. — Les missions effectuées par le salarié lié par un contrat de travail à durée indéterminée avec l'entreprise de travail temporaire sont régies par les articles L. 1251-5 à L. 1251-63 du code du travail, sous réserve des adaptations prévues au présent article et à l'exception des articles L. 1251-14, L. 1251-15, L. 1251-19, L. 1251-26 à L. 1251-28, L. 1251-32, L. 1251-33 et L. 1251-36 du même code.

V. — Pour l'application des articles L. 1251-5, L. 1251-9, L. 1251-11, L. 1251-13, L. 1251-16, L. 1251-17, L. 1251-29, L. 1251-30, L. 1251-31, L. 1251-34, L. 1251-35, L. 1251-41 et L. 1251-60 du code du travail au contrat à durée indéterminée conclu par une entreprise de travail temporaire avec un salarié, les mots : "contrat de mission" sont remplacés par les mots : "lettre de mission".

VI. — Par dérogation à l'article L. 1251-12 du code du travail, la durée totale de la mission du salarié lié par un contrat à durée indéterminée avec l'entreprise de travail temporaire ne peut excéder trente-six mois.

VII. — Pour l'application du 1° de l'article L. 6322-63 du code du travail, la durée minimale de présence dans l'entreprise s'apprécie en totalisant les périodes de mission et d'intermission effectuées par le salarié lorsque ce dernier est lié à l'entreprise de travail temporaire par un contrat à durée indéterminée.

VIII. — Pour l'application des articles L. 2314-17 et L. 2324-16 du code du travail, la durée passée dans l'entreprise est calculée en totalisant les périodes de mission et d'intermission effectuées par le salarié.

IX. — Le présent article est applicable aux contrats conclus jusqu'au 31 décembre 2018.

Au plus tard le 30 juin 2018, le Gouvernement présente au Parlement un rapport, établi après concertation avec les organisations syndicales de salariés et les organisations professionnelles d'employeurs représentatives et après avis de la Commission nationale de la négociation collective, sur les conditions d'application de ce dispositif et sur son éventuelle pérennisation.

C Conventions et accords collectifs

(V. aussi C. trav., liv. Ier, tit. III).

Code de la sécurité sociale

(Décr. n° 85-1353 du 17 déc. 1985)

BIBL. GÉN. ▶ La protection sociale complémentaire, *JCP E 1996. I. 568.*

Art. L. 911-1 *(L. n° 94-678 du 8 août 1994, art. 1er)* A moins qu'elles ne soient instituées par des dispositions législatives ou réglementaires, les garanties collectives dont bénéficient les salariés, anciens salariés et ayants droit en complément de celles qui résultent de l'organisation de la sécurité sociale sont déterminées soit par voie de conventions ou d'accords collectifs, soit à la suite de la ratification à la majorité des intéressés d'un projet d'accord proposé par le chef d'entreprise, soit par une décision unilatérale du chef d'entreprise constatée dans un écrit remis par celui-ci à chaque intéressé.

Art. L. 911-2 *(L. n° 94-678 du 8 août 1994, art. 1er)* Les garanties collectives mentionnées à l'article L. 911-1 ont notamment pour objet de prévoir, au profit des salariés, des anciens salariés et de leurs ayants droit, la couverture du risque décès, des risques portant atteinte à l'intégrité physique de la personne ou liés à la maternité, des risques d'incapacité de travail ou d'invalidité, des risques d'inaptitude et du risque chômage, ainsi que la constitution d'avantages sous forme de pensions de retraite, d'indemnités ou de primes de départ en retraite ou de fin de carrière.

Art. L. 911-3 *(L. n° 94-678 du 8 août 1994, art. 1er)* Les dispositions du titre III du livre Ier du code du travail sont applicables aux conventions et accords collectifs mentionnés à l'article L. 911-1. Toutefois, lorsque les accords ont pour objet exclusif la détermination des garanties mentionnées à l'article L. 911-2, leur extension aux salariés, aux anciens salariés, à leurs ayants droit et aux employeurs compris dans leur champ d'application est décidée par arrêté du ministre chargé de la sécurité sociale et du ministre chargé du budget, après avis motivé d'une commission dont la composition est fixée par décret.

Art. L. 911-4 *(L. n° 94-678 du 8 août 1994, art. 1er)* Des arrêtés du ministre chargé de la sécurité sociale et du ministre chargé du budget peuvent élargir, sur demande ou après avis motivé de la commission mentionnée à l'article L. 911-3, tout ou partie des dispositions d'accords étendus conformément à ce même article à des employeurs, à des salariés et anciens salariés et à leurs ayants droit non compris dans le champ d'application de ces accords.

Art. L. 911-5 *(L. n° 94-678 du 8 août 1994, art. 1er)* Les dispositions des articles L. 132-4, L. 132-6 et L. 423-15 *[L. 2222-4, L. 2251-1, L. 2314-25 nouv.]* du code du travail s'appliquent au projet d'accord proposé par le chef d'entreprise mentionné à l'article L. 911-1. Les conditions dans lesquelles ce projet d'accord est ratifié et adopté et les conditions dans lesquelles l'accord est ensuite modifié, mis en cause à raison notamment d'une fusion, d'une cession ou d'une scission ou d'un changement d'activité ou dénoncé ainsi que la durée du préavis qui doit précéder la dénonciation sont définies par décret en Conseil d'État.

Ce même décret détermine les conditions dans lesquelles une convention ou un accord collectif d'entreprise peut se substituer à une décision unilatérale de l'employeur ou à un accord ratifié mentionné à l'article L. 911-1 ou ce même accord ratifié peut se substituer à la décision unilatérale de l'employeur lorsque ceux-ci mettent en œuvre les garanties collectives régies par le présent chapitre.

En ce qui concerne les salariés agricoles, V. C. rur., art. L. 727-3 (Ord. n° 2000-550 du 15 juin 2000, JO 22 juin). — ***C. rur.***

Art. L. 912-1 *(L. n° 2013-1203 du 23 déc. 2013, art. 14)* I. — Les accords professionnels ou interprofessionnels mentionnés à l'article L. 911-1 peuvent, dans des conditions fixées par décret en Conseil d'État, prévoir l'institution de garanties collectives présentant un degré élevé de solidarité et comprenant à ce titre des prestations à caractère non directement contributif, pouvant notamment prendre la forme d'une prise en charge partielle ou totale de la cotisation pour certains salariés ou anciens salariés, d'une politique de prévention ou de prestations d'action sociale.

Dans ce cas, les accords peuvent organiser la couverture des risques concernés en recommandant un ou plusieurs organismes mentionnés à l'article 1er de la loi n° 89-1009 du 31 décembre 1989 renforçant les garanties offertes aux personnes assurées contre certains risques ou une ou plusieurs institutions mentionnées à l'article L. 370-1 du code des assurances, sous réserve du respect des conditions définies au II du présent article.

Le ou les organismes ou institutions adressent annuellement au ministre chargé de la sécurité sociale un rapport sur la mise en œuvre du régime, le contenu des éléments de solidarité et son équilibre, dont le contenu est précisé par décret.

II. — La recommandation mentionnée au I doit être précédée d'une procédure de mise en concurrence des organismes ou institutions concernés, dans des conditions de transparence, d'impartialité et d'égalité de traitement entre les candidats et selon des modalités prévues par décret.

Le ou les organismes ou institutions ne peuvent refuser l'adhésion d'une entreprise relevant du champ d'application de l'accord. Ils sont tenus d'appliquer un tarif unique et d'offrir des garanties identiques pour toutes les entreprises et pour tous les salariés concernés.

III. – Les accords mentionnés au I comportent une clause fixant dans quelles conditions et selon quelle périodicité, qui ne peut excéder cinq ans, les modalités d'organisation de la recommandation sont réexaminées. La procédure prévue au premier alinéa du II est applicable à ce réexamen.

IV. – Les accords mentionnés au I peuvent prévoir que certaines des prestations nécessitant la prise en compte d'éléments relatifs à la situation des salariés ou sans lien direct avec le contrat de travail les liant à leur employeur sont financées et gérées de façon mutualisée, selon des modalités fixées par décret en Conseil d'État, pour l'ensemble des entreprises entrant dans leur champ d'application.

Ces dispositions s'appliquent aux accords conclus à compter du 1er janv. 2014 (L. no 2013-1203 du 23 déc. 2013, art. 14-II).

Loi n° 96-985 du 12 novembre 1996,

Relative à l'information et à la consultation des salariés dans les entreprises et les groupes d'entreprises de dimension communautaire, ainsi qu'au développement de la négociation collective.

BIBL. GÉN. ▶ Commentaire : ANTONMATTÉI, *Dr. soc. 1997. 164* ✎. – MORAND, *TPS 1997. Chron. 2.* – POIRIER, *Dr. ouvrier 1996. 311* (étude du projet de loi). ▶ Constitutionnalité : MATHIEU, *D. 1997. Chron. 153* ✎. – PRÉTOT, *TPS 1997. Chron. 1.*

Art. 6 I. – A titre expérimental, pour atteindre l'objectif de développement de la négociation collective dans les entreprises dépourvues de délégués syndicaux en préservant le rôle des organisations syndicales énoncé au paragraphe 2.3 de l'accord national interprofessionnel du 31 octobre 1995 relatif aux négociations collectives, des accords de branche pourront déroger aux articles L. 132-2, L. 132-19 et L. 132-20 *[L. 2231-1, L. 2231-3, L. 2232-16 et L. 2232-17 nouv.]* du code du travail dans les conditions fixées ci-après.

Ces accords devront être négociés et conclus avant le 31 octobre 1998, pour une durée ne pouvant excéder trois ans, en commission composée des représentants des organisations syndicales d'employeurs et de salariés représentatives.

II. – Les accords de branche mentionnés au I pourront prévoir qu'en l'absence de délégués syndicaux dans l'entreprise, ou de délégués du personnel faisant fonction de délégué syndical dans les entreprises de moins de cinquante salariés, les représentants élus du personnel négocient la mise en œuvre des mesures dont l'application est légalement subordonnée à un accord collectif.

Les accords de branche devront fixer les thèmes ouverts à ce mode de négociation.

Les textes ainsi négociés n'acquerront la qualité d'accords collectifs de travail qu'après leur validation par une commission paritaire de branche, prévue par l'accord de branche. Ils ne pourront entrer en application qu'après avoir été déposés auprès de l'autorité administrative dans les conditions prévues à l'article L. 132-10 *[L. 2231-6 nouv.]* du code du travail, accompagnés de l'extrait de procès-verbal de la commission paritaire compétente. Cette commission pourra se voir également confier le suivi de leur application.

III. – Les accords de branche mentionnés au I pourront également prévoir que, dans les entreprises dépourvues de délégués syndicaux et dans les entreprises de moins de cinquante salariés dépourvues de délégués du personnel faisant fonction de délégué syndical, des accords collectifs peuvent être conclus par un ou plusieurs salariés expressément mandatés, pour une négociation déterminée, par une ou plusieurs organisations syndicales représentatives.

Les modalités de protection de ces salariés et les conditions d'exercice de leur mandat de négociation seront arrêtées par les accords de branche. Ces accords pourront prévoir que le licenciement des salariés mandatés ainsi que, pendant un délai qu'ils fixeront, le licenciement de ceux dont le mandat a expiré seront soumis à la procédure prévue à l'article L. 412-18 du code du travail.

IV. – Les accords de branche prévus aux I à III détermineront également le seuil d'effectifs en deçà duquel les formules dérogatoires de négociation qu'ils retiennent seront applicables.

V. – Pour atteindre l'objectif d'amélioration des conditions de représentation collective des salariés, notamment dans les petites et moyennes entreprises, énoncé au paragraphe 2.2 de l'accord national interprofessionnel du 31 octobre 1995 précité, des accords de branche pourront être négociés et conclus avant le 31 octobre 1998, dans les conditions prévues au I du présent article.

Afin de permettre l'examen des dispositions législatives nécessaires à l'entrée en vigueur des clauses dérogatoires des accords de branche mentionnés à l'alinéa précédent, le Gouvernement informera le Parlement de leur conclusion, sur la base du suivi régulier prévu par le paragraphe 2.5 de l'accord national interprofessionnel du 31 octobre 1995 précité et après

consultation des organisations professionnelles et syndicales représentatives au niveau interprofessionnel.

VI. – L'entrée en vigueur des accords de branche mentionnés au présent article sera subordonnée à l'absence d'opposition de la majorité des organisations syndicales représentatives de la branche. L'opposition, qui ne pourra émaner que d'organisations non signataires desdits accords, devra être notifiée aux signataires dans les quinze jours de la signature.

VII. – Avant le 31 décembre 1998, le Gouvernement présentera au Parlement un rapport sur l'application du présent article, en tenant compte du bilan prévu par l'accord national interprofessionnel du 31 octobre 1995 précité et après consultation des organisations professionnelles et syndicales représentatives au niveau interprofessionnel.

V. Note relative aux dispositions de la loi du 12 nov. 1996 relatives au développement de la négociation collective (BOMT n° 97/6 du 5 avr. 1997, p. 263).

Doit être annulée pour excès de pouvoir la note ministérielle qui reconnaît la validité des accords négociés et signés par des salariés titulaires d'un mandat donné par un syndicat représentatif, en l'absence d'accord de branche prévoyant la possibilité d'un mandatement. • CE 1er avr. 1998 : *RJS 1998. 572, n° 888.*

Loi n° 2003-775 du 21 août 2003,

Portant réforme des retraites (JO 22 août).

TITRE V **Dispositions relatives à l'épargne retraite et aux institutions de gestion de retraite supplémentaire**

Art. 107 **En complément des régimes de retraite obligatoires par répartition, toute personne a accès, à titre privé ou dans le cadre de son activité professionnelle, à un ou plusieurs produits d'épargne réservés à la retraite, dans des conditions de sécurité financière et d'égalité devant l'impôt.**

Art. 109 I. *(Modifications de textes).*

II. – A. Les sommes inscrites aux comptes de participants à un plan d'épargne pour la retraite collectif tel que défini à l'article L. 443-1-2 *[L. 3334-1 s.]* **du code du travail dans sa rédaction applicable avant la publication de la présente loi sont transférées dans un délai de trois ans à compter de la date de publication de la présente loi, au choix du participant, soit dans un plan d'épargne d'entreprise ou interentreprises sans prise en compte des délais de blocage déjà courus, soit dans un plan d'épargne pour la retraite collectif nouvellement créé. A défaut de choix exprimé par le participant, les sommes sont transférées dans le plan présentant la durée de blocage la plus courte.**

La période d'indisponibilité de ces sommes correspond à celle des plans sur lesquels elles sont transférées.

....

V. Circ. du 14 sept. 2005 relative à l'épargne salariale, dossier plan partenarial d'épargne salariale volontaire (PPESV). Plan d'épargne pour la retraite collectif (PERCO) (JO 1er nov.).

Décret n° 2004-400 du 7 mai 2004,

Pris en application de l'article L. 443-1-2 du code du travail.

Art. 8 Si, à l'expiration de la période fixée au A du II de l'article 109 de la loi n° 2003-775 du 21 août 2003 portant réforme des retraites, le participant n'a pas exprimé son choix quant au transfert des sommes inscrites à son compte à un plan partenarial d'épargne salariale volontaire, tel que défini à l'article L. 443-1-2 du code du travail dans sa rédaction en vigueur avant la publication de ladite loi, et que plusieurs options de plans d'épargne d'une même durée lui étaient offertes, les sommes acquises sont transférées dans le plan d'épargne de son entreprise ou, à défaut, dans le plan d'épargne du groupe. En l'absence de l'un et l'autre de ces plans, les sommes sont transférées dans le plan d'épargne interentreprises.

Loi n° 2013-504 du 14 juin 2013,

Relative à la sécurisation de l'emploi.

Art. 1er I. — A. — Avant le 1er juin 2013, les organisations liées par une convention de branche ou, à défaut, par des accords professionnels engagent une négociation, afin de permettre aux salariés qui ne bénéficient pas d'une couverture collective à adhésion obligatoire en matière de remboursements complémentaires de frais occasionnés par une maladie, une maternité ou un accident dont chacune des catégories de garanties et la part de financement assurée par l'employeur sont au moins aussi favorables que *(L. n° 2015-1702 du 21 déc. 2015, art. 34-IV, en vigueur le 1er janv. 2016)* « celles mentionnées aux II et III » de l'article L. 911-7 du code de la sécurité sociale, au niveau de leur branche ou de leur entreprise, d'accéder à une telle couverture avant le 1er janvier 2016.

La négociation porte notamment sur :

1° La définition du contenu et du niveau des garanties ainsi que la répartition de la charge des cotisations entre employeur et salariés ;

2° Les modalités de choix de l'assureur. La négociation examine en particulier les conditions, notamment tarifaires, dans lesquelles les entreprises peuvent retenir le ou les organismes assureurs de leur choix, sans méconnaître les objectifs de couverture effective de l'ensemble des salariés des entreprises de la branche et d'accès universel à la santé ;

3° Le cas échéant, les modalités selon lesquelles des contributions peuvent être affectées au financement de l'objectif de solidarité, notamment pour l'action sociale et la constitution de droits non contributifs ;

(Abrogé par L. n° 2015-1702 du 21 déc. 2015, art. 34-IV, à compter du 1er janv. 2016) « *4° Les cas dans lesquels la situation particulière de certains salariés ou ayants droit, lorsque ceux-ci bénéficient de la couverture, peut justifier des dispenses d'affiliation à l'initiative du salarié ;* »

5° Le délai, au moins égal à dix-huit mois à compter de l'entrée en vigueur de la convention ou de l'accord et expirant au plus tard le 1er janvier 2016, laissé aux entreprises pour se conformer aux nouvelles obligations conventionnelles ;

6° Le cas échéant, les adaptations dont fait l'objet la couverture des salariés relevant du régime local d'assurance maladie complémentaire des départements du Haut-Rhin, du Bas-Rhin et de la Moselle défini à l'article L. 325-1 du code de la sécurité sociale, en raison de la couverture garantie par ce régime.

B. — A compter du 1er juillet 2014 et jusqu'au 1er janvier 2016, dans les entreprises où a été désigné un délégué syndical et qui ne sont pas couvertes selon l'une des modalités mentionnées à l'article L. 911-1 du code de la sécurité sociale par une couverture collective à adhésion obligatoire en matière de remboursements complémentaires de frais occasionnés par une maladie, une maternité ou un accident dont chacune des catégories de garanties et la part de financement assurée par l'employeur sont au moins aussi favorables que *(L. n° 2015-1702 du 21 déc. 2015, art. 34-IV, en vigueur le 1er janv. 2016)* « celles mentionnées aux II et III » de l'article L. 911-7 du même code et applicable au plus tard le 1er janvier 2016, l'employeur engage une négociation sur ce thème.

Cette négociation se déroule dans les conditions prévues à la section I du chapitre II du titre IV du livre II de la deuxième partie du code du travail et au deuxième alinéa de l'article L. 2242-11 du même chapitre. Le cas échéant, elle porte sur les adaptations dont fait l'objet la couverture des salariés relevant du régime local d'assurance maladie complémentaire des départements du Haut-Rhin, du Bas-Rhin et de la Moselle défini à l'article L. 325-1 du code de la sécurité sociale, en raison de la couverture garantie par ce régime.

....

V. — Avant le 1er janvier 2016, les organisations liées par une convention de branche ou, à défaut, par des accords professionnels engagent une négociation en vue de permettre aux salariés qui ne bénéficient pas d'une couverture collective à adhésion obligatoire en matière de prévoyance au niveau de leur branche ou de leur entreprise d'accéder à une telle couverture.

....

D Salaires

(V. aussi C. trav., art. L. 3211-1 s.)

Traité de Rome du 25 mars 1957,

Instituant la Communauté économique européenne. – Publié par Décr. n° 58-84 du 28 janv. 1958 (D. 1958. 73 ; BLD 1958. 121). – Devenu le traité sur le fonctionnement de l'Union européenne depuis le traité de Lisbonne, publié par Décr. n° 2009-1466 du 1er déc. 2009 (JO 2 déc.).

Art. 157 **1. Chaque État membre assure l'application du principe de l'égalité des rémunérations entre travailleurs masculins et travailleurs féminins pour un même travail ou un travail de même valeur.**

2. Aux fins du présent article, on entend par rémunération le salaire ou traitement ordinaire de base ou minimum, et tous autres avantages payés directement ou indirectement, en espèces ou en nature, par l'employeur au travailleur en raison de l'emploi de ce dernier.

L'égalité de rémunération, sans discrimination fondée sur le sexe, implique :

a) que la rémunération accordée pour un même travail payé à la tâche soit établie sur la base d'une même unité de mesure ;

b) que la rémunération accordée pour un travail payé au temps soit la même pour un même poste de travail.

3. Le Parlement européen et le Conseil, statuant selon la procédure législative ordinaire et après consultation du Comité économique et social, adoptent des mesures visant à assurer l'application du principe de l'égalité des chances et de l'égalité de traitement entre les hommes et les femmes en matière d'emploi et de travail, y compris le principe de l'égalité des rémunérations pour un même travail ou un travail de même valeur.

4. Pour assurer concrètement une pleine égalité entre hommes et femmes dans la vie professionnelle, le principe de l'égalité de traitement n'empêche pas un État membre de maintenir ou d'adopter des mesures prévoyant des avantages spécifiques destinés à faciliter l'exercice d'une activité professionnelle par le sexe sous-représenté ou à prévenir ou compenser des désavantages dans la carrière professionnelle.

Est une discrimination indirecte une disposition, un critère ou une pratique neutre en apparence, mais susceptible d'entraîner un désavantage particulier pour des personnes par rapport à d'autres ; ainsi, est une discrimination indirecte le fait de conditionner le bénéfice d'une allocation de retraite supplémentaire à un nombre minimum d'heures de travail. • Soc. 2 juill. 2012 : *D. 2012. Actu. 1895 ; RJS 2/2012, n° 797.*

Code général des impôts

Art. 80 *quaterdecies* *[Applicable aux actions gratuites attribuées à compter du 28 sept. 2012] (L. n° 2012-1509 du 29 déc. 2012, art. 11-I-B et IV ; Décr. n° 2013-463 du 3 juin 2013 ; L. n° 2015-990 du 6 août 2015, art. 135-I)* **I. – L'avantage salarial correspondant à la valeur, à leur date d'acquisition, des actions attribuées dans les conditions définies aux articles L. 225-197-1 à L. 225-197-6 du code de commerce est imposé entre les mains de l'attributaire, selon les modalités prévues au 3 de l'article 200 A du présent code** *[nouvelle rédaction issue de la L. n° 2016-1917 du 29 déc. 2016, art. 61-I, en vigueur le 1er janv. 2018 : « dans la catégorie des traitements et salaires selon les modalités prévues au 3 de l'article 200 A, dans une limite annuelle de 300 000 €. La fraction de l'avantage qui excède cette limite est imposée entre les mains de l'attributaire suivant les règles de droit commun des traitements et salaires. »]*.

II. – L'impôt est dû au titre de l'année au cours de laquelle le bénéficiaire a disposé de ses actions, les a cédées, converties au porteur ou mises en location.

III. – En cas d'échange sans soulte d'actions résultant d'une opération d'offre publique, de fusion, de scission, de division ou de regroupement réalisée conformément à la réglementation en vigueur, l'impôt est dû au titre de l'année de disposition, de cession, de conversion au porteur ou de mise en location des actions reçues en échange.

Il en est de même en cas d'opérations d'apport d'actions réalisées dans les conditions prévues au second alinéa du III de l'article L. 225-197-1 du code de commerce par une personne détenant, directement ou indirectement, moins de 10 % du capital de la société émettrice lorsque l'attribution a été réalisée au profit de l'ensemble des salariés de l'entreprise et que la société bénéficiaire de l'apport détient, directement ou indirectement, moins de 40 % du capital et des droits de vote de la société émettrice.

IV. – Les I à III s'appliquent lorsque l'attribution est effectuée, dans les mêmes conditions, par une société dont le siège social est situé à l'étranger et qui est société mère ou filiale de l'entreprise dans laquelle l'attributaire exerce son activité.

Les obligations déclaratives incombent alors à la filiale ou à la société mère française.

V. – Le gain net, égal à la différence entre le prix de cession et la valeur des actions à leur date d'acquisition, est imposé dans les conditions prévues à l'article 150-0 A.

Si les actions sont cédées pour un prix inférieur à leur valeur à la date d'acquisition, la moins-value est déduite du montant de l'avantage mentionné au I, dans la limite de ce montant.

[L. n° 2004-1484 du 30 déc. 2004, art. 83-II-A et IV ; L. n° 2005-842 du 26 juill. 2005, art. 41-I-1° ; L. n° 2006-1770 du 30 déc. 2006, art. 39-II ; L. n° 2012-1509 du 29 déc. 2012, art. 11-I-B et IV ; Décr. n° 2013-463 du 3 juin 2013 ; L. n° 2015-990 du 6 août 2015, art. 135-I.]

BIBL. ▶ LABRUNE, *RJF 2014, p. 1043* (les gains de « *management package* », des objets fiscaux non identifiés ?). – SUBRA, *JCP E 2007. 1371* (le régime fiscal des attributions gratuites d'actions).

Art. 81 *(L. n° 2010-1657 du 29 déc. 2010, art. 202-II et III ; Décr. n° 2014-549 du 26 mai 2014)* Sont affranchis de l'impôt :

1° Les allocations spéciales destinées à couvrir les frais inhérents à la fonction ou à l'emploi et effectivement utilisées conformément à leur objet. Les rémunérations des journalistes, rédacteurs, photographes, directeurs de journaux et critiques dramatiques et musicaux perçues ès qualités constituent de telles allocations à concurrence de 7 650 € ;

Toutefois, lorsque leur montant est fixé par voie législative, ces allocations sont toujours réputées utilisées conformément à leur objet et ne peuvent donner lieu à aucune vérification de la part de l'administration.

....

(L. n° 2015-994 du 17 août 2015, art. 59-VII et 60-I, en vigueur le 1er janv. 2016) « **9°** *quinquies* La prime d'activité mentionnée à l'article L. 841-1 du code de la sécurité sociale ; »

....

18° *a)* Les sommes versées par l'entreprise en application de plans d'épargne constitués conformément aux dispositions du titre III du livre III de la troisième partie du code du travail ; – *V. C. trav., art. L. 3332-1 s.*

b) Les sommes versées par le salarié pour alimenter un plan d'épargne pour la retraite collectif dans les conditions *(L. n° 2016-1088 du 8 août 2016, art. 11)* « fixées à l'article L. 3152-4 » du code du travail ou du deuxième alinéa de l'article L. 3334-8 du même code ; – *Bénéficient des dispositions du 18° b) ci-dessus les sommes versées sur un plan d'épargne pour la retraite, au titre de l'épargne-temps, dans les conditions prévues à l'art. L. 3334-8 C. trav., dans sa rédaction issue de la L. n° 2010-1330 du 9 nov. 2010, art. 108.*

18° *bis* Dans la limite d'un montant égal à la moitié du plafond annuel moyen retenu pour le calcul des cotisations de sécurité sociale, les sommes reçues au titre de l'intéressement et affectées à la réalisation de plans d'épargne constitués conformément au titre III du livre III de la troisième partie du code du travail.

L'exonération s'applique sous réserve du dépôt de l'accord d'intéressement, dans les conditions prévues aux articles L. 3313-3 et L. 3314-4 du code du travail, auprès de l'autorité administrative compétente.

Les dispositions du premier alinéa bénéficient également, dans les mêmes conditions et limites aux dividendes des actions de travail attribuées aux salariés des sociétés anonymes à participation ouvrière régies par la loi du 26 avril 1917, à compter du 1er janvier 1991 ;

19° Dans la limite de *(Décr. n° 2015-608 du 3 juin 2015)* « **5,36 €** *[ancienne rédaction : 5,33 €]* » par titre, le complément de rémunération résultant de la contribution de l'employeur à l'acquisition par le salarié des titres-restaurant émis conformément aux dispositions du chapitre II du titre VI du livre II de la troisième partie du code du travail, lorsque cette contribution est comprise entre un minimum et un maximum fixés par arrêté du ministre chargé du budget. La limite d'exonération est relevée chaque année dans la même proportion que la limite supérieure de la première tranche du barème de l'impôt sur le revenu de l'année précédant celle de l'acquisition des titres-restaurant et arrondie, s'il y a lieu, au centime d'euro le plus proche.

Cette exonération est subordonnée à la condition que le salarié se conforme aux obligations qui sont mises à sa charge par le même chapitre II ;

19° *bis* L'avantage résultant de la contribution de l'employeur à l'acquisition des chèques-vacances dans les conditions et limite prévues à la section 1 du chapitre Ier du titre Ier du livre IV du code du tourisme ;

19° *ter a.* L'avantage résultant de la prise en charge obligatoire par l'employeur du prix des titres d'abonnement souscrits par les salariés pour les déplacements effectués au moyen de transports publics de voyageurs ou de services publics de location de vélos entre leur résidence habituelle et leur lieu de travail, conformément à l'article L. 3261-2 du code du travail.

b. L'avantage résultant de la prise en charge par l'employeur des frais de carburant ou des frais exposés pour l'alimentation de véhicules électriques engagés par les salariés dans les conditions prévues à l'article L. 3261-3 du code du travail et dans la limite de la somme de 200 € par an.

....

Art. 81 *bis* *(L. n° 2005-32 du 18 janv. 2005, art. 26-I)* Les salaires versés aux apprentis munis d'un contrat répondant aux conditions posées par le code du travail *(L. n° 2014-788 du 10 juill. 2014, art. 7)* « ainsi que la gratification mentionnée à l'article L. 124-6 du code de l'éducation versée aux stagiaires lors d'un stage ou d'une période de formation en milieu professionnel » sont exonérés de l'impôt sur le revenu dans la limite du montant annuel du salaire minimum de croissance. Cette disposition s'applique à l'apprenti *(L. n° 2014-788 du 10 juill. 2014, art. 7)* « ou au stagiaire » personnellement imposable ou au contribuable qui l'a à sa charge. – *Le montant annuel du SMIC de référence pour l'exonération des salaires des apprentis est obtenu en multipliant le montant du SMIC horaire brut au 1er juill. de l'année d'imposition par 1 820 heures (35 heures×52).*

Prélèvement à la source de l'impôt sur le revenu

(L. n° 2016-1917 du 29 déc. 2016, art. 60-I-A, en vigueur le 1er janv. 2018)

Les dispositions suivantes s'appliquent aux revenus perçus ou réalisés à compter du 1er janv. 2018 (L. n° 2016-1917 du 29 déc. 2016, art. 60-I-G).

Art. 204 A 1. Les revenus imposables à l'impôt sur le revenu suivant les règles applicables aux salaires, aux pensions ou aux rentes viagères ou dans les catégories des bénéfices industriels et commerciaux, des bénéfices agricoles, des bénéfices non commerciaux et des revenus fonciers, à l'exception des revenus mentionnés à l'article 204 D, donnent lieu, l'année au cours de laquelle le contribuable en a la disposition ou de leur réalisation, à un prélèvement.

2. Le prélèvement prend la forme :

1° Pour les revenus mentionnés à l'article 204 B, d'une retenue à la source effectuée par le débiteur lors du paiement de ces revenus ;

2° Pour les revenus mentionnés à l'article 204 C, d'un acompte acquitté par le contribuable.

3. Le prélèvement effectué par le débiteur ou acquitté par le contribuable s'impute sur l'impôt sur le revenu dû par ce dernier au titre de l'année au cours de laquelle il a été effectué. S'il excède l'impôt dû, l'excédent est restitué.

Art. 204 B Sous réserve de la dérogation prévue à l'article 204 C, donnent lieu à l'application de la retenue à la source prévue au 1° du 2 de l'article 204 A les revenus soumis à l'impôt sur le revenu suivant les règles applicables aux salaires, aux pensions ou aux rentes viagères à titre gratuit.

Art. 204 C Donnent lieu au paiement de l'acompte prévu au 2° du 2 de l'article 204 A les revenus soumis à l'impôt sur le revenu dans les catégories des bénéfices industriels et commerciaux, des bénéfices agricoles, des bénéfices non commerciaux et des revenus fonciers, les rentes viagères à titre onéreux ainsi que, par dérogation à l'article 204 B, les pensions alimentaires et, lorsqu'ils sont versés par un débiteur établi hors de France, les revenus de source étrangère imposables en France suivant les règles applicables aux salaires, aux pensions ou aux rentes viagères.

Art. 204 D Ne sont pas soumis au prélèvement prévu à l'article 204 A les indemnités, avantages, distributions, gains nets ou revenus mentionnés au dernier alinéa de l'article 80, aux I et II de l'article 80 *bis*, au I de l'article 80 *quaterdecies* et aux articles 80 *quindecies* et 163 *bis* G, les revenus soumis aux retenues à la source prévues aux articles 182 A, 182 A *bis* et 182 B ainsi que les revenus de source étrangère qui ouvrent droit, en application d'une convention fiscale internationale, à un crédit d'impôt égal à l'impôt français correspondant à ces revenus.

Art. 204 E Le prélèvement prévu à l'article 204 A est calculé en appliquant au montant des revenus, déterminé dans les conditions prévues aux articles 204 F et 204 G, un taux selon les modalités prévues aux articles 204 H et 204 I.

Le prélèvement peut être modifié sur demande du contribuable dans les conditions prévues à l'article 204 J.

Le taux du prélèvement pour les conjoints ou partenaires liés par un pacte civil de solidarité peut être individualisé dans les conditions prévues à l'article 204 M.

Art. 204 F L'assiette de la retenue à la source prévue au 1° du 2 de l'article 204 A sur les revenus mentionnés à l'article 204 B est constituée du montant net imposable à l'impôt sur le revenu des sommes versées et des avantages accordés, avant application du 3° de l'article 83 et des deuxième et dernier alinéas du *a* du 5 de l'article 158.

Art. 204 G 1. L'assiette de l'acompte prévu au 2° du 2 de l'article 204 A dû au titre des revenus mentionnés à l'article 204 C est constituée du montant des bénéfices ou revenus imposés au barème progressif de l'impôt sur le revenu la dernière année pour laquelle l'impôt a été établi à la date du versement prévu au 1 de l'article 1663 C.

2. Elle est déterminée pour chaque catégorie de bénéfice ou revenu et pour chaque membre du foyer fiscal dans les conditions suivantes :

1° Pour les bénéfices industriels et commerciaux, est retenu le bénéfice net mentionné au 1 de l'article 38, diminué du report déficitaire appliqué conformément aux 1° *bis* et 1° *ter* du I de l'article 156. Lorsque les bénéfices industriels et commerciaux sont déterminés selon le régime d'imposition défini à l'article 50-0 ou lorsqu'au titre de la dernière année mentionnée au 1 du présent article, le contribuable a été imposé selon les dispositions de l'article 151-0 et qu'au titre de l'année en cours, il a dénoncé son option pour ce régime, le bénéfice à retenir s'entend du résultat imposable déterminé dans les conditions prévues à l'article 50-0 ;

2° Pour les bénéfices agricoles déterminés selon un régime réel d'imposition, est retenu le bénéfice réel mentionné à l'article 72, diminué du report déficitaire appliqué conformément au 1° du I de l'article 156 et en faisant application, le cas échéant, des dispositions de l'article 75-0A. Lorsque les bénéfices agricoles sont déterminés selon le régime d'imposition défini à l'article 64 *bis* ou en application de l'article 75-0 B, le bénéfice à retenir s'entend du résultat imposable déterminé dans les conditions prévues à ces mêmes articles ;

3° Pour les bénéfices non commerciaux, est retenu le bénéfice mentionné à l'article 93, diminué du report déficitaire appliqué conformément au 2° du I de l'article 156. Lorsque les bénéfices non commerciaux sont déterminés selon le régime d'imposition défini à l'article 102 *ter* ou en application de l'article 100 *bis*, le bénéfice à retenir s'entend du résultat imposable déterminé dans les conditions prévues à ces mêmes articles. Lorsqu'au titre de la dernière année mentionnée au 1 du présent article, le contribuable a été imposé selon les dispositions de l'article 151-0 et qu'au titre de l'année en cours, il a dénoncé son option pour ce régime, le bénéfice à retenir s'entend du résultat imposable déterminé dans les conditions prévues à l'article 102 *ter* ;

4° Pour les revenus fonciers, est retenu le revenu net, déterminé dans les conditions prévues aux articles 14 à 33 *quinquies*, sous déduction des déficits fonciers imputables conformément au 3° du I de l'article 156 ;

5° Pour les pensions alimentaires, les rentes viagères à titre onéreux ainsi que les revenus de source étrangère, est retenu le montant net imposable à l'impôt sur le revenu ;

6° Pour la détermination des bénéfices mentionnés aux 1° à 3° du présent 2, les abattements prévus aux articles 44 *sexies* à 44 *quindecies* sont, par exception, ceux applicables au titre de l'année de paiement de l'acompte ;

7° Les revenus mentionnés aux 1° à 5° du présent 2 auxquels se sont appliquées les dispositions de l'article 163-0A ainsi que les produits ou recettes imposables ayant la nature de plus-values définies à l'article 39 *duodecies*, les subventions d'équipement, les indemnités d'assurance compensant la perte d'un élément de l'actif immobilisé et les charges ou dépenses ayant la nature de moins-values définies au même article 39 *duodecies* ne sont pas retenus dans l'assiette de l'acompte.

3. Lorsque le résultat de l'une des catégories de revenus mentionnées aux 1° à 5° du 2 est déficitaire, il est retenu pour une valeur nulle.

4. Si l'un des bénéfices mentionnés aux 1° à 3° du 2 de l'année mentionnée au 1 est afférent à une période de moins de douze mois, il est ajusté pro rata temporis sur une année.

Art. 204 H I. – 1. L'administration fiscale calcule pour chaque foyer fiscal le taux prévu à l'article 204 E. Il est égal au rapport entre le montant de l'impôt sur le revenu du foyer fiscal afférent aux revenus mentionnés au 1 de l'article 204 A, sous déduction des crédits d'impôt correspondant à ces revenus prévus par les conventions fiscales internationales, et ces mêmes revenus pour leurs montants déterminés dans les conditions mentionnées à l'article 204 F et à l'article 204 G, à l'exception des 6° et 7° du 2 et du 4 du même article 204 G.

Pour le calcul du premier terme du numérateur, l'impôt sur le revenu résultant de l'application des règles prévues aux 1 à 4 du I de l'article 197 ou, le cas échéant, à l'article 197 A est multiplié par le rapport entre les montants nets imposables des revenus mentionnés au 1 de l'article 204 A, les déficits étant retenus pour une valeur nulle, et le revenu net imposable au barème progressif de l'impôt sur le revenu, hors déficits, charges et abattements déductibles du revenu global.

2. L'impôt sur le revenu et les revenus pris en compte mentionnés au 1 sont ceux de l'avant-dernière année pour le calcul du taux relatif aux versements de l'acompte acquittés et aux retenues à la source effectuées entre le 1er janvier et le 31 août de l'année au cours de laquelle le contribuable dispose des revenus ou réalise les bénéfices, et ceux de l'année précédente pour le calcul du taux relatif aux versements de l'acompte acquittés et aux retenues à la source effectuées entre le 1er septembre et le 31 décembre.

Toutefois, dans le cas où l'impôt sur le revenu de l'avant-dernière année ou de la dernière année n'a pu être établi, l'impôt sur le revenu et les revenus pris en compte pour le calcul du taux sont ceux de la dernière année pour laquelle l'impôt a été établi à la date du calcul de l'acompte par l'administration ou de la transmission du taux au débiteur des revenus en application du 4, sans que cette année ne puisse être antérieure à l'antépénultième année par rapport à l'année de prélèvement.

3. Le taux est arrondi à la décimale la plus proche. La fraction de décimale égale à 0,50 est comptée pour un.

4. L'administration fiscale met le taux à disposition du contribuable et le transmet au débiteur mentionné au 1° du 2 de l'article 204 A.

II. — Par dérogation au I, le taux prévu à l'article 204 E est nul pour les contribuables qui remplissent cumulativement les deux conditions suivantes :

1° L'impôt sur le revenu, avant imputation du prélèvement prévu à l'article 204 A, mis en recouvrement au titre des revenus des deux dernières années d'imposition connues est nul ;

2° Le montant des revenus, au sens du 1° du IV de l'article 1417, de la dernière année d'imposition connue est inférieur à 25 000 € par part de quotient familial.

Pour l'appréciation de la condition prévue au 1° du présent II, les crédits d'impôt prévus au A et au 3 du E du II de l'article 60 de la loi n° 2016-1917 du 29 décembre 2016 de finances pour 2017 ne sont pas pris en compte.

Le montant des revenus prévu au 2° du présent II est indexé chaque année comme la limite supérieure de la première tranche du barème de l'impôt sur le revenu.

III. — 1. Lorsque le débiteur ne dispose pas d'un taux calculé par l'administration fiscale ou lorsque l'année dont les revenus ont servi de base au calcul du taux est antérieure à l'antépénultième année par rapport à l'année de prélèvement, il est appliqué un taux proportionnel fixé dans les conditions suivantes :

a) Pour les contribuables domiciliés en métropole :

BASE MENSUELLE DE PRÉLÈVEMENT	TAUX proportionnel
Inférieure ou égale à 1 367 €	0 %
De 1 368 € à 1 419 €	0,5 %
De 1 420 € à 1 510 €	1,5 %
De 1 511 € à 1 613 €	2,5 %
De 1 614 € à 1 723 €	3,5 %
De 1 724 € à 1 815 €	4,5 %
De 1 816 € à 1 936 €	6 %
De 1 937 € à 2 511 €	7,5 %
De 2 512 € à 2 725 €	9 %

BASE MENSUELLE DE PRÉLÈVEMENT	TAUX proportionnel
De 2 726 € à 2 988 €	10,5 %
De 2 989 € à 3 363 €	12 %
De 3 364 € à 3 925 €	14 %
De 3 926 € à 4 706 €	16 %
De 4 707 € à 5 888 €	18 %
De 5 889 € à 7 581 €	20 %
De 7 582 € à 10 292 €	24 %
De 10 293 € à 14 417 €	28 %
De 14 418 € à 22 042 €	33 %
De 22 043 € à 46 500 €	38 %
A partir de 46 501 €	43 %

b) Pour les contribuables domiciliés en Guadeloupe, à La Réunion et en Martinique :

BASE MENSUELLE DE PRÉLÈVEMENT	TAUX proportionnel
Jusqu'à 1 568 €	0 %
De 1 569 € à 1 662 €	0,5 %
De 1 663 € à 1 789 €	1,5 %
De 1 790 € à 1 897 €	2,5 %
De 1 898 € à 2 062 €	3,5 %
De 2 063 € à 2 315 €	4,5 %
De 2 316 € à 2 712 €	6 %
De 2 713 € à 3 094 €	7,5 %
De 3 095 € à 3 601 €	9 %
De 3 602 € à 4 307 €	10,5 %
De 4 308 € à 5 586 €	12 %
De 5 587 € à 7 099 €	14 %
De 7 100 € à 7 813 €	16 %
De 7 814 € à 8 686 €	18 %
De 8 687 € à 10 374 €	20 %
De 10 375 € à 13 140 €	24 %
De 13 141 € à 17 374 €	28 %

BASE MENSUELLE DE PRÉLÈVEMENT	TAUX proportionnel
De 17 375 € à 26 518 €	33 %
De 26 519 € à 55 985 €	38 %
A partir de 55 986 €	43 %

c) Pour les contribuables domiciliés en Guyane et à Mayotte :

BASE MENSUELLE DE PRÉLÈVEMENT	TAUX proportionnel
Jusqu'à 1 679 €	0 %
De 1 680 € à 1 785 €	0,5 %
De 1 786 € à 1 923 €	1,5 %
De 1 924 € à 2 111 €	2,5 %
De 2 112 € à 2 340 €	3,5 %
De 2 341 € à 2 579 €	4,5 %
De 2 580 € à 2 988 €	6 %
De 2 989 € à 3 553 €	7,5 %
De 3 554 € à 4 379 €	9 %
De 4 380 € à 5 706 €	10,5 %
De 5 707 € à 7 063 €	12 %
De 7 064 € à 7 708 €	14 %
De 7 709 € à 8 483 €	16 %
De 8 484 € à 9 431 €	18 %
De 9 432 € à 11 075 €	20 %
De 11 076 € à 13 960 €	24 %
De 13 961 € à 18 293 €	28 %
De 18 294 € à 27 922 €	33 %
De 27 923 € à 58 947 €	38 %
A partir de 58 948 €	43 %

d) Les limites des tranches des grilles prévues aux *a* à *c* sont réduites ou augmentées proportionnellement à la période à laquelle se rapportent le versement par le débiteur des revenus mentionnés à l'article 204 B ou le calcul de l'acompte mentionné à l'article 204 C.

Pour les salaires versés au titre d'un contrat à durée déterminée dont le terme initial n'excède pas deux mois ou dont le terme est imprécis, les grilles prévues aux *a* à *c* s'appliquent, dans la limite des deux premiers mois d'embauche, aux versements effectués au titre ou au cours d'un mois après un abattement égal à la moitié du montant mensuel du salaire minimum de croissance et sans procéder aux ajustements prévus au premier alinéa du présent *d*.

Pour les revenus mentionnés au même article 204 C, les grilles prévues aux *a* à *c* du présent 1 s'appliquent à ces revenus majorés de 11 %.

2. Par dérogation au I du présent article, le taux prévu au 1 du présent III est également applicable aux revenus des personnes rattachées, au sens des 2° et 3° du 3 de l'article 6, ou à charge, au sens des articles 196 et 196 A *bis*, au titre de la dernière année pour laquelle l'impôt a été établi.

IV. — 1. Sur option du contribuable, le taux mentionné au III du présent article est appliqué aux traitements et salaires soumis à la retenue à la source prévue au 1° du 2 de l'article 204 A.

L'option peut être exercée à tout moment auprès de l'administration fiscale et est mise en œuvre au plus tard le troisième mois qui suit celui de la demande. Elle est tacitement reconduite, sauf dénonciation dans les trente jours qui suivent la communication au contribuable d'un nouveau taux de prélèvement.

2. Lorsque le montant de la retenue à la source résultant de l'application de ce taux est inférieur à celui qui aurait résulté de l'application du taux prévu, selon le cas, au I du présent article, à l'article 204 I, à l'article 204 J ou à l'article 204 M, le contribuable acquitte un complément de retenue à la source égal à la différence entre ces deux montants.

Ce complément est calculé et versé par le contribuable au plus tard le dernier jour du mois suivant celui de la perception du revenu selon les modalités prévues aux 4 et 6 de l'article 1663 C et à l'article 1680 A.

A défaut de paiement, le recouvrement du complément de retenue à la source est assuré et poursuivi selon les mêmes modalités et sous les mêmes garanties et sûretés que l'impôt sur le revenu. Le rôle d'impôt sur le revenu servant de base au calcul du taux de retenue qui aurait dû être appliqué à défaut d'option vaut titre exécutoire en vue de l'exercice des poursuites consécutives à son non-paiement.

Art. 204 I 1. Le calcul et les conditions de mise en œuvre prévus au I de l'article 204 H du taux prévu à l'article 204 E sont modifiés en cas de :

1° Mariage ou conclusion d'un pacte civil de solidarité ;

2° Décès de l'un des conjoints ou de l'un des partenaires liés par un pacte civil de solidarité soumis à imposition commune ;

3° Divorce, rupture d'un pacte civil de solidarité ou événements mentionnés au 4 de l'article 6 ;

4° Augmentation des charges de famille résultant d'une naissance, d'une adoption ou du recueil d'un enfant mineur dans les conditions prévues à l'article 196.

2. Ces changements de situation sont déclarés à l'administration fiscale par les contribuables concernés dans un délai de soixante jours.

3. A la suite de la déclaration mentionnée au 2 :

1° Dans les cas mentionnés au 1° du 1 du présent article, le taux du prélèvement est calculé selon les modalités prévues au 1 du I de l'article 204 H, en additionnant les revenus de chaque membre du futur foyer fiscal et en déterminant l'impôt correspondant par application des règles prévues aux 1 à 4 du I de l'article 197 ou, le cas échéant, à l'article 197 A pour un couple, en tenant compte, le cas échéant, du quotient familial correspondant à la situation du futur foyer fiscal.

Ce taux s'applique dans les conditions prévues au 2 du I de l'article 204 H, au plus tard le troisième mois qui suit celui de la déclaration du changement de situation ou, sur demande des contribuables, à compter du 1er janvier de l'année qui suit celle du changement de situation et jusqu'à l'application du taux du nouveau foyer fiscal constitué, dans les conditions prévues à l'article 204 H ;

2° Dans le cas mentionné au 2° du 1 du présent article, le taux applicable au conjoint ou partenaire survivant est calculé selon les modalités prévues au 1 du I de l'article 204 H :

a) En retenant les revenus et bénéfices que le conjoint ou partenaire survivant a perçus ou réalisés personnellement ou en commun, réduits *pro rata temporis* à compter du décès, et en déterminant l'impôt correspondant en leur appliquant les règles prévues aux 1 à 4 du I de l'article 197 ou, le cas échéant, à l'article 197 A, en prenant en compte l'ensemble des parts de quotient familial dont bénéficiait le foyer fiscal au 1er janvier de l'année du décès.

Ce taux s'applique dans les conditions prévues au 2 du I de l'article 204 H, au plus tard le troisième mois qui suit celui de la déclaration du décès et jusqu'au 31 décembre de l'année du décès ;

b) En retenant les revenus et bénéfices mentionnés au *a* sans être réduits *pro rata temporis* et en déterminant l'impôt correspondant en leur appliquant les règles prévues aux 1 à 4 du I de l'article 197 ou, le cas échéant, à l'article 197 A, en prenant en compte le quotient familial correspondant à la situation du foyer fiscal postérieurement au décès.

Ce taux s'applique dans les conditions prévues au 2 du I de l'article 204 H, à compter du 1er janvier de l'année suivant le décès et jusqu'à l'application du taux du nouveau foyer fiscal constitué à compter du 1er septembre de la seconde année qui suit celle du décès dans les conditions prévues à l'article 204 H ;

3° Dans les cas mentionnés au 3° du 1 du présent article, les taux de prélèvement applicables à chaque ancien conjoint ou partenaire sont calculés selon les modalités prévues au 1 du I de l'article 204 H, en retenant leurs revenus respectifs estimés sous leur responsabilité au titre de l'année du changement de situation et en déterminant l'impôt correspondant en appliquant à ces revenus les règles prévues aux 1 à 4 du I de l'article 197 ou, le cas échéant, à l'article 197 A, en tenant compte du quotient familial correspondant à la situation déclarée par chacun.

Ce taux s'applique au plus tard le troisième mois qui suit celui de la déclaration du changement de situation et jusqu'à l'application du taux de chaque nouveau foyer fiscal constitué, dans les conditions prévues à l'article 204 H ;

4° Dans les cas mentionnés au 4° du 1 du présent article, le taux du prélèvement est calculé selon les modalités prévues au 1 du I de l'article 204 H en tenant compte du quotient familial résultant de l'augmentation des charges de famille.

Ce taux s'applique dans les conditions prévues au 2 du I du même article 204 H, au plus tard le troisième mois qui suit celui de la déclaration de l'augmentation des charges de famille et jusqu'à l'application du taux correspondant à la nouvelle situation du foyer à compter du 1er septembre de l'année suivant cette augmentation, dans les conditions prévues audit article 204 H.

Art. 204 J I. – Le montant du prélèvement mentionné à l'article 204 A peut être modulé à la hausse ou à la baisse sur demande du contribuable.

Toutefois, quand un changement de situation mentionné au 1 de l'article 204 I est intervenu, aucune demande de modulation ne peut être présentée tant que ce changement de situation n'a pas été déclaré.

II. – Le contribuable peut choisir librement de moduler à la hausse le taux mentionné aux articles 204 H et 204 I ou l'assiette de l'acompte mentionnée à l'article 204 G qui lui sont applicables.

Le taux du prélèvement ou l'assiette de l'acompte modulés à la hausse par le contribuable s'appliquent au plus tard le troisième mois qui suit celui de la demande et jusqu'au 31 décembre de l'année ou, si le taux ou le montant de l'acompte modulés qui résultent de sa demande sont inférieurs, respectivement, au taux ou au montant de l'acompte déterminés par l'administration fiscale à partir de l'impôt sur le revenu et des revenus de l'année précédente en application du I de l'article 204 H, jusqu'à la date à compter de laquelle ces derniers taux ou montant d'acompte s'appliquent.

III. – 1. La modulation à la baisse du prélèvement n'est possible que si le montant du prélèvement estimé par le contribuable au titre de sa situation et de ses revenus de l'année en cours est inférieur de plus de 10 % et de plus de 200 € au montant du prélèvement qu'il supporterait en l'absence de cette modulation.

2. Le contribuable qui souhaite que son prélèvement soit modulé déclare, sous sa responsabilité, sa situation et l'estimation de l'ensemble de ses revenus au titre de l'année en cours. Lorsque l'administration n'en a pas la disposition, le contribuable déclare sa situation et l'ensemble de ses revenus réalisés au titre de l'année précédente.

3. L'administration fiscale calcule le prélèvement résultant de la déclaration prévue au 2 du présent III en appliquant au montant des revenus estimés, déterminé dans les conditions prévues à l'article 204 F et à l'article 204 G, à l'exception du 7° du 2 du même article 204 G, un taux calculé selon les modalités du 1 du I de l'article 204 H, les revenus pris en compte pour le calcul de ce taux étant ceux résultant de la déclaration mentionnée au 2 du présent III et l'impôt sur le revenu y afférent étant celui résultant de l'application à ces revenus des règles prévues aux 1 à 4 du I de l'article 197 ou, le cas échéant, à l'article 197 A en vigueur à la date de la demande.

Dans le cas prévu au 2° du 5 du présent III, l'estimation mentionnée au premier alinéa du présent 3 s'entend comme celle réalisée conjointement par les deux membres du couple.

Dans le cas prévu au 3° du 5 du présent III, l'estimation mentionnée au premier alinéa du présent 3 s'entend comme celle réalisée par le conjoint ou partenaire survivant au titre de la période postérieure au décès.

Dans le cas prévu au 4° du 5 du présent III, l'estimation mentionnée au premier alinéa du présent 3 s'entend comme celle réalisée par l'ancien conjoint ou partenaire au titre de l'année entière.

4. L'administration fiscale calcule le montant du prélèvement que le contribuable supporterait en l'absence de cette modulation selon les modalités suivantes :

a) Le montant de retenue à la source pris en compte est calculé en appliquant au montant de l'assiette mentionnée à l'article 204 F déclarée par le contribuable au titre de l'année en cours les deux tiers du taux qui s'applique entre le 1er janvier et le 31 août et le tiers du taux qui s'applique entre le 1er septembre et le 31 décembre, en application du 2 du I de l'article 204 H, du III du même article 204 H en retenant le taux sur une base annuelle en application du *d* du 1 du III dudit article 204 H ou, lorsque le contribuable a déclaré au cours de la dernière ou de l'avant-dernière année un changement de situation mentionné à l'article 204 I, en application du même article 204 I ;

b) Le montant de l'acompte pris en compte est le montant des versements acquittés en application de l'article 1663 C à la date de la demande de modulation, auxquels s'ajoutent les versements qui seraient opérés, en l'absence de modulation, après cette date par application des articles 204 G et 204 I, dans les conditions prévues au même article 1663 C.

5. Par dérogation au 4 du présent III :

1° Lorsque le prélèvement dont le contribuable demande la modulation est consécutif à une précédente modulation réalisée au cours de la même année :

a) Le montant de retenue à la source pris en compte est calculé en appliquant au montant de l'assiette mentionnée à l'article 204 F déclarée par le contribuable au titre de l'année en cours la moyenne *pro rata temporis* du taux résultant de la précédente modulation ainsi que des autres taux qui se sont appliqués, le cas échéant, avant la date de la mise en œuvre de ce taux ;

b) Le montant de l'acompte pris en compte est le montant des versements acquittés en application de l'article 1663 C à la date de la nouvelle demande de modulation, auxquels s'ajoutent les versements qui seraient opérés après cette date en application de la précédente modulation ;

2° Lorsque le prélèvement dont les membres d'un couple demandent la modulation est consécutif à un changement de situation prévu au 1° du 1 de l'article 204 I au cours de l'année et que le taux prévu au 1° du 3 du même article 204 I s'applique à la date de la demande de modulation :

a) Le montant de retenue à la source pris en compte est calculé en appliquant, pour chaque membre du couple, au montant de l'assiette mentionnée à l'article 204 F qu'il a déclaré au titre de l'année en cours la moyenne *pro rata temporis* du taux résultant de l'application du 1° du 3 de l'article 204 I ainsi que des autres taux qui se sont appliqués, le cas échéant, avant la date de mise en œuvre de ce taux ;

b) Le montant de l'acompte pris en compte est le montant des versements acquittés par chaque membre du couple en application de l'article 1663 C à la date de la demande de modulation, auxquels s'ajoutent les versements qui seraient opérés pour chaque membre du couple après cette date, en l'absence de modulation, en application du 1° du 3 de l'article 204 I ;

3° Lorsque le prélèvement dont le conjoint ou partenaire survivant demande la modulation est consécutif à un changement de situation prévu au 2° du 1 de l'article 204 I au cours de l'année :

a) Le montant de retenue à la source pris en compte est calculé en appliquant au montant de l'assiette mentionnée à l'article 204 F déclarée par le conjoint ou partenaire survivant à compter du décès et jusqu'au 31 décembre la moyenne *pro rata temporis* du taux résultant de l'application du 2° du 3 de l'article 204 I ainsi que des autres taux qui se sont appliqués entre la date de décès et la date de mise en œuvre de ce taux ;

b) Le montant de l'acompte pris en compte est le montant des versements afférents aux revenus ou bénéfices dont a disposé le conjoint ou partenaire survivant, acquittés en application de l'article 1663 C entre la date du décès et la date de la demande de modulation, auxquels s'ajoutent les versements de même nature qui seraient opérés après cette date, en l'absence de modulation, en application du 2° du 3 de l'article 204 I ;

4° Lorsque le prélèvement dont l'ancien conjoint ou partenaire demande la modulation est consécutif à un changement de situation prévu au 3° du 1 de l'article 204 I au cours de l'année :

a) Le montant de retenue à la source pris en compte est calculé en appliquant au montant de l'assiette mentionnée à l'article 204 F déclarée par l'ancien conjoint ou partenaire la moyenne *pro rata temporis* du taux résultant de l'application du 3° du 3 de l'article 204 I ainsi que des autres taux qui se sont appliqués depuis le 1er janvier ;

b) Le montant de l'acompte pris en compte est le montant des versements afférents aux revenus ou bénéfices dont l'ancien conjoint ou partenaire a disposé, acquittés en application de l'article 1663 C du 1er janvier à la date de la demande de modulation, auxquels s'ajoutent les versements de même nature qui seraient opérés après cette date, en l'absence de modulation, en application du 3° du 3 de l'article 204 I ;

5° Lorsque le prélèvement dont le contribuable demande la modulation est consécutif à un changement de situation prévu au 4° du 1 de l'article 204 I au cours de l'année :

a) Le montant de retenue à la source pris en compte est calculé en appliquant au montant de l'assiette mentionnée à l'article 204 F déclarée par le contribuable au titre de l'année en cours la moyenne *pro rata temporis* du taux résultant de l'application du 4° du 3 de l'article 204 I ainsi que des autres taux qui se sont appliqués, le cas échéant, avant la date de mise en œuvre de ce taux ;

b) Le montant de l'acompte pris en compte est le montant des versements acquittés en application de l'article 1663 C à la date de la demande de modulation, auxquels s'ajoutent les versements qui seraient opérés après cette date, en l'absence de modulation, en application du 4° du 3 de l'article 204 I.

6. Lorsque le contribuable décide de moduler à la baisse son prélèvement :

1° Le taux modulé calculé dans les conditions prévues au 3 du présent III s'applique au plus tard le troisième mois qui suit celui de la décision de modulation et jusqu'au 31 décembre de l'année ;

2° Le montant de l'acompte calculé dans les conditions prévues au 3 du présent III est diminué du montant des versements déjà acquittés, sans pouvoir donner lieu à restitution, et s'applique jusqu'au 31 décembre de l'année.

Art. 204 K Le contribuable peut spontanément déclarer un montant d'acompte au titre de l'année de début de perception d'un revenu relevant d'une catégorie de bénéfices ou de revenus mentionnée à l'article 204 C ou au titre de l'année suivante et en acquitter le montant dans les conditions prévues au 3 de l'article 1663 C.

Le montant des versements dus l'année suivant le début de la perception du revenu est calculé, le cas échéant, sur la base du montant de l'acompte déclaré au titre de l'année de début de perception de ce revenu, ajusté le cas échéant *pro rata temporis* sur une année pleine, jusqu'à la mise en œuvre du prélèvement selon les modalités prévues au premier alinéa de l'article 204 E.

Art. 204 L Lorsque l'un des membres du foyer fiscal n'est plus titulaire de revenus ou de bénéfices relevant de l'une des catégories mentionnées à l'article 204 C au titre de l'année en cours, il peut demander à ne plus verser la part de l'acompte correspondant aux bénéfices ou aux revenus de cette catégorie. Cette demande est prise en compte à compter du versement prévu à l'article 1663 C qui suit le mois de la demande.

La part de l'acompte relative aux bénéfices industriels et commerciaux, aux bénéfices agricoles et aux bénéfices non commerciaux qui a déjà été acquittée à la date à laquelle l'impôt sur le revenu dû au titre de la cessation totale de l'activité imposée dans cette catégorie de revenus est établi est imputée sur le montant dû au titre de cette imposition. Le montant ainsi imputé n'est plus imputable sur l'impôt sur le revenu dû au titre de l'année.

Art. 204 M 1. Le taux de prélèvement du foyer fiscal est, sur option du contribuable, individualisé selon les modalités prévues aux 2 et 3 du présent article pour chacun des conjoints ou partenaires liés par un pacte civil de solidarité soumis à imposition commune.

2. Le taux individualisé du conjoint ou du partenaire qui a personnellement disposé des revenus les plus faibles au cours de la dernière année pour laquelle l'impôt a été établi est déterminé selon les règles prévues au I de l'article 204 H.

Toutefois, les revenus pris en compte sont constitués de la somme de ceux dont il a personnellement disposé et de la moitié des revenus communs, et l'impôt sur le revenu y afférent est déterminé par l'application à ces mêmes revenus des règles prévues aux 1 à 4 du I de l'article 197 ou, le cas échéant, à l'article 197 A en retenant la moitié des déficits, charges et abattements déductibles du revenu global du foyer fiscal, ainsi que la moitié des parts de quotient familial dont le foyer fiscal bénéficie.

3. Le taux individualisé applicable à l'autre conjoint ou partenaire est déterminé selon les modalités prévues au I de l'article 204 H, en déduisant au numérateur l'impôt afférent aux revenus dont a personnellement disposé le premier conjoint, calculé en appliquant à leur assiette, établie dans les conditions prévues aux articles 204 F et 204 G, le taux individualisé mentionné au 2 du présent article, et celui afférent aux revenus communs du foyer fiscal, calculé en appliquant à leur assiette, établie dans les conditions prévues à l'article 204 G, le taux de prélèvement du foyer fiscal mentionné au 1 du présent article et en retenant au dénominateur les seuls revenus dont il a personnellement disposé.

4. Les taux individualisés prévus, respectivement, aux 2 et 3 du présent article s'appliquent, selon les modalités du 2 du I de l'article 204 H, à l'ensemble des revenus déterminés dans

les conditions prévues aux articles 204 F et 204 G dont chacun des conjoints ou partenaires a personnellement disposé.

Le taux de prélèvement du foyer fiscal mentionné au 1 du présent article s'applique aux revenus communs du foyer fiscal.

5. L'option peut être exercée et dénoncée à tout moment. Les taux individualisés s'appliquent au plus tard le troisième mois suivant celui de la demande. Ils cessent de s'appliquer au plus tard le troisième mois suivant celui de la dénonciation de l'option. L'option est tacitement reconduite.

Art. 204 N Les déclarations, options ou demandes prévues au IV de l'article 204 H et aux articles 204 I à 204 M sont présentées par voie électronique par les contribuables dont la résidence principale est équipée d'un accès à internet et qui sont en mesure de le faire. Dans les autres cas, les contribuables utilisent les autres moyens mis à leur disposition par l'administration.

Code de la sécurité sociale

Art. L. 241-18 *(L. n° 2007-1223 du 21 août 2007 ; L. n° 2012-958 du 16 août 2012, art. 3-I-B)* I. — Dans les entreprises employant moins de vingt salariés, toute heure supplémentaire effectuée par les salariés mentionnés au II de l'article L. 241-13 ouvre droit à une déduction forfaitaire des cotisations patronales à hauteur d'un montant fixé par décret.

La déduction s'applique :

1° Au titre des heures supplémentaires définies *(L. n° 2016-1088 du 8 août 2016, art. 8)* « aux articles **L. 3121-28** à **L. 3121-39** » du code du travail ;

2° Pour les salariés relevant de conventions de forfait en heures sur l'année prévues à l'article *(L. n° 2016-1088 du 8 août 2016, art. 8)* « **L. 3121-56** » du même code, au titre des heures effectuées au-delà de 1 607 heures ;

3° Au titre des heures effectuées en application *(L. n° 2016-1088 du 8 août 2016, art. 8)* « de l'avant-dernier alinéa de l'article **L. 3123-2** » du même code ;

4° Au titre des heures supplémentaires mentionnées à l'article *(L. n° 2016-1088 du 8 août 2016, art. 8)* « **L. 3121-41** » du même code, à l'exception des heures effectuées entre 1 607 heures et la durée annuelle fixée par l'accord lorsqu'elle lui est inférieure.

II. — Dans les mêmes entreprises, une déduction forfaitaire égale à sept fois le montant défini au I est également applicable pour chaque jour de repos auquel renonce un salarié relevant d'une convention de forfait en jours sur l'année, au-delà du plafond de deux cent dix-huit jours mentionné *(L. n° 2016-1088 du 8 août 2016, art. 8)* « au 3° du I de l'article **L. 3121-64** » du code du travail, dans les conditions prévues à l'article *(L. n° 2016-1088 du 8 août 2016, art. 8)* « **L. 3121-59** » du même code.

III. — Les déductions mentionnées aux I et II sont imputées sur les sommes dues par les employeurs aux organismes de recouvrement mentionnés aux articles **L. 213-1** du présent code et **L. 725-3** du code rural et de la pêche maritime pour chaque salarié concerné au titre de l'ensemble de sa rémunération versée au moment du paiement de cette durée de travail supplémentaire et ne peuvent dépasser ce montant.

IV. — Les déductions mentionnées aux I et II sont cumulables avec des exonérations de cotisations patronales de sécurité sociale dans la limite des cotisations patronales de sécurité sociale, ainsi que des contributions patronales recouvrées suivant les mêmes règles, restant dues par l'employeur au titre de l'ensemble de la rémunération du salarié concerné.

Les I et II sont applicables sous réserve du respect par l'employeur des dispositions légales et conventionnelles relatives à la durée du travail et sous réserve que l'heure supplémentaire effectuée fasse l'objet d'une rémunération au moins égale à celle d'une heure non majorée.

Ils ne sont pas applicables lorsque les salaires ou éléments de rémunération qui y sont mentionnés se substituent à d'autres éléments de rémunération au sens de l'article **L. 242-1** du présent code, à moins qu'un délai de douze mois ne se soit écoulé entre le dernier versement de l'élément de rémunération en tout ou partie supprimé et le premier versement des salaires ou éléments de rémunération précités.

Le bénéfice des déductions mentionnées aux I et II du présent article est subordonné au respect du règlement *(L. n° 2014-1545 du 20 déc. 2014, art. 53-II)* « (UE) n° **1407/2013** de la Commission, du 18 décembre **2013**, relatif à l'application des articles 107 et 108 du traité sur le fonctionnement de l'Union européenne » aux aides *de minimis*.

V. — Le bénéfice des déductions mentionnées aux I et II est subordonné, pour l'employeur, à la mise à la disposition des agents chargés du contrôle mentionnés à l'article **L. 243-7** du présent code et à l'article **L. 724-7** du code rural et de la pêche maritime d'un document en vue du contrôle de l'application du présent article.

VI. – Un décret fixe les modalités d'application du présent article ainsi que les modalités selon lesquelles les heures supplémentaires effectuées par les salariés affiliés au régime général dont la durée du travail ne relève pas du titre II du livre Ier de la troisième partie du code du travail ou du chapitre III du titre Ier du livre VII du code rural et de la pêche maritime ouvrent droit aux déductions mentionnées au présent article.

....

Art. L. 351-8 Bénéficient du taux plein même s'ils ne justifient pas de la durée requise d'assurance ou de périodes équivalentes dans le régime général et un ou plusieurs autres régimes obligatoires :

(L. n° 2010-1330 du 9 nov. 2010, art. 20-II) « 1° Les assurés qui atteignent l'âge prévu à l'article L. 161-17-2 augmenté de cinq années ;

« 1° *bis* Les assurés ayant interrompu leur activité professionnelle en raison de leur qualité d'aidant familial telle que définie à l'article L. 245-12 du code de l'action sociale et des familles qui atteignent l'âge de soixante-cinq ans dans des conditions déterminées par décret en Conseil d'État ; »

(L. n° 2014-40 du 20 janv. 2014, art. 37) « 1° *ter* Les assurés justifiant d'une incapacité permanente au moins égale à un taux fixé par décret, qui atteignent l'âge mentionné à l'article L. 161-17-2 ; »

2° Les assurés reconnus inaptes au travail dans les conditions prévues à l'article L. 351-7 ;

3° Les anciens déportés ou internés titulaires de la carte de déporté ou interné de la Résistance ou de la carte de déporté ou interné politique ;

4° Les mères de famille salariées justifiant d'une durée minimum d'assurance dans le régime général, ou dans ce régime et celui des salariés agricoles, qui ont élevé au moins un nombre minimum d'enfants, dans les conditions prévues au deuxième alinéa de l'article L. 342-4, et qui ont exercé un travail manuel ouvrier pendant une durée déterminée ;

(L. n° 2003-775 du 21 août 2003, art. 24-II) « 4° *bis* Les travailleurs handicapés admis à demander la liquidation de leur pension de retraite avant l'âge prévu au premier alinéa de l'article L. 351-1 ; »

5° Les anciens prisonniers de guerre lorsque, sur leur demande, leur pension est liquidée à un âge variant suivant la durée de captivité dans des conditions fixées par décret.

Les anciens prisonniers de guerre évadés de guerre, au-delà d'un certain temps de captivité, et les anciens prisonniers rapatriés pour maladie peuvent choisir le régime le plus favorable.

Toute partie de mois n'est pas prise en considération.

Les dispositions du 5° ci-dessus s'appliquent à tous les anciens combattants pour leur durée de service actif passé sous les drapeaux.

Les dispositions issues de la L. n° 2010-330 du 9 nov. 2010 sont applicables aux pensions prenant effet à compter du 1er juill. 2011 (L. préc., art. 118-II).

Par dérogation aux dispositions des 1°, 1° bis et 1° ter, l'âge prévu par l'art. L. 161-17-2 est fixé à 35 ans pour les assurés qui bénéficient d'un nombre minimum de trimestres fixé par Décr. au titre de la majoration de durée d'assurance prévue à l'art. L. 351-4-1 et pour les assurés qui, pendant une durée et dans des conditions fixées par décret, ont apporté une aide effective à leur enfant bénéficiaire de l'élément de la prestation relevant du 1° de l'art. L. 245-3 CASF.

Par dérogation aux dispositions de l'art. L. 351-8, l'âge mentionné au 1° est fixé à 65 ans pour les assurés nés entre le 1er juill. 1951 et le 31 déc. 1955 inclus lorsqu'ils remplissent les conditions suivantes :

1° Avoir eu ou élevé, dans les conditions prévues au deuxième al. de l'art. L. 351-12 CSS, au moins trois enfants ;

2° Avoir interrompu ou réduit leur activité professionnelle, dans des conditions et un délai déterminés suivant la naissance ou l'adoption d'au moins un de ces enfants, pour se consacrer à l'éducation de cet ou de ces enfants ;

3° Avoir validé, avant cette interruption ou réduction de leur activité professionnelle, un nombre de trimestres minimum à raison de l'exercice d'une activité professionnelle, dans un régime de retraite légalement obligatoire d'un État membre de l'Union européenne ou partie à l'accord sur l'Espace économique européen ou de la Confédération suisse.

L'art. est applicable dans tous les régimes obligatoires de retraite auxquels s'appliquent les dispositions de l'art. L. 351-8, CSS ou des dispositions ayant le même effet (L. préc., art. 20-II et IV).

Accord national interprofessionnel du 10 décembre 1977,

*Sur la mensualisation. — Annexé à l'art. 1*er *de la loi n*o *78-49 du 19 janv. 1978 [L. 3133-3 nouv.].*

Préambule

Art. 1er *Bénéficiaires.* — Dans les entreprises ou les établissements relevant de branches professionnelles qui ne sont pas liées par un accord de mensualisation et où les ouvriers ne sont pas mensualisés en vertu d'une convention collective professionnelle, ceux-ci bénéficieront — à l'exclusion des travailleurs à domicile, des travailleurs saisonniers, des travailleurs intermittents et des travailleurs temporaires visés aux articles L. 124-4 *[L. 1251-1 s. nouv.]* et suivants du code du travail — des dispositions prévues par le présent accord.

Le personnel mensuel des entreprises ou établissements auxquels est applicable le présent accord ne pourra bénéficier, s'il n'est pas lié par une convention collective et s'il n'appartient pas aux catégories de travailleurs exclues par le premier alinéa, de conditions moins avantageuses que celles stipulées aux articles 3, 4, 5, 6 et 7 ci-après.

Art. 2 *Paiement au mois.* — A compter du 1er octobre 1978, la rémunération des ouvriers visés à l'article 1er sera mensuelle et devra être indépendante, pour un horaire de travail effectif déterminé, du nombre de jours travaillés dans le mois, le paiement mensuel ayant pour objet de neutraliser les conséquences de la répartition inégale des jours entre les douze mois de l'année.

La rémunération mensuelle réelle pour un horaire hebdomadaire de quarante heures se calculera lors du passage au mois en multipliant la rémunération horaire réelle par 173,33.

Si, à la date d'application du présent article, le personnel en cause bénéficie d'un salaire minimal horaire, le salaire minimal mensuel pour un horaire hebdomadaire de quarante heures sera obtenu en multipliant le salaire minimal horaire de la catégorie par 173,33.

Les rémunérations mensuelles effectives et éventuellement minimales sont adaptées à l'horaire réel. En particulier, si des heures supplémentaires sont effectuées en sus de l'horaire hebdomadaire de quarante heures, elles sont rémunérées en supplément avec les majorations correspondantes, conformément aux dispositions légales et conventionnelles en vigueur, à moins que l'intéressé ne soit rémunéré par un forfait mensuel convenu incluant ces majorations. De même, les heures non travaillées pourront donner lieu à réduction de salaires, sauf dans les cas où le maintien de ceux-ci est expressément prévu par des dispositions légales ou conventionnelles.

La mensualisation n'exclut pas les divers modes de calcul du salaire aux pièces, à la prime ou au rendement.

Le paiement de la rémunération sera effectué une fois par mois. Un acompte sera versé à ceux qui en feront demande correspondant, pour une quinzaine, à la moitié de la rémunération mensuelle.

Art. 3 *Jours fériés.* — A compter du 1er janvier 1978, le chômage des jours fériés ne pourra être, pour les ouvriers visés à l'article 1er totalisant au moins trois mois d'ancienneté dans l'entreprise ou l'établissement et ayant accompli au moins 200 heures de travail au cours des deux mois précédant le jour férié considéré, la cause d'une réduction de la rémunération, sous réserve, pour chaque intéressé, qu'il ait été présent le dernier jour de travail précédant le jour férié et le premier jour de travail qui lui fait suite, sauf autorisation d'absence préalablement accordée.

Les dispositions particulières au 1er mai et les autres dispositions légales et réglementaires en vigueur relatives aux jours fériés demeurent applicables.

Art. 4 *Congés pour événements personnels.* — A compter du 1er janvier 1978, les ouvriers visés à l'article 1er bénéficieront, sur justification, à l'occasion de certains événements, d'une autorisation d'absence exceptionnelle accordée dans les conditions suivantes :

a) Sous réserve d'avoir six mois d'ancienneté dans l'entreprise ou l'établissement :

Mariage du salarié : quatre jours ;

Mariage d'un enfant : un jour ;

b) Sous réserve d'avoir trois mois d'ancienneté dans l'entreprise ou l'établissement :

Décès du conjoint ou d'un enfant : deux jours ;

Décès du père, de la mère, du beau-père, de la belle-mère, d'un frère ou d'une sœur : un jour ;

Présélection militaire : dans la limite de trois jours.

Ces jours d'absence exceptionnelle devront être pris au moment des événements en cause et n'entraîneront pas de réduction de la rémunération mensuelle. Ils seront assimilés à des jours de travail effectif pour la détermination de la durée du congé annuel.

Art. 5 *Indemnité de licenciement.* – A compter du 1er janvier 1978, une indemnité distincte du préavis sera accordée, en dehors du cas de faute grave, aux ouvriers visés à l'article 1er licenciés avant l'âge de soixante-cinq ans (ou soixante ans en cas d'inaptitude reconnue par la sécurité sociale ou de bénéfice des dispositions de l'article L. 332 *[L. 351-8 nouv.]* du code de la sécurité sociale) et ayant au moins deux ans d'ancienneté dans l'entreprise ou l'établissement.

Cette indemnité sera calculée comme suit :

Moins de dix ans d'ancienneté : un dixième de mois par année d'ancienneté ;

A partir de dix ans d'ancienneté : un dixième de mois par année d'ancienneté plus un quinzième de mois par année d'ancienneté au-delà de dix ans.

Le salaire à prendre en considération pour le calcul de l'indemnité est le douzième de la rémunération des douze derniers mois précédant le licenciement ou, selon la formule la plus avantageuse pour l'intéressé, le tiers des trois derniers mois, étant entendu que, dans ce cas, toute prime ou gratification de caractère annuel ou exceptionnel, qui aurait été versée au salarié pendant cette période, ne serait prise en compte que *prorata temporis*.

Cette indemnité de licenciement ne se cumule pas avec toute autre indemnité de même nature.

Art. 6 *Indemnité de départ en retraite.* – A compter du 1er janvier 1978, les ouvriers visés à l'article 1er quittant volontairement ou non l'entreprise à partir d'au moins soixante-cinq ans (ou soixante ans en cas d'inaptitude au travail reconnue par la sécurité sociale ou de bénéfice des dispositions de l'article L. 332 *[L. 351-8 nouv.]* du code de la sécurité sociale) auront droit à une indemnité de départ en retraite fixée en fonction de leur ancienneté dans l'entreprise ou l'établissement à :

Un demi-mois de salaire après dix ans d'ancienneté ;

Un mois de salaire après quinze ans d'ancienneté ;

Un mois et demi de salaire après vingt ans d'ancienneté ;

Deux mois de salaire après trente ans d'ancienneté.

Le salaire à prendre en considération est celui défini à l'article 5 ci-dessus.

L'indemnité prévue au présent article ne se cumule pas avec toute autre indemnité de même nature.

Art. 7 *Maladie. – Accidents.* – A compter du 1er juillet 1978, après trois ans d'ancienneté dans l'entreprise ou l'établissement, en cas d'absence au travail justifiée par l'incapacité résultant de maladie ou d'accident dûment constaté par certificat médical et contre-visite s'il y a eu lieu, les ouvriers visés à l'article 1er bénéficieront des dispositions suivantes, à condition :

D'avoir justifié dans les quarante-huit heures de cette incapacité ;

D'être pris en charge par la sécurité sociale ;

D'être soignés sur le territoire français ou dans l'un des autres pays de la Communauté économique européenne.

Pendant trente jours, ils recevront 90 p. 100 de la rémunération brute qu'ils auraient gagnée s'ils avaient continué à travailler.

Pendant les trente jours suivants, ils recevront les deux tiers de cette même rémunération.

Ces temps d'indemnisation seront augmentés de dix jours par période entière de cinq ans d'ancienneté en sus de celle requise à l'alinéa 1er, sans que chacun d'eux puisse dépasser quatre-vingt-dix jours.

Lors de chaque arrêt de travail, les délais d'indemnisation commenceront à courir à compter du premier jour d'absence, si celle-ci est consécutive à un accident du travail ou à une maladie professionnelle – à l'exclusion des accidents de trajet – et à compter du onzième jour d'absence dans tous les autres cas.

Pour le calcul des indemnités dues au titre d'une période de paye, il sera tenu compte des indemnités déjà perçues par l'intéressé durant les douze mois antérieurs de telle sorte que, si plusieurs absences pour maladie ou accident ont été indemnisées au cours de ces douze mois, la durée totale d'indemnisation ne dépasse pas celle applicable en vertu des alinéas précédents.

Les garanties ci-dessus accordées s'entendent déduction faite des allocations que l'intéressé perçoit de la sécurité sociale et des régimes complémentaires de prévoyance, mais en ne retenant, dans ce dernier cas, que la part des prestations résultant des versements de l'employeur. Lorsque les indemnités de la sécurité sociale sont réduites du fait, par exemple, de l'hospitalisation ou d'une sanction de la caisse pour non-respect de son règlement intérieur, elles sont réputées être servies intégralement.

La rémunération à prendre en considération est celle correspondant à l'horaire pratiqué, pendant l'absence de l'intéressé, dans l'établissement ou partie d'établissement. Toutefois, si par suite de l'absence de l'intéressé l'horaire du personnel restant au travail devait être augmenté, cette augmentation ne serait pas prise en considération pour la fixation de la rémunération.

L'ancienneté prise en compte pour la détermination du droit à l'indemnisation s'apprécie au premier jour de l'absence.

Le régime établi par le présent article ne se cumule pas avec tout autre régime ayant le même objet.

Loi n° 2006-1770 du 30 décembre 2006,

Pour le développement de la participation et de l'actionnariat salarié et portant diverses dispositions d'ordre économique et social.

Art. 1er Afin de favoriser le développement de la participation et de l'actionnariat salarié, est créé un dividende du travail reposant :

– sur le supplément d'intéressement ou de participation, versé en application de l'article L. 444-12 du code du travail ;

– sur les transferts des droits inscrits à un compte épargne-temps vers un plan d'épargne pour la retraite collectif ou un plan d'épargne d'entreprise, dans les conditions et selon les modalités visées au second alinéa de l'article L. 443-2 du code du travail et à l'article 163 A du code général des impôts ;

– sur les attributions d'actions gratuites destinées à être versées sur un plan d'épargne d'entreprise, distribuées en application du troisième alinéa de l'article L. 443-6 du code du travail ;

– sur la disponibilité immédiate des dividendes attachés aux actions détenues dans le cadre d'un fonds commun de placement d'entreprise dont plus du tiers de l'actif est composé de titres émis par l'entreprise, dans les conditions prévues au onzième alinéa de l'article L. 214-40 du code monétaire et financier ;

– sur l'existence d'une formule dérogatoire de participation, conformément aux dispositions de l'article L. 442-6 du code du travail.

Loi n° 2008-1258 du 3 décembre 2008,

En faveur des revenus du travail.

Art. 24 I. – Un groupe d'experts se prononce chaque année sur l'évolution du salaire minimum de croissance.

Le rapport qu'il établit à cette occasion est adressé à la Commission nationale de la négociation collective et au Gouvernement. Il est rendu public.

Le Gouvernement remet à la Commission nationale de la négociation collective, préalablement à la fixation annuelle du salaire minimum, une analyse des comptes économiques de la Nation et un rapport sur les conditions économiques générales. Si ce rapport s'écarte de celui établi par le groupe d'experts, le Gouvernement motive par écrit ces différences auprès de la Commission nationale de la négociation collective.

Un décret détermine les modalités d'application des alinéas précédents, notamment les conditions dans lesquelles sont désignés les experts visés ci-dessus, garantissant leur indépendance. – *V. Décr. n° 2009-552 du 19 mai 2009 (JO 20 mai).*

....

Décret n° 2009-348 du 30 mars 2009,

Relatif aux conditions de rémunération des dirigeants des entreprises aidées par l'État ou bénéficiant du soutien de l'État du fait de la crise économique et des responsables des entreprises publiques.

CHAPITRE PREMIER *Dispositions relatives aux conventions passées avec certaines entreprises bénéficiant du soutien exceptionnel de l'État*

Art. 1er Le recours aux émissions d'actions, d'actions de préférence ou de titres supersubordonnés souscrits par la Société de prise de participation de l'État, ainsi que le bénéfice des prêts *(Décr. n° 2009-445 du 20 avr. 2009)* « d'un montant supérieur à 25 millions d'euros » accordés par l'État *(Décr. n° 2009-445 du 20 avr. 2009)* « sur le programme "Prêts à la filière automobile" du compte spécial "Prêts et avances à des particuliers ou à des organismes privés" mentionné par la loi n° 2009-431 du 20 avril 2009 de finances rectificative pour 2009 » sont subordonnés à la conclusion d'une convention avec l'entreprise bénéficiaire.

Les conventions conclues avant l'entrée en vigueur du présent décret sont modifiées par avenant afin d'assurer leur conformité au présent décret.

Art. 2 1. Les conventions mentionnées à l'article 1er précisent que l'entreprise bénéficiant du soutien exceptionnel de l'État s'interdit d'accorder à ses président du conseil d'administration, directeur général, directeurs généraux délégués, membres du directoire, président du conseil de surveillance ou gérants :

– des options de souscription ou d'achat d'actions dans les conditions prévues aux articles L. 225-177 à L. 225-186-1 du code de commerce ;

– des actions gratuites dans les conditions prévues aux articles L. 225-197-1 à L. 225-197-6 du code de commerce.

2. Les conventions précisent en outre que les éléments variables de la rémunération, autres que ceux mentionnés au 1, sont autorisés par le conseil d'administration ou le conseil de surveillance pour une période déterminée qui ne peut excéder une année, en fonction de critères de performance quantitatifs et qualitatifs, préétablis et qui ne sont pas liés au cours de bourse. Cette autorisation est rendue publique.

Les conventions prévoient que *(Décr. n° 2009-445 du 20 avr. 2009)* « les éléments variables de la rémunération mentionnés à l'alinéa précédent ainsi que les éléments exceptionnels de rémunération » ne sont pas attribués ou *(Décr. n° 2009-445 du 20 avr. 2009)* « , lorsque leur versement a été différé, ne sont pas » versés si la situation de l'entreprise la conduit à procéder à des licenciements de forte ampleur.

(Décr. n° 2009-445 du 20 avr. 2009) « 3. Dans les entreprises qui ont conclu une convention en application de l'article 1er, la création de régimes de retraite à prestations définies répondant aux caractéristiques des régimes mentionnés à l'article L. 137-11 du code de sécurité sociale, au bénéfice du président du conseil d'administration, du directeur général, des directeurs généraux délégués, des membres du directoire, du président du conseil de surveillance ou des gérants, est interdite. Le bénéfice de ces régimes pour ces catégories est réservé aux personnes ayant des droits potentiels au titre de ces régimes avant l'entrée en vigueur de la loi n° 2009-431 du 20 avril 2009 de finances rectificative pour 2009. L'octroi de droits potentiels plus favorables à ces personnes est interdit. »

Art. 3 L'entreprise signataire de la convention adresse au ministre chargé de l'économie, au plus tard à l'issue de la première assemblée générale qui suit l'entrée en vigueur *(Décr. n° 2009-445 du 20 avr. 2009)* « de cette convention », les informations nécessaires attestant du respect *(Décr. n° 2009-445 du 20 avr. 2009)* « des stipulations de cette convention ». Cette obligation est mentionnée dans la convention.

CHAPITRE II *Dispositions relatives aux entreprises publiques*

Art. 4 Le ministre chargé de l'économie veille à ce que les entreprises publiques dont les titres sont admis aux négociations sur un marché réglementé respectent des règles et principes de gouvernance d'un haut niveau d'exigence éthique. Le président du conseil d'administration ou du conseil de surveillance saisit les organes sociaux de l'entreprise des propositions requises pour répondre à cette exigence.

Art. 5 Les règles et principes mentionnés au précédent article incluent en particulier les éléments suivants :

1. Le directeur général ou le président du directoire qui détiendrait le statut de salarié y renonce au plus tard lors du renouvellement de son mandat.

2. Les éléments variables de la rémunération sont autorisés par le conseil d'administration ou le conseil de surveillance. Cette autorisation est rendue publique. Ces éléments ne sont pas liés au cours de bourse. Récompensant la performance de l'entreprise d'une part et son progrès dans le moyen terme d'autre part, ils sont déterminés en fonction de critères précis et préétablis.

3. S'il est prévu une indemnité de départ, celle-ci est fixée à un montant inférieur à deux années de rémunération. Elle n'est versée qu'en cas de départ contraint, à la condition que le bénéficiaire remplisse des critères de performance suffisamment exigeants. Elle n'est pas versée si l'entreprise connaît des difficultés économiques graves.

II RÉGLEMENTATION DU TRAVAIL

A Âge d'admission au travail

(V. aussi C. trav., liv. II, tit. Ier, chap. Ier).

Code rural et de la pêche maritime

PREMIÈRE PARTIE : ***LÉGISLATIVE***

LIVRE VII **Dispositions sociales**

(Ord. no 2000-550 du 15 juin 2000)

Dispositions relatives aux jeunes travailleurs

Art. L. 715-1 Les limitations et interdictions relatives à l'âge d'admission au travail, à la durée du travail et au travail de nuit, telles qu'elles résultent des articles *(Ord. no 2012-789 du 31 mai 2012, art. 20-2o)* « L. 4153-1 à L. 4153-3 et L. 4153-5, L. 3162-1 et L. 3162-2, L. 3162-3, L. 3163-1, L. 3164-1 et L. 3163-3 » du code du travail sont applicables dans les exploitations, entreprises, établissements et aux employeurs définis à l'article L. 713-1 *[V. cet art., App. II, B. Durée du travail]*. Leurs conditions particulières d'application à ces exploitations, entreprises, établissements et employeurs sont fixées par décret en Conseil d'État. – *[Ancien art. 983.] – V. C. rur., art. R. 715-1 s.*

Sur le repos hebdomadaire des jeunes de moins de dix-huit ans, V. C. rur., art. L. 714-2, App. II, B. Durée du travail.

DEUXIÈME PARTIE : ***RÉGLEMENTAIRE***

LIVRE VII **Dispositions sociales**

(Décr. no 2005-368 du 19 avr. 2005)

Dispositions relatives aux jeunes travailleurs

Art. R. 715-1 *(Décr. no 2007-126 du 29 janv. 2007)* Pour l'application des dispositions *(Décr. no 2015-443 du 17 avr. 2015, art. 4, en vigueur le 2 mai 2015)* « du 2° et du 3° de l'article L. 4153-1 » du code du travail, les élèves des établissements d'enseignement et de formation professionnelle agricoles publics ou privés mentionnés aux articles L. 811-1, L. 813-1 et L. 813-9 ne peuvent être admis ou employés dans les exploitations, entreprises, établissements ou chez les employeurs mentionnés à l'article *(Décr. no 2015-443 du 17 avr. 2015, art. 4, en vigueur le 2 mai 2015)* « L. 3111-1 » du code du travail et à l'article L. 713-1 du présent code que dans les cas suivants :

1° Les élèves qui suivent un enseignement général peuvent faire les visites d'information prévues à l'article R. 715-1-1 et, à partir des deux dernières années de leur scolarité obligatoire, participer à des séquences d'observation dans les conditions prévues à l'article R. 715-1-2 ;

2° Les élèves âgés de quatorze ans au moins qui suivent un enseignement technologique, un enseignement professionnel ou un enseignement alterné peuvent accomplir, à partir des deux dernières années de leur scolarité obligatoire, les stages d'initiation, d'application ou les périodes de formation en milieu professionnel qui sont prévus par les programmes des études conduisant aux diplômes qu'ils préparent ou qui sont conduits dans le cadre de l'enseignement mentionné à l'article L. 813-9. Ils peuvent également faire des visites d'information ou participer à des séquences d'observation.

Dans tous les cas mentionnés ci-dessus, une convention dont les clauses types sont fixées par arrêté du ministre chargé de l'agriculture est passée entre l'établissement d'enseignement et l'entreprise d'accueil. Un exemplaire de la convention relative aux séquences d'observation, stages ou périodes de formation en milieu professionnel est remis à l'élève et à son représentant légal.

Pendant ces séquences d'observation, ces stages ou ces périodes de formation en milieu professionnel, le total du temps de stage de l'élève dans l'entreprise ou l'organisme d'accueil et du temps consacré à sa formation dans l'établissement d'enseignement ne peut excéder huit heures par jour et trente-deux heures par semaine. Cette dernière limite est portée à trente-cinq heures par semaine pour les élèves qui ont atteint l'âge de quinze ans.

Les élèves demeurent sous statut scolaire durant la période où ils sont en milieu professionnel.

Art. R. 715-1-1 *(Décr. n° 2007-126 du 29 janv. 2007)* Les visites d'information ont pour objectif de permettre aux élèves de découvrir l'environnement technologique, économique et professionnel, en liaison avec les programmes d'enseignement. Les modalités d'encadrement des élèves au cours de ces visites d'information sont fixées par l'établissement d'enseignement, dans le cadre général de l'organisation des sorties scolaires. A partir des deux dernières années de la scolarité obligatoire, les élèves scolarisés au moins en classe de quatrième ou de troisième peuvent être admis à faire ces visites individuellement, sous réserve qu'un encadrement leur soit assuré dans l'entreprise ou l'organisme d'accueil.

Au cours des visites d'information, les élèves ne peuvent pas accéder aux machines, appareils ou produits dont l'usage est interdit aux mineurs *(Décr. n° 2015-443 du 17 avr. 2015, art. 4, en vigueur le 2 mai 2015)* « par la section II du chapitre III du titre V du livre Ier de la quatrième partie du code du travail. »

Ils ne peuvent ni procéder à des manœuvres ou manipulations sur d'autres machines, produits ou appareils de production, ni exécuter de travaux légers tels que définis à l'article R. 715-2.

Art. R. 715-1-2 *(Décr. n° 2007-126 du 29 janv. 2007)* Les séquences d'observation ont pour objectif de sensibiliser les élèves à l'environnement technologique, économique et professionnel en liaison avec les programmes d'enseignement, notamment dans le cadre de l'éducation à l'orientation.

Elles ne peuvent être organisées qu'à partir des deux dernières années de la scolarité obligatoire, pour des élèves scolarisés au moins en classe de quatrième ou de troisième.

Les modalités d'encadrement des élèves au cours des séquences d'observation sont fixées par l'établissement d'enseignement, dans le cadre général de l'organisation des sorties scolaires.

Les élèves peuvent être admis à participer individuellement à ces séquences, sous réserve que leur soit assuré un suivi par l'établissement d'enseignement et un encadrement dans l'entreprise ou l'organisme d'accueil.

Au cours des séquences d'observation, les élèves ne peuvent pas accéder aux machines, appareils ou produits dont l'usage est interdit aux mineurs *(Décr. n° 2015-443 du 17 avr. 2015, art. 4, en vigueur le 2 mai 2015)* « par la section II du chapitre III du titre V du livre Ier de la quatrième partie du code du travail. »

Ils ne peuvent ni procéder à des manœuvres ou manipulations sur les autres machines, produits ou appareils de production, ni exécuter de travaux légers tels que définis à l'article R. 715-2.

Art. R. 715-1-3 *(Décr. n° 2007-126 du 29 janv. 2007)* Les stages d'initiation sont des stages ou des séquences pédagogiques au sens de l'article R. 813-42 dont l'objectif est de permettre aux élèves de découvrir différents milieux professionnels.

Ces stages d'initiation sont organisés dans les conditions prévues par les programmes et les référentiels nationaux mentionnés au deuxième alinéa des articles L. 811-2 et L. 813-2.

Au cours de ces stages d'initiation, les élèves réalisent des activités pratiques variées et, sous surveillance du maître de stage ou du tuteur désigné par l'entreprise ou l'organisme d'accueil, des travaux légers tels que définis à l'article R. 715-2. Ils ne peuvent pas accéder aux machines, appareils ou produits dont l'usage est interdit aux mineurs *(Décr. n° 2015-443 du 17 avr. 2015, art. 4, en vigueur le 2 mai 2015)* « par la section II du chapitre III du titre V du livre Ier de la quatrième partie du code du travail. »

Art. R. 715-1-4 *(Décr. n° 2007-126 du 29 janv. 2007)* Les stages d'application en milieu professionnel sont des stages ou des séquences pédagogiques mentionnées à l'article R. 813-42 dont l'objectif est de permettre aux élèves de mettre en rapport les savoirs et savoir-faire acquis dans l'établissement scolaire avec les langages techniques et les pratiques du monde professionnel.

Ces stages d'application sont organisés dans les conditions prévues par les programmes et les référentiels nationaux mentionnés au deuxième alinéa des articles L. 811-2 et L. 813-2.

Au cours de ces stages d'application, les élèves peuvent procéder à des manœuvres ou manipulations de machines, produits ou appareils lorsqu'elles sont nécessaires à leur formation. Ils ne peuvent pas accéder aux machines, appareils ou produits dont l'usage est interdit aux mineurs *(Décr. n° 2015-443 du 17 avr. 2015, art. 4, en vigueur le 2 mai 2015)* « par la section II du chapitre III du titre V du livre Ier de la quatrième partie du code du travail. »

Art. R. 715-1-5 *(Décr. n° 2007-126 du 29 janv. 2007)* Les périodes de formation en milieu professionnel sont des périodes de formation ou des séquences pédagogiques au sens de l'article R. 813-42 prévues dans le cadre d'une formation conduisant à un diplôme professionnel, technologique, ou conduites dans le cadre de l'enseignement mentionné par l'article L. 813-9.

Ces périodes de formation en milieu professionnel sont organisées dans les conditions prévues par les programmes et les référentiels nationaux mentionnés au deuxième alinéa des articles L. 811-2 et L. 813-2.

Au cours de ces périodes de formation, les élèves remplissant les conditions d'âge requises peuvent être autorisés, dans les conditions prévues *(Décr. n° 2015-443 du 17 avr. 2015, art. 4, en vigueur le 2 mai 2015)* « à la section III du chapitre III du titre V du livre Ier de la quatrième partie » du code du travail, à utiliser des machines ou produits dont l'usage est interdit aux mineurs *(Décr. n° 2015-443 du 17 avr. 2015, art. 4, en vigueur le 2 mai 2015)* « par la section II du chapitre III du titre V du livre Ier de la quatrième partie du code du travail. »

Art. R. 715-2 *(Décr. n° 2015-443 du 17 avr. 2015, art. 4, en vigueur le 2 mai 2015)* « Les dispositions du présent article se substituent à celles des décrets prévus à l'article L. 4153-3 du code du travail pour son application. »

L'emploi des jeunes âgés de plus de quatorze ans encore soumis à l'obligation scolaire est autorisé pendant les périodes de vacances scolaires comportant au moins sept jours, ouvrables ou non, sous réserve que les intéressés jouissent d'un repos continu d'une durée qui ne peut pas être inférieure à la moitié de la durée totale desdites vacances.

La durée de travail des intéressés ne peut excéder sept heures par jour et trente-deux heures par semaine. Cette dernière limitation est portée à trente-cinq heures par semaine pour ceux qui ont atteint l'âge de quinze ans. Lorsqu'ils travaillent pour le compte de plusieurs employeurs, les jours et les heures de travail qu'ils effectuent chez chacun de ceux-ci sont additionnés.

Les jeunes concernés ne peuvent être employés qu'à des travaux légers, c'est-à-dire des travaux qui, en raison de la nature propre des tâches qu'ils comportent et des conditions particulières dans lesquelles ces tâches sont effectuées, ne sont pas susceptibles de porter préjudice à leur sécurité, à leur santé ou à leur développement. En particulier, ils ne peuvent pas être employés :

1° A des travaux exécutés dans une ambiance ou à un rythme qui leur confèrent une pénibilité caractérisée, ou astreignent à un rendement ;

2° A des travaux d'entretien, de réparation ou de conduite de tracteurs ou de machines mobiles ;

3° A des travaux nécessitant la manipulation ou l'utilisation de produits dangereux au sens *(Décr. n° 2015-443 du 17 avr. 2015, art. 4, en vigueur le 2 mai 2015)* « de l'article L. 4411-1 » du code du travail, ainsi que dans les lieux affectés au stockage, à la manipulation ou à l'utilisation de ces produits ;

4° Dans les lieux affectés à la traite ou à la contention des animaux, lors de la présence de ces derniers.

La déclaration que l'employeur est tenu d'adresser à l'inspecteur du travail indique le nombre de jeunes concernés, leurs nom, prénoms et âge, la nature de travaux qui leur seront confiés et les lieux précis où ces travaux seront effectués.

Art. R. 715-3 Pour l'application de l'article *(Décr. n° 2015-443 du 17 avr. 2015, art. 4, en vigueur le 2 mai 2015)* « L. 3162-3 » du code du travail, une pause d'au moins trente minutes est accordée après une période de travail effectif ininterrompue de quatre heures et demie.

Les jeunes travailleurs agricoles doivent en outre bénéficier, pour chaque période de vingt-quatre heures, d'un temps de repos fixé à quatorze heures s'ils sont encore soumis à l'obligation scolaire et à douze heures s'ils ne sont plus soumis à l'obligation scolaire.

Art. R. 715-4 Les dispositions des articles R. 715-1 à R. 715-3, à l'exception du dernier alinéa de l'article R. 715-2, s'appliquent aux enfants mineurs de l'exploitant, de son conjoint et de ses aides familiaux au sens de l'article L. 722-10.

Ces dispositions ne font pas obstacle à ce que les jeunes âgés de quatorze ans au moins accomplissent dans l'entreprise familiale des travaux occasionnels ou de courte durée, à condition que ces travaux ne soient ni nuisibles ni dangereux pour les intéressés et ne soient pas susceptibles de porter préjudice à leur assiduité scolaire, à leur participation à des programmes d'orientation ou de formation professionnelle ou à leur aptitude à bénéficier de l'instruction reçue.

Lorsque les agents de contrôle de l'inspection du travail constatent des manquements aux prescriptions du présent article, ils mettent en demeure le chef d'entreprise de s'y conformer dans un délai qu'ils fixent.

Ordonnance n° 67-830 du 27 septembre 1967,

Relative à l'aménagement des conditions de travail en ce qui concerne le régime des conventions collectives, le travail des jeunes et les titres-restaurant.

TITRE II **Emploi des jeunes**

....

Art. 17 Les dispositions du présent titre, et notamment celles des articles 5 *[V. C. trav., art. L. 4153-1 à L. 4153-3]*, 6 *[dispositions transitoires caduques]* et 14 *[V. C. trav., art. L. 3163-1 à L. 3163-3, L. 3164-1 nouv.]* ne font pas obstacle aux prescriptions énoncées à la section III du chapitre V du titre Ier du livre II du code du travail (Théâtres et professions ambulantes) *[art. L. 7124-1 à L. 7124-35]* et aux textes qui s'y rattachent, non plus qu'aux dispositions législatives ou réglementaires relatives aux travaux présentant pour les enfants des causes de danger, excédant leurs forces, ou dangereux pour leur moralité.

Loi n° 73-1193 du 27 décembre 1973,

D'orientation du commerce et de l'artisanat (D. et BLD 1974. 30 ; Rect. 74).

Art. 57 En application des dispositions de l'alinéa 2 de l'article 2 du livre II *[art. L. 211-1]* du code du travail, les élèves inscrits dans une classe du cycle moyen comportant un enseignement alterné peuvent effectuer, dans les entreprises commerciales et artisanales agréées, des stages d'information et de formation pratique au cours des deux dernières années de leur scolarité obligatoire.

Dans ce cas, une convention doit être conclue entre le chef d'entreprise commerciale ou artisanale agréée et l'établissement d'enseignement que fréquente l'élève ; cette convention détermine notamment les conditions dans lesquelles sont effectués les stages dans l'entreprise agréée.

Pendant cette période de préapprentissage, l'élève bénéficie du statut scolaire et de conditions identiques à celles offertes par les filières permettant la préparation d'un diplôme de l'enseignement technologique du niveau d'ouvrier qualifié.

V. Arr. du 10 janv. 1975 (D. et BLD 1975. 71) relatif aux stages en entreprise des élèves des classes préparatoires à l'apprentissage. — Sur les stages dans les entreprises agricoles, V. Arr. du 13 juill. 1977 (D. et BLD 1977. 366). — Sur les stages d'initiation à la gestion des entreprises commerciales organisées par la chambre de commerce et d'industrie et à leurs conditions de prise en charge par l'État, V. Arr. du 9 nov. 2000 (JO 16 nov.).

B Durée du travail

(V. aussi C. trav., liv. II, tit. Ier, chap. II).

Liste des principaux décrets d'application des art. L. 3121-1, L. 3121-10, L. 3121-52 C. trav. (semaine de trente-neuf heures et semaine de trente-cinq heures)

Transport routier de marchandises (entreprises de) : *Décr. n° 83-40 du 26 janv. 1983 (JO 27 janv. ; Rect. JO 4 févr.), mod. par Décr. n° 92-752 du 3 août 1992 (JO 4 août), Décr. n° 93-262 du 26 févr. 1993 (JO 28 févr.), Décr. n° 96-1082 du 12 déc. 1996 (JO 13 déc. ; Rect. JO 21 déc.), Décr. n° 96-1115 du 19 déc. 1996 (JO 20 déc.), Décr. n° 98-59 du 29 janv. 1998 (JO 31 janv.), Décr. n° 2000-69 du 27 janv. 2000 (JO 28 janv.), Décr. n° 2002-622 du 25 avr. 2002 (JO 28 avr.), Décr. n° 2005-306 du 31 mars 2005 (JO 1er avr.), Décr. n° 2007-13 du 4 janv. 2007 (JO 5 janv.). — L'art. 1er du Décr. n° 96-1115 du 19 déc. 1996, préc., a été annulé par arrêt du Conseil d'État du 5 oct. 1998 (V. JO 27 déc. 1998), les art. 4, 5, 6, 7, 8, 9, 10 et 11 ont été annulés par arrêt du Conseil d'État du 18 oct. 2005 (280936) (V. RJS 2006. 990, n° 1331). — Sur la durée du travail dans les entreprises de transport sanitaire, V. Décr. n° 2001-679 du 30 juill. 2001 (JO 31 juill.). — Sur la durée du travail dans les entreprises de transport public urbain de voyageurs, V. Décr. n° 2000-118 du 14 févr. 2000 (JO 15 févr.), mod. par Décr. n° 2006-925 du 19 juill. 2006 (JO 28 juill.). — Sur la durée du travail dans les entreprises de transport routier de personnes, V. Décr. n° 2003-1242 du 22 déc. 2003 (JO 24 déc.), mod. par Décr. n° 2006-408 du 6 avr. 2006 (JO 7 avr.). — Sur l'application aux entreprises de transport routier de marchandises des aides à la réduction du temps de travail, V. Circ. 19 juill. 2000 (JO 21 juill.).*

Transport par voie de navigation intérieure (entreprises de) et batellerie fluviale : *Décr. n° 83-1111 du 19 déc. 1983, mod. par Décr. n° 2007-14 du 4 janv. 2007 (JO 5 janv.).*

Hôtels, cafés, restaurants : *Décr. n° 99-256 du 31 mars 1999 (JO 3 avr.), Décr. n° 2001-1318 du 28 déc. 2001 (JO 29 déc.), Décr. n° 2002-1526 du 24 déc. 2002 (JO 28 déc.), Décr. n° 2004-1536 du 30 déc. 2004 (JO 1er janv. 2005), Décr. annulé par arrêt du Conseil d'État du 18 oct. 2006 (276359, 276360, 277153, 277155, 278106) (V. D. 2006. IR 2628 ; RDT 2006. 397, obs. Véricel ; RJS 2006. 987, n° 1330).*

Hôtellerie de plein air : *Décr. n° 2002-595 du 22 avr. 2002 (JO 27 avr.).*

Banque, finance, crédit, épargne, change (établissements de) : *Décr. n° 97-326 du 10 avr. 1997.*

Personnels navigants de l'aviation civile : *Décr. n° 97-999 du 29 oct. 1997 (JO 31 oct.), Décr. n° 2000-1030 du 18 oct. 2000 (C. aviat. civ., art. D. 422-1 à D. 422-15) (JO 31 oct.).*

Casinos : *Décr. n° 2003-840 du 1er sept. 2003 (JO 4 sept.).*

Hospitalisation privée et secteur médico-social à caractère commercial : *Décr. n° 2002-396 du 22 mars 2002 (JO 24 mars).*

Commerces de détail de fruits et légumes, épicerie et produits laitiers : *Décr. n° 2003-1194 du 15 déc. 2003 (JO 17 déc.).*

Maisons d'étudiants : *Décr. n° 2004-114 du 5 févr. 2004 (JO 7 févr.).*

Tourisme social et familial : *Décr. n° 2004-124 du 9 févr. 2004 (JO 11 févr.).*

Code rural et de la pêche maritime

PREMIÈRE PARTIE : *LÉGISLATIVE*

LIVRE VII **Dispositions sociales**

(Ord. n° 2000-550 du 15 juin 2000)

TITRE PREMIER **Réglementation du travail salarié**

CHAPITRE PREMIER *Dispositions générales*

Art. L. 711-1 Le présent titre a pour objet la réglementation du travail salarié dans les établissements ou activités agricoles qu'il définit, sans préjudice des dispositions du livre II du code du travail qui sont applicables à ces établissements ou activités. Il s'applique également aux apprentis.

CHAPITRE III *Durée du travail*

SECTION I *Dispositions générales*

RÉP. TRAV. v° *Durée du travail en agriculture,* par BOUCHER.

Art. L. 713-1 Sont soumis aux dispositions du présent chapitre :

1° Les exploitations, entreprises et établissements énumérés aux 1° à 4° de l'article L. 722-1, à l'exception des entreprises de travaux agricoles qui effectuent un travail aérien ; *— V. cet art.*

2° Les employeurs des salariés mentionnés aux 2°, 3° *(L. n° 2007-1223 du 21 août 2007, art. 1-IX)* « , 6°, 6° *bis*, 6° *ter*, 6° *quater* et au 12° » de l'article L. 722-20 et des salariés occupés aux travaux forestiers définis à l'article L. 722-3, à l'exception des établissements publics administratifs. *— V. ces art.*

Art. L. 713-2 *(L. n° 2016-1088 du 8 août 2016, art. 8)* Le code du travail s'applique aux salariés mentionnés à l'article L. 713-1 du présent code, à l'exception des dispositions pour lesquelles le présent livre a prévu des dispositions particulières. – *V. C. rur., art. R. 719-3 (pén.).*

SECTION II *Heures supplémentaires*

Art. L. 713-13 *(L. n° 2016-1088 du 8 août 2016, art. 8)* I. – Par dérogation à l'article L. 3121-22 du code du travail, pour les exploitations, entreprises, établissements et employeurs mentionnés aux 1° à 4° de l'article L. 722-1 du présent code, aux 2° et 3° de l'article L. 722-20 et au 6° du même article L. 722-20, pour les seules entreprises qui ont une activité de production agricole, la limite de quarante-quatre heures est calculée sur une période de douze mois consécutifs. Les mêmes exploitations, entreprises, établissements et employeurs peuvent être autorisés à dépasser le plafond de soixante heures mentionné à l'article L. 3121-21 du code du travail à la condition que le nombre total d'heures supplémentaires effectuées au-delà de ce plafond n'excède pas soixante heures au cours d'une période de douze mois consécutifs.

II. – Pour l'application de l'article L. 3121-34 du même code, les branches d'activité à caractère saisonnier mentionnées à l'article L. 3132-7 dudit code sont les exploitations, entreprises, établissements et employeurs mentionnés aux 1° à 4° de l'article L. 722-1 du présent code, aux 2° et 3° de l'article L. 722-20 et au 6° du même article L. 722-20, pour les seules entreprises qui ont une activité de production agricole. – *V. C. rur., art. R. 713-21.* – ***C. rur.***

SECTION IV *Dispositions diverses*

Art. L. 713-19 (Abrogé par L. n° 2016-1088 du 8 août 2016, art. 8) (L. n° 2008-789 du 20 août 2008, art. 21-I) ***Le code du travail s'applique aux salariés agricoles, à l'exception des dispositions pour lesquelles le présent livre a prévu des dispositions particulières.***

Art. L. 713-20 Un décret en Conseil d'État fixe les obligations mises à la charge des employeurs en vue de permettre le contrôle de l'application des dispositions légales et conventionnelles relatives à la durée et à l'aménagement du temps de travail. – *[Ancien art. 995.] – V. C. rur., art. D. 719-1 et R. 719-3 (pén.).*

Art. L. 713-21 En cas de litige relatif à l'existence ou au nombre d'heures de travail effectuées, l'employeur doit fournir au juge les éléments de nature à justifier les horaires effectivement réalisés par le salarié. Au vu de ces éléments et de ceux fournis par le salarié à l'appui de sa demande, le juge forme sa conviction après avoir ordonné, en cas de besoin, toutes les mesures d'instruction qu'il estime utiles. – *[Ancien art. 992-1.] – V. C. rur., art. R. 719-2 (pén.).*

Art. L. 713-22 *(Ord. n° 2007-329 du 12 mars 2007, art. 8)* Les dispositions relatives à l'affichage des horaires prévues à l'article L. 3171-1 du code du travail ne sont pas applicables aux chefs d'établissements employant des salariés mentionnés à l'article L. 713-1 du présent code.– *V. C. rur., art. R. 719-2 (pén.).*

CHAPITRE IV *Repos hebdomadaire et quotidien*

SECTION I *Repos hebdomadaire*

Art. L. 714-1 I. – Chaque semaine, les salariés entrant dans le champ d'application de l'article L. 713-1 ont droit à un repos, à prendre le dimanche, d'une durée minimale de vingt-quatre heures consécutives, auquel s'ajoute le repos prévu à l'article *(L. n° 2016-1088 du 8 août 2016, art. 8)* « L. 3131-1 du code du travail ».

II. – Lorsque le travail du dimanche est indispensable au fonctionnement de l'entreprise, le repos hebdomadaire peut être donné pour tout ou partie du personnel, soit toute l'année, soit à certaines époques de l'année seulement, suivant l'une des modalités ci-après :

1° Un autre jour que le dimanche sous réserve que le jour de repos tombe le dimanche au moins une fois sur quatre ;

2° Une demi-journée le dimanche avec un repos compensateur d'une journée par roulement et par quinzaine ;

3° Par roulement à condition que le jour de repos tombe le dimanche au moins deux fois par mois ;

(L. n° 2005-157 du 23 févr. 2005, art. 19) « 4° Par roulement pour les activités d'accueil touristique qui ont pour support l'exploitation. »

Le décret mentionné au VII détermine en particulier les cas dans lesquels l'employeur est admis de plein droit à donner le repos hebdomadaire suivant l'une de ces modalités. Dans les autres cas, l'employeur qui désire faire usage de l'une de ces dérogations doit en faire la demande *(Ord. nº 2010-104 du 28 janv. 2010)* « à l'autorité administrative compétente ».

III. — Une convention ou un accord collectif étendu peut prévoir la possibilité de donner le repos hebdomadaire suivant l'une des modalités prévues aux 1° et 2° du II dans les exploitations de polyculture associées à des activités d'élevage exercées à titre principal qui n'emploient qu'un salarié polyvalent.

IV. — En outre, le repos hebdomadaire peut être donné par roulement lorsque le travail est organisé de façon continue :

1° Pour des raisons techniques ;

2° Pour des raisons économiques à condition qu'une convention ou un accord collectif étendu ou une convention ou un accord d'entreprise ait prévu une telle organisation. A défaut de convention ou d'accord collectif étendu ou de convention ou d'accord d'entreprise, un décret en Conseil d'État peut prévoir les conditions dans lesquelles cette dérogation peut être accordée.

V. — En cas de circonstances exceptionnelles, notamment de travaux dont l'exécution ne peut être différée, le repos hebdomadaire peut être suspendu pour une durée limitée ; les intéressés bénéficieront, au moment choisi d'un commun accord entre l'employeur et le salarié, d'un repos d'une durée égale au repos supprimé.

VI. — Les dérogations aux dispositions du I ne sont pas applicables aux enfants, non libérés de l'obligation scolaire, qui exécutent des travaux légers pendant les vacances scolaires.

VII. — Un décret en Conseil d'État, pris après avis de la sous-commission des conventions et accords, dans la formation spécifique aux professions agricoles, de la commission nationale de la négociation collective fixe l'ensemble des mesures nécessaires à l'application du présent article. — *[Ancien art. 997, al. 1er à 12.] — V. C. rur., art. R. 714-1 s. et R. 719-4 (pén.).*

Art. L. 714-2 Les jeunes travailleurs de moins de dix-huit ans ainsi que les jeunes de moins de dix-huit ans qui accomplissent des stages d'initiation ou d'application en milieu professionnel dans le cadre d'un enseignement alterné ou d'un cursus scolaire bénéficient de deux jours de repos consécutifs.

Lorsque les caractéristiques particulières de l'activité le justifient, une convention ou un accord collectif étendu *(L. nº 2004-391 du 4 mai 2004)* « ou un accord d'entreprise ou d'établissement » peut définir les conditions dans lesquelles il peut être dérogé aux dispositions du précédent alinéa pour les jeunes libérés de l'obligation scolaire, sous réserve qu'ils bénéficient d'une période minimale de repos de trente-six heures consécutives. A défaut d'accord, un décret en Conseil d'État définit les conditions dans lesquelles cette dérogation peut être accordée par l'inspecteur du travail. — *[Ancien art. 997, al. 13 et 14.]*

Art. L. 714-3 Une convention ou un accord collectif étendu *(L. nº 2004-391 du 4 mai 2004)* « ou une convention ou un accord d'entreprise ou d'établissement » peut prévoir que les entreprises agricoles ayant une activité à caractère industriel et qui fonctionnent à l'aide d'un personnel d'exécution composé de deux groupes dont l'un a pour seule fonction de remplacer l'autre pendant le ou les jours de repos accordés à celui-ci sont autorisées à donner le repos hebdomadaire un jour autre que le dimanche. Cette dérogation s'applique également au personnel nécessaire à l'encadrement de l'équipe de suppléance.

(Abrogé par L. nº 2004-391 du 4 mai 2004) « L'utilisation de cette dérogation est subordonnée à la conclusion d'un accord d'entreprise ou d'établissement ou à l'autorisation de l'inspecteur du travail donnée après consultation des délégués syndicaux et avis du comité d'entreprise ou des délégués du personnel, s'ils existent. »

La convention ou l'accord *(Abrogé par L. nº 2004-391 du 4 mai 2004) « collectif étendu »* prévu au premier alinéa comporte obligatoirement des dispositions concernant :

1° Les conditions particulières de mise en œuvre de la formation du personnel travaillant en équipe de suppléance et la rémunération du temps de formation ;

2° Les modalités d'exercice du droit des salariés de l'équipe de suppléance d'occuper un emploi autre que de suppléance.

La rémunération des salariés est majorée d'au moins 50 % par rapport à celle qui serait due pour une durée équivalente effectuée suivant l'horaire normal de l'entreprise. Cette majoration ne s'applique pas lorsque les salariés de l'équipe de suppléance sont amenés à remplacer durant la semaine les salariés partis en congé.

(L. nº 2004-391 du 4 mai 2004) « A défaut de convention ou d'accord, l'utilisation de la dérogation prévue au premier alinéa est subordonnée à l'autorisation de l'inspecteur du tra-

vail donnée après consultation des délégués syndicaux et avis du comité d'entreprise ou des délégués du personnel, s'ils existent, dans des conditions déterminées par décret en Conseil d'État. »

Art. L. 714-4 Les dispositions de l'article L. 221-16-1 *[L. 3132-31 nouv.]* du code du travail sont applicables aux établissements mentionnés à l'article L. 711-1.

SECTION III *Dispositions applicables aux organismes de mutualité agricole*

Art. L. 714-7 Pour l'application des chapitres III et IV du présent titre, les conventions ou accords conclus par des organismes de mutualité agricole avec une ou plusieurs organisations de salariés ont, à l'égard desdits organismes et de leurs salariés, les mêmes effets que des conventions ou accords collectifs étendus à la condition d'avoir été agréés par le ministre chargé de l'agriculture. – *[Ord. n° 82-109 du 30 janv. 1982, art. 12.] – V. C. rur., art. R. 719-2 (pén.).*

Les dispositions relatives à la durée du travail et au repos hebdomadaire en agriculture [C. rur., anciens art. 992 à 998] sont applicables à Saint-Pierre-et-Miquelon (Ord. n° 77-1106 du 26 sept. 1977, art. 12, JO 30 sept.).

TITRE II Organisation générale des régimes de protection sociale des professions agricoles

Art. L. 722-1 Le régime de protection sociale des non-salariés des professions agricoles est applicable aux personnes non salariées occupées aux activités ou dans les exploitations, entreprises ou établissements énumérés ci-dessous :

1° Exploitations de culture et d'élevage de quelque nature qu'elles soient, exploitations de dressage, d'entraînement, haras ainsi qu'établissements de toute nature dirigés par l'exploitant agricole en vue de la transformation, du conditionnement et de la commercialisation des produits agricoles lorsque ces activités constituent le prolongement de l'acte de production, *(L. n° 2002-73 du 17 janv. 2002, art. 28 ; Ord. n° 2010-461 du 6 mai 2010, art. 7)* « ou structures d'accueil touristique, précisées par décret, situées sur l'exploitation ou dans les locaux de celle-ci, notamment d'hébergement et de restauration ». – *V. C. rur., art. D. 722-4.* – ***C. rur.***

2° Entreprises de travaux agricoles définis à l'article L. 722-2 ;

3° Travaux forestiers et entreprises de travaux forestiers définis à l'article L. 722-3 ;

4° Établissements de conchyliculture et de pisciculture et établissements assimilés ainsi qu'activités de pêche maritime à pied professionnelle telle que définie par décret *(Abrogé par Ord. n° 2010-461 du 6 mai 2010, art. 2) « en Conseil d'État »*, sauf pour les personnes qui relèvent du régime social des marins ;

5° Activité exercée en qualité de non salariés par les mandataires des sociétés ou caisses locales d'assurances mutuelles agricoles dans les conditions prévues par décret *(Abrogé par Ord. n° 2010-461 du 6 mai 2010, art. 2) « en Conseil d'État »* ;

*(Abrogé par L. n° 2012-1404 du 17 déc. 2012, art. 37-I-15°, à compter du 1er janv. 2014) « **6° Entreprises artisanales rurales n'employant pas plus de deux ouvriers de façon permanente.** » – [Anciens art. 1144, 1° à 5°, et 1060, 2° bis.]*

BIBL. ▶ TAURAN, *RD rur. 2007. Étude 21* (tourisme rural et droit social) ; RD rur. 2009. Dossier 24 (l'agriculteur pluriactif et le droit social).

Art. L. 722-2 Sont considérés comme travaux agricoles :

1° Les travaux qui entrent dans le cycle de la production animale ou végétale, les travaux d'amélioration foncière agricole ainsi que les travaux accessoires nécessaires à l'exécution des travaux précédents ;

2° Les travaux de création, restauration et entretien des parcs et jardins *(L. n° 2014-1170 du 13 oct. 2014, art. 34)* « comprenant les travaux de maçonnerie paysagère nécessaires à l'exécution des travaux précédents ». – *[Ancien art. 1144-5° (partie).]*

Art. L. 722-3 Sont considérés comme travaux forestiers :

1° Les travaux *(L. n° 2001-602 du 9 juill. 2001)* « de récolte » de bois, à savoir abattage, ébranchage, élagage, éhouppage, débardage sous toutes ses formes, les travaux précédant ou suivant normalement ces opérations tels que débroussaillement, nettoyage des coupes ainsi que transport de bois effectué par l'entreprise qui a procédé à tout ou partie des opérations précédentes et, lorsqu'ils sont effectués sur le parterre de la coupe, les travaux de façonnage, de conditionnement du bois, de sciage et de carbonisation, quels que soient les procédés utilisés *(L. n° 2014-1170 du 13 oct. 2014, art. 67)* « , ainsi que la production de bois et dérivés destinés à l'énergie ou à l'industrie » ;

2° Les travaux de reboisement et de sylviculture, y compris l'élagage, le débroussaillement et le nettoyage des coupes ;

3° Les travaux d'équipement forestier, lorsqu'ils sont accessoires aux travaux ci-dessus.

Ces travaux conservent leur caractère forestier lorsqu'ils sont effectués en dehors du parterre de la coupe par une entreprise ou une section d'entreprise dont l'activité principale est l'exploitation forestière ou la production de bois brut de sciage. — *[Ancien art. 1144, 3° (partie).]*

Sur la présomption de salariat des personnes occupées dans les exploitations ou entreprises de travaux forestiers, V. art. L. 722-23. — ***C. rur.***

....

Art. L. 722-20 Le régime de protection sociale des salariés des professions agricoles est applicable, dans les conditions fixées par les titres IV, V et VI du présent livre, aux personnes salariées et assimilées énumérées ci-dessous :

1° Salariés occupés aux activités ou dans les entreprises ou établissements définis à l'article L. 722-1, à l'exception de l'activité mentionnée au 5° dudit article *(L. n° 2012-1404 du 17 déc. 2012, art. 37-I-14°, en vigueur le 1er janv. 2014)* « , et salariés des entreprises artisanales rurales n'employant pas plus de deux salariés de façon permanente » ;

2° Gardes-chasse, gardes-pêche, gardes forestiers, jardiniers, jardiniers gardes de propriété et, de manière générale, toutes les personnes qui, n'ayant pas la qualité d'entrepreneur, sont occupées par des groupements et sociétés de toute nature ou des particuliers à la mise en état et à l'entretien des jardins ;

3° Employés de maison au service d'un exploitant agricole lorsqu'ils exercent habituellement leur activité sur le lieu de l'exploitation agricole ;

4° Métayers mentionnés à l'article L. 722-21 ;

5° Personnels enseignants des établissements d'enseignement et de formation professionnelle agricoles privés mentionnés à l'article L. 813-8 ;

6° Salariés des organismes de mutualité agricole, des caisses de crédit agricole mutuel, des chambres d'agriculture, du Centre national pour l'aménagement des structures des exploitations agricoles, des coopératives agricoles, des sociétés d'intérêt collectif agricole, des sociétés à caractère coopératif dites fruitières, des sociétés agricoles diverses, des syndicats agricoles, des associations syndicales de propriétaires dont l'objet est agricole et, d'une manière générale, de tout groupement professionnel agricole *(L. n° 2002-73 du 17 janv. 2002, art. 26)* « , de même que les personnels non titulaires de l'établissement "Domaine de Pompadour" dont les contrats ont été transférés à l'Établissement public Les Haras nationaux » *(L. n° 2009-879 du 21 juill. 2009, art. 135)* « ainsi que les agents de droit privé des agences régionales de santé qui demeurent régis par les conventions collectives des organismes de mutualité sociale agricole ».

(L. n° 2006-11 du 5 janv. 2006, art. 35) « 6° *bis* Salariés de toute société ou groupement créé après le 31 décembre 1988, dans leur champ d'activité, par les organismes cités au 6°, à condition que leur participation constitue plus de 50 % du capital ;

« 6° *ter* Salariés des filiales créées après le 31 décembre 2005 par les sociétés ou groupements mentionnés au 6° *bis*, à la condition que ces filiales se situent dans leur champ d'activité et que lesdits sociétés et groupements détiennent plus de 50 % du capital de ces filiales ;

« 6° *quater* Salariés des organismes, sociétés et groupements mentionnés aux 6°, 6° *bis* et 6° *ter*, lorsqu'intervient une modification de la forme ou des statuts desdits organismes, sociétés et groupements, dès lors que cette modification n'entraîne pas la création d'une personne morale nouvelle ; »

7° Apprentis et, sous réserve des dispositions de l'article L. 962-4 du code du travail, stagiaires relevant du régime des assurances sociales agricoles occupés dans les exploitations, entreprises, organismes et groupements ci-dessus énumérés ;

8° Lorsque les sociétés dont ils sont les dirigeants relèvent des dispositions des 1° à 4° de l'article L. 722-1, *(L. n° 2011-525 du 17 mai 2011, art. 35)* « présidents du conseil d'administration, présidents-directeurs généraux, directeurs généraux et directeurs généraux délégués » des sociétés anonymes, ainsi que gérants de sociétés à responsabilité limitée, à condition que lesdits gérants ne possèdent pas, ensemble, plus de la moitié du capital social, étant entendu que les parts appartenant, en toute propriété ou en usufruit, au conjoint *(L. n° 2011-525 du 17 mai 2011, art. 35)* « , au partenaire lié par un pacte civil de solidarité » et aux enfants mineurs non émancipés d'un gérant sont considérées comme possédées par ce dernier ;

(Ord. n° 2003-1187 du 11 déc. 2003) « 9° Présidents et dirigeants des sociétés par actions simplifiées lorsque ces sociétés relèvent des 1° à 4° de l'article L. 722-1 ;

« 10° Dirigeants des associations ayant un objet agricole, remplissant les conditions prévues au deuxième alinéa du *d* du 1° du 7 de l'article 261 du code général des impôts ;

« 11° Administrateurs des groupements mutualistes relevant du 6° du présent article, dès lors qu'ils perçoivent une indemnité de fonction et ne relèvent pas, à titre obligatoire, d'un régime de sécurité sociale. »

(L. n° 2006-11 du 5 janv. 2006, art. 35) « 12° Salariés des centres de gestion agréés et des associations de gestion et de comptabilité dont les statuts prévoient que le conseil d'administration est composé en majorité de membres désignés par des organisations professionnelles agricoles ou des chambres d'agriculture ; »

(L. n° 2010-874 du 27 juill. 2010, art. 50-3°) « 13° Par dérogation aux dispositions de l'article L. 6342-1 du code du travail, les personnes effectuant des stages de formation professionnelle continue conformément aux dispositions de la sixième partie du code du travail, lorsque ces stages sont effectués dans le cadre du plan de professionnalisation permettant de bénéficier des aides au titre de la politique d'installation en agriculture mentionnée à l'article L. 330-1 du présent code ;

« 14° Par dérogation aux dispositions de l'article L. 5142-1 du code du travail et du 25° de l'article L. 311-3 du code de la sécurité sociale, les personnes exerçant une activité mentionnée à l'article L. 722-1 du présent code et qui sont liées avec une personne morale par un contrat d'appui au projet d'entreprise, dans les conditions définies par l'article L. 127-1 du code de commerce ; »

(L. n° 2014-1554 du 22 déc. 2014, art. 8-II) « 15° Personnes qui contribuent à l'exercice d'une mission définie au premier alinéa du 21° de l'article L. 311-3 du code de la sécurité sociale, dans les conditions fixées au même 21°, étant entendu que le décret mentionné audit 21° est, dans ce cas, pris pour l'application du présent 15°. » – *Ces dispositions sont applicables aux sommes versées à compter du 1er janv. 2015.*

Les salariés et assimilés définis au présent article sont désignés dans les titres II à VI du présent livre par les termes salariés agricoles. – *[Ancien C. rur., art. 1144 (partie).]*

Les dispositions de l'art. L. 241-6-2 CSS sont applicables aux gains et rémunérations versés aux salariés visés au 1° de l'art. ci-dessus (L. n° 2001-1246 du 21 déc. 2001, art. 15-III). – **CSS.**

DEUXIÈME PARTIE : *RÉGLEMENTAIRE*

LIVRE VII **Dispositions sociales**

(Décr. n° 2005-368 du 19 avr. 2005)

CHAPITRE III *Durée du travail*

SECTION I *Dispositions générales*

Art. R. 713-1 Pour l'application de la présente section, la journée s'entend de la période allant de 0 heure à minuit, la demi-journée de 0 heure à midi ou de midi à minuit.

Art. R. 713-2 Après consultation du comité d'entreprise ou, à défaut, des délégués du personnel s'il en existe, l'employeur répartit la durée légale du travail sur cinq jours, cinq jours et demi ou six jours par semaine.

L'employeur peut cependant répartir cette durée sur quatre jours ou quatre jours et demi, à condition, d'une part, que la durée hebdomadaire de travail n'excède pas la durée légale et, d'autre part, que le comité d'entreprise ou d'établissement ou, à défaut, les délégués du personnel s'il en existe ne s'y opposent pas. L'employeur en informe alors l'inspecteur du travail.

L'employeur précise, avant le début de la semaine, les journées et demi-journées qui seront travaillées. Cette répartition peut être modifiée en cours de semaine en cas de circonstances exceptionnelles, notamment de travaux dont l'exécution ne peut être différée, sous réserve que le salarié en soit averti au moins un jour franc à l'avance.

Art. R. 713-3 Une convention ou un accord collectif étendu ou une convention ou accord d'entreprise ou d'établissement peut prévoir la possibilité d'organiser le travail :

1° Par roulement ;

2° Par relais, en équipes alternantes ou chevauchantes ;

3° Par équipes successives.

Dans les entreprises mentionnées à l'article L. 132-27 *[L. 1142-5 nouv.]* du code du travail, l'employeur qui envisage une telle organisation doit engager une négociation à cette fin.

A défaut de conclusion d'une convention ou d'un accord, et sauf en ce qui concerne l'organisation du travail par équipes alternantes, cette organisation peut être mise en place par l'employeur après information et consultation du comité d'entreprise ou, en l'absence de comité d'entreprise, des délégués du personnel s'il en existe, et après information de l'inspecteur du travail.

Art. R. 713-4 Les heures perdues en dessous de la durée légale du travail à la suite d'une interruption collective résultant d'une cause prévue à l'article L. 713-4 peuvent être récupérées dans les conditions suivantes :

1° La récupération ne peut concerner que les salariés présents lors de l'interruption. Elle est effectuée dans la période de vingt-six semaines qui suit la semaine au cours de laquelle a eu lieu l'interruption. Le nombre d'heures de récupération ne peut excéder huit par semaine ;

2° Lorsque l'interruption est consécutive à l'une des causes prévues au 1° de l'article L. 713-4, l'employeur, qui se réserve la possibilité de faire récupérer les heures perdues, en informe l'inspecteur du travail ; lorsque l'interruption concerne l'ensemble des entreprises relevant d'un même type d'activité, il peut être procédé à cette information par l'organisation patronale intéressée ;

3° Les heures qui ont donné lieu au paiement des allocations légales pour privation partielle d'emploi ne peuvent être récupérées.

Il ne peut être dérogé aux dispositions des 2° et 3° du présent article par des conventions ou accords étendus ou par des accords d'entreprise ou d'établissement.

Art. D. 713-5 La durée quotidienne de travail effectif des salariés des exploitations, entreprises, établissements et employeurs mentionnés à l'article L. 713-1, fixée à dix heures par le deuxième alinéa de l'article L. 713-2, peut être dépassée dans tous les cas où un surcroît temporaire d'activité est imposé, notamment pour l'un des motifs ci-après :

1° Travaux devant être exécutés dans un délai déterminé en raison de leur nature, des charges imposées à l'entreprise ou des engagements contractés par celle-ci ;

2° Travaux saisonniers ;

3° Travaux impliquant une activité accrue pendant certains jours de la semaine, du mois ou de l'année.

Le dépassement :

1° Ne peut excéder deux heures par jour pendant un maximum de six journées consécutives ;

2° Ne peut excéder trente heures par période de douze mois consécutifs ; un contingent supérieur ou inférieur peut toutefois être fixé par convention collective ou accord collectif étendu ;

L'employeur doit adresser immédiatement à l'inspecteur du travail une déclaration l'informant du dépassement et des circonstances qui le motivent. Lorsque ce dépassement concerne l'ensemble des entreprises relevant d'un même type d'activité, il peut être procédé à cette information par l'organisation patronale intéressée.

Art. R. 713-6 Pour le personnel occupé à des activités de gardiennage de locaux ou d'installations, le personnel de surveillance des appareils à fonctionnement continu, les préposés des services d'incendie et le personnel assurant la surveillance des animaux :

1° La durée de présence correspondant à la durée légale du travail est égale à cette durée prolongée de sept heures ;

2° La durée de présence correspondant aux durées maximales hebdomadaires moyenne et absolue est égale à ces durées prolongées de sept heures ;

3° La durée de présence correspondant à la durée maximale quotidienne est égale à cette durée prolongée d'une heure.

Art. D. 713-7 Pour les garçons de cour et les cavaliers d'entraînement travaillant à temps complet dans les établissements d'entraînement de chevaux de course au galop situés en France métropolitaine, lorsque l'employeur affiche les horaires quotidiens de travail en application de l'article R. 713-37 ou bien lorsque, dans le cadre de l'annualisation de la durée du travail, il affiche les horaires quotidiens de travail en application du 2° de l'article R. 713-45, des équivalences sont établies dans les conditions suivantes :

1° Lorsqu'un salarié est amené à se déplacer afin de faire participer des chevaux de course à des manifestations sportives, la durée de présence du salarié, depuis la préparation du cheval avant le départ jusqu'à la finition au retour à l'écurie, s'inscrit, pour la journée considérée, dans le cadre de l'horaire quotidien programmé initialement dans l'entreprise ;

2° La rémunération du salarié concerné est au moins égale à celle correspondant au nombre d'heures programmées quelle que soit la durée réelle du temps de travail accomplie au cours de la journée considérée.

En cas de dépassement de l'horaire quotidien programmé résultant du temps de déplacement susmentionné, la durée de ce dépassement est réputée être équivalente à un travail effectif de 25 % de cette durée de dépassement et est rémunérée selon ce même taux, sans préjudice de l'application des dispositions de l'article L. 713-6. Toutefois, cette équivalence ne peut s'appliquer au temps de conduite des chauffeurs.

Art. D. 713-8 Pour les salariés travaillant à temps plein et exerçant la fonction de conducteur routier de marchandises au moins 300 heures par an, la durée quotidienne du temps de travail effectif est égale, compte tenu des périodes d'inaction, à la durée de présence quotidienne du travail diminuée de quarante minutes dans les entreprises et établissements suivants situés sur le territoire métropolitain :

1° Les coopératives agricoles et les unions de coopératives agricoles de céréales, de meunerie, d'approvisionnement, d'oléagineux et d'aliments du bétail ainsi que les sociétés coopératives d'intérêt collectif ayant le même objet, dans lesquelles ces coopératives agricoles ou unions de coopératives agricoles ont une participation prépondérante ;

2° Les groupements professionnels agricoles et les sociétés créées par les entreprises susmentionnées lorsque ces groupements professionnels agricoles ou ces sociétés ont pour activité :

a) La collecte, le stockage, le conditionnement, la transformation et la vente des céréales, des oléagineux et protéagineux ;

b) L'achat et la vente des produits, biens, équipements, instruments nécessaires à l'agriculture et au monde rural ;

c) La fourniture de services rattachés aux activités susvisées ;

3° Les groupements d'intérêt économique exerçant des activités identiques, constitués exclusivement ou en majorité entre des entreprises précitées.

SECTION II *Heures supplémentaires*

SOUS-SECTION 3 *Dérogations à la durée maximale hebdomadaire*

Art. R. 713-21 Les dérogations aux règles fixant les durées maximales hebdomadaires moyenne et absolue prévues au premier alinéa de l'article L. 713-13 ne peuvent être accordées que pour une durée qui doit être expressément fixée, dans chaque cas, par l'autorité compétente.

A l'expiration de la durée d'effet d'une dérogation, toute nouvelle dérogation ne peut résulter que d'une décision expresse faisant suite à une nouvelle demande des intéressés qui est instruite dans les mêmes conditions que la demande initiale.

Les dérogations sont révocables à tout moment par l'autorité qui les a accordées si les raisons qui en ont motivé l'octroi viennent à disparaître, notamment en cas de licenciements collectifs affectant les secteurs, régions ou entreprises ayant fait l'objet d'une dérogation.

§ 1er *Dérogations à la durée maximale hebdomadaire moyenne*

Art. R. 713-22 Les dérogations relatives à la durée maximale hebdomadaire moyenne revêtent l'une des modalités suivantes :

1° Pour les entreprises dans lesquelles le calcul de la durée moyenne hebdomadaire est obligatoirement opéré, sauf dérogation, sur une période de douze semaines consécutives :

a) Dépassement de la moyenne hebdomadaire applicable ;

b) Établissement de ladite moyenne sur une période d'une durée supérieure à douze semaines ;

c) Combinaison des deux modalités qui précèdent ;

2° Pour les autres entreprises : dépassement de la moyenne hebdomadaire applicable.

Les décisions de dérogation précisent la modalité, l'ampleur et, le cas échéant, les autres conditions du dépassement autorisé.

Art. R. 713-23 Les dérogations peuvent être assorties de mesures compensatoires ayant pour objet soit de prévoir en faveur des travailleurs des périodes de repos complémentaire, soit d'abaisser pendant une période déterminée la durée maximale moyenne ou la durée maximale absolue.

Ces modalités peuvent être combinées.

La nature et les conditions des mesures compensatoires sont fixées par la décision de dérogation.

Art. R. 713-24 Les demandes de dérogation concernant un type d'activité sur le plan national sont adressées par l'organisation patronale intéressée au ministre chargé de l'agriculture qui se prononce après consultation des organisations syndicales d'employeurs et de salariés les plus représentatives du secteur considéré en tenant compte des conditions économiques et de la situation de l'emploi dans ce secteur.

Les dérogations sur le plan national font l'objet d'un arrêté du ministre chargé de l'agriculture.

Art. R. 713-25 Les demandes de dérogation concernant un type d'activités sur le plan interdépartemental sont adressées par l'organisation patronale intéressée au chef du service régional de l'inspection du travail, de l'emploi et de la politique sociale agricoles. Celui-ci prend sa décision après consultation des organisations syndicales les plus représentatives d'employeurs et de salariés concernées en tenant compte des conditions économiques et de la situation de l'emploi propres à la région et au secteur considérés.

Art. R. 713-26 Les demandes de dérogation concernant un type d'activités sur le plan départemental ou local sont adressées par l'organisation patronale intéressée au chef du service départemental de l'inspection du travail, de l'emploi et de la politique sociale agricoles. Celui-ci prend sa décision après consultation des organisations syndicales les plus représentatives d'employeurs et de salariés concernées en tenant compte des conditions économiques et de la situation de l'emploi propres au type d'activités et à la circonscription géographique considérés.

Art. R. 713-27 Lorsqu'une dérogation a été accordée en vertu des articles R. 713-24, R. 713-25 ou R. 713-26, les employeurs concernés qui désirent en user doivent consulter le comité d'entreprise ou, à défaut, les délégués du personnel sur cette intention et transmettre l'avis ainsi recueilli au chef du service départemental de l'inspection du travail, de l'emploi et de la politique sociale agricoles.

Art. R. 713-28 Les employeurs qui exercent un type d'activités n'ayant pas fait l'objet d'une décision prévue aux articles R. 713-24 à R. 713-26 peuvent, pour faire face à des situations exceptionnelles propres à leur entreprise, demander l'octroi d'une dérogation particulière.

La demande, motivée et accompagnée de l'avis du comité d'entreprise ou, à défaut, de celui des délégués du personnel, est adressée au chef du service départemental de l'inspection du travail, de l'emploi et de la politique sociale agricoles, qui statue.

Art. R. 713-29 Les décisions prises en application des articles R. 713-25, R. 713-26 et R. 713-28 sont notifiées au demandeur dans les quinze jours suivant le dépôt de la demande. A défaut d'une notification dans ce délai, l'autorisation est réputée accordée.

Art. R. 713-30 Les recours hiérarchiques formés contre les décisions prises en application des articles R. 713-26 et R. 713-28 sont portés devant le chef du service régional de l'inspection du travail, de l'emploi et de la politique sociale agricoles. Ces recours sont, à peine de forclusion, présentés dans les quinze jours suivant la notification des décisions contestées.

La décision du chef du service régional est notifiée au demandeur dans les quinze jours de la réception du recours.

§ 2 *Dérogations à la durée maximale hebdomadaire absolue*

Art. R. 713-31 Les demandes de dérogation aux règles fixant la durée maximale absolue sont assorties de toutes justifications sur les circonstances qui les motivent ; elles précisent la durée de la dérogation demandée.

Lorsqu'elle concerne une seule entreprise, la demande est présentée par l'employeur, accompagnée de l'avis du comité d'entreprise ou, à défaut, des délégués du personnel.

Lorsqu'elle concerne les entreprises relevant d'un même type d'activités dans une région déterminée, la demande est présentée par l'organisation patronale intéressée.

Art. R. 713-32 Les demandes sont adressées au chef du service départemental de l'inspection du travail, de l'emploi et de la politique sociale agricoles. Celui-ci examine si les circonstances invoquées sont de nature à justifier l'octroi de la dérogation et, dans le cas où cette dernière doit intéresser la totalité ou plusieurs des entreprises relevant d'un même type d'activités dans une région déterminée, procède à la consultation des organisations syndicales d'employeurs et de salariés les plus représentatives dans ce type d'activités et dans cette région.

La décision du chef du service départemental de l'inspection du travail, de l'emploi et de la politique sociale agricoles précise les modalités de la dérogation ainsi que la durée pour laquelle elle est accordée.

Lorsqu'une dérogation a été accordée par application des alinéas précédents pour un type d'activités et une région déterminée, les employeurs concernés qui désirent en user doivent consulter le comité d'entreprise ou, à défaut, les délégués du personnel sur cette intention et transmettre l'avis ainsi recueilli au chef du service départemental de l'inspection du travail, de l'emploi et de la politique sociale agricoles.

Art. R. 713-33 Les dispositions des articles R. 713-23 *(Décr. n° 2007-70 du 18 janv. 2007, art. 1er-III)* « , R. 713-29 et R. 713-30 » sont applicables aux dérogations prévues au présent paragraphe.

§ 3 *Dispositions particulières aux départements d'outre-mer*

Art. R. 713-34 *Abrogé par Décr. n° 2008-1503 du 30 déc. 2008, art. 4-7°.*

SECTION IV ***Dispositions diverses***

Art. R. 713-35 En vue du contrôle de l'application des dispositions légales et conventionnelles relatives à la durée et à l'aménagement du temps de travail, tout employeur mentionné à l'article L. 713-1 enregistre ou consigne toutes les heures effectuées ou à effectuer par les salariés dans les conditions prévues soit à l'article R. 713-36, soit à l'article R. 713-37. Sous réserve des articles R. 713-42 et R. 713-43, il arrête son choix entre ces procédés après avoir informé et consulté, s'ils existent, le comité d'entreprise ou, à défaut, les délégués du personnel.

Art. R. 713-36 L'employeur enregistre, chaque jour, sur un document prévu à cet effet, le nombre d'heures de travail effectuées par chaque salarié, ou groupe de salariés, ou les heures de début et de fin de chacune de leurs périodes de travail.

Une copie du document est remise à chaque salarié, en même temps que sa paye. L'approbation du salarié ou son absence de réserve ne peut emporter renonciation à tout ou partie de ses droits.

L'employeur peut, toutefois, sous sa responsabilité, confier à chaque salarié le soin de procéder à l'enregistrement mentionné ci-dessus s'il met à sa disposition des moyens de pointage ou d'autres moyens qui permettent à l'intéressé de contrôler la réalité des indications qu'il enregistre.

Une copie du document, établie dans les conditions et avec les effets prévus ci-dessus, est remise au salarié qui en fait la demande.

Art. R. 713-37 A défaut de mettre en œuvre les modalités prévues à l'article R. 713-36, l'employeur affiche, pour chaque jour de la semaine, les heures auxquelles commence et finit chaque période de travail.

Cet horaire est affiché dans chacun des lieux de travail auxquels il s'applique, aux emplacements réservés aux communications destinées au personnel ou, à défaut, dans un local qui lui est accessible.

Signé par l'employeur ou un de ses représentants, il précise la date à laquelle il prend effet. Un exemplaire en est transmis à l'inspecteur du travail avant sa mise en vigueur.

Toute modification de l'horaire doit être, préalablement à sa mise en service, portée à la connaissance du personnel et de l'inspecteur du travail selon les mêmes modalités. Il en est de même si l'employeur décide de substituer à l'affichage de l'horaire le procédé de l'enregistrement prévu à l'article R. 713-36.

Sauf preuve contraire de l'employeur, les salariés sont présumés avoir accompli l'horaire affiché ; ils ne peuvent être employés en dehors de cet horaire.

Aux lieu et place de l'affichage, l'employeur peut remettre au salarié concerné, contre décharge, un document sur lequel est porté son horaire, établi dans les conditions et avec les effets énoncés aux alinéas 1 à 5.

Mention est faite de cette remise sur l'exemplaire de l'horaire transmis à l'inspecteur du travail.

Art. R. 713-38 Les documents et autres supports mentionnés aux articles R. 713-35 et R. 713-36 doivent permettre d'identifier les heures récupérées au sens de l'article L. 713-4 ou qui donnent lieu à équivalence en application du II de l'article L. 713-5.

Art. R. 713-39 Les documents et autres supports mentionnés aux articles R. 713-36 et R. 713-37 doivent permettre d'identifier les salariés auxquels ils s'appliquent.

En cas d'organisation du travail par relais, par roulement ou par équipes successives, la composition nominative de chaque équipe, y compris les salariés mis à disposition par un tiers, est indiquée par un tableau affiché dans chacun des lieux auxquels il s'applique, aux emplacements réservés aux communications destinées au personnel ou, à défaut, dans un local qui lui est accessible.

Art. R. 713-40 L'employeur est dispensé d'appliquer les dispositions des articles R. 713-35 à R. 713-37 lorsque le salarié est obligé d'organiser lui-même son activité, dans les limites prévues notamment par les articles L. 713-2 et L. 713-13, parce qu'il assume des responsabilités importantes ou parce qu'il travaille dans des conditions qui ne permettent pas à l'employeur ou à l'un de ses représentants de contrôler sa présence.

Art. R. 713-41 Dans le cas prévu à l'article R. 713-40 :

1° Si le salarié est payé au nombre d'unités d'un produit qu'il récolte ou façonne et qu'il existe une convention ou un accord collectif de travail, ceux-ci précisent le temps de référence retenu, dans les conditions normales d'activité, pour fixer le salaire de l'unité, ainsi que la périodicité maximale du comptage de ces unités. A défaut, le contrat individuel de travail comporte les mêmes indications, qui prennent en compte les conditions réelles dans lesquelles le salarié exerce son activité ;

2° Si la rémunération du salarié est calculée sur la base d'une durée du travail forfaitaire et qu'il existe une convention ou un accord collectif de travail, ceux-ci fixent cette durée en précisant, s'il y a lieu, le nombre d'heures supplémentaires que cette rémunération inclut. A défaut, le contrat individuel de travail comporte le détail des calculs qui ont permis d'établir la correspondance entre la charge de travail de l'intéressé et cette durée ;

3° Si le salarié est engagé pour exécuter une tâche comportant la réalisation successive de plusieurs opérations ou façons culturales, dont le temps moyen d'exécution ne peut être mesuré, la convention ou l'accord collectif de travail précise le salaire minimal pour une unité du produit travaillé ainsi que la périodicité maximale de comptage de ces unités.

Art. R. 713-42 Sous réserve des dispositions de l'article R. 713-43, une convention ou un accord collectif de travail peut exclure, pour tout ou partie des emplois ou des activités des établissements entrant dans son champ d'application, le recours par l'employeur à certaines des possibilités prévues par les articles R. 713-36 et R. 713-37.

Art. R. 713-43 Lorsqu'il constate que la durée du travail enregistrée ou consignée en application des dispositions des articles R. 713-36 ou R. 713-37 est inexacte, l'inspecteur du travail peut exiger de l'employeur l'enregistrement des heures effectuées :

1° Soit selon les modalités fixées à l'article R. 713-36 ; dans ce cas, l'inspecteur du travail précise si l'employeur doit enregistrer le nombre d'heures de travail effectué quotidiennement par chaque salarié ou groupe de salariés, ou s'il doit enregistrer les heures de début et de fin de chacune de leurs périodes de travail ;

2° Soit selon les modalités fixées à l'article R. 713-37, à la condition que les salariés soient occupés dans le cadre d'un horaire régulier.

Art. R. 713-44 Le recours hiérarchique contre la décision de l'inspecteur du travail est porté devant le chef du service régional de l'inspection du travail, de l'emploi et de la politique sociale agricoles. Il est présenté, à peine de forclusion, dans les quinze jours suivant la réception de la lettre recommandée avec avis de réception notifiant la décision de l'inspecteur du travail.

Art. R. 713-45 L'employeur affiche dans chacun des lieux auxquels ils s'appliquent, aux emplacements réservés aux communications destinées au personnel ou, à défaut, dans un local qui lui est accessible :

1° S'il organise le temps de travail par cycles dans les conditions fixées à l'article L. 713-8 : le nombre de semaines que comporte le cycle et la répartition de la durée du travail du cycle entre ces semaines ;

2° S'il organise le temps de travail selon les modalités prévues à l'article L. 713-14 : le programme indiquant la nature et l'époque des travaux qui doivent être effectués au cours de la période mentionnée audit article, ainsi que l'horaire indicatif ; en cas de changements du programme et de l'horaire indicatif, ces changements doivent être affichés en respectant le délai prévu au troisième alinéa de l'article L. 713-16 ou, le cas échéant, par la convention ou l'accord.

Art. R. 713-46 Les documents mentionnés à l'article R. 713-45 sont signés par l'employeur ou un de ses représentants. Ils précisent la date à laquelle ils prennent effet. Un exemplaire en est transmis à l'inspecteur du travail avant leur mise en vigueur.

Lorsqu'en application de l'article L. 713-16, l'activité des salariés est organisée selon les calendriers individualisés, le changement de ces calendriers doit être notifié aux salariés concernés en respectant le délai prévu au troisième alinéa de cet article ou, le cas échéant, par la convention ou l'accord collectif.

Lorsqu'un dispositif de réduction du temps de travail par attribution de journées ou de demi-journées de repos est appliqué dans les conditions fixées à l'article L. 212-9 du code du travail, la modification des dates fixées pour la prise des journées ou demi-journées de repos doit respecter le délai défini par cet article ou, le cas échéant, par la convention ou l'accord collectif pour notifier ce changement au salarié.

Art. R. 713-47 L'employeur enregistre, pour chaque salarié, sur un document prévu à cet effet :

1° Lorsque l'employeur entre dans le champ d'application des deuxième et troisième alinéas de l'article L. 713-9 et en l'absence, sur les deux points mentionnés ci-après, de toute disposition dans un accord conclu entre des organisations syndicales d'employeurs et de salariés les plus représentatives au plan national :

a) Le nombre d'heures de repos compensateur porté au crédit du salarié ;

b) Lorsque le droit à ce repos compensateur est ouvert, une mention rappelant le délai dans lequel il doit être pris ;

2° Lorsque l'employeur entre dans le champ d'application de l'article L. 713-10 et lorsque le droit du salarié est ouvert :

a) Le nombre de journées ou de demi-journées de congé porté à son crédit ;

b) Le cas échéant, le délai dans lequel ces journées ou demi-journées doivent être prises ;

3° Lorsque des heures supplémentaires donnent lieu à la bonification sous forme de repos prévue au I de l'article L. 713-6 ou lorsque des droits à repos compensateur sont acquis en application de l'article L. 713-7 :

a) Le nombre d'heures de repos porté au crédit du salarié ;

b) Le cas échéant, une mention précisant l'ouverture du droit à repos et le délai dans lequel ce repos doit être pris ;

4° Lorsque l'employeur applique l'organisation du travail prévue à l'article L. 713-14 : le résultat de la compensation effectuée depuis le début de la période mentionnée à cet article entre les heures accomplies au-delà de la durée hebdomadaire moyenne fixée par la convention ou l'accord et les heures non travaillées en deçà de cette durée ;

5° Lorsque l'employeur fait application de l'article L. 212-9 *[L. 3122-6 à L. 3122-8 et L. 3122-19 à L. 3122-22 nouv.]* du code du travail : le nombre de journées ou de demi-journées de repos attribuées à ce titre ;

6° La nature et la durée des repos pris chaque mois en application des dispositions mentionnées aux 1°, 2°, 3° et 5° ci-dessus et des autres périodes d'absence en précisant si elles ont été ou non rémunérées.

L'employeur remet au salarié, dans les conditions et avec les effets prévus au deuxième alinéa de l'article R. 713-36, une copie des informations mentionnées aux alinéas 1 à 4 du présent article.

Le document mentionné au dernier alinéa du III de l'article L. 212-15-3 *[L. 3171-3 nouv.]* du code du travail doit comporter la récapitulation pour chaque année du nombre de journées et de demi-journées travaillées par chaque salarié.

Art. R. 713-48 Les documents et autres supports prévus par la présente section, ainsi que les documents qui sont éventuellement utilisés pour les servir, sont tenus à la disposition des agents de contrôle de l'inspection du travail, de l'emploi et de la politique sociale agricoles. Les employeurs qui font application de l'organisation du travail prévue à l'article L. 713-14 tiennent également à la disposition de ces agents les documents qui sont relatifs à sa mise en œuvre.

Al. 2 et 3 abrogés par Décr. n° 2007-70 du 18 janv. 2007, art. 1er-IV.

Art. R. 713-49 Les documents et autres supports prévus par la présente section, ainsi que les documents qui sont éventuellement utilisés pour les servir, sont conservés pendant une durée d'un an à compter de la fin de l'année civile à laquelle ils se rapportent.

Lorsque l'employeur fait application de l'organisation du travail prévue par les articles L. 713-8, L. 713-14 du présent code ou L. 212-9 *[L. 3122-6 à L. 3122-8 et L. 3122-19 à L. 3122-22 nouv.]* du code du travail, ils sont conservés pendant une durée d'un an à compter de la fin de cycle prévu à l'article L. 713-8 ou de la fin de la période annuelle mentionnée à l'article L. 713-14 et au II de l'article L. 212-9 *[L. 3122-19 à L. 3122-22 nouv.]*.

Art. R. 713-50 Le support informatique mentionné au deuxième alinéa de l'article L. 620-7 du code du travail doit permettre d'obtenir, sans difficulté d'utilisation et de compréhension et sans risque d'altération, toutes les mentions obligatoires des documents prévus aux articles R. 713-36 et R. 713-47. Il doit être présenté dans les mêmes conditions et conservé dans le même délai que le document auquel il se substitue.

En cas de traitement automatisé de données nominatives, le chef d'établissement ou le responsable du traitement doit justifier à l'inspecteur du travail de la délivrance du récépissé attestant qu'il a effectué la déclaration préalable prévue par la loi n° 78-17 du 6 janvier 1978 relative à l'informatique, aux fichiers et aux libertés.

Les délégués du personnel peuvent consulter les documents et autres supports mentionnés aux articles R. 713-35 à R. 713-37 et R. 713-47.

CHAPITRE IV *Repos hebdomadaire et quotidien*

SECTION I *Repos hebdomadaire*

SOUS-SECTION 1 *Dérogation au repos dominical*

Art. R. 714-1 Le repos hebdomadaire est accordé de plein droit, selon l'une des modalités prévues au II de l'article L. 714-1, après consultation du comité d'entreprise ou, à défaut, des délégués du personnel, s'il en existe, aux salariés employés :

1° Dans des établissements de sports et de loisirs ;

2° A des activités d'accueil destinées à une clientèle de touristes ainsi qu'aux activités préparatoires ou complémentaires directement liées à ces opérations ;

3° A des opérations de vente au détail des produits de l'horticulture ornementale et des pépinières ainsi qu'aux activités préparatoires ou complémentaires nécessaires à la réalisation de ces opérations ;

4° A des activités de garde ou de gardiennage ;

5° A des opérations d'insémination artificielle ;

6° A des activités d'organisation de manifestations, d'installation de stands et d'exposition dans l'enceinte des foires et salons ayant fait l'objet d'une autorisation ou d'un agrément ;

7° Aux soins et à la surveillance des animaux ;

8° A des opérations de maintenance qui, pour des raisons techniques, doivent être réalisées de façon urgente ou qui nécessitent la mise hors exploitation des installations ;

9° A des opérations qui doivent être effectuées quotidiennement et ne peuvent être différées ;

10° A la conduite des appareils fonctionnant en continu ;

11° Au traitement et au transport des matières susceptibles d'altération très rapide ;

(Décr. n° 2007-1580 du 7 nov. 2007) « 12° Dans les jardineries et graineteries coopératives. »

Art. R. 714-2 Une convention ou un accord collectif étendu ou une convention ou un accord d'entreprise peut préciser, pour tout ou partie des emplois ou des activités énumérés à l'article R. 714-1, que l'employeur sera tenu de recourir à une ou plusieurs des modalités d'octroi du repos hebdomadaire prévues au II de l'article L. 714-1.

Art. R. 714-3 Dans les établissements où le travail est organisé de façon continue pendant tout ou partie de l'année parce que sont mises en œuvre des matières susceptibles d'altération très rapide ou parce que toute interruption de travail entraînerait la perte ou la dépréciation du produit en cours de fabrication, le repos hebdomadaire peut être donné par roulement pendant la période correspondante au personnel affecté à ce travail, y compris celui affecté aux opérations mentionnées aux 8° à 11° de l'article R. 714-1.

Art. R. 714-4 En dehors des cas mentionnés à l'article R. 714-2, l'employeur qui désire faire usage de l'une des dérogations au repos hebdomadaire prévues au II de l'article L. 714-1 doit au préalable en obtenir l'autorisation *(Décr. n° 2010-815 du 13 juill. 2010)* « de l'inspecteur du travail ».

Art. R. 714-5 La demande d'autorisation doit indiquer les motifs invoqués pour l'octroi d'une dérogation, la ou les modalités envisagées en précisant pour chacune d'elles la ou les catégories de personnel intéressées et la période pour laquelle la dérogation est sollicitée.

Cette demande doit être accompagnée de l'avis du comité d'entreprise ou, à défaut, de celui des délégués du personnel, s'il en existe.

Art. R. 714-6 La dérogation ne peut être accordée que pour une durée limitée expressément fixée dans chaque cas et qui ne peut excéder une année.

A l'expiration de la durée d'effet d'une dérogation, une nouvelle dérogation ne peut être accordée que sur présentation d'une nouvelle demande de l'employeur instruite dans les mêmes conditions.

Les dérogations sont révocables à tout moment si les raisons qui en ont motivé l'octroi viennent à disparaître.

Art. R. 714-7 La décision d'octroi ou de refus est notifiée à l'employeur dans les quinze jours suivant le dépôt de la demande. A défaut d'une notification dans ce délai, l'autorisation est réputée accordée.

Le recours hiérarchique formé contre la décision est porté devant le directeur *(Décr. n° 2010-815 du 13 juill. 2010)* « régional des entreprises, de la concurrence, de la consommation, du travail et de l'emploi ». Ce recours doit, à peine de forclusion, être présenté dans les quinze jours suivant la notification de la décision contestée.

La décision du directeur *(Décr. n° 2010-815 du 13 juill. 2010)* « régional » est notifiée au demandeur dans les quinze jours de la réception du recours.

Art. R. 714-8 La décision accordant une dérogation doit être communiquée par l'employeur aux salariés intéressés.

Art. R. 714-9 Dans les établissements où le repos hebdomadaire n'est pas donné collectivement pendant la journée entière du dimanche, un registre ou un tableau tenu à jour doit mentionner les noms des salariés soumis à un régime particulier en précisant ce régime ainsi que le jour et, éventuellement, les fractions de journées choisies pour le repos de chacune des personnes intéressées.

Ce registre ou ce tableau est communiqué aux salariés. Il est tenu à la disposition des agents chargés du contrôle et conservé pendant une durée d'un an à compter de la fin de l'année civile incluant la semaine concernée.

SOUS-SECTION 2 *Suspension du repos hebdomadaire*

Art. R. 714-10 Tout employeur qui veut suspendre le repos hebdomadaire, dans le cas de circonstances exceptionnelles prévu au V de l'article L. 714-1, doit en aviser immédiatement le chef du service départemental de l'inspection du travail, de l'emploi et de la politique sociale agricoles et, sauf cas de force majeure, avant le commencement du travail.

Il doit faire connaître les circonstances qui justifient la suspension du repos hebdomadaire, indiquer la date et la durée de cette suspension, les personnes qu'elle atteindra et la date à laquelle ces personnes pourront bénéficier du repos compensateur.

SOUS-SECTION 3 *Équipes de suppléance et organisation du travail de façon continue pour raisons économiques*

Art. R. 714-11 En l'absence de convention ou d'accord collectif étendu prévoyant, dans une branche d'activité, la possibilité de déroger dans les conditions prévues au premier alinéa de l'article L. 714-3 à l'obligation du repos le dimanche, le recours à du personnel ayant pour mission de suppléer, durant ce repos, les salariés d'une entreprise agricole ayant une activité à caractère industriel peut être autorisé par l'inspecteur du travail, s'il tend à une meilleure utilisation des équipements de production et au maintien ou à l'accroissement du nombre des emplois existants.

En l'absence de convention ou d'accord collectif étendu, ou d'accord d'entreprise prévoyant la possibilité de déroger à l'obligation du repos le dimanche dans les conditions prévues au 2° du IV de l'article L. 714-1, l'organisation du travail de façon continue pour des raisons économiques peut être autorisée par l'inspecteur du travail, si elle tend à une meilleure utilisation des équipements de production et au maintien ou à l'accroissement du nombre des emplois existants.

Art. R. 714-12 Les demandes tendant à obtenir les dérogations prévues au deuxième et au dernier alinéa de l'article L. 714-3 et au 2° du IV de l'article L. 714-1, accompagnées des justifications nécessaires et de l'avis, s'il en existe, des délégués syndicaux et du comité d'entreprise, ou, à défaut, des délégués du personnel, sont adressées par l'employeur à l'inspecteur du travail.

Dans le délai de trente jours à compter de la date de la réception de la demande, l'inspecteur du travail fait connaître sa décision à l'employeur et, s'il y a lieu, aux représentants du personnel.

Art. R. 714-13 Les recours hiérarchiques dirigés contre les décisions mentionnées à l'article R. 714-12 doivent être portés devant le chef du service régional de l'inspection du travail, de l'emploi et de la politique sociale agricoles et être formés, à peine de forclusion, dans un délai d'un mois suivant la date à laquelle les intéressés ont reçu notification de la décision contestée.

Art. R. 714-14 La durée journalière du travail des salariés affectés aux équipes de suppléance peut atteindre douze heures lorsque la durée de la période de recours à ces équipes n'excède pas quarante-huit heures consécutives. Dans le cas où cette durée est supérieure à quarante-huit heures, la journée de travail des salariés concernés ne peut excéder dix heures.

Toutefois, dans ce dernier cas, la durée journalière peut excéder dix heures lorsque les dispositions réglementaires ou les stipulations conventionnelles mentionnées au second alinéa de l'article L. 713-2 et au dernier alinéa de l'article L. 713-3 en ont prévu expressément la possibilité. Lorsque cette possibilité n'a pas été prévue, le dépassement de la durée journalière au-delà de dix heures ne peut résulter que d'une autorisation de l'inspection du travail, accordée selon la procédure prévue aux articles R. 714-12 et R. 714-13. En aucun cas le dépassement ne peut avoir pour effet de porter la durée quotidienne de travail effectif à plus de douze heures.

SOUS-SECTION 4 *Dispositions particulières aux départements d'outre-mer*

Art. R. 714-15 *Abrogé par Décr. n° 2008-1503 du 30 déc. 2008, art. 4-14°.*

SECTION II ***Repos quotidien***

Art. D. 714-16 Il peut être dérogé, dans les conditions et selon les modalités fixées par convention ou accord collectif étendu ou par convention ou accord d'entreprise ou d'établissement, aux dispositions de l'article L. 714-5 :

1° Pour les activités caractérisées par l'éloignement entre le domicile et le lieu de travail du salarié ou par l'éloignement entre différents lieux de travail du salarié ;

2° Pour les activités de garde, de surveillance et de permanence caractérisées par la nécessité d'assurer la protection des biens et des personnes ou les soins et la surveillance des animaux ;

3° Pour les activités caractérisées par la nécessité d'assurer la continuité du service ou de la production ou du fonctionnement, notamment pour les établissements ou parties d'établissements pratiquant le mode de travail par équipes successives, chaque fois que le salarié change d'équipe ou de poste et ne peut bénéficier, entre la fin d'une équipe et le début de la suivante, d'une période de repos quotidien de onze heures consécutives ;

4° Pour les activités de manutention ou d'exploitation qui concourent à l'exécution des prestations de transport ;

5° Pour les activités qui s'exercent par périodes de travail fractionnées dans la journée.

Art. D. 714-17 Une convention ou un accord collectif étendu ou un accord collectif d'entreprise ou d'établissement peut prévoir une réduction de la durée du repos quotidien en cas de surcroît d'activité.

Art. D. 714-18 Les accords mentionnés aux articles D. 714-16 et D. 714-17 ne peuvent avoir pour effet de réduire la durée du repos quotidien en deçà de neuf heures.

Art. D. 714-19 En l'absence de convention ou d'accord collectif, les demandes de dérogation, accompagnées des justifications utiles et de l'avis du comité d'entreprise ou, à défaut, des délégués du personnel, s'ils existent, sont adressées par l'employeur à l'inspecteur du travail.

Dans un délai maximal de quinze jours suivant la date de réception de la demande, l'inspecteur du travail fait connaître sa décision à l'employeur ainsi que, s'il y a lieu, aux représentants du personnel.

En cas d'urgence, l'employeur peut déroger sous sa propre responsabilité à la durée minimale du repos quotidien. S'il n'a pas encore adressé de demande de dérogation, il doit présenter immédiatement à l'inspecteur du travail une demande de régularisation accompagnée des justifications et avis mentionnés au premier alinéa et de toutes explications nécessaires sur les causes ayant nécessité une prolongation de la durée minimale du repos quotidien sans autorisation préalable.

S'il se trouve dans l'attente d'une réponse à une demande de dérogation, il doit informer immédiatement l'inspecteur du travail de l'obligation où il s'est trouvé d'anticiper la décision attendue et en donner les raisons.

Dans l'un et l'autre cas, l'inspecteur du travail fait connaître sa décision selon les modalités prévues au troisième alinéa.

Les recours hiérarchiques contre les décisions mentionnées au présent article doivent être formés devant le chef du service régional de l'inspection du travail, de l'emploi et de la politique sociale agricoles dans le délai d'un mois suivant la date à laquelle les intéressés en ont reçu notification.

Art. D. 714-20 En cas de travaux urgents dont l'exécution immédiate est nécessaire pour organiser des mesures de sauvetage, prévenir des accidents imminents, réparer des accidents survenus au matériel, aux installations ou aux bâtiments, il peut être dérogé à la règle fixée à l'article L. 714-5, sous la seule responsabilité de l'employeur qui doit en informer l'inspecteur du travail.

Art. D. 714-21 La mise en œuvre des dérogations prévues aux articles D. 714-16, D. 714-17, D. 714-19 et D. 714-20 est soumise à la condition que des périodes au moins équivalentes de repos soient accordées aux salariés concernés. Lorsque l'octroi de ce repos n'est pas possible, une contrepartie équivalente doit être prévue par accord collectif.

CHAPITRE IX *Contrôle et dispositions pénales*

SECTION I *Contrôle*

Art. D. 719-1 Délégation de compétence est donnée par le ministre chargé de l'agriculture aux chefs des services régionaux de l'inspection du travail, de l'emploi et de la politique sociale agricoles, agissant dans le cadre de l'article 7 du décret n° 82-389 du 10 mai 1982 relatif aux pouvoirs du préfet et à l'action des services et organismes publics de l'État dans les départements et de l'article 6 du décret n° 82-390 du 10 mai 1982 relatif aux pouvoirs des préfets de région, à l'action des services et organismes publics de l'État dans la région et aux décisions de l'État en matière d'investissement public, pour représenter l'État devant les tribunaux administratifs dans les litiges nés dans le ressort de la région, relatifs aux décisions prises dans les domaines relevant de l'inspection de la législation du travail, en application de l'article L. 611-6 *[R. 8111-2 nouv.]* du code du travail, soit par eux-mêmes, soit par les chefs des services départementaux de l'inspection du travail, de l'emploi et de la politique sociale agricoles, soit par les inspecteurs du travail.

Toutefois, les dispositions de l'alinéa précédent ne s'appliquent ni aux recours de plein contentieux, ni au recours pour excès de pouvoir formés contre les décisions ayant fait l'objet d'un recours hiérarchique devant le ministre.

Art. R. 719-1-1 *(Décr. n° 2008-244 du 7 mars 2008, art. 7)* L'employeur indique, à la demande de l'inspection du travail, de l'emploi et de la politique sociale agricoles, le lieu de travail de chacun des salariés.

Il informe par écrit, dans les huit jours de l'ouverture de tout chantier comptant plus de deux salariés et devant durer au moins un mois, le chef du service départemental du travail, de l'emploi et de la politique sociale agricoles du département dans lequel se trouve le chantier, en précisant sa situation exacte, le nombre des salariés et la durée prévisible des travaux. — *V. C. rur., art. R. 719-4-1 (pén.).*

SECTION II *Dispositions pénales*

Art. R. 719-2 Est puni de la peine d'amende prévue pour les contraventions de la quatrième classe :

1° Le fait d'utiliser le titre emploi simplifié agricole en dehors des conditions prévues par l'article L. 712-1 ;

2° Le fait d'utiliser un titre emploi simplifié agricole non conforme au modèle mentionné à l'article R. 712-2.

Art. R. 719-3 Est puni de l'amende prévue pour les contraventions de la quatrième classe le fait de contrevenir à l'une des dispositions prévues par :

1° Les décrets pris pour l'application des articles L. 713-2 et L. 713-3 relatifs à la durée légale et à la durée quotidienne du travail effectif des salariés ;

2° L'article L. 713-6 fixant les modalités de décompte et de majoration des heures supplémentaires effectuées au-delà de la durée hebdomadaire du travail prévue à l'article L. 713-2 ou de la durée considérée comme équivalente ;

3° Les articles L. 713-7, L. 713-9 et L. 713-10 relatifs aux modalités d'octroi d'un repos compensateur en remplacement de tout ou partie du paiement des heures supplémentaires et de leurs majorations ;

4° Les articles L. 713-11 et L. 713-12 relatifs aux règles de fixation du contingent d'heures supplémentaires ;

5° L'article L. 713-13 limitant l'exécution d'heures supplémentaires en fonction de la durée hebdomadaire de travail ;

6° L'article L. 713-20 relatif aux obligations mises à la charge de l'employeur pour permettre le contrôle de l'application des dispositions légales et conventionnelles relatives à la durée et à l'aménagement du temps de travail, ainsi qu'aux décrets pris pour son application.

Est puni de l'amende prévue pour les contraventions de la quatrième classe le fait pour l'employeur :

1° De ne pas accorder les compensations prévues au deuxième alinéa du III de l'article L. 713-5 ;

2° De ne pas remettre à chaque salarié concerné, ou de ne pas conserver à la disposition des agents de contrôle de l'inspection du travail, le document mentionné au troisième alinéa du III de l'article L. 713-5 ;

3° De ne pas accorder le bénéfice du repos quotidien prévu à l'article L. 714-5.

Art. R. 719-4 Est puni de l'amende prévue pour les contraventions de la cinquième classe le fait de contrevenir à l'une des dispositions des articles L. 714-1 à L. 714-3 ou de celles des décrets pris pour leur application.

La récidive des contraventions prévues au présent article est réprimée conformément à l'article 132-11 du code pénal.

Art. R. 719-4-1 *(Décr. n° 2008-244 du 7 mars 2008, art. 7)* Est puni de l'amende prévue pour les contraventions de la quatrième classe, le fait de ne pas transmettre les informations prévues à l'article R. 719-1-1.

Cette amende est appliquée autant de fois qu'il y a de personnes employées dans des conditions susceptibles d'être sanctionnées au titre des dispositions de cet article.

Art. R. 719-5 L'amende est appliquée autant de fois qu'il y a de travailleurs employés dans les conditions contraires aux dispositions mentionnées aux articles R. 719-3 et R. 719-4.

Art. R. 719-6 Est puni de l'amende prévue pour les contraventions de la cinquième classe le fait de contrevenir à l'une des dispositions des articles R. 715-1 à R. 715-3.

La récidive de la contravention prévue à l'alinéa précédent est réprimée conformément à l'article 132-11 du code pénal.

Est puni de l'amende prévue pour les contraventions de la troisième classe le fait, pour tout employeur ou chef d'une entreprise agricole qui a fait l'objet de la mise en demeure mentionnée à l'article R. 715-4, de ne pas se conformer dans le délai imparti aux prescriptions qui y sont contenues.

Art. R. 719-7 Est puni de l'amende prévue pour les contraventions de la cinquième classe le fait d'héberger les personnes mentionnées à l'article L. 716-1, dans des conditions d'hygiène et de sécurité non conformes aux prescriptions des articles R. 716-1, R. 716-2, R. 716-12, R. 716-18, R. 716-19 et R. 716-20 fixant les obligations suivantes :

1° Ne pas héberger en sous-sol et, sous réserve des dispositions de l'article R. 716-16, sous des tentes ; ne pas avoir recours à des caravanes pliantes ;

2° Permettre à l'occupant de clore son logement et d'y accéder sans danger et librement ;

3° Isoler les hébergements des lieux où sont entreposés des substances et préparations dangereuses au sens de l'article R. 231-51 *[R. 4411-3 nouv.]* du code du travail ou des produits susceptibles de nuire à la santé des occupants ;

4° Utiliser pour la construction des hébergements des matériaux qui ne sont pas de nature à porter atteinte à la santé des occupants et qui permettent d'évacuer les locaux sans risque en cas d'incendie ;

5° Équiper les hébergements d'appareils à combustion destinés au chauffage et à la cuisson ainsi que des conduits, gaines et accessoires non susceptibles de porter atteinte à la santé ou la sécurité des occupants ;

6° Équiper les hébergements d'installations électriques qui préservent la sécurité de leurs utilisateurs conformément aux dispositions du code du travail ;

7° Équiper les hébergements mentionnés à la sous-section 3 de la section I et à la section II du chapitre VI d'issues et de dégagements conformes aux dispositions du troisième alinéa de l'article R. 232-12 et des articles R. 232-12-2 et R. 232-12-7 *[L. 4227-2, L. 4227-4, L. 4227-13, L. 4227-14 nouv.]* du code du travail ;

8° Respecter pour les hébergements mentionnés aux sous-sections 2 et 3 de la section I du chapitre VI les prescriptions de l'article R. 232-12-17 *[R. 4227-28 nouv.]* du code du travail relatives aux moyens de prévention et de lutte contre l'incendie.

La récidive des contraventions prévues aux 1° à 8° ci-dessus est réprimée conformément à l'article 132-11 du code pénal.

Est puni de l'amende prévue pour les contraventions de la troisième classe le fait de contrevenir à l'une des dispositions prévues aux deuxième, sixième, septième, huitième et neuvième alinéas de l'article R. 716-2, aux articles R. 716-3 à R. 716-5, à l'exception des sixième et septième alinéas de cet article, aux articles R. 716-7 à R. 716-11 et à l'article R. 716-13, et à celles des arrêtés pris en application des articles R. 716-14 et R. 716-15 et du I de l'article R. 716-16.

Est également puni de l'amende prévue pour les contraventions de la troisième classe le fait de contrevenir à l'une des dispositions prévues à la deuxième phrase du 1° de l'article R. 716-19, aux deuxième, troisième et quatrième phrases du 2° du même article, aux 3° et 4° du même article, à la dernière phrase du 1° de l'article R. 716-20, aux 3° à 6° du même article et aux articles R. 716-21 à R. 716-24.

L'amende est appliquée autant de fois qu'il y a de travailleurs concernés par les infractions prévues au présent article.

Art. R. 719-8 La procédure de mise en demeure prévue à l'article L. 231-4 *[L. 4721-4 nouv.]* du code du travail est applicable en cas d'infraction aux dispositions des cinquième, sixième et septième alinéas de l'article R. 716-2, des articles R. 716-3, R. 716-5, à l'exception des sixième et septième alinéas de cet article, R. 716-9, des deux premiers alinéas de l'article R. 716-11 et à celles prévues par l'arrêté pris en application de l'article R. 716-15.

La même procédure est applicable en cas d'infraction aux dispositions de la section II du chapitre VI du présent titre.

Art. R. 719-9 Est puni de l'amende prévue pour les contraventions de la quatrième classe le fait pour tout employeur :

1° De ne pas acquitter la cotisation dont il est redevable pour un salarié ou apprenti en vertu du deuxième alinéa de l'article L. 717-2 ;

2° De priver un salarié ou apprenti du bénéfice de la santé au travail agricole en n'assurant pas le fonctionnement du service autonome de santé au travail pour lequel il aura reçu l'autorisation prévue au premier alinéa de l'article L. 717-3.

L'amende est appliquée autant de fois qu'il y a de salariés ou apprentis concernés par les infractions prévues au présent article.

Art. R. 719-10 *(Décr. n° 2008-244 du 7 mars 2008, art. 7)* Est puni de la peine d'amende prévue pour les contraventions de la cinquième classe le fait d'omettre de procéder à la déclaration préalable prévue à l'article L. 718-9 dans les conditions prévues à l'article R. 718-27.

En cas de récidive, l'amende est celle prévue par l'article 132-11 du code pénal.

Le fait de contrevenir aux dispositions du dernier alinéa de l'article R. 718-27 est puni de la peine d'amende prévue pour les contraventions de la quatrième classe.

Décret du 21 décembre 1937,

Relatif à la récupération des heures perdues pour mortes-saisons dans les industries et commerces assujettis à la loi sur la semaine de quarante heures.

Art. 1er Pour l'application des dispositions relatives à la récupération des heures de travail collectivement perdues par suite des mortes-saisons ou de baisses normales de travail à certaines époques de l'année, contenues dans les décrets portant application de la loi du 21 juin 1936 instituant la semaine de quarante heures, les arrêtés du ministre du travail ou les décisions des inspecteurs du travail prévus par ces dispositions pourront fixer le point de départ de la période annuelle de référence.

La période ainsi déterminée sera également retenue pour l'application des dispositions des décrets susvisés relatives aux travaux urgents et exceptionnels en cas de surcroît extraordinaire de travail.

Arrêté du 31 mai 1946,

Relatif au régime des salaires.

Art. 1er En cas de chômage pour fête légale, les salariés rémunérés au mois ne pourront subir, à ce titre, d'autre réduction que celle correspondant à la rémunération des heures supplémentaires qui auraient dû normalement être effectuées le jour chômé.

. . . .

Décret n° 78-1155 du 12 décembre 1978,

Relatif à la réduction des équivalences en matière de durée du travail.

Art. 1er Dans les divers décrets pris pour l'application de l'article L. 212-1 du code du travail sur la semaine de quarante heures, les temps de service effectués au titre de la prolongation permanente en raison du caractère intermittent du travail, ainsi que les durées de présence hebdomadaire considérées, pour certaines professions ou pour certains emplois, comme correspondant à quarante heures de travail effectif sont uniformément réduits d'une heure. — *Dans ces mêmes décrets, à l'exception du décret du 16 juin 1937 modifié concernant les débits de boissons, hôtels, cafés et restaurants, ces mêmes temps de service et durées de présence hebdomadaire, tels qu'ils résultent du décret n° 78-1155 du 12 déc. 1978 ci-dessus, sont uniformément réduits d'une heure (Décr. n° 79-1155 du 28 déc. 1979, JO 30 déc.).*

Ordonnance n° 82-41 du 16 janvier 1982,

Relative à la durée du travail et aux congés payés.

TITRE III **Dispositions diverses**

Art. 24 La prise en compte des effets sur la rémunération des salariés d'un abaissement de leur durée du travail et les compensations qui peuvent avoir lieu compte tenu des effets attendus sur l'emploi relèvent de la négociation entre les partenaires sociaux.

Art. 27 Dans la mesure où ils dérogent aux dispositions législatives, réglementaires ou conventionnelles, dans des cas prévus par la loi, les accords collectifs d'entreprise ou d'établissement prévus par la présente ordonnance doivent, pour entrer en vigueur, ne pas avoir fait l'objet d'une opposition d'une ou des organisations syndicales non signataires qui totalisent un nombre de voix supérieur à 50 p. 100 du nombre des électeurs inscrits aux dernières élections du comité d'entreprise ou s'il n'existe pas des délégués du personnel. — *Cette opposition doit être signifiée par écrit à l'employeur au plus tard à la fin du cinquième jour ouvré suivant la signature de l'accord. Elle doit être notifiée dans les mêmes délais à l'inspecteur du travail (Décr. n° 82-194 du 26 févr. 1982).*

Lorsque l'accord ne concerne qu'une catégorie professionnelle déterminée relevant du deuxième ou du troisième collège tel que défini à l'article L. 433-2 *[L. 2324-11 nouv.]* du code du travail, les organisations susceptibles de s'opposer à son entrée en vigueur sont celles qui totalisent un nombre de voix supérieur à 50 p. 100 du nombre des électeurs inscrits dans le ou lesdits collèges.

Art. 30 Il ne peut être prévu par voie réglementaire ou conventionnelle une diminution automatique, en fonction de l'abaissement de la durée légale du travail, des durées de travail spécialement applicables à certains salariés soumis à des conditions d'emploi particulières. Les dispositions contraires cessent d'être en vigueur.

Décret n° 97-326 du 10 avril 1997,

Relatif à la durée du travail dans les établissements de banque, de finance, de crédit, d'épargne et de change.

Art. 1er Les dispositions du présent décret sont applicables aux entreprises, établissements ou parties d'établissements relevant de la loi du 24 janvier 1984 susvisée *[n° 84-46 relative à l'activité et au contrôle des établissements de crédit]* ou de la loi du 2 juillet 1996 *[n° 96-597 de modernisation des activités financières]* susvisée ainsi qu'aux établissements de change.

Art. 2 Dans les entreprises, établissements ou parties d'établissements visés à l'article 1er du présent décret, la durée du travail ne pourra être répartie sur moins de cinq jours par semaine.

Lorsque la durée hebdomadaire du travail n'excède pas trente-neuf heures, une répartition sur quatre jours pourra cependant être mise en place par convention ou accord de branche étendu ou par accord d'entreprise ou d'établissement. En l'absence d'accord, cette répartition peut être mise en place sous réserve que le comité d'entreprise ou d'établissement ou, à défaut, les délégués du personnel, s'ils existent, ne s'y opposent pas, et après information préalable de l'inspecteur du travail.

Art. 3 Chaque salarié devra bénéficier de deux jours entiers de repos hebdomadaire consécutifs incluant le dimanche. Ces jours sont fixes, sauf modification de l'organisation collective du travail dans l'établissement concerné ou circonstances exceptionnelles tirées des nécessités de services ou demande du salarié compatible avec ces nécessités.

Art. 4 La mise en place du travail par relais et par roulement peut être prévue par une convention ou un accord collectif de branche étendu ou un accord d'entreprise ou d'établissement.

A défaut de convention ou d'accord collectif et après négociation dans les entreprises assujetties à l'obligation mentionnée à l'article **L. 132-27** *[L. 2242-1 nouv.]* du code du travail, cette organisation du travail peut être mise en place après consultation du comité d'entreprise ou d'établissement ou des délégués du personnel s'ils existent, et après information préalable de l'inspecteur du travail.

Art. 5 La durée du travail effectif peut, à titre temporaire, être prolongée au-delà de la limite de la durée journalière du travail fixée à l'article **L. 212-1** *[L. 3121-34 nouv.]* du code du travail pour les travaux urgents dont l'exécution immédiate est nécessaire pour prévenir des accidents imminents, organiser des mesures de sauvetage ou réparer des accidents survenus au matériel, aux installations ou aux bâtiments de l'entreprise. Cette faculté est limitée à deux heures à compter du second jour d'intervention.

Loi n° 98-461 du 13 juin 1998,

D'orientation et d'incitation relative à la réduction du temps de travail (JO 14 juin).

V. Circ. 24 juin 1998 (JO 25 juin) relative à la réduction du temps de travail ; Circ. 3 mars 2000 relative à la réduction négociée du temps de travail (BOMT n° 2000/6 bis du 13 mars).

BIBL. ▶ Numéro spécial, *Dr. soc. 1998. 312* ✎, *ibid. 744.* – Bélier, *ibid. 530.*

Art. 2 Les organisations syndicales d'employeurs, groupements d'employeurs ou employeurs ainsi que les organisations syndicales de salariés reconnues représentatives sont appelés à négocier d'ici les échéances fixées à l'article 1er les modalités de réduction effective de la durée du travail adaptées aux situations des branches et des entreprises et, le cas échéant, aux situations de plusieurs entreprises regroupées au plan local ou départemental dans les conditions prévues par l'article **L. 132-30** du code du travail.

Art. 3 Les entreprises ou établissements qui réduisent la durée du travail avant le 1er janvier 2000 ou pour les entreprises de vingt salariés ou moins avant le 1er janvier 2002 en application d'un accord collectif et qui procèdent en contrepartie à des embauches ou préservent des emplois peuvent bénéficier d'une aide dans les conditions définies ci-après.

I. — Peuvent bénéficier de cette aide les entreprises, y compris celles dont l'effectif est inférieur ou égal à vingt salariés, relevant des catégories mentionnées à l'article **L. 212-1** *bis [abrogé]* du code du travail, ainsi que les sociétés ou organismes de droit privé, les sociétés d'économie mixte et établissements publics industriels et commerciaux locaux de transport public urbain de voyageurs *(L. n° 2000-37 du 19 janv. 2000)* « , les groupements d'employeurs prévus à l'article **L. 127-1** *[L. 1253-1 à L. 1253-23 nouv.]* du code du travail » et les entreprises d'armement maritime. Toutefois, ne peuvent bénéficier de cette aide, eu égard au caractère de monopole de certaines de leurs activités ou à l'importance des concours de l'État dans leurs produits d'exploitation, certains organismes publics dépendant de l'État, dont la liste est fixée par décret. Pour ces organismes, les modalités d'accompagnement de la réduction du temps de travail seront déterminées dans le cadre des procédures régissant leurs relations avec l'État. — *Pour cette liste, V. Décr. n° 98-493 du 22 juin 1998.*

La réduction du temps de travail doit être d'au moins 10 % de la durée initiale et porter le nouvel horaire collectif au plus *(L. n° 2000-1257 du 23 déc. 2000, art. 14)* « au niveau de la durée légale fixée par l'article **L. 212-1** *[L. 3121-10 nouv.]* du code du travail ou de la durée considérée comme équivalente en application du dernier alinéa de l'article **L. 212-4** *[L. 3121-9 nouv.]* du même code ou de dispositions réglementaires ou conventionnelles antérieures à l'entrée en vigueur de la loi **n° 2000-37 du 19 janvier 2000** relative à la réduction négociée du temps de travail ». L'ampleur de la réduction est appréciée à partir d'un mode constant de décompte des éléments de l'horaire collectif. *(L. n° 2000-37 du 19 janv. 2000)* « Dans les entreprises dont l'effectif est inférieur ou égal à vingt salariés, la réduction peut être organisée en trois étapes au maximum, sous réserve de porter l'horaire de travail au maximum de la durée légale fixée par l'article **L. 212-1** *[L. 3121-10 nouv.]* du code du travail au plus tard le 1er janvier 2002. »

II. — La réduction du temps de travail doit être organisée par un accord d'entreprise ou d'établissement. Elle peut être également organisée en application d'une convention collective ou d'un accord de branche étendus ou agréés en application de l'article 16 de la loi n° 75-535 du 30 juin 1975 relative aux institutions sociales et médico-sociales *[art. L. 313-12, CASF]*, soit, dans les entreprises de cinquante salariés ou plus, sous réserve d'un accord complémentaire d'entreprise, soit, dans les entreprises de moins de cinquante salariés, selon des modalités de mise en œuvre prévues par la convention ou l'accord de branche. Elle peut aussi être organisée par un accord conclu dans les conditions prévues par les deux premiers alinéas de l'article L. 132-30 *[L. 2234-1 et L. 2234-2, al. 1]* du code du travail.

Outre les dispositions prévues au IV et au V du présent article, l'accord collectif détermine les échéances de la réduction du temps de travail applicables dans la ou les entreprises intéressées en référence à la durée initiale du travail, *(L. n° 2000-37 du 19 janv. 2000)* « le cas échéant, les dates et l'ampleur des étapes de la réduction du temps de travail, » ainsi que les modalités d'organisation du temps de travail et de décompte de ce temps applicables aux salariés de l'entreprise, y compris celles relatives aux personnels d'encadrement lorsque ces modalités sont spécifiques, et les modalités et délais selon lesquels les salariés doivent être prévenus en cas de modification de l'horaire. Il détermine aussi, sans préjudice de l'application des dispositions du livre IV du code du travail organisant la consultation des représentants du personnel, les dispositions relatives au suivi de sa mise en œuvre au sein de l'entreprise et, le cas échéant, de la branche. Ce suivi peut être assuré par une instance paritaire spécifiquement créée à cet effet. L'accord prévoit les conséquences susceptibles d'être tirées de la réduction du temps de travail sur les contrats de travail à temps partiel ainsi que sur la situation des salariés travaillant de façon permanente en équipes successives et selon un cycle continu, mentionnés à l'article 26 de l'ordonnance n° 82-41 du 16 janvier 1982 relative à la durée du travail et aux congés payés *[abrogé]*. Il peut également prévoir les conditions particulières selon lesquelles la réduction s'applique aux personnels d'encadrement ainsi que des modalités spécifiques de décompte de leur temps de travail tenant compte des exigences propres à leur activité.

Cet accord est déposé à la *(Décr. n° 2009-1377 du 10 nov. 2009)* « direction régionale des entreprises, de la concurrence, de la consommation, du travail et de l'emploi » ou au service départemental de l'inspection du travail, de l'emploi et de la protection sociale agricoles en ce qui concerne les professions agricoles, remis aux représentants du personnel et affiché dans l'entreprise.

Une organisation syndicale ou son représentant dans l'entreprise peut saisir l'autorité administrative en cas de difficultés d'application d'un accord d'entreprise signé dans le cadre du présent dispositif.

III. — Dans les entreprises ou établissements dépourvus de délégué syndical ou de délégué du personnel désigné comme délégué syndical, à défaut d'un accord de branche mettant en œuvre les dispositions de l'article 6 de la loi n° 96-985 du 12 novembre 1996 relative à l'information et à la consultation des salariés dans les entreprises et les groupes d'entreprises de dimension communautaire, ainsi qu'au développement de la négociation collective *[V. cet art., App. I, C. Conventions et accords collectifs]*, un accord collectif peut être conclu par un ou plusieurs salariés expressément mandatés par une ou plusieurs organisations syndicales reconnues représentatives sur le plan national ou départemental pour ce qui concerne les départements d'outre-mer.

Ne peuvent être mandatés les salariés qui, en raison des pouvoirs qu'ils détiennent, peuvent être assimilés au chef d'entreprise, ainsi que les salariés apparentés au chef d'entreprise mentionnés au premier alinéa des articles L. 423-8 et L. 433-5 *[L. 2314-16 et L. 2324-15 nouv.]* du code du travail.

Le mandat ainsi assigné doit préciser les modalités selon lesquelles le salarié a été désigné et fixer précisément les termes de la négociation et les obligations d'information pesant sur le mandataire, notamment les conditions selon lesquelles le projet d'accord est soumis au syndicat mandant au terme de la négociation, ainsi que les conditions dans lesquelles le mandant peut, à tout moment, mettre fin au mandat. Le salarié mandaté peut être accompagné lors des séances de négociation par un salarié de l'entreprise choisi par lui. L'accord prévoit les modalités selon lesquelles les salariés de l'entreprise et l'organisation syndicale mandante sont informés des conditions de sa mise en œuvre et de son application. Cet accord est communiqué au *(L. n° 2002-73 du 17 janv. 2002, art. 152-II)* « comité départemental de l'emploi. »

Le temps passé par les salariés mandatés à la négociation de l'accord ainsi qu'aux réunions nécessaires pour son suivi est payé comme temps de travail.

Les salariés mandatés au titre du présent article bénéficient de la protection prévue par les dispositions de l'article L. 412-18 *[L. 2411-3 s. nouv.]* du code du travail dès que l'employeur aura eu connaissance de l'imminence de leur désignation. La procédure d'autorisation est applicable au licenciement des anciens salariés mandatés pendant *(L. n° 2000-37 du 19 janv.*

2000) « douze » mois après la signature de l'accord ou, à défaut, la fin du mandat ou la fin de la négociation.

IV. – Dans le cas où l'entreprise s'engage à procéder à des embauches en conséquence de la réduction du temps de travail, l'accord détermine leur nombre par catégories professionnelles ainsi que le calendrier prévisionnel des embauches.

L'entreprise doit s'engager à ce que ces embauches correspondent à 6 % au moins de l'effectif concerné par la réduction du temps de travail. Si l'entreprise réduit de 15 % la durée du travail et s'engage à procéder à des embauches correspondant à 9 % au moins de l'effectif concerné par la réduction du temps de travail, elle bénéficie d'une aide majorée. Ces embauches peuvent, le cas échéant, être réalisées dans le cadre d'un groupement constitué en application des dispositions prévues à l'article L. 127-1 *[L. 1253-1 à L. 1253-23 nouv.]* du code du travail dont l'entreprise est membre. *(L. n° 2000-37 du 19 janv. 2000)* « Toutefois, lorsque le mode de calcul ainsi défini ne permet pas la conclusion d'un contrat de travail dont la durée serait au moins égale à celle fixée par la première phrase du second alinéa du IV de l'article L. 241-13-1 du code de la sécurité sociale, les dispositions qui précèdent ne sont pas applicables. » – *V. cet art.,* **CSS**.

La majoration bénéficie également aux entreprises qui, après avoir bénéficié de l'aide octroyée pour une réduction du temps de travail de 10 %, réduisent une nouvelle fois le temps de travail avant le 1er janvier 2003, pour porter l'ampleur totale de la réduction à au moins 15 % de l'horaire initial. Elles devront alors avoir procédé à des embauches correspondant à au moins 9 % de l'effectif concerné par la première étape de réduction du temps de travail.

L'entreprise doit s'engager à maintenir l'effectif augmenté des nouvelles embauches de l'entreprise ou du ou des établissements concernés par cette réduction, pour une durée fixée par l'accord et qui ne peut être inférieure à deux ans à compter de la dernière des embauches effectuées en application du premier alinéa du présent paragraphe. Ces embauches devront être réalisées dans les entreprises ou les établissements où s'applique la réduction du temps de travail dans un délai d'un an à compter de la réduction effective du temps de travail *(L. n° 2000-37 du 19 janv. 2000)* « ou, pour les entreprises réduisant le temps de travail par étapes en application du I ci-dessus, de la date d'entrée en vigueur de la première étape de la réduction du temps de travail ».

Le chef d'entreprise doit fournir au comité d'entreprise ou, à défaut, aux délégués du personnel, les informations sur les embauches réalisées en application du présent paragraphe.

(L. n° 2000-37 du 19 janv. 2000) « Pour les entreprises de plus de vingt salariés, » l'aide est attribuée par convention entre l'entreprise et l'État pour une durée de cinq ans à compter de la date d'entrée en vigueur de la réduction du temps de travail prévue par l'accord, après vérification de la conformité de l'accord collectif aux dispositions légales. *(L. n° 2000-37 du 19 janv. 2000)* « Pour les entreprises réduisant le temps de travail par étapes en application du I ci-dessus, l'aide est attribuée à compter de l'entrée en vigueur de la première étape prévue par l'accord. Pour les entreprises de vingt salariés et moins, l'aide est attribuée sur la base d'une déclaration de l'employeur à l'autorité administrative, précisant notamment la durée du travail applicable dans l'entreprise et le nombre d'emplois créés. »

V. – Dans le cas où la réduction du temps de travail permet d'éviter des licenciements prévus dans le cadre d'une procédure collective de licenciement pour motif économique, l'accord d'entreprise ou d'établissement détermine le nombre d'emplois que la réduction du temps de travail permet de préserver. Ce dernier doit être équivalent à 6 % au moins de l'effectif auquel s'applique la réduction du temps de travail. Si l'entreprise réduit de 15 % la durée du travail, et s'engage à préserver un volume d'emplois équivalent à 9 % au moins de l'effectif auquel s'applique la réduction du temps de travail, elle bénéficie d'une aide majorée.

L'accord d'entreprise ou d'établissement précise également la période pendant laquelle l'employeur s'engage à maintenir l'effectif de l'entreprise ou du ou des établissements concernés par cette réduction. Sa durée est au minimum de deux ans.

L'aide est attribuée par convention entre l'entreprise et l'État après vérification de la conformité de l'accord d'entreprise aux dispositions légales et compte tenu de l'équilibre économique du projet et des mesures de prévention et d'accompagnement des licenciements.

L'aide est attribuée pour une durée initiale de trois ans à compter de la date d'entrée en vigueur de la réduction du temps de travail prévue par l'accord *(L. n° 2000-37 du 19 janv. 2000)* « ou, pour les entreprises réduisant le temps de travail par étapes en application du I ci-dessus, de la date d'entrée en vigueur de la première étape prévue par l'accord ». Elle peut être prolongée pour deux ans par avenant à la convention conclue entre l'État et l'entreprise, au vu de l'état de l'emploi dans l'entreprise et de la situation économique de celle-ci.

VI. — L'aide est attribuée pour chacun des salariés auxquels s'applique la réduction du temps de travail, ainsi que pour ceux embauchés dans le cadre du dispositif prévu au IV du présent article. *(L. n° 2003-47 du 17 janv. 2003)* « Elle vient en déduction du montant des cotisations à la charge de l'employeur au titre des assurances sociales, des accidents du travail et maladies professionnelles et des allocations familiales dues pour l'emploi de chacun de ces salariés au titre des gains et rémunérations versés au cours du mois considéré. Elle est limitée au montant des cotisations dues pour chaque salarié concerné. »

Le montant de l'aide peut être majoré si l'entreprise prend des engagements en termes d'emploi supérieurs au minimum obligatoire, en particulier s'il s'agit d'une petite entreprise, ou si l'entreprise procède à la totalité des embauches prévues en application du IV du présent article dans le cadre de contrats de travail à durée indéterminée. Il peut être aussi majoré si l'entreprise prend des engagements spécifiques en faveur de l'emploi de jeunes, de personnes reconnues handicapées en application de l'article L. 323-10 *[L. 5213-1 nouv.]* du code du travail ou de publics rencontrant des difficultés particulières d'accès à l'emploi, en particulier les chômeurs de longue durée.

Des majorations spécifiques peuvent être accordées, dans des conditions fixées par décret, aux entreprises dont l'effectif est constitué d'une proportion importante d'ouvriers au sens des conventions collectives et de salariés dont les rémunérations sont proches du salaire minimum de croissance.

(L. n° 2000-37 du 19 janv. 2000) « Pour les entreprises réduisant le temps de travail par étapes en application du I ci-dessus, le montant de l'aide est calculé au prorata de la réduction du temps de travail effectivement réalisée par rapport à celle prévue par l'accord. »

Le bénéfice de l'aide ne peut être cumulé avec celui d'une exonération totale ou partielle de cotisations patronales de sécurité sociale, ou avec l'application de taux spécifiques, d'assiettes ou de montants forfaitaires de cotisations, à l'exception de la réduction prévue à l'article L. 241-13 et à l'article L. 711-13 du code de la sécurité sociale ainsi que des aides prévues aux articles *(L. n° 2005-32 du 18 janv. 2005, art. 55)* « L. 322-4-8 » et L. 832-2 *[L. 5134-72 et L. 5522-17 nouv.]* du code du travail.

Un décret en Conseil d'État détermine les modalités de contrôle de l'exécution de la convention avec l'État et les conditions de dénonciation et de suspension de la convention, assorties le cas échéant d'un remboursement de l'aide, dans le cas où l'entreprise n'a pas mis en œuvre ses engagements en matière d'emploi et de réduction du temps de travail. — *V. Décr. n° 2000-147 du 23 févr. 2000.*

Un décret détermine les autres conditions d'application du présent article, notamment les montants de l'aide, ainsi que les dispositions relatives aux majorations. — *V. Décr. n° 98-494 du 22 juin 1998.*

VII. — Les branches ou les entreprises, notamment les plus petites d'entre elles, qui engagent une démarche de réduction du temps de travail et de réorganisation pourront bénéficier d'un dispositif d'appui et d'accompagnement auquel les régions pourront, le cas échéant, participer. Celui-ci permettra la prise en charge par l'État d'une partie des frais liés aux études préalables à la réduction du temps de travail. — *V. Décr. n° 98-946 du 22 oct. 1998 (JO 24 oct. ; Rect., JO 31 oct.) pris pour l'application de ce § VII.*

VIII. — Les organisations syndicales reconnues représentatives au plan national pourront bénéficier d'une aide de l'État destinée à soutenir les actions de formation des salariés qu'elles mandatent pour la négociation des accords visés au II du présent article.

IX. — Les articles 4, 5 et 6 de la loi n° 96-502 du 11 juin 1996 tendant à favoriser l'emploi par l'aménagement et la réduction conventionnels du temps de travail sont abrogés. Les articles 39 et 39-1 *[V. ces art.]* de la loi n° 93-1313 du 20 décembre 1993 quinquennale relative au travail, à l'emploi et à la formation professionnelle sont abrogés. Toutefois, ces derniers, ainsi que les dispositions de l'article L. 241-13 du code de la sécurité sociale *[V. cet art., App. III, A. Emploi]* applicables avant l'entrée en vigueur de la présente loi, demeurent applicables aux conventions conclues avant la date de publication de celle-ci.

X. — A l'avant-dernier alinéa de l'article L. 241-13 du code de la sécurité sociale, les mots : "par les articles 7, 39 et 39-1" sont remplacés par les mots : "par l'article 7".

Pour l'application de l'art. 3 ci-dessus aux entreprises de vingt salariés ou moins et aux entreprises nouvelles, V. Décr. n° 2000-84 du 31 janv. 2000 (JO 1er févr.).

Les modifications issues du Décr. n° 2009-1377 du 10 nov. 2009 prennent effet, dans chaque région, à la date de nomination du directeur régional des entreprises, de la concurrence, de la consommation, du travail et de l'emploi (Décr. préc., art. 7-I). — V. Arr. de nomination de ces directeurs des 30 déc. 2009 (JO 5 janv. 2010) et 9 févr. 2010 (JO 14 févr.).

Ces modifications s'appliquent à la région Île-de-France à compter du 1er juill. 2010 (Décr. no 2010-687 du 24 juin 2010, art. 2).

En l'absence de caducité du mandat de représentant des salariés à la demande de l'employeur, celui-ci ne prend fin que par la désignation d'un délégué syndical par le syndicat. • Soc. 30 nov. 2004, ☏ no 02-40.437 P : *RJS 2005. 120, no 16 ; JS Lamy 2005, no 160-5.*

Décret no 98-493 du 22 juin 1998,

Relatif au champ de l'aide prévu par l'article 3 de la loi no 98-461 du 13 juin 1998 d'orientation et d'incitation relative à la réduction du temps de travail.

Art. 1er Ne peuvent bénéficier de l'aide prévue à l'article 3 de la loi du 13 juin 1998 susvisée, eu égard à leur caractère de monopole ou à la nature de leurs ressources, les organismes suivants :

Aéroports de Paris ;

Agence de l'environnement et de la maîtrise de l'énergie ;

Agence française de développement ;

Agence nationale de valorisation de la recherche ;

Agence nationale pour la gestion des déchets radioactifs ;

Agence nationale *(Décr. no 2014-1596 du 23 déc. 2014, art. 6)* « de contrôle du logement social » ;

Agence nationale pour les chèques-vacances ;

Agence nationale pour l'insertion et la promotion des travailleurs d'outre-mer ;

Agence pour la diffusion de l'information technologique ;

Centre de coopération internationale en recherche agronomique pour le développement ;

Centre national de la danse ;

Charbonnages de France ;

Cité de la musique ;

Comédie-Française ;

Commissariat à l'énergie atomique ;

DCN International ;

École nationale supérieure de création industrielle ;

École nationale supérieure des métiers de l'image et du son ;

Économat de l'armée ;

Électricité de France ;

Établissement public de la cité des sciences et de l'industrie ;

Établissement public du parc et de la grande halle de La Villette ;

Établissement public et sociétés bénéficiant du produit de la redevance pour droit d'usage au titre de l'article 53 de la loi no 86-1067 du 30 septembre 1986 relative à la liberté de communication ;

Établissements publics à caractère industriel et commercial d'intervention en matière agricole ;

Gaz de France ;

Houillères des bassins du Centre et du Midi ;

Houillères du bassin de Lorraine ;

Institut français de recherche pour l'exploitation de la mer ;

Institut national de l'environnement industriel et des risques ;

La Française des jeux ;

La Poste ;

Opéra national de Paris ;

Réseau ferré de France ;

Société des mines de potasse d'Alsace ;

Société nationale d'électricité et de thermique ;

Théâtres nationaux de l'Odéon, de Chaillot, de la Colline et de Strasbourg ;

Union des groupements d'achats publics.

Décret no 98-494 du 22 juin 1998,

Relatif à l'incitation financière à la réduction du temps de travail portant application de l'article 3 de la loi no 98-461 du 13 juin 1998 d'orientation et d'incitation relative à la réduction du temps de travail.

Art. 1er La convention de réduction de temps de travail prévue à l'article 3 de la loi du 13 juin 1998 susvisée peut être conclue avec le ministre chargé de l'emploi pour les deman-

des présentées par les entreprises appartenant à un groupe d'importance nationale ou concernant plusieurs départements, ou avec le préfet, ou par délégation le *(Décr. nº 2009-1377 du 10 nov. 2009)* **« directeur départemental des entreprises, de la concurrence, de la consommation, du travail et de l'emploi ».**

Les modifications issues du Décr. nº 2009-1377 du 10 nov. 2009 prennent effet, dans chaque région, à la date de nomination du directeur régional des entreprises, de la concurrence, de la consommation, du travail et de l'emploi (Décr. préc., art. 7-I). — V. Arr. de nomination de ces directeurs des 30 déc. 2009 (JO 5 janv. 2010) et 9 févr. 2010 (JO 14 févr.).

Ces modifications s'appliquent à la région Île-de-France à compter du 1er juill. 2010 (Décr. nº 2010-687 du 24 juin 2010, art. 2).

Art. 2 **La réduction de l'horaire collectif de travail doit, en règle générale, concerner l'ensemble de l'entreprise ou de l'établissement sauf pour des motifs particuliers liés à des problèmes d'organisation du travail spécifiques à une partie de cet établissement ou de cette entreprise.**

Art. 3 **Dans le cas où, en conséquence de la réduction du temps de travail opérée en application du IV de l'article 3 de la loi du 13 juin 1998 susvisée, l'entreprise ou l'établissement s'engage à procéder à des embauches :**

I. — Les embauches doivent correspondre à un volume d'heures égal au produit de l'effectif moyen annuel concerné par la réduction du temps de travail par le pourcentage d'embauche fixé par la convention et par le nouvel horaire collectif moyen.

L'effectif pris en compte est apprécié en moyenne sur les douze mois qui précèdent la signature de l'accord d'entreprise ou d'établissement ou, à défaut, dans le cas de l'application d'une convention ou d'un accord de branche étendus, de la convention conclue avec l'État, selon les règles fixées à l'article L. 421-2 *[L. 2312-8 nouv.]* **du code du travail, au prorata de l'horaire de travail antérieur à la réduction.**

Toutefois, lorsque le recours au travail temporaire a, pour des raisons exceptionnelles, été très important au cours des douze mois qui précèdent la signature de l'accord d'entreprise ou d'établissement, ou, à défaut, de la convention conclue avec l'État en application d'une convention ou d'un accord de branche étendus, le représentant de l'État peut substituer à l'effectif moyen annuel des travailleurs temporaires de la dernière année l'effectif moyen annuel des trois dernières années de cette catégorie.

II. — Les embauches correspondant à l'engagement minimal pris par l'entreprise s'appliquent aux établissements concernés par l'accord de réduction du temps de travail. Lorsqu'elles sont à temps plein, ces embauches s'effectuent sur la base d'horaires collectifs réduits.

III. — L'effectif que l'entreprise doit s'engager à maintenir est l'effectif moyen annuel de l'ensemble de l'entreprise ou du ou des établissements calculé selon les règles fixées au I du présent article, augmenté des embauches auxquelles l'employeur s'est engagé dans la convention conclue avec l'État.

Art. 4 **Dans le cas où la réduction du temps de travail est opérée en application du V de l'article 3 de la loi du 13 juin 1998 susvisée et permet d'éviter des licenciements pour motif économique, l'entreprise doit maintenir l'effectif total de l'entreprise ou du ou des établissements au moment de la mise en œuvre de la procédure de licenciement économique après prise en compte, le cas échéant, des suppressions d'emplois prévues par cette procédure que la réduction du temps de travail n'a pu permettre d'éviter. La durée minimale de maintien des effectifs de deux ans s'apprécie à compter de la date d'entrée en vigueur de la convention conclue entre l'État et l'entreprise.**

Art. 5 **I. — Le montant de l'aide prévue au VI de l'article 3 de la loi du 13 juin 1998 susvisée, ainsi que celui de chacune des majorations, est forfaitaire et fixé, par salarié, pour chaque année d'exécution de la convention.**

La majoration prévue au troisième alinéa du VI du même article est attribuée au plus pendant trois ans.

Un barème annexé au présent décret fixe les montants de l'aide et de chacune des majorations. Les montants de l'aide et de la majoration prévue au troisième alinéa du VI de l'article 3 de la loi du 13 juin 1998 susvisée varient conformément à ce barème.

(Décr. nº 99-498 du 17 juin 1999) **« Le barème de l'aide dont bénéficie l'entreprise est celui applicable à la date de la signature de l'accord d'entreprise servant de base à la convention signée ou, à défaut, dans le cas de l'application d'une convention ou d'un accord de branche étendus ou agréés, la date de dépôt de la demande de convention.**

« Toutefois si la demande de convention est déposée en application d'une convention collective ou d'un accord de branche étendus ou agréés conclus antérieurement au 1er juillet 1999, le barème applicable est celui en vigueur à la date de la conclusion dudit accord sous réserve que la demande de convention soit déposée avant l'expiration d'un délai de trois mois courant à compter de la publication au *Journal officiel* de l'arrêté d'extension.

« En tout état de cause, si la réduction du temps de travail n'est pas effective dans les trois mois suivant la signature de la convention entre l'État et l'entreprise, le barème applicable est celui en vigueur à la date de la réduction du temps de travail, sauf circonstances exceptionnelles appréciées par l'autorité administrative. »

II. – Lorsque, en application du troisième alinéa du IV de l'article 3 de la loi du 13 juin 1998 susvisée, l'entreprise opère une nouvelle réduction du temps de travail, celle-ci doit être organisée par un avenant à l'accord d'entreprise. Celui-ci précise notamment l'ampleur de la nouvelle réduction du temps de travail ainsi que le nombre d'embauches auxquelles l'employeur s'engage à procéder et la durée pendant laquelle l'employeur s'engage à maintenir l'emploi.

La majoration du montant de l'aide prévue au troisième alinéa du IV de l'article 3 de la loi du 13 juin 1998 susvisée peut être accordée par avenant à la convention liant l'État et l'entreprise.

Le délai dont dispose l'employeur pour réaliser les embauches est identique à celui fixé au quatrième alinéa du IV de l'article 3 de la loi du 13 juin 1998 susvisée. A compter de la dernière embauche, l'employeur doit maintenir l'effectif moyen annuel de l'entreprise ou de l'établissement mentionné dans la convention initiale augmenté de la totalité des embauches auxquelles l'employeur s'est engagé dans la convention conclue avec le représentant de l'État ainsi que dans l'avenant à cette convention.

La majoration du montant de l'aide prend effet à la date de l'entrée en vigueur de la nouvelle réduction du temps de travail.

III. – La majoration spécifique prévue au troisième alinéa du VI de l'article 3 de la loi du 13 juin 1998 susvisée est ouverte aux entreprises dont l'effectif est constitué d'au moins 60 % d'ouvriers au sens des conventions collectives et d'au moins 70 % de salariés dont les gains et rémunérations mensuels sont inférieurs ou égaux à 169 fois le salaire minimum de croissance majoré de 50 %.

Pour l'application de l'alinéa précédent, sont pris en compte les gains et rémunérations tels que définis à l'article L. 242-1 du code de la sécurité sociale.

IV. – La prolongation de la durée de l'aide prévue au V de l'article 3 de la loi du 13 juin 1998 susvisée est accordée notamment au vu des conditions d'exécution des mesures de prévention et d'accompagnement des licenciements qui ont permis le bénéfice de la convention initiale.

Art. 6 I. – L'entreprise détermine mensuellement le montant de l'aide donnant lieu à déduction, augmenté le cas échéant des majorations, auquel elle a droit pour chaque salarié. Ce montant est égal à un douzième du montant annuel de l'aide applicable à la convention, arrondi *(Décr. n° 2001-1203 du 17 déc. 2001)* « à l'euro immédiatement supérieur ».

Pour les salariés à temps partiel ouvrant droit au bénéfice de l'aide, le montant de l'aide ainsi déterminé est réduit au prorata du nombre d'heures inscrit au contrat de travail des intéressés rapporté à l'horaire collectif conventionnel.

II. – *(Décr. n° 2003-487 du 11 juin 2003)* « Le montant mensuel de l'aide et des majorations est déduit du montant des cotisations patronales d'assurances sociales, d'accident du travail et de maladies professionnelles et d'allocations familiales dues au titre de chacun des salariés visés au premier alinéa du VI de l'article 3 de la loi du 13 juin 1998 susvisée dont le contrat de travail est en cours d'exécution ou suspendu au dernier jour du mois. Toutefois, les salariés dont le contrat de travail est suspendu depuis plus de six mois n'ouvrent pas droit à l'aide. Ce montant est plafonné au montant des cotisations précitées. »

III. – *Abrogé par Décr. n° 2003-487 du 11 juin 2003.*

L'aide et les majorations sont déduites après application, le cas échéant, des autres mesures d'exonération totale ou partielle de cotisations sociales, des taux spécifiques, assiettes ou montants forfaitaires auxquels l'emploi des salariés ouvre droit.

IV. – Les entreprises relevant du régime des congés payés prévu aux articles L. 223-16 et L. 223-17 *[L. 3141-30 et L. 3141-31 nouv.]* du code du travail peuvent calculer, pour les salariés sous contrat à durée indéterminée, le montant de la déduction prévue au II du présent article sur la base du dixième du montant annuel d'aide applicable à la convention.

Dans ce cas, elles ne peuvent opérer la déduction prévue au III du présent article qu'à dix reprises par année d'exécution de la convention au maximum.

Art. 7 Pour ouvrir droit au bénéfice de l'aide, les accords conclus en application du deuxième alinéa de l'article 4 de la loi du 13 juin 1998 susvisée fixent le nombre maximum de jours de repos qui peuvent être reportés, dans la limite de la moitié du nombre des jours de réduction du temps de travail, et organisent les conditions de mise en œuvre du compte épargne-temps permettant de garantir l'utilisation de ces congés à la demande des salariés.

Les repos mentionnés à l'alinéa précédent doivent être utilisés dans les quatre ans suivant l'ouverture de ces droits. Un bilan spécifique de l'utilisation de ces repos est réalisé à échéance de la fin de la convention.

Art. 9 L'aide peut être refusée à une entreprise qui ne remplit pas les conditions requises pour concourir aux marchés de l'État posées par les articles 52 à 56 du code des marchés publics.

Art. 9-1 *(Décr. n° 2000-84 du 31 janv. 2000)* Les dispositions du présent décret cessent d'être applicables aux entreprises de vingt salariés ou moins qui ne sont pas liées par une convention avec l'État conclue avant le 1er février 2000.

Sur le barème du montant de l'abattement de cotisations sociales auquel ouvrent droit les accords signés, V. annexe du Décr. n° 98-494 du 22 juin 1994 (JO 23 juin) modifiée par Décr. n° 2001-1203 du 17 déc. 2001, art. 10-II (JO 19 déc.).

Loi n° 2000-37 du 19 janvier 2000,

Relative à la réduction négociée du temps de travail (JO 20 janv.).

V. Circ. ACOSS n° 2003-053 du 18 févr. 2003.

V. Circ. 3 mars 2000 relative à la réduction négociée du temps de travail (BOMT n° 2000/6 bis du 13 mars).

BIBL. GÉN. ▶ *LPA 19 janv. 2000, n° spécial réalisé avec le concours du cabinet J. Barthélémy et associés. – Dr. soc. 2000. 236* ✎.

CHAPITRE PREMIER *Durée légale du travail et régime des heures supplémentaires*

Art. 1er II. – La durée prévue à l'article L. 212-1 *[L. 3121-10 nouv.]* du code du travail est applicable à compter du 1er janvier 2000 pour les entreprises dont l'effectif à cette date est de plus de vingt salariés ainsi que pour les unités économiques et sociales de plus de vingt salariés reconnues par convention ou par décision de justice. Pour les autres entreprises et unités économiques et sociales, elle est réduite de trente-neuf heures à trente-cinq heures à compter du 1er janvier 2002, y compris pour celles dont l'effectif est au plus égal à vingt salariés depuis plus de douze mois consécutifs. L'effectif est apprécié dans les conditions prévues au deuxième alinéa de l'article L. 421-1 *[L. 2312-1 nouv.]* et à l'article L. 421-2 *[L. 2312-8 nouv.]* du même code. Les voyageurs, représentants ou placiers relevant des articles L. 751-1 et *[L. 7313-1 s. nouv.]* suivants du même code ne sont pas pris en compte pour la détermination de cet effectif.

Pour le calcul des effectifs des associations intermédiaires au regard des dispositions de la présente loi, sont pris en compte, d'une part, les salariés permanents de ces associations et, d'autre part, les travailleurs qui ont été liés à elles par des contrats de travail pendant une durée totale d'au moins trois mois au cours de la dernière année civile.

[...]

VII. – Dans les agglomérations de plus de 50 000 habitants, le président de la structure intercommunale, en liaison, le cas échéant, avec les maires des communes limitrophes, favorise l'harmonisation des horaires des services publics avec les besoins découlant, notamment du point de vue de la conciliation entre vie professionnelle et vie familiale, de l'évolution de l'organisation du travail dans les activités implantées sur le territoire de la commune ou à proximité.

A cet effet, il réunit, en tant que de besoin, les représentants des organismes ou collectivités gestionnaires des services concernés et les met, le cas échéant, en relation avec les partenaires sociaux des entreprises et des collectivités afin de promouvoir la connaissance des besoins et de faciliter la recherche d'adaptation locale propre à les satisfaire.

Art. 5 IV. – Les heures supplémentaires effectuées au-delà de trente-neuf heures hebdomadaires ou de la durée considérée comme équivalente dans les entreprises pour lesquelles la durée légale du travail est fixée à trente-cinq heures à compter du 1er janvier 2002 donnent lieu, jusqu'à cette date, à une majoration de salaire de 25 % pour les huit premières heures et de 50 % pour les suivantes et sont soumises aux dispositions du III de l'article L. 212-5 du code du travail.

V. – 1. Pendant la première année civile au cours de laquelle la durée hebdomadaire est fixée à trente-cinq heures, chacune des quatre premières heures supplémentaires effectuées donne lieu :

– *[Dispositions déclarées non conformes à la Constitution par décision du Conseil constitutionnel nº 99-423 DC du 13 janvier 2000]* à la bonification prévue au premier alinéa du I de l'article L. 212-5 du même code au taux de 10 % ;

– *[Dispositions déclarées non conformes à la Constitution par décision du Conseil constitutionnel nº 99-423 DC du 13 janvier 2000.]*

(L. nº 2003-47 du 17 janv. 2003) « 2. Dans l'attente de la convention ou de l'accord de branche étendu mentionné au I de l'article L. 212-5 du code du travail ou au I de l'article L. 731-6 du code rural et de la pêche maritime, le taux de majoration des quatre premières heures supplémentaires applicables aux entreprises de vingt salariés au plus reste fixé à 10 % au plus tard jusqu'au 31 décembre 2005. »

VIII. – Le seuil défini au troisième alinéa de l'article L. 212-6 *[L. 3121-15 nouv.]* du code du travail est fixé à trente-sept heures pour l'année 2000 et à trente-six heures pour l'année 2001. Lorsque l'entreprise fait application d'une convention ou d'un accord mentionné à l'article L. 212-8 *[abrogé par L. nº 2008-789 du 20 août 2008]* du même code, ce seuil est fixé respectivement pour les années 2000 et 2001 à 1 690 et 1 645 heures. Pour les entreprises pour lesquelles la durée légale du travail est fixée à trente-cinq heures à compter du 1er janvier 2002, ces seuils sont applicables respectivement en 2002 et en 2003, *(L. nº 2004-391 du 4 mai 2004)* « 2004, 2005 ». Ces dispositions sont applicables à compter du 1er janvier 2000. *– V. Circ. 22 sept. 2004, Fiche nº 12 (JO 31 oct.).*

CHAPITRE IV *Travail à temps partiel et contrat intermittent*

Art. 14 II. – Les stipulations des contrats de travail conclus sur le fondement de l'article L. 212-4-3 du code du travail dans sa rédaction applicable avant l'entrée en vigueur de la présente loi et prévoyant une durée du travail calculée sur l'année demeurent en vigueur. Lorsque la limite dans laquelle peuvent être effectuées des heures complémentaires a été portée au-delà du dixième de la durée annuelle fixée au contrat de travail en application d'un accord de branche étendu, chacune des heures complémentaires effectuées au-delà de la durée précitée donne lieu à une majoration de salaire de 25 %. *– Pour les pénalités, V. C. trav., art. R. 3124-9.*

CHAPITRE V *Dispositions relatives aux congés*

Art. 15 V. – Les conventions ou les accords collectifs étendus ou les conventions ou accords d'entreprise ou d'établissement relatifs à la réduction du temps de travail peuvent prévoir des stipulations spécifiques applicables aux salariés exerçant des responsabilités à titre bénévole au sein d'une association déclarée en application de la loi du 1er juillet 1901 relative au contrat d'association ou inscrite au registre des associations en application de la loi du 19 avril 1908 applicable au contrat d'association dans les départements du Bas-Rhin, du Haut-Rhin et de la Moselle, afin que soient prises en compte les contraintes résultant de l'exercice de leurs fonctions. Ces stipulations spécifiques peuvent porter entre autres sur le délai de prévenance, les actions de formation, *(L. nº 2000-627 du 6 juill. 2000)* « le déroulement de carrière, » la prise des jours de repos.

CHAPITRE VIII *Développement de la négociation et allégement des cotisations sociales*

Art. 19 XIV. – Les entreprises dont l'effectif maximal sera fixé par décret, qui engagent ou qui mettent en œuvre des réorganisations ainsi que les branches peuvent bénéficier d'un dispositif d'appui et d'accompagnement, individuel ou collectif, auxquelles les régions peuvent, le cas échéant, participer. *– Sur ce dispositif, V. Décr. nº 2001-526 du 14 juin 2001.*

CHAPITRE IX *Sécurisation juridique*

Art. 28 I. – Sont réputées signées sur le fondement de la présente loi les stipulations des conventions ou accords collectifs étendus ou des accords d'entreprise ou d'établissement conclus en application de la loi nº 98-461 du 13 juin 1998 d'orientation et d'incitation relative à la réduction du temps de travail et qui sont conformes aux dispositions de la présente loi. *– V. cette loi.*

II. – A l'exception des stipulations contraires aux articles L. 212-5 et L. 212-5-1 du code du travail issus de l'article 5 de la présente loi, les clauses des accords conclus en application des dispositions de la loi n° 98-461 du 13 juin 1998 précitée et contraires aux dispositions de la présente loi continuent à produire leurs effets jusqu'à la conclusion d'un accord collectif s'y substituant *[Dispositions déclarées non conformes à la Constitution par décision du Conseil constitutionnel n° 99-423 DC du 13 janv. 2000]*.

Sur l'application de l'art. 28 validant les clauses d'un accord conclu en application de la loi du 13 juin 1998 qui ne disposaient pas de base légale lors de leur signature mais qui en trouvent sur le fondement de la loi du 19 janvier 2000 et validant les clauses d'un accord applicables au 19 janvier 2000 qui y seraient contraires mais conformes aux dispositions de la loi antérieure. • Soc. 26 mai 2004, n° 02-10.723 P : *RJS 2004. 642, n° 944.*

Art. 29 Sous réserve des décisions de justice passées en force de chose jugée, sont validés les versements effectués au titre de la rémunération des périodes de permanence nocturne, comportant des temps d'inaction, effectuées sur le lieu de travail en chambre de veille par le personnel en application des clauses des conventions collectives nationales et accords collectifs nationaux de travail agréés en vertu de l'article 16 de la loi n° 75-535 relative aux institutions sociales et médico-sociales *[art. L. 313-12, CASF]*, **en tant que leur montant serait contesté par le moyen tiré de l'absence de validité desdites clauses.**

Si le législateur peut adopter, en matière civile, des dispositions rétroactives, le principe de prééminence du droit et la notion de procès équitable consacrés par l'art. 6, § 1, Conv. EDH et des libertés fondamentales s'opposent, sauf pour d'impérieux motifs d'intérêt général, à l'ingérence du pouvoir législatif dans l'administration de la justice afin d'influer sur le dénouement judiciaire des litiges. Obéit à d'impérieux motifs d'intérêt général l'intervention du législateur destinée à aménager les effets d'une jurisprudence nouvelle de nature à compromettre la pérennité du service public de la santé et de la protection sociale auquel participent les établissements pour personnes inadaptées et handicapées. • Cass., ass. plén., 24 janv. 2003 : *Dr. soc. 2003. 373, rapp. Merlin ; RJS 2003. 236, n° 355 ; CSB 2003, A. 19, p. 171* • Soc. 28 janv. 2005 : *RJS 2006. 277, n° 389.* ♦ L'adoption de l'art. 29 de la loi du 19 janv. 2000, qui réglait définitivement, de manière rétroactive, le fond des litiges pendants devant les juridictions internes n'est pas justifiée par d'impérieux motifs d'intérêt général et constitue une violation de l'art. 6 § 1. • CEDH 9 janv. 2007 : *D. 2007. AJ 580, obs. Cortot ; RDT 2007. 179, obs. Aubert-Monpeyssen .* ♦ Ainsi, l'art. 29 ne peut être appliqué aux demandes de paiement de rappels de salaire au titre des heures de permanence de nuit rémunérées selon le régime d'équivalence conventionnel, s'agissant des litiges introduits antérieurement à l'entrée en vigueur de la loi du 19 janv. 2000 ; en revanche, les salariés ayant engagé leurs actions postérieurement à cette date ne sont pas fondés à invoquer l'incompatibilité de ses dispositions rétroactives avec l'exigence de l'art. 6 § 1 et l'art. 29 a vocation s'appliquer. • Soc. 13 juin 2007 (2 arrêts) : *D. 2007. 2439, note Pérès ; RJS 2007. 740, n° 959 ; Dr. soc. 2007. 1178, obs. Morand .* ♦ L'espérance légitime de pouvoir obtenir le paiement de rappels de salaires prévus par un accord collectif en vue d'assurer aux salariés la garantie du maintien de leur rémunération mensuelle en vigueur à la date de la réduction collective du temps de travail au sens de l'art. 1er Protocole n° 1 conv. EDH. • Soc. 24 nov. 2010 : *D. 2010. AJ 2914, obs. Perrin ; RDT 2011. 257, obs. Flores ; Dr. soc. 2011. 155, note Jean-Baptiste ; JCP S 2011. 1078, obs. Jeansen.* ♦ Les demandes de rappels de salaires portant sur une période antérieure à l'entrée en vigueur de la loi du 19 janvier 2000 qui valide le paiement des heures d'équivalence effectuées antérieurement à sa promulgation, il existait une espérance légitime de créance au sens de l'article 1er du Protocole n° 1 à la Convention de sauvegarde des droits de l'homme et des libertés fondamentales. • Soc. 21 mars 2012 : *Dalloz actualité, 26 avr. 2012, obs. Ines ; D. 2012. Actu. 951 ; RDT 2012. 430, obs. Canut ; RJS 2012. 475, n° 558 ; JCP S 2012. 1271, obs. Tricoit.* ♦ Comp. : Les salariés qui n'ont saisi la juridiction prud'homale que le 14 mai 2001, soit postérieurement à l'entrée en vigueur de la loi n° 2000-37 du 19 janv. 2000, pour obtenir des rappels de salaire au titre des permanences nocturnes accomplies entre 1996 et 2000, ne peuvent prétendre avoir été privés d'une « espérance légitimée » ou d'une « valeur patrimoniale préexistante faisant partie de leurs biens » au sens de l'art. 1er du Protocole n° 1 annexé à la Conv. EDH. • Soc. 5 juin 2008 : *RJS 2009. 720, n° 900 ; JCP S 2008. 1465, obs. Drai.*

CHAPITRE X *Rémunération*

Art. 32 I. – *(L. n° 2003-47 du 17 janv. 2003)* **« Les salariés dont la durée du travail a été réduite à trente-cinq heures ou plus à compter de l'entrée en vigueur de la loi n° 98-461 du 13 juin 1998 d'orientation et d'incitation relative à la réduction du temps de travail ne peu-**

vent percevoir un salaire mensuel inférieur au produit du nombre d'heures correspondant à la durée collective qui leur était applicable, dans la limite de 169 heures, par le salaire minimum de croissance en vigueur à la date de la réduction ou celui en vigueur au 1er juillet 2002 pour les salariés dont les entreprises réduisent la durée collective de travail postérieurement à cette date. Cette garantie est assurée par le versement d'un complément différentiel de salaire.

« Le minimum applicable à chaque salarié concerné par le premier alinéa est revalorisé au 1er juillet en fonction de l'évolution de l'indice des prix à la consommation mentionné à l'article L. 141-3 du code du travail. Cette revalorisation est majorée, par tranches annuelles égales, de sorte qu'au 1er juillet 2005 au plus tard le minimum applicable à chaque salarié soit égal au minimum revalorisé prévu au premier alinéa pour les salariés dont les entreprises réduisent la durée collective de travail postérieurement au 1er juillet 2002. Les taux de revalorisation ainsi déterminés sont fixés par arrêtés. » — *V. Arr. du 1er juill. 2004 (JO 2 juill.).*

Si la durée collective est réduite en deçà de trente-cinq heures, les salariés perçoivent au minimum le salaire mensuel tel que défini ci-dessus à due proportion de la réduction de la durée du travail en deçà de trente-cinq heures.

Les salariés à temps partiel, employés dans les entreprises où la durée collective est réduite en dessous de trente-neuf heures, et dont la durée du travail est réduite, ne peuvent percevoir un salaire inférieur au minimum défini ci-dessus calculé à due proportion.

II. — Les salariés embauchés à temps complet postérieurement à la réduction de la durée collective de travail et occupant des emplois équivalents à ceux occupés par des salariés bénéficiant du minimum prévu au I ne peuvent percevoir une rémunération inférieure à ce minimum.

Les salariés à temps partiel embauchés postérieurement à la réduction de la durée collective bénéficient également de ce minimum calculé à due proportion dès lors qu'ils occupent un emploi équivalent, par sa nature et sa durée, à celui occupé par un salarié bénéficiant du complément différentiel.

Bénéficient également de ce complément calculé à due proportion les salariés employés à temps partiel à la date de la réduction de la durée du travail lorsqu'ils sont occupés sur un emploi équivalent, par sa nature et sa durée, à celui occupé par un salarié bénéficiant du complément *[Dispositions déclarées non conformes à la Constitution par décision du Conseil constitutionnel n° 99-423 DC du 13 janvier 2000]*.

III. — Dans les cas où, en application des dispositions du deuxième alinéa de l'article L. 122-12 du code du travail, les contrats de travail se poursuivent à la suite d'une modification intervenue dans la situation juridique de l'employeur, le nouvel employeur est tenu de verser aux salariés concernés le même complément différentiel de salaire que celui dont ils bénéficiaient à la date de cette modification. Le minimum applicable à chaque salarié est ensuite revalorisé dans les mêmes conditions que celles définies au deuxième alinéa du I.

IV. — Les apprentis dont la durée du travail a été réduite bénéficient de la garantie de rémunération définie au I du présent article au prorata du montant minimum du salaire fixé en application de l'article L. 117-10 *[L. 6222-27 nouv.]* du code du travail.

Les salariés ayant conclu un contrat de qualification ou d'orientation et dont la durée du travail a été réduite bénéficient de cette même garantie au prorata du montant minimum de la rémunération fixée par décret en application des articles L. 981-3 et L. 981-8 du même code.

Le calcul de la garantie de ressources attribuée, en vertu de l'article 32 de la loi n° 75-534 du 30 juin 1975 d'orientation en faveur des personnes handicapées *[art. L. 243-2, CASF]*, aux personnes handicapées exerçant une activité professionnelle et fixée par rapport au salaire minimum de croissance intègre le complément différentiel de salaire prévu au I du présent article, lorsque la durée de travail de ces personnes a été réduite.

Les travailleurs handicapés employés dans les *(L. n° 2005-102 du 11 févr. 2005, art. 38)* « entreprises adaptées » ou les centres de distribution de travail à domicile visés à l'article L. 323-31 *[L. 5213-13 s. nouv.]* du code du travail bénéficient, lorsque leur durée de travail a été réduite, de la garantie de rémunération définie au I du présent article au prorata du montant minimum de salaire fixé par décret en application de l'article L. 323-32 du même code.

V. — *(L. n° 2003-47 du 17 janv. 2003)* « A titre transitoire, par dérogation aux dispositions de l'article L. 141-5 *[L. 3231-8 nouv.]* du code du travail et jusqu'au 1er juillet 2005, le salaire minimum de croissance prévu à l'article L. 141-2 *[L. 3231-2 nouv.]* dudit code est revalorisé chaque année, avec effet au 1er juillet, selon les modalités prévues au premier alinéa de l'article L. 141-3 *[L. 3231-4 et L. 3231-5 nouv.]* dudit code. Cette revalorisation est majorée annuellement en vue de rendre sans objet au 1er juillet 2005 la garantie mentionnée au I. »

VI. — Sous réserve des dispositions du II, lorsque les salariés dont la durée du travail a été réduite perçoivent le complément prévu au I du présent article ou un complément de même nature destiné à assurer le maintien de tout ou partie de leur rémunération en application des stipulations d'une convention ou d'un accord collectif étendu ou d'une convention ou d'un accord d'entreprise ou d'établissement, ce complément n'est pas pris en compte pour déterminer la rémunération des salariés à temps partiel telle que définie au troisième alinéa de l'article L. 212-4-5 *[L. 3123-9 à L. 3123-13 nouv.]* du code du travail, sauf stipulation contraire de l'accord collectif. — *Pour les pénalités, V. C. trav., art. R. 3233-1 nouv.*

1. Les juges ne peuvent allouer à un salarié embauché postérieurement à la réduction de la durée collective du travail un rappel de salaire au titre de la garantie mensuelle de rémunération prévue pour les salariés payés au SMIC dès lors qu'ils ont fait ressortir que le salarié ne se trouvait pas dans une situation d'équivalence d'emploi avec un salarié bénéficiant de la garantie mensuelle de rémunération. • Soc. 20 sept. 2005 : *D. 2005. IR 2551 ; RJS 2005. 867, n° 1220.*

2. L'accord-cadre qui prévoit que la réduction collective du temps de travail ne doit occasionner aucune réduction effective de la rémunération sans imposer la réduction effective de travail hebdomadaire à 35 heures ne prévoit pas que les rémunérations minimales conventionnelles, définies sur la base de 39 heures, s'appliquent à une durée de travail de 35 heures et ne permet donc pas aux salariés qui ont continué de travailler à 39 heures de bénéficier d'une indemnité différentielle. • Soc. 13 déc. 2006 (2 arrêts) : *D. 2006. IR 155, obs. Cortot ; RJS 2006. 151, n° 229.*

Décret n° 2005-40 du 20 janvier 2005,

Relatif à la durée du travail dans les services de l'automobile.

Art. 1er Les dispositions du présent décret s'appliquent au personnel de gardiennage de jour ou de nuit assurant exclusivement et à temps plein des tâches de :

a) Surveillance et garde de locaux ;

b) Ouverture et fermeture de portes ou de barrières ;

c) Déplacement de véhicules ;

d) Permanence au téléphone ;

e) Délivrance de tickets de stationnement et réception des encaissements, seulement entre 22 heures et 6 heures,

des établissements relevant du champ d'application étendu de la convention collective nationale des services de l'automobile.

Art. 2 La durée du travail, équivalente à la durée légale prévue *(Décr. n° 2016-1551 du 18 nov. 2016, art. 6-V, en vigueur le 1er janv. 2017)* « à l'article L. 3121-27 » du code du travail, du personnel mentionné à l'article 1er est fixée à 43 heures par semaine.

Loi n° 2005-157 du 23 février 2005,

Relative au développement des territoires ruraux.

Art. 51 Afin d'assurer la libre circulation des biens et des personnes en période hivernale dans des conditions satisfaisantes en termes de délai et de sécurité, le Gouvernement procédera aux adaptations nécessaires de la réglementation relative au temps de travail, tant pour le secteur public que pour le secteur privé.

Loi n° 2005-296 du 31 mars 2005,

Portant réforme de l'organisation du temps de travail dans l'entreprise (JO 1er avr.).

Art. 4 I. — *Abrogé par L. n° 2007-1223 du 21 août 2007, art. 1-XI et XIII.*

II. — Dans l'attente de la convention ou de l'accord collectif de branche, de groupe, d'entreprise ou d'établissement prévu à l'article L. 227-1 *[L. 3151-2 abrogé par L. n° 2008-789 du 20 août 2008]* du code du travail et directement applicable dans les entreprises de vingt salariés au plus, le salarié, lorsqu'il ne s'agit pas d'une femme enceinte, peut, en accord avec *le chef d'entreprise,* décider de renoncer à une partie des journées ou demi-journées de repos accordées en application de l'article L. 212-9 *[L. 3122-6 nouv.]* ou du III de l'article L. 212-15-3 *[L. 3121-39 nouv.]* du même code dans la limite de dix jours par an ou d'effectuer des heures au-delà de la durée prévue par la convention de forfait conclue en application du I ou du II de l'article L. 212-15-3 *[L. 3121-39 s. nouv.]* du même code dans la limite de soixante-dix heures par an. Les heures, demi-journées ou journées effectuées à ce titre donnent lieu à une majoration de salaire au moins égale à 10 %. Elles ne s'imputent pas sur le contingent légal ou conventionnel d'heures supplémentaires prévu à l'article L. 212-6 *[L. 3121-11 nouv.]* du même code.

Dans les entreprises de vingt salariés au plus, l'accord d'entreprise visé à l'article L. 227-1 *[L. 3151-2 abrogé par L. n° 2008-789 du 20 août 2008]* du code du travail peut être conclu, en l'absence de délégué syndical ou de délégué du personnel désigné comme délégué syndical, par un salarié expressément mandaté par une organisation syndicale reconnue représentative, sur le plan national ou départemental pour ce qui concerne les départements d'outre-mer.

Les organisations syndicales visées ci-dessus doivent être informées au plan départemental ou local par l'employeur de sa décision d'engager des négociations dans le cadre de l'article L. 227-1 *[L. 3151-2 abrogé par L. n° 2008-789 du 20 août 2008]* du même code.

Ne peuvent être mandatés les salariés qui, en raison des pouvoirs qu'ils détiennent, peuvent être assimilés au chef d'entreprise, ainsi que les salariés apparentés au chef d'entreprise mentionnés au premier alinéa des articles L. 423-8 et L. 433-5 *[L. 2314-16 et L. 2324-15 nouv.]* du même code.

Le mandat ainsi assigné doit préciser les modalités selon lesquelles le salarié a été désigné et fixer précisément les termes de la négociation et les obligations d'information pesant sur le mandataire, notamment les conditions selon lesquelles le projet d'accord est soumis au syndicat mandant au terme de la négociation, ainsi que les conditions dans lesquelles le mandant peut à tout moment mettre fin au mandat. Le mandat précise également les conditions dans lesquelles le salarié mandaté participe, le cas échéant, au suivi de l'accord, dans la limite de douze mois.

L'accord signé par un salarié mandaté doit avoir été approuvé par les salariés à la majorité des suffrages exprimés. Participent à la consultation les salariés satisfaisant aux conditions fixées par les articles L. 433-4 ou L. 423-7 *[L. 2324-14 ou L. 2314-15 nouv.]* du même code. Les modalités d'organisation et de déroulement du vote font l'objet d'un accord entre le chef d'entreprise et le salarié mandaté. Cet accord doit respecter les principes généraux du droit électoral. Les modalités sur lesquelles aucun accord n'a pu intervenir peuvent être fixées dans les conditions prévues au troisième alinéa de l'article L. 433-9 *[L. 2324-21 nouv.]* du même code. La consultation a lieu pendant le temps de travail.

L'accord est communiqué à la *(Décr. n° 2009-1377 du 10 nov. 2009)* « direction régionale des entreprises, de la concurrence, de la consommation, du travail et de l'emploi ».

Le temps passé par les salariés mandatés à la négociation de l'accord ainsi qu'aux réunions nécessaires à son suivi est de plein droit considéré comme temps de travail et payé à l'échéance normale. En cas de contestation par l'employeur de l'usage fait du temps ainsi alloué, il lui appartient de saisir la juridiction compétente.

Le salarié mandaté peut être accompagné lors des séances de négociation par un salarié de l'entreprise auquel sont dans ce cas applicables les dispositions du précédent alinéa.

Les salariés mandatés au titre du présent article bénéficient de la protection prévue par les dispositions de l'article L. 412-18 du même code dès que l'employeur aura eu connaissance de l'imminence de leur désignation. La procédure d'autorisation administrative est applicable au licenciement des anciens salariés mandatés pendant une période de douze mois à compter de la date à laquelle leur mandat a pris fin. — *V. L. n° 2008-111 du 8 févr. 2008 pour le pouvoir d'achat.*

Les modifications issues du Décr. n° 2009-1377 du 10 nov. 2009 prennent effet, dans chaque région, à la date de nomination du directeur régional des entreprises, de la concurrence, de la consommation, du travail et de l'emploi (Décr. préc., art. 7-I). — V. Arr. de nomination de ces directeurs des 30 déc. 2009 (JO 5 janv. 2010) et 9 févr. 2010 (JO 14 févr.).

Ces modifications s'appliquent à la région Île-de-France à compter du 1er juill. 2010 (Décr. n° 2010-687 du 24 juin 2010, art. 2).

Loi n° 2008-111 du 8 février 2008,

Pour le pouvoir d'achat.

Art. 1er I. — Par exception aux dispositions du II de l'article 4 de la loi n° 2005-296 du 31 mars 2005 portant réforme de l'organisation du temps de travail dans l'entreprise :

1° Le salarié, quelle que soit la taille de l'entreprise, peut, sur sa demande et en accord avec l'employeur, renoncer à tout ou partie des journées ou demi-journées de repos acquises au 31 décembre 2007 en application de l'article L. 212-9 *[L. 3122-6, abrogé par L. n° 2008-789 du 20 août 2008]* du code du travail. Les demi-journées ou journées travaillées à la suite de l'acceptation de cette demande donnent lieu à une majoration de salaire au moins égale au taux de majoration de la première heure supplémentaire applicable à l'entreprise. Les heures correspondantes ne s'imputent pas sur le contingent légal ou conventionnel d'heures supplémentaires prévu aux articles L. 212-6 *[L. 3121-11 s. nouv.]* du code du travail et L. 713-11 du code rural et de la pêche maritime ;

2° Lorsque l'accord prévu au III de l'article L. 212-15-3 *[L. 3121-4-6 nouv.]* du code du travail ne définit pas les conditions dans lesquelles le salarié qui le souhaite peut, en accord avec le chef d'entreprise, renoncer à une partie de ses jours de repos acquis au titre de périodes antérieures au 31 décembre 2007 en contrepartie d'une majoration de son salaire, le salarié, quelle que soit la taille de l'entreprise, peut adresser une demande individuelle au chef d'entreprise. Le décompte des journées et demi-journées travaillées et de prise des journées ou demi-journées de repos intervient dans les conditions prévues par la convention de forfait mentionnée au même article. La majoration de rémunération, qui ne peut être inférieure à 10 %, est négociée entre le salarié et le chef d'entreprise ;

3° *a)* Le salarié, quelle que soit la taille de l'entreprise, peut, sur sa demande et en accord avec l'employeur, renoncer à tout ou partie des journées ou demi-journées de repos acquises au titre des périodes postérieures au 1er janvier 2008 et jusqu'au 31 décembre 2009 en application de l'article L. 212-9 *[L. 3122-6 à L. 3122-9 et L. 3122-19 à L. 3122-22 nouv.]* du code du travail. Les demi-journées ou journées travaillées à la suite de l'acceptation de cette demande donnent lieu à une majoration de salaire au moins égale au taux de majoration de la première heure supplémentaire applicable à l'entreprise. Les heures correspondantes ne s'imputent pas sur le contingent légal ou conventionnel d'heures supplémentaires prévu aux articles L. 212-6 *[L. 3121-11 s. nouv.]* du code du travail et L. 713-11 du code rural et de la pêche maritime.

b) Lorsque l'accord prévu au III de l'article L. 212-15-3 *[L. 3121-46 nouv.]* du code du travail ne définit pas les conditions dans lesquelles le salarié qui le souhaite peut, en accord avec le chef d'entreprise, renoncer à une partie de ses jours de repos en contrepartie d'une majoration de son salaire, le salarié, quelle que soit la taille de l'entreprise, peut, sur sa demande et en accord avec l'employeur, renoncer à une partie de ses jours de repos acquis au titre des périodes postérieures au 1er janvier 2008 et jusqu'au 31 décembre 2009 en contrepartie d'une majoration de son salaire. Le décompte des journées et demi-journées travaillées et de prise des journées ou demi-journées de repos intervient dans les conditions prévues par la convention de forfait mentionnée au même article. La majoration de rémunération, qui ne peut être inférieure à la valeur d'une journée majorée de 10 %, est négociée entre le salarié et le chef d'entreprise.

II. — Lorsque l'accord prévu à l'article L. 227-1 *[L. 3151-2, abrogé par L. n° 2008-789 du 20 août 2008]* du code du travail ne définit pas les conditions dans lesquelles les droits affectés sur le compte épargne-temps sont utilisés, à l'initiative du salarié, pour compléter la rémunération de celui-ci, le salarié peut, sur sa demande et en accord avec l'employeur, utiliser les droits affectés au 31 décembre 2009 sur le compte épargne-temps pour compléter sa rémunération.

Lorsque les accords prévus à l'article L. 227-1 *[L. 3151-2, abrogé par L. n° 2008-789 du 20 août 2008 et L. 3121-46 nouv.]* et au III de l'article L. 212-15-3 du code du travail ont déterminé les conditions et modalités selon lesquelles un salarié peut demander à compléter sa rémunération en utilisant les droits affectés à son compte épargne-temps ou selon lesquelles un salarié peut renoncer à une partie de ses jours de repos en contrepartie d'une majoration de son salaire, les demandes portant sur les droits affectés au 31 décembre 2009 sont satisfaites conformément aux stipulations de l'accord.

Toutefois, cette utilisation du compte épargne-temps sous forme de complément de rémunération ne peut s'appliquer à des droits versés sur le compte épargne-temps au titre du congé annuel prévu à l'article L. 223-1 *[L. 3141-1 nouv.]* du même code.

III. — Le rachat exceptionnel prévu aux I et deux premiers alinéas du II est exonéré, pour les journées acquises ou les droits affectés au 31 décembre 2007 et rémunérés au plus tard le 30 septembre 2008, de toute cotisation et contribution d'origine légale ou d'origine conventionnelle rendue obligatoire par la loi, à l'exception des contributions définies aux articles L. 136-2 du code de la sécurité sociale et 14 de l'ordonnance n° 96-50 du 24 janvier 1996 relative au remboursement de la dette sociale. Pour le calcul de l'exonération, le taux de la majoration visée aux 1° et 2° du I du présent article est pris en compte dans la limite du taux *maximal* de majoration des heures supplémentaires applicable dans l'entreprise.

IV. — Les exonérations prévues au III s'appliquent aux demandes des salariés formulées au plus tard le 31 juillet 2008.

Le rachat exceptionnel prévu au I ouvre droit, pour les journées acquises à compter du 1er janvier 2008, au bénéfice des dispositions prévues par l'article 81 *quater* du code général des impôts et des articles L. 241-17 et L. 241-18 du code de la sécurité sociale au-delà des seuils fixés par ces articles.

Le rachat exceptionnel prévu au III n'ouvre pas droit, pour les journées acquises ou les droits affectés au 31 décembre 2007, au bénéfice des dispositions de l'article 81 *quater* du code général des impôts et des articles L. 241-17 et L. 241-18 du code de la sécurité sociale.

V. – Un bilan de l'application du présent article est transmis au Parlement avant le 1er octobre 2008, permettant de préciser le nombre de jours réellement rachetés dans ce cadre et le nombre de salariés concernés.

VI. – Le présent article s'applique, dans le cadre des dispositions qui les régissent et selon des modalités prévues par décret, aux salariés dont la durée du travail ne relève pas des dispositions du chapitre II du titre Ier du livre II du code du travail ou du chapitre III du titre Ier du livre VII du code rural et de la pêche maritime.

V. Décr. n° 2008-894 du 3 sept. 2008 (JO 5 sept.).

Art. 2 I. – Un salarié peut, sur sa demande et en accord avec l'employeur, renoncer à tout ou partie des journées ou demi-journées de repos accordées en application de l'article L. 212-9 ou du III de l'article L. 212-15-3 *[L. 3122-6, abrogé par L. n° 2008-789 du 20 août 2008 ou L. 3121-46 nouv.]* du code du travail, y compris dans le cadre du rachat exceptionnel prévu au I de l'article 1er de la présente loi, ainsi qu'aux jours de repos compensateur de remplacement dus en application du II de l'article L. 212-5 *[L. 3121-24 nouv.]* du même code, afin de financer le maintien de la rémunération d'un ou plusieurs autres salariés de l'entreprise au titre d'un congé pris en vue de la réalisation d'une activité désintéressée pour le compte d'une œuvre ou d'un organisme d'intérêt général au sens de l'article 200 du code général des impôts.

Les sommes correspondant à la monétisation des jours mentionnés au premier alinéa sont versées directement par l'entreprise, au nom et pour le compte du salarié, à un fonds spécifique mis en place par celle-ci à l'effet de maintenir la rémunération des salariés concernés dans les conditions prévues au même alinéa. Cette rémunération est soumise à l'impôt sur le revenu et aux cotisations et contributions sociales selon les règles de droit commun applicables aux salaires établis au nom ou dus au titre des bénéficiaires.

II. – Un décret fixe les conditions et modalités d'application du I. – *V. Décr. n° 2008-987 du 18 sept. 2008 (JO 21 sept.).*

III. – Le I est applicable du 1er janvier 2008 au 31 décembre 2010.

Art. 4 A titre expérimental et pour une durée de deux ans à compter du 1er janvier 2008, le salarié peut, en accord avec l'employeur, décider que le repos compensateur de remplacement qui lui serait applicable en application du II de l'article L. 212-5 *[L. 3121-24 nouv.]* du code du travail ou de l'article L. 713-7 du code rural et de la pêche maritime soit pour tout ou partie converti, à due concurrence, en une majoration salariale dont le taux ne peut être inférieur à celui qui lui serait applicable en application du I des articles L. 212-5 *[L. 3121-22 nouv.]* du code du travail ou L. 713-6 du code rural et de la pêche maritime.

Les I à IX, XII et XIII de l'article 1er de la loi n° 2007-1223 du 21 août 2007 en faveur du travail, de l'emploi et du pouvoir d'achat s'appliquent aux rémunérations ainsi versées. Cette expérimentation fera l'objet d'un bilan avant le 31 décembre 2009.

C Congés

V. aussi C. trav., art. L. 3141-1 s.

Code général des collectivités territoriales

(L. n° 96-142 du 21 févr. 1996)

Art. L. 2123-13 *(L. n° 2002-276 du 27 févr. 2002, art. 74-I)* Indépendamment des autorisations d'absence et du crédit d'heures prévus aux articles L. 2123-1, L. 2123-2 et L. 2123-4, les membres du conseil municipal qui ont la qualité de salarié ont droit à un congé de formation. Ce congé est fixé à dix-huit jours par élu pour la durée du mandat et quel que soit le nombre de mandats qu'il détient. Ce congé est renouvelable en cas de réélection.

Les modalités d'application du présent article sont fixées par décret en Conseil d'État.

V. les dispositions analogues applicables aux conseillers généraux et aux conseillers régionaux : CGCT, art. L. 3123-10 et L. 4135-10. – **CGCT.**

Code de la santé publique

Art. L. 1244-5 *(L. nº 2011-814 du 7 juill. 2011, art. 29)* La donneuse *[d'ovocytes]* bénéficie d'une autorisation d'absence de son employeur pour se rendre aux examens et se soumettre aux interventions nécessaires à la stimulation ovarienne et au prélèvement ovocytaire. Lorsque la donneuse est salariée, l'autorisation est accordée dans les conditions prévues au *(L. nº 2016-41 du 26 janv. 2016, art. 87)* « dernier » alinéa de l'article L. 1225-16 du code du travail.

Code du tourisme

LIVRE IV **Financement de l'accès aux vacances et fiscalité du tourisme**

TITRE PREMIER **Accès aux vacances**

CHAPITRE PREMIER *Chèques-vacances*

SECTION I *Dispositions générales*

Art. L. 411-1 Les salariés des entreprises, sociétés et organismes soumis aux dispositions des articles L. 3141-1 et L. 3141-2 du code du travail, des 3º et 4º de l'article L. 5424-1 et de l'article L. 5423-3 du même code, *(Ord. nº 2015-333 du 26 mars 2015, art. 3)* « les salariés des particuliers employeurs, » *(L. nº 2009-888 du 22 juill. 2009, art. 30-I)* « les chefs d'entreprise de moins de cinquante salariés, leurs conjoints, leurs concubins ou leurs partenaires liés à eux par un pacte civil de solidarité » ainsi que les personnes à leur charge, telles qu'elles sont définies aux articles 6 et 196 du code général des impôts, peuvent, avec la contribution de leur employeur, acquérir des titres nominatifs appelés chèques-vacances.

Art. L. 411-2 *(Ord. nº 2015-333 du 26 mars 2015, art. 3)* « Les chèques-vacances peuvent être remis aux collectivités publiques et aux prestataires de services conventionnés en paiement des dépenses effectuées sur le territoire national par les bénéficiaires pour leurs vacances, pour les transports, leur hébergement, leurs repas ou leurs activités de loisirs. »

Les chèques-vacances peuvent également être remis en paiement des dépenses effectuées sur le territoire des États membres de l'Union européenne aux prestataires qui ont signé, selon les conditions fixées par décret, des conventions avec l'établissement public institué par l'article L. 411-13.

Art. L. 411-3 Les collectivités publiques et les prestataires de services *(L. nº 2006-437 du 14 avr. 2006, art. 11)* « conventionnés » peuvent, en particulier dans le secteur des transports, consentir aux bénéficiaires de chèques-vacances des réductions de tarifs et des bonifications modulées suivant les périodes de l'année.

(L. nº 2006-437 du 14 avr. 2006) « Les conventions sont signées avec les prestataires » compte tenu des engagements qu'ils prennent en ce qui concerne les prix et la qualité de leurs services.

Art. L. 411-5 L'avantage résultant de la contribution de l'employeur à l'acquisition des chèques-vacances *(Ord. nº 2015-333 du 26 mars 2015, art. 3)* « par les bénéficiaires mentionnés à l'article L. 411-1 » est exonéré de l'impôt sur le revenu, dans la limite du salaire minimum de croissance apprécié sur une base mensuelle.

Art. L. 411-6 La contribution de l'employeur mentionnée aux articles L. 411-1 et L. 411-5 est exonérée de la taxe sur les salaires dans les conditions et limites fixées par les articles L. 411-9 et L. 411-10.

Art. L. 411-7 (Abrogé par Ord. nº 2015-333 du 26 mars 2015, art. 3) *Les chèques-vacances sont dispensés du timbre.*

Art. L. 411-8 L'employeur, après consultation du comité d'entreprise ou, à défaut, des délégués du personnel ou de toute autre instance de concertation ayant compétence en matière d'œuvres sociales, définit, sous réserve des dispositions du 2º de l'article L. 411-10, les modalités de l'attribution éventuelle de chèques-vacances *(Ord. nº 2015-333 du 26 mars 2015, art. 3)* « aux bénéficiaires mentionnés à l'article L. 411-1 ».

Art. L. 411-9 Dans les entreprises de moins de cinquante salariés, dépourvues de comité d'entreprise et qui ne relèvent pas d'un organisme paritaire mentionné à l'article L. 411-20, *(Ord. n° 2015-333 du 26 mars 2015, art. 3)* « et pour ce qui concerne le particulier employeur, » l'avantage résultant de la contribution de l'employeur à l'acquisition des chèques-vacances *(Ord. n° 2015-333 du 26 mars 2015, art. 3)* « par les bénéficiaires mentionnés à l'article L. 411-1 » *(Abrogé par L. n° 2009-888 du 22 juill. 2009, art. 30-I) « satisfaisant à la condition de ressources fixée à l'article L. 411-4 »* est exonéré des cotisations et contributions prévues par la législation du travail et de la sécurité sociale, à l'exception de la contribution sociale généralisée et de la contribution pour le remboursement de la dette sociale. Le montant de l'avantage donnant droit à exonération, qui ne peut excéder les plafonds fixés au dernier alinéa de l'article L. 411-11, est limité, *(Ord. n° 2015-333 du 26 mars 2015, art. 3)* « par bénéficiaire » et par an, à 30 % du salaire minimum de croissance apprécié sur une base mensuelle. *(L. n° 2009-888 du 22 juill. 2009, art. 30-I)* « Lorsqu'un redressement de cotisations sociales a pour origine la mauvaise application de cette exonération, ce redressement ne porte que sur la fraction des cotisations et contributions indûment exonérées ou réduites, sauf en cas de mauvaise foi ou d'agissements répétés du cotisant. »

Art. L. 411-10 L'exonération prévue à l'article L. 411-9 est accordée si :

1° La fraction de la valeur des chèques-vacances prise en charge par l'employeur est plus élevée pour les salariés dont les rémunérations sont les plus faibles ;

2° Le montant de la contribution de l'employeur et les modalités de son attribution, notamment la modulation définie conformément au 1° ci-dessus, font l'objet soit d'un accord collectif de branche au niveau national, régional ou local prévoyant des modalités de mise en œuvre dans les entreprises de moins de cinquante salariés, soit d'un accord conclu dans les conditions prévues *(Ord. n° 2015-333 du 26 mars 2015, art. 3)* « aux articles L. 2234-1 à L. 2234-3 » du code du travail, soit d'un accord d'entreprise conclu avec un ou plusieurs délégués du personnel désignés comme délégués syndicaux ou, en l'absence d'une telle représentation syndicale et d'un accord collectif de branche, d'une proposition du chef d'entreprise soumise à l'ensemble des salariés ;

3° La contribution de l'employeur ne se substitue à aucun élément faisant partie de la rémunération *(Abrogé par Ord. n° 2015-333 du 26 mars 2015, art. 3) « versée dans l'entreprise »*, au sens de l'article L. 242-1 du code de la sécurité sociale, ou prévu pour l'avenir par des stipulations contractuelles individuelles ou collectives.

Art. L. 411-11 *Al. 1er et 2 abrogés par L. n° 2009-888 du 22 juill. 2009, art. 30-I.*

(L. n° 2009-888 du 22 juill. 2009, art. 30-I) « La contribution de l'employeur à l'acquisition par un salarié de chèques-vacances ne peut dépasser un pourcentage de leur valeur libératoire fixé par décret. Ce décret définit des pourcentages différents en fonction de la rémunération du salarié et de sa situation de famille. » Cette contribution annuelle globale ne peut être supérieure à la moitié du produit, évalué au 1er janvier de l'année en cours, du nombre total de ses salariés par le salaire minimum de croissance apprécié sur une base mensuelle, charges sociales comprises.

Art. L. 411-12 La date limite de validité des chèques-vacances est fixée au 31 décembre de la deuxième année civile suivant l'année d'émission.

Les titres non utilisés au cours de cette période pourront être échangés dans les trois mois suivant le terme de la période d'utilisation contre des chèques-vacances d'un même montant.

Les chèques-vacances qui n'auront pas été présentés au remboursement par les prestataires de services avant la fin du troisième mois suivant l'expiration de leur période de validité seront périmés.

Leur contre-valeur sera affectée au bénéfice de catégories sociales défavorisées notamment sous la forme de bourses de vacances.

(Ord. n° 2015-333 du 26 mars 2015, art. 3) « Le bénéficiaire peut, sur sa demande motivée présentée avant l'émission des titres, obtenir le remboursement de sa contribution à l'achat de ces derniers auprès de l'organisme qui se propose de les lui attribuer. »

SECTION II *Agence nationale pour les chèques-vacances*

Art. L. 411-13 Un établissement public de l'État à caractère industriel et commercial doté de l'autonomie financière, prenant le nom d'Agence nationale pour les chèques-vacances, est *(L. n° 2006-437 du 14 avr. 2006)* « seul chargé » d'émettre les chèques-vacances dans les conditions fixées à l'article L. 411-11, et de les rembourser aux collectivités publiques et aux prestataires de services mentionnés aux articles *(L. n° 2006-437 du 14 avr. 2006)* « L. 411-2 et » L. 411-3.

(L. nº 2006-437 du 14 avr. 2006) « Il est placé sous la tutelle du ministre de l'économie et des finances et du ministre chargé du tourisme et soumis au contrôle économique et financier de l'État. »

Cet établissement est habilité à financer des opérations de nature à faciliter les activités de loisirs des bénéficiaires, notamment par des aides destinées aux équipements de tourisme et de loisirs à vocation sociale.

Art. L. 411-14 *(Ord. nº 2015-333 du 26 mars 2015, art. 3)* « L'agence est habilitée à exercer toutes activités qui se rattachent directement ou indirectement à sa mission de gérer et développer le dispositif des chèques-vacances. » *(L. nº 2009-888 du 22 juill. 2009, art. 30-I-8º)* « Elle concourt à la mise en œuvre des politiques sociales du tourisme.

« L'agence conclut des conventions avec des prestataires afin d'assurer la promotion et la commercialisation des chèques-vacances dans les entreprises de moins de cinquante salariés.

« Conformément aux orientations définies par son conseil d'administration, elle attribue des aides à vocation sociale en faveur des actions relatives aux équipements de tourisme et de loisirs ainsi qu'en faveur des actions contribuant à l'accès de tous aux vacances. »

(Ord. nº 2015-333 du 26 mars 2015, art. 3) « Elle assure la promotion du dispositif des chèques-vacances à l'international en exportant son savoir-faire auprès des pays qui la sollicitent pour créer ou gérer un système de chèques-vacances et en répondant aux appels d'offres lui permettant de réaliser des opérations d'ingénierie touristique. Ces prestations sont rétribuées. »

Art. L. 411-15 L'Agence nationale pour les chèques-vacances est administrée par un conseil d'administration comprenant des représentants des bénéficiaires de chèques-vacances, désignés sur proposition des organisations syndicales intéressées, *(L. nº 2006-437 du 14 avr. 2006)* « des représentants des employeurs, des représentants de l'État et des collectivités territoriales », des personnalités qualifiées, compétentes dans le domaine du tourisme et des loisirs et dans le domaine social, et des représentants des personnels de l'agence élus par ceux-ci.

Elle est dirigée par un directeur général.

(L. nº 2006-437 du 14 avr. 2006) « Une commission d'attribution est chargée de proposer au directeur général l'affectation des aides mentionnées à l'article L. 411-14. Elle comprend, en nombre égal :

« 1º Des représentants des bénéficiaires de chèques-vacances, désignés sur proposition des organisations syndicales intéressées ;

« 2º Des représentants de l'État ;

« 3º Des personnalités qualifiées, compétentes dans le domaine du tourisme et des loisirs et dans le domaine social.

« La qualité de membre de cette commission est incompatible avec celle de membre du conseil d'administration de l'agence et avec celle de gestionnaire d'un organisme bénéficiaire d'une aide mentionnée à l'article L. 411-14. »

Art. L. 411-16 Les ressources de l'agence comprennent notamment :

1º Le produit de la cession aux employeurs et aux organismes à caractère social des chèques-vacances dans les conditions fixées aux articles L. 411-11 et L. 411-18 à L. 411-20 ;

2º Les commissions perçues à l'occasion de la cession et du remboursement des chèques-vacances et les retenues pour frais de gestion effectuées à l'occasion des opérations d'affectation de la contre-valeur des titres périmés ;

3º Les produits financiers résultant notamment du placement des fonds reçus en contrepartie de la cession des chèques-vacances ;

4º Les concours financiers sous forme de subventions, d'emprunts ou d'avances consentis par l'État et les personnes publiques et privées ;

5º Le produit des publications ;

6º Le produit des participations ;

7º Les revenus des biens meubles et immeubles de l'établissement public et le produit de leur aliénation ;

8º Les dons et legs ;

9º La rémunération des services rendus.

Art. L. 411-17 Un décret en Conseil d'État fixe les conditions d'application de la présente section.

V. art. R. 411-1 à R. 411-26, ***C. tourisme****.*

Code de l'éducation

Congé de représentation pour assurer un mandat de parent d'élèves

Art. R. 236-2 *(Décr. nº 2016-1574 du 23 nov. 2016, art. 1er)* Les représentants des parents d'élèves qui ne perçoivent aucune rémunération d'un employeur lorsqu'ils siègent dans les conseils départementaux, régionaux, académiques et nationaux, ni aucune indemnisation au titre de l'article L. 3142-61 du code du travail, reçoivent de l'État une indemnité forfaitaire pour leur participation aux réunions de ces instances dans la limite de neuf jours ou dix-huit demi-journées de réunion par année scolaire.

Pour chaque heure de participation à ces réunions, le montant de l'indemnité est fixé par arrêté conjoint du ministre chargé de l'éducation nationale et du ministre chargé du budget.

L'indemnité forfaitaire est versée à la fin de chaque trimestre, au vu de l'attestation établie par le service responsable de la convocation des membres à l'instance concernée. Ce document atteste, pour chacune des réunions auxquelles a participé le représentant des parents d'élèves, la durée de sa présence effective à cette réunion.

D Santé, hygiène et sécurité des travailleurs

(V. C. trav., art. L. 4111-1 s.)

Code de la construction et de l'habitation

(Décr. nº 78-622 du 31 mai 1978)

Art. L. 123-1 à L. 123-4, R.* 123-1 à R.* 123-55 *(Protection contre les risques d'incendie et de panique dans les établissements recevant du public).* – **CCH.**

Code rural et de la pêche maritime

PREMIÈRE PARTIE : ***LÉGISLATIVE***

LIVRE VII **Dispositions sociales**

(Ord. nº 2000-550 du 15 juin 2000)

Hébergement

Art. L. 716-1 Lorsque les exploitations, entreprises, établissements ou employeurs définis à l'article L. 713-1 *[V. cet art., App. II, B. Durée du travail]* assurent l'hébergement des salariés et des membres de leur famille, cet hébergement doit satisfaire à des conditions, notamment d'hygiène et de confort, fixées par décret et tenant compte, le cas échéant, des conditions locales.

Ces dispositions sont également applicables en cas d'hébergement de stagiaires. – *[Ancien art. 984.] – V. C. rur., art. R. 716-1 s. et R. 719-7 (pén.).*

Sur l'hébergement en résidence mobile ou démontable des travailleurs saisonniers agricoles, V. Décr. nº 2003-937 du 30 sept. 2003 (JO 2 oct.).

Prévention des accidents du travail

Art. L. 724-12 L'inobservation des dispositions générales de prévention établies par application de l'article L. 751-48 et qui ont fait l'objet d'un arrêté d'extension du ministre chargé de l'agriculture ainsi que celle des mesures particulières de prévention rendues obligatoires par arrêté du ministre chargé de l'agriculture pour tous les employeurs d'un secteur professionnel déterminé peut être constatée tant par les inspecteurs et les contrôleurs du travail que par les agents chargés du contrôle de la prévention mentionnés à l'article L. 724-8.

Elle peut faire l'objet de procès-verbaux dans les conditions prévues à l'article L. 611-10 du code du travail.

Lorsque certaines de ces dispositions générales sont soumises à un délai d'exécution, ce délai est fixé par accord entre la caisse de mutualité sociale agricole intéressée et *(Ord.*

n° 2010-104 du 28 janv. 2010, art. 1er-12°) « l'autorité administrative désignée à cet effet au troisième alinéa de l'article L. 422-1 du code de la sécurité sociale ». – *[Anc. art. 1244-4.]*

....

Art. L. 751-48 Des décrets en Conseil d'État déterminent les conditions dans lesquelles sont définies et mises en œuvre les mesures destinées à assurer la prévention contre les accidents du travail et les maladies professionnelles des salariés agricoles ainsi que les moyens de financement correspondants et les modalités de la participation paritaire des employeurs et des salariés notamment dans des comités techniques auprès des caisses de mutualité sociale agricole chargés de la gestion de la prévention. – *[Anc. art. 1171.] – V. Décr. n° 73-892 du 11 sept. 1973, art. 8 et 9 (JO 15 sept.).*

V. notamment, en application des dispositions de l'art. L. 751-48 C. rur. : Arr. du 28 mars 1979 (JO 6 mai NC) concernant les accumulateurs de matières ; Arr. du 1er mars 1984 (JO 17 mars NC) concernant les travaux forestiers, mod. par Arr. du 22 déc. 1994 (JO 4 janv. 1995).

DEUXIÈME PARTIE : *RÉGLEMENTAIRE*

LIVRE VII **Dispositions sociales**

(Décr. n° 2005-368 du 19 avr. 2005)

CHAPITRE VI *Hébergement des salariés et participation des employeurs agricoles à l'effort de construction*

SECTION I *Hébergement en résidence fixe*

SOUS-SECTION 1 *Dispositions communes*

Art. R. 716-1 Les personnes mentionnées à l'article L. 716-1 ne peuvent être hébergées ni en sous-sol, ni sous des tentes, sous réserve des dispositions de l'article R. 716-16. Elles doivent pouvoir clore leur logement et y accéder sans danger et librement.

Art. R. 716-2 Les logements doivent être isolés des lieux où sont entreposés des substances et préparations dangereuses au sens de l'article R. 231-51 *[R. 4411-3 nouv.]* du code du travail ou des produits susceptibles de nuire à la santé de leurs occupants.

Ils doivent aussi être éloignés des dépôts de matière malodorantes et toutes mesures doivent être prises pour assurer la destruction des parasites et des rongeurs.

Les matériaux utilisés pour leur construction ne doivent pas être de nature à porter atteinte à la santé des occupants et doivent permettre d'évacuer les locaux sans risque en cas d'incendie.

Les appareils à combustion destinés au chauffage et à la cuisson ainsi que leurs conduits, gaines et accessoires ne doivent pas être susceptibles de porter atteinte à la santé ou à la sécurité des occupants.

Les installations électriques doivent préserver la sécurité de leurs utilisateurs.

Les logements doivent être construits en matériaux permettant d'éviter les condensations et températures excessives. Ils doivent être aérés de façon permanente.

La hauteur sous plafond ne peut être inférieure à deux mètres.

Dans les pièces destinées au séjour et au sommeil, la surface des fenêtres doit être au moins égale à un dixième de la surface au sol de chaque pièce. Dans les pièces destinées au sommeil, les fenêtres doivent être munies d'un dispositif d'occultation.

Les couloirs et les escaliers doivent être suffisamment éclairés pour assurer la sécurité des déplacements.

Art. R. 716-3 Sauf s'il s'agit d'une exploitation agricole qui n'est pas desservie par un réseau d'alimentation en eau courante, les installations d'eau doivent assurer une distribution permanente d'eau potable, avec une pression et un débit suffisants. Les robinets des éviers, lavabos et douches, dans la même hypothèse, doivent fournir de l'eau à température réglable.

Les cabinets d'aisances ne doivent pas communiquer directement avec les pièces destinées au séjour et aux repas. Leurs portes doivent être pleines et munies d'un dispositif de fermeture intérieure décondamnable de l'extérieur. Ils doivent être équipés d'une chasse d'eau, sauf s'il s'agit d'une exploitation agricole qui n'est pas alimentée en eau courante.

Art. R. 716-4 Les sols, murs et plafonds doivent être protégés contre les eaux de ruissellement, les infiltrations et les remontées d'eau.

Les fenêtres doivent être étanches à l'eau et maintenues en bon état.

Le logement doit être en bon état d'entretien.

SOUS-SECTION 2 *Hébergement en logement individuel*

Art. R. 716-5 Le logement individuel mis à la disposition du travailleur et, le cas échéant, de sa famille comporte :

1° Une cuisine ou un coin cuisine ;

2° Au moins une pièce destinée au séjour et au sommeil, dont la surface habitable, déterminée conformément aux dispositions de l'article R. 111-2 du code de la construction et de l'habitation, est de neuf mètres carrés lorsque la cuisine est séparée et de douze mètres carrés lorsqu'un coin cuisine est aménagé dans la pièce.

La surface habitable du logement ne peut être inférieure à quatorze mètres carrés pour le premier occupant, majorée de sept mètres carrés par occupant supplémentaire. Sont considérés comme occupants supplémentaires les enfants à charge du travailleur au sens de la législation sur les prestations familiales ainsi que son conjoint ou la personne vivant habituellement avec lui.

Si la consommation d'eau, de gaz et d'électricité est à la charge du travailleur, elle doit être enregistrée par des compteurs propres au logement qu'il occupe.

Le travailleur assure l'entretien courant de ce logement.

Toutefois, à Saint-Pierre-et-Miquelon, la surface habitable est déterminée conformément aux normes de construction et d'habitation applicables localement.

SOUS-SECTION 3 *Hébergement collectif des travailleurs saisonniers*

Art. R. 716-6 La présente sous-section est applicable aux travailleurs hébergés collectivement qui sont recrutés en vue d'accomplir, en fonction des particularités du cycle de la production animale ou végétale, des travaux devant être menés à terme en un temps limité et nécessitant en conséquence le recrutement d'un surplus temporaire de main-d'œuvre.

Art. R. 716-7 Toute pièce destinée au sommeil peut recevoir au maximum six travailleurs. Sa superficie minimale est de neuf mètres carrés pour le premier occupant et de sept mètres carrés par occupant supplémentaire. Les lits ne peuvent être superposés.

Art. R. 716-8 Les pièces destinées au sommeil des hommes sont séparées de celles destinées au sommeil des femmes.

Art. R. 716-9 Les locaux destinés aux repas comportent une pièce à usage de cuisine, et une pièce à usage de réfectoire dont la superficie minimale est de sept mètres carrés pour un travailleur saisonnier, majorée de 2 mètres carrés par personne supplémentaire.

Toutefois :

1° Si la structure des lieux s'oppose à l'aménagement de la cuisine et du réfectoire dans des pièces séparées, ces deux fonctions peuvent être regroupées en une seule pièce dont la superficie minimale est de dix mètres carrés pour un travailleur, majorée de deux mètres carrés par travailleur supplémentaire ;

2° La pièce à usage de cuisine n'est pas obligatoire lorsque l'employeur prend en charge la préparation des repas. Dans ce cas, un espace est aménagé et équipé pour que les travailleurs puissent préparer et prendre leurs repas en dehors des jours ouvrés.

Art. R. 716-10 Sous réserve des dispositions de l'article R. 716-8, lorsque le nombre de travailleurs saisonniers est au plus égal à trois, une pièce unique peut servir à la fois au sommeil et aux repas des intéressés. Sa superficie doit alors être de douze mètres carrés pour un travailleur, majorée de sept mètres carrés par travailleur supplémentaire.

Art. R. 716-11 La salle d'eau comporte des lavabos aménagés à raison d'un lavabo pour trois personnes. Elle comporte également des douches à raison d'une cabine pour six personnes.

Les cabinets d'aisances sont aménagés à raison d'un pour six personnes.

Les douches, les lavabos et les cabinets d'aisances sont séparés pour les hommes et les femmes.

Art. R. 716-12 Les locaux mentionnés à la présente sous-section sont conformes aux dispositions du troisième alinéa de l'article R. 232-12 et à celles des articles R. 232-12-2 à

R. 232-12-7 *[R. 4227-2, R. 4227-4, R. 4227-13 et R. 4227-14 nouv.]* du code du travail en ce qui concerne les issues et dégagements et à celles de l'article R. 232-12-17 *[R. 4227-28 à R. 4227-33 nouv.]* du même code en ce qui concerne la lutte contre l'incendie.

Art. R. 716-13 Le chef d'établissement assure ou fait assurer à ses frais :

1° Le maintien en bon état des locaux, du matériel et du mobilier dont ils sont équipés ;

2° Le nettoyage quotidien des locaux mentionnés aux articles R. 716-7 et R. 716-9 à R. 716-11 ;

3° Le blanchissage des draps au moins une fois tous les quinze jours, et le nettoyage de l'ensemble de la literie lors de chaque changement d'occupant ;

4° L'enlèvement, deux fois par semaine, des ordures ménagères.

SOUS-SECTION 4 *Mesures d'application*

Art. R. 716-14 Un arrêté du ministre chargé de l'agriculture fixe :

1° Pour les logements mentionnés aux sous-sections 2 et 3 de la présente section, le niveau maximal de pression du bruit perçu à l'intérieur de chaque logement par suite du fonctionnement d'un équipement quelconque utilisé par l'entreprise ;

2° Pour les logements mentionnés à la sous-section 3 de la présente section :

a) La température minimale qui doit être maintenue, par temps froid, dans les locaux, compte tenu des moyens de chauffage mis à la disposition des travailleurs par le chef d'établissement ;

b) Les dispositions relatives au mobilier et à la literie mis à la disposition des travailleurs ainsi qu'aux meubles et au matériel nécessaires à la préparation et à la prise de leurs repas ;

c) Les dispositions relatives à l'aménagement de la salle d'eau et des cabinets d'aisances ;

d) La quantité d'eau potable qui sera mise quotidiennement à la disposition des travailleurs si les locaux mentionnés aux articles R. 716-9 à R. 716-11 ne sont pas alimentés en eau courante.

SOUS-SECTION 5 *Dérogations*

Art. R. 716-15 Par dérogation aux dispositions des sous-sections 2 et 3 de la présente section, les conditions de confort, d'hygiène et de sécurité des locaux mis à la disposition des travailleurs installés à proximité des chantiers ainsi que celles des locaux dans lesquels sont hébergés les vachers et les bergers d'estive sont fixées par un arrêté ministériel. Celui-ci prendra en considération les contraintes inhérentes à ces formes d'habitat tenant en particulier à l'absence d'une infrastructure suffisante pour assurer l'alimentation en eau et en électricité.

Art. R. 716-16 Par dérogation aux dispositions de l'article R. 716-1, dans les départements ou parties de départements désignés par arrêté du ministre chargé de l'agriculture et dans lesquels l'habitat disponible est quantitativement insuffisant eu égard à l'importance de la main-d'œuvre accueillie lors des travaux saisonniers, l'inspecteur du travail peut autoriser le chef d'établissement à héberger ces travailleurs sous des tentes, installées sur un terrain qu'il met à leur disposition, lorsqu'ils sont recrutés pour une durée inférieure à un mois.

L'équipement du terrain doit satisfaire aux conditions fixées par l'arrêté ministériel susmentionné, qui précise, en outre, les périodes de l'année pendant lesquelles l'autorisation peut être accordée.

L'inspecteur du travail peut accorder une dérogation à tout ou partie des dispositions des articles R. 716-7 et R. 716-11 lorsque le chef d'établissement recrute et loge des travailleurs pour une durée maximale de *(Décr. n° 2009-739 du 19 juin 2009)* « trente jours » sur une période de douze mois consécutifs.

Le recours hiérarchique formé contre les décisions de l'inspecteur du travail prises au titre des premier et deuxième alinéas est adressé au chef du service régional de l'inspection du travail, de l'emploi et de la politique sociale agricoles. Ce recours doit, à peine de forclusion, être présenté dans les quinze jours suivant la réception de la lettre recommandée avec accusé de réception notifiant la décision de l'inspecteur du travail.

SECTION II *Hébergement en résidence mobile ou démontable des travailleurs saisonniers*

SOUS-SECTION 1 *Dispositions générales*

Art. R. 716-17 La présente sous-section fixe les conditions d'hygiène, de sécurité et de confort auxquelles doivent satisfaire les logements des travailleurs mentionnés à l'article

L. 722-20, lorsque ces travailleurs, embauchés sous contrat à durée déterminée conformément au 3° de l'article L. 122-1-1 *[L. 1242-2 nouv.]* du code du travail, sont hébergés dans le cadre de leur relation de travail en résidences mobiles ou démontables.

Art. R. 716-18 Le recours à des caravanes pliantes est interdit.

Art. R. 716-19 L'hébergement satisfait aux conditions générales de sécurité suivantes :

1° Il est isolé des lieux où sont entreposés des substances et préparations dangereuses au sens de l'article R. 231-51 *[R. 4411-3 nouv.]* du code du travail ou des produits susceptibles de nuire à la santé de leurs occupants. Il est aussi éloigné des dépôts de matières malodorantes et toutes mesures sont prises pour assurer la destruction des parasites et des rongeurs ;

2° Les matériaux utilisés pour sa construction ne peuvent porter atteinte à la santé des occupants. Ils permettent une isolation phonique conforme aux dispositions prévues à l'article R. 111-4 du code de la construction et évitent les condensations et températures intérieures excessives. Les hébergements mobiles sont aérés de façon permanente. Les sols, parois et plafonds sont protégés contre les eaux de ruissellement, les infiltrations et les remontées d'eau ;

3° La hauteur sous plafond ne peut être inférieure à deux mètres ;

4° L'hébergement est équipé de fenêtres ou autres ouvrants transparents donnant directement sur l'extérieur, étanches à l'eau et maintenus en bon état. Les pièces destinées au sommeil sont munies d'un dispositif d'occultation ;

5° Les couloirs et les escaliers permettent l'évacuation des locaux sans risque, en cas d'incendie, conformément aux dispositions des articles R. 232-12-2 à R. 232-12-7 *[R. 4427-4 à R. 4427-14 nouv.]* du code du travail ;

6° Le travailleur doit pouvoir clore son logement et y accéder sans danger et librement.

Art. R. 716-20 Les hébergements comportent les éléments d'équipement suivants :

1° Les appareils à combustion destinés au chauffage et à la cuisson ainsi que leurs conduits, gaines et accessoires ne peuvent pas porter atteinte à la santé ou à la sécurité des occupants. La température minimale intérieure est maintenue à 18° ;

2° Les installations électriques sont conformes aux dispositions réglementaires figurant au code du travail ;

3° Sauf s'il s'agit d'une exploitation agricole qui n'est pas desservie par un réseau d'alimentation en eau courante, les installations d'eau assurent une distribution permanente d'eau potable, avec une pression et un débit suffisants. Les robinets des éviers, lavabos et douches fournissent de l'eau à température réglable ;

4° Les cabinets d'aisances sont dotés d'une porte. Celle-ci est pleine et munie d'un dispositif de fermeture intérieure décondamnable de l'extérieur. Les cabinets d'aisances sont équipés d'une chasse d'eau sauf s'il s'agit d'une exploitation agricole qui n'est pas desservie par un réseau d'alimentation en eau courante ;

5° S'il s'agit d'une exploitation agricole qui n'est pas desservie par un réseau d'alimentation en eau courante, l'employeur met quotidiennement au moins cent litres d'eau potable à disposition de chaque travailleur ;

6° L'employeur met à disposition de chaque travailleur une armoire individuelle et une literie complète et en bon état. Les locaux où sont préparés et pris les repas sont équipés du matériel nécessaire en nombre suffisant.

Art. R. 716-21 L'hébergement, lorsqu'il est destiné au sommeil, peut recevoir au maximum six travailleurs. Sa superficie minimale est de six mètres carrés par occupant. Lorsque le nombre de travailleurs saisonniers est au plus égal à trois, il peut servir également aux repas des intéressés.

Les lits ne peuvent pas être superposés.

L'hébergement, lorsqu'il est destiné au sommeil des hommes, est séparé de celui destiné au sommeil des femmes, sauf s'il est à l'usage exclusif d'un couple.

Art. R. 716-22 Lorsque le nombre de travailleurs saisonniers est supérieur à trois, ceux-ci disposent de locaux destinés aux repas comportant une pièce à usage de cuisine et une pièce à usage de réfectoire dont la superficie minimale est de sept mètres carrés pour un travailleur saisonnier, majorée de deux mètres carrés par personne supplémentaire. Toutefois :

1° Si la structure des lieux s'oppose à l'affectation de pièces séparées à la préparation et à la prise des repas, ces deux fonctions peuvent être regroupées en une seule pièce dont la superficie minimale est de dix mètres carrés pour un travailleur, majorée de deux mètres carrés par travailleur supplémentaire ;

2° La pièce à usage de cuisine n'est pas obligatoire lorsque l'employeur prend en charge la préparation des repas. Dans ce cas, un espace est aménagé et équipé pour que les travailleurs puissent préparer et prendre leurs repas en dehors des jours ouvrés.

Art. R. 716-23 Lorsque l'hébergement ne comporte pas d'installations sanitaires intérieures, une salle d'eau comportant des lavabos aménagés à raison d'un lavabo pour trois personnes doit être mise à disposition. Elle comporte également des douches à raison d'une cabine pour six personnes. Des cabinets d'aisances sont aménagés à raison d'un pour six personnes. Les douches, les lavabos et les cabinets d'aisances sont séparés pour les hommes et les femmes.

Art. R. 716-24 Le chef d'établissement assure ou fait assurer à ses frais :

1° Le maintien en bon état des locaux, du matériel et du mobilier dont ils sont équipés ;

2° Le nettoyage quotidien des locaux ;

3° Le blanchissage des draps au moins une fois tous les quinze jours et le nettoyage de l'ensemble de la literie lors de chaque changement d'occupant ;

4° L'enlèvement, deux fois par semaine, des ordures ménagères.

SOUS-SECTION 2 *Dérogations*

Art. R. 716-25 L'inspecteur du travail peut accorder une dérogation à tout ou partie des dispositions des articles R. 716-19 (3°), R. 716-21, R. 716-22, R. 716-23 et R. 716-24 lorsque le chef d'établissement recrute et loge des travailleurs pour une durée inférieure à trente jours sur une période de douze mois consécutifs.

Le recours hiérarchique formé contre les décisions de l'inspecteur du travail prises au titre du premier alinéa est adressé au chef du service régional de l'inspection du travail, de l'emploi et de la politique sociale agricoles. Ce recours doit, à peine de forclusion, être présenté dans les quinze jours suivant la réception de la lettre recommandée avec avis de réception notifiant la décision de l'inspecteur du travail. Il est préalable à tout recours contentieux.

Code de la santé publique

Lutte contre le tabagisme

Interdiction de fumer dans certains lieux collectifs

(Décr. n° 2016-1117 du 11 août 2016)

V. Circ. 24 nov. 2006 concernant la lutte contre le tabagisme (JO 5 déc.).

Art. R. 3512-2 L'interdiction de fumer dans les lieux affectés à un usage collectif mentionnée à l'article L. 3512-8 s'applique :

1° Dans tous les lieux fermés et couverts qui accueillent du public ou qui constituent des lieux de travail ;

2° Dans les moyens de transport collectif ;

3° Dans les espaces non couverts des écoles, collèges et lycées publics et privés, ainsi que des établissements destinés à l'accueil, à la formation ou à l'hébergement des mineurs ;

4° Dans les aires collectives de jeux telles que définies par le décret n° 96-1136 du 18 décembre 1996 fixant les prescriptions de sécurité relatives aux aires collectives de jeux.

Art. R. 3512-3 L'interdiction de fumer ne s'applique pas dans les emplacements mis à la disposition des fumeurs au sein des lieux mentionnés à l'article R. 3512-2 et créés, le cas échéant, par la personne ou l'organisme responsable des lieux.

Ces emplacements ne peuvent pas être aménagés au sein des établissements d'enseignement publics et privés, des centres de formation des apprentis, des établissements destinés à ou régulièrement utilisés pour l'accueil, la formation, l'hébergement ou la pratique sportive des mineurs, des aires collectives de jeux et des établissements de santé.

Art. R. 3512-4 Les emplacements réservés mentionnés à l'article R. 3512-3 sont des salles closes, affectées à la consommation de tabac et dans lesquelles aucune prestation de service n'est délivrée. Aucune tâche d'entretien et de maintenance ne peut y être exécutée sans que l'air ait été renouvelé, en l'absence de tout occupant, pendant au moins une heure.

Ces emplacements doivent :

1° Être équipés d'un dispositif d'extraction d'air par ventilation mécanique permettant un renouvellement d'air minimal de dix fois le volume de l'emplacement par heure. Ce dispositif est entièrement indépendant du système de ventilation ou de climatisation d'air du bâtiment. Le local est maintenu en dépression continue d'au moins cinq pascals par rapport aux pièces communicantes ;

2° Être dotés de fermetures automatiques sans possibilité d'ouverture non intentionnelle ;

3° Ne pas constituer un lieu de passage ;

4° Présenter une superficie au plus égale à 20 % de la superficie totale de l'établissement au sein duquel les emplacements sont aménagés sans que la superficie d'un emplacement puisse dépasser 35 mètres carrés.

Art. R. 3512-5 L'installateur ou la personne assurant la maintenance du dispositif de ventilation mécanique atteste que celui-ci permet de respecter les exigences mentionnées au 1° de l'article R. 3512-4.

Le responsable de l'établissement est tenu de produire cette attestation à l'occasion de tout contrôle et de faire procéder à l'entretien régulier du dispositif.

Art. R. 3512-6 Dans les établissements dont les salariés relèvent du code du travail, le projet de mettre un emplacement à la disposition des fumeurs et ses modalités de mise en œuvre sont soumis à la consultation du comité d'hygiène et de sécurité et des conditions de travail ou, à défaut, des délégués du personnel et du médecin du travail.

Dans les administrations et établissements publics dont les personnels relèvent des titres Ier à IV du statut général de la fonction publique, le projet de mettre un emplacement à la disposition des fumeurs et ses modalités de mise en œuvre sont soumis à la consultation du comité d'hygiène et de sécurité ou, à défaut, du comité technique.

Les consultations mentionnées aux alinéas précédents sont renouvelées tous les deux ans.

Art. R. 3512-7 Dans les lieux mentionnés à l'article R. 3512-2, une signalisation apparente rappelle le principe de l'interdiction de fumer. Un modèle de signalisation accompagné d'un message sanitaire de prévention est déterminé par arrêté du ministre chargé de la santé.

Le même arrêté fixe le modèle de l'avertissement sanitaire à apposer à l'entrée des espaces mentionnés à l'article R. 3512-3.

Art. R. 3512-8 Les dispositions de la présente sous-section s'appliquent sans préjudice des dispositions législatives et réglementaires relatives à l'hygiène et à la sécurité, notamment celles du titre III du livre II du code du travail.

Art. R. 3512-9 Les mineurs ne peuvent accéder aux emplacements mentionnés au premier alinéa de l'article R. 3512-3.

Code de la sécurité sociale

LIVRE PREMIER **Généralités — Dispositions communes à tout ou partie des régimes de base**

TITRE III **Dispositions communes relatives au financement**

CHAPITRE VIII *TER* ***Pénalités***

SECTION I ***Accords en faveur de l'emploi des salariés âgés***

Art. L. 138-24 (Abrogé par L. n° 2013-185 du 1er mars 2013, art. 3-I) (L. n° 2008-1330 du 17 déc. 2008, art. 87-II) *Les entreprises, y compris les établissements publics, mentionnées aux articles L. 2211-1 et L. 2233-1 du code du travail employant au moins cinquante salariés ou appartenant à un groupe au sens de l'article L. 2331-1 du même code dont l'effectif comprend au moins cinquante salariés sont soumises à une pénalité à la charge de l'employeur lorsqu'elles ne sont pas couvertes par un accord ou un plan d'action relatif à l'emploi des salariés âgés.*

Le montant de cette pénalité est fixé à 1 % des rémunérations ou gains, au sens du premier alinéa de l'article L. 242-1 du présent code et du deuxième alinéa de l'article L. 741-10 du code rural et de la pêche maritime, versés aux travailleurs salariés ou assimilés au cours des périodes au titre desquelles l'entreprise n'est pas couverte par l'accord ou le plan d'action mentionné à l'alinéa précédent.

Le produit de cette pénalité est affecté à la Caisse nationale d'assurance vieillesse des travailleurs salariés.

Les articles L. 137-3 et L. 137-4 du présent code sont applicables à cette pénalité.

V. Circ. DSS/DGT/DGEFP/SASFL nº 2012/17 du 2 oct. 2012 relative à la mise en œuvre de la pénalité prévue par l'art. L. 138-24 CSS dont sont redevables les entreprises employant au moins 50 salariés ou appartenant à un groupe dont l'effectif comprend au moins 50 salariés lorsqu'elles ne sont pas couvertes par un accord en faveur de l'emploi des salariés âgés.

RÉP. TRAV. vº *Âge du salarié*, par LEROY.

LIVRE IV **Accidents du travail et maladies professionnelles**

V. l'ensemble des textes concernant les accidents du travail et les maladies professionnelles au **CSS.**

Art. L. 422-1 Sur l'initiative des comités techniques nationaux, la caisse nationale de l'assurance maladie peut provoquer, par arrêté interministériel, l'extension à l'ensemble du territoire des mesures de prévention édictées par une *(Ord. nº 2010-177 du 23 févr. 2010, art. 24-32º)* « caisse d'assurance retraite et de la santé au travail », soit telles qu'elles ont été adoptées par cet organisme, soit après modifications apportées par les comités techniques nationaux compétents. Elle peut également en demander l'annulation dans les mêmes formes. — *V. art. R. 422-1, R. 422-2, R. 471-1 et R. 471-2.*

L'inobservation des dispositions générales ayant fait l'objet de l'extension prévue à l'alinéa précédent est constatée tant par les inspecteurs du travail en application de l'article L. 611-1 *[L. 8112-1 s. nouv.]* du code du travail que par les ingénieurs conseils et les contrôleurs de sécurité mentionnés à l'article L. 243-11 du présent code.

Lorsque certaines de ces dispositions générales sont soumises à un délai d'exécution, ce délai est fixé par un accord entre la *(Ord. nº 2010-177 du 23 févr. 2010, art. 24)* « caisse d'assurance retraite et de la santé au travail » intéressée et le ou les directeurs régionaux du travail et de l'emploi du ressort de ladite caisse.

Les comités techniques nationaux effectuent toutes études sur les risques de la profession et les moyens de les prévenir et disposent à cet effet d'ingénieurs conseils ayant les pouvoirs prévus à l'article L. 243-11 et astreints aux obligations prévues au deuxième alinéa de l'article L. 422-3.

Les conditions de rémunération de ces ingénieurs-conseils sont fixées par arrêté interministériel.

....

Art. R. 471-1 Toute infraction aux dispositions générales de prévention étendues à l'ensemble du territoire en application du premier alinéa de l'article L. 422-1 est punie de l'amende prévue pour les contraventions de la 5e classe.

L'amende est appliquée autant de fois qu'il y a de salariés de l'entreprise concernés par la ou les infractions relevées dans le procès-verbal.

En cas de récidive, il pourra être prononcé l'amende prévue pour les contraventions de la 5e classe en récidive.

Art. R. 471-2 L'article R. 471-1 n'est applicable qu'aux infractions aux dispositions générales et aux mesures particulières de prévention étendues ou rendues obligatoires postérieurement au 31 décembre 1978.

Arrêté du 23 juillet 1947,

Fixant les conditions dans lesquelles les douches doivent être mises à la disposition du personnel effectuant des travaux insalubres ou salissants.

Art. 1er *(Arr. du 1er févr. 1950)* Les chefs d'établissements sont tenus de mettre des douches journalières à la disposition du personnel qui effectue les travaux énumérés aux tableaux I et II annexés au présent arrêté. — *Pour les établissements et exploitations agricoles, V. Arr. du 3 oct. 1985 (JO 15 oct.), complété par Arr. du 28 déc. 1988 (JO 5 janv. 1989), Arr. du 22 nov. 1989 (JO 1er déc.).*

Art. 2 Dans chaque entreprise, la liste des salariés intéressés par les travaux énumérés à l'article 1er sera établie par le comité d'hygiène, de sécurité et des conditions de travail ou, à défaut, par les délégués du personnel en accord avec le chef d'entreprise.

Art. 3 Le directeur départemental du travail et de la main-d'œuvre pourra, après avis du comité d'hygiène, de sécurité et des conditions de travail ou à défaut, des délégués du personnel, dispenser le chef d'établissement de l'obligation imposée par l'article 1er, lorsque les travaux visés s'effectueront en appareil clos.

Art. 4 **Les douches seront installées dans des cabines individuelles à raison d'au moins une pomme pour huit personnes visées au présent arrêté lorsque chaque cabine de douches comprendra deux cellules d'habillage ou de déshabillage.**

Art. 5 **Le temps passé à la douche, rémunéré comme temps de travail normal, sera au minimum d'un quart d'heure considéré comme temps normal d'une douche, déshabillage et habillage compris, et au maximum d'une heure.**

Art. 6 **L'ordre de passage des travailleurs à la douche, ainsi que le temps de rémunération pour chacun d'eux, seront fixés par un règlement intérieur.**

Art. 7 **Des arrêtés ultérieurs pourront compléter la liste des travaux énumérés à l'article 1er.**

TABLEAU I

TRAVAUX SALISSANTS VISÉS PAR LES TABLEAUX DES MALADIES PROFESSIONNELLES ANNEXÉS AU DÉCRET N° 46-2959 DU 31 DÉCEMBRE 1946

(Arr. du 15 oct. 1951 ; Arr. du 29 nov. 1960 ; Arr. du 13 déc. 1982 ; Arr. du 30 juill. 1986 ; Arr. du 28 déc. 1988 ; Arr. du 22 nov. 1989 ; Arr. du 22 oct. 1991 ; Arr. du 4 avr. 1995 ; Arr. du 6 déc. 1999)

Récupération du vieux plomb donnant lieu à des dégagements de poussières d'oxyde de plomb.

Métallurgie, affinage, fonte, laminage du plomb, de ses alliages et des métaux plombifères.

Ébarbage, polissage de tous objets en plomb ou en alliage de plomb.

Fabrication, réparation des accumulateurs au plomb.

Fabrication et manipulation des oxydes et sels de plomb.

Préparation et application de peintures, vernis, laques, encres à base de composés de plomb ; grattage, brûlage, découpage au chalumeau de matières recouvertes de peintures plombifères.

Fabrication et application des émaux plombeux.

Fabrication du plomb tétraéthyle.

Récupération des résidus industriels mercuriels (agents catalytiques, etc.).

Fabrication et réparation d'accumulateurs électriques au mercure.

Fabrication des composés du mercure.

Sécrétage des peaux par le nitrate acide de mercure.

Feutrage des poils sécrétés.

Concassage, broyage, ensachage et transport à dos d'homme des ciments.

Fabrication de l'acide chromique, des chromates et bichromates alcalins.

Préparation et emploi des dérivés nitrés et chloronitrés du benzène et de ses homologues.

Préparation et emploi du dinitrophénol, de ses homologues et de leurs sels.

Fabrication de l'aniline et autres amines aromatiques.

Préparation au moyen d'amines aromatiques de produits chimiques, matières colorantes, produits pharmaceutiques.

Teinture de fils, tissus, fourrures, cuirs, etc., au noir d'aniline ou autres colorants développés sur fibres.

Manipulation ou emploi du brai de houille.

Fabrication de l'arsenic et de ses composés (anhydride arsénieux, arsénites, acide arsénique, arséniates, etc.).

Préparation de produits insecticides ou anticryptogamiques renfermant des composés de l'arsenic.

Fabrication et emploi de couleurs et peintures contenant des composés de l'arsenic.

Emploi des composés arsenicaux en mégisserie et en tannerie, manipulation de peaux qui en sont enduites.

Travaux de fonderie : préparation et manutention du sable chargé de noir, moulage au sable chargé de noir et décochage des moules, dessablage et ébarbage des pièces brutes, dans les ateliers où les dispositifs de captation des poussières s'avèrent insuffisamment efficaces.

Travaux au jet de sable.

Récupération de la streptomycine.

Préparation et manipulation du fluorure double de glucinium et de sodium.

Préparation et manipulation du thiophosphate de diéthyle et paranitrophényle et des produits qui en renferment.

Travaux comportant un contact permanent avec les lubrifiants de décolletage, notamment les travaux de réglage.

Broyage et manipulation du bioxyde de manganèse.

Travaux d'abattage des animaux de boucherie.

Travaux d'abattage des volailles.

Travaux d'équarrissage.

Tueries particulières.

Travaux occasionnels et poussiéreux exposant à l'amiante.

Travaux exposant aux poussières de chlorure de potassium *(à compter du 1er août 1989)*.

Travaux de collecte et de traitement des ordures *(à compter du 1er juill. 1990)*.

Travaux de garderie et d'élevage d'animaux, notamment dans les animaleries *(à compter du 1er déc. 1992)*.

Travaux exécutés dans les laboratoires où sont utilisés des animaux d'expérience *(à compter du 1er déc. 1992)*.

Travaux d'usinage comportant un contact permanent avec des fluides de coupe *(à compter du 1er janv. 1996)*.

Travaux effectués dans les égouts *(à compter du 1er janv. 2000)*.

TABLEAU II

AUTRES TRAVAUX SALISSANTS EFFECTUÉS DANS DES ATELIERS OÙ LES DISPOSITIFS DE CAPTATION DES POUSSIÈRES OU AÉROSOLS S'AVÈRENT INSUFFISAMMENT EFFICACES

(Arr. du 15 oct. 1951 ; Arr. du 29 nov. 1960)

Préparation et emploi du trinitrophénol.

Manipulation de la cyanamide calcique.

Fabrication, transformation et manutention des engrais.

Effilochage et cardage des textiles.

Triage des vieux chiffons.

Broyage, criblage et manutention du charbon.

Criblage, ensachage et manutention du charbon de bois, fabrication d'agglomérés à partir des poussières de charbon de bois.

Fabrication et manipulation du noir animal, du noir de fumée, du noir de pétrole et du noir de carbone, notamment dans l'industrie du caoutchouc.

Fabrication et manipulation des pigments en poudre.

Fabrication et manipulation des matières colorantes.

Concassage et broyage des émeris.

Retaillage des vieilles meules.

Polissage des métaux.

Nettoyage et entretien des fours, cheminées et chaudières mettant le personnel en contact avec les suies, les cendres ou les tartres.

Loi n° 73-548 du 27 juin 1973,

Relative à l'hébergement collectif.

Sur l'infraction pénale consistant dans le fait de soumettre autrui à des conditions d'hébergement incompatibles avec la dignité humaine, V. ***C. pén.****, art. 225-14 s., App. I, B. Contrat de travail.*

Art. 1er **Toute personne physique ou toute personne morale privée qui, à quelque titre que ce soit et même en qualité de simple occupant, a affecté avant l'entrée en vigueur de la présente loi ou affecte un local quelconque à l'hébergement, gratuit ou non, est tenue d'en faire la déclaration au préfet, dès lors que cet hébergement et, le cas échéant, tout ou partie des prestations annexes sont organisés et fournis en vue d'une utilisation collective excédant le cadre familial.**

(L. n° 2015-990 du 6 août 2015, art. 280-V) **« Dès lors que ce local est affecté à l'hébergement de travailleurs, cette déclaration est également faite auprès de l'inspection du travail du lieu où est situé ce local. »**

Les dispositions de la présente loi ne sont pas applicables aux formes d'hébergement collectif qui sont soumises à une obligation de déclaration ou d'agrément en vertu d'autres dispositions législatives ou réglementaires.

Art. 2 **La déclaration prévue à l'article 1er fait l'objet d'un renouvellement annuel.**

Art. 3 **La liste limitative des énonciations qui doivent figurer dans la déclaration d'affectation et le délai dans lequel elle doit être faite ou renouvelée sont fixés par décret.** — *V. Décr. n° 75-59 du 20 janv. 1975 (D. et BLD 1975. 70).*

Art. 4 *(L. n° 89-488 du 10 juill. 1989)* **« Le défaut de déclaration ou la production d'une déclaration incomplète, inexacte ou tardive, en violation des dispositions des articles précédents, sera puni d'une peine d'amende de 4 500 € et d'une peine d'emprisonnement de deux ans, ou de l'une de ces deux peines seulement. »**

Toute condamnation prononcée en application du premier alinéa du présent article peut être assortie de l'interdiction pour la personne condamnée de procéder, pendant une durée maximale de trois ans, à l'affectation d'un local dans les conditions définies à l'article 1er.

Sont passibles des peines prévues au premier alinéa de l'article 8 ceux qui, directement ou par personne interposée, contreviennent à cette interdiction.

Art. 5 Lorsqu'il apparaît qu'un local affecté à l'hébergement collectif dans les conditions définies à l'article 1er ne satisfait pas aux prescriptions des dispositions législatives ou réglementaires qui lui sont applicables, le préfet met, par arrêté, l'auteur de la déclaration prévue audit article 1er en demeure de prendre dans un délai déterminé les mesures appropriées.

En cas d'urgence, ou si l'état du local est tel qu'il ne peut y être remédié, le préfet peut ordonner immédiatement, par arrêté motivé, sa fermeture ; il fixe le délai dans lequel cette fermeture doit être rendue effective.

Art. 6 *(L. n° 76-632 du 13 juill. 1976)* En cas d'inexécution de l'arrêté prévu au premier alinéa de l'article 5, le préfet ordonne la fermeture totale ou partielle du local et fixe le délai dans lequel cette fermeture doit être rendue effective.

Art. 7 *(L. n° 76-632 du 13 juill. 1976)* Lorsque le préfet prend un arrêté de mise en demeure imposant la réduction du nombre des occupants d'un local affecté à l'hébergement collectif, ou lorsqu'il ordonne la fermeture de ce local, il doit accompagner sa décision de l'énoncé des mesures prises pour assurer le relogement total ou partiel des occupants, adapté à leur situation.

Art. 7-1 *(L. n° 76-632 du 13 juill. 1976)* Lorsque le local a été fermé par la personne définie à l'article 1er, à la suite d'une mise en demeure prononcée en application du premier alinéa de l'article 5, ou lorsque la fermeture du local est ordonnée soit dans le cas d'urgence prévu au deuxième alinéa de l'article 5, soit en application de l'article 6, le préfet peut réquisitionner le local en vue de l'affecter, après aménagement, à l'hébergement en priorité de ses précédents occupants.

Sous réserve de l'application du premier alinéa de l'article 7-3, les frais de cet aménagement incombent au propriétaire du local, le cas échéant, solidairement avec la personne définie à l'article 1er. – *V. Décr. n° 77-868 du 27 juill. 1977 (D. et BLD 1977. 361).*

Art. 8 Toute personne qui exploite un local, par elle-même ou par personne interposée, au mépris de la décision intervenue en application des articles 5 ou 6, sera punie d'une peine d'amende de 75 000 € et d'une peine d'emprisonnement de trois ans ou de l'une de ces deux peines seulement.

Toute condamnation prononcée en application du premier alinéa du présent article peut être assortie de l'interdiction pour la personne condamnée de procéder, pendant une durée maximale de cinq ans, à l'affectation d'un local dans les conditions définies à l'article 1er.

Sont passibles des peines prévues au premier alinéa du présent article ceux qui, directement ou par personne interposée, contreviennent à cette interdiction.

Art. 8-1 *(L. n° 91-1383 du 31 déc. 1991)* En cas d'infractions définies aux articles 4 et 8, le tribunal pourra prononcer à l'encontre du condamné étranger l'interdiction du territoire français pour une durée ne pouvant excéder dix ans.

L'interdiction du territoire français entraîne de plein droit reconduite à la frontière, le cas échéant, à l'expiration de la peine d'emprisonnement.

(L. n° 93-1027 du 24 août 1993) « Le tribunal ne peut prononcer, que par une décision spécialement motivée au regard de la gravité de l'infraction, l'interdiction du territoire français à l'encontre :

« 1° D'un condamné étranger père ou mère d'un enfant français résidant en France, à condition qu'il exerce, même partiellement, l'autorité parentale à l'égard de cet enfant ou qu'il subvienne effectivement à ses besoins ;

« 2° D'un condamné étranger marié depuis au moins un an avec un conjoint de nationalité française, à condition que ce mariage soit antérieur aux faits ayant entraîné sa condamnation, que la communauté de vie n'ait pas cessé et que le conjoint ait conservé la nationalité française ;

« 3° D'un condamné étranger qui justifie qu'il réside habituellement en France depuis qu'il a atteint au plus l'âge de dix ans ;

« 4° D'un condamné étranger qui justifie qu'il réside régulièrement en France depuis plus de quinze ans.

« L'interdiction du territoire français n'est pas applicable à l'encontre du condamné étranger mineur de dix-huit ans. »

Art. 8-2 *(L. nº 93-1313 du 20 déc. 1993, art. 35)* Les personnes morales peuvent être déclarées responsables pénalement, dans les conditions prévues par l'article 121-2 du code pénal, des infractions aux articles 4 et 8.

Les peines encourues par les personnes morales sont :

1º L'amende, suivant les modalités prévues par l'article 131-38 du code pénal ;

2º Les peines mentionnées aux 2º, 3º, 4º, 5º, 8º et 9º de l'article 131-39 du code pénal.

L'interdiction visée au 2º de l'article 131-39 porte sur l'activité dans l'exercice ou à l'occasion de l'exercice de laquelle l'infraction a été commise. – *Entrée en vigueur le 1er mars 1994.*

Art. 9 Les infractions aux dispositions de la présente loi et des règlements pris pour son application sont constatées par les officiers et agents de police judiciaire, par *(Ord. nº 2010-177 du 23 févr. 2010, art. 20)* « les autres agents mentionnés à l'article L. 1312-1 » et, dans la limite de leur compétence, par les inspecteurs du travail et de la main-d'œuvre, ainsi que par les autres fonctionnaires chargés du contrôle de l'application du droit du travail.

Décret nº 88-1056 du 14 novembre 1988,

Pris pour l'exécution des dispositions du livre II du code du travail (titre III : Hygiène, sécurité et conditions du travail) [C. trav., quatrième partie] en ce qui concerne la protection des travailleurs dans les établissements qui mettent en œuvre des courants électriques (JO 24 nov.).

SECTION I *Généralités*

Champ d'application

Art. 1er I. – Les prescriptions des articles suivants doivent être observées dans les établissements soumis aux dispositions du chapitre Ier du titre III du livre II du code du travail qui mettent en œuvre des courants électriques.

II. – Toutefois, le présent décret ne s'applique pas :

a) Aux distributions d'énergie électrique, c'est-à-dire aux ouvrages proprement dits de distribution électrique et aux installations de traction électrique régis par la loi du 15 juin 1906 sur les distributions d'énergie électrique, ainsi qu'à leurs annexes et aux chantiers d'extension, de transformation et d'entretien des distributions d'énergie électrique en exploitation ;

b) Aux chantiers souterrains d'aménagement de chutes d'eau ;

c) A la conception des installations électriques spécifiques de bord des navires et aéronefs, ainsi qu'aux essais, à l'utilisation et à l'entretien de ces mêmes installations par des personnels appartenant à des entreprises qui ne relèvent pas de l'article L. 231-1 *[L. 4111-1 nouv.]* du code du travail.

Cependant, le présent décret est applicable aux installations provisoires mises en place à bord par les établissements de construction et de réparation de navires et d'aéronefs pendant les phases de construction ou de réparation.

Par ailleurs, les dispositions des articles 46, 48, 49, 50, 51 et 52 sont applicables aux travaux et essais effectués sur les installations de bord par ces établissements, d'une part, au cours et à la fin de la construction, avant le transfert de propriété, d'autre part, au cours des périodes de réparation des navires ou d'aéronefs.

Le chef d'établissement chargé d'exécuter ces travaux doit établir et faire observer, en accord s'il y a lieu avec l'autorité qui aurait conservé la garde du navire ou de l'aéronef, une consigne de travail visant à assurer la sécurité des travailleurs, compte tenu des dispositions propres aux installations électriques de bord.

(Décr. nº 95-608 du 6 mai 1995, art. 30) « III. – Les articles 2, 3, 4 et 5 (I à IV), 45 *a*, 48 (III à V), 49, 50 (I, 2e alinéa du II, III *b*), 51 (I, II *a*, *b* et *c* 3e tiret) et 52 (I) sont applicables aux travailleurs indépendants et aux employeurs mentionnés à l'article L. 235-18 du code du travail. »

Définitions

Art. 2 Pour l'application du présent décret, les termes mentionnés ci-dessous ont les significations suivantes :

Amovible : qualificatif s'appliquant à tout matériel électrique portatif à main, mobile ou semi-fixe.

Appareillage électrique : matériel électrique assurant dans un circuit une ou plusieurs fonctions telles que protection, commande, sectionnement, connexion.

Borne principale ou barre principale de terre : borne ou barre prévue pour la connexion aux dispositifs de mise à la terre de conducteurs de protection, y compris les conducteurs d'équipotentialité et éventuellement les conducteurs assurant une mise à la terre fonctionnelle.

Canalisation électrique : ensemble constitué par un ou plusieurs conducteurs électriques et les éléments assurant leur fixation et, le cas échéant, leur protection mécanique.

Canalisation électrique enterrée : canalisation établie au-dessous de la surface du sol et dont les enveloppes extérieures (gaines ou conduits de protection) sont en contact avec le terrain.

Choc électrique : effet physio-pathologique résultant du passage d'un courant électrique à travers le corps humain.

Circuit : ensemble de conducteurs et de matériels alimentés à partir de la même origine et protégés contre les surintensités par le ou les mêmes dispositifs de protection.

Circuit terminal : circuit relié directement au matériel d'utilisation ou aux socles de prises de courant.

Conducteur actif : conducteur normalement affecté à la transmission de l'énergie électrique, tel que les conducteurs de phase et le conducteur neutre en courant alternatif, les conducteurs positif, négatif et le compensateur en courant continu ; toutefois le conducteur PEN n'est pas considéré comme conducteur actif.

Conducteur d'équipotentialité : conducteur de protection assurant une liaison équipotentielle.

Conducteur de mise à la terre du neutre : conducteur reliant le point neutre ou un point du conducteur neutre à une prise de terre.

Conducteur de phase : conducteur relié à une des bornes de phases du générateur.

Conducteur de protection : conducteur prescrit dans certaines mesures de protection contre les chocs électriques et destiné à relier électriquement certaines des parties suivantes :

– masses ;
– éléments conducteurs ;
– borne principale de terre ;
– prise de terre ;
– point de mise à la terre de la source d'alimentation ou point neutre artificiel.

Conducteur de terre : conducteur de protection reliant la borne principale de terre à la prise de terre.

Conducteur PEN : conducteur mis à la terre, assurant à la fois les fonctions de conducteur de protection et de conducteur neutre.

Conducteur principal de protection : conducteur de protection auquel sont reliés les conducteurs de protection des masses, le conducteur de terre et éventuellement les conducteurs de liaisons équipotentielles.

Contact direct : contact de personnes avec une partie active d'un circuit électrique.

Contact indirect : contact de personnes avec une masse mise sous tension par suite d'un défaut d'isolement.

Courant de court-circuit : surintensité produite par l'apparition d'un défaut d'isolement ayant une impédance négligeable entre les conducteurs actifs présentant une différence de potentiel en service normal.

Courant de défaut : courant qui apparaît lors d'un défaut d'isolement.

Courant de surcharge : surintensité anormale se produisant dans un circuit en l'absence de défaut d'isolement électrique.

Défaut d'isolement : défaillance de l'isolation d'une partie active d'un circuit électrique entraînant une perte d'isolement de cette partie active pouvant aller jusqu'à une liaison accidentelle entre deux points de potentiels différents (défaut franc).

Double isolation : isolation comprenant à la fois une isolation principale et une isolation supplémentaire.

Élément conducteur étranger à l'installation électrique : élément ne faisant pas partie de l'installation électrique et susceptible d'introduire un potentiel (généralement celui de la terre).

Enceinte conductrice exiguë : local ou emplacement de travail dont les parois sont essentiellement constituées de parties métalliques ou conductrices, à l'intérieur duquel une personne peut venir en contact, sur une partie importante de son corps, avec les parties conductrices environnantes et dont l'exiguïté limite les possibilités d'interrompre ce contact.

Enveloppe : élément assurant la protection des matériels électriques contre certaines influences externes (chocs, intempéries, corrosions, etc.) et la protection contre les contacts directs.

Impédance de protection : ensemble de composants dont l'impédance, la construction et la fiabilité sont telles que la mise en œuvre assure une protection contre le risque de choc électrique au moins égale à celle procurée par une double isolation, en limitant le courant permanent ou de décharge.

Installation électrique : combinaison de circuits associés et réalisés suivant un schéma déterminé des liaisons à la terre IT, TN ou TT et pouvant être alimenté :

— soit par un réseau de distribution publique haute ou basse tension ;
— soit par une source autonome d'énergie électrique ;
— soit par un transformateur dont le primaire est alimenté par une autre installation.

Les installations d'un établissement regroupent l'ensemble des matériels électriques mis en œuvre dans cet établissement.

Isolation : 1. Ensemble des isolants entrant dans la construction d'un matériel électrique pour isoler ses parties actives ;

2. Action d'isoler.

Isolation principale : isolation des parties actives dont la défaillance peut entraîner un risque de choc électrique.

Isolation renforcée : isolation unique assurant une protection contre les chocs électriques équivalente à celle procurée par une double isolation.

Isolation supplémentaire : isolation indépendante prévue en plus de l'isolation principale en vue d'assurer la protection contre les chocs électriques en cas de défaut de l'isolation principale.

Isolement : ensemble des qualités acquises par un matériel électrique ou une installation du fait de son isolation.

Liaison électrique : disposition ou état de fait qui assure ou permet le passage d'un courant électrique entre deux pièces conductrices.

Liaison équipotentielle : liaison électrique spéciale mettant au même potentiel, ou à des potentiels voisins, des masses et des éléments conducteurs.

Local ou emplacement de travail électriquement isolant : local ou emplacement où, pour la tension mise en œuvre, sont remplies simultanément les trois conditions suivantes :

1. Les sols ou planchers isolent des personnes de la terre ;
2. Les murs et parois accessibles sont isolants ;
3. Les masses et les éléments conducteurs sont isolés de la terre et non accessibles simultanément.

Local ou emplacement de travail mouillé : local ou emplacement où l'eau ruisselle sur les murs ou sur le sol et où les matériels électriques sont soumis à des projections d'eau.

Masse : partie conductrice d'un matériel électrique susceptible d'être touchée par une personne, qui n'est pas normalement sous tension mais peut le devenir en cas de défaut d'isolement des parties actives de ce matériel.

Matériel électrique : tout matériel utilisé pour la production, la transformation, le transport, la distribution ou l'utilisation de l'énergie électrique.

Matériel d'utilisation : matériel destiné à transformer l'énergie électrique en une autre forme d'énergie telle que lumineuse, calorifique, mécanique.

Mobile : qualificatif s'appliquant à tout matériel électrique qui, sans répondre à la définition du matériel portatif à main, peut soit se déplacer par ses propres moyens, soit être déplacé par une personne, alors qu'il est sous tension.

Partie active : toute partie conductrice destinée à être sous tension en service normal.

Portatif à main : qualificatif s'appliquant à tout matériel électrique ou toute partie de celui-ci dont l'usage normal exige l'action constante de la main soit comme support, soit comme guide.

Premier défaut : défaut ou succession de défauts d'isolement survenant sur un conducteur actif d'une installation précédemment exempte de défaut d'isolement.

Prise de terre : corps conducteur enterré, ou ensemble de corps conducteurs enterrés et interconnectés, assurant une liaison électrique avec la terre.

Prises de terre électriquement distinctes : prises de terre suffisamment éloignées les unes des autres pour que le courant maximal susceptible d'être écoulé par l'une d'elles ne modifie pas sensiblement le potentiel des autres.

Résistance de terre ou résistance globale de mise à la terre : résistance entre la borne principale de terre et la terre.

Schéma IT : type d'installation dans lequel la source d'alimentation est isolée ou présente un point, généralement le neutre, relié à la terre par une impédance de valeur suffisamment élevée pour qu'un premier défaut d'isolement entre un conducteur de phase et la masse ne provoque pas l'apparition d'une tension de contact supérieure à la tension limite conventionnelle de sécurité.

Schéma TN : type d'installation dans lequel un point de la source d'alimentation, généralement le neutre, est relié à la terre et dans lequel les masses sont reliées directement à ce point de telle manière que tout courant de défaut franc entre un conducteur de phase et la masse soit un courant de court-circuit.

Schéma TN-C : type d'installation TN dans lequel les conducteurs neutre et de protection sont confondus en un seul conducteur appelé conducteur PEN.

Schéma TN-S : type d'installation TN dans lequel le conducteur neutre et le conducteur de protection sont séparés.

Schéma TT : type d'installation dans lequel un point de la source d'alimentation, généralement le neutre, est relié directement à une prise de terre et dans lequel les masses sont reliées directement à la terre, d'où il résulte qu'un courant de défaut entre un conducteur de phase et la masse, tout en ayant une intensité inférieure à celle d'un courant de court-circuit, peut cependant provoquer l'apparition d'une tension de contact supérieure à la tension limite conventionnelle de sécurité.

Semi-fixe : qualificatif s'appliquant à tout matériel électrique qui ne doit pas être déplacé sous tension.

Surintensité : tout courant supérieur à la valeur assignée.

Tension de contact : tension apparaissant, lors d'un défaut d'isolement, entre des parties simultanément accessibles.

Tension de contact présumée : tension de contact la plus élevée susceptible d'apparaître en cas de défaut franc se produisant dans une installation.

Tension de défaut : tension qui apparaît lors d'un défaut d'isolement entre une masse et un point de la terre suffisamment lointain pour que le potentiel de ce point ne soit pas modifié par l'écoulement du courant de défaut.

Tension limite conventionnelle de sécurité : valeur maximale de la tension de contact qu'il est admis de pouvoir maintenir indéfiniment dans des conditions spécifiées d'influences externes.

Terre : masse conductrice de la terre, dont le potentiel électrique en chaque point est considéré comme égal à zéro.

Classement des installations en fonction des tensions

Art. 3 I. — Les installations électriques de toute nature sont classées en fonction de la plus grande des tensions nominales existant aussi bien entre deux quelconques de leurs conducteurs qu'entre l'un d'entre eux et la terre, cette tension étant exprimée en valeur efficace pour tous les courants autres que les courants continus lisses.

En régime normal, la plus grande des tensions existant entre deux conducteurs actifs ou entre un conducteur actif et la terre ne doit pas excéder la tension nominale de plus de 10 p. 100.

Il est admis d'assimiler au courant continu lisse les courants redressés dont la variation de tension de crête à crête ne dépasse pas 15 p. 100 de la valeur moyenne.

II. — Selon la valeur de la tension nominale visée au I, les installations sont classées comme il suit :

Domaine très basse tension (par abréviation T.B.T.) : installations dans lesquelles la tension ne dépasse pas 50 volts en courant alternatif ou 120 volts en courant continu lisse.

Domaine basse tension A (par abréviation B.T.A.) : installations dans lesquelles la tension excède 50 volts sans dépasser 500 volts en courant alternatif ou excède 120 volts sans dépasser 750 volts en courant continu lisse.

Domaine basse tension B (par abréviation B.T.B.) : installations dans lesquelles la tension excède 500 volts sans dépasser 1 000 volts en courant alternatif ou excède 750 volts sans dépasser 1 500 volts en courant continu lisse.

Domaine haute tension A (par abréviation H.T.A.) : installations dans lesquelles la tension excède 1 000 volts en courant alternatif sans dépasser 50 000 volts, ou excède 1 500 volts sans dépasser 75 000 volts en courant continu lisse.

Domaine haute tension B (par abréviation H.T.B.) : installations dans lesquelles la tension excède 50 000 volts en courant alternatif ou excède 75 000 volts en courant continu lisse.

SECTION II *Conditions générales auxquelles doivent satisfaire les installations*

Normes de sécurité obligatoires

Art. 4 Lorsque des normes relatives à l'électricité intéressent la sécurité *(Décr. n° 95-608 du 6 mai 1995, art. 30)* « du travail » ou la prévention des incendies ou des explosions, elles peuvent être rendues obligatoires dans les établissements mentionnés à l'article 1er du présent décret par un arrêté qui précise, s'il y a lieu, dans quel délai les matériels ou installations non conformes à ces normes doivent cesser d'être utilisés. *(Décr. n° 95-608 du 6 mai 1995, art. 30)* « Ces normes peuvent également être rendues obligatoires pour ce qui concerne les installations mises en œuvre par les travailleurs indépendants et les employeurs visés au III de l'article 1er. » — *Entrée en vigueur le 1er janv. 1997.*

Dispositions générales

Art. 5 I. – Les installations électriques de toute nature doivent, dans toutes leurs parties, être conçues et établies en fonction de la tension qui détermine leur domaine.

II. – Les installations doivent être réalisées par *(Décr. n° 95-608 du 6 mai 1995, art. 30)* « des personnes qualifiées », avec un matériel électrique approprié, conformément aux règles de l'art. Les adjonctions, modifications ou réparations doivent être exécutées dans les mêmes conditions.

III. – Les installations électriques doivent, dans toutes leurs parties, être conçues et établies en vue de présenter et de conserver un niveau d'isolement approprié à la sécurité des *(Décr. n° 95-608 du 6 mai 1995, art. 30)* « personnes » et à la prévention des incendies et explosions. L'isolation du conducteur neutre doit être assurée comme celle des autres conducteurs actifs.

Elles doivent également présenter une solidité mécanique en rapport avec les risques de détérioration auxquels elles peuvent être exposées.

Elles doivent, en outre, être constituées de telle façon qu'en aucun point le courant qui les traverse en service normal ne puisse échauffer dangereusement les conducteurs, les isolants ou les objets placés à proximité.

IV. – Des dispositions doivent être prises pour éviter que les parties actives ou les masses d'une installation soient portées, du fait de leur voisinage avec une installation de domaine de tension supérieure ou du fait de liaisons à des prises de terre non électriquement distinctes, à des tensions qui seraient dangereuses pour les *(Décr. n° 95-608 du 6 mai 1995)* « personnes ».

V. – Dans les zones particulièrement exposées aux effets de la foudre, toute installation comportant des lignes aériennes non isolées doit être protégée contre les effets des décharges atmosphériques.

VI. – Ne doivent pas être posées sur les mêmes supports que les lignes d'énergie non isolées des domaines B.T.B., H.T.A. ou H.T.B., les lignes aériennes de télécommande, de signalisation ou de télécommunication qui :

a) Soit ne sont pas réalisées en conducteurs ou câbles isolés pour la plus grande des tensions des lignes d'énergie voisines ;

b) Soit ne sont pas protégées par un écran métallique relié à la terre aux deux extrémités.

Identification des circuits, des appareils et des conducteurs

Art. 6 I. – Lorsque le schéma d'une installation ne ressort pas clairement de la disposition de ses parties, les circuits et les matériels électriques qui la composent doivent être identifiés durablement par tous moyens appropriés en vue d'éviter les accidents dus à des méprises.

En particulier, lorsque dans un établissement coexistent des installations soumises à des tensions de nature ou de domaine différents, on doit pouvoir les distinguer par simple examen, et, si besoin est, grâce à une marque très apparente, facile à identifier et durable.

II. – Les conducteurs de protection doivent être nettement différenciés des autres conducteurs.

Les modalités d'application de cette disposition sont précisées par arrêté. – *V. Arr. du 15 déc. 1988 (JO 30 déc.).*

Installations à très basse tension

Art. 7 I. – Sauf dans les cas prévus au IV ci-après, les installations du domaine très basse tension dont la tension nominale ne dépasse pas 50 volts en courant alternatif ou 120 volts en courant continu lisse sont dites à très basse tension de sécurité (par abréviation T.B.T.S.), et, en conséquence, ne sont soumises à aucune des prescriptions des sections III et IV du présent décret, si elles satisfont conjointement aux conditions 1° et 2° définies ci-après :

1° Entre les parties actives d'une installation à T.B.T.S. et celles de toute autre installation, des dispositions de construction doivent être prises pour assurer une double isolation ou une isolation renforcée.

Cela implique le respect simultané des dispositions suivantes :

a) La source d'alimentation doit être de sécurité, c'est-à-dire être constituée :

– soit d'un transformateur qui répond aux règles des transformateurs de sécurité ;

– soit d'un groupe moteur électrique-génératrice qui présente les mêmes garanties d'isolement que les transformateurs de sécurité ;

– soit d'une source totalement autonome telle que groupes moteur thermique-génératrice, piles ou accumulateurs indépendants.

b) Les canalisations électriques ne doivent comporter aucun conducteur assemblé avec des conducteurs quelconques de toute autre installation.

Toutefois, un ou plusieurs conducteurs d'une installation à T.B.T.S. peuvent être inclus dans un câble de fabrication industrielle et sans revêtement métallique, ou dans un conduit isolant, à condition d'être isolés en fonction de la tension la plus élevée utilisée dans ce câble ou dans ce conduit.

c) Entre les parties actives d'un matériel alimentées par l'installation à T.B.T.S. et celles de toute autre installation, des dispositions de construction doivent être prises pour assurer une séparation équivalente à celle existant entre les circuits primaire et secondaire d'un transformateur de sécurité.

2° Les parties actives d'une installation à T.B.T.S. ne doivent être en liaison électrique ni avec la terre ni avec des conducteurs de protection appartenant à d'autres installations.

II. – Les installations du domaine très basse tension sont dites à très basse tension de protection (par abréviation T.B.T.P.) si elles répondent à toutes les conditions définies au 1° mais non à celles définies au 2° du I ci-dessus.

Les installations à T.B.T.P. ne sont pas soumises aux prescriptions des sections III et IV du présent décret si leur tension nominale ne dépasse pas 25 volts en courant alternatif ou 60 volts en courant continu lisse, sauf dans les cas prévus au IV ci-après.

Elles sont soumises aux prescriptions de la section III mais non à celles de la section IV si leur tension nominale est supérieure à 25 volts en courant alternatif ou à 60 volts en courant continu lisse sauf dans les cas prévus au IV ci-après.

III. – Les installations du domaine très basse tension sont dites à très basse tension fonctionnelle (par abréviation T.B.T.F.) si elles ne répondent pas aux conditions des installations à T.B.T.S. ou à T.B.T.P., c'est-à-dire si elles ne sont séparées, que par une isolation principale, des parties actives d'une autre installation.

Les installations à T.B.T.F. sont soumises aux prescriptions des sections III et IV du présent décret applicables à cette autre installation.

IV. – Les différentes tensions limites indiquées dans le présent article doivent être réduites à la moitié de leur valeur pour les installations situées dans les locaux ou emplacements mouillés.

Limitation des domaines de tension pour certains appareils récepteurs et dispositions particulières applicables à certains matériels d'utilisation

Art. 8 I. – Les appareils portatifs à main ne doivent pas être alimentés sous des tensions supérieures à celles du domaine B.T.A. Les appareils mobiles ou semi-fixes peuvent être alimentés sous des tensions plus élevées que celles du domaine B.T.A. si leur enveloppe empêche la pénétration de corps solides de diamètre égal ou supérieur à 2,5 millimètres.

II. – Dans les locaux et sur les emplacements de travail où la poussière, l'humidité, l'imprégnation par des liquides conducteurs, les contraintes mécaniques, le dégagement de vapeurs corrosives ou toute autre cause nuisible exercent habituellement leurs effets, on doit utiliser, ou bien un matériel conçu pour présenter et maintenir le niveau d'isolement compatible avec la sécurité des travailleurs, ou bien des installations du domaine T.B.T., répondant aux conditions des I ou II de l'article 7.

III. – Pour les travaux effectués à l'aide d'appareils ou engins portatifs à main à l'intérieur des enceintes conductrices exiguës, un arrêté définit les prescriptions particulières qui doivent être respectées. – *V. Arr. du 7 déc. 1988 (JO 30 déc.).*

Séparation des sources d'énergie

Art. 9 I. – A l'origine de toute installation ainsi qu'à l'origine de chaque circuit doit être placé un dispositif ou un ensemble de dispositifs de sectionnement permettant de séparer l'installation ou le circuit de sa ou de ses sources d'énergie, ce sectionnement devant porter *sur* tous les conducteurs actifs.

Toutefois, ce dispositif ou cet ensemble de dispositifs peut séparer un groupe de circuits pouvant être mis simultanément hors tension pour l'exécution de travaux d'entretien ou de réparation.

II. – Dans les installations du domaine B.T.A. :

a) La fonction de sectionnement peut être assurée par un dispositif de protection, de commande ou de coupure d'urgence en respectant les conditions suivantes :

– les distances d'isolement entre les contacts après ouverture doivent répondre aux règles de construction des sectionneurs de même tension nominale ;

– toute fermeture intempestive doit être rendue impossible ;

b) Lorsque le sectionnement d'un circuit est réalisé par des dispositifs unipolaires, ceux-ci doivent être regroupés, identifiés sans ambiguïté de manière indélébile et nettement séparés des autres groupements semblables assurant le sectionnement d'autres circuits.

III. – Dans les installations du domaine B.T.B. :

a) Le sectionnement doit être réalisé par des dispositifs assurant une séparation pleinement apparente et pouvant être maintenus en position ouverte par un dispositif de blocage approprié ;

b) Lorsque le sectionnement est réalisé par des dispositifs unipolaires, les dispositions mentionnées au *b* du II doivent être respectées.

IV. – Dans les installations des domaines H.T.A. et H.T.B. :

a) Le sectionnement doit être réalisé conformément au *a* du III ;

b) Le sectionnement doit être réalisé par un dispositif dont tous les pôles sont manœuvrés en une seule opération ;

c) Toutefois, si le produit du courant nominal exprimé en ampères par le nombre de conducteurs actifs dépasse 7 500, le sectionnement peut être réalisé par des dispositifs unipolaires en respectant les dispositions mentionnées au *b* du II.

Coupure d'urgence

Art. 10 Dans tout circuit terminal doit être placé un dispositif de coupure d'urgence, aisément reconnaissable et disposé de manière à être facilement et rapidement accessible, permettant en une seule manœuvre de couper en charge tous les conducteurs actifs. Il est admis que ce dispositif commande plusieurs circuits terminaux.

Interdiction d'utiliser la terre ou les masses comme partie d'un circuit actif

Art. 11 I. – Il est interdit d'employer, comme partie d'un circuit actif, la terre, une masse, un conducteur de protection, une canalisation ou enveloppe métallique ou une structure métallique faisant partie d'un bâtiment, cette interdiction ne s'opposant pas éventuellement à la mise à la terre d'un point de la source d'alimentation, généralement le point neutre, ainsi qu'à l'emploi de dispositifs de sécurité dont la technique exige, par nature, l'emploi de la terre ou d'un conducteur de protection comme circuit de retour.

II. – Les rails de roulement des installations de traction électrique, autres que ceux des matériels de levage, peuvent servir de conducteur de retour à condition d'être éclissés électriquement et sous réserve qu'il n'y ait jamais un écart de tension de plus de 25 volts entre ces rails et une prise de terre voisine dite de référence.

III. – Lorsqu'une nécessité technique inhérente au principe même de fonctionnement d'un matériel l'exige, l'enveloppe de certains matériels électriques peut être utilisée comme conducteur actif sous réserve que :

a) Toutes les masses de l'installation, y compris celle de la source d'alimentation, soient connectées entre elles et avec tous les éléments conducteurs avoisinants ;

b) Les conducteurs actifs, autres que ceux reliés aux masses, soient installés de manière qu'un défaut d'isolement éventuel ne puisse se produire directement à la terre, mais seulement entre ces conducteurs et l'ensemble interconnecté visé au *a* ;

c) L'ensemble interconnecté visé au *a* soit relié à une prise de terre de faible résistance.

Prises de terre et conducteurs de protection

Art. 12 Les prises de terre ainsi que les conducteurs de protection doivent satisfaire aux conditions suivantes :

a) Les dispositions générales de leur installation et les métaux entrant dans leur composition doivent être choisis de manière à éviter toute dégradation due à des actions mécaniques et thermiques et à résister à l'action corrosive du sol et des milieux traversés ainsi qu'aux effets de l'électrolyse ;

b) Les connexions des conducteurs de protection entre eux et avec les prises de terre doivent être assurées de manière efficace et durable ;

c) Les connexions de conducteurs de protection sur le conducteur principal de protection doivent être réalisées individuellement de manière que, si un conducteur de protection vient à être séparé de ce conducteur principal, la liaison de tous les autres conducteurs de protection au conducteur principal demeure assurée ;

d) Aucun appareillage électrique tel que fusible, interrupteur ou disjoncteur ne doit être intercalé dans les conducteurs de protection ; toutefois cette interdiction ne s'oppose pas à ce que l'on insère sur certains conducteurs de terre une barrette démontable seulement au moyen d'un outil, pour permettre d'interrompre momentanément leur continuité aux fins de vérification.

Section des conducteurs de terre et des liaisons équipotentielles

Art. 13 La section des conducteurs servant aux mises à la terre ou aux liaisons équipotentielles doit être déterminée en fonction de l'intensité et de la durée du courant susceptible de les parcourir en cas de défaut, de manière à prévenir leur détérioration par échauffement ainsi que tout risque d'incendie ou d'explosion provenant de cet échauffement.

Résistances de terre, conducteurs de terre

Art. 14 I. – Les résistances de terre doivent avoir une valeur appropriée à l'usage auquel les prises de terre correspondantes sont destinées.

II. – Les conducteurs de terre connectés à une prise de terre autre que celle des masses doivent être isolés électriquement des masses et des éléments conducteurs étrangers à l'installation électrique.

III. – Les prises de terre ne peuvent être constituées par des pièces métalliques simplement plongées dans l'eau.

IV. – Si, dans une installation, il existe des prises de terre électriquement distinctes, on doit maintenir entre les conducteurs de protection qui leur sont respectivement reliés un isolement approprié aux tensions susceptibles d'apparaître entre ces conducteurs en cas de défaut.

Installation de sécurité

Art. 15 Les chefs d'établissement doivent prendre toute disposition pour que les installations électriques de sécurité soient établies, alimentées, exploitées et maintenues en bon état de fonctionnement.

Ces installations de sécurité comprennent :

a) Les installations qui assurent l'éclairage de sécurité ;

b) Les autres installations nécessaires à la sécurité des travailleurs en cas de sinistre ;

c) Les installations dont l'arrêt inopiné ou le maintien à l'arrêt entraînerait des risques pour les travailleurs.

Les modalités d'application du présent article sont définies par arrêté.

SECTION III *Protection des travailleurs contre les risques de contact avec des conducteurs actifs ou des pièces conductrices habituellement sous tension (contact direct)*

Mise hors de portée des conducteurs actifs et des pièces conductrices sous tension

Art. 16 I. – Dans les locaux et sur les emplacements de travail, aucune partie active ne doit se trouver à la portée des travailleurs, sauf dans les cas mentionnés aux articles 21 à 28.

Cette interdiction s'applique également à tout conducteur de protection reliant à une prise de terre le conducteur neutre ou le neutre de la source d'alimentation.

II. – La condition imposée par le I ci-dessus peut être satisfaite soit par le seul éloignement des parties actives, soit par l'interposition d'obstacles efficaces, soit par isolation.

III. – Les dispositions du I ne s'appliquent pas aux parties actives des circuits alimentés par une source dont l'impédance limite le courant ou l'énergie de décharge à des valeurs équivalentes à celles obtenues par une impédance de protection.

Mise hors de portée par éloignement

Art. 17 I. – Lorsque la mise hors de portée est assurée par le seul éloignement, celui-ci doit être suffisant pour prévenir le risque d'accident par contact ou rapprochement soit avec des travailleurs, soit avec des objets qu'ils manipulent ou transportent habituellement.

II. – La permanence de cet éloignement doit être garantie contre tout risque de relâchement ou de chute par une résistance mécanique des pièces ou de leurs supports en rapport avec les contraintes auxquelles ils sont normalement exposés.

Mise hors de portée au moyen d'obstacles

Art. 18 I. – Lorsque la mise hors de portée est réalisée au moyen d'obstacles, l'efficacité permanente de ceux-ci doit être assurée par leur nature, leur étendue, leur disposition, leur stabilité, leur solidité et, le cas échéant, leur isolation, compte tenu des contraintes auxquelles ils sont normalement exposés.

II. – La nature et les modalités de réalisation de ces obstacles ainsi que les conditions de leur déplacement ou de leur enlèvement sont définies par arrêté. – *V. Arr. du 8 déc. 1988 (JO 30 déc.).*

Mise hors de portée par isolation

Art. 19 I. – Lorsque la mise hors de portée est assurée par isolation, le recouvrement des conducteurs et pièces sous tension doit être adapté à la tension de l'installation et conserver ses propriétés à l'usage, eu égard aux risques de détériorations auxquels il est exposé.

II. – Les canalisations servant au raccordement des appareils amovibles et des parties mobiles des matériels doivent être de type souple et comporter tous les conducteurs actifs et les conducteurs de protection nécessaires au fonctionnement et à la sécurité d'emploi de ces appareils, tous ces conducteurs étant électriquement distincts et matériellement solidaires.

Toute canalisation souple doit être pourvue d'une gaine lui permettant de résister aux actions extérieures et spécialement à l'usure et aux contraintes de traction, de flexion, de torsion et de frottement auxquelles elle peut être soumise en service.

Si la gaine comporte des éléments métalliques ou est placée dans un tube métallique flexible, ces éléments ou ce tube ne doivent pas risquer de détériorer à l'usage les enveloppes isolantes des conducteurs. Cette gaine doit elle-même être protégée contre les actions extérieures, à moins de n'y être pas vulnérable, soit par nature, soit en raison des conditions d'utilisation de la canalisation.

Les appareils ou parties mobiles des appareils raccordés à une canalisation souple ainsi que les fiches de prise de courant ou connecteurs doivent être conçus de façon que cette canalisation ne soit pas exposée, à ses points d'insertion tant dans les appareils que dans les fiches ou connecteurs, à des flexions nuisibles aux isolants et de manière que les conducteurs ne soient pas soumis, en leur point de connexion avec les appareils, aux efforts de traction et de torsion qui peuvent être exercés sur la canalisation souple.

III. – Dans le cas de canalisations enterrées, les conducteurs isolés doivent être protégés contre les dégradations résultant du tassement des terres, du contact avec les corps durs, du choc des outils métalliques à main en cas de fouille et, s'il y a lieu, de l'action chimique des couches de terre traversées.

Ces canalisations doivent être convenablement écartées de toute autre canalisation enterrée, électrique ou non. Elles doivent être pourvues de marques d'identification, notamment aux extrémités, et leur parcours dans le sol doit être matériellement repéré aux entrées dans les bâtiments ainsi qu'aux changements de direction.

Toute canalisation ou couche de canalisations doit être signalée par un dispositif avertisseur inaltérable placé au minimum à 10 centimètres au-dessus d'elle. Lorsque des canalisations ou couches de canalisations sont enterrées à des profondeurs espacées de plus de 10 centimètres, un dispositif avertisseur doit être placé au-dessus de chaque canalisation ou couche de canalisations.

Le tracé des canalisations dans le sol doit être relevé sur un plan qui permette de connaître leur emplacement sans avoir à recourir à une fouille. – *V. art. 59 et 60.*

Culots et douilles, prises de courant, prolongateurs et connecteurs

Art. 20 I. – La possibilité d'un contact fortuit avec les parties actives d'un culot et de la douille correspondante doit être éliminée à partir du moment où le culot est en place.

Les douilles à vis doivent être d'un modèle évitant la possibilité de contact avec une partie active du culot ou de la douille pendant l'introduction et l'enlèvement d'une lampe ; cette disposition n'est toutefois pas exigée des douilles d'un diamètre supérieur à 27 millimètres sous réserve que des consignes soient données pour que le remplacement des lampes ne soit effectué que par un personnel répondant aux dispositions du I de l'article 48.

II. – Les prises de courant, prolongateurs et connecteurs doivent être disposés de façon que leurs parties actives nues ne soient pas accessibles au toucher, aussi bien lorsque leurs éléments sont séparés que lorsqu'ils sont assemblés ou en cours d'assemblage.

III. – Le raccordement avec la canalisation fixe de la canalisation souple aboutissant à un appareil amovible doit être effectué au moyen d'une prise de courant, d'un prolongateur ou d'un connecteur comportant un nombre d'organes de contact électriquement distincts, mais matériellement solidaires, égal au nombre des conducteurs nécessaires pour le fonctionnement et la sécurité d'emploi de l'appareil amovible.

Lorsque, parmi les conducteurs nécessaires, il y a un conducteur de terre ou de mise au neutre ou une liaison équipotentielle, les organes de contact qui lui sont affectés doivent être conçus de façon à ne pouvoir être mis sous tension lors d'une manœuvre.

En outre, lors de manœuvre, ces organes de contact doivent assurer la mise à la terre, la mise au neutre ou la liaison équipotentielle avant la réunion des organes de contact des conducteurs actifs et doivent interrompre cette liaison seulement après la séparation desdits organes de contact.

Lorsque, dans une installation, il est fait usage de socles de prises de courant alimentés par des tensions de valeurs ou de natures différentes, ces socles doivent être de modèle distinct et doivent s'opposer à l'introduction des fiches qui ne sont pas prévues pour la valeur ou la nature de tension desdits socles. Toutefois, il est admis d'utiliser des prises de courant identiques sur des circuits monophasés 127 et 230 volts en courant alternatif 50 hertz, à condition qu'elles soient repérées par un étiquetage.

Lorsque la permutation des pôles ou des phases peut avoir des effets nuisibles à la sécurité, les prises de courant doivent être d'un modèle s'opposant à cette permutation.

IV. — Pour les prises de courant, prolongateurs et connecteurs d'une intensité nominale supérieure à 32 ampères, la réunion ou la séparation des deux constituants ne doit pouvoir s'effectuer que hors charge. — *V. art. 59 et 61.*

Lignes de contact

Art. 21 Le raccordement des parties mobiles de matériels électriques tels que chariots de ponts roulants ou ponts roulants eux-mêmes doit être réalisé :

— soit à l'aide de canalisations électriques souples en respectant les dispositions du II de l'article 19 et du III de l'article 20 ;

— soit par des lignes de contact fixes protégées contre les contacts directs conformément aux dispositions de l'article 18.

Toutefois, les lignes de contact des ponts roulants, pour lesquelles il est impossible de satisfaire aux dispositions ci-dessus en raison du rayonnement calorifique des matières ou produits manutentionnés, peuvent être réalisées en conducteurs nus sous réserve :

1° Que la tension de service de la ligne de contact ne dépasse pas la limite supérieure du domaine B.T.B. ;

2° Que les prescriptions de l'article 16 soient respectées pour le personnel chargé de leur manœuvre, aussi bien aux postes de travail que sur les chemins normaux d'accès à ces postes ;

3° Que les dispositions des articles 22 et 48 soient respectées pour le personnel d'entretien. — *V. art. 59 et 60.*

Locaux et emplacements de travail à risques particuliers de choc électrique

Art. 22 Les dispositions des articles 23 à 27 s'appliquent :

a) Aux locaux ou emplacements de travail réservés à la production, la conversion ou la distribution de l'électricité ;

b) Aux locaux ou emplacements de travail où la présence de parties actives accessibles résulte d'une nécessité technique inhérente aux principes mêmes de fonctionnement des matériels ou installations. — *V. art. 59 et 60.*

Art. 23 Le chef d'établissement doit désigner ces locaux et emplacements de travail et les délimiter clairement.

Art. 24 L'accès à ces locaux ou emplacements de travail n'est autorisé qu'aux personnes averties des risques électriques appelées à y travailler, les travaux devant être effectués en respectant les prescriptions de l'article 48.

L'autorisation doit être donnée par le chef d'établissement. Cette autorisation peut être individuelle ou collective.

Art. 25 En cas de nécessité, des personnes non averties des risques électriques peuvent être autorisées à pénétrer dans ces locaux ou emplacements de travail, à la condition d'avoir été instruites des consignes à respecter et d'être placées sous le contrôle permanent d'une personne avertie des risques électriques et désignée à cet effet.

Art. 26 Ces locaux ou emplacements de travail doivent satisfaire aux conditions suivantes :

1° Des pancartes affichées sur les portes ou dans les passages qui permettent d'y accéder doivent signaler l'existence de parties actives non protégées et interdire l'entrée ou l'accès à toute personne non autorisée conformément aux dispositions de l'article 24 ;

2° Les portes donnant accès à un local ou emplacement de travail contenant des parties actives non protégées des domaines H.T.A. ou H.T.B. doivent être normalement fermées à clef mais pouvoir être facilement ouvertes de l'intérieur même si elles viennent à être fermées à clef de l'extérieur ;

3° Les abords des parties actives non protégées accessibles aux travailleurs doivent laisser à ceux-ci une aisance de déplacement et de mouvement en rapport avec les travaux à exécuter et leur fournir un appui sûr pour les pieds ; ils ne doivent pas être utilisés comme passages, entrepôts ou à d'autres fins.

Art. 27 Des arrêtés fixent en tant que de besoin les dispositions particulières à chacun des types de locaux ou emplacements mentionnés à l'article 22.

Ces arrêtés peuvent comporter des dérogations à certaines dispositions du présent décret, dérogations assorties de mesures compensatrices de sécurité. – *V. Arr. du 9 déc. 1988 (JO 30 déc.) ; Arr. du 12 déc. 1988 (JO 30 déc.) ; Arr. du 13 déc. 1988 (JO 30 déc.) ; Arr. du 26 févr. 1993 (JO 6 mars) ; Arr. du 17 mars 1993 (JO 27 mars).*

Installations mobiles à risques particuliers de choc électrique

Art. 28 En dehors des locaux ou emplacements de travail mentionnés à l'article 22, certaines installations mobiles telles que les dispositifs de soudage à l'arc qui présentent également des risques particuliers de choc électrique peuvent être utilisées sur des emplacements qu'il est impossible de définir à l'avance.

Les prescriptions de sécurité concernant la réalisation et l'utilisation de ces installations sont précisées par des arrêtés. Ces arrêtés peuvent comporter des dérogations à certaines dispositions du présent décret, dérogations assorties de mesures compensatrices de sécurité. *– V. Arr. du 14 déc. 1988 (JO 30 déc.) ; Arr. du 26 févr. 1993 (JO 6 mars).*

SECTION IV *Protection des travailleurs contre les risques de contact avec des masses mises accidentellement sous tension (contact indirect)*

Dispositions générales

Art. 29 I. – Sauf dans les cas prévus à l'article 7, les travailleurs doivent être protégés contre les risques qui résulteraient pour eux du contact simultané avec des masses, quelle que soit la surface accessible de celles-ci, et des éléments conducteurs entre lesquels pourrait apparaître une différence de potentiel plus grande que la tension limite conventionnelle de sécurité correspondant au degré d'humidité du local ou emplacement.

II. – Les installations doivent être convenablement subdivisées, notamment pour faciliter la localisation des défauts d'isolement.

SOUS-SECTION 1 *Installation à courant alternatif*

Types de mesures de protection

Art. 30 La protection contre les risques de contact indirect dans les installations alimentées par du courant alternatif peut être réalisée :

– soit en associant la mise à la terre des masses à des dispositifs de coupure automatique de l'alimentation, ces dispositifs pouvant être généraux et protégeant l'ensemble de l'installation, ou divisionnaires et permettant une séparation sélective de parties de l'installation ;

– soit par double isolation, par isolation renforcée ou séparation de circuit.

Les modalités pratiques de réalisation des divers types de mesures de protection prévus dans les articles 31 à 39 sont définies par arrêté. *– V. Arr. du 15 déc. 1988 (JO 30 déc.) ; Arr. du 8 janv. 1992 (JO 17 janv.) ; Arr. du 8 déc. 2003 (JO 27 déc.).*

A. Protection contre les contacts indirects par mise à la terre des masses et par coupure automatique de l'alimentation

Généralités

Art. 31 I. – Toute masse faisant l'objet d'une mesure de protection par coupure automatique de l'alimentation doit être reliée à un conducteur de protection.

Deux masses simultanément accessibles à un travailleur même si elles appartiennent à *deux installations* différentes doivent être reliées à une même prise de terre ou au même ensemble de prises de terre interconnectées. *– V. art. 59 et 60.*

II. – Quel que soit le type de l'installation électrique utilisé, TN, TT ou IT, et sauf dans les cas prévus aux articles 36, 37 et 39, un dispositif de coupure général ou divisionnaire doit séparer automatiquement de l'alimentation la partie de l'installation protégée par ce dispositif de telle sorte que, à la suite d'un défaut d'isolement dans cette partie de l'installation, une tension de contact présumée égale ou supérieure à la tension limite conventionnelle de sécurité ne puisse se maintenir dans aucune partie de l'installation.

Les valeurs des tensions limites conventionnelles de sécurité et les temps de coupure maximaux du dispositif de protection en fonction des valeurs de tension de contact sont définis par arrêté.

III. – Si les conditions du II ne peuvent être respectées, il y a lieu de réaliser une liaison locale équipotentielle supplémentaire, à moins que celle-ci n'existe de fait.

IV. – Dans chaque bâtiment ou emplacement de travail extérieur, un conducteur principal d'équipotentialité doit réunir au conducteur principal de protection les éléments conducteurs étrangers à l'installation électrique pénétrant dans ce bâtiment ou emplacement ou en sortant.

Installation électrique réalisée suivant le schéma TN (mise au neutre)

Art. 32 I. – Dans les installations électriques réalisées suivant le schéma TN, toutes les masses doivent être reliées par des conducteurs de protection au point neutre de l'installation, lui-même mis à la terre.

II. – Dans les installations réalisées suivant le schéma TN-C, le conducteur PEN ne doit comporter aucun dispositif de coupure ou de sectionnement et doit être réalisé de manière à éviter tout risque de rupture.

Dans ce schéma, la coupure ne peut être assurée que par des dispositifs de protection contre les surintensités.

III. – Dans les installations réalisées suivant le schéma TN-S, des dispositifs de protection contre les surintensités ou des dispositifs de coupure à courant différentiel résiduel peuvent être utilisés comme dispositifs de coupure.

IV. – Lorsque le point neutre de la source d'alimentation n'est pas accessible, l'extrémité d'un enroulement de cette source peut en tenir lieu. Le schéma adopté doit être le schéma TN-S.

Installations réalisées suivant le schéma TT (neutre directement relié à la terre)

Art. 33 Dans les installations électriques réalisées suivant le schéma TT, toutes les masses protégées par un même dispositif de protection doivent être interconnectées et reliées par un conducteur de protection à une même prise de terre.

La coupure doit être assurée par des dispositifs sensibles aux courants de défaut.

Installations électriques réalisées suivant le schéma IT (neutre isolé ou neutre relié à la terre par une impédance limitant le courant de défaut)

Art. 34 Dans les installations électriques réalisées suivant le schéma IT, toutes les masses doivent être reliées à la terre, soit individuellement, soit par groupe, soit par un réseau général d'interconnexion.

Le produit de la résistance de prise de terre des masses par le courant de premier défaut franc entre un conducteur de phase et une masse doit être inférieur à la tension limite conventionnelle de sécurité.

Un contrôleur permanent d'isolement doit signaler l'apparition d'un premier défaut à la masse ou à la terre d'une partie active quelconque, neutre compris, de l'installation.

A moins que ce contrôleur permanent d'isolement ne provoque la coupure automatique de l'installation ou d'une de ses parties dès ce premier défaut, l'apparition d'un autre défaut affectant un autre conducteur actif doit provoquer la coupure automatique de l'un au moins des circuits en défaut.

Lorsque toutes les masses de l'installation sont interconnectées, des dispositifs de protection contre les surintensités ou des dispositifs à courant différentiel résiduel peuvent être utilisés.

Si toutes les masses ne sont pas interconnectées, un dispositif à courant différentiel résiduel doit protéger chaque groupe de masses interconnectées.

Dans les installations des domaines B.T.A. ou B.T.B. alimentées par un transformateur à primaire haute tension, un dispositif limiteur de surtension doit protéger l'installation en cas de défaut d'isolement entre les circuits haute tension et basse tension.

Liaison équipotentielle supplémentaire

Art. 35 La liaison équipotentielle supplémentaire mentionnée au III de l'article 31 peut intéresser toute l'installation, une partie de celle-ci, un emplacement ou un appareil ; elle doit réunir aux masses tous les éléments conducteurs simultanément accessibles, y compris les structures métalliques du bâtiment.

La liaison équipotentielle supplémentaire doit empêcher le maintien de tensions de contact égales ou supérieures à la tension limite conventionnelle de sécurité.

B. Protection contre les contacts indirects sans mise à la terre et sans coupure de l'alimentation

Double isolation ou isolation renforcée

Art. 36 Sous réserve que les matériels ne soient pas utilisés dans des conditions d'influences externes plus sévères que celles pour lesquelles ils sont construits et installés, la protection contre les contacts indirects peut être assurée :

– soit par une double isolation ou une isolation renforcée des parties actives ;

– soit par une isolation supplémentaire ajoutée à l'isolation principale lors de l'installation du matériel.

Impédance de protection

Art. 37 Sous réserve qu'un matériel ne soit pas utilisé dans des conditions d'influences externes plus sévères que celles pour lesquelles il est construit, la protection contre les contacts indirects de ce matériel peut être considérée comme assurée s'il comporte une impédance de protection disposée entre parties actives et masses et assurant une protection au moins égale à celle procurée par une double isolation.

Protection complémentaire

Art. 38 Lorsqu'il est fait usage des mesures de protection prévues aux articles 36 ou 37, mais que des nécessités impérieuses conduisent à soumettre le matériel électrique à des conditions d'influences externes plus sévères que celles prévues par le constructeur, une protection complémentaire doit être assurée soit par un dispositif différentiel de coupure à haute sensibilité, soit par l'application des dispositions de l'article 39.

Protection par séparation des circuits

Art. 39 Il est admis de ne pas réaliser la mise à la terre des masses et la coupure automatique prévues respectivement aux I et II de l'article 31 dans les installations du domaine B.T.A. qui sont constituées par des circuits de faible étendue alimentés par des groupes moteur-génératrice ou des transformateurs à enroulements séparés par une double isolation ou une isolation renforcée. Le circuit séparé doit présenter un niveau d'isolement élevé et ne doit être relié, en aucun de ses points, ni à la terre ni à d'autres circuits ; le bon état de l'isolation doit être vérifié régulièrement.

SOUS-SECTION 2 *Installations à courant autre qu'alternatif*

Types de mesures de protection

Art. 40 La protection contre les contacts indirects dans les installations à courant autre qu'alternatif, notamment celles à courant continu, doit être réalisée par la mise en œuvre de mesures analogues à celles prescrites dans les articles 30 à 39, mais adaptées d'une part aux technologies, d'autre part au niveau des risques propres à ces courants.

Les valeurs des tensions limites conventionnelles de sécurité et les temps de coupure maximaux du dispositif de protection en fonction des valeurs des tensions de contact sont définies par arrêté.

SECTION V *Prévention des brûlures, incendies et explosions d'origine électrique*

Réalisation des installations

Art. 41 I. – Les prescriptions de la présente section sont applicables aux installations électriques de tous domaines y compris le domaine T.B.T.

II. – La température atteinte par le matériel électrique en service normal ne doit pas compromettre son isolation. Toutes dispositions doivent être prises pour éviter que le matériel électrique, du fait de son élévation normale de température, nuise aux objets qui sont dans son voisinage, et notamment à ceux sur lesquels il prend appui ou encore risque de provoquer des brûlures aux travailleurs.

III. – Tout matériel doit être capable de supporter, sans dommage pour les personnes et sans perte de son aptitude à la fonction de sécurité, les effets mécaniques et thermiques produits par toute surintensité, et ce pendant le temps nécessaire au fonctionnement des dispositifs destinés à interrompre lesdites surintensités.

IV. – Les raccordements des canalisations entre elles et avec les appareils doivent être établis de manière à ne provoquer aucun excès d'échauffement local. Il doit pouvoir être vérifié facilement qu'il en est bien ainsi. A cette fin, les connexions doivent rester accessibles mais seulement après démontage de l'obstacle assurant la protection contre les contacts directs.

V. – Les canalisations fixes doivent être protégées contre une augmentation anormale du courant. Elles doivent l'être toujours pour le cas de court-circuit ; elles doivent l'être aussi pour le cas de surcharges si l'éventualité de celles-ci n'est pas exclue.

VI. – Les circuits internes de machines et appareils exposés à des surcharges doivent être protégés contre les effets d'une surintensité nuisible par sa valeur ou sa durée. Cette protection n'est pas exigée pour les matériels d'utilisation portatifs à main.

VII. – Les appareils ne doivent pas être utilisés dans des conditions de service plus sévères que celles pour lesquelles ils ont été construits.

VIII. – Toute disposition s'opposant à la dissipation normale de la chaleur dégagée par un appareil ou une canalisation est interdite.

IX. – Les modalités pratiques d'application des dispositions du présent article sont définies par arrêté. – *V. Arr. du 16 déc. 1988 (JO 30 déc.) ; Arr. du 9 janv. 1992 (JO 17 janv.) ; Arr. du 8 déc. 2003 (JO 27 déc.).*

Interrupteurs, coupe-circuit, disjoncteurs, matériels contenant un diélectrique liquide inflammable

Art. 42 I. – L'appareillage de commande et de protection destiné à établir ou à interrompre des courants électriques doit être capable de le faire sans qu'il en résulte d'effets nuisibles tels que projection de matières incandescentes ou formation d'arcs durables.

II. – Toutes dispositions doivent être prises pour que les appareils assurant la fonction de sectionnement prévue à l'article 9, mais ne possédant pas les caractéristiques leur permettant d'assurer la fonction de commande, ne puissent être manœuvrés en charge.

III. – Les appareils ou dispositifs employés à la protection des installations contre les courts-circuits doivent être capables de couper sans projection de matières en fusion ou formation d'arcs durables une intensité au moins égale à celle qui serait mise en jeu par un court-circuit franc aux points mêmes où ces appareils sont installés.

Le courant nominal ou de réglage des dispositifs de protection contre les surintensités doit être et doit rester tel que leur fonctionnement soit assuré pour toute augmentation anormale de courant nuisible par son intensité et sa durée, compte tenu de la constitution des canalisations, de leur regroupement, de leur mode de pose et des matières ou matériaux avoisinants.

IV. – Les mesures de prévention des risques d'incendie présentés par l'épandage et l'inflammation des diélectriques liquides inflammables utilisés dans les matériels électriques font l'objet d'un arrêté dont les dispositions tiennent compte :

– de la nature des matériels électriques concernés ;

– des caractéristiques physiques du diélectrique ;

– des caractéristiques des locaux ou emplacements où sont installés ces matériels. – *V. art. 59 et 60. – V. Arr. du 17 janv. 1989 (JO 2 févr.).*

V. – Des extincteurs appropriés quant à leur nombre, à leur capacité et à la nature des produits qu'ils renferment doivent être placés dans ou à proximité des locaux où il existe des installations électriques des domaines B.T.B., H.T.A. ou H.T.B., à moins qu'il n'existe dans ces locaux une installation fixe d'extinction.

VI. – Les modalités pratiques d'application des dispositions du présent article sont définies par arrêtés.

Locaux ou emplacements présentant des dangers d'incendie

Art. 43 I. – Dans les locaux ou sur les emplacements où sont traitées, fabriquées, manipulées ou entreposées des matières susceptibles de prendre feu presque instantanément au contact d'une flamme ou d'une étincelle et de propager rapidement l'incendie, les canalisations et matériels électriques doivent être conçus et installés de telle sorte que leur contact accidentel avec ces matières ainsi que l'échauffement de celles-ci soient évités.

En cas de présence de poussières inflammables risquant de provoquer un incendie si elles pénétraient dans les enveloppes du matériel électrique, ces enveloppes doivent s'opposer à cette pénétration par construction ou par installation.

II. – En outre :

a) Il ne doit exister dans ces locaux ou sur ces emplacements d'autres matériels que ceux nécessaires au fonctionnement du matériel d'utilisation installé dans lesdits locaux ou emplacements ; toutefois, le passage des canalisations étrangères à ce fonctionnement est autorisé sous réserve que ces canalisations soient disposées ou protégées de telle manière qu'elles ne puissent en aucun cas être la cause d'un incendie ;

b) Les parties actives non isolées doivent être :

– soit suffisamment éloignées de matières combustibles ;

– soit protégées par des enveloppes s'opposant à la propagation d'un incendie ;

c) Les canalisations électriques doivent être d'un type retardateur de la flamme ; elles doivent être protégées contre les détériorations auxquelles elles peuvent être soumises ;

d) Le matériel électrique dont le fonctionnement provoque des arcs ou des étincelles ou l'incandescence d'éléments n'est autorisé que si ces sources de danger sont incluses dans des enveloppes appropriées.

Zone présentant des risques d'explosion

Art. 44 I. – Dans les zones présentant des risques d'explosion, les installations électriques doivent :

– être réduites à ce qui est strictement nécessaire aux besoins de l'exploitation ;

– être conçues et réalisées de façon à ne pas être une cause possible d'inflammation des atmosphères explosives présentes ;

– répondre aux prescriptions de l'article 43.

II. – Les modalités pratiques d'application des dispositions ci-dessus sont définies par arrêté. – *V. Arr. du 19 déc. 1988 (JO 30 déc.), Arr. du 28 juill. 2003 (JO 6 août).*

SECTION VI ***Utilisation, surveillance, entretien et vérification des installations électriques***

Généralités

Art. 45 Les installations et matériels électriques doivent :

a) Être utilisés dans des conditions de service et d'influences externes ne s'écartant pas de celles pour lesquelles ils sont prévus ;

b) Donner lieu en temps utile aux opérations d'entretien et de remise en conformité qui s'avèrent nécessaires ;

c) Faire l'objet de mesures de surveillance pratiquées dans les conditions prévues à l'article 47 ci-après ;

d) Être soumis à des vérifications dans les conditions prévues aux articles 53 et 54 ci-après.

En attendant qu'il soit porté remède à des défectuosités constatées, toutes dispositions utiles doivent être prises pour qu'elles ne constituent pas une source de danger pour les travailleurs.

Prescriptions au personnel

Art. 46 I. – Les prescriptions au personnel sont différentes suivant qu'il s'agit :

a) De travailleurs utilisant des installations électriques ;

b) De travailleurs effectuant des travaux, sur des installations électriques, hors tension ou sous tension, ou au voisinage d'installations électriques comportant des parties actives nues sous tension.

II. – L'employeur doit s'assurer que ces travailleurs possèdent une formation suffisante leur permettant de connaître et de mettre en application les prescriptions de sécurité à respecter pour éviter des dangers dus à l'électricité dans l'exécution des tâches qui leur sont confiées. Il doit, le cas échéant, organiser au bénéfice des travailleurs concernés la formation complémentaire rendue nécessaire notamment par une connaissance insuffisante desdites prescriptions.

III. – L'employeur doit s'assurer que les prescriptions de sécurité sont effectivement appliquées et les rappeler aussi souvent que de besoin par tous moyens appropriés.

IV. – Les travailleurs doivent être invités à signaler les défectuosités et anomalies qu'ils constatent dans l'état apparent du matériel électrique ou dans le fonctionnement de celui-ci. Ces constatations doivent être portées le plus tôt possible à la connaissance du personnel chargé de la surveillance prévue à l'article 47.

V. – Les travailleurs doivent disposer du matériel nécessaire pour exécuter les manœuvres qui leur incombent et pour faciliter leur intervention en cas d'accident. Ce matériel doit être adapté à la tension de service et doit être maintenu prêt à servir en parfait état.

Surveillance des installations

Art. 47 I. – Une surveillance des installations électriques doit être assurée. L'organisation de cette surveillance doit être portée à la connaissance de l'ensemble du personnel.

II. – Cette surveillance doit être opérée aussi fréquemment que de besoin, et provoquer, dans les meilleurs délais, la suppression des défectuosités et anomalies dont les installations peuvent être affectées.

III. – La surveillance concerne notamment :

a) Le maintien des dispositions mettant hors de portée des travailleurs les parties actives de l'installation ;

b) Le bon fonctionnement et le bon état de conservation des conducteurs de protection ;

c) Le bon état des conducteurs souples aboutissant aux appareils amovibles ainsi qu'à leurs organes de raccordement ;

d) Le maintien du calibre des fusibles et du réglage des disjoncteurs ;

e) Le contrôle du bon fonctionnement des dispositifs sensibles au courant différentiel résiduel ;

f) La signalisation des défauts d'isolement par le contrôleur permanent d'isolement ;

g) Le contrôle de l'éloignement des matières combustibles par rapport aux matériels électriques dissipant de l'énergie calorifique ;

h) Le contrôle de l'état de propreté de certains matériels électriques en fonction des risques d'échauffement dangereux par l'accumulation de poussières ;

i) Le contrôle des caractéristiques de sécurité des installations utilisées dans les locaux à risques d'explosion ;

j) La bonne application des dispositions du II de l'article 52.

Généralités sur les travaux sur des installations ou à proximité d'installations électriques

Art. 48 I. – L'employeur ne peut confier les travaux ou opérations sur des installations électriques ou à proximité de conducteurs nus sous tension qu'à des personnes qualifiées pour les effectuer et possédant une connaissance des règles de sécurité en matière électrique adaptée aux travaux ou opérations à effectuer.

Lorsque les travaux électriques sont confiés à une entreprise extérieure, celle-ci doit être qualifiée en matière électrique.

II. – L'employeur doit remettre, contre reçu, à chaque travailleur concerné, un recueil des prescriptions et, le cas échéant, compléter ces prescriptions par des instructions de sécurité particulières à certains travaux ou opérations qu'il confie auxdits travailleurs.

III. – Sauf dans les cas prévus au IV ci-dessous et au I de l'article 50, les travaux sur les installations électriques doivent être effectués hors tension.

IV. – Sans préjudice de l'application des dispositions du V ci-dessous, les opérations suivantes, même exécutées sur des circuits ou appareils sous tension, ne sont pas soumises aux prescriptions des articles 49 et 50 :

a) Raccordements de pièces ou d'organes amovibles, spécialement conçus et réalisés en vue de permettre l'opération sans risque de contacts involontaires de l'opérateur avec des parties actives ; lorsqu'il s'agit de matériels du domaine B.T.A. présentant une protection contre les risques de projection de matières incandescentes ou formation d'arcs durables, ces opérations peuvent être effectuées par des travailleurs mentionnés au *a* du I de l'article 46 ;

b) Utilisation des perches de manœuvres, des dispositifs de vérification d'absence de tension ou des dispositifs spécialement conçus pour des contrôles ou des mesures sous tension sous réserve que ces matériels soient construits et utilisés suivant les règles de l'art en la matière.

V. – Dans les zones présentant un risque d'explosion visé par l'article 44, aucun travail sous tension, y compris le remplacement d'une lampe ou d'un fusible, ne peut être effectué, même dans les installations du domaine T.B.T., sans que des mesures aient été préalablement prises pour éviter le risque d'explosion.

Travaux effectués hors tension

Art. 49 I. — Pour l'exécution des travaux hors tension, la partie de l'installation sur laquelle ils sont effectués doit être préalablement consignée, c'est-à-dire faire l'objet des opérations successives suivantes :

a) Séparation de cette partie d'installation de toute source possible d'énergie électrique ;

b) Condamnation en position d'ouverture des dispositifs assurant le sectionnement visés à l'article 9 pendant toute la durée des travaux ;

c) Vérification d'absence de tension aussi près que possible du lieu de travail.

Si des parties actives nues sous tension subsistent au voisinage, les prescriptions de l'article 51 doivent également être appliquées.

La tension ne doit être rétablie dans la partie d'installation considérée que lorsque celle-ci est remise en état, le matériel et les outils étant ramassés et *(Décr. n° 95-608 du 6 mai 1995, art. 30)* « toutes les personnes intéressées » ayant quitté la zone de travail.

II. — En outre, s'il s'agit d'une installation de domaine B.T.B., H.T.A. ou H.T.B. :

Les travaux doivent être effectués sous la direction d'un chargé de travaux, personne avertie des risques électriques et spécialement désignée à cet effet.

La séparation de toutes sources possibles d'énergie doit être matérialisée d'une façon pleinement apparente et maintenue par un dispositif de blocage approprié.

Cette séparation étant effectuée et avant toute autre opération, il est procédé, sur le lieu de travail ou à son voisinage, à la vérification de l'absence de tension.

Immédiatement après la vérification de l'absence de tension, la mise à la terre et en court-circuit des conducteurs actifs du circuit concerné doit être effectuée.

La tension ne doit pouvoir être rétablie qu'après que le chargé de travaux s'est assuré que *(Décr. n° 95-608 du 6 mai 1995, art. 30)* « toutes les personnes sont présentes » au point de rassemblement convenu à l'avance.

Travaux effectués sous tension

Art. 50 I. — Les travaux peuvent être effectués sous tension lorsque les conditions d'exploitation rendent dangereuse ou impossible la mise hors tension ou si la nature du travail requiert la présence de la tension.

II. — Les travailleurs auxquels sont confiés les travaux sous tension doivent avoir reçu une formation spécifique sur les méthodes de travail permettant d'effectuer sous tension les tâches susceptibles de leur être confiées. Une instruction de service indique les prescriptions à respecter, les conditions d'exécution des travaux, les matériels et outillages à utiliser.

Ces travailleurs *(Décr. n° 95-608 du 6 mai 1995, art. 30)* « , ainsi que les travailleurs indépendants et les employeurs mentionnés à l'article L. 235-18 du code du travail, » doivent en outre disposer d'un outillage spécialement étudié ainsi que de l'équipement et du matériel nécessaires à leur protection.

III. — Dans les installations des domaines B.T.B., H.T.A. ou H.T.B. et sans préjudice de l'application des dispositions ci-dessus, les travaux sous tension ne peuvent être effectués que sous réserve du respect des prescriptions suivantes :

a) Les travaux ne peuvent être entrepris que sur l'ordre de l'employeur ; cet ordre, qui doit être donné par écrit, doit stipuler la nature et la succession des opérations à effectuer ainsi que les précautions à observer ;

b) S'ils sont confiés à une entreprise extérieure, *(Décr. n° 95-608 du 6 mai 1995, art. 30)* « travailleurs indépendants inclus, » les travaux doivent faire l'objet d'une demande expresse du chef de l'établissement dans lequel ils sont effectués ;

c) Les travailleurs effectuant lesdits travaux doivent être placés sous la surveillance constante d'une personne avertie des risques électriques et désignée à cet effet ; celle-ci doit veiller à l'application des mesures de sécurité prescrites.

Travaux exécutés au voisinage des pièces sous tension

Art. 51 I. — Quelle que soit la nature des travaux mettant les *(Décr. n° 95-608 du 6 mai 1995, art. 30)* « intervenants » au voisinage d'installations sous tension, ces derniers doivent disposer d'un appui solide leur assurant une position stable.

II. — Les opérations de toute nature effectuées au voisinage de parties actives nues sous tension ne peuvent être *entreprises* que si l'une au moins des conditions suivantes est *satisfaite* :

a) Mise hors de portée de ces parties actives par éloignement, obstacle ou isolation dans les conditions prévues aux articles 49 ou 50 ;

b) Exécution des opérations dans les conditions définies à l'article 50 relatif aux travaux sous tension ;

c) Exécution des opérations par un personnel *(Décr. n° 95-608 du 6 mai 1995, art. 30)* « ou travailleur indépendant ou employeur mentionné à l'article L. 235-18 du code du travail » :

— averti des risques présentés par ces parties actives nues sous tension ;

— ayant reçu une formation spécifique sur les méthodes de travail permettant d'effectuer, au voisinage de parties actives nues sous tension, les tâches qui lui sont confiées ;

— disposant d'un outillage approprié ainsi que de l'équipement et du matériel nécessaires à sa protection ;

d) Lorsque aucune des conditions précédentes ne peut être mise en œuvre, les dispositions ci-dessous doivent être observées :

— notification d'une consigne qui doit préciser les mesures de sécurité à respecter et spécifier la zone de travail matériellement délimitée et affectée à chaque équipe ;

— dans le cas de travaux effectués au voisinage des parties actives nues sous tension des domaines HTA ou HTB, surveillance permanente par une personne avertie des risques présentés par ce type d'installation, désignée à cet effet et qui veille à l'application des mesures de sécurité prescrites.

Dispositions à prendre après un incident

Art. 52 I. — Lorsque, à la suite d'un incident tel que disjonction, défaut à la terre ou court-circuit, on n'est pas sûr que certaines parties d'installation soient hors tension, on doit observer, avant d'intervenir sur ces parties, les mesures de sécurité prescrites par l'article 49 ou par l'article 50.

II. — Dans le cas d'utilisation dans les matériels électriques de matières isolantes solides, liquides ou gazeuses susceptibles de donner lieu, en cas d'incident d'exploitation, à des émissions de gaz, de vapeur ou de poussières toxiques, toutes précautions doivent être prises conformément aux consignes de sécurité préétablies pour pallier les conséquences de telles émissions pour les travailleurs.

Vérification initiale et périodique

Art. 53 I. — Indépendamment des prescriptions de l'article 47, les installations, quel qu'en soit le domaine, doivent être vérifiées lors de leur mise en service ou après avoir subi une modification de structure, puis périodiquement.

Ces vérifications font l'objet de rapports détaillés dont la conclusion précise nettement les points où les installations s'écartent des dispositions du présent décret et des arrêtés pris pour son application.

II. — La périodicité, l'objet et l'étendue des vérifications ainsi que le contenu des rapports correspondants sont fixés par arrêté. — *V. Arr. du 10 oct. 2000 (JO 17 oct.).*

III. — Les vérifications effectuées lors de la mise en service des installations ou après une modification de structure sont pratiquées par une personne ou un organisme agréé, choisi par le chef d'établissement sur une liste fixée par arrêté.

Toutefois, ces vérifications peuvent être effectuées par des personnes appartenant ou non à l'établissement dont la liste nominative doit être communiquée par le chef d'établissement au directeur régional du travail et de l'emploi ou au chef du service régional de l'inspection du travail, de l'emploi et de la politique sociale agricoles. Ces personnes doivent avoir des connaissances approfondies dans le domaine de la prévention des risques électriques ainsi que des dispositions réglementaires qui y sont afférentes et exercer régulièrement l'activité de vérification.

IV. — Le chef d'établissement doit faire réaliser les vérifications périodiques par des personnes appartenant ou non à l'établissement et possédant une connaissance approfondie dans le domaine de la prévention des risques dus à l'électricité et des dispositions réglementaires qui y sont afférentes.

V. — Le chef d'établissement doit accompagner les vérificateurs au cours de leur intervention ou faire accompagner ceux-ci par une personne connaissant l'emplacement, les caractéristiques des installations ainsi que les risques présentés par celles-ci, et ce, chaque fois que cela est nécessaire.

Vérification sur mise en demeure

Art. 54 L'inspecteur du travail peut à tout moment prescrire au chef d'établissement de faire procéder à une vérification de tout ou partie des installations par un organisme ou un vérificateur agréé.

Le chef d'établissement justifie qu'il a saisi l'organisme agréé dans les quinze jours suivant la date de demande de vérification et transmet à l'inspecteur du travail les résultats qui lui sont communiqués dans les dix jours qui suivent cette communication.

Sur les conditions et modalités d'agrément des personnes et organismes mentionnés aux art. 53 et 54, V. Arr. du 21 déc. 1988 (JO 1er févr. 1989), mod. par Arr. du 23 déc. 1992 (JO 5 janv. 1993), Arr. du 20 mars 1996 (JO 30 mars).

Art. 54-1 *(Décr. n° 2001-532 du 20 juin 2001)* Le silence gardé pendant plus de quatre mois sur une demande d'agrément présentée en application des articles 53 et 54 du présent décret vaut décision de rejet.

Dossier tenu à la disposition de l'inspecteur du travail

Art. 55 Les chefs d'établissement doivent tenir à la disposition de l'inspecteur du travail un dossier comportant :

1° Un plan schématique indiquant la situation des locaux ou emplacements de travail soumis par le présent décret à des prescriptions spéciales ;

2° Le plan des canalisations électriques enterrées prescrit par le III de l'article 19 ;

3° Un registre où sont consignés par ordre chronologique les dates et la nature des différentes vérifications ou contrôles ainsi que les noms et qualités des personnes qui les ont effectués ;

4° Les rapports des vérifications effectuées en application des dispositions des articles 53 et 54 ;

5° Les justifications des travaux et modifications effectuées pour porter remède aux défectuosités constatées dans les rapports précités.

SECTION VII *Mesures diverses*

Formation requise pour administrer les premiers soins

Art. 56 Un arrêté conjoint du ministre chargé du travail, du ministre chargé de la santé publique et du ministre chargé de l'agriculture détermine les conditions dans lesquelles les agents de l'entreprise reçoivent la formation requise pour administrer les premiers soins aux victimes d'accidents électriques avant l'arrivée du médecin ou des secours organisés par les pouvoirs publics ainsi que le matériel qui peut être, le cas échéant, nécessaire pour les dispenser.

Dérogations

Art. 57 En cas de difficultés techniques majeures, des dérogations de portée générale à certaines dispositions du présent décret peuvent être accordées par arrêté. — *V., portant dérogation aux art. 11 et 16, Arr. du 2 févr. 1989, JO 10 mars (installations de pêche à l'électricité).*

Pour les mêmes motifs, le directeur régional du travail et de l'emploi ou le chef du service régional de l'inspection du travail, de l'emploi et de la politique sociale agricoles peuvent, par décision prise après avis du comité d'hygiène, de sécurité et des conditions de travail ou, en son absence, des délégués du personnel, accorder à un chef d'établissement des dérogations à certaines dispositions du présent décret.

Ces arrêtés et décisions fixent les mesures compensatrices de sécurité auxquelles les dérogations sont subordonnées ainsi que la durée pour laquelle elles sont accordées.

Arrêtés d'application

Art. 58 Sauf disposition contraire, les arrêtés prévus par le présent décret sont pris par le ministre chargé du travail après avis du Conseil supérieur de la prévention des risques professionnels ou par le ministre chargé de l'agriculture après avis de la Commission nationale d'hygiène et de sécurité du travail en agriculture ou, le cas échéant, conjointement par les deux ministres.

Entrée en vigueur

Art. 59 Les dispositions du présent décret entreront en vigueur le 1er janvier 1989. A cette date seront abrogés le décret n° 62-1454 du 14 novembre 1962, le décret n° 75-112 du 19 février 1975 et le décret n° 81-181 du 24 février 1981.

Toutefois, les dispositions du décret n° 62-1454 du 14 novembre 1962 demeurent applicables aux installations existantes mentionnées aux articles 60 et 61 ci-dessous dans les conditions définies par lesdits articles.

La référence au présent décret est substituée à la référence au décret n° 62-1454 du 14 novembre 1962 dans tous les textes réglementaires.

Dispositions applicables lors de travaux de renouvellement ou en cas de reconstruction

Art. 60 Les dispositions du III de l'article 19, concernant les canalisations électriques enterrées et les dispositions nouvelles relatives à la construction des locaux et emplacements de travail à risques particuliers de choc électrique mentionnés à l'article 22, ne sont applicables aux installations existantes qu'au fur et à mesure des travaux de renouvellement ou de modification.

De même les dispositions du I de l'article 31 relatives à la mise à la terre des masses, les dispositions de l'article 21 relatives aux lignes de contact, les dispositions concernant l'installation des matériels contenant des diélectriques inflammables mentionnés au IV de l'article 42 ne sont applicables aux installations existantes qu'au fur et à mesure des travaux de renouvellement ou de modification, sous réserve toutefois que les installations concernées soient conformes aux dispositions réglementaires en vigueur à la date d'application du présent décret.

Dispositions applicables aux autres installations existantes

Art. 61 En ce qui concerne les installations existantes ou en cours d'exécution à la date de publication du présent décret, l'entrée en vigueur des dispositions énumérées ci-après est différée pendant le délai supplémentaire suivant :

DISPOSITIONS	DÉLAI SUPPLÉMENTAIRE
Article 20 (2e alinéa du I)	5 ans
Article 20 (II et IV)	5 ans

Toutefois, si avant l'expiration de ce délai, il est procédé à une réfection des installations ou à un renouvellement du matériel, les dispositions du présent décret deviennent immédiatement applicables en ce qui concerne ces installations ou ce matériel.

V. Circ. DRT n° 89-2 du 6 févr. 1989 (BOMT n° 89/6, texte n° 16327) prise pour l'application de ce décret.

Sur les premiers soins à donner aux victimes d'accidents électriques, V. Décr. n° 78-72 du 20 janv. 1978 (D. et BLD 1978. 113), mod. par Décr. n° 92-141 du 14 févr. 1992 (JO 16 févr.) ; Arr. du 14 févr. 1992 (JO 16 févr.). — V. notamment Arr. du 28 juill. 2003, JO 6 août (installation de matériels électriques dans des emplacements où des atmosphères explosives peuvent se présenter) ; Arr. du 26 févr. 2003, JO 18 mars (circuits et installation de sécurité) ; Arr. du 10 oct. 2000, JO 17 oct. (vérification des installations électriques).

Directive n° 2001/45/CE du 27 juin 2001,

Modifiant la directive n° 89/655/CEE et relative à l'utilisation des équipements de travail mis à disposition pour des travaux temporaires en hauteur (JOCE 19 juill., L. 195).

....

Art. 4.1 *Dispositions générales.*

4.1.1. Si, en application de l'article 6 de la directive 89/391/CEE et de l'article 3 de la présente directive, des travaux temporaires en hauteur ne peuvent être exécutés de manière sûre et dans des conditions ergonomiques adéquates à partir d'une surface appropriée, les équipements de travail les plus appropriés doivent être choisis pour assurer et maintenir des conditions de travail sûres. La priorité doit être donnée aux mesures de protection collective sur les mesures de protection individuelle. Le dimensionnement de l'équipement de travail doit être adapté à la nature des travaux à exécuter et aux contraintes prévisibles et permettre la circulation sans danger.

Le moyen le plus approprié d'accès aux postes de travail temporaires en hauteur doit être choisi en fonction de la fréquence de circulation, de la hauteur à atteindre et de la durée d'utilisation. Le choix fait doit permettre l'évacuation en cas de danger imminent. Le passage, dans un sens ou dans l'autre, entre un moyen d'accès et des plates-formes, planchers ou passerelles ne doit pas créer des risques supplémentaires de chute.

4.1.2. Les échelles ne peuvent être utilisées comme postes de travail en hauteur que dans les circonstances où, compte tenu du point 4.1.1, l'utilisation d'autres équipements de travail plus sûrs ne se justifie pas en raison du faible niveau de risque et en raison, soit de la courte durée d'utilisation, soit des caractéristiques existantes du site que l'employeur ne peut pas modifier.

4.1.3. Les techniques d'accès et de positionnement au moyen de cordes ne peuvent être utilisées que dans des circonstances où, selon l'évaluation du risque, le travail en question peut être exécuté de manière sûre et où l'utilisation d'un autre équipement de travail plus sûr n'est pas justifiée.

Compte tenu de l'évaluation du risque et notamment en fonction de la durée des travaux et des contraintes de nature ergonomique, un siège muni des accessoires appropriés doit être prévu.

4.1.4. En fonction du type d'équipement de travail retenu sur la base des points précédents, les mesures propres à minimiser les risques pour les travailleurs, inhérents à ce type d'équipement, doivent être identifiées. En cas de besoin, l'installation de dispositifs de protection pour éviter les chutes doit être prévue. Ces dispositifs doivent être d'une configuration et d'une résistance propres à empêcher ou à arrêter les chutes de hauteur et à prévenir, dans la mesure du possible, des dommages corporels aux travailleurs. Les dispositifs de protection collective pour éviter les chutes ne peuvent être interrompus qu'aux points d'accès d'une échelle ou d'un escalier.

4.1.5. Quand l'exécution d'un travail particulier nécessite l'enlèvement temporaire d'un dispositif de protection collective pour éviter les chutes, des mesures de sécurité compensatoires efficaces doivent être prises. Le travail ne peut être effectué sans l'adoption préalable de telles mesures. Le travail particulier terminé, à titre définitif ou temporaire, les dispositifs de protection collective pour éviter les chutes doivent être remis en place.

4.1.6. Les travaux temporaires en hauteur ne peuvent être effectués que lorsque les conditions météorologiques ne compromettent pas la sécurité et la santé des travailleurs.

Art. 4.2 *Dispositions spécifiques concernant l'utilisation d'échelles.*

4.2.1. Les échelles sont placées de manière à assurer leur stabilité pendant l'utilisation. Les appuis des échelles portables reposent sur un support stable, résistant, de dimensions adéquates et immobile afin que les échelons restent en position horizontale. Les échelles suspendues sont attachées d'une manière sûre et, à l'exception de celles en corde, de façon à ne pas se déplacer et à éviter les mouvements de balancement.

4.2.2. Le glissement des pieds des échelles portables est empêché pendant leur utilisation, soit par la fixation de la partie supérieure ou inférieure des montants, soit par tout dispositif antidérapant ou par toute autre solution d'efficacité équivalente. Les échelles d'accès doivent être d'une longueur telle qu'elles dépassent suffisamment le niveau d'accès, à moins que d'autres mesures aient été prises pour garantir une prise sûre. Les échelles composées de plusieurs éléments assemblables et les échelles télescopiques doivent être utilisées de façon à ce que l'immobilisation des différents éléments les uns par rapport aux autres soit assurée. Les échelles mobiles doivent être immobilisées avant d'y monter.

4.2.3. Les échelles doivent être utilisées de façon à permettre aux travailleurs de disposer à tout moment d'une prise et d'un appui sûrs. En particulier, le port de charges à la main sur une échelle ne doit pas empêcher le maintien d'une prise sûre.

Art. 4.3 *Dispositions spécifiques concernant l'utilisation des échafaudages.*

4.3.1. Lorsque la note de calcul de l'échafaudage choisi n'est pas disponible ou que les configurations structurelles envisagées ne sont pas prévues par celle-ci, un calcul de résistance et de stabilité doit être réalisé, sauf si cet échafaudage est assemblé en respectant une configuration type généralement reconnue.

4.3.2. En fonction de la complexité de l'échafaudage choisi, un plan de montage, d'utilisation et de démontage doit être établi par une personne compétente. Ce plan peut revêtir la forme d'un plan général, complété par des éléments de plan pour les détails spécifiques de l'échafaudage en question.

4.3.3. Les éléments d'appui d'un échafaudage doivent être protégés contre le danger de glissement, soit par fixation à la face d'appui, soit par un dispositif antidérapant ou par tout autre moyen d'efficacité équivalente et la surface portante doit avoir une capacité suffisante. La stabilité de l'échafaudage doit être assurée. Le déplacement inopiné des échafaudages roulants pendant les travaux en hauteur doit être empêché par des dispositifs appropriés.

4.3.4. Les dimensions, la forme et la disposition des planchers d'un échafaudage doivent être appropriées à la nature du travail à exécuter et adaptées aux charges à supporter et permettre de travailler et de circuler de manière sûre. Les planchers des échafaudages doivent être montés de façon telle que leurs composants ne puissent pas se déplacer dans le cas d'une utilisation normale. Aucun vide dangereux ne doit exister entre les composants des planchers et les dispositifs verticaux de protection collective contre les chutes.

4.3.5. Lorsque certaines parties d'un échafaudage ne sont pas prêtes à l'emploi, par exemple pendant le montage, le démontage ou les transformations, ces parties sont signalées à l'aide de signaux d'avertissement de danger général conformément aux dispositions nationales transposant la directive 92/58/CEE et sont convenablement délimitées par les éléments matériels empêchant l'accès à la zone de danger.

4.3.6. Les échafaudages ne peuvent être montés, démontés ou sensiblement modifiés que sous la direction d'une personne compétente et par des travailleurs qui ont reçu une formation adéquate et spécifique aux opérations envisagées, abordant les risques spécifiques conformément à l'article 7, et visant notamment :

a) la compréhension du plan de montage, de démontage ou de transformation de l'échafaudage concerné ;

b) la sécurité lors du montage, du démontage ou de la transformation de l'échafaudage concerné ;

c) les mesures de prévention des risques de chute de personnes ou d'objets ;

d) les mesures de sécurité en cas de changement des conditions météorologiques qui pourrait être préjudiciable à la sécurité de l'échafaudage en question ;

e) les conditions en matière de charges admissibles ;

f) tout autre risque que les opérations de montage, de démontage et de transformation précitées peuvent comporter.

La personne qui dirige et les travailleurs concernés doivent disposer du plan de montage et de démontage visé au point 4.3.2, notamment de toutes les instructions qu'il peut comporter.

Art. 4.4 *Dispositions spécifiques concernant l'utilisation des techniques d'accès et de positionnement au moyen de cordes.*

L'utilisation des techniques d'accès et de positionnement au moyen de cordes doit respecter les conditions suivantes :

a) le système doit comporter au moins deux cordes ancrées séparément, l'une constituant un moyen d'accès, de descente et de soutien (corde de travail) et l'autre un moyen de secours (corde de sécurité) ;

b) les travailleurs doivent être munis d'un harnais approprié, l'utiliser et être reliés par ce harnais à la corde de sécurité ;

c) la corde de travail doit être équipée d'un mécanisme de descente et de remontée sûr et comporter un système autobloquant qui empêche la chute de l'utilisateur au cas où celui-ci perdrait le contrôle de ses mouvements. La corde de sécurité doit être équipée d'un dispositif antichute mobile qui accompagne les déplacements du travailleur ;

d) les outils et autres accessoires à utiliser par un travailleur doivent être reliés au harnais ou au siège du travailleur ou attachés par un autre moyen approprié ;

e) le travail doit être correctement programmé et supervisé, de sorte qu'un secours puisse être immédiatement porté au travailleur en cas d'urgence ;

f) les travailleurs concernés doivent, conformément à l'article 7, recevoir une formation adéquate et spécifique aux opérations envisagées, notamment sur les procédures de sauvetage.

Dans des circonstances exceptionnelles où, compte tenu de l'évaluation des risques, l'utilisation d'une deuxième corde rendrait le travail plus dangereux, l'utilisation d'une seule corde peut être admise pour autant que des mesures appropriées ont été prises pour assurer la sécurité conformément aux législations et/ou pratiques nationales.

Directive CE n° 2003/10 du 6 février 2003,

Concernant les prescriptions minimales de sécurité et de santé relatives à l'exposition des travailleurs aux risques dus aux agents physiques (bruit) (JOUE du 15 févr. 2003, n° L 042).

SECTION II *Obligations des employeurs*

Art. 4 *Détermination et évaluation des risques.* 1. Lors de l'accomplissement des obligations définies à l'article 6, paragraphe 3, et à l'article 9, paragraphe 1, de la directive 89/391/CEE, l'employeur évalue et, si nécessaire, mesure les niveaux de bruit auxquels les travailleurs sont exposés.

2. Les méthodes et appareillages utilisés sont adaptés aux conditions existantes, compte tenu notamment des caractéristiques du bruit à mesurer, de la durée d'exposition, des facteurs ambiants et des caractéristiques de l'appareil de mesure.

Ces méthodes et ces appareillages permettent de déterminer les paramètres définis à l'article 2 et de décider si, dans une situation donnée, les valeurs fixées à l'article 3 sont dépassées.

3. Les méthodes utilisées peuvent comporter un échantillonnage qui est représentatif de l'exposition du travailleur.

4. L'évaluation et la mesure visées au paragraphe 1 sont planifiées et effectuées par des services compétents à des intervalles appropriés, compte tenu, notamment, de l'article 7 de la directive 89/391/CEE concernant les compétences (personnes ou services) nécessaires. Les données issues de l'évaluation et/ou de la mesure du niveau d'exposition au bruit sont conservées sous une forme susceptible d'en permettre la consultation à une date ultérieure.

5. Pour l'application du présent article, l'évaluation des résultats des mesures prend en compte l'incertitude de mesure déterminée conformément aux pratiques de la métrologie.

6. Conformément à l'article 6, paragraphe 3, de la directive 89/391/CEE, l'employeur prête une attention particulière, au moment de procéder à l'évaluation des risques, aux éléments suivants :

a) le niveau, le type et la durée d'exposition, y compris toute exposition au bruit impulsif ;

b) les valeurs limites d'exposition et les valeurs d'exposition déclenchant l'action fixées à l'article 3 de la présente directive ;

c) toute incidence sur la santé et la sécurité des travailleurs appartenant à des groupes à risques particulièrement sensibles ;

d) dans la mesure où cela est réalisable sur le plan technique, toute incidence sur la santé et la sécurité des travailleurs résultant d'interactions entre le bruit et des substances ototoxiques d'origine professionnelle et entre le bruit et les vibrations ;

e) toute incidence indirecte sur la santé et la sécurité des travailleurs résultant d'interactions entre le bruit et les signaux d'alarme ou d'autres sons qu'il importe d'observer afin de réduire le risque d'accidents ;

f) les renseignements sur les émissions sonores fournis par les fabricants des équipements de travail conformément aux directives communautaires en la matière ;

g) l'existence d'équipements de travail de remplacement conçus pour réduire les émissions sonores ;

h) la prolongation de l'exposition au bruit au-delà des heures de travail, sous la responsabilité de l'employeur ;

i) une information appropriée recueillie par la surveillance de la santé, y compris l'information publiée, dans la mesure du possible ;

j) la mise à disposition de protecteurs auditifs ayant des caractéristiques adéquates d'atténuation.

7. L'employeur est en possession d'une évaluation des risques, conformément à l'article 9, paragraphe 1, point *a)*, de la directive 89/391/CEE, et détermine les mesures à prendre conformément aux articles 5, 6, 7 et 8 de la présente directive. L'évaluation des risques est consignée sur un support approprié, conformément à la législation et aux pratiques nationales. L'évaluation des risques est régulièrement mise à jour, notamment lorsque des changements importants, susceptibles de la rendre caduque, sont intervenus ou lorsque les résultats de la surveillance de la santé en démontrent la nécessité.

Art. 5 *Dispositions visant à éviter ou à réduire l'exposition.* 1. En tenant compte du progrès technique et de la disponibilité de mesures de maîtrise du risque à la source, les risques résultant de l'exposition au bruit sont supprimés à leur source ou réduits au minimum.

La réduction de ces risques se base sur les principes généraux de prévention figurant à l'article 6, paragraphe 2, de la directive 89/391/CEE, et prend en considération, notamment :

a) d'autres méthodes de travail nécessitant une exposition moindre au bruit ;

b) le choix d'équipements de travail appropriés émettant, compte tenu du travail à effectuer, le moins de bruit possible, y compris la possibilité de mettre à la disposition des travailleurs des équipements soumis aux dispositions communautaires dont l'objectif ou l'effet est de limiter l'exposition au bruit ;

c) la conception et l'agencement des lieux et postes de travail ;

d) l'information et la formation adéquates des travailleurs afin qu'ils utilisent correctement les équipements de travail en vue de réduire au minimum leur exposition au bruit ;

e) des moyens techniques pour réduire le bruit :

i) réduction du bruit aérien, par exemple par écrans, capotages, revêtements à l'aide de matériaux à absorption acoustique,

ii) réduction du bruit de structure, par exemple en amortissant le bruit ou par l'isolation ;

f) des programmes appropriés de maintenance des équipements de travail, du lieu de travail et des systèmes sur le lieu de travail ;

g) la réduction du bruit par une meilleure organisation du travail :

i) limitation de la durée et de l'intensité de l'exposition ;

ii) organisation convenable des horaires de travail, prévoyant suffisamment de périodes de repos.

2. Sur la base de l'évaluation des risques visée à l'article 4, lorsque les valeurs d'exposition supérieures déclenchant l'action sont dépassées, l'employeur établit et met en œuvre un programme de mesures techniques et/ou organisationnelles visant à réduire l'exposition au bruit, en prenant en considération, notamment, les mesures visées au paragraphe 1.

3. Sur la base de l'évaluation des risques visée à l'article 4, les lieux de travail où les travailleurs sont susceptibles d'être exposés à un bruit dépassant les valeurs d'exposition supérieures déclenchant l'action font l'objet d'une signalisation appropriée. Ces lieux sont en outre délimités et font l'objet d'une limitation d'accès lorsque cela est techniquement faisable et que le risque d'exposition le justifie.

4. Lorsque la nature de l'activité amène un travailleur à bénéficier de l'usage de locaux de repos sous la responsabilité de l'employeur, le bruit dans ces locaux est réduit à un niveau compatible avec leur fonction et leurs conditions d'utilisation.

5. En application de l'article 15 de la directive 89/391/CEE, l'employeur adapte les mesures prévues au présent article aux besoins des travailleurs appartenant à des groupes à risques particulièrement sensibles.

Art. 6 *Protection individuelle.* 1. Si d'autres moyens ne permettent pas d'éviter les risques dus à l'exposition au bruit, des protecteurs auditifs individuels, appropriés et correctement adaptés, sont mis à la disposition des travailleurs et utilisés par ceux-ci conformément aux dispositions de la directive 89/656/CEE du Conseil du 30 novembre 1989 concernant les prescriptions minimales de sécurité et de santé pour l'utilisation par les travailleurs au travail d'équipements de protection individuelle (troisième directive particulière au sens de l'article 16, paragraphe 1, de la directive 89/391/CEE) (14) et de l'article 13, paragraphe 2, de la directive 89/391/CEE, dans les conditions suivantes :

a) lorsque l'exposition au bruit dépasse les valeurs d'exposition inférieures déclenchant l'action, l'employeur met des protecteurs auditifs individuels à la disposition des travailleurs ;

b) lorsque l'exposition au bruit égale ou dépasse les valeurs d'exposition supérieures déclenchant l'action, les travailleurs utilisent des protecteurs auditifs individuels ;

c) les protecteurs auditifs individuels sont choisis de façon à éliminer le risque pour l'ouïe ou à le réduire le plus possible.

2. L'employeur s'efforce de faire respecter le port des protecteurs auditifs et est tenu de vérifier l'efficacité des mesures prises en application du présent article.

Art. 7 *Limitation de l'exposition.* 1. L'exposition du travailleur, telle que déterminée conformément aux dispositions de l'article 3, paragraphe 2, ne peut en aucun cas dépasser les valeurs limites d'exposition.

2. Si, en dépit des mesures prises pour mettre en œuvre la présente directive, des expositions dépassant les valeurs limites d'exposition sont constatées, l'employeur :

a) prend immédiatement des mesures pour réduire l'exposition à un niveau inférieur aux valeurs limites d'exposition,

b) détermine les causes de l'exposition excessive, et

c) adapte les mesures de protection et de prévention en vue d'éviter toute récurrence.

Art. 8 *Information et formation des travailleurs.* Sans préjudice des articles 10 et 12 de la directive 89/391/CEE, l'employeur veille à ce que les travailleurs qui sont exposés sur leur lieu de travail à un niveau sonore égal ou supérieur aux valeurs d'exposition inférieures déclenchant l'action, et/ou leurs représentants, reçoivent des informations et une formation en rapport avec des risques découlant de l'exposition au bruit, notamment en ce qui concerne :

a) la nature de ce type de risques ;

b) les mesures prises en application de la présente directive en vue de supprimer ou de réduire au minimum les risques résultant du bruit, y compris les circonstances dans lesquelles les mesures s'appliquent ;

c) les valeurs limites d'exposition et les valeurs d'exposition déclenchant l'action fixées à l'article 3 de la présente directive ;

d) les résultats des évaluations et des mesures du bruit effectuées en application de l'article 4 de la présente directive accompagnés d'une explication relative à leur signification et aux risques potentiels ;

e) l'utilisation correcte de protecteurs auditifs ;

f) l'utilité et la façon de dépister et de signaler des symptômes d'altération de l'ouïe ;

g) les conditions dans lesquelles les travailleurs ont droit à une surveillance de la santé et le but de cette surveillance de la santé, conformément à l'article 10 de la présente directive ;

h) les pratiques professionnelles sûres, afin de réduire au minimum l'exposition au bruit.

Art. 9 *Consultation et participation des travailleurs.* La consultation et la participation des travailleurs et/ou de leurs représentants ont lieu conformément à l'article 11 de la directive 89/391/CEE en ce qui concerne les matières couvertes par la présente directive, notamment :

– l'évaluation des risques et la détermination des mesures à prendre, visées à l'article 4,

– les mesures visant à supprimer ou à réduire les risques résultant de l'exposition au bruit, visées à l'article 5,

– le choix de protecteurs auditifs individuels visés à l'article 6, paragraphe 1, point *c)*.

SECTION III *Dispositions diverses*

Art. 10 *Surveillance de la santé.* 1. Sans préjudice de l'article 14 de la directive 89/391/CEE, les États membres arrêtent des dispositions pour assurer la surveillance appropriée de la santé des travailleurs en rapport avec le résultat de l'évaluation et des mesures prévues à l'article 4, paragraphe 1, de la présente directive lorsqu'il révèle un risque pour leur santé. Ces dispositions, y compris les exigences spécifiées pour les dossiers médicaux et pour la possibilité de les consulter, sont introduites conformément aux législations et/ou aux pratiques nationales.

2. Le travailleur dont l'exposition au bruit dépasse les valeurs d'exposition supérieures déclenchant l'action a le droit de bénéficier d'un contrôle de son ouïe effectué par un médecin ou une autre personne dûment qualifiée sous la responsabilité d'un médecin, conformément à la législation et/ou aux pratiques nationales. Un examen audiométrique préventif est également offert aux travailleurs dont l'exposition au bruit dépasse les valeurs d'exposition inférieures déclenchant l'action, lorsque l'évaluation et les mesures visées à l'article 4, paragraphe 1, révèlent un risque pour la santé.

Ces contrôles ont pour objectif le diagnostic précoce de toute perte auditive due au bruit et la préservation de la fonction auditive.

3. Les États membres arrêtent des dispositions pour qu'un dossier médical personnel soit établi et tenu à jour pour chaque travailleur faisant l'objet d'une surveillance en application des paragraphes 1 et 2. Les dossiers médicaux contiennent un résumé des résultats de la surveillance de la santé exercée. Ils sont tenus sous une forme qui permet de les consulter ultérieurement dans le respect du secret médical.

Des exemplaires des dossiers pertinents sont fournis à l'autorité compétente sur demande. Le travailleur a accès, à sa demande, au dossier médical qui le concerne personnellement.

4. Lorsque la surveillance de la fonction auditive fait apparaître qu'un travailleur souffre d'une altération identifiable de l'ouïe, un médecin ou un spécialiste, si le médecin le juge nécessaire, évalue si cette altération est susceptible de résulter d'une exposition au bruit sur le lieu de travail. Si c'est le cas :

a) le travailleur est informé, par le médecin ou par une autre personne ayant une qualification appropriée, du résultat qui le concerne personnellement ;

b) l'employeur :

i) revoit l'évaluation des risques effectuée conformément à l'article 4 ;

ii) revoit les mesures prévues pour supprimer ou réduire les risques conformément aux articles 5 et 6 ;

iii) tient compte de l'avis du spécialiste de la médecine du travail ou de toute autre personne dûment qualifiée ou de l'autorité compétente pour la mise en œuvre de toute mesure jugée nécessaire pour supprimer *ou réduire* les risques conformément aux articles 5 et 6, y *compris l'éventuelle* affectation du travailleur à un autre poste ne comportant *plus* de risques d'exposition, et

iv) organise une surveillance systématique de la santé et prend des mesures pour que soit réexaminé l'état de santé de tout autre travailleur ayant subi une exposition semblable.

....

Arrêté du 8 juillet 2003,

Relatif à la protection des travailleurs susceptibles d'être exposés à une atmosphère explosive (JO 26 juill.).

SECTION I *Classification des emplacements où des atmosphères explosives peuvent se présenter*

Art. 1er Un emplacement dangereux au sens du présent arrêté est un emplacement où il est probable qu'une atmosphère explosive puisse se présenter en quantités telles que des précautions spéciales sont nécessaires en vue de protéger la sécurité et la santé des travailleurs concernés.

Lorsqu'elles sont mélangées avec l'air, les substances inflammables ou combustibles sont considérées comme pouvant donner lieu à la formation d'une atmosphère explosive, à moins qu'il ne soit avéré, après examen de leurs propriétés, qu'elles ne sont pas en mesure de propager en elles-mêmes une explosion.

Art. 2 Le système de classification prescrit par le présent arrêté s'applique aux emplacements pour lesquels des précautions doivent être prises, en application des articles R. 232-12-25 à R. 232-12-28 *[R. 4227-44 à R. 4227-54 nouv.]* du code du travail.

Art. 3 Les emplacements dangereux sont classés en zones en fonction de la nature, de la fréquence ou de la durée de présence d'une atmosphère explosive.

I. — Substances inflammables :

Zone 0 : emplacement où une atmosphère explosive consistant en un mélange avec l'air de substances inflammables sous forme de gaz, de vapeur ou de brouillard est présente en permanence, pendant de longues périodes ou fréquemment ;

Zone 1 : emplacement où une atmosphère explosive consistant en un mélange avec l'air de substances inflammables sous forme de gaz, de vapeur ou de brouillard est susceptible de se présenter occasionnellement en fonctionnement normal ;

Zone 2 : emplacement où une atmosphère explosive consistant en un mélange avec l'air de substances inflammables sous forme de gaz, de vapeur ou de brouillard n'est pas susceptible de se présenter en fonctionnement normal ou n'est que de courte durée, s'il advient qu'elle se présente néanmoins.

II. — Poussières :

Zone 20 : emplacement où une atmosphère explosive sous forme de nuage de poussières combustibles est présente dans l'air en permanence, pendant de longues périodes ou fréquemment ;

Zone 21 : emplacement où une atmosphère explosive sous forme de nuage de poussières combustibles est susceptible de se présenter occasionnellement en fonctionnement normal ;

Zone 22 : emplacement où une atmosphère explosive sous forme de nuage de poussières combustibles n'est pas susceptible de se présenter en fonctionnement normal ou n'est que de courte durée, s'il advient qu'elle se présente néanmoins.

Les couches, dépôts et tas de poussières combustibles doivent être traités comme toute autre source susceptible de former une atmosphère explosive.

III. — Par "fonctionnement normal", on entend la situation où les installations sont utilisées conformément à leurs paramètres de conception.

Cette classification détermine la nature et l'importance des mesures à prendre conformément à la section 2 du présent arrêté.

SECTION II *Prescriptions minimales visant à améliorer la protection en matière de sécurité et de santé des travailleurs susceptibles d'être exposés au risque d'atmosphères explosives*

SOUS-SECTION 1 *Remarque préliminaire*

Art. 4 Les obligations prévues par la présente section s'appliquent :

— aux emplacements dangereux au sens de la section I en fonction des caractéristiques du lieu de travail, des postes de travail, des appareils ou des substances utilisés ou des dangers causés par l'activité liée aux risques d'atmosphères explosives ;

— aux appareils situés dans des emplacements non dangereux et qui sont nécessaires ou qui contribuent au fonctionnement sûr d'appareils situés dans des emplacements dangereux.

SOUS-SECTION 2 *Mesures organisationnelles*

Art. 5 L'employeur prévoit, à l'intention des personnes qui travaillent dans des emplacements où des atmosphères explosives peuvent se présenter, une formation suffisante et appropriée en matière de protection contre les explosions.

Art. 6 Le document prévu à l'article R. 232-12-29 *[R. 4227-52]* prévoit nécessairement :

– que l'exécution de travaux dans les emplacements dangereux s'effectue selon des instructions écrites de l'employeur ;

– qu'un système d'autorisation en vue de l'exécution de travaux dangereux ainsi que de travaux susceptibles d'être dangereux lorsqu'ils interfèrent avec d'autres opérations, est formalisé.

Cette autorisation doit être délivrée avant le début des travaux par une personne habilitée à cet effet, par l'employeur, maître des lieux.

SOUS-SECTION 3 *Mesures de protection contre les explosions*

Art. 7 Toute émanation et tout dégagement, intentionnel ou non, de gaz inflammables, de vapeurs, de brouillards ou de poussières combustibles susceptibles de donner lieu à un risque d'explosion doivent être, soit convenablement déviés ou évacués vers un lieu sûr, soit, si cette solution n'est pas réalisable, sécurisés par confinement ou par une autre méthode appropriée.

Art. 8 Lorsque l'atmosphère explosive contient plusieurs sortes de gaz, vapeurs, brouillards ou poussières inflammables ou combustibles, les mesures de protection doivent correspondre au potentiel de risque le plus élevé.

Art. 9 En vue de prévenir les risques d'inflammation, conformément aux dispositions de l'article R. 232-12-25 *[R. 4227-44 et R. 4227-45 nouv.]* du code du travail, il convient de prendre en compte les décharges électrostatiques provenant des travailleurs ou du milieu de travail en tant que porteurs ou générateurs de charges. Les travailleurs doivent être équipés, en tant que de besoin, de vêtements de travail et d'équipements de protection individuelle antistatiques appropriés à une utilisation en atmosphère explosive au sens de l'annexe II du livre II du code du travail mentionnée à l'article R. 233-151.

Art. 10 L'installation, les appareils, les systèmes de protection et tout dispositif de raccordement associé ne peuvent être mis en service que s'il est mentionné dans le document, visé à l'article R. 232-12-29 *[R. 4227-52 nouv.]* du code du travail, relatif à la protection contre les explosions, qu'ils peuvent être utilisés en toute sécurité en atmosphères explosives. Il en est de même pour les équipements de travail et les dispositifs de raccordement associés qui ne sont pas des appareils ou des systèmes de protection au sens de la réglementation relative aux appareils et systèmes de protection destinés à être utilisés en atmosphères explosibles, si leur intégration dans l'installation peut, à elle seule, susciter un danger d'inflammation. L'employeur doit prendre les mesures nécessaires pour éviter une confusion entre les dispositifs de raccordement.

Art. 11 Tout doit être mis en œuvre pour assurer que le lieu de travail, les équipements de travail et tout dispositif de raccordement associé mis à la disposition des travailleurs, d'une part, ont été conçus, construits, montés et installés, et, d'autre part, sont entretenus et utilisés de manière à réduire au maximum les risques d'explosion ; si néanmoins une explosion se produit, tout doit être fait pour en maîtriser, ou réduire au maximum, la propagation sur le lieu de travail et dans les équipements de travail. Sur ces lieux de travail, des mesures appropriées sont prises pour réduire au maximum les effets physiques potentiels d'une explosion sur les travailleurs.

Art. 12 L'employeur doit prendre les dispositions nécessaires pour que les travailleurs soient alertés par des signaux optiques et acoustiques et évacués avant que les conditions d'une explosion ne soient réunies.

Art. 13 Sans préjudice des dispositions des articles R. 232-12-2 et R. 232-12-15 *[R. 4227-4 et R. 4227-24 à R. 4227-26 nouv.]* du code du travail, lorsque le document relatif à la protection contre les explosions, visé à l'article R. 232-12-29 du code du travail exige des issues d'évacuation particulières, celles-ci doivent être prévues et entretenues afin d'assurer que, en cas de danger, les travailleurs puissent quitter les zones dangereuses rapidement et en toute sécurité.

Art. 14 Avant la première utilisation de lieux de travail comprenant des emplacements où une atmosphère explosive peut se présenter, l'employeur doit procéder ou faire procéder à la vérification de la sécurité, eu égard au risque d'explosion, de l'ensemble de l'installation. Il doit s'assurer que toutes les conditions nécessaires pour assurer la protection contre les explosions sont maintenues.

La réalisation des vérifications ne peut être confiée qu'à des personnes qui, de par leur expérience et leur formation professionnelle, possèdent les compétences nécessaires dans le domaine de la protection contre les explosions.

Art. 15 Lorsque l'évaluation des risques prévue à l'article R. 232-12-26 *[R. 4227-46 et R. 4227-47 nouv.]* du code du travail, en montre la nécessité :

– lorsqu'une coupure d'énergie peut entraîner des dangers supplémentaires, les appareils et les systèmes de protection doivent pouvoir continuer de fonctionner en toute sécurité indépendamment du reste de l'installation, en cas de coupure d'énergie ;

– lorsque les appareils et les systèmes de protection fonctionnant en mode automatique s'écartent des conditions de fonctionnement prévues, ils doivent pouvoir être interrompus manuellement pour autant que cela ne compromette pas la sécurité ; les interventions de ce type ne peuvent être effectuées que par des travailleurs compétents ;

– lorsque les dispositifs de coupure d'urgence sont actionnés, les énergies accumulées doivent être soit dissipées aussi vite et aussi sûrement que possible, soit isolées de façon à ne plus constituer une source de danger.

SECTION III *Critères de sélection des appareils et des systèmes de protection*

Art. 16 1° Sauf dispositions contraires prévues par le document relatif à la protection contre les explosions, prévu à l'article R. 232-12-29 *[R. 4227-52 à R. 4227-54 nouv.]* du code du travail, fondé sur l'évaluation des risques, dans tous les emplacements où des atmosphères explosives peuvent se présenter des appareils et des systèmes de protection conformes aux catégories prévues par le décret n° 96-1010 du 19 novembre 1996 relatif aux appareils et aux systèmes de protection destinés à être utilisés en atmosphères explosibles, doivent être utilisés.

2° Pour l'application du 1° du présent article, les catégories suivantes d'appareils du groupe II, adaptées selon les cas, soit aux gaz, vapeurs ou brouillards, soit aux poussières, doivent être utilisées comme ainsi :

– zone 0 : appareils de la catégorie 1 G ;
– zone 20 : appareils de la catégorie 1 D ;
– zone 1 : appareils de la catégorie 1 G ou 2 G ;
– zone 21 : appareils de la catégorie 1 D ou 2 D ;
– zone 2 : appareils de la catégorie 1 G, 2 G ou 3 G ;
– zone 22 : appareils de la catégorie 1 D, 2 D ou 3 D.

SECTION IV *Entrée en vigueur*

Art. 17 Les dispositions du présent arrêté entreront en vigueur à la date de publication au *Journal officiel* de la République française. Toutefois :

1° En ce qui concerne les équipements de travail :

a) Destinés à être utilisés dans les emplacements où des atmosphères explosives peuvent se présenter, et qui sont déjà utilisés ou mis pour la première fois à disposition dans l'entreprise ou l'établissement avant la date de publication du présent arrêté, ceux-ci doivent satisfaire, à partir de cette date, aux prescriptions minimales de la section 2 du présent arrêté ;

b) Destinés à être utilisés dans les emplacements où des atmosphères explosives peuvent se présenter et qui sont mis pour la première fois à disposition dans l'entreprise ou l'établissement, après la date de publication du présent arrêté, ceux-ci doivent satisfaire aux prescriptions minimales des sections II et III du présent arrêté ;

2° En ce qui concerne les lieux de travail :

a) Comprenant des emplacements où des atmosphères explosives peuvent se présenter et qui sont déjà utilisés, avant la date de publication du présent arrêté, ceux-ci doivent satisfaire, au plus tard trois ans après cette date, aux prescriptions minimales du présent arrêté ;

b) Comprenant des emplacements où des atmosphères explosives peuvent se présenter et qui sont utilisés pour la première fois après la date de publication du présent arrêté, ceux-ci doivent satisfaire aux prescriptions minimales du présent arrêté ;

c) Lorsque des lieux de travail comprenant des emplacements où des atmosphères explosives peuvent se présenter font l'objet, après la date de publication du présent arrêté, de modifications, d'extensions ou de transformations, l'employeur est tenu de prendre les mesures nécessaires pour que ces modifications, extensions ou transformations soient conformes aux prescriptions minimales du présent arrêté.

Accord national interprofessionnel sur le stress au travail du 2 juillet 2008

Sont rendues obligatoires, pour tous les employeurs et tous les salariés compris dans son champ d'application, les dispositions de l'accord national interprofessionnel sur le stress au travail du 2 juillet 2008 (Arr. du 23 avr. 2009, JO 6 mai).

BIBL. ▸ ASQUINAZI-BAILLEUX, *JCP S 2010. 1393* (risques psychosociaux et méthodes de gestion de l'entreprise). – DEJOURS et ROSENTAL, *RDT 2010. Controverse. 9* (la souffrance au travail a-t-elle changé de nature ?). – LEGROS, *JCP S 2009. 1280.* – LLOVERA, *JCP S 2013. 1095* (stress au travail et condamnation pour faute inexcusable de l'employeur). – MATHIEU, *JS Lamy 2010, nº 271-1.*

1. Introduction

Le stress au travail est considéré sur le plan international, européen et national comme une préoccupation à la fois des employeurs et des travailleurs. Ayant identifié la nécessité d'une action commune spécifique sur cette question et anticipant une consultation sur le stress par la Commission, les partenaires sociaux européens ont signé, le 8 octobre 2004, un accord sur le stress au travail dans le cadre de l'article 138 du traité CE.

Le présent accord a pour objet de transposer l'accord européen en droit français et de prendre en compte les évolutions de la société sur ce sujet.

Le stress peut affecter potentiellement tout lieu de travail et tout travailleur, quels que soient la taille de l'entreprise, le domaine d'activité, le type de contrat ou de relation d'emploi. En pratique, tous les lieux de travail et tous les travailleurs ne sont pas nécessairement affectés.

La lutte contre le stress au travail doit conduire à une plus grande efficacité et une amélioration de la santé et de la sécurité au travail, avec les bénéfices économiques et sociaux qui en découlent pour les entreprises, les travailleurs et la société dans son ensemble. Il importe de tenir compte de la diversité des travailleurs, des situations de travail et de la responsabilité des employeurs dans la lutte contre les problèmes de stress au travail.

2. Objet

L'objet de l'accord est :

– d'augmenter la prise de conscience et la compréhension du stress au travail, par les employeurs, les travailleurs et leurs représentants ;

– d'attirer leur attention sur les signes susceptibles d'indiquer des problèmes de stress au travail, et ce le plus précocement possible ;

– de fournir aux employeurs et aux travailleurs un cadre qui permette de détecter, de prévenir, d'éviter et de faire face aux problèmes de stress au travail. Son but n'est pas de culpabiliser l'individu par rapport au stress.

Dans ce cadre, les partenaires sociaux souhaitent concourir à la préservation de la santé des travailleurs par :

– la mise en place d'une prévention efficace contre les problèmes générés par les facteurs de stress liés au travail ;

– l'information et la formation de l'ensemble des acteurs de l'entreprise ;

– la lutte contre les problèmes de stress au travail et la promotion de bonnes pratiques notamment de dialogue dans l'entreprise et dans les modes organisationnels pour y faire face ;

– la prise en compte de l'équilibre entre vie professionnelle, vie familiale et personnelle.

Reconnaissant que le harcèlement et la violence au travail sont des facteurs de stress, les partenaires sociaux décident d'engager, dans les 12 mois qui suivent la signature du présent accord, une négociation spécifique sur ces questions dans le cadre de la transposition de l'accord européen sur le harcèlement et la violence au travail du 26 avril 2007. Le présent accord ne traite donc ni de la violence au travail, ni du harcèlement et du stress post-traumatique.

3. Description du stress et du stress au travail

Un état de stress survient lorsqu'il y a déséquilibre entre la perception qu'une personne a des contraintes que lui impose son environnement et la perception qu'elle a de ses propres ressources pour y faire face. L'individu est capable de gérer la pression à court terme, mais il éprouve de grandes difficultés face à une exposition prolongée ou répétée à des pressions intenses.

En outre, différents individus peuvent réagir de manière différente à des situations similaires et un même individu peut, à différents moments de sa vie, réagir différemment à des situations similaires. Le stress n'est pas une maladie mais une exposition prolongée au stress peut réduire l'efficacité au travail et peut causer des problèmes de santé.

Le stress d'origine extérieure au milieu de travail peut entraîner des changements de comportement et une réduction de l'efficacité au travail. Toute manifestation de stress au travail ne doit pas être considérée comme stress lié au travail. Le stress lié au travail peut être provoqué par différents facteurs tels que le contenu et l'organisation du travail, l'environnement de travail, une mauvaise communication, etc.

4. Identification des problèmes de stress au travail

Compte tenu de la complexité du phénomène de stress, le présent accord n'entend pas fournir une liste exhaustive des indicateurs potentiels de stress. Toutefois, un certain nombre d'indicateurs peuvent révéler la présence de stress dans l'entreprise justifiant la prise de mesures adaptées pour lutter contre le phénomène. Par exemple, un niveau élevé d'absentéisme, notamment de courte durée, ou de rotation du personnel en particulier fondée sur des démissions, des conflits personnels ou des plaintes, fréquents de la part des travailleurs, un taux de fréquence des accidents du travail élevé, des passages à l'acte violents, contre soi-même ou contre d'autres, même peu nombreux, une augmentation significative des visites spontanées au service médical sont quelques-uns des signes pouvant révéler la présence de stress au travail.

L'identification d'un problème de stress au travail doit passer par une analyse de facteurs tels que :

– l'organisation et les processus de travail (aménagement du temps de travail, dépassements excessifs et systématiques d'horaires, degré d'autonomie, mauvaise adéquation du travail à la capacité ou aux moyens mis à disposition des travailleurs, charge de travail réelle manifestement excessive, des objectifs disproportionnés ou mal définis, une mise sous pression systématique qui ne doit pas constituer un mode de management, etc.) ;

– les conditions et l'environnement de travail (exposition à un environnement agressif, à un comportement abusif, au bruit, à une promiscuité trop importante pouvant nuire à l'efficacité, à la chaleur, à des substances dangereuses, etc.) ;

– la communication (incertitude quant à ce qui est attendu au travail, perspectives d'emploi, changement à venir, une mauvaise communication concernant les orientations et les objectifs de l'entreprise, une communication difficile entre les acteurs*[,]* etc.) ;

– et les facteurs subjectifs (pressions émotionnelles et sociales, impression de ne pouvoir faire face à la situation, perception d'un manque de soutien, difficulté de conciliation entre vie personnelle et vie professionnelle, etc.).

L'existence des facteurs énumérés peut constituer des signes révélant un problème de stress au travail. Dès qu'un problème de stress au travail est identifié, une action doit être entreprise pour le prévenir, l'éliminer ou à défaut le réduire. La responsabilité de déterminer les mesures appropriées incombe à l'employeur. Les institutions représentatives du personnel, et à défaut les travailleurs, sont associées à la mise en œuvre de ces mesures.

L'amélioration de la prévention du stress est un facteur positif qui contribue à une meilleure santé des travailleurs et à une plus grande efficacité de l'entreprise.

Le médecin du travail est une ressource en termes d'identification du stress au travail.

5. Responsabilités des employeurs et des travailleurs

En vertu de la directive-cadre n° 89-391 concernant la mise en œuvre des mesures visant à promouvoir l'amélioration de la sécurité et de la santé des travailleurs au travail, et des articles L. 4121-1 à L. 4121-5 du code du travail, les employeurs prennent les mesures nécessaires pour assurer la sécurité et protéger la santé physique et mentale des travailleurs. Cette obligation couvre également les problèmes de stress au travail dans la mesure où ils présentent un risque pour la santé et la sécurité. Tous les travailleurs ont l'obligation générale de se conformer aux mesures de protection déterminées par l'employeur.

La lutte contre les causes et les conséquences du stress au travail peut être menée dans le cadre d'une procédure globale d'évaluation des risques, par une politique distincte en matière de stress et/ou par des mesures spécifiques visant les facteurs de stress identifiés.

Les mesures sont mises en œuvre, sous la responsabilité de l'employeur, avec la participation et la collaboration des travailleurs et/ou de leurs représentants.

6. Prévenir, éliminer et, à défaut, réduire les problèmes de stress au travail

Prévenir, éliminer et, à défaut, réduire les problèmes de stress au travail inclut diverses mesures. Ces mesures peuvent être collectives, individuelles ou concomitantes. Elles peuvent être mises en œuvre sous la forme de mesures spécifiques visant les facteurs de stress identifiés ou dans le cadre d'une politique intégrée qui implique des actions de prévention et des actions correctives.

A ce titre, les partenaires sociaux souhaitent réaffirmer le rôle pivot du médecin du travail soumis au secret médical, ce qui garantit au travailleur de préserver son anonymat, dans un environnement pluridisciplinaire.

Lorsque l'entreprise ne dispose pas de l'expertise requise, elle fait appel à une expertise externe conformément aux législations, aux conventions collectives et aux pratiques européennes et nationales, sans obérer le rôle du CHSCT.

Les mesures de lutte contre le stress sont régulièrement réexaminées afin d'évaluer leur efficacité ainsi que leur impact sur le stress tel qu'il ressort des indicateurs. Dans ce cadre, il conviendra de déterminer s'il a été fait un usage optimal des ressources et si les mesures définies sont encore appropriées ou nécessaires.

Ces mesures incluent par exemple :

— des mesures visant à améliorer l'organisation, les processus, les conditions et l'environnement de travail, à assurer un soutien adéquat de la direction aux personnes et aux équipes, à donner à tous les acteurs de l'entreprise des possibilités d'échanger à propos de leur travail, à assurer une bonne adéquation entre responsabilité et contrôle sur le travail, et des mesures de gestion et de communication visant à clarifier les objectifs de l'entreprise et le rôle de chaque travailleur ;

— la formation de l'ensemble des acteurs de l'entreprise et en particulier de l'encadrement et de la direction afin de développer la prise de conscience et la compréhension du stress, de ses causes possibles et de la manière de le prévenir et d'y faire face ;

— l'information et la consultation des travailleurs et/ou leurs représentants, conformément à la législation, aux conventions collectives et aux pratiques européennes et nationales.

7. Mise en œuvre et suivi

Les organisations professionnelles d'employeurs et les organisations syndicales de salariés, représentatives au niveau national et interprofessionnel, invitent l'État à prendre, dans les meilleurs délais, les mesures d'extension du présent accord.

Les accords de branche et les accords d'entreprises ne peuvent déroger aux dispositions du présent accord que dans un sens plus favorable aux travailleurs.

Accord national interprofessionnel sur le harcèlement et la violence au travail du 26 mars 2010,

Sont rendues obligatoires, pour tous les employeurs et tous les salariés compris dans son champ d'application, les dispositions de l'accord national interprofessionnel sur le harcèlement et la violence au travail du 26 mars 2010 (Arr. du 23 juill. 2010, JO 31 juill.).

BIBL. ▸ ADAM, *RDT 2010. 428* ✐. – BRISSY, *RDT 2010. 499* ✐ (droit et violence au travail). – HÉAS, *Dr. ouvrier 2010. 461* (le concept de dignité appliqué aux relations de travail).

Préambule

Le respect de la dignité des personnes à tous les niveaux est un principe fondamental qui ne peut être transgressé, y compris sur le lieu de travail. C'est pourquoi le harcèlement et la violence, qui enfreignent très gravement ce principe, sont inacceptables. Les parties signataires les condamnent sous toutes leurs formes.

Elles estiment qu'employeurs et salariés ont un intérêt mutuel à traiter, notamment par la mise en place d'actions de prévention, cette problématique, qui peut avoir de graves conséquences sur les personnes et est susceptible de nuire à la performance de l'entreprise et de ses salariés.

Elles considèrent comme étant de leur devoir et de leur responsabilité de transposer, par le présent accord, l'accord cadre autonome signé par les partenaires sociaux européens le 15 décembre 2006 sur le harcèlement et la violence au travail.

Prenant en compte :

• les dispositions des législations européennes *[La législation européenne inclut notamment les directives suivantes :*

• *directive 2000/43/CE du Conseil du 29 juin 2000 relative à la mise en œuvre du principe de l'égalité de traitement entre les personnes sans distinction de race ou d'origine ethnique ;*

• *directive 2000/78/CE du Conseil du 27 novembre 2000 portant création d'un cadre général en faveur de l'égalité de traitement en matière d'emploi et de travail ;*

• *directive 2002/73/CE du Parlement européen et du Conseil du 23 septembre 2002 modifiant la directive 76/207/CEE du Conseil relative à la mise en œuvre du principe de l'égalité de traitement entre hommes et femmes en ce qui concerne l'accès à l'emploi, à la formation et à la promotion professionnelles, et les conditions de travail modifiée par la directive 2006/54/CE du 5 juillet 2006 ;*

• *directive 89/391/CEE du Conseil, du 12 juin 1989, concernant la mise en œuvre de mesures visant à promouvoir l'amélioration de la sécurité et de la santé des travailleurs au travail.]* et nationale qui définissent l'obligation de l'employeur de protéger les salariés contre le harcèlement et la violence sur le lieu de travail ;

• et le fait que le harcèlement et/ou la violence au travail peuvent prendre différentes formes, susceptibles :

– d'être d'ordre physique, psychologique et/ou sexuel,

– de consister en incidents ponctuels ou en comportements systématiques,

– d'être exercés entre collègues, entre supérieurs et subordonnés, ou par des tiers tels que clients, consommateurs, patients, élèves, etc.,

– d'aller de cas mineurs de manque de respect à des agissements plus graves, y compris des délits, exigeant l'intervention des pouvoirs publics,

les parties signataires reconnaissent que le harcèlement et la violence peuvent affecter potentiellement tout lieu de travail et tout salarié, quels que soient la taille de l'entreprise, son champ d'activité ou la forme du contrat ou de la relation d'emploi.

Cependant, certaines catégories de salariés et certaines activités sont plus exposées que d'autres, notamment, s'agissant des agressions externes, les salariés qui sont en contact avec le public. Néanmoins, dans la pratique, tous les lieux de travail et tous les salariés ne sont pas affectés.

Le présent accord vient compléter la démarche initiée par l'accord national interprofessionnel du 2 juillet 2008 sur le stress au travail (signé le 24 novembre 2008) dont les dispositions abordent les aspects organisationnels, les conditions et l'environnement de travail.

Il vise à identifier, à prévenir et à gérer deux aspects spécifiques des risques psychosociaux – le harcèlement et la violence au travail.

Dans cette perspective, les parties signataires réaffirment leur volonté de traiter ces questions en raison de leurs conséquences graves pour les personnes ainsi que de leurs coûts sociaux et économiques. Elles conviennent, en conséquence, de prendre des mesures de protection collective visant à améliorer la santé et la sécurité au travail des salariés, de veiller à l'environnement physique et psychologique du travail. Elles soulignent également l'importance qu'elles attachent au développement de la communication sur les phénomènes de harcèlement et de violence au travail, ainsi qu'à la promotion des méthodes de prévention de ces phénomènes.

Sans préjudice des dispositions législatives et réglementaires en vigueur, le présent accord traite des formes de harcèlement et de violence au travail qui ressortent de la compétence des partenaires sociaux et correspondent à la description qui en est faite à l'article 2 ci-dessous.

Art. 1er *Objectifs de l'accord.* Le présent accord a pour objectifs :
– d'améliorer la sensibilisation, la compréhension et la prise de conscience des employeurs, des salariés et de leurs représentants à l'égard du harcèlement et de la violence au travail afin de mieux prévenir ces phénomènes, les réduire et si possible les éliminer ;
– d'apporter aux employeurs, aux salariés et à leurs représentants, à tous les niveaux, un cadre concret pour l'identification, la prévention et la gestion des problèmes de harcèlement et de violence au travail.

Ces objectifs s'imposent à l'ensemble des entreprises, quel que soit leur effectif. Les modalités retenues pour les atteindre devront être adaptées à la taille des entreprises.

Art. 2 *Définition, description et identification du harcèlement et de la violence au travail.*

1. Définition *[Au sens du BIT, la violence au travail s'entend de « toute action, tout incident ou tout comportement qui s'écarte d'une attitude raisonnable par lesquels une personne est attaquée, menacée, lésée, ou blessée dans le cadre du travail ou du fait de son travail ;*

« – la violence au travail interne est celle qui se manifeste entre les travailleurs, y compris le personnel d'encadrement ;

« – la violence au travail externe est celle qui s'exprime entre les travailleurs (et le personnel d'encadrement) et toute personne présente sur le lieu de travail. »] **et description générale**

Le harcèlement et la violence au travail s'expriment par des comportements inacceptables d'un ou plusieurs individus ; ils peuvent prendre des formes différentes (physiques, psychologiques, sexuelles), dont certaines sont plus facilement identifiables que d'autres. L'environnement de travail peut avoir une influence sur l'exposition des personnes au harcèlement et à la violence.

Le harcèlement survient lorsqu'un ou plusieurs salariés font l'objet d'abus, de menaces et/ou d'humiliations répétés et délibérés dans des circonstances liées au travail, soit sur les lieux de travail, soit dans des situations liées au travail.

La violence au travail se produit lorsqu'un ou plusieurs salariés sont agressés dans des circonstances liées au travail. Elle va du manque de respect à la manifestation de la volonté de nuire, de détruire, de l'incivilité à l'agression physique. La violence au travail peut prendre la forme d'agression verbale, d'agression comportementale, notamment sexiste, d'agression physique, ...

Les incivilités contribuent à la dégradation des conditions de travail, notamment pour les salariés qui sont en relation quotidienne avec le public, et rendent difficile la vie en commun.

Les entreprises qui laissent les incivilités s'installer, les banalisent et favorisent l'émergence d'actes plus graves de violence et de harcèlement.

Le harcèlement et la violence au travail peuvent être exercés par un ou plusieurs salariés ou par des tiers avec pour but ou pour effet de porter atteinte à la dignité d'un salarié, affectant sa santé et sa sécurité et/ou créant un environnement de travail hostile.

Les phénomènes de stress lorsqu'ils découlent de facteurs tenant à l'organisation du travail, l'environnement de travail ou une mauvaise communication dans l'entreprise peuvent conduire à des situations de harcèlement et de violence au travail plus difficiles à identifier.

2. Cas particulier de harcèlement et de violence au travail

Certaines catégories de salariés peuvent être affectées plus particulièrement par le harcèlement et la violence en raison de leur origine, de leur sexe, de leur orientation sexuelle, de leur handicap, ou de la fréquence de leur relation avec le public. En effet, les personnes potentiellement exposées à des discriminations peuvent être plus particulièrement sujettes à des situations de harcèlement ou de violence au travail.

3. Violences faites aux femmes

En ce qui concerne plus particulièrement les violences faites aux femmes, la persistance des stéréotypes et des tabous ainsi que la non reconnaissance des phénomènes de harcèlement sexuel, nécessite une forte sensibilisation à tous les niveaux de la hiérarchie et la mise en place de politiques de prévention, et d'accompagnement dans les entreprises. Il s'agit notamment d'identifier ces stéréotypes et de les démystifier en réfutant les représentations erronées de la place des femmes dans le travail. Une telle démarche s'inscrit notamment dans une approche volontariste et opérationnelle pour combattre ces phénomènes qui peuvent se révéler dans le cadre du travail au travers de situations de harcèlement et de violence au travail.

Art. 3 *Engagements des employeurs et des salariés.* Aucun salarié ne doit subir des agissements répétés de harcèlement qui ont pour objet ou pour effet une dégradation de ses conditions de travail susceptible de porter atteinte à ses droits et à sa dignité, d'altérer sa santé physique ou mentale ou de compromettre son avenir professionnel.

De même, aucun salarié ne doit subir des agressions ou des violences dans des circonstances liées au travail, qu'il s'agisse de violence interne ou externe :

– la violence au travail interne est celle qui se manifeste entre les salariés, y compris le personnel d'encadrement,

– la violence au travail externe est celle qui survient entre les salariés, le personnel d'encadrement et toute personne extérieure à l'entreprise présente sur le lieu de travail.

En conséquence, l'employeur prend toutes les mesures nécessaires en vue de prévenir de tels agissements :

– Les entreprises doivent clairement affirmer que le harcèlement et la violence au travail ne sont pas admis. Cette position qui peut être déclinée sous la forme d'une "charte de référence" précise les procédures à suivre si un cas survient. Les procédures peuvent inclure une phase informelle, durant laquelle une personne ayant la confiance de la direction et des salariés est disponible pour fournir conseils et assistance.

– La diffusion de l'information est un moyen essentiel pour lutter contre l'émergence et le développement du harcèlement et de la violence au travail. A cet effet, la position ci-dessus, lorsqu'elle fait l'objet d'un document écrit ou de la "charte de référence", est annexée au règlement intérieur dans les entreprises qui y sont assujetties.

Art. 4 *Prévention, identification et gestion des problèmes de harcèlement et de violence au travail.* L'employeur, en concertation avec les salariés et/ou leurs représentants, prend les mesures nécessaires en vue de prévenir et gérer les agissements de harcèlement et de violence au travail.

A cet effet, il apparaît important de recenser, le cas échéant, les phénomènes de harcèlement ou de violence au travail afin d'en mesurer l'ampleur, d'en appréhender les circonstances, et de rechercher les mesures de prévention adéquates.

Le harcèlement et la violence au travail ne peuvent se présumer. Toutefois, en l'absence de dénonciation explicite, les employeurs doivent manifester une vigilance accrue à l'apparition de certains indicateurs ou indices tels que des conflits personnels répétés, des plaintes fréquentes de la part de salariés, ou des passages à l'acte violents contre soi-même ou contre d'autres.

1. Prévention des problèmes de harcèlement et de violence au travail

Une meilleure sensibilisation et une formation adéquate des responsables hiérarchiques et des salariés réduisent la probabilité des cas de survenance de harcèlement et de violence au travail. Aujourd'hui, la formation au management proposée dans les différentes écoles ou universités ne prend pas suffisamment en compte la formation à la conduite des équipes. Aussi, ces programmes de formation doivent davantage intégrer la dimension relative à la conduite des hommes et des équipes, et aux comportements managériaux.

Cette sensibilisation et cette formation passe *[passent]* par la mobilisation des branches professionnelles qui mettront en place les outils adaptés à la situation des entreprises de leur secteur professionnel.

Ainsi, les outils nécessaires pourront être élaborés afin de favoriser la connaissance des employeurs et des salariés des phénomènes de harcèlement et de violence au travail et de mieux appréhender leurs conséquences au sein de l'entreprise.

– Par ailleurs, les mesures visant à améliorer l'organisation, les processus, les conditions et l'environnement de travail et à donner à tous les acteurs de l'entreprise des possibilités d'échanger à propos de leur travail participent à la prévention des situations de harcèlement et de violence au travail.

En cas de réorganisation, restructuration ou changement de périmètre de l'entreprise, celle-ci veillera à penser, dans ce nouveau contexte, un environnement de travail équilibré.

Les branches professionnelles s'emploieront avec les organisations syndicales de salariés à aider les entreprises à trouver des solutions adaptées à leur secteur professionnel.

– Lorsqu'une situation de harcèlement ou de violence est repérée ou risque de se produire, le salarié peut recourir à la procédure d'alerte prévue en cas d'atteinte au droit des personnes.

– Les parties signataires rappellent que les services de santé au travail qui associent des compétences médicales et pluridisciplinaires sont les acteurs privilégiés de la prévention du harcèlement et de la violence au travail. Outre leur rôle d'information et de sensibilisation des salariés ou de l'employeur confrontés à ces phénomènes, ils peuvent participer à l'élaboration de formations adaptées et d'une politique de sécurité, au niveau approprié de l'entreprise.

Le médecin du travail joue dans ce cadre un rôle particulier tenant au respect du secret médical tel qu'il est attaché à sa fonction et auquel il est tenu.

– Dans le cadre des attributions des institutions représentatives du personnel, le CHSCT agit, en lien avec le comité d'entreprise, pour la promotion de la prévention des risques professionnels dans l'établissement. Il peut notamment proposer des actions de prévention en matière de harcèlement et de violence au travail. En cas de refus de l'employeur, ce refus doit être motivé.

2. Identification et gestion des problèmes de harcèlement et de violence au travail

Sans préjudice des procédures préexistantes dans l'entreprise, une procédure appropriée peut être mise en place pour identifier, comprendre et traiter les phénomènes de harcèlement et de violence au travail.

Elle sera fondée sur les éléments suivants, sans pour autant s'y limiter :
— il est dans l'intérêt de tous d'agir avec la discrétion nécessaire pour protéger la dignité et la vie privée de chacun ;
— aucune information, autre qu'anonymisée ne doit être divulguée aux parties non impliquées dans l'affaire en cause ;
— les plaintes doivent être suivies d'enquêtes et traitées sans retard ;
— toutes les parties impliquées doivent bénéficier d'une écoute impartiale et d'un traitement équitable ;
— les plaintes doivent être étayées par des informations détaillées ;
— les fausses accusations délibérées ne doivent pas être tolérées, et peuvent entraîner des mesures disciplinaires ;
— une assistance extérieure peut être utile Elle peut notamment s'appuyer sur les services de santé au travail.
— Dans le respect de ces orientations, une procédure de médiation peut être mise en œuvre par toute personne de l'entreprise s'estimant victime de harcèlement ou par la personne mise en cause.

Le choix du médiateur fait l'objet d'un accord entre les parties.

Le médiateur s'informe de l'état des relations entre les parties. Il tente de les concilier et leur soumet des propositions qu'il consigne par écrit en vue de mettre fin au conflit.

L'employeur peut avoir recours aux compétences pluridisciplinaires du service de santé au travail dès l'identification de phénomènes de harcèlement et de violence au travail jusqu'à la mise en œuvre d'actions de prévention.

Les employeurs, en concertation avec les salariés et/ou leurs représentants, établissent, revoient et suivent ces procédures pour assurer leur efficacité, tant en matière de prévention qu'en matière de traitement des problèmes éventuels.

Art. 5 *Sanctions à l'encontre des auteurs de harcèlement et de violence au travail et mesures d'accompagnement des salariés harcelés ou agressés.*

1. Sanction à l'encontre des auteurs de harcèlement ou de violence

S'il est établi qu'il y a eu harcèlement ou violence, des mesures adaptées sont prises à l'égard du ou des auteurs. Le règlement intérieur précisera les sanctions applicables aux auteurs des agissements de harcèlement ou de violence.

2. Mesures d'accompagnement des salariés harcelés ou agressés

Aucun salarié ne peut être sanctionné, licencié ou faire l'objet d'une mesure discriminatoire, directe ou indirecte, notamment en matière de rémunération, de formation, de reclassement, d'affectation, de qualification, de classification, de promotion professionnelle, de mutation ou de renouvellement de contrat pour avoir subi ou refusé de subir des agissements de harcèlement ou de violence ou pour avoir témoigné de tels agissements ou les avoir relatés.

La (les) victime(s) bénéficie(nt) d'un soutien et, si nécessaire, d'une aide à leur maintien, à leur retour dans l'emploi ou à leur réinsertion.

Des mesures d'accompagnement prises en charge par l'entreprise sont mises en œuvre en cas de harcèlement avéré ou de violence, pouvant porter atteinte à la santé. Celles-ci sont avant tout destinées à apporter un soutien à la victime, notamment au plan médical et psychologique.

S'agissant des agressions par des tiers, l'entreprise pourra prévoir des mesures d'accompagnement, notamment juridique, du salarié agressé.

L'employeur, en concertation avec les salariés ou leurs représentants, procèdera à l'examen des situations de harcèlement et de violence au travail lorsque de telles situations sont constatées, y compris au regard de l'ensemble des éléments de l'environnement de travail : comportements individuels, modes de management, relations avec la clientèle, mode de fonctionnement de l'entreprise, ...

Art. 6 *Promotion, suivi et évaluation.* Les parties signataires assureront la diffusion et la promotion du présent accord auprès des salariés et des entreprises. Elles s'attacheront également à la situation dans les TPE/PME.

Elles insistent sur le rôle fondamental que doivent jouer les branches professionnelles en la matière.

Les partenaires sociaux établiront un rapport annuel conjoint, communiqué aux partenaires sociaux européens dans le cadre du suivi du déploiement de l'accord autonome européen.

A l'issue d'un délai de deux ans suivant la publication de l'arrêté d'extension de l'accord, les partenaires sociaux se réuniront pour évaluer la mise en œuvre de l'accord à tous les niveaux.

Convention OIT n° 187,

Sur le cadre promotionnel pour la sécurité et la santé au travail.

Conv. ratifiée par la L. n° 2014-200 du 24 févr. 2014 (JO 25 févr.).

V. Décr. n° 2016-88 du 1er févr. 2016 (JO 3 févr.)

BIBL. ▶ LEROUGE, *Dr. soc. 2016. 454* ✎ (portée et sens de la ratification de la convention de l'OIT n° 187 par la France).

I. Définitions

Art. 1er Aux fins de la présente convention :

(a) l'expression *politique nationale* désigne la politique nationale relative à la sécurité et la santé au travail et au milieu de travail définie conformément aux principes de l'article 4 de la convention (n° 155) sur la sécurité et la santé des travailleurs, 1981 ;

(b) l'expression *système national de sécurité et de santé au travail* ou *système national* désigne l'infrastructure qui constitue le cadre principal pour la mise en œuvre de la politique nationale et des programmes nationaux de sécurité et de santé au travail ;

(c) l'expression *programme national de sécurité et de santé au travail* ou *programme national* désigne tout programme national qui inclut des objectifs à réaliser selon un calendrier prédéterminé, des priorités et des moyens d'action établis en vue d'améliorer la sécurité et la santé au travail ainsi que des moyens permettant d'évaluer les progrès ;

(d) l'expression *culture de prévention nationale en matière de sécurité et de santé* désigne une culture où le droit à un milieu de travail sûr et salubre est respecté à tous les niveaux, où le gouvernement, les employeurs et les travailleurs s'emploient activement à assurer un milieu de travail sûr et salubre au moyen d'un système de droits, de responsabilités et d'obligations définis et où le principe de prévention se voit accorder la plus haute priorité.

II. Objectif

Art. 2 1. Tout Membre qui ratifie la présente convention doit promouvoir l'amélioration continue de la sécurité et de la santé au travail pour prévenir les lésions et maladies professionnelles et les décès imputables au travail par le développement, en consultation avec les organisations d'employeurs et de travailleurs les plus représentatives, d'une politique nationale, d'un système national et d'un programme national.

2. Tout Membre doit prendre des mesures actives en vue de réaliser progressivement un milieu de travail sûr et salubre au moyen d'un système national et de programmes nationaux de sécurité et de santé au travail, en tenant compte des principes énoncés dans les instruments de l'Organisation internationale du Travail (OIT) pertinents pour le cadre promotionnel pour la sécurité et la santé au travail.

3. Tout Membre doit, en consultation avec les organisations d'employeurs et de travailleurs les plus représentatives, considérer périodiquement quelles mesures pourraient être prises pour ratifier les conventions pertinentes de l'OIT relatives à la sécurité et à la santé au travail.

III. Politique nationale

Art. 3 1. Tout Membre doit promouvoir un milieu de travail sûr et salubre, en élaborant à cette fin une politique nationale.

2. Tout Membre doit promouvoir et faire progresser, à tous les niveaux concernés, le droit des travailleurs à un milieu de travail sûr et salubre.

3. Lors de l'élaboration de sa politique nationale, tout Membre doit promouvoir, à la lumière des conditions et de la pratique nationales et en consultation avec les organisations d'employeurs et de travailleurs les plus représentatives, des principes de base tels que les suivants : évaluer les risques ou les dangers imputables au travail ; combattre à la source les risques ou les dangers imputables au travail ; et développer une culture de prévention nationale en matière de sécurité et de santé, qui comprenne l'information, la consultation et la formation.

IV. Système national

Art. 4 1. Tout Membre doit établir, maintenir, développer progressivement et réexaminer périodiquement un système national de sécurité et de santé au travail, en consultation avec les organisations d'employeurs et de travailleurs les plus représentatives.

2. Le système national de sécurité et de santé au travail doit inclure, entre autres :

(a) la législation, les accords collectifs le cas échéant, et tout autre instrument pertinent en matière de sécurité et de santé au travail ;

(b) une autorité ou un organisme, ou des autorités ou des organismes, responsables aux fins de la sécurité et de la santé au travail, désignés conformément à la législation et à la pratique nationales ;

(c) des mécanismes visant à assurer le respect de la législation nationale, y compris des systèmes d'inspection ;

(d) des mesures pour promouvoir, au niveau de l'établissement, la coopération entre la direction, les travailleurs et leurs représentants, en tant qu'élément essentiel de prévention en milieu de travail.

3. Le système national de sécurité et de santé au travail doit inclure, s'il y a lieu :

(a) un organe tripartite consultatif national ou des organes tripartites consultatifs nationaux compétents en matière de sécurité et de santé au travail ;

(b) des services d'information et des services consultatifs en matière de sécurité et de santé au travail ;

(c) l'offre d'une formation en matière de sécurité et de santé au travail ;

(d) des services de santé au travail conformément à la législation et à la pratique nationales ;

(e) la recherche en matière de sécurité et de santé au travail ;

(f) un mécanisme de collecte et d'analyse des données sur les lésions et maladies professionnelles tenant compte des instruments pertinents de l'OIT ;

(g) des dispositions en vue d'une collaboration avec les régimes d'assurance ou de sécurité sociale couvrant les lésions et *[les]* maladies professionnelles ;

(h) des mécanismes de soutien pour l'amélioration progressive des conditions de sécurité et de santé au travail dans les micro-entreprises, les petites et moyennes entreprises et l'économie informelle.

V. Programme national

Art. 5 1. Tout Membre doit élaborer, mettre en œuvre, contrôler, évaluer et réexaminer périodiquement un programme national de sécurité et de santé au travail, en consultation avec les organisations d'employeurs et de travailleurs les plus représentatives.

2. Le programme national doit :

(a) promouvoir le développement d'une culture de prévention nationale en matière de sécurité et de santé ;

(b) contribuer à la protection des travailleurs en éliminant ou en réduisant au minimum, dans la mesure où cela est raisonnable et pratiquement réalisable, les dangers et les risques liés au travail, conformément à la législation et à la pratique nationales, en vue de prévenir les lésions et *[les]* maladies professionnelles et les décès imputables au travail et de promouvoir la sécurité et la santé sur le lieu de travail ;

(c) être élaboré et réexaminé sur la base d'une analyse de la situation nationale en matière de sécurité et de santé au travail comportant une analyse du système national de sécurité et de santé au travail ;

(d) comporter des objectifs, des cibles et des indicateurs de progrès ;

(e) être soutenu, si possible, par d'autres programmes et plans nationaux complémentaires qui aideront à atteindre progressivement l'objectif d'un milieu de travail sûr et salubre.

3. Le programme national doit être largement diffusé et, dans la mesure du possible, appuyé et lancé par les plus hautes autorités nationales.

VI. Dispositions finales

Art. 6 La présente convention ne porte révision d'aucune convention ou recommandation internationale du travail.

Art. 7 Les ratifications formelles de la présente convention sont communiquées au Directeur général *du Bureau international du Travail* aux fins d'enregistrement.

Art. 8 1. La présente convention ne lie que les Membres de l'Organisation internationale du Travail dont la ratification a été enregistrée par le Directeur général du Bureau international du Travail.

2. Elle entre en vigueur douze mois après que les ratifications de deux Membres ont été enregistrées par le Directeur général.

3. Par la suite, cette convention entre en vigueur pour chaque Membre douze mois après la date de l'enregistrement de sa ratification.

Art. 9 1. Tout Membre ayant ratifié la présente convention peut la dénoncer à l'expiration d'une période de dix années après la date de la mise en vigueur initiale de la convention, par un acte communiqué au Directeur général du Bureau international du Travail aux fins d'enregistrement. La dénonciation ne prend effet qu'une année après avoir été enregistrée.

2. Tout Membre ayant ratifié la présente convention qui, dans l'année après l'expiration de la période de dix années mentionnée au paragraphe précédent, ne se prévaut pas de la faculté de dénonciation prévue par le présent article sera lié pour une nouvelle période de dix années et, par la suite, pourra dénoncer la présente convention dans la première année de chaque nouvelle période de dix années dans les conditions prévues au présent article.

Art. 10 1. Le Directeur général du Bureau international du Travail notifie à tous les Membres de l'Organisation internationale du Travail l'enregistrement de toutes les ratifications et dénonciations qui lui sont communiquées par les Membres de l'Organisation.

2. En notifiant aux Membres de l'Organisation l'enregistrement de la deuxième ratification communiquée, le Directeur général appelle l'attention des Membres de l'Organisation sur la date à laquelle la présente convention entrera en vigueur.

Art. 11 Le Directeur général du Bureau international du Travail communique au Secrétaire général des Nations unies, aux fins d'enregistrement, conformément à l'article 102 de la Charte des Nations unies, des renseignements complets au sujet de toutes *[les]* ratifications et dénonciations enregistrées.

Art. 12 Chaque fois qu'il le jugera nécessaire, le conseil d'administration du Bureau international du Travail présentera à la Conférence générale un rapport sur l'application de la présente convention et examinera s'il y a lieu d'inscrire à l'ordre du jour de la Conférence la question de sa révision.

Art. 13 1. Au cas où la Conférence adopte une nouvelle convention portant révision de la présente convention, et à moins que la nouvelle convention n'en dispose autrement :

(a) la ratification par un Membre de la nouvelle convention portant révision entraîne de plein droit, nonobstant l'article 9 ci-dessus, la dénonciation immédiate de la présente convention, sous réserve que la nouvelle convention portant révision soit entrée en vigueur ;

(b) à partir de la date de l'entrée en vigueur de la nouvelle convention portant révision, la présente convention cesse d'être ouverte à la ratification des Membres.

2. La présente convention demeure en tout cas en vigueur dans sa forme et teneur pour les Membres qui l'auraient ratifiée et qui ne ratifieraient pas la convention portant révision.

Loi n° 2014-288 du 5 mars 2014,

Relative à la formation professionnelle, à l'emploi et à la démocratie sociale (JO 6 mars).

Art. 33 A titre expérimental, un accord conclu entre l'employeur et les organisations syndicales de salariés peut prévoir le regroupement dans une négociation unique dite de "qualité de vie au travail" de tout ou partie des négociations obligatoires prévues aux articles L. 2242-5, L. 2242-8 à l'exception du 1°, L. 2242-11, L. 2242-13, L. 2242-21 et L. 4163-2 du code du travail, tel qu'il résulte de la loi n° 2014-40 du 20 janvier 2014 garantissant l'avenir et la justice du système des retraites.

Cet accord est conclu pour une durée de trois ans. Pendant la durée de son application, l'obligation de négocier annuellement est suspendue pour les négociations qui font l'objet du regroupement prévu au premier alinéa.

La validité de l'accord mentionné au premier alinéa est subordonnée à sa signature par une ou plusieurs organisations syndicales représentatives ayant recueilli au moins 50 % des suffrages exprimés au premier tour des dernières élections des titulaires au comité d'entreprise ou de la délégation unique du personnel ou, à défaut, des délégués du personnel, quel que soit le nombre de votants.

Lorsque aucun accord n'a été conclu dans l'entreprise au titre du présent article, la négociation sur les modalités d'exercice du droit d'expression prévue à l'article L. 2281-5 du code du travail porte également sur la qualité de vie au travail.

Le présent article est applicable jusqu'au 31 décembre 2015 et, pour les accords conclus avant cette date, jusqu'à expiration de leur durée de validité.

BIBL. ▶ ANTONMATTÉI, *Dr. soc. 2015. 131* ✐ (négocier un accord sur la qualité de vie au travail).

E Services de santé au travail

(V. aussi C. trav., art. L. 4621-1 s.)

Code rural et de la pêche maritime

PARTIE LÉGISLATIVE

LIVRE VII **Dispositions sociales**

(Ord. nº 2000-550 du 15 juin 2000)

Services de santé au travail

Art. L. 717-1 Sans préjudice des dispositions du titre IV du livre II *[quatrième partie, livre VI]* du code du travail relatives *(L. nº 2005-157 du 23 févr. 2005, art. 71-I)* « aux services de santé au travail », les dispositions du présent chapitre sont applicables aux exploitations, entreprises, établissements et employeurs définis à l'article L. 713-1 ainsi qu'aux entreprises artisanales rurales n'employant pas plus de deux salariés de façon permanente. — *V. l'art. L. 713-1, App. II, B. Durée du travail.*

(L. nº 2011-867 du 20 juill. 2011, art. 17-1º) « L'article L. 4625-2 du code du travail ne s'applique pas aux voyageurs, représentants et placiers dont les employeurs sont mentionnés au premier alinéa du présent article. »

(Ord. nº 2005-57 du 26 janv. 2005, art. 6) « Les dispositions du présent chapitre ne s'appliquent pas dans les départements d'outre-mer et à Saint-Pierre-et-Miquelon. »

Art. L. 717-2 *(L. nº 2011-867 du 20 juill. 2011, art. 17-2º)* « Des décrets déterminent les règles relatives à l'organisation et au fonctionnement des services de santé au travail en agriculture ainsi que les conditions d'application des articles L. 4622-10, L. 4622-14, L. 4625-1 et L. 4644-1 du code du travail. » *(L. nº 2005-157 du 23 févr. 2005, art. 71-I)* « Ils déterminent également les conditions dans lesquelles les exploitants agricoles et les membres non salariés de leur famille peuvent demander à bénéficier des examens du service de santé au travail. — *V. Décr. nº 82-397 du 11 mai 1982 (JO 13 mai), mod. par Décr. nº 86-525 du 13 mars 1986, art. 4 (JO 16 mars), Décr. nº 88-167 du 18 févr. 1988 (JO 20 févr.), Décr. nº 92-1138 du 14 oct. 1992, art. 2 (JO 16 oct.), Décr. nº 93-109 du 22 janv. 1993 (JO 28 janv.), Décr. nº 95-548 du 4 mai 1995 (JO 6 mai ; Rect., JO 10 juin), Décr. nº 2000-783 du 23 août 2000, art. 11 (JO 24 août), Décr. nº 2004-782 du 29 juill. 2004 (JO 1er août).*

« Les dépenses du service de santé au travail sont couvertes par les cotisations des employeurs et, le cas échéant, par celles des exploitants mentionnés ci-dessus. »

(L. nº 2011-867 du 20 juill. 2011, art. 17-2º) « Des décrets en Conseil d'État précisent les modalités d'action des personnels concourant aux services de santé au travail en agriculture et les conditions d'application des articles *(L. nº 2016-1088 du 8 août 2016, art. 102, en vigueur au plus tard le 1er janv. 2017)* « L. 4624-1 à L. 4624-9 *[rédaction applicable jusqu'au 31 déc. 2016 au plus tard : L. 4624-1]* » et L. 4622-16 du code du travail *(L. nº 2016-1088 du 8 août 2016, art. 102, en vigueur au plus tard le 1er janv. 2017)* « , ainsi que les adaptations des règles définies aux articles L. 4624-1 et L. 4624-2 pour les salariés temporaires et les salariés en contrat à durée déterminée, les modalités d'information de l'employeur sur le suivi individuel de l'état de santé de son salarié et les modalités particulières, pour ces salariés, d'hébergement des dossiers médicaux en santé au travail et d'échanges d'informations entre médecins du travail ». — *V. C. rur., art. R. 719-9 (pén.).*

Art. L. 717-2-1 *(L. nº 2005-157 du 23 févr. 2005, art. 71-II)* Le conseil central d'administration de la mutualité sociale agricole fixe chaque année, après avis conforme du comité central de la protection sociale des salariés agricoles :

— le taux de la cotisation due par les employeurs de main-d'œuvre, dont l'assiette est fixée par décret ;

— le montant de la participation due par l'utilisateur d'un salarié temporaire, pour la surveillance médicale spéciale, conformément *(Ord. nº 2012-789 du 31 mai 2012, art. 20-3º)* « aux articles L. 1251-21 à L. 1251-23 » du code du travail ;

— le montant de la participation due par les exploitants mentionnés au premier alinéa de l'article L. 717-2.

Si les taux et montants susmentionnés n'ont pas été déterminés à l'expiration d'un délai prévu par décret, le ministre chargé de l'agriculture peut les fixer par arrêté.

La caisse centrale de la mutualité sociale agricole a pour mission de centraliser les recettes issues de la cotisation due par les employeurs de main-d'œuvre et utilisateurs de salariés temporaires, de procéder aux répartitions de ces recettes et compensations de charges des caisses de mutualité sociale agricole en matière de santé au travail, dans les conditions prévues par décret.

Les décisions de l'assemblée générale centrale et du conseil central d'administration de la mutualité sociale agricole sont soumises à l'approbation du ministre chargé de l'agriculture dans les conditions prévues à l'article L. 152-1 du code de la sécurité sociale.

Art. L. 717-3 *(L. n° 2005-157 du 23 févr. 2005, art. 71-I)* Les caisses de mutualité sociale agricole sont responsables de l'application des dispositions concernant l'organisation du service de santé au travail agricole. Elles peuvent, soit instituer en leur sein une section de santé au travail, soit créer une association spécialisée. *(L. n° 2011-867 du 20 juill. 2011, art. 15)* « Par exception aux dispositions de l'article L. 4622-11 du code du travail, le service de santé au travail est administré paritairement selon les modalités prévues au troisième alinéa de l'article L. 723-35 du présent code. » Cependant, toute entreprise peut, lorsque l'importance des effectifs des travailleurs salariés le justifie, être autorisée par l'autorité administrative compétente de l'État à organiser un service autonome de santé au travail.

L'exercice du service de santé au travail est confié à des médecins à temps partiel ou à temps complet. Des décrets déterminent les compétences techniques que ces médecins doivent posséder ainsi que les conditions dans lesquelles les médecins praticiens participent à l'exercice du service de santé au travail. – *[Ancien C. rur., art. 1000-2 (partie).] – V. Décr. n° 82-397 du 11 mai 1982 (JO 13 mai), préc. – Pour les statuts types des associations spécialisées de médecine du travail en agriculture, V. Décr. 29 juill. 1988 (JO 10 août), Décr. n° 95-312 du 16 mars 1995 (JO 23 mars). – V. C. rur., art. R. 719-9 (pén.).*

Art. L. 717-4 L'autorité administrative compétente fait appel aux médecins inspecteurs du travail mentionnés à l'article L. 612-1 *[L. 8123-1 nouv.]* du code du travail pour tous avis, inspections ou enquêtes concernant :

1° L'agrément des organismes chargés *(L. n° 2005-157 du 23 févr. 2005, art. 71-I)* « du service de santé au travail » ;

2° Le contrôle du fonctionnement desdits organismes ;

3° Les maladies et risques professionnels découlant de la mise en œuvre de techniques nouvelles. – *[Anc. art. 1000-3.]*

Art. L. 717-5 Pour l'accomplissement de leur mission, les médecins du travail mentionnés à l'article L. 717-3 ont accès aux exploitations, entreprises et établissements et chez les employeurs définis à l'article L. 717-1.

Ils sont autorisés à faire, aux fins d'analyse, tous prélèvements portant notamment sur les matières mises en œuvre et les produits utilisés. – *[Anc. art. 1000-4.]*

Art. L. 717-6 Les dispositions du premier alinéa de l'article 433-5 du code pénal ainsi que celles des articles 433-6 et 433-7 du même code qui prévoient et répriment l'outrage et la rébellion envers une personne chargée d'une mission de service public sont applicables à ceux qui se rendent coupables de faits de même nature à l'égard d'un médecin du travail.

En outre les personnes physiques qui se rendent coupables des infractions définies aux articles 433-5 et 433-6 du code pénal encourent les peines complémentaires prévues à l'article 433-22 du même code.

PARTIE RÉGLEMENTAIRE

TITRE PREMIER **Réglementation du travail salarié**

CHAPITRE VII ***Services de santé au travail***

Art. D. 717-1 Les employeurs de main-d'œuvre mentionnés à l'article L. 717-1 relèvent pour leurs salariés d'un service de santé au travail organisé *(Décr. n° 2012-837 du 29 juin 2012, art. 2-1°)* « sous la forme soit :

« 1° D'un service de santé et de sécurité au travail en agriculture défini à l'article D. 717-34 ;

« 2° D'une association spécialisée définie à l'article D. 717-35 ;

« 3° D'un service autonome d'entreprise défini à l'article D. 717-44 ».

Décret n° 82-397 du 11 mai 1982,

Relatif à l'organisation et au fonctionnement des services médicaux du travail en agriculture (JO 13 mai). — Mod. par Décr. n° 86-525 du 13 mars 1986, art. 4 (JO 16 mars), Décr. n° 88-167 du 18 févr. 1988 (JO 20 févr.), Décr. n° 92-1138 du 14 oct. 1992 (JO 16 oct.), Décr. n° 93-109 du 22 janv. 1993 (JO 28 janv.), Décr. n° 95-548 du 4 mai 1995 (JO 6 mai ; Rect., JO 10 juin), Décr. n° 2000-783 du 23 août 2000, art. 11 (JO 24 août), Décr. n° 2004-782 du 29 juill. 2004.

V. Arr. du 20 oct. 2004 (JO 6 nov.) fixant la liste des travaux effectués dans les entreprises agricoles et qui nécessitent une surveillance médicale spéciale ;... Arr. du 10 août 1988 (JO 27 août) fixant la composition des dossiers de création et de renouvellement de services autonomes de médecine du travail en agriculture ;... Arr. du 17 mai 1993 (JO 17 juin) relatif au dossier médical ;... Arr. du 17 mai 1993 (JO 17 juin) relatif aux locaux médicaux et équipements des services médicaux du travail en agriculture.

F Titres-restaurant

V. art. L. 3262-1 s.

RÉP. TRAV. v° *Restauration d'entreprise et repas des salariés,* par VILBŒUF.

BIBL. GÉN. ▶ AOUATE et MARTINEZ-RANDÉ, *Sem. soc. Lamy 1996, n° 802, suppl.*

Ordonnance n° 67-830 du 27 septembre 1967,

Relative à l'aménagement des conditions de travail en ce qui concerne le régime des conventions collectives, le travail des jeunes et les titres-restaurant.

TITRE III **Dispositions relatives aux titres-restaurant**

Art. 19 *(L. n° 2001-1276 du 28 déc. 2001, art. 3)* **« Les collectivités publiques et leurs établissements peuvent attribuer le titre-restaurant :**

« — dans le cas où ils n'ont pas mis en place de dispositif propre de restauration collective, aux agents qu'ils ne peuvent pas faire bénéficier, par contrat passé avec un ou plusieurs gestionnaires de restaurants publics ou privés, d'un dispositif de restauration compatible avec la localisation de leur poste de travail ;

« — dans le cas où ils ont mis en place un dispositif propre de restauration collective, aux agents qu'ils ne peuvent faire bénéficier, compte tenu de la localisation de leur poste de travail, ni de ce dispositif, ni d'un dispositif de restauration mis en place par contrat passé avec un ou plusieurs gestionnaires de restaurants publics ou privés. »

Dern. al. abrogé par L. n° 2011-525 du 17 mai 2011, art. 139-III.

Art. 19-1 *(L. n° 2008-1258 du 3 déc. 2008, art. 25)* **Les associations caritatives reconnues d'utilité publique fournissant une aide alimentaire sont autorisées à percevoir des dons sous forme de titres-restaurants de la part des salariés.**

G Versement transport

V. CGCT, art. L. 2333-64 à L. 2333-75.

III PLACEMENT ET EMPLOI

A Emploi

V. App. I. A.

Traité de Rome du 25 mars 1957,

Instituant la Communauté économique européenne. — Publié par Décr. n° 58-84 du 28 janv. 1958 (D. 1958. 73 ; BLD 1958. 121). — Devenu le traité sur le fonctionnement de l'Union européenne depuis le traité de Lisbonne, publié par Décr. n° 2009-1466 du 1er déc. 2009 (JO 2 déc.).

TITRE IX **Emploi**

Art. 145 Les États membres et l'Union s'attachent, conformément au présent titre, à élaborer une stratégie coordonnée pour l'emploi et en particulier à promouvoir une main-d'œuvre qualifiée, formée et susceptible de s'adapter ainsi que des marchés du travail aptes à réagir rapidement à l'évolution de l'économie, en vue d'atteindre les objectifs énoncés à l'article 3 du traité sur l'Union européenne.

Art. 146 1. Les États membres, par le biais de leurs politiques de l'emploi, contribuent à la réalisation des objectifs visés à l'article 145 d'une manière compatible avec les grandes orientations des politiques économiques des États membres et de l'Union, adoptées en application de l'article 121, paragraphe 2.

2. Les États membres, compte tenu des pratiques nationales liées aux responsabilités des partenaires sociaux, considèrent la promotion de l'emploi comme une question d'intérêt commun et coordonnent leur action à cet égard au sein du Conseil, conformément à l'article 148.

Art. 147 1. L'Union contribue à la réalisation d'un niveau d'emploi élevé en encourageant la coopération entre les États membres et en soutenant et, au besoin, en complétant leur action. Ce faisant, elle respecte pleinement les compétences des États membres en la matière.

2. L'objectif consistant à atteindre un niveau d'emploi élevé est pris en compte dans la définition et la mise en œuvre des politiques et des actions de l'Union.

Art. 148 1. Le Conseil européen examine, chaque année, la situation de l'emploi dans l'Union et adopte des conclusions à ce sujet, sur la base d'un rapport annuel conjoint du Conseil et de la Commission.

2. Sur la base des conclusions du Conseil européen, le Conseil, sur proposition de la Commission et après consultation du Parlement européen, du Comité économique et social, du Comité des régions et du Comité de l'emploi visé à l'article 150, élabore chaque année des lignes directrices, dont les États membres tiennent compte dans leurs politiques de l'emploi. Ces lignes directrices sont compatibles avec les grandes orientations adoptées en application de l'article 121, paragraphe 2.

3. Chaque État membre transmet au Conseil et à la Commission un rapport annuel sur les principales mesures qu'il a prises pour mettre en œuvre sa politique de l'emploi, à la lumière des lignes directrices pour l'emploi visées au paragraphe 2.

4. Sur la base des rapports visés au paragraphe 3 et après avoir obtenu l'avis du Comité de l'emploi, le Conseil procède annuellement, à la lumière des lignes directrices pour l'emploi, à un examen de la mise en œuvre des politiques de l'emploi des États membres. Le Conseil, sur recommandation de la Commission, peut, s'il le juge approprié à la suite de son examen, adresser des recommandations aux États membres.

5. Sur la base des résultats de cet examen, le Conseil et la Commission adressent un rapport annuel conjoint au Conseil européen concernant la situation de l'emploi dans l'Union et la mise en œuvre des lignes directrices pour l'emploi.

Art. 149 Le Parlement européen et le Conseil, statuant conformément à la procédure législative ordinaire et après consultation du Comité économique et social et du Comité des régions, peuvent adopter des actions d'encouragement destinées à favoriser la coopération entre les États membres et à soutenir leur action dans le domaine de l'emploi par le biais d'initiatives visant à développer les échanges d'informations et de meilleures pratiques, en fournissant des analyses comparatives et des conseils ainsi qu'en promouvant les approches novatrices et en évaluant les expériences, notamment en ayant recours aux projets pilotes.

Ces mesures ne comportent pas d'harmonisation des dispositions législatives et réglementaires des États membres.

Art. 150 Le Conseil, statuant à la majorité simple, après consultation du Parlement européen, institue un Comité de l'emploi à caractère consultatif afin de promouvoir la coordination, entre les États membres, des politiques en matière d'emploi et de marché du travail. Le comité a pour mission :

– de suivre l'évolution de la situation de l'emploi et des politiques de l'emploi dans les États membres et dans l'Union ;

– sans préjudice de l'article 240, de formuler des avis, soit à la demande du Conseil ou de la Commission, soit de sa propre initiative, et de contribuer à la préparation des délibérations du Conseil visées à l'article 148.

Dans l'accomplissement de son mandat, le comité consulte les partenaires sociaux. Chaque État membre et la Commission nomment deux membres du comité.

Code de la sécurité sociale

(Décr. nos 85-1353 et 85-1354 du 17 déc. 1985)

PREMIÈRE PARTIE : ***LÉGISLATIVE***

LIVRE PREMIER **Généralités — Dispositions communes à tout ou partie des régimes de base**

TITRE VI **Dispositions relatives aux prestations et aux soins — Contrôle médical — Tutelle aux prestations sociales**

CHAPITRE PREMIER ***Dispositions relatives aux prestations***

SECTION I *Bénéficiaires*

SOUS-SECTION 4 *Assurance vieillesse*

§ 2 Ouverture du droit et liquidation

Art. L. 161-17-2 *(L. n° 2010-1330 du 9 nov. 2010, art. 18)* L'âge d'ouverture du droit à une pension de retraite mentionné au premier alinéa de l'article L. 351-1 du présent code, à l'article L. 732-18 du code rural et de la pêche maritime, au 1° du I de l'article L. 24 et au 1° de l'article L. 25 du code des pensions civiles et militaires de retraite est fixé à soixante-deux ans pour les assurés nés à compter du 1er janvier *(L. n° 2011-1906 du 21 déc. 2011, art. 88, applicable aux pensions prenant effet le 1er juill. 2011)* « 1955.

« Cet âge est fixé par décret dans la limite de l'âge mentionné au premier alinéa pour les assurés nés avant le 1er janvier 1955 et, pour ceux nés entre le 1er juillet 1951 et le 31 décembre 1954, de manière croissante :

« 1° A raison de quatre mois par génération pour les assurés nés entre le 1er juillet 1951 et le 31 décembre 1951 ;

« 2° A raison de cinq mois par génération pour les assurés nés entre le 1er janvier 1952 et le 31 décembre 1954. »

Art. L. 161-17-3 *(L. n° 2014-40 du 20 janv. 2014, art. 2)* Pour les assurés des régimes auxquels s'applique l'article L. 161-17-2, la durée d'assurance nécessaire pour bénéficier d'une pension de retraite au taux plein et la durée des services et bonifications nécessaire pour obtenir le pourcentage maximum d'une pension civile ou militaire de retraite sont fixées à :

1° 167 trimestres, pour les assurés nés entre le 1er janvier 1958 et le 31 décembre 1960 ;
2° 168 trimestres, pour les assurés nés entre le 1er janvier 1961 et le 31 décembre 1963 ;
3° 169 trimestres, pour les assurés nés entre le 1er janvier 1964 et le 31 décembre 1966 ;
4° 170 trimestres, pour les assurés nés entre le 1er janvier 1967 et le 31 décembre 1969 ;
5° 171 trimestres, pour les assurés nés entre le 1er janvier 1970 et le 31 décembre 1972 ;
6° 172 trimestres, pour les assurés nés à partir du 1er janvier 1973.

Art. L. 161-17-4 *(L. n° 2014-40 du 20 janv. 2014, art. 14, en vigueur le 1er janv. 2015)* L'âge prévu à l'article L. 161-17-2 est abaissé à due concurrence du nombre de trimestres attribués au titre de la majoration de durée d'assurance prévue à l'article L. 351-6-1, dans des conditions et limites fixées par décret.

LIVRE II **Organisation du régime général, action de prévention — Action sanitaire et sociale des caisses**

TITRE IV **Ressources**

CHAPITRE PREMIER ***Généralités***

SECTION III ***Prestations familiales***

Art. L. 241-6-4 *(L. n° 95-1346 du 30 déc. 1995, art. 113-II et VIII ; L. n° 97-1269 du 30 déc. 1997, art. 115-IV)* A compter du 1er octobre 1996, les gains et rémunérations versés au cours du mois civil sont exonérés de cotisation d'allocations familiales lorsqu'ils sont inférieurs ou égaux à 169 fois le salaire minimum de croissance majoré de 20 p. 100.

Le montant de la cotisation d'allocations familiales est réduit de moitié pour les gains et rémunérations versés au cours d'un mois civil supérieurs à 169 fois le salaire minimum de croissance majoré de 20 p. 100 et inférieurs ou égaux à 169 fois le salaire minimum de croissance majoré de 30 p. 100.

Les dispositions du présent article sont applicables aux gains et rémunérations versés à des salariés dont l'emploi emporte l'obligation édictée par l'article L. 351-4 du code du travail et à des salariés mentionnés au 3° de l'article L. 351-12 du même code, par des employeurs relevant des dispositions du titre premier du livre VII du présent code, à l'exclusion de ceux visés à l'article L. 711-13 et au IV de l'article 1er de la loi n° 95-882 du 4 août 1995 relative à des mesures d'urgence pour l'emploi et la sécurité sociale.

(L. n° 97-1269 du 30 déc. 1997, art. 115-IV) « Elles ne sont pas applicables aux gains et rémunérations versés par les organismes visés à l'article 1er de la loi n° 90-568 du 2 juillet 1990 relative à l'organisation du service public de la poste et des télécommunications.

« Le bénéfice des dispositions du présent article ne peut être cumulé avec celui d'une autre exonération totale ou partielle de cotisations patronales de sécurité sociale, à l'exception *(L. n° 2007-1223 du 21 août 2007, art. 1-VI)* « de la déduction forfaitaire prévue à l'article L. 241-18 et » de l'abattement prévu à l'article L. 322-12 du code du travail, ni avec l'application de taux spécifiques, d'assiettes ou montants forfaitaires de cotisations. »

Les dispositions de l'art. L. 241-6-4 prennent effet à compter du 1er oct. 1996. Elles sont applicables aux gains et rémunérations versés à partir du 1er oct. 1996 ou, pour les marins salariés, aux services accomplis à partir de cette date (L. n° 95-1346 du 30 déc. 1995, art. 113-II, mod. par L. n° 97-1269 du 30 déc. 1997, art. 115-I). — Les dispositions modificatives de la loi n° 97-1269 du 30 déc. 1997 prennent effet à compter du 1er janv. 1998. Elles sont applicables aux gains et rémunérations versés à compter du 1er janv. 1998 ou, pour les marins salariés, aux services accomplis à compter de cette date (L. préc., art. 115-IX).

....

SECTION IV *Dispositions communes*

Art. L. 241-13 *(L. n° 2014-892 du 8 août 2014, art. 2-I-5°)* « I. — Les cotisations à la charge de l'employeur au titre des assurances sociales et des allocations familiales, la *(L. n° 2014-1655 du 29 déc. 2014, art. 29-I-1°)* « contribution » mentionnée à l'article L. 834-1 du présent code et la contribution mentionnée au 1° de l'article L. 14-10-4 du code de l'action sociale et des familles ainsi que, dans les conditions mentionnées au VIII du présent article, les cotisations dues au titre des accidents du travail et des maladies professionnelles qui sont assises sur les gains et rémunérations inférieurs au salaire minimum de croissance majoré de 60 % font l'objet d'une réduction dégressive. »

II. — Cette réduction est appliquée aux gains et rémunérations versés aux salariés au titre desquels l'employeur est soumis à l'obligation édictée par l'article L. 351-4 *[L. 5422-13 nouv.]* du code du travail et aux salariés mentionnés au 3° de l'article L. 351-12 *[L. 5424-1 nouv.]* du même code, à l'exception des gains et rémunérations versés par *(L. n° 2005-516 du 20 mai 2005, art. 24)* « les particuliers employeurs *(Abrogé par L. n° 2010-1594 du 20 déc. 2010, art. 12-I-2°)* ***« et, jusqu'au 31 décembre 2005, par l'organisme mentionné à l'article 2 de la loi n° 90-568 du 2 juillet 1990 relative à l'organisation du service public de La Poste et à France Télécom »***.

Cette réduction n'est pas applicable aux gains et rémunérations versés par les employeurs relevant des dispositions du titre Ier du livre VII du présent code, à l'exception des employeurs relevant des régimes spéciaux de sécurité sociale des marins, des mines et des clercs et employés de notaires.

III. — *(L. n° 2014-892 du 8 août 2014, art. 2-I-5°)* « Le montant de la réduction est calculé chaque année civile, pour chaque salarié et pour chaque contrat de travail, selon des modalités fixées par décret. Il est égal au produit de la rémunération annuelle définie à l'article L. 242-1 et d'un coefficient.

« Ce coefficient est déterminé par application d'une formule fixée par décret. Il est fonction du rapport entre la rémunération annuelle du salarié définie au même article L. 242-1 et le salaire minimum de croissance calculé pour un an sur la base de la durée légale du travail augmentée, le cas échéant, du nombre d'heures complémentaires ou supplémentaires, sans prise en compte des majorations auxquelles elles donnent lieu. Pour les salariés qui ne sont pas employés à temps plein ou qui ne sont pas employés sur toute l'année, le salaire minimum de croissance pris en compte est celui qui correspond à la durée de travail prévue au contrat au titre de la période pendant laquelle ils sont présents dans l'entreprise.

« La valeur maximale du coefficient est fixée par décret dans la limite de la somme des taux des cotisations et de la contribution mentionnées au I du présent article, sous réserve de la dernière phrase du troisième alinéa de l'article L. **241-5**. La valeur du coefficient décroît en fonction du rapport mentionné au deuxième alinéa du présent III et devient nulle lorsque ce rapport est égal à 1,6. — *V. art. D. 241-10 s.*

« Un décret » prévu à l'alinéa précédent précise les modalités de calcul de la réduction dans le cas des salariés *(Abrogé par L. n° 2007-1223 du 21 août 2007, art. 1er-V)* *« dont la rémunération ne peut être déterminée selon un nombre d'heures de travail effectuées et dans celui des salariés »* dont le contrat de travail est suspendu avec maintien de tout ou partie de la rémunération.

(Abrogé par L. n° 2014-892 du 8 août 2014, art. 2-I-5°) (L. n° 2012-354 du 14 mars 2012, art. 2-II-D-2° ; L. n° 2012-958 du 16 août 2012, art. 1er-II-E) ***« La valeur du coefficient décroît en fonction du rapport mentionné au premier alinéa du présent III et devient nulle lorsque ce rapport est égal à 1,6.***

« La valeur maximale du coefficient est égale à 0,281 dans les cas suivants :

« 1° Pour les gains et rémunérations versés par les employeurs de moins de vingt salariés ;

« 2° Pour les gains et rémunérations versés par les groupements d'employeurs visés aux articles L. 1253-1 et L. 1253-2 du code du travail pour les salariés mis à la disposition, pour plus de la moitié du temps de travail effectué sur l'année, des membres de ces groupements qui ont un effectif de moins de vingt salariés.

« Elle est fixée à 0,26 pour les autres employeurs. »

(L. n° 2014-892 du 8 août 2014, art. 2-I-5°) « IV. — Le rapport ou le coefficient mentionné au deuxième alinéa du III est corrigé, dans des conditions fixées par décret, d'un facteur déterminé en fonction des stipulations légales ou conventionnelles applicables :

« 1° Aux salariés soumis à un régime d'heures d'équivalences payées à un taux majoré en application d'une convention ou d'un accord collectif étendu en vigueur au 1er janvier 2010 ;

« 2° Aux salariés auxquels l'employeur est tenu de verser une indemnité compensatrice de congé payé en application de l'article L. **1251-19** du code du travail ;

« 3° Aux salariés des professions dans lesquelles le paiement des congés et des charges sur les indemnités de congés est mutualisé entre les employeurs affiliés aux caisses de congés mentionnées à l'article *(L. n° 2016-1088 du 8 août 2016, art. 8)* « L. **3141-32** » du même code. La réduction prévue au présent article n'est pas applicable aux cotisations dues par ces caisses au titre de ces indemnités. »

(L. n° 2010-1594 du 20 déc. 2010, art. 12-I-5°) « V. — Les modalités selon lesquelles les cotisations dues au titre des rémunérations versées au cours d'un mois civil tiennent compte de cette réduction ainsi que les modalités de régularisation du différentiel éventuel entre la somme des montants de la réduction appliquée au cours de l'année et le montant calculé pour l'année sont précisées par décret.

« VI. — » *(L. n° 2010-1657 du 29 déc. 2010, art. 201-I-2° ; L. n° 2011-1977 du 28 déc. 2011, art. 114-II)* « Le bénéfice des dispositions du présent article est cumulable avec les déductions forfaitaires prévues à l'article L. **241-18** *(Abrogé par Ord. n° 2015-1248 du 7 oct. 2015, art. 6-II)* *« et avec l'exonération prévue à l'article L. 741-15-1 du code rural et de la pêche maritime »*.

Le bénéfice des dispositions du présent article ne peut être cumulé, *(L. n° 2010-1657 du 29 déc. 2010, art. 201-I-2°)* « à l'exception du cas prévu à l'alinéa précédent », avec celui d'une autre exonération totale ou partielle de cotisations patronales ou l'application de taux spécifiques, d'assiettes ou de montants forfaitaires de cotisations.

(Abrogé par L. n° 2014-892 du 8 août 2014, art. 2-I-5°) ***« VI. — L'employeur doit tenir à disposition des organismes de recouvrement des cotisations un document en vue du contrôle du respect des dispositions du présent article. Le contenu et la forme de ce document sont précisés par décret. »***

(L. n° 2008-1258 du 3 déc. 2008, art. 26 ; L. n° 2010-1594 du 20 déc. 2010, art. 12-I-3°) « VII. — Lorsque l'employeur n'a pas rempli au cours d'une année civile l'obligation définie au 1° de l'article *(L. n° 2015-994 du 17 août 2015, art. 19-VIII-1°, en vigueur le 1er janv. 2016)* « L. **2242-5** [*ancienne rédaction applicable jusqu'au 31 déc. 2015 : L. 2242-8*] » du code du travail dans les conditions prévues aux articles L. **2242-1** à L. **2242-4** du même code, le montant de la réduction est diminué de 10 % au titre des rémunérations versées cette même année. Il est diminué de 100 % lorsque l'employeur ne remplit pas cette obligation pour la troisième année consécutive. »

(L. nº 2015-994 du 17 août 2015, art. 19-VIII-2º, en vigueur le 1ᵉʳ janv. 2016) **« Dans le cas où la périodicité de la négociation sur les salaires effectifs a été portée à une durée supérieure à un an en application de l'article L. 2242-20 dudit code, le présent VII n'est pas applicable pendant la durée fixée par l'accord. Au terme de cette durée ou si une organisation signataire a demandé que cette négociation soit engagée sans délai, lorsque l'employeur n'a pas rempli au cours d'une année civile l'obligation définie au 1° de l'article L. 2242-5 du même code, dans les conditions prévues aux articles L. 2242-1 à L. 2242-4 dudit code, le montant de l'exonération est diminué de 10 % au titre des rémunérations versées cette même année. Il est diminué de 100 % lorsque l'employeur ne remplit pas cette obligation pour la troisième année consécutive. »**

(L. nº 2014-892 du 8 août 2014, art. 2-I-5º) **« VIII. — Le montant de la réduction est imputé sur les cotisations à la charge de l'employeur au titre des assurances sociales et des allocations familiales, sur la** *(L. nº 2014-1655 du 29 déc. 2014, art. 29-I-1º)* **« contribution » mentionnée à l'article L. 834-1 du présent code et sur la contribution mentionnée au 1° de l'article L. 14-10-4 du code de l'action sociale et des familles.**

Lorsque le montant de la réduction est supérieur au montant des cotisations et de la contribution mentionnées au premier alinéa du présent VIII, la réduction est également imputée sur les cotisations dues au titre des accidents du travail et des maladies professionnelles à hauteur du taux fixé par l'arrêté mentionné à la dernière phrase du troisième alinéa de l'article L. 241-5. »

Les dispositions issues de la L. nº 2007-1223 du 21 août 2007 sont applicables aux rémunérations perçues à raison des heures supplémentaires effectuées à compter du 1ᵉʳ oct. 2007 (L. préc., art. 1ᵉʳ-XIII).

V. Circ. ACOSS nº 2003-035 du 10 févr. 2003.

Pour les gains et rémunérations versés jusqu'au 30 juin 2005 par les employeurs qui, au 30 juin 2003, emploient des salariés ouvrant droit à l'allégement, le coefficient maximal est égal à 0,26. Ce coefficient est obtenu pour une rémunération horaire égale au rapport, d'une part, entre la garantie de rémunération prévue par l'article 32 de la loi nº 2000-37 du 19 janv. 2000, telle qu'applicable au profit d'un salarié dont la durée du travail a été réduite à 35 heures par semaine ou plus au 1ᵉʳ janv. 2000, et, d'autre part, la durée légale du travail. Ce coefficient devient nul pour une rémunération horaire égale au montant de ce rapport majoré de 70 %. — Pour les autres employeurs, le coefficient maximal est égal à 0,208 pour les gains et rémunérations versés à compter du 1ᵉʳ juill. 2003 et à 0,234 pour ceux versés à compter du 1ᵉʳ juill. 2004. A compter de ces mêmes dates, le taux de la majoration est fixé à 50 % et 60 % respectivement. — Au cours de cette période transitoire, la formule permettant de déterminer le coefficient défini au III peut être adaptée pour certaines catégories de salariés relevant de professions soumises à des dispositions particulières en matière de durée maximale de travail selon des modalités fixées par décret. — Au cours de cette période, le bénéfice des dispositions du II est cumulable avec l'exonération prévue aux deux premiers alinéas de l'art. L. 322-12 [L. 5133-1 s. et R. 5133-7 s. nouv.] du code du travail. Ce cumul est limité au montant qui résulterait de l'application du coefficient maximal de réduction de cotisations dans les conditions prévues au III de l'art. L. 241-13 du code de la sécurité sociale.

Les dispositions de l'article L. 241-13, dans sa rédaction applicable avant l'entrée en vigueur de la L. nº 2003-47 du 17 janv. 2003, restent applicables aux cotisations dues au titre des gains et rémunérations versés jusqu'au 30 juin 2003 (L. préc., art. 10 et 14).

Par exception à l'art. L. 241-13, le coefficient maximal mentionné au quatrième alinéa du III de cet art. continue de s'appliquer pendant trois ans aux gains et rémunérations versés par les employeurs qui, en raison de l'accroissement de leur effectif, dépassent au titre de l'année 2008, 2009, 2010, 2011 ou 2012, pour la première fois, l'effectif de dix-neuf salariés (L. nº 2008-776 du 4 août 2008, art. 48-IV, mod. en dernier lieu par L. nº 2012-354 du 14 mars 2012, art. 2-IX-F).

Les dispositions issues de la L. nº 2010-1657 du 29 déc. 2010 s'appliquent aux cotisations et contributions sociales dues à compter du 1ᵉʳ janv. 2011 (L. préc., art. 201-III).

Les dispositions issues de la L. nº 2011-1977 du 28 déc. 2011 s'appliquent aux cotisations dues au titre des rémunérations versées à compter du 1ᵉʳ janv. 2012. Ces mêmes dispositions s'appliquent dès lors que la Commission européenne a confirmé que cette mesure est compatible avec le 1 de l'art. 107 TFUE (L. préc., art. 114-III et IV).

Les dispositions issues de la L. nº 2014-892 du 8 août 2014 s'appliquent aux modalités de calcul des cotisations et contributions sociales dues au titre des rémunérations versées à compter du 1ᵉʳ janv. 2015 (L. préc., art. 2-VI-A).

Ancien art. L. 241-13 (L. n° 2003-47 du 17 janv. 2003, art. 9) *I. — Les cotisations à la charge de l'employeur au titre des assurances sociales* (Abrogé par L. n° 2010-1594 du 20 déc. 2010, art. 12-I-1°) *«, des accidents du travail et des maladies professionnelles»* (L. n° 2012-958 du 16 août 2012, art. 1er-II-E) *« et des allocations familiales » qui sont assises sur les gains et rémunérations* (L. n° 2010-1594 du 20 déc. 2010, art. 12-I-1°) *« inférieurs au salaire minimum de croissance majoré de 60 % » font l'objet d'une réduction* (L. n° 2010-1594 du 20 déc. 2010, art. 12-I-1°) *« dégressive ».*

II. — Cette réduction est appliquée aux gains et rémunérations versés aux salariés au titre desquels l'employeur est soumis à l'obligation édictée par l'article L. 351-4 [L. 5422-13 nouv.] *du code du travail et aux salariés mentionnés au 3° de l'article L. 351-12* [L. 5424-1 nouv.] *du même code, à l'exception des gains et rémunérations versés par* (L. n° 2005-516 du 20 mai 2005, art. 24) *« les particuliers employeurs »* (Abrogé par L. n° 2010-1594 du 20 déc. 2010, art. 12-I-2°) *« et, jusqu'au 31 décembre 2005, par l'organisme mentionné à l'article 2 de la loi n° 90-568 du 2 juillet 1990 relative à l'organisation du service public de La Poste et à France Télécom ».*

Cette réduction n'est pas applicable aux gains et rémunérations versés par les employeurs relevant des dispositions du titre Ier du livre VII du présent code, à l'exception des employeurs relevant des régimes spéciaux de sécurité sociale des marins, des mines et des clercs et employés de notaires.

III. — Le montant de la réduction est calculé chaque (L. n° 2010-1594 du 20 déc. 2010, art. 12-I-3°) *« année civile », pour chaque salarié* (L. n° 2010-1594 du 20 déc. 2010, art. 12-I-3°) *«, selon des modalités fixées par décret ». Il est égal au produit de la rémunération* (L. n° 2010-1594 du 20 déc. 2010, art. 12-I-3°) *« annuelle », telle que définie à l'article L. 242-1 par un coefficient. Ce coefficient est déterminé par application d'une formule fixée par décret.* (L. n° 2007-1223 du 21 août 2007, art. 1er-V ; L. n° 2010-1594 du 20 déc. 2010, art. 12-I-3° ; L. n° 2011-1906 du 21 déc. 2011, art. 16-I-1°) *« Il est fonction du rapport entre la rémunération annuelle du salarié telle que définie à l'article L. 242-1,* (L. n° 2007-1786 du 19 déc. 2007, art. 12) *« hors rémunération des temps de pause, d'habillage et de déshabillage versée en application d'une convention ou d'un accord collectif étendu en vigueur au 11 octobre 2007 », et le salaire minimum de croissance calculé pour un an sur la base de la durée légale du travail augmentée, le cas échéant, du nombre d'heures complémentaires ou supplémentaires, sans prise en compte des majorations auxquelles elles donnent lieu ».* (L. n° 2009-1674 du 30 déc. 2009, art. 115) *« Lorsque le salarié est soumis à un régime d'heures d'équivalences payées à un taux majoré en application d'une convention ou d'un accord collectif étendu en vigueur au 1er janvier 2010, la majoration salariale correspondante est également déduite de la rémunération* (L. n° 2010-1594 du 20 déc. 2010, art. 12-I-3°) *« annuelle » du salarié dans la limite d'un taux de 25 %. » Pour les salariés qui ne sont pas employés à temps plein ou qui ne sont pas employés sur* (L. n° 2010-1594 du 20 déc. 2010, art. 12-I-3°) *« toute l'année », le salaire minimum de croissance pris en compte est celui qui correspond à la durée de travail prévue au contrat. »* — V. art. D. 241-10 s.

Le décret prévu à l'alinéa précédent précise les modalités de calcul de la réduction dans le cas des salariés (Abrogé par L. n° 2007-1223 du 21 août 2007, art. 1er-V) *« dont la rémunération ne peut être déterminée selon un nombre d'heures de travail effectuées et dans celui des salariés » dont le contrat de travail est suspendu avec maintien de tout ou partie de la rémunération.*

(L. n° 2012-354 du 14 mars 2012, art. 2-II-D-2° ; L. n° 2012-958 du 16 août 2012, art. 1er-II-E) *« La valeur du coefficient décroît en fonction du rapport mentionné au premier alinéa du présent III et devient nulle lorsque ce rapport est égal à 1,6.*

« La valeur maximale du coefficient est égale à 0,281 dans les cas suivants :

« 1° Pour les gains et rémunérations versés par les employeurs de moins de vingt salariés ;

« 2° Pour les gains et rémunérations versés par les groupements d'employeurs visés aux articles L. 1253-1 et L. 1253-2 du code du travail pour les salariés mis à la disposition, pour plus de la moitié du temps de travail effectué sur l'année, des membres de ces groupements qui ont un effectif de moins de vingt salariés.

« Elle est fixée à 0,26 pour les autres employeurs. »

IV. — (L. n° 2010-1594 du 20 déc. 2010, art. 12-I-4°) *« Pour les salariés pour lesquels l'employeur est tenu à l'obligation d'indemnisation compensatrice de congé payé prévue à l'article L. 1251-19 du code du travail et » dans les professions dans lesquelles le paiement des congés des salariés et des charges sur les indemnités de congés est mutualisé entre les employeurs affiliés aux caisses de compensation prévues à l'article L. 223-16* [L. 3141-30 nouv.] *du code du travail, le montant de la réduction déterminée selon les modalités prévues au III est majoré d'un taux fixé*

par décret. La réduction prévue au présent article n'est pas applicable aux cotisations dues au titre de ces indemnités par lesdites caisses de compensation.

(L. n° 2010-1594 du 20 déc. 2010, art. 12-I-5°) ***« V. — Les modalités selon lesquelles les cotisations dues au titre des rémunérations versées au cours d'un mois civil tiennent compte de cette réduction ainsi que les modalités de régularisation du différentiel éventuel entre la somme des montants de la réduction appliquée au cours de l'année et le montant calculé pour l'année sont précisées par décret.***

« VI. — » (L. n° 2010-1657 du 29 déc. 2010, art. 201-I-2° ; L. n° 2011-1977 du 28 déc. 2011, art. 114-II) ***« Le bénéfice des dispositions du présent article est cumulable avec les déductions forfaitaires prévues à l'article L. 241-18 et avec l'exonération prévue à l'article L. 741-15-1 du code rural et de la pêche maritime. »***

Le bénéfice des dispositions du présent article ne peut être cumulé, (L. n° 2010-1657 du 29 déc. 2010, art. 201-I-2°) ***« à l'exception du cas prévu à l'alinéa précédent », avec celui d'une autre exonération totale ou partielle de cotisations patronales ou l'application de taux spécifiques, d'assiettes ou de montants forfaitaires de cotisations.***

VI. — L'employeur doit tenir à disposition des organismes de recouvrement des cotisations un document en vue du contrôle du respect des dispositions du présent article. Le contenu et la forme de ce document sont précisés par décret.

(L. n° 2008-1258 du 3 déc. 2008, art. 26 ; L. n° 2010-1594 du 20 déc. 2010, art. 12-I-3°) ***« VII. — Lorsque l'employeur n'a pas rempli au cours d'une année civile l'obligation définie au 1° de l'article L. 2242-8 du code du travail dans les conditions prévues aux articles L. 2242-1 à L. 2242-4 du même code, le montant de la réduction est diminué de 10 % au titre des rémunérations versées cette même année. Il est diminué de 100 % lorsque l'employeur ne remplit pas cette obligation pour la troisième année consécutive.***

« VIII. — Le montant de la réduction est imputé sur les cotisations de sécurité sociale mentionnées au I dans des conditions définies par arrêté. » — V. Arr. du 22 déc. 2010 (JO 29 déc.).

Les dispositions issues de la L. n° 2007-1223 du 21 août 2007 sont applicables aux rémunérations perçues à raison des heures supplémentaires effectuées à compter du 1er oct. 2007 (L. préc., art. 1er-XIII).

V. Circ. ACOSS n° 2003-035 du 10 févr. 2003.

Pour les gains et rémunérations versés jusqu'au 30 juin 2005 par les employeurs qui, au 30 juin 2003, emploient des salariés ouvrant droit à l'allégement, le coefficient maximal est égal à 0,26. Ce coefficient est obtenu pour une rémunération horaire égale au rapport, d'une part, entre la garantie de rémunération prévue par l'article 32 de la loi n° 2000-37 du 19 janv. 2000, telle qu'applicable au profit d'un salarié dont la durée du travail a été réduite à 35 heures par semaine ou plus au 1er janv. 2000, et, d'autre part, la durée légale du travail. Ce coefficient devient nul pour une rémunération horaire égale au montant de ce rapport majoré de 70 %. — Pour les autres employeurs, le coefficient maximal est égal à 0,208 pour les gains et rémunérations versés à compter du 1er juill. 2003 et à 0,234 pour ceux versés à compter du 1er juill. 2004. A compter de ces mêmes dates, le taux de la majoration est fixé à 50 % et 60 % respectivement. — Au cours de cette période transitoire, la formule permettant de déterminer le coefficient défini au III peut être adaptée pour certaines catégories de salariés relevant de professions soumises à des dispositions particulières en matière de durée maximale de travail selon des modalités fixées par décret. — Au cours de cette période, le bénéfice des dispositions du II est cumulable avec l'exonération prévue aux deux premiers alinéas de l'art. L. 322-12 [L. 5133-1 s. et R. 5133-7 s. nouv.] du code du travail. Ce cumul est limité au montant qui résulterait de l'application du coefficient maximal de réduction de cotisations dans les conditions prévues au III de l'art. L. 241-13 du code de la sécurité sociale.

Les dispositions de l'article L. 241-13, dans sa rédaction applicable avant l'entrée en vigueur de la L. n° 2003-47 du 17 janv. 2003, restent applicables aux cotisations dues au titre des gains et rémunérations versés jusqu'au 30 juin 2003 (L. préc., art. 10 et 14).

Par exception à l'art. L. 241-13, le coefficient maximal mentionné au cinquième alinéa du III de cet art. continue de s'appliquer pendant trois ans aux gains et rémunérations versés par les employeurs qui, en raison de l'accroissement de leur effectif, dépassent au titre de l'année 2008, 2009 ou 2010, pour la première fois, l'effectif de dix-neuf salariés (L. n° 2008-776 du 4 août 2008, art. 48-IV).

Les dispositions issues de la L. n° 2010-1657 du 29 déc. 2010 s'appliquent aux cotisations et contributions sociales dues à compter du 1er janv. 2011 (L. préc., art. 201-III).

Les dispositions issues de la L. n° 2011-1977 du 28 déc. 2011 s'appliquent aux cotisations dues au titre des rémunérations versées à compter du 1er janv. 2012. Ces mêmes dispositions s'appliquent dès lors que la Commission européenne a confirmé que cette mesure est compatible avec le 1 de l'art. 107 TFUE (L. préc., art. 114-III et IV).

LIVRE VIII **Allocations aux personnes âgées — allocation aux adultes handicapés — Allocation de logement sociale — Aides à l'emploi pour la garde des jeunes enfants — Aide aux collectivités et organismes logeant à titre temporaire des personnes défavorisées ou gérant des aires d'accueil des gens du voyage — Protection complémentaire en matière de santé**

TITRE IV **Prime d'activité**

CHAPITRE II *Conditions d'ouverture du droit*

Art. L. 842-1 *(L. n° 2015-994 du 17 août 2015, art. 57-I, en vigueur le 1er janv. 2016)* Toute personne résidant en France de manière stable et effective qui perçoit des revenus tirés d'une activité professionnelle a droit à une prime d'activité, dans les conditions définies au présent titre. — *Pour l'application de l'art. L. 842-1, dans sa rédaction résultant de la L. n° 2015-994 du 17 août 2015, les personnes bénéficiaires, au 31 déc. 2015, du revenu de solidarité active sont réputées avoir déposé une demande de prime d'activité au 1er janv. 2016 (L. préc., art. 60-II).*

Sur la prime d'activité, V. CSS, art. L. 842-1 à L. 847-1 et R. 842-1 à R. 848-1, D. 843-1 à D. 848-5.

....

Art. L. 842-8 *(L. n° 2016-1088 du 8 août 2016, art. 99)* I. — Pour l'application de l'article L. 842-3 aux travailleurs handicapés, invalides ou victimes d'un accident du travail ou d'une maladie professionnelle et atteints d'une incapacité permanente de travail, sont pris en compte en tant que revenus professionnels, dans les conditions prévues au II du présent article, les revenus suivants :

1° L'allocation mentionnée aux articles L. 821-1 et L. 821-2 ;

2° Les pensions et rentes d'invalidité, ainsi que les pensions de retraite à jouissance immédiate liquidées à la suite d'accidents, d'infirmités ou de réforme, servies au titre d'un régime de base légalement obligatoire de sécurité sociale ;

3° Les pensions d'invalidité servies au titre du code des pensions militaires d'invalidité et des victimes de la guerre ;

4° La rente allouée aux personnes victimes d'accidents du travail et de maladies professionnelles, mentionnée au deuxième alinéa de l'article L. 434-2.

II. — Le I du présent article est applicable sous réserve que les revenus professionnels mensuels du travailleur, hors prise en compte des revenus mentionnés aux 1° à 4° du même I, atteignent au moins vingt-neuf fois le salaire minimum de croissance mentionné à l'article L. 3231-2 du code du travail.

Ces dispositions entrent en vigueur le 1er janv. 2016, à l'exception des 2° à 4° du I qui entrent en vigueur le 1er oct. 2016 (L. n° 2016-1088 du 8 août 2016, art. 99).

TROISIÈME PARTIE : ***DÉCRETS SIMPLES***

Art. D. 241-7 *(Décr. n° 2012-1074 du 21 sept. 2012, art. 1er-I)* I. — Le coefficient mentionné au III de l'article L. 241-13 est déterminé par application de la formule suivante :

(Décr. n° 2014-1688 du 29 déc. 2014, art. 1er-1° et 2°) « Coefficient = (T/0,6) × (1,6 × SMIC calculé pour un an/rémunération annuelle brute – 1).

« T est la valeur maximale du coefficient mentionnée au troisième alinéa du III de l'article L. 241-13. Elle est fixée conformément au tableau suivant, sous réserve des dispositions du dernier alinéa du présent I :

GAINS ET RÉMUNÉRATIONS VERSÉS PAR :	EN 2015	EN 2016	À COMPTER DE 2017
Les employeurs soumis au 1° de l'article L. 834-1	0,2795	0,2805	0,2810
Les employeurs soumis au 2° de l'article L. 834-1	0,2835	0,2845	0,2850

« Le résultat obtenu par application de cette formule est arrondi à quatre décimales, au dix-millième le plus proche. Il est pris en compte pour les valeurs mentionnées dans le tableau ci-dessus s'il est supérieur à celles-ci.

« En cas d'application d'un dispositif de lissage des effets liés au franchissement d'un seuil d'effectif, conduisant l'employeur à appliquer à titre transitoire un taux réduit pour le calcul de la contribution prévue à l'article L. 834-1, le coefficient T est ajusté en conséquence.

« II. – » Le montant de la rémunération annuelle brute à prendre en compte est défini selon les modalités prévues au III de l'article L. 241-13.

Sous réserve des dispositions prévues par les alinéas suivants, le montant annuel du salaire minimum de croissance à prendre en compte est égal à 1 820 fois le salaire minimum de croissance prévu par l'article L. 3231-2 du code du travail ou à la somme de douze fractions identiques correspondant à sa valeur multipliée par les 52/12 de la durée légale hebdomadaire.

Pour les salariés *(Décr. n° 2014-1688 du 29 déc. 2014, art. 1er-3°)* « dont la rémunération contractuelle est fixée sur une base inférieure à la durée légale » ainsi que pour les salariés n'entrant pas dans le champ d'application de l'article L. 3242-1 du code du travail *(Décr. n° 2014-1688 du 29 déc. 2014, art. 1er-3°)* « autres que ceux mentionnés au deuxième alinéa du III », le montant du salaire minimum de croissance ainsi déterminé est corrigé à proportion de la durée de travail *(Abrogé par Décr. n° 2014-1688 du 29 déc. 2014, art. 1er-3°)* *« ou de la durée équivalente au sens de l'article L. 3121-9 du code du travail ou de l'article L. 713-5 du code rural et de la pêche maritime »*, hors heures supplémentaires *(Décr. n° 2014-1688 du 29 déc. 2014, art. 1er-3°)* « mentionnées à » l'article L. 241-18 du code de la sécurité sociale et complémentaires au sens des articles *(Décr. n° 2016-1553 du 18 nov. 2016, art. 7-II, en vigueur le 1er janv. 2017)* « L. 3123-8, L. 3123-9, L. 3123-20 et L. 3123-28 » du code du travail, inscrite à leur contrat de travail au titre de la période où ils sont présents dans l'entreprise et rapportée à celle correspondant à la durée légale du travail.

En cas de suspension du contrat de travail avec paiement intégral de la rémunération brute du salarié, la fraction du montant du salaire minimum de croissance correspondant au mois où le contrat est suspendu est prise en compte pour sa valeur déterminée dans les conditions ci-dessus.

Pour les salariés entrant dans le champ d'application de l'article L. 3242-1 susmentionné qui ne sont pas présents toute l'année ou dont le contrat de travail est suspendu sans paiement de la rémunération ou avec paiement partiel de celle-ci *(Décr. n° 2014-1688 du 29 déc. 2014, art. 1er-4°)* « par l'employeur, ainsi que pour les salariés mentionnés au deuxième alinéa du III, » la fraction du montant du salaire minimum de croissance correspondant au mois où a lieu l'absence est corrigée selon le rapport entre la rémunération *(Décr. n° 2014-1688 du 29 déc. 2014, art. 1er-4°)* « , telle que définie à l'article L. 242-1, » versée et celle qui aurait été versée si le salarié avait été présent tout le mois, hors éléments de rémunération qui ne sont pas affectés par l'absence. Le salaire minimum de croissance est corrigé selon les mêmes modalités pour les salariés n'entrant pas dans le champ d'application de l'article L. 3242-1 susmentionné dont le contrat de travail est suspendu avec paiement partiel de la rémunération.

Le cas échéant, le montant du salaire minimum de croissance à prendre en compte est majoré du produit du nombre d'heures supplémentaires *(Décr. n° 2014-1688 du 29 déc. 2014, art. 1er-5°)* « mentionnées à » l'article L. 241-18 du code de la sécurité sociale et complémentaires au sens des articles *(Décr. n° 2016-1553 du 18 nov. 2016, art. 7-II, en vigueur le 1er janv. 2017)* « L. 3123-8, L. 3123-9, L. 3123-20 et L. 3123-28 » du code du travail rémunérées au cours de l'année par le salaire minimum de croissance prévu par l'article L. 3231-2 du code du travail.

Si un des paramètres de détermination du montant annuel du salaire minimum de croissance à prendre en compte évolue en cours d'année, sa valeur annuelle est égale à la somme des valeurs déterminées par application des règles précédentes pour les périodes antérieure et postérieure à l'évolution.

(Décr. n° 2014-1688 du 29 déc. 2014, art. 1er-6°) « III. – » Pour les salariés en contrat de travail temporaire mis à disposition au cours d'une année auprès de plusieurs entreprises utilisatrices, le coefficient mentionné au I est déterminé pour chaque mission.

(Décr. n° 2014-1688 du 29 déc. 2014, art. 1er-7°) « Les dispositions du précédent alinéa ne s'appliquent pas aux salariés intérimaires titulaires d'un contrat de travail à durée indéterminée n'entrant pas dans le champ d'application de l'article L. 3242-1 du code du travail et ouvrant droit à une garantie minimale mensuelle au moins égale pour un temps plein à 151,67 fois le montant horaire du salaire minimum de croissance, en application des dispositions d'une convention de branche ou d'un accord professionnel ou interprofessionnel étendu. »

Pour les salariés en contrat à durée déterminée auprès d'un même employeur, le coefficient mentionné au I est déterminé pour chaque contrat.

(Décr. n° 2014-1688 du 29 déc. 2014, art. 1er-8°) **« IV. — Conformément** *(Décr. n° 2016-1553 du 18 nov. 2016, art. 7-II, en vigueur le 1er janv. 2017)* **« au 3° du I de l'article L. 3121-64 » du code du travail, pour les salariés dont la durée de travail est fixée en jours, et dans le cas où ce nombre est inférieur à 218, le SMIC annuel est corrigé du rapport entre le nombre de jours travaillés et la durée légale du travail de 218 jours.**

« En cas de suspension du contrat de travail, il est fait application des dispositions du II. »

(Abrogé par Décr. n° 2014-1688 du 29 déc. 2014, art. 1er-9°) ***« III. — Pour l'application du cinquième alinéa du III de l'article L. 241-13, le temps de travail effectué sur l'année auprès des membres de ces groupements qui ont un effectif de moins de vingt salariés s'apprécie en fonction du rapport entre la durée du travail auprès de ces membres inscrite à leur contrat ou à leur convention de mise à disposition et la durée totale du travail effectuée sur l'année. »***

Les dispositions issues du Décr. n° 2014-1688 du 29 déc. 2014 s'appliquent aux cotisations et contributions entrant dans le champ d'application de l'allègement général qui sont dues au titre des rémunérations versées à compter du 1er janv. 2015 (Décr. préc., art. 14).

Art. D. 241-8 *(Décr. n° 2012-1074 du 21 sept. 2012, art. 1er-II)* **Le montant de la réduction prévue à l'article L. 241-13 appliquée par anticipation aux cotisations dues au titre des rémunérations versées au cours d'un mois civil est égal au produit de la rémunération mensuelle par le coefficient mentionné au I de l'article D. 241-7 calculé selon les modalités prévues au même article, à l'exception du montant du salaire minimum de croissance et de la rémunération qui sont pris en compte pour un mois.**

Art. D. 241-9 *(Décr. n° 2012-1074 du 21 sept. 2012, art. 1er-II)* **Les cotisations dues au titre du dernier mois ou du dernier trimestre de l'année tiennent compte, le cas échéant, de la régularisation du différentiel entre la somme des montants de la réduction mentionnée à l'article L. 241-13 appliquée par anticipation pour les mois précédents de l'année et le montant de cette réduction calculée pour l'année. En cas de cessation du contrat de travail en cours d'année, la régularisation s'opère sur les cotisations dues au titre du dernier mois ou trimestre d'emploi.**

Une régularisation progressive des cotisations peut être opérée en cours d'année, d'un versement à l'autre, en faisant masse, à chaque échéance, des éléments nécessaires au calcul de la réduction sur la période écoulée depuis le premier jour de l'année ou à dater de l'embauche si elle est postérieure.

Art. D. 241-10 *(Décr. n° 2014-1688 du 29 déc. 2014, art. 2)* **I. — Pour les salariés mentionnés au IV de l'article L. 241-13, le coefficient mentionné au deuxième alinéa du III est calculé selon la formule suivante :**

Coefficient = (T/0,6) × (1,6 × *a* × SMIC calculé pour un an/rémunération annuelle brute – 1) × *b*.

Le coefficient noté T et les montants du SMIC calculé pour un an et de la rémunération brute sont identiques à ceux mentionnés à l'article D. 241-7.

Le septième alinéa du II de l'article D. 241-7 du même code est applicable si la valeur *a* à prendre en compte évolue en cours d'année.

II. — Pour les salariés mentionnés au 1° du IV de l'article L. 241-13 qui sont soumis à un régime d'heures d'équivalences payées à un taux majoré en application d'une convention ou d'un accord collectif étendu en vigueur au 1er janvier 2010, les valeurs *a* et *b* sont respectivement fixées :

— à 45/35 et à 1 pour ceux mentionnés au deuxième alinéa du 3° de l'article 5 du décret n° 83-40 du 26 janvier 1983 modifié relatif aux modalités d'application des dispositions du code du travail concernant la durée du travail dans les entreprises de transport routier de marchandise ;

— à 40/35 et à 1 pour ceux mentionnés au troisième alinéa du 3° de l'article 5 du décret mentionné au précédent alinéa du présent article.

Lorsque la rémunération versée, hors heures supplémentaires, n'est pas établie sur la base de la durée équivalente à la durée légale, la valeur *a* est ajustée dans la même proportion.

III. — Pour les salariés mentionnés au 2° du IV de l'article L. 241-13 auxquels l'employeur est tenu de verser une indemnité compensatrice de congé payé en application de l'article L. 1251-19 du code du travail, les valeurs *a* et *b* sont respectivement fixées à 1 et à 1,1.

IV. — Pour les salariés mentionnés au 3° du IV de l'article L. 241-13 qui relèvent des professions dans lesquelles le paiement des congés et des charges sur les indemnités de congés est mutualisé entre les employeurs affiliés aux caisses de congés, les valeurs *a* et *b* sont respectivement fixées à 1 et à 100/90.

Par dérogation à l'alinéa précédent, la valeur *a* est fixée à la valeur mentionnée au II du présent article pour les salariés entrant dans le champ d'application de la convention collective nationale des transports routiers et activités auxiliaires du transport.

V. note ss. art. D. 241-7.

Art. D. 241-11 *Al. abrogé par Décr. n° 2011-2086 du 30 déc. 2011.*

Le montant total des allégements obtenu par application de la réduction mentionnée à l'article L. 241-13 *(Abrogé par Décr. n° 2011-2086 du 30 déc. 2011)* « *, dont le bénéfice est le cas échéant cumulé avec l'autre mesure d'allégement mentionnée à l'alinéa précédent,* » est dans tous les cas limité au montant des cotisations *(Décr. n° 2014-1688 du 29 déc. 2014, art. 3)* « et des contributions » mentionnées au I dudit article dues pour l'emploi du salarié au titre des gains et rémunérations versés au cours *(Décr. n° 2011-2086 du 30 déc. 2011)* « de l'année, majoré *(Décr. n° 2014-1688 du 29 déc. 2014, art. 3)* « du facteur *b* de l'article D. 241-10 ».

V. note ss. art. D. 241-7.

Code général des impôts

Bassins d'emploi à redynamiser

Art. 44 *duodecies* *(L. n° 2006-1771 du 30 déc. 2006, art. 130-II)* I. — Les contribuables qui créent des activités entre le 1er janvier 2007 et le 31 décembre *(L. n° 2014-1655 du 29 déc. 2014, art. 66)* « 2017 » dans les bassins d'emploi à redynamiser définis au 3 *bis* de l'article 42 de la loi n° 95-115 du 4 février 1995 d'orientation pour l'aménagement et le développement du territoire sont exonérés d'impôt sur le revenu ou d'impôt sur les sociétés à raison des bénéfices provenant des activités implantées dans le bassin d'emploi et réalisés jusqu'au terme du quatre-vingt-troisième mois suivant le début d'activité dans le bassin d'emploi. *(L. n° 2013-1279 du 29 déc. 2013, art. 29)* « Les contribuables qui créent des activités à compter du 1er janvier 2014 bénéficient de l'exonération mentionnée à la première phrase du présent alinéa à raison des bénéfices provenant des activités implantées dans le bassin d'emploi et réalisés jusqu'au terme du cinquante-neuvième mois suivant le début d'activité dans le bassin d'emploi. Les contribuables mentionnés à la deuxième phrase du présent alinéa perdent le bénéfice de l'exonération à compter de l'exercice au cours duquel ils procèdent à une distribution de dividendes à leurs actionnaires. »

Le bénéfice de l'exonération est réservé aux contribuables exerçant une activité industrielle, commerciale ou artisanale au sens de l'article 34 et du 5° du I de l'article 35, à l'exception des activités de crédit-bail mobilier et de location d'immeubles à usage d'habitation, ou agricole au sens de l'article 63, dans les conditions et limites fixées par le présent article. L'exonération s'applique dans les mêmes conditions et limites aux sociétés soumises à l'impôt sur les sociétés exerçant une activité professionnelle non commerciale au sens du 1 de l'article 92.

L'exonération ne s'applique pas aux créations d'activités dans les bassins d'emploi à redynamiser consécutives au transfert d'une activité précédemment exercée par un contribuable ayant bénéficié au titre d'une ou plusieurs des cinq années précédant celle du transfert des articles 44 *sexies*, 44 *octies*, 44 *octies* A *(L. n° 2010-1657 du 29 déc. 2010, art. 129-I-E)* « , 44 *quindecies* » et 44 *septies* ou de la prime d'aménagement du territoire.

L'exonération ne s'applique pas aux contribuables qui créent une activité dans le cadre d'un transfert, d'une concentration ou d'une restructuration d'activités préexistantes exercées dans les bassins d'emploi à redynamiser ou qui reprennent de telles activités, sauf pour la durée restant à courir, si l'activité reprise ou transférée bénéficie ou a bénéficié du régime d'exonération prévu au présent article.

Lorsqu'un contribuable dont l'activité, non sédentaire, est implantée dans un bassin d'emploi à redynamiser mais exercée en tout ou en partie en dehors d'un tel bassin d'emploi, l'exonération s'applique si ce contribuable emploie au moins un salarié sédentaire à plein temps, ou équivalent, exerçant ses fonctions dans les locaux affectés à l'activité ou si ce contribuable réalise au moins 25 % de son chiffre d'affaires auprès des clients situés dans un tel bassin d'emploi. *(L. n° 2013-1279 du 29 déc. 2013, art. 29)* « Les contribuables qui créent des activités à compter du 1er janvier 2014 bénéficient de l'exonération mentionnée à la première phrase du présent alinéa à raison des bénéfices provenant des activités implantées dans le bassin d'emploi et réalisés jusqu'au terme du cinquante-neuvième mois suivant le début d'activité dans le bassin d'emploi. Les contribuables mentionnés à la deuxième phrase

du présent alinéa perdent le bénéfice de l'exonération à compter de l'exercice au cours duquel ils procèdent à une distribution de dividendes à leurs actionnaires. »

....

Art. 1383 H *(L. n° 2006-1771 du 30 déc. 2006, art. 130-IV)* **Sauf délibération contraire de la collectivité territoriale ou de l'établissement public de coopération intercommunale doté d'une fiscalité propre prise dans les conditions prévues au I de l'article 1639 A *bis*, les immeubles situés dans les bassins d'emploi défini*[s]* au 3 *bis* de l'article 42 de la loi n° 95-115 du 4 février 1995 d'orientation pour l'aménagement et le développement du territoire sont exonérés de taxe foncière sur les propriétés bâties pour une durée de cinq ans.**

L'exonération s'applique aux immeubles rattachés, entre le 1er janvier 2007 et le 31 décembre *(L. n° 2014-1655 du 29 déc. 2014, art. 66)* **« 2017 » inclus, à un établissement remplissant les conditions requises pour bénéficier de l'exonération prévue au I *quinquies* A de l'article 1466 A. Elle s'applique à compter du 1er janvier de l'année qui suit celle où est intervenu le rattachement à un établissement remplissant les conditions requises, si elle est postérieure.**

Cette exonération cesse de s'appliquer à compter du 1er janvier de l'année suivant celle où les immeubles ne sont plus affectés à une activité entrant dans le champ d'application de la *(L. n° 2009-1673 du 30 déc. 2009, art. 2-7.1)* **« cotisation foncière des entreprises ».**

En cas de changement d'exploitant au cours d'une période d'exonération, celle-ci est maintenue pour la période restant à courir et dans les conditions prévues pour le prédécesseur.

L'exonération porte sur la totalité de la part revenant à chaque collectivité territoriale ou établissement public de coopération intercommunale doté d'une fiscalité propre.

Lorsque les conditions requises pour bénéficier de l'exonération prévue à l'article 1383 A et de celle prévue au présent article sont remplies, le contribuable doit opter pour l'un ou l'autre de ces régimes avant le 1er janvier de l'année au titre de laquelle l'exonération prend effet. L'option est irrévocable et vaut pour l'ensemble des collectivités.

(L. n° 2007-1824 du 25 déc. 2007, art. 45-XXXIV et L) **« Le bénéfice de l'exonération est subordonné au respect du règlement** *(L. n° 2014-1655 du 29 déc. 2014, art. 66)* **« (UE) n° 1407/2013 de la Commission, du 18 décembre 2013, relatif à l'application des articles 107 et 108 du traité sur le fonctionnement de l'Union européenne » aux aides *de minimis*. »** *(L. n° 2008-1443 du 30 déc. 2008, art. 114-XV et XXIII, applicable aux avantages octroyés le 1er janv. 2009)* **« Toutefois, sur option des entreprises propriétaires d'un immeuble dans une zone d'aide à finalité régionale, le bénéfice de l'exonération est subordonné au respect de l'article** *(L. n° 2014-1655 du 29 déc. 2014, art. 66)* **« 14 du règlement (UE) n° 651/2014 de la Commission, du 17 juin 2014, déclarant certaines catégories d'aides compatibles avec le marché intérieur en application des articles 107 et 108 du traité. »**

Accord national interprofessionnel du 10 février 1969,

Sur la sécurité de l'emploi.

En ce qui concerne l'extension et l'élargissement du présent accord national et de ses modifications, V. Arr. du 11 avr. 1972 et 2 Arr. du 31 déc. 1986, ss art. 30 du présent accord.

V. Accord national interprofessionnel du 20 oct. 1986, spécialement art. 6.

Préambule

....

TITRE PREMIER **Généralisation de commissions paritaires de l'emploi**

Art. 1er **En vue de contribuer à améliorer la situation de l'emploi, les parties signataires décident que des commissions paritaires de l'emploi devront être instituées avant le 31 mai 1969 dans les différentes professions.**

Art. 2 **Les commissions paritaires de l'emploi seront constituées au niveau national dans chaque profession ou groupe de professions. Les commissions nationales professionnelles ainsi créées auront la faculté de mettre en place des commissions régionales professionnelles dans les régions où la densité d'une profession le rendrait possible et souhaitable.**

Dans le cas où l'institution d'une commission nationale professionnelle se heurterait à des difficultés tenant aux structures de la profession, des commissions régionales professionnelles devront être constituées.

Art. 3 *(Avenant du 21 nov. 1974)* Eu égard aux aspects régionaux souvent déterminants en matière d'emploi, les parties signataires décident également de mettre en place progressivement, au niveau des régions de programme, des commissions interprofessionnelles régionales.

Ces commissions devront être constituées avant le 1er janvier 1975.

Art. 4 Les commissions paritaires de l'emploi comprendront au moins un représentant de chacune des confédérations syndicales signataires du présent accord et un nombre de représentants patronaux égal au total des membres salariés.

Lorsque ces commissions comporteront des membres suppléants, ceux-ci recevront les mêmes documents que les membres titulaires.

Art. 5 *(Avenant du 21 nov. 1974)* Les commissions paritaires de l'emploi ont pour tâche :

– de permettre l'information réciproque des organisations signataires sur la situation de l'emploi dans leur ressort professionnel et territorial ;

– d'étudier la situation de l'emploi, son évolution au cours des mois précédents et son évolution prévisible ;

– de procéder ou de faire procéder à toutes études permettant une meilleure connaissance des réalités de l'emploi ;

– de participer à l'étude des moyens de formation, de perfectionnement et de réadaptation professionnels, publics et privés, existant pour les différents niveaux de qualification et de rechercher avec les pouvoirs publics et les organismes intéressés les moyens propres à assurer leur pleine utilisation, leur adaptation et leur développement et de formuler à cet effet toutes observations et propositions utiles ;

– de promouvoir, dans le cadre des missions définies à l'alinéa ci-dessus, la politique de formation dans les professions ou régions de leur ressort ;

– d'examiner les conditions de mise en œuvre des moyens de reclassement et de réadaptation et de participer, si nécessaire, à cette mise en œuvre ;

– d'effectuer toutes démarches utiles auprès des organismes publics de placement en vue de concourir au placement des jeunes à l'issue de leur formation.

Un rapport doit être établi, au moins annuellement, sur la situation de l'emploi et son évolution.

Afin de permettre aux commissions paritaires de l'emploi d'avoir une meilleure connaissance de cette situation, lorsqu'un projet de licenciement collectif d'ordre économique portera sur plus de dix salariés appartenant au même établissement, les commissions paritaires de l'emploi, professionnelles et interprofessionnelles, compétentes seront informées par la direction sitôt que, conformément aux dispositions de l'article 12, le comité d'entreprise ou d'établissement l'aura lui-même été.

Le cas échéant, elles participeront à l'établissement du plan social prévu audit article.

D'autre part, si des difficultés surviennent au sein du comité d'entreprise ou d'établissement au sujet d'un projet de licenciement collectif d'ordre économique, la commission paritaire de l'emploi compétente pourra être saisie dans les conditions prévues à l'article 12 précité.

Enfin, si un licenciement collectif d'ordre économique pose des problèmes de reclassement non résolus au niveau de l'entreprise, les commissions paritaires de l'emploi compétentes seront saisies dans les conditions prévues à l'article 15 ci-après.

Le rapport annuel visé ci-dessus fera un bilan de l'action entreprise à l'occasion des licenciements collectifs dont les commissions paritaires de l'emploi seraient saisies.

Les commissions paritaires professionnelles de l'emploi doivent également, conformément aux dispositions de l'accord du 9 juillet 1970 sur la formation et le perfectionnement professionnels, établir et tenir la liste nominative des cours, stages ou sessions considérés par elles comme présentant un intérêt reconnu pour la profession et retenus à partir de critères définis par elles, notamment ceux liés au contenu des actions de formation et à leur valeur pédagogique.

Pour chacun des cours, stages ou sessions ainsi répertoriés, les commissions paritaires de l'emploi préciseront les catégories de travailleurs auxquelles ils sont destinés.

Il appartiendra aussi aux commissions paritaires professionnelles de l'emploi, compte tenu de la nature et de la durée des formations qu'elles auront agréées, de préciser dans quelles circonstances et pour quelle durée la rémunération sera maintenue totalement ou partiellement au-delà du délai de quatre semaines ou 160 heures prévu à l'article 35 de l'accord précité et d'examiner, dans ce cadre, les conditions de prise en charge éventuelle, en cas de licenciement collectif d'ordre économique, des droits d'inscription et des frais de scolarité.

Elles établiront, en outre, la liste des centres ou établissements d'enseignement dans lesquels les salariés visés par l'avenant du 30 avril 1971 à l'accord du 9 juillet 1970 pourront

demander à exercer des fonctions enseignantes en bénéficiant des dispositions prévues aux articles 7 et 12 dudit avenant.

Lorsque l'accord de branche, même s'il se réfère à l'accord national interprofessionnel du 10 févr. 1969 sur la sécurité de l'emploi, n'attribue pas de mission en matière de reclassement externe à la commission paritaire de l'emploi et de la formation professionnelle, l'employeur n'a pas à saisir cette commission avant un licenciement économique de plus de 10 salariés. • Soc. 11 juill. 2016, n° 15-12.752 P : *D. 2016. Actu. 1572 ; RDT 2016. 619, obs. Kocher ; RJS 10/2016, n° 626 ; JS Lamy 2016, n° 416-5, obs. Pacotte et Leroy.*

Art. 6 **Les commissions fixent la périodicité de leurs réunions qui ne devra pas être inférieure à une réunion par semestre.**

Art. 7 **L'organisation patronale assumera la charge du secrétariat de la commission.**

Art. 8 **Les commissions paritaires de l'emploi devront prendre toutes initiatives utiles pour établir, à leur niveau territorial et professionnel, les liaisons nécessaires avec les administrations, commissions et comités officiels ayant des attributions en matière d'emploi, tels, en particulier, que l'institution mentionnée à l'article L. 5312-1 du code du travail, l'AFPA et les comités régionaux de la formation professionnelle, de la promotion sociale et de l'emploi ainsi qu'avec l'association pour l'emploi des cadres (APEC), l'Unedic et les Assedic, en vue d'échanger tous les renseignements, notamment d'ordre statistique, dont elles pourraient disposer ou avoir besoin. Les commissions paritaires de l'emploi rechercheront leur coopération aux tâches qu'elles assument et leur offriront leur collaboration.**

Art. 9 *(Avenant du 21 nov. 1974)* **Dans le délai d'un an à compter de la date du présent accord, et ultérieurement chaque année, les organisations signataires se rencontreront pour examiner la situation de l'emploi et faire le point sur l'application de l'accord et sur le rôle joué par les commissions paritaires.**

TITRE II **Information et consultation sur les projets de licenciements pour raisons économiques**

(Accord du 20 oct. 1986)

Art. 10 **I. — Des échanges de vues sur l'évolution de l'emploi doivent avoir lieu régulièrement au sein du comité d'entreprise ou d'établissement. A cette occasion, des indications seront données sur l'importance de la main-d'œuvre temporaire utilisée, sur son affectation et sur les raisons qui motivent son emploi.**

En outre, dès que la direction est en mesure de prévoir les conséquences, dans le domaine de l'emploi, des décisions de fusion, de concentration ou de restructuration, elle doit en informer le comité d'entreprise ou d'établissement, le consulter et étudier avec lui les conditions de mise en œuvre de ces prévisions, notamment en ce qui concerne le recours éventuel au Fonds national de l'emploi.

Il en est de même en ce qui concerne les conséquences prévisibles dans le domaine de l'emploi des mutations technologiques. Dans les entreprises ou établissements assujettis à la législation sur les comités d'entreprise, lorsque ces mutations seront importantes et rapides, un plan d'adaptation sera élaboré et transmis, pour information et consultation, au comité d'entreprise ou d'établissement en même temps que les autres éléments d'information relatifs à l'introduction de nouvelles technologies. A défaut de dispositions conventionnelles de branche, il s'inspirera notamment des dispositions de l'article 12 (I) du présent accord ainsi que de celles de l'article 38 de l'accord national interprofessionnel du 9 juillet 1970 sur la formation et le perfectionnement professionnels modifié et permettra les adaptations nécessaires dans les meilleurs délais. Il sera également transmis au comité d'hygiène, de sécurité et des conditions de travail. Le comité d'entreprise ou d'établissement sera régulièrement informé et périodiquement consulté sur la mise en œuvre de ce plan.

Si une entreprise est dans l'obligation de déposer son bilan, elle informe et consulte aussitôt son comité d'entreprise.

II. — Lorsque le comité d'entreprise ou d'établissement est consulté sur un projet de licen*ciement collectif pour raisons économiques*, l'ordre du jour doit le mentionner expressément.

En vue d'assurer une information complète du comité d'entreprise ou d'établissement et de lui permettre de jouer effectivement son rôle consultatif, tel qu'il est défini par la loi et rappelé au point IV du préambule du présent accord, la direction doit, dans un document écrit joint à la convocation :

— lui donner les raisons économiques, financières ou techniques l'ayant conduite à présenter le projet soumis pour avis au comité ;

— lui préciser le nombre des salariés habituellement employés, l'importance des licenciements envisagés et les catégories professionnelles concernées ;
— lui indiquer le calendrier prévisionnel des licenciements.
Pour l'application du présent titre, lorsqu'une entreprise ou un établissement n'a pas de comité d'entreprise ou d'établissement, les délégués du personnel seront informés et consultés aux lieu et place dudit comité.

Art. 11 Conformément à la directive 75/129 du conseil des Communautés européennes, pour tout projet de licenciement collectif ayant des raisons économiques et portant sur au moins dix salariés dans une même période de trente jours, la direction adressera à l'autorité administrative compétente une notification écrite comportant les indications mentionnées à l'article 10 (II).

Dans les entreprises ou établissements qui sont dotés d'un comité d'entreprise ou d'établissement, cette notification sera effectuée au plus tôt à la date fixée pour la réunion au cours de laquelle, conformément audit article, le comité d'entreprise ou d'établissement concerné par ledit licenciement doit être consulté à ce sujet.

Art. 12 La direction devra, dans les conditions indiquées ci-après, envisager toutes dispositions tendant à éviter les licenciements pour raisons économiques ou à en limiter le nombre ainsi qu'à faciliter le reclassement du personnel dont le licenciement ne pourrait être évité.

I. — Dans les entreprises ou établissements assujettis à la législation sur les comités d'entreprise, lorsque le projet de licenciement pour raisons économiques portera sur au moins dix salariés dans une même période de trente jours, la direction soumettra au comité d'entreprise ou d'établissement un plan social qui devra lui être adressé avec la convocation à la réunion prévue à l'article 10 (II). Il sera communiqué pour information à l'autorité administrative compétente et à la commission paritaire de l'emploi. Il prévoira des mesures telles que :
— aménagement et/ou réduction des horaires de travail, lorsque cela apparaît possible et de nature à éviter des licenciements ;
— temps partiel volontaire ;
— recours à des mesures de mutation ;
— recherche des possibilités de reclassement interne ou, le cas échéant, externe ;
— inventaire des moyens de formation pouvant faciliter ces mutations et ces reclassements ;
— étalement dans le temps des licenciements éventuels, afin de faciliter les opérations de reclassement ;
— mesures susceptibles de tenir compte des problèmes spécifiques de certains salariés et notamment des personnes handicapées (au sens de la législation en vigueur) et des femmes enceintes ;
— actions de bilan-évaluation destinées à permettre aux intéressés de mieux se situer sur le marché de l'emploi en fonction de leurs capacités professionnelles acquises et potentielles ;
— formation aux techniques de recherche d'emploi ;
— aide aux départs volontaires ou anticipés et à la réalisation de projets individuels ;
— aide au retour au pays d'origine ;
— mise en place de structures adaptées destinées à informer et à conseiller les intéressés dans le domaine de la formation et à leur faciliter leurs démarches vis-à-vis d'organismes tels que l'AFPA, l'ANPE, l'APEC, les ASSEDIC ;
— conventions avec le Fonds national de l'emploi ;
— conventions de conversion prévues au chapitre II de l'accord national interprofessionnel du 20 octobre 1986. — *V. cet accord.*

(Avenant du 12 avr. 1988) « Les problèmes de conversion des salariés doivent, en tout état de cause, être évoqués lors de la première réunion du comité d'entreprise ou d'établissement. »

La direction mettra à l'étude, dans les délais prévus à l'article 13 (II), les suggestions relatives au plan social que présenterait le comité d'entreprise ou d'établissement et donnera une réponse motivée.

Au-delà de la seconde réunion du comité d'entreprise ou d'établissement visée à l'article 13 (II), ces délais n'ont pas un caractère suspensif. Toutefois, la notification des licenciements aux salariés intéressés ne peut intervenir qu'après l'expiration des délais prévus audit article.

II. — *(Avenant du 22 juin 1989)* « Dans les cas où la mise en œuvre d'un plan social est obligatoire, tout salarié compris dans le projet de licenciement et remplissant les conditions prévues à l'article 8 du chapitre II de l'accord national interprofessionnel du 20 octobre 1986 modifié par avenant du 12 avril 1988, sera mis à même de demander que lui soit proposée une convention de conversion à la place des mesures figurant audit plan social et tendant directement au reclassement des salariés.

« III. – Dans les cas où la mise en œuvre d'un plan social n'est pas obligatoire, l'employeur proposera une convention de conversion à chaque salarié compris dans le projet de licenciement et remplissant les conditions prévues à l'article 8 précité. Il procédera par ailleurs à une exploration attentive des possibilités offertes par les conventions d'allocations spéciales du fonds national de l'emploi.

« Lorsqu'il s'agira d'un licenciement collectif, le comité d'entreprise ou d'établissement, s'il en existe, sera consulté à ce sujet. » – *Avenant étendu et élargi par Arr. du 22 sept. 1989 (JO 28 sept.).*

Art. 13 I. – Lorsque le projet de licenciement pour raisons économiques porte sur moins de dix salariés dans une même période de trente jours, le licenciement de chacun des salariés ayant au moins un an d'ancienneté doit, quel que soit l'effectif de l'entreprise ou de l'établissement, être précédé d'une procédure comportant :

– une convocation de l'intéressé à un entretien préalable, cette convocation étant soit adressée par lettre recommandée, soit remise en main propre contre décharge ;

– un entretien dans les conditions prévues par l'article L. 122-14 *[L. 1232-2 nouv.]* du code du travail ;

– un délai de sept jours entre la date pour laquelle le salarié aura été convoqué à cet entretien et la notification du licenciement ; ce délai est de quinze jours en cas de licenciement individuel d'un membre du personnel d'encadrement ;

– l'indication du ou des motifs économiques du licenciement dans la lettre prévue à l'article L. 122-14-1 *[L. 1232-6 nouv.]* du code du travail.

Toutefois, lorsque les conditions économiques auront conduit une entreprise ou un établissement assujetti à la législation sur les comités d'entreprise à répéter des licenciements pour raisons économiques conformément à la procédure ci-dessus, si le total des licenciements atteint le chiffre de trente personnes sur six mois consécutifs, tout nouveau licenciement envisagé pour raisons économiques dans les six mois suivants devra être effectué selon les dispositions de l'article 12 (I) ci-dessus.

II. – Lorsque le projet de licenciement porte sur au moins dix salariés dans une même période de trente jours, un délai préfixé maximal doit s'écouler, à l'exception des cas de force majeure ou de circonstances économiques exceptionnelles comportant un caractère d'urgence, entre la notification à l'autorité administrative compétente prévue au deuxième alinéa de l'article 11 et la notification des licenciements aux salariés concernés.

Ce délai est de :

– trente jours lorsque le nombre de licenciements envisagés dans l'entreprise ou l'établissement est au moins égal à dix et inférieur à 100 ;

– quarante-cinq jours lorsque le nombre de licenciements envisagés est au moins égal à 100 et inférieur à 250 ;

– soixante jours lorsque le nombre de licenciements envisagés est égal ou supérieur à 250.

Il est destiné notamment à permettre la tenue d'une deuxième réunion du comité d'entreprise ou d'établissement.

Suivant les délais ci-dessus, cette seconde réunion ne peut être fixée respectivement plus de sept jours, quatorze jours ou vingt et un jours après la date fixée pour la réunion prévue à l'article 10 (II).

Dans les entreprises ou établissements qui ne sont pas dotés d'un comité d'entreprise ou d'établissement, un délai de trente jours doit être observé, conformément à la directive 75/129 du conseil des Communautés européennes, entre la notification visée au premier alinéa de l'article 11 du présent accord et la notification des licenciements aux salariés concernés.

L'autorité administrative compétente aura la faculté de réduire le délai applicable pour les entreprises ou établissements où serait intervenu un accord collectif portant sur les conditions des licenciements et en particulier sur certaines des dispositions figurant dans l'article 12 (I) du présent accord ou dans lesquels seraient appliquées les dispositions d'une convention ou d'un accord collectif ayant cet objet.

Art. 14 D'un commun accord entre la direction et le comité d'entreprise ou d'établissement ou si le projet de licenciement pour raisons économiques porte sur au moins dix salariés dans une même période de trente jours, les difficultés éventuellement survenues au sujet de ce projet au sein du comité d'entreprise ou d'établissement pourront être examinées :

— soit au niveau utile le plus proche possible du lieu du licenciement par les organisations syndicales d'employeurs et de salariés représentées aux commissions paritaires de l'emploi, en présence des représentants de la direction et du personnel de l'entreprise ou de l'établissement concerné, ainsi que, le cas échéant, des représentants des administrations et organismes ayant à jouer un rôle en la matière ;

— soit par la commission paritaire de l'emploi compétente qui, en vue de contribuer à la recherche d'une solution, pourra prendre toutes dispositions pour faciliter une réunion des parties au niveau convenable et pourra solliciter la collaboration des représentants des administrations et organismes exerçant une mission dans le domaine de l'emploi, de la formation ou du placement.

Cet examen s'inscrira dans les délais prévus à l'article 13.

Les organisations syndicales précitées et les commissions paritaires de l'emploi professionnelles et interprofessionnelles devront établir entre elles une liaison suffisante pour éviter tout double emploi.

TITRE III **Garanties prévues en cas de mutations et licenciements collectifs d'ordre économique**

Art. 15 *(Avenant du 21 nov. 1974)* Si des licenciements collectifs pour raisons *(Accord du 20 oct. 1986)* « économiques » n'ont pu être évités et posent un problème de reclassement, les organisations syndicales d'employeurs et de salariés visées *(Accord du 20 oct. 1986)* « à l'article 14 » ou les commissions paritaires de l'emploi compétentes pourront être saisies :

— soit d'un commun accord entre la direction et le comité d'entreprise ou d'établissement ;

— soit lorsque le licenciement portera sur plus de dix salariés occupés dans le même établissement (ce chiffre étant éventuellement calculé sur une période de trente jours).

Elles s'efforceront d'élaborer un plan comportant des propositions de reclassement ou de formation en vue d'un reclassement à terme et tenant compte des différents régimes d'indemnisation en vigueur.

Elles pourront, si elles le jugent opportun, décider la constitution de commissions d'intervention agissant localement au niveau le plus proche possible du lieu du licenciement, réunissant des représentants des organisations syndicales ou des commissions paritaires en cause, et faisant appel au concours des représentants de toutes administrations ou de tous organismes, tels que ceux énumérés à l'article 8, susceptibles de contribuer au reclassement, à la formation, au recyclage, au perfectionnement, à l'indemnisation du personnel licencié.

Ces commissions d'interventions, qui n'auront qu'une existence temporaire dans les limites du mandat qui leur aura été fixé, exerceront un rôle d'animation, de coordination, de conseil et d'orientation.

Les organisations syndicales précitées et les commissions paritaires de l'emploi professionnelles et interprofessionnelles devront établir entre elles une liaison suffisante pour éviter tout double emploi.

Art. 16 Si une opération de fusion, de concentration ou de restructuration conduit à réduire les effectifs, cette réduction doit être atteinte, dans toute la mesure du possible, par le jeu des départs naturels ou volontaires.

Dans ce même cas, lorsque l'entreprise a recours à des mutations internes, elle doit s'employer à éviter que ces mutations entraînent un déclassement des salariés, par des aménagements de postes de travail, par des actions appropriées de réadaptation ou de formation professionnelle prenant de préférence la forme de conventions permettant aux salariés de bénéficier de la législation en vigueur.

Art. 17 *(Avenant du 21 nov. 1974)* Lorsqu'une entreprise a procédé à des mutations internes en vue de diminuer le nombre des salariés compris dans un licenciement collectif pour raisons *(Accord du 20 oct. 1986)* « économiques », et qu'il n'aura pas été possible d'éviter un déclassement, l'employeur assurera au travailleur déclassé le maintien de son salaire antérieur pendant une durée égale à celle du préavis qui lui serait applicable en cas de licenciement et au minimum pendant :

— trois mois pour les salariés ayant plus de trois ans d'ancienneté le jour où la mutation prend effet ;

— quatre mois pour les salariés ayant plus de cinq ans d'ancienneté le jour où la mutation prend effet ;

— cinq mois pour les salariés ayant plus de dix ans d'ancienneté le jour où la mutation prend effet.

Art. 18 *(Accord du 20 oct. 1986)* Si le déclassement entraîne pour l'intéressé une réduction de salaire d'au moins 5 p. 100 et s'il compte au moins un an d'ancienneté dans l'entreprise, il percevra, après expiration du délai prévu à l'article 17 et pendant les six mois suivants, une indemnité temporaire dégressive. Si l'employeur a conclu avec le Fonds national de l'emploi une convention assurant aux salariés déclassés le bénéfice des allocations temporaires dégressives prévues par l'article L. 322-4 *[L. 5123-2 nouv.]* du code du travail, les allocations temporaires versées au titre de la convention passée avec le Fonds national de l'emploi se substituent aux indemnités temporaires dégressives instituées par le présent article.

L'indemnité temporaire dégressive est calculée, pour chacun des six mois suivant l'expiration du délai fixé par l'article article 17 pendant lequel le salaire antérieur est intégralement maintenu, selon les pourcentages ci-dessous de la différence entre l'ancien et le nouveau salaire :

– pour les deux premiers mois suivants : 80 p. 100 ;
– pour les troisième et quatrième mois suivants : 60 p. 100 ;
– pour les cinquième et sixième mois suivants : 40 p. 100.

Le salaire horaire ancien est égal à la moyenne, base trente-neuf heures, primes incluses, des salaires des trois derniers mois précédant le déclassement.

Art. 19 En cas de mutation d'un salarié dans un autre établissement de la même entreprise, l'ancienneté dans le nouvel établissement est calculée en tenant compte de l'ancienneté acquise dans le précédent établissement.

Art. 20 Dans le cas où la mutation conduit le salarié à occuper un emploi dans un autre établissement de l'entreprise, cette dernière doit par toutes les démarches utiles faciliter à l'intéressé l'obtention des allocations de transfert prévues par la loi du 18 décembre 1963 relative au Fonds national de l'emploi.

Art. 21 Le salarié ayant fait l'objet d'une mutation avec déclassement bénéficiera pendant un an d'une priorité de reclassement au cas où un poste de même nature deviendrait vacant dans son ancienne catégorie.

Art. 22 Les entreprises doivent rechercher les possibilités de reclassement susceptibles de convenir aux salariés dont le licenciement aura dû être décidé ainsi que les moyens de formation et de reconversion qui pourraient être utilisés par eux. Elles les feront connaître au comité d'entreprise ou d'établissement intéressé.

Art. 23 Le salarié licencié dans le cadre d'un licenciement *(Accord du 20 oct. 1986)* « pour raisons économiques » résultant d'une opération de fusion, de concentration ou de restructuration et qui a trouvé un nouvel emploi en cours de préavis pourra quitter l'entreprise sans avoir à payer l'indemnité de préavis correspondant à la partie non exécutée de son préavis et en conservant le bénéfice de son indemnité de licenciement légale ou conventionnelle. L'employeur ne peut refuser son accord que pour des nécessités de service.

Les heures pour recherche d'emploi résultant de l'usage ou des dispositions des conventions collectives peuvent être bloquées dans des conditions à établir avec le chef d'entreprise.

Art. 24 La prise en charge par les Assedic des salariés licenciés doit être facilitée par les entreprises qui assureront à cet effet tous les contacts nécessaires avec les Assedic compétentes.

Art. 25 *(Accord du 20 oct. 1986)* Les salariés licenciés pour raisons économiques ou ayant accepté un contrat de conversion bénéficient d'une priorité de réembauchage durant un délai d'un an à compter de la date de la rupture de leur contrat, s'ils manifestent le désir d'user de cette priorité dans un délai de deux mois à partir de leur départ de l'entreprise. Dans ce cas, l'employeur informera les salariés concernés de tout emploi devenu disponible dans leur qualification.

Cette disposition ne peut cependant avoir pour effet de faire obstacle aux obligations relatives aux priorités d'emploi instituées par la réglementation.

Art. 26 Lorsqu'un salarié licencié a été embauché par une autre entreprise ne fermant pas pour la durée des congés payés, il peut sur sa demande obtenir de son nouvel employeur un congé non payé, s'il n'a pas un an de présence au 1er juin de l'année en cours et s'il a perçu au titre de la même période de référence, lors de la résiliation de son précédent contrat, une indemnité compensatrice de congés payés.

La durée du congé attribué au salarié en application de l'alinéa précédent est égale à celle du congé acquis dans l'entreprise qui l'a licencié.

TITRE IV **Dispositions diverses**

Art. 27 Les entreprises doivent faire connaître aux sections locales de l'institution mentionnée à l'article L. 5312-1 du code du travail leurs offres d'emploi. Pour les postes de cadres cette déclaration est faite à l'association pour l'emploi des cadres (APEC) ou à sa section régionale.

Art. 28 La situation des voyageurs, représentants et placiers au regard des problèmes de l'emploi fera l'objet avant le 31 mai 1969 d'un examen au sein d'une commission paritaire où seront représentées les organisations syndicales de VRP.

Art. 29 *(Accord du 20 oct. 1986)* Les dispositions du présent accord s'inspirent des considérations générales énoncées dans le préambule et doivent être appliquées dans leur esprit.

Ayant pour objet de fixer des règles applicables à la généralité des professions, elles ne font pas obstacle à la conclusion d'accords dans le cadre des conventions collectives et ne remettent pas en cause les accords déjà intervenus.

Toutefois, les parties signataires du présent accord constatent :

– que ces accords de branche pourront faire l'objet d'une renégociation entre les organisations compétentes ;

– qu'afin que cette renégociation puisse pleinement prendre en considération les dispositions légales en vigueur et celles du présent accord national interprofessionnel, les dispositions conventionnelles de branche préexistantes pourront donc faire l'objet d'une procédure de révision pendant un délai de deux mois ;

– qu'au terme de cette procédure et en cas d'échec, les parties intéressées apprécieront la situation ainsi créée et pourront, en particulier, recourir à la dénonciation des dispositions en cause conformément à l'article L. 132-8 *[L. 2222-6 nouv.]* du code du travail ;

– que cette procédure est applicable tant lorsque les dispositions conventionnelles de branche figurent dans un accord collectif particulier que lorsqu'elles ont été insérées dans une convention collective ;

– que, dans ce dernier cas, la dénonciation ne saurait, bien entendu, entraîner celle de l'ensemble de la convention collective.

Art. 30 Le présent accord sera déposé en triple exemplaire au conseil des prud'hommes de la Seine (section du commerce).

Fait à Paris, le 10 février 1969.

Signataires :

D'une part,

Le Conseil national du patronat français ;

La Confédération générale des petites et moyennes entreprises,

D'autre part,

La Confédération générale du travail ;

La Confédération française démocratique du travail ;

La Confédération générale du travail Force ouvrière ;

La Confédération française des travailleurs chrétiens ;

La Confédération générale des cadres.

Arrêté du 11 avril 1972, *portant extension de l'accord national interprofessionnel sur la sécurité de l'emploi du 10 février 1969 (JO 21 avr.).* **Art. 1er** Les dispositions de l'accord national interprofessionnel du 10 février 1969 sur la sécurité de l'emploi, conclu entre *[V. art. 30, les signataires]*

....

sont rendues obligatoires pour tous les employeurs et tous les travailleurs dans les entreprises dont l'activité est représentée au sein des organisations patronales signataires.

Art. 2 L'extension des effets et sanctions de l'accord susvisé est faite à dater de la publication du présent arrêté pour la durée restant à courir et aux conditions prévues par ledit accord.

Arrêté du 31 décembre 1986, *Portant extension d'accords nationaux interprofessionnels sur l'emploi (JO 1er janv. 1987).* **Art. 1er** Sont rendues obligatoires, pour tous les employeurs et tous les salariés des entreprises entrant dans leur champ d'application (entreprises dont l'activité est représentée au sein de l'organisation patronale signataire, à l'exclusion, pour l'accord du 20 octobre 1986, de celle figurant en annexe), les dispositions de :

— l'avenant (dispositions non modifiées) du 21 novembre 1974 à l'accord national interprofessionnel du 10 février 1969 sur la sécurité de l'emploi ;

— l'accord national interprofessionnel du 20 octobre 1986 sur l'emploi.

Les dispositions de l'article 1er de l'accord du 20 octobre 1986 modifiant l'article 10 de l'accord du 10 février 1969 sont étendues sous réserve de l'application du chapitre II du titre III du livre IV du code du travail.

Les dispositions de l'article 1er de l'accord du 20 octobre 1986 modifiant l'article 13 de l'accord du 10 février 1969 sont étendues sous réserve de l'application des articles L. 122-14, L. 122-14-1 et L. 122-14-2 *[L. 1232-2 s. nouv.]* du code du travail, ainsi que de l'article L. 321-6, 1er alinéa *[L. 1233-39 et L. 1233-41 nouv.]*, en ce qui concerne l'avant-dernier alinéa du paragraphe II.

Art. 2 L'extension des effets et sanctions de l'avenant et de l'accord susvisés sont faits à dater de la publication du présent arrêté pour la durée restant à courir et aux conditions prévues par lesdits avenant et accord.

Arrêté du 31 décembre 1986, *portant élargissement d'accords nationaux interprofessionnels sur l'emploi (JO 1er janv. 1987).* **Art. 1er** Dans les mêmes conditions que celles prévues par les arrêtés des 11 avril 1972 et 31 décembre 1986 les rendant obligatoires dans leur propre champ d'application, sont rendues obligatoires pour tous les employeurs et tous les salariés des entreprises autres qu'agricoles visées à l'article L. 321-2 du code du travail, non comprises dans leur champ d'application, les dispositions de :

— l'accord national interprofessionnel (dispositions non modifiées) du 10 février 1969 sur la sécurité de l'emploi ;

— l'avenant (dispositions non modifiées) du 21 novembre 1974 à l'accord national interprofessionnel du 10 février 1969 susvisé ;

— l'accord national interprofessionnel du 20 octobre 1986 sur l'emploi.

Art. 2 L'élargissement des effets et sanctions des accords et avenant susvisés est fait à dater de la publication du présent arrêté pour la durée restant à courir et aux conditions prévues par lesdits accords et avenant.

Sur l'annulation de l'arrêté du 31 déc. 1986, ainsi que de l'arrêté du 29 avr. 1988 portant élargissement de l'avenant du 12 avr. 1988 à l'accord national interprofessionnel du 20 oct. 1986, V. • CE 30 nov. 1992 (2 arrêts) : ☎ *Dr. soc. 1993. 355, concl. Bonichot, note Barthélémy* ✐.

Loi no 79-11 du 3 janvier 1979,

Relative au contrat de travail à durée déterminée.

Art. 8 Les salariés involontairement privés d'emploi, qui bénéficient d'un revenu de remplacement et qui sont engagés par contrat à durée déterminée, retrouvent, à l'expiration du contrat, l'intégralité des droits auxquels ils auraient pu prétendre, sans préjudice des droits nouveaux que le contrat leur a fait acquérir.

Les dispositions des articles L. 122-1 et L. 122-3 *[L. 1242-1, L. 1242-2 et L. 1242-6 nouv.]* **du code du travail ne peuvent avoir pour effet de supprimer ou de réduire les avantages conventionnels, en particulier en matière d'aide aux travailleurs involontairement privés d'emploi.**

Accord national interprofessionnel du 20 octobre 1986,

Sur l'emploi.

En ce qui concerne l'extension et l'élargissement du présent accord national, V. 2 Arr. du 31 déc. 1986, ss l'art. 30 de l'Accord national interprofessionnel du 10 févr. 1969 ; ... l'extension et l'élargissement de l'avenant du 12 avr. 1988 modifiant le présent accord, V. 2 Arr. du 29 avr. 1988 (JO

30 avr.) ; ... l'extension et l'élargissement de l'avenant du 22 juin 1989 modifiant le présent accord, V. 2 Arr. du 22 sept. 1989 (JO 28 sept.).

Préambule Les entreprises doivent s'efforcer dans tous les cas de faire des prévisions de façon à établir les bases d'une politique active et dynamique de l'emploi, identifiant les problèmes posés par les conséquences sur le volume et la structure des effectifs, des variations de la conjoncture et de l'introduction de nouvelles technologies.

Une planification rigoureuse de la formation devrait permettre de préparer, le plus longtemps à l'avance, les solutions permettant de réduire les éventuels licenciements, notamment par une pratique active des opérations de conversion interne.

Afin de contribuer à cette politique, les branches professionnelles s'emploieront à rechercher les moyens propres à développer le rôle des commissions paritaires de l'emploi.

CHAPITRE PREMIER *Modifiant l'accord national interprofessionnel sur la sécurité de l'emploi*

Art. 1er *V. Accord national interprofessionnel du 10 févr. 1969, titre II (art. 10 à 14).*

Art. 2 à 5 *V. Accord national interprofessionnel du 10 févr. 1969, art. 15, 17, 18, 23, 25 et 29.*

Art. 6 Les dispositions du présent chapitre s'appliqueront aux procédures de licenciement pour raisons économiques engagées à compter du 1er janvier 1987, sous réserve que soient préalablement intervenues les mesures demandées dans le memorandum du 20 octobre 1986.

CHAPITRE II *Instituant des conventions de conversion*

Dans le texte de l'accord du 20 oct. 1986, les termes « contrats de conversion » sont remplacés par « conventions de conversion » (Avenant du 12 avr. 1988).

La loi n° 2002-73 du 17 janv. 2002 a mis fin à l'obligation pour l'employeur de proposer des conventions de conversion.

Pour le texte des art. 3 à 19, V. édition 2003 ou antérieure.

Loi n° 89-18 du 13 janvier 1989,

Portant diverses mesures d'ordre social.

BIBL. ▶ WELCOMME, *Dr. soc. 1994. 95* ✐.

Art. 6 L'embauche, dans les conditions ci-après, d'un premier salarié ouvre droit à l'exonération des cotisations qui sont à la charge de l'employeur au titre des assurances sociales, des accidents du travail et des allocations familiales pour l'emploi de ce salarié *(L. n° 98-1194 du 23 déc. 1998, art. 6)* « , afférentes à une fraction de la rémunération égale au salaire minimum de croissance, par heure rémunérée dans la limite de la durée légale ou conventionnelle du travail ». — *Disposition applicable aux embauches réalisées à compter du 1er janv. 1999.*

Bénéficient de cette exonération les personnes non salariées inscrites auprès des organismes chargés du recouvrement des cotisations d'allocations familiales ou assujetties au régime de protection sociale des professions agricoles et qui ont exercé leur activité sans le concours de personnel salarié, sinon avec au plus un salarié en contrat d'apprentissage ou de qualification *(L. n° 94-679 du 8 août 1994, art. 69-II ; L. n° 95-116 du 4 févr. 1995, art. 84-II)* « ou en contrat d'adaptation ou d'orientation », durant les douze mois précédant l'embauche, *(L. n° 90-1260 du 31 déc. 1990, art. 10)* « ainsi que, dans les mêmes conditions, les gérants de société à responsabilité limitée qui ne possèdent pas plus de la moitié du capital social et ne bénéficient pas de cette exonération à un autre titre ». *(L. n° 91-1405 du 31 déc. 1991, art. 47 ; L. n° 93-1313 du 20 déc. 1993, art. 4 ; L. n° 96-559 du 24 juin 1996, art. 9)* « Bénéficient également de cette exonération les mutuelles régies par le code de la mutualité, les coopératives d'utilisation de matériel agricole régies par le titre II du livre V (nouveau) du code rural et de la pêche maritime, les groupements d'employeurs visés à l'article L. 127-1 du code du travail dont les adhérents sont exclusivement agriculteurs ou artisans *(L. n° 95-95 du 1er févr. 1995, art. 58)* « , ainsi que ceux composés d'exploitants agricoles, de coopératives d'utilisation de matériel agricole, de groupements agricoles d'exploitation en commun et d'exploitations agricoles à responsabilité limitée, » et les associations régies par la loi du 1er juillet 1901 relative au contrat d'association ou les dispositions de la

loi du 19 avril 1908 applicables dans les départements du Bas-Rhin, du Haut-Rhin et de la Moselle et agréées à cette fin par l'autorité administrative compétente. »

(L. n° 91-1405 du 31 déc. 1991, art. 47) **« Cet agrément est donné aux associations :**

« 1° Qui exercent une activité sociale, éducative, culturelle, sportive ou philanthropique, non concurrente d'une entreprise commerciale ;

« 2° Qui sont administrées à titre bénévole par les personnes n'ayant elles-mêmes ou par personnes interposées aucun intérêt direct dans les résultats de l'association ;

« 3° Qui utilisent l'intégralité d'éventuels excédents de recettes aux actions entrant dans l'objet de l'association ; »

(L. n° 96-559 du 24 juin 1996, art. 9) **« 4° Qui sont administrées par des personnes dont aucune n'a administré une autre association ayant employé un ou plusieurs salariés, au sens du deuxième alinéa de l'article 6-1 de la présente loi, dans les douze mois précédant la date de l'embauche. »** — *Disposition applicable aux demandes d'agrément déposées à compter du 1er mai 1996.*

(L. n° 91-1405 du 31 déc. 1991, art. 47) **« Bénéficient également de cette exonération les associations agréées pour les services aux personnes, dans les conditions prévues à l'article L. 129-1** *[L. 7231-1 nouv.]* **du code du travail.**

« Les associations et les mutuelles doivent avoir exercé leur activité sans le concours de personnel salarié, sinon des salariés en contrat *(L. n° 2005-32 du 18 janv. 2005, art. 55-IV)* **« d'accompagnement dans l'emploi, contrat d'avenir ou au plus un salarié en contrat d'apprentissage ou de professionnalisation » durant les douze mois précédant l'embauche. Les coopératives d'utilisation de matériel agricole et les groupements d'employeurs doivent avoir exercé leur activité sans le concours de personnel salarié, sinon au plus un salarié en contrat d'apprentissage ou de qualification** *(L. n° 94-679 du 8 août 1994, art. 69-II ; L. n° 95-116 du 4 avr. 1995, art. 84-II)* **« ou en contrat d'adaptation ou d'orientation » durant les douze mois précédant l'embauche. »**

Al. 9 abrogé par L. n° 93-1313 du 20 déc. 1993, art. 4.

1. La condition d'absence de personnel salarié antérieurement à l'embauche ne s'apprécie que dans le cadre de l'activité au titre de laquelle l'exonération est demandée. • Soc. 20 févr. 1997, ☎ n° 95-11.767 P : *CSB 1997. 141, A. 28.*

2. Tout salarié employé à titre professionnel par un travailleur indépendant, quelle que soit la nature de sa tâche (femme de ménage employée par un artisan photographe), apporte à celui-ci son concours dans l'exercice de son activité, et l'emploi de ce salarié fait obstacle au bénéfice de l'exonération de cotisations patronales pour l'embauche d'un premier salarié. • Soc. 20 nov. 1997, ☎ n° 96-11.318 P : *RJS 1998. 69, n° 85.*

Art. 6-1 *(L. n° 93-1313 du 20 déc. 1993, art. 4)* **« Le bénéfice de l'exonération est accordé en cas de reprise d'une entreprise employant ou ayant employé au plus quarante-neuf salariés dans les douze mois précédant l'embauche par le repreneur lorsque cette reprise intervient dans le cadre de la procédure de redressement prévue par** *(Ord. n° 2000-912 du 18 sept. 2000, art. 3)* **« le code de commerce », si elle a pour effet de maintenir l'emploi pendant la période d'exonération. »**

Sont considérées comme salariés pour l'application des présentes dispositions les personnes mentionnées aux articles L. 311-2 et L. 311-3, à l'exception du 10° *(L. n° 90-1260 du 31 déc. 1990, art. 10)* **« et du 11° », du code de la sécurité sociale, à l'article 3 de la loi du 13 décembre 1926 portant code du travail maritime** *[V. ce texte, App. VII, E. Marine marchande]* **et à l'article 1144** *[L. 722-20]* **du code rural et de la pêche maritime** *[V. cet art., App. II, B. Durée du travail]* **à l'exclusion du conjoint ou du concubin de l'employeur** *(L. n° 90-1260 du 31 déc. 1990, art. 10)* **« ou du gérant de la société à responsabilité limitée », des personnes fiscalement à sa charge, des aides familiaux et associés d'exploitation mentionnés au 2° du paragraphe I de l'article 1106-1** *[L. 722-10]* **du code rural et de la pêche maritime ainsi que des employés de maison.** — *Parmi l'ensemble des salariés, visés aux art. L. 311-2 et L. 311-3 CSS, les 10° et 11° de l'art. L. 311-3 concernent les gardiennes d'enfants et les gérants minoritaires de SARL.*

Le contrat de travail doit être à durée indéterminée *(L. n° 93-1313 du 20 déc. 1993, art. 4)* **« ou être conclu en application du 2° de l'article L. 122-1-1 du code du travail pour une durée d'au moins douze mois ».**

L'exonération porte sur une période de vingt-quatre mois à compter de la date d'effet du contrat de travail. En cas d'embauches successives liées à la démission ou au décès d'un ou plusieurs salariés ou à tout autre événement indépendant de la volonté de l'employeur et déterminé par décret, la période de vingt-quatre mois tient uniquement compte des durées d'effet respectives des contrats de travail ainsi conclus, dans la limite toutefois d'un délai total de trente-six mois à compter de la date d'effet du premier contrat de travail. — *V. Décr. du 14 juin 1989, art. 2.*

(L. n° 93-1313 du 20 déc. 1993, art. 4) « Lorsque le contrat de travail est conclu pour une durée déterminée, l'exonération porte sur une période égale à la durée initiale du contrat dans la limite de dix-huit mois à compter de sa date d'effet. En cas d'embauches successives dans les conditions définies au quatrième alinéa, la période d'exonération tient uniquement compte des durées d'effet respectives des contrats de travail ainsi conclus dans la limite d'une fois et demie la durée de l'exonération attachée à la conclusion du premier contrat. »

Art. 6-2 *(L. n° 93-1313 du 20 déc. 1993, art. 4)* « Les dispositions des articles 6, 6-1 et celles du présent article sont applicables aux embauches réalisées jusqu'au » *(L. n° 98-1194 du 23 déc. 1998, art. 6)* « **31 décembre 2001** ».

Le bénéfice de ces dispositions ne peut être cumulé avec les aides directes de l'État à la création d'emploi dont la liste est fixée par décret. *(L. n° 98-1194 du 23 déc. 1998, art. 6)* « Il ne peut être cumulé avec le bénéfice d'une autre exonération totale ou partielle de cotisations patronales ou l'application de taux spécifiques, d'assiettes ou de montants forfaitaires de cotisations. » — *V. Décr. n° 89-392 du 14 juin 1989, art. 1er.*

Les employeurs qui remplissent les conditions fixées ci-dessus en font la déclaration par écrit à *(L. n° 95-116 du 4 févr. 1995, art. 62)* « l'organisme de recouvrement des cotisations de sécurité sociale au plus tard à la date d'exigibilité des cotisations de sécurité sociale afférentes au premier versement de la rémunération » ou, pour les embauches intervenues avant la date de publication de la présente loi, avant le 1er février 1989.

Décret n° 89-392 du 14 juin 1989,

Relatif à l'exonération des cotisations sociales pour l'embauche d'un premier salarié.

Art. 1er L'exonération des cotisations à la charge de l'employeur au titre des assurances sociales, des accidents du travail et des allocations familiales lors de l'embauche d'un premier salarié n'est pas cumulable pour un même emploi avec la majoration de l'aide à la création d'entreprise prévue à l'article **R. 351-48** du code du travail en cas d'embauche d'un salarié par un bénéficiaire de cette aide.

Art. 2 En cas d'embauches successives dues à la rupture du contrat de travail à l'initiative du salarié pendant la période d'essai, à la démission, au décès ou à la suspension du contrat de travail d'un ou plusieurs salariés en raison de la maladie, du départ au service national ou en application des articles **L. 122-26, L. 122-28-1, L. 122-32-1, L. 931-1** et **L. 931-2** *[L. 1225-17 à L. 1225-25, L. 1225-47 à L. 1225-51, L. 1226-7, L. 6322-1 à L. 6322-3 et L. 6322-7 nouv.]* du code du travail, le droit à exonération court pendant une durée de trente-six mois à compter de la première embauche, la durée totale de l'exonération ne pouvant excéder vingt-quatre mois.

Décret n° 93-238 du 22 février 1993,

Relatif à l'abattement de cotisations pour les emplois à temps partiel (JO 24 févr.).

Art. 1er *(Décr. n° 94-266 du 5 avr. 1994)* Le taux de l'abattement prévu au premier alinéa de l'article **L. 322-12** du code du travail est fixé à 30 p. 100.

Art. 1er *bis* *(Décr. n° 94-266 du 5 avr. 1994)* Ouvre droit au bénéfice de l'abattement un contrat de travail conclu en application du dernier alinéa de l'article **L. 212-4-2** *[L. 3123-2 nouv.]* du code du travail et prévoyant une durée d'activité au plus égale, heures supplémentaires ou complémentaires comprises, à la durée annuelle définie au quatrième alinéa de l'article **L. 212-4-2** *[L. 3123-2 nouv.]* du code du travail et au moins égale, heures supplémentaires ou complémentaires non comprises, à la moitié de cette durée. Toutefois, ces dispositions ne sont pas applicables en cas de cessation du contrat de travail au cours de la période sur laquelle est appréciée la durée du travail en application de l'article **L. 212-4-2** *[L. 3123-2 nouv.]*.

Art. 2 Le bénéfice de l'abattement est suspendu à compter du premier jour du mois suivant celui au cours duquel la durée du travail est soit supérieure à la limite maximale, soit inférieure à la limite minimale prévue au troisième alinéa de l'article **L. 322-12** *[L. 5133-2 nouv.]*, jusqu'au premier jour du mois suivant celui au cours duquel cette durée est à nouveau comprise dans ces limites.

(Décr. n° 94-266 du 5 avr. 1994) « Le bénéfice de l'abattement est suspendu dans les mêmes conditions lorsque la durée d'activité excède les limites fixées à l'article précédent. »

Art. 3 Les embauches prévues au deuxième alinéa de l'article L. 322-12 *[L. 5133-2 nouv.]* doivent être effectives dans les soixante jours suivant la date d'effet de la transformation du contrat de travail.

Art. 4 La déclaration prévue au *(Décr. nº 94-266 du 5 avr. 1994)* « dixième » alinéa de l'article L. 322-12 est effectuée dans les délais définis dans cet alinéa auprès du *(Décr. nº 2009-1377 du 10 nov. 2009)* « directeur régional des entreprises, de la concurrence, de la consommation, du travail et de l'emploi » et de l'organisme chargé du recouvrement des cotisations sociales.

Cette déclaration est accompagnée de la copie du contrat de travail.

Les modifications issues du Décr. nº 2009-1377 du 10 nov. 2009 prennent effet, dans chaque région, à la date de nomination du directeur régional des entreprises, de la concurrence, de la consommation, du travail et de l'emploi (Décr. préc., art. 7-I). — V. Arr. de nomination de ces directeurs des 30 déc. 2009 (JO 5 janv. 2010) et 9 févr. 2010 (JO 14 févr.).

Ces modifications s'appliquent à la région Île-de-France à compter du 1er juill. 2010 (Décr. nº 2010-687 du 24 juin 2010, art. 2).

Art. 5 Le *(Décr. nº 2009-1377 du 10 nov. 2009)* « directeur régional des entreprises, de la concurrence, de la consommation, du travail et de l'emploi » examine la conformité du contrat de travail aux conditions fixées à l'article L. 322-12 *[L. 5133-2 nouv.]*, selon la procédure fixée au *(Décr. nº 94-266 du 5 avr. 1994)* « onzième » alinéa de l'article précité.

V. notes ss. art. 4.

Art. 6 En cas de licenciement économique au cours des six mois précédant une embauche susceptible d'ouvrir droit à l'abattement prévu au premier alinéa de l'article L. 322-12 précité, une demande d'autorisation préalable doit être adressée au *(Décr. nº 2009-1377 du 10 nov. 2009)* « directeur régional des entreprises, de la concurrence, de la consommation, du travail et de l'emploi ».

V. notes ss. art. 4.

Art. 7 Les attributions conférées aux articles 4, 5 et 6 au *(Décr. nº 2009-1377 du 10 nov. 2009)* « directeur régional des entreprises, de la concurrence, de la consommation, du travail et de l'emploi » sont exercées, dans les branches de contrôle ne relevant pas de la compétence de ce directeur, par les fonctionnaires chargés du contrôle de l'emploi dans lesdites branches.

V. notes ss. art. 4.

Art. 8 *(Décr. nº 94-266 du 5 avr. 1994)* Pour l'exercice des attributions qui lui appartiennent en vertu des articles 3, 4, 5 et 6 du présent décret, le *(Décr. nº 2009-1377 du 10 nov. 2009)* « directeur régional des entreprises, de la concurrence, de la consommation, du travail et de l'emploi » peut déléguer sa signature aux fonctionnaires placés sous son autorité.

Ces dispositions sont également applicables aux fonctionnaires mentionnés à l'article 7 du présent décret.

V. Circ. CDE/DRT nº 93-8 du 24 févr. 1993 (BOMT nº 93/22, texte nº 637) et Circ. CDE/DRT nº 94-37 du 25 août 1994 (BOMT nº 94/21, p. 61).

V. notes ss. art. 4.

Loi nº 96-126 du 21 février 1996,

Portant création d'un fonds paritaire d'intervention en faveur de l'emploi.

BIBL. GÉN. ▶ TAQUET, *Sem. soc. Lamy 1996, nº 785* (rupture d'un commun accord).

Art. 1er Pour financer les mesures de soutien à l'emploi prévues à l'article 2 de la présente loi, les parties signataires de l'accord prévu à l'article L. 351-8 *[L. 5422-20 nouv.]* du code du travail peuvent affecter à un fonds paritaire d'intervention en faveur de l'emploi une partie des contributions visées à l'article L. 351-3-1 *[L. 5422-9 nouv.]* du même code, dans la limite d'un plafond fixé par décret.

Ce fonds est géré par les institutions mentionnées à l'article L. 351-21 du code du travail.

Les mesures d'application des dispositions du présent article font l'objet d'accords conclus entre les parties signataires précitées. Ces accords ne peuvent entrer en vigueur qu'après avoir été agréés par arrêté du ministre chargé de l'emploi. L'agrément ne peut être accordé que si les dispositions de ces accords sont compatibles avec la politique de l'emploi et non contraires aux dispositions législatives et réglementaires en vigueur.

Cet agrément est accordé après avis du *(L. n° 2008-126 du 13 févr. 2008)* « Conseil national de l'emploi ». Il a pour effet de rendre ces accords applicables à tous les employeurs et salariés visés à l'article L. **351-4** *[L. 5422-13 nouv.]* du même code et à tous les employeurs et salariés mentionnés aux 3° et 4° de l'article L. **351-12** *[L. 5424-1 nouv.]* et placés sous le régime de l'article L. **351-4**.

Les accords prévus ci-dessus et présentés à l'agrément du ministre chargé de l'emploi sont soumis aux conditions de publicité prévues à l'article L. **133-14** *[D. 2261-5 nouv.]* du code du travail.

Art. 2 I. — Dans les conditions déterminées par un accord agréé en application de l'article 1er, le fonds prévu au même article assure le financement d'allocations au bénéfice des salariés ayant présenté une demande de cessation d'activité acceptée par leur employeur et qui remplissent des conditions tenant notamment à la durée de périodes d'assurance, ou reconnues équivalentes, dans les régimes de base obligatoires d'assurance vieillesse, sans avoir l'âge requis pour l'ouverture du droit à une pension de vieillesse à taux plein.

L'acceptation par l'employeur de la demande du salarié entraîne la rupture du contrat de travail du fait du commun accord des parties et l'obligation, pour cet employeur, de procéder à une ou plusieurs embauches compensatrices de demandeurs d'emploi, dans les conditions, notamment de délai, prévues par le présent article et par l'accord agréé. La rupture du contrat de travail prend effet à la date de cessation d'activité mentionnée dans la lettre d'acceptation de l'employeur, sous réserve de la prise en charge de l'intéressé par le fonds paritaire d'intervention.

Cette rupture du contrat de travail ouvre droit, au bénéfice du salarié, au versement par l'employeur d'une indemnité de cessation d'activité d'un montant égal à celui de l'indemnité de départ à la retraite prévue au premier alinéa de l'article L. **122-14-13** *[L. 1237-9 nouv.]* du code du travail et calculée sur la base de l'ancienneté acquise au moment de la rupture du contrat de travail, sans préjudice de l'application de dispositions plus favorables prévues en matière d'indemnité de départ à la retraite par une convention ou un accord collectif de travail ou par le contrat de travail. L'indemnité de cessation d'activité obéit au même régime fiscal et social que l'indemnité de licenciement. *(L. n° 96-314 du 12 avr. 1996, art. 19)* « Toutefois, pour l'application du 3° de l'article **998** du code général des impôts, l'indemnité de cessation d'activité est assimilée à une indemnité de fin de carrière. »

(L. n° 98-1266 du 30 déc. 1998, art. 121) « Les salariés titulaires de la carte du combattant au titre des opérations effectuées en Afrique du Nord entre le 1er janvier 1952 et le 2 juillet 1962 qui, ayant présenté postérieurement au 1er janvier 1999 *(L. n° 99-1172 du 30 déc. 1999, art. 122)* « et avant le 1er janvier 2000 » une demande de cessation d'activité non acceptée par leur employeur, ont démissionné pour ce motif de leur emploi et qui remplissent les conditions définies par le présent article, peuvent bénéficier des allocations prévues à l'alinéa précédent jusqu'au 31 décembre 2001, dans les conditions définies par un avenant à l'accord mentionné à l'article 5 de la présente loi. La rupture du contrat de travail entraîne pour l'employeur l'obligation d'embauche définie au deuxième alinéa du présent I. L'État verse à ce titre une subvention au fonds paritaire d'intervention en faveur de l'emploi. »

La rupture du contrat de travail, dans les conditions prévues par le présent article, des salariés visés aux articles L. **122-14-16**, L. **236-11**, L. **412-18**, L. **425-1**, L. **436-1** et L. **514-2** *[L. 1232-14, L. 1442-19, L. 2411-3, L. 2411-8, L. 2411-13, L. 2421-3 nouv.]* du code du travail est soumise à l'autorisation de l'inspecteur du travail qui vérifie que les conditions légales sont remplies et s'assure du consentement du salarié.

Les allocations prévues au premier alinéa du présent article sont soumises aux dispositions du premier alinéa de l'article L. **352-3** *[L. 5428-1 nouv.]* du code du travail.

II. — Lorsque le salarié qui cesse son activité est titulaire d'un contrat de travail à durée indéterminée, la ou les embauches consécutives doivent faire l'objet d'un contrat à durée indéterminée et permettre le maintien d'un volume d'heures de travail au moins égal à celui que ce salarié aurait accompli si son contrat s'était poursuivi jusqu'à ce qu'il atteigne l'âge requis pour l'ouverture du droit à une pension de vieillesse à taux plein.

Lorsque le salarié qui cesse son activité est titulaire d'un contrat à durée déterminée, la ou les embauches consécutives doivent permettre le maintien d'un volume d'heures de travail au moins égal à celui que ce salarié aurait accompli si son contrat s'était poursuivi jusqu'à son terme, sans que la durée de chacun des contrats conclus pour ces nouvelles embauches puisse être inférieure à six mois.

En cas d'inobservation des obligations relatives aux embauches consécutives à la cessation d'activité d'un salarié, l'employeur est tenu de rembourser au fonds mentionné à l'article 1er de la présente loi le montant total des sommes versées par celui-ci au salarié ayant cessé son activité, au prorata du nombre d'heures non accomplies, majoré de 50 p. 100.

III. — L'employeur communique au comité d'entreprise ou, à défaut, aux délégués du personnel, un bilan des demandes de cessation d'activité, des cessations effectives et des embauches réalisées à l'occasion de la réunion prévue à l'article L. 432-4-1 *[L. 2323-51 nouv.]* du code du travail.

Les salariés ayant cessé leur activité dans le cadre du dispositif ARPE ont droit à l'allocation de départ en retraite accordée aux salariés de l'entreprise par décision unilatérale de l'employeur. • Soc. 17 déc. 2002, ☎ n° 00-44.120 P : *RJS 2003. 154, n° 228.*

Art. 3 Il est prélevé, sur les allocations prévues à l'article 2 de la présente loi, une cotisation d'assurance maladie, maternité, invalidité et décès, dans les conditions prévues par le deuxième alinéa de l'article L. 131-2 du code de la sécurité sociale.

Art. 4 Les bénéficiaires des allocations prévues à l'article 2 de la présente loi ont droit, pour eux-mêmes et leurs ayants droit, aux prestations en nature des assurances maladie et maternité du régime général de sécurité sociale dans les conditions prévues par le troisième alinéa de l'article L. 311-5 du code de la sécurité sociale.

Art. 5 Les dispositions de la présente loi, à l'exception du dernier alinéa du II de l'article 2, sont rendues applicables aux ruptures de contrat de travail intervenues, en vertu des stipulations de l'accord du 6 septembre 1995 relatif au développement de l'emploi en contrepartie de la cessation d'activité de salariés totalisant 160 trimestres et plus de cotisations aux régimes de base d'assurance vieillesse, entre le 1er octobre 1995 et la date d'entrée en vigueur de l'agrément accordé à cet accord, en application du même article.

V. Accord 22 déc. 1998 relatif au développement de l'emploi en contrepartie de la cessation d'activité des salariés âgés, agréé par Arr. du 12 avr. 1999 (JO 22 avr.). — Mod. par Avenant n° 1 du 23 déc. 1999, agréé par Arr. du 8 févr. 2000 (JO 20 févr.), Avenant n° 2 du 1er juill. 2000, agréé par Arr. du 23 juill. 2000 (JO 25 juill.).

Décret n° 99-109 du 18 février 1999,

Relatif aux associations intermédiaires.

Art. 1er Les conventions mentionnées à l'article L. 322-4-16-3 *[L. 5132-2 nouv.]* du code du travail sont conclues, après avis du conseil départemental pour l'insertion par l'activité économique, entre *(Décr. n° 2005-905 du 2 août 2005, art. 1er)* « l'association candidate au statut d'association intermédiaire pour tout ou partie de ses activités d'insertion » et le préfet du département dans lequel l'association a son siège.

Art. 2 Les conventions précisent notamment :

1° Les principales caractéristiques des personnes en difficulté que l'association accueille *(Décr. n° 2005-905 du 2 août 2005, art. 2)* « ainsi que les engagements pris par l'association au titre de l'accompagnement et du suivi de ces personnes et les objectifs de retour à l'emploi des intéressés » ;

2° Le territoire dans lequel l'association se propose d'exercer son activité ;

3° Les personnels et les moyens matériels et financiers destinés à :

a) Assurer une permanence d'une durée au moins équivalente à trois jours par semaine pour l'accueil des publics et la réception des offres d'activités ;

b) Assurer l'accueil, le suivi et l'accompagnement des personnes embauchées, en vue de leur réinsertion sociale et professionnelle ;

c) Accomplir les tâches administratives et les obligations comptables résultant de l'activité de l'association ;

4° Les conditions de coopération envisagées avec l'institution mentionnée à l'article L. 5312-1 du code du travail, afin de favoriser l'accès au marché du travail des personnes dont l'association assure le suivi ;

5° Les modalités de dépôt des offres d'emploi à l'institution mentionnée à l'article L. 5312-1 du code du travail ;

6° *(Décr. n° 2005-905 du 2 août 2005, art. 2)* « La nature et le montant de l'aide susceptible d'être attribuée par l'État au titre de l'accompagnement et du suivi professionnels de l'ensemble des personnes mises à disposition par l'association intermédiaire en vue de leur accès ou de leur retour à un emploi durable ; »

7° La nature et le montant des autres aides publiques directes ou privées dont l'association intermédiaire prévoit de bénéficier ;

8° Les engagements souscrits par l'association intermédiaire pour permettre le suivi, le contrôle et l'évaluation de la convention ;

(Décr. n° 2005-905 du 2 août 2005, art. 2) « 9° Les modalités de collaboration avec les organismes et services chargés de l'emploi, de la formation professionnelle et de l'insertion sociale et professionnelle des personnes mentionnées au 1° ci-dessus ;

« 10° La nature des informations à transmettre à l'autorité administrative signataire de la convention. »

Art. 2-1 *(Décr. n° 2005-905 du 2 août 2005, art. 3)* Le montant annuel de l'aide prévue à l'article 2 est déterminé pour chaque association par le représentant de l'État dans le département en fonction des caractéristiques des personnes qu'il est envisagé d'accueillir, du nombre de salariés qui seront mis à disposition, des modalités d'accompagnement de ces salariés, notamment de la qualité de celui-ci et des accords conclus par l'association avec des partenaires locaux contribuant à l'insertion sociale et professionnelle de ces salariés.

L'aide est attribuée pour le financement des dépenses directement exposées par l'association au titre des actions de suivi et d'accompagnement.

L'aide est versée par l' *(Décr. n° 2009-340 du 27 mars 2009, art. 10)* « Agence de services et de paiement » mentionné *[mentionnée]* à l'article L. 313-3 du code rural et de la pêche maritime.

Un arrêté du ministre chargé de l'emploi et du ministre chargé du budget fixe le montant maximal de l'aide et précise les modalités d'attribution de l'aide.

Art. 3 La convention est conclue pour une durée maximale de trois ans ; elle fait l'objet d'un bilan d'activité annuel, transmis au directeur départemental du travail et de la formation professionnelle et au directeur départemental des affaires sanitaires et sociales.

(Décr. n° 2005-905 du 2 août 2005, art. 4) « Lorsque l'association bénéficie de l'aide prévue à l'article 2-1, le bilan d'activité annuel doit fournir les renseignements suivants relatifs aux actions d'accompagnement et de suivi social et professionnel des personnes accueillies et mises à disposition :

« *a)* La nature et l'objet des actions d'accompagnement et de suivi professionnels des salariés en insertion ;

« *b)* La nature et l'objet des actions d'accompagnement social dont ont pu, par ailleurs, bénéficier les intéressés ;

« *c)* La durée et les moyens consacrés à chaque type d'action ;

« *d)* Le montant et les modalités de financement de ces actions, ainsi que les moyens humains affectés à leur réalisation ;

« *e)* Les propositions d'orientation professionnelle, d'emploi ou de formation faites aux personnes arrivant au terme de leur contrat avec l'association intermédiaire, ainsi que les suites qui leur auront été données. »

Art. 4 *(Décr. n° 2005-905 du 2 août 2005, art. 5)* L'association intermédiaire fournit à la demande du représentant de l'État dans le département tout élément permettant de vérifier la bonne exécution de la convention ainsi que la réalité des actions de suivi et d'accompagnement mises en œuvre.

Lorsque l'association intermédiaire ne remplit pas les obligations résultant du présent décret, le représentant de l'État dans le département peut demander le reversement des sommes indûment perçues.

Lorsque l'aide est obtenue à la suite de fausses déclarations ou lorsque l'aide est détournée de son objet, les sommes indûment perçues donnent lieu à reversement.

La convention peut être résiliée par le préfet dans les cas mentionnés ci-dessus ou si l'association intermédiaire effectue des mises à disposition pour la réalisation de travaux particulièrement dangereux pour lesquels il ne peut être fait appel à des salariés sous contrat de travail à durée déterminée ou à des salariés des entreprises de travail temporaire, en application des articles L. 122-3, L. 124-2-3 et L. 231-1-2 *[L. 1242-6, L. 1251-10 et R. 8111-3 nouv.]* du code du travail, ou ne respecte pas les conditions de mise à disposition mentionnées au 2 de l'article L. 322-4-16-3 *[L. 5132-9 nouv.]* du code du travail.

L'association intermédiaire dont le préfet envisage de résilier la convention en est avisée par lettre recommandée ; elle dispose d'un délai, qui ne peut être inférieur à un mois, pour faire valoir ses observations.

Art. 5 Un contrat est établi par écrit entre l'association intermédiaire et la personne, dite l'utilisateur, à la disposition de laquelle elle met un ou plusieurs salariés. Le contrat précise notamment :

1° Le nom du ou des salariés mis à disposition ;

2° Les tâches à remplir ;

3° Le lieu où elles s'exécutent ;

4° Le terme de la mise à disposition ;

5° Lorsque l'utilisateur est une entreprise, le montant de la rémunération avec ses différentes composantes, y compris, s'il en existe, les primes et accessoires de salaire que percevrait après période d'essai un salarié de qualification équivalente occupant le même poste de travail ;

6° La nature des équipements de protection individuelle que le salarié doit utiliser en précisant, le cas échéant, s'ils sont fournis par l'association intermédiaire.

Art. 6 L'association intermédiaire ne peut mettre ses salariés à disposition d'employeurs pour des activités situées hors du territoire défini dans la convention.

Art. 7 Les conventions de coopération que les associations intermédiaires peuvent conclure avec l'institution mentionnée à l'article L. 5312-1 du code du travail pour la mise en œuvre du 2 de l'article L. 322-4-16-3 *[L. 5132-9 nouv.]* du code du travail prévoient notamment :

1° Les modalités de mise en relation des candidats avec l'association intermédiaire ;

2° Les modalités selon lesquelles l'association informe l'agence locale pour l'emploi de toute évolution de la situation de ses salariés justifiant son intervention ;

3° Les actions susceptibles d'être réalisées par l'agence pour faciliter l'accès à l'emploi des personnes salariées de l'association ;

4° Le cas échéant, les conditions dans lesquelles l'association intermédiaire réalise des prestations pour le compte de l'institution mentionnée à l'article L. 5312-1 du code du travail, ainsi que les conditions de financement de ces prestations.

Art. 8 Les associations intermédiaires peuvent procéder à la mise à disposition de leurs salariés auprès des employeurs visés à l'article L. 131-2 *[L. 2212-1 nouv.]* du code du travail dans les conditions suivantes :

1° La mise à disposition d'un salarié pour l'exécution d'une tâche précise et temporaire d'une durée supérieure à seize heures n'est autorisée que pour les personnes ayant fait l'objet de l'agrément de l'institution mentionnée à l'article L. 5312-1 du code du travail défini au V de l'article L. 322-4-16 *[L. 5132-3 nouv.]* du code du travail ;

2° La durée totale de l'ensemble des périodes pendant lesquelles un même salarié peut être mis à disposition d'un ou de plusieurs employeurs utilisateurs ne peut excéder 240 heures au cours des douze mois qui suivent la date de la première mise à disposition.

Décret n° 2005-326 du 7 avril 2005,

Portant création du Conseil d'orientation pour l'emploi.

Art. 1er Il est créé auprès du Premier ministre un Conseil d'orientation pour l'emploi.

Art. 2 Le Conseil d'orientation pour l'emploi a pour missions :

1° De formuler, à partir des études et des analyses disponibles, un diagnostic sur les causes du chômage et d'établir un bilan du fonctionnement du marché du travail, ainsi que des perspectives à moyen et long terme pour l'emploi ;

2° D'évaluer les dispositifs existants d'aide à l'emploi, aux parcours professionnels et à la formation, en s'appuyant en particulier sur les expériences locales et les réformes menées à l'étranger, notamment dans les différents États de l'Union européenne ;

3° De formuler des propositions afin de lever les obstacles de toute nature à la création d'emplois, d'améliorer le fonctionnement du marché de l'emploi et d'accroître l'efficacité des différents dispositifs d'incitation au retour à l'emploi.

Le Conseil d'orientation pour l'emploi peut en outre être saisi de toute question par le Premier ministre et par les ministres chargés du travail et de l'économie.

Les rapports et recommandations établis par le Conseil d'orientation pour l'emploi sont communiqués au Parlement et rendus publics.

Décret n° 2005-455 du 12 mai 2005,

Portant création d'un Office central de lutte contre le travail illégal.

Art. 1er Il est créé un Office central de lutte contre le travail illégal, rattaché à la sous-direction de la police judiciaire de la direction générale de la gendarmerie nationale.

L'action de cet office fait l'objet d'une coordination globale exercée par la direction centrale de la police judiciaire.

Les directions et services actifs de la police nationale sont associés aux activités de cet office. Y participent également, en tant que de besoin, les corps de contrôles habilités par l'article L. 324-12 *[L. 8271-7 nouv.]* du code du travail.

Art. 2 Cet office a pour domaine de compétence la lutte contre les infractions relatives au travail illégal sous toutes ses formes.

Il intervient dans le respect des attributions des autres offices centraux de police judiciaire, notamment l'Office central pour la répression de l'immigration irrégulière et de l'emploi d'étrangers sans titre, avec lesquels il coopère.

Il agit en concertation avec la délégation interministérielle à la lutte contre le travail illégal pour les questions relevant de sa compétence.

Art. 3 Cet office est chargé :

1° D'animer et de coordonner, à l'échelon national et au plan opérationnel, les investigations de police judiciaire relatives aux infractions entrant dans le domaine de compétence défini à l'article 2 ;

2° D'observer et d'étudier les comportements les plus caractéristiques des auteurs et complices ;

3° De centraliser les informations relatives à cette forme de délinquance en favorisant leur meilleure circulation ;

4° D'assister, dans les conditions fixées à l'article 4, les unités de la gendarmerie nationale et les services de la police nationale, les directions et services de tous les autres ministères intéressés et les organismes de protection sociale en cas d'infractions visées à l'article 2. Cette assistance ne dessaisit pas les services investis des recherches.

Art. 4 Cet office intervient, sans préjudice des dispositions régissant les autres offices centraux et les organes de coopération policière internationale :

1° A la demande des autorités judiciaires lorsque la désignation de l'office apparaît nécessaire ;

2° A la demande des unités de la gendarmerie, des services de la police, des directions et services des autres ministères concernés et des organismes de protection sociale ;

3° D'initiative, chaque fois que les circonstances l'exigent.

Art. 5 Pour accomplir sa mission, l'office centralise, analyse, exploite et transmet aux services de la police nationale et aux unités de la gendarmerie nationale, ainsi qu'aux administrations publiques et organismes de protection sociale concernés, toutes les informations relevant de son domaine de compétence.

Art. 6 Les services de la police nationale, les unités de la gendarmerie nationale, les services du ministère chargé de l'emploi, du travail et de la cohésion sociale, du ministère chargé des solidarités, de la santé et de la famille, du ministère de la défense, du ministère chargé de l'économie, des finances et de l'industrie, du ministère chargé de l'équipement, des transports, de l'aménagement du territoire, du tourisme et de la mer, du ministère chargé de l'agriculture, de l'alimentation, de la pêche et de la ruralité ainsi que les autres administrations publiques et organismes de protection sociale concernés adressent à l'office, dans les meilleurs délais et selon des procédures définies conjointement, toutes informations dont ils ont connaissance ou qu'ils détiennent, relatives aux infractions visées au premier alinéa de l'article 2, à leurs auteurs et à leurs complices.

Art. 7 Pour les infractions qui relèvent de sa compétence, l'office adresse aux services de police, aux unités de gendarmerie et aux corps de contrôle énumérés à l'article L. 324-12 *[L. 8271-7 nouv.]* du code du travail toutes indications utiles à l'identification ou à la recherche des criminels ou délinquants, ainsi que sur leur demande, tous renseignements nécessaires aux enquêtes dont ils sont saisis.

Décret n° 2005-1054 du 29 août 2005,

Créant une prime exceptionnelle de retour à l'emploi en faveur de certains bénéficiaires de minima sociaux.

Art. 1er *(Décr. n° 2006-1197 du 29 sept. 2006, art. 1er)* Une prime exceptionnelle de retour à l'emploi de 1 000 €, à la charge de l'État, est versée aux personnes qui :

a) Bénéficient de l'allocation mentionnée aux articles L. 821-1 et L. 821-2 du code de la sécurité sociale à la date de la création de l'entreprise, de sa reprise ou de l'embauche ;

b) Et ont été inscrits sur la liste des demandeurs d'emploi pendant une durée minimale de 12 mois au cours de la période comprise entre le 1er mars 2004 et le 1er septembre 2005 ;

c) Et, entre le 1er septembre 2005 et le 31 décembre 2006, créent ou reprennent une entreprise ou concluent un contrat de travail avec l'un des employeurs mentionnés à l'article L. 351-4 *[L. 5422-13 nouv.]* du code du travail et aux 3° et 4° de l'article L. 351-12 *[L. 5424-1, 3° et 4°, nouv.]* du même code. Dans ce dernier cas, la durée travaillée doit être au moins égale à 78 heures par mois, pendant 4 mois *[entrée en vigueur le 1er oct. 2006]*.

Art. 2 La prime est due à compter de la fin du quatrième mois suivant la création ou reprise de l'entreprise ou l'embauche.

La liste des justificatifs exigés pour le versement de la prime est fixée par arrêté.

L'action en paiement de la prime se prescrit par deux ans à compter du jour où l'intéressé remplit les conditions exigées pour prétendre au bénéfice de la prime.

Art. 3 La prime est versée au bénéficiaire par l'organisme chargé du versement de l'allocation.

Art. 4 Le ministre de l'emploi, de la cohésion sociale et du logement, le ministre de l'économie, des finances et de l'industrie, le ministre de la santé et des solidarités et le ministre délégué à l'emploi, au travail et à l'insertion professionnelle des jeunes sont chargés, chacun en ce qui le concerne, de l'exécution du présent décret, qui sera publié au *Journal officiel* de la République française.

La prime de retour à l'emploi est incessible et insaisissable.

L'action du bénéficiaire pour le paiement de la prime et l'action intentée par un organisme payeur en recouvrement de la prime indûment payée se prescrivent par deux ans, sauf en cas de manœuvre frauduleuse ou de fausse déclaration.

Les organismes chargés de son versement vérifient les déclarations des bénéficiaires. Pour l'exercice de leur contrôle, ces organismes peuvent demander toutes les informations nécessaires, notamment aux administrations publiques, aux organismes de sécurité sociale et d'indemnisation du chômage, qui sont tenus de les leur communiquer. Les informations demandées aux bénéficiaires et aux organismes ci-dessus mentionnés doivent être limitées aux données strictement nécessaires à l'attribution de la prime (L. n° 2006-339 du 23 mars 2006, art. 2).

La prime exceptionnelle de retour à l'emploi n'est soumise ni à l'impôt sur le revenu, ni à la CSG, ni à la CRDS (Instr. DGI, 27 sept. 2006, BOI 5F-14 06).

Loi n° 2006-1666 du 21 décembre 2006,

De finances pour 2007 (JO 27 déc.).

Art. 139 I. – Les entreprises de vingt salariés et moins, qui sont employeurs dans le secteur des hôtels, cafés et restaurants, à l'exclusion du secteur de la restauration collective, peuvent bénéficier d'une aide à l'emploi des salariés qu'elles emploient occasionnellement, pour les périodes d'emploi comprises entre la date de la publication de la présente loi et le 31 décembre 2009, dans les conditions suivantes :

1° Une somme forfaitaire est allouée à l'entreprise pour chaque heure de travail accomplie dans le cadre d'un contrat à durée déterminée, dans la limite d'un plafond fixé pour l'année civile ;

2° Cette aide est attribuée à condition que l'emploi soit déclaré par l'employeur au moyen du "titre emploi-entreprise" mentionné *(L. n° 2008-776 du 4 août 2008, art. 55-III)* « à l'article L. 133-5-2 » du code de la sécurité sociale ; elle n'est accordée que si les employeurs sont à jour du paiement de leurs cotisations et contributions sociales et de leurs impositions. *– V. Décr. n° 2007-681 du 3 mai 2007 (JO 5 mai).*

II. – L'État peut confier la gestion de cette aide à l'un des organismes mentionnés à l'article L. 351-21 *[L. 5427-1 nouv.]* du code du travail, aux articles L. 213-1 et L. 752-4 du code de la sécurité sociale et à l'article L. 313-3 du code rural et de la pêche maritime, avec lequel il passe une convention. L'organisme peut contrôler l'exactitude des déclarations des bénéficiaires, lesquels tiennent à sa disposition tout document permettant d'effectuer ce contrôle.

III. – Un décret précise les conditions et les modalités d'application du présent article, notamment la durée maximale du contrat, exprimée en jours, le montant de la somme forfaitaire et le montant du plafond de l'aide mentionnés au 1° du I. *– V. Décr. n° 2007-681 du 3 mai 2007 (JO 5 mai), mod. par Décr. n° 2008-1417 du 19 déc. 2008 (JO 27 déc.).*

Loi n° 2008-776 du 4 août 2008,

De modernisation de l'économie.

Art. 48 I. – Par exception à l'article L. 6331-16 du code du travail, les entreprises qui, au titre des années 2008, 2009 *(L. n° 2010-1657 du 29 déc. 2010, art. 135 ; L. n° 2011-1978 du 28 déc. 2011, art. 76)* **« , 2010, 2011 et 2012 »**, atteignent ou dépassent l'effectif de vingt salariés :

1° Restent soumises, pour l'année au titre de laquelle cet effectif est atteint ou dépassé ainsi que pour les deux années suivantes, au versement de la part minimale due par les employeurs au titre du financement de la formation professionnelle continue mentionnée au 1° de l'article L. 6331-14 du même code ;

2° Sont assujetties, pour les quatrième, cinquième et sixième années, aux versements mentionnés aux 2° et 3° de l'article L. 6331-14 du même code, minorés d'un pourcentage dégressif fixé par décret en Conseil d'État. – *V. Décr. n° 2009-816 du 1er juill. 2009 (JO 3 juill.).*

II. – Les employeurs dont l'effectif atteint ou dépasse l'effectif de vingt salariés pendant la période durant laquelle ils bénéficient des dispositions de l'article L. 6331-15 du code du travail au titre d'un franchissement du seuil de dix salariés en 2008, 2009 *(L. n° 2010-1657 du 29 déc. 2010, art. 135 ; L. n° 2011-1978 du 28 déc. 2011, art. 76)* **« , 2010, 2011 et 2012 »** se voient appliquer le I du présent article à compter de l'année où ils atteignent ou dépassent ce seuil. Les employeurs qui atteignent ou dépassent au titre de la même année le seuil de dix salariés et celui de vingt salariés se voient appliquer le I.

III. – Le deuxième alinéa de l'article L. 6243-2 et l'article L. 6261-1 du code du travail continuent de s'appliquer, pendant l'année au titre de laquelle cet effectif est atteint ou dépassé et pendant les deux années suivantes, aux employeurs qui, en raison de l'accroissement de leur effectif, atteignent ou dépassent au titre de l'année 2008, 2009 *(L. n° 2010-1657 du 29 déc. 2010, art. 135 ; L. n° 2011-1978 du 28 déc. 2011, art. 76)* **« , 2010, 2011 ou 2012 »** pour la première fois, l'effectif de onze salariés.

IV. – Par exception à l'article L. 241-13 du code de la sécurité sociale, le coefficient maximal mentionné au *(L. n° 2008-1258 du 3 déc. 2008)* **« cinquième »** alinéa du III de cet article continue de s'appliquer pendant trois ans aux gains et rémunérations versés par les employeurs qui, en raison de l'accroissement de leur effectif, dépassent au titre de l'année 2008, 2009 *(L. n° 2010-1657 du 29 déc. 2010, art. 135 ; L. n° 2011-1978 du 28 déc. 2011, art. 76)* **« , 2010, 2011 ou 2012 »** pour la première fois, l'effectif de dix-neuf salariés.

V. – Par exception à l'article L. 241-18 du code de la sécurité sociale, la *(L. n° 2012-958 du 16 août 2012, art. 3-IV)* **« déduction »** mentionnée au I de cet article continue de s'appliquer pendant trois ans aux entreprises qui, en raison de l'accroissement de leur effectif, *(L. n° 2012-387 du 22 mars 2012, art. 37-II)* **« atteignent ou »** dépassent au titre de l'année 2008, 2009 *(L. n° 2010-1657 du 29 déc. 2010, art. 135 ; L. n° 2011-1978 du 28 déc. 2011, art. 76)* **« , 2010, 2011 ou 2012 »**, pour la première fois, l'effectif de vingt salariés.

VI. – Par exception à l'article L. 834-1 du code de la sécurité sociale, les employeurs qui, en raison de l'accroissement de leur effectif, atteignent ou dépassent au titre de 2008, 2009 *(L. n° 2010-1657 du 29 déc. 2010, art. 135 ; L. n° 2011-1978 du 28 déc. 2011, art. 76)* **« , 2010, 2011 ou 2012 »** pour la première fois, l'effectif de vingt salariés ne sont pas soumis, pendant trois ans, à la contribution mentionnée au 2° du même article. Ce taux de contribution est diminué respectivement pour les quatrième, cinquième et sixième années, d'un montant équivalent à 0,30 %, 0,20 % et 0,10 %.

Décret n° 2008-1357 du 19 décembre 2008,

Instituant une aide à l'embauche pour les très petites entreprises.

V. Décr. n° 2012-184 du 7 févr. 2012 instituant une aide à l'embauche des moins de 26 ans dans les TPE, supra.

BIBL. ▶ *JCP E 2009. 1515.*

Art. 1er *(Décr. n° 2009-1396 du 16 nov. 2009)* **« Les entreprises de moins de dix salariés peuvent demander le bénéfice d'une aide de l'État à l'embauche pour les embauches réalisées entre le 4 décembre 2008 et le 30 juin 2010.**

« L'aide est due au titre des gains et rémunérations, entrant dans le champ de la réduction prévue à l'article L. 241-13 du code de la sécurité sociale, versés au cours des douze mois suivant le 1er janvier 2009 ou la date d'embauche si celle-ci est postérieure au 1er janvier 2009.

« 1° Pour les embauches réalisées entre le 4 décembre 2008 et le 31 décembre 2009 : »

L'effectif de l'entreprise est apprécié au 30 novembre 2008, tous établissements confondus, en fonction de la moyenne, au cours des onze premiers mois de 2008, des effectifs déterminés chaque mois.

Pour la détermination des effectifs du mois, il est tenu compte des salariés titulaires d'un contrat de travail le dernier jour de chaque mois, y compris les salariés absents, conformément aux dispositions des articles L. 1111-2, L. 1111-3 et L. 1251-54 du code du travail.

Pour une entreprise créée entre le 1er janvier et le 30 novembre 2008, l'effectif est apprécié dans les conditions définies aux deux alinéas précédents en fonction de la moyenne des effectifs de chacun des mois d'existence. Pour une entreprise créée entre le 1er décembre 2008 et le 31 décembre 2009, l'effectif est apprécié à la date de sa création.

Pour la détermination *(Décr. nº 2009-1396 du 16 nov. 2009)* « des moyennes prévues aux quatrième et sixième alinéas », les mois au cours desquels aucun salarié n'est employé ne sont pas pris en compte.

(Décr. nº 2009-1396 du 16 nov. 2009) « 2° Pour les embauches réalisées entre le 1er janvier 2010 et le 30 juin 2010 :

« L'effectif de l'entreprise est apprécié au 31 décembre 2009, tous établissements confondus, en fonction de la moyenne, au cours des douze premiers mois de 2009, des effectifs déterminés chaque mois.

« Pour la détermination des effectifs du mois, il est tenu compte des salariés titulaires d'un contrat de travail le dernier jour de chaque mois, y compris les salariés absents, conformément aux dispositions des articles L. 1111-2, L. 1111-3 et L. 1251-54 du code du travail.

« Pour une entreprise créée entre le 1er janvier et le 31 décembre 2009, l'effectif est apprécié dans les conditions définies aux deux alinéas précédents en fonction de la moyenne des effectifs de chacun des mois d'existence. Pour une entreprise créée entre le 1er janvier 2010 et le 30 juin 2010, l'effectif est apprécié à la date de sa création.

« Pour la détermination des moyennes prévues aux neuvième et onzième alinéas, les mois au cours desquels aucun salarié n'est employé ne sont pas pris en compte. »

Art. 2 Le montant de l'aide est calculé selon les modalités prévues aux deux premiers alinéas du III de l'article L. 241-13 et aux 1° à 3° du I de l'article D. 241-7 du code de la sécurité sociale.

Le coefficient maximal pris en compte pour le calcul de l'aide est de 0,14. Il est atteint pour une rémunération égale au salaire minimum de croissance. Ce coefficient devient nul pour une rémunération égale au salaire minimum de croissance majoré de 60 %.

Le coefficient est déterminé par l'application de la formule suivante :

Coefficient = (0,14/0,6) × [1,6 × (montant mensuel du SMIC/rémunération mensuelle brute hors heures supplémentaires et complémentaires) – 1].

Le résultat obtenu est arrondi à trois décimales, au millième le plus proche.

Art. 3 L'aide est accordée pour les gains et rémunérations versés aux salariés dont le contrat de travail est à durée indéterminée ou a été conclu en application *(Décr. nº 2009-296 du 16 mars 2009)* « des articles L. 1242-2 ou L. 1242-3 » du code du travail pour une durée supérieure à un mois.

Est considéré comme une embauche au sens de l'article 1er du présent décret le renouvellement d'un contrat à durée déterminée pour une durée supérieure à un mois ou la transformation d'un contrat à durée déterminée en contrat à durée indéterminée.

Pour pouvoir bénéficier de l'aide, l'entreprise ne peut avoir procédé dans les six mois qui précèdent l'embauche à un licenciement économique au sens de l'article L. 1233-3 du code du travail sur le poste pourvu par le recrutement, sauf si l'aide est demandée au bénéfice du recrutement d'un salarié qui bénéficie d'une priorité de réembauche au sens de l'article L. 1233-45 du même code.

Pour pouvoir bénéficier de l'aide au titre de l'embauche d'un salarié, l'employeur ne peut avoir rompu un contrat de travail avec le même salarié dans les six mois qui précèdent la période de travail au titre de laquelle l'aide est demandée lorsque la rupture est intervenue après le 4 décembre 2008, sauf dans les cas de réembauche prévus à l'article L. 1225-67 du code du travail ou dans les cas prévus à l'article L. 161-22 du code de la sécurité sociale.

Art. 4 L'aide est gérée par l'institution mentionnée à l'article L. 5312-1 du code du travail, avec laquelle l'État conclut une convention. Le bénéfice de l'aide est subordonné au fait, pour l'employeur, d'être à jour de ses obligations déclaratives et de paiement à l'égard des organismes de recouvrement des cotisations et des contributions de sécurité sociale ou d'assurance chômage. La condition de paiement est considérée comme remplie dès lors que l'employeur a souscrit et respecte un plan d'apurement des cotisations restant dues.

Art. 5 La demande tendant au bénéfice de l'aide est déposée par l'employeur auprès de l'institution gestionnaire.

Au terme de chaque trimestre civil, l'employeur est tenu d'adresser à l'institution gestionnaire un formulaire permettant le calcul de l'aide accompagné des pièces justificatives.

Les formulaires doivent être déposés auprès de l'institution gestionnaire dans les trois mois qui suivent le trimestre pour lequel l'aide est demandée pour donner lieu à paiement.

L'aide n'est due que pour les mois au titre desquels le montant calculé en application de l'article 2 est au moins égal à 15 €.

Art. 6 L'institution gestionnaire contrôle l'exactitude des déclarations des bénéficiaires des aides. Le bénéficiaire de l'aide doit tenir à sa disposition tout document permettant d'effectuer ce contrôle.

Art. 7 Le bénéfice de l'aide ne peut se cumuler avec celui des dispositifs prévus par les articles L. 5132-2, L. 5134-35, L. 5134-65, L. 5134-74, L. 5213-19, L. 5522-17 et L. 6243-2 du code du travail et par l'article L. 522-8 du code de l'action sociale et des familles.

L'employeur opte, pour chaque recrutement, entre la présente aide et l'aide prévue à l'article 10 de la loi du 9 août 2004 susvisée.

(Décr. n° 2009-1396 du 16 nov. 2009) « L'employeur opte, pour chaque recrutement, entre l'aide prévue par le présent décret et l'aide prévue par le décret n° 2009-1395 du 16 novembre 2009 relatif à un dispositif d'aide à l'emploi dans le secteur de l'hôtellerie restauration en Corse. »

Le bénéfice de l'aide est subordonné au respect du règlement (CE) n° 1998/2006 de la Commission du 15 décembre 2006 concernant l'application des articles 87 et 88 du traité aux aides *de minimis.*

Décret n° 2009-692 du 15 juin 2009,

Instituant une prime à l'embauche de jeunes stagiaires en contrat à durée indéterminée.

V. Arr. du 16 juin 2009 relatif aux conditions de versement de la prime à l'embauche de jeunes stagiaires en contrat à durée indéterminée (JO 27 juin).

Art. 1er I. – Peuvent bénéficier de la prime instituée par le présent décret les employeurs mentionnés au II du présent article qui, *(Décr. n° 2009-1457 du 24 nov. 2009, art. 1er)* « entre le 24 avril 2009 et le 30 juin 2010 », embauchent, par contrat à durée indéterminée à temps plein ou à temps partiel égal ou supérieur à un mi-temps, à l'exclusion des contrats aidés des secteurs marchands et non marchands, des jeunes âgés de moins de vingt-six ans à la date de la conclusion du contrat de travail, qui ont effectué, au sein de la structure procédant à l'embauche, un ou plusieurs stages d'une durée cumulée d'au moins huit semaines, régis par l'article 9 de la loi du 31 mars 2006 susvisée ou les articles D. 337-4, D. 337-34 et D. 337-64 du code de l'éducation, et ayant débuté *(Décr. n° 2009-1457 du 24 nov. 2009, art. 1er)* « entre le 1er mai 2008 et le 30 septembre 2009 ».

II. – Le bénéfice de cette prime est ouvert :

1° Aux employeurs mentionnés à l'article L. 5422-13 du code du travail et aux 3° et 4° de l'article L. 5424-1 du même code ;

2° Aux groupements d'employeurs mentionnés à l'article L. 1253-1 du code du travail ;

3° Aux employeurs de pêche maritime ne relevant pas de l'article L. 5422-13 du code du travail, des 3° et 4° de l'article L. 5424-1 et de l'article L. 1253-1 du même code.

Art. 2 La prime ne peut être accordée dans les cas suivants :

1° Lorsque l'établissement dans lequel a lieu l'embauche a procédé, dans les six mois qui précèdent, à un licenciement pour motif économique au sens de l'article L. 1233-3 du code du travail, sur le poste pourvu par le recrutement ;

2° Lorsque l'employeur n'est pas à jour de ses obligations déclaratives et de paiement à l'égard des organismes de recouvrement des cotisations et des contributions de sécurité sociale ou d'assurance chômage. La condition de paiement est considérée comme remplie dès lors que l'employeur a souscrit et respecte un plan d'apurement des cotisations restant dues.

Art. 3 La prime est gérée par l'Agence de services et de paiement avec laquelle l'État passe une convention.

La demande de prime est adressée à l'Agence de services et de paiement par l'employeur dans les quatre mois suivant la date de conclusion du contrat de travail.

Elle est accompagnée des justificatifs dont la liste est fixée par arrêté du ministre chargé de l'emploi.

Art. 4 Le montant de la prime est de 3 000 €. Elle est versée, par moitié, en deux fois à l'employeur.

La première moitié est versée dans le mois suivant la date de réception de son dossier complet de demande par l'Agence de services et de paiement.

La seconde moitié est versée, dans le mois suivant la réception par l'Agence de services et de paiement des justificatifs mentionnés à l'article 3, dès lors que le contrat de travail du jeune a été maintenu pendant au minimum six mois.

Décret n° 2011-128 du 31 janvier 2011,

Relatif à l'expérimentation d'un revenu contractualisé d'autonomie.

Art. 1er L'expérimentation d'un revenu contractualisé d'autonomie, prévue à l'article 138 de la loi du 30 décembre 2009 susvisée, a pour objet de mesurer les effets de l'allocation d'un revenu garanti, pendant une durée déterminée, sur le parcours d'insertion professionnelle d'un jeune.

L'expérimentation porte sur cinq mille cinq cents jeunes volontaires au plus.

Art. 2 Sont éligibles à l'expérimentation prévue à l'article 1er :

1° Les jeunes de dix-huit ans à vingt-deux ans révolus remplissant les conditions d'éligibilité du contrat d'insertion dans la vie sociale définies à l'article R. 5131-12 du code du travail ;

2° Les jeunes à la recherche d'un emploi stable, âgés de dix-huit à vingt-trois ans révolus, titulaires au minimum d'un diplôme de niveau licence, inscrits à Pôle emploi depuis au moins six mois et ne pouvant bénéficier d'une indemnisation.

Art. 3 I. — Pour réaliser l'expérimentation prévue par l'article 138 de la loi du 30 décembre 2009 susvisée, le ministère chargé de la jeunesse lance un appel à candidatures auprès des missions locales pour l'insertion professionnelle et sociale des jeunes situées dans des zones urbaines, dont des zones urbaines sensibles, des zones péri-urbaines et des zones rurales.

Le revenu contractualisé d'autonomie est proposé aux jeunes mentionnés au 1° de l'article 2 inscrits dans les missions locales pour l'insertion professionnelle et sociale des jeunes ayant répondu à l'appel à candidatures qui sont sélectionnées, de manière aléatoire, par l'organisme évaluateur compte tenu d'une part du nombre de missions locales participant à l'expérimentation et, d'autre part, des possibilités d'appariement.

II. — Le revenu contractualisé d'autonomie est proposé aux jeunes mentionnés au 2° de l'article 2 résidant dans des territoires présentant un intérêt particulier au regard de l'objet de l'expérimentation et de la situation des jeunes qui y résident, sélectionnées par le ministère chargé de la jeunesse.

Art. 4 I. — Pendant la durée du contrat défini à l'article 6, le bénéficiaire du revenu contractualisé d'autonomie perçoit une allocation mensuelle dont le montant varie en fonction du montant de ses ressources mensuelles d'activité.

Sont considérées comme des ressources d'activité, pour l'application de l'expérimentation, les rémunérations du travail, les indemnités de chômage, les allocations de formation, les indemnités de stage et les indemnités de formation professionnelle.

Lorsque le jeune dispose de ressources d'activité nettes mensuelles supérieures ou égales au salaire minimum de croissance à temps complet, il ne perçoit aucune allocation.

Le revenu contractualisé d'autonomie est cumulable avec toute autre allocation ou aide perçue par le bénéficiaire à l'exception du revenu de solidarité active et des indemnités de service civique.

II. — Les jeunes mentionnés au 1° de l'article 2 participant à l'expérimentation perçoivent, lorsqu'ils ne disposent d'aucune ressource d'activité, une allocation d'un montant fixé à :

250 euros la première année du contrat ;

240 euros le premier trimestre de la deuxième année du contrat ;

180 euros le deuxième trimestre de la deuxième année du contrat ;

120 euros le troisième trimestre de la deuxième année du contrat ;

60 euros le quatrième trimestre de la deuxième année du contrat.

Lorsque ces *jeunes disposent* de ressources d'activité, le montant maximum de cette allocation est diminué du montant des ressources d'activités multiplié par le montant maximum de l'allocation pour la période concernée divisé par 1 050 euros.

III. — Les jeunes mentionnés au 2° de l'article 2 participant à l'expérimentation perçoivent, lorsqu'ils ne disposent d'aucune ressource d'activité, une allocation d'un montant fixé à 250 euros pendant toute la durée du contrat.

Lorsque ces jeunes disposent de ressources d'activité, le montant maximum de cette allocation est diminué du montant des ressources d'activités multiplié par le montant maximum de l'allocation divisé par 1 050 euros.

Art. 5 I. – Les jeunes mentionnés au 1° de l'article 2 participant à l'expérimentation disposent des mêmes droits et sont astreints aux mêmes devoirs que les bénéficiaires du contrat d'insertion dans la vie sociale mis en œuvre par les missions locales pendant la durée du contrat défini à l'article 6.

II. – Les jeunes mentionnés au 2° de l'article 2 participant à l'expérimentation bénéficient d'un accompagnement spécifique prescrit par Pôle emploi. Ils disposent de la protection sociale et sont astreints aux devoirs attachés à leur statut de demandeurs d'emploi pendant la durée du contrat défini à l'article 6.

Art. 6 I. – Un contrat est conclu entre le bénéficiaire du revenu contractualisé d'autonomie et l'opérateur chargé de l'accompagnement au nom de l'État. Il définit le projet professionnel du jeune, les modalités de son accompagnement et les principales étapes de son parcours vers l'emploi. Il prévoit les engagements du bénéficiaire du revenu contractualisé d'autonomie ainsi que ceux de l'opérateur, en vue de son insertion professionnelle en contrepartie du versement de l'allocation.

Le bénéficiaire de l'allocation déclare chaque mois au représentant légal de l'opérateur chargé de l'accompagnement au nom de l'État, ou à toute personne dûment habilitée par celui-ci, le montant des ressources d'activité le cas échéant perçues durant le mois. Il certifie la sincérité des informations communiquées et s'engage à procéder à leur actualisation lorsque la perception de ces ressources d'activité est postérieure à la date du calcul du montant de l'allocation.

Ces dispositions, ainsi que celles du III, doivent être indiquées au jeune dès la signature du contrat.

II. – Le contrat est conclu pour une durée de deux ans avec les jeunes mentionnés au 1° de l'article 2 et pour une durée d'un an avec les jeunes mentionnés au 2° de ce même article.

III. – Le contrat prend fin :

1° En cas de manquement de son bénéficiaire à ses engagements contractuels, en particulier en cas de non-présentation sans motif légitime aux rendez-vous fixés par l'opérateur chargé de l'accompagnement ou de refus sans motif légitime des offres de formation ou d'emploi proposées par le référent et correspondant au projet professionnel défini par le contrat. Dans ce cas, après avoir invité l'intéressé à fournir ses explications, le représentant légal de l'opérateur chargé de l'accompagnement du jeune procède à la rupture du contrat, dûment motivée et la notifie par courrier recommandé avec avis de réception au bénéficiaire de l'accompagnement ;

2° Lorsque le jeune change de domicile pour résider dans un territoire non couvert par l'expérimentation ;

3° Si le jeune met fin au contrat par écrit adressé au signataire du contrat au nom de l'État ;

4° Si le changement de situation du jeune le rend éligible au revenu de solidarité active en cours d'expérimentation.

Art. 7 L'allocation est versée mensuellement et à terme échu, au nom de l'État, par l'Agence de services et de paiement.

Art. 8 L'évaluation à caractère aléatoire, réalisée par un évaluateur indépendant sélectionné après appel d'offres, consiste en une comparaison entre la trajectoire de bénéficiaires du revenu contractualisé d'autonomie et une population témoin de jeunes sélectionnés par l'évaluateur.

Décret n° 2011-524 du 16 mai 2011,

Relatif à l'aide à l'embauche des demandeurs d'emploi de quarante-cinq ans et plus en contrat de professionnalisation.

Art. 1er Les employeurs peuvent demander le bénéfice d'une aide de l'État pour toute embauche de demandeurs d'emploi âgés de quarante-cinq ans et plus en contrat de professionnalisation.

Art. 2 I. – L'aide mentionnée à l'article 1er est subordonnée au respect des conditions suivantes :

1° L'embauche est réalisée sous la forme d'un contrat de professionnalisation mentionné aux articles L. 6325-1 et L. 6325-5 du code du travail, au bénéfice d'un demandeur d'emploi âgé de quarante-cinq ans et plus. L'âge du bénéficiaire du contrat est apprécié à la date du début de l'exécution du contrat ;

2° La date de début d'exécution du contrat est postérieure au 1er mars 2011 ;

3° L'employeur n'a pas procédé, dans les six mois qui précèdent l'embauche, à un licenciement économique au sens de l'article L. 1233-3 du code du travail sur le poste pourvu par le recrutement ;

4° Le titulaire du contrat n'a pas appartenu à l'effectif de l'entreprise au cours des six derniers mois précédant la date de début du contrat.

II. – L'aide est cumulable avec les aides existantes à la date de publication du présent décret pour l'embauche de salariés âgés de quarante-cinq ans et plus en contrat de professionnalisation.

Art. 3 Le montant de l'aide est fixé à 2 000 €. Un premier versement, d'un montant de 1 000 €, est dû à l'issue du troisième mois d'exécution du contrat de professionnalisation, ou *[,]* pour les embauches antérieures à la date de publication du présent décret, à l'issue du troisième mois suivant la date de cette publication. Le solde de l'aide est dû à l'issue du dixième mois d'exécution du contrat de professionnalisation.

Si le contrat de professionnalisation est arrivé à échéance ou a été interrompu avant l'une des échéances mentionnées à l'alinéa précédent, l'aide n'est pas due pour la période considérée.

Pour les salariés à temps partiel, le montant de l'aide est calculé à due proportion du temps de travail effectif.

Art. 4 L'aide est gérée par Pôle emploi, avec lequel l'État conclut une convention.

Le paiement de l'aide est subordonné au fait, pour l'employeur, d'être à jour de ses obligations déclaratives et de paiement à l'égard des organismes de recouvrement des cotisations et des contributions de sécurité sociale ou d'assurance chômage. La condition de paiement est considérée comme remplie dès lors que l'employeur a souscrit et respecte un plan d'apurement des cotisations restant dues.

Lorsque les conditions prévues à l'alinéa précédent ne sont pas remplies, le versement de l'aide est suspendu jusqu'à ce que l'employeur se soit mis en conformité avec ses obligations déclaratives et de paiement et, au plus tard, jusqu'à l'expiration d'un délai de quinze mois suivant la date du début de l'exécution du contrat concerné. L'aide n'est plus due au-delà de ce délai.

Art. 5 Pour bénéficier de l'aide, l'employeur adresse à Pôle emploi une demande dans les trois mois suivant le début de l'exécution du contrat de professionnalisation ou, pour les embauches antérieures à la date de publication du présent décret, suivant la date de cette publication.

Cette demande comprend une copie du contrat de professionnalisation accompagnée, le cas échéant, de la décision de prise en charge financière de l'organisme paritaire collecteur agréé ou, à défaut, de la preuve de dépôt du contrat auprès de cet organisme.

Pour donner lieu à paiement, l'employeur fait parvenir à Pôle emploi, dans les trois mois suivant chacune des échéances mentionnées à l'article 3, une déclaration attestant que le contrat de professionnalisation est en cours à ladite échéance.

Art. 6 Pôle emploi contrôle l'exactitude des déclarations des bénéficiaires des aides. Le bénéficiaire de l'aide tient à sa disposition tout document permettant d'effectuer ce contrôle.

Décret n° 2012-184 du 7 février 2012,

Instituant une aide à l'embauche de jeunes de moins de vingt-six ans pour les très petites entreprises.

V. Décr. n° 2008-1357 du 19 déc. 2008, infra.

Art. 1er Les entreprises de moins de dix salariés peuvent demander le bénéfice d'une aide de l'État pour les embauches de personnes âgées de moins de vingt-six ans réalisées entre le 18 janvier 2012 et le 17 juillet 2012 inclus.

L'aide est due au titre des gains et rémunérations des salariés entrant dans le champ du II de l'article L. 241-13 du code de la sécurité sociale versés au titre des douze mois suivant la date d'embauche.

L'effectif de l'entreprise est apprécié au 31 décembre 2011, tous établissements confondus, en fonction de la moyenne, au cours des douze mois de 2011, des effectifs déterminés chaque mois.

Pour la détermination des effectifs du mois, il est tenu compte des salariés titulaires d'un contrat de travail le dernier jour de chaque mois, y compris les salariés absents, conformément aux dispositions des articles L. 1111-2, L. 1111-3 et L. 1251-54 du code du travail.

Pour une entreprise créée entre le 1er janvier et le 31 décembre 2011, l'effectif est apprécié dans les conditions de l'alinéa précédent en fonction de la moyenne des effectifs de chacun des mois d'existence.

Pour une entreprise ou un groupement d'employeurs créé entre le 1er janvier 2012 et le 17 juillet 2012, l'effectif est apprécié à la date de sa création.

Pour la détermination des moyennes prévues aux troisième et cinquième alinéas, les mois au cours desquels aucun salarié n'est employé ne sont pas pris en compte.

Art. 2 Le montant de l'aide est calculé selon les modalités prévues au III de l'article L. 241-13 et au I de l'article D. 241-7 du code de la sécurité sociale dans leur rédaction en vigueur au 31 décembre 2010.

Le coefficient maximal pris en compte pour le calcul de l'aide est de 0,14. Il est atteint pour une rémunération égale au salaire minimum de croissance. Ce coefficient devient nul pour une rémunération horaire égale au salaire minimum de croissance majoré de 60 %.

Le coefficient est déterminé par l'application de la formule suivante :

Coefficient = (0,14/0,6) × [1,6 × montant mensuel du SMIC/rémunération mensuelle brute hors heures supplémentaires et complémentaires – 1]

Le résultat obtenu est arrondi à trois décimales, au millième le plus proche.

Art. 3 L'aide est accordée pour les gains et rémunérations versés aux salariés âgés de moins de vingt-six ans à la date de début d'exécution d'un contrat de travail à durée indéterminée ou conclu en application de l'article *[des articles]* L. 1242-2 ou L. 1242-3 du code du travail pour une durée supérieure à un mois.

Est considéré comme une embauche au sens de l'article 1er du présent décret le renouvellement d'un contrat à durée déterminée d'une durée supérieure à un mois ou la transformation d'un contrat à durée déterminée en contrat à durée indéterminée.

Pour pouvoir bénéficier de l'aide, l'entreprise ne peut avoir procédé dans les six mois qui précèdent l'embauche à un licenciement économique au sens de l'article L. 1233-3 du code du travail sur le poste pourvu par le recrutement, sauf si l'aide est demandée au bénéfice du recrutement d'un salarié qui bénéficie d'une priorité de réembauche au sens de l'article L. 1233-45 du même code.

Pour pouvoir bénéficier de l'aide au titre de l'embauche d'un salarié de moins de vingt-six ans, l'employeur ne peut avoir rompu un contrat de travail avec le même salarié dans les six mois qui précèdent la période de travail au titre de laquelle l'aide est demandée lorsque la rupture est intervenue après le 18 janvier 2012, sauf dans les cas de réembauche prévus à l'article L. 1225-67 du code du travail ou dans les cas prévus à l'article L. 161-22 du code de la sécurité sociale.

Art. 4 L'aide est gérée par Pôle emploi, avec lequel l'État conclut une convention.

Le paiement de l'aide est subordonné au fait, pour l'employeur, d'être à jour de ses obligations déclaratives et de paiement à l'égard des organismes de recouvrement des cotisations et des contributions de sécurité sociale ou d'assurance chômage. La condition de paiement est considérée comme remplie dès lors que l'employeur a souscrit et respecte un plan d'apurement des cotisations restant dues.

Lorsque les conditions prévues à l'alinéa précédent ne sont pas remplies, le versement de l'aide est suspendu jusqu'à ce que l'employeur se soit mis en conformité avec ses obligations déclaratives et de paiement et, au plus tard, jusqu'à l'expiration d'un délai de quinze mois suivant la date du début de l'exécution du contrat concerné. L'aide n'est plus due au-delà de ce délai.

Art. 5 La demande d'aide est déposée par l'employeur auprès de Pôle emploi dans les trois mois suivant le début d'exécution du contrat de travail.

Au terme de chaque trimestre civil, l'employeur adresse à Pôle emploi un document permettant le calcul de l'aide accompagné des pièces justificatives.

Ce document et ces pièces doivent être déposés auprès de Pôle emploi dans les trois mois qui suivent le trimestre pour lequel l'aide est demandée pour donner lieu à paiement.

L'aide n'est due que pour les mois au titre desquels le montant calculé en application de l'article 2 est au moins égal à 15 €.

Art. 6 Pôle emploi contrôle l'exactitude des déclarations des bénéficiaires des aides. Le bénéficiaire de l'aide tient à sa disposition tout document permettant d'effectuer ce contrôle.

Art. 7 Le bénéfice de l'aide ne peut se cumuler avec les dispositifs prévus par les articles L. 5132-2, L. 5134-65, L. 5213-19, L. 5522-17, L. 6243-2 du code du travail et par l'article *[les articles]* L. 522-8 du code de l'action sociale et des familles, L. 241-10 du code de la sécurité sociale, L. 741-15-1, L. 741-16 et L. 741-16-1 du code rural et de la pêche maritime, ainsi qu'avec l'aide prévue par le décret du 16 mai 2011 susvisé.

Accord national interprofessionnel du 11 janvier 2013,

Pour un nouveau modèle économique et social au service de la compétitivité des entreprises et de la sécurisation de l'emploi et des parcours professionnels des salariés.

BIBL. ▸ Antonmattéi, *D. 2013. 577* ✐. – Jolivet, *JCP S 2013. 1427* (de la flexisécurité à la pseudo-sécurité). – Loiseau, *JCP S 2013. 1084*. – Lokiec, Loiseau, Géa, Sachs et Moizard, *Sem. soc. Lamy 2013, n° 1569, numéro spécial*. – Lokiec, Leclerc, Hernandez et Rémy, *RDT 2013. 202* ✐ (l'ANI à l'épreuve du droit international et européen). – Lokiec, *D. 2013. 579* ✐. – Lyon-Caen et Sachs, *RDT 2013. 162* ✐. – Morand, *RJS 10/2013, p. 571* (la face cachée des accords d'adaptation). – Poirier, *Dr. ouvrier 2013. 240* (retranscription gouvernementale de l'ANI). – Teyssié, *JCP S 2013. 1201*.

TITRE PREMIER *Créer de nouveaux droits pour les salariés afin de sécuriser les parcours professionnels*

Art. 1er *Généralisation de la couverture complémentaire des frais de santé.* Les parties signataires sont convenues que :

1° Les branches professionnelles ouvriront des négociations avant le 1er avril 2013, en vue de permettre aux salariés qui ne bénéficient pas encore d'une couverture collective à adhésion obligatoire en matière de remboursements complémentaires de frais de santé au niveau de leur branche ou de leur entreprise d'accéder à une telle couverture.

Dans le cadre des futurs accords de branche qui seront signés pour parvenir à cet objectif :

— les partenaires sociaux de la branche laisseront aux entreprises la liberté de retenir le ou les organismes assureurs de leur choix. Toutefois, ils pourront, s'ils le souhaitent, recommander aux entreprises de s'adresser à un ou plusieurs organismes assureurs ou institutions pouvant garantir cette couverture après mise en œuvre d'une procédure transparente de mise en concurrence. Les accords de branche pourront définir, quels que soient les organismes éventuellement recommandés, les contributions dédiées au financement de l'objectif de solidarité, notamment pour l'action sociale et la constitution de droits non contributifs ;

— les accords préciseront, le cas échéant, les cas de dispenses d'affiliation tels que définis à l'article R. 242-1-6 du code de la sécurité sociale.

Les futurs accords devront impérativement laisser aux entreprises un délai de dix-huit mois afin de leur permettre de se conformer aux nouvelles obligations conventionnelles ; mais*[,]* en tout état de cause, ces accords devront entrer en vigueur au sein des entreprises concernées au plus tard le 1er janvier 2016.

2° *a)* A défaut d'accord de branche signé avant le 1er juillet 2014, et afin de parvenir à l'objectif de généralisation fixé au 1er paragraphe du 1° du présent article, les entreprises non couvertes relevant de telles branches ouvriront des négociations dans le cadre de l'obligation annuelle de négocier sur la prévoyance prévue à l'article L. 2242-11 du code du travail.

b) A défaut d'accord d'entreprise, les entreprises visées au premier paragraphe du 2° seront alors tenues, au plus tard à compter du 1er janvier 2016, de faire bénéficier leurs salariés d'une couverture collective de frais de santé couvrant au minimum, pour le seul salarié, un panier de soins défini comme suit : 100 % de la base de remboursement des consultations, actes techniques et pharmacie en ville et à l'hôpital, le forfait journalier hospitalier, 125 % de la base de remboursement des prothèses dentaires et un forfait optique de 100 € par an.

Le financement de cette couverture en frais de santé sera partagé par moitié entre salariés et employeurs.

3° Les dispositions visées aux 1° et 2° du présent article devront obligatoirement respecter la définition des contrats dits solidaires et responsables conformément à la législation et la réglementation en vigueur. Elles devront s'inscrire dans le cadre des articles R. 242-1-1 à R. 242-1-6 du code de la sécurité sociale précisant le caractère collectif et obligatoire des régimes de protection sociale complémentaire.

Les partenaires sociaux demandent aux pouvoirs publics à être consultés préalablement à tout projet d'évolution des conditions d'exonérations sociales attachées au financement des prestations de prévoyance prévues à l'article L. 242-1 du code de la sécurité sociale. En cas de modification de ces conditions d'exonérations sociales, les parties signataires du présent accord conviennent de réexaminer ensemble les dispositions du présent article.

Art. 2 *Améliorer l'effectivité de la portabilité de la couverture santé et prévoyance pour les demandeurs d'emploi.* Pour améliorer l'effectivité de la portabilité de la couverture santé et prévoyance prévues *[prévue]* par l'article 14 de l'accord national interprofessionnel du 11 janvier 2008 modifié par avenant n° 3 du 18 mai 2009, les signataires conviennent de généraliser, au niveau des branches professionnelles et des entreprises, le système de mutualisation du financement du maintien des garanties de couverture de frais de santé et de prévoyance ouvert par *[l']* avenant susvisé.

Pour atteindre cet objectif, ils décident d'ouvrir un délai d'un an, à compter de l'entrée en vigueur du présent accord, pour permettre aux branches professionnelles et aux entreprises de mettre en place un tel système de mutualisation du financement du maintien des garanties de couverture complémentaire de frais de santé. Ce délai est porté à deux ans pour la mutualisation du financement du maintien des garanties de prévoyance.

La durée maximale de la portabilité de la couverture de frais de santé et de prévoyance est portée de 9 à 12 mois.

Art. 3 *Création de droits rechargeables à l'assurance chômage.* Les parties signataires considèrent que le régime d'assurance chômage contribue à la sécurisation des parcours des salariés, tant en leur assurant un revenu de remplacement qu'en leur permettant de bénéficier des dispositifs d'accompagnement destinés à accéder à des emplois durables.

A cet effet, elles conviennent de la mise en place d'un dispositif de droits rechargeables dans le cadre du régime d'assurance chômage. Les paramètres de ce dispositif feront l'objet, sans tarder, d'un examen dans le cadre du groupe paritaire politique prévu par l'accord national interprofessionnel du 25 mars 2011 relatif à l'indemnisation du chômage.

La mise en œuvre de ces paramètres interviendra dans le cadre de la nouvelle convention issue de la renégociation de l'accord national interprofessionnel du 25 mars 2011 relatif à l'indemnisation du chômage.

Ce dispositif consiste pour les salariés, en cas de reprise d'emploi consécutive à une période de chômage, à conserver le reliquat de tout ou partie de leurs droits aux allocations du régime d'assurance chômage non utilisés, pour les ajouter, en cas de nouvelle perte d'emploi, aux nouveaux droits acquis au titre de la période d'activité ouverte par cette reprise d'emploi.

Les partenaires sociaux veilleront à ne pas aggraver ainsi le déséquilibre financier du régime d'assurance chômage.

L'Unedic devra réaliser pour les partenaires sociaux une double évaluation des résultats du déploiement de ces mesures au fil de l'eau et *ex post*, sur l'ensemble des plans qualitatifs, quantitatifs et financiers. Ces évaluations devront nécessairement distinguer les effets de la conjoncture économique des effets de chacune des mesures. Au vu de ces évaluations, les partenaires sociaux procéderont aux adaptations nécessaires.

Art. 4 *Majoration de la cotisation d'assurance chômage des contrats à durée déterminée. a)* Un avenant à la convention d'assurance chômage fixera le montant de la cotisation employeur au régime d'assurance chômage pour les contrats à durée déterminée, visés au titre IV du livre deuxième de la première partie du code du travail, selon les principes ci-après :

— 7 % pour les contrats d'une durée inférieure à un mois ;

— 5,5 % pour les contrats d'une durée comprise entre un et trois mois ;

— 4,5 % pour les contrats d'une durée inférieure à trois mois conclus dans certains secteurs d'activité définis par décret ou par convention ou accord collectif de travail étendu dans lesquels il est d'usage constant de ne pas recourir au contrat de travail à durée indéterminée en raison de la nature de l'activité exercée et du caractère par nature temporaire de ces emplois, visés au 3° de l'article L. 1242-2 du code du travail.

Les contrats conclus pour l'exécution d'une tâche précise et temporaire dans les cas visés aux 1°, 4° et 5° de l'article L. 1242-2 du code du travail et les contrats correspondant aux emplois saisonniers visés au 3° du même article ne sont pas concernés par les dispositions du présent *a)*.

Les taux mentionnés ci-dessus ne sont pas applicables lorsque le salarié est embauché par l'employeur en contrat à durée indéterminée à l'issue du contrat à durée déterminée.

Cet avenant entrera en vigueur le 1er juillet 2013.

b) Le contrat à durée indéterminée conclu pour l'embauche d'un jeune de moins de 26 ans est exonéré de cotisations patronales d'assurance chômage, pendant une durée de trois mois, dès lors qu'il se poursuit au-delà de la période d'essai.

Pour les entreprises de moins de 50 salariés, l'exonération est portée à quatre mois.

c) La branche du travail temporaire a développé au bénéfice des salariés intérimaires des dispositifs qui organisent l'accès de ces salariés à un accompagnement et *[à]* une protection sociale de branche.

Les parties signataires prennent acte de la décision de la profession d'approfondir la sécurisation des parcours professionnels de cette catégorie de salariés par la mise en place d'un contrat de travail à durée indéterminée.

A cet effet, les parties signataires invitent la branche du travail temporaire à organiser par accord collectif, dans les six mois suivant la signature du présent accord :

— les conditions d'emploi et de rémunération des intérimaires qui seront titulaires d'un contrat de travail à durée indéterminée dans des conditions n'ayant ni pour effet ni pour objet de pourvoir durablement un emploi lié à l'activité normale et permanente de l'entreprise cliente, ni d'élargir sans accord des parties signataires du présent accord le champ de recours aux missions d'intérim ;

— les conditions permettant de se rapprocher, pour les autres salariés intérimaires, des objectifs visés par l'article 11 du présent accord.

Si aucun accord n'est intervenu au moment de l'ouverture de la prochaine négociation sur l'assurance chômage, les parties signataires conviennent de réexaminer les conditions dans lesquelles la sécurisation des parcours professionnels des intérimaires pourrait être améliorée.

Art. 5 *Création d'un compte personnel de formation.* En vue de franchir une étape supplémentaire en matière de portabilité des droits à la formation, il est instauré dans les 6 mois de l'entrée en vigueur du présent accord un compte personnel sur la base des principes directeurs ci-après :

Le compte personnel de formation possède les trois grandes propriétés suivantes :

— il est universel : toute personne dispose d'un compte personnel de formation dès son entrée sur le marché du travail et jusqu'à son départ à la retraite ;

— il est individuel : chaque personne bénéficie d'un compte, qu'elle soit salarié ou demandeur d'emploi ;

— il est intégralement transférable : la personne garde le même compte tout au long de sa vie professionnelle et quel que soit son parcours professionnel. Le compte n'est jamais débité sans l'accord exprès du salarié et ne peut jamais être diminué du fait d'un changement d'employeur, quelle que soit la fréquence des changements.

Il est régi selon les principes suivants :

— les droits acquis par le salarié au titre du compte le sont à raison de 20 heures/an pour les salariés à temps plein. Des proratas sont effectués pour les salariés à temps partiel ou pour les salariés en contrat à durée déterminée. Les heures acquises et non utilisées à ce jour au titre du DIF par le salarié sont réputées acquises au titre du compte personnel de formation. Le compte est plafonné à 120 heures ;

— le compte est mobilisé par la personne lorsqu'elle accède à une formation à titre individuel, qu'elle soit salarié ou demandeur d'emploi ;

— la transférabilité n'emporte pas monétisation des heures. Les droits acquis demeurent comptabilisés en heures, quel que soit le coût horaire de la formation ;

— le salarié peut mobiliser son compte personnel avec l'accord de l'employeur. Celui-ci lui notifie sa réponse dans un délai d'un mois. L'absence de réponse de l'employeur vaut acceptation. L'accord de l'employeur n'est pas nécessaire lorsque le salarié entend bénéficier d'un congé individuel de formation. Lorsque le salarié souhaite mobiliser son compte en dehors du congé individuel de formation, l'employeur peut abonder le compte du salarié au-delà du nombre d'heures créditées sur le compte de manière à permettre au salarié d'accéder à une formation qualifiante ou certifiante ;

— le demandeur d'emploi peut mobiliser son compte dès lors que la formation visée correspond à une des priorités de formation *définies conjointement* par les partenaires sociaux *et les pouvoirs publics*, ou accéder au socle de compétences tel que défini par les articles 39 et 40 de l'accord national interprofessionnel du 7 janvier 2009.

Le financement du compte personnel de formation fait l'objet d'une concertation avec l'État et les régions. Sa mise en place est conditionnée à un accord sur ses modalités de financement entre les partenaires sociaux, les régions et l'État, qui engageront une concertation sur ce sujet dans les plus brefs délais.

Une personne sortie du système de formation initiale sans qualification peut bénéficier, avant son premier emploi, d'un compte personnel de formation pris en charge financièrement par les pouvoirs publics.

Les partenaires sociaux adapteront les dispositions conventionnelles interprofessionnelles en vigueur impactées par le présent article.

Art. 6 *Assouplissement des conditions d'accès des salariés de moins de 30 ans au CIF-CDD.* Afin de faciliter l'accès des salariés de moins de 30 ans en contrat à durée déterminée au bénéfice d'un CIF, les deux conditions cumulatives fixées par l'article R. 6322-20 du code du travail sont ramenées pour les intéressés à une seule condition de quatre mois de travail consécutifs ou non en CDD au cours des vingt-huit derniers mois.

Art. 7 *Création d'un droit à une période de mobilité volontaire sécurisée.* Afin de développer leurs compétences, les salariés souhaitent de plus en plus pouvoir changer d'emploi, mais peuvent y renoncer faute de la sécurisation adaptée.

Sans préjudice des dispositions relatives au congé de reclassement et au congé de mobilité, le salarié qui justifie d'une ancienneté minimale de deux ans dans une entreprise de 300 salariés et plus, peut, à son initiative et avec l'accord de son employeur, mettre en œuvre une « période de mobilité » lui permettant de découvrir un emploi dans une autre entreprise.

1) Modalités de mise en œuvre

La période de mobilité est mise en œuvre par accord entre l'employeur et le salarié. Elle donne lieu à la conclusion d'un avenant au contrat de travail, préalable à sa prise d'effet.

L'avenant prévoit l'objet, la durée et la date de prise d'effet de la période de mobilité. Il précise que, pendant cette période, le contrat de travail est suspendu.

Si la demande de mobilité du salarié a fait l'objet de deux refus successifs de l'employeur, l'intéressé bénéficie d'un accès privilégié au CIF.

2) Cessation de la période de mobilité

a) Cessation avant le terme de la période de mobilité

Avant le terme prévu à l'avenant visé à l'article 5-1, le retour du salarié dans l'entreprise ne peut intervenir que du commun accord des parties. Toutefois, l'avenant peut prévoir un droit au retour du salarié dans l'entreprise d'origine à tout moment pendant la période de mobilité, notamment pendant la période d'essai dans l'autre entreprise ou en cas de fermeture de l'entreprise d'accueil.

b) Cessation au terme de la période de mobilité

Au terme de la période de mobilité, le salarié choisit de revenir, ou non, dans l'entreprise d'origine.

L'avenant au contrat de travail mentionné à l'article 5-1 prévoit le délai de prévenance, avant le terme de la période de mobilité, que le salarié observe pour informer l'employeur de son choix. Adéfaut d'information du salarié avant le terme de la période de mobilité, il est présumé avoir choisi de revenir dans l'entreprise d'origine.

Lorsque le salarié ne souhaite pas revenir dans son entreprise d'origine, le contrat de travail est rompu au terme de la période de mobilité. Cette rupture constitue une démission et n'est soumise à aucun préavis de la part de l'une ou l'autre des parties.

En cas de démission du salarié au terme de la période de mobilité dans les conditions visées au présent article, l'entreprise est exonérée, à l'égard du salarié concerné, de l'ensemble des obligations légales et conventionnelles qui auraient résulté d'un licenciement pour motif économique.

c) Retour dans l'entreprise d'origine

Lorsque le salarié revient dans son entreprise d'origine dans les conditions prévues aux *a)* et *b)* ci-dessus, il retrouve, de plein droit, son emploi antérieur ou un emploi similaire, assorti d'une qualification et d'une rémunération qui ne peuvent être inférieures à celles de son emploi antérieur, ainsi que du maintien à titre personnel de sa classification.

Art. 8 *Accompagnement financier des demandeurs d'emploi bénéficiant d'un accès au contrat de sécurisation professionnelle expérimental.* Afin d'inciter certains bénéficiaires potentiels du CSP expérimental mis en place par l'ANI du 31 mai 2011 à accepter le bénéfice du dispositif, une prime de 1 000 euros, financée par le régime d'assurance chômage, est versée au 7e mois d'accompagnement pour ceux d'entre eux engagés dans une formation certifiante ou qualifiante et dont les droits à l'assurance chômage s'éteignent avant la fin de la formation engagée.

Dans le cas où l'employeur aurait omis d'informer le salarié concerné de la possibilité de bénéficier d'un CSP, cette information est assurée par Pôle emploi, auprès de qui il *[le salarié]* a alors la possibilité de souscrire à ce contrat.

Art. 9 *Développement de la préparation opérationnelle à l'emploi.* Dans le prolongement de l'accord national interprofessionnel du 7 janvier 2009 relatif au développement de la formation tout au long de la vie, la professionnalisation et la sécurisation des parcours professionnels, les parties signataires souhaitent développer la préparation opérationnelle à l'emploi en facilitant sa mise en œuvre.

A ce titre, les OPCA *[organismes paritaires collecteurs agréés]* ayant connaissance d'offres d'emploi de leurs entreprises cotisantes et ayant signé une convention avec Pôle emploi sur la préparation opérationnelle à l'emploi pourront proposer cette formule, en coordination avec les entreprises intéressées, à des demandeurs d'emploi sélectionnés par Pôle emploi.

Cette possibilité est subordonnée :

– pour les OPCA de branche à l'autorisation des branches professionnelles, donnée après avis de la CNPE *[Commission nationale paritaire de l'emploi]* de chaque branche concernée ;

– pour les OPCA interprofessionnels et interbranches (Agefos et Opcalia) à l'avis de la commission paritaire nationale d'application de l'accord (CPNAA) constituée auprès de l'OPCA.

Art. 10 *Faciliter l'accès au logement en mobilisant Action logement.* Suivant le cadrage financier et les engagements réciproques convenus entre l'État et l'UESL *[Union des entreprises et des salariés pour le logement]* le 12 novembre 2012, les parties signataires conviennent que l'UESL affectera annuellement sur la période triennale 2013-2015 :

– 100 M€ à la participation au financement de résidences collectives temporaires avec services proches de moyens d'accès aux centres-villes ;

– 200 M€ à la participation au financement d'une offre de logements meublés en colocation situés en cœur de ville ;

– 100 à 150 M€ à la compensation mise en œuvre dans le cadre de la garantie des risques locatifs (GRL) ou de tout autre dispositif s'y substituant au bénéfice des salariés ;

– 120 M€ aux aides financières à la mobilité (Mobili-pass et Mobili-jeunes).

Ces services et aides bénéficieront prioritairement aux primo-entrants sur le marché du travail, aux salariés sous contrats courts et aux salariés en mobilité professionnelle.

Art. 11 *Travail à temps partiel.* 1) Sans préjudice des accords de branche et d'entreprise mentionnés à l'article L. 3122-2 du code du travail, concernant le temps partiel, qui ne pourront toutefois pas déroger au nombre minimum d'heures prévu au présent 2, lissées sur tout ou partie de l'année, les branches professionnelles qui le souhaitent et les branches professionnelles dont au moins un tiers des effectifs est occupé à temps partiel à la date du présent accord ou dès lors qu'elles franchissent ce seuil ouvriront des négociations visant à organiser les modalités d'exercice du temps partiel dans les trois mois suivant l'entrée en vigueur du présent accord.

Les négociations devront notamment porter sur :

– les dérogations à la durée minimum hebdomadaire ou mensuelle du travail à temps partiel visée au point 2) du présent article. Ces dérogations ne sont possibles que si les horaires de travail sont réguliers ou laissent la possibilité au salarié, à sa demande, d'être embauché par un ou plusieurs autres employeurs afin d'atteindre au minimum la durée visée au 2) du présent article ou un temps plein, à condition d'organiser le travail de façon à regrouper les horaires sur des journées ou demi-journées régulières ou complètes ;

– le nombre et la durée des périodes d'interruption d'activité au cours d'une même journée, la répartition de la durée du travail dans la semaine visant à permettre au salarié de compléter son temps de travail chez un autre employeur ;

– le délai de prévenance préalable à la modification des horaires ;

– la rémunération des heures complémentaires. Celles-ci sont majorées d'au minimum 10 % dès la première heure et dans la limite du quota d'heures complémentaires fixé par les articles L. 3123-17 et L. 3123-18 du code du travail.

2) Sans préjudice des accords de branche et d'entreprise mentionnés à l'article L. 3122-2 du code du travail concernant le temps partiel, qui ne pourront toutefois pas déroger au nombre minimum d'heures prévu au présent 2, et en tout état de cause et indépendamment des négociations prévues au point 1), au plus tard le 31 décembre 2013, les dispositions ci-après s'appliqueront aux salariés qui sont employés à temps partiel dans les entreprises, quel que soit leur secteur d'activité, non couvertes par des clauses conventionnelles portant sur les dispositions du 1) ci-dessus :

– la durée minimale d'activité est fixée à vingt-quatre heures par semaine (à l'exception du cas des salariés des particuliers employeurs ou des salariés âgés de moins de 26 ans et poursuivant leurs études). Une durée d'activité inférieure peut être prévue, à la demande écrite et motivée du salarié, pour lui permettre de cumuler plusieurs employeurs afin d'atteindre au minimum la durée prévue au présent 2) ou un temps plein, ou pour faire face à des contraintes personnelles et à condition d'organiser le travail de façon à regrouper les horaires sur des journées ou des demi-journées régulières ou complètes ;

– les heures de travail effectuées au-delà de la durée hebdomadaire ou mensuelle du travail prévue au contrat sont majorées de 10 % jusqu'à ce que leur nombre atteigne le 1/10 de cette durée hebdomadaire ou mensuelle. Au-delà, la majoration est portée à 25 %, sans préjudice des articles L. 3123-17 et L. 3123-18 du code du travail.

3) Un accord de branche étendu peut permettre, lorsque le salarié et l'employeur en conviennent, d'augmenter temporairement la durée du travail au moyen d'un avenant au contrat de travail intitulé « complément d'heures ».

Un accord de branche étendu détermine :

– le taux de majoration éventuelle des heures incluses dans le « complément d'heures » ;

– les conditions dans lesquelles seules les heures effectuées au-delà de la durée de travail définie par le « complément d'heures » ont le caractère d'heures complémentaires ;

– le taux de majoration des heures complémentaires, qui ne peut être inférieur à 25 % dès la première heure ;

– le nombre maximum de « compléments d'heures » par an par salarié, qui ne peut en aucun cas être supérieur à huit, hors cas de remplacement d'un salarié absent nommément désigné ;

– les modalités selon lesquelles les salariés à temps partiel peuvent bénéficier prioritairement des « compléments d'heures ».

De plus, ces accords pourront également prévoir :

– la mise en place d'une procédure de demande de passage à plein temps d'un salarié à temps partiel,

– la possibilité pour l'employeur de proposer des emplois à temps complet de nature différente.

TITRE II *Renforcer l'information des salariés sur les perspectives et les choix stratégiques de l'entreprise pour renforcer la gestion prévisionnelle des emplois et des compétences*

Comprendre la stratégie de l'entreprise, les leviers et contraintes qui la déterminent, constitue une étape nécessaire aux salariés pour se l'approprier. Savoir que les conséquences de cette stratégie pour leur emploi, leur carrière, leurs conditions de travail sont anticipées et que leur avenir est sécurisé est une condition de leur adhésion et de leur performance.

La représentation des intérêts des salariés, comme de ceux des autres parties prenantes, au moment où le projet se construit, est indispensable : la stratégie adoptée pourra ainsi n'occulter aucun des problèmes éventuels et prévoir à temps les solutions adaptées.

Art. 12 *Information et consultation anticipée des IRP.* 1) Sans attendre la fin des discussions paritaires en cours sur la modernisation du dialogue social, les parties signataires conviennent qu'une base de données unique sera mise en place dans l'entreprise et mise à jour régulièrement, regroupant et rationalisant exhaustivement les données existantes et sans remettre en cause les attributions des représentants du personnel.

Conformément à l'annexe visée au renvoi, cette information, économique et sociale, remplace l'ensemble des informations données de façon récurrente aux institutions représentatives du personnel, sous forme de rapports ou autres. Elle revêt un caractère prospectif en portant sur les trois années suivant celle au cours de laquelle elle est établie. Elle est mobilisable à tout moment aussi bien par les institutions représentatives du personnel et les délégués syndicaux, dans le cadre de leurs attributions, que par l'employeur.

Elle est le support de la préparation par l'employeur de la consultation des institutions représentatives du personnel sur les options stratégiques de l'entreprise et sur leurs conséquences. Elle ne se substitue pas aux informations données aux élus et aux représentants syndicaux en vue de leur consultation sur des événements ponctuels.

Elle comprend au moins 5 rubriques, 6 pour les groupes :

– investissements, fonds propres et endettement (emploi et investissement social, investissement matériel et immatériel),

– rétributions (salariés et dirigeants) et activités sociales et culturelles,

– rémunération des financeurs,

– flux financiers entre la société et l'entreprise (aides reçues, flux sortants, crédits d'impôts),

– sous-traitance (y compris l'intégration dans la filière),

– transferts internes au groupe (flux commerciaux et financiers entre les entités du groupe).

Un accord collectif de branche ou d'entreprise peut adapter le contenu des informations relevant de ces rubriques, en fonction de l'organisation et/ou du domaine d'activité de l'entreprise.

Le contenu et les modalités d'utilisation de ce document unique (ou base de données) – qui, compte tenu des contraintes techniques pesant sur sa mise en œuvre, devra être opérationnel au plus tard 1 an après l'entrée en application de l'accord – font l'objet d'adaptations aux entreprises de moins de 300 salariés dans les douze mois suivant sa mise en œuvre dans les entreprises de 300 salariés et plus.

2) Ce dispositif doit permettre :

– une présentation pédagogique par l'employeur des options stratégiques possibles et des conséquences anticipées de chaque option en termes d'évolution de l'activité, des métiers impactés, des compétences requises, de l'emploi, du recours à la sous-traitance, à l'intérim, à des contrats temporaires ou à de nouveaux partenariats,

– un débat entre l'employeur et les représentants du personnel sur les perspectives présentées,

– un avis rédigé par les représentants du personnel, commentant les options proposées et formulant le cas échéant une option alternative,

– une réponse argumentée de l'employeur à l'avis des élus.

Dans le cadre de ce dialogue renforcé, l'avis des IRP sur les orientations stratégiques arrêtées par le conseil d'administration est transmis à ce dernier, qui devra en délibérer. Cette délibération sera portée à la connaissance des IRP.

3) L'effort d'anticipation et d'information sur l'évolution de l'entreprise suppose un partage d'informations et engage la responsabilité de chaque partie à l'égard de leur diffusion, afin que le dialogue puisse être constructif et se tenir dans un climat de confiance.

Ce partage d'informations doit donc être entouré d'un certain nombre de garanties, notamment au regard de la confidentialité des informations fournies et identifiées comme telles.

Ainsi, quand l'employeur estime que les informations qu'il doit donner sont sensibles et doivent rester confidentielles, il indique aux élus les raisons et la durée souhaitable de ce caractère confidentiel, que les élus sont tenus de respecter.

4) Les demandes d'information ou d'éclaircissement ne doivent en aucun cas conduire à empêcher la bonne marche de l'entreprise, y compris le fonctionnement des organes de gouvernance, tel que prévu par le code de commerce (conseil d'administration, assemblée générale...).

A cet effet, compte tenu de l'exhaustivité des informations à disposition des IRP figurant obligatoirement dans le document unique prévu ci-dessus, un délai préfix est laissé aux IRP par le code du travail – sauf accord entre l'employeur et l'IRP concernée – pour faire connaître leur avis. Ce délai préfix doit être suffisant pour permettre aux IRP d'obtenir les réponses de l'employeur à leurs questions, et au besoin d'obtenir du juge des référés qu'il statue sur la remise par l'employeur des éléments d'information que les IRP estimeraient manquants. L'absence d'avis des IRP vaut avis négatif.

5) Outre les cas de recours à l'expertise prévus par le code du travail à la date d'entrée en vigueur du présent accord, dans lesquels celle-ci est organisée, en l'absence d'accord entre l'IRP concernée et l'employeur, dans des délais préfix, débutant à la date de désignation de l'expert et auxquels il ne peut être dérogé sous aucune condition, et dans la limite de coûts qui, sauf accord entre les IRP et l'employeur, sont fixés sur la base d'un barème établi par le Conseil de l'ordre des experts-comptables, en fonction de l'effectif de l'entreprise ou de l'établissement, les IRP peuvent, lorsqu'elles le jugent nécessaire, se faire accompagner par un expert-comptable de leur choix, pour les aider à analyser les informations mises à leur disposition et avoir une meilleure appréhension des enjeux attachés à la mise en œuvre des orientations stratégiques de l'entreprise.

Cette mission d'accompagnement est financée, sauf accord entre les IRP et l'employeur, à hauteur de 20 % sur le budget de fonctionnement des IRP.

6) Lorsque l'entreprise envisage, indépendamment de tout projet de cession, sa fermeture, *celle d'un établissement*, d'un site ou d'une filiale, il convient d'envisager la recherche de repreneurs dès l'annonce du projet de fermeture.

Le comité d'entreprise est informé et consulté sur cette recherche. Il peut se faire assister par un expert-comptable de son choix pour analyser le processus de reprise, sa méthodologie et son ciblage, pour apprécier les informations mises à la disposition des repreneurs potentiels et pour analyser les projets de reprise.

Lorsqu'un repreneur potentiel formalise son intention de reprise, le comité d'entreprise en est informé, dans le respect de son obligation de discrétion, par le cédant. Il peut émettre un avis sur l'offre de reprise après examen de celle-ci par l'expert – qu'il a désigné le cas échéant.

7) Pour toute décision de l'entreprise conduisant à saisir le CHSCT, il est mis en place, si plusieurs établissements sont concernés par le même projet, une instance de coordination *ad hoc* issue de comités locaux qui, dans les cas prévus par la loi de recours à l'expertise par les CHSCT, fait appel à une expertise unique. Celle-ci est réalisée dans le délai préfix d'intervention de l'expert-comptable et porte sur l'ensemble des éléments relevant de la compétence des CHSCT. Le résultat de cette expertise est communiqué à l'ensemble des CHSCT concernés.

BIBL. ▶ ANTONMATTÉI, *Dr. soc. 2013. 100* (information en matière économique et financière). – RAY, *Dr. soc. 2013. 111* (protéger l'information).

Art. 13 *Représentation des salariés dans l'organe de gouvernance de tête qui définit la stratégie de l'entreprise (conseil d'administration ou conseil de surveillance).* Afin de favoriser la prise en compte du point de vue des salariés sur la stratégie de l'entreprise, leur participation avec voix délibérative à l'organe de l'entreprise qui définit cette stratégie doit être assurée (avec les mêmes règles de confidentialité que celles appliquées aux autres participants) dans les entreprises dont les effectifs totaux, appréciés à l'échelle mondiale, sont au moins égaux à 10 000 salariés ou à 5 000 appréciés à l'échelle de la France.

Les entreprises qui n'auraient pas déjà des salariés administrateurs disposeront de 26 mois pour mettre en place une telle représentation dont les modalités devront être au préalable approuvées par l'assemblée générale.

Le nombre de représentants des salariés sera égal à deux dans les entreprises dont le nombre d'administrateurs est supérieur à douze et à un dans les autres cas.

Les salariés administrateurs auront le même statut que les autres administrateurs. Leur fonction sera incompatible avec celle de membre du CE, du CHSCT, de délégué du personnel ou de délégué syndical.

Art. 14 *Articulation de la négociation sur la gestion prévisionnelle des emplois et des compétences et du plan de formation.* Encore méconnue dans certains cas ou souvent controversée, la GPEC est avant tout un outil d'anticipation qui peut, si l'on en fait bon usage, concilier besoins de performance des entreprises, aspirations des salariés et sécurisation de l'emploi. En outre, la GPEC installe un nouvel état d'esprit de dialogue entre la direction et les IRP. Un accord GPEC doit accompagner la vision stratégique à moyen et long terme de l'entreprise et contribuer à l'évolution de la carrière des salariés, notamment à travers la formation.

1) Prenant appui sur les informations disponibles dans la base de données unique visée à l'article 11 ci-dessus, la négociation visée à l'article L. 2242-15 du code du travail est étendue à la mise en perspective des parcours professionnels.

Outre les éléments déjà prévus par ledit article, cette négociation inclut :
– les grandes orientations du plan de formation ;
– les perspectives d'utilisation des différentes formes de contrat de travail ;
– les contrats de génération, pour les entreprises et groupes d'entreprises visés à l'article 1 de l'accord national interprofessionnel du 19 octobre 2012 relatif aux contrats de génération ;
– la mobilité interne visée à l'article 15 ci-après.

2) La consultation annuelle du comité d'entreprise sur les orientations annuelles du plan de formation sera l'occasion de s'assurer que ces orientations sont établies en cohérence avec le dispositif de gestion prévisionnelle des emplois et des compétences mis en place en application de l'article L. 2242-15.

3) Les branches professionnelles ou les entreprises mettront en place les dispositifs adaptés pour permettre aux sous-traitants, dont l'activité dépend majoritairement du donneur d'ordres, d'anticiper les évolutions résultant des options prises par ce dernier. A cet effet, elles s'attacheront à une meilleure information des sous-traitants par les donneurs d'ordres qui pourront associer en partie ceux-ci à leur GPEC.

4) Les parties signataires attirent l'attention des entreprises dotées de délégués syndicaux non assujetties aux dispositions de l'article L. 2242-15 du code du travail sur l'intérêt qui s'attache, tant pour elles que pour leurs salariés, à l'ouverture de négociations telles que celles prévues audit article.

5) Au niveau territorial, les organisations syndicales représentatives de salariés et d'employeurs s'attacheront à entretenir un dialogue social actif destiné à mettre à la dispo-

sition des TPE et des PME les informations susceptibles de leur être utiles en matière d'évolution de l'emploi et des besoins de compétences.

Art. 15 *Mobilité interne.* La mobilité interne s'entend de la mise en œuvre des mesures collectives d'organisation courantes dans l'entreprise, ne comportant pas de réduction d'effectifs et se traduisant notamment par des changements de poste ou de lieu de travail au sein de la même entreprise.

L'organisation de cette mobilité interne fait l'objet, dans les entreprises dotées de délégués syndicaux, d'une négociation triennale.

Dans les entreprises assujetties à l'article L. 2242-15 du code du travail, elle intervient dans le cadre de la négociation prévue audit article.

La négociation prévue ci-dessus doit porter sur les conditions de mobilité professionnelle ou géographique interne à l'entreprise. Elle comporte notamment :

– les mesures d'accompagnement à la mobilité des salariés, en particulier en termes de formation et d'aides à la mobilité géographique ;

– les limites imposées à cette mobilité au-delà de la zone géographique de son emploi, telle qu'également précisée par l'accord ;

– des dispositions visant à prendre en compte la conciliation de la vie professionnelle et de la vie familiale.

Les mobilités envisagées ne peuvent en aucun cas entraîner une diminution du niveau de rémunération ou de la classification personnelle du salarié, et doivent garantir le maintien ou l'amélioration de sa qualification professionnelle.

Le refus par un salarié d'une modification de son contrat proposée dans les conditions définies au présent article n'entraîne pas son licenciement pour motif économique. Il s'agit d'un licenciement pour motif personnel ouvrant droit à des mesures de reclassement telles qu'un bilan de compétence ou un abondement du compte personnel de formation.

Art. 16 *Création d'un conseil en évolution professionnelle.* Pour permettre l'accès de tous les salariés, notamment des salariés des TPE-PME, à un conseil en évolution professionnelle, en dehors de l'entreprise, une offre de service d'accompagnement claire, lisible et de proximité est proposée aux salariés, visant l'évolution et la sécurisation professionnelle.

Cette information/conseil doit permettre au salarié :

– d'être mieux informé sur son environnement professionnel (évolution des métiers sur les territoires...) ;

– de mieux connaître ses compétences, pouvoir les valoriser et identifier les compétences nécessaires à acquérir ;

– de repérer des offres d'emploi adaptées à ses compétences.

Pour assurer l'effectivité de ce droit au conseil à l'évolution professionnelle, tout salarié bénéficie :

– de la possibilité d'utiliser son compte personnel de formation pour accéder à ce conseil en évolution professionnelle ;

– d'un droit à l'information sur l'existence de ce service et sur les possibilités d'y accéder.

Pour que tous les salariés puissent effectivement accéder à ce service, il devra être proposé sur chaque territoire, grâce à la coordination des opérateurs publics et paritaires existants sur l'orientation, la formation et l'emploi.

L'articulation avec les pouvoirs publics et les dispositifs tels que le service public de l'orientation devra être discutée avec l'ensemble des interlocuteurs concernés, notamment dans le cadre du débat sur la décentralisation.

Dans l'attente, et dans l'objectif d'assurer la réelle effectivité de ce service, les partenaires sociaux s'engagent à entamer, dans les deux mois de l'entrée en vigueur de l'accord, un travail avec les opérateurs paritaires qui participent aux réseaux d'accueil des publics salariés, notamment les Fongecif et l'APEC.

Art. 17 *Mise en œuvre du dialogue social dans l'entreprise.* Afin de bien préparer la mise en place des IRP dans l'entreprise, les *parties signataires* proposent que les entreprises se voient *accorder un délai* d'un an pour la mise en œuvre des obligations complètes liées aux seuils de 11 et 50 salariés une fois les effectifs atteints en application des dispositions du code du travail, sous réserve que l'organisation des élections des représentants du personnel concernés intervienne dans les trois mois du franchissement du seuil d'effectif.

TITRE III *Donner aux entreprises les moyens de s'adapter aux problèmes conjoncturels et de préserver l'emploi*

Art. 18 *Accords de maintien dans l'emploi.* Afin de maintenir l'emploi, en cas de graves difficultés conjoncturelles rencontrées par une entreprise, il convient de se doter, à côté de dispositifs existants tels que le chômage partiel, de la possibilité de conclure des accords d'entreprise permettant de trouver un nouvel équilibre, pour une durée limitée dans le temps, dans l'arbitrage global temps de travail/salaire/emploi au bénéfice de l'emploi.

L'ouverture d'une telle négociation requiert une transparence totale sur les informations destinées à l'évaluation de la situation économique de l'entreprise.

A cet effet et afin d'aboutir à un diagnostic partagé, les représentants des salariés pourront mobiliser les éléments d'information visés à l'article 11 ci-dessus ainsi que ceux énumérés dans l'annexe jointe en matière financière, économique et sociale.

Ils pourront faire appel à un expert-comptable de leur choix financé par l'entreprise.

Ces accords ne pourront pas déroger aux éléments de l'ordre public social, tels que, notamment, le smic, la durée légale, les durées maximales quotidiennes et hebdomadaires, le repos quotidien et hebdomadaire, les congés payés légaux, la législation relative au 1er mai.

Ils devront par ailleurs respecter les dispositions des accords de branche, auxquels, en application de l'article L. 2253-3 du code du travail, il n'est pas possible de déroger par accord d'entreprise.

En contrepartie de l'application de ces ajustements, l'employeur s'engage à maintenir dans l'emploi les salariés auxquels ils s'appliquent, pour une durée au moins égale à celle de l'accord.

Ces accords doivent être entourés de toutes les garanties nécessaires. Celles-ci sont détaillées en annexe.

Étant donné le champ de ces accords, qui résultent d'une négociation permettant de trouver un nouvel équilibre dans l'arbitrage global temps de travail/salaire/emploi au bénéfice de l'emploi, ceux-ci ne peuvent être que des accords majoritaires conclus pour une durée maximale de deux ans.

En contrepartie des efforts demandés, l'accord devra comporter des garanties telles que le partage du bénéfice économique de l'accord arrivé à échéance et les sanctions en cas de non-respect de celui-ci.

Ces accords constituent un outil supplémentaire pouvant compléter les dispositifs existants. Ces accords doivent permettre aux partenaires sociaux de l'entreprise de passer un cap difficile et de consolider le dialogue social sans en faire un cas général.

Les accords de maintien dans l'emploi devront participer d'une démarche de transparence identique à celle recherchée dans les négociations en cours au niveau national interprofessionnel sur la modernisation du dialogue social.

Leur acceptabilité par les salariés concernés requiert le respect d'une certaine symétrie des formes à l'égard de la rémunération des mandataires sociaux et des actionnaires. Les dirigeants salariés qui exercent leurs responsabilités dans le périmètre de l'accord doivent participer aux mêmes efforts que ceux qui sont demandés aux salariés.

Bien que s'imposant au contrat de travail, l'accord de maintien dans l'emploi requiert néanmoins l'accord individuel du salarié.

En cas de refus du salarié des mesures prévues par l'accord, la rupture de son contrat de travail qui en résulte s'analyse en un licenciement économique dont la cause réelle et sérieuse est attestée par l'accord précité.

L'entreprise est exonérée de l'ensemble des obligations légales et conventionnelles qui auraient résulté d'un licenciement collectif pour motif économique.

Toutefois, l'accord devra prévoir des mesures d'accompagnement susceptibles de bénéficier au salarié ayant refusé l'application des mesures de l'accord.

Art. 19 *Recours à l'activité partielle.* Devant l'urgence de la situation et le besoin des entreprises, les parties signataires engageront dans les deux semaines suivant la signature du présent accord une négociation sur l'activité partielle, en incluant l'État sur les champs relevant de sa compétence, visant à mettre en œuvre un nouveau régime d'activité partielle encadré par les principes exposés ci-après :

– la procédure d'autorisation préalable réintroduite récemment est maintenue, sans nécessité de conventionnement ;

– l'allocation spécifique et l'allocation d'APLD *[activité partielle longue durée]* sont regroupées et prises en charge dans les mêmes conditions que l'APLD par l'État et l'Unedic ;

– le régime actuel est simplifié et unifié :

• maintien d'un contingent annuel d'heures d'activité partielle par salarié (aujourd'hui fixé à 1 000 heures) ;

• simplification importante des modalités de calcul des heures indemnisables, en fixant une règle de prise en charge sur la perte d'heures de travail applicable quel que soit le mode d'aménagement du temps de travail prévu dans l'entreprise ;

• en dehors du nouveau régime unifié, abrogation des autres dispositifs d'activité partielle qui tomberont de fait en désuétude ;

– le niveau d'indemnisation garanti aux salariés est plus incitatif au départ en formation ;

– pendant les heures d'activité partielle, les salariés peuvent réaliser toute action de formation, notamment au titre du plan de formation ;

– les contreparties adaptées au bénéfice du dispositif mis en place après consultation des IRP (emploi, formation, GPEC, plan de redressement, modification de l'organisation du travail...) pourront être modulées en fonction de la récurrence du recours au dispositif.

Art. 20 *Règles relatives au licenciement de 10 salariés et plus sur une même période de 30 jours dans les entreprises d'au moins 50 salariés.* La procédure de licenciement collectif pour motif économique et le contenu du plan de sauvegarde de l'emploi sont fixés soit par accord collectif majoritaire soit par un document produit par l'employeur et homologué par la DIRECCTE *[direction régionale des entreprises, de la concurrence, de la consommation, du travail et de l'emploi]*.

1) un accord collectif signé par une ou plusieurs organisations ayant recueilli au moins 50 % des suffrages exprimés au 1er tour des précédentes élections professionnelles (titulaires) peut fixer, par dérogation aux dispositions concernées du chapitre III du titre III du livre II du code du travail, des procédures applicables à un licenciement collectif pour motif économique de 10 salariés et plus sur une même période de 30 jours dans une entreprise d'au moins 50 salariés, en ce qui concerne, en particulier, le nombre et le calendrier des réunions avec les insitutions représentatives du personnel, la liste des documents à produire, les conditions et délais de recours à l'expert, l'ordre des licenciements et le contenu du plan de sauvegarde de l'emploi.

L'accord précise la date à partir de laquelle peuvent être mis en œuvre les reclassements internes.

L'ensemble des délais fixés par l'accord sont des délais préfix, non susceptibles de suspension ou de dépassement.

Toute action en contestation de la validité de l'accord doit être formée dans un délai de 3 mois à compter de son dépôt. Toute contestation portée par le salarié, visant le motif du licenciement ou le non-respect par l'employeur des dispositions de l'accord, doit être formée dans un délai de 12 mois suivant la notification du licenciement.

2) Lorsque l'employeur recourt à la procédure d'homologation, il établit un document qu'il soumet à l'avis du comité d'entreprise, préalablement à sa transmission à la DIRECCTE.

Ce document précise le nombre et le calendrier des réunions des instances représentatives du personnel, les délais de convocation, la liste des documents à produire ainsi que le projet de plan de sauvegarde de l'emploi. L'administration se prononce dans un délai de 21 jours sur le document et le projet de plan de sauvegarde de l'emploi. A défaut de réponse expresse dans ce délai, ils sont réputés homologués.

A compter de la date de présentation du document au comité d'entreprise, la procédure s'inscrit dans un délai maximum préfix, non susceptible de suspension ou de dépassement :

– de deux mois pour les projets de licenciement collectif pour motif économique concernant de 10 à 99 salariés,

– de trois mois pour les projets de licenciement collectif pour motif économique concernant de 100 à 249 salariés,

– de quatre mois pour les projets de licenciement collectif pour motif économique concernant 250 salariés et plus.

La mise en œuvre des reclassements internes peut débuter à compter de l'obtention de l'homologation.

En cas de refus d'homologation de la procédure par l'administration, celui-ci est motivé. L'entreprise doit alors établir un nouveau document et le soumettre à la procédure d'homologation visée au premier alinéa. Le délai maximum mentionné au troisième alinéa est alors suspendu jusqu'à l'homologation, par l'administration, du document établi par l'employeur.

Toute action en contestation de l'homologation doit être formée dans un délai de trois mois à compter de son obtention. Toute contestation par le salarié visant le motif du licenciement ou le non-respect par l'employeur des dispositions du document ayant fait l'objet

d'une homologation doit être formée dans un délai de douze mois suivant la notification du licenciement.

Art. 21 *Congé de reclassement.* **Les parties signataires proposent que la durée maximale du congé de reclassement prévue à l'article L. 1233-71 du code du travail soit portée de neuf à douze mois, afin d'harmoniser sa durée avec celle des contrats de sécurisation professionnelle.**

TITRE IV *Développer l'emploi en adaptant la forme du contrat de travail à l'activité économique de l'entreprise*

Art. 22 *Expérimenter le contrat de travail intermittent.* **Sans préjudice des accords collectifs existants, les parties signataires conviennent de l'ouverture, à titre expérimental, aux entreprises de moins de 50 salariés, des secteurs mentionnés en annexe au présent accord, d'un recours direct au contrat de travail intermittent (défini aux articles L. 3123-31 à L. 3123-37 du code du travail) après information des délégués du personnel, afin de pourvoir des emplois permanents comportant, par nature, une alternance de périodes travaillées et non travaillées. Les dispositions de l'article L. 3123-31 du code du travail devraient être modifiées en conséquence.**

Par ailleurs, pour les embauches effectuées dans ce cadre dans les entreprises de moins de 50 salariés, afin d'éviter des distorsions importantes en ce qui concerne le montant de la rémunération versée mensuellement, il devrait être ajouté une mention obligatoire dans le contrat de travail intermittent. Celle-ci préciserait, par référence à l'actuel article L. 3123-37 du code du travail, que la rémunération versée mensuellement aux salariés titulaires d'un contrat de travail intermittent peut être indépendante de l'horaire réel, et notamment être "lissée" tout au long de l'année.

Un bilan-évaluation de l'expérimentation sera effectué avant le 31 décembre 2014 en concertation avec les pouvoirs publics.

TITRE V *Rationaliser les procédures de contentieux judiciaire*

Art. 23 *Ordre des licenciements.* **A défaut d'accord de branche ou d'entreprise en disposant autrement, en cas de licenciement pour motif économique, l'employeur est fondé, pour fixer l'ordre des licenciements, à privilégier la compétence professionnelle sous réserve de tenir également compte, après consultation du comité d'entreprise, des autres critères fixés par la loi.**

Art. 24 *Sécurité juridique des relations de travail.* **Les signataires conviennent que la sécurité juridique des relations de travail peut être compromise si des irrégularités de forme sont assimilées à des irrégularités de fond.**

Dès lors, ils conviennent d'examiner, avec le concours des pouvoirs publics, les cas dans lesquels les irrégularités de forme risquent de primer sur le fond. Au vu de cette expertise, les signataires se retrouveront pour se saisir des éventuels aménagements nécessaires dans le respect des principes généraux du droit et de la Constitution.

Art. 25 *Faciliter la conciliation prud'homale.* **En cas de contentieux judiciaire portant sur la contestation du licenciement, les parties peuvent, lors de l'audience devant le bureau de conciliation, choisir de mettre un terme définitif au litige qui les oppose en contrepartie du versement, par le défendeur au demandeur, d'une indemnité forfaitaire calculée en fonction** *de l'ancienneté* **de ce dernier, et ayant le caractère social et fiscal de dommages et intérêts.**

Cette indemnité forfaitaire vaut réparation de l'ensemble des préjudices liés à la rupture du contrat de travail, et son montant est fixé à :

– entre 0 et 2 ans d'ancienneté : 2 mois de salaire ;
– entre 2 et 8 ans d'ancienneté : 4 mois de salaire ;
– entre 8 et 15 ans d'ancienneté : 8 mois de salaire ;
– entre 15 et 25 ans d'ancienneté : 10 mois de salaire ;
– au-delà de 25 ans d'ancienneté : 14 mois de salaire.

La conciliation intervenue en cette forme a, entre les parties au litige, autorité de la chose jugée en dernier ressort.

Toute demande portée devant les prud'hommes est inscrite au rôle du bureau de conciliation dans les deux mois de son dépôt au greffe.

A défaut de conciliation, l'affaire est portée devant le bureau de jugement, qui doit former sa conviction au vu des éléments fournis par les parties, et justifier du montant des condamnations qu'il prononce en réparation du préjudice subi par le demandeur.

Art. 26 *Délais de prescription.* Sans préjudice des délais de prescription plus courts fixés par le code du travail, aucune action ayant pour objet une réclamation portant sur l'exécution ou la rupture du contrat de travail ne peut être engagée devant la juridiction compétente au-delà d'un délai de vingt-quatre mois.

Les demandes de salaires visées à l'article L. 3245-1 du code du travail se prescrivent par trente-six mois si elles sont formées en cours d'exécution de contrat.

Si la demande est formée dans le délai de vingt-quatre mois suivant la rupture du contrat, la période de trente-six mois susvisée s'entend à compter de la rupture du contrat.

TITRE VI *Dispositions diverses*

Art. 27 *Entrée en application.* Le présent accord entrera en vigueur dès l'adoption de l'ensemble des dispositions législatives et réglementaires nécessaires à son application.

Art. 28 *Bilan.* Les parties signataires se réuniront pour dresser un bilan du présent accord à l'issue d'un délai de 2 ans suivant son entrée en vigueur.

Loi n° 2014-856 du 31 juillet 2014,

Relative à l'économie sociale et solidaire.

Art. 1er I. – L'économie sociale et solidaire est un mode d'entreprendre et de développement économique adapté à tous les domaines de l'activité humaine auquel adhèrent des personnes morales de droit privé qui remplissent les conditions cumulatives suivantes :

1° Un but poursuivi autre que le seul partage des bénéfices ;

2° Une gouvernance démocratique, définie et organisée par les statuts, prévoyant l'information et la participation, dont l'expression n'est pas seulement liée à leur apport en capital ou au montant de leur contribution financière, des associés, des salariés et des parties prenantes aux réalisations de l'entreprise ;

3° Une gestion conforme aux principes suivants :

a) Les bénéfices sont majoritairement consacrés à l'objectif de maintien ou de développement de l'activité de l'entreprise ;

b) Les réserves obligatoires constituées, impartageables, ne peuvent pas être distribuées. Les statuts peuvent autoriser l'assemblée générale à incorporer au capital des sommes prélevées sur les réserves constituées au titre de la présente loi et à relever en conséquence la valeur des parts sociales ou à procéder à des distributions de parts gratuites. La première incorporation ne peut porter que sur la moitié, au plus, des réserves disponibles existant à la clôture de l'exercice précédant la réunion de l'assemblée générale extraordinaire ayant à se prononcer sur l'incorporation. Les incorporations ultérieures ne peuvent porter que sur la moitié, au plus, de l'accroissement desdites réserves enregistré depuis la précédente incorporation. En cas de liquidation ou, le cas échéant, en cas de dissolution, l'ensemble du boni de liquidation est dévolu soit à une autre entreprise de l'économie sociale et solidaire au sens du présent article, soit dans les conditions prévues par les dispositions législatives et réglementaires spéciales qui régissent la catégorie de personne morale de droit privé faisant l'objet de la liquidation ou de la dissolution.

....

Art. 3 I. – Le Conseil supérieur de l'économie sociale et solidaire adopte, sur proposition de ses membres, un guide définissant les conditions d'amélioration continue des bonnes pratiques des entreprises de l'économie sociale et solidaire définies à l'article 1er de la présente loi.

Ces conditions tiennent compte des spécificités de chacune des différentes formes juridiques d'entreprise de l'économie sociale et solidaire et des obligations légales, réglementaires et conventionnelles existantes répondant déjà, totalement ou partiellement, aux informations demandées.

Le conseil détermine les conditions dans lesquelles ces informations sont portées à la connaissance des salariés.

Ces bonnes pratiques concernent notamment :

1° Les modalités effectives de gouvernance démocratique ;

2° La concertation dans l'élaboration de la stratégie de l'entreprise ;

3° La territorialisation de l'activité économique et des emplois ;

4° La politique salariale et l'exemplarité sociale, la formation professionnelle, les négociations annuelles obligatoires, la santé et la sécurité au travail et la qualité des emplois ;

5° Le lien avec les usagers et la réponse aux besoins non couverts des populations ;

6° La situation de l'entreprise en matière de diversité, de lutte contre les discriminations et d'égalité réelle entre les femmes et les hommes en matière d'égalité professionnelle et de présence dans les instances dirigeantes élues.

....

Art. 4 *[...]* V. – Le Conseil supérieur de l'économie sociale et solidaire est chargé d'établir tous les trois ans un rapport sur l'égalité entre les femmes et les hommes dans l'économie sociale et solidaire et de formuler des propositions pour :

1° Assurer l'égalité professionnelle entre les femmes et les hommes dans l'économie sociale et solidaire, en permettant notamment une meilleure articulation entre la vie personnelle et professionnelle des salariés de l'économie sociale et solidaire ;

2° Favoriser l'accès des femmes à tous les postes de responsabilité, de dirigeants salariés comme de dirigeants élus ;

3° Assurer la parité entre les femmes et les hommes dans toutes les instances élues des entreprises de l'économie sociale et solidaire.

....

Dispositions facilitant la transmission d'entreprises à leurs salariés

Art. 18 Un dispositif d'information des salariés sur les possibilités de reprise d'une société par les salariés est instauré à destination de l'ensemble des salariés des sociétés de moins de deux cent cinquante salariés soumises au livre II du code de commerce.

Cette information est organisée au moins une fois tous les trois ans et porte, en particulier, sur les conditions juridiques de la reprise d'une entreprise par les salariés, sur ses avantages et ses difficultés, ainsi que sur les dispositifs d'aide dont ils peuvent bénéficier.

(L. n° 2015-990 du 6 août 2015, art. 204-I) « L'information porte également sur les orientations générales de l'entreprise relatives à la détention de son capital, notamment sur le contexte et les conditions d'une cession de celle-ci et, le cas échéant, sur le contexte et les conditions d'un changement capitalistique substantiel. »

Le contenu et les modalités de cette information sont définis par un décret qui prend en compte la taille des entreprises concernées.

V. Décr. n° 2016-2 du 4 janv. 2016 (JO 5 janv.).

Loi n° 2014-1654 du 29 décembre 2014,

De finances pour 2015. Contribution au financement des emplois aidés à destination des travailleurs handicapés.

Art. 122 Il est institué, pour chaque année de 2015 à 2017, au bénéfice de l'Agence de services et de paiement mentionnée à l'article L. 313-1 du code rural et de la pêche maritime, une contribution annuelle de 29 millions d'euros à la charge de l'association de gestion du fonds pour l'insertion professionnelle des personnes handicapées mentionné à l'article L. 5214-1 du code du travail. Cette contribution est affectée par l'Agence de services et de paiement au financement des contrats uniques d'insertion et des emplois d'avenir mentionnés aux articles L. 5134-19-3 et *[L.]* 5134-110 du même code.

Il est institué à compter de 2015 et jusqu'en 2017, au bénéfice de l'Agence de services et de paiement mentionnée à l'article L. 313-1 du code rural et de la pêche maritime, une contribution annuelle de 29 millions d'euros à la charge du fonds d'insertion des personnes handicapées dans la fonction publique mentionné à l'article L. 323-8-6-1 du code du travail. Cette contribution est affectée par l'Agence de services et de paiement au financement des aides financières versées pour les contrats uniques d'insertion et les emplois d'avenir mentionnés aux articles L. 5134-19-3 et L. 5134-110 du même code.

Elles sont versées en deux échéances semestrielles, la première avant le 1er juin et la seconde avant le 1er décembre.

Le recouvrement, le contentieux, les garanties et les sanctions relatifs à ces contributions sont régis par les règles applicables en matière de taxe sur les salaires.

Convention du 26 janvier 2015,

Relative au contrat de sécurisation professionnelle.

Sont rendues obligatoires, pour tous les employeurs et tous les salariés mentionnés à l'article L. 5422-13 du code du travail, les dispositions de la convention du 26 janvier 2015 relative au contrat de sécurisation professionnelle (Arr. du 16 avr. 2015, art. 1er).

V. Circ. Unedic no 2016-09 du 27 janv. 2016 relative à la mise en œuvre de la convention du 26 janv. 2015.

Art. 1er La présente convention définit les conditions et les modalités d'application du contrat de sécurisation professionnelle précisées par l'accord national interprofessionnel du 8 décembre 2014, en faveur des salariés visés par une procédure de licenciement pour motif économique, qui ne peuvent pas bénéficier d'un congé de reclassement prévu par l'article L. 1233-71 du code du travail.

Le contrat de sécurisation professionnelle leur permet de bénéficier, après la rupture de leur contrat de travail, d'un accompagnement renforcé et personnalisé consistant en un ensemble de mesures favorisant un reclassement accéléré vers l'emploi durable.

CHAPITRE PREMIER *Bénéficiaires du contrat de sécurisation professionnelle*

Art. 2 Ont la faculté de bénéficier d'un contrat de sécurisation professionnelle, les salariés privés d'emploi :

a) Justifiant des conditions prévues aux articles 3, 4 (*c* et *f*) du règlement général annexé à la convention du 14 mai 2014 relative à l'indemnisation du chômage ;

b) Aptes physiquement à l'exercice d'un emploi, au sens de l'article 4 *d* du règlement annexé à la convention du 14 mai 2014 relative à l'indemnisation du chômage.

Art. 3 A titre expérimental, sur des bassins d'emploi donnés, les demandeurs d'emploi en fin de contrat de travail à durée déterminée d'au moins six mois peuvent bénéficier du contrat de sécurisation professionnelle dans les conditions fixées par le comité de pilotage national visé à l'article 29 de la présente convention.

CHAPITRE II *Procédure d'acceptation du contrat de sécurisation professionnelle*

Art. 4 § 1. – Chacun des salariés concernés doit être informé, par l'employeur, individuellement et par écrit du contenu du contrat de sécurisation professionnelle et de la possibilité qu'il a d'en bénéficier.

Il dispose d'un délai de vingt et un jours pour accepter ou refuser un tel contrat à partir de la date de la remise du document proposant le contrat de sécurisation professionnelle selon les modalités prévues au paragraphe 2 du présent article.

Pour les salariés dont le licenciement est soumis à autorisation, ce délai de réflexion est prolongé jusqu'au lendemain de la date de notification à l'employeur de la décision de l'autorité administrative compétente.

Le document remis par l'employeur au salarié porte mention :

– de la date de remise du document faisant courir le délai de réflexion ;

– du délai de vingt et un jours imparti au salarié pour donner sa réponse ;

– de la date à partir de laquelle, en cas d'acceptation du contrat de sécurisation professionnelle, son contrat de travail est rompu.

Le document remis au salarié comporte également un volet bulletin "d'acceptation détachable", à compléter par le salarié s'il demande à bénéficier du contrat de sécurisation professionnelle et à remettre à son employeur.

Au cours du délai de réflexion, le salarié bénéficie d'un entretien d'information réalisé par Pôle emploi, destiné à l'éclairer dans son choix.

§ 2. – Lorsque le licenciement pour motif économique doit être précédé d'un entretien préalable au licenciement, le document écrit d'information prévu au paragraphe 1 du présent article est remis au salarié au cours de cet entretien préalable, contre récépissé[1].

Lorsque le licenciement pour motif économique doit être soumis à la procédure d'information et de consultation des représentants élus du personnel dans le cadre des articles L. 1233-28 à L. 1233-30 du code du travail, le document écrit d'information prévu au paragraphe 1 est remis à chaque salarié concerné, contre récépissé, à l'issue de la dernière réunion de consultation des représentants élus du personnel.

Lorsque le licenciement pour motif économique donne lieu à un plan de sauvegarde de l'emploi dans les conditions prévues aux articles L. 1233-24-2 à L. 1233-24-4 du code du travail, le document écrit d'information prévu au paragraphe 1 est remis à chaque salarié, contre récépissé, au lendemain de la notification ou de l'acquisition de la décision administrative de validation ou d'homologation du plan prévue à l'article L. 1233-57-4 du même code.

Lorsque, à la date prévue par les articles L. 1233-15 et L. 1233-39 du code du travail pour l'envoi de la lettre de licenciement, le délai de réflexion dont dispose le salarié pour faire connaître sa réponse à la proposition du contrat de sécurisation professionnelle n'est pas expiré, l'employeur lui adresse une lettre recommandée avec demande d'avis de réception :

– lui rappelant la date d'expiration du délai de réflexion ; et
– lui précisant qu'en cas de refus du contrat de sécurisation professionnelle, cette lettre recommandée constituera la notification de son licenciement.

(1) S'agissant des salariés bénéficiant de la protection instituée par l'article L. 1225-4, alinéa 2, du code du travail, les documents d'information prévus au paragraphe 1 de l'article 5 peuvent être remis, au plus tard, le lendemain de la fin de la période de protection liée au congé de maternité.

Art. 5 § 1. – Le salarié manifeste sa volonté de bénéficier du contrat de sécurisation professionnelle en remettant à l'employeur le bulletin d'acceptation dûment complété et signé, accompagné d'une copie de sa pièce d'identité ou du titre en tenant lieu.

En cas d'acceptation du salarié, le contrat de travail est réputé rompu du commun accord des parties, à la date d'expiration du délai de réflexion visé à l'article 4, paragraphe 1, de la présente convention. Le salarié bénéficie, dès le jour suivant la rupture du contrat de travail, du statut de stagiaire de la formation professionnelle attaché au contrat de sécurisation professionnelle.

L'absence de réponse au terme du délai de réflexion est assimilée à un refus du contrat de sécurisation professionnelle par le salarié.

§ 2. – Dès l'acceptation du dispositif par le salarié, l'employeur transmet au Pôle emploi dans le ressort duquel le salarié est domicilié, le bulletin d'acceptation complété par l'employeur et le salarié, accompagné de la copie de la pièce d'identité de ce dernier ou du titre en tenant lieu.

Au plus tard à la rupture du contrat de travail, l'employeur complète son précédent envoi en adressant à ce Pôle emploi l'ensemble des documents nécessaires à l'examen des droits du salarié et au paiement des sommes dues par l'employeur, notamment l'attestation d'employeur, la demande d'allocation de sécurisation professionnelle dûment complétée et signée par le salarié, la copie de la carte d'assurance maladie (carte Vitale).

§ 3. – L'ensemble des documents nécessaires à la mise en œuvre du contrat de sécurisation professionnelle sont arrêtés par l'Unédic et remis par Pôle emploi, à l'employeur, à sa demande.

Art. 6 Le contrat de sécurisation professionnelle est conclu pour une durée de douze mois et prend effet dès le lendemain de la fin du contrat de travail. Cette durée est allongée des périodes d'activités professionnelles visées à l'article 12 de la présente convention et intervenues après la fin du sixième mois du contrat de sécurisation professionnelle, dans la limite de trois mois supplémentaires. La durée du contrat de sécurisation professionnelle ne peut excéder quinze mois de date à date.

Art. 7 Lors de l'inscription comme demandeur d'emploi d'un salarié licencié pour motif économique, le conseiller de Pôle emploi doit s'assurer que l'intéressé a été informé individuellement et par écrit du contenu du contrat de sécurisation professionnelle et de la possibilité qu'il a d'en bénéficier.

A défaut, le conseiller de Pôle emploi doit procéder à cette information en lieu et place de son employeur. Le salarié peut souscrire au contrat de sécurisation professionnelle dans un délai de vingt et un jours à compter de son inscription comme demandeur d'emploi. L'absence de réponse au terme du délai de réflexion est assimilée à un refus du contrat de sécurisation professionnelle par le salarié.

En cas d'acceptation du contrat de sécurisation professionnelle, l'adhésion prend effet au lendemain de l'expiration du délai de réflexion. A compter de son inscription comme demandeur d'emploi jusqu'au terme du délai de réflexion, le salarié licencié peut être indemnisé dans les conditions de la convention du 14 mai 2014 relative à l'indemnisation du chômage.

CHAPITRE III *Les prestations d'accompagnement*

Art. 8 L'accompagnement des bénéficiaires du contrat de sécurisation professionnelle, sur la base du cahier des charges défini par le comité de pilotage national visé à l'article 29 de la présente convention, est confié à Pôle emploi qui peut déléguer cet accompagnement à d'autres opérateurs choisis par appel d'offres.

Art. 9 § 1. — Les salariés qui acceptent le contrat de sécurisation professionnelle bénéficient, dans les huit jours de leur adhésion, d'un entretien individuel de prébilan pour l'examen de leurs capacités professionnelles.

Cet entretien de prébilan, qui peut conduire si nécessaire à un bilan de compétences, est suivi d'une période de préparation du plan de sécurisation professionnelle du bénéficiaire.

L'entretien de prébilan et la période de préparation qui lui succède sont destinés à identifier le profil et le projet de reclassement du bénéficiaire du contrat de sécurisation professionnelle, ses atouts potentiels, ses difficultés et ses freins éventuels. Il est réalisé par l'opérateur en charge, pour le bassin d'emploi, des contrats de sécurisation professionnelle, en prenant notamment en compte les caractéristiques du bassin d'emploi concerné.

Ils permettent l'élaboration du plan de sécurisation professionnelle du bénéficiaire, qui est validé et mis en œuvre au plus tard dans le mois suivant l'entretien de prébilan.

Le plan de sécurisation professionnelle prend la forme d'un document écrit, qui formalise les relations entre les bénéficiaires du contrat de sécurisation professionnelle et Pôle emploi. Il précise les éléments requis par le présent article ainsi que les articles 10, 11, 12 et 20 de la présente convention, ainsi que les prestations fournies.

Le plan de sécurisation professionnelle peut être actualisé au vu du déroulement du parcours d'accompagnement et de reclassement du bénéficiaire.

§ 2. — A l'issue du quatrième mois d'accompagnement effectif, un point d'étape est réalisé afin que le conseiller référent et le bénéficiaire du dispositif analysent conjointement les actions mises en œuvre avec le projet défini lors de l'entretien de prébilan et d'envisager, le cas échéant, les ajustements et nouvelles actions à effectuer.

Art. 10 Les prestations d'accompagnement s'inscrivent dans le plan de sécurisation professionnelle du bénéficiaire visé à l'article 9, paragraphe 1, de la présente convention, qui comprend :

— si nécessaire, un bilan de compétences permettant d'orienter dans les meilleures conditions le plan de sécurisation ;

— un suivi individuel de l'intéressé par l'intermédiaire d'un référent spécifique, destiné à l'accompagner à tous les niveaux de son projet professionnel et à évaluer le bon déroulement de son plan de sécurisation, y compris dans les six mois suivant son reclassement ;

— des mesures d'appui social et psychologique ;

— des mesures d'orientation tenant compte de la situation du marché local de l'emploi ;

— des mesures d'accompagnement (préparation aux entretiens d'embauche, techniques de recherche d'emploi...) ;

— des actions de validation des acquis de l'expérience ; et/ou

— des mesures de formation pouvant inclure l'évaluation préformative prenant en compte l'expérience professionnelle de l'intéressé.

Ces prestations d'accompagnement, retenues d'un commun accord au vu du résultat de l'entretien de prébilan et dans le cadre de l'élaboration du plan de sécurisation professionnelle, sont mises en place au profit des bénéficiaires du contrat de sécurisation professionnelle au plus tard dans le mois suivant l'entretien individuel de prébilan.

Art. 11 Les actions de formation entreprises dans le cadre du contrat de sécurisation professionnelle et inscrites dans le plan de sécurisation professionnelle visé à l'article 9, paragraphe 1, de la présente convention, mises en place le plus rapidement possible, sont celles correspondant aux besoins de l'économie, prévisibles à court ou moyen terme et favorisant la sécurisation des parcours professionnels des salariés.

En conséquence, le bénéficiaire du contrat de sécurisation professionnelle accède à toutes les formations éligibles au compte personnel de formation, sous réserve que la formation retenue corresponde au projet de reclassement du bénéficiaire visé à l'article 9, paragraphe 1, de la présente convention.

Lorsque l'action de formation, notamment s'il s'agit d'une action de requalification, n'est pas achevée au terme du contrat de sécurisation professionnelle, celle-ci se poursuit dans le cadre du projet personnalisé d'accès à l'emploi, dans la mesure où le bénéficiaire s'inscrit comme demandeur d'emploi au terme du contrat de sécurisation professionnelle, et dans les limites prévues à l'article 27 de la présente convention.

Les conditions dans lesquelles les formations effectuées dans le cadre du contrat de sécurisation professionnelle sont financées sont déterminées par un accord conclu entre les organisations syndicales d'employeurs et de salariés représentatives au niveau national et interprofessionnel relatif à l'affectation des ressources du fonds paritaire de sécurisation des parcours professionnels.

Art. 12 § 1. – Le bénéficiaire peut réaliser au cours de son contrat de sécurisation professionnelle des périodes d'activités professionnelles en entreprise, sous forme de contrat de travail à durée déterminée ou de contrat de travail temporaire d'une durée minimale de trois jours.

Le cumul total de ces périodes ne peut excéder six mois.

Le plan de sécurisation professionnelle expose au bénéficiaire les conditions et modalités selon lesquelles ces périodes d'activités professionnelles sont effectuées en vue de concourir à son projet de reclassement visé à l'article 9, paragraphe 1, de la présente convention.

Ces périodes sont validées au préalable par le conseiller référent afin d'en vérifier la cohérence avec le projet de reclassement du bénéficiaire.

Pendant ces périodes, le bénéficiaire est salarié de l'entreprise ou de l'agence d'emploi, le bénéfice du contrat de sécurisation professionnelle et le versement de l'allocation de sécurisation professionnelle sont suspendus.

Un bilan des périodes d'activités professionnelles réalisées pendant le contrat de sécurisation professionnelle est établi avec le conseiller référent en vue d'une capitalisation de l'expérience ainsi acquise par le bénéficiaire.

§ 2. – En cas de reprise d'emploi en contrat à durée indéterminée, en contrat à durée déterminée ou contrat de travail temporaire d'une durée d'au moins six mois, l'intéressé cesse de bénéficier du contrat de sécurisation professionnelle.

La rupture du contrat de travail pendant la période d'essai permet une reprise du contrat de sécurisation professionnelle pour la durée restant à courir conformément aux dispositions de l'article 6 de la présente convention.

Lorsque cette reprise d'emploi a donné lieu au versement de tout ou partie de la prime visée à l'article 14 de la présente convention, la durée d'indemnisation au titre de l'allocation de sécurisation professionnelle est réduite conformément aux dispositions de l'article 16, paragraphe 1, alinéa 2, de la présente convention.

Art. 13 Lorsque, avant le terme du contrat de sécurisation professionnelle, le bénéficiaire reprend un emploi salarié dont la rémunération est, pour un nombre identique d'heures hebdomadaire de travail, inférieure à la rémunération de son emploi précédent, il perçoit une indemnité différentielle de reclassement.

Le montant mensuel de l'indemnité différentielle de reclassement est égal à la différence entre 30 fois le salaire journalier de référence servant au calcul de l'allocation de sécurisation professionnelle et le salaire brut mensuel de l'emploi repris.

Cette indemnité, dont l'objet est de compenser la baisse de rémunération, est versée mensuellement, à terme échu, pour une durée qui ne peut excéder douze mois et dans la limite d'un montant total plafonné à 50 % des droits résiduels à l'allocation de sécurisation professionnelle.

Art. 14 Le bénéficiaire du contrat de sécurisation professionnelle qui retrouve avant la fin du dixième mois du dispositif un emploi sous forme de contrat de travail à durée indéterminée, de contrat de travail à durée déterminée ou de contrat de travail temporaire d'une durée d'au moins six mois, cesse de bénéficier du contrat de sécurisation professionnelle, sous réserve de l'article 12, paragraphe 2, de la présente convention, et peut solliciter le versement d'une prime au reclassement s'il remplit les conditions suivantes :

– son plan de sécurisation professionnelle a été validé conformément aux dispositions de l'article 9, paragraphe 1, de la présente convention ;

– il bénéficie de l'allocation de sécurisation professionnelle dans les conditions prévues à l'article 15, paragraphe 1, de la présente convention.

La demande de prime au reclassement doit intervenir dans un délai de trente jours suivant la date de reprise d'emploi. Cette demande est effectuée au moyen d'un formulaire conforme au modèle établi par l'Unédic, complété, daté et signé par le bénéficiaire.

Il est informé de la possibilité de percevoir cette prime de reclassement.

Cette prime, équivalente à 50 % des droits résiduels à l'allocation de sécurisation professionnelle, ne peut être attribuée qu'une fois et donne lieu à deux versements égaux :

– le premier versement intervient au plus tôt au lendemain de la date de reprise d'emploi ;

– le second versement intervient trois mois après la date de reprise d'emploi, sous réserve que l'intéressé exerce toujours cet emploi.

Cette prime ne peut se cumuler, pour le même emploi, avec l'indemnité différentielle de reclassement visée à l'article 13 de la présente convention.

CHAPITRE IV *L'allocation de sécurisation professionnelle*

Art. 15 § 1. – Pendant la durée du contrat de sécurisation professionnelle, les bénéficiaires justifiant au moment de leur licenciement de deux ans d'ancienneté dans l'entreprise, au sens de l'article L. 1234-1 (3°) du code du travail, perçoivent une allocation de sécurisation professionnelle égale à 75 % de leur salaire journalier de référence défini conformément à l'article 13 du règlement général annexé à la convention du 14 mai 2014 relative à l'indemnisation du chômage.

Sous réserve des dispositions prévues à l'article 31, paragraphe 3, de la présente convention, la condition d'ancienneté prévue à l'alinéa précédent est d'un an d'ancienneté dans l'entreprise, au sens de l'article L. 1234-1 (2°) du code du travail.

Le salaire de référence pris en considération pour fixer le montant de l'allocation journalière est établi conformément aux articles 11, 12 et 20 du règlement général annexé à la convention du 14 mai 2014 relative à l'indemnisation du chômage.

Cette allocation ne peut être :

– ni inférieure au montant de l'allocation d'aide au retour à l'emploi à laquelle l'intéressé aurait pu prétendre, au titre de l'emploi perdu, s'il n'avait pas accepté le contrat de sécurisation professionnelle. A ce titre, en cas de perte involontaire d'une activité conservée pendant le contrat de sécurisation professionnelle, le montant de l'allocation de sécurisation professionnelle peut être révisé afin de ne pas être inférieur au montant de l'allocation d'aide au retour à l'emploi qui aurait été révisé dans les conditions prévues à l'article 34 du règlement général annexé à la convention du 14 mai 2014 relative à l'indemnisation du chômage ;

– ni supérieure à l'allocation maximale au titre de l'allocation d'aide au retour à l'emploi calculée sur la base d'un salaire de référence plafonné conformément aux dispositions de l'article 11, paragraphe 2, du règlement général annexé à la convention du 14 mai 2014 relative à l'indemnisation du chômage.

§ 2. – Le montant de l'allocation servie aux bénéficiaires du contrat de sécurisation professionnelle ne justifiant pas, au moment de leur licenciement, de deux ans d'ancienneté dans l'entreprise, au sens de l'article L. 1234-1 (3°) du code du travail, est égal au montant de l'allocation d'aide au retour à l'emploi tel que fixé par les articles 14, 15, 16, 17, 18, paragraphes 2, 19, 20, 26, 28, 29 et 34 du règlement général annexé à la convention du 14 mai 2014 relative à l'indemnisation du chômage.

Sous réserve des dispositions prévues à l'article 31, paragraphe 3, de la présente convention, la condition d'ancienneté prévue à l'alinéa précédent est d'un an d'ancienneté dans l'entreprise, au sens de l'article L. 1234-1 (2°) du code du travail.

§ 3. – Le montant de l'allocation servie aux bénéficiaires d'une pension d'invalidité de 2e ou de 3e catégorie, au sens de l'article L. 341-4 du code de la sécurité sociale ou au sens de toute autre disposition prévue par les régimes spéciaux ou autonomes de sécurité sociale, ou d'une pension d'invalidité acquise à l'étranger, est cumulable *[avec]* la pension d'invalidité de 2e ou de 3e catégorie dans les conditions prévues par l'article R. 341-17 du code de la sécurité sociale, dès lors que les revenus issus de l'activité professionnelle prise en compte pour l'ouverture des droits ont été cumulés avec la pension.

A défaut, l'allocation servie aux bénéficiaires d'une telle pension est égale à la différence entre le montant de l'allocation de sécurisation professionnelle et celui de la pension d'invalidité.

§ 4. – Une participation de 3 % assise sur le salaire journalier de référence est retenue sur l'allocation journalière. Le prélèvement de cette participation ne peut avoir pour effet de réduire le montant des allocations tel qu'il est fixé au dernier alinéa de l'article 14 du règlement général annexé à la convention du 14 mai 2014 relative à l'indemnisation du chômage.

Le produit de cette participation est affecté au financement des retraites complémentaires des bénéficiaires de l'allocation de sécurisation professionnelle.

Art. 16 § 1. – L'allocation de sécurisation professionnelle est versée pour la durée du contrat de sécurisation professionnelle définie à l'article 6 de la présente convention, sous réserve des dispositions prévues à l'article 12 de la présente convention.

En cas de rupture de la période d'essai et de reprise du contrat de sécurisation professionnelle en application des dispositions de l'article 12, paragraphe 2, de la présente convention, la durée d'indemnisation que représente le montant de la prime versée en application de l'article 14 est imputée sur la durée d'indemnisation courant du jour de la reprise de l'indemnisation au terme du contrat de sécurisation professionnelle.

§ 2. – Pour les bénéficiaires visés à l'article 15, paragraphe 2, de la présente convention, la durée de versement de l'allocation de sécurisation professionnelle ne peut en aucun cas excéder celle à laquelle ils auraient pu prétendre au titre de l'allocation d'aide au retour à l'emploi.

Art. 17 L'allocation de sécurisation professionnelle est payée mensuellement à terme échu, pour tous les jours ouvrables ou non.

Le service des allocations doit être interrompu à compter du jour où l'intéressé :

a) Retrouve une activité professionnelle salariée ou non, exercée en France ou à l'étranger, à l'exception des cas visés à l'article 12 de la présente convention ;

b) Est pris ou est susceptible d'être pris en charge par la sécurité sociale au titre des prestations en espèces ;

c) Est admis à bénéficier du complément de libre choix d'activité de la prestation d'accueil du jeune enfant ou de la prestation partagée d'éducation de l'enfant ;

d) Cesse de résider sur le territoire relevant du champ d'application de l'assurance chômage visé à l'article 4, alinéa 1, de la convention du 14 mai 2014 relative à l'indemnisation du chômage ;

e) Est admis au bénéfice de l'allocation journalière de présence parentale visée à l'article L. 544-1 du code de la sécurité sociale ;

f) Cesse de remplir la condition visée à l'article 4 *c* du règlement général annexé à la convention du 14 mai 2014 relative à l'indemnisation du chômage ;

g) A conclu un contrat de service civique conformément aux dispositions de l'article du code du service national.

Art. 18 Les articles 27, 37 et 38 du règlement général annexé à la convention du 14 mai 2014 relative à l'indemnisation du chômage sont applicables aux bénéficiaires du contrat de sécurisation professionnelle.

CHAPITRE V *Prescription*

Art. 19 Le délai de prescription de la demande en paiement de l'allocation de sécurisation professionnelle, de l'indemnité différentielle de reclassement et de la prime au reclassement est de deux ans suivant leur fait générateur.

CHAPITRE VI *Suivi de l'exécution des prestations d'accompagnement du contrat de sécurisation professionnelle*

Art. 20 § 1. – Le plan de sécurisation professionnelle visé à l'article 9, paragraphe 1, de la présente convention précise les conditions, y compris les modalités de recours, dans lesquelles l'intéressé cesse de bénéficier du contrat de sécurisation professionnelle :

– lorsqu'il refuse une action de reclassement et de formation ou ne s'y présente pas, ou lorsqu'il refuse à deux reprises une offre raisonnable d'emploi ;

– lorsqu'il a fait des déclarations inexactes ou présenté des attestations mensongères en vue de bénéficier indûment du contrat de sécurisation professionnelle.

§ 2. – Lorsque l'intéressé cesse de bénéficier du contrat de sécurisation professionnelle dans le cadre des dispositions du paragraphe 1, il doit s'inscrire comme demandeur d'emploi, et son dossier est transmis au directeur de l'unité territoriale de la DIRECCTE.

CHAPITRE VII *Financement du contrat de sécurisation professionnelle*

Art. 21 L'employeur contribue au financement de l'allocation de sécurisation professionnelle versée aux bénéficiaires visés à l'article 15, paragraphe 1, de la présente convention en s'acquittant du paiement d'une somme correspondant à l'indemnité de préavis que le salarié aurait perçue s'il n'avait pas bénéficié du dispositif et qui ne peut être inférieure à l'indemnité légale prévue à l'article L. 1234-1 (2° et 3°) du code du travail.

Cette contribution comprend l'ensemble des charges patronales et salariales.

Pôle emploi assure, pour le compte de l'Unédic, le recouvrement de ces sommes.

Dans le cas où l'indemnité de préavis que le salarié aurait perçue s'il n'avait pas bénéficié du contrat de sécurisation professionnelle est supérieure à trois mois de salaire, la fraction excédant ce montant est versée à l'intéressé dès la rupture de son contrat de travail.

Les salariés visés à l'article 15, paragraphe 2, de la présente convention qui auraient bénéficié d'une indemnité de préavis s'ils n'avaient pas adhéré au contrat de sécurisation professionnelle en perçoivent le montant dès la rupture de leur contrat de travail.

Art. 22 En cas de non-respect de son obligation de proposer le contrat de sécurisation professionnelle, l'employeur est redevable à Pôle emploi d'une contribution spécifique correspondant à deux mois de salaire brut, portée à trois mois de salaire, comprenant l'ensemble des charges patronales et salariales lorsque l'ancien salarié bénéficie du contrat de sécurisation professionnelle en application des dispositions de l'article 7 de la présente convention.

Pôle emploi assure, pour le compte de l'Unédic, le recouvrement de ces éventuelles pénalités.

Art. 23 En cas de licenciements intervenus antérieurement à l'ouverture d'une procédure de redressement ou de liquidation judiciaires, Pôle emploi communique sans délai les informations utiles portées sur l'attestation d'employeur et, le cas échéant, l'appel de contribution due au titre du contrat de sécurisation professionnelle, au mandataire judiciaire compétent, afin que ce dernier puisse vérifier son montant. A défaut de fonds disponibles au sein de l'entreprise, le mandataire judiciaire adresse un relevé de créances à l'association pour la gestion du régime de garantie des créances des salariés (AGS).

Pour les licenciements intervenus postérieurement à l'ouverture d'une procédure de redressement ou de liquidation judiciaires, Pôle emploi adresse l'appel de contribution due au titre du contrat de sécurisation professionnelle au mandataire judiciaire compétent, afin que ce dernier puisse vérifier son montant. A défaut de fonds disponibles au sein de l'entreprise, le mandataire judiciaire établit un relevé de créances pour prise en charge par le régime de garantie des créances des salariés (AGS).

Art. 24 Une convention État-Unédic fixe les modalités de financement du dispositif et les modalités de collaboration entre les parties à tous les niveaux du dispositif. Une annexe financière sera négociée annuellement avec l'État.

CHAPITRE VIII *Recouvrement*

Art. 25 § 1. – Le règlement des sommes dues par l'employeur visées aux articles 21 et 22 de la présente convention est exigible au plus tard le 25 du deuxième mois civil suivant le début du contrat de sécurisation professionnelle.

§ 2. – Les contributions non payées à la date limite d'exigibilité fixée au paragraphe 1 du présent article sont passibles des majorations de retard prévues par l'article R. 243-18 du code de la sécurité sociale.

§ 3. – Toute action intentée ou poursuite engagée contre un employeur manquant aux obligations de la présente convention est obligatoirement précédée d'une mise en demeure dans les conditions prévues à l'article R. 5422-9 du code du travail.

Art. 26 § 1. – Remise des contributions.

Une remise partielle ou totale des contributions restant dues par un employeur bénéficiant d'une procédure de conciliation ou de sauvegarde peut être accordée lorsqu'une telle remise préserve les intérêts généraux de l'assurance chômage.

Une remise partielle des contributions restant dues par un employeur en redressement ou liquidation judiciaire peut être accordée lorsqu'un paiement partiel sur une période donnée est de nature à mieux préserver les intérêts du régime qu'un paiement intégral sur une période plus longue.

§ 2. – Remise des majorations de retard et délais de paiement.

Une remise totale ou partielle des majorations de retard prévues à l'article 25, paragraphe 2, ainsi que des délais de paiement, peuvent être consentis aux débiteurs qui en font la demande.

Les demandes de remise des majorations de retard ainsi que les demandes de délai de paiement sont examinées par l'instance compétente au sein de Pôle emploi.

En cas de redressement ou de liquidation judiciaires, les majorations de retard prévues à l'article 25, paragraphe 2, dues à la date du jugement d'ouverture sont remises d'office. Les remises de majorations de retard et pénalités et délais de paiement des contributions sont accordés dans les conditions de l'accord d'application n° 12 de la convention du 14 mai 2014 relative à l'indemnisation du chômage.

CHAPITRE IX *Détermination des droits à l'allocation d'aide au retour à l'emploi au terme du contrat de sécurisation professionnelle*

Art. 27 Le bénéficiaire du contrat de sécurisation professionnelle qui, au terme de ce contrat, est à la recherche d'un emploi peut bénéficier de l'allocation d'aide au retour à l'emploi sans différé d'indemnisation, ni délai d'attente, et ce :

– au titre d'une reprise de droits en application de l'article 26 du règlement général annexé à la convention du 14 mai 2014 relative à l'indemnisation du chômage ;

– au titre du droit auquel l'intéressé aurait pu prétendre s'il n'avait pas accepté le contrat de sécurisation professionnelle.

La durée d'indemnisation au titre de ces droits est réduite du nombre de jours indemnisés au titre de l'allocation de sécurisation professionnelle.

CHAPITRE X *Dispositions diverses*

Art. 28 La présente convention confie à l'Unédic la gestion des contrats de sécurisation professionnelle proposés par les employeurs qui relèvent du champ d'application du régime d'assurance chômage fixé par l'article L. 5422-13 du code du travail, ou par des employeurs qui ont adhéré à titre irrévocable à ce régime conformément à l'article L. 5424-2 (2°) dudit code.

Art. 29 § 1. – Un comité de pilotage national est chargé du suivi et de l'évaluation de la mise en œuvre de la présente convention.

Ce comité est composé des partenaires sociaux signataires de la présente convention et des représentants de l'État ; les services de l'Unédic sont étroitement associés au suivi et à l'évaluation du dispositif.

Ce comité se réunit une fois par trimestre.

L'Unédic assure, conjointement avec la DGEFP, le secrétariat technique du dispositif. Les actions financées dans les conditions fixées par la présente convention font l'objet d'un suivi comptable spécifique.

Les organismes nationaux intéressés par le dispositif (Pôle emploi, FPSPP, OPCA, etc.) sont associés aux travaux du comité de pilotage en tant que de besoin.

§ 2. – Le comité de pilotage national établit le cahier des charges que devront respecter Pôle emploi ainsi que les opérateurs auxquels Pôle emploi délègue l'accompagnement des bénéficiaires du contrat de sécurisation professionnelle.

Tous les opérateurs, y compris Pôle emploi, chargés de l'accompagnement des bénéficiaires du contrat de sécurisation professionnelle sont rémunérés en fonction des résultats obtenus en matière de reclassement durable à l'emploi. S'agissant de Pôle emploi, la rémunération aux résultats tient compte des contraintes liées à sa mission d'opérateur public de l'emploi.

Dans le cadre de la mise en œuvre du dispositif, Pôle emploi veille à ce que les relations avec les opérateurs en charge du suivi soient facilitées par un partage d'informations optimisé (par exemple, par la mise à disposition des opérateurs des déclarations préalables à l'embauche concernant les bénéficiaires dont ils ont la charge de l'accompagnement et du suivi).

§ 3. – Le comité de pilotage national définit le cadre et les paramètres de l'expérimentation du contrat de sécurisation professionnelle visée à l'article 3 de la présente convention. Il est chargé de suivre la mise en œuvre de cette expérimentation ainsi que son coût global, lequel ne peut excéder trois millions d'euros.

§ 4. – Le comité de pilotage national est annuellement destinataire des éléments suivants :

– les informations lui permettant d'évaluer l'accélération de l'entrée en accompagnement des bénéficiaires du contrat de sécurisation professionnelle ;

– les informations lui permettant d'évaluer les effets sur le retour à l'emploi durable de la possibilité pour les bénéficiaires de réaliser des périodes d'activité professionnelle en entreprise dans les conditions prévues par l'article 12, ainsi que ceux de l'allongement de la durée du CSP en cas de périodes d'activité professionnelle dans les conditions prévues à l'article 6 de la présente convention ;

– les indicateurs lui permettant d'évaluer les effets sur le retour à l'emploi durable de l'indemnisation au titre de l'allocation de sécurisation professionnelle représentant 75 % du salaire journalier prévue par l'article 15, paragraphe 1, de la présente convention ;

– les indicateurs lui permettant d'évaluer l'effet incitatif au retour à l'emploi durable et le coût de l'indemnité différentielle de reclassement prévue par l'article 13 de la présente convention, et d'apprécier la typologie des bénéficiaires de cette indemnité en termes notamment de catégories socioprofessionnelles et de niveaux de qualification ;

– les indicateurs lui permettant d'évaluer l'effet incitatif au retour à l'emploi durable et le coût de la prime au reclassement prévue par l'article 14 de la présente convention, et d'apprécier la typologie des bénéficiaires de cette prime en termes notamment de catégories socioprofessionnelles et de niveaux de qualification.

Le comité de pilotage national est également destinataire, au plus tard six mois avant le terme de la présente convention visé à l'article 31, paragraphe 1, des informations relatives à la situation des bénéficiaires du dispositif dans les six mois suivant leur reclassement.

Art. 30 Les représentants des signataires de la présente convention au sein des instances paritaires régionales veillent à la mise en œuvre de cette convention et des décisions du comité de pilotage visé au paragraphe ci-dessus.

Ces représentants constituent avec les représentants de l'État :

– dans chaque bassin d'emploi, ou au niveau départemental (quand la taille du département le justifie), un comité de pilotage autour de l'opérateur désigné pour la gestion du contrat de sécurisation professionnelle. Les opérateurs intervenant sur le dispositif local seront associés à ses travaux ;

– un comité régional, qui réunit une fois par trimestre l'ensemble des parties pour tirer un bilan du fonctionnement du dispositif et veiller à l'articulation des besoins repérés dans les bassins d'emploi avec les offres de formation développées.

La composition et les attributions de ces deux comités sont précisées dans le cahier des charges visé au paragraphe ci-dessus.

CHAPITRE XI *Durée de l'accord — Entrée en vigueur*

Art. 31 § 1. – *(Avenant n° 1, agréé par Arr. du 18 déc. 2016)* « § 1er. La présente convention entrera en vigueur à compter du 1er février 2015 et produira ses effets au plus tard jusqu'au 30 juin 2018. »

Elle peut être renouvelée si les signataires de la présente convention constatent, au vu des résultats d'une évaluation sur la qualité de l'accompagnement et l'efficacité des reclassements réalisés, que les conditions d'accompagnement ont été remplies.

Toutefois, les bénéficiaires d'un contrat de sécurisation professionnelle à cette date d'échéance demeureront régis par les dispositions de la présente convention.

§ 2. – La présente convention s'applique aux salariés compris dans une procédure de licenciement pour motif économique engagée à compter du 1er février 2015.

Par date d'engagement de la procédure de licenciement pour motif économique, il y a lieu d'entendre :

– la date de l'entretien préalable visé à l'article L. 1233-11 du code du travail ;

– la date de présentation de la lettre de convocation à la première réunion des instances représentatives du personnel prévue aux articles L. 1233-28 à L. 1233-30 du code du travail.

Par dérogation aux paragraphes précédents, les dispositions prévues par l'article 12, paragraphe 1, de la présente convention sont applicables à compter du 1er mars 2015 à tous les bénéficiaires d'un CSP en cours d'exécution, quelle que soit la date d'engagement de la procédure de licenciement pour motif économique.

§ 3. – Une convention entre l'État et l'Unédic détermine les conditions et modalités selon lesquelles les salariés justifiant au moment de leur licenciement d'une à deux années d'ancienneté dans l'entreprise, au sens de l'article L. 1234-1 (2°) du code du travail, peuvent bénéficier de l'allocation de sécurisation professionnelle conformément aux articles 15, paragraphe 1, et 16, alinéa 1, de la présente convention, ainsi que la date d'entrée en vigueur de cette mesure.

§ 4. – Par dérogation aux dispositions prévues aux paragraphes précédents, la mise en œuvre de la révision de l'allocation de sécurisation professionnelle, en cas de perte involontaire d'une activité conservée pendant le contrat de sécurisation professionnelle mentionnée à l'article 15, paragraphe 1, de la présente convention, sera effective au plus tard à compter du 1er octobre 2015.

CHAPITRE XII *Révision*

Art. 32 Les partenaires sociaux signataires de la présente convention conviennent, dans l'hypothèse où le contrat de sécurisation professionnelle génèrerait un surcoût pour l'Unédic par rapport au coût du contrat de sécurisation professionnelle issu de l'accord national interprofessionnel du 31 mai 2011 de plus de 150 millions d'euros par an, de se réunir pour étudier les éventuels ajustements du dispositif à mettre en œuvre ainsi qu'au vu des résultats de l'enquête menée par la DARES et l'Unédic courant 2015.

Décret n° 2015-773 du 29 juin 2015,

Portant création d'une aide en faveur des très petites entreprises embauchant des jeunes apprentis.

Art. 1er Les entreprises de moins de onze salariés bénéficient d'une aide forfaitaire de l'État pour le recrutement en contrat d'apprentissage, à compter du 1er juin 2015, de toute personne âgée de moins de dix-huit ans à la date de la conclusion du contrat.

L'effectif de l'entreprise est apprécié au titre de l'année civile précédant la date de conclusion du contrat, tous établissements confondus, en fonction de la moyenne des effectifs déterminés chaque mois sur l'année civile considérée, à l'exception des mois au cours desquels aucun salarié n'est employé.

Pour une entreprise ou un groupement d'employeurs créé entre le 1er janvier 2015 et la date de publication du présent décret, l'effectif est apprécié à la date de sa création.

Art. 2 L'aide forfaitaire est attribuée dans la limite des douze premiers mois d'exécution du contrat d'apprentissage, à raison de 1 100 euros par période de trois mois.

Elle est versée à l'échéance de chaque période de trois mois glissants suivant la date de début du contrat d'apprentissage, sur la base d'une attestation de l'employeur justifiant l'exécution du contrat.

En cas d'interruption du contrat au cours d'une des périodes de trois mois mentionnées à l'alinéa précédent, et sous réserve de l'alinéa suivant, l'aide est versée au prorata des jours d'exécution du contrat attestés par l'employeur.

L'aide n'est pas due en cas de rupture du contrat d'apprentissage au cours de la période mentionnée au premier alinéa de l'article L. 6222-18 du code du travail.

Le versement de l'aide est subordonné à l'enregistrement du contrat conformément aux dispositions de l'article L. 6224-1 du même code.

Art. 3 L'aide est gérée par l'Agence de services et de paiement, avec laquelle le ministre en charge de la formation professionnelle conclut une convention.

Le bénéfice de l'aide est conditionné à la transmission des informations nécessaires à son versement par l'employeur au service dématérialisé défini à l'article 4 de la loi du 28 juillet 2011 susvisée, à compter de la réception par l'entreprise de la notification de l'enregistrement du contrat et dans un délai maximal de six mois suivant la date de début d'exécution du contrat.

Sur la base des éléments transmis par l'employeur, le service dématérialisé mentionné au précédent alinéa adresse à l'Agence de services et de paiement les informations nécessaires au versement de l'aide.

Lorsque ces informations ne sont pas disponibles ou ne correspondent pas aux termes du contrat d'apprentissage, l'employeur adresse, dans des conditions fixées par arrêté, une demande de prise en charge à l'Agence de services et de paiement. *— V. Arr. du 7 août 2015, JO 29 août.*

Sous réserve des dispositions fixées aux alinéas précédents, le versement de l'aide intervient après réception par l'Agence de services et de paiement, dans des conditions fixées par arrêté, des informations mentionnées au deuxième ou au quatrième alinéa du présent article et de l'attestation par l'employeur de l'exécution du contrat sous forme dématérialisée auprès de l'Agence de services et de paiement dans des conditions fixées par arrêté. Le défaut de transmission de cette attestation dans un délai de six mois suivant l'échéance de chaque période de trois mois glissants mentionnée au deuxième alinéa de l'article 2 du présent décret entraîne le non-versement de l'aide.

Décret n° 2015-806 du 3 juillet 2015,

Instituant une aide à l'embauche d'un premier salarié.

Art. 1er Les entreprises, qui n'appartiennent pas à un groupe au sens de l'article L. 2331-1 du code du travail ou à un groupe d'entreprises de dimension communautaire au sens des articles L. 2341-1 et L. 2341-2 du même code, peuvent demander le bénéfice d'une aide financière de l'État pour l'embauche d'un premier salarié lorsqu'elles remplissent les conditions cumulatives suivantes :

1° Elles embauchent un salarié en contrat à durée indéterminée ou en contrat à durée déterminée *(Décr. n° 2016-40 du 25 janv. 2016, art. 7)* « d'au moins six mois » ;

2° La date d'effet du contrat est comprise entre le 9 juin 2015 et le *(Décr. n° 2016-40 du 25 janv. 2016, art. 7)* « 31 décembre 2016 » ;

3° Elles n'ont pas été liées, dans les douze mois précédant l'embauche du salarié, à un salarié par un contrat de travail poursuivi au-delà de la période d'essai.

Par dérogation *(Décr. n° 2016-40 du 25 janv. 2016, art. 7)* « au 3° », l'entreprise reste éligible à l'aide, au titre d'un nouveau contrat de travail, lorsqu'un premier contrat de travail conclu pour une date d'effet comprise entre le 9 juin 2015 et le *(Décr. n° 2016-1122 du 11 août 2016, art. 8)* « 31 décembre 2016 » a été rompu pour motif de rupture de la période d'essai, de retraite, de démission, de licenciement pour faute grave, de licenciement pour faute lourde, de licenciement pour inaptitude ou de décès. *(Décr. n° 2016-40 du 25 janv.*

2016, art. 7) « L'entreprise continue à bénéficier de l'aide lorsque le salarié précédemment lié à l'entreprise par un contrat à durée déterminée ayant ouvert droit à l'aide conclut un contrat de travail à durée indéterminée ou un contrat de travail à durée déterminée d'une durée d'au moins six mois. »

Les particuliers employeurs ne sont pas éligibles à l'aide.

Art. 2 Le montant de l'aide est égal à 4 000 euros *(Décr. n° 2016-40 du 25 janv. 2016, art. 7)* « maximum », à raison de 500 euros pour une période de trois mois d'exécution du contrat de travail.

Le cas échéant, le montant de l'aide est proratisé en fonction de la durée du travail du salarié, lorsque cette durée est inférieure au temps plein.

L'aide est versée à l'échéance de chaque période de trois mois civils d'exécution du contrat de travail.

Le montant de l'aide dû au titre des premier et dernier mois d'exécution du contrat est versé au prorata des jours d'exécution du contrat attestés par l'employeur.

Lorsque l'entreprise formule une nouvelle demande d'aide en application du quatrième alinéa de l'article 1er, le montant total de l'aide perçue par l'entreprise ne peut excéder 4 000 euros, déduction faite des sommes déjà perçues.

Art. 3 L'aide est gérée par l'Agence de services et de paiement, avec laquelle l'État conclut une convention.

La demande tendant au bénéfice de l'aide est signée et adressée par l'employeur auprès de l'Agence de services et de paiement dans un délai maximal de six mois suivant la date de début d'exécution du contrat.

(Décr. n° 2016-40 du 25 janv. 2016, art. 7) « L'aide est versée, à échéance de chaque période trimestrielle, sur la base d'une attestation de l'employeur justifiant la présence du salarié. Cette attestation, adressée sous forme dématérialisée auprès de l'Agence de services et de paiement dans des conditions fixées par arrêté du ministre chargé du travail, doit être fournie avant les six mois suivant l'échéance de chaque trimestre d'exécution du contrat. Son défaut de production dans les délais requis entraîne le non-versement définitif de l'aide au titre de cette période. »

L'attestation de présence précise les périodes d'absence du salarié sans maintien de la rémunération du salarié. L'aide n'est pas due pour ces périodes.

(Décr. n° 2016-40 du 25 janv. 2016, art. 7) « En cas de report du versement de l'aide pour le motif prévu à l'alinéa précédent, l'aide peut être versée pour les périodes d'activité du salarié jusqu'au 31 décembre 2019 inclus, sur la base des attestations de l'employeur justifiant la présence du salarié. »

Art. 4 L'Agence des services et de paiement contrôle l'exactitude des déclarations des bénéficiaires des aides, notamment à partir des données échangées avec l'Agence centrale des organismes de sécurité sociale.

Le bénéficiaire de l'aide tient à la disposition de l'Agence des services et de paiement tout document permettant d'effectuer ce contrôle.

Art. 5 Le versement de l'aide est interrompu lorsque l'employeur ne produit pas dans le délai d'un mois les documents permettant de contrôler l'exactitude de ses déclarations.

En cas de constatation par l'Agence de services et de paiement du caractère inexact des déclarations de l'entreprise, les sommes indûment perçues par l'employeur doivent être reversées.

Art. 6 L'aide ne peut se cumuler avec une autre aide de l'État à l'insertion, à l'accès ou au retour à l'emploi versée au titre du même salarié.

(Décr. n° 2016-40 du 25 janv. 2016, art. 7) « L'employeur peut bénéficier de l'aide au titre d'un salarié en contrat de professionnalisation, tel que prévu aux articles L. 6325-1 et suivants du code du travail et dont la durée du contrat de travail est au moins égale à six mois. »

Décret n° 2016-40 du 25 janvier 2016,

Instituant une aide à l'embauche dans les petites et moyennes entreprises.

Art. 1er Les entreprises de moins de deux cent cinquante salariés peuvent demander le bénéfice d'une aide pour l'embauche d'un salarié dont la rémunération telle que prévue au contrat de travail est inférieure ou égale au salaire minimum horaire de croissance majoré de 30 %.

Cette aide est octroyée sous réserve que les entreprises remplissent les conditions cumulatives suivantes :

1° Elles embauchent un salarié en contrat de travail à durée indéterminée ou en contrat à durée déterminée d'une durée d'au moins six mois ;

2° La date de début d'exécution du contrat est comprise entre le 18 janvier 2016 et le *(Décr. n° 2016-1952 du 28 déc. 2016)* « 30 juin 2017 ».

Les particuliers employeurs ne sont pas éligibles à l'aide.

(Décr. n° 2016-1952 du 28 déc. 2016) « Pour l'application du seuil défini au premier alinéa, l'effectif de l'entreprise est apprécié tous établissements confondus, en fonction de la moyenne, au cours des douze mois de l'année qui précède celle où a débuté l'exécution du contrat de travail, des effectifs déterminés chaque mois. Lorsque la création de l'entreprise est intervenue au cours de l'année qui précède celle où a débuté l'exécution du contrat de travail, la moyenne des effectifs est calculée seulement au titre des mois d'existence de l'entreprise. Par dérogation, lorsque la création de l'entreprise intervient au cours de l'année où a débuté l'exécution du contrat de travail, l'effectif est apprécié à la date de sa création. »

Pour la détermination des effectifs du mois, il est tenu compte des salariés titulaires d'un contrat de travail le dernier jour de chaque mois, y compris les salariés absents, conformément aux dispositions des articles L. 1111-2, L. 1111-3 et L. 1251-54 du code du travail.

Art. 2 Le montant de l'aide est égal à 4 000 euros au maximum pour un même salarié.

L'aide est versée à l'échéance de chaque période de trois mois civils d'exécution du contrat de travail à raison de 500 euros maximum par trimestre et dans la limite de vingt-quatre mois.

Le montant de l'aide dû au titre des premier et dernier mois d'exécution du contrat est versé au prorata des jours d'exécution du contrat attestés par l'employeur.

Le montant de l'aide est proratisé en fonction de la quotité de temps de travail du salarié et de la durée du contrat de travail.

Art. 3 Lorsque le salarié précédemment lié à l'entreprise par un contrat à durée déterminée ayant ouvert droit à l'aide conclut, avant le *(Décr. n° 2016-1952 du 28 déc. 2016)* « 30 juin 2017 », un contrat de travail à durée indéterminée ou un contrat de travail à durée déterminée d'une durée d'au moins six mois, l'entreprise continue à bénéficier de l'aide dans la limite du montant maximal par salarié défini à l'article 2 du présent décret.

Art. 4 L'aide est gérée par l'Agence de services et de paiement, avec laquelle l'État conclut une convention.

La demande tendant au bénéfice de l'aide est adressée par l'employeur auprès de l'Agence de services et de paiement dans un délai maximal de six mois suivant la date de début d'exécution du contrat. L'employeur atteste sur l'honneur remplir les conditions d'éligibilité mentionnées dans sa demande d'aide.

L'aide est versée, à échéance de chaque période trimestrielle, sur la base d'une attestation de l'employeur justifiant la présence du salarié. Cette attestation, adressée sous forme dématérialisée auprès de l'Agence de services et de paiement dans des conditions fixées par arrêté du ministre chargé du travail, doit être fournie avant les six mois suivant l'échéance de chaque trimestre d'exécution du contrat. Son défaut dans les délais requis entraîne le non-versement définitif de l'aide au titre de cette période.

L'attestation définie à l'alinéa précédent mentionne, le cas échéant, les périodes d'absence du salarié sans maintien de la rémunération. Le montant trimestriel prévu à l'article 2 est calculé déduction faite de ces périodes d'absence.

Art. 5 Le bénéficiaire de l'aide tient à la disposition de l'Agence de services et de paiement tout document permettant d'effectuer le contrôle de l'éligibilité de l'aide. Pour exercer ce contrôle, l'Agence de services et de paiement dispose également de l'accès à des données d'autres d'administrations *[d'autres administrations]* publiques, notamment celles de l'Agence centrale des organismes de sécurité sociale et de la Caisse centrale de la mutualité sociale agricole.

Le versement de l'aide est suspendu lorsque l'employeur ne produit pas dans le délai d'un mois les documents qui sont susceptibles d'être demandés par l'Agence de services et de paiement et permettant de contrôler l'exactitude de ses déclarations.

En cas de constatation par l'Agence de services et de paiement du caractère inexact des déclarations de l'entreprise pour justifier l'éligibilité de l'aide telle que définie à l'article 1er du présent décret, toutes les sommes perçues par l'employeur doivent être reversées.

En cas de constatation par l'Agence de services et de paiement du caractère inexact des attestations de l'employeur justifiant la présence du salarié, les sommes indûment perçues par l'employeur au titre des trimestres considérés doivent être reversées.

Art. 6 L'aide ne peut se cumuler avec une autre aide de l'État à l'insertion, à l'accès ou au retour à l'emploi versée au titre du même salarié.

Cette aide est cumulable avec un contrat de professionnalisation tel que prévu aux articles L. 6325-1 et suivants du code du travail et dont la durée du contrat de travail est au moins égale à six mois.

B Étrangers

(V. aussi C. trav., art. L. 5221-1 s.)

RÉP. TRAV. v° *Travailleur étranger,* par WOLMARK.

Code de l'entrée et du séjour des étrangers et du droit d'asile

(Ord. n° 2004-1248 du 24 nov. 2004)

LIVRE PREMIER **Dispositions générales applicables aux étrangers et aux ressortissants de certains États**

TITRE PREMIER **Généralités**

CHAPITRE UNIQUE

Art. L. 111-1 Sont considérées comme étrangers au sens du présent code les personnes qui n'ont pas la nationalité française, soit qu'elles aient une nationalité étrangère, soit qu'elles n'aient pas de nationalité.

....

Art. L. 111-3 Au sens des dispositions du présent code, l'expression "en France" s'entend de la France métropolitaine, *(Ord. n° 2014-464 du 7 mai 2014, art. 2 et 23, en vigueur le 26 mai 2014)* « de la Guadeloupe, de la Guyane, de la Martinique, de Mayotte, de La Réunion » *(L. n° 2011-672 du 16 juin 2011, art. 102)* « , de Saint-Pierre-et-Miquelon, de Saint-Barthélémy et de Saint-Martin ».

....

LIVRE II **L'entrée en France**

TITRE PREMIER **Conditions d'admission**

CHAPITRE PREMIER ***Documents exigés***

SECTION I ***Généralités***

Art. L. 211-1 Pour entrer en France, tout étranger doit être muni :

1° Des documents et visas exigés par les conventions internationales et les règlements en vigueur ;

2° Sous réserve des conventions internationales, du justificatif d'hébergement prévu à l'article L. 211-3, s'il est requis, et des autres documents prévus par décret en Conseil d'État relatifs, d'une part, à l'objet et aux conditions de son séjour et, d'autre part, s'il y a lieu, à ses moyens d'existence, à la prise en charge par un opérateur d'assurance agréé des dépenses médicales et hospitalières, y compris d'aide sociale, résultant de soins qu'il pourrait engager en France, ainsi qu'aux garanties de son rapatriement ;

3° Des documents nécessaires à l'exercice d'une activité professionnelle s'il se propose d'en exercer une.

....

Art. L. 212-2 Les documents mentionnés aux 2° et 3° de l'article L. 211-1 ne sont pas exigés :

1° D'un étranger venant rejoindre son conjoint régulièrement autorisé à résider en France ;

2° Des enfants mineurs de dix-huit ans venant rejoindre leur père ou leur mère régulièrement autorisé à résider en France ;

3° Des personnes qui, de l'avis d'une commission dont la composition est fixée par voie réglementaire, peuvent rendre, par leurs capacités ou leurs talents, des services importants à la France, ou se proposent d'y exercer des activités désintéressées.

....

LIVRE III **Le séjour en France**

TITRE PREMIER **Les titres de séjour**

CHAPITRE PREMIER ***Dispositions générales***

SECTION I ***Dispositions relatives aux documents de séjour*** *(L. n° 2006-911 du 24 juill. 2006, art. 2).*

Art. L. 311-1 *(L. n° 2016-274 du 7 mars 2016, art. 4, en vigueur au plus tard le 1er nov. 2016)* Sous réserve des engagements internationaux de la France ou de l'article L. 121-1, tout étranger âgé de plus de dix-huit ans qui souhaite séjourner en France pour une durée supérieure à trois mois doit être titulaire de l'un des documents de séjour suivants :

1° Un visa de long séjour, d'une durée maximale d'un an ;

2° Un visa de long séjour, d'une durée maximale d'un an, conférant à son titulaire, en application du troisième alinéa de l'article L. 211-2-1, les droits attachés à une carte de séjour temporaire ou à la carte de séjour pluriannuelle prévue aux articles L. 313-20 et L. 313-21 lorsque le séjour envisagé sur ce fondement est d'une durée inférieure ou égale à un an ;

3° Une carte de séjour temporaire, d'une durée maximale d'un an, dont les conditions de délivrance et de renouvellement sont prévues au chapitre III du présent titre ;

4° Une carte de séjour pluriannuelle, d'une durée maximale de quatre ans, dont les conditions de délivrance et de renouvellement sont prévues au même chapitre III ;

5° Une carte de résident, d'une durée de dix ans ou à durée indéterminée, dont les conditions de délivrance et de renouvellement sont prévues au chapitre IV du présent titre ;

6° Une carte de séjour portant la mention "retraité", d'une durée de dix ans, dont les conditions de délivrance et de renouvellement sont prévues au chapitre VII du présent titre.

L'étranger qui séjourne au titre de l'un des documents mentionnés aux 2° et 3° du présent article peut solliciter la délivrance d'une carte de séjour pluriannuelle ou d'une carte de résident dans les conditions prévues, respectivement, à l'article L. 313-17 et aux articles L. 314-8 à L. 314-12, sous réserve des exceptions prévues par les dispositions législatives du présent code.

Ces dispositions entrent en vigueur à compter d'une date fixée par décret et au plus tard le 1er nov. 2016 (L. n° 2016-274 du 7 mars 2015, art. 67-II).

Art. L. 311-3 *(L. n° 2016-274 du 7 mars 2016, art. 20-13°)* « Les étrangers âgés de seize à dix-huit ans qui déclarent vouloir exercer une activité professionnelle reçoivent, de plein droit, une carte de séjour temporaire s'ils remplissent les conditions prévues à l'article L. 313-11, la carte de séjour portant la mention "passeport talent (famille)" s'ils remplissent les conditions prévues à l'article L. 313-21 ou une carte de résident s'ils remplissent les conditions prévues à l'article L. 314-11. » Ils peuvent, dans les autres cas, solliciter une carte de séjour temporaire ou une carte de résident en application des articles L. 314-8 et L. 314-9.

Art. L. 311-4 La détention *(L. n° 2015-925 du 29 juill. 2015, art. 21-II)* « d'une attestation de » demande de délivrance ou de renouvellement d'un titre de séjour, d'un récépissé d'une demande d'asile ou d'une autorisation provisoire de séjour autorise la présence de l'étranger en France sans préjuger de la décision définitive qui sera prise au regard de son droit au séjour. Sauf dans les cas expressément prévus par la loi ou les règlements, ces documents n'autorisent pas leurs titulaires à exercer une activité professionnelle.

Entre la date d'expiration de la carte de résident ou d'un titre de séjour d'une durée supérieure à un an prévu par une stipulation internationale et la décision prise par l'autorité administrative sur la demande tendant à son renouvellement, dans la limite de trois mois à compter de cette date d'expiration, l'étranger peut également justifier de la régularité de son séjour par la présentation de la carte ou du titre arrivé à expiration. Pendant cette période, il conserve l'intégralité de ses droits sociaux ainsi que son droit d'exercer une activité professionnelle.

....

Art. L. 311-8-1 *(L. n° 2015-925 du 29 juill. 2015, art. 28)* Lorsqu'il est mis fin au statut de réfugié ou au bénéfice de la protection subsidiaire par décision définitive de l'Office français de protection des réfugiés et apatrides ou par décision de justice ou lorsque l'étranger renonce à ce statut ou à ce bénéfice, la carte de résident mentionnée au 8° de l'article L. 314-11 ou la carte de séjour temporaire mentionnée à l'article L. 313-13 est retirée.

Dans les cas prévus au premier alinéa du présent article, l'autorité administrative statue, dans un délai fixé par décret en Conseil d'État, sur le droit au séjour des intéressés à un autre titre.

La carte de résident ou la carte de séjour temporaire ne peut être retirée en application du même premier alinéa quand l'étranger est en situation régulière depuis au moins cinq ans.

……………………………………………………………………………………………

SECTION III *Dispositions relatives aux cas de délivrance de l'autorisation provisoire de séjour*

(L. n° 2006-911 du 24 juill. 2006, art. 2 et 6)

Art. L. 311-10 Une autorisation provisoire de séjour est délivrée à l'étranger qui souhaite effectuer une mission de volontariat en France auprès d'une fondation ou d'une association reconnue d'utilité publique ou d'une association adhérente à une fédération elle-même reconnue d'utilité publique, à la condition que la mission revête un caractère social ou humanitaire, que le contrat de volontariat ait été conclu préalablement à l'entrée en France, que l'association ou la fondation ait attesté de la prise en charge du demandeur, que celui-ci soit en possession d'un visa de long séjour et qu'il ait pris par écrit l'engagement de quitter le territoire à l'issue de sa mission.

L'association ou la fondation mentionnées au premier alinéa font l'objet d'un agrément préalable par l'autorité administrative, dans des conditions définies par décret.

Art. L. 311-11 *(L. n° 2016-274 du 7 mars 2016, art. 6, en vigueur au plus tard le 1er nov. 2016)* Une autorisation provisoire de séjour d'une durée de validité de douze mois, non renouvelable, est délivrée à l'étranger ayant obtenu, dans un établissement d'enseignement supérieur habilité au plan national, un diplôme au moins équivalent au grade de master ou figurant sur une liste fixée par décret et qui :

1° Soit entend compléter sa formation par une première expérience professionnelle, sans limitation à un seul emploi ou à un seul employeur. Pendant la durée de cette autorisation, son titulaire est autorisé à chercher et à exercer un emploi en relation avec sa formation et assorti d'une rémunération supérieure à un seuil fixé par décret et modulé, le cas échéant, selon le domaine professionnel concerné.

A l'issue de cette période de douze mois, l'intéressé pourvu d'un emploi ou d'une promesse d'embauche satisfaisant aux conditions énoncées au premier alinéa du présent 1° est autorisé à séjourner en France au titre de la carte de séjour pluriannuelle mentionnée aux 1°, 2°, 4° ou 9° de l'article L. 313-20 ou de la carte de séjour temporaire mentionnée aux 1° et 2° de l'article L. 313-10, sans que lui soit opposable la situation de l'emploi ;

2° Soit justifie d'un projet de création d'entreprise dans un domaine correspondant à sa formation.

A l'issue de la période de douze mois mentionnée au premier alinéa du présent article, l'intéressé justifiant de la création et du caractère viable d'une entreprise répondant à la condition énoncée au premier alinéa du présent 2° est autorisé à séjourner en France sous couvert de la carte de séjour pluriannuelle mentionnée au 5° de l'article L. 313-20 ou de la carte de séjour temporaire mentionnée au 3° de l'article L. 313-10.

Ces dispositions entrent en vigueur à compter d'une date fixée par décret et au plus tard le 1er nov. 2016 (L. n° 2016-274 du 7 mars 2015, art. 67-II).

Art. L. 311-12 Sauf si *(L. n° 2016-274 du 7 mars 2016, art. 14, en vigueur le 1er janv. 2017)* « leur » présence constitue une menace pour l'ordre public, une autorisation provisoire de séjour *(L. n° 2016-274 du 7 mars 2016, art. 14, en vigueur le 1er janv. 2017)* « est » délivrée *(L. n° 2016-274 du 7 mars 2016, art. 14, en vigueur le 1er janv. 2017)* « aux parents étrangers de l'étranger mineur qui remplit les conditions mentionnées au 11° de l'article L. 313-11, ou à l'étranger titulaire d'un jugement lui ayant conféré l'exercice de l'autorité parentale sur ce mineur, sous réserve qu'ils justifient » résider habituellement en France avec lui et subvenir à son entretien et à son éducation, sans que la condition prévue à l'article *(L. n° 2016-274 du 7 mars 2016, art. 20-I-11°)* « L. 313-2 » soit exigée.

L'autorisation provisoire de séjour mentionnée au premier alinéa, qui ne peut être d'une durée supérieure à six mois, est délivrée par l'autorité administrative *(L. n° 2016-274 du*

7 mars 2016, art. 20-I-2°, en vigueur le 1er janv. 2017) **« après avis d'un collège de médecins du service médical de l'Office français de l'immigration et de l'intégration », après avis du** *(Ord. n° 2010-177 du 23 févr. 2010, art. 8-III-1°)* **« médecin de l'agence régionale de santé de la région de résidence de l'intéressé, désigné par le directeur général de l'agence, » ou, à Paris, du médecin, chef du service médical de la préfecture de police, dans les conditions prévues au 11° de l'article L. 313-11.** *(L. n° 2016-274 du 7 mars 2016, art. 14, en vigueur le 1er janv. 2017)* **« Cette autorisation provisoire de séjour ouvre droit à l'exercice d'une activité professionnelle. Elle est renouvelée pendant toute la durée de la prise en charge médicale de l'étranger mineur, sous réserve que les conditions prévues pour sa délivrance continuent d'être satisfaites. »**

CHAPITRE III *La carte de séjour temporaire et la carte de séjour pluriannuelle* (L. n° 2016-274 du 7 mars 2016, art. 3).

SECTION I *Dispositions générales*

Art. L. 313-1 **La durée de validité de la carte de séjour temporaire ne peut être supérieure à un an et ne peut dépasser la durée de validité des documents et visas mentionnés à l'article L. 211-1 du présent code.**

(L. n° 2016-274 du 7 mars 2016, art. 7, en vigueur au plus tard le 1er nov. 2016) **« La durée de validité de la carte de séjour pluriannuelle ne peut être supérieure à quatre ans.**

« A l'expiration de la durée de validité de sa carte, l'étranger doit quitter la France, à moins qu'il n'en obtienne le renouvellement ou qu'il ne lui soit délivré un autre document de séjour. »

Ces dispositions entrent en vigueur à compter d'une date fixée par décret et au plus tard le 1er nov. 2016 (L. n° 2016-274 du 7 mars 2015, art. 67-II).

Art. L. 313-3 **La carte de séjour temporaire** *(L. n° 2016-274 du 7 mars 2016, art. 10, en vigueur au plus tard le 1er nov. 2016)* **« ou la carte de séjour pluriannuelle peut, par une décision motivée, être refusée ou retirée » à tout étranger dont la présence en France constitue une menace pour l'ordre public.**

Les dispositions issues de la L. n° 2016-274 entrent en vigueur à compter d'une date fixée par décret et au plus tard le 1er nov. 2016 (L. préc., art. 67-II).

Art. L. 313-4-1 *(L. n° 2006-911 du 24 juill. 2006, art. 24)* **L'étranger titulaire de la carte de** *(L. n° 2016-274 du 7 mars 2016, art. 20-I-10°)* **« résident de longue durée-UE » définie par les dispositions communautaires applicables en cette matière et accordée dans un autre État membre de l'Union européenne qui justifie de ressources stables et suffisantes pour subvenir à ses besoins et, le cas échéant, à ceux de sa famille ainsi que d'une assurance maladie obtient, sous réserve qu'il en fasse la demande dans les trois mois qui suivent son entrée en France et sans que la condition prévue à l'article** *(L. n° 2016-274 du 7 mars 2016, art. 20-I-11°)* **« L. 313-2 » soit exigée :**

1° Une carte de séjour temporaire portant la mention "visiteur" s'il remplit les conditions définies à l'article L. 313-6 ;

2° Une carte de séjour temporaire portant la mention "étudiant" s'il remplit les conditions définies au I et aux 2°, 3° ou 5° du II de l'article L. 313-7 ;

(L. n° 2016-274 du 7 mars 2016, art. 20, en vigueur au plus tard le 1er nov. 2016) **« 3° Une carte de séjour pluriannuelle portant la mention "passeport talent-chercheur" s'il remplit les conditions définies au 4° de l'article L. 313-20 ;**

« 4° Une carte de séjour pluriannuelle portant la mention "passeport talent" s'il remplit *les conditions définies* au 9° du même article L. 313-20 ; »

5° Une carte de séjour temporaire portant la mention de l'activité professionnelle pour laquelle il a obtenu l'autorisation préalable requise, dans les conditions définies, selon le cas, aux 1°, 2° ou 3° de l'article L. 313-10.

Pour l'application du présent article, sont prises en compte toutes les ressources propres du demandeur et, le cas échéant, de son conjoint, indépendamment des prestations familiales et des allocations prévues à l'article L. 262-1 du code de l'action sociale et des familles, à l'article L. 815-1 du code de la sécurité sociale et aux articles L. 351-9 *[L. 5423-8]*, **L. 351-10** *[L. 5423-1]* **et L. 351-10-1** *[L. 5423-18]* **du code du travail. Ces ressources doivent atteindre un montant au moins égal au salaire minimum de croissance et sont appréciées au regard des conditions de logement.**

Le caractère suffisant des ressources au regard des conditions de logement fait l'objet d'un avis du maire de la commune de résidence du demandeur. Cet avis est réputé favorable à

l'expiration d'un délai de deux mois à compter de la saisine du maire par l'autorité administrative.

Les dispositions du présent article ne sont pas applicables lorsque cet étranger séjourne en tant que travailleur salarié détaché par un prestataire de services dans le cadre d'une prestation transfrontalière ou en tant que prestataire de services transfrontaliers.

Un décret en Conseil d'État précise les conditions d'application du présent article.

Les dispositions issues de la L. n° 2016-274 du 7 mars 2016 entrent en vigueur à une date fixée par décret, et au plus tard le 1er nov. 2016 (L. préc., art. 67-II).

Art. L. 313-5 *(L. n° 2016-274 du 7 mars 2016, art. 10, en vigueur au plus tard le 1er nov. 2016)* « La carte de séjour temporaire ou la carte de séjour pluriannuelle peut être retirée à l'étranger ayant commis les faits qui l'exposent à l'une des condamnations prévues aux articles 222-34 à 222-40, 224-1-A à 224-1-C, 225-4-1 à 225-4-4, 225-4-7, 225-5 à 225-11, 225-12-1 et 225-12-2, 225-12-5 à 225-12-7, 225-13 à 225-15, au 7° de l'article 311-4 et aux articles 312-12-1 et 321-6-1 du code pénal. »

La carte de séjour temporaire *(L. n° 2016-274 du 7 mars 2016, art. 10, en vigueur au plus tard le 1er nov. 2016)* « ou la carte de séjour pluriannuelle » peut également être retirée à tout employeur, titulaire de cette carte, en infraction avec l'article L. 341-6 du code du travail ainsi qu'à tout étranger qui méconnaît les dispositions de l'article L. 341-4 du même code ou qui exerce une activité professionnelle non salariée sans en avoir l'autorisation.

(L. n° 2006-911 du 24 juill. 2006, art. 13) « En outre, l'employeur qui a fait l'objet d'une obligation de quitter le territoire français en raison du retrait, prononcé en application des dispositions du deuxième alinéa, de sa carte de séjour temporaire *(L. n° 2016-274 du 7 mars 2016, art. 10, en vigueur au plus tard le 1er nov. 2016)* « ou de sa carte de séjour pluriannuelle » peut, dans les trois années qui suivent cette obligation, se voir refuser le droit d'exercer une activité professionnelle en France.

« La carte de séjour temporaire prévue à l'article L. 313-7 du présent code *(L. n° 2016-274 du 7 mars 2016, art. 10, en vigueur au plus tard le 1er nov. 2016)* « ou la carte de séjour pluriannuelle générale portant la mention "étudiant" » peut être retirée à l'étudiant étranger qui ne respecte pas la limite de 60 % de la durée de travail annuelle prévue au même article. »

Les dispositions issues de la L. n° 2016-274 entrent en vigueur à compter d'une date fixée par décret et au plus tard le 1er nov. 2016 (L. préc., art. 67-II).

Art. L. 313-5-1 *(L. n° 2016-274 du 7 mars 2015, art. 9, en vigueur au plus tard le 1er nov. 2016)* L'étranger titulaire d'une carte de séjour temporaire ou d'une carte de séjour pluriannuelle doit être en mesure de justifier qu'il continue de remplir les conditions requises pour la délivrance de cette carte. L'autorité administrative peut procéder aux vérifications utiles pour s'assurer du maintien du droit au séjour de l'intéressé et, à cette fin, convoquer celui-ci à un ou plusieurs entretiens.

Si l'étranger cesse de remplir l'une des conditions exigées pour la délivrance de la carte de séjour dont il est titulaire, fait obstacle aux contrôles ou ne défère pas aux convocations, la carte de séjour peut lui être retirée ou son renouvellement refusé par une décision motivée. La décision de retrait ne peut intervenir qu'après que l'intéressé a été mis à même de présenter ses observations dans les conditions prévues aux articles L. 121-1 et L. 121-2 du code des relations entre le public et l'administration.

N'est pas regardé comme ayant cessé de remplir la condition d'activité prévue au 1° de l'article L. 313-10 et à l'article L. 313-20 l'étranger involontairement privé d'emploi au sens de ces mêmes articles.

Ces dispositions entrent en vigueur à compter d'une date fixée par décret et au plus tard le 1er nov. 2016 (L. n° 2016-274 du 7 mars 2015, art. 67-II).

SECTION II *Les différentes catégories de cartes de séjour temporaires*

……………………………………………………………………………………

SOUS-SECTION 2 *bis* *Dispositions particulières applicables aux étrangers stagiaires*
(L. n° 2006-911 du 24 juill. 2006, art. 9-III)

Art. L. 313-7-1 La carte de séjour temporaire accordée à l'étranger qui établit qu'il suit en France un stage dans le cadre d'une convention de stage visée par l'autorité administrative compétente et qu'il dispose de moyens d'existence suffisants porte la mention "stagiaire". En cas de nécessité liée au déroulement du stage, et sous réserve d'une entrée régulière en

..ance, l'autorité administrative peut accorder cette carte de séjour sans que la condition prévue à l'article L. 311-7 soit exigée.

L'association qui procède au placement d'un étranger désireux de venir en France en vue d'y accomplir un stage doit être agréée.

Un décret en Conseil d'État fixe les conditions d'application des dispositions du présent article, et notamment les modalités d'agrément des associations par arrêté ministériel.

Art. L. 313-7-2 *(L. n° 2016-274 du 7 mars 2016, art. 11, en vigueur au plus tard le 1er nov. 2016)* I. — La carte de séjour temporaire est accordée à l'étranger qui vient en France, dans le cadre d'une convention de stage visée par l'autorité administrative compétente, effectuer un stage dans un établissement ou une entreprise du groupe qui l'emploie, s'il justifie d'une ancienneté d'au moins trois mois dans celui-ci, de moyens suffisants et d'un diplôme de l'enseignement supérieur. Elle porte la mention "stagiaire ICT".

La carte de séjour temporaire portant la mention "stagiaire ICT (famille)" est délivrée de plein droit, s'il est âgé d'au moins dix-huit ans, au conjoint de l'étranger mentionné au premier alinéa du présent I ainsi qu'à ses enfants entrés mineurs en France, dans l'année qui suit leur dix-huitième anniversaire ou lorsqu'ils entrent dans les prévisions de l'article L. 311-3, sous réserve du respect de la condition prévue à l'article L. 313-2. La durée de cette carte est égale à la période de validité restant à courir de la carte de séjour de leur conjoint ou parent.

La carte de séjour temporaire portant la mention "stagiaire ICT (famille)" donne droit à l'exercice d'une activité professionnelle.

L'étranger ayant été admis au séjour dans un autre État membre de l'Union européenne pour les mêmes motifs que ceux mentionnés au premier alinéa du présent I peut effectuer une mission en France d'une durée inférieure ou égale à quatre-vingt-dix jours dans le cadre du 2° de l'article L. 1262-1 du code du travail, afin d'effectuer un stage dans un établissement ou une entreprise du groupe qui l'emploie sous couvert du titre de séjour portant la mention "ICT" délivré dans le premier État membre.

II. — Lorsque cette mission est d'une durée supérieure à quatre-vingt-dix jours, l'étranger qui justifie de ressources suffisantes est autorisé à travailler et à séjourner en France au titre d'une carte de séjour portant la mention "stagiaire mobile ICT" d'une durée identique à celle de la mission envisagée, dans la limite d'une durée maximale d'un an diminuée, le cas échéant, de la durée des séjours déjà effectués dans les autres États membres de l'Union européenne dans le cadre d'une mission similaire, sans que soit exigée la condition prévue à l'article L. 313-2 du présent code.

La carte de séjour temporaire portant la mention "stagiaire mobile ICT (famille)" est délivrée dans les conditions prévues au deuxième alinéa du I du présent article, sans que soit exigée la condition prévue à l'article L. 313-2.

La carte de séjour temporaire portant la mention "stagiaire mobile ICT (famille)" donne droit à l'exercice d'une activité professionnelle.

Ces dispositions entrent en vigueur à compter d'une date fixée par décret et au plus tard le 1er nov. 2016 (L. n° 2016-274 du 7 mars 2016, art. 67-II).

SOUS-SECTION 3 *La carte de séjour temporaire portant la mention "scientifique-chercheur" (L. n° 2011-672 du 16 juin 2011, art. 23-I).*

Abrogée par L. n° 2016-274 du 7 mars 2016, art. 3, à compter d'une date fixée par décret et au plus tard le 1er nov. 2016.

SOUS-SECTION 4 *La carte de séjour temporaire portant la mention "profession artistique et culturelle"*

Abrogée par L. n° 2016-274 du 7 mars 2016, art. 3, à compter d'une date fixée par décret et au plus tard le 1er nov. 2016.

SOUS-SECTION 5 *La carte de séjour temporaire autorisant l'exercice d'une activité professionnelle (L. n° 2006-911 du 24 juill. 2006, art. 12).*

Art. L. 313-10 *(L. n° 2006-911 du 24 juill. 2006, art. 12-II)* La carte de séjour temporaire autorisant l'exercice d'une activité professionnelle est délivrée :

1° A l'étranger titulaire d'un contrat de travail visé conformément aux dispositions de l'article L. 341-2 *[L. 5221-2]* du code du travail.

Pour l'exercice d'une activité professionnelle salariée dans un métier et une zone géographique caractérisés par des difficultés de recrutement et figurant sur une liste établie au plan national par l'autorité administrative, après consultation des organisations syndicales d'employeurs et de salariés représentatives, l'étranger se voit délivrer cette carte sans que lui soit opposable la situation de l'emploi sur le fondement du même article **L. 341-2** *[L. 5221-2]*.

La carte porte la mention "salarié" lorsque l'activité est exercée pour une durée supérieure ou égale à douze mois. Elle porte la mention « travailleur temporaire » lorsque l'activité est exercée pour une durée déterminée inférieure à douze mois. Si la rupture du contrat de travail du fait de l'employeur intervient dans les trois mois précédant *(L. n° 2007-1631 du 20 nov. 2007, art. 44)* « le renouvellement de la carte portant la mention "salarié" », une nouvelle carte lui est délivrée pour une durée d'un an ;

2° A l'étranger qui vient exercer une profession commerciale, industrielle ou artisanale, à condition notamment qu'il justifie d'une activité économiquement viable et compatible avec la sécurité, la salubrité et la tranquillité publiques et qu'il respecte les obligations imposées aux nationaux pour l'exercice de la profession envisagée. Elle porte la mention de la profession que le titulaire entend exercer. Un décret en Conseil d'État fixe les conditions d'application du présent 2° ; — *Suppression du régime de déclaration préalable (C. com., art. L. 122-1 et L. 122-2) imposé aux commerçants étrangers ne résidant pas en France (L. n° 2014-1 du 2 janv. 2014, art. 21, JO 3 janv.).*

3° A l'étranger qui vient exercer une activité professionnelle non soumise à l'autorisation prévue à l'article **L. 341-2** *[L. 5221-2]* du code du travail et qui justifie pouvoir vivre de ses seules ressources.

Elle porte la mention de l'activité que le titulaire entend exercer ;

4° A l'étranger titulaire d'un contrat de travail saisonnier entrant dans les prévisions du 3° de l'article **L. 122-1-1** *[L. 1242-2]* du code du travail et qui s'engage à maintenir sa résidence habituelle hors de France.

Cette carte lui permet d'exercer des travaux saisonniers n'excédant pas six mois sur douze mois consécutifs. Par dérogation aux articles **L. 311-2** et **L. 313-1** du présent code, elle est accordée pour une durée maximale de trois ans renouvelable. Elle donne à son titulaire le droit de séjourner en France pendant la ou les périodes qu'elle fixe et qui ne peuvent dépasser une durée cumulée de six mois par an.

Les modalités permettant à l'autorité administrative de s'assurer du respect, par le titulaire de cette carte, des durées maximales autorisées de séjour en France et d'exercice d'une activité professionnelle sont fixées par décret.

Elle porte la mention "travailleur saisonnier" ;

5° A l'étranger détaché par un employeur établi hors de France lorsque ce détachement s'effectue entre établissements d'une même entreprise ou entre entreprises d'un même groupe, conformément au 2° du I de l'article **L. 342-1** *[L. 5221-2]* du code du travail, à la condition que *(L. n° 2007-1631 du 20 nov. 2007, art. 36)* « l'étranger justifie d'un contrat de travail datant d'au moins trois mois, que » la rémunération brute du salarié soit au moins égale à 1,5 fois le salaire minimum de croissance *(L. n° 2007-1631 du 20 nov. 2007, art. 36)* « et sans que lui soit opposable la situation de l'emploi sur le fondement du même article **L. 341-2** *[L. 5221-2]* ».

Elle porte la mention "salarié en mission".

Cette carte de séjour a une durée de validité de trois ans renouvelable et permet à son titulaire d'entrer en France à tout moment pour y être employé dans un établissement ou dans une entreprise mentionnée au 2° du I du même article **L. 342-1** *[L. 5221-2]*.

L'étranger titulaire d'un contrat de travail avec une entreprise établie en France, lorsque l'introduction de cet étranger en France s'effectue entre établissements d'une même entreprise ou entre entreprises d'un même groupe, bénéficie également de la carte mentionnée au troisième alinéa du présent 5° à condition que sa rémunération brute soit au moins égale à 1,5 fois le salaire minimum de croissance *(L. n° 2007-1631 du 20 nov. 2007, art. 36)* « et sans que lui soit opposable la situation de l'emploi sur le fondement du même article **L. 341-2** ».

Le conjoint, s'il est âgé d'au moins dix-huit ans, et les enfants entrés mineurs en France dans l'année qui suit leur dix-huitième anniversaire ou entrant dans les prévisions de l'article **L. 311-3** du présent code, d'un étranger titulaire d'une carte "salarié en mission" (Abrogé par *L. n° 2011-672 du 16 juin 2011, art. 24*) *« qui réside de manière ininterrompue plus de six mois en France »* bénéficient de plein droit de la carte de séjour mentionnée au 3° de l'article **L. 313-11** *(L. n° 2011-672 du 16 juin 2011, art. 24)* « dès lors que le contrat de travail du salarié en mission prévoit une résidence ininterrompue en France de plus de six mois ». La carte de séjour ainsi accordée est renouvelée de plein droit durant la période de validité restant à courir de la carte "salarié en mission" susmentionnée, dès lors que le titulaire de cette

dernière carte continue de résider plus de six mois par an en France de manière ininterrompue pendant la période de validité de sa carte ;

(L. n° 2011-672 du 16 juin 2011, art. 17-I et 111, en vigueur au plus tard le 30 sept. 2011) **« 6° A l'étranger titulaire d'un contrat de travail visé conformément au 2° de l'article L. 5221-2 du code du travail, d'une durée égale ou supérieure à un an, pour un emploi dont la rémunération annuelle brute est au moins égale à une fois et demie le salaire moyen annuel de référence, et qui est titulaire d'un diplôme sanctionnant au moins trois années d'études supérieures délivré par un établissement d'enseignement supérieur reconnu par l'État dans lequel cet établissement se situe ou qui justifie d'une expérience professionnelle d'au moins cinq ans d'un niveau comparable, sans que lui soit opposable la situation de l'emploi. Un arrêté du ministre chargé de l'immigration fixe chaque année le montant du salaire moyen annuel de référence.** *— Le montant du salaire brut moyen annuel de référence à prendre en compte s'élève à 35 891 € (Arr. du 20 juin 2016, JO 29 juin).*

« Elle porte la mention "carte bleue européenne".

« Par dérogation aux articles L. 311-2 et L. 313-1 du présent code, cette carte de séjour a une durée de validité maximale de trois ans et est renouvelable. Dans le cas où le contrat de travail est d'une durée égale ou supérieure à un an et inférieure à trois ans, la carte de séjour temporaire portant la mention "carte bleue européenne" est délivrée ou renouvelée pour la durée du contrat de travail.

« Le conjoint, s'il est âgé d'au moins dix-huit ans, et les enfants entrés mineurs en France dans l'année qui suit leur dix-huitième anniversaire ou entrant dans les prévisions de l'article L. 311-3 d'un étranger titulaire d'une carte de séjour temporaire portant la mention "carte bleue européenne" bénéficient de plein droit de la carte de séjour mentionnée au 3° de l'article L. 313-11.

« L'étranger qui justifie avoir séjourné au moins dix-huit mois dans un autre État membre de l'Union européenne sous couvert d'une carte bleue européenne délivrée par cet État obtient la carte de séjour temporaire portant la mention "carte bleue européenne", sous réserve qu'il remplisse les conditions mentionnées au premier alinéa du présent 6° et qu'il en fasse la demande dans le mois qui suit son entrée en France, sans que soit exigé le respect de la condition prévue à l'article L. 311-7.

« Son conjoint et ses enfants tels que définis au quatrième alinéa du présent 6° lorsque la famille était déjà constituée dans l'autre État membre bénéficient de plein droit de la carte de séjour temporaire prévue au 3° de l'article L. 313-11 à condition qu'ils en fassent la demande dans le mois qui suit leur entrée en France, sans que soit exigé le respect de la condition prévue à l'article L. 311-7.

« La carte de séjour accordée conformément aux quatrième et sixième alinéas du présent 6° est renouvelée de plein droit durant la période de validité restant à courir de la "carte bleue européenne".

« Le conjoint titulaire de la carte de séjour mentionnée au 3° de l'article L. 313-11 bénéficie de plein droit, lorsqu'il justifie d'une durée de résidence de cinq ans, du renouvellement de celle-ci indépendamment de la situation du titulaire de la carte de séjour temporaire portant la mention "carte bleue européenne" au regard du droit de séjour sans qu'il puisse se voir opposer l'absence de lien matrimonial.

« Il en va de même pour les enfants devenus majeurs qui se voient délivrer de plein droit la carte de séjour mentionnée au 3° de l'article L. 313-11 lorsqu'ils justifient d'une durée de résidence de cinq ans. »

V. Circ. n° INTK1229185C du 28 nov. 2012 relative aux conditions d'examen des demandes d'admission au séjour déposées par des ressortissants étrangers en situation irrégulière dans le cadre des dispositions du code de l'entrée et du séjour des étrangers et du droit d'asile (http ://circulaires.legifrance.gouv.fr/pdf/2012/11/cir_36120.pdf).

V. Circ. DPM/DM/2 n° 2007/323 du 22 août 2007 relative aux autorisations de travail.

V. Circ. du 3 mars 2008 (NOR : IMIG0800039C, http ://www.gisti.org/IMG/pdf/norimig0800039c.pdf) : présentation des dispositions du Décr. n° 2008-634 du 30 juin 2008 relatif aux autorisations de travail délivrées à des étrangers et modifiant le code du travail.

V. Circ. du 25 juin 2008 (NOR : IMIG0800029C) relative à l'organisation de l'immigration professionnelle.

V. Circ. du 10 juill. 2009 (NOR : IMIM0900075C) relative aux travailleurs saisonniers étrangers dans le secteur agricole pour la campagne 2009 (http ://www.gisti.org/IMG/pdf/norimim0900075c.pdf).

V. Circ. du 12 nov. 2010 (NOR : IMIG1000124C) relative à la carte « salarié en mission ».

V. Circ. du 12 janv. 2012 (NOR : INTV1224696C) relative à l'accès au travail des diplômés étrangers.

Sur l'emploi d'étrangers sans titre (interdiction – droits des étrangers sans titre – information sur les droits – protection des droits sociaux et pécuniaires des étrangers sans titre – intervention de l'OFII), V. C. trav., art. L. 8241-1 s. ; R. 8252-1 s. — **C. trav.** *; C. trav., art. R. 8252-2 (information sur les droits), et Arr. du 30 nov. 2011, ss. art. R. 553-4 (langues utilisées pour la rédaction du document informatif).*

V. Arr. du 11 août 2011 relatif à la délivrance, sans opposition de la situation de l'emploi, des autorisations de travail aux étrangers non ressortissants d'un État membre de l'Union européenne, d'un autre État partie à l'Espace économique européen ou de la Confédération suisse (JO 12 août). Cette liste a été établie pour les ressortissants des pays tiers et concerne quatorze métiers.

SOUS-SECTION 6 *La carte de séjour temporaire portant la mention "vie privée et familiale"*

Art. L. 313-11 **Sauf si sa présence constitue une menace pour l'ordre public, la carte de séjour temporaire portant la mention "vie privée et familiale" est délivrée de plein droit :**

1° *(L. n° 2006-911 du 24 juill. 2006, art. 31)* **« A l'étranger dans l'année qui suit son dix-huitième anniversaire ou entrant dans les prévisions de l'article L. 311-3, » dont l'un des parents au moins est titulaire de la carte de séjour temporaire ou de la carte de résident, ainsi qu'à l'étranger entré en France régulièrement dont le conjoint est titulaire de l'une ou de l'autre de ces cartes, s'ils ont été autorisés à séjourner en France au titre du regroupement familial dans les conditions prévues au livre IV ;**

(L. n° 2006-911 du 24 juill. 2006, art. 31) **« 2° A l'étranger dans l'année qui suit son dix-huitième anniversaire ou entrant dans les prévisions de l'article L. 311-3, qui justifie par tout moyen avoir résidé habituellement en France avec au moins un de ses parents légitimes, naturels ou adoptifs depuis qu'il a atteint au plus l'âge de treize ans** *(Ord. n° 2014-464 du 7 mai 2014, art. 9 et 23, en vigueur le 26 mai 2014)* **« ou, à Mayotte, depuis qu'il a atteint au plus l'âge de treize ans, avec au moins un de ses parents légitimes, naturels ou adoptifs titulaire de la carte de séjour temporaire ou de la carte de résident », la filiation étant établie dans les conditions prévues à l'article L. 314-11 ; la condition prévue à l'article** *(L. n° 2016-274 du 7 mars 2016, art. 20-I-11°)* **« L. 313-2 » n'est pas exigée ;**

« 2° ***bis*** **A l'étranger dans l'année qui suit son dix-huitième anniversaire ou entrant dans les prévisions de l'article L. 311-3, qui a été confié, depuis qu'il a atteint au plus l'âge de seize ans, au service de l'aide sociale à l'enfance et sous réserve du caractère réel et sérieux du suivi de la formation, de la nature de ses liens avec la famille restée dans le pays d'origine et de l'avis de la structure d'accueil sur l'insertion de cet étranger dans la société française. La condition prévue à l'article** *(L. n° 2016-274 du 7 mars 2016, art. 20-I-11°)* **« L. 313-2 » n'est pas exigée ;**

« 3° A l'étranger dans l'année qui suit son dix-huitième anniversaire ou entrant dans les prévisions de l'article L. 311-3, dont l'un des parents est titulaire de la carte de séjour "compétences et talents" *(L. n° 2011-672 du 16 juin 2011, art. 18-III)* **« , de la carte de séjour temporaire portant la mention "salarié en mission" ou "carte bleue européenne" », ainsi qu'à l'étranger dont le conjoint est titulaire de l'une de ces cartes. Le titulaire de la carte de séjour temporaire portant la mention "salarié en mission" doit résider en France dans les conditions définies au dernier alinéa du 5° de l'article L. 313-10. »**

(L. n° 2011-672 du 16 juin 2011, art. 25) **« La carte de séjour temporaire portant la mention "vie privée et familiale" délivrée dans les conditions prévues à l'alinéa précédent a une durée de validité identique à la durée de la carte de séjour du parent ou du conjoint titulaire d'une carte de séjour portant la mention "carte bleue européenne", "compétences et talents" ou "salarié en mission". La carte de séjour est renouvelée dès lors que son titulaire continue à remplir les conditions définies par le présent code ; »**

4° A l'étranger ne vivant pas en état de polygamie, marié avec un ressortissant de nationalité française, à condition *(Abrogé par L. n° 2006-911 du 24 juill. 2006, art. 31)* ***« que son entrée en France ait été régulière, »*** **que la communauté de vie n'ait pas cessé** *(L. n° 2006-911 du 24 juill. 2006, art. 31)* **« depuis le mariage », que le conjoint ait conservé la nationalité française et, lorsque le mariage a été célébré à l'étranger, qu'il ait été transcrit préalablement sur les registres de l'état civil français ;**

(Abrogé par L. n° 2011-672 du 16 juin 2011, art. 23-V) ***« 5° A l'étranger ne vivant pas en état de polygamie, marié à un ressortissant étranger titulaire d'une carte de séjour temporaire portant la mention "scientifique" »*** *(Abrogé par L. n° 2006-911 du 24 juill. 2006, art. 31)* ***« , à condition que son entrée sur le territoire français ait été régulière ; »***

6° A l'étranger ne vivant pas en état de polygamie, qui est père ou mère d'un enfant français mineur résidant en France, à la condition qu'il établisse contribuer effectivement à l'entretien et à l'éducation de l'enfant dans les conditions prévues par l'article 371-2 du code civil depuis la naissance de celui-ci ou depuis au moins *(L. n° 2006-911 du 24 juill. 2006, art. 31)* « deux ans, sans que la condition prévue à l'article *(L. n° 2016-274 du 7 mars 2016, art. 20-I-11°)* « L. 313-2 » soit exigée » ;

7° A l'étranger ne vivant pas en état de polygamie, qui n'entre pas dans les catégories précédentes ou dans celles qui ouvrent droit au regroupement familial, dont les liens personnels et familiaux en France *(L. n° 2006-911 du 24 juill. 2006, art. 31)* « , appréciés notamment au regard de leur intensité, de leur ancienneté et de leur stabilité, des conditions d'existence de l'intéressé, de son insertion dans la société française ainsi que de la nature de ses liens avec la famille restée dans le pays d'origine, » sont tels que le refus d'autoriser son séjour porterait à son droit au respect de sa vie privée et familiale une atteinte disproportionnée au regard des motifs du refus *(L. n° 2006-911 du 24 juill. 2006, art. 31)* « , sans que la condition prévue à l'article *(L. n° 2016-274 du 7 mars 2016, art. 20-I-11°)* « L. 313-2 » soit exigée ». *(L. n° 2007-1631 du 20 nov. 2007)* « L'insertion de l'étranger dans la société française est évaluée en tenant compte notamment de sa connaissance des valeurs de la République » ;

8° A l'étranger né en France qui justifie par tout moyen y avoir résidé pendant au moins huit ans de façon continue et suivi, après l'âge de dix ans, une scolarité d'au moins cinq ans dans un établissement scolaire français, à la condition qu'il fasse sa demande entre l'âge de seize ans et l'âge de vingt et un ans *(L. n° 2006-911 du 24 juill. 2006, art. 31)* « , sans que la condition prévue à l'article *(L. n° 2016-274 du 7 mars 2016, art. 20-I-11°)* « L. 313-2 » soit exigée » ;

9° A l'étranger titulaire d'une rente d'accident du travail ou de maladie professionnelle servie par un organisme français et dont le taux d'incapacité permanente est égal ou supérieur à 20 % *(L. n° 2006-911 du 24 juill. 2006, art. 31)* « , sans que la condition prévue à l'article *(L. n° 2016-274 du 7 mars 2016, art. 20-I-11°)* « L. 313-2 » soit exigée » ;

10° A l'étranger qui a obtenu le statut d'apatride en application du *(L. n° 2015-925 du 29 juill. 2015, art. 6-2°)* « titre Ier *bis* du livre VIII » du présent code, ainsi qu'à son conjoint et à *(L. n° 2006-911 du 24 juill. 2006, art. 31)* « ses enfants dans l'année qui suit leur dix-huitième anniversaire ou entrant dans les prévisions de l'article L. 311-3 », lorsque le mariage est antérieur à la date de cette obtention ou, à défaut, lorsqu'il a été célébré depuis au moins un an, sous réserve d'une communauté de vie effective entre les époux *(L. n° 2006-911 du 24 juill. 2006, art. 31)* « , sans que la condition prévue à l'article *(L. n° 2016-274 du 7 mars 2016, art. 20-I-11°)* « L. 313-2 » soit exigée » ;

11° A l'étranger résidant habituellement en France dont l'état de santé nécessite une prise en charge médicale dont le défaut pourrait entraîner pour lui des conséquences d'une exceptionnelle gravité, sous réserve *(L. n° 2011-672 du 16 juin 2011, art. 26)* « de l'absence » d'un traitement approprié dans le pays dont il est originaire *(L. n° 2011-672 du 16 juin 2011, art. 26)* « , sauf circonstance humanitaire exceptionnelle appréciée par l'autorité administrative après avis du directeur général de l'agence régionale de santé » *(L. n° 2006-911 du 24 juill. 2006, art. 31)* « , sans que la condition prévue à l'article L. 311-7 soit exigée ». La décision de délivrer la carte de séjour est prise par l'autorité administrative, après avis du *(Ord. n° 2010-177 du 23 févr. 2010, art. 8-III-1°)* « médecin de l'agence régionale de santé de la région de résidence de l'intéressé, désigné par le directeur général de l'agence, » ou, à Paris, du médecin, chef du service médical de la préfecture de police. Le médecin *(Ord. n° 2010-177 du 23 févr. 2010, art. 8-III-2°)* « de l'agence régionale de santé ou, à Paris, le chef du service médical de la préfecture de police » peut convoquer le demandeur pour une consultation médicale devant une commission médicale régionale dont la composition est fixée par décret en Conseil d'État.

Art. L. 313-11-1 *(L. n° 2006-911 du 24 juill. 2006)* I. — La carte de séjour temporaire prévue à l'article L. 313-11 est délivrée, sous réserve qu'il en fasse la demande dans les trois mois qui suivent son entrée en France et sans que la condition prévue à l'article *(L. n° 2016-274 du 7 mars 2016, art. 20-I-11°)* « L. 313-2 » soit exigée, au conjoint d'un étranger titulaire du statut de résident de longue durée-CE dans un autre État membre de l'Union européenne et d'une carte de séjour temporaire délivrée en application de l'article L. 313-4-1, s'il justifie avoir résidé légalement avec le résident de longue durée-CE dans l'autre État membre, disposer de ressources stables et suffisantes ainsi que d'une assurance maladie.

II. — La carte de séjour dont la délivrance est prévue au I est également délivrée à l'enfant entré mineur en France d'un étranger titulaire du statut de résident de longue durée-CE dans un autre État membre de l'Union européenne et d'une carte de séjour temporaire délivrée en application de l'article L. 313-4-1 lorsqu'il atteint l'âge de dix-huit ans, sous réserve qu'il en fasse la demande dans les trois mois qui suivent son dix-huitième anniversaire ou lorsqu'il entre dans les prévisions de l'article L. 311-3.

L'enfant doit justifier avoir résidé légalement avec le résident de longue durée-CE dans l'autre État membre et disposer d'une assurance maladie. Il doit également disposer de ressources stables et suffisantes ou être pris en charge par son parent titulaire de la carte de séjour temporaire délivrée en application de l'article L. 313-4-1.

La condition prévue à l'article *(L. n° 2016-274 du 7 mars 2016, art. 20-I-11°)* « L. 313-2 » n'est pas exigée.

L'enfant mentionné au premier alinéa du présent II est celui qui répond à l'une des définitions données aux articles L. 411-1 à L. 411-4.

III. — Pour l'application des I et II, sont prises en compte toutes les ressources propres du demandeur et, le cas échéant, de son conjoint ou parent, indépendamment des prestations familiales et des allocations prévues à l'article L. 262-1 du code de l'action sociale et des familles, à l'article L. 815-1 du code de la sécurité sociale et aux articles L. 351-9, L. 351-10 et L. 351-10-1 du code du travail. *(L. n° 2007-1631 du 20 nov. 2007)* « Les ressources doivent atteindre un montant qui tient compte de la taille de la famille du demandeur. Un décret en Conseil d'État fixe ce montant qui doit être au moins égal au salaire minimum de croissance mensuel et au plus égal à ce salaire majoré d'un cinquième. »

Le caractère suffisant des ressources au regard des conditions de logement fait l'objet d'un avis du maire de la commune de résidence du demandeur. Cet avis est réputé favorable à l'expiration d'un délai de deux mois à compter de la saisine du maire par l'autorité administrative.

IV. — La date d'expiration de la carte de séjour temporaire délivrée dans les conditions définies au présent article ne peut être postérieure à celle de la carte de séjour temporaire délivrée, en application de l'article L. 313-4-1, à l'étranger titulaire du statut de résident de longue durée-CE dans un autre État membre de l'Union européenne.

V. — Un décret en Conseil d'État précise les conditions d'application du présent article.

Art. L. 313-12 La carte délivrée au titre de l'article L. 313-11 donne droit à l'exercice d'une activité professionnelle.

Le renouvellement de la carte de séjour délivrée au titre du 4° de l'article L. 313-11 est subordonné au fait que la communauté de vie n'ait pas cessé *(L. n° 2011-672 du 16 juin 2011, art. 35)* « , sauf si elle résulte du décès du conjoint français ». *(L. n° 2007-1631 du 20 nov. 2007, art. 14 et 15)* « Toutefois, lorsque *(L. n° 2014-873 du 4 août 2014, art. 47)* « l'étranger a subi des violences conjugales de la part de son conjoint et que la communauté de vie a été rompue », l'autorité administrative ne peut procéder au retrait du titre de séjour de l'étranger et peut en accorder le renouvellement ». En cas de violence commise après l'arrivée en France du conjoint étranger mais avant la première délivrance de la carte de séjour temporaire, le conjoint étranger se voit délivrer, sauf si sa présence constitue une menace pour l'ordre public, une carte de séjour temporaire portant la mention "vie privée et familiale". »

(Abrogé par L. n° 2011-672 du 16 juin 2011, art. 21-1°) (L. n° 2010-769 du 9 juill. 2010, art. 11-1°) ***« Sauf si sa présence constitue une menace pour l'ordre public, l'autorité administrative accorde, dans les plus brefs délais, la délivrance ou le renouvellement du titre de séjour de l'étranger qui bénéficie d'une ordonnance de protection en vertu de l'article 515-9 du code civil en raison des violences commises par son conjoint, son partenaire lié par un pacte civil de solidarité ou son concubin. »***

L'accès de l'enfant français à la majorité ne fait pas obstacle au renouvellement de la carte de séjour délivrée au titre du 6° de l'article L. 313-11. — *[Ord. n° 45-2658 du 2 nov. 1945, art. 12 bis.]*

(L. n° 2006-911 du 24 juill. 2006, art. 26) « La carte de séjour délivrée au titre de l'article L. 313-11-1 ne donne pas droit à l'exercice d'une activité professionnelle dans l'année qui suit sa première délivrance, sauf si elle est accordée en application du II de cet article et que son bénéficiaire séjourne en France depuis au moins un an. »

Art. L. 313-13 *(L. n° 2015-925 du 29 juill. 2015, art. 28)* Sauf si leur présence constitue une menace pour l'ordre public, la carte de séjour temporaire mentionnée à l'article L. 313-11 est délivrée de plein droit :

1° A l'étranger qui a obtenu le bénéfice de la protection subsidiaire en application de l'article L. 712-1 ;

2° A son conjoint, son partenaire avec lequel il est lié par une union civile ou son concubin, s'il a été autorisé à séjourner en France au titre de la réunification familiale dans les conditions prévues à l'article L. 752-1 ;

3° A son conjoint ou au partenaire avec lequel il est lié par une union civile, âgé d'au moins dix-huit ans, si le mariage ou l'union civile est postérieur à la date d'introduction de sa demande d'asile, à condition que le mariage ou l'union civile ait été célébré depuis au moins un an et sous réserve d'une communauté de vie effective entre époux ou partenaires ;

4° A ses enfants dans l'année qui suit leur dix-huitième anniversaire ou entrant dans les prévisions de l'article L. 311-3 ;

5° A ses ascendants directs au premier degré si l'étranger qui a obtenu le bénéfice de la protection est un mineur non marié.

Sans préjudice du troisième alinéa du II de l'article L. 752-1, la condition prévue à l'article L. 311-7 n'est pas exigée.

Le délai pour la délivrance de la carte de séjour temporaire après la décision d'octroi de la protection subsidiaire par l'Office français de protection des réfugiés et apatrides ou la Cour nationale du droit d'asile est fixé par décret en Conseil d'État.

Par dérogation aux articles L. 311-2 et L. 313-1, la carte délivrée au titre du présent article est renouvelable dans les mêmes conditions pour une durée de deux ans. Elle donne droit à l'exercice d'une activité professionnelle.

....

SECTION III *La carte de séjour pluriannuelle*

(L. n° 2016-274 du 7 mars 2016, art. 17, en vigueur au plus tard le 1er nov. 2016)

....

SOUS-SECTION 2 *La carte de séjour pluriannuelle portant la mention « passeport talent »*

V. note ss. art. L. 313-20.

Art. L. 313-20 La carte de séjour pluriannuelle portant la mention "passeport talent", d'une durée maximale de quatre ans, est délivrée, dès sa première admission au séjour :

1° A l'étranger qui soit exerce une activité professionnelle salariée et a obtenu dans un établissement d'enseignement supérieur habilité au plan national un diplôme au moins équivalent au grade de master ou figurant sur une liste fixée par décret, soit est recruté dans une entreprise définie à l'article 44 *sexies*-0 A du code général des impôts pour exercer des fonctions en lien avec le projet de recherche et de développement de cette entreprise ;

2° A l'étranger qui occupe un emploi hautement qualifié, pour une durée égale ou supérieure à un an, et justifie d'un diplôme sanctionnant au moins trois années d'études supérieures ou d'une expérience professionnelle d'au moins cinq ans d'un niveau comparable. Cette carte, d'une durée égale à celle figurant sur le contrat de travail, porte la mention "carte bleue européenne".

L'étranger qui justifie avoir séjourné au moins dix-huit mois dans un autre État membre de l'Union européenne sous couvert d'une "carte bleue européenne" obtient la même carte de séjour, sous réserve qu'il en fasse la demande dans le mois qui suit son entrée en France, sans que soit exigé le respect de la condition prévue à l'article L. 313-2 du présent code ;

3° A l'étranger qui vient en France dans le cadre d'une mission entre établissements d'une même entreprise ou entre entreprises d'un même groupe et qui justifie, outre d'une ancienneté professionnelle d'au moins trois mois dans le groupe ou l'entreprise établi hors de France, d'un contrat de travail conclu avec l'entreprise établie en France ;

4° A l'étranger titulaire d'un diplôme équivalent au grade de master qui mène des travaux de recherche ou dispense un enseignement de niveau universitaire, dans le cadre d'une convention d'accueil signée avec un organisme public ou privé ayant une mission de recherche ou d'enseignement supérieur préalablement agréé. Cette carte porte la mention "chercheur".

L'étranger ayant été admis dans un autre État membre de l'Union européenne conformément à la directive 2005/71/CE du Conseil du 12 octobre 2005 relative à une procédure d'admission spécifique des ressortissants de pays tiers aux fins de recherche scientifique peut mener une partie de ses travaux en France sur la base de la convention d'accueil conclue dans le premier État membre s'il séjourne en France pour une durée inférieure ou égale à trois mois, pour autant qu'il dispose de ressources suffisantes. S'il séjourne en France pour une durée supérieure à trois mois, il doit justifier remplir les conditions définies au premier alinéa du présent 4°, sans que soit exigé le respect de la condition prévue à l'article L. 313-2 ;

5° A l'étranger ayant obtenu un diplôme équivalent au grade de master ou pouvant attester d'une expérience professionnelle d'au moins cinq ans d'un niveau comparable et qui, justifiant d'un projet économique réel et sérieux, crée une entreprise en France ;

6° A l'étranger qui justifie d'un projet économique innovant, reconnu par un organisme public ;

7° A l'étranger qui procède à un investissement économique direct en France ;

8° A l'étranger qui occupe la fonction de représentant légal dans un établissement ou une société établie en France, dès lors que cet étranger est salarié ou mandataire social dans un établissement ou une société du même groupe ;

9° A l'étranger qui exerce la profession d'artiste-interprète, définie à l'article L. 212-1 du code de la propriété intellectuelle, ou qui est auteur d'une œuvre littéraire ou artistique mentionnée à l'article L. 112-2 du même code. Lorsqu'il exerce une activité salariée, la durée minimale, exigée pour la délivrance du titre, des contrats d'engagement conclus avec une entreprise ou un établissement dont l'activité principale comporte la création ou l'exploitation d'une œuvre de l'esprit est fixée par voie réglementaire ;

10° A l'étranger dont la renommée nationale ou internationale est établie et qui vient exercer en France une activité dans un domaine scientifique, littéraire, artistique, intellectuel, éducatif ou sportif.

L'activité professionnelle salariée ayant justifié la délivrance de la carte prévue aux 1°, 2°, 3°, 4°, 9° et 10° du présent article n'est pas subordonnée à la délivrance de l'autorisation de travail prévue à l'article L. 5221-2 du code du travail.

Lorsqu'un étranger bénéficiaire de la carte de séjour pluriannuelle portant la mention "passeport talent" et exerçant une activité salariée prévue aux 1°, 2° et 4° du présent article se trouve involontairement privé d'emploi à la date du renouvellement de sa carte, celle-ci est renouvelée pour une durée équivalente à celle des droits qu'il a acquis à l'allocation d'assurance mentionnée à l'article L. 5422-1 du code du travail.

Un décret en Conseil d'État fixe les conditions d'application du présent article. Il précise notamment les conditions de délivrance de la carte pour les catégories mentionnées aux 5°, 6°, 7°, 9° et 10° du présent article et détermine les seuils de rémunération dont les étrangers mentionnés aux 1°, 2°, 3°, 8° et 9° doivent justifier. Ces conditions de délivrance et ces seuils de rémunération peuvent différer pour les départements et les régions d'outre-mer afin de prendre en compte la dimension réduite de ces économies, les dynamiques démographiques locales et la situation sur le marché du travail. Les observatoires de l'immigration prévus à l'article L. 111-11 du présent code peuvent être consultés avant la définition de ces conditions et de ces seuils.

Les dispositions de la section III entrent en vigueur à une date fixée par décret et au plus tard le 1er nov. 2016 (L. no 2016-274 du 7 mars 2016, art. 67-II).

Art. L. 313-21 La carte de séjour pluriannuelle portant la mention "passeport talent (famille)" est délivrée de plein droit, s'il est âgé d'au moins dix-huit ans, au conjoint de l'étranger mentionné à l'article L. 313-20 ainsi qu'à ses enfants entrés mineurs en France, dans l'année qui suit leur dix-huitième anniversaire ou lorsqu'ils entrent dans les prévisions de l'article L. 311-3, sous réserve du respect de la condition prévue à l'article L. 313-2. La durée de cette carte est égale à la période de validité restant à courir de la carte de séjour de leur conjoint ou parent.

Lorsque la famille était déjà constituée dans le premier État membre de séjour et sans que soit exigé le respect de la condition prévue au même article L. 313-2, le conjoint et les enfants de l'étranger titulaire de la carte de séjour délivrée en application du 2° de l'article L. 313-20 bénéficient de plein droit de la carte de séjour pluriannuelle portant la mention "passeport talent (famille)", à condition qu'ils en fassent la demande dans le mois qui suit leur entrée en France. La durée de cette carte est égale à la période de validité restant à courir de la carte de séjour de leur parent ou conjoint. Elle est renouvelée de plein droit pour une durée de quatre ans lorsque son titulaire réside en France depuis au moins cinq ans.

La carte de séjour pluriannuelle portant la mention "passeport talent (famille)" donne droit à l'exercice d'une activité professionnelle.

V. note ss. art. L. 313-20.

Art. L. 313-22 L'étranger titulaire d'un document de séjour délivré sur un autre fondement que celui de la carte de séjour pluriannuelle mentionnée aux articles L. 313-20 et L. 313-21 bénéficie de la délivrance de cette carte lorsqu'il en fait la demande et en remplit les conditions.

V. note ss. art. L. 313-20.

SOUS-SECTION 3 *La carte de séjour pluriannuelle portant la mention « travailleur saisonnier »*

Art. L. 313-23 Une carte de séjour d'une durée maximale de trois ans, renouvelable, autorisant l'exercice d'une activité professionnelle est délivrée, dès sa première admission au séjour, à l'étranger pour l'exercice d'un emploi à caractère saisonnier, défini au 3° de l'article L. 1242-2 du code du travail, dans les conditions prévues à l'article L. 5221-2 du même code, lorsque l'étranger s'engage à maintenir sa résidence habituelle hors de France. La carte porte la mention "travailleur saisonnier".

Elle donne à son titulaire le droit de séjourner et de travailler en France pendant la ou les périodes qu'elle fixe et qui ne peuvent dépasser une durée cumulée de six mois par an.

V. note ss. art. L. 313-20.

SOUS-SECTION 4 *La carte de séjour pluriannuelle portant la mention « salarié détaché ICT »*

Art. L. 313-24 I. – Une carte de séjour d'une durée maximale de trois ans, autorisant l'exercice d'une activité professionnelle, est délivrée à l'étranger qui vient en France pour effectuer une mission dans le cadre du 2° de l'article L. 1262-1 du code du travail afin d'occuper un poste d'encadrement supérieur ou d'apporter une expertise dans un établissement ou une entreprise du groupe qui l'emploie, s'il justifie d'une ancienneté professionnelle dans celui-ci d'au moins trois mois. Cette carte est délivrée pour la durée de la mission envisagée sur le territoire français. Elle porte la mention "salarié détaché ICT".

II. – La carte de séjour pluriannuelle portant la mention "salarié détaché ICT (famille)" est délivrée de plein droit, s'il est âgé d'au moins dix-huit ans, au conjoint de l'étranger mentionné au I du présent article ainsi qu'à ses enfants entrés mineurs en France, dans l'année qui suit leur dix-huitième anniversaire ou lorsqu'ils entrent dans les prévisions de l'article L. 311-3, sous réserve du respect de la condition prévue à l'article L. 313-2. La durée de cette carte est égale à la période de validité restant à courir de la carte de séjour de leur conjoint ou parent.

La carte de séjour portant la mention "salarié détaché ICT (famille)" donne droit à l'exercice d'une activité professionnelle.

III. – L'étranger ayant été admis au séjour dans un autre État membre de l'Union européenne pour les mêmes motifs que ceux mentionnés au I du présent article peut effectuer en France une mission d'une durée inférieure ou égale à quatre-vingt-dix jours dans le cadre du 2° de l'article L. 1262-1 du code du travail afin d'occuper un poste d'encadrement supérieur ou d'apporter son expertise dans un établissement ou une entreprise du groupe qui l'emploie, sous couvert du titre de séjour délivré dans le premier État membre aux fins d'un transfert temporaire intragroupe, portant la mention "ICT".

IV. – Lorsque cette mission est d'une durée supérieure à quatre-vingt-dix jours, l'étranger qui justifie de ressources suffisantes est autorisé à travailler et à séjourner en France au titre d'une carte de séjour portant la mention "salarié détaché mobile ICT" d'une durée identique à celle de la mission envisagée, dans la limite d'une durée maximale de trois ans diminuée, le cas échéant, de la durée des séjours déjà effectués dans les autres États membres dans le cadre d'une mission similaire, sans que soit exigée la condition prévue à l'article L. 313-2.

La carte de séjour pluriannuelle portant la mention "salarié détaché mobile ICT (famille)" est délivrée dans les conditions prévues au II du présent article, sans que soit exigée la condition prévue à l'article L. 313-2.

La carte de séjour portant la mention "salarié détaché mobile ICT (famille)" donne droit à l'exercice d'une activité professionnelle.

V. – L'activité professionnelle salariée ayant justifié la délivrance de la carte prévue aux I, II et IV du présent article n'est pas subordonnée à la délivrance de l'autorisation de travail prévue à l'article L. 5221-2 du code du travail.

V. note ss. art. L. 313-20.

CHAPITRE IV *La carte de résident*

SECTION I *Dispositions générales*

Art. L. 314-1 La carte de résident est valable dix ans. Sous réserve des dispositions des articles L. 314-5 et L. 314-7, elle est renouvelable de plein droit.

Art. L. 314-1-1 *(L. n° 2006-911 du 24 juill. 2006, art. 27)* Les dispositions de la présente section s'appliquent à la carte de résident et à la carte de résident portant la mention *(L. n° 2016-274 du 7 mars 2016, art. 20-I-10°)* « "résident de longue durée-UE" ».

Art. L. 314-2 *(L. n° 2006-911 du 24 juill. 2006, art. 7)* Lorsque des dispositions législatives du présent code le prévoient, la délivrance d'une première carte de résident est subordonnée à l'intégration républicaine de l'étranger dans la société française, appréciée en particulier au regard de son engagement personnel à respecter les principes qui régissent la République française, du respect effectif de ces principes et de sa connaissance *(L. n° 2016-274 du 7 mars 2016, art. 2)* « de la langue française, qui doit être au moins égale à un niveau défini » par décret en Conseil d'État.

Pour l'appréciation de la condition d'intégration, l'autorité administrative *(Abrogé par L. n° 2016-274 du 7 mars 2016, art. 2)* ***« tient compte** (L. n° 2011-672 du 16 juin 2011, art. 8-III)* ***« , lorsqu'il a été souscrit, » du respect, par l'étranger, de l'engagement défini à l'article L. 311-9 et »*** saisit pour avis le maire de la commune dans laquelle il réside. Cet avis est réputé favorable à l'expiration d'un délai de deux mois à compter de la saisine du maire par l'autorité administrative.

Les étrangers âgés de plus de soixante-cinq ans ne sont pas soumis à la condition relative à la connaissance de la langue française.

Ces dispositions sont applicables à Saint-Barthélemy et à Saint-Martin (L. n° 2011-672 du 16 juin 2011, art. 109).

Les dispositions issues de la L. n° 2016-274 du 7 mars 2016 entrent en vigueur à compter d'une date fixée par décret et, au plus tard le 1er juill. 2016 (L. préc., art. 67-I).

Art. L. 314-3 La carte de résident peut être refusée à tout étranger dont la présence constitue une menace pour l'ordre public.

Art. L. 314-4 Lorsqu'elle a été délivrée à un étranger résidant sur le territoire de la France métropolitaine, la carte de résident en cours de validité confère à son titulaire le droit d'exercer, sur ce territoire, la profession de son choix, dans le cadre de la législation en vigueur. *(Abrogé par L. n° 2007-1631 du 20 nov. 2007)* ***« Les titulaires de la carte de résident sont dispensés de l'autorisation prévue à l'article L. 122-1 du code de commerce. »***

Art. L. 314-5 Par dérogation aux dispositions des articles L. 314-8 à L. 314-12 la carte de résident ne peut être délivrée à un ressortissant étranger qui vit en état de polygamie ni aux conjoints d'un tel ressortissant *(L. n° 2006-911 du 24 juill. 2006, art. 34)* « ni à un ressortissant étranger condamné pour avoir commis sur un mineur de quinze ans l'infraction définie à l'article 222-9 du code pénal ou s'être rendu complice de celle-ci ». Une carte de résident délivrée en méconnaissance de ces dispositions doit être retirée.

Art. L. 314-5-1 *(L. n° 2006-911 du 24 juill. 2006, art. 35)* Le retrait, motivé par la rupture de la vie commune, de la carte de résident délivrée sur le fondement du 3° de l'article L. 314-9 ne peut intervenir que dans la limite de quatre années à compter de la célébration du mariage, sauf si un ou des enfants sont nés de cette union et à la condition que l'étranger titulaire de la carte de résident établisse contribuer effectivement, depuis la naissance, à l'entretien et à l'éducation du ou des enfants dans les conditions prévues à l'article 371-2 du code civil. Toutefois, lorsque la communauté de vie a été rompue par le décès de l'un des conjoints ou *(Abrogé par L. n° 2007-1631 du 20 nov. 2007)* ***« à l'initiative de l'étranger »*** en raison de violences conjugales qu'il a subies de la part de son conjoint, l'autorité administrative ne peut pas procéder au retrait.

Art. L. 314-6 La carte de résident peut être retirée à tout employeur, titulaire de cette carte, ayant occupé un travailleur étranger en violation des dispositions de l'article L. 341-6 *[L. 8251-1 nouv.]* du code du travail.

(L. n° 2006-911 du 24 juill. 2006, art. 13-II) « En outre, l'employeur qui a fait l'objet d'une obligation de quitter le territoire français en raison du retrait, prononcé en application des dispositions du présent article, de sa carte de résident peut, dans les trois années qui suivent cette obligation, se voir refuser le droit d'exercer une activité professionnelle en France. »

Art. L. 314-6-1 *(L. n° 2006-911 du 24 juill. 2006, art. 36)* La carte de résident d'un étranger qui ne peut faire l'objet d'une mesure d'expulsion en application des articles L. 521-2 ou L. 521-3 peut lui être retirée s'il fait l'objet d'une condamnation définitive sur le fondement des articles 433-3, 433-4, des deuxième à quatrième alinéas de l'article 433-5, du deuxième alinéa de l'article 433-5-1 ou de l'article 433-6 du code pénal.

La carte de séjour temporaire portant la mention "vie privée et familiale" lui est délivrée de plein droit.

Art. L. 314-7 *(L. n° 2006-911 du 24 juill. 2006, art. 28)* « La carte de résident d'un étranger qui a quitté le territoire français et a résidé à l'étranger pendant une période de plus de trois ans consécutifs est périmée, de même que la carte de résident portant la mention "résident de longue durée-CE" accordée par la France lorsque son titulaire a résidé en dehors du territoire des États membres de l'Union européenne pendant une période de plus de trois ans consécutifs. »

La période mentionnée ci-dessus peut être prolongée si l'intéressé en a fait la demande soit avant son départ de France, soit pendant son séjour à l'étranger.

(L. n° 2006-911 du 24 juill. 2006, art. 28) « En outre, est périmée la carte de résident portant la mention *(L. n° 2016-274 du 7 mars 2016, art. 20-I-10°)* « "résident de longue durée-UE" » accordée par la France lorsque son titulaire a, depuis sa délivrance, acquis ce statut dans un autre État membre de l'Union européenne, ou lorsqu'il a résidé en dehors du territoire national pendant une période de six ans consécutifs. »

SECTION II *Délivrance de la carte de résident*

SOUS-SECTION 1 *Délivrance subordonnée à une durée de séjour régulier*

Art. L. 314-8 *(L. n° 2016-274 du 7 mars 2016, art. 22-I, en vigueur au plus tard le 1er nov. 2016)* Une carte de résident portant la mention "résident de longue durée-UE" est délivrée de plein droit à l'étranger qui justifie :

1° D'une résidence régulière ininterrompue d'au moins cinq ans en France au titre de l'une des cartes de séjour temporaires ou pluriannuelles ou de l'une des cartes de résident prévues au présent code, à l'exception de celles délivrées sur le fondement des articles L. 313-7, L. 313-7-1, L. 313-7-2 ou L. 313-13, du 3° de l'article L. 313-20, des articles L. 313-23, L. 316-1 ou L. 317-1 ou du 8° de l'article L. 314-11.

Les années de résidence sous couvert d'une carte de séjour temporaire portant la mention "vie privée et familiale" retirée par l'autorité administrative sur le fondement d'un mariage ayant eu pour seules fins d'obtenir un titre de séjour ou d'acquérir la nationalité française ne peuvent être prises en compte pour obtenir la carte de résident ;

2° De ressources stables, régulières et suffisantes pour subvenir à ses besoins. Ces ressources doivent atteindre un montant au moins égal au salaire minimum de croissance. Sont prises en compte toutes les ressources propres du demandeur, indépendamment des prestations familiales et des allocations prévues à l'article L. 262-1 du code de l'action sociale et des familles ainsi qu'aux articles L. 5423-1, L. 5423-2 *(L. n° 2016-1917 du 29 déc. 2016, art. 87)* « et L. 5423-3 » du code du travail. La condition prévue au présent 2° n'est pas applicable lorsque la personne qui demande la carte de résident est titulaire de l'allocation aux adultes handicapés mentionnée à l'article L. 821-1 du code de la sécurité sociale ou de l'allocation supplémentaire mentionnée à l'article L. 815-24 du même code ;

3° D'une assurance maladie.

Un décret en Conseil d'État définit les modalités d'application du présent article.

Ces dispositions entrent en vigueur à une date fixée par décret, et au plus tard le 1er nov. 2016 (L. n° 2016-274 du 7 mars 2016, art. 67-II).

Art. L. 314-8-1 *(L. n° 2011-672 du 16 juin 2011, art. 19-I)* L'étranger titulaire de la carte de séjour temporaire prévue au 6° de l'article L. 313-10 peut se voir délivrer une carte de résident portant la mention *(L. n° 2016-274 du 7 mars 2016, art. 20-I-10°)* « "résident de longue durée-UE" » s'il justifie d'une résidence ininterrompue, conforme aux lois et règlements en vigueur, d'au moins cinq années sur le territoire d'un État membre de l'Union européenne sous couvert d'une carte bleue européenne, dont, en France, les deux années précédant sa demande de délivrance de la carte de résident.

Les absences du territoire de l'Union européenne ne suspendent pas le calcul de la période mentionnée à l'alinéa précédent si elles ne s'étendent pas sur plus de douze mois consécutifs et ne dépassent pas au total dix-huit mois sur l'ensemble de cette période de résidence ininterrompue d'au moins cinq années.

L'étranger titulaire de la carte de séjour temporaire prévue au même 6° doit également justifier de *(L. n° 2016-274 du 7 mars 2016, art. 22, en vigueur au plus tard le 1er nov. 2016)* « ressources stables, régulières et suffisantes » dans les conditions prévues à l'article L. 314-8.

Son conjoint et ses enfants dans l'année qui suit leur dix-huitième anniversaire ou entrant dans les prévisions de l'article L. 311-3, admis en France conformément au 6° de l'article L. 313-10, peuvent se voir délivrer une carte de résident portant la mention "résident de longue durée-CE" dans les conditions prévues à l'article L. 314-8.

Les dispositions issues de l'art. 22 de la L. n° 2016-274 du 7 mars 2016 entrent à une date fixée par décret, et au plus tard le 1er nov. 2016 (L. préc., art. 67-II).

Art. L. 314-9 La carte de résident *(L. n° 2016-274 du 7 mars 2016, art. 23)* « est délivrée de plein droit » :

1° Au conjoint et *(L. n° 2006-911 du 24 juill. 2006, art. 37)* « aux enfants dans l'année qui suit leur dix-huitième anniversaire ou entrant dans les prévisions de l'article L. 311-3 » d'un étranger titulaire de la carte de résident, qui ont été autorisés à séjourner en France au titre du regroupement familial dans les conditions prévues au livre IV et qui justifient d'une résidence non interrompue, conforme aux lois et règlements en vigueur, d'au moins *(L. n° 2006-911 du 24 juill. 2006, art. 37)* « trois » années en France ;

2° A l'étranger qui est père ou mère d'un enfant français résidant en France et titulaire depuis au moins *(L. n° 2006-911 du 24 juill. 2006, art. 37)* « trois » années de la carte de séjour temporaire mentionnée au 6° de l'article L. 313-11 *(L. n° 2016-274 du 7 mars 2016, art. 23)* « ou d'une carte de séjour pluriannuelle mentionnée au 2° de l'article L. 313-18 », sous réserve qu'il remplisse encore les conditions prévues pour l'obtention de cette carte de séjour *(Abrogé par L. n° 2016-274 du 7 mars 2016, art. 23)* « ***temporaire*** » et qu'il ne vive pas en état de polygamie ;

(L. n° 2006-911 du 24 juill. 2006, art. 37) « 3° A l'étranger marié depuis au moins trois ans avec un ressortissant de nationalité française, à condition *(L. n° 2011-672 du 16 juin 2011, art. 29)* « qu'il séjourne régulièrement en France, » que la communauté de vie entre les époux n'ait pas cessé depuis le mariage, que le conjoint ait conservé la nationalité française et, lorsque le mariage a été célébré à l'étranger, qu'il ait été transcrit préalablement sur les registres de l'état civil français. »

L'enfant visé au présent article s'entend de l'enfant *(Ord. n° 2005-759 du 4 juill. 2005, art. 19-V)* « ayant une filiation légalement établie, y compris » l'enfant adopté, en vertu d'une décision d'adoption, sous réserve de la vérification par le ministère public de la régularité de cette décision lorsqu'elle a été prononcée à l'étranger.

(Ord. n° 2014-464 du 7 mai 2014, art. 11 et 23) « Pour l'application des 2° et 3° du présent article à Mayotte, la condition prévue *(L. n° 2016-274 du 7 mars 2016, art. 23)* « à la première phrase du 2° » de l'article L. 314-8 s'applique. »

Ces dispositions sont applicables à Saint-Barthélemy et à Saint-Martin (L. n° 2011-672 du 16 juin 2011, art. 109).

Art. L. 314-10 *(L. n° 2006-911 du 24 juill. 2006, art. 7-II)* Dans tous les cas prévus dans la présente sous-section, la décision d'accorder la carte de résident ou la carte de résident portant la mention *(L. n° 2016-274 du 7 mars 2016, art. 20-I-10°)* « "résident de longue durée-UE" » est subordonnée au respect des conditions prévues à l'article L. 314-2.

SOUS-SECTION 2 *Délivrance de plein droit*

Art. L. 314-11 Sauf si la présence de l'étranger constitue une menace pour l'ordre public, la carte de résident est délivrée de plein droit, sous réserve de la régularité du séjour :

(Abrogé par L. n° 2006-911 du 24 juill. 2006, art. 38) « ***1° A l'étranger marié depuis au moins deux ans avec un ressortissant de nationalité française, à condition que la communauté de vie entre les époux n'ait pas cessé, que le conjoint ait conservé la nationalité française et, lorsque le mariage a été célébré à l'étranger, qu'il ait été transcrit préalablement sur les registres de l'état civil français ;*** »

2° A l'enfant étranger d'un ressortissant de nationalité française si cet enfant *(L. n° 2006-911 du 24 juill. 2006, art. 38)* « est âgé de dix-huit à vingt et un ans ou dans les conditions prévues à l'article L. 311-3 » ou s'il est à la charge de ses parents ainsi qu'aux ascendants d'un tel ressortissant et de son conjoint qui sont à sa charge *(L. n° 2006-911 du 24 juill. 2006, art. 38)* « , sous réserve qu'ils produisent un visa pour un séjour d'une durée supérieure à trois mois » ;

3° A l'étranger titulaire d'une rente d'accident de travail ou de maladie professionnelle versée par un organisme français et dont le taux d'incapacité permanente est égal ou supérieur à 20 % ainsi qu'aux ayants droit d'un étranger, bénéficiaires d'une rente de décès pour accident de travail ou maladie professionnelle versée par un organisme français ;

4° A l'étranger ayant servi dans une unité combattante de l'armée française ;

5° A l'étranger ayant effectivement combattu dans les rangs des forces françaises de l'intérieur, titulaire du certificat de démobilisation délivré par la commission d'incorporation de ces formations dans l'armée régulière ou qui, quelle que soit la durée de son service dans ces mêmes formations, a été blessé en combattant l'ennemi ;

6° A l'étranger qui a servi en France dans une unité combattante d'une armée alliée ou qui, résidant antérieurement sur le territoire de la République, a également combattu dans les rangs d'une armée alliée ;

7° A l'étranger ayant servi dans la Légion étrangère, comptant au moins trois ans de services dans l'armée française, titulaire du certificat de bonne conduite ;

(L. n° 2015-925 du 29 juill. 2015, art. 28) « 8° A l'étranger reconnu réfugié en application du livre VII ainsi qu'à :

« *a)* Son conjoint, son partenaire avec lequel il est lié par une union civile ou son concubin, s'il a été autorisé à séjourner en France au titre de la réunification familiale dans les conditions prévues à l'article L. 752-1 ;

« *b)* Son conjoint ou son partenaire avec lequel il est lié par une union civile, âgé d'au moins dix-huit ans, si le mariage ou l'union civile est postérieur à la date d'introduction de sa demande d'asile, à condition que le mariage ou l'union civile ait été célébré depuis au moins un an et sous réserve d'une communauté de vie effective entre époux ou partenaires ;

« *c)* Ses enfants dans l'année qui suit leur dix-huitième anniversaire ou entrant dans les prévisions de l'article L. 311-3 ;

« *d)* Ses ascendants directs au premier degré si l'étranger qui a obtenu le bénéfice de la protection est un mineur non marié.

« Le délai pour la délivrance de la carte de résident après la décision de reconnaissance de la qualité de réfugié par l'Office français de protection des réfugiés et apatrides ou la Cour nationale du droit d'asile est fixé par décret en Conseil d'État ; »

9° A l'apatride justifiant de trois années de résidence régulière en France ainsi qu'à son conjoint et à ses enfants *(L. n° 2006-911 du 24 juill. 2006, art. 38)* « dans l'année qui suit leur dix-huitième anniversaire ou entrant dans les prévisions de l'article L. 311-3 » ;

(L. n° 2014-873 du 4 août 2014, art. 46) « 10° A l'étranger qui remplit les conditions prévues au second alinéa de l'article L. 316-1. »

(L. n° 2016-274 du 7 mars 2016, art. 21, en vigueur au plus tard le 1er nov. 2016) « 11° A l'étranger titulaire d'une carte de séjour portant la mention "retraité" qui justifie de sa volonté de s'établir en France et d'y résider à titre principal. »

L'enfant visé aux 2°, 8° et 9° du présent article s'entend de l'enfant *(Ord. n° 2005-759 du 4 juill. 2005, art. 19-V)* « ayant une filiation légalement établie, y compris » l'enfant adopté, en vertu d'une décision d'adoption, sous réserve de la vérification par le ministère public de la régularité de cette décision lorsqu'elle a été prononcée à l'étranger.

Les dispositions issues de la L. n° 2016-274 du 7 mars 2016 entrent en vigueur à une date fixée par décret, et au plus tard le 1er nov. 2016 (L. préc., art. 67-II).

Art. L. 314-12 La carte de résident est délivrée de plein droit à l'étranger qui remplit les conditions d'acquisition de la nationalité française prévues à l'article 21-7 du code civil.

....

CHAPITRE VII *La carte de séjour portant la mention "retraité"* *(L. n° 2006-911 du 24 juill. 2006, art. 15).*

Art. L. 317-1 L'étranger qui, après avoir résidé en France sous couvert d'une carte de résident, a établi ou établit sa résidence habituelle hors de France et qui est titulaire d'une pension contributive de vieillesse, de droit propre ou de droit dérivé, liquidée au titre d'un régime de base français de sécurité sociale, bénéficie, à sa demande, d'une carte de séjour portant la mention "retraité". Cette carte lui permet d'entrer en France à tout moment pour y effectuer des séjours n'excédant pas un an. Elle est valable dix ans et est renouvelée de plein droit. Elle n'ouvre pas droit à l'exercice d'une activité professionnelle.

Le conjoint du titulaire d'une carte de séjour "retraité", ayant résidé régulièrement en France avec lui, bénéficie d'un titre de séjour conférant les mêmes droits.

....

TITRE III **Délivrance des titres de séjour**

CHAPITRE UNIQUE

Art. L. 431-1 Les membres de la famille entrés en France régulièrement au titre du regroupement familial reçoivent de plein droit une carte de séjour temporaire, dès qu'ils sont astreints à la détention d'un titre de séjour.

Le titre de séjour délivré à la personne autorisée à séjourner au titre du regroupement familial confère à son titulaire, dès la délivrance de ce titre, le droit d'exercer toute activité professionnelle de son choix dans le cadre de la législation en vigueur.

Ces dispositions entrent en vigueur le 1er mars 2005 (Ord. n° 2004-1248 du 24 nov. 2004, art. 6).

LIVRE VI **Contrôles et sanctions**

TITRE II **Sanctions**

Art. L. 626-1 *(L. n° 2005-32 du 18 janv. 2005, art. 145)* **Sans préjudice des poursuites judiciaires qui pourront être engagées à son encontre et** *(L. n° 2010-1657 du 29 déc. 2010, art. 78-I-1°)* **« de la contribution spéciale prévue à l'article L. 8253-1 du code du travail », l'employeur qui aura occupé un travailleur étranger en situation de séjour irrégulier acquittera une contribution forfaitaire représentative des frais de réacheminement de l'étranger dans son pays d'origine.**

Le montant total des sanctions pécuniaires *(L. n° 2016-274 du 7 mars 2016, art. 65)* **« prévues, pour l'emploi d'un étranger non autorisé à travailler, au premier alinéa du présent article et à l'article L. 8253-1 du code du travail » ne peut excéder le montant des sanctions pénales prévues par les** *(L. n° 2011-1977 du 28 déc. 2011, art. 62-III)* **« articles L. 8256-2, L. 8256-7 et L. 8256-8 » du code du travail ou, si l'employeur entre dans le champ d'application de ces articles, le montant des sanctions pénales prévues par le chapitre II du présent titre.**

(L. n° 2010-1657 du 29 déc. 2010, art. 78-I-2°) **« L'Office français de l'immigration et de l'intégration est chargé de constater et de liquider cette contribution. A cet effet, il peut avoir accès aux traitements automatisés des titres de séjour des étrangers dans les conditions définies par la loi n° 78-17 du 6 janvier 1978 relative à l'informatique, aux fichiers et aux libertés.**

« Sont applicables à la contribution forfaitaire prévue au premier alinéa les dispositions prévues aux articles L. 8253-1 à L. 8253-5 du code du travail en matière de recouvrement et de privilège applicables à la contribution spéciale.

(Abrogé par L. n° 2016-1917 du 29 déc. 2016, art. 36-IV) ***« Les sommes recouvrées sont reversées à l'Office français de l'immigration et de l'intégration*** *(L. n° 2011-1977 du 28 déc. 2011, art. 46-X-4°)* ***« dans la limite du plafond fixé au I de l'article 46 de la loi n° 2011-1977 du 28 décembre 2011 de finances pour 2012. L'État prélève 4 % des sommes reversées au titre des frais de recouvrement ». »***

Les modalités d'application du présent article sont fixées par décret en Conseil d'État. – *V. CESEDA, art. R. 626-1.* – ***CESEDA.***

Traité de Rome du 25 mars 1957,

Instituant la Communauté économique européenne. – Publié par Décr. n° 58-84 du 28 janv. 1958 (D. 1958. 73 ; BLD 1958. 121). – Devenu le traité sur le fonctionnement de l'Union européenne depuis le traité de Lisbonne, publié par Décr. n° 2009-1466 du 1er déc. 2009 (JO 2 déc.).

Libre circulation des travailleurs

Art. 45 **1. La libre circulation des travailleurs est assurée à l'intérieur de l'Union.**

2. Elle implique l'abolition de toute discrimination, fondée sur la nationalité, entre les travailleurs des États membres, en ce qui concerne l'emploi, la rémunération et les autres conditions de travail.

3. Elle comporte le droit, sous réserve des limitations justifiées par des raisons d'ordre public, de sécurité publique et de santé publique :

a) de répondre à des emplois effectivement offerts ;

b) de se déplacer à cet effet librement sur le territoire des États membres ;

c) de séjourner dans un des États membres afin d'y exercer un emploi conformément aux dispositions législatives, réglementaires et administratives régissant l'emploi des travailleurs nationaux ;

d) de demeurer, dans des conditions qui feront l'objet de règlements établis par la Commission, sur le territoire d'un État membre, après y avoir occupé un emploi.

4. Les dispositions du présent article ne sont pas applicables aux emplois dans l'administration publique.

Une mesure qui entrave la libre circulation des travailleurs ne peut être admise que si elle poursuit un objectif légitime compatible avec le traité et se justifie par des raisons impérieuses d'intérêt général ; ainsi le système qui prévoit le versement d'une indemnité de formation dans le cas où un jeune joueur signe, à l'issue de sa formation, un contrat de joueur professionnel avec un club autre que celui qui l'a formé est, en principe, susceptible d'être justifié par l'objectif consistant à encourager le recrutement et la formation des jeunes joueurs. • CJUE 16 mars 2010 : *D. 2010. 1189, note Buy ; RJS 2010, n° 573 ; JCP S 2010. 1216, note Mandin.* ♦ L'art. 23 de la Charte du football professionnel qui interdit au joueur espoir de conclure un contrat de travail avec un autre club que celui qui l'a formé, sans prévoir la possibilité de se libérer de cette obligation par le versement d'une indemnité dont le montant soit en rapport avec le coût de la formation dispensée et fixé au moment de la signature de son contrat de formation, constitue une entrave à la libre circulation des travailleurs à l'intérieur de l'Union européenne. • Soc. 6 oct. 2010 : *Dalloz actualité, 20 oct. 2010, obs. Perrin ; RJS 2010. 860, n° 967 ; Dr. soc. 2011. 100, obs. Barthélémy ; JS Lamy 2010, n° 288-6, obs. Lhernould ; JCP S 2011. 1056, obs. Jacotot.*

Art. 46 Le Parlement européen et le Conseil, statuant conformément à la procédure législative ordinaire et après consultation du Comité économique et social, arrête, par voie de directives ou de règlements, les mesures nécessaires en vue de réaliser la libre circulation des travailleurs, telle qu'elle est définie à l'article 45, notamment :

a) en assurant une collaboration étroite entre les administrations nationales du travail ;

b) en éliminant celles des procédures et pratiques administratives, ainsi que les délais d'accès aux emplois disponibles découlant soit de la législation interne, soit d'accords antérieurement conclus entre les États membres, dont le maintien ferait obstacle à la libération des mouvements des travailleurs ;

c) en éliminant tous les délais et autres restrictions, prévus soit par les législations internes, soit par des accords antérieurement conclus entre les États membres, qui imposent aux travailleurs des autres États membres d'autres conditions qu'aux travailleurs nationaux pour le libre choix d'un emploi ;

d) en établissant des mécanismes propres à mettre en contact les offres et les demandes d'emploi et à en faciliter l'équilibre dans des conditions qui écartent des risques graves pour le niveau de vie et d'emploi dans les diverses régions et industries.

Art. 47 Les États membres favorisent, dans le cadre d'un programme commun, l'échange de jeunes travailleurs.

Art. 48 Le Parlement européen et le Conseil, statuant conformément à la procédure législative ordinaire, adoptent, dans le domaine de la sécurité sociale, les mesures nécessaires pour l'établissement de la libre circulation des travailleurs, en instituant notamment un système permettant d'assurer aux travailleurs migrants salariés et non salariés et à leurs ayants droit :

a) la totalisation, pour l'ouverture et le maintien du droit aux prestations, ainsi que pour le calcul de celles-ci, de toutes périodes prises en considération par les différentes législations nationales ;

b) le paiement des prestations aux personnes résidant sur les territoires des États membres.

Lorsqu'un membre du Conseil déclare qu'un projet d'acte législatif visé au premier alinéa porterait atteinte à des aspects importants de son système de sécurité sociale, notamment pour ce qui est du champ d'application, du coût ou de la structure financière, ou en affecterait l'équilibre financier, il peut demander que le Conseil européen soit saisi. Dans ce cas, la procédure législative ordinaire est suspendue. Après discussion et dans un délai de quatre mois à compter de cette suspension, le Conseil européen :

a) renvoie le projet au Conseil, ce qui met fin à la suspension de la procédure législative ordinaire, ou

b) n'agit pas ou demande à la Commission de présenter une nouvelle proposition ; dans ce cas, l'acte initialement proposé est réputé non adopté.

Règlement CE n° 1612/68 du 15 octobre 1968,

Relatif à la libre circulation des travailleurs à l'intérieur de la Communauté (JOCE n° L 257 du 19 oct. ; Rect. JOCE n° L 295 du 7 déc.).

PREMIÈRE PARTIE De l'emploi et de la famille des travailleurs

TITRE PREMIER De l'accès à l'emploi

Art. 1er 1. Tout ressortissant d'un État membre, quel que soit le lieu de sa résidence, a le droit d'accéder à une activité salariée et de l'exercer sur le territoire d'un autre État membre, conformément aux dispositions législatives, réglementaires et administratives régissant l'emploi des travailleurs nationaux de cet État.

2. Il bénéficie notamment sur le territoire d'un autre État membre de la même priorité que les ressortissants de cet État dans l'accès aux emplois disponibles.

Art. 2 Tout ressortissant d'un État membre et tout employeur exerçant une activité sur le territoire d'un État membre peuvent échanger leurs demandes et offres d'emplois, conclure des contrats de travail et les mettre à exécution, conformément aux dispositions législatives, réglementaires et administratives en vigueur, sans qu'il puisse en résulter de discrimination.

Art. 3 1. Dans le cadre du présent règlement, ne sont pas applicables les dispositions législatives, réglementaires ou administratives ou les pratiques administratives d'un État membre :

– qui limitent ou subordonnent à des conditions non prévues pour les nationaux la demande et l'offre de l'emploi, l'accès à l'emploi et son exercice par les étrangers,

– ou qui, bien qu'applicables sans acception de nationalité, ont pour but ou effet exclusif ou principal d'écarter les ressortissants des autres États membres de l'emploi offert.

Cette disposition ne concerne pas les conditions relatives aux connaissances linguistiques requises en raison de la nature de l'emploi à pourvoir.

2. Sont comprises notamment parmi les dispositions ou pratiques visées au paragraphe 1 premier alinéa, celles qui, dans un État membre :

a) rendent obligatoire le recours à des procédures de recrutement de main-d'œuvre spéciales aux étrangers ;

b) limitent ou subordonnent à des conditions autres que celles qui sont applicables aux employeurs exerçant leurs activités sur le territoire de cet État l'offre d'emploi par voie de presse ou par toute autre voie ;

c) subordonnent l'accès à l'emploi à des conditions d'inscription dans les bureaux de placement ou font obstacle au recrutement nominatif de travailleurs, lorsqu'il s'agit de personnes qui ne résident pas sur le territoire de cet État.

Art. 4 1. Les dispositions législatives, réglementaires et administratives des États membres limitant, en nombre ou en pourcentage, par entreprise, par branche d'activité, par région ou à l'échelon national, l'emploi des étrangers, ne sont pas applicables aux ressortissants des autres États membres.

2. Lorsque dans un État membre, l'octroi d'avantages quelconques à des entreprises est subordonné à l'emploi d'un pourcentage minimum de travailleurs nationaux, les ressortissants des autres États membres sont comptés comme travailleurs nationaux, sous réserve des dispositions de la directive du Conseil, du 15 octobre 1963.

Art. 5 Le ressortissant d'un État membre, qui recherche un emploi sur le territoire d'un autre État membre, y reçoit la même assistance que celle que les bureaux de main-d'œuvre de cet État accordent à leurs propres ressortissants à la recherche d'un emploi.

Art. 6 1. L'embauchage et le recrutement d'un ressortissant d'un État membre pour un emploi dans un autre État membre ne peuvent dépendre de critères médicaux, professionnels ou autres, discriminatoires en raison de la nationalité, par rapport à ceux appliqués aux ressortissants de l'autre État membre désirant exercer la même activité.

2. Toutefois, le ressortissant en possession d'une offre nominative émanant d'un employeur d'un État membre autre que celui dont il est ressortissant peut être soumis à un examen professionnel si l'employeur le demande expressément lors du dépôt de son offre.

TITRE II **De l'exercice de l'emploi et de l'égalité de traitement**

Art. 7 1. Le travailleur ressortissant d'un État membre ne peut, sur le territoire des autres États membres, être, en raison de sa nationalité, traité différemment des travailleurs nationaux, pour toutes conditions d'emploi et de travail, notamment en matière de rémunération, de licenciement, et de réintégration professionnelle ou de réemploi s'il est tombé en chômage.

2. Il y bénéficie des mêmes avantages sociaux et fiscaux que les travailleurs nationaux.

3. Il bénéficie également, au même titre et dans les mêmes conditions que les travailleurs nationaux, de l'enseignement des écoles professionnelles et des centres de réadaptation ou de rééducation.

4. Toute clause de convention collective ou individuelle ou d'autre réglementation collective portant sur l'accès à l'emploi, l'emploi, la rémunération et les autres conditions de travail et de licenciement, est nulle de plein droit dans la mesure où elle prévoit ou autorise des conditions discriminatoires à l'égard des travailleurs ressortissant des autres États membres.

Art. 8 1. Le travailleur ressortissant d'un État membre occupé sur le territoire d'un autre État membre bénéficie de l'égalité de traitement en matière d'affiliation aux organisations syndicales et d'exercice des droits syndicaux, y compris le droit de vote *(Règl. CE nº 312/76 du 9 févr. 1976)* « et l'accès aux postes d'administration ou de direction d'une organisation syndicale » ; il peut être exclu de la participation à la gestion d'organismes de droit public et de l'exercice d'une fonction de droit public. Il bénéficie, en outre, du droit d'éligibilité aux organes de représentation des travailleurs dans l'entreprise.

Ces dispositions ne portent pas atteinte aux législations ou réglementations qui, dans certains États membres, accordent des droits plus étendus aux travailleurs en provenance d'autres États membres.

2. *Abrogé par Règl. CE nº 312/76 du 9 févr. 1976.*

Art. 9 1. Le travailleur ressortissant d'un État membre occupé sur le territoire d'un autre État membre bénéficie de tous les droits et de tous les avantages accordés aux travailleurs nationaux en matière de logement, y compris l'accès à la propriété du logement dont il a besoin.

2. Ce travailleur peut, au même titre que les nationaux, s'inscrire, dans la région où il est employé, sur les listes de demandeurs de logements dans les lieux où de telles listes sont tenues, et il bénéficie des avantages et priorités qui en découlent.

Sa famille restée dans le pays de provenance est considérée, à cette fin, comme résidant dans ladite région, dans la mesure où les travailleurs nationaux bénéficient d'une présomption analogue.

TITRE III De la famille des travailleurs

Art. 10 1. Ont le droit de s'installer avec le travailleur ressortissant d'un État membre employé sur le territoire d'un autre État membre, quelle que soit leur nationalité :

a) son conjoint et leurs descendants de moins de vingt et un ans ou à charge ;

b) les ascendants de ce travailleur et de son conjoint qui sont à sa charge.

2. Les États membres favorisent l'admission de tout membre de la famille qui ne bénéficie pas des dispositions du paragraphe 1 s'il se trouve à la charge ou vit, dans le pays de provenance, sous le toit du travailleur visé ci-dessus.

3. Pour l'application des paragraphes 1 et 2, le travailleur doit disposer d'un logement pour sa famille, considéré comme normal pour les travailleurs nationaux dans la région où il est employé, sans que cette disposition puisse entraîner de discriminations entre les travailleurs nationaux et les travailleurs en provenance d'autres États membres.

Art. 11 Le conjoint et les enfants de moins de vingt et un ans ou à charge d'un ressortissant d'un État membre exerçant sur le territoire d'un État membre une activité salariée ou non salariée, ont le droit d'accéder à toute activité salariée sur l'ensemble du territoire de ce même État, même s'ils n'ont pas la nationalité d'un État membre.

Art. 12 Les enfants d'un ressortissant d'un État membre qui est ou a été employé sur le territoire d'un autre État membre sont admis aux cours d'enseignement général, d'apprentissage et de formation professionnelle dans les mêmes conditions que les ressortissants de cet État, si ces enfants résident sur son territoire.

Les États membres encouragent les initiatives permettant à ces enfants de suivre les cours précités dans les meilleures conditions.

DEUXIÈME PARTIE De la mise en contact et de la compensation des offres et des demandes d'emploi

....

TROISIÈME PARTIE Des organismes chargés d'assurer une collaboration étroite entre les États membres en matière de libre circulation et d'emploi des travailleurs

....

QUATRIÈME PARTIE Dispositions transitoires et finales

V. Directive CE nº 68/360 du 15 oct. 1968 (JOCE nº L 257 du 19 oct.) relative à la suppression des restrictions au déplacement et au séjour des travailleurs des États membres et de leur famille à l'intérieur de la Communauté.

Loi n° 84-622 du 17 juillet 1984,

Portant modification de l'ordonnance n° 45-2658 du 2 novembre 1945 et du code du travail et relative aux étrangers séjournant en France et aux titres uniques de séjour et de travail (D. et ALD 1984. 458).

Art. 2 Les étrangers qui, à la date d'entrée en vigueur de la présente loi, sont titulaires d'une carte de résident ordinaire ou d'une carte de résident privilégié ou détiennent l'une de ces cartes et un titre de travail dont l'échéance est antérieure à celle de l'un ou l'autre de ces titres de séjour reçoivent de plein droit une carte de résident à la première échéance de l'un de ces titres de séjour ou de travail. Dans l'attente de cette échéance, ils bénéficient des droits attachés à la possession de la carte de résident.

Les étrangers qui, à la date d'entrée en vigueur de la présente loi, sont titulaires d'une carte de séjour temporaire et d'un titre de travail d'une durée de validité initiale supérieure à un an reçoivent une carte de résident à la première échéance de l'un de ces titres de séjour ou de travail, sous réserve de l'appréciation de la condition fixée au troisième alinéa de l'article 14 de l'ordonnance n° 45-2658 du 2 novembre 1945 précitée *[art. L. 314-3, CESEDA]*.

Lorsque le titre de séjour à renouveler a été délivré dans un département d'outre-mer, les dispositions du présent article ne s'appliquent qu'à l'étranger qui en demande le renouvellement dans ce même département.

....

Décret n° 84-1079 du 4 décembre 1984,

Relatif aux autorisations de travail délivrées aux travailleurs étrangers.

Art. 4 Lorsque l'échéance de la carte de travail délivrée avant la date d'entrée en vigueur du présent décret est postérieure à celle de la carte de séjour, le travailleur étranger qui bénéficie d'une carte de résident en application de l'article 2 de la loi du 17 juillet 1984 susvisée *[n° 84-622]* restitue sa carte de travail.

Art. 5 Sous réserve de l'application des dispositions de l'article 2 de la loi du 17 juillet 1984 susvisée, les titulaires de cartes de travail temporaires dites cartes "A" délivrées avant l'entrée en vigueur du présent décret peuvent obtenir le renouvellement de leur titre de travail dans les conditions fixées par le présent décret pour l'étranger titulaire de la carte de séjour temporaire portant la mention "salarié".

C Chômage

(V. aussi C. trav., art. L. 5421-1 s.)

Arrêté du 5 février 1992,

Portant application de l'article L. 311-5 [L. 5411-1 nouv.] du code du travail et définissant les catégories de demandeurs d'emploi.

Art. 2 Les demandeurs d'emploi inscrits à l'institution mentionnée à l'article L. 5312-1 du code du travail sont classés en 5 catégories, dont les définitions sont les suivantes :

Catégorie 1 : personnes sans emploi, immédiatement disponibles au sens de l'article R. 311-3-3, tenues d'accomplir des actes positifs de recherche d'emploi, à la recherche d'un emploi à durée indéterminée à plein temps ;

Catégorie 2 : personnes sans emploi, immédiatement disponibles au sens de l'article R. 311-3-3, tenues d'accomplir des actes positifs de recherche d'emploi, à la recherche d'un emploi à durée indéterminée à temps partiel ;

Catégorie 3 : personnes sans emploi, immédiatement disponibles au sens de l'article R. 311-3-3, tenues d'accomplir des actes positifs de recherche d'emploi, à la recherche d'un emploi à durée déterminée temporaire ou saisonnier, y compris de très courte durée ;

Catégorie 4 : personnes sans emploi, non immédiatement disponibles, à la recherche d'un emploi ;

Catégorie 5 : personnes pourvues d'un emploi, à la recherche d'un autre emploi ;

(Arr. du 5 mai 1995) « Catégorie 6 : personnes non immédiatement disponibles au sens de l'article R. 311-3-3 (1°) à la recherche d'un autre emploi, à durée indéterminée à plein temps, tenues d'accomplir des actes positifs de recherche d'emploi ;

« Catégorie 7 : personnes non immédiatement disponibles au sens de l'article R. 311-3-3 (1°) à la recherche d'un autre emploi, à durée indéterminée à temps partiel, tenues d'accomplir des actes positifs de recherche d'emploi ;

« Catégorie 8 : personnes non immédiatement disponibles au sens de l'article R. 311-3-3 (1°) à la recherche d'un autre emploi, à durée déterminée, temporaire ou saisonnier, y compris de très courte durée, tenues d'accomplir des actes positifs de recherche d'emploi. »

Arrêté du 5 février 1992,

Portant application de l'article L. 311-5 [L. 5411-2] du code du travail et relatif au renouvellement de la demande d'emploi.

Art. 2 *(Arr. du 5 mai 1995)* Les personnes inscrites à l'institution mentionnée à l'article L. 5312-1 du code du travail dans les catégories 1, 2, 3, 6, 7 et 8, prévues par l'arrêté susvisé définissant les catégories de demandeurs d'emploi sont soumises à l'obligation de renouvellement de la demande d'emploi prévue au troisième alinéa de l'article L. 311-5 *[L. 5411-2 nouv.]* du code du travail.

Art. 3 *(Arr. du 13 janv. 1997)* Le renouvellement de la demande d'emploi s'effectue au moyen d'un document d'actualisation, qui est envoyé chaque mois aux demandeurs d'emploi visés à l'article 2 du présent arrêté.

Après l'avoir dûment rempli et signé, l'intéressé doit déposer ou renvoyer par voie postale le document d'actualisation.

Le renouvellement de la demande d'emploi peut également s'effectuer par tous moyens télématiques.

Les dates limites de réception de ce renouvellement sont fixées chaque année par arrêté du ministre chargé de l'emploi. – *V. Arr. du 23 janv. 2012 (JO 28 janv.).*

Ces obligations sont précisées dans le cadre de conventions passées entre l'institution mentionnée à l'article L. 5312-1 du code du travail et l'Union pour l'emploi dans l'industrie et le commerce faisant l'objet d'une publication au *Journal officiel* de la République française.

Loi quinquennale n° 93-1313 du 20 décembre 1993,

Relative au travail, à l'emploi et à la formation professionnelle.

Art. 8 L'acceptation par un chômeur d'un emploi pour un salaire net inférieur au montant des allocations nettes accordées au titre de l'assurance chômage ou en application des conventions de conversion visées à l'article L. 322-3 du code du travail ouvre droit au versement par les organismes chargés du versement desdites allocations d'une indemnité compensatrice d'un montant au plus égal à la différence ainsi constatée.

Cette indemnité est calculée et évolue en fonction de la différence entre l'indemnité nette qui serait perçue, en cas de poursuite de l'indemnisation, et le salaire net. Elle est cessible et saisissable dans les mêmes conditions et limites que les salaires. Les dispositions de l'article L. 131-2 du code de la sécurité sociale lui sont applicables.

Les organisations d'employeurs et les organisations de salariés gestionnaires du régime d'assurance chômage fixent les conditions de mise en œuvre de cette disposition.

Accord du 6 mai 2011,

Relatif au financement par l'assurance chômage de points de retraite complémentaire.

Agréé par Arrêté du 15 juin 2011.

Sont rendues obligatoires, pour tous les employeurs et tous les salariés mentionnés à l'article L. 5422-13 du code du travail, les dispositions de l'accord du 6 mai 2011 relatif au financement par l'assurance chômage de points de retraite complémentaire (Arr. du 15 juin 2011, JO 16 juin).

Art. 1er *Champ d'application.* Les bénéficiaires des allocations visées par la convention du 6 mai 2011 relative à l'indemnisation du chômage et la convention du 19 février 2009 relative à la convention de reclassement personnalisé acquièrent des points de retraite complémentaire dans les conditions précisées par la convention collective nationale du 14 mars 1947 et l'accord du 8 décembre 1961.

Sont également visés tous les bénéficiaires admis au titre des conventions d'assurance chômage précédentes et de la convention du 19 février 2009 relative à la convention de reclassement personnalisé, en cours d'indemnisation à la date d'entrée en vigueur du présent accord.

Art. 2 *Financement.* L'assurance chômage contribue au financement des points de retraite en versant comme suit :

a) Pour le régime AGIRC :

— les cotisations obligatoires prévues par l'article 6, paragraphe 2, de la convention collective nationale du 14 mars 1947 et assorties du pourcentage d'appel applicable aux cotisations versées à l'AGIRC, assises sur 60 % de la tranche B du salaire journalier de référence retenu pour le calcul des allocations de chômage ;

— une partie de la participation financière prélevée sur les allocations des bénéficiaires visés à l'article 1er ci-dessus ;

— une participation sur vingt ans au titre du financement des points de retraite pour des périodes de chômage antérieures au 1er janvier 1996.

b) Pour le régime ARRCO :

— les cotisations prévues par l'article 13 de l'accord du 8 décembre 1961 et assorties du pourcentage d'appel applicable à l'ensemble des cotisations versées à l'ARRCO, assises sur 60 % du salaire journalier de référence retenu pour le calcul des allocations de chômage, ce salaire étant limité au plafond de la sécurité sociale pour les ressortissants de l'AGIRC, ou limité à trois plafonds de la sécurité sociale pour les personnes ne relevant pas de l'AGIRC ;

— une partie de la participation financière prélevée sur les allocations des bénéficiaires visés à l'article 1er ci-dessus, en fonction d'un salaire limité au plafond de la sécurité sociale pour les ressortissants de l'AGIRC, ou limité à trois plafonds de la sécurité sociale pour les personnes ne relevant pas de l'AGIRC.

c) Pour les autres régimes de retraite complémentaire, en application d'une convention, sur la base des taux d'appel prévus par ces régimes assis sur 60 % du salaire journalier de référence retenu pour le calcul des allocations de chômage et dans la limite :

— du taux obligatoire de cotisation fixé par l'accord du 8 décembre 1961 relatif à l'ARRCO sur la fraction de la rémunération inférieure ou égale au plafond de la sécurité sociale ;

— et du taux obligatoire de cotisation fixé par la convention collective nationale du 14 mars 1947 relative à l'AGIRC pour la fraction de la rémunération comprise entre le plafond de la sécurité sociale et quatre fois ce plafond.

Art. 3 *Durée.* Le présent accord est conclu pour la durée d'application de la convention du 6 mai 2011 relative à l'indemnisation du chômage.

Art. 4 *Modalités d'application.* Les modalités d'application du présent accord sont fixées par des conventions conclues entre l'Unedic et les régimes de retraite complémentaire.

Loi n° 2011-893 du 28 juillet 2011,

Pour le développement de l'alternance et la sécurisation des parcours professionnels.

Art. 43 Un accord conclu et agréé dans les conditions prévues à la section V du chapitre II du titre II du livre IV de la cinquième partie du code du travail peut prévoir l'expérimentation de modalités particulières d'accompagnement *(L. n° 2013-504 du 14 juin 2013, art. 10-II)* « et d'incitation financière » dans le parcours de retour à l'emploi dans les bassins d'emploi qu'il détermine et pour des personnes ayant perdu leur emploi suite à l'échéance d'un contrat à durée déterminée, d'une mission de travail temporaire ou d'un chantier au sens de l'article L. 1236-8 du même code. Ces modalités peuvent notamment comprendre les mesures mentionnées à l'article L. 1233-65 du même code, des périodes de formation et des périodes de travail effectuées dans les conditions définies au 3° de l'article L. 1233-68 dudit code.

Cet accord, conclu pour une durée maximale de trois ans, détermine les conditions dans lesquelles l'expérimentation est évaluée avant son terme. Cette évaluation est communiquée au Parlement.

Accord national interprofessionnel du 13 janvier 2012,

Sur le chômage partiel.

Est rendu obligatoire pour tous les employeurs et tous les salariés compris dans son champ d'application territorial et professionnel l'ANI du 13 janv. 2012 (Arr. du 4 mai 2012, JO 8 mai).

Les parties signataires du présent accord conviennent des mesures d'urgence ci-après, sans préjudice de la poursuite de leur discussion en vue d'une réforme visant à une simplification, si possible sous forme d'unification, des différents éléments constitutifs du dispositif de chômage partiel afin de le rendre plus accessible aux entreprises en difficultés et à en préciser le champ.

Art. 1er L'indemnité horaire visée à l'article 4 de l'accord du 21 février 1968 est calculée sur la rémunération brute servant d'assiette au calcul de l'indemnité de congés payés prévue à l'article L. 3141-22 du code du travail ramenée à un montant horaire sur la base de la durée légale du travail applicable dans l'entreprise, ou lorsqu'elle est inférieure, la durée collective du travail ou la durée stipulée au contrat de travail.

L'indemnité minimale de chômage partiel prévue à l'art. 4 de l'ANI du 21 févr. 1968 relatif à l'indemnisation du chômage partiel est portée à 6,84 € à compter du 1er janv. 2009 (Avenant no 1 à l'ANI 21 févr. 1968 agréé par Arr. du 26 janv. 2009, JO 1er févr. 2010).

Art. 2 Pour l'acquisition des droits à congés payés, à compter de la période de référence en cours à la date de signature du présent accord, la durée des périodes de chômage partiel est prise en compte en totalité pour le calcul de la durée des congés payés.

Art. 3 Afin de neutraliser les effets du chômage partiel sur la répartition de la participation et de l'intéressement lorsque cette répartition y est fonction des salaires perçus, il convient de prendre en compte les salaires que les intéressés auraient perçus s'ils n'avaient pas été en chômage partiel, pour procéder à cette répartition.

Art. 4 Sans préjudice du rôle des institutions représentatives du personnel, les signataires demandent par ailleurs aux pouvoirs publics, dans le prolongement de leurs premiers échanges avec l'administration :

1. de permettre, dans le cadre d'une convention d'APLD (activité partielle de longue durée), de réaliser pendant les heures de réduction d'activité, des actions de formation (remise à niveau, adaptation, formation qualifiante, certifiante ou diplômante, développement des compétences et qualification transférable) ou de bilan de compétence *[compétences]* ou de VAE, dans les mêmes conditions que celles relatives à la mise en œuvre du plan de formation pendant le temps de travail.

Dans ce cas, l'indemnité de chômage partiel versée au salarié en formation pendant la période d'APLD sera portée à 100% de son salaire net ;

2. de réduire à 10 jours le délai d'instruction des demandes d'allocation de chômage partiel adressées à l'administration ;
3. d'élargir les possibilités de mise au chômage partiel, sans demande préalable à l'administration, en cas de dégradation forte et subite de l'activité de l'entreprise ;
4. de raccourcir les délais de versement par l'État à l'entreprise des allocations spécifiques de chômage partiel de sorte que celle-ci n'ait plus à lui en faire l'avance ;
5. de maintenir à 1 000 heures le contingent annuel d'heures de chômage partiel.

Convention du 14 mai 2014,

Relative à l'indemnisation du chômage.

Sont rendues obligatoires, pour tous les employeurs et tous les salariés mentionnés à l'art. L. 5422-13 C. trav., les dispositions de la Conv. du 14 mai 2014 relative à l'indemnisation du chômage et des textes qui lui sont associés (Arr. du 25 juin 2014, art. 1er, JO 26 juin).

Sur l'entrée en vigueur de la convention, V. Circ. Unedic no 2014-19 du 2 juill. 2014.

Par une décision du 5 oct. 2015, le Conseil d'État annule la convention du 14 mai 2014 en ce que la possibilité prévue par cette convention de différer pour une durée limitée le point de départ du versement des indemnités des salariés licenciés en fonction de leurs ressources est illégale. Les effets de l'annulation sont reportés au 1er mars 2016 (CE 5 oct. 2015, nos 389956 à 389958, Dalloz actualité, 13 oct. 2015, obs. Ines ; RDT 2015. 686, obs. Joly).

A la suite de la décision du Conseil d'État, la convention d'assurance chômage est mise en conformité avec la loi par voie d'avenant : la prise en compte des indemnités prud'homales dans le calcul du différé spécifique est supprimée ; les dispositions relatives aux modalités de recouvrement des trop-perçus et à la prise en compte des périodes non déclarées à la suite de leur annulation par le Conseil d'État sont supprimées. Entré en vigueur le 29 févr. 2016, soit au lendemain de la date de publication de son arrêté d'agrément au Journal officiel, il permet l'application de la convention du 14 mai 2014 jusqu'au terme initialement prévu : 30 juin 2016 (Avenant du 18 déc. 2015, agréé par Arr. du 19 févr. 2016).

V. Circ. UNEDIC no 2016-10 du 29 févr. 2016 sur les conséquences de la décision du Conseil d'État du 5 oct. 2015 sur la convention du 14 mai 2014.

A compter du 1er juill. 2016, les dispositions de la Conv. mod. du 14 mai 2014, du Règl. gén. annexé, des annexes à ce règlement, des accords d'application en vigueur au 30 juin 2016 et des accords du 14 mai 2014 applicables aux apprentis du secteur public et au financement par l'assurance chômage de points de retraite complémentaire continuent de s'appliquer. Cette prorogation s'applique aux travailleurs involontairement privés d'emploi bénéficiaires au 30 juin 2016 des allocations définies par la Conv. du 14 mai 2014, à ceux qui en remplissaient les conditions pour en bénéficier à cette même date ainsi qu'à ceux qui les remplissent à compter du 1er juill. 2016 (Décr. no 2016-869 du 29 juin 2016).

Le Décr. no 2016-961 du 13 juill. 2013 (JO 14 juill.) fixe les nouvelles règles applicables aux travailleurs involontairement privés d'emploi relevant des professions de la production cinématographique, de l'audiovisuel ou du spectacle. Ces règles constituent les nouvelles annexes VIII et X du règlement d'assurance chômage et entrent en vigueur le 1er août 2016. Pour tous les demandeurs d'emploi ne relevant pas du statut d'intermittent du spectacle, le Décr. no 2016-961 abroge au 1er août le Décr. no 2016-869 du 29 juin 2016, qui avait repris les dispositions de la convention d'assurance chômage de 2014, reprend et prolonge à nouveau ces dispositions.

S'agissant des travailleurs involontairement privés d'emploi relevant des professions de la production cinématographique, de l'audiovisuel ou du spectacle, V. Décr. no 2016-961 du 13 juill. 2016 (JO 14 juill.) et Circ. Unedic no 2016-25 du 21 juill. 2016.

RÉP. TRAV. vo *Chômage (I – Aspects institutionnels)*, par DOMERGUE.

BIBL. ▶ VÉRICEL, *RDT 2014. 467* ✐.

Art. 1er *Gestion du régime d'assurance chômage.* La gestion du régime d'assurance chômage est confiée à l'Unedic.

Art. 2 *Indemnisation.* § 1er – Le dispositif national interprofessionnel d'assurance chômage est destiné à assurer un revenu de remplacement pendant une durée déterminée aux salariés involontairement privés d'emploi remplissant les conditions d'éligibilité au dispositif.

§ 2 – A cet effet, le dispositif d'assurance chômage est articulé autour d'une filière unique respectant les principes suivants :

– l'ouverture aux droits à indemnisation est subordonnée à une condition de durée minimum d'affiliation au régime d'assurance chômage ;

– la durée d'indemnisation est équivalente à la durée d'affiliation au régime d'assurance chômage, dans la limite d'un plafond qui varie selon que les bénéficiaires ont plus ou moins de 50 ans lors de la fin du contrat de travail prise en compte pour l'ouverture de leurs droits ;

– les durées d'affiliation au régime d'assurance chômage servant à déterminer la durée de versement des allocations sont calculées sur une période de référence fixe.

§ 3 – Lors de l'ouverture de ses droits à indemnisation, l'allocataire est informé notamment de la date du premier jour indemnisé, de la durée du droit ouvert, du montant du salaire de référence, des modalités de calcul et du montant journalier de son allocation en précisant le taux de remplacement auquel correspond l'allocation, en pourcentage du montant brut du salaire de référence.

L'allocataire est également informé de l'intérêt d'une reprise d'activité professionnelle ainsi que des conséquences de la perte d'une activité conservée en cours d'indemnisation.

Art. 3 *Actions pour favoriser le retour à l'emploi et lutter contre la précarité.* § 1er – Afin de favoriser le retour à l'emploi des demandeurs d'emploi, et notamment ceux qui alternent périodes de chômage et de travail de courte durée, et de lutter contre la situation souvent précaire des personnes, notamment les jeunes, dont l'insertion dans l'emploi se réalise à la suite d'une succession de contrats courts, un rechargement des droits à l'assurance chômage est prévu au terme de l'indemnisation, dans les conditions fixées par le règlement général annexé.

Ce rechargement repose sur le principe suivant : plus une personne travaille, plus elle accumule de droits à l'assurance chômage.

§ 2 – Afin de mieux inciter à la reprise d'emploi, tout en veillant à conserver la nature assurantielle du régime d'assurance chômage, le cumul du revenu d'une activité professionnelle reprise en cours d'indemnisation et de l'allocation est possible tout au long de la période d'indemnisation, dans la limite du salaire antérieur, dans les conditions définies par le règlement général annexé.

(Abrogé par Avenant no 2 du 25 mars 2015 agréé par Arr. du 30 juill. 2015) « § 3 – Afin de faciliter le reclassement des allocataires âgés de 50 ans et plus ou indemnisés depuis plus de 12 mois, une aide différentielle de reclassement leur est versée dans les conditions et limites fixées par le règlement général annexé. »

(Avenant n° 2 du 25 mars 2015 agréé par Arr. du 30 juill. 2015) « § 3 – » Afin de faciliter le reclassement des allocataires ayant un projet de reprise ou de création d'entreprise, il est prévu une aide spécifique au reclassement attribuée dans les conditions définies par le règlement général annexé, dénommée « aide à la reprise ou à la création d'entreprise.

Art. 4 *Contributions/Ressources.* § 1er – Les contributions des employeurs et des salariés destinées à la couverture des dépenses relatives au régime d'assurance chômage sont assises sur les rémunérations limitées à 4 fois le plafond du régime général d'assurance vieillesse de la sécurité sociale visé à l'article L. 241-3 du code de la sécurité sociale.

Le taux des contributions est fixé à 6,40 % et réparti à raison de 4 % à la charge des employeurs et de 2,40 % à la charge des salariés.

La part de la contribution à la charge de l'employeur est majorée, pour les contrats à durée déterminée, en fonction de la durée du contrat et du motif de recours à ce type de contrat, sauf cas visés par le règlement général annexé.

Une exonération de la part de la contribution à la charge de l'employeur est accordée pour l'embauche d'un jeune de moins de 26 ans en contrat à durée indéterminée, dans les conditions prévues par le règlement général annexé.

Toutefois, les taux des contributions des employeurs et des salariés au financement du régime d'assurance chômage seront réduits à effet du 1er janvier ou du 1er juillet de chaque année si, au cours des deux semestres qui précèdent, le résultat d'exploitation de chacun de ces semestres est excédentaire d'au moins 500 millions d'euros et à condition que le niveau d'endettement du régime soit égal ou inférieur à l'équivalent de 1,5 mois de contributions calculé sur la moyenne des 12 derniers mois.

Pour calculer la réduction de taux, la somme des montants excédant 500 millions d'euros de chacun des résultats d'exploitation semestriels sera divisée par le montant des contributions encaissées sur la même période puis convertie en pourcentage. Ce pourcentage viendra ensuite réduire les contributions du semestre suivant, au prorata de la part « employeur » et de la part « salarié ».

Les résultats de chaque semestre ayant permis le calcul de la réduction des taux des contributions ne sont pris en compte qu'une seule fois.

La réduction des taux de contribution résultant des dispositions de cet article ne peut avoir pour effet de diminuer de plus de 0,4 point le taux global des contributions, par année.

Les modalités d'application des dispositions prévues aux alinéas 5, 6 et 8 du présent paragraphe sont définies par un accord d'application.

§ 2 – Pour les employeurs et les salariés intermittents relevant des professions du cinéma, de l'audiovisuel, de la diffusion et du spectacle, les taux des contributions sont fixés par les annexes VIII et X au règlement général annexé.

§ 3 – En application de l'article 74 de la loi n° 2005-32 du 18 janvier 2005, une contribution égale à 2 mois de salaire brut moyen des 12 derniers mois travaillés est due au régime d'assurance chômage par l'employeur qui procède au licenciement pour motif économique d'un salarié sans lui proposer le bénéfice d'une convention de reclassement personnalisé.

§ 4 – En application de l'article L. 1233-66 du code du travail, une contribution est due au régime d'assurance chômage par l'employeur qui procède au licenciement pour motif économique d'un salarié sans lui proposer le bénéfice d'un contrat de sécurisation professionnelle, lorsque le salarié refuse le contrat de sécurisation professionnelle sur proposition de l'institution mentionnée à l'article L. 5312-1 du code du travail. Cette contribution est égale à 2 mois de salaire brut moyen des 12 derniers mois travaillés.

V. Accords d'application nos 25 et 26 du 14 mai 2014 pris pour l'application de l'art. 4 de la Conv. du 14 mai 2014 relative à l'indemnisation du chômage et de l'art. 52 du Règl. général annexé à la Conv. du 14 mai 2014 relative à l'indemnisation du chômage.

Art. 5 *Champ d'application.* Le régime d'assurance chômage s'applique sur le territoire métropolitain, dans les départements d'outre-mer et dans les collectivités d'outre-mer de Saint-Pierre et Miquelon, Saint-Barthélemy et Saint-Martin.

Il s'applique également aux salariés détachés ainsi qu'aux salariés expatriés occupés par des entreprises entrant dans le champ d'application territorial de la convention.

Art. 6 *Règlement général, annexes et accords d'application.* § 1er – A la présente convention est annexé le règlement général du régime d'assurance chômage.

§ 2 – La situation des catégories professionnelles particulières fait l'objet d'annexes au règlement général négociées entre les organisations représentatives au plan national et interprofessionnel d'employeurs et de salariés.

Les annexes VIII et X, adoptées conformément au protocole du 18 avril 2006 relatif aux règles de prise en charge des professionnels intermittents du cinéma, de l'audiovisuel, de la diffusion et du spectacle par le régime d'assurance chômage, sont régies par les dispositions spécifiques fixées par ledit protocole, complétées par les dispositions de l'accord national interprofessionnel du 11 janvier 2013 et de l'accord national interprofessionnel du 22 mars 2014 les concernant.

§ 3 – Les conditions et/ou modalités de mise en œuvre des dispositions de la convention, du règlement général annexé et des annexes font l'objet d'accords d'application négociés entre les organisations représentatives au plan national et interprofessionnel d'employeurs et de salariés.

Art. 7 *Instances paritaires régionales.* Dans le cadre des mandats confiés par l'Unedic à Pôle emploi et conformément à la convention pluriannuelle visée à l'article L. 5312-3 du code du travail, il est donné compétence aux instances paritaires régionales siégeant au sein de chaque direction régionale de Pôle emploi pour statuer dans les cas prévus par le règlement général annexé et par les accords d'application.

Art. 8 *Fonds de régulation.* Un fonds de régulation est destiné à garantir la stabilité des prestations et des contributions dans les périodes de fluctuations conjoncturelles selon des modalités à définir par le Bureau de l'Unedic.

Art. 9 *Contribution au financement de Pôle emploi.* Les contributions des employeurs et des salariés mentionnées aux articles L. 5422-9, L. 5422-11 et L. 5424-20 du code du travail financent, à hauteur de 10 % des sommes collectées, une contribution globale versée à la section « Fonctionnement et investissement » et à la section « Intervention » du budget de Pôle emploi.

Art. 10 *Évaluation.* L'évaluation des résultats des dispositions issues de la présente convention et de l'ensemble de ses textes d'application, notamment celles relatives aux droits rechargeables à l'assurance chômage et au cumul de l'allocation avec une rémunération, est confiée à l'Unedic.

L'Unedic réalise une double évaluation au fil de l'eau et ex-post, aux plans qualitatif, quantitatif et financier.

L'évaluation ainsi réalisée doit permettre de distinguer les effets de la conjoncture économique des effets de chacune des mesures.

Une première évaluation est présentée au Bureau de l'Unedic avant la fin du 1er semestre 2015.

Art. 11 *Groupe paritaire politique (GPP).* Un groupe paritaire politique est chargé d'étudier notamment les sujets suivants :

– la modulation des conditions d'indemnisation et des contributions ;

– les modalités de calcul de l'allocation ;

– les modalités de communication du taux de remplacement auquel l'allocation correspond en pourcentage du montant net du salaire de référence ;

– la mise en œuvre d'une aide spécifique à la reconversion professionnelle et la réforme de l'aide différentielle de reclassement ;

– les modalités de cumul de l'allocation et de la rémunération issue d'une activité non salariée ;

– la réglementation applicable aux assistants maternels employés par des particuliers ;

– la concertation avec l'État sur la mise en place d'une affiliation obligatoire au régime d'assurance chômage pour les employeurs publics ayant la possibilité d'adhérer au régime de manière révocable ou irrévocable ;

– le suivi des solutions proposées par les organismes tiers pour recueillir les données nécessaires au calcul et au paiement de la majoration de la part patronale des contributions conformément au § 1er de l'accord d'application relatif aux contributions versées par les organismes tiers ;

– la simplification de la réglementation en vigueur ;

– s'assurer de la mise en œuvre des solutions techniques évoquées dans l'accord d'application n° 26 ;

– suivre l'application de l'annexe 11 et les conséquences pour les allocataires concernés (notamment fins de droits suite à option).

Le groupe paritaire politique soumet aux négociateurs les conclusions de ses travaux, incluant les éventuelles propositions d'évolutions qui pourraient être apportées à la présente convention et l'ensemble de ses textes d'application.

Il se réunira avant la fin du premier semestre de l'année 2014, puis selon une périodicité à définir lors de cette première réunion. Les modalités de communication du taux de remplacement seront examinées avant mars 2015.

Art. 12 *Durée.* La présente convention est conclue pour une durée déterminée allant du 1er juillet 2014 au 30 juin 2016, à l'issue de laquelle elle cessera de plein droit de produire ses effets, à l'exception de son article 4, § 1er, alinéas 5 à 8, qui restera en vigueur jusqu'au 31 décembre 2016.

Art. 13 *Entrée en vigueur.* § 1er – Les dispositions de la présente convention, du règlement général annexé, des annexes à ce règlement et des accords d'application, s'appliquent aux salariés involontairement privés d'emploi dont la fin de contrat de travail est intervenue à compter du 1er juillet 2014.

§ 2 – Toutefois, la situation des salariés compris dans une procédure de licenciement pour motif économique engagée antérieurement à la date d'application de la présente convention reste régie, concernant les règles d'indemnisation, par les dispositions de la convention, du règlement général annexé et ses annexes en vigueur au jour de l'engagement de la procédure. L'engagement de la procédure correspond :

– à la date de l'entretien préalable visé à l'article L. 1233-11 du code du travail ; ou

– à la date de présentation de la lettre de convocation à la première réunion des instances représentatives du personnel, prévue aux articles L. 1233-28 à L. 1233-30 du code du travail.

§ 3 – Par dérogation aux dispositions prévues aux paragraphes 1 et 2 du présent article, l'entrée en vigueur des articles 30 à 33 du règlement général annexé à la présente convention est fixée au 1er octobre 2014.

Du 1er juillet 2014 au 30 septembre 2014, les articles 24 et 28 à 32 du règlement général annexé à la convention du 6 mai 2011 relative à l'indemnisation du chômage et les textes s'y rapportant sont applicables, en lieu et place des articles 30 à 33 précités, à l'ensemble des salariés involontairement privés d'emploi éligibles à l'indemnisation ou indemnisés par le régime d'assurance chômage qui remplissent les conditions prévues par ces dispositions, quelle que soit la convention relative à l'indemnisation du chômage dont ils relèvent.

A compter du 1er octobre 2014, les articles 30 à 33 du règlement général annexé à la présente convention et les textes s'y rapportant sont applicables à l'ensemble des salariés involontairement privés d'emploi éligibles à l'indemnisation ou indemnisés par le régime d'assurance chômage, qui remplissent les conditions prévues par ces dispositions, quelle que soit la convention relative à l'indemnisation du chômage dont ils relèvent.

§ 4 – Par dérogation aux dispositions prévues aux paragraphes 1 et 2 du présent article, l'entrée en vigueur des articles 26, 28, 29 et 34 du règlement général annexé à la présente convention est fixée au 1er octobre 2014.

Du 1er juillet 2014 au 30 septembre 2014, l'article 9 du règlement général annexé à la convention du 6 mai 2011 relative à l'indemnisation du chômage et les textes s'y rapportant sont applicables, en lieu et place des articles 26, 28, 29 et 34 précités, à l'ensemble des salariés involontairement privés d'emploi éligibles à l'indemnisation ou indemnisés par le régime d'assurance chômage, qui remplissent les conditions prévues par cette disposition, quelle que soit la convention relative à l'indemnisation du chômage dont ils relèvent.

A compter du 1er octobre 2014, les articles 26, 28, 29 et 34 du règlement général annexé à la présente convention et les textes s'y rapportant sont applicables à l'ensemble des salariés involontairement privés d'emploi éligibles à l'indemnisation ou indemnisés par le régime d'assurance chômage, qui remplissent les conditions prévues par ces dispositions, quelle que soit la convention relative à l'indemnisation du chômage dont ils relèvent.

Règlement général du 14 mai 2014,

Annexé à la convention du 14 mai 2014 relative à l'indemnisation du chômage.

V. Accord d'application n° 1 du 14 mai 2014 pris pour l'application du Règl. général annexé à la Conv. du 14 mai 2014 relative à l'indemnisation du chômage.

TITRE PREMIER **L'allocation d'aide au retour à l'emploi**

CHAPITRE PREMIER ***Bénéficiaires***

Art. 1er Le régime d'assurance chômage assure un revenu de remplacement dénommé allocation d'aide au retour à l'emploi, pendant une durée déterminée, aux salariés involontairement privés d'emploi qui remplissent des conditions d'activité désignées période d'affiliation, ainsi que des conditions d'âge, d'aptitude physique, de chômage, d'inscription comme demandeur d'emploi, de recherche d'emploi.

Art. 2 Sont involontairement privés d'emploi ou assimilés, les salariés dont la cessation du contrat de travail résulte :
– d'un licenciement ;
– d'une rupture conventionnelle du contrat de travail, au sens des articles L. 1237-11 et suivants du code du travail ;
– d'une fin de contrat de travail à durée déterminée, dont notamment le contrat à objet défini, ou de contrat de mission ;
– d'une rupture anticipée d'un contrat de travail à durée déterminée, dont notamment le contrat à objet défini, ou d'un contrat de mission, à l'initiative de l'employeur ;
– d'une démission considérée comme légitime, dans les conditions fixées par un accord d'application ; *– V. Accord d'application n° 14 du 14 mai 2014 pris pour l'application des art. 2, 4 e) et 26, § 1 b), du Règl. général annexé à la Conv. du 14 mai 2014 relative à l'indemnisation du chômage.*
– d'une rupture de contrat de travail résultant de l'une des causes énoncées à l'article L. 1233-3 du code du travail.

CHAPITRE II *Conditions d'attribution*

Art. 3 Les salariés privés d'emploi doivent justifier d'une période d'affiliation correspondant à des périodes d'emploi accomplies dans une ou plusieurs entreprises entrant dans le champ d'application du régime d'assurance chômage.

Pour les salariés âgés de moins de 50 ans à la date de la fin de leur contrat de travail, la période d'affiliation doit être au moins égale à 122 jours, ou 610 heures de travail, au cours des 28 mois qui précèdent la fin du contrat de travail (terme du préavis), sous réserve des dispositions de l'article 28.

Pour les salariés âgés de 50 ans et plus à la date de la fin de leur contrat de travail, la période d'affiliation doit être au moins égale à 122 jours, ou 610 heures de travail, au cours des 36 mois qui précèdent la fin du contrat de travail (terme du préavis), sous réserve des dispositions de l'article 28.

Le nombre d'heures pris en compte pour la durée d'affiliation requise est recherché dans les limites prévues par l'article L. 3121-35 du code du travail.

Les périodes de suspension du contrat de travail sont retenues à raison d'une journée d'affiliation par journée de suspension ou, lorsque la durée d'affiliation est calculée en heures, à raison de 5 heures de travail par journée de suspension.

Toutefois, ne sont pas prises en compte les périodes de suspension du contrat de travail donnant lieu à l'exercice d'une activité professionnelle exclue du champ d'application du régime d'assurance chômage, à l'exception de celles exercées dans le cadre des articles L. 3142-78 à L. 3142-80 et L. 3142-91 du code du travail, et les périodes de suspension du contrat de travail prévues par l'article 6 donnant lieu au versement de l'allocation prévue par l'article 1er.

Les actions de formation visées aux livres troisième et quatrième de la sixième partie du code du travail, à l'exception de celles rémunérées par le régime d'assurance chômage, sont assimilées à des heures de travail ou, à raison de 5 heures, à des jours d'affiliation dans la limite des 2/3 du nombre de jours d'affiliation ou d'heures de travail dont le salarié privé d'emploi justifie dans la période de référence.

Le dernier jour du mois de février est compté pour 3 jours d'affiliation ou 15 heures de travail.

Art. 4 Les salariés privés d'emploi justifiant d'une période d'affiliation comme prévu aux articles 3 et 28 doivent :

a) être inscrits comme demandeur d'emploi ou accomplir une action de formation inscrite dans le projet personnalisé d'accès à l'emploi ;

b) être à la recherche effective et permanente d'un emploi ;

c) ne pas avoir atteint l'âge déterminé pour l'ouverture du droit à une pension de retraite au sens du 1° de l'article L. 5421-4 du code du travail ou ne pas bénéficier d'une retraite en application des articles L. 161-17-4, L. 351-1-1, L. 351-1-3 et L. 351-1-4 du code de la sécurité sociale et des troisième et septième alinéas du I de l'article 41 de la loi n° 98-1194 du 23 décembre 1998 de financement de la sécurité sociale pour 1999.

Toutefois, les personnes ayant atteint l'âge précité sans pouvoir justifier du nombre de trimestres d'assurance requis au sens des articles L. 351-1 à L. 351-5 du code de la sécurité sociale (tous régimes confondus), pour percevoir une pension à taux plein, peuvent bénéficier des allocations jusqu'à justification de ce nombre de trimestres et, au plus tard, jusqu'à l'âge prévu au 2° de l'article L. 5421-4 du code du travail.

De plus, les salariés privés d'emploi relevant du régime spécial des Mines, géré, pour le compte de la Caisse autonome nationale de la sécurité sociale dans les mines (CANSSM), par la Caisse des dépôts et consignations, ne doivent être :

— ni titulaires d'une pension de vieillesse dite « pension normale », ce qui suppose au moins 120 trimestres validés comme services miniers ;

— ni bénéficiaires d'un régime dit « de raccordement » assurant pour les mêmes services un complément de ressources destiné à être relayé par les avantages de retraite ouverts, toujours au titre des services en cause, dans les régimes complémentaires de retraite faisant application de la convention collective nationale du 14 mars 1947 et de l'accord du 8 décembre 1961 ;

d) être physiquement aptes à l'exercice d'un emploi ;

e) n'avoir pas quitté volontairement, sauf cas prévus par un accord d'application, leur dernière activité professionnelle salariée, ou une activité professionnelle salariée autre que la dernière dès lors que, depuis le départ volontaire, il ne peut être justifié d'une période d'affiliation d'au moins 91 jours ou d'une période de travail d'au moins 455 heures ; — *V. Accords d'application nos 14 et 21 du 14 mai 2014 pris pour l'application des art. 2, 4 e) et 26, § 1 b), du Règl. général annexé à la Conv. du 14 mai 2014 relative à l'indemnisation du chômage.*

f) résider sur le territoire relevant du champ d'application du régime d'assurance chômage visé à l'article 5, alinéa 1er, de la convention. — *V. Accord d'application no 4 du 14 mai 2014 pris pour l'application de l'art. 4, § 1er, al. 5, 6 et 8, du Règl. général annexé à la Conv. du 14 mai 2014 relative à l'indemnisation du chômage.*

Art. 5 En cas de licenciement pour fermeture définitive d'un établissement, les salariés mis en chômage total de ce fait sont dispensés de remplir la condition d'affiliation de l'article 3.

Art. 6 Les salariés bénéficiant d'une période de mobilité volontaire sécurisée prévue par l'article L. 1222-12 du code du travail peuvent être admis au bénéfice des allocations en cas de cessation du contrat de travail exercé pendant cette période pour l'une des causes énoncées par l'article 2.

Par exception à l'article 3, à la date de la fin de contrat de travail retenue pour l'ouverture des droits, la durée d'affiliation acquise au titre du contrat de travail suspendu en application de l'article L. 1222-12 du code du travail est prise en compte pour déterminer la durée d'indemnisation définie à l'article 9.

Art. 7 § 1er — La fin du contrat de travail prise en considération pour l'ouverture des droits doit se situer dans un délai de 12 mois dont le terme est l'inscription comme demandeur d'emploi.

§ 2 — La période de 12 mois est allongée :

a) des journées d'interruption de travail ayant donné lieu au service des prestations en espèces de l'assurance maladie, des indemnités journalières de repos de l'assurance maternité au titre des assurances sociales, des indemnités journalières au titre d'un congé de paternité, des indemnités journalières au titre d'un accident de travail ou d'une maladie professionnelle ;

b) des périodes durant lesquelles une pension d'invalidité de 2e ou 3e catégorie au sens de l'article L. 341-4 du code de la sécurité sociale, ou au sens de toute autre disposition prévue par les régimes spéciaux ou autonomes de sécurité sociale, ou d'une pension d'invalidité acquise à l'étranger, a été servie ;

c) des périodes durant lesquelles ont été accomplies des obligations contractées à l'occasion du service national, en application de l'article L. 111-2, 1er et 2e alinéas du code du service national et de la durée des missions accomplies dans le cadre d'un ou plusieurs contrats de service civique, de volontariat de solidarité internationale ou de volontariat associatif ;

d) des périodes de stage de formation professionnelle continue visée aux livres troisième et quatrième de la sixième partie du code du travail ;

e) des périodes durant lesquelles l'intéressé a fait l'objet d'une mesure d'incarcération qui s'est prolongée au plus 3 ans après la rupture du contrat de travail survenue pendant la période de privation de liberté ;

f) des périodes suivant la rupture du contrat de travail intervenue dans les conditions définies aux articles L. 1225-66 et L. 1225-67 du code du travail lorsque l'intéressé n'a pu être réembauché dans les conditions prévues par cet article ;

g) des périodes de congé parental d'éducation obtenu dans les conditions fixées par les articles L. 1225-47 à L. 1225-51 du code du travail, lorsque l'intéressé a perdu son emploi au cours de ce congé ;

h) des périodes de congé pour la création d'entreprise ou de congé sabbatique obtenu dans les conditions fixées par les articles L. 3142-78 à L. 3142-83, L. 3142-91 à L. 3142-94 et L. 3142-96 du code du travail ;

i) de la durée des missions confiées par suffrage au titre d'un mandat électif, politique ou syndical exclusif d'un contrat de travail ;

j) des périodes de versement du complément de libre choix d'activité de la prestation d'accueil du jeune enfant, suite à une fin de contrat de travail ;

k) des périodes de congé d'enseignement ou de recherche obtenu dans les conditions fixées par les articles L. 6322-53 à L. 6322-58 du code du travail, lorsque l'intéressé a perdu son emploi au cours de ce congé ;

l) des périodes de versement de l'allocation de présence parentale visée à l'article L. 544-1 du code de la sécurité sociale suite à une fin de contrat de travail ;

m) des périodes de congé de présence parentale obtenu dans les conditions fixées par les articles L. 1225-62 et L. 1225-63 du code du travail, lorsque l'intéressé a perdu son emploi au cours de ce congé.

§ 3 – La période de 12 mois est en outre allongée des périodes durant lesquelles :

a) l'intéressé a assisté un handicapé :

– dont l'incapacité permanente était telle qu'il percevait – ou aurait pu percevoir, s'il ne recevait pas déjà à ce titre un avantage de vieillesse ou d'invalidité – l'allocation aux adultes handicapés visée par l'article L. 821-1 du code de la sécurité sociale ;

– et dont l'état nécessitait l'aide effective d'une tierce personne justifiant l'attribution de l'allocation compensatrice ou de la prestation de compensation visée à l'article L. 245-1 du code de l'action sociale et des familles ;

b) l'intéressé a accompagné son conjoint qui s'était expatrié pour occuper un emploi salarié ou une activité professionnelle non salariée hors du champ d'application visé à l'article 4 de la convention.

L'allongement prévu dans les cas visés au présent paragraphe est limité à 3 ans.

§ 4 – La période de 12 mois est en outre allongée :

a) des périodes de congé obtenu pour élever un enfant en application de dispositions contractuelles ;

b) des périodes durant lesquelles l'intéressé a créé ou repris une entreprise.

L'allongement prévu dans les cas visés au présent paragraphe est limité à 2 ans.

Art. 8 La fin du contrat de travail prise en considération, dans les conditions visées à l'article 2, pour l'ouverture des droits est en principe celle qui a mis un terme à la dernière activité exercée par l'intéressé dans une entreprise relevant du champ d'application du régime d'assurance chômage.

Toutefois, le salarié qui n'a pas quitté volontairement sa dernière activité professionnelle salariée dans les conditions définies à l'article 4 *e)* et qui ne justifie pas, au titre de cette fin de contrat de travail, des conditions visées à l'article 3 peut bénéficier d'une ouverture de droits s'il est en mesure de justifier que les conditions requises se trouvaient satisfaites au titre d'une fin de contrat de travail antérieure qui s'est produite dans le délai visé à l'article 7.

CHAPITRE III ***Durées d'indemnisation***

Art. 9 § 1er – La durée d'indemnisation est égale à la durée d'affiliation prise en compte pour l'ouverture des droits. Elle ne peut être inférieure à 122 jours et ne peut être supérieure à 730 jours.

Pour les salariés privés d'emploi âgés de 50 ans et plus à la date de fin de leur contrat de travail, cette limite est portée à 1 095 jours.

Toutefois, au titre d'un rechargement de droits en application de l'article 28, la durée minimale d'indemnisation est de 30 jours. – *V. Accord d'application nº 9 du 14 mai 2014 pris pour l'application de l'art. 9, § 1er, du Règl. général annexé à la Conv. du 14 mai 2014 relative à l'indemnisation du chômage.*

§ 2 – La durée d'indemnisation est toutefois réduite lorsque la somme des allocations journalières à verser pour la durée d'indemnisation déterminée au paragraphe ci-dessus, excède 75 % du salaire de référence établi conformément aux articles 11 et 12, rapporté aux périodes retenues pour déterminer l'affiliation dans la limite de 730 jours pour les salariés âgés de moins de 50 ans à la date de fin de contrat de travail et 1095 jours pour les salariés âgés de 50 ans et plus à cette même date.

Lorsque cette limite est atteinte, la durée d'indemnisation est égale au quotient des 75 % du salaire de référence tel que défini ci-dessus par le montant de l'allocation journalière.

§ 3 – Par exception au § 1er ci-dessus, les allocataires âgés de 62 ans continuent d'être indemnisés jusqu'aux limites d'âge prévues à l'article 4 *c)* s'ils remplissent les conditions ci-après :

– être en cours d'indemnisation depuis un an au moins ;

– justifier de 12 ans d'affiliation au régime d'assurance chômage ou de périodes assimilées définies par un accord d'application ;

– justifier de 100 trimestres validés par l'assurance vieillesse au titre des articles L. 351-1 à L. 351-5 du code de la sécurité sociale ;

– justifier, soit d'une année continue, soit de 2 années discontinues d'affiliation dans une ou plusieurs entreprises au cours des 5 années précédant la fin du contrat de travail.

Toutefois, l'âge prévu au premier alinéa de ce paragraphe est fixé à 61 ans et 2 mois pour les allocataires nés en 1953 et à 61 ans et 7 mois pour ceux nés en 1954. – *V. Accord d'application nº 17 du 14 mai 2014 pris pour l'application de l'art. 9, § 3, du Règl. général annexé à la Conv. du 14 mai 2014 relative à l'indemnisation du chômage.*

Art. 10 Dans le cas de participation à des actions de formation rémunérées par l'État ou les régions, conformément à l'article L. 5422-2 du code du travail, la période d'indemnisation fixée par l'article 9, § 1er, alinéa 2, est réduite à raison de la moitié de la durée de formation. Pour les allocataires qui, à la date de l'entrée en stage, pouvaient encore prétendre à une durée de droits supérieure à un mois, la réduction ne peut conduire à un reliquat de droits inférieur à 30 jours.

CHAPITRE IV *Détermination de l'allocation journalière*

SECTION I *Salaire de référence*

Art. 11 § 1er – Le salaire de référence pris en considération pour fixer le montant de la partie proportionnelle de l'allocation journalière est établi, sous réserve de l'article 12, à partir des rémunérations des 12 mois civils précédant le dernier jour de travail payé à l'intéressé entrant dans l'assiette des contributions, dès lors qu'elles n'ont pas déjà servi pour un précédent calcul.

§ 2 – Le salaire de référence ainsi déterminé ne peut dépasser la somme des salaires mensuels plafonnés, conformément à l'article 51, et compris dans la période de référence.

V. Accord d'application nº 5 du 14 mai 2014 pris pour l'application des art. 11 et 12 du Règl. général annexé à la Conv. du 14 mai 2014 relative à l'indemnisation du chômage.

V. Accord d'application nº 18 du 14 mai 2014 pris pour l'interprétation des art. 11, 12 et 51 du Règl. général annexé à la Conv. du 14 mai 2014 relative à l'indemnisation du chômage.

Art. 12 § 1er – Sont prises en compte dans le salaire de référence, les rémunérations qui, bien que perçues en dehors de la période visée au précédent article, sont néanmoins afférentes à cette période.

Sont exclues, en tout ou partie dudit salaire, les rémunérations perçues pendant ladite période, mais qui n'y sont pas afférentes.

En conséquence, les indemnités de 13e mois, les primes de bilan, les gratifications perçues au cours de cette période ne sont retenues que pour la fraction afférente à ladite période.

Les salaires, gratifications, primes, dont le paiement est subordonné à l'accomplissement d'une tâche particulière ou à la présence du salarié à une date déterminée, sont considérés comme des avantages dont la périodicité est annuelle.

§ 2 – Sont exclues, les indemnités de licenciement, de départ, les indemnités spécifiques de rupture conventionnelle, les indemnités compensatrices de congés payés, les indemnités de préavis ou de non-concurrence, toutes sommes dont l'attribution trouve sa seule origine dans la rupture du contrat de travail ou l'arrivée du terme de celui-ci, les subventions ou remises de dettes qui sont consenties par l'employeur dans le cadre d'une opération d'accession à la propriété de logement.

Sont également exclues, les rémunérations correspondant aux heures de travail effectuées au-delà des limites prévues par l'article L. 3121-35 du code du travail.

D'une manière générale, sont exclues toutes sommes qui ne trouvent pas leur contrepartie dans l'exécution normale du contrat de travail.

§ 3 – Le revenu de remplacement est calculé sur la base de la rémunération habituelle du salarié.

Ainsi, si dans la période de référence sont comprises des périodes de maladie, de maternité ou, d'une manière plus générale, des périodes de suspension du contrat de travail n'ayant pas donné lieu à une rémunération normale, ces rémunérations ne sont pas prises en compte dans le salaire de référence.

Les majorations de rémunérations, intervenues pendant la période de référence servant au calcul du revenu de remplacement, sont prises en compte dans les conditions et limites prévues par un accord d'application. — *V. Accord d'application n° 6 du 14 mai 2014 pris pour l'application de l'art. 12, § 3, du Règl. général annexé à la Conv. du 14 mai 2014 relative à l'indemnisation du chômage.*

V. Accord d'application n° 5 du 14 mai 2014 pris pour l'application des art. 11 et 12 du Règl. général annexé à la Conv. du 14 mai 2014 relative à l'indemnisation du chômage.

V. Accord d'application n° 18 du 14 mai 2014 pris pour l'interprétation des art. 11, 12 et 51 du Règl. général annexé à la Conv. du 14 mai 2014 relative à l'indemnisation du chômage.

SECTION II *Salaire journalier de référence*

Art. 13 Le salaire journalier moyen de référence est égal au quotient du salaire de référence défini en application des articles 11 et 12 par un diviseur correspondant au nombre de jours d'appartenance au titre desquels ces salaires ont été perçus, dans la limite de 365 jours.

Les jours d'appartenance correspondent au nombre de jours pendant lesquels le salarié privé d'emploi a appartenu à une ou plusieurs entreprises. Toutefois, les jours n'ayant pas donné lieu à une rémunération normale au sens du § 3 de l'article 12 sont déduits du nombre de jours d'appartenance.

SECTION III *Allocation journalière*

Art. 14 L'allocation journalière servie en application des articles 3 et suivants est constituée par la somme :

– d'une partie proportionnelle au salaire journalier de référence fixée à 40,4 % de celui-ci ;
– et d'une partie fixe égale à 11,64 €.

Lorsque la somme ainsi obtenue est inférieure à 57 % du salaire journalier de référence, ce dernier pourcentage est retenu.

Le montant de l'allocation journalière servie en application des articles 3 et suivants ainsi déterminé ne peut être inférieur à 28,38 €, sous réserve des articles 16 et 17.

Art. 15 L'allocation minimale et la partie fixe de l'allocation d'aide au retour à l'emploi visées à l'article 14 sont réduites proportionnellement à l'horaire particulier de l'intéressé lorsque cet horaire est inférieur à la durée légale du travail le concernant ou à la durée instituée par une convention ou un accord collectif, selon les modalités définies par un accord d'application. — *V. Accord d'application n° 7 du 14 mai 2014 pris pour l'application de l'art. 15 du Règl. général annexé à la Conv. du 14 mai 2014 relative à l'indemnisation du chômage.*

Art. 16 L'allocation journalière déterminée en application des articles 14 et 15 est limitée à 75 % du salaire journalier de référence.

Art. 17 L'allocation journalière versée pendant une période de formation inscrite dans le projet personnalisé d'accès à l'emploi ne peut toutefois être inférieure à 20,34 € (valeur au 1er juill. 2013).

Art. 18 § 1er – Le montant de l'allocation servie aux allocataires âgés de 50 ans et plus pouvant prétendre à un avantage de vieillesse, ou à un autre revenu de remplacement à caractère viager, y compris ceux acquis à l'étranger, est égal à la différence entre le montant de l'allocation d'aide au retour à l'emploi et une somme calculée en fonction d'un pourcentage compris entre 25 % et 75 % de l'avantage de vieillesse ou du revenu de remplacement, selon l'âge de l'intéressé.

Les modalités de réduction sont fixées par un accord d'application.

Toutefois, le montant versé ne peut être inférieur au montant de l'allocation visée à l'article 14 dernier alinéa, dans les limites fixées aux articles 15 à 17. — *V. Accords d'application nos 2 et 3 du 14 mai 2014 pris pour l'application des art. 2, 4 e) et 26, § 1 b), du Règl. général annexé à la Conv. du 14 mai 2014 relative à l'indemnisation du chômage.*

§ 2. Le montant de l'allocation servie aux allocataires bénéficiant d'une pension d'invalidité de 2e ou de 3e catégorie, au sens de l'article L. 341-4 du code la sécurité sociale ou au sens de toute autre disposition prévue par les régimes spéciaux ou autonomes de sécurité sociale, ou d'une pension d'invalidité acquise à l'étranger, est cumulable avec la pension d'invalidité de 2e ou 3e catégorie dans les conditions prévues par l'article R. 341-17 du code de la sécurité sociale, dès lors que les revenus issus de l'activité professionnelle prise en compte pour l'ouverture des droits ont été cumulés avec la pension.

A défaut, l'allocation servie aux allocataires bénéficiant d'une telle pension est égale à la différence entre le montant de l'allocation d'assurance chômage et celui de la pension d'invalidité.

Art. 19 Une participation de 3 % assise sur le salaire journalier de référence tel que défini à l'article 13 réduit l'allocation journalière déterminée en application des articles 14 à 18.

Cette réduction ne peut porter le montant des allocations en deçà du montant tel qu'il est fixé au dernier alinéa de l'article 14.

Le produit de cette participation est affecté au financement des retraites complémentaires des allocataires du régime d'assurance chômage.

SECTION IV *Revalorisation*

Art. 20 Le Conseil d'administration ou le Bureau de l'Unedic procède une fois par an à la revalorisation du salaire de référence des allocataires dont le salaire de référence est intégralement constitué par des rémunérations anciennes d'au moins 6 mois.

Le salaire de référence ainsi revalorisé ne peut excéder 4 fois le plafond du régime d'assurance vieillesse de la sécurité sociale visé à l'article L. 241-3 du code de la sécurité sociale, en vigueur à la date de la revalorisation.

Le Conseil d'administration ou le Bureau procède également à la revalorisation de toutes les allocations, ou parties d'allocations d'un montant fixe.

Ces décisions du Conseil d'administration ou du Bureau prennent effet le 1er juillet de chaque année.

V. Accord d'application n° 20 du 14 mai 2014 pris pour l'application de l'art. 20 du Règl. général annexé à la Conv. du 14 mai 2014 relative à l'indemnisation du chômage.

CHAPITRE V *Paiement*

SECTION I *Différés d'indemnisation*

Art. 21 *(Avenant n° 1 du 25 mars 2015, agréé par Arr. du 30 juill. 2015, en vigueur le 1er avr. 2015)* « § 1er – La prise en charge est reportée à l'expiration d'un différé d'indemnisation déterminé selon les modalités suivantes.

« En cas d'ouverture de droits ou de rechargement des droits, ce différé d'indemnisation correspond au nombre de jours qui résulte du quotient du montant de l'indemnité compensatrice de congés payés versée par le dernier employeur, par le salaire journalier de référence visé à l'article 13.

« En cas de reprise de droits, ce différé d'indemnisation est déterminé à partir du nombre de jours correspondant à l'indemnité compensatrice de congés payés versée par le dernier employeur ; lorsque cette information fait défaut, le différé est déterminé selon les modalités prévues à l'alinéa précédent.

« Si tout ou partie des indemnités compensatrices de congés payés dues est versé postérieurement à la fin du contrat de travail précédant la prise en charge, l'allocataire et l'employeur sont dans l'obligation d'en faire la déclaration. Les allocations qui, de ce fait, n'auraient pas dû être perçues par l'intéressé doivent être remboursées.

« Lorsque l'employeur relève de l' article L. 3141-30 du code du travail, la prise en charge est reportée à l'expiration d'un différé d'indemnisation déterminé à partir du nombre de jours correspondant aux congés payés acquis au titre du dernier emploi.

« Lorsque l'indemnité compensatrice de congés payés a été prise en considération pour le calcul du nombre mensuel de jours indemnisables effectué en application de l'article 31, il n'est pas procédé à la détermination du différé correspondant à cette indemnité. *[Rédaction applicable jusqu'au 30 mars 2015 : § 1er – La prise en charge est reportée à l'expiration d'un différé d'indemnisation correspondant au nombre de jours qui résulte du quotient du montant de l'indemnité compensatrice de congés payés versée par le dernier employeur, par le salaire journalier de référence visé à l'article 13.*

Si tout ou partie des indemnités compensatrices de congés payés dues est versé postérieurement à la fin du contrat de travail ayant ouvert des droits, l'allocataire et l'employeur sont dans l'obligation d'en faire la déclaration. Les allocations qui, de ce fait, n'auraient pas dû être perçues par l'intéressé doivent être remboursées.

Lorsque l'employeur relève de l'article L. 3141-30 du code du travail, la prise en charge est reportée à l'expiration d'un différé d'indemnisation déterminé à partir du nombre de jours correspondant aux congés payés acquis au titre du dernier emploi.] »

(Avenant du 18 déc. 2015 agréé par Arr. du 19 févr. 2016, art. 1er) « **§ 2 – Le différé visé au § 1er est augmenté d'un différé spécifique en cas de prise en charge consécutive à une cessation de contrat de travail ayant donné lieu au versement d'indemnités ou de toute autre somme inhérente à cette rupture, quelle que soit leur nature.**

« Il est tenu compte*[,]* **pour le calcul de ce différé, des indemnités ou de toute autre somme inhérente à cette rupture, quelle que soit leur nature, dès lors que leur montant ou leurs modalités de calcul ne résultent pas directement de l'application d'une disposition législative.**

« Il n'est pas tenu compte, pour le calcul de ce différé, des autres indemnités et sommes inhérentes à cette rupture dès lors qu'elles sont allouées par le juge.

« *a)* **Ce différé spécifique correspond à un nombre de jours égal au nombre entier obtenu en divisant le montant total des indemnités et sommes définies ci-dessus, par 90. Ce différé spécifique est limité à 180 jours.**

« *b)* **En cas de rupture de contrat de travail résultant de l'une des causes énoncées à l'article L. 1233-3 du code du travail, ce différé spécifique, calculé dans les mêmes conditions qu'au** *a)***, est limité à 75 jours. »**

c) **Si tout ou partie de ces sommes est versé postérieurement à la fin du contrat de travail ayant ouvert des droits, le bénéficiaire et l'employeur sont dans l'obligation d'en faire la déclaration. Les allocations qui, de ce fait, n'auraient pas dû être perçues par l'intéressé, doivent être remboursées.**

§ 3 – Pour le calcul des différés d'indemnisation visés à l'article 21 § 1er et § 2, sont prises en compte toutes les fins de contrat de travail situées dans les 182 jours précédant la dernière fin de contrat de travail.

Les indemnités versées à l'occasion de chacune de ces fins de contrat de travail donnent lieu au calcul de différés d'indemnisation qui commencent à courir au lendemain de chacune de ces fins de contrat de travail.

Le différé applicable est celui qui expire le plus tardivement.

V. Accord d'application n° 19 du 14 mai 2014 pris pour l'application de l'art. 21 du Règl. général annexé à la Conv. du 14 mai 2014 relative à l'indemnisation du chômage.

SECTION II *Délai d'attente*

Art. 22 La prise en charge est reportée au terme d'un délai d'attente de 7 jours.

Le délai d'attente ne s'applique pas en cas de prise en charge intervenant dans un délai de 12 mois suivant son application.

SECTION III *Point de départ du versement*

Art. 23 Les différés d'indemnisation déterminés en application de l'article 21 courent à compter du lendemain de la fin du contrat de travail.

Le délai d'attente visé à l'article 22 court à compter du terme du ou des différés d'indemnisation visés à l'article 21, si les conditions d'attribution des allocations prévues aux articles 3 et 4 sont remplies à cette date. A défaut, le délai d'attente court à partir du jour où les conditions des articles 3 et 4 sont satisfaites.

SECTION IV *Périodicité*

Art. 24 Les prestations sont payées mensuellement à terme échu pour tous les jours ouvrables ou non.

Ce paiement est fonction des événements déclarés chaque mois par l'allocataire.

Conformément aux articles 30 à 33, tout allocataire ayant déclaré une période d'emploi peut bénéficier du cumul de ses rémunérations et de ses allocations, sous réserve de la justification des rémunérations perçues.

Les salariés privés d'emploi peuvent demander des avances sur prestations et des acomptes dans les conditions prévues par un accord d'application.

SECTION V *Cessation du paiement*

Art. 25 § 1er – L'allocation d'aide au retour à l'emploi n'est pas due lorsque l'allocataire :

a) **retrouve une activité professionnelle salariée ou non, exercée en France ou à l'étranger, sous réserve de l'application des dispositions des articles 30 à 33 ;**

b) **bénéficie de l'aide visée à l'article 36 ;**
c) **est pris ou est susceptible d'être pris en charge par la sécurité sociale au titre des prestations en espèces ;**
d) **est admis au bénéfice du complément du libre choix d'activité de la prestation d'accueil du jeune enfant ;**
e) **est admis au bénéfice de l'allocation journalière de présence parentale visée à l'article L. 544-1 du code de la sécurité sociale ;**
f) **a conclu un contrat de service civique conformément aux dispositions de l'article L. 120-11 du code du service national.**

§ 2 — L'allocation d'aide au retour à l'emploi n'est plus due lorsque l'allocataire cesse :
a) **de remplir la condition prévue à l'article 4** ***c)*** **ou 4** ***e)*** **;**
b) **de résider sur le territoire relevant du champ d'application du régime d'assurance chômage visé à l'article 5, alinéa 1er, de la convention.** — *V. Accord d'application nº 15 du 14 mai 2014 pris pour l'application de l'art. 25, § 2, du Règl. général annexé à la Conv. du 14 mai 2014 relative à l'indemnisation du chômage.*

§ 3 — L'allocation versée dans les conditions prévues à l'article 6 n'est pas due lorsque l'allocataire est réintégré dans son entreprise ou à la fin de la période de mobilité volontaire lorsqu'il refuse sa réintégration.

§ 4 — Le paiement de l'allocation d'aide au retour à l'emploi cesse à la date à laquelle :
a) **une déclaration inexacte ou une attestation mensongère ayant eu pour effet d'entraîner le versement d'allocations intégralement indues est détectée ;**
b) **l'allocataire est exclu du revenu de remplacement par le préfet dans les conditions prévues par les articles R. 5426-3, R. 5426-6 à R. 5426-10 du code du travail.**

SECTION VI ***Conditions de poursuite et de reprise du paiement*** *(Avenant nº 2 du 8 juill. 2015, agréé par Arr. du 9 nov. 2015).*

Art. 26 § 1er — Le salarié privé d'emploi qui a cessé de bénéficier du service des allocations, alors que la période d'indemnisation précédemment ouverte n'était pas épuisée, peut bénéficier d'une reprise de ses droits, c'est-à-dire du reliquat de cette période d'indemnisation, après application, le cas échéant, de l'article 10 dès lors que :
a) **le temps écoulé depuis la date d'admission à la période d'indemnisation considérée n'est pas supérieur à la durée de cette période augmentée de 3 ans de date à date ;**
b) **il n'a pas renoncé volontairement à la dernière activité professionnelle salariée éventuellement exercée ou à une autre activité professionnelle salariée dans les conditions prévues à l'article 4** ***e)*****, sauf cas prévus par un accord d'application. Cette condition n'est toutefois pas opposable :** — *V. Accord d'application nº 14 du 14 mai 2014 pris pour l'application des art. 2, 4 e) et 26 § 1 b) du Règl. général annexé à la Conv. du 14 mai 2014 relative à l'indemnisation du chômage.*
— aux salariés privés d'emploi qui peuvent recevoir le reliquat d'une période d'indemnisation leur donnant droit au service des allocations jusqu'à l'âge auquel ils ont droit à la retraite à taux plein et au plus tard jusqu'à l'âge prévu au 2° de l'article L. 5421-4 du code du travail ;
— aux salariés privés d'emploi qui ne justifient pas de 91 jours ou 455 heures de travail.

(Avenant nº 2 du 8 juill. 2015, agréé par Arr. du 9 nov. 2015) **« § 2. Lorsque le salarié privé d'emploi en cours d'indemnisation justifie d'au moins 91 jours ou 455 heures de travail depuis sa précédente ouverture de droits, la poursuite de l'indemnisation est subordonnée au fait qu'il ne renonce pas volontairement à sa dernière activité professionnelle salariée.**

« Cette condition n'est pas opposable lorsque le départ volontaire met fin à une activité qui a duré moins de huit jours ou qui représente moins de dix-sept heures par semaine.

« Cette condition n'est pas opposable aux salariés privés d'emploi qui peuvent recevoir le reliquat d'une période d'indemnisation leur donnant droit au service des allocations jusqu'à l'âge auquel ils ont droit à la retraite à taux plein et au plus tard jusqu'à l'âge prévu au 2° de l'article L. 5421-4 du code du travail. »

(Avenant nº 1 du 25 mars 2015, agréé par Arr. du 30 juill. 2015) **« § 3. — Paragraphe réservé (annexe XI).**

« § 4. — Le salarié privé d'emploi, qui a cessé de bénéficier du service des allocations alors que la période d'indemnisation précédemment ouverte n'était pas épuisée, peut, à sa demande, opter pour l'ouverture de droits à laquelle il aurait été procédé dans les conditions et modalités fixées au présent titre en l'absence de reliquat de droits, si les deux conditions suivantes sont satisfaites :

« — il totalise des périodes d'affiliation dans les conditions définies par l'article 3, d'une durée d'au moins 122 jours ou 610 heures ;

« – le montant de l'allocation journalière du reliquat est inférieur ou égal à 20 € ou le montant de l'allocation journalière qui aurait été servi en l'absence de reliquat est supérieur d'au moins 30 % au montant de l'allocation journalière du reliquat, ces montants étant déterminés conformément aux articles 14, 15, 18 et 19.

« L'option peut être exercée à l'occasion d'une reprise de droits consécutive à une fin de contrat de travail qui n'a pas déjà donné lieu à cette possibilité.

« Le choix du droit qui aurait été servi en l'absence de reliquat est irrévocable.

« En cas d'exercice de l'option, le reliquat de droits issu de l'ouverture de droits précédente est déchu. La prise en charge prend effet à compter de la demande de l'allocataire.

« L'allocataire qui réunit les conditions requises pour exercer l'option est informé du caractère irrévocable de l'option, de la perte du reliquat de droits qui en résulte, des caractéristiques de chacun des deux droits concernant notamment la durée et le montant de l'allocation journalière, et des conséquences de l'option sur le rechargement des droits.

« L'option peut être exercée dans un délai de vingt et un jours à compter de la date de la notification de l'information visée ci-dessus.

« La décision de l'allocataire doit être formalisée par écrit. » *— Ce § s'applique aux salariés involontairement privés d'emploi bénéficiant d'une reprise de droits à compter du 1er oct. 2014.*

SECTION VII *Prestations indues*

Art. 27 § 1er – Les personnes qui ont indûment perçu des allocations ou des aides prévues par le présent règlement doivent les rembourser, sans préjudice des sanctions pénales résultant de l'application de la législation en vigueur pour celles d'entre elles ayant fait sciemment des déclarations inexactes ou présenté des attestations mensongères en vue d'obtenir le bénéfice de ces allocations ou aides.

(Avenant du 18 déc. 2015 agréé par Arr. du 19 févr. 2016, art. 1er) « § 2 – Dès sa constatation, l'indu est notifié à l'allocataire par courrier. Cette notification comporte pour chaque versement indu notamment le motif, la nature et le montant des sommes réclamées, la date du versement indu, ainsi que les voies de recours. »

§ 3 – La demande de remise de dette comme celle d'un remboursement échelonné, sont examinées dans les conditions prévues par un accord d'application.

§ 4 – L'action en répétition des sommes indûment versées se prescrit, sauf cas de fraude ou de fausse déclaration, par 3 ans et, en cas de fraude ou de fausse déclaration, par 10 ans à compter du jour du versement de ces sommes. La prescription de l'action éteint la créance.

TITRE II **Mesures favorisant le retour à l'emploi et la sécurisation des parcours professionnels**

CHAPITRE PREMIER *Les droits rechargeables*

SECTION I *Le rechargement des droits à l'épuisement des droits*

Art. 28 § 1er – A la date d'épuisement des droits, le rechargement est subordonné à la condition que le salarié justifie d'une période d'affiliation au régime d'assurance chômage telle que définie à l'article 3, d'au moins 150 heures de travail au titre d'une ou plusieurs activités exercées antérieurement à la date de fin des droits.

La fin du contrat de travail prise en considération pour le rechargement des droits est en principe la dernière qui précède l'épuisement des droits.

Toutefois, si au titre de cette fin de contrat de travail, les conditions visées à l'article 3 ne sont pas satisfaites, le salarié peut bénéficier d'un rechargement des droits s'il est en mesure de justifier que les conditions requises se trouvaient satisfaites au titre d'une fin de contrat de travail antérieure, sous réserve que celle-ci se soit produite postérieurement à celle ayant permis l'ouverture de droits initiale.

Sont prises en considération, toutes les périodes d'affiliation comprises dans le délai de 28 mois qui précède cette rupture et postérieures à la fin du contrat de travail prise en considération pour l'ouverture des droits initiale.

Le délai de 28 mois est porté à 36 mois pour les salariés âgés de 50 ans et plus lors de la fin de contrat de travail (terme du préavis) considérée.

(Avenant du 18 déc. 2015 agréé par Arr. du 19 févr. 2016, art. 2) « Les activités qui ont été déclarées chaque mois à terme échu sont prises en considération dans les conditions définies par un accord d'application. »

§ 2 – Sous réserve de la condition d'affiliation minimale, le droit versé au titre du rechargement des droits est déterminé selon les conditions et modalités fixées au Titre Ier.

Ces dispositions entrent en vigueur le 1er oct. 2014 (Conv. 14 mai 2014, art. 13, § 3).

SECTION II *L'ouverture d'une nouvelle période d'indemnisation postérieurement à l'épuisement des droits*

Art. 29 En l'absence de la justification de la condition d'affiliation visée à l'article 28 à la date de fin des droits, une nouvelle ouverture de droits peut être prononcée lorsque les conditions prévues au Titre Ier sont réunies postérieurement.

Ces dispositions entrent en vigueur le 1er oct. 2014 (Conv. 14 mai 2014, art. 13, § 3).

CHAPITRE II *Les droits des allocataires exerçant une activité professionnelle*

SECTION I *Allocataires reprenant une activité professionnelle*

Art. 30 Le salarié privé d'emploi qui remplit les conditions fixées au titre Ier peut cumuler les rémunérations issues d'une ou plusieurs activités professionnelles salariées ou non et l'allocation d'aide au retour à l'emploi.

Les activités prises en compte sont celles exercées en France ou à l'étranger, déclarées lors de l'actualisation mensuelle et justifiées dans les conditions définies par un accord d'application.

Le cumul de l'allocation d'aide au retour à l'emploi avec les rémunérations procurées par une activité professionnelle non salariée est déterminé selon des modalités définies par un accord d'application.

Ces dispositions entrent en vigueur le 1er oct. 2014 (Conv. 14 mai 2014, art. 13, § 3).

Du 1er juill. 2014 au 30 sept. 2014, les articles 24 et 28 à 32 du règlement général annexé à la convention du 6 mai 2011 relative à l'indemnisation du chômage et les textes s'y rapportant sont applicables, en lieu et place des articles 30 à 33 du règlement général annexé à la convention de 2014, à l'ensemble des salariés involontairement privés d'emploi éligibles à l'indemnisation ou indemnisés par le régime d'assurance chômage qui remplissent les conditions prévues par ces dispositions, quelle que soit la convention relative à l'indemnisation du chômage dont ils relèvent.

A compter du 1er oct. 2014, cet article et les textes s'y rapportant sont applicables à l'ensemble des salariés involontairement privés d'emploi éligibles à l'indemnisation ou indemnisés par le régime d'assurance chômage, qui remplissent les conditions prévues par ces dispositions, quelle que soit la convention relative à l'indemnisation du chômage dont ils relèvent (Conv. 14 mai 2014, art. 13, § 3).

V. Accord d'application no 11 du 14 mai 2014 pris pour l'application de l'art. 30 du Règl. général annexé à la Conv. du 14 mai 2014 relative à l'indemnisation du chômage.

Art. 31 Les rémunérations issues de l'activité professionnelle réduite ou occasionnelle reprise sont cumulables, pour un mois civil donné, avec une partie des allocations journalières au cours du même mois, dans la limite du salaire brut antérieurement perçu par l'allocataire, selon les modalités ci-dessous.

Le nombre de jours indemnisables au cours du mois est déterminé comme suit :

– 70% des rémunérations brutes des activités exercées au cours d'un mois civil sont soustraites du montant total des allocations journalières qui auraient été versées pour le mois considéré en l'absence de reprise d'emploi ;

– le résultat ainsi obtenu est divisé par le montant de l'allocation journalière déterminée aux articles 14 à 18 ;

– le quotient ainsi obtenu, arrondi à l'entier supérieur, correspond au nombre de jours indemnisables du mois ;

– *le cumul des allocations* et des rémunérations ne peut excéder le montant mensuel du salaire de référence.

V. notes ss. art. 30.

Art. 32 Le cumul des allocations et des rémunérations pour un mois donné est déterminé en fonction des déclarations d'activités effectuées conformément à l'article 30, alinéa 2, et des justificatifs de rémunération produits avant le paiement de l'allocation.

Lorsque l'allocataire n'est pas en mesure de fournir les justificatifs de paiement de ses rémunérations avant l'échéance du versement des allocations, et afin de ne pas le priver de revenus, il est procédé à un calcul provisoire d'un montant payable sous forme d'avance dans les conditions prévues par un accord d'application. Le relevé mensuel de situation adressé à l'allocataire indique le caractère provisoire du paiement et les modalités de sa régularisation.

Au terme du mois suivant l'exercice de l'activité professionnelle :

— si l'allocataire a fourni les justificatifs ou en cas de déclarations complémentaires ou rectificatives, le calcul définitif du montant dû est établi au vu desdits justificatifs ou déclarations, et le paiement définitif est effectué, déduction faite de l'avance ;

— si l'allocataire n'a pas fourni les justificatifs, il est procédé à la récupération complète des sommes avancées sur le paiement du mois considéré et, s'il y a lieu, sur le ou les paiements ultérieurs.

A défaut de récupération des sommes avancées au cours du mois civil qui suit leur versement, aucun nouveau paiement provisoire ne peut être effectué.

En tout état de cause, la fourniture ultérieure des justificatifs entraîne la régularisation de la situation de l'allocataire.

La déclaration sociale nominative prévue aux articles L. 133-5-3, R. 133-13 et R. 133-14 du code de la sécurité sociale et les relevés des contrats de mission prévus à l'article L. 1251-46 du code du travail permettent notamment de vérifier la cohérence et l'exhaustivité des éléments d'information transmis par l'allocataire.

V. notes ss. art. 30.

SECTION II *Allocataires ayant plusieurs activités professionnelles et perdant successivement l'une ou plusieurs d'entre elles*

SOUS-SECTION I *Modalités de cumul*

Art. 33 Le salarié qui exerce plusieurs activités peut, en cas de perte d'une ou plusieurs d'entre elles dans les conditions du titre Ier, cumuler intégralement les rémunérations professionnelles salariées ou non issues des activités conservées avec l'allocation d'aide au retour à l'emploi calculée sur la base des salaires de l'activité perdue, conformément aux articles 14 à 16 et ce dans les conditions prévues aux articles 30 et 32.

L'activité est considérée comme conservée dès lors qu'elle a donné lieu à un cumul effectif des revenus avant la perte de l'une ou plusieurs des activités exercées. A défaut, les règles des articles 30 à 32 sont applicables.

V. notes ss. art. 30.

SOUS-SECTION II *Révision du droit*

Art. 34 En cas de perte involontaire d'une activité conservée en cours d'indemnisation, sous réserve de justifier des conditions fixées au Titre Ier et par dérogation aux articles 28 et 29, un nouveau droit à l'allocation d'aide au retour à l'emploi est déterminé en additionnant :

— le montant global du reliquat de droits résultant de la précédente admission ;

— le montant global des droits issus de l'activité conservée perdue qui auraient été ouverts en l'absence de l'ouverture de droits précédente.

Le montant de l'allocation journalière correspond à la somme des montants de l'allocation journalière de la précédente admission et de l'allocation journalière qui aurait été servie en l'absence de reliquat, dans les limites visées aux articles 14 à 16.

La durée d'indemnisation est égale au quotient du nouveau montant global de droits par le montant brut de l'allocation journalière, arrondi à l'entier supérieur, dans les limites fixées à l'article 9.

CHAPITRE III *Aide différentielle de reclassement*

Art. 35 (Abrogé par Avenant n° 1 du 25 mars 2015, agréé par Arr. du 30 juill. 2015, à compter du 1er avr. 2015) *Une aide est attribuée à l'allocataire âgé de 50 ans et plus, ou indemnisé depuis plus de 12 mois, qui reprend un emploi salarié :*

— dans une entreprise autre que celle dans laquelle il exerçait son emploi précédent ;

— qui ne bénéficie pas des mesures prévues aux articles 30 à 33 ;

— et dont la rémunération est, pour une même durée de travail, inférieure d'au moins 15 % à 30 fois le salaire journalier de référence ayant servi au calcul de l'allocation d'aide au retour à l'emploi.

Le montant mensuel de l'aide différentielle de reclassement est égal à la différence entre 30 fois le salaire journalier de référence ayant servi au calcul de l'allocation d'aide au retour à l'emploi et le salaire brut mensuel de l'emploi salarié repris.

Cette aide, destinée à compenser la baisse de rémunération, est versée mensuellement à terme échu pour une durée qui ne peut excéder la durée maximum des droits et dans la limite d'un montant total plafonné à 50 % des droits résiduels à l'allocation d'aide au retour à l'emploi.

Les périodes de versement de cette aide réduisent à due proportion le reliquat des droits restant au jour de l'embauche.

Cette aide est incompatible avec l'aide prévue à l'article 36.

Les modalités d'application du présent article sont fixées par un accord d'application.

V. Accord d'application nº 23 du 14 mai 2014 pris pour l'application de l'art. 35 du Règl. général annexé à la Conv. du 14 mai 2014 relative à l'indemnisation du chômage.

CHAPITRE IV *Aide à la reprise ou à la création d'entreprise*

Art. 36 Une aide à la reprise ou à la création d'entreprise est attribuée à l'allocataire qui justifie de l'obtention de l'aide aux chômeurs créateurs ou repreneurs d'entreprise (ACCRE) visée aux articles L. 5141-1, L. 5141-2 et L. 5141-5 du code du travail.

Cette aide ne peut être servie simultanément au cumul d'une allocation d'aide au retour à l'emploi avec une rémunération visé aux articles 30 à 33.

(Avenant nº 1 du 25 mars 2015, agréé par Arr. du 30 juill. 2015, en vigueur le 1er avr. 2015) « Le montant de l'aide est égal à 45 % du montant du reliquat des droits restants :

« – soit au jour de la création ou de la reprise d'entreprise ;

« – soit, si cette date est postérieure, à la date d'obtention de l'ACCRE. » – *[Rédaction applicable jusqu'au 31 mars 2015 ; Le montant de l'aide est égal à la moitié du montant du reliquat des droits restants :*

– soit au jour de la création ou de la reprise d'entreprise,

– soit, si cette date est postérieure, à la date d'obtention de l'ACCRE.]

L'aide donne lieu à deux versements égaux :

– le premier paiement intervient à la date à laquelle l'intéressé réunit l'ensemble des conditions d'attribution de l'aide ;

– le second paiement intervient 6 mois après la date de création ou de reprise d'entreprise, sous réserve que l'intéressé exerce toujours l'activité au titre de laquelle l'aide a été accordée.

La durée que représente le montant de l'aide versée est imputée sur le reliquat des droits restant au jour de la reprise ou de la création d'entreprise.

Cette aide ne peut être attribuée qu'une seule fois par ouverture de droits. *(Abrogé par Avenant nº 1 du 25 mars 2015, agréé par Arr. du 30 juill. 2015, à compter du 1er avr. 2015) « Elle est incompatible avec l'aide prévue à l'article 35. »*

Un accord d'application fixe les modalités d'application du présent article.

V. Accord d'application nº 24 du 14 mai 2014 pris pour l'application de l'art. 36 du Règl. général annexé à la Conv. du 14 mai 2014 relative à l'indemnisation du chômage.

TITRE III **Autres interventions**

CHAPITRE PREMIER *Allocation décès*

Art. 37 En cas de décès d'un allocataire en cours d'indemnisation ou au cours d'une période de différé d'indemnisation ou de délai d'attente, il est versé à son conjoint une somme égale à 120 fois le montant journalier de l'allocation dont bénéficiait ou aurait bénéficié le défunt.

Cette somme est majorée de 45 fois le montant de ladite allocation journalière pour chaque enfant à charge au sens de la législation de la sécurité sociale.

CHAPITRE II *Aide pour congés non payés*

Art. 38 Le salarié qui a bénéficié de l'allocation d'assurance chômage ou de l'allocation de solidarité spécifique pendant la période de référence des congés payés ou pendant la période qui lui fait suite immédiatement, et dont l'entreprise ferme pour congés payés, peut obtenir une aide pour congés non payés.

Le montant de l'aide est déterminé en tenant compte du nombre de jours de fermeture de l'entreprise, des droits à congés payés éventuellement acquis au titre de l'emploi en cours.

CHAPITRE III *Aide à l'allocataire arrivant au terme de ses droits*

Art. 39 L'allocataire dont les droits arrivent à terme au titre de l'assurance chômage, et qui ne bénéficie pas d'une allocation du régime de solidarité pour un motif autre que la condition de ressources, peut, à sa demande, bénéficier d'une aide forfaitaire.

Le montant de l'aide est égal à 27 fois la partie fixe de l'allocation visée à l'article 14 tiret 2.

TITRE IV **Les demandes d'allocations et d'aides, et l'information du salarié privé d'emploi**

CHAPITRE PREMIER *Les demandes d'allocations et d'aides, et le dispositif de rechargement des droits*

V. Accord d'application n° 8 du 14 mai 2014 pris pour l'application des art. 40 à 45 du Règl. général annexé à la Conv. du 14 mai 2014 relative à l'indemnisation du chômage.

SECTION I *Examen des droits des salariés privés d'emploi*

Art. 40 *§ 1er – La demande initiale d'allocations*

Le versement des allocations est consécutif à la signature d'une demande d'allocations dont le modèle est établi par l'Unedic.

La demande d'allocations est complétée et signée par le salarié privé d'emploi. Pour que la demande soit recevable, le salarié privé d'emploi doit présenter sa carte d'assurance maladie (carte Vitale) ou à défaut une attestation d'assujettissement à un des régimes de sécurité sociale gérés par la Caisse des Français de l'étranger.

Les informations nominatives contenues dans la demande d'allocations sont enregistrées dans un répertoire national des allocataires, dans le but de rechercher les cas de multiples dépôts de demandes d'allocations par une même personne pour la même période de chômage.

(Avenant n° 2 du 8 juill. 2015, agréé par Arr. du 9 nov. 2015) Réservé

§ 3. – Le dispositif de rechargement des droits

Afin d'assurer la continuité du service des allocations, un courrier comportant les données disponibles et utiles à la détermination du rechargement des droits est adressé au demandeur d'emploi, 30 jours au moins avant la fin prévisionnelle de ses droits. Ces données sont complétées par l'intéressé le cas échéant dans le mois suivant leur transmission.

A défaut de réponse de l'intéressé à la date d'épuisement des droits, le rechargement est effectué, conformément à l'article 28, sur la base des informations disponibles. Celles-ci doivent permettre notamment d'apprécier si les conditions d'affiliation minimale et de chômage involontaire sont vérifiées.

§ 4 – La demande de révision du droit en cas de perte d'une ou plusieurs activités professionnelles ayant été exercées de façon concomitante en cours d'indemnisation

En cas de perte involontaire d'une activité conservée en cours d'indemnisation, les allocataires peuvent solliciter la révision de leur droit. La demande de révision, datée et signée, est accompagnée de l'ensemble des informations permettant la détermination d'un nouveau droit à l'allocation d'aide au retour à l'emploi.

Art. 41 § 1er – La détermination des droits aux allocations du salarié privé d'emploi est effectuée sur la base des informations transmises par les employeurs dans les formulaires dont les modèles sont établis par l'Unedic conformément à l'article R. 1234-9 du code du travail ou par la déclaration sociale nominative prévue par l'article L. 133-5-3 du code de la sécurité sociale, dont les modalités sont précisées aux articles R. 133-13 et R. 133-14 du même code, ou le cas échéant, par les relevés des contrats de mission prévus à l'article L. 1251-46 du code du travail.

§ 2 – L'instruction des demandes d'allocations et l'examen conduisant à la détermination des droits des salariés privés d'emploi sont réalisés dans les conditions prévues par un accord d'application.

SECTION II *Autres demandes*

Art. 42 *(Abrogé par Avenant n° 1 du 25 mars 2015,* agréé par Arr. du 30 juill. 2015, à compter du 1er avr. 2015) Demande d'aide différentielle de reclassement. *La demande d'aide différentielle de reclassement est remise à l'allocataire sur sa demande. Le formulaire, conforme à un modèle établi par l'Unedic, est complété, daté et signé par l'allocataire.*

Art. 43 *Demande d'aide à la reprise et à la création d'entreprise.* La demande d'aide à la reprise et à la création d'entreprise est remise à l'allocataire sur sa demande. Le formulaire, conforme à un modèle établi par l'Unedic, est complété, daté et signé par l'allocataire.

Art. 44 *Demandes portant sur les autres interventions.* Les demandes d'aides prévues aux articles 37 à 39 sont présentées sur la base d'un formulaire dont le modèle est établi par l'Unedic.

CHAPITRE II *La notification des droits et l'information sur le paiement des allocations*

Art. 45 § 1er – La notification d'admission adressée au salarié privé d'emploi comporte notamment les informations relatives à la date du premier jour indemnisé, à la durée du droit ouvert, au montant du salaire de référence et au montant journalier de l'allocation, en précisant le taux de remplacement auquel correspond l'allocation, en pourcentage du montant brut du salaire de référence.

Cette notification l'informe également de l'intérêt d'une reprise d'activité professionnelle ainsi que des conséquences de la perte d'une activité conservée en cours d'indemnisation.

§ 2 – L'allocataire est informé, chaque mois, du montant et de la date de paiement de ses allocations et, en cas d'exercice d'une activité professionnelle en cours d'indemnisation, du nombre de jours d'indemnisation restants.

TITRE V **Les prescriptions**

SECTION I *Prescription de la demande en paiement*

Art. 46 § 1er – Le délai de prescription de la demande en paiement des allocations est de 2 ans suivant la date d'inscription comme demandeur d'emploi.

§ 2 – Le délai de prescription de la demande en paiement des créances visées aux articles 35 à 39 est de 2 ans suivant le fait générateur de la créance.

SECTION II *Prescription de l'action en paiement*

Art. 47 L'action en paiement des allocations ou des autres créances visées à l'article 46, qui doit être obligatoirement précédée du dépôt de la demande mentionnée à cet article, se prescrit par 2 ans à compter de la date de notification de la décision.

TITRE VI **Les instances paritaires régionales**

Art. 48 Les instances paritaires régionales sont compétentes pour examiner les catégories de cas fixées par le présent règlement et par les accords d'application sur saisine des intéressés.

V. Accord d'application no 12 du 14 mai 2014 pris pour l'application de l'art. 48 du Règl. général annexé à la Conv. du 14 mai 2014 relative à l'indemnisation du chômage. – V. Circ. Unedic no 2014-27 du 19 nov. 2014.

TITRE VII **Les contributions**

I **Affiliation**

Art. 49 § 1er – Les employeurs compris dans le champ d'application fixé par l'article L. 5422-13 du code du travail sont tenus de s'affilier au régime d'assurance chômage.

Cette affiliation est effectuée auprès de l'organisme de recouvrement compétent mentionné à l'article L. 5427-1 du code du travail selon les modalités prévues à l'article R. 5422-5 du même code.

L'affiliation prend effet et les contributions sont dues à la date à laquelle l'employeur est assujetti au régime d'assurance chômage, soit à compter de l'embauche de chaque salarié.

La déclaration transmise par l'intermédiaire des centres de formalités des entreprises a valeur d'affiliation.

§ 2 – Par ailleurs, les employeurs visés à l'article L. 5424-1 du code du travail, occupant à titre temporaire des salariés relevant des professions de la production cinématographique, de l'audiovisuel ou du spectacle, lorsque l'activité exercée est comprise dans le champ d'application des aménagements apportés par le régime d'assurance chômage aux conditions d'indemnisation, en vertu de l'article L. 5424-20 du code du travail, sont tenus de déclarer ces activités au régime d'assurance chômage et de soumettre à contributions les rémunérations versées à ce titre.

§ 3 – Par dérogation aux dispositions visées au § 1er, les employeurs immatriculés par une union pour le recouvrement des cotisations de sécurité sociale et d'allocations familiales en qualité d'employeurs de personnel domestique sont dispensés des formalités d'affiliation au régime d'assurance chômage.

II **Ressources**

Art. 50 Le régime d'assurance chômage est financé, d'une part, par des contributions générales assises sur les rémunérations brutes dans la limite d'un plafond, d'autre part, par des contributions particulières.

CHAPITRE PREMIER *Contributions générales*

SECTION I *Assiette*

Art. 51 Les contributions des employeurs et des salariés sont assises sur les rémunérations brutes plafonnées, soit, sauf cas particuliers définis par une annexe, sur l'ensemble des rémunérations, converties le cas échéant en euros sur la base du taux officiel du change lors de leur perception, entrant dans l'assiette des cotisations de sécurité sociale prévue aux articles L. 242-1 et suivants du code de la sécurité sociale.

Sont cependant exclues de l'assiette des contributions, les rémunérations dépassant 4 fois le plafond du régime d'assurance vieillesse de la sécurité sociale visé à l'article L. 241-3 du code de la sécurité sociale.

V. Accord d'application n° 18 du 14 mai 2014 pris pour l'interprétation des art. 11, 12 et 51 du Règl. général annexé à la Conv. du 14 mai 2014 relative à l'indemnisation du chômage.

SECTION II *Taux*

Art. 52 § 1er – Le taux des contributions est fixé à 6,40 % et réparti à raison de 4 % à la charge des employeurs et de 2,40 % à la charge des salariés.

§ 2 – Pour les contrats à durée déterminée, la part de la contribution à la charge de l'employeur est fixée comme suit :

– 7 % pour les contrats d'une durée inférieure ou égale à 1 mois ;

– 5,5 % pour les contrats d'une durée supérieure à 1 mois et inférieure ou égale à 3 mois ;

– 4,5 % pour les contrats visés à l'article L. 1242-2, 3°, du code du travail, excepté pour les emplois à caractère saisonnier, d'une durée inférieure ou égale à 3 mois.

Pour l'application des taux susvisés, seule la durée initialement prévue au contrat, hors renouvellement, ou à défaut la durée minimale, est prise en compte. La durée du contrat s'apprécie de date à date.

La part de la contribution à la charge de l'employeur demeure fixée à 4 % :

– dès lors que le salarié est embauché par l'employeur en contrat à durée indéterminée à l'issue du contrat à durée déterminée ;

– pour tous les contrats de travail temporaires visés aux articles L. 1251-1 et suivants du code du travail et les contrats de travail à durée déterminée visés aux 1°, 4° et 5° de l'article L. 1242-2 du code du travail ;

– pour les contrats de travail conclus avec des employés de maison visés aux articles L. 7221-1 et suivants du code du travail.

§ 3 – Une exonération de la part patronale des contributions est accordée à l'employeur en cas d'embauche en contrat à durée indéterminée d'un jeune de moins de 26 ans, dès lors que le contrat se poursuit au-delà de la période d'essai. La condition d'âge s'apprécie à la date de prise d'effet du contrat de travail.

L'employeur est exonéré du paiement de la part de la contribution à sa charge pendant 3 mois dans les entreprises de 50 salariés et plus. Cette exonération est portée à 4 mois dans les entreprises de moins de 50 salariés.

Cette exonération s'applique, à la demande de l'employeur, le 1er jour du mois civil qui suit la confirmation de la période d'essai, dès lors qu'est constatée la présence du salarié à l'effectif de l'entreprise à cette date.

V. Accords d'application nos 25 et 26 du 14 mai 2014 pris pour l'application de l'art. 4 de la convention du 14 mai 2014 relative à l'indemnisation du chômage et de l'art. 52 du Règl. général annexé à la Conv. du 14 mai 2014 relative à l'indemnisation du chômage.

SECTION III *Exigibilité*

Art. 53 Les conditions d'exigibilité des contributions sont celles prévues aux articles R. 5422-7 et R. 5422-8 du code du travail.

Cependant, les employeurs dont le versement trimestriel serait habituellement inférieur au montant fixé par décret en Conseil d'État sont autorisés à ne régler qu'une fois par an les contributions afférentes à l'année civile précédente.

SECTION IV *Déclarations*

Art. 54 Les employeurs sont tenus de déclarer les rémunérations servant au calcul des contributions incombant tant aux employeurs qu'aux salariés conformément à l'article R. 5422-6 du code du travail.

SECTION V *Paiement*

Art. 55 Le règlement des contributions est effectué à la diligence de l'employeur, qui est responsable du paiement des parts patronale et salariale auprès de l'organisme chargé de recouvrement mentionné à l'article L. 5427-1 du code du travail.

Le montant des contributions est arrondi à l'euro le plus proche. La fraction d'euro égale à 0,50 est comptée pour 1, conformément aux dispositions de l'article L. 130-1 du code de la sécurité sociale.

L'employeur qui a opté pour le recouvrement simplifié règle les contributions, trimestriellement, sous forme d'acompte prévisionnel.

SECTION VI *Précontentieux et contentieux*

Art. 56 Toute action intentée ou poursuite engagée contre un employeur manquant aux obligations résultant des dispositions régissant le régime d'assurance chômage est obligatoirement précédée d'une mise en demeure dans les conditions prévues à l'article R. 5422-9 du code du travail.

SECTION VII *Remises et délais*

Art. 57 Les demandes de remise des majorations de retard et pénalités ainsi que les demandes de délai de paiement sont examinées par l'instance compétente au sein de l'organisme de recouvrement mentionné à l'article L. 5427-1 du code du travail.

CHAPITRE II *Contributions particulières*

SECTION I *Contribution spécifique*

Art. 58 § 1er – Une contribution spécifique est due au régime d'assurance chômage par l'employeur qui procède au licenciement pour motif économique d'un salarié sans lui proposer le bénéfice d'une convention de reclassement personnalisé en application des articles L. 1233-65 et L. 1235-16, en application de l'article 74 de la loi n° 2005-32 du 18 janvier 2005.

§ 2 – En application de l'article L. 1233-66 du code du travail, une contribution est due au régime d'assurance chômage par l'employeur qui procède au licenciement pour motif économique d'un salarié sans lui proposer le bénéfice d'un contrat de sécurisation professionnelle, lorsque le salarié refuse le contrat de sécurisation professionnelle sur proposition de l'institution mentionnée à l'article L. 5312-1 du code du travail.

§ 3 – La contribution spécifique visée au § 1er et au § 2 du présent article est calculée en fonction du salaire journalier moyen visé à l'article 13 ayant servi au calcul des allocations.

Elle correspond à 60 fois le salaire journalier de référence servant au calcul des allocations.

SECTION II *Recouvrement*

Art. 59 Le règlement de la contribution visée à l'article 58 est exigible dans un délai de 15 jours suivant la date d'envoi de l'avis de versement.

CHAPITRE III *Autres ressources*

Art. 60 Si l'employeur ne s'est pas affilié dans les délais prévus à l'article 49, § 1er, ou s'il n'a pas payé les contributions dont il est redevable à l'échéance, le remboursement des prestations versées à ses anciens salariés entre la date limite d'affiliation ou celle de l'échéance, et la date à laquelle l'employeur s'est mis complètement en règle au regard des obligations découlant du présent titre, peut être réclamé.

Cette sanction est applicable sans préjudice des majorations de retard et des sanctions prévues en application de l'article L. 5422-16 du code du travail, ainsi que des poursuites susceptibles d'être engagées en cas de rétention de la part salariale des contributions.

Art. 61 L'organisme chargé du versement des allocations de chômage, pour le compte de l'Unedic, au salarié licencié, est en droit d'obtenir auprès de son ancien employeur le remboursement de ces allocations, dans les conditions et limites prévues à l'article L. 1235-4 du code du travail, lorsque la juridiction prud'homale, statuant au titre de cet article, a jugé le licenciement dépourvu de cause réelle et sérieuse, ou prononcé la nullité du licenciement, sans ordonner la poursuite du contrat de travail.

TITRE VIII **Organisation financière et comptable**

Art. 62 La comptabilité de l'assurance chômage est tenue par l'Unedic, dans le cadre du plan comptable approuvé par les pouvoirs publics.

L'exercice comptable annuel s'étend du 1er janvier au 31 décembre, il fait l'objet d'un arrêté des comptes intermédiaire au 30 juin.

TITRE IX **Coordination du régime d'assurance chômage avec le régime d'assurance chômage applicable à Mayotte**

Art. 63 Les périodes d'affiliation au titre du présent règlement général et celles de l'accord national interprofessionnel du 26 octobre 2012 relatif à l'indemnisation du chômage à Mayotte sont totalisées pour la recherche de la condition d'affiliation requise pour l'attribution de l'allocation d'aide au retour à l'emploi.

Pour la détermination du montant de l'allocation, sont prises en compte les rémunérations soumises à contribution et correspondant à ces périodes d'affiliation.

Art. 64 § 1er – Les droits ouverts au titre du présent règlement général sont transférables en cas d'inscription du bénéficiaire sur la liste des demandeurs d'emploi à Mayotte.

Dans cette hypothèse, l'allocation est calculée et servie conformément à l'accord national interprofessionnel du 26 octobre 2012 relatif à l'indemnisation du chômage à Mayotte, dans la limite du reliquat des droits.

§ 2 – Les droits ouverts au titre du régime d'assurance chômage applicable à Mayotte sont transférables en cas d'inscription du bénéficiaire sur la liste des demandeurs d'emploi dans l'un des territoires entrant dans le champ d'application de la convention du 14 mai 2014 relative à l'indemnisation du chômage.

Dans cette hypothèse, le montant de l'allocation est déterminé conformément aux dispositions du présent règlement général sur la base d'un salaire journalier de référence établi conformément aux dispositions de l'article 13 de l'accord national interprofessionnel du 26 octobre 2012 relatif à l'indemnisation du chômage à Mayotte. L'allocation qui en résulte est servie dans la limite du reliquat de droits.

IV GROUPEMENTS PROFESSIONNELS. REPRÉSENTATION DES SALARIÉS. PARTICIPATION ET INTÉRESSEMENT

A Syndicats professionnels

V. aussi art. L. 2111-1 s.

Code pénal

Des peines applicables aux personnes physiques

....

Art. 131-6 *(L. nº 2004-204 du 9 mars 2004, art. 44-V)* « Lorsqu'un délit est puni d'une peine d'emprisonnement, la juridiction peut prononcer, à la place de l'emprisonnement, une ou plusieurs des peines privatives ou restrictives de liberté suivantes : »

1° La suspension, pour une durée de cinq ans au plus, du permis de conduire, cette suspension pouvant être limitée, selon des modalités déterminées par décret en Conseil d'État, à la conduite en dehors de l'activité professionnelle *(L. n° 2003-495 du 12 juin 2003, art. 5)* « ; cette limitation n'est toutefois pas possible en cas de délit pour lequel la suspension du permis de conduire, encourue à titre de peine complémentaire, ne peut pas être limitée à la conduite en dehors de l'activité professionnelle » ; *— V. art. R. 131-1 s. — Pr. pén. 702-1.*

2° L'interdiction de conduire certains véhicules pendant une durée de cinq ans au plus ; *— V. art. R. 131-3 s.*

3° L'annulation du permis de conduire avec interdiction de solliciter la délivrance d'un nouveau permis pendant cinq ans au plus ;

4° La confiscation d'un ou de plusieurs véhicules appartenant au condamné ;

5° L'immobilisation, pour une durée d'un an au plus, d'un ou de plusieurs véhicules appartenant au condamné, selon des modalités déterminées par décret en Conseil d'État ; *— V. art. R. 131-5 s.*

(L. n° 2014-896 du 15 août 2014, art. 52, en vigueur le 1er oct. 2014) « 5° *bis* L'interdiction, pendant une durée de cinq ans au plus, de conduire un véhicule qui ne soit pas équipé, par un professionnel agréé ou par construction, d'un dispositif homologué d'anti-démarrage par éthylotest électronique. Lorsque cette interdiction est prononcée en même temps que la peine d'annulation ou de suspension du permis de conduire, elle s'applique, pour la durée fixée par la juridiction, à l'issue de l'exécution de cette peine ; »

6° L'interdiction de détenir ou de porter, pour une durée de cinq ans au plus, une arme soumise à autorisation ;

7° La confiscation d'une ou de plusieurs armes dont le condamné est propriétaire ou dont il a la libre disposition ; *— Pén. 131-21.*

8° Le retrait du permis de chasser avec interdiction de solliciter la délivrance d'un nouveau permis pendant cinq ans au plus ;

9° L'interdiction pour une durée de cinq ans au plus d'émettre des chèques autres que ceux qui permettent le retrait de fonds par le tireur auprès du tiré ou ceux qui sont certifiés et d'utiliser des cartes de paiement ; *— Pén. 131-19 s.*

10° La confiscation de la chose qui a servi ou était destinée à commettre l'infraction ou de la chose qui en est le produit. Toutefois, cette confiscation ne peut pas être prononcée en matière de délit de presse ; *— Pén. 131-21.*

(L. n° 92-1336 du 16 déc. 1992) « 11° L'interdiction pour une durée de cinq ans au plus d'exercer une activité professionnelle ou sociale dès lors que les facilités que procure cette activité ont été sciemment utilisées pour préparer ou commettre l'infraction. Cette interdiction n'est toutefois pas applicable à l'exercice d'un mandat électif ou de responsabilités syndicales. Elle n'est pas non plus applicable en matière de délit de presse ; » *— Pr. pén. 471, 775, 777.*

(L. n° 2004-204 du 9 mars 2004, art. 44-V) « 12° L'interdiction, pour une durée de trois ans au plus, de paraître dans certains lieux ou catégories de lieux déterminés par la juridiction et dans lesquels l'infraction a été commise ;

« 13° L'interdiction, pour une durée de trois ans au plus, de fréquenter certains condamnés spécialement désignés par la juridiction, notamment les auteurs ou complices de l'infraction ;

« 14° L'interdiction, pour une durée de trois ans au plus, d'entrer en relation avec certaines personnes spécialement désignées par la juridiction, notamment la victime de l'infraction ; »

(L. n° 2008-776 du 4 août 2008, art. 70) « 15° L'interdiction, pour une durée de cinq ans au plus, d'exercer une profession commerciale ou industrielle, de diriger, d'administrer, de gérer ou de contrôler à un titre quelconque, directement ou indirectement, pour son propre compte ou pour le compte d'autrui, une entreprise commerciale ou industrielle ou une société commerciale. »

***Corresp.** : C. pén., anciens art. 43-2, 43-3 et 43-4.*

....

Art. 131-27 Lorsqu'elle est encourue à titre de peine complémentaire pour un crime ou un délit, l'interdiction d'exercer une fonction publique ou d'exercer une activité professionnelle ou sociale est soit définitive, soit temporaire ; dans ce dernier cas, elle ne peut excéder une durée de cinq ans.

(L. n° 2008-776 du 4 août 2008, art. 70) « L'interdiction d'exercer une profession commerciale ou industrielle, de diriger, d'administrer, de gérer ou de contrôler à un titre quelconque, directement ou indirectement, pour son propre compte ou pour le compte d'autrui,

une entreprise commerciale ou industrielle ou une société commerciale est soit définitive, soit temporaire ; dans ce dernier cas, elle ne peut excéder une durée de *(L. n° 2013-1117 du 6 déc. 2013, art. 2)* « quinze » ans. »

Cette interdiction n'est pas applicable à l'exercice d'un mandat électif ou de responsabilités syndicales. Elle n'est pas non plus applicable en matière de délit de presse.

....

Des peines applicables aux personnes morales

....

Art. 131-39 Lorsque la loi le prévoit à l'encontre d'une personne morale, un crime ou un délit peut être sanctionné d'une ou de plusieurs des peines suivantes :

1° La dissolution, lorsque la personne morale a été créée ou, lorsqu'il s'agit d'un crime ou d'un délit puni en ce qui concerne les personnes physiques d'une peine d'emprisonnement supérieure *(L. n° 2001-504 du 12 juin 2001)* « ou égale à trois ans », détournée de son objet pour commettre les faits incriminés ;

....

3° Le placement, pour une durée de cinq ans au plus, sous surveillance judiciaire ;

....

Les peines définies aux 1° et 3° ci-dessus ne sont pas applicables aux personnes morales de droit public dont la responsabilité pénale est susceptible d'être engagée. Elles ne sont pas non plus applicables aux partis ou groupements politiques ni aux syndicats professionnels. La peine définie au 1° n'est pas applicable aux institutions représentatives du personnel.

....

B Délégués du personnel

(V. aussi C. trav., liv. IV, tit. II).

Arrêté du 30 septembre 1946,

Déterminant les conditions d'application de la loi du 16 avril 1946 [C. trav., 7e partie, liv. IV] aux domicile et les modalités particulières de désignation des délégués de ces travailleurs.

C Comités d'entreprise

(V. aussi C. trav., art. L. 2321-1 s.)

Code pénal

Art. 131-6, 131-27, 131-39 *V. A. Syndicats professionnels.*

Code rural et de la pêche maritime

LIVRE VII **Dispositions sociales**

(Ord. n° 2000-550 du 15 juin 2000)

Comités des activités sociales et culturelles

Art. L. 718-1 Un comité des activités sociales et culturelles *(L. n° 2014-1170 du 13 oct. 2014, art. 20)* « peut être constitué au plan départemental, interdépartemental ou régional, » au bénéfice des salariés et de leurs familles, employés dans les exploitations ou entreprises mentionnées aux 1° à 4° de l'article L. 722-1 *[V. cet art., App. II, B. Durée du travail]*, dont l'effectif est inférieur à cinquante salariés et qui n'ont pas de comité d'entreprise.

Une convention ou un accord collectif de travail étendu conclu sur le plan départemental, *(L. n° 2014-1170 du 13 oct. 2014, art. 20)* « interdépartemental ou régional » détermine les modalités de constitution du comité et contient obligatoirement des dispositions concernant :

1° La composition du comité, les modalités de désignation des représentants et la durée de leur mandat ;

2° Les modalités d'exercice du mandat détenu par les représentants des organisations de salariés ;

3° Le taux de la contribution versée par chaque employeur ainsi que les modalités de recouvrement de celle-ci ;

4° La destination des fonds recouvrés et les modalités d'utilisation de ceux-ci.

Le comité est doté de la personnalité civile et détermine ses modalités de fonctionnement dans un règlement intérieur.

Le comité est composé en nombre égal de représentants des organisations syndicales d'employeurs et de salariés agricoles représentatives dans le champ d'application de la convention ou de l'accord. Les représentants sont choisis parmi les salariés et les employeurs entrant dans le champ d'application territorial et professionnel de la convention ou de l'accord collectif de travail étendu.

Le comité exerce les attributions dévolues aux comités d'entreprise par *(Ord. n° 2012-789 du 31 mai 2012, art. 20-4°)* « les articles **L. 2323-83** à **L. 2323-87** » du code du travail. La contribution qui est versée par les employeurs des salariés mentionnés au premier alinéa du présent article et qui est destinée à couvrir le fonctionnement et les activités sociales et culturelles du comité est assise sur la masse salariale brute.

Les contributions versées et les avantages servis suivent, en matière de cotisations sociales et de fiscalité, le régime applicable aux activités sociales et culturelles des comités d'entreprise. — *[Anc. art. 1000-7.]*

D Intéressement. Participation. Actionnariat

RÉP. TRAV. v° *Intéressement et participation des travailleurs à l'entreprise,* par J. SAVATIER.

Décret n° 87-948 du 26 novembre 1987,

Déterminant les établissements publics et entreprises publiques soumis aux dispositions concernant la participation de l'ordonnance n° 86-1134 du 21 octobre 1986 relative à l'intéressement et à la participation des salariés aux résultats de l'entreprise et à l'actionnariat des salariés, ainsi que les conditions dans lesquelles les dispositions de cette ordonnance leur sont applicables. — Ord. codifiée aux art. L. 3311-1 s.

Art. 1er *(Décr. n° 2005-1650 du 27 déc. 2005)* Sont soumis aux dispositions des articles **L. 442-1** à **L. 442-14** *[L. 3311-1 à L. 3326-2 nouv.]* du code du travail, dans les conditions fixées par le présent décret, les établissements publics et entreprises publiques inscrits sur la liste figurant à l'article 4.

Art. 2 En ce qui concerne les *(Décr. n° 2005-1650 du 27 déc. 2005)* « établissements publics et entreprises publiques mentionnés » à l'article 1er du présent décret, les accords conclus en vertu de l'article **L. 442-6** *[L. 3324-2 nouv.]* du code du travail peuvent décider que la réserve spéciale de participation des salariés sera calculée en tenant compte des résultats cumulés des entreprises appartenant à un même groupe.

(Décr. n° 96-255 du 26 mars 1996) « En ce qui concerne la Banque de France, les éléments du résultat permettant de calculer le bénéfice net et la valeur ajoutée au sens des articles **L. 442-2** *[L. 3325-2 nouv.]*, **R. 442-2** et **R. 442-3** du code du travail sont déterminés par un arrêté du ministre chargé de l'économie, pris après avis de la commission interministérielle visée à l'article 6 du décret du 9 août 1953 susvisé, en corrigeant les incidences sur le compte de résultats de la banque des variations de la politique monétaire et en écartant les effets comptables du régime de gestion des fonds affectés au financement des retraites. »

Al. abrogé par Décr. n° 2005-1650 du 27 déc. 2005.

Art. 3 Les accords conclus en vertu de l'article **L. 442-6** *[L. 3324-6 nouv.]* du code du travail ne peuvent entrer en application qu'après avoir été homologués par arrêté conjoint du ministre chargé de l'économie *(Abrogé par Décr. n° 2005-1650 du 27 déc. 2005) « et des finances »*, du ministre chargé du travail et du ministre de tutelle de l'entreprise, après avis de la commission interministérielle *(Décr. n° 2005-1650 du 27 déc. 2005)* « mentionnée à l'article 2 ».

Art. 4 *(Décr. n° 2001-1177 du 12 déc. 2001)* La liste des *(Décr. n° 2005-1650 du 27 déc. 2005)* « établissements publics et entreprises publiques » prévue à l'article 1er du présent décret est établie comme suit :

(Décr. n° 2005-1650 du 27 déc. 2005) « Aéroports de Paris » ;

Banque de France ;

Caisse centrale de réassurance ;
Caisse des dépôts-développement ;
(Abrogé par Décr. n° 2005-1650 du 27 déc. 2005) « *CDC Finance – CDC Ixis ;* »
CNP Assurances SA ;
(Décr. n° 2005-1650 du 27 déc. 2005) « DCN » ;
Entreprise minière et chimique ;
GIAT Industries ;
La Française des jeux ;
SNPE ;
Société Air France ;
Société concessionnaire française pour la construction et l'exploitation du tunnel routier sous le Mont-Blanc ;
Société des autoroutes du sud de la France ;
Société des autoroutes du nord et de l'est de la France ;
Société des autoroutes Paris-Rhin-Rhône ;
Société française du tunnel routier du Fréjus ;
(Abrogé par Décr. n° 2005-1650 du 27 déc. 2005) « *Société nationale d'étude et de construction de moteurs d'aviation ;* »
Société nationale immobilière.

Loi n° 2008-111 du 8 février 2008,

Pour le pouvoir d'achat.

Art. 5 I. — Les droits au titre de la participation aux résultats de l'entreprise qui ont été affectés au plus tard le 31 décembre 2007 en application de l'article L. 442-5 du code du travail sont négociables ou exigibles avant l'expiration des délais prévus aux articles L. 442-7 et L. 442-12 du même code, sur simple demande du bénéficiaire pour leur valeur au jour du déblocage.

Dans les entreprises ayant conclu un accord dans les conditions prévues à l'article L. 442-6 du même code, l'application des dispositions de l'alinéa précédent à tout ou partie de la part des sommes versées aux salariés au titre de la participation aux résultats de l'entreprise supérieure à la répartition d'une réserve spéciale de participation calculée selon les modalités définies à l'article L. 442-2 du même code est subordonnée à un accord négocié dans les conditions prévues aux articles L. 442-10 et L. 442-11 du même code.

Lorsque l'accord de participation prévoit l'acquisition de titres de l'entreprise ou d'une entreprise qui lui est liée au sens du deuxième alinéa de l'article L. 444-3 du code du travail ou de parts ou d'actions d'organismes de placement collectif en valeurs mobilières relevant des articles L. 214-40 et L. 214-40-1 du code monétaire et financier, ou l'affectation des sommes à un fonds que l'entreprise consacre à des investissements en application du 2° de l'article L. 442-5 du code du travail, le déblocage de ces titres, parts, actions ou sommes est subordonné à un accord négocié dans les conditions prévues aux articles L. 442-10 et L. 442-11 *[L. 3322-6 et L. 3322-7 nouv.]* du code du travail. Cet accord peut prévoir que le versement ou la délivrance de certaines catégories de droits peut n'être effectué que pour une partie des avoirs en cause.

II. — Le salarié peut demander le déblocage de tout ou partie des titres, parts, actions ou sommes mentionnés au I. Il doit être procédé à ce déblocage en une seule fois. La demande doit être présentée par le salarié au plus tard le 30 juin 2008.

III. — Les sommes versées au salarié au titre du I ne peuvent excéder un plafond global, net de prélèvements sociaux, de 10 000 €.

IV. — Les sommes mentionnées aux I et II bénéficient des exonérations prévues à l'article L. 442-8 du code du travail.

V. — Le présent article ne s'applique pas aux droits à participation affectés à un plan d'épargne pour la retraite collectif prévu par l'article L. 443-1-2 *[L. 3334-2 nouv.]* du même code.

VI. — Dans un délai de deux mois après la publication de la présente loi, l'employeur informe les salariés des droits dérogatoires créés par l'application du présent article.

Art. 7 I. — Dans les entreprises ou établissements non assujettis aux obligations fixées par l'article L. 442-1 *[L. 3322-1 à L. 3322-4 nouv.]* du code du travail, un accord conclu selon les modalités prévues à l'article L. 442-10 *[L. 3322-6 nouv.]* du même code peut permettre de verser à l'ensemble des salariés une prime exceptionnelle d'un montant maximum de 1 000 € par salarié.

Le montant de cette prime exceptionnelle peut être modulé selon les salariés. Cette modulation, définie par l'accord, ne peut s'effectuer qu'en fonction du salaire, de la qualification, du niveau de classification, de la durée du travail, de l'ancienneté ou de la durée de présence du salarié dans l'entreprise. Cette prime ne peut se substituer à des augmentations de rémunération prévues par la convention ou l'accord de branche, un accord salarial antérieur ou le contrat de travail. Elle ne peut non plus se substituer à aucun des éléments de rémunération au sens de l'article L. 242-1 du code de la sécurité sociale et de l'article L. 741-10 du code rural et de la pêche maritime versés par l'employeur ou qui deviennent obligatoires en vertu de règles légales, ou de clauses conventionnelles ou contractuelles.

Le versement des sommes ainsi déterminées doit intervenir le 30 juin 2008 au plus tard.

II. — Sous réserve du respect des conditions prévues au présent article, cette prime est exonérée de toute contribution ou cotisation d'origine légale ou d'origine conventionnelle rendue obligatoire par la loi, à l'exception des contributions définies aux articles L. 136-2 du code de la sécurité sociale et 14 de l'ordonnance n° 96-50 du 24 janvier 1996 relative au remboursement de la dette sociale.

L'employeur notifie à l'organisme de recouvrement dont il relève le montant des sommes versées au salarié en application du présent article.

Loi n° 2013-561 du 28 juin 2013,

Portant déblocage exceptionnel de la participation et de l'intéressement.

Art. 1er I. — Les droits au titre de la participation aux résultats de l'entreprise affectés, en application des articles L. 3323-2 et L. 3323-5 du code du travail, antérieurement au 1er janvier 2013, à l'exclusion de ceux affectés à des fonds investis dans des entreprises solidaires en application du premier alinéa de l'article L. 3332-17 du même code, sont négociables ou exigibles, pour leur valeur au jour du déblocage, avant l'expiration des délais prévus aux articles L. 3323-5 et L. 3324-10 dudit code, sur demande du salarié pour financer l'achat d'un ou plusieurs biens, en particulier dans le secteur de l'automobile, ou la fourniture d'une ou plusieurs prestations de services.

Les sommes attribuées au titre de l'intéressement affectées à un plan d'épargne salariale, en application de l'article L. 3315-2 du code du travail, antérieurement au 1er janvier 2013, à l'exclusion de celles affectées à des fonds investis dans des entreprises solidaires en application du premier alinéa de l'article L. 3332-17 du même code, sont négociables ou exigibles, pour leur valeur au jour du déblocage, avant l'expiration du délai prévu à l'article L. 3332-25 dudit code, sur demande du salarié pour financer l'achat d'un ou plusieurs biens, en particulier dans le secteur de l'automobile, ou la fourniture d'une ou plusieurs prestations de services.

Lorsque, en application de l'accord de participation, la participation a été affectée à l'acquisition de titres de l'entreprise ou d'une entreprise qui lui est liée au sens du deuxième alinéa de l'article L. 3344-1 du code du travail, ou *(Ord. n° 2013-676 du 25 juill. 2013, art. 47)* « de parts ou d'actions de placements collectifs relevant des articles L. 214-165 ou L. 214-166 » du code monétaire et financier, ou placée dans un fonds que l'entreprise consacre à des investissements, en application du 2° de l'article L. 3323-2 du code du travail, le déblocage de ces titres, parts, actions ou sommes est subordonné à un accord conclu dans les conditions prévues aux articles L. 3322-6 et L. 3322-7 du même code. Cet accord peut prévoir que le versement ou la délivrance de certaines catégories de droits peut n'être effectué que pour une partie des avoirs en cause.

Lorsque, en application du règlement du plan d'épargne salariale, l'intéressement a été affecté à l'acquisition de titres de l'entreprise ou d'une entreprise qui lui est liée au sens du deuxième alinéa de l'article L. 3344-1 du code du travail, ou *(Ord. n° 2013-676 du 25 juill. 2013, art. 47)* « de parts ou d'actions de placements collectifs relevant des articles L. 214-165 ou L. 214-166 » du code monétaire et financier, le déblocage de ces titres, parts ou actions est subordonné à un accord conclu dans les conditions prévues aux articles L. 3332-3 et L. 3333-2 du code du travail. Cet accord peut prévoir que le versement ou la délivrance de certaines catégories de droits peut n'être effectué que pour une partie des avoirs en cause. Lorsque le plan d'épargne salariale a été mis en place à l'initiative de l'entreprise dans les conditions prévues à l'article L. 3332-3 du même code, le déblocage susvisé des titres, parts ou actions, le cas échéant pour une partie des avoirs en cause, peut être réalisé dans les mêmes conditions.

II. — Le salarié peut demander le déblocage de tout ou partie des titres, parts, actions ou sommes mentionnés au I entre le 1er juillet et le 31 décembre 2013. Il est procédé à ce déblocage en une seule fois.

III. — Les sommes versées au salarié au titre du I ne peuvent excéder un plafond global de 20 000 €, net de prélèvements sociaux.

IV. — Les sommes mentionnées aux I et II du présent article bénéficient des exonérations prévues aux articles L. 3312-4 et L. 3315-2 ainsi qu'aux articles L. 3325-1 et L. 3325-2 du code du travail.

V. — Le présent article ne s'applique ni aux droits à participation ni aux sommes attribuées au titre de l'intéressement affectés à un plan d'épargne pour la retraite collectif prévu à l'article L. 3334-2 du même code.

VI. — Dans un délai de deux mois à compter de la promulgation de la présente loi, l'employeur informe les salariés des droits dérogatoires créés en application du présent article.

VII. — L'employeur ou l'organisme gestionnaire déclare à l'administration fiscale le montant des sommes débloquées en application du présent article.

VIII. — Le salarié tient à la disposition de l'administration fiscale les pièces justificatives attestant l'usage des sommes débloquées conformément aux deux premiers alinéas du I.

V. Circ. DGT n° 001144 du 4 juill. 2013, NOR : ETST1317391C.

E Démocratisation du secteur public

Loi n° 83-675 du 26 juillet 1983,

*Relative à la démocratisation du secteur public (D. et ALD 1983. 412). — Mod. par L. n° 84-103 du 16 févr. 1984 (D. et ALD 1984. 205), L. n° 85-10 du 3 janv. 1985, art. 10, 11 et 23 (D. et ALD 1985. 81), L. n° 85-772 du 25 juill. 1985, art. 70 (D. et ALD 1985. 441), L. n° 86-1067 du 30 sept. 1986, art. 89 (D. et ALD 1986. 492), L. n° 87-39 du 27 janv. 1987, art. 31 (D. et ALD 1987. 109), L. n° 87-588 du 30 juill. 1987, art. 74 (D. et ALD 1987. 333), L. n° 90-474 du 5 juin 1990 (D. et ALD 1990. 257), L. n° 90-1084 du 5 déc. 1990 (D. et ALD 1991. 4), L. n° 91-1385 du 31 déc. 1991, art. 1er-V (D. et ALD 1992. 79), L. n° 93-923 du 19 juill. 1993, art. 19 (D. et ALD 1993. 396), L. n° 94-679 du 8 août 1994, art. 21 (D. et ALD 1994. 429), L. n° 95-1251 du 28 nov. 1995, art. 16 (D. et ALD 1995. 513), L. n° 96-151 du 26 févr. 1996, art. 30 (JO 27 févr.). — **C. sociétés.***

TITRE PREMIER **Champ d'application**

……………………………………………………………………………………

TITRE II **Démocratisation des conseils d'administration ou de surveillance**

CHAPITRE PREMIER ***Composition et fonctionnement des conseils***

……………………………………………………………………………………

CHAPITRE II ***Élection des représentants des salariés***

……………………………………………………………………………………

CHAPITRE III ***Statut des représentants des salariés***

……………………………………………………………………………………

Art. 23 Le mandat d'administrateur ou de membre du conseil de surveillance d'un représentant des salariés est incompatible avec toute autre fonction de représentation des intérêts du personnel à l'intérieur de l'entreprise ou de ses filiales, notamment avec les fonctions de délégué syndical, de membre du comité d'entreprise, de délégué du personnel ou de membre du comité d'hygiène, de sécurité et des conditions de travail.

Le ou les mandats susvisés et la protection y afférente prennent fin à la date d'acquisition du nouveau mandat.

Le mandat d'administrateur ou de membre du conseil de surveillance d'un représentant des salariés est également incompatible avec l'exercice des fonctions de permanent syndical, au sens du second alinéa de l'article 15 de la présente loi. En cas d'élection au conseil d'administration ou de surveillance d'un salarié exerçant des fonctions de permanent syndical, il est mis fin à de telles fonctions et l'intéressé réintègre son emploi.

……………………………………………………………………………………

Art. 26 Le chef d'entreprise est tenu de laisser aux représentants des salariés le temps nécessaire à l'exercice de leur mandat.

Ce temps, qui ne peut, pour chaque représentant, être inférieur à quinze heures par mois ni supérieur à la moitié de la durée légale de travail, est déterminé en tenant compte de l'importance de l'entreprise, de ses effectifs et de son rôle économique. Ce temps est, de plein droit, considéré comme temps de travail et payé à l'échéance normale. En cas de contestation par l'employeur de l'usage fait du temps ainsi alloué, il lui appartient de saisir le conseil de prud'hommes.

Les statuts de l'entreprise doivent fixer les dispositions relatives au crédit d'heures des représentants des salariés.

Le temps passé par les membres du conseil d'administration ou de surveillance aux séances n'est pas déduit du crédit d'heures prévu aux alinéas précédents.

....

Art. 28 Il est interdit à l'employeur de prendre en considération le fait qu'un salarié siège dans un conseil d'administration ou de surveillance ou le comportement de celui-ci dans l'exercice de son mandat, lorsque les décisions qu'il prend sont susceptibles d'affecter le déroulement de la carrière de ce salarié.

Toute modification substantielle du contrat de travail d'un représentant des salariés est soumise pour avis au conseil d'administration ou de surveillance.

....

TITRE IV **Dispositions diverses**

....

Art. 39 Les dispositions du titre II de la présente loi sont d'ordre public. Le conseil d'administration ou de surveillance des entreprises visées à l'article 1er en fixe la date d'application. Celle-ci ne peut être postérieure au 30 juin 1984, sauf dans les entreprises mentionnées aux 4 et 5 de l'article 1er dont l'effectif est inférieur à 1 000, pour lesquelles cette limite est fixée au 30 juin 1985.

....

Décret n° 83-1160 du 26 décembre 1983,

Portant application de la loi n° 83-675 du 26 juillet 1983 relative à la démocratisation du secteur public (D. et ALD 1984. 45).

SECTION III ***Licenciement des représentants des salariés au conseil d'administration ou de surveillance***

Art. 65 L'entretien prévu à l'article L. 122-14 *[L. 1232-2 nouv.]* du code du travail précède la consultation du conseil d'administration ou de surveillance effectuée en application de l'article 29 de la loi susvisée.

Art. 66 L'avis du conseil d'administration ou de surveillance est exprimé au scrutin secret après audition de l'intéressé.

Art. 67 La demande d'autorisation de licenciement est adressée par lettre recommandée avec demande d'avis de réception à l'inspecteur du travail ou à l'autorité qui en tient lieu, dont dépend l'établissement où est employé le salarié.

Cette demande énonce les motifs du licenciement envisagé ; elle est accompagnée de l'extrait correspondant du procès-verbal de la réunion du conseil d'administration ou de surveillance. Sauf dans le cas de mise à pied, elle est présentée au plus tard dans les quinze jours suivant la délibération dudit conseil.

Art. 68 En cas de faute grave le chef d'entreprise a la faculté de prononcer la mise à pied immédiate de l'intéressé jusqu'à la décision de l'inspecteur du travail.

La demande prévue à l'article 67 ci-dessus est, dans ce cas, présentée au plus tard dans les quarante-huit heures suivant la délibération du conseil d'administration ou de surveillance.

La mesure de mise à pied est privée de tout effet lorsque le licenciement est refusé par l'inspecteur du travail ou le ministre compétent.

Art. 69 L'inspecteur du travail procède à une enquête contradictoire au cours de laquelle le salarié peut, sur sa demande, se faire assister d'un représentant de son syndicat ou d'un salarié de son entreprise.

L'inspecteur du travail statue dans un délai de quinze jours qui est réduit à huit jours en cas de mise à pied. Ce délai court à compter de la réception de la demande motivée prévue à l'article 67 du présent décret ; il ne peut être prolongé que si les nécessités de l'enquête le justifient. L'inspecteur avise de la prolongation du délai les destinataires mentionnés au troisième alinéa du présent article.

La décision de l'inspecteur du travail est motivée. Elle est notifiée au chef d'entreprise et au salarié par lettre recommandée avec demande d'avis de réception.

Art. 70 Les dispositions de l'article R. 436-5 du code du travail relatives au licenciement pour motif économique des salariés protégés sont également applicables au licenciement pour motif économique de représentants des salariés aux conseils d'administration ou de surveillance.

Art. 71 Le ministre compétent peut annuler ou réformer la décision de l'inspecteur du travail ou de l'autorité qui en tient lieu sur le recours de l'employeur, du salarié ou du syndicat auquel ce dernier a donné mandat à cet effet.

Ce recours doit être introduit dans un délai de deux mois à compter de la notification de la décision de l'inspecteur du travail ou de l'autorité qui en tient lieu.

Art. 72 L'inspecteur du travail ou l'autorité qui en tient lieu et, le cas échéant, le ministre compétent examinent notamment si la mesure de licenciement envisagée est en rapport avec le mandat détenu, brigué ou antérieurement exercé par l'intéressé.

F Sociétés coopératives ouvrières

*V. **C. sociétés.***

RÉP. TRAV. v° *Coopérative ouvrière de production (Société)*, par OLSZAK.

G Réseaux de franchise

Loi n° 2016-1088 du 8 août 2016,

Relative au travail, à la modernisation du dialogue social et à la sécurisation des parcours professionnels.

Art. 64 I. — Dans les réseaux d'exploitants d'au moins trois cents salariés en France, liés par un contrat de franchise mentionné à l'article L. 330-3 du code de commerce qui contient des clauses ayant un effet sur l'organisation du travail et les conditions de travail dans les entreprises franchisées, lorsqu'une organisation syndicale représentative au sein de la branche ou de l'une des branches dont relèvent les entreprises du réseau ou ayant constitué une section syndicale au sein d'une entreprise du réseau le demande, le franchiseur engage une négociation visant à mettre en place une instance de dialogue social commune à l'ensemble du réseau, comprenant des représentants des salariés et des franchisés et présidée par le franchiseur.

L'accord mettant en place cette instance prévoit sa composition, le mode de désignation de ses membres, la durée de leur mandat, la fréquence des réunions, les heures de délégation octroyées pour participer à cette instance et leurs modalités d'utilisation.

A défaut d'accord :

1° Le nombre de réunions de l'instance est fixée à deux par an ;

2° Un décret en Conseil d'État détermine les autres caractéristiques mentionnées au deuxième alinéa.

Les membres de l'instance sont dotés de moyens matériels ou financiers nécessaires à l'accomplissement de leurs missions. Les dépenses de fonctionnement de l'instance et d'organisation des réunions ainsi que les frais de séjour et de déplacement sont pris en charge selon des modalités fixées par l'accord.

Lors de sa première réunion, l'instance adopte un règlement intérieur déterminant ses modalités de fonctionnement.

Lors des réunions mentionnées au deuxième alinéa et au 1° du présent I, l'instance est informée des décisions du franchiseur de nature à affecter le volume ou la structure des effectifs, la durée du travail ou les conditions d'emploi, de travail et de formation professionnelle des salariés des franchisés.

Elle est informée des entreprises entrées dans le réseau ou l'ayant quitté.

L'instance formule, à son initiative, et examine, à la demande du franchiseur ou de représentants des franchisés, toute proposition de nature à améliorer les conditions de travail, d'emploi et de formation professionnelle des salariés dans l'ensemble du réseau ainsi que les conditions dans lesquelles ils bénéficient de garanties collectives complémentaires mentionnées à l'article L. 911-2 du code de la sécurité sociale.

Un décret en Conseil d'État fixe les conditions d'application du présent I, en particulier le délai dans lequel le franchiseur engage la négociation prévue au premier alinéa du présent I.

II. — Les organisations syndicales et les organisations professionnelles des branches concernées établissent un bilan de la mise en œuvre du présent article et le transmettent à la Commission nationale de la négociation collective au plus tard dix-huit mois après la promulgation de la présente loi.

V CONFLITS DU TRAVAIL

Constitution de la République française du 27 octobre 1946,

Préambule, al. 7 Le droit de grève s'exerce dans le cadre des lois qui le réglementent. — *V. le préambule de la Constitution du 4 oct. 1958 (D. 1958. 324 ; BLD 1958. 661) qui confirme le préambule de la Constitution de 1946.* — ***C. adm.***

Code pénal

Art. 431-1 Le fait d'entraver, d'une manière concertée et à l'aide de menaces, l'exercice de la liberté d'expression, du travail, d'association, de réunion ou de manifestation *(L. nº 2011-267, du 14 mars 2011, art. 49)* « ou d'entraver le déroulement des débats d'une assemblée parlementaire ou d'un organe délibérant d'une collectivité territoriale » est puni d'un an d'emprisonnement et de 15 000 € d'amende.

(L. nº 2016-925 du 7 juill. 2016, art. 2) « Le fait d'entraver, d'une manière concertée et à l'aide de menaces, l'exercice de la liberté de création artistique ou de la liberté de la diffusion de la création artistique est puni d'un an d'emprisonnement et de 15 000 euros d'amende. »

Le fait d'entraver, d'une manière concertée et à l'aide de coups, violences, voies de fait, destructions ou dégradations au sens du présent code, l'exercice d'une des libertés visées *(L. nº 2016-925 du 7 juill. 2016, art. 2)* « aux alinéas précédents » est puni de trois ans d'emprisonnement et de 45 000 € d'amende.

Sur les peines complémentaires, V. C. pén., art. 431-2. — ***C. pén.***

Même s'il concerne sa vie privée, l'outrage proféré à l'égard d'une personne dans l'exercice de ses fonctions rejaillit nécessairement sur celles-ci ; le simple trouble apporté à l'activité professionnelle n'entre pas dans les prévisions de l'art. 431 C. pén. • Crim. 3 juin 2008 : *RDT 2008. 603, obs. Olsak ; D. 2009. 269, note Dreyer ; RJS 2008. 922, nº 1120 ; Dr. soc. 2008. 1260, note Duquesne ; JCP S 2008. 1554.*

Code de procédure civile

Art. 58 *(Décr. nº 2005-1678 du 28 déc. 2005, art. 3)* La requête ou la déclaration est l'acte par lequel le demandeur saisit la juridiction sans que son adversaire en ait été préalablement informé.

Elle contient à peine de nullité :

1º Pour les personnes physiques : l'indication des nom, prénoms, profession, domicile, nationalité, date et lieu de naissance du demandeur ;

Pour les personnes morales : l'indication de leur forme, leur dénomination, leur siège social et de l'organe qui les représente légalement ;

2º L'indication des *(Décr. nº 2006-936 du 27 juill. 2006, art. 127)* « nom, prénoms » et domicile de la personne contre laquelle la demande est formée, ou, s'il s'agit d'une personne morale, de sa dénomination et de son siège social ;

3º L'objet de la demande.

(Décr. nº 2015-282 du 11 mars 2015, art. 19) « Sauf justification d'un motif légitime tenant à l'urgence ou à la matière considérée, en particulier lorsqu'elle intéresse l'ordre public, la requête ou la déclaration qui saisit la juridiction de première instance précise également les diligences entreprises en vue de parvenir à une résolution amiable du litige.

« Elle est datée et signée. »

DISPOSITIONS PROPRES À LA PROCÉDURE ORALE

Art. 446-2 *(Décr. nº 2010-1165 du 1er oct. 2010, art. 5-2º)* Lorsque les débats sont renvoyés à une audience ultérieure, le juge peut organiser les échanges entre les parties comparantes. Si les parties en sont d'accord, le juge peut ainsi fixer les délais et les conditions de communication de leurs prétentions, moyens et pièces.

Lorsque les parties formulent leurs prétentions et moyens par écrit, le juge peut, avec leur accord, prévoir qu'elles seront réputées avoir abandonné les prétentions et moyens non repris dans leurs dernières écritures communiquées.

A défaut pour les parties de respecter les modalités de communication fixées par le juge, celui-ci peut rappeler l'affaire à l'audience, en vue de la juger ou de la radier.

Le juge peut écarter des débats les prétentions, moyens et pièces communiqués sans motif légitime après la date fixée pour les échanges et dont la tardiveté porte atteinte aux droits de la défense.

LA PROCÉDURE AVEC REPRÉSENTATION OBLIGATOIRE DISPOSITIONS COMMUNES

Art. 930-2 *(Décr. nº 2016-660 du 20 mai 2016, art. 30)* Les dispositions de l'article 930-1 ne sont pas applicables au défenseur syndical.

Les actes de procédure effectués par le défenseur syndical peuvent être établis sur support papier et remis au greffe. Dans ce cas, la déclaration d'appel est remise au greffe en autant d'exemplaires qu'il y a de parties destinataires, plus deux. La remise est constatée par la mention de sa date et le visa du greffier sur chaque exemplaire, dont l'un est immédiatement restitué.

Ces dispositions sont applicables aux instances et appels introduits à compter du 1er août 2016 (Décr. nº 2016-660 du 20 mai 2016, art. 46).

LA RÉSOLUTION AMIABLE DES DIFFÉRENDS

Art. 1529 *(Décr. nº 2012-66 du 20 janv. 2012, art. 2)* Les dispositions du présent livre s'appliquent aux différends relevant des juridictions de l'ordre judiciaire statuant en matière civile, commerciale, sociale ou rurale, sous réserve des règles spéciales à chaque matière et des dispositions particulières à chaque juridiction.

(Décr. nº 2016-660 du 20 mai 2016, art. 32) « Ces dispositions s'appliquent en matière prud'homale sous la réserve prévue par le troisième alinéa de l'article 2066 du code civil. »

Code de l'organisation judiciaire

DISPOSITIONS PARTICULIÈRES EN CAS DE SAISINE POUR AVIS DE LA COUR DE CASSATION

Art. R. 441-1 La formation appelée à se prononcer sur une demande d'avis dans une matière autre que pénale comprend, outre le premier président, les présidents de chambre et deux conseillers désignés par chaque chambre spécialement concernée. En cas d'absence ou d'empêchement de l'un d'eux, il est remplacé par un conseiller désigné par le premier président ou, à défaut de celui-ci, par le président de chambre qui le remplace.

La formation appelée à se prononcer sur une demande d'avis en matière pénale comprend, outre le premier président, le président de la chambre criminelle, un président de chambre désigné par le premier président, quatre conseillers de la chambre criminelle et deux conseillers, désignés par le premier président, appartenant à une autre chambre. En cas d'absence ou d'empêchement du président de la chambre criminelle, il est remplacé par un conseiller de cette chambre désigné par le premier président ou, à défaut de celui-ci, par le président de chambre qui le remplace.

(Décr. nº 2016-660 du 20 mai 2016, art. 42) « La formation appelée à se prononcer sur une demande d'avis sur l'interprétation d'une convention ou d'un accord collectif comprend, outre le premier président, le président de la chambre sociale, un président de chambre désigné par le premier président, quatre conseillers de la chambre sociale et deux conseillers, désignés par le premier président, appartenant à une autre chambre. En cas d'absence ou d'empêchement de l'un d'eux, il est remplacé par un conseiller désigné par le premier président ou, à défaut de celui-ci, par le président de chambre qui le remplace. »

La formation ne peut siéger que si tous les membres qui doivent la composer sont présents.

Les dispositions issues de l'art. 42 du Décr. n° 2016-660 du 20 mai 2016 s'appliquent aux demandes d'avis effectuées à compter du 25 mai 2016 (Décr. préc., art. 47).

VI ORGANISMES ADMINISTRATIFS DU TRAVAIL

(V. aussi C. trav., art. L. 8112-1 s.)

Loi n° 96-1093 du 16 décembre 1996,

Relative à l'emploi dans la fonction publique et à diverses mesures d'ordre statutaire.

Art. 82 A compter du 1er janvier 1997, les attributions dévolues par le code du travail et le code rural et de la pêche maritime aux contrôleurs du travail et de la main-d'œuvre, aux contrôleurs de la formation professionnelle ou aux contrôleurs des lois sociales en agriculture sont exercées respectivement par les contrôleurs du travail en fonctions dans les services placés sous l'autorité du ministre chargé du travail et par les contrôleurs du travail en fonctions dans les services placés sous l'autorité du ministre chargé de l'agriculture.

V. Décr. n° 97-364 du 18 avr. 1997 (JO 19 avr.) portant statut particulier du corps des contrôleurs du travail.

Loi n° 98-546 du 2 juillet 1998,

Portant diverses dispositions d'ordre économique et financier.

Art. 112 Les attributions dévolues par le code du travail aux inspecteurs de la formation professionnelle peuvent être également exercées, dans les mêmes conditions, par les inspecteurs du travail placés sous l'autorité du ministre chargé du travail.

V. Arr. du 12 mars 1986 (JO 19 mars) fixant la liste des documents administratifs émanant des services placés sous l'autorité ou le contrôle du ministre du travail qui ne peuvent être communiqués au public.

En ce qui concerne la médaille d'honneur du travail, instituée par le décret n° 48-852 du 15 mai 1948 (JO 21 mai), V. Décr. n° 84-591 du 4 juill. 1984 (JO 12 juill.), mod. par Décr. n° 86-401 du 12 mars 1986 (JO 14 mars), mod. par Décr. n° 88-199 du 29 févr. 1988 (JO 2 mars), mod. par Décr. n° 2000-1015 du 17 oct. 2000 (JO 19 oct.), mod. par Décr. n° 2007-259 du 27 févr. 2007 (JO 28 févr.), mod. par Décr. n° 2007-1746 du 12 déc. 2007 (JO 14 déc.) ; ... la médaille d'honneur agricole, instituée par le décret du 17 juin 1890, V. Décr. n° 84-1110 du 11 déc. 1984 (JO 13 déc.), mod. par Décr. n° 2000-726 du 25 juill. 2000 (JO 2 août), mod. par Décr. n° 2001-740 du 23 août 2001 (JO 24 août), mod. par Décr. n° 2007-259 du 27 févr. 2007 (JO 28 févr.).

Décret n° 2003-770 du 20 août 2003,

Portant statut particulier du corps de l'inspection du travail.

Art. 1er Les inspecteurs du travail constituent un corps interministériel classé dans la catégorie A prévue à l'article 29 de la loi du 11 janvier 1984 susvisée.

(Décr. n° 2011-181 du 15 févr. 2011, art. 8) « Les fonctionnaires du corps de l'inspection du travail, dont la gestion est assurée par les ministres chargés du travail, de l'emploi et de la formation professionnelle, sont placés sous l'autorité des ministres chargés respectivement du travail, de l'emploi, de la formation professionnelle et de l'agriculture. »

Art. 2 *(Décr. n° 2016-558 du 6 mai 2016, art. 2)* Le corps de l'inspection du travail comprend quatre grades :

1° Le grade de directeur du travail hors classe qui comprend quatre échelons et un échelon spécial ;

2° Le grade de directeur du travail qui comprend six échelons ;

3° Le grade de directeur adjoint du travail qui comprend huit échelons ;

4° Le grade d'inspecteur du travail qui comprend dix échelons et un échelon d'inspecteur-élève.

Art. 3 I. — Outre les missions qui leur sont imparties par *(Décr. n° 2011-181 du 15 févr. 2011, art. 8)* « les articles L. 8112-1 et L. 8112-2 » du code du travail susvisé, les membres du corps de l'inspection du travail participent à la mise en œuvre des politiques de l'emploi et de la formation professionnelle définies par les pouvoirs publics.

Les membres du corps placés sous l'autorité du ministre chargé de l'agriculture veillent également à l'application des dispositions du livre VII du code rural et de la pêche maritime et des textes non codifiés pris pour leur application.

II. — Les membres du corps de l'inspection du travail apportent leur concours aux missions d'information et de conseil auprès du public dans le domaine de leurs compétences ainsi qu'à celle de conciliation dans la prévention des conflits collectifs du travail.

Ils exercent des fonctions d'encadrement et d'expertise.

III. — Les membres du corps de l'inspection du travail peuvent être affectés à l'administration centrale des ministères mentionnés à l'article 1er.

Art. 3-1 *(Décr. nº 2016-558 du 6 mai 2016, art. 3)* Le grade de directeur du travail hors classe donne vocation à exercer des responsabilités de niveau particulièrement élevé, notamment dans le domaine de l'expertise, du pilotage, de l'animation et de l'évaluation des politiques publiques du travail, de l'emploi et de la formation professionnelle.

Décret nº 2006-1033 du 22 août 2006,

Relatif à la création de la direction générale du travail au ministère de l'emploi, de la cohésion sociale et du logement.

Art. 1er Il est créé au ministère de l'emploi, de la cohésion sociale et du logement une direction générale du travail placée sous l'autorité du ministre chargé du travail.

Art. 2 La direction générale du travail est dirigée par un directeur général assisté, pour l'ensemble de ses attributions, par un directeur portant le titre de directeur adjoint.

VII RÉGIMES SPÉCIAUX

Décret nº 2008-76 du 24 janvier 2008,

Pris pour l'application de l'article 1er de la loi nº 2007-1223 du 21 août 2007 en faveur du travail, de l'emploi et du pouvoir d'achat aux salariés relevant d'un régime spécial de sécurité sociale ou dont la durée du travail relève d'un régime particulier.

Art. 1er Bénéficient de l'exonération instituée au I de l'article 81 *quater* du code général des impôts, au titre du 6° du même I, les salaires versés :

1. Aux salariés des entreprises de transport public urbain de voyageurs au titre des heures supplémentaires définies à l'article 11 du décret nº 2000-118 du 14 février 2000 relatif à la durée du travail dans les entreprises de transport public urbain de voyageurs ;
2. Aux salariés des entreprises des chemins de fer secondaires d'intérêt général et des chemins de fer d'intérêt local au titre des heures de travail effectif accomplies au-delà de trente-cinq heures par semaine en moyenne sur l'année ;
3. Aux salariés régis par les articles L. 711-1 et L. 711-2 du code du travail au titre des heures supplémentaires accomplies conformément aux dispositions prises pour l'application de ces articles ;
4. Aux salariés des industries électriques et gazières au titre des heures supplémentaires définies à l'article 16 du statut annexé au décret nº 46-1541 du 22 juin 1946 approuvant le statut national du personnel des industries électriques et gazières ;
5. Aux marins, à l'exception des marins pêcheurs rémunérés à la part et des marins rémunérés au voyage, au titre des heures de travail effectif accomplies au-delà de la durée fixée à l'article 24 du code du travail maritime ;
6. Aux agents de la Société nationale des chemins de fer français au titre des heures de travail accomplies au-delà de la durée fixée aux articles 2 et 51 du décret nº 99-1161 du 29 décembre 1999 relatif à la durée du travail du personnel de la Société nationale des chemins de fer français ;
7. Aux personnels de la Régie autonome des transports parisiens au titre des heures de travail effectif accomplies au-delà de trente-cinq heures par semaine en moyenne sur l'année ;
8. Aux personnels des chambres de commerce et d'industrie territoriales, des chambres de commerce et d'industrie de région, des groupements interconsulaires et de la *(Décr. nº 2015-536 du 15 mai 2015, art. 12)* « CCI France » au titre des heures de travail accomplies au-delà de trente-cinq heures par semaine en moyenne sur l'année ;
9. Aux personnels administratifs, enseignants et contractuels des chambres des métiers et de l'artisanat conformément à la loi du 11 décembre 1952 ;

10. Aux travailleurs à domicile définis à l'article L. 721-1 *[L. 7412-1 nouv.]* du code du travail au titre des heures effectuées au-delà de huit heures par jour ouvrable en application de l'article L. 721-16 du code du travail ;

11. Aux concierges, employés d'immeuble ou femmes de ménages d'immeubles à usage d'habitation définis à l'article L. 771-1 *[L. 7211-1 nouv.]* du code du travail au titre des tâches effectuées au-delà de 10 000 unités de valeur conformément à l'article 18 de la convention collective nationale du travail des gardiens, concierges et employés d'immeubles dans sa rédaction en vigueur à la date de publication du présent décret ;

12. Aux personnels navigants des entreprises n'exploitant pas des services réguliers et utilisant exclusivement des aéronefs d'une masse maximale au décollage inférieure à dix tonnes ou d'une capacité inférieure à vingt sièges au titre des heures de vol accomplies au-delà de la durée fixée au premier alinéa de l'article D. 422-10 du code de l'aviation civile ;

13. Aux personnels navigants des entreprises exploitant des services réguliers, ou utilisant un ou plusieurs aéronefs d'une masse maximale au décollage supérieure ou égale à dix tonnes ou d'une capacité supérieure ou égale à vingt sièges au titre des heures supplémentaires définies à l'article D. 422-8 du code de l'aviation civile ;

14. Aux personnels navigants techniques des exploitants d'hélicoptères au titre des heures supplémentaires effectuées conformément aux articles D. 422-8, D. 422-10 et D. 422-12 du code de l'aviation civile, le cas échéant, à l'article 2 du décret n° 2003-1390 du 31 décembre 2003 relatif à la durée du travail du personnel navigant technique affecté à la réalisation d'opérations aériennes civiles d'urgence par hélicoptère.

Art. 2 Bénéficient de l'exonération instituée au I de l'article 81 *quater* du code général des impôts, au titre du 6° du même I, les salaires versés au titre des heures complémentaires accomplies par les salariés énumérés aux 1 à 14 de l'article 1er du présent décret lorsqu'ils sont à temps partiel.

Art. 3 Bénéficient de l'exonération instituée au I de l'article 81 *quater* du code général des impôts, au titre du 6° du même I, les salaires versés aux salariés énumérés aux 1 à 14 de l'article 1er du présent décret, dans le cadre de conventions de forfait en jours, en contrepartie des jours de repos auxquels ces salariés renoncent au-delà du plafond de deux cent dix-huit jours.

A Énergie

Décret n° 46-1541 du 22 juin 1946,

Approuvant le statut national du personnel des industries électriques et gazières (JO 25 juin ; Rect., JO 2 juill.). — Mod., notamment, par Décr. 4 mai 1950 (JO 5 mai), Décr. 18 févr. 1953 (BLD 1953. 126 ; JO 19 févr.), Décr. 24 nov. 1954 (BLD 1954. 1022 ; JO 26 nov.), Décr. 3 févr. 1955 (BLD 1955. 216 ; JO 6 févr.), Décr. 20 nov. 1959 (BLD 1959. 1278 ; JO 26 nov.), Décr. n° 67-50 du 13 janv. 1967 (JO 15 janv.), Décr. n° 81-871 du 17 sept. 1981 (JO 24 sept.), Décr. n° 85-1066 du 1er oct. 1985 (JO 8 oct.), Décr. n° 91-613 du 28 juin 1991, (JO 29 juin), Décr. n° 93-480 du 25 mars 1993 (JO 26 mars), Décr. n° 95-927 du 17 août 1995 (JO 22 août), Décr. n° 96-1127 du 23 déc. 1996 (JO 24 déc.), Décr. n° 96-1223 du 30 déc. 1996 (JO 31 déc.), Décr. n° 97-344 du 11 avr. 1997 (JO 13 avr.), Décr. n° 98-866 du 28 sept. 1998 (JO 29 sept.), Décr. n° 98-1306 du 30 déc. 1998 (JO 31 déc.), Décr. n° 2001-489 du 7 juin 2001 (JO 9 juin), Décr. n° 2001-1198 du 17 déc. 2001 (JO 18 déc.), Décr. n° 2002-528 du 17 avr. 2002 (JO 18 avr.), Décr. n° 2002-718 du 2 mai 2002 (JO 4 mai), Décr. n° 2004-1155 du 29 oct. 2004 (JO 31 oct.), Décr. n° 2005-126 du 15 févr. 2005 (JO 16 févr.), Décr. n° 2007-489 du 30 mars 2007 (JO 31 mars), Décr. n° 2007-549 du 11 avr. 2007 (JO 14 avr.), Décr. n° 2008-653 du 2 juill. 2008 (JO 4 juill.), mod. par Décr. n° 2008-1514 du 30 déc. 2008 (JO 31 déc.), mod. par Décr. n° 2009-1191 du 6 oct. 2009 (JO 8 oct.), mod. par Décr. n° 2011-289 du 18 mars 2011 (JO 20 mars), mod. par Décr. n° 2011-1174 du 23 sept. 2011 (JO 25 sept.), mod. par Décr. n° 2011-1175 du 23 sept. 2011 (JO 25 sept.), mod. par Décr. n° 2011-2087 du 30 déc. 2011 (JO 31 déc.), mod. par Décr. n° 2012-53 du 15 janv. 2013 (JO 17 janv.), mod. par Décr. n° 2015-1536 du 25 nov. 2015 (JO 27 nov.).

B Mines

Loi n° 46-188 du 14 février 1946,

Relative au personnel des exploitations minières et assimilées.

Art. unique A dater du 1er janvier 1946, le personnel titulaire des exploitations et établissements miniers (mines, minières, ardoisières et exploitations de bauxite) est doté d'un statut dont les dispositions seront fixées par décret pris en conseil des ministres avant le 15 mars 1946 et après consultation d'une commission permanente du statut composée des délégués qualifiés des organisations syndicales les plus représentatives officiellement reconnues. – *V. Décr. n° 46-1433 du 14 juin 1946.*

Ce statut s'appliquera à l'ensemble des personnels titulaires des exploitations et établissements susvisés (ouvriers, employés, cadres de maîtrise et ingénieurs). Il instituera des commissions locales, régionales et nationales de discipline et de conciliation ; il fixera les coefficients de hiérarchie professionnelle, les majorations d'ancienneté et définira les catégories d'emplois comprises dans cette hiérarchie ; il réglera notamment les questions relatives au libre exercice du droit syndical, à l'embauchage et au licenciement, aux congés payés, aux avantages en nature et à la formation professionnelle. Il définira les conditions d'exemption du service militaire pour les jeunes mineurs, jusqu'à la promulgation de la loi sur la réorganisation de l'armée.

Ce statut sera rendu applicable *[...]* aux territoires relevant du ministère de la France d'outre-mer dans des conditions qui seront fixées par décrets pris sur le rapport des ministres intéressés.

Décret n° 51-508 du 4 mai 1951,

Portant règlement général sur l'exploitation des mines de combustibles minéraux solides (JO 6 mai ; Rect., JO 10 mai et 19 août). – Mod. par Décr. 10 mai 1955 (JO 15 mai), Décr. n° 60-826 du 2 août 1960, art. 1er (JO 7 août), Décr. n° 63-426 du 22 avr. 1963 (JO 30 avr.), Décr. n° 67-241 du 22 mars 1967 (JO 24 mars), Décr. n° 68-864 du 28 sept. 1968 (JO 6 oct.), Décr. n° 69-899 du 29 sept. 1969 (JO 3 oct.), Décr. n° 72-645 du 4 juill. 1972 (D. et BLD 1972. 367), Décr. n° 72-1157 du 12 déc. 1972 (JO 27 déc.), Décr. n° 73-404 du 26 mars 1973, art. 12 (JO 4 avr. ; Rect., JO 17 avr.), Décr. n° 80-331 du 7 mai 1980 (JO 10 mai), mod. par Décr. n° 2001-1132 du 30 nov. 2001 (JO 2 déc.), Décr. n° 80-802 du 9 oct. 1980 (JO 12 oct.), Décr. n° 84-147 du 13 févr. 1984 (JO 1er mars), Décr. n° 85-1154 du 28 oct. 1985, art. 4 (JO 6 nov.), Décr. n° 87-379 du 9 juin 1987 (JO 13 juin), Décr. n° 87-501 du 1er juill. 1987, art. 3 (JO 7 juill.), Décr. n° 88-1027 du 7 nov. 1988 (JO 9 nov.), Décr. n° 92-717 du 23 juill. 1992, art. 3 (JO 29 juill.), Décr. n° 92-1164 du 22 oct. 1992 (JO 25 oct.), Décr. n° 95-694 du 3 mai 1995 (JO 5 mai), Décr. n° 2001-1132 du 30 nov. 2001 (JO 2 déc.), Décr. n° 2003-1264 du 23 déc. 2003 (JO 30 déc.), mod. par Décr. n° 2011-1521 du 14 nov. 2011 (JO 16 nov.).

Décret n° 59-285 du 27 janvier 1959,

Portant règlement général sur l'exploitation des mines autres que les mines de combustibles minéraux solides et les mines d'hydrocarbures exploitées par sondage (JO 13 févr.). – Mod. par Décr. n° 60-826 du 2 août 1960, art. 2 (JO 7 août), Décr. n° 63-869 du 20 août 1963 (JO 24 août), Décr. n° 64-676 du 2 juill. 1964 (JO 7 juill.), Décr. n° 67-241 du 22 mars 1967 (JO 24 mars), Décr. n° 68-865 du 28 sept. 1968 (JO 6 oct.), Décr. n° 69-900 du 29 sept. 1969 (JO 3 oct.), Décr. n° 72-645 du 4 juill. 1972 (D. et BLD 1972. 367), Décr. n° 73-404 du 26 mars 1973, art. 12 (JO 4 avr. ; Rect., JO 17 avr.), Décr. n° 80-331 du 7 mai 1980 (JO 10 mai), mod. par Décr. n° 2001-1132 du 30 nov. 2001 (JO 2 déc.), Décr. n° 84-147 du 13 févr. 1984 (JO 1er mars), Décr. n° 85-1154 du 28 oct. 1985, art. 4 (JO 6 nov.), Décr. n° 87-501 du 1er juill. 1987, art. 3 (JO 7 juill.), Décr. n° 88-1027 du 7 nov. 1988 (JO 9 nov.), Décr. n° 92-717 du 23 juill. 1992, art. 3 (JO 29 juill.), Décr. n° 92-1164 du 22 oct. 1992 (JO 25 oct.), Décr. n° 95-694 du 3 mai 1995 (JO 11 mai), Décr. n° 2001-1132 du 30 nov. 2001 (JO 2 déc.), Décr. n° 2003-1264 du 23 déc. 2003 (JO 28 déc.).

Décret n° 62-725 du 27 juin 1962,

Portant règlement de sécurité des travaux de recherches par sondages et d'exploitation par sondages des mines d'hydrocarbures liquides ou gazeux (JO 1er juill.), mod. par Décr. n° 2000-278 du 22 mars (JO 26 mars).

Décret nº 80-331 du 7 mai 1980,

Portant règlement général des industries extractives (JO 10 mai). — Complété par Décr. nº 80-802 du 9 oct. 1980 (JO 12 oct.), Décr. nº 84-147 du 13 févr. 1984 (JO 1er mars), Décr. nos 84-993 et 84-994 du 22 oct. 1984 (JO 10 nov.), Décr. nº 85-1154 du 28 oct. 1985 (JO 6 nov.), Décr. nos 86-286 et 86-287 du 25 févr. 1986 (JO 2 mars), Décr. nº 87-501 du 1er juill. 1987 (JO 7 juill.), Décr. nº 87-699 du 21 août 1987 (JO 27 août), Décr. nº 87-910 du 9 nov. 1987 (JO 13 nov.), Décr. nº 88-1027 du 7 nov. 1988 (JO 9 nov.), Décr. nº 89-502 du 13 juill. 1989 (JO 20 juill.), Décr. nº 90-222 du 9 mars 1990 (JO 13 mars), Décr. nº 91-986 du 23 sept. 1991 (JO 27 sept.), Décr. nº 92-711 du 22 juill. 1992 (JO 26 juill.), Décr. nº 92-717 du 23 juill. 1992 (JO 29 juill.), Décr. nº 92-1164 du 22 oct. 1992 (JO 25 oct.), Décr. nº 93-926 du 15 juill. 1993 (JO 21 juill.), Décr. nos 94-784 et 94-785 du 2 sept. 1994 (JO 8 sept.), Décr. nº 95-694 du 3 mai 1995 (JO 11 mai ; Rect., JO 2 mars 1996), Décr. nº 96-73 du 24 janv. 1996 (JO 31 janv.), Décr. nº 98-588 du 9 juill. 1998 (amiante) (JO 11 juill.), Décr. nº 2000-278 du 22 mars 2000 (JO 26 mars), Décr. nº 2001-1132 du 30 nov. 2001 (JO 2 déc.), Décr. nº 2003-1264 du 23 déc. 2003 (JO 28 déc.), Décr. nº 2004-112 du 6 févr. 2004 (JO 7 févr.), Décr. nº 2004-630 du 24 mai 2005 (JO 29 mai), Décr. nº 2005-604 du 24 mai 2005 (JO 29 mai), Décr. nº 2007-1288 du 29 août 2007 (JO 31 août), mod. par Décr. nº 2008-867 du 28 août 2008 (JO 29 août), mod. par Décr. nº 2009-235 du 27 févr. 2009 (JO 28 févr.), mod. par Décr. nº 2011-1521 du 14 nov. 2011 (JO 16 nov.), mod. par Décr. nº 2013-757 du 30 août 2013, art. 9 (JO 1er sept.).

V. Arr. du 16 nov. 1984 (JO 24 janv. 1985) relatif à la création d'une structure fonctionnelle en matière de sécurité et de salubrité du travail dans les mines et carrières.

Loi nº 2004-105 du 3 février 2004,

Portant création de l'Agence nationale pour la garantie des droits des mineurs et diverses dispositions relatives aux mines.

Art. 1er Il est créé un établissement public de l'État à caractère administratif dénommé "Agence nationale pour la garantie des droits des mineurs" qui a pour mission de garantir, au nom de l'État, en cas de cessation définitive d'activité d'une entreprise minière ou ardoisière, quelle que soit sa forme juridique, d'une part, l'application des droits sociaux des anciens agents de cette entreprise, des anciens agents de ses filiales relevant du régime spécial de la sécurité sociale dans les mines et de leurs ayants droit tels qu'ils résultent des lois, règlements, conventions et accords en vigueur au jour de la cessation définitive d'activité de l'entreprise et, d'autre part, l'évolution de ces droits.

L'agence peut, par voie conventionnelle, gérer les mêmes droits pour le compte d'entreprises minières et ardoisières en activité.

Art. 2 L'Agence nationale pour la garantie des droits des mineurs assume les obligations de l'employeur, en lieu et place des entreprises minières et ardoisières ayant définitivement cessé leur activité, envers leurs anciens agents et ceux de leurs filiales relevant du régime spécial de la sécurité sociale dans les mines en congé charbonnier de fin de carrière, en dispense ou en suspension d'activité, en garantie de ressources ou mis à disposition d'autres entreprises.

(L. nº 2013-1279 du 29 déc. 2013, art. 85) « L'Agence nationale pour la garantie des droits des mineurs remplit, en outre, les autres obligations sociales des entreprises minières et ardoisières ayant cessé définitivement leur activité à l'exception de celles manifestement liées à une situation d'activité de ces entreprises. »

L'Agence nationale pour la garantie des droits des mineurs liquide, verse ou attribue l'ensemble des prestations dues aux anciens agents des entreprises minières et ardoisières ayant cessé définitivement leur activité, aux anciens agents de leurs filiales relevant du régime spécial de la sécurité sociale dans les mines et à leurs ayants droit à l'exception, d'une part, de celles prévues par le code de la sécurité sociale et les textes relatifs au régime spécial de la sécurité sociale dans les mines, et, d'autre part, de celles prévues conventionnellement qui peuvent leur être assimilées.

(L. nº 2013-1279 du 29 déc. 2013, art. 85) « Toutefois, et pour le compte du régime spécial de la sécurité sociale dans les mines, l'Agence nationale pour la garantie des droits des mineurs détermine les orientations de la politique d'action sanitaire et sociale individuelle au bénéfice des ressortissants de ce régime et en assure également la gestion. Elle liquide, verse ou attribue les prestations correspondantes. Elle fixe, coordonne et contrôle l'ensemble des actions engagées en matière de politique d'action sanitaire et sociale et en établit un bilan annuel. »

Art. 3 Les entreprises dont le personnel relève du décret n° 46-1433 du 14 juin 1946 relatif au statut du personnel des exploitations minières et assimilées et qui n'ont pas cessé définitivement leur activité soit gèrent elles-mêmes les prestations de chauffage et de logement de leurs retraités et des conjoints survivants de leurs retraités, soit confient cette gestion à l'Agence nationale pour la garantie des droits des mineurs.

Décret n° 2013-797 du 30 août 2013,

Fixant certains compléments et adaptations spécifiques au code du travail pour les mines et carrières en matière de poussières alvéolaires.

Art. 1er En application de l'article L. 4111-4 du code du travail, les dispositions de la quatrième partie qu'il rend applicables aux mines et carrières et à leurs dépendances font l'objet, en ce qui concerne la protection contre les poussières alvéolaires, le bruit et les vibrations mécaniques, des compléments et adaptations définis par le présent décret.

Art. 2 En complément de l'article R. 4222-10 du code du travail et sans préjudice des articles R. 4412-149 et R. 4412-154, les concentrations moyennes en poussières alvéolaires de l'atmosphère inhalée par un travailleur, évaluées sur une période de huit heures, s'appliquent également aux lieux de travail se trouvant à l'extérieur. — *En vigueur le 1er janv. 2014.*

Ces concentrations font l'objet d'un contrôle annuel par un organisme accrédité ou agréé selon l'objet du contrôle, dans des conditions fixées par un arrêté du ministre chargé des mines, du ministre chargé des carrières et du ministre chargé du travail. Toutefois, lorsque les résultats de l'évaluation des risques à laquelle procède l'employeur en application des articles L. 4121-3 et R. 4412-5 du code du travail ne présentent qu'un risque faible pour la santé et la sécurité des travailleurs, au sens de l'article R. 4412-13, et que les mesures de prévention prises sont suffisantes pour réduire ce risque, l'employeur peut ne pas procéder à ce contrôle. — *En vigueur le 1er janv. 2014.*

Art. 3 Sans préjudice des dispositions du chapitre II du titre II du livre II et du chapitre II du titre Ier du livre IV de la quatrième partie du code du travail, les sources d'émission de poussières tant silicogènes que non silicogènes sont identifiées et des moyens propres à éviter que les poussières ne se répandent dans l'atmosphère des lieux de travail qui se trouvent à l'extérieur sont mis en œuvre. La permanence de ces moyens fait l'objet de vérifications périodiques dont le résultat est reporté dans le document unique d'évaluation prévu par l'article R. 4121-1 et tenu à la disposition de l'agent exerçant les missions d'inspection du travail. — *En vigueur le 1er janv. 2014.*

Art. 4 En complément de l'article R. 4412-28 du code du travail, des mesures de prévention et de protection propres à assurer la protection des travailleurs sont prises immédiatement par l'employeur en cas de dépassement de la valeur limite d'exposition professionnelle fixée à l'article R. 4412-154. — *En vigueur le 1er janv. 2014.*

Art. 5 Les informations que l'employeur fournit aux travailleurs ainsi qu'au comité d'hygiène, de sécurité et des conditions de travail en application de l'article R. 4412-38 du code du travail, notamment les informations relatives aux règles de conduite propres à limiter la mise en suspension des poussières dans les lieux de travail, sont rassemblées dans un dossier de prescriptions comportant les documents nécessaires pour communiquer au personnel, de façon pratique et opérationnelle, les instructions qui le concernent. — *En vigueur le 1er janv. 2014.*

Art. 6 Les informations en rapport avec les résultats de l'évaluation des risques dus à l'exposition au bruit que l'employeur fournit aux travailleurs exposés en application de l'article R. 4436-1 du code du travail sont rassemblées dans un dossier de prescriptions comportant les documents nécessaires pour communiquer au personnel, de façon pratique et opérationnelle, les instructions qui le concernent. — *En vigueur le 1er janv. 2014.*

Art. 7 Les informations en rapport avec le résultat de l'évaluation des risques dus à l'exposition aux vibrations mécaniques que l'employeur fournit aux travailleurs exposés en application de l'article R. 4447-1 du code du travail sont rassemblées dans un dossier de prescriptions comportant les documents nécessaires pour communiquer au personnel intéressé, de façon pratique et opérationnelle, les instructions qui le concernent.

Art. 8 Les dispositions du livre VII de la quatrième partie du code du travail sont applicables au contrôle de l'application par les employeurs des dispositions combinées du présent décret et des articles de cette partie du code qu'ils complètent ou adaptent.

C Travail à domicile

(V. aussi C. trav., art. L. 7411-1 s.)

Arrêté du 13 octobre 1941,

Relatif à l'application aux ouvriers à domicile de la législation sur les congés payés.

Art. 1er *(Arr. du 4 avr. 1956)* Le donneur d'ouvrage s'acquitte de ses obligations en matière de congé payé à l'égard du travailleur à domicile et, éventuellement, à l'égard de l'auxiliaire salarié de ce travailleur, par le payement, effectué en même temps que celui de la rémunération, d'une allocation égale à *(Arr. du 18 févr. 1982)* « 10 p. 100 » de la rémunération brute, déduction faite des frais d'atelier engagés uniquement pendant le temps de travail. Le taux des frais d'atelier permanents, qui doivent demeurer inclus dans la rémunération susvisée, sera fixé, s'il y a lieu, par accords entre les organisations patronales et ouvrières les plus représentatives ou, à défaut d'accords, par arrêtés préfectoraux pris après consultation de ces organisations. Mention du versement de l'allocation du congé payé est portée sur le bulletin ou carnet visé à l'article 33 *b* *[art. 33 e]* du livre Ier du code du travail.

Art. 2 Le payement de cette allocation exonère de toute obligation, en matière de congé payé, le donneur d'ouvrage et, éventuellement, le chef d'établissement pour le compte duquel il opère.

L'ouvrier ou l'ouvrière à domicile est responsable, à l'égard des auxiliaires salariés qu'il occupe, de l'application de la législation sur les congés payés dans les conditions du droit commun.

Arrêté applicable aux départements du Haut-Rhin, du Bas-Rhin et de la Moselle (Décr. 15 juin 1945, JO 17 juin).

Arrêté du 8 juin 1945,

Portant application de l'ordonnance du 22 février 1945 instituant des comités d'entreprise [C. trav., partie L., liv. IV, tit. III] aux travailleurs à domicile.

Art. 1er Sont considérés, au sens de l'ordonnance du 22 février 1945, instituant des comités d'entreprises, comme travailleurs à domicile, sans qu'il y ait lieu de rechercher s'il existe entre eux et leur employeur un lien de subordination juridique, ni s'ils travaillent sous la surveillance immédiate et habituelle de l'employeur, ni si le local où ils travaillent et l'outillage qu'ils emploient leur appartiennent, ni s'ils se procurent eux-mêmes les fournitures accessoires, tous ceux qui satisfont aux conditions suivantes :

1° Exécuter, moyennant une rémunération forfaitaire pour le compte d'un ou plusieurs établissements industriels, commerciaux, artisanaux, de quelque nature qu'ils soient, publics ou privés, laïcs ou religieux, même s'ils ont un caractère d'enseignement professionnel ou de bienfaisance, un travail qui leur est confié, soit directement, soit par un commissaire ou intermédiaire.

2° N'utiliser d'autres concours que ceux qui sont prévus au paragraphe 3, premier alinéa, de l'article 1er du décret du 28 octobre 1935, relatif aux assurances sociales. *— V. C. trav., art. L. 7412-1 (2°) nouv.*

Conservent la qualité d'ouvriers à domicile, les ouvriers et ouvrières qui, en même temps que le travail, fournissent tout ou partie des matières premières mises en œuvre lorsque ces matières premières leur sont vendues par un donneur d'ouvrage qui acquiert ensuite l'objet fabriqué ou par un fournisseur indiqué par le donneur d'ouvrage et auquel les ouvriers et ouvrières sont tenus de s'adresser.

Art. 2 Seront seuls considérés comme faisant partie des entreprises pour l'application de l'ordonnance du 22 février 1945 précitée, les travailleurs visés à l'article précédent qui effectuent habituellement et régulièrement des travaux à domicile, soit d'une manière continue, soit à certaines époques de l'année seulement.

S'ils remplissent les conditions ci-dessus à l'égard de plusieurs entreprises, ils seront considérés comme appartenant à celle qui leur aura versé la rémunération la plus élevée au cours de l'année civile précédant l'année au cours de laquelle aura lieu la désignation des délégués du personnel au comité d'entreprise.

Art. 3 Dans le cas où le travailleur à domicile travaille pour un sous-entrepreneur qui n'est pas inscrit au registre du commerce et qui n'est pas propriétaire d'un fonds de commerce,

ce travailleur est considéré comme faisant partie du personnel de l'entreprise pour le compte de laquelle agit le sous-entrepreneur.

Art. 4 **Sont électeurs, les travailleurs à domicile remplissant les conditions prévues par l'article 7 de l'ordonnance du 22 février 1945** *[C. trav., art. L. 2324-14 nouv.]* **; ils appartiennent au collège électoral des ouvriers et employés.**

Art. 5 **Seront éligibles les travailleurs à domicile remplissant les conditions prévues par l'article 8 de la susdite ordonnance** *[C. trav., art. L. 2324-15 nouv.]*.

Art. 6 **Dans le cas où certaines dispositions de l'arrêté et notamment l'application de l'article 2, soulèveraient des difficultés dans une profession déterminée, il sera statué par décision de l'inspecteur du travail sauf recours au ministère du travail et de la sécurité sociale.**

Arrêté du 30 septembre 1946,

Déterminant les conditions d'application de la loi du 16 avril 1946 [C. trav., partie L., 7e partie, liv. IV] aux travailleurs à domicile et les modalités particulières de désignation des délégués de ces travailleurs.

Loi n° 57-834 du 26 juillet 1957,

Modifiant le statut des travailleurs à domicile.

Art. 8 **Lorsqu'un artisan ou un travailleur indépendant travaille à façon pour un donneur d'ouvrage, le prix ne peut être inférieur au tarif fixé pour les travailleurs à domicile, tel qu'il est défini par l'article 33** ***k*** **du livre Ier** *[art. L. 7422-5]* **du code du travail, majoré des charges sociales et fiscales et de l'amortissement normal des moyens de production.**

Les infractions aux dispositions du précédent alinéa sont réprimées dans les conditions prévues par l'ordonnance du 30 juin 1945 sur les prix.

Les dispositions des articles 33 ***b*** *[L. 7411-1]*, **33** ***d*** **(à l'exclusion du 2°)** *[L. 7413-3 et R. 721-1]*, **33** ***e*** *[R. 721-2]* **(à l'exclusion du 2° du premier paragraphe et du** ***c*** **et du** ***d*** **du 2° du deuxième paragraphe), 33** ***f*** **, 33** ***n*** *[L. 7422-12]*, **33** ***o*****, quatrième alinéa** *[R. 721-9, 1er al.][,]* **et 99** ***a*** *[R. 792-1]* **du livre Ier du code du travail demeurent applicables au donneur d'ouvrage.**

Les inspecteurs du travail et de la main-d'œuvre sont chargés concurremment avec les officiers de police judiciaire, d'assurer l'exécution des dispositions du précédent alinéa.

La référence à l'amortissement normal des moyens de production pour le calcul de la rémunération minimale due par le donneur d'ouvrage, dès lors que celui-ci ne met pas gracieusement ces moyens à la disposition du façonnier, ne fait nullement de la propriété du matériel par ce dernier une condition d'application de l'art. 8. • Com. 17 oct. 1995, ☏ n° 92-20.625 P.

....

Art. 10 **Les sommes versées par les entrepreneurs et concessionnaires, soit à l'administration pénitentiaire du chef de l'emploi de la main-d'œuvre pénale, soit à l'administration des établissements psychiatriques ou des asiles de vieillards du chef du travail des malades hospitalisés ou de vieillards admis dans lesdits établissements ou asiles, doivent être calculées, compte tenu des tarifs d'exécution établis conformément à l'article 33** ***k*** **du livre Ier** *[art. L. 7422-5]* **du code du travail.**

Accord national interprofessionnel du 19 juillet 2005,

Sur le télétravail.

Sont rendues obligatoires, pour tous les employeurs et tous les salariés compris dans son champ d'application, les dispositions de l'accord national interprofessionnel du 19 juill. 2005 relatif au télétravail.

Les premier et deuxième alinéas sont étendus sous réserve de l'application des dispositions de l'art. L. 212-1-1 [L. 3171-4] du code du travail, aux termes desquelles il appartient à l'employeur de veiller au respect de la réglementation sur le temps de travail, notamment en s'assurant de la fiabilité du système de décompte des heures supplémentaires, même si le salarié gère librement ses horaires de travail (Arr. du 30 mai 2006, JO 9 juin).

BIBL. ▶ Canaple et Friedrich, *Sem. soc. Lamy 2011, n° 1510, p. 5.* – Flament, *JCP S 2011. 1073.* – Fournier et Guyot, *JCP S 2011. 1072.* – Lasfargue et Verkindt, *RDT 2013. Controverse 9* (la loi sur le télétravail : une avancée ?).

Art. 1er *Définition.* Le télétravail est une forme d'organisation et/ou de réalisation du travail, utilisant les technologies de l'information dans le cadre d'un contrat de travail et dans laquelle un travail, qui aurait également pu être réalisé dans les locaux de l'employeur, est effectué hors de ces locaux de façon régulière.

Cette définition du télétravail permet d'englober différentes formes de télétravail régulier répondant à un large éventail de situations et de pratiques sujettes à des évolutions rapides.

Elle inclut les salariés "nomades" mais le fait de travailler à l'extérieur des locaux de l'entreprise ne suffit pas à conférer à un salarié la qualité de télétravailleur.

Le caractère régulier exigé par la définition n'implique pas que le travail doit être réalisé en totalité hors de l'entreprise, et n'exclut donc pas les formes alternant travail dans l'entreprise et travail hors de l'entreprise.

On entend par télétravailleur, au sens du présent accord, toute personne salariée de l'entreprise qui effectue, soit dès l'embauche, soit ultérieurement, du télétravail tel que défini ci-dessus ou dans des conditions adaptées par un accord de branche ou d'entreprise en fonction de la réalité de leur champ et précisant les catégories de salariés concernés.

Art. 2 *Caractère volontaire.* Le télétravail revêt un caractère volontaire pour le salarié et l'employeur concernés. Le télétravail peut faire partie des conditions d'embauche du salarié ou être mis en place, par la suite, sur la base du volontariat. Dans ce cas, il doit faire l'objet d'un avenant au contrat de travail.

Si un salarié exprime le désir d'opter pour un télétravail, l'employeur peut, après examen, accepter ou refuser cette demande.

Dans tous les cas, l'employeur fournit par écrit au télétravailleur l'ensemble des informations relatives aux conditions d'exécution du travail y compris les informations spécifiques à la pratique du télétravail telles que le rattachement hiérarchique, les modalités d'évaluation de la charge de travail, les modalités de compte rendu et de liaison avec l'entreprise, ainsi que celles relatives aux équipements, à leurs règles d'utilisation, à leur coût et aux assurances, etc.

Le passage au télétravail, en tant que tel, parce qu'il modifie uniquement la manière dont le travail est effectué, n'affecte pas la qualité de salarié du télétravailleur. Le refus d'un salarié d'accepter un poste de télétravailleur n'est pas, en soi, un motif de rupture de son contrat de travail.

En cas d'accord pour passer au télétravail, une période d'adaptation est aménagée pendant laquelle chacune des parties peut mettre fin à cette forme d'organisation du travail moyennant un délai de prévenance préalablement défini. Le salarié retrouve alors un poste dans les locaux de l'entreprise correspondant à sa qualification.

Art. 3 *Réversibilité et insertion.* Si le télétravail ne fait pas partie des conditions d'embauche, l'employeur et le salarié peuvent, à l'initiative de l'un ou de l'autre, convenir par accord d'y mettre fin et d'organiser le retour du salarié dans les locaux de l'entreprise. Les modalités de cette réversibilité sont établies par accord individuel et/ou collectif.

Si le télétravail fait partie des conditions d'embauche, le salarié peut ultérieurement postuler à tout emploi vacant, s'exerçant dans les locaux de l'entreprise et correspondant à sa qualification. Il bénéficie d'une priorité d'accès à ce poste.

Art. 4 *Conditions d'emploi.* Les télétravailleurs bénéficient des mêmes droits et avantages légaux et conventionnels que ceux applicables aux salariés en situation comparable travaillant dans les locaux de l'entreprise. Cependant, pour tenir compte des particularités du télétravail, des accords spécifiques complémentaires collectifs et/ou individuels peuvent être conclus.

Art. 5 *Protection des données.* Il incombe à l'employeur de prendre, dans le respect des prescriptions de la CNIL, les mesures qui s'imposent pour assurer la protection des données utilisées et traitées par le télétravailleur à des fins professionnelles.

L'employeur informe le télétravailleur des dispositions légales et des règles propres à l'entreprise relatives à la protection de ces données et à leur confidentialité.

Il l'informe également :

– de toute restriction à l'usage des équipements ou outils informatiques comme l'Internet et, en particulier, de l'interdiction de rassembler et de diffuser des matériels illicites via l'Internet ;

– des sanctions en cas de non-respect des règles applicables.

Il incombe au télétravailleur de se conformer à ces règles.

Art. 6 *Vie privée.* L'employeur est tenu de respecter la vie privée du télétravailleur. A cet effet, il fixe, en concertation avec le salarié, les plages horaires durant lesquelles il peut le contacter.

Si un moyen de surveillance est mis en place, il doit être pertinent et proportionné à l'objectif poursuivi et le télétravailleur doit en être informé. La mise en place, par l'employeur, de tels moyens doit faire l'objet d'une information et d'une consultation préalable du comité d'entreprise ou, à défaut, des délégués du personnel dans les entreprises qui en sont dotées.

Art. 7 *Équipements de travail.* Sous réserve, lorsque le télétravail s'exerce à domicile, de la conformité des installations électriques et des lieux de travail, l'employeur fournit, installe et entretient les équipements nécessaires au télétravail. Si, exceptionnellement, le télétravailleur utilise son propre équipement, l'employeur en assure l'adaptation et l'entretien.

L'employeur prend en charge, dans tous les cas, les coûts directement engendrés par ce travail, en particulier ceux liés aux communications.

L'employeur fournit au télétravailleur un service approprié d'appui technique.

L'employeur assume la responsabilité, conformément aux dispositions en vigueur, des coûts liés à la perte ou à la détérioration des équipements et des données utilisés par le télétravailleur.

En cas de panne ou de mauvais fonctionnement des équipements de travail, le télétravailleur doit en aviser immédiatement l'entreprise suivant les modalités fixées par celle-ci.

Le télétravailleur prend soin des équipements qui lui sont confiés.

Art. 8 *Santé et sécurité.* Les dispositions légales et conventionnelles relatives à la santé et la sécurité au travail sont applicables aux télétravailleurs. L'employeur doit veiller à leur strict respect.

L'employeur informe le télétravailleur de la politique de l'entreprise en matière de santé et de sécurité au travail, en particulier, des règles relatives à l'utilisation des écrans de visualisation. Le télétravailleur est tenu de respecter et d'appliquer correctement ces politiques de sécurité.

Afin de vérifier la bonne application des dispositions applicables en matière de santé et de sécurité au travail, l'employeur, les représentants du personnel compétents en matière d'hygiène et de sécurité (CHSCT ou délégués du personnel dans les entreprises qui en sont dotées) et les autorités administratives compétentes ont accès au lieu du télétravail suivant les modalités prévues par les dispositions légales et conventionnelles en vigueur. Si le télétravailleur exerce son activité à son domicile, cet accès est subordonné à une notification à l'intéressé qui doit préalablement donner son accord.

Le télétravailleur est autorisé à demander une visite d'inspection.

Art. 9 *Organisation du travail.* Le télétravailleur gère l'organisation de son temps de travail dans le cadre de la législation, des conventions collectives et règles d'entreprise applicables.

La charge de travail, les normes de production et les critères de résultats exigés du télétravailleur doivent être équivalents à ceux des salariés en situation comparable travaillant dans les locaux de l'employeur. Des points de repères moyens identiques à ceux utilisés dans l'entreprise sont donnés au télétravailleur. La charge de travail et les délais d'exécution, évalués suivant les mêmes méthodes que celles utilisées pour les travaux exécutés dans les locaux de l'entreprise, doivent, en particulier, permettre au télétravailleur de respecter la législation relative à la durée du travail et tout spécialement la durée maximale du travail et les temps de repos.

L'employeur s'assure que des mesures sont prises pour prévenir l'isolement du télétravailleur par rapport aux autres salariés de l'entreprise. A cet effet, le télétravailleur doit pouvoir rencontrer régulièrement sa hiérarchie. Il est souhaitable que l'employeur désigne, dans cette perspective, un référent. Le télétravailleur doit également avoir la possibilité de rencontrer régulièrement ses collègues et avoir accès aux informations et aux activités sociales de l'entreprise. Il bénéficie des mêmes entretiens professionnels que les autres salariés de l'entreprise. Il est soumis aux mêmes politiques d'évaluation que ces autres salariés.

Art. 10 *Formation.* Les télétravailleurs ont le même accès à la formation et aux possibilités de déroulement de carrière que des salariés en situation comparable qui travaillent dans les locaux de l'employeur.

Les télétravailleurs reçoivent, en outre, une formation appropriée, ciblée sur les équipements techniques à leur disposition et sur les caractéristiques de cette forme d'organisation du travail. Le responsable hiérarchique et les collègues directs des télétravailleurs doivent également pouvoir bénéficier d'une formation à cette forme de travail et à sa gestion.

Art. 11 *Droits collectifs.* Les télétravailleurs ont les mêmes droits collectifs que les salariés qui travaillent dans les locaux de l'entreprise, notamment en ce qui concerne leurs relations avec les représentants du personnel et l'accès aux informations syndicales, y compris par les intranet syndicaux dans les mêmes conditions que les autres salariés.

Ils bénéficient des mêmes conditions de participation et d'éligibilité aux élections pour les instances représentatives du personnel. Les télétravailleurs font partie, au même titre que les autres salariés, des effectifs de l'entreprise pris en compte pour la détermination des seuils. L'établissement auquel le télétravailleur sera rattaché afin d'exercer ses droits collectifs est précisé dans le document prévu à l'article 2 ci-dessus.

Le comité d'entreprise ou, à défaut, les délégués du personnel dans les entreprises qui en sont dotées sont informés et consultés sur l'introduction du télétravail et les éventuelles modifications qui lui seraient apportées.

Les télétravailleurs sont identifiés comme tels sur le registre unique du personnel.

Art. 12 *Application.* La définition du télétravail visée au 1er alinéa de l'article 1 du présent accord ne peut faire l'objet d'une dérogation. Il ne peut être dérogé, pour son application, aux dispositions des articles 2, 4, 6, 8, 9, 10 et 11 ci-dessus.

Il ne peut également être dérogé au principe de réversibilité et d'insertion posé par l'article 3 ci-dessus, ni au 1er alinéa de l'article 7, dont les modalités de mise en œuvre peuvent être adaptées par accord collectif en fonction des caractéristiques de la branche ou de l'entreprise.

Art. 13 *Suivi.* Les signataires du présent accord informeront les organisations européennes, signataires de l'accord cadre du 16 juillet 2002, dont elles sont membres des résultats des présentes négociations et des modalités d'application de l'accord-cadre européen qu'elles ont décidées selon les dispositions de l'article 12 dudit accord.

D Bâtiment et travaux publics

Décret n° 87-231 du 27 mars 1987,

Concernant les prescriptions particulières de protection relatives à l'emploi des explosifs dans les travaux du bâtiment, les travaux publics et les travaux agricoles (JO 3 avr.). — V., en application, Arr. du 10 juill. 1987 (JO 5 août ; Rect., JO 5 sept.) ; Circ. du 2 nov. 1987 (BOMT n° 88/3, texte n° 15625).

Sur l'habilitation que doivent avoir les personnes chargées de la garde, de la mise en œuvre et du tir de produits explosifs, V. Décr. n° 81-972 du 21 oct. 1981, art. 11 à 13 (D. et BLD 1981. 359), mod. par Décr. n° 90-155 du 16 févr. 1990 (D. et ALD 1990. 155), mod. Décr. n° 90-897 du 1er oct. 1990 (JO 6 oct.) ; Décr. n° 2002-933 du 13 juin 2002 (JO 15 juin), Décr. n° 2005-1137 du 8 sept. 2005 (JO 11 sept.).

Décret n° 95-607 du 6 mai 1995,

Fixant la liste des prescriptions réglementaires que doivent respecter les travailleurs indépendants ainsi que les employeurs lorsqu'ils exercent directement une activité sur un chantier de bâtiment ou de génie civil. — V. annexe au ***C. trav.*** 🏛.

Art. 1er Pour l'application de l'article L. 235-18 *[L. 4534-1 nouv.]* du code du travail, la liste des prescriptions réglementaires que doivent respecter les travailleurs indépendants ainsi que les employeurs lorsqu'ils exercent directement une activité sur un chantier de bâtiment ou de génie civil est annexée au présent décret.

Arrêté du 18 février 2003,

Relatif à la cotisation due par les entreprises visées aux articles L. 731-9 [L. 5424-19 nouv.] et R. 731-19 du code du travail [cotisation intempérie].

Art. 1er Les entreprises appartenant aux activités professionnelles visées à l'article R. 731-1 du code du travail sont tenues d'adresser périodiquement et au moins tous les trois mois à la caisse de congés payés à laquelle elles sont affiliées, en application de l'article R. 731-15 du code du travail, une déclaration comportant notamment l'état des salaires et appointements servant d'assiette à la cotisation.

Les modes de déclaration recevables sont précisés par les caisses de congés payés qui peuvent notamment proposer aux entreprises des supports mis au point dans le cadre de l'application des mesures légales et réglementaires sur la simplification administrative des formalités des entreprises.

Les entreprises qui groupent diverses branches d'activité professionnelle ne déclarent que les salaires et appointements des travailleurs appartenant aux branches dont l'activité est visée à l'article R. 731-1 du code du travail.

Art. 2 Le versement de la cotisation d'intempéries est effectué par l'employeur à la caisse de congés payés dont dépend l'entreprise aux époques et selon les modalités prévues par les statuts et le règlement intérieur de ladite caisse.

Art. 3 *(Arr. du 27 juin 2003)* L'entreprise déclare l'arrêt de travail sur un bordereau unique comportant les éléments nécessaires au calcul des indemnités versées aux salariés et à la détermination du montant des remboursements demandés par l'entreprise.

Le bordereau doit comporter une liste de mentions arrêtée par le conseil d'administration de la Caisse nationale de surcompensation et figurant dans le modèle nationale de règlement intérieur des caisses de congés payés.

Le bordereau doit permettre à l'employeur, par sa transmission, d'affirmer le caractère sincère et véritable de sa déclaration, de certifier que l'intempérie a bien rendu le travail impossible pendant la période d'arrêt, d'attester que les conditions posées notamment par l'article L. 731-8 *[L. 5424-9 nouv.]* et par les articles R. 731-3 et R. 731-4 ont été respectées et de certifier que les travailleurs remplissent les conditions fixées par la loi pour l'obtention de l'indemnité et qu'ils ont effectivement perçu celle-ci.

Celui-ci doit également préciser que le déclarant reconnaît avoir été averti qu'une fausse déclaration l'exposerait aux sanctions de l'article L. 793-1 *[L. 5429-3 nouv.]* du code du travail.

Art. 4 L'entrepreneur est tenu, avant de payer aux travailleurs les indemnités auxquelles ils peuvent prétendre, de vérifier que les conditions fixées par les articles R. 731-3 et R. 731-4 du code du travail sont remplies.

L'entrepreneur opère la vérification au moyen de ses registres et documents pour ceux des travailleurs qu'il a occupés depuis le 1er janvier de l'année et au minimum pendant deux cents heures au cours des deux derniers mois. Pour les autres travailleurs, il effectue la vérification par l'examen des certificats de travail portant mention des journées de chômage-intempéries indemnisées que le travailleur doit obligatoirement lui présenter.

De plus, il fait signer une déclaration du nombre de jours déjà indemnisés depuis le 1er janvier au titre du chômage-intempéries. Cette déclaration doit être transmise à la caisse de congés payés avec la demande de remboursement.

Art. 5 *(Arr. du 27 juin 2003)* Le bordereau prévu à l'article 3 doit parvenir à la caisse dans un délai d'un mois à compter de la reprise du travail, à peine de forclusion. Un délai de tolérance peut être accordé aux entreprises dans les conditions fixées par délibération du conseil d'administration de la Caisse nationale de surcompensation.

Art. 6 Les travailleurs qui auraient exercé une autre activité salariée pendant la période d'arrêt de travail indemnisée au titre du code du travail seront tenus de reverser les sommes indûment perçues à la caisse de congés payés intéressée, sans préjudice des sanctions prévues à l'article L. 793-1 du code du travail.

Les travailleurs qui n'auraient pas repris dès la reprise d'activité du chantier cesseront d'avoir droit à toute indemnisation.

Art. 7 *(Arr. du 27 juin 2003)* Le conseil d'administration de la Caisse nationale de surcompensation est chargé d'établir les formules de déclaration de salaire ainsi que le modèle visé à l'article R. 731-5, alinéa 2, du code du travail.

Art. 8 La Caisse nationale de surcompensation centralise à un compte ouvert à son nom dans les écritures de la Caisse des dépôts et consignations la totalité des cotisations d'intempéries recueillies par la caisse de congés payés. Sur sa demande, la Caisse des dépôts et consignations transfère aux caisses de congés payés les sommes qui leur sont nécessaires pour qu'elles opèrent le remboursement des indemnités d'intempéries dont les entreprises ont fait l'avance. La Caisse des dépôts et consignations rembourse sur sa demande, aux caisses de congés payés, les frais exposés par celle-ci pour la gestion de leur service d'indemnisation des intempéries. Ces frais de gestion ne devront pas dépasser 10 % du montant des cotisations.

Art. 9 La Caisse nationale de surcompensation est tenue de posséder un fonds de réserve pour son service d'indemnisation intempéries.

Le fonds de réserve est constitué par les excédents annuels des recettes sur les dépenses afférentes au service d'indemnisation intempéries.

(Arr. du 14 mai 2007) « Le montant de ces fonds de réserve doit correspondre au minimum à deux fois le produit du montant des salaires servant d'assiette à la cotisation au titre de la dernière campagne par la moyenne des taux de risque calculée sur les dix derniers exercices clos. »

Le taux de risque de la campagne est le quotient des dépenses totales hors provisions et amortissements de la campagne par les salaires soumis à cotisation.

Si le montant du fonds de réserve vient à être inférieur à la valeur indiquée ci-dessus, le conseil d'administration de la Caisse nationale de surcompensation est tenu de le ramener au niveau de cette valeur dans les trois années qui suivent la clôture de la campagne au cours de laquelle cette insuffisance a été constatée.

Lorsque le fonds de réserve dépasse la valeur ci-dessus indiquée, le conseil d'administration de la Caisse nationale de surcompensation peut ordonner que tout ou partie de l'excédent soit rétrocédé aux entreprises. A cette fin, il approuve un compte d'exploitation prévisionnel pour la campagne qui se termine le 30 juin suivant et il fixe un coefficient égal au montant global de la rétrocession rapporté au total des cotisations intempéries encaissées au titre de la campagne précédant la décision de rétrocession.

Les entreprises visées par l'article L. 731-1 *[L. 5424-6 nouv.]* du code du travail ont vocation à recevoir de la caisse de congés payés à laquelle elles sont affiliées une rétrocession calculée par application de ce coefficient aux cotisations intempéries versées par elles au titre de ladite campagne, selon les modalités de paiement arrêtées par le conseil de la Caisse nationale de surcompensation sous réserve qu'elles soient en situation d'affiliation régulière au regard des conditions fixées par cette instance.

Lorsque le fonds de réserve dépasse la valeur indiquée au troisième alinéa du présent article, le conseil d'administration peut également, après approbation d'un compte d'exploitation prévisionnel, mettre en œuvre les mesures définies au cinquième alinéa de l'article R. 731-19 *[D. 5424-40 nouv.]*.

Si le fonds de réserve dépasse de moitié la valeur indiquée au troisième alinéa du présent article, le conseil d'administration de la Caisse nationale de surcompensation est tenu de le ramener au niveau de cette valeur dans les trois années qui suivent la clôture de la campagne au cours de laquelle ce dépassement a été constaté.

Art. 10 La Caisse nationale de surcompensation est tenue de déposer à la Caisse des dépôts et consignations, au compte visé à l'article 8 ci-dessus, la totalité de ses fonds disponibles ; toutefois, elle peut demander à la Caisse des dépôts et consignations de virer à un compte ouvert soit au Trésor public, soit à la Banque de France, soit à une banque agréée, ou à un compte de chèques postaux, les sommes destinées au règlement de ses frais de service. Les fonds déposés en compte courant à la Caisse des dépôts et consignations sont bonifiés d'un intérêt annuel égal à celui qui est servi par le Trésor à cet établissement.

Au moins l'équivalent du fonds de réserve fixé à l'article 9 du présent arrêté devra être placé en valeurs État ou garanties par l'État ou en valeurs garanties par un établissement financier agréé, tous autres emplois ou placements, même à titre transitoire, en étant interdits.

Pour les titres et valeurs conservés par la Caisse des dépôts et consignations, celle-ci procédera aux achats et aux ventes sur les indications de la Caisse nationale de surcompensation et encaissera les intérêts ou arrérages, ainsi que les capitaux amortis, lots et primes de remboursement.

En outre, conformément à l'article 6 de la loi du 1er juillet 1901, la Caisse nationale de surcompensation pourra acquérir à titre onéreux, posséder et administrer les locaux destinés à l'administration du service du chômage-intempéries, ainsi que les immeubles strictement nécessaires à l'accomplissement du but assigné à ce service.

Art. 11 La Caisse nationale de surcompensation est tenue :

– de fournir annuellement au ministre des affaires sociales, du travail et de la solidarité une copie certifiée exacte de son bilan relatif au service d'indemnisation du chômage-intempéries dans le délai maximum de deux mois à dater du jour où le bilan aura été approuvé par l'assemblée générale, celle-ci devant être réunie avant la fin du semestre qui suit la clôture de l'exercice ;

– de communiquer, dans les six premiers mois de chaque exercice, un rapport sur le fonctionnement de ce service, au cours de l'exercice précédent, et un état indiquant au 1er octobre, notamment, le nombre des heures indemnisées, réglées par la Caisse nationale de surcompensation au cours de l'exercice écoulé, le total des indemnités versées au cours de l'année précédente, le montant du fonds de réserve, le mode de placement des ressources et des réserves et le lieu de leur dépôt ;

– de le soumettre au contrôle des agents du ministre des affaires sociales, du travail et de la solidarité désignés à cet effet.

E Marine marchande

Loi du 15 février 1929,

Portant allocation d'une indemnité de chômage au marin en cas de prise, naufrage ou déclaration d'innavigabilité du navire.

Art. unique En cas de prise, naufrage ou déclaration d'innavigabilité, le marin a droit à une indemnité qui lui sera payée pendant toute la durée du chômage effectif résultant pour lui de la rupture de son contrat d'engagement, et au taux du salaire prévu par ce contrat, sans que, toutefois, le montant total de l'indemnité puisse être supérieur à deux mois de salaires.

Cette indemnité est privilégiée au même titre que les salaires acquis au cours du dernier voyage.

Décret n° 67-690 du 7 août 1967,

Relatif aux conditions d'exercice de la profession de marin.

Art. 1er *(Ord. n° 2010-1307 du 28 oct. 2010, art. 7)* Les services des marins sont constatés par l'inscription au rôle d'équipage et éventuellement, en dehors des périodes d'embarquement, par l'établissement de certificats de services.

Art. 2 Les rôles d'équipage et les certificats de services sont établis par les administrateurs des affaires maritimes.

Art. 3 *Abrogé par Ord. n° 2010-1307 du 28 oct. 2010, art. 7.*

Art. 4 *(Ord. n° 2010-1307 du 28 oct. 2010, art. 7)* Peuvent être portées au rôle d'équipage d'un navire français les personnes qui remplissent les conditions suivantes :

1° Être Français ou justifier d'une dérogation accordée en application de l'article 3 de la loi du 13 décembre 1926 modifiée portant Code du travail maritime.

2° Remplir les conditions d'aptitude physique définies par arrêté du ministre chargé de la marine marchande et constatées selon les modalités prévues par ce texte.

3° Satisfaire aux conditions de formation professionnelle fixées par arrêté du ministre chargé de la marine marchande ou être titulaires d'un contrat d'apprentissage maritime et être dûment inscrits dans un établissement d'enseignement ou un centre de formation au titre de cet apprentissage.

4° *Abrogé par Décr. n° 2015-598 du 2 juin 2015, art. 15.*

Décret n° 77-794 du 8 juillet 1977,

Relatif à l'organisation du travail à bord des navires et engins dotés de dispositifs de nature à simplifier les conditions techniques de la navigation et de l'exploitation (D. et BLD 1977. 320 ; Rect. 364). — Mod. par Décr. n° 86-1209 du 21 nov. 1986 (D. et ALD 1986. 539).

V. aussi Décr. n° 77-1529 du 28 déc. 1977 (JO 5 janv. 1978) relatif à l'organisation du travail et aux titres requis pour l'exercice des fonctions d'officiers sur les engins dont la sustentation est assurée en tout ou partie par des forces autres qu'hydrostatiques, mod. par Décr. n° 81-701 du 8 juill. 1981, art. 3 (JO 14 juill.).

Décret n° 83-793 du 6 septembre 1983,

Pris pour l'application de l'article 25 du code du travail maritime.

Abrogé par Décr. n° 2005-305 du 31 mars 2005, à l'exception de l'art. 10.

Art. 10 Lorsque le repos hebdomadaire n'a pu être donné à sa date normale, il doit être remplacé par un repos de vingt-quatre heures accordé soit au cours du voyage dans un port d'escale avec l'accord du marin intéressé, soit à l'issue de l'embarquement.

Lorsque le repos hebdomadaire est pris de façon différée à terre, les heures supplémentaires et les heures de travail soumises à un maximum réglementaire sont décomptées par périodes de six jours consécutifs.

Décret n° 85-378 du 27 mars 1985,

Relatif à la formation professionnelle maritime (JO 30 mars), mod. par Décr. n° 97-1199 du 24 déc. 1997 (JO 27 déc.), Décr. n° 2006-583 du 23 mai 2006 (JO 24 mai), Décr. n° 2008-263 du 14 mars 2008, mod. Décr. 2010-130 du 11 févr. 2010 (JO 12 févr.).

Décret n° 95-912 du 8 août 1995,

Relatif aux modalités d'application du travail maritime à temps partiel.

Art. 1er Les articles L. 212-4-2 à L. 212-4-7 *[L. 3123-1, L. 3123-2, L. 3123-7, L. 3123-9 à L. 3123-28 nouv.]* et R. 212-1 du code du travail relatifs au travail à temps partiel sont applicables aux marins dans les conditions précisées ci-après :

I. — Les attributions conférées aux délégués du personnel, à défaut du comité d'entreprise, en application des articles L. 212-4-2 et L. 212-4-5 *[L. 3123-1 à L. 3123-2 nouv.]* du code du travail, sont exercées par les délégués de bord.

II. — *a)* Les attributions conférées à l'inspecteur du travail par l'article L. 212-4-2 *[L. 3123-9 à L. 3123-13 nouv.]* du code du travail sont exercées par le directeur départemental ou interdépartemental des affaires maritimes dans le ressort duquel sont armés le ou les navires de l'entreprise d'armement maritime.

b) Pour l'application des dispositions du décret du 22 février 1993 susvisé *[n° 93-238, relatif à l'abattement de cotisations pour les emplois à temps partiel]*, les attributions conférées au *(Décr. n° 2009-1377 du 10 nov. 2009)* « directeur régional des entreprises, de la concurrence, de la consommation, du travail et de l'emploi » sont exercées par le directeur départemental des affaires maritimes dans le ressort duquel sont armés le ou les navires de l'entreprise d'armement maritime.

III. — Pour l'application du décret du 26 mai 1967 susvisé *[n° 67-432, relatif aux effectifs à bord des navires de commerce, de pêche, de plaisance]*, la décision d'effectif soumise par l'armateur au visa du chef de quartier comporte des postes à temps plein. Si une fonction prévue par la décision d'effectif est occupée par un marin sous contrat d'engagement maritime à temps partiel, l'armateur doit se conformer à l'article R. 212-1 du code du travail pour déterminer le nombre de marins nécessaires pour assurer le respect de l'effectif porté à la décision.

L'armateur précise dans la décision d'effectif soumise au visa du chef de quartier :

— le nombre de postes occupés par un marin sous contrat d'engagement maritime à temps partiel et, pour chacun de ceux-ci, la fonction remplie par ledit marin ;

— le nombre de marins occupant le même poste pour en assurer la continuité.

Les modifications issues du Décr. n° 2009-1377 du 10 nov. 2009 prennent effet, dans chaque région, à la date de nomination du directeur régional des entreprises, de la concurrence, de la consommation, du travail et de l'emploi (Décr. préc., art. 7-I). — V. Arr. de nomination de ces directeurs des 30 déc. 2009 (JO 5 janv. 2010) et 9 févr. 2010 (JO 14 févr.).

Ces modifications s'appliquent à la région Île-de-France à compter du 1er juill. 2010 (Décr. n° 2010-687 du 24 juin 2010, art. 2).

Décret n° 99-522 du 21 juin 1999,

Pris pour l'application de l'article 33 du code du travail maritime et relatif aux dépenses et charges non déductibles du produit brut de la rémunération des marins.

Art. 1er Pour l'application de l'article 33 du code du travail maritime, les charges et dépenses supportées par l'employeur qui ne peuvent être, à peine de nullité, incluses dans les frais communs sont les suivantes :

— les contributions, cotisations et taxes dues, en application de dispositions législatives et réglementaires ou de stipulations conventionnelles, à raison des traitements et salaires versés aux marins ;

— les primes versées au titre d'assurances souscrites en vue de couvrir les salaires, frais et charges résultant des articles 79 à 86 du code du travail maritime ;

— les frais de nourriture, sauf lorsqu'un accord collectif en dispose autrement ;

— les taxes à caractère parafiscal perçues au profit du Comité national des pêches maritimes et des élevages marins, des comités régionaux et locaux des pêches maritimes et des élevages marins et de l' *(Décr. n° 2009-340 du 27 mars 2009, art. 10)* « Établissement national des produits de l'agriculture et de la mer (FranceAgriMer) », sauf lorsqu'un accord collectif en dispose autrement.

Décret n° 2003-928 du 23 septembre 2003,

Pris pour l'application de l'article 25-1 du code du travail maritime.

Art. 1er Les entreprises d'armement à la pêche maritime calculant la durée du travail en nombre de jours de mer, en application d'un accord national professionnel ou d'un accord de branche étendus, peuvent adresser une demande motivée auprès de l'inspecteur du travail maritime pour pouvoir déroger à la limite des 225 jours fixée à l'article 25-1 du code du travail maritime.

L'employeur doit préciser les conditions d'exploitation et le régime de travail à bord du navire qui la justifient. Cette demande est accompagnée de l'avis, s'ils existent, du comité d'entreprise ou, à défaut, des délégués du personnel.

Cette dérogation est accordée par l'inspecteur du travail maritime pour une année civile.

Art. 2 En cas d'urgence, l'armateur peut déroger sous sa propre responsabilité à la limite des 225 jours fixée à l'article 25-1 du code du travail maritime ; s'il n'a pas encore adressé de demande de dérogation, il doit présenter, sans délai à l'inspecteur du travail maritime, une demande de régularisation, accompagnée des justifications et avis mentionnés à l'article 1er du présent décret et de toutes explications nécessaires sur les causes ayant nécessité ce dépassement sans autorisation préalable.

S'il se trouve dans l'attente d'une réponse à une demande de dérogation, il doit informer immédiatement l'inspecteur du travail maritime de l'obligation où il s'est trouvé d'anticiper la décision attendue et en donner les raisons.

Dans l'un et l'autre cas, l'inspecteur du travail maritime fait connaître sa décision selon les mêmes modalités que celles prévues à l'article 1er du présent décret.

Art. 3 Les entreprises d'armement de pêche maritime pouvant décompter la durée du travail en nombre de jours de mer sur la moyenne de deux années consécutives, en application d'un accord national professionnel ou d'un accord de branche étendus, sont celles qui pratiquent une activité de grande pêche et dont les conditions d'exploitation entraînent des cycles de travail qui ne s'équilibrent pas sur une seule année civile.

Art. 4 Lorsqu'en application de l'article 25-1 du code du travail maritime et d'un accord national professionnel ou d'un accord de branche étendus la durée du travail est fixée en nombre de jours de mer, l'employeur est tenu d'établir les documents justificatifs suivants :

– un document récapitulatif du nombre de jours travaillés par marin depuis le 1er janvier de l'année en cours, en précisant les heures de travail effectuées à terre, tenu constamment à jour et mis à la disposition des agents de l'inspection du travail maritime. Ce document est conservé pendant une durée d'un an ;

– un document nominatif, récapitulant le nombre de jours travaillés depuis le 1er janvier de l'année en cours ; ce document remis mensuellement au marin peut être remplacé par une mention identique portée sur le bulletin de paie.

Lorsque le décompte de la durée du travail des marins est effectué sur deux années consécutives, en application de l'article 2 du présent décret, le document récapitulatif prévu à l'alinéa premier ci-dessus mentionne également le nombre de jours travaillés par marin depuis le 1er janvier de l'année précédente. Ce document est alors conservé pendant une durée de deux ans.

Dans ce cas, le document nominatif remis mensuellement au marin mentionne également le nombre de jours travaillés depuis le 1er janvier de l'année précédente.

Décret n° 2005-305 du 31 mars 2005,

Relatif à la durée du travail des gens de mer.

CHAPITRE PREMIER *Dispositions générales*

Art. 1er I. – *Abrogé par Ord. n° 2010-1307 du 28 oct. 2010, art. 7-114°.*

II. – A bord des navires de pêche, le temps de travail effectif est pris en compte conformément aux dispositions de l'article 25-1 du code du travail maritime et des accords collectifs étendus pris pour son application.

III. – A bord des remorqueurs et des chalands, ainsi qu'à bord des bâtiments et engins employés aux travaux maritimes, qui ne sortent pas des ports et rades ou de la partie maritime des fleuves et rivières, chaque heure de présence à bord, à la disposition du capitaine, est considérée comme une heure de travail effectif, des accords collectifs étendus déterminant dans quelles conditions des temps de pause ou de repos peuvent en être défalqués.

Toutefois, pour le calcul des repos compensateurs prévus par l'article 26-1 du code du travail maritime et pour l'application des dispositions du présent décret relatives aux durées maximales du travail, le temps de travail effectif est le temps pendant lequel le personnel est, par suite d'un ordre donné, à la disposition du capitaine, hors des locaux d'habitation à bord.

Art. 2 Est considéré comme temps de repos toute période qui n'est pas du temps de travail.

CHAPITRE II *Navires autres que de pêche*

Art. 3 Le travail à bord des navires est organisé sur la base de huit heures par jour.

Art. 4 La durée maximale quotidienne de travail effectif à bord des navires autres que de pêche est de douze heures.

Lorsque le travail à bord est organisé par cycles en application de l'article 13 et que la durée totale du cycle ne dépasse pas six semaines, la durée maximale quotidienne de travail est décomptée d'après le nombre d'heures moyen du cycle de travail, sans pouvoir dépasser quatorze heures pour une journée de travail donnée.

Cette durée moyenne peut dépasser douze heures et atteindre une limite maximale de quatorze heures en application d'un accord ou d'une convention collective. Cette convention ou cet accord prévoit des modalités de compensation adéquates, sous forme d'allongement des périodes de congés, de regroupement de celles-ci ou d'octroi de repos supplémentaires et précise les délais dans lesquels ces compensations interviennent.

(Abrogé par Ord. n° 2010-1307 du 28 oct. 2010, art. 7-114°) « Aucun temps de travail quotidien ne peut atteindre six heures sans que le salarié bénéficie d'un temps de pause d'une durée minimale de vingt minutes, sauf dispositions conventionnelles plus favorables. » Compte tenu des contraintes particulières de la navigation ou de l'exploitation en mer, le capitaine peut reporter ce temps de pause et l'accorder dès que cela est réalisable.

Art. 5 I. – La durée maximale quotidienne de travail fixée au premier alinéa de l'article 4 peut être dépassée sans limite dans les cas de sauvetage du navire, de ses débris, des effets naufragés ou de la cargaison, de conditions météorologiques exceptionnelles, de brume, d'échouement, d'incendie ou de toute autre circonstance intéressant la sécurité du navire ou celle des personnes à bord ou de la cargaison, ou intéressant la sûreté, ou en vue de porter assistance à d'autres navires ou secours à des personnes en détresse en mer.

II. – Cette même durée peut être dépassée et atteindre au plus quatorze heures, dans les circonstances suivantes :

1° Débarquement en cours de voyage d'un marin ne pouvant être remplacé immédiatement ou exemption de service, entraînant une insuffisance de personnel ;

2° A l'entrée et à la sortie des ports, fleuves ou rivières, notamment lorsque le personnel qui n'est pas de quart ou de veille est appelé en renfort, selon que le capitaine le juge utile, pour les appareillages et mouillages.

Art. 6 I. – La durée maximale quotidienne de travail, fixée en application de l'article 24 du code du travail maritime ou résultant du présent décret, peut être dépassée et atteindre la limite maximale de quatorze heures, conformément à une convention ou un accord collectif, dans les cas suivants :

1° Dans les ports et les installations terminales des ports, pour l'exécution des opérations commerciales et pour assurer la continuité du service des navires ;

2° A bord des remorqueurs et des chalands qui ne sortent pas des ports et des rades ou de la partie maritime des fleuves et des rivières ;

3° A bord des navires à passagers assurant des lignes régulières, compte tenu notamment des contraintes liées aux rotations des navires et, pour les autres navires à passagers, durant les vingt-quatre heures précédant ou suivant l'appareillage du navire ou son retour au port.

La convention ou l'accord collectif prévus au premier alinéa prévoit, en contrepartie de cet allongement de la durée maximale quotidienne du travail, des mesures compensatoires de réduction du temps de travail, sous forme d'allongement des périodes de congés ou d'octroi de repos compensatoires. Cette convention ou cet accord précise les délais dans lesquels ces compensations interviennent.

II. – Pour assurer la continuité du service de veille et de sécurité, dans les ports et les rades, à bord des remorqueurs qui ne sortent pas des ports et rivières ou de la partie maritime des fleuves et rivières, un accord national étendu ou une convention collective de branche étendue peuvent, dans le cadre d'une organisation du travail par cycles, porter cette limite à seize heures, sous réserve que la durée maximale quotidienne de travail fixée à l'article 4 soit respectée en moyenne sur une période de quarante-huit heures consécutives.

Cet accord ou cette convention prévoit des mesures compensatoires sous forme d'allongement des périodes de congés ou d'octroi de repos supplémentaires et précise les délais dans lesquels ces compensations interviennent.

Art. 7 Sauf dans les cas prévus au I de l'article 5, la durée maximale de travail ne doit pas dépasser soixante-douze heures par période de sept jours.

Lorsque le travail à bord est organisé par cycles en application de l'article 13, la durée maximale de travail par période de sept jours peut être dépassée, dans la mesure où cette possibilité est prévue par convention ou accord collectif. Cette durée maximale doit être respectée en moyenne sur le cycle. Elle ne peut dépasser quatre-vingt-quatre heures par période de sept jours. Toutefois, pour le transport de personnes, elle peut atteindre cent quarante-quatre heures par période de quatorze jours.

La convention ou l'accord mentionné à l'alinéa deux prévoit des mesures compensatoires et précise les modalités de prise du repos hebdomadaire, notamment lorsqu'il est différé.

....

Art. 10 Au remorquage portuaire, les conventions ou accords pris en application de l'article 9 sont obligatoirement des accords étendus et peuvent prévoir que, sous l'autorité du capitaine, la durée minimale de repos de six heures, prévue au second alinéa de l'article 8, peut être scindée en deux périodes distinctes dont la plus courte n'est pas inférieure à deux heures.

Art. 11 A bord des navires à passagers, une convention collective ou un accord de branche ou un accord d'entreprise peut prévoir que le repos quotidien peut, sous l'autorité du capitaine, être scindé en plus de deux périodes, dans la limite de six, dans la même période de vingt-quatre heures.

Dans ce cas, l'une au moins de ces périodes devra être d'une durée minimale de six heures consécutives, une autre d'au moins deux heures, les autres d'au moins une heure.

Art. 12 Dans les cas prévus au I de l'article 5, les périodes de repos à bord peuvent être interrompues.

Lorsqu'une période de repos est interrompue, notamment par des appels, le temps de repos non pris est décompté et le marin doit bénéficier d'une période de repos compensatoire, accordée immédiatement ou dès que possible.

Les appels, les exercices d'incendie et d'évacuation et tous exercices prescrits par la législation nationale et les règles internationales applicables doivent se dérouler de manière à éviter, si possible, d'interrompre les périodes de repos.

Art. 13 Le travail peut être organisé sous forme de cycles alternant périodes d'embarquement et périodes à terre.

Dans ce cas, une convention ou accord collectif, ou un accord d'entreprise ou d'établissement peut prévoir que la durée hebdomadaire du travail mentionnée à l'article 24 du code du travail maritime et le décompte des heures supplémentaires s'apprécient sur une période de deux semaines consécutives ou sur un cycle d'une durée maximale de six semaines.

Art. 14 Le contingent annuel d'heures de travail effectif au-delà duquel est attribué le repos compensateur prévu au second alinéa de l'article 26-1 du code du travail maritime est fixé, par marin, à :

a) 1 820 heures sur les navires armés au long cours, au pilotage et à la plaisance et sur les navires et engins employés aux travaux maritimes, ainsi que sur les navires de remorquage portuaire ;

b) 2 100 heures sur les navires armés au cabotage et à la navigation côtière.

Des accords d'entreprise peuvent modifier ces seuils, sous réserve que leurs dispositions ne conduisent pas à une situation moins favorable pour le marin.

Art. 15 I. – Les périodes d'astreinte, telles que définies à l'article L. 212-4 *bis [L. 3121-5 à L. 3121-8 nouv.]* du code du travail, ne peuvent jamais s'entendre à bord des navires en cours de navigation.

II. – Lorsque le marin est en mesure d'effectuer une période d'astreinte dans les conditions prévues au premier alinéa de l'article L. 212-4 *bis [L. 3121-5 nouv.]* du code du travail, les dispositions de cet article sont applicables.

III. – Lors des escales, des périodes d'astreinte peuvent être mises en place, dans les conditions fixées au deuxième alinéa de l'article L. 212-4 *bis* *[L. 3121-7 nouv.]* du code du travail, par des conventions ou des accords collectifs ou des accords d'entreprise ou d'établissement.

Pendant ces périodes, le marin, sans être à la disposition permanente et immédiate du capitaine, a l'obligation de rester à bord ou à proximité du navire, afin d'être en mesure d'intervenir pour effectuer un travail au service du navire.

Sauf cas d'urgence, le marin devant être placé en astreinte doit en être avisé au plus tôt et au moins un jour franc avant l'arrivée du navire au port d'escale.

Les informations prévues par le dernier alinéa de l'article L. 212-4 *bis* *[L. 3171-1 nouv.]* relatives au nombre d'heures d'astreintes effectuées sont mentionnées sur le bulletin de paye.

Art. 16 Les journées ou demi-journées de repos prévues au premier alinéa du II de l'article L. 212-9 *[L. 3122-19 nouv.]* du code du travail ne peuvent être prises à bord.

Les modalités selon lesquelles sont pris ces repos, en particulier les conditions dans lesquelles ils pourront être regroupés, le cas échéant, avec d'autres repos, sont fixées par convention ou accord collectif de branche ou par accord d'entreprise ou d'établissement, dans les conditions fixées au deuxième alinéa du II de l'article L. 212-9 *[L. 3122-20 et L. 3122-21 nouv.]* du même code.

Art. 17 Sous réserve des consultations prévues par les règlements et accords collectifs, un tableau de service est établi par le capitaine du navire, visé par l'inspecteur du travail maritime, annexé au journal de bord et affiché dans les locaux réservés à l'équipage.

Le tableau indique pour chaque fonction :

a) Le programme de service à la mer et au port ;

b) Le nombre maximal d'heures de travail ou le nombre minimal d'heures de repos, prescrits par la législation, la réglementation ou la convention collective applicable.

Les modifications apportées à ce tableau en cours de voyage sont consignées dans le livre de bord ou annexées à celui-ci et affichées dans les locaux de l'équipage. Le capitaine, qui prend les mesures nécessaires pour que les conditions en matière d'heures de travail et d'heures de repos des marins visées par le présent décret soient respectées, tient ce tableau à disposition de l'inspecteur du travail maritime ou le lui communique sur sa demande, notamment, si celui-ci l'estime nécessaire et sauf impossibilité, par voie de courrier électronique.

Ce tableau est rédigé en français ainsi que, si nécessaire, en langue anglaise. Il doit être conforme au modèle fixé par l'arrêté relatif à la sécurité des navires pris pour l'application de la directive du Parlement européen et du Conseil du 13 décembre 1999 susvisée.

Art. 18 Un registre des heures quotidiennes de travail ou de repos des marins doit être tenu par le capitaine du navire. Ce registre est visé initialement par l'inspecteur du travail maritime et au moins une fois par an, ainsi que chaque fois qu'il le juge utile. Il doit lui être présenté ou communiqué sur sa demande, notamment, si celui-ci l'estime nécessaire et sauf impossibilité, par voie de courrier électronique.

Le marin doit recevoir et émarger une copie du registre le concernant, émargé par le capitaine ou son représentant.

Ce registre qui est tenu à la disposition des représentants du personnel est rédigé en français et, si nécessaire, en langue anglaise. Il doit être conforme au modèle défini par l'arrêté relatif à la sécurité des navires pris pour l'application de la directive du Parlement européen et du Conseil du 13 décembre 1999 susvisée.

CHAPITRE III *Navires de pêche*

Art. 19 I. – Compte tenu des contraintes particulières de la navigation ou de l'exploitation en mer, le capitaine peut reporter ce temps de pause et l'accorder dès que cela est réalisable.

Sur les lieux de pêche, il peut être dérogé aux dispositions de l'alinéa premier du présent article, dans les conditions suivantes :

1° La durée minimale de repos par période de vingt-quatre heures peut être réduite à huit heures pendant cinq jours consécutifs ;

2° Les heures de repos non prises donnent lieu à récupération dans les conditions fixées par convention ou accord collectif de branche ou accord d'entreprise qui prévoient des mesures compensatoires et précisent les délais dans lesquels ces compensations interviennent.

A défaut de convention ou d'accord, les heures de repos non prises sont regroupées et prises à terre avec une autre période de repos ou de congés ;

3° Mention du recours à cette faculté est portée au livre de bord ou au registre prévu à l'article 20.

II. – Par période de sept jours, la durée minimale des repos à bord des navires de pêche ne peut être inférieure à soixante-douze heures.

Art. 20 I. – Sous réserve des consultations prévues par les règlements et accords collectifs, un tableau de service est établi par le capitaine du navire, visé par l'inspecteur du travail maritime, annexé au journal de bord et affiché dans les locaux réservés à l'équipage.

Le tableau indique pour chaque fonction la durée maximale de travail ou le nombre minimal d'heures de repos, prescrits par la législation, la réglementation ou la convention collective applicable.

Les modifications apportées à ce tableau en cours de voyage sont consignées dans le journal de bord ou annexées à celui-ci et affichées dans les locaux de l'équipage. Le capitaine, qui doit prendre toutes les mesures nécessaires pour que les conditions en matière de temps de travail et d'heures de repos des marins fixées par le présent décret soient respectées, tient ce tableau à disposition de l'inspecteur du travail maritime ou le lui communique sur sa demande, notamment, si celui-ci l'estime nécessaire et sauf impossibilité, par voie de courrier électronique.

II. – Un registre des heures quotidiennes de repos des marins doit être tenu par le capitaine du navire. Ce registre est visé initialement par l'inspecteur du travail maritime et au moins une fois par an, ainsi que chaque fois qu'il le juge utile. Il doit lui être présenté ou communiqué sur sa demande, notamment, si celui-ci l'estime nécessaire et sauf impossibilité, par voie de courrier électronique.

Le marin peut obtenir à sa demande une copie du registre le concernant, émargé par le capitaine ou son représentant.

III. – Le tableau de service et le registre des heures quotidiennes de repos des marins sont établis en français, conformément à un modèle fixé par arrêté du ministre chargé des gens de mer.

Ces documents sont tenus à la disposition des représentants du personnel.

Loi n° 2005-412 du 3 mai 2005,

Relative à la création du registre international français (JO 4 mai).

TITRE PREMIER **De la promotion du pavillon français, de la sécurité et du développement de l'emploi maritime**

SECTION I *Création du registre international français*

Art. 2 Peuvent être immatriculés au registre international français :

1° Les navires armés au commerce au long cours ou au cabotage international ;

2° Les navires armés à la plaisance professionnelle de plus de 24 mètres hors tout.

Sont exclus du bénéfice du présent article :

1° Les navires transporteurs de passagers assurant des lignes régulières intracommunautaires *(L. n° 2006-10 du 5 janv. 2006, art. 44)* « ou, selon une liste fixée par décret, des lignes régulières internationales » ;

2° Les navires exploités exclusivement au cabotage national ;

3° Les navires d'assistance portuaire, notamment ceux affectés au remorquage portuaire, au dragage d'entretien, au lamanage, au pilotage et au balisage ;

4° Les navires de pêche professionnelle.

II. – Un décret détermine le port d'immatriculation ainsi que les modalités conjointes de francisation et d'immatriculation des navires au registre international français *(Abrogé par Ord. n° 2010-1307 du 28 oct. 2010, art. 9-37°)* ***« dans le cadre d'un guichet unique »***.

SECTION II *Obligations de l'employeur*

Art. 5 *Les membres de l'équipage des navires immatriculés au registre international français (L. n° 2008-324 du 7 avr. 2008)* « sont ressortissants d'un État membre de la communauté européenne, d'un État partie à l'accord sur l'Espace économique européen ou de la confédération suisse » dans une proportion minimale *(Abrogé par Ord. n° 2010-1307 du 28 oct. 2010, art. 9-37°)* ***« de 35 % calculée sur la fiche d'effectif. Toutefois, pour les navires ne bénéficiant pas ou plus du dispositif d'aide fiscale attribué au titre de leur acquisition, ce pourcentage est fixé à 25 %. »***

(L. n° 2008-324 du 7 avr. 2008) « A bord des navires immatriculés au registre international français, le capitaine et l'officier chargé de sa suppléance, qui peut être l'officier en chef mécanicien, garants de la sécurité du navire, de son équipage et de la protection de l'environnement ainsi que de la sûreté, sont ressortissants d'un État membre de la Communauté européenne, d'un État partie à l'accord sur l'Espace économique européen ou de la Confédération suisse. L'accès à ces fonctions est subordonné à la possession de qualifications professionnelles et à la vérification d'un niveau de connaissance de la langue française et des matières juridiques permettant la tenue des documents de bord et l'exercice des prérogatives de puissance publique dont le capitaine est investi. Un décret en Conseil d'État, pris après avis des organisations représentatives d'armateurs et de gens de mer intéressées, précise les conditions d'application de cette dernière disposition. »

Décret n° 2007-1227 du 21 août 2007,

Relatif à la prévention des risques professionnels maritimes et au bien-être des gens de mer en mer et dans les ports.

TITRE PREMIER **Conseil supérieur des gens de mer** *(Décr. n° 2011-2109 du 30 déc. 2011, art. 1er).*

Art. 1er *(Décr. n° 2011-2109 du 30 déc. 2011, art. 1er)* Il est créé auprès du ministre chargé de la mer un Conseil supérieur des gens de mer.

Ce conseil comprend trois formations compétentes dans les domaines suivants :

1° La première, en matière de santé et de sécurité au travail, d'hygiène et de prévention des risques professionnels ;

2° La deuxième, pour les questions relatives au bien-être des gens de mer en mer et dans les ports, au sens de la convention n° 163 de l'Organisation internationale du travail susvisée ;

3° La troisième, pour les questions relatives à la profession de marin et à la protection sociale des gens de mer, à l'exclusion de celles relevant de la compétence de la Commission nationale de la négociation collective de la marine marchande et de la formation professionnelle.

TITRE II **Prévention des risques professionnels**

Art. 6 Tout armateur désigne, sur chacun de ses navires, un membre de l'équipage qualifié et chargé, sous l'autorité du capitaine, de la prévention des risques professionnels. Sur les navires dont les effectifs sont inférieurs à un seuil fixé par arrêté du ministre chargé de la mer, la personne désignée peut être le capitaine. Ce membre d'équipage peut être entendu par les inspecteurs et contrôleurs du travail maritime et par les inspecteurs de la sécurité des navires et de la prévention des risques professionnels maritimes.

F Gens de mer

Code des transports

V. art. L. 5343-1 à L. 5343-7 (ouvriers dockers) ; L. 5541-1 à L. 5566-2 (Gens de mer et application du droit du travail).

Loi n° 72-1169 du 23 décembre 1972,

Garantissant aux travailleurs salariés une rémunération mensuelle minimale (D. et BLD 1973. 32).

Art. 7 La présente loi est applicable aux dockers professionnels mentionnés au livre IV du code des ports maritimes.

Pour l'application de la présente loi, est assimilée aux allocations légales ou conventionnelles pour privation partielle d'emploi, l'indemnité de garantie prévue au livre IV du code des ports maritimes.

Les entreprises d'un même port, qui emploient cette catégorie de travailleurs, sont tenues de constituer un organisme chargé de l'application de la présente loi. – *V. Décr. n° 73-184 du 23 févr. 1973, art. 13.*

1 Dockers

Décret n° 73-184 du 23 février 1973,

Pris pour l'application de la loi n° 72-1169 du 23 décembre 1972 garantissant aux travailleurs salariés une rémunération mensuelle minimale (D. et BLD 1973. 135).

Art. 13 Les entreprises d'un même port employant des dockers professionnels peuvent confier l'application de l'article 7 de la loi susvisée du 23 décembre 1972 à la caisse de congés payés de ce port, dont les statuts et le règlement intérieur sont modifiés à cet effet, dans un délai de deux mois suivant la publication de l'arrêté prévu aux alinéas suivants.

A défaut, elles doivent constituer à cette fin, dans le même délai, un organisme qui sera agréé dans les conditions fixées par un arrêté conjoint du ministre d'État chargé des affaires sociales et du ministre de l'aménagement du territoire, de l'équipement, du logement et du tourisme. — *V. Arr. du 3 mars 1973 (JO 9 mars).*

L'arrêté prévu à l'alinéa précédent détermine notamment les dispositions à introduire dans les statuts et dans le règlement intérieur des caisses ou des organismes mentionnés au présent article pour leur permettre d'assumer les obligations découlant de la loi susvisée du 23 décembre 1972.

Lesdites obligations prennent effet le premier jour du mois qui suit l'expiration du délai fixé aux entreprises aux alinéas 1 et 2 du présent article.

2 Salariés d'un grand port maritime

Loi n° 2008-660 du 4 juillet 2008,

Portant réforme portuaire.

Art. 10 Dans les trois mois qui suivent l'institution d'un grand port maritime, une convention ou un accord collectif passé entre le président du directoire du grand port maritime et les organisations syndicales représentatives des salariés du port établit une liste de critères de transfert aux opérateurs de terminal des salariés du grand port maritime employés à l'exploitation ou à la maintenance des outillages mentionnés à l'article 8 ou d'outillages qui ne sont pas propriété du port. Ces critères comprennent notamment les souhaits du salarié, sa qualification professionnelle, son ancienneté de service dans le port, ses qualités professionnelles appréciées par catégorie ainsi que ses perspectives professionnelles. A défaut d'accord dans ce délai, la liste est établie par le président du directoire du grand port maritime.

Au regard des critères retenus, le président du directoire du grand port maritime fixe, après consultation des organisations syndicales représentatives des salariés du port, la liste des salariés qui restent affectés sur des emplois du grand port maritime et, pour chaque terminal, la liste des salariés dont les contrats se poursuivent avec l'opérateur du terminal dans les conditions fixées aux articles 11 à 13.

Art. 11 Une négociation entre les organisations professionnelles représentant les entreprises de manutention, les organisations professionnelles représentant les ports autonomes et les organisations syndicales représentatives des salariés des ports est engagée en vue de la signature, avant le 1er novembre 2008, d'un accord-cadre précisant les modalités selon lesquelles les contrats de travail des salariés des ports autonomes mentionnés à l'article 10 se poursuivent avec les entreprises de manutention, les modalités d'accompagnement social de la présente loi et les modalités d'information des salariés.

Cet accord-cadre comprend notamment :

— des mesures prises par le port afin de limiter pour le salarié les effets d'un éventuel licenciement économique par l'entreprise de manutention ;

— des actions en vue du reclassement interne des salariés sur des emplois relevant de la même catégorie d'emplois ou équivalents à ceux qu'ils occupent, des actions favorisant le reclassement externe aux ports, des actions de soutien à la création d'activités nouvelles ou à la reprise d'activités existantes par les salariés et des actions de formation, de validation des acquis de l'expérience ou de reconversion de nature à faciliter le reclassement interne ou externe des salariés sur des emplois équivalents.

Un décret, pris avant le 1er décembre 2008, rend obligatoires les dispositions de cet accord-cadre aux grands ports maritimes, aux entreprises de manutention et aux salariés des ports, à l'exclusion des clauses qui seraient en contradiction avec des dispositions légales.

Il peut également exclure les clauses pouvant être distraites de l'accord sans en modifier l'économie, mais ne répondant pas à la situation des ports et des entreprises de manutention. Il peut étendre, sous réserve de l'application des dispositions légales, les clauses incomplètes au regard de ces dispositions.

Si, à la date du 1er novembre 2008, aucun accord-cadre n'a pu être conclu, l'article 12 s'applique.

Art. 12 A défaut de l'accord-cadre prévu à l'article 11 ou si cet accord ne comporte pas les stipulations prévues à cet article, les contrats de travail des salariés du grand port maritime qui ne restent pas affectés sur des emplois du port en application de l'article 10 sont transférés à l'opérateur mentionné au dernier alinéa de cet article par convention entre le port et cet opérateur. Le nouvel employeur est tenu à l'égard des salariés des obligations qui incombaient au grand port maritime à la date de la signature de la convention de transfert.

Dans la limite de sept années suivant le transfert, en cas de suppression de son emploi consécutive à des motifs économiques de nature à conduire au licenciement économique du salarié dont le contrat de travail a fait l'objet d'un transfert en application du présent article, ce contrat peut, à la demande de l'intéressé, se poursuivre avec le grand port maritime par un nouveau transfert. Les institutions représentatives du personnel de l'entreprise sont consultées.

Tout transfert d'un contrat de travail dans les conditions précisées au deuxième alinéa donne lieu au versement par l'employeur au grand port maritime d'une somme d'un montant égal à l'indemnité qui aurait été versée au salarié en cas de licenciement pour motif économique.

Art. 13 L'article L. 2261-14 du code du travail s'applique aux transferts de contrats de travail opérés en application de la présente loi.

Art. 14 Pour prendre en compte les caractéristiques communes aux activités de manutention, d'exploitation d'outillages et de maintenance des outillages de quai, les organisations professionnelles représentant les entreprises de manutention, les organisations professionnelles représentant les ports, les organisations syndicales représentatives des salariés des ports et les organisations syndicales représentatives des salariés des entreprises de manutention engagent, dès l'entrée en vigueur de la présente loi, une négociation dont l'objet est de définir le champ d'application d'une convention collective en vue de sa conclusion avant le 30 juin 2009.

G Sportif professionnel

Code du sport

(Ord. n° 2006-596 du 23 mai 2006)

V. art. L. 211-5, L. 211-6, L. 222-1 à L. 222-6 (Acteurs du sport). — V. ces art. au **C. sport.** 🏛.

G *bis* Joueur professionnel salarié de jeu vidéo

Loi n° 2016-1321 du 7 octobre 2016,

Pour une République numérique.

Art. 102 I. — Le joueur professionnel salarié de jeu vidéo compétitif est défini comme toute personne ayant pour activité rémunérée la participation à des compétitions de jeu vidéo dans un lien de subordination juridique avec une association ou une société bénéficiant d'un agrément du ministre chargé du numérique, précisé par voie réglementaire.

II. — Le code du travail est applicable au joueur professionnel salarié de jeu vidéo compétitif, à l'exception des articles L. 1221-2, L. 1242-1 à L. 1242-3, L. 1242-5, L. 1242-7 et L. 1242-8, L. 1242-12, L. 1242-17, L. 1243-8 à L. 1243-10, L. 1243-13, L. 1244-3 à L. 1245-1, L. 1246-1 et L. 1248-1 à L. 1248-11 relatifs au contrat de travail à durée déterminée.

III. — Tout contrat par lequel une association ou une société bénéficiant de l'agrément prévu au I du présent article s'assure, moyennant rémunération, le concours d'un joueur mentionné au même I est un contrat de travail à durée déterminée.

IV. — La durée du contrat de travail mentionné au III ne peut être inférieure à la durée d'une saison de jeu vidéo compétitif de douze mois.

Toutefois, un contrat conclu en cours de saison de compétition de jeu vidéo peut avoir une durée inférieure à douze mois, dans des conditions précisées par voie réglementaire :

1° Dès lors qu'il court au minimum jusqu'au terme de la saison de jeu vidéo ;

2° S'il est conclu pour assurer le remplacement d'un joueur professionnel de jeu vidéo en cas d'absence du joueur professionnel ou de suspension de son contrat de travail.

Les modalités de détermination des dates de début et de fin des saisons de jeu vidéo sont précisées par voie réglementaire.

La durée du contrat de travail mentionné au III ne peut être supérieure à cinq ans.

La durée maximale mentionnée à l'avant-dernier alinéa du présent IV n'exclut pas le renouvellement du contrat ou la conclusion d'un nouveau contrat avec le même employeur.

V. — Le contrat de travail à durée déterminée est établi par écrit en au moins trois exemplaires et mentionne les droits et obligations prévues aux I à VIII du présent article.

Il comporte également :

1° L'identité et l'adresse des parties ;

2° La date d'embauche et la durée pour laquelle il est conclu ;

3° La désignation de l'emploi occupé et les activités auxquelles participe le salarié ;

4° Le montant de la rémunération et de ses différentes composantes, y compris les primes et accessoires de salaire s'il en existe ;

5° Les noms et adresses des caisses de retraite complémentaire et de prévoyance et de l'organisme assurant la couverture maladie complémentaire ;

6° L'intitulé des conventions ou accords collectifs applicables.

Le contrat de travail à durée déterminée est transmis par l'employeur au joueur professionnel de jeu vidéo compétitif au plus tard deux jours ouvrables après l'embauche.

VI. — Les clauses de rupture unilatérale pure et simple du contrat de travail à durée déterminée du joueur professionnel de jeu vidéo compétitif salarié sont nulles et de nul effet.

VII. — Est réputé à durée indéterminée tout contrat conclu en méconnaissance des règles de fond et de forme prévues aux II à V du présent article.

Le fait de méconnaître les règles de fond et de forme prévues aux III, IV et au premier alinéa du V est puni d'une amende de 3 750 €. En cas de récidive, la peine est portée à six mois d'emprisonnement et 7 500 € d'amende.

VIII. — Tout au long de l'exécution du contrat de travail à durée déterminée d'un joueur professionnel de jeu vidéo compétitif, l'association ou la société bénéficiant de l'agrément prévu au I du présent article qui l'emploie offre au joueur professionnel salarié des conditions de préparation et d'entraînement équivalentes à celles des autres joueurs professionnels salariés de l'association ou de la société.

H Assistant maternel

Code de l'action sociale et des familles

PREMIÈRE PARTIE

LIVRE IV **Professions et activités sociales**

TITRE II **Assistants maternels et assistants familiaux**

V. CASF, art. L. 423-1 à L. 423-28. — V. ces art. au ***C. trav.*** 🏛.

I Transports

Code des transports

PARTIE LÉGISLATIVE

(*Ord. n° 2010-1307 du 28 oct. 2010*)

PREMIÈRE PARTIE **Dispositions communes**

LIVRE III **Réglementation sociale du transport**

TITRE PREMIER **Principes**

CHAPITRE UNIQUE

Art. L. 1311-1 Les dispositions du code du travail s'appliquent aux entreprises de transport ferroviaire ou guidé, routier, fluvial ou aérien et aux entreprises d'armement maritime, ainsi qu'à leurs salariés, sous réserve des dispositions particulières ou d'adaptation prévues par le présent code et sauf mention contraire dans le code du travail ou dans le présent code.

Art. L. 1311-2 La durée du travail des salariés et la durée de conduite des conducteurs sont fixées par décret en Conseil d'État.

Elles tiennent compte du progrès des conditions techniques, économiques et sociales et des sujétions particulières liées à l'irrégularité des cycles de travail, aux contraintes de lieux et d'horaires et aux responsabilités encourues à l'égard des personnes transportées et des tiers.

Sous réserve des dispositions de l'article L. 5543-2, le temps de travail des salariés chargés de la conduite ou du pilotage et des personnels qui leur sont assimilés comprend le temps consacré à la conduite ainsi que, dans des conditions fixées par voie réglementaire, le temps pendant lequel ils sont à la disposition de l'employeur.

Art. L. 1311-3 Les opérations de transport, qu'elles soient confiées à un tiers ou exécutées pour le compte propre de l'entreprise qui les assure, ne doivent en aucun cas être conduites dans des conditions incompatibles avec l'application des dispositions relatives aux conditions de travail et de sécurité. La responsabilité de l'expéditeur, du commissionnaire, de l'affréteur, du mandataire, du destinataire ou de tout autre donneur d'ordre est engagée par les manquements qui leur sont imputables.

Art. L. 1311-4 Toute clause de rémunération principale ou accessoire de nature à compromettre la sécurité, notamment par l'incitation directe ou indirecte au dépassement de la durée du travail et des temps de conduite autorisés, est nulle de plein droit dans les contrats de transport et dans les contrats de travail.

Un décret en Conseil d'État fixe les conditions dans lesquelles le contrat d'engagement maritime à la pêche ne comporte pas une telle clause.

TITRE II **Dispositions particulières aux entreprises de transport et aux entreprises d'armement maritime**

CHAPITRE PREMIER ***Durée du travail, travail de nuit et repos des salariés des entreprises de transport***

SECTION I ***Champ d'application***

Art. L. 1321-1 Les dispositions du présent chapitre sont applicables aux salariés (*L. n° 2014-872 du 4 août 2014, art. 17*) « relevant de la convention collective ferroviaire prévue à l'article L. 2162-1, aux salariés mentionnés à l'article L. 2162-2, aux salariés des entreprises de transport » routier ou fluvial et aux salariés des entreprises assurant la restauration ou exploitant les places couchées dans les trains.

Toutefois, ni les dispositions du titre II du livre Ier de la troisième partie du code du travail, ni les dispositions du présent chapitre ne s'appliquent aux salariés soumis à des règles particulières *(Abrogé par L. nº 2014-872 du 4 août 2014, art. 17) « de la Société nationale des chemins de fer français, »* de la Régie autonome des transports parisiens et des entreprises de transport public urbain régulier de personnes.

SECTION II *Organisation de la durée du travail*

Art. L. 1321-2 Après consultation des organisations syndicales représentatives au plan national des employeurs et des salariés des entreprises de transport routier ou fluvial, au vu, le cas échéant, des résultats des négociations intervenues entre ces dernières et, par dérogation aux dispositions du code du travail, un décret détermine :

1° La période de référence servant au décompte des heures supplémentaires, dans la limite de trois mois ;

2° Le droit à une compensation obligatoire en repos et ses modalités d'attribution ;

3° La durée maximale hebdomadaire moyenne de travail, dans la limite de quarante-six heures par semaine, calculée sur une période de référence de trois mois.

Art. L. 1321-3 Dans les branches mentionnées à l'article L. 1321-1, *(L. nº 2014-872 du 4 août 2014, art. 17)* « à l'exception des entreprises de la branche ferroviaire et des salariés mentionnés à l'article L. 2162-2, » il peut être dérogé par convention ou accord collectif étendu ou par convention ou accord d'entreprise ou d'établissement aux dispositions réglementaires relatives :

1° A l'aménagement et à la répartition des horaires de travail à l'intérieur de la semaine ;

2° Aux conditions de recours aux astreintes ;

3° Aux modalités de récupération des heures de travail perdues ;

4° A la période de référence sur laquelle est calculée la durée maximale hebdomadaire moyenne de travail *(Ord. nº 2011-204 du 24 févr. 2011, art. 2)* « et sont décomptées les heures supplémentaires », dans la limite de quatre mois ;

5° A l'amplitude de la journée de travail et aux coupures.

Art. L. 1321-3-1 *(L. nº 2014-872 du 4 août 2014, art. 17)* Pour les salariés relevant de la convention collective ferroviaire et les salariés mentionnés à l'article L. 2162-2, les stipulations d'un accord d'entreprise ou d'établissement relatives à la durée et à l'aménagement du temps de travail ne peuvent comporter des stipulations moins favorables que celles d'une convention ou d'un accord de branche.

SECTION III *Repos quotidien*

Art. L. 1321-4 A défaut de l'accord prévu par l'article L. 3131-2 du code du travail dérogeant à la durée minimale de repos quotidien, les conditions d'une telle dérogation peuvent, lorsque les caractéristiques particulières de l'activité le justifient, être prévues par voie réglementaire.

SECTION IV *Repos hebdomadaire*

Art. L. 1321-5 Les modalités particulières d'adaptation des dispositions du chapitre II du titre III du livre Ier de la troisième partie du code du travail sont fixées par décret en Conseil d'État.

SECTION V *Travail de nuit du personnel roulant ou navigant*

Art. L. 1321-6 Les dispositions de la présente section s'appliquent aux salariés roulants ou navigants des entreprises mentionnées à l'article L. 1321-1.

(Ord. nº 2011-204 du 24 févr. 2011, art. 2) « Les dispositions des articles *(L. nº 2016-1088 du 8 août 2016, art. 8)* « L. 3122-6, L. 3122-7, L. 3122-17, L. 3122-18 et L. 3122-24 » du code du travail ne s'appliquent pas aux salariés roulants ou navigants des entreprises mentionnées à l'article L. 1321-1. »

Art. L. 1321-7 *(Abrogé par Ord. nº 2011-204 du 24 févr. 2011, art. 2) « Pour l'application des dispositions de l'article L. 3122-31 du code du travail, »* Tout travail entre 22 heures et 5 heures *(L. nº 2016-1088 du 8 août 2016, art. 14)* « pour le personnel roulant et entre 23 heures et 6 heures pour le personnel navigant » est considéré comme travail de nuit.

Une autre période de sept heures consécutives comprise entre 21 heures et 7 heures, incluant l'intervalle entre 24 heures et 5 heures, peut être substituée à la période fixée *(L. nº 2016-1088 du 8 août 2016, art. 14)* « au premier alinéa pour le personnel roulant, » par une convention ou un accord collectif étendu ou une convention ou un accord d'entreprise ou d'établissement. A défaut d'accord et lorsque les caractéristiques particulières de l'activité de l'entreprise le justifient, cette substitution peut être autorisée par l'inspecteur du travail, après consultation des délégués syndicaux et avis du comité d'entreprise ou des délégués du personnel, s'ils existent.

(Ord. n° 2011-204 du 24 févr. 2011, art. 2) « Pour l'application des *(L. n° 2016-1088 du 8 août 2016, art. 8)* « articles L. 3122-5, L. 3122-16 et L. 3122-23 » du code du travail, la période nocturne à retenir est celle définie en application des deux alinéas précédents. »

Art. L. 1321-8 *(Abrogé par Ord. n° 2011-204 du 24 févr. 2011, art. 2) « Par dérogation aux dispositions de l'article L. 3122-34 du code du travail, »* La durée quotidienne de travail effectuée par un travailleur de nuit ne peut excéder huit heures en moyenne par période de vingt-quatre heures sur une période de référence définie par convention ou accord collectif étendu ou, à défaut, par décret en Conseil d'État pris après consultation des organisations syndicales représentatives au plan national des employeurs et des salariés des secteurs d'activité intéressés.

Il peut être dérogé à la durée quotidienne de travail fixée par l'alinéa précédent par convention ou accord collectif étendu ou par convention ou accord d'entreprise ou d'établissement, sous réserve que ces conventions ou accords prévoient, en contrepartie, des périodes équivalentes de repos compensateur de remplacement.

(Ord. n° 2011-204 du 24 févr. 2011, art. 2) « Les dispositions des deux alinéas précédents ne sont pas applicables au personnel roulant des entreprises de transport routier, à l'exception de celui des entreprises de transport sanitaire. »

SECTION VI *Pauses du personnel roulant ou navigant*

Art. L. 1321-9 Les dispositions de la présente section ne s'appliquent qu'au personnel roulant ou navigant :

1° Des entreprises de transport ferroviaire ;

2° Des entreprises assurant la restauration ou l'exploitation des places couchées dans les trains ;

3° Des entreprises de transport routier de personnes lorsqu'il est affecté à des services réguliers dont le parcours de la ligne ne dépasse pas 50 kilomètres ;

4° Des entreprises de transport routier sanitaire ;

5° Des entreprises de transport de fonds et valeurs ;

6° Des entreprises de transport fluvial.

(L. n° 2014-872 du 4 août 2014, art. 17) « Elles s'appliquent également aux salariés des entreprises mentionnées aux articles L. 2161-1 et L. 2161-2 dont les activités sont intermittentes ou dont les activités sont liées aux horaires de transport et à l'assurance de la continuité et de la régularité du trafic. »

Art. L. 1321-10 La convention ou l'accord collectif étendu ou la convention ou l'accord d'entreprise ou d'établissement mentionné à l'article *(L. n° 2016-1088 du 8 août 2016, art. 8)* « L. 3121-17 » du code du travail peut prévoir le remplacement de la période de pause par une période équivalente de repos compensateur attribuée, au plus tard, avant la fin de la journée suivante.

CHAPITRE II *Durée du travail et temps de repos des non-salariés des entreprises de transport*

Art. L. 1322-1 La durée du temps consacré par les non-salariés des entreprises de transport à la conduite ou au pilotage et aux opérations annexes ainsi que leurs temps de repos font l'objet de dispositions particulières tenant compte des exigences de la sécurité. *(Ord. n° 2011-204 du 24 févr. 2011, art. 2)* « Ces dispositions ne s'appliquent pas aux entreprises d'armement maritime. »

CHAPITRE III *Aptitude à la conduite*

Art. L. 1323-1 En vue d'assurer leur sécurité et celle des tiers, l'autorité compétente contrôle ou fait contrôler l'aptitude physique des personnes chargées de la conduite ou du pilotage et favorise la prévention de l'inaptitude.

Les modalités d'application du présent article sont fixées par décret en Conseil d'État.

Art. L. 1323-2 L'inaptitude permanente des salariés des entreprises de transport, y compris de transport de déménagement ou de location de véhicule industriel avec conducteur ou pilote, reconnue médicalement et ne résultant pas d'actes volontaires ou intentionnels de l'intéressé, ouvre droit au bénéfice d'un régime particulier de protection comportant des prestations en espèces ou, le cas échéant, en nature et à une possibilité de réinsertion professionnelle grâce à une formation complémentaire.

Ce régime est financé par les cotisations des entreprises et des salariés, géré par leurs représentants et agréé par l'autorité compétente.

Les modalités d'application du présent article sont fixées par un décret en Conseil d'État qui institue, si nécessaire, le régime prévu par le premier alinéa.

Art. L. 1323-3 *(Ord. nº 2011-204 du 24 févr. 2011, art. 2)* Les dispositions du présent chapitre ne sont pas applicables aux entreprises d'armement maritime.

CHAPITRE IV *Dialogue social, prévention des conflits collectifs et exercice du droit de grève*

SECTION I *Champ d'application*

Art. L. 1324-1 Sans préjudice des dispositions du chapitre II du titre Ier du livre V de la deuxième partie du code du travail, les dispositions du présent chapitre sont applicables aux services publics de transport terrestre régulier de personnes à vocation non touristique.

SECTION II *Dialogue social et prévention des conflits*

Art. L. 1324-2 Dans les entreprises de transport entrant dans la champ d'application du présent chapitre, l'employeur et les organisations syndicales représentatives engagent des négociations en vue de la signature, avant le 1er janvier 2008, d'un accord-cadre organisant une procédure de prévention des conflits et tendant à développer le dialogue social. Dans ces entreprises, le dépôt d'un préavis de grève ne peut intervenir qu'après une négociation préalable entre l'employeur et la ou les organisations syndicales représentatives qui envisagent de déposer le préavis. L'accord-cadre fixe les règles d'organisation et de déroulement de cette négociation. Ces règles doivent être conformes aux conditions posées à l'article L. 1324-5. Le présent article s'applique sans préjudice des dispositions de l'article L. 2512-2 du code du travail.

Dans les entreprises soumises aux dispositions sur le droit de grève dans les transports terrestres de voyageurs, le caractère national d'un mouvement de grève n'est pas de nature à exonérer les organisations syndicales du respect de la procédure de négociation préalable. • Soc. 30 janv. 2013 : *Dalloz actualité, 22 févr. 2013, obs. Siro ; D. 2013. Actu. 371*.

Art. L. 1324-3 Un accord de branche organise une procédure de prévention des conflits et tend à développer le dialogue social. Cet accord de branche fixe les règles d'organisation et de déroulement de la négociation préalable mentionnée à l'article L. 1324-2. Ces règles doivent être conformes aux dispositions de l'article L. 1324-5. L'accord de branche s'applique dans les entreprises de transport où aucun accord-cadre n'a pu être signé. L'accord-cadre régulièrement négocié s'applique, dès sa signature, en lieu et place de l'accord de branche.

Art. L. 1324-4 Un décret en Conseil d'État pris après consultation des organisations syndicales représentatives des employeurs et des salariés des secteurs d'activité concernés fixe les règles d'organisation et de déroulement de la négociation préalable mentionnée au premier alinéa dans les entreprises de transport où, à la date du 1er janvier 2008, aucun accord-cadre n'a pu être signé et aucun accord de branche ne s'applique. Les règles d'organisation et de déroulement ainsi prévues respectent les conditions posées par l'article L. 1324-5. L'accord de branche ou l'accord-cadre régulièrement négocié après cette date s'applique, dès sa signature, en lieu et place de ce décret.

Art. L. 1324-5 L'accord-cadre, l'accord de branche et, le cas échéant, le décret en Conseil d'État prévus aux articles précédents déterminent notamment :

1° Les conditions dans lesquelles une organisation syndicale représentative procède à la notification à l'employeur des motifs pour lesquels elle envisage de déposer un préavis de grève conformément à l'article L. 2512-2 du code du travail ;

2° Le délai dans lequel, à compter de cette notification, l'employeur est tenu de réunir les organisations syndicales représentatives qui ont procédé à la notification. Ce délai ne peut dépasser trois jours ;

3° La durée dont l'employeur et les organisations syndicales représentatives qui ont procédé à la notification disposent pour conduire la négociation préalable mentionnée à l'article L. 1324-2. Cette durée ne peut excéder huit jours francs à compter de cette notification ;

4° Les informations qui doivent être transmises par l'employeur aux organisations syndicales représentatives qui ont procédé à la notification en vue de favoriser la réussite du processus de négociation ainsi que le délai dans lequel ces informations doivent être fournies ;

5° Les conditions dans lesquelles la négociation préalable entre les organisations syndicales représentatives qui ont procédé à la notification et l'employeur se déroule ;

6° Les modalités d'élaboration du relevé de conclusions de la négociation préalable ainsi que les informations qui doivent y figurer ;

7° Les conditions dans lesquelles les salariés sont informés des motifs du conflit, de la position de l'employeur, de la position des organisations syndicales représentatives qui ont procédé à la notification ainsi que les conditions dans lesquelles ils reçoivent communication du relevé de conclusions de la négociation préalable.

Art. L. 1324-6 Lorsqu'un préavis a été déposé dans les conditions prévues à l'article L. 2512-2 du code du travail par une ou plusieurs organisations syndicales représentatives, un nouveau préavis ne peut être déposé par la ou les mêmes organisations et pour les mêmes motifs qu'à l'issue du délai du préavis en cours et avant que la procédure prévue à la présente section n'ait été mise en œuvre.

SECTION III *Exercice du droit de grève*

BIBL. ▶ Bernaud, *Dr. soc. 2012. 708* ✐. – Guillet, *Dr. soc. 2012. 697* ✐. – Péru-Pirotte, *JCP S 2012. 1220* (service garanti dans le transport aérien : le passager et le salarié).

Art. L. 1324-7 En cas de grève, les salariés relevant des catégories d'agents mentionnées dans l'accord collectif ou le plan de prévisibilité prévus à l'article L. 1222-7 informent, au plus tard quarante-huit heures avant de participer à la grève, le chef d'entreprise ou la personne désignée par lui de leur intention d'y participer. Les informations issues de ces déclarations individuelles ne peuvent être utilisées que pour l'organisation du service durant la grève. Elles sont couvertes par le secret professionnel. Leur utilisation à d'autres fins ou leur communication à toute personne autre que celles désignées par l'employeur comme étant chargées de l'organisation du service est passible des peines prévues à l'article 226-13 du code pénal.

(L. nº 2012-375 du 19 mars 2012, art. 5) « Le salarié qui a déclaré son intention de participer à la grève et qui renonce à y participer en informe son employeur au plus tard vingt-quatre heures avant l'heure prévue de sa participation à la grève afin que ce dernier puisse l'affecter dans le cadre du plan de transport. Cette information n'est pas requise lorsque la grève n'a pas lieu ou lorsque la prise du service est consécutive à la fin de la grève.

« Le salarié qui participe à la grève et qui décide de reprendre son service en informe son employeur au plus tard vingt-quatre heures avant l'heure de sa reprise afin que ce dernier puisse l'affecter dans le cadre du plan de transport. Cette information n'est pas requise lorsque la reprise du service est consécutive à la fin de la grève.

« Par dérogation au premier alinéa du présent article, les informations issues de ces déclarations individuelles peuvent être utilisées pour l'application de l'article L. 1324-8. »

Art. L. 1324-8 Est passible d'une sanction disciplinaire le salarié qui n'a pas informé son employeur de son intention de participer à la grève dans les conditions prévues à l'article L. 1324-7. *(L. nº 2012-375 du 19 mars 2012, art. 5)* « Cette sanction disciplinaire peut également être prise à l'encontre du salarié qui, de façon répétée, n'a pas informé son employeur de son intention de renoncer à participer à la grève ou de reprendre son service. »

Art. L. 1324-9 Dès le début de la grève, les parties au conflit peuvent décider de désigner un médiateur, choisi d'un commun accord, aux fins de favoriser le règlement amiable de leurs différends. Le médiateur dispose, pour exercer sa mission, des pouvoirs mentionnés aux articles L. 2523-4 à L. 2523-10 du code du travail. Il veille à la loyauté et à la sincérité de la consultation éventuellement organisée en application de l'article L. 1324-10.

Art. L. 1324-10 Au-delà de huit jours de grève, l'employeur, une organisation syndicale représentative ou le médiateur éventuellement désigné peut décider l'organisation par l'entreprise d'une consultation, ouverte aux salariés concernés par les motifs figurant dans le préavis, et portant sur la poursuite de la grève. Les conditions du vote sont définies, par l'employeur, dans les vingt-quatre heures qui suivent la décision d'organiser la consultation. L'employeur en informe l'*(L. nº 2016-1088 du 8 août 2016, art. 113)* « agent de contrôle de l'inspection du travail mentionné à l'article L. 8112-1 du code du travail ». La consultation est assurée dans des conditions garantissant le secret du vote. Son résultat n'affecte pas l'exercice du droit de grève.

Art. L. 1324-11 La rémunération d'un salarié participant à une grève, incluant le salaire et ses compléments directs et indirects, à l'exclusion des suppléments pour charges de famille, est réduite en fonction de la durée non travaillée en raison de la participation à cette grève.

CHAPITRE V *Amendes administratives*

(L. n° 2016-1088 du 8 août 2016, art. 113)

Art. L. 1325-1 L'employeur encourt les amendes administratives prévues au premier alinéa de l'article R. 8115-1 et aux articles R. 8115-2 à R. 8115-7 du code du travail en cas de manquement constaté par les agents de contrôle mentionnés à l'article L. 8112-1 du code du travail :

1° Aux dispositions relatives aux durées maximales de travail fixées aux articles L. 3312-6 et L. 4511-1 du même code et aux mesures réglementaires prises pour leur application ;

2° Aux dispositions relatives aux durées de conduite et au temps de repos des conducteurs fixées par le règlement (CE) n° 561/2006 du Parlement européen et du Conseil du 15 mars 2006 relatif à l'harmonisation de certaines dispositions de la législation sociale dans le domaine des transports par route, modifiant les règlements (CEE) n° 3821/85 et (CE) n° 2135/98 du Conseil et abrogeant le règlement (CEE) n° 3820/85 du Conseil ;

3° Aux dispositions réglementaires relatives aux durées maximales de travail de jour, aux repos et au décompte du temps de travail prises pour l'application des articles L. 2161-1 et L. 2161-2 du présent code ;

4° Aux dispositions réglementaires ou conventionnelles relatives à la durée maximale de travail, à la durée maximale de conduite, aux repos et au décompte du temps de travail applicables aux entreprises de transport mentionnées à l'article L. 1321-1, prises en application des articles L. 1311-2, L. 1321-2, L. 1321-4 et L. 1321-5 du présent code et des articles L. 3121-13 à L. 3121-15 et L. 3121-67 du code du travail.

Les sanctions sont mises en œuvre dans les conditions définies à l'article L. 8113-7 du code du travail.

TITRE III Lutte contre la concurrence sociale déloyale

(L. n° 2015-990 du 6 août 2015, art. 281-I)

CHAPITRE UNIQUE

Art. L. 1331-1 I. – Un décret en Conseil d'État fixe les conditions dans lesquelles une attestation établie par les entreprises de transport mentionnées à l'article L. 1321-1 du présent code qui détachent des salariés roulants ou navigants se substitue à la déclaration mentionnée au I de l'article L. 1262-2-1 du code du travail.

II. – Un décret en Conseil d'État fixe la période pendant laquelle est assurée la liaison entre les agents mentionnés à l'article L. 8271-1-2 du code du travail et le représentant sur le territoire national désigné, en application du II de l'article L. 1262-2-1 du même code, par les entreprises de transport mentionnées à l'article L. 1321-1 du présent code qui détachent des salariés roulants ou navigants.

V. C. transp., art. R. 1331-1 s.

Art. L. 1331-2 Pour l'application aux entreprises de transport mentionnées à l'article L. 1321-1 du présent code des articles L. 3245-2, L. 4231-1 et L. 8281-1 du code du travail, le destinataire du contrat de transport est assimilé au donneur d'ordre.

Art. L. 1331-3 Les modalités d'application du titre VI du livre II de la première partie du code du travail aux entreprises mentionnées à l'article L. 1321-1 du présent code sont définies par décret en Conseil d'État.

....

TROISIÈME PARTIE Transport routier

LIVRE III Réglementation du travail spécifique au transport routier

TITRE UNIQUE

CHAPITRE PREMIER *Obligations générales*

Art. L. 3311-1 La conduite et l'exploitation de tous véhicules de transports routiers de personnes ou de marchandises, publics ou privés, sont soumises à des obligations spécifiques définies par un décret en Conseil d'État qui prévoit notamment :

1° La répartition des périodes de travail et de repos ;

2° Les moyens de contrôle, les documents et les dispositifs qui doivent être utilisés.

Dans le secteur du transport routier, l'employeur a l'obligation, sous peine de sanctions pénales, de mettre en place et d'utiliser un chronotachygraphe, de sorte que, même en l'absence de déclaration à la CNIL de l'emploi de cet appareil, l'information qui en découle est opposable au salarié. • Soc. 14 janv. 2014 : *Dalloz actualité, 3 févr. 2014, obs. Fraisse.*

CHAPITRE II *Durée du travail du personnel roulant des entreprises de transport public routier*

Art. L. 3312-1 Lorsqu'un salarié appartenant au personnel roulant d'une entreprise de transport routier, à l'exception des entreprises de transport sanitaire, est un travailleur de nuit *(Ord. n° 2011-204 du 24 févr. 2011, art. 3)* « au sens *(L. n° 2016-1088 du 8 août 2016, art. 8)* « des articles L. 3122-5, L. 3122-16 et L. 3122-23 » du code du travail et sans préjudice de la période définie à l'article L. 1321-7 » ou lorsqu'il accomplit, sur une période de vingt-quatre heures, une partie de son travail dans l'intervalle compris entre 24 heures et 5 heures, sa durée quotidienne du travail ne peut excéder dix heures.

Il ne peut être dérogé à ces dispositions qu'en cas de circonstances exceptionnelles, dans des conditions et selon des modalités fixées par voie réglementaire, après consultation des organisations syndicales représentatives au plan national des employeurs et des salariés du secteur.

Art. L. 3312-2 *(Ord. n° 2011-204 du 24 févr. 2011, art. 3)* « Le personnel salarié roulant des entreprises de transport routier, autres que les entreprises de transport sanitaire ou de transport de fonds et valeurs, et à l'exception du personnel roulant des entreprises de transport routier de personnes affecté à des services réguliers dont le parcours de la ligne ne dépasse pas 50 kilomètres, ne travaille en aucun cas pendant plus de six heures consécutives sans pause. Le temps de travail quotidien est interrompu par une pause d'au moins trente minutes lorsque le total des heures de travail est compris entre six et neuf heures, et d'au moins quarante-cinq minutes lorsque le total des heures de travail est supérieur à neuf heures. Les pauses peuvent être subdivisées en périodes d'une durée d'au moins quinze minutes chacune. »

L'application de ces dispositions ne peut avoir pour effet de réduire les pauses dues à raison du temps de conduite en application du règlement (CE) n° 561/2006 du Parlement européen et du Conseil du 15 mars 2006 relatif à l'harmonisation de certaines dispositions de la législation sociale dans le domaine des transports par route, modifiant les règlements (CEE) n° 3821/85 et (CE) n° 2135/98 du Conseil et abrogeant le règlement (CEE) n° 3820/85 du Conseil.

Art. L. 3312-3 Pour les activités de transport de personnes présentant le caractère de service public, à défaut de convention ou d'accord collectif étendu, un décret en Conseil d'État peut prévoir les conditions dans lesquelles des dérogations aux dispositions *(L. n° 2016-1088 du 8 août 2016, art. 8)* « des articles L. 3123-23 et L. 3123-30 » du code du travail relatives aux interruptions de la journée de travail d'un salarié à temps partiel peuvent être autorisées par l'autorité administrative compétente.

CHAPITRE III *Temps de conduite et de repos des conducteurs*

Art. L. 3313-1 Le temps de conduite et de repos des conducteurs est régi par les dispositions du règlement (CE) n° 561/2006 du Parlement européen et du Conseil du 15 mars 2006 relatif à l'harmonisation de certaines dispositions de la législation sociale dans le domaine des transports par route, modifiant les règlements (CEE) n° 3821/85 et (CE) n° 2135/98 du Conseil et abrogeant le règlement (CEE) n° 3820/85 du Conseil et par celles de l'accord européen relatif au travail des équipages des véhicules effectuant des transports internationaux par route (AETR) du 1er juillet 1970 modifié.

Art. L. 3313-2 Les *(L. n° 2016-1088 du 8 août 2016, art. 8)* « articles L. 3121-56 et L. 3121-58 » du code du travail relatives aux conventions de forfait sur l'année ne sont pas applicables aux salariés appartenant au personnel roulant des entreprises de transport routier.

CHAPITRE IV *Formation professionnelle des conducteurs*

Art. L. 3314-1 La formation professionnelle initiale et continue des conducteurs permet à ceux-ci de maîtriser les règles de sécurité routière et de sécurité à l'arrêt, ainsi que la réglementation relative à la durée du travail et aux temps de conduite et de repos.

Art. L. 3314-2 Sont soumis à l'obligation de formation professionnelle les conducteurs des véhicules *(L. n° 2013-431 du 28 mai 2013, art. 21)* « de transport de marchandises » dont le poids total autorisé en charge excède trois tonnes et demie et des véhicules de transport de *(L. n° 2013-431 du 28 mai 2013, art. 21)* « personnes comportant plus de huit places assises outre le siège » du conducteur.

Un décret en Conseil d'État fixe la liste des véhicules pour la conduite desquels une telle formation n'est pas obligatoire, à raison de leur usage, de leurs caractéristiques ou de leur affectation.

Art. L. 3314-3 Ces actions de formation sont définies par décret en Conseil d'État, qui précise notamment les conditions dans lesquelles elles sont dispensées et validées.

CHAPITRE V *Contrôles et sanctions*

SECTION I *Recherche et constatation des infractions*

Art. L. 3315-1 Outre les officiers de police judiciaire, sont chargés de rechercher et constater les infractions aux dispositions du présent titre et du livre Ier de la troisième partie du code du travail applicables au transport routier :

1° Les inspecteurs et les contrôleurs du travail, ainsi que les agents habilités à exercer leurs fonctions dans certaines branches professionnelles ;

2° Les fonctionnaires ou agents de l'État chargés du contrôle des transports terrestres placés sous l'autorité du ministre chargé des transports ;

3° Les agents des douanes ;

4° Les agents publics ayant qualité pour constater les délits ou les contraventions prévus par le code de la route.

Les procès-verbaux établis en application du présent article font foi jusqu'à preuve contraire.

Art. L. 3315-2 Les agents mentionnés à l'article L. 3315-1 ont accès aux dispositifs destinés au contrôle et à toutes leurs composantes afin d'en vérifier l'intégrité.

(L. n° 2013-431 du 28 mai 2013, art. 22-I) « Les fonctionnaires et agents de l'État chargés du contrôle des transports terrestres placés sous l'autorité du ministre chargé des transports ont accès aux lieux de chargement et de déchargement des véhicules de transport routier afin de constater les infractions mentionnées à l'article L. 3315-1. »

Art. L. 3315-3 En cas de délit ou de contravention concernant les conditions de travail dans les transports routiers, constaté sur le territoire national, le dépassement des temps de conduite et la réduction du temps de repos sont calculés, pour la période de temps considérée, en incluant les périodes de temps de conduite et de repos effectuées à l'étranger.

SECTION II *Sanctions pénales*

Art. L. 3315-4 Est puni d'un an d'emprisonnement et de 30 000 € d'amende le fait de falsifier des documents ou des données électroniques, de fournir de faux renseignements, de détériorer, d'employer irrégulièrement ou de modifier des dispositifs destinés au contrôle prévus par l'article L. 3311-1 ou de ne pas avoir procédé à l'installation de ces dispositifs.

Le véhicule sur lequel l'infraction a été commise est immobilisé et retiré de la circulation jusqu'à ce qu'il ait été mis en conformité ou réparé.

Les conditions d'application du deuxième alinéa sont fixées par décret en Conseil d'État.

Art. L. 3315-5 Est puni de six mois d'emprisonnement et de 3 750 € d'amende le fait de se livrer à un transport routier avec une carte de conducteur non conforme ou n'appartenant pas au conducteur l'utilisant, ou sans carte insérée dans le chronotachygraphe du véhicule.

Est puni des mêmes peines le refus de présenter les documents ou les données électroniques signés, de communiquer les renseignements, ou de laisser effectuer les contrôles ou investigations, nécessaires à la vérification du respect des obligations des chapitres Ier à IV du présent titre ou prévues par l'article L. 3315-2 ou par l'article L. 130-6 du code de la route.

Art. L. 3315-6 Est passible des peines prévues par le présent chapitre et des peines sanctionnant les obligations mentionnées *(L. n° 2013-431 du 28 mai 2013, art. 22-II)* « au présent titre ainsi qu' » aux titres II et III du livre Ier de la troisième partie du code du travail toute personne qui, chargée à un titre quelconque de la direction ou de l'administration de toute entreprise ou établissement, a, par un acte personnel, contrevenu aux dispositions précitées *(L. n° 2013-431 du 28 mai 2013, art. 22-II)* « du présent titre et » du code du travail ou commis les faits sanctionnés par les articles L. 3315-2, L. 3315-4 *(L. n° 2014-790 du 10 juill. 2014, art. 15-3°)* « , L. 3315-4-1 » et L. 3315-5.

Cette personne est passible des mêmes peines si elle a, en tant que commettant, laissé contrevenir à ces dispositions ou commettre ces faits toute personne relevant de son autorité ou de son contrôle, en ne prenant pas les dispositions de nature à en assurer le respect.

Le préposé est passible des mêmes peines lorsque l'infraction résulte de son fait personnel.

VIII DÉPARTEMENTS D'OUTRE-MER

Néant.

IX FORMATION PROFESSIONNELLE

Code de l'éducation

CHAPITRE IV *Stages et périodes d'observation en milieu professionnel*

Sur le régime social applicable à la gratification versée aux stagiaires, V. Lettre-circ. ACOSS n° 2015-042 du 2 juill. 2015.

Art. L. 124-1 *(L. n° 2014-788 du 10 juill. 2014, art. 1er-I-2°)* Les enseignements scolaires et universitaires peuvent comporter, respectivement, des périodes de formation en milieu professionnel ou des stages. Les périodes de formation en milieu professionnel sont obligatoires dans les conditions prévues à l'article L. 331-4 du présent code.

Les périodes de formation en milieu professionnel et les stages ne relevant ni du 2° de l'article L. 4153-1 du code du travail, ni de la formation professionnelle tout au long de la vie, définie à la sixième partie du même code, font l'objet d'une convention entre le stagiaire, l'organisme d'accueil et l'établissement d'enseignement, dont les mentions obligatoires sont déterminées par décret.

Les périodes de formation en milieu professionnel et les stages correspondent à des périodes temporaires de mise en situation en milieu professionnel au cours desquelles l'élève ou l'étudiant acquiert des compétences professionnelles et met en œuvre les acquis de sa formation en vue d'obtenir un diplôme ou une certification et de favoriser son insertion professionnelle. Le stagiaire se voit confier une ou des missions conformes au projet pédagogique défini par son établissement d'enseignement et approuvées par l'organisme d'accueil.

L'enseignant référent prévu à l'article L. 124-2 du présent code est tenu de s'assurer auprès du tuteur mentionné à l'article L. 124-9, à plusieurs reprises durant le stage ou la période de formation en milieu professionnel, de son bon déroulement et de proposer à l'organisme d'accueil, le cas échéant, une redéfinition d'une ou des missions pouvant être accomplies.

Art. L. 124-2 *(L. n° 2014-788 du 10 juill. 2014, art. 1er-I-2°)* L'établissement d'enseignement est chargé :

1° D'appuyer et d'accompagner les élèves ou les étudiants dans leur recherche de périodes de formation en milieu professionnel ou de stages correspondant à leur cursus et à leurs aspirations et de favoriser un égal accès des élèves et des étudiants, respectivement, aux périodes de formation en milieu professionnel et aux stages ;

2° De définir dans la convention, en lien avec l'organisme d'accueil et le stagiaire, les compétences à acquérir ou à développer au cours de la période de formation en milieu professionnel ou du stage et la manière dont ce temps s'inscrit dans le cursus de formation ;

3° De désigner un enseignant référent au sein des équipes pédagogiques de l'établissement, qui s'assure du bon déroulement de la période de formation en milieu professionnel ou du stage et du respect des stipulations de la convention mentionnée à l'article L. 124-1. Le nombre de stagiaires suivis simultanément par un même enseignant référent et les modalités de ce suivi pédagogique et administratif constant sont définis par le conseil d'administration de l'établissement, dans la limite d'un plafond fixé par décret ;

4° D'encourager la mobilité internationale des stagiaires, notamment dans le cadre des programmes de l'Union européenne.

Art. L. 124-3 *(L. n° 2014-788 du 10 juill. 2014, art. 1er-I-2°)* Les périodes de formation en milieu professionnel et les stages sont intégrés à un cursus pédagogique scolaire ou universitaire, selon des modalités déterminées par décret. Un volume pédagogique minimal de formation en établissement ainsi que les modalités d'encadrement de la période de formation en milieu professionnel ou du stage par l'établissement d'enseignement et l'organisme d'accueil sont fixés par ce décret et précisés dans la convention de stage.

Art. L. 124-4 *(L. n° 2013-660 du 22 juill. 2013, art. 28)* Tout élève ou étudiant ayant achevé *(L. n° 2014-788 du 10 juill. 2014, art. 1er-I-3°)* « sa période de formation en milieu professionnel ou » son stage transmet aux services de son établissement d'enseignement chargés de l'accompagner dans son projet d'études et d'insertion professionnelle un document dans lequel il évalue la qualité de l'accueil dont il a bénéficié au sein de l'organisme. Ce document n'est pas pris en compte dans son évaluation ou dans l'obtention de son diplôme.

L'art. L. 612-14 est devenu l'art. L. 124-4 (L. n° 2014-788 du 10 juill. 2014, art. 1er-I-3°).

Art. L. 124-5 *(L. n° 2011-893 du 28 juill. 2011, art. 27-I)* La durée du ou des stages *(L. n° 2014-788 du 10 juill. 2014, art. 1er-I-4°-a)* « ou périodes de formation en milieu professionnel » effectués par un même stagiaire dans *(L. n° 2014-788 du 10 juill. 2014, art. 1er-I-4°-a)* « un même organisme d'accueil » ne peut excéder six mois par année d'enseignement. *(Abrogé par L. n° 2014-788 du 10 juill. 2014, art. 1er-I-4°-b) (L. n° 2013-660 du 22 juill. 2013, art. 36)* ***« Un décret fixe les formations pour lesquelles il peut être dérogé à cette durée de stage compte tenu des spécificités des professions nécessitant une durée de pratique supérieure, auxquelles préparent ces formations. »***

L'art. L. 612-9 est devenu l'art. L. 124-5 (L. n° 2014-788 du 10 juill. 2014, art. 1er-I-4°).

Un décret fixe la liste des formations pour lesquelles il peut être dérogé à la durée de stage ou de période de formation en milieu professionnel prévue à l'art. L. 124-5 pour une période de transition de 2 ans à compter de la promulgation de la L. n° 2014-788 du 10 juill. 2014 (L. préc., art. 1er-VI).

Art. L. 124-6 *(L. n° 2011-893 du 28 juill. 2011, art. 27-I)* Lorsque la durée *(L. n° 2014-788 du 10 juill. 2014, art. 1er-I-5°-a)* « du stage ou de la période de formation en milieu professionnel au sein d'un même » *(L. n° 2013-660 du 22 juill. 2013, art. 27-1°)* « organisme d'accueil » est supérieure à deux mois consécutifs ou, au cours d'une même année scolaire ou universitaire, à deux mois consécutifs ou non, le ou les stages *(L. n° 2014-788 du 10 juill. 2014, art. 1er-I-5°-a)* « ou la ou les périodes de formation en milieu professionnel » font l'objet d'une gratification versée mensuellement dont le montant est fixé par convention de branche ou par accord professionnel étendu ou, à défaut, par décret *(L. n° 2014-788 du 10 juill. 2014, art. 1er-I-5°-a)* « , à un niveau minimal de 15 % du plafond horaire de la sécurité sociale défini en application de l'article L. 241-3 du code de la sécurité sociale ». Cette gratification n'a pas le caractère d'un salaire au sens de l'article L. 3221-3 du code du travail.

(L. n° 2013-660 du 22 juill. 2013, art. 27-2°) « Le premier alinéa s'applique sans préjudice des dispositions de l'article L. 4381-1 du code de la santé publique. »

(L. n° 2014-788 du 10 juill. 2014, art. 1er-I-5°-b) « La gratification mentionnée au premier alinéa est due au stagiaire à compter du premier jour du premier mois de la période de stage ou de formation en milieu professionnel. Son montant minimal forfaitaire n'est pas fonction du nombre de jours ouvrés dans le mois.

« Un décret fixe les conditions dans lesquelles il peut être dérogé à la durée prévue au premier alinéa du présent article pour les périodes de formation en milieu professionnel réalisées dans le cadre des formations mentionnées à l'article L. 813-9 du code rural et de la pêche maritime. »

Les 3 premiers al. de l'art. L. 124-6, dans leur rédaction résultant de la L. n° 2014-788 du 10 juill. 2014, sont applicables aux conventions de stage signées à compter du 1er sept. 2015 (L. préc., art. 1er-II).

L'art. L. 612-11 est devenu l'art. L. 124-6 (L. n° 2014-788 du 10 juill. 2014, art. 1er-I-5°).

Art. L. 124-7 *(L. n° 2014-788 du 10 juill. 2014, art. 1er-I-6°)* Aucune convention de stage ne peut être conclue pour exécuter une tâche régulière correspondant à un poste de travail permanent, pour faire face à un accroissement temporaire de l'activité de l'organisme d'accueil, pour occuper un emploi saisonnier ou pour remplacer un salarié ou un agent en cas d'absence ou de suspension de son contrat de travail.

Art. L. 124-8 *(L. n° 2014-788 du 10 juill. 2014, art. 1er-I-6°)* Le nombre de stagiaires dont la convention de stage est en cours sur une même semaine civile dans l'organisme d'accueil ne peut pas être supérieur à un nombre fixé par décret en Conseil d'État. Ce nombre tient compte des effectifs de l'organisme d'accueil. Pour l'application de cette limite, il n'est pas tenu compte des périodes de prolongation prévues à l'article L. 124-15. — *V. C. éduc., art. R. 124-10 s.*

Par dérogation au premier alinéa du présent article, l'autorité académique fixe, dans des conditions déterminées par le décret en Conseil d'État prévu au même premier alinéa, le nombre de stagiaires qui peuvent être accueillis dans un même organisme d'accueil pendant une même semaine civile au titre de la période de formation en milieu professionnel prévue par le règlement du diplôme qu'ils préparent.

Art. L. 124-9 *(L. n° 2014-788 du 10 juill. 2014, art. 1er-I-6°)* L'organisme d'accueil désigne un tuteur chargé de l'accueil et de l'accompagnement du stagiaire. Le tuteur est garant du respect des stipulations pédagogiques de la convention prévues au 2° de l'article L. 124-2.

Un accord d'entreprise peut préciser les tâches confiées au tuteur, ainsi que les conditions de l'éventuelle valorisation de cette fonction.

Art. L. 124-10 *(L. n° 2014-788 du 10 juill. 2014, art. 1er-I-6°)* Un tuteur de stage ne peut pas être désigné si, à la date de la conclusion de la convention, il est par ailleurs désigné en cette qualité dans un nombre de conventions prenant fin au-delà de la semaine civile en cours supérieur à un nombre fixé par décret en Conseil d'État.

Art. L. 124-11 *(L. n° 2011-893 du 28 juill. 2011, art. 27-I)* L'accueil successif de stagiaires, au titre de conventions de stage différentes, pour effectuer des stages dans un même poste n'est possible qu'à l'expiration d'un délai de carence égal au tiers de la durée du stage précédent. Cette disposition n'est pas applicable lorsque ce stage précédent a été interrompu avant son terme à l'initiative du stagiaire.

L'art. L. 612-10 est devenu l'art. L. 124-11 (L. n° 2014-788 du 10 juill. 2014, art. 1er-I-7°).

Art. L. 124-12 *(L. n° 2014-788 du 10 juill. 2014, art. 1er-I-8°)* Les stagiaires bénéficient des protections et droits mentionnés aux articles L. 1121-1, L. 1152-1 et L. 1153-1 du code du travail, dans les mêmes conditions que les salariés.

Art. L. 124-13 *(L. n° 2014-788 du 10 juill. 2014, art. 1er-I-8°)* En cas de grossesse, de paternité ou d'adoption, le stagiaire bénéficie de congés et d'autorisations d'absence d'une durée équivalente à celles prévues pour les salariés aux articles L. 1225-16 à L. 1225-28, L. 1225-35, L. 1225-37 et L. 1225-46 du code du travail.

Pour les stages et les périodes de formation en milieu professionnel dont la durée est supérieure à deux mois et dans la limite de la durée maximale prévue à l'article L. 124-5 du présent code, la convention de stage doit prévoir la possibilité de congés et d'autorisations d'absence au bénéfice du stagiaire au cours de la période de formation en milieu professionnel ou du stage.

Le stagiaire a accès au restaurant d'entreprise ou aux titres-restaurant prévus à l'article L. 3262-1 du code du travail, dans les mêmes conditions que les salariés de l'organisme d'accueil. Il bénéficie également de la prise en charge des frais de transport prévue à l'article L. 3261-2 du même code.

Art. L. 124-14 *(L. n° 2014-788 du 10 juill. 2014, art. 1er-I-8°)* La présence du stagiaire dans l'organisme d'accueil suit les règles applicables aux salariés de l'organisme pour ce qui a trait :

1° Aux durées maximales quotidienne et hebdomadaire de présence ;

2° A la présence de nuit ;

3° Au repos quotidien, au repos hebdomadaire et aux jours fériés.

Pour l'application du présent article, l'organisme d'accueil établit, selon tous moyens, un décompte des durées de présence du stagiaire.

Il est interdit de confier au stagiaire des tâches dangereuses pour sa santé ou sa sécurité.

Art. L. 124-15 *(L. n° 2014-788 du 10 juill. 2014, art. 1er-I-8°)* Lorsque le stagiaire interrompt sa période de formation en milieu professionnel ou son stage pour un motif lié à la maladie, à un accident, à la grossesse, à la paternité, à l'adoption ou, en accord avec l'établissement, en cas de non-respect des stipulations pédagogiques de la convention ou en cas de rupture de la convention à l'initiative de l'organisme d'accueil, l'autorité académique ou l'établissement d'enseignement supérieur valide la période de formation en milieu professionnel ou le stage, même s'il n'a pas atteint la durée prévue dans le cursus, ou propose au stagiaire une modalité alternative de validation de sa formation. En cas d'accord des parties à la convention, un report de la fin de la période de formation en milieu professionnel ou du stage, en tout ou partie, est également possible.

Art. L. 124-16 *(L. n° 2011-893 du 28 juill. 2011, art. 27-I)* Les stagiaires accèdent aux activités sociales et culturelles mentionnées à l'article L. 2323-83 du code du travail dans les mêmes conditions que les salariés.

L'art. L. 612-12 est devenu l'art. L. 124-16 (L. n° 2014-788 du 10 juill. 2014, art. 1er-I-9°).

Art. L. 124-17 *(L. n° 2014-788 du 10 juill. 2014, art. 1er-I-10°)* La méconnaissance des articles L. 124-8, L. 124-14 et de la première phrase du premier alinéa de l'article L. 124-9 est constatée par les agents de contrôle de l'inspection du travail mentionnés aux articles L. 8112-1 et L. 8112-5 du code du travail.

Les manquements sont passibles d'une amende administrative prononcée par l'autorité administrative.

Le montant de l'amende est d'au plus 2 000 € par stagiaire concerné par le manquement et d'au plus 4 000 € en cas de réitération dans un délai d'un an à compter du jour de la notification de la première amende.

Le délai de prescription de l'action de l'administration pour la sanction du manquement par une amende administrative est de deux années révolues à compter du jour où le manquement a été commis.

L'amende est recouvrée comme les créances de l'État étrangères à l'impôt et au domaine.

Art. L. 124-18 *(L. n° 2014-788 du 10 juill. 2014, art. 1er-I-10°)* La durée du ou des stages et de la ou des périodes de formation en milieu professionnel prévue aux articles L. 124-5 et L. 124-6 est appréciée en tenant compte de la présence effective du stagiaire dans l'organisme d'accueil, sous réserve de l'application de l'article L. 124-13.

Art. L. 124-19 *(L. n° 2014-788 du 10 juill. 2014, art. 1er-I-10°)* Pour favoriser la mobilité internationale, les stages ou les périodes de formation en milieu professionnel peuvent être effectués à l'étranger. Les dispositions relatives au déroulement et à l'encadrement du stage ou de la période de formation en milieu professionnel à l'étranger font l'objet d'un échange préalable entre l'établissement d'enseignement, le stagiaire et l'organisme d'accueil, sur la base de la convention définie au deuxième alinéa de l'article L. 124-1.

Art. L. 124-20 *(L. n° 2014-788 du 10 juill. 2014, art. 1er-I-10°)* Pour chaque stage ou période de formation en milieu professionnel à l'étranger, est annexée à la convention de stage une fiche d'information présentant la réglementation du pays d'accueil sur les droits et devoirs du stagiaire.

………………………………………………………………………………………

Art. R. 124-10 *(Décr. n° 2015-1359 du 26 oct. 2015, art. 1er)* Le nombre de stagiaires dont la convention de stage est en cours pendant une même semaine civile dans l'organisme d'accueil doté de la personnalité morale ne peut excéder :

1° 15 % de l'effectif arrondis à l'entier supérieur pour les organismes d'accueil dont l'effectif est supérieur ou égal à vingt ;

2° Trois stagiaires, pour les organismes d'accueil dont l'effectif est inférieur à vingt.

Art. R. 124-11 *(Décr. n° 2015-1359 du 26 oct. 2015, art. 1er)* Pour les périodes de formation en milieu professionnel rendues obligatoires par l'article L. 331-4, l'autorité académique peut fixer par arrêté un nombre de stagiaires supérieur à celui mentionné à l'article R. 124-10, dans la limite de 20 % de l'effectif lorsque celui-ci est supérieur ou égal à trente et dans la limite de cinq stagiaires lorsqu'il est inférieur à trente. Il peut limiter cette dérogation à des secteurs d'activités *[d'activité]* qu'il détermine. Pour l'appréciation de ces deux limites, il est tenu compte de l'ensemble des personnes accueillies au titre des stages et des périodes de formation en milieu professionnel.

Art. R. 124-12 *(Décr. n° 2015-1359 du 26 oct. 2015, art. 1er)* Pour l'application des articles R. 124-10 et R. 124-11, l'effectif est égal :

1° Au nombre des personnes physiques employées dans l'organisme d'accueil au dernier jour du mois civil précédant la période sur laquelle est appréciée la condition ;

2° A la moyenne sur les douze mois précédents du nombre des personnes mentionnées au 1°, si elle est supérieure au nombre mentionné au 1°.

Pour les administrations et établissements publics administratifs, l'effectif s'entend de l'ensemble des personnels exerçant leurs fonctions dans l'organisme d'accueil, apprécié selon les modalités définies au présent article.

Art. R. 124-13 *(Décr. n° 2015-1359 du 26 oct. 2015, art. 1er)* Une même personne ne peut être désignée en qualité de tuteur dans un organisme d'accueil lorsqu'elle l'est déjà dans trois conventions de stage en cours d'exécution à la date à laquelle la désignation devrait prendre effet.

Formation professionnelle et apprentissage

Art. L. 214-12 *(L. n° 2013-595 du 8 juill. 2013, art. 27)* « La région définit et met en œuvre la politique régionale d'apprentissage et de formation professionnelle des jeunes et des adultes sans emploi ou à la recherche d'une nouvelle orientation professionnelle. Elle élabore le contrat de plan régional de développement des formations professionnelles défini à l'article L. 214-13 et arrête la carte des formations professionnelles initiales du territoire régional définie à l'article L. 214-13-1. »

Elle organise sur son territoire le réseau des centres et points d'information et de conseil sur la validation des acquis de l'expérience et contribue à assurer l'assistance aux candidats à la validation des acquis de l'expérience.

Elle organise des actions destinées à répondre aux besoins d'apprentissage et de formation *(L. n° 2006-340 du 23 mars 2006, art. 27-I)* « en favorisant un accès équilibré des femmes et des hommes aux différentes filières de formation ». Elle veille en particulier à organiser des formations permettant d'acquérir une des qualifications mentionnées à l'article L. 6314-1 du code du travail.

Elle assure l'accueil en formation de la population résidant sur son territoire, ou dans une autre région *(Abrogé par L. n° 2009-1437 du 24 nov. 2009, art. 52)* « *si la formation désirée n'y est pas accessible* ». Dans ce dernier cas, une convention fixe les conditions de prise en charge de la formation par les régions concernées.

Art. L. 214-13 *(L. n° 2014-288 du 5 mars 2014, art. 23-IV-1°)* « I. — Le contrat de plan régional de développement des formations et de l'orientation professionnelles a pour objet l'analyse des besoins à moyen terme du territoire régional en matière d'emplois, de compétences et de qualifications et la programmation des actions de formation professionnelle des jeunes et des adultes, compte tenu de la situation et des objectifs de développement économique du territoire régional.

« Ce contrat de plan définit, sur le territoire régional et, le cas échéant, par bassin d'emploi :

« 1° Les objectifs dans le domaine de l'offre de conseil et d'accompagnement en orientation, dans le cadre de l'article L. 6111-3, afin d'assurer l'accessibilité aux programmes disponibles ;

« 2° Les objectifs en matière de filières de formation professionnelle initiale et continue. Ces objectifs tiennent compte de l'émergence de nouvelles filières et de nouveaux métiers dans le domaine de la transition écologique et énergétique ;

« 3° Dans sa partie consacrée aux jeunes, un schéma de développement de la formation professionnelle initiale, favorisant une représentation équilibrée des femmes et des hommes dans chacune des filières, incluant *(L. n° 2016-925 du 7 juill. 2016, art. 51)* « l'enseignement préparant à l'entrée dans les établissements d'enseignement supérieur de la création artistique dans le domaine du spectacle vivant » et valant schéma régional des formations sociales et schéma régional des formations sanitaires. Ce schéma comprend des dispositions relatives à l'hébergement et à la mobilité de ces jeunes, destinées à faciliter leur parcours de formation ;

« 4° Dans sa partie consacrée aux adultes, les actions de formation professionnelle ayant pour but de favoriser l'accès, le maintien et le retour à l'emploi ;

« 5° Un schéma prévisionnel de développement du service public régional de l'orientation ;

« 6° Les priorités relatives à l'information, à l'orientation et à la validation des acquis de l'expérience.

« Les conventions annuelles conclues en application de l'article L. 214-13-1 du présent code, s'agissant des cartes régionales des formations professionnelles initiales, et de l'article L. 6121-3 du code du travail et du IV du présent article, s'agissant des conventions sectorielles, concourent à la mise en œuvre de la stratégie définie par le contrat de plan régional.

« II. — Le contrat de plan régional de développement des formations et de l'orientation professionnelles est élaboré par la région au sein du comité régional de l'emploi, de la formation et de l'orientation professionnelles mentionné à l'article L. 6123-3 du code du travail sur la base des documents d'orientation présentés par le président du conseil régional, le représentant de l'État dans la région, les autorités académiques, les organisations syndicales de salariés et les organisations professionnelles d'employeurs. Le comité procède à une concertation avec les collectivités territoriales concernées, l'institution mentionnée à l'article L. 5312-1 du même code, les organismes consulaires, des représentants de structures d'insertion par l'activité économique et des représentants d'organismes de formation professionnelle, notamment *(Décr. n° 2016-1539 du 15 nov. 2016, art. 6)* « l'établissement mentionné à l'article L. 5315-1 du code du travail ».

« Le contrat de plan régional est établi dans l'année qui suit le renouvellement du conseil régional.

« Le contrat de plan régional adopté par le comité régional de l'emploi, de la formation et de l'orientation professionnelles est signé par le président du conseil régional après consultation des départements et approbation par le conseil régional, ainsi que par le représentant de l'État dans la région et par les autorités académiques. Il est proposé à la signature des organisations syndicales de salariés et des organisations professionnelles d'employeurs représentées au sein du comité régional de l'emploi, de la formation et de l'orientation professionnelles.

« Un décret en Conseil d'État, pris après avis du Conseil national de l'emploi, de la formation et de l'orientation professionnelles mentionné à l'article L. 6123-1 dudit code, fixe les modalités du suivi et de l'évaluation des contrats de plan régionaux. »

(Abrogé par L. n° 2014-288 du 5 mars 2014, art. 23-IV-2°) ***« III. — (L. n° 2004-809 du 13 août 2004, art. 11-4°) « Le (L. n° 2009-1437 du 24 nov. 2009, art. 57-III-1°) « contrat de » plan régional de développement des formations professionnelles, pour sa partie consacrée aux adultes, couvre l'ensemble des actions de formation professionnelle visant à favoriser l'accès, le maintien et le retour à l'emploi ». »***

(L. n° 2002-276 du 16 févr. 2002, art. 108) « IV. — Des conventions annuelles d'application précisent, pour l'État et la région, la programmation et les financements des actions.

« Elles sont signées par le président du conseil régional, le représentant de l'État dans la région ainsi que, selon leur champ d'application, par les divers acteurs concernés. »

(Abrogé par L. n° 2013-595 du 8 juill. 2013, art. 28) (L. n° 2004-809 du 13 août 2004, art. 11-5°) ***« Dans les établissements d'enseignement du second degré, les établissements relevant des articles L. 811-1 et L. 813-1 du code rural et de la pêche maritime** [V. ces art. à l'art. L. 841-1]* ***et les établissements relevant du ministère chargé des sports, ces conventions, qui sont également signées par les autorités académiques, prévoient et classent par ordre prioritaire, en fonction des moyens disponibles, les ouvertures et fermetures de sections de formation professionnelle initiale. Leurs stipulations sont mises en œuvre par l'État et la région dans l'exercice de leurs compétences, notamment de celles qui résultent de l'article L. 211-2 du présent code et de l'article L. 814-2 du code rural et de la pêche maritime. A défaut d'accord, les autorités de l'État prennent, pour ce qui les concerne, les décisions nécessaires à la continuité du service public de l'éducation. »***
(L. n° 2009-1437 du 24 nov. 2009, art. 57-I-2°) « S'agissant des demandeurs d'emploi, ces conventions, lorsqu'elles comportent des engagements réciproques de l'État, de la région et de l'institution mentionnée à l'article L. 5312-1 du code du travail, sont également signées par cette institution. *(Abrogé par L. n° 2015-991 du 7 août 2015, art. 6)* ***« Elles précisent, en matière d'orientation et de formation professionnelles, les conditions de mise en œuvre de la convention prévue à l'article L. 5312-11 du même code. »***

V. — *(L. n° 2004-809 du 13 août 2004, art. 11-6°)* « L'État, une ou plusieurs régions, une ou plusieurs organisations représentatives des milieux socioprofessionnels et, le cas échéant, *(L. n° 2008-126 du 13 févr. 2008, art. 14-II-22°)* « l'institution mentionnée à l'article L. 311-7 *[devenu art. L. 5312-1 C. trav.]* » du code du travail peuvent conclure des contrats fixant des objectifs de développement coordonné des différentes voies de formation professionnelle initiale et continue, notamment de formation professionnelle alternée et de financement des formations des demandeurs d'emploi. Ces contrats d'objectifs peuvent être annuels ou pluriannuels. »

(L. n° 2006-340 du 23 mars 2006, art. 27-II-3°) « Ces contrats déterminent notamment les objectifs qui concourent à favoriser une représentation équilibrée des femmes et des hommes dans les métiers auxquels préparent les différentes voies de formation professionnelle initiale et continue. »

(L. n° 2002-276 du 16 févr. 2002, art. 108) « Les chambres de métiers, les *(L. n° 2010-853 du 23 juill. 2010, art. 8)* « chambres de commerce et d'industrie territoriales » et les chambres d'agriculture peuvent être associées aux contrats d'objectifs. »

(L. n° 2005-32 du 18 janv. 2005, art. 32-II) « L'État, la région ou la collectivité territoriale de Corse, les chambres consulaires, une ou plusieurs organisations représentatives d'employeurs et de salariés peuvent également conclure des contrats d'objectifs et de moyens visant au développement de l'apprentissage conformément à l'article *(Ord. n° 2008-1304 du 11 déc. 2008, art. 1er-7°)* « L. 6211-3 » du code du travail. Ces contrats peuvent prendre la forme d'une annexe aux contrats visés à l'alinéa précédent. »

VI. – *(L. n° 2004-809 du 13 août 2004, art. 11-7°)* « Dans le cadre *(L. n° 2009-1437 du 24 nov. 2009, art. 57-I-3° et III-1°)* « du contrat de » plan régional de développement des formations professionnelles, » *(L. n° 2002-276 du 16 févr. 2002, art. 108)* « chaque région arrête annuellement un programme régional d'apprentissage et de formation professionnelle continue, après avis du comité de coordination régional de l'emploi et de la formation professionnelle. »

(L. n° 2004-809 du 13 août 2004, art. 11-8°) « Les départements, les communes ou groupements de communes qui ont arrêté un programme de formation sont associés, à leur demande, à l'élaboration du programme régional. »

(L. n° 2002-276 du 16 févr. 2002, art. 108) « Pour la mise en œuvre de ce programme, des conventions sont passées avec les établissements d'enseignement publics et les autres organismes de formation concernés. »

Art. L. 214-13-1 *(L. n° 2013-595 du 8 juill. 2013, art. 29)* Chaque année, les autorités académiques recensent par ordre de priorité les ouvertures et fermetures qu'elles estiment nécessaires de sections de formation professionnelle initiale dans les établissements d'enseignement du second degré, les établissements relevant des articles L. 811-1 et L. 813-1 du code rural et de la pêche maritime et les établissements relevant du ministre chargé des sports. Parallèlement, la région, après concertation avec les branches professionnelles et les organisations syndicales professionnelles des employeurs et des salariés concernés, procède au même classement.

Dans le cadre de la convention annuelle prévue au IV de l'article L. 214-13 du présent code, signée par les autorités académiques et la région, celles-ci procèdent au classement par ordre de priorité des ouvertures et fermetures de sections de formation professionnelle initiale, en fonction des moyens disponibles.

Chaque année, après accord du recteur, la région arrête la carte régionale des formations professionnelles initiales, conformément aux choix retenus par la convention mentionnée au deuxième alinéa du présent article et aux décisions d'ouverture et de fermeture de formations par l'apprentissage qu'elle aura prises.

Cette carte est mise en œuvre par la région et par l'État dans l'exercice de leurs compétences respectives, notamment celles qui résultent de l'article L. 211-2 du présent code et de l'article L. 814-2 du code rural et de la pêche maritime. Elle est communiquée aux organismes et services participant au service public de l'orientation. Les autorités académiques mettent en œuvre les ouvertures et fermetures de sections de formation professionnelle initiale sous statut scolaire en fonction des moyens disponibles et conformément au classement par ordre de priorité mentionné au deuxième alinéa du présent article.

Code rural et de la pêche maritime

LIVRE VII **Dispositions sociales**

(Ord. n° 2000-550 du 15 juin 2000)

Plan de formation de l'entreprise

Art. L. 718-2 Dans les professions agricoles, les conditions de mise en œuvre des articles L. 932-1 et L. 932-2 *[L. 6321-1 s. nouv.]* du code du travail peuvent résulter d'une convention de branche ou d'un accord professionnel étendus. – *[L. n° 99-574 du 9 juill. 1999, art. 43.]*

Contrats de travail

Art. L. 718-3 *(L. nº 2006-11 du 5 janv. 2006)* Dans les exploitations, entreprises, établissements et groupements d'employeurs agricoles où sont employés les salariés visés aux 1° à 4° de l'article L. 722-l, ainsi que ceux des coopératives agricoles visés au 6° de l'article L. 722-20, il peut être conclu un contrat emploi-formation agricole comportant une alternance de périodes de travail et de formation. Ce contrat est régi par les dispositions du 2° de l'article L. 122-2 *[L. 1242-3, 2° nouv.]* du code du travail. Les modalités de la formation sont déterminées par accord entre les partenaires sociaux.

Les coûts relatifs aux périodes de formation sont pris en charge au titre du congé de formation prévu à l'article L. 931-13 *[L. 6322-25 nouv.]* du code du travail.

Les dispositions de l'article L. 122-3-4 *[L. 1243-8 à L. 1243-10 nouv.]* du même code ne sont pas applicables à ce contrat.

Les employeurs de salariés en contrat emploi-formation agricole bénéficient des exonérations de charges sociales prévues à l'article L. 981-6 *[L. 6325-16 à L. 6325-22 nouv.]* du même code.

*V. C. rur., art. D. 718-6 s. — **C. rur.***

Loi nº 75-3 du 3 janvier 1975,

Portant diverses améliorations et simplifications en matière de pensions ou allocations des conjoints survivants, des mères de famille et des personnes âgées (D. et BLD 1975. 41).

Art. 7 *(L. nº 76-617 du 9 juill. 1976)* Les veuves, qu'elles aient ou non des enfants à charge, ainsi que les femmes seules ayant au moins un enfant à charge et les mères de famille ayant élevé un enfant jusqu'à ce que celui-ci ait atteint l'âge de trois ans, qui se trouvent dans l'obligation de travailler, bénéficient d'une priorité en matière d'accès aux cycles et stages de formation professionnelle.

Loi nº 77-766 du 12 juillet 1977,

Instituant un congé parental d'éducation (D. et BLD 1977. 312).

Art. 3 Le salarié qui n'a pu être réembauché par son employeur en application de l'article L. 122-28 *[L. 1225-66 et L. 1225-67 nouv.]* du code du travail ou qui a été licencié à l'issue d'un congé parental d'éducation a priorité d'accès aux cycles et stages de formation professionnelle.

Ordonnance nº 82-273 du 26 mars 1982,

Relative aux mesures destinées à assurer aux jeunes de seize à dix-huit ans une qualification professionnelle et à faciliter leur insertion sociale.

Art. 1er La qualification professionnelle et l'insertion sociale des jeunes gens et jeunes filles de seize à dix-huit ans constituent une obligation nationale. L'État, les collectivités locales, les établissements publics, les établissements d'enseignement, les associations, les organisations professionnelles, syndicales et familiales ainsi que les entreprises y concourent par la mise en œuvre des actions ci-après :

1. Des actions d'accueil, d'information et d'orientation. Elles ont pour objet, notamment, d'informer les jeunes sur les possibilités d'entrée en formation et de proposer à leur choix un processus d'insertion sociale de qualification professionnelle ;

2. Des actions d'orientation approfondie ayant pour objet d'aider ceux des jeunes dont l'orientation présente des difficultés particulières à choisir les voies les plus appropriées pour leur permettre d'acquérir une qualification professionnelle et d'assurer ainsi leur insertion sociale ;

3. Des actions de formation alternée ayant pour objet l'acquisition d'une qualification, la préparation à un emploi et l'insertion sociale.

Art. 2 Les actions définies à l'article 1er s'adressent aux jeunes de seize à dix-huit ans qui, ne se trouvant pas en cours de scolarité, ne sont liés ni par un contrat d'apprentissage, ni par un contrat de travail.

TITRE PREMIER Actions d'accueil, d'information et d'orientation

Art. 4 Les conditions dans lesquelles l'État participe à la mise en œuvre des actions définies au 1 de l'article 1er sont fixées par des conventions conclues avec les collectivités locales, les établissements publics d'information et d'orientation, les établissements et organismes de formation et les associations.

Ces conventions déterminent les conditions de l'installation *[et]* du fonctionnement :

– de permanence d'accueil, d'information et d'orientation ouvertes aux jeunes visés à l'article 2 ;

– de missions locales qui ont pour objet d'aider les jeunes à résoudre l'ensemble des problèmes que pose leur insertion sociale et professionnelle notamment par les actions mentionnées au 1 de l'article 1er.

Elles fixent en outre les limites dans lesquelles l'État participe à la couverture des dépenses d'installation et de fonctionnement afférentes à ces actions.

TITRE II Stages d'orientation approfondie et de formation alternée

SECTION I *Dispositions communes*

Art. 5 Les stages d'orientation approfondie, comportant éventuellement une ou plusieurs périodes accomplies en entreprise, et les stages de formation alternée sont des actions de préparation à la vie professionnelle au sens du 1° de l'article L. 900-2 *[L. 6313-1 nouv.]* du code du travail.

Les conditions dans lesquelles l'État s'associe à la mise en œuvre de ces stages sont définies par des conventions conclues avec les établissements et organismes mentionnés à l'article 9.

L'État apporte son concours au financement de ces stages dans les conditions définies au titre IV du livre IX *[L. 6121-1 à L. 6122-4]* du code du travail.

Art. 6 Lorsqu'ils participent aux stages prévus à l'article 5, les jeunes sont assimilés à des stagiaires de la formation professionnelle. Ils bénéficient d'une rémunération forfaitaire à la charge de l'État dont le montant est fixé par décret. Les dispositions du titre VIII du livre IX *[L. 6342-1 s. nouv.]* du code du travail leur sont applicables. – *V. Décr. n° 88-368 du 15 avr. 1988.*

Art. 7 Le stagiaire doit conclure avec l'organisme responsable du stage un accord précisant les modalités de ce stage ainsi que les droits et obligations du stagiaire. Un décret détermine les clauses obligatoires de ces accords. – *V. Décr. n° 82-771 du 8 sept. 1982 (D. et BLD 1982. 418).*

SECTION II *Stages de formation alternée*

Art. 8 Les stages de formation alternée associent dans la limite d'une durée maximale de deux ans, selon une progression et une pédagogie adaptées à la diversité de situations des jeunes, une formation générale et professionnelle, des connaissances acquises par l'exercice d'une activité sur les lieux de travail et une préparation à l'insertion dans la vie sociale.

Art. 9 Les stages de formation alternée font l'objet de conventions conclues par l'État avec des établissements ou organismes qui dispensent l'enseignement général ou technologique, qui assurent la formation professionnelle, ou qui préparent les jeunes à leur insertion dans la vie professionnelle et sociale.

La convention décrit le programme de formation du stage, dont l'objectif principal est l'aide à l'insertion ou la préparation directe à une qualification professionnelle. Elle précise également les modalités de collaboration entre l'établissement ou l'organisme signataire et les organismes ou entreprises qu'il associe à l'action de formation au titre de l'exercice d'une activité sur les lieux de travail.

Art. 10 Un décret détermine les conditions dans lesquelles les certificats attestant l'accomplissement régulier d'un stage de formation alternée seront, le cas échéant, pris en compte pour l'obtention de titres ou diplômes de l'enseignement technologique.

Décret n° 88-368 du 15 avril 1988,

Fixant les taux et les montants des rémunérations versées aux stagiaires de formation professionnelle (JO 19 avr. ; Rect., JO 20 avr.).

TITRE PREMIER **Travailleurs salariés sous contrat de travail**

Art. 1er La fraction de la rémunération maintenue aux stagiaires par leurs employeurs, qui peut être remboursée par l'État en application des articles L. 961-4 *[L. 6341-2 nouv.]* et R. 961-2, quatrième alinéa, du code du travail, est fixée par l'autorité qui agrée le stage.

Le taux de remboursement ne peut dépasser :

50 p. 100 dans le cas de création d'emplois ou de modification du processus de production ;

70 p. 100 dans le cas de réduction d'effectif ou de cessation d'activité.

Dans le cas des conventions prévoyant le financement d'une action d'adaptation au poste de travail ou d'une action de formation par le Fonds national de l'emploi, le taux de remboursement ne peut dépasser :

50 p. 100 pour les actions d'adaptation ;

70 p. 100 pour les actions de formation.

Art. 2 Les travailleurs salariés titulaires d'un livret d'épargne institué par l'article 80 de la loi n° 76-1232 du 29 décembre 1976, ou leur conjoint, qui suivent un stage agréé par l'État ou une région au titre de la rémunération des stagiaires et dont la demande de prise en charge du stage n'a pas reçu l'accord de l'un des organismes mentionnés à l'article L. 951-3 *[L. 6332-6 nouv.]* du code du travail, perçoivent une rémunération mensuelle égale à leur salaire antérieur, déterminée suivant les conditions prévues au deuxième alinéa du 1° de l'article R. 961-6 du même code dans les limites du plancher et du plafond fixés à l'article 14 ci-après.

Art. 3 Les travailleurs salariés qui sont en attente de réinsertion ou en instance de reclassement par application de l'article L. 122-32-1 *[L. 1226-7 nouv.]* du code du travail et qui suivent un stage agréé par l'État ou une région au titre de la rémunération des stagiaires perçoivent une rémunération mensuelle égale à leur salaire antérieur, déterminée suivant les conditions prévues aux deuxième et troisième alinéas du 1° de l'article R. 961-6 du même code dans les limites du plancher et du plafond fixés à l'article 14 ci-après.

TITRE II **Travailleurs privés d'emploi ou demandeurs d'emploi**

Art. 4 Les travailleurs handicapés privés d'emploi qui suivent un stage de formation agréé par l'État ou une région au titre de la rémunération des stagiaires et qui réunissent les conditions définies au premier alinéa du 1° de l'article R. 961-6 *[art. R. 6341-27]* du code du travail perçoivent la rémunération mensuelle fixée à l'article 3 ci-dessus.

Art. 5 Les travailleurs privés d'emploi qui suivent un stage de formation agréé par l'État ou une région au titre de la rémunération des stagiaires et qui réunissent les conditions définies au 2° de l'article R. 961-6 *[art. R. 6341-27]* du code du travail perçoivent une rémunération mensuelle dont le montant est fixé à *(Décr. n° 2002-1551 du 23 déc. 2002)* « 652,02 € ». — *Ce montant inclut celui des indemnités compensatrices de congés payés visées à l'art. R. 6341-42 C. trav. — Sur les indemnités de transport et d'hébergement, V. Décr. n° 89-210 du 10 avr. 1989 (JO 11 avr.), mod. par Décr. n° 91-832 du 29 août 1991 (JO 31 août) ; Décr. n° 2009-340 du 27 mars 2009 (JO 29 mars) ; Arr. du 10 avr. 1989 (JO 11 avr.).*

Art. 6 *(Décr. n° 92-561 du 26 juin 1992)* Les personnes à la recherche d'un emploi, appartenant aux catégories ci-après, perçoivent, lorsqu'elles suivent un stage de formation agréé par l'État ou une région au titre de la rémunération des stagiaires, une rémunération *(Décr. n° 2002-1551 du 23 déc. 2002)* « mensuelle dont le montant est égal à celui fixé à l'article 5 » :

1° Les personnes veuves, divorcées, séparées, abandonnées ou célibataires et qui assument seules la charge effective et permanente d'un ou plusieurs enfants résidant en France ainsi que les femmes seules en état de grossesse ayant effectué la déclaration de grossesse et les examens prénataux prévus par la loi ;

2° Les mères de famille ayant eu trois enfants au moins ;

3° Les femmes divorcées, veuves, séparées judiciairement depuis moins de trois ans.

Art. 7 Les travailleurs handicapés privés d'emploi qui ne réunissent pas les conditions définies au 1° de l'article R. 961-6 du code du travail, ainsi que les jeunes handicapés à la recherche d'un premier emploi, perçoivent, lorsqu'ils suivent un stage de formation agréé par l'État ou une région, au titre de la rémunération des stagiaires et sous réserve des dispositions de l'article 9 ci-après, une rémunération mensuelle fixée à *(Décr. n° 2002-1551 du 23 déc. 2002)* « 652,02 € ».

Art. 8 *(Décr. n° 2002-1551 du 23 déc. 2002)* Les personnes à la recherche d'un emploi âgées de dix-huit ans au moins à la date d'entrée de stage et n'appartenant pas aux catégories définies aux articles 5, 6 et 7 perçoivent lorsqu'elles suivent un stage de formation agréé par l'État ou une région, au titre de la rémunération des stagiaires, une rémunération mensuelle fixée à 310,39 € lorsqu'elles ont de dix-huit à vingt ans, 339,35 € lorsqu'elles ont vingt et un à vingt-cinq ans et 401,09 € lorsqu'elles ont vingt-six ans ou plus.

Les personnes âgées de moins de dix-huit ans à la date de leur entrée en stage perçoivent dans les conditions prévues à l'alinéa précédent une rémunération mensuelle fixée à 130,34 €.

Art. 9 *Abrogé par Décr. n° 2002-1551 du 23 déc. 2002, art. 1er.*

Art. 10 Les personnes à la recherche d'un emploi qui justifient de trois années d'activité professionnelle perçoivent, lorsqu'elles suivent une formation d'une durée supérieure à un an et au plus égale à trois ans, une rémunération mensuelle fixée comme suit :

1° Si elles bénéficiaient de l'allocation prévue à l'article L. 351-3 (*a*) *[L. 5422-3 nouv.]* du code du travail lorsqu'elles ont été admises à suivre un stage au titre de la convention visée au deuxième alinéa de l'article L. 961-1 du même code, elles reçoivent, jusqu'à la fin du stage et après épuisement de leurs droits au régime d'assurance chômage, une rémunération d'un montant identique à celui perçu précédemment ;

2° Si elles n'ont pas bénéficié de l'allocation visée ci-dessus depuis la rupture du contrat de travail, elles perçoivent une rémunération établie selon les modalités de calcul de l'allocation prévue à l'article L. 351-3 (*a*) *[L. 5422-3 nouv.]* du code du travail.

TITRE III **Travailleurs non salariés**

Art. 11 Les travailleurs non salariés qui suivent un stage agréé par l'État ou une région au titre de la rémunération des stagiaires perçoivent, lorsqu'ils ont exercé une activité professionnelle, salariée ou non salariée, durant douze mois, dont six consécutifs, dans les trois années qui précèdent l'entrée en stage, une rémunération mensuelle *(Décr. n° 2002-1551 du 23 déc. 2002)* « fixée à 708,59 € ».

TITRE IV **Dispositions communes**

Art. 12 Les personnes qui suivent un stage à temps partiel agréé par l'État ou une région au titre de la rémunération des stagiaires perçoivent pour chaque heure de stage une rémunération égale *(Décr. n° 2002-1551 du 23 déc. 2002)* « à la rémunération mensuelle qu'elles auraient perçue pour un stage à temps complet divisée par 151,67 € ».

Toutefois, cette rémunération n'est versée que par périodes minimales de quarante heures.

Art. 13 Lorsque, en application des dispositions du deuxième alinéa de l'article R. 961-11 du code du travail, les stagiaires perçoivent un acompte mensuel, cet acompte est égal au montant du plancher fixé à l'article 14 ci-après pour les stagiaires rémunérés sur la base de leur salaire antérieur et au montant de la rémunération mensuelle pour les autres stagiaires.

Art. 14 Les montants des plancher et plafond mensuels prévus aux articles 2, 3, 4 et 13 du présent décret sont respectivement fixés à 644,17 € et 1932,52 €.

Art. 15 *(Décr. n° 2002-1551 du 23 déc. 2002)* Les rémunérations mensuelles fixées aux articles 5, 6, 7, 8 et 11 du présent décret incluent les indemnités compensatrices de congés payés mentionnées à l'article R. 961-12 du code du travail.

Les personnes relevant de l'administration pénitentiaire qui effectuent un stage de formation professionnelle à l'extérieur de l'établissement en régime de semi-liberté ou de placement extérieur bénéficient des rémunérations définies au présent décret avec les mêmes critères d'attribution.

Art. 16 Les rémunérations prévues aux articles qui précèdent, à l'exception de celles définies à l'article 1er, sont calculées ou arrêtées à la date d'ouverture du stage.

Lorsque le stage a une durée supérieure à un an, la rémunération versée aux stagiaires est réévaluée selon un taux fixé par le décret portant revalorisation des rémunérations.

Art. 17 *Dispositions diverses.*

Art. 18 Le présent décret s'applique aux stages commençant après sa date de publication. Toutefois, à titre transitoire, pour des entrées en stage antérieures au 1er juillet 1988, les stagiaires inscrits avant la date de publication du présent décret continueront à être régis par les dispositions antérieures.

Loi n° 98-657 du 29 juillet 1998,

D'orientation relative à la lutte contre les exclusions.

TITRE PREMIER **De l'accès aux droits**

CHAPITRE PREMIER ***Accès à l'emploi***

....

Art. 4 Tout chômeur âgé de seize à vingt-cinq ans ou tout chômeur de longue durée ou rencontrant des difficultés d'insertion professionnelle a le droit à un accueil, un bilan de compétences et une action d'orientation professionnelle afin de bénéficier d'un nouveau départ sous forme d'une formation, d'un appui individualisé ou d'un parcours vers l'emploi ou la création ou la reprise d'entreprise.

Décret n° 2002-4 du 3 janvier 2002,

Relatif à la bourse d'accès à l'emploi pour les jeunes bénéficiant d'actions d'accompagnement personnalisé et renforcé.

Art. 1er La bourse d'accès à l'emploi, instituée par le III de l'article 5 de la loi du 29 juillet 1998 susvisée, peut être attribuée aux jeunes qui bénéficient d'un accompagnement personnalisé et renforcé prévu au I de l'article 5, de la même loi et pour les périodes durant lesquelles ils ne reçoivent aucun revenu ou allocation provenant :
— d'un contrat de travail ;
— d'une rémunération au titre d'un stage de formation professionnelle ;
— d'un revenu de remplacement prévu à l'article L. 351-2 *[L. 5421-2 nouv.]* du code du travail ;
— de l'allocation d'invalidité ;
— du revenu minimum d'insertion ;
— de l'allocation adulte handicapé ;
— de l'allocation parent isolé ;
— de l'allocation d'insertion ;
— d'une autre mesure organisée dans le cadre des actions d'accompagnement prévues au I de l'article 5 de la loi du 29 juillet 1998 susvisée.

Art. 2 Le bénéfice de la bourse est accordé par le préfet sur demande du jeune, pour une période maximale de six mois renouvelable deux fois et, à titre dérogatoire, trois fois pour les personnes bénéficiant d'une prolongation de la durée du parcours dans les conditions prévues au II de l'article 5 de la loi du 29 juillet 1998 susvisée.

La décision initiale d'attribution est prise en fonction de la participation active du jeune aux démarches et actions concrètes d'insertion qui lui sont proposées. La bourse peut être attribuée pour les périodes non rémunérées consécutives à ces actions à compter du mois qui suit l'entrée dans le programme d'accompagnement personnalisé et renforcé prévu au I de l'article 5 de la loi du 29 juillet 1998 susvisée.

Le renouvellement de la bourse est décidé suivant la même procédure et les mêmes critères, ainsi que sa suspension qui peut être décidée à tout moment du parcours du jeune.

Les décisions d'attribution, de renouvellement ou de suppression sont prises sur avis d'un comité local d'attribution constitué à cet effet, présidé par le préfet ou son représentant. La composition et le ressort géographique de chaque comité local sont fixés par décision du préfet.

Art. 3 Le montant de la bourse est au plus de 300 € par mois et de 900 € par période de six mois. Le montant mensuel est déterminé à partir du nombre de semaines pendant lesquelles le jeune n'a pas perçu les rémunérations ou allocations visées à l'article 1er, à raison de 75 € par semaine. Toutefois, si le revenu perçu dans le mois excède 60 % d'un temps plein rémunéré au salaire minimum de croissance, la bourse n'est pas versée pour le mois correspondant ; si ce revenu est inférieur à 10 % du même montant, la bourse peut être versée.

Art. 4 Le bénéficiaire de la bourse déclare chaque mois à l'organisme chargé de mettre en œuvre le programme d'accompagnement personnalisé et renforcé prévu au I de l'article 5 de la loi du 29 juillet 1998 susvisée les périodes pendant lesquelles il a perçu les revenus ou allocations visés à l'article 1er ainsi que leur montant.

Le directeur de l'organisme transmet chaque mois au service en charge du paiement de la bourse d'accès à l'emploi les éléments nécessaires à la détermination du montant mensuel de la bourse à verser.

L'organisme payeur calcule et verse chaque mois le montant qui en résulte.

Ordonnance n° 2006-433 du 13 avril 2006,

Relative à l'expérimentation du contrat de transition professionnelle.

Abrogée par L. n° 2011-893 du 28 juill. 2011, art. 44-V.

Jusqu'à l'entrée en vigueur des dispositions conventionnelles et réglementaires d'application de l'art. 41 de la L. du 28 juill. 2011, le contrat de transition professionnelle reste applicable selon les modalités en vigueur au 29 juill. 2011, date de promulgation de la loi, sous réserve des stipulations des accords collectifs conclus en application de l'art. L. 1233-68 C. trav. dans sa rédaction antérieure à cette loi (L. n° 2011-893 du 28 juill. 2011, art. 44-IV).

BIBL. ▶ Lahalle, *JCP S 2006. 421.*

Loi n° 2009-1437 du 24 novembre 2009,

Relative à l'orientation et à la formation professionnelle tout au long de la vie.

Art. 31 L'État peut, en concertation avec les régions, conclure des conventions d'objectifs sur le développement de la formation des jeunes par l'alternance avec les entreprises ou avec les organisations syndicales et associations les représentant au niveau des branches professionnelles. Ces conventions comprennent notamment des engagements sur le taux de jeunes de seize à vingt-cinq ans révolus en formation par l'alternance et présents dans leur effectif que les entreprises ou les organisations et associations susmentionnées s'engagent à atteindre aux échéances du 1er janvier 2012 et du 1er janvier 2015.

Ces conventions déterminent également les conditions dans lesquelles la réalisation des engagements pris est évaluée. Au plus tard trois mois avant chacune des deux échéances mentionnées au premier alinéa, le Gouvernement remet au Parlement un rapport d'évaluation sur cette réalisation. Au regard de l'écart existant, pour l'ensemble de l'emploi privé et pour les principales branches professionnelles, entre le taux de jeunes en formation par l'alternance présents dans les effectifs et le taux de 5 %, le Gouvernement peut alors présenter au Parlement, si nécessaire, un projet de loi comportant les mesures destinées à atteindre ce taux de 5 %.

Art. 32 A titre expérimental, jusqu'au 31 décembre 2011 et dans des départements dont la liste est fixée par voie réglementaire, le représentant de l'État dans le département conclut avec les personnes visées *(L. n° 2010-853 du 23 juill. 2010, art. 29-IV)* « à l'article L. 5321-1 » du code du travail des conventions d'objectifs comportant des engagements réciproques des signataires.

Ces conventions déterminent :

– des objectifs d'identification des offres d'emploi non pourvues dans le bassin d'emploi considéré ;

– des objectifs de mutualisation au sein du service public de l'emploi des données relatives au marché du travail ainsi recueillies ;

– des objectifs de placement des demandeurs d'emploi en fonction des offres d'emploi identifiées ;

– des objectifs d'accompagnement dans l'emploi des personnes embauchées et les modalités selon lesquelles ces personnes peuvent bénéficier d'actions de formation.

Ces conventions prévoient les indicateurs quantitatifs et qualitatifs associés à la définition des objectifs.

Elles déterminent également le processus d'évaluation contradictoire des résultats obtenus au regard des objectifs fixés.

Le Gouvernement remet au Parlement, au plus tard le 30 septembre 2011, un rapport évaluant la présente expérimentation.

....

Art. 44 A titre expérimental, lorsqu'elles sont engagées à compter de la publication de la présente loi et jusqu'au 31 décembre 2011, sont prises en charge au titre de la participation des employeurs au développement de la formation professionnelle continue dans le cadre du plan de formation les dépenses correspondant aux rémunérations versées à un salarié recruté par une entreprise employant moins de dix salariés pour remplacer un salarié absent de l'entreprise pour cause de formation.

Les dépenses mentionnées au premier alinéa sont prises en charge dans la limite d'un plafond et d'une durée maximale déterminés par voie réglementaire. — *V. Décr. 17 mars 2010 (JO 19 mars).*

Le Gouvernement remet au Parlement, au plus tard le 30 septembre 2011, un rapport sur la présente expérimentation qui évalue en particulier son impact sur l'accès à la formation.

....

Art. 48 Chaque année, le Conseil national de *(L. nº 2014-288 du 5 mars 2014, art. 24)* « l'emploi, de la formation et de l'orientation professionnelles » établit un bilan, par bassin d'emploi et par région, des actions de formation professionnelle qui ont été réalisées par l'ensemble des organismes dispensant de telles actions, sur la base des évaluations transmises par chaque *(L. nº 2014-288 du 5 mars 2014, art. 24)* « comité régional de l'emploi, de la formation et de l'orientation professionnelles ».

Loi nº 2010-1330 du 9 novembre 2010,

Portant réforme des retraites.

Art. 104 Peuvent être financées, au titre de la participation des employeurs au développement de la formation professionnelle continue dans le cadre du plan de formation, les dépenses correspondant à une part de la rémunération des salariés de cinquante-cinq ans et plus assurant le tutorat de jeunes de moins de vingt-six ans embauchés en contrat de professionnalisation. Un décret détermine les modalités d'application du présent article.

Décret nº 2012-660 du 4 mai 2012,

Relatif à l'aide de l'État pour les entreprises de 250 salariés et plus excédant le seuil de salariés prévu à l'article 230 H du code général des impôts.

Art. 1er Les entreprises mentionnées au *d* du 2º du I de l'article 23 de la loi du 29 juillet 2011 susvisée bénéficient d'une aide de l'État dans les conditions prévues par le présent décret.

Art. 2 L'aide est due pour la partie de l'effectif annuel moyen des catégories de personnes mentionnées au I de l'article 230 H du code général des impôts comprise entre le seuil mentionné au cinquième alinéa de cet article et ce même seuil augmenté de deux points.

L'aide est calculée selon la formule annexée au présent décret à laquelle est appliqué un montant fixé par arrêté du ministre chargé de la formation professionnelle. — *V. Annexe ci-après ; V. Arr. du 4 mai 2012 (JO 6 mai).*

Art. 3 L'aide est gérée par Pôle emploi avec lequel l'État conclut une convention.

Le versement de l'aide est subordonné au fait, pour l'employeur, d'être à jour de ses obligations déclaratives et de paiement à l'égard des organismes de recouvrement des cotisations et des contributions de sécurité sociale ou d'assurance chômage. La condition de paiement est considérée comme remplie dès lors que l'employeur a souscrit et respecte un plan d'apurement des cotisations restant dues.

Art. 4 *La demande d'aide est déposée* par l'employeur auprès de Pôle emploi avant le 30 septembre de l'année au cours de laquelle il déclare son effectif annuel moyen auprès de l'un des organismes mentionnés aux articles L. 6242-1 et L. 6242-2 du code du travail, accompagnée des éléments déclarés à ces organismes ainsi que de l'indication du nombre de salariés ouvrant droit à l'aide.

L'aide est versée en un seul règlement dans un délai de deux mois à compter de la date de réception de la demande.

Art. 5 Pôle emploi contrôle l'exactitude des déclarations des bénéficiaires de l'aide. Le bénéficiaire de l'aide tient à sa disposition tout document permettant d'effectuer tout contrôle.

ANNEXE

FORMULE DE CALCUL DE L'AIDE DE L'ÉTAT POUR LES ENTREPRISES DE 250 SALARIÉS ET PLUS EXCÉDANT LE SEUIL DE SALARIÉS PRÉVU À L'ARTICLE 230 H DU CODE GÉNÉRAL DES IMPÔTS

L'aide totale est calculée de la manière suivante :

I. — Calcul du pourcentage de l'effectif annuel moyen de l'ensemble des catégories prévues au I de l'article 230 H du code général des impôts par rapport à l'effectif total de l'entreprise :

a = (nombre annuel moyen de salariés des catégories prévues aux 1° et 2° du I° de l'article 230 H du code général des impôts)/(effectif annuel moyen de l'entreprise au 31 décembre de l'année précédente calculé dans les conditions définies à l'article L. 1111-2 du code du travail) * 100.

Si *a* est strictement supérieur au seuil prévu au cinquième alinéa de l'article 230 H du code général des impôts, l'entreprise bénéficie de l'aide.

II. — Calcul de la partie de l'effectif annuel moyen de l'ensemble des catégories prévues au I de l'article 230 H du code général des impôts excédant le seuil prévu par le cinquième alinéa du même I :

b = (*a* — valeur du seuil prévu au cinquième alinéa du même I).

La valeur plafond de *b* est fixée à 2.

III. — Calcul du montant total de l'aide accordée :

c euros = (*b* × [effectif annuel moyen de l'entreprise au 31 décembre de l'année précédente])/100 × le montant de l'aide fixé par arrêté du ministre chargé de la formation professionnelle).

Loi n° 2014-288 du 5 mars 2014,

Relative à la formation professionnelle, à l'emploi et à la démocratie sociale (JO 6 mars).

Art. 10 [...] IV. – Les organisations syndicales de salariés et les organisations professionnelles d'employeurs de la branche du travail temporaire ouvrent, dans le mois suivant la publication de la présente loi, des négociations visant à proposer, avant le 30 septembre 2014, l'adaptation du niveau et de la répartition de la contribution versée par les employeurs au titre de leur participation au financement de la formation professionnelle continue. Ce niveau ne peut être inférieur, en fonction de la taille des entreprises, aux niveaux prévus aux articles L. 6331-2 et L. 6331-9 du code du travail et la répartition de la contribution ne peut déroger aux parts minimales consacrées, en vertu de dispositions légales ou réglementaires, au financement du fonds paritaire de sécurisation des parcours professionnels, du congé individuel de formation et du compte personnel de formation.

V. – Les organisations syndicales de salariés et les organisations professionnelles d'employeurs des secteurs d'activités *[activité]* mentionnés à l'article L. 6331-55 du même code ouvrent, dans le mois suivant la publication de la présente loi, des négociations visant à proposer, avant le 30 septembre 2014, l'adaptation de la répartition de la contribution mentionnée au même article L. 6331-55 versée par les employeurs au titre de leur participation au financement de la formation professionnelle continue et qui doit contribuer notamment au financement du fonds paritaire de sécurisation des parcours professionnels, du congé individuel de formation et du compte personnel de formation.

VI. – Les organisations représentatives au niveau national des employeurs et des salariés du bâtiment et des travaux publics mentionnés à l'article L. 6331-35 dudit code ouvrent, dans le mois suivant la publication de la présente loi, des négociations visant à proposer, avant le 30 septembre 2014, l'adaptation du niveau et de la répartition de la contribution versée par les employeurs au titre de leur participation au financement de la formation professionnelle continue. Ce niveau ne peut être inférieur, en fonction de la taille des entreprises, aux niveaux prévus aux articles L. 6331-2 et L. 6331-9 du même code et la répartition de la contribution ne peut déroger aux parts minimales consacrées, en vertu de dispositions légales ou réglementaires, au financement du fonds paritaire de sécurisation des parcours professionnels, du congé individuel de formation et du compte personnel de formation. Ces négociations portent en particulier sur les conditions dans lesquelles cette contribution peut concourir au développement de la formation professionnelle initiale, notamment de l'apprentissage, et de la formation professionnelle continue dans les métiers des professions du bâtiment et des travaux publics.

....

Art. 27 I. – Les transferts de compétences à titre définitif mentionnés au III de l'article 13 et aux articles 21 et 22 de la présente loi et ayant pour conséquence d'accroître les charges

des collectivités territoriales ouvrent droit à une compensation financière dans les conditions fixées, selon le cas, aux articles L. 1614-1 à L. 1614-7 et L. 4332-1 du code général des collectivités territoriales pour ce qui concerne les dispositions relatives au fonds régional de l'apprentissage et de la formation professionnelle continue.

Les ressources attribuées au titre de cette compensation sont équivalentes aux dépenses consacrées par l'État, à la date du transfert, à l'exercice des compétences transférées, diminuées du montant des éventuelles réductions brutes de charges ou des augmentations de ressources entraînées par les transferts.

Le droit à compensation des charges d'investissement transférées par la présente loi est égal à la moyenne des dépenses actualisées constatées, hors taxes et hors fonds de concours, sur une période d'au moins cinq ans précédant le transfert de compétences.

Le droit à compensation des charges de fonctionnement transférées par la présente loi est égal à la moyenne des dépenses actualisées constatées sur une période maximale de trois ans précédant le transfert de compétences.

II. — Le III de l'article 13, l'article 21, à l'exception du 4° du II de l'article L. 6121-2 du code du travail dans sa rédaction résultant de la présente loi, et l'article 22 de la présente loi sont applicables à compter du 1er janvier 2015, sous réserve de l'entrée en vigueur des dispositions relevant de la loi de finances prévues au I du présent article. Le 4° du II de l'article L. 6121-2 du code du travail, dans sa rédaction résultant de l'article 21 de la présente loi, est applicable aux dates fixées au IX du même article 21, sous réserve de l'entrée en vigueur des dispositions relevant de la loi de finances prévues au I du présent article.

III. — Les articles 80 à 88 de la loi n° 2014-58 du 27 janvier 2014 de modernisation de l'action publique territoriale et d'affirmation des métropoles sont applicables aux transferts de compétences mentionnés au III de l'article 13, à l'article 21 et à l'article 22 de la présente loi, à l'exception du II de l'article 82 et du second alinéa du I de l'article 83 de la loi n° 2014-58 du 27 janvier 2014 précitée.

Pour l'application du second alinéa du I de l'article 80 de la même loi, l'année : "2012" est remplacée par l'année : "2013".

IV. — Un décret en Conseil d'État fixe les modalités d'application du présent article, après avis de la commission consultative mentionnée à l'article L. 1211-4-1 du code général des collectivités territoriales.

TABLES

TABLE CHRONOLOGIQUE

NOTA. Avant la table chronologique proprement dite, on trouvera ci-dessous une liste, classée par ordre alphabétique, des différents codes reproduits en extraits dans le code du travail.

Code de l'action sociale et des familles

– Art. L. 243-4, App. I, v° *Contrat de travail,* **p. 2783.**

– Art. L. 423-1 à L. 423-28, App. VII, v° *Assistants maternels,* 🏛.

Code civil

– Art. 1384, 2007, App. I, v° *Contrat de travail,* **p. 2783.**

Code de commerce

– Art. L. 225-22 à L. 225-23, L. 225-27 à L. 225-34, L. 225-61, L. 225-71, L. 225-79 à L. 225-80, L. 225-85, L. 226-5, L. 226-5-1, L. 620-1, L. 621-4, L. 622-10, L. 622-17, L. 623-3, L. 624-1, L. 625-1 à L. 625-9, L. 626-1, L. 626-2, L. 626-5, L. 626-6, L. 626-8, L. 631-17, L. 631-19, L. 631-19-1, L. 640-6, L. 641-13, L. 661-1, L. 661-10, L. 662-4, App. I, v° *Contrat de travail,* **p. 2791.**

Code de l'éducation

– Art. L. 124-1 à L. 124-20, L. 214-12, L. 214-13, L. 214-13-1, App. IX, v° *Formation professionnelle,* **p. 3155.**

Code de l'entrée et du séjour des étrangers et du droit d'asile

– Art. L. 111-1, L. 111-3, L. 211-1, L. 212-2, L. 311-1 à L. 311-4, L. 311-10 à L. 311-12, L. 313-1 à L. 313-13, L. 314-1 à L. 314-13, L. 317-1, L. 431-1, L. 626-1, App. III, v° *Étrangers,* **p. 3066.**

Code général des collectivités territoriales

– Art. L. 2123-1 à L. 2123-5, L. 2123-7, L. 2123-8, L. 2123-9, L. 2123-13, App. I, v° *Contrat de travail,* **p. 2863.**

Code général des impôts

– Art. 44 *duodecies,* 1383 H, App. III, v° *Emploi,* **p. 3013.**

– Art. 81 *bis,* App. I, v° *Salaires,* **p. 2895.**

Code pénal

– Art. 131-6, 131-27, 131-39, App. IV, v° *Syndicats professionnels,* **p. 3112.**

– Art. 222-33-2, 225-1 à 225-4-1, 225-13 à 225-16, App. I, v° *Contrat de travail,* **p. 2821.**

– Art. 431-1, App. V, v° *Conflits de travail,* **p. 3121.**

Code de procédure civile

– Art. 58, 446-2, App. V, v° *Conflits du travail,* **p. 3121.**

– Art. 1263-1, App. I, v° *Contrat de travail,* **p. 2825.**

Code de la propriété intellectuelle

– Art. L. 113-9, L. 212-4 à L. 212-7, L. 335-5, L. 521-4, L. 521-4-1, L. 611-7, L. 615-17, L. 615-21, L. 716-11-1, R. 611-1 à R. 611-10, App. I, v° *Contrat de travail,* **p. 2826.**

Code rural et de la pêche maritime

– Art. L. 711-1, L. 713-1 à L. 713-5, L. 713-13, L. 713-19 à L. 713-22, L. 714-1 à L. 714-7, L. 722-1 à L. 722-3, L. 722-20, R. 713-1 à R. 713-50, R. 714-1 à R. 714-21, D. 719-1, R. 719-1-1, R. 719-2 à R. 719-10, App. II, v° *Durée du travail*, **p. 2914.**

– Art. L. 712-1, L. 712-2 à L. 712-8, L. 718-4 à L. 718-6, R. 712-1 à R. 712-13, App. I, v° *Contrat de travail*, **p. 2858.**

Code de la santé publique

– Art. L. 1244-5, App. II, v° *Congés*, **p. 2948.**

– Art. R. 3512-2 à R. 3512-9, App. II, v° *Santé, hygiène et sécurité des travailleurs*, **p. 2956.**

Code de la sécurité sociale

– Art. L. 138-24, L. 422-1, R. 471-1, R. 471-2, App. II, v° *Santé, hygiène et sécurité des travailleurs*, **p. 2957.**

– Art. L. 161-17-2 à L. 161-17-4, L. 241-6-4, L. 241-13, D. 241-7 à D. 241-11,, App. III, v° *Emploi*, **p. 3004.**

– Art. L. 241-18, L. 351-8, App. I, v° *Salaires*, **p. 2904.**

– Art. L. 911-1 à L. 911-5, L. 912-1, App. I, v° *Convention et accord collectif*, **p. 2888.**

Code du sport

– Art. L. 211-5, L. 211-6, L. 222-1 à L. 222-6, App. VII, v° *Sportifs professionnels*, 🏛.

Code du tourisme

– Art. L. 411-1 à L. 411-17, App. II, v° *Congés*, **p. 2948.**

Code des transports

– Art. L. 1311-1 à L. 1311-4, L. 1321-1 à L. 1321-10, L. 1322-1, L. 1323-1 à L. 1323-3, L. 1324-1, L. 1324-2 à L. 1324-11, L. 1331-1, L. 3311-1, L. 3312-1 à L. 3312-3, L. 3313-1, L. 3313-2, L. 3314-1 à L. 3314-3, L. 3315-1 à L. 3315-6, App. VII, v° *Transports*, **p. 3147.**

– Art. L. 5541-1 à L. 5541-2, L. 5542-1 à L. 5542-50, L. 5543-1 à L. 5543-5, L. 5544-1 à L. 5544-25, L. 5561-1, L. 5561-2, L. 5562-1 à L. 5562-3, L. 5563-1, L. 5563-2, L. 5564-1, L. 5565-1, L. 5565-2, L. 5566-1, L. 5566-2, App. VII, v° *Gens de mer*, 🏛.

Code du travail (ancien)

– Art. L. 143-11-4, L. 143-11-6, L. 143-11-7, L. 143-11-9, L. 148-2, L. 148-3, L. 154-3, L. 323-2, L. 323-4-1, L. 323-5, L. 323-8, L. 323-8-6-1 à L. 323-8-8, L. 323-21, L. 323-34, L. 351-6, L. 351-8, L. 351-12, L. 351-13, L. 471-1 à L. 471-3, L. 620-9, L. 620-10, L. 800-4, L. 800-5, L. 812-1, L. 970-1 à L. 970-6, L. 981-4, R. 221-23 à R. 221-26, R. 233-89-1, R. 233-89-1-1, R. 742-1 à R. 742-8-13, R. 742-9 à R. 742-21, R. 742-38, R. 742-39, R. 743-2 à R. 743-12, D. 141-7, D. 212-2, D. 212-17, D. 220-4, D. 741-1 à D. 741-8, D. 743-1 à D. 743-8, D. 744-1 à D. 744-3, D. 981-4, App. I, v° *Contrat de travail*, **p. 2834.**

1929	15 févr.	Loi. Indemnité de chômage du marin. – V. App. VII. E, **p. 3136.**
1941	13 oct.	Arrêté. Congés payés des ouvriers à domicile. – V. App. VII. C, **p. 3129.**
1945	8 juin	Arrêté. Comités d'entreprises pour les travailleurs à domicile. – V. App. VII. C, **p. 3129.**
1946	14 févr.	Loi n° 46-188. Personnel des mines. – V. App. VII. B, **p. 3126.**
1946	22 juin	Décret n° 46-1541. Statut du personnel des industries électriques et gazières. – V. App. VII. A, **p. 3125.**
1946	30 sept.	Arrêté. Délégués du personnel pour les travailleurs à domicile. – V. App. IV. B, **p. 3114** et App. VII. C, **p. 3130.**
1946	27 oct.	Constitution de la République française, préambule, al. 7 *(grève)*. – V. App. V, **p. 3121.**
1947	23 juill.	Arrêté. Douches pour travaux insalubres ou salissants. – V. App. II. D, **p. 2958.**
1951	4 mai	Décret n° 51-508. Règlement général sur l'exploitation des mines de combustibles minéraux solides. – V. App. VII. B, **p. 3126.**
1957	25 mars	Traité de Rome instituant la Communauté européenne : – Art. 45 à 48. – V. App. III. B, **p. 3084.** – Art. 145 à 150. – V. App. III. A, v° *Emploi*, **p. 3002.**
1957	26 juill.	Loi n° 57-834. Travailleurs à domicile. – Art. 8, 10. – V. App. VII. C, **p. 3130.**
1959	27 janv.	Décret n° 59-285. Règlement général sur l'exploitation de certaines mines. – V. App. VII. B, **p. 3126.**
1962	27 juin	Décret n° 62-725. Règlement de sécurité dans les mines d'hydrocarbures. – V. App. VII. B, **p. 3126.**
1967	7 août	Décret n° 67-690. Profession de marin. – V. App. VII. E, **p. 3136.**
1967	27 sept.	Ordonnance n° 67-830. Conventions collectives, travail des jeunes et titres-restaurant : – Art. 17. – V. App. II. A, **p. 2913.** – Art. 19, 20, 25, 26. – V. App. II. E, **p. 3002.**
1968	15 oct.	Règlement CEE n° 1612-68. Libre circulation des travailleurs à l'intérieur de la Communauté. – V. App. III. B, **p. 3085.**
1969	10 févr.	Accord national interprofessionnel sur la sécurité de l'emploi. – V. App. III. A, **p. 3014.**
1972	23 déc.	Loi n° 72-1169. Rémunération mensuelle minimale *(dockers professionnels)*. – Art. 7. – V. App. VII. F, **p. 3143.**
1973	23 févr.	Décret n° 73-184. Rémunération mensuelle minimale. – Art. 13. – V. App. VII. F, **p. 3144.**
1973	27 juin	Loi n° 73-548. Hébergement collectif. – V. App. II. D, **p. 2960.**
1973	27 déc.	Loi n° 73-1193. D'orientation du commerce et de l'artisanat. – Art. 57 *(préapprentissage)*. – V. App. II. A, **p. 2913.**

1975	3 janv.	Loi n° 75-3. Pensions ou allocations. – Art. 7 *(formation professionnelle des veuves et des femmes seules)*. – V. App. IX, **p. 3162.**
1977	8 juill.	Décret n° 77-794. Organisation du travail à bord des navires et engins dotés de dispositifs de nature et simplification des conditions techniques de la navigation et de l'exploitation. – V. App. VII. E, **p. 3136.**
1977	12 juill.	Loi n° 77-766. Congé parental d'éducation. – Art. 3. – V. App. IX, **p. 3162.**
1977	10 déc.	Accord national interprofessionnel sur la mensualisation. – V. App. I. D, **p. 2906.**
1980	7 mai	Décret n° 80-331. Règlement général des industries extractives. – V. App. VII. B, **p. 3127.**
1980	19 juin	Convention de Rome. Loi applicable aux obligations contractuelles. – Art. 6. – V. App. I. B, **p. 2864.**
1982	26 mars	Ordonnance n° 82-273. Insertion sociale des jeunes de seize à dix-huit ans. – V. App. IX, **p. 3162.**
1982	11 mai	Décret n° 82-397. Services médicaux du travail en agriculture. – V. App. II. E, **p. 3002.**
1983	26 juill.	Loi n° 83-675. Démocratisation du secteur public. – Art. 23, 26, 28, 39. – V. App. IV. E, **p. 3118.**
1983	6 sept.	Décret n° 83-793. Application de l'article 25 du code du travail maritime. – V. App. VII. E, **p. 3136.**
1983	26 déc.	Décret n° 83-1160. Portant application de la loi n° 83-675 du 26 juillet 1983 relative à la démocratisation du secteur public. – Art. 65 à 72. – V. App. IV. E, **p. 3119.**
1984	17 juill.	Loi n° 84-622. Titres uniques de séjour et de travail. – Art. 2. – V. App. III. B, **p. 3088.**
1984	4 déc.	Décret n° 84-1079. Autorisations de travail délivrées aux travailleurs étrangers. – Art. 4 et 5. – V. App. III. B, **p. 3088.**
1985	27 mars	Décret n° 85-378. Formation professionnelle maritime. – V. App. VII. E, **p. 3137.**
1985	3 avr.	Décret n° 85-399. Application de l'article L. 122-2 du code du travail. – V. App. I. B, **p. 2865.**
1986	20 oct.	Accord national interprofessionnel sur l'emploi. – V. App. III. A, **p. 3022.**
1987	27 mars	Décret n° 87-231. Emploi des explosifs. – V. App. VII. D, **p. 3133.**
1987	26 nov.	Décret n° 87-948. Entreprises publiques et sociétés nationales soumises aux dispositions concernant la participation. – V. App. IV. D, **p. 3115.**
1988	15 avr.	Décret n° 88-368. Rémunérations versées aux stagiaires de formation professionnelle. – V. App. IX, **p. 3164.**
1988	14 nov.	Décret n° 88-1056. Établissements qui mettent en œuvre des courants électriques. – V. App. II. D, **p. 2962.**

1989	13 janv.	Loi n° 89-18. Mesures d'ordre social. – Art. 6 à 6-5. – V. App. III. A, **p. 3023.**
1989	14 juin	Décret n° 89-392. Embauche d'un premier salarié. – V. App. III. A, **p. 3025.**
1992	5 févr.	Arrêté. Catégories de demandeurs d'emploi. – V. App. III. C, **p. 3088.**
1992	5 févr.	Arrêté. Renouvellement de la demande d'emploi. – V. App. III. C, **p. 3089.**
1993	22 févr.	Décret n° 93-238. Abattement de cotisations pour les emplois à temps partiel. – V. App. III. A, **p. 3025.**
1993	20 déc.	Loi quinquennale n° 93-1313. Travail, emploi, formation professionnelle. – Art. 8. – V. App. III. C, **p. 3089.**
1995	3 mars	Décret n° 95-240. Emploi de la langue française. – Art. 3 et 4. – V. App. I. B, **p. 2866.**
1995	6 mai	Décret n° 95-607. Prescriptions applicables aux travailleurs indépendants sur les chantiers de bâtiment ou de génie civil. – V. App. VII. D, **p. 3133.**
1995	8 août	Décret n° 95-912. Travail maritime à temps partiel. – V. App. VII. E, **p. 3137.**
1996	21 févr.	Loi n° 96-126. Fonds paritaire d'intervention en faveur de l'emploi. – V. App. III. A, **p. 3026.**
1996	12 nov.	Loi n° 96-985. Information et consultation des salariés dans les entreprises et les groupes de dimension communautaire. – Art. 6. – V. App. I. C, **p. 2890.**
1996	16 déc.	Loi n° 96-1093. Emploi dans la fonction publique. – Art. 82 (contrôleurs du travail). – V. App. VI, **p. 3123.**
1998	2 juill.	Loi n° 98-546. Diverses dispositions d'ordre économique et financier. – Art. 112 (inspection de la formation professionnelle). – V. App. VI, **p. 3123.**
1998	29 juill.	Loi n° 98-657. Lutte contre les exclusions. – Art. 4 (mesures d'insertion par la formation professionnelle en faveur des chômeurs). – V. App. IX, **p. 3166.**
1999	21 juin	Décret n° 99-522. Dépenses et charges non déductibles du produit brut de la rémunération des marins. – V. App. VII. E, **p. 3137.**
2000	22 déc.	Règlement (CE) du Conseil n° 44/2001. – Art. 5, 18 à 20. – V. App. I. B, **p. 2867.**
2001	27 juin	Directive CE n° 2001/45. Utilisation des équipements de travail mis à disposition pour des travaux temporaires en hauteur. – V. App. II. D, **p. 2981.**
2002	3 janv.	Décret n° 2002-4. Bourse d'accès à l'emploi pour les jeunes bénéficiant d'actions d'accompagnement personnalisé et renforcé. – V. App. IX, **p. 3166.**
2002	6 août	Loi n° 2002-1062. Amnistie. – Art. 1er, 3, 5, 11 à 15. – V. App. I. B, **p. 2868.**

2003	6 févr.	Directive CE n° 2003/10. Prescriptions minimales de sécurité et de santé relatives à l'exposition des travailleurs au bruit. – V. App. II. D, **p. 2983.**
2003	18 févr.	Arrêté. Cotisation due par les entreprises visées aux articles L. 731-9 et R. 731-19. – V. App. VII. D, **p. 3133.**
2003	8 juill.	Arrêté. Protection des travailleurs susceptibles d'être exposés à une atmosphère explosive. – V. App. II. D, **p. 2987.**
2003	20 août	Décret n° 2003-770. Statut particulier du corps de l'inspection du travail. – V. App. VI, **p. 3123.**
2003	21 août	Loi n° 2003-775. Réforme des retraites. – Art. 107, 109. – V. App. I. C, **p. 2891.**
2003	23 sept.	Décret n° 2003-928. Application de l'article 25-1 du code du travail maritime. – V. App. VII. E, **p. 3138.**
2004	3 févr.	Loi n° 2004-105. Portant création de l'Agence nationale pour la garantie des droits des mineurs et diverses dispositions relatives aux mines. – V. App. VII. B, **p. 3127.**
2005	23 févr.	Loi n° 2005-159. Relative au contrat de volontariat de solidarité internationale. – V. App. I. B, **p. 2872.**
2005	31 mars	Décret n° 2005-305. Durée du travail des gens de mer. – V. App. VII. E, **p. 3138.**
2005	7 avr.	Décret n° 2005-326. Portant création du Conseil d'orientation pour l'emploi. – V. App. III. A, **p. 3030.**
2005	3 mai	Loi n° 2005-412. Création du registre international français. – V. App. VII. E, **p. 3142.**
2005	12 mai	Décret n° 2005-455. Portant création d'un Office central de lutte contre le travail illégal. – V. App. III. A, **p. 3030.**
2005	27 mai	Décret n° 2005-600. Pris pour l'application de la loi n° 2005-159 relative au contrat de volontariat de solidarité internationale. – V. App. I. B, **p. 2874.**
2005	29 août	Décret n° 2005-1054. Créant une prime exceptionnelle de retour à l'emploi en faveur de certains bénéficiaires de minima sociaux. – V. App. III. A, **p. 3031.**
2005	20 oct.	Décret n° 2005-1309. Pris pour l'application de la loi n° 78-17 du 6 janvier 1978 relative à l'informatique, aux fichiers et aux libertés, modifiée par la loi n° 2004-801 du 6 août 2004. – Art. 42 à 56. – V. App. I. B, **p. 2875.**
2006	22 août	Décret n° 2006-1033. Création de la direction générale du travail au ministère de l'emploi, de la cohésion sociale et du logement. – V. App. VI, **p. 3124.**
2006	29 août	Décret n° 2006-1093. Pris pour l'application de l'article 9 de la loi n° 2006-396 du 31 mars 2006 pour l'égalité des chances. – V. App. I. B, **p. 2878.**

2006	30 déc.	Loi n° 2006-1770. Pour le développement de la participation et de l'actionnariat salarié et portant diverses dispositions d'ordre économique et social : – Art. 1er. – V. App. I. D, **p. 2908.** – Art. 47. – V. App. I. B, **p. 2880.**
2007	12 mars	Ordonnance n° 2007-329. Code du travail. – V. ss. C. trav., art. L. 8331-1.
2007	21 août	Décret n° 2007-1227. Prévention des risques professionnels maritimes et au bien-être des gens de mer en mer et dans les ports. – V. App. VII. E, **p. 3143.**
2008	21 janv.	Loi n° 2008-67. Ratifiant l'ordonnance n° 2007-329 du 12 mars 2007 relative au code du travail (partie législative). – V. ss. C. trav., art. L. 8331-1.
2008	24 janv.	Décret n° 2008-76. Pris pour l'application de l'article 1er de la loi n° 2007-1223 du 21 août 2007 en faveur du travail, de l'emploi et du pouvoir d'achat aux salariés relevant d'un régime spécial de sécurité sociale ou dont la durée du travail relève d'un régime particulier. – V. App. VII, **p. 3124.**
2008	30 janv.	Loi n° 2008-89. Mise en œuvre des dispositions communautaires concernant le statut de la société coopérative européenne et la protection des travailleurs salariés en cas d'insolvabilité de l'employeur. – V. C. trav., art. L. 2325-13, L. 2353-31, L. 2355-1, L. 2361-1 à L. 2365-1, L. 2411-12, L. 3253-18-1 à L. 3253-18-9.
2008	31 janv.	Décret n° 2008-96. Gratification et au suivi des stages en entreprise. – V. Décr. n° 2006-1093 du 29 août 2006, App. I. B, **p. 2878.**
2008	13 févr.	Loi n° 2008-126. Réforme de l'organisation du service public de l'emploi. – V. C. trav., art. L. 1134-4, L. 1144-3, L. 1233-68, L. 1233-69, L. 1235-16, L. 1236-2, L. 1251-46, L. 3253-14, L. 3253-18, L. 5112-1, L. 5112-2, L. 5124-1, L. 5135-1, L. 5312-1 à L. 5213-14, L. 5313-1, L. 5313-2, L. 5411-1, L. 5411-2, L. 5411-4, L. 5422-4, L. 5422-16 à L. 5422-19, L. 5422-24, L. 5423-14, L. 5424-2, L. 5424-20, L. 5424-21, L. 5426-1, L. 5426-3, L. 5426-4, L. 5426-9, L. 5427-1 à L. 5427-5, L. 5427-7, L. 5427-9, L. 5429-1, L. 6332-17, L. 6341-1, L. 6341-6, L. 8272-1.
2008	27 févr.	Ordonnance n° 2008-205. Droit du travail applicable à Saint-Barthélemy et à Saint-Martin. – V. C. trav., art. L. 1134-2, L. 1225-46, L. 1511-1, L. 1521-1, L. 1521-4, L. 1522-1, L. 1531-1, L. 1531-3, L. 1532-1, L. 2222-1, L. 2261-22, L. 2621-1, L. 2622-1, L. 2622-2, L. 2623-1, L. 2631-1, L. 2632-2, L. 3324-1, L. 3421-1, L. 3423-1 à L. 3423-5, L. 3431-1, L. 4821-1, L. 5521-1, L. 5522-2, L. 5522-21, L. 5522-22, L. 5522-23, L. 5522-26, L. 5523-2, L. 5523-3, L. 5524-1, L. 5524-4, L. 5524-10, L. 6242-2, L. 6521-1, L. 6522-1, L. 6522-2, L. 6523-1 à L. 6523-3, L. 6523-7, L. 6524-1, L. 7521-1, L. 8321-1, L. 8323-1.
2008	7 mars	Décret n° 2008-243. Modifications de certaines dispositions réglementaires du code du travail. – V. C. trav., art. R.*3231-1 s., R.*3231-2, R.*3231-4, R.*3231-7, R.*3231-17.

2008	7 mars	Décret n° 2008-244. Code du travail (partie réglementaire). – Art. 1er à 12. – V. ss. C. trav., art. R. 8323-1, **p. 2780.**
2008	16 avr.	Loi n° 2008-350. Extension du chèque associatif. – V. C. trav., art. L. 1272-1.
2008	16 avr.	Loi n° 2008-351. Journée de solidarité. – V. C. trav., art. L. 3133-7 à L. 3133-9.
2008	28 avr.	Décret n° 2008-413. Modifiant les dispositions du code de la sécurité sociale issues du décret n° 2008-244 du 7 mars 2008 relatif au code du travail. – V. C. trav., art. D. 1271-5.
2008	7 mai	Décret n° 2008-439. Implication des salariés dans la société coopérative européenne. – V. C. trav., art. R. 2362-5 à R. 2364-1.
2008	7 mai	Décret n° 2008-440. Implication des salariés dans la société coopérative européenne. – V. C. trav., art. D. 2361-1, D. 2362-1 à D. 2362-16, D. 2363-1 à D. 2363-2.
2008	19 mai	Décret n° 2008-467. CHSCT d'un établissement à risques technologiques ou comprenant une installation nucléaire. – V. C. trav., art. R. 4514-7-1, R. 4523-5 à R. 4523-17, R. 4612-5-1.
2008	27 mai	Loi n° 2008-496. Portant diverses dispositions d'adaptation au droit communautaire dans le domaine de la lutte contre les discriminations : – V. C. trav., art. L. 1132-1, L. 1133-1, L. 1133-2, L. 1134-1, L. 1142-2, L. 1142-6, L. 2141-1, L. 5213-6. – V. C. pén., art. 225-3, App. I. B, **p. 2822.** – Art. 1er à 5. – V. App. I. B, **p. 2881.**
2008	29 mai	Décret n° 2008-514. Modifiant le siège et le ressort des conseils de prud'hommes. – V. C. trav., art. R. 1423-2, R. 1423-4.
2008	13 juin	Décret n° 2008-558. Rémunération des organismes chargés de la formation des salariés membres des comités d'hygiène de sécurité et des conditions de travail. – V. C. trav., art. R. 4614-34.
2008	16 juin	Décret n° 2008-560. Indemnisation des conseillers prud'hommes. – V. C. trav., art. R. 1423-41, R. 1423-51, R. 1423-55 à R. 1423-72, R. 1454-28.
2008	17 juin	Loi n° 2008-561. Réforme de la prescription en matière civile. – V. C. trav., art. L. 1134-5, L. 3243-3, L. 3245-1.
2008	19 juin	Décret n° 2008-587. Pris en application de la loi n° 2008-350 du 16 avril 2008 relative à l'extension du chèque emploi associatif. – V. C. trav., art. D. 1272-2.
2008	25 juin	Loi n° 2008-596. Modernisation du marché du travail : – V. C. trav., art. L. 1221-2, L. 1221-19 à L. 1221-26, L. 1226-1, L. 1226-4-1, L. 1231-1, L. 1232-1, L. 1233-2, L. 1233-3, L. 1234-9, L. 1234-20, L. 1237-11 à L. 1237-16, L. 2313-5, L. 2323-47, L. 2323-51, L. 5421-1, L. 5422-1, L. 5423-24, L. 6322-26, L. 6323-4, L. 8241-1.

		– Art. 6. – V. App. I. B, **p. 2882.**
2008	30 juin	Décret n° 2008-634. Autorisations de travail délivrées à des étrangers. – V. C. trav., art. R. 5221-1, R. 5221-2, R. 5221-6, R. 5221-16, R. 5221-20, R. 5221-21, R. 5221-25.
2008	3 juill.	Loi n° 2008-649. Portant diverses dispositions d'adaptation du droit des sociétés au droit communautaire. – V. C. trav., art. L. 2362-7, L. 2363-1, L. 2371-1 à L. 2371-5, L. 2372-1 à L. 2372-8, L. 2373-1 à L. 2373-8, L. 2374-1 à L. 2374-4, L. 2375-1, L. 2411-1, L. 2411-12, L. 2412-1, L. 2413-1, L. 2414-1, L. 2421-4, L. 2422-1, L. 2434-2 à L. 2434-4.
2008	4 juill.	Loi n° 2008-660. Portant réforme portuaire. – Art. 10 à 14. – V. App. VII. F, **p. 3144.**
2008	18 juill.	Décret n° 2008-715. Portant diverses mesures relatives à la modernisation du marché du travail. – V. C. trav., art. R. 1234-2, R. 1234-3, R. 1237-3, R. 1454-12, R. 1454-17.
2008	18 juill.	Décret n° 2008-716. Portant diverses mesures relatives à la modernisation du marché du travail. – V. C. trav., art. D. 1226-2, D. 1226-3, D. 2323-7.
2008	1er août	Loi n° 2008-758. Droits et devoirs du demandeur d'emploi. – V. C. trav., art. L. 5312-12-1, L. 5411-6, L. 5411-6-1 à L. 5411-6-4, L. 5411-8, L. 5412-1, L. 5412-2, L. 5421-3, L. 5426-2.
2008	4 août	L. n° 2008-776. Modernisation de l'économie : – V. C. trav., art. L. 1273-1 à L. 1273-7, L. 3332-17, L. 3332-17-1, L. 3334-13, L. 5112-1-1, L. 6211-5, L. 6224-1, L. 6331-48, L. 7321-2, L. 8221-6, L. 8221-6-1, L. 8224-3. – V. L. n° 2006-1666 du 21 déc. 2006, art. 139, App. III. A, **p. 3032.** – Art. 48. – V. App. III, A, **p. 3033.**
2008	20 août	Loi n° 2008-789. Rénovation de la démocratie sociale et réforme du temps de travail. – V. C. trav., art. L. 1111-2, L. 1142-5, L. 2121-1, L. 2122-1 à L. 2122-12, L. 2135-1 à L. 2135-8, L. 2141-5, L. 2142-1 à L. 2142-1-4, L. 2142-8, L. 2143-3 à L. 2143-6, L. 2143-11, L. 2143-23, L. 2231-1, L. 2232-2, L. 2232-2-1, L. 2232-6, L. 2232-7, L. 2232-13, L. 2232-14, L. 2232-21 à L. 2232-29, L. 2232-34, L. 2242-9-1, L. 2242-20, L. 2261-10, L. 2261-14-1, L. 2312-5, L. 2314-3, L. 2314-3-1, L. 2314-8, L. 2314-11, L. 2314-18-1, L. 2314-24, L. 2314-31, L. 2322-5, L. 2323-29, L. 2324-1, L. 2324-2, L. 2324-4, L. 2324-4-1, L. 2324-11, L. 2324-13, L. 2324-17-1, L. 2324-21, L. 2324-22, L. 2327-7, L. 2327-16, L. 2411-1, L. 2411-4, L. 2412-2, L. 2412-10, L. 2413-1, L. 2141-1, L. 3121-11, L. 3121-11-1, L. 3121-12 à L. 3121-14, L. 3121-17 à L. 3121-19, L. 3121-24 à L. 3121-32, L. 3121-38 à L. 3121-48, L. 3122-1 à L. 3122-5, L. 3123-7, L. 3123-14, L. 3123-15, L. 3123-17, L. 3123-19, L. 3123-25 à L. 3123-28, L. 3133-8, L. 3133-10 à L. 3133-12, L. 3141-3, L. 3141-5, L. 3141-11, L. 3141-21, L. 3141-22, L. 3142-8, L. 3151-1, L. 3152-1, L. 3152-2, L. 3152-3, L. 3153-1 à L. 3153-3, L. 3154-1 à L. 3154-3, L. 3171-1, L. 6111-1, L. 7111-7 à L. 7111-10, L. 8241-1.

2008	20 août	Décret n° 2008-799. Exercice par des associations d'actions en justice nées de la loi n° 2008-496 du 27 mai 2008 portant diverses dispositions d'adaptation au droit communautaire dans le domaine de la lutte contre les discriminations. – V. App. I. B, **p. 2825.**
2008	2 sept.	Décret n° 2008-889. Travail des jeunes travailleurs les jours fériés et au travail de nuit des enfants de moins de 16 ans dans le secteur du spectacle. – V. C. trav., art. R. 3163-4, R. 3164-2, R. 7124-30-1.
2008	29 sept.	Décret n° 2008-1010. Organisation du service public. – V. C. trav., art. R. 1234-9, R. 1234-10, R. 1235-1 à R. 1235-5, R. 1235-8, R. 1235-10, R. 1235-14, R. 1235-16, R. 3253-6, R. 5112-19 à R. 5112-22, R. 5142-1, R. 5311-1 à R. 5311-3, R. 5312-6 à R. 5312-30, R. 5412-3, R. 5422-5, R. 5422-7, R. 5422-8 à R. 5422-15, R. 5423-7, R. 5425-18, R. 5426-5, R. 6342-2, R. 7122-31.
2008	13 oct.	Décret n° 2008-1056. Droits et devoirs des demandeurs d'emploi et au suivi de la recherche d'emploi. – V. C. trav., art. R. 5411-3, R. 5411-10, R. 5411-11, R. 5411-18, R. 5412-1, R. 5412-5, R. 5426-3, R. 5426-6 à R. 5426-9, R. 5426-11, R. 5426-15.
2008	17 oct.	Décret n° 2008-1069. Modifiant les articles D. 1242-1 et D. 1251-1. – V. C. trav., art. D. 1242-1, D. 1251-1.
2008	31 oct.	Décret n° 2008-1116. Participation des salariés dans les sociétés issues de fusions transfrontalières. – V. C. trav., art. R. 2372-5, R. 2372-17 à R. 2372-19, R. 2373-3 à R. 2373-5.
2008	31 oct.	Décret n° 2008-1116. Participation des salariés dans les sociétés issues de fusions transfrontalières (dispositions relevant d'un décret). – V. C. trav., art. D. 2371-1, D. 2372-1 à D. 2372-4, D. 2372-6 à D. 2372-16, D. 2373-1, D. 2373-2.
2008	3 nov.	Décret n° 2008-1131. Diverses dispositions relatives au temps de travail. – V. C. trav., art. R. 3121-5, R. 3121-6, R. 3124-1, R. 3124-2, R. 3124-5 à R. 3124-9, R. 3124-12, R. 3124-14.
2008	4 nov.	Décret n° 2008-1132. Contingent annuel d'heures supplémentaires et à l'aménagement du temps de travail et portant diverses mesures relatives au temps de travail. – V. C. trav., art. D. 3121-3 à D. 3121-5, D. 3121-7 à D. 3121-13, D. 3121-14-1, D. 3122-7-1, D. 3122-7-3, D. 3171-1, D. 3171-5, D. 3171-11 à D. 3171-13.
2008	5 nov.	Décret n° 2008-1133. Modalités de recueil et de consolidation des résultats des organisations syndicales aux élections professionnelles. – V. C. trav., art. D. 2122-6, D. 2122-7.
2008	7 nov.	Décret n° 2008-1156. Équipements de travail et aux équipements de protection individuelle. – V. C. trav., art. R. 4311-4 à R. 4311-13, R. 4312-1 à R. 4312-9, R. 4313-1 à R. 4313-95, R. 4314-2, R. 4314-5, R. 4314-6, R. 4323-1, R. 4722-6 à R. 4722-8, R. 4724-4, R. 4724-5.
2008	13 nov.	Décret n° 2008-1163. Haut Conseil du dialogue social. – V. C. trav., art. R.*2122-1 à R.*2122-5.
2008	25 nov.	Décret n° 2008-1217. Conseil d'orientation sur les conditions de travail. – V. C. trav., art. R. 3163-6, R. 3164-3, R. 4313-17, R. 4314-2, R. 4411-1, R. 4411-83, R. 4313-79, R. 4614-7, R. 4534-156.

2008	1er déc.	Loi n° 2008-1249. Généralisant le revenu de solidarité active et réformant les politiques d'insertion. – V. C. trav., art. L. 1111-3, L. 1251-33, L. 1251-37, L. 2242-8, L. 2313-5, L. 2323-48, L. 2323-54, L. 3252-3, L. 5132-3, L. 5132-5, L. 5132-11-1, L. 5132-15-1, L. 5132-1, L. 5132-9, L. 5132-15-1, L. 5132-15-2, L. 5133-1, L. 5133-2, L. 5134-19-1 à L. 5134-19-5 à L. 5134-23-2, L. 5134-25-1, L. 5134-26, L. 5134-28-1, L. 5134-65, L. 5134-66-1, L. 5134-67-1 à L. 5134-67-2, L. 5134-68, L. 5134-69-1 à L. 5134-69-2, L. 5134-71, L. 5134-72 à L. 5134-72-2, L. 5141-1, L. 5141-4, L. 5212-7, L. 5423-24, L. 5425-4.
2008	1er déc.	Décret n° 2008-1253. Apprentissage. – V. C. trav., art. R. 6223-4, R. 6224-1, R. 6224-2, R. 6233-13, R. 6243-2 à R. 6243-4, R. 6261-8.
2008	3 déc.	Loi n° 2008-1258. En faveur des revenus du travail : – V. C. trav., art. L. 2271-1, L. 3231-6, L. 3231-11, L. 3312-2, L. 3312-3, L. 3312-5, L. 3312-8, L. 3321-1, L. 3322-1, L. 3322-2, L. 3323-5, L. 3323-6, L. 3323-9, L. 3323-10, L. 3324-2, L. 3324-5, L. 3324-7, L. 3324-8, L. 3324-10 à L. 3324-12, L. 3325-2, L. 3332-2, L. 3332-11, L. 3332-20, L. 3333-7, L. 3334-2, L. 3334-3, L. 3334-5-1, L. 3334-6, L. 3335-2, L. 3346-1, L. 6313-1. – V. Ord. n° 67-830 du 27 sept. 1967, art. 19-1, App. II. F, **p. 3002.** – V. C. com., art. L. 225-197-1, L. 225-197-4, App. I. B, **p. 2800.** – V. CSS, art. L. 241-13, App. III. A, **p. 3002.** – V. L. n° 2008-776 du 4 août 2008, art. 48, App. III. A, **p. 3033.** – Art. 24-I, App. I. D, **p. 2908.**
2008	9 déc.	Décret n° 2008-1288. Révisant le barème des saisies et cessions des rémunérations. – V. C. trav., art. R. 3252-2, R. 3252-3.
2008	15 déc.	Décret n° 2008-1325. Sécurité des ascenseurs, monte-charges et équipements assimilés sur le lieux de travail et à la sécurité des travailleurs intervenant sur ces équipements. – V. C. trav., art. R. 4214-15 à R. 4214-16, R. 4323-107 à R. 4323-109, R. 4324-46 à R. 4323-53.
2008	17 déc.	Loi n° 2008-1330. De financement de la sécurité sociale pour 2009. – V. C. trav., art. L. 1226-7, L. 1226-18, L. 1237-5, L. 2241-4, L. 3153-3, L. 3261-2 à L. 3261-5.
2008	17 déc.	Décret n° 2008-1347. Formation et à l'information des travailleurs sur les risques pour leur santé et leur sécurité. – V. C. trav., art. R. 4121-4, R. 4141-2, R. 4141-3-1, R. 4141-5, R. 4141-6.
2008	18 déc.	Ordonnance n° 2008-1345. Réforme du droit des entreprises en difficulté. – V. C. trav., art. L. 3253-8 ; C. com., art. L. 620-1, L. 622-10, L. 622-17, L. 623-3, L. 625-1 à L. 625-4, L. 625-8, L. 625-9, L. 626-1, L. 626-2, L. 626-5, L. 626-8, L. 631-19, L. 631-19-1, L. 641-13, L. 661-1, App. I. B, **p. 2806.**
2008	19 déc.	Décret n° 2008-1357. Instituant une aide à l'embauche pour les très petites entreprises. – V. App. I. B, **p. 3033.**
2008	19 déc.	Décret n° 2008-1382. Protection des travailleurs exposés à des conditions climatiques particulières. – V. C. trav., art. R. 4121-1, R. 4532-14, R. 4534-142-1.

2008	22 déc.	Décret n° 2008-1436. Conditions d'attribution de l'allocation spécifique de chômage partiel en cas de fermeture temporaire d'un établissement. – V. C. trav., art. R. 5122-8, R. 5122-9.
2008	27 déc.	Loi n° 2008-1425. De finances pour 2009. – V. C. trav., art. L. 5213-2, L. 5221-10, L. 5423-9, L. 8253-1.
2008	30 déc.	Loi n° 2008-1443. De finances rectificatives pour 2008. – V. C. trav., art. L. 3262-6.
2008	30 déc.	Décret n° 2008-1501. Remboursement des frais de transport des salariés. – V. C. trav., art. R. 3243-1, R. 3261-1 à R. 3261-16.
2008	30 déc.	Décret n° 2008-1503. Fusion des services de l'inspection du travail. – V. C. trav., art. R. 1251-14, R. 1251-31, R. 1253-12, R. 1253-19, R. 1254-7, R. 1322-1, R. 2231-9, R. 2312-2, R. 2314-6, R. 2322-1, R. 2324-3, R. 2422-1, R. 2623-7, R. 4532-33, R. 4623-25, R. 5112-16, R. 5423-12, R. 6222-21, R. 6222-40, R. 6223-4, R. 6223-12, R. 6223-19, R. 6261-7, R. 6223-2, R. 6223-21, R. 6224-3, R. 6224-5, R. 6224-7, R. 6225-1, R. 6225-2, R. 8121-13, R. 8121-14, R. 8123-1, R. 8253-2, R. 8253-4. – V. anc. art. R. 241-8, R. 342-12, R. 364-2, R. 742-3, R. 742-4, R. 742-8-2, R. 742-8-9 à R. 742-8-13, R. 742-22.
2008	30 déc.	Décret n° 2008-1515. Pris pour l'application de l'article L. 1237-5. – V. C. trav., art. D. 1237-2-1.
2008	31 déc.	Décret n° 2008-1555. Dispositions relatives à l'assurance vieillesse. – V. C. trav., art. R. 5123-9 et R. 5123-31.
2009	2 janv.	Décret n° 2009-2. Montant des taxes prévues aux articles L. 311-13, L. 311-14 et L. 311-15 du code de l'entrée et du séjour des étrangers et du droit d'asile. – V. C. trav., art. D. 5221-37 à D. 5221-40.
2009	29 janv.	Décret n° 2009-110. Taux horaire de l'allocation spécifique de chômage partiel et indemnisation complémentaire de chômage partiel. – V. C. trav., art. D. 5122-13, D. 5122-39.
2009	23 févr.	Décret n° 2009-215. Conclusion, pour le compte de l'État, des conventions se rapportant à certains contrats aidés. – V. C. trav., art. R. 5134-18 à R. 5134-21, R. 5134-40, R. 5134-44 à R. 5134-46.
2009	26 févr.	Ordonnance n° 2009-229. Prise pour l'application de l'article 12 de la loi n° 2008-757 du 1er août 2008 relative à la responsabilité environnementale et à diverses dispositions d'adaptation au droit communautaire dans le domaine de l'environnement. – V. C. trav., art. L. 4411-3 à L. 4411-5.
2009	9 mars	Décret n° 2009-270. Dénomination de l'institution mentionnée à l'article L. 5312-1 du code du travail. – V. C. trav., art. R. 5312-31.
2009	13 mars	Décret n° 2009-289. Rectifiant certaines dispositions du code du travail. – V. C. trav., art. R. 1227-4, R. 1227-7, R. 1238-2, R. 1238-4, R. 1263-5, R. 1443-1, R. 1454-9, R. 1454-24, R. 2146-2, R. 2323-32, R. 3246-1, R. 3246-3, R. 3423-11, D. 4153-36, D. 4154-1, R. 4224-5, R. 4313-36, R. 4313-84, R. 4313-88, R. 4411-1, R. 4411-69, R. 4411-73, R. 4412-40, R. 4412-44, R. 4412-98, R. 4412-143,

		R. 4412-147, R. 4513-6, R. 4515-6, R. 4523-4-1, R. 4532-11, R. 4532-17, R. 4532-17, R. 4532-19, R. 4534-6, R. 4541-1, D. 4711-3, R. 4721-10, R. 4731-10, R. 4741-3, R. 5133-2, D. 5211-4, R. 5334-1, R. 5412-7, R. 5423-5, R. 5423-19, D. 5424-41, D. 5424-42, D. 6241-4, R. 6241-5, R. 6251-2, D. 6322-28, R. 6322-54, R. 6322-75, R. 6323-1, R. 6332-63, R. 7122-10, R. 7122-43, D. 7312-1 à D. 7312-25, R. 7124-28, R. 7422-16, R. 8113-7, R. 8114-2, R. 8123-8, R. 8123-9, D. 8222-7.
2009	16 mars	Décret n° 2009-296. Modifiant le décret n° 2008-1357 du 19 décembre 2008 instituant une aide à l'embauche pour les très petites entreprises. – V. Décr. n° 2008-1357 du 19 déc. 2008, art. 1er et 3, App. III. A, **p. 3033.**
2009	18 mars	Décret n° 2009-304. Entreprises solidaires régies par l'article L. 3332-17-1. – V. C. trav., art. R. 3332-21-1 à R. 3332-21-5.
2009	20 mars	Décret n° 2009-315. Harmonisation des dates de dépôt des déclarations annuelles des professionnels. – V. C. trav., art. R. 6331-29.
2009	25 mars	Loi n° 2009-323. De mobilisation pour le logement et la lutte contre l'exclusion. – V. C. trav., art. R. 5223-1.
2009	25 mars	Décret n° 2009-324. Conditions d'attribution de l'allocation spécifique et d'indemnisation complémentaire de chômage partiel. – V. C. trav., art. L. 5122-1, R. 5122-8.
2009	25 mars	Ordonnance n° 2009-325. Création de l'Agence de services et de paiement et de l'Établissement national des produits de l'agriculture et de la mer. – V. C. trav., art. L. 6341-6.
2009	25 mars	Décret n° 2009-331. Substituant la dénomination « Office français de l'immigration et de l'intégration » à la dénomination « Agence nationale de l'accueil des étrangers et des migrations ». – V. C. trav., art. L. 5222-2, L. 5223-1 à L. 5223-6, L. 8253-1, L. 8253-6.
2009	27 mars	Décret n° 2009-339. Durée d'indemnisation des demandeurs d'emploi par le régime d'assurance chômage. – V. C. trav., art. R. 5422-1.
2009	27 mars	Décret n° 2009-342. Création d'un titre emploi-service entreprise (TESE). – V. C. trav., art. D. 1273-1 à D. 1273-8.
2009	30 mars	Décret n° 2009-348. Conditions de rémunération des dirigeants des entreprises aidées par l'État du fait de la crise économique et des responsables des entreprises publiques. – V. App. I. D, **p. 2908.**
2009	30 mars	Décret n° 2009-349. Information et consultation du comité d'entreprise sur les interventions publiques directes en faveur de l'entreprise. – V. C. trav., art. R. 2323-7-1, R. 2323-9, R. 2323-11.
2009	30 mars	Décret n° 2009-350. Portant diverses mesures en faveur des revenus du travail. – V. C. trav., art. R. 3311-3, R. 3321-1, R. 3324-21-1, R. 3324-22, R. 3331-1, R. 3332-13, R. 3332-23, R. 3332-28, R. 3333-1, R. 3341-5.

2009	30 mars	Décret n° 2009-351. Portant diverses mesures en faveur des revenus du travail. – V. C. trav., art. D. 3311-4, D. 3313-7-1, D. 3313-9, D. 3313-11, D. 3321-2, D. 3323-16, D. 3324-1, D. 3324-10, D. 3324-20, D. 3324-21-2, D. 3324-25, D. 3324-37, D. 3331-2, D. 3331-3, D. 3332-9-1, D. 3334-3-1, D. 3334-3-2, D. 3342-1, D. 3345-4, D. 3346-1 à D. 3346-7.
2009	7 avr.	Décret n° 2009-390. Modalités de mise en œuvre des périodes d'immersion dans le cadre des contrats conclus par les structures de l'insertion par l'activité économique, des contrats d'accompagnement dans l'emploi et des contrats d'avenir. – V. C. trav., art. D. 5132-10-1 à D. 5132-10-5, D. 5132-26-1 à D. 5132-26-5, D. 5132-43-1 à D. 5132-43-5.
2009	15 avr.	Décret n° 2009-404. Revenu de solidarité active. – V. C. trav., art. R. 5425-10, R. 5133-9 à R. 5133-17.
2009	27 avr.	Décret n° 2009-477. Certaines catégories de visas pour un séjour en France d'une durée supérieure à trois mois. – V. C. trav., art. R. 5221-3, R. 5221-13, R. 5221-26, R. 5221-27, R. 5221-33, R. 5221-45, R. 5221-48.
2009	29 avr.	Décret n° 2009-478. Activité partielle de longue durée. – V. C. trav., art. D. 5122-31, D. 5122-43 à D. 5122-46.
2009	29 avr.	Décret n° 2009-493. Modalités d'affiliation aux caisses de congés payés du bâtiment et des travaux publics de certaines entreprises appliquant, au titre de leur activité principale, une convention collective nationale étendue autre que celles du bâtiment et des travaux publics. – V. C. trav., art. D. 3141-12, D. 3141-13, D. 3141-20.
2009	30 avr.	Décret n° 2009-498. Secteur concerné par un régime particulier de contrat de travail intermittent en application de l'article L. 3123-35 du code du travail. – V. C. trav., art. D. 3123-4.
2009	12 mai	Loi n° 2009-526. De simplification et de clarification du droit et d'allègement des procédures. – V. C. trav., art. L. 1271-12, L. 1423-6, L. 1423-9, L. 1442-6, L. 2323-47, L. 2323-56, L. 2325-35, L. 3243-2, L. 3243-4, L. 4111-4, L. 4154-2, L. 4154-3, L. 4451-1, L. 4532-18, L. 4612-16, L. 4621-1, L. 4741-1, L. 4743-2, L. 5424-9, L. 7321-2.
2009	19 mai	Décret n° 2009-557. Offre au public, déclarations de franchissement de seuils et déclarations d'intentions. – V. C. trav., art. R. 2323-14.
2009	26 mai	Décret n° 2009-596. Suppression de la limite d'âge pour les travailleurs handicapés en contrat d'apprentissage. – V. C. trav., art. D. 6222-1.
2009	27 mai	Loi n° 2009-594. Pour le développement économique des départements d'outre-mer. – V. C. trav., art. L. 5522-22 à L. 5522-27.
2009	2 juin	Décret n° 2009-612. Portant application de l'article L. 6325-17 du code du travail. – V. C. trav., art. D. 6325-19, D. 6325-19-1, D. 6325-26.
2009	9 juin	Décret n° 2009-641. Obligation d'emploi des travailleurs handicapés, mutilés de guerre et assimilés dans l'effectif des entreprises. – V. C. trav., art. R. 5212-1-1, R. 5212-10, R. 5212-11.

2009	9 juin	Décret n° 2009-642. Aide au poste au titre des travailleurs handicapés employés dans une entreprise adaptée. – V. C. trav., art. R. 5213-76.
2009	12 juin	Loi n° 2009-669. Favorisant la diffusion et la protection de la création sur internet. – V. C. trav., art. L. 7111-5-1, L. 7113-2 à L. 7113-4.
2009	15 juin	Décret n° 2009-692. Instituant une prime à l'embauche de jeunes stagiaires en contrat à durée indéterminée. – V. App. III. A, **p. 3035.**
2009	18 juin	Décret n° 2009-716. Traitement automatisé de données à caractère personnel accompagnant la mise en œuvre du revenu de solidarité active et portant diverses dispositions de coordination : – V. C. trav., art. R. 3252-3, R. 3252-5. – V. Décr. n° 2005-600 du 27 mai 2005, art. 13, App. I. B, **p. 2874.**
2009	22 juin	Décret n° 2009-763. Modifiant l'article D. 6321-5 du code du travail. – V. C. trav., art. D. 6321-5.
2009	23 juin	Décret n° 2009-775. Modalités de décompte des effectifs pour l'application des articles L. 2531-2 du code général des collectivités territoriales, L. 834-1 du code de la sécurité sociale, L. 6243-2 et L. 6331-1 du code du travail. – V. C. trav., art. R. 6243-6, R. 6331-1.
2009	24 juin	Décret n° 2009-800. Portant relèvement du salaire minimum de croissance. – V. C. trav., art. L. 3231-5, L. 3231-7, L. 3231-4, L. 3231-12.
2009	21 juill.	Loi n° 2009-879 du 21 juillet 2009. Réforme de l'hôpital et relative aux patients, à la santé et aux territoires. – V. C. trav., art. L. 3262-1, L. 3262-3, L. 3262-5.
2009	22 juill.	Loi n° 2009-888. Développement et modernisation des services touristiques. – V. C. tourisme, art. L. 411-1, L. 411-8, L. 411-9, L. 411-11, App. II. C, **p. 2948.**
2009	24 juill.	Ordonnance n° 2009-901. Partie législative du code du cinéma et de l'image animée. – V. C. trav., art. L. 1246-1.
2009	3 août	Loi n° 2009-972. Mobilité et parcours professionnels dans la fonction publique. – V. C. trav., art. L. 1251-1, L. 1251-60 à L. 1251-63, L. 1224-3, L. 1224-3-1.
2009	10 août	Loi n° 2009-974. Réaffirmant le principe du repos dominical et visant à adapter les dérogations à ce principe dans les communes et zones touristiques et thermales ainsi que dans certaines grandes agglomérations pour les salariés volontaires. – V. C. trav., art. L. 3132-3, L. 3132-3-1, L. 3132-13, L. 3132-23, L. 3132-25 à L. 3132-25-6, L. 3132-27.
2009	25 août	Décret n° 2009-1011. Modalités d'indemnisation des conseillers prud'hommes. – V. C. trav., art. D. 1423-63, D. 1423-65, D. 1423-66, D. 1423-66-1, D. 1423-71 à D. 1423-75.
2009	27 août	Décret n° 2009-1049. Temps de travail de certains enfants du spectacle. – V. C. trav., art. R. 7124-30-2.
2009	2 sept.	Arrêté. Contingent annuel d'heures indemnisables prévu par l'article R. 5122-6. – V. C. trav., art. R. 5122-6.

2009	21 sept.	Décret n° 2009-1134. Portant diverses dispositions relatives au repos dominical des salariés. – V. C. trav., art. R. 3132-16 à R. 3132-20.
2009	5 oct.	Décret n° 2009-1184. Fixant les conditions et les modalités de la garantie et de la consignation des droits épargnés sur un compte épargne-temps. – V. C. trav., art. D. 3154-1, D. 3154-2, D. 3154-5, D. 3154-6.
2009	19 oct.	Loi n° 2009-1255. Tendant à favoriser l'accès au crédit des petites et moyennes entreprises et à améliorer le fonctionnement des marchés financiers. – V. C. trav., art. L. 3333-7.
2009	19 oct.	Décret n° 2009-1256. Modifiant l'article D. 1271-29 du code du travail. – V. C. trav., art. D. 1271-29.
2009	21 oct.	Décret n° 2009-1272. Accessibilité des lieux de travail aux travailleurs handicapés. – V. C. trav., art. R. 4214-26 à R. 4214-28, R. 4225-7, R. 4225-8.
2009	23 oct.	Décret n° 2009-1289. Modifiant l'article D. 4154-1 du code du travail. – V. C. trav., art. D. 4154-1.
2009	24 nov.	Loi n° 2009-1437. Orientation et formation professionnelle tout au long de la vie : – V. C. trav., art. L. 1226-10, L. 1253-1, L. 2241-6, L. 2323-36, L. 3142-3, L. 3142-4 à L. 3142-6, L. 5122-1, L. 5221-5, L. 5314-2, L. 6111-1, L. 6111-2, L. 6121-2, L. 6123-1, L. 6123-2, L. 6222-18, L. 6222-31, L. 6222-35, L. 6232-9, L. 6241-3, L. 6241-4, L. 6311-1, L. 6313-1, L. 6313-12, L. 6314-1, L. 6315-1, L. 6321-1, L. 6321-2, L. 6321-9, L. 6322-64, L. 6321-3, L. 6323-12, L. 6323-17, L. 6324-1, L. 6324-2, L. 6324-5, L. 6325-6-1, L. 6325-11, L. 6325-12, L. 6325-14, L. 6326-1, L. 6331-4, L. 6331-5, L. 6331-7, L. 6331-20, L. 6331-49, L. 6332-1, L. 6332-2-1, L. 6332-3, L. 6332-5-1 à L. 6332-7, L. 6332-13, L. 6332-14, L. 6332-15, L. 6332-18, L. 6332-23, L. 6332-24, L. 6341-3, L. 6351-1 A, L. 6351-3, L. 6351-7-1, L. 6352-1, L. 6353-1 à L. 6353-3, L. 6354-2, L. 6355-3, L. 6355-8, L. 6355-22, L. 6355-24, L. 6361-1, L. 6361-5, L. 6362-1, L. 6362-4, L. 6362-6, L. 6362-7, L. 6362-10, L. 6362-11, L. 6363-1, L. 6363-2, L. 6523-1. – V. C. pén., art. 225-13, App. I. B, **p. 2824** ; C. éduc., art. L. 214-13, App. IX, **p. 3159.** – Art. 31, 32, 44 et 48, App. IX, **p. 3167.**
2009	24 nov.	Décret n° 2009-1443. Modifiant l'article D. 1242-1 du code du travail. – V. C. trav., art. D. 1242-1.
2009	27 nov.	Décret n° 2009-1457. Modifiant le décret n° 2009-692 du 15 juin 2009 instituant une prime à l'embauche de jeunes stagiaires en contrat à durée indéterminée. – V. Décr. n° 2009-692 du 15 juin 2009, App. III. A, **p. 3035.**
2009	8 déc.	Loi n° 2009-1503. Organisation et régulation des transports ferroviaires et diverses dispositions relatives aux transports. – V. C. trav., art. L. 1262-4.

2009	10 déc.	Décret n° 2009-1540. Organisation et missions des directions régionales de la jeunesse, des sports et de la cohésion sociale. – V. C. trav., art. R. 6222-8, R. 6222-9, R. 6222-17, D. 6222-19, R. 6223-12, R. 6223-19 à R. 6223-21, R. 6223-24, R. 6251-2, R. 6251-3, R. 6251-16, R. 6251-17, R. 6222-51.
2009	15 déc.	Décret n° 2009-1570. Contrôle du risque chimique sur les lieux de travail. – V. C. trav., art. R. 4412-27 à R. 4412-32, R. 4412-51 à R. 4412-51-2, R. 4412-76 à R. 4412-80, R. 4412-82, R. 4412-153, R. 4722-13, R. 4722-14, R. 4724-8 à R. 4724-13, R. 4724-15 à R. 4724-15-2.
2009	18 déc.	Décret n° 2009-1593. Fixant les modalités d'attribution de l'aide de l'État aux maisons de l'emploi. – V. C. trav., art. R. 5112-19, R. 5313-3 à R. 5313-7.
2009	18 déc.	Décret n° 2009-1598. Modalités déclaratives liées au titre emploi-service entreprise (TESE) et au rescrit social. – V. C. trav., art. D. 1273-6-1.
2009	28 déc.	Décret n° 2009-1665. Établissement, certification et publicité des comptes des syndicats professionnels de salariés ou d'employeurs et de leurs unions et des associations de salariés ou d'employeurs mentionnés à l'article L. 2135-1 du code du travail. – V. C. trav., art. D. 2135-1 à D. 2135-9.
2009	29 déc.	Décret n° 2009-1696. Demandes d'information concernant certains dispositifs d'aides à l'emploi. – V. C. trav., art. R. 5112-23, D. 5112-24.
2009	30 déc.	Loi n° 2009-1673. De finances pour 2010. – V. C. trav., art. L. 5134-30-1, L. 5141-5, L. 5423-24.
2009	30 déc.	Décret n° 2009-1703. Revalorisant l'allocation temporaire d'attente, l'allocation spécifique de solidarité et l'allocation équivalent retraite. – V. C. trav., art. L. 5423-6, L. 5423-12.
2009	31 déc.	Arrêté. Fixant le contingent annuel d'heures indemnisables prévu par l'article R. 5122-6. – V. C. trav., art. R. 5122-6.
2010	18 janv.	Décret n° 2010-60. Modifiant les articles D. 6332-87 et D. 6332-91 du code du travail relatifs aux modalités de prise en charge des dépenses liées à la mise en œuvre du contrat ou de la période de professionnalisation. – V. C. trav., art. D. 6332-87, D. 6332-91.
2010	18 janv.	Décret n° 2010-61. Durée minimale des périodes de professionnalisation prises en compte pour ouvrir droit aux versements au titre de la péréquation par le fonds paritaire de sécurisation des parcours professionnels. – V. C. trav., art. R. 6332-106-1.
2010	18 janv.	Décret n° 2010-62. Durée minimale de la formation reçue dans le cadre de la période de professionnalisation par les salariés bénéficiaires d'un contrat unique d'insertion. – V. C. trav., art. D. 6324-1-1.
2010	18 janv.	Décret n° 2010-63. Mise en demeure préalable à l'annulation de l'enregistrement de la déclaration d'activité des prestataires de formation. – V. C. trav., art. D. 6351-12.

2010	18 janv.	Décret n° 2010-64. Mention des droits acquis au titre du droit individuel à la formation dans le certificat de travail. – V. C. trav., art. D. 1234-6.
2010	18 janv.	Décret n° 2010-65. Durée minimum de la formation hors temps de travail pouvant être prise en charge par l'organisme collecteur agréé au titre du congé individuel de formation. – V. C. trav., art. D. 6322-79.
2010	21 janv.	Décret n° 2010-78. Information des travailleurs sur les risques pour leur santé et leur sécurité. – V. C. trav., art. R. 4141-3-1, R. 4227-37.
2010	22 janv.	Décret n° 2010-94. Modalités de mise en œuvre des périodes d'immersion dans le cadre des contrats d'accompagnement dans l'emploi. – V. C. trav., art. D. 5134-50-1 à D. 5134-50-8, D. 8272-1.
2010	9 févr.	Loi n° 2010-123. L'entreprise publique La Poste et activités postes. – V. C. trav., art. L. 323-8-6-1, L. 323-2.
2010	17 févr.	Décret n° 2010-150. Contrôle des produits chimiques et biocides. – V. C. trav., art. R. 4741-3-1.
2010	19 févr.	Décret n° 2010-155. Fonds paritaire de sécurisation des parcours professionnels. – V. C. trav., art. R. 6331-9, R. 6332-83, R. 6332-85, R. 6332-86, R. 6332-94, R. 6332-95, R. 6332-104, R. 6332-104-1, R. 6332-105, R. 6332-106, R. 6332-106-2, R. 6332-106-3, R. 6332-107, R. 6332-108, R. 6332-109, R. 6332-110, R. 6332-110-1, R. 6332-111, R. 6332-113.
2010	23 févr.	Ordonnance n° 2010-17. Réforme de l'hôpital et relative aux patients, à la santé et aux territoires : – V. L. n° 73-548 du 27 juin 1973, art. 9, App. II. D, **p. 2962.** – V. CSS, art. L. 422-1, App. II. D, **p. 2958.**
2010	3 mars	Décret n° 2010-220. Utilisation des titres-restaurant auprès des détaillants de fruits et légumes. – V. C. trav., art. R. 3262-1, R. 3262-2, R. 3262-4, R. 3262-5, R. 3262-15, R. 3262-17, R. 3262-19, R. 3262-25, R. 3262-26, R. 3262-27, R. 3262-36, R. 3262-38.
2010	10 mars	Loi n° 2010-241. Service civique : – V. C. trav., art. L. 6331-20. – V. L. n° 2005-159 du 23 févr. 2005, art. 1er, **p. 2872.**
2010	17 mars	Décret n° 2010-289. Délai de prévenance prévu à l'article L. 3142-3-1 du code du travail. – V. C. trav., art. L. 3142-3-1, D. 3142-5-1.
2010	22 mars	Décret n° 2010-314. « Titre emploi simplifié agricole ». – V. C. rur., art. R. 712-12, R. 712-13, App. I. B, **p. 2862.**
2010	31 mars	Décret n° 2010-344. Conséquences, au niveau réglementaire, de l'intervention de la loi n° 2009-879 du 21 juillet 2009 portant réforme de l'hôpital et relative aux patients, à la santé et aux territoires. – V. C. trav., art. R. 6341-32.
2010	29 avr.	Décret n° 2010-433. Diverses dispositions en matière de procédure civile et de procédure d'exécution. – V. C. trav., art. R. 3252-38.

2010	12 mai	Décret n° 2010-485. Service civique. – V. C. trav., art. D. 5314-0, D. 6233-51-1.
2010	18 mai	Loi n° 2010-499. Garantie de justes conditions de rémunération aux salariés concernés par une procédure de reclassement. – V. C. trav., art. L. 1233-4, L. 1233-4-1.
2010	20 mai	Décret n° 2010-530. Déclaration des organismes de formation et contrôle de la formation professionnelle. – V. C. trav., art. R. 6351-1 à R. 6351-6-1, R. 6351-9 à R. 6351-11, R. 6353-2, R. 6361-1 à R. 6361-4, R. 6362-1 à R. 6362-1-3, R. 6363-1.
2010	9 juin	Loi n° 2010-625. Création des maisons d'assistants maternels et diverses dispositions relatives aux assistants maternels. – V. CASF, art. L. 423-12, App. VII. H, 🏛.
2010	9 juin	Loi n° 2010-626. Profession d'agent sportif. – V. C. sport, art. L. 222-5, App. VII. G, 🏛.
2010	24 juin	Ordonnance n° 2010-686. Extension et adaptation dans les départements d'outre-mer, à Saint-Barthélemy, Saint-Martin et Saint-Pierre-et-Miquelon de la loi n° 2008-1249 du 1er décembre 2008 généralisant le revenu de solidarité active et réformant les politiques d'insertion. – V. C. trav., art. L. 5522-2, L. 5522-2-1 à L. 5522-2-3.
2010	25 juin	Décret n° 2010-699. Accréditation des organismes de mesures et de vérifications mentionnés à l'article L. 4722-2 du code du travail. – V. C. trav., art. R. 4724-1.
2010	2 juill.	Décret n° 2010-750. Protection des travailleurs contre les risques dus aux rayonnements optiques artificiels. – V. C. trav., art. R. 4451-37, R. 4452-2 à R. 4452-31, R. 4722-20, R. 4722-20-1, R. 4722-21, R. 4722-21-1, R. 4724-18, D. 4152-6, D. 4153-34.
2010	5 juill.	Loi n° 2010-751. Rénovation du dialogue social et comportant diverses dispositions relatives à la fonction publique. – V. C. trav., art. L. 5134-8.
2010	9 juill.	Loi n° 2010-769. Violences faites spécifiquement aux femmes, violences au sein des couples et incidences de ces dernières sur les enfants. – V. C. trav., art. L. 1155-2.
2010	12 juill.	Loi n° 2010-788. Portant engagement national pour l'environnement. – V. C. trav., art. L. 3261-3, L. 4453-1.
2010	13 juill.	Décret n° 2010-815. Contrôle de la protection sociale agricole. – V. C. rur., art. R. 714-4, R. 714-7.
2010	14 juill.	Décret n° 2010-822. Conseil d'administration de l'Agence nationale pour l'amélioration des conditions de travail. – V. C. trav., art. R. 4642-4.
2010	23 juill.	Loi n° 2010-853. Réseaux consulaires, commerce, artisanat et services : – V. C. trav., art. L. 1251-4, L. 1271-1, L. 1271-15-1, L. 5134-4, L. 5134-19-1, L. 5311-4, L. 5321-1 à L. 5321-3, L. 7121-9, L. 7121-10, L. 7121-13 à L. 7121-17, L. 7232-1 à L. 7232-9, L. 7233-1 à L. 7233-4.

		– V. L. n° 2009-1437 du 24 nov. 2009, art. 32, App. IX, **p. 3167.**
2010	27 juill.	Loi n° 2010-874. Modernisation de l'agriculture et de la pêche. – V. C. trav., art. L. 6232-2.
2010	25 août	Décret n° 2010-956. Modifiant le décret n° 2006-1093 du 29 août 2006 pris pour l'application de l'article 9 de la loi n° 2006-396 du 31 mars 2006 pour l'égalité des chances. – V. Décr. n° 2006-1093 du 29 août 2006, art. 1er, App. I. B, **p. 2878.**
2010	30 août	Décret n° 2010-1016. Relatif aux obligations de l'employeur pour l'utilisation des installations électriques des lieux de travail. – V. C. trav., art. R. 4226-1 à R. 4226-21.
2010	30 août	Décret n° 2010-1017. Relatif aux obligations des maîtres d'ouvrage entreprenant la construction ou l'aménagement de bâtiments destinés à recevoir des travailleurs en matière de conception et de réalisation des installations électriques. – V. C. trav., art. R. 4215-1 à R. 4215-17.
2010	30 août	Décret n° 2010-1018. Portant diverses dispositions relatives à la prévention des risques électriques dans les lieux de travail. – V. C. trav., art. R. 4216-1, R. 4227-14, R. 4324-21, R. 4535-11, R. 4535-12, R. 4722-26 à R. 4722-30, R. 4724-19.
2010	22 sept.	Décret n° 2010-1116. OPCA. – V. C. trav., art. R. 6332-4 à R. 6332-11, R. 6332-16, R. 6332-17, R. 6332-23, R. 6332-28, R. 6332-30 à R. 6332-37-6, R. 6332-78, R. 6332-79, R. 6332-82, R. 6332-84, D. 6332-89.
2010	22 sept.	Décret n° 2010-1118. Opérations sur les installations électriques ou dans leur voisinage. – V. C. trav., art. R. 4544-1 à R. 4544-11.
2010	15 oct.	Loi n° 2010-1215. Complétant les dispositions relatives à la démocratie sociale issues de la loi n° 2008-789 du 20 août 2008. – V. C. trav., art. L. 1441-29, L. 2122-5, L. 2122-6, L. 2122-10-1 à L. 2122-10-11, L. 2122-13, L. 2232-2, L. 2232-6, L. 2232-7, L. 7111-8, L. 7111-10.
2010	22 oct.	Loi n° 2010-1249. Régulation bancaire et financière. – V. C. com., art. L. 626-5, App. I. B, **p. 2813.**
2010	28 oct.	Ordonnance n° 2010-1307. Partie législative du code des transports. – V. C. transp., art. L. 1311-1 à L. 1331-1, L. 3311-1 à L. 3315-6, App. VII. H, **p. 3147.**
2010	8 nov.	Décret n° 2010-1334. Déclarations mensuelles de mouvements de main-d'œuvre. – V. C. trav. art. D. 1221-29.
2010	9 nov.	Loi n° 2010-1330. Réforme des retraites : – V. C. trav., art. L. 1237-5, L. 2241-9, L. 2242-5, L. 2242-5-1, L. 2242-7, L. 2323-47, L. 2323-57, L. 2323-59, L. 3153-1, L. 3323-2, L. 3324-12, L. 3334-8, L. 3334-11, L. 4121-1, L. 4121-3-1, L. 4612-2, L. 4624-2, L. 5133-11, L. 5421-4. – V. CSS, art. L. 161-17-2, L. 351-8, App. III. A, **p. 3004.**
2010	30 nov.	Décret n° 2010-1460. Conditions d'utilisation du titre-restaurant. – V. C. trav., art. R. 3262-4, R. 3262-27, R. 3262-32, R. 3262-36, R. 3262-40.

2010	7 déc.	Loi n° 2010-1488. Nouvelle organisation du marché de l'électricité. – V. C. trav., art. L. 5424-1, L. 5424-2.
2010	9 déc.	Ordonnance n° 2010-1512. Adaptation du droit des entreprises en difficulté et des procédures de traitement des situations de surendettement à l'entrepreneur individuel à responsabilité limitée. – V. C. com., art. L. 621-4, L. 661-1, App. I. B, **p. 2807.**
2010	15 déc.	Décret n° 2010-1565. Barème des saisies et cessions de rémunérations. – V. C. trav., art. R. 6252-2.
2010	15 déc.	Décret n° 2010-1571. Pris en application du 3° de l'article L. 6332-19. – V. C. trav., art. D. 6332-107-1.
2010	16 déc.	Loi n° 2010-1563. Réforme des collectivités territoriales. – V. C. trav., art. L. 3132-25, L. 3132-25-2.
2010	17 déc.	Décret n° 2010-1582. Organisation et missions des services de l'État dans les départements d'outre-mer et les régions d'outre-mer, à Mayotte et à Saint Pierre-et-Miquelon. – V. C. trav., art. R. 8322-2.
2010	17 déc.	Décret n° 2010-1584. SMIC. – V. C. trav., art. L. 3231-4, L. 3231-12, R.*3231-1.
2010	20 déc.	Loi n° 2010-1594. De financement de la sécurité sociale pour 2011 : – V. C. trav., art. L. 1226-1-1, L. 1226-7, L. 8221-5, L. 8222-1. – V. CSS, art. L. 241-13, App. III. A, **p. 3008.**
2010	22 déc.	Loi n° 2010-1609. Exécution des décisions de justice, aux conditions d'exercice de certaines professions réglementées et aux experts judiciaires : – V. C. trav., art. L. 3252-6. – V. C. civ., art. 2064, App. I. B, **p. 1065.**
2010	23 déc.	Décret n° 2010-1642. Organisation et labellisation d'actions de conseil et d'accompagnement au bénéfice des créateurs et repreneurs d'entreprise. – V. C. trav., art. R. 5141-1, R. 5141-3, R. 5141-29 à R. 5141-34.
2010	30 déc.	Loi n° 2010-1657. De finances pour 2011 : – V. C. trav., art. L. 5133-1 à L. 5133-7, L. 5134-30-1, L. 5135-1, L. 5212-5, L. 5212-9, L. 5213-4, L. 5213-11, L. 5214-1-1, L. 5312-1, L. 5423-24, L. 5426-5, L. 6331-48 à L. 6331-52, L. 6331-54, L. 8253-1, L. 8253-2, L. 8253-6. – V. C. trav., anc. art. L. 323-8-6-1, App. I. B, **p. 2837.** – V. CESEDA, art. L. 626-1, App. III. B, **p. 3084.** – V. Ord. n° 2006-433 du 13 avr. 2006, App. IX, **p. 3167.**
2010	30 déc.	Décret n° 2010-1729. Contrat unique d'insertion dans les départements d'outre-mer, à Saint-Barthélémy, Saint-Martin et Saint-Pierre-et-Miquelon. – V. C. trav., art. R. 5522-12, R. 5522-14, D. 5522-16.
2010	31 déc.	Décret n° 2010-1779. Modalités de calcul de la réduction générale des cotisations patronales de sécurité sociale et pris pour l'application de l'article L. 241-13 du code de la sécurité sociale. – V. CSS, art. D. 241-7, D. 241-10, App. III. A, **p. 3010.**

2010	31 déc.	Décret n° 2010-1783. RSA dans les DOM, à Saint-Barthélémy, Saint-Martin et Saint-Pierre-et-Miquelon. – V. C. trav., art. R. 5524-1 à R. 5524-12.
2011	10 janv.	Décret n° 2011-39. Coordonnateurs de sécurité et de protection de la santé. – V. C. trav., art. R. 4532-25 à R. 4532-27, R. 4532-30, R. 4532-33, R. 4532-34, R. 4532-36, R. 4532-37.
2011	11 janv.	Décret n° 2011-45. Protection des travailleurs intervenant en milieu hyperbar. – V. C. trav., art. R. 1225-4, D. 4152-29, R. 4461-1 à R. 4461-49, R. 4535-11.
2011	11 janv.	Décret n° 2011-50. Allocation journalière d'accompagnement d'une personne en fin de vie et au congé de solidarité familiale. – V. C. trav., art. D. 3142-6, D. 3142-8-1.
2011	20 janv.	Ordonnance n° 2011-91. Codification de la partie législative du code minier. – V. C. trav., art. L. 2411-1, L. 2421-1, L. 2411-14, L. 2412-1, L. 2412-8, L. 2413-1, L. 2414-1, L. 2421-4, L. 4142-3, L. 4143-1, L. 4521-1, L. 4526-1, L. 4521-1, L. 4612-5.
2011	27 janv.	Loi n° 2011-103. Représentation équilibrée des femmes et des hommes au sein des conseils d'administration et de surveillance et égalité professionnelle. – V. C. com., art. L. 225-27, L. 225-28, L. 225-79, App. I. B, **p. 2792.**
2011	31 janv.	Décret n° 2011-128. Expérimentation d'un revenu contractualisé d'autonomie. – V. App. III. A, **p. 3036.**
2011	1er févr.	Décret n° 2011-138. Transmission dématérialisée à Pôle emploi de l'attestation d'assurance chômage délivrée par l'employeur au moment de l'expiration ou de la rupture du contrat de travail. – V. C. trav., art. R. 1234-9.
2011	15 févr.	Décret n° 2011-181. Modifiant le décret n° 2003-770 portant statut particulier du corps de l'inspection du travail et relatif à certains emplois des directions régionales des entreprises, de la concurrence, de la consommation, du travail et de l'emploi. – V. Décr. n° 2003-770 du 20 août 2003, art. 1er à 3, App. VI, **p. 3123.**
2011	24 févr.	Ordonnance n° 2011-204. Code des transports. – V. C. transp., art. L. 1321-3, L. 1321-6, L. 1321-7, L. 1321-8, L. 1322-1, L. 1323-3, L. 3312-1, L. 3312-2, L. 5542-14.
2011	14 mars	Loi n° 2011-264. Orientation et programmation pour la performance de la sécurité intérieure. – V. C. trav., art. L. 5312-13-1, L. 8271-7.
2011	14 mars	Loi n° 2011-267. Orientation et programmation pour la performance de la sécurité intérieure : – V. C. pén., art. 431-1, App. V, **p. 3121.** – V. C. trav., art. L. 5312-13-1.
2011	22 mars	Loi n° 2011-302. Communications électroniques. – V. C. trav., art. L. 7122-3, L. 7122-9 à L. 7122-11, L. 7122-16, L. 7123-4-1, L. 7123-11, L. 7123-13, L. 7123-14, L. 7123-16, L. 7123-26 à L. 7123-28, L. 7124-4.

2011	29 mars	Loi n° 2011-333. Défenseur des droits. – V. App. I. B, **p. 2883.**
2011	29 mars	Loi n° 2011-334. Défenseur des droits. – V. C. trav., art. L. 5312-12-1.
2011	15 avr.	Décret n° 2011-415. Compétence conjointe du ministre chargé de l'emploi et du ministre chargé des services en matière de services à la personne. – V. C. trav., art. R. 1271-10, R. 1271-12.
2011	22 avr.	Décret n° 2011-454. Calendrier de consultation du comité d'entreprise en matière de formation professionnelle. – V. C. trav., art. D. 2323-7.
2011	4 mai	Décret n° 2011-487. Mise en œuvre du service public de l'orientation tout au long de la vie et création du label national « Orientation pour tous - pôle information et orientation sur les formations et les métiers ». – V. C. trav., art. R. 6111-1 à R. 6111-5.
2011	11 mai	Décret n° 2011-517. Agents artistiques. – V. C. trav., art. R. 7121-1 à R. 7121-6, R. 7121-50 à R. 7121-52.
2011	13 mai	Décret n° 2011-522. Participation mensuelle du département au financement de l'aide versée à l'employeur au titre des contrats initiative emploi. – V. C. trav., art. D. 5134-64.
2011	16 mai	Décret n° 2011-523. Aide à l'embauche d'un jeune sous contrat d'apprentissage ou de professionnalisation supplémentaire dans les petites et moyennes entreprises. – V. App. I. A, **p. 2781.**
2011	16 mai	Décret n° 2011-524. Aide à l'embauche des demandeurs d'emploi de 45 ans et plus en contrat de professionnalisation. – V. App. III. A, **p. 3037.**
2011	17 mai	Loi n° 2011-525. Simplification et amélioration de la qualité du droit : – V. C. trav., art. L. 1225-62, L. 1226-4-2, L. 1226-4-3, L. 1226-20, L. 1233-69, L. 1235-16, L. 1243-1, L. 1251-3, L. 1254-1, L. 1271-1, L. 1271-2, L. 1271-9, L. 1272-5, L. 2135-1, L. 2412-2 à L. 2412-10, L. 2412-13, L. 3221-9, L. 4611-4, L. 4613-4, L. 4721-1, L. 4721-2, L. 4723-1, L. 4741-1, L. 4741-7, L. 4741-11, L. 5422-16, L. 5313-3, L. 5313-4, L. 5427-1, L. 6225-4 à L. 6225-6, L. 7121-7-1, L. 8123-4 à L. 8222-6. – Art. 139. – V. Ord. n° 67-830 du 27 sept. 1967, App. II. F, **p. 3002.** – V. C. rur, art. L. 722-20, App. II. B, **p. 2918.**
2011	17 mai	Décret n° 2011-535. Dépôt des contrats de professionnalisation. – V. C. trav., art. D. 6325-1, D. 6325-2, D. 6325-3, D. 6325-13.
2011	31 mai	Décret n° 2011-620. Âge d'attribution d'une pension de retraite à taux plein. – V. C. trav., art. R. 5123-17, R. 5123-31.
2011	16 juin	Loi n° 2011-672. Immigration, intégration et nationalité : – V. C. trav., art. L. 1454-1, L. 8221-5, L. 8222-1, L. 8251-1, L. 8251-2, L. 8252-2, L. 8252-4, L. 8253-4, L. 8254-2, L. 8254-2-1, L. 8254-2-2, L. 8256-2, L. 8256-7-1, L. 8256-8, L. 8271-1-1 à L. 8271-6-2, L. 8271-11, L. 8271-17, L. 8272-1 à L. 8272-4, L. 8224-5-1, L. 8234-3, L. 8243-3.

		– V. CESEDA, L. 313-10 à L. 313-12, L. 314-2, L. 314-8, L. 314-8-1, L. 314-9, App. III. B, **p. 3071.**
2011	16 juin	Décret n° 2011-681. Fusion de la déclaration préalable à l'embauche et de la déclaration unique d'embauche. – V. C. trav., art. R. 1221-1 à R. 1221-17, R. 1227-2, R. 8221-2.
2011	28 juin	Décret n° 2011-771. Audience des organisations syndicales concernant les entreprises de moins de onze salariés. – V. C. trav., art. R. 2122-8 à R. 2122-98.
2011	5 juill.	Décret n° 2011-809. Indemnisation des conseillers prud'hommes. – V. C. trav., art. D. 1423-66.
2011	7 juill.	Loi n° 2011-814. Bioéthique. – V. CSP, art. L. 1244-5, App. II. C, **p. 2948.**
2011	7 juill.	Décret n° 2011-822. Obligations des entreprises pour l'égalité professionnelle entre les femmes et les hommes. – V. C. trav., art. R. 2242-2 à R. 2242-8, R. 2323-9, D. 2323-9-1.
2011	17 juill.	Arrêté. Application de l'article R. 1221-6. – V. C. trav., art. R. 1221-6.
2011	20 juill.	Loi n° 2011-867. Organisation de la médecine du travail : – V. C. trav., art. L. 1237-15, L. 4622-2, L. 4622-4, L. 4622-8 à L. 4622-16, L. 4623-1, L. 4623-5-1 à L. 4623-5-3, L. 4623-8, L. 4624-3, L. 4624-4, L. 4625-1, L. 4625-2, L. 4644-1, L. 4745-1, L. 5132-12, L. 5132-17, L. 7211-3, L. 7214-1, L. 7221-2, L. 7424-4. – V. C. rur., art. L. 717-1 à L. 717-3, App. II. E, **p. 3000.**
2011	28 juill.	Loi n° 2011-893. Développement de l'alternance et sécurisation des parcours professionnels : – V. C. trav., art. L. 1221-1, L. 1221-14, L. 1233-65 à L. 1233-70, L. 1233-72-1, L. 1235-16, L. 1251-7, L. 1253-4, L. 1253-5, L. 1253-9, L. 1253-11, L. 1253-12, L. 1253-20, L. 2241-6, L. 2323-47, L. 2323-51, L. 2323-83, L. 3253-8, L. 3253-18-5, L. 3253-21, L. 4153-1, L. 5112-1, L. 5422-16, L. 5427-1, L. 5428-1, L. 6222-1, L. 6222-5-1, L. 6222-12-1, L. 6222-16, L. 6226-1, L. 6222-36-1, L. 6224-5, L. 6231-4, L. 6241-12, L. 6252-4, L. 6323-19, L. 6325-4-1, L. 6325-6-2, L. 6325-7, L. 6325-14-1, L. 6326-3, L. 6341-1, L. 8241-1, L. 8241-2. – Art. 43, App. III. C, **p. 3090.**
2011	28 juill.	Loi n° 2011-901. Maisons départementales des personnes handicapées et politique du handicap : – V. C. trav., art. L. 4111-3, L. 5211-4, L. 5211-5, L. 5212-7, L. 5212-10, L. 5213-13, L. 5213-19, L. 5214-1 A, L. 5214-1 B, L. 5214-3-1. – V. C. trav., anc. art. L. 323-8-6-1, App. I. B, **p. 2837.**
2011	29 juill.	Loi n° 2011-900. De finances rectificative pour 2011 : – V. C. trav., art. L. 6241-3, L. 6241-8 à L. 6241-11. – V. Ord. n° 2006-433 du 13 avr. 2006, art. 1er, App. IX, **p. 3167.**

2011	1er août	Ordonnance n° 2011-915. Organismes de placement collectif en valeurs mobilières et modernisation du cadre juridique de la gestion d'actifs. – V. C. trav., art. L. 3332-10, L. 3332-15, L. 3332-17, L. 3334-12.
2011	1er août	Décret n° 2011-922. Application de l'ordonnance n° 2011-915 du 1er août 2011. – V. C. trav., art. L. 3332-27.
2011	10 août	Loi n° 2011-939. Participation des citoyens au fonctionnement de la justice pénale et au jugement des mineurs. – V. C. trav., art. L. 1132-3-1.
2011	23 août	Décret n° 2011-994. Licence d'entrepreneur de spectacles vivants. – V. C. trav., art. R. 7122-2 à R. 7122-6, R. 7122-9 à R. 7122-16, R. 7122-18, R. 7122-27, R. 7122-40 à R. 7122-42.
2011	25 août	Décret n° 2011-1018. Rémunération des agents artistiques. – V. C. trav., art. D. 7121-7, D. 7121-8.
2011	24 août	Décret n° 2011-1001. Licence d'agences de mannequins. – V. C. trav., art. R. 7123-8 à R. 7123-15, R. 7124-4, R. 7124-14, R. 7124-19, R. 7124-20.
2011	24 août	Décret n° 2011-1002. Missions, composition et fonctionnement du Conseil national de la formation professionnelle tout au long de la vie. – V. C. trav., art. R. 6123-1 à R. 6123-1-4, R. 6123-2.
2011	6 sept.	Décret n° 2011-1049. Application de la loi n° 2011-672 du 16 juin 2011 relative à l'immigration, l'intégration et la nationalité et relatif aux titres de séjour. – V. C. trav., art. R. 5221-3, R. 5221-5, R. 5221-8-1, R. 5221-11, R. 5221-22, R. 5221-33, R. 5221-48.
2011	7 sept.	Décret n° 2011-1071. Revitalisation du bassin d'emploi – Délai d'assujettissement. – V. C. trav., art. D. 1233-38.
2011	20 sept.	Décret n° 2011-1073. Suppression de commissions et instances administratives. – V. C. trav., art. R. 5214-2 à R. 5214-13, D. 5214-14 à D. 5214-18.
2011	20 sept.	Décret n° 2011-1132. Chèque emploi-service universel et services à la personne. – V. C. trav., art. R. 7232-1 à R. 7232-7, R. 7232-9 à R. 7232-24.
2011	20 sept.	Décret n° 2011-1133. Chèque emploi-service universel et services à la personne. – V. C. trav., art. D. 1271-9, D. 1271-15, D. 1271-29, D. 1271-32, D. 1271-33, D. 7231-1, D. 7233-1, D. 7233-4 à D. 7233-7.
2011	28 sept.	Décret n° 2011-1202. Droit affecté au fonds d'indemnisation de la profession d'avoué près les cours d'appel et à la contribution pour l'aide juridique. – V. C. trav., art. R. 3252-8, R. 3252-20.
2011	20 oct.	Ordonnance n° 2011-1328. Transposition de la directive 2009/38/CE concernant l'institution d'un comité d'entreprise européen ou d'une procédure dans les entreprises de dimension communautaire et les groupes d'entreprises de dimension communautaire en vue d'informer

		et de consulter les travailleurs. – V. C. trav., art. L. 2341-1, L. 2341-6 à L. 2341-11, L. 2342-3, L. 2342-5, L. 2342-7, L. 2342-9, L. 2342-10-1, L. 2342-10-2, L. 2343-2 à L. 2343-5, L. 2343-7, L. 2343-12, L. 2344-9.
2011	25 oct.	Décret n° 2011-1358. Expérience professionnelle du maître d'apprentissage. – V. C. trav., art. R. 6223-24.
2011	31 oct.	Décret n° 2011-1414. Composition du groupe spécial de négociation. – V. C. trav., art. R. 2344-1, R. 2344-2.
2011	2 nov.	Décret n° 2011-1427. Conventions de délégation de mise en œuvre des décisions de gestion pouvant être conclues par un organisme collecteur paritaire agréé des fonds de la formation professionnelle continue. – V. C. trav., art. R. 6332-17.
2011	7 nov.	Décret n° 2011-1449. Alimentation et gestion du PERCO et information des bénéficiaires. – V. C. trav., art. R. 3324-21-1, R. 3334-1-1 à R. 3334-1-3, R. 3341-5.
2011	7 nov.	Décret n° 2011-1450. Information des bénéficiaires de la participation financière et la sécurité de leurs avoirs. – V. C. trav., art. D. 3313-11, D. 3323-16, D. 3324-35, D. 3324-37, D. 3324-38.
2011	7 nov.	Décret n° 2011-1461. Évacuation des personnes handicapées des lieux de travail en cas d'incendie. – V. C. trav., art. R. 4211-3, R. 4214-28, R. 4216-2 à R. 4216-2-3, R. 4227-13, R. 4227-37 à R. 4227-39.
2011	9 nov.	Décret n° 2011-1480. Équipements de travail et équipements de protection individuelle. – V. C. trav., Annexe I prévue à l'art. R. 4312-1 et Annexe II prévue aux art. R. 4312-23, R. 4313-44, R. 4313-91.
2011	21 nov.	Décret n° 2011-1601. Contenu et modalités de délivrance de l'attestation prévue aux articles L. 8222-1 et L. 8222-4 du code du travail et à l'article L. 243-15 du code de la sécurité sociale. – V. C. trav., art. D. 8222-5, D. 8222-7.
2011	30 nov.	Décret n° 2011-1693. Protection des droits sociaux et pécuniaires des étrangers sans titre et à la répression du travail illégal. – V. C. trav., art. R. 8252-1, R. 8252-2, R. 8252-4 à R. 8252-13, D. 8272-1 à D. 8272-11.
2011	1er déc.	Décret n° 2011-1697. Ouvrages des réseaux publics d'électricité et des autres réseaux d'électricité et au dispositif de surveillance et de contrôle des ondes électromagnétiques. – V. C. trav., art. R. 8111-10.
2011	6 déc.	Décret n° 2011-1830. Contrat pour la mixité des emplois et l'égalité professionnelle entre les femmes et les hommes. – V. C. trav., art. D. 1143-7 à D. 1143-18.
2011	13 déc.	Loi n° 2011-1862. Répartition des contentieux et allègement de certaines procédures juridictionnelles. – V. C. trav., art. L. 1454-2, L. 3252-3, L. 3252-4, L. 3252-8, L. 3252-10.
2011	14 déc.	Décret n° 2011-1877. Organisation judiciaire en Guyane. – V. C. trav., art. R. 1422-4.

2011	19 déc.	Ordonnance n° 2011-1895. Partie législative du code de procédure civile d'exécution. – V. C. trav., art. L. 3252-3, L. 3253-22.
2011	21 déc.	Loi n° 2011-1906. De financement de la sécurité sociale : – V. C. trav., art. L. 1272-5, L. 6331-42, L. 8221-3, L. 8221-6. – V. CSS, art. L. 161-17-2, L. 241-13, App. III. A, **p. 3004.**
2011	21 déc.	Décret n° 2011-1909. Saisies et cessions des rémunérations. – V. C. trav., art. R. 3252-2, R. 3252-3.
2011	21 déc.	Décret n° 2011-1924. Enregistrement des contrats d'apprentissage. – V. C. trav., art. R. 6222-5, R. 6222-40, R. 6223-1 à R. 6223-4, R. 6224-2 à R. 6224-9.
2011	23 déc.	Décret n° 2011-1936. Quota de la taxe d'apprentissage. – V. C. trav., art. D. 6241-8.
2011	23 déc.	Décret n° 2011-1953. Agrément des experts auprès du CHSCT. – V. C. trav., art. R. 4614-6 à R. 4614-17.
2011	26 déc.	Décret n° 2011-1970. Compte d'affectation spéciale et financement national du développement et de la modernisation de l'apprentissage. – V. C. trav., art. R. 6233-7, R. 6241-21, D. 6522-3.
2011	26 déc.	Décret n° 2011-1971. Prorogation du 1er janvier 2012 au 30 juin 2012 de l'aide à l'embauche d'un jeune sous contrat d'apprentissage ou de professionnalisation. – V. Décr. n° 2011-523 du 16 mai 2011, App. I, **p. 2781.**
2011	27 déc.	Décret n° 2011-1999. Participation mensuelle du département au financement de l'aide versée à l'employeur au titre des contrats d'accompagnement dans l'emploi d'une durée hebdomadaire de sept heures. – V. C. trav., art. D. 5134-41.
2011	28 déc.	Loi n° 2011-1977. De finances pour 2012 : – V. C. trav., art. L. 3324-1, L. 5123-2, L. 5123-7, L. 5134-30-1, L. 5423-5, L. 5423-13, L. 5426-8-1 à L. 5426-8-3, L. 5426-9, L. 8253-1, L. 8271-1-3, L. 8271-17. – V. CESEDA, art. L. 626-1, App. III. B, **p. 3084.** – V. CSS, art. L. 241-13, App. III. A, **p. 3008.**
2011	28 déc.	Loi n° 2011-1978. De finances rectificatives pour 2011 : – V. C. trav., art. L. 1233-69, L. 6331-65 à L. 6331-68. – V. L. n° 2008-776 du 4 août 2008, art. 48, App. III. A, **p. 3033.**
2011	28 déc.	Décret n° 2011-2001. Carte d'étudiant des métiers. – V. C. trav., art. D. 6222-42, D. 6222-44, D. 6325-29.
2011	29 déc.	Décret n° 2011-2029. Tarification des accidents du travail et des maladies professionnelles. – V. C. trav., art. R. 8112-6.
2011	30 déc.	Décret n° 2011-2075. Jeunes accueillis en centre de formation d'apprentis. – V. C. trav. art. D. 6222-19-1.
2011	30 déc.	Décret n° 2011-2086. Adaptation des modalités de calcul de la réduction générale de cotisations patronales de sécurité sociale. – V. CSS, art. D. 241-7, D. 241-11, App. III. A, **p. 3010.**

2011	30 déc.	Décret n° 2011-2096. Modification et création de traitements automatisés de données à caractère personnel relatifs au revenu de solidarité active et à l'allocation aux adultes handicapés. – V. C. trav., art. R. 5312-32 à R. 5312-37.
2011	30 déc.	Décret n° 2011-2109. Création du Conseil supérieur des gens de mer. – V. Décr. n° 2007-1227 du 21 août 2007, art. 1er, App. VII. E, **p. 3143.**
2012	4 janv.	Décret n° 2012-17. Protection sociale agricole. – V. C. rur., art. R. 712-6, App. I. B, **p. 2862.**
2012	13 janv.	Accord national interprofessionnel. Chômage partiel. – V. App. III. C, **p. 3090.**
2012	20 janv.	Décret n° 2012-66. Résolution amiable des différends. – V. C. trav., art. R. 1471-1, R. 1471-2.
2012	30 janv.	Décret n° 2012-133. Délai de la procédure contradictoire observée lors du contrôle de la contribution supplémentaire à l'apprentissage. – V. C. trav., art. R. 6362-9.
2012	30 janv.	Décret n° 2012-134. Conséquences de la création de la fiche prévue à l'article L. 4121-3-1 du code du travail. – V. C. trav., art. R. 4412-40 à R. 4412-43, R. 4412-54, R. 4412-110, R. 4612-2-1, R. 4741-1-1.
2012	30 janv.	Décret n° 2012-135. Organisation de la médecine du travail. – V. C. trav., art. R. 4426-5, R. 4435-1, R. 4446-1, R. 4452-27, R. 4452-28, R. 4451-84, R. 4513-12, R. 4621-1 à R. 4625-12, R. 4745-2.
2012	30 janv.	Décret n° 2012-136. Fiche prévue à l'article L. 4121-3-1 du code du travail. – V. C. trav., art. D. 4121-6, D. 4121-9.
2012	30 janv.	Décret n° 2012-137. Organisation et fonctionnement des services de santé au travail. – V. C. trav., art. D. 4622-1 à D. 4622-3, D. 4622-5 à D. 4622-16, D. 4622-18 à D. 4622-23, D. 4622-53 à D. 4622-57, D. 4624-37 à D. 4624-46, D. 4624-50, D. 4625-13 à D. 4625-22, D. 4644-11.
2012	7 févr.	Décret n° 2012-183. Formation et indemnisation des salariés pendant les périodes d'activité partielle de longue durée. – V. C. trav., art. D. 5122-46, R. 5122-51.
2012	7 févr.	Décret n° 2012-184. Aide à l'embauche des jeunes de moins de 26 ans dans les TPE. – V. App. III. A, **p. 3038.**
2012	28 févr.	Décret n° 2012-275. Modification des dispositions du code du travail relatives au chômage partiel. – V. C. trav., art. D. 5122-13, D. 5122-43, D. 5122-44.
2012	29 févr.	Décret n° 2012-285. Répartition des sièges des représentants des personnels non médicaux au CHSCT dans la fonction publique hospitalière. – V. C. trav., art. R. 4615-10, R. 4615-11.
2012	7 mars	Décret n° 2012-336. Office français de l'immigration et de l'intégration. – V. C. trav., art. R. 5223-1 à R. 5223-7, R. 5223-9 à R. 5223-12, R. 5223-14, R. 5223-17 à R. 5223-20, R. 5223-22 à R. 5223-28, R. 5223-34 à R. 5223-37, R. 5223-39.

2012	9 mars	Décret n° 2012-341. Conditions d'attribution de l'allocation spécifique de chômage partiel. – V. C. trav., art. R. 5122-3 à R. 5122-5, R. 5122-8, R. 5122-15.
2012	12 mars	Ordonnance n° 2012-351. Code de la sécurité intérieure. Partie législative. – V. C. trav., art. L. 3142-108 à L. 3142-114.
2012	14 mars	Décret n° 2012-362. Conséquences dans le code du travail des dispositions de l'article 108 de la loi de finances pour 2011. – V. C. trav., art. D. 5213-15 à D. 5213-21.
2012	19 mars	Loi n° 2012-375. Organisation du service et information des passagers dans les entreprises de transport aérien de passagers. – V. C. transp., art. L. 1324-7, L. 1324-8, App. VII. I, **p. 3151.**
2012	22 mars	Loi n° 2012-387. Simplification du droit et allègement des démarches administratives. – V. C. trav., art. L. 1221-7, L. 1226-4, L. 1226-10, L. 1232-8, L. 1233-8, L. 1233-21, L. 1233-28, L. 1233-30, L. 1233-32, L. 1233-34, L. 1233-38, L. 1233-46, L. 1233-58, L. 1233-61, L. 1233-71, L. 1233-87, L. 1235-10, L. 1311-2, L. 1332-2, L. 2135-2, L. 2142-1-1, L. 2142-8, L. 2143-3, L. 2143-5, L. 2143-4, L. 2143-5, L. 2143-13, L. 2143-16, L. 2241-2-1, L. 2242-15, L. 2242-19, L. 2242-20, L. 2312-1, L. 2312-2, L. 2312-5, L. 2313-16, L. 2315-1, L. 2322-1, L. 2322-2, L. 2322-4, L. 2323-50, L. 2323-51, L. 2323-55, L. 2323-56, L. 2323-57, L. 2323-61, L. 2324-11, L. 2325-6, L. 2325-9, L. 2325-14, L. 2325-23, L. 2325-26, L. 2325-27, L. 2325-34, L. 2325-35, L. 2325-38, L. 2327-5, L. 2328-2, L. 2341-1, L. 2341-2, L. 2344-6, L. 2363-11, L. 3122-6, L. 3133-3, L. 3141-3, L. 3142-8, L. 3312-3, L. 3322-2, L. 3332-2, L. 3332-10, L. 4121-3, L. 4311-1, L. 4611-1, L. 4611-2, L. 4613-4, L. 4614-3, L. 4614-15, L. 4631-1, L. 5212-1, L. 5212-4, L. 6121-3, L. 6122-2, L. 6322-7, L. 6322-47, L. 6322-54, L. 6323-3, L. 6331-9, L. 6331-12, L. 6331-17, L. 6331-31, L. 6331-38, L. 6331-64, L. 6332-3-1, L. 6332-7, L. 6332-19, L. 6332-20, L. 8113-7, L. 8241-2.
2012	23 mars	Décret n° 2012-418. Modification de l'article R. 5221-48 du code du travail. – V. cet art.
2012	23 mars	Décret n° 2012-419. Modification de la durée de certains contrats d'apprentissage préparant au baccalauréat professionnel. – V. C. trav., art. R. 6222-16-1, R. 6222-17, R. 6222-18, R. 6224-1, R. 6224-4, R. 6224-6.
2012	*11 avr.*	*Décret n° 2012-472*. Apprentissage dans les entreprises de travail temporaire. – V. C. trav., art. R. 6226-1 à R. 6226-6.
2012	18 avr.	Décret n° 2012-509. Pris en application de l'article 59-1 du décret n° 2004-374 du 29 avril 2004 modifié relatif aux pouvoirs des préfets, à l'organisation et à l'action de l'État dans les régions et départements. – V. C. trav., art. R. 5223-34.
2012	19 avr.	Décret n° 2012-528. Fonds d'assurance formation des chefs d'entreprise exerçant une activité artisanale. – V. C. trav., art. R. 6331-55 à R. 6331-63.

2012	19 avr.	Décret n° 2012-530. Mise sur le marché et contrôle des substances et mélanges. – V. C. trav., art. R. 4411-1, R. 4411-1-1, R. 4411-2, R. 4411-4, R. 4411-6, R. 4411-69 à R. 4411-71, R. 4411-73, R. 4411-74, R. 4411-83, R. 4411-86, R. 4412-2, R. 4412-3, R. 4412-32, R. 4412-60, R. 4412-161 à R. 4412-164.
2012	20 avr.	Décret n° 2012-539. Modification des dispositions réglementaires relatives à la déclaration préalable d'exercice d'une activité de placement. – V. C. trav., art. R. 5323-1 à R. 5323-6, R. 5323-8.
2012	24 avr.	Décret n° 2012-564. Durée minimale des périodes de professionnalisation prises en compte pour ouvrir droit aux versements au titre de la péréquation par le fonds paritaire de sécurisation des parcours professionnels. – V. C. trav., art. R. 6332-106-1.
2012	2 mai	Décret n° 2012-627. Accueil des apprentis dans plusieurs entreprises. – V. C. trav., art. R. 6223-10, R. 6223-11, R. 6223-13.
2012	2 mai	Décret n° 2012-628. Information des centres de formation d'apprentis et des sections d'apprentissage sur les sommes versées par les redevables de la taxe d'apprentissage. – V. C. trav., art. R. 6241-19-1.
2012	3 mai	Décret n° 2012-634. Fusion de la profession d'avocat et d'avoué près les cours d'appel. – V. C. trav., art. R. 1453-2, R. 2524-12.
2012	4 mai	Décret n° 2012-639. Risques d'exposition à l'amiante. – V. C. trav., art. R. 4412-93 à R. 4412-148, R. 4511-8, R. 4512-11, R. 4532-7, R. 4535-10, R. 4724-14.
2012	4 mai	Décret n° 2012-657. Traitement de données à caractère personnel mis en œuvre pour la gestion du contrat unique d'insertion. – V. C. trav., art. R. 5134-14, R. 5134-17-1, R. 5134-18, R. 5134-21, R. 5134-22, D. 5134-25.
2012	4 mai	Décret n° 2012-664. Taux et modalités de calcul des cotisations d'allocations familiales et de la réduction générale de cotisations patronales de sécurité sociale. – V. CSS, art. D. 241-7, App. III. A, **p. 3010.**
2012	4 mai	Arrêté. Agrément de l'accord national interprofessionnel du 13 janvier 2012 sur le chômage partiel. – V. App. III. C, **p. 3090.**
2012	4 mai	Décret n° 2012-660. Aide de l'État pour les entreprises de 250 salariés et plus excédant le seuil de salariés prévu à l'article 230 H CGI. – V. App. IX, **p. 3168.**
2012	9 mai	Décret n° 2012-746. Valeurs limites d'exposition professionnelle contraignantes pour certains agents chimiques. – V. C. trav., art. R. 4412-149.
2012	9 mai	Décret n° 2012-755. Mise en conformité des dispositions nationales avec le droit de l'Union européenne en ce qui concerne la mise sur le marché et l'utilisation des produits phytopharmaceutiques. – V. C. trav., art. R. 4411-44, R. 4411-74.
2012	30 mai	Décret n° 2012-783. Partie réglementaire du code des procédures civiles d'exécution. – V. C. trav., art. R. 6252-7.

2012	16 juin	Décret n° 2012-812. Contribution spéciale et contribution forfaitaire représentative des frais de réacheminement d'un étranger dans son pays d'origine. – V. C. trav., art. R. 5223-24, R. 8253-1 à R. 8253-4, D. 8254-6.
2012	28 juin	Décret n° 2012-828. Relèvement du salaire minimum de croissance. – V. C. trav., art. R.*3231-1.
2012	29 juin	Décret n° 2012-837. Organisation et fonctionnement des services de santé au travail en agriculture. – V. C. trav., art. D. 1272-10.
2012	19 juill.	Décret n° 2012-896. Reconnaissance de la lourdeur du handicap. – V. C. trav., art. R. 5213-41.
2012	24 juill.	Décret n° 2012-904. Période durant laquelle se déroule le scrutin visant à la mesure de l'audience des organisations syndicales auprès des salariés des TPE. – V. C. trav., art. L. 2122-10-1.
2012	30 juill.	Décret n° 2012-927. Informations transmises à Pôle emploi dans le cadre de la déclaration préalable à l'embauche. – V. C. trav., art. R. 1221-17.
2012	6 août	Loi n° 2012-954. Harcèlement sexuel : – V. C. trav., art. L. 1132-1, L. 1152-2, L. 1152-4, L. 1153-1, L. 1153-3, L. 1153-5, L. 1153-6, L. 1155-2, L. 1155-3, L. 1155-4, L. 1321-3, L. 1441-23, L. 2313-2, L. 4121-2, L. 4622-2, L. 8112-2. – V. C. pén., art. 222-33-2, 225-2, App. I. B, **p. 2821.**
2012	16 août	Loi n° 2012-958. De finances rectificative pour 2012 : – V. C. trav., art. L. 6331-48. – V. CSS, art. L. 241-13, L. 241-18, App. II, **p. 3008.** – V. L. n° 2008-776 du 4 août 2008, art. 48, App. III, **p. 3033.**
2012	18 sept.	Décret n° 2012-1066. Répétition des prestations indues versées par Pôle emploi. – V. C. trav., art. R. 5423-14, R. 5423-30, R. 5423-45, R. 5426-18 à R. 5426-24.
2012	21 sept.	Décret n° 2012-1074. Réduction générale de cotisations patronales de sécurité sociale et déduction forfaitaire de cotisations patronales sur les heures supplémentaires. – V. CSS, art. D. 241-7 à D. 241-9, App. III. A, **p. 3010.**
2012	5 oct.	Décret n° 2012-113. Attribution des compétences au sein de la juridiction administrative en matière de représentativité des organisations syndicales. – V. C. trav., art. R. 2122-99.
2012	26 oct.	Loi n° 2012-1189. Emplois d'avenir. – V. C. trav., art. L. 1111-3, L. 1233-66, L. 1233-69, L. 2242-9, L. 2242-5-1, L. 2323-47, L. 2323-57, L. 5134-19-1, L. 5134-19-2, L. 5134-19-4, L. 5134-21 à L. 5134-27, L. 5134-29 à L. 5134-31, L. 5134-65 à L. 5134-69-1, L. 5134-72 à L. 5134-72-2, L. 5134-110 à L. 5134-129, L. 5422-16, L. 5427-1, L. 5522-2 à L. 5522-2-3.
2012	31 oct.	Décret n° 2012-1210. Emplois d'avenir. – V. C. trav., art. R. 5134-161 à R. 5134-168.

2012	31 oct.	Décret n° 2012-1211. Emplois d'avenir. – V. C. trav., art. R. 5134-14 à R. 5134-19, R. 5134-21 à R. 5134-23, R. 5134-26 à R. 5134-34, R. 5134-37, R. 5134-38, R. 5134-40, R. 5134-45 à R. 5134-47, R. 5134-50 à R. 5134-58, R. 5134-60, R. 5134-61, R. 5134-63, R. 5134-68 à R. 5134-70, R. 5522-14, D. 5522-16.
2012	2 nov.	Ordonnance n° 2012-1218. Réforme pénale en matière maritime. – V. C. trav., art. L. 2411-1, L. 2411-23, L. 2412-1, L. 2412-14, L. 2413-1, L. 2414-1, L. 2421-2, L. 2438-1.
2012	7 nov.	Décret n° 2012-1247. Adaptation de divers textes aux nouvelles règles de la gestion budgétaire et comptable publique. – V. C. trav., art. D. 4622-31, R. 5223-14, R. 5223-36, R. 5223-37, R. 5223-38, R. 5223-39, R. 5311-2, R. 5312-14, R. 5312-21, R. 5423-48, D. 5427-7, D. 5427-11, R. 6233-4, R. 6252-2.
2012	19 nov.	Décret n° 2012-1271. Conditions d'attribution de l'allocation spécifique de chômage partiel. – V. C. trav., art. R. 5122-1 à R. 5122-5.
2012	4 déc.	Décret n° 2012-1354. Déclaration annuelle obligatoire d'emploi des travailleurs handicapés adressée à l'association mentionnée à l'article L. 5214-1. – V. C. trav., art. R. 5212-1, R. 5212-1-2 à R. 5212-1-4, R. 5212-2, R. 5212-2-1, R. 5212-2-2, R. 5212-12, R. 5212-13, R. 5212-15, R. 5212-30, R. 5212-31.
2012	7 déc.	Décret n° 2012-1370. Formation professionnelle tout au long de la vie des artistes auteurs. – V. C. trav., art. R. 6331-64 à R. 6331-66.
2012	13 déc.	Décret n° 2012-1401. Application de l'article L. 3252-8 du code du travail. – V. C. trav., art. D. 3252-34-1.
2012	17 déc.	Loi n° 2012-1404. De financement de la sécurité sociale pour 2013 : – V. C. trav., art. L. 1225-28, L. 1225-35, L. 1225-36, L. 1142-3, L. 1262-4, L. 3141-5. – Art. 37. – V. C. rur., art. L. 712-1, App. I, **p. 2858** ; art. L. 722-1, L. 722-20, App. II, **p. 2917.** – Art. 94. – V. L. n° 2005-159 du 23 févr. 2005, art. 6, App. I, **p. 2873.**
2012	18 déc.	Décret n° 2012-1408. Mise en œuvre des obligations des entreprises pour l'égalité professionnelle entre les femmes et les hommes. – V. C. trav., art. R. 2242-2, D. 2323-9-1, D. 2323-9-2.
2012	27 déc.	Décret n° 2012-1483. Transformation des syndicats interhospitaliers en groupement de coopération sanitaire ou en groupement d'intérêt public. – V. C. trav., art. R. 4615-1, R. 4615-3 à R. 4615-9, R. 4615-11 à R. 4615-13, D. 4626-1 à D. 4626-6, D. 4626-8, R. 4626-11, R. 4626-13, R. 4626-17, R. 4626-19.
2012	29 déc.	Loi n° 2012-1509. De finances pour 2013. – V. C. trav., art. L. 8253-1.
2013	11 janv.	Accord national interprofessionnel. Pour un nouveau modèle économique et social au service de la compétitivité des entreprises et de la sécurisation de l'emploi et des parcours professionnels des salariés. – V. App. III. A, v° *Emploi*, **p. 3040.**

2013	14 janv.	Décret n° 2013-44. Révision du barème des saisies et cessions des rémunérations. – V. C. trav., art. R. 3252-2, R. 3252-3.
2013	14 janv.	Décret n° 2013-47. Modification de l'article D. 1271-29 du code du travail. – V. C. trav., art. D. 1271-29.
2013	15 janv.	Décret n° 2013-50. Emploi d'avenir professeur. – V. C. trav., art. R. 5134-169 à R. 5134-176.
2013	30 janv.	Décret n° 2013-109. Simplification de la procédure de saisie des rémunérations. – V. C. trav., art. R. 3252-6, R. 3252-16, R. 3252-31, R. 3252-37, R. 3252-40.
2013	7 févr.	Décret n° 2013-123. Modalités de revalorisation du salaire minimum de croissance. – V. C. trav., art. R.*3231-2, R.*3231-2-1.
2013	1er mars	Loi n° 2013-185. Création du contrat de génération. – V. C trav., art. L. 2241-4, L. 5121-6 à L. 5121-22.
2013	15 mars	Décret n° 2013-222. Contrat de génération. – V. C. trav., art. D. 5121-6, R. 5121-26 à R. 5121-49.
2013	16 avr.	Loi n° 2013-316. Indépendance de l'expertise en matière de santé et d'environnement et protection des lanceurs d'alerte. – V. C. trav., art. L. 4133-1 à L. 4133-5, L. 4141-1, L. 4614-10.
2013	30 avr.	Décret n° 2013-371. Conseil supérieur de l'égalité professionnelle entre les femmes et les hommes. – V. C. trav., art. D. 1145-3, D. 1145-4, D. 1145-4-1, D. 1145-6, D. 1145-7, D. 1145-15, D. 1145-18.
2013	2 mai	Décret n° 2013-379. Conditions d'extension des avenants salariaux aux conventions collectives régionales et départementales en matière agricole. – V. C. trav., art. D. 2261-6, D. 2261-7.
2013	17 mai	Loi n° 2013-404. Ouverture du mariage aux couples de personnes de même sexe. – V. C. trav., art. L. 1132-3-2.
2013	28 mai	Loi n° 2013-431. Diverses dispositions en matière d'infrastructures et de services de transports : – V. C. trav., art. L. 8271-1-2. – V. C. transp., art. L. 3314-2, L. 3315-2, L. 3315-6, L. 5561-1 à L. 5566-2.
2013	4 juin	Décret n° 2013-467. Montant de la contribution spéciale instituée par l'article L. 8253-1. – V. C. trav., art. R. 8253-2.
2013	14 juin	Loi n° 2013-504. Sécurisation de l'emploi : – V. C. trav., art. L. 1222-12 à L. 1222-16, L. 1233-5, L. 1233-22, L. 1233-23, L. 1233-24, L. 1233-24-1 à L. 1233-24-4, L. 1233-30, L. 1233-33 à L. 1233-37, L. 1233-39 à L. 1233-41, L. 1233-45-1 à L. 1233-47, L. 1233-50, L. 1233-52, L. 1233-53 à L. 1233-57, L. 1233-57-1 à L. 1233-57-8, L. 1233-58, L. 1233-63, L. 1233-71, L. 1233-72-1, L. 1235-1, L. 1235-7, L. 1235-7-1, L. 1235-10, L. 1235-11, L. 1235-16, L. 1471-1, L. 2241-13, L. 2242-11, L. 2242-15, L. 2242-16, L. 2242-21 à L. 2242-23, L. 2261-22,

		L. 2313-7-1, L. 2314-2, L. 2322-2, L. 2323-3, L. 2323-4, L. 2323-7-1 à L. 2323-7-3, L. 2323-15, L. 2323-26-1 à L. 2323-26-3, L. 2323-33, L. 2323-35, L. 2323-65, L. 2324-3, L. 2325-29, L. 2325-35, L. 2325-37, L. 2325-42-1, L. 2332-1, L. 2364-5, L. 2374-4, L. 2411-1, L. 2411-17, L. 2421-5, L. 2435-1, L. 3123-8, L. 3123-14 à L. 3123-14-5, L. 3123-16, L. 3123-17, L. 3123-19, L. 3123-25, L. 3232-2, L. 3232-5, L. 3232-8, L. 3245-1, L. 3253-8, L. 3253-13, L. 4614-3, L. 4614-12-1, L. 4614-13, L. 4616-1 à L. 4616-5, L. 5122-1 à L. 5122-4, L. 5125-1 à L. 5125-7, L. 5132-6, L. 5132-7, L. 5422-2-1, L. 5422-12, L. 5428-1, L. 6111-1, L. 6112-3, L. 6314-3. – Art. 1er. – V. App. I. C, v° *Conventions et accords collectifs*, **p. 2892.** – Art. 9. – V. C. com., art. L. 225-22, L. 225-27-1, L. 225-28, L. 225-29 à L. 225-34, L. 225-79-2, L. 225-80, L. 226-5-1, App. I. B, v° *Contrat de travail*, **p. 2791.** – Art. 10. – V. L. n° 2011-893 du 28 juill. 2011, art. 43, App. III. C, v° *Chômage*, **p. 3090.** – Art. 18. – V. C. com., art. L. 631-17, L. 631-19, App. I. B, v° *Contrat de travail*, **p. 2814.**
2013	19 juin	Décret n° 2013-524. Réduction d'impôt prévue par l'article 199 *sexdecies* du code général des impôts. – V. C. trav., art. D. 7233-5.
2013	26 juin	Décret n° 2013-551. Activité partielle. – V. C. trav., art. R. 5122-1 à R. 5122-14, R. 5122-16 à R. 5122-51.
2013	26 juin	Décret n° 2013-552. Comité d'hygiène, de sécurité et des conditions de travail et instance de coordination. – V. C. trav., art. R. 4614-3, R. 4614-18, R. 4616-1 à R. 4616-10.
2013	27 juin	Ordonnance n° 2013-544. Établissements de crédit et sociétés de financement : – V. C. trav., art. L. 3332-17-1, L. 3344-1. – V. C. com., art. L. 225-197-2, App. I. B, v° *Contrat de travail*, **p. 2802.**
2013	27 juin	Décret n° 2013-554. Procédure de licenciement collectif pour motif économique. – V. C. trav., art. R. 1233-2, R. 1233-3-1 à D. 1233-14-4, R. 1233-15, R. 1233-16, R. 1233-31, D. 1233-38.
2013	28 juin	Loi n° 2013-561. Déblocage exceptionnel de la participation et de l'intéressement. – Art. 1er, App. IV. D, v° *Intéressement. Participation. Actionnariat*, **p. 3117.**
2013	5 juill.	Décret n° 2013-594. Risques d'exposition à l'amiante. – V. C. trav., art. D. 4121-9, R. 4412-140, R. 4412-141, R. 4535-10.
2013	8 juill.	Loi n° 2013-595. Refondation de l'école : – V. C. trav., art. L. 6222-1, L. 6222-20, L. 6222-21. – V. C. éduc., art. L. 214-12, L. 214-13-1, App. IX, v° *Formation professionnelle*, **p. 3159.**
2013	9 juill.	Décret n° 2013-607. Protection contre les risques biologiques auxquels sont soumis certains travailleurs susceptibles d'être en contact avec des

		objets perforants et protection des travailleurs intervenant en milieu hyperbare. – V. C. trav., art. R. 4424-11, R. 4461-19, R. 4535-11 à R. 4535-13.
2013	16 juill.	Loi n° 2013-617. Adaptation au droit de l'Union européenne dans le domaine du développement durable : – V. C. trav., art. L. 2411-1, L. 2411-14, L. 2412-1, L. 2412-8, L. 2413-1, L. 2414-1, L. 2421-4, L. 4142-3, L. 4143-1, L. 4521-1, L. 4524-1. – V. C. transp., art. L. 5541-1 à L. 5541-1-2, L. 5542-1, L. 5542-3 à L. 5542-6-1, L. 5542-12, L. 5542-18, L. 5542-18-1, L. 5542-21, L. 5542-21-1, L. 5542-23, L. 5542-27, L. 5542-28, L. 5542-31 à L. 5542-33-3, L. 5542-37, L. 5542-37-1, L. 5542-39-1, L. 5542-41, L. 5542-46, L. 5542-48 à L. 5542-50, L. 5543-1-1, L. 5543-2, L. 5543-2-1, L. 5543-3-1, L. 5543-5, L. 5544-1, L. 5544-4, L. 5544-9, L. 5544-14 à L. 5544-16, L. 5544-23, L. 5544-23-1, L. 5561-1, App. VII. E et F, 🏛.
2013	22 juill.	Loi n° 2013-660. Enseignement supérieur et recherche : – V. CESEDA, L. 311-11, App. III. B, v° *Étrangers*, **p. 3068.** – V. L. n° 2008-596 du 25 juin 2008, art. 6, App. I. B, v° *Contrat de travail*, **p. 2882.**
2013	25 juill.	Ordonnance n° 2013-676. Cadre juridique de la gestion d'actifs : – V. C. trav., art. L. 3332-10, L. 3332-15 à L. 3332-17, L. 3333-6, L. 3334-11, L. 3334-12, L. 3334-13, L. 3341-1, L. 3341-4. – V. L. n° 2013-561 du 28 juin 2013, art. 1er, App. IV. D, v° *Intéressement. Participation. Actionnariat*, **p. 3117.**
2013	25 juill.	Décret n° 2013-687. Application de l'ordonnance n° 2013-676 du 25 juillet 2013 modifiant le cadre juridique de la gestion d'actifs. – V. C. trav., art. D. 3324-28, D. 3324-34, R. 3332-3, R. 3332-20, R. 3332-27, R. 3334-1-1, R. 3334-1-2.
2013	1er août	Décret n° 2013-703. Suppression de la participation de la direction générale des finances publiques à divers organismes collégiaux. – V. C. trav., art. R. 5112-16, R. 5112-17.
2013	1er août	Décret n° 2013-704. Suppression de la participation de la direction générale des finances publiques à deux commissions et un comité. – V. C. trav., art. D. 6521-3, D. 6521-10.
2013	2 août	Décret n° 2013-721. Fixation du montant du barème de l'indemnité forfaitaire prévue à l'article L. 1235-1 du code du travail. – V. C. trav., art. D. 1235-21.
2013	5 août	Loi n° 2013-711. Adaptation dans le domaine de la justice en application du droit de l'Union européenne et des engagements internationaux. – V. C. pén., art. 225-14-1, 225-14-2, 225-15, 225-15-1, App. I. B, v° *Contrat de travail*, **p. 2825.**
2013	30 août	Décret n° 2013-797. Compléments et adaptations spécifique au code du travail pour les mines et carrières en matière de poussières alvéatoires. – Art. 1er à 8. – V. C. trav., App. VII. B, v° *Mines*, **p. 3128.**

2013	11 sept.	Décret n° 2013-815. Modifiant et complétant certaines dispositions relatives au contrat de génération. – V. C. trav., art. R. 5121-43, R. 5121-46, R. 5121-50 à R. 5121-55.
2013	11 oct.	Décret n° 2013-914. Procédure de dérogation prévue par l'article L. 4153-9 pour les jeunes âgés de moins de 18 ans. – V. C. trav., art. R. 4153-38 à R. 4153-52.
2013	11 oct.	Décret n° 2013-915. Travaux interdits et réglementés pour les jeunes âgés de moins de 18 ans. – V. C. trav., art. D. 4153-2, D. 4153-4, D. 4153-15 à D. 4153-37.
2013	29 oct.	Décret n° 2013-973. Prévention des risques particuliers auxquels les travailleurs sont exposés dlors d'activités pyrotechniques. – V. C. trav., art. R. 4462-1 à R. 4462-36.
2013	6 déc.	Loi n° 2013-1117. Lutte contre la fraude fiscale et la grande délinquance économique et financière : – Art. 2. – V. C. pén., art. 131-27, App. IV. A, v° *Syndicats professionnels*, **p. 3113.** – Art. 35. – V. C. trav., art. L. 1132-3-3.
2013	14 déc.	Décret n° 2013-1164. Modification de la composition du conseil d'orientation de la participation, de l'intéressement, de l'épargne salariale et de l'actionnariat salarié. – V. C. trav., art. D. 3346-1, D. 3346-2.
2013	19 déc.	Décret n° 2013-1192. Barème des saisies et cessions des rémunérations. – V. C. trav., art. R. 3252-2, R. 3252-3.
2013	23 déc.	Loi n° 2013-1203. Financement de la sécurité sociale pour 2014 : – V. C. trav., art. L. 1221-12-1, L. 1271-4, L. 1522-1, L. 5124-1, L. 5413-1, L. 5429-1, L. 5429-3, L. 6243-3, L. 8222-6. – V. CSS, art. L. 912-1, App. I. C, v° *Conventions et accords collectifs*, **p. 2889.**
2013	23 déc.	Décret n° 2013-1222. Financement de la gestion administrative, de l'action sanitaire et sociale et du contrôle médical des régimes protection sociale agricole et à la gestion de ce régime. – V. C. trav., art. R. 6224-1, R. 6261-8.
2013	27 déc.	Décret n° 2013-1305. Bases de données économiques et sociales et délais de consultation du comité d'entreprise et d'expertise. – V. C. trav., art. R. 2323-1 à R. 2323-1-10, R. 2325-6-1 à R. 2325-6-3.
2013	29 déc.	Loi n° 2013-1278. De finances pour 2014. – V. C. trav., art. L. 5132-2, L. 5132-3-1, L. 5134-19-4, L. 5134-30-1, L. 6243-1, L. 6243-4.
2013	29 déc.	Loi n° 2013-1279. De finances rectificative pour 2013 : – V. C. trav., art. L. 6241-1. – V. CGI, art. 44 *duodecies*, 1383 H, App. III. A, v° *Emploi*, **p. 3013.** – V. L. n° 2004-105 du 3 févr. 2004, art. 2, App. VII. B, v° *Mines*, **p. 3127.**

2013	29 déc.	Décret n° 2013-1280. Suppression de la contribution pour l'aide juridique et dispositions diverses relatives à l'aide juridique. – V. C. trav., art. R. 3252-8, R. 3252-30.
2013	30 déc.	Décret n° 2013-1306. Inscription temporaire des établissements de commerce de détail du bricolage sur la liste des établissements pouvant déroger à la règle du repos dominical. – V. C. trav., art. R. 3132-5.
2014	2 janv.	Loi n° 2014-1. Habilitation du Gouvernement à simplifier et sécuriser la vie des entreprises. – V. C. trav., art. L. 3334-11.
2014	20 janv.	Loi n° 2014-40. Avenir et justice du système de retraites : – V. C. trav., art. L. 1242-4, L. 4161-1, L. 4161-2, L. 4162-1 à L. 4162-22, L. 4163-1 à L. 4163-4, L. 4612-16, L. 5421-4, L. 6111-1, L. 6243-2, L. 6243-3. – V. CSS, art. L. 161-17-3, L. 161-17-4, App. III. A, v° *Emploi*, **p. 360.** – V. CSS, art. L. 351-8, App. I. D, v° *Salaires*, **p. 2905.**
2014	14 févr.	Décret n° 2014-128. Toxicovigilance. – V. C. trav., art. R. 4411-42 à R. 4411-46.
2014	18 févr.	Décret n° 2014-144. Conseils consulaires à l'Assemblée des Français de l'étranger et à leurs membres. – V. C. trav., art. R. 5313-2.
2014	20 févr.	Décret n° 2014-188. Emploi d'avenir. – V. C. trav., art. R. 5134-161.
2014	21 févr.	Loi n° 2014-173. Programmation pour la ville et la cohésion urbaine : – V. C. trav., art. L. 1132-1, L. 1133-5, L. 5134-100, L. 5134-102, L. 5134-110, L. 5134-118, L. 5134-120, L. 5141-1. – V. C. pén., art. 225-1, 225-3, App. I. B, v° *Contrat de travail*, **p. 2822.** – V. L. n° 2008-496 du 27 mai 2008, art. 1er, 2, App. I. B, v° *Contrat de travail*, **p. 2881.**
2014	21 févr.	Décret n° 2014-197. Généralisation de l'aide au poste d'insertion et diverses mesures relatives à l'insertion par l'activité économique. – V. C. trav., art. R. 5132-1 à R. 5132-9, R. 5132-10-6 à R. 5132-10-14, R. 5132-11 à R. 5132-16, R. 5132-18, R. 5132-23 à R. 5132-26, R. 5132-27 à R. 5132-29, R. 5132-32, R. 5132-33, R. 5132-35 à R. 5132-43.
2014	24 févr.	Loi n° 2014-200. Ratification de la convention n° 187 de l'OIT relative au cadre promotionnel pour la sécurité et la santé au travail. – V. App. II. D, v° *Santé, hygiène et sécurité des travailleurs*, **p. 2997.**
2014	5 mars	Loi n° 2014-288. Formation professionnelle, emploi et démocratie sociale : – V. C. trav., art. L. 2, L. 1222-14, L. 1225-27, L. 1225-46-1, L. 1225-57, L. 1233-67, L. 1233-68, L. 1233-69, L. 1251-12, L. 1253-1, L. 2122-3-1, L. 2122-10-6, L. 2135-6, L. 2135-9 à L. 2135-18, L. 2143-3, L. 2143-11, L. 2145-2, L. 2145-3, L. 2151-1, L. 2152-1 à L. 2152-7, L. 2241-4, L. 2241-6, L. 2242-15, L. 2261-19, L. 2261-32, L. 2312-5, L. 2314-1, L. 2314-3, L. 2314-3-1, L. 2314-10 à L. 2314-13, L. 2314-20, L. 2314-22, L. 2314-23, L. 2314-31, L. 2322-5, L. 2323-34 à L. 2323-37, L. 2323-41, L. 2324-1, L. 2324-2,

		L. 2324-4, L. 2324-4-1, L. 2324-7, L. 2324-12, L. 2324-13, L. 2324-18, L. 2324-20, L. 2324-21, L. 2325-1, L. 2325-34-1 à L. 2325-34-4, L. 2325-45 à L. 2325-58, L. 2327-7, L. 2327-12, L. 2327-12-1, L. 2327-14-1, L. 2327-16, L. 3123-14-1, L. 3123-14-3, L. 3142-8, L. 3142-9, L. 3142-95, L. 5112-1, L. 5112-2, L. 5121-7, L. 5121-8, L. 5121-14, L. 5121-17, L. 5121-18, L. 5132-5, L. 5132-11-1, L. 5132-15-1, L. 5134-20, L. 5134-23-1, L. 5134-25-1, L. 5134-29, L. 5134-66, L. 5134-71, L. 5134-111, L. 5135-1 à L. 5135-8, L. 5211-2, L. 5211-3, L. 5211-5, L. 5212-11, L. 5214-1 A, L. 5214-1 B, L. 5214-1-1, L. 5214-3, L. 5312-1, L. 5312-12-1, L. 5314-2, L. 6111-1, L. 6111-3, L. 6111-4, L. 6111-5, L. 6111-6, L. 6111-7, L. 6112-1, L. 6121-1 à L. 6121-2-1, L. 6121-4 à L. 6121-7, L. 6123-1 à L. 6123-7, L. 6211-3, L. 6221-2, L. 6222-1, L. 6222-2, L. 6222-7 à L. 6222-12-1, L. 6222-18, L. 6222-22-1, L. 6222-37, L. 6223-8, L. 6224-1, L. 6225-2, L. 6225-3, L. 6225-5, L. 6231-1, L. 6231-4-2, L. 6232-1, L. 6232-2, L. 6232-6 à L. 6232-9, L. 6233-1, L. 6233-1-1, L. 6241-2 à L. 6241-6, L. 6241-8 à L. 6241-11, L. 6241-13, L. 6242-1, L. 6242-2, L. 6242-3-1, L. 6242-4, L. 6242-6 à L. 6242-10, L. 6252-4, L. 6252-6, L. 6252-7-1, L. 6252-8, L. 6252-9, L. 6252-12, L. 6312-1, L. 6313-13, L. 6313-14, L. 6314-1, L. 6314-3, L. 6315-1, L. 6316-1, L. 6321-1, L. 6321-8, L. 6322-21, L. 6322-37, L. 6324-1 à L. 6324-5-1, L. 6324-7, L. 6324-9, L. 6325-2-1, L. 6325-3-1, L. 6325-12, L. 6325-17, L. 6325-24, L. 6326-1, L. 6326-3, L. 6326-4, L. 6331-1, L. 6331-2, L. 6331-8, L. 6331-9 à L. 6331-11., L. 6331-13, L. 6331-14, L. 6331-16 à L. 6331-27, L. 6331-28, L. 6331-30, L. 6331-31, L. 6331-32, L. 6331-55, L. 6331-65, L. 6332-1, L. 6332-1-1, L. 6332-1-2, L. 6332-1-3, L. 6332-3 à L. 6332-3-7, L. 6332-5, L. 6332-6, L. 6332-7, L. 6332-14, L. 6332-15, L. 6332-16-1, L. 6332-19, L. 6332-20, L. 6332-21, L. 6332-22, L. 6332-22-2, L. 6333-1 à L. 6333-8, L. 6341-2, L. 6341-3, L. 6341-5, L. 6341-7, L. 6342-3, L. 6353-1, L. 6355-24, L. 6361-1 à L. 6361-3, L. 6362-1 à L. 6362-4, L. 6362-11, L. 6412-1, L. 6412-2, L. 6422-2, L. 6423-1, L. 6423-2, L. 6521-2, L. 6523-1, L. 6523-6-1, L. 6523-6-2, L. 8211-1. – Art. 10, 27. – V. App. IX, v° *Formation professionnelle*, **p. 3169.** – Art. 33. – V. App. II, v° *Santé, hygiène et sécurité des travailleurs*, **p. 2999.** – V. L. n° 2009-1437 du 24 nov. 2009, art. 48, App. IX, v° *Formation professionnelle*, **p. 3167.** – V. C. éduc., art. L. 214-13, App. IX, v° *Formation professionnelle*, **p. 3159.**
2014	6 mars	Décret n° 2014-294. Conditions d'émission et de validité et utilisation des titres-restaurant. – V. C. trav., art. R. 3262-1, R. 3262-1-1, R. 3262-1-2, R. 3262-2, R. 3262-5, R. 3262-8, R. 3262-10.
2014	11 mars	Loi n° 2014-315. Lutte contre la contrefaçon. – V. CPI, art. L. 521-4-1, L. 615-17, App. I. C, v° *Contrat de travail*, **p. 2832.**
2014	11 mars	Décret n° 2014-324. Droit d'alerte en matière de santé publique et d'environnement dans l'entreprise. – V. C. trav., art. D. 4133-1 à D. 4133-3.

2014	12 mars	Ordonnance n° 2014-326. Prévention des difficultés des entreprises et des procédures collectives : – V. C. trav., art. L. 1222-6, L. 1233-58, L. 1233-60-1, L. 2323-45, L. 2411-1, L. 6222-18. – V. C. com., art. L. 621-4, L. 622-10, L. 622-17, L. 624-1, L. 626-1, L. 631-19, L. 641-13, App. I. B, v° *Contrat de travail*, **p. 2807.**
2014	13 mars	Décret n° 2014-331. Activités prud'homales. – V. C. trav., art. R. 1423-55.
2014	13 mars	Décret n° 2014-332. Indemnisation des conseillers prud'hommes. – V. C. trav., art. D. 1423-65, D. 1423-66, D. 1423-67, D. 1423-72.
2014	20 mars	Décret n° 2014-359. Organisation du système d'inspection du travail. – V. C. trav., art. R. 8121-13 à R. 8121-15, R. 8122-3 à R. 8122-11.
2014	29 mars	Loi n° 2014-384. Reconquête de l'économie réelle : – V. C. trav., art. L. 1233-57-9 à L. 1233-57-22, L. 2323-21, L. 2323-21-1, L. 2323-22-1, L. 2323-23, L. 2323-23-1, L. 2323-25, L. 2323-26-1 A, L. 2323-26-1 B, L. 2323-35, L. 2323-36, L. 2323-38 à L. 2323-40, L. 2323-42, L. 2323-44, L. 2323-45, L. 2325-35, L. 2325-37. – V. C. com., art. L. 225-197-1, App. I. B, v° *Contrat de travail*, **p. 2800.**
2014	24 avr.	Décret n° 2014-423. Application des dispositions relatives à la santé au travail aux travailleurs éloignés. – V. C. trav., art. D. 4625-23 à D. 4625-34.
2014	9 mai	Loi n° 2014-459. Don de jours de repos à un parent d'enfant gravement malade. – V. C. trav., art. L. 1225-65-1, L. 1225-65-2.
2014	9 mai	Ordonnance n° 2014-464. Extension et adaptation à Mayotte du code de l'entrée et du séjour des étrangers et du droit d'asile. – V. CESEDA, art. L. 111-3, L. 313-11, L. 314-9, App. III. B, v° *Étrangers*, **p. 3066.**
2014	14 mai	Convention. Indemnisation du chômage et des textes qui lui sont associés. – V. App. III. C, v° *Chômage*, **p. 3091.**
2014	22 mai	Décret n° 2014-524. Modification des règles relatives à l'organisation et au fonctionnement de Pôle emploi. – V. C. trav., art. D. 1145-6, D. 1145-7, R. 1221-15, R. 1221-17, R. 1234-9, R. 1235-1, R. 1235-4, R. 1251-7, R. 1251-9, R. 1254-3, R. 1254-4, R. 1522-13, R. 5112-17, R. 5112-20, R. 5132-2, R. 5132-10-7, R. 5132-17, R. 5132-28, R. 5134-14, R. 5134-163, R. 5142-1, R. 5212-10, R. 5213-5, R. 5221-43, R. 5221-49, R. 5221-50, R. 5311-1, R. 5311-2, R. 5312-1 à R. 5312-7, R. 5312-16, R. 5312-19 à R. 5312-22, R. 5312-24, R. 5312-25 à R. 5312-31, R. 5322-1, R. 5322-3, R. 5322-6, R. 5323-13, R. 5323-14, R. 5411-1, R. 5411-2, R. 5411-6 à R. 5411-8, R. 5411-10, R. 5411-14, R. 5411-16 à R. 5411-18, R. 5412-1, R. 5412-8, R. 5422-5, R. 5423-15, R. 5423-31 à R. 5423-33, R. 5423-35, R. 5423-36, R. 5424-2, R. 5424-6, R. 5425-14, R. 5426-2, R. 5426-6, R. 5426-7, R. 5426-9, R. 5426-18 à R. 5426-20, R. 5426-23, R. 5426-24, R. 5427-1, D. 5521-8, R. 5521-12, R. 5521-14, R. 5522-60, R. 6341-34, R. 6341-35, R. 6341-37, R. 6342-2, R. 6521-3, D. 6521-10, R. 7122-31.

2014	27 mai	Décret n° 2014-551. Adaptation des dispositions pour faire suite à la fusion de la direction générale des impôts et de la direction générale de la comptabilité publique. – V. C. trav., art. R. 3262-16, R. 3411-1, R. 3423-6, R. 5212-31, R. 5511-1.
2014	27 mai	Décret n° 2014-552. Adaptation des dispositions pour faire suite à la fusion de la direction générale des impôts et de la direction générale des impôts. – V. C. trav., art. D. 1233-41, D. 1233-44, D. 3325-1, D. 3325-2, D. 5427-6, D. 5427-7.
2014	17 juin	Dématérialisation de la déclaration et paiement des cotisations sociales pour les employeurs privés et les travailleurs indépendants ainsi que dématérialisation de la déclaration préalable à l'embauche pour les employeurs privés. – V. C. trav., art. D. 1221-18, D. 1221-19.
2014	18 juin	Loi n° 2014-626. Artisanat, commerce et très petites entreprises. – V. C. trav., art. L. 6331-48, L. 6331-48-1, L. 6331-49, L. 6331-54, L. 6331-54-1, L. 8271-9.
2014	24 juin	Décret n° 2014-670. Durée d'indemnisation des demandeurs d'emploi par le régime d'assurance chômage. – V. C. trav., art. R. 5422-1, R. 5422-2, R. 5424-6.
2014	25 juin	Arrêté. Agrément de la convention du 14 mai 2014 relative à l'indemnisation du chômage et des textes qui lui sont associés. – V. App. III. C, v° *Chômage*, **p. 3091.**
2014	26 juin	Ordonnance n° 2014-699. Simplification et adaptation du droit du travail. – V. C. trav., art. L. 1142-6, L. 1152-4, L. 1153-5, L. 1221-25, L. 1233-45, L. 1233-49, L. 1233-57-4, L. 1233-58, L. 2314-2, L. 2314-3, L. 2314-5, L. 2314-10, L. 2323-7-3, L. 2324-3, L. 2324-4, L. 2324-8, L. 2324-12, L. 7413-3.
2014	27 juin	Décret n° 2014-728. Modalités d'application de la participation financière des départements à l'aide au poste d'insertion en faveur des structures de l'insertion par l'activité économique. – V. C. trav., art. R. 5132-41.
2014	30 juin	Décret n° 2014-740. Dématérialisation de la procédure de recours à l'activité partielle. – V. C. trav., art. R. 5122-2, R. 5122-4, R. 5122-5, R. 5122-20 à R. 5122-26.
2014	1er juill.	Loi n° 2014-743. Procédure applicable devant le conseil de prud'hommes dans le cadre d'une prise d'acte de la rupture du contrat de travail par le salarié. – V. C. trav., art. L. 1451-1.
2014	1er juill.	Décret n° 2014-754. Modification de l'article R. 4228-20 du code du travail. – V. cet art.
2014	2 juill.	Décret n° 2014-753. Dissolution de l'Agence nationale des services à la personne. – V. C. trav., art. R. 1271-8, R. 1271-10, R. 1271-12, R. 1271-17, R. 1271-19 à R. 1271-27, R. 1271-32, D. 7231-2, R. 7232-9, R. 7232-10, R. 7232-12, R. 7232-17, R. 7232-20, R. 7232-21, R. 7232-22.

2014	10 juill.	Loi n° 2014-788. Développement et encadrement des stages et amélioration du statut des stagiaires : – V. C. éduc., art. L. 124-1 à L. 124-20, App. IX, v° *Formation professionnelle*, **p. 3155.** – V. C. trav., art. L. 1221-13, L. 1221-24, L. 1454-5, L. 6241-8-1, L. 8112-2, L. 8223-1-1. – V. CGI, art. 81 *bis*, App. I. D, v° *Salaires*, **p. 2895.**
2014	10 juill.	Loi n° 2014-790. Lutte contre la concurrence déloyale. – V. C. trav., art. L. 1221-15-1, L. 1262-2-1, L. 1262-4-1, L. 1262-4-2, L. 1262-5, L. 1264-1 à L. 1264-3, L. 1265-1, L. 2323-70, L. 3245-2, L. 4231-1, L. 8222-5, L. 8223-4, L. 8224-2, L. 8224-3, L. 8224-5, L. 8234-1, L. 8234-2, L. 8243-1, L. 8243-2, L. 8256-3, L. 8256-7, L. 8271-6-2, L. 8272-2, L. 8272-4, L. 8272-5, L. 8281-1.
2014	11 juill.	Décret n° 2014-798. Diverses dispositions relatives à la médecine du travail. – V. C. trav., art. R. 4152-1, R. 4412-45, R. 4412-48, R. 4451-83, R. 4623-14, R. 4623-15, R. 4623-20, R. 4623-22, R. 4623-24, R. 4623-25-1, R. 4623-25-2, R. 4623-25-3, R. 4623-25-4, R. 4623-25-5, R. 4624-2, R. 4624-37 à R. 4624-45, R. 4624-46 à R. 4624-49, R. 4624-50, R. 4745-1, R. 4745-2, R. 4745-5, R. 4745-6.
2014	11 juill.	Décret n° 2014-799. Diverses dispositions relatives à l'organisation de la médecine du travail. – V. C. trav., art. D. 4153-23, D. 4622-22, D. 4622-29, D. 4622-31, D. 4622-35, D. 4622-37, D. 4622-45, D. 4622-49, D. 4622-51, D. 4644-6.
2014	31 juill.	Loi n° 2014-856. Économie sociale et solidaire : – V. C. trav., art. L. 1233-57-2, L. 1233-57-3, L. 1233-57-21, L. 1272-1, L. 1272-4, L. 3323-3, L. 3323-9, L. 3332-17-1, L. 5134-21, L. 5134-111, L. 7331-1 à L. 7332-7, R. 3323-9, R. 3323-11. – V. C. com., art. L. 141-23 à L. 141-32, L. 23-10-1 à L. 23-10-6, L. 23-10-7 à L. 23-10-12, L. 626-2-1, L. 631-19, App. I. B, v° *Contrat de travail*, **p. 2789.** – Art. 1er, 3, 4, 18, App. III. A, v° *Emploi*, **p. 3052.**
2014	4 août	Loi n° 2014-872. Réforme ferroviaire. – V. C. transp., art. L. 1321-1, L. 1321-3, L. 1321-3-1, L. 1321-9, App. VII. I, v° *Transport*, **p. 3147.**
2014	4 août	Loi n° 2014-873. Égalité réelle entre les femmes et les hommes : – V. C. trav., art. L. 1153-5, L. 1225-4-1, L. 1225-16, L. 1225-48, L. 1225-57, L. 2241-1, L. 2241-3, L. 2241-7, L. 2242-2, L. 2242-5, L. 2242-7, L. 2323-47, L. 2323-57, L. 3142-1, L. 3221-6, L. 4121-3, *L. 6313-1.* – V. CESEDA, art. L. 313-12, L. 314-11, App. III. B, v° *Étrangers*, **p. 3076.** – V. C. pén., art. 222-33-2, App. I. B, v° *Contrat de travail*, **p. 2821.**
2014	8 août	Loi n° 2014-891. Finances rectificative pour 2014. – V. C. trav., art. L. 5423-8, L. 5423-9, L. 5423-11, L. 6241-2 à L. 6241-8-1, L. 6242-1, L. 6242-3-1, L. 6252-4-1.
2014	8 août	Loi n° 2014-892. Financement rectificative de la sécurité sociale pour 2014. – V. CSS, art. L. 241-13, App. III. A, v° *Emploi*, **p. 3008.**

2014	15 août	Loi n° 2014-896. Individualisation des peines et renforcement de l'efficacité des sanctions pénales. – V. C. pén., art. 131-6, App. IV. A, v° *Syndicats professionnels*, **p. 3112.**
2014	18 août	Décret n° 2014-899. Diverses dispositions relatives à l'organisation judiciaire. – V. C. trav., art. R. 1422-4.
2014	18 août	Décret n° 2014-921. Diverses dispositions relatives au droit au séjour et au travail des étrangers. – V. C. trav., art. R. 5221-3.
2014	18 août	Décret n° 2014-926. Composition des commissions consultatives régionales mentionnées aux articles R. 7122-18 et suivants du code du travail. – V. C. trav., art. R. 7122-18, R. 7122-19.
2014	20 août	Décret n° 2014-935. Formations ouvertes ou à distance. – V. C. trav., art. D. 6353-3, D. 6353-4.
2014	20 août	Ordonnance n° 2014-948. Gouvernance et opérations sur le capital des sociétés à participation publique : – V. C. trav., art. L. 2323-64. – V. C. com., art. L. 225-27-1, L. 225-79-2, App. I. B, v° *Contrat de travail*, **p. 2792.**
2014	22 août	Décret n° 2014-965. Missions, composition et fonctionnement du Conseil national de l'emploi, de la formation et de l'orientation professionnelle. – V. C. trav., art. R. 5111-5, D. 5121-2, R. 5121-14, R. 5123-1, R. 5311-3, R. 5422-16, R. 5422-17, D. 6122-2, R. 6123-1 à R. 6123-2-6, R. 6211-6, R. 6222-5, R. 6222-7, R. 6223-28, R. 6233-52, R. 6241-20, R. 6322-19, R. 6332-69, R. 6332-107, R. 6341-2, R. 6341-3, R. 6523-13.
2014	22 août	Décret n° 2014-966. Comité paritaire interprofessionnel national pour l'emploi et la formation. – V. C. trav., art. R. 6123-5.
2014	22 août	Décret n° 2014-967. Fonds paritaire de sécurisation des parcours professionnels. – V. C. trav., art. R. 6332-104-1, R. 6332-106, R. 6332-106-1, R. 6332-106-2, R. 6332-106-3 à R. 6332-106-5, R. 6332-107, D. 6332-107-1.
2014	22 août	Décret n° 2014-968. Contributions des entreprises au titre de la formation professionnelle continue. – V. C. trav., art. R. 6331-2, R. 6331-9 à R. 6331-15, R. 6331-17 à R. 6331-28.
2014	22 août	Décret n° 2014-969. Durée minimale des périodes de professionnalisation et obligation de tutorat d'un salarié en contrat de professionnalisation. - V. C. trav., art. D. 6324-1, D. 6324-1-1, D. 6325-6, D. 6325-10.
2014	28 août	Décret n° 2014-985. Modalités d'affectation des fonds de la taxe d'apprentissage. – V. C. trav., art. R. 6241-3 à R. 6241-7, R. 6241-10, R. 6241-22 à R. 6241-28.
2014	29 août	Décret n° 2014-986. Conditions d'habilitation à collecter les versements des entreprises donnant lieu à exonération de la taxe d'apprentissage et à les reverser. – V. C. trav., art. R. 6242-1, R. 6242-2, R. 6242-4, R. 6242-5 à R. 6242-11, R. 6242-13 à R. 6242-18, R. 6242-21 à R. 6242-23.

2014	10 sept.	Décret n° 2014-1031. Diverses dispositions relatives à l'apprentissage en application de la loi n° 2014-588 du 5 mars 2014. – V. C. trav., art. D. 6211-1, R. 6222-1-1, R. 6222-4, R. 6222-6 à R. 6222-11, R. 6222-15 à R. 6222-17, R. 6222-19, R. 6222-26, R. 6232-1, R. 6232-3, R. 6232-4, R. 6232-10, R. 6232-11, R. 6232-12, R. 6232-14, R. 6232-20, R. 6243-1, R. 6243-2, R. 6243-4.
2014	12 sept.	Décret n° 2014-1045. Information et consultation du comité d'entreprise en matière de formation professionnelle. – V. C. trav., art. D. 2323-5, D. 2323-7.
2014	12 sept.	Décret n° 2014-1046. Majoration de l'aide accordée au titre du contrat de génération. – V. C. trav., art. D. 5121-42.
2014	16 sept.	Décret n° 2014-1055. Missions, composition et fonctionnement du comité régional de l'emploi, de la formation et de l'orientation professionnelles. – V. C. trav., art. R. 2325-8, D. 3341-4, R. 4614-26, R. 4614-27, R. 5112-19 à R. 5112-22, D. 5121-2, R. 5121-14, R. 5134-163, R. 6111-1 à R. 6111-5, R. 6123-3 à R. 6123-3-15, R. 6222-12, R. 6222-13, R. 6232-23, R. 6241-21, R. 6252-7, R. 6341-2, R. 6362-8, R. 6523-15 à R. 6523-26.
2014	2 oct.	Décret n° 2014-1119. Listes de formations éligibles au titre du compte personnel de formation. – V. C. trav., art. R. 6323-8 à R. 6323-11.
2014	2 oct.	Décret n° 2014-1120. Modalités d'alimentation et de mobilisation du compte personnel de formation. – V. C. trav., art. D. 1234-6, R. 6323-1 à R. 6323-7, R. 6331-16.
2014	9 oct.	Décret n° 2014-1155. Gestion du compte personnel de prévention de la pénibilité, modalités de contrôle et traitement des réclamations. – V. C. trav., art. D. 4162-24 à D. 4162-38, R. 5521-11 à R. 5521-14, R. 6521-1 à R. 6523-14.
2014	9 oct.	Décret n° 2014-1156. Acquisition et utilisation des points acquis au titre du compte personnel de prévention de la pénibilité. – V. C. trav., art. R. 4162-1 à R. 4162-23, R. 4162-57.
2014	9 oct.	Décret n° 2014-1157. Fonds de financement des droits liés au compte personnel de prévention de la pénibilité. – V. C. trav., art. D. 4162-39 à D. 4162-56.
2014	9 oct.	Décret n° 2014-1158. Document unique d'évaluation des risques et accords en faveur de la prévention de la pénibilité. – V. C. trav., art. R. 4121-1-1, R. 4163-4 à R. 4163-8, R. 4412-54, R. 4741-1-1.
2014	9 oct.	Décret n° 2014-1159. Exposition des travailleurs à certains facteurs de risque professionnel au-delà de certains seuils de pénibilité et traçabilité. – V. C. trav., art. D. 4121-5 à D. 4121-9, D. 4161-1 à D. 4161-4.
2014	9 oct.	Décret n° 2014-1160. Accords en faveur de la prévention de la pénibilité. – V. C. trav., art. D. 4163-1 à D. 4163-3.
2014	13 oct.	Loi n° 2014-1170. Avenir pour l'agriculture, l'alimentation et la forêt. – V. C. rur., art. L. 712-2 à L. 712-8, L. 718-1, L. 722-2, L. 722-3, App. I. B, v° *Contrat de travail*, **p. 2859**.

2014	24 oct.	Décret n° 2014-1240. Organismes paritaires agréés mentionnés aux articles L. 6332-1, L. 6333-1 et L. 6333-2 du code du travail. – V. C. trav., art. R. 6332-3, R. 6332-5, R. 6332-6, R. 6332-7, R. 6332-9, R. 6332-11, R. 6332-13, R. 6332-16, R. 6332-22-1 à R. 6332-23, R. 6332-25, R. 6332-26, R. 6332-28, R. 6332-28-1, R. 6332-29, R. 6332-30, R. 6332-31, R. 6332-33, R. 6332-35 à R. 6332-37-6, R. 6332-43 à R. 6332-45, R. 6332-63, R. 6332-77-1, R. 6332-78, R. 6332-80, R. 6332-81, R. 6332-83 à D. 6332-87, D. 6332-89 à D. 6332-91, R. 6332-93 à R. 6332-103, R. 6333-1 à R. 6333-15.
2014	31 oct.	Décret n° 2014-1311. Comité paritaire interprofessionnel régional pour l'emploi et la formation. – V. C. trav., art. R. 6123-6, R. 6523-27, R. 6523-28.
2014	3 nov.	Décret n° 2014-1315. Diverses dispositions d'adaptation au droit de l'Union européenne en matière financière et sociétés de financement. – V. C. trav., art. R. 6332-19.
2014	3 nov.	Décret n° 2014-1316. Diverses dispositions d'adaptation au droit de l'Union européenne en matière financière et sociétés de financement. – V. C. trav., art. D. 3324-3.
2014	6 nov.	Ordonnance n° 2014-1335. Adaptation et entrée en vigueur de certaines dispositions du code général des collectivités territoriales, du code général des impôts et d'autres dispositions législatives applicables à la métropole de Lyon. – V. CGCT, art. L. 2333-64, L. 2333-66, L. 2333-67, L. 2333-68, L. 2333-70, L. 2333-71, L. 2333-74, App. II. G, v° *Versement transport*, 🏛.
2014	12 nov.	Décret n° 2014-1354. Mesures relatives à la validation des acquis de l'expérience. – V. C. trav., art. R. 6422-7-1, R. 6422-7-2, R. 6423-1 à R. 6423-5.
2014	13 nov.	Décret n° 2014-1360. Périodes de mise en situation en milieu professionnel. – V. C. trav., art. D. 5132-10-1 à D. 5132-10-4, D. 5132-26-1 à D. 5132-26-4, D. 5134-50-1 à D. 5134-50-3, D. 5134-71-1 à D. 5134-71-3, D. 5135-1 à D. 5135-8.
2014	17 nov.	Décret n° 2014-1371. Déclaration sociale nominative. – V. C. trav., art. R. 1221-18.
2014	18 nov.	Décret n° 2014-1378. Collecte des contributions de la formation professionnelle continue dans les départements d'outre-mer, à Saint-Barthélémy et à Saint-Martin. – V. C. trav., art. D. 6523-2-1 à D. 6523-2-4.
2014	20 nov.	Décret n° 2014-1386. Obligation d'emploi des travailleurs handicapés par l'application d'un accord mentionné à l'article L. 5212-8 du code du travail. – V. C. trav., art. R. 5212-14.
2014	21 nov.	Décret n° 2014-1390. Procédure d'habilitation des organismes chargés d'actions d'insertion et de formation professionnelle. – V. C. trav., art. R. 6121-1 à R. 6121-8.
2014	27 nov.	Décret n° 2014-1420. Encadrement des périodes de formation en milieu professionnel et des stages. – V. C. trav., art. D. 1221-23-1, D. 1221-25.

2014	20 déc.	Loi n° 2014-1545. Simplification de la vie des entreprises, simplification et clarification du droit et des procédures administratives : – V. C. trav., art. L. 1242-2, L. 1242-7, L. 1242-8, L. 1242-8-1, L. 1242-12-1, L. 1243-1, L. 1243-5, L. 2152-1, L. 6243-1-2. – V. CSS, art. L. 241-18, App. I. D, v° *Salaires*, **p. 2904.**
2014	22 déc.	Loi n° 2014-1554. Financement de la sécurité sociale : – V. C. trav., art. L. 1225-28, L. 5427-1, L. 6331-53, L. 8224-2, L. 8234-1, L. 8243-1. – V. C. rur., art. L. 722-20, App. II. B, v° *Durée du travail*, **p. 2918.**
2014	23 déc.	Décret n° 2014-1596. Règles d'organisation, de fonctionnement et les modalités des contrôles de l'Agence nationale de contrôle du logement social. – Art. 1er, App. II. B, v° *Durée du travail*, **p. 2937.**
2014	24 déc.	Décret n° 2014-1609. Barème des saisies et cessions des rémunérations. – V. C. trav., art. R. 3252-2, R. 3252-3.
2014	29 déc.	Loi n° 2014-1653. Programmation des finances publiques pour les années 2014 à 2019. – V. C. trav., art. L. 5422-20, L. 5422-25.
2014	29 déc.	Loi n° 2014-1654. De finances pour 2015 : – V. C. trav., art. L. 5423-25, L. 6241-2, L. 6243-1-1. – V. CGCT, art. L. 2333-66 à L. 2333-71, App. II. G, v° *Versement transport*, 🏛. – Art. 122, App. III. A, v° *Emploi*, **p. 3053.**
2014	29 déc.	Loi n° 2014-1655. De finances rectificatives pour 2014 : – V. C. trav., art. L. 6331-9, L. 6331-38, L. 6331-41, L. 6331-56. – V. CGI, art. 44 *duodecies*, 1383 H, App. III. A, v° *Emploi*, **p. 3014.** – V. CGCT, art. L. 2333-64, L. 2333-69, L. 2333-74, App. II. G, v° *Versement transport*, 🏛.
2014	29 déc.	Décret n° 2014-1688. Mise en œuvre de la réduction générale des cotisations et contributions patronales. – V. CSS, art. D. 241-7, D. 241-10, D. 241-11, App. III. A, v° *Placement et emploi*, **p. 3010.**
2014	30 déc.	Décret n° 2014-1717. Création d'un traitement automatisé de données à caractère personnel dénommé « système d'information du compte personnel de formation » relatif à la gestion des droits inscrits ou mentionnés au compte personnel de formation. – V. C. trav., art. R. 6323-12 à R. 6323-21.
2014	30 déc.	Décret n° 2014-1718. Contribution au fonds institué par l'article L. 2135-9 du code du travail. – V. C. trav., art. D. 2135-34.
2014	31 déc.	Décret n° 2014-1767. Commission de la carte d'identité des journalistes professionnels. – V. C. trav., art. R. 7111-14, R. 7111-31-1.
2015	26 janv.	Décret n° 2015-60. Entreprises adaptées et centres de distribution de travail à domicile. – V. C. trav., art. R. 5213-62, R. 5213-63, R. 5213-64, R. 5213-65, R. 5213-68, R. 5213-74, R. 5213-75, D. 5213-81.
2015	26 janv.	Convention. Contrat de sécurisation professionnelle. – V. App. III. A, v° *Placement et emploi*, **p. 3054.**

2015	28 janv.	Décret n° 2015-87. Financement mutualisé des organisations syndicales de salariés et des organisations professionnelles d'employeurs. – V. C. trav., art. R. 2135-10 à D. 2135-31, R. 6332-35-1.
2015	29 janv.	Ordonnance n° 2015-82. Simplification et sécurisation des modalités d'application des règles en matière de temps partiel issues de la loi n° 2013-504 du 14 juin 2013 relative à la sécurisation de l'emploi. – V. C. trav., art. L. 3123-8, L. 3123-14-1, L. 3123-14-6.
2015	10 févr.	Décret n° 2015-151. Diverses dispositions relatives à la taxe d'apprentissage. – V. C. trav., art. R. 6241-1, R. 6241-5, D. 6241-8, D. 6241-9, R. 6241-18, R. 6241-19, R. 6241-19-1 à R. 6241-22, R. 6241-26, R. 6242-12, R. 6261-1, R. 6261-13, D. 6522-1, D. 6522-3.
2015	11 févr.	Décret n° 2015-159. Dispositions relatives à la défense nationale. – V. C. trav., art. R. 4451-1, R. 4451-36, R. 4451-77, R. 4451-94, R. 4451-98, R. 4451-128.
2015	13 févr.	Décret n° 2015-172. Socle de connaissances et de compétences professionnelles. – V. C. trav., art. D. 6113-1 à D. 6113-5.
2015	25 févr.	Décret n° 2015-214. Subvention spécifique en entreprise adaptée et centre de distribution de travail à domicile. – V. C. trav., art. D. 5213-77 à D. 5213-79.
2015	3 mars	Décret n° 2015-249. Dispositions relatives au contrat de génération. – V. C. trav., art. R. 5121-30, R. 5121-32, R. 5121-41, D. 5121-44, R. 5121-45, R. 5121-52.
2015	3 mars	Décret n° 2015-254. Fonds d'assurance formation des chefs d'entreprise exerçant une activité artisanale et conseils de la formation institués auprès des chambres de métiers et de l'artisanat de région, des chambres régionales de métiers et de l'artisanat et de la chambre de métiers et de l'artisanat de Mayotte. – V. C. trav., art. R. 6331-55, R. 6331-57 à R. 6331-59, R. 6331-61, R. 6331-62, R. 6331-63-1 à R. 6331-63-12.
2015	4 mars	Décret n° 2015-259. Fiche de prévention des expositions des salariés temporaires. – V. C. trav., art. R. 4161-5, R. 4161-6.
2015	5 mars	Décret n° 2015-262. Création de la sous-commission de la restructuration des branches professionnelles de la Commission nationale de la négociation collective. – V. C. trav., art. R. 2272-10, R. 2272-12.
2015	11 mars	Décret n° 2015-282. Simplification de la procédure civile à la communication électronique et à la résolution amiable des différends. – V. C. pr. civ., art. 58, App. V, v° *Conflits du travail*, **p. 3121.**
2015	23 mars	Décret n° 2015-326. Seuil en dessous duquel la rémunération portée sur le chèque emploi-service universel inclut une indemnité compensatrice de congés payés dont le montant est égal à un dixième de la rémunération brute. – V. C. trav., art. D. 1271-5, D. 1271-5-1.
2015	25 mars	Avenant n° 1. Modification du règlement général annexé à la convention d'assurance chômage du 14 mai 2014. – V. Régl. du 14 mai 2014, art. 21, 26, 35, 36, 42, App. I. C, v° *Chômage*, **p. 3101.**

2015	25 mars	Avenant n° 2. Modification de la convention d'assurance chômage du 14 mai 2014. – V. Conv. du 14 mai 2014, art. 3, App. I. C, v° *Chômage*, **p. 3092.**
2015	26 mars	Ordonnance n° 2015-333. Diverses mesures de simplification et d'adaptation dans le secteur touristique. – V. C. tourisme, art. L. 411-1, L. 411-2, L. 411-5, L. 411-7 à L. 411-10, L. 411-12, L. 411-14, App. II. C, v° *Congés*, **p. 2948.**
2015	27 mars	Décret n° 2015-357. Comptes des comités d'entreprise et des comités interentreprises. – V. C. trav., art. R. 2323-28, R. 2323-33, R. 2323-37, R. 2323-38, R. 2323-41-1 à R. 2323-41-4, R. 2325-1, R. 2325-13, R. 2325-15, R. 2325-17 à R. 2325-20, R. 2327-4.
2015	27 mars	Décret n° 2015-358. Transparence des comptes des comités d'entreprise. – V. C. trav., art. D. 2325-4-1, D. 2325-9 à D. 2325-12, D. 2325-14, D. 2325-16, D. 2327-4-1 à D. 2327-4-4.
2015	30 mars	Décret n° 2015-364. Lutte contre les fraudes au détachement de travailleurs et lutte contre le travail illégal. – V. C. trav., art. D. 1221-24, D. 1221-24-1, R. 1227-7, R. 1262-8-1, R. 1262-19, R. 1263-1, R. 1263-2-1 à R. 1263-7, R. 1263-9, R. 1263-10, R. 1263-12, R. 1264-1, D. 1265-1, R. 3245-1 à R. 3245-4, R. 4231-1 à R. 4231-4, R. 8115-1 à R. 8115-5, R. 8222-1, D. 8223-4, D. 8233-1, R. 8242-1, D. 8254-1, D. 8255-1, R. 8272-8, R. 8272-10, R. 8281-1 à R. 8282-1, R. 8322-2.
2015	31 mars	Loi n° 2015-366. Facilitation de l'exercice, par les élus locaux, de leur mandat : – V. C. trav., art. L. 3142-56. – V. CGCT, art. L. 2123-9, App. I. B, v° *Contrat de travail*, **p. 2863.**
2015	2 avr.	Ordonnance n° 2015-380. Portage salarial. – Ratifiée par L. n° 2016-1088 du 8 août 2016, art. 85. – V. C. trav., art. L. 1251-64, L. 1254-1 à L. 1254-31, L. 2314-17-1, L. 2314-18-2, L. 2323-17, L. 2324-16-1, L. 2324-17-2, L. 3322-4-1, L. 3342-1, L. 8241-1.
2015	17 avr.	Décret n° 2015-443. Procédure de dérogation prévue à l'article L. 4153-9 du code du travail pour les jeunes âgés de moins de dix-huit ans : – V. C. trav., art. R. 4153-39 à R. 4153-45. – V. C. rur., art. R. 715-1 à R. 715-3, App. II. A, v° *Âge d'admission au travail*, **p. 2910.**
2015	17 avr.	Décret n° 2015-444. Modification des articles D. 4153-30 et D. 4153-31 (travail en hauteur des jeunes âgés de moins de 18 ans). – V. ces art.
2015	23 avr.	Décret n° 2015-466. Prise en charge des stagiaires de la formation professionnelle. – V. C. trav., art. R. 6341-2 à R. 6341-4, D. 6341-26, R. 6341-27, R. 6341-29, R. 6341-30, R. 6341-49, R. 6341-51.
2015	29 avr.	Décret n° 2015-495. Habilitation des aides à domicile à pratiquer les aspirations endo-trachéales. – V. C. trav., art. D. 7231-1.

2015	15 mai	Décret n° 2015-536. Fixation du contingent de médailles militaires pour la période du 1er janvier 2015 au 31 décembre 2017. – V. Décr. n° 2008-76 du 24 janv. 2008, art. 1er, App. VII, v° *Régimes spéciaux*, **p. 3124.**
2015	27 mai	Décret n° 2015-574. Modification de la composition du Conseil national de l'emploi, de la formation et de l'orientation professionnelles. – V. C. trav., art. R. 6123-1-8, R. 6123-1-9.
2015	2 juin	Décret n° 2015-598. Application de certaines dispositions du code des transports aux gens de mer. – V. Décr. n° 67-690 du 7 août 1967, art. 4, App. VII. E, v° *Marine marchande*, **p. 3136.**
2015	2 juin	Décret n° 2015-600. Suppression des dispositions réglementaires relatives à la déclaration fiscale des employeurs en matière de formation professionnelle. – V. C. trav., art. R. 6331-29 à R. 6331-35.
2015	3 juin	Décret n° 2015-612. Transposition de la directive 2014/27/UE du Parlement européen et du Conseil du 26 février 2014 et modification du code du travail afin de l'aligner sur le règlement (CE) n° 1272/2008 du Parlement européen et du Conseil du 16 décembre 2008 relatif à la classification, à l'étiquetage et à l'emballage des substances et des mélanges. – V. C. trav., art. R. 4411-1-1, R. 4411-2 à R. 4411-6, R. 4411-69 à R. 4411-72, R. 4411-74 à R. 4411-82, R. 4412-3, R. 4412-6, R. 4412-39-1, R. 4412-60.
2015	3 juin	Décret n° 2015-613. Transposition de la directive 2014/27/UE du Parlement européen et du Conseil du 26 févr. 2014 et modification du code du travail afin de l'aligner sur le règlement (CE) n° 1272/2008 du Parlement européen et du Conseil du 16 décembre 2008 relatif à la classification, à l'étiquetage et à l'emballage des substances et des mélanges. – V. C. trav., art. D. 4152-10, D. 4153-17.
2015	10 juin	Décret n° 2015-654. Mise en œuvre de la réforme de la représentativité patronale. – V. C. trav., art. R. 2151-1 à R. 2152-18, R. 2261-1-1, R. 2261-1-2.
2015	10 juin	Décret n° 2015-655. Établissements assujettis à l'obligation d'emploi des travailleurs handicapés en application des articles L. 5212-2 et L. 5212-3 du code du travail. – V. C. trav., art. R. 5212-1.
2015	18 juin	Ordonnance n° 2015-682. Simplification des déclarations sociales des employeurs : – V. C. trav., art. L. 1271-1 à L. 1271-3, L. 1271-6, L. 1271-7 à L. 1271-9, L. 1272-1 à L. 1272-3, L. 1272-5, L. 1273-1, L. 1273-2, L. 1273-4, L. 1273-7, L. 1522-1, L. 1522-2 nouv. à L. 1522-4 nouv. – V. C. rur., art. L. 712-8, App. I. B, v° *Contrat de travail*, **p. 2860.**
2015	23 juin	Décret n° 2015-719. Agrément « entreprise solidaire d'utilité sociale ». – V. C. trav., art. R. 3332-21-1, D. 3332-21-2, R. 3332-21-3, R. 3332-21-5.
2015	24 juin	Décret n° 2014-731. Formalités administratives nécessaires à l'exercice de l'activité économique des personnes relevant du régime prévu à l'article L. 133-6-8 du code de la sécurité sociale. – V. C. trav., art. R. 5141-29.

2015	24 juin	Décret n° 2015-742. Système d'information sur l'offre de formation professionnelle. – V. C. trav., art. R. 6111-1 à R. 6111-4.
2015	24 juin	Décret n° 2015-753. Missions des fonds d'assurance formation de non-salariés et rémunération des stagiaires de la formation professionnelle. – V. C. trav., art. R. 6332-64.
2015	24 juin	Décret n° 2015-754. Allocation temporaire d'attente. – V. C. trav., art. R. 5423-18, R. 5423-20, R. 5423-21, R. 5423-30, R. 5423-30-1.
2015	29 juin	Décret n° 2015-773. Création d'une aide en faveur des très petites entreprises embauchant des jeunes apprentis. – V. C. trav., App. III. A, v° *Emploi*, **p. 3062.**
2015	29 juin	Décret n° 2015-789. Risque d'exposition à l'amiante. – V. C. trav., art. R. 4412-98, R. 4412-110.
2015	30 juin	Décret n° 2015-790. Qualité des actions de la formation professionnelle continue. – V. C. trav., art. R. 6316-1 à R. 6316-5, R. 6332-24, R. 6332-26-1, R. 6332-31, R. 6333-8.
2015	3 juill.	Décret n° 2015-806. Aide à l'embauche d'un premier salarié. – V. C. trav., App. III. A, v° *Emploi*, **p. 3063.**
2015	27 juill.	Décret n° 2015-918. Conventions et accords collectifs des gens de mer et composition et fonctionnement de la Commission nationale de la négociation collective maritime. – V. C. trav. ancien, art. R. 742-1 à R. 742-6.
2015	27 juill.	Décret n° 2015-922. Détermination des droits à l'allocation d'assurance chômage. – V. C. trav., art. R. 5422-2.
2015	29 juill.	Loi n° 2015-925. Réforme du droit d'asile : – V. C. trav., art. L. 5223-1, L. 5223-3, L. 5223-4, L. 5423-8, L. 5423-9, L. 5423-11. – V. CESEDA, art. L. 311-4, L. 311-8-1, L. 313-11, L. 313-13, L. 314-11, App. III. B, v° *Étrangers*, **p. 3067.**
2015	30 juill.	Agrément de l'avenant du 25 mars 2015 modifiant l'article 3 de la convention du 14 mai 2014 relative à l'indemnisation du chômage, les articles 21, 26, 35, 36 et 42 du règlement général annexé à la convention du 14 mai 2014. – V. Conv. 14 mai 2014, art. 3 et Règl. gén. 14 mai 2014, art. 21, 26, 35, 36, 42, App. III. C, v° *Chômage*, **p. 3091.**
2015	31 juill.	Décret n° 2015-968. Missions et fonctionnement de l'Agence nationale pour l'amélioration des conditions de travail. – V. C. trav., art. R. 4642-1 à R. 4642-10.
2015	5 août	Loi n° 2015-988. Mise en accessibilité des établissements recevant du public, des transports publics, des bâtiments d'habitation et de la voirie pour les personnes handicapées et visant à favoriser l'accès au service civique pour les jeunes en situation de handicap. – V. C. trav., art. L. 4142-3-1.
2015	6 août	Loi n° 2015-990. Pour la croissance, l'activité et l'égalité des chances économiques : – V. C. trav., art. L. 1233-4, L. 1233-4-1, L. 1233-5, L. 1233-53, L. 1233-58, L. 1233-66 à L. 1233-69, L. 1235-1, L. 1235-16,

		L. 1242-2, L. 1251-6, L. 1262-2-2, L. 1262-3, L. 1262-4, L. 1262-4-1, L. 1262-4-3, L. 1262-5, L. 1263-3 à L. 1263-7, L. 1264-1 à L. 1264-3, L. 1421-2, L. 1423-3, L. 1423-8, L. 1423-9, L. 1423-10-1, L. 1423-12, L. 1423-13, L. 1442-1, L. 1442-2 nouv., L. 1442-11 nouv., L. 1442-13 nouv. à L. 1442-14 nouv., L. 1442-16 nouv. à L. 1442-16-2, L. 1453-2 nouv., L. 1453-4 nouv. à L. 1453-9, L. 1454-1 à L. 1454-2, L. 1454-4, L. 2314-11, L. 2314-20, L. 2314-24, L. 2314-31, L. 2316-1, L. 2323-4, L. 2324-13, L. 2324-18, L. 2324-22, L. 2327-7, L. 2328-1, L. 2328-2, L. 2335-1, L. 2346-1, L. 2355-1, L. 2365-1, L. 2375-1, L. 2411-1, L. 2411-24, L. 2412-1, L. 2412-15, L. 2413-1, L. 2414-1, L. 2421-2, L. 2439-1, L. 3122-29-1, L. 3132-13, L. 3132-21, L. 3132-24 à L. 3132-26-1, L. 3132-27-1, L. 3132-27-2, L. 3132-29, L. 3142-7, L. 3312-2, L. 3312-5, L. 3312-8, L. 3312-9, L. 3314-9, L. 3315-2, L. 3322-2, L. 3322-3, L. 3322-9, L. 3324-10, L. 3324-12, L. 3332-3, L. 3332-10, L. 3332-14, L. 3332-17, L. 3333-7, L. 3334-2, L. 3334-6, L. 3334-8, L. 3334-11, L. 3341-6, L. 3341-7, L. 3346-1, L. 4614-8, L. 4742-1, L. 5125-1, L. 5125-2, L. 5125-5, L. 5131-8, L. 5134-1 à L. 5134-19, L. 5141-1, L. 5212-6, L. 5212-7, L. 5212-7-1, L. 5421-1, L. 5422-1, L. 5522-22, L. 6332-6, L. 8113-2-1, L. 8224-3, L. 8234-1, L. 8243-1, L. 8256-3, L. 8272-2, L. 8291-1, L. 8291-2. – V. C. com., art. L. 141-23, L. 141-25 à L. 141-28, L. 141-30 à L. 141-32, L. 225-22-1, L. 225-27-1, L. 225-79-1, L. 225-79-2, L. 225-102, L. 225-197-1, L. 23-10-1, L. 23-10-3, L. 23-10-4 à L. 23-10-6, L. 23-10-7, L. 23-10-9 à L. 23-10-12, L. 621-4, L. 631-19-2, L. 661-1, App. I. B, v° *Contrat de travail*, **p. 2803.** – V. C. civ., art. 2064, App. I. B, v° *Contrat de travail*, **p. 2788.** – V. CPI, art. L. 611-7, App. I. B, v° *Contrat de travail*, **p. 2828.** – V. CGI, art. 80 *quaterdecies*, App. I. D, v° *Salaires*, **p. 2893.** – V. L. n° 73-548 du 27 juin 1973, art. 1er, App. II. D, v° *Santé, hygiène et sécurité des travailleurs*, **p. 2960.** – V. L. n° 2014-856 du 31 juill. 2014, art. 18, App. III. A, v° *Emploi*, **p. 3053.** – V. C. transports, art. L. 1331-1 à L. 1331-9, App. VII. I, v° *Transports*, **p. 3152.**
2015	7 août	Loi n° 2015-991. Nouvelle organisation territoriale de la République : – V. C. trav., art. L. 5141-5, L. 5311-3, L. 5311-3-1, L. 5312-3, L. 5312-4, L. 5312-11, L. 5522-21, L. 6123-3, L. 6123-4, L. 6123-4-1, L. 8221-6. – V. CGCT, art. L. 2333-64, L. 2333-68, App. II. G, v° *Versement transport*, 🏛. – V. C. éduc., art. L. 214-13, App. X, v° *Formation professionnelle*, **p. 3159.**
2015	17 août	Loi n° 2015-992. Transition énergétique pour la coirssance verte. – V. C. trav., art. L. 3261-3-1, L. 4451-2, L. 6313-1, L. 6313-15.
2015	17 août	Loi n° 2015-994. Dialogue social et emploi : – V. C. trav., art. L. 1142-2-1, L. 1143-1, L. 1221-7, L. 1226-12, L. 1233-30, L. 1233-33, L. 1233-57-3, L. 1233-58, L. 1242-8, L. 1243-2, L. 1243-13, L. 1244-3, L. 1251-12, L. 1251-28, L. 1251-35, L. 1251-36, L. 1254-12, L. 1254-17, L. 2122-6-1, L. 2135-7, L. 2135-11, L. 2141-5, L. 2141-5-1, L. 2141-13, L. 2143-16-1,

		L. 2151-1, L. 2152-1, L. 2152-2, L. 2152-6, L. 2232-21 à L. 2232-24, L. 2232-28, L. 2232-29, L. 2242-1, L. 2242-2, L. 2242-5 à L. 2242-20, L. 2243-1, L. 2243-2, L. 2261-32, L. 2313-7-1, L. 2313-12, L. 2313-14, L. 2314-7, L. 2314-11, L. 2314-24-1, L. 2314-24-2, L. 2314-25, L. 2322-2, L. 2322-7, L. 2323-1 à L. 2323-67, L. 2324-6, L. 2324-10, L. 2324-13, L. 2324-22-1, L. 2324-22-2, L. 2324-23, L. 2325-5-1, L. 2325-14, L. 2325-14-1, L. 2325-20, L. 2325-26, L. 2325-34, L. 2325-35, L. 2325-37, L. 2325-38, L. 2326-1, L. 2326-2, L. 2326-2-1, L. 2326-3 à L. 2326-9, L. 2327-2, L. 2327-13-1, L. 2327-15, L. 2328-2, L. 2332-1, L. 2332-2, L. 2334-2, L. 2341-12, L. 2353-27-1, L. 2391-1 à L. 2394-1, L. 23-101-1, L. 23-101-2, L. 23-111-1 à L. 23-115-1, L. 2411-1, L. 2411-25, L. 2412-1, L. 2412-16, L. 2421-2, L. 2421-8-1, L. 2422-1, L. 243-10-1, L. 2622-3, L. 3121-24, L. 3142-8, L. 3164-2, L. 3252-3, L. 3312-7, L. 3341-6, L. 4161-1, L. 4161-2, L. 4161-3, L. 4162-2, L. 4162-3, L. 4162-11 à L. 4162-13, L. 4162-16, L. 4162-20, L. 4611-1, L. 4611-3, L. 4612-8, L. 4612-8-1, L. 4612-8-2, L. 4612-9, L. 4612-10, L. 4613-1, L. 4613-2, L. 4614-2, L. 4614-11-1, L. 4614-12, L. 4614-12-1, L. 4616-1, L. 4616-3, L. 4616-6, L. 4622-2, L. 4622-3, L. 4624-1, L. 4624-3 à L. 4624-5, L. 4641-1 à L. 4641-4, L. 5121-10, L. 5121-20, L. 5132-3-1, L. 5132-5, L. 5132-11-1, L. 5132-15-1, L. 5134-23-1, L. 5134-25-1, L. 5134-30-2, L. 5134-67-1, L. 5134-69-1, L. 5134-70-1, L. 5134-72-2, L. 5424-22, L. 5424-23, L. 6112-4, L. 6122-1, L. 6123-1, L. 6222-5-1, L. 6222-18, L. 6241-8, L. 6243-1-1, L. 6325-1 à L. 6325-2, L. 6332-16, L. 6523-1. – V. C. com., art. L. 141-28, L. 141-31, L. 225-27-1, L. 225-30-2, L. 225-79-2, L. 23-10-7, L. 23-10-11, App. I. B, v° *Contrat de travail*, **p. 2790.** – Art. 56. – V. App. I. B, v° *Contrat de travail*, **p. 2887.** – V. CSS, art. L. 241-13, App. III. A, v° *Emploi*, **p. 3005.**
2015	17 août	Décret n° 2015-998. Groupements d'employeurs pour l'insertion et la qualification. – V. C. trav., art. D. 1253-45 à D. 1253-49, D. 6325-19-1, D. 6325-23.
2015	28 août	Décret n° 2015-1093. Modalités de dépôt du contrat de professionnalisation. – V. C. trav., art. D. 6325-1, D. 6325-2, D. 6325-5.
2015	21 sept.	Décret n° 2015-1166. Application de la loi n° 2015-925 du 29 juillet 2015 relative à la réforme du droit d'asile. – V. C. trav., art. R. 5223-1, R. 5423-18, R. 5423-19, R. 5423-31 à R. 5423-37.
2015	23 sept.	Décret n° 2015-1173. Application des dispositions de la loi n° 2015-990 du 6 août 2015 pour la croissance, l'activité et l'égalité des chances économiques relatives aux exceptions au repos dominical dans les commerces de détail situés dans certaines zones géographiques. – V. C. trav., art. R. 3132-16, R. 3132-17, R. 3132-19 à R. 3132-20-1, R. 3132-21-1.
2015	28 sept.	Décret n° 2015-1192. Modification de la composition du conseil d'administration de Pôle emploi. – V. C. trav., art. R. 5312-7.

2015	7 oct.	Ordonnance n° 2015-1248. Adaptation du code rural et de la pêche maritime au droit de l'Union européenne. – V. CSS, art. L. 241-13, App. II. A, v° *Placement et emploi*, **p. 3005.**
2015	9 oct.	Décret n° 2015-1264. Inscription par voie électronique sur la liste des demandeurs d'emploi. – V. C. trav., art. R. 5221-47, R. 5221-49, R. 5221-50, R. 5411-2, R. 5411-3, R. 5411-5, R. 5411-14.
2015	21 oct.	Décret n° 2015-1327. Diffusion sur un site internet de condamnations prononcées pour travail illégal. – V. C. trav., art. R. 1263-1, R. 1263-12, D. 1265-1, R. 4231-4, R. 8211-1 à R. 8211-8, D. 8223-4, R. 8242-1.
2015	26 oct.	Décret n° 2015-1359. Encadrement du recours aux stagiaires par les organismes d'accueil : – V. C. trav., art. R. 1221-26, R. 8113-3-1, R. 8115-6, R. 8322-2. – V. C. éduc., art. R. 124-10 à R. 124-13, App. IX, v° *Formation professionnelle*, **p. 3158.**
2015	27 oct.	Décret n° 2015-1363. Coopératives d'activité et d'emploi et entrepreneurs salariés. – V. C. trav., art. R. 7331-1 à R. 7331-12.
2015	30 oct.	Décret n° 2015-1378. Obligation de rechercher un repreneur en cas de projet de fermeture d'un établissement. – V. C. trav., art. R. 1233-15 à R. 1233-15-2.
2015	5 nov.	Décret n° 2015-1435. Durée minimale de travail en atelier et chantier d'insertion, et diverses mesures relatives à l'insertion par l'activité économique. – V. C. trav., art. R. 5132-8, R. 5132-10-7, R. 5132-25, R. 5132-40, R. 5132-43-5 à R. 5132-43-7, R. 5134-34.
2015	9 nov.	Arrêté. Agrément d'accords d'assurance chômage. – V. Règl. gén. 14 mai 2014, art. 26, 40, App. III. C, v° *Chômage*, **p. 3103.**
2015	24 nov.	Décret n° 2015-1525. Certification et publicité des comptes des syndicats professionnels de salariés et d'employeurs. – V. C. trav., art. D. 2135-8, D. 2135-9.
2015	27 nov.	Loi n° 2015-1541. Protection et sécurisation juridique et sociale des sportifs de haut niveau : – V. C. trav., art. L. 2323-85, L. 6222-2, L. 6222-40, L. 6222-41, L. 6324-1. – V. C. sport, art. L. 211-5, L. 222-2 à L. 222-2-10, L. 222-3, L. 222-4, App. VII. G, v° *Sportifs professionnels*, 🏛.
2015	27 nov.	Conseil constitutionnel, décision n° 2015-500 QPC. – V. C. trav., art. L. 4614-13.
2015	3 déc.	Ordonnance n° 2015-1578. Suppression du contrat d'accès à l'emploi et du contrat d'insertion par l'activité, et extension et adaptation du contrat initiative-emploi à la Guadeloupe, à la Guyane, à La Martinique, à la Réunion, à Saint-Barthélemy, à Saint-Martin et à Saint-Pierre-et-Miquelon. – V. C. trav., art. L. 1111-3, L. 1521-2-1, L. 5522-2-1, L. 5522-2-2.
2015	3 déc.	Décret n° 2015-1579. Suspension temporaire de la réalisation de prestations de services internationales illégales et compétence des agents de

		contrôle de l'inspection du travail des services déconcentrés. – V. C. trav., art. R. 1263-11-1 à R. 1263-11-7, R. 8115-2, R. 8115-5, R. 8122-8, R. 8122-9.
2015	4 déc.	Décret n° 2015-1588. Organisation et fonctionnement des services de santé au travail des établissements publics de santé, sociaux et médico-sociaux. – V. C. trav., art. D. 4626-2 à D. 4626-8, R. 4626-11 à R. 4626-35.
2015	7 déc.	Décret n° 2015-1606. Application des dispositions de la loi n° 2015-990 du 6 août 2015 relatives à l'épargne salariale. – V. C. trav., art. D. 3313-7-1, D. 3313-9, D. 3313-11, R. 3313-12, D. 3313-13, R. 3322-1, D. 3323-8, R. 3324-21-1, D. 3324-21-2, D. 3324-25, D. 3324-33, D. 3324-35, D. 3324-37, D. 3324-38, D. 3324-40, R. 3332-4, R. 3332-13-1, R. 3333-6, R. 3334-1-1, R. 3334-1-2, R. 3334-3, D. 3334-3-2, R. 3341-5, R. 3341-6.
2015	8 déc.	Loi n° 2015-1592. Consolidation et clarification de l'organisation de la manutention dans les ports maritimes. – V. C. transp., art. L. 5343-1 à L. 5343-4, L. 5343-6 à L. 5343-7-1, App. VII, v° *Gens de mer*, 🏛.
2015	10 déc.	Ordonnance n° 2015-1628. Garanties consistant en une prise de position formelle, opposable à l'administration, sur l'application d'une norme à la situation de fait ou au projet du demandeur. – V. C. trav., art. L. 2242-9-1, L. 5212-5-1.
2015	10 déc.	Décret n° 2015-1616. Régions académiques. – V. C. trav., art. R. 6123-3-3, R. 6123-3-10, R. 6251-16.
2015	10 déc.	Décret n° 2015-1637. Périmètre d'application des critères d'ordre des licenciements pour les entreprises soumises à l'obligation d'établir un plan de sauvegarde de l'emploi. – V. C. trav., art. D. 1233-2.
2015	10 déc.	Décret n° 2015-1638. Procédure de reclassement interne hors du territoire national en cas de licenciements pour motif économique. – V. C. trav., art. D. 1233-2-1.
2015	15 déc.	Décret n° 2015-1674. Délégué de bord sur les navires. – V. C. trav., art. R. 742-8-11, App. I. B, v° *Contrat de travail*, **p. 2850.**
2015	17 déc.	Ordonnance n° 2015-1682. Simplification de certains régimes d'autorisation préalable et de déclaration des entreprises et des professionnels. – V. C. trav., art. L. 5321-3, L. 7121-10.
2015	21 déc.	Loi n° 2015-1702. De financement de la sécurité sociale pour 2016 : – V. C. trav., art. L. 1226-1, L. 2242-5-1, L. 3252-5, L. 5141-1, L. 5427-1, L. 6331-53, L. 8271-6-3. – V. L n° 2013-504 du 14 juin 2013, art. 1er, App. I. C, v° *Conventions et accords collectifs*, **p. 2892.**
2015	21 déc.	Décret n° 2015-1709. Prime d'activité. – V. C. trav., art. R. 3252-3, R. 3252-5.
2015	21 déc.	Décret n° 2015-1710. Prime d'activité. – V. C. trav., art. D. 5132-41, D. 5134-41, D. 5134-64.

2015	21 déc.	Décret n° 2015-1722. Suppression du contrat d'accès à l'emploi et du contrat d'insertion par l'activité, et extension et adaptation du contrat initiative-emploi à la Guadeloupe, à la Guyane, à la Martinique, à la Réunion, à Saint-Barthélémy, à Saint-Martin et à Saint-Pierre-et-Miquelon. – V. C. trav., art. R. 5522-12 à R. 5522-15, R. 5522-68, R. 5522-79.
2015	21 déc.	Décret n° 2015-1723. Suppression du contrat d'accès à l'emploi et du contrat d'insertion par l'activité, et extension et adaptation du contrat initiative-emploi à la Guadeloupe, à la Guyane, à la Martinique, à la Réunion, à Saint-Barthélémy, à Saint-Martin et à Saint-Pierre-et-Miquelon. – V. C. trav., art. D. 5134-1, D. 5134-64, D. 5521-5, D. 5522-16.
2015	23 déc.	Décret n° 2015-1749. Financement des formations dans le cadre du contrat de sécurisation professionnelle par les organismes paritaires collecteurs agréés et les entreprises. – V. C. trav., art. D. 1233-49 à D. 1233-51.
2015	24 déc.	Décret n° 2015-1761. Indemnisation des conseillers prud'hommes résidant à Saint-Martin ou à Saint-Barthélemy et siégeant au conseil de prud'hommes de Basse-Terre. –– V. C. trav., art. R. 1523-6.
2015	28 déc.	Loi n° 2015-1776. Adaptation de la société au vieillissement : – V. C. trav., art. L. 1271-1, L. 1271-2, L. 1271-7, L. 1271-15-1, L. 1271-16, L. 7232-1-2, L. 7232-2, L. 7232-4, L. 7232-5. – V. L. n° 2008-496 du 27 mai 2008, art. 1er, App. I. B, v° *Contrat de travail*, **p. 2881.**
2015	29 déc.	Loi n° 2015-1785. De finances pour 2016. – V. C. trav., art. L. 5423-6, L. 5423-12, L. 6121-3, L. 6122-2, L. 6331-2, L. 6331-8, L. 6331-9, L. 6331-15, L. 6331-17, L. 6331-33, L. 6331-38, L. 6331-53, L. 6331-55, L. 6331-63, L. 6331-64, L. 6332-3-1, L. 6332-3-4, L. 6332-6, L. 6332-15, L. 6332-21.
2015	29 déc.	Loi n° 2015-1786. De finances rectificatives pour 2016 : – V. C. trav., art. L. 3261-3-1. – V. CGI, art. 81, App. I. D, v° *Salaires*, **p. 2894.**
2015	29 déc.	Décret n° 2015-1863. Traitements de données à caractère personnel destinés à la mise en œuvre de la prime d'activité. – V. C. trav., art. R. 5312-32 à R. 5312-34.
2015	30 déc.	Décret n° 2015-1842. Barème des saisies et cessions des rémunérations. – V. C. trav., art. R. 3252-2, R. 3252-3.
2015	30 déc.	Décret n° 2015-1885. Simplification du compte personnel de prévention de la pénibilité. – V. C. trav., art. R. 4121-1-1, R. 4161-6, R. 4162-1, R. 4162-2, R. 4162-26, R. 4162-27, R. 4162-33, R. 4162-35, R. 4162-57, R. 4412-54, R. 4741-1-1.
2015	30 déc.	Décret n° 2015-1886. Portage salarial. – V. C. trav., art. D. 1254-1 à D. 1254-5.
2015	30 déc.	Décret n° 2015-1887. Congé de formation économique, sociale et syndicale. – V. C. trav., art. R. 3142-1, R. 3142-2, R. 3142-5-1, R. 3142-5-2, D. 3142-5-3.

2015	30 déc.	Décret n° 2015-1888. Simplification du compte personnel de prévention de la pénibilité et modification de certains facteurs et seuils de pénibilité. – V. C. trav., art. D. 4161-1, D. 4161-1-1, D. 4161-2 à D. 4161-4, D. 4162-24, D. 4162-25.
2015	30 déc.	Décret n° 2015-1889. Composition et fonctionnement du comité d'expertise prévu à l'article L. 5424-23 du code du travail. – V. C. trav., art. D. 5424-66 à D. 5424-69.
2016	19 janv.	Décret n° 2016-27. Obligations des maîtres d'ouvrage et des donneurs d'ordre dans le cadre de la réalisation de prestations de services internationales. – V. C. trav., art. R. 1262-8-1, R. 1263-13 à R. 1263-19, R. 1264-3, R. 8115-5.
2016	25 janv.	Décret n° 2016-40. Aide à l'embauche dans les petites et moyennes entreprises. – V. C. trav., App. III. A, v° *Emploi*, **p. 3064** ; V. Décr. n° 2015-806 du 3 juill. 2015, art. 1er à 3, 6, App. III. A, v° *Emploi*, **p. 3063.**
2016	26 janv.	Loi n° 2016-41. Modernisation du système de santé : – V. C. trav., art. L. 1225-3-1, L. 1225-16, L. 1251-60, L. 4612-1, L. 4623-1, L. 4624-1, L. 5314-2, L. 7123-2-1, L. 7123-27. – V. CSP, art. L. 1244-5, App. II. C, v° *Congés*, **p. 2948.**
2016	28 janv.	Décret n° 2016-60. Modalités d'acquittement partiel de l'obligation d'emploi des travailleurs handicapés. – V. C. trav., art. R. 5212-5, R. 5212-6, R. 5212-6-1, R. 5212-10.
2016	1er févr.	Décret n° 2016-95. Accueil d'un salarié en contrat de professionnalisation au sein de plusieurs entreprises. – V. C. trav., art. D. 6325-30 à D. 6325-32.
2016	2 févr.	Décret n° 2016-100. Reconnaissance de la lourdeur du handicap. – V. C. trav., art. R. 5213-39, R. 5213-41, R. 5213-42, R. 5213-44 à R. 5213-49, R. 5213-51.
2016	9 févr.	Arrêté. Application de l'article L. 3132-25-6 du code du travail et autorisation d'ouverture dominicale des commerces de détail situés dans des gares. – V. ss. C. trav., art. L. 3132-25-6.
2016	11 févr.	Décret n° 2016-144. Versement d'une indemnité kilométrique vélo par les employeurs privés. – V. C. trav., art. D. 3261-15-1, D. 3261-15-2.
2016	*12 févr.*	*Décret* n° 2016-153. Organisation du service public régional de la formation professionnelle. – V. C. trav., art. D. 6121-11.
2016	22 févr.	Décret n° 2016-175. Carte d'identification professionnelle des salariés du bâtiment et des travaux publics. – V. C. trav., art. R. 8115-7, R. 8115-8, R. 8291-1 à R. 8295-3.
2016	24 févr.	Décret n° 2016-189. Prise en charge par les organismes collecteurs paritaires agréés de la rémunération des stagiaires dans le cadre du plan de formation des employeurs occupant moins de dix salariés. – V. C. trav., art. R. 6331-12, R. 6332-44.

2016	25 févr.	Décret n° 2016-190. Mentions figurant sur le bulletin de paie. – V. C. trav., art. R. 3243-1, R. 3243-2, R. 3243-3.
2016	2 mars	Conseil constitutionnel, décision n° 2015-523 QPC. – V. C. trav., art. L. 3141-26.
2016	7 mars	Loi n° 2016-274. Droit des étrangers en France : – V. C. trav., art. L. 5221-2-1, L. 5223-1, L. 5523-2, L. 8211-1, L. 8251-2, L. 8252-2, L. 8252-4, L. 8253-1, L. 8254-2 à L. 8254-2-2, L. 8256-2, L. 8271-17, L. 8271-18. – V. CESEDA, art. L. 311-1, L. 311-3, L. 311-11, L. 311-12, L. 313-1, L. 313-3, L. 313-4-1, L. 313-5, L. 313-5-1, L. 313-7-2, L. 313-11, L. 313-11-1, L. 313-20 à L. 313-24, L. 314-1-1, L. 314-2, L. 314-7 à L. 314-10, L. 314-11, L. 626-1, App. III. B, v° *Étrangers*, **p. 3067.**
2016	14 mars	Décret n° 2016-299. Attributions, composition, mandats et fonctionnement du Conseil national de l'inspection du travail. – V. C. trav., art. D. 8121-2, D. 8121-3, D. 8121-6, D. 8121-7 à D. 8121-9-1.
2016	14 mars	Ordonnance n° 2016-301. Partie législative du code de la consommation. – V. C. trav., art. L. 4311-6, L. 5333-1, L. 8113-3.
2016	15 mars	Décret n° 2016-303. Modalités d'exercice du droit d'alerte et de retrait des gens de mer à bord des navires. – V. C. trav., art. R. 742-8-12, R. 742-8-13.
2016	16 mars	Décret n° 2016-305. Versement des crédits attribués aux organisations professionnelles d'employeurs des secteurs de la production cinématographique, de l'audiovisuel et du spectacle par l'association gestionnaire du fonds paritaire national. – V. C. trav., art. R. 2135-28.
2016	23 mars	Décret n° 2016-344. Fixation d'une valeur limite d'exposition professionnelle contraignante pour le styrène. – V. C. trav., art. R. 4412-149.
2016	23 mars	Décret n° 2016-345. Composition et fonctionnement de la délégation unique du personnel. – V. C. trav., art. R. 2314-3, R. 2326-1 à R. 2326-6.
2016	23 mars	Décret n° 2016-346. Composition et fonctionnement de l'instance mentionnée à l'article L. 2391-1 du code du travail. – V. C. trav., art. R. 2391-1 à R. 2391-4.
2016	29 mars	Décret n° 2016-380. Modalités de l'accès gratuit aux formations des niveaux V et IV dispensées dans le cadre du service public régional de formation professionnelle. – V. C. trav., art. R. 6121-9, R. 6121-10.
2016	31 mars	Ordonnance n° 2016-388. Désignation des conseillers prud'hommes. – V. C. trav., art. L. 1233-15, L. 1421-1, L. 1423-1-1 à L. 1423-2, L. 1423-11, L. 1441-1 à L. 1441-31, L. 1442-3, L. 1442-4, L. 1442-11 nouv., L. 1442-17, L. 1442-18, L. 1443-1, L. 1443-2, L. 1443-3, L. 1523-1, L. 2411-22.
2016	7 avr.	Ordonnance n° 2016-413. Contrôle de l'application du droit du travail. – Ratifiée par L. n° 2016-1088 du 8 août 2016, art. 85. – V. C. trav., art. L. 1255-11, L. 1263-6, L. 1264-3, L. 4111-3, L. 4721-8,

		L. 4722-1, L. 4722-2, L. 4723-1, L. 4723-2, L. 4731-1, L. 4731-2, L. 4731-3, L. 4731-4, L. 4731-5, L. 4732-1, L. 4732-2, L. 4732-3, L. 4733-1 à L. 4733-12, L. 4741-1, L. 4741-3, L. 4741-3-1, L. 4743-3, L. 4744-3, L. 4744-4, L. 4744-6, L. 4751-1 à L. 4753-2, L. 8112-1, L. 8112-2, L. 8112-4, L. 8112-5, L. 8113-5, L. 8113-7, L. 8113-9, L. 8114-1, L. 8114-4 à L. 8114-8, L. 8115-1 à L. 8115-8, L. 8123-2, L. 8123-4, L. 8291-2.
2016	12 avr.	Décret n° 2016-453. Déroulement des réunions des institutions représentatives du personnel. – V. C. trav., art. D. 2325-1-1, D. 2325-1-2, D. 2325-3-1, D. 2325-3-2, D. 2327-4-5, D. 2333-2, D. 2341-1, D. 2353-6, D. 23-101-1, D. 4614-5-1, D. 4616-6-1.
2016	13 avr.	Loi n° 2016-444. Lutte contre le système prostitutionnel. – V. C. trav., art. L. 8112-2.
2016	18 avr.	Décret n° 2016-480. Fonds d'assurance formation des chefs d'entreprise exerçant une activité artisanale et conseils de la formation institués auprès des chambres de métiers et de l'artisanat de région et des chambres régionales de métiers et de l'artisanat. – V. C. trav., art. R. 6331-59, R. 6331-62, R. 6331-63-1, R. 6331-63-4, R. 6331-63-6, R. 6331-63-7, R. 6331-63-10, R. 6331-63-12.
2016	20 avr.	Loi n° 2016-483. Déontologie et aux droits et obligations des fonctionnaires : – V. C. trav., art. L. 1224-3. – V. C. trav. ancien, art. L. 323-2, L. 323-4-1, L. 323-8-6-1.
2016	25 avr.	Décret n° 2016-510. Contrôle de l'application du droit du travail. – V. C. trav., art. R. 2322-2, R. 2421-9, R. 4611-1, R. 4721-6, R. 4721-10, R. 4723-6, R. 4731-1, R. 4731-4, R. 4731-5, R. 4731-8, R. 4731-9, R. 4731-11, R. 4731-12, R. 4731-13, R. 4731-14, R. 4741-2, D. 6222-26, R. 7122-43, R. 8111-8, R. 8114-3 à R. 8114-6, R. 8115-9, R. 8115-10.
2016	27 avr.	Décret n° 2016-531. Insertion par l'activité économique en milieu pénitentiaire. – V. C. trav., art. R. 5112-17, R. 5132-2, R. 5132-3, R. 5132-7, R. 5132-8, R. 5132-10, R. 5132-27 à R. 5132-29, R. 5132-37, R. 5132-38.
2016	4 mai	Décret n° 2016-548. Mesure de l'audience des organisations syndicales concernant les entreprises de moins de onze salariés. – V. C. trav., art. R. 2122-14, R. 2122-15-1, R. 2122-16-1, R. 2122-19 à R. 2122-22, R. 2122-27, R. 2122-32, R. 2122-33, R. 2122-34, R. 2122-36 à R. 2122-39, R. 2122-44, R. 2122-45, R. 2122-47 à R. 2122-48-5, R. 2122-50, R. 2122-52 à R. 2122-52-3, R. 2122-65, R. 2122-72 à R. 2122-74, R. 2122-87, R. 2122-88, R. 2122-90, R. 2122-92.
2016	6 mai	Décret n° 2016-558. Corps de l'inspection du travail. – V. C. trav., Décr. n° 2003-770 du 20 août 2003, art. 2, 3-1, App. VI, v° *Organismes administratifs du travail.*
2016	20 mai	Décret n° 2016-660. Justice prud'homale et traitement judiciaire du contentieux du travail : – V. C. trav., art. R. 1412-5, R. 1423-7, R. 1423-33, R. 1423-34, R. 1423-35, R. 1423-51, R. 1423-55, D. 1423-65, R. 1452-1 à

		R. 1452-5, R. 1453-1, R. 1453-2, R. 1453-4, R. 1453-5, R. 1454-1 à R. 1454-4, R. 1454-7 à R. 1454-10, R. 1454-12 à R. 1454-15, R. 1454-17 à R. 1454-21, R. 1454-25, R. 1454-26, R. 1454-29, R. 1454-31, R. 1454-32, R. 1455-12, R. 1456-1 à R. 1456-5, R. 1461-1, R. 1461-2, R. 1471-1, R. 1471-2, R. 2312-3, R. 2314-26, R. 2314-28, R. 2324-22 à R. 2324-24, R. 2327-5. – V. C. pr. civ, art. 930-2, 1529, App. V, v° *Conflits du travail*, **p. 3122.** – V. COJ, art. R. 441-1, App. V, v° *Conflits du travail*, **p. 3122.**
2016	1er juin	Décret n° 2016-729. Système d'information concernant les demandeurs d'emploi et salariés mis en œuvre par Pôle emploi. – V. C. trav., art. R. 5312-38 à R. 5312-46.
2016	3 juin	Loi n° 2016-731. Lutte contre le crime organisé, le terrorisme et leur financement, et amélioration de l'efficacité et des garanties de la procédure pénale. – V. C. trav., art. L. 8271-6-1.
2016	6 juin	Décret n° 2016-750. Liste des activités de services à la personne soumises à agrément ou à autorisation dans le cadre du régime commun de la déclaration. – V. C. trav., art. D. 7231-1.
2016	20 juin	Loi n° 2016-816. Économie bleue. – V. C. transp., art. L. 5542-18, L. 5542-48, L. 5543-1-1, L. 5543-2-1, L. 5544-4, L. 5544-16, L. 5561-1, L. 5561-2, L. 5562-1, L. 5562-2, L. 5562-3, L. 5563-1, L. 5563-2, L. 5564-1, L. 5566-1, App. VIII. F, v° *Gens de mer*, 🏛.
2016	24 juin	Loi n° 2016-832. Contre la discrimination à raison de la précarité sociale : – V. C. trav., art. L. 1132-1, L. 1133-6. – V. C. pén., art. 225-1, App. I. B, v° *Contrat de travail*, **p. 2822.** – V. L. n° 2008-496 du 27 mai 2008, art. 1er, 2, App. I. B, v° *Contrat de travail*, **p. 2881.**
2016	29 juin	Décret n° 2016-868. Modalités de consultation des institutions représentatives du personnel. – V. C. trav., art. R. 2241-2, R. 2242-2 à R. 2242-3, R. 2242-5 à R. 2242-11, R. 2323-1-1, R. 2323-1-2, R. 2323-1-3, R. 2323-1-4, R. 2323-1-6 à R. 2323-1-8, R. 2323-1-11 à R. 2323-1-13, D. 2323-5, D. 2323-7, R. 2323-8 à R. 2323-12, R. 2323-17, R. 4613-5, R. 4614-3, R. 4614-5-2, R. 4614-5-3, R. 4614-18, R. 4616-5, R. 4616-8.
2016	7 juill.	Loi n° 2016-925. Liberté de la création, architecture et patrimoine : – V. C. trav., art. L. 2152-2, L. 4622-6, L. 7121-2. – V. C. pén., art. 431-1, App. V, v° *Conflits du travail*, **p. 3121.** – V. C. éduc., art. L. 214-13, App. IX, v° *Formation professionnelle*, **p. 3159.**
2016	11 juill.	Décret n° 2016-953. Taux de la cotisation additionnelle due au titre du financement du compte personnel de prévention de la pénibilité. – V. C. trav., art. D. 4162-55.
2016	18 juill.	Décret n° 2016-975. Modalités d'établissement des listes, exercice et formation des défenseurs syndicaux. – V. art. D. 1453-2-1 à D. 1453-2-9.

2016	21 juill.	Décret n° 2016-1010. Mise en conformité des dispositions nationales avec le droit de l'Union européenne sur la réception et la surveillance des tracteurs agricoles et forestiers. – V. C. trav., art. R. 4311-5, R. 4312-1-1, R. 4312-2-1, R. 4313-75, R. 4314-4.
2016	26 juill.	Décret n° 2016-1026. Application de l'ordonnance n° 2016-315 du 17 mars 2016 relative au commissariat aux comptes. – Art. 92. – V. C. trav., art. R. 5141-25, R. 6352-19.
2016	29 juill.	Décret n° 2016-1044. Transmission dématérialisée des déclarations et attestations de détachement de salariés. – V. C. trav., art. R. 1263-4-1, R. 1263-5, R. 1263-6-1, R. 1263-7, R. 1263-12.
2016	3 août	Décret n° 2016-1074. Protection des travailleurs contre les risques dus aux champs électromagnétiques. – V. C. trav., art. R. 4152-7-1, R. 4153-22-1, R. 4453-1 à R. 4453-34, R. 4722-21-2, R. 4722-21-3, R. 4724-17-1, R. 4724-17-2, R. 4724-18.
2016	8 août	Loi n° 2016-1088. Travail, modernisation du dialogue social et sécurisation des parcours professionnels : – Art. 2 à 8-VIII, 8-XI à 9-III, 10, 11, 16 à 19, 21 à 26, 28, 31 à 36, 39 à 41, 43, 46, 52 à 56, 58, 60, 61, 63, 66 à 68, 71 à 73, 75, 78 à 82, 85, 86, 88 à 91, 93 à 97, 99, 101, 102, 105 à 113, 115 à 117, 119, 121 à 123. – V. C. trav., art. L. 1134-4, L. 1144-3, L. 1145-1, L. 1154-1, L. 1222-5, L. 1224-3-2, L. 1225-4, L. 1225-4-1, L. 1225-9, L. 1225-11, L. 1225-15, L. 1226-2, L. 1226-2-1, L. 1226-4-1, L. 1226-8, L. 1226-10, L. 1226-12, L. 1226-15, L. 1226-20, L. 1226-21, L. 1232-12, L. 1233-3, L. 1233-24-2, L. 1233-30, L. 1233-57-19, L. 1233-61, L. 1233-62, L. 1233-71, L. 1233-85, L. 1233-90-1, L. 1235-3-1 à L. 1235-5, L. 1242-2, L. 1242-7, L. 1244-1, L. 1244-2, L. 1244-4, L. 1251-6, L. 1251-11, L. 1251-37, L. 1251-60, L. 1253-3, L. 1253-6, L. 1253-8-1, L. 1253-19, L. 1253-24, L. 1254-1, L. 1254-2, L. 1254-9, L. 1255-11, L. 1255-14 à L. 1255-18, L. 1262-2, L. 1262-2-1, L. 1262-4-1, L. 1262-4-4, L. 1262-4-5, L. 1262-4-6, L. 1263-1, L. 1263-3, L. 1263-4-1 à L. 1263-6, L. 1264-1, L. 1264-2, L. 1264-4, L. 1271-5, L. 1272-4, L. 1273-3, L. 1273-5, L. 1321-2, L. 1321-2-1, L. 1441-4, L. 1442-2, L. 1454-1-2, L. 2122-4, L. 2135-11 à L. 2135-13, L. 2135-15, L. 2142-1-3, L. 2142-6, L. 2143-7, L. 2143-13, L. 2143-15, L. 2143-16, L. 2145-1, L. 2145-5 à L. 2145-13, L. 2151-1, L. 2152-1, L. 2152-4, L. 2152-5, L. 2212-1, L. 2212-2, L. 2222-1, L. 2222-3 à L. 2222-4, L. 2222-5-1, L. 2231-5-1, L. 2231-7, L. 2232-5-1, L. 2232-5-2, L. 2232-9, L. 2232-10-1, L. 2232-12, L. 2232-13, L. 2232-20, L. 2232-21, L. 2232-22, L. 2232-24, L. 2232-24-1, L. 2232-32, L. 2232-33 à L. 2232-38, L. 2242-1, L. 2242-8, L. 2242-9, L. 2242-20, L. 2253-3, L. 2253-5 à L. 2253-7, L. 2254-2 à L. 2254-6, L. 2261-7, L. 2261-7-1, L. 2261-10, L. 2261-13, L. 2261-14, L. 2261-14-2 à L. 2261-14-4, L. 2261-19, L. 2261-32 à L. 2261-34, L. 2313-11, L. 2314-10, L. 2314-11, L. 2314-17-1, L. 2314-18-2, L. 2314-20, L. 2314-21, L. 2314-31, L. 2315-1, L. 2315-12, L. 2322-5, L. 2323-3, L. 2323-8, L. 2323-9, L. 2323-13, L. 2323-15, L. 2323-17, L. 2323-18, L. 2323-24, L. 2323-26-1, L. 2323-60, L. 2323-86-1, L. 2324-8, L. 2324-12, L. 2324-13, L. 2324-16-1, L. 2324-17-2,

		L. 2324-18, L. 2324-19, L. 2325-6, L. 2325-14-1, L. 2325-19, L. 2325-34, L. 2325-35, L. 2325-41-1, L. 2325-43, L. 2325-44, L. 2326-5, L. 2326-6, L. 2327-7, L. 2327-15, L. 2363-6, L. 2373-3, L. 2391-1, L. 2392-2, L. 2392-4, L. 2393-3, L. 2412-2 à L. 2412-4, L. 2412-7 à L. 2412-9, L. 2412-13, L. 2421-8-1, L. 2622-2, L. 3111-3, L. 3121-1 à L. 3121-69, L. 3122-1 à L. 3122-24, L. 3123-1 à L. 3123-38, L. 3131-1 à L. 3131-3, L. 3132-26, L. 3132-28, L. 3133-1 à L. 3133-12, L. 3134-1, L. 3134-16, L. 3141-1 à L. 3141-33, L. 3142-1 à L. 3142-124, L. 3151-1 à L. 3151-4, L. 3152-1 à L. 3152-4, L. 3153-1, L. 3153-2, L. 3164-4, L. 3171-1, L. 3171-3, L. 3172-1, L. 3221-9, L. 3243-2, L. 3253-23, L. 3334-10, L. 3341-2, L. 3341-3, L. 3422-1, L. 3422-2, L. 4121-2, L. 4132-3, L. 4154-2, L. 4231-1, L. 4311-6, L. 4412-2, L. 4526-1, L. 4612-1, L. 4612-3, L. 4612-7, L. 4613-1, L. 4614-3, L. 4614-8, L. 4614-11, L. 4614-13, L. 4614-13-1, L. 4616-2, L. 4616-3, L. 4622-3, L. 4624-1 à L. 4624-7, L. 4625-1-1, L. 4711-3, L. 4721-1, L. 4721-2, L. 4721-4, L. 4721-5, L. 4741-9, L. 4744-7, L. 4745-1, L. 4754-1, L. 5125-1, L. 5131-3 à L. 5131-7, L. 5132-6, L. 5132-7, L. 5132-14, L. 5132-15-1, L. 5134-126, L. 5135-7, L. 5143-1, L. 5151-1 à L. 5151-12, L. 5213-2-1, L. 5213-5, L. 5214-3, L. 5214-3-1, L. 5221-7, L. 5312-10, L. 5424-16, L. 5426-1-1, L. 5426-8-1, L. 5426-8-2, L. 6111-6, L. 6111-7, L. 6111-8, L. 6121-5, L. 6211-2, L. 6222-25, L. 6223-5, L. 6225-4, L. 6227-1 à L. 6227-12, L. 6231-1, L. 6241-6, L. 6241-9, L. 6242-6, L. 6313-1, L. 6313-12, L. 6315-1, L. 6321-1, L. 6321-13, L. 6322-5, L. 6322-9, L. 6322-47, L. 6323-1, L. 6323-2, L. 6323-4, L. 6323-6, L. 6323-6-1, L. 6323-7, L. 6323-11, L. 6323-11-1, L. 6323-12, L. 6323-15, L. 6323-16, L. 6323-20, L. 6323-20-1, L. 6323-24 à L. 6323-41, L. 6324-1, L. 6325-10, L. 6325-13, L. 6331-35, L. 6331-48, L. 6331-48-1, L. 6331-50, L. 6331-51, L. 6331-54, L. 6331-54-1, L. 6331-57, L. 6332-14, L. 6332-16, L. 6341-6, L. 6343-2, L. 6353-1, L. 6353-10, L. 6361-2, L. 6361-5, L. 6363-1, L. 6411-1, L. 6422-2, L. 6422-3, L. 6423-1, L. 7111-9, L. 7122-18, L. 7122-24, L. 7211-3, L. 7213-1, L. 7221-1, L. 7221-2, L. 7232-9, L. 7341-1, L. 7342-1 à L. 7342-6, L. 7413-3, L. 7421-2, L. 7424-3, L. 8112-1, L. 8112-3, L. 8113-1, L. 8113-2, L. 8113-3 à L. 8113-5, L. 8113-8, L. 8114-2, L. 8115-1, L. 8123-1, L. 8123-6, L. 8124-1, L. 8221-5, L. 8223-1-1, L. 8271-1-2, L. 8271-3, L. 8271-5-1, L. 8271-14, L. 8271-17, L. 8271-19, L. 8272-2, L. 8291-1, L. 8291-2. – Art. 8-VIII, 102-IV. – V. C. rur., art. L. 712-4, L. 712-6, App. I. B, v° *Contrat de travail*, **p. 2859** ; art. L. 713-2, L. 713-13, L. 713-19, L. 714-1, App. II. B, v° *Durée du travail*, **p. 2915** ; art. L. 717-2, App. II. E, v° *Services de santé au travail*, **p. 3000.** – Art. 8-IX. – V. CSS, art. L. 241-18, App. I. D, v° *Salaires*, **p. 2904** ; art. L. 241-13, App. III. A, v° *Emploi*, **p. 3005.** – Art. 8-X, 9-VIII, 14, 113-IV. – V. C. transp., art. L. 5541-3, L. 5544-1, L. 5544-3, L. 5544-8, L. 5544-10, L. 5544-18, L. 5544-25, App. VII. F, v° *Gens de mer*, ; art. L. 1321-6, L. 1321-7, L. 1321-10, L. 1324-10, L. 1325-1, L. 3312-1, L. 3312-3, L. 3313-2, App. VII. I, v° *Transports*, **p. 3148.** – Art. 9-V. – V. CGCT, art. L. 2123-9, App. I. B, v° *Contrat de travail*, **p. 2863.**

		– Art. 9-VIII. – V. CASF, art. L. 423-14, App. VII. H, v° *Assistant maternel*, . – Art. 11-II. – V. CGI, art. 81, App. I. D, v° *Salaires*, **p. 2894.** – Art. 52. – V. CASF, art. L. 243-1, App. I. B, v° *Contrat de travail*, **p. 2783.** – Art. 64. – V. App. IV. G, v° *Réseaux de franchise*, **p. 3120.** – Art. 99. – V. CSS, art. L. 842-8, App. III. A, v° *Emploi*, **p. 3010.**
2016	11 août	Décret n° 2016-1117. Fabrication, présentation, vente et usage des produits du tabac, des produits du vapotage et des produits à fumer à base de plantes autres que le tabac. – Art. 1er. – V. CSP, art. R. 3512-2 à R. 3512-9, App. II. D, v° *Santé, hygiène et sécurité des travailleurs*, **p. 2956.**
2016	11 août	Décret n° 2016-1122. Aide à l'embauche dans les petites et moyennes entreprises établies à Mayotte et modifiant le décret n° 2015-806 du 3 juillet 2015 instituant une aide à l'embauche d'un premier salarié. – Art. 8. – V. Décr. préc., art. 1er, App. III. A, v° *Emploi*, **p. 3063.**
2016	1er sept.	Décret n° 2016-1192. Dépenses déductibles de la contribution prévue à l'article L. 5212-9 du code du travail. – V. C. trav., art. D. 5212-29.
2016	14 sept.	Décret n° 2016-1223. Modification de la composition du Conseil supérieur de la prud'homie. – V. C. trav., art. R. 1431-4 à R. 1431-6, R. 1431-11.
2016	5 oct.	Décret n° 2016-1318. Opérations sur les installations électriques ou dans leur voisinage. – V. C. trav., art. R. 4544-11.
2016	6 oct.	Décret n° 2016-1331. Obligations des entreprises en matière de vestiaires et de restauration sur les lieux de travail. – V. C. trav., art. R. 4228-2, R. 4228-23.
2016	7 oct.	Loi n° 2016-1321. Pour une République numérique : – V. C. trav., art. L. 5212-13, L. 6111-2, L. 6321-1, L. 7124-1. – Art. 102, App. VII. G *bis*, v° *Joueur professionnel salarié de jeu vidéo*, **p. 3145.**
2016	11 oct.	Décret n° 2016-1358. Conditions d'exercice des collaborateurs médecins dans les services de santé au travail. – V. C. trav., art. R. 4623-25, R. 4623-25-1.
2016	11 oct.	Décret n° 2016-1359. Désignation des conseillers prud'hommes. – V. C. trav., art. R. 1422-2, R. 1423-4 à R. 1423-6, R. 1423-15, R. 1423-24, R. 1423-37, R. 1423-41, R. 1423-44 à R. 1423-49, R. 1423-51, D. 1423-58, D. 1423-59, D. 1423-70, R. 1431-3, R. 1441-1 à R. 1441-26, R. 1443-1 à R. 1443-3, D. 1442-1, R. 1442-2, D. 1442-3, D. 1442-11, D. 1442-12, D. 1442-14, D. 1442-15, D. 1442-17 à D. 1442-19, R. 1523-1, R. 3252-10, R. 3252-20, R. 7215-1 à R. 7215-3.
2016	12 oct.	Décret n° 2016-1367. Mise en œuvre du compte personnel d'activité. – V. C. trav., art. D. 6113-5, D. 6323-3-1, D. 6323-8-1, D. 6323-8-2.
2016	12 oct.	Décret n° 2016-1376. Commissions administratives consultatives de l'État dans le domaine de la jeunesse et de l'éducation populaire. – V. C. trav., art. R. 6123-1-9.

2016	19 oct.	Décret n° 2016-1399. Procédure de restructuration des branches. – V. C. trav., art. D. 2261-14, D. 2261-15.
2016	20 oct.	Décret n° 2016-1417. Simplification des obligations des entreprises en matière d'affichage et de transmission de documents à l'administration. – V. C. trav., art. R. 1251-9, R. 1321-1, R. 2262-3, R. 3134-2, R. 3172-1, R. 3172-9, R. 3221-2, R. 3222-3, R. 4152-23, R. 4523-9, R. 4523-12, R. 4532-92, R. 4616-3, R. 7123-15, R. 7214-17, R. 7214-19.
2016	20 oct.	Décret n° 2016-1418. Simplification des obligations des entreprises en matière d'affichage et de transmission de documents à l'administration. – V. C. trav., art. D. 2232-2, D. 3123-1, D. 3141-6, D. 3141-28, D. 3171-15, D. 3171-17, D. 4622-34, D. 4632-1, D. 4632-2, D. 7121-45.
2016	20 oct.	Décret n° 2016-1419. Mise en œuvre de la réforme de la représentativité patronale. – V. C. trav., art. R. 2151-1, R. 2152-1, R. 2152-6, R. 2152-6-1, R. 2152-7, R. 2152-8, R. 2152-9, R. 2152-11, R. 2152-14, R. 2152-16, R. 2261-1-1, R. 2261-1-2.
2016	25 oct.	Décret n° 2016-1435. Garanties consistant en une prise de position formelle, opposable à l'administration, sur l'application d'une norme à la situation de fait ou au projet du demandeur. – V. C. trav., art. D. 2261-3, R. 5212-2-3 à R. 5212-2-5.
2016	25 oct.	Décret n° 2016-1437. Appréciation du franchissement du seuil de 300 salariés en matière d'information-consultation et de fonctionnement du comité d'entreprise. – V. C. trav., art. R. 2323-12-1, R. 2325-3-3.
2016	28 oct.	Décret n° 2016-1456. Diverses dispositions relatives à l'entrée, au séjour et au travail des étrangers en France. – V. C. trav., art. R. 5221-1, R. 5221-2, R. 5221-3 à R. 5221-8-1, R. 5221-10, R. 5221-11, R. 5221-19 à R. 8221-21, R. 5221-24, R. 5221-26 à R. 5221-29, R. 5221-33, R. 5221-43, R. 5221-45, R. 5221-48, R. 8252-2, R. 8252-5, R. 8252-6, R. 8252-10, R. 8252-11.
2016	28 oct.	Décret n° 2016-1461. Liste des domaines pour lesquels l'étranger qui entre en France afin d'y exercer une activité salariée pour une durée inférieure ou égale à trois mois est dispensé d'autorisation de travail. – V. C. trav., art. D. 5221-2-1.
2016	28 oct.	Décret n° 2016-1463. Liste des diplômes prévue aux art. L. 311-11, L. 313-10 et au 1° de l'article L. 313-20 du code de l'entrée et du séjour des étrangers et du droit d'asile et seuil de rémunération prévu à l'article L. 311-11 du même code. – V. C. trav., art. D. 5221-21-1.
2016	28 oct.	Décret n° 2016-1473. Modalités de prise en compte des actions conduites par anticipation dans le cadre de l'obligation de revitalisation des bassins d'emploi. – V. C. trav., art. D. 1233-41.
2016	28 oct.	Décret n° 2016-1474. Prise en compte, pour la mesure de la représentativité patronale, des organisations professionnelles d'employeurs adhérant à plusieurs organisations de niveau national et interprofessionnel. – V. C. trav., art. D. 2152-9-1.

2016	10 nov.	Ordonnance n° 2016-1519. Création au sein du service public de l'emploi de l'établissement public chargé de la formation professionnelle des adultes. – V. C. trav., art. L. 5311-2, L. 5315-1 à L. 5315-10.
2016	14 nov.	Loi n° 2016-1524. Liberté, indépendance et pluralisme des médias. – V. C. trav., art. L. 1161-1, L. 7111-5-2, L. 7111-11.
2016	15 nov.	Décret n° 2016-1539. Établissement public chargé au sein du service public de l'emploi de la formation professionnelle des adultes : – V. C. trav., art. D. 1145-6, D. 1145-7, R. 5315-1 à R. 5315-14, R. 6123-1-9, R. 6341-34, R. 6341-37, R. 6341-38. – V. C. éduc, art. L. 214-13, App. IX, v° *Formation professionnelle*, **p. 3159.**
2016	15 nov.	Décret n° 2016-1540. Critères de priorité des opérations de restructuration des branches professionnelles. – V. C. trav., art. R. 2261-15.
2016	18 nov.	Décret n° 2016-1551. Durée du travail, repos et congés : – V. C. trav., art. R. 1262-5, R. 2323-17, R. 3111-1, R. 3121-1 à R. 3121-3, R. 3121-8 à R. 3121-16, R. 3121-26, R. 3121-29 à R. 3121-35, R. 3122-1 à R. 3122-15, R. 3123-1, R. 3124-1 à R. 3124-11, R. 3124-13, R. 3124-15, R. 3135-1, R. 3141-4, R. 3143-1, R. 3334-1-1, R. 4321-5, R. 4412-118, R. 5122-8, R. 5122-18, R. 5122-19, R. 5134-175, R. 5213-45, R. 6227-2, R. 6341-27, R. 7213-9, R. 7213-12. – V. Décr. n° 2005-40 du 20 janv. 2005, art. 2, App. II. B, v° *Durée du travail*, **p. 2944.**
2016	18 nov.	Décret n° 2016-1552. Congés autres que les congés payés. – V. C. trav., art. R. 1262-5, R. 2145-1, R. 2145-3 à R. 2145-8, R. 2146-6, R. 2323-17, R. 3142-17, R. 3142-22 à R. 3142-31, R. 3142-33, R. 3142-34, R. 3142-36, R. 3142-39, R. 3142-40, R. 3142-42, R. 3142-44 à R. 3142-53, R. 3142-55, R. 3142-58, R. 3142-71, R. 3143-2, R. 3143-2-1, R. 3143-3, R. 4614-25, R. 4614-30.
2016	18 nov.	Décret n° 2016-1553. Durée du travail, repos et congés : – V. C. trav., art. D. 1271-5, D. 1273-5, D. 1273-7, D. 3121-4 à D. 3121-7, D. 3121-17 à D. 3121-25, D. 3121-27, D. 3121-28, D. 3123-2 à D. 3123-4, D. 3131-1 à D. 3131-7, D. 3141-3, D. 3141-8, D. 3141-9, D. 3171-1, D. 3171-5, D. 3171-10, D. 3171-12, D. 3171-13, D. 3171-16, D. 4161-2, D. 4162-18, D. 5522-6, D. 6341-26, D. 7121-28, D. 7121-31, D. 7121-35. – V. CSS, art. D. 241-7, App. III. A, v° *Emploi*, **p. 3010.**
2016	18 nov.	Décret n° 2016-1554. Congé de proche aidant. – V. C. trav., art. D. 3142-7 à D. 3142-9, D. 3142-11 à D. 3142-13.
2016	18 nov.	Décret n° 2016-1555. Congés autres que les congés payés. – V. C. trav., art. D. 1442-9, D. 3142-2, D. 3142-3, D. 3142-5, D. 3142-6, D. 3142-14 à D. 3142-16, D. 3142-18 à D. 3142-21, D. 3142-32, D. 3142-35, D. 3142-37, D. 3142-38, D. 3142-41, D. 3142-43, D. 3142-54, D. 3142-56, D. 3142-57, D. 3142-59 à D. 3142-70, D. 3142-72, D. 3142-73 à D. 3142-76.

2016	18 nov.	Décret n° 2016-1556. Procédure de transmission des conventions et accords d'entreprise aux commissions paritaires permanentes de négociation et d'interprétation. – V. C. trav., art. D. 2232-1-1, D. 2232-1-2.
2016	19 nov.	Loi n° 2016-1547. Justice du XXIe siècle : – V. C. trav., art. L. 1132-1, L. 1134-6 à L. 1134-10, L. 3253-17, L. 4162-13. – V. L. n° 2008-496 du 27 mai 2008, art. 1er, 2, 4, App. I. B, v° *Contrat de travail*, **p. 2881.** – V. C. pén., art. 225-1, 225-3, App. I. B, v° *Contrat de travail*, **p. 2822.** – V. C. com., art. L. 621-4, L. 622-10, L. 641-13, App. I. B, v° *Contrat de travail*, **p. 2807.**
2016	19 nov.	Décret n° 2016-1554. Congé de proche aidant. – V. C. trav., art. D. 3142-7 à D. 3142-9, D. 3142-11 à D. 3142-13.
2016	21 nov.	Ordonnance n° 2016-1562. Diverses mesures institutionnelles relatives à la collectivité de Corse. – V. C. trav., art. L. 6123-3 à L. 6123-4-1.
2016	23 nov.	Décret n° 2016-1574. Représentants des parents d'élèves siégeant dans les conseils départementaux, régionaux, académiques et nationaux. – V. C. éduc., art. R. 236-2, App. II. C, *Congés*, **p. 2951.**
2016	23 nov.	Décret n° 2016-1581. Fixation du référentiel indicatif d'indemnisation prévu à l'article L. 1235-1. – V. C. trav., art. R. 1235-22.
2016	23 nov.	Décret n° 2016-1582. Barème de l'indemnité forfaitaire de conciliation fixé à l'article D. 1235-21. – V. C. trav., art. D. 1235-21.
2016	24 nov.	Décret n° 2016-1592. Remboursement des prestations indûment versées par Pôle emploi. – V. C. trav., art. R. 5426-19.
2016	5 déc.	Décret n° 2016-1676. Vote par voie électronique pour l'élection des délégués du personnel et des représentants du personnel au comité d'entreprise. – V. C. trav., art. R. 2314-8, R. 2314-14, R. 2314-19, R. 2324-4, R. 2324-10, R. 2324-15.
2016	9 déc.	Loi n° 2016-1690. Compétence du Défenseur des droits pour l'orientation et la protection des lanceurs d'alerte. – V. L. n° 2011-333 du 29 mars 2011, art. 20, App. I. B, v° *Contrat de travail*, **p. 2885.**
2016	9 déc.	Loi n° 2016-1691. Transparence, lutte contre la corruption et modernisation de la vie économique : – V. C. trav., art. L. 1132-3-3, L. 1161-1, L. 4133-5, L. 6122-1, L. 6123-1. – V. C. com., art. L. 631-19-2, App. I. B, v° *Contrat de travail*, **p. 2817.**
2016	12 déc.	Décret n° 2016-1711. Aménagement de l'apprentissage pour les travailleurs handicapés et les sportifs de haut niveau. – V. C. trav., art. R. 6222-49, R. 6222-49-1, R. 6222-59 à R. 6222-65.

2016	13 déc.	Décret n° 2016-1721. Critères de prise en charge par les organismes paritaires collecteurs agréés des dépenses des établissements privés à but non lucratif habilités à recevoir des boursiers nationaux ou reconnus par l'État. – V. C. trav., art. D. 6332-81-1.
2016	15 déc.	Décret n° 2016-1748. Dématérialisation de la déclaration subsidiaire de détachement effectuée par les maîtres d'ouvrage et donneurs d'ordre. – V. C. trav., art. R. 1263-13, R. 8293-1 à R. 8293-5.
2016	16 déc.	Décret n° 2016-1761. Modalités selon lesquelles s'exercent les contestations relatives aux experts agréés auxquels le CHSCT peut faire appel. – V. C. trav., art. R. 4614-19, R. 4614-20, R. 4616-8.
2016	16 déc.	Décret n° 2016-1762. Dématérialisation des bulletins de paie et accessibilité dans le cadre du compte personnel d'activité. – V. C. trav., art. D. 3243-7 à D. 3243-9, R. 3246-2.
2016	16 déc.	Décret n° 2016-1763. Accès des groupements d'employeurs aux aides publiques en matière d'emploi et de formation professionnelle au titre de leurs entreprises adhérentes. – V. C. trav., art. D. 1253-50 à D. 1253-52.
2016	18 déc.	Arrêté. Agrément de l'avenant n° 1 à la convention du 26 janvier relative au contrat de sécurisation professionnelle. – V. Conv. du 26 janv. 2015, art. 31, App. III. A, v° *Emploi*, **p. 3062.**
2016	20 déc.	Décret n° 2016-1797. Modalités d'approbation par consultation des salariés de certains accords d'entreprise. – V. C. trav., art. D. 2232-2, D. 2232-3, D. 2232-6 à D. 2232-9.
2016	21 déc.	Décret n° 2016-1826. Modalités de déclaration de l'engagement associatif bénévole dans le cadre du compte d'engagement citoyen. – V. C. trav., art. R. 5151-16 à R. 5151-19.
2016	22 déc.	Décret n° 2016-1834. Organisation, missions, composition et fonctionnement du Conseil d'orientation des conditions de travail et des comités régionaux. – V. C. trav., art. R. 3163-6, R. 3164-3, R. 4313-36, R. 4313-88, R. 4314-2, R. 4411-83, R. 4534-156, R. 4614-7, R. 4614-9, D. 4622-44, D. 4622-53, R. 4641-1 à R. 4641-22, R. 8123-8, R. 8123-9.
2016	23 déc.	Loi n° 2016-1827. Financement de la sécurité sociale pour 2017. – V. C. trav., art. L. 1271-1, L. 5141-1, L. 5141-3, L. 5141-4, L. 6331-48 nouv., L. 6331-51, L. 6332-11, L. 8271-6-4, L. 8271-8-1.
2016	23 déc.	Décret n° 2016-1855. Parcours contractualisé d'accompagnement vers l'emploi et l'autonomie et garantie jeunes. – V. C. trav., art. R. 5131-4 à R. 5131-25.
2016	27 déc.	Loi n° 2016-1867. Sapeurs-pompiers professionnels et sapeurs-pompiers volontaires. – V. C. trav., art. L. 5151-9, L. 5151-11, L. 6323-6.
2016	27 déc.	Décret n° 2016-1899. Mise en œuvre du dispositif d'emploi accompagné et financement du compte personnel de formation des travailleurs handicapés. – V. C. trav., art. D. 5213-88 à D. 5213-93, D. 6323-29.

2016	27 déc.	Décret n° 2016-1908. Modernisation de la médecine du travail. – V. C. trav., art. R. 1221-1 à R. 1221-3, R. 1262-9, R. 1262-13, R. 1262-14, R. 3122-11, R. 3122-12, R. 4121-4, R. 4153-40, D. 4161-1, D. 4161-1-1, R. 4323-56, R. 4412-6, R. 4412-12, R. 4412-44, R. 4412-45, R. 4412-47, R. 4412-48, R. 4412-50, R. 4412-51-1, R. 4412-55, R. 4412-57, R. 4412-59, R. 4412-160, R. 4426-7 à R. 4426-9, R. 4426-11, R. 4435-2, R. 4435-5, R. 4436-1, R. 4446-3, R. 4447-1, R. 4451-44, R. 4451-69, R. 4451-79, R. 4451-82, R. 4451-83 à R. 4451-85, R. 4451-87, R. 4452-11, R. 4452-19, R. 4452-29, R. 4452-31, R. 4453-8, R. 4453-10, R. 4453-17, R. 4453-19, R. 4453-21, R. 4453-26, R. 4462-27, R. 4512-9, R. 4513-11, R. 4513-12, R. 4542-17, R. 4544-10, R. 4622-18, D. 4622-22, D. 4622-23, D. 4622-28, R. 4623-1, R. 4623-31, R. 4623-34, R. 4624-3, R. 4624-4, R. 4624-10 à R. 4624-58, R. 4625-1 à R. 4625-20, D. 4625-22, D. 4625-28, D. 4625-29, D. 4625-33, D. 4625-34, R. 5132-26-6 à R. 5132-26-8, R. 5213-42, R. 6222-40-1, R. 6223-15, D. 6325-30, R. 7122-31, R. 7123-4, R. 7123-5, R. 7123-7, R. 7214-2 à R. 7214-4, R. 7214-9 à R. 7214-20, R. 7215-1 à R. 7215-3, R. 7216-1 à R. 7216-9.
2016	28 déc.	Décret n° 2016-1907. Divorce prévu par l'article 229-1 du code civil et diverses dispositions en matière successorale. – V. C. trav., art. R. 3324-22, R. 5423-4, R. 5423-26.
2016	28 déc.	Loi n° 2016-1888. Modernisation, développement et protection des territoires de montagne. – V. C. trav., art. L. 1253-20.
2016	28 déc.	Décret n° 2016-1895. Activités de services à la personne. – V. C. trav., art. D. 7231-1, R. 7232-2, R. 7232-4 à R. 7232-22, D. 7233-1, D. 7233-3 à D. 7233-5, D. 7233-8.
2016	28 déc.	Décret n° 2016-1909. Accords de préservation ou de développement de l'emploi et parcours d'accompagnement personnalisé. – V. C. trav., art. D. 2254-1 à D. 2254-24.
2016	28 déc.	Décret n° 2016-1948. Déontologie et discipline des conseillers prud'hommes. – V. C. trav., art. R. 1423-55, R. 1431-3-1, D. 1442-20 à R. 1442-22-17, D. 1442-23.
2016	28 déc.	Décret n° 2016-1950. Traitement de données à caractère personnel liés au compte personnel d'activité. – V. C. trav., art. R. 5151-1 à R. 5151-10, R. 6323-14 à R. 6323-16, R. 6323-18.
2016	28 déc.	Décret n° 2016-1952. Aide à l'embauche dans les petites et moyennes entreprises. – V. Décr. n° 2016-40 du 25 janv. 2016, art. 1er, 3, App. III. A, v° *Emploi*, **p. 3064.**
2016	28 déc.	Décret n° 2016-1970. Compte d'engagement citoyen du compte personnel d'activité. – V. C. trav., art. D. 5151-11 à D. 5151-15.
2016	29 déc.	Loi n° 2016-1917. Finances pour 2017 : – V. C. trav., art. L. 3252-3, L. 3253-8, L. 3253-17, L. 5133-9, L. 5312-1, L. 5423-7, L. 5423-24, L. 5423-25, L. 5425-3, L. 5426-5, L. 5429-1, L. 7122-23, L. 7122-24, L. 7232-8, L. 7233-7, L. 8253-1.

		– V. CGI, art. 80 *quaterdecies*, 204 A à 204 N, App. I. D, v° *Salaires*, **p. 2893.** – V. CESEDA, art. L. 314-8, L. 626-1, App. III. B, v° *Étrangers*, **p. 3081.**
2016	29 déc.	Loi n° 2016-1918. Finances rectificative pour 2016 : – V. C. trav., art. L. 5312-1, L. 5312-7, L. 5312-12, L. 5423-24, L. 5423-28 à L. 5423-31, L. 5424-21, L. 5426-8-1 à L. 5426-8-3, L. 6241-2. – V. CGCT, art. L. 2333-67, App. II. G, v° *Versement transport*, 🏛.
2016	30 déc.	Décret n° 2016-1997. Compte personnel de formation des salariés de droit privé employés dans les collectivités territoriales. – V. C. trav., art. D. 6323-22.
2016	30 déc.	Décret n° 2016-1999. Mise en œuvre du compte personnel d'activité pour les travailleurs indépendants, les membres des professions libérales et des professions non salariées, leurs conjoints collaborateurs et les artistes auteurs. – V. C. trav., art. D. 5151-10, D. 6323-22 à D. 6323-28.
2017	12 janv.	Ordonnance n° 2017-28. Constitution et fonctionnement des groupements de coopération sanitaire. – V. C. trav., art. L. 4111-1, L. 4111-2.
2017	26 janv.	Décret n° 2017-81. Autorisation environnementale. – V. C. trav., art. R. 4612-4, R. 4612-5.
2017	27 janv.	Loi n° 2017-86. Égalité et citoyenneté : – V. C. trav., art. L. 1131-2, L. 1134-7, L. 1221-13, L. 1321-3, L. 3142-54-1, L. 3142-58, L. 3142-58-1, L. 5131-6-1, L. 5151-9, L. 5151-11, L. 5223-1, L. 6111-2, L. 6111-3, L. 6111-5, L. 6211-5, L. 6231-1, L. 6313-1, L. 6323-6, L. 6323-17, L. 6332-16-1. – V. ***Addendum***. – V. C. pén., art. 225-2, App. I. B, v° *Contrat de travail*. – V. ***Addendum***. – V. L. n° 2008-496 du 27 mai 2008, art. 4, App. I. B, v° *Contrat de travail*. – V. ***Addendum***.

TABLE ALPHABÉTIQUE

NOTA. Les nombres renvoient aux articles du code du travail. Ceux qui sont précédés de la lettre L. renvoient à la première partie du code (législative) ; ceux précédés des lettres R. et D. renvoient à la deuxième partie du code (réglementaire).
Les nombres précédés du mot art. renvoient aux articles d'un texte autre que le code du travail proprement dit. Quand il renvoit à une page, le nombre est précédé de la lettre "p." et figure en caractère gras.
La lettre "J." entre parenthèses placée après un nombre indique que l'on renvoie aux annotations de jurisprudence figurant sous l'article mentionné.

A

C

D

F

H

J

L

M

O

P

U

V

W

Z

ADDENDUM

Articles modifiés par la loi n° 2017-86 du 27 janvier 2017 relative à l'égalité et à la citoyenneté

Code du travail

PREMIÈRE PARTIE **LES RELATIONS INDIVIDUELLES DE TRAVAIL**

LIVRE PREMIER **DISPOSITIONS PRÉLIMINAIRES**

TITRE TROISIÈME **DISCRIMINATIONS**

CHAPITRE PREMIER ***CHAMP D'APPLICATION***

Art. L. 1131-2 *(L. n° 2017-86 du 27 janv. 2017, art. 214)* Dans toute entreprise employant au moins trois cents salariés et dans toute entreprise spécialisée dans le recrutement, les employés chargés des missions de recrutement reçoivent une formation à la non-discrimination à l'embauche au moins une fois tous les cinq ans.

CHAPITRE IV ***ACTIONS EN JUSTICE***

SECTION II ***DISPOSITIONS SPÉCIFIQUES À L'ACTION DE GROUPE***

Art. L. 1134-7 Une organisation syndicale de salariés représentative au sens des articles L. 2122-1, L. 2122-5 ou L. 2122-9 peut agir devant une juridiction civile afin d'établir que plusieurs candidats à un emploi, à un stage ou à une période de formation en entreprise ou plusieurs salariés font l'objet d'une discrimination, directe ou indirecte, fondée sur un même motif figurant parmi ceux mentionnés à l'article L. 1132-1 et imputable à un même employeur.

Une association régulièrement déclarée depuis au moins cinq ans intervenant dans la lutte contre les discriminations ou œuvrant dans le domaine du handicap peut agir aux mêmes fins, pour la défense des intérêts de plusieurs candidats à un emploi ou à un stage en entreprise.

(L. n° 2017-86 du 27 janv. 2017, art. 212) « Pour l'application du présent article, l'organisation syndicale mentionnée au premier alinéa peut, si elle le souhaite, recueillir l'aide d'une association mentionnée au deuxième alinéa. »

V. note ss. art. L. 1134-6.

LIVRE DEUXIÈME **LE CONTRAT DE TRAVAIL**

TITRE DEUXIÈME **FORMATION ET EXÉCUTION DU CONTRAT DE TRAVAIL**

CHAPITRE PREMIER ***FORMATION DU CONTRAT DE TRAVAIL***

SECTION III ***FORMALITÉS À L'EMBAUCHE ET À L'EMPLOI***

SOUS-SECTION 2 *REGISTRE UNIQUE DU PERSONNEL*

Art. L. 1221-13 Un registre unique du personnel est tenu dans tout établissement où sont employés des salariés *(Abrogé par L. n° 2014-788 du 10 juill. 2014, art. 3)* *(L. n° 2011-893 du*

28 juill. 2011, art. 27-II) « *, indépendamment du registre des conventions de stage mentionné à l'article L. 612-13 du code de l'éducation* ».

Les noms et prénoms de tous les salariés sont inscrits dans l'ordre des embauches. Ces mentions sont portées sur le registre au moment de l'embauche et de façon indélébile.

(L. nº 2014-788 du 10 juill. 2014, art. 3) « Les nom et prénoms des stagiaires *(L. nº 2017-86 du 27 janv. 2017, art. 20-I)* « et des personnes volontaires en service civique au sens de l'article L. 120-1 du code du service national » accueillis dans l'établissement sont inscrits dans l'ordre d'arrivée, dans une partie spécifique du registre unique du personnel. »

Les indications complémentaires à mentionner sur ce registre, soit pour l'ensemble des salariés, soit pour certaines catégories seulement, *(L. nº 2014-788 du 10 juill. 2014, art. 3)* « soit pour les stagiaires *(L. nº 2017-86 du 27 janv. 2017, art. 20-I)* « et les personnes volontaires en service civique » mentionnés au troisième alinéa, » sont définies par voie réglementaire.

LIVRE TROISIÈME **LE RÈGLEMENT INTÉRIEUR ET LE DROIT DISCIPLINAIRE**

TITRE DEUXIÈME **RÈGLEMENT INTÉRIEUR**

CHAPITRE PREMIER ***CONTENU ET CONDITIONS DE VALIDITÉ***

Art. L. 1321-3 Le règlement intérieur ne peut contenir :

1° Des dispositions contraires aux lois et règlements ainsi qu'aux stipulations des conventions et accords collectifs de travail applicables dans l'entreprise ou l'établissement ;

2° Des dispositions apportant aux droits des personnes et aux libertés individuelles et collectives des restrictions qui ne seraient pas justifiées par la nature de la tâche à accomplir ni proportionnées au but recherché ;

3° Des dispositions discriminant les salariés dans leur emploi ou leur travail, à capacité professionnelle égale, en raison de leur origine, de leur sexe, de leurs mœurs, de leur orientation *(L. nº 2017-86 du 27 janv. 2017, art. 207-III)* « sexuelle ou identité de genre », de leur âge, de leur situation de famille ou de leur grossesse, de leurs caractéristiques génétiques, de leur appartenance ou de leur non-appartenance, vraie ou supposée, à une ethnie, une nation ou une race, de leurs opinions politiques, de leurs activités syndicales ou mutualistes, de leurs convictions religieuses, de leur apparence physique, de leur nom de famille ou en raison de leur état de santé ou de leur handicap. — *[Anc. art. L. 122-35, al. 1er et 2.]* — *V. art. R. 1323-1 (pén.).*

TROISIÈME PARTIE **DURÉE DU TRAVAIL, SALAIRE, INTÉRESSEMENT, PARTICIPATION ET ÉPARGNE SALARIALE**

LIVRE PREMIER **DURÉE DU TRAVAIL, REPOS ET CONGÉS**

TITRE QUATRIÈME **CONGÉS PAYÉS ET AUTRES CONGÉS**

CHAPITRE II ***AUTRES CONGÉS***

SECTION II ***CONGÉS POUR ENGAGEMENT ASSOCIATIF, POLITIQUE OU MILITANT*** *(L. nº 2016-1088 du 8 août 2016, art. 9).*

SOUS-SECTION 4 *CONGÉS DE FORMATION DE CADRES ET D'ANIMATEURS POUR LA JEUNESSE, DES RESPONSABLES ASSOCIATIFS BÉNÉVOLES, DES TITULAIRES DE MANDATS MUTUALISTES AUTRES QU'ADMINISTRATEURS ET DES MEMBRES DES CONSEILS CITOYENS* *(L. nº 2017-86 du 27 janv. 2017, art. 10-I).*

§ 1er *ORDRE PUBLIC*

Art. L. 3142-54-1 *(L. nº 2017-86 du 27 janv. 2017, art. 10-I)* Un congé est accordé chaque année, à sa demande, sans condition d'âge :

1° A tout salarié désigné pour siéger à titre bénévole dans l'organe d'administration ou de direction d'une association régie par la loi du 1er juillet 1901 relative au contrat d'association ou inscrite au registre des associations en application du code civil local applicable dans les départements du Bas-Rhin, du Haut-Rhin et de la Moselle, déclarée depuis trois ans au moins et dont l'ensemble des activités est mentionné au *b* du 1 de l'article 200 du code général des impôts, et à tout salarié exerçant à titre bénévole des fonctions de direction ou d'encadrement au sein d'une telle association ;

2° A tout salarié membre d'un conseil citoyen dont la composition a été reconnue par le représentant de l'État dans le département dans les conditions prévues à l'article 7 de la loi n° 2014-173 du 21 février 2014 de programmation pour la ville et la cohésion urbaine, pour siéger dans les instances internes du conseil citoyen et participer aux instances de pilotage du contrat de ville, y compris celles relatives aux projets de renouvellement urbain ;

3° A toute personne, non administrateur, apportant à une mutuelle, union ou fédération, en dehors de tout contrat de travail, un concours personnel et bénévole, dans le cadre d'un mandat pour lequel elle a été statutairement désignée ou élue.

Ce congé peut être fractionné en demi-journées.

§ 2 *CHAMP DE LA NÉGOCIATION COLLECTIVE*

Art. L. 3142-58 Pour mettre en œuvre le droit à congé du salarié mentionné *(L. n° 2017-86 du 27 janv. 2017, art. 10-I)* « aux articles L. 3142-54 et L. 3142-54-1 », une convention ou un accord collectif d'entreprise ou, à défaut, une convention ou un accord de branche détermine :

1° La durée totale maximale du congé et les conditions de son cumul avec le congé de formation économique, sociale et syndicale prévu aux articles L. 2145-5 à L. 2145-13 ;

2° Le délai dans lequel le salarié adresse sa demande de congé à l'employeur ;

3° Les règles selon lesquelles est déterminé, par établissement, le nombre maximal de salariés susceptibles de bénéficier de ce congé au cours d'une année.

Art. L. 3142-58-1 *(L. n° 2017-86 du 27 janv. 2017, art. 10-I)* Pour mettre en œuvre le droit à congé du salarié mentionné à l'article L. 3142-54-1, une convention ou un accord d'entreprise ou, à défaut, un accord de branche peut fixer les conditions de maintien de la rémunération du salarié pendant la durée de son congé.

CINQUIÈME PARTIE **L'EMPLOI**

LIVRE PREMIER **LES DISPOSITIFS EN FAVEUR DE L'EMPLOI**

TITRE TROISIÈME **AIDES À L'INSERTION, À L'ACCÈS ET AU RETOUR À L'EMPLOI**

CHAPITRE PREMIER ***ACCOMPAGNEMENT PERSONNALISÉ POUR L'ACCÈS À L'EMPLOI***

SECTION III ***DROIT À L'ACCOMPAGNEMENT DES JEUNES VERS L'EMPLOI ET L'AUTONOMIE*** *(L. n° 2016-1088 du 8 août 2016, art. 46, en vigueur le 1er janv. 2017).*

Art. L. 5131-6-1 *(L. n° 2017-86 du 27 janv. 2017, art. 67)* Tout bénéficiaire de l'allocation mentionnée à l'article L. 5131-6 est éligible de droit, sous réserve de ne pas bénéficier de caution parentale ou d'un tiers, au dispositif de la caution publique mis en place pour les prêts délivrés par les établissements de crédit ou les sociétés de financement dans le cadre de l'aide au financement de la formation à la conduite et à la sécurité routière prévue par le décret n° 2005-1225 du 29 septembre 2005 instituant une aide au financement de la formation à la conduite et à la sécurité routière.

TITRE CINQUIÈME **COMPTE PERSONNEL D'ACTIVITÉ**

CHAPITRE UNIQUE

SECTION II ***COMPTE D'ENGAGEMENT CITOYEN***

Art. L. 5151-9 Les activités bénévoles ou de volontariat permettant d'acquérir des heures inscrites sur le compte personnel de formation sont :

1° Le service civique mentionné à l'article L. 120-1 du code du service national ;

2° La réserve militaire *(L. n° 2017-86 du 27 janv. 2017, art. 9-I)* « opérationnelle » mentionnée à l'article L. 4211-1 du code de la défense ;

(L. n° 2017-86 du 27 janv. 2017, art. 9-I) « 2° *bis* Le volontariat de la réserve civile de la police nationale mentionné aux 2° et 3° de l'article L. 411-7 du code de la sécurité intérieure ;

« 3° La réserve civique mentionnée à l'article 1er de la loi n° 2017-86 du 27 janvier 2017 relative à l'égalité et à la citoyenneté, et les réserves thématiques qu'elle comporte ; »

4° La réserve sanitaire mentionnée à l'article L. 3132-1 du code de la santé publique ;

5° L'activité de maître d'apprentissage mentionnée à l'article L. 6223-5 du présent code ;

6° Les activités de bénévolat associatif, lorsque les conditions suivantes sont remplies :

(L. n° 2017-86 du 27 janv. 2017, art. 9-I) « *a)* L'association est régie par la loi du 1er juillet 1901 relative au contrat d'association ou inscrite au registre des associations en application du code civil local applicable dans les départements du Bas-Rhin, du Haut-Rhin et de la Moselle, est déclarée depuis trois ans au moins et l'ensemble de ses activités est mentionné au *b* du 1 de l'article 200 du code général des impôts ; »

b) Le bénévole siège dans l'organe d'administration ou de direction de l'association ou participe à l'encadrement d'autres bénévoles, dans des conditions, notamment de durée, fixées par décret ;

(Abrogé par L. n° 2017-86 du 27 janv. 2017, art. 9-I) *« 7° Le volontariat dans les armées mentionné aux articles L. 4132-11 et L. 4132-12 du code de la défense et aux articles 22 et 23 de la loi n° 2015-917 du 28 juillet 2015 actualisant la programmation militaire pour les années 2015 à 2019 et portant diverses dispositions concernant la défense ; »*

(L. n° 2016-1867 du 27 déc. 2016, art. 7) « 8° Le volontariat dans les corps de sapeurs-pompiers mentionné aux articles L. 723-3 à L. 726-20 du code de la sécurité intérieure et dans la loi n° 96-370 du 3 mai 1996 relative au développement du volontariat dans les corps de sapeurs-pompiers. »

Toutefois, les activités mentionnées au présent article ne permettent pas d'acquérir des heures inscrites sur le compte personnel de formation lorsqu'elles sont effectuées dans le cadre des formations secondaires mentionnées au code de l'éducation.

Un décret en Conseil d'État définit les modalités d'application du 6° du présent article.

Art. L. 5151-11 La mobilisation des heures mentionnées à l'article L. 5151-10 est financée :

1° Par l'État, pour les activités mentionnées aux 1°, 2° *(L. n° 2017-86 du 27 janv. 2017, art. 9-I)* « , 2° *bis* », 5° *(L. n° 2017-86 du 27 janv. 2017, art. 9-I)* « et 6° » de l'article L. 5151-9 *(L. n° 2017-86 du 27 janv. 2017, art. 9-I)* « , ainsi que pour l'activité mentionnée au 3° du même article L. 5151-9, à l'exception de la réserve communale de sécurité civile mentionnée à l'article L. 724-3 du code de la sécurité intérieure » ;

2° Par la commune, *(L. n° 2017-86 du 27 janv. 2017, art. 9-I)* « pour la réserve communale de sécurité civile » ;

3° Par l'établissement public chargé de la gestion de la réserve sanitaire, mentionné à l'article L. 1413-1 du code de la santé publique, pour l'activité mentionnée au 4° de l'article L. 5151-9 du présent code ;

(L. n° 2016-1867 du 27 déc. 2016, art. 7) « 4° Par l'autorité de gestion du sapeur-pompier volontaire, soit l'État, le service d'incendie et de secours, la commune ou l'établissement public de coopération intercommunale, pour l'activité mentionnée au 8° du même article L. 5151-9. »

LIVRE DEUXIÈME **DISPOSITIONS APPLICABLES À CERTAINES CATÉGORIES DE TRAVAILLEURS**

TITRE DEUXIÈME **TRAVAILLEURS ÉTRANGERS**

CHAPITRE III ***OFFICE FRANÇAIS DE L'IMMIGRATION ET DE L'INTÉGRATION***

SECTION PREMIÈRE ***MISSIONS ET EXERCICE DES MISSIONS***

Art. L. 5223-1 L'*(Décr. n° 2009-331 du 25 mars 2009)* « Office français de l'immigration et de l'intégration » est chargé, sur l'ensemble du territoire, du service public de l'accueil des étrangers titulaires, pour la première fois, d'un titre les autorisant à séjourner durablement en France.

Il a également pour mission de participer à toutes actions administratives, sanitaires et sociales relatives :

1° A l'entrée et au séjour d'une durée inférieure ou égale à trois mois des étrangers ;

2° A l'accueil des demandeurs d'asile *(L. n° 2015-925 du 29 juill. 2015, art. 27)* « et à la gestion de l'allocation pour demandeur d'asile mentionnée à l'article L. 744-9 du code de l'entrée et du séjour des étrangers et du droit d'asile » ;

3° A l'introduction en France, au titre du regroupement familial *(L. n° 2007-1631 du 20 nov. 2007)* « , du mariage avec un Français » ou en vue d'y effectuer un travail salarié, d'étrangers ressortissants de pays tiers à l'Union européenne ;

4° Au contrôle médical des étrangers admis à séjourner en France pour une durée supérieure à trois mois ;

5° Au retour et à la réinsertion des étrangers dans leur pays d'origine ;

(L. n° 2009-323 du 25 mars 2009, art. 67-IV) « 6° A l'intégration en France des étrangers, pendant une période de cinq années au plus à compter de la délivrance d'un premier titre de séjour les autorisant à séjourner durablement en France ou, pour la mise en œuvre des dispositifs d'apprentissage *(L. n° 2017-86 du 27 janv. 2017, art. 157)* « et d'amélioration de la maîtrise » de la langue française adaptés à leurs besoins, le cas échéant en partenariat avec d'autres opérateurs, quelle que soit la durée de leur séjour » ;

(L. n° 2016-274 du 7 mars 2016, art. 20, en vigueur le 1er janv. 2017) « 7° A la procédure d'instruction des demandes de titre de séjour en qualité d'étranger malade prévue au 11° de l'article L. 313-11 du code de l'entrée et du séjour des étrangers et du droit d'asile. »

(L. n° 2015-925 du 29 juill. 2015, art. 27) « Le conseil d'administration de l'Office français de l'immigration et de l'intégration délibère sur le rapport annuel d'activité présenté par le directeur général, qui comporte des données quantitatives et qualitatives par sexe ainsi que des données sur les actions de formation des agents, en particulier sur la prise en compte des enjeux relatifs au sexe et à la vulnérabilité dans l'accueil des demandeurs d'asile. »

Des agents non titulaires de l'Agence nationale pour la cohésion sociale et l'égalité des chances affectés aux missions antérieurement exercées par celle-ci en matière d'intégration sont transférés à l'organisme mentionné à l'art. L. 5223-1, dans des conditions fixées par arrêté des ministres concernés. Ils conservent, lors de ce transfert, le bénéfice de leurs contrats (L. n° 2009-323 du 25 mars 2009, art. 67-V).

Les dispositions issues de la L. n° 2015-925 du 29 juill. 2015 s'appliquent aux demandeurs d'asile dont la demande a été enregistrée à compter du 1er nov. 2015 (L. préc., art. 35-V ; Décr. n° 2015-1166 du 21 sept. 2015, art. 30-II).

SIXIÈME PARTIE **LA FORMATION PROFESSIONNELLE TOUT AU LONG DE LA VIE**

LIVRE PREMIER **PRINCIPES GÉNÉRAUX ET ORGANISATION INSTITUTIONNELLE DE LA FORMATION ET DE L'ORIENTATION PROFESSIONNELLES** *(L. n° 2014-288 du 5 mars 2014, art. 22-I).*

TITRE PREMIER **PRINCIPES GÉNÉRAUX**

CHAPITRE PREMIER ***OBJECTIFS ET CONTENU DE LA FORMATION ET DE L'ORIENTATION PROFESSIONNELLES*** *(L. n° 2014-288 du 5 mars 2014, art. 22-II).*

SECTION PREMIÈRE ***LA FORMATION PROFESSIONNELLE TOUT AU LONG DE LA VIE***

Art. L. 6111-2 *(L. n° 2009-1437 du 24 nov. 2009)* « Les connaissances et les compétences mentionnées au premier alinéa de l'article L. 6111-1 prennent appui sur le socle mentionné à l'article L. 122-1-1 du code de l'éducation, qu'elles développent et complètent. »

(L. n° 2017-86 du 27 janv. 2017, art. 157-1°) « Les actions de lutte contre l'illettrisme et en faveur de l'apprentissage et de l'amélioration de la maîtrise de la langue française ainsi que des compétences numériques font partie de la formation professionnelle tout au long de la vie. Tous les services publics, les collectivités territoriales et leurs groupements, les entreprises et leurs institutions sociales, les associations et les organisations syndicales et professionnelles concourent à l'élaboration et la mise en œuvre de ces actions dans leurs domaines d'action respectifs. »

SECTION II *L'ORIENTATION PROFESSIONNELLE TOUT AU LONG DE LA VIE*

Art. L. 6111-3 *(L. n° 2009-1437 du 24 nov. 2009) (L. n° 2017-86 du 27 janv. 2017, art. 54-II)* « I. — » Toute personne dispose du droit à être informée, conseillée et accompagnée en matière d'orientation professionnelle, au titre du droit à l'éducation garanti à chacun par l'article L. 111-1 du code de l'éducation.

Le service public de l'orientation tout au long de la vie *(L. n° 2014-288 du 5 mars 2014, art. 22-II, en vigueur le 1er janv. 2015)* « garantit » à toute personne l'accès à une information gratuite, complète et objective sur les métiers, les formations, les certifications, les débouchés et les niveaux de rémunération, ainsi que l'accès à des services de conseil et d'accompagnement en orientation de qualité et organisés en réseaux. *(L. n° 2014-288 du 5 mars 2014, art. 22-II, en vigueur le 1er janv. 2015)* « Il concourt à la mixité professionnelle en luttant contre les stéréotypes de genre.

« L'État et les régions assurent le service public de l'orientation tout au long de la vie *(L. n° 2017-86 du 27 janv. 2017, art. 54-II)* « et garantissent à tous les jeunes l'accès à une information généraliste, objective, fiable et de qualité ayant trait à tous les aspects de leur vie quotidienne ».

« L'État définit, au niveau national, la politique d'orientation des élèves et des étudiants dans les établissements scolaires et les établissements d'enseignement supérieur. Avec l'appui, notamment, des centres publics d'orientation scolaire et professionnelle et des services communs internes aux universités chargés de l'accueil, de l'information et de l'orientation des étudiants mentionnés, respectivement, aux articles L. 313-5 et L. 714-1 du même code, il met en œuvre cette politique dans ces établissements scolaires et d'enseignement supérieur et délivre à cet effet l'information nécessaire sur toutes les voies de formation aux élèves et aux étudiants.

« La région coordonne les actions des autres organismes participant au service public régional de l'orientation ainsi que la mise en place du conseil en évolution professionnelle, assure un rôle d'information et met en place un réseau de centres de conseil sur la validation des acquis de l'expérience.

« Les organismes mentionnés au dernier alinéa de l'article L. 6111-6 du présent code ainsi que les organismes consulaires participent au service public régional de l'orientation.

« Une convention annuelle conclue entre l'État et la région dans le cadre du contrat de plan régional de développement des formations et de l'orientation professionnelles prévu au I de l'article L. 214-13 du code de l'éducation détermine les conditions dans lesquelles l'État et la région coordonnent l'exercice de leurs compétences respectives dans la région. »

(L. n° 2017-86 du 27 janv. 2017, art. 54-II) « II. — La région coordonne également, de manière complémentaire avec le service public régional de l'orientation et sous réserve des missions de l'État, les initiatives des collectivités territoriales, des établissements publics de coopération intercommunale et des personnes morales, dont une ou plusieurs structures d'information des jeunes sont labellisées par l'État dans les conditions et selon les modalités prévues par décret. Ces structures visent à garantir à tous les jeunes l'accès à une information généraliste, objective, fiable et de qualité touchant tous les domaines de leur vie quotidienne. »

Art. L. 6111-5 *(L. n° 2014-288 du 5 mars 2014, art. 22-II, en vigueur le 1er janv. 2015)* « Sur le fondement de normes de qualité élaborées par la région à partir d'un cahier des charges qu'elle arrête, peuvent être reconnus comme participant au service public régional de l'orientation tout au long de la vie les organismes qui proposent à toute personne un ensemble de services lui permettant : »

1° De disposer d'une information exhaustive et objective sur les métiers, les compétences et les qualifications nécessaires pour les exercer, les dispositifs de formation et de certification, ainsi que les organismes de formation et les labels de qualité dont ceux-ci bénéficient ;

(L. n° 2017-86 du 27 janv. 2017, art. 54-II-2°) « 2° S'agissant des jeunes de seize ans à trente ans, de disposer d'une information sur l'accès aux droits sociaux et aux loisirs ;

« 3° » De bénéficier de conseils personnalisés afin de pouvoir choisir en connaissance de cause un métier, une formation ou une certification adapté à ses aspirations, à ses aptitudes et aux perspectives professionnelles liées aux besoins prévisibles de la société, de l'économie et de l'aménagement du territoire et, lorsque le métier, la formation ou la certification envisagé fait l'objet d'un service d'orientation ou d'accompagnement spécifique assuré par un autre organisme, d'être orientée de manière pertinente vers cet organisme.

V. note ss. art. L. 6111-3.

LIVRE DEUXIÈME **L'APPRENTISSAGE**

TITRE PREMIER **DISPOSITIONS GÉNÉRALES**

CHAPITRE UNIQUE

Art. L. 6211-5 *(L. n° 2008-776 du 4 août 2008, art. 49)* Le contenu des relations conventionnelles qui lient l'employeur, l'apprenti et la ou les entreprises d'un *(L. n° 2017-86 du 27 janv. 2017, art. 30)* « autre » État *(Abrogé par L. n° 2017-86 du 27 janv. 2017, art. 30)* « *membre de la Communauté européenne* » susceptibles d'accueillir temporairement l'apprenti est fixé par décret en Conseil d'État.

TITRE TROISIÈME **CENTRES DE FORMATION D'APPRENTIS ET SECTIONS D'APPRENTISSAGE**

CHAPITRE PREMIER ***MISSIONS DES CENTRES DE FORMATION D'APPRENTIS***

Art. L. 6231-1 *(L. n° 2014-288 du 5 mars 2014, art. 15)* Les centres de formation d'apprentis :

1° Dispensent aux jeunes travailleurs titulaires d'un contrat d'apprentissage une formation générale associée à une formation technologique et pratique, qui complète la formation reçue en entreprise et s'articule avec elle dans un objectif de progression sociale ;

2° Concourent au développement des connaissances, des compétences et de la culture nécessaires à l'exercice de la citoyenneté ;

3° Assurent la cohérence entre la formation dispensée en leur sein et celle dispensée au sein de l'entreprise, en particulier en organisant la coopération entre les formateurs et les maîtres d'apprentissage ;

4° Développent l'aptitude des apprentis à poursuivre des études par les voies de l'apprentissage, de l'enseignement professionnel ou technologique ou par toute autre voie ;

5° Assistent les postulants à l'apprentissage dans leur recherche d'un employeur, et les apprentis en rupture de contrat dans la recherche d'un nouvel employeur, en lien avec le service public de l'emploi ;

6° Apportent, en lien avec le service public de l'emploi, en particulier avec les missions locales, un accompagnement aux apprentis pour prévenir ou résoudre les difficultés d'ordre social et matériel susceptibles de mettre en péril le déroulement du contrat d'apprentissage ;

7° Favorisent la mixité au sein de leurs structures en sensibilisant les formateurs, les maîtres d'apprentissage et les apprentis à la question de l'égalité entre les sexes et en menant une politique d'orientation et de promotion des formations qui met en avant les avantages de la mixité. Ils participent à la lutte contre la répartition sexuée des métiers ;

8° Encouragent la mobilité internationale des apprentis, en mobilisant en particulier les programmes de l'Union européenne *(L. n° 2017-86 du 27 janv. 2017, art. 30)* « et en mentionnant, le cas échéant, dans le contenu de la formation la période de mobilité » ;

(L. n° 2016-1088 du 8 août 2016, art. 72) « 9° Assurent le suivi et l'accompagnement des apprentis quand la formation prévue au 2° de l'article L. 6211-2 est dispensée en tout ou partie à distance. »

LIVRE TROISIÈME **LA FORMATION PROFESSIONNELLE CONTINUE**

TITRE PREMIER **DISPOSITIONS GÉNÉRALES**

CHAPITRE III ***CATÉGORIES D'ACTIONS DE FORMATION***

Art. L. 6313-1 Les actions de formation qui entrent dans le champ d'application des dispositions relatives à la formation professionnelle continue sont :

1° Les actions de préformation et de préparation à la vie professionnelle ;

2° Les actions d'adaptation et de développement des compétences des salariés ;

(L. n° 2014-873 du 4 août 2014, art. 6) « 2° *bis* Les actions de promotion de la mixité dans les entreprises, de sensibilisation à la lutte contre les stéréotypes sexistes et pour l'égalité professionnelle entre les femmes et les hommes ; »

3° Les actions de promotion professionnelle ;

4° Les actions de prévention ;

5° Les actions de conversion ;

6° Les actions d'acquisition, d'entretien ou de perfectionnement des connaissances ;

7° Les actions de formation continue relative à la radioprotection des personnes prévues à l'article L. 1333-11 du code de la santé publique ;

8° Les actions de formation relatives à l'économie *(L. n° 2008-1258 du 3 déc. 2008, art. 5)* « et à la gestion » de l'entreprise ;

9° Les actions de formation relatives à l'intéressement, à la participation et aux dispositifs d'épargne salariale et d'actionnariat salarié ;

10° Les actions permettant de réaliser un bilan de compétences ;

11° Les actions permettant aux travailleurs de faire valider les acquis de leur expérience ;

12° Les actions d'accompagnement, d'information et de conseil dispensées aux créateurs ou repreneurs d'entreprises *(L. n° 2009-1437 du 24 nov. 2009)* « agricoles, » artisanales, commerciales ou libérales, exerçant ou non une activité ;

13° Les actions de lutte contre l'illettrisme et *(L. n° 2017-86 du 27 janv. 2017, art. 157)* « en faveur de l'apprentissage et de l'amélioration de la maîtrise de la langue française » ;

(L. n° 2015-992 du 17 août 2015, art. 182-I) « 14° Les actions de formation continue relatives au développement durable et à la transition énergétique. »

(L. n° 2009-1437 du 24 nov. 2009) « Entre également dans le champ d'application des dispositions relatives à la formation professionnelle continue la participation *(L. n° 2016-1088 du 8 août 2016, art. 75)* « d'un salarié, d'un travailleur non salarié ou d'un retraité » à un jury d'examen ou de validation des acquis de l'expérience mentionné *(L. n° 2016-1088 du 8 août 2016, art. 9)* « au dernier alinéa de l'article L. 3142-42 » lorsque ce jury intervient pour délivrer des certifications professionnelles inscrites au répertoire national des certifications professionnelles dans les conditions prévues à l'article L. 335-6 du code de l'éducation. »

Sur la formation économique et financière des salariés bénéficiaires d'une distribution d'actions réalisée en application de la L. n° 80-834 du 24 oct. 1980, V. l'art. 13 de cette loi (D. et BLD 1980. 381), et l'art. 12 du Décr. n° 80-935 du 26 nov. 1980 (D. et BLD 1980. 419) fixant les modalités d'application de cette loi. — ***C. sociétés.***

TITRE DEUXIÈME **DISPOSITIFS DE FORMATION PROFESSIONNELLE CONTINUE**

CHAPITRE III ***COMPTE PERSONNEL DE FORMATION***

SECTION PREMIÈRE ***PRINCIPES COMMUNS***

Art. L. 6323-6 *(L. n° 2016-1088 du 8 août 2016, art. 39, en vigueur le 1er janv. 2017)* « I. — Les formations permettant d'acquérir le socle de connaissances et de compétences défini par décret ainsi que les actions permettant d'évaluer les compétences d'une personne préalablement ou postérieurement à ces formations sont éligibles au compte personnel de formation. » *(L. n° 2017-86 du 27 janv. 2017, art. 66)* « L'accompagnement à la validation des acquis de l'expérience mentionnée à l'article L. 6313-11 est également éligible au compte personnel de formation, dans des conditions définies par décret. »

(L. n° 2014-288 du 5 mars 2014, art. 1er-I) « II. — Les autres formations éligibles au compte personnel de formation sont déterminées, dans les conditions définies aux articles L. 6323-16 et L. 6323-21, parmi les formations suivantes :

1° Les formations sanctionnées par une certification enregistrée dans le répertoire national des certifications professionnelles prévu à l'article L. 335-6 du code de l'éducation ou permettant d'obtenir une partie identifiée de certification professionnelle, classée au sein du répertoire, visant à l'acquisition d'un bloc de compétences ;

2° Les formations sanctionnées par un certificat de qualification professionnelle mentionné à l'article L. 6314-2 du présent code ;

3° Les formations sanctionnées par les certifications inscrites à l'inventaire mentionné au dixième alinéa du II de l'article L. 335-6 du code de l'éducation ;

4° Les formations concourant à l'accès à la qualification des personnes à la recherche d'un emploi et financées par les régions et les institutions mentionnées aux articles L. 5312-1 et L. 5214-1 du présent code. »

(L. n° 2016-1088 du 8 août 2016, art. 39, en vigueur le 1er janv. 2017) « III. — Sont également éligibles au compte personnel de formation, dans des conditions définies par décret :

(L. n° 2017-86 du 27 janv. 2017, art. 66) « 1° La préparation de l'épreuve théorique du code de la route et de l'épreuve pratique du permis de conduire des véhicules du groupe léger ; »

« 2° Les actions de formation permettant de réaliser un bilan de compétences ; – *V. art. D. 6323-8-1.*

« 3° Les actions de formation dispensées aux créateurs ou repreneurs d'entreprises mentionnées à l'article L. **6313-1** ; – *V. art. D. 6323-8-2.*

« 4° Les actions de formation destinées à permettre aux bénévoles et aux volontaires en service civique d'acquérir les compétences nécessaires à l'exercice de leurs missions, mentionnées à l'article L. **6313-13** *(L. n° 2016-1867 du 27 déc. 2016, art. 7)* « , ainsi que celles destinées à permettre aux sapeurs-pompiers volontaires d'acquérir des compétences nécessaires à l'exercice des missions mentionnées à l'article L. **1424-2** du code général des collectivités territoriales ». Seules les heures acquises au titre du compte d'engagement citoyen peuvent financer ces actions. »

SECTION II *MISE EN ŒUVRE DU COMPTE PERSONNEL DE FORMATION POUR LES SALARIÉS*

SOUS-SECTION 2 *FORMATIONS ÉLIGIBLES ET MOBILISATION DU COMPTE*

Art. L. 6323-17 Les formations financées dans le cadre du compte personnel de formation ne sont pas soumises à l'accord de l'employeur lorsqu'elles sont suivies en dehors du temps de travail.

Lorsqu'elles sont suivies en tout ou partie pendant le temps de travail, le salarié doit demander l'accord préalable de l'employeur sur le contenu et le calendrier de la formation et l'employeur lui notifie sa réponse dans des délais déterminés par décret. L'absence de réponse de l'employeur vaut acceptation. L'accord préalable de l'employeur sur le contenu de la formation n'est toutefois pas requis lorsque la formation est financée au titre des heures créditées sur le compte personnel de formation en application de l'article L. **6323-13**, ou lorsqu'elle vise les formations mentionnées *(L. n° 2017-86 du 27 janv. 2017, art. 66, en vigueur le 1er janv. 2017)* « au I » de l'article L. **6323-6**, ainsi que dans des cas prévus par accord de branche, d'entreprise ou de groupe.

TITRE TROISIÈME **FINANCEMENT DE LA FORMATION PROFESSIONNELLE CONTINUE**

CHAPITRE II *ORGANISMES COLLECTEURS AGRÉÉS*

SECTION III *ORGANISMES COLLECTEURS PARITAIRES AGRÉÉS POUR LA PRISE EN CHARGE DE LA PROFESSIONNALISATION ET DU COMPTE PERSONNEL DE FORMATION* (L. n° 2014-288 du 5 mars 2014, art. 11-I).

Art. L. 6332-16-1 *(L. n° 2014-288 du 5 mars 2014, art. 11-I)* Les organismes collecteurs paritaires mentionnés à l'article L. **6332-14** peuvent également concourir à la prise en charge :

1° Des coûts de formation liés à la mise en œuvre des périodes de professionnalisation mentionnées à l'article L. **6324-1** ;

2° Des coûts de la formation liés à la mise en œuvre du compte personnel de formation ;

3° De tout ou partie des coûts pédagogiques et des frais annexes de la formation dans le cadre de la préparation opérationnelle à l'emploi mentionnée aux articles L. **6326-1** et L. **6326-3** ;

(L. n° 2017-86 du 27 janv. 2017, art. 30) « 4° De tout ou partie de la rémunération et des frais annexes générés par la mobilité hors du territoire national des apprentis en application de l'article L. **6211-5**. »

APPENDICE

I CONVENTIONS RELATIVES AU TRAVAIL

B Contrat de travail

Code pénal

Des discriminations

Art. 225-2 La discrimination définie *(L. n° 2012-954 du 6 août 2012, art. 3-II)* « aux articles *(L. n° 2017-86 du 27 janv. 2017, art. 177)* « 225-1 à 225-1-2 », commise à l'égard d'une personne physique ou morale, est punie de *(L. n° 2004-204 du 9 mars 2004, art. 41-I)* « trois ans d'emprisonnement et de 45 000 € d'amende » lorsqu'elle consiste :

....

3° A refuser d'embaucher, à sanctionner ou à licencier une personne ;

....

5° A subordonner une offre d'emploi *(L. n° 2001-1066 du 16 nov. 2001)* « , une demande de stage ou une période de formation en entreprise » à une condition fondée sur l'un des éléments visés à l'article 225-1 *(L. n° 2012-954 du 6 août 2012, art. 3-III)* « ou prévue *(L. n° 2017-86 du 27 janv. 2017, art. 177)* « aux articles 225-1-1 ou 225-1-2 ».

(L. n° 2001-1066 du 16 nov. 2001) « 6° A refuser d'accepter une personne à l'un des stages visés par le 2° de l'article L. 412-8 du code de la sécurité sociale. »

(L. n° 2004-204 du 9 mars 2004, art. 41-I) « Lorsque le refus discriminatoire prévu au 1° est commis dans un lieu accueillant du public ou aux fins d'en interdire l'accès, les peines sont portées à cinq ans d'emprisonnement et à 75 000 € d'amende. »

Loi n° 2008-496 du 27 mai 2008,

Portant diverses dispositions d'adaptation au droit communautaire dans le domaine de la lutte contre les discriminations.

Art. 4 Toute personne qui s'estime victime d'une discrimination directe ou indirecte présente devant la juridiction compétente les faits qui permettent d'en présumer l'existence. Au vu de ces éléments, il appartient à la partie défenderesse de prouver que la mesure en cause est justifiée par des éléments objectifs étrangers à toute discrimination. *(L. n° 2016-1547 du 18 nov. 2016, art. 86-I-3°)* « Le juge forme sa conviction après avoir ordonné, en cas de besoin, toutes les mesures d'instruction qu'il estime utiles. »

« *(L. n° 2017-86 du 27 janv. 2017, art. 180)* Le fait que la victime ait seulement poursuivi l'objectif de démontrer l'existence d'un agissement ou d'une injonction discriminatoire n'exclut pas, en cas de préjudice causé à cette personne, la responsabilité de la partie défenderesse. »

Le présent article ne s'applique pas devant les juridictions pénales.

V. note ss. art. 1er.

Sur les actions en matière de discriminations, V. C. pr. civ., art. 1263-1.

Photocomposé, traité sur ordinateur par :
JOUVE, 1 rue du Docteur Sauvé - 53100 MAYENNE

Achevé d'imprimer en février 2017 sur les presses de
Lego S.p.A.
Dépôt légal : mars 2017
716848 – (I) – OSB-Px 31g – JOU – (EDO)
Imprimé en Italie

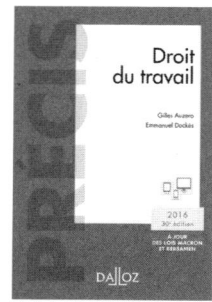

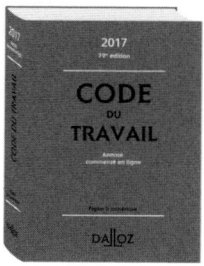

Les revues

- Recueil Dalloz, 44 n° / an + 2 tables
- Revue de droit du travail, 11 n° / an + 1 table
- Droit social, 11 n°/an
- Revue de droit sanitaire et social, 6 n°/an

Les ouvrages professionnels

- Le guide des modes amiables de résolution des différends (MARD), 3e ed., 2017/18
- Le guide du CHSCT 2017/18
- Le guide des élections professionnelles, 3e ed., 2016/17
- Comité d'entreprise, 16e ed., 2015/16